▶ DES RESSOURCES COMPLÉMENTAIRES

Un logiciel pour conjuguer les **6 400 verbes** du dictionnaire

Un atlas interactif de **200 cartes** et **5 000 noms de lieux**

Plus de **1 000 notices d'œuvres** et **4 000 citations littéraires**

Une chronologie illustrée interactive de **1 000 évènements**

+ LES 100 VIDÉOS CLÉS DE L'HISTOIRE

1969 : Les premiers pas sur la Lune

1989 : La chute du mur de Berlin

▶ COMMENT ACTIVER VOTRE DICTIONNAIRE EN LIGNE LA PREMIÈRE FOIS ?

Offert

Le dictionnaire numérique

enrichi de vidéos

Code d'activation au verso

Votre code d'activation

RI21CESS5WZ-7T

Pour accéder au *Robert illustré en ligne*, reportez-vous aux premières pages de votre dictionnaire.

Carte et code d'accès non cessibles, ne pouvant être remboursés, remplacés ni échangés.

Le Robert

1/ Rendez-vous sur **http://activation.lerobert.com** muni de votre carte d'activation.

2/ Saisissez le code imprimé au dos de la carte et suivez le processus d'inscription.

3/ Une fois inscrit, vous recevrez un e-mail à conserver.

Accès au site pendant 4 ans, à partir de la date d'activation. Date limite d'activation : 31/12/2026.

Le Robert
illustré

Nouvelle édition millésime 2024

92, avenue de France 75013 Paris

ISBN 978-2-32101-879-7

Le papier de cet ouvrage est composé de fibres naturelles, renouvelables, recyclables et fabriquées à partir de bois provenant de forêts gérées de manière responsable et durable.

Cet ouvrage est une œuvre collective au sens de l'article L. 113-2 du Code de la propriété intellectuelle. Publié par la société Dictionnaires Le Robert, représentée par Charles Bimbenet, directeur général.

PRINCIPAUX COLLABORATEURS

Comité de rédaction

Bérengère Baucher, Charles Bimbenet, Didier de Calan, Laurent Catach, Pierre Chauveau-Thoumelin, Sarah Decottignies, Marianne Durand, Laurence Laporte, Caroline Leblanc, Catherine Lucet, Géraldine Moinard, Danièle Morvan, Nathalie Piquart, Alain Rey et Édouard Trouillez

Langue française

Danièle Morvan avec Marie-José Brochard, Sophie Chantreau, Annick Dehais (orthographe), Élisabeth Huault, Laurence Laporte, Marine Lesprit, Violaine Nicaud et Édouard Trouillez

Mise à jour : Danièle Morvan (2011 et 2012) ; Laurence Laporte (2012 et 2013) ; Édouard Trouillez (de 2013 à 2021) avec Tabatha Duquenoy-Battel (orthographe) ; Pierre Chauveau-Thoumelin (de 2021 à 2023) ; Sarah Decottignies (depuis 2023)

Noms propres et encyclopédie

Didier de Calan et Annick Valade avec Céline Bénard, Marie-José Brochard, Sophie Chantreau, Élisabeth Huault, assistés de Dominique Lopin

Mise à jour : Laurence Laporte (de 2011 à 2013) ; Bérengère Baucher (de 2013 à 2017) ; Géraldine Moinard (de 2017 à 2021) ; Pierre Chauveau-Thoumelin (depuis 2021) avec Michèle Lancina

et

Agostino de Agostini, Daniel Andler, Élodie Baget, Alain de Bellefon, David Berhault, Jacky Biville, Véronique Bizot, Bertrand Blancheton, Jean-Luc Bodnar, Sophie Boizard, Armand Boulet, François Boyer, Julien Brachet, Claire Brillaud, Marie Cervoni, Aurélien Cohen, Étienne Collomb, Guillaume Coqui, France Cottin, Philippe Crouzillacq, Clovis Darrigan, Jean-Paul Delahaye, Julie Denoeud, Marine Desage-El Murr, Solange Deschênes, Rym Djerbi, Anne Dufetelle, Jérôme Dunlop, Hervé Durand, Marie-Noëlle Eastes, Richard Emmanuel Eastes, Jean-Pierre Egger, Anne-Julie Etter, Philippe Faverjon, Yun Sun Fleury-Limet, Jonathan Freundlich, Sandrine Gallotta, Laurent Gardeux, François Gaudel, André Giordan, Bastien Guerry, Séline Gülgönen, Charles Haas, Édouard Hannezo, Cyrille Herivaux, François-Xavier Hervouët, Ronand James, Tanguy Josse, Édouard Kleinpeter, K-Minos, Kevin Ladd, Serge Lafitte, Pierre Lagrange, Laurent Larnoult, Armand Lattes, Bastien Lelu, Emmanuelle Le Pommelet, Hélène Leriche, Nicolas Loubet, Antoine Lucas, Gaëlle Mainguy, Christian Maisonneuve, Thomas Mansouri, Antonin Marchand, François Mauviard, Arnaud Monfeuillard, Hélène Monfeuillard, Sébastien Morgan, Claire Morin, Jean-François Morizur, Xavier Muller, Robert Nardone, Francine Pellaud, Judith Perrignon, Patrick Peter, Amélie Petit, Mael Primet, Malika Rahal, Franck Ramus, Djamel Rbah, Séverine de Ren, Livio Riboli-Sasco, Alain Richard, Mélodie Robach, Louis-Hadrien Robert, Richard Robert, Elifsu Sabuncu, Martial Saugy, Bernard Sillion, Vincent Sullerot, François Taddei, Jean-Claude Tanguy, Michèle Teboul, Hervé Thibon, Hervé This, Guillaume Tositti, Iris Trinkler, Valérie Van Calster, Laurent Vaultier, François Veillerette, Émilie Viney, Joseph Viney

Direction de la production

Maud Dubourg
avec Claude Sellin, Monique Hébrard, Nadine Noyelle, Sébastien Pettoello et Pierre Buril, Arnaud Marty, Gary Marty

Lecture-Correction

Annick Valade, Élisabeth Huault, Maud Dubourg
avec Claire Brillaud, Cécile Chauvin, Marjorie Jean, Nathalie Kristy, Anne-Marie Lentaigne, Delphine Livet, Sylvie Porté, Méryem Puill-Chatillon, Nathalie Rachline, Muriel Richard, Laure-Anne Voisin

Coordination graphique

Nathalie Piquart assistée de Nadine Noyelle et Silke Zimmermann
Mise à jour : Maud Dubourg assistée de Nadine Noyelle (depuis 2017)

Recherche iconographique : Gaëlle Mary avec Claire Balladur,
Christine Morel, Laure Penchenat, Juliette Barjon, Estelle Dhenin,
Valérie Delchambre, Danièle Portaz, Laurence Vacher et Véronica Brown
avec la collaboration d'Anne Bertiau, Gaëlle Henry,
Ophélie Lebœuf, Kévin Mauconduit, Iris Odier
Mise à jour : Katia Davidoff avec Juliette Barjon

Cartographie : Jean-Pierre Crivellari

Infographie : Noël Blotti, Svetlana Doray, Jean Yves Grall

Maquette : Nicolas Taffin et Sandrine Albanel (texte du dictionnaire),
Jean Yves Grall (planches), Maud Dubourg et Dany Mourain (annexes)

Programmation de la mise en pages

Karol Goskrzynski
avec Christian Derambure

Édition numérique

Édition : Laurent Catach avec
Didier de Calan, Annick Dehais, Marta Krol, Dominique Lopin,
Laurent Nicolas, Nadine Noyelle, Nathalie Piquart, Thomas Schaller
Mise à jour : Karol Goskrzynski, Sébastien Pettoello, Emmanuelle Seca (2014 à 2017) ;
puis Perrine Attout, Simon Deliège et Géraldine Moinard

Développement : Bureau Van Dijk, Bruxelles

ainsi que l'ensemble des équipes du Robert

SOMMAIRE

AVANT-PROPOS

Depuis que les dictionnaires Le Robert existent, la recherche de qualité et d'efficacité, notamment dans la description de la langue française, cette langue qui court le risque d'être malmenée et pauvrement employée, a été leur règle absolue.

Cette exigence, nous a-t-il semblé, étendue à la connaissance encyclopédique, méritait une présentation nouvelle, capable de répondre au besoin ressenti d'une utilité et d'un agrément accrus.

La formule du dictionnaire compact vise à fournir à tous, familles, élèves, autodidactes, professionnels de tous genres, un instrument « de proximité », une aide dans le maniement du français, des repères dans le monde foisonnant qui nous entoure, un tableau vivant de la culture. Cette formule est apparue en France vers la fin du XIXe siècle, grâce aux techniques d'illustration, la couleur intervenant au XXe siècle, et la complémentarité avec l'informatique au XXIe siècle, ce siècle dont la première décennie a révolutionné notre relation au monde et à nous-mêmes.

La tradition du savoir sur le langage et sur le monde jointe à une modernité absolue, tel est l'objectif du Robert illustré, qui tient compte de cette situation nouvelle et paradoxale : au moment même où les techniques de l'information et de la communication mettent un public sans cesse accru en mesure de connaître et de parcourir l'infinité du patrimoine et des savoirs possibles, en se servant d'une grande langue riche d'un millénaire d'existence, la maîtrise de cette langue, le français, nous fait défaut. La jeunesse, en particulier, voit venir à sa disposition des savoirs immenses, qu'il faut s'approprier. Or, l'outil de cette appropriation – même pour lire une carte ou déchiffrer une image – c'est la langue, qu'elle soit maternelle ou choisie.

Le dictionnaire est une mise en scène de vocables, de noms, d'images, de faits, d'idées, tous repérables par des mots que l'ordre alphabétique rend faciles à trouver ou à retrouver. Ces mots, ces signes, il nous est apparu qu'il fallait les réunir en un seul ensemble, et non en deux séries disjointes : avoir à chercher *Bonaparte* et *bonapartisme, Marx* et *marxisme* (en négligeant la « tendance » Groucho de Woody Allen, mais en mentionnant les frères Marx), *Rabelais* et *rabelaisien* dans deux listes différentes n'est pas l'idéal de la simplicité. De même, cerner les significations et l'origine du mot *révolution* avant de s'initier à la *révolution de 1789,* ou à la *révolution russe de 1917,* semble de bonne pédagogie.

Cent arguments justifient l'interclassement de la langue française, les mots, les expressions et leurs sens avec les signes du savoir encyclopédique ; le principe est que ce sont tous les signes dont nous avons besoin pour nous exprimer. Ces signes ont une orthographe, une ou plusieurs significations, certains ont un contenu général, d'autres, particulier. Dans le premier cas, on peut définir, par exemple la guerre et la paix ; dans le second, il faut décrire telle guerre, tel traité de paix, en apportant des connaissances particulières ; c'est l'encyclopédie.

Langue française, noms propres, articles encyclopédiques, images, planches, schémas, cartes, tout ici est réuni et repérable d'un coup. La carte éclaire la description d'un pays, l'image illustre un nom, le schéma, le groupe d'images et la planche réunissent un ensemble d'images et de mots : un petit vocabulaire. D'ailleurs, pour la langue française et comme dans tous les dictionnaires Le Robert, chaque mot renvoie à ceux qui lui sont reliés par le sens : ces renvois sont comme des planches illustrées pour l'esprit.

Car l'ordre alphabétique a ses défauts. Comment les corriger ? Par les regroupements et les renvois, qui permettent de passer de ce que l'on connaissait (un mot courant, un nom illustre) à ce que l'on ignore. Cette méthode enrichit les moyens d'expression tout en garantissant la cohérence du savoir. Tout le secret de la pédagogie, en somme.

Enfin, grâce à l'illustration, à la couleur, qui anime aussi le texte, le plaisir s'ajoute à la connaissance, les idées les plus abstraites sont entourées par leurs manifestations sensibles.

Simplicité, clarté, mise à la portée du plus grand nombre, c'est un bel objectif, culturel et démocratique, une sorte de « développement durable » intellectuel. Ce concept méritait d'être expliqué : un article encyclopédique, après le mot *développement,* lui est consacré.

C'est dans cet esprit que les problèmes actuels et pratiques les plus importants sont traités comme les sujets plus traditionnels : le traitement des déchets, la délocalisation ou le désarmement à côté de « démocratie », « diabète » ou « dialectique ».

Dans une belle préface à un autre dictionnaire, l'écrivain Roland Barthes disait que ce genre de livres, à côté de son utilité sociale, était une « machine à rêver ». Le rêve, la rêverie viennent alors illuminer un « gai savoir ». Ce dictionnaire veut aller au-devant des besoins d'aujourd'hui.

Alain Rey

TABLEAU DES SIGNES CONVENTIONNELS, CONVENTIONS ET ABRÉVIATIONS

Les entrées traitant des noms propres sont dans le même caractère que celles traitant des mots de la langue, mais en couleur (rouge bordeaux). Les informations sur la langue (métalangue : étymologies, remarques, explicitation des sens, attitudes de discours, informations sur l'usage) sont présentées par une police de caractères spécifique en couleur (vert bronze), à l'exception des catégories grammaticales, qui sont en noir gras.

Le marquage d'un mot (par exemple fam. pour « familier ») indique que le mot n'appartient pas à l'usage courant, mais à un usage socialement marqué ; en particulier, les noms de domaines (comme biol. pour biologie) indiquent que le terme défini appartient au vocabulaire des spécialistes de ce domaine. L'absence de tout marquage de cette nature indique que l'emploi du mot est normal dans la langue courante.

I, II…	numéros généraux correspondant à un regroupement de sens apparentés ou de formes semblables
1, 2…	numéros correspondant à un sens, et éventuellement à un emploi ou un type d'emploi
■	signe de subdivision qui introduit les nuances de sens ou d'emploi à l'intérieur d'un sens
–	signe de subdivision qui introduit les nuances déterminées par le contexte, les emplois ou expressions à l'intérieur d'un même sens ou d'une même valeur
-	signe de séparation qui isole les informations dont la mention ne s'inscrit pas dans l'analyse des sens du mot (remarques, présentation d'abréviations, etc.)
■	signe de séparation qui introduit les sous-articles d'un article
■	signe de séparation qui introduit les sous-articles d'un article traitant d'un nom propre
□	signe de séparation qui introduit les sous-entrées d'un article (dérivé, etc.)
▶	signe qui introduit un article encyclopédique qui développe l'explication d'un mot de la langue ou d'un nom propre
( )	signes (parenthèses) qui isolent l'étymologie et les informations sur l'histoire de la langue
1, 2	avant une entrée, signale qu'il s'agit d'une forme homographe d'une autre (ex. : [1]BOUCHER, [2]BOUCHER).
< 1 >	pour les verbes, donne le numéro de conjugaison, qui renvoie aux tableaux placés en annexe
[ ]	après une entrée, contient la transcription phonétique d'un mot, quand il ne se prononce pas selon les règles générales de la correspondance entre l'écriture et la prononciation (voir p. XI)
*	placé après un mot, signifie qu'on y trouvera une explication
*****	placé avant un mot (notamment un mot commençant par un h), signale que ce mot se prononce sans liaison et sans élision
→	• suivi d'un mot en gras (renvoi analogique) : présente un mot qui a un rapport étroit de sens : 1° avec le mot traité ; 2° avec l'exemple ou l'expression qui précède • suivi de caractères maigres, présente un mot de sens différent, mais comparable ; une expression, une locution de même sens ou de formation identique (le mot essentiel est généralement marqué par *) • dans les étymologies, présente un mot de même origine, et signale le plus souvent qu'on trouvera une information plus riche à l'article consacré à ce mot ; voir aussi cf.
cf	dans les étymologies, présente un mot de même origine, que l'on pourra comparer ; renvoie à un mot d'une langue étrangère qui a un rapport avec le mot traité
+	présente les constructions (ex. : + subj., + adj.) ; dans les étymologies, sert à analyser les mots de formation savante
RO	introduit une variante admise par les *Rectifications de l'orthographe* sur laquelle nous émettons des réserves (voir p. XI, *Note sur les rectifications de l'orthographe de 1990*).

abrév.	abréviation
absolt	absolument (sans le complément attendu)
abusivt	abusivement (emploi très critiquable)
acoust.	terme technique d'acoustique
adj.	adjectif ; adjective
adjectivt	adjectivement
admin.	dans la langue écrite de l'administration seulement
adv.	adverbe ; adverbial, adverbiale ; adverbialement
aéron.	terme technique d'aéronautique
agric.	terme technique du langage de l'agriculture
alchim.	terme du langage de l'alchimie, des alchimistes (mot vieux ou encore utilisé en histoire des sciences)
allus.	allusion
alpin.	terme technique d'alpinisme
anat.	terme du langage technique de l'anatomie
anc.	ancien
anciennt	anciennement (présente un mot ou un sens courant qui désigne une chose du passé disparue)
anglic.	anglicisme : mot anglais, employé en français et critiqué comme emprunt abusif ou inutile
anthropol.	terme du langage didactique de l'anthropologie
Antiq.	terme technique concernant l'Antiquité
apic.	terme technique d'apiculture
appos.	apposition (par appos. : par apposition) ou apposé
apr.	après (dans une date)
arbor.	terme technique d'arboriculture → sylvic.
archaïsme	archaïsme : forme ou sens qui n'est plus d'usage normal, mais qui se rencontre encore dans la langue moderne
archéol.	terme technique ou didactique d'archéologie, d'Antiquité (→ Antiq.), d'art ou d'histoire (→ hist.)
archit.	terme technique d'architecture
argot, argotique	mot d'argot, emploi argotique limité à un milieu particulier, surtout professionnel
art.	article
astrol.	terme didactique d'astrologie
astron.	terme didactique d'astronomie
at.	atomique
auj.	aujourd'hui, de nos jours
autom.	terme ou emploi technique du langage de l'automobile
av.	avant (dans une date)
aviat.	terme technique du langage de l'aviation
biochim.	terme didactique de biochimie
biol.	terme didactique de biologie
bot.	terme didactique de botanique ; botanique (dans latin bot. : latin botanique)
cathol.	catholique
cf	confer : comparez
chim.	terme didactique du langage de la chimie
chir.	terme technique du langage de la chirurgie
(choses)	présente un sens, un emploi où le mot (adjectif, verbe) ne peut s'employer qu'avec des noms de choses ; s'oppose notamment à (personnes)

chrét.	chrétien, chrétienne
class.	classique
collectif	présente un mot employé au singulier pour désigner un ensemble, une pluralité
comm.	terme de la langue commerciale ou terme technique concernant les activités commerciales
compar.	comparaison ; comparatif, locution comparative
compl.	complément
comptab.	terme technique de comptabilité
cond.	conditionnel
conj.	conjonction ; conjonctif, conjonctive
contr.	contraire ; à distinguer de par oppos. à, opposé à
coord.	coordination
cour.	courant
cout.	terme technique de couture
cuis.	terme technique de cuisine
déc.	décembre (dans une date)
déf.	défini (art. déf. : article défini)
dém.	démonstratif
démogr.	terme didactique de démographie
dialectal	dialectal : mot ou emploi provenant d'un dialecte, d'un patois, qui n'est pas employé comme un mot du français général et n'appartient pas à l'usage bourgeois, urbain (à la différence de régional)
didact.	didactique
dir.	direct
dr.	terme de la langue du droit
E.	est (dans une orientation)
ecclés.	ecclésiastique
écol.	terme didactique d'écologie
écon.	terme didactique d'économie
électr.	terme technique d'électricité
électron.	terme technique d'électronique
ellipt	elliptiquement, par ellipse : présente une expression où un terme attendu n'est pas exprimé
embryol.	terme didactique d'embryologie
env.	environ
équit.	terme technique d'équitation → hippol.
ethnol.	terme didactique d'ethnologie
éthol.	terme didactique d'éthologie
étym.	étymologie
ex.	exemple
exagér.	exagération
exclam.	exclamation ; exclamatif, exclamative
expr.	expression
ext. (par)	par extension (s'oppose à spécialt)
f., fém.	féminin
fam.	familier, familière ; concerne le niveau de discours et ne signale pas une appartenance sociale, à la différence de pop. (populaire)
famille de	dans les étymologies, présente les mots apparentés, soit par le latin, soit (plus rarement) dans l'ensemble des langues indo-européennes
fém.	féminin → f.
févr.	février (dans une date)
fig.	figuré, figurée
fin.	terme technique de finances ; financier
généralt	généralement, le plus souvent
géogr.	terme didactique de géographie
géol.	terme didactique de géologie
géom.	terme didactique de géométrie
gramm.	terme didactique de grammaire
hippol.	terme technique ou didactique d'hippologie → équit.
hist.	terme didactique d'histoire (hist. sc. : histoire des sciences) ; historique (dans allus. hist. : allusion historique)
hortic.	terme technique d'horticulture → arbor.
id.	idem
imp.	imparfait (temps du verbe)
impér.	impératif (mode du verbe)
impers.	impersonnel ; impersonnellement
imprim.	terme technique d'imprimerie → typogr.
impropre	emploi critiquable, sur le plan syntaxique ou sémantique
in	dans
ind., indir.	indirect, indirecte
indéf.	indéfini
indic.	indicatif (mode du verbe)
indir.	indirect → ind.
inf.	infinitif (mode du verbe)
inform.	terme technique d'informatique
injure, injurieux	qualifie un terme, un emploi ou une locution dont le contenu sémantique implique le désir de blesser, d'insulter (plus fort que péj. : péjoratif) ; injure raciste : terme ou emploi insultant, fondé sur le préjugé ou la haine raciste
interj.	interjection ; interjectif, interjective
interrog.	interrogation ; interrogatif, interrogative
intr. ; intrans.	intransitif ; intransitivement
invar.	invariable
iron.	ironique, ironiquement, pour se moquer
janv.	janvier (dans une date)
J.-C.	Jésus-Christ (dans une date)
juill.	juillet (dans une date)
jurid.	juridique
lang.	langage
ling.	terme didactique de linguistique
littér.	terme didactique des études littéraires, ou de littérature ; désigne un mot qui n'est pas d'usage familier, qui s'emploie surtout dans l'usage écrit et soutenu
littéralt	littéralement, mot pour mot
liturg.	terme didactique de liturgie
loc.	locution
log.	terme didactique de logique
m., masc.	masculin
maj.	majuscule
mar.	terme technique ou didactique de marine concernant les navires, la navigation ; maritime, des marins (argot mar. : argot des marins).
marque, marque déposée	marque déposée : caractérise un mot dont l'usage est réglementé et qui bénéficie d'une protection légale → n. déposé
masc.	masculin → m.
math.	terme didactique de mathématiques
mécan.	terme didactique de mécanique
méd.	terme didactique de médecine (→ biol., pathol., physiol.)
météorol.	terme didactique de météorologie
métrol.	terme didactique de métrologie
milit.	terme technique du langage militaire
minér.	terme didactique de minéralogie
mod.	moderne : insiste sur le fait qu'un sens, un emploi est d'usage actuel, quand le sens précédent ou les emplois voisins sont vieux, vieillis, archaïques (abandonnés)
mus.	terme technique ou didactique de musique
mythol.	terme didactique de mythologie
n.	nom, substantif
N.	nord (dans une orientation)
n°	numéro
nat.	naturel (sc. nat. : sciences naturelles)
n. déposé	nom déposé : nom appartenant à une firme commerciale, mais utilisé comme nom commun → marque déposée (si le nom déposé est celui d'une marque)
nov.	novembre (dans une date)
O.	ouest (dans une orientation)
océanogr.	terme didactique d'océanographie

oct.	octobre (dans une date)
offic.	officiel (recomm. offic. : recommandation officielle → recomm.) ; officiellement
oppos.	opposition (par oppos. à…) ; à distinguer de contraire (→ contr.)
opposé à	introduit un mot de sens opposé, en opposition permanente, qui sert à éclairer le sens du mot défini, à l'intérieur de l'article
opt.	terme didactique ou technique d'optique
p.	page ; participe (→ p. p., p. prés.)
paléont.	terme didactique de paléontologie
pathol.	terme didactique de pathologie → physiol. et méd.
p.-ê.	peut-être
peint.	terme technique ou didactique de peinture
péj.	péjoratif ; péjorativement
pers.	personne ; personnel
(personnes)	présente un sens, un emploi où le mot (adjectif, verbe) ne peut s'employer qu'avec des noms de personnes ; s'oppose à (choses)
pharm.	terme technique ou didactique de pharmacie
philos.	terme didactique de philosophie
phonét.	terme didactique de phonétique
photogr.	terme technique de photographie
phys.	terme didactique ou technique de physique
physiol.	terme didactique de physiologie → pathol. et méd.
pl., plur.	pluriel
plais.	plaisanterie (par plais.), plaisant : emploi qui vise à être drôle, à amuser ; plaisamment
plur.	pluriel → pl.
poét.	poétique
polit.	terme didactique ou spécial de politique ; politique (dans écon. polit. : économie politique)
pop.	populaire : qualifie un mot ou un sens courant dans la langue parlée des milieux populaires, qui ne s'emploierait pas normalement dans un milieu social élevé ; à distinguer de fam., qui concerne un niveau de discours
poss.	possessif
p. p.	participe passé ; p. p. adj. : participe passé adjectif
p. prés.	participe présent
préhist.	terme technique ou didactique concernant la préhistoire
prép.	préposition ; prépositif, prépositive
prés.	présent
probablt	probablement
pron. ; pronom.	pronom ; pronominal ; pronominalement
propre (au)	au sens propre (opposé à : au figuré → fig.)
proprt	proprement
prov.	proverbe ; proverbial, proverbiale
psych.	terme didactique de psychanalyse, de psychiatrie ou de psychologie
qqch., quelque chose	quelque chose : sert à présenter une catégorie de mots (sujet, complément d'un verbe, etc.) → (choses)
qqn, quelqu'un	quelqu'un : sert à présenter une catégorie de mots. → (personnes)
rare	mot qui, dans son usage particulier (il peut être didactique, technique, etc.), n'est employé qu'exceptionnellement
récipr.	réciproque
recomm. offic.	recommandation officielle : termes et expressions approuvés ou recommandés par arrêté ministériel, en application des décrets relatifs à l'enrichissement de la langue française
réfl.	réfléchi
régional	régional : mot ou emploi particulier au français parlé dans une ou plusieurs régions géographiques (partie de la France, pays francophones) mais qui n'est pas d'usage général ; à distinguer de dialectal
rel.	relatif
relig.	terme didactique de religion → aussi théol. ; hist. relig. : histoire des religions
rem.	remarque
rhét.	terme didactique de rhétorique
s.	siècle
S.	sud (dans une orientation)
sc.	sciences : terme didactique du langage scientifique, appartenant en général au domaine de plusieurs sciences ; scientifique
sc. nat.	terme didactique de sciences naturelles
scol.	scolaire
sing.	singulier
sociol.	terme didactique de sociologie
spécialt	spécialement (s'oppose à par ext.)
statist.	terme didactique de statistique
subj.	subjonctif (mode du verbe)
subst.	substantif, substantivement ; substantivé
superl.	superlatif
sylvic.	terme technique de sylviculture
symb.	symbole
syn.	synonyme
techn.	technique : qualifie un mot ou un sens appartenant au langage technique, et peu ou mal connu de l'ensemble du public
télécomm.	terme technique de télécommunications
télév.	terme technique de télévision
théol.	terme didactique de théologie → aussi relig.
tr., trans.	transitif
trad.	traduction
trans.	transitif → tr.
typogr.	terme technique de typographie → imprim.
v.	verbe
v.	vers (devant une date)
var.	variante
vén.	terme technique de vénerie
vétér., art vétér.	mot technique de l'art vétérinaire (quand il s'agit du cheval → hippol.)
vieilli	mot, sens ou expression encore compréhensible de nos jours, mais qui ne s'emploie plus naturellement dans la langue parlée courante ; distinct de vieux
vieux	vieux (mot, sens ou emploi de l'ancienne langue, incompréhensible ou peu compréhensible de nos jours et jamais employé, sauf par effet de style : archaïsme) ; distinct de vieilli ; ne pas confondre avec anciennement (→ anciennt)
virol.	terme didactique de virologie
vitic.	terme technique de viticulture
vulg.	vulgaire : mot, sens ou emploi choquant, souvent familier (fam.) ou populaire (pop.), quelle que soit la classe sociale
zool.	terme didactique de zoologie ; zoologique

NOTE SUR LES RECTIFICATIONS DE L'ORTHOGRAPHE DE 1990

En décembre 1990, un texte portant sur des « rectifications de l'orthographe » du français était publié au *Journal officiel de la République française*. Ce texte, émanant du Conseil supérieur de la langue française, a été approuvé par l'Académie française, le Conseil de la langue française du Québec et le Conseil de la langue de la Communauté française de Belgique. Il a pour but de « formuler des propositions claires et précises sur l'orthographe du français, d'y apporter des rectifications utiles et des ajustements afin de résoudre, autant qu'il se peut, les problèmes graphiques, d'éliminer les incertitudes ou contradictions, et de permettre aussi une formation correcte aux mots nouveaux ».

Les grands principes de ce texte sont les suivants :

1. Les accents et le tréma

▪ L'accent est ajouté ou modifié sur certains mots pour les mettre en conformité avec leur prononciation ou avec les règles d'accentuation : ex. *abrègement, asséner, bésicles, évènement, sénior...*

▪ L'accent circonflexe disparaît sur les lettres *i* et *u* (et uniquement sur ces deux lettres-là), à quelques exceptions près (terminaisons verbales, noms propres et leurs dérivés, mots *dû* et *jeûne,* formes du verbe *croître*) : ex. *abime, piqure, cela me plait...*

▪ Le tréma est ajouté ou déplacé sur le *u* qui doit être prononcé : ex. *ambigüe, cigüe, gageüre...*

2. Le trait d'union et les mots composés

▪ Les numéraux composés, inférieurs ou supérieurs à cent, prennent un trait d'union : ex. *trois-cent-vingt-et-un, mille-cinq-cent-dix-huit...*

▪ Des mots savants, des mots bien implantés dans l'usage, des onomatopées évoluent vers la soudure ; leur pluriel est alors régulier : ex. *une autoécole → des autoécoles ; un faitout → des faitouts ; un hihan → des hihans ; un portemonnaie → des portemonnaies...*

▪ Dans les mots composés d'un verbe et d'un nom ou bien d'une préposition et d'un nom, la marque du pluriel est systématiquement portée par le second élément (c'est-à-dire par le nom). Au singulier, la marque du pluriel n'apparaît sur aucun des éléments, quel que soit le sens du mot composé : ex. *un sans-abri → des sans-abris ; un abat-jour → des abat-jours ; un sèche-cheveu → des sèche-cheveux ; un tire-fesse → des tire-fesses...*

3. La conjugaison

▪ Les verbes en *-eler* et *-eter* se conjuguent tous comme *peler* et *acheter* (sauf *appeler, jeter* et leurs composés) : ex. *l'eau ruissèle, j'époussèterai...*

▪ Au futur et au conditionnel, on emploie l'accent grave pour les verbes qui se conjuguent sur le modèle de *céder* : ex. *je cèderai, il libèrera, elle possèdera...*

▪ L'accent grave remplace l'accent aigu sur la première personne du singulier en *e* suivie du pronom sujet *je* : ex. *dussè-je, puissè-je...*

▪ Le participe passé de *laisser* suivi d'un infinitif est toujours invariable : ex. *Je les ai laissé partir*

4. Les mots d'origine étrangère

Les emprunts aux langues étrangères suivent dans la mesure du possible les règles qui s'appliquent aux mots français :

- par l'accent : ex. *allégro, artéfact, pénalty, révolver, sénior, sombréro, téquila...*
- par le pluriel : ex. *des matchs, des lieds, des sopranos, des stimulus, des pénaltys...*
- par le choix de la graphie la plus simple, sans accent inutile ni signe étranger : ex. *acuponcture, allo, canyon, iglou, litchi...*
- par la francisation du suffixe des anglicismes en *-er* : ex. *mixeur, sprinteur, squatteur...*
- par la soudure des mots composés : ex. *babyfoot, harakiri, teeshirt, weekend...*

5. Les anomalies

Pour harmoniser la graphie avec la prononciation ou pour régulariser des mots en accord avec leur étymologie ou avec une série similaire, il est recommandé d'écrire par ex. *boursoufflure* (famille de *souffler*), *combattif* (famille de *battre*), *dentelière, frisoter, imbécilité* (famille de *imbécile*), *nénufar, ognon, relai* (comme *balai, essai...*), etc.

Ces rectifications, qui ne sont que des propositions, ont une portée modérée : un peu plus de 2000 entrées de notre dictionnaire seulement sont concernées. Certaines règles n'ont fait qu'entériner une évolution de l'usage déjà sensible en 1990, et sont aujourd'hui largement suivies. Mais d'autres préconisations ont rencontré une résistance plus importante, notamment la disparition de l'accent circonflexe sur le *i* et le *u*. Un singulier comme *sèche-cheveu,* bien que cohérent d'un point de vue morphologique, va à l'encontre de la logique sémantique (l'appareil séchant toujours plusieurs cheveux à la fois). Dernier exemple : certaines soudures de mots composés créent des suites de lettres inhabituelles en français, pouvant entraîner des hésitations de lecture ou de prononciation *(blackout, clubhouse, rockingchair...).*

C'est pourquoi *Le Robert illustré,* respectueux de l'état présent de la chose écrite comme des besoins de ses lecteurs quant à une norme graphique, ne donne dans ses entrées que les formes qui sont déjà dans l'usage écrit. Les formes qui peuvent faire l'objet de réserves mais qui figurent dans les travaux des partisans de la réforme sont indiquées dans l'article et introduites par le symbole RO. Ainsi, chacun pourra s'informer librement et employer la forme de son choix, sachant que ni la graphie traditionnelle ni la graphie « rectifiée » ne peuvent être considérées comme fautives.

Le comité de rédaction du *Robert illustré*

ALPHABET PHONÉTIQUE POUR LA PRONONCIATION DE LA LANGUE FRANÇAISE

VOYELLES

[i] **il**, ép**i**, l**y**re

[e] bl**é**, all**er**, ch**ez**, **é**p**ée**

[ɛ] l**ai**t, m**e**rci, f**ê**te

[a] **a**mi, p**a**tte

[ɑ] p**a**s, p**â**te

[ɔ] f**o**rt, d**o**nner, s**o**l

[o] m**o**t, d**ô**me, **eau**, s**au**le, z**o**ne

[u] gen**ou**, r**ou**e

[y] r**u**e, vêt**u**

[ø] p**eu**, d**eu**x

[œ] p**eu**r, m**eu**ble

[ə] pr**e**mier

[ɛ̃] br**in**, pl**ein**, b**ain**

[ɑ̃] s**an**s, v**en**t

[ɔ̃] t**on**, **om**bre, b**on**té

[œ̃] l**un**di, br**un**, parf**um**

SEMI-CONSONNES

[j] **y**eux, pa**ill**e, p**i**ed, pan**i**er

[w] **ou**i, f**ou**et, j**ou**a (et joie)

[ɥ] h**u**ile, l**u**i

CONSONNES

[p] **p**ère, sou**p**e

[t] **t**erre, vi**t**e

[k] **c**ou, **qu**i, sa**c**, **k**épi

[b] **b**on, ro**b**e

[d] **d**ans, ai**d**e

[g] **g**are, ba**gu**e, **gu**i

[f] **f**eu, neu**f**, **ph**oto

[s] **s**ale, **c**elui, **ç**a, de**ss**ous, ta**ss**e, na**t**ion

[ʃ] **ch**at, ta**ch**e, **sch**éma

[v] **v**ous, rê**v**e

[z] **z**éro, mai**s**on, ro**s**e

[ʒ] **j**e, **g**ilet, **ge**ôle

[l] **l**ent, so**l**

[ʀ] **r**ue, veni**r**

[m] **m**ot, fla**mm**e

[n] **n**ous, to**nn**e, a**n**imal

[ɲ] a**gn**eau, vi**gn**e

---

[h] **h**op ! (exclamatif)

['] (pas de liaison) héros, onze, yaourt

[ŋ] (mots empruntés à l'anglais) campi**ng**

[χ] (mots empruntés à l'espagnol) **j**ota ; (à l'arabe) **kh**amsin, etc.

REM. 1. La distinction entre [a] et [ɑ] tend à disparaître au profit d'une voyelle centrale intermédiaire (nous avons choisi de la noter [a]).

2. La distinction entre [ɛ̃] et [œ̃] tend à disparaître au profit de [ɛ̃].

3. Le [ə] note une voyelle inaccentuée *(premier)* ou caduque *(petit)*, proche dans sa prononciation de [œ] *(peur)*, qui a tendance à se fermer en syllabe ouverte *(le* dans *fais-le)*.

4. Le [χ], son étranger au système français, est parfois remplacé par [ʀ].

A

a [ɑ] **n. m. invar. I.** Première lettre, première voyelle de l'alphabet. **– loc.** *De A à Z, depuis A jusqu'à Z,* du commencement à la fin. *Prouver qqch. par a + b,* de façon certaine, indiscutable. **II. abrév. et symboles 1.** La note *la* dans la notation musicale anglo-saxonne et germanique. **2.** Symbole de l'Ampère. **3.** *Å* : symbole de l'angström. **4.** *a* : symbole de l'are. **5.** *A3, A4, A5* : formats normalisés de feuilles de papier.

[1]a- Élément **(du latin *ad* « vers, à » *cf. ad hoc, ad libitum...*)** qui marque la direction, le but à atteindre, ou le passage d'un état à un autre (ex. *amener, alunir, adoucir*).

[2]a-, an- Élément **(du grec)** qui exprime la négation (« pas »), ou la privation (« sans »), et dit *a privatif* (ex. *anormal, acalorique*).

à prép. (vient du latin *ad* [→ [1]a-], *ab* et *apud*) REM. contraction de *à le* en *au,* de *à les* en *aux* **I. introduisant un complément d'objet indirect – (d'un v.)** « *Nous rendons à César ce qu'on doit à César* » (Hugo). *Nuire à qqn.* **– (d'un n.)** *Le recours à la force.* **– (d'un adj.)** *Fidèle à sa parole.* ■ ***À ce que* (+ subj.).** *Je tiens à ce qu'il vienne.* **II. rapports de direction 1.** Lieu de destination. *Aller à Strasbourg.* → **[2]y** (y aller). *À la porte !* **– *De... à...*** *Du Nord au Sud.* **2. *De... à...*** Progression dans une série. *Du premier au dernier. De A à Z.* **– (temps)** *J'irai de 4 à 6* (heures). **– (entre deux numéraux, marque l'approximation)** → **environ.** *Un groupe de quatre à dix personnes.* **3.** Jusqu'à (un point extrême). *Courir à perdre haleine.* **4.** Destination, but. → **pour.** *Donner une lettre à poster. Un verre à bière. Il n'est bon à rien.* **–** *Avoir à manger,* de quoi* manger. **5.** Destination de personnes, attribution. *Salut à tous !* **– (en dédicace)** *À mes amis.* **III. rapports de position 1.** Position dans un lieu. → **dans, [1]en.** *Elle vit à Lyon. Un séjour à la mer. Avoir mal à la tête.* **2.** Activité, situation. *Se mettre au travail.* **– *Être à* (+ inf.)** : en train* de. *Il est toujours à se lamenter.* **– (en tête de phrase, devant un inf.)** « *À vaincre sans péril, on triomphe sans gloire* » (Corneille). **3.** Position dans le temps. *Le train part à midi. À ces mots, il se fâcha. Remettre à plus tard.* **4.** Appartenance. *Ceci est à moi.* **–** *À nous la liberté !* **– *C'est à... de* (+ inf.)** : il appartient à... de. *C'est à moi de l'aider,* c'est mon devoir, ou c'est mon tour de l'aider. **– *C'est* (+ adj.) *à...*** *C'est gentil à vous d'accepter,* vous êtes gentil d'accepter. **IV. manière d'être ou d'agir 1.** Moyen, instrument. → **avec, par.** *Aller à pied. Bateau à voiles.* **2.** Manière. *Acheter à crédit. Vendre au détail. Tissu à fleurs.* **– *À la...* (+ adj., n., loc.).** *Filer à l'anglaise. Fermer à clé. À cor et à cri.* **3.** Prix. *Je vous le vends à dix euros.* → **pour.** *Un forfait à trente euros.* → **[1]de. 4.** Accompagnement. → **avec.** *Un pain aux raisins.* **5. (avec des nombres)** *Ils sont venus à dix, à plusieurs,* en étant dix, plusieurs à la fois. **–** *Deux à deux,* deux à la fois. → **par.**

aa [aa] **n. m. (mot d'origine hawaïenne) géol.** Coulée de lave rugueuse, le plus souvent basaltique ; cette lave.

Aa n. m. Fleuve côtier du N. de la France. Il se jette dans la mer du Nord à Gravelines. 80 km.

Aalborg voir **Ålborg**

Aalst ou **Alost** Ville de Belgique (Flandre-Orientale), chef-lieu d'arrondissement. 87 332 habitants. Beffroi du XIIIe s., collégiale Saint-Martin du XVe s. Carnaval. Activités tertiaires, brasserie.

Aalter Commune de Belgique (Flandre-Orientale), dans l'arrondissement de Gand. 29 182 habitants. Métallurgie, agriculture.

Aalto (Alvar) Architecte et urbaniste finlandais (1898-1976). Adepte du fonctionnalisme et de l'architecture organique, il créa le palais Finlandia et le campus de l'université technique, à Helsinki.

Alvar Aalto, église du Saint-Esprit à Wolfsburg (Allemagne), inaugurée en 1962.

Aar ou **Aare n. m.** Rivière de Suisse, affluent de la rive gauche du Rhin, qu'il rejoint à Waldshut. 295 km.

Aar (massif de l') Massif des Alpes suisses. Il constitue l'extrémité orientale des Alpes bernoises. Sommets du Finsteraarhorn (4 274 m), de la Jungfrau (4 158 m) et de l'Eiger (3 970 m). Il se prolonge à l'E. par le massif du Saint-Gothard.

Aarau Ville de Suisse (canton d'Argovie), sur la rive droite de l'Aar. 21 268 habitants. Ancienne place forte, la ville a gardé son caractère médiéval.

Aaron Personnage biblique, frère de Moïse et premier grand prêtre des Hébreux.

Aarschot Ville de Belgique (Brabant flamand). 30 183 habitants.

Aasen (Ivar) Philologue et poète norvégien (1813-1896). Il s'est attaché à composer à partir des dialectes populaires une « langue écrite norvégienne authentique », le *landsmaal* (langue des campagnes) à la base du *nynorsk* (le « néonorvégien »).

Aba Ville du Nigeria (État d'Ino). 1 million d'habitants. Centre industriel et pétrolier.

abaca n. m. (espagnol *abacá,* mot des Philippines) Matière textile appelée aussi *chanvre de Manille* ou *tagal,* tirée des feuilles d'un bananier ; ce bananier.

Abadān Ville et port d'Iran, sur le golfe Persique. 232 000 habitants. Raffinerie de pétrole. La ville, détruite pendant la guerre irano-irakienne (1980-1988), a été reconstruite.

Abadie (Paul) Architecte français (1812-1884). Il travailla à la restauration de Notre-Dame de Paris et conçut les plans du Sacré-Cœur de Montmartre.

abaissant, ante adj. Qui abaisse moralement. → **dégradant, humiliant.**

abaisse n. f. (de *abaisser*) Pâte amincie sous le rouleau à pâtisserie.

abaisse-langue n. m. méd. Instrument en forme de palette servant à abaisser la langue pour examiner la gorge. *Des abaisse-langues.*

abaissement n. m. 1. Action d'abaisser. **2.** Action de diminuer (une grandeur). → **diminution.** *L'abaissement de la température.* **3. vieilli** État d'une personne qui a perdu sa dignité. → **avilissement, [1]dégradation.**

abaisser v. tr. < 1 > (de *baisser*) 1. Faire descendre à un niveau plus bas. → **baisser.** *Abaisser un muret. Abaisser une vitre.* **– cuis.** Amincir (une pâte) au rouleau à pâtisserie. ■ **géom.** *Abaisser une perpendiculaire* : mener d'un point une perpendiculaire à une droite, un plan. **2.** Diminuer une quantité, une valeur. → **réduire.** *Abaisser des taxes.* **3.** *Abaisser qqn,* l'humilier. → **rabaisser.** **– absolt** « *La misère abaisse, humilie* » (Renan). → **[1]dégrader.** ■ **s'abaisser v. pron. 1.** Descendre à un niveau plus bas. *Le terrain s'abaisse vers la rivière.* → **descendre. 2.** Perdre

A

sa dignité, sa fierté. *S'abaisser à des compromissions.* → s'avilir.

abaisseur, euse adj. anat. Se dit d'un muscle servant à abaisser une partie du corps. – n. m. *L'abaisseur du sourcil.*

abajoue n. f. (pour *la bajoue*) Poche entre la joue et la mâchoire, chez certains animaux (singes, rongeurs), servant de réserve à aliments.

Abakan Ville de Russie, chef-lieu de la république de Khakassie en Sibérie. 165 200 habitants. Minerai de fer.

abandon n. m. (de l'ancien français *mettre à bandon* « mettre au pouvoir de », famille germanique de *bande, bannir*) **1.** Action d'abandonner, de renoncer à (qqch.) ou de laisser (qqch., qqn). *L'abandon d'un bien par qqn.* → cession, [1]don. *L'abandon d'un projet. Abandon de poste.* **2.** État de ce qui est délaissé. *Mourir dans l'abandon.* – *À l'abandon* loc. adv. et loc. adj. invar. : dans un état d'abandon. **3.** Fait de se laisser aller, de se détendre. *Une pose pleine d'abandon.* → nonchalance. **4.** sports Action d'abandonner (5). *Il y a eu deux abandons pendant la course.*

abandonner v. tr. < 1 > **1.** Renoncer à, ne plus vouloir de. *Abandonner sa fortune à qqn.* → donner, léguer. *Abandonner à qqn le soin de faire qqch.* – *Abandonner ses prétentions.* **2.** Quitter, laisser définitivement (qqn dont on doit s'occuper, envers qui on est lié). *Abandonner femme et enfants.* → délaisser ; fam. plaquer. – au p. p. *Chiens abandonnés.* **3.** Faire défaut. *Son courage l'abandonne.* **4.** Quitter définitivement (un lieu). *Les paysans abandonnent la campagne.* → déserter. – au p. p. *Villages abandonnés.* **5.** Renoncer à (une action difficile, pénible). → capituler. – absolt *J'abandonne !* → démissionner. *Athlète qui abandonne* (en cours d'épreuve, de compétition). **6.** Cesser d'utiliser. *Abandonner une hypothèse.* ■ **s'abandonner** v. pron. **1.** Se laisser aller (à un état, un sentiment). *S'abandonner au désespoir.* **2.** Se laisser aller physiquement. **3.** Se livrer avec confiance. → s'épancher.

abandonnique adj. psych. Qui manifeste la crainte d'être abandonné, sans qu'il existe nécessairement de raisons objectives justifiant cette crainte.

abaque n. m. (du latin, du grec *abax, abakos* « tablette », p.-ê. de l'hébreu) **1.** Boulier. – Graphique donnant la valeur approchée des solutions de certains calculs longs ou difficiles. **2.** archit. Tablette formant la partie supérieure d'un chapiteau.

abasourdir v. tr. < 2 > (de l'ancien argot *basourdir* « tuer ») **1.** Assourdir, étourdir par un grand bruit. **2.** Étourdir de surprise. → hébéter, sidérer, stupéfier. *Cette nouvelle m'a abasourdi.* – au p. p. *Un air abasourdi.* → ahuri. □ adj. **abasourdissant, ante** □ n. m. **abasourdissement**

abâtardir v. tr. < 2 > (de *bâtard*) littér. Faire perdre ses qualités à (qqn, qqch., une œuvre). → avilir, [1]dégrader. □ n. m. **abâtardissement**

Abate ou **Abbate** (Niccolò dell') voir Niccolò dell'Abate

abat-jour n. m. Réflecteur qui rabat la lumière d'une lampe. *Des abat-jours* ou *des abat-jour* (invar.).

abats n. m. pl. (de *abattre*) Parties comestibles d'animaux, autres que leur chair (cœur, foie, mou, rognons, tripes, langue...). *Abats de volailles.* → abattis. *Marchand d'abats.* → tripier.

abat-son n. m. (de *abattre* et *son* n. m.) Ensemble de lames inclinées dont on garnit les ouvertures des clochers pour renvoyer vers le sol le son des cloches. *Des abat-sons.*

abattage n. m. **I. 1.** Action d'abattre. *Abattage des arbres.* **2.** Action de détacher (le minerai) de la paroi d'une mine. **3.** Action de tuer (un animal de boucherie). **II.** fig. ***Avoir de l'abattage*** : avoir du brio, de l'entrain, tenir le public en haleine.

abattant n. m. Pièce d'un meuble, d'un siège que l'on peut lever ou abaisser à volonté.

abattée n. f. (de *abattre*) **1.** mar. Mouvement d'un navire (surtout d'un navire à voiles) dont l'axe s'éloigne du lit du vent (opposé à *aulofée*). **2.** aviat. Chute en piqué à la suite d'une perte de vitesse.

abattement n. m. **I.** Rabais sur une somme à payer. → déduction. *Abattement fiscal.* **II.** Grande diminution des forces physiques (→ épuisement, faiblesse, fatigue) ou morales (→ découragement). *Être dans un profond abattement.*

abatteur, euse n. Personne qui abat des arbres. – Personne qui abat des animaux de boucherie. ■ Ouvrier, ouvrière qui extrait le minerai, le charbon.

abattis n. m. (de *abattre*) **1.** *Les abattis* : abats de volaille ; pattes et ailes coupées. **2.** fam. Bras et jambes. – loc. (menace de bagarre) *Tu peux numéroter tes abattis !*

abattoir n. m. Lieu où l'on abat les animaux de boucherie. → abattage. ■ fig. *Envoyer des soldats à l'abattoir,* au massacre.

abattre v. tr. < 41 > (vient du latin pop., de *battuere* → battre) **I. 1.** Faire tomber. **1.** Faire tomber (ce qui est vertical), jeter à bas. *Abattre un arbre. Abattre un mur.* → démolir. **2.** Faire tomber (un être vivant) en donnant un coup mortel. → tuer. *Abattre qqn,* l'assassiner avec une arme à feu. → fam. descendre. ■ Détruire (un avion) en vol. **3.** ***Abattre son jeu*** : étaler (mettre à plat) ses cartes, en les montrant, avant la fin du jeu. – fig. Dévoiler ses desseins et passer à l'action. **4.** *Abattre de la besogne,* en faire beaucoup ; travailler beaucoup et efficacement. **II. 1.** Rendre faible, ôter les forces de (qqn). *Cette fièvre l'a abattue.* → épuiser, fatiguer. **2.** Ôter l'énergie, l'espoir, la joie à (qqn). → décourager, démoraliser, déprimer. *Ne pas se laisser abattre.* ■ **s'abattre** v. pron. **1.** Tomber tout d'un coup. → s'affaisser, s'écrouler, s'effondrer. *Le grand mât s'abattit sur le pont.* **2.** Tomber, se laisser tomber (sur qqch.), en venant des airs. *La grêle s'est abattue sur les vignes.* ■ fig. Se jeter sur (pour piller).

abattu, ue adj. **1.** Qui n'a plus de force, est très fatigué. → faible. **2.** Triste et découragé. → déprimé.

abat-vent n. m. (de *abattre* et *vent*) Lame inclinée adaptée à une fenêtre, une ouverture, une cheminée pour les protéger du vent, de la pluie. *Des abat-vents* ou *des abat-vent* (invar.).

abaya n. f. (mot arabe) Long vêtement féminin qui couvre l'ensemble du corps à l'exception du visage et des mains, traditionnel dans certains pays de culture musulmane. → niqab.

Abba Groupe suédois de musique pop. Fondé en 1970 et dissous en 1983, le groupe, qui comprenait quatre membres, demeure une référence majeure. *Dancing Queen ; Waterloo.* La musique du groupe a été reprise dans la comédie musicale *Mamma Mia !*

Le groupe Abba en concert (Benny, Frida, Agnetha et Bjorn).

Abbadides n. m. pl. Dynastie arabe qui régna à Séville de 1023 à 1091.

Abbado (Claudio) Chef d'orchestre italien (1933-2014). Directeur de la Scala de Milan de 1968 à 1986, puis de l'Opéra de Vienne de 1986 à 1991, il fut le successeur de Karajan à la tête de l'Orchestre philharmonique de Berlin (1989-2002). Il a dirigé de nombreuses œuvres lyriques et a contribué à la diffusion de la musique contemporaine.

Abbas (Ferhat) Homme d'État algérien (1899-1985). Fondateur de l'Union populaire algérienne (1938) et auteur du *Manifeste du peuple algérien,* il fut le premier président du gouvernement provisoire de la République algérienne au Caire (1958-1961).

Abbas (Mahmoud) Homme politique palestinien (né en 1935). Membre du Fatah puis de l'OLP, il fut l'un des artisans des accords d'Oslo avec Israël (1993). Premier ministre en 2003, il succéda à Y. Arafat à la tête de l'OLP (2004) et à la présidence de l'Autorité palestinienne (2005). Il obtint en 2012 que l'ONU accorde le statut d'État observateur à la Palestine.

Le président Mahmoud Abbas en 2007.

Abbas (Jalai Abbas, dit) Photographe franco-iranien (1944-2018). Grand reporter de guerre, il a notamment couvert la révolution iranienne et a montré l'influence des religions sur les sociétés.

'Abbās Oncle de Mahomet (mort v. 652). L'un de ses descendants, Abū al-'Abbās al-Saffāḥ, a fondé la dynastie des Abbassides.

Abbas Ier le Grand (1571-1629). Chah de Perse (1587-1629). Souverain de la dynastie safavide, il modernisa l'armée et contribua à renforcer la puissance et la prospérité de son pays. Il établit sa capitale à Ispahan.

'Abbās II Ḥilmī (1874-1944). Khédive d'Égypte (1892-1914). Il fut déposé par les Britanniques et remplacé par Hussein Kamal.

Abbassides n. m. pl. Dynastie de califes arabes (750-1258) fondée par Abū al-'Abbās al-Saffāḥ, descendant d''Abbās. Après leur victoire contre les Omeyades, ils déplacèrent le pouvoir de la Syrie vers l'Irak et établirent leur capitale à Bagdad. Le règne des Abbassides fut marqué par la réorganisation de l'administration (création du poste de vizir, application de la charia), la prospérité de l'économie et l'apogée des arts et des lettres.

abbatial, ale, aux adj. (du latin, de *abbatia* → abbaye) Qui appartient à l'abbaye, à l'abbé ou à l'abbesse. *Église abbatiale* ou n. f. *une abbatiale.*

abbaye [abei] n. f. (vient du latin *abbatia,* de *abbas* → abbé) Communauté religieuse dirigée par un abbé ou une abbesse. – Bâtiment de cette communauté. *Abbaye gothique.*

Abbaye (groupe de l') Groupe d'écrivains et d'artistes (Ch. Vildrac, G. Duhamel, J. Romains, P. J. Jouve) qui tentèrent, d'octobre 1906 à novembre 1907, une expérience communautaire.

Abbaye-aux-Bois Ancien couvent de bernardines fondé à Paris en 1640 et détruit en 1907. Mme Récamier y tint un célèbre salon.

Abbe (Ernst) Physicien et industriel allemand (1840-1905). Il améliora de nombreux appareils d'optique, notamment le microscope.

abbé n. m. (vient du latin *abbas*, du grec *abba*, mot araméen « père ») **1.** Supérieur d'un monastère d'hommes. **2.** Titre donné à un prêtre séculier. *L'abbé X.*

abbesse n. f. (vient du latin → abbé) Supérieure d'une communauté monastique de religieuses.

Abbeville Chef-lieu d'arrondissement de la Somme, sur la Somme. 22 895 habitants. Église gothique (façade flamboyante) et château de Bagatelle (XVIIIe s.). La ville fut en partie détruite par les bombardements allemands en 1940.

Abbey Theatre ou **Théâtre national d'Irlande** Théâtre de Dublin fondé en 1904 par lady Gregory et W. B. Yeats. Il contribua à la formation d'une conscience nationale irlandaise.

a b c n. m. invar. (noms des trois premières lettres de l'alphabet) **1.** Petit livre pour apprendre l'alphabet. → **abécédaire. 2.** Rudiments (d'un métier, d'un art). *L'a b c du métier.*

ABC Quotidien espagnol, fondé à Madrid en 1905, de tendance monarchiste et conservatrice.

ABC voir **American Broadcasting Company**

s'abcéder [apsede] v. pron. < 6 > (du latin → abcès) méd. Se transformer en abcès, suppurer. *Tumeur qui s'abcède.*

abcès n. m. (du latin, de *ab* et *cedere* → céder) **1.** Amas de pus dans une cavité du corps. *Abcès dentaire.* – *Abcès de fixation* : abcès créé pour localiser une infection ; fig. phénomène néfaste localisé permettant de canaliser un principe jugé dangereux. **2.** fig. *Crever, vider l'abcès* : dénouer une situation tendue.

ʿAbd al-ʿAzīz ibn al-Ḥasan (v. 1878-1943). Sultan du Maroc (1894-1908). Fils du sultan Moulay Hassan, il fut détrôné par son frère Moulay Hafiz.

ʿAbd al-Ḥamīd ibn Yaḥyā Écrivain arabe (mort en 750). Il fut le premier styliste de la prose arabe.

ʿAbd Allāh (v. 545-v. 570). Père de Mahomet.

Abdallah II Roi de Jordanie (né en 1962). Il succéda à son père Hussein en 1999.

Abd Allah ibn Hussein (1882-1951) Roi d'Irak (1920-1921) et de Jordanie (1949-1951). Avec l'appui de la Grande-Bretagne, il se proclama roi de Transjordanie (1946), puis après l'annexion de la Cisjordanie, roi de Jordanie. Il fut assassiné par un Palestinien.

ʿAbd Allāh ibn ʿUmar ibn Rabīʿ Premier conquérant arabe de l'Inde (VIIe s.).

ʿAbd al-Mālik ibn Marwān (646-705). Cinquième calife omeyade de Damas (685-705). Il reprit la guerre contre les Byzantins (692) et fit édifier le dôme du Rocher à Jérusalem.

ʿAbd al-Muʾmin Premier calife almohade (mort en 1163). Il conquit le Maroc sur les Almoravides.

ʿAbd al-Raḥmān (v. 1778-1859). Sultan du Maroc (1822-1859). Il soutint et hébergea Abd el-Kader pendant la conquête de l'Algérie par la France mais fut contraint de l'expulser après avoir été défait par Bugeaud à la bataille de l'Isly (1844).

ʿAbd al-Raḥmān Ier (731-788). Émir omeyade de Cordoue (756-788). Il fonda l'émirat omeyade de Cordoue (756).

ʿAbd al-Raḥmān III (v. 889-961). Calife omeyade d'Espagne (912-961). Il s'affranchit de l'autorité politique et religieuse de Bagdad et fonda le califat de Cordoue (929).

ʿAbd al-Raḥmān Khān Émir d'Afghanistan (1844-1901). Établi par les Britanniques sur le trône de Kaboul, il donna à l'Afghanistan ses frontières actuelles.

Abd el-Kader en arabe ʿAbd al-Qādir Émir arabe d'Algérie (1807-1883). Il mena pendant quinze ans la guerre sainte *(djihad)* contre les Français lors de la conquête de l'Algérie et organisa un État arabe fondé sur l'islam. Après la prise de sa smala par le duc d'Aumale (1843), il entraîna dans la guerre le sultan du Maroc qui, défait à la bataille de l'Isly (1844), finit par le chasser. Prisonnier des Français de 1847 à 1852, il se consacra ensuite à l'étude et à la méditation religieuse.

Abd el-Krim en arabe ʿAbd al-Karīm Nationaliste marocain (1882-1963). Après avoir remporté contre les Espagnols la victoire d'Anoual (1921), il dirigea la guerre du Rif contre les Français, mais dut capituler en 1926. Déporté à la Réunion, il s'échappa et se réfugia au Caire (1947) où il reprit sa lutte en faveur de l'indépendance de l'Afrique du Nord.

Abdelwadides n. m. pl. Dynastie berbère qui régna sur la région de Tlemcen de 1235 à 1554.

Abdel Wahab (Mohammed) Compositeur et chanteur égyptien (v. 1902-1991). Il mêla à la musique arabe des éléments occidentaux.

abdication n. f. Action de renoncer, spécialt au pouvoir suprême, à la couronne.

abdiquer v. tr. < 1 > (du latin, de *ab* et *dicere* → ¹dire) **1.** littér. Renoncer à (une chose). *Abdiquer toute ambition.* **2.** absolt Renoncer à agir, se déclarer vaincu. → **abandonner, céder, démissionner. 3.** spécialt *Abdiquer le pouvoir, la couronne.* – absolt Renoncer au pouvoir suprême. *Le roi abdiqua en faveur de son fils. On dit que la reine va abdiquer.*

abbaye

L'abbaye cistercienne de Valmagne (Hérault), de style gothique classique.

abdomen [abdɔmɛn] n. m. (mot latin « ventre ; utérus ») **1.** Cavité qui renferme les organes de la digestion, les viscères, à la partie inférieure du tronc, entre le petit bassin et le diaphragme. → **ventre. 2.** Partie postérieure du corps des arthropodes.

abdominal, ale, aux adj. De l'abdomen. *Muscles abdominaux* ou n. m. pl. *les abdominaux.* – n. m. pl. Exercice de développement des muscles abdominaux. *Faire des abdominaux.*

abducteur, trice adj. (du latin *abductor*, de *abducere* « enlever » → abduction) **1.** anat. Qui produit l'abduction. *Muscle abducteur.* – n. m. *L'abducteur du gros orteil.* **2.** techn. *Tube abducteur*, qui recueille les gaz provenant d'une réaction chimique.

abduction n. f. (du latin, de *ab* « loin de » et *ducere* « conduire ») didact. Mouvement qui écarte un membre, un segment de membre du plan médian du corps (opposé à *adduction*).

ʿAbduh (Muḥammad) Écrivain égyptien (1849-1905). Il travailla à la renaissance de l'islam et s'attacha à une interprétation moderniste du Coran.

Abdülaziz (1830-1876). Sultan ottoman (1861-1876). Son règne fut marqué par l'incurie politique et financière et par les soulèvements des peuples soumis à l'Empire. Il fut déposé par un coup d'État.

Abdülhamid II (1842-1918). Sultan ottoman (1876-1909). Prônant une idéologie panislamique, il mena une lutte violente contre les minorités (massacre des Arméniens, 1894-1896). La révolution des Jeunes-Turcs (1908) le contraignit à abdiquer.

Abdülmacid Ier (1823-1861). Sultan ottoman (1839-1861). Il modernisa l'Empire par une série de réformes, le Tanzimat.

Abdul Rahman (Tunku) Homme politique malais (1903-1990). Il négocia l'indépendance (1957) et présida à la formation de l'État de Malaysia.

abécédaire n. m. (du n. des quatre premières lettres de l'alphabet) vieilli Livre pour apprendre l'alphabet. → **a b c, alphabet.**

Abéché Ville du Tchad, dans le massif du Ouaddaï. Env. 98 000 habitants. Important nœud caravanier.

abeille n. f. (ancien provençal, du latin, de *apis* → apiculture) Insecte vivant en colonies et produisant la cire et le miel. *Élevage d'abeilles.* → **apiculture ; ruche.**

Abe Kōbō (Abe Kimifusa, dit) Écrivain japonais (1924-1993). Ses romans mêlent l'inspiration occidentale (romans policiers et science-fiction) et les croyances populaires du Japon. *La Femme des sables.*

Abel Personnage biblique. Deuxième fils d'Adam et Ève, il est assassiné par son frère Caïn.

Abel (Karl Friedrich) Compositeur et instrumentiste allemand (1723-1787). Claveciniste et virtuose de la viole de gambe, il fonda avec Jean-Chrétien Bach la Société des concerts Bach-Abel.

Abel (Niels Henrik) Mathématicien norvégien (1802-1829). L'un des pères de la théorie des fonctions elliptiques, il révolutionna les mathématiques de son temps.

Abélard ou **Abailard (Pierre)** Théologien et philosophe français (1079-1142). Il a principalement enseigné la théologie et la logique. Sa critique de la thèse réaliste dans le cadre de la querelle des universaux en fait un des créateurs de la doctrine conceptualiste. Ses amours avec Héloïse, et son émasculation par l'oncle de celle-ci, sont restées célèbres.

abélien, ienne [abeljɛ̃, jɛn] adj. (de N. H. *Abel*) math. *Groupe abélien*, groupe dont la loi de composition interne est commutative.

A

Abell (Kjeld) Dramaturge danois (1901-1961). Ses pièces critiquent les conventions de la classe moyenne, puis le pessimisme de l'après-guerre. Politiquement, il s'engagea contre le fascisme. *Anna Sophie Hedvig.*

Abellio (Georges Soulès, dit Raymond) Écrivain français (1907-1986). Socialiste, un moment tenté par la Collaboration, il se tourna vers la Résistance *(Heureux les pacifiques).* Ses romans et ses essais visent à une relecture ésotérique de la Bible.

Abencérages n. m. pl. Famille ou faction arabe d'Andalousie. Ils ont joué un rôle important dans le royaume de Grenade au XVe siècle.

Abeokuta Ville du Nigeria, capitale de l'État de l'Ogun. 735 000 habitants. Important centre industriel (cimenterie, textile, industries alimentaires). Cacao.

aber [abɛʀ] n. m. (mot breton) en Bretagne Vallée envahie par la mer, formant un estuaire enfoncé dans les terres. → **ria.**

Aberdeen (George Hamilton Gordon, 4e comte d') Homme politique britannique (1784-1860). Premier ministre de 1852 à 1855, il s'efforça de régler pacifiquement les différends internationaux, mais fut rendu responsable de la guerre de Crimée et démissionna.

Aberdeen Ville d'Écosse, chef-lieu de district, port sur la mer du Nord. 195 000 habitants. Activités portuaires (pêche, terminal pétrolier), industries (métallurgie, pétrochimie).

aberrance n. f. (de *aberrant*) sc. Caractère d'une grandeur qui s'écarte nettement de la valeur moyenne, dans un ensemble d'observations.

aberrant, ante adj. (du v. *aberrer* « se tromper » → **aberration**) **1.** Qui s'écarte du type commun, normal. **2.** Qui s'écarte de la règle, est contraire à la raison. → **absurde, insensé.**

aberration n. f. (du latin, de *ab* et *errare* → **errer**) **1.** Déviation du jugement, du bon sens. → **égarement, ¹folie.** *Un moment d'aberration.* **2.** Idée, conduite aberrante. *« Toutes les aberrations, phantasmes, mirages et hallucinations »* (Artaud). **3.** biol., méd. Anomalie, écart par rapport à un type. *Aberration chromosomique.* **4.** phys. Phénomène de déformation optique. – astron. Écart entre le mouvement apparent et la direction réelle d'un astre, dû aux effets combinés du mouvement de l'observateur (celui de la Terre) et de la vitesse de la lumière.

Abers (côte des) Partie du littoral du Finistère, sur la Manche, au N. de Brest, qui, très découpée, présente plusieurs abers (Aber-Wrach, Aber-Benoît, Aber-Ildut).

Aber Wrac'h n. m. Fleuve côtier (34 km) et estuaire (aber ou ria) du Finistère, près de Lannilis. Port de plaisance.

Aberystwyth Ville du pays de Galles, sur la baie de Cardigan. 18 000 habitants. Université. Station balnéaire.

Abe Shinzo Homme politique japonais (1954-2022). Il fut Premier ministre de 2006 à 2007 et de 2012 à 2020 (libéral-démocrate). Il fut assassiné en raison de ses liens avec la secte Moon.

abêtir v. tr. < 2 > (de **bête**) Rendre bête, stupide. → **abrutir, crétiniser.** *Ces lectures idiotes l'abêtissent.* – pronom. *Il s'abêtit dans ce milieu.* □ adj. **abêtissant, ante** □ n. m. **abêtissement**

Abetz (Otto) Homme politique allemand (1903-1958). Ambassadeur du IIIe Reich à Paris, il organisa la collaboration franco-allemande pendant la Seconde Guerre mondiale. Condamné en 1949, il fut libéré en 1954.

Abgar Nom de neuf rois d'Édesse de –92 à 216.

Abhinavagupta Poète indien du Cachemire d'expression sanskrite (fin Xe-XIe s.). Il est l'auteur d'œuvres inspirées par le culte de Shiva et de commentaires de textes traditionnels hindous.

Abidjan

Abidjan, la cathédrale Saint-Paul, conçue par Aldo Spiritom.

abhorrer v. tr. < 1 > (du latin, de *ab* et *horrere* → **horreur**) littér. Avoir en horreur (qqn, qqch.). → **abominer, exécrer, haïr.**

Abidjan Principale ville et port de Côte d'Ivoire, situé à l'intérieur de la lagune Ébrié, ouverte sur le golfe de Guinée. 5,6 millions d'habitants. Important centre portuaire et industriel (centrales thermiques, raffineries, construction et métallurgie, traitement du café et du cacao). Université. Capitale de la Côte d'Ivoire de 1934 à 1983.

abiétacée [abjetase] n. f. (du latin, de *abies, abietis* désignant le sapin) bot. Pinacée.

Abildgaard (Nicolai) Peintre, dessinateur, décorateur et architecte danois (1743-1809). L'un des tenants du néoclassicisme au Danemark, il sut l'adapter au romantisme.

Abilene Ville des États-Unis (Texas). 125 180 habitants. Centre de commerce, dans une région de production pétrolière et d'élevage.

abîme n. m. (du latin, du grec *abussos* « sans fond » → **abysse**) **I. 1.** concret Gouffre très profond. → **précipice. 2.** fig. Immensité effrayante. *« Éternité, néant, passé, sombres abîmes »* (Lamartine). – Grande séparation, grande différence (entre). – *Être plongé dans un abîme de perplexité,* une très grande perplexité. **3.** Situation morale ou matérielle très mauvaise, dangereuse. → **perte, ruine.** *Être au bord de l'abîme.* **II.** loc. *En abîme.* → **abyme.** - var. RO **abime.**

abîmer v. tr. < 1 > (d'abord « précipiter dans un abîme », de *abîme*) **1.** Mettre (qqch.) en mauvais état. → **casser, détériorer, endommager, salir.** *Abîmer un meuble.* – au p. p. *Un livre tout abîmé.* **2.** fam. Meurtrir, blesser (qqn) par des coups. → fam. **amocher.** – *Se faire abîmer.* ■ **s'abîmer** v. pron. **1.** Se détériorer. *Range ces photos, elles vont s'abîmer.* **2.** S'engloutir. *S'abîmer en mer.* – fig. *S'abîmer dans ses réflexions.* → se **plonger.** - var. RO **abimer.**

ab intestat [abɛ̃tɛsta] loc. adv. et loc. adj. invar. (du latin *ab intestato,* de *ab* « de » et *intestatus* « qui n'a pas fait de testament ») dr. Sans testament. *Il est mort ab intestat.* – *Succession ab intestat.*

abiotique adj. (de *a-* privatif et du grec *biôtikos* « qui concerne la vie ») biol. Où la vie est impossible. *Milieu abiotique.* – écol. Se dit d'un facteur lié au milieu, indépendant des êtres vivants. *Facteurs abiotiques* (opposé à *facteurs biotiques*).

Abitibi (lac) Lac du Canada situé à la limite du Québec et de l'Ontario. Il donne naissance à la rivière Abitibi, qui conflue avec la Missinaibi et se jette dans la baie James. Aménagements hydroélectriques.

Abitibi-Témiscamingue n. f. Région administrative du Québec (à l'extrême O.). 57 674 km². 147 000 habitants. Villes principales : Rouyn-Noranda, Val-d'Or.

abject, ecte adj. (du latin, de *ab* et *jacere* → **jeter**) Qui mérite le mépris, inspire un dégoût moral. → **ignoble, infâme, répugnant, vil.** *Un être abject.* □ adv. **abjectement**

abjection n. f. (du latin → **abject**) Caractère de ce qui est abject, ignoble. → **indignité, infamie.**

abjuration n. f. Action d'abjurer.

abjurer v. tr. < 1 > (du latin, de *ab* et *jurare* → **jurer**) Renoncer solennellement à sa religion, son opinion.

Abkhazie n. f. République autonome de Géorgie, en bordure de la mer Noire. 8 600 km². 250 000 habitants. Capitale : Soukhoumi. Région montagneuse au climat chaud et humide qui favorise les cultures tropicales. Stations balnéaires. Annexée par l'URSS en 1921, elle proclama son indépendance en 1991, ce qui entraîna un conflit armé avec la Géorgie. La volonté du président géorgien Saakachvili d'en reprendre le contrôle en 2004 relança les tensions. À la suite de la guerre d'Ossétie du Sud (août 2008), la Russie, suivie par le Nicaragua, le Venezuela et la Syrie, a reconnu l'indépendance de l'Abkhazie (indépendance non reconnue par les puissances occidentales).

ablatif n. m. (du latin → **ablation**) gramm. Cas de la déclinaison latine, indiquant qu'un substantif sert de point de départ ou d'instrument à l'action.

ablation n. f. (du latin, d'une forme de *auferre,* de *ab* et *ferre* « porter » → **-fère**) **1.** chir. Action d'enlever. → **-ectomie.** *Ablation d'un rein.* **2.** géol. Perte de substance subie par un relief. → **érosion. 3.** sc. Destruction superficielle d'un matériau sous l'effet d'un flux de chaleur intense.

-able Élément (du latin *-abilis*) qui signifie « qui peut être » (ex. *récupérable, transportable*).

ableret n. m. (de *able* → **ablette**) Filet de pêche carré. → **carrelet.** - syn. **ablier.**

ablette n. f. (de l'ancien subst. *able,* venant du latin, famille de *albus* « blanc » *cf.* **albinos**) Petit poisson comestible à écailles claires, qui vit en troupes dans les eaux douces d'Europe.

ablutions n. f. pl. (du latin, de *ab* et *luere,* pour *lavare* → **laver**) **1.** relig. Lavage du corps, comme purification religieuse. **2.** Fait de se laver. *Faire ses ablutions,* sa toilette.

abnégation n. f. (du latin, de *ab* et *negare* → **nier**) Sacrifice volontaire de soi-même, de son intérêt. → **désintéressement, dévouement, sacrifice.** *Un acte d'abnégation.*

Abner Général hébreu (XIe s. av. J.-C.). À la mort de son cousin Saül, il combattit David puis se rallia à lui. Il fut assassiné par Joab.

aboiement n. m. Action d'aboyer, cri du chien.

aux **abois** loc. adj. invar. (de *aboi* → aboyer) concret Se dit d'une bête chassée entourée par les chiens. *Un cerf aux abois.* – fig. Dans une situation désespérée. *Être aux abois.*

abolir v. tr. < 2 > (du latin, de *ab* et *alere* « nourrir » → aliment) 1. Annuler, supprimer (ce qui a un effet juridique). *Abolir une loi* (→ abroger), *une peine* (→ annuler). 2. Supprimer, faire disparaître. *L'avion abolit les distances.*

abolition n. f. Action d'abolir. → suppression. *L'abolition de la peine de mort.*

abolitionnisme n. m. Doctrine des personnes qui demandent l'abolition de qqch.

abolitionniste n. Partisan de l'abolitionnisme. – adj. *Une campagne abolitionniste.*

Abomey Ville du Bénin. 80 000 habitants. Ancienne capitale du royaume du *Dan-Homé* (ou Dahomey), fondée en 1625. Vestiges de palais royaux abritant un musée national.

Abomey-Calavi Ville du Bénin, dans la banlieue de Cotonou. 600 000 habitants. Université. Industrie agroalimentaire.

abominable adj. (du latin → abominer) 1. Qui inspire l'horreur. → affreux, atroce, horrible, monstrueux. *Un crime abominable.* – *L'abominable homme des neiges* (le yéti). 2. Très mauvais. → affreux, détestable, exécrable, infect. *Un temps abominable.* – *Il est abominable dans ce rôle.* □ adv. **abominablement**

abomination n. f. (du latin → abominer) 1. *Avoir qqch. en abomination,* en horreur. 2. Acte, chose abominable.

abominer v. tr. < 1 > (du latin *abominari* « repousser comme un mauvais présage », de *ab-* et *omen* « présage ») littér. Détester, haïr. → exécrer. « *La peine de mort que j'abomine* » (J. Green).

abondamment adv. En grande quantité. → copieusement. *Saler abondamment.* → beaucoup.

[1]**abondance** n. f. (→ abonder) 1. Grande quantité, quantité supérieure aux besoins. → profusion. prov. *Abondance de biens ne nuit pas.* – loc. ***Corne d'abondance,*** d'où s'échappent des fruits, des fleurs (emblème de l'abondance). – ***En abondance*** loc. adv. : abondamment. → à foison. 2. absolt Ressources supérieures aux besoins. *Vivre dans l'abondance.* → aisance, opulence. 3. loc. *Parler d'abondance,* avec aisance et longuement.

[2]**abondance** n. (du n. de la commune) 1. Bovin d'une race originaire de Haute-Savoie, élevée pour le lait et la viande. 2. n. m. Fromage de Savoie ressemblant au gruyère.

Abondance Commune de la Haute-Savoie. 1 450 habitants. Abbaye du XIIe s. Station de sports d'hiver. 930 m.

abondant, ante adj. Qui abonde, est en grande quantité. *Une nourriture abondante.* → copieux.

abondement [abɔ̃dmɑ̃] n. m. admin. Versement en complément (d'une somme d'argent). – absolt Contribution au financement.

abonder v. < 1 > (vient du latin *abundare,* de *ab-* et *unda* → onde) I. v. intr. 1. Être en grande quantité. *Les fautes abondent dans ce texte.* → foisonner. 2. ***Abonder en*** : avoir ou produire (qqch.) en abondance. 3. (personnes) loc. ***Abonder dans le sens de qqn,*** être tout à fait de son avis. II. v. tr. Contribuer au financement de (qqch.). *Abonder un plan d'épargne salariale.*

abonnement n. m. (→ abonner ; d'abord « terre abornée, donnant un revenu ») 1. Contrat par lequel on acquiert le bénéfice d'un service régulier moyennant un prix forfaitaire pour une durée déterminée. *Souscrire un abonnement à un journal.* 2. Fait d'avoir choisi de recevoir les messages d'un fil d'actualité, d'un utilisateur d'un réseau social.

abonner v. tr. < 1 > (pour *aborner,* de [1]*a-* et *borne*) Prendre un abonnement pour (qqn). *Abonner qqn à un journal.* – pronom. *S'abonner au câble. S'abonner à une liste de diffusion, à un fil d'actualité.* ■ **abonné, ée** p. p. 1. Qui a pris un abonnement. *Lecteurs abonnés.* – n. *Liste des abonnés d'un magazine. Les abonnés d'une chaîne de vidéos, d'un compte sur un réseau social.* 2. fam. ***Être abonné à*** : être coutumier de.

abonnir v. tr. < 2 > (de [1]*a-* et *bon* adj.) rare Amender, bonifier. *Abonnir une terre.* → améliorer. ■ **s'abonnir** v. pron. Devenir bon. *Le vin s'abonnit en vieillissant.* → se bonifier. □ n. m. **abonnissement**

abord n. m. (de *aborder*) I. au plur. *Les abords d'un lieu* : ce qui y donne accès, l'entoure. → alentours, environs. *Aux abords du lac.* II. 1. Action d'aborder qqn. *Être d'un abord facile.* → accessible. – ***Au premier abord, de prime abord*** : dès la première rencontre ; tout de suite. 2. ***D'abord*** loc. adv. : en premier lieu ; au préalable. → d'emblée. *Demandons-lui d'abord son avis, nous déciderons ensuite. Tout d'abord* : avant toute chose. – Avant tout. *L'homme est d'abord un animal.* – fam. (pour renforcer une affirmation) *D'abord, ce n'est pas à moi de faire ça.*

abordable adj. 1. (prix) Modéré, pas trop cher. – D'un prix raisonnable. 2. (personnes) Que l'on peut aborder (II, 3).

abordage n. m. 1. Manœuvre consistant à s'amarrer bord à bord avec un navire, à monter à son bord pour s'en rendre maître. *À l'abordage !* 2. Collision de deux navires.

aborder v. < 1 > (de *à* et *bord*) I. v. intr. Arriver au rivage. *Aborder dans une île, au port.* II. v. tr. 1. Heurter (un navire). → abordage. – Se mettre au contact d'un bateau pour l'attaquer. 2. Arriver à (un lieu inconnu ou qui présente des difficultés). *Le pilote aborde le virage avec prudence.* 3. *Aborder qqn,* aller près de qqn (qu'on ne connaît pas ou peu) pour lui adresser la parole. → accoster. *Être abordé par un inconnu.* 4. En venir à..., pour en parler, en débattre. → entamer. *Aborder un sujet.*

aborigène n. (du latin, de *ab-* → à et *origine*) Autochtone dont les ancêtres sont à l'origine du peuplement. → indigène. *Les aborigènes d'Australie.* – adj. *Population aborigène* (opposé à *allogène*).

abortif, ive adj. (du latin → avorter) 1. Qui fait avorter. *Pilule abortive.* – n. m. *Un abortif.* 2. Qui ne parvient pas au terme de son développement. *Embryon abortif.*

aboucher v. tr. < 1 > (de *bouche*) Faire communiquer, placer bout à bout (deux conduits). ■ **s'aboucher** v. pron. ***S'aboucher avec qqn*** : se mettre en rapport avec lui. □ n. m. **abouchement**

Abou Dhabi ou **Abū Dhabī** Le plus important émirat de la fédération des Émirats arabes unis. 67 000 km^2. 2 800 000 habitants. Capitale : Abou Dhabi. Réserves de pétrole et industrie pétrolière très importantes, dont les revenus permettent un développement industriel, urbain et touristique rapide. Musées (Louvre Abou Dhabi construit par Jean Nouvel, Guggenheim par Frank Gehry, musée national des Émirats par Norman Foster).

Abou Dhabi est une ville moderne en fort développement.

Aboukir (batailles d') Bataille navale remportée par Nelson sur une escadre française au large d'Aboukir (localité d'Égypte), le 1er août 1798. ■ Le 25 juillet 1799, Bonaparte y rejeta une armée turque à la mer.

abouler v. tr. < 1 > (de *à* et *boule*) argot Donner. *Aboule le fric !*

aboulie n. f. (du grec, de *a-* → [2]a- et *boulê* « volonté ») méd. Diminution pathologique de la volonté. □ adj. et n. **aboulique**

Abou Seif (Salah) Cinéaste égyptien (1915-1996), auteur de documentaires, puis de longs métrages dans une veine réaliste.

Abou Simbel ou **Abū Simbel** Site archéologique d'Égypte (Basse-Nubie) sur la rive gauche du Nil. Menacés d'être submergés en raison de la construction du barrage d'Assouan, les deux temples, édifiés par Ramsès II vers –1250, ont été déplacés, sur un escarpement artificiel (1963-1968).

Abou Simbel

Abou Simbel, le grand temple, dédié à Ramsès II et aux dieux Amon, Rê et Ptah.

about n. m. (de *abouter*) techn. Extrémité d'une pièce de bois, de métal, préparée pour se joindre à une autre.

About (Edmond) Écrivain et journaliste français (1828-1885). Il fut d'abord auteur dramatique puis nouvelliste (*Les Mariages de Paris*), et romancier (*Le Roi des montagnes ; L'Homme à l'oreille cassée*). Académie française.

abouter v. tr. < 1 > (de *à* et *bout*) techn. Mettre bout à bout, joindre par le bout (→ about). □ n. m. **aboutement**

abouti, ie adj. Réussi, mené à bien. *Une transaction aboutie.*

aboutir v. < 2 > (de *à* et *bout*) I. v. tr. ind. 1. Arriver par un bout ; conduire à, se terminer dans. *Le couloir aboutit dans, à une chambre.* 2. fig. ***Aboutir à...*** : avoir pour résultat. → mener à. *Ses projets n'aboutiront à*

A

rien. **II. v. intr.** Avoir finalement un résultat. **→ réussir.** *L'enquête n'a pas abouti.*

aboutissants **n. m. pl.** *Les tenants et les aboutissants* (d'une affaire), tout ce à quoi elle tient et se rapporte.

aboutissement **n. m. 1.** Fait d'aboutir (II), d'avoir un résultat. *L'aboutissement de ses efforts.* **2.** Ce à quoi une chose aboutit. **→ résultat.** *L'aboutissement de plusieurs années de privations.*

aboyer **v. intr.** **< 8 >** **(de *abayer*, de l'onomatopée *bau, bai*)** **1.** Pousser un aboiement. *Le chien aboie.* **2.** **(sujet personne)** Crier (contre qqn). *Aboyer contre, après qqn.*

aboyeur **n. m. 1.** Chien qui aboie. **2.** Crieur professionnel ; personne qui annonce en criant.

Abrabanel ou **Abravanel** Famille de financiers et d'hommes d'État juifs espagnols, établis notamment en Italie (XVe-XVIe s.).

abracadabra **interj.** **(du grec, d'origine obscure, p.-ê. de l'hébreu)** Mot auquel on attribuait des effets magiques.

abracadabrant, ante **adj.** **(de *abracadabra*)** Extravagant, invraisemblable. *Une histoire abracadabrante.* □ **abracadabrantesque** **adj.** *« Ô flots abracadabrantesques »* (Rimbaud).

Abragam **(Anatole)** Physicien français (1914-2011). Il travailla sur le magnétisme nucléaire, notamment sur son phénomène de résonance, à l'origine de l'IRM, ainsi que sur la physique du solide.

Abraham Patriarche biblique. Yahvé conclut avec lui une alliance et lui promet une nombreuse descendance. Père d'Ismaël et d'Isaac, il accepte de sacrifier ce dernier, remplacé par un bélier selon la volonté de Dieu. Il est considéré comme l'ancêtre des peuples arabe et juif.

Abraham **(plaines d')** Plateau du Canada dominant le Saint-Laurent, dans la haute-ville de Québec. La bataille qui s'y déroula en 1759 vit la fin de la domination française au Canada.

Abraham **(Karl)** Médecin et psychanalyste allemand (1877-1925). Assistant de Jung et disciple de Freud, il fonda en 1910 la société psychanalytique de Berlin ; il se pencha notamment sur l'étude du caractère et des premières phases de la sexualité.

Abrahams **(Peter)** Romancier sud-africain de langue anglaise (1919-2017). Exilé en Grande-Bretagne, il a décrit la rupture douloureuse avec son pays d'origine et les conflits raciaux entre Blancs et Noirs. *Rouge est le sang des Noirs.*

Abramović **(Marina)** Artiste serbe (née en 1946). Elle se livre à des performances extrêmes, martyrisant parfois son corps jusqu'aux limites de l'endurance, et explore les relations entre l'artiste et le public (série *Rhythm ; Rest Energy ; The Artist is Present*).

Abramovitch **(Shalom Yaakov) voir Mendele Moïkher Sforim**

Abrams **(J. J.)** Réalisateur et scénariste américain (né en 1966). Il a notamment travaillé à des superproductions hollywoodiennes, écrivant et réalisant plusieurs épisodes de *Star Wars* et de *Mission : impossible.*

abrasif, ive **1. adj.** Qui, par frottement, use, nettoie, polit (une surface dure). **2. n. m.** Matière abrasive. *Les poudres à récurer sont des abrasifs.*

abrasion **n. f.** **(du latin, de *ab-* et *radere* → raser)** Action d'user par frottement (*abraser* **v. tr.**).

abréaction **n. f.** **(de *réaction*)** **psych.** Brusque libération émotionnelle, extériorisation d'un refoulement.

abrégé **n. m. 1.** Discours ou écrit réduit aux points essentiels. **→ résumé.** *L'abrégé d'un livre.* **– *En abrégé* loc. adv.** : en résumé, en passant sur les détails. **2.** Ouvrage présentant le résumé d'une connaissance, d'une technique. **→ [2]précis.**

abside

L'abside et les trois absidioles de l'église romane Notre-Dame de Châtel-Montagne (Allier).

abrègement **n. m.** Action d'abréger ; fait d'être abrégé. **→ abréviation.** - **var.** **abrégement.**

abréger **v. tr.** **< 3 et 6 >** **(vient du latin *abbreviare*, de *brevis* → [1]bref)** **1.** Diminuer la durée de. *Abréger un voyage.* **→ écourter.** **2.** Diminuer la matière de (un discours, un écrit). **→ raccourcir, résumer, tronquer.** *Abréger un texte.* – *Abrégeons ! au fait !* **3.** *Abréger un mot,* supprimer une partie des lettres. **– au p. p.** *Mot abrégé.* **→ abréviation.**

abreuver **v. tr.** **< 1 >** **(vient du latin, de *bibere* → [1]boire)** **1.** Faire boire (un animal). **2. fig., poét.** Arroser, imbiber en profondeur. *« Qu'un sang impur abreuve nos sillons »* (« La Marseillaise »). **3.** Donner beaucoup (de qqch.) à (qqn). *Abreuver qqn de compliments* (**→ combler**), *d'injures* (**→ accabler**). ■ **s'abreuver** **v. pron.** Boire abondamment.

abreuvoir **n. m. 1.** Lieu, récipient destiné à faire boire les animaux. **2.** **(Canada)** Fontaine à eau.

abréviatif, ive **adj.** **(de *abréviation* → abréviation ; abréger)** Qui sert à abréger. *Point abréviatif.*

abréviation **n. f.** **(du latin, de *brevis* → [1]bref ; abréger)** **1.** Action d'abréger (**spécialt** un mot). **→ abrègement.** **2.** Mot abrégé. *Liste des abréviations.*

abri **n. m.** **(de l'ancien v. *abrier* → abrier, du latin *apricare* « chauffer au soleil »)** **1.** Endroit où l'on est protégé (du mauvais temps, du danger). *Chercher un abri sous un arbre.* **2.** Construction, installation destinée à protéger. **→ [1]couvert, refuge.** *Un abri souterrain.* **3. dr.** *Abri fiscal* : opération financière encouragée par des abattements d'impôts. **4.** ***À l'abri* loc. adv.** : à couvert des intempéries, des dangers ; en lieu sûr. *Se mettre à l'abri,* s'abriter. ■ ***À l'abri de* loc. prép.** : à couvert contre (qqch.). *Se mettre à l'abri du vent.* **– fig.** *Être à l'abri du besoin.*

abribus [abʀibys] **n. m.** **(n. déposé ; de *abri* et *[auto]bus*)** Arrêt d'autobus équipé d'un abri pour les usagers. **→ régional aubette.**

abricot **n. m. et adj. invar.** **(de l'arabe par l'espagnol, emprunt au grec)** **1. n. m.** Fruit comestible à noyau, à chair et peau jaune orangé. **2. adj. invar.** Orangé clair. *Des robes abricot.*

abricotier **n. m.** Arbre fruitier qui produit l'abricot.

abrier **v. tr.** **< 7 >** **(→ abri)** **régional (Ouest ; Canada)** Couvrir, recouvrir, mettre à l'abri.

Abrikosov **(Alexei Alexeievitch)** Physicien américano-russe (1928-2017). Il élabora la théorie d'un type de supraconducteurs. Prix Nobel 2003.

abri-sous-roche **n. m.** **géol., paléont.** Cavité peu profonde au pied d'une paroi rocheuse en surplomb, ayant servi d'habitation préhistorique. *Des abris-sous-roche.*

abrité, ée **adj.** Qui est à l'abri des intempéries. *Une terrasse bien abritée.*

abriter **v. tr.** **< 1 >** **(de *abri*)** **1.** Protéger, mettre à l'abri. *Abriter qqn sous son parapluie.* **2.** **(lieu couvert)** Recevoir (des occupants). **→ héberger.** *Cet hôtel peut abriter deux cents personnes.* ■ **s'abriter** **v. pron. 1.** Se mettre à l'abri (des intempéries, du danger). **→ se garantir, se préserver, se protéger.** **2. fig.** *S'abriter derrière qqn,* faire assumer par une personne plus puissante un acte, une responsabilité, etc.

abrogatif, ive **adj.** **(→ abroger)** Qui a pour objet d'abroger. *Loi abrogative.* - **syn.** **abrogatoire.**

abroger **v. tr.** **< 3 >** **(du latin, de *ab-* → à et *rogare* → déroger, interroger)** Déclarer nul (ce qui avait été établi, institué). **→ abolir, annuler.** *Abroger une loi.* □ **n. f. abrogation**

abrupt, upte **adj.** **(du latin, de *ab-* et *ruptus* « rompu » → route)** **1.** Dont la pente est presque verticale. **→ escarpé, raide.** *Un sentier abrupt.* **– n. m.** *Un abrupt.* **→ à-pic.** **2.** **(personnes)** Qui est brusque, très direct. **→ rude.** *Elle a été un peu abrupte avec nous.* □ **adv. abruptement**

abruti, ie **adj. 1.** Hébété. *« Immobile, abruti d'étonnement et de souffrance »* (Maupassant). **2. fam.** Sans intelligence. **→ idiot, stupide.** **– n.** *Espèce d'abruti !*

abrutir **v. tr.** **< 2 >** **(de *à* et *brute*)** **1.** Dégrader l'esprit, la raison de (qqn), rendre stupide. **→ abêtir, hébéter.** **2.** Fatiguer l'esprit de (qqn). **→ accabler, écraser, surmener.** **– pronom.** *S'abrutir de travail.* ■ **(sujet chose)** *Ce vacarme m'abrutit.* **→ assourdir, étourdir.** □ **adj. abrutissant, ante** □ **n. m. abrutissement**

Abruzzes **n. f. pl.** Région d'Italie, dans l'Apennin central. 10 794 km^2 ; 1 262 700 habitants. Chef-lieu : L'Aquila. Son paysage est très contrasté, entre littoral touristique et montagne en voie de dépeuplement. Parc naturel. Pétrole et industrie autour de Pescara.

ABS [abeɛs] **n. m.** **(sigle anglais des États-Unis *Anti-lock Brake [ou Braking] System*)** Système antiblocage des roues d'un véhicule, assurant un freinage optimal sans dérapage. **– appos.** *Système ABS.*

Absalon Personnage biblique (Xe s. av. J.-C.). Fils du roi David, il se révolte contre lui. Vaincu, il est retenu dans sa fuite aux branches d'un chêne où s'est emmêlée sa chevelure et mis à mort par Joab.

abscisse **n. f.** **(du latin, de *ab-* et *caedere* « couper » → ciseau)** **math.** Coordonnée horizontale qui sert, avec l'ordonnée, à définir la position d'un point dans un plan.

A

abscons, onse adj. **(du latin *abscondere* « cacher ») littér.** Difficile à comprendre. → **obscur.** *Un langage abscons.*

absence n. f. **(du latin → absent) I. 1.** Fait de n'être pas dans un lieu où l'on pourrait être. *Nous avons regretté votre absence.* ■ **dr.** Situation légale d'une personne qui a cessé de paraître à son domicile et dont on n'a pas de nouvelles depuis au moins quatre ans. ■ **absolt** L'absence des personnes que l'on aime. *« L'absence est le plus grand des maux »* (La Fontaine). **2.** Fait de ne pas se trouver là où l'on devrait. *Les absences répétées d'un salarié* (→ **absentéisme**). **3. (choses)** Fait de ne pas être là. → **défaut, 1manque ; 2a-, 1dé-, 2in-, non-.** *« Par absence de vent, froid supportable »* (Gide). **4. *En l'absence de,*** lorsque (qqn) est absent. *Elle est plus expansive en l'absence de ses enfants.* – À défaut (de qqn qui est absent). *En l'absence du directeur, voyez son adjoint.* **II.** (Une, des absences) Fait de ne plus se rappeler (qqch.). → **trou** de mémoire. *Avoir une absence.*

absent, ente adj. **(du latin *absens,* de *ab-* et *esse* « être* ») I. 1.** *Absent de,* qui n'est pas (dans le lieu où il, elle pourrait, devrait être). *Il est absent de son bureau.* **2.** Qui n'est pas là où l'on s'attendrait à le trouver. *Le docteur est absent aujourd'hui.* – **n.** *Dire du mal des absents.* **prov.** *Les absents ont toujours tort.* **3. (choses)** *Être absent quelque part, dans un endroit, de qqch.* → **manquer.** *Un texte où la ponctuation est absente.* **II. (personnes)** Qui n'a pas l'esprit à ce qu'il devrait faire. → **distrait.** *Il était un peu absent.* – *Un air absent.* → **rêveur.**

absentéisme n. m. Comportement d'une personne (*absentéiste* **n.**) qui est souvent absente alors qu'elle devrait être présente.

s'absenter v. pron. < 1 > S'éloigner momentanément (du lieu où l'on doit être, où les autres pensent vous trouver). *Elle s'est absentée quelques instants.*

abside n. f. **(du latin, du grec *hapsis* « nœud ; voûte »)** Extrémité en demi-cercle d'une église, derrière le chœur (→ **chevet**). □ **adj. absidial, iale, iaux** ou **absidal, ale, aux**

absidiole n. f. **(diminutif de *abside*)** Petite chapelle en demi-cercle d'une abside.

Absil (Jean) Compositeur et musicologue belge (1893-1974). Son œuvre adapte les formes traditionnelles à l'écriture polytonale.

absinthe n. f. **(du latin, du grec) 1.** Plante aromatique. → **armoise. 2.** Spiritueux de couleur verte tiré de cette plante.

absolu, ue **(du latin → absoudre) I. adj. 1.** Sans limites, qui ne comporte aucune restriction ni réserve. → **intégral, total.** *Une confiance absolue.* → **complet.** *Pouvoir absolu.* → **absolutisme.** *Monarchie absolue.* **2.** Sans nuances. *Jugement absolu.* → **catégorique.** ■ **(personnes)** Qui ne supporte ni la critique ni la contradiction. → **autoritaire.** – Intransigeant, sans concession. → **entier. 3. (opposé à *relatif*)** *Majorité absolue.* ■ **math.** *Valeur absolue d'un nombre réel :* valeur correspondant à ce nombre indépendamment de son signe algébrique. **4. chim.** *Alcool absolu :* contenant moins de 1 % d'eau, presque pur. **5. gramm.** Sans complément. *Verbe en emploi absolu.* **II. n. m. 1.** Ce qui existe indépendamment de toute condition ou de tout rapport avec autre chose. **2. *Dans l'absolu :*** sans comparer, sans tenir compte des conditions, des circonstances.

absolument adv. **1.** D'une manière absolue. *Il veut absolument vous voir.* → à tout **prix. 2.** Nécessairement. *Il le faut absolument.* **3. (avec un adj.)** Tout à fait. → **totalement.** *C'est absolument faux.* **4. gramm.** *Verbe employé absolument,* sans complément.

absolution n. f. **(du latin → absoudre ; solution) 1. relig.** Effacement d'une faute par le pardon. *Donner l'absolution.* → **absoudre. 2. dr.** Action d'exempter l'auteur d'une infraction d'une sanction pénale.

absolutisme n. m. Système de gouvernement où le pouvoir du chef de l'État est absolu. → **autocratie, despotisme, dictature, tyrannie.** □ **adj. absolutiste**

absolutoire adj. **(du latin, de *absolutus* → absolu) relig. ou dr.** Qui absout.

absorbant, ante adj. **1.** Qui absorbe les fluides. *Papier absorbant.* **2. fig.** Qui occupe (qqn) tout entier. *Un travail absorbant.*

absorber v. tr. < 1 > **(du latin, de *ab-* et *sorbere* « avaler » *cf.* résorber) 1.** Laisser pénétrer et retenir (un fluide, une énergie...) dans sa substance. *Le buvard absorbe l'encre.* → **1boire. 2. (êtres vivants)** Boire, manger. *Il n'a rien absorbé depuis hier.* → **2ingérer, prendre. 3.** Faire disparaître en soi. *Ce groupe a absorbé plusieurs sociétés. Cette dépense a absorbé ses économies.* → **engloutir. 4.** Occuper (qqn) complètement. *Cette activité l'absorbe.* – **pronom.** *S'absorber dans son travail.* – **passif** *Être absorbé dans sa lecture.*

absorbeur, euse **I. adj.** Qui absorbe. **II. n. m. 1.** Élément d'une installation frigorifique dans lequel est absorbé le fluide produisant le froid. **2.** Appareil de raffinage utilisé pour l'absorption des gaz (industrie du pétrole).

absorptiométrie [apsɔʀpsjɔmetʀi] n. f. **(de *absorption* et *-métrie*)** Procédé de mesure fondé sur les phénomènes d'absorption d'un rayonnement. □ **adj. absorptiométrique**

absorption n. f. **(du latin → absorber) 1.** Action d'absorber. *L'absorption de l'eau par le sable.* **2.** Action de boire, de manger, d'avaler, de respirer (qqch. d'inhabituel ou de nuisible). → **ingestion. 3.** Fusion de sociétés, d'entreprises au bénéfice d'une seule.

absoudre v. tr. < 51 > **(vient du latin *absolvere,* de *ab-* et *solvere* → solution ; dissoudre, résoudre) 1.** Remettre les péchés de (un catholique). *Absoudre un pénitent.* → **absolution. 2. dr.** Exempter de peine l'auteur d'une infraction. *Il l'a absous* (ou **RO** *absout*), *il l'a absoute.*

absoute [apsut] n. f. **(de *absoudre*) relig. cathol.** Prières prononcées autour du cercueil, après l'office des morts.

abstème adj. **(du latin *abstemius*) didact.** Qui s'abstient de boire de l'alcool.

Abstemius (Lorenzo Bevilacqua, dit) Humaniste italien (XVe s.). Il est l'auteur de l'*Hecatomythion,* recueil de cent fables qui inspirèrent en partie La Fontaine.

s'abstenir v. pron. < 22 > **(du latin, de *ab-* et *tenere* → tenir) 1.** *S'abstenir de faire qqch.,* ne pas faire, volontairement. → **s'empêcher, éviter,** se **garder. 2. absolt** *S'abstenir :* ne pas agir, ne rien faire. **prov.** *Dans le doute, abstiens-toi.* – Ne pas voter. → **abstention. 3.** *S'abstenir d'une chose,* s'en passer volontairement ou ne pas la faire. *S'abstenir de tout commentaire.*

abstention n. f. **(du latin → s'abstenir)** Action de s'abstenir. – **spécialt** Absence de vote d'un électeur. *La motion a été adoptée par vingt voix et deux abstentions.*

abstentionnisme n. m. Attitude de ceux qui s'abstiennent de voter. □ **adj. et n. abstentionniste**

abstinence n. f. **1.** Privation de nourriture, de boissons, de certaines activités. *Faire abstinence.* **2.** Continence sexuelle. → **chasteté.** □ **adj. et n. abstinent, ente**

abstract [apstʀakt] n. m. **(mot anglais « résumé » → abstraire)** Résumé d'un texte scientifique ou technique.

abstraction n. f. **(du latin → abstraire ; traction) 1.** Fait de considérer à part une qualité, une relation, indépendamment des objets qu'on perçoit ou qu'on imagine. *L'être humain est capable d'abstraction et de généralisation.* ■ Qualité ou relation isolée par l'esprit. → **notion.** *La couleur, la forme sont des abstractions.* **2.** Idée abstraite (opposée à la réalité vécue). *La vieillesse est encore pour elle une abstraction.* **3. *Faire abstraction de qqch. :*** ne pas tenir compte de. *Abstraction faite de son âge.* **4.** Art abstrait (4). *L'abstraction lyrique.*

abstraire v. tr. < 50 > **(du latin *abstrahere,* de *ab-* et *trahere* « tirer ») 1. didact.** Considérer à part, par abstraction (un caractère, une qualité). *Abstraire une qualité d'un objet.* **2. *S'abstraire* v. pron. :** s'isoler mentalement du milieu extérieur pour mieux réfléchir. *Avec ce bruit, il est difficile de s'abstraire.*

abstrait, aite adj. **1.** Considéré par abstraction, à part des objets, de ce qu'on perçoit. *La blancheur est une idée abstraite* **(opposé à *concret*). 2.** Qui recourt à l'abstraction, n'opère pas sur la réalité. *La pensée abstraite* (→ **1théorie**). *Sciences abstraites.* → **pur. 3.** Qui est difficile à comprendre, ne comporte pas d'exemples concrets. *Un texte très abstrait.* **4. *Art abstrait :*** qui ne représente pas le monde visible, sensible (réel ou imaginaire) ; qui utilise la matière, la ligne, la couleur pour elles-mêmes **(opposé à *figuratif*).** *Peinture abstraite. Un peintre abstrait.* – **n.** *Les abstraits.* **5. n. m. *Dans l'abstrait :*** sans référence à la réalité concrète.

abstraitement adv. D'une manière abstraite.

abstrus, use adj. **(du latin, de *abstrudere* « cacher, repousser », de *trudere* → intrus) didact.** Qui est difficile à comprendre **(opposé à *clair*).** → **abscons, abstrait, obscur.** *Une théorie abstruse.*

abstrait

Art abstrait : *Composition,* de Jean-Paul Riopelle (1955), collection Artcurial, Paris.

A

absurde **(du latin, de *ab-* et *surdus* → sourd)** **I. 1. adj.** (choses) Contraire à la raison, au bon sens, à la logique. → **déraisonnable, inepte, insensé.** *Réponse absurde.* ■ (personnes) Qui agit, parle sans bon sens. **2. n. m.** Ce qui est absurde. *Raisonnement par l'absurde.* **II.** philos. **adj.** Dont l'existence est gratuite, non justifiée par une fin. *La vie est absurde.* ■ **n. m.** *« L'absurde est la notion essentielle et la première vérité »* (Camus). □ **adv. absurdement**

▶ C'est au début des années 1950, dans le sillage de la Seconde Guerre mondiale, qu'émerge à Paris un mouvement philosophique et littéraire décrivant une conscience de l'**absurde** (II) existentiel : les grands noms en sont Camus, Adamov, Beckett et Ionesco. Avec les totalitarismes et la Shoah, la notion d'humanité a été mise à mal et reste bafouée. Les religions et les grandes philosophies de l'histoire (la pensée du progrès au XVIIIe siècle, Hegel puis Marx au XIXe siècle), qui affirment que tout a un sens, se seraient-elles trompées ? Oui, explique Camus dans *L'Homme révolté* (1951) : d'où la tentation du suicide, « seule question philosophique vraiment sérieuse ». Les croyances préfabriquées peuvent apporter un soulagement illusoire mais la vie réelle reste l'éternelle répétition des mêmes gestes, la même attente toujours déçue : telle est la leçon du théâtre de Ionesco (*La Cantatrice chauve,* 1950), de Beckett (*En attendant Godot,* 1953) ou d'Adamov (*Le Ping-Pong,* 1955), qui explore les aspects à la fois comiques et angoissants de la condition humaine dans un monde privé de sens. Avec la figure de Sisyphe, Camus en tire une conclusion humaniste : la dignité ne consiste pas à nier l'absurde mais à l'affronter et à se révolter. C'est précisément parce que rien n'a de sens préexistant qu'il faut croire en l'homme.
voir aussi **existentialisme**

absurdité **n. f. 1.** Caractère absurde. **2.** Chose absurde. → **ineptie, sottise, stupidité.** *Dire des absurdités.*

Abū al-ʿAlāʾ al-Maʿarrī Écrivain et poète arabe (973-1057). Son œuvre, énigmatique, sceptique et pessimiste, fut parfois interprétée comme une parodie du Coran.

Abubacer voir **Ibn Tufayl**

Abū Bakr Beau-père de Mahomet (v. 573-634). Il fut le premier calife (632-634) à la mort du prophète.

Abū Dhabī voir **Abou Dhabi**

Abuja Capitale fédérale du Nigeria depuis 1982, siège du gouvernement depuis 1991, située au centre du pays. Plus de 2 millions d'habitants. Siège de la CEDEAO.

Abū Nuwās al-Ḥasan ibn Hāniʾ Poète arabe (762-813). Il est considéré comme le plus grand poète de son temps. Cynique et prônant l'immoralisme, il est l'auteur d'un recueil, les *Khamriyat,* dont le sujet est le vin et l'ivresse.

abus **n. m. (du latin *abusus,* de *usus* → us, usage) 1.** Action d'abuser d'une chose ; usage mauvais, excessif. *L'abus d'alcool.* → **excès.** – fam. *(Il) y a de l'abus,* de l'exagération ; les choses vont trop loin. **2.** dr. Mauvais usage d'un droit, d'une prérogative, d'un privilège. *Abus de pouvoir.* – *Abus de biens sociaux :* usage des biens d'une société à d'autres fins que celles qui sont normales et autorisées. *Abus de confiance :* délit par lequel on abuse de la confiance de qqn. **3.** Coutume mauvaise. *Les abus d'un régime.* → **injustice.**

abuser **v. tr. < 1 > (→ abus) 1.** *Abuser de... :* user mal, avec excès. *Abuser de la patience de qqn.* – absolt *Vraiment, il abuse,* il exagère. **2.** *Abuser d'une personne,* la violer. **3.** littér. Tromper. → **duper, leurrer, mystifier.** *« Les sens abusent la raison par de fausses apparences »* (Pascal). ■ **s'abuser v. pron.** Se tromper, se méprendre. loc. *Si je ne m'abuse :* sauf erreur. □ **n. et adj. abuseur, euse**

abusif, ive **adj. 1.** Qui constitue un abus. *L'usage abusif d'un médicament.* → **excessif, mauvais. 2.** (personnes) Qui abuse de son pouvoir. *Mère abusive.* → **possessif.** □ **adv. abusivement**

Abū Simbel voir **Abou Simbel**

Abydos Ancienne ville grecque d'Asie Mineure, sur l'Hellespont.

Abydos Ancienne ville de Haute-Égypte, au N.-O. de Thèbes. Ville sainte d'Osiris, elle était un célèbre lieu de pèlerinage jusqu'à l'époque gréco-romaine. Important site archéologique.

abyme **n. m. (→ abîme)** loc. *En abyme,* se dit d'une œuvre qui en contient une autre de même nature (récit dans le récit, tableau dans le tableau, film dans le film). *Mise en abyme.*

Abymes (Les) Commune de la Guadeloupe. 52 948 habitants (agglomération 250 129). Aéroport international de Pointe-à-Pitre-Le-Raizet. Quelques zones agricoles.

abyssal, ale, aux **adj. 1.** Des abysses. **2.** Très profond, gigantesque. → **insondable.** *Des profondeurs abyssales.*

abysse **n. m. (du latin → abîme) 1.** surtout au plur. Fosse sous-marine très profonde. **2.** littér. Gouffre. → **abîme.**

abyssin, ine **adj. et n. (de *Abyssinie*) 1.** De l'Abyssinie (syn. **abyssinien, enne**). – **n.** *Les Abyssins.* **2.** *Chat abyssin :* chat à tête triangulaire, au pelage fauve et au corps svelte. – **n. m.** *Un abyssin.*

Abyssinie voir **Éthiopie**

abzyme **n. f. (mot anglais, de *a[nti]b[ody]* « anticorps » et *[en]zyme*)** biochim. Anticorps doué d'activité catalytique, comme une enzyme.

Ac Symbole chimique de l'actinium.

acabit **n. m. (origine inconnue)** péj. *De cet acabit ; du même acabit,* de cette nature, de même nature.

acacia **n. m. (du latin, mot grec) 1.** Arbre à branches épineuses, à fleurs en grappes (syn. **robinier, faux acacia**). **2.** bot. Plante de la famille des mimosas.

académicien, ienne **n.** Membre d'une académie (spécialt de l'Académie française).

académie **n. f. (de l'italien, du grec « les jardins d'*Akadêmos* » → Académie) I. 1.** Société de gens de lettres, savants, artistes. *Académie de médecine.* **2.** Circonscription de l'enseignement en France. *L'académie de Strasbourg.* **3.** École supérieure. *Académie de peinture.* **4.** *Académie de billard :* établissement réservé à la pratique du billard. **II.** Représentation artistique d'un modèle nu.

Académie **n. f.** École de philosophie fondée par Platon en –387 tout près d'Athènes, dans les jardins dédiés au héros Akadêmos. On distingue généralement trois périodes dans l'École : l'Ancienne Académie, la Moyenne Académie, la Nouvelle Académie.

Académie des beaux-arts Académie issue de la réunion en 1816 de l'Académie royale de peinture et de sculpture, de l'Académie de musique et de l'Académie royale d'architecture. Elle comporte neuf sections : peinture, sculpture, architecture, gravure, musique, créations artistiques dans le cinéma et l'audiovisuel, photographie, chorégraphie, membres libres.

Académie des inscriptions et belles-lettres Académie fondée par Colbert en 1663. Elle se consacre à des travaux historiques, archéologiques et philologiques ; l'École nationale des chartes y est rattachée.

Académie des sciences Académie fondée par Colbert en 1666. Elle se consacre aux sciences mathématiques et physiques, sciences de l'univers, sciences chimiques, biologiques et médicales ainsi qu'à leurs applications.

Académie des sciences morales et politiques Académie fondée en 1795 par la Convention nationale. Elle comporte six sections : philosophie ; morale et sociologie ; législation, droit public et jurisprudence ; économie politique, statistique et finances ; histoire et géographie ; ainsi qu'une section générale.

Académie française La plus ancienne des cinq Académies qui forment l'Institut de France. Fondée par Richelieu en 1635, elle est chargée de rédiger et de mettre à jour le *Dictionnaire de la langue française* (première édition : 1694). Elle n'accepte les femmes que depuis l'élection de Marguerite Yourcenar en 1980.

Académie royale de Belgique Académie fondée en 1772 par l'impératrice Marie-Thérèse. Elle comporte trois classes : lettres, beaux-arts, sciences.

académique **adj. 1.** D'une Académie, ou de l'Académie française. *Discours académique.* **2.** péj. Qui suit étroitement les règles conventionnelles, avec froideur ou prétention. *Un style académique.* → **1conventionnel. 3.** Relatif à l'administration d'une académie (2). *Inspection académique.* – *Palmes académiques* (distinction honorifique). □ **adv. académiquement**

académisme **n. m.** Observation étroite des traditions académiques ; classicisme étroit.

Académisme : *Le Jour des morts,* de William Bouguereau (1859), musée des Beaux-Arts, Bordeaux.

acadianisme **n. m. (de *acadien*)** Fait de langue propre au français parlé en Acadie.

Acadie **n. f.** Ancienne colonie française établie au début du XVIIe s. sur le territoire actuel de la Nouvelle-Écosse. Elle fut l'objet d'incessants conflits entre la France et la Grande-Bretagne aux XVIIe et XVIIIe s. Expulsés par les Anglais en 1755, les Acadiens se réfugièrent en partie en Louisiane et revinrent s'établir dans ce qui est aujourd'hui le territoire des provinces maritimes du Canada, principalement au Nouveau-Brunswick où l'usage du français reste important.

acadien, ienne **adj. et n.** De l'Acadie. → **cajun** (Louisiane). – **n. m.** Variété de français parlée en Acadie.

açaï **n. m. (mot portugais d'origine tupie)** Espèce de palmier d'Amérique du Sud. *Baie d'açaï :* fruit qui ressemble à la myrtille, apprécié pour ses propriétés antioxydantes.

acajou **n. m. (du portugais, d'une langue indienne du Brésil → cajou) 1.** Arbre d'Amérique tropicale à bois rougeâtre, très dur, facile à polir ; ce bois. *Un mobilier en acajou.* **2.** Couleur brun rougeâtre. – **adj. invar.** *Cheveux acajou.*

acalculie **n. f. (de *a-* privatif et *calcul*)** psych. Trouble caractérisé par la perte de la capacité à calculer.

acalèphe [akalɛf] **n. m. (grec *akalêphê* « ortie de mer »)** Invertébré marin, comprenant de grandes méduses (classe des *Acalèphes*).

acalorique **adj. (de *a-* privatif et *calorique*)** Qui n'apporte pas de calories (à un organisme).

ABYSSES (écosystème sous-marin)

À partir de 1000 m de profondeur, à une température inférieure à 4 °C et sous une pression colossale, l'obscurité totale interdit la présence de tout organisme photosynthétique.
De nombreuses espèces des abysses émettent leur propre lumière, attirant ainsi congénère ou proie. La rareté de la nourriture n'autorise que peu d'individus à subsister. Méconnues pour la plupart, 80 % des espèces marines peupleraient le plancher océanique, glanant la matière organique enfouie dans les sédiments.

acanthacée n. f. bot. Plante dicotylédone méditerranéenne ou tropicale (famille des *Acanthacées* ; ex. l'acanthe).

acanthe n. f. (du latin, du grec « épine ») Plante à feuilles très découpées. – *Feuille d'acanthe* : ornement architectural.

acanthoptérygien n. m. (du latin, du grec *akantha* « épine » et *pterux, pterugos* « aile, nageoire ») vieilli Poisson osseux, à nageoire dorsale épineuse (ordre des *Acanthoptérygiens* : ex. la dorade, le maquereau, la perche).

a cappella ou **a capella** [akapela ; akapɛlla] **loc. adv. et loc. adj. invar.** (italien « à chapelle ») *Chanter a cappella*, sans accompagnement instrumental. - var. RO **à capella.**

Acapulco Ville et port du Mexique (État de Guerrero), sur la côte du Pacifique. 720 000 habitants. Importante station balnéaire.

acariâtre adj. (p.-ê. du n. de l'évêque Acharius qui passait au VIIe s. pour guérir la folie) D'un caractère désagréable, difficile. → **grincheux, hargneux.** – *Humeur, réponse acariâtre.*

acaricide adj. et n. m. (de *acari[en]* et *-cide*) Se dit d'un produit utilisé pour détruire les acariens.

acarien n. m. (du latin mod. *acarus,* du grec) Arachnide souvent parasite et pathogène (ordre des *Acariens* ; ex. aoûtat, tique).

Acarnanie n. f. Région historique de la Grèce centrale, située entre la mer Ionienne, l'Épire et l'Étolie.

acaule adj. (grec *akaulos,* de *a-* privatif et *kaulos* « tige ») bot. Sans tige apparente. *Le pissenlit, plante acaule.*

accablant, ante adj. Qui accable, fatigue. *Chaleur accablante.* → **écrasant.** – *Un témoignage accablant.* → **accusateur.** *Une nouvelle accablante.* → **triste.**

accablement n. m. État d'une personne qui supporte une situation très pénible. → **abattement.**

accabler v. tr. < 1 > (de l'ancien français *chable,* du grec *katabolê* « lancement ») **1.** Faire supporter à (qqn) une chose pénible. *Accabler qqn de travail.* → **surcharger.** *Accabler qqn de reproches.* → **abreuver.** – *Cette triste nouvelle nous accable.* **2.** Amener à un état d'abattement. *Une chaleur qui accable.* **3.** Confondre, prouver la culpabilité de. *Des preuves qui accablent un accusé.*

accalmie n. f. (de *calmir,* en marine → [1]**calme**) Moment de calme provisoire, après l'agitation. → **apaisement.**

accaparant, ante adj. **1.** Qui veut garder pour soi seul (une personne, l'attention de cette personne). → **envahissant, exclusif, exigeant.** *Un enfant accaparant.* **2.** Qui occupe entièrement le temps (de qqn). *Un travail accaparant.*

accaparer v. tr. < 1 > (italien, de *caparra,* famille de *arrhes*) **1.** vieux Acquérir et conserver des marchandises pour les revendre à un plus haut prix. **2.** Prendre, retenir en entier pour soi seul. → **monopoliser, préempter.** *Accaparer le pouvoir.* – *Le travail l'accapare tout entier.* → **occuper. 3.** *Accaparer qqn,* le retenir. □ **n. m. accaparement**

accapareur, euse n. Personne qui accapare, spécialt des marchandises pour spéculer.

accastiller v. tr. < 1 > (espagnol *accastillar,* de *castillo* « château ») mar. Mettre en place les accessoires nécessaires à la manœuvre des chaînes, des cordages, des voiles de (un navire). □ **n. m. accastillage**

accédant, ante n. *Accédant (à la propriété)* : personne qui devient propriétaire (d'une habitation).

accéder v. tr. ind. < 6 > (du latin, de *ad-* et *cedere* « aller » → **céder ; accès**) *Accéder à* **1.** Pouvoir entrer, pénétrer ; avoir accès. *On accède au grenier par une échelle.* **2.** fig. Parvenir (à un état, une situation). *Accéder à une haute fonction.* – *Accéder à la propriété* : devenir propriétaire (→ **accession**). **3.** Donner satisfaction à. → **acquiescer, consentir, souscrire.** *Accéder aux désirs de qqn.*

accélérando [akseleʀɑ̃do] adv. (italien *accelerando*) mus. En pressant le mouvement, en accélérant le tempo. – **n. m.** *Des accélérandos.* - var. **accelerando.**

A

accélérateur, trice I. adj. Qui accélère. *Force accélératrice.* II. n. m. 1. Organe qui commande l'admission du mélange gazeux au moteur (l'admission accrue augmente la vitesse). *Appuyer sur l'accélérateur* (sur la pédale). → fam. **champignon.** 2. chim. Produit, substance qui accélère une réaction. 3. phys. Appareil qui communique à des particules chargées (électrons, etc.) des énergies très élevées. → **bêtatron, cyclotron.**

accélération n. f. 1. Augmentation de la vitesse. *L'accélération d'un mouvement.* – *Cette voiture a des accélérations foudroyantes.* 2. phys. Rapport entre une variation de vitesse et l'unité de temps. 3. Augmentation d'un rythme d'exécution.

accéléré n. m. au cinéma Procédé qui accélère, à la prise de vue ou à la projection, les mouvements.

accélérer v. tr. < 6 > (du latin, de *celer* « vite » → célérité) 1. Rendre plus rapide (en se déplaçant). *Accélérer l'allure.* → **hâter, presser** ; opposé à *ralentir.* 2. Rendre plus rapide (en exécutant). → **activer, avancer.** *Il faut accélérer les travaux.* – au p. p. *Formation accélérée,* intensive. 3. intrans. Augmenter la vitesse d'une voiture, la vitesse du moteur avec l'accélérateur. ■ **s'accélérer** v. pron. Augmenter en vitesse, en rythme. *Pouls qui s'accélère.*

accéléromètre n. m. (de *accélérer* et *-mètre*) techn. Appareil qui mesure les accélérations.

accent n. m. (du latin, de *accinere,* de *ad-* et *canere* → chanter) 1. Élévation ou augmentation d'intensité de la voix sur une syllabe. *Accent de hauteur, d'intensité.* 2. Signe graphique qui sert (en français) à noter des différences dans la prononciation des voyelles ou à distinguer deux mots. *Accent grave (à, è), aigu (é), circonflexe (â, ê...).* 3. Ensemble des inflexions de la voix (timbre, intensité) exprimant un sentiment. → **intonation.** *Un accent plaintif.* 4. Ensemble des caractères phonétiques considérés comme un écart par rapport à la norme (dans une langue donnée). *L'accent du Midi. Se moquer de l'accent de qqn* (→ **glottophobie**). 5. *Mettre l'accent sur :* insister sur. *La ministre a mis l'accent sur les problèmes sociaux.*

accenteur n. m. (du latin *accentor* « celui qui chante avec ») Oiseau passereau chanteur dont deux espèces vivent en Europe.

accentuation n. f. 1. Fait, manière de placer les accents (1, 2). *Règles d'accentuation.* 2. Fait d'augmenter, de s'accentuer. *L'accentuation de cette évolution.*

accentuel, elle adj. (de *accent*) ling. Qui porte, conserve l'accent d'intensité ou l'accent tonique. *Syllabe accentuelle.*

accentuer v. tr. < 1 > (du latin → accent) 1. Élever ou intensifier la voix sur (un son). *On accentue la voyelle finale, en français.* 2. Mettre un accent (2) sur (une lettre). 3. Augmenter, intensifier (qqch.). *Accentuer son effort.* □ adj. **accentué, ée**

acceptable adj. 1. Qui mérite d'être accepté. *Une offre acceptable.* 2. Assez bon, qui peut convenir. *Des notes acceptables.* 3. ling. Qui respecte les normes. *Énoncé acceptable.* → **correct.** □ n. f. **acceptabilité**

acceptant, ante adj. et n. dr. Qui accepte, donne son consentement à une convention.

acceptation n. f. Le fait d'accepter. → **consentement.**

accepter v. tr. < 1 > (du latin, de *ad-* et *capere* « prendre ») I. *Accepter qqn, qqch.* 1. Recevoir, prendre volontiers (ce qui est offert, proposé). *Accepter une invitation.* – Consentir à. *Accepter le combat.* 2. Donner son accord à. *Accepter un contrat.* 3. *Accepter qqn,* l'admettre auprès de soi ou dans tel rôle. *Accepter qqn pour époux.* – pronom. *S'accepter tel qu'on est.* 4. Se soumettre à une épreuve ; ne pas refuser. → se **résigner, subir,** [1]**supporter.** *Il ne peut accepter son échec.* II. 1. *Accepter de* (+ inf.), bien vouloir. *Il a accepté de nous aider.* 2. *Accepter que* (+ subj.), supporter. → **permettre.** *Je n'accepte pas qu'on me parle sur ce ton.*

accepteur, euse (du latin *acceptor* → accepter) I. adj. 1. Qui accepte. 2. sc. Capable de se combiner à. *Corps accepteur d'oxygène. Atome accepteur :* dans un semi-conducteur, atome étranger pouvant recevoir un électron d'un autre atome (dit *donneur*). II. n. Personne qui accepte une lettre de change, une traite. → **tiré.**

acception n. f. (du latin « fait de prendre en compte » → accepter) 1. Sens particulier (d'un mot). → **signification.** loc. *Dans toute l'acception du terme.* 2. loc. littér. *Sans acception de :* sans faire entrer en ligne de compte. *Sans acception de personne.*

accès n. m. (du latin *accessus,* de *accedere* → accéder) I. 1. Possibilité d'aller dans (un lieu). → **entrée.** *Accès interdit au public ; accès libre, gratuit. Une voie d'accès.* 2. Passage, voie qui permet d'entrer. *Les accès de la ville sont insuffisants.* 3. Possibilité d'approcher (qqn). *Une personne d'un accès difficile.* 4. inform. Procédure pour atteindre des informations stockées dans une mémoire. 5. *Donner accès à :* permettre d'obtenir. *Diplôme qui donne accès à un emploi.* → **accéder.** II. (Entrée, arrivée brusque) 1. Arrivée ou retour d'un phénomène pathologique. *Accès de fièvre.* → **poussée.** *Accès de folie.* → **crise.** 2. Émotion vive et passagère. *Des accès de colère.*

accessibilité n. f. Possibilité d'accéder, d'arriver à. *L'accessibilité à un emploi.*

accessible adj. (du latin → accéder) 1. Où l'on peut accéder, arriver, entrer. 2. Que l'on peut payer, acheter. → **abordable.** – *Accessible à qqn :* qui peut être compris par. → **compréhensible.** *Science accessible aux seuls initiés.* 3. (personnes) Que l'on peut approcher, voir, rencontrer. *Il est très accessible.* 4. Sensible à (qqch.). *Il n'est pas accessible à la flatterie.*

accession n. f. (du latin → accéder) Fait d'accéder à (un état, une situation). *L'accession d'un État à l'indépendance.*

accessit [aksesit] n. m. (du latin *accessit proxime* « il, elle en approche le plus » → accéder) Distinction, récompense accordée à ceux qui, sans avoir obtenu de prix, s'en sont approchés. *Un premier accessit de musique.*

accessoire (du latin médiéval « qui s'ajoute », de *accedere* → accéder) I. adj. Qui vient avec ou après ce qui est principal, essentiel. → **annexe, secondaire.** *C'est tout à fait accessoire.* → **négligeable.** – n. m. *Distinguer l'essentiel de l'accessoire.* II. n. m. 1. Objet nécessaire à une représentation théâtrale, un déguisement. *Les décors, les costumes et les accessoires* (→ **accessoiriste**). 2. Pièce non indispensable (d'une machine, d'un instrument, etc.). *Pièces et accessoires d'automobile.* ■ Élément associé à une toilette (sac, ceinture, etc.).

accessoirement adv. D'une manière accessoire ; en plus d'un motif principal.

accessoiriser v. tr. < 1 > Compléter (un vêtement...) par un ou des accessoires.

accessoiriste n. Personne qui dispose les accessoires au théâtre, au cinéma, à la télévision.

Acciaiuoli Famille florentine qui dirigea une compagnie de commerce d'acier et d'armes aux XIVe et XVe siècles.

accident n. m. (du latin, de *ad-* et *cadere* « tomber » → choir) 1. philos. Ce qui n'est pas essentiel ; fait accessoire. – Épisode non essentiel (→ **accidentel**). *Un accident de parcours.* – loc. *Par accident :* par hasard. → **fortuitement.** 2. Évènement imprévu et soudain qui entraîne des dégâts, met en danger. *Accident d'avion. Les accidents de la route.* – Évènement fâcheux, malheureux. → **contretemps, ennui, mésaventure.** *Un petit accident.* → [1]**incident.** 3. mus. Altération (dièse, bémol, bécarre) placée devant une note. 4. *Accident de terrain :* déformation du terrain.

accidenté, ée adj. 1. Qui présente des inégalités du relief, des accidents (4) de terrain. *Terrain accidenté.* 2. fam. Qui a subi un accident. *Voiture accidentée.* – n. *Les accidentés de la route.*

accidentel, elle adj. 1. Qui est dû au hasard. → **fortuit, imprévu.** *Une erreur accidentelle.* 2. *Mort accidentelle,* du fait d'un accident. □ adv. **accidentellement**

accidenter v. tr. < 1 > (de *accidenté* → accident) rare 1. littér. Rendre inégal, accidenté. *Des plissements accidentent le relief.* 2. fam. Endommager dans un accident.

accidentogène adj. (de *accident* et *-gène*) Susceptible de provoquer des accidents de la route. *L'alcool, la vitesse, facteurs accidentogènes.*

accidentologie n. f. Étude des accidents de la circulation. □ adj. **accidentologique** □ n. **accidentologue**

accise n. f. (moyen néerlandais *accijs* « impôt de consommation ») En Belgique, au Canada, Ensemble des impôts indirects frappant certains produits de consommation. - Toujours au plur. en Belgique.

acclamation n. f. 1. Cri collectif d'enthousiasme pour saluer (qqn) ou approuver (qqch.). → **applaudissement, hourra, ovation, vivat.** 2. loc. adv. *Par acclamation :* massivement. *Élire par acclamation,* à main levée, sans scrutin.

acclamer v. tr. < 1 > (du latin, de *ad-* et *clamare* → clamer) Saluer par des acclamations. → **ovationner.**

acclimatable adj. Que l'on peut acclimater ; qui s'acclimate. *Plante acclimatable.*

acclimatation n. f. 1. Action d'acclimater (un animal, une plante). 2. *Jardin d'acclimatation :* jardin zoologique (→ **zoo**) et botanique où vivent des espèces exotiques.

acclimatement n. m. Fait d'habituer ou de s'habituer à un autre milieu. *L'acclimatement à l'altitude.*

acclimater v. tr. < 1 > (de *climat*) 1. Habituer (un animal, une plante) à un milieu géographique différent. *Acclimater une plante tropicale dans un pays tempéré.* ■ (compl. personne) Habituer à un nouveau pays, à de nouvelles habitudes. – pronom. *S'acclimater à un nouveau milieu.* 2. fig. Introduire quelque part (une idée, un usage).

accointances n. f. pl. (de l'ancien v. *accointer,* venant du latin, de *cognoscere* « connaître* ») *Avoir des accointances* (dans un milieu) : avoir des relations, des amis. « *Il avait des accointances parmi les hommes au pouvoir* » (R. Rolland).

accolade n. f. 1. Fait de mettre les bras autour du cou. → **embrassade.** *Donner, recevoir l'accolade.* 2. Signe à double courbure ({), qui sert à réunir plusieurs mots, lignes, colonnes. 3. archit. Arc surbaissé à courbes qui ressemble à une accolade horizontale.

accoler v. tr. < 1 > (de *col* → cou) 1. Réunir par une accolade. *Accoler des portées sur une partition.* 2. Réunir, rendre contigu. *Accoler deux lits jumeaux.* □ n. m. **accolement**

accommodant, ante adj. Qui s'accommode facilement des personnes, des circonstances. → **arrangeant, conciliant, sociable.** *Être d'une humeur accommodante.*

accommodat n. m. biol. Modification morphologique ou physiologique, non transmise aux descendants, qui permet à un être vivant de s'adapter à un nouveau milieu.

accommodation n. f. 1. Action d'accommoder (1). 2. physiol. Mise au point faite par l'œil, dans la fonction visuelle.

accommodement n. m. Accord ou compromis à l'amiable. → **conciliation.**

accommoder v. tr. < 1 > (du latin, de *ad-, cum* et *modus* → [1]commode, [1]mode) 1. *Accommoder qqch. à qqch. :* disposer ou modifier de manière à faire convenir à. → **adapter, ajuster.** 2. Préparer (des aliments) pour la consommation. → **apprêter, assaisonner, cui-**

A

siner. ■ **s'accommoder** v. pron. 1. *S'accommoder à* : s'adapter à (choses abstraites ; personnes). *Je m'accommode à ma nouvelle vie.* 2. *S'accommoder de* : accepter comme pouvant convenir. → se contenter. *Il s'accommode de tout* (→ accommodant).

accompagnant, ante n. 1. Personne qui accompagne une autre personne, notamment lors d'un séjour. 2. Personne qui soutient une personne en fin de vie. *Accompagnant bénévole en soins palliatifs.*

accompagnateur, trice n. 1. mus. Personne qui accompagne la partie principale. *Ce pianiste est l'accompagnateur d'une violoniste.* 2. Personne qui accompagne et guide un groupe ou une autre personne (enfant, handicapé). → guide.

accompagnement n. m. 1. Ce qui est servi avec une viande, un poisson. → garniture. *Un accompagnement de légumes.* 2. Action de jouer une partie musicale de soutien à la partie principale ; cette partie. *Accompagnement de piano. Chanter sans accompagnement* (→ a cappella). 3. Fait de soutenir, d'assister (qqn). *L'accompagnement des mourants.*

accompagner v. tr. < 1 > (de l'ancien français *compain* → compagnon, copain) 1. Se joindre à (qqn) pour aller où il va en même temps que lui. *Elle l'accompagne partout.* – au p. p. *Enfants seuls ou accompagnés.* ■ par ext. Soutenir, assister (qqn). *Accompagner les malades.* 2. (choses) S'ajouter à, aller avec. *Les légumes qui accompagnent une viande.* 3. Jouer avec (un musicien, un chanteur) une partie pour soutenir sa mélodie. → accompagnement. ■ **s'accompagner** v. pron. (sujet chose) *S'accompagner de* : se produire en même temps que. *« Mais toujours le plaisir de douleur s'accompagne »* (Ronsard).

accompli, ie adj. 1. Qui est parfait en son genre. → achevé, [1]consommé, incomparable. *Une cavalière accomplie.* 2. Qui est complètement terminé. *Dix-huit ans accomplis.* → révolu. – *Le fait accompli* : ce qui est fait, ce sur quoi on ne peut revenir. *Mettre qqn devant le fait accompli.*

accomplir v. tr. < 2 > (de l'ancien v. *complir*, du latin *complere* → complément) 1. Faire (qqch.) jusqu'au bout. → achever. *Accomplir une tâche.* – au p. p. *Mission accomplie !* 2. Mettre à exécution. → effectuer, exécuter, réaliser. *Accomplir un projet.* 3. Faire (ce qui est demandé, ordonné, proposé). → remplir, satisfaire à. *Accomplir son devoir.* → observer. ■ **s'accomplir** v. pron. 1. (choses) Se réaliser, avoir lieu. → arriver. *Son rêve s'est accompli.* 2. (personnes) Se réaliser pleinement. *Il s'accomplit dans le travail.*

accomplissement n. m. Fait d'accomplir, de s'accomplir. → exécution, réalisation.

accon, acconage, acconier voir acon, aconage, aconier

accord n. m. (de *accorder*) I. 1. État qui résulte d'une communauté ou d'une conformité de pensées, de sentiments. → entente. *L'accord est unanime, général ; partiel.* loc. *D'un commun accord. En parfait accord.* 2. *D'accord. Être d'accord,* avoir la même opinion ou la même intention. → s'entendre. *Elles se sont mises d'accord. Je suis d'accord avec vous. « Viendrez-vous demain ? – D'accord. »* → oui ; fam. OK. - abrév. fam. d'ac. 3. *Un accord* : arrangement entre ceux qui se mettent d'accord. → compromis, [1]convention, pacte, traité. *Négocier, conclure, passer un accord. Arriver, parvenir à un accord. Un accord de principe,* qui ne mentionne pas les détails d'application. – *Accord-cadre* : accord général qui peut servir de cadre à des accords ultérieurs. *Des accords-cadres.* 4. *Donner, refuser son accord.* → autorisation, permission. 5. (choses) *En accord avec* : adapté à, qui correspond à. *Ses opinions ne sont pas en accord avec ses actes.* → cadrer. II. 1. Association de plusieurs sons (au moins trois) simultanés ayant des rapports de fréquence codifiés par les lois de l'harmonie. *Accord parfait. Frapper, plaquer un accord au piano.* 2. Action d'accorder (III, 2) un instrument. 3. Réglage de la fréquence (d'un appareil). *L'accord d'un récepteur sur une station.* 4. gramm. Correspondance entre des formes dont l'une est subordonnée à l'autre. *L'accord de l'adjectif avec le nom. Faute d'accord.*

accordailles n. f. pl. vieux Fiançailles.

accordé, ée adj. vieux Fiancé, fiancée.

accordéon n. m. (allemand *Akkordion,* de *Akkord* → accord) 1. Instrument de musique à soufflet et à anches métalliques. 2. loc. *En accordéon,* qui forme des plis parallèles. *Des chaussettes en accordéon.* ■ Qui varie en densité ou en importance. *Une circulation en accordéon.*

accordéoniste n. Personne qui joue de l'accordéon.

accorder v. tr. < 1 > (latin pop., de *ad-* et *cor, cordis* « cœur » → concorder ; cœur) I. 1. Consentir à admettre, à tenir pour vrai. → concéder, reconnaître. *Je vous accorde que j'ai eu tort.* 2. Consentir à donner, à laisser ou à permettre. *Accorder un crédit.* → allouer. *Accorder une faveur.* → satisfaire. 3. Attribuer. *Vous accordez trop d'importance à cet échec.* → attacher. 4. pronom. (réfl.) Se donner. *Il ne s'accorde aucun répit.* II. 1. vieux Mettre d'accord (des personnes). 2. pronom. (récipr.) S'entendre. *S'accorder pour faire qqch.* III. 1. Mettre en harmonie. *Accorder ses principes et ses actes. Accorder des couleurs.* → assortir. 2. Mettre (un ou plusieurs instruments) au même diapason. *Accorder un piano.* → accordeur. – loc. *Accordez vos violons :* mettez-vous d'accord. 3. Régler la fréquence de (un appareil). 4. Donner à (un élément du discours) un aspect formel en rapport avec sa fonction ou avec la forme d'un élément dominant. – pronom. (passif) *Le verbe s'accorde avec son sujet.*

accorderie n. f. (marque déposée ; de *accord* ou de *s'accorder*) Réseau d'échange de services entre habitants d'un même quartier.

accordeur, euse n. Professionnel(le) qui accorde les pianos, les orgues, etc.

accordoir n. m. Outil d'accordeur.

[1]accore n. m. ou f. (moyen néerlandais *schore* « étai ») Pièce de bois utilisée pour caler un navire tiré au sec ou en construction.

[2]accore adj. (moyen néerlandais *schore* « rivage escarpé ») géogr. Se dit d'un rivage à falaises abruptes qui plongent verticalement dans la mer.

accort, accorte adj. (italien, vient du latin, de *ad-* et *corrigere* → corriger) vieux ou littér. Gracieux et vif. *Une accorte servante.*

accostage n. m. Fait d'accoster. ■ Opération précédant l'amarrage de deux engins lors d'un rendez-vous spatial.

accoster v. tr. < 1 > (de [1]*a-* et *coste* → [3]côte) 1. Aborder (qqn) de façon cavalière. *Être accosté par un inconnu.* 2. (bateau) Se mettre bord à bord avec (le quai, un autre bateau). *Le navire accoste le quai.* – absolt *Le navire vient d'accoster.*

accot n. m. (de *accoter*) hortic. Tas de paille, de feuilles ou de fumier froid, destiné à protéger des semis ou de jeunes plantes contre le gel.

accotement n. m. 1. Espace aménagé entre la chaussée et le fossé. → bas-côté. 2. Ballast latéral des voies ferrées.

accoter v. tr. < 1 > (vient du latin *accubitare,* p.-ê. de *cubitus* « coude ») Appuyer d'un côté. – pronom. *« Un homme debout, qui s'accotait au comptoir »* (A. Daudet).

accotoir n. m. Appui qui sert à s'accoter.

accouchée n. f. Femme qui vient d'accoucher. → mère, parturiente.

accouchement n. m. 1. Fait d'accoucher ; sortie de l'enfant du corps de sa mère. → couche(s), enfantement, parturition. 2. Opération médicale par laquelle on assiste la femme qui accouche (→ obstétrique). *Un accouchement par césarienne.* – loc. *Accouchement sans douleur,* entraînement pour diminuer les douleurs de l'accouchement.

accoucher v. < 1 > (de *coucher*) I. v. tr. ind. 1. *Accoucher de* : mettre au monde. → engendrer. *Elle a accouché d'un garçon.* – fig. loc. *La montagne qui accouche d'une souris* : une chose importante qui produit un effet dérisoire. ■ absolt Donner naissance à un enfant. → enfanter. *Accoucher avant terme.* 2. péj. Élaborer difficilement. *Il a accouché d'un mauvais roman.* 3. absolt fam. Se décider à parler. *Alors, tu accouches ?* II. v. tr. dir. Aider (une femme) à mettre au monde. *La sage-femme l'a accouchée.*

accoucheur, euse n. Personne qui fait des accouchements. → maïeuticien, sage-femme. – appos. *Médecin accoucheur.* → obstétricien.

accoudement n. m. Fait de s'appuyer sur le coude ; position d'une personne accoudée.

s'accouder v. pron. < 1 > (de *coude*) S'appuyer sur le coude, les coudes. *S'accouder à sa fenêtre.*

accoudoir n. m. Appui pour s'accouder. *Les accoudoirs d'un fauteuil.* → bras.

accouple n. f. (de *accoupler*) Lien pour attacher des chiens de chasse.

accouplement n. m. 1. Fait d'accoupler (1). *Barre d'accouplement.* 2. Union sexuelle. → coït, copulation.

accoupler v. tr. < 1 > (de *couple*) 1. Joindre, réunir par deux. *Accoupler des générateurs électriques.* – au p. p. *Bobines accouplées.* ■ fig. *Accoupler deux mots.* 2. Procéder à l'accouplement de (deux animaux). ■ **s'accoupler** v. pron. S'unir sexuellement (animaux).

accourcir v. tr. < 2 > vieux Rendre plus court. → raccourcir.

accourir v. intr. < 11 > (latin *accurere* → courir) Venir en courant, en se pressant. *Je suis accouru* ou *j'ai accouru.*

accoutrement n. m. Habillement étrange, ridicule.

accoutrer v. tr. < 1 > (vient du latin pop. ; famille de *coudre, couture*) Habiller ridiculement. → affubler, fagoter. – pronom. *S'accoutrer d'une manière grotesque.* – au p. p. *Bizarrement accoutré.*

accoutumance n. f. 1. Fait de s'habituer, de se familiariser. *Une accoutumance au malheur.* → adaptation, habitude. 2. méd. Processus par lequel un organisme tolère de mieux en mieux un agent extérieur. → immunité. – spécialt État dû à l'usage prolongé d'une drogue, d'un médicament (désir de continuer, etc.). → addiction, dépendance.

accoutumé, ée adj. Ordinaire, habituel. *À l'heure accoutumée.* – *À l'accoutumée* loc. adv. : d'ordinaire, habituellement. *Il est venu à huit heures, comme à l'accoutumée.*

accoutumer v. tr. < 1 > (→ coutume) Faire prendre l'habitude de. → habituer. *On ne l'a pas accoutumé à travailler.* – *Être accoutumé à* : avoir pris l'habitude de. *Être accoutumé au climat.* ■ **s'accoutumer** (à) v. pron. S'habituer à.

accouvage n. m. (de *couver*) techn. Éclosion des œufs provoquée et contrôlée, en couveuses artificielles.

Accra Capitale du Ghana, sur le golfe de Guinée. Plus de 2 millions d'habitants, 5,5 millions avec le port de Tema. Centre administratif, culturel (universités) du pays. Commerce et industries (alimentaire, chimique et du bois).

accréditer v. tr. < 1 > (espagnol, du latin *creditum* → crédit) 1. Donner à (qqn) l'autorité nécessaire pour agir en qualité de. *Accréditer un ambassadeur auprès d'un chef d'État.* □ n. f. **accréditation** 2. Rendre (qqch.) croyable, plausible. *Accréditer une thèse.*

accréditif, ive adj. 1. Qui accrédite (1). 2. n. m. fin. Opération par laquelle une banque met à la disposition d'un client des fonds dans un autre établissement financier.

A

accrescent, ente adj. (latin *accrescens*, de *accrescere*, de *crescere* → croître) bot. Se dit d'une partie de la fleur qui continue sa croissance après la fécondation.

accrétion n. f. (latin *accretio*, de *crescere* → croître) didact. Processus d'agglomération d'éléments inorganiques, solides ou fluides.

accro adj. et n. (abrév. de *accroché*) fam. **1.** *Accro à* : dépendant de (une drogue). *Elle est accro à l'héroïne.* → anglic. **addict. 2.** Passionné par (qqch.). *Les accros de la glisse.*

accrobranche ou **acrobranche** n. f. (*accrobranche* marque déposée ; de *acrobatie* et *branche*, avec influence de *s'accrocher aux branches*) Activité de plein air consistant à se déplacer de branche en branche et d'arbre en arbre dans une forêt spécialement aménagée.

accroc n. m. (de *accrocher*) **1.** Déchirure faite par ce qui accroche. *Faire un accroc à sa veste.* **2.** Difficulté, incident regrettable. → **anicroche, contretemps, obstacle.** *L'opération s'est déroulée sans accroc.*

accrochage n. m. **1.** Action d'accrocher. *L'accrochage des tableaux* (d'une exposition). **2.** Petit accident, léger choc entre deux véhicules. **3.** milit. Bref combat. **4.** fam. Dispute légère.

accroche n. f. Élément (dessin, slogan, début de texte) destiné à retenir l'attention. *Une bonne accroche.*

accroche-cœur n. m. Mèche de cheveux en croc, collée sur la tempe. → **guiche.** *Des accroche-cœurs.*

accroche-plat n. m. Support pour accrocher un plat ornemental au mur. *Des accroche-plats.*

accrocher v. < 1 > (→ croc) **I.** v. tr. **1.** Suspendre à un crochet. *Accrocher son manteau.* → **pendre.** – loc. *Avoir le cœur bien accroché* : ne pas être facilement écœuré, dégoûté. – fam. *Tu peux te l'accrocher* : tu ne l'auras pas. **2.** Retenir, arrêter par un crochet, une chose pointue. *Des épines accrochaient sa jupe.* **3.** Heurter légèrement (un véhicule). *Le camion a accroché l'aile de ma voiture.* **4.** Faire rester. → **retenir.** *Accrocher la lumière.* **5.** Arrêter (qqn) au passage pour lui parler. → **aborder. 6.** Retenir l'attention de (qqn). – absolt *Un slogan qui accroche* (→ **accroche, accrocheur**). **II.** v. intr. **1.** Présenter des difficultés. → **achopper.** *La négociation a accroché sur plusieurs points.* **2.** Avoir un bon contact avec qqn. *J'ai bien accroché avec elle.* – *Ça n'a pas accroché entre nous.* ■ **s'accrocher** v. pron. **1.** Se tenir avec force. → se **cramponner.** *Accrochez-vous à la rampe.* – fig. *S'accrocher à ses illusions.* – fam. *S'accrocher à qqn*, l'importuner. **2.** Ne pas céder, se montrer tenace. *Il faut s'accrocher pour réussir.* **3.** Se disputer. *Ils se sont accrochés.*

accrocheur, euse adj. **1.** (personnes) Très tenace. *Un bon vendeur, très accrocheur.* **2.** Qui retient l'attention. *Une publicité accrocheuse.*

accroire v. tr. < seulement inf. > (vient du latin *accredere* → croire) littér. *Faire accroire qqch. à qqn*, faire croire ce qui n'est pas vrai ; tromper. ■ *En faire accroire à qqn*, le tromper, lui mentir. → **abuser.**

accroissement n. m. Fait de croître, d'augmenter. → **augmentation.** *L'accroissement de la production.* – *Accroissement naturel* : différence entre le nombre de naissances et le nombre de décès dans une population au cours d'une période donnée.

accroître v. tr. < 55 sauf p. p. *accru* > (vient du latin → croître) Rendre plus grand, plus important. → **augmenter, développer, étendre.** *Accroître son pouvoir.* – au p. p. *Avoir des responsabilités accrues.* – pronom. Aller en augmentant. *La douleur s'accroît malgré les calmants.* - var. RO **accroitre.**

s'accroupir v. pron. < 2 > (→ croupe) S'asseoir les jambes repliées, sur ses talons. – au p. p. *En position accroupie.*

accroupissement n. m. Action de s'accroupir. – Position d'une personne accroupie.

accrobranche

L'accrobranche, une activité familiale et ludique pour découvrir l'écologie des arbres.

accrue n. f. (de *accroître*) didact. **1.** Augmentation de surface (d'un terrain) par le retrait des eaux. **2.** Extension (d'un bois) par rejets naturels.

accueil [akœj] n. m. **1.** Manière de recevoir qqn. *Accueil chaleureux. Faire bon accueil à qqn.* ■ Manière dont qqn accepte (une idée, une œuvre). *Ce film a reçu un accueil enthousiaste.* **2.** *D'accueil* : organisé pour accueillir. *Centre d'accueil*, chargé de recevoir des voyageurs, des réfugiés, etc. *Hôtesse d'accueil. Comité d'accueil.* **3.** Lieu, service où l'on accueille des visiteurs. *Rendez-vous à l'accueil !*

accueillant, ante adj. **1.** Qui fait bon accueil. → **hospitalier.** *Un hôte accueillant.* **2.** Où l'on se sent bien accueilli. *Une maison accueillante.*

accueillir v. tr. < 12 > (vient du latin pop., de *colligere* → cueillir) **1.** Recevoir (qqn, qqch.) d'une certaine manière. « *Étrangers, vous m'avez accueilli comme un frère* » (Hugo). *Le projet a été bien accueilli.* – *Accueillir qqn quelque part* : être là lorsqu'il arrive, aller le chercher. **2.** Donner l'hospitalité à. *Pays qui accueille des réfugiés.* **3.** Recevoir, contenir (un certain nombre de personnes). *Le stade peut accueillir cent mille supporters.* **4.** Accompagner. *Son discours a été accueilli par des huées.*

acculer v. tr. < 1 > (→ cul) **1.** Pousser dans un endroit où tout recul est impossible. *Acculer l'ennemi à la mer.* **2.** fig. Contraindre, forcer. *Acculer qqn à l'exil.*

acculturation n. f. (de l'anglais → culture) didact. Processus par lequel une personne ou un groupe assimile une culture étrangère à la sienne. □ v. tr. **acculturer** < 1 > □ adj. et n. **acculturé, ée**

accumulateur n. m. **1.** Appareil qui emmagasine l'énergie électrique fournie par une réaction chimique et la restitue sous forme de courant. *Batterie d'accumulateurs d'un véhicule.* - abrév. fam. **accus** n. m. pl. – loc. fig. *Recharger ses accus* : reconstituer ses forces. **2.** inform. Registre de l'unité de traitement d'un ordinateur où sont enregistrés les résultats des opérations.

accumulation n. f. **1.** Action d'accumuler ; fait d'être accumulé. *Une accumulation de preuves.* → **quantité. 2.** Emmagasinage d'énergie électrique. *Radiateur à accumulation.* **3.** géol. Entassement de matériaux d'érosion.

accumuler v. tr. < 1 > (latin *accumulare* → combler, cumuler) **1.** Mettre ensemble en grand nombre. → **amasser, entasser.** *Accumuler des richesses.* **2.** Réunir, produire en grand nombre. *Accumuler des preuves.* ■ **s'accumuler** v. pron. Augmenter en nombre, en volume dans un même endroit. *Le courrier s'accumule dans la boîte aux lettres.*

accus voir **accumulateur**

accusateur, trice **1.** n. Personne qui accuse. hist. *L'accusateur public* : magistrat chargé du ministère public, pendant la Révolution française. **2.** adj. Qui constitue ou dénote une accusation. *Un regard accusateur.*

accusatif n. m. (latin « qui signale » → accuser) gramm. Dans certaines langues à déclinaisons, cas marquant le complément d'objet ou certains compléments précédés d'une préposition.

accusation n. f. (latin → accuser) **1.** Action en justice par laquelle on désigne comme coupable, devant un tribunal. → **plainte, poursuite.** – par ext. *L'accusation* : le ministère public. **2.** Action de signaler (qqn) comme coupable ou (qqch.) comme répréhensible.

accusatoire adj. dr. Relatif à l'accusation.

accusé, ée **1.** n. Personne à qui on impute un délit. → **inculpé,** [1]**prévenu.** – dr. Inculpé renvoyé en cour d'assises. **2.** n. m. *Accusé de réception* : avis informant qu'une chose a été reçue. *Lettres recommandées avec accusés de réception.*

accuser v. tr. < 1 > (latin *accusare*, de *ad* et *causa* → cause) **I. 1.** Signaler ou présenter (qqn) comme coupable. → **attaquer, charger, incriminer.** *Accuser qqn de plagiat. Accuser qqn sans preuves.* – pronom. *S'accuser* : s'avouer coupable. ■ dr. Déférer (une personne soupçonnée d'un crime) devant la cour d'assises. **2.** *Accuser les évènements*, les rendre responsables (d'un mal). **II. 1.** Faire ressortir, faire sentir avec force. → **accentuer, marquer.** *Vêtement qui accuse les lignes du corps.* – au p. p. *Des traits accusés.* ■ loc. fam. *Accuser le coup*, montrer par ses réactions qu'on est affecté, moralement ou physiquement. **2.** *Accuser réception de* : donner avis qu'on a reçu (une lettre, un colis...).

AC/DC Groupe de rock fondé en Australie en 1973. Il pratique une musique authentiquement blues et rock. *Highway to Hell ; Back in Black.*

Le groupe AC/DC, avec Brian Johnson et Angus Young, en concert à New York (2003).

ace [ɛs] n. m. (mot anglais « as ») anglic., tennis Balle de service qui fait le point, l'adversaire n'ayant pu la toucher.

Aceh [atʃe] **n. m.** Province d'Indonésie à l'extrême N. de l'île de Sumatra. 55 392 km². 5,2 millions d'habitants. Capitale : Banda Aceh. Activité exportatrice (poivre, caoutchouc, bois) ; exploitation de pétrole et de gaz naturel. L'autonomie a été accordée en 2006. La charia est en vigueur. Un tsunami ravagea la province en décembre 2004.

acéphale adj. (→ -céphale) Sans tête. *Une statue acéphale.*

acéracée n. f. (du latin *acer* « érable ») Arbre dicotylédone (famille des *Acéracées* ; ex. l'érable, le sycomore).

acerbe adj. (latin *acerbus* → aigre) Qui cherche à blesser ; qui critique avec méchanceté. → **acrimonieux, ¹caustique, sarcastique.** □ **n. f. acerbité**

acéré, ée adj. (famille de *acier*) **1.** Dur, tranchant et pointu. *Griffes acérées.* **2.** fig. Précis et intentionnellement blessant. → **acerbe.** *Une critique acérée.*

acérer v. tr. < 6 > (famille de *acier*) vieux Rendre tranchant. → **aiguiser.**

acériculture n. f. (→ acéracée) Culture et exploitation de l'érable à sucre (au Canada). □ **adj. acéricole**

-acé(s), -acée(s) Éléments (du latin *-aceus*) entrant dans la formation de mots savants, notamment des noms de classes d'animaux et de familles de plantes (ex. *gallinacé, rosacée*).

acescent, ente adj. (du latin *acescere* « devenir aigre ») didact. Qui s'aigrit, devient acide. *Une bière acescente.* □ **n. f. acescence**

acétabulaire n. f. (→ acétabule) bot. Algue verte recouverte d'une carapace calcaire.

acétabule n. f. (latin *acetabulum*, de *acetum* « vinaigre » → acétique) **1.** Antiq. Vase qui servait à contenir le vinaigre. **2.** (par analogie de forme) anat. Cavité en forme de coupe où se place la tête du fémur. - syn. **acetabulum n. m.**

acétal n. m. (→ acétique) chim. Composé portant deux fonctions éther-oxyde sur le même atome de carbone, liquide volatil.

acétamide n. m. (de l'allemand) chim. Amide de l'acide acétique.

acétaminophène n. m. (de l'anglais, de *[N-]acet[yl-para-]aminophen[ol]*) (Canada) Substance antipyrétique et antalgique. → **paracétamol.**

acétate n. m. chim. Sel ou ester de l'acide acétique. – spécialt Acétate de cellulose, employé dans la fabrication de matières plastiques, de textiles synthétiques.

acétifier v. tr. < 7 > (du latin *acetum* « vinaigre ») Convertir (un alcool) en vinaigre, en acide acétique. □ **n. f. acétification**

acétique adj. (du latin *acetum* « vinaigre ») chim. *Acide acétique* : acide du vinaigre, liquide corrosif, incolore, d'odeur suffocante, provenant de l'oxydation de l'alcool éthylique.

acétobacter [asetɔbaktɛʀ] **n. m.** (du latin, de *acetum* « vinaigre » et du grec *bakterion* → bactérie) chim. Bactérie qui provoque la transformation de l'alcool en acide acétique. *Des acétobacters.*

acétone n. f. chim. Liquide incolore, volatil, inflammable, d'odeur pénétrante, utilisé comme solvant.

acétonémie n. f. (de *acétone* et *-émie*) méd. Présence anormale dans le sang d'acétone ou de cétone.

acétonurie n. f. (de *acétone* et *-urie*) méd. Présence d'acétone dans les urines.

acétylcholine n. f. (de *acétyle* et *choline*) biochim. Substance organique dérivée de la choline, intervenant comme médiateur chimique dans la transmission de l'influx nerveux.

acétylcoenzyme n. f. (de *acétyle* et *coenzyme*) biochim. *Acétylcoenzyme A* : coenzyme contenant de l'acide pantothénique*, jouant un rôle essentiel dans le métabolisme cellulaire.

acétyle n. m. (de *acétique* et *-yle*) chim. Radical univalent de formule $CH_3{-}CO{-}H$. *Chlorure d'acétyle.*

acétylène n. m. (→ acétique, et grec *hulê* « bois ») Hydrocarbure non saturé (C_2H_2), gaz incolore, inflammable et toxique, produit par action de l'eau sur le carbure de calcium. *Chalumeau à acétylène.* □ **adj. acétylénique**

acétylsalicylique adj. (de *acétyl[ène]* et *salicylique*) chim. et pharm. *Acide acétylsalicylique* : aspirine.

Achab Roi d'Israël (de 873 à 853 av. J.-C.). Opposé au prophète Élie, il laisse sa femme Jézabel favoriser le culte de Baal, ce qui lui vaut une réputation d'impiété.

Achaïe n. f. Contrée de l'ancienne Grèce, au N.-O. du Péloponnèse, donnant sur la mer Ionienne. Les Achéens s'y établirent vers la fin du IIe millénaire av. J.-C.

achaine voir **akène**

Achaios Ancêtre mythique des Achéens.

Achaios Roi séleucide (v. 270-215 av. J.-C.). Il se révolta contre Antiochos III, se proclama roi (–219) mais fut mis à mort par ce dernier.

achalandage n. m. 1. vieux ou régional (Canada) Ensemble des clients (d'un commerçant). **2.** (emploi critiqué) Ensemble des marchandises proposées par un commerçant.

achalandé, ée adj. (de *²chaland*) **1.** rare Qui a de nombreux clients (→ **²chaland**). **2.** cour. (mais critiqué) Approvisionné en marchandises, en produits assortis. *Épicerie bien achalandée.*

achalander v. tr. < 1 > rare Procurer des clients à. « *Un cinéma en plein air, chargé d'achalander les cafés* » (Gide).

achalant, ante adj. et n. (Canada) fam. (Personne) qui dérange, importune.

achaler v. tr. < 1 > (de *chaloir* « chauffer » au sens figuré) (ouest de la France ; Canada) fam. Déranger, importuner.

Achanti(s) ou **Ashanti(s) n. m. pl.** Peuple issu du groupe Akan et vivant au centre du Ghana autour de sa capitale historique Koumassi. Vivant du commerce de l'or et de la culture du cacao, les Achantis formèrent au XVIIIe s. un puissant royaume. Ils furent soumis par les Britanniques en 1902.

Achard (Marcel) Auteur dramatique et scénariste français (1899-1974). Membre de l'Académie française, il mêla tendresse et désinvolture dans ses pièces de théâtre (*Voulez-vous jouer avec moâ ?*). Il fut le scénariste de *Mayerling* et de *Madame de.*

achards n. m. pl. (du persan, par le malais et le portugais) Condiment composé de petits légumes, de fruits et de graines aromatiques, macérés dans du vinaigre. → **pickles.**

Achʿarī (Abū Burda Amīr al-) Théologien musulman (873-935). Sa *Profession de foi* (Ibana) témoigne d'une certaine ouverture à l'égard de l'argumentation rationnelle. Il est le fondateur de l'école acharite.

acharné, ée adj. Qui fait preuve d'acharnement. → **enragé.** « *Des adversaires acharnés à me détruire* » (S. de Beauvoir). – (choses) *Un combat acharné.* → **furieux.**

acharnement n. m. Ardeur furieuse et opiniâtre dans la lutte, la poursuite, l'effort. → **opiniâtreté.** *Son acharnement à le défendre.* ■ *Acharnement thérapeutique* : emploi systématique de tous les moyens pour maintenir en vie un malade condamné.

s'acharner v. pron. < 1 > (de l'ancien français *charn* « chair, proie » → chair) Combattre ou poursuivre avec fureur. *S'acharner contre qqn. Le sort s'acharne sur lui.* – *S'acharner à* (+ inf.), lutter avec ténacité, persévérer. *S'acharner à convaincre qqn.*

achat n. m. (de *achater* → acheter) **1.** Action d'acheter. → **acquisition.** *Faire des achats. Faire l'achat de* : acheter. *Achat à crédit.* **2.** Ce qu'on a acheté. *Montrez-moi vos achats.*

Achaz Roi de Juda (736-716 av. J.-C.). La Bible le condamne pour ses pratiques idolâtriques.

ache n. f. (vient du latin *apia*, pluriel de *apium*, famille de *apis* → abeille) Plante ombellifère dont une variété est le céleri.

Achebe (Chinua) Écrivain nigérian d'expression anglaise (1930-2013). Il a décrit dans ses œuvres l'influence occidentale destructrice (*Le monde s'effondre*) sur la société traditionnelle (*Le Malaise*).

achéenne (ligue) Confédération de douze villes d'Achaïe fondée au –Ve s. Réorganisée vers –280, elle se dressa contre l'expansion macédonienne. Elle soumit Sparte en –188, atteignant ainsi son apogée, mais fut écrasée par les Romains en –146.

Achéens n. m. pl. Un des premiers peuples indo-européens connus. Établis en Grèce au cours du IIe millénaire av. J.-C., ils fondèrent la civilisation mycénienne, développée à partir de Mycènes, Argos et Tirynthe. L'invasion des Doriens (fin –XIIIe s.) mit fin à leur domination.

Achéloos ou **Aspropótamos n. m.** Fleuve de Grèce (220 km) qui se jette dans la mer Ionienne. Barrages hydroélectriques.

Achéménides n. m. pl. Dynastie perse qui régna de 550 à 330 av. J.-C. Leur empire, le plus vaste de l'Antiquité, fut doté d'une administration centralisée organisée en satrapies. Leur règne fut marqué par l'essor de la vie économique et par une remarquable civilisation dont témoigne, en particulier, Persépolis.

Art achéménide : griffon du palais de Darius Ier à Suse (v. 510 av. J.-C.), musée du Louvre, Paris.

acheminement n. m. Action d'acheminer. *L'acheminement du courrier.* → **expédition.**

acheminer v. tr. < 1 > (→ chemin) Diriger vers un lieu déterminé. *Acheminer le courrier.* ■ **s'acheminer v. pron.** Se diriger, avancer. ■ fig. *S'acheminer vers la sagesse.*

achène voir **akène**

Achères Commune des Yvelines, dans l'arrondissement de Saint-Germain-en-Laye. 21 660 habitants. Centre de dépôt et de triage ferroviaires.

Achéron n. m. Fleuve des Enfers, dans la mythologie grecque. Les morts le traversent sur la barque de Charon pour entrer au royaume d'Hadès.

achetable adj. Qui peut être acheté.

acheter v. tr. < 5 > (d'abord *achater* venant du latin, de *captare* → capter) **1.** Acquérir (un bien, un droit) contre paiement. *Acheter qqch. à qqn. Acheter qqch. à crédit.* – pronom. (passif) *Cela s'achète dans une crémerie,* peut être acheté. **2.** péj. Obtenir contre de l'argent (qqch. qui ne doit pas se vendre). *Acheter le silence de qqn.* **3.** Corrompre (qqn). *Acheter un fonctionnaire.* **4.** Obtenir (un avantage) au prix d'un sacrifice. *Acheter bien cher sa tranquillité.* → **payer.**

acheteur, euse n. 1. Personne qui achète. → **acquéreur, client.** – **adj.** *Les pays acheteurs.* **2.** Personne chargée d'effectuer les achats pour le compte d'une entreprise. *Les acheteurs d'un grand magasin.*

acheuléen, enne n. m. et adj. (de *Saint-Acheul*, n. d'une commune de la Somme) paléont. *L'acheuléen* : période du paléolithique caractérisée par la taille de grands silex en bifaces. – **adj.** *La civilisation acheuléenne.*

A

achevé, ée adj. littér. Parfait en son genre. *Un modèle achevé.* → **accompli.** – péj. *C'est d'un ridicule achevé.* → **total, extrême.**

achèvement n. m. Action d'achever (un ouvrage) ; fin. *L'achèvement des travaux.*

achever v. tr. < 5 > (de l'ancien français *a chief* « à bout » → chef « tête ») **1.** Finir en menant à bonne fin. → **terminer.** *Achever le travail commencé. Achever son repas, achever de manger.* ■ (sujet chose) *Achever de,* faire complètement. *Ses reproches achevèrent de nous décourager.* **2.** Porter le coup de grâce à (une personne, un animal). → **tuer. 3.** fig. Ruiner définitivement la santé, la fortune, le moral de (qqn). – par ext. Fatiguer excessivement. → **anéantir.** *Cette longue course m'a achevée.* ■ **s'achever** v. pron. (choses) Se terminer, prendre fin.

Achgabat Capitale du Turkménistan, près de la frontière iranienne. Env. 1 million d'habitants. Industries chimique, mécanique et textile ; centrale électrique. Administrations. Université.

achigan n. m. (mot algonquin, « celui qui se débat ») (Canada) Perche noire (poisson).

Achille Héros de *L'Iliade,* roi des Myrmidons, fils de Thétis et de Pélée. Pour le rendre immortel, sa mère le plonge dans le Styx en le tenant par le talon. Il venge la mort de son ami Patrocle en tuant Hector, puis meurt après avoir été atteint au talon par une flèche décochée par Pâris.

achillée [akile] n. f. (du latin, du grec *akhilleios* « herbe d'Achille », avec laquelle Achille guérit Télèphe) bot. Plante à longues feuilles très découpées dont l'espèce la plus commune est la millefeuille.

acholie [akɔli] n. f. (du grec, de *kholê* « bile ») méd. Diminution notable de la sécrétion biliaire.

achondroplasie [akɔ̃dʀɔplazi] n. f. (du grec *akhondros* « sans cartilage » et de *-plasie* pour *-plastie*) didact. Nanisme d'origine héréditaire et congénitale, caractérisé par un arrêt de la croissance des os en longueur.

achoppement n. m. loc. fig. *Pierre d'achoppement :* obstacle, écueil.

achopper v. intr. < 1 > (famille de *chopper*) **1.** vieux Buter du pied sur un obstacle, trébucher. **2.** Se trouver arrêté par une difficulté. *Les négociations ont achoppé sur plusieurs points.*

achromat n. m. opt. Objectif rendu achromatique par l'association de lentilles aux propriétés optiques complémentaires.

achromatique adj. (de *a-* privatif et du grec *khrômatos* « couleur » → chromatique) **1.** opt. Se dit d'un système optique dont la réponse est indépendante des radiations incidentes et donc de leur couleur. □ n. m. **achromatisme 2.** biol. Se dit d'une cellule vivante qui prend mal les colorants.

achromatiser v. tr. < 1 > techn. Rendre achromatique (un système optique).

achromatopsie n. f. (de [2]*a-*, du grec *khrômatos* « couleur » → chromatique et *opsis* « vue ») didact. Absence congénitale ou acquise de la perception des couleurs.

achromie n. f. (de *a-* privatif et du grec *khrôma* « couleur » → chromatique) méd. Absence ou diminution de la pigmentation normale de la peau. → **albinisme.**

achylie n. f. (de *a-* privatif et *chyle*) méd. Absence de sécrétion d'un suc digestif ou du chyle.

aciculaire adj. (latin *acicula* « petite aiguille ») **1.** minér. En forme d'aiguilles ou de baguettes. *Des cristaux aciculaires.* **2.** bot. En forme d'aiguille, rigide et pointu.

acidalie n. f. (latin *acidalia,* surnom de Vénus, de *Acidalie,* en Béotie) zool. Petit papillon nocturne aux ailes peu colorées.

acide (latin ; famille de *acier, âcre, aigre, aiguille*) **I.** n. m. **1.** chim. Tout corps capable de libérer des ions hydrogène (H^+), qui donne un sel avec une base et dont le pH est inférieur à 7. *Acide acétique, chlorhydrique.* – *Acide (organique) :* corps possédant une ou plusieurs fois dans sa molécule le radical –COOH. *Acide gras. Acides nucléiques.* → **ADN, ARN.** – *Acides-alcools, acides-phénols.* **2.** fam. (anglais *acid*) Drogue hallucinogène, obtenue par transformation de l'acide lysergique*. → **LSD. II.** adj. **1.** Qui est piquant au goût. → **aigre.** *Fruit acide.* **2.** Acerbe, désagréable. *Des réflexions acides.* **3.** chim. Qui possède les propriétés des acides, est propre aux acides. *Solution acide* (opposé à *basique*). – *Pluies* acides.*

acidifiant, ante adj. et n. m. (produit) Qui a la propriété d'acidifier. – n. m. *Un acidifiant.*

acidification n. f. **1.** chim. Transformation en acide. **2.** géol. Injection d'acide chlorhydrique dans une couche calcaire pour faciliter un forage.

acidifier v. tr. < 7 > Rendre acide, transformer en acide. □ adj. **acidifiable**

acidimétrie n. f. chim. Détermination de l'acidité (d'une solution). □ n. m. **acidimètre**

acidité n. f. **1.** Saveur acide. *L'acidité du citron.* **2.** Caractère mordant, causticité. *L'acidité de sa remarque.* **3.** chim. Qualité acide (II, 3) d'un corps.

acid jazz n. m. invar. (mot anglais) anglic. Style musical né à la fin des années 1980, mélangeant le jazz et le hip-hop.

acidophile adj. biol. **1.** Qui fixe les colorants acides, comme l'éosine. → **éosinophile.** *Cellules acidophiles* (opposé à *neutrophile*). **2.** Qui peut ou doit vivre dans des conditions de forte acidité.

acidose n. f. (de *acide* et [2]*-ose*) méd. Trouble se manifestant par une augmentation de l'acidité du sang.

acidulé, ée adj. (de *acidule,* d'un diminutif latin → acide) Légèrement acide. *Bonbons acidulés.* – *Couleurs acidulées :* couleurs vives des bonbons acidulés.

aciduler v. tr. < 1 > (→ acidulé) Rendre légèrement acide.

acier n. m. (vient du latin *acies* « pointe [d'une arme] » → acéré ; famille de *acide,* etc.) **1.** Alliage de fer et de carbone, auquel on donne, par traitement mécanique ou thermique, des propriétés variées (malléabilité, résistance). *Acier inoxydable. Acier trempé*.* **2.** *L'acier,* l'industrie, le commerce de l'acier. → **sidérurgie.** *Un magnat de l'acier.* **3.** appos. De la couleur gris-bleu de l'acier. *Bleu acier, gris acier.* **4.** fig. *D'acier.* *Des muscles d'acier,* durs et solides. *Un moral d'acier,* à toute épreuve. *Un regard d'acier,* dur et froid.

aciérer v. tr. < 6 > techn. Recouvrir (un métal) d'une couche d'acier. □ n. m. **aciérage**

aciérie n. f. Usine où l'on fabrique l'acier.

acinésie voir **akinésie**

acinus n. m. (mot latin « baie, grain de raisin ») anat. Petite cavité glandulaire arrondie, se déversant dans un canal excréteur. *Des acinus* ou *des acini* (plur. latin).

Acireale Ville d'Italie, en Sicile, au pied de l'Etna. 50 200 habitants. Port. Station balnéaire.

Acis Personnage de la mythologie grecque, berger sicilien aimé de Galatée.

Ackerman (Michael) Photographe américain (né en 1967). Par ses photos en noir et blanc, dépouillées et contrastées, il a rendu palpable l'atmosphère des villes en photographiant leurs habitants. *End Time City.*

acmé n. f. ou m. (grec « pointe ») **1.** méd. Phase d'une maladie où les symptômes sont au plus haut degré d'intensité. **2.** didact. Apogée, point culminant.

acné n. f. (anglais, du grec) Maladie de la peau due à une inflammation des glandes sébacées. *Acné juvénile,* boutons apparaissant à la puberté. □ adj. **acnéique**

acœlomate n. m. (→ cœlome) zool. Animal ne possédant pas de cœlome. - var. RO **acélomate.**

acolytat n. m. (latin médiéval *acolytatus,* de *acolythus* → acolyte) relig. Le plus élevé des quatre ordres mineurs, dans la hiérarchie cléricale catholique.

acolyte n. (latin chrét., du grec) **1.** relig. Clerc élevé à l'acolytat, dont la fonction est de servir à l'autel. **2.** péj. Compagnon, complice. *Le gangster et ses acolytes.*

acompte [akɔ̃t] n. m. (de *compte*) **1.** Paiement partiel à valoir sur le montant d'une somme due. → **arrhes, avance, provision.** *Verser un acompte.* **2.** fig., fam. Petit avantage, petit plaisir qu'on reçoit ou prend en attendant mieux.

acon n. m. (mot poitevin) mar. Embarcation à fond plat servant au chargement et au déchargement des navires. - var. **accon.**

aconage n. m. mar. Opération de chargement ou de déchargement d'un navire au moyen d'acons. - var. **acconage.**

Aconcagua n. m. Sommet des Andes, en Argentine, à la frontière chilienne. Point culminant du continent américain (6 962 m).

L'Aconcagua, dans la province de Mendoza, en Argentine.

aconier n. m. mar. Professionnel chargé de l'embarquement et du débarquement des marchandises, de leur arrimage ou de leur entreposage. - var. **acconier.**

aconit [akɔnit] n. m. (latin, du grec) Plante vénéneuse à fleurs en forme de casque.

aconitine n. f. biochim. Alcaloïde contenu dans la racine d'un aconit (l'aconit napel), utilisé comme analgésique.

a contrario loc. adj. invar. et adv. (latin « par la raison des contraires ») didact. Se dit d'un raisonnement qui, partant d'hypothèses opposées, aboutit à des conséquences opposées. ■ loc. adv. cour. Dans l'hypothèse du contraire. - var. RO **à contrario.**

s'acoquiner v. pron. < 1 > (→ coquin) Se lier (à une personne peu recommandable). *Elle s'est acoquinée avec un voyou.* □ n. m. **acoquinement**

acore n. m. (du latin, du grec *acorum*) bot. Plante aquatique, aussi appelée *roseau aromatique,* à saveur amère et poivrée.

Açores n. f. pl. Archipel portugais de l'océan Atlantique. 2 247 km^2. 236 650 habitants. Capitale : Ponta Delgada (sur São Miguel). Constitué de 9 îles (dont Santa Maria, São Miguel, Terceira), il est le lieu d'une intense activité volcanique. Cultures, élevage. Base américaine dans l'île de Terceira.

à-côté n. m. **1.** Point, problème accessoire. **2.** Gain d'appoint. *Un salaire convenable, sans compter les à-côtés.*

à-coup n. m. **1.** Secousse, discontinuité dans un mouvement. → **saccade.** « *Cet équipage [...] s'avance avec des à-coups, des arrêts, des sauts, des ruades* » (Loti). **2.** loc. adv. *Par à-coups :* de façon irrégulière, intermittente.

acouphène n. m. (du grec *akouein* « entendre » et *phainesthai* « paraître ») méd. Sensation auditive anormale (bourdonnement, tintement) qui n'est pas provoquée par un son extérieur.

acousticien, ienne n. Spécialiste de l'acoustique.

acoustique (grec, de *akouein* « entendre ») **I.** adj. **1.** Qui sert à la perception des sons. *Nerf acoustique.* → **auditif. 2.** Relatif au son, du domaine de l'acoustique. → **sonore.** *Isolation acoustique. Les phénomènes acoustiques.* **II.** n. f. **1.** Partie de la physique qui traite des sons et des ondes sonores. **2.** Qualité d'un local au point de vue de la propagation du son. *Cette salle a une bonne, une mauvaise acoustique.*

▶ On doit à Pythagore les premiers travaux dans le domaine de l'**acoustique** (II), qui visent notamment à rationaliser le rapport entre son et musique, sous l'angle de la physique. Au XVIIe siècle, Mersenne poursuit cet effort de théorisation et d'expérimentation. Il faut cependant attendre le XVIIIe siècle pour que la dimension de la perception soit prise en compte dans l'analyse acoustique. Les travaux de Helmholtz (1821-1894) sur la nature du son et les fondements physiques de la perception posent les jalons de l'acoustique moderne, qui bénéficie des progrès de la technique et des instruments de mesure.
Dans le courant du XXe siècle, l'acoustique voit ses applications se diversifier : elle permet de définir les normes d'une salle en fonction du type de répertoire qui y sera interprété ; en offrant une meilleure compréhension du fonctionnement des instruments, elle contribue aux progrès de la facture instrumentale. La création en 1974 de l'Institut de recherche et de coordination acoustique/musique (Ircam), placé sous l'autorité de Pierre Boulez, est venue confirmer cet élan. L'émergence de branches plus spéculatives comme la psychoacoustique, qui s'intéresse plus particulièrement au rôle du cerveau dans la perception des sons, témoigne de la vitalité de cette discipline.
voir aussi **musicologie, ondes**

acquéreur, euse n. Personne qui acquiert (un bien). → **acheteur.** *Ce tableau n'a pas trouvé acquéreur. Se porter acquéreur de qqch.* - Le fém. *acquéresse* appartient à la langue juridique.

acquérir v. tr. < 21 > (latin pop. *acquaerere*, de *quaerere* → **quérir**) **1.** Devenir propriétaire de (un bien, un droit), par achat, échange, succession (→ **acquisition**). *Acquérir un bien.* → **acheter.** prov. *Bien mal acquis ne profite jamais.* **2.** Parvenir à avoir, à posséder. *Il a acquis sa fortune honnêtement.* → **gagner, obtenir.** *Acquérir des connaissances. Acquérir une certitude. Elle s'est acquis leur sympathie.* ■ (sujet chose) Arriver à avoir (une qualité). → **prendre. 3.** (sujet chose) Procurer la possession, la disposition de. → **valoir.** *Sa compétence lui a acquis l'estime de ses collègues.*

acquêt n. m. (→ **acquérir**) dr. Bien acquis par l'un des époux au cours de la vie conjugale, et qui fait partie des biens communs (par oppos. aux *biens propres*). *Communauté réduite aux acquêts.*

acquiescement n. m. Action d'acquiescer. → **acceptation, approbation, consentement.**

acquiescer v. tr. ind. < 3 > (latin, de *quiescere* [→ **quiet**] « avoir confiance ») Donner son entier consentement (à). → **accepter, consentir.** *Acquiescer à une demande.* – absolt Marquer son approbation (par la parole, un geste). → **approuver.** *Acquiescer d'un signe de tête.*

acquis, ise (→ **acquérir**) **I.** adj. **1.** Qui a été acquis par l'individu (s'oppose à *inné, naturel, transmis*). *« Une fortune acquise et non transmise »* (Balzac). – biol. *Caractères acquis*, qui n'appartiennent pas au patrimoine génétique d'un individu mais apparaissent par adaptation au milieu. **2.** *Acquis à qqn*, dont il peut disposer de façon définitive et sûre. *Mon soutien vous est acquis.* **3.** Reconnu sans contestation. *C'est un **fait acquis**.* **4.** (personnes) *Acquis à* (une idée, un parti), définitivement partisan de. *Être acquis à une cause.* **II.** n. m. **1.** Savoir acquis, expérience acquise, constituant une sorte de capital. *Les acquis professionnels.* **2.** *Les acquis sociaux* : les avantages matériels ou moraux acquis par les travailleurs.

acquisitif, ive adj. (bas latin *acquisitivus*, de *acquirere* → **acquérir**) dr. Qui appartient, équivaut à l'acquisition. *Prescription* acquisitive.*

acquisition n. f. (→ **acquérir**) **1.** Action d'acquérir (un bien, un droit). *Faire l'acquisition d'un terrain.* → **achat. 2.** Bien acquis. *Je vais te montrer ma dernière acquisition.* **3.** Fait d'arriver à posséder. *L'acquisition des connaissances.*

acquit n. m. (→ **acquitter**) **1.** Reconnaissance écrite d'un paiement (→ **acquitter**). – *Pour acquit* : mention portée sur un document, attestant un paiement. **2.** ***Par acquit de conscience*** : pour se garantir de tout risque d'avoir qqch. à se reprocher.

acquit-à-caution n. m. comm. Titre administratif qui permet de faire circuler des marchandises avant d'avoir payé les taxes auxquelles elles sont soumises. *Des acquits-à-caution.*

acquittement n. m. **I.** Action d'acquitter (qqch.). → **paiement, règlement** (plus cour.). **II.** Action d'acquitter (un accusé).

acquitter v. tr. < 1 > (→ **quitte**) **I.** Acquitter qqn **1.** Libérer (d'une obligation, d'une dette). *Ce dernier versement m'acquitte envers vous.* **2.** Déclarer (par jugement) un accusé non coupable. **II.** Acquitter qqch. **1.** Payer (ce qu'on doit). → **régler.** *Acquitter ses impôts.* **2.** Revêtir de la mention « pour acquit » et de sa signature. *Acquitter une facture.* ■ **s'acquitter** v. pron. *S'acquitter de* : se libérer de (une obligation juridique ou morale). *S'acquitter d'une dette.*

acra n. m. (du yoruba [langue africaine]) Dans la cuisine créole, beignet de poisson (morue) ou de légumes.

acre n. f. (origine germanique) **1.** Ancienne mesure agraire (en moyenne 52 ares). **2.** Mesure agraire dans les pays anglo-saxons (40,47 ares).

Acre État du N.-O. du Brésil aux confins du Pérou et de la Bolivie. 153 697 km². 732 800 habitants. Capitale : Rio Branco. Industrie du caoutchouc.

Acropole

L'Acropole d'Athènes, située sur un plateau rocheux, au centre de la ville.

Acre aujourd'hui **Akko** Ville d'Israël sur la Méditerranée, en Galilée. 49 300 habitants. Important centre sidérurgique. Tourisme. Disputée par les chrétiens et les musulmans au XIIe s., Saint-Jean d'Acre fut reprise par les croisés en 1191 et devint la capitale du royaume chrétien de Jérusalem, jusqu'en 1291. Forteresse des croisés et fortifications successives.

âcre adj. (latin *acer* « pointu », famille de *acier, acide, aigre*...) **1.** Très irritant au goût ou à l'odorat. *Odeur âcre qui prend à la gorge.* **2.** fig. Irritant, cuisant, douloureux.

âcreté n. f. **1.** Qualité de ce qui est âcre. **2.** fig. Acrimonie, amertume. *L'âcreté de son ironie.*

acridien, ienne n. m. et adj. (du grec *akris, akridos* « sauterelle ») zool. Insecte orthoptère (famille des *Acridiens* ; ex. le criquet). – adj. *Une invasion acridienne.*

acrimonie n. f. (latin, de *acer* → **âcre**) Mauvaise humeur qui s'exprime par des propos acerbes ou hargneux. → **aigreur.** □ adj. **acrimonieux, euse**

Acrisios Roi d'Argos, dans la mythologie grecque, père de Danaé et grand-père de Persée.

acro- Élément (du grec *akros*) qui signifie « qui est à l'extrémité, à la pointe ».

acrobate n. (grec *akrobatês* « qui marche sur la pointe [→ **acro-**] des pieds ») **I. 1.** Personne qui exécute des exercices d'équilibre et de gymnastique plus ou moins périlleux. → **équilibriste, funambule, trapéziste. 2.** fig., péj. Spécialiste très adroit(e), virtuose qui « jongle » avec les difficultés. *Un acrobate de la finance.* **II.** Petit marsupial australien, pourvu d'une membrane parachute qui lui permet de sauter de branche en branche.

acrobatie n. f. **1.** Exercice, tour d'acrobate (saut périlleux, voltige, etc.). *Faire des acrobaties.* – *Acrobatie aérienne*, manœuvres d'adresse exécutées en avion. **2.** fig. Exercice de virtuosité qui surprend, déconcerte.

acrobatique adj. Qui appartient à l'acrobatie, tient de l'acrobatie.

acrobranche voir **accrobranche**

acrocéphalie n. f. (de *acro-* + *céphalie*) méd. Malformation crânienne donnant à la tête une forme en pain de sucre. □ adj. **acrocéphale**

acrocyanose n. f. (de *acro-* + *cyanose*) méd. Cyanose des extrémités (mains, pieds), due au froid ou à des troubles circulatoires.

acroléine n. f. (du latin *acer* « âcre » et *olere* « avoir une odeur ») chim. Liquide volatil (aldéhyde éthylénique) d'odeur âcre et suffocante, obtenu par déshydratation de la glycérine.

acromégalie n. f. (de *acro-* + *-mégalie*) méd. Affection d'origine hormonale, caractérisée par une hypertrophie des extrémités et de la tête.

acromion n. m. (grec *akrômion* « pointe de l'épaule ») anat. Apophyse de l'omoplate s'articulant avec l'extrémité externe de la clavicule. □ adj. **acromial, ale, aux**

acronyme n. m. (anglais, du grec → **synonyme**) ling. Sigle qui se prononce comme un mot ordinaire. *« Ovni » et « sida » sont des acronymes.*

acrophobie n. f. (de *acro-* et *phobie*) didact. Phobie des lieux élevés.

acropole n. f. (du grec, de *akros* « haut » et *polis* « cité ») Ville haute, souvent fortifiée, des anciennes cités grecques. *L'acropole d'Athènes.*

Acropole n. f. Citadelle de l'Athènes antique, située sur le plateau dominant la ville. Ornée de monuments et de statues au –VIe s. par Pisistrate, en l'honneur d'Athéna, elle fut ravagée par les Perses en –480, puis reconstruite à l'époque de Périclès, sous la direction du sculpteur Phidias. Les monuments classiques, le Parthénon, le temple d'Athéna Nikê, les Propylées, l'Érechthéion, témoignent d'un âge d'or de l'art grec. L'Acropole subit l'érosion du temps et des conquêtes successives. En 1687, une

A

explosion détruisit partiellement le Parthénon. Des restaurations et l'aménagement des accès ont permis à l'Acropole de demeurer un haut lieu du tourisme mondial. Le musée abrite les caryatides originales afin de les préserver de la pollution.

acrosome [akrozom] **n. m.** (de *acro-* + *-some*) biol. Organite situé à l'extrémité antérieure des spermatozoïdes.

acrostiche **n. m.** (du grec, de *akros* « extrême » et *stikhos* « vers » → **hémistiche**) Poème ou strophe où les initiales de chaque vers, lues dans le sens vertical, composent un nom ou un mot-clé.

acrotère **n. m.** (latin *acroteria* « supports saillants », du grec *akrôtêrion*) archit. Socle placé aux extrémités ou au sommet d'un fronton pour servir de support (à une statue, un ornement) ; cet ornement.

acrylamide **n. m.** (de *acryl-*, du latin *ace, acris* → **acide**, et de *amide*) chim. Amide de l'acide acrylique (C_3H_5NO), qui se forme dans les aliments riches en amidon lors de la cuisson à haute température. *L'acrylamide serait cancérogène.*

acrylique **adj.** (du latin *acer* → **acide** et du grec *hulê* « bois ») **1.** *Acide acrylique* : acide gras de l'éthylène. **2.** Se dit de produits obtenus à partir de composés de cet acide. *Résine, peinture acrylique.* – **n. m.** Tissu de fibres acryliques.

actanciel, ielle **adj.** (de *actant*) didact. Qui concerne les actants (2) du récit.

actant **n. m.** (→ [1]**action**) didact. **1.** ling. Agent de l'action, représenté par un substantif. *Dans la phrase « La lumière attire les papillons », « la lumière » et « les papillons » désignent des actants.* **2.** Dans une œuvre narrative, Personnage qui assume l'une des fonctions* du récit (sujet, objet, adjuvant, opposant...).

[1]**acte** **n. m.** (latin *actum*, de *agere* → **agir**) **I. 1.** Pièce écrite qui constate un fait, une convention, une obligation. *Acte de vente. Acte d'état civil,* constatant une naissance, un mariage, un décès... ■ ***Prendre acte d'une chose*** : la faire constater légalement ; en prendre bonne note (en vue d'une utilisation ultérieure). *Je prends acte de votre promesse.* – ***Dont acte*** : en prenant note de ce qui s'est passé. **2.** au plur. Recueil de procès-verbaux, de communications. *Les actes d'un colloque.* **II. 1.** Action humaine considérée dans son aspect objectif plutôt que subjectif ; fait d'agir*. → [1]**action**. *Être responsable de ses actes. Un acte de courage,* inspiré par le courage. – *Acte gratuit*.* – *Passer aux actes,* agir. ■ spécialt *Acte médical.* – *Acte sexuel.* **2.** ***Faire acte de*** : manifester, donner une preuve de. *Faire acte de bonne volonté.*

[2]**acte** **n. m.** (latin *actus* → [1]**acte**) **1.** Chacune des grandes divisions d'une pièce de théâtre. *Tragédie classique en cinq actes. Acte II, scène 3.* **2.** Phase d'une action comportant des péripéties. *Dernier acte d'une prise d'otages.*

actée **n. f.** (latin *actaea*) bot. Plante vivace des bois (renonculacée), à follicules ou à baies.

Actéon Dans la mythologie grecque, chasseur qui, ayant surpris Artémis au bain, est métamorphosé en cerf par la déesse et dévoré par ses propres chiens.

acter **v. tr.** < 1 > (de *prendre acte*) dr. Dresser (un acte juridique). – plus cour. Prendre acte de, noter, mentionner.

Actes des Apôtres Livre du Nouveau Testament, attribué à saint Luc.

acteur, trice **n.** (du latin → **agir**) **1.** Artiste* dont la profession est de jouer un rôle à la scène ou à l'écran. → **comédien, interprète.** *Actrice célèbre.* → **star, vedette. 2.** Personne qui prend une part active, joue un rôle important. → **protagoniste.** *Les acteurs d'un fait divers.* – Personne qui intervient dans un processus social. *Les acteurs sociaux.*

ACTH [aseteaʃ] **n. f.** (sigle anglais de *adrenocorticotrop[h]ic hormone*) biol. Hormone du lobe antérieur de l'hypophyse, qui exerce une action sur la sécrétion de cortisol par le cortex surrénalien.

[1]**actif, ive** **adj.** (du latin → **agir**) **1.** Qui agit (personnes), implique une activité (choses). *Membre actif d'une association. Mener une vie active.* ■ *Armée active* ou **n. f.** *l'active* (opposé à *la réserve*). ■ *Méthode active,* faisant appel à l'activité et à l'initiative de l'élève. ■ *Population active* : partie de la population d'un pays qui est capable de travailler. – loc. *Vie active* : partie de la vie où l'individu peut exercer une activité productive. ■ inform. *Document actif,* en cours d'utilisation. ■ gramm. *Voix active d'un verbe,* qui exprime que le sujet est considéré comme agissant. – **n. m.** *L'actif et le passif.* **2.** Qui agit avec force. → **énergique.** *Un remède actif.* **3.** Qui aime agir, se dépenser en travaux, en entreprises. → **dynamique, entreprenant, travailleur.** *Elle est plus active que son frère.* – **n.** *« Les actifs ! comme ils se fatiguent pour ne rien faire »* (Flaubert).

[2]**actif** **n. m.** (→ [1]**actif**) **1.** L'ensemble des biens ou droits constituant un patrimoine. *L'actif d'une succession. Sommes portées à l'actif d'un bilan.* **2.** fig. ***Avoir à son actif*** : compter au nombre des choses qu'on a réalisées avec succès. – plais. *Avoir plusieurs méfaits à son actif.*

actinide **n. m.** chim. Élément chimique dont le numéro atomique est compris entre 89 et 103. *L'uranium est un actinide.*

actinie **n. f.** (grec *aktis* « rayon ») zool. Anémone de mer.

actinique **adj.** didact. **1.** Se dit de radiations ayant la propriété (*actinisme* **n. m.**) d'exercer une action chimique sur certaines substances. *Les rayons ultraviolets sont actiniques.* **2.** Qui se rapporte ou est dû à la lumière. *Dermatite actinique,* due à un coup de soleil. → **actinite.**

actinite **n. f.** méd. Inflammation de la peau provoquée par les rayons solaires. - syn. cour. **coup de soleil*.**

actinium [aktinjɔm] **n. m.** (→ **actinide**) chim. Élément radioactif (symb. Ac, n° at. 89, masse at. 227). *L'actinium est un actinide.*

actin(o)- Élément (du grec *aktis* « rayon ») qui sert à former des mots savants.

actinomètre **n. m.** (de *actino-* + *-mètre*) phys. Instrument de mesure de l'intensité d'un rayonnement électromagnétique (d'origine solaire en particulier).

actinomycète **n. m.** (de *actino-* + *-mycète*) biol. Bactérie ressemblant aux champignons microscopiques, que l'on trouve dans le sol, l'eau et la matière en décomposition.

actinomycose **n. f.** (→ **mycose**) méd. Infection chronique causée par des bactéries appartenant au genre *Actinomyces* (→ **actinomycète**), qui atteint l'homme et les animaux (bovidés) et se caractérise par des lésions d'aspect tumoral.

actinoptérygien **n. m.** (de *actino-* et du grec *pterux, pterugos* « nageoire ») zool. Poisson osseux, à nageoires renforcées par des rayons osseux articulés (sous-classe des *Actinoptérygiens,* qui comprend les Chondrostéens et les Téléostéens).

actinote **n. f.** (grec *aktinôtos* « radié ; en rayons ») minér. Amphibole de variété non alumineuse et de couleur verte.

actinothérapie **n. f.** méd. Traitement par des rayons lumineux produits artificiellement.

[1]**action** **n. f.** (du latin → **agir**) **I. 1.** Ce que fait qqn et par quoi il réalise une intention ou une impulsion. → [1]**acte**, [2]**fait.** *Bonne action.* → **BA.** *« La plupart des hommes sont plus capables de grandes actions que de bonnes »* (Montesquieu). *Action d'éclat* : exploit. ■ spécialt, sports Manœuvre au cours d'une partie. **2.** Fait de produire un effet, manière d'agir sur qqn ou qqch. *L'action personnelle d'un ministre.* → **influence.** *Moyens d'action. Sous l'action de l'humidité.* → **effet.** – *En action,* en train d'agir, de produire son effet. – gramm. *Verbe d'action et verbe d'état.* **3.** Exercice de la faculté d'agir (opposé à la pensée, aux paroles). → **activité, effort,** [1]**travail.** *Passer à l'action. Un homme, une femme d'action.* ■ *Mettre en action,* faire agir. **4.** Combat, lutte. *Dans le feu de l'action. L'action syndicale.* **5.** (Suisse) Vente promotionnelle. **II.** Exercice d'un droit en justice. → **demande, poursuite, recours.** *Intenter une action en diffamation contre qqn.* **III. 1.** Suite de faits et d'actes constituant le sujet (d'une œuvre). → **intrigue.** *L'action de la pièce se passe en Italie. Unité* d'action.* **2.** Animation tenant aux aventures représentées ou racontées. *Film d'action.*

[2]**action** **n. f.** (« dette active » → [1]**actif**, [1]**action** ; influence du néerlandais *Aktie*) **1.** Titre cessible et négociable représentant une fraction du capital social de certaines sociétés (→ **actionnaire**). *Actions et obligations. Cote des actions en Bourse.* **2.** fig., fam. *Ses actions montent, baissent,* il, elle a plus, moins de crédit, de chances de réussir.

▶ Une **action** (1) est un titre financier représentatif d'une partie du droit de propriété sur une entreprise. L'ensemble des actions constitue le capital social de l'entreprise. Le souscripteur de l'action contribue au financement de l'entreprise en échange d'un droit à l'information sur les performances de l'entreprise, d'un droit de vote lors de l'assemblée générale (qui élit le conseil d'administration) et d'un droit au partage des bénéfices à travers la perception d'un dividende. La cotation de l'action en Bourse est susceptible de donner au titre de la liquidité. Dès lors, sa valeur est principalement déterminée par les spéculations concernant les perspectives de profit de l'entreprise.
Une **obligation** est un titre de créance représentant une partie d'un emprunt à moyen/long terme émis par une personne morale (entreprise, État...). L'acquéreur d'une obligation a droit à son remboursement à l'échéance et reçoit un intérêt annuel versé par l'émetteur. L'obligation peut — comme l'action — être rendue liquide par une cotation en Bourse.
voir aussi **Bourse**

Action directe Groupuscule qui mena une lutte armée contre les symboles du pouvoir capitaliste en France à partir de 1977. Le groupe fut démantelé en 1987 et ses principaux membres arrêtés (Joëlle Aubron, Georges Cipriani, Nathalie Ménigon, Jean-Marc Rouillan).

Action française Mouvement politique né lors de l'affaire Dreyfus et relayé par un journal, *L'Action française,* fondé en 1899 et animé par Ch. Maurras, J. Bainville, L. Daudet. Sous l'influence de Maurras, l'Action française adopta des positions nationalistes et royalistes. Collaborationniste pendant la Seconde Guerre mondiale, le journal fut interdit à la Libération.

actionnaire **n.** Propriétaire d'une ou plusieurs actions [2]. □ **n. m. actionnariat**

actionnement **n. m.** Fait de mettre en mouvement, en marche.

actionner **v. tr.** < 1 > Mettre en mouvement, faire fonctionner (un mécanisme).

actionneur **n. m.** techn. Organe d'un système agissant sur une machine de manière à modifier son état ou son comportement.

action painting [akʃənpɛntiŋ] **n. m.** (mot anglais des États-Unis « peinture d'action ») anglic. Technique de peinture abstraite mettant en évidence le geste, l'expression des impulsions du peintre.

Actium Site de la Grèce ancienne, où se déroula la bataille navale qui vit la victoire d'Octave (Auguste) sur Antoine et Cléopâtre VII (–31).

activateur, trice **1. adj.** chim. (substance) Qui augmente l'activité (d'un photoconducteur, d'une enzyme...). *Substances activatrices.* **2. n. m.** Substance activatrice. – zool., techn. *Activateur de croissance* : additif employé dans l'alimentation des animaux d'élevage pour accélérer leur croissance.

activation **n. f. 1.** chim. Opération consistant à augmenter les propriétés physiques ou chimiques d'une substance (par des radiations...). *L'activation du charbon.*

– biochim. *Activation d'une enzyme.* **2.** phys. *Énergie d'activation* : énergie nécessaire à une molécule pour passer d'un état électronique métastable* à un état instable. **3.** physiol. Ensemble des changements produits dans l'œuf durant le processus de fertilisation. **4.** Fait de rendre actif, de devenir actif. *L'activation d'un mouvement social.*

activement adv. En déployant une grande activité, avec ardeur. *Elle s'en occupe activement.*

activer v. tr. < 1 > (→ ^{1}actif) **1.** Rendre plus prompt (en augmentant l'activité). → **accélérer.** *Activer des travaux.* – absolt, fam. *Allons, activons !,* pressons ! **2.** Mettre en action, rendre actif (qqch. d'abstrait). **3.** Rendre plus vif, plus agissant. *Le vent activait l'incendie.* → **stimuler.** ■ **s'activer** v. pron. Déployer une grande activité, s'affairer. *S'activer à préparer le repas.*

activeur n. m. chim. Substance qui, ajoutée en faible quantité à un catalyseur, en augmente beaucoup l'activité. → **promoteur** (2).

activisme n. m. Attitude politique qui favorise l'action directe, voire violente (→ **extrémisme**), et la propagande active.

activiste n. Partisan de l'activisme. – adj. *Les milieux activistes.*

activité n. f. (du latin médiéval → ^{1}actif) **1.** (choses) Faculté ou fait d'agir. *L'activité d'un médicament.* – *Volcan en activité.* → ^{1}**action.** **2.** Actes coordonnés et travaux d'origine humaine. *Activité physique. L'activité industrielle d'une région.* – au plur. *Les activités de qqn.* → **occupation.** **3.** Qualité d'une personne active. *Faire preuve d'une grande activité.* **4.** Situation d'une personne (spécialt d'un militaire) qui exerce son emploi (s'oppose à *retraite,* à *disponibilité*).

Actors Studio Laboratoire théâtral new-yorkais fondé en 1947. Sous l'impulsion de Lee Strasberg, professeur et directeur, cette école prône un jeu vériste, façonné à partir de l'acteur plus que du personnage. James Dean, Marlon Brando, Dustin Hoffman, Robert De Niro, Al Pacino, Brad Pitt en firent partie.

actuaire n. (latin « scribe », de *acta,* plur. de *actum* → ^{1}acte ; repris à l'anglais) Spécialiste de la statistique et du calcul des probabilités appliqués aux problèmes d'assurances, de prévoyance, d'amortissement.

actualiser v. tr. < 1 > (→ actuel) **1.** philos. Faire passer de l'état virtuel à l'état réel. **2.** Moderniser. *Actualiser ses méthodes de travail.* ■ Mettre à jour (un ouvrage de référence). – inform. *Actualiser l'affichage d'une page web.* → **rafraîchir.** □ n. f. **actualisation**

actualité n. f. **1.** philos. Caractère de ce qui est actuel (opposé à *virtualité*). **2.** Caractère de ce qui se rapporte à l'époque actuelle. *L'actualité d'une question. Ce livre n'est plus **d'actualité**,* il est dépassé. **3.** Ensemble des évènements actuels, des faits tout récents. *L'actualité sportive.* – *L'actualité d'une chanteuse.* **4.** ***Les actualités,*** informations, nouvelles du moment (presse, télévision...). *Actualités télévisées.* → **journal.** - abrév. fam. **actu.**

actuariat n. m. (de *actuaire*) Technique appliquant les méthodes de la statistique et du calcul des probabilités aux problèmes d'assurance, de prévoyance, d'amortissement.

actuariel, elle adj. (→ actuaire) Relatif aux méthodes mathématiques des actuaires. *Taux actuariel,* par versements échelonnés.

actuel, elle adj. (latin *actualis* « effectif », de *actus,* de *agere* → ^{1}acte) **1.** philos. Qui est effectif, réalisé (opposé à *virtuel, potentiel*). **2.** Qui existe, se passe au moment où l'on parle. → ^{1}**présent.** *À l'heure actuelle. Le monde actuel.* → **contemporain.** *L'actuel Premier ministre.* **3.** Qui intéresse l'époque dont on parle. → **moderne.** *Une grande œuvre toujours actuelle.*

actuellement adv. **1.** philos. Effectivement. **2.** Dans les circonstances actuelles, à l'heure actuelle. → **aujourd'hui, maintenant,** à **présent.**

acuité n. f. (bas latin *acuitas,* de *acutus* → aigu) **1.** Caractère aigu, intense. → **intensité.** *L'acuité d'une douleur.* – *L'acuité d'un son.* **2.** Degré de sensibilité (d'un sens). *L'acuité visuelle.* **3.** Finesse des facultés de l'esprit. **4.** Gravité (d'un conflit, d'une crise).

acul [aky] n. m. (de *acculer*) Fond d'un parc à huîtres (du côté de la mer).

aculéate n. m. (latin *aculeatus*) zool. Hyménoptère à aiguillon (sous-ordre des *Aculéates*).

acuminé, ée adj. (latin *acuminatus,* de *acumen* « pointe ») bot. Qui se termine en pointe. *Feuilles acuminées.*

Acuña (Cristóbal de) Missionnaire jésuite espagnol (1597-v. 1675). Il participa à des missions d'exploration du Napo et de l'Amazone.

acuponcteur, trice ou **acupuncteur, trice** [-pɔ̃k-] n. Spécialiste de l'acuponcture.

acuponcture ou **acupuncture** [-pɔ̃k-] n. f. (latin *acus* « aiguille » et *pungere* « piquer ») Thérapeutique consistant dans l'introduction d'aiguilles très fines en des points précis des tissus ou des organes. → aussi **auriculothérapie.**

acutangle adj. (du latin *acutus* « aigu » et de *angle*) math. *Triangle acutangle,* dont les trois angles sont aigus.

acyclique adj. géol. *Relief acyclique* (ou *modelé*), qui ne s'explique pas par un cycle d'érosion.

ada n. m. (mot anglais, du prénom d'Ada Lovelace, scientifique britannique et fille de Byron) inform. Langage évolué permettant le traitement de données, le contrôle de systèmes en temps réel, la gestion de tâches parallèles.

Adad Dieu assyro-babylonien de l'Orage et de la Fertilité. Il est représenté sous l'aspect d'un taureau.

^{1}**adage** n. m. (latin *adagium*) Maxime ancienne et populaire. *« Tous les jolis dictons, proverbes ou adages dont nos paysans de Provence passementent leurs discours »* (A. Daudet).

^{2}**adage** n. m. (de *adagio*) danse Suite de mouvements exécutés sur un rythme lent, souvent avec l'appui d'un partenaire.

adagio [ada(d)ʒjo] adv. (de l'italien, de *agio* « aisé » → agio ; aise) mus. Indication de mouvement lent. – n. m. Morceau ou pièce musicale à exécuter dans ce tempo. *Des adagios.*

Adair (Paul Neal, dit Red) Ingénieur américain (1915-2004). Surnommé le « pompier volant », il inventa de nouvelles techniques pour combattre les incendies de puits de pétrole (l'extinction par souffle d'explosifs par exemple).

Adalbéron (mort en 988). Archevêque de Reims (969-988). Il sacra roi Hugues Capet en 987.

Adam Dans la Bible, le premier homme, créé par Dieu à son image. À l'instigation d'Ève, il goûte le fruit défendu de l'arbre de la connaissance du bien et du mal, et tous deux sont chassés par Dieu du Paradis terrestre.

Adam (pic d') Montagne sacrée du centre de l'île de Sri Lanka (2 243 m). À son sommet se trouve un temple qui abrite, selon les musulmans, l'empreinte sur le rocher du pied d'Adam, le premier homme.

Adam Famille de sculpteurs et ornemanistes français. ■ **Lambert Sigisbert Adam, dit Adam l'Aîné** (1700-1759). Influencé par le baroque italien, il est l'auteur du *Triomphe de Neptune et d'Amphitrite* (1740) dans le parc de Versailles. ■ **Nicolas Sébastien Adam, dit Adam le Jeune** (1705-1778). Frère de Lambert Sigisbert et de François Gaspard Adam. Il est l'un des représentants du style rocaille (hôtel de Soubise à Paris). ■ **François Gaspard Adam** (1710-1761). Frère de Lambert Sigisbert et de Nicolas Sébastien Adam. Il travailla pour Frédéric II de Prusse (statues mythologiques et allégoriques dans les jardins de Potsdam et du château de Sans-Souci).

Adam (Robert) Architecte, décorateur et archéologue écossais (1728-1792). Il est le créateur avec ses frères John, James et William d'un style ornemental inspiré de l'Antiquité (*Adam's style*), qui influença le style Directoire en France.

Adam (Adolphe) Compositeur français (1803-1856). Il fut l'auteur à succès d'opéras-comiques et de ballets (*Giselle ou les Willis*).

Adam (Juliette Lamber, Mme) Femme de lettres française (1836-1936). Elle fonda *La Nouvelle Revue* et anima un salon réputé.

Adam (Paul) Écrivain français (1862-1920). D'abord naturaliste puis symboliste et romancier social, il est l'auteur d'œuvres d'anticipation qui en font un précurseur de H. G. Wells. *Le Temps et la Vie* (tétralogie).

Adam (Olivier) Romancier et scénariste français (né en 1974). Inspiré par les écrivains américains contemporains, il aborde des thématiques sociales et politiques. *Je vais bien, ne t'en fais pas ; Les Lisières ; À l'abri de rien.*

Olivier Adam en 2010 à Paris.

adamantin, ine adj. (du latin, du grec → diamant) **1.** littér. Qui a la dureté ou l'éclat du diamant. **2.** physiol. Relatif à l'émail des dents. *Cellules adamantines.*

Adamaoua n. m. Plateau volcanique qui domine la plaine de la Bénoué, au Nigeria, et la plaine de la Sanaga, au Cameroun (2 710 m). Élevage bovin.

Adam de Fulda Compositeur et théoricien allemand (v. 1445-1505). Bénédictin, il est l'auteur d'un traité, *De musica,* qui étudie des poètes anciens et des théoriciens du Moyen Âge.

Adam de la Halle ou **Adam le Bossu** Trouvère et auteur dramatique français (v. 1240-v. 1285). D'inspiration souvent satirique, son œuvre raille les mœurs bourgeoises et idéalise les mœurs paysannes de manière poétique (*Le Jeu de Robin et Marion*). Il est l'un des premiers musiciens à avoir pratiqué l'art polyphonique.

Adami (Valerio) Peintre italien (né en 1935). Artiste de la figuration narrative, il a mis l'accent sur l'éclatement des formes, représentant de façon fragmentaire des personnages ou des bâtiments.

adamique adj. didact. D'Adam, propre à Adam.

adamisme n. m. (du n. propre *Adam*) hist. relig. Doctrine (considérée comme une hérésie chrétienne) des *adamiens* ou *adamites,* qui se réunissaient nus et refusaient le mariage.

Adamov (Arthur) Auteur dramatique et traducteur français d'origine russo-arménienne (1908-1970). Influencé par le surréalisme, il décrivit la condition dérisoire à laquelle est réduit l'homme moderne, dans des pièces souvent sarcastiques. *Le Ping-pong.*

Adams (William) voir **Anjin**

Adams (Samuel) Pamphlétaire et homme politique américain (1722-1803). Il dénonça l'exploitation de l'Amérique par la Grande-Bretagne et signa la déclaration d'Indépendance. Il fut gouverneur du Massachusetts de 1794 à 1797.

Adams (John) Homme d'État américain (1735-1826). Successeur de Washington, il fut le 2e président des États-Unis (1797-1801).

Adams (John Quincy) Homme d'État américain (1767-1848). Fils de John, il fut l'un des auteurs de la doctrine Monroe et devint le 6e président des États-Unis (1825-1829). Il se distingua par sa lutte contre l'esclavagisme.

Adams (Henry) Historien et mémorialiste américain (1838-1918). Son autobiographie, *L'Éducation de Henry Adams,* marqua la vie intellectuelle des années 1920.

Adams (Ansel) Photographe américain (1902-1984). Il fonda avec Edward Weston le groupe f/64, du nom de la plus petite ouverture disponible sur un objectif. Son œuvre exalte la beauté des sites naturels de l'Ouest américain.

Adams (Gerard, dit Gerry) Homme politique irlandais (né en 1948). Président du Sinn Féin de 1983 à 2018, il fut l'un des promoteurs du cessez-le-feu décidé par l'IRA en 1994 et de l'accord de paix de Belfast (1998). Il fut député de la république d'Irlande de 2011 à 2020.

Adana Ville du S. de la Turquie, en Cilicie. 1 584 000 habitants. Université de la Çukarova. Centre industriel (textile, industries alimentaire et mécanique).

Adanson (Michel) Botaniste français (1727-1806). Son ouvrage, *Familles de plantes* (1763), qui met l'accent sur la continuité des formes végétales, en fait un précurseur de A. L. de Jussieu et de Lamarck.

adaptable adj. Qui peut s'adapter, qu'on peut adapter (1). *Embout adaptable à un tuyau.* ■ **adaptabilité n. f.** *Passer des tests d'adaptabilité.*

adaptateur, trice 1. n. Auteur d'une adaptation (au théâtre, au cinéma). **2. n. m.** Dispositif permettant d'adapter un appareil à un nouvel usage ou à des normes différentes.

adaptation n. f. (→ adapter) 1. Action d'adapter ou de s'adapter ; modification qui en résulte. *Adaptation d'un équipement aux besoins des usagers.* **2.** Appropriation d'un organisme aux conditions internes et externes de l'existence, permettant à cet organisme de durer et de se reproduire. → **acclimatation.** ■ *Faculté d'adaptation :* aptitude (d'un individu) à modifier son comportement pour répondre à de nouvelles situations. **3.** Transformation (d'une œuvre narrative) qui ne conserve que la substance du récit. *« Les Possédés », roman de Dostoïevski, adaptation au théâtre de A. Camus.* ■ Arrangement ou transcription musicale.

adapter v. tr. < 1 > (latin *adaptare*, de *aptus* → apte) 1. *Adapter qqch. à qqch.*, réunir, appliquer après ajustement. *Adapter des roulettes aux pieds d'une table.* **– pronom.** *L'embout s'adapte au tuyau.* **2.** *Adapter* (qqn, qqch.) *à* (qqn, qqch.), approprier, mettre en harmonie avec. *Adapter ses projets aux circonstances.* → **accorder. 3.** Faire l'adaptation (3) de. *Adapter un roman pour la télévision. – Adapter une pièce orchestrale pour le piano.* ■ **s'adapter v. pron. 1.** Se mettre en harmonie avec (les circonstances, le milieu), réaliser son adaptation biologique. → **s'acclimater, s'habituer.** *L'organisme s'adapte aux microbes.* **2. (personnes)** *Savoir s'adapter :* être souple, s'accommoder des circonstances.

Adda n. f. Rivière d'Italie, émissaire du lac de Côme, affluent du Pô (313 km).

addax n. m. (mot africain, par le latin) Antilope à cornes annelées tordues en spirale.

addenda [adɛ̃da] **n. m. (du latin, de *addere* → addition)** Ensemble de notes additionnelles à la fin d'un ouvrage. *Des addendas* ou *des addenda* (plur. latin).

addict adj. (mot anglais « toxicodépendant » → addiction) anglic. Dépendant d'une drogue. **– fig.** *Être addict au poker.* **– n.** *Les addicts des jeux vidéo.* → **fam. accro.**

addictif, ive adj. (→ addiction) anglic. Caractérisé par l'addiction. *Comportement addictif d'un joueur.* → **compulsif, dépendant.**

addiction n. f. (mot anglais, du bas latin *addictus* « adonné à ») anglic. Dépendance très forte (à une substance nocive, une pratique) entraînant une conduite compulsive. *L'addiction au tabac, au jeu.*

addictologie n. f. (→ addiction) Étude des comportements pouvant aboutir à une dépendance dangereuse pour la santé.

Addington (Henry), vicomte de Sidmouth Homme d'État britannique (1757-1844). Premier ministre en 1801, il négocia avec Napoléon le traité d'Amiens.

Addis-Abeba ou **Addis Abeba** Capitale de l'Éthiopie, à 2 500 m d'altitude. 3,2 millions d'habitants. Siège de l'Organisation de l'unité africaine (OUA), puis de l'Unité africaine. Industries textile, alimentaire.

Addison (Joseph) Écrivain et homme politique anglais (1672-1719). Journaliste, essayiste, poète et dramaturge, il fonda avec Steele le journal *The Spectator* en 1711, dans lequel il exposa sa vision du gentleman.

Addison (Thomas) Médecin britannique (1793-1860). Il analysa l'insuffisance des glandes surrénales *(maladie d'Addison).*

additif n. m. (→ addition) 1. Supplément, article additionnel. *Un additif au budget.* **2.** Substance ajoutée à un produit (pour l'améliorer, le conserver, etc.). *Additifs alimentaires.*

addition n. f. (latin *additio*, de *addere* « ajouter ») 1. Action d'ajouter en incorporant. → **adjonction.** *L'addition d'un sirop à une eau-de-vie.* **2.** Écrit ajouté. → **addenda, annexe. 3.** Opération consistant à réunir en un seul nombre toutes les unités ou fractions d'unité contenues dans plusieurs autres. → **¹somme.** *Faire une addition.* **4.** Note présentant le total des dépenses, au restaurant, au café. → **aussi note.** *Régler l'addition.* ■ Le prix à payer. *L'addition est lourde.* **– fig.** *Payer l'addition :* subir les conséquences de ses actes ou de ceux d'autrui.

additionnel, elle adj. Qui s'ajoute ou doit s'ajouter. *Article additionnel à une loi.* → **additif.**

additionner v. tr. < 1 > 1. Modifier, enrichir par addition d'un élément. *Additionner son vin d'un peu d'eau.* **2.** Faire l'addition de. *Additionner trois nombres.* ■ **s'additionner v. pron.** S'ajouter. *Dépenses qui s'additionnent.*

adducteur, trice adj. et n. 1. *(Canal) adducteur :* canal d'adduction des eaux. **2. anat.** *(Muscle) adducteur.* → **adduction.**

adduction n. f. (latin *adductio*, de *ducere* « conduire ») 1. Action de dériver les eaux d'un lieu pour les amener dans un autre. **2. didact.** Mouvement qui rapproche de l'axe du corps **(opposé à *abduction*).**

Adélaïde Ville d'Australie, capitale de l'État d'Australie-Méridionale, sur l'océan Indien, dans le golfe de Saint-Vincent. 1 040 720 habitants. Port. Pétrochimie, métallurgie. Commerce et université.

Adélaïde (sainte) Impératrice germanique (v. 931-999). Elle fut l'épouse du roi d'Italie Lothaire II, puis de l'empereur Othon Ier.

Adélaïde ou **Alix de Savoie** Reine de France (morte v. 1154). Elle épousa Louis VI le Gros en 1115.

Adélaïde (Marie-Adélaïde de France) Princesse française (1732-1800). Fille de Louis XV, elle anima le parti dévot.

Adélaïde (Eugénie Louise, princesse d'Orléans, dite Madame) Princesse française (1777-1847). Sœur de Louis-Philippe, elle contribua à le placer sur le trône et fut sa conseillère.

Adélard de Bath ou **Adalard** Philosophe, savant et naturaliste anglais (v. 1070-1150). Formé à Laon, il a rapporté de ses voyages en Orient des traités scientifiques qu'il a traduits de l'arabe en latin. Auteur de traités d'inspiration platonicienne, il est l'un des précurseurs de la « renaissance du XIIe siècle ».

Adelboden Ville de Suisse (canton de Berne), dans l'Oberland bernois. 3 400 habitants. Station de sports d'hiver.

Adèle ou **Alix de Champagne** Reine de France (morte en 1206). Épouse de Louis VII le Jeune et mère de Philippe Auguste, elle exerça la régence pendant la troisième croisade.

Adélie (terre) Secteur français de l'Antarctique oriental. 432 000 km^2. Découverte par Dumont d'Urville en 1840, cette zone porte le prénom de son épouse. Elle abrite des bases scientifiques françaises.

Adémar ou **Adhémar de Monteil** Prélat français (mort en 1098). Évêque du Puy, il prêcha la première croisade et mourut après la prise d'Antioche.

Aden Ville du Yémen, sur le golfe d'Aden. Env. 600 000 habitants ; agglomération 800 000. Commerce. Raffinerie de pétrole. Aden a été la capitale du Yémen du Sud (1968-1990).

Aden (golfe d') Partie occidentale de l'océan Indien, entre la péninsule Arabique et la presqu'île des Somalis.

Le golfe d'Aden, photo prise depuis la capsule Gemini 11 en 1966.

Adenauer (Konrad) Homme d'État allemand (1876-1967). Fondateur de l'Union chrétienne-démocrate (CDU), il fut le premier chancelier de la République fédérale d'Allemagne (1949-1963). Il mena une politique d'intégration de son pays à l'Europe occidentale et fut l'un des principaux artisans de la réconciliation franco-allemande.

Adenet ou **Adam le Roi** Trouvère originaire du Brabant (XIIIe s.). Il influença l'évolution de l'épopée française en y introduisant la technique du récit. *Le Roman de Berthe au grand pied.*

adénine n. f. (du grec *adên* « glande ») biochim. Base azotée purique (l'une des quatre bases essentielles des acides nucléiques).

adénite n. f. (→ adéno-) méd. Inflammation des ganglions lymphatiques.

adéno- Élément **(du grec *adên* « glande »)**, qui sert à former des mots de médecine.

adénocarcinome n. m. (de *adéno-* et *carcinome*) méd. Tumeur maligne d'origine glandulaire.

adénoïde adj. (du grec, de *adên* « glande » → adéno-) méd. Qui a rapport au tissu ganglionnaire et à ses affections. *Végétations* adénoïdes.*

adénome n. m. (→ adénoïde) méd. Tumeur bénigne qui se développe sur une glande.

adénopathie n. f. méd. Affection des ganglions lymphatiques. → **adénite.**

adénosine n. f. (→ adénine et ¹-ose) biochim. Constituant important des noyaux cellulaires, résultant de la combinaison de l'adénine avec un ribose. *Adénosine triphosphate (ATP).*

Adenot (Sophie) Astronaute française (née en 1982). Elle a été en 2022 la deuxième femme française à devenir astronaute après Claudie Haigneré, avec la perspective de rejoindre l'ISS.

adénovirus n. m. méd. Virus pathogène de certaines affections respiratoires humaines.

adent n. m. (de *adenter* « mordre » → dent) techn. Assemblage de deux pièces de bois à l'aide d'entailles sur leurs faces opposées. → **mortaise.**

adepte n. (du latin ; famille de *apte*) Fidèle (d'une religion), partisan (d'une doctrine). ■ Personne qui pratique une certaine activité. *Les adeptes du ski.*

adéquat, ate [adekwa(t), at] adj. (du latin, de *aequus* → égal) Exactement proportionné à son objet, adapté à son but. → **approprié, convenable, juste.** □ adv. **adéquatement**

adéquation [adekwasjɔ̃] n. f. Rapport de convenance parfaite. → **équivalence.** *Une parfaite adéquation entre ses paroles et ses actes.* ■ Fait de rendre adéquat.

Ader (Clément) Ingénieur et inventeur français (1841-1925). Précurseur de l'aviation, il construisit plusieurs appareils volants plus lourds que l'air, qui s'élevèrent un instant au-dessus du sol.

Clément Ader effectuant, en 1897, un vol de 300 m avec l'Avion III.

Adherbal Général carthaginois (IIIe s. av. J.-C.). Il vainquit les Romains à Drepanum lors de la première guerre punique (–249).

Adherbal Roi de Numidie (de –118 à –112). Il était le cousin de Jugurtha.

adhérence n. f. (→ adhérer) **1.** État d'une chose qui adhère à une autre. *L'adhérence des pneus au sol.* **2.** Union accidentelle de tissus contigus, dans l'organisme. *Adhérence pleurale.*

adhérent, ente I. adj. Qui adhère, tient fortement à autre chose. II. n. Personne qui adhère (à un parti, une association). → **membre.** *Recruter des adhérents.*

adhérer v. tr. ind. < 6 > (du latin *adhaerere*, de *haerere* « être attaché » ; famille de *cohérence, hésiter*) I. (choses) Tenir fortement par un contact étroit de la totalité ou de la plus grande partie de la surface. → **coller.** *L'écorce adhère au bois.* II. (personnes) **1.** Se déclarer d'accord avec, partisan de. *J'adhère à votre point de vue.* **2.** S'inscrire (à une association, un parti dont on partage les vues). → **adhérent (II), adhésion.**

adhésif, ive adj. (→ adhérer) Qui reste collé après application. → **collant.** *Ruban adhésif.* – n. m. Tissu, papier adhésif ; substance permettant de coller.

adhésion n. f. (du latin → adhérer) **1.** Approbation réfléchie. → **accord, assentiment.** *Je lui apporte mon adhésion complète.* **2.** Acceptation par un État des obligations que comporte un traité déjà conclu entre d'autres États. *L'adhésion d'un pays à l'Union européenne.* **3.** Action d'adhérer (II), de s'inscrire (à une association, un parti). *Bulletin d'adhésion* (→ **adhérent**).

ad hoc loc. adj. invar. (latin, de *hoc* « cela ») Destiné expressément à un usage. *Trouver l'instrument ad hoc.*

ad hominem loc. adj. invar. (latin « vers l'homme ») didact. *Argument ad hominem*, qui est dirigé contre la personne de l'adversaire et a une valeur toute particulière dans son cas (en lui opposant notamment ses actes ou ses déclarations).

adiabatique adj. (grec *adiabatos* « intraversable ») sc. Qui s'effectue sans échange de chaleur. □ n. m. **adiabatisme**

adiante n. m. (latin d'origine grecque *adiantum*) bot. Fougère ornementale. → **capillaire.**

adiaphorèse n. f. (de *a-* privatif et du grec *diaphorêsis* « transpiration ») pathol. Diminution ou absence de transpiration.

Ādi-Buddha Divinité bouddhique, Bouddha « primordial » dans certaines religions bouddhiques, qui lui attribuent l'origine des mondes créés et non créés.

adieu (de *[je vous recommande] à Dieu*) I. interj. **1.** Formule dont on se sert en prenant congé de qqn qu'on ne doit pas revoir de quelque temps ou qu'on ne doit plus revoir. – *Dire adieu à qqn*, prendre congé de lui, d'elle. **2.** (choses) *Adieu, la belle vie !* – *Il peut* **dire adieu** *à sa tranquillité*, y renoncer. **3.** régional (Midi) Bonjour. ■ Au revoir. II. n. m. Fait de prendre congé, de se séparer de qqn. *Faire ses adieux à qqn.*

à Dieu va ou **à Dieu vat** [-vat] loc. interj. À la grâce de Dieu ; advienne que pourra.

Adige n. m. Fleuve d'Italie, qui prend sa source dans les Alpes, à la frontière avec la Suisse et l'Autriche, et se jette dans l'Adriatique. 410 km. Il arrose Trente et Vérone.

adipeux, euse adj. (latin *adeps, adipis* « graisse ») **1.** anat. Fait de graisse. *Tissu adipeux.* **2.** cour. Très gras. *Un visage adipeux.* □ n. f. **adiposité**

adipique adj. chim. *Acide adipique* : acide provenant de l'oxydation des corps gras par l'acide nitrique.

adip(o)- Élément (du latin *adeps, adipis*) qui signifie « graisse ».

adipocyte n. m. (de *adipo-* + *-cyte*) biol. Cellule spécialisée dans le stockage des lipides.

adipolyse n. f. (de *adipo-* + *-lyse*) didact. Dissolution des graisses par hydrolyse.

adipopexie n. f. (de *adipo-* et du grec *pêxis* « fixation ») physiol. Fixation des graisses dans les tissus adipeux.

adipose n. f. (de *adipeux* et ²-ose) pathol. État morbide caractérisé par la surcharge graisseuse du tissu cellulaire. → **obésité.**

adipsie n. f. (de *a-* privatif et du grec *dipsa* « soif ») méd. Diminution ou perte complète de la soif.

Adirondacks n. m. pl. Massif des États-Unis (1 629 m) dans l'État de New York, dominant le lac Champlain.

Adiyaman Ville de Turquie, en Anatolie orientale, au N. du lac Atatürk. 202 730 habitants. Administration et commerce.

adja n. f. (romani *dja* « va ! ») argot *Mettre les adjas* : s'enfuir.

adjacent, ente adj. (du latin, de *adjacere* → aise ; de *jacere* → jeter) **1.** Qui se trouve dans le voisinage immédiat. → **contigu, voisin.** *Les rues adjacentes.* **2.** géom. *Angles adjacents*, qui ont le même sommet et sont situés de part et d'autre d'un côté commun.

Adjani (Isabelle) Actrice française (née en 1955). Après des débuts très remarqués à la Comédie-Française, elle accéda rapidement au statut de star du cinéma. *La Gifle ; L'Histoire d'Adèle H ; La Reine Margot.*

Adjarie n. f. République autonome de Géorgie, sur la mer Noire. 3 000 km². 346 000 habitants. Capitale : Batoumi. Cultures subtropicales, industrie pétrochimique, tourisme. Après 14 ans d'un gouvernement autoritaire indépendant, l'Adjarie est revenue dans le giron de la Géorgie en 2004.

adjectif, ive (latin « qui s'ajoute », de *ad* et *jacere* → jeter) **1.** n. m. Mot susceptible d'accompagner un substantif avec lequel il s'accorde en genre et en nombre, et qui n'est pas un article. *Adjectifs démonstratifs, indéfinis, interrogatifs, numéraux, possessifs, relatifs.* – *Adjectif qualificatif.* → **attribut, épithète.** – *Adjectif verbal*, participe présent devenu adjectif. **2.** adj. Qui a une valeur d'adjectif. *Locution adjective.*

adjectival, ale, aux adj. gramm. Qui est de la nature de l'adjectif, qui a une valeur d'adjectif. *Locution adjectivale.*

adjectivement adv. En fonction d'adjectif.

adjectiver v. tr. < 1 > gramm. Employer comme adjectif. – au p. p. *Un participe présent adjectivé.*

adjoindre v. tr. < 49 > (du latin → joindre) **1.** Associer (une personne à une autre) pour aider, contrôler. *Elle s'est adjoint deux collaborateurs.* **2.** Joindre, ajouter (une chose) à une autre.

adjoint, ointe n. Personne associée à une autre pour l'aider dans ses fonctions. → **²aide, assistant.** *Adjoint(e) au maire* : conseiller, conseillère municipal(e) élu(e) pour assister et suppléer le maire. – appos. *Directeur adjoint.*

adjonction n. f. **1.** Action d'adjoindre (une personne, une chose). *L'adjonction d'une aile à un bâtiment.* **2.** Chose adjointe.

adjudant, ante n. (de l'espagnol, du latin *adjuvare* « aider » cf. adjuvant) **1.** en France Sous-officier qui, dans la hiérarchie des grades, vient au-dessus du sergent-chef. *Adjudant-chef*, grade le plus élevé des sous-officiers. *Des adjudantes-chefs. Adjudant-major* : officier du grade de capitaine chargé d'assister ou suppléer un officier supérieur. *Des adjudants-majors. Une adjudante-major.* **2.** péj. Chef autoritaire et borné.

adjudicataire n. dr. Bénéficiaire d'une adjudication.

adjudicateur, trice n. dr. Personne qui est chargée d'une adjudication.

adjudicatif, ive adj. dr. Qui adjuge ; relatif à l'adjudication.

adjudication n. f. (du latin → adjuger) Acte juridique par lequel on met des acquéreurs ou des entrepreneurs en libre concurrence. *Vente par adjudication*, aux enchères. → **adjuger.** *Adjudication de travaux publics.*

adjuger v. tr. < 3 > (latin *adjudicare* → juger) **1.** Décerner. *Adjuger un prix. S'adjuger la meilleure part.* → **s'attribuer.** **2.** dr. Attribuer par adjudication. – au p. p. *Une fois, deux fois, trois fois, adjugé ! vendu !*

adjuration n. f. Prière instante, supplication.

adjurer v. tr. < 1 > (du latin → jurer) Commander ou demander à (qqn) en adressant une adjuration. *Je vous adjure de dire la vérité.* → **implorer, supplier.**

adjuvant, ante n. m. et adj. (du latin, p. prés. de *adjuvare* → adjudant) **1.** Médicament, produit ajouté à un autre pour renforcer ou compléter son action. – adj. *Substance adjuvante.* **2.** littér. Auxiliaire, stimulant. **3.** didact. Dans un récit, Personnage qui a pour fonction d'aider la personne qui accomplit l'action. *Les adjuvants et les opposants.*

adjuvat n. m. (latin *adjuvare* « aider ») méd. Fonction d'aide, d'assistant (en médecine, en chirurgie).

Adjani (Isabelle)

Isabelle Adjani dans *L'Histoire d'Adèle H.* de François Truffaut (1975).

A

Adler (**Victor**) Homme politique autrichien (1852-1918). Fondateur du Parti social-démocrate, il lutta pour le suffrage universel et s'opposa aux antisémites viennois.

Adler (**Guido**) Musicologue autrichien (1855-1941). Élève d'Anton Bruckner, il est un des fondateurs de la musicologie moderne.

Adler (**Alfred**) Médecin et psychologue autrichien (1870-1937). Élève et collaborateur de S. Freud, il s'en sépara, considérant les névroses non pas comme d'origine sexuelle, mais comme la compensation d'un sentiment d'infériorité.

Adler (**Max**) Écrivain politique autrichien (1873-1937). Représentant de la gauche du Parti social-démocrate, il fut le théoricien des conseils ouvriers.

Adler (**Friedrich**) Homme politique autrichien (1879-1960). Fils de Victor Adler. Chef du Parti social-démocrate, il assassina le Premier ministre, le comte Stürgkh, en 1916.

Adler (**Laure**) Écrivaine et journaliste française (née en 1950). Femme de radio, elle a dirigé France Culture (1999-2005). Outre des biographies de Marguerite Duras et de Hannah Arendt, elle a entre autres publié *À ce soir* et *Manifeste féministe*.

ad libitum [adlibitɔm] **loc. adv.** (**mots latins, de** ***libere*** **« désirer » ; famille de** ***libido, lubie***) À volonté, au choix. ▪ mus. Au gré de l'exécutant. - abrév. **ad lib.**

ad litem **loc. adj. invar.** (**mots latins « pour un procès » → litige**) dr. En vue d'un procès. – *Provision ad litem,* allouée à un plaideur pour lui permettre de faire face aux frais du procès.

Admète Un des Argonautes, dans la mythologie grecque. Roi de Phères, il accueille Apollon banni de l'Olympe. Sa femme Alceste se sacrifie afin qu'il devienne immortel.

admettre **v. tr.** < 56 > (**latin** ***admittere*** **→ mettre**) **1.** Accepter de recevoir (qqn). → **accueillir, agréer.** *Être admis à l'Académie. Admettre qqn à siéger,* lui en reconnaître le droit. → **autoriser.** – au p. p. *Candidat admis à l'oral.* – *Les chiens ne sont pas admis dans cet hôtel.* **2.** Considérer comme acceptable par l'esprit. « *Que rien ne soit admis qui ne soit humainement vérifiable* » (Hugo). – ***Admettre que*** (+ subj. ou indic.). *J'admets que tu as (ou tu aies) raison.* – ***Admettons, en admettant que*** (+ subj.), en acceptant comme hypothèse que. → **supposer.** « [...] *en admettant que nous soyons mortels* » (Verlaine). **3.** (surtout en phrase négative) Accepter, permettre. *Il n'admet pas de discussion.* → **tolérer.** – *Ne pas admettre que* (+ subj.). ▪ (sujet chose) Autoriser, permettre. → **souffrir.** *C'est une règle qui n'admet aucune exception.* **4.** Laisser entrer. *Les gaz sont admis dans le cylindre* (→ **admission 2**).

adminicule **n. m.** (**latin** ***adminiculum*** **« auxiliaire, appui », famille de** ***minere*** **→ imminent**) didact. Commencement de preuve. → **indice.**

administrateur, trice **n.** (→ **administrer**) **1.** Personne chargée de l'administration d'un bien, d'un patrimoine. ▪ Membre d'un conseil d'administration. ▪ inform. Personne chargée de la gestion (d'un réseau...). *Administrateur de site* (sur Internet). → **webmestre.** **2.** Personne qui a les qualités requises pour les tâches d'administration. → **gestionnaire.**

administratif, ive **adj. 1.** Relatif à l'Administration. **2.** Chargé de tâches d'administration. *Directeur administratif.* ▫ **adv. administrativement**

administration **n. f.** (→ **administrer**) **1.** Action de gérer un bien, un ensemble de biens. → **gestion.** *Conseil d'administration d'une société.* ▪ Fonction consistant à assurer l'application des lois et la marche des services publics conformément aux directives gouvernementales. **2.** Ensemble des services et agents chargés de cette fonction *(l'Administration). Entrer dans l'Administration* (→ **la fonction* publique**). (en France) *École nationale d'administration* (ENA). **3.** ***Une administration,*** service public.

ADN

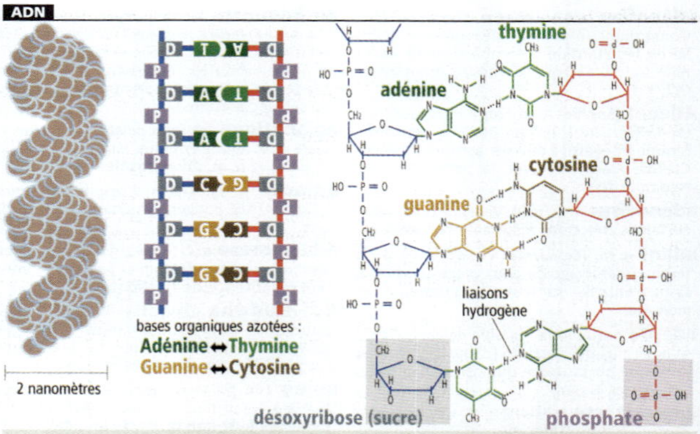

Représentation tridimensionnelle, plane, et structure atomique de l'ADN, double hélice formée de deux chaînes. Constitués d'un enchaînement de phosphate et de désoxyribose lié à une base azotée, les brins sont complémentaires. L'adénine s'associe à la thymine et la guanine à la cytosine.

▶ L'**ADN**, ou acide désoxyribonucléique, est une macromolécule présente chez tous les êtres vivants. Supports de l'hérédité et constitutives des chromosomes, les molécules d'ADN d'un individu (son génome) se transmettent totalement ou partiellement lors de la reproduction.
En 1944, le médecin américain O. Th. Avery révolutionne la compréhension du fonctionnement des cellules : c'est l'ADN, et non les protéines, qui « porte » les caractères héréditaires des êtres vivants. En 1953 est découverte la structure en double hélice de cette molécule, ce qui valut un prix Nobel à F. H. C. Crick et à son étudiant J. D. Watson (mais pas à la chercheuse Rosalind Franklin, qui avait pourtant réalisé plusieurs radiographies de l'ADN). Ces travaux ont notamment permis de comprendre les processus de réplication de l'ADN, le code génétique et son rôle dans la fabrication des protéines, puis de développer de nouvelles biotechnologies.
Chez les eucaryotes (cellules à noyau), l'ADN est principalement situé dans le noyau alors que, chez les procaryotes (organismes dont les cellules ne possèdent pas de noyau, comme les bactéries), il est situé dans le cytoplasme (espace intracellulaire). Le codage de l'ADN s'effectue grâce à l'alternance de quatre unités élémentaires, appelées nucléotides et symbolisées par les lettres A, T, C et G. Lues trois par trois par la machinerie cellulaire, elles révèlent le code d'assemblage des acides aminés qui constituent les protéines : le code génétique.
voir aussi **gène, chromosome, biotechnologie, clonage**

administré, ée **n.** Personne soumise à une autorité administrative. « *Messieurs et chers administrés, dit le sous-préfet de sa voix de cérémonie* » (A. Daudet).

administrer **v. tr.** < 1 > (**latin** ***administrare*** **→ ministre**) **I. 1.** Gérer en faisant valoir, en défendant les intérêts. *Administrer les biens d'un mineur*.* **2.** Assurer l'administration de (un pays, une circonscription). *Le maire administre la commune.* **II. 1.** relig. Conférer (un sacrement, notamment l'extrême-onction). **2.** Faire prendre (un remède). **3.** fam. Donner (une série de coups).

admirable **adj.** Digne d'admiration. → **¹beau, merveilleux.** *Un homme admirable.* → **remarquable.**

admirablement **adv. 1.** D'une manière admirable. → **merveilleusement. 2.** Très bien.

admirateur, trice **n.** Personne qui admire (qqn, une œuvre).

admiratif, ive **adj.** Qui est en admiration (devant qqn, un spectacle). *Une assistance admirative.* – *Regard admiratif.* ▫ **adv. admirativement**

admiration **n. f.** Sentiment de joie et d'épanouissement devant ce qu'on juge supérieurement beau ou grand. → **émerveillement, ravissement.** *Son courage fait l'admiration de tous. Être en admiration devant un tableau.*

admirer **v. tr.** < 1 > (**latin** ***admirari,*** **de** ***mirari*** **« s'étonner » → mirer**) Considérer avec plaisir (ce qu'on juge supérieur) ; avoir de l'admiration pour. ▪ iron. *J'admire votre confiance : je ne suis pas si confiant.*

admis, ise voir **admettre**

admissibilité **n. f.** Fait d'être admissible.

admissible **adj.** (**du latin, de** ***admittere*** **→ admettre**) **1.** Qu'on peut admettre. → **acceptable.** ▪ (surtout négatif) Tolérable, supportable. *Cela n'est pas admissible.* → **inadmissible. 2.** Qui peut être admis (à un emploi). **3.** Admis à subir les épreuves définitives d'un examen. *Candidat admissible.* – **n.** *La liste des admissibles.*

admission **n. f.** (→ **admettre**) **1.** Action d'admettre (qqn) ; fait d'être admis. *Conditions d'admission dans une école.* **2.** Fait de laisser entrer (un gaz). *Régler l'admission de la vapeur.*

admonestation **n. f.** littér. Avertissement, remontrance sévère. → **réprimande.**

admonester **v. tr.** < 1 > (**du latin, de** ***monere*** **→ ¹moniteur**) littér. Réprimander sévèrement en avertissant de ne pas recommencer.

admonition **n. f.** (**latin** ***admonitio*** **« avertissement », de** ***admonere*** **→ admonester**) **1.** dr., relig. Admonestation (de l'autorité judiciaire ou ecclésiastique). **2.** littér. Réprimande, avertissement sévère.

ADN [adeɛn] **n. m.** (**sigle de** ***acide désoxyribonucléique***) biol. Acide du noyau des cellules vivantes, constituant essentiel des chromosomes et porteur de caractères génétiques. *Structure en double hélice de l'ADN.*

ad nutum [adnytɔm] **loc. adv.** (**latin « au moindre signe de tête »**) dr. De manière immédiate, sans formalités. *Révocation ad nutum* (d'un fonctionnaire).

adobe **n. m.** (**de l'espagnol, de l'arabe**) Brique de terre crue comprimée et séchée au soleil.

Ado Ekiti Ville du Nigeria (État d'Ondo), à l'E. d'Oshogbo. 300 000 habitants.

adolescence **n. f.** Âge qui suit la puberté et précède l'âge adulte. « *La plus délicate des transitions, l'adolescence* » (Hugo).

adolescent, ente **n. et adj.** (**du latin, p. prés. de** ***adolescere*** **« grandir » → adulte**) Jeune garçon, jeune fille à l'âge de l'adolescence. - abrév. fam. **ado.**

Adolphe de Nassau (v. 1250-1298). Empereur germanique (1292-1298). Il fut tué au combat par Albert Ier de Habsbourg.

Adolphe-Frédéric (1710-1771). Roi de Suède (1751-1771). Il ne put imposer son autorité face aux partis des Bonnets et des Chapeaux.

Adonaï Une des appellations hébraïques de Dieu dans la Bible.

adonide n. f. (de *Adonis*, dont le sang aurait teinté cette fleur) Plante (renonculacée) aux fleurs rouges ou jaunes. *Adonide annuelle* ou *œil-de-faisan*, produisant un poison violent. *Adonide de printemps*, toxique, à fleurs jaunes.

adonis [adɔnis] n. m. (du n. du dieu Adonis) **1.** Jeune homme d'une grande beauté. **2.** Papillon diurne.

Adonis Divinité grecque d'origine phénicienne représentant le principe mâle de la reproduction. Aimé d'Aphrodite, Adonis est tué par un sanglier ; Zeus lui permet de passer une partie de l'année sur la Terre et l'autre aux Enfers. Il est le symbole de la vie et de la nature.

Adonis (Ali Ahmad Saïd Esber, dit) Poète et essayiste libanais d'origine syrienne (né en 1930). Fondateur du groupe Chi'r (« Poésie »), il tente l'osmose entre l'Orient et l'Occident dans une poésie libérée de la versification traditionnelle. *Célébrations ; Soleils seconds ; Adoniada.*

adonner v. intr. < 1 > (du latin pop., de *donare* → donner) **1.** mar. (vent) Tourner dans un sens favorable. *Le vent adonne* (s'oppose à *refuser*). **2.** (Canada) fam. *Ça adonne bien, mal* : ça se présente bien, mal. ■ **s'adonner** v. pron. **1.** S'appliquer avec constance (à une activité, une pratique). *Elle s'adonne entièrement à l'étude.* – péj. *S'adonner à la boisson, au jeu.* → se livrer. **2.** (Canada) fam. S'entendre, s'accorder ; se plaire. *Ils s'adonnent bien.*

adoptant, ante adj. Qui adopte légalement qqn. – n. *Les adoptants.*

adopter v. tr. < 1 > (du latin, de *optare* « choisir » → opter) **1.** Prendre légalement pour fils ou pour fille. *Adopter un orphelin.* – au p. p. *Un enfant adopté.* – n. *Un adopté.* **2.** Traiter comme qqn de la famille. **3.** Faire sien en choisissant, en décidant de suivre. → **embrasser.** *Adopter une attitude.* **4.** Approuver par un vote. *L'Assemblée a adopté le projet de loi.*

adoptif, ive adj. **1.** Qui est tel par adoption. *Parents adoptifs.* **2.** D'adoption. *Sa patrie adoptive.*

adoption n. f. **1.** Action d'adopter (qqn) ; acte juridique établissant entre deux personnes (l'*adoptant* et l'*adopté*) des relations de droit analogues à celles qui résultent de la filiation. **2.** *D'adoption* : qu'on a adopté, qu'on reconnaît pour sien. *Sa patrie d'adoption.* **3.** Action d'adopter (3). *L'adoption de nouvelles techniques.* **4.** Action d'adopter (4). *L'adoption d'un projet de loi.*

Ador (Gustave) Homme politique suisse (1845-1928). Président de la Confédération suisse en 1919, il représenta son pays à la SDN de 1920 à 1924.

adobe

Construction en adobe dans un village fortifié traditionnel de la région de Tataouine (Tunisie).

adorable adj. **1.** vieilli Digne d'être adoré (1). **2.** Digne d'être aimé. ■ Extrêmement joli, touchant, gracieux. → **charmant, exquis.** *Une adorable petite fille.*

adorablement adv. D'une manière adorable, exquise.

adorateur, trice n. **1.** Personne qui adore, rend un culte à (une divinité). **2.** Admirateur ; amoureux empressé.

adoration n. f. **1.** Culte rendu à un dieu, à des choses sacrées. *L'adoration des reliques.* **2.** Amour fervent, culte passionné. *Il est en adoration devant elle.*

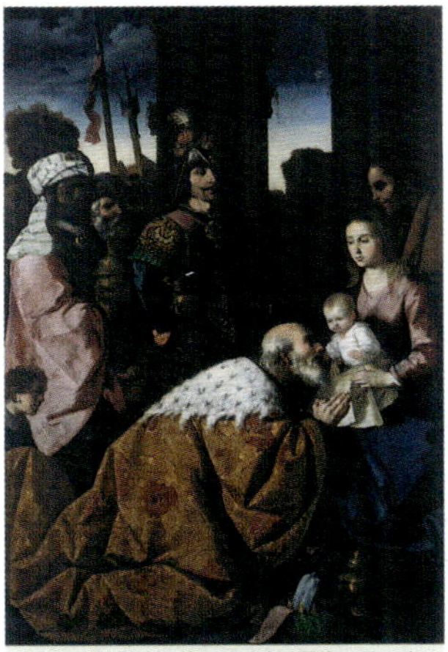

L'Adoration des mages (v. 1638) par Francisco Zurbarán, musée de Grenoble.

adorer v. tr. < 1 > (latin *adorare*, de *orare* « prier » → oraison) **1.** Rendre un culte à (un dieu). – loc. *Brûler ce qu'on a adoré* : se montrer inconstant dans ses attachements, les renier. **2.** Aimer (qqn) d'un amour ou d'une affection passionnée. *Il adore sa fille.* → **aduler.** – pronom. *Ils s'adorent.* **3.** fam. Avoir un goût très vif pour (qqch.).

Adorno (Theodor) Philosophe, sociologue et musicologue allemand (1903-1969). Il a mené des travaux d'esthétique musicale sur Berg, Mahler, Wagner. Sa réflexion philosophique l'a conduit à s'interroger sur les contradictions d'une société édifiée sur le principe de la toute-puissance de la raison et qui est, néanmoins, capable d'engendrer la barbarie concentrationnaire.

ados n. m. (de *adosser*) Talus de terre rapportée, destiné à protéger les cultures des intempéries.

adossement n. m. État de ce qui est adossé. *L'adossement d'une maison contre, à une falaise.*

adosser v. tr. < 1 > (famille de *dos*) Appuyer en mettant le dos, la face postérieure contre. *Adosser un piano au mur.* ■ **s'adosser** v. pron. S'appuyer en mettant le dos (contre). *Elle s'adossait à la porte.* – fig. *S'adosser à la loi.*

adoubement n. m. **1.** au Moyen Âge Cérémonie au cours de laquelle le jeune noble était fait chevalier. **2.** fig. Reconnaissance.

adouber v. tr. < 1 > (vient du francique ; famille de *daube*, *radouber*) **1.** au Moyen Âge Armer (qqn) chevalier. **2.** (ancien français « équiper, arranger ») Aux échecs, Remettre en place une pièce déplacée par accident, ou déplacer provisoirement une pièce. **3.** fig. Reconnaître, déclarer la valeur de (qqn, qqch.). *Cinéaste adoubé par ses pairs. Adouber un projet.* → **approuver, valider.**

adoucir v. tr. < 2 > (→ doux) **1.** Rendre plus doux, plus agréable aux sens. *Adoucir l'eau*, la rendre moins calcaire. – pronom. *Le temps s'adoucit*, devient moins froid. → se **radoucir.** **2.** fig. Rendre moins rude, moins violent. – prov. *La musique adoucit les mœurs.*

adoubement

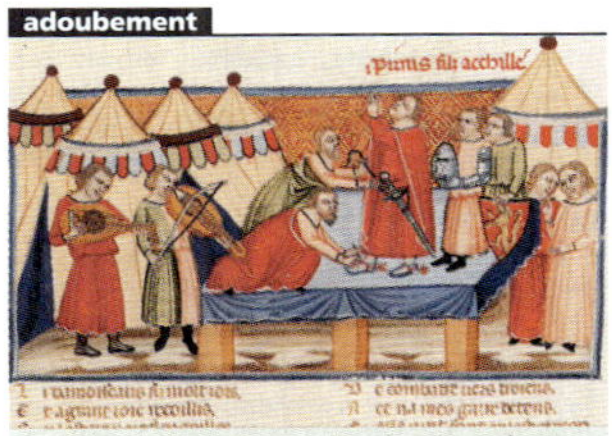

Cérémonie d'adoubement d'un chevalier, enluminure du *Roman de Troie* de Benoît de Sainte-Maure (XIVe s.), Bibliothèque nationale de France, Paris.

adoucissage n. m. **1.** textile Traitement destiné à éclaircir les couleurs. **2.** techn. Opération consistant à polir (une glace, un marbre, des métaux) de façon à réaliser une surface unie.

adoucissant, ante **1.** adj. Qui diminue l'irritation. *Crème adoucissante.* **2.** n. m. Produit utilisé au rinçage pour adoucir le linge.

adoucissement n. m. **1.** Action d'adoucir, fait de s'adoucir. *Un adoucissement de la température.* **2.** fig. Soulagement, atténuation. *Trouver dans l'étude un adoucissement à son chagrin.*

adoucisseur n. m. Appareil pour adoucir l'eau.

Adour n. m. Fleuve du S.-O. de la France. 335 km. Né dans les Pyrénées, il arrose Tarbes, Dax et Bayonne avant de se jeter dans l'océan Atlantique.

ad patres [adpatʀɛs] loc. adv. (latin « vers les pères », de *pater* → père) fam. *Envoyer qqn ad patres*, le tuer.

adragant, ante adj. (latin d'origine grecque *tragacantha* « astragale ») *Comme adragante* : gomme qui exsude d'arbrisseaux du genre astragale (utilisée comme excipient en pharmacie, pour l'apprêt des tissus, etc.). – n. f. *L'adragante.*

Adrar Oasis du Sahara algérien, constituant une wilaya. 422 000 km^2. 400 000 habitants.

Adrar Région désertique du N.-O. de la Mauritanie. Oasis. Minerais.

Adrar des Iforas Région désertique du N.-E. du Mali.

adrénaline n. f. (de l'anglais, de *renal* « rénal* ») méd. Hormone sécrétée par les glandes surrénales, qui accélère le rythme cardiaque, augmente la pression artérielle et dilate les bronches. *Décharge d'adrénaline provoquée par une émotion.* – fig. *Poussée d'adrénaline* : emportement, vive réaction.

adrénergique adj. (anglais *adrenergic*, de *adren[alin]* et du grec *ergon* « travail ») physiol. Se dit des fibres nerveuses sécrétant la noradrénaline. ■ Qui agit par l'intermédiaire de l'adrénaline ; stimulé par l'adrénaline. – *Récepteurs adrénergiques* β, inhibiteurs de la stimulation sympathique (→ **bêtabloquant**).

adressage n. m. **1.** inform. Procédé par lequel est définie l'adresse d'une donnée sur un support. **2.** comm. Création ou exploitation d'une adresse.

[1]**adresse** n. f. (→ adresser) **I. 1.** Indication du nom et du domicile (d'une personne). *Partir sans laisser d'adresse.* ■ *Une bonne adresse*, l'adresse d'un bon restaurant, d'un bon fournisseur, etc. **2.** fig. *Se tromper d'adresse* : ne pas s'adresser à qui il faudrait. ■ *À l'adresse de* : à l'intention de. *Une remarque à votre adresse.* **3.** Signe (mot, formule) sous lequel est classée une information. – *Les adresses d'un dictionnaire.* → **entrée.** – inform. Expression représentant un emplacement de mémoire dans un ordinateur. *Mettre une donnée en adresse* (→ **adressage**). *Adresse électronique, adresse mail. Adresse (de site) web.* – (anglais *IP adress*, de *Internet Protocol* « protocole Internet ») *Adresse IP* : identifiant d'un appareil connecté à Internet. **II.** Expression des vœux et des sentiments d'une assemblée politique, adressée au souverain.

[2]**adresse** n. f. (« manière directe » → [1]adresse ; adroit) **1.** Qualité physique d'une personne qui fait les mouvements les mieux adaptés, les plus efficaces (jeu, travail, exer-

cice). → **dextérité, habileté ; adroit.** *Jeux d'adresse.* **2.** Qualité d'une personne qui sait s'y prendre, manœuvrer comme il faut pour obtenir un résultat. → **diplomatie, doigté, finesse, ruse.**

adresser v. tr. < 1 > (de *dresser ;* d'abord « dresser » et « diriger ») **1.** Émettre (des paroles) en direction de qqn. *Adresser un compliment à qqn. Adresser la parole à qqn,* lui parler. **2.** Faire parvenir à l'adresse de qqn. *Adresser une lettre à qqn.* **3.** Diriger (qqn) vers la personne qui convient. *Le médecin m'a adressé à un spécialiste.* **4.** inform. Pourvoir une information d'une adresse. ■ **s'adresser** v. pron. **1.** *S'adresser à qqn,* lui parler ; aller le trouver, avoir recours à lui. **2.** (sujet chose) Être destiné. *Le public auquel ce livre s'adresse.*

adret n. m. (de l'ancien provençal, famille de *droit* « bon côté ») géogr. Versant exposé au soleil, en montagne (opposé à *ubac*).

Adrià (Ferran) Cuisinier espagnol (né en 1962). Dans son restaurant catalan El Bulli, il a créé la gastronomie moléculaire, utilisant notamment l'azote liquide.

Adriatique (mer) Partie de la Méditerranée située entre l'Italie et la péninsule balkanique, fermée par le détroit d'Otrante. 131 500 km². La côte italienne, rectiligne, contraste avec la côte opposée (Croatie, Monténégro, Albanie), découpée et bordée d'îles.

Adrien (saint) Martyr à Nicomédie vers 303.

Adrien Ier Pape de 772 à 795. Il fit appel à Charlemagne contre la menace lombarde et approuva les décisions du concile de Nicée (787) mettant fin à la première crise iconoclaste.

adroit, oite adj. (de ¹a- et *droit*) **1.** Qui a de l'adresse, dans ses activités physiques. *Être adroit de ses mains* (opposé à *maladroit*). **2.** Qui se conduit, manœuvre avec adresse. → **habile, rusé.** *Un négociateur adroit.* – (choses) *Une manœuvre adroite.*

adroitement adv. Avec adresse (²).

ADSL n. m. (sigle anglais de *asymmetric digital subscriber line* « ligne d'abonné numérique asymétrique ») anglic., techn. Protocole de transmission numérique à haut débit qui utilise le réseau téléphonique. – en appos. *Une connexion ADSL.*

adsorbant, ante adj. phys. Qui adsorbe. – n. m. *Le charbon de bois est un adsorbant.*

adsorber v. tr. < 1 > (latin *ad* et *sorbere* → absorber) sc. Retenir, fixer à la surface. □ n. f. **adsorption**

adstrat [atstʀa] n. m. (du latin *ad* « sur » et du radical de *substrat*) ling. Ensemble de faits linguistiques concordants apparaissant sur un territoire dans plusieurs langues, et correspondant à des échanges d'influences.

adulateur, trice n. (latin *adulator*) littér. Personne qui flatte bassement, courtisan servile. → **flagorneur.**

adulation n. f. littér. Louange, admiration excessive. – Adoration.

aduler v. tr. < 1 > (latin *adulari* « flatter » [d'abord en parlant des animaux]) littér. Combler de louanges, de témoignages d'admiration. → **choyer, fêter.** – « *Un être absolument privilégié, recherché, adulé par la société la plus choisie* » (Proust). → **adorer.**

adulescent, ente n. et adj. (mot-valise, de *adulte* et *adolescent*) Jeune adulte dont le comportement rappelle celui des adolescents. – adj. *Une attitude adulescente.*

Adulis Site archéologique d'Érythrée, sur la mer Rouge. Ancien port du royaume d'Aksoum, jusqu'au début du VIIIe siècle.

adulte adj. et n. (latin *adultus,* de *adolescere* → adolescent) **1.** adj. (êtres vivants) Qui est parvenu au terme de sa croissance. *Animal, plante adulte.* – *Âge adulte,* de la fin de l'adolescence au commencement de la vieillesse. → **mûr. 2.** n. Homme, femme adulte. **3.** adj. Réservé aux adultes. – spécialt Pornographique. *Contenus adultes.*

adultère (latin → adultérer) **1.** n. m. Fait d'avoir volontairement des rapports sexuels avec une personne autre que son conjoint. → **infidélité. 2.** adj. Qui commet un adultère. → **infidèle.** *Un époux adultère.*

adultérer v. tr. < 6 > (latin *adulterare,* de *alterare* → altérer) rare Altérer la pureté de (qqch.). → **falsifier.**

adultérin, ine adj. Né d'un adultère. *Enfant adultérin.* – Relatif à l'adultère. → **extraconjugal.**

adultisme n. m. psych. Caractère du comportement adulte.

ad usum delphini [adyzɔmdɛlfini] loc. adj. invar. (mots latins « à l'usage du Dauphin ») didact. Se dit des éditions expurgées des classiques latins que Louis XIV fit imprimer à l'usage du Dauphin. – par ext., iron. (texte) Expurgé.

ad valorem loc. adj. invar. (mots latins « selon la valeur ») *Droits ad valorem :* droits de douane perçus d'après la valeur des marchandises.

advection n. f. (latin *advectio* « transport », de *advehere* → véhicule) didact. Déplacement d'une masse d'air dans le sens horizontal. – météorol. *Brouillard d'advection.*

advenir v. < 22 > (de l'ancien v. *avenir,* qui vient du latin *advenire,* de *ad-* et *venire* → venir) **1.** v. intr. Arriver, survenir. *Les graves évènements qui sont advenus.* – loc. prov. *Advienne que pourra,* quoi qu'il en résulte, peu importe. **2.** v. impers. *Qu'est-il advenu ?* – loc. *Quoi qu'il advienne :* quoi qu'il arrive.

adventice adj. (du latin, de *advenire* → advenir) Qui ne fait pas naturellement partie de la chose. → **accessoire.** *Des problèmes adventices.* ■ bot. *Plantes adventices :* mauvaises herbes.

adventif, ive adj. (même origine latine que *adventice*) **1.** bot. Qui apparaît dans une position particulière par rapport aux processus normaux de ramification. *Des racines adventives.* **2.** géol. *Cône adventif :* cône volcanique annexe qui se forme sur la pente d'un volcan à partir d'un centre d'éruption secondaire.

adventiste n. (de l'anglais des États-Unis, de *advent* « avènement », du latin → advenir) didact. Membre d'un mouvement religieux protestant, né aux États-Unis, qui attend un second avènement du Messie. – adj. *Église adventiste.*

adverbe n. m. (du latin, de *verbum* → verbe) Mot invariable ajoutant une détermination à un verbe (ex. *marcher* lentement), un adjectif (ex. très *agréable*), un adverbe (ex. trop *rapidement*) ou à une phrase entière (ex. évidemment, *il ne se presse pas*). *Adverbes de lieu, de négation.*

adverbial, iale, iaux adj. (→ adverbe) Qui a fonction d'adverbe. *Locution adverbiale* (ex. côte à côte, à tâtons). □ adv. **adverbialement**

adversaire n. (du latin → adverse) **1.** Personne qui est opposée à une autre dans un combat, un conflit, une compétition. → **ennemi, rival.** *L'emporter sur son adversaire.* **2.** Personne hostile à (une doctrine, une pratique). *Les adversaires du libéralisme.*

adversatif, ive adj. (bas latin *adversativus*) ling. Qui marque une opposition. *Les conjonctions adversatives* (ex. mais, pourtant).

adverse adj. (latin *adversus,* de *versus* « tourné » → ¹vers, version) Opposé, contraire. *Le camp adverse.* – dr. *La partie adverse,* contre laquelle on plaide.

adversité n. f. littér. Sort contraire ; situation malheureuse de celui qui a éprouvé des revers. → **malheur.** *Garder sa bonne humeur dans l'adversité.*

ad vitam æternam [advitametɛʀnam] loc. adv. (mots latins « pour la vie éternelle ») fam. Pour toujours, indéfiniment.

Ady (Endre) Poète hongrois (1877-1919). Son recueil *Nouveaux poèmes,* paru en 1906, apparut comme révolutionnaire. Poète tour à tour sensuel et engagé, il dénonça l'arriération de son pays dans une langue qui mêle archaïsmes et néologismes.

Adygués ou **Adyghés** (république des) République de la fédération de Russie, au N. du Caucase occidental. 7 600 km². 447 000 habitants. Capitale : Maïkop. Agriculture et élevage. Pétrole.

adynamie n. f. (de *a-* privatif et du grec *dunamis* « force » → dynamique) méd. Extrême faiblesse musculaire, dans certaines maladies. → **asthénie.** □ adj. **adynamique**

aède n. m. (grec *aoidos* → mélodie, ode) didact. Poète épique et récitant, dans la Grèce ancienne.

A-ÉF voir **Afrique-Équatoriale française**

ægagropile voir **égagropile**

Ægates voir **Égates**

ægosome voir **égosome**

ægypan [eʒipɑ̃] n. m. (du grec, de *aix, aigos* « chèvre » et *Pan* → panique) didact. Divinité antique analogue au faune, au satyre. - var. **ægipan, égypan.**

AELE (Association européenne de libre-échange) n. f. Créée en 1960 pour contrecarrer l'influence de la CEE, elle ne compte plus que quatre membres (Islande, Liechtenstein, Norvège, Suisse).

Aelfric, dit **Grammaticus** Érudit anglo-saxon (v. 955-v. 1020). Sa *Grammaire latine* contient le premier lexique latin-anglais. Elle fut utilisée durant tout le Moyen Âge.

Ænésidème Philosophe grec (Ier s.). L'un des principaux représentants du scepticisme antique, il a renouvelé la doctrine de Pyrrhon ramenant à dix les arguments des sceptiques sur les motifs de douter.

æpyornis voir **épyornis**

aérage n. m. Ventilation par de l'air renouvelé et réfrigéré, dans les galeries souterraines.

aérateur n. m. Appareil servant à l'aération. → **climatiseur, ventilateur.**

aération n. f. Action d'aérer ; son résultat.

aéraulique n. f. (du latin *aer* « air » et du grec *aulos* « flûte, tuyau ») phys. Étude de l'écoulement des gaz dans les conduits. – adj. *Résistance aéraulique* (dans les galeries de mines).

aérer v. tr. < 6 > (ancien français *aer* → ¹air) **1.** Faire entrer de l'air dans (un lieu clos), mettre à l'air. *Aérer une chambre.* – par ext. Faire prendre l'air à (qqn). **2.** fig. Rendre moins dense, plus léger. *Aérer un exposé.* ■ **s'aérer** v. pron. Prendre l'air. *Il faut vous aérer un peu.* – fig. Se changer les idées. ■ **aéré, ée** adj. *Pièce bien aérée.* ■ *Centre aéré,* qui propose aux enfants des activités de plein air.

aéricole adj. (du latin *aer* « air » et de *-cole*) bot. (végétal) Qui se développe sans avoir de contact avec le sol (opposé à *terricole*).

aérien, ienne adj. (→ ¹air) **1.** De l'air, de l'atmosphère. *Les courants aériens.* **2.** Relatif à l'aviation, assuré par l'aviation. *Transports aériens.* – *Photographie aérienne,* prise d'avion. **3.** Qui est à l'air libre. *Racines aériennes d'une plante. Métro aérien.* **4.** fig. Léger comme l'air. → **immatériel.** *Une grâce aérienne.*

aérifère adj. (latin *aer* « air » et *-fère*) physiol. Qui amène l'air. *Les conduits aérifères,* qui portent l'air aux poumons (bouche, fosses nasales, etc.).

aérium [aeʀjɔm] n. m. (latin *aerius* « de l'air, aérien », d'après *sanatorium*) Établissement de repos, de vie au grand air, pour les convalescents, les enfants menacés de tuberculose. → **préventorium.** *Des aériums.*

aéro- Élément savant (du grec *aêr, aeros* → ¹air) qui signifie « air », désignant soit l'atmosphère, l'air (ex. *aérolithe*), soit l'aviation (ex. *aérodrome*).

Ærø Île du Danemark, au S. de la Fionie, à l'entrée S. du Petit Belt. 90 km². 6 790 habitants. Tourisme.

aérobic n. f. (anglais des États-Unis *aerobics*) anglic. vieilli Gymnastique effectuée en musique, aux mouvements rapides, qui est censée modeler le corps et oxygéner les tissus.

aérobie adj. (→ -bie) (micro-organisme) Qui ne peut se développer qu'en présence d'air ou d'oxygène. – Qui a besoin de l'oxygène de l'air pour fonctionner. *Propulseur aérobie.* - contr. **anaérobie.**

aérobiose **n. f.** didact. Vie dans un milieu contenant de l'air ou de l'oxygène (opposé à *anaérobiose*).

aéroclub [aeʀoklœb] **n. m.** Société réunissant les amateurs pratiquant les sports aériens (pilotage d'avions légers, vol à voile, aéromodélisme, parachutisme). *Des aéroclubs.* - var. **aéro-club.** *Des aéro-clubs.*

aérocolie **n. f.** **(de *aéro-* et du radical de *côlon*)** méd. Accumulation d'air dans le côlon.

aérocondenseur **n. m.** Condenseur refroidi par circulation d'air.

aérodrome **n. m.** (→ **-drome**) Terrain aménagé pour le décollage et l'atterrissage des avions (→ **aéroport**).

aérodynamique **1. n. f.** Partie de la physique qui étudie les phénomènes accompagnant tout mouvement relatif entre un corps et l'air où il baigne. **2. adj.** Relatif à l'aérodynamique. ▪ Conforme aux lois de l'aérodynamique. *Profil aérodynamique d'un véhicule,* conçu pour réduire le plus possible la résistance de l'air. □ **n. m. aérodynamisme** □ **n. aérodynamicien, ienne**

aérodyne **n. m.** (→ **-dyne**) didact. Appareil volant plus lourd que l'air (opposé à *aérostat* ; ex. avion, hélicoptère, ULM, etc.).

aérofrein **n. m.** Dispositif de freinage utilisant la résistance de l'air.

aérogare **n. f. 1.** Ensemble des bâtiments d'un aéroport réservés aux voyageurs et aux marchandises. **2.** Lieu de départ et d'arrivée des moyens de transport desservant un aéroport. → **[2]terminal.**

aérogastrie **n. f.** (→ **gastro-**) méd. Présence excessive d'air dans l'estomac.

aérogel **n. m.** Gel rempli de gaz ou d'air, très léger.

aérogénérateur **n. m.** Générateur de courant électrique à partir de l'énergie du vent. → **éolienne.**

aéroglisseur **n. m.** Véhicule qui avance sur l'eau ou sur terre au moyen d'un coussin d'air (équivalent français de l'anglic. *hovercraft*).

aérogramme **n. m.** Papier à lettres très fin, que l'on replie pour former une enveloppe, affranchi à un tarif forfaitaire.

aérographe **n. m.** Pulvérisateur à air comprimé dont on se sert pour projeter de l'encre ou de la couleur liquide. → **pistolet.**

aérolithe ou **aérolite** **n. m.** (→ **-lithe**) Météorite.

aérologie **n. f.** phys. Étude des propriétés des régions inférieures de l'atmosphère (troposphère et stratosphère). *L'aérologie et l'aéronomie*.* □ **adj. aérologique**

aéromobile **adj.** (→ **mobile**) milit. Qui utilise l'espace aérien pour se déplacer (en parlant de troupes, de matériel militaire). *Division aéromobile.* → **aéroporté.**

aéromodélisme **n. m.** **(de *modèle* [réduit])** Technique de la construction et du vol de modèles réduits d'avions. □ **n. aéromodéliste**

aéronaute **n.** (→ **-naute**) Pilote ou passager d'un aérostat.

aéronautique (→ **-nautique**) **1. adj.** Relatif à la navigation aérienne. *Constructions aéronautiques.* **2. n. f.** Science de la navigation aérienne ; technique de la construction des appareils volants. → **aviation.**

aéronaval, ale, als **adj.** Qui appartient à la fois à l'aviation et à la marine. *Forces aéronavales ;* **n. f.** *l'Aéronavale.*

aéronef **n. m.** didact. Appareil capable de se déplacer dans les airs (avion, hélicoptère, aérostat...). → **aérodyne, aérostat.**

aéronomie **n. f.** (→ **-nomie**) phys. Étude des propriétés de l'ionosphère, région supérieure de l'atmosphère.

aérophagie **n. f.** Trouble caractérisé par la pénétration d'air dans l'œsophage et l'estomac. → **aérogastrie.**

aéroplane **n. m.** vieilli Avion.

aéropostale

L'Aéropostale met en service l'avion Latécoère 28 sur les lignes Toulouse-Casablanca et Natal-Buenos Aires à partir des années 1930.

aéroport **n. m.** Ensemble d'installations (aérodrome, aérogare, ateliers) nécessaires au trafic aérien ; organisme qui gère cet ensemble.

aéroporté, ée **adj. 1.** Transporté par voie aérienne et parachuté. **2.** Transmis par des micro-organismes en suspension dans l'air. *Virus aéroporté.*

aéroportuaire **adj.** **(de *aéroport*, d'après *portuaire*)** Qui concerne un aéroport, appartient à un aéroport. – Relatif aux aéroports.

aéropostal, ale, aux **adj.** Relatif à la poste aérienne. – *Compagnie générale aéropostale* (1927-1933) ou **n. f.** *l'Aéropostale.*

aéroréfrigérant, ante **adj.** techn. (installation, appareil) Où l'eau est refroidie par l'air.

aérosol [aeʀɔsɔl] **n. m.** **(de *solution*)** **1.** phys. Suspension de particules dans un gaz. *Le brouillard est un aérosol.* – *Aérosols émis par le nez, la bouche.* **2.** Appareil qui pulvérise ces particules. – appos. *Bombe aérosol.* → **atomiseur.**

aérospatial, ale, aux **adj.** Qui concerne à la fois l'aéronautique et l'astronautique. *Véhicules aérospatiaux.*

aérostat **n. m.** (→ **-stat**) Appareil, aéronef dont la sustentation est due à un gaz plus léger que l'air. → **[1]ballon, dirigeable.**

aérostation **n. f.** **(de *aérostat*)** Étude, technique et manœuvre des aérostats.

aérostatique **(de *aérostat*)** **1. adj.** Relatif aux aérostats, à l'aérostation. **2. n. f.** Théorie de l'équilibre de l'air et des gaz à l'état de repos.

aérostier, ière **n.** **(pour *aérostatier*, de *aérostat*)** Pilote d'un aérostat.

aéroterrestre **adj.** Se dit d'une formation militaire composée d'éléments des armées de terre et de l'air opérant conjointement et placés sous un commandement unique.

aérothermie **n. f.** techn. Système de récupération par une pompe à chaleur des calories contenues dans l'air ambiant. *Production d'eau chaude par aérothermie.* □ **adj. aérothermique**

aérotrain **n. m.** **(n. déposé)** Véhicule sur rail unique, circulant sur coussin d'air.

aérotransporté, ée **adj.** Transporté par voie aérienne puis déposé au sol.

Aertsen ou **Aertsz (Pieter), dit Lange Pier ou Pierre le Long** Peintre d'origine néerlandaise (v. 1508-1575), grand maître de la nature morte et de la peinture de scènes populaires.

æschne [ɛskn] **n. f.** **(latin *aeschna*)** zool. Grande libellule à abdomen long et étroit.

æthuse voir **éthuse**

Aetius Général romain (v. 390-454). Il dirigea l'Empire qu'il défendit contre les Wisigoths, les Burgondes et les Francs et écrasa Attila aux champs Catalauniques (451). Valentinien III le fit assassiner.

AEUMC ou **Nouvel Alena** **(Accord États-Unis-Mexique-Canada)** Accord de libre-échange qui succéda à l'Alena et entra en vigueur en 2020.

Afars **n. m. pl.** Nomades africains. Ils habitent dans les régions les plus chaudes entre Assab et le golfe de Tadjoura. Conducteurs de caravanes, ils vivent de l'élevage de chèvres et pratiquent un islam teinté de croyances animistes.

Afars et des Issas **(Territoire des)** voir **Djibouti**

affabilité **n. f.** Caractère, manières affables. → **courtoisie, politesse.**

affable **adj.** **(latin *affabilis* « à qui on peut parler », de *fari* « parler », famille de *fable*, *faconde*, *enfant*)** Qui accueille et écoute de bonne grâce ceux qui s'adressent à lui (elle). → **accueillant, aimable.** □ **adv. affablement**

affabulation **n. f.** **(du bas latin → fable)** **1.** didact. Arrangement de faits constituant la trame d'une œuvre d'imagination. → **narration. 2.** Récit inventé d'un menteur. → **fabulation.** □ **affabuler** **v. intr.** < 1 > → **fabuler.** □ **adj. et n. affabulateur, trice**

affacturage **n. m.** **(de *facture*)** Gestion des comptes clients d'une entreprise par un organisme extérieur spécialiste du recouvrement et du contentieux. - recomm. offic. pour *factoring.*

affadir **v. tr.** < 2 > (→ **fade**) **1.** Rendre fade. **2.** fig. Priver de saveur, de force. *Cette traduction affadit l'original.* ▪ **s'affadir v. pron.** □ **n. m. affadissement**

affaiblir **v. tr.** < 2 > (→ **faible**) **1.** Rendre physiquement ou moralement moins fort. **2.** Priver de son efficacité, d'une partie de sa valeur expressive. → **atténuer, édulcorer.** ▪ **s'affaiblir v. pron. 1.** *Le malade s'affaiblit.* → **décliner, dépérir. 2.** *Le sens de cette expression s'est affaibli.* ▪ **affaibli, ie adj.** *Acuité auditive affaiblie.*

affaiblissement **n. m.** Perte de force, d'intensité. *L'affaiblissement de la vue.* → **baisse.** *L'affaiblissement de l'autorité.* → **déclin, dépérissement.**

affaire **n. f.** **(de *à* et *faire*)** **I.** (Une, des affaires) **1.** Ce que qqn a à faire, ce qui l'occupe ou le concerne. *Occupez-vous, mêlez-vous de vos affaires. J'en fais mon affaire,* je m'en charge. ▪ Ce qui intéresse particulièrement qqn, lui convient. *Cela doit faire l'affaire,* cela doit vous convenir, aller. *Être à son affaire,* à l'aise dans ce qu'on fait. ▪ fam. *Faire son affaire à qqn,* le tuer ; le punir. **2.** *Affaire de,* affaire où (qqch.) est en jeu. → **question.** *Une affaire de cœur, de gros sous. C'est affaire de choix.* – *C'est une autre affaire :* un problème tout différent. **3.** Ce qui occupe de façon embarrassante. → **difficulté, ennui.** *Une sale affaire. Faire toute une affaire de qqch. La belle affaire !* – *Se tirer d'affaire,* du danger. **4.** Ensemble de faits créant une situation où divers intérêts sont aux prises. *Une affaire compliquée, délicate. L'affaire Dreyfus. On a voulu étouffer l'affaire.* → **scandale.** – *Les*

A

affaires (en politique, dans la gestion, l'économie...). ■ Événement, crime posant une énigme policière. **5.** Procès, objet d'un débat judiciaire. *Instruire une affaire.* **6.** Marché conclu ou à conclure avec qqn. *Faire une bonne affaire. Faire affaire avec qqn.* → **traiter.** *Affaire conclue.* ■ Bonne affaire. *Achetez-le, vous ferez une affaire.* **7.** Entreprise commerciale ou industrielle. *Être à la tête d'une grosse affaire.* **II.** vieux *Avoir affaire* : à faire. ■ loc. ***Avoir affaire à qqn*** : avoir à traiter, à discuter avec lui. – *Vous aurez affaire à moi !* (menace). **III.** au plur. (Les affaires) **1.** Ensemble des occupations et activités d'intérêt public. *Le ministère des Affaires étrangères.* **2.** Situation matérielle d'un particulier. *Régler ses affaires.* ■ fam. État dans le développement d'une intrigue, d'une aventure amoureuse. **3.** Activités économiques (commerciales et financières). *Les affaires reprennent,* fig. les choses s'améliorent. – loc. *Les affaires sont les affaires* : il ne faut pas faire de sentiment. – *Homme, femme **d'affaires**. Voyage d'affaires. Chiffre d'affaires.* **4.** Objets ou effets personnels. *Ranger ses affaires.*

affairé, ée adj. Très occupé. *Il semble toujours affairé.* – *Un air affairé.*

affairement n. m. État, comportement d'une personne affairée.

s'affairer v. pron. < 1 > Se montrer actif, empressé ; s'occuper activement. → **s'agiter.**

affairisme n. m. Tendance à s'occuper sans états d'âme d'affaires d'argent, de spéculations.

affairiste n. Homme, femme d'affaires avant tout préoccupé(e) du profit. → **spéculateur.** – adj. *Un milieu affairiste.*

affaissement n. m. Fait de s'affaisser, état de ce qui est affaissé. → **effondrement, tassement.** *Affaissement de terrain.*

s'affaisser v. pron. < 1 > (de *faix*) **1.** Plier, baisser de niveau sous un poids ou une pression. *Le sol s'est affaissé par endroits.* → **s'effondrer. 2.** (personnes) Tomber en pliant sur les jambes. → **s'abattre, s'écrouler.** – Se relâcher. *Traits qui s'affaissent avec l'âge.* ■ **affaissé, ée** adj. *Toiture affaissée.*

affaler v. tr. < 1 > (néerlandais *afhalen* → **haler**) mar. Faire descendre (un cordage, une voile). ■ **s'affaler** v. pron. Se laisser tomber. *S'affaler sur un divan.* → **s'avachir,** se **vautrer** ; régional **s'évacher.** □ n. m. **affalement**

affamer v. tr. < 1 > (vient du latin, de *fames* → **faim**) Faire souffrir de la faim en privant de vivres ou d'argent. *Affamer la population par un blocus.* ■ **affamé, ée** p. p. **1.** Qui souffre de la faim. *Un loup affamé.* – n. *Des affamés.* **2.** fig. Avide, passionné (de). → **assoiffé.** *Affamé de gloire.*

affameur, euse n. Personne qui affame (le peuple).

affect [afɛkt] n. m. (allemand, du latin → [1]**affecter**) psych. État affectif élémentaire, ressenti traduisant une pulsion. → **émotion, sentiment.** « *Quelques amis : tout un paquet d'affects* » (Barthes).

[1]**affectation** n. f. (→ [1]**affecter**) **1.** Action d'affecter (un comportement). → **comédie, simulation. 2.** Manque de sincérité et de naturel (dans le comportement, le style). → **pose.**

[2]**affectation** n. f. (→ [2]**affecter**) **1.** Destination (d'une chose) à un usage déterminé. *L'affectation d'une somme à une réparation.* **2.** Désignation (de qqn) à une unité militaire, à un poste, à une fonction. *Rejoindre sa nouvelle affectation,* le lieu du poste auquel on a été affecté.

[1]**affecter** v. tr. < 1 > (latin *adficere* ou *afficere,* de *affectare,* de *facere* → [1]**faire**) **1.** Prendre, adopter (une manière d'être, un comportement) de façon ostentatoire, à l'inverse de ce qui est ressenti. → **feindre, simuler.** *Affecter la froideur. Affecter de* (+ inf.). **2.** (choses) Revêtir volontiers, habituellement (une forme). *Feuilles affectant une forme régulière.* ■ **affecté, ée** p. p. Qui manque de sincérité ou de naturel. → **étudié, feint.** *Des manières affectées.* → **maniéré.**

[2]**affecter** v. tr. < 1 > **1.** Destiner, réserver à un usage ou à un usager déterminé. *Affecter une touche à un raccourci de commande.* **2.** Procéder à l'affectation de (qqn). → **désigner, nommer.** *Il s'est fait affecter à Lyon.*

[3]**affecter** v. tr. < 1 > **1.** Exercer une action sur. *Facteurs qui affectent le climat.* – *Maladie qui affecte le foie.* **2.** Toucher en faisant une impression pénible. → **émouvoir, frapper.** *Son échec l'a beaucoup affecté.* – pronom., littér. S'affliger, souffrir. *Il s'affecte de votre silence.*

affectif, ive adj. (→ **affection**) Qui concerne les affects, les sentiments. *La vie affective.* □ adv. **affectivement**

affection n. f. (du latin, de *afficere* → [1]**affecter**) **1.** littér. État affectif. → **affect. 2.** Sentiment tendre qui attache à qqn. → **attachement, tendresse ; amour.** *J'ai de l'affection pour elle. Montrer de l'affection.* → **affectueux.** *Prendre qqn en affection. Affection fraternelle.* **3.** Maladie considérée dans ses manifestations actuelles. *Affection aiguë des poumons.*

affectionner v. tr. < 1 > **1.** Être attaché à, aimer (qqn). → **chérir. 2.** Avoir une prédilection pour (qqch.). *Elle affectionne ce genre de revue.* ■ **affectionné, ée** adj. vieilli *Votre fille affectionnée.*

affectivité n. f. **1.** Ensemble des phénomènes de la vie affective. → **sensibilité. 2.** Aptitude à être affecté de sensations de plaisir ou de douleur.

affectueusement adv. D'une manière affectueuse. → **tendrement.**

affectueux, euse adj. (du latin → **affection**) Qui montre de l'affection. → [2]**tendre.** *Une petite fille affectueuse.* – *Des paroles affectueuses.*

[1]**afférent, ente** adj. (de l'ancien v. *aférir* venant du latin *affert* « il convient ») **1.** didact. Qui se rapporte à. *Renseignements afférents à une affaire.* **2.** dr. Qui revient à. *La part afférente à cet héritier.*

[2]**afférent, ente** adj. (latin *afferens,* p. prés. de *afferre* « apporter ») physiol. Qui va, qui amène de la périphérie vers le centre ; qui amène vers un organe (opposé à *efférent*). *Nerf afférent* (nerf sensitif).

affermer v. tr. < 1 > (de *ferme,* n. f.) Louer un bien rural à ferme. □ n. m. **affermage**

affermir v. tr. < 2 > (de *ferme,* adj.) **1.** Rendre plus ferme, plus solide. → **consolider, raffermir. 2.** fig. Rendre plus assuré, plus fort. → **fortifier, renforcer.** *Affermir son pouvoir. Affermir qqn dans sa résolution.* ■ **s'affermir** v. pron. Devenir plus ferme, plus stable (au propre et au fig.). « *Le mouvement du cavalier qui s'affermit en selle* » (Colette). □ n. m. **affermissement**

afféterie n. f. (de l'ancien v. *afaitier* → [1]**affecter**) littér. Abus du gracieux, du maniéré dans l'attitude ou le langage. → [1]**affectation, préciosité.** - var. **affèterie.**

affichage n. m. **1.** Action d'afficher, de poser des affiches. *Panneaux d'affichage.* **2.** inform. Présentation de données, de résultats. – techn. *Montre à affichage numérique.*

affiche n. f. **1.** Feuille imprimée destinée à porter qqch. à la connaissance du public et placardée sur les murs ou des emplacements réservés. *Affiches publicitaires.* ■ *Spectacle qui reste à l'affiche,* qu'on continue de jouer. **2.** fam. *Se taper l'affiche,* endurer une humiliation.

afficher v. tr. < 1 > (de *ficher* « fixer ») **1.** Faire connaître par voie d'affiches. *Afficher les résultats d'un examen.* **2.** Poser des affiches. *Défense d'afficher.* **3.** Faire apparaître (une information visuelle) sur un support. → **éditer, visualiser.** *Tableau qui affiche les trains au départ.* **4.** Montrer publiquement, faire étalage de. → [1]**affecter.** *Il affiche son mépris pour l'argent.* **5.** fam. Humilier publiquement. *Le prof l'a affiché devant toute la classe.* ■ **s'afficher** v. pron. *S'afficher avec qqn,* se montrer en public accompagné de lui, d'elle.

affichette n. f. Petite affiche.

[1]**afficheur, euse** n. Professionnel(le) qui assure la pose d'affiches.

[2]**afficheur** n. m. Dispositif (d'un appareil électronique) permettant la visualisation de données sur un espace réduit.

affichiste n. Créateur, créatrice d'affiches.

affidavit [afidavit] n. m. (mot anglais, forme du latin *affidare* « faire foi, attester » → **affidé**) dr. Déclaration faite par un porteur de valeurs mobilières, qui lui permet d'être affranchi, à l'étranger, des impôts dont ces valeurs sont déjà frappées dans le pays d'origine.

affidé, ée n. (de l'italien, du latin *affidare* « promettre » ; famille de *foi*) littér., péj. Complice, agent prêt à tout. → **acolyte.**

d'affilée loc. adv. (→ **file**) À la file, sans interruption. → de **suite.** *Travailler onze heures d'affilée.*

affiler v. tr. < 1 > (du latin pop., de *filum* → **fil** [de l'épée]) Rendre parfaitement tranchant (un instrument). → **affûter, aiguiser.** ■ **affilé, ée** p. p. *Un couteau bien affilé.* ■ loc. *Avoir la langue bien affilée* : être très bavard. □ n. m. **affilage**

affiliation n. f. Action de s'affilier ; fait d'être affilié. → **adhésion.** *Affiliation à un club.*

affilié, ée n. Personne qui appartient à un groupement. → **adhérent, membre.** – adj. *Club sportif affilié à une fédération.*

affilier v. tr. < 7 > (du latin, de *filius* → **fils**) Faire entrer dans un groupement. ■ **s'affilier** v. pron. Adhérer, s'inscrire (à une association). *À quel parti s'est-il affilié ?*

affinage n. m. Action d'affiner (1 et 2).

affine adj. (de *affin, affine* « semblable, parent », du latin) math. *Transformation affine,* qui conserve invariantes, par correspondances linéaires, les transformations dans le plan ou dans l'espace, rapports de longueur, alignement des points, parallélisme. *Espace, plan, droite affine. Fonction affine* : fonction du premier degré de l'ensemble des nombres réels dans lui-même.

affinement n. m. Fait de s'affiner (3).

affiner v. tr. < 1 > (de *fin,* adj.) **1.** Éliminer les impuretés, procéder à l'affinage de (un métal, le verre). **2.** *Affiner les fromages,* en achever la maturation. – *Affiner des huîtres,* les faire séjourner en bassin (→ **claire**) pour en améliorer le goût. **3.** Rendre plus fin. *Exercices pour affiner la taille.* – Rendre plus délicat. *Affiner le goût.* – pronom. *Son goût s'est affiné.*

affineur, euse n. Professionnel(le) chargé(e) de l'affinage (des métaux, du verre ; des fromages).

affinité n. f. (du latin, de *finis* → [1]**fin**) **1.** Rapport de conformité, de ressemblance ; lien plus ou moins sensible. *Il y a entre eux des affinités de goût.* **2.** chim. Action physique responsable de la combinaison des corps entre eux. – fig. « *Les Affinités électives* » (roman de Goethe). **3.** géom. Transformation affine* par laquelle des figures sont transformées en d'autres n'ayant plus ni même forme ni même grandeur mais conservant des parentés entre elles.

affiquet [afikɛ] n. m. (diminutif de *affique,* var. de *affiche* « agrafe, ornement » → [1]**ficher**) iron. (surtout plur.) Petit bijou ou objet de parure agrafé aux vêtements, à la coiffure.

affirmatif, ive 1. adj. (personnes) Qui affirme, ne laisse planer aucun doute. → [1]**net.** ■ (choses) Qui constitue, exprime une affirmation dans la forme. *Faire un signe affirmatif.* **2.** n. f. *Répondre par l'affirmative,* répondre oui. **3.** adv. (dans les transmissions) Oui.

affirmation n. f. **1.** Action d'affirmer, de donner pour vrai un jugement (qu'il soit affirmatif ou négatif) ; le jugement ainsi énoncé. → **assertion.** « *Il ne viendra pas demain* » *est une affirmation.* **2.** Action, manière de manifester de façon indiscutable (une qualité). → **expression, manifestation.** *L'affirmation de soi.*

affirmativement adv. Par l'affirmative, en disant oui.

affirmer v. tr. < 1 > (latin *affirmare* → [1]**ferme**) **1.** Donner une chose pour vraie, énoncer un jugement comme vrai. → **assurer, avancer, certifier, soutenir.** *J'affirme que je ne l'ai pas vue ; j'affirme ne pas l'avoir vue.* **2.** Manifester de façon indiscutable. → **révéler.** *Affirmer sa personnalité.* – pronom. *Son talent s'affirme.* ■ **affirmé, ée** p. p. *Personnalité affirmée.* ■

Si l'Antiquité et la Renaissance ont beaucoup utilisé la communication visuelle et les placards, c'est à la période débutant à la Révolution industrielle du XIXe s., et à sa production en masse (notamment par la technique de la lithographie), que le terme d'*affiche* est réservé aujourd'hui. Son évolution passe de l'écriture seule à l'écriture illustrée, puis au message visuel global où le texte et l'image s'imbriquent subtilement. Elle se structure alors autour des notions de slogan, cible, produit et marque. L'affichiste Cassandre, dans les années 1930, en fixe les règles encore largement en vigueur aujourd'hui : une communication précise et puissante, et un rôle capital de la lettre dans un texte autour duquel doit tourner l'image (et non le contraire).

Ci-dessus, affiches et enseignes lumineuses à Manhattan.

Affiche russe sur la révolution de 1917 (1917), BDIC, Nanterre.

Aristide Bruant dans son cabaret, par Henri de Toulouse-Lautrec (1893).

« Silence, l'ennemi guette vos confidences », par Paul Colin (1939), musée de la Publicité, Paris.

Oncle Sam, « I want you for US army », par James Montgomery Flagg (1917).

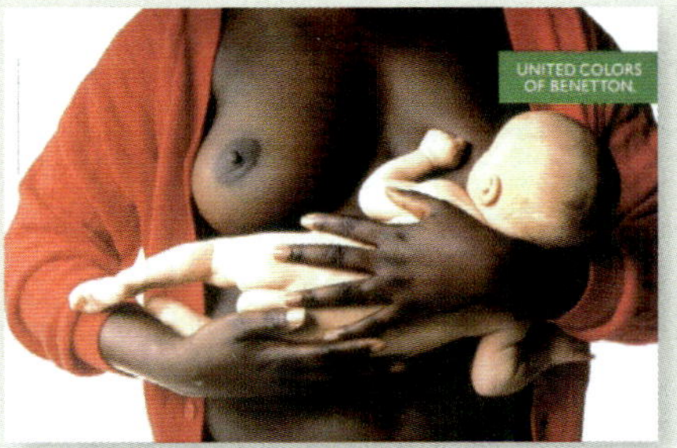

Campagne « Allaitement maternel », de Benetton (1989).

« Perrier, c'est fou », par Bernard Villemot (1977).

Le Dictateur, de Charlie Chaplin, par Léo Kouper pour la ressortie du film (1972).

« Aidez l'Espagne », par Joan Miró (1937), BDIC, Nanterre.

« Le bateau *Normandie* », par Cassandre (1935), musée de la Publicité, Paris.

A

Marqué. « *Les rides du front étaient plus profondes qu'autrefois, le menton plus affirmé* » (S. de Beauvoir).

^{1}affixe n. m. (du latin, de *figere* → ^{1}fixe) ling. Élément non autonome susceptible d'être incorporé à un mot, avant, dans ou après le radical, pour en modifier le sens ou la fonction. → **infixe, préfixe, suffixe.** □ adj. **affixal, ale, aux** □ adj. **affixé, ée**

^{2}affixe n. f. (du latin → ^{1}affixe) math. Nombre complexe *z* correspondant à un point du plan tel que $z = a + ib$, *a* et *b* étant les coordonnées du point.

affleurement n. m. Fait d'affleurer. « *L'affleurement des grands fossiles aux marnes ruisselantes* » (Saint-John Perse).

affleurer v. < 1 > (de *à fleur* de...) **I.** v. tr. techn. Mettre au même niveau (deux pièces contiguës). **II.** v. intr. **1.** Apparaître à la surface du sol. *Le roc affleure.* **2.** fig. « *Aucun souvenir vif ne* [revenait] *affleurer à mon attention* » (Proust).

afflictif, ive adj. anciennt, dr. Qui punit physiquement (détention, réclusion criminelle). *Peines afflictives et peines infamantes.*

affliction n. f. (du latin → affliger) littér. Tristesse profonde, abattement à la suite d'un grave revers. → **détresse, peine.** *Être dans l'affliction.*

affligeant, ante adj. **1.** Qui afflige, frappe douloureusement. → **désolant.** **2.** Pénible en raison de sa médiocrité. → **lamentable.** *Un film affligeant.*

affliger v. tr. < 3 > (du latin, de *fligere* « écraser ») **1.** littér. Frapper, accabler. ■ passif *Être affligé de qqch., qqn*, devoir le supporter. *Être affligé d'une maladie chronique.* **2.** Attrister profondément. → **chagriner, peiner.** *Cette nouvelle m'afflige.* – au p. p. *Une femme affligée.* – n. *Consoler les affligés.* ■ **s'affliger** v. pron. Être triste à cause de. *Il s'afflige de votre refus.*

affluence n. f. (→ affluer) Réunion d'une foule de personnes qui vont au même endroit. *Heures d'affluence.*

affluent n. m. Cours d'eau qui se jette dans un autre.

affluer v. intr. < 1 > (du latin → flux, fleuve) **1.** (liquide) Couler en abondance vers. *Le sang afflue au cerveau.* ■ *Les capitaux affluent.* **2.** Se porter en foule vers, arriver en grand nombre. *Les visiteurs affluent à l'exposition.*

afflux n. m. (→ affluer, flux) **1.** Fait d'affluer (1). *Un afflux de sang.* **2.** Arrivée massive de personnes. → **affluence.** *Un afflux de visiteurs.*

affolant, ante adj. **1.** Qui affole, trouble. → **bouleversant.** *Une beauté affolante.* **2.** fam. Très inquiétant. *Des prix affolants*, excessifs.

affolement n. m. **1.** État d'une personne affolée ; inquiétude, peur. *Avoir une minute d'affolement.* → **panique.** **2.** Précipitation, excitation. *Dans l'affolement du départ.* – Variations subites et irrégulières de l'aiguille d'une boussole.

affoler v. tr. < 1 > (de *fol* → ^{1}fou) **1.** Rendre comme fou, sous l'effet d'une émotion violente. → **bouleverser, égarer.** **2.** Rendre fou d'inquiétude, plonger dans l'affolement. → **effrayer.** *L'absence de nouvelles finissait par l'affoler.* ■ **s'affoler** v. pron. Perdre la tête par affolement. *Ne vous affolez pas !* ■ **affolé, ée** adj. Qui perd son calme, son sang-froid. → **effaré, épouvanté.**

affouage n. m. (de l'ancien v. *affouer* « faire du feu, fournir du chauffage », du latin *focus* → foyer, ^{1}feu) dr. Droit de prendre du bois de chauffage dans une forêt communale ; part de bois qui revient à chaque bénéficiaire (ou **affouagiste** n.).

affouillement n. m. (de *affouiller*, de *fouiller*) Action de creusement des eaux, due à la butée des courants sur une rive, aux remous sur les jetées, etc. ; dégradation ainsi produite. □ v. tr. **affouiller** < 1 >

affourcher v. tr. < 1 > (de *fourche*) mar. Mouiller (un navire) sur deux ancres, dont les lignes de mouillage sont disposées en V.

affourrager v. tr. < 3 > (de *fourrage*) Approvisionner en fourrage. - var. **affourager.** □ n. m. **affourragement** ou **affouragement**

affranchi, ie **1.** adj. Rendu libre. *Esclave affranchi.* n. *Un affranchi.* **2.** adj. Qui s'est intellectuellement libéré des préjugés, des traditions. **3.** n. fam. Personne qui mène une vie libre, hors de la morale courante.

affranchir v. tr. < 2 > (de *franc* « libre ») **I. 1.** Rendre libre (un esclave, un serf). → **libérer.** **2.** *S'affranchir de* v. pron. : se délivrer de (ce qui contraint). *S'affranchir des préjugés.* → **s'émanciper, se libérer.** **3.** fam. Éclairer, mettre au courant (en fournissant des renseignements). *Il a affranchi son copain.* **II.** Mettre les timbres nécessaires sur (une lettre, un envoi).

affranchissement n. m. **I. 1.** Action d'affranchir (un esclave, un serf). **2.** Délivrance, libération. **II.** Action d'affranchir (une lettre, un envoi).

Affre (Denis Auguste) Prélat français (1793-1848). Archevêque de Paris, il fonda l'école des Carmes. Il fut tué lors de l'insurrection de juin 1848.

affres n. f. pl. (origine germanique ou famille du latin *ferus* « féroce » → ^{2}fier) littér. Angoisse. → **tourment.** *Les affres de la faim.*

affréter v. tr. < 6 > (de *fret*) Prendre (un navire, un avion, un moyen de transport collectif) en location. → **noliser.** □ n. m. **affrètement** □ n. **affréteur, euse**

affreusement adv. **1.** D'une manière affreuse. → **atrocement, horriblement.** *Il a été affreusement torturé.* **2.** Extrêmement, terriblement. → **très.** *Je suis affreusement en retard.*

affreux, euse adj. (de *affres*) **1.** Qui provoque une réaction d'effroi et de dégoût. → **abominable, atroce, effrayant, horrible, monstrueux.** *Un affreux cauchemar.* **2.** Extrêmement laid. → **hideux, repoussant.** *Son chien est un affreux bâtard.* – Déplaisant à voir. *Elle est affreuse avec ce chapeau.* **3.** Tout à fait désagréable. → **détestable.** *Il fait un temps affreux.*

affriander v. tr. < 1 > (de *friand*) vieux ou littér. Attirer, allécher.

affriolant, ante adj. Qui excite l'intérêt, le désir. → **excitant, séduisant.** *Un déshabillé affriolant.*

affrioler v. tr. < 1 > (de l'ancien v. *frioler* « frire, griller d'envie ») rare Attirer, allécher ; exciter le désir de (qqn).

affriqué, ée adj. et n. f. (latin *affricare* « frotter contre ») phonét. Se dit de consonnes constituant un phonème double, occlusives au début de l'émission et constrictives à la fin (ex. [ts], [dz]).

affront n. m. (→ affronter) Offense faite publiquement avec la volonté de marquer son mépris, de déshonorer ou d'humilier. → **outrage.** ■ fam. Offense sans gravité. *Vous ne me ferez pas l'affront de refuser.*

affrontement n. m. Action d'affronter, fait de s'affronter. *Affrontements entre policiers et manifestants.*

affronter v. tr. < 1 > (de *front*) **1.** Ne pas reculer, aller courageusement au-devant de (un adversaire, un danger). → **braver.** *Affronter une difficulté.* **2.** Mettre de front, de niveau. *Affronter les lèvres d'une plaie*, les réunir bord à bord. ■ **s'affronter** v. pron. Se heurter dans un combat. – fig. S'opposer. *Deux thèses s'affrontaient.*

affubler v. tr. < 1 > (du latin, de *fibula* « agrafe » → fibule) **1.** Habiller bizarrement, ridiculement. – pronom. *Il faut voir comment elle s'affuble !* → **s'accoutrer.** **2.** Pourvoir d'une caractéristique ridicule. *Affubler qqn d'un sobriquet.* □ n. m. **affublement**

affût n. m. (→ fût) **I.** Bâti servant à supporter, pointer et déplacer une arme lourde. *Un affût de canon.* **II.** Endroit où l'on s'embusque pour guetter le gibier. – loc. *À l'affût de* : en guettant l'occasion de saisir ou de faire. *Il est à l'affût d'une affaire intéressante.* - var. RO **affut.**

affûté, ée adj. *Un esprit affûté*, fin, vif. « *Un caractère* [...] *pénétrant, inquisiteur et affûté* » (Cendrars). – (personnes) *Un journaliste affûté.* - var. RO **affuté, ée.**

affûter v. tr. < 1 > (de *fût* ; d'abord « ajuster [un outil] ») Aiguiser (un outil tranchant). - var. RO **affuter.** □ n. m. **affûtage** ou RO **affutage**

affûteur, euse n. **1.** Ouvrier, ouvrière spécialisé(e) dans l'affûtage des outils. *Affûteur-outilleur.* **2.** n. f. Machine à affûter (les outils). - var. RO **affuteur, euse.**

affûtiaux [afytjo] n. m. pl. (de *affûter* « ajuster ») fam., vieux Objets de parure sans valeur. - var. RO **affutiaux.**

afghan, ane [afgɑ̃, an] adj. et n. (mot persan) De l'Afghanistan. *Lévrier afghan*, race de lévrier à poil long originaire d'Afghanistan. – n. *Les Afghans.* – n. m. *L'afghan*, langue du groupe iranien oriental.

afghani [afgani] n. m. (mot persan) Unité monétaire de l'Afghanistan.

Afghanistan

n. m. ■ offic. République islamique d'Afghanistan État d'Asie centrale. 652 088 km^2. Environ 32 millions d'habitants (les *Afghans*), dont près de 3 millions de réfugiés dans les pays voisins. **Langues :** pashto et dari (persan oriental) [offic.], ouzbek, turkmène, kirghiz, baloutche. **Religions :** islam sunnite (80 %), minorités chiite et hindouiste. **Monnaie :** afghāni. **Capitale :** Kaboul. **Régime :** république islamique.

GÉOGRAPHIE

L'Afghanistan est un pays enclavé au climat continental. Le massif montagneux et aride de l'Hindū Kush occupe le cœur du pays (Nōchaq, 7 485 m). Il domine trois régions basses périphériques : le Turkestan afghan au N., le Sīstān au S., le Nangrahār à l'E. La population se concentre dans les vallées irriguées. Elle comprend des éléments de langue iranienne (Tadjiks, Pashtouns), majoritaires, des groupes turcs (Ouzbeks, Turkmènes, Kirghiz) et des populations montagnardes résiduelles.

ÉCONOMIE

Les principales productions agricoles sont le blé, le coton et les fruits. Le pays se classe au 1er rang mondial de la production d'opium et d'héroïne et au 2e rang pour celle de cannabis. L'élevage (ovins, caprins, bovins, dromadaires) est pratiqué par les paysans sédentaires et par les nomades. Le sous-sol recèle un peu de houille et de gaz naturel, et des pierres précieuses (lapis). Les réserves de cuivre et de fer sont peu exploitées. L'industrie (textile, cimenterie, engrais) demeure embryonnaire, sauf à Kaboul. L'artisanat traditionnel (tapis, bois, cuir) est dynamique. Les guerres, incessantes depuis 1979, le régime taliban (1996-2001 et depuis 2021) ainsi que la pandémie de coronavirus en 2020 ont totalement ruiné l'économie.

HISTOIRE

L'Afghanistan fut envahi par les Perses (VIe s. av. J.-C.) puis, après le passage d'Alexandre, une dynastie indo-grecque s'établit en Bactriane tandis que les Parthes contrôlaient l'O. du pays. Aux Kushans succédèrent les Perses Sassanides et les Huns (Ve s.). Islamisé par les Arabes au VIIe siècle, le pays fut dirigé par les Turcs Ghaznavides (Xe s.), puis par la dynastie des Ghorides (XIIe s.) avant d'être conquis par les Mongols (XIIIe et XIVe s.). Du XVIe au XVIIIe s., l'E. de l'Afghanistan fut contrôlé par l'Inde des Moghols, l'O. par les Perses Safavides et le N. par les Ouzbeks. Au XVIIIe s., Ahmad Chāh Dorrānī reconstitua un éphémère empire.

Combattants hazaras dans la vallée de Bāmyān en Afghanistan (1996).

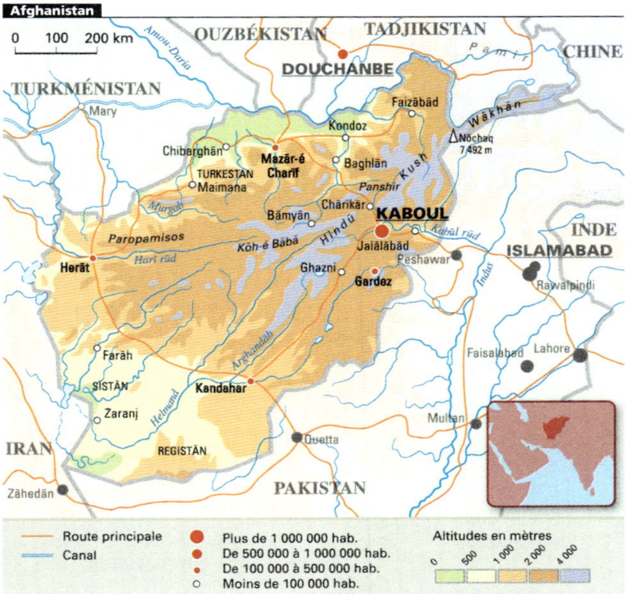

L'impérialisme britannique, puis soviétique Au XIXe s., l'Afghanistan fut convoité par les Russes et les Anglais. Après deux guerres coloniales, ces derniers établirent un régime de semi-protectorat, mais en 1919, au terme de la troisième guerre anglo-afghane, l'Afghanistan retrouva son indépendance. Le roi Amānollāh engagea une politique d'occidentalisation qui aboutit à sa chute en 1929. En 1973, le prince Mohammad Dāoud renversa la monarchie. Un nouveau coup d'État instaura en 1978 une deuxième république d'inspiration communiste, dont la fragilité entraîna l'intervention militaire de l'URSS. L'occupation soviétique (1979-1989) se heurta à une guérilla islamiste soutenue par les Américains. Le régime communiste fut renversé en 1992 par des moudjahidin tadjiks dirigés par le commandant Massoud.

Les talibans et l'intervention américaine La guerre civile reprit alors sur fond de divisions ethno-religieuses. Les Pashtouns Dorrānī organisés en un mouvement militaro-religieux, les *talibans*, instaurèrent en 1996 un régime islamiste soutenu par le Pakistan. Mais, après les attentats du 11 septembre 2001 contre New York et Washington, les Américains intervinrent militairement contre un régime accusé de soutenir les terroristes et surtout Ben Laden réfugié dans le pays. Un gouvernement provisoire interethnique reconnu par les Occidentaux, dirigé par le Pashtoun Hamid Karzaï, fut formé en décembre 2001. Ce dernier fut élu président en 2004. Un Parlement fut constitué, rassemblant d'anciens chefs de guerre et de tribus. En 2014, l'économiste Ashraf Ghani remporta l'élection présidentielle et nomma un Premier ministre à la tête d'un gouvernement d'unité nationale placé sous l'égide des États-Unis, ce qui entraîna un refus d'aboutir à toute négociation de paix de la part des talibans. Cet enlisement conduisit le président Biden à décider du retrait total et immédiat des forces armées américaines en 2021. Aussitôt, les offensives des talibans leur permirent de conquérir tout le territoire, jusqu'à la prise de Kaboul le 15 août. Ashraf Ghani ne put qu'abandonner le gouvernement aux mains des vainqueurs. Le pays, paralysé sur le plan économique, en proie à la famine, aux attentats meurtriers de Daech, à la violation des droits humains en particulier ceux des femmes, se retrouva dans une situation d'isolement diplomatique.

aficionado n. m. (mot espagnol, de *afición* « passion ») Amateur passionné (d'abord de corridas). - REM. Pour une femme, on trouve *une aficionado* ou *une aficionada*.

afin de loc. prép., **afin que** loc. conj. (de *à* et *fin* n. f.) Marquent l'intention, le but. → pour. – *Afin de* (+ inf.). *Soyez clair afin d'éviter tout malentendu.* – *Afin que* (+ subj.). *Il faudra insister afin qu'elle accepte.*

Aflaq (Michel) Théoricien politique syrien (1910-1989). Il est l'un des fondateurs du parti Baas (1947).

AFL-CIO n. f. voir American Federation of Labor-Congress of Industrial Organizations

AFNOR (Association française de normalisation) Créée en 1926, elle gère, sous la tutelle des pouvoirs publics, la conformité aux normes françaises (NF).

afocal, ale, aux adj. (de *a-* privatif et *focal*) phys., opt. Relatif à une lentille ou à un système optique centré dont les foyers sont rejetés à l'infini.

a fortiori loc. adv. (loc. latine → ²fort) À plus forte raison. - var. RO **à fortiori.**

AFP voir Agence France-Presse

africain, aine adj. (du latin, p.-ê. du berbère *Afer*, plur. *Ifri* désignant une ethnie) De l'Afrique ; spécialt de l'Afrique subsaharienne. *Le continent africain.* – n. *Les Africains,* les habitants de l'Afrique, et spécialt les Noirs d'Afrique.

africaniser v. tr. < 1 > Donner un caractère africain à. – pronom. *S'africaniser.* □ n. f. **africanisation**

africanisme n. m. Tournure, expression propre au français d'Afrique.

africaniste n. Spécialiste des langues et civilisations africaines.

African National Congress (ANC) en français **Congrès national africain** Organisation politique sud-africaine créée en 1912. Il lutta contre l'apartheid de manière non violente puis, sous l'impulsion de Nelson Mandela, s'engagea dans la lutte armée (1961). Interdit de 1960 à 1991, l'ANC arriva au pouvoir en 1994.

afrikaans ou **afrikans** [afʀikɑ̃s] n. m. (mot néerlandais « africain ») Parler néerlandais de l'Afrique du Sud, langue officielle avec l'anglais.

Afrikakorps n. m. Forces allemandes envoyées en Libye puis dans toute l'Afrique du Nord sous le commandement de Rommel, en février 1941, pour aider les Italiens face aux Britanniques. À la suite de la défaite d'El-Alamein et du débarquement allié en Algérie, l'Afrikakorps dut capituler (mai 1943).

afrikaner [afʀikanɛʀ] ou **afrikander** [afʀikɑ̃dɛʀ] n. (néerlandais d'Afrique du Sud *Afrikaander*, de *afrikaansch* « Africain ») Citoyen de l'Afrique du Sud, d'ascendance néerlandaise. *Les Afrikaners parlent l'afrikaans.* – adj. Relatif à la souche néerlandaise des citoyens de l'Afrique du Sud. *La culture afrikaner.*

Afrique n. f. Une des six parties du monde. 30 300 000 km^2. 1 406 700 000 habitants (17,7 % de la population mondiale) [les *Africains*].

GÉOGRAPHIE

Relief Le continent s'étire du N. au S. de part et d'autre de l'équateur et des tropiques. Alors que l'Afrique occidentale est essentiellement formée de plaines et de plateaux peu élevés, l'E. et le S. sont occupés par des hauts plateaux et des massifs montagneux (chaîne volcanique bordant la vallée du Rift et massif d'Éthiopie, à l'E. ; Drakensberg au S.). Quatre grands fleuves (Nil, Congo, Niger, Zambèze) et des cours d'eau littoraux irriguent le continent, qui compte en outre plusieurs grands lacs, à l'E. (Victoria, Tanganyika, Malawi...).

Climat et végétation La zone équatoriale, chaude et humide toute l'année, est couverte de forêts denses (bassin du Congo), ou dégradées par les hommes. Les zones tropicales connaissent une saison sèche de plus en plus marquée avec la latitude. La végétation y passe progressivement de la forêt claire à la savane. Entre la savane proprement dite et le désert se trouve la brousse à épineux et à herbe courte que parcourent les pasteurs nomades (→ Sahel). Sous les tropiques se situent des déserts (Sahara au N., Namib et Kalahari au S.). Les deux extrémités N. et S. de l'Afrique ont un climat et une végétation de type méditerranéen.

En Afrique, ici au Sahel, le Fonds international de développement agricole finance des programmes de développement durable.

POPULATION

Malgré la mortalité infantile élevée, la malnutrition et les ravages provoqués par le sida, la population de l'Afrique est en forte croissance. Toutefois, le continent, du fait de la nature des systèmes agricoles (agriculture itinérante sur brûlis et élevage nomade), demeure peu densément peuplé (moyenne 46 hab./km^2).

Aires de peuplement L'Afrique blanche, qui s'étend du N. jusqu'à la lisière S. du Sahara, est occupée par des populations berbères auxquelles se sont ajoutés différents groupes humains, notamment les conquérants arabes. En Afrique subsaharienne, quelque 2 000 langues sont parlées par les différentes ethnies et peuvent être regroupées en trois grandes familles : soudanaise, bantoue et nilotique. Certaines langues — celles des commerçants et des nomades — se sont largement diffusées jusqu'à délimiter de grandes aires culturelles (swahili, haoussa, peul).

Religions La pénétration de l'islam, d'abord vers le N.-O. et le S.-E., s'est accentuée au cours des siècles. L'Afrique sahélienne est aujourd'hui la plus islamisée (Mauritanie, Guinée, Mali, Niger, Tchad, Soudan, Sénégal). Le christianisme, présent depuis l'Antiquité (Églises coptes d'Égypte et d'Éthiopie), a été diffusé par les Européens

20°
0°
20°
PORTUGAL
ESPAGNE
MER
ITALIE
GRÈCE
Détroit de Gibraltar
Ceuta (Esp.)
Melilla (Esp.)
ALGER
TUNIS
Aurès
MADÈRE (Port.)
Funchal
RABAT
Casablanca
TUNISIE
MALTE
30°
MÉDITERRANÉE
MAROC
Atlas
Dj. Toubkal
Gd Erg occid.
Gd Erg oriental
TRIPOLI
CANARIES (Esp.)
Santa Cruz de Tenerife
Las Palmas
O. Draa
Désert de Libye
El-Aïun
ALGÉRIE
LIBYE
Tropique du Cancer
Sahara occidental
Erg Iguidi
Erg Chech
S a h a r a
Hoggar
Ténéré
Tibesti
MAURITANIE
Aïr
NOUAKCHOTT
CAP-VERT
Sénégal
MALI
Bodélé
PRAIA
Sahel
SÉNÉGAL
Niger
Niger
TCHAD
Cap Vert
DAKAR
NIGER
GAMBIE
BAMAKO
NIAMEY
BANJUL
OUAGADOUGOU
Lac Tchad
Darfour
BISSAU
Kano
N'DJAMENA
10°
GUINÉE-BISSAU
Fouta Djalon
BURKINA FASO
Kaduna
GUINÉE
Volta
NIGERIA
CONAKRY
GHANA
TOGO
BÉNIN
ABUJA
FREETOWN
CÔTE
Oshogbo
RÉPUBLIQUE
SIERRA LEONE
YAMOUSSOUKRO
PORTO-NOVO
Ibadan
CENTRAFRICAINE
MONROVIA
D'IVOIRE
Lagos
YAOUNDÉ
LIBERIA
ACCRA
LOMÉ
Port-Harcourt
BANGUI
Abidjan
MALABO
Golfe de Guinée
Bioko
CAMEROUN
Congo
GUINÉE
0°
SÃO TOMÉ
ÉQUAT.
CONGO
Bassin
Équateur
SÃO TOMÉ E PRÍNCIPE
LIBREVILLE
du Congo
Annobón (G.-Équat.)
GABON
Zaïre
RÉP. DÉM.
OCÉAN
BRAZZAVILLE
Cabinda
KINSHASA
DU CONGO
CABINDA (Ang.)
Ascension (R.-U.)
LUANDA
10°
ANGOLA
ATLANTIQUE
Sainte-Hélène (R.-U.)
Désert de Namib
NAMIBIE
Bassin de l'Okavango
WINDHOEK
BOTSWANA
Tropique du Capricorne
GABORONE
Plus de 10 000 000 hab.
Plus de 1 000 000 hab.
Désert du Kalahari
De 500 000 à 1 000 000 hab.
De 100 000 à 500 000 hab.
Orange
Moins de 100 000 hab.
30°
AFRIQUE DU SUD
Altitudes en mètres
- 4 000 - 200 0 500 1 000 2 000 4 000
Le Cap
Dépression
Cap de Bonne-Espérance

à partir du XVIe s. dans les pays du golfe de Guinée, puis en Afrique centrale et orientale au XIXe s. Les religions traditionnelles (animismes), encore largement pratiquées, coexistent avec l'islam et le christianisme (syncrétisme).

ÉCONOMIE

L'économie de la plupart des pays africains réunit toutes les caractéristiques du sous-développement : croissance démographique rapide, prédominance de l'agriculture, faiblesse de l'industrialisation, manque de capitaux locaux, sous-emploi, corruption. La population est encore largement rurale (59 %), malgré un fort mouvement d'urbanisation qui profite essentiellement aux capitales. Les femmes, confrontées à l'inégalité des sexes et des revenus, constituent la population la plus pauvre du continent.

L'Afrique subsaharienne est le continent agraire par excellence. L'agriculture vivrière (mil, sorgo, igname, manioc...) est peu performante. L'agriculture de plantations (café, cacao, huile de palme, hévéa, fruits...), dont les produits sont exportés, est productive, mais ses revenus dépendent étroitement des cours mondiaux. La Chine a investi massivement sur le continent depuis le début du siècle. Elle est devenue son premier partenaire commercial. Les pays les moins pauvres (Gabon, Ghana, Guinée...) sont ceux qui bénéficient d'abondantes matières premières et ne souffrent pas de l'enclavement. L'Afrique du Sud constitue avec les autres pays d'Afrique australe, notamment l'Angola, un pôle de richesse (minerais, industries et services), mais elle doit gérer le très lourd héritage social de l'apartheid (1948-1991). Elle a cédé sa place de 1re puissance économique africaine au Nigeria en 2014. L'Afrique du Nord, plus urbanisée et plus industrialisée, est assez bien intégrée dans les échanges mondiaux. Elle bénéficie d'importants gisements énergétiques (Algérie, Libye), du développement du tourisme (Maroc, Tunisie, Égypte). Les déséquilibres démographiques et sociaux y demeurent importants.

Des mercenaires patrouillant dans une mine de diamants en Sierra Leone.

HISTOIRE

La préhistoire L'Afrique (Rift Valley) apparaît comme le berceau de l'humanité (préhumain Toumaï, 7 millions d'années, découvert au Tchad en 2001 ; australopithèque Lucy, 3,2 millions d'années, découverte en Éthiopie en 1974). Les civilisations néolithiques s'épanouirent dans le Sahara avant sa désertification (–IIIe millénaire). Les populations migrèrent alors à travers la vallée du Nil — où elles nourrirent la civilisation de l'Égypte pharaonique — et la vallée du Niger, puis jusqu'au S. du continent.

L'Antiquité et le Moyen Âge En Afrique subsaharienne, la métallurgie du fer apparut au –Ier millénaire (civilisation Nok, au Nigeria). En Afrique du Nord, occupée par des populations berbères, les Phéniciens installèrent leurs premiers établissements et fondèrent Carthage (–814). Le N.-O. du continent fut conquis par les Romains (–IIe s.), envahi par les Vandales (Ve s.), repris par Byzance. L'arrivée des Arabes (VIIe s.) marqua l'unification religieuse de l'Afrique du Nord : l'islam pénétra dans la vallée du Nil, sur la côte E., puis au S. du Sahara par l'O. Le travail des métaux et le commerce transsaharien favorisèrent le développement de civilisations prospères (Ife et Oyo au Nigeria ; XIIe-XVIIe s.) et de grands empires (Ghana,

Afrique avant la colonisation

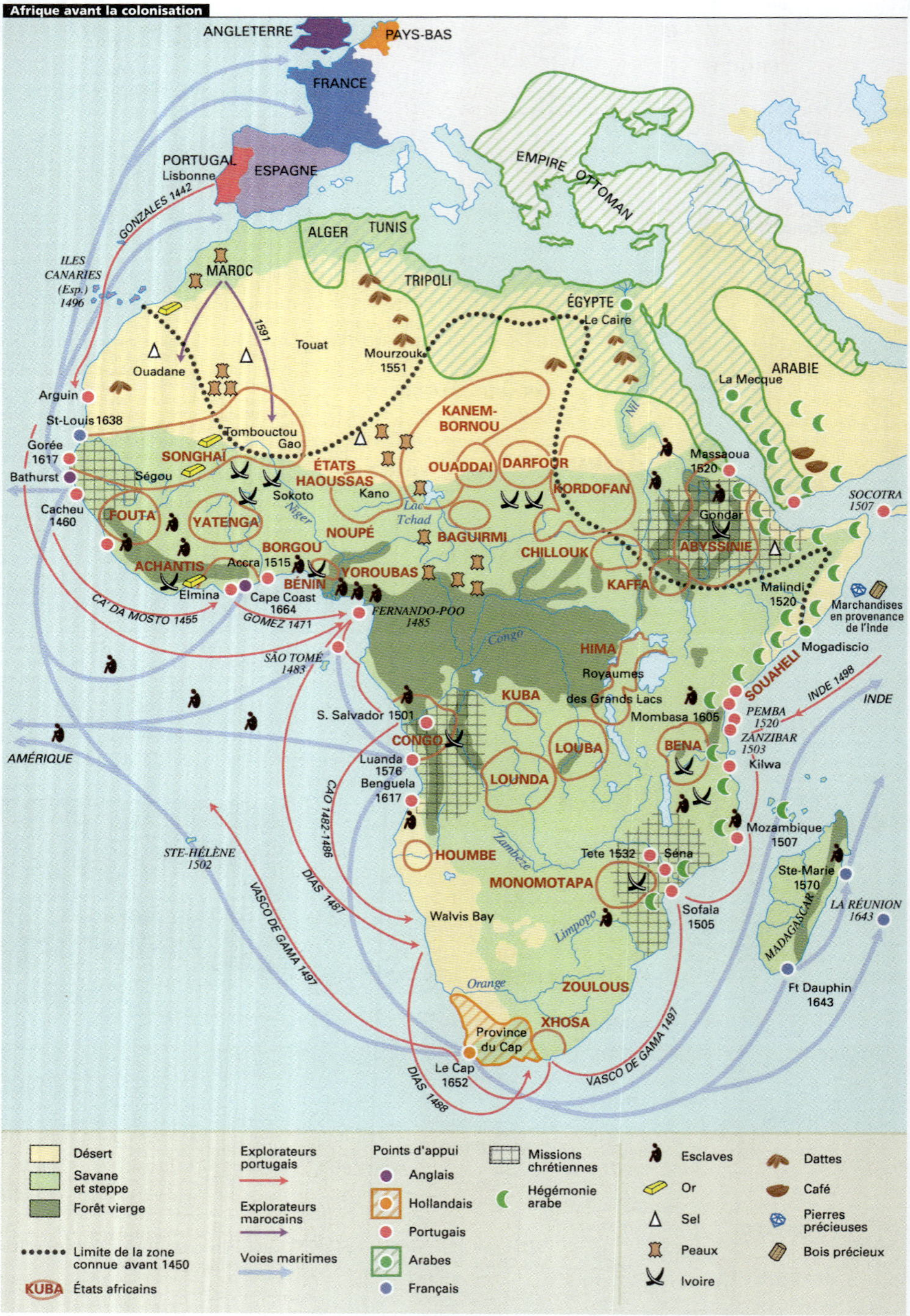

Mali et Songhaï ; x^e^-xvie s.). ➔ **Afrique (planche).**

Les expéditions européennes et la colonisation Les Portugais, puis les Britanniques, les Français et les Espagnols, installèrent à partir du xve s. des comptoirs sur les côtes pour faire du commerce. Au xvie s., la traite des Noirs, endémique à l'intérieur du continent et pratiquée depuis plusieurs siècles à destination du monde arabe, prit des proportions considérables au profit des Européens qui désirèrent exploiter leurs possessions en Amérique. Les Européens commencèrent à coloniser l'intérieur du continent vers le milieu du xixe s. La conférence de Berlin (1884-1885) délimita les zones d'influence des puissances européennes (France, Royaume-Uni, Allemagne, Belgique, Espagne, Portugal, Italie), mais le tracé intérieur des frontières dans les zones non encore explorées provoqua des tensions jusqu'à la Première Guerre mondiale.

La décolonisation et les indépendances Les mouvements d'indépendance, amorcés avant la Seconde Guerre mondiale (Égypte, 1935), s'accélérèrent ensuite, notamment

L'usage commun réserve le terme d'art africain aux œuvres d'Afrique noire (l'art du Maghreb est répertorié en Islam). Les formes de cet art sont multimillénaires pour de nombreux pays. Réalisées pour un usage domestique ou sacré, sans recherche esthétique au sens occidental du terme, elles sont pour la plupart anonymes. La stylisation géométrique qui souvent les caractérise et qui crée la force de leur expression, ainsi que la mystérieuse et fascinante altérité qui émane d'elles ont radicalement bouleversé les pratiques des grands artistes européens de la période coloniale (Picasso, Matisse, Giacometti), qui y ont puisé une large part du renouveau de l'art moderne occidental (voir aussi à ce sujet l'art de l'Océanie).

Ci-dessus, dessins géométriques ndebele sur les murs de la résidence de Mabusabesala II, Mapoch, près de Pretoria.

Masque dogon du Mali, dit « du singe noir », collection particulière.

Masque bongo du Soudan (XIXe s.), musée d'Ethnographie, Berlin.

Masque blanc punu du Gabon, dit « de la belle jeune fille mukuyi », musée Picasso, Paris.

Masque kwele du Congo (XIXe s.), collection privée milanaise.

Bracelet yoruba en ivoire du Nigeria (XVIIIe s.), musée du Quai Branly, Paris.

Tête trophée du royaume du Bénin, Nigeria (XVe -XVIe s.), musée du Quai Branly, Paris.

Poupée ibibio du Nigeria, musée du Quai Branly, Paris.

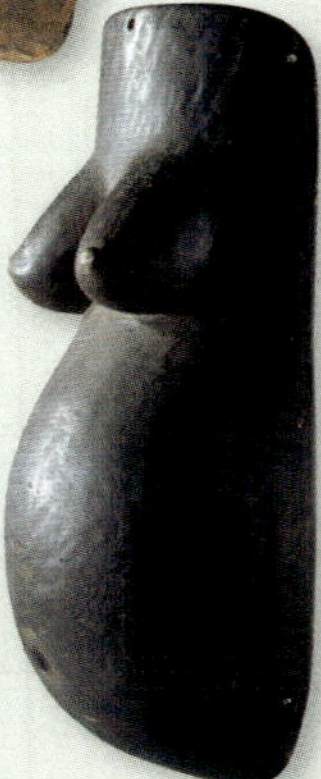

Masque abdominal makonde de Tanzanie (XXe s.), musée du Quai Branly, Paris.

Art bamiléké du Cameroun, statuette (XIXe s.), musée du Louvre, pavillon des Sessions, Paris.

Masques doyo des Bwa-Kademba du Burkina Faso (v. 1950).

Masque yaka du Congo, musée du Quai Branly, Paris.

Portrait « souwère » (sous verre) de femme au foulard doré, attribué à Babacar Lo, peintre sénégalais (XXe s.), musée du Quai Branly, Paris.

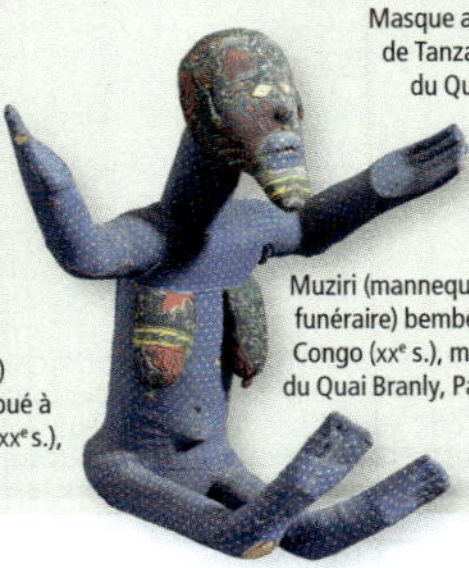

Muziri (mannequin funéraire) bembe du Congo (XXe s.), musée du Quai Branly, Paris.

Tambour anthropomorphe abron de Côte d'Ivoire, musée du Quai Branly, Paris.

au Maghreb (Maroc et Tunisie, 1956). L'Algérie n'obtint l'indépendance qu'au terme d'un long conflit (1954-1962). La Grande-Bretagne procéda à la décolonisation à partir de 1957, suivie par la France (1960) et la Belgique (Congo, 1960 ; Rwanda, 1962). Le Portugal se retira de l'Angola et du Mozambique en 1975.

Les nouveaux États créèrent l'Organisation de l'unité africaine en 1963 (rebaptisée Union africaine en 2002), tout en demeurant associés avec leurs anciens colonisateurs (Commonwealth, francophonie). À l'indépendance, le multipartisme fut très souvent remplacé par des régimes de parti unique libéraux ou marxistes-léninistes, avant que plusieurs pays n'entament, dans les années 1990, un processus très lent de démocratisation.

Depuis lors, la place de l'Afrique dans le monde s'est réduite du fait de la fin de la guerre froide et de l'émergence de nouveaux pays industriels en Amérique latine et en Asie. Le continent a amorcé le processus de règlement de ses grands conflits (Afrique du Sud, Angola, Mozambique, Namibie). Les conflits armés, aux origines complexes (ethniques, religieuses, politiques et géopolitiques), restent néanmoins très fréquents (Côte d'Ivoire, Liberia, Sierra Leone, République démocratique du Congo, Soudan, Somalie, Tchad...). Comme l'a montré le sommet qui a réuni, en 2006 à Pékin, les représentants de 41 pays africains, la Chine accorde désormais une grande importance à l'Afrique, qui lui fournit 30 % de ses importations en pétrole.

L'année 2011 a été marquée par l'ébranlement des pouvoirs en place sous la pression populaire en Tunisie et en Égypte, soutenue par une intervention franco-britannique en Libye et une intervention française au Mali (2013-2022). Le terrorisme islamiste reste toutefois très présent avec de nombreux attentats (Tunisie, Nigeria, Kenya, Somalie, Cameroun, Burkina Faso, Tchad, Mali), de même que les ravages de chefs de guerre.

L'épidémie d'Ébola a gravement touché l'Afrique de l'Ouest (principalement la Guinée, le Libéria et la Sierra Leone) en 2014, et la République démocratique du Congo en 2018. L'Afrique du Sud, le Maroc, l'Égypte, le Niger et l'Angola ont particulièrement souffert de l'épidémie de Covid-19 à partir de 2020. Les perturbations économiques liées à la guerre déclarée à l'Ukraine par la Russie en 2022 ont gravement affecté les pays du Sahel et de la Corne de l'Afrique.

Afrique du Nord **n. f.** Nom donné à l'ensemble des pays d'Afrique septentrionale formant le Maghreb (Maroc, Algérie et Tunisie, auxquels on ajoute parfois la Mauritanie et la Libye).

Afrique du Sud

n. f. ■ offic. république d'Afrique du Sud État d'Afrique australe. 1 221 037 km². 60 millions d'habitants (les *Sudafricains*). **Langues :** afrikaans, anglais (offic.), langues bantoues, khoisan. **Population :** Noirs (Bantous, Zoulous, Xhosas, Sothos), 81 % ; métis, 9 % ; Blancs, 8 % ; Asiatiques (Indiens), 2 %. **Religions :** chrétiens (77 %), musulmans, hindous. **Monnaie :** rand. **Capitales :** Pretoria (administrative), Le Cap (législative). **Régime :** présidentiel.

GÉOGRAPHIE

L'Afrique du Sud est formée d'un vaste plateau (veld) en arc de cercle, déprimé au centre (désert du Kalahari). Il descend en pente douce vers le N., où l'érosion et l'action humaine ont fortement dégradé les sols ; au S. et à l'E., il présente plusieurs escarpements au relief marqué (Drakensberg, 3 482 m ; monts Olifants, 1 200 m). Les plaines littorales sont bien arrosées au S.-E., dans le Natal. Le climat est tropical avec une saison sèche dans le N. ; chaud et humide dans le Natal, soumis à l'influence de la mousson ; et méditerranéen dans la région du Cap.

ÉCONOMIE

L'Afrique du Sud est avec le Nigeria et l'Égypte l'une des premières puissances économiques du continent mais elle est confrontée à un fort endettement, à un taux de chômage de 30 % et à la pauvreté qui touche plus de 50 % de la population. Le ralentissement de la croissance enregistré fin 2019 s'est confirmé en raison de la pandémie de coronavirus en 2020. L'élevage (bovins, ovins) et les cultures variées (blé, pomme de terre, arachide, vigne, agrumes, coton, canne à sucre) sont en partie destinés à l'exportation. L'Afrique du Sud est un grand producteur d'or, de diamants, d'amiante, de chrome et de cuivre. Les industries (métallurgie, mécanique, chimie, automobile, textile et alimentaire) sont développées dans la région de Johannesburg et des grands ports. Le secteur minier attire des travailleurs temporaires du Lesotho, de l'Eswatini et du Botswana. Cependant, en raison du chômage, l'immigration clandestine est réprimée. La répartition des richesses (notamment de la terre) reste extrêmement inégale, mais la fin du régime d'apartheid favorise l'émergence d'une classe moyenne parmi les Noirs.

L'Afrique du Sud est un des principaux exportateurs de granit.

HISTOIRE

Des fouilles dans la grotte de Sterkfontein ont mis au jour, en 1995, un hominidé appelé *Little Foot* (3,67 millions d'années). Lorsque les premiers cultivateurs de langues bantoues s'établirent sur le territoire, au début de notre ère, les Hottentots étaient déjà installés dans le N. du pays.

Les débuts de la colonisation À partir du IXe s., les Arabes fréquentèrent le littoral. En 1498, Vasco de Gama aborda les côtes du Natal, puis la Compagnie hollandaise des Indes orientales installa un comptoir (1652) et la région fut colonisée par des fermiers d'origine hollandaise (les Boers) qui se heurtèrent aux puissantes chefferies zouloues : les « guerres cafres » (1779-1838) ne prirent fin qu'avec la défaite militaire des Zoulous.

L'occupation britannique Les Britanniques annexèrent Le Cap en 1814. L'immigration britannique et la suppression de l'esclavage (1833) déterminèrent le départ en masse des Boers (1837-1850). Certains d'entre eux fondèrent quatre petites républiques autonomes : l'indépendance fut accordée au Transvaal (1852) et à l'État libre d'Orange (1854) par la Grande-Bretagne, qui conserva l'administration du Cap et du Natal. La découverte de diamants dans la région de Kimberley suscita des contestations territoriales : le Transvaal, annexé par la Grande-Bretagne (1877), obtint l'autonomie à l'issue d'une première guerre anglo-boer (1884). Les hostilités reprirent (guerre des Boers, 1899-1902), à l'issue desquelles les Boers furent défaits.

Le nationalisme afrikaner et l'apartheid La paix aboutit à la fondation de l'Union sud-africaine (1910). Mais cet État, qui réglait les relations entre Blancs, ne tenait aucun compte des Noirs et des métis, victimes de mesures raciales (*Native Land Act*, 1913). Après la Première Guerre mondiale, l'Union sud-africaine reçut un mandat sur le S.-O. africain allemand (**→ Namibie**). Le nationalisme afrikaner se développa et, en 1948, les principes de l'apartheid furent officiellement adoptés (interdiction des relations sexuelles interraciales, ségrégation des habitats, restriction des droits politiques des Noirs et des métis).

La république sud-africaine La république fut proclamée en 1961. Les présidents Strijdom, Verwoerd et Vorster accentuèrent la politique de ségrégation, condamnée par l'ONU et le Commonwealth. Les nationalistes noirs, qui revendiquaient un gouvernement multiracial et le démantèlement de l'apartheid, radicalisèrent leur mouvement. En 1965, Nelson Mandela, dirigeant de l'African National Congress (ANC, fondé en 1912) fut emprisonné. Les massacres de

Soweto (1976) marquèrent un tournant dans la lutte contre l'apartheid.

La fin de l'apartheid F. De Klerk, successeur, en 1989, de P. Botha, s'employa à favoriser l'accession à l'indépendance de la Namibie (1990) et à saper la politique d'apartheid. La libération, puis le renoncement de Mandela à la lutte armée au nom de l'ANC, en échange de la suppression de l'apartheid (1991) marquèrent le début de la réintégration politique des Noirs. Les élections d'avril 1994 furent remportées par l'ANC et N. Mandela accéda à la présidence de la République. En 1996, une nouvelle Constitution mit fin à l'apartheid et, en 1999, Thabo Mbeki succéda à Mandela. Il démissionna en 2008 et le représentant de l'aile gauche de l'ANC, Jacob Zuma, fut élu président l'année suivante. Poursuivi par la justice pour fraude et corruption, il fut évincé de la direction de son propre parti et suspendu de son poste de président de la République en 2018. Cyril Ramaphosa lui succéda à la tête de l'ANC et à la présidence mais le parti, à nouveau éclaboussé par des scandales de corruption, ne cessa de perdre des voix aux législatives de 2019 (moins de 60 % des voix) et aux municipales de 2021 (moins de 46 %).

Afrique-Équatoriale française (A-ÉF) Gouvernement général qui, de 1910 à 1958, groupa en une fédération les quatre territoires coloniaux français du Tchad au N., de l'Oubangui-Chari au centre, du Moyen-Congo et du Gabon au S.

Afrique-Occidentale française (A-OF) Ancienne fédération des colonies françaises de l'Ouest africain (1895-1958). L'A-OF regroupait, outre la circonscription de Dakar, le Sénégal, la Guinée, la Côte d'Ivoire, le Soudan, le Dahomey, la Haute-Volta, la Mauritanie et le Niger.

afro **adj. (anglais des États-Unis, de *afro-american*)** Se dit de cheveux crépus ou frisés formant une boule volumineuse autour du visage. *Des coupes afros.*

afro- Élément **(du latin *afer, afri* → africain)** qui signifie « de l'Afrique ».

afro-américain, aine **adj.** Qui est d'origine africaine, aux États-Unis. **→ négro-américain, noir.** *La musique afro-américaine.* **– n.** *Les Afro-Américains.*

afro-asiatique **adj.** Commun à l'Afrique et à l'Asie, du point de vue politique. *Les relations afro-asiatiques.* **– n.** *Les Afro-Asiatiques.*

afrobeat ou **afro-beat** [afʀobit] **n. m.** Courant musical mêlant les traditions africaines à des influences jazz et rock.

afro-brésilien, ienne **adj.** Qui est d'origine africaine, au Brésil. *Population afro-brésilienne.* **– n.** *Les Afro-Brésiliens.*

afro-cubain, aine **adj.** Qui est d'origine africaine, à Cuba. *Les rythmes afro-cubains.* **– n.** *Les Afro-Cubains.*

Aftalion (Albert) Économiste français (1874-1956). Réformiste, il tenta d'expliquer les crises économiques par un accroissement de la demande des biens de production plus important que celui de la demande des biens de consommation *(Les Crises périodiques de surproduction).*

after [aftœʀ] **n. m. (parfois f.) (de l'anglais, de *after-hours* « après *[after]* les heures [de fermeture] ») anglic.** Réunion festive après un spectacle, une soirée ; lieu où elle se tient. *Des afters.*

after-shave **n. m. invar.** ou **aftershave** [aftœʀʃɛv] **n. m. (mot anglais, de *after* « après » et *to shave* « raser ») anglic.** Après-rasage. *Flacon d'after-shave. Des after-shave, des aftershaves.*

Afyon ou **Afyonkarahisar** Ville de Turquie, au S.-O. d'Ankara. 173 100 habitants. Citadelle sur un piton rocheux, mosquées. Centre ferroviaire et commercial, manufacture de tapis.

Ag Symbole chimique de l'argent.

aga voir **agha**

agaçant, ante **adj.** Qui agace, énerve. **→ énervant, irritant.**

agace ou **agasse** **n. f. (p.-ê. de l'ancien haut allemand ou du gotique) vieux ou régional** Pie (oiseau).

agacement **n. m. 1.** Énervement mêlé d'impatience. *Il eut un geste d'agacement.* **2.** Irritation, légère douleur.

agacer **v. tr. < 3 > (vient p.-ê. du latin *adaciare*, famille de *acidus* → acide) 1.** Mettre dans un état d'agacement. **→ énerver.** *Ce bruit m'agace !* **–** Taquiner, provoquer. **passif et p. p.** *Être agacé.* **2.** Causer une légère irritation à. *Le citron agace les dents.* **3.** Causer une légère excitation. **→ agaceries.**

agaceries **n. f. pl. littér.** Mines ou paroles inspirées par une coquetterie légèrement provocante. **→ avance, minauderie.** *« Elles attiraient mon attention par quelques agaceries »* (A. France). **→ aguicher.**

Agadé voir **Akkad**

Agadez Ville du Niger. 110 500 habitants. Carrefour caravanier berbère. Mosquée du XVIe siècle.

Agadir Ville du Maroc, chef-lieu de région, sur l'océan Atlantique. 421 844 habitants. Premier port de pêche du pays, centre industriel et station balnéaire.

Agadir (incident d') Le 1er juillet 1911, le gouvernement allemand envoya à Agadir une canonnière pour protester contre l'entrée des troupes françaises à Fès et Meknès. La France céda aux Allemands une partie du Congo pour pouvoir garder les mains libres au Maroc.

Aga Khan III (1877-1957). Imam des ismaïliens nizarites. Fondateur de la ligue panmusulmane de l'Inde (1906), il représenta le pays à la SDN, qu'il présida en 1937. ■ **Aga Khan IV** (né en 1936). Il est le petit-fils et successeur d'Aga Khan III.

agalactie [agalakti] ou **agalaxie** **n. f. (de *a-* privatif et du grec *gala, galactos* « lait ») méd., vétér.** Absence de la sécrétion lactée chez les femmes et les femelles des mammifères.

Agam (Yaacov) Peintre, sculpteur et architecte israélien (né en 1928). L'un des principaux représentants de l'art cinétique et optique, il a réalisé des « images en devenir », des « tableaux transformables » et des œuvres « polymorphiques ».

agame **(de *a-* privatif et *-game*) I. adj. et n. bot.** Se dit des plantes qui n'ont ni étamine ni pistil. *Les champignons et les algues sont des plantes agames.* **II. n. m. zool.** Genre de reptile tel que le moloch.

Agamemnon Roi légendaire d'Argos et de Mycènes, dans la mythologie grecque, fils d'Atrée, frère de Ménélas et époux de Clytemnestre. Chef des Grecs pendant la guerre de Troie, il est retenu à Aulis par des vents contraires et immole sa fille Iphigénie pour apaiser Artémis. À son retour de Troie, il est assassiné par sa femme et l'amant de celle-ci, Égisthe. Oreste, son fils, le venge, aidé par sa sœur Électre.

Masque funéraire en or, dit « masque d'Agamemnon » (XVIe s. av. J.-C.), Musée national archéologique d'Athènes.

agami **n. m. (mot des Caraïbes et de la Guyane) zool.** Oiseau échassier d'Amérique du Sud, au plumage noir et roux, appelé *oiseau-trompette* à cause du cri particulier du mâle.

agamidé **n. m. (→ agame)** Lézard des régions chaudes, au corps souvent épineux (famille des *Agamidés* ; ex. l'agame, le moloch).

agammaglobulinémie **n. f. (de *a-* privatif, *gammaglobuline* et *-émie*) méd.** Absence ou insuffisance de gammaglobulines* dans le plasma sanguin.

agapanthe **n. f. (du latin, du grec *agapon* « aimer » et *-anthe*)** Plante ornementale vivace, cultivée pour ses hampes florales bleues ou blanches.

agape **n. f. (grec *agapê* « affection »)** Repas en commun des premiers chrétiens. ■ **n. f. pl. plais.** Festin. *Faire des agapes.*

Agar ou **Hagar** Personnage biblique, esclave égyptienne d'Abraham dont elle a un fils, Ismaël. Elle est renvoyée avec celui-ci dans le désert par l'épouse d'Abraham, Sarah, après la naissance d'Isaac.

agar-agar **n. m. (mot malais)** Substance mucilagineuse extraite de certaines algues. **→ gélose.** *Des agars-agars.*

agaric **n. m. (du latin, du grec)** Champignon à chapeau et à lamelles **(nom générique).**

agaricale **n. f.** Champignon basidiomycète (ordre des *Agaricales* ; ex. l'agaric, l'amanite).

agasse voir **agace**

Agassi (André) Joueur de tennis américain (né en 1970). Son jeu d'attaque de fond de court et son revers à deux mains lui ont valu huit victoires en Grand Chelem.

Agassiz (Louis) Naturaliste suisse (1807-1873). Il contribua à l'élaboration de l'histoire naturelle des poissons, et fit admettre l'hypothèse d'une époque glaciaire passée.

agate **n. f. (grec *akhatês*) 1.** Pierre semi-précieuse, variété de calcédoine, dont on fait des camées. **2.** Bille en verre marbré (imitant l'agate).

Agathe (sainte) Vierge et martyre originaire de Catane (Sicile) (morte en 251). Elle eut les seins arrachés.

Agathocle Tyran de Syracuse (v. 361-289 av. J.-C.). Il lutta contre le pouvoir oligarchique et prit le pouvoir vers –317. Il mena la guerre contre Carthage.

Agathon (saint) Pape de 678 à 681. Il fit condamner au concile de Constantinople (680-681) le « monothélisme », hérésie d'après laquelle le Christ n'aurait qu'une seule volonté divine malgré ses deux natures, divine et humaine.

Agaune (abbaye d') voir **Saint-Maurice**

agave **n. m. (grec *agavê* « l'admirable »)** Plante d'origine mexicaine, décorative, dont on tire des fibres textiles **(→ sisal)** et un suc fermenté **(→ pulque).**

Agazzari (Agostino) Compositeur italien (1578-1640). Il est l'un des premiers théoriciens de la basse continue.

Agde Commune de l'Hérault, sur l'Hérault et le canal du Midi. 29 201 habitants. Cathédrale fortifiée du XIIe s. Églises. Musée.

age **n. m. (vient du francique)** Longue pièce horizontale à laquelle s'ajustent le soc et toutes les autres pièces de la charrue.

âge **n. m. (vient du latin, de *aetas, aetatis* « durée » → éternel) 1.** Temps écoulé depuis qu'une personne est en vie. *Ils ont le même âge. Une personne d'un certain âge,* qui n'est plus toute jeune. *J'ai passé l'âge de... Âge légal,* fixé par la loi pour l'exercice de certains droits. *Âge mental*.* **–** *L'âge,* la vieillesse. *Les effets de l'âge.* **2. (êtres vivants)** *L'âge d'un arbre.* **– (choses naturelles)** *L'âge d'un vin. L'âge* *des roches.* **3.** Période de la vie : enfance, adolescence, jeunesse, maturité, vieillesse. *Chaque âge a ses plaisirs. « Mais un fripon d'enfant (cet âge est sans pitié) »* (La Fontaine). – loc. *Enfant en bas âge,* bébé. *Âge tendre. Le bel âge,* la jeunesse. *L'âge mûr,* la maturité. *Âge avancé, grand âge. Troisième âge* (de la retraite), *quatrième âge.* – *Une personne entre deux âges,* ni jeune ni vieille. **4.** Grande période de l'histoire. *L'âge des cathédrales (le Moyen Âge).* – Grande division de la préhistoire. *L'âge du bronze.* **5.** ***L'âge d'or*** : époque prospère, favorable. *C'était l'âge d'or du cinéma.*

âgé, ée adj. **1.** Qui est d'un âge avancé. *Les personnes âgées :* les vieillards. **2.** Qui a tel ou tel âge. *Le moins âgé des deux enfants. Âgé de dix ans,* qui a dix ans.

Agen Chef-lieu du Lot-et-Garonne, sur la Garonne. 32 214 habitants. Évêché. Cathédrale Saint-Caprais, église des Jacobins du XIIIe s. Musée des Beaux-Arts. Marché agricole. Industrie alimentaire. Chimie.

Agen, la cathédrale romano-gothique Saint-Caprais, classée au patrimoine mondial de l'Unesco.

Agenais ou **Agenois** n. m. Région d'Agen. Ancien pays de France, le comté fut réuni à la Couronne en 1592.

agence n. f. **(de l'italien *agenzia* ou de *agencer*)** **1.** Organisme chargé de coordonner des moyens. *L'Agence nationale de la recherche.* **2.** Établissement commercial servant essentiellement d'intermédiaire. → **bureau.** *Agence de voyages.* **3.** Succursale bancaire. **4.** Organisme qui centralise des informations. *Agence de presse.* **5.** Ensemble des locaux d'une agence.

Agence France-Presse (AFP) Agence de presse française créée en 1944. Héritière de l'agence Havas, elle est autonome depuis 1957 et possède des correspondants dans 150 pays.

Agence internationale de l'énergie atomique (AIEA) Organisation intergouvernementale des Nations unies, créée en 1957, qui promeut une utilisation pacifique de l'énergie nucléaire. Elle veille à l'application du traité de non-prolifération des armes nucléaires signé en 1968. Prix Nobel de la paix 2005.

agencement n. m. Action, manière d'agencer ; arrangement résultant d'une combinaison. → **aménagement, disposition, organisation.** *L'agencement d'un appartement.*

agencer v. tr. < 3 > **(de l'ancien français *gent, gente* « noble, beau », venant du latin *genitus* « [bien] né » ; d'abord « orner »)** Disposer en combinant (des éléments), organiser (un ensemble) par une combinaison d'éléments. → **arranger, ordonner.** – au p. p. *Un appartement bien agencé.*

agenda [aʒɛ̃da] n. m. **(mot latin « ce qui doit être fait », forme de *agere* → agir)** **1.** Carnet où l'on inscrit jour par jour ce que l'on doit faire, ses rendez-vous, etc. *Consulter son agenda. Des agendas.* – *Agenda électronique.* → **organiseur. 2.** fig. Emploi du temps. *Un agenda chargé.*

agender [aʒɛ̃de ; aʒɑ̃de] v. tr. < 1 > **(Suisse)** **1.** Noter dans un agenda, un calendrier. *Évènements à agender.* **2.** Fixer une date pour (qqch.). *Agender une réunion.*

agénésie n. f. **(de *a-* privatif et *-génésie*)** **1.** embryol. Arrêt partiel de développement d'un organe, d'un tissu au stade embryonnaire, provoquant certaines atrophies ou anomalies. *Agénésie rénale.* **2.** Croisement dont les produits sont inféconds (entre eux et avec des individus de l'une ou l'autre race mère). **3.** physiol. Incapacité d'engendrer due à la malformation des organes reproducteurs. → **stérilité.**

Agénor Fils de Poséidon et de Libye, dans la mythologie grecque, père de Cadmos et d'Europe.

s'agenouiller v. pron. < 1 > **(de *à* et *genou*)** Se mettre à genoux. □ n. m. **agenouillement**

agent, ente n. **(du latin, forme de *agere* → agir)** **I.** n. m. didact. **1.** La personne ou l'entité qui agit (opposé au *patient* qui subit l'action). *Agent économique :* personne ou entité ayant une part active dans la vie économique. *Complément d'agent,* complément d'un verbe passif, introduit par *par* ou *de,* désignant l'auteur de l'action. **2.** Force, corps, substance intervenant dans la production de phénomènes. → **cause, ^{2}facteur, principe.** *Les agents atmosphériques.* **3.** inform. *Agent logiciel :* logiciel qui exécute certaines tâches de manière autonome. → anglic. **^{2}bot.** *Agent conversationnel.* → anglic. **chatbot. II.** n. **1.** Personne chargée des affaires et des intérêts d'un individu, d'un groupe ou d'un pays, pour le compte desquels elle agit. → **^{1}émissaire, représentant.** – *Agent secret.* → **espion.** *Une agente de la CIA.* **2.** Personne employée par un service public ou une entreprise privée, servant d'intermédiaire entre la direction et les usagers. → **commis, courtier, employé, gérant, mandataire.** *Agents de change. Agent de liaison, de transmission.* – *Agent de sécurité.* → **^{2}vigile** (2). **3.** ***Agent (de police).*** → **gardien** de la paix ; fam. **flic.** *Deux agents l'ont emmené au commissariat.*

ageratum ou **agératum** [aʒeʀatɔm] n. m. **(latin d'origine grecque *ageraton*)** Petite plante buissonnante ornementale, à fleurs bleues.

Agésilas II (444-v. 360 av. J.-C.). Roi de Sparte (v. 400-v. 360 av. J.-C.). Vainqueur des Perses, puis de la coalition des cités grecques, il fut défait par Épaminondas à Mantinée en –362.

Aggée Personnage biblique, prophète de Juda (VIe s. av. J.-C.). Au retour de l'Exil, il incite le gouverneur et le grand prêtre de Jérusalem à reconstruire le Temple.

aggiornamento [a(d)ʒjɔʀnamɛnto] n. m. **(mot italien « mise à jour » → a giorno)** didact. Adaptation de la tradition de l'Église à la réalité contemporaine. – par ext. Adaptation au monde contemporain. *Des aggiornamentos.*

agglo voir **aggloméré**

agglomérat n. m. Ensemble naturel d'éléments agglomérés. → **agrégat, conglomérat.**

agglomération n. f. **1.** Action d'agglomérer (diverses matières) à l'aide d'un liant. **2.** Union, association intime. *« La nation française* [est] *une agglomération internationale de peuples »* (Seignobos). **3.** Concentration d'habitations, ville ou village. *L'agglomération bruxelloise,* la ville et sa banlieue.

aggloméré n. m. Matériau obtenu par un mélange de matières diverses agglomérées et d'un liant. *Panneau d'aggloméré :* bois reconstitué, mélange de copeaux et de colle (abrév. fam. **agglo**).

agglomérer v. tr. < 6 > **(du latin, de *glomus* « boule » *cf.* globe)** Unir en un tout, en un bloc cohérent (par exemple, des matières à l'état de fragments ou de poudre → **agglutiner**). ■ **s'agglomérer** v. pron. Se réunir en une masse compacte. ■ **aggloméré, ée** p. p. adj. *Éléments, matériaux agglomérés.* → **agglomérat, aggloméré.**

agglutinant, ante adj. **1.** Propre à agglutiner, à recoller. *Substances agglutinantes.* → **adhésif. 2.** *Langues agglutinantes,* où des affixes s'ajoutent aux bases, exprimant les rapports grammaticaux (ex. le finnois).

agglutination n. f. Action d'agglutiner, fait de s'agglutiner. – biol. Réunion en amas de cellules, globules rouges... en présence d'un anticorps lors d'une réaction de défense de l'organisme. → **agglutinine.**

agglutiner v. tr. < 1 > **(du latin, de *gluten* → glu, gluten)** Coller ensemble, réunir de manière à former une masse compacte. → **agglomérer.** – pronom. *Les passants s'agglutinaient devant la vitrine.*

agglutinine n. f. **(du radical de *agglutiner* et *-ine*)** biol. Anticorps qui apparaît dans le sérum et provoque l'agglutination soit de certains microbes, soit des globules rouges qui renferment l'agglutinogène* correspondant.

agglutinogène n. m. **(du radical de *agglutiner* et *-gène*)** biol. Substance (antigène) située à la surface des globules rouges et qui provoque leur agglutination en présence de sérum contenant l'anticorps (agglutinine*) correspondant (cette réaction sert à déterminer les groupes sanguins).

aggravant, ante adj. Qui rend plus grave. *Circonstance aggravante* (opposé à *atténuant*).

aggravation n. f. Fait de s'aggraver, d'empirer. *L'aggravation du mal.* → **recrudescence, redoublement.** *L'aggravation d'un conflit.* ■ dr. Augmentation de peine ; particularité qui aggrave (le crime, le délit).

aggravée n. f. **(de l'ancien adj. *agravé* « endolori par le gravier », du radical de *gravier*)** Inflammation du pied chez les animaux (surtout les chiens) qui ont trop marché sur un sol caillouteux.

aggraver v. tr. < 1 > **(du latin, de *gravis* → grave)** **1.** Rendre plus grave, plus condamnable. *N'aggrave pas ton cas.* **2.** Rendre plus douloureux, plus dangereux. *Aggraver des souffrances.* – pronom. *L'état du malade s'est aggravé.* → **empirer. 3.** Rendre plus intense, plus pénible. → **redoubler.**

agha [aga] n. m. **(mot turc « chef »)** Officier de la cour du sultan, dans l'ancienne Turquie. – En Algérie, Chef au-dessus du caïd. - var. **aga.**

Aghion (Philippe) Économiste français (né en 1956). Professeur au Collège de France. Dans la continuité de la théorie de la création destructrice de Joseph Schumpeter, ses recherches en macroéconomie portent notamment sur les modèles de croissance et d'innovation.

Aghlabides n. m. pl. Dynastie arabe d'Afrique du Nord (800-909) qui régna sur l'Ifrīqiya (actuels Tunisie et Est algérien). Leur capitale, Kairouan, connut un grand essor artistique et intellectuel.

Agides ou **Eurysthénides** n. m. pl. Dynastie de Sparte fondée par le roi Agis Ier.

agile adj. **(latin *agilis,* de *agere* → agir)** **1.** Qui a de la facilité et de la rapidité dans l'exécution de ses mouvements. → **leste, vif. 2.** fig. Prompt dans les opérations intellectuelles. *Un esprit agile.* → **vif.** □ adv. **agilement**

agilité n. f. Qualité de ce qui est agile. → **souplesse, vivacité.** *Grimper avec agilité.*

Agincourt (François d') Musicien français (1684-1758). Organiste de la Chapelle royale, il a composé des œuvres pour orgue et pour clavecin.

agio [aʒjo] n. m. **(mot italien *cf.* adagio ; famille de *aise*)** Intérêt, commission.

a giorno voir **à giorno**

agiotage n. m. **(de *agio*)** fin. Spéculation malhonnête ou illicite sur les cours de la Bourse. → **spéculation.** *Se livrer à l'agiotage* (*agioter* v. intr. < 1 >).

agioteur, euse n. Spéculateur qui manœuvre pour faire varier les cours de la Bourse.

agir v. intr. < 2 > **(vient du latin *agere,* d'abord « pousser devant soi » ; famille de *acte, agent, agile, agiter, ambages*)** **1.** Faire qqch., avoir une activité qui transforme plus ou moins ce qui est. *« Il faut se décider, agir et se taire »* (B. Constant). **2.** Se comporter dans l'action de telle ou telle manière. *Il a bien, mal agi envers eux. Agir au nom de qqn* (→ **agent**). **3.** (choses) Produire un effet sensible, exercer une action, une influence réelle. → **influer, opérer.** *Le remède n'agit plus.* ■ **s'agir v. pron. impers.** ***Il s'agit de*** **1.** Marquant ce qui est en question, en cause, ce qui est traité, intéresse. → **il est question.** *C'est de vous qu'il s'agit. Il ne s'agit pas de ça* (→ **la question, le problème n'est pas là**). *« Le fameux "De quoi s'agit-il ?" du Maréchal Foch »* (Malraux). *S'agissant de :* à propos de. – *Quand il s'agit de se mettre à table, il est toujours le premier.* **2.** *Il s'agit de* (+ inf.) : le point important, ce qui importe (à un moment donné) est de. *Il s'agit maintenant d'être sérieux.*

Agis Nom de plusieurs rois de Sparte. ■ **Agis I**[er] (XIe s. av. J.-C.). Roi à demi légendaire, il a donné son nom à la dynastie des Agides. ■ **Agis IV** (mort en 240 av. J.-C.). Réformateur, il tenta d'appliquer les lois de Lycurgue et fut tué sur ordre de Léonidas II.

âgisme **n. m.** **(de *âge*, par analogie avec *racisme*)** Discrimination fondée sur l'âge, spécialt envers les personnes âgées. □ **adj. et n. âgiste**

agissant, ante **adj.** littér. Qui agit effectivement, se manifeste par des effets tangibles. → **[1]actif, [1]effectif, [1]efficace.**

agissements **n. m. pl.** péj. Suite de procédés et de manœuvres. → **machination, [1]manœuvre, menées.**

agitateur, trice **n. 1.** Personne qui crée ou entretient l'agitation politique ou sociale. → **factieux, meneur.** ■ Personne, société qui innove, bouscule les idées reçues. *Un agitateur d'idées.* **2. n. m.** techn. Ce qui sert à agiter, remuer (un liquide, une substance).

agitation **n. f. 1.** État de ce qui est agité, animé de mouvements en tous sens. *L'agitation de la rue.* → **animation, grouillement, remue-ménage. 2.** État d'une personne en proie à des émotions et à des impulsions et qui ne peut rester en repos. → **fièvre, nervosité.** *Être dans un état d'agitation indescriptible.* **3.** Mécontentement politique ou social. *L'agitation paysanne.* → **manifestation, [2]trouble.**

agité, ée **adj.** En proie à une agitation ; troublé. → **agiter.** *Une mer agitée.* → **houleux.** *Une vie agitée.* → **mouvementé.** – *Les esprits étaient agités,* en effervescence. ■ **n.** *Un, une agité(e).*

agiter **v. tr.** **< 1 >** **(du latin, de *agere* → agir) 1.** Remuer vivement en divers sens, en déterminant des mouvements irréguliers. **2.** Remuer pour mélanger un liquide. *Agiter (le flacon) avant utilisation.* **3.** Troubler (qqn) en déterminant un état d'agitation. → **émouvoir, inquiéter.** *Mes sensations « me tourmentent, m'agitent sans cesse »* (Hugo). **4.** Examiner et débattre (à plusieurs). → **discuter.** ■ **s'agiter v. pron.** Se mouvoir, aller et venir en tous sens. ■ Agir avec affairement. → **se démener.** *« L'homme s'agite, mais Dieu le mène »* (Fénelon).

agit-prop [aʒitpʀɔp] **n. f. invar.** **(calque du russe, lui-même du français *agitation* et *propagande*)** Agitation et propagande politique révolutionnaire (de nature marxiste).

Aglaé L'une des trois Grâces, dans la mythologie grecque.

Aglietta (Michel) Économiste français (né en 1938). Spécialiste du fonctionnement des marchés financiers, il est l'un des précurseurs de la théorie de la régulation proposée pour pallier les dysfonctionnements du système capitaliste, notamment l'accumulation inédite du capital en raison de la priorité de l'intérêt des actionnaires sur celui des salariés et la disparition progressive de l'État-Providence. *Régulation et crises du capitalisme ; Capitalisme, le temps des ruptures.*

aglosse **n. m.** **(du grec, de *a-* privatif et *glôssa* « langue »)** zool. Papillon nocturne sans trompe ou à trompe rudimentaire.

Agly **n. m.** Fleuve côtier du S. de la France, dans le Roussillon. 80 km. Il se jette dans le golfe du Lion.

agnat [agna] **n. m.** **(du latin, de *agnascere* « naître à côté » → naître)** dr. romain et ancien Parent par agnation, descendant d'une même souche masculine (opposé à *cognat*). □ **adj. agnatique**

agnathe [agnat] **n. m.** **(de *a-* privatif et du grec *gnathos* « mâchoire »)** zool. Poisson vertébré sans mâchoires (classe des *Agnathes* ; ex. la lamproie).

agnation [agnasjɔ̃] **n. f.** **(du latin → agnat)** dr. romain Parenté par les mâles (opposé à *cognation*).

agneau, agnelle **n.** **(vient du latin *agnellus*, diminutif de *agnus* → agnus dei) 1.** Petit de la brebis (→ **mouton**). *Des agneaux.* – *Doux comme un agneau,* d'un caractère doux et pacifique. **2.** Viande d'agneau. *Côtelettes d'agneau.* **3.** Cuir, fourrure d'agneau. *Manteau d'agneau.* **4.** relig. *L'agneau de Dieu :* Jésus-Christ. → **agnus dei.** – *Agneau pascal,* immolé à la pâque juive.

agnelée **n. f.** Portée d'une brebis.

agneler **v. intr.** **< 5 >** **(de *agnel*, forme ancienne de *agneau*)** Mettre bas, en parlant de la brebis. □ **n. m. agnelage**

agnelet **n. m.** **(de *agnel*, forme ancienne de *agneau*)** Petit agneau.

agneline **n. f.** **(de *agnel*, forme ancienne de *agneau*)** Laine d'agneau, soyeuse et frisée, provenant de la première tonte.

agnelle voir **agneau**

Agnelli (Giovanni) Industriel italien (1866-1945). Fondateur de la firme Fiat en 1899, il produisit une des premières voitures bon marché.

Agnès (sainte) Vierge et martyre romaine sous Dioclétien (304).

Agnès de France Princesse française (1171-1220). Fille de Louis VII le Jeune, elle fut l'épouse d'Alexis II Comnène, empereur byzantin, puis d'Andronic Ier Comnène.

Agnès de Méran Reine de France (morte en 1201). Troisième épouse de Philippe Auguste, elle fut renvoyée, celui-ci devant, sur ordre du pape Innocent III, reprendre Isambour de Danemark qu'il avait répudiée.

Agni Divinité védique et brahmanique du feu sacrificiel, représenté comme un homme corpulent, à trois têtes, barbu, tenant à la main un rosaire et un pot. Il chevauche un bélier.

Agnon (Samuel Joseph Czaczkes, dit Samuel Joseph) Écrivain israélien de langue hébraïque (1888-1970). Auteur de romans sur la vie des Juifs en exil, sur le martyre de la Shoah, il célébra ensuite le retour à la Terre promise dans une œuvre qui allie le réalisme occidental à un ésotérisme religieux. *Le Feu et les Arbres ; Cela se passait hier.* Prix Nobel 1966.

agnosie [agnozi] **n. f.** **(du grec → [2]a- et gnose)** méd. Trouble de la reconnaissance des objets. □ **adj. agnosique**

agnostique [agnɔstik] **n.** **(de l'anglais, de *a-* privatif et *gnostic* → gnose)** Personne qui professe que ce qui n'est pas expérimental, que l'absolu, est inconnaissable ; sceptique en matière de métaphysique et de religion. □ **n. m. agnosticisme**

agnus-castus [aɲyskastys ; agnyskastys] **n. m.** **(du latin *agnos*, mot grec désignant cette plante, et *castus* « chaste », du grec *hagnos*)** bot. Arbrisseau des régions méditerranéennes auquel on attribuait des vertus calmantes. → **gattilier.**

agnus dei [aɲysdei ; agnys-] **n. m. invar.** **(mots latins « agneau de Dieu »)** Prière de la messe, commençant par ces mots.

-agogue, -agogie Éléments savants **(du grec *agôgos* « qui conduit »)** signifiant « action de conduire vers, initier ».

agonie **n. f.** **(latin *agonia*, du grec « lutte, angoisse », de *agein* « mener », famille de *agir*) 1.** Moments, heures précédant immédiatement la mort. *Être à l'agonie.* **2.** littér. Déclin précédant la fin. *L'agonie d'un règne.*

agonir **v. tr.** **< 2 >** **(p.-ê. de l'ancien français *ahon[n]ir* « déshonorer » → honnir)** Accabler (d'injures). *Elle s'est fait agonir d'injures.* → **injurier, insulter.**

agonisant, ante **adj.** Qui agonise. ■ **n.** Moribond. *La prière des agonisants.*

agoniser **v. intr.** **< 1 >** **(du latin, du grec *agônizesthai* « lutter » → agonie) 1.** (personnes) Être à l'agonie. → **s'éteindre.** *Elle « vieillit tellement qu'elle en agonisa. Cela dura deux jours »* (Queneau). **2.** (choses) Être près de sa fin. → **décliner, s'effondrer.**

agoniste **(latin *agonista* « qui combat dans les jeux » → agonie)** méd. **1. adj.** Dont l'action va dans le même sens, dont l'effet est identique. *Muscle agoniste,* qui produit un mouvement déterminé (opposé à *antagoniste*). **2. n. m.** Substance ou médicament qui produit des effets identiques à ceux d'une substance de référence. *Agoniste de la morphine.*

agora **n. f.** **(du grec ; famille de *agir, agonie*) 1.** Grande place publique (dans la Grèce antique). **2.** Large espace piétonnier et commerçant dans une ville nouvelle.

agoraphobie **n. f.** Phobie des espaces libres et des lieux publics. □ **adj. et n. agoraphobe**

Agostino di Giovanni Sculpteur et architecte siennois (XIVe s.). Perpétuant la tradition des Pisans, il fut le maître d'œuvre du Dôme à Sienne aux côtés de son fils Giovanni.

Agoult (Marie de Flavigny, comtesse d') Femme de lettres française (1805-1876). Compagne de F. Liszt, elle tint un salon qui marqua la vie littéraire et artistique, publia une *Histoire de la révolution de 1848* et laissa des *Souvenirs.*

Agout **n. m.** Rivière du S. du Massif central, affluent du Tarn. 180 km.

agouti **n. m.** **(guarani *acouti*)** Rongeur des Antilles et de l'Amérique du Sud, de la taille d'un lièvre.

Agra Ville d'Inde (Uttar Pradesh) sur la Yamuna. 1,7 million d'habitants. Industrie, commerce, tourisme. Capitale de l'Empire moghol de 1501 à 1658, elle a conservé de nombreux monuments, dont le Taj Mahal.

agrafage **n. m.** Action d'agrafer ; action de munir d'agrafes.

agrafe **n. f.** **(ancien français *agrappe*, d'après *graffe* « crochet », mot germanique) 1.** Attache formée d'un crochet qu'on passe dans une boucle. **2.** Fil ou lamelle métallique recourbé(e) aux extrémités, servant notamment à assembler des papiers. **3.** chir. Petite lame servant à fermer une plaie ou une incision. **4.** techn. Pièce métallique (crampon, etc.) qui retient. **5.** archit. Ornement sculpté, qui semble unir la clef d'un arc aux moulures de l'archivolte.

agrafer **v. tr.** **< 1 > 1.** Attacher avec des agrafes ; assembler, fixer en posant des agrafes. *Agrafer un soutien-gorge.* **2.** fam. Prendre au collet, arrêter. *Il s'est fait agrafer par les flics.*

agrafeuse **n. f.** Instrument servant à agrafer (des feuilles de papier, etc.).

agraire **adj.** **(du latin, de *ager* « champ ») 1.** Qui concerne la surface des terres. *Les mesures agraires.* **2.** Qui concerne le partage, la propriété des terres. *Réforme agraire :* nouvelle répartition des terres.

agrammatical, ale, aux **adj.** ling. Qui n'est pas conforme aux règles de la grammaire.

agrammatisme **n. m.** **(grec *agrammatos* « illettré », famille de *gramma* « lettre » → -gramme)** didact. Forme d'aphasie, trouble de l'agencement syntaxique des mots.

agrandir **v. tr.** **< 2 >** **(de *grand*) 1.** Rendre plus grand, plus spacieux, en augmentant les dimensions. → **allonger, élargir, étendre, grossir.** *Agrandir une ouverture.* – *Agrandir une photographie.* **2.** Faire paraître plus grand. *Ce miroir agrandit la pièce.* **3.** Rendre plus important, plus considérable. → **développer.**

A

Agrandir son entreprise. ■ **s'agrandir v. pron.** Devenir plus grand ; étendre son domaine. – **fig.** Se développer, intellectuellement ou moralement.

agrandissement n. m. 1. Action d'agrandir, fait de s'agrandir. → **élargissement, extension.** *L'agrandissement d'une maison.* **2.** Opération photographique consistant à tirer d'un cliché une épreuve agrandie. – La photo ainsi obtenue.

agrandisseur n. m. Appareil utilisé pour faire des agrandissements photographiques.

agranulocytose n. f. (de ²*a-*, *granulocyte* et ²*-ose*) méd. Diminution importante du nombre des globules blancs polynucléaires du sang.

agraphie n. f. (→ -graphie) didact. Perte de la capacité d'écrire, par lésion des centres nerveux de l'écriture.

agrarien, ienne n. et adj. (de *agraire*) hist. 1. Partisan du partage des terres entre ceux qui les cultivent. **2.** Se dit des partis politiques qui défendent les intérêts des propriétaires fonciers.

Agre (Peter) Médecin et biochimiste américain (né en 1949). Il découvrit, avec R. Mackinnon, les aquaporines, protéines régulant la teneur en eau des cellules. Prix Nobel 2003.

agréable adj. (de *agréer*) 1. Qui fait plaisir (à qqn), qui agrée*. *Il me serait agréable de vous rencontrer.* **2.** Qui procure un sentiment de plaisir. *Un vêtement agréable à porter. C'est agréable de ne rien faire.* – **(personnes)** *Ce sont des gens agréables.* → **charmant, ²gentil, sympathique.** ■ **n. m.** *Joindre l'utile à l'agréable.*

agréablement adv. D'une manière agréable.

agréation n. f. (de *agréer*) En Belgique, agrément donné à un acte administratif.

Agreda (Marie d') voir **Marie d'Agreda**

agréer v. tr. <1> (de *gré*) I. v. tr. ind. littér. Convenir, plaire (à qqn). *Si cela vous agrée.* **II. v. tr. dir. 1.** Accueillir avec faveur (qqch.). – **spécialt (formules de politesse)** *Veuillez agréer mes salutations distinguées.* **2.** Donner un agrément (1) à. – **p. p. adj.** *Une clinique agréée.*

agrégat n. m. (→ agréger) 1. Assemblage hétérogène de substances ou d'éléments qui adhèrent solidement entre eux. → **agglomérat.** *Les roches sont des agrégats de minéraux.* ■ Nom donné aux divers matériaux destinés à la confection des mortiers et bétons. **2. écon.** Grandeur caractéristique de l'activité économique nationale. *Les agrégats monétaires.*

agrégatif, ive n. Étudiant(e) préparant l'agrégation.

agrégation n. f. 1. Action d'agréger, fait de s'agréger. *Une agrégation de particules.* **2.** Admission sur concours au titre d'agrégé ; ce concours, ce titre. *L'agrégation de lettres.* - **abrév. fam. agrég.**

agrégé, ée n. Personne déclarée apte, après avoir passé l'agrégation (2), à être titulaire d'un poste de professeur de lycée ou de certaines facultés. *Une agrégée de grammaire.* – **adj.** *Un professeur agrégé.*

agréger v. tr. <3 et 6> (latin, de *ad-* et *grex, gregis* « troupeau » → grégaire) 1. surtout pronom. et p. p. Unir en un tout (des particules solides). **2.** Adjoindre, rattacher (qqn à une compagnie, une société). → **admettre, incorporer.** – **pronom.** *S'agréger à un parti.*

agrément n. m. (de *agréer*) I. Permission, approbation émanant d'une autorité. *Il a reçu l'agrément du ministère.* **II. 1. vieilli** Qualité d'une chose, d'un être, qui les rend agréables. → **attrait, ¹charme, grâce.** *L'agrément d'un appartement.* **2. dans certaines expr.** Plaisir. *Jardin d'agrément* **(opposé à *potager*).** *Voyage d'agrément* **(opposé à *d'affaires*).**

agrémenter v. tr. <1> Améliorer par l'ajout d'éléments agréables. *Agrémenter un exposé de petites anecdotes.*

agrès n. m. pl. (de l'ancien v. *agreier* « équiper » → gréer) 1. mar., vieilli Éléments du gréement (d'un navire). **2.** Appareils utilisés en gymnastique (barre fixe, barres parallèles, anneaux, corde, poutre, trapèze, etc.), en acrobatie. *Exercices aux agrès.*

agresser v. tr. <1> (→ agression) Commettre une agression sur. → **assaillir.** *Deux individus l'ont agressé.* – **(sujet chose)** *Être agressé par le bruit.* – **(sens moral) passif et p. p.** *Elle s'est sentie agressée.*

agresseur, euse n. (fém. peu usité) 1. Personne, groupe qui attaque le premier. – **adj.** *Un État agresseur.* **2.** Personne qui commet une agression sur qqn.

agressif, ive adj. 1. Qui a tendance à attaquer, à rechercher la lutte. *Un garçon agressif.* – **n.** *C'est un agressif.* ■ **par ext.** *Un vendeur agressif.* **2.** Qui marque la volonté d'attaquer. *Un discours agressif.* – **par ext.** *Une campagne de publicité agressive.* **3.** Qui agresse la sensibilité. *Une couleur agressive.* □ **adv. agressivement**

agression n. f. (du latin, de *aggredi*, de *a-* et *gradi* « marcher » → grade) 1. Attaque armée d'un État contre un autre, non justifiée par la légitime défense. **2.** Attaque violente contre une personne. *Agression sexuelle.* → **viol.** *Être victime d'une agression.* **3.** Attaque morale contre qqn. *Une agression verbale.* **4.** Attaque des fonctions physiques ou mentales par un agent externe. *Agression microbienne.*

agressivité n. f. Caractère agressif.

agreste adj. (du latin, de *ager* « champ ») littér. Champêtre.

Agriates (désert des) Région de Corse, à l'O. du golfe de Saint-Florent. Collines rocheuses et plages de sable.

Agricola en latin **Cnaeus Julius Agricola** Général romain (40-93). Il acheva la conquête de la Bretagne (actuelle Grande-Bretagne) en 84. Son gendre Tacite lui consacra un éloge funèbre, la *Vie d'Agricola*.

Agricola (Martin Sore, dit Martin) Compositeur et théoricien allemand de la musique (1486-1556). Auteur de nombreux cantiques luthériens et théoricien de la doctrine musicale de Josquin des Prés.

Agricola (Georg Bauer, dit) Minéralogiste allemand (1494-1555). Il fut un pionnier dans l'étude systématique des minerais. *De re metallica*.

Agricola (Mikael) Réformateur religieux et écrivain finnois (v. 1510-1557). Disciple de Luther, il introduisit la Réforme en Finlande, publia le premier livre écrit en finnois (1542) et traduisit dans cette langue le Nouveau Testament (1548).

agricole adj. (du latin, de *ager* → agreste et *colere* « cultiver ») 1. (pays, peuple) Qui se livre à l'agriculture. *Exploitation agricole.* **2.** Relatif, propre à l'agriculture. → **rural.** *Travaux agricoles.* – *Industries agricoles.* → **agroalimentaire.**

agriculteur, trice n. (→ agricole) Personne exerçant une des activités de l'agriculture. → **cultivateur ; éleveur, exploitant, fermier, paysan, planteur.**

agriculture n. f. (→ agricole) Culture du sol ; ensemble des travaux transformant le milieu naturel pour la production des végétaux et des animaux utiles à l'homme. → **culture, élevage.**

Agrigente Ville d'Italie (Sicile). 54 620 habitants. Vestiges de temples doriques grecs. Abbatiale du XIIe s. Tourisme.

agrile n. m. (du latin, de *ager, agri* « champ » → agraire) zool. Insecte coléoptère vert métallique, dont les larves s'attaquent aux végétaux.

agrion n. m. (du latin, du grec *agrios* « sauvage ») zool. Petite libellule au corps fin et coloré, appelée communément *demoiselle*.

agriote n. m. (du grec *agrios* « sauvage ») zool. Petit insecte coléoptère dont la larve s'attaque aux céréales.

agripaume n. f. (du latin sc. *agria palma*, du grec *agrios* « sauvage », et de *palma* → palme, paume) bot. Plante dicotylédone à haute tige et à fleurs roses.

Agrippa en latin **Marcus Vipsanius Agrippa** Général et homme politique romain (63-12 av. J.-C.). Ami et conseiller d'Auguste, il épousa sa fille Julie. Édile en –33, il inaugura à Rome l'architecture de la période impériale. Administrateur en Gaule, il y organisa le réseau routier et fit bâtir le pont du Gard.

Agrippa (Menenius) voir **Menenius Agrippa**

Agrippa von Nettesheim (Heinrich Cornelius) Médecin et philosophe allemand (1486-1535). Son œuvre *De philosophia occulta* expose les thèmes fondamentaux de l'alchimie. Il fut l'historiographe de Charles Quint.

agripper v. tr. <1> (de *gripper* « saisir ») Saisir en serrant (pour s'accrocher). *Agripper la rampe.* – **pronom.** S'accrocher en serrant les doigts. *S'agripper à qqch., à qqn.* □ **n. m. agrippement**

Agrippine l'Aînée Princesse romaine (v. 14 av. J.-C.-33 apr. J.-C.). Petite-fille d'Auguste, fille d'Agrippa, elle épousa Germanicus, dont elle eut deux enfants, Caligula et Agrippine la Jeune.

Agrippine la Jeune Princesse romaine (16-59). Fille d'Agrippine l'Aînée, elle épousa Domitius Ahenobarbus, dont elle eut Néron, puis l'empereur Claude, son oncle. Après lui avoir fait adopter Néron, elle l'empoisonna et permit l'accession de son fils au pouvoir. Celui-ci la fit assassiner.

agro- Élément savant **(du grec *agros* « champ »)** qui signifie « de l'agriculture » (ex. *agrobiologie*).

agroalimentaire adj. (→ aliment) Relatif à la transformation par l'industrie des produits agricoles destinés à l'alimentation. *Produits agroalimentaires.* – **n. m.** *L'agroalimentaire :* cette industrie.

agrobiologie n. f. Ensemble des recherches biologiques applicables à l'agriculture.

agrochimie n. f. Chimie agronomique. □ **n. agrochimiste**

agroécologie n. f. (de *agro-* et *écologie*) didact. Ensemble des méthodes de production agricole respectueuses de l'environnement. □ **adj. agroécologique**

agroforesterie n. f. (de *agro-* et *foresterie*) didact. Mode d'exploitation agricole qui associe la plantation d'arbres ou d'arbustes.

agro-industrie n. f. Ensemble des industries en rapport avec l'agriculture **(→ agroalimentaire).** *Les agro-industries.* □ **adj. agro-industriel, elle**

agrologie n. f. (de *agro-* + *-logie*) Étude scientifique des terres cultivables.

agronome n. (du grec, de *agros* et → -nome) Spécialiste en agronomie. – **appos.** *Ingénieur agronome.*

agronomie n. f. Étude scientifique des problèmes (physiques, chimiques, biologiques) que pose la pratique de l'agriculture. → **agrobiologie, agrochimie.** □ **adj. agronomique**

agropastoral, ale, aux adj. (→ pastoral) Qui se livre à l'agriculture et à l'élevage. *Les sociétés agropastorales.*

agrostis n. f. (mot latin, du grec *agrôstis* « chiendent ») bot. Plante monocotylédone *(Graminées)*, abondante dans les prairies. - **syn. agrostide.**

agrotis n. m. (mot latin, du grec *agrotês* « campagnard ») zool. Noctuelle *(Lépidoptères)* à ailes brunâtres, dont la chenille s'attaque aux céréales.

agrotourisme n. m. Tourisme en zone rurale.

agrume n. m. (de l'italien, du latin *acrumen*, de *acer* → âcre, aigre) *Les agrumes :* nom collectif des oranges, citrons, mandarines, pamplemousses. – au sing. *L'orange est un agrume.*

agrumiculture n. f. Culture des agrumes.

Aguado y García (Dionisio) Guitariste espagnol (1784-1849). Sa *Méthode de guitare* contribua à fixer la technique moderne de cet instrument.

aguardiente [agwaʀdjɛnte] n. f. (mot espagnol, de *agua* « eau » et *ardiente* « ardente ») Eau-de-vie d'Amérique centrale et d'Amérique du Sud.

Aguascalientes Ville du Mexique, capitale de l'État du même nom. 722 250 habitants. Station thermale. Métallurgie, industrie textile.

aguerrir v. tr. < 2 > (de *guerre*) 1. Habituer aux dangers de la guerre. – au p. p. *Des troupes aguerries.* 2. Habituer à des choses pénibles, difficiles. → endurcir. – pronom. « *Tu feras ton apprentissage d'homme, tu t'aguerriras au métier* » (A. Daudet).

Aguesseau (Henri François d') Magistrat et homme politique français (1668-1751). Chancelier de 1717 à 1750, il entra en disgrâce pour s'être opposé au banquier Law et à son système. Il contribua à codifier et unifier la législation en vigueur.

aux **aguets** loc. adv. En position de guetteur, d'observateur en éveil et sur ses gardes. → à l'affût, aux écoutes. *Être aux aguets.*

agueusie n. f. (de *a-* privatif et grec *geusis* « goût ») didact. Absence de sensibilité gustative.

agui n. m. (famille de *guider*) mar. Cordage terminé par un nœud de chaise appelé *nœud d'agui.*

aguichage, aguiche voir teasing, teaser

aguichant, ante adj. Qui aguiche. → affriolant, provocant.

aguicher v. tr. < 1 > (de l'ancien français *aguichier*, de *guiche* « courroie », du francique) Exciter, attirer par des manières provocantes. → allumer. □ adj. et n. **aguicheur, euse**

Aguinaldo (Emilio) Homme d'État philippin (1869-1964). Il déclencha la révolte de 1896 contre les Espagnols et, soutenu par les États-Unis, proclama l'indépendance des Philippines en 1898. Après l'annexion des îles par les Américains, il mena la guérilla contre eux jusqu'en 1901.

Aguirre (Lope de) Conquistador espagnol (v. 1518-1561). Il tenta de fonder un royaume au Venezuela, mais fut arrêté et tué par les Espagnols.

Agulhon (Maurice) Historien français (1926-2014). Spécialisé dans l'histoire de la sociabilité, il a consacré de nombreux ouvrages à la République et ses représentations.

Agung (mont) Volcan d'Indonésie, au S.-E. de l'île de Bali. 3 142 m.

***ah** interj. (onomatopée) 1. Marque un sentiment vif (plaisir, douleur, admiration, impatience, etc.). ■ Interjection d'insistance, de renforcement. 2. Sert à transcrire le rire. *Ah ! Ah ! Elle est bien bonne !* → hi. 3. (en loc. exclam.) *Ah bon !*, très bien, je comprends. *Ah ! mais !*, je vais me fâcher. *Ah oui ?*, vraiment ? *Ah non alors !*, certainement pas.

ahan n. m. (vient du latin pop.) vieux ou littér. Effort pénible.

ahaner v. intr. < 1 > vieux ou littér. Respirer bruyamment.

Ahasvérus Nom donné au « Juif errant », personnage légendaire condamné à errer sans fin pour avoir maltraité Jésus. Cette légende, qui a alimenté un certain antisémitisme, a inspiré de nombreux écrivains et artistes (Schiller, Goethe, Potocki, Quinet, Dickens). Après Balzac, E. Sue l'a popularisée en France dans son roman *Le Juif errant.*

Ahenobarbus en latin **Cneius Domitius Ahenobarbus** Préteur et consul romain (Ier s.). Il fut l'époux d'Agrippine la Jeune, dont il eut Néron.

Ahern (Bertie) Homme d'État irlandais (né en 1951). Leader du Fianna Fáil (1994-2012), il fut Premier ministre de 1997 à 2008.

Ahidjo (Ahmadou) Homme d'État camerounais (1924-1989). Il fut président de la République de 1960 à 1982.

Ahlgren (Victoria Benedictsson née Bruzelius, dite Ernst) Écrivaine suédoise (1850-1888). Son roman *Madame Marianne* fait d'elle une des plus grandes prosatrices suédoises.

Ahlin (Lars) Écrivain suédois (1915-1977). Auteur engagé, il n'eut de cesse de dénoncer l'égoïsme et le matérialisme occidental. *Tåbb et le Manifeste ; Bout-de-Cannelle.*

Aḥmadī (al-) Ville du Koweït. 30 000 habitants. Grand port pétrolier, pétrochimie. Les États-Unis puis l'Irak le bombardèrent pendant la guerre du Golfe de 1991.

Ahmadinejad (Mahmoud) Homme d'État iranien (né en 1956). Ultraconservateur, il fut président de la République islamique de 2005 à 2013.

Mahmoud Ahmadinejad.

Ahmadnagar Ville d'Inde (Maharashtra), à l'E. de Bombay. 380 000 habitants. Marché du coton.

Ahmed Ier (1590-1617). Sultan ottoman (1603-1617). ■ **Ahmed III** (1673-1736). Sultan ottoman (1703-1730). Il conclut le traité de Passarowitz (1718). Il fut déposé par les janissaires.

Ahmed (Abiy) Homme d'État éthiopien (né en 1976). Premier ministre depuis 2018. Il reçut le prix Nobel de la paix en 2019 pour son action en faveur de l'instauration de la paix avec l'Érythrée mais cette réconciliation lui servit à réprimer la minorité tigréenne installée à la frontière des deux pays.

Ahmedabad ou **Ahmadabad** Ville du N.-O. de l'Inde (Gujarat). 6,3 millions d'habitants. Industrie textile. Nombreux monuments des XVe-XVIIe siècles.

Aho (Juhani) Écrivain finlandais (1861-1921). Il est l'auteur de contes textes critiques *(Copeaux)* et de romans psychologiques et moraux *(La Fille du pasteur).*

Ahriman Principe du Mal dans le mazdéisme. Chef des démons, l'« Esprit destructeur » est l'adversaire d'*Ahura Mazda*, parfois son jumeau.

Ahtisaari (Martti) Diplomate et homme d'État finlandais (né en 1937). Président de la République (1994-2000), il participa aux missions de paix de l'ONU. Prix Nobel de la paix 2008.

Ahura Mazda contracté en **Ohrmazd** ou **Ormuzd** Dieu suprême incarnant le principe du Bien dans la religion mazdéenne. Dans sa réforme, Zarathoustra fit du « Seigneur sage » le créateur du monde.

ahuri, ie adj. Surpris au point de paraître stupide. → éberlué, hébété. *Avoir l'air ahuri.* – n. *Quel ahuri !* → abruti.

ahurir v. tr. < 2 > (de *hure*) Déconcerter complètement en étonnant ou en faisant perdre la tête. → abasourdir, hébéter. □ n. m. **ahurissement**

ahurissant, ante adj. 1. Qui ahurit. → étonnant, sidérant, stupéfiant. *Une nouvelle ahurissante.* 2. Scandaleux, excessif. → insensé. *Un culot ahurissant.*

Ahwaz Ville d'Iran, chef-lieu de la province du Khouzistan, sur le Karun. 1,1 million d'habitants. Important centre industriel (pétrole, gaz, métallurgie) et carrefour de communications.

aï [ai] n. m. (du tupi) Mammifère des forêts d'Amérique du Sud, appelé communément *paresseux.*

Aicard (Jean) Écrivain français (1848-1921). Poète et auteur dramatique, il écrivit des romans qui reflètent son attachement à sa Provence natale. *Maurin des Maures.*

Aïcha ou **'Ā'icha bint Abū Bakr** Fille d'Abū Bakr et épouse favorite du prophète Mahomet (v. 614-678). Elle joua un rôle politique de premier plan.

aiche ; aicher voir èche ; écher

Aichinger (Gregor) Compositeur et organiste allemand (1564-1628). Il a introduit en Allemagne l'usage de la basse continue.

Aichinger (Ilse) Écrivaine autrichienne (1921-2016). Membre du Groupe 47, elle est l'autrice du *Grand Espoir*, roman sur les persécutions raciales contre les Juifs, et de nouvelles d'inspiration surréaliste.

aïd n. m. (de l'arabe *îd* « fête ») Toute fête religieuse musulmane.

aidant, ante n. Personne qui aide, assiste une personne en perte d'autonomie. → auxiliaire de vie.

¹aide n. f. (→ aider) I. 1. Action d'intervenir en faveur d'une personne en joignant ses efforts aux siens. → appui, assistance, collaboration, concours, coopération, secours, soutien. *J'ai besoin de votre aide. Faire qqch. avec l'aide de qqn. Offrir son aide à qqn. Venir en aide à qqn. Demander, recevoir de l'aide.* – *À l'aide !*, au secours ! 2. Secours financier (à des personnes sans ressources, des pays, etc.). *Aide au développement.* 3. *À l'aide de* loc. prép. : en se servant de, au moyen de. *Marcher à l'aide d'une canne.* → avec. II. au plur. 1. hist. Contributions dues au suzerain. ■ Impôts indirects, sous l'Ancien Régime. 2. équit. Moyens par lesquels le cavalier agit sur son cheval (rênes, jambes, éperons, cravache, etc.).

²aide n. Personne qui en aide une autre dans une opération et travaille sous ses ordres. → adjoint, assistant, auxiliaire, second. *Un, une aide de laboratoire.* – (+ n. appos.) *Aide-comptable. Aide-soignant(e)*, qui assiste les infirmiers. *Des aides-soignants. Aide de vie* : auxiliaire* de vie. ■ anciennt *Aide de camp* : officier d'ordonnance.

aide-mémoire n. m. Petit ouvrage ne présentant que l'essentiel des connaissances à assimiler. *Des aide-mémoire* (invar.) ou *des aide-mémoires.*

aider v. tr. < 1 > (vient du latin *adjutare*, de *adjuvare* → adjuvant) 1. v. tr. dir. Appuyer (qqn) en apportant son aide. → assister, seconder, secourir, soulager, soutenir. *Aider qqn à se relever. Sa femme l'a aidé dans ses travaux. Aider qqn de ses conseils. Aider qqn financièrement.* ■ (sujet chose) Être utile. *Ce livre m'a beaucoup aidé.* → servir. – au p. prés. *L'expérience aidant*, y contribuant. 2. v. tr. ind. *Aider à* (qqch.). Faciliter ; contribuer à. *Ces mesures pourront aider au rétablissement de l'économie.* → contribuer. ■ **s'aider** v. pron. 1. *S'aider de* : se servir de (qqch.). *S'aider d'un dictionnaire pour traduire un texte.* 2. prov. *Aide-toi, le Ciel t'aidera* : il faut faire des efforts avant de compter sur la chance. 3. récipr. S'entraider. *Elles se sont aidées mutuellement.*

aïe [aj] interj. (onomatopée) Exclamation exprimant la douleur. → ouille.

A

aïeul, aïeule n. (vient du latin *aviolus*, d'un subst. dont un dérivé a donné oncle*) **1.** (plur. *aïeuls, aïeules*) vieux Grand-père, grand-mère. **2.** n. m. pl. littér. *Aïeux* : ancêtres. – fam. *Mes aïeux !*, s'emploie pour souligner l'importance de qqch., pour insister.

aigle (vient du latin *aquila* → aquilin) **I.** n. m. Grand oiseau de proie diurne, au bec crochu, aux serres puissantes, qui construit son nid *(aire)* sur les hautes montagnes. – *Des yeux d'aigle*, très perçants. *Nez en bec d'aigle*, aquilin*. – fam. *Ce n'est pas un aigle*, il, elle n'est pas très intelligent(e). **II.** n. f. **1.** Femelle de l'aigle. *Une aigle et ses aiglons.* **2.** Figure héraldique représentant un aigle. *L'aigle à deux têtes*, emblème de l'Empire austro-hongrois.

Aigle Ville de Suisse (canton de Vaud). 8 150 habitants. Musée de la Vigne et du Vin, vignobles (vin blanc).

Aigle (L') Commune de l'Orne, sur la Risle. 7 903 habitants. Église Saint-Martin (XIIe-XVIe s.). Musée Juin 44, sur la bataille de Normandie.

aiglefin n. m. voir **églefin**

aiglon n. m. Petit de l'aigle. ▪ *L'Aiglon* : surnom du fils de Napoléon Ier.

Aignan ou **Agnan (saint)** (358-453). Évêque d'Orléans (391). Il sauva la ville assiégée par Attila (451).

Aigos Potamos ou **Aegos Potamos** n. m. Rivière de Thrace. La *bataille d'Aigos Potamos* (–405), pendant laquelle Lysandre défit la flotte athénienne, mit fin à la guerre du Péloponnèse.

Aigoual (mont) Point culminant des Cévennes (1 565 m). Forêts. Observatoire de la météorologie nationale. Tourisme.

aigre adj. (vient du latin *acer* ; famille de *acide, aigu*) **1.** Qui est d'une acidité désagréable au goût ou à l'odorat. → **acide.** *Saveur aigre.* ▪ *Vent aigre*, froid et piquant. ▪ *Voix, son aigre*, criard, perçant. **2.** Devenu acide en se corrompant. *Lait aigre.* **3.** Plein d'aigreur (II). → **acerbe, mordant.** *Des paroles un peu aigres.* – n. m. *La discussion tourne à l'aigre*, s'envenime.

aigre-doux, douce adj. **1.** Dont la saveur est à la fois acide et sucrée. *Sauce aigre-douce.* **2.** fig. Où l'aigreur perce sous la douceur. *Propos aigres-doux.*

Aigrefeuille-sur-Maine Commune de la Loire-Atlantique, au S. de Nantes. 2 200 habitants. Vignobles de muscadet et de gros-plant.

aigrefin n. m. (de *aiglefin* → églefin) Homme qui vit d'escroqueries, de procédés indélicats. → **escroc, filou.**

aigrelet, ette adj. Légèrement aigre.

aigrement adv. Avec aigreur.

aigremoine n. f. (latin *agrimonia*, du grec *agremônê* « sorte de pavot ») bot. Plante herbacée *(Rosacées)* des prés et des bois, à fleurs jaunes en épis.

aigrette n. f. (de l'ancien provençal, de *aigron* « héron », d'origine germanique → héron) **1.** Héron blanc aux plumes effilées. **2.** Faisceau de plumes surmontant la tête de certains oiseaux. *L'aigrette du paon.* **3.** Bouquet (de plumes, etc.) servant d'ornement. → **panache, plumet.**

aigreur n. f. **I. 1.** Saveur aigre. → **acidité.** **2.** au plur. Sensation d'acidité au niveau de l'estomac. → **brûlure.** *Avoir des aigreurs (d'estomac).* **II.** Mauvaise humeur se traduisant par des remarques désobligeantes ou fielleuses. → **acrimonie, amertume, animosité.**

aigri, ie adj. (de *aigrir*) Que les déceptions ont rendu irritable, agressif. → **¹amer.**

aigrir v. < 2 > **I.** v. tr. **1.** Rendre aigre. – pronom. *Le vin s'aigrit.* **2.** Remplir d'aigreur, rendre aigri. *Les échecs l'ont aigri.* – pronom. *Elle s'est aigrie.* **II.** v. intr. Devenir aigre.

aigu, uë [egy] adj. (vient du latin *acutus* ; famille de *acide, aigre* ; → aiguille) **1.** Terminé en pointe ou en tranchant. → **acéré, coupant, pointu.** *Oiseau au bec aigu.* – *Angle aigu*, plus petit que l'angle droit (opposé à *obtus*). **2.** D'une fréquence élevée, en haut de l'échelle des sons (opposé à *grave*). *Note, voix aiguë.* → **perçant, strident.** – n. m. *Passer du grave à l'aigu.* ▪ *Accent* aigu.* **3.** *Douleur aiguë*, intense et pénétrante. → **vif, violent.** **4.** *Maladie aiguë*, à apparition brusque et évolution rapide (opposé à *chronique*). **5.** Vif et pénétrant, dans le domaine de l'esprit. → **incisif, perçant, subtil.** *Un sens aigu des réalités.* - var. du fém. RO **aigüe.**

aiguade n. f. (du provençal, de *aiga* → eau) anciennt Approvisionnement en eau douce (d'un navire).

aiguail n. m. (mot occitan, de *aigue* « eau ») régional Rosée.

aigue-marine n. f. (du provençal *aiga* « eau » *marina*) Pierre semi-précieuse, d'un bleu-vert transparent. *Des aigues-marines.*

Aigueperse Commune du Puy-de-Dôme. 2 770 habitants. Aux environs, château de la Roche.

Aigues-Mortes Commune du Gard, à l'O. de la Camargue, dans une zone d'étangs et de salines. 8 664 habitants. Ancien port créé par Louis IX (v. 1241), aujourd'hui dans les terres. Enceinte médiévale.

aiguière n. f. (du provençal, de *aiga* « eau », du latin *aqua* → eau) Ancien vase à eau, muni d'une anse et d'un bec.

Aiguière en agate de Jean Vangrol (v. 1640), musée du Louvre, Paris.

aiguillage [egɥijaʒ] n. m. **1.** Manœuvre des aiguilles (5) des voies ferrées. *Poste d'aiguillage.* **2.** Appareil permettant les changements de voie. **3.** fig. Orientation d'une voie qu'on suit. *Erreur d'aiguillage* : erreur d'orientation.

aiguillat n. m. (du provençal, du latin *aculeatus* « qui a des aiguillons », de *acus* → aigu) Petit requin comestible, appelé communément *chien de mer*.

aiguille [egɥij] n. f. (vient du latin *acucula* « aiguille de pin », de *acus* « pointu » → aigu) **1.** Fine tige d'acier pointue à une extrémité et percée à l'autre d'un trou (→ **chas**) où passe le fil. *Enfiler une aiguille. Tirer l'aiguille* : coudre. – appos. *Talon* aiguille.* – loc. *Chercher une aiguille dans une botte de foin*, une chose impossible à trouver. *De fil* en aiguille.* **2.** *Aiguille à tricoter* : tige pour faire du tricot. **3.** méd. Tige effilée servant aux injections, piqûres, sutures, à l'acuponcture... **4.** Tige terminée en pointe qui sert à indiquer une mesure, etc. *Aiguille aimantée* (d'une boussole*). **5.** Portion de rail mobile servant à opérer les changements de voie. → **aiguillage ; aiguiller.** **6.** Sommet effilé d'une montagne. → **dent, ¹pic.** *L'aiguille Verte du massif du Mont-Blanc.* **7.** Feuille des conifères. *Aiguilles de pin.* **8.** Nom usuel de certains mollusques et poissons.

Aiguille (mont) Sommet des Préalpes françaises, dans le S. de l'Isère (2 087 m).

aiguillée n. f. Longueur de fil nécessaire pour coudre, enfilée sur une aiguille.

aiguiller [egɥije] v. tr. < 1 > **1.** Diriger (un train) d'une voie sur une autre par un système d'aiguillage. **2.** fig. Diriger, orienter. *Aiguiller un jeune vers une profession.*

Aiguilles (cap des) Cap le plus méridional de l'Afrique du Sud. Il sépare l'océan Atlantique de l'océan Indien.

Aiguilles-Rouges n. f. pl. Massif des Alpes françaises du Nord, culminant à l'aiguille du Belvédère (2 965 m). Réserve naturelle.

aiguilleté, ée adj. Fabriqué par fixation de fibres textiles au moyen d'aiguilles à crochet. *Moquette aiguilletée.*

aiguilleter v. tr. < 4 ou RO 5 > (de *aiguillette*) techn. Fabriquer (du feutre) en fixant à l'aide d'aiguilles à crochet des touffes de matière textile dans un soubassement de tissu grossier. ▫ n. m. **aiguilletage**

aiguillette [egɥijɛt] n. f. **1.** Cordon à bout de métal, pour attacher. – loc. vieux *Nouer l'aiguillette* (des culottes) : rendre impuissant. ▪ Ornement militaire fait de cordons tressés. **2.** Fine tranche de filet (de poulet, de canard). ▪ Partie du romsteck. **3.** Nom usuel de l'orphie, long poisson marin à bec pointu.

aiguilleur, euse [egɥijœʀ, øz] n. Agent chargé du service et de l'entretien d'un poste d'aiguillage. – *Aiguilleur du ciel* : contrôleur de la navigation aérienne.

aiguillon [egɥijɔ̃] n. m. (vient du latin ; famille de *aigu*) **1.** Long bâton muni d'une pointe de métal, pour piquer les bœufs. **2.** Dard à venin de certains insectes. **3.** bot. Petite épine de certaines tiges. **4.** fig. Stimulant.

Aiguillon (Marie-Madeleine de Vignerot, duchesse d') (1604-1675). Nièce de Richelieu, elle fut l'auxiliaire de saint Vincent de Paul et encouragea les œuvres de charité.

Aiguillon (Emmanuel Armand de Vignerot, duc d') Homme d'État français (1720-1788). Gouverneur de Bretagne, il fut ministre des Affaires étrangères sous Louis XV, formant un triumvirat avec Maupeou et Terray. Il fut destitué à l'avènement de Louis XVI (1774).

Aiguillon (baie de l') Baie de la côte du Marais poitevin, au N. de La Rochelle, abritée au large par la pointe de l'Aiguillon. Digue du XVIIIe s. Ostréiculture. Réserve naturelle.

Aiguillon-la-Presqu'île Commune de la Vendée, sur l'estuaire du Lay. 2 745 habitants. Station balnéaire.

aiguillonner [egɥijɔne] v. tr. < 1 > **1.** Piquer (un animal) avec un aiguillon. **2.** fig. Stimuler. *Aiguillonner qqn pour le faire agir.*

aiguillot n. m. (de *aiguille*) mar. Partie mâle d'une ferrure de gouvernail, servant de pivot au mouvement de celui-ci.

aiguiser [egize] v. tr. < 1 > (vient du latin, dérivé de *acutus* → aigu) **1.** Rendre tranchant ou pointu. → **affiler, affûter.** *Aiguiser un couteau.* **2.** Rendre plus vif, plus pénétrant. *Aiguiser l'appétit.* **3.** littér. Affiner, polir. *« Délier leur intelligence et aiguiser leurs facultés »* (Taine). – au p. p. *Un esprit aiguisé.* → **affûté.** ▫ **aiguisage** n. m. (sens 1) ▫ **aiguisement** n. m. (sens 1, 2 et 3).

aiguisoir n. m. Outil qui sert à aiguiser. - syn. **aiguiseur** n. m.

Aihole ou **Aiholi** Site d'une ancienne capitale du royaume indien de Mysore, siège d'une brillante civilisation (V^e-IXe s.).

Aiken (Conrad Potter) Poète et nouvelliste américain (1899-1973). Ses nouvelles explorent l'apport de la psychanalyse. Dans certains poèmes, il adopta la structure de formes musicales *(Symphonies ; Collected Poems)*.

Aiken (Howard Hathaway) Mathématicien et informaticien américain (1900-1973). Il conçut en 1937 pour IBM un des premiers ordinateurs, le calculateur scientifique à relais, appelé Harvard Mark I.

aïkido n. m. (mot japonais « voie [*do* → judo] de la paix ») Art martial d'origine japonaise où l'on neutralise la force adverse par des mouvements de rotation du corps et l'utilisation de clés aux articulations.

ail [aj] n. m. (vient du latin *allium* → chandail) Plante *(Liliacées)* dont le bulbe (tête) à odeur forte et saveur piquante est utilisé comme condiment (→ ailler). *Gousse d'ail. Des aulx* [o] (vieilli), mod. *des ails.* – *Ail des ours* ou *ail d'ours* : variété d'ail sauvage que l'on consomme comme légume ou condiment.

ailante n. m. (latin *ailanthus*, d'un mot malais) Arbre ornemental d'origine asiatique, appelé aussi *faux vernis du Japon.*

aile n. f. (vient du latin *ala*, famille de *axis* → axe) I. 1. Chacun des organes du vol chez les oiseaux, les chauves-souris, les insectes. *L'oiseau bat des ailes.* – loc. *Avoir des ailes,* courir très vite. *Voler de ses propres ailes,* être indépendant. – (choses) *Avoir du plomb dans l'aile* : être compromis. *Battre de l'aile* : ne pas bien marcher. – *À tire* d'aile.* ▪ fig., poét. *Les ailes du vent, du temps, de la paix.* 2. Partie charnue d'une volaille, que l'on mange, comprenant tout le membre qui porte l'aile. *L'aile ou la cuisse ?* 3. Grande nageoire pectorale. *Aile de raie.* 4. Chacun des plans de sustentation (d'un avion). ▪ *Aile libre, aile delta.* → deltaplane. ▪ fig. *Les ailes françaises* : l'aviation française. 5. Chacun des châssis garnis de toile d'un moulin à vent. II. 1. Partie latérale (côté) d'un bâtiment. *L'aile droite du château.* 2. Partie latérale d'une armée en ordre de bataille. → flanc. 3. sport Gauche et droite de l'attaque d'une équipe (opposé à *centre*). 4. Courant d'un groupe politique. *L'aile gauche du parti.* 5. Partie de la carrosserie enveloppant les roues d'une automobile. 6. *Ailes du nez* : moitiés inférieures des faces latérales du nez. 7. bot. Chacun des deux petits pétales latéraux de la corolle des papilionacées.

ailé, ée adj. Pourvu d'ailes. *Pégase, le cheval ailé.*

aileron n. m. 1. Extrémité de l'aile (d'un oiseau). ▪ cuis. Deuxième segment de l'aile (d'une volaille). 2. Nageoire triangulaire de certains poissons. *Ailerons de requin.* 3. Volet articulé placé à l'arrière de l'aile d'un avion. 4. archit. Contrefort caractéristique de style baroque, en forme de console renversée.

ailette n. f. 1. vieux Petite aile. 2. Lame métallique (pour stabiliser, augmenter la surface d'un dispositif). *Un radiateur à ailettes.*

Ailey (Alvin) Danseur et chorégraphe américain (1931-1989). L'un des maîtres de la danse noire américaine, il fonda en 1958 sa propre compagnie, l'Alvin Ailey American Dance Theater.

ailier, ière n. football Chacun des deux avants situés à l'extrême droite et à l'extrême gauche du terrain.

aillade n. f. (provençal *alhada*, de *alh*, qui vient du latin *al[l]ium* → ail) régional 1. Sauce vinaigrette à l'ail. 2. Croûton de pain grillé, frotté d'ail et arrosé d'huile d'olive.

Aillaud (Gilles) Peintre et scénographe français (1928-2005). L'un des représentants de la figuration narrative, il réalisa des œuvres peintes par séries (*Singe de Bâle,* consacré aux animaux du zoo).

-aille Élément de noms, collectif à valeur péjorative (ex. *mangeaille, marmaille*).

ailler v. tr. ‹ 1 › (→ ail) Piquer d'ail (un gigot), frotter d'ail (du pain). – au p. p. *Croûton aillé.*

-ailler Élément de verbes, fréquentatif et péjoratif (ex. *criailler*).

Ailleret (Charles) Général français (1907-1968). Il fut chargé de la fabrication de la première bombe nucléaire française.

ailleurs adv. (vient du latin *alior*, de *alius* « autre ») 1. Dans un autre lieu (que celui où l'on est ou dont on parle). *Allons ailleurs, nous sommes mal ici. Nulle part ailleurs,* en aucun autre endroit. *Des gens, des produits venus d'ailleurs,* d'un endroit lointain. ▪ fig. *Être ailleurs, avoir la tête ailleurs* : penser à autre chose, être distrait. → absent. 2. loc. adv. *D'ailleurs.* → d'autre part, du reste. *Je n'ai pas envie d'y aller, d'ailleurs je ne suis pas invité.* – *Par ailleurs* : à un autre point de vue. *Je la trouve jolie ; elle m'est par ailleurs indifférente.*

ailloli voir aïoli

Ailly (Pierre d') Prélat et théologien français (1350-1420). Il tenta de mettre fin au Grand Schisme d'Occident lors du concile de Constance et écrivit « une image du monde » *(Imago mundi)* qui le fait apparaître comme un précurseur de Copernic.

aimable adj. 1. vieux Digne d'être aimé. 2. Qui cherche à faire plaisir (par la parole, le sourire). → affable, ²gentil, obligeant. – loc. *Aimable comme une porte de prison*.* – *Une aimable invitation.*

aimablement adv. Avec amabilité.

¹aimant, ante adj. Naturellement porté à aimer. → affectueux, ²tendre.

²aimant n. m. (vient du latin pop. *adimas*, du grec *adamas* « corps très dur » *cf.* diamant) Corps ou substance qui a reçu la propriété d'attirer le fer. *Le champ magnétique d'un aimant.* – *Aimant naturel.* → magnétite.

aimantation n. f. Action d'aimanter ; état de ce qui est aimanté.

aimanter v. tr. ‹ 1 › Donner à (un métal) la propriété de l'aimant. → magnétiser. – au p. p. *Aiguille aimantée de la boussole.*

Aime-la-Plagne Commune de la Savoie, dans l'arrondissement d'Albertville, sur l'Isère. 4 433 habitants. Vestiges gallo-romains, basilique Saint-Martin du XIe siècle.

Aimée (Nicole Françoise Dreyfus, dite Anouk) Actrice française (née en 1932). Sa beauté diaphane a été mise en valeur dans *Le Rideau cramoisi, Lola* ou *Un homme et une femme.*

aimer v. tr. ‹ 1 › (vient du latin *amare* → amadou, amateur ; famille de *amor* → amour) I. 1. Éprouver de l'affection, de l'amitié*, de la sympathie pour (qqn). *Aimer ses parents, son frère.* « *Tu aimeras ton prochain comme toi même* » (Bible). – (avec un adv., pour distinguer du sens 2) *Un ami que j'aime beaucoup. Je l'aime bien.* 2. Éprouver de l'amour*, de la passion pour (qqn). *Elle a aimé deux hommes dans sa vie.* – absolt « *Vivre sans aimer n'est pas proprement vivre* » (Molière). ▪ passif *Être aimé de qqn, par qqn.* – au p. p. *L'être aimé.* II. 1. Avoir du goût pour (qqch.). → affectionner, apprécier. « *Quand on n'a pas ce que l'on aime / Il faut aimer ce que l'on a* » (Bussy-Rabutin). *Aimer le sport.* 2. Trouver bon au goût, être friand de. *Il aime beaucoup les radis.* 3. (+ inf.) Trouver agréable, être content de, se plaire à. *Elle aime danser.* – littér. *Aimer à. J'aime à croire que,* je veux croire, espérer que. – *Aimer que* (+ subj.). *J'aimerais que vous me jouiez quelque chose,* je désire que. ▪ *Aimer mieux* : préférer. *Il aime mieux jouer que travailler. J'aime mieux ne pas y penser. J'aime mieux le premier livre.* ▪ **s'aimer** v. pron. 1. (réfl.) Se plaire, se trouver bien. *Je ne m'aime pas dans cette chemise.* 2. Être mutuellement attachés par l'affection, l'amour. « *Deux pigeons s'aimaient d'amour tendre* » (La Fontaine). 3. littér. Faire l'amour.

Ain n. m. Rivière qui prend sa source dans le Jura, affluent du Rhône. 200 km. Centrales hydroélectriques.

Ain n. m. [01] Département français de la Région Auvergne-Rhône-Alpes (→ carte). 5 762 km². 657 856 habitants. Chef-lieu : Bourg-en-Bresse. Chefs-lieux d'arrondissement : Belley, Gex, Nantua. Délimité par le Rhône au S., par la Saône à l'O., l'Ain comprend le S. du massif du Jura ainsi que la Dombes et la Bresse à l'O. L'élevage (volailles) et l'artisanat sont des activités dynamiques. L'industrie est présente à Bourg-en-Bresse (métallurgie) et à Oyonnax (pétrochimie).

aine n. f. (vient du latin *inguinem* → inguinal) Partie du corps entre le haut de la cuisse et le bas-ventre. *De l'aine.* → inguinal.

aîné, ée (de l'ancien français *ains* « avant », venant du latin *ante* et de *né*) 1. adj. Qui est né le premier (par rapport aux frères et sœurs). *C'est leur fils aîné.* – n. *L'aîné et le cadet.* 2. n. Personne plus âgée que telle autre. *Elle est mon aînée de deux ans.* – *Les aînés* : les personnes âgées. - var. RO aîné, éé.

aînesse n. f. hist. *Droit d'aînesse* : droit avantageant l'aîné dans une succession. - var. RO ainesse.

ainsi adv. (de l'ancien français *ains* → aîné et de *si*) 1. (manière) De cette façon, comme cela. *Vous avez tort d'agir ainsi. C'est mieux ainsi.* « *Est-ce ainsi que les hommes vivent* » (Aragon). – loc. *Ainsi soit-il,* formule terminant une prière. → amen. *S'il en est ainsi,* si les choses sont comme cela. *Pour ainsi dire* : si l'on peut s'exprimer de cette façon. *Ainsi de suite* : en continuant de la même façon. 2. (conclusion) Par conséquent. *Ainsi, rien n'a changé depuis mon départ.* 3. (comparaison) *Ainsi que* : de même que. *Je le connais ainsi que sa femme.* ▪ Comme. *Ainsi qu'on vient de le voir. Les garçons, ainsi que les filles.* → et.

Aïn Témouchent Ville de l'O. de l'Algérie, sur la Méditerranée, chef-lieu de wilaya. 50 000 habitants. Centre touristique.

Aïnus ou **Aïnous** n. m. pl. Peuple de chasseurs et de pêcheurs de la Sibérie russe (îles de Sakhaline et Kouriles) et du Japon septentrional (île de Hokkaidō).

aïoli n. m. (provençal *aioli*, de *ai* « ail » et *oli* « huile ») Mayonnaise à l'ail. - var. ailloli.

¹air n. m. (vient du latin *aer*, du grec → aérer, aéro-) 1. Fluide gazeux formant l'atmosphère, que respirent les êtres vivants, constitué essentiellement d'oxygène et d'azote (→ aérien ; aéro-). *La température de l'air. Air pur.* « *Le bon air vif et piquant des beaux jours d'hiver* » (Loti). – loc. *Courant* d'air. Prendre l'air* : sortir de chez soi, aller se promener. *Changer d'air* : aller dans un lieu où règne un autre climat. *À l'air* : non recouvert. ▪ Air pur, bon à respirer. *On manque d'air, ici.* loc. fig. *Il ne manque pas d'air !,* il a du culot. 2. *Air conditionné,* amené à une température et un degré hygrométrique déterminés. – Installation qui fournit cet air. 3. Ce fluide en mouvement. → vent. *Il y a de l'air aujourd'hui.* loc. *En plein air* : au-dehors. *Le plein air* : les activités qui se pratiquent dehors. *Jeux de plein air.* – *Libre comme l'air* : libre de ses mouvements. 4. Espace au-dessus de la terre. → ciel. *S'élever dans l'air, dans les airs. Transports par air,* par voie aérienne. *Armée de l'air,* forces aériennes militaires. ▪ par ext. Transports aériens. *Une hôtesse de l'air. Avoir le mal de l'air.* 5. *En l'air* : vers le ciel. *Regarder en l'air.* → en haut. *Paroles en l'air,* pas sérieuses. *C'est une tête en l'air,* un(e) étourdi(e). – *Envoyer, flanquer, mettre... en l'air* : jeter. 6. Atmosphère, ambiance. *Prendre l'air du bureau,* s'informer de l'état d'esprit qui y règne. *Ces idées étaient dans l'air,* appartenaient à l'atmosphère intellectuelle du moment. *L'air du temps* : les idées, les modes d'une époque.

²air n. m. (de ¹air) 1. Apparence générale habituelle à une personne. → allure. *Avoir l'air, un air froid, indifférent. Il a un drôle d'air,* inquiétant. *Prendre de grands airs* : faire l'important. *Il a un air de famille avec elle,* une ressemblance physique. *Un faux air de* : une vague ressemblance avec. 2. Apparence expressive manifestée par le visage, la voix, les gestes, à un moment donné. → expression, ¹mine. *Prendre un air moqueur.* 3. *Avoir l'air* : présenter telle apparence, physique ou morale. *Il a l'air triste.* – (accord) *Elle avait l'air soucieuse* ou *l'air soucieux.* → paraître. ▪ *Avoir l'air de* (+ inf.). → sembler. *Il a l'air de me détester. Ça n'a pas l'air d'aller.* – fam. *Ça m'a tout l'air d'être fermé.* ▪ *N'avoir l'air de rien* : avoir l'air insignifiant (mais être réellement tout autre chose). – (personnes) *(Sans avoir) l'air de rien, sans avoir l'air d'y toucher,* discrètement.

³air n. m. (italien *aria* « manière » → ²air) 1. Mélodie (d'une chanson, d'un morceau de musique). *Un air d'opéra.* – loc. *L'air et la chanson,* l'apparence et la réalité. 2. Mélodie

Ai Weiwei

The Web of Light, installation à la biennale de Liverpool en 2008.

et paroles à la fois. → **chanson.** *Des airs d'autrefois.*

Aïr ou **Azbine** n. m. Massif montagneux du Sahara méridional, dans le N. du Niger (1 944 m). Importants gisements de minerais.

airain n. m. (vient du latin *aramen*, de *aes* « bronze ») vieux Bronze. – fig. *D'airain* : dur, implacable. *Un cœur d'airain.*

airbag n. m. (n. déposé, mot anglais, de *air* « air » et *bag* « sac ») anglic. Coussin d'air faisant partie de l'équipement de sécurité d'une voiture, qui se gonfle en cas de choc.

Airbus Industrie Consortium de constructeurs aéronautiques européens. Fondé par l'Aérospatiale française et la Deutsche Aerospace en 1970. Son siège social est à Blagnac, près de Toulouse.

¹aire n. f. (vient du latin *area* → are, aréole) **1.** Surface plane (d'abord, où l'on battait le grain). *Aire d'atterrissage. Aire de repos* (le long d'une autoroute). **2.** géom. Portion limitée de surface, nombre qui la mesure. → **superficie.** *Calculer l'aire d'un triangle.* ■ *Les aires du vent* : les 32 parties de la rose des vents. **3.** Région plus ou moins étendue occupée par certains êtres, lieu de certaines activités, certains phénomènes. → **domaine, ¹zone.** *Aire urbaine. Aire linguistique.*

²aire n. f. (vient du latin *ager* → agreste) didact. Nid (d'un rapace).

Aire n. f. Rivière de Lorraine (131 km), affluent de l'Aisne.

airedale [ɛʀdɛl] n. m. (mot anglais, abrév. de *airedale terrier*, du n. de la vallée *[dale]* de l'Aire) Chien terrier à poil dur.

airelle n. f. (de l'occitan, du latin *altra* « la noire », de *ater* → atroce) Arbrisseau à baies dont une variété est la myrtille ; cette baie.

airer v. intr. < 1 > (ancien français *aairier*, de *²aire*) (oiseau de proie) Faire son nid.

Aire-sur-l'Adour Commune des Landes, arrondissement de Mont-de-Marsan. 6 197 habitants. Église en partie romane. Centre national d'études spatiales.

Aire-sur-la-Lys Commune du Pas-de-Calais, arrondissement de Saint-Omer. 9 610 habitants. Collégiale Saint-Pierre de style flamboyant, beffroi du XVIIIe s. Industrie alimentaire.

Air France Compagnie française de transports aériens. Créée en 1933, elle a fusionné avec Air Inter en 1997 et s'est agrégée à la compagnie néerlandaise KLM en 2003 (Air France-KLM).

Airvault Commune des Deux-Sèvres, arrondissement de Parthenay. 3 279 habitants. Abbatiale mêlant styles poitevin (XIIe s.) et angevin (XIIIe s.).

Airy (sir George Biddell) Astronome britannique (1801-1892). Auteur de la première analyse complète de l'arc-en-ciel, il conçut plusieurs instruments d'optique et, en géologie, esquissa une théorie de la répartition des masses à l'intérieur de l'écorce terrestre sous l'effet de la pesanteur (isostasie).

ais [ɛ] n. m. (vient du latin *axis*, de *assis* « planche ») techn. Plaque rectangulaire utilisée lors de la mise en presse d'un livre à relier.

aisance n. f. (→ aise ; d'abord « dépendances » et « commodités ») **I.** vieilli *Cabinets, lieux d'aisances* : cabinets, toilettes. – *Fosse d'aisances.* **II. 1.** Situation de fortune qui assure une vie facile. *Vivre dans l'aisance.* → **aisé** (1). **2.** Facilité naturelle qui ne donne aucune impression d'effort. → **grâce, naturel.** *S'exprimer avec aisance.*

aise n. f. (vient du latin *adjaceus* → adjacent ; même origine que *agio*) **I. 1.** État d'une personne que rien ne gêne. *Être à l'aise* : être bien installé. *Je suis à l'aise (à mon aise) dans ce costume. À l'aise en toute situation* : toujours détendu. *Se mettre à l'aise* : se débarrasser des vêtements, des objets qui gênent. *Mettre qqn à l'aise,* lui épargner toute gêne. *Être mal à l'aise, mal à son aise,* contraint, embarrassé, gêné. *En prendre à son aise avec qqch.* : ne pas se gêner. *Vous en parlez à votre aise,* sans connaître les difficultés que d'autres éprouvent. *À votre aise !,* comme vous voudrez. – fam. *À l'aise* : facilement, sans effort. *Ça passe à l'aise.* ■ Dans l'aisance. « *Mon père passait pour être "à son aise" ; cette aisance venait de ce qu'il n'avait pas de besoins* » (P. Morand). **2.** littér. Contentement. *Des soupirs d'aise.* **3.** au plur. *Ses aises* : son bien-être. *Il prend ses aises,* il ne se gêne pas. **II.** adj. littér. *(Être) bien aise de* (+ inf.) : très content de. « – *Vous chantiez ? j'en suis fort aise* » (La Fontaine).

aisé, ée adj. **1.** Qui vit dans l'aisance. *Une famille aisée.* **2.** littér. Qui se fait sans peine. → **facile.** *Un travail aisé.* – prov. *La critique* est aisée...*

aisément adv. Facilement.

Aisne n. f. Rivière du Bassin parisien, née dans l'Argonne, affluent de l'Oise. 300 km.

Aisne n. f. [02] Département français de la Région Hauts-de-France (→ carte). 7 369 km². 529 374 habitants. Chef-lieu : Laon. Chefs-lieux d'arrondissement : Château-Thierry, Saint-Quentin, Soissons, Vervins. Formée de plateaux traversés par des affluents de la Seine (Marne, Aisne, Oise), l'Aisne comprend le Valois, le Tardenois et le Soissonnais (agriculture céréalière et sucrière), ainsi que la Thiérache (élevage). L'industrie, traditionnellement concentrée dans la vallée de l'Oise (Saint-Quentin, Saint-Gobain), tente de se maintenir.

aisseau n. m. (de *ais*) techn. Petite planche utilisée en construction. → **¹bardeau.**

aisselle n. f. (vient du latin *axella* → aile, axe, essieu) **1.** Creux qui se trouve au-dessous de la jonction du bras avec l'épaule. *Les poils des aisselles.* **2.** bot. Angle aigu que forme une feuille avec la partie terminale de la tige.

Aistolf ou **Astolphe** (mort en 756). Roi des Lombards (749-756). Il chassa les Byzantins mais fut vaincu par Pépin le Bref, roi des Francs (754-756).

Aït Ahmed (Hocine) Homme politique algérien (1926-2015). Élu député après l'indépendance, il créa le Front des forces socialistes en 1963.

Aïun (El-) ou **El-Aaïun** Capitale du Sahara occidental. 235 650 habitants.

Ai Weiwei Artiste chinois (né en 1957). Il est l'auteur de photos comme *Doigt d'honneur à Mao* ou *Juin 1994* (femme imitant Marilyn Monroe, jupe relevée devant un portrait de Mao), réalisée pour l'anniversaire de la répression étudiante place Tienanmen, ainsi que de clichés du séisme au Sichuan de 2008 mettant en cause les autorités, dont le caractère subversif lui a valu la censure et l'interdiction de sortir du territoire jusqu'en 2015, date à laquelle il s'installa en Europe.

Aix (île d') Île française de l'Atlantique, au N.-E. de l'île d'Oléron. 119 hectares. L'île d'Aix forme une commune de Charente-Maritime, *L'Île-d'Aix* (186 habitants). Musée Napoléon. Tourisme. Napoléon y passa ses derniers jours en terre française, avant d'être déporté à Sainte-Hélène.

Aix-en-Provence Chef-lieu d'arrondissement des Bouches-du-Rhône. 147 122 habitants. Cathédrale romane, hôtels des XVIIe-XVIIIe s. Musées. Université. Cité thermale et touristique, célèbre pour son festival d'art lyrique. Fondée en –122, la ville devint une importante colonie romaine. Capitale de la Provence au Moyen Âge, elle fut rattachée à la France en 1501.

Aix-en-Provence, la tour de l'Horloge, qui abrite une horloge astronomique construite en 1661.

Aix-la-Chapelle en allemand **Aachen** Ville d'Allemagne (Rhénanie-du-Nord-Westphalie). 248 800 habitants. Station thermale connue depuis l'époque romaine, la ville devint la résidence favorite de Charlemagne (chapelle Palatine) et le lieu de couronnement de plusieurs empereurs germaniques (813-1531). Le traité qui y fut signé en 1668 mit fin aux guerres de Dévolution. Le congrès d'Aix-la-Chapelle (nov. 1818) décida da la fin de l'occupation de la France par les Alliés.

Aix-les-Bains Commune de la Savoie, au bord du lac du Bourget. 31 100 habitants. Station thermale.

Ajaccio Chef-lieu de la Corse-du-Sud et de la Région Corse, dans le golfe d'Ajaccio. 72 647 habitants. Vieille ville (citadelle du XVIe s., cathédrale Renaissance). Maison

Ajaccio

Ajaccio, le quai du vieux port.

Bonaparte. Musée du palais Fesch (peintures italiennes). Activités portuaires. Administrations. Tourisme.

Ajanta Site historique et archéologique de l'Inde occidentale. Il est célèbre pour son ensemble de 29 grottes bouddhiques (peintures murales et sculptures).

Ajar (Émile) Pseudonyme utilisé par Romain Gary.

Ajax Nom de deux héros de *L'Iliade*. ■ Roi de Salamine. Après la mort d'Achille, il revendique les armes du héros, mais les Grecs lui préfèrent Ulysse. Frappé de folie, il égorge un troupeau de moutons puis se tue. ■ Roi des Locriens. Ayant violenté la prêtresse Cassandre dans le temple d'Athéna, il périt dans un naufrage.

Ajip Rosidi Écrivain indonésien (1938-2020). Il est l'auteur de romans *(Fils de la patrie)*, de nouvelles *(Années mortes)*, de poèmes *(Serpent et Brume)*, d'essais sur la littérature indonésienne et d'études sur la culture de Java-Ouest.

Ajlun Ville du N. de la Jordanie. Château (x^e^-xiiie s.).

Ajman Le plus petit émirat de la fédération des Émirats arabes unis. 504 000 habitants.

Ajmer Ville d'Inde (Rajasthan). 551 000 habitants. Ancienne capitale d'un État princier. Grande mosquée du xiiie siècle.

Ajoie **n. f.** Région de Suisse (canton du Jura) située aux confins de la France.

ajointer **v. tr.** < 1 > **(de *joint*)** techn. Joindre bout à bout. *Ajointer des tuyaux.*

ajonc [aʒɔ̃] **n. m.** **(de *agon*, mot régional, d'après *jonc*)** Arbrisseau épineux des landes atlantiques, à fleurs jaunes. *Les ajoncs et les genêts.*

ajour **n. m.** **(de *ajourer*)** **1.** archit. Petite ouverture laissant passer le jour. **2.** Jour à l'intérieur d'un motif de broderie.

ajouré, ée **adj.** Percé, orné de jours. *Draps ajourés.*

ajourer **v. tr.** < 1 > **(→ jour)** Percer de jours (ornementaux).

ajournement **n. m.** Renvoi à une date ultérieure ou indéterminée. *L'ajournement d'un procès.*

ajourner **v. tr.** < 1 > **(→ jour)** **1.** Renvoyer à une date indéterminée. **→ différer, remettre.** *Ajourner des élections.* **2.** Renvoyer (un candidat) à une autre session d'examen.

ajout **n. m.** **1.** Action d'ajouter. *Sans ajout de sucre.* **→ adjonction.** **2.** Élément ajouté à l'original. **→ addition ; rajout.** *Manuscrit surchargé d'ajouts.*

ajouter **v.** < 1 > **(de l'ancien français *jouter* « réunir », qui vient du latin *juxtare* → jouter, jouxter)** **I. v. tr. 1.** Mettre en plus ou à côté. **→ joindre.** *Ajoutez du sel et du poivre. Sans rien ajouter ni retrancher.* – Dire en plus. *Permettez-moi d'ajouter un mot. Ajouter que* **(+ indic.). 2.** littér. ***Ajouter foi à*** : croire. **II. v. tr. ind.** Augmenter, accroître. *Il ne fait qu'ajouter à la pagaille.* ■ **s'ajouter v. pron.** Se joindre, en grossissant, en aggravant. *Au salaire viennent s'ajouter diverses primes.*

ajustage **n. m.** techn. Opération visant à donner à une pièce la dimension exacte que requiert son ajustement à une autre.

ajusté, ée **adj.** **(vêtements)** Qui serre le corps de près. *Veste ajustée.*

ajustement **n. m.** **1.** Action d'ajuster ; degré de serrage ou de jeu entre deux pièces assemblées. **2.** fig. Adaptation, mise en rapport. *Le choix et l'ajustement des termes.* **3.** statist. Élimination des irrégularités dans des tracés ou des indices, pour faire apparaître plus clairement la tendance générale.

ajuster **v. tr.** < 1 > **(de *juste*)** **1.** Mettre aux dimensions convenables, rendre conforme à un étalon. *Ajuster une pièce mécanique.* **2. *Ajuster à*** : mettre en état d'être joint à (par adaptation, par ajustage). *Ajuster un manche à un outil.* – **pronom.** *Couvercle qui s'ajuste mal au récipient.* **3.** fig. Mettre en conformité, adapter. *Il veut ajuster les faits à sa théorie.* **4.** Viser.

ajusteur, euse **n.** Ouvrier, ouvrière qui trace et façonne des métaux d'après un plan, réalise des pièces mécaniques.

ajutage **n. m.** **(var. de *ajustage*)** Dispositif permettant de régulariser le débit d'un liquide ou d'un gaz.

Akaba ou **Aqaba** Port de Jordanie situé au fond du golfe d'Akaba. 80 000 habitants. Raffineries de sucre et de pétrole.

Akaba ou **Aqaba (golfe d')** Golfe de la mer Rouge qui sépare l'Arabie saoudite du Sinaï. Objet d'un conflit entre l'Égypte et Israël qui déclencha la guerre des Six Jours (juin 1967).

Akademgorodok Quartier de Novossibirsk. Cité fondée en 1958, elle est un centre important de recherche scientifique.

akan **n. m.** Langue kwa parlée au Ghana et en Côte d'Ivoire.

Akan(s) **n. m. pl.** Ensemble de peuples du Ghana et de la Côte d'Ivoire (comprenant les Achantis, les Agnis et les Baoulés), parlant des langues kwa. Orfèvrerie d'art (masques royaux, pendentifs).

Akbar (Jalāl al-Dīn Muḥammad) Empereur moghol des Indes (1542-1605). Il conquit le Gujarat (1573) et le Bengale (1576), et mena de nombreuses réformes administratives. Il introduisit l'art de la miniature en Inde et protégea les lettrés.

akène **n. m.** **(de ²*a*- et du grec *khainein* « s'ouvrir »)** bot. Fruit sec indéhiscent dont les parois sont distinctes de l'unique graine qu'il renferme. *Le fruit du chêne, du hêtre est un akène.* - var. **achaine, achène.**

Akerlof (George) Économiste américain (né en 1940). Il a analysé les facteurs psychologiques, irrationnels et inconscients qui influencent l'économie. *Les Esprits animaux.* Prix Nobel 2001.

Akerman (Chantal) Cinéaste belge (1950-2015). Ses films se caractérisent par un style dédramatisé, hyperréaliste *(Les Rendez-vous d'Anna)*.

Akhenaton ou **Akhnaton** Nom que prit le pharaon Aménophis IV (v. 1375-v. 1354 av. J.-C.). Époux de Néfertiti, souverain mystique, il substitua au culte d'Amon celui d'Aton. Il transféra la capitale de Thèbes à Akhetaton.

Akhenaton, relief (v. 1350-1330 av. J.-C.), musée du Louvre, Paris.

Akhmatova (Anna Andreïevna Gorenko, dite Anna) Poète russe (1886-1966). Représentante de l'école « acméiste », en réaction contre le symbolisme, elle fit preuve d'une maîtrise parfaite de la langue, et d'une haute inspiration lyrique. Elle écrivit des études critiques sur Pouchkine.

Anna Akhmatova dans les années 1920.

Akihito 125e empereur du Japon (né en 1933). Il succéda à son père Hirohito en 1989. Il abdiqua en faveur de son fils Naruhito en 2019.

L'empereur Akihito et son épouse, l'impératrice Michiko, à Osaka (2007).

akinésie **n. f.** **(grec *akinêsia* « immobilité », de *kinein* → cinétique)** didact. Impossibilité pathologique de faire certains mouvements

A

(sans que la force musculaire soit diminuée). - syn. **acinésie.**

Akita Ville du Japon (N. de Honshū). 307 880 habitants. Port. Raffineries pétrolières. Métallurgie.

Akkad ou **Agadé** Ville non identifiée de l'ancienne Mésopotamie, qui donna son nom à la région située au N.-O. de Sumer. L'empire akkadien, fondé par Sargon d'Agadé (v. –2450), domina la Babylonie et Sumer, et s'étendit peut-être jusqu'en Anatolie. L'économie connut un essor remarquable et la langue akkadienne, notée en caractères cunéiformes, contribua à la constitution d'une littérature écrite. L'empire s'effondra sous les incursions des Goutéens (v. –2225).

Stèle de victoire de Naram-Sin, roi d'Akkad (v. 2250 av. J.-C.), musée du Louvre, Paris.

akkadien, ienne adj. et n. (de *Akkad*) hist. Du pays d'Akkad, région de la Mésopotamie centrale. *Art akkadien.* – **n.** *Les Akkadiens.* ■ **n. m.** *L'akkadien* : la plus ancienne des langues sémitiques, d'abord appelée *assyro-babylonien.*

Aklavik Localité du N. du Canada, sur la rive gauche du Mackenzie. 594 habitants. Centre administratif des Inuits.

Akmola voir **Astana**

Akola Ville d'Inde (Maharashtra). 400 000 habitants. Industrie du coton.

Akosombo Barrage du Ghana, sur la Volta. Centrale électrique.

Akron Ville des États-Unis (Ohio, dans l'agglomération de Cleveland). 190 400 habitants. Industries chimique, mécanique et du pneu.

Akselrod ou **Axelrod** (Pavel Borissovitch) Homme politique russe (1848 ou 1850-1928). Membre du groupe « Libération du travail », il contribua à propager le marxisme en Russie.

Aksenov ou **Axionov** (Vassili Pavlovitch) Écrivain russe (1932-2009). Il publia des romans très populaires sur la jeunesse de la période du « dégel » *(Les Collègues ; Billet pour les étoiles)* et des œuvres autobiographiques *(Le Doux Style nouveau).* Il avait émigré aux États-Unis en 1980.

Aksoum ou **Axoum** Ville du N. de l'Éthiopie, dans la province de Tigré. 44 600 habitants. Capitale de l'ancien royaume d'Aksoum (Ier-XIIe s.), ainsi que de l'Église copte d'Éthiopie. D'après la tradition copte éthiopienne, la cathédrale d'Aksoum recélerait l'arche d'Alliance.

Alamein (El-)

Division de panzers de l'Afrikakorps prenant position à El-Alamein (octobre 1942).

Aktaou Ville du Kazakhstan. 143 400 habitants. Ville nouvelle et port sur la mer Caspienne. Hydrocarbures. Industries métallurgique et chimique.

Akutagawa Ryūnosuke Romancier et essayiste japonais (1892-1927). Célèbre auteur de nouvelles fantastiques et merveilleuses, il a donné son nom au prix littéraire Akutagawa, équivalent au Japon du Goncourt français. *Rashōmon ; Le Nez ; Engrenage.*

akvavit voir **aquavit**

Akyab voir **Sittwe**

Alabama n. m. État du S.-E. des États-Unis. 135 765 km^2. 5 millions d'habitants. Son relief montagneux au N. est formé au S. par la plaine côtière marécageuse du golfe du Mexique. La région contient de nombreux lacs. Le climat est tempéré chaud, assez humide. Traditionnellement fondée sur le coton puis l'élevage, l'activité économique s'est orientée vers le développement industriel (riches gisements de marbre blanc), qui va de pair avec une forte concentration urbaine. Important centre aérospatial (Nasa) à Huntsville.

alacrité n. f. (latin, de *alacer* → allègre) littér. Vivacité et enjouement.

Aladin Personnage des *Mille et Une Nuits.* Il trouve au centre de la Terre une lampe magique qui renferme un génie répondant à tous ses souhaits.

Alagna (Roberto) Ténor franco-italien (né en 1963). Interprète d'un vaste répertoire grâce à sa technique vocale et à son timbre clair, il tient les grands rôles du répertoire de l'opéra italien et français. Il a enregistré des airs d'opérette et de la musique populaire sicilienne et latino-américaine.

Alagoas n. m. État du N.-E. du Brésil (région Nordeste). 29 107 km^2. 3 121 000 habitants. Capitale : Maceió. Canne à sucre, tabac, coton.

Alaïa (Azzedine) Couturier français d'origine tunisienne (1940-2017). Ses vêtements se distinguèrent par une technique irréprochable et le choix des matières. Il a imposé une élégance moderne et inventive.

Alain (Émile-Auguste Chartier, dit) Philosophe, professeur et essayiste français (1868-1951). Inspiré par le rationalisme de Descartes et de Kant, il a élaboré une philosophie fondée sur la rectitude du jugement. Comme professeur et comme journaliste, il a exercé une influence notable, pendant l'entre-deux-guerres, en soutenant le pacifisme et la lutte contre la montée des fascismes. Outre ses *Propos,* on lui doit un *Système des Beaux-Arts.*

Alain (Jehan) Organiste et compositeur français (1911-1940). Élève de Marcel Dupré, compositeur précoce et novateur, il a notamment laissé 24 œuvres pour orgue, dont les *Litanies.*

Alain (Marie-Claire) Organiste française (1926-2013). Sœur de Jehan Alain. Élève de Marcel Dupré, elle compte parmi les plus grands organistes français.

Alain de Lille Théologien et philosophe français (entre 1115 et 1128-1203). Moine cistercien, il chercha à distinguer la théologie de la dialectique et de la grammaire. Il a laissé une allégorie morale, le *De planctu naturæ* (Les Lamentations de la nature), qui a influencé le *Roman de la Rose.*

Alain-Fournier (Henri Alban Fournier, dit) Romancier français (1886-1914). Porté disparu au combat en septembre 1914, il est l'auteur d'un unique roman, *Le Grand Meaulnes,* qui connut un immense succès. Il a laissé une *Correspondance* avec Jacques Rivière.

Alains n. m. pl. Peuple nomade d'origine iranienne. Établis dans le Caucase puis en Asie Mineure, ils furent vaincus par les Huns au IVe s. et disparurent au Ve siècle.

alaire adj. (latin *alarius,* de *ala* → aile) didact. Qui appartient, est relatif à l'aile (d'un animal, d'un avion).

alaise voir **alèse**

Alamans ou **Alémans** n. m. pl. Groupement de tribus germaniques établies d'abord sur l'Elbe puis sur le Main (213). Repoussés derrière le Rhin par les Romains, ils étaient contenus au S. par les Burgondes et au N. par les Francs. Vaincus par Clovis Ier

Alaïa (Azzedine)

Azzedine Alaïa à New York (en 2000), avec l'une de ses créations préférées.

à Tolbiac (496), ils acceptèrent la suzeraineté franque et formèrent le duché d'Alémanie que Charles Martel supprima au VIIIᵉ s. Les Alamans dépendirent de Louis le Germanique après le traité de Verdun (843).

alambic n. m. (de l'arabe, du grec *ambix* « vase ») Appareil servant à la distillation.

alambiqué, ée adj. (de *alambic*, dans *par, à l'alambic* « de manière subtile et compliquée ») Exagérément compliqué et contourné. *Un esprit alambiqué.*

Alamein (El-) en arabe **al-Alamayn** Localité d'Égypte à l'O. d'Alexandrie. Point le plus avancé de l'offensive de Rommel en juin 1942, elle fut la base de départ de la contre-offensive de Montgomery.

Alamo Ancien monastère de San Antonio, au Texas. En 1836, la bataille de Fort Alamo vit la victoire de l'armée mexicaine sur les insurgés texans après une résistance héroïque. Davy Crockett y fut tué avec les 187 défenseurs du fort.

Åland (îles d') Archipel de Finlande, à l'entrée du golfe de Botnie, formé de 6 500 îles et îlots. 1 527 km². 27 160 habitants. La population, de langue suédoise, vit de l'agriculture, de l'élevage et de la pêche (harengs).

alandier n. m. (de *a-* et *landier*) Foyer des fours servant à la cuisson des céramiques.

alangui, ie adj. Languissant, langoureux.

alanguir v. tr. < 2 > (de *languir*) Rendre languissant. *La chaleur l'alanguissait.* – pronom. *S'alanguir* : tomber dans un état de langueur.

alanguissement n. m. État d'une personne qui s'alanguit.

alanine n. f. (de *al[déhyde]* et suffixe *-ine*) biochim. Acide aminé naturel, présent dans la plupart des protéines.

Alanya Ville de Turquie, sur la Méditerranée, sous-préfecture de la province d'Antalya. 98 600 habitants. Forteresse du XIIIᵉ s. Station balnéaire.

Alaouites ou **Alawites** n. m. pl. Dynastie fondée au XVIIᵉ s. par les chérifs marocains du Tafilalet et qui règne encore au Maroc. ■ Nom également donné à une secte chiite dissidente des Nusayris en Syrie, dont fait partie le président Assad.

Alarcón y Ariza (Pedro Antonio de) Écrivain espagnol (1833-1891). Journaliste libéral et anticlérical, il demeure dans ses romans d'une profonde religiosité. *Le Tricorne.*

Alaric Iᵉʳ (v. 370-410). Roi des Wisigoths (395-410). Commandant l'armée des Goths, il dévasta les régions balkaniques de l'empire d'Orient, puis attaqua l'empire d'Occident et envahit l'Italie du Nord en 402, avant de s'emparer de Rome en 410.

Alaric II Roi des Wisigoths (484-507). En 506, il promulgua pour ses sujets gallo-romains le *Code d'Alaric.* Il fut défait par Clovis à la bataille de Vouillé (507).

alarmant, ante adj. Qui alarme, inquiète en avertissant d'un danger. → **inquiétant.** *Une nouvelle alarmante.*

alarme n. f. (de *à l'arme*) **1.** Signal pour annoncer l'approche de l'ennemi. → **²alerte.** *Le guetteur a donné l'alarme.* **2.** Signal pour avertir d'un danger. *Signal d'alarme,* qui provoque l'arrêt (d'un véhicule public). – *Donner, sonner l'alarme* : avertir d'un danger menaçant. ■ Dispositif de surveillance (d'un local, d'un véhicule). **3.** Vive inquiétude en présence d'un danger prévu.

alarmer v. tr. < 1 > Inquiéter en faisant pressentir un danger. *Alarmer l'opinion.* ■ **s'alarmer** v. pron. S'inquiéter vivement. *Elle s'alarme pour un rien.* → **effrayer.** *S'alarmer de qqch.*

alarmisme n. m. Tendance à répandre l'inquiétude en étant alarmiste.

alarmiste n. Personne qui répand intentionnellement des bruits alarmants. → **défaitiste, pessimiste.** – adj. (personnes, choses) *Article alarmiste.*

Alaska n. m. Plus grand État des États-Unis, situé au N.-O. du Canada et donc séparé du reste des États-Unis. 1 518 700 km². 733 390 habitants. Les hautes montagnes du S. culminent au mont Denali (6 190 m) ; l'intérieur est formé de larges vallées ; le littoral S.-E. est parsemé d'îles. Pétrole, gaz naturel et gisements miniers constituent les principales ressources de l'État. Importante industrie de la pêche (saumon). Le territoire, acquis par les États-Unis en 1867, est devenu le 49ᵉ État en 1959. Il s'est développé pendant la ruée vers l'or, de 1885 à 1907. Ses richesses naturelles sont menacées par la pollution. La région est victime du réchauffement climatique (fonte de la banquise et du pergélisol, montée des eaux).

Alaungpaya ou **Alompra** (1712-1760). Roi de Birmanie (1752-1760). Il réalisa l'unité du pays mais fut vaincu lors de sa tentative de conquête du Siam.

Álava n. m. Une des trois provinces du Pays basque espagnol. 3 047 km². 320 783 habitants. Chef-lieu : Vitoria. Vignobles (Rioja).

Alawites voir **Alaouites**

Albacete Ville d'Espagne (Castilla-La Mancha), chef-lieu de province. 174 300 habitants. Marché agricole.

albacore n. m. (de l'espagnol d'Amérique ou du portugais, peut-être de l'arabe) Thon blanc. → **germon.**

Albains (monts) Massif volcanique de l'Italie, dans le Latium (949 m), dominant le site d'Albe la Longue.

Alaska

Alaska, le mont Sandford, dans le massif de Wrangell, culminant à 4 949 m.

Alba Iulia Ville de Roumanie (Transylvanie), sur le Mureş, chef-lieu du district d'Alba. 60 400 habitants. Cathédrale romano-gothique du XIIᵉ s. Capitale de la première union roumaine (1600).

Alban (saint) Premier martyr de l'Angleterre, vers 303.

albanais, aise adj. et n. De l'Albanie. – n. m. *L'albanais* : langue indo-européenne parlée en Albanie, comprenant deux dialectes.

Albane (Francesco Albani, dit en français l') Peintre, décorateur et dessinateur italien (1578-1660). Élève des Carrache, il est célèbre pour ses compositions mythologiques.

Albanie

n. f. ■ offic. république d'Albanie État de la péninsule Balkanique. 28 748 km². 2 793 590 habitants (les *Albanais*). **Langues :** albanais, grec. **Population :** Albanais (95 %) ; Grecs (2 à 3 %). **Religions :** musulmans (70 %), orthodoxes (20 %), catholiques (10 %). **Monnaie :** lek. **Capitale :** Tirana. **Régime :** démocratie parlementaire.

GÉOGRAPHIE

Les trois quarts de l'Albanie sont occupés par des chaînes montagneuses qui prolongent les Alpes dinariques. Le littoral est bordé de plaines étroites. Le climat, méditerranéen, est plus continental vers l'intérieur. Les précipitations sont abondantes en montagne. La population, dont le taux de natalité reste relativement élevé pour l'Europe, émigre massivement vers la Grèce et l'Italie.

ÉCONOMIE

L'Albanie demeure l'un des pays les moins développés d'Europe. La production agricole (blé, maïs, tabac et coton, vigne, agrumes) a pâti du morcellement des exploitations après la chute du communisme. Les ressources minières (chrome, cuivre, lignite, nickel, pétrole) sont encore peu exploitées. L'industrie, bien implantée dans tout le pays, souffre d'obsolescence. Le chômage

A

touche essentiellement les jeunes et le pays est aujourd'hui tributaire de l'aide internationale.

HISTOIRE
La région fut colonisée par les Grecs (VIIe s. av. J.-C.), les Romains (IIe s. av. J.-C.), les Bulgares (IXe s.). Reprise par Byzance (XIe s.), elle fut conquise par les Serbes au XIVe s. Les Ottomans s'en emparèrent au XVe s., malgré la résistance du héros Skanderbeg, et l'islamisèrent.

L'indépendance En 1912, l'Albanie devint une principauté indépendante, définitivement reconnue en 1919. Ahmet Zogu s'empara du pouvoir (1925), puis se fit proclamer roi en 1928 (Zog Ier). L'Italie fasciste l'envahit en 1939. Chef de la résistance à l'occupation, Enver Hoxha dirigea la république populaire, proclamée en 1946. Il rompit successivement avec Tito (1948), l'URSS (1961), puis la Chine maoïste (1978).

La démocratisation Après la mort de Hoxha (1985), le parti du Travail dut accepter le multipartisme. Devenu le Parti socialiste, il perdit les élections de 1992 face au Parti démocratique de Sali Berisha, puis s'imposa en 1997, avant de s'incliner encore en 2005 (gouvernement de Berisha). L'alternance politique n'a mis fin ni à la crise économique ni à la corruption. En 2009, l'Albanie fit son entrée dans l'Otan et présenta sa candidature à l'Union européenne (candidature repoussée à plusieurs reprises compte tenu de l'insuffisance des mesures engagées). En 2013, le Parti socialiste remporta les législatives et installa Edi Rama, son président, au poste de Premier ministre.

Albany Ville des États-Unis, capitale de l'État de New York. 99 220 habitants. Architecture coloniale.

albâtre n. m. **(du grec *alabastros*)** **1.** Minéral formé de gypse ou de calcite très blanc. **2.** *Un albâtre :* un objet en albâtre. **3.** **poét.** *D'albâtre :* d'une blancheur éclatante.

albatros [albatʀos] n. m. **(de l'anglais, par altération de l'espagnol *alcatraz* d'après le latin *albus* « blanc »)** Grand oiseau de mer, au plumage blanc et gris, au bec crochu. « *L'Albatros* » (poème de Baudelaire).

Albe (Fernando Álvarez de Toledo, duc d') Général et homme politique espagnol (1507-1582). Nommé gouverneur des Pays-Bas (1567), il institua le Conseil des troubles et mena une politique de terreur qui entraîna le soulèvement de la Hollande et de la Zélande.

Albe la Longue Ancienne ville d'Italie, dans le Latium. Rivale de Rome, elle fut détruite en −665.

albédo n. m. **(de l'anglais, du latin, de *albus* « blanc ») didact.** Fraction de la lumière que réfléchit ou diffuse un corps non lumineux. *Un corps noir possède un albédo nul.*

Albee (Edward Franklin) Dramaturge américain (1928-2016). Il dissèque dans ses pièces les mœurs américaines. S'inscrivant dans le « théâtre de l'absurde », ses romans contestent les pouvoirs établis. *Qui a peur de Virginia Woolf ?*

Albéniz (Isaac) Compositeur et pianiste espagnol (1860-1909). Pianiste virtuose, il s'affirma comme le créateur d'un authentique style national. *Iberia*, recueil pour piano en 4 cahiers, constitue l'un des monuments du répertoire pianistique.

Alberoni (Giulio) Cardinal et homme politique espagnol d'origine italienne (1664-1752). Ministre de Philippe V, il s'efforça de restaurer la puissance espagnole, mais fut écarté du pouvoir en 1719.

Albers (Josef) Peintre, dessinateur, théoricien américain d'origine allemande (1888-1976). Émigré aux États-Unis en 1933, il y propagea les théories du Bauhaus, où il avait été professeur de 1923 à 1933. Son œuvre est marquée par l'abstraction géométrique et les modulations de couleurs.

Albert (lac) Lac d'Afrique centrale. 5 270 km^2. Il forme la frontière entre la République démocratique du Congo et l'Ouganda. Il reçoit les eaux du Nil Victoria.

Albert (canal) Canal de Belgique, reliant la Meuse à l'Escaut. 127 km.

Albert (Alexandre Martin, dit l'Ouvrier) Homme politique français (1815-1895). Socialiste, il prit une part active aux divers mouvements révolutionnaires (1830, 1839, 1848).

Albert

SAINTS

■ **Albert (saint)** Évêque de Liège en 1191 (v. 1166-1192). Il fut assassiné à Reims par des émissaires de l'empereur Henri VI.

■ **Albert le Grand (saint)** Dominicain, théologien et philosophe allemand (v. 1193 ou v. 1206-1280). Maître de philosophie à Paris, puis à Cologne, il fut le professeur de Thomas d'Aquin. Il fit connaître les commentateurs arabes d'Aristote et tenta de concilier théologie et philosophie.

EMPEREUR GERMANIQUE

■ **Albert Ier de Habsbourg** (v. 1250-1308) Empereur germanique (1298-1308). Vainqueur d'Adolphe de Nassau, il ne parvint toutefois pas à restaurer l'autorité impériale.

AUTRICHE

■ **Albert le Pieux** Archiduc d'Autriche et prélat (1559-1621). Fils de Maximilien II, il fut archevêque de Tolède et vice-roi de Portugal (1583-1596). Gouverneur des Pays-Bas (1598), il signa la trêve de douze ans avec les Provinces-Unies.

BELGIQUE

■ **Albert Ier** (1875-1934) Roi des Belges (1909-1934). Son engagement aux côtés des Alliés dans la Première Guerre mondiale lui valut le surnom de « roi-chevalier ».

■ **Albert II** (né en 1934) Roi des Belges (1993-2013). Fils de Léopold III, il succéda à son frère Baudouin Ier et abdiqua en faveur de son fils Philippe Ier en 2013.

Le roi Albert II, lors d'une célébration à Bruxelles.

GRANDE-BRETAGNE

■ **Albert prince de Saxe-Cobourg-Gotha** Prince consort de Grande-Bretagne et d'Irlande (1819-1861). Il épousa la reine Victoria (1840), sa cousine.

MONACO

■ **Albert Ier** (1848-1922) Prince de Monaco (1889-1922). Il fonda le Musée océanographique de la principauté et promulgua la Constitution de 1911.

■ **Albert II** (né en 1958) Prince de Monaco (depuis 2005). Il a succédé à son père Rainier III.

PRUSSE

■ **Albert de Brandebourg** Premier duc de Prusse (1490-1568). Passé à la Réforme, il sécularisa le domaine de l'ordre Teutonique dont il était le grand-maître. Son fils et successeur, **Albert-Frédéric** (1553-1618) mourut sans héritier, et la Prusse passa aux électeurs de Brandebourg.

Alberta n. f. Province de l'O. du Canada. 661 848 km^2. 4 067 175 habitants. Capitale : Edmonton. Le N. et l'E. du territoire sont occupés par de vastes plaines dédiées à l'agriculture ; le S. et l'O. appartiennent au massif des Rocheuses (culminant à 3 954 m). Edmonton et Calgary se développent aux dépens des campagnes. Riches réserves minières (charbon, pétrole). Industries alimentaire, chimique et tertiaire. C'est, grâce aux produits pétroliers, la province la plus riche par habitant du Canada.

Albert-Birot (Pierre) Écrivain français (1876-1967). Son œuvre la plus étonnante est les *Six Livres de Grabinoulor* (publiés intégralement en 1991), texte sans ponctuation, très inventif, d'esprit surréaliste.

Alberti (Leon Battista) Humaniste et architecte italien (1404-1472). Ses ouvrages sur l'architecture en firent le premier grand théoricien des arts de la Renaissance *(De re aedificatoria)*. Il participa à la modernisation de Florence, Rimini et Mantoue.

Alberti (Rafael) Écrivain et peintre espagnol (1902-1999). Il fut l'un des principaux poètes de la génération de 1927. Son œuvre se nourrit de thèmes simples, d'inspiration populaire *(Marin à terre)* et est marquée par l'engagement antifasciste.

Albertina (Graphische Sammlung) Importante collection de dessins, d'estampes, d'aquarelles conservée à Vienne (œuvres de Dürer, Rubens et Rembrandt).

Albertville Chef-lieu d'arrondissement de la Savoie. 19 830 habitants. Site des Jeux olympiques d'hiver de 1992.

Albi Chef-lieu du Tarn, sur le Tarn. 49 094 habitants. Archevêché. Cathédrale gothique fortifiée en brique rouge (XIIIe s.).

Albigeois n. m. Région du S. de la France située autour d'Albi dans le département du Tarn. Polyculture, élevage, cultures maraîchères.

albigeois (croisade des) Croisade menée de 1208 à 1244 contre les albigeois, ou cathares. Déclenchée à l'initiative du pape Innocent III après l'assassinat du légat Pierre de Castelnau, elle fut dirigée par Simon de Montfort. Le combat, caractérisé par des massacres et des appropriations, prit fin avec la prise de Montségur par les croisés.

albinisme n. m. Anomalie congénitale des albinos.

Albinoni (Tomaso) Compositeur italien (1671-1750). Il est l'auteur de nombreux concertos et sonates qui inspirèrent Jean-Sébastien Bach. Le célèbre *Adagio d'Albinoni* est un pastiche réalisé au XXe s., qui fut pour beaucoup dans la redécouverte de ce musicien baroque.

albinos [albinos] adj. **(de l'espagnol, du latin *albus* « blanc »)** Dépourvu de pigmentation (peau, système pileux, yeux). *Lapin albinos.* ■ **n.** Personne albinos. *Une albinos.*

Albion n. f. Nom antique de la Grande-Bretagne.

Albion (plateau d') Plateau des Préalpes françaises, à l'E. du mont Ventoux. Base de missiles balistiques français de 1966 à 1996.

albite n. f. **(latin *albus* « blanc »)** Feldspath de couleur blanche, riche en sodium.

Alboïn (mort en 572). Roi des Lombards (561-572). Il envahit l'Italie septentrionale et fonda un État dont la capitale était Pavie.

Alboni (Marietta) Cantatrice italienne (1826-1894). Elle travailla avec Rossini et fut la contralto la plus célèbre de son temps.

Ålborg ou **Aalborg** Ville du Danemark, chef-lieu du Jutland-du-Nord. 121 540 habitants. Église gothique du XIVe s. Industries chimiques, agroalimentaires. Port fluvial.

Alborz voir **Elbourz**

Albrecht (Berthe, dite Bertie), née Wild Résistante française (1893-1943). Engagée pendant l'entre-deux-guerres dans l'antifascisme et le féminisme, elle fonda avec H. Frenay le mouvement de résistance Combat (1941). Elle fut arrêtée en 1943 et mourut en prison.

Albrechtsberger (Johann Georg) Organiste et compositeur autrichien (1736-1809). Ami de Haydn et de Mozart, grand pédagogue, il eut pour élèves Beethoven et Czerny. Il est l'auteur de plusieurs ouvrages théoriques.

Albi

Le Pont-Vieux d'Albi, construit en 1035.

Albret n. m. Partie de la Gascogne (dans le département des Landes). Ancienne seigneurie érigée au XVIe s. en duché, réunie à la Couronne sous Henri IV (1607).

Albret (maison d') Famille illustre de Gascogne, dont descendait Henri IV par sa mère Jeanne d'Albret.

albuginé, ée (latin *albugo, albuginis* « taie », de *albus* « blanc ») histologie **1. adj.** De couleur blanchâtre. **2. n. f.** Membrane conjonctive qui enveloppe le testicule.

albugo n. m. (latin *albugo, albuginis,* de *albus* « blanc ») méd. **1.** Tache blanche de la cornée. **2.** Tache blanche des ongles.

album [albɔm] n. m. (mot latin, de *albus* « blanc ») **1.** Cahier ou classeur destiné à recevoir des dessins, des photos, des imprimés, etc. *Un album de timbres.* **2.** Livre où prédominent les illustrations. *Un album de bandes dessinées.* **3.** Ensemble de morceaux de musique distincts constituant une œuvre musicale. *Le nouvel album d'un chanteur.*

albumen [albymɛn] n. m. (du latin « blanc d'œuf », de *albus*) **1.** Blanc de l'œuf, contribuant à la nutrition de l'embryon. **2.** bot. Réserve alimentaire d'une graine, destinée à être consommée par l'embryon.

albumine n. f. (latin *albumen* « blanc d'œuf », de *albus*) **1.** Protéine naturelle, présente dans le blanc d'œuf, le sérum sanguin, le lait, etc. **2.** Albuminurie. *Avoir de l'albumine.* □ adj. **albumineux, euse**

albuminé, ée adj. bot. Pourvu d'albumen.

albuminurie n. f. (→ -urie) méd. Présence d'albumine dans les urines. □ adj. et n. **albuminurique**

Albuquerque (Afonso de) Navigateur portugais (1453-1515). Grand explorateur, nommé vice-roi des Indes en 1508, il contribua à l'expansion de l'empire colonial portugais (prise de Goa et de Malacca).

Albuquerque Ville des États-Unis (Nouveau-Mexique), sur le Rio Grande. 564 560 habitants. Ancien quartier de style espagnol (XVIIIe s.). Université. Centre de recherches atomiques.

alcade n. m. (mot espagnol) vieux Juge de paix, dans les pays espagnols. – mod. Maire, en Espagne.

Alcalá de Henares Ville d'Espagne, dans la province de Madrid. 197 560 habitants. Monuments des XVIe et XVIIe siècles.

Alcalá Zamora (Niceto) Homme politique espagnol (1877-1949). Il fut le premier président de la République espagnole (1931).

alcalescent, ente adj. Qui a ou prend des propriétés alcalines. □ n. f. **alcalescence**

alcali n. m. (arabe *al qâli* « la soude ») **1.** Nom générique des bases et des sels basiques que donnent avec l'oxygène certains métaux dits alcalins (potassium, sodium, etc.). *Des alcalis.* **2.** comm. *Alcali (volatil)* : ammoniaque.

alcalimétrie n. f. Détermination du titre d'une solution alcaline, à l'aide d'un appareil (*alcalimètre,* n. m.).

alcalin, ine adj. Qui appartient, a rapport aux alcalis (1). *Solution alcaline. Terres alcalines. Propriétés alcalines,* basiques. □ n. f. **alcalinité**

alcaliniser v. tr. < 1 > Rendre alcalin, douer de propriétés alcalines.

alcalinoterreux, euse adj. (de *alcali* et *terreux,* d'après *terres alcalines*) chim. *Métaux alcalinoterreux* : métaux fortement basiques qui comprennent le calcium, le baryum, le strontium et le radium.

alcaloïde n. m. (→ -oïde) Substance organique d'origine végétale, contenant au moins un atome d'azote dans la molécule. *Les alcaloïdes ont une puissante action toxique ou thérapeutique* (caféine, morphine, quinine, etc.).

alcalose n. f. (de *alcali* et 2*-ose*) méd. Trouble de l'équilibre entre les acides et les bases de l'organisme (sang), avec prédominance de l'alcalinité.

Alcamène Sculpteur athénien (seconde moitié du Ve s. av. J.-C.). Disciple et rival de Phidias, il se distingua par la finesse de ses lignes (groupe de *Procné et Itys*).

alcane n. m. (de *alcool* et *-ane*) chim. Hydrocarbure saturé, appelé autrefois paraffine.

alcarazas [alkaʀazas] n. m. (de l'espagnol, de l'arabe) Récipient de terre poreuse, dans lequel les liquides se rafraîchissent par évaporation.

alcazar n. m. (arabe *al qasr,* du latin *castrum* « camp ») Palais arabe fortifié, en Espagne.

Alcée Roi de Tirynthe, dans la mythologie grecque, fils de Persée et père d'Amphitryon.

alcène n. m. (de *alcool* et suffixe chimique *-cène*) chim. Carbure éthylénique, appelé également *oléfine**. *L'éthylène est un alcène.*

Alceste Fille de Pélias et vertueuse épouse d'Admète, dans la mythologie grecque. Ayant accepté de mourir à la place de son mari, elle est sauvée des Enfers par Héraclès.

Alceste Personnage principal de la comédie *Le Misanthrope* de Molière (1666). L'« atrabilaire amoureux » incarne jusqu'au ridicule l'intransigeance sociale.

alchémille n. f. (du latin médiéval, même radical que *alchimie*) bot. Herbe vivace, à petites fleurs apétales vert-jaune.

alchimie n. f. (arabe *al-kîmiyâ* « la pierre philosophale » → chimie) Science occulte en vogue au Moyen Âge, née de la fusion de techniques chimiques gardées secrètes et de spéculations mystiques. → **hermétisme.** ■ fig. Transformation, transmutation mystérieuse. « *L'alchimie du verbe* » (Rimbaud).

alchimique adj. Relatif à l'alchimie.

alchimiste n. Personne qui pratique l'alchimie.

Alciat (Andrea Alciati, dit en français André) Jurisconsulte italien (1492-1550). Il contribua à l'approfondissement de l'analyse du droit romain en s'aidant des outils historiques, littéraires et philologiques (*Operia Omnia).*

Alcibiade Général et homme politique grec (v. 450-404 av. J.-C.). Neveu de Périclès et élève de Socrate, il entraîna les Athéniens dans la néfaste expédition de Sicile (–415). Accusé de sacrilège, il se réfugia à Samos et fut mêlé au complot aristocratique qui instaura à Athènes le conseil des Quatre-Cents (–411). Élu stratège par l'armée révoltée, il rétablit l'hégémonie athénienne en mer Égée et revint victorieux à Athènes en –407. Il dut s'exiler l'année suivante et mourut assassiné.

Alcman Poète grec du début du VIIe s. av. J.-C. Considéré comme le créateur du lyrisme choral dorien, il célèbre l'amour dans ses *Parthénies.*

Alcmène Princesse de Mycènes et épouse d'Amphitryon, dans la mythologie grecque. Elle est séduite par Zeus qui prend l'apparence de son mari ; de leur union naît Héraclès.

Alcméonides Famille aristocratique d'Athènes. Alcibiade, Clisthène et Périclès en furent les principaux membres.

Alcobaça Ville du Portugal, dans le district de Leiria. 4 900 habitants ; agglomération 54 980. Abbaye cistercienne des XIIe-XIIIe s., qui abrite les tombeaux de Pierre Ier et d'Inés de Castro.

Alcoforado (Mariana) Religieuse portugaise (1640-1723). Elle fut longtemps considérée comme l'auteur des *Lettres portugaises,* écrites en fait par Guilleragues.

alcool [alkɔl] n. m. (arabe *al-kohl* « la poudre d'antimoine » → khol) **I. 1.** Liquide incolore et inflammable obtenu par distillation du vin et des jus sucrés fermentés (syn. chim. **alcool éthylique**). → **éthanol.** *Alcool à 90 degrés.* **2.** *Un alcool* : une boisson alcoolique forte (eau-de-vie, spiritueux...). *Un alcool de fruit.* **3.** *L'alcool* : les boissons alcoolisées. *Boire trop d'alcool.* ■ L'alcoolisme. *Sombrer dans l'alcool.* **II.** chim. Corps organique possédant un groupement hydrogène-oxygène et pouvant être considéré comme un dérivé d'hydrocarbure. *Alcool éthylique* : l'alcool, au sens I. *Alcool méthylique.* → **méthanol.** ■ cour. *Alcool à brûler,* alcool méthylique utilisé comme combustible. *Réchaud à alcool.*

alcoolat n. m. Médicament obtenu par distillation de l'alcool sur des substances aromatiques. *Alcoolat de menthe.*

alcoolature n. f. Médicament obtenu en faisant macérer de l'alcool et des plantes.

alcoolémie n. f. (→ -émie) Taux d'alcool (I) dans le sang.

alcoolification n. f. chim. Fermentation alcoolique. - syn. **alcoolisation.**

alcoolique adj. **I. 1.** Qui contient de l'alcool. *Les boissons alcooliques,* alcoolisées. **2.** Relatif aux alcools (II). **II. 1.** Propre à l'alcoolisme. *Délire alcoolique.* **2.** Qui boit trop d'alcool. – **n.** Personne atteinte d'alcoolisme. *Un, une alcoolique.* - abrév. fam. **alcoolo.**

alcoolisable adj. Qui peut être converti en alcool.

alcoolisation n. f. **1.** Transformation en alcool. → **alcoolification. 2.** Action de mêler de l'alcool à une boisson. **3.** Imprégnation de l'organisme en alcool.

alcooliser v. tr. < 1 > Additionner d'alcool. – au p. p. *Boisson alcoolisée,* contenant de l'alcool. ■ **s'alcooliser** v. pron. Abuser des boissons alcooliques, s'enivrer.

Alexandre le Grand (conquêtes d')

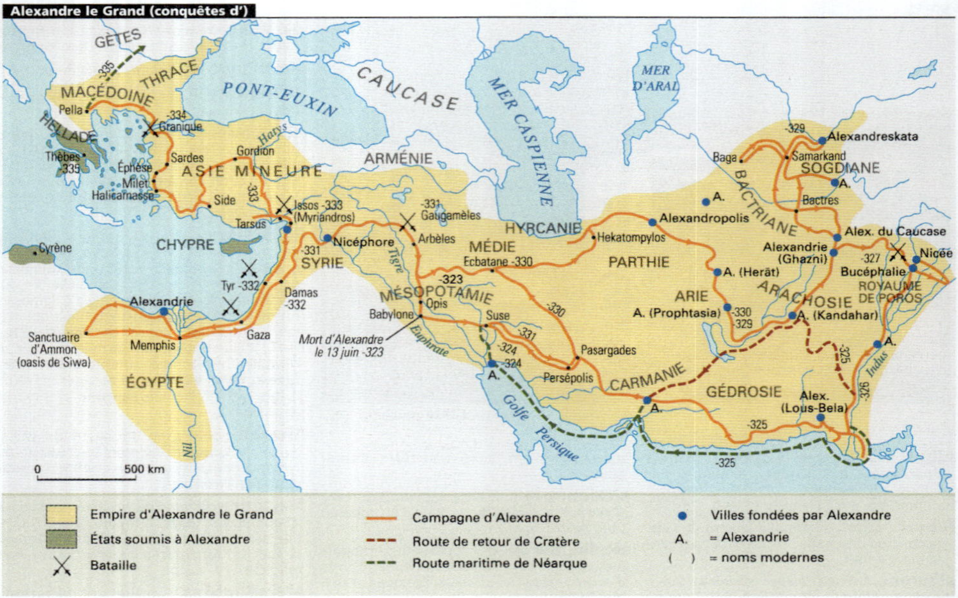

alcoolisme n. m. Abus des boissons alcooliques, déterminant un ensemble de troubles ; ces troubles. – État chronique résultant de la consommation habituelle d'alcool. → **éthylisme.**

alcoolo adj. et n. voir **alcoolique**

alcoolodépendance n. f. (de *alcool* et *dépendance*) Dépendance à l'alcool. □ adj. et n. **alcoolodépendant, ante**

alcoologie n. f. Discipline médicale qui étudie les causes et les effets de la consommation d'alcool par l'être humain. □ n. **alcoologue**

alcoomètre n. m. Densimètre destiné à mesurer la teneur des liquides en alcool éthylique (*alcoométrie* **n. f.**).

alcootest [alkɔtɛst] n. m. (n. déposé ; de *alcool* et *test*) Appareil, test mesurant l'alcoolémie. → **éthylotest.**

Alcott (Louisa May) Romancière américaine (1832-1888). Elle est l'autrice du roman très populaire *Les Quatre Filles du Dr March*.

alcôve n. f. (de l'espagnol, de l'arabe *al-qubba* « la chambre ») **1.** Enfoncement ménagé dans une chambre pour un ou des lits. **2.** abstrait Lieu des rapports amoureux. *Des secrets d'alcôve.*

alcoyle [alkɔil] n. m. (de *alcool*) chim. Radical univalent provenant d'un hydrocarbure saturé, auquel on a soustrait un atome d'hydrogène. - syn. **alkyle.**

Alcuin Théologien anglo-saxon (v. 735-804). Conseiller de Charlemagne, il prit une grande part à la réforme scolaire carolingienne.

alcyne n. m. (de *alcool*) chim. Type d'hydrocarbure, généralement aliphatique, qui possède la liaison triple.

alcyon n. m. (du latin, d'un mot grec) Oiseau mythique, d'heureux présage en mer.

Alde voir **Manuce**

Aldegrever (Heinrich Trippenmeker, dit Heinrich) Graveur, dessinateur et peintre allemand (1502-v. 1560). Il fut l'un des plus brillants miniaturistes de son temps. Son œuvre comprend de nombreuses scènes populaires d'une veine truculente.

aldéhyde n. m. (allemand, du latin *al[cohol] dehy[drogenatum]*) chim. Corps formé en enlevant l'hydrogène d'un alcool. □ adj. **aldéhydique**

al dente [aldɛnte] adv. (mots italiens « à la dent ») *Pâtes cuites al dente,* peu cuites et qui restent fermes sous la dent.

Alderney voir **Aurigny**

Aldiss (Brian Wilson) Romancier britannique (1925-2017). Il fut l'un des pères du renouveau de la science-fiction. *Helliconia* (trilogie).

Aldobrandini (Ippolito) (1536-1605). Il devint pape sous le nom de Clément VIII (1592).

aldol n. m. (de *ald[éhyde]* et *[alco]ol*) chim. Produit de la condensation de l'aldéhyde acétique.

aldose n. m. (de *ald[éhyde]* et **¹-ose**) chim. Ose renfermant une fonction aldéhyde.

aldostérone n. f. (de *aldéhyde* et *stérol*) biochim. Hormone corticosurrénale, qui exerce son action sur le métabolisme minéral.

Aldrich (Robert) Cinéaste américain (1918-1983). Ses films magnifient l'héroïsme non sans humour *(Vera Cruz),* parodient les genres consacrés (le thriller noir *Kiss Me Deadly*) ou critiquent les milieux du cinéma *(Le Grand Couteau).*

Aldrin (Edwin Eugene, dit Buzz) Astronaute américain (né en 1930). Il est le deuxième homme, après N. Armstrong, a avoir posé le pied sur la Lune (vol Apollo 11).

Aldrovandi (Ulisse) Naturaliste italien (1522-1605). Il créa le premier jardin botanique, à Bologne, et écrivit de nombreux ouvrages d'histoire naturelle.

ale [ɛl] n. f. (mot anglais) Bière anglaise blonde (en anglais *pale ale*).

aléa n. m. (plur. latin « jeu de dés ») littér. surtout plur. Évènement imprévisible. → **hasard.** *Les aléas du métier.*

aléatoire adj. (→ **aléa**) **1.** Que rend incertain, dans l'avenir, l'intervention du hasard. → **hasardeux, problématique.** *Son succès est bien aléatoire.* **2.** math. Qui dépend d'une loi de probabilité. *Fonction aléatoire.* **3.** emploi critiqué *Musique aléatoire,* dont la conception ou l'exécution sont fondées sur l'intervention partielle du hasard. □ adv. **aléatoirement**

Alechinsky (Pierre) Peintre, dessinateur et poète belge (né en 1927). Influencée par le mouvement Cobra, son œuvre revendique une liberté créatrice totale et tend vers l'expressionnisme abstrait.

Alecsandri (Vasile) Poète et homme politique roumain (1821-1890). Il contribua au renouveau de la Moldavie, tant sur le plan politique que littéraire. Plusieurs fois ministre, il orienta la poésie nationale dans un sens lyrique et épique. *Romances et Fleurs de muguet.*

Alecto Une des trois Érinyes ou Furies, dans la mythologie grecque.

Alegría (Ciro) Écrivain et homme politique péruvien (1909-1967). Représentant de « l'indigénisme » en Amérique latine, il décrit dans ses romans la vie des Indiens de son pays. *Le Serpent d'or ; Vaste est le monde.*

Aleijadinho (Antonio Francisco Lisbõa, dit l') Architecte et sculpteur brésilien (1738-1814). Il est l'un des représentants les plus marquants du baroque brésilien : églises, mobilier liturgique, statues de prophètes à Congonhas.

Aleixandre y Merlo (Vicente) Poète espagnol (1898-1984). Utilisant la technique surréaliste, il fit montre dans ses œuvres d'un humanisme et d'un romantisme passionnés et exprima le dilemme entre être et néant. *La Destruction ou l'Amour.* Prix Nobel 1977.

Alekan (Henri) Chef opérateur français (1909-2001). Il a réalisé les éclairages de quelques grands films comme *La Belle et la Bête* ou *Les Ailes du désir.*

Alemán (Mateo) Écrivain espagnol (1547-1614). Il est l'auteur de l'un des plus grands romans picaresques, *Guzmán de Alfarache.*

Alémanie n. f. Région de Germanie peuplée par les Alamans. Le *duché d'Alémanie,* fondé au VIe s., fut supprimé par Charles Martel (739).

alémanique adj. (du latin, de *Alemani,* les *Alamans,* peuple germanique) Propre à la Suisse de langue allemande (dite *Suisse alémanique*). – n. m. *L'alémanique* : parler du haut allemand.

Alembert (Jean Le Rond d') Philosophe, écrivain, physicien et mathématicien français (1717-1783). Il est avec Diderot un des directeurs de l'*Encyclopédie,* dont il rédigea le *Discours préliminaire* où il exposait la démarche des Lumières. Rationaliste, sceptique, il lutta contre l'absolutisme, prônant la tolérance et l'accès de tous à la connaissance scientifique. Il rédigea un des ouvrages de base sur la mécanique, le *Traité de dynamique,* dans lequel il énonce le principe qui porte son nom, et posa les bases du calcul différentiel.

Alena (Accord de libre-échange nord-américain), en anglais **Nafta (North American Free Trade Agreement)** Accord de libre-échange signé en 1992 entre les États-Unis, le Mexique et le Canada, et entré en vigueur en 1994. Il a été remplacé par un nouvel accord, l'AEUMC, entré en vigueur en 2020.

Alençon Chef-lieu de l'Orne, sur la Sarthe. 25 744 habitants. Église Notre-Dame (XIVe-XVe s.). École dentellière. Musée de la Dentelle.

alène ou **alêne** n. f. (p.-ê. mot germanique) **1.** Poinçon servant à percer le cuir. **2.** appos. techn. *Clé alène* : fine clé mâle coudée.

Alentejo n. m. Région du Portugal, au S. du Tage. 26 997 km^2. 704 930 habitants. Capitale : Evora. Région de bas plateaux agricoles (céréales, riz, liège). Complexe industriel de Sines sur le littoral (pétrochimie).

alentir v. tr. < 2 > (de *lent*) vieux Rendre plus lent. → **ralentir.**

alentour adv. (de *à l'entour*) littér. Dans l'espace environnant, tout autour. *Je ne voyais rien alentour.* – ***D'alentour*** (vieilli), ***alentour*** : des environs. *Les villages alentour.*

alentours n. m. pl. (de *alentour*) Lieux voisins, environs. *Les alentours de la ville. Il n'y a personne aux alentours.* ■ *Aux alentours de* (marque l'approximation). *Je viendrai aux alentours du 1er juin.* → **[1]vers.**

Aléoutiennes (îles) Archipel des États-Unis (Alaska), qui sépare la mer de Béring de l'océan Pacifique. 150 îles et îlots volcaniques. 12 000 habitants. Pêche. Bases aériennes. L'archipel fut cédé par la Russie aux États-Unis en 1867.

Alep Ville du N.-O. de la Syrie. Env. 2 millions d'habitants en 2004. Évêché maronite, université, mosquées. Citadelle (XIIe-XIIIe s.) dominant la ville, endommagée par le séisme de 2023. Centre industriel, commercial, ferroviaire et routier. La bataille d'Alep permit au président al-Assad de reprendre le contrôle de la ville aux mains de ses opposants depuis 2012, avec le soutien militaire de la Russie, en 2016.

aleph n. m. (mot hébreu, n. de la première lettre de l'alphabet ; *cf.* alpha) **1.** ling. Première lettre de l'alphabet hébraïque. **2.** math. Nombre cardinal caractérisant la puissance d'un ensemble fini.

Aléria Commune de la Haute-Corse, dans l'arrondissement de Corte. 2 185 habitants. Cité fondée par les Phocéens (–VIe s.), conquise par les Romains (–259). Vestiges romains. Musée archéologique.

[1]alerte adj. (italien *all'erta* « sur ses gardes », de *erto* « escarpé », qui vient du latin *erigere* → **ériger**) Vif et leste (malgré l'âge, l'embonpoint, etc.). *Un vieillard alerte.* – abstrait Éveillé, vif. *Avoir l'esprit alerte.*

[2]alerte n. f. **1.** Signal prévenant d'un danger et appelant à prendre toutes mesures de sécurité utiles. *Donner l'alerte.* → **alarme.** *Alerte à la bombe.* – *L'alerte a duré deux heures.* – *Troupes en état d'alerte,* prêtes à intervenir. **2.** Indice d'un danger imminent. *À la moindre alerte, n'hésitez pas à consulter le médecin. Une fausse alerte,* qui ne correspond à aucun danger réel. **3.** inform. Dispositif d'envoi automatique de messages prévenant de nouveaux résultats de recherche sur un sujet donné. ■ Message ainsi envoyé. → aussi **notification.**

alerter v. tr. < 1 > **1.** Avertir en cas de danger, de difficulté pour que des mesures soient prises. *Il faut alerter les responsables.* **2.** (choses) Faire pressentir un danger à (qqn). *Le bruit nous a alertés.*

Alès Chef-lieu d'arrondissement du Gard. 42 867 habitants. Ancien bassin houiller. Alès fut au XVIe s. un foyer protestant ; la *paix de grâce d'Alès,* accordant la liberté de culte, y fut signée par Richelieu en 1629.

alésage n. m. **1.** Calibrage exact des dimensions, des trous (d'une pièce mécanique). **2.** Diamètre intérieur d'un cylindre (spécialt, dans un moteur à explosion). *L'alésage et la course* (du piston) *donnent la cylindrée.*

alèse ou **alaise** n. f. (coupure fautive de *la laize* → **laize**) **1.** Tissu imperméable utilisé pour protéger un lit, un matelas. **2.** Planche emboîtée dans une autre pour élargir un panneau.

aléser v. tr. < 6 > (de l'ancien français *alaisier* « élargir », qui vient du latin *allatiare,* de *latus* « large ») Procéder à l'alésage de (qqch.).

aléseur, euse n. Ouvrier, ouvrière spécialiste de l'alésage.

aléseuse n. f. Machine-outil servant à l'alésage.

Alésia Ville forte de la Gaule. Vercingétorix y fit retraite avec son armée et dut se rendre à César après un siège de deux mois, mettant ainsi fin à la résistance gauloise (–52).

alésoir n. m. Outil pour aléser à la main.

Alessandria Ville d'Italie, dans le Piémont, sur le Tanaro. Chef-lieu de province. 85 450 habitants. Carrefour de communications. Commerce et industrie. Orfèvrerie.

Alessi (Galeazzo) Architecte italien (v. 1512-1572). Formé à Rome, il s'établit à Gênes, qu'il marqua de son empreinte (via Garibaldi, églises, villas, palais).

Ålesund Ville de l'O. de la Norvège, sur une presqu'île. 46 300 habitants. Premier port de pêche norvégien. Centre de l'Art nouveau.

aléthique adj. (grec *alêthês* « réel, vrai ») log. *Modalités aléthiques* : modalités logiques selon lesquelles les propositions sont considérées comme vraies ou fausses, possibles ou impossibles, nécessaires ou contingentes.

Aletsch (glacier d') Le plus grand glacier d'Europe (23 km de long ; 80 km^2), situé dans les Alpes suisses (Valais), dans le massif de l'Aar.

aleurode n. m. (du grec « qui ressemble à de la farine ») Puceron sauteur, dont certaines espèces vivent sur le chou.

aleurone n. f. (grec *aleuron* « farine ») bot. Réserve azotée de graines ; assise protéique de l'albumen.

alévi, ie n. et adj. Membre d'un mouvement religieux turc, d'origine chiite, favorable à la laïcité.

alevin n. m. (vient du latin, de *allevare* « lever, élever ») Jeune poisson destiné au peuplement des rivières et des étangs. → **nourrain.**

aleviner v. tr. < 1 > Peupler d'alevins. □ n. m. **alevinage**

alevinier n. m. et **alevinière** n. f. Étang, vivier où l'on élève des alevins.

Alexander (Samuel) Philosophe britannique (1859-1938). Il exposa une vision réaliste, panthéiste et évolutionniste du monde *(Espace, Temps et Déité).*

Alexander (Franz) Psychiatre et psychanalyste américain (1891-1964). Fondateur de l'Institut de psychanalyse de Chicago (1931), il joua un rôle pédagogique important. Ses travaux tentent de différencier les expressions somatiques de l'hystérie de celles des névroses d'organes.

Alexander (Harold George), 1er comte Alexander of Tunis Maréchal britannique (1891-1969). Commandant en chef des forces alliées en Méditerranée (1944), il fut ensuite gouverneur du Canada (1945-1951) puis ministre de la Défense (1952-1954).

alexandra n. m. (n. propre) Cocktail fait de crème de cacao et de cognac. *Des alexandras.*

Alexandra Fedorovna, née **Alice de Hesse** (1872-1918). Impératrice de Russie (1894-1917). Elle fut l'épouse du tsar Nicolas II. L'ascendant que prit sur elle Raspoutine contribua à la chute de la monarchie. Elle fut assassinée par les bolcheviks avec les autres membres de sa famille.

Alexandre

SAINT

■ **Alexandre (saint)** Patriarche d'Alexandrie (313-328). Il joua un rôle important dans la condamnation d'Arius lors du concile de Nicée (325).

PAPES

■ **Alexandre III [Rolando Bandinelli]** (mort en 1181) Pape de 1159 à 1181. Il lutta contre Frédéric Ier Barberousse, qui lui opposa successivement quatre antipapes. Le traité de Venise (1177) consacra son autorité.

■ **Alexandre VI [Rodrigo Borgia]** (1431-1503) Pape de 1492 à 1503. Père de César et Lucrèce Borgia. Son pontificat fut marqué par une vie peu conforme à sa fonction.

■ **Alexandre VII [Fabio Chigi]** (1599-1667) Pape de 1655 à 1667. Il combattit les jansénistes.

GRÈCE

■ **Alexandre Ier** (1893-1920) Roi de Grèce (1917-1920). Il fit entrer son pays dans la Première Guerre mondiale aux côtés des Alliés.

MACÉDOINE

■ **Alexandre le Grand** ou **Alexandre III** (356-323 av. J.-C.) Roi de Macédoine (336-323 av. J.-C.). Fils de Philippe II, il fut l'élève d'Aristote. Pénétrant en Asie Mineure, il vainquit les troupes perses de Darios III au Granique (–334) puis à Issos (–333), occupa la Syrie, la Phénicie, et s'empara de Tyr (–332). Entré en Égypte, il fonda Alexandrie, puis franchit l'Euphrate et le Tigre et vainquit de nouveau Darios III dans la plaine de Gaugamèles (–331). Il occupa Babylone et Suse, fit incendier Persépolis et prit le titre de roi d'Asie. Après la

Alexandre le Grand

Alexandre le Grand et son cheval Bucéphale, à la bataille d'Issos, détail d'une mosaïque retrouvée à Pompéi, Musée national d'archéologie, Naples.

A

mort de Darios III, il franchit l'Indus (–326), mais, devant l'épuisement de son armée, dut rentrer à Babylone (–325), capitale de son empire. Il mourut alors qu'il projetait de nouvelles conquêtes.

RUSSIE

■ **Alexandre Ier Pavlovitch** (1777-1825) Empereur de Russie (1801-1825). Il engagea son pays dans une série de réformes. Vaincu par Napoléon Ier à Austerlitz (1805), Eylau (1807) et Friedland (1807), il signa le traité de Tilsit (1807). Il dut faire face à l'invasion de son pays par la France en 1812.

■ **Alexandre II Nikolaïevitch** (1818-1881) Empereur de Russie (1855-1881). Il abolit le servage (1861), réforma l'administration, la justice, l'enseignement, et développa l'économie de son pays. Il fut assassiné lors d'un mouvement révolutionnaire populaire.

■ **Alexandre III Aleksandrovitch** (1845-1894) Empereur de Russie (1881-1894). Il mena une politique de russification dans les pays baltes.

YOUGOSLAVIE

■ **Alexandre Ier Karageorgévitch** (1888-1934) Roi de Yougoslavie (1921-1934). Il institua la dictature (1929) et mena une politique proserbe qui mécontenta les nationalités minoritaires. Il fut assassiné à Marseille par des terroristes croates en même temps que Barthou.

Alexandre Farnèse, **duc de Parme** Homme de guerre italien (1545-1592). Gouverneur et général des Pays-Bas (1578), il regagna à l'Espagne les provinces méridionales par l'union d'Arras (1579) et prit la ville d'Anvers (1583-1585). Il intervint en France pour soutenir la Ligue et lutta contre Henri IV.

Alexandre Jean Ier Cuza voir Cuza

Alexandre Nevski **(Aleksandr Iaroslavitch, dit)** (v. 1220-1263). Grand-duc de Novgorod (1236-1251) puis grand-prince de Vladimir. Il battit les Suédois sur les bords de la Neva (1240) et les chevaliers Teutoniques (1242).

Alexandria Ville des États-Unis (Virginie), au S. de Washington. 159 460 habitants. Elle a conservé de nombreux bâtiments du XVIIIe siècle.

Alexandrie Ville d'Égypte, à l'extrémité N.-O. du delta du Nil. 5 163 750 habitants. Centre financier, commercial et industriel. Alexandrie est le premier port égyptien. Industries textiles, chimiques, constructions mécaniques et navales. La ville, fondée par Alexandre en –332, fut le foyer de la civilisation hellénistique (musées ; bibliothèque la plus célèbre de l'Antiquité contenant 700 000 volumes ; école philosophique). Elle devint la résidence du préfet romain après la conquête de l'Égypte. Au début de l'ère chrétienne, l'Église d'Alexandrie joua un rôle majeur. À partir du VIIe s., la ville fut occupée par les Perses, les Arabes puis les Turcs. La nouvelle bibliothèque d'Alexandrie a été inaugurée en octobre 2002.

[1]alexandrin, ine adj. **(du latin, de *Alexandria* « Alexandrie »)** D'Alexandrie et de la civilisation hellénistique dont cette ville fut le centre.

[2]alexandrin n. m. **(du *Roman d'Alexandre* [le Grand], poème du XIIe s.)** Vers français de douze syllabes.

Alexeieff **(Alexandre)** Cinéaste d'animation et graveur français d'origine russe (1901-1982). Inventeur de « l'écran d'épingles », une planche percée de milliers d'épingles éclairées latéralement, il réalisa avec sa femme Claire Parker des essais originaux de style fantastique.

alexie n. f. **(de *2a-* et du grec *lexis,* de *legein* « lire ») didact.** Incapacité de reconnaître à la lecture les éléments du langage (mots, etc.), les organes visuels étant intacts (syn. **cécité verbale**).

Alexievitch **(Svetlana)** Écrivaine biélorusse (née en 1948). Ses récits mêlés de témoignages rendent compte de l'empreinte du système socialiste sur l'âme de toute la population des pays de l'ex-URSS et de la nostalgie de l'époque soviétique *(La guerre n'a pas un visage de femme ; Les Cercueils de zinc ; La Supplication, Tchernobyl, chronique du monde après l'Apocalypse ; La Fin de l'homme rouge).* Prix Nobel 2015.

Alexis Nom de plusieurs empereurs d'Orient. ■ **Alexis Ier Comnène** (1048-1118). Après avoir renversé Nicéphore III (1081), il reprit Nicée et la partie occidentale de l'Asie Mineure durant la première croisade. ■ **Alexis II Comnène** (1167-1183). Époux d'Agnès de France, proclamé empereur en 1180, il mourut étranglé par Andronic Ier. ■ **Alexis III Ange** (mort v. 1210). Il renversa son frère Isaac II (1195) et fut défait par son gendre Théodore Ier Lascaris (1203). ■ **Alexis IV Ange le Jeune** (1182-1204). Fils d'Isaac II, il monta sur le trône en 1203 mais périt étranglé par Alexis V Doukas. ■ **Alexis V Doukas, surnommé Murzuphle** (mort en 1204). Après avoir étranglé Alexis IV pour usurper son trône, il fut exécuté comme régicide.

Alexis Ier Comnène surnommé le Grand Empereur de Trébizonde (1204-1222). Après la prise de Constantinople par les croisés, il fonda l'empire grec de Trébizonde.

Alexis Ier Mikhaïlovitch (1629-1676). Empereur de Russie (1645-1676). Son règne fut marqué par un schisme religieux et une insurrection paysanne (1668-1671). Il acheva la conquête de la Sibérie.

Alexis **(Wilhelm Häring, dit Willibald)** Journaliste et écrivain allemand (1798-1871). Il est l'auteur de romans patriotiques.

Alger

Alger « la Blanche », le port vu de la rade.

Alexis **(Paul-Alexis Trublot, dit Paul)** Écrivain français (1847-1901). Ami et disciple de Zola, il prit une part active aux *Soirées de Médan.*

Alexis **(Jacques Stephen)** Romancier et homme politique haïtien (1922-1961). Engagé contre les injustices et les drames de son pays, il fut longtemps exilé à Paris. Son œuvre est empreinte d'un réalisme social teinté de merveilleux. *Compère Général Soleil ; L'Espace d'un cillement.*

alezan, ane adj. **(de l'espagnol, de l'arabe) (cheval, mulet)** Dont la robe est brun rougeâtre. *Jument alezane.* **– n.** *Un alezan.*

alfa n. m. **(de l'arabe)** **1.** Plante herbacée dont les feuilles servent à la vannerie et à la fabrication de certains papiers. *Tapis d'alfa.* **2.** Papier d'alfa. *Exemplaire numéroté sur alfa.*

alfalfa n. f. **(mot espagnol, de l'arabe)** Luzerne cultivée, riche en protéines et en calcium.

Alferov **(Jaurès L.)** Physicien russe (1930-2019). Il travailla sur un type de laser. Ses recherches sont à l'origine des communications optiques (CD, codes barres...). Prix Nobel 2000.

Alfieri **(Vittorio, comte)** Écrivain italien (1749-1803). Auteur de tragédies *(Oreste ; Saül)* qui exercèrent une influence importante sur l'Italie du XIXe siècle, il s'opposa violemment à la Révolution française et il laissa une autobiographie originale *(Ma vie).*

Alföld n. m. ou f. Plaine de Hongrie, à l'E. du Danube. La partie occidentale de cette plaine est une importante région agricole (blé, maïs, betterave) et de prairies d'élevage.

Alfonsín Foulkes **(Raúl)** Homme d'État argentin (1926-2009). Président de la République (1983-1989), il s'efforça d'affermir les institutions démocratiques après les années de dictature militaire.

Alfortville Commune du Val-de-Marne, arrondissement de Créteil. 45 151 habitants.

Alfred **le Grand (saint)** (v. 849-899). Roi de Wessex (871-878) et des Anglo-Saxons (878-899). Il lutta pour l'unification de l'Angleterre. Lettré, il favorisa l'instruction, la littérature et la réforme de l'Église.

Alfvén **(Hannes)** Physicien suédois (1908-1995). Il découvrit dans la magnétosphère les ondes qui portent son nom. Prix Nobel 1970.

algarade n. f. **(de l'espagnol, de l'arabe *al-ghâra* « l'attaque »)** Attaque brusque en paroles. → **querelle.** *Une violente algarade.*

Algardi **(Alessandro), dit en français l'Algarde** Sculpteur, décorateur, architecte et peintre italien (v. 1595-1654). Influencé par le Bernin, il excella dans les portraits.

Algarotti **(Francesco)** Écrivain italien (1712-1764). Sa correspondance avec les philosophes des Lumières (Métastase, Mme du Châtelet, Voltaire) est représentative de l'évolution des idées au XVIIIe siècle.

Algarve n. m. Province du S. du Portugal. 4 960 km^2. 467 490 habitants. Capitale : Faro. Le territoire se compose d'un arrière-pays montagneux peu peuplé, de plateaux calcaires et d'un littoral à l'origine d'un développement touristique considérable. Arboriculture (amandiers). Pêche.

Algazel voir Ghazali (al-)

algazelle n. f. **(de l'arabe → gazelle)** Grande antilope blanche d'Afrique. → **oryx.**

algèbre n. f. **(arabe *al-jabr* « la réduction », d'abord « calcul avec les chiffres arabes, arithmétique »)** **1.** Ensemble d'opérations, de résolutions d'équations avec substitution de lettres aux valeurs numériques et de la formule générale au calcul numérique particulier ; par ext. étude des structures abstraites définies sur des ensembles et des lois de composition. **–** *Algèbre de Boole,* application de l'algèbre aux relations logiques. **2.** Chose difficile à comprendre, domaine inaccessible à l'esprit. → **chinois, hébreu.**

Algérie

algébrique adj. De l'algèbre. *Calcul numérique et calcul algébrique.* □ adv. **algébriquement** □ n. **algébriste**

Alger (Horatio junior) Écrivain américain (1832-1899). Il est l'auteur de 119 ouvrages, dont *Ragged Dick,* qui célèbrent les valeurs de l'ambition.

Alger Capitale de l'Algérie, chef-lieu de wilaya, située sur la *baie d'Alger.* 1 530 000 habitants ; 2 989 000 dans le *Grand Alger.* Premier port du pays (exportation de produits agricoles). La vieille ville abrite des palais, des mosquées (grande mosquée malikite et mosquée hanafite de la Pêcherie) et une casbah classée au Patrimoine mondial de l'Unesco. Le centre-ville a conservé son architecture coloniale française. Ancienne cité romaine, Alger se développa avec l'arrivée des Maures chassés d'Espagne (v. 1492). Elle fut dominée par les Ottomans puis prise par les Français le 5 juillet 1830 et devint le siège du gouvernement général de l'Algérie colonisée. Le Comité français de libération nationale s'y installa en 1943. C'est à Alger que les évènements déclencheurs de la guerre d'indépendance se déroulèrent (*bataille d'Alger* en 1957).

Alger (putsch d') Tentative de putsch à Alger (avril 1961) par les généraux Challe, Salan, Jouhaud et Zeller. Opposés à l'évolution politique algérienne de De Gaulle et favorables à la lutte pour l'Algérie française, ceux-ci échouèrent.

Algérie

n. f. ■ **offic. République algérienne démocratique et populaire** Pays d'Afrique du Nord. 2 381 741 km². 43 851 000 habitants (les *Algériens*). **Langues :** arabe (offic.), tamazight (berbère) [langue nationale], français. **Population :** Arabes, 82 % ; Berbères (Kabyles), 17 %. **Religion :** musulmans, dont une forte majorité de sunnites malékites. **Monnaie :** dinar. **Capitale :** Alger. **Régime :** présidentiel.

GÉOGRAPHIE

S'étendant des bords de la Méditerranée au Sahara, l'Algérie offre un relief très contrasté. La côte, découpée, est surplombée par l'Atlas tellien et l'Atlas saharien, qui ceinturent une région de hautes plaines et de hauts plateaux. Au S. s'étend le Sahara, où se situent le Grand Erg occidental, le Grand Erg oriental, les plateaux du Tademaït et du Tanezrouft, le massif du Hoggar.

Le littoral bénéficie d'un climat méditerranéen, tandis que l'intérieur des hautes terres, protégé des influences maritimes par les chaînons côtiers, est soumis à un climat continental (hiver rigoureux, été chaud et sec). Au S., le Sahara se caractérise par la rareté des précipitations et une très forte amplitude thermique. Pour remédier à une pluviosité irrégulière et inégalement répartie, l'Algérie s'est engagée dans une politique de construction de barrages-réservoirs. La surface agricole utilisée ne représente toutefois que 3 % du territoire, et plus de 80 % sont occupés par les déserts.

ÉCONOMIE

L'agriculture est peu développée. Après le départ massif des Européens, à partir de 1962, et l'occupation par les Algériens des grandes exploitations agricoles, une loi d'autogestion fut promulguée. Mais le système, défaillant, fut révisé dès 1968 et à nouveau en 1974. Parallèlement, la « révolution agraire » lancée en 1971 (création de coopératives, redistribution et nationalisation des terres) fit chuter la productivité et croître la dépendance alimentaire. Les réformes menées dans les années 1980 et jusqu'en 1994 ont fait de plus en plus appel à l'initiative individuelle et aux capitaux privés, sans rompre définitivement avec le dirigisme. Aujourd'hui, si la valeur de la production agricole a augmenté, le pays n'a pas atteint l'autosuffisance alimentaire.

Les véritables piliers de l'économie sont donc le pétrole (réserves estimées à 10 milliards de barils) et le gaz naturel (réserves estimées à 4 550 milliards de m³) qui assurent la quasi-totalité des revenus à l'expor-

Le Tassili des Ajjers, classé réserve de l'homme et de la biosphère par l'Unesco.

tation. L'Algérie produit 1,1 million de barils de pétrole par jour (2022) et en exporte la moitié vers l'Europe. Un gazoduc relie l'Algérie à l'Italie, et d'autres ouvrages sont en cours de construction. Malgré les résultats positifs obtenus dans de nombreux secteurs industriels (sidérurgie, chimie, télécommunications) et un potentiel touristique important, le chômage reste élevé, notamment chez les jeunes et les femmes. La crise sanitaire de 2020-2022 a aggravé la baisse d'activité de nombreux secteurs.

Champs pétrolifères dans le Sahara algérien, aux nombreux gisements d'hydrocarbures.

HISTOIRE

L'Algérie préhistorique et antique La présence humaine dans la région remonte à plus de 500 000 ans et le territoire fut l'un des berceaux de la civilisation berbère. Les Phéniciens fondèrent des comptoirs commerciaux sur ses côtes (début du IIe millénaire av. J.-C.), tandis que l'intérieur du pays, occupé par les Maures, les Libyques et les Guaramantes, fut dominé par des chefs berbères (les Numides). À l'issue des guerres puniques (IIIe-IIe s. av. J.-C.), la Numidie passa sous domination romaine. En 40 apr. J.-C., la Maurétanie fut annexée par Rome, tandis que l'E. du territoire dépendit, jusqu'au IIIe s., de la province proconsulaire d'Afrique. La population, précocement christianisée, adopta le donatisme (forme la plus schismatique). Les tribus berbères montagnardes, non romanisées, continuèrent leur résistance. Les Vandales exercèrent une brève domination (429-533), avant d'être chassés par les Byzantins qui occupèrent l'E. de la région.

L'avènement de l'islam La conquête arabo-musulmane façonna durablement l'identité nationale et culturelle de l'Algérie. Les armées musulmanes, parties d'Égypte en 647, atteignirent les rivages atlantiques dès 711. La résistance de certains chefs berbères (VIIe s.) ne put empêcher le Maghreb, rapidement converti, de devenir une province omeyade (VIIIe s.). Dès lors, divisions politiques et dissidences religieuses allèrent de pair. À la fin du XIe s., les Almoravides, dynastie berbère sunnite, s'emparèrent du pays et firent pénétrer l'influence de la civilisation hispano-mauresque. Durant leur règne et celui de leurs successeurs, les Almohades, tout le Maghreb fut soumis à un pouvoir unique.

La conquête ottomane Au XVIe s., la population musulmane, refusant le protectorat espagnol, demanda aux corsaires turcs (tels les frères Barberousse) d'intervenir. Dépendant de la protection du sultan, le pays devint alors une régence de l'Empire ottoman. Après la prospérité économique du début de la période ottomane, il sombra à la fin du XVIIIe s. et au XIXe s. dans un marasme persistant. Profitant de la fragilité de l'autorité du dey, les révoltes locales se multiplièrent.

La conquête française En 1830, à la suite d'un incident diplomatique, mais poursuivant une stratégie économique, politique et militaire planifiée, la France envahit le pays. Le 5 juillet 1830, les troupes françaises conquirent Alger, mettant ainsi fin à la domination turque. La résistance s'organisa alors autour d'Abd el-Kader qui, après avoir infligé une grave défaite aux Français, les contraignit à signer le traité de la Tafna en 1837. Ayant constitué une véritable armée, Abd el-Kader, reconnu « émir des croyants », reprit les hostilités dès 1839 en proclamant la guerre sainte contre les Français. Malgré l'intervention du sultan du Maroc, l'armée française d'Afrique mena le combat jusqu'à l'occupation totale du pays. En 1847, à Sidi Brahim, l'émir se rendit. La guerre finie, la pacification ne fut pourtant jamais achevée tant la colonisation allait nourrir de révoltes par ses expropriations massives.

La colonisation Assez vite, en effet, la colonisation de peuplement apparut comme le seul moyen de consolider la conquête. On recensa ainsi, en 1872, 2 125 000 indigènes et 245 000 Européens (dont 35 000 israélites naturalisés par le décret Crémieux de 1870). Pour attirer les colons, le territoire algérien, devenu français après 1848, fit l'objet de nombreuses concessions et distributions (environ 1,7 des 2,4 millions d'ha exploités par les Européens en 1930). Malgré l'échec du projet Blum-Violette (1936) prévoyant l'accès de certains musulmans à la citoyenneté française sans perte de leur statut personnel islamique, l'élite musulmane crut longtemps à la politique d'assimilation. Déjà, pourtant, se développèrent des mouvements d'indépendance nationale. Après les émeutes de mai 1945 (Sétif et Guelma), durement réprimées, ils se radicalisèrent et se divisèrent : en 1946, Ferhat Abbas fonda l'Union démocratique du manifeste algérien (UDMA) et Messali Hadj le Mouvement pour le triomphe des libertés démocratiques (MTLD). Les blocages politiques permirent à la tendance dure, favorable au soulèvement armé, de l'emporter. Le 1er nov. 1954, d'anciens militants du MTLD déclenchèrent une insurrection dans les Aurès (la « Toussaint rouge »). Le conflit prit rapidement l'allure d'une véritable guerre, qui s'acheva avec les accords d'Évian, en mars 1962 (voir Algérie [guerre de]).

L'Algérie indépendante À peine indépendante (1er juin 1962), la république algérienne fut soumise au régime présidentiel fort de Ben Bella puis, après le coup d'État de juin 1965, à celui de Boumédiène. Ce dernier entreprit une politique de développement volontariste : industrialisation fondée sur l'exploitation du gaz et du pétrole, nationalisation des principaux secteurs de l'économie, politique d'arabisation massive, accords de coopération culturelle et technique avec des pays européens. Le colonel Chadli Bendjedid, élu président en 1979, continua l'œuvre de son prédécesseur mais en libéralisant quelque peu le régime. Il proposa une nouvelle Constitution (1989) et une loi sur le multipartisme. On assista alors à une floraison de partis politiques, dont le Front islamique du salut (FIS) qui s'imposa comme l'adversaire implacable du régime. En 1991, le FIS remporta une écrasante victoire au premier tour des élections législatives.

L'armée démit Chadli de ses fonctions et annula les résultats des élections. Le FIS fut dissous. Dès lors, l'Algérie entra dans une phase d'instabilité et de violence. À la répression sanglante, menée par l'État et son armée, répondirent les attentats des islamistes : plus de 600 personnes furent assassinées en 1992. Dans le même temps se développa en Kabylie un mouvement de revendication berbère, hostile aux militaires comme aux islamistes. Malgré les tentatives de Liamine Zeroual, chef d'État depuis 1994, pour intégrer les principaux partis d'opposition à l'exercice du pouvoir, le régime n'obtint ni la fin des massacres, ni le soutien du peuple (durant les années 1990, plus de 200 000 personnes ont été tuées dans le conflit opposant l'État et les groupes armés). Impuissant, L. Zeroual démissionna et A. Bouteflika lui succéda en 1999. Alors même qu'il venait de faire approuver par référendum son projet de « concorde civile », des émeutes éclatèrent en avril 2001 en Kabylie. En 2005, A. Bouteflika fit adopter une charte pour la paix et la réconciliation nationale, malgré les protestations d'associations de victimes qui dénonçaient le renforcement de l'impunité. Il fut réélu en 2009 et en 2014 malgré un accident vasculaire cérébral. La révolte populaire qui suivit sa cinquième candidature à la présidentielle de 2019 fut telle qu'il dut démissionner en avril. L'un de ses anciens soutiens, le général Ahmed Gaïd Salah, prit les commandes du pouvoir jusqu'à la présidentielle de déc. 2019 et réprima le mouvement de contestation (Hirak) qui se poursuivit pour exiger davantage de démocratie. L'ancien Premier ministre Abdelmadjid Tebboune accéda au pouvoir avec un taux de participation particulièrement faible.

En 2005, le projet de Charte pour la paix et la réconciliation nationale fut massivement approuvé par référendum.

Algérie (guerre d') Conflit qui opposa en Algérie, de 1954 à 1962, les mouvements nationalistes algériens au gouvernement français. La guerre commença par une insurrection dans les Aurès (« Toussaint rouge », 1er nov. 1954) déclenchée par des militants nationalistes réunis en Comité révolutionnaire d'unité et d'action. Constituant un FLN (Front de libération nationale), auquel se rallièrent la plupart des mouvements nationalistes, les insurgés se dotèrent également d'une armée, l'ALN (Armée de libération nationale). Après l'arrestation de cinq chefs nationalistes, dont Ben Bella (1956), le contingent vint militairement à bout du FLN (bataille d'Alger, 1957) tandis qu'aux frontières étaient contenues les forces de l'ALN. En 1958, après le retour au pouvoir du général de Gaulle et le renforcement de la lutte militaire contre le FLN, un statu quo sembla s'installer. En juin 1960, les premières négociations avec les représentants du gouvernement provisoire de la République algérienne (GPRA) furent entamées. Après le putch militaire manqué à Alger (avr. 1961), le général Salan prit la tête de l'Organisation armée secrète (OAS) qui multiplia les attentats pour conserver l'Algérie française. Les négociations aboutirent néanmoins aux accords d'Évian et au cessez-le-feu (mars 1962), provoquant l'exode de plus d'un million de Français d'Algérie vers la France.

algérien, enne adj. D'Algérie. ▪ **n.** *Les Algériens.* – **n. m.** *L'algérien,* l'arabe dialectal d'Algérie.

Algérois **n. m.** Région d'Alger.

Algésiras Ville d'Espagne (Andalousie), sur le détroit de Gibraltar. 123 000 habitants. 2e port de la Méditerranée. Raffinerie de pétrole.

algide adj. **(du latin, de *algere* « avoir froid »)** méd. Accompagné de refroidissement. *Sueur algide.*

algidité **n. f.** **(de *algide*)** méd. Refroidissement avec sensation de froid et tendance au collapsus.

algie **n. f.** **(grec → -algie)** méd. Douleur le plus souvent diffuse, sans relation définie avec une cause organique. □ **adj. algique**

-algie Élément **(du grec *algos*)** signifiant « douleur ».

algine **n. f.** **(de *algue*)** chim. Substance azotée visqueuse que l'on trouve dans les algues, les plantes marines, utilisée dans l'industrie.

algoculture **n. f.** **(de *algue* et *culture*)** techn. Culture d'algues.

algodystrophie **n. f.** **(du grec *algos* « douleur » et de *dystrophie*)** méd. Syndrome douloureux d'origine nerveuse atteignant les articulations des membres supérieurs, dû à un traumatisme ou à des suites opératoires.

algol **n. m.** **(mot anglais, de *algo[rithmic] l[anguage]*)** inform. Langage de programmation destiné à l'écriture des algorithmes.

Alhambra

La cour des Lions de l'Alhambra de Grenade, joyau des palais des Nasrides.

algonquin, ine adj. et n. **(de *algumakin* « lieu où l'on pêche au harpon *[algum]* », dans cette langue)** Des Algonquins. ▪ **n. m.** Famille de langues parlées par les Algonquins.

Algonquins **n. m. pl.** Indiens d'Amérique du Nord (Canada), installés aujourd'hui dans des réserves du Québec et de l'Ontario. Ils vivaient de pêche, de chasse et de cueillette, et habitaient dans des wigwams coniques.

algorithme **n. m.** **(latin tardif, de *Al-Khawarizmi,* n. d'un savant arabe ; d'abord « numération décimale »)** Ensemble des règles opératoires propres à un calcul ; suite de règles formelles. □ **adj. algorithmique**

algothérapie **n. f.** **(de *algue* et *-thérapie*)** Traitement médical par les algues.

Algren (Nelson) Romancier américain (1909-1981). Auteur apprécié de la beat generation, il connut le succès avec *L'Homme au bras d'or.* Ses romans furent souvent portés à l'écran.

alguazil [algwazil ; algazil] **n. m.** **(de l'espagnol, de l'arabe)** hist. Agent de police ou de justice, en Espagne.

Algérie (guerre d')

1. En juin 1958, de Gaulle est à Alger, où il prononce un discours dont on retiendra une formule : « Je vous ai compris ». 2. Une opération militaire contre les fellagas dans les Aurès au début de la guerre. 3. À partir de l'automne 1961, les manifestations se succèdent à Alger : la fin de la guerre est proche.

algue **n. f.** **(d'abord *alge,* adj. ; du latin *alga*)** **1.** Plante aquatique à chlorophylle des eaux douces ou salées. *Algues marines.* → **goémon, varech.** **2.** bot. Classe de plantes (comprenant les algues au sens courant).

Alhambra Ancienne cité de gouvernement des princes arabes de Grenade. La forteresse al-Qasaba, les palais construits par Yusuf Ier et Muhammad V (XIVe s.) constituent un remarquable témoignage de l'architecture du Moyen Âge islamique.

Alhazen voir **Ibn al-Haytham**

Ali ou **ʿAlī ibn Abū Ṭālib** Quatrième calife (v. 600-661). Époux de Fatima, fille de Mahomet. Les chiites lui accordent un pouvoir semi-divin. Ses descendants sont les Alides.

Ali (Cassius Clay, devenu **Muhammad)** Boxeur américain (1942-2016). Il fut champion du monde des poids lourds de 1964 à 1967, puis de 1974 à 1978. Converti à l'islam, il lutta contre la ségrégation raciale et la guerre du Viêtnam.

Alia (Ramiz) Homme d'État albanais (1925-2011). Dernier président communiste de la République (1991-1992), il fut chassé par la victoire de l'opposition aux élections libres.

Aliakmon **n. m.** Fleuve de Grèce (297 km) qui se jette dans le golfe de Thessalonique.

^{1}**alias** [aljas] **(du latin, de *alius* → autre)** **1. adv.** Autrement appelé (de tel ou tel nom). *Jean-Baptiste Poquelin, alias Molière.* **2. n. m.** Nom d'emprunt. → **pseudonyme.**

^{2}**alias** [aljas] **n. m.** **(mot anglais, du latin → ^{1}alias)** inform. Fichier utilisé comme raccourci pour accéder à un fichier original.

Ali Baba Héros des *Mille et Une Nuits.* Pauvre artisan de Perse, il s'empare du butin amassé dans leur caverne par 40 voleurs, grâce à la formule magique « Sésame, ouvre-toi ».

Ali Bey Bey d'Égypte (1728-1773). Ancien esclave nommé sultan par le chérif de La Mecque (1768), il entreprit de conquérir la Syrie et une partie de l'Arabie, mais fut déposé par Muhammad Bey.

alibi **n. m.** **(mot latin « ailleurs », de *alius* → autre)** **1.** Moyen de défense tiré du fait qu'on se trouvait, au moment d'une infraction, dans un lieu autre que celui où elle a été commise. *Avoir un bon alibi.* **2.** Circonstance, activité qui cache et justifie autre chose. → **justification, ^{2}prétexte.**

alicament **n. m.** **(mot-valise, de *aliment* et *médicament*)** Aliment dont la composition explicitement formulée implique un effet actif sur la santé du consommateur.

Alicante Ville d'Espagne (Communauté de Valence), chef-lieu de province, sur la Méditerranée. 337 480 habitants. Port. Palmeraies.

alidade n. f. (de l'arabe) 1. Règle portant un instrument de visée, pour déterminer les directions, mesurer les angles. 2. Partie mobile d'un théodolite.

Alides n. m. pl. Descendants d'Ali et de Fatima, fille de Mahomet. Leur lutte contre les Omeyades et les Abbassides aboutit à la formation du chiisme.

alien [aljɛn] n. (mot anglais) anglic. Extraterrestre. – fig. Personne étrangère (à un groupe, un milieu).

aliénable adj. dr. Qui peut être aliéné. □ n. f. **aliénabilité**

aliénant, ante adj. Qui aliène, retire à l'individu la libre disposition de lui-même.

aliénation n. f. (→ aliéner) I. 1. dr. Transmission qu'une personne fait d'une propriété ou d'un droit. 2. Fait de céder ou de perdre (un droit, un bien naturel). *Ce serait une aliénation de ma liberté.* 3. (dans le marxisme) État de l'individu qui, par suite des conditions extérieures (économiques, politiques, religieuses), cesse de s'appartenir, devient esclave des choses. – Processus par lequel l'être humain est rendu comme étranger à lui-même. *L'aliénation de la femme.* II. Trouble mental grave (qui prive qqn de sa raison). → **démence**, **¹folie**.

aliéné, ée n. Personne atteinte d'aliénation mentale. anciennt *Asile d'aliénés.*

aliéner v. tr. < 6 > (latin *alienare* « rendre autre », de *alius* → autre) 1. Céder par aliénation (I, 1). 2. Perdre (un droit naturel). *Aliéner sa liberté.* 3. (sujet chose) Éloigner, rendre hostile. *Ses médisances lui ont aliéné tous ses amis.* – *S'aliéner qqn,* agir de sorte qu'il devienne hostile. 4. Transformer par l'aliénation (I, 3).

aliéniste n. anciennt Médecin spécialisé dans le traitement des aliénés. → **psychiatre**.

Aliénor d'Aquitaine ou **Éléonore de Guyenne** (v. 1122-1204). Reine de France, puis d'Angleterre. Fille du duc d'Aquitaine, elle épousa le roi de France Louis VII (1137), qui la répudia en 1152, et se remaria avec Henri Plantagenêt, futur Henri II d'Angleterre, la même année. Séparée de ce dernier, elle tint à Poitiers sa propre cour, haut lieu culturel. Elle était la mère de Richard Cœur de Lion et de Jean sans Terre.

Aligarh Ville d'Inde (Uttar Pradesh) dans la plaine du Gange. 668 000 habitants. Université. Industries textiles et mécaniques.

Alighieri (Dante) voir **Dante**

aligné, ée adj. 1. Disposé, rangé en ligne droite. *Des chaises alignées contre un mur.* 2. (→ s'aligner) *Les pays non alignés.* → **non-aligné**.

alignement n. m. 1. Fait d'aligner, d'être aligné. – astron. *Alignement des astres, des planètes.* ■ Rangée (de choses alignées). spécialt *Les alignements* (de menhirs) *de Carnac.* 2. admin. Limite de la voie publique et des propriétés des riverains fixée par l'Administration. 3. fig. Fait de s'aligner, d'aligner (sa politique, sa conduite). *L'alignement d'un parti sur la politique d'un État.*

aligner v. tr. < 1 > (de *ligne*) 1. Ranger sur une ligne droite. *Aligner des chaises.* 2. Inscrire ou prononcer à la suite. *Aligner des chiffres.* 3. fig. *Aligner une monnaie sur une autre,* en déterminer le cours par rapport à une autre. – ***Aligner** sa politique **sur** une autre,* la calquer sur elle. ■ **s'aligner** v. pron. 1. Se mettre sur la même ligne. *Alignez-vous !* 2. fig. Se conformer (à). *S'aligner sur une politique.* 3. spécialt Se mettre en ligne (pour combattre). – loc. fam. *Tu peux toujours t'aligner,* tu n'es pas de taille, tu seras battu.

aligot n. m. (de l'occitan, p.-ê. de *haricot* « ragoût ») Purée de pommes de terre à la tomme fraîche et à la crème (spécialité auvergnate).

aligoté n. m. (du germanique, famille de *haricot*) Cépage de Bourgogne. – Vin blanc qu'il produit.

Aligre (Étienne d') Chancelier de France (1550-1635). Nommé chancelier en 1624, il fut disgracié par Richelieu en 1626.

aliment n. m. (du latin, de *alere* « nourrir ») 1. Substance susceptible d'être digérée, de servir à la nutrition d'un être vivant. → **denrée**, **nourriture**, **vivres**. *Aliments surgelés.* 2. fig. Ce qui nourrit, entretient. « *Le génie meurt, faute d'aliments* » (R. Rolland). 3. dr. *Aliments* : frais d'entretien (d'une personne).

alimentaire adj. 1. Qui peut servir d'aliment. *Denrées alimentaires* (→ **diététique**). 2. Relatif à l'alimentation. *Intoxication alimentaire.* – *Industries alimentaires.* → **agroalimentaire**. 3. dr. Qui a rapport aux aliments (3). *Pension alimentaire.* 4. Qui n'a d'autre rôle que de fournir de quoi vivre. *Un travail alimentaire.*

alimentation n. f. 1. Action ou manière d'alimenter, de s'alimenter. *Varier son alimentation.* 2. Commerce, industrie des denrées alimentaires. *Magasin d'alimentation.* 3. Action d'alimenter (2), de fournir. *L'alimentation d'une chaudière* (en eau), *d'un moteur* (en combustible). → **approvisionnement**. ■ Dispositif qui fournit l'énergie électrique nécessaire au fonctionnement d'un appareil.

alimenter v. tr. < 1 > 1. Fournir en alimentation. → **nourrir**. *Vous pouvez alimenter légèrement le malade.* – pronom. *Il recommence à s'alimenter.* 2. Approvisionner. *Alimenter une ville en eau.* – Fournir du courant électrique à. *Le réseau alimente de nombreux appareils.* 3. fig. Entretenir, nourrir. *Alimenter la conversation.*

alinéa n. m. (latin *a linea* « en sortant de la ligne » → ligne) 1. Renfoncement de la première ligne d'un paragraphe. 2. Passage compris entre deux de ces lignes en retrait. → **paragraphe**. *Le texte comporte quatre alinéas.*

alios [aljos] n. m. (mot gascon) géol. Grès organique ou ferrugineux constituant une des couches du podzol des Landes.

Aliénor d'Aquitaine

Aliénor d'Aquitaine et Isabelle d'Angoulême au cours d'une partie de chasse, chapelle Sainte-Radegonde, Chinon.

Ali Pacha (Mehmet Emin) Homme politique turc (1815-1871). Président du conseil du Tanzimat et grand vizir, il entreprit de réformer l'État ottoman.

Ali Pacha de Tepelenë Pacha de Ioannina (v. 1741-1822). Après avoir reconquis l'Albanie et l'Épire, il se proclama pacha en 1788 et mena une politique indépendante jusqu'en 1819. Assiégé dans Ioannina par le sultan ottoman, il fut assassiné.

aliphatique adj. (grec *aleiphar, aleiphatos* « graisse ») chim. Se dit d'un corps gras à chaîne ouverte. *Hydrocarbures aliphatiques.*

aliquote adj. f. math. vieux *Partie aliquote,* qui est contenue un nombre exact de fois dans un tout (contr. **aliquante** adj. f.).

Aliscamps ou **Alyscamps** n. m. pl. Allée située près d'Arles. Ancienne nécropole gallo-romaine, elle fut adoptée par les chrétiens.

alise n. f. (vient p.-ê. du gaulois) Fruit de l'alisier, d'un goût légèrement acidulé.

Alise-Sainte-Reine Commune de la Côte-d'Or. Site probable d'Alésia. Musée.

alisier n. m. Arbre, variété de sorbier.

Alisjahbana (Sutan **Takdir**) voir **Takdir Alisjahbana** (Sutan)

alisma ou **alisme** n. m. (du grec) Plante à fleurs blanches qui croît dans les lieux humides, également appelée *plantain d'eau.*

aliter v. tr. < 1 > (de *lit*) Faire prendre le lit à (un malade). – pronom. *Il a dû s'aliter hier.* – au p. p. *Malade alité depuis des années.* □ n. m. **alitement**

Alix de Champagne voir **Adèle de Champagne**

Alix de Savoie voir **Adélaïde de Savoie**

alizarine n. f. (de l'espagnol *alizari,* de l'arabe *al-usâra* « jus, extrait ») Matière colorante rouge, extraite autrefois des racines de garance (*alizari,* n. m.), aujourd'hui obtenue par synthèse.

alizé n. m. (p.-ê. famille de *lisse,* pour « doux ») Vent régulier soufflant toute l'année de l'est, sur la partie orientale du Pacifique et de l'Atlantique comprise entre les parallèles 30° N. et 30° S. – appos. *Les vents alizés.*

Alkan (Charles Valentin Morhange, dit) Compositeur et pianiste français (1813-1888). Virtuose surnommé le « Berlioz du piano », il laissa une centaine de pièces pour piano, souvent aussi difficiles que celles de Liszt.

alkékenge n. m. (de l'arabe *al-kâkang*) Plante vivace à fleurs jaunes, à fruit orange ornemental, appelée aussi *amour en cage.*

Alkmaar Ville des Pays-Bas (Hollande-Septentrionale). 110 780 habitants. Église et hôtel de ville gothiques. Marché aux fromages.

alkyle voir **alcoyle**

Allah Nom du Dieu unique dans l'islam.

Allahabad Ville d'Inde (Uttar Pradesh), au confluent du Gange et de la Yamuna. 1,2 million d'habitants. Centre industriel et commercial, au sein d'une riche région agricole.

Allain (Marcel) Romancier français (1885-1969). Créateur, avec Pierre Souvestre, du personnage de Fantômas, il est l'auteur de plusieurs romans populaires à épisodes.

Allais (Alphonse) Écrivain et humoriste français (1854-1905). D'abord chroniqueur au journal du cabaret *Le Chat noir,* il publia plusieurs recueils humoristiques et des comédies qui poussent le bon sens fin de siècle jusqu'à l'absurde. *Deux et deux font cinq ; On n'est pas des bœufs.*

Allais (Maurice) Ingénieur et économiste français (1911-2010). De tendance néolibérale, il fut le théoricien de l'équilibre économique, de la monnaie et du crédit (*Traité d'économie pure*). Prix Nobel 1988.

Allais (Émile) Skieur français (1912-2012). Champion du monde de 1936 à 1938, il est l'inventeur d'une technique de ski.

allaitant, ante adj. Qui allaite. *Femelle allaitante.*

allaitement n. m. Action d'allaiter un nourrisson.

allaiter v. tr. < 1 > (de *lait*) Nourrir de son lait (un nourrisson, un petit) ; donner le sein à.

allant, ante (→ ¹aller) **1.** adj. Qui fait preuve d'activité. *« Je suis plus jeune, plus fort et allant que vous ne croyez »* (Sarraute). **2.** n. m. Ardeur d'une personne qui va de l'avant, ose entreprendre. → **entrain.** *Il est plein d'allant.*

allantoïde n. f. (du grec, de *allas, allantos* « boyau, saucisse » et *-eidês* → -oïde) zool. Membrane enveloppant l'embryon des vertébrés, qui intervient dans l'excrétion et les échanges respiratoires.

Allauch Commune des Bouches-du-Rhône. 21 546 habitants. Musée.

All Blacks (les) Équipe de rugby à XV de Nouvelle-Zélande. Elle est célèbre pour avoir gagné deux fois la Coupe du monde (1987 et 2011) et remporté le plus grand nombre de matchs au monde. Ses joueurs, en tenue noire, interprètent avant chaque rencontre une danse guerrière maorie, le haka.

alléchant, ante adj. Qui allèche, fait espérer quelque plaisir. *Une odeur alléchante.* → **appétissant.** – fig. *Une proposition alléchante,* séduisante, tentante.

allécher v. tr. < 6 > (vient du latin pop., de *lacere* « séduire » cf. délice) Attirer par la promesse d'un plaisir. → **appâter.** *« Maître Renard, par l'odeur alléché* [...] » (La Fontaine). – fig. *Il a choisi ce titre pour allécher les lecteurs.* □ n. m. **allèchement**

allée n. f. (→ ¹aller) **I.** *Allée et venue* : fait d'aller et de venir ; plur. déplacement de personnes qui vont et viennent. **II.** Chemin bordé d'arbres, de massifs, de verdure. *Allées et contre-allées.* ■ (dans un édifice) Espace pour le passage. *Les allées d'un cinéma.*

allégation n. f. (latin → alléguer) Affirmation ; ce qu'on allègue*.

allège n. f. (de *alléger*) **1.** Embarcation (qui peut alléger, décharger un navire). **2.** Mur d'appui construit dans la partie inférieure d'une fenêtre.

allégeance n. f. (de *lige*) Obligation de fidélité. – Soumission fidèle. *Faire allégeance à un parti.*

allègement ou **allégement** n. m. Fait ou moyen d'alléger (ce qui constitue une charge trop lourde). *L'allègement des programmes scolaires.*

alléger v. tr. < 6 et 3 > (vient du latin, de *levis* → léger) **1.** Rendre moins lourd, plus léger. ■ Rendre plus léger (un aliment). – au p. p. *Fromage allégé.* ■ fam. *Alléger qqn de son portefeuille,* lui dérober son argent. **2.** Rendre moins pénible (une charge, une peine).

Alleghanys n. m. pl. Partie centrale du massif des Appalaches aux États-Unis.

allégorie n. f. (du grec « parler en public », de *allos* « autre » et *agora* « assemblée du peuple ») **1.** Narration mettant en œuvre des éléments concrets, chaque élément correspondant à un contenu abstrait. *« Le Roman de la Rose » est une longue allégorie de l'amour.* – Personnification d'une idée abstraite. **2.** Œuvre (peinture, sculpture, film...) dont chaque élément évoque un aspect d'une idée complexe. □ **allégorique** adj. *Roman, peinture allégorique.* □ adv. **allégoriquement**

allègre adj. (vient d'une altération du latin *alacer* « vif » → alacrité) Plein d'entrain, vif. → ¹**alerte.**

allègrement ou **allégrement** adv. Avec entrain. → **vivement.**

allégresse n. f. Joie très vive qui se manifeste publiquement. → **enthousiasme, liesse.**

Allégret (Marc) Cinéaste français (1900-1973). Il lança de nombreux comédiens et réalisa notamment *Lac aux Dames ; Gribouille ; Entrée des artistes.* Il est l'auteur de deux documentaires sur André Gide.

Allégret (Yves) Cinéaste français (1905-1987), frère de Marc Allégret. Il est l'un des représentants du « film noir » français (*Manèges ; Les Orgueilleux*).

allégretto (italien *allegretto,* diminutif de *allegro*) adv. mus. D'un mouvement un peu vif, gai, gracieux (moins rapide que *allégro*). – n. m. Morceau exécuté dans ce tempo. *Des allégrettos.* - var. **allegretto.**

Allegri (Gregorio) Compositeur italien (1582-1652). Il composa de la musique sacrée, dont un *Miserere* pour 9 voix et 2 chœurs.

Allegri (Antonio) voir **Corrège** (le)

allégro [a(l)legʀo] (italien *allegro* → allègre) adv. mus. D'un mouvement gai, vif (moins rapide que *presto*). – n. m. Morceau exécuté dans ce tempo. *Des allégros.* - var. **allegro.**

alléguer v. tr. < 6 > (du latin, de *legare* → légat, léguer) **1.** Citer comme autorité, pour sa justification. *Alléguer un texte de loi.* **2.** Mettre en avant, invoquer. → **prétexter.** *Il allégua un mal de tête.*

allèle n. m. (abrév. de *allélomorphe,* du grec *allêlo-* marquant la réciprocité) biol. Chacune des versions possibles d'un même gène (syn. **gène allélomorphe**). *Allèle dominant, allèle récessif.*

alléluia [a(l)leluja] (du latin, de l'hébreu « louez Yahweh ») **1.** interj. Cri de louange et d'allégresse (fréquent dans les psaumes). ■ fam. S'emploie pour se réjouir d'un évènement inespéré. *Alléluia, la voiture a démarré !* **2.** n. m. Chant liturgique chrétien d'allégresse.

Allemagne

n. f. ■ offic. République fédérale d'Allemagne État d'Europe centrale. 356 959 km². 83,15 millions d'habitants (les *Allemands*). **Population :** Allemands (87,8 %) ; Turcs (1,8 million), ex-Yougoslaves, Italiens, Grecs, Polonais. **Langue :** allemand. **Religions :** catholiques (30 %), protestants (29 %), musulmans (6,5 %). **Monnaie :** euro. **Capitale :** Berlin. **Régime :** démocratie parlementaire. L'Allemagne est constituée de 16 États fédérés (Länder), dont 5 de l'ex-RDA.

GÉOGRAPHIE

Régions naturelles **L'Allemagne du Nord** est une fraction de la grande plaine germano-polonaise. Landes, marais et tourbières y abondent, ainsi que les pinèdes (Brandebourg). Au N. (Schleswig-Holstein, Mecklembourg), des collines au sol fertile sont parsemées de lacs. Sur la mer du Nord, la basse côte frisonne, bordée d'îles, est faite de vasières et de polders. Sur la côte baltique alternent basses terres, falaises, îles et rias. Au S., un cordon de lœss, très fertile, est un axe de communication naturel. **L'Allemagne moyenne** est une mosaïque de massifs anciens, de bassins sédimentaires et de fossés d'effondrement, limitée par deux grands massifs : à l'O., le Massif schisteux rhénan (400-800 m), traversé par la Trouée héroïque du Rhin ; à l'E., les monts Métallifères et l'ensemble constitué par la forêt de Bavière, le Böhmerwald et la forêt du Haut-Palatinat. Au S. de Francfort, des massifs anciens encadrent le grand fossé du Rhin moyen : la Forêt-Noire (1 493 m au Feldberg), le Hardt, la forêt du Palatinat, l'Odenwald. Entre ces massifs rhénans et

Le château de Neuschwanstein, en Bavière, construit à la demande du roi Louis II.

ceux des confins de Bohême se trouve le grand bassin sédimentaire de Souabe-Franconie, jusqu'aux hauts plateaux karstiques du Jura souabe et franconien. **L'Allemagne subalpine et alpine** s'étend du Danube aux crêtes (frontières suisse et autrichienne). Les Alpes allemandes, qui culminent au Zugspitze (2 962 m), comptent une vingtaine de kilomètres de largeur. Un plateau de piémont, le plateau souabe-bavarois, comprend des lacs (lac de Constance) et, en avant, des plateaux étagés dominant des tourbières.

Hydrographie Une ligne majeure de partage des eaux entre la mer du Nord et la mer Noire court sur le Jura souabe-franconien. Le Danube, qui prend sa source dans la Forêt-Noire, est navigable à partir de Kelheim en amont de Ratisbonne. Le Rhin occupe, dans l'économie allemande, une place considérable : il est, à partir de Bâle, la principale artère fluviale d'Europe. La liaison Rhin-Main-Danube, achevée en 1992, est un atout supplémentaire. L'Ems, la Weser et l'Elbe (vers la mer du Nord), l'Oder (vers la Baltique) sont des voies de communication fluviale secondaires, malgré les jonctions assurées par le canal Dortmund-Ems et par le Mittellandkanal.

Climat et végétation Océanique au N.-O., le climat devient de plus en plus continental vers l'E. et le S.-E. Le N. est bien ensoleillé en avril-mai. Le fœhn vient souvent dessécher les vallées bavaroises. L'été est la saison la plus arrosée. Les boisements d'épicéas ont pris une place importante et donnent un aspect sévère aux massifs (Forêt-Noire). Bouleaux et pins occupent les terres acides de la plaine du Nord.

Population L'Allemagne unifiée compte aujourd'hui un peu plus de 83 millions d'habitants, essentiellement concentrés dans les villes (densité moyenne : 282 hab./km² ; taux d'urbanisation : 88 %). De 1945 à 1970, la RFA connut une croissance démographique soutenue, notamment grâce à l'accueil de rapatriés allemands d'Europe orientale, puis à l'appel de travailleurs immigrés venus des pays méditerranéens (Turquie notamment). Par la suite, le solde migratoire a compensé la faiblesse de l'accroissement naturel, aujourd'hui négatif, d'une population vieillie et malthusienne. L'adjonction des 16,6 millions d'habitants de l'ex-RDA a modifié le poids de l'Allemagne au sein de l'Europe, mais la réunification a entraîné des migrations internes importantes, 10 % de la population de l'ex-RDA ayant choisi de s'installer à l'O. entre 1989 et 2004.

A

Allemagne

ÉCONOMIE

Première puissance économique européenne, l'Allemagne surmonta toutefois difficilement le coût de l'absorption de la RDA. Après un rebond économique dans les années 2000, la crise mondiale de 2008 entraîna un ralentissement que le dynamisme des exportations, entre autres, permit de juguler. À l'approche de la décennie 2020, l'économie s'enraya en raison de la rigueur budgétaire de la chancelière Merkel (manque d'investissement public), de la pénurie de main-d'œuvre dans certains secteurs due au vieillissement de la population et de la stagnation des exportations de biens industriels. La crise sanitaire remit cependant le modèle de l'équilibre budgétaire à tout prix en question et le gouvernement lança un programme d'investissements publics financés par l'emprunt. Au lendemain du déclenchement de la guerre en Ukraine et des sanctions européennes qui s'ensuivirent à l'encontre de la Russie, l'économie allemande fut lourdement pénalisée par la réplique de V. Poutine limitant les livraisons de gaz.

Agriculture et ressources naturelles L'agriculture (céréales, pomme de terre, viande et produits laitiers, fruits et légumes) n'occupe que 4 % de la population active mais suffit à satisfaire les besoins du pays. L'exploitation du charbon (dans la Ruhr) et du lignite (en ex-RDA) diminue continuellement. L'hydroélectricité et les énergies renouvelables produisent 33 % de l'électricité. Le gouvernement, qui avait décidé en 2000 l'arrêt pour 2022 des centrales nucléaires, a fermé immédiatement les sept plus anciennes après la catastrophe japonaise de Fukushima en 2011 et l'Allemagne dépend ainsi largement des importations en matière énergétique. Les hydrocarbures, raffinés dans la Ruhr, sont acheminés par voie maritime depuis Rotterdam, par oléoducs et gazoducs depuis la Russie.

Industrie L'Allemagne est le 7ᵉ producteur mondial d'acier. La Ruhr fournit 80 % du total. La chimie de base est dominée par de grands groupes dont BASF et Bayer. L'Allemagne est le 2ᵉ exportateur mondial de biens d'équipement : mécanique lourde, machines-outils et machines spécialisées, gros matériel électrique, matériel militaire, et surtout automobile. L'électronique et l'électrotechnique bénéficient d'une politique d'innovation. Le niveau élevé des salaires allemands freine les industries de biens de consommation.

Quartier du City Sporthafen de Hambourg, premier port du pays.

Communications Le transport maritime profite principalement à Hambourg, mais aussi à Brême (et son avant-port Bremerhaven), Rostock (en déclin), Wilhelmshaven, Lübeck, Kiel et Emden. Mais une large partie des importations allemandes transite par Rotterdam grâce au Rhin (Duisbourg est le 1ᵉʳ port fluvial du monde). Le ferroutage se développe, mais la jonction des chemins de fer de l'O. et de l'E. est laborieuse. Le réseau routier (dont 12 000 km d'autoroutes), bien que vétuste, permet des liaisons rapides. Le trafic aérien est important (Berlin, Munich, Francfort, Düsseldorf).

Commerce Les assurances et les banques bénéficient de l'activité économique et d'un taux d'épargne élevé. Les stations thermales (Hesse, Forêt-Noire), les plages (Frise, Baltique), les lacs et châteaux de Bavière ou les stations de ski tentent de retenir les touristes allemands. La balance commerciale a connu des excédents importants, mais la balance des services souffre du tourisme à l'étranger et des transferts de fonds.

HISTOIRE

Des Germains à l'avènement des Habsbourg Les Germains, sur la rive droite du Rhin, échappèrent à la domination romaine. Thuringe, Alémanie et Bavière furent intégrées à l'Austrasie mérovingienne (vɪᵉ-vɪɪᵉ s.). Les Saxons furent évangélisés et soumis par les Carolingiens. Du partage de Verdun (843) naquit le royaume de Germanie. Othon Iᵉʳ le Grand se fit couronner empereur du Saint Empire romain à Rome en 962. L'Empire connut son âge d'or sous les dynasties saxonne (919-1024), franconienne (1024-1137) et Hohenstaufen (1137-1254). Mais les empereurs épuisèrent leurs forces dans un vain rêve de monarchie universelle, qui les opposa en Italie au pape (querelle des Investitures) et ruina leur autorité au profit des grands féodaux. Aux xɪɪᵉ et xɪɪɪᵉ s, la querelle des guelfes et des gibelins opposa à l'empereur les partisans de l'expansion germanique. Frédéric II, par son désintérêt pour les affaires allemandes, compromit définitivement l'autorité impériale. Après le Grand Interrègne (1250-1273), la dynastie des Habsbourg s'imposa une première fois avec Rodolphe Iᵉʳ. Les villes se développèrent grâce à l'essor du commerce **(→ Hanse).** Sous la dynastie de Luxembourg (1308-1437), le Saint Empire romain germanique définit ses statuts (Bulle d'or de 1356). Les Habsbourg conservèrent la couronne impériale de 1438 à 1806 **(→ Habsbourg)** sans parvenir à affermir le pouvoir central.

De la Réforme à la « guerre de libération » Au xvɪᵉ s., les élites s'ouvrirent à l'humanisme. La Réforme luthérienne troubla le règne de Charles Quint. Au xvɪɪᵉ s., les luttes religieuses furent aggravées par l'intervention étrangère **(→ Trente Ans** [guerre de]**).** Les traités de Westphalie (1648) divisèrent l'Allemagne en 350 États. L'ingérence française, manifeste depuis la ligue du Rhin (1658), s'accentua avec les campagnes de Louis XIV. En 1701, l'électeur de Brandebourg prit le titre de roi en Prusse. La guerre de Succession d'Autriche **(→ Frédéric II, Marie-Thérèse)** révéla la rivalité de la Prusse et de l'Autriche, sur fond d'esprit des Lumières *(Aufklärung)* et de despotisme éclairé (Joseph II, Frédéric le Grand). À la fin du siècle, l'éveil de la conscience nationale *(Sturm und Drang)* s'accompagna d'une importante production intellectuelle et artistique **(→ Schiller, Goethe, Kant, Beethoven).** Les victoires françaises **(→ Austerlitz)** furent fatales au Saint Empire romain germanique (1806). La Confédération du Rhin fut placée sous la « protection » de Napoléon ; l'empereur François II devint l'empereur d'Autriche François Iᵉʳ, et la Prusse, vaincue à Iéna et à Auerstedt, devint contre son gré alliée de la France. Mais le développement d'un sentiment national antifrançais en Prusse entraîna les Allemands dans la « guerre de libération » de 1813.

De la Confédération germanique à la Première Guerre mondiale La Confédération germanique (1815-1866) regroupa 39 États allemands. Prusse et Autriche s'allièrent pour réprimer toute tentative de soulèvement **(→ Metternich)** et l'unité douanière commença à se réaliser autour de la Prusse **(→ Zollverein).** L'échec de la révolution de 1848 accentua les tendances unitaires. Après la victoire de Sadowa (1866), le roi de Prusse Guillaume Iᵉʳ présida une Confédération de l'Allemagne du Nord. Puis le chancelier Bismarck entraîna les États allemands dans une guerre victorieuse contre la France (1870). L'Empire allemand fut proclamé le 18 janvier 1871. Bismarck s'employa pendant vingt ans à consolider son œuvre. Sous le règne de Guillaume II (1888-1918), la puissance démographique et industrielle allemande fut telle qu'elle accéléra l'essor de l'idéologie pangermaniste. Pourtant, l'Allemagne sortit vaincue de la Première Guerre mondiale et amputée d'1/7ᵉ de son territoire.

La république de Weimar et le IIIᵉ Reich La république, proclamée le 9 novembre 1918, fut confrontée à l'inflation et au progrès des mouvements nationalistes nés du refus du « diktat » du traité de Versailles. Le retour à la stabilité, favorisé par la création du Rentenmark en novembre 1923, ne résista pas à la crise de 1929 : chômage et misère favorisèrent le national-socialisme. Le 30 janvier 1933, Hitler fut nommé chancelier. Muni des pleins pouvoirs *(Reichsführer)* en 1934, il établit une dictature fondée sur un antisémitisme virulent et prépara l'Allemagne à la guerre par une politique de grands travaux et par des agressions envers ses voisins : remilitarisation de la Rhénanie, Anschluss, démembrement de la Tchécoslovaquie, invasion de la Pologne le 1ᵉʳ septembre 1939 **(→ Guerre mondiale** [Seconde]**).** Au début de 1942, l'Allemagne et ses alliés semblaient invincibles. Pourtant, la bataille de Stalingrad et le débarquement en Afrique du Nord rompirent l'équilibre des forces et, le 8 mai 1945, l'Allemagne capitula. En ruine, traumatisée par la révélation des crimes du nazisme, l'Allemagne, partagée en 4 zones d'occupation (américaine, britannique, française et soviétique), perdit ses territoires orientaux.

L'après-guerre et la division de l'Allemagne (1945-1990) Les Soviétiques répliquèrent à la création d'une Trizone occidentale par le blocus de Berlin (juin 1948-mai 1949). À l'O., la Loi fondamentale de mai 1949 donna naissance à la République fédérale d'Allemagne (RFA), avec Bonn pour capitale. La République démocratique allemande (RDA) fut créée dans la zone soviétique (nov. 1949). K. Adenauer (CDU-CSU) devint chancelier de la RFA, qui reconstruisit son économie (« miracle allemand ») et s'intégra au monde occidental (adhésion à l'Otan en 1955 et à la CEE en 1957). Le traité de 1963 scella la réconciliation franco-allemande. Successeur de L. Ehrard (1963-1966), le chrétien-démocrate K. Kiesinger (1966-1969) forma un gouvernement de grande coalition avec les sociaux-démocrates (SPD). Ces derniers accédèrent au pouvoir avec W. Brandt (1969-1974) dont l'*Ostpolitik* mena à la reconnaissance de facto de la RDA (1972). H. Schmidt lui succéda en 1974. La coalition entre le SPD et le FDP (libéraux) éclata en 1982. Helmut Kohl (CDU) devint chancelier. D'abord confronté à la crise des fusées Pershing (1983), il participa à la relance de la construction européenne (Acte unique en 1986, traité de Maastricht en 1992). La RFA s'imposa comme un modèle économique au sein de la CEE. ■ La RDA, elle, subit depuis la guerre la collectivisation de son économie et la domination du parti socialiste unifié (SED), appuyé sur la police politique (Stasi). Malgré les réformes consécutives à la révolte ouvrière de juin 1953, l'exode des populations vers l'Ouest aboutit à la construction du mur de Berlin (1961). Sous l'impulsion d'E. Honecker, qui succéda à W. Ulbricht en 1971, la RDA se tint en marge des évolutions libérales du bloc communiste. L'exode massif d'Allemands de l'Est vers la RFA et les manifestations aboutirent en octobre 1989 à la chute du régime et à la destruction du mur de Berlin.

Le Potsdamer Platz, nouveau centre architectural, culturel et commercial de Berlin.

Depuis la réunification La réunification politique fut proclamée le 3 octobre 1990 : la RFA absorba 5 Länder issus de l'ex-RDA. Le traité de septembre 1990 (Allemagne, États-Unis, France, Grande-Bretagne, URSS) rendit à l'Allemagne sa pleine souveraineté et mit fin à l'occupation militaire (effective en 1994). H. Kohl remporta les élections législatives de 1990 et de 1994. Mais l'Allemagne subit le coût de la réunification et l'arrivée massive de réfugiés d'Europe de l'Est. La CDU-CSU et le FDP furent battus en 1998 par la coalition du SPD et des Verts conduite par Gerhard Schröder. En 1999, le gouvernement fédéral se réinstalla à Berlin. Avec plus de 4 millions de chômeurs, le pays fut confronté à un début de récession. Fin 2003, le gouvernement imposa un vaste programme d'assouplissement de la réglementation économique et de réformes de la fiscalité, des systèmes de santé, du marché du travail et du régime des retraites. Profitant de l'impopularité du gouvernement, le PDS (ancien parti communiste est-allemand) fit alliance avec une partie de l'aile gauche du SPD pour former *Die Linke*, qui devint le premier parti d'ex-Allemagne de l'Est où les difficultés économiques entretenaient la nostalgie de l'ancien régime (2005). En 2005, en 2009, en 2013 et en 2017, faute d'une majorité nette aux législatives, Angela Merkel (CDU) forma des gouvernements de coalition. Sur le plan international, elle s'efforça de sauver le projet constitutionnel de l'Union européenne et rapprocha l'Allemagne des États-Unis au détriment de l'entente germano-russe privilégiée par son prédécesseur. Elle s'imposa sur le devant de la scène européenne par sa ferme opposition à la réduction de la dette grecque et par sa politique d'ouverture à l'accueil des réfugiés syriens. À la suite d'élections régionales défavorables, elle décida de démissionner de la tête de la CDU dès 2018. Malgré un regain de popularité dû à sa gestion de la crise sanitaire, elle quitta sa fonction de chancelière à la fin de son mandat en 2021. Le SPD arriva en tête aux législatives. Suivi par les Verts et le FDP (libéraux), il composa une coalition dirigée par Olaf Scholz. L'année suivante, le conflit russo-ukrainien donna lieu à un renforcement des capacités militaires du pays et à une réforme de sa politique énergétique.

allemand, ande adj. et n. (latin *Alemanus*, du germanique → alémanique) **1.** De l'Allemagne. → **germanique, teuton.** – **n.** *Les Allemands.* – **n. m.** *L'allemand*, la langue allemande. **2. n. f.** Danse ancienne à quatre temps. – Air sur lequel on exécute cette danse.

Allen (Allen Stewart Konigsberg, dit Woody) Cinéaste et acteur américain (né en 1935). Ses films jouent de l'humour juif new-yorkais et remettent en cause les idées reçues de la société américaine. Son œuvre accorde une grande place au jazz, qu'il pratique. *Annie Hall ; Manhattan ; Crimes et délits ; Match Point.*

Woody Allen avec Scarlett Johansson dans *Scoop* (2006).

Allenby (Edmund Henry Hynman, lord) Maréchal britannique (1861-1936). Il fit capituler l'Empire ottoman en 1917. Il fut haut-commissaire en Égypte (1919-1925).

Allende (Salvador) Homme d'État chilien (1908-1973). Président de la République (1970-1973), il tenta d'instaurer un régime socialiste mais se heurta à des difficultés économiques et à l'hostilité des États-Unis. Il mourut lors du putsch militaire dirigé par Pinochet.

Allentown Ville des États-Unis (Pennsylvanie). 125 840 habitants. Centre agricole et industriel.

[1]**aller** v. intr. < 9 > (vient de trois v. latins : *ire* [*j'irai*, etc.], *vadere* [*je vais, ils vont*, etc.], et, par réduction, *ambulare* « marcher » [latin pop.]) **I.** (mouvement, locomotion) **1.** (êtres vivants, véhicules) Se déplacer. *Allons à pied.* → **marcher.** *Ce train va vite.* → **filer.** *Laissons-le aller.* → [1]**partir.** – *Aller et venir* : marcher dans des directions indéterminées. → **allée** et venue. – (objets, messages) *Les nouvelles vont vite.* → se **propager.** *Cela me va droit au cœur.* **2.** (avec un compl. de lieu) → se **rendre.** *Nous irons en Suisse, à Lausanne. L'avion qui va à Rome. Aller chez le coiffeur. Aller au cinéma. Allez devant, je vous rejoindrai. J'irai à sa rencontre. Où vas-tu ?* **3.** (avec un compl. de but) *Je vais à mon travail, à la chasse, aux champignons, aux nouvelles.* – (+ inf.) *Je suis allé me promener. Allez donc le voir.* **II.** (sans déplacement) **1.** (voie, espace) *La route qui va au château.* – (temporel) *La période qui va du 10 avril au 10 mai.* **2.** (progression dans l'action) *J'ai fait la moitié du travail, mais je vais très lentement. Nous irons jusqu'au bout. Cette jeune fille ira loin.* → **réussir.** *Vous allez trop loin !* → **exagérer.** – *N'allez pas vous imaginer que...* : je vous conseille de ne pas imaginer que... – *Les choses vont trop vite.* **3.** *Y aller* (en parlant d'un comportement). *Vous y allez fort !*, vous exagérez. *Il n'y va pas par quatre chemins*. Vas-y !*, cri d'encouragement. **4.** (suivi d'un inf. ; auxiliaire du futur) Être sur le point de. *Il va arriver. Je vais y aller. Nous allions commencer sans toi.* – *Il va sur ses trente ans.* – (éventualité) *Si elle allait ne pas venir !* **5.** interj. pour exhorter **Allons !**, **allez !** *Allez, un peu de courage ! Allons, allons, vous dites des bêtises !* – (exprimant la résignation) **Va !** **allez !** *Je te connais bien, va !* **III.** (évolution, fonctionnement) **1.** (êtres vivants) Être dans tel état de santé. → se **porter.** *Comment allez-vous ? Comment ça va ? Je vais bien, mieux. Ça va*, je vais bien. fam. *Ça va pas, la tête ?*, tu es fou, folle ? **2.** (choses) Être porté dans tel état, tel stade d'une évolution. *Les affaires vont bien !* ■ loc. *Cela va de soi*, c'est évident. *Cela va sans dire**. – impers. *Il n'en va pas de même pour moi*, le cas n'est pas le même. *Il y va de notre vie*, ce qui est en jeu, c'est notre vie. – *Laisser aller*, laisser évoluer sans intervenir. *Se laisser aller*, s'abandonner, se décourager. **3.** (mécanismes, appareils) Fonctionner. → **marcher.** – fig. *Ça va tout seul.* **4.** Être adapté, convenir à (qqn, qqch.). *Ce costume lui va bien. Ils vont bien ensemble.* **5.** Convenir. *Ça me va. Est-ce que ça va ?*, est-ce satisfaisant ? *Ça va comme ça*, cela suffit. **6.** (auxiliaire d'aspect, suivi d'un p. prés.) *L'inquiétude allait croissant*, croissait progressivement. *Son mal va en empirant.* **IV.** *S'en aller* v. pron. **1.** Partir du lieu où l'on est. → [1]**partir.** *Je m'en vais. Elle s'en est allée toute triste.* – *Je m'en vais au travail, travailler.* ■ Mourir. *Il veut s'en aller en même temps que sa femme.* **2.** (choses) Disparaître. *Les taches d'encre s'en vont avec ce produit.* **3.** (+ inf.) Se mettre en mesure de. *Va-t'en voir un peu ce que fait ma fille.* **4.** (auxiliaire de temps, futur ; seulement à la 1re pers. du prés.) *Je m'en vais tout vous raconter.*

[2]**aller** n. m. (du v. *aller*) **1.** Trajet fait en allant à un endroit déterminé (opposé à *retour*). *J'ai pris à l'aller le train du matin.* **2.** Billet de chemin de fer valable pour l'aller. *Je voudrais deux allers pour Marseille.* ■ loc. *Un aller (et) retour*, billet valable pour l'aller et le retour. – fig., fam. *Un aller et retour* : une paire de gifles. **3.** *Match aller et match retour**. **4.** *Pis aller.* → [2]**pis.**

Aller n. f. Rivière d'Allemagne (263 km), affluent de la Weser. Elle irrigue la grande plaine du Nord.

allergène n. m. méd. Substance qui détermine une allergie. – adj. *Aliment allergène.*

allergie n. f. (de l'allemand, du grec *allos* → allo- et *ergeia* → énergie) **1.** Modification des réactions d'un organisme à un antigène lorsque cet organisme a été l'objet d'une atteinte antérieure par le même agent. *Allergie aux pollens*, provoquée par les pollens. **2.** Réaction hostile, fait de ne pas supporter.

▶ Une **allergie** (1) est une hypersensibilité de l'organisme à un agent (appelé *allergène*) auquel il a été sensibilisé par un ou plusieurs contacts préalables et apparemment anodins. Plusieurs centaines de produits d'utilisation plus ou moins courante peuvent être en cause. L'allergie implique de nombreux éléments du système immunitaire.
L'allergène pénètre dans l'organisme par contact avec la peau (crèmes et pommades cosmétiques ou médicamenteuses, filtres solaires, latex, produits chimiques variés, poils de chats...), avec les muqueuses oculaire et respiratoire (pollens, moisissures, débris d'acariens, poussières...), avec la muqueuse digestive (médicaments, aliments variés, produits chimiques de l'industrie alimentaire...). Les manifestations peuvent survenir quelques instants après le contact avec l'allergène (rhume des foins, crise d'asthme aiguë, œdème de Quincke, crise d'urticaire, certaines diarrhées soudaines, choc anaphylactique) ; on parle alors d'hypersensibilité immédiate. Elles peuvent également apparaître un certain temps après des contacts répétés avec l'allergène (eczéma de contact, pneumopathies allergiques, certaines diarrhées chroniques, anémies et autres troubles sanguins) ; il s'agit alors d'hypersensibilité retardée. Des manifestations d'hypersensibilité immédiate ou retardée peuvent survenir chez les personnes souffrant d'atopie, état qui relève d'une prédisposition génétique.
La recherche de l'allergène en cause repose plus sur une enquête minutieuse que sur les tests cutanés, d'interprétation souvent difficile. Les allergies sont très fréquentes et touchent au moins 20 % de la population, mais la plupart sont assez peu invalidantes. L'éviction de l'allergène et éventuellement la désensibilisation sont les principales mesures thérapeutiques.

allergique adj. **1.** Propre à l'allergie. **2.** Qui réagit en manifestant une allergie (à une substance). *Être allergique au pollen.* **3.** fig. *Il est allergique aux jeux vidéo*, il ne peut pas les supporter.

allergisant, ante adj. et n. m. méd. Qui peut provoquer des allergies.

allergologie n. f. Médecine des allergies. □ n. **allergologue**

alleu n. m. (p.-ê. du francique *al-ôd* « totale propriété ») dr. féodal Domaine héréditaire conservé en toute propriété, libre et franc de toute redevance (par un *alleutier*, n. m.). *Franc-alleu.*

Allevard-les-Bains Commune de l'Isère. 3 999 habitants. Station thermale. Métallurgie. Station de sports d'hiver au *Collet d'Allevard.*

Allgäu n. m. Région d'Allemagne (Bavière), en Souabe. Élevage. Sports d'hiver à Oberstdorf.

alliacé, ée adj. (latin *allium* « ail ») **1.** Propre à l'ail. *Odeur alliacée.* **2.** Qui contient de l'ail. *Beurre alliacé.*

alliage n. m. (de *allier*) **1.** Produit métallique obtenu en incorporant à un métal un ou plusieurs éléments. *L'acier est un alliage.* **2.** fig. Mélange.

alliance n. f. **I.** **1.** Union contractée par engagement mutuel. **2.** Pacte avec Dieu, dans la religion juive. *L'arche d'alliance.* **3.** Union de puissances qui s'engagent par un traité à se porter mutuellement secours en cas de guerre. → **coalition, entente, ligue, pacte.** *Conclure, contracter, rompre une alliance.* **4.** Lien juridique établi par le mariage entre les familles de l'un et de l'autre conjoint. → **parenté.** *Neveu par alliance.* **5.** Combinaison d'éléments divers. *Une alliance de couleurs.* **II.** **(du sens I, 4)** Anneau de mariage.

Alliance (Quadruple-) Alliance conclue en 1718 entre la Hollande, l'Angleterre et la France, rejointes par l'Autriche, contre l'Espagne.

Alliance (Quadruple-) Alliance conclue le 28 novembre 1815 entre l'Angleterre, l'Autriche, la Prusse et la Russie. Elle prolongeait la Sainte-Alliance.

Alliance (Quadruple-) Traité conclu en avril et août 1834 entre la France, la Grande-Bretagne, l'Espagne et le Portugal. Elle visait à éloigner don Carlos du trône d'Espagne.

Alliance (Sainte-) Pacte signé le 26 septembre 1815 entre la Russie, la Prusse et l'Autriche. Metternich en fit un instrument d'union des puissances alliées contre les mouvements libéraux et nationalistes. Elle fut prolongée par la Quadruple-Alliance (28 nov. 1815).

Alliance (Triple-) Alliance conclue en 1668 par Guillaume d'Orange avec l'Angleterre et la Suède contre la France de Louis XIV.

Alliance (Triple-) ou **Triplice** Alliance conclue en 1882 à l'initiative de Bismarck entre l'Allemagne, l'Autriche et l'Italie. Cette dernière rompit la Triplice en 1915 en entrant en guerre aux côtés des Alliés.

Alliance française Institution créée en 1883 pour promouvoir la langue et la culture françaises à travers le monde. Plus de 1 000 Alliances installées dans 136 pays proposent des cours et des manifestations culturelles.

allié, ée **adj. et n.** **1. adj.** Uni par un traité d'alliance. *Les pays alliés.* – **n.** *Soutenir ses alliés.* – hist. *Les Alliés,* les pays alliés contre l'Allemagne au cours des guerres mondiales de 1914-1918 et 1939-1945. **2. n.** Personne qui apporte à une autre son appui, prend son parti. → **ami. 3.** *Les alliés,* les personnes unies par alliance. *Les parents et alliés.*

allier **v. tr.** < 7 > **(vient du latin *alligare,* de *ad-* et *ligare* → lier)** **I. 1.** Associer (des éléments dissemblables). « [...] *allier une avarice presque sordide avec le plus grand mépris pour l'argent* » (Rousseau). **2.** Combiner un alliage. *Allier l'or et l'argent.* **II.** ***S'allier*** **v. pron. 1.** (personnes) S'unir par alliance. *S'allier avec qqn, à qqn contre un adversaire.* – *S'allier à une famille* (par un mariage). → **allié 3.** *Ces deux pays se sont alliés.* **2.** (choses) Se combiner.

Allier **n. m.** Rivière du Massif central (410 km). Né dans le Gévaudan, l'Allier arrose Vichy, Moulins et conflue avec la Loire au *bec d'Allier* (près de Nevers).

Allier **n. m.** [03] Département français de la Région Auvergne-Rhône-Alpes (→ carte). 7 381 km². 335 628 habitants. Chef-lieu : Moulins. Chefs-lieux d'arrondissement : Montluçon, Vichy. L'économie de l'Allier, territoire faiblement peuplé aux confins du Massif central et du Bassin parisien, repose sur l'élevage bovin (Charolais), quelques activités industrielles (automobile, armement, pneumatique, chimie), ainsi que sur le thermalisme et le tourisme (Vichy).

alligator **n. m.** **(de l'anglais, de l'espagnol *lagarto* « lézard », qui vient du latin *lacertus* → lézard)** Reptile de l'Amérique, voisin du crocodile, au museau large et court.

Allio (René) Cinéaste français (1924-1995). D'abord décorateur et scénographe, il passa à la réalisation en 1965 et s'efforça de conserver dans ses œuvres la mémoire populaire (*Moi, Pierre Rivière, ayant égorgé ma mère, ma sœur et mon frère...*).

allitération **n. f.** **(du latin *littera* « lettre »)** Répétition des consonnes dans une suite de mots rapprochés. *Allitérations et assonances.* □ **adj. allitératif, ive**

allo **interj.** **(anglais *hallo* ou *hello*)** Terme d'appel dans les communications téléphoniques. - var. **allô.**

allo- Élément **(du grec *allos*)** qui signifie « autre ».

Allobroges **n. m. pl.** Peuple celte établi en Gaule transalpine dans les régions correspondant à la Savoie et au Dauphiné. Ils furent vaincus par les Romains au IIe s. av. J.-C.

allocataire **n.** Bénéficiaire d'une allocation.

allocation **n. f.** **(→ allouer)** Fait d'allouer ; somme allouée. *Allocations familiales.* - abrév. fam. **alloc.**

allochtone **adj.** **(de *allo-,* d'après *autochtone*)** géol. Qui provient d'un endroit différent, a été transporté (s'oppose à *autochtone*). *Des roches allochtones.*

allocutaire **n.** ling. Personne à qui l'on parle, qui reçoit le discours du locuteur. → **¹récepteur.**

allocution **n. f.** **(du latin, de *ad-* et *loqui* « parler » → loquace)** Discours bref adressé par une personnalité. *Prononcer, faire une allocution.*

allogamie **n. f.** **(de *allo-* + *-gamie*)** bot. Fécondation du pistil d'une fleur par le pollen d'une autre fleur. □ **adj. allogame**

allogène **adj.** **(→ -gène)** D'une origine différente de celle de la population autochtone.

allogreffe **n. f.** **(de *allo-* et *greffe*)** méd. Greffe sur un individu d'un greffon (*allogreffon* **n. m.**) prélevé sur un autre individu (s'oppose à *autogreffe*).

allomorphe **adj.** **(→ -morphe)** sc. Qui se présente sous des formes très différentes (*allomorphie* **n. f.**).

allonge **n. f.** **(→ allonger)** **1.** Pièce servant à allonger. → **rallonge.** ■ Crochet de boucherie. **2.** Longueur des bras (d'un boxeur). *Il a une bonne allonge.*

allongé, ée **adj.** **1.** Étendu en longueur. *Un crâne allongé* (opposé à *aplati*). ■ Étendu de tout son long. *Rester allongé.* – loc. fig. *Une mine allongée,* qui traduit la déception. **2.** *Café allongé,* auquel on ajoute de l'eau.

allongement **n. m.** **1.** Fait d'allonger, de s'allonger. **2.** Fait de s'accroître dans la durée ; son résultat. *L'allongement des jours au printemps.*

allonger **v.** < 3 > **(de *long*)** **I. v. tr. 1.** Rendre plus long (opposé à *raccourcir*). → **rallonger.** – Faire paraître plus long. *Cette coiffure allonge son visage.* **2.** *Allonger une sauce,* la rendre plus liquide. – loc. fam. *Allonger la sauce,* délayer (un texte, un discours). **3.** Étendre (un membre). *Allonger le bras.* – *Allonger le pas,* marcher plus vite en faisant des pas plus longs. ■ fam. Donner (un coup) en étendant la main, la jambe. *Je vais t'allonger une gifle.* **4.** Étendre qqn (sur un lit, etc.). *Allonger un blessé.* **5.** fam. Tendre, verser (de l'argent). *Il lui a allongé mille euros.* **II. v. intr.** Devenir plus long (dans le temps). *Les jours allongent.* → **rallonger.** ■ **s'allonger** **v. pron. 1.** Devenir plus long (dans l'espace ou dans le temps). **2.** S'étendre de tout son long. *Je vais m'allonger un peu.* → **se coucher.** ■ fam. Avouer.

Allonnes Commune de la Sarthe, banlieue sud-ouest du Mans. 11 108 habitants. Industrie automobile. Plateformes logistiques.

allopathie **n. f.** **(de l'allemand, du grec → allo-)** Médecine classique (s'oppose à *homéopathie*). □ **n. et adj. allopathe** □ **adj. allopathique**

allophone **n. et adj.** **(de *allo-* + *-phone*)** didact. Personne dont la langue maternelle est une langue étrangère, dans la communauté où elle se trouve. – **adj.** *Des étudiants allophones.*

Allori Nom de deux peintres florentins. ■ **Alessandro Allori** (1535-1607). Disciple de Michel-Ange, il est l'auteur de portraits, de tableaux religieux et mythologiques, de fresques et d'un *Traité sur l'art du dessin.* ■ **Cristofano** ou **Cristoforo Allori** (1577-1621). Fils d'Alessandro Allori. Son œuvre, encore maniériste, allie solidité du dessin et somptuosité des couleurs (*Judith*).

Allos Commune des Alpes-de-Haute-Provence, au pied du col d'Allos. 837 habitants. Église romane provençale (XIIIe s.). Station de sports d'hiver à la Foux.

allotissement **n. m.** **(de ¹*a-* et *lot*)** Fait de grouper des marchandises en lots, selon leur destination.

allotropie **n. f.** **(de *allo-* + *-tropie*)** chim. Phénomène de structure en vertu duquel un corps simple peut se présenter sous plusieurs formes physiques différentes. □ **adj. allotropique**

allouer **v. tr.** < 1 > **(de l'ancien français *aloer,* qui vient du latin, de *ad-* et *locus* → ¹lieu)** **1.** Attribuer (une somme d'argent). *Allouer un crédit à qqn.* → **allocation. 2.** Accorder (des moyens, un temps déterminé). – au p. p. *Le temps alloué est insuffisant.*

allumage **n. m. 1.** Action d'allumer (un feu, un éclairage). **2.** Inflammation du mélange gazeux provenant du carburateur d'un moteur. *Bougies d'allumage. Allumage électronique.* – loc. fig. et fam. *Avoir du retard à l'allumage :* mettre du temps à agir, à réagir.

allume-cigare **n. m.** Instrument à résistance électrique (sur le tableau de bord d'une voiture) servant à allumer les cigarettes, etc. *Des allume-cigares.*

allume-feu **n. m.** Petite bûche de résine servant à allumer un feu. – Tout produit servant à allumer un feu. *Des allume-feux.*

allume-gaz [alymgɑz] **n. m. invar.** Briquet servant à allumer le gaz (d'une cuisinière).

allumer **v. tr.** < 1 > **(vient du latin, de *ad-* et *luminare,* de *lumen* « lumière »)** **I. 1.** Enflammer ; mettre le feu à. *Allumer une cigarette. Allumer le poêle.* – *Allumer le feu.* **2.** Rendre lumineux en enflammant ou par un autre moyen. → **éclairer.** *Allumer une lampe.* – fam. Faire fonctionner. *Allumer la radio.* **II. 1.** Exciter, éveiller de façon soudaine. **2.** fam. Séduire, aguicher (qqn). **3.** fam. Critiquer violemment (qqn). ■ **s'allumer** **v. pron. 1.** S'enflammer. *Ce bois humide s'allume mal.* **2.** Devenir lumineux, briller. *Les fenêtres s'allumaient.* – *Ses yeux s'allument.* ■ **allumé, ée** **adj. 1.** *Lampe allumée.* **2.** fam. Fou, exalté. – **n.** *Ce sont des allumés.*

allumette **n. f. 1.** Brin (de bois, carton, etc.) imprégné à une extrémité d'un produit susceptible de s'enflammer par friction. *Gratter une allumette.* **2.** Gâteau sec feuilleté, de forme allongée. ■ appos. *Pommes allumettes,* frites coupées très finement.

allumeur, euse **I. n. m.** Boîtier rassemblant les dispositifs d'avance à l'allumage, de rupture et de distribution du courant aux bougies dans un moteur. – Dispositif automatique d'inflammation ou de mise à feu. **II. n. f.** fig., péj. Femme aguichante, qui cherche à susciter le désir.

allure **n. f.** **(de *aller*)** **1.** Vitesse de déplacement. *Accélérer, ralentir l'allure. Rouler à toute allure.* **2.** Manière de se déplacer, de se tenir, de se comporter. *Il a une allure jeune.* – *Avoir de l'allure,* de la distinction dans le maintien. **3.** Apparence générale. *Elle a une drôle d'allure, cette maison.* – *Sa robe a beaucoup d'allure.* → **chic. 4.** (Canada) *Avoir (bien) de l'allure :* être valable, acceptable. (oral) *Ça a pas d'allure :* c'est nul.

alluré, ée **adj.** fam. Qui a de l'allure, du chic.

A

allusif, ive adj. **1.** Qui contient une allusion, procède par allusions. **2.** (personnes) Qui parle par allusions. □ adv. **allusivement**

allusion n. f. (bas latin *allusio* « jeu verbal », de *ludus* → ludique) Manière d'éveiller l'idée d'une personne ou d'une chose sans en faire expressément mention. → **insinuation, sous-entendu.** *L'allusion m'échappe.* – loc. *Faire allusion à qqch.* ■ *Allusion célèbre, littéraire, historique* : passage auquel on fait allusion, et qui correspond à un énoncé, à des mots connus dans le groupe social (→ **citation**).

alluvial, ale, aux adj. Fait d'alluvions.

alluvion n. f. (du latin ; famille de *laver*) au plur. Dépôts (cailloux, sables, boues) provenant d'un transport par les eaux courantes. → **¹limon, lœss, sédiment.**

alluvionnement n. m. didact. Formation d'alluvions.

allyle n. m. (de *ail*) chim. Radical non saturé univalent présent dans de nombreux esters. □ adj. **allylique**

Alma (bataille de l') Bataille qui, en 1854, opposa les Français et les Britanniques aux Russes, sur les rives de l'Alma (fleuve de Crimée). La défaite russe ouvrit la guerre de Crimée.

Alma-Ata voir **Almaty**

Almada Ville du Portugal sur l'embouchure du Tage, en face de Lisbonne. 94 460 habitants.

Almagro (Diego de) Conquistador espagnol (1475-1538). Compagnon puis rival de F. Pizarro dans la conquête du Pérou et du Chili, il fut assassiné par le frère de celui-ci.

almanach [almana] n. m. (du latin médiéval, de l'arabe) Annuaire, publication ayant plus ou moins pour base le calendrier.

Almaty (Alma-Ata de 1921 à 1993) Ville du Kazakhstan, capitale jusqu'en 1997. 1 100 000 habitants. Centre culturel (musée) et scientifique. Carrefour ferroviaire, industries (métallurgie, chimie, textile).

almée n. f. (de l'arabe « savante ») Danseuse égyptienne.

Almeida (Francisco de) Amiral portugais (v. 1450-1510). Premier vice-roi des Indes orientales (1505), il établit la suprématie du Portugal dans l'océan Indien.

Almeida Garrett voir **Garrett**

Almelo Ville des Pays-Bas (Overijssel). 73 150 habitants. Industries textiles, enrichissement de l'uranium.

Almere Ville nouvelle des Pays-Bas (Flevoland). 217 800 habitants. Banlieue résidentielle d'Amsterdam.

Almería Ville d'Espagne (Andalousie), chef-lieu de province et port sur la Méditerranée. 201 320 habitants.

almicantarat n. m. (de l'arabe « l'astrolabe ») didact. Cercle de la sphère céleste, parallèle à l'horizon.

Almodóvar (Pedro) Réalisateur espagnol (né en 1949). Ses films soulignent les travers de la société contemporaine tout en maniant un lyrisme sobre et un humour noir. À travers la provocation morale (thèmes érotiques) et sociale, s'exprime une sensibilité humaniste. *Femmes au bord de la crise de nerfs ; Talons aiguilles ; Tout sur ma mère ; La Mauvaise Éducation ; Volver ; Douleur et Gloire.*

Pedro Almodóvar sur le tournage de *Kika*, avec Rossy de Palma et Veronica Forque (1994).

Almohades n. m. pl. Dynastie berbère qui régna sur l'Andalousie et le Maghreb de 1147 à 1269.

Almoravides n. m. pl. Dynastie berbère qui régna sur l'Afrique du Nord et l'Andalousie de 1061 à 1147.

Almquist (Carl Jonas Love) Poète et romancier suédois (1793-1866). Son œuvre, tout à la fois romantique et réaliste, fortement inspirée par J.-J. Rousseau, est réunie sous le titre *Le Livre de l'églantine.*

Aloades n. m. pl. Les géants Éphialtes et Otos, dans la mythologie grecque. Épris d'Artémis et d'Héra, ils tentent d'atteindre le ciel en entassant le mont Pélion sur l'Ossa, mais sont tués par Apollon.

aloès [alɔɛs] n. m. (du latin, du grec *aloê*) Plante grasse, aux feuilles charnues et épineuses, contenant un suc amer. – Suc concentré de l'aloès, purgatif très amer.

aloe vera ou **aloé véra** [aloevera] n. m. invar. (latin botanique *aloe vera*, de *aloe* « aloès » et *vera* « vraie ») Aloès d'une espèce cultivée pour ses propriétés médicinales.

alogique adj. (de *²a-* et *logique*) philos. Étranger aux déterminations de la logique.

aloi n. m. (de l'ancien v. *aloier*, var. de *allier*) **1.** didact. Titre légal (d'une monnaie). **2.** *De bon, de mauvais aloi* **loc. adj. invar.** : de bonne, de mauvaise qualité ; qui mérite, ne mérite pas l'estime. *Gaieté de bon aloi.*

Alompra voir **Alaungpaya**

Along (baie d') Baie du golfe du Tonkin, au N. du Viêtnam (près d'Haiphong). Paysage de hauts rochers calcaires surgissant des eaux. Tourisme.

Alonso (Alicia Martínez Hoyo, dite Alicia) Danseuse et chorégraphe cubaine (1921-2019). Elle excella aussi bien dans le répertoire classique *(Giselle)* que moderne. Elle a fondé le Ballet national de Cuba.

Alonso (Fernando) Coureur automobile espagnol (né en 1981). Il remporta les titres de champion du monde de Formule 1 en 2005 et 2006.

alopécie n. f. (latin, du grec, de *alôpêx* « renard » [par comparaison]) Chute temporaire des cheveux ou des poils, partielle ou totale. → **calvitie.**

alors adv. (de *à* et *lors*) **I. 1.** À ce moment-là ; à cette époque-là. *Il comprit alors son erreur.* – *Les gens d'alors*, de ce temps. *Jusqu'alors* : jusqu'à cette époque. **2.** Dans ce cas ; en conséquence. *Alors, n'en parlons plus.* – *Il était tard, alors j'ai pris un taxi.* – (pour demander une suite, une précision) *« Ils rentrent de voyage. – Et alors, ça leur a plu ? »* – (pour réfuter une objection) *Et alors ?* → et **puis. 3.** (renforçant une exclamation, une interrogation) *Alors, qu'en penses-tu ?* ■ fam. *Ça alors ! – Non, mais alors !*, exprime l'indignation. **II.** *Alors que* (+ indic.) **loc. conj. 1.** vieilli Lorsque. **2.** À un moment où au contraire, tandis que. *Il fait bon chez vous, alors que chez moi on gèle.*

alose n. f. (d'un mot gaulois) Poisson marin voisin du hareng.

Alost voir **Aalst**

alouate n. m. (d'un mot caraïbe de Guyane) Singe hurleur de l'Amérique centrale, au pelage roux.

alouette n. f. (de l'ancien français *aloe*, qui vient du latin *alauda*, du gaulois) Petit passereau des champs, au plumage grisâtre ou brunâtre. – loc. prov. *Il attend que les alouettes lui tombent toutes rôties* : il ne veut pas se donner la moindre peine. – *Miroir* aux alouettes.*

alourdir v. tr. < 2 > (→ lourd) **1.** Rendre lourd, plus lourd. – fig. *Alourdir les impôts.* **2.** Rendre pesant, moins alerte. – fig. *Cette tournure alourdit la phrase.* □ n. m. **alourdissement**

Aloxe-Corton Commune de la Côte-d'Or, arrondissement de Beaune, au flanc de la côte de Beaune. 134 habitants. Vignobles de grands crus.

aloyau n. m. (p.-ê. de *aloe* → alouette) Morceau de viande de bœuf, renfermant le filet, le romsteck et le contre-filet.

alpaga n. m. (de l'espagnol, d'un mot indien des Andes) **1.** Mammifère d'Amérique du Sud, voisin du lama. **2.** Tissu de laine (à l'origine laine d'alpaga) et de soie.

alpage n. m. (de *Alpes*) Pâturage de haute montagne. – Saison passée par un troupeau sur l'alpage.

Montée des troupeaux vers les alpages lors de la transhumance estivale.

alpaguer v. tr. < 1 > (de *alpaga* « manteau ») argot Arrêter, appréhender. → fam. **épingler.** – S'emparer de, saisir (qqn).

alpax n. m. (de *al[uminium]* et du latin *pax* « paix », jeu de mots sur l'inventeur Aladar Pacz) techn. Alliage d'aluminium et de silicium affiné.

alpe n. f. (de *Alpes*) Pâturage des Alpes. → **alpage.**

Alpe d'Huez (L') Station de sports d'hiver de l'Isère, dans le massif des Grandes Rousses. (Altitude : village, 1 450 m ; station, 1 860 m ; pic Blanc, 3 330 m).

Alpes n. f. pl. Massif montagneux, le plus vaste et le plus élevé d'Europe (4 807 m au mont Blanc). Arc de cercle de 1 000 km de long sur 250 km de large, il s'étend de la Méditerranée au Danube. Son versant intérieur est orienté vers l'Italie, son versant extérieur est partagé entre la France, la Suisse, l'Autriche et la Slovénie. L'érosion glaciaire quaternaire a modelé de profondes vallées empruntées par des fleuves (Pô, Adige, Rhône, Inn, Drave, Save) et les anciennes dépressions glaciaires ont laissé la place à de nombreux lacs (lacs d'Annecy, du Bourget, Léman, de Constance), alors que les glaciers n'occupent plus que 2 % de la surface alpine (glacier d'Aletsch, le plus long).

Les Alpes, région de culture jusqu'à 1 000 m, sont couvertes de forêts et d'alpages entre 1 000 et 2 000 m, auxquelles succèdent à partir de 2 000 m des régions d'éboulis et de neiges éternelles. Malgré les reliefs abrupts, le peuplement est ancien (Grenoble, Innsbruck). L'économie traditionnelle (agriculture vivrière, élevage et artisanat) subsiste. L'industrie s'est développée grâce à l'hydroélectricité. L'aménagement des voies de communication (tunnels de Fréjus, du Saint-Gothard, de l'Arlberg, du Simplon, du Grand-Saint-Bernard et du Mont-Blanc) a favorisé de nouvelles industries (électrochimie et électrométallurgie). Enfin, le tourisme d'été et d'hiver s'est considérablement développé (très nombreuses stations de sports d'hiver,

Along (baie d')

La baie d'Along, parsemée de plus de 1 500 rochers en pain de sucre.

en France, Suisse, Autriche, Allemagne, Italie).

Alpes (Hautes-) n. f. pl. [05] Département français de la Région Provence-Alpes-Côte d'Azur (➔ carte). 5 549 km². 140 605 habitants. Chef-lieu : Gap. Chef-lieu d'arrondissement : Briançon. L'essentiel du département est occupé par des massifs élevés des Alpes (Champsaur, Dévoluy, Queyras), peu peuplés et dont les ressources reposent sur l'élevage, le tourisme estival et la production d'hydroélectricité.

Alpes australiennes n. f. pl. Partie méridionale de la cordillère Australienne. Point culminant de l'Australie au mont Kosciusko (2 228 m).

Alpes cottiennes n. f. pl. Portion des Alpes occidentales s'étendant du col de l'Argentière au col du Mont-Cenis.

Alpes-de-Haute-Provence anciennement **Basses-Alpes** n. f. pl. [04] Département français de la Région Provence-Alpes-Côte d'Azur (➔ carte). 6 925 km². 165 451 habitants. Chef-lieu : Digne. Chefs-lieux d'arrondissement : Barcelonnette, Castellane, Forcalquier. La Durance entaille, à l'O., les massifs préalpins qui occupent la majorité du territoire. Les altitudes s'élèvent au N.-E. (montagne de Lure, Mercantour). Polyculture et hydroélectricité dominent dans les vallées, mais le département, peu peuplé, vit essentiellement de l'élevage et du tourisme (estival et hivernal).

Alpes dinariques n. f. pl. Ensemble montagneux de l'O. de la péninsule des Balkans, des Alpes slovènes aux frontières de l'Albanie et de la Grèce. Point culminant : le Korab (2 764 m).

Alpes dolomitiques voir **Dolomites**

Alpes-Maritimes n. f. pl. [06] Département français de la Région Provence-Alpes-Côte d'Azur (➔ carte). 4 299 km². 1 097 410 habitants. Chef-lieu : Nice. Chef-lieu d'arrondissement : Grasse. Le territoire est pour l'essentiel constitué des Préalpes de Nice et de Grasse ainsi que du massif du Mercantour, plus élevé, mais c'est sur l'étroite plaine littorale que se concentrent les populations et les activités : commerce, industries de haute technologie et recherche (Sofia-Antipolis), et surtout tourisme (Côte d'Azur).

Alpes néo-zélandaises n. f. pl. Chaîne de montagnes à l'O. de l'île du Sud de la Nouvelle-Zélande. Point culminant : mont Cook, 3 754 m.

alpestre adj. (de *Alpes* ➔ **alpin**) Propre aux Alpes. *Les paysages alpestres.* ➔ **alpin.**

alpha n. m. invar. (mot grec ➔ **alphabet** ; *cf.* *aleph*) **I. 1.** Première lettre (A, α) de l'alphabet grec. – loc. *L'alpha et l'oméga* : le commencement et la fin. **2.** didact. Étoile choisie comme la première d'une constellation. *Alpha du centaure.* **II.** appos. (invar.) **1.** phys. *Particule α, particule alpha* : particule émise par certains corps radioactifs, identique au noyau de l'atome d'hélium. *Rayons, rayonnement α* : flux des particules α. **2.** éthol. *Mâle alpha* : mâle dominant* ; par ext. cour. homme viril ou puissant.

alphabet n. m. (du grec, de *alpha* et *bêta*) **1.** Système de signes graphiques (lettres) servant à la transcription des sons (consonnes, voyelles) d'une langue ; série des lettres, rangées dans un ordre traditionnel. *L'alphabet phénicien, arabe, grec, latin.* – *Alphabet phonétique* : système de signes conventionnels servant à noter d'une manière uniforme les phonèmes des diverses langues. – par ext. *Alphabet braille*, morse*.* **2.** Livre contenant les premiers éléments de la lecture (lettres, syllabes, mots). ➔ **a b c, abécédaire, syllabaire.**

alphabétique adj. **1.** Propre à l'alphabet. *Ordre alphabétique.* **2.** Qui est dans l'ordre alphabétique. *Index alphabétique.* □ adv. **alphabétiquement**

alphabétiser v. tr. < 1 > Apprendre à lire et à écrire à (un groupe social qui ignore une écriture). □ n. f. **alphabétisation**

Alphand (Jean-Charles) Ingénieur et administrateur français (1817-1891). Il fut chargé par Haussmann de l'administration des promenades dans Paris. On lui doit l'aménagement des bois de Boulogne et de Vincennes, du parc Monceau, des Buttes-Chaumont, du parc Montsouris.

alphanumérique adj. (de *alpha[bet]* et *numérique*) didact. Qui recourt à la fois à des lettres et à des chiffres. *Code alphanumérique.*

Alphée n. m. Fleuve de Grèce (Péloponnèse). Il prend sa source en Arcadie, passe près d'Olympie et se jette dans la mer Ionienne. Divinisé dans la mythologie, il est détourné par Héraclès pour nettoyer les écuries d'Augias. Il est le dieu-fleuve de l'Oubli.

Alphonse

LEÓN, CASTILLE

■ **Alphonse VIII le Noble** (1155-1214) Roi de Castille (1158-1214). Il vainquit les Maures à Las Navas de Tolosa (1212).

■ **Alphonse X,** dit **le Sage** (1221-1284) Roi de Castille et de León (1254-1284). Il fit établir des tables astronomiques (dites *alphonsines*) et le premier code juridique en langue vernaculaire (« Les Sept Parties »). Écrivain et poète, il composa notamment les *Cantigas de Santa Maria,* en l'honneur de la Vierge.

ESPAGNE

■ **Alphonse XII** (1857-1885) Roi d'Espagne (1874-1885). Il s'employa à apaiser les divisions nées des guerres carlistes.

■ **Alphonse XIII** (1886-1941) Roi d'Espagne (1902-1931). Il dut accepter la dictature de Primo de Rivera (1923-1930). En 1931, la victoire des républicains aux élections le contraignit à s'exiler.

POITIERS ET TOULOUSE

■ **Alphonse II de France** (1220-1271) Fils de Louis VIII. Comte de Poitiers et de Toulouse, il prépara l'annexion du comté de Toulouse à la France.

PORTUGAL

■ **Alphonse Ier Enriquez le Conquérant** (1109-1185) Roi de Portugal (1143-1185). Vainqueur des Maures (1139), il s'affranchit de la suzeraineté de la Castille (1143) et organisa le royaume de Portugal.

Alphonse-Marie de Liguori (saint) Prédicateur et théologien napolitain (1696-1787). Fondateur des rédemptoristes (1732), il élabora un système de théologie morale, l'équiprobabilisme.

Alpilles n. f. pl. Petite chaîne montagneuse de Provence (493 m). Site des Baux-de-Provence.

alpin, ine adj. (de *Alpes*) **1.** Des Alpes. ➔ **alpestre.** *La chaîne alpine.* – *Chasseurs alpins* : troupes spécialisées dans la guerre de montagne. – *Ski alpin* (descente et slalom). **2.** D'alpinisme. *Club alpin.*

alpinisme n. m. Sport des ascensions en montagne. ➔ **escalade.**

alpiniste n. Personne qui pratique l'alpinisme.

alpiste n. m. (de l'espagnol) Graminée dont une espèce, l'*alpiste des Canaries,* est cultivée pour ses graines, qui servent à la nourriture des oiseaux.

Alpujarras n. f. pl. Petite chaîne montagneuse d'Espagne, en Andalousie, au S. de la sierra Nevada.

al-Qaida voir **Qaida (al-)**

Alquié (Ferdinand) Philosophe français (1906-1985). Influencé par le cartésianisme et le kantisme, il élabora une philosophie de la conscience *(Le Désir d'éternité).* Auteur de nombreux ouvrages sur Descartes, Kant et Spinoza, il fut également proche d'André Breton *(Philosophie du surréalisme).*

Als Île du Danemark, dans le S. du Petit Belt. 52 050 habitants.

Alsace n. f. Région de l'E. de la France qui s'étend entre les Vosges (Lorraine, Franche-Comté) et le Rhin, de la frontière allemande au N. au Jura au S. D'abord occupée par les Celtes, l'Alsace fut conquise par César (–58), puis par les Alamans (VIe s.). Elle fit partie de la Lotharingie au traité de Verdun (843) qui suivit les Serments de Strasbourg (842), puis échut à Louis II le Germanique (870). Durant huit siècles, elle demeura allemande et connut une période de prospérité. Foyer de l'humanisme et de la Renaissance (invention de l'imprimerie par Gutenberg v. 1438), elle fut un haut lieu de développement de la Réforme. La guerre de Trente Ans (1618-1648) ravagea la région, qui passa sous influence française (traité de Westphalie de 1648), avant d'être intégrée à la France (entrée de Louis XIV à Strasbourg en 1681). Elle demeura française jusqu'en 1871, date à laquelle elle fut intégrée à l'Empire allemand. Libérée en novembre 1918, elle fut de nouveau occupée par l'Allemagne en juin 1940 et redevint française en 1945. On y parle le dialecte alémanique et le français.

ALPHABET

Hébreu

(1)		(2)	(3)
א		aleph	(ʼ)
ב		bet	(b, v)
ג		gimel	(g, gh)
ד		dalet	(d, dh)
ה		hé	(h)
ו		vav	(v, u)
ז		zayin	(z)
ח		het	(h)
ט		tet	(t)
י		yod	(y, i)
כ	ך	kaf	(k, kh)
ל		lamed	(l)
מ	ם	mem	(m)
נ	ן	nun	(n)
ס		samekh	(s)
ע		ayin	(ʼ)
פ		pe	(p, f)
צ	ץ	sadé	(s)
ק		qof	(q)
ר		resh	(r)
ש		shin	(s, sh)
ת		tav	(t, th)

Grec classique

(1)		(2)	(3)
Α	α	alpha	(a)
Β	β	bêta	(b)
Γ	γ	gamma	(g)
Δ	δ	delta	(d)
Ε	ε	epsilon	(é)
Ζ	ζ	zêta	(z)
Η	η	êta	(è)
Θ	θ	thêta	(th)
Ι	ι	iota	(i)
Κ	κ	kappa	(k)
Λ	λ	lambda	(l)
Μ	μ	mu	(m)
Ν	ν	nu	(n)
Ξ	ξ	ksi	(x)
Ο	ο	omicron	(o)
Π	π	pi	(p)
Ρ	ρ	rhô	(r)
Σ	σ ς	sigma	(s)
Τ	τ	tau	(t)
Υ	υ	upsilon	(u)
Φ	φ	phi	(f)
Χ	χ	khi	(q, ch)
Ψ	ψ	psi	(ps)
Ω	ω	oméga	(au)

Cyrillique

(1)		(2)	(3)
А	а	a	(a)
Б	б	bé	(b)
В	в	vé	(v)
Г	г	gué	(g)
Д	д	dé	(d)
Е	е	ié	(é, ié)
Ё	ё	io	(io)
Ж	ж	jé	(j)
З	з	zé	(z)
И	и	i	(i long)
Й	й	ï	(ï bref)
К	к	ka	(k)
Л	л	èl	(l)
М	м	èm	(m)
Н	н	èn	(n)
О	о	o	(o)
П	п	pé	(p)
Р	р	èr	(r)
С	с	ès	(s)
Т	т	té	(t)
У	у	ou	(ou)
Ф	ф	èf	(f)
Х	х	kha	(kh)
Ц	ц	tsé	(ts)
Ч	ч	tché	(tch)
Ш	ш	cha	(ch)
Щ	щ	chtcha	(chtch)
Ъ	ъ		([signe dur])
Ь	ь		([signe mou])
Ы	ы	y	(entre i et u)
Э	э	è	(è)
Ю	ю	iou	(iou)
Я	я	ia	(ia)

Arabe (lettres isolées)

(1)	(2)	(3)
ا	alif	(aa)
ب	ba	(b)
ت	ta	(t)
ث	tha	(th)
ج	jim	(j, dj)
ح	ha	(h)
خ	kha	(kh)
د	dal	(d)
ذ	dhal	(dh)
ر	ra	(r)
ز	zay	(z)
س	sin	(s)
ش	shin	(ch)
ص	sad	(s)
ض	dad	(d)
ط	ta	(t)
ظ	za	(z)
ع	ayn	(ʼ)
غ	ghayn	(gh)
ف	fa	(f)
ق	qaf	(q)
ك	kaf	(k)
ل	lam	(l)
م	mim	(m)
ن	nun	(n)
ه	ha	(h)
و	waw	(w)
ي	ya	(y)

(1) caractère
(2) nom de la lettre
(3) prononciation approximative

L'alphabet proprement dit a été inventé par les Phéniciens. Comme elles ne sont pas précisément notées dans les langues sémitiques (hébreu, araméen, arabe), ce sont les Grecs qui, les premiers, utilisent des lettres pour les voyelles. Le système alphabétique se répand jusqu'en Inde *(nagari)*. Les écritures se transmettent d'une langue à l'autre et se transforment suivant les besoins : l'alphabet grec a servi pour le cyrillique, l'alphabet latin pour les langues européennes, l'alphabet arabe pour le persan et le turc classique.

Strasbourg accueille le Parlement européen, le Conseil de l'Europe, la Cour européenne des droits de l'homme (bâtiment construit par R. Rogers).

Alsace Anc. région administrative de la France (jusqu'en 2015). → **Grand Est.**

Alsace (ballon d') Sommet du S. de la chaîne des Vosges (Haut-Rhin) qui culmine à 1 247 m. Sports d'hiver.

Alsace (grand canal d') Canal latéral au Rhin (entre Bâle et Strasbourg). Ses eaux alimentent huit centrales hydroélectriques.

Alsace (plaine d') Plaine qui s'étend entre les collines sous-vosgiennes et le Rhin.

Alsace-Lorraine Ensemble formé par les territoires alsaciens et lorrains annexés à l'Empire allemand en 1871. L'Alsace-Lorraine comprenait les départements du Bas-Rhin, du Haut-Rhin, de la Moselle et une partie de l'ancien département de la Meurthe. Elle résista à l'assimilation allemande jusqu'à son retour à la France en 1919. Réoccupée par l'Allemagne en juin 1940, elle fut traitée en terre allemande avant d'être rendue à la France à la Libération.

alsacien, ienne adj. et n. De l'Alsace. – n. *Les Alsaciens.* ■ n. m. Ensemble des parlers germaniques d'Alsace.

Alsop (Marin) Cheffe d'orchestre américaine (née en 1956). Élève de Leonard Bernstein, elle a été la directrice musicale du Baltimore Symphony Orchestra de 2007 à 2021.

Marin Alsop dirige l'Orchestre national de Cuba en 2015.

Altaï n. m. Chaîne de montagnes d'Asie centrale, située à la frontière de la Russie, de la Mongolie et de la Chine. 4 506 m au mont Beloukha.

Chasse à l'aigle dans les monts de l'Altaï mongol.

Altaï (république de l') République de la fédération de Russie. 92 600 km². 203 000 habitants. Capitale : Gorno-Altaïsk. Région de montagnes boisées, exploitée pour ses ressources forestières et minérales. Élevage.

altaïque adj. 1. De l'Altaï. 2. *Langues altaïques* : famille de langues mongoles, toungouses et turques.

Altaïr Nom donné à l'étoile α de la constellation de l'Aigle.

Altamira (grotte d') Site préhistorique d'Espagne, dans les monts Cantabriques. Elle est célèbre pour ses peintures rupestres du Magdalénien.

altermondialiste

Manifestation altermondialiste à Paris quelques jours avant la conférence de l'OMC à Cancún en 2003.

Altdorf Ville de Suisse, chef-lieu du canton d'Uri, au S. du lac des Quatre-Cantons. 9 200 habitants. Selon la légende, c'est à Altdorf que Guillaume Tell aurait réalisé son exploit.

Altdorfer (Albrecht) Peintre, graveur et architecte allemand (v. 1480-1538). Initiateur de l'école du Danube, il accorda une importance prépondérante aux paysages (*La Bataille d'Arbelles* ou *Bataille d'Alexandre*).

Altenburg Ville d'Allemagne (Thuringe), au S. de Leipzig. 34 000 habitants. Industries mécanique et textile. Ancienne ville d'Empire.

Altenkirchen Village d'Allemagne (Rhénanie-Palatinat). Mines de plomb. Kléber y battit les Autrichiens en 1796 et Marceau y fut mortellement blessé en protégeant la retraite de Jourdan.

altérable adj. Qui peut être altéré. □ n. f. **altérabilité**

altérant, ante adj. 1. Qui donne soif (opposé à *désaltérant*). 2. Qui provoque une altération.

altération n. f. (→ altérer) 1. Changement en mal par rapport à l'état normal. → [1]**dégradation, détérioration.** 2. Signe de musique modifiant la hauteur de la note (dièse, bémol, bécarre). 3. géol. Transformation des roches, responsable de la formation des sols.

altercation n. f. (du latin ; famille de *autre*) Échange bref et brutal de propos vifs, de répliques désobligeantes. → **dispute, prise de bec.**

alter ego [altɛʀego] n. m. invar. (du latin « autre moi ») Personne de confiance qu'on peut charger de tout faire à sa place. → **bras droit.** – *Mon alter ego* : un autre moi-même, un ami inséparable.

altérer v. tr. < 6 > (du bas latin, de *alter* → autre) I. 1. Changer en mal. → **détériorer, gâter.** *Le soleil altère les couleurs.* – pronom. *Son visage s'altéra.* – au p. p. *D'une voix altérée,* troublée, émue. 2. Falsifier, fausser. *Altérer la vérité.* → **mentir.** II. (surtout passif et p. p.) 1. Exciter la soif de (qqn). 2. fig. *Être altéré de,* avide de. → **assoiffé.**

altérité n. f. (du latin, de *alter* « autre ») didact. Caractère de ce qui est autre.

altermondialisme n. m. (→ altermondialiste) Mouvement qui s'oppose à la mondialisation libérale et promeut des échanges plus justes entre les peuples, les sociétés. → **antimondialisation.** - syn. **altermondialisation** n. f.

altermondialiste adj. (latin *alter* « autre », d'après *alternatif* et *antimondialiste*) 1. Relatif à l'altermondialisme. 2. Partisan de l'altermondialisme. – n. *Les altermondialistes.*

alternance n. f. (→ alterner) 1. Succession répétée, dans l'espace ou dans le temps, qui fait réapparaître, dans un ordre régulier, chaque élément d'une série. *Alternance des cultures.* → **assolement.** ■ *Formation en alternance,* faisant alterner les sessions d'étude et la pratique en entreprise. – ellipt *Une alternance en comptabilité.* 2. Variation subie par un phonème ou un groupe de phonèmes. *Alternance vocalique* (ex. *je meurs, nous mourons*). 3. phys. Demi-période d'un phénomène sinusoïdal. 4. Succession au pouvoir de deux tendances politiques par le jeu des suffrages.

alternant, ante adj. Qui alterne.

alternat n. m. (de *alterner*) didact. 1. Droit d'occuper tour à tour le premier rang (pour des États, des villes). 2. Rotation (des cultures).

alternateur n. m. Génératrice de courants alternatifs.

alternatif, ive adj. 1. Qui présente une alternance. → **périodique.** *Mouvement alternatif,* mouvement régulier de va-et-vient (piston, pendule, etc.). *Courant alternatif,* dont l'intensité varie selon une sinusoïde (opposé à *continu*). 2. (emploi critiqué) Qui constitue une alternative (3). *Médecines alternatives.* → **doux, parallèle.** ■ *Faits alternatifs* : contrevérités manifestes soutenues par certains politiciens à des fins de propagande. 3. Qui s'oppose au courant majeur d'un style. *Rock alternatif.*

[1]**alternative** n. f. 1. au plur. Phénomènes ou états opposés se succédant régulièrement. « *Des alternatives de colère et d'espoir* » (Flaubert). 2. Situation dans laquelle il n'est que deux partis possibles. *Placer qqn devant une alternative.* 3. (emploi critiqué) Solution de remplacement.

[2]**alternative** n. f. (de l'espagnol) Cérémonie donnant au jeune novillero le droit d'alterner dans les courses avec les matadors.

alternativement adv. En alternant ; tour à tour. → **successivement** ; → à tour de rôle.

Altamira (grotte d')

Grotte d'Altamira, bison polychrome (magdalénien).

A

alterne adj. (latin *alternus* « un sur deux », de *alter* → autre) didact. Qui présente une alternance d'ordre spatial. – bot. *Feuilles alternes*, placées alternativement et non face à face. – géom. *Angles alternes*, formés de part et d'autre d'une sécante à deux droites parallèles.

alterner v. < 1 > (du latin, de *alternus* → alterne) **1.** v. intr. Se succéder en alternance. *Faire alterner deux spectacles.* **2.** v. tr. Faire succéder (les cultures) par alternance. □ **alterné, ée** adj. Qui se fait selon une alternance. *Rimes alternées*, croisées. – *Stationnement unilatéral alterné.* – dr. *Résidence, garde alternée* : mode de résidence de l'enfant au domicile de chacun de ses parents, après leur séparation, alternativement.

altesse n. f. (de l'italien, du latin *altus* → ¹haut) Titre d'honneur donné aux princes et princesses du sang. ■ Personne portant ce titre.

althæa [altea] (mot latin) bot. **1.** n. f. Variété de guimauve. – Rose trémière. **2.** n. m. Espèce non tropicale de l'hibiscus. *Des althæas.* - var. RO **altéa.**

Althusser (Louis) Philosophe français (1918-1990). Il a proposé une lecture scientifique de Marx qui a exercé une grande influence sur les philosophes des années 1960. *Pour Marx ; Lire le Capital.*

altier, ière adj. (de l'italien ; famille de *altesse*) Qui a ou marque la hauteur, l'orgueil du noble. → ¹**hautain.**

altimètre n. m. (du latin, de *altus*) Appareil indiquant l'altitude du lieu où l'on se trouve.

altimétrie n. f. didact. **1.** Méthode géométrique de mesure des altitudes. **2.** Ensemble des signes qui représentent le relief, sur une carte. □ adj. **altimétrique**

Altiplano n. m. Haute plaine des Andes (Bolivie), qui culmine à 4 000 m. Nombreux lacs (→ lac **Titicaca**).

altiport n. m. (de *alti[tude]* et *[aéro]port*) Petit terrain d'atterrissage en haute montagne.

Altis n. m. Dans la mythologie grecque, bois sacré de Zeus à Olympie.

altise n. f. (latin, du grec *haltikos* « bon sauteur ») Insecte coléoptère sauteur, qui cause des dégâts dans les vignes et les potagers.

altiste n. Joueur, joueuse d'alto (2).

altitude n. f. (du latin, de *altus* → ¹haut) **1.** Élévation (d'un point, d'un lieu) par rapport au niveau de la mer. *L'altitude d'une montagne.* **2.** Grande altitude. *En altitude* : à une altitude élevée.

Altkirch Chef-lieu d'arrondissement du Haut-Rhin, dans le Sundgau. 5 658 habitants. Musée régional.

Altman (Robert) Cinéaste américain (1925-2006). Journaliste, d'abord réalisateur de documentaires, il connut le succès avec *M. A. S. H.* Son style allie une sobriété classique à un humour critique acide et à un éclatement de la structure narrative et des personnages. *Trois Femmes ; The Player ; Short Cuts.*

Altman (Sidney) Biochimiste américano-canadien (1939-2022). Il mit en évidence l'activité enzymatique de la molécule d'ARN. Prix Nobel 1989.

Altmark n. m. Région du N. de l'Allemagne (Saxe-Anhalt). Moraines sableuses à faible rendement agricole.

Altmühl n. m. Rivière d'Allemagne (220 km), affluent du Danube. Sa traversée du Jura franconien a été aménagée en canal Main-Danube (1991).

alto n. m. (mot italien, du latin *altus* → ¹haut) **1.** Voix de contralto. ■ n. Chanteur (contreténor) ou chanteuse (contralto) qui a cette voix. *Les altos* ou *les alti* (plur. italien). **2.** Instrument de la famille des violons, d'une quinte plus grave et un peu plus grand (→ **altiste**). **3.** appos. *Saxophone alto.*

altocumulus n. m. (du latin *altus* et de *cumulus*) météorol. Nuage moyen (2 000 à 6 000 m), formant une couche de lamelles ou de flocons assez réguliers disposés en files ou en groupes.

altostratus n. m. (du latin *altus* et de *stratus*) météorol. Nuage moyen (2 000 à 6 000 m), formant un voile assez sombre.

altruisme n. m. (de *autrui*) Disposition à s'intéresser et à se dévouer à autrui (opposé à *égoïsme*).

altruiste adj. Caractérisé par l'altruisme. – n. *C'est une altruiste.*

altuglas [altyglas] n. m. (marque déposée) Matière synthétique translucide ou teintée, très résistante. → **plexiglas.** *Table en altuglas.*

Altyn tagh n. m. Massif montagneux de Chine, séparant le plateau du Tibet du Xinjiang. Culmine à plus de 6 200 m. Zone d'intense activité tectonique.

alu n. m. voir **aluminium**

aluminate n. m. (→ alumine) chim. Sel où l'alumine joue un rôle d'anhydride d'acide.

alumine n. f. (latin *alumen* → alun) Oxyde ou hydroxyde d'aluminium.

aluminer v. tr. < 1 > **1.** Combiner avec l'alumine. **2.** Recouvrir d'aluminium.

aluminerie n. f. techn. Usine qui produit de l'aluminium.

alumineux, euse adj. Qui contient de l'alumine ou un composé de l'aluminium. *Minéraux alumineux.*

aluminium [alyminjɔm] n. m. (mot anglais, du latin *alumen* → alumine) Métal blanc, léger, malléable, bon conducteur de l'électricité (symb. Al ; n° at. 13 ; masse at. 26,98). - abrév. fam. **alu.** *Du papier (d')alu.*

alun n. m. (vient du latin *alumen* → alumine) Sulfate double de potassium et d'aluminium hydraté, utilisé en teinture, en médecine.

alunir v. intr. < 2 > (→ lune) Aborder sur la Lune, prendre contact avec la Lune. □ n. m. **alunissage**

Ālvār n. m. pl. Groupe de douze saints adorateurs de Vishnou, poètes de l'Inde du Sud (VIᵉ-IXᵉ s.). Leurs œuvres constituent le *Nālāyiram.*

Alvarado (Pedro de) Conquistador espagnol (1485-1541). Lieutenant de Cortés lors de la conquête du Mexique, il colonisa le Guatemala et fonda Santiago de Los Caballeros. Il fut tué par les Indiens.

Álvares (Francisco) Voyageur portugais (1465-v. 1540). Sa *Description de l'Éthiopie* constitue le premier document sur cette région.

Alvarez (Luis Walter) Physicien américain (1911-1988). Il participa à la réalisation du premier accélérateur linéaire de protons et découvrit des « états de résonance » chez les particules élémentaires. Avec son fils géologue, il émit l'hypothèse qu'une comète était à l'origine de l'extinction des dinosaures. Prix Nobel 1968.

Álvarez Quintero (Serafín et Joaquín) Auteurs dramatiques espagnols. Serafín (1871-1938) et Joaquín (1873-1944) renouvelèrent le théâtre espagnol et écrivirent des centaines de comédies, des *entremeses* (intermèdes) et des livrets de *zarzuelas* (opéras-comiques).

Alvaro (Corrado) Poète et romancier italien (1895-1956). D'abord poète, il évolua vers un style réaliste (vériste) avant de faire montre dans son œuvre de préoccupations morales et psychologiques. *L'homme est fort ; La Brève Enfance.*

Alvear (Carlos María de) Général argentin (1788-1852). Il fut l'un des chefs de l'indépendance argentine.

alvéolaire adj. **1.** anat. Qui appartient aux alvéoles dentaires. ■ Qui appartient aux alvéoles pulmonaires. **2.** phonét. *Consonne alvéolaire*, articulée au niveau des alvéoles.

alvéole n. m. (vieilli) ou f. (du latin, de *alveus* → auge) **1.** Cellule de cire que fabrique l'abeille. **2.** anat. *Alvéoles dentaires* : cavités au bord des maxillaires où sont implantées les racines des dents. *Alvéoles pulmonaires* : culs-de-sac terminaux des ramifications des bronches. **3.** Cavité ayant plus ou moins la forme d'une alvéole (1).

alvéolé, ée adj. Qui présente des alvéoles.

alvéolite n. f. méd. Inflammation des alvéoles pulmonaires ou des alvéoles dentaires.

Alyscamps voir **Aliscamps**

alysse n. f. (grec *alusson* « plante qui préserve de la rage », de *a-* privatif et *lussa* « rage ») bot. Plante à fleurs blanches ou jaunes, appelée aussi *corbeille d'argent, d'or.*

alyte n. m. (grec *alutos* « qu'on ne peut dénouer ») zool. Batracien d'Europe, appelé aussi *crapaud accoucheur*, qui porte enroulés autour de ses pattes les chapelets d'œufs pondus par la femelle.

Alzette n. f. Rivière du Luxembourg (72 km), affluent de la Sûre. Elle prend sa source en France et arrose Luxembourg.

Alzheimer (Alois) Neurologue allemand (1864-1915). Spécialiste de neuropathologie, il décrivit la maladie qui porte son nom. ■ **Maladie d'Alzheimer** ou n. m. un **alzheimer.** méd. Affection neurologique caractérisée par une altération intellectuelle progressive et irréversible.

▶ La maladie décrite en 1907 par le neurologue allemand **Alzheimer** est caractérisée par une perte progressive des capacités intellectuelles due à des lésions cérébrales dégénératives de cause inconnue. Elle touche 1 % de la population de plus de 60 ans, mais sa fréquence augmente avec l'âge pour atteindre 20 % des personnes de plus de 80 ans. La maladie ne se manifeste pendant deux à cinq ans ou plus que par des troubles progressifs de la mémoire, essentiellement celle des évènements récents. L'aggravation se poursuit par des troubles du langage (aphasie), des erreurs dans les activités quotidiennes, une diminution de la gestuelle (apraxie), une désorientation spatiale hors de l'environnement habituel, une perte de la reconnaissance des visages (« prosopagnosie »). Dépression, apathie ou agressivité sont fréquentes. La perte progressive de l'autonomie et de toutes les facultés cognitives impose presque toujours le placement dans une institution spécialisée.

Le diagnostic est très difficile durant les premières années du fait d'une part de la fréquence des troubles mnésiques banals liés à l'âge et d'autre part de la longue persistance d'un comportement social acceptable chez les malades. Cependant, le dépistage précoce est souhaitable. Il fait appel à des tests psychologiques et à des examens d'imagerie cérébrale. Il permet d'informer l'entourage sur la maladie et de le mettre en rapport avec des structures d'aide et de soins.

Le traitement fait l'objet de nombreuses recherches mais ne porte encore que sur les symptômes. Il améliore peut-être quelque temps les facultés cognitives, mais ne retarde probablement pas la dégradation. Cette maladie est la première cause de dépendance des personnes âgées. Du fait de la lourdeur de sa prise en charge et de la lenteur de son évolution, elle requiert une forte solidarité sociale : aide aux proches et aux soignants, financement de structures d'accompagnement, d'accueil et de soins, efforts soutenus d'enseignement et de recherche.

Alzon (Emmanuel d') Prêtre français (1810-1880). Il fonda la congrégation des Assomptionnistes (1845).

am [aɛm ; ɛɛm] loc. adv. (abrév. anglaise de la loc. latine *ante meridiem* « avant midi ») anglic. (dans les pays où les heures sont comptées jusqu'à douze) Avant midi (s'oppose à *pm*).

amabilité **n. f.** **(du latin ; famille de *aimer*)** Qualité d'une personne aimable ; manifestation de cette qualité. → **affabilité, gentillesse, obligeance.** *Auriez-vous l'amabilité de me répondre ? – Dire des amabilités à qqn,* des paroles aimables.

Amadeo ou **Amadei** **(Giovanni Antonio)** Sculpteur et architecte lombard (v. 1447-1522). Il réalisa la chartreuse de Pavie et la chapelle Colleoni, à Bergame, remarquables par la multiplication des éléments décoratifs. Il travailla à la cathédrale de Milan.

Amado **(Jorge)** Romancier brésilien (1912-2001). Son œuvre est centrée sur la révolte contre l'exploitation et le drame des ouvriers agricoles sans terre. *Bahia de tous les saints ; Dona Flor et ses deux maris ; Les Chemins de la faim.*

amadou **n. m.** **(provençal *amadou* « amoureux », parce que cette substance s'enflamme facilement)** Substance spongieuse provenant d'un champignon (l'*amadouvier* **n. m.**), préparée pour être inflammable.

amadouer **v. tr.** **< 1 >** **(de *amadou*, au sens de « frotter avec de l'amadou », ce qui donnait un teint jaune provoquant la pitié)** Amener à ses fins ou apaiser (qqn qui était hostile ou réservé) par de petites flatteries, des attentions adroites.

Amagasaki Ville du Japon (île de Honshū) sur la baie d'Ōsaka. 459 710 habitants. Centre industriel.

amaigrir **v. tr.** **< 2 >** Rendre maigre, plus maigre. – pronom. *Elle s'est amaigrie.* ■ **amaigri, ie adj.** *Visage amaigri.* → **émacié.**

amaigrissant, ante **1. adj.** Qui fait maigrir. **2. n. m.** Médicament utilisé pour faire maigrir.

amaigrissement **n. m.** Fait de maigrir, d'avoir maigri. *Cure d'amaigrissement.* → **¹régime.**

Amalaric (501-531). Roi des Wisigoths (507-531). Époux de Clotilde, fille de Clovis Ier, il combattit les Francs et fut vaincu par Childebert Ier.

Amalasonte ou **Amalaswinthe** (morte en 535). Fille de Théodoric le Grand, roi des Ostrogoths, elle gouverna pendant la minorité de son fils Athalaric. Elle fut assassinée par son cousin et mari Théodat.

Amalécites **n. m. pl.** Tribu sémitique de nomades du Néguev. D'après la Bible, les Amalécites barrèrent le passage aux Hébreux venus d'Égypte et furent vaincus par Saül et par David (–XIe s.).

Amalfi Ville d'Italie (Campanie), à l'O. de Salerne. 5 430 habitants. Ancienne république maritime, elle demeure une station balnéaire réputée.

amalgame **n. m.** **(du latin médiéval, de l'arabe)** **1.** Alliage du mercure et d'un autre métal. – Mélange métallique servant à l'obturation des dents. **2.** fig. Mélange d'éléments hétérogènes. → **assemblage.** **3.** Fait d'englober artificiellement, en exploitant un point commun, diverses formations politiques, pour les discréditer.

amalgamer **v. tr.** **< 1 >** **(→ amalgame)** Unir dans un mélange. → **mélanger.** *Amalgamer des œufs et* (ou *à*) *de la farine.* – fig. Mêler (des éléments différents). ■ **s'amalgamer v. pron.** *S'amalgamer à* (ou *avec*) : se combiner, s'associer à.

Amalric voir Amaury

Amalthée Nom de la chèvre qui allaite Zeus enfant, dans la mythologie grecque. Une de ses cornes devint la « corne d'abondance ».

aman **n. m.** **(mot arabe)** **(contexte musulman)** Octroi de la vie sauve.

Aman ou **Haman** Personnage biblique. Ministre d'Assuérus, hostile aux Juifs, il est destitué au profit de Mardochée, cousin d'Esther, et pendu.

Amalfi

Amalfi fut un important port de commerce du IXe au XIIe siècle.

Amand **(saint)** (v. 584-v. 679). Évêque, apôtre de Flandre et du Hainaut.

amandaie **n. f.** Lieu planté d'amandiers. - syn. **amanderaie.**

amande **n. f.** **(vient du latin *amygdala* → amygdale)** **1.** Fruit de l'amandier, dont la graine comestible est riche en huile. *Pâte d'amandes.* ■ ***En amande*** : en forme d'amande. *Des yeux en amande.* ■ appos. invar. *Vert amande* : vert clair. **2.** Graine d'un fruit à noyau. *L'amande de l'abricot.* **3.** **(par analogie de forme)** *Amande de mer,* gros coquillage comestible.

amandier **n. m.** Arbre (prunus) à fleurs blanches ou rosées, dont le fruit est l'amande.

amandine **n. f.** Petit gâteau frais aux amandes.

amanite **n. f.** **(du grec, d'un n. de lieu)** Champignon à lames dont certaines espèces sont vénéneuses *(amanite tue-mouche)* ou même mortelles *(amanite phalloïde).*

Amānollāh ou **Amānallāh** (1892-1960). Souverain afghan (1919-1929). Il rétablit l'indépendance de son pays face aux Britanniques (1919) et se lança dans une politique d'occidentalisation qui provoqua sa chute.

amant, ante **n.** **(de l'ancien v. *amer* « aimer »)** **1.** vieux ou littér. Personne qui aime d'amour et qui est aimée. → **amoureux, soupirant.** **2.** vieilli Personne qui a des relations amoureuses et sexuelles plus ou moins durables avec une autre sans lui être mariée. *Son amante.* → **maîtresse.** – spécialt, mod. Personne qui a des relations sexuelles plus ou moins régulières avec une personne mariée à quelqu'un d'autre. *Sa femme avait des amants.*

Amapá **n. m.** État du Brésil (région Nord). 142 358 km^2. 477 000 habitants. Capitale : Macapá. Réserves de bois et de manganèse.

Amara Ville d'Irak, sur le Tigre, chef-lieu de la province de Maysan. 325 000 habitants. Marché agricole.

amarante **n. f.** **(du grec « qui ne peut *[a-]* se flétrir *[marainein]* »)** **1.** Plante ornementale, aux nombreuses fleurs rouges en grappes ; fleur de cette plante. **2. adj. invar.** Rouge pourpre. **3.** *Bois d'amarante* : acajou de Cayenne.

Amarāpura Ville de Birmanie, près de Mandalay. 80 800 habitants. Ancienne capitale de la Birmanie, fondée en 1782. Son industrie de la soie est très réputée.

Amarāvatī Ville d'Inde (Andhra Pradesh), à la tête du delta de la Krishna. Ancien haut lieu du bouddhisme, elle donna son nom à un style d'art bouddhique.

amaretto **n. m.** **(mot italien → ¹amer)** Liqueur italienne à base d'amandes d'abricots.

amareyeur, euse **n.** **(de *marée*)** Ouvrier, ouvrière qui travaille dans les parcs à huîtres. → **ostréiculteur.**

Amarillo Ville des États-Unis (Texas). 200 390 habitants. Centre agricole et industriel (hélium, armement nucléaire).

Amarna **(Tell el-)** Site d'Égypte, sur la rive droite du Nil. C'est l'emplacement d'**Akhetaton**, la capitale construite par le pharaon Aménophis IV, devenu Akhenaton (v. –1360), en l'honneur du dieu Aton. Importants vestiges de la ville antique, bas-reliefs des monuments et des stèles, tablettes provenant des archives diplomatiques du pharaon.

amarrage **n. m.** **1.** Action, manière d'amarrer. – Position de ce qui est amarré. **2.** Assemblage dans l'espace d'engins spatiaux. → **arrimage.**

amarre **n. f.** Câble, cordage servant à retenir un navire, un ballon en l'attachant à un point fixe.

amarrer **v. tr.** **< 1 >** **(du moyen néerlandais « empêcher » ; famille de *marri*)** **1.** Maintenir, retenir avec des amarres. **2.** Attacher avec des cordages. → **arrimer.**

amaryllidacée **n. f.** **(→ amaryllis)** bot. Plante monocotylédone, bulbeuse, vivace, aux fleurs solitaires ou en ombelle (famille des *Amaryllidacées* ; ex. la jonquille et le perce-neige).

amaryllis [amarilis] **n. f.** **(n. grec d'une bergère [chez Théocrite], repris en latin)** Plante bulbeuse ornementale, aux fleurs de couleurs éclatantes.

amas **n. m.** **(→ amasser)** Réunion d'objets venus de divers côtés, généralement par apports successifs. → **amoncellement, entassement, tas.** ■ astron. *Amas (d'étoiles).*

amasser **v. tr.** **< 1 >** **(de ¹*masse*)** Réunir en quantité considérable, par additions successives. → **accumuler, amonceler, entasser.** *Amasser de l'argent.* → **capitaliser, thésauriser.** – *Amasser des preuves.* → **réunir.** ■ **s'amasser v. pron.** S'entasser, se rassembler. *La foule s'est amassée sur la place.*

Amasya Ville de Turquie, chef-lieu de province, sur le Yeşil Irmak. 110 000 habitants. Monuments musulmans des XIIIe et XVe s. Centre de commerce.

Amaterasu Ōmikami Déesse du Soleil, la plus importante des divinités du Japon. Les empereurs du Japon, par le premier d'entre eux, Jimmu, sont tous censés descendre de la déesse.

amateur, trice **n.** **(du latin ; de *amare* → aimer)** **1.** Personne qui aime, cultive, recherche (certaines choses). *Un amateur de musique. La collection d'un amateur* (d'art). ■

Acheteur éventuel. – fam. *Je ne suis pas amateur.* → **preneur.** – *Avis aux amateurs :* avis à ceux que cela intéresse. **2.** Personne qui cultive un art, une science pour son seul plaisir (et non par profession). *Un talent d'amateur.* – appos. *Des musiciennes amateurs.* **3.** sport Athlète, joueur qui pratique un sport sans recevoir de rémunération directe (opposé à *professionnel*). **4.** péj. Personne qui exerce une activité de façon négligente ou fantaisiste. → **dilettante.** *C'est du travail d'amateur.* - REM. Au féminin, on rencontre aussi *amateure* (courant au Canada).

amateurisme n. m. **1.** Condition de l'amateur, en sport. **2.** péj. Caractère d'un travail d'amateur (4) (négligé, non fini, incomplet, etc.).

Amati Famille de luthiers, originaires de Crémone (xvie-xviiie s.). ■ **Niccolò Amati** (1596-1684). Il fut le maître de Guarnerius et de Stradivarius.

Amatitlán (lac) Lac du Guatemala, à 25 km de la capitale, Guatemala, à 1 186 m d'altitude.

Amato (Giuliano) Homme d'État italien (né en 1938). Il fut président du Conseil à deux reprises (1992-1993 et 2000-2001).

amaurose n. f. (grec *amaurôsis* « obscurcissement, affaiblissement de la vue ») méd. Perte totale de la vue, sans lésions décelables de l'œil ni troubles fonctionnels. → **cécité, amblyopie.**

Amaury Ier ou **Amalric Ier** (v. 1137-1174). Roi de Jérusalem (1163-1174). Il lutta contre les vizirs d'Égypte.

Amaury II ou **Amalric II de Lusignan** (v. 1144-1205). Roi de Chypre (1194-1205) et de Jérusalem (1198-1205). Il épousa la veuve du roi Henri II de Champagne, mais ne put prendre possession de ses États.

Amaury-Duval (Eugène Emmanuel Pineux-Duval, dit) Peintre français (1808-1885). Disciple d'Ingres, il s'inspira aussi des primitifs italiens. Il est l'auteur de portraits et de grandes décorations religieuses.

a maxima loc. adj. invar. (latin *a maxima poena*) dr. *Appel a maxima*, formé par le ministère public pour diminuer la peine (s'oppose à *a minima*). - var. RO **à maxima.**

Amay Ville de Belgique (province de Liège). 14 406 habitants. Collégiale Saint-Georges, de style roman.

amazigh, ighe adj. et n. (berbère « homme libre ») Berbère.

Amazon Entreprise multinationale américaine de commerce électronique et de services créée en 1994 par Jeff Bezos. Son siège est à Seattle.

Amazonas n. m. État du Brésil (région Nord). 1,55 million de km^2. 3 481 000 habitants. Capitale : Manaus. Traversé par l'Amazone, c'est le plus vaste État du Brésil. Activités commerciales et technopole à Manaus.

amazone n. f. (latin *Amazones* → **Amazones**) **1.** mythol. grecque Femme du peuple des Amazones. **2.** Femme qui monte à cheval. – loc. *Monter en amazone*, les deux jambes du même côté de la selle. **3.** Longue jupe pour monter à cheval. **4.** fam. Prostituée qui racole en voiture.

Amazone n. f. Fleuve d'Amérique du Sud (6 762 km), le premier du monde par sa longueur et son débit. Née dans les Andes, au Pérou, l'Amazone reçoit plus de 1 100 affluents. Elle traverse le Brésil avant de se jeter dans l'Atlantique. Sa plaine alluviale immense est parsemée d'îles.

Amazones n. f. pl. Peuple de femmes guerrières et chasseresses, dans la mythologie grecque. Elles se brûlaient un sein pour faciliter le tir à l'arc et le maniement de la lance, et tuaient leurs enfants mâles à la naissance.

Amazonie n. f. Région géographique du centre de l'Amérique du Sud. 7 millions de km^2. Vaste bassin drainé par l'Amazone et ses affluents, elle s'étend sur huit pays (Bolivie, Brésil, Colombie, Équateur, Guyana, Pérou, Suriname, Venezuela), de part et d'autre de l'équateur. De climat chaud et humide, l'Amazonie représente le tiers des réserves forestières mondiales, malgré la déforestation croissante, et recèle une grande diversité d'espèces animales et végétales. Les routes (Transamazonienne et Marginale) entaillent la forêt. Activités forestières, élevage et agriculture (manioc, cacao, poivre). Les richesses du sous-sol sont très importantes (or, fer, pétrole, étain). L'exploitation massive des ressources naturelles pose des questions en matière d'écologie et de développement.

ambages n. f. pl. (du latin, de *ambi* « des deux côtés » → **ambi-**) *Sans ambages* loc. adv. : sans détour, sans s'embarrasser de circonlocutions.

Ambala Ville d'Inde (Haryana) au N. de Delhi. 195 100 habitants. Centre de commerce et d'industrie.

Ambard (Léon) Médecin français (1876-1962). Il est l'un des fondateurs de la néphrologie *(lois d'Ambard)*.

ambassade n. f. (italien, du latin médiéval *ambactia*, d'origine gauloise) **1.** Représentation permanente d'un État auprès d'un État étranger. *Attaché d'ambassade.* – Ensemble du personnel assurant cette mission. – Résidence et bureaux d'un ambassadeur. **2.** Mission délicate auprès d'un particulier. *Ils sont allés en ambassade chez le directeur.*

ambassadeur, drice n. (→ **ambassade**) **1.** Représentant(e) permanent(e) d'un État auprès d'un État étranger, le plus élevé dans la hiérarchie diplomatique. **2.** Personne chargée d'une mission. *Soyez mon ambassadeur auprès de lui.* **3.** Personne qui représente à l'étranger une activité de son pays. *Les ambassadrices de la mode française.* **4.** Célébrité qui représente un produit, une marque. *L'ambassadrice d'un parfum.*

Ambato Ville d'Équateur au S. de Quito. 165 200 habitants. Important marché agricole régional.

Ambazac Commune de la Haute-Vienne, arrondissement de Limoges. 5 556 habitants. Église abritant les restes de saint Étienne de Muret (châsse émaillée de 1189).

Ambedkar (Bhīmrāo Rām-jī) Homme politique et juriste indien (1892-1956). Il combattit la ségrégation des « intouchables ».

Amberg Ville d'Allemagne (Bavière), au N. de Ratisbonne. 42 000 habitants. Église et hôtel de ville du xve siècle.

Ambérieu-en-Bugey Commune de l'Ain, arrondissement de Belley. 14 288 habitants. Nœud ferroviaire.

Amazone

L'Amazone se ramifie vers son embouchure en un réseau de multiples bras.

Ambert Chef-lieu d'arrondissement du Puy-de-Dôme. 6 636 habitants. Fromage *(fourme d'Ambert)*.

Ambès (bec d') Pointe de terre au confluent de la Dordogne et de la Garonne. Port pétrolier.

ambi- Élément (latin *ambo*) signifiant « tous les deux ».

ambiance n. f. (de *ambiant*) **1.** Atmosphère matérielle ou morale qui environne une personne, une réunion de personnes. → **climat, milieu.** *Une bonne ambiance. Deux salles*, deux ambiances.* – *Musique d'ambiance*, discrète et agréable. → anglic. **lounge. 2.** fam. *Il y a de l'ambiance ici,* une atmosphère gaie, pleine d'entrain. – loc. *Mettre qqn dans l'ambiance.*

ambiancer v. intr. < 3 > Rendre l'ambiance joyeuse et festive. – trans. *Ambiancer une soirée.*

ambianceur, euse n. Personne qui aime faire la fête. → **fêtard, noceur.**

ambiant, ante adj. (du latin, de *ambire* « aller *[ire]* autour » → **ambi-**) Qui entoure de tous côtés, constitue le milieu où on se trouve. *La température ambiante.* – *La morosité ambiante.*

ambidextre adj. et n. (latin → **dextre**) Qui possède la même adresse, la même aisance de la main droite et de la main gauche.

ambigu, uë [ɑ̃bigy] adj. (du latin, de *ambi* [→ **ambi-**] et *agere* « pousser, agir ») Qui présente deux ou plusieurs sens possibles ; dont l'interprétation est incertaine. → **ambivalent, équivoque.** *Réponse ambiguë.* – Dont la nature est équivoque. *Personnage ambigu.* - var. du fém. RO **ambigüe.** □ adv. **ambigument**

ambiguïté [ɑ̃bigɥite] n. f. (latin → **ambigu**) Caractère de ce qui est ambigu. → **ambivalence, équivoque.** *L'ambiguïté d'une phrase* (→ **amphibologie**). – Expression ambiguë ; comportement ambigu. - var. RO **ambigüité.**

ambiophonie n. f. (marque déposée, de *ambiance* et *-phonie*) Ambiance sonore créée par une augmentation de la réverbération des sons (au moyen d'enceintes placées derrière l'auditeur). □ adj. **ambiophonique**

ambitieux, euse adj. (latin → **ambition**) **1.** Qui a de l'ambition, désire passionnément réussir. – n. *« L'ambitieux prend les pouvoirs comme fins, et les adore en tous ses actes »* (Alain). **2.** Qui marque de l'ambition, ou péj. trop d'ambition. → **présomptueux, prétentieux.** *Projet ambitieux.* □ adv. **ambitieusement**

ambition n. f. (du latin, de *ambire* « aller *[ire]* autour » → **ambi-**) **1.** Désir ardent d'obtenir les biens qui peuvent flatter l'amour-propre (pouvoir, honneurs, réussite, etc.). *Avoir de l'ambition ; l'ambition de réussir.* – *Ambition littéraire.* **2.** (sens affaibli) Désir, souhait. *Borner son ambition à vivre en paix.*

ambitionner v. tr. < 1 > **1.** Rechercher par ambition. *Ambitionner la première place.* → **briguer.** – (avec de + inf.) Souhaiter vivement. **2.** (Canada) *Ambitionner (sur le pain bénit)*, exagérer.

ambitus [ɑ̃bitys] n. m. (du latin, p. p. de *ambire* « aller *[ire]* autour » → **ambition**) mus. Étendue d'une mélodie, d'une voix, d'un instrument de la note la plus grave à la note la plus aiguë.

ambivalence n. f. (de l'allemand, de *ambi-* et *valeur*) Caractère de ce qui comporte deux composantes de sens contraire, ou de ce qui se présente sous deux aspects.

ambivalent, ente adj. (allemand → **ambivalence**) Qui présente une ambivalence. → **ambigu.** *Sentiment ambivalent.*

amble n. m. (vient du latin *ambulare* → **ambulant**) Allure d'un cheval, etc., qui se déplace en levant en même temps les deux jambes du même côté. *Chameau qui va l'amble.*

Ambleteuse Commune du Pas-de-Calais, sur la Manche. 1 998 habitants. Fort Mahon (XVIIe s.), musée de la Seconde Guerre mondiale.

Amblève n. f. Rivière de Belgique (85 km), affluent de l'Ourthe. Vallée touristique. Centrale hydraulique.

amblyope adj. et n. (du grec, de *amblus* « affaibli » et *ôps* « vue » → myope) méd. Atteint d'amblyopie.

amblyopie n. f. (→ amblyope) didact. Affaiblissement de la vue, sans lésion organique apparente. → **amaurose, cécité.**

amblyoscope n. m. (de *amblyo[pie]* et *-scope*) opt. Appareil servant à l'examen complet de la vision binoculaire.

Amboise Commune de l'Indre-et-Loire, arrondissement de Tours, sur la Loire. 12 569 habitants. Château gothique et Renaissance. Église Saint-Denis (XIIe s.). Le manoir du Clos-Lucé (XVe s.) abrite un musée Léonard de Vinci.

Amboise (Georges d') Prélat et homme politique français (1460-1510). Archevêque de Narbonne (1492) puis de Rouen (1494), il devint Premier ministre de Louis XII et cardinal en 1498.

Amboise (conjuration d') Conspiration huguenote (1560) inspirée par le prince de Condé et visant à soustraire François II à l'influence des Guises. Dirigée par Renaudie, elle fut réprimée avec une extrême rigueur.

Amboise (édit d') Édit promulgué en 1563, qui accordait aux protestants une amnistie complète et une certaine liberté de culte.

ambon n. m. (du grec « chaire ») didact. Tribune placée à l'entrée du chœur des basiliques chrétiennes.

Ambon Ville d'Indonésie, capitale de la province des Moluques, dans l'île d'Ambon. 305 984 habitants. Exportation d'épices. Principal comptoir hollandais au XVIIe siècle.

Ambracie Ancienne ville d'Épire, en Grèce, au fond du *golfe d'Ambracie,* à l'entrée duquel se trouvait Actium.

ambre n. m. (du latin médiéval, de l'arabe) **1.** *Ambre gris* : substance parfumée provenant des concrétions intestinales du cachalot ; parfum qui en est extrait. **2.** *Ambre jaune* : résine fossilisée, dure et transparente. *Collier d'ambre.* – La couleur jaune doré de l'ambre.

ambré, ée adj. **1.** Parfumé à l'ambre gris. **2.** Qui a un reflet jaune.

Ambroise (saint) Père et docteur de l'Église (v. 339-397). Évêque de Milan, il baptisa saint Augustin et contraignit l'empereur Théodose à une expiation publique. Sermons, oraisons funèbres, traités moraux.

ambroisie n. f. (du latin, du grec « l'immortelle ») **1.** mythol. Nourriture des dieux de l'Olympe, source d'immortalité. *Le nectar et l'ambroisie.* **2.** bot. Plante aromatique utilisée en infusions (thé du Mexique).

ambulacre n. m. (du latin, de *ambulare* → ¹aller, ambulant) zool. Pied tubulaire rétractile, muni de ventouses, des échinodermes.
□ adj. **ambulacraire**

ambulance n. f. (→ ambulant) Véhicule automobile aménagé pour le transport des malades ou des blessés. – loc. fig. et fam. *Tirer sur une ambulance* : s'acharner sur qqn que le sort a déjà beaucoup éprouvé.

ambulancier, ière n. Personne qui conduit une ambulance.

ambulant, ante adj. (du latin, de *ambulare* → ¹aller, amble) Qui se déplace pour exercer à divers endroits son activité professionnelle. *Marchande de glaces ambulante.* – loc. fam. *C'est un cadavre* ambulant.*

ambulatoire adj. (du latin → ambulant) méd. Qui peut s'accompagner de déambulation. – *Traitement ambulatoire,* qui laisse au malade la possibilité de mener une vie active.

âme n. f. (vient du latin *anima* « souffle » → ¹animal, animer) **I. 1.** Principe spirituel de l'être humain, conçu dans la religion comme séparable du corps, immortel et jugé par Dieu. – *Attribuer une âme aux choses.* → **animisme.** – *Rendre l'âme* : mourir. **2.** Principe de la sensibilité et de la pensée (opposé au corps). loc. *Se donner corps* et âme. De toute son âme* (→ de tout son cœur). ■ Conscience, esprit. *État d'âme. Grandeur d'âme.* – « *Objets inanimés, avez-vous donc une âme* [...] ? » (Lamartine). – *Il ne se sent pas l'âme d'un héros.* **3.** Être vivant, personne. *Un village de cinq cents âmes.* → **habitant.** – loc. *Ne pas trouver **âme qui vive*** : ne trouver personne. *Avoir charge d'âme.* – ***L'âme sœur,*** une personne avec laquelle on a beaucoup d'affinités sentimentales. **4.** Personne qui anime une entreprise collective. *L'âme de la conjuration.* **II. 1.** Évidement intérieur d'une bouche à feu. *L'âme d'un canon.* **2.** mus. Petit cylindre de bois qui réunit la table et le fond d'un instrument à cordes. *L'âme d'un violon.*

▶ Principe de mouvement et de vie, de sensibilité et de pensée, d'unité et d'identité, la notion d'**âme** (I. 1, 2) est présente dans bien des questions philosophiques et religieuses. Déjà, dans l'Antiquité, les Égyptiens croyaient en l'existence de plusieurs principes spirituels et immatériels distincts des corps visibles. Les hindous croient en la réincarnation, les chrétiens en l'immortalité de l'âme.
En philosophie, l'âme a fait l'objet de nombreuses théories de l'Antiquité à l'âge classique. Selon Platon, elle est de nature divine et immortelle. Dans une vie antérieure, avant sa chute dans un corps, elle aurait contemplé le ciel des Idées (mythe de la métempsycose et de la réminiscence). Pour Aristote, on ne peut séparer l'âme du corps organisé, car elle est ce qui le rend vivant. Il distingue en elle trois facultés : la faculté *végétative* commune à tous les êtres vivants, y compris les plantes — se nourrir, croître, se reproduire —, la faculté *sensitive* que possèdent les animaux et l'*intellect* propre à l'homme.
Descartes rattache l'âme non pas à l'idée de vie mais à celle d'esprit, de substance pensante, et la distingue du corps (étendue), tout en constatant que nos sens éprouvent leur union. Ses successeurs (Spinoza, Malebranche, Leibniz...) chercheront chacun à sa manière à résoudre le problème de cette union.
voir aussi **animisme, platonisme**

Amédée Nom de plusieurs comtes et ducs de Savoie. ■ **Amédée VI** (1334-1383). Il fonda l'ordre de chevalerie de l'Annonciade. ■ **Amédée VIII** (1383-1451). Dernier antipape sous le nom de Félix V, il se soumit à Nicolas V en 1449.

Amédée de Savoie (1845-1890). Roi d'Espagne (1870-1873). Fils de Victor-Emmanuel II d'Italie, il fut élu roi d'Espagne par les Cortes mais dut abdiquer devant la lutte des partis.

Ameisen (Jean-Claude) Biologiste français (né en 1951). Ses travaux ont porté sur l'immunologie, en particulier sur les processus de mort cellulaire programmée. Son émission de radio *Sur les épaules de Darwin* l'a fait connaître du grand public.

amélanchier n. m. (du provençal, p.-ê. d'origine gauloise) Arbuste des montagnes aux fruits noirs comestibles.

Amélie-les-Bains-Palalda Commune des Pyrénées-Orientales, sur le Tech. 3 581 habitants. Station thermale sur le versant S. du Canigou.

améliorant, ante adj. et n. m. agric. Qui améliore le sol, en lui rendant sa fertilité ou en augmentant son rendement.

amélioration n. f. (→ améliorer) Action de rendre meilleur, de changer en mieux ; fait de devenir meilleur, plus satisfaisant. → **progrès.** *L'amélioration de son état de santé.*

améliorer v. tr. < 1 > (latin *melior* → meilleur) Rendre meilleur, plus satisfaisant, changer en mieux. → **perfectionner.** *Améliorer sa situation.* – agric. Rendre un sol plus fertile. ■ **s'améliorer** v. pron. Devenir meilleur. *Ce vin s'améliore avec l'âge.* → se **bonifier.** – fam. (personnes) *Il ne s'améliore pas.* → **s'arranger.**
□ adj. **améliorable**

amen [amɛn] interj. (mot grec, de l'hébreu « vrai, certain ») relig. chrét. Mot par lequel se terminent les prières (généralement traduit par « ainsi soit-il »). – loc. fig. *Dire amen* : acquiescer sans discuter.

aménagement n. m. **1.** Action, manière d'aménager (1). → **agencement, disposition, distribution, organisation.** *L'aménagement d'une maison.* – *Aménagement du territoire*. Aménagement d'une forêt* (→ **aménagiste**). **2.** Action d'aménager (2). *L'aménagement des horaires de travail.* – *Aménagement de peine* (de prison).

aménager v. tr. < 3 > (de *ménage*) **1.** Disposer et préparer méthodiquement en vue d'un usage déterminé. → **agencer, arranger.** *Aménager un hangar.* **2.** Adapter pour rendre plus efficace. *Aménager son emploi du temps.*
□ adj. **aménageable**

aménageur, euse n. Spécialiste de l'aménagement (intérieur, ou urbain).

aménagiste n. Spécialiste de l'aménagement des forêts.

amendable adj. **1.** agric. Qui peut être amendé. *Sol amendable.* **2.** polit. Qui peut être modifié par un amendement. *Projet de loi amendable.*

amende n. f. (→ amender) **1.** Peine pécuniaire prononcée en matière civile, pénale, ou fiscale. → **contravention.** *Mettre qqn à l'amende.* **2.** loc. *Faire amende honorable* : reconnaître ses torts.

amendement n. m. **1.** agric. Opération visant à améliorer les propriétés physiques d'un sol ; substance incorporée au sol à cet effet. → **engrais, fumure. 2.** polit. Modification proposée à un texte soumis à une assemblée délibérante.

amender v. tr. < 1 > (vient du latin, de *mendum* « faute ») **1.** littér. Améliorer. **2.** agric. Rendre plus fertile (une terre). **3.** polit. Modifier par amendement (2). *Amender un projet de loi.* ■ **s'amender** v. pron. S'améliorer, se corriger.

amène adj. (latin *amoenus* « agréable ») littér. Agréable, avenant. → **aimable ; aménité.**

amenée n. f. Action d'amener l'eau, un fluide. *Tuyaux d'amenée.*

amener v. tr. < 5 > (de *mener*) **1.** Mener (qqn) à un endroit ou auprès d'une personne. *Amener qqn chez qqn.* ■ loc. *Quel bon vent* vous amène ?* – *Mandat d'amener* : ordre de comparaître devant un juge. **2.** fig. *Amener qqn à* : conduire, entraîner petit à petit (à un état, à faire qqch.). *Je l'amènerai à nos idées, à partager notre point de vue.* **3.** Faire venir à une destination. *Le taxi qui nous a amenés.* ■ fig. *N'amenons pas la conversation sur ce sujet.* **4.** Avoir pour suite assez proche. → **occasionner.** *Cela pourrait vous amener des ennuis.* → **apporter. 5.** Tirer à soi. *Amener les voiles,* les abaisser. ■ **s'amener** v. pron. fam. Arriver, venir. *Amène-toi un peu par ici !*

aménité n. f. (latin → amène) Amabilité pleine de charme. → **affabilité.** *Sans aménité,* durement.

Aménophis Nom grec de quatre pharaons de la XVIIIe dynastie d'Égypte. ■ **Aménophis IV** → **Akhenaton**

aménorrhée n. f. (latin mod., du grec *men* « mois » → ménopause et *-rrhée*) méd. Absence de flux menstruel chez une femme en âge d'être réglée.

amentifère adj. (du latin *amentum* « cordon » + *-fère*) bot. Se dit des plantes à inflorescences en cordons ou chatons (noyer, noisetier, charme...).

On peut classer les multiples tribus amérindiennes d'Amérique du Nord en groupes culturels, principalement définis par leur implantation géographique : côte atlantique et côte pacifique, région des Plaines et région des Grands Lacs, zone subarctique... En fonction de ces « écosystèmes », certaines tribus sont sédentaires (Pueblos, Iroquois...) et pratiquent l'agriculture, mais la grande majorité d'entre elles sont nomades et vivent de chasse, de pêche et de cueillette.
Pour toutes ces tribus, le culte des forces naturelles et des ancêtres – les « esprits » – est la base de l'organisation sociale, de la conscience religieuse et de l'expression artistique.

Ci-dessus, « Village sioux », par George Catlin, XIXe s., collection privée.

Hochet cérémoniel Tlingit, Colombie-Britannique (côte nord-ouest), galerie Flak, Paris.

En Arizona et au Nouveau-Mexique, l'art des Indiens Pueblos (Hopis, Zunis…) se caractérise par des sculptures figurant les katchinas, esprits protecteurs et nourriciers. Poupée katchina Hopi (Sud-Ouest), galerie Flak, Paris.

Le chamanisme a engendré à travers le continent américain des expressions artistiques remarquables. Les mâts héraldiques (« totems ») sont caractéristiques de l'art de la façade pacifique du Canada. Les masques *false-face* des Iroquois sont des témoignages exceptionnels des cérémonies de guérison chamaniques.

Les Navajos sont célèbres pour leurs couvertures tissées et pour leurs peintures sur sable. L'art se décline aussi sur les objets de la vie quotidienne, avec des textiles, des vanneries et des poteries.

Totem « oiseau-tonnerre » (1995), Alert Bay, Colombie-Britannique.

Masque iroquois Bowers Museum of Cultural Art, Santa Anna, Californie.

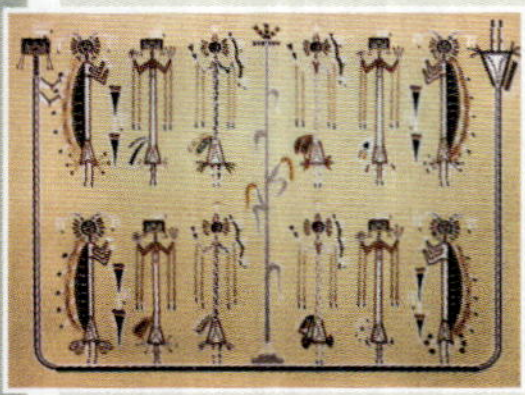

Peinture sur sable, XXe s.

Poterie Casa Grande, Nouveau-Mexique (peuple Zia), galerie Flak, Paris.

Canoë ojibwa, Peabody Essex Museum, Salem, Massachusetts.

Grands chasseurs et guerriers, les Indiens des Plaines (Sioux, Cheyennes, Comanches…) ont développé un art de la parure exceptionnel : vestes et coiffes de guerre, peaux peintes…

Peau de buffle décorée (troupeau de chevaux).

Veste de guerre Blackfoot, galerie Flak, Paris.

Coiffe d'Indien sioux, galerie Flak, Paris.

America (Coupe de l')

La Coupe de l'America (ici en 2007) ne voit s'affronter que deux adversaires, contrairement aux autres régates.

amenuiser v. tr. < 1 > **(famille de *menu*, adj. → menuisier)** **1.** Rendre plus mince, plus fin. → **amincir.** **2.** fig. Rendre moins important. – pronom. → **diminuer.** *Revenus qui s'amenuisent.* ■ **amenuisement** n. m. *L'amenuisement des ressources.* → **diminution.**

¹amer, ère adj. **(vient du latin *amarus*)** **1.** Qui produit au goût une sensation âpre, désagréable (ex. la bile) ou stimulante. *Confiture d'oranges amères.* ■ n. m. *Un amer :* liqueur tonique et apéritive au goût amer. **2.** fig. Qui engendre, marque l'amertume. → **douloureux, pénible, triste.** *Une amère déception.* – *Il est très amer,* plein de ressentiment.

²amer [amɛʀ] n. m. **(normand, d'origine germanique)** mar. Objet fixe et visible servant de point de repère pour la navigation. *« Celui qui peint l'amer au front des plus hauts caps »* (Saint-John Perse, *Amers*).

amèrement adv. De manière amère.

America (Coupe de l') La plus ancienne régate créée, en 1857, et qui se déroule tous les 4 ans.

américain, aine adj. **1.** De l'Amérique. *Le continent américain. Les Indiens américains.* → **amérindien.** **2.** Des États-Unis d'Amérique. *Cigarette ; voiture américaine* (**subst.** : *une américaine*). – n. *Les Américains ;* fam. *Ricains.* → **yankee ;** fam. **amerloque.** – n. m. *L'américain,* la langue anglaise des États-Unis.

American Broadcasting Company (ABC) Réseau américain de stations de télévision. Fondé en 1943, il constitue l'un des plus importants groupes multimédias du monde.

American Federation of Labor-Congress of Industrial Organizations (AFL-CIO) La plus puissante centrale syndicale des États-Unis, formée en 1955 par la réunion de l'AFL et du CIO. Un tiers des adhérents a quitté la fédération en 2005 pour constituer un autre syndicat.

américaniser v. tr. < 1 > Faire ressembler aux États-Unis, à leur civilisation. – pronom. *Un monde qui s'américanise.* □ n. f. **américanisation**

américanisme n. m. **1.** Mot, expression propre à l'américain (en anglais). ■ Emprunt à l'américain. **2.** Ensemble des études consacrées au continent américain, aux Indiens, etc. □ n. **américaniste**

américano- Élément tiré du radical de *américain.*

américium [ameʀisjɔm] n. m. **(anglais *americium,* de *America*)** Élément chimique artificiel (symb. Am, n° at. 95), obtenu depuis 1944 dans des réacteurs nucléaires.

amérindien, ienne adj. et n. **(de l'anglais des États-Unis, contraction de *American Indian*)** Relatif aux Indiens d'Amérique (continent). *Langues amérindiennes.* – n. *Les Amérindiens.*

Amérindiens ou **Indiens** n. m. pl. Nom donné aux indigènes du continent américain, autrefois appelé « Indes occidentales ».

Amérique n. f. Une des six parties du monde. 42 000 000 km². 1 038 700 000 habitants (13,7 % de la population mondiale) → **Canada, États-Unis, Mexique** (cartes).

GÉOGRAPHIE

Relief L'Amérique, qui s'étend sur 18 000 km du N. au S., est constituée par deux grandes masses continentales (Amérique du Nord et Amérique du Sud) reliées par un isthme (Amérique centrale). L'Amérique centrale et l'Amérique du Sud forment un ensemble appelé Amérique latine. Une immense chaîne de montagnes s'étire à l'O. (du N. au S. : Rocheuses, Sierra Madre, Cordillère centrale, Andes). À l'E. se trouvent des massifs anciens moins élevés (Appalaches, massif des Guyanes) et des plateaux (Bouclier canadien, Yucatán, Mato Grosso, Patagonie). Le centre du continent est formé de plaines sédimentaires où coulent les principaux fleuves (Mississippi, Orénoque, Amazone, Paraná). L'arc insulaire des Antilles sépare le golfe du Mexique et la mer des Caraïbes de l'océan Atlantique.

Climat et végétation Étiré à travers toutes les zones climatiques, le continent décline les grands types de milieux naturels du globe : aux hautes latitudes, les climats froids et la toundra (côtes arctiques, Terre de Feu) ; aux latitudes moyennes, les climats tempérés à quatre saisons, associés aux prairies et forêts (Canada, États-Unis, Argentine, S. du Chili) ; aux latitudes tropicales, les climats à saisons sèche et humide alternées, régions de savanes et de forêts claires (Mexique, S. du Brésil...) ; et autour de l'équateur, les forêts denses (Amazonie). À cette répartition zonale échappent, d'une part les régions arides tropicales (N. du Mexique, côtes du Pérou et du N. du Chili), d'autre part les milieux montagnards.

Population et sociétés Le peuplement de l'Amérique, peu dense (moyenne 24 hab./km²), est concentré dans les régions littorales et dans les villes (79 %). L'Amérique latine se distingue de l'Amérique du Nord par un peuplement plus important des montagnes et par une plus forte concentration de la population urbaine dans les très grandes villes. La population actuelle, issue d'une histoire complexe, se compose de grands groupes qui demeurent culturellement différenciés en dépit des métissages. Les Amérindiens, pour la plupart repoussés ou exterminés au cours de l'histoire, sont aujourd'hui très peu nombreux au N. ; ils restent marginalisés en Amérique latine, où ils sont souvent majoritaires dans les campagnes (Amérique centrale et pays andins). Les descendants des colons et des immigrés européens sont surreprésentés dans les classes dominantes. Descendants des esclaves importés d'Afrique dans le cadre de la Traite négrière, les Noirs (Afro-Américains) sont de mieux en mieux intégrés, notamment aux États-Unis, bien que les luttes pour l'égalité restent très vives. Ils sont majoritaires dans les Antilles. Les populations originaires de l'Asie du Sud-Est sont de plus en plus nombreuses, notamment sur la côte O. de l'Amérique du Nord. Alors que l'Amérique anglo-saxonne, riche et vieillissante, présente aujourd'hui encore un solde migratoire positif, l'Amérique latine, jeune et en développement, est une terre d'émigration, vers le N. du continent et vers l'Europe.

ÉCONOMIE

L'économie de l'Amérique du Nord, très développée, s'appuie sur une agriculture et une industrie extrêmement productives. Elle se distingue par sa main-d'œuvre très qualifiée, son capital financier, ses activités de recherche et développement (informatique, biotechnologies...) et ses activités tertiaires (création culturelle, médias et communication...) **(→ États-Unis, Canada).** Les économies de l'Amérique latine, en développement, sont de plus en plus différenciées mais ont dans leur ensemble été lourdement impactées par la crise sanitaire mondiale de 2020-2021. Certains pays se sont industrialisés et tertiarisés **(→ Brésil, Mexique, Argentine, Chili),** tandis que d'autres demeurent largement agricoles (Amérique centrale, pays andins). Les principales villes grandissent très vite, nourries par la croissance démographique et l'exode rural.

HISTOIRE

L'Amérique précolombienne Les premiers Américains furent des migrants venus d'Asie par le détroit de Béring. Le peuplement du continent se fit du N. au S., entre –70 000 et –12 000 environ. À la veille de la colonisation européenne, il était partagé entre de petites sociétés de chasseurs-cueilleurs (Hurons et Sioux au N., Indiens d'Amazonie au S.) et des sociétés de cultivateurs qui avaient construit des villes et des organisations politiques de grande ampleur, en Amérique centrale (Mayas, Aztèques...) et dans les Andes (Incas...). → **Amérindiens (planche).**

La découverte et la colonisation européennes Plusieurs siècles après les expéditions des Vikings (Groenland, 982 ; E. du Canada actuel, XIe s.), les Caraïbes furent atteintes en 1492 par C. Colomb. Les conquistadors conquirent l'Amérique latine, qui fut partagée entre Espagnols et Portugais par le traité de Tordesillas (1494). Les Anglais s'installèrent en Nouvelle-Angleterre et fondèrent le Massachusetts (1620) ; les Français s'établirent à Terre-Neuve et en Nouvelle-France (Canada), puis annexèrent tout le bassin du Mississippi (Louisiane). Les Français perdirent le Canada qui devint possession britannique en 1763. Les colonies britanniques se révoltèrent, déclenchant la guerre de l'Indépendance américaine (1775-1782). En 1803, Bonaparte vendit la Louisiane aux États-Unis.

L'Amérique contemporaine Profitant de la chute de la monarchie espagnole (1808), les colonies d'Amérique latine obtinrent l'indépendance entre 1809 et 1828 ; le Brésil s'affranchit du Portugal en 1822. Tandis que l'Amérique du Nord se stabilisa en deux États (États-Unis et Canada), l'Amérique latine se scinda en une vingtaine de pays en proie à l'instabilité politique. Cette situation facilita l'ingérence des États-Unis dans les affaires politiques et économiques des républiques du Sud. En 1948 fut fondée l'Organisation des États américains (OEA ; 35 pays membres) dans le but de renforcer la collaboration entre les États et de préserver l'équilibre géopolitique du continent. La coopération économique a pris la forme d'accords multinationaux de libre-échange : Pacte andin, Caricom, Mercosur, Unasur, Alena (transformé en AEUMC en 2020 sous

A

AMÉRIQUE DU NORD

- Plus de 10 000 000 hab.
- De 1 000 000 à 10 000 000 hab.
- De 500 000 à 1 000 000 hab.
- De 100 000 à 500 000 hab.

Altitudes en mètres

-4 000 | -200 | 0 | 200 | 500 | 1 000 | 2 000

AMÉRIQUE CENTRALE ET AMÉRIQUE DU SUD
(Voir page suivante)

Amérique du Sud

la pression de Donald Trump et plus favorable à l'économie des États-Unis). Plusieurs pays d'Amérique centrale et latine voient leur population fuyant la pauvreté tenter d'émigrer aux États-Unis, notamment le Mexique, le Honduras, le Guatemala, le Salvador, Haïti, l'Équateur et le Venezuela.

amerloque n. et adj. (déformation argotique de *américain*) fam. et péj. Américain(e) des États-Unis.

amerrir v. intr. < 2 > (de *mer*) (hydravion, cabine spatiale) Se poser à la surface de l'eau. □ n. m. **amerrissage**

Amersfoort Ville des Pays-Bas (province d'Utrecht). 158 590 habitants. Centre ancien parcouru par des canaux.

amertume n. f. (latin → [1]amer) **1.** Saveur amère. *L'amertume des endives.* **2.** fig. Sentiment durable de tristesse mêlée de rancœur, lié à une humiliation, une déception, une injustice du sort. → **découragement, dégoût, ressentiment.**

Amesbury Ville d'Angleterre (Wiltshire). 10 100 habitants. À proximité, site de Stonehenge.

améthyste n. f. et adj. invar. (mot grec, de *a-* et *methuein* « s'enivrer » [→ **méthyle**], à cause des propriétés prêtées à la pierre) **1.** n. f. Pierre fine violette, variété de quartz. **2.** adj. invar. De la couleur violette de l'améthyste. *Des foulards améthyste.*

amétrope adj. (du grec *ametros* « disproportionné » + *-ope*) méd. Atteint d'amétropie (opposé à *emmétrope*).

amétropie n. f. méd. Trouble de la réfraction des rayons lumineux dans l'œil caractérisé par une mauvaise mise au point des images et causant la myopie, l'hypermétropie ou l'astigmatisme.

ameublement n. m. (→ [2]meuble, n. m.) Ensemble des meubles d'un logement, considéré dans son agencement. → **décoration, mobilier.** *Tissu d'ameublement.* ■ Industrie, commerce des objets destinés à meubler.

ameublir v. tr. < 2 > (→ [1]meuble.) Rendre meuble (le sol). □ n. m. **ameublissement**

ameuter v. tr. < 1 > (de *meute*) Attrouper dans une intention de soulèvement ou de manifestation hostile. *Ameuter la foule.* – Alerter, inquiéter (un groupe de personnes). *Ses cris ont ameuté tout le quartier.*

Amfiteatrov (Daniele) Compositeur et chef d'orchestre américain d'origine russe (1901-1983). Il est l'auteur de poèmes symphoniques, de musique de chambre et de musiques de film.

Amhara(s) n. m. pl. Peuple de l'O. de l'Éthiopie. Prédominants depuis le XIIIe s., les Amharas ont vu leur influence politique diminuer au profit des Tigréens après la chute de la royauté en 1974.

amharique [amaʀik] n. m. (latin *amharicus*, de *Amhara*, province de l'Éthiopie) didact. Langue sémitique parlée dans la majeure partie du haut plateau abyssin. *L'amharique est la langue officielle de l'Éthiopie.*

Amherst (Jeffrey, baron) Maréchal britannique (1717-1797). Il acheva la conquête du Canada en 1760.

ami, ie (vient du latin *amicus*, de *amare* → aimer) **I.** n. **1.** Personne avec laquelle on est lié d'amitié. *Son meilleur ami. Une amie d'enfance.* « *Que sont mes amis devenus ?* [...] *Ce sont amis que vent emporte* » (Rutebeuf). – *Faire ami-ami avec qqn*, lui faire des démonstrations d'amitié. – *Prix* d'ami.* – *Mon cher ami, ma chère amie*, termes d'affection ou de politesse. ▪ Membre d'un réseau social qui est en relation avec un autre membre. **2.** par euphémisme Amant, maîtresse. → **compagne, compagnon.** – (même sens) *Son petit ami* (→ fam. **copain**), *sa petite amie* (→ fam. **copine**, ^{3}**go**). **3.** Personne qui est bien disposée, a de la sympathie envers une autre ou une collectivité. *Je viens en ami et non en ennemi. Ses amis politiques*, les gens de même tendance. *La société des amis de...* : l'amicale*. **4.** *Faux ami* : mot qui, dans une langue étrangère, présente une similitude trompeuse avec un mot de sa propre langue (ex. l'anglais *actually* « effectivement », et *actuellement*). **II.** adj. **1.** Lié d'amitié. *Elle est très amie avec sa belle-mère.* – *Les pays amis*, alliés. **2.** D'un ami ; digne d'amis. → **amical.** *Une maison amie.* → **accueillant.**

amiable adj. (vient du bas latin ; famille de *ami*) Qui est fait par voie de conciliation. *Constat amiable.* ▪ *À l'amiable* loc. adv. : par voie de conciliation. *Divorcer à l'amiable.*

amiante n. m. (du grec *amiantos* « incorruptible ») Silicate pouvant être travaillé en fibres ; ces fibres, résistantes à l'action du feu. *Fils d'amiante.*

amibe n. f. (mot grec « qui change ») Protozoaire des eaux douces et salées, à forme changeante, qui se déplace à l'aide de pseudopodes. ▫ **amibien, ienne** adj. *Dysenterie amibienne.*

amibiase n. f. méd. Maladie parasitaire due à des amibes.

amiboïde adj. Qui se rapporte aux amibes ou qui leur ressemble. *Mouvements amiboïdes*, semblables à ceux des amibes.

amical, ale, aux adj. (latin → ami) **1.** Qui manifeste, traduit de l'amitié. *Relations amicales.* ▪ *Association amicale* ou AMICALE n. f. : association de personnes ayant une même profession, une même activité. *L'amicale des anciens élèves.* **2.** (rencontre sportive) Qui ne compte pas pour un championnat. *Match amical.*

amicalement adv. En amis. *Nous avons parlé amicalement.*

Amichaï ou **Amihaï** (Yehuda) Poète israélien d'expression hébraïque (1924-2000). Il fut l'un des grands poètes pacifistes de sa génération. Il mêle dans ses œuvres expressions bibliques et langue parlée quotidienne, voire argotique. *Anthologie personnelle.*

amict [ami] n. m. (latin *amictus*) Linge que le prêtre se met sur les épaules avant de revêtir l'aube.

Amida Nom japonais du bouddha Amitābha, appelé aussi Mida. Son culte donne accès à un paradis (*Jōdo*, « la Terre pure »).

amide n. m. (du radical de *ammoniac*) biochim. Composé organique dérivant de l'ammoniac ou d'une amine par substitution de radicaux acides à l'hydrogène.

amidon n. m. (du grec *amulon* « non moulu ») Glucide emmagasiné par les végétaux sous forme de granules, qui, broyés, fournissent un empois (→ **amylacé**).

amidonner v. tr. < 1 > Empeser à l'amidon. – au p. p. *Col amidonné.* ▫ n. m. **amidonnage**

amidonnerie n. f. Usine où l'on fabrique de l'amidon.

amidopyrine n. f. (de *amine* + *pyr[o]* + *ine*) pharm. Médicament qui combat la fièvre et la douleur.

Amiel (Henri Frédéric) Écrivain suisse de langue française (1821-1881). Professeur d'esthétique et de philosophie, il est l'auteur d'un monumental *Journal intime* écrit entre 1847 et 1881.

Amiénois n. m. Ancien pays de France, en Picardie, correspondant approximativement aux actuels départements de l'Oise et de la Somme. Il fut réuni à la Couronne en 1185.

Amiens Chef-lieu de la Somme. 134 167 habitants. Cathédrale gothique du XIIIe s. Industries (mécanique, textile, pharmaceutique). Université. Ancienne capitale de la Picardie, Amiens souffre pourtant de la proximité de Paris et du manque d'infrastructures de communication.

Amiens, cathédrale Notre-Dame (XIIIe s.), plus vaste édifice médiéval de France.

Amin (Samir) Économiste franco-égyptien (1931-2018). Spécialiste du tiers-monde, influencé par le marxisme, il préconisa pour les pays en voie de développement une rupture avec le marché mondial. *L'Impérialisme et le développement inégal ; Les Défis de la mondialisation.*

amincir v. < 2 > **1.** v. tr. Rendre plus mince. ▪ Faire paraître plus mince. *Sa robe noire l'amincissait.* **2.** v. intr. fam. → **mincir.** ▪ **s'amincir** v. pron. Devenir plus mince. ▫ n. m. **amincissement**

amincissant, ante adj. Qui amincit. – Qui fait maigrir. → **amaigrissant.**

Amin Dada (Idi) Homme d'État et maréchal ougandais (1923-2003). Président de la République (1971-1979), il établit un régime dictatorial.

amine n. f. (du radical de *ammoniac*) biochim. Composé organique dérivé de l'ammoniac, où l'hydrogène est remplacé par un ou plusieurs radicaux formés de carbone et d'hydrogène. – appos. *Fonction amine* (spécifique à ces composés).

aminé, ée adj. *Acide aminé* : substance organique possédant les fonctions amine et acide, constituant essentiel de la matière vivante.

a minima loc. adj. invar. (latin juridique *a minima poena* « de la plus petite peine ») **1.** dr. *Appel a minima* : appel que le ministère public interjette lorsqu'il estime la peine insuffisante (opposé à *a maxima*). **2.** cour. (critiqué) Réduit au minimum. *Un accueil a minima.* ▪ adv. Au moins. - var. RO **à minima.**

aminoplaste n. m. chim. Résine synthétique obtenue par réaction de condensation entre l'urée et le formol.

amiral, ale, aux (arabe *amir* « chef » → émir) n. Officier du grade le plus élevé dans la marine. – adj. *Vaisseau, navire amiral*, ayant à son bord un amiral, le chef d'une formation navale.

Amirantes (îles) Archipel corallien de l'océan Indien, au N.-E. de Madagascar. Les îles Amirantes font partie des Seychelles.

amirauté n. f. (de *amiral*) Corps des amiraux, haut commandement de la marine ; siège de ce commandement.

Amirauté (îles de l') Archipel de Papouasie-Nouvelle-Guinée. 2 000 km^2. L'archipel a été placé sous tutelle de l'Australie de 1946 à 1975.

Amis (Kingsley) Écrivain britannique (1922-1995). Son œuvre, pessimiste, fait de lui le porte-parole d'un conservatisme strict. Il tourne en dérision le monde des « jeunes gens en colère » dans *Lucky Jim.*

Amis (île des) voir **Tonga**

amish n. invar. Membre d'une communauté mennonite des États-Unis. *Une amish.* – adj. invar. *Les coutumes amish.*

Amitābha Grand bouddha de méditation des sectes du Mahāyāna (appelé Amida au Japon). Symbole du soleil couchant qui émet par son corps la lumière spirituelle, c'est la principale divinité des sectes « amidistes » en Chine et au Japon.

amitié [amitje] n. f. (vient du latin, de *amicus* → ami) **1.** Sentiment réciproque d'affection ou de sympathie qui ne se fonde ni sur la parenté ni sur l'attrait sexuel. *Se lier d'amitié avec qqn.* – vieilli *Amitié particulière* : liaison homosexuelle. **2.** Marque d'affection, témoignage de bienveillance. *Nous ferez-vous l'amitié de venir ?* – *Faites-lui toutes mes amitiés.*

amitieux, euse [amitjø, øz] adj. (de *amitié*) régional, fam. Aimable, affectueux. *Un enfant amitieux.*

Amman Capitale de la Jordanie, située dans le N.-O. du pays. 1 800 000 habitants. Vestiges romains (théâtre, temple). Principal centre de commerce et d'industrie (alimentaire, textile, tabac) du pays.

Amménémès Nom de plusieurs pharaons de la XIIe dynastie d'Égypte (v. 2000-v. 1792 av. J.-C.).

ammi n. m. (mot grec) bot. Plante herbacée annuelle du sud et de l'ouest de la France. *L'ammi est une ombellifère.*

Ammien Marcellin Historien latin d'origine grecque (v. 330-v. 400). Il est l'auteur d'une histoire prolongeant celle de Tite-Live (période de 96 à 378), *Rerum gestarum libri XXXI.*

Ammon Personnage biblique, fils de Loth, ancêtre des Ammonites.

ammoniac n. m. (latin, du grec, du n. du dieu égyptien Ammon) Combinaison gazeuse d'azote et d'hydrogène, gaz à odeur piquante. ▫ adj. **ammoniacal, ale, aux**

ammoniaque n. f. Solution aqueuse d'ammoniac. → **alcali.**

ammoniaqué, ée adj. Qui contient de l'ammoniaque.

Ammonios Saccas Philosophe grec (fin IIe-début IIIe s.). Son enseignement fut à l'origine du courant néoplatonicien. Il eut Plotin, les deux Origène et Longin pour disciples.

ammoniotélique adj. (de *ammonia[que]* et grec *telikos* « qui concerne la fin » → téléo-) biol. (animaux) Dont l'acide urique dégradé aboutit à la formation d'ammoniaque. *Les crustacés sont ammoniotéliques.*

ammonite n. f. (de la *corne d'Ammon* → Amon) Mollusque céphalopode fossile de l'ère secondaire, à coquille enroulée.

Ammonites n. m. pl. Ancien peuple sémite établi à l'E. du Jourdain. Ennemis des Hébreux, ils furent défaits par Jephté, David et plus tard Judas Macchabée.

ammonitrate n. m. (de *ammonium* et *nitrate*) chim. Nitrate d'ammonium (NH_4NO_3) employé comme engrais.

ammonium [amɔnjɔm] n. m. chim. Radical monovalent NH_4 jouant le rôle de métal alcalin dans les sels ammoniacaux. *Nitrate d'ammonium.* → **ammonitrate.**

ammophile adj. (latin *ammophila*, du grec *ammos* « sable » + *-phile* [→ phil-]) didact. (animal, plante) Qui vit dans le sable. → **arénicole.** *Le chardon est ammophile.*

amnésie n. f. (grec *amnêsia*, de *a-* privatif et → -mnésie ; *cf.* anamnèse) Perte totale ou partielle de la mémoire (s'oppose à *anamnèse, mémoire, souvenir*).

amnésique adj. et n. Atteint d'amnésie.

Amnesty International Organisation de défense des droits de l'homme, fondée à Londres en 1961. Prix Nobel de la paix 1977.

Amnéville Commune de la Moselle, sur l'Orne. 10 668 habitants. Parc zoologique.

amniocentèse [amnjosɛ̃tɛz] n. f. (de *amnios*, et grec *kentêsis* « piqûre ») Prélèvement, par ponction, de liquide amniotique.

amnios [amnjos] n. m. (grec, de *amnos* « agneau ») didact. Annexe embryonnaire enveloppant l'embryon de certains vertébrés (mammifères, oiseaux, reptiles).

amnioscopie n. f. (grec *amnios* + *-scopie*) didact. Examen du liquide amniotique par endoscopie.

amniotique adj. didact. Qui appartient à l'amnios. *Prélèvement de liquide amniotique.* → **amniocentèse.**

amnistiable adj. dr. Qui peut être amnistié.

amnistiant, ante adj. dr. Qui amnistie. *Grâce amnistiante.*

amnistie n. f. (du grec *amnêstos* « oublié » → amnésie) Acte du pouvoir législatif par lequel sont suspendues des sanctions.

amnistier v. tr. < 7 > Faire bénéficier d'une amnistie (des délinquants ou des délits).

Amnok voir Yalu

amocher v. tr. < 1 > (p.-ê. de *moche*) fam. Blesser par des coups. *Se faire amocher.* – Abîmer, détériorer. *Il a amoché sa voiture.* – pronom. *Elle s'est bien amochée.*

amodiation n. f. (latin médiéval *amodiatio*) dr. Exploitation (d'une terre ou d'une mine) moyennant une redevance périodique.

amodier v. tr. < 7 > (latin médiéval *admodiare*, de *modius* « boisseau ») dr. Louer (une terre, une mine) par amodiation.

amoindrir v. tr. < 2 > (de *moindre*) Diminuer (la force, la valeur, l'importance) ; diminuer l'importance de (qqch.). → **réduire.** *L'excuse amoindrit l'offense.* ■ **s'amoindrir** v. pron. *Ses forces s'amoindrissent.* → **décroître, diminuer.**

amoindrissement n. m. Diminution, réduction.

amok n. m. (mot malais) Forme de folie homicide observée chez les Malais ; individu qui en est atteint.

amollir v. tr. < 2 > (de *mol, mou*) Rendre mou, moins ferme. → **ramollir.** – absolt fig. *La paresse amollit.* ■ **s'amollir** v. pron. *La cire s'amollit à la chaleur.* – fig. *Il s'amollit dans l'oisiveté.*

amollissant, ante adj. Qui amollit, ôte l'énergie. → **débilitant.**

amollissement n. m. Action d'amollir ; état de ce qui est amolli (surtout fig.).

Amon en grec **Ammon** Dieu de l'Égypte antique personnifiant l'air ou le souffle créateur. Il était représenté sous la forme d'un homme parfois à tête de bélier ou d'oie, parfois à visage humain, coiffé d'un disque solaire surmonté de deux longues plumes. Il fut identifié au dieu-soleil sous le nom d'*Amon-Rê*, au dieu de la Fertilité sous celui d'*Amon-Min* puis devint le dieu suprême du Nouvel Empire.

Statuette représentant Amon-Min, musée du Louvre, Paris.

Amon Roi de Juda (642-640 av. J.-C.), père de Josias.

amonceler v. tr. < 4 ou RO 5 > (de *monceau*) 1. Réunir en monceau. → **entasser.** 2. fig. Accumuler. *Amonceler des preuves.* ■ **s'amonceler** v. pron. → **s'amasser.** *La neige s'amoncelait sur le toit.*

amoncellement n. m. Entassement, accumulation. - var. RO **amoncèlement.**

amont n. m. (de *mont*) 1. Partie d'un cours d'eau comprise entre un point considéré et sa source. *D'amont en aval*.* – **En amont de** loc. prép. : au-dessus de (tel point d'un cours d'eau). *Tours est en amont d'Angers.* 2. fig. Ce qui vient avant (dans une chaîne d'opérations). *Les produits d'amont.*

Amontons (Guillaume) Physicien français (1663-1705). Inventeur de thermomètres à mercure et à gaz, il utilisa comme repères les températures des changements d'état de l'eau.

amoral, ale, aux adj. Qui est étranger au domaine de la moralité. *Les lois de la nature sont amorales.*

amoralisme n. m. 1. Conception philosophique de la vie étrangère à toute considération morale. 2. Attitude d'une personne amorale.

amoralité n. f. Caractère de ce qui est amoral.

amorçage n. m. Action ou manière d'amorcer.

amorce n. f. (de l'ancien v. *amordre* « faire mordre ») I. Produit jeté dans l'eau pour amorcer le poisson. II. 1. Petite masse de matière détonante servant à provoquer l'explosion d'une charge de poudre ou d'explosif ; dispositif de mise à feu. → **détonateur.** 2. Élément qui sert de début, qui amorce (3) qqch. – fig. Manière d'entamer, de commencer. → **commencement, début, ébauche.** *Cette rencontre pourrait être l'amorce d'une négociation.*

amorcer v. tr. < 3 > I. Garnir d'un appât. → **appâter.** *Amorcer l'hameçon.* – Attirer (le poisson) en répandant des amorces (I). II. 1. Garnir d'une amorce (une charge explosive, une arme). *Amorcer un pistolet.* 2. *Amorcer une pompe*, la mettre en état de fonctionner en en remplissant d'eau le corps. 3. Mettre en route (un processus, un fonctionnement) ; entamer, ébaucher. *Amorcer un virage.* – fig. *Amorcer une discussion.*

amorçoir n. m. Boîte à pêche permettant de déposer une amorce au fond de l'eau.

Amorion Dynastie byzantine originaire d'Amorion, en Phrygie, qui régna de 820 à 867. Son règne vit la fin de la seconde crise iconoclaste et le développement de la christianisation byzantine.

Amorites ou **Amorrhéens** n. m. pl. Peuple sémitique nomade d'Amourrou (O. de la Mésopotamie). Les Amorites installèrent une dynastie à Babylone (v. 1830-1530 av. J.-C.), dont le souverain le plus célèbre fut Hammourabi.

amoroso adv. (mot italien « amoureusement ») mus. Avec tendresse (indication de nuance).

amorphe adj. (grec → -morphe) 1. (roche) Qui n'a pas de forme cristallisée. *État amorphe* (opposé à *état cristallin*). ■ fig. Qui n'est pas structuré. 2. Sans réaction, sans énergie. → **apathique, inconsistant, inerte, [1]mou.**

amorti n. m. sports Manière de toucher le ballon ou la balle, en amortissant le coup ; coup ainsi exécuté.

amortir v. tr. < 2 > (vient du latin pop. ; famille de *mort*, n. f.) 1. Rendre moins violent, atténuer l'effet de. → **affaiblir.** *Des buissons ont amorti sa chute.* – au p. p. *Bruit de pas amorti par la neige.* – fig. Atténuer. 2. Éteindre (une dette) par remboursement. *Amortir un emprunt.* 3. Reconstituer peu à peu le capital employé à l'achat d'un bien grâce aux bénéfices tirés de ce bien. □ adj. **amortissable**

amortissement n. m. 1. Action d'amortir. *L'amortissement d'un choc.* 2. *Amortissement financier* : extinction graduelle d'une dette. 3. Action d'amortir (3).

amortisseur n. m. Dispositif qui amortit (1) les chocs, les trépidations. *Les amortisseurs d'une automobile.*

Amos Personnage biblique, berger de Juda et prophète. Le *Livre d'Amos* lui est attribué.

Amôsis Premier pharaon de la XVIIIe dynastie d'Égypte (v. 1580-v. 1558 av. J.-C.).

Amou-Daria n. m. Fleuve d'Asie. 2 540 km. Né dans le Pamir (Afghanistan, Tadjikistan), il longe la frontière entre l'Ouzbékistan et le Turkménistan. Il se déversait autrefois dans la mer d'Aral et se perd aujourd'hui dans une vaste zone marécageuse en raison des prélèvements effectués pour l'irrigation.

amour n. m. (latin *amor* et influence du provençal ; famille de *amare* → aimer) 1. Sentiment vif qui pousse à aimer (qqn), à vouloir du bien, à aider en s'identifiant plus ou moins. → **aimer ; affection.** *L'amour et l'amitié. L'amour du prochain.* → **altruisme, philanthropie.** ■ spécialt *L'amour de Dieu.* ■ Ce sentiment, considéré comme naturel entre les membres d'une même famille. *L'amour maternel, paternel ; filial.* 2. (souvent en emploi absolu) Inclination envers une personne, le plus souvent à caractère passionnel, fondée sur l'instinct sexuel, mais entraînant des comportements variés. *« Amour, amour, quand tu nous tiens, / On peut bien dire : "Adieu prudence" »* (La Fontaine). *Un mariage d'amour. Aimer qqn d'amour. L'amour fou. Amour-passion.* → **passion.** *Amour physique.* → **érotisme, sexe, sexualité.** – au plur. Liaison, aventure amoureuse. *Comment vont tes amours ? À vos amours !* (formule de souhait). – littér. au fém. *De brèves amours.* → **amourette, aventure, béguin, passade.** ■ *Faire l'amour* : avoir des relations sexuelles. → vulg. **[1]baiser.** 3. Personne aimée. *Mon amour.* – fam. *Vous seriez un amour si* : vous seriez

A

très gentil de. **4.** Personnification mythologique de l'amour. *Peindre des Amours.* **5. fam.** *Un amour de petit chapeau,* un très joli petit chapeau. **6.** Attachement désintéressé et profond à une valeur. *L'amour de la vérité.* – *Faire une chose avec amour,* avec le soin, le souci de perfection de qui aime ce qu'il fait. **7.** Goût très vif pour qqch. qui procure du plaisir. → **passion.** *L'amour de la nature.*

Amour en chinois **Heilong jiang n. m.** Fleuve d'Asie orientale qui sert de frontière entre la Russie et la Chine. 4 354 km. Formé par la réunion de la Chilka et de l'Argoun, il se jette dans le golfe de Sakhaline.

Amour (djebel) Massif montagneux de l'Algérie méridionale, partie de l'Atlas saharien.

s'amouracher v. pron. < 1 > **(italien ; famille de *amour*) péj.** *S'amouracher de qqn,* en tomber amoureux. → **s'enticher,** se **toquer.**

amourette n. f. Amour passager, sans conséquence. → **béguin, tocade.**

amourettes n. f. pl. **cuis.** Morceaux de moelle épinière de veau, de bœuf, de mouton.

amoureusement adv. **1.** Avec amour (2), tendrement. **2.** Avec un soin tout particulier.

amoureux, euse adj. **(vient du latin tardif) 1.** Qui éprouve de l'amour (2), qui aime. → **épris.** *Tomber amoureux de qqn.* – **n.** *Un amoureux transi. Son amoureuse. Deux amoureux.* → **amant. 2.** Propre à l'amour, qui marque de l'amour. *La vie amoureuse de Victor Hugo.* – *Regard amoureux.* **3.** Qui a un goût très vif pour (qqch.). → **fervent, [1]fou, passionné.**

amour-propre n. m. **(« fait de s'aimer soi-même »)** Sentiment vif qu'un être a de sa dignité et de sa valeur personnelle. → **fierté.** *Blessure d'amour-propre. Des amours-propres.*

amovible adj. **(du latin ; famille de *mouvoir*) 1. (fonctionnaire, magistrat)** Qui peut être déplacé, changé d'emploi, révoqué. **2.** Qu'on peut enlever ou remettre à volonté. *Doublure amovible.* □ **n. f. amovibilité**

Amoy voir **Xiamen**

ampélologie n. f. **(du grec *ampelos* « vigne » et *-logie*) didact.** Étude scientifique de la vigne.

ampélopsis [ɑ̃pelɔpsis] n. m. **(du grec *ampelos* « vigne » et *opsis* « apparence »)** Plante grimpante communément appelée *vigne vierge.*

Amper n. m. Rivière d'Allemagne (170 km), affluent de l'Isar. En amont du lac Ammer (Ammersee), elle se nomme Ammer.

ampérage n. m. Intensité de courant électrique **(incorrect en sc.).**

ampère n. m. **(du n. du physicien)** Unité de mesure de l'intensité des courants électriques (symb. A), qui correspond au flux d'une charge de un coulomb par seconde dans un conducteur.

Ampère (André-Marie) Physicien français (1775-1836). Il fonda la théorie électromagnétique et inventa le galvanomètre, le télégraphe électrique et, avec Arago, l'électroaimant.

Ampère (Jean-Jacques) Écrivain et historien français (1800-1864). Fils d'André-Marie Ampère, professeur au Collège de France, il étudia le Moyen Âge et l'Antiquité romaine.

ampère-heure n. m. **sc.** Quantité d'électricité qui traverse en une heure un conducteur quand l'intensité de courant est de 1 ampère (symb. Ah). *Capacité de 100 ampères-heure.*

ampèremètre n. m. **sc.** Instrument destiné à mesurer l'intensité d'un courant électrique. → **galvanomètre.**

amphétamine n. f. **(anglais → amine)** Substance chimique employée comme excitant du système nerveux central.

amphi n. m. voir **amphithéâtre**

amph(i)- Élément **(du grec *amphi-*)** signifiant « des deux côtés, en double », ou « autour ».

amphiarthrose n. f. **anat.** Articulation semi-mobile unissant des surfaces osseuses revêtues de cartilage. → **symphyse, synostose.**

amphibie adj. **(→ -bie) 1.** Capable de vivre à l'air ou dans l'eau, entièrement émergé ou immergé. *La grenouille est amphibie.* **2.** Qui peut être utilisé sur terre ou dans l'eau. *Char amphibie.*

amphibien n. m. Animal amphibie dont la peau est criblée de glandes à sécrétion visqueuse, dont la respiration est surtout cutanée, et qui subit une métamorphose (classe des *Amphibiens* ; ex. la grenouille). → **batracien.**

[1]amphibole n. f. **(grec *amphibolos* « à double pointe ») minér.** Silicate de fer et de magnésium de couleur verte, noire ou brune, présent dans les roches éruptives ou métamorphiques. □ **adj. amphibolique**

[2]amphibole adj. **(grec *amphibolos* « ambigu ») didact.** Qui n'a pas de caractère défini, incertain. *Fièvre amphibole.*

amphibologie n. f. **(latin, du grec → amph[i]-) didact.** Double sens présenté par une proposition (ex. *louer un appartement*). → **ambiguïté, équivoque.** □ **adj. amphibologique**

amphictyon [ɑ̃fiktjɔ̃] n. m. **(grec *amphiktuôn* « voisin ») hist.** Membre d'une amphictyonie*, dans l'Antiquité grecque.

amphictyonie n. f. **(grec *amphiktuonia*) hist.** Association de cités, placée sous le patronage d'un dieu, dans l'Antiquité grecque.

amphigouri n. m. **(origine incertaine) littér.** Discours embrouillé.

amphigourique adj. **(discours)** Compliqué et confus. → **embrouillé, incompréhensible.**

amphimixie n. f. **(de *amph[i]-* et grec *mixis* « mélange ») bot.** Fusion des gamètes mâle et femelle, chez certains végétaux.

amphineure n. m. **(de *amph[i]-* et grec *neura* « nerf, corde ») zool.** Mollusque primitif, sans yeux ni tentacules (classe des *Amphineures*).

Amphion Fils de Zeus et d'Antiope et époux de Niobé, dans la mythologie grecque. Poète et musicien, il construit les remparts de Thèbes, attirant les pierres au son de sa lyre.

amphioxus [ɑ̃fjɔksys] n. m. **(de *amph[i]-* et grec *oksus* « pointu ») zool.** Petit animal marin en forme de petit poisson, dont le squelette interne possède une corde dorsale et qui vit enfoui dans le sable près des côtes.

Amphipolis Ancienne ville de Macédoine (Édonide), sur le Strymon. Colonie d'Athènes (–437), elle fut prise à Thucydide par le Lacédémonien Brasidas en –424, et conquise par Philippe II de Macédoine en –357.

amphisbène n. m. **(latin *amphisbaena,* de *amph[i]-* et grec *bainein* « aller ») zool.** Reptile fouisseur d'Amérique tropicale, dont la tête et la queue sont très ressemblantes et qui peut se déplacer dans les deux sens.

amphithéâtre n. m. **(du grec → amph[i]- et théâtre) 1.** Vaste édifice circulaire antique, à gradins étagés, occupé au centre par une arène. **2.** Salle de cours en gradins dans une université. - **abrév. fam. amphi.** *Des amphis.*

L'amphithéâtre romain d'El-Djem, en Tunisie, l'un des plus grands de l'Empire romain.

Amphitrite Déesse de la Mer, dans la mythologie grecque, fille de Nérée et épouse de Poséidon.

amphitryon n. m. **(du n. du roi) littér.** Hôte qui offre à dîner.

Amphitryon Roi légendaire de Tirynthe, dans la mythologie grecque, petit-fils de Persée. Zeus prend son apparence pour séduire sa femme Alcmène, qui donne naissance à deux fils, Héraclès (fils de Zeus) et Iphiclès (fils d'Amphitryon).

ampholyte n. m. **chim.** Substance protidique qui agit dans certains cas comme acide et dans d'autres comme base.

amphore n. f. **(latin, du grec ; famille de *ampoule*)** Vase antique à deux anses, pansu, à pied étroit.

amphotère adj. **(grec *amphoteros* « l'un et l'autre ») chim. (substance)** Capable de se combiner aux acides comme aux bases.

ample adj. **(vient du latin *amplus*) 1.** Qui a de l'ampleur. → **large.** *Manteau ample* **(opposé à *cintré, ajusté*).** – *Mouvement ample.* **2. fig.** Abondant, qui se développe largement. *Pour de plus amples renseignements…*

amplectif, ive adj. **(latin *amplecti* « entourer ») bot.** Qui enveloppe complètement (un autre organe).

amplement adv. D'une manière large, plus que suffisante. – Au-delà du nécessaire. → **abondamment, largement.**

Amplepuis Commune du Rhône, dans les monts du Beaujolais. 4 906 habitants.

ampleur n. f. **(de *ample*) 1.** Largeur importante, au-delà du nécessaire. *Donner de l'ampleur à une jupe.* **2.** Importance dans l'espace. *L'ampleur de ses gestes.* **3.** Caractère de ce qui est abondant, qui a une grande extension ou importance. *Devant l'ampleur du désastre.*

ampli voir **amplificateur** 1

ampliatif, ive adj. **dr.** Qui développe et complète ce qui a été dit dans un acte précédent. – Qui constitue une ampliation.

ampliation n. f. **(latin *ampliare* « agrandir ») 1. dr.** Copie authentifiée d'un acte notarié ou administratif. **2. physiol.** Augmentation du volume de la cage thoracique lors de l'inspiration.

amplifiant, ante adj. Qui amplifie.

amplificateur, trice (→ amplifier) 1. n. m. Appareil destiné à augmenter l'amplitude d'un phénomène. ■ **spécialt** Élément d'une chaîne acoustique qui précède les haut-parleurs. - **abrév. fam. ampli.** *Des amplis.* **2. adj.** Qui amplifie.

amplification n. f. Fait d'amplifier.

amplifier v. tr. < 7 > **(latin → ample) 1.** Augmenter les dimensions, l'intensité de. *Amplifier un son.* **2.** Développer en ajoutant des détails. – **péj.** Embellir, exagérer. ■ **s'amplifier v. pron.** Prendre de l'ampleur, de l'amplitude.

amplitude n. f. **(latin → ample) 1.** Grandeur, étendue importante. → **ampleur.** *L'amplitude des problèmes mondiaux.* **2.** Différence entre les valeurs extrêmes d'une grandeur. *L'amplitude d'une onde.*

ampoule n. f. **(vient du latin *ampulla* ; famille de *amphore*) I. 1.** Petite fiole. **2.** Tube de verre effilé et fermé destiné à la conservation d'une dose déterminée de médicament liquide ; son contenu. *Ampoule buvable, injectable.* **3.** Globe de verre contenant le filament des lampes à incandescence. **II.** Cloque de la peau formée par une accumulation de sérosité.

ampoulé, ée adj. **(de l'ancien v. *ampouler* « gonfler » → ampoule) (style, expression)** Emphatique, boursouflé.

Ampurias Ville d'Espagne (Catalogne), sur le golfe de Rosas. Site archéologique d'*Emporion,* colonie phocéenne puis cité romaine prospère.

A

amputation n. f. (→ amputer) **1.** Opération chirurgicale consistant à couper un membre, un segment de membre, une partie saillante. **2.** fig. Retranchement, perte importante.

amputer v. tr. < 1 > (latin, de *am-* pour *ambi-* et *putare* « nettoyer, émonder ») **1.** Faire l'amputation de (un membre, etc.). → **couper.** – *Amputer qqn,* lui enlever un membre. **2.** fig. Couper, retrancher. → **diminuer, mutiler.** ■ **amputé, ée adj.** *Membre amputé.* – *Blessé amputé.* – **n.** *Un amputé du bras.*

ʿAmr ibn al-ʿĀṣ Général arabe, conquérant de l'Égypte (v. 580-664). Compagnon de Mahomet, il envahit la Palestine (633) et conquit l'Égypte (prise d'Alexandrie, 642).

Amritsar Ville d'Inde (Panjab). 1,18 million d'habitants. Ville sainte des sikhs, elle abrite le Temple d'or (XVIe-XVIIIe s.)

Amrouche (Jean) Poète français d'origine algérienne kabyle (1906-1962). Il a adapté en français les *Chants berbères de Kabylie,* et a réalisé de nombreuses émissions littéraires pour la radio. ■ Taos **Amrouche** Écrivaine algérienne d'expression française et chanteuse berbérophone, sœur de Jean (1913-1976). Elle a œuvré pour la culture berbère.

Amsterdam Ville des Pays-Bas (Hollande-Septentrionale), capitale politique du pays, sur le golfe de l'IJsselmeer, l'Amstel et le canal de la mer du Nord. 903 400 habitants. Comprenant plus de 100 îlots, traversée par de nombreux canaux, la ville est un des principaux centres artistiques et touristiques d'Europe. Ancien village de pêcheurs, elle se développa grâce au commerce et à la finance. Elle devint un centre intellectuel et artistique éminent au XVIIe s. et accueillit notamment Rembrandt, Descartes et Spinoza. Très nombreux monuments (palais royal de J. Van Campen, Oude Kerk (église) de style gothique et Renaissance, hôtel de ville, synagogue portugaise) et musées (Rijksmuseum, musée d'Art moderne, musée Van Gogh). Son port est le deuxième du pays et le canal d'Amsterdam au Rhin la relie au réseau navigable européen. Centre industriel (brasseries, industries chimiques, mécaniques, textiles, électroniques, taille du diamant). Centre tertiaire dynamique (sièges sociaux, services aux entreprises, banques). Universités. Aéroport international.

Amsterdam (île) anciennement **île de La Nouvelle-Amsterdam** Île de l'Antarctique (terres Australes françaises), dans le S. de l'océan Indien. Station scientifique.

s'amuïr v. pron. < 2 > (latin *admutire,* de *mutus* → **muet**) phonét. (son du langage) Ne plus se prononcer, devenir muet. □ **n. m. amuïssement**

Amūl ou **Amoul** Ville du N. de l'Iran, au pied de l'Elbourz. 199 700 habitants. Monuments des XIIIe et XIVe s. La ville a donné son nom à une céramique.

amulette n. f. (latin *amuletum*) Petit objet qu'on porte sur soi par superstition, pour préserver de dangers, etc. → **fétiche, grigri.**

Amundsen (Roald) Explorateur norvégien (1872-1928). Après avoir exploré le pôle Nord (1905-1908), il mena la première expédition au pôle Sud (1911).

Roald Amundsen au pôle Sud (1911).

amure n. f. (provençal ; famille de *mur*) mar. *Point d'amure :* fixation inférieure de la voile, du côté du vent. ■ Côté d'un bateau qui reçoit le vent. (au plur.) *Bâbord, tribord amures.*

amurer v. tr. < 1 > Fixer (une voile) par son point d'amure.

amusant, ante adj. Qui amuse, est propre à distraire, à divertir. → **divertissant, 1drôle, réjouissant ;** fam. **marrant, rigolo.** *Un jeu amusant.* – *Tu n'es pas amusant.* ■ Curieux, bizarre. *Tiens, c'est amusant, je n'avais pas remarqué.* – **n. m.** *L'amusant de l'affaire, c'est que...*

amuse-bouche n. m. Amuse-gueule (au restaurant). *Des amuse-bouches.*

amuse-gueule n. m. fam. Petit sandwich, biscuit salé, etc., servi avec l'apéritif ou au cours d'une réception. *Des amuse-gueules.* → **amuse-bouche.**

amusement n. m. **1.** Caractère de ce qui amuse. *Faire qqch. par amusement.* **2.** Distraction agréable, divertissement.

amuser v. tr. < 1 > (de *muser*) **1.** Détourner l'attention de (qqn). **2.** Distraire agréablement ; faire rire ou sourire. → **divertir.** *Un rien l'amuse.* – *Si ça t'amuse :* si tu en as envie, si tu veux. ■ **s'amuser v. pron.** Se distraire agréablement. → se **divertir, jouer.** « *Le roi s'amuse* » (pièce de Victor Hugo). – *S'amuser à des bêtises. S'amuser à taquiner qqn.* ■ **amusé, ée adj.** Qui exprime l'amusement ; empreint d'amusement.

amusette n. f. Passe-temps qu'on ne prend pas au sérieux.

amuseur, euse n. Personne qui amuse, distrait (une société, un public).

Amsterdam

Amsterdam compte 75 km de canaux construits pour la plupart au XVIIe siècle.

amusie n. f. (grec *amousia,* de *a-* privatif et → **musique**) méd. Perte de la capacité de chanter, de jouer ou de reconnaître une musique.

Amy (Gilbert) Compositeur et chef d'orchestre français (né en 1936). Élève de Messiaen, il succéda à Boulez à la tête des concerts du Domaine musical (1967-1974). *Épigrammes* pour piano ; *Trajectoires* pour violon et orchestre ; *Missa cum jubilo ; Brèves.* Académie des beaux-arts.

amygdale [amidal] n. f. (latin, du grec → **amande**) Chacun des deux organes situés sur la paroi latérale du larynx, producteur de lymphocytes.

amygdalectomie n. f. méd. Ablation chirurgicale des amygdales.

amygdalite n. f. Inflammation des amygdales.

amylacé, ée adj. (latin, du grec → **amidon**) didact. De la nature de l'amidon.

amylase n. f. chim. Enzyme digestif sécrété par le pancréas et les glandes salivaires, permettant la digestion des sucres lents.

amyle n. m. (latin *amylum* « amidon ») chim. Radical ($C_5H_{11}OH$) présent dans les dérivés de l'amidon.

amylène n. m. chim. Hydrocarbure (C_2H_{10}) obtenu par déshydratation de l'alcool amylique.

amylique adj. *Alcool amylique :* alcool de formule $C_5H_{11}OH$.

amylobacter n. m. Bactérie anaérobie, responsable de la fermentation butyrique.

Amyntas Nom de plusieurs rois de Macédoine (IVe s. av. J.-C.). ■ **Amyntas III,** roi de Macédoine (389-369 av. J.-C.). Il est le père de Philippe II.

Amyot (Jacques) Humaniste français (1513-1593). Traducteur de Plutarque et de Longus, il fut le précepteur des enfants d'Henri II.

amyotrophie n. f. pathol. Atrophie musculaire.

Amyrtée Fondateur et unique pharaon de la XXVIIIe dynastie saïte d'Égypte (v. 404-398 av. J.-C.).

an n. m. (vient du latin *annus*) **1.** Durée conventionnelle, voisine de celle d'une révolution de la Terre autour du Soleil ; cet espace de temps (12 mois consécutifs), utilisé pour mesurer la durée ou l'âge (→ **année ; annuel).** *Elle a vécu (pendant) cinq ans en Italie. Elle vient nous voir trois fois par an. Il a vingt ans.* → fam. **2balai, 2berge, 1pige.** *Personne de cinquante ans* (quinquagénaire). – loc. *Bon an, mal an :* en faisant la moyenne entre les bonnes et les mauvaises années. **2.** Année en tant que point du temps. *L'an dernier, l'an prochain.* – *Le jour de l'An, le premier de l'An, le Nouvel An :* le 1er janvier. – *L'an 350 avant Jésus-Christ. En l'an de grâce*...* – loc. *S'en moquer comme de l'an quarante,* complètement.

an- voir **2a-**

An Principal dieu de Sumer, souverain du Ciel.

ana n. m. Recueil de pensées, de bons mots ou d'anecdotes relatives à un auteur, une personnalité. *Des anas* ou *ana* (plur. latin).

ana- Élément (du grec) signifiant « de bas en haut » (ex. *anaglyphe*), « en arrière » (ex. *anachronisme*), « en sens contraire » (ex. *anagramme*), ou « de nouveau » (ex. *anamorphose*).

anabaptiste [anabatist] n. et adj. (grec *anabaptizein* « baptiser à nouveau » → **baptiser**) Membre d'une Église protestante qui n'admet pas la validité du baptême des enfants, et les soumet au baptême à l'âge de raison. → **baptiste.** □ **n. m. anabaptisme**

Anabar n. m. Fleuve de Russie (939 km). Il prend sa source en Sibérie centrale et se jette dans la mer des Laptev (Arctique).

A

anabiose n. f. (mot allemand, du grec *anabiôsis* « résurrection ») biol. État de suspension de la vie (d'un organisme) dû à la sécheresse ou à la température trop basse (hibernation).

anabolisant, ante n. m. et adj. Substance qui entraîne un accroissement du système musculaire. – adj. *Stéroïdes anabolisants.*

anabolisé, ée adj. Qui est sous l'effet d'un anabolisant.

anabolisme n. m. physiol. Phase du métabolisme comprenant les phénomènes de biosynthèse (opposé à *catabolisme*).

anabolite n. m. physiol. Substance produite lors de l'anabolisme.

anacarde n. m. (latin médiéval, du grec) Fruit d'un arbre tropical (l'*anacardier* n. m.), communément appelé *noix de cajou.*

anachorète [anakɔʀɛt] n. (grec, de *ana-* et *khora* « espace ») didact. Religieux contemplatif qui se retire dans la solitude. → **ermite.** □ adj. **anachorétique**

anachronique [anakʀɔnik] adj. **1.** Entaché d'anachronisme. **2.** Qui est déplacé à son époque, qui est d'un autre âge. → **désuet, périmé.**

anachronisme [anakʀɔnism] n. m. (du grec, de *khronos* « temps ») **1.** Confusion de dates, attribution à une époque de ce qui appartient à une autre. **2.** Caractère de ce qui est anachronique, périmé ; chose, usage, institution anachronique. → **survivance.**

Anaclet ou **Clet** (saint) (Ier s.) Selon la tradition, 3e pape (79-89 ?) et martyr.

Anaclet II (Pietro Pierleoni, dit en français Pierre de Léon) (mort en 1138). Antipape (1130-1138) contre Innocent II, il fut soutenu par saint Bernard et Roger II de Sicile.

anaclitique adj. (du grec *anaklinein* « replier sur soi-même ») méd. *Dépression anaclitique :* arrêt du développement chez le très jeune enfant brusquement séparé de sa mère.

anacoluthe n. f. (grec « sans suite ») didact. Rupture ou discontinuité dans la construction d'une phrase (ex. « Et pleurés du vieillard, il grava sur leur marbre » [La Fontaine]).

anaconda n. m. (mot de Ceylan) Grand boa constricteur d'Amérique du Sud. → **eunecte.**

Anacréon Poète grec (v. 570-v. 485 av. J.-C.). Un des meilleurs représentants du lyrisme personnel dans l'Antiquité, il composa des chansons d'amour et de table. Il a inspiré la poésie dite *anacréontique* (qui fut reprise notamment par Ronsard).

anacrouse n. f. (mot grec) mus. Mesure incomplète par laquelle débute parfois un morceau.

anadrome adj. (grec *anadromos* « qui court en remontant ») didact. Se dit des poissons de mer qui remontent les fleuves pour y pondre (ex. le saumon).

Anadyr n. m. Fleuve de Russie (1 150 km). Il naît dans les monts du même nom (Sibérie nord-orientale) et se jette dans le *golfe d'Anadyr* (mer de Béring).

anaérobie adj. (→ aéro- et -bie) Qui peut vivre dans un milieu privé d'air (micro-organisme). – (propulseur) Capable de fonctionner sans air. *Fusée anaérobie.* - contr. **aérobie.**

anaérobiose n. f. biol. Vie des organismes anaérobies (opposé à *aérobiose*).

anaglyphe n. m. (grec → hiéroglyphe) Ouvrage (spécialt inscription ornementale) sculpté en bas-relief.

anaglyptique adj. (→ anaglyphe) Se dit d'une écriture ou d'une impression en relief à l'usage des aveugles.

Anagni Ville d'Italie, dans le Latium (province de Frosinone). 19 560 habitants. Cathédrale romane, quartier médiéval. Le pape Boniface VIII y fut arrêté en 1303 par Guillaume de Nogaret, envoyé par Philippe IV le Bel.

anagogie n. f. (grec *anagôgê* « élévation ») didact. Méthode d'interprétation de l'Écriture sainte visant à dégager du sens littéral le sens spirituel et mystique. □ adj. **anagogique**

anagramme n. f. (grec, de *ana-* et *gramma* « lettre ») Mot obtenu par transposition des lettres d'un autre mot (ex. Marie-aimer).

Anaheim Ville des États-Unis (Californie), au S.-E. de Los Angeles. 336 000 habitants. Elle accueillit le premier parc Disneyland (1955).

Anáhuac Bassin d'altitude du Mexique (2 200 m environ), près de Mexico. Le fond du bassin abrita la capitale aztèque Tenochtitlán.

anal, ale, aux adj. De l'anus. *Coït anal.* → **sodomie.** – psych. *Stade anal,* stade de la libido antérieur au stade génital, selon Freud. □ n. f. **analité**

analeptique adj. (latin *analepticus,* du grec) didact. Qui rétablit les forces, stimule les fonctions de l'organisme. → **fortifiant, reconstituant.**

analgésie n. f. (grec, de *an-* et *algos* « douleur ») Suppression de la douleur.

analgésique adj. Qui supprime ou atténue la sensibilité à la douleur. → **antidouleur.** – n. m. *La morphine est un analgésique.*

anallergique adj. Qui ne provoque pas d'allergie.

analogie n. f. (latin, du grec → ana-, -logie ; analogue) Ressemblance établie par l'esprit (association d'idées) entre deux ou plusieurs objets de pensée essentiellement différents. → **correspondance, rapport.** *Analogie entre deux comportements.* – *Raisonnement par analogie,* qui conclut d'une ressemblance partielle à une autre ressemblance plus générale. → **induction.** ■ (dans le langage) *« Vous disez » (incorrect) est formé par analogie avec « vous lisez ».*

analogique adj. **1.** Fondé sur l'analogie. *Raisonnement analogique.* **2.** techn. Qui représente une information par un rapport proportionnel et continu entre l'information initiale et sa représentation (opposé à *numérique*). *La télévision analogique.* □ adv. **analogiquement**

analogon n. m. (mot grec) didact. Élément d'une analogie. → **analogue.**

analogue adj. (latin, du grec → analogie) Qui présente une analogie. → **comparable, voisin.** *« La vraie musique suggère des idées analogues dans des cerveaux différents »* (Baudelaire). – n. m. → **correspondant, équivalent.** *Ce terme n'a pas d'analogue en français.*

analphabète adj. et n. (italien, du grec « qui ne sait ni A ni B » → alphabet) Qui n'a pas appris à lire ni à écrire.

analphabétisme n. m. didact. État de l'analphabète, des analphabètes d'un pays.

analycité n. f. didact. Caractère d'un jugement analytique (2).

analysable adj. Qui peut être analysé. *Sensation difficilement analysable.*

analysant, ante n. Personne qui fait une psychanalyse. *L'analyste et l'analysant.*

analyse n. f. (grec → -lyse) **1.** Opération intellectuelle consistant à décomposer un tout en ses éléments constituants et d'en établir les relations. *L'analyse d'un tableau.* – gramm. Division d'une phrase en mots *(analyse grammaticale),* en propositions *(analyse logique).* ■ Examen qui tente de dégager les éléments propres à expliquer une situation, un sentiment, etc. *L'analyse de la situation politique. Avoir l'esprit d'analyse* (opposé à *de synthèse*). – loc. *En dernière analyse :* au terme de l'analyse, au fond. **2.** Séparation d'un composé pour identification ou dosage de ses composants. *Analyse chimique. Analyse du sang. Laboratoire d'analyses.* **3.** Psychanalyse. *Être en analyse.* **4.** Opération de logique consistant à remonter d'une proposition à d'autres propositions reconnues pour vraies d'où on puisse ensuite la déduire. **5.** math. Étude de fonctions, d'ensembles, et des liens entre les objets mathématiques. **6.** inform. Décomposition d'un problème en ses éléments en vue d'un traitement informatique (→ **analyste-programmeur**).

analyser v. tr. < 1 > **1.** Faire l'analyse (1) de. *Tenter d'analyser ce que l'on éprouve.* → **disséquer, étudier, examiner.** – pronom. *Il s'analyse trop.* → **s'étudier. 2.** (→ **analyse, 2**) *Faire analyser son sang, l'eau d'une source.* **3.** Psychanalyser. *Elle s'est fait analyser* (→ **analysant**).

analyseur n. m. **1.** Appareil permettant de faire des analyses. *Analyseur d'air.* **2.** Système optique permettant de déterminer l'état de polarisation d'une lumière.

analyste n. **1.** Spécialiste d'un type d'analyse. *Une analyste financière.* **2.** Personne habile en matière d'analyse psychologique. **3.** Psychanalyste.

analyste-programmeur, euse n. Informaticien(ne) chargé(e) des problèmes d'analyse et de la programmation correspondante. *Des analystes-programmeurs.*

analytique adj. (grec → analyse) **1.** math. Qui appartient à l'analyse. **2.** Qui procède par analyse. *Raisonnement analytique.* – *Esprit analytique,* qui considère les choses dans leurs éléments plutôt que dans leur ensemble (opposé à *synthétique*). **3.** Qui constitue une analyse, un sommaire. *Table analytique.* **4.** Psychanalytique.

analytiquement adv. D'une manière analytique, par la méthode analytique.

anamnèse n. f. (grec, de *ana* → ana- et *mnêsis* « mémoire » ; cf. *amnésie*) didact. Retour à la mémoire du passé vécu et oublié ou refoulé (s'oppose à *amnésie*).

anamorphose n. f. (du grec → -morphe) Image déformée (selon des règles précises) que donne un miroir courbe. – Représentation picturale de cette déformation.

ananas [anana(s)] n. m. (mot espagnol, du tupi-guarani) Gros fruit oblong, écailleux, qui porte une touffe de feuilles à son sommet, et dont la pulpe est sucrée et très parfumée ; la plante qui le porte.

Ānanda Mahidol (1925-1946). Roi de Thaïlande sous le nom de Rāma VIII (1935-1946).

anapeste n. m. (grec) (métrique ancienne) Pied composé de deux brèves et une longue. – Poème qui contient des anapestes.

anaphase n. f. biol. Troisième stade de la mitose, entre la métaphase* et la télophase*, au cours de laquelle les chromosomes divisés se séparent et migrent vers les deux pôles du fuseau.

anaphore n. f. (grec → -phore) didact. Répétition d'un mot en tête de plusieurs membres de phrase, pour obtenir un effet de renforcement ou de symétrie. □ adj. **anaphorique**

anaphorèse n. f. phys. Déplacement des particules vers l'anode, au cours de l'électrophorèse.

anaphrodisiaque adj. et n. m. didact. Qui diminue le désir sexuel (opposé à *aphrodisiaque*). – n. m. *Un anaphrodisiaque.*

anaphrodisie n. f. (grec *anaphrodisia* → aphrodisiaque) didact. Absence de désir sexuel.

anaphylactique adj. méd. Relatif à l'anaphylaxie. *Choc anaphylactique.* → **allergique.**

anaphylaxie n. f. (de *ana-* et grec *phulaxis* « protection ») méd. Hypersensibilité à une substance dont l'introduction dans l'organisme entraîne une réaction violente. → **allergie.**

anaplastie n. f. (grec *anaplastos* « remodelé ») chir. Réparation d'une partie mutilée du corps, le plus souvent par autogreffe.

anar voir **anarchiste**

anarchie n. f. (grec → -archie) **1.** Désordre résultant d'une absence ou d'une carence d'autorité. *Pays en proie à l'anarchie.* ■ Attitude de refus d'autorité. **2.** Confusion due à l'absence de règles ou d'ordres précis. **3.** Anarchisme.

anarchique adj. Caractérisé par l'anarchie. □ **anarchiquement** adv. *La ville s'est développée anarchiquement.*

anarchisant, ante adj. Qui tend à l'anarchisme, a des sympathies pour l'anarchisme.

anarchisme n. m. **1.** Conception politique qui tend à supprimer l'État, à éliminer de la société tout pouvoir disposant d'un droit de contrainte. **2.** Refus de toute autorité, de toute règle.

▶ L'**anarchisme** (1) est une doctrine philosophique et politique qui émerge au XIXe s. et qui vise à supprimer les inégalités de pouvoir entre les hommes et à refuser toute autorité de l'État ou de l'Église (« ni Dieu ni maître »).
Au niveau théorique, deux grandes tendances se dégagent : un individualisme radical, issu de Max Stirner et de Proudhon, qui considère la propriété privée comme le fondement de la liberté, même s'il est nécessaire d'en limiter les abus ; une tendance communiste qui, avec Kropotkine et É. Reclus, fait de l'instauration de la propriété collective la condition nécessaire à l'épanouissement individuel.
De même, il existe différentes orientations pratiques. À côté des utopies communautaires pacifiques, on trouve depuis Bakounine un anarchisme soutenant la nécessité d'actions violentes, à l'origine d'attentats spectaculaires comme ceux de Ravachol ou de A. Vaillant. Œuvre de groupes minoritaires, l'anarchisme eut également un profond ancrage social : en France, dans l'anarchosyndicalisme de G. Sorel ou de certains militants de la CGT ; en Italie avec E. Malatesta et en Espagne avec F. Ferrer Guardia. Il prospéra aussi en Argentine et aux États-Unis.
Sa fortune politique a été très inégale. Après la révolution russe de 1917, l'anarchiste Nestor Makhno devint la cible du pouvoir communiste qu'il venait pourtant de soutenir. En Espagne, les anarchistes jouèrent un rôle de premier plan durant la guerre civile (1936-1939). Si le drapeau noir est aujourd'hui encore porté par des groupes antiautoritaires, l'importance de l'anarchisme politique a beaucoup diminué.
voir aussi **communisme, syndicalisme, terrorisme**

anarchiste n. et adj. **1.** Partisan de l'anarchisme (1). → **libertaire.** – adj. *Parti anarchiste.* ■ - abrév. fam. **anar.** *Des anars.* – adj. *Des militants anars.* **2.** Personne qui rejette toute autorité, toute règle.

anarchosyndicalisme [anaʀkosɛ̃dikalism] n. m. Syndicalisme révolutionnaire et antiétatiste. □ adj. et n. **anarchosyndicaliste**

anarthrie n. f. (grec *anarthros* « inarticulé ») pathol. Trouble de l'articulation des sons due à une lésion cérébrale.

anasarque n. f. (de *ana-* et grec *sarx, sarkos* « chair ») méd. Œdème généralisé.

Anasazis n. m. pl. voir **Pueblos**

Anastase Nom de deux empereurs d'Orient (Ve-VIIIe s.). ■ **Anastase Ier, dit le Silenciaire** (430-518). Empereur de 491 à 518. ■ **Anastase II.** Empereur de 713 à 715.

anastatique adj. (grec *anastasis* « résurrection ») techn. Qui reproduit à l'identique un texte imprimé.

anastigmat [anastigmat] adj. m. Dépourvu d'astigmatisme (objectif). - syn. **anastigmatique.**

anastomose n. f. (du grec, de *ana-* et *stoma* « bouche ») Communication naturelle ou établie chirurgicalement entre deux organes, deux vaisseaux, deux conduits de même nature ou deux nerfs.

anastomoser v. tr. < 1 > Réunir par anastomose.

anastrophe n. f. (du grec *anastrophê* « retournement », de *ana-* et *strophê* → **strophe**) didact. Renversement de l'ordre habituel des mots. → **inversion.**

anastylose n. f. (du grec *anastellein* « remonter ») archit. Reconstruction, à partir d'éléments d'origine, d'un monument en ruine.

Anat Ancienne déesse sémitique, sœur de Baal, déesse de la Guerre et de la Fertilité.

anatexie n. f. (du grec, de *ana-* et *têkein* « fondre, faire fondre ») géol. Phénomène de fusion de terrains rocheux, avec formation de magma.

anathématiser v. tr. < 1 > (→ **anathème**) didact. Frapper d'anathème. → **excommunier.** – fig., littér. Condamner publiquement.

anathème (du latin, du grec *anathêma* « malédiction ») **1.** n. m. Sentence d'excommunication prononcée par les Églises catholique ou orthodoxe. – fig. Condamnation totale. *Jeter l'anathème sur qqn.* → **malédiction. 2.** n. Personne frappée de cette excommunication.

anatidé n. m. (du latin *anas, anatis* « canard ») zool. Oiseau palmipède au bec aplati (famille des *Anatidés* ; ex. le canard, le cygne, l'oie).

anatife n. m. (du latin, de *anas, anatis* « canard » et *ferre* « porter ») zool. Crustacé marin muni d'un pédoncule, qui s'attache aux objets flottants (coques de navires, etc.).

anatocisme n. m. (du latin, du grec, de *ana* « de nouveau » et *tokos* « intérêt ») dr. fin. Capitalisation des intérêts échus d'une dette.

Anatolie n. f. Ancien nom donné à l'Asie Mineure par les Byzantins et désignant depuis 1923 la Turquie d'Asie.

anatomie n. f. (du latin, du grec, de *temnein* « couper » → **-tome** ; d'abord « dissection ») **1.** Étude de la structure et de la forme des êtres organisés ainsi que des rapports entre leurs différents organes. → **morphologie.** *Anatomie humaine, animale, végétale. Anatomie pathologique :* étude des lésions anatomiques. – *Anatomie artistique,* étude des formes extérieures du corps en vue de la représentation par l'art. ■ Ces formes ; le corps. *Dévoiler son anatomie.* **2.** Structure de l'organisme ainsi étudié. *Caractères généraux de l'anatomie d'un crustacé.*

anatomique adj. Relatif à l'anatomie. □ adv. **anatomiquement**

anatomiste n. Spécialiste de l'anatomie.

anatomo- Élément (tiré de **anatomie**), qui signifie « de l'anatomie et de... », servant à former des mots savants en médecine (ex. *anatomopathologie*).

anatoxine n. f. didact. Toxine bactérienne traitée, ayant perdu ses propriétés toxiques mais conservé ses propriétés immunisantes.

Anawratha Premier grand souverain de Birmanie (1044-1077). Il conquit la basse Birmanie sur les Môns et fit de Pagan sa capitale.

Anaxagore Philosophe grec de l'école ionienne (v. 500-v. 428 av. J.-C.). Précurseur du matérialisme, il soutient que toute chose dérive d'un principe originaire : « l'indéterminé » ou « l'illimité ».

Anaximandre Philosophe grec de l'école ionienne (v. 610-546 av. J.-C.). Il fut le premier à proposer une explication rationnelle de la nature et à dresser des cartes géographiques.

Anaximène Philosophe grec de l'école ionienne (v. 550-v. 480 av. J.-C.). Il a fait de l'air le principe de toutes choses.

ANC voir **African National Congress**

Ancel (Paul) Biologiste franco-monégasque (1873-1961). Il travailla sur l'embryologie expérimentale et l'endocrinologie sexuelle.

Ancel (Michel) Graphiste et créateur de jeux vidéo français (né en 1972). Il conçut le personnage de Rayman pour le jeu de plateforme du même nom (1995) dans lequel le héros affronte les Lapins crétins. S'y affirmant rapidement comme les véritables vedettes, ceux-ci donnèrent lieu à leur propre série.

Ancenis-Saint-Géréon Chef-lieu d'arrondissement de la Loire-Atlantique, sur la Loire. 11 081 habitants. Anciennes fortifications. Marché agricole. Viticulture : vins du Pays nantais et cabernet d'Anjou.

Ancenis (traité d') Traité signé en 1468 par Louis XI et François II, duc de Bretagne, qui préparait le rattachement de la Bretagne à la France.

Ančerl (Karel) Chef d'orchestre tchécoslovaque (1908-1973). Directeur de l'Orchestre philharmonique tchèque (1950), exilé aux États-Unis après le Printemps de Prague, il était réputé pour ses interprétations du répertoire tchèque, de Bartók, Stravinski et Prokofiev.

ancestral, ale, aux adj. (de l'ancien français *ancestre* « prédécesseur ; vieillard » → **ancêtre**) **1.** Qui a appartenu aux ancêtres, qu'on tient des ancêtres. **2.** Qui remonte très loin. → **immémorial.**

ancêtre n. (vient du latin *antecessor*, de *antecedere* « marcher devant » → **céder ; antécédent**) **1.** Personne qui est à l'origine d'une famille, dont on descend. → **aïeul.** – Ascendant au-delà du grand-père. **2.** Se dit d'une espèce dont une autre provient. *Le mammouth est l'ancêtre de l'éléphant.* **3.** Initiateur lointain, devancier. → **précurseur.** *Un ancêtre du surréalisme.* **4.** au plur. Ceux qui ont vécu avant nous, les hommes des siècles passés.

anche n. f. (vient du francique « tuyau ») Languette vibrante qui s'adapte au bec des instruments dits *à anche* (clarinette, saxophone, etc.).

Anchise Berger troyen, dans la mythologie grecque. De son union avec Aphrodite naît Énée.

anchoïade [ɑ̃ʃɔjad] n. f. (provençal *anchouiado* → **anchois**) Sauce à base d'huile et d'anchois pilés.

anchois n. m. (ancien provençal, p.-ê. du grec) Petit poisson de mer commun en Méditerranée, qu'on consomme surtout mariné et salé.

Anchorage Ville des États-Unis (S. de l'Alaska), port de pêche et de commerce. 291 240 habitants. Important aéroport. Base militaire. Tourisme.

ancien, ienne adj. (vient du latin tardif *anteanus*, de *ante* « avant ») **1.** Qui existe depuis longtemps, qui date d'une époque bien antérieure. → **antique, vieux.** *Acheter un meuble ancien chez un antiquaire.* ■ n. *Aimer l'ancien,* les objets anciens. – *À l'ancienne* loc. adv. : à la manière d'autrefois. **2.** Qui est du passé et n'existe plus. *Les langues anciennes.* – *L'Ancien Régime,* celui de la monarchie française avant 1789. ■ (devant le n.) Qui a été autrefois tel et ne l'est plus. → **2ex-.** *Ancien ministre. Son ancienne femme.* **3.** Qui a existé il y a longtemps. → **antique, 2passé.** « *Et ceci se passait dans des temps très anciens* » (Hugo). *Les peuples anciens,* de l'Antiquité. – Passé. « *Je me souviens / Des jours anciens* [...] » (Verlaine). loc. fam. *C'est de l'histoire ancienne,* c'est du passé. ■ n. *Les Anciens :* les peuples et les écrivains de l'Antiquité. **4.** Qui a un certain âge ou de l'ancienneté. *Elle est plus ancienne que moi dans le métier.* ■ n. *Les anciens du village.*

▶ L'**Ancien Régime** désigne le système politique que connut la France du XVIe au XVIIIe siècle, à partir du rattachement des dernières grandes principautés féodales au domaine royal jusqu'à la Révolution de 1789. Cette notion s'applique plus largement aux pays européens tant qu'y subsistèrent des structures juridiques et sociales de type seigneurial. On parle aussi d'économie d'Ancien Régime pour désigner l'économie de subsistance telle qu'elle existait avant la révolution industrielle.
Sur le plan politique, l'Ancien Régime correspond en France à la mise en place de la « monarchie administrative », sous les règnes de François Ier et Henri II, puis au XVIIe siècle sous l'égide de Richelieu, Mazarin et Louis XIV. Un maillage adminis-

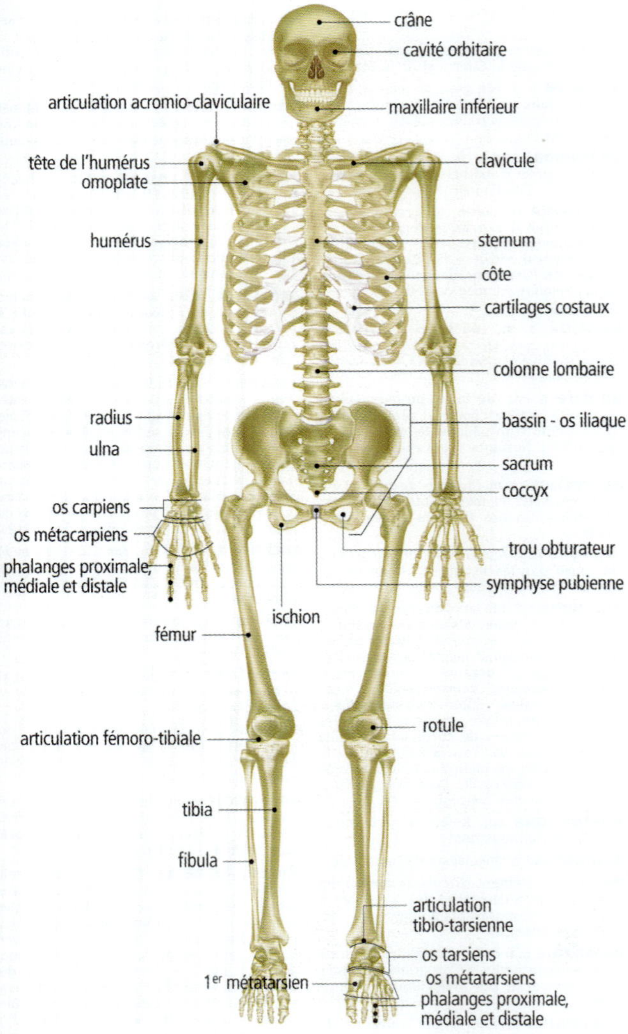

Courbes de croissance

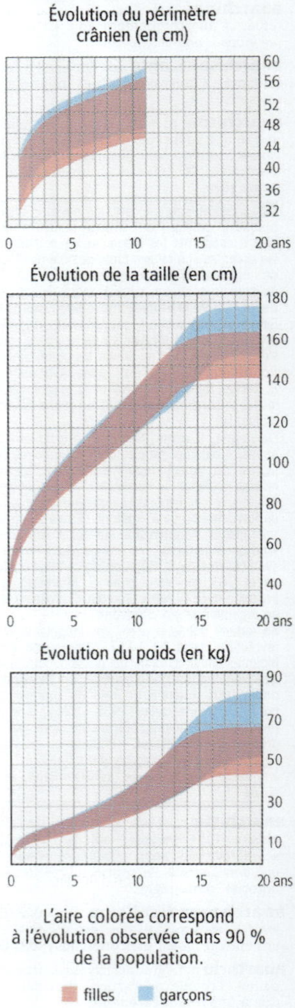

L'aire colorée correspond à l'évolution observée dans 90 % de la population.

filles garçons

Le développement de l'os (ostéogenèse)

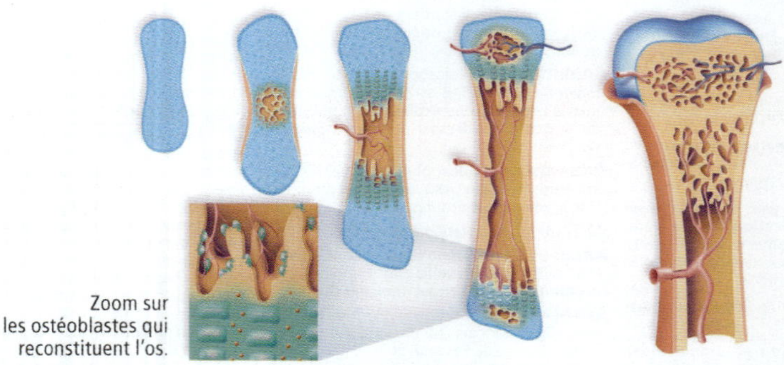

La croissance de l'os long depuis le cartilage initial (à gauche) jusqu'à l'os adulte (à droite).

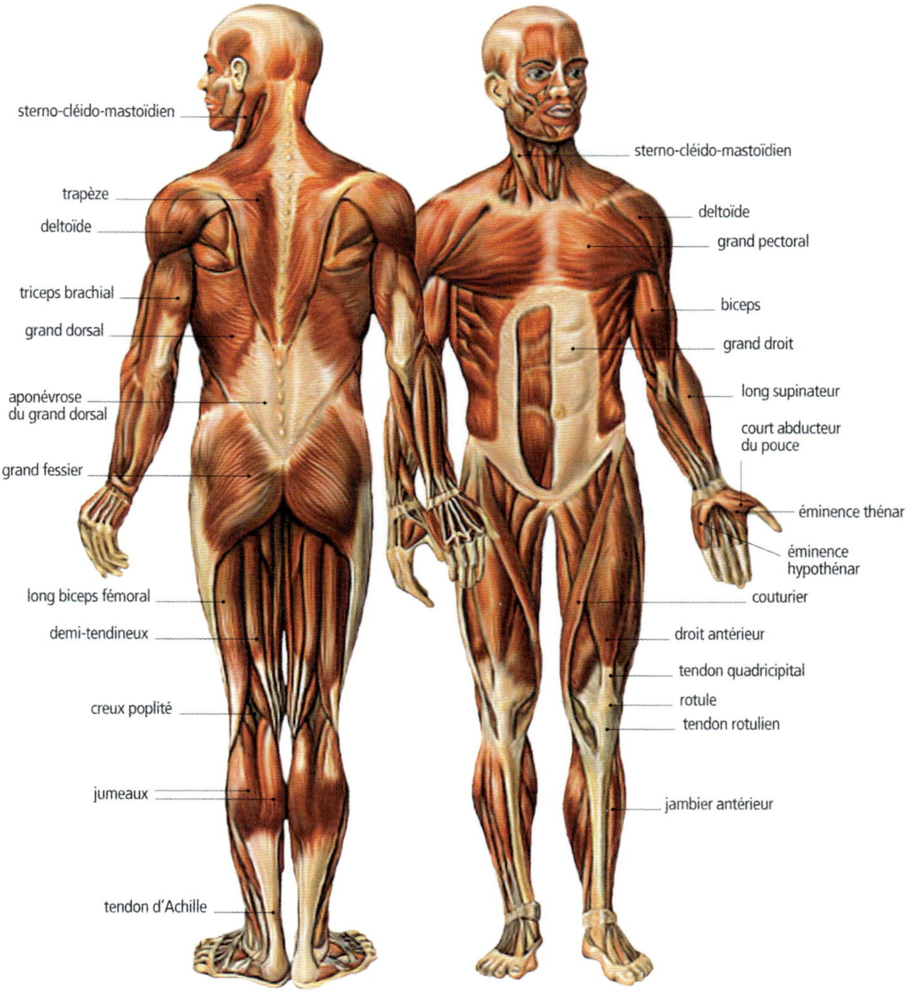

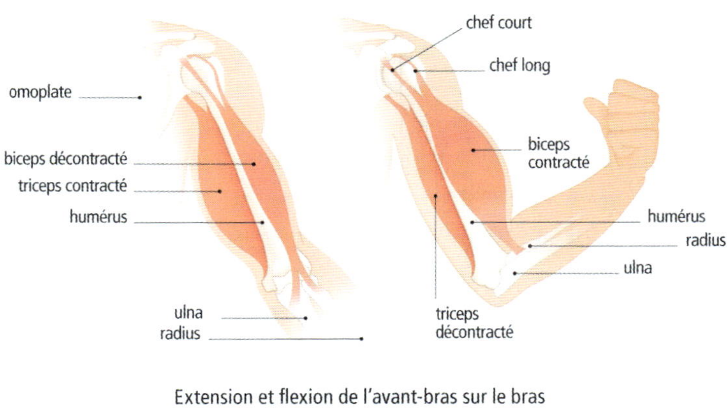

Extension et flexion de l'avant-bras sur le bras
(vue de trois-quarts antérieure du membre supérieur gauche).

A

tratif aux mains de commis de l'État, contrôlé par le pouvoir central (conseils, secrétaires d'État), double les anciennes structures (en province, les généralités, où s'exerce l'autorité des intendants, se superposent aux gouvernements plus anciens) à des fins notamment fiscales (augmentation des impôts à cause des guerres).

Le renforcement de l'autorité royale aux dépens de l'aristocratie et des parlements à partir du XVIIe siècle a pu faire parler improprement de monarchie absolue, car l'autorité royale, si elle vient prétendument de Dieu (droit divin), est limitée par les lois fondamentales du royaume tandis que les particularismes provinciaux restent bien vivants. Sur le plan religieux, l'État royal et l'Église de France, étroitement unis, opposent les « libertés » de l'Église gallicane aux « prétentions » du Saint-Siège.

La société reste théoriquement divisée en trois ordres (clergé, noblesse et tiers état), qui reflètent de moins en moins la complexité croissante du corps social. Si le clergé et la noblesse bénéficient d'importants privilèges fiscaux et juridiques (on parle d'« ordres privilégiés »), l'exception juridique que constitue le privilège se rencontre à tous les niveaux de la société : communautés, villes, compagnies et corporations sont profondément attachées à leurs franchises, libertés et coutumes. Au XVIIIe siècle, la monarchie, toujours à court d'argent, ne parvient pas à se doter d'un outil fiscal efficace. Elle subit l'opposition des parlements, et ne parvient pas à imposer ses velléités de réforme aux ordres privilégiés. L'ordre social et politique traditionnel, contesté par l'esprit des Lumières, bousculé par l'essor de la bourgeoisie, est balayé par la Révolution et les réformes de l'Assemblée constituante (1789-1790).

voir aussi **féodalité, état, monarchie, Moyen Âge, Révolution française**

anciennement adv. Dans les temps anciens, autrefois.

ancienneté n. f. 1. Caractère de ce qui existe depuis longtemps. 2. Temps passé dans une fonction à compter de la date de la nomination.

Anciens (Conseil des) Assemblée législative instituée par la Constitution de l'An III (1795). Il était chargé de délibérer sur les résolutions du Conseil des Cinq-Cents. Il fut supprimé après le coup d'État du 18 Brumaire qui mit fin au Directoire (1799).

Anciens et des Modernes (querelle des) Polémique littéraire qui eut lieu à la fin du XVIIe s. et au début du XVIIIe s. sur les mérites comparés des auteurs modernes et des auteurs de l'Antiquité. Ch. Perrault, Racine, La Fontaine et Boileau y participèrent.

ancillaire [ɑ̃silɛʀ] adj. (du latin, de *ancilla* « servante ») littér. *Amours ancillaires* : liaisons avec des servantes.

ancolie n. f. (vient du latin *aquileia*) Plante ornementale, dont les fleurs bleues, blanches ou roses ont des pétales terminés en éperon.

Ancône Ville d'Italie, capitale des Marches, port sur l'Adriatique. 100 510 habitants. Vestiges romains (arc de Trajan), cathédrale (XIIe s.) de style romano-byzantin, musée des Marches. Pêche.

ancrage n. m. 1. Dispositif de mouillage à poste fixe. *L'ancrage d'une bouée.* – Lieu où un navire est ancré. → **mouillage.** 2. Action, manière d'ancrer, d'attacher à un point fixe. → **fixation.** – fig. *L'ancrage d'un parti politique dans un pays.*

ancre n. f. (latin *ancora*, du grec ; famille de *angle*) 1. Pièce d'acier suspendue à une chaîne, que l'on jette au fond de l'eau pour qu'elle s'y fixe et immobilise un navire. *Tige, verge, organeau d'une ancre. Jeter l'ancre. Lever l'ancre* : appareiller ; fig. et fam. partir, s'en aller. 2. techn. Pièce métallique destinée à s'opposer à une poussée. ▪ Pièce en forme d'ancre qui règle l'échappement* d'une horloge.

Ancre (maréchal d') voir **Concini**

ancrer v. tr. < 1 > 1. Fixer solidement (comme avec une ancre). *Ancrer un câble.* 2. fig. Enraciner. – pronom. *Laisser une idée s'ancrer dans l'opinion.*

Ancus Martius Quatrième roi légendaire de Rome (v. 640-v. 616 av. J.-C.). Sabin, il agrandit Rome et créa le port d'Ostie.

Ancy-le-Franc Commune de l'Yonne, arrondissement d'Avallon. 843 habitants. Château Renaissance (1546), typique de l'école de Fontainebleau.

Ancyre voir **Ankara**

Anda (Géza) Pianiste suisse d'origine hongroise (1921-1976). Il est connu pour ses interprétations de Bartók, Brahms, Liszt et Mozart.

andain n. m. (p.-ê. du latin *ambitus* « circuit, pourtour ») Rangée régulière d'herbe fauchée.

andalou, ouse adj. et n. D'Andalousie. – *Musique andalouse.* → **arabo-andalou.** – n. *Les Andalous.*

Andalousie n. f. Région historique et communauté autonome du S. de l'Espagne. 87 268 km². 8,46 millions d'habitants. Capitale : Séville. Autres villes : Cordoue, Grenade. 8 provinces : Almeria, Cadix, Cordoue, Grenade, Huelva, Jaén, Málaga, Séville. La vallée du Guadalquivir (basse Andalousie) et son embouchure qui forme une vaste plaine alluviale (las Marismas) séparent deux grands ensembles montagneux : le versant méridional de la Sierra Morena (du N.-O. au N.-E.) et les massifs qui composent la chaîne Bétique, du S. à l'E. (Serrania de Ronda, Sierra Nevada, Sierra de Segura). De rares plaines (Almería, Málaga) jouxtent le littoral méditerranéen. L'économie demeure essentiellement agricole (olivier, blé, coton, betterave sucrière, rizières) ; la production vinicole est réputée (xérès, malaga). Séville est la seule grande ville industrielle de la région. Les activités de pêche sont toujours importantes sur la côte, et le tourisme poursuit son essor. Colonisée par les Phéniciens, puis par les Carthaginois, l'Andalousie devint par la suite la plus florissante colonie de l'Empire romain. Au VIIIe s., elle fut envahie par les Maures et connut son apogée avec le califat de Cordoue (VIIIe-Xe s.). Elle demeura jusqu'au XVe s. (prise de Grenade en 1492) le foyer d'une brillante civilisation musulmane. Elle fut ensuite rattachée au royaume d'Espagne.

Andaman (îles) Archipel montagneux du golfe du Bengale, qui délimite à l'E. la mer d'Andaman. Avec les îles Nicobar, elles forment un Territoire de l'Union indienne (*Andaman et Nicobar* ; 8 249 km² ; 417 000 habitants ; chef-lieu : Port Blair).

andante [ɑ̃dɑ̃t ; andante] adv. (mot italien « allant ») mus. Indication d'un mouvement modéré, plus vif que l'adagio. – n. m. *L'andante, second mouvement de la sonate.*

andantino [ɑ̃dɑ̃tino ; andantino] adv. (mot italien, diminutif de *andante*) mus. Indication de tempo désignant un mouvement un peu plus rapide que l'andante. – n. m. Morceau exécuté dans ce tempo. *Des andantinos.*

Anday (Melih Cevdet) Écrivain turc (1915-2002). Considéré comme l'un des principaux artisans du renouveau de la poésie turque, il fut aussi essayiste et romancier. *Sur la mer nomade.*

Andelle n. f. Rivière de Normandie, affluent de la Seine. 54 km.

Andelys (Les) Chef-lieu d'arrondissement de l'Eure, sur la Seine. 8 055 habitants. Ruines du Château-Gaillard (XIIe s.), construit par Richard Cœur de Lion.

Andenne Ville de Belgique (province de Namur), sur la Meuse. 27 573 habitants. Collégiale Sainte-Begge du XVIIIe s., qui abrite un tombeau gothique et un trésor (châsse). Céramique. Constructions mécaniques.

Andéol (saint) Apôtre du Vivarais, martyr en 208.

Andéol (Émilie) Judoka française (née en 1987). Médaille d'or en judo dans la catégorie des plus de 78 kg aux Jeux olympiques de 2016.

Anderlecht Ville de Belgique (Bruxelles-Capitale). 120 887 habitants. Maison d'Érasme. Industries chimiques, textiles et alimentaires.

Anderlues Commune de Belgique (Hainaut), à l'O. de Charleroi. 12 362 habitants. Constructions métalliques.

Andermatt Ville de Suisse (canton d'Uri), au pied du mont Saint-Gothard. 1 300 habitants. Station d'été et de sports d'hiver.

Andernos-les-Bains Commune de la Gironde, sur le bassin d'Arcachon. 12 284 habitants. Vestiges d'une basilique gallo-romaine (Ve s.). Station balnéaire. Ostréiculture.

Anders (Władysław) Général polonais (1892-1970). Pendant la Seconde Guerre mondiale, il commanda les forces polonaises en URSS puis s'illustra en Afrique du Nord contre Rommel (1942) et en Italie (1943).

Andersch (Alfred) Romancier et nouvelliste suisse d'origine allemande (1914-1980). Membre de la jeunesse communiste de Bavière, il fut déporté à Dachau en 1933 puis cofonda le Groupe 47. Il pose dans ses œuvres le problème de la liberté face à la tyrannie. *Les Cerises de la liberté ; La Femme rousse.*

Andersen (Hans Christian) Écrivain danois (1805-1875). Célèbre pour ses *Contes*, il est aussi l'auteur de pièces de théâtre, de poèmes et d'un journal. Ses quelque 173 contes, qui ne sont pas destinés aux enfants, manifestent un art de la concision et de la sobriété exemplaires : beaucoup ont été élevés au rang de mythe. *La Petite Sirène.*

Andersen-Nexø (Martin) Écrivain danois (1869-1954). Autodidacte, marqué par la misère du prolétariat, il devint marxiste. Il a écrit des romans et une autobiographie. *Pelle le Conquérant* est un chef-d'œuvre du roman prolétarien.

Anderson (Sherwood) Romancier américain (1876-1941). Il fut l'un des principaux représentants du renouveau de la nouvelle américaine. *Winesburg, Ohio ; Rire noir ; Mémoires.*

Anderson (Marian) Cantatrice américaine (1897-1993). Contralto, admirée de Toscanini, elle fut la première Noire admise à chanter au Metropolitan Opera (1955). Son répertoire allait des spirituals au lied et à l'oratorio.

Anderson (Carl David) Physicien américain (1905-1991). Il découvrit l'existence des positrons puis d'une autre particule, le muon. Prix Nobel 1936.

Anderson (Lindsay) Réalisateur et critique britannique de cinéma (1923-1994). Il fut le principal animateur du mouvement Free Cinema. *If.*

Anderson (Philip) Physicien américain (1923-2020). Il travailla sur les propriétés électroniques des matériaux magnétiques et sur les matériaux supraconducteurs. Prix Nobel 1977.

Anderson (Poul) Romancier américain (1926-2001). Il est l'auteur à succès de romans de science-fiction. *La Reine de l'air et des ténèbres ; La Patrouille du temps ; Les Croisés du cosmos.*

Anderson (Wes) Réalisateur américain (né en 1969). Reconnaissable à son style narratif et visuel parfois proche de la bande dessinée et extrêmement esthétique, il a réalisé *La Vie aquatique, Moonrise Kingdom,* le burlesque *The Grand Budapest Hotel* et *The French Dispatch.*

Andersson (Harriet) Actrice suédoise (née en 1932). Icône de l'érotisme scandinave, elle fut une égérie d'Ingmar Bergman.

Andes

La cordillère des Andes. Au premier plan le parc national Torres del Paine, au Chili.

Monika ; La Nuit des forains ; Cris et chuchotements.

Andersson (Birgitta, dite Bibi) Actrice suédoise (1935-2019). Elle incarna, sous la direction d'Ingmar Bergman, l'ingénuité et la fragilité. *Le Septième Sceau ; Persona.*

Andes n. f. pl. Ensemble de chaînes de montagnes et de volcans (cordillères) situé à l'O. du continent sud-américain. Elles s'étirent sur plus de 8 000 km (du Venezuela à la Terre de Feu) en bordure de l'océan Pacifique, ce qui en fait le plus long massif montagneux du monde. Son relief très marqué culmine à 6 960 mètres à l'Aconcagua, et des fosses océaniques aussi profondes lui sont parallèles. De nombreux sommets dépassent les 5 000 m, tout au long de la Cordillère. L'activité volcanique et sismique y est très importante, et les différences climatiques y sont extrêmes — humide au N. et au S., aride au centre (au niveau du tropique du Capricorne). Les Andes ont été très tôt plus peuplées que les plaines et les plateaux ; elles accueillirent les grandes civilisations précolombiennes. Les cultures de céréales et de tubercules, l'horticulture, l'élevage et les mines ont fixé les populations jusqu'à de hautes altitudes (Bogotá, Quito, La Paz...).

andésite n. f. (de l'allemand, de *Andes*) minér. Roche éruptive essentiellement composée d'une variété de feldspath à sodium et calcium. → **plagioclase.** *Andésite noire, grise.* □ **adj. andésitique**

Āndhra n. m. pl. Dynastie indienne du Dekkan qui contrôla la partie S.-E. de l'Inde du Ier s. av. J.-C. jusque v. 225.

Andhra Pradesh n. m. État d'Inde, dans le Deccan. 160 205 km². 54 millions d'habitants. Capitale : Hyderabad. Les deltas des fleuves (Godaveri, Krishna) sont consacrés à la culture du riz, alors que l'intérieur est plus sec et plus pauvre. L'État d'Andhra Pradesh a été formé en 1956 pour regrouper les populations de langue telugu. En 2014, le Parlement indien a approuvé la scission de l'Andhra Pradesh en vue de la création du Telangana.

Andijan Ville du N.-E. de l'Ouzbékistan, dans le Fergana. 370 000 habitants. Centre industriel, agricole et pétrolier.

andin, ine adj. et n. Des Andes. *Les plateaux andins.* – **n.** *Les Andins.*

Andorre

n. f. ■ **offic. principauté d'Andorre** Principauté située entre la France et l'Espagne, dans les Pyrénées. → **Occitanie** (carte). 465 km². 79 500 habitants (les *Andorrans*). **Langue :** catalan (offic.). **Monnaie :** euro. **Capitale :** Andorre-la-Vieille.

Le pays vit surtout du tourisme (vente de biens détaxés). De 1278 à 1993, l'Andorre fut placée sous la suzeraineté de deux coprinces, l'évêque d'Urgel et le chef de l'État français. Depuis 1993, c'est un État indépendant, avec à sa tête les deux anciens coprinces.

Andorre-la-Vieille Capitale de la principauté d'Andorre. 22 870 habitants. Commerce. Tourisme.

Andō Tadao Architecte japonais (né en 1941). Influencé par Le Corbusier et inspiré par ses nombreux voyages, il allie le modernisme occidental au dépouillement de la tradition japonaise (formes simples et béton). Musée historique de Chikatsu-Asuka, Musée d'art contemporain de Naoshima, église de la Lumière à Ōsaka, Bourse de Commerce-Pinault à Paris.

andouille n. f. (vient p.-ê. du latin *inductile*, de *inducere* « introduire ») 1. Charcuterie cuite faite de boyaux de porc ou de veau, coupés en lanières et enserrés dans une partie du gros intestin, consommée froide. **2. fam.** Niais, imbécile. *Faire l'andouille.*

andouiller n. m. (vient du latin pop. *anteculare* « qui se trouve devant *[ante]* les yeux ») Ramification des bois des cervidés.

andouillette n. f. Petite andouille qui se mange grillée.

Andrade (Antonio de) Jésuite portugais (v. 1580-1634). Missionnaire aux Indes orientales, il fut l'un des premiers à parvenir jusqu'à Lhassa. Il laissa une importante relation de ses voyages (traduction française en 1627).

Andral (Gabriel) Médecin français (1797-1876). Il contribua au développement de l'anatomie pathologique et de l'hématologie.

Andrássy (Gyula), dit l'Aîné Homme politique hongrois (1823-1890). Président du Conseil (1867-1871) puis ministre des Affaires étrangères de l'Autriche-Hongrie (1871-1879), il contribua à l'alliance avec l'Allemagne. ■ **Gyula Andrássy, dit le Jeune** Homme politique hongrois (1860-1929), fils de Gyula. Il fut ministre de l'Empire.

Andrault (Michel) Architecte français (1926-2020). Associé de 1957 à 1995 à Pierre Parat (1928-2019), il a notamment construit l'université de Paris-Tolbiac et le Palais omnisport de Bercy.

André (saint) Un des douze apôtres, frère de Simon Pierre. Martyr.

André II (1175-1235). Roi de Hongrie (1205-1235). À son retour de la 5e croisade (1217-1218), il dut promulguer la Bulle d'or (1222) qui garantissait certains privilèges à la noblesse.

André (Louis) Général et homme politique français (1838-1913). Ministre de la Guerre (1901-1904), il est à l'origine de l'affaire des Fiches, qui entraîna la chute du ministère Combes (1904).

André (Maurice) Trompettiste français (1933-2012). Lauréat du concours international de musique de Munich, il a mené une carrière internationale de virtuose.

André (Christophe) Psychiatre français (né en 1956). Spécialiste de la méditation de pleine conscience, il a écrit de nombreux ouvrages à destination du grand public : *Méditer jour après jour ; Abécédaire de la sagesse* (avec Matthieu Ricard et Alexandre Jollien).

Andrea del Castagno Peintre italien (1419-1457). Installé à Florence, il décora le réfectoire de Sant'Apollonia. Son style est austère et puissant.

Andrea del Sarto Peintre florentin (1486-1530). Influencé par Léonard de Vinci et Raphaël, il fut l'un des grands représentants du classicisme florentin et ouvrit la voie au maniérisme.

Andrea Pisano Orfèvre, sculpteur et architecte italien (v. 1290-v. 1349). Il réalisa l'une des portes de bronze du baptistère de Florence, et collabora avec Giotto aux travaux du Campanile.

Andreas-Salomé (Lou) Écrivaine allemande (1861-1937). Amie de Nietzsche et de Rilke, puis disciple de Freud, elle a laissé des essais, des souvenirs et une abondante correspondance. *Éros ; Lettre ouverte à Freud ; Ma vie.*

Andreïev (Leonid Nikolaïevitch) Écrivain russe (1871-1919). Représentant de l'école symboliste, il est l'auteur de nouvelles, de pièces de théâtre tour à tour réalistes et symboliques *(La Vie d'un homme ; Celui qui reçoit des gifles)*, ainsi que de romans.

Andreotti (Giulio) Homme d'État italien (1919-2013). Député démocrate-chrétien, il fut à plusieurs reprises ministre et président du Conseil entre 1972 et 1992.

Andres (Stefan) Écrivain allemand (1906-1970). Il fut, après-guerre, un des représentants de l'humanisme chrétien. *Le Chevalier de justice ; Déluge.*

Andrésy Commune des Yvelines, sur la Seine, au S. de Cergy-Pontoise. 13 236 habitants.

Andreu (Paul) Architecte français (1938-2018). On lui doit la construction de plus de 40 aérogares, dont Roissy, et du terminal français du tunnel sous la Manche. Il a également réalisé l'Opéra de Pékin.

Andrews (Thomas) Physicien irlandais (1813-1885). Il établit l'existence d'une température et d'une pression critiques, au-delà desquelles un gaz se transforme continuement en liquide.

Andrews (dame Julia Elizabeth Wells, dite Julie) Chanteuse et actrice britannique (née en 1935). De formation classique et dotée d'une voix de soprano colorature, elle se destine à l'opéra mais le succès de la comédie musicale dans laquelle elle se produit alors qu'elle n'a pas encore 20 ans *(The Boy Friend)* la conduit à Broadway où elle joue *My Fair Lady.* Elle poursuit sa carrière au cinéma avec *Mary Poppins* (Oscar de la meilleure actrice) puis *La Mélodie du bonheur* et *Victor Victoria.*

Andrézieux-Bouthéon Commune de la Loire, au N.-O. de Saint-Étienne, sur la Loire. 10 108 habitants. Aéroport de Saint-Étienne.

Andria Ville d'Italie (Pouilles), à l'O. de Bari. 95 650 habitants. Cathédrale du Xe s. et églises du XIVe s. Aux environs, château de Castel del Monte. Marché agricole, industries agroalimentaire et de l'habillement.

A

Andrić (Ivo) Écrivain serbe (1892-1975). Son œuvre décrit avec un grand souci d'exactitude historique son pays natal et réfléchit, à l'aune de Kierkegaard, sur la condition humaine. *Il est un pont sur la Drina ; La Chronique de Travni ; La Demoiselle.* Prix Nobel 1961.

Andrieu (Jean-François d') ou Dandrieu Organiste et compositeur français (1682-1738). Il est l'auteur d'un *Livre de pièces d'orgue* qui s'inscrit dans la tradition de l'orgue français et d'un *Livre de noëls.*

Andrieux (François) Avocat et écrivain français (1759-1833). Conteur, dramaturge et poète *(Les Étourdis)*, membre de l'Académie française (1803), il s'opposa résolument au mouvement romantique naissant.

Andrinople voir **Edirne**

andro-, -andre, -andrie Éléments (du grec *anêr, andros*) signifiant « homme, mâle » (ex. *polyandre, scaphandre*).

androcée n. m. (de *andro-*, d'après *gynécée*) bot. Ensemble des pièces fertiles mâles de la fleur. → **²étamine.**

androcéphale adj. (→ -céphale) À tête d'homme. *Décor à taureaux androcéphales.*

Androgée Athlète, dans la mythologie grecque. Fils de Minos et de Pasiphaé, il est tué à l'instigation d'Égée, jaloux de ses victoires. Sa mort déclenche la colère de Zeus et de Minos.

androgène adj. et n. m. (→ -gène) méd. *Hormones androgènes,* qui provoquent l'apparition des caractères sexuels masculins (ex. la testostérone). – n. m. Hormone mâle. □ adj. **androgénique**

androgenèse [ɑ̃dʀoʒənɛz] n. f. (→ -genèse) biol. **1.** Développement d'un embryon sans fécondation, à partir d'un gamète mâle. → aussi **parthénogenèse. 2.** Production dans l'organisme d'hormones mâles. - syn. **androgénie** n. f. □ adj. **androgénétique**

androgyne adj. et n. (→ -gyne) **1.** Qui présente certains des caractères sexuels du sexe opposé. → **hermaphrodite.** – n. *Un, une androgyne.* **2.** bot. Dont l'inflorescence réunit des fleurs mâles et femelles. → **monoïque.** □ n. f. **androgynie**

androïde adj. Qui ressemble à l'être humain. *Robots androïdes.* ■ n. *Les androïdes des romans de science-fiction.*

andrologie n. f. Discipline médicale traitant de la physiologie et de la pathologie de l'appareil génital masculin. □ adj. **andrologique** □ n. **andrologue**

Andromaque Princesse troyenne, dans la mythologie grecque, héroïne de *L'Iliade*, femme d'Hector et mère d'Astyanax. Après la prise de Troie par les Grecs, elle devient l'esclave puis la femme de Pyrrhos.

Andromède Princesse d'Éthiopie, dans la mythologie grecque. Poséidon, irrité par sa mère Cassiopée, la livre à un monstre marin, mais Persée la délivre.

Andromède Constellation de l'hémisphère boréal. La *nébuleuse d'Andromède* compte environ mille milliards d'étoiles.

Andronic Nom de plusieurs empereurs byzantins. ■ **Andronic Iᵉʳ Comnène** (v. 1100-1185). Il s'empara du trône en faisant étrangler Alexis II en 1183, mais fut renversé en 1185. ■ **Andronic II Paléologue** (1258-1332). Empereur en 1282, il fut renversé par son petit-fils Andronic III en 1328. ■ **Andronic III Paléologue** (1295-1341). Il lutta contre les Turcs, qui achevèrent sous son règne la conquête de l'Asie Mineure. ■ **Andronic IV Paléologue** (v. 1348-1385). Aidé par les Turcs, il détrôna son père Jean V (1376) mais dut lui restituer le pouvoir en 1379.

Andronicus (Lucius ou Titus Livius) Auteur et acteur latin d'origine grecque (v. 270 av. J.-C.). Il est considéré comme le créateur de la tragédie latine. *Achille ; Andromède ; Danaé.*

andropause n. f. (de *andro-*, d'après *ménopause*) Diminution progressive de la fonction sexuelle chez l'homme d'un certain âge.

Andropov (Iouri Vladimirovitch) Homme d'État soviétique (1914-1984). Président du KGB de 1967 à 1982, il succéda à Brejnev à la tête du PC (1982) et devint chef de l'État (1983).

Andros Île grecque de la mer Égée (Cyclades). 304 km². 8 770 habitants. Vestiges de fortifications vénitiennes. Vignobles.

androstérone n. f. (de *andro-, stér[ol]* et *[horm]one*) biol. Hormone sexuelle mâle, dérivée de la testostérone, active au moment de la puberté.

Androuet du Cerceau Famille d'architectes français (XVIᵉ-XVIIᵉ s.). ■ **Jacques Iᵉʳ Androuet du Cerceau.** Dessinateur, graveur et architecte (v. 1510-v. 1585). Il éleva le château de Verneuil-sur-Oise et adopta des formes courbes et un décor plein de fantaisie. Son œuvre (monuments, recueils de gravures) exerça une grande influence sur le baroque français. ■ **Baptiste Androuet du Cerceau** (v. 1545-1590). Fils de Jacques Iᵉʳ. Architecte en chef des bâtiments du roi (1586), il réalisa les plans du Pont-Neuf, à Paris. ■ **Jacques II Androuet du Cerceau** (v. 1550-1614). Frère de Baptiste. Il acheva la Grande Galerie du Louvre. ■ **Jean Androuet du Cerceau** (1585-1649). Fils de Baptiste. Architecte de Louis XIII, il édifia la terrasse et l'escalier en fer à cheval du château de Fontainebleau, et l'hôtel de Gallet (Sully) à Paris.

Andrzejewski (Jerzy) Écrivain polonais (1909-1983). Ses romans évoquent l'histoire polonaise *(Cendres et Diamant)*. Il combattit le conformisme idéologique et esthétique du régime communiste au pouvoir.

Andújar Ville d'Espagne (Andalousie), au N.-O. de Jaén, sur le Guadalquivir. 36 600 habitants. Églises et palais de style Renaissance. Céramiques.

Anduze Commune du Gard, arrondissement d'Alès, sur le Gardon d'Anduze. 3 335 habitants. Vestiges d'un château fort. Tour de l'Horloge. Ancienne place forte, elle fut l'un des centres du protestantisme cévenol.

-ane Élément de mots de chimie servant à former des noms d'hydrocarbures saturés (opposé à *-ène*).

âne n. m. (latin *asinus*) **1.** Mammifère domestique *(équidé)*, plus petit que le cheval, à longues oreilles, à robe généralement grise. → **ânesse, ânon ; baudet, bourricot.** *L'âne brait.* – loc. *Têtu comme un âne.* **2.** fig. Individu à l'esprit borné. → **bête, ignorant.** – (attribut) « *Le plus âne des trois n'est pas celui qu'on pense* » (La Fontaine). **3.** loc. *Bonnet d'âne :* bonnet de papier figurant une tête d'âne dont on affublait les cancres. ■ → **dos d'âne.**

anéantir v. tr. < 2 > (famille de *néant*) **1.** Détruire totalement, réduire à néant. → **exterminer, ruiner.** *Anéantir une ville.* **2.** Plonger dans un abattement total. → **abattre, accabler.** *L'émotion l'a anéanti.* – passif et p. p. *Être anéanti,* stupéfait et consterné. ■ **s'anéantir** v. pron. Disparaître complètement. → **s'écrouler, sombrer.**

anéantissement n. m. **1.** Destruction complète. **2.** Abattement total. → **accablement, prostration.**

anecdote n. f. (du latin, du grec *anekdota* « choses inédites ») **1.** Récit d'un détail historique, d'un petit fait curieux. **2.** Détail ou aspect secondaire, sans généralisation et sans portée.

anecdotique adj. **1.** Qui contient des anecdotes. **2.** Qui constitue une anecdote, ne présente pas d'intérêt général. *Détail purement anecdotique.*

anéchoïque [anekɔik] adj. (de *²a-* et *écho,* d'après l'anglais) didact. *Chambre* anéchoïque.* - var. **anéchoïde.**

anémie n. f. (du grec → ²a- et -émie) **1.** Appauvrissement du sang, caractérisé par la diminution des globules rouges et provoquant un état de faiblesse. **2.** fig. Dépérissement, faiblesse. *L'anémie de la production.*

anémier v. tr. < 7 > Rendre anémique. → **affaiblir, épuiser.** *Ce régime l'a beaucoup anémiée.* – fig. « *Une France anémiée par le ralentissement de l'activité économique* » (Jaurès). □ adj. **anémiant, ante**

anémique adj. **1.** Atteint d'anémie. **2.** Dépourvu de fermeté, de force. *Un style anémique.*

anémo- Élément (du grec *anemos*) qui signifie « vent ».

anémomètre n. m. (→ ²mètre) Instrument servant à mesurer la vitesse du vent, la vitesse d'écoulement d'un fluide gazeux. *Anémomètre enregistreur* (anémographe n. m.). □ n. f. **anémométrie** □ adj. **anémométrique**

anémone n. f. (du latin, du grec *anemos* « vent », la fleur s'ouvrant au souffle du vent) **1.** bot. Plante herbacée vivace, aux fleurs diversement colorées. **2.** zool. *Anémone de mer :* animal marin (polype) à tentacules paralysants. → **actinie.**

anémophile adj. (de *anémo-* + *-phile*) bot. Se dit des plantes dont le pollen est entraîné par le vent. □ n. f. **anémophilie**

anencéphale adj. et n. (de *an-* et *encéphale*) didact. Qui est privé d'encéphale. → **acéphale.** □ n. f. **anencéphalie**

Angelico (Fra)

Annonciation, de Fra Angelico, couvent San Marco, Florence.

anergie n. f. (de *an-* et *allergie*) méd. Perte de la capacité à réagir à un antigène (opposé à *allergie*).

ânerie n. f. Propos ou acte stupide. → bêtise, sottise.

anéroïde adj. (grec « sans air ») didact. *Baromètre anéroïde,* formé d'une boîte où l'on a fait le vide, et fonctionnant par l'élasticité des métaux.

ânesse n. f. (vient du latin *asina* → âne) Âne femelle.

anesthésiant, ante adj. et n. m. Qui anesthésie. → anesthésique.

anesthésie n. f. (de l'anglais, du grec « insensibilité ») **1.** didact. Perte de la sensibilité d'un organe. **2.** Suppression de la sensibilité et, spécialt de la sensibilité à la douleur, obtenue par l'emploi des anesthésiques. → **insensibilisation.** *Anesthésie générale, locale. Être opéré sous anesthésie.* **3.** fig. État d'indifférence, absence d'émotivité.

L'**anesthésie** (2) désigne la privation partielle ou totale de la sensibilité. Elle peut être obtenue artificiellement par l'administration de médicaments pour effectuer sans douleur des actes chirurgicaux ou des explorations endoscopiques.
L'**anesthésie locale** se fait grâce à des dérivés de la cocaïne administrés aux alentours de la zone à opérer : sutures cutanées, soins dentaires, interventions sur l'œil telles que le traitement de la cataracte ou de la myopie. L'**anesthésie régionale** consiste à anesthésier toute une partie du corps en infiltrant les nerfs dont il dépend (plexus brachial, nerf sciatique...) ou la région qui voisine la moelle épinière d'où naissent les nerfs intéressés (rachianesthésie ou anesthésie péridurale). Ce type d'anesthésie concerne les interventions sur les membres, les organes abdominaux et pelviens ou l'accouchement sans douleur. L'**anesthésie générale** entraîne un véritable coma médicamenteux autorisant des interventions de toutes sortes.
Les anesthésistes disposent de nombreux produits dont le choix dépend de la durée d'action souhaitée et de l'état physiologique du patient. Les produits sont administrés par inhalation, voie intraveineuse ou combinaison des deux. L'assistance respiratoire est obligatoire, excepté pour les interventions de courte durée, lors desquelles elle doit toutefois pouvoir être mise en œuvre immédiatement. Les fonctions vitales doivent être surveillées pendant toute la durée de l'intervention, puis jusqu'au réveil complet.

anesthésier v. tr. < 7 > **1.** Provoquer l'anesthésie de (un organisme, un organe), en soumettant à l'action d'un anesthésique. → **endormir, insensibiliser.** *Anesthésier un patient, une gencive.* **2.** fig., littér. Apaiser, endormir. *L'opinion était anesthésiée par les médias.*

anesthésiologie n. f. (→ -logie) méd. Branche de la médecine qui traite de l'anesthésie et de la réanimation. □ n. **anesthésiologiste**

anesthésique adj. Se dit d'une substance médicamenteuse qui provoque l'anesthésie. – n. m. *L'éther est un anesthésique.* - syn. **anesthésiant, ante.**

anesthésiste n. Médecin spécialiste de l'anesthésie. – appos. *Infirmière anesthésiste.*

Anet Commune de l'Eure-et-Loir, arrondissement de Dreux. 2 689 habitants. Vestiges du château Renaissance de Diane de Poitiers (portail, chapelle, aile comportant la chambre de Diane).

aneth [anɛt] n. m. (du grec ; famille de *anis*) Plante aromatique dont une variété est utilisée comme condiment.

Aneto (pic d') Point culminant des Pyrénées, en Espagne, dans le massif de la Maladetta. 3 404 m.

anévrisme n. m. (du grec, de *aneurunein* « dilater ») Poche résultant de l'altération de la paroi d'une artère. *Une rupture d'anévrisme.* - var. **anévrysme** (didact.). □ adj. **anévrismal, ale, aux** ou **anévrysmal, ale, aux** (didact.)

Angers

Angers, la Maison d'Adam (XVIe s.).

anfractuosité n. f. (de *anfractueux* « sinueux », du latin) surtout au plur. Cavité profonde et irrégulière. → **creux, enfoncement.** *Les anfractuosités d'une côte rocheuse.*

Angara n. f. Rivière de Russie, en Sibérie méridionale. 1 779 km. Émissaire du lac Baïkal, elle arrose Irkoutsk, Angarsk, Bratsk avant de se jeter dans l'Ienisseï. Grands complexes hydroélectriques.

angarie n. f. (du latin juridique *angaria* « corvée de charroi », du grec *angareia*) dr. international Réquisition, par un État belligérant, des navires neutres se trouvant dans ses eaux territoriales.

Angarsk Ville de Russie, sur l'Angara. 247 000 habitants. Industries chimique, pétrochimique et alimentaire.

ange n. m. (latin *angelus,* du grec *angelos* « messager », trad. de l'hébreu) **1.** relig. chrét. Être spirituel, intermédiaire entre Dieu et l'homme, messager des volontés divines. → **archange.** *L'ange Gabriel.* ■ loc. *Ange gardien,* appelé à protéger chacun des humains ; fig. personne qui veille sur qqn, le guide et le protège. – *Le bon, le mauvais ange de qqn,* la personne qui exerce une bonne, une mauvaise influence sur qqn. – *Une patience d'ange,* exemplaire, infinie. – *Être aux anges,* dans le ravissement. – *Un ange passe,* un silence gêné et prolongé se produit. **2.** fig. Personne parfaite. ■ *Mon ange,* terme d'affection. **3.** zool. *Ange de mer* : grand poisson sélacien au corps aplati comme celui de la raie.

angéiologie voir **angiologie**

angéite n. f. (de *angi-* + *-ite*) méd. Inflammation des vaisseaux sanguins ou lymphatiques. → **artérite, lymphangite, phlébite.**

Angèle Merici (sainte) (1474-1540). Religieuse italienne, elle fonda l'ordre des Ursulines.

Angelico (Guido di Pietro, en religion Fra Giovanni da Fiesole, dit il Beato ou Fra) Peintre italien (v. 1400-1455). Dominicain, il remplit sa vocation de frère prêcheur en peignant des fresques et des retables. Chargé par Cosme de Médicis de la décoration du couvent florentin de San Marco, il peignit le cloître, le réfectoire et une quarantaine de cellules. Par leur dépouillement, la clarté de leur composition, la beauté de leurs couleurs, ses œuvres allient la fraîcheur du miniaturiste et le symbolisme religieux à un humanisme naissant.

1angélique adj. (du latin → ange) **1.** Propre aux anges. **2.** Digne d'un ange, qui évoque la perfection, l'innocence. → **céleste, parfait, séraphique.** *Un sourire angélique.*

2angélique n. f. (« plante angélique ») Plante aromatique *(Ombellifères)* utilisée en confiserie. ■ Tige confite de cette plante.

Angélique (mère) voir **Arnauld (Jacqueline Marie Angélique)**

angélisme n. m. Désir de pureté, de perfection, par refus des réalités.

Angelopoulos (Theodoros, dit Théo) Cinéaste grec (1935-2012). Il réalisa de vastes fresques à mi-chemin du constat social et de l'allégorie. *Le Voyage des comédiens ; L'Éternité et un jour.*

angelot n. m. Petit ange.

angélus [ɑ̃ʒelys] n. m. (mot latin → ange ; 1er mot de la prière) Prière à Marie qui se dit le matin, à midi et le soir. ■ Son de cloche qui l'annonce aux fidèles. *Sonner l'angélus.*

Angelus Silesius (Johannes Scheffler, dit) Théologien et poète mystique allemand (1624-1677). Il abjura le luthéranisme pour devenir franciscain. *Le Pèlerin chérubinique* décrit le cheminement de l'âme vers la renonciation au monde et la connaissance de Dieu.

Angers Chef-lieu du Maine-et-Loire, sur la Maine, à 5 km de la Loire. 155 876 habitants. Capitale historique de l'Anjou, la ville a conservé le château fort (XIIIe s.), dit du roi René, construit par Saint Louis, et qui abrite dans son musée la tenture de *l'Apocalypse.* Cathédrale Saint-Maurice de style angevin. Maisons anciennes. Université. Industrie électronique, télématique. Équipement automobile. Vins, horticulture.

Anges (baie des) Baie de la Méditerranée, au fond de laquelle est située la ville de Nice.

angevin, ine adj. D'Angers, de l'Anjou. *« La douceur angevine »* (du Bellay). – n. *Les Angevins.*

angiectasie n. f. (de *angi-* et *ectasie,* du grec *ektasis* « dilatation ») méd. Dilatation durable d'un vaisseau.

Angilbert ou **Engilbert** Abbé laïque de Saint-Riquier et duc de Ponthieu (v. 740-814).

angine n. f. (du latin, du grec « action d'étrangler ») **1.** Inflammation de la gorge. **2.** *Angine de poitrine :* douleurs dans la région du cœur (infarctus, etc.), accompagnées d'angoisse. → **angor.** □ adj. **angineux, euse**

angi(o)- Élément (du grec *angeion*) signifiant « vaisseau sanguin » (ex. *angiographie*), parfois « récipient ».

angiocholite n. f. (de *angio-*, grec *kholê* « bile » et *-ite*) méd. Inflammation des canaux biliaires du foie.

angiographie n. f. (de *angio-* + *-graphie*) méd. Radiographie des vaisseaux après injection d'un liquide opaque aux rayons X.

Angiolini (Gasparo) Danseur et chorégraphe italien (1731-1803). Il régla les danses de nombreuses œuvres de Gluck en recherchant une unité entre musique et danse. Il inventa un système de notation du ballet fondé sur celui de la musique.

angiologie n. f. (de *angio-* + *-logie*) méd. Étude des artères, des veines et des canaux lymphatiques. - syn. **angéiologie.**

angiome n. m. (de l'allemand → angio-) Agglomération de vaisseaux sanguins ou lymphatiques formant une tuméfaction.

angioplastie n. f. (de *angio-* + *-plastie*) méd. Opération visant à réparer ou remodeler un vaisseau.

angiosperme adj. (du grec → angio- ; sperme) Se dit des plantes à ovules enclos et à graines enfermées dans des fruits (opposé à *gymnosperme*). – n. f. pl. *Les angiospermes forment un sous-embranchement des spermaphytes.*

angiotensine n. f. (de *angio-*, du radical de *tension* et de *-ine*) biochim. Hormone peptidique ayant une action hypertensive.

Angkor Site archéologique du Cambodge, au N.-O. du Tonle Sap. Étendu sur 400 km^2, ce site monumental a accueilli les capitales successives des rois khmers du IXe au XVe s. De plan rectangulaire, la ville a conservé ses

Angkor

Les ruines d'Angkor, ancienne capitale du royaume khmer (Cambodge), classées au patrimoine mondial de l'Unesco.

célèbres temples, les murailles et portes d'Angkor Thom, ainsi que des bassins gigantesques, des douves et des chaussées. Angkor Vat est le plus grand et le plus harmonieux des temples conservés (première moitié du XIIe s.).

anglais, aise adj. et n. (du n. des *Angles*) **1.** De l'Angleterre. – abusivt De Grande-Bretagne. → **britannique.** ■ n. *Les Anglais.* **2.** n. m. Langue du groupe germanique, parlée notamment en Grande-Bretagne, aux États-Unis (→ **anglo-américain, américain**), et dans l'ancien Empire britannique. *L'anglais simplifié.* → **globish. 3.** *À l'anglaise* : à la manière anglaise. *Pommes de terre à l'anglaise,* cuites à la vapeur. – *Filer à l'anglaise* : partir discrètement.

anglaise n. f. **1.** Écriture cursive penchée à droite. **2.** au plur. Longues boucles de cheveux verticales roulées en spirales.

angle n. m. (vient du latin *angulus*) **1.** Coin saillant ou rentrant (d'un meuble, d'une construction, d'une rue, etc.). → **arête, coin, encoignure ; anguleux.** *La maison qui fait l'angle,* qui est à l'angle de deux rues. – fig. *Arrondir* les angles.* **2.** géom. Figure formée par deux lignes ou deux surfaces qui se coupent, mesurée en degrés (→ **1-gone ; angulaire).** *Le sommet et les côtés d'un angle. Angle droit* (90°), *plat* (180°), *aigu* (inférieur à 90°), *obtus* (supérieur à 90°). – aviat. *Angle d'attaque,* formé par le plan de référence de l'aile d'un avion avec la direction suivie ; fig. manière d'aborder un sujet, un problème. ■ *Angle mort* : zone sans visibilité. **3.** photogr. *Angle de vue* : champ visuel délimité par l'objectif. ■ fig. *Sous un certain angle,* d'un certain point de vue. → **aspect.** – *Angle (journalistique)* : manière de traiter un sujet. → **approche.**

Anglebert (Jean Henri d') Compositeur français (1628-1691). Claveciniste de la chambre de Louis XIV, il est l'auteur de *Pièces de clavecin.*

Ang Lee Réalisateur taiwanais (né en 1954). Partagé entre la culture orientale et la culture occidentale, il construit une œuvre originale et hétéroclite : *Garçon d'honneur ; Salé sucré ; Hulk ; Le Secret de Brokeback Mountain ; L'Odyssée de Pi* (d'après le roman de Y. Martel).

Angles n. m. pl. Peuple germanique du S. du Schleswig qui envahit l'île de Bretagne au Ve s. en même temps que les Saxons.

Anglesey Île du pays de Galles. 715 km². 66 828 habitants. Capitale administrative : Llangefni. Deux ponts enjambant le détroit de Menai relient l'île à la Grande-Bretagne. Tourisme estival (château de Beaumaris). Élevage laitier.

Angles (Les) Commune des Pyrénées-Orientales, arrondissement de Prades. 546 habitants. Station de sports d'hiver.

anglet n. m. (de *angle*) Cavité (entaille, moulure) à angle droit qui sépare des bossages.

Anglet [ɑ̃glɛt] Commune des Pyrénées-Atlantiques, arrondissement de Bayonne. 40 310 habitants. Industrie aéronautique. Station balnéaire.

Angleterre n. f. Partie méridionale de l'île de Grande-Bretagne, limitée au N. par l'Écosse, à l'O. par le pays de Galles. L'Angleterre est l'une des quatre nations qui forment le Royaume-Uni de Grande-Bretagne et d'Irlande du Nord. 131 760 km². 49 138 830 habitants. Des plaines vallonnées, drainées par de nombreux fleuves côtiers (Tamise, Trent, Ouse, Severn) et leurs affluents, occupent la majeure partie du territoire. Les Pennines (893 m), au N., et les hauteurs de Cornouailles et du Devon (Dartmoor, 621 m), au S.-O., sont les principales régions montagneuses. Côtes basses, falaises crayeuses et nombreuses baies et estuaires alternent sur le littoral. Depuis 1994, le tunnel sous la Manche relie l'île (Douvres) et le continent (Calais). L'agriculture se maintient dans les grandes exploitations de l'E. (céréales, cultures maraîchères) ainsi qu'en Cornouailles (élevage extensif). La crise des industries traditionnelles (textile, métallurgie, mécanique) a précipité le déclin des bassins économiques de Leeds, Liverpool ou Sheffield, tandis que ceux de Birmingham ou de Manchester ont réussi à diversifier leurs activités (électronique, chimie). La façade N.-E. connaît un nouvel essor (pétrochimie) grâce à l'exploitation des gisements d'hydrocarbures en mer du Nord. Le Grand Londres, qui compte plus de 10 millions d'habitants, concentre les pouvoirs financiers, économiques et politiques de l'Angleterre et du Royaume-Uni. La douceur du climat, sur la côte S., a favorisé le développement du tourisme balnéaire et des services ; la Cornouailles et les Pennines, aux paysages naturels préservés, bénéficient pour leur part de l'essor du tourisme vert. (Histoire : voir Royaume-Uni).

anglican, ane adj. Qui appartient à l'anglicanisme. *L'Église anglicane.* – n. *Un anglican, une anglicane,* adepte de l'anglicanisme.

anglicanisme n. m. Religion officielle de l'Angleterre depuis le XVIe siècle, établie à la suite de la rupture de Henri VIII avec Rome, qui emprunte des éléments au calvinisme et au catholicisme.

▶ En 1534, le roi Henri VIII cesse de reconnaître l'autorité de Rome — le pape Clément VII s'oppose à son divorce — et prend la tête de l'Église d'Angleterre. L'enjeu premier de l'**anglicanisme** est l'indépendance politique du royaume britannique vis-à-vis de la papauté, mais il est aussi une sensibilité religieuse particulière, marquée notamment par le puritanisme. Même si l'Église anglicane se considère comme catholique et non comme protestante, sa naissance s'inscrit dans le contexte de la Réforme. La théologie calviniste, qui insiste sur la prédestination, la grâce et l'éthique de la responsabilité, influence directement les 42 articles de la *Profession de foi anglicane* (1553), réduits à 39 en 1563. Des traits catholiques demeurent cependant dans la liturgie, notamment le culte des saints, l'autorité conférée au clergé et le maintien d'une hiérarchie ecclésiastique. Une différence sensible réside dans la possibilité offerte aux prêtres de se marier.
Regroupant différentes Églises indépendantes, la Communion anglicane compte aujourd'hui environ 85 millions de fidèles qui vivent pour l'essentiel au Royaume-Uni et dans les pays du Commonwealth.
voir aussi **catholicisme, Réforme (protestante)**

angliciser v. tr. <1> Donner un aspect anglais à. – pron. *La mode s'anglicise.* □ n. f. **anglicisation**

anglicisme n. m. **1.** Tournure propre à la langue anglaise. **2.** Emprunt à la langue anglaise (y compris les américanismes*).

angliciste n. Spécialiste de la langue anglaise, de la littérature de langue anglaise et de la culture anglophone.

anglo- Élément (du radical de *anglais*) qui signifie « anglais et... ».

anglo-américain, aine 1. adj. Relatif à l'Angleterre et aux États-Unis. *Des mœurs anglo-américaines.* **2.** n. m. Usage de l'anglais des États-Unis.

anglo-arabe n. m. et adj. Se dit d'un cheval issu du croisement de pur-sang anglais et arabe. *Des anglo-arabes.*

anglomanie n. f. (→ **-manie**) Goût excessif pour tout ce qui est anglais. □ adj. et n. **anglomane**

anglo-normand, ande 1. adj. Qui réunit des éléments anglais et normands. **2.** n. m. Dialecte français (langue d'oïl) parlé des deux côtés de la Manche au Moyen Âge.

Anglo-Normandes (îles), en anglais **Channel Islands** Archipel de la Manche, au large du Cotentin, qui dépend directement de la Couronne d'Angleterre (par le titre de « duc de Normandie »). Il comprend les îles de Jersey, Guernesey, Aurigny et Sercq. 194 km². 150 000 habitants. Agriculture (élevage laitier, légumes, fleurs). Tourisme. Paradis fiscal.

anglophile adj. (→ **-phile**) Qui a ou marque de la sympathie pour les Anglais, les Britanniques. – n. *Un, une anglophile.* □ n. f. **anglophilie**

anglophobe adj. (→ **-phobe**) Qui déteste les Anglais. – n. *Un, une anglophobe.* □ n. f. **anglophobie**

anglophone adj. et n. (→ **-phone**) Qui parle la langue anglaise. – n. *Un, une anglophone.*

anglo-saxon, onne adj. et n. (de *Angle* → **anglais** et de *saxon*) **1.** hist. Relatif aux Anglo-Saxons. ■ n. m. *L'anglo-saxon* : groupe des anciens parlers germaniques de Grande-Bretagne (saxon, langue des Angles et kentien des Jutes du Danemark), ancêtre de l'anglais. **2.** Relatif aux peuples de civilisation britannique. *Le monde anglo-saxon.* – n. *Les Anglo-Saxons. Une Anglo-Saxonne.*

Anglo-Saxons n. m. pl. Nom désignant les peuples germaniques qui s'établirent en Angleterre au Ve siècle.

Ango ou **Angot (Jean)** Armateur français (v. 1480-1551). Il fit envoyer de nombreux navires aux Indes orientales, en Amérique, en Afrique, et aida François Ier à s'armer contre l'Angleterre.

angoissant, ante adj. Qui cause de l'angoisse.

angoisse n. f. (vient du latin *angustia,* de *angere* « oppresser » → **anxieux**) **1.** Malaise psychique et physique, né du sentiment de l'imminence d'un danger, caractérisé par une crainte diffuse pouvant aller jusqu'à la panique. → **anxiété, inquiétude, peur.**

2. Inquiétude métaphysique née de la réflexion sur l'existence.

angoissé, ée adj. Qui éprouve ou exprime de l'angoisse. – n. *Un, une angoissé(e).* → **anxieux.**

angoisser v. tr. < 1 > (vient du latin *angustiare* → **angoisse**) **1. v. tr.** Inquiéter au point de faire naître l'angoisse. *Cette situation l'angoisse.* **2. v. intr.** fam. Éprouver de l'angoisse. ■ **s'angoisser v. pron.** Être saisi d'angoisse. *Il s'angoisse pour un rien.*

Angola

n. m. ■ offic. république d'Angola État du S.-O. de l'Afrique. 1 246 000 km². 31 120 000 habitants avec l'enclave de Cabinda (les *Angolais*). **Langues** : portugais (offic.), langues bantoues, khoïsan. **Population** : Ovimbundus, Kimbundus, Bakongos. **Religions** : chrétiens (79 %), animistes. **Monnaie** : kwanza. **Capitale** : Luanda. **Régime** : présidentiel.

GÉOGRAPHIE
Outre une étroite plaine côtière, le territoire est formé d'un vaste plateau au climat tropical et à la végétation de savane arborée. De nombreuses rivières y prennent leur source. Pays agricole, l'Angola conjugue cultures vivrières (maïs, patate douce) et cultures d'exportation (café, coton, palmier à huile). L'extraction du diamant, aux mains de l'Unita, a longtemps servi à financer la guerre civile. Le pétrole offshore de Cabinda représente plus de la moitié des exportations (États-Unis, Chine). L'économie a connu un développement rapide depuis la fin de la guerre en 2002, portée par la production de pétrole, mais ne s'est pas diversifiée. Le pays est devenu membre de l'Opep en 2007.

HISTOIRE
L'occupation humaine date de plus d'un million d'années. Des Bantous s'installèrent au début de l'ère chrétienne et fondèrent un royaume prospère, le Kongo. Les Portugais découvrirent la région (1482), installèrent des comptoirs, puis s'établirent à l'intérieur du territoire (XIXe s.). La conférence de Berlin (1885) aboutit à la création de l'enclave de Cabinda. Indépendant en 1975, l'Angola s'enfonça aussitôt dans une guerre civile opposant le Mouvement populaire de libération de l'Angola (MPLA), soutenu par l'URSS, à l'Union pour l'indépendance totale de l'Angola (Unita), appuyée par les Occidentaux et l'Afrique du Sud. Plusieurs accords de paix furent signés (1992, 1994), mais l'Unita, refusant de reconnaître sa défaite lors des élections, reprit les combats. Après le cessez-le-feu de 2002, l'Unita entra dans l'opposition légale mais aucun programme de réconciliation nationale ne fut mis en place. Le président José Eduardo dos Santos (MPLA) se retira en 2017 après avoir occupé le pouvoir pendant trente-sept ans. Le ministre de la Défense, João Lourenço, lui succéda.

Angola

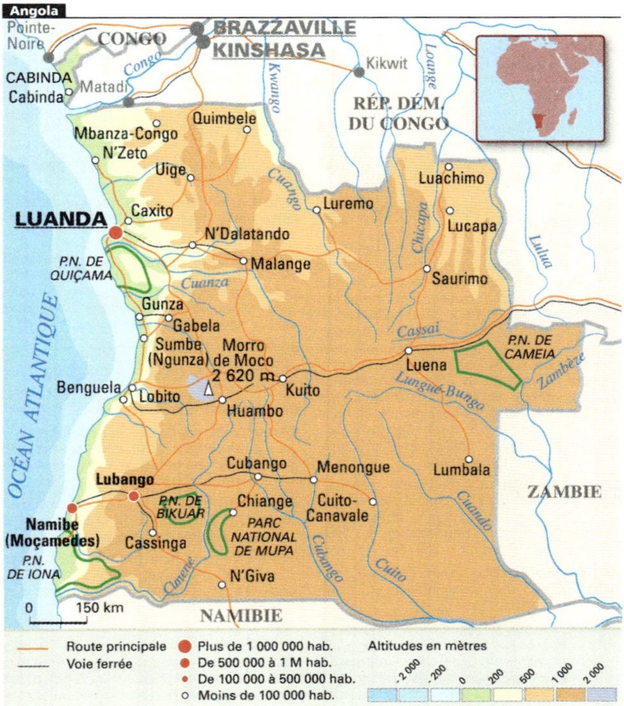

angon n. m. (vient du francique « crochet ») hist. Javelot des Francs.

angor n. m. (mot latin « serrement », « oppression ») méd. Douleur brutale et angoissante. – spécialt Angine* de poitrine.

angora adj. et n. (de *Angora,* ancien n. d'Ankara) **1.** Se dit de races d'animaux (chèvres, chats, lapins) aux poils longs et soyeux. *Des chattes angoras.* – **n.** *Un, une angora.* **2.** *Laine angora,* textile fait de ces poils. – **n. m.** *Pull-over en angora.*

Angora voir **Ankara**

angostura voir **angustura**

Angot (Mme) Personnage populaire de « poissarde enrichie » créé sous le Directoire par Maillot.

Angot (Christine Schwartz, dite Christine) Romancière française (née en 1959). Elle mêle la fiction et la réalité autobiographique et s'interroge sur les rapports entre la société et l'écrivain. *Vu du ciel ; L'Inceste ; Le Marché des amants ; Le Voyage dans l'Est.*

Angoulême Chef-lieu de la Charente, sur la Charente. 41 407 habitants. La vieille ville abrite la cathédrale Saint-Pierre (XIIe s., remaniée au XIXe s. par Abadie), dont la façade est décorée dans le style poitevin. Festival international de la bande dessinée. Centre tertiaire. Industries textile et papetière, constructions mécaniques et électriques. Faïences.

Angoulême, façade de la cathédrale Saint-Pierre (XIIe s.).

Angoulême (Louis Antoine d'Artois, duc d') Dernier dauphin de France (1775-1844). Fils du comte d'Artois (futur Charles X), époux de sa cousine Marie-Thérèse Charlotte d'Angoulême, il tenta en vain de soulever le midi de la France contre Napoléon Ier pendant les Cent-Jours. Membre de l'expédition d'Espagne (1823), il participa à la prise de Trocadero.

Angoulême (Marie-Thérèse Charlotte, duchesse d') (1778-1851). Fille de Louis XVI et de Marie-Antoinette, appelée Madame Royale, elle épousa son cousin le duc Louis Antoine d'Angoulême en 1799. Elle se rendit impopulaire en appuyant les mesures de réaction cléricale.

Angoumois n. m. ou comté puis duché d'Angoulême Ancienne région de France qui englobait l'actuel département de la Charente et une partie du département de la Dordogne, et qui avait Angoulême pour capitale. Cédé à l'Angleterre en 1360, reconquis par Charles V en 1373, l'Angoumois fut réuni à la Couronne par François Ier en 1531.

angström ou **angstrœm** [ɑ̃gstʀøm] **n. m.** (du n. du physicien) phys. Unité de longueur de 1/10 000 de micron (symb. Å).

Ångström (Anders Jonas) Physicien suédois (1814-1874). Il est l'auteur de recherches sur le spectre de la lumière solaire.

Anguier (François) Sculpteur français (1604-1669). Il exécuta des travaux de décoration intérieure au Louvre puis travailla avec son frère Michel au tombeau d'Henri II de Montmorency *(statue de Gaspard de Montmorency).*

Anguier (Michel) Sculpteur français (1612-1686). Frère de François Anguier. Il travailla pour Fouquet à Vaux puis pour Anne d'Autriche (appartements du Louvre) et participa à la décoration du Val-de-Grâce, à Paris (groupe de la *Nativité*). Son œuvre porte la marque du baroque italien.

anguiforme adj. (latin *anguis* « serpent » et *-forme*) Qui a la forme d'un serpent.

Anguilla Archipel (îles d'Anguilla, de Sombrero et quelques îlots) du N. des Petites Antilles qui forme un territoire associé au Royaume-Uni. 91 km². 11 430 habitants. Tourisme et services financiers.

A

anguille n. f. (du latin, de *anguis* « serpent ») Poisson d'eau douce de forme très allongée, à peau visqueuse et glissante, qui vit en eau douce et se reproduit en mer. – *Anguille de mer* : congre. *Anguille électrique* : gymnote. ■ loc. *Il y a anguille sous roche*, il y a une chose qu'on nous cache et que nous soupçonnons.

anguillère ou **anguillière** n. f. Vivier à anguilles.

anguillule n. f. (de *anguille*) zool. Ver vivant dans les matières fermentescibles, les sols humides, en parasite des plantes.

angulaire adj. (→ angle) **1.** Qui forme un angle. *Pierre angulaire* : pierre formant l'angle extérieur d'un bâtiment ; fig. élément fondamental. **2.** Situé à, dans un angle. **3.** géom. Mesurable par un angle. *Distance angulaire.* ■ *Secteur* angulaire.*

anguleux, euse adj. (→ angle) Qui présente des angles, des arêtes vives. *Un visage anguleux.*

angus [ɑ̃gys] n. m. (mot anglais, du n. propre) Race bovine originaire d'Écosse, dépourvue de cornes, appréciée pour sa viande. ■ n. Bovin de cette race.

Angus Ancien comté d'Écosse.

angustura n. f. (de *Angostura*, ancien n. de Ciudad Bolivar) Écorce de certaines rubiacées d'Amérique du Sud, employée comme fébrifuge ou comme tonique. ■ Liqueur fabriquée avec cette écorce, utilisée dans certains cocktails. - var. **angostura.**

Anhalt n. m. Ancienne principauté d'Allemagne, formée aux XIIe-XIIIe s. de plusieurs petits territoires enclavés dans la Saxe. Elle appartient aujourd'hui au Land de Saxe-Anhalt.

anharmonique adj. math., vieilli. *Rapport anharmonique* : birapport*.

anhéler v. intr. < 6 > (latin *anhelare* → haleine) rare Respirer péniblement, haleter.

anhidrose ou **anidrose** n. f. (de *an-* et grec *hidrôs* « sueur ») méd. Absence ou diminution importante de la transpiration.

anhistorique adj. didact. Qui ne tient pas compte du point de vue historique.

Anhui n. m. ou **Ngan-houei** Province de l'E. de la Chine. 139 000 km². 59,5 millions d'habitants. Capitale : Hefei. La région est traversée par le Huang he au N., par le Chang Jiang (ou Yangzi Jiang) au S. Agriculture, sériciculture, réserves de cuivre et de fer. Métallurgie, engrais chimiques, cimenterie.

anhydre adj. (grec *anudros* « sans eau », de *an-* et *hudôr* → [1]hydr[o]-) chim. Qui ne contient pas d'eau.

anhydride n. m. (de *anhydre* et *acide*) chim. Corps obtenu par déshydratation totale d'un acide.

anhydrite n. f. (de *anhydre*) minér. Sulfate naturel anhydre de calcium.

anhydrobiose n. f. (grec *anudros* [→ anhydre] et *-biose*) biol. État de vie ralentie produit par la dessiccation.

Ani Ancienne ville d'Arménie située en Turquie (province de Kars). Capitale de la dynastie arménienne des Bagratides (Xe-XIe s.), elle présente d'importants vestiges architecturaux (cathédrale à coupole de la fin du Xe s.).

Aniane Commune de l'Hérault, arrondissement de Montpellier. 2 939 habitants. Ancienne abbaye carolingienne.

Anicet (saint) Pape de 155 à 166 (?). Il serait mort martyr.

Aniche Commune du Nord, arrondissement de Douai. 9 944 habitants. Ancienne houillère.

anicroche n. f. (famille de *croc*) Petite difficulté qui accroche, arrête. → [1]incident.

anidrose voir **anhidrose**

Anie (pic d') Sommet des Pyrénées-Atlantiques (2 504 m), dominant la vallée d'Aspe.

Aniene n. m. Rivière d'Italie centrale (99 km), qui arrose Tivoli et se jette dans le Tibre. Centrales hydroélectriques.

ânier, ière n. Personne qui mène un, des ânes.

aniline n. f. (de l'allemand, de l'arabe *anil* « indigo ») chim. Produit dérivé du nitrobenzène, servant à fabriquer des colorants.

animadversion n. f. (latin *animadversio* « attention », de *animadvertere* « tourner son esprit vers ») littér. Blâme, réprobation.

[1]animal, aux n. m. (du latin *animalis*, de *anima* → âme) **1.** Être vivant organisé, doué de sensibilité et qui (en général) peut se mouvoir (opposé aux végétaux). *« L'homme est un animal sociable »* (Montesquieu). **2.** Être vivant non végétal, ne possédant pas les caractéristiques de l'espèce humaine. *Animaux inférieurs, supérieurs* (dans l'évolution des espèces*). *Animaux sauvages, domestiques. Animaux de compagnie. Étude des animaux.* → **zoologie. 3.** fig. (humains) Personne stupide, brutale. → **bête.**

[2]animal, ale, aux adj. **1.** Qui a rapport à l'animal (opposé au végétal et incluant l'être humain). *Le règne animal. – Chaleur animale.* **2.** Qui, en l'être humain, est propre à l'animal. *Une beauté animale.* ■ péj. Bestial. *Une brutalité animale.* **3.** Qui est propre à l'animal (à l'exclusion de l'être humain).

animalcule n. m. (latin sc. [diminutif]) vieux Animal microscopique.

animalerie n. f. **1.** Lieu où l'on élève des animaux destinés aux expériences de laboratoire. **2.** Magasin qui vend des animaux.

animalier, ière 1. n. m. Peintre, sculpteur d'animaux. – appos. *Un peintre animalier.* **2.** n. Personne chargée de l'entretien des animaux. **3.** adj. Qui concerne les animaux. – *Parc animalier*, où les animaux vivent en liberté.

animalisme n. m. didact. Mouvement de défense des animaux en tant qu'êtres sensibles. □ **adj. et n. animaliste**

animalité n. f. **1.** Caractère propre à l'animal. **2.** La partie animale de l'homme. → **bestialité.**

animateur, trice n. **1.** Personne qui présente et commente un spectacle, une émission (radio, télévision). → **présentateur. 2.** Personne qui dirige certaines activités (notamment culturelles, sportives). *L'animateur d'une équipe sportive.* – comm. *Animateur des ventes*, qui coordonne les équipes de vendeurs. ■ Spécialiste de l'animation des groupes humains. *Animateur de centre aéré. Animateur, animatrice de communauté* en ligne.* **3.** Professionnel(le) spécialiste des films d'animation.

animation n. f. (du latin → animer) **1.** Caractère de ce qui est animé, plein de vie. *Parler avec animation.* → **entrain, vivacité.** *Il y a beaucoup d'animation dans ce quartier.* → **activité, mouvement. 2.** Méthodes d'encadrement d'un groupe qui favorisent l'intégration et la participation de ses membres. → **animateur** (2). **3.** Technique cinématographique permettant de donner l'impression du mouvement par une suite d'images fixes. → **dessin* animé.** *Film d'animation.* **4.** Élément graphique animé. **5.** *Animation satellite* : images animées de phénomènes météorologiques prises par satellite.

animatronique n. f. (mot-valise, de *animation* et *électronique*) techn. Ensemble de procédés électromécaniques utilisés pour animer des figurines représentant des êtres vivants. ■ Créature ainsi animée.

anime ou **animé** [anime] n. m. (mot japonais, de l'anglais *animation*) Film d'animation japonais.

animé, ée adj. **1.** Doué de vie. → **vivant.** *Les êtres animés.* ■ Doué de mouvement. – *Dessins* animés.* **2.** Qui donne l'impression de la vie, est plein de mouvement. → **agité.** *Des rues très animées.* **3.** Plein de vivacité, d'éclat. *Une conversation animée.*

animelles n. f. pl. (italien *animella*, au plur. *animelle* « abats », de *anima*, au sens de « partie antérieure ») Testicules (de taureau, de bélier), en cuisine.

animer v. tr. < 1 > (du latin, de *anima* → âme) **1.** Douer (qqch., un lieu) de vie ou de mouvement. – pronom. *La rue s'anime.* **2.** Être responsable de (une activité collective). *Animer un spectacle.* **3.** (sujet chose) Donner de l'éclat, de la vivacité à. → **aviver.** *La joie animait son regard.* – pronom. *La conversation s'anime.* **4.** (sentiments) Inspirer, mener (qqn). *Il est animé des meilleures intentions.*

animisme n. m. (du latin *anima* → âme) Attitude consistant à attribuer aux choses une âme analogue à l'âme humaine. □ **animiste adj. et n.** *Religion animiste. – Les animistes.*

▶ L'**animisme**, en anthropologie, fait référence à la théorie de E. B. Tylor (*Primitive Culture*, 1871), qui étudia les origines de la religion dans une perspective évolutionniste et vit dans cette attitude la première forme de croyance religieuse. À partir de l'expérience des rêves, de la maladie ou de la mort, les peuples dits « primitifs » auraient élaboré leur croyance en l'âme et en sa survivance et auraient cru que les animaux, les plantes, les objets en étaient aussi pourvus. De cette croyance aurait émergé celle en des esprits, en des dieux puis en un dieu suprême, et on serait ainsi passé de l'animisme au polythéisme, puis au monothéisme.
Cette théorie paraît aujourd'hui caduque ; le projet même de rechercher une forme primitive de religion est rejeté. Le terme d'animisme, en revanche, est resté et désigne de façon assez vague les croyances des religions traditionnelles (culte de la nature et des ancêtres) de l'Afrique subsaharienne, de la Sibérie et de la Mongolie (chamanisme), de la Mélanésie, des Antilles (vaudou haïtien), des Indiens d'Amérique, des Inuits, etc. On rencontre aussi une certaine forme d'animisme dans le shintoïsme. La plupart des peuples animistes croient en réalité en un être suprême mais lointain, qui est source de vie ; les esprits, les génies, les fétiches servent d'intermédiaires. Du mélange des pratiques animistes traditionnelles avec le christianisme ou l'islam sont nés des cultes syncrétiques.
voir aussi **polythéisme, monothéisme**

animosité n. f. (du latin « ardeur », de *anima* → âme) **1.** Sentiment persistant de malveillance. → **antipathie, malveillance.** *« La haine et l'animosité que je vois dans leurs cœurs »* (Rousseau). **2.** Attitude agressive.

Animuccia (Giovanni) Compositeur italien (v. 1500-1571). Maître de chapelle à Saint-Pierre de Rome, il composa, pour l'Oratoire, des madrigaux en italien qui marquent les débuts de l'oratorio.

anion n. m. (mot anglais, du grec *aniôn* « ce qui s'élève ») phys. Ion négatif (opposé à *cation*).

anis [ani(s)] n. m. (du latin, du grec, famille de *aneth*) Plante ombellifère cultivée pour ses propriétés aromatiques et médicinales. *Boissons alcoolisées à l'anis.* → **ouzo, pastis, raki.** ■ *Anis étoilé.* → **badiane.**

anisé, ée adj. Parfumé à l'anis.

anisette n. f. Liqueur préparée avec des graines d'anis.

anisogamie voir **hétérogamie.**

anisotrope adj. (de *an-* et *isotrope*) phys. Se dit d'une substance, d'un corps dont les propriétés varient selon la direction considérée. □ **n. f. anisotropie**

Anjin (William Adams, dit) Navigateur anglais (v. 1564-1620). Il créa le premier comptoir commercial anglais au Japon.

Anjirō Nom japonais (pour *Angelo*) du premier chrétien japonais (v. 1512-1551). Il fut converti par François-Xavier à Malacca, où il s'était enfui après avoir commis un meurtre.

Anjou n. m. Région historique de l'O. de la France, correspondant au département de Maine-et-Loire et à une partie des départements de la Mayenne, de la Sarthe, d'Indre-et-Loire et de la Vienne. L'Anjou est

Annapurna

L'Annapurna II, qui culmine à 7 937 m.

partagé entre l'*Anjou blanc* à l'E. (extrémité du Bassin parisien), englobant le Saumurois et le Baugeois (forêts, landes et prairies d'élevage) et l'*Anjou noir* à l'O. (extrémité S.-E. du Massif armoricain), comprenant le Ségréen et les Mauges (plateaux peu élevés, bocage). Entre Baugeois et Saumurois, s'étend le *Val d'Anjou,* le long de la Loire (horticulture, vignoble). Conquis par les Romains puis par les Francs, érigé en comté au IXe s., l'Anjou passa à l'Angleterre à l'avènement d'Henri II Plantagenêt, fils de Geoffroi V, comte d'Anjou. Confisqué à Jean sans Terre par Philippe Auguste (1203), le comté fut réuni une première fois à la couronne de France par Philippe VI de Valois (1328). Érigé en duché par Jean II le Bon (1360), l'Anjou fut définitivement rattaché au domaine royal en 1482.

Anjou (François, duc d') Fils d'Henri II et de Catherine de Médicis (1554-1584). Il s'allia avec les protestants puis intrigua avec Guillaume d'Orange. Sa mort laissa le trône à Henri de Navarre, futur Henri IV.

Anjou (duc d') voir **Henri III ; Philippe V**

Anjouan Île de l'archipel des Comores. 424 km^2. Env. 140 000 habitants. Capitale : Mutsamudu.

Ankara Capitale de la Turquie, chef-lieu de province, dans la partie occidentale du plateau anatolien. 5 747 300 habitants. Deuxième ville du pays derrière Istanbul, elle abrite des vestiges romains, le mausolée d'Atatürk et le musée des civilisations anatoliennes. Cité importante dès l'époque hittite (–IIe millénaire), l'antique *Ancyre* devint capitale du royaume des Galates (–230). Annexée à l'Empire romain en –25, elle fut prise par les Arabes (871), puis par les Turcs. Appelée *Angora* au XIXe s., la ville devint le siège du gouvernement de Mustafa Kemal en 1919, puis la capitale de la Turquie en 1923. Elle joue aujourd'hui un rôle essentiellement politique, intellectuel (universités) et commercial.

Ankara et la mosquée Kocatepe (XVIe s.), l'une des plus grandes mosquées ottomanes.

ankylose n. f. **(du grec *ankulos* « courbé », famille du latin *angulus* → angle)** Diminution ou impossibilité des mouvements d'une articulation naturellement mobile.

ankyloser v. tr. **< 1 >** Paralyser par ankylose. *« Son épaule que l'immobilité ankylosait »* (Colette). ■ **s'ankyloser v. pron.** Être atteint d'ankylose. ■ **fig.** Perdre de sa rapidité de réaction, de mouvement, par suite d'une inaction prolongée. *Son esprit s'ankylose.* ■ **ankylosé, ée adj.** *Avoir les jambes ankylosées.*

ankylostome n. m. **(du latin sc., du grec *ankulos* → ankylose et *stoma* → stomat[o]-) zool.** Ver parasite de l'intestin grêle provoquant une anémie pernicieuse (l'*ankylostomiase* **n. f.**).

Annaba anciennement **Bône** Ville d'Algérie orientale, chef-lieu de wilaya. 376 200 habitants. Port. Complexe sidérurgique. Non loin se trouve le site de l'ancienne Hippone.

Annabella (Suzanne Charpentier, dite) Actrice française (1909-1996). Elle incarna souvent la « jeune première » avant d'abandonner le cinéma en 1950. *Le Million ; Hôtel du Nord.*

Anna Ivanovna (1693-1740). Impératrice de Russie (1730-1740), de la dynastie des Romanov. Son règne fut marqué par la guerre de Succession de la Pologne et la guerre contre les Turcs. Elle laissa le pouvoir à Ivan VI.

annal, ale, aux adj. **(latin *annalis,* de *annus* « année ») dr.** Qui n'est valable que pendant un an. □ **n. f. annalité**

annales n. f. pl. **(latin *[libri] annales* « [livres] annuels » → an, année) 1.** Ouvrage rapportant les évènements dans l'ordre chronologique, année par année. → **²chronique.** ■ **par ext.** Histoire. *Les annales du crime.* **2.** Revue, recueil périodique (en principe annuel). *Annales de géographie.*

Annales (école des) Groupe d'historiens, né avec la revue des *Annales d'histoire économique et sociale,* fondée en 1929 par M. Bloch et L. Febvre. En rupture avec l'histoire évènementielle, l'école des Annales chercha à s'ouvrir aux autres sciences humaines : la recherche historique se tourna vers la géographie, vers l'économie puis vers l'anthropologie et la sociologie.

annaliste n. Auteur d'annales.

Annam n. m. Région du Viêtnam central constituée de petites plaines sur la mer de Chine méridionale dominées par la cordillère Annamitique. Ce nom était utilisé au XIXe siècle par les Occidentaux pour désigner l'ensemble du Viêtnam. Les plaines abritent de hautes densités de population ; cultures de riz, maïs, canne à sucre, cocotiers. Les hauts plateaux sont consacrés à la culture du thé et du café. Pêche. Industries agroalimentaires. Tourisme.

Annamitique (cordillère) Chaîne montagneuse de l'Indochine orientale, à la frontière entre le Laos et le Viêtnam. 2 598 m. Territoire boisé, difficile d'accès, peuplé de minorités montagnardes.

Annan (Kofi) Homme politique ghanéen (1938-2018). Il fit l'essentiel de sa carrière au sein de l'ONU, dont il fut secrétaire général de 1997 à 2006. Prix Nobel de la paix 2001 avec l'ONU.

Annapolis Ville des États-Unis, capitale du Maryland. 40 810 habitants. La ville conserve des bâtiments du XVIIIe s. Port de plaisance dans la baie de Chesapeake.

Annappes voir **Villeneuve-d'Ascq**

Annapurna n. m. Sommet de l'Himalaya, au Népal. 8 091 m. Le premier sommet de plus de 8 000 m à avoir été gravi, en 1950, par M. Herzog.

Annapūrnā Divinité hindoue.

Ann Arbor Ville des États-Unis (Michigan) à l'O. de Detroit. 123 850 habitants. Industries. Université du Michigan.

Annaud (Jean-Jacques) Réalisateur français (né en 1943). La plupart de ses films, tournés en décors naturels, s'apparentent à des récits d'aventure : *La Guerre du feu ; Sept ans au Tibet ; L'Ours.* Il a également adapté *L'Amant* de Marguerite Duras et *Le Nom de la rose* d'Umberto Eco.

J.-J. Annaud sur le tournage de *L'Ours* en 1988.

Anne (sainte) Mère de la Vierge Marie, selon la tradition chrétienne.

Anne Boleyn (1507-1536). Reine d'Angleterre. Deuxième épouse d'Henri VIII, mère de la future Élisabeth Ire, elle fut condamnée à mort pour adultère.

Anne d'Autriche Reine de France (1601-1666). Fille de Philippe III d'Espagne, épouse de Louis XIII, elle exerça la régence durant la minorité de Louis XIV (1643-1661). Elle gouverna avec Mazarin et fit face à la Fronde.

Anne de Bretagne (1477-1514). Duchesse de Bretagne (1488-1514) et reine de France. Fille de François II, elle épousa Charles VIII (1491) puis Louis XII (1499).

Anne de Clèves (1515-1557). Reine d'Angleterre. Fille de Jean III, elle fut la quatrième femme d'Henri VIII qui la répudia au bout de six mois.

Anne de France dite **la dame de Beaujeu** Princesse capétienne (1461-1522). Fille de Louis XI, elle épousa Pierre II de Beaujeu. Régente, pendant la minorité de son frère Charles VIII (1483-1491), elle convoqua les états généraux (1484) et lutta contre les « grands ».

Anne de Gonzague voir **Gonzague (Anne de)**

Anne de Kiev (v. 1024-apr. 1074). Reine de France. Fille de Iaroslav, grand-prince de Kiev, elle fut l'épouse d'Henri Ier (1051) et la mère de Philippe Ier.

Anne Stuart (1665-1714). Reine d'Angleterre, d'Écosse et d'Irlande (1702-1714). Elle fut à l'origine de la paix d'Utrecht (1713) et réalisa l'union de l'Écosse et de l'Angleterre.

anneau n. m. **(vient du latin *an[n]ellus,* de *anus* « anneau ») 1.** Cercle de matière dure qui sert à attacher ou retenir. → **boucle.** *Anneaux de rideau.* – **par métaphore** *Les anneaux d'une chaîne.* → **maillon. 2. au plur.** Cercles métalliques, agrès fixés à l'extrémité de deux cordes suspendues au portique. *Exercices aux anneaux.* **3.** Petit cercle (souvent de métal précieux) que l'on met au

A

doigt. → ^{1}**annulaire.** *Anneau de mariage.* → **alliance, bague. 4.** Forme circulaire. *Les anneaux olympiques.* **5.** géom. Surface comprise entre deux cercles concentriques. **6.** math. Groupe abélien* muni d'une seconde opération, associative et distributive par rapport à la loi de groupe. **7.** bot. Collerette membraneuse à la partie supérieure du pied d'un champignon. **8.** astron. Amas de fragments solides formant une ceinture autour de certaines planètes. *Les anneaux de Saturne.* **9.** zool. Chacun des segments d'un annélide.

Annecy Chef-lieu de la Haute-Savoie, sur le lac d'Annecy. 131 766 habitants. Laboratoire du CNRS. Industrie (mécanique, électronique). La vieille ville, parcourue par des canaux, abrite le palais de l'Isle (XIIe s.) et un château des XIIe, XVe et XVIe s.

La vieille ville d'Annecy et ses canaux.

Annecy (lac d') Lac de Haute-Savoie, long de 14 km, large de 3 km au maximum, superficie 27 km^{2}. Haut lieu touristique.

année n. f. **1.** Temps d'une révolution de la Terre autour du Soleil (365 jours 1/4). ■ par ext. Temps de révolution d'une planète autour du Soleil, d'un satellite autour d'une planète. *L'année lunaire.* **2.** Période de douze mois qui se succèdent à partir de n'importe quel moment. *Une année.* → **an.** *Partir quelques années. Il revient chaque année. Année sabbatique*.* ■ (en comptant à partir de la date de naissance de qqn) *Elle est dans sa vingtième année* (entre 19 et 20 ans). → **anniversaire.** – « *La valeur n'attend pas le nombre des années* » (Corneille). **3.** Période de douze mois qui commence le 1er janvier et se termine le 31 décembre (appelée *année civile*). *L'année prochaine.* – *Souhaiter à qqn la (une) bonne année le 1er janvier.* → **vœu(x).** *Bonne année !* ■ Chacune de ces périodes rangées chronologiquement et datées. *L'année 1900. Les années folles,* de 1918 à 1929. **4.** Période d'activité, d'une durée inférieure à une année, mais considérée d'année en année. *Année scolaire.* – *Être en première année de droit.*

année-lumière n. f. Unité astronomique correspondant à la distance parcourue par la lumière en une année (9 461 milliards de km). ■ fig. *Cette hypothèse est à des années-lumière de la réalité.*

annelé, ée adj. (du latin → anneau) Disposé en anneaux. ■ zool. *Vers annelés.* → **annélide.**

annélide n. m. (→ anneau) zool. Ver à corps segmenté (embranchement des *Annélides* ; ex. la sangsue, le lombric).

Annemasse Commune de la Haute-Savoie, à la frontière suisse (à 10 km de Genève), sur l'Arve. 37 485 habitants. Nœud routier et ferroviaire.

Annenski (Innokenti Fedorovitch) Poète russe (1855-1909). Traducteur des auteurs antiques et des poètes français, il est représentatif du symbolisme russe. *Chants doux ; Le Coffret de cyprès ; Thamyris, le citharède,* pièce créée en 1916.

annexe (du latin, de *ad-* et *nectere, nectus* « unir, uni ») **I.** adj. Qui est rattaché à qqch. de plus important, à l'objet principal. → **accessoire, secondaire.** *Les pièces annexes d'un dossier.* **II.** n. f. **1.** Bâtiment annexe. *L'annexe d'un hôtel.* **2.** mar. Embarcation auxiliaire. → **canot. 3.** Pièce, document annexe. **4.** anat. au plur. Éléments qui se rattachent à un organe principal. *Les annexes de l'utérus.*

annexer v. tr. < 1 > **1.** Joindre à un objet principal (une chose qui en devient la dépendance). → **incorporer, rattacher.** *Annexer des pièces à un dossier.* **2.** Faire passer sous sa souveraineté. *État qui annexe un territoire.* – au p. p. *Provinces annexées.* ■ pron. fam. S'attribuer, s'approprier (qqch.).

annexion n. f. Action d'annexer (un territoire). → **rattachement.** ■ Prise de possession, mainmise.

annexionniste adj. Qui vise à l'annexion d'un territoire. □ n. m. **annexionnisme**

An Nhon Ville du centre du Viêtnam. 21 000 habitants. Important site archéologique cham.

annihilation n. f. **1.** Anéantissement, destruction totale. **2.** phys. Désintégration totale, la masse se transformant en énergie.

annihiler v. tr. < 1 > (latin *adnihilare,* de *nihil* « rien » → nihilisme) **1.** Réduire à rien, rendre sans effet. → **anéantir, annuler, détruire.** *Une difficulté inattendue a annihilé ses efforts.* **2.** Briser, paralyser la volonté de (qqn).

anniversaire n. m. (du latin, de *annus* → an, année et *vertere* « tourner, revenir » → version) Jour qui ramène le souvenir d'un évènement arrivé à pareil jour une ou plusieurs années auparavant (donnant lieu généralement à une fête). *Leur cinquantième anniversaire de mariage.* – adj. *Jour anniversaire.* ■ spécialt Jour anniversaire de la naissance de qqn. *Bon anniversaire !*

Annobón, Pagalu de 1973 à 1979 Île de la Guinée équatoriale, dans le golfe de Guinée.

Annon Archevêque et écrivain allemand du XIe s. (mort en 1075). Il est l'auteur d'un long poème hagiographique, *Annonlied.*

Annonay Commune de l'Ardèche, arrondissement de Tournon. 16 359 habitants. Industrie papetière et musée. Construction automobile.

annonce n. f. **1.** Avis par lequel on fait savoir qqch. au public, verbalement ou par écrit. → **communication, communiqué, déclaration,** ^{1}**nouvelle.** *L'annonce des résultats du scrutin.* – *À l'annonce de (qqch.)* : au moment où on l'apprend. ■ (cartes) Déclaration par un joueur de ses cartes manquantes ou du contrat qu'il veut réaliser. **2.** Texte, publication qui annonce qqch. *Une annonce publicitaire.* – *Les petites annonces,* textes brefs insérés dans un journal, offres et demandes (d'emploi, d'appartement, etc.). **3.** Ce qui laisse prévoir une chose. → **indice, présage, signe.** *Ce ciel noir est l'annonce de la pluie.*

annoncer v. tr. < 3 > (latin *adnuntiare,* de *ad-* → à et *nuntius* « messager » → nonce) **1.** Faire savoir, connaître. → **apprendre, communiquer.** *Annoncer une bonne nouvelle à qqn. Annoncer à qqn que* (+ indic.). **2.** Signaler (qqn) comme arrivant, se présentant. *Huissier qui annonce les invités.* **3.** Prédire. *Les prophètes annonçaient la venue du Messie.* **4.** (sujet chose) Indiquer comme devant prochainement arriver ou se produire. *Ce début n'annonce rien de bon.* ■ **s'annoncer** v. pron. Apparaître comme devant prochainement se produire. « *La décadence s'annonce de toutes parts* » (Voltaire). ■ Se présenter comme un bon ou un mauvais début. *L'année s'annonce mal !*

annonceur, euse n. Personne, entreprise qui paie l'insertion d'une annonce (2) dans un journal ou fait passer un message publicitaire dans les médias.

Annonciade (ordre de l') Congrégation féminine fondée en 1501 par Jeanne de France.

annonciateur, trice adj. Qui présage (qqch.). *Signes annonciateurs d'une révolution.*

Annonciation n. f. (du latin → annoncer) relig. cathol. Fête commémorant l'annonce faite par l'ange Gabriel à la Vierge Marie de sa conception miraculeuse.

annoncier, ière n. Personne qui est chargée de la composition et de l'insertion des annonces dans un journal.

annone n. f. (latin *annona* « récolte de l'année », de *annus* « an ») Antiq. Ravitaillement du peuple romain en denrées. ■ Impôt payé en nature pour assurer ce ravitaillement.

annotateur, trice n. Personne qui annote (un texte).

annotation n. f. Note critique ou explicative qu'on inscrit sur un texte, un livre.

annoter v. tr. < 1 > (du latin, de *notare* → noter) Accompagner (un texte) de notes critiques ; écrire sur (un livre) des notes personnelles. – au p. p. *Exemplaire annoté par l'auteur.*

annuaire n. m. (→ an) Recueil publié annuellement et qui contient des renseignements remis à jour tous les ans. *L'annuaire du téléphone.* → **bottin.**

annualiser v. tr. < 1 > Donner une périodicité annuelle à ; établir sur la base de l'année. □ n. f. **annualisation**

annualité n. f. Qualité de ce qui est annuel.

annuel, elle adj. **1.** Qui a lieu, revient chaque année. *Fête annuelle.* **2.** Qui dure un an seulement. *Plantes annuelles* (opposé à *plantes vivaces*).

annuellement adv. Par an, chaque année.

annuité n. f. (→ an) **1.** souvent au plur. Paiement annuel d'une partie du capital emprunté et des intérêts. *Rembourser par annuités.* **2.** Équivalent d'une année de service, dans le décompte des pensions.

annulable adj. Qui peut être annulé.

^{1}**annulaire** n. m. (latin « doigt qui porte l'anneau » → anneau) Quatrième doigt à partir du pouce.

^{2}**annulaire** adj. (latin *anularius,* de *an[n]ulus* « anneau ») En forme d'anneau.

annulation n. f. dr. Décision par laquelle on annule un acte comme entaché de nullité ou inopportun. *Annulation d'un contrat.* → **abrogation, invalidation, révocation.** – cour. Suppression. *L'annulation d'une commande.* – didact. (anglais *cancel culture*) *Culture de l'annulation,* visant à ostraciser quiconque serait considéré comme offensant par ses propos ou ses actes. → **effacement.**

annuler v. tr. < 1 > (→ nul) **1.** dr. Déclarer ou rendre nul, sans effet. *La cour a annulé le premier jugement.* **2.** Supprimer. *Annuler un rendez-vous.* ■ **s'annuler** v. pron. Produire un résultat nul en s'opposant (comme un positif et un négatif). *Ces deux forces s'annulent.* → se **neutraliser.**

Annunzio (D') voir **D'Annunzio**

anoblir v. tr. < 2 > (→ noble) Conférer un titre de noblesse à (qqn). □ n. m. **anoblissement**

anode n. f. (de l'anglais, du grec « chemin [*hodos* → période] vers le haut [*ana*] ») Électrode positive (opposé à *cathode*). □ adj. **anodique**

anodin, ine adj. (du grec, de *an-* [→ ^{2}a-] et *odunê* « douleur ») **1.** Inoffensif, sans danger. *Une plaisanterie anodine.* **2.** Sans importance, insignifiant. *Des propos anodins.*

anodiser v. tr. < 1 > (→ anode) techn. Faire subir une oxydation à (un métal) par un procédé électrique. – au p. p. *Aluminium anodisé.* □ n. f. **anodisation**

anodonte (grec *anodous, anodontos*) **1.** adj. didact. Dépourvu de dents. □ n. f. **anodontie 2.** n. m. zool. Mollusque bivalve d'eau douce dont la charnière est dépourvue de dents.

anomal, ale, aux adj. (du latin, du grec, de *nomos* « loi ») didact. Qui présente un caractère d'irrégularité.

anomale n. m. (bas latin *anomalus* → anomal) zool. Insecte coléoptère dont une espèce est nuisible à la vigne. - syn. **anomala.**

anomalie n. f. (→ anomal) **1.** didact. Écart par rapport à la normale ou à la valeur théorique, exception à la règle. → **irrégularité. 2.** biol. Déviation du type normal. → **difformité, malformation.** *Une anomalie génétique.* **3.** Bizarrerie, singularité (→ **anormal**). *L'anomalie d'un comportement.*

anomie n. f. (grec *anomia* « absence de loi », « désordre » → anomal) didact. Absence d'organisation ou de loi, disparition des valeurs communes à un groupe. □ **adj. anomique**

ânon n. m. Petit de l'âne ; petit âne.

anone n. f. (espagnol *anona*, de même origine que *ananas*) bot. Arbre d'Amérique tropicale, rappelant le pommier. ■ Fruit de cet arbre, charnu et parfumé, appelé aussi *pomme cannelle.* → **corossol.**

ânonner v. intr. < 1 > (de *ânon*, dans un sens fig. « cancre » ; *cf. bonnet d'âne*) Lire, parler, réciter d'une manière pénible et hésitante. ■ trans. *Ânonner un poème.* □ **n. m. ânonnement**

anonymat n. m. État d'une personne, d'une chose anonyme.

anonyme adj. (du latin, du grec, de *onoma* « nom ») **1.** (personnes) Qui ne fait pas connaître son nom. **2.** (choses) Dont le responsable n'a pas laissé son nom ou l'a caché. *Œuvre anonyme.* – *Des lettres anonymes.* ■ *Société anonyme* : société par actions dans laquelle la responsabilité de chacun des associés est limitée au montant des actions qu'il détient. **3.** fig. Impersonnel, neutre.

anonymement adv. En gardant l'anonymat.

anonymiser v. tr. < 1 > Rendre anonyme pour empêcher l'identification. *Anonymiser un CV.* □ **n. f. anonymisation**

Anonymous Collectif contestataire composé de hackers, apparu en 2003. Les actions de ses militants, qui dissimulent leur visage sous des masques à l'effigie de Guy Fawkes (un révolutionnaire anglais du xvie siècle), visent à dénoncer et à contourner la censure de l'information.

Le masque de Guy Fawkes, popularisé par le film *V pour Vendetta*, a été repris par différents mouvements contestataires : Anonymous, mais aussi Indignés (ici devant la cathédrale Saint-Paul à Londres en 2011).

anophèle n. m. (grec « nuisible », de *an-* [→ ^{2}a-] et *ôphelês* « utile ») Moustique dont la femelle transmet le paludisme.

anorak n. m. (mot inuit) Veste courte à capuchon, imperméable.

anorexie n. f. (du grec, de *anorektos* « sans [an] désir ») méd. **1.** Perte ou diminution de l'appétit. **2.** *Anorexie mentale* : trouble du comportement alimentaire se manifestant par une perte de poids intentionnelle. □ **adj. et n. anorexique**

anorexigène adj. et n. m. (de *anorexie* et *-gène*) méd. (Substance) qui supprime momentanément la faim.

anorganique adj. (de *an-* et *organique*) méd. Se dit d'un trouble qui n'est pas dû à une lésion organique.

anorgasmie n. f. (de *an-*, *orgasme* et suffixe *-ie*) didact. Absence d'orgasme au cours de l'acte sexuel.

anormal, ale, aux adj. **1.** Qui n'est pas conforme aux règles ou aux lois reconnues. → **irrégulier.** *Une température anormale pour la saison.* **2.** Qui surprend ou inquiète par son caractère inexplicable. *Des bruits anormaux.* **3.** (personnes) Dont l'état mental, le développement est différent, inférieur à la norme. – **n.** *Un anormal.* □ **adv. anormalement**

anormalité n. f. Caractère de ce qui est anormal.

anosmie n. f. (du grec *anosmos* « inodore ») méd. Diminution ou perte complète de l'odorat. □ **adj. et n. anosmique**

anosognosie [anozɔgnozi] n. f. (de ^{2}*a-*, de *noso-* et de *-gnosie*) méd. Trouble neurologique caractérisé par la méconnaissance par le malade de la maladie dont il est atteint.

Anou Divinité du Ciel chez les Sumériens.

Anouilh (Jean) Auteur dramatique et metteur en scène français (1910-1987). Oscillant entre désespoir et ironie meurtrière, son œuvre passe au crible toutes les valeurs traditionnelles. Il a classé son œuvre théâtrale en pièces noires *(Antigone)*, pièces roses *(Le Bal des voleurs)*, pièces brillantes *(L'Invitation au château)*, pièces costumées *(L'Alouette)*, ainsi que pièces grinçantes et pièces farceuses.

anoure (de *an-* [→ ^{2}a-] et grec *oura* « queue » → -oure) zool. **1. adj.** Dépourvu de queue. **2. n. m.** Animal amphibie sans queue, et pourvu de membres postérieurs allongés adaptés au saut (ordre des *Anoures* ; ex. le crapaud, la grenouille).

anovulation n. f. méd. Suspension ou arrêt de l'ovulation. □ **adj. anovulatoire**

anoxémie n. f. (de *an-*, *oxygène* et *-émie*) méd. Diminution de la quantité d'oxygène contenue dans le sang.

anoxie n. f. (de *an-*, *oxygène* et suffixe *-ie*) méd. Diminution de la quantité d'oxygène que le sang distribue aux tissus. → **hypoxie.**

ANPE (Agence nationale pour l'emploi) n. f. Établissement public, créé en 1967, qui avait pour mission de favoriser la rencontre entre l'offre et la demande d'emploi. L'ANPE a fusionné avec l'UNEDIC (et le réseau des ASSEDIC) en janvier 2009 pour former le Pôle Emploi.

Anquetil (Jacques) Coureur cycliste français (1934-1987). Il domina le cyclisme mondial après la retraite de L. Bobet. Il fut cinq fois vainqueur du Tour de France.

Anquetil-Duperron (Abraham Hyacinthe) Orientaliste français (1731-1805). Introducteur de la pensée de l'Inde en Occident, il a traduit en français le *Zend-Avesta*, livre sacré des zoroastriens, et une cinquantaine d'Upanishad.

Ans Commune de Belgique (province de Liège). 28 598 habitants. Constructions métalliques.

Ansar al-Charia (arabe « les partisans de la charia ») Mouvement salafiste djihadiste apparu en 2011 avec le printemps arabe, pour l'instauration d'États islamiques (Tunisie, Yémen, Libye). Il s'est dissout en 2017.

Ansariya (djebel) Chaîne montagneuse de Syrie (1 200-1 600 m), qui longe les plaines du littoral. Gisements d'asphalte.

Ansbach ou **Anspach** Ville d'Allemagne (Bavière), au S.-O. de Nuremberg. 41 680 habitants. Église gothique ; château des margraves de Brandebourg-Ansbach. Festival Bach.

Anschaire ou **Oscar** (saint) « Apôtre des peuples du Nord » (801-865). Il évangélisa le Danemark et la Suède.

Anschluss n. m. Rattachement de l'Autriche à l'Allemagne. Après la formation du ministère autrichien Seyss-Inquart, favorable au Reich, les Allemands pénétrèrent en Autriche, occupèrent Vienne, et l'Anschluss fut proclamé le 15 mars 1938.

anse n. f. (latin *ansa*, probablt germanique) **1.** Poignée recourbée et saillante de certains ustensiles, permettant de les saisir. *L'anse d'un panier.* **2.** Petite baie peu profonde. → **crique. 3.** archit. *Anse de panier* : arc dont la courbe surbaissée a la forme d'une demi-ellipse.

Anse Commune du Rhône, arrondissement de Villefranche-sur-Saône. 7 754 habitants. Viticulture (beaujolais).

ansé, ée adj. Qui porte une anse. *Vase ansé.* – *Croix ansée* : croix en forme de T surmontée d'une anse (symbole de vie).

Ansea (Association des nations du Sud-Est asiatique), en anglais **Asean** (Association of Southeast Asian Nations) Association créée en 1967 par la Malaisie, les Philippines, la Thaïlande, l'Indonésie et Singapour, rejoints par le Brunei, le Viêtnam, la Birmanie, le Laos et le Cambodge. Elle promeut une coopération politique, économique et culturelle entre les pays membres.

Anse-Bertrand Commune de la Guadeloupe (Grande-Terre), sur la mer des Caraïbes. 3 871 habitants. Hautes falaises à proximité.

Anségise (saint) Abbé de Fontenelle, à Saint-Wandrille, en Normandie (v. 770-833). Il réunit en un recueil les capitulaires de Charlemagne et de Louis le Pieux.

Anségisel Ancêtre des Carolingiens (mort en 679 ou 685). Maire du palais d'Austrasie, il épousa la fille de Pépin l'Ancien et fut le père de Pépin le Jeune.

Anselme (saint) Philosophe et théologien d'origine lombarde (1033-1109). Il enseigna à l'abbaye du Bec, puis devint archevêque de Canterbury en 1093. Son œuvre tente de concilier la foi chrétienne et la raison. Il formula dans le *Proslogion* le fameux argument ontologique en faveur de l'existence de Dieu.

Anselme (Pierre Guibours, en religion père) Historien français, augustin déchaussé (1625-1694). Il est l'auteur d'une *Histoire généalogique et chronologique de la Maison de France et des grands officiers de la Couronne.*

Anselme de Laon Théologien (v. 1050-1117), élève d'Anselme et maître d'Abélard.

ansériforme n. m. (latin *anser* « oie » et *-forme*) zool. Oiseau aquatique palmipède et lamellirostre (ordre des *Ansériformes* ; ex. le canard, le flamant).

ansérine n. f. (latin *anser* « oie », la feuille ressemblant à une patte d'oie) bot. **1.** Variété de chénopode. **2.** Potentille des lieux humides.

Ansermet (Ernest) Chef d'orchestre suisse (1883-1969). Fondateur de l'Orchestre de la Suisse romande (1918), qu'il dirigea jusqu'en 1967, il créa des œuvres majeures de la musique du xxe s. Il fut aussi compositeur et théoricien de la musique.

Anshan ou **Ngan-chan** Ville de Chine (Liaoning). 1,5 million d'habitants. Gisements de fer. Complexe sidérurgique.

Anson (George, baron) Amiral britannique (1697-1762). Il développa la puissance navale britannique et remporta une victoire sur l'amiral La Jonquière en 1747.

antagonique adj. Qui est en opposition. *Des forces antagoniques.* → **opposé.**

antagonisme n. m. **1.** État d'opposition de deux forces, de deux principes. → **conflit, opposition, rivalité.** *Un antagonisme d'intérêts.* **2.** anat. Opposition fonctionnelle de deux muscles, de deux systèmes.

antagoniste adj. (du grec *anti-* → ^{1}anti- et *agônistês* « qui lutte » → agonie) **1.** littér. Opposé, rival. – **n.** Adversaire, concurrent(e). **2.** anat. Qui est en opposition fonctionnelle. *Des muscles antagonistes* (opposé à *agoniste*).

Antakya voir Antioche

A

Antalcidas Général spartiate (mort apr. 367 av. J.-C.). Il conclut avec Artaxerxès II Mnémon, roi des Perses, un traité (–386) qui porta un coup sévère à l'empire athénien.

antalgique adj. (du grec *anti-* → [1]anti- et *algos* → -algie) méd. Qui calme la douleur. → **analgésique.** – n. m. *Prendre un antalgique.*

Antall (József) Homme d'État hongrois (1932-1993). Président du Forum démocratique hongrois, il fut Premier ministre de 1990 à 1993.

Antalya Ville de Turquie, sur la Méditerranée (*golfe d'Antalya*). 2,6 millions d'habitants. Vestiges romains et musulmans. Centre industriel et tertiaire en plein essor. Port de pêche. Tourisme.

d'antan loc. adj. invar. (vient du latin *anteannum* → anté- et an) **1.** vieux De l'an dernier. *« Mais où sont les neiges d'antan ? »* (Villon). **2.** littér. D'autrefois, du temps passé.

Antananarivo ou **Tananarive** Capitale de Madagascar, sur la haute colline de l'Iméria. 1,3 million d'habitants. Université. Centre commercial et administratif.

antarctique adj. (→ arctique) Qui concerne le pôle Sud et les régions qui l'environnent (opposé à *arctique*).

Antarctique n. m. Continent centré sur le pôle Sud, ceinturé par l'océan glacial Antarctique, situé à 1 000 km du cap Horn et à 3 600 km du cap de Bonne-Espérance. Superficie : 14 millions de km^2 env. Point culminant : mont Vinson, 4 892 m.

GÉOGRAPHIE

98 % de l'Antarctique sont couverts par un inlandsis, qui se prolonge en plateformes sur l'océan. La rigueur du climat, le plus froid (moyenne –50 °C au pôle) et le plus venteux (maximum 320 km/h) du globe, explique la pauvreté de la flore et de la faune terrestres (champignons, lichens, protozoaires, insectes). Le réchauffement de l'eau des océans fait fondre la calotte à un rythme qui ne cesse de s'accélérer (il a été multiplié par trois entre 2012 et 2020).

HISTOIRE

L'Antarctique fut atteint en 1821 (J. Davis), le pôle Sud en 1911 (R. Amundsen). Plusieurs pays revendiquèrent ensuite la souveraineté sur certains secteurs (Australie, France → **Adélie (terre)**, Grande-Bretagne, Norvège, Nouvelle-Zélande, puis Argentine, Chili, URSS et États-Unis, enfin Afrique du Sud, Belgique et Japon). En 1959, 39 États signèrent à Washington le traité de l'Antarctique, bloquant toute revendication territoriale et organisant pour trente ans, à partir de 1961, l'exploration scientifique des régions au S. du 60e degré de latitude S. ; 26 pays entretiennent des bases de recherche. Le traité de l'Antarctique a été renforcé en 1991 par l'interdiction d'exploiter le sous-sol pour une durée de cinquante ans, la démilitarisation du continent et la conservation stricte de l'environnement.

Antarctique (océan glacial) ou **océan Austral** Partie des océans Atlantique, Indien et Pacifique entourant le continent Antarctique.

Antarès Étoile α Scorpion.

ante n. f. (latin *anta* « pilastre ») archit. Pilastre carré des temples grecs et romains.

anté- Élément (du latin *ante* « avant » *cf.* [2]anti-, antique) signifiant « avant » et indiquant l'antériorité. → [2]**anti-**.

antebois, antébois voir **antibois**

antécambrien, enne voir **précambrien, enne**

antécédence n. f. **1.** État de ce qui est antécédent. **2.** géol. Phénomène caractérisant un cours d'eau dont le tracé est antérieur aux déformations tectoniques.

antécédent n. m. (du latin, de *antecedere* → ancêtre, de *cedere* « aller » → céder) **1.** gramm. Mot représenté par le pronom qui le reprend. *Antécédent du pronom relatif* (ex. *le train* que je prends). **2.** méd. souvent plur. Faits antérieurs à une maladie, concernant la santé du sujet examiné, de sa famille. **3.** plur. Actes, faits appartenant au passé de qqn, en relation avec un aspect de sa vie actuelle. **4.** log. Proposition d'où résulte la conclusion, ou qui énonce la condition. *L'antécédent et le conséquent*.* **5.** math. Numérateur de chacun des rapports d'une proportion.

antéchrist [ɑ̃tekʀist] n. m. (latin chrét. *antichristus*, du grec → [1]anti-, Christ) Ennemi du Christ qui, selon l'Apocalypse, viendra prêcher une religion hostile à la sienne un peu avant la fin du monde.

antédiluvien, ienne adj. (du latin *ante* → anté- et *diluvium* → déluge) **1.** Antérieur au déluge. **2.** fam. Très ancien, tout à fait démodé.

Antée Géant de la mythologie grecque, fils de Poséidon et de Gaïa (la Terre). Il reprend des forces chaque fois qu'il touche la terre. Héraclès l'étouffe dans ses bras en le maintenant en l'air.

antéfixe n. f. (latin *antefixum*, de *antefixus* « fixé devant ») archit. (Antiq.) Ornement décorant le bord des toits tout en masquant le vide des tuiles creuses.

antéhypophyse n. f. (de *anté-* + *hypophyse*) anat. Lobe antérieur de l'hypophyse.

antenais, aise adj. (de *antan*) agric. Se dit des ovins de dix à dix-huit mois.

anténatal, ale adj. (de *anté-* et *natal*) méd. Qui concerne la vie utérine, la vie avant la naissance. → **prénatal.**

antenne n. f. (latin *antenna*) **I.** vieilli Vergue d'une voile latine. **II. 1.** (latin mod. ; a remplacé *corne*) Appendice sensoriel à l'avant de la tête de certains arthropodes (insectes, crustacés). *Les antennes des cafards.* ■ loc. (personnes) *Avoir des antennes*, une sensibilité très aiguë, de l'intuition. – *Avoir une antenne dans un lieu*, une source de renseignements. **2.** Unité en liaison avec un centre. *Antenne chirurgicale.* **III.** Tige ou assemblage métallique servant à diffuser ou à capter les ondes électromagnétiques. *Antenne de télévision. Antenne parabolique.* ■ par ext. Émission par ondes. *Être à l'antenne.*

antenniste n. Personne, entreprise qui installe ou répare des antennes (III).

Anténor Sculpteur athénien (VIe s. av. J.-C.). Il introduisit une plastique plus adaptée au corps humain. Il est connu par sa *Korê* (musée de l'Acropole à Athènes).

antépénultième adj. (→ pénultième) didact. Qui précède l'avant-dernier.

antépisode n. m. (de *anté-* et *épisode*) (Canada) Préquel.

antéposer v. tr. < 1 > ling. Placer avant (un autre élément de la phrase). – au p. p. *Adjectif antéposé.* □ n. f. **antéposition**

Antequera Ville d'Espagne (Andalousie), au N. de Málaga. 41 310 habitants. Vestiges préhistoriques. Centre industriel.

antérieur, eure adj. (du latin, de *ante* → anté-) **1.** Qui est avant, qui précède dans le temps (opposé à *ultérieur*). → **précédent.** *Rétablir l'état de choses antérieur.* ■ gramm. *Passé, futur antérieur*, qui marque l'antériorité par rapport à une action exprimée dans la phrase. **2.** Qui est placé en avant, devant (opposé à *postérieur*). *La face antérieure de l'omoplate.*

antérieurement adv. À une époque antérieure ; avant.

antériorité n. f. Caractère de ce qui est antérieur (dans le temps).

antérograde adj. (de *antérieur* et *-grade*, d'après *rétrograde*) méd. *Amnésie antérograde* : perte de la mémoire concernant des faits postérieurs à l'accident ou à la maladie qui en est responsable.

antéversion n. f. (→ version) anat. Inclinaison vers l'avant de l'axe vertical d'un organe.

anth-, antho-, -anthe Éléments (du grec *anthos*) qui signifient « fleur ».

Antheil (George) Compositeur américain (1900-1959). Auteur du *Ballet mécanique*, œuvre pour ensemble de percussions, il

Antarctique

composa aussi des symphonies, des opéras et des musiques de film.

Anthelme (saint) (1107-1178). Premier général des chartreux, évêque de Belley.

anthelminthique adj. et n. m. (de [1]anti- et grec *helmins, -inthos* « ver ») méd. Vermifuge.

Anthémios de Tralles Architecte byzantin (VIe s.). Auteur des plans de la reconstruction de la basilique Sainte-Sophie, à Constantinople, il fut également ingénieur et mathématicien (recherches sur l'optique).

anthémis [ɑ̃temis] n. f. (grec « camomille ») bot. Plante herbacée *(Composées)* aux fleurs blanches à cœur jaune, dont certaines espèces sont appelées *camomille.*

Anthéor-Cap-Roux Station balnéaire du Var (commune de Saint-Raphaël), dominée par le Cap-Roux, sur la côte de l'Esterel.

anthère n. f. (grec *anthêros* « fleuri », de *anthos* → anthologie) bot. Partie terminale de l'étamine qui renferme le pollen.

anthéridie n. f. (latin *antheridium*) bot. Organe mâle contenant les anthérozoïdes.

anthérozoïde n. m. (grec *anthêros* « fleuri » et *zôeidês* « semblable à un animal », d'après *spermatozoïde*) bot. Gamète mâle des cryptogames vasculaires et des muscinées.

antho- voir **anth-**

anthologie n. f. (grec, de *anthos* « fleur » cf. *florilège*) Recueil de morceaux choisis en prose ou en vers. – loc. adj. invar. *D'anthologie :* exceptionnel, mémorable. *Un match d'anthologie.*

anthonome n. m. (grec *anthos* [→ -anthe] et *nomos* « pâture », littéralt « qui se nourrit de fleurs ») zool. Charançon des arbres fruitiers.

anthozoaire n. m. (grec *anthos* [→ -anthe] et *-zoaire*) zool. Animal marin de l'embranchement des cnidaires (classe des *Anthozoaires ;* ex. l'anémone de mer).

anthracène n. m. (dérivé du grec *anthrax, anthrakos* « charbon ») chim. Hydrocarbure extrait du goudron de houille.

anthracite n. m. (→ anthrax) 1. Charbon (houille) à combustion lente qui dégage beaucoup de chaleur. 2. adj. invar. Gris foncé.

anthracnose n. f. (grec *anthrax, anthrakos* « charbon » et *nosos* « maladie ») bot. Maladie des végétaux due à un champignon microscopique.

anthracose n. f. (grec *anthrax, anthrakos* « charbon » et [2]*-ose*) méd. Maladie professionnelle due à l'inhalation des poussières de charbon.

anthraquinone n. f. (de *anthracène* et *quinone*) chim. Produit de l'oxydation de l'anthracène, employé dans la fabrication de colorants.

anthrax [ɑ̃tʀaks] n. m. (grec *anthrax, anthrakos* « charbon ») méd. 1. Tumeur inflammatoire, due à un staphylocoque, et qui affecte le tissu sous-cutané. 2. anglic. Maladie du charbon*.

anthrène n. m. (grec *anthrênê* « frelon ») zool. Insecte dont la larve se développe dans les fourrures.

-anthrope, -anthropie, -anthropique, anthropo- Éléments (du grec *anthrôpos*) signifiant « être humain » (ex. *anthropophage, philanthropie, pithécanthrope*).

anthropique adj. (grec *anthrôpos* « homme » → -anthrope) didact. Fait par un être humain ; dû à l'existence et à la présence d'humains. ■ *Principe anthropique,* selon lequel l'évolution de l'univers aurait été conduite par la finalité de la vie humaine.

anthropocentrique adj. didact. Qui fait de l'homme le centre du monde. □ n. m. **anthropocentrisme**

anthropomorphe

Vase anthropomorphe de la civilisation précolombienne Chimú, Museo de Oro del Peru, Lima.

anthropoïde adj. (→ -oïde) zool. 1. adj. Qui ressemble à l'homme. *Singe anthropoïde.* 2. n. m. Singe de grande taille, le plus proche de l'homme (ex. gorille, orang-outan, chimpanzé).

anthropologie n. f. 1. Science qui étudie les caractères anatomiques et biologiques de l'espèce humaine. 2. Ensemble des sciences qui étudient l'homme en société. *« L'anthropologie cherche [...] à élaborer la science sociale de l'observé »* (Lévi-Strauss). – *Anthropologie culturelle,* qui étudie les croyances, les techniques, les institutions, les structures sociales. □ adj. **anthropologique**

▶ L'**anthropologie** (2) est l'étude des sociétés humaines dans ce qu'elles ont d'universel et de différent. Cette définition n'est pas sans ambiguïté. Elle porte la marque du moment historique où, en Europe occidentale, sont nées les sciences humaines et sociales : la fin du XIXe siècle est aussi l'apogée du colonialisme. Ainsi peut-on considérer comme idéologique la distinction entre la sociologie, qui étudie les sociétés modernes, et l'ethnologie, qui s'intéresse plutôt aux sociétés « primitives ». L'anthropologie recouvre théoriquement les deux disciplines, mais dans la pratique elle se confond souvent avec l'ethnologie. L'anthropologie naissante a dû se détacher de l'européocentrisme, c'est-à-dire d'une référence à une civilisation occidentale perçue comme supérieure. Frazer, Evans-Pritchard, Lévy-Bruhl et Mauss apprennent à décrire les civilisations « primitives » comme des systèmes achevés, loin des interprétations développées aux siècles précédents (sauvagerie, barbarie, exotisme). L'étude de terrain, à partir de Malinovski, amène l'anthropologue au contact direct des peuples. C'est l'époque des grandes monographies ethnographiques.
L'« anthropologie structurale », développée à la fin des années 1930 par Lévi-Strauss, tente de dépasser les limites de la description monographique en mettant l'accent sur les structures des mythes et des règles sociales. Les sociétés sont ainsi envisagées dans leur fonctionnement. Cela n'exclut pas une mise en valeur de leurs différences mais permet de mieux percevoir leurs similitudes. Ayant ainsi retrouvé son ambition originale, l'anthropologie vient désormais bousculer la sociologie : les thèmes et les méthodes développés par les anthropologues, en particulier leur intérêt pour les rituels et les mythes, enrichissent aujourd'hui la description des sociétés contemporaines.

voir aussi **sociologie, structuralisme**

anthropologue n. Spécialiste de l'anthropologie.

anthropométrie n. f. (→ -métrie) Technique de mensuration du corps humain et de ses différentes parties. *Anthropométrie judiciaire :* méthode d'identification des criminels par ces mensurations. □ adj. **anthropométrique**

anthropomorphe adj. (→ -morphe) didact. Qui a la forme, l'apparence d'un être humain.

anthropomorphisme n. m. 1. Tendance à concevoir la divinité à l'image de l'homme. 2. Tendance à attribuer aux animaux et aux choses des réactions humaines. □ adj. **anthropomorphique**

anthroponymie n. f. (→ -onymie) didact. Étude des noms de personnes. → onomastique. □ n. m. **anthroponyme** □ adj. **anthroponymique**

anthropophage adj. (du grec → -phage) (êtres humains) Qui mange de la chair humaine. – n. *Des anthropophages.* → cannibale.

anthropophagie n. f. Pratique des anthropophages. → cannibalisme. □ adj. **anthropophagique**

anthropophile adj. (→ -phile) didact. Se dit des végétaux et des animaux qui vivent dans des lieux fréquentés par l'homme.

anthyllis n. f. (mot latin, du grec *anthullis*) bot. Plante herbacée dont une espèce est fourragère. - var. **anthyllide.**

[1]**anti-** [ɑ̃ti-] Élément (du grec *anti-*, de *anti* « contre »), exprimant l'opposition.

[2]**anti-** [ɑ̃ti-] Élément (du latin *anti-*, var., en composition, de *ante* → anté-) qui signifie « avant » (ex. *antichambre, anticiper, antidater*). → anté-.

antiadhésif, ive adj. (→ adhésif) Qui empêche les substances, notamment alimentaires, d'attacher. *Une poêle antiadhésive.*

antiaérien, ienne adj. Qui s'oppose aux attaques aériennes. *Défense antiaérienne.* → DCA.

anti-âge adj. invar. Destiné à lutter contre le vieillissement de la peau. → antiride. *Des crèmes anti-âge.* - var. RO **antiâge adj.**

antiagrégant, ante adj. (→ agréger) méd. Qui empêche la formation d'amas de globules rouges ou de plaquettes. – n. m. *Un antiagrégant.*

antialcoolique [ɑ̃tialkɔlik] adj. Qui combat l'alcoolisme. *Ligue antialcoolique.*

antiallergique adj. Qui prévient ou traite les allergies. – n. m. *Un antiallergique.*

antiaméricanisme n. m. Attitude hostile à l'égard des États-Unis.

Anti-Atlas n. m. Chaîne montagneuse du Maroc méridional, qui culmine à 2 531 m, séparée à l'O. du Haut-Atlas par la plaine du Sous.

antiatomique adj. Qui s'oppose aux effets nocifs des radiations atomiques. *Abri antiatomique.*

antibactérien, ienne adj. Qui empêche le développement des bactéries.

Antibes Commune des Alpes-Maritimes, arrondissement de Grasse, sur la Côte d'Azur. 74 709 habitants. Port fortifié par Vauban (fort Carré). Le château Grimaldi abrite un musée Picasso. Cultures florales. Céramique. Port de plaisance. Antibes est une station balnéaire très réputée et accueille un célèbre festival de jazz.

antibiogramme n. m. (de *antibiotique* → -gramme) méd. Analyse permettant de déterminer la sensibilité d'une bactérie à divers antibiotiques.

antibiothérapie n. f. (de *antibiotique* et *thérapie*) méd. Thérapeutique par les antibiotiques.

antibiotique adj. (de *anti-* et grec *biôtikos*, de *bios* « vie » → bio-) Qui est capable de détruire ou d'empêcher la croissance de certains micro-organismes. ■ n. m. Médicament qui permet de lutter contre les infections microbiennes. - abrév. fam. **antibio.** *Être sous antibios.*

A

Les **antibiotiques** sont des médicaments destinés à tuer les bactéries ou à entraver leur croissance, mais n'ayant aucun effet contre les virus. Ils sont extraits de cultures de micro-organismes (c'est le cas de la pénicilline, découverte par A. Fleming en 1928) ou obtenus par synthèse. On les administre par voie orale, par injection ou en applications locales. Ils ont été un des grands acquis médicaux du XXe s. en réduisant significativement la gravité et la durée des maladies bactériennes. Ils peuvent aussi avoir des effets secondaires indésirables, parfois importants : l'allergie cutanée et la diarrhée sont les plus fréquents, mais divers organes peuvent être atteints, notamment le foie et les reins.
Chaque famille de bactéries n'est sensible qu'à certains antibiotiques et résiste donc naturellement aux autres. L'efficacité supposée d'un antibiotique sur une souche bactérienne peut être confirmée par un antibiogramme.
La multiplication rapide des bactéries facilite la sélection des mutants résistant aux antibiotiques auxquels ils sont exposés : actuellement, plus de la moitié des souches de staphylocoques et de pneumocoques résistent aux antibiotiques courants. L'automédication et les mauvaises prescriptions favorisent l'apparition des mutants résistants, de même que l'utilisation intensive en milieu hospitalier qui peut entraîner des infections nosocomiales.
voir aussi **virus**

antiblocage adj. Qui contrôle le freinage d'un véhicule en évitant le blocage des roues. → **ABS.** *Des systèmes antiblocages* ou *antiblocage* (invar.).

antibois n. m. (origine inconnue) Baguette posée sur le plancher pour préserver les murs du frottement des meubles. - syn. **antébois** ou **antebois** [ɑ̃te-].

antibrouillard adj. *Phares antibrouillards,* qui éclairent par temps de brouillard. – n. m. *Des antibrouillards.*

antibruit adj. Qui protège du bruit. *Des murs antibruits* ou *antibruit* (invar.).

anticalcaire adj. invar. Qui s'oppose aux dépôts de calcaire.

anticancéreux, euse adj. Qui combat le cancer.

anticapitaliste adj. Qui s'oppose au capitalisme.

anticathode n. f. techn. Petite lame de métal placée à l'intérieur d'un tube électronique, qui reçoit les rayons cathodiques et émet des rayons X.

anticerne ou **anticernes** adj. et n. m. Destiné à estomper les cernes sous les yeux. – n. m. *Un anticerne.*

antichambre n. f. (italien *anticamera* « chambre *[camera]* de devant » → 2anti-) Pièce d'attente placée à l'entrée d'un grand appartement, d'un salon, d'un bureau. → **vestibule.** – loc. *Faire antichambre,* attendre d'être reçu.

antichar adj. Qui s'oppose à l'action des blindés. *Mines antichars.*

antichoc adj. 1. Qui protège des chocs. *Casques antichocs.* 2. Qui est conçu pour pouvoir subir sans dommage des chocs. *Une montre antichoc.*

antichrèse n. f. (du latin, du grec *antikhrêsis* « usage d'une chose pour une autre ») dr. Contrat par lequel un débiteur transfère à son créancier la possession de son immeuble, pour en percevoir fruits (produits) et revenus jusqu'au remboursement de sa dette.

anticipation n. f. (du latin → anticiper) 1. Exécution anticipée d'un acte. *Par anticipation.* → d'**avance.** 2. Mouvement de la pensée qui imagine ou vit d'avance un évènement. → **prévision.** *Roman d'anticipation,* évoquant les réalités supposées de l'avenir. → **science-fiction.**

anticiper v. < 1 > (latin *anticipare,* de *ante* [→ anté-, 2anti-] et *capere* « prendre ») I. v. tr. 1. Exécuter avant le temps déterminé. *Anticiper un paiement.* 2. Prévoir, devancer (qqch.). *Anticiper les problèmes.* ■ sport Prévoir (l'action de l'adversaire). II. v. intr. *Anticiper sur* 1. Utiliser à l'avance. *Anticiper sur ses revenus.* 2. Prendre de l'avance sur (une situation future). *Anticiper sur le résultat des élections.* – absolt *N'anticipons pas.* ■ **anticipé, ée** adj. Qui se fait avant la date prévue ou sans attendre l'évènement. *Retraite anticipée.*

anticlérical, ale, aux adj. Opposé à l'influence et à l'intervention du clergé dans la vie publique. – n. *Un anticlérical.* □ n. m. **anticléricalisme**

anticlinal, ale, aux (anglais, du grec *antiklinein* « pencher *[klinein]* en sens contraire ») géol. 1. n. m. Pli* convexe vers le haut (opposé à *synclinal*). 2. adj. D'un anticlinal.

anticoagulant, ante adj. Qui empêche ou retarde la coagulation du sang. – n. m. *Un anticoagulant.*

anticolonialisme n. m. Opposition au colonialisme. □ adj. et n. **anticolonialiste**

anticommunisme n. m. Hostilité, opposition au communisme. □ adj. et n. **anticommuniste**

anticonceptionnel, elle adj. Qui empêche la conception d'un enfant. *Pilule anticonceptionnelle.* → **contraceptif.**

anticonformisme n. m. Attitude opposée au conformisme, aux usages établis. → **non-conformisme.** □ adj. et n. **anticonformiste**

anticonjoncturel, elle adj. écon. Qui est destiné à redresser une mauvaise conjoncture économique.

anticonstitutionnel, elle adj. Contraire à la Constitution. *Mesure anticonstitutionnelle.* □ **anticonstitutionnellement** adv.

anticopie adj. Qui empêche la copie illégale de données protégées par le droit d'auteur. *Les systèmes anticopies.*

anticorps [ɑ̃tikɔʀ] n. m. biol. Substance défensive engendrée par l'organisme en présence d'un antigène dont elle neutralise l'effet toxique. → **antitoxine.**

Les **anticorps** sont des protéines présentes dans le sérum (immunoglobulines) et qui sont produites par certains globules blancs (lymphocytes B différenciés) afin de détruire ou neutraliser des antigènes, substances de nature variable (le plus souvent bactérienne ou virale) qui se sont introduites dans l'organisme.
Chaque anticorps est spécifiquement adapté à l'antigène qui a induit sa production. Ainsi, la réaction antigène/anticorps est-elle l'une des composantes fondamentales du système immunitaire ; elle contribue à la protection de l'organisme contre les agressions extérieures. L'administration préventive de particules antigéniques inoffensives préparées à partir de certains agents infectieux est le principe de la vaccination. Celle-ci entraîne la formation d'anticorps spécifiques immunisant contre la maladie visée pendant une certaine durée.
Parfois, l'organisme produit lui-même des anticorps dirigés contre ses propres constituants, déclenchant ainsi une maladie dite *auto-immune.*
La détection d'antigènes circulant dans le sang peut aider au diagnostic et à la surveillance de certaines maladies (cancer de la prostate, sida, hépatite B...). Quant à la détection d'anticorps spécifiques, elle permet de confirmer le diagnostic de plusieurs maladies bactériennes (rubéole, typhoïde...), virales (sida, certaines hépatites, herpès, Covid-19...) ou auto-immunes (lupus, myasthénie...).
voir aussi **virus, bactérie, sida, hépatite**

anticorrosion adj. techn. Qui protège contre la corrosion. *Techniques, procédés anticorrosion* (invar.) ou *anticorrosions.*

anticorruption adj. Qui lutte contre la corruption. *Brigades anticorruption* (invar.) ou *anticorruptions.*

Anticosti (île) Île du Canada (Québec), dans le golfe du Saint-Laurent. 8 400 km2. 218 habitants.

anticriminalité adj. invar. Qui lutte contre la criminalité. *Mesures anticriminalité. Brigade anticriminalité (BAC).*

anticryptogamique adj. (→ cryptogamique) Qui agit contre les champignons microscopiques, les moisissures. → **antifongique, fongicide.**

anticyclique adj. Se dit d'une politique économique ou financière qui tente de remédier aux crises cycliques prévisibles.

anticyclone n. m. Centre de hautes pressions atmosphériques (opposé à *dépression*). *L'anticyclone des Açores.* □ adj. **anticyclonique**

antidate n. f. (de 2*anti-* et *date*) didact. Date inscrite sur un document, antérieure à la date réelle où il a été établi. → **antidaté.**

antidater v. tr. < 1 > (de *antidate*) Affecter d'une date antérieure à la date réelle.

antidéflagrant, ante adj. (→ déflagration) techn. Qui peut fonctionner dans une atmosphère inflammable sans provoquer d'explosion. *Matériel électrique antidéflagrant.*

antidémarrage adj. Qui empêche le démarrage d'un véhicule en cas de tentative de vol. *Les systèmes antidémarrage* (invar.) ou *antidémarrages.* – n. m. *Des antidémarrages.*

antidémocratique adj. Opposé à la démocratie ou à l'esprit démocratique.

antidéplacement n. m. sc. Transformation ponctuelle qui est le produit d'un déplacement par une symétrie relative à un axe (dans le plan) ou à un plan (dans l'espace).

antidépresseur n. m. Médicament destiné à combattre les états dépressifs.

antidérapant, ante adj. Propre à empêcher le dérapage.

antidétonant, ante adj. Qui résiste à la détonation. ■ n. m. Additif antidétonant qui augmente l'indice d'octane d'un carburant.

antidiphtérique adj. Propre à combattre la diphtérie.

antidiurétique adj. (→ diurétique) méd. Qui diminue la sécrétion d'urine. – n. m. *Un antidiurétique.*

antidopage adj. Qui s'oppose au dopage, s'exerce contre le dopage. *Des tests antidopage* (invar.) ou *antidopages.*

antidote n. m. (grec « donné contre ») 1. Substance destinée à neutraliser les effets d'un poison, d'un venin, d'un virus. → **contrepoison.** 2. fig. Remède contre un mal moral. *« D'excellents antidotes contre la mélancolie »* (Montesquieu).

antidouleur adj. Qui supprime ou atténue la douleur. → **analgésique, antalgique.** *Des médicaments antidouleur* (invar.) ou *antidouleurs.* – *Centre antidouleur* : centre médical qui traite les douleurs chroniques. ■ n. m. *Des antidouleurs.*

antidrogue adj. Qui combat le trafic et l'usage de la drogue. *Dépistages antidrogues.*

antiéconomique adj. Qui est contraire aux exigences économiques, aux principes d'une bonne économie.

antiémétique adj. (→ émétique) méd. Propre à arrêter les vomissements. – n. m. *Un antiémétique.*

antienne [ɑ̃tjɛn] n. f. (vient du latin *antiphona,* du grec *antiphonê* « chant alternatif ») 1. relig. Refrain liturgique repris par le chœur entre chaque verset d'un psaume. 2. fig. Chose que l'on répète, que l'on ressasse. → **rengaine, refrain.**

Antier (Benjamin Chevrillon, dit Benjamin) Auteur dramatique français (1787-1870). Il composa un grand nombre de vaudevilles et de mélodrames. *L'Auberge des Adrets ; Robert Macaire.*

antiesclavagiste adj. Opposé à l'esclavage, aux esclavagistes.

antiétatiste adj. Qui s'oppose à l'étatisme. – n. *Un antiétatiste.* □ n. m. **antiétatisme**

antifading n. m. techn. Dispositif qui empêche les variations dues au fading.

antifasciste [ɑ̃tifaʃist] adj. Opposé au fascisme. – n. *Les antifascistes.*

Antilles

Antifer (cap d') Promontoire sur la Manche, au S.-O. d'Étretat, en Seine-Maritime. 98 m de hauteur. À proximité, terminal pétrolier du Havre-Antifer.

antifongique adj. (du latin *fungus* « champignon ») didact. Qui détruit les champignons microscopiques (moisissures) ou empêche leur développement. ➜ **antimycosique, fongicide.** – **n. m.** *Le soufre est un antifongique.*

antifriction adj. et n. m. techn. Qui réduit les effets du frottement. *Métaux antifriction* (invar.) ou *antifrictions.* ▪ **n. m.** Alliage antifriction, utilisé dans la fabrication de certains organes de machine.

antifumée adj. et n. m. techn. Qui diminue les fumées par une combustion plus complète. *Produits antifumée* (invar.) ou *antifumées.* ▪ **n. m.** Substance antifumée, incorporée aux produits pétroliers. *Des antifumées.*

anti-g adj. invar. (de [1]*anti-* et *g* pour *gravitation*) *Combinaison anti-g* : combinaison portée par les pilotes de chasse et les spationautes, destinée à empêcher les effets physiologiques de l'accélération.

antigang [ɑ̃tigɑ̃g] adj. *Brigade antigang* : brigade de recherche et d'intervention de la police judiciaire, spécialisée dans la lutte contre les gangs.

antigel n. m. Produit qui abaisse le point de congélation de l'eau. *Des antigels.* – **adj.** *Des produits antigel* (invar.) ou *antigels.*

antigène n. m. biol. Substance qui peut engendrer des anticorps. ▫ **adj. antigénique**

antigivrant, ante adj. et n. m. Qui empêche la formation de givre. – **n. m.** *Un antigivrant.* - var. **antigivreur, euse adj. et n. m.,** et **antigivre adj. invar. et n. m. invar.**

antiglisse adj. invar. *Vêtements antiglisse,* conçus pour accrocher la neige et éviter au skieur de glisser sur la pente en cas de chute.

Antigone Fille d'Œdipe et de Jocaste, dans la mythologie grecque. Elle est condamnée à mort pour avoir enterré son frère Polynice malgré l'interdiction du roi Créon. Figure emblématique de la révolte de la conscience morale contre la raison d'État, le personnage d'Antigone a inspiré de nombreux auteurs, dont Sophocle, Cocteau, Anouilh et Brecht.

Antigonides n. m. pl. Dynastie macédonienne (306-168 av. J.-C.), fondée par Antigonos Monophthalmos.

Antigonos Roi des Juifs (40-37 av. J.-C.). Dernier des Asmonéens, il fut vaincu et tué par Hérode Ier et Marc Antoine.

Antigonos Monophthalmos Général macédonien (384-301 av. J.-C.). Lieutenant d'Alexandre le Grand, puis satrape de Phrygie (–323), il tenta de reconstituer l'empire d'Alexandre en combattant les autres diadoques. Il se proclama roi d'Asie en –307 mais fut vaincu et tué lors de la bataille d'Ipsos (–301).

antigouvernemental, ale, aux adj. Qui est contre le gouvernement, dans l'opposition.

Antigua-et-Barbuda

n. f. État des Petites Antilles (au N. de la Guadeloupe) comprenant 3 îles : Antigua (280 km² ; les *Antiguais*), Barbuda (161 km² ; les *Barbudiens*), Redonda (1,6 km² ; inhabitée). ➜ Antilles (carte). 86 295 habitants (*Antiguayens* ou *Antiguais et Barbudiens*). **Langues :** anglais (off), créole. **Religions :** catholiques et protestants. **Capitale :** Saint John's. **Régime :** démocratie parlementaire.

L'économie est dominée par le tourisme et les services financiers. Colonie anglaise (1632), le pays a obtenu son indépendance dans le cadre du Commonwealth (1981).

antihalo adj. et n. m. photogr. Qui supprime ou atténue l'effet de halo. *Éclairages antihalos pour le théâtre.* – **n. m.** *Un antihalo* : un enduit antihalo. *Des antihalos.*

antihéros n. m. Personnage n'ayant aucune des caractéristiques du héros traditionnel.

antihistaminique adj. méd. Qui combat les effets de l'histamine. – **n. m.** *Un antihistaminique.*

antihygiénique adj. Contraire à l'hygiène.

anti-infectieux, euse adj. méd. Qui combat l'infection, les maladies infectieuses. - var. RO **antiinfectieux, euse.**

anti-inflammatoire adj. Qui combat l'inflammation. – **n. m.** *La cortisone est un anti-inflammatoire. Des anti-inflammatoires.* - var. RO **antiinflammatoire.**

anti-inflationniste adj. écon. Qui combat l'inflation. *Mesures anti-inflationnistes.* - var. RO **antiinflationniste.**

antijeu n. m. Manière de jouer qui ne respecte pas l'esprit sportif.

Antikomintern (pacte) Pacte conclu par l'Allemagne et le Japon le 25 nov. 1936, pour lutter contre l'Internationale communiste. L'Italie fasciste y adhéra en 1937.

Anti-Liban n. m. Chaîne montagneuse qui marque la frontière du Liban avec la Syrie. Elle culmine à 2 814 m (massif de l'Hermon).

antillais, aise adj. Relatif au pays, aux habitants des Antilles. *Les créoles antillais.* – **n.** *Une Antillaise.*

Antilles n. f. pl. Archipel situé au large de l'Amérique centrale, qui s'étend du golfe du Mexique aux côtes du Venezuela. 236 500 km². 41 millions d'habitants. Il délimite la *mer des Antilles* (ou mer des Caraïbes) et la sépare de l'océan Atlantique. On distingue les *Grandes Antilles* (Cuba, Haïti, Jamaïque, Porto Rico) et les *Petites Antilles* (dont font partie la Guadeloupe et la Martinique). Ces îles ont des statuts très divers (Cuba, Haïti et la République dominicaine sont des républiques ; plusieurs autres îles sont des territoires d'outre-mer de la France, de la Grande-Bretagne ou des Pays-Bas). Îles traditionnellement vouées aux cultures tropicales (canne à sucre, tabac, cacao, café…) et à leurs dérivés (sucre, rhum). Flux commerciaux et financiers — essentiellement orientés vers les États-Unis. Le tourisme international est une des principales ressources des Antilles.

Antilles (mer des) voir **Caraïbes**

antilope n. f. (du latin, du grec *anthalops*) Mammifère ruminant (*Bovidés*) d'Afrique et d'Asie, au corps svelte, aux hautes pattes grêles, à cornes en spirale (chez le mâle).

antimatière n. f. phys. Matière supposée constituée d'antiparticules.

antimilitarisme n. m. Opposition au militarisme. ▫ **adj. et n. antimilitariste**

antimissile adj. Qui permet de se défendre contre les missiles.

A

antimite adj. Qui protège contre les mites. **– n. m.** *La naphtaline est un antimite. Des antimites.*

antimitotique adj. (→ mitotique) méd. Qui inhibe certaines phases de la mitose et empêche ainsi la multiplication des cellules.

antimoine n. m. (du latin médiéval, p.-ê. de l'arabe) Corps simple (symb. Sb) intermédiaire entre les métaux et les métalloïdes, cassant, argenté. □ **adj. antimonié, iée**

antimondialisation n. f. Mouvement d'opinion qui s'oppose au type de mondialisation de l'économie pratiqué par le capitalisme international. → **altermondialisme.** **– adj. invar.** *Les militants antimondialisation.*

antimondialiste adj. Hostile à la mondialisation économique. **– n.** *Une antimondialiste.*

antimoniate n. m. chim. Sel d'un acide oxygéné dérivé de l'antimoine.

antimoniure n. m. chim. Combinaison de l'antimoine avec un autre corps simple.

antimoustique adj. et n. m. Qui tue ou éloigne les moustiques. *Répulsif antimoustique.* **– n. m.** *Un antimoustique.* → régional **chasse-moustique.**

antimycosique adj. et n. m. (→ mycose) Antifongique.

Antin (Louis Antoine de Pardaillan de Gondrin, duc d') Fils du marquis et de la marquise de Montespan (v. 1665-1736). Surintendant des Bâtiments du roi, il fut le type du parfait courtisan.

antinataliste adj. Qui cherche à limiter la natalité. → **malthusien.**

antinational, ale, aux adj. Qui est contraire à la nation, à l'intérêt national.

antinazi, ie adj. Hostile au nazisme. **– n.** *Les antinazis.*

antineutron n. m. phys. Antiparticule du neutron.

antinévralgique adj. méd. Qui combat la névralgie. **– n. m.** *Un antinévralgique.*

Antinoë ou **Antinoopolis** aujourd'hui **Cheik Abadeh** Ville de l'ancienne Égypte, sur le Nil, fondée par l'empereur Hadrien (130). Elle fut la capitale de la Thébaïde sous Dioclétien.

antinomie n. f. (du grec, de *nomos* « loi ») didact. Contradiction, opposition totale. *Antinomie entre deux façons de voir.*

antinomique adj. Absolument opposé. → **contradictoire, contraire.**

Antinoüs Jeune Grec d'une grande beauté, favori de l'empereur Hadrien. Après sa mort accidentelle, celui-ci le mit au rang des dieux et fonda en sa mémoire la ville d'Antinoë.

antinucléaire adj. Qui est hostile à l'utilisation de l'énergie nucléaire. **– n.** *Les antinucléaires.*

Antioche (pertuis d') Détroit de l'Atlantique, qui sépare l'île de Ré de l'île d'Oléron, en face de La Rochelle.

Antioche en turc **Antakya** Ville du S. de la Turquie, sur l'Oronte inférieur. 213 600 habitants. Marché agricole et centre administratif. Ancienne capitale de l'Empire séleucide, puis capitale de l'Orient hellénistique, la ville fut conquise par les Romains (–64). Elle devint l'une des capitales du christianisme et, disputée par les musulmans et par les chrétiens à partir de 636, elle fut reconquise lors de la première croisade (1098), avant d'être reprise par les Mamelouks en 1268.

Antiochos Nom de 13 rois séleucides de Syrie (IVe-Ier s. av. J.-C.). ■ **Antiochos III Mégas** « le Grand » (v. 242-187 av. J.-C.). Roi de Syrie (–223), il constitua un immense empire en Orient par la conquête de l'Arménie, de la Palestine, du royaume des Parthes et de la Bactriane. Vaincu aux Thermopyles (–191), il fut défait par Scipion à Magnésie du Sipyle (–189) et dut abandonner l'Asie Mineure à Rome. ■ **Antiochos IV Épiphane** « l'Illustre » (v. 215-163 av. J.-C.). Fils d'Antiochos III. Sa politique d'hellénisation et le pillage du temple de Jérusalem provoquèrent la révolte des Maccabées.

Antiochos Nom de quatre rois de Commagène à l'époque romaine.

Antiochos d'Ascalon Philosophe grec (mort en 69 av. J.-C.). Disciple de Philon, il orienta la Nouvelle Académie dans le sens d'une synthèse entre stoïcisme, aristotélisme et platonisme.

Antiope Fille de Nyctée, roi de Thèbes, dans la mythologie grecque. Séduite par Zeus, qui a pris la forme d'un satyre, elle engendre Amphion et Zéthos.

antioxydant, ante adj. Qui ralentit ou empêche le processus d'oxydation. **– n. m.** *Un antioxydant.*

antipaludéen, enne adj. Qui agit sur le paludisme ou qui protège contre lui. **– n. m.** *Un antipaludéen.* - syn. **antipaludique.**

antipape n. m. hist. Pape élu irrégulièrement, et non reconnu par l'Église romaine.

antiparasitaire adj. méd. Qui est destiné à traiter les maladies dues aux parasites. **– n. m.** *Un antiparasitaire.*

antiparasite adj. Qui s'oppose à la production et à la propagation des parasites. *Dispositif antiparasite d'une radio.*

antiparlementarisme n. m. Opposition au régime parlementaire. □ **adj. antiparlementaire**

antiparticule n. f. phys. Particule élémentaire (antineutron, antiproton, positron) opposée par la charge électrique et le moment magnétique à celle à laquelle elle est associée, et qui peut l'annihiler en la rencontrant.

antipathie n. f. (du grec, de *pathos* « sentiment » → -pathie) Aversion instinctive, irraisonnée (opposé à *sympathie*). *Avoir de l'antipathie pour qqn.*

antipathique adj. Qui inspire de l'antipathie. → **désagréable ; déplaisant.**

antipatriotique adj. Contraire au patriotisme, aux intérêts de la patrie. □ **n. m. antipatriotisme**

Antipatros ou **Antipater** Général macédonien (v. 397-319 av. J.-C.). Lieutenant de Philippe II de Macédoine puis d'Alexandre le Grand, il soumit les Athéniens (–322) et poussa Démosthène au suicide.

antipelliculaire adj. Qui combat la formation des pellicules capillaires. *Shampooing antipelliculaire.*

antipersonnel adj. invar. milit. Se dit des armes et engins employés contre les personnes, et non contre le matériel. *Des mines antipersonnel.*

Antiphane Poète comique grec (v. 405-v. 330 av. J.-C.). Il est l'un des principaux représentants de la « comédie moyenne » (entre la comédie ancienne et la comédie nouvelle). Il ne reste que quelques fragments des 250 pièces qu'il aurait écrites.

antiphlogistique adj. (→ phlogistique) méd., vieilli Qui combat les inflammations. → **anti-inflammatoire. – n. m.** *La glace est un antiphlogistique.*

Antiphon Orateur athénien (v. 480-411 av. J.-C.). Instigateur du coup d'État qui porta au pouvoir les Quatre-Cents (–411), il fut condamné à boire la ciguë après leur chute.

antiphonaire n. m. (du grec *antiphonê* → antienne) Recueil de chants liturgiques.

antiphrase n. f. Utilisation d'un mot, d'une locution dans un sens contraire au sens véritable par ironie ou euphémisme (ex. c'est du joli ! ; charmante soirée !).

antipode n. m. (du grec, de *pous, podos* « pied » → -pode) **1.** Lieu de la Terre diamétralement opposé à un autre. *La Nouvelle-Zélande est l'antipode de la France.* **– loc. fig.** *Aux antipodes*, très loin. **2.** littér. Chose exactement opposée. « *Une manière de parler qui était l'antipode de ses écrits* » (Stendhal). *Aux antipodes de :* à l'opposé de.

antipodisme n. m. (de antipode) Exercice acrobatique exécuté avec les pieds en étant couché sur le dos. □ **n. antipodiste**

antipoison adj. *Centre antipoison :* centre médical spécialisé dans la prévention et la thérapeutique des intoxications. *Des traitements antipoisons.*

antipollution adj. invar. Qui combat la pollution de l'environnement.

antiprotéase n. f. biochim. Molécule qui agit contre la réplication d'un virus, notamment du VIH, en inhibant la protéase indispensable à sa multiplication au sein de l'organisme infecté.

antiproton n. m. phys. Antiparticule du proton.

antiprurigineux, euse adj. (→ prurigineux) Qui combat les prurits, les démangeaisons. **– n. m.** *Un antiprurigineux.*

antipsychiatrie n. f. Ensemble des théories et des procédés thérapeutiques qui rompent avec la psychiatrie classique en dénonçant le rôle de la société dans l'origine et le traitement des maladies mentales. □ **n. antipsychiatre** □ **adj. antipsychiatrique**

antipsychotique adj. méd. Qui est destiné à traiter les états psychotiques.

antiputride adj. (→ putride) vieilli Qui empêche la putréfaction. → **antiseptique. – n. m.** *Un antiputride.*

antipyrétique adj. (du grec *puretos* « fièvre ») méd. Qui combat la fièvre. → **fébrifuge. – n. m.** *Un antipyrétique.*

antiquaille n. f. (italien *anticaglia* → antique) péj. Objet ancien sans valeur. → **vieillerie.**

antiquaire n. (de l'allemand, du latin → antique) Marchand d'objets d'art, d'ameublement et de décoration anciens.

antique adj. et n. (du latin, de *ante* « avant » → anté-) **I. adj. 1.** vieux Qui appartient à une époque reculée, à un lointain passé. → **ancien, archaïque.** « *Je viens, selon l'usage antique et solennel* [...] » (Racine). ■ **mod.** Très vieux. → **vétuste. 2.** Qui appartient à l'Antiquité (3). *La Grèce antique. Un vase antique.* **II. 1. n. m.** littér. *L'antique :* l'art, les œuvres d'art de l'Antiquité. **2. n. m. ou f.** Œuvre d'art de l'Antiquité.

antiquité n. f. (du latin → antique) **1.** vieilli Caractère de ce qui est très ancien. → **ancienneté. 2.** littér. Temps très ancien, très reculé. **3.** Les plus anciennes civilisations à écritures. *L'antiquité égyptienne, chinoise.* ■ **spécialt (avec maj.)** L'antiquité gréco-romaine. *Les écrivains du XVIIe siècle s'inspirent de l'Antiquité* (→ les Anciens). **4.** au plur. *Les antiquités :* les monuments, les œuvres d'art qui restent de l'Antiquité. ■ Objets d'art, meubles anciens (→ antiquaire). **5.** fam. et plais. Objet démodé ou hors d'usage.

▶ L'**Antiquité** (3) est la première des quatre grandes périodes historiques (avant le Moyen Âge, l'époque moderne et l'époque contemporaine). Cette périodisation n'est toutefois opérationnelle que pour les civilisations de la Méditerranée et du Moyen-Orient.

L'Antiquité commence avec l'invention de l'écriture (v. 3000 av. J.-C.). Mais celle-ci n'apparaît pas partout au même moment, ou ne génère pas systématiquement une tradition littéraire : on désigne par le terme de « protohistoire » la période pendant laquelle un peuple ou une civilisation ne dispose pas encore de l'écriture et n'est connu(e) que par les sources écrites d'autres peuples. L'absence ou la rareté des sources écrites rend plus difficile la connaissance de certaines civilisations antiques (Étrusques en Italie, Celtes en Europe centrale et occidentale). L'archéologie permet de pallier peu à peu ces lacunes.

Les premières grandes civilisations — **Mésopotamie, Égypte** — se développent en Orient à la fin du IVe millénaire av. J.-C. Elles ont pour cadre des cités-États et des royaumes structurés — et rivaux : les guerres alimentent l'esclavage, plus

ou moins répandu selon les sociétés et les époques. Le culte de divinités ethniques ou locales, aux mains d'un clergé puissant, cimente la société. Peu à peu, au IIe et au Ier millénaire av. J.-C., de grands empires se constituent (hittite, assyrien, babylonien, perse) qui étendent successivement leur domination sur tout ou partie du Moyen-Orient. Parmi les peuples conquis par ces empires figurent les Hébreux, dont la croyance en un dieu unique constitue l'originalité.
Dès la fin du IIIe millénaire av. J.-C., de brillantes civilisations apparaissent en Crète et en **Grèce**. À partir du VIIIe s. av. J.-C., les cités grecques, disséminées par la colonisation sur presque tout le pourtour de la Méditerranée, sont le berceau d'une culture rationnelle (« miracle grec »), plus ou moins dégagée des mythes, à la source de la philosophie et de l'esprit scientifique moderne (mathématiques). Les conquêtes d'Alexandre (IVe s. av. J.-C.) permettent la diffusion de la culture grecque en Orient, dont la synthèse avec les cultures locales donne naissance à la civilisation hellénistique.
L'unification du bassin méditerranéen sous l'autorité de **Rome** représente la dernière grande étape de l'histoire antique. La petite cité de paysans-soldats unifie l'Italie, élimine sa rivale carthaginoise du bassin occidental de la Méditerranée, puis conquiert l'Orient grec (IIe s. av. J.-C.), dont la culture imprègne désormais ses élites. C'est par le biais de la « culture gréco-romaine » que nous a été transmise une partie de l'héritage antique.
À partir du Ier siècle de notre ère, la diffusion du christianisme dans cet Empire romain hellénisé vient ébranler les vieux cadres, tant de la religion civique traditionnelle propre au monde de la cité que du culte impérial inspiré des monarchies orientales. On désigne sous le nom d'« Antiquité tardive » la période de l'histoire du monde romain qui s'étend du IIIe à la fin du VIe siècle, et qui marque la transition avec le Moyen Âge. Elle correspond à la christianisation et à l'infiltration par les Barbares d'un Empire romain qui finit par disparaître.
voir aussi **Mésopotamie, Égypte, Hébreux, Grèce, Rome antique, Invasions (Grandes), Moyen Âge**

antirabique adj. (de l'adj. *rabique*, du latin *rabies* « rage ») méd. Employé contre la rage. *Vaccination antirabique.*

antiraciste adj. Opposé au racisme. – n. *Une antiraciste.* ▫ n. m. **antiracisme**

antiradar adj. Qui sert à empêcher la détection par radar. *Dispositifs antiradars.* – n. m. *Un antiradar.*

antiradiation adj. Qui protège de certains types de radiations, notamment de la radioactivité. *Des abris antiradiations.*

antireflet adj. Qui diminue les reflets.

antiréglementaire adj. Contraire au règlement. - var. RO **antirèglementaire.**

antirejet adj. méd. Qui s'oppose au rejet d'une greffe. *Médicaments antirejets.*

antireligieux, euse adj. Opposé à la religion.

antirétroviral, ale, aux adj. et n. m. méd. Qui agit sur les rétrovirus en bloquant leur multiplication dans l'organisme. ▪ n. m. Médicament de ce type, utilisé notamment dans le traitement du sida. - abrév. **ARV.**

antiride ou **antirides** adj. Qui prévient ou combat les rides. *Crème antiride.* – n. m. *Un antiride. Des antirides.*

antirouille adj. invar. Qui protège contre la rouille. *Produits antirouille.* – n. m. *Un antirouille. Des antirouilles.*

antiroulis adj. techn. Se dit d'un dispositif qui tend à diminuer l'amplitude du roulis d'un bateau ou d'un avion.

antisatellite adj. milit. Qui s'oppose à l'utilisation militaire de satellites artificiels par l'adversaire. *Des missiles antisatellites.*

antiscientifique adj. Contraire à l'esprit scientifique.

antisèche n. f. (de ¹*anti-* et *sécher*) fam. Aide-mémoire contenant des informations dont se sert frauduleusement un candidat à un examen.

antiségrégationniste adj. Qui s'oppose à la ségrégation raciale. – n. *Les antiségrégationnistes.*

antisémite [ɑ̃tisemit] adj. Inspiré par la haine des Juifs. – n. *Les antisémites.*

antisémitisme [ɑ̃tisemitism] n. m. Hostilité contre les Juifs ; racisme dirigé contre les Juifs.

▶ Tenus pour un peuple « déicide », les Juifs ont été en butte à l'antijudaïsme chrétien dès les premiers siècles de notre ère, l'antijudaïsme étant de fait un **antisémitisme** avant la lettre. Victimes de discriminations et de vexations (comme le port de signes distinctifs), les Juifs sont bientôt confinés dans des ghettos. Dès les premières croisades, ils sont voués à l'hostilité populaire souvent violente et rarement tempérée par le pouvoir politique ou religieux (« Juifs du pape » à Avignon, « rappel » du roi de France Louis X...).
Accusés d'exactions, contraints à exercer le prêt usuraire (interdit aux chrétiens), et même soupçonnés de crimes rituels, les Juifs sont victimes de massacres, d'exécutions collectives et expulsés de plusieurs pays occidentaux (Espagne, Portugal...). La période des Lumières et la Révolution française dénoncent l'oppression des Juifs en Europe et initie leur émancipation.
Mais au XIXe s., l'antijudaïsme à connotation religieuse devient l'antisémitisme moderne qui conjugue le racisme et la xénophobie avec un aspect prétendument anticapitaliste venu de certains milieux révolutionnaires. En France, après 1870, se développe un fort mouvement antisémite — regroupant une partie de l'extrême gauche, les nationalistes et les cléricaux — qui culmine avec l'affaire Dreyfus (1894). Les pays germaniques connaissent le même phénomène, de même que la Russie où est forgé un faux, « Le Protocole des Sages de Sion » (1903), qui répand la rumeur d'un « complot juif mondial ».
Après la révolution russe, l'antisémitisme est alimenté par l'antibolchevisme. Il s'exprime violemment en France, en politique (Maurras), dans la littérature (Céline), et dans la presse (*Je suis partout*). En Allemagne, la législation nazie place les Juifs au ban de la société (lois de Nuremberg, 1935), puis organise leur élimination. Des mesures d'exclusion, de persécution et des massacres gagnent toute l'Europe pendant la Seconde Guerre mondiale (en France, « statut des Juifs » en 1940 et 1941). À partir de 1942, la « solution finale » programme l'extermination des Juifs, dont près de 6 millions meurent dans les camps (Shoah). L'antisémitisme perdure après la guerre, notamment en Europe de l'Est (« complot des blouses blanches » en URSS, 1953). Il se prolonge et réapparaît sous la forme du « négationnisme » ou du « révisionnisme ».
voir aussi **judaïsme, sionisme**

antisepsie [ɑ̃tisɛpsi] n. f. (d'après le grec *sêpsis* « putréfaction » → septique) méd. Méthodes destinées à prévenir ou à combattre l'infection en détruisant des microbes.

antiseptique [ɑ̃tisɛptik] adj. Qui empêche l'infection en détruisant les microbes. – n. m. *L'eau oxygénée est un antiseptique.*

antisionisme [ɑ̃tisjɔnism] n. m. Hostilité contre l'État d'Israël. ▫ adj. et n. **antisioniste**

antisismique adj. Conçu pour résister aux séismes. → **parasismique.**

antisocial, ale, aux [ɑ̃tisɔsjal] adj. 1. Contraire à la société, à l'ordre social. 2. Qui va contre les intérêts des travailleurs.

anti-sous-marin, ine adj. milit. Qui sert à combattre les sous-marins. *Grenades anti-sous-marines.*

antispasmodique adj. méd. Destiné à empêcher les spasmes, les convulsions. – n. m. *Un antispasmodique.*

antispécisme n. m. didact. Idéologie qui s'oppose au spécisme ; lutte contre le spécisme. ▫ adj. et n. **antispéciste**

antisportif, ive adj. Hostile au sport ; contraire à l'esprit du sport.

antistatique adj. Qui empêche ou limite la formation de l'électricité statique.

Antisthène Philosophe grec cynique (v. 444-365 av. J.-C.). Il est considéré comme l'un des initiateurs de l'école cynique.

antistrophe n. f. (→ strophe) didact. Seconde stance d'un chœur antique, avant l'épode.

antisudoral, ale, aux adj. (→ sudoral) méd., vieux Qui diminue la transpiration. – n. m. *Un antisudoral.*

antisymétrique adj. math., log. Se dit d'une relation binaire entre deux éléments a et b d'un ensemble qui n'est pas la même que la relation entre b et a.

antisystème adj. et n. Qui s'oppose au système en place. *Candidats antisystèmes.* – n. *Les antisystèmes.*

antitabac adj. invar. 1. Qui lutte contre l'usage du tabac. 2. Qui détruit les odeurs de tabac.

antitache adj. Qui empêche la formation des taches sur un tissu ou en facilite l'élimination. *Des produits antitaches.*

antiterroriste adj. Qui lutte contre le terrorisme, est relatif à cette lutte. ▫ n. m. **antiterrorisme**

antitétanique adj. méd. Qui agit contre le tétanos.

antithèse n. f. (grec → thèse) 1. Opposition de deux pensées, de deux expressions que l'on rapproche dans le discours pour en faire mieux ressortir le contraste. 2. Chose, personne entièrement opposée à une autre ; contraste absolu. 3. philos. Deuxième moment d'une dialectique*, qui nie ce qui est affirmé dans la thèse. *« Il y a toujours plus dans la synthèse que dans la thèse et l'antithèse réunies »* (Sartre).

antithétique adj. 1. Qui emploie l'antithèse. 2. Opposé, contraire.

antithyroïdien, ienne adj. méd. Qui combat l'hyperthyroïdie. – n. m. *Un antithyroïdien.*

antitout adj. invar. fam. Qui s'oppose à tout. – n. invar. *Les antitout* (ou RO *antitouts*). *« Les râleux mièvres, les anti-tout... »* (Céline).

antitoxine n. f. méd. Anticorps élaboré par l'organisme qui réagit contre les toxines.

antitrust adj. Qui s'oppose à la constitution, à l'action des trusts. *Lois antitrusts.*

antituberculeux, euse adj. Qui combat la tuberculose. *Vaccin antituberculeux.* → **BCG.**

antitumoral, ale, aux adj. et n. m. méd. Qui combat les tumeurs. → **anticancéreux.** – n. m. *Un antitumoral.*

antitussif, ive adj. (du latin *tussis* « toux ») méd. Qui combat la toux. – n. m. *Un antitussif.*

antivaccin adj. et n. Qui est hostile à la vaccination. – n. *Les antivaccins.* - abrév. fam. **antivax.**

antivariolique adj. méd. Qui prévient ou combat la variole.

antivenimeux, euse adj. (→ venimeux) méd. Qui combat l'action des venins.

antiviral, ale, aux adj. et n. méd. Se dit d'une substance active contre les virus.

antivirus n. m. inform. Logiciel capable de détecter les virus informatiques et de les éliminer.

antivol n. m. Dispositif de sécurité destiné à empêcher le vol (d'un véhicule, d'une marchandise, etc.). *Des antivols.* – adj. *Des portiques antivol* (invar.) ou *antivols.*

Antofagasta Ville du N. du Chili, sur le Pacifique. 296 000 habitants. Port d'exportation du cuivre. Centre de commerce.

Antoine ou **Marc Antoine** en latin **Marcus Antonius** Homme politique romain (v. 83-30 av. J.-C.). Lieutenant de César en Gaule, il participa à la bataille de Pharsale (–48). Maître de Rome après l'assassinat de César (–44), il dut affronter Octave (→ **Auguste**) désigné comme successeur. Après

A

avoir formé un triumvirat avec Lépide et Octave (–43), il participa à l'élimination du parti républicain (Cicéron, Brutus et Cassius). Lors du partage de l'Empire romain par les triumvirs (paix de Brindisi, –40). Marc Antoine obtint l'Orient et épousa Octavie, sœur d'Octave. Soumis aux intérêts de l'Égypte par sa passion pour Cléopâtre VII, il voulut créer un nouvel empire à la fois hellénique et oriental. Vaincu par Octave à Actium (–31), il se donna la mort.

Antoine le Grand (saint) Anachorète égyptien (v. 251-356). Retiré dans les déserts de la Thébaïde, il fonda les deux premiers monastères de l'histoire du christianisme.

Antoine (Jacques Denis) Architecte français (1733-1801). L'un des principaux représentants du style Louis XVI, il réalisa de nombreux édifices à Paris (hôtel de la Monnaie, hôtel de Fleury).

Antoine (André) Acteur et metteur en scène de théâtre français (1858-1943). Fondateur du Théâtre-Libre, d'abord proche des naturalistes, il mit en scène Strindberg, Ibsen, Tolstoï et évolua vers le réalisme. Directeur du Théâtre Antoine puis de l'Odéon, à Paris, il y monta Shakespeare et Molière. Il réalisa plusieurs films dans les années 1920.

Antoine Daniel (saint) Jésuite français (1601-1648). Missionnaire au Canada, il fut massacré par les Iroquois.

Antoine de Bourbon (1518-1562). Roi de Navarre (1555-1562). Époux de Jeanne III d'Albret et père du futur Henri IV, il se convertit au catholicisme et prit une part active aux guerres de Religion.

Antoine de Padoue (saint) Franciscain portugais (1195-1231). Il prêcha l'évangile aux Maures d'Afrique, en Italie et en France. La dévotion populaire l'invoque pour retrouver les objets perdus.

Antoine Marie Zaccaria (saint) Religieux italien (1502-1539). Il est le fondateur de l'ordre des clercs réguliers de Saint-Paul, aussi appelés barnabites.

Antoinette d'Orléans Religieuse française (1572-1618). Elle est la fondatrice de la congrégation des Filles du calvaire (1617).

Antommarchi (Francesco) Médecin français (1780-1838). Médecin de Napoléon Ier à Sainte-Hélène, il publia ses *Mémoires*.

Antonelle (Pierre Antoine, marquis d') Journaliste et homme politique français (1747-1817). Auteur d'un *Catéchisme du tiers état*, il fut juré au procès de Marie-Antoinette et participa à la conjuration de Babeuf (1796).

Antonelli (Giacomo) Cardinal et homme politique italien (1806-1876). Nommé cardinal par Pie IX (1847), il devint secrétaire d'État et réorganisa l'État pontifical par des mesures réactionnaires.

Antonello da Messina ou de Messine (Antonio di Salvatore, dit) Peintre italien (v. 1430-1479). Influencé par les peintres flamands, dont Jan Van Eyck, il diffusa en Italie la technique de la peinture à l'huile.

Antonescu ou Antonesco (Ion) Maréchal et homme politique roumain (1882-1946). En 1940, il se proclama *Conducător*, se rangea aux côtés de l'Allemagne nazie et, en 1941, entraîna son pays dans la guerre contre l'URSS. Vaincu par les Soviétiques, il fut exécuté.

Antonin le Pieux en latin Titus Aurelius Fulvius Antoninus Pius (86-161). Empereur romain (138-161). Adopté par Hadrien, il adopta à son tour le futur Marc Aurèle. Sous son règne, l'Empire atteignit son apogée. L'empereur pacifia les frontières et fit édifier le *mur d'Antonin* en Bretagne (Grande-Bretagne).

Antonin (saint) Dominicain et prélat italien (1389-1459). Archevêque de Florence (1445), il fut l'ami de Fra Angelico.

Anubis

Détail du *Livre des morts* représentant Anubis dirigeant la pesée des cœurs, papyrus de la XXIe dynastie, Musée égyptien de Turin.

Antonins (les) Nom donné aux empereurs romains qui succédèrent aux Flaviens de 96 à 192 (→ **Nerva, Trajan, Hadrien, Antonin le Pieux, Marc Aurèle, Commode**).

Antonio del Pollaiolo ou Pollaiuolo (Antonio di Jacopo Benci, dit) voir **Pollaiolo**

Antonioni (Michelangelo) Cinéaste italien (1912-2007). D'abord scénariste de R. Rossellini et de F. Fellini, il s'éloigna du néoréalisme pour mettre en valeur la psychologie des personnages. *L'Avventura ; Blow Up ; Par-delà les nuages* (co-réalisé avec Wim Wenders).

antonomase n. f. (du grec, de *antonomazein* « appeler d'un nom différent », de *onoma* « nom » → -onyme) didact. Figure de rhétorique par laquelle un personnage est désigné par un nom commun ou une périphrase qui le caractérise (ex. *la Dame de fer* pour Mme Thatcher), ou par laquelle un nom propre devient un nom commun, par métaphore (*un harpagon* pour un avare) ou par métonymie (un colt, une poubelle).

Antony Chef-lieu d'arrondissement des Hauts-de-Seine, dans la banlieue S. de Paris. 62 906 habitants. Résidence universitaire.

antonyme n. m. (→ ¹anti- et -onyme) didact. Mot qui, par le sens, s'oppose directement à un autre (opposé à *synonyme*). → **contraire.** *« Chaud » et « froid » sont des antonymes.* □ n. f. **antonymie**

antre n. m. (latin *antrum*, du grec) **1.** littér. Caverne, grotte (spécialt servant de repaire à une bête fauve). *L'antre du lion.* ▪ fig. Lieu inquiétant et mystérieux. – Lieu où l'on aime rester seul. **2.** anat. Cavité naturelle. *L'antre mastoïdien.*

Antrim Comté d'Irlande du Nord. 563 km^2. 563 000 habitants. Chef-lieu : Antrim. C'est la principale région urbaine et industrielle de l'Irlande du Nord (textiles, constructions navales). Ses vastes plateaux basaltiques, voués à l'élevage, ont formé, en rejoignant l'océan, une curiosité géologique, la Chaussée des Géants.

antrustion n. m. (du latin, de l'ancien haut allemand *Trost* « fidélité ») hist. Homme libre attaché à la personne du roi, chez les Francs.

Antseranana Ville de Madagascar, à l'extrémité N. de l'île. 131 200 habitants. Port militaire.

Antsirabé Ville de Madagascar, au S. d'Antananarivo. 245 600 habitants. Extraction minière (oxyde d'uranium, graphite, or).

Antyllus d'Alexandrie Médecin romain (IIIe s.). Il fut le premier à décrire les opérations de la cataracte et des anévrismes artériels.

Anubis Dieu funéraire de l'Égypte ancienne, figuré par un homme à tête de chacal. Progressivement supplanté par Osiris comme dieu des Morts, il devint le « conducteur des âmes », et fut assimilé par les Grecs à Hermès.

anulingus n. m. Pratique sexuelle, caresses buccales de l'anus.

Anurādhapura Ancienne capitale de l'île de Ceylan. Fondée au –Ve s., elle fut détruite en 1215 par l'invasion des Chola de l'Inde du Sud.

anurie n. f. (de *an-* + *-urie*) méd. Absence d'urine (dans la vessie).

anus [anys] n. m. (du latin → anneau) Orifice du rectum qui donne passage aux matières fécales. → **fondement.** ▪ chir. *Anus artificiel :* orifice pratiqué sur l'intestin et abouché à la peau de l'abdomen.

Anvers en néerlandais **Antwerpen** Ville de Belgique, chef-lieu de la province d'Anvers, au fond de l'estuaire de l'Escaut, et sur les canaux Albert et Escaut-Rhin. 529 247 habitants. Le style architectural singulier fait l'attrait touristique de la vieille ville, avec ses hautes maisons aux façades vitrées. Cathédrale Notre-Dame, la plus grande église gothique du pays. Musée Rubens. Jardin zoologique. Université. Premier centre industriel (automobile, pétrochimie, industrie pharmaceutique) du pays. Taille de diamants. Commerce, assurance. Anvers doit son essor à son port qui demeure le 2e port européen après Rotterdam. Fondée au VIIe s., la ville se développe au XVe s. (commerce, taille des diamants, foyer artistique) avant de commencer à décliner à la fin du XVIIe s.

La tour nord de la cathédrale Notre-Dame d'Anvers (123 m).

Anvers **(province d')** Province de Belgique (Région flamande). 2 867 km². 1 869 730 habitants. Chef-lieu : Anvers. Agriculture (polders de l'Escaut). Économie portuaire (constructions métalliques, produits tropicaux). Industrie pétrochimique.

Anville **(Jean-Baptiste Bourguignon d')** Géographe et cartographe français (1697-1782). Il constitua, comme géographe du roi, une collection de 10 000 cartes. Il est l'auteur d'un *Atlas de la Chine* (1727).

anxiété **n. f.** **(du latin → anxieux)** État de trouble psychique causé par la crainte d'un danger. → **angoisse.** ■ par ext. Grande inquiétude.

anxieux, euse **adj.** **(latin *anxiosus*, de *angere* → angoisse)** **1.** Qui s'accompagne d'anxiété. *Une attente anxieuse.* **2.** Qui éprouve de l'anxiété. → **angoissé, inquiet, tourmenté.** – **n.** *C'est un anxieux.* ■ *Anxieux de. Je suis anxieuse du résultat.* □ **adv. anxieusement**

anxiogène **adj.** **(→ anxieux et -gène)** méd. Qui produit l'anxiété, l'angoisse.

anxiolytique **adj.** **(du latin *anxiosus* → anxieux et de -lytique)** méd. Qui combat l'anxiété. – **n. m.** *Un anxiolytique.*

Anyang ou **Ngan-yang** Ville de Chine (province de Henan). 908 000 habitants. Ancienne capitale de la dynastie des Shang. Textile, sidérurgie.

Anyang Ville de Corée du Sud, au S. de Séoul. 542 330 habitants.

Anytos Homme politique athénien (IVᵉ s. av. J.-C.). Il contribua à la chute des Trente et à la condamnation de Socrate.

Anzin Commune du Nord, dans l'arrondissement de Valenciennes, sur l'Escaut. 13 195 habitants.

Anzio Ville d'Italie (Latium), sur la mer Tyrrhénienne. 36 950 habitants. Station balnéaire. Pêche. Débarquement allié en 1944.

AOC [aose] **n. f.** **(sigle)** Appellation* d'origine contrôlée. – appos. *Du vin AOC.*

Aomori Ville du Japon, au N. de l'île de Honshū. 275 340 habitants. Activités portuaires.

Aoraki, dit **Mont Cook** Point culminant de la Nouvelle-Zélande. Altitude : 3 754 m.

aoriste **n. m.** **(du latin, du grec « indéterminé »)** ling. Temps de la conjugaison grecque qui correspond à un passé indéterminé.

aorte **n. f.** **(grec *aortê* → artère)** anat. Artère qui prend naissance à la base du ventricule gauche du cœur, tronc commun du système artériel. □ **adj. aortique**

aortite **n. f.** **(→ -ite)** méd. Inflammation de l'aorte.

Aoste Ville d'Italie, chef-lieu de la Vallée d'Aoste, sur la Doire Baltée. 34 060 habitants. Monuments romains (porte Pretoria, arc d'Auguste). Cathédrale du XIIᵉ s. Carrefour de communications entre l'Italie, la France et la Suisse (tunnels du Mont-Blanc et du Grand-Saint-Bernard). Station touristique.

Aoste **(Vallée d')** anciennement **Val d'Aoste** Région autonome du N.-O. de l'Italie. 3 262 km². 120 000 habitants. Chef-lieu : Aoste. La région, qui correspond à la haute vallée de la Doire Baltée, est entourée de hauts sommets. Élevage, viticulture. Hydroélectricité. Carrefour de communications transalpines. Tourisme. Possession de la maison de Savoie, rattachée à la France de 1800 à 1814, la Vallée d'Aoste forme depuis 1948 une région autonome de la République italienne.

Aouita **(Saïd)** Athlète marocain (né en 1959). Spécialiste du demi-fond, il a battu les records du monde des 1 500, 2 000, 3 000 et 5 000 m. Il fut champion olympique (1984) et champion du monde (1987).

Aoun **(Michel)** Général libanais (né en 1935). Il engagea la « guerre de libération » contre l'occupation syrienne menée par son pays (1989-1990). Il préside le Courant patriotique libre qu'il a créé en 1996 et a été président du Liban de 2016 à 2022.

août [u(t)] **n. m.** **(vient du latin *augustus* « [mois d']Auguste »)** Huitième mois de l'année. *Le 15 août* (→ **Assomption**). - var. RO **aout.**

août 1789 **(nuit du 4)** Date de l'abolition des privilèges féodaux, sur proposition de nobles libéraux, par l'Assemblée constituante.

août 1792 **(journée du 10)** Journée insurrectionnelle marquée par l'assaut du palais des Tuileries par la Commune de Paris. Elle provoqua la chute de Louis XVI, qui fut suspendu le 13 août par décision de l'Assemblée législative.

aoûtat [auta] **n. m.** Larve d'un insecte (le trombidion) qui peut se loger sous la peau à la fin de l'été. - var. RO **aoutat.**

aoûtement **n. m.** **(→ août)** **1.** Transformation des rameaux en vrai bois à la fin de l'été. **2.** Maturation des fruits sous l'effet d'une température estivale. - var. RO **aoutement.**

aoûtien, ienne [ausjɛ̃, jɛn] **n.** Personne qui prend ses vacances en août. - var. RO **aoutien, ienne.**

Aozou **(bande d')** Territoire situé aux confins du Tchad et de la Libye. Occupée par la Libye en 1973, la bande d'Aozou fit l'objet d'un conflit tranché par la Cour internationale de justice de La Haye en faveur du Tchad, en 1994.

apartheid

1. « Mur » de l'apartheid : une rencontre sportive à Bloemfontein en 1969. 2. Affiche appelant à la résistance le ghetto de Soweto : « Soweto vit, l'apartheid tue ».

apache **1. adj.** Du peuple des Apaches. – **n.** *Un Apache.* **2. n. m.** fig., vieilli Malfaiteur, voyou de grande ville (vers 1900).

Apaches **n. m. pl.** Peuple indien du S.-O. des États-Unis, de langue athabascane, et qui comprend notamment les Chiricahuas et les Mescaleros. Peuple nomade, les Apaches opposèrent une lutte farouche aux Espagnols puis aux colons de l'O. des États-Unis, notamment sous l'impulsion du chef chiricahua Geronimo. Ils vivent aujourd'hui principalement dans les réserves du Nouveau-Mexique et de l'Oklahoma.

apaisant, ante **adj.** Qui apporte l'apaisement, donne des apaisements. *Un silence apaisant.* → **reposant.** *Des paroles apaisantes.* → **lénifiant, rassurant.**

apaisement **n. m.** **1.** Retour à la paix, au calme. « *L'apaisement de mes souffrances et de ma jalousie* » (Proust). **2.** surtout plur. Déclaration ou promesse destinée à rassurer.

apaiser **v. tr.** < 1 > **(de *paix*)** **1.** Amener (qqn) à des dispositions plus paisibles. → **calmer.** *Apaiser les esprits.* **2.** Rendre (qqch.) moins violent. → **adoucir, assoupir, endormir.** *Apaiser les rancœurs.* **3.** Faire cesser (un besoin, un désir) en le satisfaisant. → **assouvir.** *Apaiser sa faim.* ■ **s'apaiser v. pron.** Devenir paisible, calme.

apanage **n. m.** **(de l'ancien v. *apaner* « nourrir », du latin *panis* → pain)** **1.** hist. Partie du domaine royal accordée à un prince qui renonçait au pouvoir. **2.** Bien exclusif, privilège. → **lot.** « *L'art ne doit plus être l'apanage d'une élite* » (R. Rolland).

aparté **n. m.** **(italien *a parte* « à part »)** **1.** Parole(s) que l'acteur dit à part soi (et que les spectateurs seuls sont censés entendre). **2.** Entretien particulier, dans une réunion. *S'entretenir avec qqn en aparté.*

apartheid [apaʀtɛd] **n. m.** **(mot afrikaans, emprunt au français *à part*)** Régime de ségrégation systématique qui existait, en Afrique du Sud, entre Blancs et Noirs (aboli en 1991). → **ségrégation.**

apathie **n. f.** **(du grec → ²a- et -pathie)** Incapacité d'être ému ou de réagir (par mollesse, état dépressif, etc.). → **indolence, inertie.** *Secouer son apathie.*

apathique **adj.** Qui manque d'énergie ou de réactivité émotionnelle. → **amorphe.** – **n.** *Un, une apathique.*

apatite **n. f.** **(de l'allemand, du grec *apatân* « tromper »)** minér. Phosphate de calcium naturel, répandu notamment dans les roches éruptives.

apatride **adj.** et **n.** **(de ²a- et grec *patris, patridos* « patrie »)** Qui est dépourvu de nationalité légale, qu'aucun État ne considère comme son ressortissant. – **n.** *Les apatrides.* □ **n. f. apatridie**

apax voir **hapax**

Apchéron **(presqu'île d')** Presqu'île de l'Azerbaïdjan, dans la mer Caspienne. Exploitation d'hydrocarbures à Bakou.

Apeldoorn Ville des Pays-Bas (province de Gueldre). 165 610 habitants. Aux environs, musée Kröller-Müller (art du XXᵉ s.). Industries chimiques et pharmaceutiques.

Apennin **n. m.** ou **Apennins** **n. m. pl.** Chaîne montagneuse d'Italie (Apennin septentrional, Apennin central, Apennin méridional), qui s'étend sur 1 300 km environ, et forme une dorsale dont les deux versants sont ouverts, l'un sur l'Adriatique, l'autre sur la mer Tyrrhénienne. Elle culmine au Gran Sasso (2 912 m), dans les Abruzzes.

apepsie **n. f.** **(grec *apepsia* « indigestion »)** méd., vieux Ralentissement important de la digestion par défaut des sécrétions digestives. → **dyspepsie.**

aperception **n. f.** **(→ apercevoir, perception)** psych. Prise de conscience claire.

apercevoir **v. tr.** < 28 > **(de *percevoir*)** **1.** Voir plus ou moins nettement. → **discerner, distinguer.** *On apercevait au loin le village.* **2.** Voir

A

brièvement. → **entrevoir.** *Je l'ai aperçue au marché.* **3.** Saisir par l'esprit. *J'aperçois bien ses intentions.* → **comprendre, deviner.** ■ **s'apercevoir v. pron. 1.** Prendre conscience, se rendre compte (d'un état ou d'un processus). → **remarquer.** *Il s'apercevait bien de leur manège, il s'en est aperçu.* **2.** (récipr.) Se voir mutuellement. *Elles se sont aperçues de loin.* **3.** (passif) Pouvoir être aperçu. *Un détail qui s'aperçoit à peine.*

aperçu n. m. 1. Première idée que l'on peut avoir d'une chose vue rapidement. *Donner un aperçu de la situation.* **2.** Remarque, observation qui jette un jour nouveau.

Aperghis (Georges) Compositeur grec (né en 1945). Installé à Paris, il s'est consacré à la création d'un théâtre musical et à l'opéra. *Pandaemonium.*

apériodique adj. 1. phys. Qui tend sans oscillation vers un régime stable. **2.** math. Dépourvu de période.

apériteur, trice n. (du bas latin *aperitor* ou *apertor* « celui qui inaugure, ouvre ») Assureur principal, qui établit et gère le contrat dans le cas d'une coassurance. – **adj.** *Société apéritrice.*

apéritif, ive (du bas latin, de *aperire* → ouvrir) **1. adj.** littér. Qui ouvre l'appétit. *Une promenade apéritive.* **2. n. m.** Boisson à base de vin ou d'alcool, supposée apéritive, que l'on prend avant le repas. *Prendre l'apéritif.* → fam. **apéro.** ■ Moment où l'on prend l'apéritif, avant le repas.

apéro n. m. (abrév.) fam. Apéritif.

aperture n. f. (du latin, de *aperire* « ouvrir ») phonét. Écartement des organes de la phonation lors de l'articulation d'un phonème. *Degré d'aperture.*

apesanteur n. f. Absence de pesanteur (dans l'espace, par exemple). → **impesanteur.**

apétale adj. et n. f. bot. Qui est dépourvu de pétales. *La fleur du bouleau est apétale.* ■ **n. f. pl.** *Les Apétales* : ancienne sous-classe des dicotylédones.

à-peu-près n. m. invar. Approximation grossière, donnée imprécise. *Des à-peu-près.*

apeuré, ée adj. En proie à la peur.

apeurer v. tr. < 1 > (de *peur*) littér. Effrayer.

apex [apɛks] **n. m.** (mot latin : *apex, apicis* « sommet » *cf.* apical) **1.** biol. Sommet ou pointe (d'un organe). *L'apex de la langue.* **2.** astron. Point du ciel, situé dans la constellation d'Hercule, vers lequel le système solaire semble se diriger.

aphasie n. f. (du grec, de *phanai* « dire ») méd. Perte totale ou partielle de la capacité de parler ou de comprendre le langage parlé ou écrit, due à une lésion cérébrale. □ **adj. et n. aphasique**

aphélie n. m. (du grec *apo* « loin » et *hêlios* « soleil ») astron. Point de l'orbite d'une planète où elle se trouve à la plus grande distance du Soleil (opposé à *périhélie*).

aphérèse n. f. (du grec « fait d'enlever », de *hairein* « prendre ») ling. Chute d'un ou plusieurs phonèmes au début d'un mot (opposé à *apocope*) (ex. *car* pour *autocar*).

aphidé n. m. (du latin *aphis*, d'origine obscure) zool. Petit insecte parasite de l'ordre des homoptères (famille des *Aphidés*). - syn. ancien **aphidien.**

aphone adj. (du grec → -phone) Qui n'a plus de voix. □ **n. f. aphonie**

aphorisme n. m. (du grec, de *apo-* et *horizein* « limiter » → horizon) didact. Bref énoncé résumant une théorie ou un savoir. → **[1]adage, maxime, précepte, sentence.**

aphrodisiaque adj. (du grec, de *Aphrodite*, déesse de l'Amour) Qui excite (ou est censé exciter) le désir sexuel. – **n. m.** *Un aphrodisiaque* (opposé à *anaphrodisiaque*).

Aphrodite Déesse grecque de la Beauté, de l'Amour et de la Fécondité. Fille de Zeus et de Dioné, ou bien née de l'écume de la mer arrosée du sang d'Ouranos, elle est l'épouse infidèle d'Héphaïstos. Pour avoir aidé Pâris à enlever Hélène, elle est à l'origine de la guerre de Troie. Elle est assimilée à la Vénus romaine.

aphte n. m. (du grec, de *aptein* « brûler ») Petite ulcération douloureuse qui se développe sur la muqueuse de la bouche, du pharynx ou des parties génitales.

aphteux, euse adj. De l'aphte. – *Fièvre aphteuse*, maladie éruptive, épidémique et contagieuse, atteignant surtout les bovidés.

api n. m. (du latin *mala Appiana*, de *Appius*, n. propre) *Pomme d'api* : variété de pomme croquante, d'un rouge vif sur un côté.

Apia Capitale des Samoa (sur l'île Upolu). 32 000 habitants. Exportations de coprah et de cacao. R. L. Stevenson y fut enterré.

Apian ou **Apianus** (Peter Bennewitz ou Bienewitz, dit) Mathématicien, astronome et géographe allemand (1495-1552). Il imagina une méthode de calcul de la longitude par l'étude des mouvements de la Lune, et établit des cartes géographiques d'une grande précision.

à-pic n. m. Escarpement vertical. *Des à-pics vertigineux.*

apical, ale, aux adj. (→ apex) didact. Du sommet, de la pointe. *Consonne apicale*, prononcée avec la pointe de la langue.

Apicius (Marcus Gavius) Gastronome romain (v. 25 av. J.-C.). Il est l'auteur présumé d'un recueil de recettes culinaires, le *De re coquinaria* (De la cuisine), en dix livres.

apicole adj. (→ -cole) De l'apiculture.

apiculteur, trice n. Personne qui élève des abeilles.

apiculture n. f. (du latin *apis* « abeille ») Technique de l'élevage des abeilles pour obtenir le miel et la cire.

apion n. m. (du latin, du grec *apion* « poire », probablt par analogie de forme) zool. Petit charançon qui s'attaque aux plantes.

apiquer v. tr. < 1 > (de *à pic*) mar. Agir sur (un espar) de manière qu'il soit vertical, à pic, ou qu'il se rapproche de la verticale.

Apis Dieu funéraire de l'Égypte ancienne, figuré par un taureau, portant parfois un disque solaire entre ses cornes.

apitoiement n. m. Fait de s'apitoyer. → **pitié.**

apitoyer v. tr. < 8 > Toucher de pitié. → **attendrir.** *Il cherche à m'apitoyer.* ■ **s'apitoyer v. pron.** Être touché de pitié. → **compatir.** *S'apitoyer sur son sort.*

aplanat n. m. opt. Objectif aplanétique.

aplanétique adj. (de l'anglais, du grec *aplanêtos* « qui ne dévie pas », de *planan* « égarer, tromper » → planète) opt. Qui ne présente pas d'aberration géométrique.

aplanir v. tr. < 2 > (de *plan* adj.) **1.** Rendre plan ou uni. → **égaliser, niveler.** *Aplanir un chemin.* **2.** fig. Faire disparaître ou atténuer (ce qui fait obstacle). *Aplanir les difficultés.* □ **n. m. aplanissement**

aplasie n. f. (de [2]*a-* et grec *plasis* « façon, modelage ») méd. **1.** Arrêt ou insuffisance du développement des cellules ou d'un tissu. **2.** *Aplasie (médullaire)* : diminution de la production des cellules sanguines par la moelle osseuse. *L'aplasie, effet secondaire de la chimiothérapie.* □ **adj. aplasique**

aplat n. m. (→ [1]plat) peint., imprim. Surface de couleur uniforme. *Des aplats.* - var. **à-plat.** *Des à-plats.*

aplati, ie adj. Dont la courbure ou la saillie est moins accentuée que dans l'état premier ou habituel. *La Terre est aplatie aux pôles.*

aplatir v. tr. < 2 > (de *plat*) Rendre plat. *Aplatir de la pâte avec un rouleau.* ■ **s'aplatir v. pron. 1.** Devenir plus plat. **2.** Tomber à plat ventre. → **s'étaler.** ■ fig. *S'aplatir devant qqn*, s'humilier. → **ramper. 3.** S'écraser. *Sa voiture s'est aplatie contre un arbre.* □ **n. m. aplatissement**

aplatisseur n. m. Machine servant à écraser les grains pour l'alimentation animale.

aplomb [aplɔ̃] **n. m.** (de *à plomb* → plomb) **1.** État d'équilibre d'un corps, d'un objet vertical. *Le mur a perdu son aplomb.* **2.** fig. Confiance en soi. *Retrouver son aplomb.* → **sang-froid.** – péj. Assurance qui va jusqu'à l'effronterie. → **culot, toupet.** « *L'aplomb de ces braves gens-là, leur sécurité dans la bêtise* » (Flaubert). **3.** *D'aplomb* **loc. adv.** : en équilibre stable. *Bien d'aplomb sur ses jambes.* ■ fig. En bon état physique et moral. *Remettre d'aplomb.*

apnée n. f. (grec « absence de souffle » → [2]a- et pneumo-) Suspension momentanée de la respiration. *Plonger en apnée.* ■ méd. *Apnée du sommeil* : syndrome caractérisé par des pauses respiratoires pendant le sommeil. □ **adj. apnéique**

apnéiste n. Personne qui pratique la plongée en apnée.

Apo n. m. Volcan, point culminant des Philippines, dans l'île de Mindanao. 2 954 m.

apo- Élément (du grec) signifiant « éloigné, écarté ». - La plupart des mots en *apo-* (ci-dessous) sont passés par le latin.

apoastre n. m. (de *apo-* et *astre*) astron. Point de l'orbite d'un corps céleste situé au maximum de distance du centre de gravité de l'astre autour duquel il gravite. - syn. **apside supérieure.** → **aphélie, apogée.**

apocalypse n. f. (grec « révélation ») Fin du monde.

Aphrodite

Naissance d'Aphrodite, panneau central du triptyque Ludovisi (v. 470-460 av. J.-C.), découvert dans les jardins de Salluste, à Rome, Musée national de Rome.

Apocalypse n. f. Le dernier livre du Nouveau Testament, attribué à l'apôtre Jean. Il contient les principales figures de l'eschatologie chrétienne : les 7 sceaux, les 4 cavaliers, la chute de Babylone, la Jérusalem céleste.

▶ Issu de la tradition prophétique juive (Livres de Daniel, d'Hénoch), le texte de l'**Apocalypse**, traditionnellement attribué à l'apôtre Jean, inscrit dans le temps la promesse chrétienne du « royaume de Dieu », ouvrant la voie aux lectures millénaristes de l'histoire. Ce dernier livre du Nouveau Testament a inspiré les peintres, sensibles à sa beauté crépusculaire et à ses visions terrifiantes : cataclysmes, dragons, villes en flammes. Son enjeu est bien de « révéler les choses cachées », comme le dit le titre grec.
Une première description du royaume de Dieu précède le récit d'une vision : la révélation des destinées du monde, cachées dans un livre scellé. La rupture des six premiers sceaux libère la justice divine, l'épée, la faim, la peste, les martyrs et surtout la colère de Dieu, qui n'épargnera que ses plus fidèles serviteurs. Le septième sceau est rompu : sept anges apparaissent, avec sept trompettes. Le monde est ravagé. Surgit la vision d'une femme (l'Église) dont un dragon (Satan) s'apprête à dévorer le nouveau-né ; vaincu par saint Michel, il transmet son pouvoir à une Bête qui va dominer la Terre et marque de son chiffre (666) tous ceux qui se soumettent à elle. L'Agneau (le Christ) triomphe de la Bête dans la bataille de l'Harmagedôn : Babylone (Rome) est détruite et le Christ règne à son tour sur la Terre. Mais les hommes sont faibles : au bout de 1 000 ans *(millenium)*, Satan libéré les séduit à nouveau. Il sera finalement jeté dans un lac de soufre où il subira un supplice éternel. Le Jugement dernier permet l'avènement de la Jérusalem céleste, où « il n'y aura plus ni cri ni deuil ».
voir aussi **Bible, création, enfer, paradis**

Enluminure de l'*Apocalypse de Saint-Sever* (XIe s.), Bibliothèque nationale de France, Paris.

apocalyptique adj. **1.** Relatif à l'Apocalypse. **2.** Qui évoque la fin du monde, de terribles catastrophes.

apocope n. f. (du grec, de *koptein* « couper » → syncope) Chute d'un ou plusieurs phonèmes à la fin d'un mot (opposé à *aphérèse*) (ex. *télé* pour *télévision*).

apocryphe adj. (du grec, de *kruptein* « cacher » → crypte) **1.** Que l'Église ne tient pas pour canonique. *Les évangiles apocryphes.* – **n. m.** *Les apocryphes.* **2.** Dont l'authenticité est douteuse ou niée. → **controuvé, [1]faux, inauthentique.** *Une lettre apocryphe de Napoléon.*

apode (grec *apodos* → [2]a- et -pode) zool. **1. adj.** Dépourvu de pieds, de pattes, de nageoires. **2. n. m.** Animal dépourvu de pattes, de membres (poisson, amphibien...).

apodictique adj. (du latin, du grec *apodeiktikos* « péremptoire », de *apo-* [→ apo-] et *deiknumi* « montrer ») log. Qui a une évidence de droit et non pas seulement de fait.

apoenzyme n. m. ou f. (de l'anglais → apo- et enzyme) biochim. Partie purement protéique d'un enzyme et qui, combinée à un coenzyme, forme un enzyme actif.

apogamie n. f. (de l'allemand, du grec → apo- et -gamie) bot. Développement d'un individu à partir d'une seule cellule diploïde, sans recours à la fécondation.

apogée n. m. (grec, de *gê* « Terre » → géo-) **1.** astron. Point où un astre (Lune, Soleil, etc.) est le plus éloigné de la Terre (opposé à *périgée*). **2.** fig. Point le plus élevé, plus haut degré. → **climax, [1]comble, faîte, sommet, zénith.** *Il est à l'apogée de sa carrière.*

Apolda Ville d'Allemagne (Thuringe), au N.-E. de Weimar. 22 200 habitants. Fonderie de cloches (jusqu'en 1988).

apolitique adj. Qui se tient en dehors de la lutte politique (opposé à *politisé*). □ **n. m. apolitisme**

Apollinaire (Wilhelm Apollinaris de Kostrowitzky, dit Guillaume) Poète français (1880-1918). D'abord lié aux milieux de la peinture (Picasso, M. Laurencin), il accompagna les premiers développements de l'art moderne *(Les Peintres cubistes)*, et célébra l'art naïf du Douanier Rousseau. Dans son recueil de poèmes le plus connu, *Alcools*, l'originalité de l'écriture tient à une association inédite de modernité et de culture, conjuguée à beaucoup d'humour et de simplicité. La fantaisie et le jeu visuel animent les *Calligrammes*. Ses thèmes majeurs sont l'amour *(Poèmes à Lou)* et le souvenir.

Guillaume Apollinaire en 1913.

apollinien, ienne adj. didact. Selon Nietzsche, Propre à Apollon, c'est-à-dire caractérisé par l'ordre, la mesure, la sérénité (opposé à *dionysiaque*).

Apollo Programme spatial américain (1961-1972). 17 missions, dont 11 habitées. *Apollo 11* emporta l'équipage (composé notamment de N. Armstrong et de B. Aldrin) qui effectua le premier alunissage d'astronautes, le 21 juillet 1969.

Apollodore de Damas Architecte et ingénieur grec (v. 60-129). Au service de l'empereur Trajan, il conçut le pont des Portes de fer sur le Danube.

apollon n. m. (du n. du dieu) **1.** plais. Homme d'une grande beauté. → **adonis, éphèbe.** *Ce n'est pas un apollon !* **2.** zool. Papillon diurne aux couleurs éclatantes.

Apollon Dieu grec de la Lumière, de la Divination, de la Musique et de la Poésie. Fils de Zeus et de Léto, il est le frère jumeau d'Artémis. Expression de l'idéal grec de la beauté et de l'équilibre, conducteur des Muses (musagète), il est aussi guerrier et pasteur. Il fonde ses propres oracles, notamment à Delphes où ils sont rendus par la pythie.

Apollonia Ancienne ville d'Illyrie, dans l'actuelle Albanie. Fondée en –588, elle fut l'un des principaux centres intellectuels de l'époque gréco-romaine.

Apollonios de Perga Mathématicien grec (v. 262-v. 180 av. J.-C.). Il est l'auteur des premiers travaux sur les figures naissant de l'intersection d'un plan et d'un cône (cercle, ellipse...).

Apollonios de Rhodes Poète et grammairien grec (v. 295-215 av. J.-C.). Il dirigea la bibliothèque d'Alexandrie.

Apollonios de Tyane Philosophe grec (v. le début de l'ère chrétienne-97). Prédicateur itinérant et thaumaturge, il fut un des artisans du renouveau des sectes pythagoriciennes.

apologétique (du grec → apologie) **1. adj.** Qui a un caractère d'apologie. ▪ Qui fait l'apologie de la religion. **2. n. f.** didact. Partie de la théologie ayant pour objet d'établir, par des arguments historiques et rationnels, le fait de la révélation chrétienne.

apologie n. f. (du grec → apo- et -logie) Discours, écrit visant à défendre, à justifier et par ext. à louer une personne, une doctrine. → **éloge.** □ **n. apologiste**

apologue n. m. (du grec → apo- et -logue) Petit récit visant essentiellement à illustrer une leçon morale.

aponévrose n. f. (du grec, de *neurôsis* → nerf, névrose) anat. Membrane fibreuse qui enveloppe un muscle. □ **adj. aponévrotique**

apophtegme n. m. (du grec, de *phtegma* « bruit ») didact. Parole mémorable ayant une valeur de maxime. → **aphorisme.**

apophyse n. f. (du grec, de *phusis* « fait de pousser » ; famille de *physique*) anat. Éminence à la surface d'un os. □ **adj. apophysaire**

Apopis Dieu égyptien du Chaos, tardivement assimilé à Seth. Il est représenté sous la forme d'un serpent monstrueux, qui menace continuellement d'arrêter la course du Soleil.

apoplectique adj. (du grec → apoplexie) Qui a ou annonce une prédisposition à l'apoplexie. *Un teint apoplectique.* → **congestionné.** – **n.** *Un apoplectique.*

apoplexie n. f. (du grec, de *plessein* « frapper » → hémiplégie, paraplégie) vieilli Perte de connaissance brutale ; congestion cérébrale (→ hémorragie* cérébrale).

apoptose n. f. (du latin mod., du grec *ptosis* « descente, chute » → ptose) biol. Processus physiologique de mort cellulaire programmée. □ **adj. apoptotique**

aporétique adj. (grec *aporêtikos*, de *aporein* « être embarrassé ») didact. Qui se heurte à une contradiction.

aporie n. f. (de *a-* et grec *poros* « chemin ») didact. Difficulté logique insoluble.

aposiopèse n. f. (du latin, du grec, de *aposiôpan* « cesser de parler », de *apo* [→ apo-] et *siôpê* « silence ») rhét. Interruption brusque du discours, traduisant une émotion ou une hésitation.

apostasie n. f. **1.** Reniement de la foi chrétienne. **2.** fig. Abandon (d'une doctrine, d'une opinion, d'un parti). → **reniement.**

apostat, ate n. (grec « qui abandonne ») **1.** Personne qui a renié la foi chrétienne. *Julien l'Apostat* (empereur romain). **2.** Per-

Apollon

Apollon poursuivant Héraklès (détail), cruche à vin à figures noires (v. 520 av. J.-C.), musée du Louvre, Paris.

sonne qui renonce à une opinion, qui abandonne une cause. → **renégat.**

Apostel (Léo) Logicien et philosophe belge (1925-1995). Il conçut un modèle de l'apprentissage des structures linguistiques et logiques, en empruntant à la psychologie de la connaissance et aux théories du comportement. *Logique, langage et théorie de l'information.*

a posteriori [apɔsteʀjɔʀi] **loc. adv.** (du latin → **postérieur**) En partant des données de l'expérience. *Raisonner a posteriori.* – **adj. invar.** *Notion a posteriori,* acquise grâce à l'expérience (contr. *a priori*). - var. RO **à postériori.**

apostille **n. f.** (du latin *post illa* « après ces choses ») vieux Note en addition (à un texte).

apostolat **n. m.** (du latin chrét. → **apôtre**) **1.** Prédication, propagation de la foi. **2.** Mission qui requiert de l'énergie et du désintéressement.

apostolique **adj.** (du latin chrét., du grec → **apôtre**) **1.** Relatif aux apôtres ; qui vient d'eux. **2.** Qui émane ou dépend du Saint-Siège. *Nonce apostolique.* □ **adv. apostoliquement**

apostrophe **n. f.** (du grec « fait de se détourner », de *strophê* → **strophe**) **I. 1.** Figure de rhétorique par laquelle un orateur interpelle tout à coup une personne ou une chose personnifiée. **2.** Interpellation brusque, sans politesse (→ **apostropher**). **3.** gramm. *Mot (mis) en apostrophe,* en apposition et qui interpelle (ex. *Jean* dans *Jean, tais-toi !*). **II.** (la voyelle étant « détournée », *cf.* étym.) Signe (') qui marque l'élision d'une voyelle.

apostropher **v. tr.** < 1 > Adresser brusquement la parole à (qqn), sans politesse. – pronom. *Conducteurs qui s'apostrophent.*

apothécie **n. f.** (grec *apothêkê* « magasin » → **apothicaire**) bot. Réceptacle renfermant les corpuscules reproducteurs des lichens.

apothème **n. m.** (du grec « abaisser », d'après *hupothema* « base ») géom. Perpendiculaire abaissée du centre d'un polygone régulier sur un de ses côtés.

apothéose **n. f.** (du grec, de *theos* « dieu » → **théo-**) **1.** didact. Déification des empereurs romains, des héros après leur mort. **2.** Honneurs extraordinaires rendus à qqn. **3.** fig. Le plus haut degré. – Partie la plus brillante (d'une manifestation). *Ce concert a été l'apothéose du festival.*

apothicaire **n. m.** (du grec *apothêkê* « magasin » → **boutique**) vieux Pharmacien. ▪ fig. *Compte d'apothicaire,* très long et compliqué.

apôtre **n. m.** (latin chrét., du grec *apostolos* « envoyé », de *stellein* « envoyer » → **apostolat, apostolique**) **1.** Chacun des douze disciples que Jésus-Christ choisit pour prêcher l'Évangile. **2.** Celui qui propage la foi chrétienne (→ **prédicateur**), fait des conversions. **3.** Personne qui propage, défend une doctrine, une opinion. *Elle se fit l'apôtre de cette idée.* **4.** *Bon apôtre :* personne de mauvaise foi dans ses promesses.

apotropaïque **adj.** (du grec, de *tropein* « tourner ») Qui conjure le mauvais sort.

Appalaches **n. m. pl.** Massif de l'E. de l'Amérique du Nord, qui s'étend de l'embouchure du Saint-Laurent (Canada) au golfe du Mexique (Tennessee). Point culminant : mont Mitchell, 2 037 m. Gisements houillers. Exploitations forestières.

appalachien, ienne **adj.** géogr. Des Appalaches. – *Relief appalachien,* caractérisé par des alternances de lignes de crête de hauteur constante et de dépressions allongées, orientées parallèlement.

Appar Poète indien de langue tamoule (VIIe s.). L'un des 63 saints du shivaïsme du S. de l'Inde, parmi les plus vénérés.

apparaître **v. intr.** < 57 > (vient du latin *apparere* → **paraître**) **1.** Devenir visible, distinct ; se montrer soudainement. → **se manifester, se montrer, se présenter, surgir ; apparence, apparition.** « *Il la revit telle qu'elle lui était apparue un matin* » (A. Daudet). **2.** Commencer d'exister. *Les mammifères sont apparus sur la Terre pendant l'ère tertiaire.* ▪ fig. Se révéler à l'esprit par une manifestation apparente. *Tôt ou tard, la vérité apparaît.* → **se dévoiler, jaillir. 3.** *Apparaître à qqn :* se présenter à l'esprit (sous un aspect). *Tout cela m'apparaît comme une plaisanterie.* – (suivi d'un adj. attribut) → **paraître, sembler.** *Cela apparaît très difficile.* **4.** impers. *Il apparaît que* (+ indic.) : il ressort de ces constatations que ; il est clair, manifeste que. - var. RO **apparaitre.**

apparat **n. m.** (du latin « apprêt, chose préparée », de *parare* → **¹parer**) **1.** Éclat solennel (d'une cérémonie). – *D'apparat :* de cérémonie. *Costume d'apparat.* **2.** didact. *Apparat critique :* notes et variantes d'un texte.

apparatchik **n.** (mot russe) polit. Membre de l'appareil du parti communiste russe. ▪ par ext. (souvent péj.) Membre de l'appareil (d'un parti quelconque, d'un syndicat). *Les apparatchiks.*

apparaux **n. m. pl.** (ancien plur. de *appareil*) **1.** mar. Ensemble des appareils de manœuvre, sur un bateau. **2.** Ensemble d'appareils de gymnastique. → **agrès.**

appareil **n. m.** (→ **¹appareiller**) **I. 1.** vieux Déroulement d'un cérémonial. → **apparat (1).** ▪ loc. *Dans le plus simple appareil :* peu habillé, en négligé ; tout nu. **2.** Ensemble d'éléments qui concourent au même but en formant un tout. *L'appareil des lois.* – *L'appareil critique d'une édition.* → **apparat (2).** ▪ Ensemble des organismes et institutions permanents. *L'appareil d'un parti. Un homme d'appareil* (→ **apparatchik**). **3.** Ensemble des organes remplissant une même fonction physiologique. → **système.** *L'appareil digestif.* **4.** Agencement des matériaux (d'une maçonnerie). **5.** cuis. Préparation spécifique pour la confection d'un mets. *Appareil à soufflé.* **II. 1.** Assemblage de pièces ou d'organes (plus complexe que l'outil*, l'ustensile, moins que la machine*) réunis en un tout pour une fonction. → **instrument ; engin.** *Appareils ménagers. Appareil photo.* ▪ (absolt) Téléphone. *Allô ! Qui est à l'appareil ?* – Avion. *L'appareil décolle.* **2.** Dispositif corrigeant les défauts fonctionnels du corps. *Appareil orthopédique.* – spécialt Dentier ; tiges métalliques pour redresser les dents. **3.** sport Agrès. → **apparaux.**

appareillable **adj.** méd. Qui peut porter un appareil de prothèse. *Un sourd appareillable.*

apôtre

Les apôtres saint Pierre et saint Paul, copie (1608) d'une miniature du XIIIe s., British Library, Londres.

¹appareillage **n. m.** (→ **appareil**) **1.** Ensemble d'appareils (II) et d'accessoires divers disposés pour un certain usage. *Appareillage électrique.* **2.** méd. Pose d'appareils de prothèse.

²appareillage **n. m.** (→ **¹appareiller**) Action d'appareiller, de quitter le port. → **¹départ.**

¹appareiller **v.** < 1 > (du latin pop., de *apparare* « préparer », de *parare* → **¹parer**) **I. v. tr.** mar. Préparer (des filets, le gréement d'un navire). **II. v. intr.** (bateaux) Se disposer au départ, quitter le mouillage, le port (→ **lever** l'ancre). *Le yacht a appareillé ce matin.*

²appareiller **v. tr.** < 1 > (→ **pareil**) Réunir (des choses semblables ou qui s'accordent). → **assortir.**

³appareiller **v. tr.** < 1 > (→ **appareil** II, 2) Munir d'un appareil de prothèse.

apparemment [apaʀamɑ̃] **adv.** Selon toute apparence. → **vraisemblablement.**

apparence **n. f.** (du bas latin, de *apparere* → **apparaître**) **1.** Ce qu'on voit (de qqch., qqn), manière dont qqch. se montre, est visible. → **²air, aspect, ¹mine, ¹tournure.** *Une belle apparence.* **2.** Aspect extérieur, considéré comme différent de la réalité. → **dehors, façade.** *Un caractère dur sous une apparence de douceur.* ▪ au plur. *Ne pas se fier aux apparences. Sauver les apparences :* ne laisser rien apercevoir de ce qui pourrait être mal interprété. → **bienséance, convenance.** ▪ *En apparence* **loc. adv.** : autant qu'on peut en juger d'après ce qu'on voit. ▪ *Contre toute apparence* **loc. adv.** : en dépit de ce qui paraît.

apparent, ente **adj.** (du p. prés. de l'ancien v. *apparoir* « apparaître ») **1.** Qui apparaît, se montre clairement aux yeux. → **ostensible, visible.** *Plafond avec les poutres apparentes.* ▪ fig. Évident, manifeste. *Sans cause apparente.* **2.** Qui n'est pas tel qu'il paraît être ; qui n'est qu'une apparence. *Le mouvement apparent du Soleil autour de la Terre.*

apparenté, ée **adj. 1.** Qui a des rapports de parenté. *Il est apparenté à mon mari.* **2.** Allié par l'apparentement électoral. – **n.** *Une apparentée socialiste.* **3.** Qui ressemble à, est en rapport avec. *Deux styles apparentés.*

apparentement **n. m.** Alliance électorale entre deux listes de candidats qui peuvent grouper leurs voix.

s'apparenter **v. pron.** < 1 > (→ **parent**) *S'apparenter à* **1.** rare S'allier par mariage avec. **2.** S'allier par l'apparentement électoral. **3.** (choses) Avoir une ressemblance avec, être de même nature que. *Le goût de l'orange s'apparente à celui de la mandarine.*

apparier **v. tr.** < 7 > (de *pair*) **1.** Unir par paire, par couple. *Apparier des gants.* **2.** Accoupler le mâle avec la femelle (de certains oiseaux). □ **n. m. appariement**

appariteur, trice **n.** (du latin → **apparaître**) Huissier ; spécialt huissier de faculté.

apparition **n. f.** (du latin → **apparaître**) **I. 1.** Action, fait d'apparaître, de se montrer. → **manifestation.** *L'apparition d'une comète.* ▪ (personnes) Fait d'arriver, d'apparaître dans un groupe. *Ne faire qu'une courte apparition.* **2.** Le fait de commencer à exister. *L'apparition d'une technique.* **II. 1.** Manifestation (d'un être invisible qui se montre sous une forme visible). *L'apparition de Jésus-Christ aux apôtres.* ▪ Vision de cette forme. *Avoir des apparitions.* → **vision. 2.** Être imaginaire que l'on croit apercevoir. → **fantôme, revenant, spectre.**

appartement **n. m.** (italien, de l'espagnol, du v. *appartarse* « se mettre à part ») **1.** anciennt Ensemble de pièces affectées à un usage particulier. *Les appartements d'un palais.* **2.** mod. Partie d'une maison, d'un immeuble composée de plusieurs pièces qui servent d'habitation. → **logement.** *Louer un appartement.* - abrév. fam. **appart.** – loc. fig. et fam. *Vente par appartements :* vente (d'un groupe, d'une entreprise) par filiale ou par branche d'activité.

A

appartenance n. f. **1.** Fait d'appartenir. *L'appartenance d'une personne à une communauté. L'appartenance politique de qqn.* **2.** math. Propriété d'être un élément d'un ensemble. *Relation d'appartenance.*

appartenir v. tr. ind. < 22 > (latin *appertinere,* de *pertinere* « se rattacher à » → pertinent) *Appartenir à* **1.** Être à (qqn) en vertu d'un droit, d'un titre. *« Tout sur terre appartient aux princes, hors le vent »* (Hugo). **2.** (personnes) Être entièrement soumis à (qqn). *Il lui appartenait corps et âme.* – pronom. *S'appartenir* : être libre, ne dépendre que de soi-même. **3.** Être propre à (qqn). *Pour des raisons qui m'appartiennent...* – impers. *Il appartient aux parents d'élever leurs enfants,* c'est leur rôle. **4.** Faire partie de (qqch.). *Appartenir à un milieu défavorisé.* – *Cette question appartient à la philosophie,* en relève. – math. *Élément qui appartient à un ensemble* (→ appartenance).

appas n. m. pl. (ancien plur. de *appât*) vieux ou littér. Attraits, charmes (spécialt d'une femme). - var. RO **appâts.**

appât n. m. (→ appâter) **1.** Produit qui sert à attirer des animaux pour les prendre. → **amorce. 2.** Ce qui attire, pousse à faire qqch. *L'appât du gain.*

appâter v. tr. < 1 > (de l'ancien français *past* « nourriture », qui vient du latin *pastus* → pâture) **I. 1.** Garnir d'un appât (1). *Appâter l'hameçon.* → **amorcer. 2.** Attirer (un animal) avec un appât. *Appâter des oiseaux.* **II.** fig. Attirer (qqn) par l'appât d'un gain, d'une récompense. → **séduire.** *Appâter qqn par de belles promesses.*

appauvrir v. tr. < 2 > **1.** Rendre pauvre. **2.** Faire perdre sa qualité, sa fécondité à (qqch.). *Ces cultures appauvrissent le sol.* ■ **s'appauvrir** v. pron. Perdre sa richesse. *La langue risque de s'appauvrir.* □ n. m. **appauvrissement**

appeau n. m. (forme ancienne de *appel*) chasse Instrument avec lequel on imite le cri des oiseaux pour les attirer ; oiseau dressé à appeler les autres.

appel n. m. (→ appeler) **I. 1.** Action d'appeler pour faire venir à soi, pour obtenir une réponse. *Répondre à un appel. Un appel au secours.* – *Appel téléphonique.* ■ Action d'appeler l'attention par un signe. *Des appels du regard.* – loc. fig. *Appel du pied* : paroles, allusion constituant une demande. – *Faire des appels de phare.* – *Produit d'appel,* destiné à attirer la clientèle, du fait de son faible prix. **2.** Action d'appeler par un signal des personnes à s'assembler. *L'appel à la prière.* **3.** Action d'appeler des personnes par leur nom afin de s'assurer de leur présence. *Faire l'appel.* **4.** milit. Action d'appeler sous les drapeaux. → **recrutement ; incorporation.** – *Devancer l'appel,* s'engager dans l'armée avant l'âge légal. – loc. *Appel aux armes.* → **mobilisation. 5.** *Faire un appel de fonds* : demander un nouveau versement de fonds à des actionnaires, des associés, etc. – dr. *Appel d'offres* : mode de conclusion de marchés publics par mise en concurrence des candidats. **6.** Discours ou écrit dans lequel on s'adresse au public pour l'exhorter. → **exhortation, proclamation.** *Appel à l'insurrection.* **7.** *Faire appel à* : demander, requérir comme une aide. *Faire appel à qqn. Faire appel à ses souvenirs,* les évoquer. **8.** fig. Incitation, invitation. *L'appel de l'aventure.* **II. 1.** *Faire appel* : recourir à une juridiction supérieure en vue d'obtenir la modification d'un jugement. → **pourvoi, recours.** – *Cour d'appel.* **2.** *Sans appel* loc. adj. invar. : irrévocable ; loc. adv. : irrémédiablement. **III.** (mouvement) **1.** *Appel d'air* : tirage qui facilite la combustion dans un foyer. – fig. Ce qui attire, ce qui favorise l'arrivée de (qqn, qqch.). **2.** sports Appui du pied sur le sol qui donne l'élan nécessaire au sauteur.

Appel (Karel) Peintre néerlandais (1921-2006). Membre du groupe Cobra, il défendit, dans une œuvre expressionniste marquée par le travail de la couleur en pleine pâte, la spontanéité de la création plastique.

Appenzell

Village de l'Appenzell (Suisse).

appelant, ante **1.** adj. dr. Qui appelle un jugement. *La partie appelante.* – n. *L'appelant, l'appelante* (opposé à *l'intimé*). **2.** n. m. Oiseau qui sert d'appeau.

appelé, ée **I.** adj. **1.** Nommé. **2.** Qui est appelé, prédestiné à. – n. *« Il y a beaucoup d'appelés et peu d'élus »* (Évangile) : beaucoup voudraient y parvenir mais peu seront choisis. ■ *Appelé à* (+ inf.) : dans la nécessité de. *Si nous étions appelés à partir.* **II.** n. Jeune incorporé(e) dans l'armée pour faire son service militaire. → **conscrit.**

appeler v. tr. < 4 > (latin *appellare,* de *pellere* « pousser » → pulsion) **I. 1.** S'adresser à (qqn) pour l'inviter à venir, à répondre. → **apostropher, interpeler ; appel.** *Appeler qqn au secours.* – absolt *Appeler* (à l'aide, etc.). **2.** Joindre (qqn) par téléphone. *Je vous appellerai mardi.* **3.** Faire venir par un appel. → **convoquer, demander.** *Appeler le médecin.* – fig. *« La République nous appelle »* (« Chant du départ »). ■ *Appeler l'ascenseur.* **4.** *Appeler qqn à une fonction,* le choisir, le désigner pour. **5.** (choses) Demander, exiger, entraîner. → **réclamer.** *Le mensonge appelle le mensonge.* ■ *Appeler l'attention de qqn sur qqch.* → **attirer. 6.** dr. *En appeler* : faire appel d'un jugement devant une juridiction supérieure. – fig. *En appeler à* : s'en remettre à. *« J'en appelle à votre cœur »* (Diderot). **7.** inform. Faire fonctionner (un programme). *Appeler un programme.* **II.** Donner un nom à (qqn ou qqch.). *Ils ont appelé leur fille Hélène.* → **nommer ; appellation.** – loc. *Appeler les choses par leur nom,* ne pas atténuer la vérité en parlant. *Appeler un chat* un chat.* ■ **s'appeler** v. pron. Avoir pour nom. *Je m'appelle Paul.* – fam. *Cela s'appelle parler,* voilà un langage ferme et franc.

Appelfeld (Aharon) Écrivain israélien d'expression hébraïque (1932-2018). Déporté durant la Seconde Guerre mondiale, il a créé une œuvre marquée par la hantise de la Shoah, qu'il choisit pourtant de ne jamais aborder de front. *L'Ère des prodiges ; Katarina ; Histoire d'une vie.*

appellatif, ive adj. Se dit d'un mot permettant d'appeler qqn à qui l'on s'adresse (ex. Monsieur, maman, ma jolie). – n. m. *Un appellatif.*

appellation n. f. **1.** Action, façon d'appeler (II). → **dénomination, désignation. 2.** Nom donné à qqch., à qqn. → **qualificatif.** – *Appellation d'origine,* désignation d'un produit par le nom de sa provenance. *Appellation d'origine contrôlée* (AOC).

appendice [apɛ̃dis] n. m. (latin *appendix,* de *appendere* → appentis ; pendre) **1.** Partie qui prolonge une partie principale, semble ajoutée. **2.** anat. Partie accessoire, prolongement (d'une structure, d'un organe). – spécialt Petite cavité en doigt de gant qui prolonge le cæcum. *Inflammation de l'appendice.* → **appendicite. 3.** Supplément placé à la fin d'un livre et qui contient des notes, des documents.

appendicectomie [apɛ̃disɛktɔmi] n. f. (→ -tomie) chir. Ablation de l'appendice.

appendicite [apɛ̃disit] n. f. Inflammation de l'appendice (2). *Crise d'appendicite.*

appendiculaire adj. Qui se rapporte ou ressemble à un appendice.

appentis n. m. (de l'ancien v. *appendre* « toucher à, être contre », qui vient du latin *appendere* « suspendre » → pendre) **1.** Toit en auvent à une seule pente, adossé à un mur et soutenu par des poteaux ou des piliers. **2.** Petit bâtiment couvert en appentis.

appenzell [apɛnzɛl] n. m. (du n. du canton) Fromage suisse voisin du comté*, au goût très fruité.

Appenzell Ville du N.-E. de la Suisse, chef-lieu du canton d'Appenzell Rhodes-Intérieures. 5 540 habitants. Maisons à pignons. Dentelle.

Appenzell n. m. Ancien canton de Suisse, enclavé dans le canton de Saint-Gall, et divisé en deux cantons. ■ **Appenzell Rhodes-Extérieures.** 243 km². 54 954 habitants. Chef-lieu : Herisau. Industrie textile. ■ **Appenzell Rhodes-Intérieures.** 172 km². 16 003 habitants. Chef-lieu : Appenzell. Fromages réputés.

il **appert** v. impers. < ne s'emploie qu'au présent > (de l'ancien v. *apparoir* « apparaître ») dr. *Il appert que* (+ indic.) : il est évident que.

Appert (Nicolas) Industriel français (1749-1841). Il inventa un procédé de conservation des aliments par la chaleur, qui est à l'origine de l'industrie de la conserve.

appertisation n. f. (de *Appert*) techn. Procédé de conservation des denrées alimentaires par stérilisation à la chaleur, dans des récipients hermétiquement clos. □ **appertiser** v. tr. < 1 >

appesantir v. tr. < 2 > (→ pesant) littér. Rendre plus lourd, moins actif, moins agile. ■ **s'appesantir** v. pron. **1.** rare Devenir plus pesant, moins agile. **2.** *S'appesantir sur un sujet,* s'y arrêter, en parler trop longuement. → **insister.** □ n. m. **appesantissement**

appétence n. f. (du latin → appétit) littér. Tendance qui porte vers ce qui peut satisfaire les penchants naturels. → **envie.**

appétissant, ante adj. **1.** Dont l'aspect, l'odeur met en appétit ; qu'on a envie de manger. **2.** fig. Qui attire, plaît. → **affriolant, attirant, engageant.**

appétit n. m. (latin *appetitus* « désir », de *appetere,* de *ad-* → ¹a- et *petere* « porter » → pétition) **1.** Désir de nourriture, plaisir que l'on trouve à manger. *Avoir de l'appétit. Ouvrir l'appétit* (→ apéritif). *Bon appétit ! Excès maladif d'appétit.* → **boulimie.** – prov. *« L'appétit vient en mangeant [...] la soif s'en va en buvant »* (Rabelais) ; fig. plus on a, plus on veut avoir. **2.** *Appétit de,* désir pressant de (qqch.). → **soif.** *« Un appétit de bonheur insatiable »* (Maupassant). **3.** au plur. Mouvement qui porte à rechercher ce qui peut satisfaire un besoin organique, un instinct. → **pulsion.**

Appia (Adolphe) Metteur en scène et théoricien suisse du théâtre (1862-1928). Il insista sur la fonction centrale de l'acteur et rompit avec l'esthétique naturaliste. *La Musique et la Mise en scène.*

Appien Historien grec (IIᵉ s.). Son *Histoire romaine* constitue un témoignage sur la vie politique à la fin de la République (–Iᵉʳ s.) et sur les conquêtes de la Rome impériale.

Appienne (voie) en latin **via Appia** Voie romaine, construite entre le IVᵉ et le Iᵉʳ s. av. J.-C., qui reliait Rome à Brindisi.

applaudimètre n. m. (→ applaudir) Appareil servant à mesurer l'intensité des applaudissements.

applaudir v. < 2 > (latin *applaudere,* de *plaudere* « battre ») **1.** v. intr. Battre des mains en signe d'approbation, d'admiration ou d'enthousiasme. *Le public applaudit.* **2. v. tr. ind.** littér. *Applaudir à qqch.* : donner son complet assentiment à. → **approuver. 3. v. tr.** *Applaudir qqn, qqch.* Accueillir, saluer par des applaudissements. → **acclamer.** – au p. p. *Discours très applaudi.* ■ fig. *Applaudir qqch.*, l'accueillir très favorablement. ■ **s'applaudir v. pron.** S'admirer, s'estimer, être content de soi. *S'applaudir de qqch.* → se **féliciter.**

applaudissement n. m. (au plur.) Battement des mains en signe d'approbation, d'admiration ou d'enthousiasme. → **bravo.** *Une tempête d'applaudissements.*

Apple Entreprise multinationale américaine d'informatique, implantée à Cupertino (Californie), fondée en 1976 par Steve Jobs et Steve Wozniak. Apple a amélioré l'ergonomie et la convivialité dans l'utilisation du micro-ordinateur, notamment avec la gamme Macintosh (1984), et a également développé l'usage du baladeur numérique avec l'iPod (2001), du « téléphone intelligent » avec l'iPhone (2007) et de la tablette tactile avec l'iPad (2011).

applet [aplɛt] **n. f. (mot anglais des États-Unis) anglic., inform.** Petite application qui se télécharge lors de la consultation de certains sites Internet. - syn. **applette, appliquette.**

Appleton (sir Edward Victor) Physicien britannique (1892-1965). Il mit en évidence et étudia l'ionosphère, partie de la haute atmosphère qui réfléchit certaines ondes électromagnétiques. Prix Nobel 1947.

appli voir **application**

applicabilité n. f. didact. Possibilité d'être appliqué. *L'applicabilité d'une théorie.*

applicable adj. Qui peut être appliqué (à qqn, qqch.).

applicage n. m. techn. Action d'appliquer un ornement sur un objet.

applicateur, trice adj. Qui sert à appliquer, à mettre en place. *Tampon applicateur.* – **n. m.** *Un applicateur.*

application n. f. (du latin → appliquer) **I. 1.** Action de mettre une chose sur une autre de manière qu'elle la recouvre et y adhère. *Pommade à utiliser en applications locales.* **2.** fig. Action de faire porter sur qqch. *Point d'application d'une force.* – math. Relation établie sur deux ensembles, telle qu'à tout élément du premier corresponde un seul élément du second (→ **fonction**). ■ Utilisation. *L'application des sciences à l'industrie.* ■ souvent au plur. Utilisation possible, cas d'utilisation. *Les applications d'une découverte scientifique.* **3.** Mise en pratique. *Mettre une théorie en application. Entrer en application.* **4.** inform. Programme conçu pour répondre à un ensemble de besoins précis (traitement de texte, graphisme...). - abrév. **appli, app.** *Les applis, les apps d'un smartphone.* **II.** Action d'appliquer son esprit, de s'appliquer ; qualité d'une personne appliquée. → **attention, concentration, soin.** *Travailler avec application.* – *Application à faire qqch.*

applique n. f. **1.** Ce qui est appliqué, fixé, plaqué sur un objet (pour l'orner ou le rendre solide). **2.** Appareil d'éclairage fixé au mur.

appliquer v. tr. < 1 > (du latin, de *ad-* et *plicare* → plier) **1.** Mettre (une chose) sur (une autre) de manière à recouvrir, adhérer ou laisser une empreinte. *Appliquer une couche de peinture sur une surface.* → **étendre. 2.** fig. Faire servir (pour telle ou telle chose). → **employer, utiliser.** *Appliquer un traitement à une maladie.* ■ *Appliquer un nom à qqn.* → **attribuer, donner.** ■ littér. *Appliquer son esprit à l'étude* (→ **appliqué, II**). **3.** Mettre en pratique. *Appliquer le règlement.* ■ **s'appliquer v. pron. I. 1.** Se placer, être appliqué. *Peinture qui s'applique au rouleau.* **2.** fig. Être adapté, applicable (à). → **convenir.** *Cette remarque s'applique à tout le monde.* → **concerner. II.** Apporter une attention soutenue (à qqch.), prendre soin (de faire qqch.). → s'employer. – absolt Travailler avec zèle, application. *Enfant qui s'applique.* ■ **appliqué, ée adj. I. 1.** Placé (sur, contre). *Un coup bien appliqué.* **2.** Mis en pratique. *Sciences appliquées* (opposé à *pur*). *Recherche appliquée* (opposé à *fondamental*). *Les arts appliqués,* à vocation utilitaire. **II.** Qui s'applique. *Élève appliqué.* → **studieux, travailleur.**

appoggiature [apɔ(d)ʒjatyʀ] **n. f.** (de l'italien ; famille de *appuyer*) mus. Note d'agrément placée devant une note principale pour la mettre en valeur. - var. **appogiature.**

appoint n. m. **1.** Complément d'une somme en petite monnaie. *Faire l'appoint,* ajouter ce complément, et, par ext., régler exactement la somme due. **2.** fig. Ce qu'on ajoute à une chose pour la compléter. → **complément, supplément.** – *D'appoint* **loc. adj. invar.** *Salaire d'appoint. Chauffage d'appoint.*

appointé n. m. (Suisse) Soldat de première classe.

appointements n. m. pl. Rétribution fixe attachée à un emploi régulier (surtout pour les employés). → **salaire.**

appointer v. tr. < 1 > (de *point* n. m.) Donner des appointements à (qqn). → **payer, rétribuer.**

Appomattox Localité des États-Unis, en Virginie. Les généraux Lee et Grant y signèrent la reddition des troupes confédérées, mettant fin à la guerre de Sécession (9 avril 1865).

appontement n. m. (famille de *pont*) Plateforme sur pilotis le long de laquelle un navire vient s'amarrer.

apponter v. intr. (de [1]*a-* et *pont*) (avion, hélicoptère) Se poser sur la plateforme d'un porte-avion. → **atterrir.** □ **n. m. appontage**

Apponyi (Albert) Homme politique hongrois (1846-1933). Chef de l'opposition nationaliste et conservatrice, il représenta la Hongrie à la SDN.

apport n. m. **1.** Action d'apporter. *Apport de capitaux.* **2.** Ce qu'on apporte ; bien apporté. dr. *Apports en communauté* : biens que chacun des époux apporte à la communauté. – fin. Biens apportés par l'actionnaire. **3.** Ce qui est apporté (à l'organisme) par la nutrition. **4.** fig. Contribution positive.

apporter v. tr. < 1 > (du latin, de *ad-* et *portare* → [1]porter) **I. concret 1.** *Apporter qqch. à qqn,* porter (qqch.) au lieu où est qqn. *Allez me chercher ce livre et apportez-le-moi. Apporter qqch. et amener* qqn.* – Porter avec soi en venant. *Le facteur apporte le courrier.* **2.** Fournir pour sa part. *Apporter son écot.* – loc. *Apporter sa pierre à l'édifice*.* **II. abstrait 1.** Employer, mettre. *Il y apporte tout son enthousiasme.* **2.** Donner, fournir un élément de connaissance. *Apporter des nouvelles.* → **apprendre.** *Son intervention n'apporte rien.* **3.** Fournir (ce qu'on a produit, ce qu'on a fait naître). *Apporter un soulagement à une douleur.* **4.** (choses) Être la cause de (qqch.). *Les changements que l'automobile a apportés dans la vie quotidienne.* → **amener, entraîner, produire.**

apporteur, euse n. et adj. fin. Personne ou entreprise qui apporte une part de capital dans une société. – **adj.** *Société apporteuse.*

apposer v. tr. < 1 > (→ poser) Poser, mettre. *Apposer une plaque sur un mur.* – *Apposer sa signature* : signer. – dr. *Apposer les scellés.*

apposition n. f. **1.** Action d'apposer. **2.** gramm. Procédé par lequel deux termes (noms, pronoms ; propositions) sont juxtaposés sans lien (ex. verre ballon) ; le terme juxtaposé. *L'apposition sert de qualification.*

appréciable adj. **1.** Qui peut être perçu, évalué. *Une différence à peine appréciable.* → **perceptible, sensible, visible. 2.** Assez considérable. → **important, notable.** *Changement appréciable.* **3.** Digne d'estime, de considération. *Des qualités appréciables.* □ **n. f. appréciabilité**

appréciateur, trice adj. et n. Qui est capable d'apprécier, d'évaluer.

appréciatif, ive adj. Qui marque l'appréciation. → **estimatif.**

appréciation n. f. **1.** Action d'apprécier, de déterminer le prix, la valeur (de qqch.). → **estimation, évaluation. 2.** Fait de juger. → **jugement.** *Soumettre une décision à l'appréciation de qqn.* ■ Opinion. *Noter ses appréciations dans la marge.* → **note, observation.** *Une appréciation favorable.*

apprécier v. tr. < 7 > (du latin, de *ad-* et *pretiare* → [1]priser, prix) **I. 1.** didact. Déterminer le prix, la valeur de (qqch.). → **estimer, évaluer. 2.** Déterminer approximativement, par les sens. *Apprécier une distance.* **3.** Porter un jugement favorable sur ; aimer, goûter. *Apprécier un plat. Je n'apprécie pas beaucoup ses façons.* – *Elle a su se faire apprécier.* **II. v. pron.** (monnaie) *S'apprécier* : augmenter de valeur (s'oppose à *se déprécier*). *L'euro s'est apprécié vis-à-vis du dollar.*

appréhender v. tr. < 1 > (du latin → apprendre) **I. 1.** Saisir au corps. → **arrêter.** *La police a appréhendé le voleur.* **2.** philos. Saisir par l'esprit. **II.** Envisager (qqch.) avec crainte, s'en inquiéter par avance. → **craindre, redouter ; appréhension.** *Il appréhende cet examen.*

appréhension n. f. (du latin → appréhender) **I.** didact. Fait de saisir par l'esprit. **II.** Action d'envisager qqch. avec crainte ; crainte vague, mal définie. → **anxiété, inquiétude.**

apprenant, ante n. Personne qui apprend (spécialt une langue).

apprendre v. tr. < 58 > (vient du latin pop., du latin class. *apprehendere* → appréhender, de *prehendere* → prendre) **I.** (sens subjectif) **1.** Être avisé, informé de (qqch.). *Apprendre une nouvelle par la radio.* **2.** Chercher à acquérir (un ensemble de connaissances) par un travail intellectuel ou par l'expérience. *Apprendre un texte par cœur. Apprendre l'italien.* – absolt *Apprendre facilement.* **3.** *Apprendre à* (+ inf.) : se rendre capable de. *Apprendre à lire, à écrire, à conduire.* **II.** (sens objectif) **1.** *Apprendre qqch. à qqn,* porter à sa connaissance. → **avertir** de. *Je viens vous apprendre son arrivée, qu'il est arrivé.* → **informer. 2.** Donner la connaissance, le savoir, la pratique de (qqch.). → **enseigner.** *Apprendre le français à un ami étranger. Il m'apprend à faire du ski.* – *Ce livre m'a beaucoup appris.* – loc. *Cela lui apprendra à vivre* : cela lui servira de leçon. **3.** pronom. Être appris. *Il y a des choses qui ne s'apprennent pas.*

apprenti, ie n. (→ apprendre) **1.** Personne qui est en apprentissage. → [2]**aide, stagiaire.** – *Apprenti maçon.* **2.** Personne qui s'instruit auprès d'un maître ; débutant, novice. **3.** loc. ***Apprenti sorcier*** : personne qui déchaîne des évènements dont elle n'est pas capable d'arrêter le cours.

apprentissage n. m. **1.** Fait d'apprendre un métier manuel ou technique ; ensemble des activités de l'apprenti. → **formation, instruction.** *Elle est en apprentissage chez un encadreur. Centre d'apprentissage. Contrat d'apprentissage.* **2.** littér. Premières leçons, premiers essais. → **initiation.** *L'apprentissage de la patience.* – *Faire l'apprentissage de qqch.,* s'y initier. **3.** psychol. Modifications durables du comportement d'un sujet grâce à des expériences répétées. *Courbes d'apprentissage.*

▶ L'**apprentissage** (3) est un sujet d'études interdisciplinaire à la frontière entre sciences de l'éducation et sciences cognitives, bordées elles-mêmes par la psychologie, les neurosciences, l'éthologie et l'intelligence artificielle. Il n'existe pas de théorie générale de l'apprentissage, mais ces disciplines parviennent à en donner des représentations de plus en plus précises.

L'apprentissage n'est pas seulement un processus d'accumulation de connaissances ou de compétences, mais plus généralement un processus complexe d'élaboration du savoir à base de déconstructions-reconstructions, de renforcements

et de perturbations, d'oublis et d'inhibitions. Qu'ils soient conscients ou inconscients, les processus d'apprentissage sont très dépendants de facteurs émotionnels et affectifs. Ces derniers conditionnent par exemple la motivation, l'intérêt et la curiosité.
L'apprentissage peut se concevoir comme une réorganisation du réseau de *conceptions,* sortes de briques élémentaires du savoir. Le néologisme *apprenant* est alors préféré au terme *élève,* dénotant le passage d'une vision d'un sujet passif à celui d'une personne *auteur* de son apprentissage (sans toutefois réduire l'importance de l'enseignant : *« On apprend seul, mais pas tout seul »*).
On apprend par de nombreux procédés : répétition, imitation, imprégnation, conditionnement, essais-erreurs, observation, association, expérimentation, modélisation, discussion... Toutes les méthodes pédagogiques ne se valent pas pour autant. Leur efficacité est notamment dépendante des individus, des situations d'apprentissage et des objectifs fixés ; d'où l'importance de croiser plusieurs approches différentes.
voir aussi **cerveau, cognition, QI.**

apprêt n. m. (→ apprêter) **I. 1.** vieilli Action, manière d'apprêter. **2.** techn. Opération que l'on fait subir aux matières premières (cuirs, textiles) avant de les travailler ou de les présenter. → **apprêtage. 3.** Substance qui sert à apprêter (colle, empois, gomme, enduit). **II.** fig. Manière affectée d'agir ou de s'exprimer. → **[1]affectation.**

apprêtage n. m. techn. Action d'enduire d'apprêt (les étoffes, le feutre, etc.).

apprêté, ée adj. Qui est trop étudié, peu naturel. → **affecté.** *Style apprêté.*

apprêter v. tr. < 1 > (du latin pop. → [1]prêt.) **1.** vieux ou littér. Rendre prêt, préparer. → **accommoder. 2.** techn. Soumettre à un apprêt. *Apprêter des étoffes, des cuirs, des peaux, du papier,* pour leur donner l'apparence, la consistance voulue. ■ **s'apprêter** v. pron. **1.** Se préparer (à). *S'apprêter au départ, à partir.* → se **disposer. 2.** Se préparer, préparer sa toilette.

apprivoiser v. tr. < 1 > (vient du latin pop., de *privatus* « personnel » → **privé**) **1.** Rendre moins craintif ou moins dangereux (un animal), rendre familier. → **domestiquer.** – au p. p. *Ours apprivoisé.* **2.** Rendre (qqn) plus docile, plus sociable. → **adoucir, amadouer.** *Elle ne se laisse pas apprivoiser facilement.* ■ **s'apprivoiser** v. pron. **1.** (animaux) Devenir moins sauvage ; (personnes) devenir moins farouche, plus sociable. **2.** fig., littér. *S'apprivoiser à.* → s'**accoutumer,** se **familiariser.** *Je commence à m'apprivoiser à cette idée.* □ **adj. apprivoisable** □ **n. m. apprivoisement**

approbateur, trice (du latin → approuver) **1.** n. littér. Personne qui approuve. **2.** adj. *Sourire approbateur.* → **favorable.** *Un silence approbateur.*

approbatif, ive adj. (du bas latin → approuver) Qui marque l'approbation. → **approbateur.** □ **adv. approbativement**

approbation n. f. (du latin → approuver) **1.** Fait d'approuver ; accord que l'on donne. → **acceptation, acquiescement, adhésion, agrément, assentiment, autorisation, consentement.** *Le préfet a donné son approbation à la délibération du conseil.* **2.** Jugement favorable ; témoignage d'estime ou de satisfaction. *Manifester son approbation.*

approchable adj. Dont on peut approcher. → **abordable, accessible.**

approchant, ante adj. vieilli Qui se rapproche de. → **proche, voisin** de. ■ mod. *Quelque chose d'approchant.*

approche n. f. **1.** Fait de s'approcher. ***À l'approche de*** : en approchant de. *Le chat s'enfuit à mon approche.* **2. *D'approche*** : par lequel on s'approche. loc. *Travaux d'approche,* démarches intéressées, manœuvres pour arriver à un but. *Lunette d'approche,* qui fait paraître les objets plus proches. – *La procédure d'approche d'un avion avant l'atterrissage.* **3.** au plur. Ce qui est près de. → **abord.** *Les approches d'une ville.* **4.** Fait d'approcher, d'être sur le point de se produire. *L'approche de la nuit. À l'approche, aux approches de la trentaine.* **5.** fig. Manière d'aborder un sujet ; démarche, point de vue. *Ils n'ont pas la même approche de la question.*

approcher v. < 1 > (vient du latin tardif, de *prope* « près de » → **proche**) **I. v. tr. dir. 1.** Mettre près, plus près. *Approcher une chaise de la table.* **2.** Venir près, s'avancer auprès de (qqn). *Ne m'approchez pas !* – Avoir libre accès auprès de (qqn), le voir habituellement. → **côtoyer, fréquenter.** *Une personne qu'on ne peut approcher,* dont l'accès ou fig. la fréquentation est difficile. – fig. *Elle a été approchée par la concurrence.* **II. Approcher de v. tr. ind. 1.** Venir près, plus près de (qqn, qqch.). *N'approche pas du feu.* **2.** Être près de, sur le point d'atteindre. → **[1]toucher** à. *Approcher du but. Approcher de la trentaine.* → **friser.** – fig. *Approcher de la vérité.* **3.** intrans. Être imminent, proche. *La nuit approche.* → **venir.** ■ **s'approcher** (de) v. pron. Venir près, aller se mettre auprès de (qqn, qqch.). *Le navire s'approche du port. Approchez-vous (de moi).* – fig. *S'approcher de la perfection.* ■ **approché, ée adj.** Approximatif. *Résultat approché.*

approfondir v. tr. < 2 > (de *profond*) **1.** Rendre plus profond, creuser plus avant. *Approfondir un fossé.* **2.** fig. Pénétrer plus avant dans une connaissance ; étudier à fond. → **creuser, fouiller.** *Approfondir son sujet.* – absolt *Il n'est pas utile d'approfondir.* ■ **s'approfondir v. pron.** Devenir plus profond. – fig. *Le silence s'approfondit.* ■ **approfondi, ie adj.** *Se livrer à un examen approfondi.*

approfondissement n. m. **1.** Action d'approfondir ; son résultat. **2.** fig. *L'approfondissement d'un sujet.* → **analyse, étude, examen.** – Fait de s'approfondir. *L'approfondissement d'un sentiment avec le temps.*

appropriation n. f. Action de s'approprier une chose. – didact. *Appropriation culturelle :* fait de s'approprier les éléments d'une culture qui n'est pas la sienne.

approprier v. tr. < 7 > (du bas latin → propre) didact. Rendre propre à un usage, une destination. → **adapter.** ■ **s'approprier v. pron.** Faire sien ; s'attribuer la propriété de (qqch.), spécialt de manière illicite. *S'approprier le bien d'autrui.* → **s'emparer** de. *S'approprier une invention,* s'en attribuer la paternité. ■ **approprié, ée adj.** Qui convient. → **adéquat, idoine.** *La méthode appropriée.*

approuver v. tr. < 1 > (vient du latin *approbare,* de *ad-* et *probare* → **prouver ; preuve**) **1.** Donner son accord à (qqch.). *Le conseil a approuvé l'ordre du jour.* → **accepter, entériner, ratifier ; approbation.** – au p. p. (invar.) *Lu et approuvé* (formule au bas d'un acte). **2.** Juger bon, trouver louable. *Approuver l'attitude de qqn.* – *J'approuve qu'il prenne des initiatives.* ■ *Approuver qqn,* être de son opinion ; le louer.

approvisionnement n. m. **1.** Action d'approvisionner. → **ravitaillement. 2.** Ensemble des provisions rassemblées.

approvisionner v. tr. < 1 > (→ provision) Fournir de provisions. → **ravitailler.** *Approvisionner la ville en eau.* – au p. p. *Magasin bien, mal approvisionné.* – *Approvisionner un compte en banque,* y déposer de l'argent. ■ **s'approvisionner v. pron.** Se munir de provisions. *S'approvisionner en carburant.* – absolt *S'approvisionner chez l'épicier.* → se **fournir.**

approvisionneur, euse n. et adj. Personne qui approvisionne. → **fournisseur, ravitailleur.**

approximatif, ive adj. **1.** Qui est fait par approximation. *Calcul approximatif.* – *Prix approximatif.* **2.** Imprécis, vague. *Je n'en ai qu'une idée approximative.*

approximation n. f. (du latin tardif, de *ad-* et *proximus* → **proximité**) **1.** Détermination approchée ; estimation par à-peu-près. → **évaluation. 2.** Valeur approchée.

approximativement adv. D'une manière approximative. *Cela fait approximativement 5 %.* → **environ,** à peu **près.**

appui n. m. (de *appuyer*) **I.** Action d'appuyer, de s'appuyer sur qqch. → **soutien.** *Prendre appui sur :* s'appuyer sur. – ***Hauteur d'appui :*** hauteur suffisante pour s'appuyer sur le coude. *Une fenêtre à hauteur d'appui.* ■ ***Point d'appui*** : point sur lequel une chose s'appuie. *Le point d'appui d'une poutre.* – milit. Position sur laquelle s'appuie une armée, une flotte. → **base. II.** (Ce qui sert à soutenir) **1.** → **soutien, support.** *Appui pour le coude* (→ **accoudoir**), *la tête* (→ **appuie-tête**). *L'appui d'une fenêtre,* partie où l'on peut s'accouder. **2.** fig. Soutien moral ou aide matérielle. → **[1]aide, assistance, protection.** *Vous pouvez compter sur mon appui.* – milit. *Appui tactique, aérien.* **3.** ***À l'appui de*** loc. prép. : pour appuyer, confirmer. *À l'appui de cette hypothèse elle cite plusieurs auteurs.* – *Avec preuves à l'appui.*

appuie-bras n. m. invar. Support pour appuyer le bras, dans une voiture. → **accoudoir.**

appuie-tête n. m. **1.** Dispositif destiné à soutenir la tête. **2.** Tissu orné qui protège l'étoffe d'un siège, à l'emplacement de la tête. *Des appuie-têtes.*

appuyer v. < 8 > (vient du latin pop., de *podium* « support » → **puy**) **I. v. tr. 1.** Soutenir ou faire soutenir, supporter. *Appuyer* (une chose) *contre, à,* la placer contre une autre. *Appuyer une échelle contre un mur.* → **adosser.** – *Appuyer qqch. sur...* → **mettre, poser.** *Appuyer ses coudes sur la table.* **2.** fig. Soutenir, rendre plus ferme, plus sûr. *Il appuie ses assertions sur des preuves solides.* **3.** Fournir un moyen d'action, une protection, un soutien à (qqn). → **aider, patronner, protéger, recommander.** *Appuyer un candidat à une élection.* → **soutenir.** – *Appuyer la demande de qqn.* **4.** Appliquer, presser (une chose sur, contre une autre). *Appuyer le pied sur la pédale.* **II. v. intr. 1.** Être soutenu ; être posé sur. *La voûte appuie sur les arcs-boutants.* → **[2]reposer. 2.** Peser plus ou moins fortement sur. → **presser.** *Appuyez sur le bouton.* **3.** Mettre l'accent sur. *Appuyer sur un mot en parlant.* – fig. → **insister. 4.** Prendre une direction. *Appuyez sur la droite, à droite.* → se **diriger.** ■ **s'appuyer v. pron. 1.** S'aider, se servir comme d'un appui, d'un soutien. *Appuyez-vous sur mon bras.* **2.** fig. S'aider de, se reposer sur qqn, qqch. *Vous pouvez vous appuyer entièrement sur lui.* → **compter.** – *S'appuyer sur son expérience.* → se **fonder,** se **référer. 3.** fam. *S'appuyer une corvée,* la faire contre son gré. – *S'appuyer qqn,* devoir le supporter. ■ **appuyé, ée adj. 1.** *Regard appuyé,* insistant. **2.** Qui est exprimé en appuyant (II, 3). *Plaisanterie appuyée.*

apraxie n. f. (du grec, de *prattein* « agir » → **[1]pratique**) didact. Incapacité d'exécuter des mouvements volontaires adaptés à un but, sans lésion motrice ou sensorielle.

âpre adj. (vient du latin *asper* → **aspérité, exaspérer**) **1.** littér. Qui a une rudesse désagréable. *Un vent âpre.* ■ cour. *Goût âpre,* rude, qui racle la gorge. – *Vin âpre.* → **râpeux.** – *Voix âpre.* **2.** fig. Dur, pénible. *« l'âpre et sauvage poursuite »* (Hugo). **3.** loc. *Âpre au gain,* avide.

âprement adv. Avec une énergie dure. *Une victoire âprement disputée.* → **farouchement.**

après (vient du latin *ad pressum* → **presser**) **I. prép. 1.** (postériorité dans le temps) (opposé à *avant*) *Le printemps vient après l'hiver. Ils président l'un après l'autre.* – *Après ce que j'ai fait pour lui, il pourrait être plus aimable !* – *Déjeunons, après quoi nous nous mettrons en route.* – ***Après que*** (+ indic.) loc. conj. *« Il faut bonne mémoire après qu'on a menti »* (Corneille). (bien que critiqué, l'emploi du subj. est fréquent) – ***Après*** (+ inf. passé). *Après avoir dîné, nous sommes sortis.* – ***Après coup*** loc. adv. : après l'évènement. → **a posteriori.** *Je n'ai compris qu'après coup.* **2.** (postériorité dans l'espace) *Tournez à gauche après le pont.* ■ Derrière (qqn qui se déplace). *Après vous, je vous en prie,* formule de politesse. – *Le chien aboie après les passants.* → **contre.** ■ *Courir après qqn,* pour le rejoindre, le rattraper. – *Courir après son argent.* **3.** (mouvement de recherche) *Soupirer après qqch., qqn.*

– *Être après qqn,* le suivre partout, le harceler. → **importuner.** – *Elle s'acharne après lui.* **4.** (subordination dans un ordre, une hiérarchie) *Après le lieutenant vient le sous-lieutenant.* → **sous. 5.** *Après tout* **loc. adv. :** après avoir tout considéré, envisagé. *Après tout, cela m'est égal.* → en **définitive,** au **fond. 6.** *D'après* **loc. prép. :** à l'imitation de. → **selon, [1]suivant.** *Peindre d'après nature.* – En se référant à. *D'après les journaux, il se serait enfui. D'après moi,...* **II. adv.** *Vingt ans après.* → plus **tard.** *Ce qui se passa après.* → **ensuite.** *Aussitôt après. Peu de temps après.* – *La page d'après* (→ **[2]suivant).** – *Ci-après* **loc. adv. :** plus loin (dans un texte). → ci-**dessous, infra.** – *Et après ?* (pour engager qqn à poursuivre ; pour marquer l'indifférence ou le défi). *Ça ne vous convient pas ? et après ?* **III. n. m.** *L'après :* l'avenir, le futur.

après- Élément de formation qui, devant un nom propre ou un substantif faisant référence à une époque, marque la postériorité. *L'après-Mitterrand.*

après-demain adv. Au jour qui suivra demain (→ **surlendemain).** *Revenez après-demain. À après-demain !*

après-guerre n. m. ou f. Période qui suit une guerre. *Des après-guerres.*

après-midi n. m. ou f. Partie de la journée comprise entre le déjeuner et le dîner. *Passez cet après-midi, cette après-midi.* → **tantôt.** *Des après-midis* ou *des après-midi* (invar.). – appos. *Lundi après-midi.* - abrév. fam. **aprèm.**

après-rasage n. m. Lotion rafraîchissante calmant l'irritation causée par le rasage. → **after-shave.** *Des après-rasages.* – **adj.** *Lotions après-rasages* ou *après-rasage* (invar.).

après-shampoing n. m. Produit destiné à démêler et embellir les cheveux, que l'on applique après le shampoing. *Des après-shampoings.* - var. **après-shampooing.** *Des après-shampooings.*

après-ski n. m. Bottillon chaud que l'on chausse lorsqu'on ne skie pas, aux sports d'hiver. *Des après-skis* ou *des après-ski* (invar.).

après-soleil n. m. invar. ou RO **n. m.** Produit hydratant que l'on applique sur la peau après l'exposition au soleil.

après-vente adj. *Service après-vente* (SAV) : services d'entretien assurés par un commerçant, une firme, après la vente d'un appareil. → **maintenance.** *Des services après-ventes* ou *après-vente* (invar.).

âpreté n. f. (vient du latin *asperitas* → **âpre) 1.** littér. Rudesse désagréable de ce qui est âpre. *L'âpreté de l'hiver.* – *L'âpreté d'un vin.* **2.** fig. Caractère dur, pénible, rude ou violent. *L'âpreté d'un reproche.*

a priori loc. adv., loc. adj. invar. et n. m. invar. (loc. latine, de *prior* → **priorité) 1.** En partant de données antérieures à l'expérience. – **loc. adj. invar.** *Argument a priori,* non fondé sur les faits (contr. *a posteriori*). – **n. m. invar.** *Se fonder sur des a priori.* → **préjugé. 2.** Au premier abord, avant toute expérience. *A priori, c'est une bonne idée.* - var. RO **à priori loc. adv. et loc. adj. invar. ;** RO **apriori n. m.**

apriorisme n. m. didact. Caractère de ce qui est posé a priori. □ **adj. aprioriste**

à-propos n. m. Ce qui vient à propos, opportunément. → **convenance, pertinence.** – loc. *Esprit d'à-propos :* présence d'esprit.

apsara n. f. (mot sanskrit) Nymphe de la mythologie hindouiste.

apside n. f. (du latin, du grec *hapsis, -idos* « voûte » → **abside)** astron. *Ligne des apsides :* grand axe de l'orbite elliptique d'une planète.

Apt Chef-lieu d'arrondissement du Vaucluse. 10 889 habitants. Ancienne cité gallo-romaine. La cathédrale Sainte-Anne du XIe ou XIIe s. conjugue des éléments romans et gothiques. Agroalimentaire.

apsara

Apsaras du temple du Bayon à Angkor (XIIe s.), musée Guimet, Paris.

apte adj. (latin *aptus,* de *apere* « lier » cf. **inepte) 1.** dr. Qui détient une capacité, un droit (→ **aptitude, 1). 2.** Qui a des dispositions (pour faire qqch.). *Être apte à faire de bonnes études.* → **capable.** *Être apte au travail.*

aptère adj. (→ **[2]a-** et **-ptère)** didact. Sans ailes. *Insecte aptère.*

aptéryx n. m. (grec *pterux* « aile » → **aptère)** zool. Oiseau coureur de Nouvelle-Zélande, appelé communément *kiwi.*

aptitude n. f. (du bas latin → **apte) 1.** dr. Capacité légale, juridique. **2.** Disposition naturelle. → **penchant, prédisposition.** *Aptitude à* (ou *pour*) *qqch., faire qqch.* **3.** Capacité acquise et reconnue. *Avoir les aptitudes requises pour exercer un métier.* → **capacité, qualification.** *Certificat d'aptitude professionnelle* (CAP).

Apulée Écrivain latin du IIe s. Outre ses travaux de rhéteur et de philosophe, il est l'auteur du seul roman latin qui ait été intégralement conservé, *Les Métamorphoses* ou *L'Âne d'or,* d'une imagination parodique puissante.

Apulie n. f. Ancienne province du S.-E. de l'Italie. Colonisée par les Grecs qui y fondèrent Tarente, elle fut soumise par Rome en –317.

apurer v. tr. < 1 > (de *pur*) fin. Reconnaître (un compte) exact. □ **n. m. apurement**

Apurímac n. m. Rivière du Pérou (885 km), branche mère de l'Ucayali (affluent de l'Amazone). Canyon le plus profond du monde (3 084 m de dénivellation).

Apuseni (monts) Montagne de Roumanie, formant la majeure partie des Carpates occidentales. Le massif de Bihor, au centre, en constitue la partie la plus élevée (1 849 m).

apyrétique adj. (latin, du grec, de *puretos* « fièvre ») Qui n'est pas accompagné de fièvre, n'a pas de fièvre.

apyrexie n. f. (grec → **pyrexie)** méd. Absence de fièvre (entre deux accès).

Aqaba voir **Akaba**

Aqmi (al-Qaida au Maghreb islamique) Organisation terroriste islamiste fondée en Algérie puis affiliée à al-Qaida en 2007. Elle opère dans les pays du Maghreb et du Sahel.

Aqmola voir **Astana**

Aqpa (al-Qaida dans la péninsule Arabique) Organisation terroriste islamiste issue de la fusion en 2009 des branches saoudienne et yéménite d'al-Qaida. Elle opère principalement au Yémen mais a revendiqué les attentats qui ont frappé la France en janvier 2015.

Aqtöbe Ville de l'O. du Kazakhstan. 253 000 habitants. Industries.

aqua- [akwa] Élément (du latin *aqua* → **eau)** qui signifie « eau ». - var. **aqui-** [akwi].

aquabike [akwabajk] **n. m.** (marque déposée ; mot anglais, de *aqua-* et *bike* « vélo ») anglic. Sorte de vélo fixe que l'on immerge pour faire de l'exercice. ■ Activité sportive ainsi pratiquée. - REM. Dans ce sens, on emploie aussi **aquabiking** [akwabajkiŋ] **n. m.**

aquacole adj. (→ **-cole)** didact. **1.** Qui vit dans l'eau. **2.** Qui se rapporte à l'aquaculture. - syn. **aquicole.**

aquaculture n. f. 1. Élevage commercial d'espèces aquatiques. **2.** Culture des plantes aquatiques. - syn. **aquiculture.** □ **n. aquaculteur, trice** - syn. **aquiculteur, trice.**

aquafortiste n. (de l'italien ; cf. *eau-forte*) Graveur, graveuse à l'eau-forte.

aquagym n. f. (n. déposé ; de *aqua-* + *gym*) Gymnastique pratiquée dans l'eau.

aquamanile n. m. (du latin, de *aqua* « eau » et *manus* « main ») didact. Aiguière munie d'un bassin pour se laver les mains.

aquanaute n. (de *aqua-* et *-naute,* d'après *astronaute, cosmonaute*) Spécialiste des expéditions sous-marines (syn. **océanaute).**

aquaplane n. m. (de *aqua-* et *planer*) Planche tirée par un canot et sur laquelle on se tient debout en s'aidant d'une corde. – Sport pratiqué avec cette planche.

aquaplaning [akwaplaniŋ] **n. m.** (faux anglicisme formé sur *aquaplane*) Perte d'adhérence des roues d'un véhicule sur une chaussée mouillée. - recomm. offic. **aquaplanage.**

aquaponie n. f. (de *aquaculture* et *hydroponie*) Culture hors sol de plantes terrestres (→ **hydroponie)** reliée en circuit fermé à l'élevage d'espèces aquatiques (→ **aquaculture).**

aquarelle n. f. (de l'italien, de *aqua* « eau ») Peinture légère sur papier avec des couleurs transparentes délayées dans de l'eau. *Faire de l'aquarelle.* – *Une aquarelle de Klee.*

aquarellé, ée adj. Exécuté ou rehaussé à l'aquarelle.

aquarelliste n. Peintre à l'aquarelle.

aquariophilie n. f. Élevage en aquarium des poissons d'ornement (pratiqué par un **aquariophile, n.).**

aquarium [akwaʀjɔm] **n. m.** (mot latin → **évier)** Réservoir à parois de verre dans lequel on entretient des plantes et des animaux aquatiques (poissons, etc.). *Des aquariums.*

aquathlon n. m. (de *aqua-,* d'après *pentathlon*) Épreuve sportive consistant à enchaîner un parcours de natation et une course à pied.

aquatinte n. f. (de l'italien *aqua* « eau* » et *tinta* → **teindre)** Gravure à l'eau-forte imitant le lavis.

aquatique adj. (du latin → **aqua-) 1.** Qui croît, vit dans l'eau ou au bord de l'eau. **2.** *Centre, parc aquatique,* qui propose des activités en relation avec l'eau. → **nautique.**

aquavit [akwavit] **n. m.** (du suédois « eau de vie ») Eau-de-vie scandinave parfumée d'épices. - var. **akvavit.**

aquazole n. m. (n. déposé, de *aqua-* et *[ga]zole*) Carburant composé d'une émulsion d'eau et de gazole.

Arabes (conquêtes)

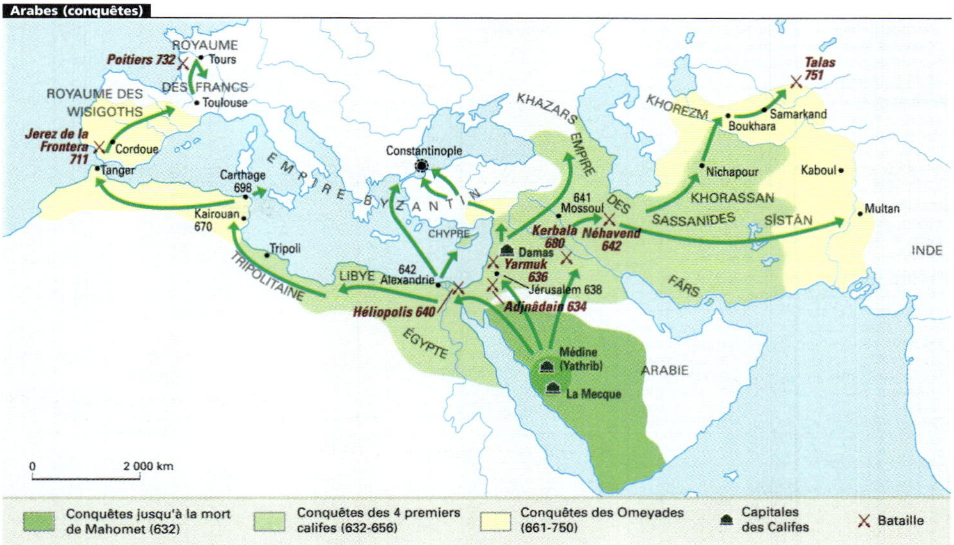

aqueduc n. m. (du latin, de *ducere* → conduire) **1.** Canal destiné à capter et à conduire l'eau d'un lieu à un autre. **2.** anat. Conduit qui fait communiquer certaines parties d'organes. *Aqueducs de l'oreille.*

L'aqueduc romain El Águila, à Nerja (Espagne).

aqueux, euse adj. (du latin → aqua-) sc. De la nature de l'eau ; qui contient de l'eau. *Fruit aqueux.* – chim. *Solution aqueuse,* dont le solvant est l'eau. □ n. f. **aquosité**

à quia voir quia (à)

aquicole, aquiculteur, aquiculture voir aquacole, aquaculteur, aquaculture

aquifère [akɥifɛʀ] adj. (du latin *aqua* et de -*fère*) Qui contient de l'eau. *Les tissus aquifères des plantes grasses.* – n. m. Terrain perméable, poreux, permettant l'écoulement d'une nappe souterraine et le captage de l'eau.

Aquila (L') Ville d'Italie, chef-lieu de la Région Abruzzes. 68 500 habitants. Basilique Santa Maria di Collemaggio (XIIIe s. ; façade polychrome du XIVe s.). Basilique Saint-Bernardin du XVe s. Industries chimiques et électromécaniques.

Aquilée Ville d'Italie (Frioul-Vénétie Julienne), sur l'Adriatique. 3 330 habitants. Vestiges romains. Basilique romane du XIe s. remaniée.

aquilin, ine adj. (du latin, de *aquila* → aigle) *Nez aquilin,* fin et busqué.

aquilon n. m. (du latin « vent du nord », p.-ê. famille de *aquila* « aigle ») poét. Vent du nord, froid et violent.

Aquin (Hubert) Écrivain canadien [québécois] (1929-1977). Militant indépendantiste, il exprima dans une œuvre véhémente ses aspirations à la « révolution du Québec ». *Prochain Épisode.*

Aquin (Thomas d') voir Thomas d'Aquin

Aquino (Benigno junior, dit Ninoy) Homme politique philippin (1932-1983). Il fut le principal chef de l'opposition à F. Marcos. Son assassinat, unissant les forces d'opposition, précipita la chute du régime.

Aquino (Corazón, dite Cory), née Cojuangco Femme d'État philippine (1933-2009). Épouse de B. Aquino, elle fut présidente de la République (1986-1992).

aquitain (Bassin) Région sédimentaire de la France située entre le Massif armoricain, le Massif central, les Pyrénées et l'océan Atlantique. Il correspond approximativement aux bassins de la Garonne et de ses affluents. Son climat, chaud et tempéré par les influences océaniques, favorise la polyculture et l'élevage traditionnels.

Aquitaine n. f. Région historique du sud-ouest de la France. L'une des quatre provinces de la Gaule romaine, elle fut conquise par les Wisigoths (418), puis rattachée au royaume franc après la victoire de Clovis à Vouillé (507). Royaume carolingien à partir de 781, puis érigée en duché, l'Aquitaine revint au Xe s. à la maison de Poitiers. Agrandie de la Gascogne (1058), elle passa aux Plantagenêts par le mariage d'Aliénor d'Aquitaine avec Henri II (1152). Disputée entre l'Angleterre et la France, l'Aquitaine, ou *Guyenne,* fut reconnue possession anglaise par Saint Louis au traité de Paris (1259). Elle fut définitivement reconquise par la France à la victoire de Castillon (1453).

Aquitaine Anc. région administrative de la France (jusqu'en 2015). → **Nouvelle-Aquitaine.**

aquoibonisme n. m. (de *à quoi bon*) littér. Tendance au défaitisme et à l'abandon. □ n. et adj. **aquoiboniste**

Ar Symbole chimique de l'argon.

ara n. m. (mot tupi) Grand perroquet d'Amérique centrale et méridionale.

arabe adj. et n. (mot arabe, par le latin) **1.** Des Arabes. – n. *Arabe musulman. Arabe chrétien.* – spécialt Maghrébin. ■ n. m. *L'arabe :* langue sémitique du groupe méridional, divisée en nombreuses formes dialectales. *L'arabe classique, littéraire. L'arabe égyptien, algérien.* **2.** Issu de la civilisation arabe. *Calligraphie arabe.* – *Chiffres arabes :* les dix signes de la numération (opposé à *romain*).

Arabes Nom donné aux populations de langue et de culture arabes. Originaires de la péninsule Arabique, les Arabes sont aujourd'hui établis dans cette péninsule mais également au Moyen-Orient (Syrie, Irak, Jordanie...) et en Afrique du Nord, où demeurent cependant des minorités ethniques non arabisées (Berbères, Kurdes...). La grande majorité des Arabes sont musulmans sunnites, mais il existe des minorités religieuses de langue arabe (chiites, druzes, alawites, coptes, juifs...).

▶ À l'époque antéislamique, les **Arabes** faisaient déjà des incursions fréquentes dans les pays du Croissant fertile ou gardaient les frontières des Perses et des Byzantins. Mahomet, prophète de l'islam mais aussi grand chef politique et militaire, unifia la majeure partie de la péninsule Arabique. Dès le califat d'Abu Bakr (632-634), ses successeurs, à la tête d'armées animées par l'enthousiasme religieux et l'appétit de conquête, profitent de l'affaiblissement des empires byzantin et perse pour étendre le *Dar el Islam.* En un siècle, de la mort de Mahomet au milieu du VIIIe siècle, ils constituent un vaste empire qui s'étend de l'Indus à l'Atlantique.

Omar (634-644) s'empare de la Palestine et de la Syrie (635-638), de la Perse, de la Mésopotamie (642) et de l'Égypte (643). Les conquêtes se poursuivent sous les Omeyades (661-750), en direction de l'est (Kaboul, 664 ; Samarkand, 712) jusqu'en Inde (prise du Sind, 712), et de l'ouest : la conquête du Maghreb est achevée à la fin du VIIe siècle (prise de Carthage, 698). En 711, les Arabes conquièrent l'Espagne. Mais leur avance est arrêtée à Poitiers en 732 et ils quittent la Gaule en 759. Les assauts contre Constantinople échouent également. À partir du VIIIe siècle, l'empire se fragmente. Les progrès ultérieurs de l'islam, notamment en Asie, sont surtout le résultat des conquêtes turques (seldjoukides, ottomans) et de l'action des commerçants indiens.

Dans les territoires conquis, le pouvoir et les cadres militaires sont arabes, mais l'administration, le commerce, l'artisanat et les fonctions religieuses restent le plus souvent aux mains des élites locales nouvellement converties. Après les cités, les campagnes et les grands domaines s'arabisent à leur tour. En tant que « gens du Livre » cités dans le Coran, les juifs, les chrétiens et les zoroastriens ont le statut de « protégés » *(dhimmi),* mais ils sont astreints à des obligations, payent des taxes spéciales et ne jouissent pas de droits politiques. Les conversions, par conviction ou par nécessité sociale (commerce), d'abord en nombre restreint, se multiplient sous les Abbassides (750-1258). Les régions moins accessibles (montagnes, déserts) qui ont opposé

A

une forte résistance, gardent en majorité leurs langues et leurs coutumes (Berbères, Kurdes) et donnent parfois naissance à des dynasties spécifiques (Ayyubides, Zirides).

arabesque n. f. (de l'italien, « à la manière arabe ») **1.** Ornement formé de lettres, de lignes, de feuillages entrelacés. **2.** Ligne sinueuse de forme élégante. → **volute.** ■ danse Figure chorégraphique qui évoque une arabesque.

arabica n. m. (du latin → arabique) **1.** bot. Espèce de caféier originaire d'Arabie, la plus cultivée dans le monde. **2.** Café produit par ce caféier.

Arabie n. f. Péninsule désertique de l'extrémité S.-O. de l'Asie, située entre le golfe Arabo-Persique, la mer d'Oman et la mer Rouge. Environ 3 millions de km², et près de 80 millions d'habitants. Le territoire comprend l'Arabie saoudite, le Yémen, Oman, les Émirats arabes unis, le Qatar, Bahreïn et le Koweït qui, depuis les années 1970 (fin des années 1980 pour le Yémen), ont concentré l'essentiel de leur activité autour de l'extraction d'hydrocarbures.

Arabie saoudite

n. f. ■ offic. royaume d'Arabie saoudite Pays de la péninsule Arabique. 2 240 000 km². 33 414 000 habitants (les *Saoudiens*), dont environ 10 millions d'immigrés. **Langue :** arabe. **Religion :** islam sunnite. **Monnaie :** riyal saoudien. **Capitale :** Riyad. **Régime :** monarchie.

GÉOGRAPHIE
Le pays est découpé en quatre régions principales : la plaine bordant la mer Rouge, surplombée par les montagnes du Hedjaz et de l'Asir ; au centre, le Nedjd, massif désertique parsemé d'oasis ; la longue plaine d'Al-Hassa longeant le golfe Persique ; et deux immenses déserts au N. et au S. (Néfoud et Rub' al-Khali). Le climat est continental et aride à l'intérieur, chaud et humide sur le littoral.

ÉCONOMIE
La principale ressource du pays est le pétrole (2ᵉ producteur et 1ᵉʳ exportateur mondial). Depuis 1991, l'Arabie saoudite s'est dotée d'une plus grande capacité de raffinage et d'un vaste réseau d'oléoducs. Aussi joue-t-elle un rôle majeur à l'Opep. Le pays possède aussi de gigantesques réserves de gaz. La pétrochimie est en pleine expansion (5 % du marché mondial), mais les industries légères restent peu développées. L'ambitieux programme d'irrigation du désert mené afin de produire du blé, des fruits, des légumes, des produits laitiers a été délaissé dans les années 2010 au profit de la délocalisation de la production alimentaire, surtout en Afrique. Le pays tire également d'importants revenus du pèlerinage vers la Mecque.

HISTOIRE
En 1901, souhaitant rétablir le royaume de Sa'ūd le Grand (→ Arabie), Ibn Séoud partit à la conquête de la péninsule. En 1926, déjà maître du Hassa et du Nedjd, il ravit la Mecque et Médine aux Hachémites du Hedjaz. En 1932, renonçant au Yémen et au sud de l'Arabie, il instaura le royaume d'Arabie saoudite. Dès lors, les ressources assurées par le pétrole (découvert en 1933), l'institution de l'islam puritain des wahhabites et le contrôle dynastique de la monarchie orientèrent l'histoire du pays. Sous le gouvernement de son fils Ibn Séoud (1953-1964), l'Arabie saoudite rompit les relations diplomatiques avec la France et la Grande-Bretagne lors de la crise de Suez (1956). En 1960, elle devint membre fondateur de l'Opep. Le frère d'Ibn Séoud, Fayçal, au pouvoir depuis 1964, provoqua le premier choc pétrolier à la suite de la guerre israélo-arabe de 1973, et développa, contre le panarabisme du Caire et des partis Baas d'Irak et de Syrie, une politique panislamique. Il fut assassiné en 1975. Ses frères Khaled puis Fahd maintinrent la monarchie dans la même ligne conservatrice, soucieuse avant tout de la sécurité de ses puits de pétrole. Ainsi, ce fut d'Arabie saoudite que partit l'attaque contre l'Irak en janvier 1991 à la suite de l'invasion du Koweït par l'Irak (→ Golfe [guerre du]). Un conflit latent subsista avec l'Iran, opposant orthodoxie sunnite et chiisme. Après les attentats du 11 septembre 2001 et le refus de l'Arabie saoudite d'intervenir en Irak en 2003, les relations se tendirent avec les États-Unis, son principal allié. En 2015, Salmane succéda à son demi-frère Abdallah sur le trône, nomma l'un de ses fils, Mohammed ben Salmane, prince héritier et pratiqua une purge parmi la famille royale, les ministres et les hommes d'affaires. Le prince accorda aux femmes le droit de voter aux élections municipales (2015) et le droit de conduire (2017) mais, dans le cadre de mesures d'intimidation envers les opposants et les dissidents, fut impliqué, en 2018, dans l'assassinat du journaliste Jamal Khashoggi. La lutte d'influence sur le Proche-Orient avec l'Iran amena l'Arabie saoudite, à la tête d'une coalition militaire, à engager une guerre extrêmement meurtrière au Yémen en 2016, en soutien au président sunnite A. Saleh, menacé par des rebelles. La nomination, en 2022, de Mohammed ben Salmane au poste de Premier ministre renforça son pouvoir.

Arabie

Arabi Pacha (Aḥmad 'Arabī al-Ḥusayn) Officier égyptien (1839-1911). Colonel de l'armée égyptienne, puis ministre de la Guerre (1881-1882), il représenta l'une des principales forces d'opposition nationaliste à la présence britannique et française en Égypte.

arabique adj. (du latin → arabe) D'Arabie. *Gomme* arabique.*

Arabique (désert) Désert du N.-E. de l'Afrique (Égypte), entre le Nil et la mer Rouge. Champs pétrolifères.

Arabique (golfe) Ancien nom de la mer Rouge.

arabisant, ante n. Spécialiste de la langue, de la littérature arabes. *Une arabisante.*

arabiser v. tr. <1> Donner un caractère (social, culturel) arabe à. → **aussi islamiser.** □ n. f. **arabisation**

arabisme n. m. **1.** ling. Fait linguistique propre à la langue arabe. **2.** didact. Idéologie nationaliste arabe.

arable adj. (du latin, de *arare* « labourer ») Qui peut être labouré.

arabo- Élément qui signifie « arabe et... ».

arabo-andalou, ouse adj. (de *arabo-* et *andalou*) mus. Se dit des styles de musique classique du Maghreb issus de la musique arabe de l'Espagne.

Arabo-Persique ou **Persique** (golfe) voir **Persique** (golfe)

arabophone adj. et n. (→ -phone) Qui parle arabe.

arac voir **arak**

Aracaju Ville du Brésil, capitale de l'État de Sergipe. 570 900 habitants. Port. Extraction d'hydrocarbures. Industrie chimique (chlore).

arachide n. f. (du latin, du grec) Plante tropicale, cultivée pour ses fruits (graines) qui se développent sous terre. – Graine de cette plante. *Huile d'arachide. Arachides torréfiées.* → **cacahouète.**

Arachné Jeune tisseuse de Lydie, dans la mythologie grecque. Elle fut changée en araignée.

arachnéen, enne [aʀakneɛ̃, ɛn] adj. (grec *arakhnê* → araignée) **1.** didact. Propre à l'araignée. **2.** littér. Qui a la légèreté de la toile d'araignée. *Voile arachnéen.*

arachnide [aʀaknid] n. m. (du grec [→ araignée], par le latin sc.) Arthropode sans pattes abdominales (classe des *Arachnides* ; ex. les acariens, les araignées, les scorpions).

arachnoïde [aʀaknɔid] n. f. (du grec, de *arakhnê* « araignée » et *eidos* → -oïde) anat. Membrane (l'une des trois méninges) située entre la dure-mère et la pie-mère, qui enveloppe le cerveau et la moelle épinière des mammifères. □ adj. **arachnoïdien, ienne**

arachnophobie [aʀaknɔfɔbi] n. f. (du grec *arakhnê* « araignée » et *-phobie*) didact. Phobie des araignées. □ n. et adj. **arachnophobe**

arack voir **arak**

arabesque

Arabesques d'un décor mural de la mosquée du Sheikh Loftollah (Ispahan).

Arad Ville nouvelle d'Israël, au S. d'Hébron, près du site archéologique de Tel Arad. 23 300 habitants.

Arad Ville de Roumanie occidentale, près de la frontière hongroise. 150 700 habitants. Industrie et commerce.

Arafat (Abel Rauf Arafat al-Qudwa, dit Yasser) Homme politique palestinien (1929-2004). Fondateur du Fatah (1959), qu'il lança dans la lutte armée contre Israël en 1965, il prit la tête de l'Organisation de libération de la Palestine en 1969 et fut élu président de l'« État indépendant de Palestine » en 1989. Il s'engagea progressivement sur une ligne modérée qui aboutit, en 1993, à la reconnaissance mutuelle de l'OLP et de l'État d'Israël (accords d'Oslo). En 1994, il devint président de l'Autorité palestinienne. Prix Nobel de la paix 1994, avec S. Peres et Y. Rabin.

Yasser Arafat à Ramallah (2003).

Arafura (mer d') Mer peu profonde qui sépare le N. de l'Australie de la Nouvelle-Guinée.

Arago (François) Astronome, physicien et homme politique français (1786-1853). Il participa au gouvernement provisoire de 1848 et contribua à l'abolition de l'esclavage dans les colonies. Il découvrit, avec Ampère, l'aimantation du fer par le courant électrique, et présenta à l'Académie des sciences l'invention de Daguerre, le daguerréotype, qui consacra les débuts de la photographie (1839).

Aragon (Louis) Poète et écrivain français (1897-1982). Marqué par sa collaboration avec A. Breton, puis avec des membres du groupe Dada, il fonda le mouvement surréaliste (1923), avant d'adhérer au Parti communiste (1927). Ses premiers textes surréalistes *(Anicet ou le Panorama)* firent place à une œuvre romanesque visant à la défense du réalisme socialiste *(Le Monde réel)*. Ses textes d'après-guerre renouent avec le lyrisme de ses débuts, notamment les poèmes adressés à sa femme, Elsa Triolet *(Le Fou d'Elsa)*. Il laisse également quantité d'essais *(Henri Matisse, roman ; Blanche ou l'Oubli)* sur l'art et les conditions de l'artiste au XXe siècle.

Aragon n. m. Ancien royaume et communauté autonome du N.-E. de l'Espagne. 47 669 km^2. 1,32 million d'habitants. Capitale : Saragosse. 3 provinces : Huesca, Teruel, Saragosse. C'est une région montagneuse faite de hauts plateaux et de vallées encaissées. Élevage et agriculture extensive. Cultures arbustives (vigne, olivier), en grande partie dépendantes de l'irrigation. Extraction de lignite. Petit comté chrétien indépendant au IXe s., l'Aragon devint un royaume au XIe s. Il remporta plusieurs victoires sur les Maures et acquit la Catalogne, le Roussillon, le royaume de Valence, la Sicile, puis le royaume de Naples. En 1469, le mariage de Ferdinand d'Aragon avec Isabelle de Castille prépara l'unification de l'Espagne.

Aragón n. m. Rivière d'Espagne, née dans les Pyrénées. Affluent de l'Èbre. 167 km.

aragonite n. f. (de la région *Aragon,* lieu de la découverte) Carbonate de calcium d'une variété cristalline.

Araguaia n. m. Rivière du Brésil (1 902 km), affluent du Tocantino. L'Araguaia enserre l'île de Bananal, la plus grande île fluviale du monde (20 000 km^2).

Araïch (Al-) ou **Larache** Ville du Maroc, dans la région de Tanger-Tétouan, sur l'Atlantique. 125 008 habitants. Agriculture et élevage bovin. Agroalimentaire.

araignée n. f. (vient du latin *araneus,* du grec *arakhnê cf.* arachnéen, arachnide) **1.** Arachnide à quatre paires de pattes, muni de crochets à venin et de glandes productrices de soie. *Toile d'araignée,* réseau que l'animal tisse pour capturer ses proies. **2.** loc. fam. *Avoir une araignée au plafond* : avoir l'esprit quelque peu dérangé. **3.** ***Araignée de mer*** : grand crabe à longues pattes. **4.** Filet de pêche à mailles carrées. **5.** techn. Crochet de fer à plusieurs branches. **6.** Morceau de viande de bœuf. *Un bifteck dans l'araignée.*

Aragon (Louis)

Louis Aragon et Elsa Triolet dans les années 1960.

araire n. m. (vient du latin, de *arare* « labourer ») Charrue simple sans avant-train.

arak n. m. (mot arabe « sueur » *cf.* raki) Alcool de riz ou de canne à sucre. - var. **arac, arack.**

Arak Ville d'Iran, au S.-O. de Téhéran. 446 800 habitants. Industrie. Artisanat (tapis).

Arakan ou **Rakhine** n. m. État de Birmanie, au S.-O. de la chaîne montagneuse de l'Arakan. 36 778 km^2. 3 325 000 habitants. Capitale : Sittwe. L'un des berceaux de la civilisation birmane. Nombreux sites archéologiques en cours d'exploration.

Arakawa Shūsaku Peintre américain d'origine japonaise (1936-2010). Fondateur du groupe Neo-Dada Organizers à Tōkyō, annonçant l'art conceptuel. *Diagrammes.*

Araki Sadao Général japonais (1877-1966). Nommé ministre de la Guerre en 1932, il fut l'un des plus farouches partisans des guerres menées contre la Chine, puis contre les États-Unis. Condamné à la réclusion à perpétuité pour crimes de guerre, il fut libéré en 1955.

Aral (lac ou mer d') Mer intérieure d'Asie centrale, partagée entre le Kazakhstan au N. et l'Ouzbékistan au S. Asséchée en partie du fait de la surexploitation des eaux de ses principaux affluents (Amou-Daria et Syr-Daria), elle vit sa superficie passer de 66 000 à environ 15 000 km^2 entre 1957 et 2007. Un programme international de sauvetage a permis à l'eau de regagner 30 % de sa surface d'origine.

araldite n. f. ou m. (n. déposé) techn. Matière plastique, colle à base de résines époxy.

aralia n. m. ou f. (origine inconnue) bot. Arbrisseau à grandes feuilles vertes, dont certaines variétés sont cultivées en serre.

araliacée n. f. Plante phanérogame angiosperme (famille des *Araliacées* ; ex. le lierre).

araméen, enne adj. (du n. hébreu de la Syrie) hist. Des Araméens. ■ **n. m.** Ensemble de dialectes sémitiques (entre le IXe siècle avant J.-C. et le VIIe siècle après J.-C.).

Araméens n. m. pl. Peuple sémite, installé dans le N. de la Mésopotamie (–XIIIe s.), puis disséminé en Syrie et au Liban où il fonda plusieurs États (–Xe s.), avant d'être soumis par les Assyriens (–VIIIe s.) et déporté en masse, ce qui favorisa la diffusion de la langue araméenne (–VIIIe s. jusqu'au VIIe s.).

aramide adj. (mot anglais des États-Unis, de *ar[omatic]* et *amide*) techn. Se dit de fibres et de fils très résistants, obtenus à partir de résines aromatiques polyamides. ➔ **kevlar.**

aramon n. m. (du n. de la commune) Cépage du midi de la France.

Aramon Commune du Gard, sur le Rhône. 4 172 habitants. Église romane. Centrale thermique.

Aran ou **Arran (îles d')** Archipel de la république d'Irlande, dans la baie de Galway, composé de trois îles : Inishmore, Inishmaan et Inisher. Tourisme.

Aran (val d') Haute vallée des Pyrénées espagnoles, dans la province de Lérida (Catalogne), où naît la Garonne.

Aranjuez Ville d'Espagne (communauté autonome de Madrid), sur le Tage. 60 330 habitants. Palais royal (XVIe s., reconstruit au XVIIIe s.).

Arany (János) Poète hongrois (1817-1882). Il composa des œuvres épiques marquées par la quête de l'identité historique et culturelle de son pays. *Le Soir de Toldi ; La Mort de Buda.*

A

Aranzi ou **Aranzio (Giulio Cesare)** latinisé en **Arantius** Anatomiste italien (1530-1589). Disciple de Vésale, il fournit des descriptions anatomiques (fœtus, placenta, ventricules du cerveau).

Ararat (mont) Massif volcanique de l'E. de la Turquie, point culminant du pays (5 165 m). Selon la Bible, l'arche de Noé s'y serait échouée à la fin du Déluge.

Le mont Ararat, volcan aux neiges éternelles, en Anatolie.

araser v. tr. < 1 > (de *raser*) **1.** techn. Mettre de niveau, mettre à ras. **2.** géol. User (un relief) jusqu'à le faire disparaître. □ **n. m. arasement**

aratoire adj. (du latin ; famille de *araire*) Qui sert à travailler la terre.

Araucans n. m. pl. Ancien nom des Indiens Mapuches (Chili).

araucaria n. m. (mot latin) Grand conifère d'origine andine.

Aravalli (monts) Massif du N.-O. de l'Inde. Point culminant : mont Abu, 1 722 m. Carrières de marbre.

Aravena (Alejandro) Architecte chilien (né en 1967). Afin d'offrir des opportunités aux plus défavorisés, il a notamment inventé les « maisons à moitié construites » — comprenant la structure, une cuisine, une salle de bains — que les habitants peuvent ensuite agrandir. Prix Pritzker 2016.

Aravis (chaîne des) Chaîne des Alpes françaises qui limite, à l'E., le massif des Bornes. Point culminant : Pointe-Percée, 2 750 m.

arawak n. m. ling. Famille de langues amérindiennes.

Arawaks n. m. pl. Peuple indien ancien des îles Bahamas et des Grandes Antilles. L'invasion des Espagnols chassa les Arawaks vers le continent (Brésil, Pérou) ; ils avaient presque entièrement disparu des îles en 1519.

Araxe ou **Araks** n. m. Rivière qui naît en Turquie orientale, et forme les frontières entre la Turquie et l'Arménie, puis entre l'Iran et l'Azerbaïdjan. 994 km.

arbalète n. f. (vient du latin, de *arcus* → arc et *ballista* → baliste) anciennt Arme de trait, arc d'acier monté sur un fût et dont la corde se tendait avec un ressort.

arbalétrier n. m. (→ arbalète) **I.** Soldat armé d'une arbalète. **II.** techn. Poutre oblique portant un des deux versants du toit.

Arbasino (Alberto) Écrivain, essayiste et chroniqueur italien (1930-2020). Son œuvre fait le portrait caustique de la société italienne et développe des conceptions avant-gardistes. *Vacances brèves* ; *Frères d'Italie* ; *Mékong*.

Arbèles ou **Arbelles** aujourd'hui **Arbil** Ancienne ville de l'Assyrie, dans l'actuel Irak, au pied du Zagros. En 331 av. J.-C., Alexandre le Grand y remporta une victoire décisive contre Darios III, roi des Perses.

Arber (Werner) Biologiste suisse (né en 1929). Il découvrit un système de défense des bactéries contre les virus et contribua aux progrès de la recherche en génétique. Prix Nobel 1978.

arbitrable adj. Qui peut être arbitré.

arbitrage n. m. **1.** Règlement d'un différend par une ou plusieurs personnes (→ ^{1}arbitre), auxquelles les parties ont décidé de s'en remettre. **2.** fin. Opération d'achat et de vente en vue de tirer bénéfice des différences de cours (entre deux choses, deux places boursières). **3.** Fonction d'arbitre, en sport ; exercice de ces fonctions.

arbitragiste adj. fin. Relatif aux opérations d'arbitrage (2). – **n.** Personne qui fait des arbitrages.

arbitraire adj. (du latin « du témoin » → ^{1}arbitre, puis « du libre arbitre ») **1.** Qui dépend de la seule volonté (→ **libre arbitre**), n'est pas lié par l'observation de règles (→ **gratuit, libre**). *Choix arbitraire.* – péj. Qui ne tient pas compte de la réalité, des exigences de la science. *Classification arbitraire.* **2.** Qui dépend du bon plaisir, du caprice de qqn. *Sentence arbitraire.* → **injuste.** *Détention arbitraire.* → **illégal.** – **n. m.** *Lutter contre l'arbitraire.* → **despotisme, injustice. 3.** ling. Dont la forme et le sens ne sont pas logiquement liés. – **n. m.** *L'arbitraire du signe* (opposé à *motivation*). □ **adv. arbitrairement**

arbitral, ale, aux adj. dr. Qui est prononcé par un ou plusieurs arbitres. *Jugements arbitraux.* ■ Qui est composé d'arbitres. *Tribunal arbitral.* ■ Qui joue le rôle d'arbitre. *Un président arbitral.* □ **adv. arbitralement**

^{1}**arbitre** n. (latin *arbiter* « témoin ») **1.** dr. Personne désignée par les parties pour trancher un différend. – cour. Personne prise pour juge dans un débat, une dispute. *« Je vous fais notre arbitre, et vous nous jugerez »* (Racine). **2.** Personne apte à juger en une matière. **3.** Personne désignée pour veiller à la régularité d'une compétition, d'une épreuve sportive.

^{2}**arbitre** n. m. (du latin *arbitrium*) vieux Volonté. – mod. → **libre arbitre.**

arbitrer v. tr. < 1 > (du latin → ^{1}arbitre) **1.** Intervenir, juger en qualité d'arbitre. *Arbitrer un litige.* → **juger, trancher. 2.** Contrôler la régularité de (une compétition, une épreuve sportive). *Arbitrer un match de boxe.*

Arbogast Général romain d'origine franque (v. 340-394). Tuteur de Valentinien II, il le fit sans doute assassiner pour le remplacer par le rhéteur Eugène et amorça un retour au paganisme. Vaincu par Théodose, il se suicida.

Arbois Commune du Jura. 3 239 habitants. Église Saint-Just du XIIe s. Vestiges du château de Bontemps. Maison de L. Pasteur. Vignoble.

Arbon Ville de Suisse (canton de Thurgovie), sur le lac de Constance. 14 500 habitants. Château du XVIe siècle.

arboré, ée adj. (→ arbre) **1.** géogr. Parsemé d'arbres isolés ou en bouquet. *Savane arborée.* **2.** Planté d'arbres. *Terrasse arborée.*

arborer v. tr. < 1 > (de l'italien « dresser comme un arbre ») **1.** Dresser, élever. *Arborer un drapeau.* **2.** Porter ostensiblement. *Arborer un insigne.*

arborescence n. f. **1.** Partie arborescente d'une plante. – Forme ramifiée. **2.** Organisation hiérarchique des informations, dont la représentation rappelle un arbre et ses branches. – inform. *L'arborescence d'un disque dur.*

arborescent, ente adj. (latin → arbre) **1.** Qui prend la forme ramifiée, l'aspect d'un arbre. *Fougères arborescentes.* **2.** *Diagramme, schéma arborescent,* structuré en arbre (III).

arboretum ou **arborétum** [aʀbɔʀetɔm] n. m. (mot latin « verger » → arbre) Plantation d'arbres d'essences variées. *Des arboretums, des arborétums.*

arbor(i)- Élément (du latin *arbor* → arbre) qui signifie « arbre ».

arboricole adj. (→ -cole) didact. **1.** Qui vit sur les arbres. **2.** Relatif à l'arboriculture.

arboriculteur, trice n. Personne qui pratique l'arboriculture.

arboriculture n. f. Culture des arbres (→ **arboricole**). *Arboriculture forestière* (→ **sylviculture**), *fruitière.*

arborisation n. f. Dessin naturel ressemblant à des végétations, à des ramifications. *Les arborisations du givre sur les vitres.*

arborisé, ée adj. Qui porte des arborisations.

Arbour (Louise) Magistrate canadienne (québécoise) [née en 1947]. Procureure générale des tribunaux pénaux internationaux pour l'ex-Yougoslavie et le Rwanda (1996-1999), elle fut ensuite juge à la Cour suprême du Canada (1999-2004), puis haut-commissaire aux droits de l'homme à l'ONU (2004-2008).

arbouse n. f. (vient du latin *arbuteus*) Fruit rouge et aigrelet, en forme de fraise, d'un arbre méditerranéen (l'*arbousier* **n. m.**).

arbovirose n. f. (→ ^{2}-ose) méd. Maladie infectieuse provoquée par un arbovirus.

arbovirus n. m. (anglais *arthropod-borne virus* « virus transporté par les arthropodes ») biol. Virus qui se transmet par piqûre d'arthropode (moustique, tique...).

arbre n. m. (vient du latin *arbor* « arbre » et « mât ») **I.** Grand végétal dont la tige ligneuse se ramifie à partir d'une certaine hauteur au-dessus du sol. *Racines, tronc, branches, feuillage d'un arbre. Arbres fruitiers, forestiers.* – *Monter dans un arbre ; grimper aux arbres.* – (en Afrique) *Arbre à palabres,* sous lequel les anciens, les notables se réunissent. – loc. prov. *Les arbres cachent la forêt :* les détails empêchent de voir l'ensemble. ■ *Arbre de Noël*.* **II.** Axe qui reçoit ou transmet un mouvement de rotation. *Arbre moteur. Arbre à cames.* **III.** (Ce qui a l'apparence d'un arbre) **1.** ***Arbre généalogique*** : figure représentant un arbre dont les ramifications montrent la filiation des diverses branches d'une même famille. **2.** didact. Schéma représentant des trajets et des bifurcations.

Arbresle (L') Commune du Rhône, à l'E. de Lyon. 6 437 habitants. Vestiges du château des abbés de Savigny. Église des XIIIe et XVIe siècles.

arbrisseau n. m. (vient du latin pop., dérivé de *arbor* → arbre) Petit végétal ligneux ramifié dès la base.

Arbus (Diane), née **Nemerov** Photographe américaine (1923-1971). D'abord photographe de mode, elle se consacra à la réalisation de portraits, réalistes et sans effets, de marginaux ou de malades mentaux. Sujette à la dépression, elle se suicida.

arbuste n. m. (du latin → arbre) Petit arbre au tronc bien différencié. □ **adj. arbustif, ive**

arc n. m. (vient du latin *arcum*) **I.** Arme formée d'une tige souple que l'on courbe au moyen d'une corde attachée aux deux extrémités pour lancer des flèches. *Bander, tendre un arc. Tir à l'arc,* (Belgique) *tir à l'arc à flèche(s)* (→ **archer**). – loc. *Avoir plus d'une corde, plusieurs cordes à son arc,* plus d'une ressource pour parvenir à ses fins. **II. 1.** math. Portion de courbe limitée par deux points. *Arc de parabole.* – *En arc de cercle :* courbe, cintré. ■ spécialt Arc de cercle. *Arc de 45°.* **2.** Ce qui a la forme d'un arc (→ **arqué, courbé**). *L'arc des sourcils.* ■ anat. *L'arc du côlon :* le côlon transverse. ■ phys. *Arc électrique :* bande lumineuse qui jaillit entre deux électrodes au passage d'un courant. – *Soudure à l'arc.* **3.** Courbe décrite par une voûte (→ **arcade, ^{2}arche**). *Arc en plein*

arbre

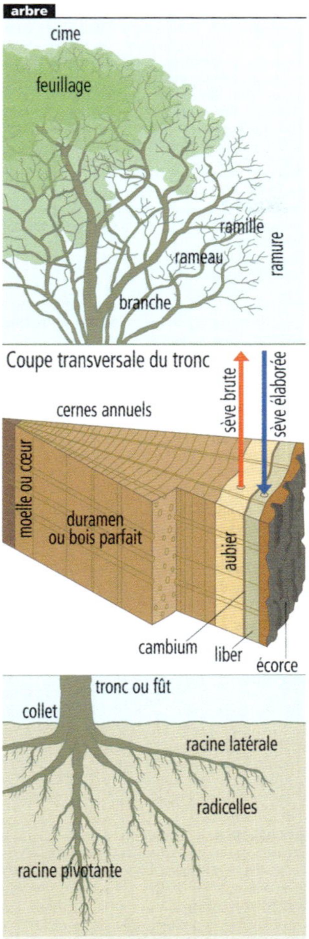

Les racines puisent dans le sol l'eau et des sels minéraux qui constituent la sève brute. Chargée en sucre dans les feuilles lors de la photosynthèse, elle redescend sous forme de sève élaborée.

cintre : demi-cercle régulier. *Arc en ogive.* ■ *Arc de triomphe* : arcade monumentale sous laquelle passait le général romain triomphateur ; monument commémoratif élevé sur ce modèle. *L'arc de triomphe du Carrousel, à Paris.*

Arc n. m. Rivière des Alpes du Nord, affluent de l'Isère. 150 km. Installations hydroélectriques.

Arc (Jeanne d') voir **Jeanne d'Arc**

Arcachon Chef-lieu d'arrondissement de la Gironde. 11 076 habitants. Ostréiculture. Port de plaisance et station balnéaire.

Arcachon (bassin d') Baie profonde du littoral landais (Gironde), communiquant avec l'Atlantique par une passe étroite, entre le cap Ferret et Pyla-sur-Mer. Réserve ornithologique du banc d'Arguin. Ostréiculture. Pisciculture. Stations balnéaires.

arcade n. f. **I. 1.** Ouverture en arc ; ensemble formé d'un arc et de ses montants (souvent au plur.). *Les arcades d'un cloître.* **2.** Ce qui a une forme arquée. *Arcade sourcilière*.* **II.** *Jeu d'arcade* : jeu payant qui se joue sur des machines publiques ; spécialt jeu vidéo d'action.

Arcade Fire Groupe de rock alternatif montréalais créé en 2001 avec un label indépendant autour de Win Butler et Régine Chassagne. Il propose, sur un mode festif, un savant mélange de musique folk, pop, funk, électronique, instruments traditionnels et fanfare *(The Suburbs).*

Arcadie n. f. Région de la Grèce antique, au centre du Péloponnèse, aujourd'hui district régional d'Arcadie. Chef-lieu : Tripolis. La poésie antique représente l'Arcadie comme un pays idyllique.

Arcadius en latin **Flavius Arcadius** (377-408). Premier empereur d'Orient (395-408). À la mort de son père Théodose Ier, il obtint le gouvernement de l'empire d'Orient, son frère Honorius recevant l'empire d'Occident.

Arcand (Denys) Réalisateur canadien (québécois) (né en 1941). D'abord documentariste, il se tourna ensuite vers la chronique de mœurs. *Le Déclin de l'empire américain ; Jésus de Montréal ; Les Invasions barbares ; Testament.*

arcane n. m. (du latin « mystère ») **1.** alchim. Préparation mystérieuse, réservée aux adeptes. ■ littér. au plur. *Les arcanes de la politique.* → **1mystère, 2secret. 2.** Carte du jeu de tarots, en cartomancie. → **1lame.** *Arcane majeur, mineur.*

arcature n. f. (→ arc) Série de petites arcades décoratives, réelles ou simulées (aveugles).

arcboutant ou **arc-boutant** n. m. (→ s'arcbouter) Maçonnerie en forme d'arc qui soutient un mur de l'extérieur. *Des arcboutants, des arcs-boutants. Les arcboutants d'une cathédrale gothique.*

Les arcboutants ont permis la construction d'édifices de grande hauteur.

s'arcbouter ou **s'arc-bouter** v. pron. < 1 > (de *bouter* « pousser ») **1.** Prendre appui pour exercer une poussée, un effort de résistance. – au p. p. *Le « pagayeur arc-bouté sur la perche »* (Gide). **2.** fig. *S'arcbouter contre qqch., qqn* : s'y opposer vivement. – absolt *S'arcbouter* : refuser le dialogue, rester sur ses positions.

Arc de triomphe de l'Étoile Monument de Paris (1836), d'où partent douze avenues, dont les Champs-Élysées. Sculptures de Rude et de Pradier. Tombe du soldat inconnu depuis 1920.

arcdoubleau ou **arc-doubleau** n. m. archit. Arc en saillie sous la partie intérieure d'une voûte. *Des arcdoubleaux, des arcs-doubleaux.* → **doubleau.**

arceau n. m. Partie cintrée d'une voûte. – Objet en forme de petite arche. *Les arceaux du jeu de croquet.*

arc-en-ciel n. m. **1.** Phénomène météorologique lumineux en forme d'arc, présentant les couleurs du prisme. *Des arcs-en-ciel. Toutes les couleurs de l'arc-en-ciel.* **2.** adjectivt invar. Dont les couleurs rappellent l'arc-en-ciel. *Truite arc-en-ciel.* – *La nation arc-en-ciel* : l'Afrique du Sud.

Arc-et-Senans Commune du Doubs. 1 614 habitants. Saline royale de Chaux, construite par Ledoux (1775-1779) pour réaliser une cité industrielle idéale.

archaïque [aʀkaik] adj. **1.** (mot, coutume...) Qui est très ancien. *Tournure archaïque.* → **archaïsme.** ■ Désuet, périmé. *Une méthode archaïque.* **2.** arts Antérieur aux époques classiques. → **primitif.**

archaïsant, ante [aʀkaizɑ̃, ɑ̃t] adj. et n. littér. Qui fait usage d'archaïsmes. *Écrivain, style archaïsant.*

archaïsme [aʀkaism] n. m. (du grec → archéo-) **1.** Caractère d'ancienneté. **2.** Mot, expression, tour ancien qu'on emploie alors qu'il n'est plus en usage. *« Partir » au sens de « partager » est un archaïsme.* **3.** Caractère de ce qui est périmé.

archal [aʀʃal] n. m. (vient du latin, du grec) *Fil d'archal,* de laiton.

archange [aʀkɑ̃ʒ] n. m. (du latin, du grec → archi- et ange) relig. cathol. Ange d'un ordre supérieur. *Saint Michel archange.* □ adj. **archangélique**

1arche n. f. (vient du latin *arca* « coffre ») **1.** *Arche (de Noé)* : vaisseau fermé qui permit à Noé d'échapper aux eaux du Déluge. **2.** *L'arche d'alliance* : coffre où les Hébreux gardaient les tables de la Loi.

2arche n. f. (vient du latin pop. → arc) **1.** Voûte arquée qui s'appuie sur les culées ou les piles d'un pont. **2.** Monument en forme d'arc, de grand portail. *L'arche de la Défense, près de Paris.*

archée [aʀke] n. f. (du grec → archéo-) biol. Micro-organisme procaryote dont les caractères biochimiques sont très différents de ceux des bactéries.

archéen, enne [aʀkeɛ̃, ɛn] adj. et n. m. (→ archéo-) géol. Antérieur au cambrien. *Roches archéennes.* ■ n. m. *L'archéen* : l'ensemble des terrains archéens ; la période la plus ancienne des temps géologiques. - syn. **archéozoïque.**

archégone [aʀkegɔn ; aʀkegon] n. m. (du grec *arkhê* « principe » et de **2-gone**) bot. Organe femelle en forme de bouteille qui, chez les cryptogames vasculaires, les mousses, les gymnospermes, renferme l'oosphère.

Archélaos [aʀk-] Ethnarque de Judée et de Samarie (v. 23 av. J.-C.-v. 18 apr. J.-C.). Fils d'Hérode le Grand, il fut destitué par Auguste et mourut en exil.

Archélaos [aʀk-] **de Milet** Philosophe grec de l'école ionienne (Ve s. av. J.-C.). Il aurait été l'élève d'Anaxagore et l'un des maîtres de Socrate.

archelle n. f. (du picard *achèle,* du latin *axis* « planche », par attraction avec **2arche**) (Belgique) Étagère munie de crochets pour suspendre des ustensiles à anses.

archéo- [aʀkeo] Élément (du grec *arkhaios*) qui signifie « ancien ».

archéobactérie n. f. hist. sc. Archée*.

archéologie n. f. (→ -logie) Étude scientifique des civilisations disparues, à partir de leurs vestiges. □ adj. **archéologique**

▶ Discipline des sciences humaines, l'**archéologie** explore les civilisations passées en recherchant et en étudiant les sites qu'elles ont occupés et leurs vestiges matériels. Elle tente de reconstituer l'évolution culturelle des sociétés depuis la préhistoire jusqu'à nos jours.
Si l'héritage des Anciens passionnait déjà les premiers historiens (Thucydide) et géographes (Pausanias, Strabon), l'intérêt pour l'Antiquité gréco-romaine se renouvela à la Renaissance où se multiplièrent les « cabinets de curiosités » et les « collections d'antiques ». Puis, la vogue de l'orientalisme entraîna les érudits et collectionneurs dans des voyages dont ils revenaient chargés d'œuvres d'art et de croquis de monuments. Deux d'entre eux, Caylus et Winc-

A

kelmann, posèrent, au XVIIIe s., les fondements techniques de l'archéologie moderne. Au XIXe s., dans l'enthousiasme de prestigieuses découvertes (les hiéroglyphes déchiffrés par Champollion, la cité de Troie retrouvée par Schliemann), furent fondés des centres d'étude tels que l'École française d'Athènes en 1846.
L'archéologue procède par étapes. La recherche des sites peut aujourd'hui être soutenue par la photographie aérienne. La fouille terrestre s'effectue selon des règles minutieuses : notes, dessins et photographies rendent compte des objets trouvés et de leur situation. Cette opération est menée pour chaque strate, l'excavation progressive laissant apparaître une couche inférieure antérieure. Les fouilles subaquatiques sont également riches d'enseignements. Les informations et les vestiges recueillis (objets, monnaies, bâtiments) font l'objet de publications. Ces études sont réalisées en étroite liaison avec plusieurs disciplines de sciences humaines comme l'histoire, l'ethnologie, la linguistique, l'histoire de l'art, mais aussi avec les sciences « exactes » : méthodes de datation (en particulier carbone 14), de sauvegarde et de conservation des vestiges, typologie informatique (reconstitutions en 3D...).
voir aussi **préhistoire, Antiquité, Moyen Âge, patrimoine**

archéologue n. Spécialiste d'archéologie.

archéoptéryx [aʀkeɔpteʀiks] **n. m.** (→ -ptère) Oiseau fossile du jurassique, le premier connu, encore très proche des reptiles.

archer, ère (→ arc) **1. n. m.** Soldat armé de l'arc. **2. n. m.** Agent de police, sous l'Ancien Régime. **3. n.** Tireur, tireuse à l'arc.

archère n. f. (→ arc) Ouverture pratiquée dans les fortifications pour le tir à l'arc, à l'arbalète. → **meurtrière.** - var. **archière.**

archerie n. f. (de *archer*) **1.** Art du tir à l'arc. **2.** Matériel du tireur à l'arc.

Arches Commune des Vosges, sur la Moselle. 1 628 habitants. Papeterie fondée au XVe s., aujourd'hui spécialisée dans la fabrication de papiers spéciaux et de vélins, notamment pour l'édition.

archet n. m. (de *arc* [les premiers archets étaient courbes]) **1.** Baguette droite sur laquelle sont tendus des crins qui servent à faire vibrer les cordes de divers instruments de musique. *Archet de violon.* **2.** Appareil de stridulation des sauterelles.

archetier, ière n. Artisan qui fabrique des archets.

archétype [aʀketip] **n. m.** (du grec → archéo- et -type) didact. Type primitif ou idéal ; original qui sert de modèle. → **modèle, prototype.** ■ psych. (chez Jung) Symbole primitif, universel, appartenant à l'inconscient collectif. □ **adj. archétypal, ale, aux** ou **archétypique**

archevêché n. m. 1. Territoire sous la juridiction d'un archevêque. **2.** Siège, palais archiépiscopal.

archevêque n. m. (vient du latin ecclés., du grec → archi-) Évêque placé à la tête d'une province ecclésiastique (→ **archiépiscopal**).

archi- [aʀʃi] Élément (du grec *arkhi-* « en chef, premier » → -archie). **1.** Exprime la prééminence (ex. *archiduc*). **2.** Exprime le degré extrême ou l'excès, et s'emploie librement pour former des adjectifs. → **extrêmement, très.** *L'autobus est archiplein. C'est archiconnu.*

archiconfrérie n. f. (→ confrérie) Confrérie qui groupe des associations pieuses, charitables.

archidiacre n. m. (du latin → diacre) Dignitaire ecclésiastique investi par l'évêque d'une sorte de juridiction sur les prêtres du diocèse. → **vicaire (général).**

archidiocèse n. m. (→ diocèse) Diocèse d'un archevêque. □ **adj. archidiocésain, aine**

archiduc, archiduchesse n. Titre des princes et princesses de l'ancienne maison d'Autriche.

-archie [aʀʃi], **-arque** [aʀk] Éléments (du grec *arkhein* « commander » → archi-) de mots désignant des gouvernements, des gouvernants (ex. *monarchie, monarque*).

archiépiscopal, ale, aux adj. Qui appartient à l'archevêque.

archiépiscopat n. m. Dignité, fonction d'archevêque.

archière voir **archère**

Archiloque Poète grec originaire de Paros (v. 712-apr. 648 av. J.-C.). Mercenaire, il chanta l'âpreté et les rares joies de la vie de soldat. Il ne reste que des fragments de cette œuvre lyrique, où l'on trouve la première fable de la littérature grecque.

archimandrite n. m. (du grec, de *mandra* « cloître ») Supérieur de certains monastères, dans l'Église grecque.

Archimède Savant grec (v. 287-v. 212 av. J.-C.). Il est l'un des plus grands savants de l'Antiquité. On lui doit, en mathématiques, une méthode de calcul de la valeur de π, et en physique les premières bases de la statique et de l'hydrostatique.

archipel n. m. (de l'italien, probablt du grec « mer principale » → archi-) Groupe d'îles.

Archipenko (Alexandre) Sculpteur et peintre américain d'origine russe (1887-1964). Influencé par l'Art nouveau et l'expressionnisme, il développa ses recherches dans un esprit essentiellement décoratif.

archiphonème n. m. (→ phonème) ling. Ensemble des caractéristiques pertinentes communes à deux phonèmes dont l'opposition est neutralisée.

archiprêtre n. m. 1. anciennt Prêtre que l'évêque déléguait à la tête d'une circonscription de son diocèse. **2.** mod. Titre honorifique conféré à un prêtre.

architecte n. (latin, du grec, de *tektôn* « charpentier » → tectonique) **1.** Personne dont le métier est de concevoir le plan d'un édifice et d'en diriger l'exécution. ■ *Architecte d'intérieur*, qui conçoit l'agencement et la décoration intérieurs d'une habitation, d'un lieu public. **2.** fig., littér. Personne ou entité qui élabore qqch. → **créateur.** *Les réformes dont il fut l'architecte.*

architectonique adj. (du grec « art de l'architecte ») didact. Qui est conforme à la technique de l'architecture. ■ **n. f.** Art, technique de la construction. – par ext. Organisation, structure. *L'architectonique du système de pensée, d'un philosophe.*

architectural, ale, aux adj. Qui a rapport à l'architecture, qui en a le caractère. *Motif architectural.* □ **adv. architecturalement**

architecture n. f. (du latin → architecte) **1.** Art de concevoir et de construire les édifices. *Architecture et urbanisme.* **2.** Disposition, caractère architectural. *La sobre architecture d'une église.* **3.** fig. Principe d'organisation, structure. *L'architecture d'un roman.* **4.** inform. Structure d'un système informatique. *L'architecture d'un réseau.*

▶ À côté d'une **architecture** (1) traditionnelle, pratiquée directement par les bâtisseurs sans représentation ni théorie, s'est développée depuis la plus haute Antiquité une pratique raisonnée de la construction.
Les Grecs la placèrent au rang des arts. Des palais et des temples, exaltant la gloire des dieux et la puissance des rois : tels furent les premiers objets de cette discipline centrée sur les notions d'espace public et de monument. Tout comme la sculpture, l'architecture antique cherche à faire le lien entre humain et divin.
Au Moyen Âge, les maîtres d'œuvre des cathédrales romanes puis gothiques se libèrent progressivement des formes anciennes pour créer des bâtiments plus élevés et plus lumineux. Les architectes de la Renaissance (Michel Ange, Palladio) s'intéressent à l'ensemble de l'espace humain. Ils dessinent des villes (San Gimignano en Toscane), avant de se tourner vers l'habitat et la vie privée, envisagés non plus comme l'illustration d'une gloire, mais comme un lieu de bien-être. L'urbanisme et l'architecture d'intérieur deviennent peu à peu des domaines essentiels de la discipline.
Au XIXe s., la redécouverte du gothique par Eugène Viollet-le-Duc va de pair avec l'usage croissant des structures métalliques et du béton, qui permettra aux grands noms de l'école de Chicago (Louis Henry Sullivan, Frank Lloyd Wright puis Ludwig Mies van der Rohe) de libérer leurs constructions des contraintes de la pierre. L'architecture du XXe s. devient aérienne. Faisant appel au verre et à l'acier, ses réalisations, conçues comme des expérimentations et des œuvres d'art, empruntent aux arts graphiques, mais aussi aux sciences sociales : le fonctionnalisme de Le Corbusier tente ainsi dès les années 1920 de répondre à la croissance démographique et à l'exode rural en rationalisant les différentes fonctions de la ville et de l'habitat.
Le recours à des matériaux organiques (murs végétaux) renouvelle aujourd'hui l'ornementation, mais la tendance à l'abstraction reste profonde. Extrêmement créative, l'architecture contemporaine trouve son dynamisme dans une tension assumée entre le confort des lieux et le spectacle qu'ils offrent, l'imagination esthétique et les contraintes de la matière et de l'environnement.
voir aussi **roman (art), gothique (art), Renaissance, urbanisme**

architecturer v. tr. < 1 > Construire avec rigueur. → **structurer.**

architrave n. f. (mot italien → travée) Partie inférieure de l'entablement qui porte directement sur le chapiteau de colonnes.

archiver v. tr. < 1 > Classer (un document) dans les archives. *Archiver des données sur un support informatique.* □ **n. m. archivage**

archives n. f. pl. (du grec tardif, de *arkhê* « autorité ») **I. 1.** Collection de documents rassemblés et classés à des fins de consultation. **2.** Lieu où les archives sont conservées. **II.** (au sing.) inform. **1.** Dossier rassemblant plusieurs fichiers, le plus souvent sous forme compressée. **2.** Site Internet où des données sont mises à la disposition du public.

archiviste n. Spécialiste préposé à la garde, à la conservation des archives. – *Archiviste-paléographe* : diplômé de l'École nationale des chartes.

archivistique didact. **1. adj.** Relatif aux archives, à la science des archives. **2. n. f.** Science des archives.

archivolte n. f. (de l'italien → voûte) archit. Bande moulurée sous la partie intérieure d'une arcade.

archonte [aʀkɔ̃t] **n. m.** (du grec → archi-) Antiq. Magistrat qui gouvernait une cité grecque.

Archytas [-ki-] **de Tarente** Savant et homme d'État grec (v. 430-v. 348 av. J.-C.). Attaché à l'école de Pythagore, il trouva la solution du problème de la duplication du carré et est considéré comme l'inventeur de la poulie. Il fut six fois élu stratège de sa ville de Tarente.

Arcimboldo ou **Arcimboldi (Giuseppe)** Peintre italien (1527-1593). Il est surtout connu pour ses « têtes composées » par assemblage de végétaux, d'animaux ou d'objets, où les couleurs et les formes figurent une surréalité troublante.

Arcoat ou **Argoat n. m.** Intérieur des terres de Bretagne, par opposition à l'Armor, le littoral.

Arcole Ville d'Italie, dans la province de Vérone. 4 600 habitants. En 1796 y eut lieu la victoire de Bonaparte et Augereau sur les Autrichiens, marquée par la prise du *pont d'Arcole.*

Arcom (Autorité de régulation de la communication audiovisuelle et numérique) Autorité de régulation de la communication audiovisuelle et numérique Organisme français né de la fusion en 2022 du CSA et de Hadopi (Haute Autorité pour la diffusion

Arctique

des œuvres et la protection des droits sur Internet). Elle garantit l'expression pluraliste, politique et sociale, des services audiovisuels et surveille le téléchargement illicite d'œuvres.

arçon n. m. (du latin pop. ; famille de *arc*) **1.** L'une des deux parties arquées qui forment le corps de la selle. loc. *Vider les arçons* : tomber de cheval (→ **désarçonner**). – *Cheval* d'arçons.* **2.** vitic. Sarment de vigne que l'on courbe pour le faire fructifier.

arc-rampant n. m. **1.** archit. Arc dont les naissances sont de hauteur inégale. *Des arcs-rampants.* **2.** techn. Courbe métallique qui soutient une rampe.

Arcs (Les) Station de sports d'hiver de la Savoie, sur la commune de Bourg-Saint-Maurice. Altitude : 1 600-3 000 m.

arctique adj. (du grec, de *arktos* « ours », n. de constellations et « étoile Polaire ») Des régions polaires du Nord (opposé à *antarctique*). → **hyperboréen, polaire.**

Arctique n. m. Vaste région continentale et insulaire qui s'étend du cercle polaire (66°33′ lat. N.) au pôle Nord, englobant le N. de l'Amérique, de l'Europe et de la Sibérie, le Groenland, et une série d'îles et d'archipels. Les précipitations y sont faibles (max. 300 mm) et le froid atténué (0 °C au pôle en été) par la présence de l'océan.

HISTOIRE

Les parties continentales étaient peuplées avant notre ère (Inuits, Lapons ou Samis, Sibériens). Excepté la tentative de colonisation viking au Groenland v. 982, la découverte des régions arctiques ne commença que vers le XVIe s., à l'occasion de la recherche de passages conduisant de l'Atlantique au Pacifique.

Depuis la fin de la Seconde Guerre mondiale, le Canada, le Danemark, les États-Unis, la Norvège et la Russie se sont implantés dans l'Arctique, prenant conscience des enjeux économiques et militaires qui s'y attachent (ressources énergétiques et minérales, routes maritimes). Le recul de la banquise, conséquence du réchauffement climatique, accroît l'intérêt stratégique de la région.

Arctique (océan Glacial) Ensemble des mers comprises entre le pôle Nord et le cercle polaire arctique : mers Blanche, de Barents, de Kara, de Beaufort, du Groenland, et de Béring. 14 millions de km², en grande partie formés de banquise. Le recul de la banquise accentue l'intérêt stratégique de la région.

Arcturus Nom donné à l'étoile α Bouvier, située dans le prolongement de la queue de la Grande Ourse.

Arcueil Commune du Val-de-Marne, dans la banlieue S. de Paris. 21 840 habitants. Maison des examens. Le groupe musical l'*école d'Arcueil* y fut fondé autour d'Erik Satie en 1923.

arcure n. f. arbor. Opération qui consiste à courber un rameau, une branche, un sarment, afin de le faire mieux fructifier (→ **arçon**).

Arcy-sur-Cure Commune de l'Yonne. 469 habitants. Site préhistorique du paléolithique, fouillé par A. Leroi-Gourhan à partir de 1946.

Arda n. f. Rivière de Bulgarie et de Turquie, affluent de la Marica. 290 km.

Ardant (Fanny) Actrice française (née en 1949). Elle a joué dans les films de Truffaut *(La Femme d'à côté ; Vivement dimanche !)*, Lelouch *(Les Uns et les Autres)*, Resnais *(La vie est un roman)*, Ozon *(Huit Femmes)* et a mené une carrière théâtrale *(Mademoiselle Julie ; Dom Juan ; La Maladie de la mort)*.

Ardébil ou **Ardabīl** Ville d'Iran, chef-lieu de province, près de la mer Caspienne. 418 300 habitants. Mausolée du chah fondateur de la dynastie safavide (XIVe s.).

Ardèche n. f. Rivière du département de l'Ardèche, affluent du Rhône. 120 km. Tourisme *(gorges de l'Ardèche)*.

Ardèche n. f. [07] Département français de la Région Auvergne-Rhône-Alpes (→ carte). 5 511 km². 329 325 habitants. Chef-lieu : Privas. Chefs-lieux d'arrondissement : Largentière, Tournon-sur-Rhône. Rebord oriental du Massif central (Vivarais, Cévennes, Coiron), l'Ardèche est bordée à l'E. par le Rhône. Les hauteurs sont consacrées à l'élevage ovin et aux châtaigneraies (Cévennes), l'E. et le S. à la polyculture et à la production d'énergie hydraulique.

ardemment [aʀdamɑ̃] adv. Avec ardeur (fig.).

Arden (Florence Nightingale, dite Elizabeth) Esthéticienne américaine (1878-1966), pionnière des « instituts de beauté » et de l'industrie cosmétique.

Arden (John) Dramaturge et metteur en scène britannique (1930-2012). Influencée par Brecht, son œuvre est d'inspiration progressiste et pacifiste, érudite, mais marquée par le pessimisme quant à la possibilité du progrès social. *La Danse du sergent Musgrave ; Le Dernier Adieu d'Armstrong.*

Ardenne n. f. Région montagneuse partagée entre la Belgique, la France et le Luxembourg. Point culminant : signal de Botrange, 694 m. S'étendant sur plus de 10 000 km², elle est constituée de plateaux de grès et de schistes, entaillés par des vallées profondes (Meuse), et faiblement peuplés. Tourbières et landes marécageuses, largement drainées, et forêts plantées au XIXe s., forment sur 4 000 ha, dans les Hautes-Fagnes, une partie du parc naturel transfrontalier Ardennes-Eifel.

Ardennes n. f. pl. [08] Département français de la Région Grand Est (→ carte). 5 234 km². 269 701 habitants. Chef-lieu : Charleville-Mézières. Chefs-lieux d'arrondissement : Rethel, Sedan, Vouziers. La Champagne crayeuse, au S., est une terre de polyculture, le massif de l'Argonne une région d'élevage. Plus au N., le massif ancien de l'Ardenne est entaillé par la vallée de la Meuse et de la Chiers, où dominent l'industrie lourde en voie de restructuration et la production d'énergie (centrale nucléaire de Chooz).

Ardennes (batailles des) En août 1914, bataille qui opposa les forces allemandes à la IVe armée française, qui fut contrainte à la retraite. ■ En décembre 1944, contre-attaque des blindés allemands qui furent

La bataille des Ardennes (décembre 1944-janvier 1945).

repoussés par les forces alliées dirigées par Montgomery, mettant un terme à la domination militaire de la Wehrmacht.

ardent, ente adj. **(du latin, de *ardere* « brûler », de *arere* « être sec » → aride)** **I. 1.** littér. Qui est en feu, en combustion ; qui brûle. *Tisons ardents.* → **incandescent ; braise.** – loc. cour. *Être sur des charbons* ardents.* **2.** *Chapelle ardente* : salle mortuaire éclairée de nombreux cierges. **3.** Qui a la couleur, l'éclat du feu. *Cheveux d'un roux ardent.* – fig. *Regard ardent.* **4.** littér. Qui dégage une forte chaleur. *Un soleil ardent.* → **brûlant, torride. 5.** par ext. Qui cause une sensation de chaleur, de brûlure. *Fièvre ardente.* – **(n. m. pl.)** *Le mal des ardents* : nom donné au Moyen Âge à l'ergotisme. **II.** fig. **1.** Qui a de l'ardeur, est prompt à s'enflammer. → **enthousiaste, fervent, fougueux, passionné.** – *Tempérament ardent,* porté à l'amour. → **amoureux. 2.** Très vif (sentiments) ; violent. *Une ardente conviction.* → **profond.**

Ardentes Commune de l'Indre. 3 825 habitants. Église romane.

ardeur n. f. **(du latin, de *ardere* → ardent)** **1.** littér. Chaleur vive. *L'ardeur du soleil.* **2.** fig. Énergie pleine de vivacité. *Ardeur au travail.* → **cœur, énergie, entrain, fougue, zèle.** *Soutenir une opinion avec ardeur.* → **exaltation, ferveur.** – fam. *Modérez vos ardeurs !* ■ vieilli Désir amoureux.

ardillon n. m. **(du francique)** Pointe de métal d'une boucle de courroie, de ceinture.

Arditi (Pierre) Comédien français (né en 1944). Il a partagé sa carrière entre le cinéma *(Mon oncle d'Amérique ; Smoking/No smoking)* et le théâtre tant classique *(L'École des femmes)* que contemporain *(Art)*.

Pierre Arditi, dans le film *Le Grand Alibi* de Pascal Bonitzer, en 2008.

ardoise n. f. **(probablt « [pierre] des Ardennes », du gaulois *ard* « haut »)** **1.** Pierre tendre et feuilletée (→ **schiste**) d'un gris foncé bleuâtre, qui sert principalement à la couverture des maisons ; plaque de cette pierre. *Toit d'ardoises. « Plus que le marbre dur me plaît l'ardoise fine »* (du Bellay). – en appos. invar. *Des uniformes bleu ardoise.* **2.** Plaque d'ardoise ou de carton enduit sur laquelle on écrit, et qu'on nettoie après usage. **3.** fig. Compte de marchandises, de consommations prises à crédit. → **dette.**

ardoisé, ée adj. Qui est de la couleur de l'ardoise.

ardoisier, ière 1. adj. Qui est de la nature de l'ardoise ou contient de l'ardoise. *Schiste ardoisier.* ■ Qui a rapport à l'ardoise. *Industrie ardoisière.* **2.** n. Personne qui exploite une carrière d'ardoise ou y travaille. ■ (Belgique) Couvreur, couvreuse.

ardoisière n. f. Carrière d'ardoise.

Ardres Commune du Pas-de-Calais. 4 404 habitants. Non loin eut lieu l'entrevue du Camp du Drap d'or (1520).

ardu, ue adj. **(latin *arduus* « élevé », du gaulois → ardoise)** Qui présente de grandes difficultés. *Question ardue.* → **compliqué.** *Entreprise ardue.* → **difficile.**

are n. m. **(latin *area* « surface » → ¹aire)** Unité de mesure agraire de superficie (symb. a) valant cent mètres carrés. *Cent ares.* → **hectare.**

arec n. m. **(du portugais, mot du sud de l'Inde)** Aréquier. *Noix d'arec* : fruit de cet arbre, qui contient du cachou et entre dans la composition du bétel.

Arecibo Ville de Porto Rico, sur la côte N. 39 630 habitants. Observatoire spatial (radiotélescope) de 1963 à 2020.

aréique adj. **(de *a-* privatif et du grec *rhein* « couler »)** géogr. Sans réseau hydrographique permanent. *Région aréique.* □ **n. m. aréisme**

areligieux, euse adj. Qui n'a aucune religion (→ **athée, irréligieux**), repousse ce qui la concerne.

aréna n. m. ou f. **(anglais *arena,* du latin → arène)** Enceinte sportive couverte. - var. **arena** [aʀena].

Aréna (Joseph) Officier corse (1771-1801). Membre du corps législatif sous le Directoire, il s'opposa au coup d'État du 18 Brumaire. Accusé de complot contre Bonaparte, il fut exécuté. ■ **Barthélemy Aréna** (1753-1832). Homme politique corse, frère de Joseph. Député à l'Assemblée législative, il s'opposa par la suite, comme son frère, à Bonaparte, et dut s'enfuir à Livourne.

Arendal Ville du S.-E. de la Norvège, sur le Skagerrak. 42 200 habitants. Activités portuaires et industrielles.

Arendonk Commune de Belgique (province d'Anvers). 13 290 habitants. Industries chimiques (plastiques et explosifs).

Arendt (Hannah) Philosophe américaine d'origine allemande (1906-1975). Élève de Heidegger et de Jaspers, exilée aux États-Unis à partir de 1941, elle a consacré l'essentiel de ses travaux à la réflexion politique, s'efforçant de mettre en perspective le phénomène totalitaire, le racisme d'État, la crise de la culture et la banalité du mal. *Les Origines du totalitarisme.*

arène n. f. **(vient du latin *arena* « sable »)** **1.** Sable grossier résultant de la décomposition de roches cristallines. **2.** Aire sablée d'un amphithéâtre où les gladiateurs combattaient ; où ont lieu les courses de taureaux. – loc. *Descendre dans l'arène* : accepter un défi, s'engager dans un combat. – *L'arène politique.* **3.** au plur. Amphithéâtre romain. *Les arènes de Nîmes.* ■ Amphithéâtre où se déroulent des corridas.

arénicole (→ **arène** et **-cole**) **1.** adj. Qui vit dans le sable. → **ammophile. 2.** n. f. Ver qui vit dans le sable où il creuse un tube en U.

arénisation n. f. Décomposition des roches cristallines en sable grossier.

aréole n. f. **(du latin, de *area* → ¹aire)** **1.** Cercle pigmenté qui entoure le mamelon du sein. **2.** méd. Aire rougeâtre qui entoure un point enflammé. □ **adj. aréolaire**

aréomètre n. m. **(grec *araios* « rare »)** Instrument qui sert à mesurer la densité d'un liquide.

aréopage n. m. **(du nom propre)** Assemblée de juges, de savants, d'hommes de lettres très compétents.

Aréopage n. m. Conseil politique, puis tribunal d'Athènes, qui siégeait sur la « colline d'Arès » (en grec *Areios Pagos*).

aréquier n. m. (→ **arec**) Palmier d'Asie équatoriale (→ **arec**), dont le bourgeon terminal (cœur de palmier) est comestible.

Arequipa Ville du S. du Pérou, au pied du volcan Misti. 60 000 habitants ; agglomération 783 000. Altitude : 2 400 m. Industries (textile, agroalimentaire). Commerce (laine).

Arès Dieu grec de la Guerre. Fils de Zeus et d'Héra, il est identifié à Mars par les Romains.

Arès Commune de la Gironde, sur le bassin d'Arcachon. 6 413 habitants. Ostréiculture. Station balnéaire.

arête n. f. **(vient du latin *arista* « barbe d'épi »)** **1.** Tige du squelette des poissons osseux. **2.** Ligne d'intersection de deux plans. *Les arêtes d'un cube.* – *L'arête du nez. L'arête d'une chaîne de montagnes.* → **crête.**

Arétin (Pietro Bacci, dit Aretino « d'Arezzo », en français l') Écrivain satirique italien (1492-1556). Personnage à la vie et à l'œuvre licencieuses, il jeta sur la société et la vie politique de son temps le regard sévère et impertinent du moraliste. Ses comédies, ses *Lettres* satiriques, et surtout ses *Ragionamenti,* six dialogues moraux à la fois désinvoltes et obscènes, témoignent d'une grande vivacité narrative et stylistique.

Arezzo Ville d'Italie (Toscane), sur l'Arno. 91 600 habitants. Importante cité médiévale ; fresques de Piero della Francesca à l'église San Francesco (1452).

argan n. m. **(arabe *arqān*)** Fruit, amande de l'arganier. *Huile d'argan,* riche en vitamine E.

Argan (Giulio Carlo) Historien, critique d'art et homme politique italien (1909-1992). Universitaire, maire communiste de Rome de 1976 à 1979, il s'attacha à comprendre la création artistique dans son contexte social et idéologique. *L'Art moderne.*

Argand (Émile) Géologue suisse (1879-1940). Il étudia les phénomènes de plissement des roches, notamment dans le massif alpin.

arganier n. m. Arbuste épineux à tronc court, dont le fruit contient une amande oléagineuse (→ **argan**).

Argelander (Friedrich) Astronome allemand (1799-1875). Il établit un atlas stellaire, faisant toujours autorité, et qui recense plus de 300 000 étoiles.

Argelès-Gazost Chef-lieu d'arrondissement des Hautes-Pyrénées, sur le gave d'Azun. 2 897 habitants. Station thermale.

Argelès-sur-Mer Commune des Pyrénées-Orientales. 10 593 habitants. Station balnéaire.

Argens [-ʒɑ̃] n. m. Fleuve côtier de Provence (Var), qui se jette dans la Méditerranée. 116 km.

argent n. m. **(du latin *argentum* « le brillant »)** **I. 1.** Métal blanc (symb. Ag ; n° at. 47 ; masse at. 107,87), très ductile et malléable. *Argent doré.* → **²vermeil. 2.** *D'argent* **loc. adj. invar.** : de la couleur, de la blancheur, de l'éclat de l'argent. *« La lune ouvre dans l'onde son éventail d'argent »* (Hugo). **II. 1.** Monnaie métallique, papier-monnaie et ce qui représente cette monnaie. → **²capital, fonds, fortune, richesse ;** fam. **blé, fric, galette, oseille, pèze, pognon, thune.** *Somme d'argent. Argent liquide*.* – *Gagner de l'argent. Avancer, prêter ; emprunter, devoir de l'argent à qqn. Être à court d'argent* (→ fam. **fauché**). **2.** loc. *Jeter l'argent par les fenêtres* : gaspiller. *En vouloir, en avoir pour son argent,* en proportion de ce qu'on a donné. *Prendre* (qqch.) *pour argent comptant* : croire naïvement. – prov. *L'argent n'a pas d'odeur,* ne garde pas la marque de sa provenance. *Le temps c'est de l'argent,* il ne faut pas perdre de temps. *L'argent ne fait pas le bonheur.*

argentan n. m. Alliage de cuivre, zinc et nickel de la couleur de l'argent. → **maillechort.**

Argentan Chef-lieu d'arrondissement de l'Orne, dans la plaine d'Argentan. 13 401 habitants. Musée de la dentelle *(point d'Argentan).*

Argentat-sur-Dordogne Commune de la Corrèze, sur la Dordogne. 2 887 habitants. Barrage hydroélectrique du Chastang.

argenté, ée adj. (de *argent*) **I. 1.** Recouvert d'une couche d'argent. *Métal argenté.* **2.** Qui a la couleur de l'argent. *Tempes argentées.* **II.** fam. *Il n'est pas très argenté* : il n'a pas beaucoup d'argent. → **fortuné.**

argenter v. tr. < 1 > **1.** Recouvrir d'une feuille d'argent. □ **n. m. argentage 2.** fig. Donner la couleur de l'argent à.

argenterie n. f. Vaisselle, couverts, ustensiles d'argent ou de métal argenté.

Argenteuil Chef-lieu d'arrondissement du Val-d'Oise, sur la Seine. 108 567 habitants. Industrie aéronautique. Ancien hôpital fondé par saint Vincent de Paul (XVIIe s. ; aujourd'hui musée du Vieil Argenteuil).

argentier n. m. hist. *Le grand argentier* : le surintendant des finances ; mod., plais. le ministre des Finances ; fam. le trésorier.

Argentière Station de sports d'hiver de la Haute-Savoie (1 253 m), près de Chamonix. Glacier d'Argentière (11 km de long).

Argentière-la-Bessée (L') Commune des Hautes-Alpes. 2 238 habitants. Anciennes mines de galène argentifère.

argentifère adj. (→ -fère) Qui contient de l'argent (minerai).

¹argentin, ine adj. Qui résonne clair comme l'argent. *Voix argentine.*

²argentin, ine adj. D'Argentine. *Le tango argentin.*

Argentine

n. f. ■ offic. République argentine État d'Amérique du Sud. 2 780 400 km². 44 900 000 habitants (les *Argentins*). **Langue :** espagnol. **Religion :** chrétiens, en majorité catholiques. **Monnaie :** peso. **Capitale :** Buenos Aires. **Régime :** démocratie présidentielle. République fédérale.

GÉOGRAPHIE

L'Argentine occupe une large part du cône sud de l'Amérique du Sud. L'étirement nord-sud du territoire et le relief contrasté (cordillère, plateaux, bassins sédimentaires) expliquent la diversité des paysages : Andes à l'O. (Aconcagua, 6 962 m), plateau frais et venteux de la Patagonie au S., plaine fertile de la Pampa au centre, plaine subtropicale du Chaco au N.

Le peuplement est globalement faible (16 hab./km²), très urbain (90 %) et très inégal : l'agglomération de Buenos Aires concentre plus du tiers de la population, alors que les Andes, la Patagonie et le Chaco sont presque vides.

L'industrie (métallurgie, chimie, textile) et les services dominent, même si l'Argentine demeure une grande puissance agricole grâce aux cultures (céréales, soja) et aux élevages extensifs (bovins, ovins) d'exportation pratiqués dans les arrière-pays des grands ports (Buenos Aires, La Plata, Bahia Blanca) et en Patagonie. La région de la capitale, vers laquelle convergent tous les flux, constitue l'interface entre l'Argentine et le reste du monde.

HISTOIRE

Avant l'arrivée des Espagnols (1516), l'Argentine était habitée par de rares tribus indiennes. La mise en valeur coloniale se fit à partir du río de la Plata. L'Argentine fut séparée de la vice-royauté du Pérou en 1776, et devint indépendante en 1816, suite à une insurrection créole soutenue par le Royaume-Uni. La Constitution fédérale (1853, révisée en 1994) résulta d'un compromis entre les volontés unitaires et les forts autonomismes provinciaux. Le rapide essor économique, rendu possible par le recours à l'immigration et le transport ferroviaire, fut fondé sur l'exploitation agricole de la Pampa et l'industrialisation. Prospère au XIXe s., l'économie argentine connut un coup d'arrêt lors de la guerre contre le Paraguay (1865-1870), puis de la crise des années 1930.

L'Argentine contemporaine La seconde moitié du XXe s. fut marquée par la présidence populiste et nationaliste de Juan Perón (1946-1955), puis par une série de dictatures militaires (général Onganía, 1966 ; général Lanusse, 1971 ; général Videla, 1976-1983), interrompues par la présidence d'Isabel Perón (1974-1976). Le retour à la démocratie, qui suivit la guerre des Malouines (1982) avec le Royaume-Uni, se traduisit par une certaine instabilité politique (Raúl Alfonsín, 1982-1989 ; Carlos Menem, 1989-1999 ; Nestor Kirchner, 2003-2007) et économique. La grave crise

Argentine

financière de 2001 eut de très sérieuses répercussions économiques et sociales, que la stabilisation monétaire et le retour de la croissance observés entre 2003 et 2011 ne parvinrent à résorber. La péroniste Cristina Kirchner, élue présidente en 2007, fut battue en 2015, les Argentins ayant voté contre la corruption en élisant le néolibéral Mauricio Macri. C'est cependant le candidat qu'elle soutenait, Alberto Fernández, qui fut porté au pouvoir en 2019. Il fut mis en difficulté par la pandémie de Covid-19, l'inflation (plus de 60 % en 2022), le chômage, la pauvreté et obtint une renégociation de la dette avec le FMI.

---

argentique adj. chim., pharm. Qui contient de l'argent. *Émulsion argentique des pellicules photographiques.* – *Photographie argentique* (opposé à *numérique*).

Argenton-sur-Creuse Commune de l'Indre. 4 865 habitants. Site gallo-romain d'*Argentomagus* (temple, fontaine, théâtre).

argenture n. f. Application d'une couche d'argent ; son résultat.

Argerich (Martha) Pianiste suisse d'origine argentine (née en 1941). Élève de F. Gulda, elle s'est constitué un large répertoire (solo, musique de chambre, musique concertante). C'est avec Chopin et Ravel qu'elle signe ses interprétations les plus brillantes.

Argeş n. m. Rivière de Roumanie (Carpates), affluent du Danube. 344 km.

argile n. f. **(latin *argilla* « terre blanche » ; famille de *argent*)** Roche terreuse, avide d'eau, imperméable et plastique, dite *terre glaise. Argile rouge, jaune.* → **ocre.** – loc. *Colosse aux pieds d'argile* : personne, puissance fragile malgré les apparences. □ **adj. argileux, euse**

arginine n. f. **(du radical du latin *argentum*, le *nitrate d'arginine* ayant un aspect argenté)** biochim. Acide aminé naturel jouant un rôle important dans la croissance de l'organisme.

Arginuses (bataille des) Bataille navale de la guerre du Péloponnèse qui vit, en –406, la victoire des Athéniens sur les Spartiates, au large de l'archipel des Arginuses (dans la mer Égée, entre Lesbos et l'Asie Mineure).

argiope n. f. **(du grec *argos* « brillant »)** zool. Araignée à l'abdomen rayé, qui tisse sa toile près du sol.

Argo, Navire Argo ou **Navire** n. m. Groupe de constellations de l'hémisphère austral, composé des Voiles, de la Poupe et de la Carène.

Argolide n. f. Péninsule de Grèce, au N.-E. du Péloponnèse. Aujourd'hui district régional d'Argolide. Chef-lieu : Nauplie. L'Argolide fut le foyer de la civilisation mycénienne au –IIe millénaire, avec Argos, Mycènes, Tirynthe et Épidaure pour principaux centres.

argon n. m. **(de l'anglais, du grec *argos* « inerte, inactif », de *a-* et *ergon* → énergie)** Gaz incolore et inodore (symb. Ar ; n° at. 18 ; masse at. 39,948), peu réactif, de la famille des gaz rares.

argonaute n. m. **(du grec → -naute)** **1.** mythol. grecque (au sing.) Héros membre du groupe des Argonautes. **2.** Mollusque céphalopode dont la femelle secrète une coquille pour abriter sa ponte.

Argonautes n. m. pl. Héros de la mythologie grecque. À bord du navire *Argo*, ils partent pour la Colchide sous le commandement de Jason à la conquête de la Toison d'or.

Argonne n. f. Massif boisé aux confins de la Champagne et de la Lorraine, difficilement franchissable en dehors de ses défilés (La Chalade, Croix-aux-Bois, Grandpré, Les Islettes). Dumouriez y remporta la victoire de Valmy (1792). Des combats très meurtriers s'y déroulèrent en 1914 et en 1918.

Argos Ville de Grèce, dans le Péloponnèse. 25 500 habitants. Ancienne capitale de l'Argolide, et plus ancienne cité grecque selon la mythologie, elle connut son apogée vers le VIIe s. av. J.-C. Importants vestiges : théâtre (IVe-IIIe s. av. J.-C.), agora, odéon, bains romains. Citadelle médiévale sur l'ancienne acropole de Larissa.

argot n. m. **(p.-ê. famille de *arguer* ou de *ergot*)** Vocabulaire et habitudes de langage propres à un milieu fermé, dont certains mots passent dans la langue commune. *L'argot du milieu* (des malfaiteurs). – *Argot scolaire. L'argot des typographes.* → **jargon.** □ **adj. argotique**

argotisme n. m. ling. Mot, expression argotique.

Argoun n. m. Rivière de Chine, en Mongolie-Intérieure, qui forme une partie de la frontière avec la Russie. Affluent de l'Amour. 1 530 km.

argouse n. f. **(→ argousier)** Fruit de l'argousier qui pousse en grappes, baie orangée riche en vitamines.

argousier n. m. **(probablt mot préroman, du radical *arg-* « épine »)** Arbrisseau vivace, épineux, des terrains pauvres et des friches (encore appelé *faux nerprun, saule épineux*), dont le fruit est l'argouse.

argousin n. m. **(de l'arabe)** **1.** anciennt Bas officier des galères. **2.** péj., vieilli Agent de police.

Argovie (canton d') Canton du N. de la Suisse, de langue allemande. 1 404 km^2. 663 462 habitants. Chef-lieu : Aarau. Industries diverses (machines-outils, mécanique de précision). Divisée au Moyen Âge, l'Argovie fut reconstituée en 1803 pour former un canton de la Confédération suisse.

Arguedas (Alcides) Romancier bolivien (1879-1946). Son grand roman, *Race de bronze*, met en scène, à travers l'assassinat de l'Indienne Nata-Hura par un Blanc, le choc violent entre deux mondes.

Arguedas (José María) Romancier péruvien (1911-1969). Puisant aux sources de la culture andine, dont il a observé le déclin inéluctable, il laisse une œuvre qui s'apparente au « réalisme magique » développé par J. Rulfo et A. Carpentier, et dans laquelle se dévoilent les tourments de sa propre enfance. *Les Fleuves profonds.*

arguer [aʀgɥe] v. < 1 > **(latin *arguere* « faire briller, rendre clair » ; famille de *argent*)** **1.** v. tr. dir. littér. *Arguer qqch. de qqch.*, tirer argument, conséquence. *Vous ne pouvez rien arguer de ce fait.* → **conclure, inférer. 2.** v. tr. ind. *Arguer de qqch.* : mettre qqch. en avant, en tirer argument ou prétexte. → **alléguer.** - var. RO **argüer.**

argument n. m. **(du latin → arguer)** **1.** Preuve à l'appui ou à l'encontre d'une proposition. *Invoquer des arguments à l'appui d'une thèse. Argument massue. Être à court d'arguments. Tirer argument de.* → **arguer.** *Arguments de vente.* **2.** Exposé sommaire. *L'argument d'un film.* **3.** math. *Argument d'un nombre complexe* : dans un repère orthonormé, angle formé par le vecteur représentant ce nombre complexe avec l'axe des abscisses.

argumentaire n. m. Documentation réunissant des arguments de vente.

argumentateur, trice n. Personne qui se plaît à argumenter. → **raisonneur.**

argumentatif, ive adj. **(de *argumentation*)** didact. Relatif à l'argumentation, qui vise à l'argumentation.

argumentation n. f. **(→ argument)** **1.** Action d'argumenter. **2.** Ensemble d'arguments tendant à une même conclusion.

argumenter v. < 1 > **(→ argument)** **1.** v. intr. Présenter des arguments ; prouver par arguments. *Argumenter contre qqn. Argumenter de qqch.*, en tirer des conséquences. **2.** v. tr. Présenter, soutenir avec des arguments. *Argumenter un exposé.* – au p. p. *Thèse bien argumentée.*

argus [aʀgys] n. m. **(du nom du géant)** **1.** littér., vieux Surveillant, espion vigilant. **2.** (avec maj.) Publication qui fournit des renseignements spécialisés. *Voiture qui n'est plus cotée à l'Argus* (de l'automobile). **3.** Oiseau (phasianidé) du Sud-Est asiatique.

Argus ou **Argos** Dans la mythologie grecque, géant aux cent yeux vaincu par Hermès.

Argus ou **Argos** Nom du chien d'Ulysse dans *L'Odyssée.*

argutie [aʀgysi] n. f. **(du latin, de *argutus* « clair » [→ argent], « perçant, subtil ») péj. (généralt au plur.)** Raisonnement pointilleux, vaine subtilité du langage.

argyrisme n. m. **(de *argyr-* + *-isme*)** méd. Intoxication par les sels d'argent.

argyr(o)- Élément savant **(du grec *arguros*)** qui signifie « argent ».

argyronète n. f. **(de *argyro-* et du grec *nêo* « je file »)** Araignée aquatique qui tisse dans l'eau une sorte de cloche qu'elle remplit d'air.

Århus Ville du Danemark, capitale du Jutland, dans la *baie d'Århus.* 228 675 habitants. Cathédrale du XIIe s. Centre industriel. Port de commerce. Université. Musée de l'habitat rural traditionnel.

[1]**aria** n. m. **(de l'ancien français *harier* « tourmenter ») fam., vieux** Embarras ; tracas.

[2]**aria** n. f. **(mot italien → [3]air)** mus. Mélodie chantée par une seule voix accompagnée.

Ariane Fille de Minos et de Pasiphaé, sœur de Phèdre, dans la mythologie grecque. Éprise de Thésée, elle l'aide à sortir du Labyrinthe grâce à une pelote de fil. Abandonnée par son amant, elle séduit le dieu Dionysos qui la prend pour épouse.

Ariane Fusée spatiale européenne lanceur de satellites. Tous ses lancements, depuis le premier en 1979, s'effectuent depuis le Centre spatial guyanais.

arianisme n. m. **(de *arien*)** hist. relig. Doctrine hérétique d'Arius, qui niait la consubstantialité du Fils avec le Père et fut condamnée au concile de Nicée (325).

Arias (Alfredo) Metteur en scène français d'origine argentine (né en 1944). Arrivé en France en 1970 avec sa troupe, le TSE, il monta des pièces du répertoire (Shakespeare) et des œuvres contemporaines (Copi, Genet), dans un univers baroque et exubérant.

Arias Sánchez (Óscar) Homme d'État costaricain (né en 1941). Président du Costa Rica (1986-1990, 2006-2010), il prit des mesures diplomatiques (*plan Arias*) en faveur de la paix en Amérique centrale. Prix Nobel de la paix 1987.

Arica Ville du N. du Chili, proche du Pérou dont elle fit partie jusqu'en 1883. 175 000 habitants. Port franc.

aride adj. **(du latin, de *arere* « brûler » → ardent)** **1.** Sec, desséché. *Climat aride.* – Qui ne porte aucun végétal, faute d'humidité. → **stérile.** *Sol aride.* **2.** fig. Dépourvu de générosité, de tendresse, de sensibilité. *Cœur aride.* **3.** fig. Dépourvu d'intérêt, d'agrément, d'attrait. *Sujet aride.* → **ingrat, rébarbatif, sévère.**

aridité n. f. **(→ aride)** **1.** Sécheresse. – *L'aridité du sol.* → **stérilité. 2.** fig. *Aridité d'un sujet.* → **sévérité.**

Ariège n. f. Rivière née dans les Pyrénées-Orientales, affluent de la Garonne. 170 km. Centrales hydroélectriques.

Ariège n. f. [09] Département français de la Région Occitanie (→ carte). 4 902 km^2. 153 954 habitants. Chef-lieu : Foix. Chefs-lieux d'arrondissement : Pamiers, Saint-Girons. Formé d'une partie des Pyrénées au S. (Couserans, Pyrénées ariégeoises), de coteaux et de collines au N., le département a une économie duale : élevage, hydroélectricité et thermalisme sur les hauteurs ; polyculture et industrie traditionnelle (papier, textile, métallurgie) en difficulté au N.

Ariel Génie aérien, symbole d'intelligence spirituelle, opposé par Shakespeare à l'animalité terrestre de Caliban, dans *La Tempête.*

arien, enne adj. et n. (latin *arianus*, de *Arius*) **1.** D'Arius. *L'hérésie arienne.* **2.** n. Partisan de l'arianisme.

Ariès (Philippe) Historien français (1914-1984). Il est l'auteur de travaux novateurs sur la démographie historique et sur l'histoire des mentalités. *L'Enfant et la vie familiale sous l'Ancien Régime ; L'Homme devant la mort.*

ariette n. f. (italien *arietta* → ^{2}aria, n. f.) mus. Air léger, de mélodie gracieuse, destiné à être chanté.

arille [aʀij] n. m. (latin *arilus* « grain de raisin ») bot. Expansion charnue ou membraneuse qui enveloppe certaines graines (if, noix de muscade...).

arioso [aʀjozo] n. m. (mot italien, de *aria* « air ») mus. Pièce vocale de caractère dramatique qui tient de l'aria et du récitatif. *Des ariosos.*

Arioste (Ludovico Ariosto, dit en français l') Poète italien (1474-1533). Auteur de vers en latin inspirés d'Horace et de Tibulle et de comédies de mœurs en italien *(L'Entremetteuse)*, il est surtout connu pour son poème épique le *Roland furieux*, qui en près de 39 000 vers rassemble toute la culture humaniste de la Renaissance, dont il reflète le fond relativiste et païen.

Arioviste Chef germain de la tribu des Suèves (Ier s. av. J.-C.). Il fut vaincu par César en −58.

Aristagoras Tyran de Milet (mort en 497 av. J.-C.). Sa révolte contre Darios Ier (−500), appuyée par les Athéniens, fut à l'origine de la première guerre médique.

Aristarque de Samos Astronome grec (v. 310-v. 230 av. J.-C.). Précurseur de Copernic, il fut l'un des premiers défenseurs de l'héliocentrisme.

Aristarque de Samothrace Philologue grec (220-143 av. J.-C.). Directeur de la bibliothèque d'Alexandrie après son maître Aristophane de Byzance, il donna des éditions critiques des textes classiques. Il s'attacha en particulier à la recension des poèmes d'Homère, dont il retrancha les passages jugés apocryphes ou interpolés.

Aristée Fils d'Apollon et de Cyrène, dans la mythologie grecque. Il aurait appris aux hommes à élever les abeilles.

Aristide surnommé **le Juste** Général et homme politique athénien (v. 550-v. 467 av. J.-C.). Stratège, il s'illustra lors de la bataille de Marathon (−490) mais, à l'instigation de Thémistocle, fut frappé d'ostracisme (−482). Il contribua à la fondation de la Ligue de Délos (−477).

Aristide (Jean-Bertrand) Homme d'État haïtien (né en 1953). Opposant à la dictature de J.-C. Duvalier, il fut élu président de la République en 1990. Déposé par un coup d'État en 1991, il fut rétabli avec l'aide des États-Unis (1994-1995). Très contesté depuis sa réélection (2000), il dut démissionner et fut contraint à l'exil (2004-2011).

Aristide de Milet Écrivain grec (v. le IIe s. av. J.-C.). Ses *Fables milésiennes*, poèmes érotiques en prose dont il ne subsiste que des fragments, inspirèrent la littérature licencieuse romaine.

Aristippe Philosophe grec (IVe s. av. J.-C.). Élève de Socrate, il fonda l'école cyrénaïque.

Aristobule II Roi de Judée de 69 à 63 av. J.-C. Vaincu à Jérusalem par Pompée (−63), il fut emprisonné à Rome. Gracié par César (−50), il fut assassiné peu après.

aristocrate n. (→ aristocratie) **1.** Partisan de l'aristocratie (1). – péj., pendant la Révolution Partisan des privilèges de la noblesse. *Les aristocrates à la lanterne !* (pour être pendus). **2.** Membre de l'aristocratie (2). → **noble.** - abrév. fam. **aristo.**

aristocratie n. f. (du latin, du grec « gouvernement [→ -cratie] des meilleurs ») **1.** Forme de gouvernement où le pouvoir souverain appartient à la noblesse. **2.** La noblesse. **3.** fig., littér. → **élite.** *L'aristocratie intellectuelle.*

aristocratique adj. **1.** Qui appartient à l'aristocratie. **2.** Qui est digne d'un aristocrate. → **distingué, élégant, raffiné.** □ adv. **aristocratiquement**

aristoloche n. f. (du latin, du grec, de *aristos* « excellent » → aristocratie et *lokhos* « accouchement ») Plante grimpante, aux fleurs jaunes à corolle tubulaire, supposée faciliter les accouchements.

Aristophane Auteur comique grec (v. 450-386 av. J.-C.). Fondateur de la comédie grecque, polémiste brillant très inventif dans son langage, sachant manier la satire et la grossièreté, il fit de son art une défense de la sagesse et de la paix. Seules 11 des 44 pièces qui lui sont attribuées nous sont parvenues. *Les Nuées ; Les Grenouilles ; Les Oiseaux.*

Aristophane de Byzance Grammairien et critique grec (v. 257-180 av. J.-C.). Il dirigea le musée et la bibliothèque d'Alexandrie, donna des éditions critiques des poèmes homériques de Pindare ou de Sophocle et fut le maître d'Aristarque de Samothrace, qui lui succéda.

Aristote dit **le Stagirite** Philosophe et savant grec (384-322 av. J.-C.). Disciple de Platon, fondateur du Lycée où il enseigna 12 ans, il fut le précepteur et l'ami d'Alexandre le Grand. Sa conception totale et systématique de la connaissance le conduisit à aborder tous les domaines du savoir : la logique, dont il est considéré comme l'inventeur (l'*Organon*), la métaphysique, l'éthique et la politique (l'*Éthique à Nicomaque*), mais également les sciences naturelles et notamment la botanique et la zoologie *(Les Parties des animaux)*. Empiriste, critique à l'égard du platonisme, sa philosophie, *l'aristotélisme*, a exercé une influence aussi bien sur la pensée et la science musulmanes que sur la théologie chrétienne médiévale.

Ariane

Ariane 5 ES-ATV sur le pas de tir de Kourou (mars 2008).

aristotélicien, ienne adj. et n. (latin d'origine grecque) didact. Relatif à Aristote, à sa philosophie.

aristotélisme n. m. didact. Doctrine, philosophie d'Aristote.

▶ L'**aristotélisme** est la tradition philosophique se réclamant de la pensée d'Aristote qui privilégie l'observation du réel ainsi que le raisonnement logique pour accéder à la vérité. La philosophie d'Aristote a eu une influence immense de l'Antiquité à nos jours ; une partie de son vocabulaire est entrée dans notre langage : *substance, accident, matière/forme, en puissance/en acte, quantité/qualité, sujet/prédicat*, etc. Sa méthode a marqué la postérité par son empirisme et son rationalisme et il reste l'auteur de référence de la logique. Après sa mort, ses disciples continuèrent son œuvre, mais rapidement l'école du Lycée déclina. L'édition de ses textes par Andronicus de Rhodes au Ier s. av. J.-C. donna un second souffle à l'aristotélisme antique.
Au Moyen Âge, l'aristotélisme (ou péripatétisme) fut très important dans le monde arabo-musulman (Avicenne, Averroès), juif (Maïmonide) puis chrétien (Pierre Lombard et la scolastique). Le monde latin ne connaissait depuis Boèce qu'une partie de la logique d'Aristote ; c'est à la fin du XIIe et au XIIIe s. que ses autres œuvres furent traduites de l'arabe ou du grec en latin. Elles furent enseignées, disputées dans les universités médiévales et utilisées pour rationaliser le contenu de la foi chrétienne. L'aristotélisme, qui contredisait de nombreux dogmes chrétiens, fut toutefois censuré à plusieurs reprises. Saint Thomas d'Aquin réussit à faire la synthèse entre la théologie chrétienne et la philosophie d'Aristote, à qui il emprunta notamment son idée de la justice.
La tradition fit de la pensée d'Aristote un système dogmatique, par la suite attaqué par le rationalisme cartésien. Quant à la physique moderne, à partir de Galilée, elle rejette son point de vue qualitatif et finaliste sur la nature.
voir aussi **platonisme**

Aristoxène Philosophe grec (IVe s. av. J.-C.). Élève d'Aristote, il est surtout connu pour ses *Traités d'harmonique*, les plus anciens traités de musique conservés, dont il reste des extraits.

arithmétique (latin *arithmeticus*, du grec, de *arithmos* « nombre » ; famille de *art*, de *rite*) **I.** adj. Relatif à l'arithmétique (II), fondé sur la science des nombres rationnels. – *Progression arithmétique* (opposé à *géométrique*), où la différence entre les termes consécutifs est constante (1, 4, 7, 10, 13...). **II.** n. f. Partie des mathématiques qui étudie les propriétés élémentaires des nombres rationnels. – Art, méthode du calcul. → ^{2}**calcul.** □ n. **arithméticien, ienne** □ adv. **arithmétiquement**

arithmomancie n. f. (du grec *arithmos* « nombre » et *manteia* « divination » → -mancie) didact. Divination par les nombres. → **numérologie.**

Arius Hérésiarque et prêtre d'Alexandrie (v. 256-v. 336). Sa doctrine (l'*arianisme*), qui niait la divinité du Christ, fut condamnée au concile de Nicée (325). Cette hérésie, qui faillit triompher au IVe s., eut une grande importance, notamment chez les Goths, et ne disparut qu'après le VIe siècle.

Arizona n. m. État du S.-O. des États-Unis. 295 014 km^2. 7,15 millions d'habitants. Capitale : Phoenix. Région de climat aride ou semi-aride, formée du plateau du Colorado au N. (canyons), et de plaines désertiques au S. Agriculture d'irrigation. Industrie de pointe (informatique). Extraction de cuivre et de plomb. Tourisme (Grand Canyon). L'Arizona fut cédé aux États-Unis par le Mexique en 1848.

Arkansas n. m. Rivière des États-Unis, affluent du Mississippi. 2 334 km.

Arkansas n. m. État du S. des États-Unis. 137 539 km^2. 3 millions d'habitants. Capitale : Little Rock. Agriculture sur les plaines alluviales du Mississippi (soja, coton, fruits, volailles). Extraction de bauxite et d'hydrocarbures. Industries en développement (agroalimentaire, métallurgie).

Arkhangelsk Ville du N. de la Russie, à l'embouchure de la Dvina septentrionale, sur la mer Blanche. 355 500 habitants. Point de départ d'expéditions polaires.

Arkwright (sir Richard) Ingénieur mécanicien britannique (1732-1792). Il inventa une machine à filer hydraulique qui permit l'essor de l'industrie du coton en Angleterre.

Arlanc Commune du Puy-de-Dôme. 1 803 habitants. Église Saint-Pierre, construction romane du XIIe s., sur un prieuré du Xe siècle.

Arland (Marcel) Écrivain français (1899-1986). D'abord proche des surréalistes, il devint codirecteur, avec Jean Paulhan, puis directeur de la NRF (Nouvelle Revue française), jusqu'en 1977. Il a laissé de nombreux romans psychologiques, des nouvelles et des essais. *L'Ordre*.

Arlberg n. m. Col des Alpes autrichiennes, à 1 793 m. Axe de communication (tunnel ferroviaire de 10 250 m et tunnel routier de 13 970 m).

arlequin, ine n. **1.** n. m. *Habit d'arlequin*, fait de pièces triangulaires de toutes les couleurs, comme celui d'Arlequin. **2.** n. f. Femme déguisée en arlequin.

Arlequin Personnage de la commedia dell'arte. Né au début du XVIIe s., il incarna d'abord le personnage du bouffon grossier avant de représenter le valet à la fois sensible et naïf.

arlequinade n. f. (→ arlequin) **1.** Pièce bouffonne où Arlequin jouait le rôle principal. **2.** Bouffonnerie, pitrerie.

Arles Chef-lieu d'arrondissement des Bouches-du-Rhône, sur le Rhône. 50 968 habitants. La plus vaste commune de France (76 000 ha). Importants vestiges gallo-romains : remparts, théâtre. Nécropole des Aliscamps. Ancienne cathédrale Saint-Trophime (XIe-XVe s.). Tour Luma. Rencontres de la photographie. Nœud ferroviaire et routier. La ville fut le siège de plusieurs conciles (IVe s.). Elle fut la capitale du royaume d'Arles (IXe-Xe s.), ou royaume de Bourgogne-Provence.

arlésien, ienne adj. et n. D'Arles. – loc. *Jouer l'Arlésienne* : ne pas se montrer (allus. à l'opéra de Bizet, où le personnage du titre ne se montre jamais).

Arles-sur-Tech Commune des Pyrénées-Orientales. 2 784 habitants. Abbaye fondée au VIIIe s., reconstruite au IXe s. Cloître gothique du XIIIe siècle.

Arletty (Arlette Léonie Bathiat, dite) Actrice française (1898-1992). Artiste de music-hall et chanteuse d'opérette à ses débuts, elle composa au théâtre et au cinéma, notamment dans les films de Carné, un personnage de séductrice mystérieuse, aux accents faubouriens. *Hôtel du Nord ; Les Visiteurs du soir ; Les Enfants du paradis.*

Arletty et Louis Jouvet dans *Hôtel du Nord* (1938).

Arles

Arles, appelée « la Petite Rome des Gaules » sous l'empereur Constantin.

Arlington (cimetière d') Cimetière militaire des États-Unis, situé en Virginie, face au Pentagone (Washington D. C.).

Arlit Ville du Niger, au N. d'Agadès. Env. 150 000 habitants. Important gisement d'uranium.

Arlon Ville de Belgique (province du Luxembourg), sur la Semois. 30 081 habitants. Vestiges romains.

Arlt (Roberto) Écrivain argentin (1900-1942). Ses romans décrivent le contexte des années 1930 dans une langue inspirée du parler populaire. *Les Sept Fous ; Les Lance-Flammes.*

armada n. f. (mot espagnol « armée [navale] ») Grande quantité. *Une armada de photographes.*

Armada (l'Invincible) Flotte de Philippe II d'Espagne envoyée contre Élisabeth Ire d'Angleterre en 1588 afin de rétablir le catholicisme. Elle fut détruite par les attaques des marins anglais et par la tempête.

Armagh Ville d'Irlande du Nord. 14 000 habitants. Résidence du primat catholique d'Irlande et archevêché de l'Église anglicane d'Irlande.

armagnac n. m. Eau-de-vie de raisin que l'on fabrique en Armagnac. *Des armagnacs.*

Armagnac n. m. Région du S.-O. de la France, qui s'étend sur le département du Gers, ainsi que sur une partie des départements des Landes et de Lot-et-Garonne. Eau-de-vie. Le comté d'Armagnac fut érigé en 960. Il fut uni à la couronne de France en 1607.

armagnacs Faction qui s'opposa aux bourguignons lors de la guerre de Cent Ans sous Charles VI et Charles VII. Réunis autour de Bernard VII d'Armagnac à la suite de l'assassinat de Louis Ier d'Orléans (1407) par les partisans du duc de Bourgogne Jean sans Peur, les armagnacs furent vaincus par les Anglais alliés aux bourguignons à Azincourt (1415). Le traité d'Arras (1435) entre Charles VII et Philippe III le Bon mit fin à la guerre entre les deux partis.

armailli [aʀmaji] n. m. (du parler de Fribourg) (Suisse) Homme qui, dans les alpages, est chargé de soigner les troupeaux et de confectionner le fromage.

Arman (Armand Fernandez, dit) Artiste américain d'origine française (1928-2005). Ses installations et ses accumulations d'objets sont représentatives du nouveau réalisme, qu'il contribua à fonder en 1960.

Armançon n. m. Rivière de Bourgogne, affluent de l'Yonne, qui prend sa source dans l'Auxois. 202 km.

Armand (Louis) Ingénieur et administrateur français (1905-1971). Il fut président de la SNCF puis de l'Euratom.

armateur, trice n. Personne qui s'occupe de l'exploitation commerciale d'un navire.

armature n. f. (du latin ; famille de *arme*) **1.** Assemblage de pièces qui sert à maintenir les parties d'un ouvrage, qui consolide. → **charpente ; carcasse.** *L'armature d'un vitrail.* – *Soutien-gorge à armature.* **2.** fig. Ce qui sert à maintenir, à soutenir. *L'armature économique d'un pays.* → **structure. 3.** électr. Chacun des deux conducteurs d'un condensateur, séparés par le milieu isolant. – mus. Ensemble des dièses ou des bémols placés à la clé pour indiquer la tonalité d'un morceau. - syn. **armure.**

Armavir Ville de Russie, au pied du Caucase, sur le Kouban. 193 900 habitants. Nœud ferroviaire. Industrie (agroalimentaire, mécanique).

arme n. f. (latin *arma*, de *armus*, d'abord « épaule, bras », aussi « ustensile » ; même radical que *art, arithmétique, article* → **armoire, ars**) **I. 1.** Instrument ou dispositif servant à tuer, blesser (une personne, un animal) ou réduire un ennemi. *Armes blanches* (couteaux, épées...). *Armes à feu* (pistolets, fusils, carabines...). *Braquer une arme sur qqn. L'arme du crime.* – loc. *Passer l'arme à gauche* : mourir. ■ Dispositif ou ensemble de moyens offensifs pour faire la guerre. *Arme chimique. L'arme atomique* ou *nucléaire. Arme de destruction massive (ADM).* **2.** au plur., loc. *Être sous les armes* : être soldat. *Prendre les armes* : s'apprêter au combat. – *Un peuple en armes*, prêt à combattre. – *Déposer les armes* : se rendre. – *Passer qqn par les armes*, le fusiller. **3.** spécialt *Salle d'armes, maître d'armes*, d'escrime. **II. 1.** Corps de l'armée. *L'arme de l'infanterie, de l'artillerie. Dans quelle arme sert-il ?* **2.** littér. ***Les armes*** : le métier militaire. vieux *Homme d'armes* : homme de

Arman

Arman, *L'Heure de tous* (1985), gare Saint-Lazare, Paris.

guerre. – *Compagnons, frères d'armes.* **3.** Combat, guerre. *Régler un différend par les armes.* – loc. *Faire ses (premières) armes,* sa première campagne ; fig. débuter dans une carrière. **III.** fig. Ce qui peut agir contre un adversaire. → **argument** ; → moyen d'action. *Donner des armes contre soi-même. Une arme à double tranchant*.* **IV.** *Armes* : signes héraldiques. → **armoiries.** *Les armes d'une ville.*

armée n. f. **1.** Réunion importante de troupes. *Lever une armée. Armée d'occupation, de libération.* **2.** Ensemble des forces militaires d'un État. → **¹défense** nationale. *L'armée française. Armée de terre, de l'air. Armée active ; de réserve. Être dans l'armée* (→ **militaire**). *Être à l'armée* : effectuer son service national. **3.** Grande unité militaire réunissant plusieurs divisions (éventuellement réunies en *corps d'armée*). *Général d'armée.* **4.** fig. Grande quantité (avec une idée d'ordre ou de combat). → **foule, multitude.**

armement n. m. **I. 1.** Action d'armer, de pourvoir d'armes. **2.** Ensemble de moyens d'attaque ou de défense. *L'armement d'un soldat.* **3.** au plur. Préparatifs de guerre, moyens offensifs ou défensifs d'un pays. *La course aux armements.* **4.** Étude et technique des armes. *Ingénieur de l'armement.* **II.** Action d'armer* un navire. **III.** Action d'armer (une arme à feu, un appareil).

Armenia Ville de Colombie, dans la Cordillère centrale. 287 500 habitants.

Arménie

n. f. ■ offic. république d'Arménie État d'Asie occidentale. 29 800 km². 3 018 000 habitants (les *Arméniens*). **Langue** : arménien. **Population** : Arméniens (98 %) ; Russes (0,5 %) ; Kurdes (1,3 %). **Religion** : Église chrétienne autocéphale. **Monnaie** : dram. **Capitale** : Erevan. **Régime** : démocratie parlementaire.

GÉOGRAPHIE

L'Arménie est située sur les hauts plateaux du Caucase. Son climat est continental. L'agriculture (vigne, fruits, céréales, tabac) est concentrée dans la plaine de l'Araxe, la montagne restant vouée à l'élevage ovin. L'activité économique repose sur l'exploitation des mines et le secteur de l'énergie (hydroélectricité, nucléaire), ainsi que sur les industries alimentaires et textiles. La république est enclavée entre l'Azerbaïdjan et la Turquie qui lui imposent un blocus depuis 1988 en raison du conflit du Haut-Karabagh.

HISTOIRE

Le royaume d'Uratu, qui se développa autour du lac de Van, fut envahi, au –VIIe s., par une population indo-européenne qui, par fusion avec les populations autochtones, donna naissance au peuple arménien. Annexé par Alexandre le Grand, le pays passa ensuite sous domination des Séleucides (fin du –IVe s.). Christianisée à la fin du IIIe s., l'Arménie fut conquise par les Arabes (636). À partir du XIVe s., la majeure partie du pays passa sous contrôle de l'Empire ottoman. La résistance des Arméniens à la tutelle ottomane entraîna répressions et massacres (1894-1896). En 1915-1916, le génocide arménien, perpétré par les Jeunes-Turcs, fit près de 1,5 million de victimes. Malgré la reconnaissance de l'indépendance de l'Arménie au traité de Sèvres (1920), l'Armée rouge occupa le pays (1922). En 1936, la république socialiste soviétique d'Arménie fut proclamée.

Devenue indépendante en 1991 dans le cadre de la CEI, elle perpétua le conflit engagé en 1988 avec l'Azerbaïdjan à propos du Haut-Karabagh, essentiellement peuplé d'Arméniens. Un cessez-le-feu, signé en 1994, régulièrement rompu, laissa le quasi-contrôle du territoire à l'Arménie. La crise économique et l'impasse politique entraînèrent, en 1998, la victoire de Robert Kotcharian (ancien président du Karabagh) à la présidence de l'Arménie. En 2003, ce dernier fut réélu et le pays adhéra à l'OMC. Serge Sarkissian, son Premier ministre, lui

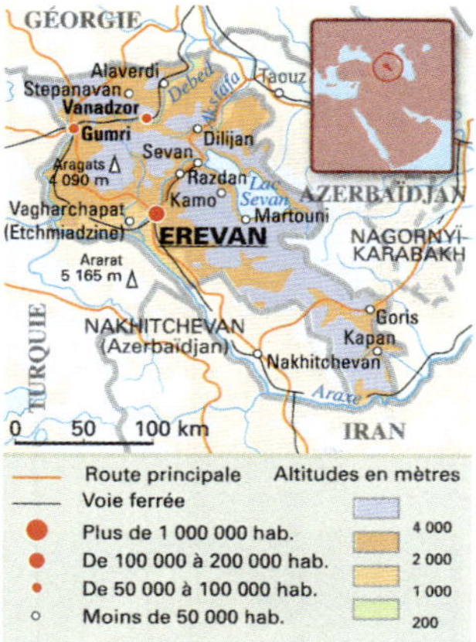

succéda en 2008 et fut chassé du pouvoir par de violentes manifestations en 2018. Le leader de l'opposition, Nikol Pachinian, fut nommé Premier ministre. En sept. 2020, l'Azerbaïdjan, soutenu par la Turquie et l'Iran, relança la guerre pour la reconquête du Haut-Karabagh et la population arménienne dut évacuer le territoire. Une nouvelle attaque militaire eut lieu en sept. 2022 à la frontière arménienne.

arménien, ienne adj. et n. (de *Arménie*) De l'Arménie. *La diaspora arménienne.* – n. *Les Arméniens.* ■ n. m. *L'arménien* : groupe de parlers indo-européens du Caucase.

Arméniens Peuple caucasien établi en Arménie et réparti dans le monde en diaspora (environ 8 millions de personnes). Les Arméniens parlent l'arménien et sont de religion chrétienne. Né de la fusion d'un peuple indo-européen et des populations autochtones (–VIIe s.), le peuple arménien se dispersa en diaspora après le génocide de 1914-1916.

Armentières Commune du Nord, sur la Lys. 25 225 habitants. Ancien centre textile.

armer v. tr. < 1 > (du latin → arme) **I. 1.** Pourvoir d'armes. *Armer les recrues.* **2.** Garnir d'une sorte d'armure ou d'armature. *Armer le béton.* **II.** mar. *Armer un navire,* l'équiper, le pourvoir de tout ce qu'il faut pour prendre la mer (→ **armateur** ; **armement, gréement**). **III. 1.** Rendre (une arme à feu) prête à tirer. **2.** Tendre le ressort de (un mécanisme de déclenchement). *Armer un appareil photo* (l'obturateur). ■ **s'armer** v. pron. Se munir d'armes. – fig. *S'armer de patience, de courage.* ■ **armé, ée** p. p. **1.** Muni d'armes. *Armé jusqu'aux dents* : très bien armé. *Vol, attaque à main armée.* → **hold-up.** – *Conflit armé.* → **guerre. 2.** *Armé de* : garni, pourvu de (ce qui est comparé à une arme). *Plante armée de piquants.* **3.** fig. Pourvu de moyens de défense. *Elle est bien armée dans la lutte pour la vie.* **4.** Renforcé de métal. *Béton armé.*

armet n. m. (italien *elmetto,* de l'ancien français *helmet* → heaume, d'après *arme*) ancienn Petit casque fermé en usage du XIVe au XVIe siècle.

¹armillaire [aʀmilɛʀ] adj. (du latin, d'un dérivé de *arma* « bras » → arme) *Sphère armillaire* : instrument représentant le ciel et les astres selon l'ancienne astronomie, formé de cercles concentriques (les cercles de la sphère céleste) avec la Terre pour centre.

²armillaire [aʀmilɛʀ] n. m. (latin *armillarius,* de *armilla* « bracelet » → ¹armillaire) bot. Champignon comestible qui pousse en touffes sous les conifères, dont il est un parasite.

arminien, ienne n. (du n. de Jacobus *Arminius*) hist. Personne de la secte d'Arminius. □ n. m. **arminianisme**

Arminius Chef germain de la tribu des Chérusques (v. 18 av. J.-C.-21 apr. J.-C.). Battu par Germanicus en 16, il est resté vénéré en Allemagne comme un héros national.

Arminius (Jakob Hermannszoon ou Harmensen, latinisé en Jacobus) Théologien protestant hollandais (1560-1609). Il est à l'origine de l'*arminianisme,* doctrine critiquant le dogme calviniste de la prédestination. Les arminiens sont aussi appelés « remontrants ».

armistice n. m. (du latin, de *arma* → arme et *stare* → station) Convention conclue entre des belligérants afin de suspendre les hostilités. *Signer un armistice.* – (en France) *L'Armistice* : l'armistice du 11 novembre 1918.

armoire n. f. (du latin, de *arma* → arme, au sens de « ustensile ») **1.** Haut meuble de rangement fermé par des battants. *Armoire à linge.* – *Armoire à glace,* dont la porte est un miroir ; fig., fam. personne de carrure impressionnante. **2.** *Armoire à pharmacie, de toilette* : petit meuble fixé au mur.

armoiries n. f. pl. (famille de *arme*) Ensemble des emblèmes symboliques qui distinguent une famille noble ou une collectivité. → **arme(s), blason ; héraldique ; armorier.**

armoise n. f. (vient du latin *artemisia,* du grec « plante d'Artémis ») Plante aromatique à usages médicaux. *Armoise des glaciers.* → **génépi.** *Armoise absinthe.* → **absinthe.**

Armor ou **Arvor** n. m. La Bretagne du bord de mer, par opposition à l'Arcoat, la Bretagne intérieure.

armorial, ale, aux (→ armoiries) **1.** adj. Relatif aux armoiries. **2.** n. m. Recueil d'armoiries.

armoricain, aine adj. et n. (latin *armoricanus,* de *Armor,* n. géographique celte « près de la mer ») De l'Armorique, de la Bretagne occidentale. – n. *Un Armoricain, une Armoricaine.* ■ n. m. *L'armoricain* : ensemble des parlers gaéliques de Bretagne occidentale. ■ loc. *À l'armoricaine,* apprêt culinaire. *Homard à l'armoricaine.*

armoricain (Massif) Massif de l'O. de la France, entre le Bassin parisien, le Bassin aquitain et l'océan Atlantique. Relief hercynien aplani par l'érosion puis rajeuni à l'ère tertiaire, il est essentiellement formé de collines et de plateaux. Il culmine dans le Bas-Maine, au signal des Avaloirs (417 m).

armorier v. tr. < 7 > Orner d'armoiries. – p. p. *Chevalière armoriée.*

Armorique n. f. Nom de la Bretagne avant le VIIe siècle.

Armorique (Parc naturel régional d') Parc naturel de l'O. de la Bretagne, englobant les monts d'Arrée, les îles de Molène et d'Ouessant. 125 000 ha.

Armstrong (Louis) dit Satchmo Trompettiste et chanteur de jazz américain (1901-1971). Formé à La Nouvelle-Orléans, il joua dans le Mississippi, à New York et Chicago. Ses talents de trompettiste (*West End Blues ; Hey Lawdy Mama*) et de chanteur (*Go down, Moses ; Hello Dolly*) firent de lui le premier musicien de jazz de renommée internationale.

Louis Armstrong, à New York (1957).

Armstrong (Neil) Astronaute américain (1930-2012). Il est le premier homme à avoir marché sur la Lune lors de la mission Apollo 11.

Armstrong (Lance) Coureur cycliste américain (né en 1971). Il a remporté sept fois le Tour de France (de 1999 à 2005) mais a été déchu de ses titres par l'agence antidopage américaine et par l'Union cycliste européenne en 2012.

armure n. f. **I. 1.** Harnais protecteur, fait d'un assemblage de plaques, que revêtait l'homme d'armes. **2.** fig. Ce qui couvre, défend, protège. → **1défense, protection.** *Une armure d'indifférence.* **II. 1.** Mode d'entrecroisement des fils de chaîne et de trame d'un tissu. *Armure toile.* **2.** mus. → **armature.**

armurerie n. f. **1.** Profession d'armurier. **2.** Fabrication, commerce, dépôt d'armes.

armurier, ière n. Personne qui fabrique, vend ou entretient des armes.

ARN [ɑɛʀɛn] n. m. (sigle de *acide ribonucléique*) biol. Acide nucléique essentiel dans le transport du message génétique et la synthèse des protéines.

Arnage Commune de la Sarthe, au S. du Mans. 5 520 habitants. Aéroport du Mans.

arnaque n. f. fam. Escroquerie, vol ; tromperie.

arnaquer v. tr. < 1 > (p.-ê. de *harnacher* « accoutrer ; tromper ») fam. **1.** Escroquer, voler. *Tu t'es fait arnaquer.* **2.** Arrêter, prendre. → **alpaguer.** □ n. **arnaqueur, euse**

Arnaud (Henri Girard, dit Georges) Écrivain français (1918-1987). Il est l'auteur de romans (dont *Le Salaire de la peur*), de reportages, de pièces de théâtre, et d'un pamphlet dénonçant les atrocités de la guerre d'Algérie (*Pour Djamila Bouhired*).

Arnaud de Brescia Réformateur religieux et politique italien (v. 1090-1155). Il chassa le pape Eugène III de Rome et tenta de restaurer la république romaine. Vaincu par Frédéric Ier Barberousse il fut brûlé sur son ordre.

Arnauld Famille française liée au jansénisme. ■ **Jacqueline Marie Angélique Arnauld, en religion mère Angélique.** Religieuse française (1591-1661). Abbesse de Port-Royal (1602), elle réforma son monastère et y introduisit le jansénisme. ■ **Jeanne Catherine Agnès Arnauld, en religion mère Agnès.** Religieuse française (1593-1671). Sœur de mère Angélique Arnauld et du Grand Arnauld. Abbesse de Port-Royal, elle refusa de signer le formulaire de 1661 et fut enfermée au couvent de la Visitation. ■ **Antoine Arnauld dit le Grand Arnauld.** Théologien français (1612-1694). Sous l'influence de Saint-Cyran, il adopta, sur la grâce, les thèses les plus rigoureuses de l'augustinisme et prit la tête du parti janséniste. *Logique de Port-Royal.*

Arnaut Daniel Troubadour périgourdin (fin XIIe s.). Il est l'auteur de poèmes savants, souvent obscurs.

Arnay-le-Duc Commune de la Côte-d'Or, sur l'Arroux. 1 377 habitants. Église des XVe et XVIe siècles.

Arndt (Ernst Moritz) Écrivain et poète allemand (1769-1860). Il est l'auteur de *L'Esprit du temps*, réflexion historique et philosophique, ainsi que de *Poésies*, exaltant le sentiment patriotique.

Arne (Thomas) Compositeur britannique (1710-1778). On lui doit la mise en musique du poème *Rule, Britannia !*, un chant patriotique.

Arnhem Ville des Pays-Bas, chef-lieu de la Gueldre, sur le Rhin. 163 880 habitants. Hôtel de ville du XVIe s. Musée. La ville fut le théâtre de la bataille d'Arnhem (sept. 1944), qui fut un échec pour les Alliés.

Arnhem (terre d') Presqu'île du N. de l'Australie, baignée par la mer d'Arafura.

arnica n. f. (mot latin, du grec) **1.** Plante de montagne à fleurs jaunes, toxique violent du système nerveux. **2.** Teinture qui en est extraite, utilisée contre les contusions, les foulures.

Arnim (Ludwig Joachim, dit Achim von) Poète et romancier allemand (1781-1831). Ami et beau-frère de Brentano, il écrivit avec lui le *Cor enchanté de l'enfant*, recueil de lieder qui inspira Mahler, Eichendorff et Heine. Il est également l'auteur de romans (*La Comtesse Dolorès ; Isabelle d'Égypte*) et de nouvelles.

Arno (Arnaud Charles Ernest Hintjens, dit) Chanteur belge (1949-2022). Flamand d'expression française, il mit sa voix rauque au service de compositions personnelles (*When the Rock*) et de reprises de standards (*Les Filles du bord de mer*).

Le chanteur Arno, au festival des Vieilles-Charrues à Carhaix-Plouguer (2003).

Arno n. m. Fleuve d'Italie qui traverse Florence et Pise avant de se jeter dans la mer Ligurienne. 240 km.

Arnold (Benedict) Général américain (1741-1801). Pendant la guerre d'Indépendance, il trahit les Américains et passa dans les rangs des Anglais.

Arnold (Matthew) Poète et critique britannique (1822-1888). Professeur de poésie à Oxford, il est l'auteur d'*Essais critiques*, de *Poèmes* et de pièces de théâtre (*Mérope ; Empédocle sur l'Etna*).

Arnold (Henry Harley) Général américain (1886-1950). Il fut le chef suprême de l'armée de l'air américaine pendant la Seconde Guerre mondiale (1942).

Arnolfo di Cambio Architecte et sculpteur italien (v. 1245-v. 1302). À Florence, il dirigea les travaux du Dôme, de l'église de Santa Croce et du Palazzo Vecchio.

Arnoul (saint) (v. 580-v. 640). Sacré évêque de Metz, quoique laïc, il fut le précepteur de Dagobert Ier.

Arnould (Sophie) Cantatrice française (1740-1802). Soprano lyrique, elle interpréta des opéras de Rameau et de Gluck (*Iphigénie*).

Arnouville-lès-Gonesse Commune du Val-d'Oise. 14 364 habitants.

Arnoux (Alexandre) Écrivain, poète et dramaturge français (1884-1973). Son œuvre est centrée sur la science et la musique. *Le Cabaret ; La Nuit de Saint-Barnabé.*

arobase [aʀɔbaz] n. f. (p.-ê. de *a, rond* et *bas* [de casse]) Caractère spécial (@), utilisé dans les adresses électroniques. - var. **arrobase, arobas** [-baz].

arole n. m. ou f. (d'un préroman *arua*) (Suisse) Pin montagnard croissant entre 1 200 m et 2 500 m d'altitude. – Bois de cet arbre. - var. **arolle.**

aromate n. m. (→ arôme) Substance végétale odoriférante ; épice, condiment.

aromathérapie n. f. (de *aroma[tique]* et *-thérapie*) méd. Utilisation médicale des huiles aromatiques (huiles essentielles). □ n. **aromathérapeute**

aromatique adj. **1.** De la nature des aromates, qui dégage un parfum. *Plante aromatique.* **2.** chim. Se dit de la série de composés très stables dont la molécule contient un ou plusieurs noyaux benzéniques. □ n. f. **aromaticité**

aromatisation n. f. **1.** Action d'aromatiser (un aliment, un médicament). *Agent d'aromatisation.* → **aromatisant. 2.** chim. Transformation d'un composé organique en composé aromatique.

aromatiser v. tr. < 1 > (→ arôme) Parfumer avec une substance aromatique. □ adj. et n. m. **aromatisant, ante**

arôme n. m. (latin *aroma*, du grec *arôma*) **1.** Odeur agréable qui émane de certaines substances. → **parfum.** *L'arôme du café.* – *L'arôme d'un vin.* → **1bouquet. 2.** *Arôme naturel, artificiel* (additif alimentaire).

Aron (Raymond) Sociologue et philosophe français (1905-1983). Il fut l'un des principaux critiques du marxisme. Il polémiqua avec Sartre. *La Philosophie critique de l'histoire ; L'Opium des intellectuels.*

aronde n. f. (vient du latin *hirundo* → hirondelle) **1.** vieux ou littér. Hirondelle. **2.** techn. *À, en queue d'aronde*, se dit d'un assemblage de menuiserie en forme de queue d'hirondelle.

Arosa Ville de Suisse (Grisons). 2 810 habitants. Station d'été et de sports d'hiver.

Arp (Jean ou Hans) Sculpteur, peintre et dessinateur français (1886-1966). Influencé par Kandinsky et le mouvement le Cavalier bleu, il s'est imposé comme un maître de l'art moderne, par ses collages, ses encres abstraites (*Formes terrestres*) et ses rondes-bosses de plâtre (*Torses ; Concrétions humaines*).

Árpád Grand-prince de Hongrie (mort en 907). Il fonda en 904 la dynastie des Arpadiens, qui régna sur la Hongrie jusqu'en 1301.

Arpajon Commune de l'Essonne, sur l'Orge. 11 165 habitants. Foire aux haricots.

arpège n. m. (italien *arpeggio ;* famille de *harpe*) mus. Accord exécuté sur un instrument en en égrenant rapidement les notes.

arpéger v. tr. < 3 et 6 > mus. Exécuter (un passage) en arpèges. – p. p. adj. *Accord arpégé* (opposé à *plaqué*).

arpent n. m. (vient du latin *arepennis*, du gaulois) Ancienne mesure agraire (de 20 à 50 ares selon les régions).

arpentage n. m. Mesure de la superficie d'un terrain ; techniques de l'arpenteur. → **géodésie.**

arpenter v. tr. < 1 > (→ arpent) **1.** Mesurer la superficie de (un terrain). **2.** Parcourir à grands pas (un lieu délimité).

arpenteur, euse n. Professionnel des techniques géométriques de mesure des surfaces et des relèvements de terrains. → **géomètre.** *Chaîne d'arpenteur.*

arpenteuse n. f. Chenille de la phalène (qui semble mesurer, « arpenter » le sol lorsqu'elle se déplace).

arpion n. m. (du provençal, « griffe » → harpon) pop. Pied.

-arque voir -archie

arquebuse n. f. (allemand *Hakenbüchse* « canon *[Büchse]* à crochet *[Haken]* ») anciennt Arme à feu qu'on épaulait ou posait sur une fourche et qu'on faisait partir au moyen d'une mèche ou d'une pierre à fusil. □ n. m. **arquebusier**

arquer v. < 1 > (→ arc) **1.** v. tr. Courber en arc. **2.** v. intr. fam. Marcher. *Ne plus pouvoir arquer.* ■ **s'arquer** v. pron. Se courber en arc. ■ **arqué, ée** adj. *Des jambes arquées.*

Arques n. f. Fleuve côtier de Normandie, dont l'embouchure forme le port de Dieppe.

Arques Commune du Pas-de-Calais. 9 521 habitants. Verrerie et cristallerie.

Arques-la-Bataille Commune de la Seine-Maritime, sur l'Arques. 2 526 habitants. Ruines d'un château du XIe s., église Renaissance. Henri IV y vainquit le duc de Mayenne en 1589.

Arrabal (Fernando) Auteur dramatique et cinéaste espagnol d'expression française (né en 1932). Son œuvre théâtrale *(Le Jardin des délices)* et cinématographique *(¡Viva la muerte ! ; J'irai comme un cheval fou)* est marquée par un sentiment de révolte et le goût de la profanation.

arrachage **n. m.** Action d'arracher. *L'arrachage d'une dent.* → **extraction.**

Arrachart (Ludovic) Officier aviateur français (1897-1933). Pionnier des raids intercontinentaux, il effectua un vol Paris-Bassora en 1926 et un vol Paris-Madagascar en 1931.

à l'**arrache** **loc. adv.** **(de *arracher*)** En allant très vite et avec effort, en improvisant, sans avoir préparé. *Terminer un travail à l'arrache. Un article écrit à l'arrache.*

arraché **n. m.** sport Action de porter, d'un seul effort, un haltère du sol jusqu'au-dessus de la tête, à bout de bras. – *Gagner une course à l'arraché,* par un effort violent, de justesse.

arrache-clou **n. m.** Outil servant à extraire clous et pointes. *Des arrache-clous.*

arrachement **n. m.** **1.** Action d'arracher. **2.** Affliction causée par une séparation, un sacrifice. → **déchirement.**

d'**arrache-pied** **loc. adv.** Sans désemparer, en soutenant un effort pénible. - var. RO **d'arrachepied**

arracher **v. tr.** **< 1 >** **(du latin, de *ad-* et *eradicare* → éradiquer)** **1.** Enlever de terre (une plante qui y tient par ses racines). → **déraciner.** *Arracher les mauvaises herbes.* → **désherber.** **2.** Détacher avec effort (une chose qui tient ou adhère). → **enlever, extirper.** *Arracher un clou avec des tenailles.* ■ loc. *S'arracher les cheveux :* être désespéré. **3.** Enlever de force à une personne ou à une bête (ce qu'elle retient). → **prendre, ravir.** *Arracher un oiseau des griffes d'un chat.* **4.** Obtenir (qqch.) de qqn avec peine, malgré une résistance. → **extorquer.** *« Mes avances réitérées n'avaient pu leur arracher trois paroles »* (Gide). ■ *Arracher des larmes à qqn.* → **tirer.** **5.** *Arracher qqn de* (un lieu), le lui faire quitter par force, malgré lui. → **chasser, tirer.** *Arracher qqn de sa maison.* ■ fig. *Arracher qqn à une situation,* l'en faire sortir malgré les difficultés ou malgré sa résistance. *Arracher qqn à la misère.* → **soustraire, tirer de.** ■ **s'arracher** **v. pron.** **1.** Arracher l'un à l'autre. **2.** Se disputer (une chose) pour se l'approprier. *On s'arrachait les vêtements soldés.* ■ *S'arracher qqn,* se disputer sa présence. *On se l'arrache.* **3.** *S'arracher de, s'arracher à :* se détacher avec effort, difficulté, peine ou regret de. *S'arracher des bras d'une personne.* **4.** absolt fam. Partir. ■ Accomplir un gros effort.

arracheur, euse **n.** **1.** Personne qui arrache. ■ loc. *Mentir comme un arracheur de dents* (qui promettait de ne pas faire souffrir) : mentir effrontément. **2.** **n. f.** agric. Machine servant à arracher des plantes (à tubercules, à fortes racines, etc.).

arrachis [aʀaʃi] **n. m.** **(de *arracher*)** sylvic. **1.** Arrachage des arbres. **2.** Plant, souche, arbre arraché.

Arradon Commune du Morbihan, sur le golfe du Morbihan. 5 549 habitants. Station balnéaire.

arraisonner **v. tr.** **< 1 >** **(de *raison*)** *Arraisonner un navire, un avion,* procéder à un interrogatoire ou à une visite pour vérifier son chargement, sa destination, etc. □ **n. m.** **arraisonnement**

Arran (île d') Île d'Écosse, sur le Firth of Clyde. 427 km². 5 000 habitants. Tourisme.

arrangeant, ante **adj.** (personnes) Qui est disposé à aplanir toute difficulté. → **accommodant, conciliant.**

arrangement **n. m.** **1.** Action de disposer (une chose, ses éléments) dans un certain ordre. → **disposition.** *L'arrangement d'une maison.* → **agencement, installation.** **2.** mus. Adaptation d'une composition écrite pour certains instruments ou voix à d'autres instruments ou voix **(→ arrangeur).** *Un arrangement pour piano.* **3.** math. *Arrangement de n éléments pris p à p :* groupement ordonné de p éléments, tous distincts, pris parmi les n. **4.** Convention tendant à régler une situation juridique. → **accord, compromis.** *« Un mauvais arrangement vaut mieux qu'un bon procès »* (Balzac).

arranger **v. tr.** **< 3 >** **(de *a-* et *ranger*)** **1.** Disposer de manière correcte ou préférée. *Arranger des fleurs dans un vase.* ■ au p. p. *Rhum arrangé :* rhum dans lequel on a fait macérer des fruits, des feuilles, des épices, etc. **2.** Mettre sur pied, organiser. → **combiner, organiser, préparer.** *Arranger une entrevue.* **3.** Améliorer l'apparence, l'état de (qqn, qqch.). – *Faire arranger sa voiture.* → **réparer.** ■ fam. Donner mauvaise apparence à (qqn). *Le coiffeur t'a bien arrangé !* ■ fam. Maltraiter (qqn), en dire du mal. **4.** Régler par un accord mutuel. *Arranger une affaire.* **5.** Être utile, pratique pour (qqn). → **convenir.** *« [...] croire aux prodiges lorsque les prodiges nous arrangent »* (Cocteau). ■ **s'arranger** **v. pron.** **1.** Ajuster sa toilette. *Elle est allée s'arranger.* ■ fam. *Il ne s'est pas arrangé :* il a enlaidi ; ses défauts ont empiré. **2.** (choses) Être remis en état. → **se réparer.** ■ Aller mieux. *Le temps va s'arranger.* → **s'améliorer.** **3.** Prendre ses dispositions, ses mesures (en vue d'un résultat). *Arrangez-vous comme vous voulez.* → ¹**faire.** *S'arranger pour,* faire en sorte de. **4.** Se mettre d'accord. → **s'entendre.** *Avec elle, je m'arrangerai toujours.* **5.** *S'arranger de qqch.* → **s'accommoder de.**

arrangeur, euse **n.** Personne qui fait un arrangement musical, ou qui écrit de la musique pour orchestre d'après un thème (jazz, rock, variétés).

Arras Chef-lieu du Pas-de-Calais, sur la Scarpe. 42 337 habitants. Hôtel de ville gothique et Renaissance, adossé à un beffroi. Musée. Ancien centre de la tapisserie. La ville, sous l'autorité des comtes de Flandre (IXe-XIIe s.), puis des ducs de Bourgogne, fut définitivement cédée à la France en 1659. Elle résista longtemps aux Allemands durant la Première Guerre mondiale.

Arrau (Claudio) Pianiste chilien (1903-1991). Il fut l'un des plus grands interprètes de Beethoven, Brahms, Chopin et Schumann.

Arrée (monts d') Chaîne de hauteurs granitiques de Bretagne (Finistère et Côtes-d'Armor). 387 m au Roc'h Ruz, point culminant de la Bretagne.

arrérages **n. m. pl.** **(pour *arriérages,* de *arrière*)** Montant échu d'une rente, d'une pension.

arrestation **n. f.** **(→ arrêter)** Action d'arrêter (une personne) pour l'emprisonner, la garder à vue. *Mettre qqn en état d'arrestation.*

arrêt **n. m.** **1.** Action de s'arrêter (dans sa marche, son mouvement) ; état de ce qui n'est plus en mouvement. *Arrêt d'un train en gare. Signal d'arrêt.* → **stop.** *Faire plusieurs arrêts.* → **halte.** – *Voitures à l'arrêt* **(→ en stationnement).** *Bande d'arrêt d'urgence.* ■ *Chien d'arrêt,* qui s'immobilise quand il sent le gibier. – fig. *Tomber en arrêt :* s'immobiliser, l'attention en éveil. ■ Fin d'un fonctionnement, d'une activité. *Arrêt sur image. Arrêt cardiaque, arrêt du cœur. Arrêt des hostilités.* → **cessation.** – *Un arrêt de travail* (pour cause médicale). ■ loc. *Sans arrêt :* sans interruption. → **sans cesse.** **2.** Endroit où doit s'arrêter un véhicule de transport en commun. *Arrêt d'autobus.* **3.** Pièce destinée à bloquer, immobiliser. *Arrêt de porte.* – *Cran* d'arrêt.* **4.** dr. *Mandat d'arrêt :* ordre d'incarcération délivré par le juge d'instruction **(→ arrestation).** – *Maison d'arrêt,* prison. ■ *Arrêts :* sanction disciplinaire infligée à un officier ou un sous-officier. *Mettre aux arrêts.* **5.** Décision d'une cour souveraine ou d'une haute juridiction. → **jugement.** *Un arrêt du Conseil d'État.* ■ littér. *Des arrêts du destin.* → **décret.**

¹**arrêté** **n. m.** **1.** Règlement définitif. *Arrêté de compte.* – Récapitulatif périodique d'opérations comptables. *Arrêté semestriel.* **2.** Décision écrite d'une autorité administrative. *Des arrêtés préfectoraux.*

²**arrêté, ée** **adj.** **1.** Convenu, décidé. *C'est une chose arrêtée.* **2.** (idées, projets) Inébranlable, irrévocable. → ¹**ferme.** *Avoir des idées bien arrêtées sur une question.*

arrête-bœuf **n. m.** Plante épineuse dont les racines sont longues et résistantes (elles pourraient arrêter la charrue). - syn. **bugrane.** *Des arrête-bœufs* [-bø].

arrêter **v.** **< 1 >** **(vient du latin, de *ad-* et *restare* → rester)** **I.** **v. tr.** **1.** Empêcher (qqn ou qqch.) d'avancer, d'aller plus loin. → **immobiliser, retenir.** *Arrêter un passant. Arrêter sa voiture.* ■ *Arrêter son regard sur qqch., qqn,* tenir fixé. **2.** Interrompre ou faire finir (une activité, un processus). *« Rien ne peut arrêter le temps »* (Fénelon). **3.** Empêcher (qqn) d'agir ou de poursuivre une action. → ¹**entraver.** *Rien ne l'arrête quand il a décidé. Ici, je vous arrête* (dans la conversation). **4.** Faire prisonnier. → **appréhender ; arrestation.** *Arrêter un escroc. Se faire arrêter.* → fam. **agrafer, cueillir, emballer, épingler, pincer.** **5.** Fixer par un choix. *Arrêter la date d'un rendez-vous.* → **fixer, régler.** **6.** Prendre un arrêté. *Le ministre arrête que...* **II.** **v. intr.** **1.** Cesser d'avancer. *Dites au chauffeur d'arrêter.* **2.** Cesser de parler ou d'agir. *Ça suffit, arrête ! – Il n'arrête pas de gesticuler.* ■ **s'arrêter** **v. pron.** **1.** Interrompre sa

Arras

Arras, la place des Héros, riche ensemble architectural baroque.

marche, ne pas aller plus loin. *S'arrêter pour se reposer* (→ faire halte*). *Passer sans s'arrêter.* **2.** (mécanisme) Ne plus fonctionner. *Ma montre s'est arrêtée.* **3.** (processus, action) S'interrompre ou finir. *L'hémorragie s'arrête.* ■ (personnes) Cesser d'agir, d'exercer une action. → **cesser.** *S'arrêter de fumer.* **4.** Se terminer, ne pas aller au-delà. *Le chemin s'arrête ici.* → **aboutir.** **5.** ***S'arrêter à*** : fixer son attention sur, faire attention à.

arrêtiste n. dr. Juriste qui recueille, commente les arrêts des cours de justice.

Arrhenius (Svante) Physicien suédois (1859-1927). Il est l'auteur de la théorie de la dissociation électrolytique : la mesure d'un courant entre deux électrodes plongées dans une solution permet de connaître le degré de dissociation des substances dissoutes. Prix Nobel 1903.

arrhes n. f. pl. (latin *arra*, du grec *arrha* « gage », de l'hébreu) Somme d'argent que l'on donne comme gage au moment de la conclusion d'un contrat, d'un marché. *Verser des arrhes à la commande.*

Arrien Historien et philosophe romain d'expression grecque (v. 95-v. 175). Il rédigea et publia l'enseignement de son maître Épictète *(Entretiens ; Manuel)* et écrivit une *Anabase* sur l'expédition d'Alexandre.

arriération n. f. méd., vieilli *Arriération mentale* : état d'une personne d'âge mental inférieur à l'âge réel.

[1]arrière (vient du latin *ad retro*) **I.** adv. **1.** interj. Loin derrière, en reculant. *Arrière ! :* allez-vous-en ! **2.** (après un n.) *Vent arrière* : en poupe. *Faire machine arrière*, fig. reculer. *Marche* arrière.* **II. 1.** ***En arrière*** loc. adv. : vers le lieu, le côté situé derrière. *Aller en arrière* (→ **reculer**). *Renverser la tête en arrière. Cheveux tirés en arrière.* ■ À une certaine distance derrière. *Rester en arrière.* **2.** ***En arrière de*** loc. prép. *Se tenir en arrière de qqn ou de qqch.*, derrière.

[2]arrière **I.** n. m. **1.** Partie postérieure (d'une chose). → **[2]derrière, dos.** *L'avant et l'arrière d'une voiture. À l'arrière du train.* → **queue.** **2.** *L'arrière* : le territoire qui se trouve en dehors de la zone des opérations (opposé à *front*). **3.** au plur. *Les arrières d'une armée*, les lignes de communication. ■ loc. *Assurer ses arrières* : avoir une solution de rechange en cas de difficulté. **4.** Joueur qui est placé derrière tous les autres (rugby) ou derrière la ligne des demis (football). **II.** adj. invar. Qui est à l'arrière. *Les feux arrière d'un camion. Sièges arrière et sièges avant.*

arrière- Élément de noms, signifiant « qui est derrière » (ex. *arrière-cour, arrière-cuisine*) ou « qui est plus loin dans le temps » (ex. *arrière-grand-oncle*).

arriéré, ée **I.** adj. **1.** péj. Qui appartient au temps passé, n'est pas moderne. → **rétrograde.** *Idées arriérées*, en retard. **2.** Qui est en retard dans son développement mental. → **attardé.** *Un enfant arriéré* (→ **arriération**). – n. *Un, une arriéré(e).* **II.** n. m. **1.** Dette échue et qui reste due. **2.** fig. Ce qui est en retard. *Un arriéré de sommeil.*

arrière-ban voir **ban**

arrière-bec n. m. archit. Éperon d'une pile de pont du côté de l'aval (opposé à *avant-bec*). *Des arrière-becs.*

arrière-boutique n. f. Pièce de plain-pied située derrière une boutique. *Des arrière-boutiques.*

arrière-corps n. m. invar. archit. Partie d'un bâtiment qui est en retrait sur l'alignement de la façade (opposé à *avant-corps*).

arrière-cour n. f. Petite cour aménagée à l'arrière d'une maison. *Des arrière-cours.*

arrière-cuisine n. f. Petite pièce attenante à la cuisine. → régional **souillarde.** *Des arrière-cuisines.*

arrière-garde n. f. **1.** Partie d'un corps d'armée qui ferme la marche. *Des arrière-gardes. Un combat d'arrière-garde*, fig. que l'on continue alors que l'on est déjà sûr de l'échec. **2.** fig. Ce qui est en arrière, en retard dans une évolution. *Idées d'arrière-garde.*

arrière-gorge n. f. Fond de la gorge, partie supérieure du pharynx. *Des arrière-gorges.*

arrière-goût n. m. **1.** Goût qui reste dans la bouche après l'absorption. *Des arrière-goûts désagréables.* **2.** fig. État affectif qui subsiste après le fait qui l'a provoqué. → **[2]souvenir.** *Un arrière-goût de tristesse.* - var. **RO** **arrière-gout.**

arrière-grand-mère n. f. Mère du grand-père ou de la grand-mère. *Des arrière-grands-mères.*

arrière-grand-oncle n. m. Frère de l'arrière-grand-père ou de l'arrière-grand-mère. *Des arrière-grands-oncles et leurs arrière-petits-neveux.*

arrière-grand-père n. m. Père du grand-père ou de la grand-mère. *Des arrière-grands-pères.*

arrière-grands-parents n. m. pl. Parents des grands-parents. → **bisaïeul.** *Des arrière-grands-parents.*

arrière-grand-tante n. f. Sœur de l'arrière-grand-père ou de l'arrière-grand-mère. *Des arrière-grands-tantes.*

arrière-main n. f. Partie postérieure du cheval, qui est en arrière de la main du cavalier (opposé à *avant-main*). *Des arrière-mains.*

arrière-neveu n. m. Fils du neveu ou de la nièce, par rapport à l'oncle ou à la tante (syn. **petit-neveu**). *Des arrière-neveux.*

arrière-nièce n. f. Fille du neveu ou de la nièce, par rapport à l'oncle ou à la tante (syn. **petite-nièce**). *Des arrière-nièces.*

arrière-pays [aʀjɛʀpei] n. m. invar. Région située en arrière d'une région côtière (opposé à *littoral*).

arrière-pensée n. f. Pensée, intention que l'on dissimule. → **réserve, réticence.** *Elle « lui attribuait des arrière-pensées malveillantes »* (Mauriac). *Je le dis sans arrière-pensée.*

arrière-petite-fille n. f. Fille du petit-fils ou de la petite-fille. *Des arrière-petites-filles.*

arrière-petite-nièce n. f. Fille d'une petite-nièce ou d'un petit-neveu. *Des arrière-petites-nièces.*

arrière-petit-fils [aʀjɛʀpətifis] n. m. Fils du petit-fils ou de la petite-fille. *Des arrière-petits-fils.*

arrière-petit-neveu n. m. Fils d'un petit-neveu ou d'une petite-nièce. *Des arrière-petits-neveux.*

arrière-petits-enfants [aʀjɛʀpətizɑ̃fɑ̃] n. m. pl. Enfants des petits-enfants. *Des arrière-petits-enfants.*

arrière-plan n. m. **1.** Plan le plus éloigné de l'œil du spectateur (opposé à *premier plan*). *Des arrière-plans.* **2.** fig. *À l'arrière-plan*, dans une position secondaire, peu en vue.

arrière-saison n. f. Dernière saison de l'année, automne, fin de l'automne. *Des arrière-saisons.*

arrière-salle n. f. Salle derrière une autre. *L'arrière-salle d'un café. Des arrière-salles.*

arrière-train n. m. Partie postérieure du corps (d'un quadrupède). *Des arrière-trains.* ■ fam. Fesses (d'une personne). → **postérieur.**

arrimer v. tr. < 1 > (de *ad-* → **[1]a-** et moyen anglais *rimen* « arranger » ; cf. anglais moderne *room*) **1.** Caler, fixer avec des liens (un chargement, des colis). – au p. p. *Chargement solidement arrimé.* **2.** Fixer deux choses l'une à l'autre (dont l'une ou toutes deux sont mobiles). *Arrimer deux engins dans l'espace.* □ n. m. **arrimage**

arrimeur, euse n. mar. Personne qui arrime les marchandises à bord d'un navire. → **docker.**

arrivage n. m. Arrivée de marchandises ; ces marchandises. ■ iron. *Un arrivage de touristes.*

arrivant, ante n. Personne qui arrive quelque part.

arrivé, ée **1.** n. *Premier, dernier arrivé*, personne qui est arrivée la première, la dernière. **2.** adj. Qui a réussi (socialement, professionnellement). *Un homme arrivé.*

arrivée n. f. **1.** Action, fait d'arriver. *Annoncer son arrivée. Heure d'arrivée du courrier. La ligne d'arrivée* (d'une course). ■ Moment où l'on arrive. *Je vous verrai à mon arrivée.* **2.** Passage (d'un fluide) qui arrive quelque part ; point où un fluide débouche d'une canalisation. *Arrivée d'essence.* **3.** fig. *L'arrivée du printemps.* → **apparition, début.** **4.** Lieu où arrivent des voyageurs, des coureurs, etc. (s'oppose à *départ*).

arriver v. intr. < 1 > (vient du latin, de *ad-* et *ripa* → **rive**) **I. 1.** mar. Toucher au port, à terre. **2.** Toucher au terme d'un trajet ; parvenir au lieu où l'on voulait aller (→ **arrivée**). *Nous arriverons à Sydney à midi. Le train qui arrive de Londres.* → **venir** de. *« La tortue arriva la première »* (La Fontaine). – impers. *Il est arrivé une visiteuse inattendue.* **3.** Approcher vers qqn. *Le voici qui arrive.* → **venir** ; fam. **s'amener, rappliquer.** *Arriver en courant.* – *La pluie arrive sur nous.* **4.** Atteindre le niveau de, par la taille. – fig. *Il ne lui arrive pas à la cheville.* **5.** ***Arriver à*** (+ nom) : atteindre, parvenir à (un état). *Arriver à un certain âge.* → **atteindre, parvenir, [1]toucher.** *Arriver à ses fins.* ■ ***Arriver à*** (+ inf.) : réussir à ; finir par. *Elle n'arrive pas à s'organiser.* **6.** Réussir (dans la société). *Elle veut à tout prix arriver* (→ **arriviste**). **7.** Aborder (un sujet). *Arriver à la conclusion de son discours. J'y arrive.* **8.** ***En arriver à*** : en venir à. *J'en arrive à la dernière question.* – Être sur le point de, après une évolution (souvent malgré soi). *Il faudra bien en arriver là. J'en arrive à penser qu'il est fou.* **II.** (choses) **1.** Parvenir à destination (→ **arrivage**). *Un colis est arrivé pour vous.* – impers. *Il est arrivé une lettre.* **2.** Parvenir (jusqu'à qqn). *Le bruit est arrivé jusqu'à ses oreilles.* **3.** Atteindre un certain niveau. → **atteindre, s'élever, monter.** *L'eau lui arrive à la ceinture.* **4.** Venir, être sur le point d'être. *Le jour, la nuit arrive*, se lève ; tombe. *Un jour arrivera où...* → **venir.** **5.** (fait, évènement...) Se produire. → **advenir, avoir lieu, survenir.** *Un accident est vite arrivé.* ■ *Cela peut arriver à tout le monde*, tout le monde est exposé à pareil accident. *Ça n'arrive qu'aux autres*, on a l'illusion que ça ne peut pas arriver à soi. – *Qu'est-ce qui vous arrive ?* ■ impers. *Il est arrivé un accident. Il vous arrivera malheur. Il arrive rarement qu'elle se mette en colère. Quoi qu'il arrive*, en tout cas. *Il lui arrive de mentir.*

arriviste n. péj. Personne dénuée de scrupules qui veut arriver, réussir par n'importe quel moyen. □ n. m. **arrivisme**

arrobase voir **arobase**

arroche n. f. (du latin *atriplex*) bot. Plante à feuilles triangulaires, dont certaines espèces, sauvages ou cultivées *(arroche commune, épinard sauvage)*, sont comestibles.

arrogance n. f. Insolence méprisante ou agressive. → **hauteur, [1]morgue.** « [L'orgueil] *se donne, s'attribue et s'arroge tout : d'où est venu le mot arrogance* » (Rivarol).

arrogant, ante adj. (du latin, de *arrogare* → **s'arroger**) Qui manifeste de l'arrogance. *Air arrogant.* → **orgueilleux ; impudent, insolent, suffisant.** □ adv. **arrogamment**

s'arroger v. pron. < 3 > (du latin, de *ad-* et *rogare* « demander » cf. **déroger, interroger**) S'attribuer (un droit, une qualité) sans y avoir droit. → **s'approprier, s'attribuer, usurper.** *« Il s'arroge le droit de vie et de mort sur les autres »* (Camus).

arroi n. m. (de l'ancien v. *arroier* « équiper », mot germanique) littér. *En grand arroi* : avec une suite nombreuse et un brillant équipage.

Arromanches-les-Bains Commune du Calvados, sur la Manche. 465 habitants. Musée du Débarquement. Les Alliés y débarquèrent le 6 juin 1944.

arrondi, ie **1.** adj. À peu près rond. *Un visage arrondi.* **2.** n. m. *L'arrondi*, le contour arrondi. → **courbe.** *L'arrondi d'une jupe* (en bas). **3. adj. et n. f.** phonét. Se dit des voyelles prononcées avec les lèvres arrondies (ex. [u]).

arrondir v. tr. < 2 > (de *rond*) **1.** Rendre rond. *Le frottement arrondit les galets.* ■ Donner une forme courbe à. *Arrondir le bras.* **2.** fig. loc. *Arrondir les angles* : atténuer les oppositions, les dissentiments. **3.** Rendre plus importante (une propriété, sa fortune). *Arrondir sa fortune.* → **augmenter.** ■ *Arrondir une valeur numérique,* la modifier pour obtenir le chiffre rond inférieur ou supérieur. ■ **s'arrondir** v. pron. Devenir rond. *Son ventre s'arrondit.*

arrondissement n. m. (de *arrondir* [un espace]) **I.** vieux Action d'arrondir une valeur numérique. **II.** Division territoriale ; spécialt en France, circonscription administrative. *Le département est divisé en arrondissements. Chef-lieu d'arrondissement.* → **sous-préfecture.** ■ Subdivision administrative dans certaines grandes villes (Paris, Lyon, Marseille). *Le XVIe arrondissement.*

Arros n. m. Rivière née dans les Hautes-Pyrénées, affluent de l'Adour. 130 km.

arrosage n. m. Action d'arroser. *Tuyau d'arrosage.*

arrosé, ée adj. **1.** Qui reçoit des précipitations, des pluies. **2.** À travers quoi coule un cours d'eau. *Région arrosée par un fleuve.* **3.** *Un repas bien arrosé,* où l'on a bu du vin, de l'alcool. *Un café arrosé,* dans lequel on a versé de l'alcool. **4.** fam. Soudoyé.

arrosement n. m. L'action d'arroser ou le fait d'être arrosé. – géogr. Le fait d'arroser une région (fleuve).

arroser v. tr. < 1 > (du latin, de *ad-* et *rorare,* de *ros* → rosée) **1.** Mouiller en versant un liquide, de l'eau sur. *Arroser des plantes.* – fam. *Se faire arroser,* mouiller par la pluie. **2.** Couler à travers. → **traverser.** *La Seine arrose le Bassin parisien.* **3.** fig. *Arroser son repas d'un bon vin,* l'accompagner d'un bon vin. *Arroser son café,* y verser de l'alcool. ■ fam. Fêter un évènement en buvant. *Il faut arroser ça !* **4.** fig., fam. *Arroser qqn,* lui donner de l'argent (pour obtenir un avantage). → **soudoyer. 5.** argot milit. Bombarder, mitrailler méthodiquement. **6.** Diffuser des informations sur un secteur. *Cette radio arrose toute la région.* → **couvrir.**

arroseur, euse n. **I.** Personne qui arrose (qqch., qqn). *L'arroseur arrosé,* personne victime de ses propres agissements. **II.** n. f. Véhicule destiné à l'arrosage des voies publiques.

arrosoir n. m. Ustensile destiné à l'arrosage, récipient muni d'une anse et d'un long col terminé par une pomme* d'arrosoir.

Arroux n. m. Rivière du Morvan, affluent de la Loire. 120 km.

Arrow (Kenneth Joseph) Économiste américain (1921-2017). Il a montré que l'économie ne suffit pas à assurer l'équilibre social. Prix Nobel 1972.

arrow-root [aʀoʀut] n. m. (anglais « racine *[root]* flèche *[arrow]* ») Plante d'Amérique tropicale ; fécule comestible tirée du rhizome de cette plante et de diverses autres. *Des arrow-roots.*

arroyo [aʀɔjo] n. m. (mot espagnol « cours d'eau », du latin) géogr. Canal ou chenal reliant deux cours d'eau (en pays tropicaux). *Des arroyos.*

Arroyo (Eduardo) Peintre espagnol (1937-2018). Influencé par le cinéma et la littérature, il a traité les thèmes de l'exil, des rumeurs de la ville *(Toute la ville en parle)* et de la politique *(La Chaise de Yalta).*

Arrupe (Pedro) Jésuite espagnol (1907-1991). Missionnaire au Japon, il devint préposé général des jésuites en 1965.

ars [aʀ] n. m. (vient du latin *armus* → arme) Jonction du poitrail et des membres antérieurs du cheval.

Ars (curé d') voir **Jean-Marie Vianney** (saint)

Arsace Fondateur de la dynastie parthe des Arsacides, qui régna sur la Perse de 250 av. J.-C. à 224 apr. J.-C.

arsenal, aux n. m. (arabe *dar* « maison » *assina* « de construction » [→ darse], par l'italien [Venise]) **1.** Centre de construction, de réparation et d'armement des navires de guerre. **2.** Dépôt d'armes et de munitions. **3.** fig. Moyens de lutte, d'action. *L'arsenal des lois.* **4.** fam. Matériel abondant, sophistiqué. *L'arsenal d'un photographe.*

Arsène (saint) Diacre de l'Église romaine (v. 350-v. 445). Il fut précepteur d'Arcadius, empereur d'Orient.

Arsène Lupin Héros créé en 1905 par Maurice Leblanc et surnommé le « gentleman cambrioleur ».

arséniate n. m. (du radical de *arsenic* et *-ate*) chim. Sel ou ester de l'acide arsénique. *Arséniate de calcium.*

arsenic n. m. (latin *arsenicum,* du grec, p.-ê. du persan) Élément chimique (symb. As ; n° at. 33 ; masse at. 74,92), substance cassante de couleur gris acier dont un composé, appelé *arsenic blanc* (→ **arsénieux**), est un poison violent. □ **adj. arsenical, ale, aux**

arsénieux adj. m. (de *arsenic*) chim. Se dit de certains composés de l'arsenic trivalent. *Anhydride arsénieux* (As_2O_3), employé comme insecticide (dit aussi *arsenic blanc*). *Sels de l'acide arsénieux.* → **arsénite.**

arsénique adj. (de *arsenic*) *Acide arsénique* (H_3AsO_4). *Anhydride arsénique* (As_2O_5).

arsénite n. m. (de *arsenic* et *-ite*) chim. Sel de l'acide arsénieux.

arséniure n. m. (de *arsenic* et *-ure*) chim. Tout composé de l'arsenic avec un autre corps simple. *Arséniure d'argent.*

Ars-en-Ré Commune de la Charente-Maritime, dans l'île de Ré. 1 302 habitants. Église des XIIe et XVe siècles.

Arsès Roi de Perse (338-336 av. J.-C.). Son règne fut marqué par la révolte de l'Égypte et l'invasion de l'Asie Mineure par Philippe de Macédoine (–336).

arsine n. f. (de *arsenic* et *-ine*) chim. Arséniure d'hydrogène, gaz incolore à odeur forte, très toxique (AsH_3) ; composé dérivé de ce dernier.

Arsinoé Nom de plusieurs princesses égyptiennes de la dynastie des Ptolémée. ■ **Arsinoé II** (v. 316-270 av. J.-C.). Elle épousa son frère Ptolémée II et fut divinisée par les Grecs. ■ **Arsinoé IV** (morte en 41 av. J.-C.). Reine d'Égypte, elle fut vaincue par César et mise à mort sur l'ordre d'Antoine.

Arsonval (Arsène d') Physicien et médecin français (1851-1940). Il est connu pour ses travaux sur les applications en médecine des courants de haute fréquence.

arsouille n. (de *arsouiller* « massacrer ») **1.** vieilli Voyou. *Un, une arsouille.* **2.** fam. Ivrogne.

s'arsouiller v. pron. < 1 > fam. Boire à l'excès.

Ars-sur-Formans Commune de l'Ain. 1 490 habitants. Pèlerinage au sanctuaire de saint Jean-Marie Vianney, curé d'Ars.

art n. m. (latin *ars, artis* « façon d'être » [famille de *arme, article*], puis « habileté, talent » et « technique ») **I. 1.** vieux Moyen d'obtenir un résultat (par l'effet d'aptitudes naturelles). – Ces aptitudes (adresse, habileté). *L'art de faire qqch.* → **façon, manière.** *Avoir l'art de plaire.* – *Faire qqch. avec art.* → **²adresse, habileté, savoir-faire.** *L'art et la manière.* **2.** Ensemble de connaissances et de règles d'action, dans un domaine particulier. → **technique ; artisan.** *L'art vétérinaire.* – mod. *Les arts ménagers. École des arts et métiers, des arts et manufactures.* – loc. *Dans les règles de l'art,* en utilisant la manière la plus correcte de procéder. – (avec *de* + inf.) « *L'art d'aimer* » (d'Ovide). *L'art de vivre.* – loc. *Art poétique*.* ■ vieux Métier. **3.** loc. *Le grand art* : l'alchimie. ■ *Le noble art* : la boxe. *Les arts martiaux. Les arts libéraux,* ceux dans lesquels le travail intellectuel est dominant (dialectique, grammaire, rhétorique ; arithmétique, astronomie, géométrie, musique). **II.** (sens de l'allemand *Kunst*) **1.** Expression d'un idéal esthétique ; ensemble des activités humaines créatrices visant à cette expression (→ **artiste**). « *L'art est une mnémotechnique du beau* » (Baudelaire). *Œuvre d'art, objet d'art. Critique d'art. Histoire de l'art.* – loc. *L'art pour l'art* : l'art qui n'a pas d'autre but que lui-même. ■ Sens esthétique. *Arranger qqch. avec art.* **2.** Chacun des modes d'expression de la beauté. → **beaux-arts.** *Les arts plastiques. Le septième art* : le cinéma. *Le huitième art* : la télévision et la vidéo. *Le neuvième art* : la bande dessinée. *Les arts décoratifs.* **3.** Création des œuvres d'art ; ensemble des œuvres (à une époque ; dans un lieu particulier). *L'art égyptien. Musée d'art moderne.* – *Le style Art nouveau* (→ anglic. modern style), né à la fin du XIXe s. en réaction à l'académisme d'un art trop « rationnel », et qui se manifeste par la liberté des formes, souvent inspirées de la nature. *Le style Art déco* (peu après 1925). – en peinture, en sculpture *Art abstrait ; art figuratif.*

Arta Ville de Grèce (Épire), près du golfe d'Arta dans la mer Ionienne. Environ 25 000 habitants. Ruines d'une forteresse byzantine, édifices médiévaux.

Artaban Nom de plusieurs rois parthes descendant d'Arsace.

Artaban Héros du roman de La Calprenède *Cléopâtre.* Sa fierté est passée en proverbe.

Artagnan (Charles de Batz, comte de Montesquiou, seigneur d') Gentilhomme gascon (1615-1673). Capitaine des mousquetaires sous Louis XIV, il inspira Alexandre Dumas, qui en fit l'un des personnages des *Trois Mousquetaires.*

Artaud (Antoine Marie-Joseph, dit Antonin) Écrivain français (1896-1948). Théoricien du théâtre *(Le Théâtre et son double),* il est l'auteur d'une œuvre poétique exigeante *(Lettres de Rodez ; Van Gogh ou le Suicidé de la société ; Correspondance avec Jacques Rivière),* qui pousse à l'extrême du langage l'expression de la douleur psychique tout en explorant les profondeurs de la pensée.

Artaxerxès Ier Makrocheir Roi perse (465-424 av. J.-C.). Fils de Xerxès Ier, il accueillit Thémistocle exilé et autorisa les Juifs à rentrer à Jérusalem. Il signa la paix avec les Athéniens (449-448 av. J.-C.).

Palais de Darius et d'Artaxerxès, frise des archers, époque achéménide, musée du Louvre, Paris.

Artaxerxès II Mnémon Roi perse (404-358 av. J.-C.). Il réprima l'insurrection menée par son frère Cyrus, qu'il vainquit et tua (–401). Il lança l'expédition des Dix Mille jusqu'aux côtes du Pont-Euxin, et dicta la paix d'Antalcidas entre Athènes et Sparte (–386).

À la fin du XIXe s. se développe en Europe occidentale un mouvement de rejet des formes issues de la société industrielle. Il donne naissance à un nouvel art décoratif qui privilégie l'inspiration de la nature, végétale et organique, en développant la courbe et la volute. La grande nouveauté des objets qui sont produits donne très tôt son nom à cet art, connu également comme Modern Style (Grande-Bretagne), ou Jugendstil (Allemagne et Autriche). Ses détracteurs lui donneront le sobriquet de « style nouille ». C'est à travers l'Art nouveau que se développe pour la première fois une tentative de penser et de mettre en cohérence les divers éléments qui forment l'environnement mobilier de l'habitat moderne (espace et objets), que l'on nommera par la suite le design.

Ci-dessus, la maison Batlló, par Antonio Gaudí (1904-1906), à Barcelone.

Façade de l'immeuble Lavirotte, par Jules Lavirotte (1901), à Paris.

1

Lampe « Lotus », Louis Comfort Tiffany (v. 1900).

Broche de corsage « Femme libellule », René Lalique (1897-1898), musée Calouste Gulbenkian, Lisbonne.

Chaise « Argyle », Charles Rennie Mackintosh (1897), musée Victoria et Albert, Londres.

2

Entrée du « Bâtiment de la Sécession », par Josef M. Olbrich (1897-1898) à Vienne.

3

Isolde, lithographie d'Aubrey Beardsley (1895), BNF, Paris.

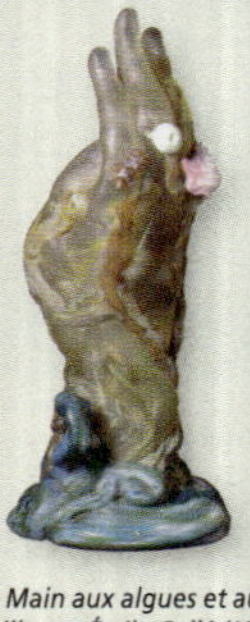

La Main aux algues et aux coquillages, Émile Gallé (1904), musée d'Orsay, Paris.

Banc de prière, par Antonio Gaudí (1875), musée d'Art moderne, New York.

1. Station du métro Monceau à Paris, par Hector Guimard (1900). 2. *Judith II ou Salomé*, Gustav Klimt (1909), galerie d'Art moderne, Venise. 3. Vitrail « Mouettes et roses », par Jacques Gruber (1904), hôtel Bergeret à Nancy.

Arthus-Bertrand (Yann)

Yann Arthus-Bertrand, le cœur de Voh, en Nouvelle-Calédonie.

Artaxerxès III Ochos Roi perse (358-338 av. J.-C.). Fils d'Artaxerxès II, il reconquit l'Égypte, la Phénicie et Chypre.

Arte (Association relative à la télévision européenne) Chaîne de télévision culturelle franco-allemande créée en 1992.

artéfact n. m. (anglais *artefact*, du latin → artifice) anglic. Phénomène d'origine humaine, artificielle, intervenant dans l'étude de faits naturels ; produit de l'art ou de l'industrie humaine. - var. **artefact** [aRtefakt].

artémia n. f. (grec *artemia* « bonne santé ») zool. Petit crustacé qui vit dans les étangs salés, utilisé comme aliment vivant, en aquariophilie.

Artémis Déesse grecque de la Chasse. Sœur jumelle d'Apollon, elle est identifiée à la Diane des Romains.

Artémision n. m. Cap situé au N. de l'île Eubée, au large duquel la flotte de Xerxès Ier fut vaincue par les Grecs d'Eurybiade (–480).

artère n. f. (latin *arteria*, du grec → aorte) **1.** anat. Un des vaisseaux à ramifications divergentes qui, partant des ventricules du cœur, distribuent le sang à tout le corps. *Les artères communiquent avec les veines* par les capillaires.* – appos. *Trachée* artère.* **2.** fig. Rue importante (d'une ville).

artériel, ielle adj. Qui a rapport aux artères.

artéri(o)- Élément (du latin *arteria*) qui signifie « artère ».

artériographie n. f. méd. Radiographie d'une ou de plusieurs artères après injection d'un produit opaque aux rayons X. → **angiographie.**

artériole n. f. anat. Petite artère.

artériopathie n. f. méd. Maladie des artères.

artériosclérose n. f. État pathologique caractérisé par un durcissement progressif des artères. → **athérosclérose.** ▫ adj. **artérioscléreux, euse**

artérite n. f. méd. Affection artérielle d'origine inflammatoire. ▫ adj. **artéritique**

artésien, ienne adj. (de *Artois*) De l'Artois. ■ *Puits artésien*, foré jusqu'à une nappe d'eau souterraine jaillissant naturellement sous l'effet de la pression.

Arth Ville de Suisse (canton de Schwyz), au S. du lac de Zoug. 11 800 habitants. Distilleries de kirsch.

Arthaud (Florence) Navigatrice française (1957-2015). Elle fut la première femme à remporter une course transatlantique en solitaire, la Route du Rhum en 1990.

arthralgie n. f. méd. Douleur articulaire. ▫ adj. **arthralgique**

arthrite n. f. (→ arthr[o]-) Affection articulaire d'origine inflammatoire.

arthritique adj. **1.** méd. De l'arthrite. **2.** adj. et n. Qui souffre d'arthrite. – n. *Les arthritiques.*

arthritisme n. m. méd. Arthrite accompagnée de divers troubles.

arthr(o)- Élément (du grec *arthron* → article) qui signifie « des articulations ».

arthrodèse n. f. (de *arthro-* et du grec *desis* « fait de lier ») chir. Opération qui consiste à souder les surfaces contiguës d'une articulation pour la bloquer dans une position appropriée.

arthrographie n. f. méd. Examen radiologique d'une articulation après injection d'un produit de contraste dans la cavité articulaire.

arthropathie n. f. méd. Affection articulaire d'origine quelconque, et plus spécialement nerveuse.

arthroplastie n. f. (→ -plastie) chir. Opération ayant pour but de rétablir la forme et la mobilité d'une articulation abîmée ou bloquée.

arthropode n. m. zool. Invertébré au corps formé de segments articulés (embranchement des *Arthropodes* ; ex. les crustacés, les insectes, les arachnides...).

arthroscopie n. f. méd. Examen endoscopique d'une cavité articulaire.

arthrose n. f. méd. Affection chronique douloureuse des articulations due à la détérioration des cartilages. ▫ adj. **arthrosique**

Arthur Roi celte légendaire (VIe s.), héros du cycle romanesque de la *Table ronde.*

Arthur Nom de plusieurs ducs de Bretagne. ■ **Arthur Ier** (1187-1203). Duc de Bretagne, il disputa le trône d'Angleterre à Jean sans Terre, qui le fit emprisonner à Rouen. ■ **Arthur III** (1393-1458). Duc de Bretagne (1457-1458). Compagnon de Jeanne d'Arc, il devint connétable de France en 1425.

Arthur (Chester Alan) Homme d'État américain (1830-1886). L'un des fondateurs du parti républicain, il fut le 21e président des États-Unis (1881-1885).

Arthaud (Florence)

Florence Arthaud à la barre de son bateau en 1988.

Arthus-Bertrand (Yann) Photographe français (né en 1946). Spécialiste de la photo aérienne, il a dressé l'inventaire des plus beaux paysages de la planète. *La Terre vue du ciel.* Académie des beaux-arts.

artichaut n. m. (de l'arabe, par l'italien) Plante potagère (composée) cultivée pour ses capitules comestibles *(tête d'artichaut). Fond d'artichaut*, le réceptacle central, charnu, qui porte les « feuilles » d'artichaut (en réalité, des bractées). – Partie comestible de la plante. *Cœurs d'artichauts.* ■ loc. fam. *Un cœur d'artichaut* : une personne inconstante en amour.

article n. m. (latin *articulus* « articulation » → orteil, de *artus* « membre », famille de *arme*, *art*) **I. 1.** Partie (numérotée ou non) qui forme une division d'un texte officiel (loi, contrat, traité, etc.). *Article de loi.* ■ relig. *Article de foi* : point essentiel de croyance. → **dogme. 2.** Partie d'un écrit, du point de vue du contenu. → [1]**point.** *Sur cet article*, sur ce point, sur ce sujet. → **chapitre. 3.** loc. ***À l'article de la mort*** : sur le point de mourir. **4.** Écrit formant un tout, mais faisant partie d'une publication. *Les articles d'un dictionnaire. Un article de journal.* ■ *Publier un article sur un blog.* **II.** (Élément d'une liste) **1.** Objet de commerce. *Nous n'avons pas cet article en magasin. Articles de voyage.* **2.** loc. *Faire l'article* : vanter sa marchandise pour la vendre. – fig. Faire valoir (qqch., qqn) pour un motif intéressé. **III.** (latin « division du discours ») Mot qui, placé devant un nom, sert à le déterminer plus ou moins précisément (→ **déterminant**), tout en marquant le genre et le nombre. *Article défini* (→ [1]**le**), *indéfini* (→ **un**, [2]**des**), *partitif* (→ [2]**de, du**). **IV.** zool. Chacun des segments du corps (des arthropodes).

articulaire adj. Qui a rapport aux articulations. *Rhumatisme articulaire chronique.* → **arthrose.**

articulation n. f. (du latin → article) **I. 1.** Ensemble des parties molles et dures par lesquelles s'unissent deux ou plusieurs os voisins (→ **arthro-**). *L'articulation du coude.* **2.** Assemblage de plusieurs pièces mobiles les unes sur les autres (cardan, charnière, rotule...). **3.** Manière dont un tout complexe est articulé. ■ Liaison entre des parties. – fig. *L'articulation entre la vie privée et la vie professionnelle.* **II.** (de *articuler*) Action de prononcer distinctement les différents sons d'une langue à l'aide des mouvements des lèvres et de la langue. → **prononciation.**

articulatoire adj. phonét. Qui concerne l'articulation (II).

articulé, ée adj. **I.** Construit de manière à s'articuler. *Support articulé.* **II.** Formé de sons différents reconnaissables. *Langage articulé* (opposé à *inarticulé*).

articuler v. tr. < 1 > (du latin, de *articulus* → article) **I.** Assembler par une articulation*. **II.** Émettre, faire entendre les sons vocaux à l'aide de mouvements des lèvres et de la langue. → **prononcer.** – absolt Prononcer distinctement. ■ Dire, prononcer. *Il n'a pas pu articuler un mot.* ■ **s'articuler** v. pron. **I. 1.** (os) Former une articulation. ■ Être assemblé par des jointures qui permettent le mouvement. **2.** Se succéder, être organisé comme éléments distincts d'un tout. *Les chapitres de ce livre s'articulent bien. Le débat s'articule autour de trois axes.* **II.** Être articulé (II).

articulet n. m. (→ article) fam. Petit article de presse ; article insignifiant.

artifice n. m. (du latin, de *ars* → art et *facere* → [1]faire) **I. 1.** Moyen habile, ingénieux (→ **art**, I). *Un artifice de calcul.* **2.** Moyen habile pour déguiser la vérité. → **ruse, subterfuge, tromperie.** « *L'humilité* [...] *artifice de l'orgueil qui s'abaisse pour s'élever* » (La Rochefoucauld). **II.** (italien « feu artificiel ») *Feu d'artifice* : explosifs à effet lumineux qu'on fait brûler pour une fête en plein air. → **pyrotechnie.** *Les feux d'artifice du 14 Juillet.* – fig. Ce qui éblouit par le nombre et la rapidité des images ou des traits brillants.

artificiel, elle adj. **1.** Qui est le produit de l'activité, de l'habileté humaine (opposé à *naturel*). *Lac artificiel. Fécondation artificielle.*

A

Fleurs artificielles. → **factice, [1]faux.** – *Arôme artificiel.* – fig. *Les paradis* artificiels. Intelligence* artificielle.* **2.** Créé par la vie sociale, la civilisation. → **culturel.** *Des besoins artificiels.* **3.** Qui ne tient pas compte des caractères naturels, des faits réels. *Classification artificielle.* → **arbitraire. 4.** Qui manque de naturel. → **affecté, feint.** *Une gaieté artificielle,* forcée. □ **adv. artificiellement**

artificier n. m. (de *artifice,* II) Personne ou entreprise qui fabrique, organise ou tire des feux d'artifice.

artificieux, euse adj. (de *artifice,* I) littér. Plein d'artifices, de ruse. → **rusé, retors.** □ **adv. artificieusement**

Artigas (José Gervasio) Général uruguayen (1764-1850). Partisan de l'indépendance, il reconquit l'Uruguay sur les Argentins (1814). Vaincu par les Argentins et les Brésiliens (1820), il dut se réfugier au Paraguay.

Artigas (Josep Llorens) Céramiste espagnol (1892-1980). Il travailla l'argile, le grès et la faïence. *Le Mur du Soleil* et *Le Mur de la Lune* au palais de l'Unesco, à Paris, réalisés avec Joan Miró.

artillerie n. f. (de l'ancien v. *atilier* « arranger », du latin *aptus* → **apte, adapter**) **1.** Matériel de guerre comprenant les canons, obusiers, etc. *Artillerie légère, lourde. Tir d'artillerie.* – fig. *La grosse artillerie :* les grands moyens. **2.** Arme chargée du service de ce matériel, dans l'armée.

artilleur, euse n. Militaire appartenant à l'artillerie.

artimon n. m. (de l'italien de Gênes, emprunt au grec) mar. Mât le plus en arrière d'un navire à plusieurs mâts. ▪ Voile gréée sur ce mât.

Artin (Emil) Mathématicien allemand (1898-1962). Il est l'un des fondateurs de l'algèbre moderne.

artiodactyle n. m. (grec *artios* « pair » et *-dactyle*) zool. Mammifère ongulé dont chaque patte comporte un nombre pair de doigts (ordre des *Artiodactyles ;* ex. les ruminants, les suidés).

artisan, ane n. (italien *artegiano,* de *arte* « métier » → **art**) rare au fém. **1.** Personne qui fait un travail manuel, qui exerce une technique traditionnelle (→ **art,** I) à son propre compte, aidée souvent de sa famille et d'apprentis (ex. serrurier, plombier). *Artisan d'art. « J'appelle artiste celui qui crée des formes [...] et artisan celui qui les reproduit »* (Malraux). **2.** fig. Auteur, cause d'une chose. *Elle a été l'artisan (l'artisane) de sa fortune.* prov. *À l'œuvre on connaît l'artisan :* on juge qqn sur ce qu'il a fait.

artisanal, ale, aux adj. **1.** Relatif à l'artisan. *Métier artisanal.* **2.** Qui n'est pas industrialisé. *Fabrication restée au stade artisanal.* □ **adv. artisanalement**

artisanat n. m. **1.** Métier, condition d'artisan. **2.** Ensemble des artisans.

artiste (du latin médiéval et de l'italien, de *arte* → **art**) **I. n. 1.** vieux Artisan, technicien (dans les artisanats élaborés) (→ **art,** I). **2.** Personne qui se voue à l'expression du beau, pratique l'art (II). **3.** Personne qui crée une œuvre d'art, surtout une œuvre plastique. *L'artiste et l'artisan*.* **4.** Professionnel qui interprète une œuvre musicale ou théâtrale. *Cette pianiste est une grande artiste.* → **interprète.** *Entrée des artistes.* – spécialt → **acteur, comédien. 5.** Personne fantaisiste. *Salut, l'artiste !* ▪ loc. *Mener une vie d'artiste,* une vie libre. → **vie de bohème. II. adj.** Qui aime l'art. *Il, elle est très artiste.*

artistement adv. Avec goût ; avec sens esthétique.

artistique adj. **1.** Qui a rapport à l'art ou aux productions de l'art. *Les richesses artistiques d'un pays.* **2.** Qui est fait, présenté avec art. *Patinage artistique.* □ **adv. artistiquement**

Art moderne (musée national d') Musée de Paris créé en 1937, installé depuis 1977 au Centre Georges-Pompidou, à Paris. Il présente l'art moderne et contemporain depuis 1905.

artocarpe n. m. (grec *artos* « pain » et *karpos* « fruit ») bot. Arbre d'Asie tropicale et d'Océanie, dont le gros fruit comestible a une chair blanche, féculente, très riche en amidon. *L'artocarpe est aussi appelé* arbre à pain.

Artois n. m. Ancienne province du N. de la France, correspondant à une partie de l'actuel Pas-de-Calais. Sa capitale était Arras. Il fut érigé en comté par Saint Louis, passa de la Flandre à la Bourgogne puis aux Habsbourg avant de revenir à la couronne de France en 1659.

artothèque n. f. (de *art,* d'après *bibliothèque*) Organisme pratiquant le prêt d'œuvres d'art ou de reproductions.

Arts décoratifs (musée des) Musée fondé en 1877, installé dans une aile du Louvre, à Paris. Il est consacré aux arts de la décoration intérieure française et étrangère depuis le Moyen Âge.

Arts et des Lettres (ordre des) Décoration honorifique française, instituée en 1957, décernée aux Français ou aux étrangers qui se sont illustrés dans le domaine artistique et littéraire.

Arts et Métiers (Conservatoire national des) [Cnam] Établissement d'enseignement fondé en 1794, visant à l'application des sciences à l'industrie. Installé à Paris dans l'ancien prieuré de Saint-Martin-des-Champs, il abrite le musée des Arts et Métiers.

Artstetten Localité d'Autriche, à proximité de la Wachau et de Melk. Château de l'archiduc François-Ferdinand.

Artsybachev (Mikhaïl Petrovitch) Romancier et auteur dramatique russe (1878-1927). Son œuvre conteste la morale établie *(Sanine)* et dénonce l'absurdité de la vie *(À l'extrême limite).* Il fut expulsé d'Union soviétique en 1923.

art-thérapie n. f. (de l'anglais → **art** et **thérapie**) Accompagnement psychothérapique par la création artistique. → aussi **musicothérapie.**

arty adj. anglic. Qui s'apparente à l'avant-garde artistique. *Des soirées artys* ou *arty* (invar.).

Aruba Île des Antilles néerlandaises (Petites Antilles). 193 km^2. 108 160 habitants. Capitale : Oranjestad.

Arudy Commune des Pyrénées-Atlantiques, sur le gave d'Ossau. 2 253 habitants. Carrières de marbre. Métallurgie.

arum [aʀɔm] n. m. (du latin, du grec *aron*) Plante dont l'inflorescence est entourée d'un long cornet blanc. *Des arums.*

Arunachal Pradesh n. m. État d'Inde, à la frontière de la Birmanie et de la Chine. 83 000 km^2. 1,5 million d'habitants. Capitale : Itanagar.

aruspice n. m. (latin *haruspex,* de *specere* « examiner » → **spectacle**) Antiq. romaine Devin qui examinait les entrailles des victimes pour en tirer des présages. - var. **haruspice.**

ARV voir **antirétroviral**

ARVA n. m. (n. déposé ; sigle de *appareil de recherche de victime en avalanche*) Émetteur-récepteur permettant d'être localisé sous la neige (après une avalanche).

Arve n. f. Rivière des Alpes, qui naît au col de Balme et se jette dans le Rhône à Genève. 107 km.

Arvernes n. m. pl. Peuple gaulois établi dans l'actuelle Auvergne. Ils eurent pour chef Vercingétorix.

Arvers (Alexis Félix) Poète et auteur dramatique français (1806-1850). Il écrivit des pièces de théâtre et des sonnets *(Mes heures perdues).*

Āryabhaṭṭa ou **Arjabahr** Mathématicien et astronome indien (476-550). Il résolut des équations indéterminées du premier degré, affirma la rotation de la Terre et calcula la valeur de π avec quatre décimales.

aryen, enne n. (du latin, du sanskrit *āryas* « noble ») Type caucasien, selon les racistes. – adj. *Race aryenne.*

Aryens n. m. pl. Dans l'Antiquité, population établie en Iran et dans l'Inde du Nord, de langues indo-européennes.

aryle n. m. (de *ar[omatique]* et *-yle*) chim. Radical ou groupement d'atomes dérivé des composés aromatiques (par suppression d'un atome d'hydrogène).

aryténoïde adj. et n. m. (grec *arutainoeidês* « en forme d'aiguière ») anat. *Cartilages aryténoïdes :* les deux cartilages du larynx qui tendent les cordes vocales. – n. m. *Les aryténoïdes.*

arythmie n. f. (de [2]*a-* et → **rythme**) méd. Irrégularité du rythme cardiaque. □ **adj. arythmique**

Arzamas Groupe littéraire russe (1815-1818), dont firent partie V. Joukovski, Batiouchkov et Pouchkine, qui introduisit le romantisme en Russie.

Arzew [aʀzø] Ville d'Algérie, sur le *golfe d'Arzew,* à l'E. d'Oran. 58 160 habitants. Grand port d'exportation pétrolière.

as [ɑs] n. m. (latin *as, assis,* p.-ê. de l'étrusque) **1.** Antiq. Unité monétaire romaine. **2.** Côté du dé à jouer (ou moitié de domino) marqué d'un seul point ou signe. ▪ Carte à jouer, marquée d'un seul signe, la carte maîtresse dans de nombreux jeux. ▪ loc. fam. *Être ficelé, fichu comme l'as de pique,* être mal habillé ou mal fait. – fam. *Être plein aux as,* avoir beaucoup d'argent. ▪ fam. *Passer qqch. à l'as,* l'escamoter. **3.** Personne qui réussit excellemment dans une activité. *Un as de l'aviation.* → **champion, [1]crack.**

As Symbole chimique de l'arsenic.

ASA [aza] n. m. invar. (sigle anglais de *American Standards Association*) photogr. Unité qui désigne les indices de sensibilité des émulsions photographiques. *Une pellicule 400 ASA.*

Asadī (Asadī Tūsī, dit) Écrivain persan (mort en 1072). Il est l'auteur du plus ancien dictionnaire de langue persane et d'une épopée, *Garchāspnāmé.*

Asahi Shimbun Quotidien national japonais fondé en 1879.

Asai Ryoi Écrivain japonais (1612-1691). Il est l'auteur de romans populaires, de guides, de récits édifiants, de contes fantastiques et de poésies.

Asam (Cosmas Damian) Peintre, décorateur et architecte allemand (1686-1739). Il réalisa avec son frère **Egid Quirin Asam** (1692-1750) de nombreux décors en Bohême et en Silésie, dans un style exubérant mêlant trompe-l'œil et effets de lumière indirecte, où se fondent architecture et peinture.

Asama (mont) Volcan du Japon, au N.-O. de Tōkyō. 2 568 m.

asana n. f. (mot sanscrit) (yoga) Posture, position (dynamique ou statique).

Asansol Ville d'Inde (Bengale-Occidental). 1,2 million d'habitants. Charbon. Industrie lourde.

asbeste n. m. (grec *asbestos* « [feu] inextinguible ») didact. *Asbeste amphibolique.* → **amiante.**

asbestose n. f. (de *asbeste* et [2]*-ose*) méd. Maladie professionnelle (pneumoconiose) due à l'action de poussières d'amiante sur les poumons.

Asbjørnsen (Peter Christen) Écrivain norvégien (1812-1885). Il publia de nombreux recueils de légendes populaires norvégiennes.

Ascagne ou **Iule** Fils d'Énée et de Créüse, dans la mythologie grecque. Fondateur, selon Virgile, d'Albe la Longue, il fut considéré comme l'ancêtre de la famille romaine Julia (→ **César**).

Ascaniens n. m. pl. Dynastie de l'Allemagne du Nord qui régna sur le Brandebourg (jusqu'en 1319), sur la Saxe électorale (jusqu'en 1423), sur le duché de Saxe-Lauenburg (jusqu'en 1689) et sur l'Anhalt (jusqu'en 1918).

ascaride n. m. (grec *askaris*) zool. *Ascaride lombricoïde* : ver (long de quinze à vingt-cinq centimètres) parasite de l'intestin de l'homme, du cheval. - var. **ascaris** [askaʀis].

ascaridiose n. f. méd. Ensemble des troubles causés par l'ascaride. - var. **ascaridiase.**

ascendance n. f. (→ [1]ascendant) Ligne généalogique par laquelle on remonte de l'enfant aux parents, aux grands-parents ; ensemble des générations dont est issu qqn. *Il est d'ascendance bretonne.* → **famille.**

[1]**ascendant, ante** adj. (de l'ancien v. *ascendre*, latin *ascendere*, de *ad-* et *scandere* « gravir » → scander ; descendre) Qui va en montant. *Mouvement ascendant.* → **ascension** (3).

[2]**ascendant** n. m. **1.** astrol. Point de l'écliptique qui se lève à l'horizon au moment de la naissance de qqn (→ **zodiaque**). *Il est Lion, ascendant Bélier.* **2.** Influence dominante. → **autorité, empire, [2]pouvoir.** « *Une partie du magique ascendant par lequel il avait fasciné le monde* » (Vigny). **3.** Parent dont on descend. → **ascendance.** *Des ascendants normands.*

ascenseur n. m. (latin *ascensum*, de *ascendere* → [1]ascendant) **1.** Appareil servant au transport vertical des personnes aux différents étages d'un immeuble. *Prendre l'ascenseur.* ▪ loc. fam. *Renvoyer l'ascenseur* : rendre la pareille à qqn (après un service rendu, etc.). ▪ fig. *Ascenseur social* : ce qui permet de progresser socialement. – *Ascenseur émotionnel,* faisant alterner émotions positives et négatives. **2.** inform. Barre occupant le bord d'une fenêtre*, dotée d'un curseur permettant de faire défiler le document affiché.

ascension n. f. (du latin, de *ascendere* → [1]ascendant) **1.** (avec maj.) dans la religion chrétienne Élévation miraculeuse de Jésus-Christ dans le ciel ; fête commémorant ce miracle. *Le jeudi de l'Ascension.* **2.** Action de gravir (une montagne). *L'ascension du Cervin.* **3.** Action de s'élever dans les airs. *L'ascension d'une fusée.* **4.** Montée vers un idéal ou une réussite sociale. → **montée, progrès.** *L'ascension de Bonaparte. Une fulgurante ascension sociale.* **5.** astron. *L'ascension droite d'un astre* : l'arc de l'équateur céleste qui, avec la déclinaison, permet de déterminer la position d'un astre.

Ascension (île de l') Île britannique de l'Atlantique sud, à 1 300 km au N.-O. de l'île de Sainte-Hélène. 88 km^2. 1 100 habitants. Station météorologique.

ascensionnel, elle adj. Qui tend à monter ou à faire monter dans les airs. *Parachute ascensionnel.*

ascensionner v. tr. < 1 > Escalader par une ascension.

ascensionniste n. Personne qui fait une ascension en montagne. → **alpiniste.**

ascensoriste n. Entreprise qui fabrique des ascenseurs, des monte-charges, des escaliers mécaniques. – Technicien(ne) chargé(e) de l'installation et de la maintenance de ces appareils.

ascèse n. f. (grec *askêsis* → ascète) **1.** Ensemble d'exercices physiques et moraux destinés à libérer l'esprit par le mépris du corps en vue d'un perfectionnement spirituel ou moral. **2.** Privation voulue et héroïque.

ascète n. (grec *askêtês*, de *askein* « s'exercer ») **1.** Personne qui s'impose, par piété, des exercices de pénitence, des privations, des mortifications (→ **ascèse**). **2.** Personne qui mène une vie austère.

ascétique adj. D'ascète. *Une vie ascétique.* ▫ adv. **ascétiquement**

ascétisme n. m. **1.** Genre de vie religieuse des ascètes. ▪ Doctrine de perfectionnement par l'ascèse. **2.** Vie austère, frugale, rigoriste.

Asch (Schalom) Romancier et dramaturge américain d'origine polonaise, de langue yiddish (1880-1957). Établi aux États-Unis en 1914, il est l'auteur de romans (*Motké le Voleur ; Le Juif aux psaumes*) et de pièces de théâtre (*Dieu de vengeance*).

Aschaffenburg Ville d'Allemagne (Bavière), à l'E. de Francfort. 70 800 habitants. Église gothique, château Renaissance.

Ascheim (Selmar) Gynécologue et endocrinologue français d'origine allemande (1878-1965). Il fit des recherches sur les hormones œstrogènes.

ascidie n. f. (grec *askidion* « petite outre ») **1.** zool. Animal marin en forme d'outre qui se fixe aux objets l'environnant. **2.** bot. Organe en forme d'urne des plantes carnivores.

ASCII [aski] n. m. (sigle anglais de *American Standard Code for Information Interchange*) anglic., inform. *Code ASCII,* utilisé dans les échanges entre un ordinateur central et un périphérique, ou pour le codage interne des données.

ascite n. f. (grec *askitês* « maladie qui fait gonfler le corps comme une outre » → asque) méd. Épanchement de sérosité dans la cavité péritonéale. ▫ adj. et n. **ascitique**

asclépiade n. f. (grec *asclepias* « plante d'Asclépios ») bot. Plante cultivée (en Amérique du Nord et en Afrique) pour ses fleurs roses odorantes. *L'asclépiade est aussi appelée « dompte-venin ».*

Asclépiade Médecin grec (v. 124-40 av. J.-C.). Il introduisit à Rome les méthodes scientifiques de la médecine grecque.

Asclépiade de Samos Poète grec (IIIe s. av. J.-C.). Il est l'auteur d'épigrammes amoureuses.

Asclépios Dieu grec de la Médecine, fils d'Apollon. Il fut adopté par les Romains sous le nom d'Esculape.

Ascoli (Graziadio Isaia) Linguiste italien (1829-1907). Spécialiste de philologie comparée, il est l'un des fondateurs de la dialectologie européenne. C'est lui qui identifia le franco-provençal, et le dénomma.

Ascoli Piceno Ville d'Italie (Marches). 51 380 habitants. Cathédrale des XVe-XVIe siècles.

ascomycète n. m. (grec *askos* « outre ») bot. Champignon au thalle cloisonné (ordre des *Ascomycètes* ; ex. les morilles, les truffes).

Ascona Ville de Suisse (Tessin), sur le lac Majeur. 5 000 habitants. Station climatique.

ascorbique adj. (→ scorbut) chim. *Acide ascorbique,* acide de la vitamine C, qui combat le scorbut.

Ascot Ville d'Angleterre, près de Windsor. 12 000 habitants. Champ de courses.

asdic n. m. (sigle anglais de *Allied Submarine Detection Investigation Committee*) mar. Appareil de détection sous-marine par ultrasons. → **sonar.**

-ase sc. Élément (de *diastase*, grec *diastasis* « séparation ») servant à désigner certains enzymes. – n. f. pl. *Les ases* : les enzymes.

Asean voir **Ansea**

aselle n. m. (latin *asellus* « petit âne ») zool. Petit cloporte d'eau douce. *L'aselle est un isopode.*

asémantique adj. ling. Se dit d'une phrase qui n'a pas de sens, bien qu'elle puisse être grammaticale. ▫ n. f. **asémanticité**

Asénides n. m. pl. Dynastie de tsars bulgares. Fondée en 1186 par Jean Ier Asen, la dynastie asénide s'éteignit à la fin du XIIIe siècle.

asepsie [asɛpsi] n. f. (→ septique) méd. Méthode préventive, qui s'oppose aux maladies infectieuses en empêchant l'introduction de microbes dans l'organisme. → **antisepsie, désinfection, pasteurisation, stérilisation.**

aseptique [asɛptik] adj. Exempt de tout germe infectieux. *Pansement aseptique.* ▫ adv. **aseptiquement**

aseptiser [asɛptize] v. tr. < 1 > Rendre aseptique. *Aseptiser une plaie.* → **désinfecter.** ▫ n. f. **aseptisation** ▪ **aseptisé, ée** p. p. adj. *Pansement aseptisé.* ▪ fig. Débarrassé de tout contact ou élément dangereux. – péj. Neutre, sans originalité.

Ases n. m. pl. Famille de dieux guerriers, dans la mythologie nordique. Odin, Thor et Balder en font partie.

asexualité n. f. biol. État des organismes normalement dépourvus de sexe ou de fonction sexuelle.

asexué, ée [asɛksɥe] adj. **1.** Qui n'a pas de sexe. *Multiplication asexuée,* sans intervention de gamètes. **2.** fig. Qui ne semble pas appartenir à un sexe déterminé. *Une voix asexuée.*

Ashantis voir **Achantis**

Ashbery (John) Poète américain (1927-2017). Son œuvre, influencée par le surréalisme, remet en question la logique de l'intellect. *Autobiographie dans un miroir convexe.*

Ashby (William Ross) Neurologue et cybernéticien britannique (1903-1972). Il étudia les analogies entre le fonctionnement du cerveau humain et celui des machines.

Ashdod Ville d'Israël, sur la Méditerranée. 225 900 habitants. Port commercial et pétrolier.

Ashford Ville d'Angleterre (Kent). 67 500 habitants. Carrefour routier et ferroviaire. Centre industriel.

Ashihara Yoshinobu Architecte japonais (1918-2003). Influencé par Le Corbusier, il a réalisé le pavillon du Japon à l'Exposition universelle de Montréal (1967) et le Musée national d'histoire du Japon à Tōkyō (1990).

Ashikaga Famille de guerriers japonais qui, à partir de 1336, donna au Japon quinze shoguns.

ashkénaze n. et adj. (n. hébreu) Juif, juive d'Europe centrale (s'oppose à *séfarade*). *Des ashkénazes.*

Ashkenazy (Vladimir) Pianiste et chef d'orchestre islandais d'origine soviétique (né en 1937). Il s'est consacré au répertoire romantique (Chopin, Beethoven) et aux compositeurs russes.

Ashkin (Arthur) Physicien américain (1922-2020). Il développa les « pinces optiques », faisceaux lasers qui permettent de manipuler des organismes extrêmement petits comme les cellules, les particules et les virus. Prix Nobel 2018.

Ashoka ou **Aśoka** Empereur indien (v. 273-v. 237 av. J.-C.). Il unifia l'Inde et fut un important propagateur du bouddhisme.

Ashqelon Ville d'Israël. 144 000 habitants. Gisement de pétrole.

ashram [aʃʀam] n. m. (mot sanskrit) didact. (en Inde) Lieu où des disciples se groupent autour d'un gourou pour recevoir son enseignement.

Ashton (Frederick William Mallandaine, sir) Danseur et chorégraphe britannique (1906-1988). Il signa de nombreux ballets, dont *Cendrillon* (musique de Prokofiev), *Enigma Variations, Sinfonietta en la majeur.*

asiago n. m. (n. d'une région italienne) Fromage à pâte dure, au lait de vache, produit dans le nord-est de l'Italie.

asialie n. f. (de *a-* privatif et du grec *sialon* « salive ») méd. Absence de salive.

asiate n. et adj. souvent péj. (Personne) qui est originaire de l'Asie.

asiatique adj. et n. Qui appartient à l'Asie ou qui en est originaire. – n. *Un Asiatique.*

ASIC n. m. (sigle anglais de *Application Specific Integrated Circuit*) inform. Circuit intégré qui regroupe sur une même puce toutes les fonctions nécessaires à une application spécifique. – en appos. *Circuit ASIC.*

Asie n. f. La plus grande et la plus peuplée des six parties du monde. 44 000 000 km^2. 4 717 155 000 habitants (59 % de la population mondiale [les *Asiatiques*]). Principale partie de l'Eurasie, délimitée au S.-O. par la mer Rouge et à l'O. par l'Oural, la mer Noire et la Méditerranée. On y rattache les Philippines et l'Indonésie (Insulinde), ainsi que le Japon.

Asie

A

- Plus de 5 000 000 hab.
- De 1 000 000 à 5 000 000 hab.
- De 500 000 à 1 000 000 hab.
- Moins de 500 000 hab.

Altitudes en mètres

4 000
2 000
1 000
500
0
Dépression
- 200
- 2 000

1 BEYROUTH
2 JÉRUSALEM
3 AL-MANĀMA
4 KATMANDOU
5 THIMPHU

EST.	Estonie
LET.	Lettonie
LIT.	Lituanie
ALL.	Allemagne
H.	Hongrie
R.	Russie
TAD.	Tadjikistan
KIRG.	Kirghizstan
AZ.	Azerbaïdjan
MOL.	Moldavie
SLO.	Slovaquie
É.A.U.	Émirats arabes unis
DAN.	Danemark

TERRE DU NORD
ÎLES DE NOUVELLE SIBÉRIE
MER DE SIBÉRIE ORIENTALE
MER DES LAPTEV
Presqu'île de Taïmyr
Nordvik
Verkhoïansk
Mt Tcherski
Mts de Verkhoïansk
Mts Ghydan
Ambartchik
Anadyr
Golfe d'Anadyr
MER DE BÉRING
Norilsk
Magadan
Presqu'île du Kamtchatka
Petropavlovsk-Kamtchatski
Okhotsk
Iakoutsk
Plateau de Sibérie centrale
MER D'OKHOTSK
S I B É R I E
Plaine de Sibérie occidentale
Mts Stanovoï
SAKHALINE
Îs Kouriles
Krasnoïarsk
Lac Baïkal
Mts Iablonovyï
Khabarovsk
Mts Sikhote-Aline
Détroit de La Pérouse
HOKKAIDŌ
Novossibirsk
Irkoutsk
Mts Saïan
Hinggan ling
Lac Khanka
Sapporo
Harbin
JAPON
TŌKYŌ
Yokohama
Kawasaki
Vladivostok
Changchun
MER DU JAPON
KANTŌ
Mts Khangaï
OULAN-BATOR
Shenyang
CORÉE DU NORD
HONSHŪ
Altaï
MONGOLIE
PYONGYANG
Nagoya
SÉOUL
KANSAÏ
Urumqi
Désert de Gobi
PÉKIN (BEIJING)
Lüda
Inch'ŏn
Taegu
Hiroshima
Ōsaka
Kyōto
Kōbe
Bassin de Turfan
Tianjin
CORÉE DU SUD
Pusan
Kitākyūshū
Fukuoka
Tian shan
Lob nor
Taiyuan
Zibo
Qingdao
Détroit de Corée
Jinan
MER JAUNE
Cheju
KYŪSHŪ
Tarim
Altyn tagh
Qilian shan
Zhengzhou
Taklamakan
Lanzhou
Shanghai
Kunlun shan
Xian
Huaiyan
Nankin
MER DE CHINE ORIENTALE
ÎS RYŪKYŪ
CHINE
Wuhan
Tropique du Cancer
Plateau du Tibet
Nanchang
Chengdu
Changsha
Fuzhou
Taipei
OCÉAN
Chongqing
Détroit de Taïwan
Kaohsiung
NÉPAL
Everest 8 850 m
Yalu Zangbo
BHOUTAN
Himalaya
PACIFIQUE
Canton (Guangzhou)
Hong Kong
Macao
Lucknow
Allahabad
Kanpur
BANGLADESH
Gange
Xi jiang
LUÇON
Asansol
DACCA
Dhanbad
Calcutta
Chittagong
HANOI
Haiphong
PHILIPPINES
Jabalpur
Jamshedpur
Howrah
BIRMANIE (MYANMAR)
HAINAN
MER DE CHINE MÉRIDIONALE
Quezon City
Nagpur
VIENTIANE
MANILLE
Mindoro
LAOS
Samar
RANGOON (YANGON)
THAÏLANDE
Panay
VIÊTNAM
Vijayavada
Golfe du Bengale
BANGKOK
CAMBODGE
Palawan
MER DE SULU
MINDANAO
PHNOM PENH
Isthme de Kra
Madras (Chennaï)
Îs Andaman (Inde)
Golfe du Siam
Hô Chi Minh-Ville (Saigon)
Îs Sulu
Halmahera
Pte de Cà Mau
BRUNEI
MER DE CÉLÈBES
Équateur
MER D'ANDAMAN
BANDAR SERI BEGAWAN
MALAISIE
MOLUQUES
IRIAN JAYA
SRI LANKA
Îs Nicobar (Inde)
Presqu'île de Malacca
Îs Natuna
COLOMBO
KUALA LUMPUR
BORNÉO
Buru
Seram
Medan
Détroit de Malacca
Détroit de Macassar
SINGAPOUR
CÉLÈBES (SULAWESI)
OCÉAN INDIEN
SUMATRA
ÎLES DE LA SONDE
Bangka
TIMOR ORIENTAL
INDONÉSIE
DILI
MER DE JAVA
Flores
0 500 1 000 km
JAVA
Surabaya
Sumbawa
Timor
Bali
JAKARTA
Semarang
Sumba
AUSTRALIE
Bandung

A

GÉOGRAPHIE

Relief et hydrographie Une immense chaîne montagneuse — comprenant l'Himalaya (Everest, 8 848 m) — traverse le continent de la Turquie au Pacifique. Plus au N. se trouvent des plateaux et des plaines (Sibérie). L'Asie se prolonge au S. par des péninsules formées de plateaux ou de moyennes montagnes (Arabie, Inde, Indochine). Un arc insulaire volcanique s'étire au large, de la mer de Béring jusqu'à l'océan Indien (Japon, Philippines, Indonésie). Les reliefs du Tibet et de l'Himalaya constituent le plus important des « châteaux d'eau » du monde. Les fleuves qui y naissent terminent leur course dans les plaines du N. (Lena, Ob, Ienisseï), du S. (Indus, Gange) et de l'E. (Mékong, Chang jiang, Huang he), dessinant pour certains de vastes deltas.

Milieux naturels La Sibérie a un climat continental à hivers très froids et une végétation de toundra au N. et de taïga au S. Les plateaux et bassins de la bordure N. du système montagneux, arides, sont couverts de steppes caractéristiques de l'Asie centrale. Les hautes montagnes portent de nombreux glaciers. Les péninsules méridionales ont un climat tropical à hivers doux et secs, et étés chauds et pluvieux marqués par la mousson. La mousson d'été et des vents en provenance du Pacifique valent aux régions orientales des étés également chauds et pluvieux (Chine orientale, Philippines, Japon), mais les hivers y sont froids. L'Indonésie possède un climat et une végétation de type équatorial (chaud et pluvieux toute l'année ; forêt dense, souvent défrichée par les hommes). Les déserts de l'Asie de l'O. et du S.-O. enserrent une zone étroite de climat méditerranéen : le « croissant fertile ».

Peuplement L'Asie septentrionale est très faiblement peuplée **(→ Russie, Sibérie).** Le peuplement de l'Asie de l'O. et du S.-O. est tributaire de la maîtrise des ressources en eau (Tigre et Euphrate, Amou-Daria et Syr-Daria). L'Asie des fortes densités, ou Asie des moussons, s'étend de l'Indus à la Chine orientale et au Japon, en passant par certaines îles comme Java. Les fortes densités s'expliquent à la fois par le climat chaud et humide et par la diffusion précoce de la riziculture irriguée.

Aires culturelles et politiques Il n'existe pas d'identité ni d'histoire commune à l'ensemble du continent, l'Asie se composant d'aires culturelles très différenciées. Le S.-O., à la charnière de l'Afrique et de l'Asie, forme le cœur historique d'une aire culturelle marquée par l'islam et pour une large partie par la langue arabe : le Proche-Orient. Au S., le monde indien **(→ Bangladesh, Bhoutan, Inde, Maldives, Népal, Pakistan, Sri Lanka)** est caractérisé par l'hindouisme et le système des castes en son centre, et par une plus grande importance du bouddhisme à ses périphéries. À l'E. et au S.-E., des syncrétismes complexes se sont élaborés entre des religions et des philosophies autochtones (confucianisme, culte des ancêtres, cultes impériaux, shintoïsme) et le bouddhisme. Des populations montagnardes longtemps isolées continuent à pratiquer des religions très variées, souvent considérées comme animistes. La pratique du christianisme est minoritaire dans toute l'Asie, excepté aux Philippines (catholiques).

L'Asie a été le siège de grandes constructions politiques anciennes : empire de Chine, grands États indiens, puissantes thalassocraties d'Asie du S.-E. Cette ancienneté de l'implantation de l'État explique sans doute que l'Asie actuelle comprenne les deux pays les plus peuplés du monde (Chine et Inde) et qu'elle soit moins fragmentée que bien des régions d'Afrique ou d'Europe.

ÉCONOMIE

Les nombreux pays d'Asie connaissent des stades de développement très différents et certains possèdent encore des économies à dominante agricole. En revanche, le Japon, 3e puissance économique mondiale, et surtout la Chine, qui s'est hissée au 2e rang en raison de l'importance de ses investissements, de l'immensité de son marché intérieur et de son dynamisme, jouent désormais un rôle économique majeur dans la région et dans le monde. Bénéficiant de la proximité du Japon, la Corée du Sud, Taiwan, Hong Kong et Singapour (les « quatre dragons ») ont connu un développement rapide dans la seconde moitié du XXe s., notamment grâce à leur main-d'œuvre bon marché. Le niveau de vie de leurs habitants s'étant amélioré, leurs entreprises, ainsi que celles du Japon et des États-Unis, délocalisent maintenant certaines de leurs productions vers de nouveaux États comme la Thaïlande, la Malaisie et l'Indonésie, ou encore le Sri Lanka. La Sibérie alimente en matières premières et en énergie la Russie. Certains pays du Proche-Orient, autour du golfe Persique, disposent de très importantes ressources pétrolières, dont les revenus ont profité à une partie de la population plutôt qu'aux investissements industriels locaux. Les pays du sous-continent indien se sont industrialisés plus tardivement, mais parviennent aujourd'hui à s'imposer sur certains marchés (textile, informatique, électronique). 9 pays d'Asie (Afghanistan, Bangladesh, Bhoutan, Cambodge, Laos, Birmanie, Népal, Timor oriental, Yémen) figurent parmi les 50 « pays les moins avancés » répertoriés par l'ONU.

À Singapour, l'architecture moderne côtoie celle des temples traditionnels.

Asie centrale Nom donné à la partie la plus continentale de l'Asie, comprenant le Kirghizstan, l'Ouzbékistan, le Tadjikistan, le Turkménistan et le Kazakhstan. On y associe parfois également le Xinjiang chinois et l'Afghanistan.

Asie du Sud-Est Nom donné à la péninsule et aux archipels du S.-E. de l'Asie, correspondant aux États actuels du Viêtnam, du Laos, du Cambodge, de la Thaïlande, de la Birmanie, de la Malaisie, de Singapour, de l'Indonésie, de Brunei, des Philippines et du Timor-Oriental.

Asie Mineure Nom donné à la péninsule formant l'extrémité occidentale de l'Asie. Elle correspond à l'essentiel du territoire de la Turquie d'Asie actuelle.

^{1}asile **n. m. (du latin, du grec *asulon*, de *sula* « butin »)** **1.** hist. Lieu inviolable où pouvait se réfugier une personne poursuivie. ■ cour. Lieu où l'on se met à l'abri, en sûreté contre un danger. **→ abri, refuge.** *« Arrêtons-nous, dit-il, car cet asile est sûr »* (Hugo). ■ *Droit d'asile*, accordé aux réfugiés politiques. *Demander l'asile politique.* **2.** littér. Lieu où l'on trouve la paix, le calme. **→ ^{1}retraite.** **3.** vieux *Asile de vieillards.* **→ hospice.** *Asile d'aliénés* ou ellipt *asile* : hôpital psychiatrique. □ **adj. asilaire**

▶ L'enceinte des temples antiques, plus tard celle des églises chrétiennes, a longtemps été considérée comme un **asile** (1) sacré : des criminels avérés ou des malheureux fuyant une foule en colère pouvaient y trouver un refuge sûr, bien qu'éphémère. Dans l'Europe des XVIIe et XVIIIe s., le refuge sacré perd de sa valeur juridique, mais l'affirmation de la souveraineté des États offre un recours aux fugitifs. Certains pays plus tolérants que d'autres, comme les Pays-Bas, accueillent ainsi des penseurs inquiétés pour leurs idées, à une époque où le délit d'opinion et l'arbitraire judiciaire (en France, les « lettres de cachet ») sont encore la règle. Descartes trouve ainsi refuge à La Haye.
La question du droit d'asile est aujourd'hui associée à la notion d'asile politique, qui permet à une personne poursuivie pour raisons politiques de trouver refuge dans un autre État. En Europe, les principes qui prévalent sont ceux des normes internationales : charte des Nations unies, Convention de Genève de 1951, législation de l'Union européenne. Toutefois, des accords d'extradition encadrent et limitent le droit d'asile. Enfin, dans un contexte de régulation des flux migratoires, certains pays ont récemment revu leur conception dans un sens plus restrictif et, depuis le début des années 2020 plusieurs murs frontaliers ont été construits (États-Unis, Hongrie, Bulgarie, Pologne...).
voir aussi **droits de l'homme**

^{2}asile **n. m. (latin *asilus* « taon »)** zool. Insecte diptère de grande taille, velu, au corps allongé et au fort bourdonnement.

Asimov (Isaac) Écrivain américain d'origine russe (1920-1992). Professeur de chimie biologique à l'université de Boston, il a écrit des ouvrages de vulgarisation scientifique et des romans de science-fiction, dont certains furent rapidement des classiques (la trilogie *Fondation*).

asinien, ienne **adj. (du latin → âne)** didact. De l'âne.

Asinius Pollion en latin **Caius Asinius Pollio** Homme politique et écrivain latin (76 av. J.-C.-4 ou 5 apr. J.-C.). Compagnon de César puis d'Antoine, il écrivit des tragédies et une *Histoire des guerres civiles* qui resta inachevée.

Asir ou **ʿAsīr** **n. m.** Chaîne de montagnes d'Arabie saoudite, qui culmine au mont Sawda (environ 3 000 m).

asismique **adj.** didact. (lieu) Où il n'y a pas d'activité sismique. - syn. **aséismique.**

Askia Dynastie soudanaise (1493-1591), instaurée par Mohammed Sylla, fondateur de l'Empire songhaï.

Asmara Capitale de l'Érythrée, à 2 400 m d'altitude. 960 000 habitants. Architecture coloniale. Industries textiles et alimentaires.

Asmonéens **n. m. pl.** Descendants d'Asmon, famille sacerdotale juive. Ils dirigèrent, à partir de –167, la résistance aux Séleucides.

ASMR **n. m. ou f. (mot anglais, sigle de *autonomous sensory meridian response* « réponse sensorielle culminante autonome »)** didact. Sensation de bien-être provoquée par certains stimulus, notamment auditifs. *Chuchotements qui déclenchent l'ASMR.* ■ Technique de relaxation basée sur ces stimulus.

El-Asnam voir **Chlef**

Asnières-sur-Seine Commune des Hauts-de-Seine, au N.-O. de Paris. 88 004 habitants. Industries mécaniques, agroalimentaires.

Asō (mont) Volcan actif du Japon, dans l'île de Kyūshū. 1 592 m.

asociabilité **n. f.** Inaptitude à vivre en société.

asocial, ale, aux [asɔsjal, o] **adj.** Qui n'est pas adapté à la vie sociale, s'y oppose. **– n.** *Des asociaux.* **→ marginal, sociopathe.** ■ *Comportement asocial.*

asparagine **n. f. (latin *asparagus* « asperge »)** biochim. Amide de l'acide aspartique, présent dans de nombreux végétaux (découvert dans l'asperge).

A

asparagus [aspaʀagys] **n. m.** (latin « asperge ») Plante ornementale au feuillage très fin.

aspartame n. m. (de l'anglais, de *aspartic [acid]* → aspartique) pharm. Substance chimique à fort pouvoir édulcorant, utilisée pour remplacer le sucre (→ **sucrette**). - var. **aspartam.**

aspartique adj. (de *aspar[agine]*) biochim. *Acide aspartique* : acide aminé naturel possédant une seconde fonction acide.

Aspasie Femme grecque célèbre pour sa beauté et son intelligence. Originaire de Milet, elle fut la compagne de Périclès.

aspe n. m. (allemand *Haspel* « dévidoir ») techn. Dévidoir servant à tirer la soie des cocons. - var. **asple.**

Aspe (gave d') Torrent des Pyrénées-Atlantiques, qui arrose la *vallée d'Aspe* (de la frontière espagnole à Oloron-Sainte-Marie), affluent du gave d'Oloron.

aspect [aspɛ] n. m. (latin *aspectus* « regard », de *ad-* et *specere* → spectacle) I. 1. vieux ou littér. Fait de s'offrir aux yeux, à la vue. → **spectacle, vue.** ■ *À l'aspect de* : à la vue de, en voyant. – *Au premier aspect* : en voyant (ou fig. en envisageant) pour la première fois. → **au premier abord.** 2. Manière dont qqn, qqch. se présente aux yeux. → **apparence** ; ²**air, allure.** *Un homme d'aspect misérable.* 3. fig. Manière dont un objet se présente à l'esprit. → **angle, côté, face.** *Envisager un problème sous tous ses aspects.* II. ling. Manière dont l'action exprimée par le verbe est envisagée dans son développement, sa durée, son achèvement.

Aspect (Alain) Physicien français (né en 1947). Il réalisa des tests avec des photons qui permirent de valider la théorie quantique. Académie des sciences. Prix Nobel de physique 2022.

Aspenström (Werner) Écrivain suédois (1918-1997). Il est l'auteur de poèmes, de romans (*Présage*) et de pièces de théâtre centrées sur la critique de la tendance moderne à l'autodestruction.

asperge n. f. (latin *asparagus*, du grec) 1. Plante vivace (liliacée) à tige souterraine d'où naissent des bourgeons qui s'allongent en tiges charnues comestibles ; cette tige. *Une botte d'asperges.* 2. fig., fam. Personne grande et maigre.

asperger v. tr. < 3 > (du latin, de *ad-* et *spargere* « répandre », famille de *disperser*) *Asperger (qqn, qqch.) de* : répandre (un liquide) sur..., sous forme de gouttes ou de jet. – pronom. *Elle s'est aspergée de parfum.*

aspergès n. m. (latin *asperges* « tu aspergeras ») relig. Goupillon qui sert à l'aspersion. → **aspersoir.**

aspergille n. f. (latin *aspergillum* « goupillon ») bot. Moisissure qui se développe sur les substances organiques en décomposition, les substances sucrées (confitures), et parfois dans l'organisme. → **aspergillose.**

aspergillose n. f. (→ ²-ose) méd. Affection causée par le développement d'aspergilles dans l'organisme (poumons, œil...).

aspérité n. f. (du latin, de *asper* → âpre) Partie saillante d'une surface inégale. → **rugosité, saillie.**

aspermatisme n. m. (de *a-* privatif et *sperme*) méd. Défaut ou difficulté d'éjaculation.

asperme adj. (grec *aspermos* « sans semence ») bot. (fruit) Qui ne produit pas de graines.

aspermie n. f. méd. Absence de production du sperme dans l'organisme.

asperseur n. m. (→ aspersion) Dispositif d'arrosage qui répartit l'eau en fines gouttelettes sur le sol.

aspersion n. f. Action d'asperger. *Baptême par aspersion* (opposé à *par immersion*).

aspersoir n. m. (latin ecclés. *aspersorium* « goupillon ») 1. relig. Goupillon qui sert à asperger d'eau bénite. → **aspergès.** 2. hortic. Pomme d'arrosoir à petits trous.

asphalte n. m. (grec *asphaltos*) 1. sc. Mélange noirâtre naturel de calcaire, de silice et de bitume. 2. techn. Préparation destinée au revêtement des chaussées, à base de goudron et de gravillons. → **bitume.** ■ Chaussée, trottoir asphalté.

asphalter v. tr. < 1 > Revêtir d'asphalte. – au p. p. *Chaussée asphaltée.* □ n. m. **asphaltage**

asphodèle n. m. (du latin, du grec) Plante vivace (liliacée) dont la hampe florale se termine par une grappe de grandes fleurs étoilées, blanches ou jaunes.

asphyxiant, ante adj. 1. Qui asphyxie. → **suffocant.** 2. fig. Qui empêche tout épanouissement moral ou intellectuel. → **étouffant.**

asphyxie n. f. (du grec, de *a-* et *sphuxis* « pouls ») 1. État pathologique déterminé par le ralentissement ou l'arrêt de la respiration. *Mort par asphyxie.* 2. fig. Étouffement de facultés intellectuelles, morales, dû à une contrainte. *Asphyxie morale.* ■ Arrêt du développement (d'un secteur économique).

asphyxié, ée adj. et n. 1. Qu'on a, qui s'est asphyxié. – n. *Soins à donner aux asphyxiés.* 2. fig. Étouffé par une contrainte.

asphyxier v. tr. < 7 > 1. Causer l'asphyxie de. *La fumée l'a asphyxiée.* 2. fig. Étouffer par une contrainte ou la suppression d'un élément vital. ■ **s'asphyxier** v. pron. 1. Causer sa propre asphyxie. *S'asphyxier au gaz.* 2. fig. *Industrie qui s'asphyxie par manque de crédits.*

aspi voir **aspirant**

¹**aspic** n. m. (grec *aspis*) Variété de vipère.

²**aspic** n. m. (ancien provençal *espic* « épi ») Lavande dont on tire une huile utilisée en parfumerie pour son odeur camphrée. - var. **spic.**

³**aspic** n. m. (origine obscure) Plat froid en gelée. *Des aspics de foie gras.*

aspidistra n. m. (grec *aspis* « bouclier » et *[tup]istra*, n. d'une plante) Plante verte d'appartement (liliacée), à larges feuilles persistantes d'un vert foncé luisant ou panachées. *Des aspidistras.*

aspirant, ante I. adj. Qui aspire (I). *Pompe aspirante.* II. n. Grade d'un élève officier qui n'est pas encore sous-lieutenant (abrév. argot **aspi**).

aspirateur n. m. Appareil qui aspire l'air, les liquides, et spécialt les poussières. *Passer l'aspirateur.*

aspiration n. f. I. 1. Action d'attirer l'air dans ses poumons. → **inspiration.** *L'aspiration et l'expiration.* 2. Action d'aspirer des gaz, des liquides, des poussières, etc. *Le tuyau d'aspiration d'une pompe.* II. Action de porter ses désirs vers un idéal. *Avoir de nobles aspirations.* → **désir, souhait.**

aspiré, ée adj. (de *aspirer* au sens ancien de « souffler ») 1. *H aspiré*, émis en soufflant de l'air (ex. le *h* anglais). 2. Se dit abusivement du *h* français qui ne permet pas la liaison (ex. le *h* de *haie*).

aspirer < 1 > (du latin, de *ad-* et *spirare* « souffler » → respirer ; esprit) I. v. tr. 1. Attirer (l'air) dans ses poumons. → **inspirer.** 2. Attirer (un fluide) dans le nez, la bouche. → **avaler, humer, renifler.** *Aspirer une boisson avec une paille.* 3. Attirer (un fluide) en faisant le vide. → **pomper.** II. v. tr. ind. *Aspirer à* : porter ses désirs vers (un objet). *Aspirer à un titre.* → **souhaiter** ; **prétendre à.** *Je n'aspire plus qu'à me reposer.*

aspirine n. f. (n. déposé en Belgique ; de l'allemand, de *a-* privatif [→ ²a-], latin *spiraea* « spirée » [plante], et *-in* → -ine) Acide acétylsalicylique, remède contre la douleur et la fièvre. *Comprimé d'aspirine.* ■ Ce comprimé. ■ loc. fam. *Blanc comme un cachet d'aspirine* : très blanc (de peau).

asple voir **aspe**

Asplund (Erik Gunnar) Architecte suédois (1885-1940). Il fut le chef de file du fonctionnalisme en Suède.

Aspromonte n. m. Massif granitique d'Italie, à la pointe de la Calabre, qui culmine au Montalto (1 955 m).

asque n. m. ou f. (grec *askos* « outre ») bot. Cellule allongée productrice de spores (*ascospores* n. f. [ex. algues, lichens, champignons]).

Asquith (Herbert Henri), 1er comte d'Oxford et Asquith Homme politique britannique (1852-1928). Premier ministre de 1908 à 1916, il orienta la politique des libéraux dans un sens plus social et fit entrer la Grande-Bretagne dans la Première Guerre mondiale.

Assab Ville d'Érythrée. Environ 75 000 habitants. Port sur la mer Rouge. Raffinerie de pétrole.

Assad (Hafiz al-) Général et homme d'État syrien (1928-2000). Il accéda au pouvoir en 1970 à la faveur d'un coup d'État. Il fut secrétaire général du parti Baas et président de la République de 1971 à 2000.

Assad (Bachar al-) Homme d'État syrien (né en 1965). Il succéda à son père Hafiz al-Assad à la tête du parti Baas et à la présidence de la République (2000). À partir des années 2010 et le début de la guerre civile, une grande partie du pays lui échappa en raison des territoires contrôlés par les rebelles au régime d'une part, et par Daech (implanté dans le nord) d'autre part. Grâce aux opérations de la coalition internationale contre Daech et au soutien militaire de la Russie, il reprit le contrôle de l'ensemble de la Syrie en 2019.

Assad (lac) Lac de Syrie, créé par le barrage de Tabqa sur l'Euphrate. 630 km².

assa fœtida ou **assa-fœtida** [asafetida] n. f. (latin médiéval *asa* « résine [d'une plante] » et *foetida* « fétide ») Gomme-résine à l'odeur désagréable, provenant de la férule, autrefois utilisée en médecine. - var. RO **assafétida.**

assagir v. tr. < 2 > (→ sage) (sujet chose) Rendre plus sage, plus calme. *Le temps assagit les passions.* → **calmer, modérer.** ■ **s'assagir** v. pron. Devenir sage. *Elle s'est assagie depuis son entrée au lycée.* → **se ranger.** – (choses) *Son style s'est assagi.* □ n. m. **assagissement**

assai [asaj] adv. (mot italien « beaucoup » → assez) mus. (après un terme désignant un mouvement) Très. *Allegro assai* : très vif.

assaillant, ante 1. adj. Qui assaille. *L'armée assaillante.* 2. n. Personne qui assaille, attaque. → **agresseur, attaquant.**

assaillir v. tr. < 13 > (du latin pop., de *salire* → saillir) 1. Se jeter sur (qqn) pour l'attaquer. → **fondre sur** ; **assaut.** *Être assailli par des malfaiteurs.* 2. Se précipiter en masse sur (qqn). *La ministre était assaillie par des journalistes.* – *Assaillir qqn de questions.* → **accabler, harceler.** 3. (sujet chose) Attaquer brusquement. → **tourmenter.** *Les difficultés qui l'assaillent.*

assainir v. tr. < 2 > (de *sain*) 1. Rendre sain ou plus sain. *Assainir une région marécageuse.* 2. écon. *Assainir un marché.* → **équilibrer, stabiliser.**

assainissement n. m. Action d'assainir. *Travaux d'assainissement.* ■ écon. *Assainissement budgétaire* : retour à l'équilibre des finances.

assainisseur n. m. techn. Produit ou appareil pour supprimer les mauvaises odeurs.

assaisonnement n. m. 1. Action, manière d'assaisonner (1). 2. Ingrédient non sucré utilisé en cuisine pour relever le goût des aliments (ex. sel, poivre, piment, huile, vinaigre...).

assaisonner v. tr. < 1 > (de *saison*) 1. Accommoder (un mets) avec des ingrédients qui en relèvent le goût. *Assaisonner la salade.* 2. littér. Ajouter de l'agrément, du piquant à (un discours, un acte). → **agrémenter, pimenter, rehausser, relever.** 3. fam. Réprimander, rudoyer (qqn). « *Je l'assaisonne à grands coups de bottines* » (M. Aymé).

Assam n. m. État du N.-E. de l'Inde. 78 438 km². 35,6 millions d'habitants. Capitale : Dispur. Région très humide drainée

A

par le Brahmapoutre, l'Assam est voué à la riziculture et aux plantations de théiers.

Assange (Julian Paul) Informaticien australien et équatorien (né en 1971). Fondateur et rédacteur en chef du site Internet WikiLeaks. Ses révélations sur des opérations secrètes américaines le contraignirent à s'exiler à Londres où il vécut dans l'ambassade d'Équateur qui lui accorda l'asile politique de 2012 à 2019, date à laquelle il fut emprisonné. Il a reçu de nombreux prix saluant son travail de lanceur d'alerte.

Assarhaddon Roi d'Assyrie (681-669 av. J.-C.). Il rebâtit Babylone et conquit l'Égypte.

Assas (Nicolas, chevalier d') Officier français (1733-1760). Capitaine au régiment d'Auvergne, il fit preuve d'un héroïsme dépeint par Voltaire dans son *Précis du siècle de Louis XV*.

assassin (de l'italien, de l'arabe *assass* « gardien », interprété comme *haššāš* « fumeur de haschich », désignant une secte chiite de Syrie qui rançonnait et tuait) **I.** n. m. **1.** Personne qui commet un meurtre avec préméditation ou guet-apens. → **meurtrier** ; **¹homicide**. *L'assassin était une femme. À l'assassin !* – « *Voici venu le temps des assassins* » (Rimbaud). **2.** Personne qui est cause de la mort (de qqn). **II.** adj. *Assassin, ine* **1.** littér. Qui tue. « *Les atrocités assassines* » (Céline). **2.** fig. Provocant. *Des œillades assassines.*

assassinat n. m. **1.** Meurtre commis avec préméditation. → **crime**, **²homicide**. ■ Exécution (d'un innocent). *L'assassinat du duc d'Enghien.* **2.** fig. Acte qui détruit. *L'assassinat des libertés.*

assassiner v. tr. < 1 > **1.** Tuer par assassinat. « *Elle me résistait, je l'ai assassinée !* » (A. Dumas). – au p. p. *Il est mort assassiné.* ■ Tuer injustement (qqn). **2.** fig. Causer un grave préjudice à (qqch.). *Assassiner la démocratie*, la détruire. **3.** *Assassiner qqn de reproches.* → **harceler**, **importuner**. ■ fam. Demander un prix excessif à (qqn).

assaut n. m. (vient du latin pop. *assaltus*, de *assultus* → **assaillir**) **1.** Action d'assaillir, d'attaquer de vive force. → **attaque**, **offensive**. *Char d'assaut.* **2.** Attaque brutale, impérieuse. ■ loc. *Prendre d'assaut* (un lieu), s'y précipiter nombreux. **3.** Combat d'escrimeurs (au fleuret, à l'épée). **4.** Compétition, lutte d'émulation. *Faire assaut d'élégance.*

Asse Commune de Belgique (Brabant flamand). 33 505 habitants. Ruines romaines, église gothique.

asseau n. m. (latin *ascia* « hache ») techn. Marteau de couvreur dont une extrémité est plate, l'autre tranchante. - var. **assette** n. f.

assèchement n. m. Action d'assécher ; son résultat.

assécher v. tr. < 6 > (→ **sec**, **sécher**) **1.** Enlever l'eau, l'humidité de (un sol). *Assécher un marécage.* → **assainir**, **drainer**. **2.** Mettre à sec (un réservoir). *Assécher une citerne.* → **vider**. – pronom. *Les rivières se sont asséchées.*

ASSEDIC (Association pour l'emploi dans l'industrie et le commerce) Organisme paritaire (syndicats et salariés), créé en 1958, chargé d'enregistrer les demandeurs d'emploi, de recouvrer les cotisations sociales et de verser les indemnités de chômage. Les ASSEDIC étaient regroupées au sein de l'UNEDIC qui a fusionné avec l'ANPE en 2009 pour former le Pôle Emploi.

assemblage n. m. **1.** Action d'assembler (des éléments) pour former un tout. *L'assemblage des pièces d'une machine.* ■ inform. Opération logique pour former un code (→ **assembleur**). **2.** Réunion (de choses assemblées). *Un cahier est un assemblage de feuilles.* → **ensemble**, **réunion**.

assemblé n. m. danse Saut effectué en lançant une jambe en l'air et où l'on retombe sur les deux pieds réunis.

assemblée n. f. **1.** Personnes réunies en un même lieu pour un motif commun. *En présence d'une nombreuse assemblée.* → **assistance**, **auditoire**. **2.** Réunion des membres d'un corps constitué ou d'un groupe de personnes, régulièrement convoqués pour délibérer en commun d'affaires déterminées. *L'association a tenu son assemblée générale* (fam. AG). → aussi **conseil**. ■ Les membres de ce corps. *Convoquer une assemblée.*

Assemblée législative n. f. Assemblée élue en 1791 au suffrage censitaire. Elle succéda à l'Assemblée nationale constituante et fut remplacée par la Convention (1792).

Assemblée nationale n. f. Terme qui, en France, désigne par les Constitutions de 1946 et de 1958 la Chambre des députés. Élus pour 5 ans au suffrage universel direct, ses membres votent les lois. Elle siège au palais Bourbon à Paris.

Assemblée nationale constituante n. f. Nom que prirent les États généraux le 9 juillet 1789, mettant fin à l'absolutisme royal au profit d'une monarchie constitutionnelle.

assembler v. tr. < 1 > (vient du latin pop., de *ad-* et *simul* « ensemble » → **simultané**) **1.** Mettre (des choses) ensemble. *Assembler des idées.* → **réunir**. **2.** Faire tenir ensemble. *Assembler les pièces d'une charpente.* – par ext. *Assembler un meuble.* → **monter**. **3.** vieilli Réunir (des personnes). → **rassembler**. ■ **s'assembler** v. pron. Se réunir (en parlant d'un groupe). *La foule s'assemble sur la place.* → se **rassembler**. – prov. *Qui se ressemble s'assemble.*

assembleur, euse n. (anglais *assembler* « d'assemblage ») **1.** techn. Personne qui assemble des pièces. ■ n. f. Machine pour assembler les feuilles imprimées. **2.** inform. n. m. Programme destiné à traduire les instructions d'un langage informatique en langage machine propre à un ordinateur déterminé. ■ Entreprise qui assemble les éléments d'un ordinateur d'après la configuration demandée par le client.

Assen Ville des Pays-Bas, chef-lieu de la Drenthe. 68 980 habitants. Métallurgie et constructions mécaniques.

asséner v. tr. < 6 > (de *a-* et ancien français *sen* « direction », p.-ê. du latin *signum* [→ **signe** ; **assigner**] ou germanique ; d'abord « diriger un coup ») **1.** Donner (un coup violent, bien appliqué). *Il lui a asséné un coup sur la tête.* **2.** Dire avec brutalité (qqch. à qqn). - var. **assener** [asene] < 5 >. « *La propagande assenée par les journaux et les ondes* » (Colette).

assentiment n. m. (ancien français *assentir*, du latin → **sentir**) Acte par lequel on acquiesce (expressément ou tacitement) à une opinion, une proposition. → **accord**, **approbation**, **consentement**.

asseoir [aswaʀ] v. tr. < 26 > (vient du latin pop., de *ad-* et *sedere* → **seoir**) **1.** Mettre (qqn) dans la posture d'appui sur le derrière (sur un siège, etc.). *Ils l'ont assise sur une chaise.* ■ fig. Établir (une personne) dans une situation honorifique, une dignité. *Asseoir un prince sur le trône.* **2.** Fonder sur une base solide ; rendre plus assuré, plus stable. → **affermir** ; **¹assiette**. *Asseoir son autorité.* **3.** fin. *Asseoir un impôt :* établir la base de l'imposition (→ **¹assiette**). - var. RO **assoir**. ■ **s'asseoir** v. pron. Se mettre sur son séant, sur un siège, etc. *Asseyez-vous. S'asseoir à une table*, s'attabler. (ellipse de se) *Faire asseoir qqn.* – loc. fam. *Ton avis, je m'assois dessus*, je n'en fais aucun cas. - var. RO **s'assoir**.

assermentation n. f. (Luxembourg, Suisse, Canada) Action de faire prêter ou de prêter serment ; son résultat.

assermenté, ée adj. (→ **serment**) Qui a prêté serment avant d'exercer une fonction publique, une profession, ou devant un tribunal. *Témoin assermenté.*

assertion n. f. (du latin, de *ad-* et *serere* « attacher ; aligner » → **sermon**) Proposition que l'on avance et que l'on soutient comme vraie. → **affirmation**. ■ ling. Phrase affirmative ou négative, censée dire le vrai. □ adj. **assertif, ive**

assertorique adj. (de l'allemand → **assertion**) philos. (chez Kant) *Jugement assertorique*, qui énonce une vérité de fait (et non une vérité nécessaire). → aussi **apodictique**.

asservir v. tr. < 2 > (→ **serf**) **1.** Réduire à la servitude, à l'esclavage. → **assujettir**. *Asservir un peuple, un pays.* – « *Oisive jeunesse / À tout asservie* » (Rimbaud). ■ pronom. « *pouvoir servir sans s'asservir* » (Cl. Roy). **2.** Maîtriser, dompter. *Asservir les forces de la nature.* **3.** sc. Relier par un dispositif d'asservissement.

asservissant, ante adj. Qui asservit. *Un emploi asservissant.* → **aliénant**.

asservissement n. m. **1.** Action d'asservir ou état de ce qui est asservi. *Tenir un peuple dans l'asservissement.* → **oppression**, **servitude**. **2.** sc. Relation entre deux grandeurs physiques dont l'une impose ses variations à l'autre sans être influencée par elle ; dispositif fondé sur cette relation.

assesseur n. (du latin → **asseoir**) au féminin *assesseur, assesseuse, assesseure* **1.** Personne qui assiste qqn dans ses fonctions. *Elle est assesseur du bureau de vote.* – Magistrat adjoint à un juge, à un président de tribunal. **2.** sports Juge de touche qui assiste l'arbitre au cours d'un match.

assette voir **asseau**

assez adv. (vient du latin pop. *adsatis*, de *satis* « assez ; beaucoup » → **satiété**) **1.** En suffisance. → **suffisamment**. *L'appartement est assez grand pour eux. Elle ne dort pas assez.* « *En amour, assez est trop peu* » (Bussy-Rabutin). *Je l'ai assez vu.* – *En voilà assez !*, arrêtez-vous, nous n'en supporterons pas plus. **2.** *Assez de* (+ n.) : suffisamment de. *Il y a assez de place.* *Avoir assez de qqch.*, suffisamment. *Je n'ai pas assez d'argent sur moi. J'aurai assez de deux couvertures*, cela me suffira. – Être fatigué de. *J'en ai assez de ce roman*, j'en suis fatigué (→ fam. **j'en ai marre**, **ras le bol**). ■ *Assez... pour :* suffisamment pour. *Il y a assez de place pour écrire.* **3.** Moyennement. → **passablement**, **plutôt**. *Elle est assez jolie.* **4.** abusivt Énormément, extrêmement. *C'est assez passionnant.*

Assi (Adolphe Alphonse) Révolutionnaire français (1840-1886). Ouvrier mécanicien affilié à la Ire Internationale, il prit part à la Commune de Paris.

assibilation n. f. (latin *adsibilare* « siffler [en réponse à] ») phonét. Prononciation sifflante d'une lettre correspondant habituellement à une occlusive. *L'assibilation du* t *dans « action ».*

assidu, ue adj. (du latin, de *ad-* et *sedere* → **asseoir**, **seoir**) **1.** Qui est régulièrement présent là où il doit être. → **exact**, **ponctuel**, **régulier**. ■ Qui a une application constante, soutenue. *Être assidu à sa tâche.* **2.** Qui est continuellement, fréquemment auprès de qqn. **3.** (choses) Soutenu, régulier. *Un travail assidu.*

assiduité n. f. **1.** Présence régulière en un lieu où l'on s'acquitte de ses obligations. *L'assiduité d'un élève.* ■ Application constante à qqch. **2.** Présence continuelle, fréquente auprès de qqn. ■ au plur. vieilli Manifestation d'empressement auprès d'une femme.

assidûment ou **assidument** adv. D'une manière assidue.

assiégé, ée adj. Qui subit un siège. – n. *Les assiégés ne veulent pas se rendre.*

assiégeant, ante n. Personne qui assiège. → **assaillant**.

assiéger v. tr. < 3 et 6 > (→ **siège**) **1.** Mettre le siège devant. *Assiéger une ville.* → **encercler**, **investir**. **2.** Entourer ; tenir enfermé dans. → **encercler**. *Les flammes les assiégeaient de toutes parts.* → **assaillir**. ■ (personnes) Entourer ; essayer de pénétrer dans. *Une foule assiégeait les guichets.* **3.** fig., littér. Fatiguer (qqn) de ses assiduités, de ses sollicitations. – au passif *Être assiégé par des créanciers.* ■ (choses)

Assaillir, obséder. *Les souvenirs qui m'assiègent.*

[1]assiette n. f. (vient du latin, de *adsedere* → asseoir) **1.** Équilibre, tenue du cavalier assis sur sa selle. **2.** *Ne pas être **dans son assiette*** : ne pas se sentir bien (physiquement ou moralement). **3.** Base sur laquelle porte un droit. *Assiette d'un impôt* : matière assujettie à l'impôt, déterminée en quantité et qualité.

[2]assiette n. f. (de [1]*assiette* « place à table » ; « plat servi ») **1.** Pièce de vaisselle individuelle servant à contenir des aliments. *Assiette plate, creuse* (ou *à soupe*). *Assiette à dessert. Assiettes et soucoupes.* **2.** Contenu d'une assiette. → **assiettée.** ■ *Assiette **anglaise*** : assortiment de viandes froides, de charcuteries.

Assiette au beurre (L') Mensuel satirique français publié de 1901 à 1912. De tendance anticléricale, anticolonialiste et anarchisante, il comportait de savoureuses caricatures.

assiettée n. f. Ce que contient ou peut contenir une assiette.

assignable adj. didact. Qui peut être assigné (à qqn, qqch.). – *Être assignable en justice.*

assignat n. m. (de *assigner*) hist. Papier-monnaie émis en France sous la Révolution.

assignation n. f. **1.** dr. Action d'assigner à comparaître. → **citation.** ■ *Assignation à résidence* (→ **assigner**). **2.** Fait de déterminer, de fixer qqch. ■ Fait d'attribuer (un sexe, un genre, une identité).

assigner v. tr. < 1 > (du latin, de *ad-* et *signum* → **signe,** [1]**signer**) **1.** *Assigner qqch. à qqn* : attribuer (un bien) à qqn pour sa part ; destiner ou donner à qqn. *Assigner une tâche à qqn.* → [2]**affecter. 2.** dr. Affecter (une somme) à un emploi, à un paiement. *Assigner un fonds au paiement d'une dette.* **3.** Déterminer, fixer. *Assigner des limites à une activité.* ■ Donner, conférer (un caractère, une propriété). *Assigner une valeur à.* ■ Attribuer (un sexe, un genre, une identité). *Son identité diffère de celle qu'on lui a assignée* (→ **transgenre**). **4.** *Assigner qqn* : appeler (qqn) à comparaître en justice. ■ *Assigner qqn à résidence*, l'obliger à résider en un lieu déterminé.

assimilable adj. **1.** Que l'on peut assimiler (à qqch.), traiter comme semblable. → **comparable, semblable.** *Deux cas assimilables.* **2.** (choses) Susceptible d'assimilation (II). *Nourriture assimilable.* ■ fig. *Des connaissances assimilables.* **3.** (personnes) Qui peut s'assimiler, s'intégrer.

assimilateur, trice adj. Qui assimile. – n. *« Shakespeare était un puissant assimilateur »* (Hugo).

assimilation n. f. **I.** Acte de l'esprit qui considère (une chose) comme semblable (à une autre). → **identification ; comparaison. II. 1.** Processus par lequel les êtres organisés transforment en leur propre substance les matières qu'ils absorbent. *Assimilation des aliments. Assimilation chlorophyllienne.* → **photosynthèse. 2.** phonét. Modification que subit un phonème au contact d'un phonème voisin. *Dans « absolu », b se prononce* [p] *au contact du* s. **3.** Acte de l'esprit qui s'approprie les connaissances qu'il acquiert. **4.** Processus par lequel des hommes, des peuples s'assimilent. *L'assimilation progressive des immigrants.* → **absorption, intégration.**

assimilé, ée **I.** adj. **1.** Considéré comme semblable. *Les farines et les produits assimilés.* **2.** Intégré. *Aliments bien assimilés. – Une leçon mal assimilée.* ■ *Des immigrants assimilés.* **II.** n. Militaire ou membre d'un corps civil dont la situation est assimilée à celle des membres d'unités combattantes. ■ Personne qui a le statut d'une catégorie sans en avoir le titre. *Fonctionnaires et assimilés.*

assimiler v. tr. < 1 > (du latin, de *ad* et *simulare* → **simuler**) **I.** *Assimiler qqch., qqn **à*** : considérer comme semblable à. → **confondre. II. 1.** Transformer, convertir en sa propre substance. *Il assimile mal les graisses.* **2.** abstrait Faire sien, intégrer des éléments acquis à sa vie intellectuelle. *Bien assimiler ce qu'on apprend.* **3.** Rendre semblable (des personnes) au reste de la communauté. *Assimiler des immigrants.* → **intégrer.** ■ **s'assimiler** v. pron. **1.** Devenir semblable ; se considérer comme semblable. **2.** Être assimilé, devenir semblable aux citoyens d'un pays.

Assiniboine n. f. Rivière du Canada (Manitoba et Saskatchewan), affluent de la rivière Rouge. 1 070 km.

Assiniboines n. m. pl. Peuple indien d'Amérique du Nord, de langue sioux, originaire de la région du lac Supérieur.

Assiout, Assiut ou **Asyūt** Ville d'Égypte, sur le Nil. 462 000 habitants. Centre administratif et commercial.

assis, ise adj. (→ **asseoir**) **1.** Appuyé sur son séant. *Être assis sur ses talons.* → **accroupi.** *Personnes debout et assises.* ■ *Magistrature* assise.* **2.** *Place assise*, où l'on peut s'asseoir. **3.** fig. Assuré, stable. *Une coutume bien assise.*

assise n. f. (→ **asseoir**) **1.** Rangée de pierres qu'on pose horizontalement pour construire une muraille. **2.** Sur un siège, Partie où l'on s'assoit. *L'assise et le dossier d'un fauteuil.* **3.** fig. Base. *Les assises d'une doctrine.* → **fondation, fondement.**

Assise Ville d'Italie (Ombrie). 25 300 habitants. Basilique Saint-François (XIIIe s.), décorée d'œuvres de Cimabue et de Giotto. Patrie de saint François d'Assise.

assises n. f. pl. **1.** Session de la juridiction appelée COUR D'ASSISES, qui juge les crimes et certains délits ; cette cour. *Président d'assises. – Être envoyé aux assises*, jugé pour un crime. **2.** Réunion d'un parti politique, d'un syndicat. → **congrès.** *Le parti a tenu ses assises à Paris.*

assistanat n. m. **I.** Fonction d'assistant. **II.** péj. **1.** Système d'assistance aux personnes nécessiteuses. **2.** Aide financière (aux entreprises, etc.) accordée sans contrepartie.

assistance n. f. (→ **assister**) **I.** Personnes réunies pour assister à qqch. → **auditoire, public. II. 1.** Secours donné ou reçu. **2.** anciennt En France, Institution ou administration qui est chargée de l'aide sociale. *Les enfants de l'Assistance* (remplacée par la DDASS : direction départementale de l'action sanitaire et sociale). – *L'Assistance publique*, chargée de gérer les hôpitaux publics. – *Assistance technique*, aide technique apportée à un pays en voie de développement. **3.** Aide apportée par une société à ses adhérents en difficulté. *Contrat d'assistance automobile.* ■ Aide technique (par téléphone) proposée par un fabricant, un fournisseur d'accès à Internet, etc. – *Assistance électronique.* ■ *Assistance médicale à la procréation* (→ **FIV**).

assistant, ante n. **I.** le plus souvent au masc. plur. Personne qui assiste à qqch. → **auditeur, spectateur, témoin. II. 1.** Personne qui assiste qqn pour le seconder. → **adjoint,** [2]**aide, auxiliaire.** *L'assistant du metteur en scène.* ■ ***Assistant(e) social(e)***, chargé(e) de remplir un rôle social (aide matérielle, médicale et morale). – *Assistant(e) maternel(le)*, qui s'occupe d'enfants à son domicile. → **nourrice.** ■ à l'Université Enseignant(e) chargé(e) d'assurer les travaux dirigés. **2.** n. m. inform. Logiciel qui guide l'utilisateur dans l'exécution d'une tâche. *Assistant de connexion.*

assisté, ée adj. **1.** (personnes) Qui reçoit une aide. *Des populations assistées.* – n. souvent péj. *Refuser le statut d'assisté.* **2.** (choses) Pourvu d'un système pour amplifier ou répartir l'effort exercé par l'utilisateur. *Voiture à direction assistée.* **3.** Qui bénéficie des progrès d'une science, d'une technique. *Procréation médicalement assistée. Dessin assisté par ordinateur.*

assister v. < 1 > (du latin, de *ad-* et *sistere*, de *stare* → **station**) **I.** v. tr. ind. *Assister **à** qqch.*, être présent pour voir, entendre (→ **assistance, I**). *Assister à une conférence.* – Être témoin de. *On assiste à une hausse du taux de natalité.* **II.** v. tr. *Assister qqn* (→ **assistance, II**). **1.** Se tenir auprès de (qqn) pour le seconder. *Assister qqn dans son travail.* **2.** Être aux côtés de (un mourant).

asso, assoce voir **association**

Associated Press Agence de presse américaine fondée en 1846. Elle s'est spécialisée dans l'information économique et financière.

associatif, ive adj. **1.** Qui procède par association. *Mémoire associative.* **2.** math. *Opération associative*, dans laquelle le résultat de trois termes s'obtient indifféremment en groupant les deux premiers ou les deux derniers. **3.** Qui concerne les associations (3). *La vie associative.* – n. Membre d'une association.

association n. f. (de *associer*) **1.** Action d'associer qqn à qqch. → **participation. 2.** Réunion durable. *Leur association est ancienne.* → **alliance. 3.** Groupement de personnes qui s'unissent en vue d'un but déterminé. *Une association de consommateurs. Une association sportive.* - abrév. fam. **asso, assoce.** ■ dr. *Association de malfaiteurs.* **4.** Réunion (d'espèces). *Association microbienne.* **5.** Fait psychologique par lequel les représentations et les concepts sont susceptibles de s'évoquer mutuellement. *L'association des idées.* → **enchaînement ; analogie, rapport.** – par ext. *Une association d'idées.* – psych. *Association libre* : expression libre des pensées (produite à partir d'un élément ou spontanément).

associationnisme n. m. **1.** philos. Doctrine qui ramène à l'association automatique des idées et des représentations toutes les opérations de la vie mentale

Assise

Assise, basilique Saint-François (XIIIe s.), formée de deux églises superposées, au-dessus du tombeau du saint.

(Stuart Mill, Taine). **2.** écon. Doctrine qui prône l'association volontaire de petits groupes de producteurs (Owen, Fourier, Louis Blanc). □ **adj. et n. associationniste**

associativité n. f. math. Caractère d'une opération associative.

associé, ée n. Personne qui est unie à une ou plusieurs autres par une communauté d'intérêt (→ **collaborateur, partenaire**) et notamment qui a apporté de l'argent dans une entreprise.

associer v. tr. < 7 > (du latin, de *ad* et *socius* « compagnon » → social) **1.** Mettre ensemble. *Associer ses efforts.* **2.** Réunir (des personnes) par une communauté de travail, d'intérêt, de sentiment. *Associer des ouvriers en un syndicat.* **3.** *Associer qqn à qqch.*, le faire participer à (une activité commune, un bien commun). *Associer qqn à ses affaires.* → **s'adjoindre.** **4.** *Associer (une chose) à (une autre).* → **allier, unir.** *Associer le courage à la prudence :* être à la fois courageux et prudent. – *Associer un parfum au souvenir de qqn.* ■ **s'associer** v. pron. **1.** (choses) S'allier avec. *Le vin s'associe bien avec le fromage.* → **s'accorder.** **2.** *S'associer avec qqn pour une entreprise.* → **s'allier ; associé.** **3.** Participer à ; faire sien. *Je m'associe à ses revendications.* → **adhérer.** **4.** Former société. → **se grouper, se réunir.** *Plusieurs États se sont associés pour conquérir l'espace.*

assoiffer v. tr. < 1 > (→ soif) Donner soif à (qqn). ■ **assoiffé, ée** p. p. **1.** Qui a soif. *Des enfants assoiffés.* – n. *« Elle but de nouveau comme une assoiffée »* (M. Duras). ■ littér. *Assoiffé de sang.* → **altéré.** **2.** fig. *Être assoiffé d'argent, de pouvoir.* → **affamé, avide.**

assolement n. m. (du v. *assoler*, de *sole*) agric. Procédé de culture par succession et alternance sur un même terrain pour conserver la fertilité du sol.

Assollant (Jean Bernache, dit Jean) Aviateur français (1905-1942). Il fut l'un des pionniers de la traversée de l'Atlantique, en 1929.

assombrir v. tr. < 2 > (→ sombre) **1.** Rendre sombre. *Arbre qui assombrit une pièce.* **2.** fig. Rendre triste, soucieux. *Cette nouvelle a assombri les assistants.* **3.** Rendre menaçant. *Cette perspective assombrit l'avenir.* → **peser** sur. ■ **s'assombrir** v. pron. **1.** Devenir sombre. *Le ciel s'assombrit.* **2.** Devenir triste, soucieux. *Son visage s'assombrit.* → **se rembrunir.** **3.** Devenir menaçant. *L'avenir s'assombrit.* ■ **assombri, ie** p. p. **1.** Rendu sombre. *Un ciel assombri.* **2.** Attristé, devenu soucieux. *Un regard assombri.* □ **n. m. assombrissement**

assommant, ante adj. fam. Qui ennuie. *« Andrée m'exaspère ; elle est assommante »* (Proust). → **ennuyeux.**

assommer v. tr. < 1 > (probablt de *somme* « sommeil » et *somme* « charge » *[bête de somme]*) **1.** Tuer à l'aide d'un coup violent sur la tête ; frapper sur (qqn) de manière à étourdir. **2.** Abrutir, accabler physiquement. *Être assommé par la chaleur.* **3.** Accabler sous le poids de l'ennui. → **ennuyer, fatiguer, raser ; assommant.** *Il m'assomme avec ses histoires.*

assommoir n. m. vieux Cabaret populaire (où les buveurs sont assommés par l'alcool). *« L'Assommoir »*, de Zola.

assomption n. f. (du latin, de *adsumere* → assumer ; Dieu accepte, « assume » la Vierge) **1.** (avec maj.) Fête religieuse catholique, célébrant l'enlèvement au ciel de la Vierge Marie (15 août). **2.** didact. Fait d'assumer.

assonance n. f. (de l'espagnol → assonant) Répétition de la voyelle accentuée à la fin de chaque vers (ex. *belle* et *rêve*). *Rimes et assonances.* □ **assonancé, ée** adj. *Vers assonancés.*

assonant, ante adj. (du latin, de *ad-* et *sonare* → sonner) didact. Qui fait assonance.

assorti, ie adj. **1.** Qui est en harmonie avec autre chose. *Pochette et cravate assorties.* ■ (personnes) *Ils sont bien assortis.* **2.** vieilli *Magasin bien assorti*, bien approvisionné. **3.** au plur. (aliments) Variés. *Fromages assortis.*

assortiment n. m. **1.** Manière dont sont assemblées des choses qui produisent un effet d'ensemble. *Un assortiment de couleurs.* **2.** Assemblage complet de choses qui vont ensemble. *Assortiment de linge de table.* → **service.** **3.** Collection de marchandises de même sorte. *Un assortiment de boutons.* – Plat composé d'aliments variés de même sorte. *Un assortiment de charcuterie.*

assortir v. tr. < 2 > (de *sorte*) **1.** Mettre ensemble (des choses qui se conviennent). → **harmoniser.** *Assortir une cravate à un costume, une cravate et une pochette.* **2.** *Assortir un contrat d'une clause spéciale*, la lui ajouter. ■ **s'assortir** v. pron. **1.** Être en harmonie. ■ Être orné, enrichi. *Le texte s'assortit de belles enluminures.* **2.** Être complété par (qqch.).

Assouan ou **Assuān** Ville de Haute-Égypte, sur le Nil, à proximité de la 1re cataracte. 321 760 habitants. Grand barrage (Sadd el-Ali), construit en 1970, créant le lac Nasser. Tourisme. Industrie (sidérurgie, chimie, aluminium).

Assouci ou **Assoucy** (Charles Coypeau d') Musicien et poète français (1605-1677). Ses poèmes burlesques (*Le Jugement de Pâris ; L'Ovide en belle humeur*) font de lui un précurseur de l'opéra-comique.

assoupi, ie adj. **1.** À demi endormi. → **somnolent.** *Il semble assoupi.* **2.** fig. (choses) Affaibli, diminué. *Une haine assoupie.*

assoupir v. tr. < 2 > (de *ad-* et latin *sopire* « endormir » → assouvir) **1.** Porter à un demi-sommeil. → **endormir.** *La chaleur l'assoupissait.* **2.** fig. (compl. chose abstraite) Affaiblir ou suspendre momentanément. → **engourdir.** *Assoupir un remords.* ■ **s'assoupir** v. pron. réfl. **1.** S'endormir à demi. → **somnoler.** *Elle s'est assoupie quelques instants.* **2.** fig. *Sa douleur s'est assoupie.* → **se calmer.**

assoupissant, ante adj. littér. Qui assoupit. *Une chaleur assoupissante.* ■ fig. *Une conversation assoupissante.* → **soporifique.**

assoupissement n. m. Le fait d'assoupir, de s'assoupir. – spécialt État voisin du sommeil. → **somnolence.**

assouplir v. tr. < 2 > **1.** Rendre souple, plus souple. *Assouplir du cuir.* **2.** Rendre plus malléable, maniable. → **adoucir.** ■ *Assouplir des règles trop strictes.* ■ **s'assouplir** v. pron. *Le cuir s'assouplit. Son caractère s'est assoupli.*

assouplissant n. m. Produit ajouté à l'eau de rinçage pour assouplir le linge. - syn. **assouplisseur.**

assouplissement n. m. **1.** Action d'assouplir. *Exercices d'assouplissement.* → **gymnastique.** **2.** *L'assouplissement d'un système trop rigide.*

assourdir v. tr. < 2 > (→ sourd) **1.** Causer une surdité passagère ; rendre comme sourd. → **assourdissant ;** → casser les oreilles. **2.** fig. Fatiguer par trop de bruit, de paroles. **3.** Rendre moins sonore. → **amortir.** *Un tapis assourdit les pas.* – au p. p. *Des sons assourdis.* → **sourdine.**

assourdissant, ante adj. Qui assourdit.

assourdissement n. m. Action d'assourdir, de s'assourdir. ■ État d'une personne assourdie.

assouvir v. tr. < 2 > (du latin pop., probablt de *sopire* « endormir » → assoupir, de *sopor* → soporifique) **1.** littér. Calmer complètement (un violent appétit). → **apaiser, satisfaire.** *Assouvir sa faim.* → **rassasier.** **2.** fig. Satisfaire pleinement (un désir, une passion). *Assouvir sa curiosité.* – au p. p. *Passions assouvies* (s'oppose à *inassouvi*). – pronom. (réfl.). littér. *Sa haine s'est assouvie.* □ **n. m. assouvissement**

Assuérus Nom biblique du roi Xerxès Ier de Perse.

assuétude n. f. (latin *assuetudo* « habitude ») didact. Accoutumance de l'organisme aux modifications du milieu. *Assuétude climatologique.* ■ méd. État de très grande dépendance à l'égard d'une substance toxique. *L'assuétude aux drogues.* → anglic. **addiction ; toxicomanie.**

Assurbanipal

Le roi Assurbanipal sur son char, bas-relief, British Museum, Londres.

assujetti, ie adj. et n. **1.** Asservi, soumis (opposé à *libre*). **2.** n. admin. Personne soumise à un impôt, à une taxe (→ **contribuable, imposable, redevable**), qui est affiliée à la Sécurité sociale ou à un organisme similaire. **3.** Fixé, maintenu. *Un joug bien assujetti.*

assujettir v. tr. < 2 > (de *sujet*) **1.** vieux Maintenir (qqn) sous sa domination. → **asservir, soumettre.** *Les peuples que les Romains avaient assujettis.* ■ littér. Restreindre la liberté de (qqn). **2.** *Assujettir à :* soumettre à. *Assujettir qqn à des règles.* – au passif. *Être assujetti à l'impôt.* ■ pronom. *S'assujettir à une règle.* **3.** Rendre (qqch.) fixe, immobile, stable. → **attacher, fixer, maintenir.** *Assujettir un cordage.*

assujettissant, ante adj. (travail) Qui exige beaucoup d'assiduité. → **astreignant.**

assujettissement n. m. Action d'assujettir ; son résultat. *L'assujettissement d'une personne à l'impôt.*

assumer v. tr. < 1 > (du latin, de *sumere* « entreprendre » → assomption) **1.** Prendre à son compte ; se charger de. *Assumer une responsabilité.* **2.** Accepter consciemment (une situation, un état psychique). *Assumer une situation difficile* (→ **assomption**). – absolt *Il refuse d'assumer.* ■ **s'assumer** v. pron. Se prendre en charge. *Elle s'assume pleinement.*

Assur Ancienne ville d'Assyrie, sur le Tigre. Occupée dès le IIIe millénaire, elle fut la capitale de l'Assyrie du XIVe au IXe s. av. J.-C.

assurable adj. Qui peut être couvert par un contrat d'assurance.

assurage n. m. (de *assurer*) alpin. Ensemble des techniques qui permettent d'éviter les chutes.

assurance n. f. (→ assurer) **1.** Confiance en soi-même. → **aisance, aplomb, audace.** *Parler avec assurance.* **2.** Promesse ou garantie qui assure qqn de qqch. *Il m'a donné des assurances sur ce point. Veuillez agréer l'assurance de ma considération distinguée* (formule épistolaire). **3.** Contrat par lequel un assureur garantit à l'assuré, moyennant une cotisation, le paiement d'une somme convenue en cas de réalisation d'un risque déterminé. *Souscrire une assurance. Une compagnie d'assurances. Police d'assurances. Assurance contre l'incendie. Assurance maladie. Assurance (sur la) vie.* ■ par ext., fam. Organisme qui assure les personnes et les biens. ■ ancienn*t* *Assurances sociales.* → **Sécurité** sociale.

▶ **L'assurance** (3) est un service qui consiste à transformer des risques individuels en risques collectifs à travers la garantie du paiement d'une indemnité ou d'une prestation (en cas de réalisation du risque) à ceux qui, au préalable, ont souscrit un contrat (auprès d'une société d'assurance) ou ont versé une cotisation sociale volontaire (auprès d'une mutuelle).
Sur ce principe il est possible de souscrire une assurance pour tout évènement relatif à la propriété d'un bien meuble (automobile...) ou immeuble (habitation...), à la vie, à la santé... Le contrat établit les conditions dans lesquelles le service sera rendu (prime versée, nature de la pres-

tation, conditions de la prestation...). Les types de contrats les plus répandus sont les contrats d'assurance dommage et d'assurance vie.
Par extension l'assurance désigne le secteur économique qui regroupe les activités de conception, de commercialisation et de gestion de ce type de service. Par nature cette activité doit être concentrée : la compagnie d'assurances mutualise les risques entre de très nombreux assurés, elle doit être capable d'assumer la survenance de risques majeurs (tempêtes, inondations...). Les sociétés d'assurance se réassurent elles-mêmes auprès d'autres compagnies.
voir aussi **sécurité**

Assurbanipal Roi d'Assyrie (669-631 av. J.-C.). Il lutta contre l'Égypte et vainquit l'Élam (–640).

assuré, ée I. adj. 1. Certain. → **évident, sûr.** *Le succès est assuré. Tenir pour assuré que...* 2. Qui manifeste de la confiance en soi. *Un air assuré.* 3. Ferme, stable. *Une démarche assurée.* II. n. Personne garantie par un contrat d'assurance. *Les assurés sociaux* : les assurés affiliés à la Sécurité sociale.

assurément adv. vieilli D'une manière certaine. → **certainement, sûrement.**

assurer v. tr. < 1 > (vient du bas latin, de *ad-* et *securus* → **sûr**) I. 1. *Assurer à qqn que*, lui affirmer, lui garantir que. → **certifier.** *Elle m'a assuré qu'il m'écrirait.* – sans compl. dir. *C'est vrai, je vous assure.* 2. *Assurer qqn de qqch.*, le prier de n'en pas douter. *Assurer qqn de sa bonne foi.* II. 1. vieilli Rendre sûr, solide, stable. 2. Rendre sûr, certain, durable ; mettre à l'abri des accidents, des risques. → **garantir.** *Ce traité doit assurer la sécurité du pays.* – *Assurer qqch. à qqn. L'État assure une retraite aux travailleurs* (→ **assurance**). 3. Faire qu'une chose fonctionne, ne s'arrête pas. *Une navette assure le transport des passagers.* 4. Garantir par un contrat d'assurance. *La Compagnie qui assure l'immeuble contre l'incendie. Assurer qqn*, garantir ses biens, sa vie, etc. ■ Faire garantir par un assureur. *Elle a assuré ses bijoux.* 5. alpin. Dans une cordée, garantir la sécurité de qqn, l'empêcher de tomber. 6. fam. absolt Être à la hauteur. *Ils ont un chef qui assure.* ■ **s'assurer** v. pron. réfl. 1. *S'assurer de, que, si* : devenir sûr (de, que). → **vérifier, voir.** *Assurez-vous que la porte est bien fermée.* 2. *S'assurer contre* : contracter une assurance contre. *Ils se sont assurés contre le vol.* 3. *S'assurer qqch.* : faire en sorte d'en avoir et d'en garder l'usage. *S'assurer la protection de qqn.*

assureur, euse n. Personne, compagnie qui assure par contrat d'assurance.

Assyrie Ancien empire mésopotamien, qui conquit son indépendance au –XXe s. et s'effondra sous les assauts des Mèdes au –VIIe s. Soumise au –XVIIe s. à Babylone puis au Mitanni, l'Assyrie dut faire face aux invasions barbares à partir de –1200 environ. Le règne de Teglath-Phalasar III (746-727 av. J.-C.) marqua le début de l'apogée de l'Empire qui, à la fin du –VIIIe s., s'étendait du golfe Arabo-Persique à la Méditerranée sur plus de 70 provinces.

assyrien, ienne adj. et n. De l'Assyrie. – n. *Les Assyriens.* ■ n. m. *L'assyrien* : langue morte appartenant au groupe sémitique du Nord.

assyriologie n. f. (→ **-logie**) didact. Étude de l'antiquité assyrienne et babylonienne.

astaciculture n. f. (grec *astakos* « homard » et *culture*) Élevage des écrevisses.

Astafiev (Viktor Pavlovitch) Écrivain russe (1924-2000). Ses nouvelles autobiographiques et ses romans ont pour cadre la Sibérie orientale. *Le Dernier Salut.*

Astaire (Frederick Austerlitz, dit Fred) Acteur, danseur et chorégraphe américain (1899-1987). Virtuose des claquettes, il dansa avec Rita Hayworth, Judy Garland et Cyd Charisse *(Tous en scène)*. Il forma avec Ginger Rogers un duo légendaire.

Astana anciennement **Aqmola** Capitale du Kazakhstan, sur l'Ichim. 1,3 million d'habitants. Nœud ferroviaire. Centre industriel (mécanique, agroalimentaire). La ville s'est brièvement appelée Noursoultan (2019-2022).

astasie n. f. (grec *astasia* « instabilité ») méd. Incapacité de se tenir debout.

astate n. m. (grec *astatos* « instable ») chim. Élément chimique artificiel, instable et radioactif (symb. At).

astatique adj. (du grec [→ **statique**], par l'anglais) 1. phys. Qui est en équilibre dans toutes les positions. 2. méd. Qui se rapporte à l'astasie ; atteint d'astasie.

aster [astɛʀ] n. m. (du latin, du grec *astêr* « étoile » → **astre**) 1. bot. Plante (composée) à petites fleurs en forme d'étoile. 2. biol. Figure formée de lignes rayonnantes qui apparaît pendant la mitose.

astéréognosie n. f. (de ²*a-*, grec *stereos* [→ **stéréo-**] et *gnôsis* « connaissance » [→ **gnose**]) méd. Incapacité de reconnaître les objets par le toucher.

astérie n. f. (→ **aster**) zool. Étoile* de mer.

astérisque n. m. (du latin médiéval → **aster**) Signe typographique en forme d'étoile (*) qui indique un renvoi, une note explicative, etc.

Astérix Personnage de bande dessinée, créé en 1959 par Goscinny et Uderzo. Dans la Gaule de Jules César, Astérix, guerrier petit et malin, illustre à travers ses aventures avec Obélix son compagnon, la résistance à l'occupant.

astéroïde n. m. (de l'anglais, du grec → **aster** et **-oïde**) astron. Petit corps solide du système solaire, de quelques centaines de kilomètres de diamètre au maximum.

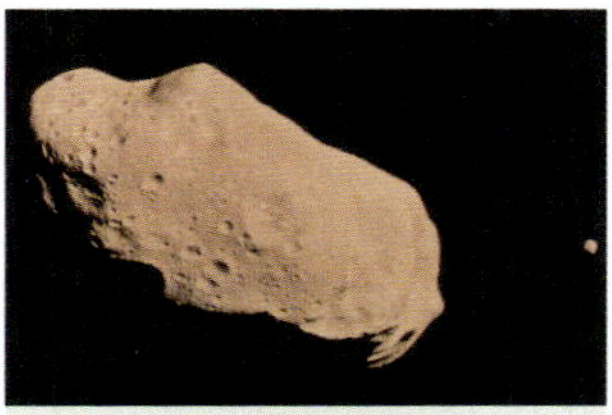

L'astéroïde Ida, d'une longueur de 56 km, et son satellite Dactyl.

asthénie n. f. (du grec, de *a-* et *sthenos* « force ») méd. Fatigue générale, état de dépression, de faiblesse. → **neurasthénie.** □ adj. et n. **asthénique**

asthénosphère n. f. (du grec → **asthénie** et de **sphère**) géol. Couche géologique peu résistante sur laquelle se déplace la lithosphère. □ adj. **asthénosphérique**

asthmatique [asmatik] adj. Qui se rapporte à l'asthme. *Toux asthmatique.* ■ Qui a de l'asthme. – n. *Un asthmatique.*

asthme [asm] n. m. (du latin, mot grec) méd. Affection des bronches qui se manifeste par une gêne respiratoire et une suffocation intermittente. *Crise d'asthme.*

asti n. m. (du n. de la ville) Vin blanc mousseux d'Italie. *Des astis.*

Asti Ville d'Italie (Piémont). 71 280 habitants. Vins pétillants *(Asti spumante)*.

Astana

Astana, le nouveau quartier et, au fond, la tour Bayterek surmontée d'une sphère représentant le soleil.

asticot n. m. (p.-ê. de *asticoter*) 1. Larve de la mouche à viande utilisée comme appât pour la pêche. → **ver** blanc. 2. fam. Bonhomme, type.

asticoter v. tr. < 1 > (p.-ê. famille de *astiquer* « piquer ») fam. Agacer, harceler (qqn) pour de petites choses.

Astier de La Vigerie (Emmanuel d') Homme politique et écrivain français (1900-1969). Il fonda en 1941 le mouvement de résistance Libération-Sud et le journal *Libération.*

astigmate adj. et n. (Personne) qui souffre d'astigmatisme.

astigmatisme n. m. (grec *stigma* « point » [→ **stigmate**], par l'anglais) 1. méd. Trouble de la vision dû à un défaut de la courbure des milieux réfringents de l'œil. 2. opt. Défaut d'un instrument d'optique qui ne donne pas une image ponctuelle d'un point.

astiquer v. tr. < 1 > (de *astic*, mot du Nord [Picardie, Liège] d'origine germanique ; famille de *étiquette*) Faire briller en frottant. → **briquer, frotter, polir.** – au p. p. *Un parquet bien astiqué.* □ n. m. **astiquage**

Aston (Francis William) Physicien britannique (1877-1945). Il travailla sur la masse des atomes et découvrit les isotopes de nombreux éléments non radioactifs. Prix Nobel de chimie 1922.

Astorga Ville d'Espagne (Castille-et-León), à l'O. de León. 10 700 habitants. Hôtel de ville Renaissance, cathédrale gothique.

astragale n. m. (du grec) 1. anat. Os du pied, de la rangée postérieure du tarse. 2. archit. Ornement à formes arrondies. 3. bot. Plante dicotylédone dont une espèce produit la gomme adragante.

astrakan n. m. (de *Astrakhan*) Fourrure d'agneau à poils bouclés. *Bonnet d'astrakan.*

Astrakhan Ville portuaire de Russie, dans le delta de la Volga, près de la mer Caspienne. 520 400 habitants.

astral, ale, aux adj. astrol. Des astres. *Thème astral.* → **horoscope.**

astre n. m. (latin *astrum*, du grec *astron*, var. de *astêr* → **aster**) 1. Corps céleste naturel visible. → **étoile, planète ; astéroïde, comète, satellite.** – poét. *L'astre du jour*, le soleil. – loc. *Il est beau comme un astre*, resplendissant, superbe (souvent iron.). 2. Corps céleste considéré par rapport à son influence sur les êtres humains (→ **étoile ; astrologie**).

Astrée Fille de Zeus et de Thémis, dans la mythologie grecque. Elle se retire du monde des mortels, à la fin de l'âge d'or, pour se fixer dans les cieux.

astreignant, ante adj. Qui constitue une contrainte.

astreindre v. tr. < 52 > (vient du latin *astringere*, de *stringere* « serrer » → **étreindre**) Obliger strictement (qqn à qqch.). → **contraindre, forcer, obliger.** *Astreindre qqn à un régime.* – pronom. (réfl.). *S'astreindre à se lever tôt.*

astreinte n. f. 1. Obligation rigoureuse, contrainte. 2. dr. Obligation de payer une certaine somme pour chaque jour de retard dans l'exécution d'un contrat. 3. Obligation pour certains employés de se tenir prêts à intervenir en dehors du temps de travail habituel. *Être d'astreinte.*

Astrid Reine des Belges (1905-1935). Épouse du roi Léopold III, elle était la mère de Baudouin Ier.

astringent, ente adj. (du latin → **astreindre**) 1. méd. Qui resserre les tissus vivants. *Lotion astringente.* – n. m. *Un astringent.* 2. De goût ou d'odeur âpre. *Une saveur astringente.* □ n. f. **astringence**

astro- Élément (du grec *astron* → **astre**) qui signifie « astre ».

astroblème n. m. (de *astro-* et grec *blêma* « jet, coup », de *ballein* « jeter ») géol. Reste d'un cratère dû à l'impact d'une météorite.

A

astrolabe n. m. (du grec, de *lambanein* « saisir » → syllabe) **1.** ancienn^t Instrument de navigation dont on se servait pour mesurer la hauteur des astres au-dessus de l'horizon. **2.** Instrument servant à déterminer les latitudes et les heures sidérales.

Astrolabe perse en cuivre (IXe s.), Bibliothèque nationale de France, Paris.

astrologie n. f. Art de déterminer le caractère et de prévoir la destinée humaine par l'étude de l'influence supposée des astres. → **horoscope.** □ adj. **astrologique**

L'**astrologie** repose sur la croyance en des correspondances entre les corps célestes et les phénomènes terrestres. Étroitement liée, à l'origine, à la religion, à l'astronomie et à la mesure du temps, l'astrologie occidentale a pour berceau la Mésopotamie (IIe millénaire av. J.-C.). Préoccupés par des questions touchant la communauté (récolte, pluie, guerre), les astrologues ne se seraient intéressés que dans un second temps aux destinées individuelles : le plus vieil horoscope personnel retrouvé date de 410 av. J.-C. Depuis Babylone, l'astrologie se répand en Perse, en Inde, en Chine, en Égypte et en Grèce après les conquêtes d'Alexandre. Dans la *Tétrabible,* Ptolémée fait la synthèse des connaissances astrologiques des Grecs. L'astrologie connaît un grand succès à Rome, au Ier s. apr. J.-C. notamment. En revanche, les Pères de l'Église la rejettent car elle contredit la toute-puissance divine et le libre arbitre.
L'astrologie est réintroduite en Occident par les Arabes au XIIe s. Enseignée dans les universités médiévales, utilisée en médecine, elle s'impose aux XVe et XVIe s., avec en particulier l'impression des almanachs. Dans les cours d'Europe, les puissants, y compris certains papes, consultent leurs astrologues, à l'image de Catherine de Médicis qui se fait conseiller par Ruggieri ou Nostradamus. La révolution de Copernic, l'essor des sciences au XVIIe s., puis le triomphe de la raison au XVIIIe s. jettent sur elle le discrédit. Réinvestie par la psychologie et certains courants psychanalytiques après 1920, l'astrologie retrouve une grande popularité dans les années 1970.
voir aussi **ésotérisme, magie**

astrologue n. Spécialiste de l'astrologie.

astrométrie n. f. (de *astro-* + *-métrie*) didact. Branche de l'astronomie qui détermine la position des astres sur la sphère céleste par des mesures d'angles. □ adj. **astrométrique**

astronaute n. (→ nautique) Personne qui se déplace dans un véhicule spatial, hors de l'atmosphère terrestre. → **cosmonaute, spationaute, taïkonaute.**

astronautique n. f. Science qui a pour objet l'étude de la navigation spatiale ; cette navigation.

astronef n. m. (→ nef) Vaisseau spatial.

astronome n. Spécialiste d'astronomie. *Les astronomes d'un observatoire.*

astronomie n. f. Science des astres, des corps célestes (y compris la Terre) et de la structure de l'univers. *Astronomie physique.* → **astrophysique.**

astronomique adj. **1.** De l'astronomie. *Lunette astronomique.* **2.** fig. *Chiffres, prix astronomiques,* très élevés, très grands. □ adv. **astronomiquement**

astroparticule n. f. astron., phys. **1.** Branche de l'astrophysique qui étudie les particules présentes dans l'espace. **2.** Particule de haute énergie constituant le rayonnement cosmique.

astrophotographie n. f. Ensemble des techniques photographiques utilisées en astronomie.

astrophysicien, ienne n. Spécialiste de l'astrophysique.

astrophysique n. f. Partie de l'astronomie qui étudie les astres, les milieux spatiaux du point de vue physique. – *Astrophysique des particules.* → **astroparticule.** – adj. *Études astrophysiques.*

Astruc (Alexandre) Cinéaste français (1923-2016). Précurseur de la nouvelle vague, théoricien, il voit dans le cinéma un art proche de la littérature, d'où la « caméra-stylo ». *Le Rideau cramoisi ; Une vie.*

astuce n. f. (latin, du grec *astu* « ville ») **1.** vieilli Ruse. **2.** Petite invention qui suppose de l'ingéniosité. *Les astuces du métier.* **3.** Qualité d'une personne habile et inventive. *Elle a beaucoup d'astuce.* **4.** Plaisanterie. *Faire des astuces.*

astucieusement adv. Avec astuce.

astucieux, ieuse adj. Qui a ou dénote une habileté fine. → **adroit, malin.** *Réponse astucieuse. Un système astucieux.* → **ingénieux.**

Asturias (Miguel Ángel) Romancier et poète guatémaltèque (1899-1974). Indien par sa mère, il fit revivre les légendes mayas *(Hommes de maïs).* Il a dénoncé l'injustice, la misère et la dictature *(Monsieur le Président).* Prix Nobel 1967.

Asturies n. f. pl. Région historique et communauté autonome du N.-O. de l'Espagne. 10 565 km². 1 million d'habitants. Capitale : Oviedo. Industrie sidérurgique, verrerie, céramique. Les Asturies servirent de refuge aux Wisigoths après la conquête musulmane (711). Un royaume y fut fondé et fut le point de départ de la Reconquista. Depuis 1388, le titre de prince des Asturies est réservé aux héritiers du trône d'Espagne.

Astyage Dernier roi des Mèdes (584-550 av. J.-C.). Il fut vaincu et déposé par son petit-fils et vassal Cyrus II le Grand.

Astyanax Fils d'Hector et d'Andromaque, dans la mythologie grecque. D'après *L'Iliade,* il est jeté du haut des remparts de Troie par Ulysse.

Asuka Localité (près d'Ōsaka, sur l'île de Honshū) qui accueillit aux Ve-VIe s. la résidence des empereurs du Japon.

Asunción Capitale du Paraguay, au confluent du Paraguay et du Pilcomayo. 1 million d'habitants. Port fluvial. Industries (textile, alimentaire).

Asura n. m. pl. Divinités védiques devenues démoniaques, représentées avec des crocs menaçants et des yeux globuleux.

Aśvin n. m. pl. Dieux jumeaux, dans la mythologie hindoue, personnifiant les étoiles du matin et du soir.

asymétrie [asimetʀi] n. f. Absence de symétrie.

asymétrique [asimetʀik] adj. Qui n'est pas symétrique. *Barres* asymétriques.*

asymptomatique adj. méd. Qui ne présente aucun symptôme clinique. *Une maladie asymptomatique.*

asymptote [asɛ̃ptɔt] n. f. (grec « qui ne tombe pas ») Droite dont une courbe s'approche de plus en plus, sans jamais l'atteindre. *L'asymptote à une ellipse.* ■ fig., littér. Ce qui tend à, vers (qqch.) sans l'atteindre. □ adj. **asymptotique**

asynchrone adj. didact. Qui n'est pas synchrone. – *Moteur asynchrone,* dont la vitesse dépend de la charge (et non de la fréquence du courant).

asyndète n. f. (du grec → syn-) didact. Absence de liaison entre deux termes ou groupes de termes en rapport étroit (ex. bon pied bon œil).

asynergie n. f. (→ synergie) méd. Trouble de la coordination des mouvements élémentaires, d'origine cérébrale.

asystolie n. f. (→ systole) méd. Ensemble des troubles causés par l'insuffisance cardiovasculaire.

atabeg n. m. (mot turc) hist. Titre porté par certains émirs turcs. - var. **atabek.**

ataca voir **atoca**

Atacama (désert d') Région désertique du Chili, entre la cordillère côtière et les Andes.

Atahualpa Dernier empereur inca (v. 1500-1533). Il fut mis à mort par le conquistador Pizarro.

Atakora (massif de l') Chaîne montagneuse traversant le Bénin, le Togo et le Burkina Faso.

Atalante Héroïne, dans la mythologie grecque, qui excellait à la course et promettait d'épouser celui qui la vaincrait.

Atanasoff (John Vincent) Physicien américain (1903-1995). Il conçut une machine à calculer électronique et en construisit le prototype en 1939 avec Clifford Berry.

ataraxie n. f. (grec « absence de trouble ») philos. Tranquillité de l'âme, notamment chez les épicuriens et les stoïciens.

Atacama (désert d')

Le désert d'Atacama abrite le plus haut télescope du monde.

Athènes

La ville d'Athènes, dominée par la colline du Lycabette.

Atatürk voir **Mustafa Kemal**

atavique adj. De l'atavisme. → **héréditaire.**

atavisme n. m. (du latin *atavi* « ancêtres ») **1.** Hérédité des caractères physiques ou psychologiques. **2.** sc. Réapparition d'un caractère primitif après un nombre indéterminé de générations.

ataxie n. f. (grec « désordre ») méd. Trouble de la coordination des mouvements, d'origine neurologique. □ **adj. et n. ataxique**

Atbarah n. m. Rivière de l'Éthiopie et du Soudan, affluent du Nil. 1 100 km.

Atchinsk Ville de Russie, en Sibérie méridionale. 109 100 habitants. Carrefour ferroviaire. Cimenterie. Lignite. Alumine.

atchoum [atʃum] interj. Bruit produit par un éternuement. – n. m. *Des atchoums sonores.*

-ate Élément qui signifie « sel » ou « ester ».

atèle n. m. (grec *atelês* « incomplet », à cause des mains sans pouces de cette espèce) zool. Singe de l'Amérique du Sud, appelé aussi *singe-araignée* à cause de la longueur de ses membres.

atelier n. m. (de *atele* « petit morceau de bois » → **attelle**) **1.** Lieu où des artisans, des ouvriers travaillent en commun. **2.** Section d'une usine où des ouvriers travaillent à un même ouvrage ; ces ouvriers. *Atelier de réparations. Chef d'atelier.* **3.** Lieu où travaille un artiste (peintre, sculpteur). ▪ Ensemble d'artistes travaillant sous la direction d'un maître. *Tableau de l'atelier de Rembrandt.* **4.** Groupe de travail. *Un atelier (de) théâtre.* **5.** Compagnie de francs-maçons ; local où ils se réunissent.

Ateliers nationaux Chantiers créés par le Gouvernement provisoire après la révolution de février 1848 afin de réduire le chômage à Paris et dans plusieurs grandes villes de province. Leur fermeture provoqua l'insurrection de juin 1848.

atellane n. f. (du latin, de *Atella*, ville de l'Italie ancienne) Antiq. romaine Petite pièce de théâtre de caractère bouffon.

atémi n. m. (du japonais) Coup porté avec une partie du corps sur un point sensible, dans les arts martiaux japonais. *Des atémis.* - var. **atemi** (invar.).

a tempera voir **a tempera**

atemporel, elle adj. didact. Qui n'est pas concerné par le temps. □ **n. f. atemporalité**

Atérien Période du paléolithique moyen, qui doit son nom au site de Bir-el-Ater en Algérie.

atermoiement n. m. **1.** dr. Délai accordé à un débiteur pour l'exécution de ses engagements. **2.** Action de différer, de remettre à un autre temps. → **ajournement, tergiversation.**

atermoyer v. intr. < 8 > (de l'ancien français *termoier* « ajourner », de *terme*) littér. Différer de délai en délai, chercher à gagner du temps. *Inutile d'atermoyer, il faut agir.* → **attendre, tergiverser.**

Atget (Eugène) Photographe français (1857-1927). Précurseur du document moderne, il photographia Paris et ses monuments, mais aussi ses rues, ses boutiques et ses petits métiers.

Ath Ville de Belgique (Hainaut), sur la Dendre. 29 494 habitants.

Athabasca n. m. Rivière du Canada (1 538 km), qui prend sa source dans les Rocheuses et se jette dans le *lac Athabasca* (7 935 km²).

Athalaric (v. 516-534). Roi des Ostrogoths d'Italie (526-534). Il succéda à son grand-père Théodoric le Grand.

Athalie Reine de Juda (841-834 av. J.-C.). Fille d'Achab et de Jézabel, elle fit périr toute la descendance de la famille royale pour prendre le pouvoir. Son petit-fils Joas, réchappé du massacre, fut proclamé roi et la fit mettre à mort. Son histoire a inspiré une tragédie à Racine.

athanor n. m. (de l'arabe « le fourneau », de l'araméen) alchim. Grand alambic à combustion lente.

Athaulf Roi des Wisigoths (410-415). Il s'empara de la Provence et de l'Aquitaine, et envahit l'Espagne.

athée n. (du grec, de *a-* et *theos* « dieu » → **théo-**) Personne qui ne croit pas en Dieu. → **incroyant, non-croyant.** – adj. *« Je crois en Dieu, je suis de la religion de mon père : n'est pas athée qui veut »* (paroles de Napoléon mourant).

athéisme n. m. Attitude ou doctrine de l'athée.

▶ Le terme **athéisme** n'a pas toujours eu le sens strict de négation de l'existence de Dieu. Longtemps furent accusés d'athéisme ceux qui croyaient en d'autres divinités que celles de la religion établie ou avaient une conception hétérodoxe de Dieu (Socrate, Spinoza, Fichte). Dans l'Antiquité déjà, certains penseurs comme Xénophane, Évhémère, Lucrèce portent un regard critique sur la superstition religieuse, les mythes et les rites ; si Épicure ne remet pas en question l'existence des dieux, il explique qu'il ne faut pas les craindre car ce sont des êtres immortels donc parfaitement heureux qui ne se mêlent pas des affaires humaines.
Le terme « athéisme » apparaît en français au milieu du XVIe s., à l'époque où les idées de penseurs niant l'existence de Dieu commencent à se diffuser. Au XVIIe s., dans le sillage des libertins, Pierre Bayle montre que l'athéisme ne corrompt pas forcément les mœurs. Au XVIIIe s., le curé Meslier donne des « démonstrations claires et évidentes de la vanité et de la fausseté de toutes les divinités et de toutes les religions du monde ». La Mettrie et le baron d'Holbach sont d'autres figures du matérialisme athée du Siècle des lumières.
Au XIXe s., Feuerbach, Marx et Nietzsche critiquent les fondements de la religion : selon le premier, l'idée de Dieu ne serait que la projection des désirs de perfection de l'homme ; le deuxième qualifie la religion d'« opium du peuple », inventée pour lui faire supporter son exploitation ; le troisième dénonce la haine du corps et de la vie présente dans un christianisme qui valorise une morale du ressentiment. Le courant athée de l'existentialisme (Sartre, Camus) appuie son argumentation sur l'opposition entre liberté humaine et existence d'un Dieu tout-puissant et sur la question du mal.
voir aussi **dieu**

athématique adj. (→ **thématique**) ling. Qui n'appartient pas à un thème de pensée.

Athéna Déesse grecque de la Raison, des Arts et des Sciences. Fille de Zeus, elle sort armée du crâne de celui-ci. Déesse guerrière, elle fut identifiée à Minerve par les Romains.

« Athéna pensive », relief, musée de l'Acropole, Athènes.

Athénagore Philosophe chrétien d'Athènes (IIe s.). Il est l'auteur d'une *Supplique pour les chrétiens* et d'une *Résurrection des morts.*

athénée n. m. (du latin, du grec « temple de la déesse Athéna ») en Belgique Établissement public d'enseignement secondaire.

Athénée Rhéteur et grammairien grec (IIe-IIIe s.). Il est l'auteur d'une encyclopédie, le *Banquet des sophistes.*

Athènes Capitale de la Grèce. 664 000 habitants. L'agglomération du Grand Athènes englobe 35 municipalités dans quatre districts régionaux (3 089 000 habitants). La ville concentre le tiers de la population grecque, la moitié des emplois industriels, et les deux tiers de la richesse nationale. Centre d'affaires et de commerce. Port voisin du Pirée. Universités. Centre culturel, archéologique et touristique (Acropole, monuments antiques et byzantins, musées).

▶ Gouvernée par les Eupatrides jusqu'à la réforme de Solon (–594), qui démocratisa les institutions, **Athènes** fut ensuite dirigée par Pisistrate et par les fils de celui-ci, Hipparque et Hippias (561-510 av. J.-C.), qui étendirent sa domination sur terre et sur mer et favorisèrent un essor culturel sans précédent (édification de monuments, première édition d'Homère, concours de tragédie, fêtes civiques). Dotée d'institutions démocratiques par Clisthène (–508), sortie victorieuse des guerres médiques (–Ve s.), elle devint l'une des cités les plus puissantes de Grèce, rivale de Sparte, s'assurant la maîtrise sur mer. Au pou-

A

voir pendant environ trente ans (de –461 à –429), Périclès acheva les réformes démocratiques et fit d'Athènes le foyer de la civilisation hellénique : il confia à Phidias l'édification des monuments de l'Acropole et accueillit Hérodote, Sophocle, Anaxagore ou encore Socrate. La guerre du Péloponnèse (431-404 av. J.-C.) conduisit au déclin politique de la cité. Gouvernée par le Conseil oligarchique des Trente (–404), Athènes fut soumise par Philippe II de Macédoine (–338) puis échoua dans sa tentative d'insurrection contre la domination macédonienne (–322). Conquise par les Romains en –146, la cité resta néanmoins une métropole culturelle renommée. Prise par les Latins en 1205 (quatrième croisade), elle fut la capitale d'un duché franc puis passa aux Catalans. Longtemps sous domination turque (1456-1832), elle devint la capitale de la Grèce en 1834.

voir aussi **Grèce**

Athènes (École française d') École fondée en 1846 pour développer la connaissance du monde grec et ses expressions culturelles.

athermique adj. (→ **thermique**) techn. Qui n'est pas conducteur de la chaleur.

athéro- Élément savant (grec *athêra* « bouillie ») qui signifie « dépôt physiologique ».

athérome n. m. (du grec, de *athêra* → **athéro-**) méd. Lésion de la paroi interne des artères provoquée par un dépôt de cholestérol. □ adj. **athéromateux, euse**

athérosclérose n. f. Affection des artères associant athérome et artériosclérose.

athétose n. f. (du grec *athetos* « sans place, sans position », par l'anglais) méd. Maladie neurologique caractérisée par des mouvements involontaires lents et sinueux, surtout des extrémités.

Athis-Mons Commune de l'Essonne, au S. d'Orly. 35 641 habitants. Centre de contrôle de la navigation aérienne.

athlète (du grec, de *athlos* « lutte ») **1.** n. m. Antiq. Celui qui combattait dans les jeux publics ; gymnaste. **2.** n. Personne qui pratique l'athlétisme. *Les athlètes françaises. Un corps d'athlète.* ■ par ext. Personne bien musclée.

athlétique adj. **1.** Qui a rapport aux athlètes. **2.** Fort et musclé. *Un corps athlétique.*

athlétisme n. m. Ensemble d'exercices physiques, de sports individuels : course, gymnastique, lancer (du disque, du poids, du javelot), saut. *Épreuves d'athlétisme combinées* (triathlon, pentathlon, décathlon).

Athos (mont) Sommet situé à l'extrémité de l'Athos (péninsule de Grèce, en Chalcidique). Une vingtaine de monastères orthodoxes s'y établirent à partir du xᵉ siècle.

Athos Personnage d'Alexandre Dumas. Il est l'un des *Trois Mousquetaires.*

athrepsie n. f. (de ²*a-* et grec *threpsis* « action de nourrir ») méd. Dénutrition et dépérissement du nouveau-né dus notamment à la diarrhée chronique.

athymie n. f. (du grec, de *a-* [→ ²**a-**] et *thumos* « âme, cœur, courage ») didact. Absence d'affectivité, fréquente dans la schizophrénie.

Atiyah (sir Michael Francis) Mathématicien britannique (1929-2019). Il est l'un des auteurs de la K-théorie, qui associe un anneau à tout espace topologique compact.

Atlan (Jean-Michel) Peintre, lithographe et poète français (1913-1960). Sa peinture, d'abord proche de l'expressionnisme, a évolué vers des formes inspirées des arts primitifs et archaïques. *Calypso.*

Atlan (Henri) Biologiste, philosophe et penseur du judaïsme français (né en 1931). Ses travaux portent sur la biologie cellulaire et la théorie de l'auto-organisation. Il mène une réflexion sur le déterminisme et le libre-arbitre.

Atlanta Ville des États-Unis, capitale de la Géorgie. 498 710 habitants (zone urbaine 6 millions). Capitale financière et commerciale du S.-E. des États-Unis, elle est le siège de nombreuses universités et entreprises (dont CNN).

atlante n. m. (de l'italien, du grec, plur. de *Atlas* → **atlantique**) archit. Figure d'homme soutenant un entablement.

Atlantic City Ville des États-Unis (New Jersey), sur l'Atlantique. 38 490 habitants. Station balnéaire.

Atlantide n. f. Île fabuleuse de l'océan Atlantique, engloutie, d'après Platon, v. 1500 av. J.-C.

atlantique adj. et n. m. (grec « d'Atlas » [géant qui portait le ciel sur ses épaules *cf.* **atlante**]) Qui a rapport à l'océan Atlantique, aux pays qui le bordent. *La côte atlantique.* – *Le Pacte atlantique* (→ **Otan**).

Atlantique (océan) Océan situé entre l'Europe et l'Afrique à l'E., les deux Amériques à l'O., l'océan Arctique au N. et l'océan Antarctique au S. Environ 100 millions de km². L'océan Atlantique est formé de deux grandes cuvettes séparées par une chaîne montagneuse sous-marine, la dorsale médio-atlantique. Il est sillonné de voies de navigation très fréquentées, qui ont assuré la prospérité des principaux complexes portuaires du xxᵉ s. (Rotterdam, New York, Londres).

Atlantique (mur de l') Fortifications (blockhaus) construites à partir de 1941 sur ordre d'Hitler le long des côtes atlantiques entre la Norvège et l'Espagne pour pouvoir résister à un débarquement allié.

atlantisme n. m. Politique conforme au Pacte atlantique (→ **Otan**).

atlas [atlɑs] n. m. (du n. du dieu Atlas) **I.** Recueil de cartes géographiques. **II.** (idée de soutien) anat. Première vertèbre cervicale.

Atlas Géant de la mythologie grecque. Il est condamné par Zeus à porter le ciel sur ses épaules.

Atlas n. m. Chaîne montagneuse de l'Afrique du Nord qui forme une barrière entre la côte méditerranéenne et le Sahara. Il se compose, au Maroc, du Haut-Atlas (le plus élevé ; 4 167 m), du Moyen-Atlas, de l'Anti-Atlas et d'une partie de l'Atlas saharien et, en Algérie et Tunisie, de l'Atlas saharien et de l'Atlas tellien (chaîne littorale).

La chaîne du Haut-Atlas, au Maroc, culmine à 4 167 m.

atmosphère n. f. (du grec *atmos* « vapeur » et → **sphère**) **1.** Couche gazeuse qui entoure le globe terrestre, un astre. **2.** Partie de l'atmosphère terrestre la plus proche du sol où apparaissent les nuages, la pluie, la neige. *Étude de l'atmosphère.* → **météorologie. 3.** Air qu'on respire dans un lieu. *Une atmosphère suffocante.* **4.** Milieu où l'on vit, influence qu'il exerce. → **ambiance, climat.** *Une atmosphère de travail.* fam. *Changer d'atmosphère.* **5.** sc. Unité de mesure de la pression des gaz.

▶ L'**atmosphère** (1) terrestre sèche se compose essentiellement de diazote (env. 78 % en volume), de dioxygène (env. 21 %) et d'argon (env. 0,9 %). Les constituants mineurs restants sont, par ordre d'abondance : le dioxyde de car-

atmosphère

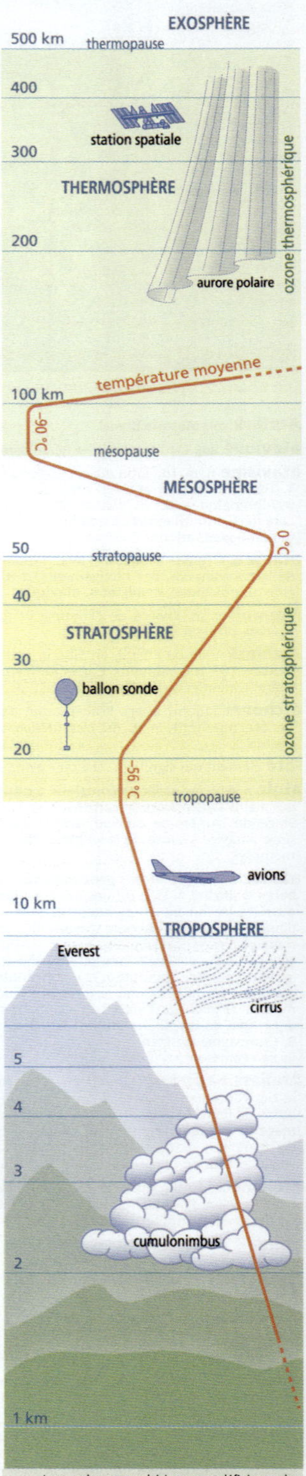

Les couches atmosphériques sont définies par les discontinuités dans les variations de température.

L'athlétisme est un sport universel que pratiquaient déjà à leur manière les Aztèques, les Incas et les Grecs. Discipline reine des jeux Olympiques modernes ressuscités par le baron Pierre de Coubertin, l'athlétisme apparaît en tant que sport autonome vers 1840 en Grande-Bretagne. Courses, sauts et lancers sont au programme des championnats nationaux qui se déroulent outre-Manche en 1866. En France, l'acte de naissance de l'athlétisme, porté par la création des premiers grands clubs (Stade français et Racing Club de France), est daté de 1886, année du premier championnat international organisé à la Croix Catelan. Associé à la notion de record, l'athlétisme n'a pas toujours échappé au fléau du dopage. Il se pratique aujourd'hui en plein air et en salle et regroupe des disciplines aussi variées que le marathon, le disque, le javelot, la perche, le poids, le marteau ou les épreuves de vitesse.

Ci-dessus : Usain Bolt remporte le 200 m (jeux Olympiques de Londres, 2012).

Jesse Owens remporte le 100 m (jeux Olympiques de Berlin, 1936).

Berta Castells lors de l'épreuve du lancer de marteau (jeux Olympiques de Londres, 2012).

Marie-José Perec remporte le 400 m (jeux Olympiques de Barcelone, 1992).

Trey Hardee lors de l'épreuve du lancer de disque comptant pour le décathlon (jeux Olympiques de Londres, 2012).

Paula Radcliffe (à l'extrême gauche) est la détentrice du record du monde féminin du marathon (New York, 2008).

Carl Lewis lors de l'épreuve de saut en longueur (jeux Olympiques de Los Angeles, 1984).

Oscar Pistorius, athlète handicapé, lors de la demi-finale du 400 m (jeux Olympiques de Londres, 2012).

Blanka Vlasic lors de l'épreuve de saut en hauteur (championnat du monde de Daegu, 2011).

Renaud Lavillenie remporte l'épreuve du saut à la perche (jeux Olympiques de Londres, 2012).

L'épreuve du 110 m haies (jeux Olympiques de Londres, 2012).

bone, le méthane, les oxydes d'azote et de soufre, les chlorofluorocarbones, l'hydrogène et l'ozone. La température variant avec l'altitude, on distingue quatre couches dans l'atmosphère (la troposphère, la stratosphère, la mésosphère et la thermosphère) en fonction de leur structure thermique, la dernière — la thermosphère — se terminant entre 400 et 800 km d'altitude : si la Terre était une pomme, l'atmosphère aurait donc à peu près l'épaisseur de sa peau. L'atmosphère terrestre joue un rôle d'écran, protégeant la Terre des rayonnements énergétiques venant du Soleil et de l'espace lointain. L'ozone en particulier, présent essentiellement entre 25 et 50 km d'altitude dans la stratosphère, protège les êtres vivants en absorbant les rayonnements ultraviolets de plus haute énergie. Dans la troposphère, la plupart des gaz mineurs et la vapeur d'eau participent à l'effet de serre, phénomène naturel qui permet de maintenir à la surface de la Terre une température moyenne de l'ordre de 15 °C.
L'évolution de la composition de l'atmosphère terrestre est étroitement liée au développement de la vie : au départ pauvre en dioxygène comme celle de la plupart des planètes qui en possèdent (Mars ou Vénus par exemple), l'atmosphère terrestre s'est peu à peu enrichie sous l'effet d'organismes marins réalisant la photosynthèse, ce qui a ensuite permis la formation de l'ozone protecteur et l'apparition d'animaux à sang chaud, dont les êtres humains.
voir aussi **climatiques (phénomènes), dioxyde de carbone (CO_2), déforestation, oxygène, ozone, pollution**

atmosphérique adj. De l'atmosphère. *Mesurer la pression atmosphérique* (→ **baromètre**). *Conditions atmosphériques* (→ **météorologie, temps**). – *Moteur atmosphérique*, dans lequel les gaz injectés dans les cylindres sont à la pression atmosphérique.

atoca n. m. (mot amérindien « airelle des marais ») (Canada) Baie rouge à la saveur acidulée. → **canneberge**. - var. **ataca.**

atoll n. m. (de *atolu*, mot des Maldives, par l'anglais) Île en forme d'anneau constituée de récifs coralliens entourant un lagon. *Des atolls.*

atome n. m. (grec « impossible à diviser », de *a-* et *temnein* « couper » → -tome) **1.** hist., sc. Élément constitutif de la matière, indivisible et homogène (→ **atomisme**). ■ *Des atomes crochus*, des affinités. **2.** sc. Particule d'un élément chimique qui forme la plus petite quantité susceptible de se combiner. *La molécule d'eau (H_2O) contient deux atomes d'hydrogène. Énergie produite par la fission du noyau de l'atome* (→ **atomique, nucléaire**). **3.** fig. Très petite quantité (→ **atomiser**). – *Il n'a pas un atome de bon sens*, il en est tout à fait dépourvu. → **brin, grain, ¹once.**

▶ La théorie atomiste remonte à l'Antiquité (Démocrite, Épicure, Lucrèce). Elle conçoit la matière comme un ensemble de particules invisibles et indivisibles, les **atomes** (1, 2), dont la rencontre dans le vide aboutit aux corps physiques qui constituent notre univers.
Supposée par Isaac Newton au XVIIe s., énoncée par John Dalton en 1803, consolidée par la classification périodique des éléments conçue par Mendeleïev à partir de 1869 et par l'estimation de leur taille en 1870 par lord Kelvin, l'existence des atomes est désormais un des paradigmes fondamentaux des sciences expérimentales.
Ils ont conservé un nom (du grec *atomos*, « qu'on ne peut diviser ») que la découverte de la radioactivité, à la fin du XIXe s., a pourtant rendu impropre avec la compréhension des réactions de fission nucléaire qui en a résulté. Les travaux de Joseph John Thomson et de Ernest Rutherford permirent ensuite d'établir que l'essentiel de la masse d'un atome se situe dans son noyau, constitué de neutrons et de protons, et placé au cœur d'un nuage d'électrons en nombre égal à celui des protons dans le noyau. Les électrons n'y occupent ni position ni orbite fixes : ils se caractérisent seulement par leur probabilité de présence spatiale, qui dépend de leur énergie propre. C'est en mettant leurs électrons périphériques en commun que les atomes peuvent se lier chimiquement : ils constituent donc les entités élémentaires de la matière dont l'assemblage conduit aux molécules

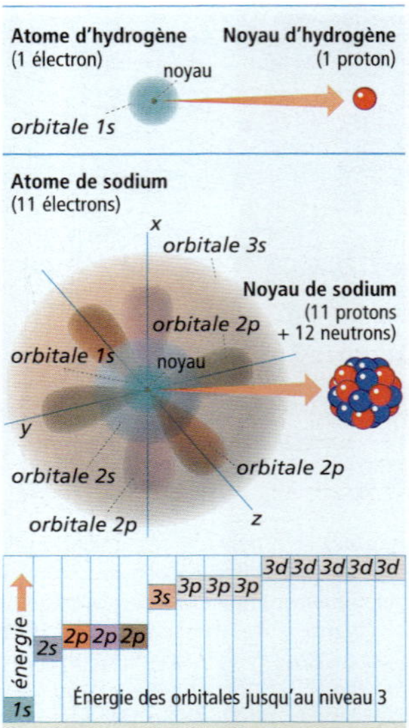

Les atomes sont constitués d'un noyau autour duquel on trouve des électrons. Ils n'occupent pas une place déterminée, mais ont une probabilité de présence spatiale dans des orbitales atomiques.

(de la même façon que les lettres sont associées pour produire des mots et du sens).
voir aussi **carbone, élément, fission, fusion, oxygène, matière, molécule, nanotechnologie, nucléaire**

atome-gramme n. m. chim., vieilli Masse (exprimée en grammes) d'une mole d'atomes d'un élément. *Des atomes-grammes.*

atomicité n. f. **1.** chim. Nombre d'atomes constituant la molécule d'un corps. **2.** écon. *Atomicité d'un marché* : caractère d'un marché composé d'un grand nombre de petits offreurs et de petits demandeurs.

atomique adj. **1.** Qui a rapport aux atomes. *Le poids atomique, la masse atomique d'une substance. Nombre ou numéro atomique* : numéro d'ordre d'un élément dans la classification périodique, qui correspond au nombre de protons. **2.** Qui concerne le noyau de l'atome et sa désintégration. → **nucléaire.** *L'énergie atomique*, libérée par la fission des noyaux. *La bombe atomique.* ■ Qui utilise les engins atomiques. *La guerre atomique.* ■ Qui produit l'énergie nucléaire. *Une centrale atomique.*

atomisé, ée adj. Qui a subi les effets des radiations atomiques. – **n.** *Les atomisés d'Hiroshima.*

atomiser v. tr. < 1 > **I.** Détruire par un engin atomique. **II.** Réduire (un corps) en particules extrêmement ténues, en fines gouttelettes. → **pulvériser, vaporiser.** ■ fig. Diviser en de nombreuses petites parties. □ **n. f. atomisation**

atomiseur n. m. (de *atomiser* [II]) Petit flacon, petit bidon qui atomise le liquide qu'il contient lorsqu'on presse sur le bouchon. → **brumisateur, nébuliseur, vaporisateur.**

atomisme n. m. (→ atome [1]) didact. Doctrine philosophique des Grecs (Démocrite, Épicure) qui considère l'univers comme formé d'atomes associés en combinaisons fortuites.

atomiste n. **I.** philos. Partisan de l'atomisme. **II.** Spécialiste de la physique atomique (ou nucléaire).

Aton Dieu égyptien représentant le Soleil dans sa totalité astrale. Son culte fut instauré par Akhenaton pour remplacer celui d'Amon.

atonal, ale, aux adj. (de *a-* privatif et *tonal* → ²ton) mus. Qui n'est pas organisé selon les tons. *Musique atonale*, reposant sur des séries de douze sons (sériel ; dodécaphonique). □ **n. f. atonalité**

atone adj. (grec *atonos*, de *a-* privatif et *tonos* → ²ton) **I. 1.** (tissus vivants) Qui manque de tonicité. *Un intestin atone.* → **paresseux. 2.** Qui manque de vitalité, d'énergie. *Un être atone.* → **amorphe, éteint. II.** Qui n'est pas accentué. *Voyelle, syllabe atone.*

atonie n. f. **1.** méd. Diminution de la tonicité d'un organe. *Atonie musculaire.* → **hypotonie. 2.** Manque de vitalité, de vigueur.

atopie n. f. (de *a-* privatif et *topo-*) Facteur génétique qui prédispose aux allergies.

Atoum Divinité égyptienne. Dans la tradition d'Héliopolis, Atoum aurait créé le monde en donnant naissance aux neuf dieux primordiaux.

atours n. m. pl. (de l'ancien v. *atourner* « orner, parer » → tourner) vieux ou plais. Toilette et parure féminine. *Parée de ses plus beaux atours.*

atout n. m. (de *à* et *tout*) **1.** aux cartes Couleur qui l'emporte sur les autres ; carte de cette couleur. *Jouer atout. Atout trèfle.* **2.** Moyen de réussir. → **chance.** *Mettre tous les atouts dans son jeu.*

atoxique adj. méd. Qui n'est pas toxique.

ATP n. f. (sigle) biochim. Adénosine* triphosphate.

atrabilaire adj. (de *atrabile*, du latin *atra bilis* « bile* noire » [de *ater* « noir » → atroce]) **1.** méd., ancien Qui a rapport à l'humeur noire (ou **atrabile n. f.**). **2.** vieilli Porté à la mauvaise humeur, à la colère. → **bilieux.** *Caractère atrabilaire.* – **n.** « *Un vieil atrabilaire que tout exaspère* » (N. Sarraute).

âtre n. m. (vient du latin, du grec *ostraka* « tesson » → ostracisme) Partie dallée de la cheminée où l'on fait le feu ; la cheminée elle-même. → **foyer.**

Atrébates n. m. pl. Peuple de la Gaule Belgique, établi en Artois avant la conquête romaine.

Atrée Roi de Mycènes, dans la mythologie grecque. Il est le père d'Agamemnon et de Ménélas dans *L'Iliade* et l'ancêtre commun des Atrides.

atrésie n. f. (de *²a-* et grec *trêsis* « trou ») méd. Absence ou occlusion d'un conduit ou d'un orifice naturel.

Atrides Descendants d'Atrée, dans la mythologie grecque.

▶ Les **Atrides** sont, avec la dynastie thébaine des Labdacides (Œdipe, Antigone...), l'une des familles maudites de la mythologie grecque, qui ont nourri un cycle de légendes plus cruelles les unes que les autres. Meurtre, viol, trahison, inceste, cannibalisme, infanticide, matricide : les crimes se succèdent, appelant d'autres crimes. La malédiction qui pèse sur la famille d'Atrée remonte aux crimes et à la révolte contre les dieux du père de Pélops, Tantale. À leur tour, les fils de Pélops, Atrée et Thyeste, sont maudits par leur père pour avoir tué leur demi-frère ; durant leur exil, les deux frères se livrent une guerre sans merci pour la conquête du trône de Mycènes. Atrée tue les fils de Thyeste et les lui sert au cours d'un festin. Égisthe, fils de Thyeste né après cet épisode, assassine Atrée. L'histoire des enfants d'Atrée, Ménélas et Agamemnon, est tout aussi violente : le premier épouse Hélène, dont le rapt est à l'origine de la guerre de Troie, le second n'hésite pas à sacrifier sa fille Iphigénie pour que le vent emporte sa flotte vers la cité troyenne ; à son retour, il est poignardé par son épouse Clytemnestre et Égisthe, l'amant de cette dernière. Avec l'aide de sa sœur Électre, Oreste venge son père Agamemnon en versant le sang de sa mère et de son amant. Le cycle infernal de la vengeance familiale s'arrête avec Oreste par l'instauration d'un tribunal à Athènes, qui le juge et l'acquitte. Le destin de cette famille a particulièrement inspiré les tragiques grecs (*L'Orestie* d'Eschyle, *Électre* de Sophocle, *Iphigénie en Tauride, Iphigénie à Aulis, Électre, Oreste* d'Euripide).
voir aussi **mythe, tragédie**

atoll

L'atoll se constitue autour d'une île volcanique (1) qu'une barrière de corail entoure peu à peu, formant un anneau de sable autour de l'île et du lagon (2) ; lorsque l'île disparaît sous la mer, ne reste que l'anneau émergé et le lagon (3).

atrium [atʀijɔm] n. m. (du latin, d'abord « cheminée », de *ater* « noir » → atroce) Cour intérieure de la maison romaine antique, généralement entourée d'un portique couvert. *Des atriums.*

atroce adj. (latin *atrox*, de *ater* « noir ») 1. Horrible, d'une grande cruauté. → **abominable, affreux, effroyable, épouvantable, monstrueux.** *Crime atroce.* 2. Insupportable. *Une peur atroce.* 3. fam. Très désagréable. *Le temps est atroce.* → **horrible, infect.** □ adv. **atrocement**

atrocité n. f. (du latin → atroce) 1. Caractère de ce qui est atroce. *L'atrocité d'un crime.* → **cruauté.** 2. Action atroce, affreusement cruelle. → **crime, torture.** *Les atrocités nazies.* 3. Propos blessant, accusation calomnieuse. → **horreur.** « *Les atrocités que mes ennemis répandent sur mon compte* » (Louis XVI).

atrophie n. f. (du grec, de *a-* et *trophê* « nourriture ») Diminution du volume d'un organe ou d'un tissu, par défaut de nutrition, manque d'usage, etc. *Atrophie musculaire.* → **amyotrophie.** □ adj. **atrophique**

atrophié, ée adj. Dont le volume est anormalement petit par atrophie. *Une jambe atrophiée.*

atrophier v. tr. < 7 > 1. Faire dépérir par atrophie. – pronom. Dépérir par atrophie. *Les membres immobilisés s'atrophient.* 2. fig. Arrêter le développement de. – pronom. S'arrêter dans son développement. *Cette qualité s'est atrophiée chez lui.* → se **dégrader, diminuer.**

atropine n. f. (du grec *Atropos,* n. de la Parque qui tue) chim. Alcaloïde toxique des feuilles de belladone, utilisé en médecine.

s'attabler v. pron. < 1 > (→ table) S'asseoir à table pour manger, boire ou jouer. – au p. p. *Bridgeurs attablés.*

attachant, ante adj. Qui attache, retient en touchant la sensibilité.

attache n. f. 1. dans des loc. Action d'attacher, de retenir par un lien. ***À l'attache, d'attache.*** *Le port d'attache d'un bateau,* où il est immatriculé. 2. Objet servant à attacher. *Réunir deux lettres par une attache* (une agrafe, une épingle...). *Attache parisienne,* servant à attacher des feuilles munies d'une perforation. 3. anat. Endroit où est fixée l'extrémité d'un muscle, d'un ligament. 4. au plur. Le poignet et la cheville. *Avoir des attaches fines.* 5. au plur. fig. Rapports affectifs ou relations d'habitude qui attachent une personne à qqn ou à qqch. *Conserver des attaches avec son pays natal.* → **lien.**

¹attaché, ée adj. I. 1. Fixé, maintenu par une attache, un lien. *Un prisonnier attaché. Une robe attachée dans le dos.* 2. *Fichier attaché,* envoyé avec un courrier électronique. → **¹joint.** II. ATTACHÉ À 1. (choses) Qui est associé, joint à. → **inhérent.** *Les avantages attachés à cette situation.* 2. (personnes) Qui est lié par un sentiment d'amitié, une habitude, un besoin à (qqn, qqch.). *Elle lui est très attachée.*

²attaché, ée n. Personne attachée à un service. *Une attachée d'ambassade.* – *Attaché(e) de presse :* personne chargée des relations avec les médias.

attaché-case [ataʃekɛz] n. m. (de l'anglais, de *case* « boîte » et *attaché,* du français) anglic. Mallette rectangulaire plate qui sert de porte-document. *Des attachés-cases.*

attachement n. m. 1. Sentiment d'affection durable (→ **lien**) qui unit aux personnes ou aux choses. → **affection, amitié, amour.** *Montrer de l'attachement pour qqn.* 2. Relevé des travaux quotidiens exécutés par une entreprise de construction.

attacher v. tr. < 1 > (p.-ê. famille de *attaquer ;* origine germanique) I. 1. Faire tenir (à une chose) au moyen d'une attache, d'un lien. → **fixer, lier, maintenir.** *Attacher une chèvre à un arbre avec une chaîne.* 2. Joindre par une attache. → **assembler, réunir.** *Attacher les mains d'un prisonnier. Attacher ses cheveux avec un ruban.* 3. Fermer, ajuster par une attache. *Attacher un tablier.* 4. Faire tenir, joindre ou fermer (en parlant de l'attache). *La ficelle qui attache le paquet.* 5. Unir par un lien moral (volonté, sentiment, obligation). → **lier.** *Des souvenirs l'attachent à sa maison.* 6. *S'attacher qqn,* s'en faire aimer. *Ce professeur a su s'attacher ses élèves.* 7. Mettre (une personne) au service d'une autre. → **prendre.** *Attacher deux adjoints à son service.* II. 1. Adjoindre par l'esprit. *Attacher un sens à un mot.* → **associer.** 2. Attribuer (une qualité à qqch.). *Attacher du prix, de la valeur à qqch.* → **accorder.** *Il ne faut pas y attacher trop d'importance.* III. intrans. Coller au fond d'un récipient, en cuisine. ■ **s'attacher** v. pron. 1. Se fixer, être fixé (à qqch.). *Le lierre s'attachait au mur.* 2. Se fermer, s'ajuster (d'une certaine manière). *Jupe qui s'attache derrière.* 3. (choses) Être uni à, accompagner. *Les avantages qui s'attachent à ce poste.* 4. Prendre de l'attachement pour (qqn, qqch.). *S'attacher à qqn, à un animal, à un lieu. On finit par s'y attacher.* 5. S'appliquer avec constance (à une chose). « *Chacun à son métier doit toujours s'attacher* » (La Fontaine). – (+ inf.) *S'attacher à rendre qqn heureux.* → s'**appliquer, chercher** à, s'**efforcer.**

attagène n. m. (du grec) zool. Insecte coléoptère dont la larve s'attaque aux fourrures, matelas, tapis.

Attale Nom de plusieurs rois de Pergame (IIIe s.-IIe s. av. J.-C.).

Attali (Jacques) Économiste et écrivain français (né en 1943). Conseiller spécial de François Mitterrand, il participa à la création de la Banque européenne pour la reconstruction et le développement et en fut le premier président. *Verbatim ; Les Juifs, le monde et l'argent. Histoire économique du peuple juif.*

attaquable adj. Qui est exposé aux attaques, qui présente un point faible. ■ dr. Qui peut être attaqué en justice.

attaquant, ante n. 1. Personne qui attaque, engage l'offensive. → **agresseur, assaillant.** 2. Joueur qui fait partie de la ligne d'attaque dans les sports d'équipe.

attaque n. f. (→ attaquer) 1. Action d'attaquer, de commencer le combat. → **assaut, offensive.** *Déclencher une attaque. À l'attaque !* 2. Les joueurs qui attaquent dans un sport d'équipe. *L'attaque et la défense.* 3. Acte de violence. *Attaque à main armée.* → **agression, attentat.** *L'attaque d'une banque.* → **braquage, hold-up.** *Attaque informatique.* → **cyberattaque.** 4. surtout plur. Paroles qui critiquent durement. → **accusation, ¹critique, insulte.** *Subir les attaques de l'opinion.* 5. Accès subit, brutal (d'une maladie). → **crise.** *Avoir une attaque d'apoplexie, d'épilepsie* ou absolt *une attaque.* 6. loc. fam. *Être d'attaque,* en pleine forme, prêt à affronter les fatigues.

attaquer v. tr. < 1 > (de l'italien, d'origine germanique ou du latin *attingere* → atteindre) I. 1. Porter les premiers coups à (l'adversaire), commencer le combat. *Attaquer une armée.* absolt *L'ennemi a attaqué à l'aube.* – sports Faire une attaque. 2. Se porter, se jeter sur (qqn) en maltraitant, tuant ou volant. → **agresser, assaillir.** *Se faire attaquer.* 3. Intenter une action judiciaire contre. *Attaquer qqn en justice.* 4. Émettre des jugements qui nuisent à (qqn ou qqch.). → **accuser, combattre, critiquer, dénigrer.** « *Qui ne peut attaquer le raisonnement attaque le raisonneur* » (Valéry). – *Cet article attaque le ministre.* 5. S'adresser avec vivacité à (qqn) pour obtenir une réponse. *Attaquer qqn sur un sujet.* II. Détruire la substance de (une matière). → **entamer, ronger.** *La rouille attaque le fer.* III. (Commencer) 1. Aborder sans hésitation. *Attaquer un discours.* → **commencer ; entamer.** 2. fam. Commencer à manger. *Si on attaquait le pâté ?* → **entamer.** 3. *Attaquer un morceau de musique,* en commencer l'exécution. ■ **s'attaquer (à)** v. pron. 1. Diriger une attaque contre qqn (matériellement ou moralement). → **combattre, critiquer.** *Il est dangereux de s'attaquer à elle.* → s'en **prendre** à. 2. Chercher à résoudre. *Les plus grands penseurs se sont attaqués à ce problème.*

ʿAṭṭār (Farīd al-Dīn) Poète persan (v. 1150-v. 1220). L'un des grands poètes du soufisme, il est l'auteur de textes allégoriques et mystiques. *Le Livre des préceptes ; La Conférence des oiseaux.*

attardé, ée adj. 1. Qui est en retard. 2. Qui est quelque part au-delà de l'heure habituelle. *Quelques passants attardés* (hors de chez eux, le soir, la nuit). 3. Qui est en retard dans sa croissance, son développement, son évolution. *Un enfant attardé.* → **arriéré.** – n. *Un attardé.* 4. Qui est en retard sur son époque. *Des conceptions attardées.* → **rétrograde.**

s'attarder v. pron. < 1 > (de *tard*) 1. Se mettre en retard. → se **retarder.** *Ne nous attardons pas.* 2. Rester quelque part plus longtemps que prévu. *S'attarder chez qqn. S'attarder à parler avec qqn.* 3. fig. Ne pas avancer, ne pas progresser normalement. *S'attarder sur un sujet.* → s'**appesantir,** s'**arrêter,** s'**étendre, insister.**

atteignable adj. Qu'on peut atteindre. → **accessible.**

atteindre v. tr. < 52 > (vient du latin pop., de *attingere*) I. (Parvenir au niveau de) 1. Parvenir à (un lieu). → **arriver** à, **gagner.** *Nous atteindrons la frontière avant la nuit.* 2. Parvenir à toucher, à prendre (qqch.). *Pouvez-vous atteindre ce livre là-haut ?* ■ fig. *Atteindre un but, un objectif.* 3. Parvenir à (un degré, un niveau). *Ce sommet atteint 1 000 mètres.* → s'**élever** à. – *Atteindre une limite. Atteindre cinquante ans.* 4. littér. trans. indir. ***Atteindre à*** : parvenir avec effort à. *Atteindre à la perfection.* II. (Parvenir à frapper) 1. Toucher, blesser (qqn) au moyen d'une arme, d'un projectile. *Il l'a atteint au front d'un coup de pierre.* – (compl. chose) *Atteindre l'objectif.* – *La balle l'atteignit au genou.* 2. Faire du mal à (qqn). → **attaquer, ¹toucher.** *Rien ne l'atteint,* il est indifférent. → **émouvoir, troubler.**

atteint, einte adj. 1. Touché par un mal. *Le poumon est atteint.* 2. fam. Troublé mentalement. *Ce type est vraiment atteint !*

A

atteinte n. f. **1.** (après *hors de*) Possibilité d'atteindre. *Les fuyards sont hors de son atteinte.* → **portée.** *Sa réputation est hors d'atteinte,* inattaquable. **2.** Dommage matériel ou moral. *C'est une atteinte à la vie privée.* → **injure, outrage.** – loc. *Porter atteinte à la réputation de qqn.* ■ spécialt Effets d'une maladie. → **accès, attaque.** *Il sent les premières atteintes de son mal.*

attelage n. m. **1.** Action ou manière d'atteler. **2.** Bêtes attelées ensemble. *Un attelage de chevaux.* **3.** Dispositif qui sert à attacher des véhicules entre eux.

atteler v. tr. < 4 ou RO 5 > (latin *attelare,* de *protelare,* famille de *tendere* → [1]tendre) **1.** Attacher (une ou plusieurs bêtes) à une voiture, une charrue. *Atteler des bœufs à une charrette.* – *Atteler une voiture,* y atteler le cheval. **2.** Attacher (un véhicule à un autre). *Atteler une locomotive aux wagons.* ■ **s'atteler v. pron.** *S'atteler à* (un travail), s'y mettre sérieusement.

attelle n. f. (du bas latin, de *assis* « planche » *cf.* atelier) Planchette, plaque destinée à maintenir immobile un membre fracturé. → **éclisse.**

attenant, ante adj. (de l'ancien v. *attenir* → tenir) Qui tient, touche à (un autre terrain, une autre construction, etc.). → **contigu.** *Le cimetière attenant à l'église.*

attendre v. tr. < 41 > (latin *attendere,* de *tendere* → [1]tendre) **I. v. tr. 1.** Se tenir, rester en un lieu (jusqu'à l'arrivée de qqn, de qqch.). *Je vous attendrai chez moi jusqu'à midi. Attendre le train. Attendre sous un abri la fin de l'orage. On n'attend plus que vous pour partir.* – « *En attendant Godot* » (pièce de Beckett). **2.** Ne rien faire avant (l'arrivée de qqch. ou qqn). *Attendre le moment d'agir. Attendre l'occasion. Qu'attendez-vous pour accepter ? On ne t'a pas attendu pour commencer.* – **Attendre que** (+ subj.). *J'attends que ça soit fini.* – **Attendre de** (+ inf.). *Attendez de voir le résultat.* **3.** (femmes) *Attendre un enfant :* être enceinte. **4.** absolt Rester dans un lieu pour attendre (1) qqn ou qqch. *Je suis resté deux heures à attendre ; j'ai attendu (pendant) deux heures.* « *J'ai failli attendre* » (mot prêté à Louis XIV). – (sujet personne) *Faire attendre qqn, se faire attendre,* tarder. – interj. *Attendez ! Attends, je n'ai pas fini.* – (menace) *Attends un peu !* **5.** (choses) Être prêt pour qqn. *La voiture vous attend.* → [1]**prêt ; préparé.** *Le sort qui nous attend,* qui nous est réservé. **6.** Compter sur (qqn ou qqch.) ; prévoir (un évènement). → **escompter, prévoir.** *On attend un invité d'honneur. On ne vous attendait plus,* on ne comptait plus sur vous. – **Attendre** *qqch. de qqn.* → **compter, espérer. 7.** trans. indir. *Attendre après qqn,* l'attendre avec impatience. – *Attendre après qqch.,* en avoir besoin. *Je n'attends pas après votre aide.* **II. En attendant** loc. adv. : jusqu'au moment attendu. *Le train part dans une heure ; prenons un verre en attendant.* – Toujours est-il que… *C'est nécessaire, mais en attendant, c'est très désagréable.* – *En attendant de* (+ inf.) **loc. prép.** ; *en attendant que* (+ subj.) **loc. conj.** ■ **s'attendre v. pron.** *S'attendre à* (qqch.), penser que cette chose arrivera. → **escompter, prévoir.** *Il faut s'attendre à tout. Au moment où elle s'y attendait le moins.* – *S'attendre à* (+ inf.). *Je m'attendais un peu à vous voir.* – *S'attendre à ce que* (+ subj.). *On s'attend à ce qu'il soit élu.*

attendrir v. tr. < 2 > (de *tendre*) **I.** Rendre plus tendre, moins dur. *Attendrir une viande.* **II.** Rendre (qqn) plus sensible. → **émouvoir,** [1]**toucher.** *Ses larmes m'attendrissent.* – au p. p. *Un air attendri.* → **ému.** ■ **s'attendrir v. pron.** *S'attendrir sur soi-même.*

attendrissant, ante adj. Qui porte à une indulgence attendrie. → [2]**touchant.**

attendrissement n. m. Fait de s'attendrir, état d'une personne attendrie. → **émotion ; compassion.** *Allons ! Pas d'attendrissement !*

attendrisseur n. m. (de *attendrir,* I) Appareil de boucherie pour attendrir la viande.

[1]**attendu, ue I. adj.** Qu'on attend, qu'on a attendu. *Un roman très attendu.* **II. 1. prép.** Étant donné ; étant considéré. → **vu. 2. loc. conj.** *Attendu que,* étant donné que. → **comme, parce que, puisque.** *Attendu que vous n'êtes pas venus…* – dr. *Attendu que…* (→ [2]**attendu**).

[2]**attendu** n. m. dr. *Les attendus d'un jugement :* les motifs.

attentat n. m. (latin → attenter) **1.** Tentative criminelle contre une personne ou un groupe (surtout dans un contexte idéologique). → **agression.** *Préparer un attentat contre un homme politique. L'attentat terroriste a fait cinq morts. Être victime d'un attentat.* ■ spécialt Acte de terrorisme. *L'attentat n'a pas été revendiqué.* **2.** dr. Tentative criminelle contre qqch. *Attentat à la liberté. Attentat à la pudeur.* → **outrage.**

attentatoire adj. Qui porte atteinte. → **préjudiciable.**

attente n. f. (latin → attendre) **1.** Le fait d'attendre ; temps pendant lequel on attend. *L'attente n'a pas été longue. Dans l'attente de vous voir.* – *Salle d'attente,* aménagée pour ceux qui attendent. *Liste d'attente. En attente.* – *Dossiers en attente.* **2.** État de conscience d'une personne qui attend. « *La sensation de l'attente, ces grands coups à pleine poitrine qui sonnent le désir et l'impatience* » (A. Daudet). **3.** Le fait de compter sur qqch. ou sur qqn. → **désir, espoir.** *Répondre à l'attente de qqn.* – *Contre toute attente,* contrairement à ce qu'on attendait.

attenter v. tr. ind. < 1 > (latin, de *ad* et *temptare* → tenter) *Attenter à :* faire une tentative criminelle contre (quel qu'en soit le résultat). → **attentat.** *Attenter à ses jours :* tenter de se suicider.

attentif, ive adj. (du latin *attentum,* de *attendere* → attendre) **1.** Qui écoute, regarde, agit avec attention. *Auditeur, élève attentif.* **2.** littér. *Attentif à :* qui se préoccupe avec soin (de). *Elle est attentive à son travail.* **3.** Qui marque de la prévenance, des attentions. *Soins attentifs.* → **assidu, zélé.**

attention n. f. (latin, de *attendere* → attendre) **1.** au sing. Concentration de l'activité mentale sur un objet. *Faire un effort d'attention. Examiner avec attention. Fixer son attention sur… Relâcher son attention. Attirer l'attention de qqn sur… Votre attention, s'il vous plaît !* (d'après l'anglais) – *À l'attention de M. Untel* (mention sur un courrier). – *Prêter attention à…* (→ **tenir compte de**). – ***Faire attention à qqch.,*** l'observer, s'en occuper ; en avoir conscience. *Faites bien attention, très attention à ma question. Je n'y avais jamais fait attention.* – *Elle ne fait pas attention à lui.* fam. *Fais bien attention à toi :* sois prudent. *Fais attention !* (→ se **méfier, prendre garde***). – absolt *Faire attention :* surveiller son poids, sa ligne ; surveiller ses dépenses. – ***Faire attention que*** (+ subj.). *Fais attention que personne ne te voie.* ■ interj. *Attention ! danger.* **2.** au plur. Soins attentifs. → **égard(s), prévenance(s).** « *Elle avait […] pour les domestiques, pour les pauvres, des attentions délicates* » (Proust).

attentionné, ée adj. Qui est plein d'attentions pour qqn. → **aimable, empressé, prévenant.**

attentisme n. m. Attitude politique consistant à attendre que les évènements s'annoncent pour prendre une décision. □ **adj. et n. attentiste**

attentivement adv. D'une manière attentive.

atténuant, ante adj. dr. *Circonstances atténuantes :* faits qui atténuent la gravité d'une infraction, d'une mauvaise action.

atténuateur n. m. Dispositif qui sert à diminuer l'amplitude d'un signal électrique (opposé à *amplificateur*).

atténuation n. f. Action d'atténuer. → **diminution.**

atténuer v. tr. < 1 > (latin, de *tenus* → ténu) Rendre moins grave, moins vif, moins violent. → **diminuer.** *Les calmants atténuent la douleur. Atténuer les termes d'une déclaration.* → **adoucir, modérer.** – pronom. (réfl.). *Les désaccords se sont atténués.*

Atterberg (Kurt Magnus) Chef d'orchestre et compositeur suédois (1887-1974). Son œuvre (opéras, concertos, ballets, symphonies, musique de chambre) s'inspire du folklore national.

Atterbom (Per Daniel Amadeus) Poète suédois (1790-1855). Inspiré par Novalis et Tieck, il écrivit des textes poétiques teintés de mysticisme (*L'Oiseau bleu ; L'Île de la félicité*) et des études de critique littéraire.

atterrage n. m. (de *terre*) **1.** Espace marin proche de la terre. → **parages. 2.** Lieu où les navires peuvent aborder.

atterrant, ante adj. Qui atterre.

atterrer v. tr. < 1 > (de *terre*) Jeter dans l'abattement, la consternation. → **consterner, stupéfier.** – au passif *Je suis atterré par cette nouvelle.*

atterrir v. intr. < 2 > (de *terre*) **1.** mar., vieilli Approcher de la terre, toucher terre. → **atterrage. 2.** (avion, engin, passagers) Se poser à terre, au sol. *L'avion vient d'atterrir.* – *Atterrir sur l'eau* (→ **amerrir**), *sur la Lune* (→ **alunir**). **3.** fam. Arriver finalement. *Nous avons fini par atterrir dans un petit hôtel.* **4.** fig. et fam. Prendre conscience de la réalité. *Tu n'as plus vingt ans, atterris !*

atterrissage n. m. Action d'atterrir. *Terrain, piste ; train* d'atterrissage.*

atterrissement n. m. (de *atterrir* vieux « remplir de terre ») dr. Terres apportées par la mer ou un cours d'eau.

atterrisseur n. m. aéron. Engin spatial destiné à atterrir sur un corps céleste.

attestation n. f. **1.** Acte, écrit ou pièce qui atteste qqch. → **certificat.** *Une attestation de bonne conduite.* **2.** ling. Fragment de texte qui atteste l'usage (d'une forme lexicale).

attester v. tr. < 1 > (latin, de *ad-* et *testari* → [1]tester) **1.** Rendre témoignage de (qqch.). → **certifier, garantir, témoigner.** *J'atteste la vérité de ce fait. J'atteste que cet homme est innocent.* **2.** Servir de témoignage. → **prouver, témoigner** de. *Ces documents attestent son innocence.* – au p. p. *C'est un fait (bien) attesté.* – ling. *Mot attesté depuis le XIVe siècle.*

Attia (Kader) Artiste franco-algérien (né en 1970). Il réalise des installations, vidéos et photographies qui croisent culture occidentale et culture orientale et mettent en scène leurs rapports conflictuels. *La Piste d'atterrissage ; Sacrifice et Harmonie.*

atticisme n. m. (→ attique) littér. Qualité des écrivains attiques ; fig. style pur, élégant.

Atticus (Titus Pomponius) Chevalier romain (109-32 av. J.-C.). Disciple d'Épicure, il entretint une célèbre correspondance avec Cicéron (396 lettres *Ad Atticum*).

attiédir v. tr. < 2 > (de *tiède*) **1.** littér. Rendre tiède. **2.** fig. Rendre moins vif. → **affaiblir.** □ **n. m. attiédissement**

attifer v. tr. < 1 > (de l'ancien v. *tifer* « parer », d'origine germanique) fam. Habiller, parer d'une manière ridicule. → **accoutrer.** ■ **s'attifer v. pron.** *Tu as vu comment elle s'attife ?* □ **n. m. attifage** ou **attifement**

attiger v. intr. < 3 > (origine inconnue) fam. et vieilli Exagérer. *Il attige, celui-là !*

Attigny Commune des Ardennes, sur l'Aisne. 1 112 habitants. La ville fut fondée par Clovis II en 650.

Attila (v. 395-453). Roi des Huns (434-453). Il envahit l'empire d'Orient puis la Gaule, mais fut vaincu par Aetius aux champs Catalauniques (451). En 452, il dévasta l'Italie du Nord. Son empire se disloqua après sa mort.

attique (grec « d'Athènes ») **I. adj.** Qui a rapport à l'Attique, à Athènes, aux Athéniens. *Littérature attique.* **II. n. m.** Étage au sommet d'une construction, plus étroit que l'étage inférieur.

Attique n. f. Péninsule du S.-E. de la Grèce, où fut fondée Athènes. Elle compte environ 3,3 millions d'habitants.

attirail, ails n. m. (de l'ancien français *atirier* « mettre en ordre », d'origine germanique) fam. Équipement compliqué, encombrant ou ridicule. *L'attirail du campeur.* → **barda, fourbi.**

attirance n. f. Force qui attire vers qqn ou vers qqch. *Éprouver de l'attirance pour qqn.* → **attrait.**

attirant, ante adj. Qui attire, exerce un attrait, une séduction. → **attachant, attrayant, séduisant.**

attirer v. tr. < 1 > (de *tirer*) **1.** Tirer, faire venir à soi par une action matérielle. *L'aimant attire le fer* (→ **attraction**). **2.** Inciter, inviter, déterminer (un être vivant) à venir. *La lumière attire les papillons. Ce spectacle attire tout Paris.* **3.** Capter, solliciter (le regard, l'attention). *J'attire votre attention sur ce point.* **4.** Inspirer à (qqn) un sentiment agréable qui l'incite à vouloir qqch., à se rapprocher de qqn (→ **attrait**). *Ce projet l'attire beaucoup.* → **tenter.** – absolt « *La rêverie attire, enjôle, leurre* [...] » (Hugo). **5.** ***Attirer qqch. à, sur qqn,*** lui faire avoir qqch. d'heureux ou de fâcheux. *Sa bonne humeur lui attire la sympathie générale.* → **procurer, valoir.** *Ça va lui attirer des ennuis.* → [1]**causer.** – ***S'attirer qqch.,*** l'attirer à soi, sur soi. *Elle s'est attiré des reproches.* → **encourir.**

Attiret (Jean-Denis) Peintre et décorateur français (1702-1768). Missionnaire jésuite en Chine, peintre attitré de l'empereur Qianlong, il a laissé de nombreux portraits de dignitaires chinois.

Attis ou **Atys** Dieu grec de la Fertilité, d'origine phrygienne. Aimé de Cybèle à laquelle il est infidèle, il est frappé de folie par la déesse et se mutile.

attiser v. tr. < 1 > (vient du latin pop., de *ad-* et *tisio* → **tison**) **1.** Aviver, ranimer (un feu). **2.** Rendre plus vif. *Attiser les désirs, les rivalités.* → **exciter, enflammer.** *Attiser une querelle.* → **envenimer.**

attitré, ée adj. (de *attitrer,* de *titre*) **1.** Qui est chargé par un titre de telle ou telle fonction. *Représentant attitré.* **2.** Habituel. *Marchand attitré,* celui chez qui l'on a l'habitude de se servir.

attitude n. f. (latin pop., de *aptitudo* → **aptitude** et *agere, actum* → [1]**acte**) **1.** Manière de tenir son corps. → **contenance, maintien,** [2]**port, pose, position, posture.** *Attitude gracieuse.* **2.** Manière de se tenir, comportement qui correspond à une disposition psychologique. → [2]**air, allure, aspect, expression, manière.** *Prendre une attitude, changer d'attitude.* ■ Affectation de ce qu'on n'éprouve pas. **3.** Disposition à l'égard de qqn ou qqch. ; jugements, tendances provoquant un comportement. → **disposition, position.** *L'attitude d'un gouvernement vis-à-vis d'un projet de loi.*

Attlee (Clement Richard, 1er comte) Homme d'État britannique (1883-1967). Chef du Parti travailliste en 1935, il fut Premier ministre de 1945 à 1951.

attique

Coupe attique représentant Athéna, Jason et le dragon (v. 485-470 av. J.-C.), Musée grégorien étrusque, Cité du Vatican.

atto- (danois *atten* « dix-huit ») Préfixe du système international (symb. a) qui divise par 10^{18} l'unité devant laquelle il est placé (ex. *attoseconde*).

attorney n. m. (anglais, de l'ancien français *atorner* « régler » → **tourner**) Homme d'affaires (Grande-Bretagne), homme de loi (États-Unis) dont les fonctions correspondent à celles du notaire et de l'avocat français. *Attorney général* (ministre de la Justice aux États-Unis). *Des attorneys.*

attouchement n. m. (de l'ancien v. *attoucher,* de *toucher*) Caresse légère. – Caresse à caractère sexuel.

attractif, ive adj. **1.** Qui a la propriété d'attirer (1). *La force attractive de l'aimant.* **2.** (emploi critiqué) Attrayant. *Des prix attractifs.*

attraction n. f. (latin, de *attrahere* → **attrait,** de *trahere* → **traire**) **I. 1.** Force qui attire. *Attraction magnétique. La loi de l'attraction universelle.* → **gravitation. 2.** Force qui tend à attirer les êtres vers qqn ou vers qqch. → **attirance, attrait.** « *Chacun exerce sur chacun des attractions et des répulsions* » (Maupassant). **II. 1.** Ce qui attire le public ; centre d'intérêt. *Ce musée est une attraction pour les touristes.* **2.** au plur. Élément d'un spectacle de variétés. ■ Distractions mises à la disposition du public. *Parc d'attractions.*

attractivité n. f. Caractère attrayant (de qqch.).

attrait n. m. (de l'ancien v. *attraire,* vient du latin *attrahere* → **attraction**) **1.** Ce qui attire agréablement, charme, séduit. → [1]**charme, séduction ; attrayant.** *L'attrait de la nouveauté.* **2.** au plur. littér. *Les attraits d'une femme,* ce qui émane d'elle et excite le désir sexuel. → **appas. 3.** Le fait d'être attiré, de se sentir attiré. → **attirance.**

attrapade n. f. fam. Réprimande. → fam. **engueulade, savon.**

attrape n. f. surtout au plur. Objet destiné à tromper qqn pour s'amuser. *Farces et attrapes.*

attrape-couillon n. m. très fam. Attrape-nigaud. *Des attrape-couillons.*

attrape-mouche n. m. Plante carnivore dont les feuilles se referment sur les insectes qui viennent s'y poser. → **dionée, droséra.** *Des attrape-mouches.*

attrape-nigaud n. m. Ruse grossière (qui ne peut attraper qu'un nigaud). *Des attrape-nigauds.* → très fam. **attrape-couillon.**

attraper v. tr. < 1 > (de *a-* et *trappe*) **I. 1.** Rejoindre (qqn) et s'en saisir. → **prendre.** ■ Surprendre. *Je l'ai attrapé à fouiller dans mes papiers.* **2.** Tromper par une ruse. → **abuser, duper.** *Il m'a bien attrapé* (→ fam. il m'a eu). – passif et p. p. *Être attrapé, bien attrapé,* avoir subi une déception (qu'on ait été trompé ou non). **3.** fam. Faire des reproches à. → **gronder, réprimander ; attrapade.** *Elle s'est fait attraper par ses parents.* **II. 1.** Arriver à prendre, à saisir (une chose, un animal). *Attraper une balle à la volée, un poisson.* – fig. *Attraper des bribes d'une conversation.* → **saisir. 2.** *Attraper un coup.* → **recevoir.** *Tiens, attrape ça !* (coup, gifle). *Attraper une maladie.* → [1]**contracter, gagner.** – pronom. (passif) *Une maladie qui s'attrape.* → **contagieux. 3.** *Attraper le train,* réussir à le prendre. → [1]**avoir. 4.** Arriver à saisir par l'esprit, l'imitation. *Attraper un style.* → **imiter.**

attrayant, ante adj. (de *attraire* → **attrait**) (spectacle, situation) Qui a de l'attrait. *Une idée attrayante.* → **séduisant.** *Cet endroit n'a rien d'attrayant.* → **agréable, attirant, plaisant.**

attribuable adj. Qui peut être attribué (à). *Phénomène attribuable à une cause précise.*

attribuer v. tr. < 1 > (latin, de *tribus* → **tribu, tribut**) **1.** Allouer (qqch. à qqn ou à qqch.). *Les avantages qui lui ont été attribués.* → **octroyer. 2.** Considérer comme propre (à qqn). → **prêter.** *N'attribuez pas aux autres vos propres défauts.* **3.** Rapporter (qqch.) à un auteur, à une cause ; mettre sur le compte de. *À quoi attribuer ce changement ? Attribuer une toile anonyme à tel peintre.* ■ **s'attribuer** v. pron. Se donner (qqch.) en partage. → **s'adjuger.** *S'attribuer un titre auquel on n'a pas droit.* → **s'approprier.** *S'attribuer tout le mérite de qqch.*

attribut n. m. (latin médiéval → **attribuer**) **1.** Ce qui est propre, appartient particulièrement à un être, à une chose. → **caractère, qualité.** *La raison, le langage, attributs essentiels de l'être humain.* **2.** Emblème, symbole d'une figure mythologique, une chose personnifiée, un personnage. *Le sceptre est l'attribut de la royauté.* **3.** gramm. Terme relié au sujet ou au complément d'objet par un verbe d'état (ex. il est *médecin* ; elle est *intelligente*). – *Adjectif attribut ou épithète.*

attributaire n. dr. Personne à qui a été attribué qqch. → **bénéficiaire.**

attributif, ive adj. **1.** Qui attribue (un droit). **2.** log. Qui indique un attribut. *Proposition attributive :* qui affirme ou nie une qualité d'un sujet. **3.** *Verbe attributif :* qui relie l'attribut au sujet. « *Devenir* » *et* « *sembler* » *sont des verbes attributifs.*

attribution n. f. (latin → **attribuer**) **1.** Action d'attribuer. *Concours pour l'attribution d'un prix.* → **distribution, remise.** ■ Fait d'attribuer (une œuvre) à un auteur. **2.** au plur. Pouvoirs attribués au titulaire d'une fonction, à un organisme. → [2]**pouvoir, prérogative.** *Cela n'entre pas dans ses attributions.*

attristant, ante adj. Qui attriste. → **affligeant, désolant, navrant.** *Un spectacle attristant.* → **pénible, triste.**

attrister v. tr. < 1 > (de *triste*) Rendre triste. → **chagriner, désoler.** *Son départ nous a attristés.* – au p. p. *Un air attristé.*

attrition n. f. (latin « action de broyer » → **triturer**) **1.** Usure (par frottement). → **abrasion. 2.** relig. Contrition.

attroupement n. m. Réunion de personnes sur la voie publique, spécialt troublant l'ordre public. → **manifestation, rassemblement.** *Le service d'ordre a dispersé l'attroupement.*

attrouper v. tr. < 1 > (de *troupe*) Assembler en troupe, spécialt de manière à troubler l'ordre public. → **ameuter, rassembler.** – pronom. (réfl.) *Les manifestants commencèrent à s'attrouper.*

Atwood (George) Physicien britannique (1746-1807). Il inventa une machine pour l'étude de la chute des corps, la *machine d'Atwood.*

Atwood (Margaret) Romancière et poète canadienne d'expression anglaise (née en 1939). Son œuvre est centrée sur le féminisme, l'identité canadienne et les menaces de catastrophes planétaires. *Surfacing ; The Handmaid's Tale.*

atypie n. f. Manque de conformité par rapport à un type, à un modèle de référence.

atypique adj. (de *type*) **1.** Qui ne répond pas au type habituel. *Maladie atypique.* **2.** Que l'on peut difficilement classer. *Une artiste atypique.*

Atyraou Ville du Kazakhstan, sur la mer Caspienne, à l'embouchure de l'Oural. 142 500 habitants. Raffinerie de pétrole. Port.

au, aux voir à et [1]**le**

Aub (Max) Écrivain espagnol (1903-1972). Ses romans sont tous inspirés de la guerre civile. *Campo cerrado ; Campo de sangre ; Campo abierto.*

aubade n. f. (de l'ancien provençal *albade,* d'après *aube*) Air chanté ou joué, à l'aube ou le matin, sous les fenêtres de qqn (s'oppose à *sérénade*).

Aubagne Commune des Bouches-du-Rhône, à l'E. de Marseille. 47 190 habitants. Siège des unités de la Légion étrangère.

aubaine n. f. (de l'ancien français *aubain* « étranger protégé », famille de *alibi*) **1.** Avantage, profit inattendu, inespéré. *Profiter de l'aubaine.* → **chance, occasion. 2.** (Canada)

A

Vente à prix réduit ; article en promotion. *Aubaines à saisir !* → ^{2}**solde.**

Aubanel (Théodore) Poète français de langue d'oc (1829-1886). Il fut l'un des fondateurs du Félibrige avec F. Mistral et J. Roumanille. *La Grenade entrouverte ; Les Filles d'Avignon.*

^{1}**aube** **n. f. (latin *alba*, de *albus* « blanc »)** **I. 1.** Première lueur du soleil levant qui commence à blanchir l'horizon ; moment de cette lueur. *L'aube précède l'aurore.* → **aurore. 2. littér.** Commencement. *À l'aube du troisième millénaire.* **II. (latin *alba vestis*)** Vêtement de lin blanc que le prêtre met pour célébrer la messe. – Longue robe blanche des premiers communiants.

^{2}**aube** **n. f. (vient du latin *alapa*)** Palette (d'une roue hydraulique, d'une turbine). *Roue à aubes.*

Aube **n. f.** Rivière du Bassin parisien, affluent de la Seine. 248 km.

Aube **n. f.** [10] Département français de la Région Grand Est (→ carte). 6 010 km^2. 311 435 habitants. Chef-lieu : Troyes. Chefs-lieux d'arrondissement : Bar-sur-Aube, Nogent-sur-Seine. À l'O. et au N., la Champagne crayeuse est le domaine des grandes exploitations agricoles (céréales, betterave à sucre). Elle s'oppose à la Champagne humide, au S. et à l'E. (forêts, élevage). L'industrie se diversifie (agroalimentaire, textile, mécanique, pétrochimie).

Aubenas (Florence) Journaliste et écrivaine française (née en 1961). Reportrice de guerre, elle est retenue prisonnière en Irak durant cinq mois en 2005. Elle s'immerge ensuite dans la France précaire en se faisant passer pour une chômeuse et publie *Le Quai de Ouistreham* (porté à l'écran par E. Carrère) en 2010.

Aubenas [-na] Commune de l'Ardèche. 12 403 habitants. Château (XIIe-XVIIIe s.).

aubépine **n. f. (latin *alba spina* « épine blanche »)** Arbuste épineux à fleurs odorantes blanches ou roses, à floraison précoce.

Auber (Daniel François Esprit) Compositeur français (1782-1871). Il composa une cinquantaine d'opéras, dont *La Muette de Portici* qui, joué à Bruxelles en 1830, donna le signal du soulèvement belge contre les Pays-Bas.

aubère **adj. (cheval)** Dont la robe est mélangée de poils blancs et de poils rouges.

auberge **n. f. (provençal, du germanique → héberger) 1. ancienn** Maison où l'on trouvait à loger et manger en payant. – **loc.** *Auberge espagnole* : lieu où l'on ne trouve que ce qu'on a apporté. *On n'est pas sorti de l'auberge*, les difficultés augmentent, vont nous retarder, nous retenir. ■ **mod.** Hôtel-restaurant d'apparence rustique. **2.** *Auberge de jeunesse* : centre d'accueil hébergeant les jeunes pour une somme modique.

Aubergenville Commune des Yvelines. 12 082 habitants. Construction automobile.

aubergine **(catalan, de l'arabe, persan *bâtingân*) 1. n. f.** Fruit oblong et violet d'une plante potagère, consommé comme légume. **2. adj. invar.** De la couleur violet foncé de l'aubergine. *Des chaussures aubergine.*

aubergiste **n.** Personne qui tient une auberge.

Auberjonois (René) Peintre suisse (1872-1957). Il réalisa notamment les décors de l'*Histoire du soldat* de Ramuz et Stravinski.

Aubert (Jean) Architecte, dessinateur et ornemaniste français (v. 1680-1741). Élève de J. Hardouin-Mansart, il fut l'architecte des Grandes Écuries de Chantilly et participa à l'édification du Palais-Bourbon, à Paris.

Aubert (Louis) Compositeur français (1877-1968). Il a beaucoup écrit pour la voix. Son chef-d'œuvre symphonique, *La Habanera*, a été joué dans le monde entier.

Aubert (Jean-Louis) Chanteur, auteur et compositeur français (né en 1955). Il est, avec son groupe Téléphone, l'une des figures du rock français. *Dure Limite ; Rappel I.*

Aubert de Gaspé (Philippe-Joseph) Écrivain canadien d'expression française (1786-1871). Son unique roman, *Les Anciens Canadiens*, rappelle avec nostalgie les coutumes et traditions d'antan.

Aubervilliers Commune de la Seine-Saint-Denis, sur le canal Saint-Denis. 89 401 habitants. Théâtre. Port fluvial. Industries chimiques, métallurgiques, agroalimentaires.

Aubeterre-sur-Dronne Commune de la Charente. 329 habitants. Église du XIIe s., comportant une chapelle du VIe siècle.

aubette **n. f. (ancien français, du haut allemand *Hube* « toit ») régional (Ouest ; Belgique)** Abri public ; kiosque. → **abribus.**

aubier **n. m. (vient du latin, de *albus* « blanc »)** Partie tendre et blanchâtre qui se forme chaque année entre le bois dur et l'écorce d'un arbre.

Aubière Commune du Puy-de-Dôme, dans la banlieue de Clermont-Ferrand. 10 581 habitants.

Aubignac (François Hédelin, abbé d') Théoricien français du théâtre (1604-1676). Il contribua à poser les règles de la dramaturgie classique. *Pratique du théâtre.*

Aubigné (Agrippa d') Écrivain français (1552-1630). Calviniste, il décrivit les guerres de Religion avec un grand sens de la satire dans *Les Tragiques*. Auteur en outre de pamphlets ridiculisant les abjurations et la cour de Marie de Médicis, il dut s'exiler à Genève après la parution de son *Histoire universelle depuis 1550 jusqu'en 1601*, consacrée au parti réformé en France.

Aubigny (Robert Stuart, comte d') Maréchal de France d'origine écossaise (v. 1470-1544). Il s'illustra dans les guerres d'Italie (Marignan, Pavie) et défendit la Provence contre Charles Quint.

Aubigny-sur-Nère Commune du Cher. 5 499 habitants. Édifices du XVIe siècle.

aubin **n. m. (ancien français *hober* « bouger », du néerlandais)** Allure défectueuse d'un cheval qui galope du train de devant et qui trotte du train de derrière ou inversement. *Cheval qui va l'aubin.*

Aubin Commune de l'Aveyron. 3 640 habitants. Ancienne houillère.

Aubisque (col d') Col des Pyrénées-Atlantiques, entre le val d'Ossau et le val d'Azun. 1 709 m.

Aubrac (Lucie), née Bernard Résistante française (1912-2007). Membre du mouvement Libération pendant la Seconde Guerre mondiale, elle monta en 1943 l'opération qui permit l'évasion de son mari Raymond Aubrac qui avait été arrêté par la Gestapo. Elle multiplia après guerre les engagements en faveur de la paix et des droits de l'homme.

Aubrac (Raymond Samuel, dit Raymond) Résistant français (1914-2012). Issu d'une famille juive, compagnon de route du Parti communiste, il s'engagea dans la Résistance en 1940 et fut capturé à Caluire en juin 1943 avec Jean Moulin. Sa femme, Lucie Aubrac, organisa son évasion en octobre.

Aubrac (monts d') Plateau du Massif central, au S. de l'Auvergne. 1 469 m.

Aubriot (Hugues) Édile et administrateur français (v. 1315-v. 1388). Prévôt de Paris (1364-1381), il fit construire la Bastille, le Petit Châtelet, le pont Saint-Michel et le pont au Change.

Aubry (Pierre) Musicologue français (1874-1910). Il a contribué à la renaissance de la musique médiévale.

Aubry (Martine) Femme politique française (née en 1950). Fille de J. Delors, elle a été ministre du Travail de 1991 à 1993 puis ministre de l'Emploi et de la Solidarité de 1997 à 2000. Première secrétaire du Parti socialiste de 2008 à 2012, elle est maire de Lille depuis 2001.

auburn [obœʀn] **adj. invar.** ou **RO adj. (mot anglais, du français *auborne* « blond », famille du latin *albus*) (cheveux)** Châtain roux. *Des cheveux auburn ou* **RO** *auburns.*

Aubusson Chef-lieu d'arrondissement de la Creuse. 3 181 habitants. Centre actif de la tapisserie depuis le XIVe s., déclaré manufacture royale par Colbert en 1665. École d'art. Musée.

Auby Commune du Nord, sur le canal de la Deûle. 7 205 habitants.

Auch Chef-lieu du Gers. 22 518 habitants. Cathédrale de style flamboyant. Musée. Marché agricole.

Auch, la cathédrale Sainte-Marie (XVe-XVIIe s.) et la tour d'Armagnac.

Auchel Commune du Pas-de-Calais, près de Bruay-en-Artois. 10 221 habitants. Ancienne houillère.

Auchy-les-Mines Commune du Pas-de-Calais. 4 656 habitants. Ancien centre houiller.

Auckland (îles) Archipel volcanique inhabité de l'océan Pacifique, au S.-O. de la Nouvelle-Zélande. 62 km^2.

Auckland Ville de Nouvelle-Zélande, dans l'île du Nord. 1 470 000 habitants. Université. Port. Industrie. Fondée en 1840, elle fut la capitale de la Nouvelle-Zélande jusqu'en 1865.

aucuba **n. m. (origine inconnue) bot.** Arbuste ornemental à feuilles persistantes, originaire du Japon.

aucun, une **(latin *alcunus*, de *aliquis* « quelque » et *unus* « un* ») I. adj. 1. littér. (positif)** Quelque ; quelque... que ce soit, qu'il soit **(dans les phrases comparatives, dubitatives ou hypothétiques).** *Il l'aime plus qu'aucune autre.* **2. (négatif)** *Ne... aucun, aucun... ne ; sans aucun.* → ^{2}**pas** un. *Il n'a aucun talent. Sans aucun doute. Sans aucun ami* **(pluriel rare, sauf devant un n. sans singulier :** *sans aucuns frais***). II. pron. 1. (positif)** *Aucun de*, quiconque parmi. *Elle travaille plus qu'aucun de ses condisciples.* – **vieux ou littér.** *D'aucuns* : certains, plusieurs. *D'aucuns diront que...* **2. (négatif ; avec ne ou sans)** *Je ne connais aucun de ses amis, aucun d'eux. Il n'en est venu aucun.* – **(dans une réponse)** Pas un.

aucunement **adv.** En aucune façon, pas du tout. → **nullement.**

audace **n. f. (latin, de *audax* « audacieux » ; famille de oser) 1.** Disposition qui porte à des actions difficiles, dangereuses, au mépris des obstacles. *La confiance en soi donne de l'audace.* → **hardiesse, intrépidité.** « *Il nous faut de l'audace, encore de l'audace et toujours de l'audace, et la France est sauvée* » (Danton). **2.** *Une, des audaces* : action, procédé qui brave les habitudes, les goûts dominants. → **innovation, originalité.** *Les audaces de la mode.* **3. péj.** Hardiesse insolente. → **aplomb, culot.** *Elle ne manque pas d'audace, celle-là ! Il n'aura pas l'audace de réclamer.*

audacieux, ieuse **adj. 1. (personnes)** Qui a de l'audace (1). → **courageux, hardi, intrépide.** *Trop audacieux.* → **aventureux, téméraire.** « *Marat était audacieux mais nullement brave* » (Michelet). – **n. prov.** *La fortune sourit aux audacieux.* **2. (choses)** Qui dénote de l'audace (1). *Conceptions audacieuses.* → **hardi, novateur.** □ **adv. audacieusement**

Aude n. f. Fleuve du Roussillon, qui prend sa source dans les Pyrénées-Orientales (massif de Carlitte), arrose Limoux et Carcassonne, et se jette dans la Méditerranée. 220 km.

Aude n. f. [11] Département français de la Région Occitanie (→ carte). 6 289 km^2. 375 217 habitants. Chef-lieu : Carcassonne. Chefs-lieux d'arrondissement : Limoux, Narbonne. Tandis que l'arrière-pays, montagneux (montagne Noire, Corbières), est le domaine de la polyculture et de l'élevage, le littoral, parsemé d'étangs, se consacre à la viticulture et au tourisme.

au-delà n. m. (de *au* et *delà*) Ce qui est au-delà de la mort (selon les religions...). *Dans l'au-delà. Les au-delàs des diverses religions.*

Auden (Wystan Hugh) Poète et dramaturge américain d'origine britannique (1907-1973). Son talent lyrique et la virtuosité de son style font de lui l'un des poètes de langue anglaise les plus influents du XXe s. *Funeral Blues ; For the Time Being.*

Audenarde voir **Oudenaarde**

Audenge Commune de la Gironde. 9 136 habitants. Station balnéaire. Ostréiculture.

Auderghem Ville de Belgique (Bruxelles-Capitale). 34 404 habitants. Vestiges d'une abbaye.

Audiard (Michel) Dialoguiste et réalisateur français de cinéma (1920-1985). Marqués par la gouaille parisienne, ses dialogues ont servi les plus grands scénarios. *Les Tontons flingueurs ; Mélodie en sous-sol.*

Audiard (Jacques) Réalisateur français de cinéma (né en 1952). Fils de Michel Audiard, il a débuté au cinéma comme monteur puis scénariste. *De battre mon cœur s'est arrêté ; Un prophète ; De rouille et d'os ; Dheepan ; Les Frères Sisters.*

Audiberti (Jacques) Écrivain français (1899-1965). Dans un style baroque et lyrique, foisonnant d'invention verbale, il a écrit des romans *(Abraxas ; Marie Dubois)*, des pièces de théâtre *(Le mal court)* et des poèmes.

audibilité n. f. Qualité de ce qui est audible. *Seuil d'audibilité.*

audible adj. (latin, de *audire* → ouïr) Qui est perceptible par l'oreille. *Sons à peine audibles.*

audience n. f. (latin, de *audire* → ouïr) **1.** littér. Intérêt porté à qqch. par le public. *Cet ouvrage a l'audience des lecteurs les plus exigeants.* **2.** Réception où l'on admet qqn pour l'écouter. → **entretien.** *Donner audience à qqn.* **3.** Séance d'un tribunal. *Audience publique, à huis clos.* **4.** (anglais) Public touché par un média. → **auditoire.** *Mesure de l'audience d'une chaîne de télévision* (→ **audimat, audimètre**).

Audierne Commune du Finistère, sur le Goyen. 3 690 habitants. Station balnéaire et port de pêche sur la *baie d'Audierne* (entre la pointe du Raz et la pointe de Penmarch).

audimat [odimat] n. m. (n. déposé, de *audi[mètre]* et *[auto]mat[ique]*) Audimètre permettant de mesurer l'audience des chaînes de télévision. ■ L'audience (4). *Les champions de l'audimat. Des audimats* ou *des audimat* (invar.). □ adj. **audimatique**

audimètre n. m. Appareil qui permet de mesurer l'audience des émissions de radio ou de télévision. → **audimat.**

audimétrie n. f. Mesure du taux d'écoute des chaînes de radio et de télévision.

audimutité n. f. Mutité congénitale non associée à une surdité.

Audincourt Commune du Doubs, sur le Doubs. 13 542 habitants. Église moderne (1949), décorée notamment par F. Léger.

audio adj. Qui concerne l'enregistrement ou la transmission des sons. *Fichiers audios* ou *audio* (invar.).

audi(o)- Élément (du latin *audire* → ouïr) qui signifie « sonore ».

audioconférence n. f. Téléconférence qui transmet par le réseau de télécommunication les propos de personnes physiquement éloignées les unes des autres.

audiodescription n. f. Commentaire enregistré décrivant des scènes d'un spectacle, d'un film à l'intention d'un déficient visuel. *Programme télévisé en audiodescription.*

audiofréquence n. f. Fréquence à laquelle une vibration sonore est perceptible par l'oreille humaine.

audiogramme n. m. Représentation graphique, obtenue à partir d'un appareil (→ **audiomètre**), traduisant le degré d'acuité auditive.

audioguide n. m. (n. déposé) Appareil portatif fournissant des commentaires explicatifs enregistrés permettant la visite autonome d'un musée, d'une exposition ou d'un site.

audiologie n. f. méd. Étude de l'audition.

audiomètre n. m. Appareil permettant de mesurer l'acuité auditive. □ n. f. **audiométrie**

audionumérique adj. (→ numérique) Dont le son est enregistré sous forme de signaux numériques. *Disque audionumérique* (disque compact). *Fichier audionumérique.* → **MP3.**

audiophile n. Amateur de haute-fidélité.

audiophone n. m. Petit appareil acoustique pour les malentendants. → **sonotone.**

audioprothésiste n. Spécialiste des prothèses auditives et de l'appareillage des malentendants.

audiovisuel, elle adj. (→ visuel) Qui utilise le son et l'image (notamment dans l'apprentissage des langues). *Méthodes audiovisuelles.* ■ n. m. Les moyens de communication, d'apprentissage audiovisuels.

audit [odit] n. m. (mot anglais, du latin *audire*) **1.** Procédure de contrôle de la comptabilité et de la gestion d'une entreprise. **2.** Personne qui pratique l'audit d'une entreprise. → **auditeur.**

auditeur, trice n. (latin → audio-) **1.** Personne qui écoute. *Les auditeurs d'un conférencier.* → **auditoire.** *Les auditeurs d'une émission de radio.* **2.** Fonctionnaire qui n'est pas encore conseiller (conseil d'État, Cour des comptes). **3.** Personne chargée de l'audit d'une entreprise.

auditif, ive adj. Qui appartient à l'organe de l'ouïe. *Appareil auditif. Mémoire auditive,* des sons. *Mesure de l'acuité auditive* (→ **audimétrie**). *Prothèse auditive.*

audition n. f. (latin → audio-) **1.** Perception des sons par l'ouïe. *Troubles de l'audition.* → **presbyacousie, surdité ; malentendant.** **2.** Action d'entendre ou d'être entendu. *Procéder à l'audition des témoins.* → **auditionner** (II, 2). **3.** Séance d'essai donnée par un artiste. → **essai.** *Passer une audition.* → **auditionner** (I). **4.** Séance musicale où l'on entend une œuvre. *La première audition mondiale d'une œuvre.*

auditionner v. < 1 > **I.** v. intr. Donner une audition (3) pour obtenir un engagement. **II.** v. tr. **1.** Écouter (un artiste) qui donne une audition. **2.** dr. Procéder à l'audition (2) de qqn pour recueillir sa déposition. *Le juge auditionne les témoins.*

auditoire n. m. (latin → audio-) L'ensemble des personnes qui écoutent. → **auditeur** (1) ; **audience** (4), **assistance, public.** *Il a joué devant un auditoire nombreux.*

auditorat n. m. (en France) Fonction d'auditeur au Conseil d'État, à la Cour des comptes.

auditorium [oditɔʀjɔm] n. m. (mot latin) Salle aménagée pour les auditions, les émissions de radio ou de télévision. *Des auditoriums.*

Audoin-Rouzeau (Stéphane) Historien français (né en 1955). Spécialiste de la Première Guerre mondiale, il a mis l'accent sur les pratiques culturelles et sociales engendrées par le conflit. *La Guerre des enfants ; Combattre : une anthologie historique de la guerre moderne.* Ses recherches portent aussi sur le génocide des Tutsis au Rwanda.

Audoux (Marguerite) Écrivaine française (1863-1937). Son œuvre principale, *Marie-Claire*, est une autobiographie romancée.

Audran Dynastie de graveurs, ornemanistes, peintres et sculpteurs français. ■ **Gérard II Audran.** Graveur (1640-1703). Il grava d'après Le Brun *(Les Batailles d'Alexandre)*, d'après des tableaux de peintres bolonais, de Poussin et de Le Sueur. ■ **Claude III Audran.** Peintre, dessinateur et ornemaniste (1657-1734). Il exécuta des travaux de décoration aux châteaux de Sceaux, de Marly et à la ménagerie de Versailles. C'est l'un des créateurs du style rocaille.

Audran (Edmond) Compositeur français (1842-1901). Il est l'auteur d'opérettes. *Le Grand Mogol ; La Mascotte.*

Audubon (John James) Naturaliste et peintre américain (1785-1851). Il décrivit et illustra la faune et la flore d'Amérique du Nord (435 planches en couleurs pour *Les Oiseaux d'Amérique*).

Audun-le-Tiche Commune de la Moselle. 7 108 habitants. Anc. mine de fer.

Auenbrugger ou **Avenbrugger** (Léopold) Médecin autrichien (1722-1809). Il introduisit la méthode de percussion pour le diagnostic des maladies internes du thorax.

Auer (Carl, baron von Welsbach) Chimiste autrichien (1858-1929). Il inventa le manchon à oxyde de thorium de la lampe à gaz, dit *bec Auer.*

Auerbach (Berthold) Écrivain allemand (1812-1882). Il est l'auteur d'une biographie romancée de *Spinoza* et de *Récits villageois de la Forêt-Noire.*

Auerstedt ou **Auerstaedt** Village d'Allemagne (Saxe-Anhalt). Davout y remporta une victoire sur les Prussiens le 14 octobre 1806.

Aufklärung n. f. Mot allemand signifiant « éclaircissement », utilisé à partir de 1770 pour désigner les courants de pensée de la première moitié du XVIIIe s. et correspondant aux Lumières en France.

au fur et à mesure voir **fur et à mesure**

auge n. f. (vient du latin *alveus* « récipient » → **alvéole**) **1.** Mangeoire (surtout du porc). **2.** géogr. *Auge glaciaire* : vallée à fond plat.

Auge (pays d') Région de Basse-Normandie, entre les vallées de la Touques et de la Dives. Élevage bovin, fromage (camembert, livarot, pont-l'évêque).

Auger (Pierre Victor) Physicien français (1899-1993). Il a découvert l'existence, dans les rayons cosmiques, de faisceaux de particules, les *gerbes d'Auger*, produits par la rencontre entre les rayons cosmiques et la haute atmosphère.

Augereau (Pierre François Charles) Maréchal de France (1757-1816). Il participa à toutes les campagnes de Napoléon Ier. En 1814, il fut l'un des premiers à se rallier à Louis XVIII.

auget n. m. **1.** Petite auge pour les oiseaux. **2.** Petit godet fixé à la circonférence d'une roue hydraulique pour recevoir l'eau motrice.

Augias Roi d'Élide, dans la mythologie grecque. Héraclès nettoya ses écuries en détournant les eaux de l'Alphée.

Augier (Émile) Auteur dramatique français (1820-1889). Ses comédies de mœurs sont typiques du Second Empire. *Le Gendre de M. Poirier ; Le Mariage d'Olympe.*

augment n. m. (latin *augmentum*, de *augere* « augmenter ») gramm. Voyelle (e) ajoutée devant le radical des verbes commençant par une consonne, à certains temps du passé (en grec ancien, notamment).

augmentatif, ive adj. ling. Se dit de morphèmes ou de mots qui renforcent le sens d'un mot, d'un syntagme (opposé à *diminutif*). *Préfixes et suffixes augmentatifs.*

augmentation n. f. (→ augmenter) **1.** Action d'augmenter ; son résultat. → **accroissement.** *Augmentation de prix.* → **hausse.** **2.** absolt Accroissement d'appointements. *Demander une augmentation.*

augmenté, ée adj. *Être humain augmenté,* dont les capacités seraient accrues par des interventions scientifiques ou techniques.

augmenter v. < 1 > (latin, de *augere* « faire croître » ; famille de *augure, auteur*) **I.** v. tr. **1.** Rendre plus grand, plus considérable par addition d'une chose de même nature. → **accroître, agrandir.** *Augmenter les salaires.* – au p. p. *Édition revue et augmentée.* **2.** *Augmenter qqn,* augmenter son salaire. **II.** v. intr. **1.** Devenir plus grand, plus considérable. → **croître.** *La population augmente chaque année.* **2.** Devenir plus cher. *Le café a augmenté.* → **renchérir.** ■ **s'augmenter** v. pron. Devenir plus grand, plus considérable. *L'équipe s'est augmentée de cinq personnes.*

Augsbourg Ville d'Allemagne (Bavière), au N.-O. de Munich. 295 830 habitants. Cathédrale romane remaniée en gothique. L'un des principaux centres industriels (mécanique, chimie) du S. de l'Allemagne.

Augsbourg (confession d') Formulaire exposant la profession de foi des luthériens rédigé par Melanchthon en 1530. Le rejet de la Confession d'Augsbourg par les théologiens catholiques provoqua la formation de la ligue de Schmalkalden (1531).

Augsbourg (ligue d') Coalition qui, de 1686 à 1697, s'opposa à la politique agressive menée par Louis XIV depuis la paix de Nimègue (1678-1679). Elle réunissait l'Empire, l'Espagne, quelques principautés allemandes, la Suède, l'Angleterre et la Hollande. *La guerre de la ligue d'Augsbourg* prit fin avec le traité de Rijswijk (1697).

Augsbourg (paix d') Paix de religion signée en 1555 entre Ferdinand Ier et les électeurs germaniques. Elle partageait l'Empire entre les deux confessions catholique et luthérienne.

augure n. m. (latin, *augurium* → heur, de *augere* [le présage permet d'accroître les entreprises humaines] → augmenter) **I.** Prêtre de l'Antiquité chargé d'observer certains signes afin d'en tirer des présages. **II.** (→ augurer) **1.** Ce qui semble présager qqch. ; signe par lequel on juge de l'avenir. *Tout cela n'est pas de bon augure, ne me dit rien de bon. J'en accepte l'augure :* j'accepte ce qui semble présager l'avenir. **2.** loc. *Oiseau de bon, de mauvais augure :* personne qui annonce de bonnes, de mauvaises nouvelles. □ adj. **augural, ale, aux**

augurer v. tr. < 1 > (latin → augure) littér. *Augurer une chose d'une autre,* en tirer une conjecture, un présage. → **présager.** *Que faut-il augurer de tout cela ?* absolt *« Je n'augure pas bien de l'avenir prochain »* (Renan).

Augusta Ville des États-Unis (Géorgie), sur la Savannah. 202 000 habitants. Port fluvial. Industries textiles, porcelaine.

Augusta Ville des États-Unis, capitale du Maine. 18 900 habitants.

Augusta Ville d'Italie, en Sicile. 33 820 habitants. Port. Pétrochimie.

auguste (latin *augustus,* de *augur* → augure) **I.** n. m. Antiq. Titre porté par les empereurs romains à partir d'Octave. **II.** adj. littér. ou plais. Qui inspire de la vénération. → **vénérable ;** ¹**sacré.** *Une auguste assemblée.* **III.** n. m. (par l'allemand) Type de clown au maquillage violent et caricatural.

Auguste en latin **Caius Julius Caesar Octavianus Augustus** (63 av. J.-C.-14 apr. J.-C.). Empereur romain (27 av. J.-C.-14 apr. J.-C.). Petit-neveu de César, connu sous le nom d'Octave, puis d'Octavien, il forma avec

Statue d'Auguste (Ier s.), musée du Louvre, Paris.

Antoine et Lépide un triumvirat en –43. Après avoir éliminé l'opposition républicaine, ils se partagèrent le monde romain (paix de Brindisi, –40), l'Occident revenant à Octave. À la suite de la victoire d'Actium (–31) sur Antoine, il devint *auguste* (–27) et substitua à la république un nouveau régime, le *principat.* À l'intérieur, il restaura les traditions religieuses. À l'extérieur, il entreprit de fixer les frontières de l'Empire. Protecteur des arts et des lettres, il fit de son règne, le *siècle d'Auguste,* l'âge d'or du classicisme romain.

Auguste II ou **Frédéric-Auguste Ier** (1670-1733). Électeur de Saxe (1694-1733), il fut roi de Pologne (1697-1733). Il fut détrôné par Charles XII de Suède, au profit de Stanislas Leszczyński (1704-1709), puis reprit la Couronne.

Auguste III ou **Frédéric-Auguste II** (1696-1763). Électeur de Saxe et roi de Pologne (1733-1763). Il n'obtint le royaume qu'en 1738 après la guerre de Succession de Pologne.

Augustin (saint) Évêque africain, docteur et père de l'Église (354-430). Il se convertit au christianisme après sa découverte de la philosophie néoplatonicienne, et sous l'influence de sa mère, sainte Monique. Ordonné prêtre à Hippone, il fut acclamé évêque en 395. Il lutta contre les hérésies des manichéens, des donatistes et des pélagiens. Théologien et philosophe, il est l'auteur de textes décisifs de l'histoire de la pensée occidentale. *Confessions ; La Cité de Dieu.*

Augustin de Canterbury (saint) Archevêque de Canterbury (mort en 604). Il fut envoyé par le pape Grégoire le Grand pour évangéliser les Anglo-Saxons en 596.

augustinien, ienne adj. Qui concerne la pensée théologique de saint Augustin.

aujourd'hui adv. (de *au jour de* et *hui,* vient du latin *hodie* « maintenant ») **1.** Ce jour même, au jour où l'on est. *Il part aujourd'hui, dès aujourd'hui. C'est tout pour aujourd'hui. Jusqu'aujourd'hui, jusqu'à aujourd'hui.* – loc. fam. *C'est pour aujourd'hui ou pour demain ?* (exprime l'impatience). **2.** Le temps où l'on est ; la période actuelle. → **maintenant.** *Les jeunes d'aujourd'hui.*

Aukrust (Olav) Poète norvégien (1883-1929). Il est l'auteur de poèmes d'inspiration mystique. *Jalon du ciel ; Crépuscule.*

aula n. f. (mot latin) (en Suisse) Grande salle d'une université (→ **amphithéâtre**), d'un musée.

Âu Lạc n. m. Nom d'un ancien royaume, qui s'étendait au N. de l'actuel Viêtnam (250-207 av. J.-C.). Il fut conquis par les Chinois.

Aulenti (Gaetana, dite Gae) Architecte et designer italienne (1927-2012). Elle a créé la célèbre lampe *Pipistrello.* À Paris, elle a aménagé le musée d'Orsay, le musée d'Art moderne du Centre Georges-Pompidou et, à Venise, le Palazzo Grassi.

Aulerques n. m. pl. Peuple de la Gaule établi entre la Loire et la Seine.

Aulide n. f. Ancienne région de Grèce (Béotie) qui entourait Aulis.

Aulis Ancien port de Grèce, en Béotie, sur l'Euripe. Selon *L'Iliade,* les Achéens y embarquèrent pour Troie. Iphigénie y fut sacrifiée.

aulnaie [o(l)nɛ] n. f. Lieu planté d'aulnes. - var. **aunaie.**

Aulnat Commune du Puy-de-Dôme. 4 103 habitants. Aéroport de Clermont-Ferrand.

Aulnay Commune de la Charente-Maritime. 1 324 habitants. Église de style roman poitevin.

Aulnay-sous-Bois Commune de la Seine-Saint-Denis, au N.-E. de Paris. 86 485 habitants. Construction automobile. Chimie. Plateforme logistique (Garonor).

aulne [o(l)n] n. m. (vient du latin *alnus*) Arbre d'Europe qui croît dans les lieux humides. – *« Le Roi des aulnes »* (légende allemande ; ballade de Goethe ; roman de M. Tournier). - var. **aune.**

Aulne n. m. Fleuve de Bretagne qui se jette dans la rade de Brest. 140 km.

Aulnoy [onwa] **(Marie Catherine Le Jumel de Barneville, comtesse d')** Écrivaine française (v. 1650-1705). Elle ouvrit un salon littéraire, écrivit des chroniques et une *Histoire d'Hippolyte, comte de Douglas,* récit romanesque à succès.

Aulnoye-Aymeries Commune du Nord, sur la Sambre. 8 804 habitants. Métallurgie.

aulofée ou **auloffée** n. f. (de *au lof*) mar. Mouvement du bateau qui vient dans le lit du vent (opposé à *abattée*).

Ault [olt] Commune de la Somme. 1 383 habitants. Station balnéaire.

Aulu-Gelle Érudit latin (v. 130-v. 180). Il est l'auteur des *Nuits attiques,* recueil de notices traitant de grammaire, de philosophie, de droit, d'histoire et de littérature.

Aulus-les-Bains Commune de l'Ariège, sur le Garbet. 159 habitants. Station thermale.

aulx voir ail

Aumale Commune de la Seine-Maritime, sur la Bresle. 1 963 habitants. Église des XVIe et XVIIe siècles.

Aumale (Henri Eugène Philippe Louis d'Orléans, duc d') Général et homme politique français (1822-1897). Fils de Louis-Philippe, il se distingua durant la campagne d'Algérie par la prise de la smala d'Abd el-Kader (1843). Opposant au second Empire depuis son exil en Angleterre, il contribua ensuite au renversement de Thiers.

Aumann (Robert J.) Mathématicien et économiste israélo-américain (né en 1930). Ses travaux portent sur les conflits et coopérations dans les groupes sociaux. Prix Nobel 2005 avec T. Schelling.

aumône n. f. (latin chrét., du grec, de *eleos* « pitié » ; cf. *kyrie eleison*) **1.** vieilli Don charitable fait aux pauvres. → **bienfait, charité, obole.** *Faire l'aumône à un mendiant. Demander l'aumône :* mendier. **2.** fig. Faveur sollicitée humblement ou accordée par grâce. *Sans même lui faire l'aumône d'un regard.*

aumônier, ière n. (d'abord « distributeur des aumônes ») Religieux chargé de la direction spirituelle dans un établissement, un corps. *L'aumônier d'une prison.* □ n. f. **aumônerie**

aumônière n. f. (→ aumône) **1.** Petite bourse portée autrefois à la ceinture. **2.** Feuille de pâte (crêpe, brick) en forme de bourse renfermant une préparation culinaire.

¹aune n. f. (vient du francique « avant-bras ») Ancienne mesure de longueur (1,18 m) supprimée en 1840. – loc. *(Mesurer qqch.) à l'aune de :* (juger) d'après.

²aune voir aulne

Auneau-Bleury-Saint-Symphorien Commune de l'Eure-et-Loir. 6 230 habitants. Henri de Guise y remporta une victoire sur les protestants en 1587.

aunée n. f. bot. Plante des lieux humides, à fleurs jaunes (famille des *Composées*).

Aung San Homme politique birman (1915-1947). Opposé aux Britanniques, il tenta d'obtenir l'indépendance de son pays, mais fut assassiné.

Aung San Suu Kyi Femme d'État birmane (née en 1945). Fille d'Aung San, elle fonda la Ligue nationale pour la démocratie. Régulièrement détenue en résidence surveillée ou emprisonnée à partir de 1989, elle fut libérée en 2010 et élue députée en 2012. Son parti remportant la majorité absolue aux législatives de 2015, elle fut nommée ministre des Affaires étrangères puis également conseillère spéciale de l'État (2016). Après son accession au pouvoir, ses compromis avec l'armée ternirent son image, notamment sa justification du massacre des Rohingyas en 2017. Elle fut renversée par un putsch en 2021 après son écrasante victoire aux législatives et a subi un acharnement judiciaire. Prix Nobel de la paix 1991.

Aung San Suu Kyi en 2003.

Aunis [-is] n. m. Ancienne province française du littoral atlantique, entre le Poitou, au N., et la Saintonge, au S. L'Aunis appartint à l'Aquitaine puis à l'Angleterre, avant d'être réintégré à la Couronne par Charles V (1373). À l'époque de la Réforme, ce fut un foyer calviniste actif jusqu'à la prise de La Rochelle (1628).

auparavant adv. (de *au, par* et *¹avant*) Avant tel évènement, telle action (priorité dans le temps). → **¹avant,** au **préalable.** *Vous me raconterez cela, mais auparavant asseyez-vous. Un mois auparavant.*

auprès de loc. prép. (de *au* et *près*) **1.** Tout près de (qqn). → à **côté, près** de. *Venez vous asseoir auprès de moi.* – *Auprès du feu.* **2.** fig. En s'adressant à. *S'enquérir de qqch. auprès de qqn.* **3.** *Il passe pour un impoli auprès d'elle,* à ses yeux, dans son esprit. **4.** En comparaison de, à côté de. *Ce service n'est rien auprès de ce qu'il a fait pour moi.*

auquel pron. rel. voir lequel

aura n. f. (latin *aura* « souffle » [*vitalis* « vital »]) littér. Atmosphère qui entoure ou semble entourer un être. → **émanation.** *Une aura de mystère. Des auras.*

aurige

L'Aurige de Delphes, sculpture en bronze (v. 470 av. J.-C.), musée archéologique de Delphes.

Aurangabad Ville d'Inde (Maharashtra). 1,1 million d'habitants. Capitale du Dekkan sous Aurangzeb.

Aurangzeb (1618-1707) Empereur moghol de l'Inde (1658-1707). Il persécuta les hindous et mena une guerre continuelle contre le Dekkan. Son règne marqua le début de la décadence des Grands Moghols.

Auray Commune du Morbihan, sur la rivière d'Auray. 14 155 habitants. Port. Tourisme.

Aure (vallée d') Vallée des Pyrénées centrales, formée par le cours de la Neste d'Aure.

Aurelia (via) ou **Aurélienne** (voie) Voie romaine qui reliait Rome à la Ligurie par Pise et Gênes.

aurélie n. f. (italien *aurelio* « doré ») zool. Méduse rose, blanche ou mauve, fréquente dans les mers tempérées.

Aurélien en latin **Lucius Domitius Aurelianus** (v. 212-275). Empereur romain (270-275). S'efforçant de rétablir l'unité de l'Empire, il refoula les Vandales et les Alamans, vainquit Zénobie, reine de Palmyre (272) et Tétricus, maître de l'empire des Gaules (274).

Aurenche (Jean) Scénariste français (1903-1992). L'un des plus féconds auteurs du cinéma français, il écrivit pour René Clément *(Jeux interdits),* Claude Autant-Lara *(La Traversée de Paris),* Bertrand Tavernier *(Coup de torchon).*

auréole n. f. (latin [*corona* « couronne »] *aureola* « d'or », de *aurum* → *¹or*) **1.** Cercle qui entoure la tête de Jésus-Christ, de la Vierge et des saints dans les images. → **nimbe. 2.** Degré de gloire qui distingue qqn. *L'auréole des martyrs.* → **couronne. 3.** Trace circulaire laissée sur le papier, le tissu par une tache qui a été nettoyée. **4.** Trace de transpiration des aisselles sur un vêtement.

auréoler v. tr. < 1 > **1.** Entourer d'une auréole. **2.** Donner de l'éclat, du prestige à (qqn, qqch.). → **glorifier.** *Un grand nom que la légende auréole.* – pronom. *« Il s'auréolait de prestige à mes yeux »* (Gide). – au p. p. *Auréolé de gloire.*

auréomycine n. f. (n. déposé, latin *aureus* « doré » → -myce, -ine) méd. Antibiotique utilisé sous la forme d'une poudre jaune, dérivé de la tétracycline*, actif sur de nombreuses bactéries.

Aurès n. m. pl. Massif de l'Algérie orientale. 2 326 m au djebel Chelia. Les Aurès sont un foyer de peuplement berbère.

Auric (Georges) Compositeur français (1899-1983). Il élabora une œuvre pleine de fantaisie et de sensibilité. On lui doit des ballets *(Les Fâcheux)* et de nombreuses musiques de film *(Orphée,* de J. Cocteau, *Lola Montès,* de M. Ophüls).

auriculaire (latin, de *auricula* → oreille) **1.** adj. Qui a rapport à l'oreille. *Pavillon auriculaire.* – *Témoin auriculaire,* qui rapporte ce qu'il a entendu. **2.** n. m. *L'auriculaire,* le petit doigt de la main (sa petitesse permet de l'introduire dans l'oreille).

auricule n. f. (latin *auricula* → oreille) anat. Petit appendice prolongeant les oreillettes du cœur.

auriculothérapie n. f. (→ thérapie) méd. Méthode thérapeutique dérivée de l'acupuncture et consistant à stimuler certains points nerveux du pavillon de l'oreille.

aurifère adj. (latin, de *aurum* → ¹or et -fère) Qui contient de l'or. *Rivière aurifère.*

aurification n. f. Action d'aurifier (une dent).

aurifier v. tr. < 7 > (du latin *aurum* → ¹or) Obturer (une dent avec de l'or).

aurige n. m. (latin *auriga*) Antiq. Conducteur de char, dans les courses. *L'Aurige de Delphes.*

Aurigny en anglais **Alderney** La plus septentrionale des îles Anglo-Normandes, en face de La Hague. 1 800 habitants. Chef-lieu : Sainte-Anne.

Aurillac Chef-lieu du Cantal. 25 703 habitants. Église de style gothique. Musées.

Aurillac, le château Saint-Étienne, qui abrite le muséum des Volcans.

Auriol (Vincent) Homme d'État français (1884-1966). Membre de la SFIO, il fut ministre des Finances dans le gouvernement du Front populaire (1936). Il fut président de la République de 1947 à 1954.

Auriol (Jacqueline), née **Douet** Aviatrice française (1917-2000). Première femme pilote d'essai en France, elle battit de nombreux records de vitesse sur avion à réaction.

Jacqueline Auriol en 1962 après un vol d'essai à bord d'un Mirage III.

aurique adj. (néerlandais *oorig*) mar. *Voile aurique,* en quadrilatère irrégulier.

Aurobindo Ghose ou **Śrī Aurobindo** Poète, philosophe et mystique indien d'expression anglaise et bengalie (1872-1950). Militant pour l'indépendance de l'Inde, il dut s'établir à Pondichéry où il ouvrit un ashram pour y développer son propre yoga.

aurochs [ɔʀɔk] n. m. (allemand, de *Ochse* « bœuf » et *Ur* « aurochs ») Bœuf sauvage de grande taille dont la race est éteinte.

A

Auron Station estivale et hivernale des Alpes-Maritimes, sur la commune de Saint-Étienne-de-Tinée. Chapelle romane aux fresques du XVe siècle.

aurore n. f. (latin ; mot religieux indo-européen) **1.** Lueur brillante et rosée qui suit l'aube et précède le lever du soleil ; moment où le soleil va se lever. *Se lever à l'aurore*, fam. *aux aurores*, très tôt. allusion *« L'aurore aux doigts de rose »* (trad. de Homère). *« Cela s'appelle l'aurore »* (Giraudoux ; roman de Roblès, film de Buñuel). **2.** fig. Aube, commencement. *L'aurore des Temps modernes.* **3.** *Aurore boréale, polaire* ou *australe* : arc lumineux (jet d'électrons solaires) qui apparaît dans les régions polaires de l'atmosphère. □ adj. **auroral, ale, aux**

Aurore (L') Quotidien républicain-socialiste français fondé en 1897. Il publia en 1898 le manifeste « J'accuse » de Zola, épisode de l'affaire Dreyfus. Disparu en 1914, le titre fut repris de 1944 à 1984 par un quotidien conservateur.

Auschwitz Ville de Pologne. Le plus grand camp d'extermination du régime nazi y fut aménagé. Entre 1,1 et 1,5 million de personnes y périrent, parmi lesquelles 90 % de Juifs.

Auschwitz-Birkenau, l'entrée du camp.

auscultation n. f. Action d'écouter les bruits qui se produisent à l'intérieur de l'organisme pour faire un diagnostic. *Auscultation au stéthoscope.*

ausculter v. tr. < 1 > (latin *auscultare*, même radical que *auris* « oreille ») Explorer les bruits de l'organisme par l'auscultation. *Ausculter un malade.*

Ausone Poète latin (v. 310-v. 395). Professeur de rhétorique à Burdigala (Bordeaux), puis à Trèves, il a laissé de nombreux poèmes (parfois en grec) traitant de sujets variés. Le plus connu est un poème didactique, *La Moselle.*

auspices n. m. pl. (latin, de *avis* « oiseau ») **1.** Antiq. Présage tiré du comportement des oiseaux. **2.** Circonstances permettant d'envisager l'avenir. *D'heureux auspices.* → **influence, présage.** – *Sous les auspices de qqn*, avec son appui. → **égide, patronage.**

aussi (vient du latin *alid*, de *aliud* « autre », ou formé avec *si*) **I.** adv. **1.** De la même manière. (+ adj.) *Il est aussi grand que vous ; aussi grand que beau.* (+ adv.) *Aussi vite que vous (le) pourrez, que possible.* ■ D'une manière si importante → **²si.** *Je n'ai jamais rien vu d'aussi joli. Je ne pensais pas qu'il était aussi âgé.* – (avant le v.) → **pour, quelque, ²si.** *Aussi invraisemblable que cela paraisse. Aussi riche soit-il.* - *Aussi* et *autant** peuvent exprimer la même idée, mais n'ont pas les mêmes fonctions. **2.** De la même façon. → **pareillement.** *C'est aussi mon avis.* → **également.** *Dormez bien. – Vous aussi.* → de **même.** – *Aussi bien que* : de même que. → **autant** que, **comme. 3.** Pareillement et de plus. → **encore,** en **outre.** *Il parle l'anglais et aussi l'allemand. Non seulement... mais aussi.* **II.** conj. En conséquence de quoi. *Ces tissus sont très beaux, aussi coûtent-ils cher.* → c'est **pourquoi.**

aussière voir **haussière**

aussitôt adv. (de *aussi* et *tôt*) **1.** Dans le moment même, au même instant. → **immédiatement ;** tout de **suite.** *J'ai compris aussitôt ce qu'il voulait. Aussitôt après son départ.* **2.** *Aussitôt que* loc. conj. *Il le reconnut aussitôt qu'il le vit.* → **dès, sitôt.** loc. *Aussitôt dit*, aussitôt fait.*

Austen (Jane) Romancière britannique (1775-1817). Elle peignit des personnages féminins observés avec humour et précision. *Raisons et sentiments ; Orgueil et préjugés ; Emma ; Persuasion.*

austénite n. f. (de *Austen*, n. propre) techn. Constituant micrographique des aciers, contenant une solution de carbone.

Auster (Paul) Romancier américain (né en 1947). D'une grande inventivité, son œuvre va de la forme policière *(Trilogie new-yorkaise)* à celle de la science-fiction apocalyptique *(Le Voyage d'Anna Blume)*, en passant par la méditation sur la filiation *(L'Invention de la solitude)*. Il a inventé une nouvelle forme narrative avec *4 3 2 1*, énorme fresque où s'entrelacent quatre scénarios possibles de la vie du jeune Ferguson, fils d'émigré juif.

austère adj. (latin *austerus* « âpre », du grec) **1.** Qui se montre sévère pour soi, se prive. → **ascète, puritain. 2.** Dur, rigoureux, sans plaisirs. *Une vie austère.* **3.** (choses) Sans ornement. → **sévère.**

austèrement adv. D'une manière austère.

austérité n. f. (→ austère) **1.** Caractère de ce qui est austère. → **rigueur. 2.** Gestion stricte de l'économie d'un pays, avec des mesures restreignant la consommation. *Une politique d'austérité* (s'oppose à *abondance*).

Austerlitz Localité de Moravie (République tchèque). Napoléon Ier y battit l'armée austro-russe commandée par Alexandre Ier et François II (2 déc. 1805).

Austin (John Langshaw) Philosophe britannique (1911-1960). L'un des représentants de la philosophie du « langage ordinaire », courant de la « philosophie analytique » attentif à l'analyse du langage commun. *Quand dire, c'est faire ; Le Langage de la perception.*

Austin Ville des États-Unis, capitale du Texas, sur le Colorado. 961 850 habitants. Université. Industries.

Austerlitz

La Bataille d'Austerlitz, par F. Gérard (1808), musée du château, Versailles.

austral, ale adj. (latin *australis*, de *auster* « vent du sud ») Qui est au sud du globe terrestre (opposé à *boréal*). *Hémisphère austral. Terres australes*, avoisinant le pôle Sud (→ **antarctique**). – *Aurore* australe.*

Australasie n. f. Nom parfois donné à l'ensemble géographique formé par l'Australie, la Nouvelle-Zélande et la Nouvelle-Guinée.

Australes et Antarctiques françaises (terres) (TAAF) Territoires français formant une collectivité d'outre-mer. 439 000 km². 200 résidents non permanents (bases scientifiques). Elles comprennent des îles du S. de l'océan Indien (archipel Crozet, archipel des Kerguelen, îles Saint-Paul et Amsterdam) et un secteur de l'Antarctique oriental (→ **Adélie** (terre)). Elles administrent depuis 2005 les îles Éparses (Juan de Nova, Europa, Bassas de India, îles Glorieuses et Tromelin), qui dépendaient jusqu'alors de la Réunion.

Australie

n. f. ■ offic. Commonwealth d'Australie État d'Océanie. 7 682 300 km². 25 697 000 habitants (les *Australiens*), dont 455 000 Aborigènes. **Langues :** anglais (offic.), langues aborigènes. **Religions :** catholiques (22,6 %), anglicans (13,3 %), autres protestants (16,3 %), musulmans (2,6 %). **Monnaie :** dollar australien. **Capitale :** Canberra. **Régime :** démocratie parlementaire.

L'Australie continentale constitue avec la Tasmanie une fédération (Commonwealth) de six États autonomes (→ **Australie-Méridionale, Australie-Occidentale, Nouvelle-Galles du Sud, Queensland, Tasmanie, Victoria**) auxquels s'ajoutent le territoire de la capitale australienne (→ **Canberra**) et le Territoire du Nord. Territoires extérieurs : Antarctique-Australien (territoire), îles Ashmore et Cartier (territoire inhabité), îles de la mer de Corail (territoire inhabité), îles Cocos, île Norfolk, îles Heard et MacDonald.

GÉOGRAPHIE

L'Australie est la plus grande île au monde. Le long de la côte orientale, la cordillère australienne est le principal massif montagneux (2 228 m au mont Kosciusko). Au N.-E., les récifs coralliens (→ **Barrière** [Grande]) bordent les côtes. L'Ouest est un vaste plateau à l'altitude modérée. En retrait de la côte, il est occupé par des déserts de pierres et de sable. Entre le plateau occidental et la cordillère, le Grand Bassin artésien, vaste dépression, abrite d'importantes réserves d'eau, le plus souvent souterraines. Traversée par le tropique du Capricorne, l'Australie est dans une position symétrique à celle du Sahara. Elle est aride en son centre mais bien arrosée sur son pourtour : reliefs et plaines côtières bénéficient d'un climat tropical au N. et méditerranéen au S. Le Sud-Est et la Tasmanie sont tempérés.

Peu densément peuplé (moins de 3 hab./km²), le pays est largement urbanisé (92 % de la population). La question de la place des Aborigènes reste en suspens depuis qu'ils ont obtenu le droit de vote (1967). La loi de 1993 qui prévoyait la restitution de leurs terres est remise en cause par de nouvelles dispositions ; la communauté aborigène, marginalisée, vit une crise sérieuse (mortalité infantile, espérance de vie, chômage). Depuis les années 1960, l'Australie connaît une forte immigration (venue d'Asie du Sud-Est, des pays méditerranéens et d'Europe centrale), si bien qu'une centaine de communautés culturelles coexistent aujourd'hui.

ÉCONOMIE

L'agriculture, qui a permis l'essor du pays, repose sur la céréaliculture mécanisée (blé, orge) et sur l'élevage (ovins, bovins), dont les productions sont en partie destinées à l'exportation (vers le Japon, les États-Unis et la Chine...). Pourtant, les activités agricoles

Australie

sont aujourd'hui largement dépassées par l'extraction minière (fer, 1er produit d'exportation, charbon, bauxite, nickel, uranium), les industries en plein essor (chimie, métallurgie, automobile) et le tourisme.

Mine de bauxite en Australie, dans le Queensland.

HISTOIRE

Les Aborigènes sont installés depuis environ 40 000 ans. Les Hollandais Janszoon puis Tasman et l'Anglais Dampier découvrirent l'île au XVIIe s., mais l'exploration véritable ne commença qu'avec J. Cook. Il aborda sur la côte orientale et fonda la ville de Botany Bay (1770). Botany Bay devint rapidement une colonie pénitentiaire britannique. Avant même l'exploration complète de l'île, de vastes régions devinrent des colonies de la Couronne. À partir de 1850, la « ruée vers l'or » attira pionniers et aventuriers : la population quadrupla en 20 ans.

L'indépendance Les colonies obtinrent l'autonomie (1850), puis se fédérèrent en un Commonwealth d'Australie (1901). Lors des guerres mondiales, l'Australie s'engagea aux côtés des Alliés (envoi de troupes et de denrées alimentaires, base arrière en 1943 pour la reconquête du Pacifique et de l'Asie du Sud-Est).

L'Australie contemporaine Depuis 1945, la politique est marquée par l'alternance entre travaillistes (au pouvoir de 2007 à 2013 avec Kevin Rudd, puis Julia Gillard) et libéraux (2013-2022). En 1999, les Australiens ont refusé par référendum l'adoption du régime républicain. Le pays pratique une politique d'immigration choisie et peine à se fixer des objectifs pour réduire ses émissions de gaz à effet de serre. Après les gigantesques incendies qui détruisirent des millions d'hectares de forêt en 2019-2020, le parti libéral, défenseur de l'industrie du charbon, dut céder le pouvoir aux travaillistes en 2022.

Australie-Méridionale État d'Australie. 984 377 km². 1,7 million d'habitants. Capitale : Adélaïde.

Australienne (cordillère) Série de plateaux et de chaînes de montagnes de l'E. de l'Australie, du cap d'York à la Tasmanie. 2 231 m.

Australie-Occidentale État de l'O. de l'Australie. 2 525 500 km². 2,6 millions d'habitants. Capitale : Perth.

australopithèque n. **(du latin savant, de *australis* « austral » et grec *pithêkos* « singe »)** Hominidé fossile de petite taille, découvert en Afrique australe et orientale, qui vivait il y a environ 4 millions d'années.

Austrasie n. f. Royaume mérovingien (VIe-VIIIe s.). Constituée à la mort de Clovis (511), elle s'opposa à la Neustrie jusqu'au règne de Pépin le Bref (751).

austro-hongrois, oise adj. et n. **(de *austro-* « autrichien », du latin *Austria* « Autriche », et *hongrois*)** hist. De l'Autriche-Hongrie. – **n.** *Les Austro-Hongrois.*

autan n. m. **(provençal, du latin *altanus* « de haute mer »)** Vent d'orage qui souffle du sud.

autant adv. **(latin *al tantu*)** **1.** *Autant que* : en même quantité, au même degré, de la même façon. *Il travaille autant que vous* (opposé à *moins, plus*). « *Je te hais autant que je t'aime* » (Baudelaire). *Rien ne plaît autant que la nouveauté.* → **comme, tant. ellipt** *Autant dire la vérité,* il est aussi avantageux de. – **loc.** *Autant que possible,* dans la mesure du pos-

A

sible. *Autant que je sache,* dans la mesure où je suis au courant. **2.** ***Autant de*** (suivi d'un n.) : la même quantité, le même nombre de. *Il est né autant de garçons que de filles.* – (avec *en*) La même chose. *Tâchez d'en faire autant.* – *Pour autant,* pour, malgré cela. **3.** Une telle quantité, un tel nombre de. → **tant.** *Je ne pensais pas qu'il aurait autant de patience.* **4.** ***Autant... autant...*** *Autant il est charmant avec elle, autant il est désagréable avec nous.* **5.** ***D'autant*** **loc. adv.** : à proportion. *Cela augmente d'autant son profit.* – ***D'autant que*** **loc. conj.** : vu, attendu que. *Je n'y suis pas allé, d'autant qu'il était déjà tard.* – ***D'autant plus (moins) que*** : encore plus (moins) pour la raison que. *La chaleur est accablante, d'autant plus que le vent est tombé.* ***D'autant plus !*** **loc. adv.,** à plus forte raison. – ***D'autant mieux que*** : encore mieux pour la raison que.

Autant-Lara **(Claude)** Cinéaste français (1901-2000). Son œuvre est marquée par le refus du conformisme bourgeois et la dénonciation de l'hypocrisie sociale. *Le Diable au corps ; L'Auberge rouge ; La Traversée de Paris.*

autarcie **n. f.** **(grec, de *autos* → [1]auto- et *arkein* « protéger »)** État d'un pays qui se suffit à lui-même ; économie fermée. *Vivre en autarcie.* □ **adj. autarcique**

autel **n. m.** **(du latin *altaria,* remplaçant *ara* « autel »)** **1.** Tertre ou table de pierre à l'usage des sacrifices offerts aux dieux. *Autel consacré à Jupiter.* **2.** Table où l'on célèbre la messe. *Le maître-autel* (principal). **3.** ***L'autel*** : la religion, l'Église.

Auteuil **(Daniel)** Acteur français (né en 1950). Comédien aux multiples facettes, il a tourné avec les plus grands réalisateurs français, notamment C. Berri *(Jean de Florette),* C. Sautet *(Un cœur en hiver),* A. Téchiné *(Les Voleurs).*

Daniel Auteuil en 2008 dans *L'École des femmes* de Molière.

Auteuil Ancien village devenu un quartier de Paris (XVIe arrondissement), entre le bois de Boulogne et la Seine. Hippodrome.

auteur, autrice **n.** **(latin *auctor* « instigateur », de *augere* → augmenter, augure)** **1.** didact. Personne qui est à l'origine (de qqch.). → **créateur.** *L'auteur d'une découverte.* → **inventeur.** *Le suspect nie être l'auteur du crime.* **2.** Personne qui écrit un livre, qui fait une œuvre d'art. *L'auteur d'un livre, d'un tableau, d'un film.* – absolt Écrivain (→ **homme, femme de lettres**). – Œuvre d'un auteur. *Citer un auteur.* ■ *Droit d'auteur* (→ **copyright**). *Droits d'auteur* : argent perçu par un auteur. **3.** Personne qui écrit des textes de chanson. → **parolier.** - REM. Au féminin, on trouve aussi *auteure* (courant au Canada).

authenticité **n. f.** **(→ authentique)** **1.** Qualité d'un écrit, d'une œuvre authentique (2). *Vérifier l'authenticité d'une signature.* **2.** Qualité d'un fait conforme à la vérité. *L'authenticité d'un évènement historique.* → **véracité.** **3.** Qualité d'une personne, d'un sentiment authentique (4). → **sincérité.** *Des accents d'authenticité.*

authentifier **v. tr.** < 7 > **1.** Rendre authentique. *Un sceau authentifie cette pièce.* **2.** Reconnaître comme authentique. *L'expert hésite à authentifier ce tableau.* □ **n. f. authentification**

authentique **adj.** **(latin, du grec, de *authentes* « auteur ; responsable »)** **1.** dr. *Acte authentique* (opposé à *acte sous seing privé*), qui fait foi par lui-même en raison des formes légales dont il est revêtu. → **notarié.** *Rendre un acte authentique.* → **authentiquer.** **2.** Qui est véritablement de l'auteur auquel on l'attribue. *Un Rembrandt authentique.* **3.** Dont l'autorité, la réalité, la vérité ne peut être contestée. → **indéniable, réel, véridique, véritable, vrai.** *Les faits authentiques et la légende.* **4.** Qui exprime une vérité profonde de l'individu et non des habitudes superficielles, des conventions. → **sincère ; naturel.** *Une personnalité authentique.*

authentiquement **adv.** D'une manière authentique.

authentiquer **v. tr.** < 1 > dr. (vieilli) Authentifier (un acte).

Authie **n. m.** Fleuve côtier de Picardie, qui se jette dans la Manche, dans la *baie d'Authie.* 100 km.

Authion **n. m.** Rivière de l'Anjou, affluent de la Loire. 100 km.

autisme **n. m.** **(allemand, du grec *autos* « soi-même » → [1]auto-)** **1.** Trouble du développement qui se manifeste par une altération de la communication et des interactions sociales. **2.** fig. Tendance à l'introversion. ■ Refus de communiquer.

Autissier **(Isabelle)** Navigatrice française (née en 1956). Elle a été la première femme à faire le tour du monde à la voile en solitaire en compétition, en 1991. La mer lui a inspiré plusieurs fictions *(Seule la mer s'en souviendra).*

Isabelle Autissier aux Sables-d'Olonne en 1997, à l'arrivée du Vendée-Globe.

autiste **adj.** Atteint d'autisme. *Un enfant autiste.* – **n.** *Un, une autiste.*

autistique **adj.** didact. Relatif à l'autisme, caractérisé par de l'autisme.

auto **n. f.** **(abrév. de *automobile*)** **1.** Automobile. *Une grosse auto.* – *Le Salon de l'auto.* **2.** appos. *Assurance auto.* **3.** *Petites autos* (jouets). – *Autos tamponneuses**.

[1]auto- Élément **(du grec *autos*)** qui signifie « soi-même, lui-même » (contr. hétéro-).

[2]auto- Élément tiré de *automobile* (ex. *auto-école*).

autoaccusation **n. f.** Fait de s'accuser soi-même.

autoadhésif, ive **adj.** Qui adhère sans être humecté. → **autocollant.** *Vignette autoadhésive.* – **n. m.** *Des autoadhésifs.*

autoallumage **n. m.** Allumage spontané anormal du mélange carburant dans un cylindre de moteur à explosion.

autoamorçage **n. m.** Amorçage spontané (d'une réaction, d'un processus, d'une machine).

autoberge **n. f.** Voie sur berge pour les automobiles.

autobiographie **n. f.** Biographie d'un auteur faite par lui-même. □ **adj. autobiographique**

autobloquant, ante **adj.** Qui peut se bloquer, se maintenir dans la même position. *Porte autobloquante.*

autobronzant, ante **adj.** (cosmétique) Qui permet de bronzer sans soleil. *Crème autobronzante.* – **n. m.** *Utiliser un autobronzant.*

autobus [ɔtɔbys ; otobys] **n. m.** **(de *[2]auto-* et *[omni]bus*)** Véhicule automobile pour le transport en commun des voyageurs, dans les villes (à la différence de l'autocar). → **[1]bus.**

autocar **n. m.** **(anglais, de *car* « voiture »)** Grand véhicule automobile pour le transport collectif des personnes (hors des villes). → **[2]car.**

autocaravane **n. f.** Recommandation officielle pour *camping-car* et *motor-home.*

autocariste **n.** Propriétaire, exploitant ou gérant d'une compagnie d'autocars.

autocassable **adj.** *Ampoule autocassable* : dont le verre est traité pour pouvoir être cassé aux deux extrémités sans lime.

autocastration **n. f.** didact. Castration que l'on s'inflige à soi-même ; automutilation des organes génitaux.

autocatalyse **n. f.** chim. Catalyse d'une réaction par un des produits formés au cours de cette réaction.

autocensure **n. f.** didact. Censure exercée sur soi-même.

autocentré, ée **adj.** écon. *Développement autocentré,* basé sur les propres ressources du pays.

autocéphale **adj.** **(de *auto-* + *-céphale*)** didact. Se dit d'une Église qui refuse de reconnaître un chef unique.

autochenille **n. f.** Véhicule monté sur chenilles.

autochrome **adj.** Qui reproduit les couleurs. *Plaque photographique autochrome ;* **n. f.** *une autochrome.*

autochtone [ɔtɔktɔn ; otokton] **adj.** **(grec, de *khthôn* « terre »)** Qui est issu du sol même où il habite, qui n'est pas venu par immigration ou n'est pas de passage. → **aborigène, indigène.** *Peuple autochtone.* – **n.** *Les autochtones.*

autocinétique **adj.** didact. Capable de se mouvoir sans recevoir d'impulsion extérieure.

autoclave **n. m.** **(de *[1]auto-* et latin *clavis* « clé »)** Récipient métallique à fermeture extérieure hermétique, résistant à des pressions élevées. → **étuve ; cocotte-minute.**

autocollant, ante **adj.** Qui adhère sans être humecté. → **autoadhésif.** *Enveloppes autocollantes.* – **n. m.** *Un autocollant publicitaire.*

autocommutateur **n. m.** techn. Commutateur téléphonique automatique.

autocomplétion **n. f.** inform. Fonctionnalité qui propose des mots à l'utilisateur à partir des premiers caractères saisis.

autoconcurrence **n. f.** Concurrence que se fait une entreprise à elle-même.

autoconduction **n. f.** électr. Production de courant dans un courant non relié à un circuit, mais placé à l'intérieur d'un solénoïde.

autoconsommation n. f. écon. Consommation de produits par leur producteur. → **autarcie.**

autocopiant, ante adj. (papier) Qui reproduit un tracé, par pression. *Liasse autocopiante.*

autocopie n. f. Procédé par lequel on reproduit un texte, un dessin à un certain nombre d'exemplaires, par pression ; la copie ainsi obtenue.

autocouchette adj. (de *auto*) *Train autocouchette :* train de nuit transportant à la fois des voyageurs et leur voiture. – n. m. *Voyager en autocouchette.* - var. **autos-couchettes.**

autocrate n. m. (grec → [1]auto- et -crate) Souverain dont la puissance n'est soumise à aucun contrôle. → **despote, dictateur, tyran.**

autocratie n. f. Forme de gouvernement où le souverain exerce lui-même une autorité sans limites. → **absolutisme, despotisme, dictature, tyrannie.** □ adj. **autocratique**

autocritique n. f. Critique de son propre comportement. *Faire son autocritique.*

autocuiseur n. m. (de *cuire*) Appareil pour cuire les aliments sous pression, plus rapidement. → **cocotte-minute.**

autodafé n. m. (portugais *auto* « acte » *da fe* « de foi ») **1.** Cérémonie où des hérétiques étaient condamnés au supplice du feu par l'Inquisition. *Des autodafés.* **2.** Action de détruire par le feu. *Un autodafé de livres.*

autodéfense n. f. Le fait de se défendre sans recourir aux institutions (armée, police). *Milices d'autodéfense.*

autodérision n. f. Fait de se moquer de soi-même.

autodestruction n. f. Destruction de soi (matérielle ou morale) par soi-même. □ adj. **autodestructeur, trice**

autodétermination n. f. Détermination du statut politique d'un pays par ses habitants.

s'**autodétruire** v. pron. < 38 > Se détruire soi-même.

autodictée n. f. Exercice scolaire visant à apprendre l'orthographe et qui consiste à reproduire de mémoire un texte appris par cœur.

autodidacte adj. (grec, de *didaskein* « s'instruire » → **didactique**) Qui s'est instruit lui-même, sans maître. – n. *Un, une autodidacte.*

autodirecteur n. m. et adj. m. (Dispositif) qui permet de guider automatiquement un missile vers son objectif.

autodiscipline n. f. Discipline que s'impose un individu, un groupe, sans intervention extérieure.

autodrome n. m. (→ -drome) Piste fermée pour courses automobiles. → **circuit.** *L'autodrome de Montlhéry.*

autoécole ou **auto-école** n. f. (de [2]*auto*-) École de conduite des automobiles, qui prépare les candidats au permis de conduire. *Des autoécoles, des autos-écoles.*

autoentrepreneur, euse n. dr. (en France) Personne qui crée seule et pour elle-même une entreprise pour exercer une activité commerciale, artisanale ou libérale.

autoentreprise n. f. dr. (en France) Entreprise individuelle créée par un autoentrepreneur. → **microentreprise.**

autoexcitateur, trice adj. électr. Dont le courant est fourni par l'induit lui-même.

autofécondation n. f. bot. Fécondation par les propres organes (mâles et femelles) de la plante. *L'autofécondation des plantes autogames* (→ **autogamie**).

autofiction n. f. didact. Récit mêlant la fiction et l'autobiographie. □ adj. **autofictionnel, elle**

autofinancement n. m. Financement d'une entreprise par ses propres capitaux.

autofinancer v. tr. < 3 > Financer (un projet, un investissement) sur ses fonds propres, sans avoir recours à l'emprunt. – pronom. *Entreprise qui s'autofinance.*

s'**autoflageller** v. pron. < 1 > Pratiquer l'autocritique de manière excessive. □ n. f. **autoflagellation**

autofocus adj. (appareil photo, caméra, projecteur) Qui est équipé d'un système de mise au point automatique. – n. m. *Un autofocus.*

autoformation n. f. Formation individuelle par téléenseignement utilisant des outils pédagogiques multimédias.

autogamie n. f. biol. Mode de reproduction par union de gamètes provenant du même individu, observé surtout dans le règne végétal (algues, champignons...), plus rare dans le règne animal. → **autofécondation.** *L'autogamie et l'allogamie*.* □ adj. **autogame**

autogène adj. **1.** didact. Qui se développe à l'aide de ses éléments propres. – *Training* autogène.* **2.** *Soudure autogène,* faite sans autre matière que les deux parties à souder.

autogéré, ée adj. Géré par son personnel.

autogestion n. f. Gestion d'une entreprise par le personnel.

autogestionnaire adj. Relatif à l'autogestion.

autogire n. m. (espagnol *autogiro,* du grec *giro* « cercle ») Appareil volant dont le rotor assure la sustentation (et non la propulsion, comme dans l'hélicoptère).

autogoal n. m. (→ goal) (Suisse, Belgique) But marqué contre son camp.

autographe **1.** adj. Qui est écrit de la propre main de qqn. *Lettre autographe.* **2.** n. m. Texte écrit à la main par une personne célèbre.

autographie n. f. techn. Procédé de reproduction sur pierre lithographique avec une encre spéciale. – Lithographie obtenue par ce procédé. □ **autographier** v. tr. < 7 >

autogreffe n. f. Greffe dans laquelle le greffon provient du sujet greffé lui-même. → **autoplastie.** *Autogreffe et allogreffe.*

autoguidage n. m. Procédé par lequel un mobile (aéronef, missile) dirige lui-même son mouvement.

autoguidé, ée adj. Qui se dirige lui-même (engin, projectile).

auto-immun, une adj. *Maladie auto-immune :* maladie qui atteint des personnes qui produisent des anticorps dirigés contre leurs propres constituants. *Les maladies auto-immunes.*

auto-immunisation n. f. État pathologique d'un organisme qui produit des anticorps dirigés contre ses propres constituants.

auto-induction n. f. électr. Induction produite dans un réseau électrique par les variations du courant qui le parcourt.

auto-infection n. f. Infection par des éléments déjà présents dans l'organisme (par affaiblissement des défenses immunitaires). *Des auto-infections.*

auto-intoxication n. f. Troubles produits par une mauvaise élimination des toxines. *Auto-intoxication urémique. Des auto-intoxications.*

autolubrifiant, ante adj. Se dit d'une pièce mécanique constituée d'un matériau dont la composition assure la lubrification.

autolyse n. f. (→ -lyse) **1.** Destruction des tissus par leurs enzymes. **2.** méd. Suicide.

automate n. m. (grec, de *autos* et *matês* « force, désir ») **1.** Appareil mû par un mécanisme intérieur et imitant les mouvements d'un être vivant. **2.** Homme qui agit comme une machine. → **robot.**

automaticien, ienne n. Spécialiste de l'automatique et de l'automatisation.

automaticité n. f. Caractère de ce qui est automatique. → **automatisme.**

automation n. f. (anglais → **automatique**) Fonctionnement automatique d'un ensemble productif, sous le contrôle d'un programme unique.

automatique adj. et n. (de *automate*) **I.** adj. **1.** Qui s'accomplit sans la participation de la volonté. *Réflexe automatique.* → **inconscient, involontaire.** – littér. *L'écriture automatique des surréalistes.* **2.** Qui, une fois mis en mouvement, fonctionne de lui-même, opère par des moyens mécaniques. *Distributeur automatique. Boîte de vitesses automatique* (opposé à *mécanique*). *Arme automatique,* dans laquelle la pression des gaz de combustion est utilisée pour réarmer. – n. m. *Un automatique,* un pistolet automatique. **3.** Qui s'accomplit avec une régularité déterminée. *Prélèvement automatique sur un compte bancaire.* **4.** fam. Qui doit forcément se produire. → **forcé, sûr.** **II.** n. f. Ensemble des sciences et des techniques consacrées aux dispositifs qui fonctionnent sans intervention du travail humain. → **cybernétique, informatique, robotique.**

automatiquement adv. D'une manière automatique. – fam. *Si vous l'en empêchez, automatiquement il en aura bien plus envie.* → **forcément.**

automatisation n. f. Emploi de machines, d'automatismes.

automatiser v. tr. < 1 > Rendre automatique (2). *Automatiser la production.*

automatisme n. m. **1.** Accomplissement de mouvements, d'actes, sans participation de la volonté. *L'automatisme cardiaque.* – Acte, geste rendu automatique par habitude. **2.** Fonctionnement automatique d'une machine. **3.** Régularité dans l'accomplissement de certains actes, le déroulement d'évènements.

automédication n. f. didact. Emploi de médicaments sans prescription médicale.

automitrailleuse n. f. (→ [2]auto-) Automobile blindée armée de mitrailleuses.

automnal, ale, aux [ɔtɔnal ; otɔnal, o] adj. D'automne.

automne [ɔtɔn] n. m. (latin, p.-ê. étrusque) **1.** Saison qui succède à l'été et précède l'hiver caractérisée par le déclin des jours, la chute des feuilles, et qui, dans l'hémisphère Nord, commence à l'équinoxe de septembre (vers le 23) et se termine au solstice de décembre (vers le 21). → **arrière-saison.** *« Oh ! l'automne l'automne a fait mourir l'été »* (Apollinaire). - Parfois fém. (littér.). **2.** littér. *L'automne de la vie,* le début de la vieillesse.

automobile **I.** adj. (véhicule) Mû par un moteur. *Voiture automobile. Canot automobile.* **II.** **1.** n. f. Véhicule automobile à quatre roues (ou plus), à l'exclusion des camions, autobus, autocars. → **auto, voiture** (plus cour.) ; fam. **bagnole, caisse,** [2]**tire.** ■ *L'automobile,* la conduite des automobiles, le sport ; les activités économiques liées à la construction, à la vente des automobiles. **2.** adj. Relatif aux véhicules automobiles. *L'industrie automobile. Assurances automobiles. Sport, coureur automobile.*

automobilisme n. m. Tout ce qui concerne l'automobile ; le sport automobile.

automobiliste n. Personne qui conduit une voiture, une automobile, qui s'en sert. → **conducteur.**

automorphisme n. m. math. Pour une même structure, isomorphisme* d'un ensemble sur lui-même.

automoteur, trice **1.** adj. Qui se déplace à l'aide d'un moteur (d'un objet habituellement sans moteur). *Chariot automoteur.* **2.** n. f. Autorail.

automutilation n. f. Mutilation qu'on s'inflige à soi-même.

autoneige n. f. (mot canadien) Véhicule automobile à plusieurs places, monté sur chenilles, pour circuler sur la neige.

A

autonettoyant, ante adj. *Four autonettoyant :* four qui brûle les dépôts graisseux après usage, et ne nécessite pas de nettoyage.

autonome adj. (grec, de *nomos* « loi ») **1.** Qui s'administre lui-même. *Gouvernement autonome. Les régions autonomes d'un État.* ■ Administré par une collectivité autonome. *Budget autonome.* **2.** Qui ne dépend de personne. → **indépendant, libre.** *Il travaille pour être autonome.* **3.** inform. Qui est indépendant des autres éléments d'un système. *Calculateur autonome.* **4.** *Voiture autonome,* pouvant fonctionner sans conducteur.

autonomie n. f. (grec → autonome) **1.** Droit de se gouverner par ses propres lois, à l'intérieur d'un État. → **indépendance. 2.** Faculté d'agir librement, indépendance. *Tenir à son autonomie.* **3.** Distance que peut parcourir un véhicule sans être ravitaillé en carburant. *Autonomie de vol.* **4.** Durée de fonctionnement indépendant. *L'autonomie d'un téléphone.*

autonomisation n. f. Fait de devenir autonome.

autonomisme n. m. Revendication d'autonomie politique. → **indépendantisme.**

autonomiste n. et adj. Partisan de l'autonomie politique. → **indépendantiste, nationaliste, séparatiste.**

autonyme adj. ling. (mot, énoncé) Qui se désigne lui-même comme signe dans le discours. *Dans « être est un verbe », « être » est autonyme.* – n. m. Mot autonyme.

autonymie n. f. ling. Caractère d'un mot, d'un énoncé autonyme. □ adj. **autonymique**

autopalpation n. f. méd. Palpation par soi-même (pour déceler une éventuelle tumeur). *Autopalpation des seins.*

autopartage n. m. Utilisation partagée d'une flotte de véhicules par différents usagers, pour une courte durée et par abonnement.

autophagie n. f. biol. Mécanisme physiologique de destruction de la cellule par ses propres lysosomes.

autoplastie n. f. Implantation chirurgicale d'un greffon provenant de l'individu greffé lui-même. → **autogreffe.**

autopompe n. f. (de ¹*auto-*) Camion automobile équipé d'une pompe à incendie actionnée par le moteur.

autopont n. m. Toboggan routier qui enjambe un carrefour urbain, une voie à grande circulation.

autoporteur, euse adj. Dont la stabilité est assurée par la forme (sans support). *Voûte autoporteuse.* – *Carrosserie autoporteuse.* - syn. **autoportant, ante.**

autoportrait n. m. Portrait d'un peintre exécuté par lui-même.

s'autoproclamer v. pron. Se décerner à soi-même tel titre, telle fonction, tel statut. *S'autoproclamer président à vie.* – au p. p. *Gouvernement autoproclamé.*

autoproduction n. f. **1.** Production de biens ou de services pour soi-même. *Autoproduction alimentaire.* **2.** Production d'une émission, d'une œuvre artistique par ses propres moyens. ■ L'émission, l'œuvre ainsi produite. *Son album est une autoproduction.*

autopropulsé, ée adj. Qui est propulsé par ses propres moyens, se dirige sans pilote. □ n. f. **autopropulsion**

autopsie n. f. (grec « vue [*opsis* → optique] par soi-même [*autos*] ») Examen de toutes les parties d'un cadavre (notamment pour étudier les causes de la mort).

autopsier v. tr. < 7 > Faire l'autopsie de (un cadavre).

autopunition n. f. Conduite par laquelle une personne s'inflige une punition par sentiment de culpabilité. □ adj. **autopunitif, ive**

autoradio n. m. (→ ²auto-) Poste de radio conçu pour être fixé sur le tableau de bord d'une automobile.

autoradiographie n. f. sc. Empreinte laissée sur un film radiographique par des molécules radioactives.

autorail n. m. Véhicule automoteur sur rails. → **automotrice, micheline.** *Des autorails sur pneus.*

autoréglage n. m. Propriété d'un appareil de retrouver son fonctionnement normal après une perturbation.

autorégulateur, trice adj. didact. Capable de produire une autorégulation. *Mécanismes biologiques autorégulateurs.*

autorégulation n. f. Régulation (d'une fonction, d'un processus, d'un appareil) sans intervention extérieure.

s'autorépliquer v. pron. < 1 > biol. Se reproduire à l'identique.

autoreverse adj. (de *auto-* et anglais *to reverse* « retourner ») anglic. (magnétophone, lecteur de cassettes) Qui permet la lecture continue par inversion automatique du sens de rotation. *Des magnétophones autoreverses* ou *autoreverse* (invar.).

autorisation n. f. **1.** Action d'autoriser, droit accordé par la personne qui autorise. *Autorisation de construire.* → **permis.** *J'ai l'autorisation de sortir.* → **permission.** *Donner une autorisation.* **2.** Acte, écrit par lequel on autorise. → **permis.** *Autorisation de sortie du territoire* (pour un mineur non accompagné de ses parents).

autorisé, ée adj. **1.** Qui est permis. → **toléré.** *Stationnement autorisé.* **2.** Qui a reçu autorité ou autorisation. *Je me crois autorisé à dire que...* → **fondé** à. **3.** Digne de créance. *Les milieux autorisés démentent la nouvelle.*

autoriser v. tr. < 1 > (du latin *auctor* « garant » → auteur) **1.** *Autoriser qqn à* (+ inf.) : accorder à (qqn) un droit, une permission. *Autoriser qqn à faire qqch. Je vous autorise à ne pas y aller.* → **dispenser, exempter.** – (sujet chose) → **permettre.** *Rien ne vous autorise à dire que...* **2.** *Autoriser qqch.,* rendre licite. *Autoriser les sorties.* → **permettre.**

autoritaire adj. **1.** Qui aime l'autorité ; qui en use ou en abuse. *Un régime autoritaire.* → **dictatorial. 2.** Qui aime être obéi. *Professeur autoritaire. Un air, un ton autoritaire,* qui exprime le commandement, n'admet pas la contradiction. → **impératif, impérieux.** □ adv. **autoritairement**

autoritarisme n. m. **1.** Caractère d'un régime politique, d'un gouvernement autoritaire. **2.** Comportement d'une personne autoritaire. □ adj. et n. **autoritariste**

autorité n. f. (latin, de *auctor* → auteur) **1.** Droit de commander, pouvoir d'imposer l'obéissance. *L'autorité du supérieur sur ses subordonnés* (→ **hiérarchie**). *Autorité reconnue, contestée.* – *De sa propre autorité,* sans autorisation. – *D'autorité :* sans tolérer de discussion ; sans consulter personne. **2.** Les organes du pouvoir. *Les représentants de l'autorité.* – au plur. *Les autorités :* les personnes qui exercent l'autorité. **3.** Pouvoir de se faire obéir. *Ce professeur a de l'autorité.* **4.** Supériorité de mérite ou de séduction qui impose l'obéissance, le respect, la confiance. → **²ascendant, empire, influence, prestige.** *Avoir, prendre de l'autorité sur qqn.* – *Faire autorité :* s'imposer auprès de tous comme incontestable, servir de règle. *Un ouvrage qui fait autorité.* **5.** Personne qui fait autorité. *Invoquer une autorité à l'appui de sa thèse.*

autoroute n. f. (de ²*auto-* et *route ;* a remplacé *autostrade,* de l'italien) Large route à double chaussée réservée aux véhicules automobiles, protégée, sans croisements ni passages à niveau. □ adj. **autoroutier, ière**

autosatisfaction [otosatisfaksjɔ̃] n. f. Satisfaction de soi-même. → **vanité.**

autoscopie n. f. didact. **1.** Hallucination par laquelle une personne croit se voir elle-même. **2.** Technique pédagogique qui consiste à filmer et à enregistrer un sujet pour pouvoir observer son comportement de l'extérieur.

autos-couchettes voir **autocouchette**

autosome n. m. (de *auto-* et *[chromo]some*) biol. Tout chromosome non sexuel.

autostop ou **auto-stop** n. m. (de ²*auto-* et anglais *to stop* « arrêter ») Le fait d'arrêter une voiture pour se faire transporter gratuitement. → **stop.** *Faire de l'autostop.*

autostoppeur, euse ou **auto-stoppeur, euse** n. Personne qui fait de l'autostop. *Des autostoppeurs, des autos-stoppeurs.*

autosuffisance n. f. Capacité pour un pays de subvenir à ses propres besoins. *Autosuffisance énergétique d'un pays.*

autosuffisant, ante adj. (pays) Capable de subvenir à ses propres besoins.

autosuggestion [otosygʒɛstjɔ̃] n. f. Action de se suggestionner soi-même, volontairement ou non.

autotest n. m. Test (2) que l'on effectue soi-même. *Autotest de dépistage du VIH.*

autotomie n. f. (de *auto-* et *-tomie*) zool. Mutilation réflexe d'une partie du corps chez certains animaux (crustacés, lézards) ou au cours d'un phénomène de régénération (amphibiens).

autotour n. m. Forfait proposé par un voyagiste, comprenant la location d'un véhicule et l'hébergement sur un circuit déterminé.

autotracté, ée adj. (engin) Qui possède un système de traction autonome. *Tondeuse à gazon autotractée.*

autotransfusion n. f. Injection à une personne de son propre sang conservé.

autotrophe adj. (→ -trophe) biol. (organisme) Capable d'élaborer sa propre substance à partir des minéraux (ex. les végétaux chlorophylliens). *De nombreuses bactéries sont autotrophes.*

autotune [ototyn] n. m. (marque déposée ; mot anglais, de *auto-* et *tune* « air, mélodie ») anglic. mus. Logiciel qui corrige les notes qui ne sont pas chantées dans le ton juste.

¹autour (de *au* et ²*tour*) **1.** adv. Dans l'espace qui environne qqn, qqch. *Il y a la mer tout autour.* ■ En entourant. *Mettez du papier autour.* **2.** *Autour de* loc. prép. *Faire cercle autour de qqn, de qqch.* → **entourer.** *Les planètes gravitent autour du Soleil. Regarder tout autour de soi.* – abstrait *Tourner autour du pot*. Il a autour de quarante ans,* environ, à peu près.

²autour n. m. (latin, de *accipiter* « oiseau de proie ») Oiseau rapace voisin de l'épervier.

autovaccin n. m. Vaccin préparé par culture des propres germes du malade.

autre adj. et pron. (vient du latin *alter* → altérer, altérité, alterner) **I.** adj. (épithète, avant le n.) **1.** Qui n'est pas le même. → **allo-, hétér(o)-.** *J'ai une autre idée. Bien d'autres choses encore. Sans autre indication. « Sans autre forme de procès »* (La Fontaine). *Je ne vois aucun autre moyen.* – *Une autre fois,* un *autre jour. À un autre moment,* un peu plus tard. – *L'autre fois, l'autre jour,* dans le passé. → **autrefois.** *L'autre monde,* l'au-delà. – loc. prov. *Autres temps, autres mœurs.* **2.** Différent par une supériorité. *C'est un tout autre écrivain.* **3.** *Autre chose* (sans art.) : quelque chose de différent. *C'est autre chose, c'est tout autre chose,* c'est différent. *Parlons d'autre chose.* – fam. *Ah bon, voilà (v'là) autre chose !,* encore qqch. de désagréable. **4.** *Autre part* loc. adv. : ailleurs. – *D'autre part :* par ailleurs. **II.** adj. (après le n. ou le pron.) Qui est différent de ce qu'il était. *Il est devenu autre.* – au plur. fam. ou régional Pour opposer le groupe désigné au reste. *Nous autres, nous partons.* **III.** pron. (nominal ou représentant un n.) **1.** *Un, une autre,* personne, chose différente. « *[...] ni tout à fait la même / Ni tout à fait une autre* » (Verlaine). « *JE est un autre* » (Rimbaud). *Prendre qqn pour un autre* (une autre personne), *une chose pour une autre. De l'un à l'autre. Je n'en veux pas d'autre. Il faut penser aux autres.* → **autrui.** – *Quelqu'un, personne d'autre (que...).* – loc. *Il n'en fait jamais d'autres* (erreurs, bêtises). *J'en ai vu*

Autriche

d'autres (choses étonnantes). *À d'autres !,* allez dire cela à des gens plus crédules. – ***Entre autres*** : parmi plusieurs (personnes, choses). – ***Rien d'autre*** : rien de plus. **2.** ***L'un (l'une)... l'autre ; les uns (les unes)... les autres.*** *L'un et l'autre,* les deux ou l'un aussi bien que l'autre. *C'est tout l'un ou tout l'autre,* il n'y a pas de milieu. *Ni l'une ni l'autre.* – *Aimez-vous les uns les autres.* – **(avec une prép.)** *Il nous a présentés l'une à l'autre. Marcher l'un à côté de l'autre, l'un (l'une) derrière l'autre.* – **loc.** *L'un dans l'autre* : tout compte fait. **3. philos.** *L'Autre* : autrui. *« L'Autre est indispensable à mon existence »* (Sartre).

autrefois **adv.** **(de *autre* et *fois*)** Dans un temps passé. → **anciennement, jadis.** *Les mœurs d'autrefois.* → **d'antan.** *Autrefois, il en était ainsi.*

autrement **adv.** **1.** D'une manière différente. → **différemment.** *Je n'ai pas pu faire autrement que d'y aller.* – ***Autrement dit*** : en d'autres termes. **2.** Dans un autre cas, dans le cas contraire. → **sinon. 3.** ***Pas autrement*** : pas beaucoup. → **guère.** *Je ne m'en étonne pas autrement.* **4. (comparatif de supériorité)** → **¹plus ; beaucoup.** *Elle est autrement mieux que sa sœur.*

autrice **n. f.** voir **auteur**

Autriche

n. f. ■ **offic. république d'Autriche** Pays d'Europe centrale. 83 872 km². 8 430 558 habitants (les *Autrichiens*). **Langue** : allemand. **Religions** : catholiques (73,5 %), protestants, musulmans. **Monnaie** : euro. **Capitale** : Vienne. **Régime** : démocratie parlementaire. L'Autriche est divisée en 9 länder.

GÉOGRAPHIE

Relief Les Alpes, qui s'étirent d'O. en E. sur plus de 500 km, couvrent près de 70 % du territoire autrichien. La moitié occidentale (en Vorarlberg et Tyrol), la plus haute et la plus étroite, est entrecoupée de vallées profondes (Inn) et traversée par deux axes de circulation majeurs : la route O.-E. de l'Arlberg et celle N.-S. du col du Brenner. La moitié orientale des Alpes autrichiennes (en Carinthie et Styrie) est plus large ; la circulation dans les vallées et bassins y est plus difficile. Les Préalpes du Sud forment la frontière avec l'Italie et la Slovénie, et dominent les bassins de Carinthie drainés par la Drave. Le reste du territoire est constitué de plaines et de plateaux : à l'E., le Burgenland jouxte la plaine pannonienne ; au N. du Danube, les plateaux boisés de Haute et Basse-Autriche appartiennent au Massif bohémien. Dans la vallée du Danube se succèdent larges bassins (Linz, Tulin, Vienne) et défilés (Wachau).

Climat Le climat, continental, présente d'importants contrastes locaux, du fait de l'altitude et de l'exposition. Le relief rend les précipitations abondantes, surtout à l'O. La chaleur estivale favorise les cultures dans les vallées. Les adrets, exposés au S., portent cultures et habitat, tandis que les ubacs sont drapés de forêts. Dans le piémont bavarois, le vent du S. (foehn) réchauffe et dessèche brutalement les vallées, provoquant avalanches et crues. Le climat du Burgenland et du bassin de Vienne est très rigoureux.

Village typique dans la vallée du Virgental au Tyrol.

ÉCONOMIE

L'économie autrichienne est l'une des plus stables d'Europe. Les échanges commerciaux sont réalisés en grande partie avec l'Allemagne et les pays d'Europe centrale. Le secteur des services est prédominant. Le vieillissement de la population est compensé par une émigration soutenue, toutefois face à l'afflux de migrants durant la guerre en Syrie, le gouvernement a renforcé ses frontières avec la Slovénie et l'Italie.

Agriculture 4,3 % de la population active vit de l'agriculture (blé, maïs), de l'élevage traditionnel (lait, viande) ou de l'exploitation de la forêt (activités qui utilisent respectivement 21 %, 24 % et 39 % de la superficie). 25 % de la surface agricole sont consacrés au bio. L'agriculture de montagne, qui survit grâce au tourisme hivernal et au travail à temps partiel dans les usines rurales, bénéficie de modalités particulières d'intégration dans l'Union européenne.

Industrie Le sous-sol est riche en minerais (fer, cuivre, plomb, zinc, graphite). Ces ressources et l'abondante production hydroélectrique assurent le développement de la métallurgie et de l'électrochimie dans les Alpes et à Linz. Pourtant, l'épuisement des ressources pétrolières, l'accroissement de la demande en gaz, l'opposition des écologistes à la construction de centrales nucléaires et de barrages ont réduit l'indépendance énergétique. Les industries de transformation sont spécialisées (véhicules tout-terrain, matériel agricole et ferroviaire, équipement électrique et électronique). L'artisanat de montagne est tributaire du tourisme.

HISTOIRE

De la préhistoire au duché d'Autriche La civilisation de Hallstatt s'épanouit entre 1000 et 450 av. J.-C. Le pays fut occupé par les Celtes (IVᵉ s. av. J.-C.) puis par les Romains (Iᵉʳ s. av. J.-C.). Au début du IXᵉ s., Charlemagne constitua l'*Ostmark* (« marche de l'Est »). Le nom d'Autriche (*Österreich* « royaume de l'Est ») apparut dans un document signé par Othon III. En 1156, la marche devint duché héréditaire, avec Vienne pour capitale. Rodolphe Iᵉʳ de Habsbourg reprit l'Autriche momentanément réunie à la Bohême (1278). Ses successeurs acquirent la Carinthie et le Tyrol. De 1438 au XIXᵉ s., les Habsbourg régnèrent sur le Saint Empire **(→ Habsbourg).** Maximilien Iᵉʳ épousa Marie de Bourgogne, qui apporta en dot les Pays-Bas et la Franche-Comté.

L'Autriche à l'époque moderne Petit-fils de Maximilien Iᵉʳ, Charles, roi d'Espagne, maître des Pays-Bas, de la Franche-Comté et de la Sicile, se fit élire empereur en 1519 sous le nom de Charles Quint. Ferdinand, frère de Charles, à la tête de l'Autriche dès 1522, devint roi de Bohême et d'une partie de la Hongrie en 1526, puis empereur en 1556. Au XVIᵉ s., la lutte contre les protestants déclencha la guerre de Trente Ans, dont les Habsbourg sortirent affaiblis. La lutte contre les Turcs se termina par les traités de Karlowitz (1699) et de Passarowitz (1718) qui reconnurent à l'Autriche la Hongrie, une partie de la Valachie et de la Serbie. Par la pragmatique sanction de 1713, Charles VI assura l'héritage des Habs-

Autriche

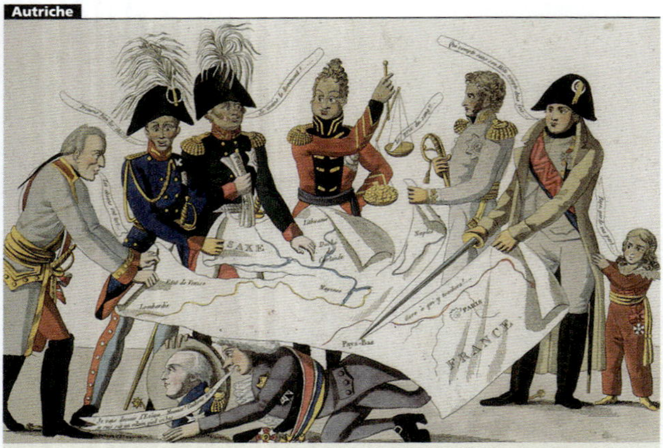

Le congrès de Vienne (1815) redéfinit la carte politique de l'Europe.

bourg à sa fille Marie-Thérèse. Celle-ci dut faire face à la guerre de Succession d'Autriche et céder la Silésie à la Prusse. À l'intérieur, l'impératrice renforça la centralisation et la germanisation. Son fils Joseph II, despote éclairé, continua son œuvre ; toutefois, sa politique, qui heurtait les traditions et coutumes locales, fut un échec.

Les guerres contre la France La déclaration de guerre de la France à l'Autriche (1792) fit de celle-ci le rempart des monarchies traditionnelles. Les victoires de Napoléon Ier contraignirent François II à renoncer à son titre de chef du Saint Empire romain germanique : il devint empereur d'Autriche sous le nom de François Ier. L'Autriche fut vaincue à Wagram (1809). Napoléon épousa en 1810 Marie-Louise, fille de François Ier, mais le chancelier Metternich contribua à sa chute. Le congrès de Vienne (1815) consacra le nouvel équilibre en Europe. L'Empire autrichien, membre de la Confédération germanique, comprenait alors, outre l'Autriche, la Hongrie, la Bohême, la Galicie, le nord de l'Italie, la Croatie et la Slavonie. Dans le cadre de la Sainte-Alliance, l'Autriche organisa la coalition des puissances contre les forces révolutionnaires. La constitution du Zollverein (1834) prépara l'élimination des Habsbourg des affaires allemandes.

La monarchie austro-hongroise Cependant, dans tout l'Empire commença le réveil des nationalités. La révolution de 1848 éclata en Hongrie, à Prague, en Italie et à Vienne ; les révoltes furent réprimées dès 1849. L'avènement de François-Joseph en 1848 inaugura une période de réaction. L'accumulation des échecs extérieurs (défaites en Italie en 1859 et à Sadowa en 1866 face à la Prusse) conduisit au compromis de 1867 qui donna naissance à la monarchie austro-hongroise (**→ Autriche-Hongrie**). L'empire d'Autriche (Cisleithanie) connut alors un important développement économique et culturel, faisant de Vienne l'une des capitales artistiques et intellectuelles de l'Europe. Sa politique d'expansion dans les Balkans, à l'origine de la Première Guerre mondiale, entraîna la disparition de l'empire et de la monarchie en 1918.

La république d'Autriche face au nazisme La République fédérale d'Autriche, constituée en 1920, fut gouvernée par des chanceliers chrétiens-sociaux (**→ Seipel, Dollfuss, Schuschnigg**), qui luttèrent contre les socialistes et les nazis (assassinat de Dollfuss en 1934). L'armée allemande envahit l'Autriche, dont le rattachement à l'Allemagne (**→ Anschluss**) fut proclamé le 15 mars 1938, puis approuvé par un plébiscite. L'Autriche n'était plus, sous le nom d'*Ostmark*, qu'une province du Reich allemand, qui l'exploita pour financer la guerre. L'opposition subsista dans certains milieux catholiques et dans les organisations ouvrières clandestines. En 1945, le pays fut divisé en quatre zones d'occupation. Un traité de paix (1955) lui rendit son indépendance, à condition qu'elle observe une neutralité permanente.

La seconde République La vie politique fut dominée par deux grands partis, l'ÖVP (populiste) et le SPÖ (socialiste), qui formèrent des gouvernements de coalition, excepté de 1971 à 1983, période durant laquelle le SPÖ détint la majorité absolue. En 1986, l'élection de K. Waldheim à la présidence suscita des controverses en raison de son passé pendant la guerre. La chute des régimes communistes de l'Est, à partir de 1989, modifia la situation géopolitique de l'Autriche et favorisa son intégration dans l'Union européenne et l'espace Schengen (1995). La percée de la droite nationaliste (FPÖ) dirigée par J. Haider aboutit en 2000 à l'entrée de ce dernier dans le gouvernement de W. Schüssel (ÖVP), suscitant une vive réaction dans toute l'UE. En 2006, le SPÖ redevint (de justesse) le premier parti aux législatives et deux chanceliers issus de ses rangs se succédèrent avec la traditionnelle coalition SPÖ-ÖVP. Si cette coalition remporta les élections législatives en 2013, elle enregistra un très mauvais score en raison de la montée de la droite nationaliste du FPÖ. La courte victoire de l'ÖVP et de son leader Sebastian Kurz, en 2017, confirma cette poussée et l'extrême droite fit son entrée au gouvernement, ce qui suscita de vives réactions dans l'Union européenne. Le nouveau chancelier durcit les conditions d'accueil des demandeurs d'asile et, en 2020, instaura un plan de lutte contre la pandémie mondiale de Covid-19. Le 2 novembre à Vienne, un attentat terroriste fut revendiqué par Daech. L'année suivante, Kurz fut emporté par un scandale de corruption. Alexander Schallenberg puis Karl Nehammer lui succédèrent à la tête de la coalition en place (ÖVP-Verts).

Autriche-Hongrie Ancien État d'Europe centrale, formé en 1867, qui comprenait l'empire d'Autriche et le royaume de Hongrie. Dirigé par la famille des Habsbourg, il s'effondra au lendemain de la Première Guerre mondiale (1919).

autrichien, ienne adj. et n. D'Autriche. – n. *Les Autrichiens.*

autruche n. f. (latin *austruthio*, de *avis* « oiseau » et *struthio*, du grec « moineau ») **1.** Oiseau coureur de grande taille, à ailes rudimentaires. *Plume d'autruche.* – *Un estomac d'autruche*, qui digère tout. **2.** loc. *Pratiquer la politique de l'autruche, faire l'autruche*, refuser de voir le danger (comme l'autruche qui se cache la tête pour échapper au péril).

autrui pron. (cas complément de *autre*, en ancien français) Un autre, les autres hommes. **→ prochain.** *Agir pour le compte d'autrui. L'amour d'autrui.* **→ altruisme.**

Autun Chef-lieu d'arrondissement de la Saône-et-Loire. 13 205 habitants. Vestiges gallo-romains. Cathédrale romane du XIIe s. (tympan du Jugement dernier). Musées.

autunite n. f. (de la ville d'*Autun*) minér. Phosphate naturel d'uranium et de calcium.

Autunois n. m. Région boisée de France, entre le Beaujolais et le Morvan.

auvent n. m. (p.-ê. var. de *au-devant*) Petit toit en saillie pour garantir un espace à l'air libre de la pluie.

auvergnat, ate adj. et n. D'Auvergne. *Bourrée auvergnate.* – n. *Les Auvergnats.* – n. m. *L'auvergnat* : les parlers dialectaux d'Auvergne.

Auvergne n. f. Région historique du centre de la France. Peuplée par les Arvernes, la région résista aux Romains (bataille de Gergovie), avant d'être intégrée à l'Empire. Devenue comté (979), vassale des ducs d'Aquitaine, elle passa avec eux sous domination anglaise. Elle fut divisée aux XIIe et XIVe s. en deux comtés, la Terre d'Auvergne et le comté d'Auvergne, qui furent respectivement rattachés à la Couronne en 1531 et 1610.

Auvergne Anc. région administrative de la France (jusqu'en 2015). **→ Auvergne-Rhône-Alpes.**

Auvergne-Rhône-Alpes Région administrative de la France formée de douze départements : Ain, Allier, Ardèche, Cantal, Drôme, Haute-Loire, Haute-Savoie, Isère, Loire, Puy-de-Dôme, Rhône, Savoie. 69 711 km². 8 078 652 habitants. Chef-lieu : Lyon. 2e Région de France métropolitaine pour le PIB. ■ **Auvergne** Au cœur du Massif central, l'Auvergne est une région de moyenne montagne aux paysages variés. Les plateaux élevés (Forez, Livradois, Margeride) sont entaillés par de profondes vallées. La plaine de l'Allier contraste avec les hauts reliefs volcaniques (Puy de Sancy, 1 885 m). Le climat continental reste soumis aux influences océaniques et épouse les contrastes du relief. L'élevage bovin demeure une activité importante, fournissant des fromages réputés. Marquée par l'exode rural puis par la crise des activités industrielles traditionnelles (coutellerie de Thiers, métallurgie de Commentry), l'économie de la région se recentre sur le dynamisme de Clermont-Ferrand (Michelin, 1er producteur mondial de pneumatiques ; industries aéronautiques et mécaniques) et sur l'attractivité touristique du Massif central (thermalisme à Vichy et La Bourboule, sports d'hiver au Mont-Dore, parcs naturels des Volcans d'Auvergne et du Livradois-Forez). Alors que Clermont-Ferrand (plus du quart de la population régionale) et le département du Puy-de-Dôme conservent un certain dynamisme, les zones rurales et montagneuses souffrent de l'enclavement et du vieillissement démographique. ■ **Rhône-Alpes** La région, traversée par la vallée du Rhône, est bordée à l'O. par la partie orientale du Massif central (Forez, Cévennes), à l'E. par le Jura méridional et les Alpes du Nord. La montagne occupe une superficie importante du territoire régional. Les larges vallées en auge sont des axes transversaux (Tarentaise et Maurienne notamment), véritables pénétrantes dans la chaîne intra-alpine. Comme les vallées, les lacs (Léman, Annecy et du Bourget) sont un héritage de périodes glaciaires du quaternaire. Dans la partie externe de la chaîne, les moyennes montagnes des Préalpes offrent un modelé karstique tandis que les massifs de la partie interne (Mont-Blanc, Vanoise, Écrins) sont constitués de modelés glaciaire et périglaciaire (cirques, glaciers) dont les sommets dépassent 4 000 m (mont Blanc 4 807 m). Le climat, rigoureux en altitude, devient plus doux vers le sud. La région bénéficie d'un réseau urbain dense

Auvergne-Rhône-Alpes

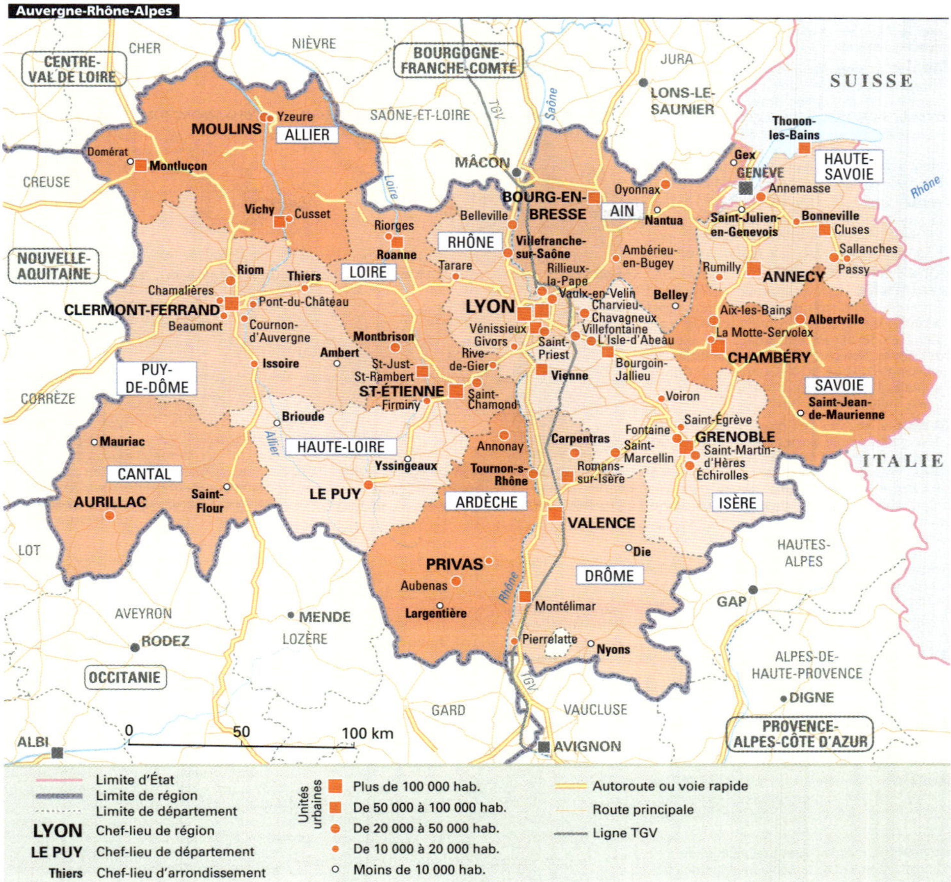

et bien hiérarchisé, dominé par trois métropoles (Lyon, Grenoble, Saint-Étienne). La diversité de l'agriculture est une spécificité régionale. Élevage (bovin, porcin, ovin, volailles) et cultures (céréales, fruits, vigne, horticulture) sont parfois associés. La montagne est indissociable de l'activité agricole de la région (41 % des exploitations agricoles en Rhône-Alpes sont considérées comme étant en « zone de montagne »). Ces espaces connaissent des difficultés importantes. Peu rentable, le secteur agricole souffre du vieillissement des actifs et de l'abandon des exploitations. C'est la deuxième région industrielle derrière l'Île-de-France, avec une production très diversifiée (métallurgie, mécanique, électronique, chimie, pétrochimie, textile). Les activités de services (transit, services aux entreprises, banques et universités à Lyon) et de tourisme (sports d'hiver, patrimoine culturel, gastronomie) sont bien développées. L'axe rhodanien, avec le carrefour lyonnais, a depuis longtemps favorisé l'essor de la région, avec l'importance des échanges vers la Méditerranée et en direction de la Suisse et de l'Italie.

Auvers-sur-Oise Commune du Val-d'Oise. 6 792 habitants. Séjour de nombreux peintres au XIXe s. (Cézanne, Pissarro, Van Gogh).

Auwers (Georg Friedrich Julien von) Astronome allemand (1838-1915). Auteur d'un catalogue d'étoiles fondamentales, il étudia les satellites invisibles de Sirius et Procyon.

Auxerre [osɛʀ] Chef-lieu de l'Yonne, sur l'Yonne. 34 151 habitants. Cathédrale gothique. Ancienne abbaye. Centre administratif et industriel.

Auxerre, la cathédrale Saint-Étienne, classée monument historique.

Auxerrois [osɛʀwa] **n. m.** Région de basse Bourgogne. Vignobles (Chablis, Irancy).

Auxi-le-Château Commune du Pas-de-Calais, sur l'Authie. 2 563 habitants. Église de style gothique flamboyant.

auxiliaire **adj. et n.** (du latin, de *auxilium* « secours ») **1.** Qui aide par son concours (sans être indispensable). *Moyen auxiliaire.* → **accessoire, annexe, complémentaire.** *Moteur auxiliaire.* **2. n.** Personne qui aide en apportant son concours. → **adjoint, ²aide, assistant, collaborateur.** *Faire de qqn son auxiliaire.* **3.** Employé(e) recruté(e) à titre provisoire par l'Administration (non fonctionnaire, non titulaire). ■ *Auxiliaire médical(e)* : soignant(e) non médecin (infirmier, orthophoniste...). *Auxiliaire de justice* (huissier...). ■ *Auxiliaire de vie* : personne qui aide à domicile une personne dépendante. → **aidant, ²aide. 4.** *Verbe auxiliaire* ou **n. m.** *un auxiliaire,* verbe qui est réduit à la fonction grammaticale de former les temps composés des verbes. *« Avoir » et « être » sont des auxiliaires ; « faire », « laisser », « aller », « venir » peuvent être auxiliaires.* □ **adv. auxiliairement**

auxiliariat **n. m.** Situation des auxiliaires de l'Administration.

auxine **n. f.** (allemand, du grec *auxein* « accroître ») biol. Hormone végétale, facteur de croissance.

Auxois [oswa] **n. m.** Région du N.-E. du Morvan, en Bourgogne, dominée par le mont Auxois (408 m), site probable d'Alésia.

Auxonne [osɔn] Commune de la Côte-d'Or, sur la Saône. 7 621 habitants. Église de style gothique bourguignon.

auxquels, auxquelles voir **lequel**

Auzout (Adrien) Astronome français (1622-1691). Il perfectionna le micromètre à fils mobiles, qui sert à mesurer les diamètres des corps célestes, et améliora les lunettes astronomiques.

Ava Ancienne capitale birmane, créée en 1364, dont ne subsistent que quelques vestiges (près de l'actuelle Mandalay).

avachi, ie **adj. 1.** Déformé et flasque, sans tenue. **2.** (personnes) Sans aucune énergie, indolent.

s'avachir **v. pron.** < 2 > (du francique, avec influence de *vache*) **1.** Devenir mou, perdre sa forme. *Ces chaussures commencent à s'avachir.* **2.** (personnes) Se laisser aller. → **se relâ-**

A

cher. ■ S'affaler. → **régional** s'**évacher.** □ **n. m. avachissement**

[1]aval **n. m. sing. (de** *à* **et** *val***) 1.** Le côté vers lequel descend un cours d'eau (**s'oppose à** *amont*). **–** ***En aval de* loc. prép. :** au-delà, dans le sens de la pente, du courant. *Valence est en aval de Lyon.* **– adj. invar.** *Ski aval,* du côté du bas de la montagne. **2. abstrait** Ce qui vient après, dans un processus. *Si la production s'arrête, cela créera des problèmes en aval.*

[2]aval, als **n. m. (de l'arabe, par l'italien)** Engagement de payer à la place de qqn, s'il ne peut le faire (**→ avaliser**). *Bon pour aval.* **– fig.** *Donner son aval à une politique,* son soutien. **→ approbation.** *Des avals.*

avalanche **n. f. (régional, de** ***avaler*** **et** ***lavanche,*** **mot savoyard) 1.** Importante masse de neige qui se détache du flanc de la montagne et dévale en entraînant des pierres, des boues. *Skieur entraîné par une avalanche.* **–** *Couloir d'avalanche.* **2.** Grande quantité de. **→ pluie.** *J'ai reçu une avalanche de lettres.* □ **adj. avalancheux, euse**

avaler **v. tr. < 1 > (de** ***[1]aval*** **→** ***[1]val*****) 1.** Faire descendre par le gosier. **→ absorber, [1]boire, [2]ingérer, ingurgiter, [1]manger.** *Avaler une gorgée d'eau. Avaler qqch. d'un seul coup, sans mâcher.* **→ engloutir, gober.** *Avaler de travers,* l'épiglotte ayant laissé passer des particules alimentaires dans la trachée. ■ **loc. fig.** *Avoir avalé sa langue,* garder le silence. *Avaler des couleuvres*. Avaler la pilule*.* **fam.** *Avaler son extrait de naissance :* mourir. **2. fig.** *Avaler un livre,* le lire avec avidité. **3.** Supporter, admettre. *Vous n'allez pas avaler ça sans réagir ?* ■ Croire ; accepter sans critique. *C'est une histoire difficile à avaler.*

avaleur, euse **n.** Personne qui avale (qqch.). **– loc.** *Avaleur de sabres,* saltimbanque qui introduit une lame dans son tube digestif.

avaliser **v. tr. < 1 > (de** ***[2]aval*****)** Cautionner, donner son aval à. *Avaliser une traite.* □ **adj. et n. avaliseur, euse**

Avallon Chef-lieu d'arrondissement de l'Yonne. 6 414 habitants. Collégiale Saint-Lazare (XIIe s.), vestiges de fortifications. Industrie pneumatique.

avaloir **n. m. (de** ***avaler*****)** Ouverture le long d'un trottoir servant à évacuer les eaux de ruissellement vers l'égout.

à-valoir **n. m. invar. (de** ***à*** **et** ***valoir*****)** Paiement partiel d'une somme. **→ acompte, arrhes.** *Un à-valoir sur droits d'auteur.*

Avalokiteśvara L'une des divinités les plus vénérées des bouddhistes. Douée d'une compassion infinie, elle peut prendre toutes les formes imaginables afin de sauver les humains du péril de l'erreur.

Avalon Péninsule de Terre-Neuve-et-Labrador (Canada), à laquelle elle est rattachée par l'*isthme d'Avalon.*

avance **n. f. (→ avancer) 1.** Action, fait d'avancer. *L'avance d'une armée.* **→ [1]marche, progression. 2.** Espace parcouru avant qqn, distance qui en sépare. *Prendre de l'avance sur qqn. Perdre son avance.* **3.** Anticipation sur un moment prévu. *Avoir une heure d'avance* (**s'oppose à** *retard*). **4.** ***À l'avance*** **loc. adv. :** avant le moment fixé. *Tout a été préparé à l'avance.* **–** ***D'avance*** **:** avant le temps, avant un moment quelconque. *Payer d'avance.* **–** ***En avance*** **(en attribut) :** avant le temps fixé, l'horaire prévu. *Il est en avance, en avance d'une heure* (**opposé à** *en retard*). **–** Avancé dans son développement. *Il est en avance pour son âge.* ■ **littér.** ***Par avance*** **:** à l'avance ; d'avance. **5.** *Une avance :* somme versée par anticipation. **→ acompte, provision. 6. au plur.** Premières démarches auprès d'une personne pour nouer ou renouer des relations (en général des relations amoureuses) avec elle. *Il, elle lui a fait des avances.*

avancé, ée **adj. 1.** Qui est en avant. *Poste avancé.* **2. (temps)** Dont une grande partie est écoulée. *La nuit est déjà bien avancée. À une heure avancée de la nuit.* **→ tardif.** ■ Qui s'approche du terme. *Le travail est bien avancé.* ■ Qui commence à se gâter. *Ce poisson est un peu avancé.* **3.** Qui est en avance (sur les autres), qui a fait des progrès. *Un enfant avancé pour son âge.* **→ précoce.** *Idées avancées,* en avance sur les idées dominantes ; favorables au progrès. **4. (personnes) iron.** *Être (bien) avancé(e) :* avoir obtenu des avantages. *Vous voilà bien avancé !,* ce que vous avez fait ne vous a servi à rien.

avalanche

Les avalanches, de neige poudreuse (1 et 2), de neige en plaque (3) ou de neige humide, constituent un risque évalué sur une échelle de 1 à 5.

avancée **n. f. I.** Action d'avancer. **→ avance.** ■ **fig.** Progrès important. *Une avancée technique décisive.* **→ progrès. II. 1.** Ce qui avance, forme saillie. **2. pêche** Partie de la ligne qui est près de l'hameçon.

avancement **n. m. 1.** État de ce qui avance ; action de progresser. **→ progression.** *L'avancement des travaux.* **2. (personnes)** Le fait de s'élever dans une hiérarchie. **→ promotion.** *Avoir de l'avancement.*

avancer **v. < 3 > (vient du latin pop., de** ***abante*** **→** ***[1]avant*****) I. v. tr. 1.** Pousser, porter en avant. *Avancer un pion.* **– passif** *Votre voiture est avancée.* **2.** Mettre en avant, dans le discours. *Avancer une thèse. Il faut prouver ce que vous avancez.* **→ affirmer, alléguer, prétendre. 3.** Faire arriver avant le temps prévu ou normal. *Il a avancé la date de son retour.* **4.** Faire progresser qqch. *Avancer son travail.* **– (sujet chose)** *Ce retard n'avance pas mes affaires.* ■ *À quoi cela vous avancera-t-il ?,* quel avantage en aurez-vous ? **→ avancé (4). 5.** Prêter (de l'argent). *Elle m'a avancé mille euros.* **II. v. intr. 1.** Aller, se porter en avant. *Avancer rapidement. « Les horizons aux horizons succèdent : / On avance toujours, on n'arrive jamais »* (Hugo). **2.** Être placé en avant, faire saillie (**→ avancée**). *Ce cap avance dans la mer.* **3.** Se rapprocher du terme, faire des progrès. **→ progresser.** *Avancer dans son travail.* **4. (choses)** Aller vers son achèvement. *Les travaux n'avancent pas.* **5.** S'écouler, être en train de passer **(temps)** ; approcher de sa fin **(durée)**. *La nuit avance, il est déjà bien tard.* ■ **(personnes)** *Avancer en âge.* **6. (pendules)** Être en avance. *Ma montre avance* (**opposé à** *retarder*). ■ **s'avancer v. pron. 1.** Aller, se porter en avant. *Il s'avance vers nous.* **→ approcher, venir. 2.** Prendre de l'avance. *Il s'est avancé pour finir plus tôt.* **3. fig.** Émettre des idées peu sûres, ou compromettantes. *Tu t'avances un peu en disant cela. S'avancer jusqu'à dire...* **4. (temps)** S'écouler. *La nuit s'avance.*

avanie **n. f. (de l'italien, du grec « calomnie », p.-ê. de l'arabe) plus cour. au plur.** Traitement humiliant, affront public. **→ humiliation, insulte, vexation.** *Infliger des avanies à qqn.*

[1]avant **(vient du latin** ***abante,*** **de** ***ab*** **et** ***ante*** **« avant ») I. prép. 1. (priorité de temps, antériorité) → anté-, pré- ; s'oppose à** *après. Elle est debout avant le lever du soleil. Il est arrivé avant moi* (**→ plus tôt***). *C'était un peu avant deux heures.* **–** ***Avant de*** **(+ inf.).** *Réfléchissez bien avant de vous décider.* **–** ***Avant que*** **(+ subj.).** *Ne parlez pas avant qu'il ait fini, qu'il n'ait fini.* **2. (antériorité dans l'espace)** *C'est la maison juste avant l'église.* **3. (priorité dans un ordre)** *Faire passer qqn avant les autres. « De la musique avant toute chose »* (Verlaine). **–** ***Avant tout.*** **→** d'**abord, [1]surtout.** *Avant tout, il faut éviter la guerre.* **II. adv. 1. (temps)** Plus tôt. *Quelques jours avant.* **→ auparavant.** *Le jour, la nuit d'avant,* précédente. *Réfléchissez avant.* **→** d'**abord** (**s'oppose à** *après*). **2. (espace ; ordre ou situation)** *Lequel des deux doit-on mettre avant ?* **→ [1]devant** (**s'oppose à** *derrière*). ■ **après le n.** *Marche* avant* (**s'oppose à** *arrière*). **3. littér. (précédé de** *assez, bien, plus, si, trop...***)** Marque un éloignement du point de départ (**s'oppose à** *en arrière*). *S'enfoncer trop avant dans la forêt.* **→ loin, profondément.** *Je n'irai pas plus avant.* **III. 1.** ***En avant*** **loc. adv. :** vers le lieu, le côté qui est devant, devant soi (**s'oppose à** *en arrière*). *En avant, marche ! Se pencher en avant. Marcher en avant.* **→** en **tête.** **– fig.** *Regarder en avant,* vers l'avenir. ■ *Mettre qqch. en avant,* l'affirmer, s'en servir comme argument. **–** *Mettre qqn en avant,* s'abriter derrière son autorité. *Se mettre en avant,* se faire valoir par ses propos, son comportement. **2.** ***En avant de*** **loc. prép.** *L'éclaireur marche en avant de la troupe.* **→ [1]devant.**

[2]avant **(s'oppose à** *arrière***) I. n. m. 1.** Partie antérieure. *L'avant d'une voiture. Vous serez mieux à l'avant. Vers l'avant du train.* **→ tête.** **–** Zone des combats, dans une guerre. **→ front. 2.** *Aller de l'avant,* faire du chemin en avançant ; **fig.** s'engager résolument dans une entreprise. **II. n. au football, etc.** Joueur, joueuse placé(e) devant les autres. *La ligne des avants.* **III. adj. invar.** Qui est à l'avant. *Les roues avant et les roues arrière.*

avantage **n. m. (de** ***[1]avant*****) I. 1.** Ce par quoi on est supérieur (qualité ou biens) ; supériorité. *Avantage naturel.* **–** ***À l'avantage de qqn,*** de manière à lui donner une supériorité. *La situation a tourné à son avantage.* **–** *Être à son avantage,* être momentanément supérieur à ce qu'on est d'habitude. **2. (dans un combat, une lutte)** *Avoir, perdre l'avantage.* **→ [2]dessus ; succès, victoire.** *Tirer avantage de qqch.* **→ profit. 3.** Point marqué au tennis par un joueur, lorsque la marque est à 40 partout. **II.** Ce qui est utile, profitable (**opposé à** *désavantage*). *Cette solution offre de grands avantages. Avantage en nature* (II, 4). **–** *Avoir avantage à* (faire qqch.). **→ gagner.** *Il aurait* *avantage à se taire* (→ il ferait mieux de). → **intérêt.**

avantager v. tr. < 3 > **1.** Accorder un avantage à (qqn) ; rendre supérieur. → **doter, douer.** *Je ne veux pas l'avantager au détriment des autres.* → **favoriser. 2.** (sujet chose) Faire valoir les avantages naturels de. *Cette coiffure l'avantage.*

avantageux, euse adj. **1.** Qui offre, procure un avantage. → **fructueux, profitable.** *Prix avantageux.* → **intéressant.** – Peu coûteux. *Les grands conditionnements sont plus avantageux.* → **économique. 2.** Qui est à l'avantage de qqn, propre à le mettre en valeur. *Présenter qqn sous un jour avantageux.* → **favorable, flatteur. 3.** Prétentieux. → **fat, présomptueux.** *Un air, un ton avantageux.* □ adv. **avantageusement**

avant-bassin n. m. techn. Partie d'un port qui précède le bassin principal, les bassins de chargement et de déchargement. *Des avant-bassins.*

avant-bec n. m. archit. Éperon d'une pile de pont du côté amont (opposé à *arrière-bec*). *Des avant-becs.*

avant-bras n. m. invar. Partie du bras qui va du coude au poignet. *Os de l'avant-bras.* → **cubitus, radius.**

avant-centre n. Joueur (de football) placé le plus près du centre du terrain. *Des avants-centres.*

avant-contrat n. m. Contrat conclu provisoirement en prélude à la signature d'un contrat ferme. *Des avant-contrats.*

avant-corps n. m. invar. archit. Partie d'un bâtiment qui est en avancée sur l'alignement de la façade (opposé à *arrière-corps*).

avant-coureur, euse adj. Annonciateur, précurseur. *Les signes avant-coureurs du changement. Pulsion avant-coureuse.*

avant-courrier, ière n. littér. Chose qui précède et annonce. *L'aurore, avant-courrière du jour.* ■ adj. → **avant-coureur.**

avant-dernier, ière adj. Qui est juste avant le dernier. *L'avant-dernier jour. L'avant-dernière syllabe.* → **pénultième.** – n. *Il est l'avant-dernier de sa classe. Les avant-derniers.*

avant-garde n. f. (→ [1]garde) **1.** Partie d'une armée qui marche en avant du gros des troupes, à des fins de reconnaissance et de protection. *Des avant-gardes.* **2.** Mouvement artistique novateur. *L'avant-garde littéraire.* fig. ***À l'avant-garde de*** : devant, à la pointe de. *Être à l'avant-garde du progrès.* – ***D'avant-garde*** : qui joue un rôle de précurseur. *Cinéma d'avant-garde.* □ n. m. **avant-gardisme** □ adj. et n. **avant-gardiste**

avant-goût n. m. Sensation que procure l'idée d'un évènement futur. *Un avant-goût des vacances.* « *Ce dont je venais d'avoir l'avant-goût et d'apprendre le présage* » (Proust). *Des avant-goûts.* - var. RO **avant-gout.**

avant-guerre n. m. ou f. Période qui a précédé une guerre, notamment chacune des deux guerres mondiales. *Les avant-guerres.*

avant-hier [avɑ̃tjɛʀ] adv. Le jour qui a précédé hier (→ **avant-veille**). *Il est parti avant-hier.*

avant-main n. f. Partie antérieure du cheval, en avant de la main du cavalier (opposé à *arrière-main*). *Des avant-mains.*

avant-midi n. m. ou f. (Belgique, Canada) Matin, matinée. *Les avant-midis* ou *les avant-midi* (invar.).

avant-plan n. m. (Canada, Belgique, Luxembourg) Premier plan. *Des avant-plans.*

avant-port n. m. Entrée d'un port, vers la mer, qui se trouve en avant des divers bassins (opposé à *arrière-port*). → **avant-bassin.** *Des avant-ports.*

avant-poste n. m. milit. Poste avancé, détachement positionné en avant d'une troupe en station. *Des avant-postes.*

avant-première n. f. **1.** Présentation d'un spectacle, d'une exposition, d'un film avant la première représentation ou projection publique. *Des avant-premières.* **2.** *En avant-première,* avant la présentation officielle, publique.

avant-projet n. m. Étude préparatoire d'un projet, exposé rédigé de cette étude. – Maquette ou esquisse d'une construction, d'une œuvre d'art. *Des avant-projets.*

avant-propos n. m. invar. Courte introduction (présentation, avis au lecteur, etc.) rédigée par l'auteur d'un ouvrage. → **avertissement, introduction, préface.**

avant-scène n. f. Loge placée près de la scène, sur le côté. *De belles avant-scènes.* – *L'avant-scène,* le devant de la scène, entre le rideau et la rampe.

avant-texte n. m. didact. Documents écrits, notes, brouillons, manuscrits rédigés par un écrivain préparant une œuvre. *Des avant-textes.*

avant-toit n. m. Avancée, saillie d'un toit. → **auvent.** *Des avant-toits.*

avant-train n. m. Partie antérieure du corps (d'un quadrupède) (opposé à *arrière-train*). *Des avant-trains.*

avant-veille n. f. Jour qui précède la veille (→ **avant-hier**). *Des avant-veilles.*

avare adj. et n. (du latin, de ***avere*** « désirer vivement ») **1.** Qui a de l'argent et refuse de le dépenser, quitte à se priver. → **avaricieux, [2]chiche, pingre** ; fam. **radin, rapia, regardant.** *Économe sans être avare.* – prov. *À père avare, fils prodigue.* **2.** n. *Un vieil avare.* « *L'Avare* » (pièce de Molière, dont le héros est Harpagon). **3.** littér. ***Avare de qqch.*** : qui ne prodigue pas. *Vous êtes avare de compliments.*

avarice n. f. (du latin → **avare**) Comportement de l'avare. → **pingrerie.**

avaricieux, ieuse adj. vieux ou plais. Qui se montre d'une avarice mesquine. → **avare.** – n. « *La peste soit de l'avarice et des avaricieux !* » (Molière).

avarie n. f. (de l'arabe, de *'awār* « défaut », par l'italien) Dommage survenu à un navire ou aux marchandises qu'il transporte. *La cargaison a subi des avaries.* – Dommage survenu au cours d'un transport (terrestre ou aérien).

avarié, ée adj. (choses périssables) Détérioré, impropre à la consommation. → **gâté, pourri.** *Produits avariés.*

avarier v. tr. < 7 > (de *avarie*) Rendre avarié. → **abîmer, endommager.** – pronom. *Ces denrées se sont avariées à l'entrepôt.* → **gâter.**

Avars n. m. pl. Tribu d'Asie centrale qui constitua du VIe au VIIIe s. un empire en Europe centrale. Les Avars furent vaincus par Charlemagne (791-796).

avatar n. m. (du sanskrit, proprt « descente ») **1.** Dans la religion hindouiste, Chacune des incarnations du dieu Vishnou. **2.** fig. Métamorphose, transformation. **3.** abusivt Mésaventure, malheur. **4.** Personnage virtuel choisi par un internaute pour le représenter dans le cyberespace (jeux en ligne, réseaux sociaux, métavers...).

à vau-l'eau loc. adv. voir **vau-l'eau**

AVC [avese] (sigle) Accident vasculaire cérébral.

Ave voir **Ave Maria**

avec prép. (vient du latin pop., de ***apud*** « auprès de » ***hoc*** « cela ») **I. 1.** En compagnie de (qqn). *Se promener avec qqn.* « *[...] on ne pouvait gouverner ni avec moi ni sans moi* » (Chateaubriand). – En ayant (qqch.) avec soi. *Voyager avec peu de bagages.* – (accord, association) *Être d'accord avec qqn. Elle s'est mariée avec lui.* – (conformité) *Je pense avec cet auteur que...* → **comme. 2.** (relations entre personnes) *Faire connaissance avec qqn. Comment se comporte-t-il avec vous ?* → **[1]envers, vis-à-vis de.** *Être bien avec qqn,* en bonnes relations avec lui. **3.** (opposition) → **contre.** *Se battre avec qqn, avec la maladie.* **4.** (en tête de phrase) *Avec lui, il n'y a que l'argent qui compte,* à l'entendre, selon lui. – En ce qui concerne (qqn). *Avec elle, on peut s'attendre à tout.* **II. 1.** En même temps que. *Se lever avec le jour.* **2.** En plus. → **ainsi que, et.** – fam. *Avec ça, avec cela* : en plus, en outre. **3.** En dépit de. *Avec tant de qualités, il n'a pas réussi.* → **malgré. 4.** (en tête de phrase) Étant donné la présence de. *Avec tous ces touristes, le village est bien agité.* → **à cause de. 5.** Garni de. *Servir le poisson avec du riz. Une robe avec des dentelles.* → **à.** – Qui comporte. *Une chambre avec vue sur la mer.* **III. 1.** (moyen) À l'aide de, grâce à, au moyen de. *Avec cent euros, vous pouvez vous le procurer.* → **moyennant.** *Tout s'arrange avec le temps, grâce à lui.* **2.** (manière) *J'accepte avec plaisir.* **IV.** adv. fam. (choses) *Elle a pris son dossier et elle est partie avec.* – loc. *Il faudra bien **faire avec**,* s'en arranger.

Aved (Jacques André Joseph) Marchand d'art et peintre français d'origine flamande (1702-1766). Il fut portraitiste du rococo (*J.-P. Rameau, Voltaire*).

Avedon (Richard) Photographe américain (1923-2004). Il a renouvelé la photographie de mode en montrant les modèles dans des poses inhabituelles. Il a réalisé aussi d'innombrables portraits en noir et blanc, au réalisme cru.

Richard Avedon en 1966 à New York.

Aveiro Ville du Portugal, au S. de Porto, à l'intérieur d'une lagune. 62 130 habitants. Port de pêche.

aveline n. f. (vient du latin ***[nux] abellana,*** de ***Abella,*** n. d'une ville) Grosse noisette oblongue. □ n. m. **avelinier**

Aveline (Albert) Danseur et chorégraphe français (1883-1968). Danseur étoile de l'Opéra, il est l'auteur de plusieurs ballets (*La Grisi ; Elvire ; Le Festin de l'araignée*).

Avellaneda Ville d'Argentine, dans l'agglomération de Buenos Aires. 346 000 habitants. Centre industriel.

Avellino Ville d'Italie (Campanie). 52 700 habitants. Cathédrale fondée au XIIe s., reconstruite au XIXe siècle.

Ave Maria [avemarja] n. m. invar. (latin ***ave*** « salut ») Prière à la Vierge commençant en latin par cette salutation (je vous salue Marie).

Avempace (ibn Bājā, latinisé en) Philosophe et médecin arabo-islamique (mort en 1138). Il est l'auteur de commentaires d'Aristote et du *Régime du solitaire.*

aven [avɛn] n. m. (mot occitan ; du gaulois) Gouffre naturel creusé par les eaux dans un terrain calcaire.

avenant, ante (de l'ancien v. ***avenir*** → **avenir**) **I.** adj. Qui plaît par son bon air, sa bonne grâce. → **agréable, aimable, gracieux.** *Manières avenantes.* **II. 1.** n. m. vieux Ce qui convient. ■ dr. Clause ajoutée (à une police d'assurance). **2.** ***À l'avenant*** loc. adv. : en accord, en conformité, en rapport. *« Nous allons bien tous les deux et l'humeur est à l'avenant »* (Flaubert).

Avenarius (Richard) Philosophe allemand (1843-1896). Il fut l'un des fondateurs de l'empiriocriticisme, doctrine proposant de surmonter l'opposition du psychique et du physique en montrant leur coordination dans l'expérience. *Critique de l'expérience pure.*

avènement n. m. (de l'ancien v. *avenir* → avenir) **1.** Accession au trône. *L'avènement de Louis XIV.* **2.** fig. Arrivée, venue, début du règne (de qqch.). *L'avènement d'un nouvel ordre social.* → **établissement, installation.**

avenir n. m. (de l'ancien v. *avenir* → advenir) **1.** Temps à venir (opposé à *passé*). *Penser à l'avenir. « Non, l'avenir n'est à personne ! / Sire ! l'avenir est à Dieu »* (Hugo). – *Projets d'avenir. Dans un avenir proche, lointain. Expression de l'avenir en grammaire.* → **futur.** – *À l'avenir* loc. adv. : à partir de maintenant. → **désormais, dorénavant.** *À l'avenir, soyez plus prudent.* **2.** État, situation future (de qqn). → **destinée.** *Assurer son avenir et celui de ses enfants. Un jeune médecin **d'avenir**,* qui réussira. – (choses) *Ce projet n'a aucun avenir.* **3.** Les générations futures. → **postérité.** *Ils travaillent pour l'avenir.*

avent n. m. (vient du latin *adventus* « venu », de *advenire* → avenir, avènement) Temps liturgique de quatre semaines précédant la fête de Noël. – *Calendrier de l'avent,* comprenant vingt-quatre volets à ouvrir chaque jour, du 1er décembre à Noël, pour découvrir une friandise, une surprise.

Aventin (mont) L'une des sept collines de Rome, située au S. de la ville.

aventure n. f. (du latin, de *advenire* → avenir, advenir) **I.** vieux Destin. ▪ loc. *Dire la bonne **aventure** à qqn,* lui prédire son avenir par la divination. **II. 1.** *Une, des aventures* : ce qui arrive d'imprévu, de surprenant ; ensemble d'évènements qui concernent qqn. *Une fâcheuse aventure.* → **accident, affaire, mésaventure.** *Roman d'aventures.* ▪ (en amour) *Avoir une aventure,* une liaison passagère. **2.** *L'aventure* : ensemble d'activités, d'expériences qui comportent du risque et de l'imprévu. *L'attrait de l'aventure.* ▪ loc. adv. *À l'aventure* : au hasard, sans dessein arrêté. *Marcher à l'aventure.* – littér. *D'aventure, par aventure* : par hasard.

aventurer v. tr. < 1 > Exposer avec un certain risque. → **hasarder, risquer.** *Aventurer une grosse somme dans une affaire.* ▪ **s'aventurer** v. pron. Se risquer, aller avec un certain risque. *S'aventurer la nuit sur une route peu sûre.* ▪ **aventuré, ée** adj. (choses) littér. Exposé sans certitude. → **hasardeux.**

aventureux, euse adj. **1.** Qui aime l'aventure, se lance volontiers dans les aventures. → **audacieux, hardi, téméraire.** *Homme, esprit aventureux.* **2.** Qui est plein d'aventures. *Une vie aventureuse.* **3.** Plein de risques. → **hasardeux, périlleux, risqué.** *Un projet aventureux.* ▫ adv. **aventureusement**

aventurier, ière n. **1.** (parfois péj.) Personne qui cherche l'aventure, par curiosité et goût du risque. **2.** péj. Personne qui vit d'intrigues, d'expédients. → **intrigant.** *Une belle aventurière.*

aventurine n. f. (p.-ê. de *aventure,* la pierre artificielle ayant été découverte *par aventure*) minér. Variété de quartz translucide à inclusions de mica.

aventurisme n. m. polit. Tendance à prendre des décisions hâtives, irréfléchies. ▫ adj. et n. **aventuriste**

avenu, ue adj. (de l'ancien v. *avenir* « arriver » → avenir) loc. *Nul et non avenu* : inexistant, sans effet. *Je considère cette déclaration comme nulle et non avenue.*

avenue n. f. (de *avenu* « venue », puis « lieu par lequel on arrive ») Voie plantée d'arbres qui conduit à une habitation (→ **allée**), ou large voie urbaine (→ **boulevard, cours**). – fig. *Les avenues du pouvoir.*

Avery (Tex)

Le loup lubrique est un des personnages marquants créés par Tex Avery.

Avercamp (Hendrik) Peintre et dessinateur hollandais (1585-1634). Il est connu pour ses paysages où évoluent des promeneurs, à la manière de Bruegel l'Ancien. *L'Hiver ; Patineurs.*

avéré, ée adj. Reconnu vrai. → **certain.** *C'est un fait avéré.*

s'avérer v. pron. < 6 > (du latin, de *ad* et *verus* « vrai » → vérité, vrai) littér. Être reconnu comme vrai (affirmation). *La nouvelle s'est avérée.* ▪ cour. (+ adj.) → **apparaître,** se **montrer,** se **révéler.** *Ce médicament s'avère dangereux.* – abusivt *S'avérer faux.*

Averne (lac d') Lac d'Italie (Campanie), près de Naples. Les Anciens y plaçaient l'entrée des Enfers.

Averroès (ibn Rushd, latinisé en**)** Philosophe, juriste et médecin arabe (1126-1198). Il commenta les traités d'Aristote en insistant sur les aspects matérialistes et rationalistes de son œuvre.

avers [avɛʀ] n. m. (du latin *adversus,* de *vertere* → avertir, adverse, ¹vers, prép.) Face avant (d'une pièce, d'une médaille) (opposé à *revers,* à *pile*). → **face, recto.**

Aversa Ville d'Italie (Campanie). 53 370 habitants. Cathédrale du XIe s., reconstruite au XVIIIe siècle.

averse n. f. (→ verser) Pluie soudaine et abondante, de courte durée. → **grain, ondée ;** fam. **saucée.**

aversion n. f. (du latin, de *avertere* « détourner », de *vertere* « tourner » → version) Vive répulsion. → **dégoût, haine, horreur, répugnance.** *Avoir de l'aversion pour, contre qqn. Son aversion pour le mensonge.*

averti, ie adj. **1.** Qui connaît bien, qui est au courant. → **compétent, expérimenté, instruit ; avisé.** *Un public averti.* **2.** Informé, prévenu. prov. *Un homme averti en vaut deux.*

avertir v. tr. < 2 > (du latin, de *advertere* « tourner *[vertere]* vers *[ad]* ») **1.** Informer (qqn) de (qqch.) afin qu'il y prenne garde. → **prévenir, renseigner.** *Nous l'avons averti du risque, qu'il y avait un risque. Son instinct l'avertissait de se méfier.* **2.** par menace ou réprimande → **avertissement.** *Je vous avertis qu'il faudra changer de conduite.*

avertissement n. m. **1.** Action d'avertir ; appel à l'attention, à la prudence. → **avis, conseil, recommandation.** **2.** Petite préface pour attirer l'attention du lecteur. → **introduction.** **3.** Avis adressé au contribuable, lui faisant connaître le montant de ses impôts. **4.** Réprimande. → **observation.** – Mesure disciplinaire.

avertisseur, euse **I.** n. m. Appareil destiné à avertir, à donner un signal. *Avertisseur d'incendie.* – spécialt → **klaxon.** *Un concert d'avertisseurs.* **II.** adj. Qui avertit. *Panneau avertisseur.*

Averty (Jean-Christophe) Réalisateur français de télévision (1928-2017). On lui doit des émissions de variétés *(Les Raisins verts)* et de music-hall *(Montand de mon temps).*

Avery (Oswald Theodore) Médecin américain (1877-1955). Il découvrit le rôle de l'ADN dans l'hérédité et posa les fondements de l'immunologie.

Avery (Tex) Réalisateur américain de dessins animés (1908-1980). Il créa des films d'animation pleins d'humour et de fantaisie, dont beaucoup d'animaux-personnages sont devenus célèbres (Droopy, Bugs Bunny, Daffy Duck...).

Avesnes-sur-Helpe Chef-lieu d'arrondissement du Nord, sur l'Helpe. 4 158 habitants. Ancienne place fortifiée par Vauban.

Avesta n. m. Recueil de textes sacrés de la religion mazdéenne, répandue dans l'Iran antique.

avestique n. m. (de *Avesta*) Langue de l'Avesta, de la famille iranienne.

aveu n. m. (de l'ancien français *il aveue* → avouer) **I.** ancienntFait de reconnaître (avouer) pour seigneur. – loc. *Homme **sans aveu**,* celui qui n'était protégé par aucun seigneur ; mod. personne sans moralité. → **aventurier.** **II. 1.** Action d'avouer (II), de reconnaître des faits cachés, difficiles ou pénibles à révéler ; ce que l'on avoue. → **confession, déclaration.** *Je vais vous faire un aveu.* → **confidence.** *Faire l'aveu d'un secret.* **2.** au plur. Reconnaissance de sa culpabilité. *Arracher des aveux à un suspect. Passer aux aveux.* **3.** loc. *De l'aveu de* : au témoignage de.

aveuglant, ante adj. Qui éblouit. *Un soleil aveuglant.* → **éblouissant.** – fig. *Une vérité aveuglante,* qui éclate avec force. → **flagrant, indéniable.**

aveugle (vient p.-ê. du latin *orbus ab oculis* « privé d'yeux », de *oculus* → œil) **I.** adj. **1.** Qui est privé du sens de la vue. *Devenir aveugle.* – *Point aveugle* : partie de la rétine dépourvue de cellules visuelles. **2.** fig. Dont le jugement est incapable de rien discerner. *La passion le rend aveugle.* ▪ (sentiments, passions) Qui ne permet ni réflexion, ni jugement. → **absolu, total.** *Une confiance aveugle.* ▪ *Attentat aveugle,* qui frappe au hasard. **3.** Qui ne laisse pas passer le jour. *Pièce aveugle,* sans fenêtre. **II.** n. **1.** Personne privée de la vue. → **non-voyant.** *Un aveugle-né.* – prov. *Au royaume des aveugles, les borgnes sont rois* : les médiocres brillent lorsqu'ils se trouvent parmi les sots. **2.** loc. adv. *En aveugle* : sans réflexion, au hasard. → à **l'aveuglette, aveuglément.** – *Test effectué en aveugle,* sans que le sujet connaisse les hypothèses de départ ; *en double aveugle,* le sujet et l'expérimentateur ignorant tous deux ces hypothèses. ▪ *À l'aveugle* littér. : sans voir. – fig. Sans discernement. → à **l'aveuglette.**

aveuglement n. m. État d'une personne dont la raison est obscurcie, le discernement troublé. → **égarement, erreur, illusion.** *Dans l'aveuglement de la colère.*

aveuglément adv. Sans réflexion. *Se lancer aveuglément dans une entreprise.*

aveugler v. tr. < 1 > **I. 1.** Rendre aveugle. *On l'aveugla en lui crevant les yeux.* **2.** Gêner la vue, éblouir. *Les phares l'ont aveuglé.* **3.** Priver du jugement. *Vos préjugés vous aveuglent.* → **égarer, troubler.** – pronom. fig. Se cacher la vérité. *« Tu te flattes, mon cher, et t'aveugles toi-même »* (Molière). **II.** Boucher (une ouverture). *Aveugler une fenêtre.*

à l'aveuglette loc. adv. **1.** Sans y voir clair. → à **tâtons.** **2.** fig. Au hasard, sans prendre de précautions. → **aveuglément.**

aveulir v. tr. < 2 > (→ veule) littér. Rendre veule. → **amollir.** ▫ n. m. **aveulissement**

Aveyron n. m. Rivière de l'O. du Massif central, affluent du Tarn. 250 km.

Aveyron n. m. [12] Département français de la Région Occitanie (→ carte). 8 749 km². 279 554 habitants. Chef-lieu : Rodez. Chefs-lieux d'arrondissement : Millau, Villefranche-de-Rouergue. L'économie de ce département du S.-O. du Massif central (Aubrac, Bas-Rouergue, Grands Causses) repose toujours largement sur l'agriculture et l'élevage. Le tourisme vert se développe (parc naturel régional, gorges du Tarn).

aviaire adj. (latin *avis* « oiseau ») Qui concerne les oiseaux. *Virus aviaire. Grippe*, peste* aviaire.*

aviateur, trice n. (→ aviation) Personne qui pilote un avion (→ pilote), un aéronef ou appartient au personnel technique navigant de l'aviation.

aviation n. f. (de l'ancien v. *avier* « voler comme un oiseau » → avion, du latin *avis* « oiseau ») **1.** Navigation aérienne au moyen d'engins plus lourds que l'air. → **aéronautique**, [1]**air.** – Ensemble des techniques et des activités relatives au transport aérien. *Aviation civile, commerciale. Compagnie d'aviation. Terrain d'aviation.* → **aérodrome, aéroport. 2.** milit. Armée de l'air. ■ Ensemble d'avions militaires. *Aviation de chasse, de bombardement.* **3.** Industrie de la fabrication des avions.

Avicebron (ibn Gabirol, latinisé en) Poète et philosophe mystique juif espagnol (v. 1020-v. 1058). Auteur de *Source de Vie*, il ne fut identifié avec Ibn Gabirol qu'au XIXe siècle.

Avicenne (ibn Sinā, latinisé en) Médecin, philosophe et mystique arabo-islamique, d'origine iranienne (980-1037). Théoricien de la médecine *(Canon de la médecine)*, il commenta les traités d'Aristote, et proposa une synthèse de l'aristotélisme, du platonisme et de la pensée islamique *(Livre de la guérison)*.

avicole adj. (du latin *avis* « oiseau » et de *-cole*) Qui concerne l'élevage des oiseaux, des volailles.

aviculteur, trice n. Personne qui pratique l'aviculture.

aviculture n. f. Élevage des oiseaux, des volailles.

avide adj. (latin *avidus*, de *avere* « désirer », famille de *audace, avare, oser*) **1.** Qui a un désir immodéré de nourriture. → **glouton, vorace.** – littér. *Être avide de sang* : se plaire à répandre le sang. → **altéré, assoiffé. 2.** Qui désire (qqch.) avec violence. *Un héritier avide.* ■ *Avide de. Être avide de richesses ; de plaisirs.* – (+ inf.) *Avide d'apprendre.* → **anxieux, désireux. 3.** Qui exprime l'avidité. *Des regards avides.* □ adv. **avidement**

avidité n. f. Désir ardent, immodéré de qqch. ; vivacité avec laquelle on le satisfait. *Manger avec avidité.* → **gloutonnerie, voracité.**

avifaune n. f. (du latin *avis* « oiseau » et de *faune* n. f.) didact. Ensemble des oiseaux d'un lieu, d'une région ou d'une période déterminés.

Avignon Chef-lieu du Vaucluse, sur le Rhône. 90 597 habitants. Cathédrale romane. Palais des Papes (XVe s.), d'architecture gothique. Célèbre pont du XIIe s. Musées. Université. Siège de la papauté de 1309 à 1377, des antipapes à la suite du schisme d'Occident de 1378 à 1417, la ville resta sous l'autorité des papes jusqu'à 1790. C'est aujourd'hui une capitale touristique et culturelle, qui accueille chaque année un festival de théâtre.

Avignon, la place du palais des Papes, lors du festival.

Ávila Ville d'Espagne (Castille-et-León). 58 360 habitants. Enceinte et églises médiévales. Patrie de sainte Thérèse d'Ávila.

Avilés Ville d'Espagne (Asturies), sur le golfe de Biscaye. 77 300 habitants. Port. Centre sidérurgique.

avilir v. tr. < 2 > (→ vil) **1.** Rendre vil, méprisable. → **abaisser**, [1]**dégrader, déshonorer, rabaisser.** – pronom. *Il s'est avili dans l'alcool.* **2.** Abaisser la valeur de. → **déprécier.**

avilissant, ante adj. Qui avilit (1). → **dégradant, déshonorant.**

avilissement n. m. **1.** littér. Action d'avilir, de rendre méprisable ; résultat de cette action. → **abaissement.** *Corruption des hommes et avilissement des mœurs. Tomber dans l'avilissement.* → **abjection. 2.** didact. (valeurs, monnaies) Fait de se déprécier. → **baisse**, [1]**dégradation.**

aviné, ée adj. (→ vin) Qui a trop bu de vin. → **ivre.** – *Une haleine avinée,* qui sent le vin.

aviner v. tr. < 1 > (de [1]*a-* et *vin*) Imbiber de vin (un tonneau, un récipient neuf) avant de le remplir.

avion n. m. (mot créé par Clément Ader ; du latin *avis* « oiseau » → aviation) Appareil capable de se déplacer en l'air, plus lourd que l'air, muni d'ailes et d'un organe propulseur. → **appareil** ; vieux **aéroplane.** *Vieil avion.* → fam. **coucou.** *Avion à hélices, à turbines. Avion à réaction.* → [2]**jet.** *Piloter un avion de ligne, de transport. Avions de chasse, de bombardement.* → **bombardier, chasseur.** *Avions-cargos*. Avions-citernes* (pour le ravitaillement en vol). *Avions-école. Avions-radars. Avions-taxis.* – *Voyager en avion ; prendre l'avion.* – ***Par avion.*** *Lettre par avion.*

Avion Commune du Pas-de-Calais, dans la banlieue de Lens. 17 676 habitants.

avionique n. f. (de *avion* et *[électro]nique*) Ensemble des techniques (électronique, informatique, automatique) appliquées à l'aviation. – Ensemble des équipements techniques à bord d'un avion.

avionnerie n. f. (Canada) Usine de constructions aéronautiques.

avionneur, euse n. Personne, entreprise qui construit des avions.

Avioth Commune de la Meuse. 141 habitants. Basilique gothique (XIIe-XIIIe s.).

aviron n. m. (du v. *virer*) **1.** Rame (on n'emploie que *aviron* en marine). – Rame légère, à long manche, des embarcations sportives. **2.** Sport du canotage. *Faire de l'aviron.*

avis n. m. (de *ce m'est à vis*, du latin *visum*, de *videre* → voir) **1.** Ce que l'on pense, ce que l'on exprime sur un sujet. → **jugement, opinion, point de vue.** *Donner son avis. Les avis sont partagés* : tout le monde n'a pas la même opinion. *Changer d'avis.* – *Être du même avis, d'un autre avis* (que qqn). *Être d'avis de faire, qu'on fasse qqch.* – *À mon avis,* selon moi. ■ Opinion formulée sur Internet par un client à propos d'un produit, d'un service. *Poster un avis négatif sur un hôtel.* **2.** Opinion exprimée dans une délibération. → **voix, vote.** *Avis du Conseil d'État.* **3.** Opinion donnée à qqn sur une conduite à tenir. → **conseil.** *Demander l'avis d'un expert.* **4.** Ce que l'on porte à la connaissance de qqn. → **annonce, information** ; [2]**aviser.** *Avis au public. Sauf avis contraire.* ■ Écrit qui avertit. *Avis de décès. Avis d'imposition.* ■ *Avis au lecteur* : courte explication de l'auteur ou de l'éditeur en tête d'un ouvrage.

avisé, ée adj. Qui agit avec à-propos et réflexion.

[1]**aviser** v. tr. < 1 > (de *viser* → voir) **1.** Apercevoir soudain. *Il avise une pièce sur le trottoir, il la ramasse.* → **remarquer. 2.** trans. indir. *Aviser à* : réfléchir, songer à (qqch.). « *Il faut aviser au plus pressé* » (Proust). – intrans. Prendre une décision. *J'aviserai.* ■ **s'aviser** v. pron. **1.** Se rendre compte de qqch. que l'on n'avait pas remarqué tout d'abord. *Elle s'est alors avisée de ma présence, que j'étais là.* → **s'apercevoir. 2.** *S'aviser de* (+ inf.) : être assez audacieux pour. *Ne t'avise pas de répliquer !* → **essayer.**

[2]**aviser** v. tr. < 1 > (de *avis*, 4) littér. ou admin. Avertir (qqn de qqch.) par un avis. → **avertir, informer.** *Je n'ai pas été avisée de cette décision.*

aviso n. m. (de l'espagnol « barque d'avis ») mar. Petit bâtiment de guerre employé comme escorteur. *Des avisos.*

avitailler v. tr. < 1 > (de l'ancien français *vitaille* « vivres » → ravitailler) **1.** Approvisionner (un navire) en vivres, en matériel. **2.** Ravitailler en carburant (un avion). ■ **s'avitailler** v. pron. *Les bateaux de pêche peuvent s'avitailler dans ce port. S'avitailler en eau, en combustible.* □ n. m. **avitaillement** □ n. m. **avitailleur**

avitaminose n. f. (→ vitamine) Maladie déterminée par une carence en vitamines (ex. scorbut, rachitisme).

aviver v. tr. < 1 > (de *vif*) **1.** Rendre plus vif, plus éclatant. → **animer.** *Aviver le feu.* → **activer. 2.** fig. Rendre plus fort. → **exciter, raviver.** *Aviver des regrets.* → **augmenter.** – *Douleur avivée.* **3.** méd. Mettre à vif. *Aviver une plaie.* □ n. m. **avivement**

Avize Commune de la Marne. 1 752 habitants. Vignobles (champagne).

Avnery (Uri) Homme politique israélien (1923-2018). Il milita activement pour l'établissement d'un État palestinien aux côtés d'Israël.

avocaillon n. m. (de *avocat* [personne]) fam. et péj. Petit avocat sans notoriété, piètre avocat.

[1]**avocat, ate** n. (latin *advocatus* → avoué, de *ad* et *vocare* « appeler [en justice] » → vocation) **1.** Personne régulièrement inscrite à un barreau*, qui conseille en matière juridique, assiste ou représente ses clients en justice (en parlant d'une femme : *Elle est avocat* ou *avocate*). → **défenseur.** *Un(e) avocat(e) d'affaires. L'Ordre des avocats. Avocat commis d'office,* désigné par le bâtonnier*. **2.** n. m. ***Avocat général*** : membre du ministère public qui supplée le procureur général (accusateur). **3.** fig. (du sens 1) Personne qui défend (une cause, une personne). → **défenseur.** *Se faire l'avocat, l'avocate d'une cause.* – loc. *L'avocat du diable,* personne qui défend volontairement une cause peu défendable (pour prouver qqch.).

[2]**avocat** n. m. (de l'espagnol, d'un mot indien du Mexique) Fruit en forme de poire, à peau verte et à gros noyau, à pulpe grasse et fondante. *Purée d'avocat.* → **guacamole.**

avocatier [avɔkatje] n. m. Arbre (lauracée) dont le fruit est l'avocat.

avocette n. f. (de l'italien, p.-ê. famille du latin *advocare* → [1]avocat) zool. Petit échassier au bec recourbé vers le haut.

avodiré n. m. (mot d'une langue africaine) Arbre d'Afrique tropicale ; bois de cet arbre utilisé dans l'ameublement et l'industrie du contreplaqué.

Avogadro (Amedeo Di Quaregna e Ceretto, comte) Chimiste italien (1776-1856). Il formula la *loi d'Avogadro*, qui relie la masse molaire des molécules à la densité d'un gaz, et calcula le *nombre d'Avogadro*, nombre de molécules contenues dans une mole.

avoine n. f. (vient du latin *avena*) Céréale dont le grain sert surtout à l'alimentation des chevaux et des volailles. *Folle avoine* (avoine stérile).

Avoine Commune de l'Indre-et-Loire, sur la Loire, près de Chinon. 1 933 habitants. Centrale nucléaire de Chinon.

[1]**avoir** v. tr. < 34 > (vient du latin *habere*) **I.** (possession) **1.** *Avoir qqch.,* posséder, disposer de. *Avoir une maison, de l'argent. Il n'a rien (à lui). Auriez-vous un stylo ?* (pour me le prêter). – absolt « *Le plaisir d'avoir ne vaut pas la peine d'acquérir* » (Rousseau). ■ Bénéficier de. *Nous avons eu du soleil. Avoir le*

A

temps, le droit de faire qqch. – (choses négatives) *Il a des ennuis.* → **subir.** **2.** Être parent de (qqn) ; avoir une relation stable avec (qqn). *Avoir des enfants. Il a encore son père,* son père est vivant. *Elle a un amant. Elle a vingt employés.* – *Avoir du monde à dîner.* **3.** Entrer en possession de. → **obtenir,** se **procurer.** *J'ai eu ce livre pour presque rien.* → **acheter.** *Il, elle a eu son bac,* il, elle a été reçu(e). *Avoir son train,* l'attraper. ■ ***En avoir pour*** : obtenir d'une chose moyennant (une somme). *Il en a eu pour vingt euros :* il a payé vingt euros. *En avoir pour son argent :* faire un marché avantageux. **4.** Mettre (un certain temps) à une action. *J'en ai pour cinq minutes.* **5.** *Avoir une personne,* avoir des relations sexuelles avec elle. ■ fam. *Avoir qqn,* le tromper, le vaincre. *Elle nous a bien eus.* → **posséder, rouler ;** fam. **[1]baiser.** *Se faire avoir.* **II.** (manière d'être) **1.** Présenter en soi (une partie, un aspect de soi-même). *Elle a de grandes jambes, des cheveux blancs. Quel âge avez-vous ? Avoir du courage. Avoir bonne allure. Il a eu un sourire. Elle a des lunettes.* → **[1]porter.** – (choses) *Cette boîte a un couvercle. Ce mur a deux mètres de haut.* → **mesurer.** **2.** Éprouver dans son corps, sa conscience. → **ressentir, sentir.** *Avoir mal à la tête. Avoir faim, soif. Avoir de la peine. Qu'est-ce qu'il a ? Il n'a rien.* **3.** (présentant l'attribut, le complément ou l'adverbe qui détermine un substantif) *Avoir les yeux bleus. Avoir la tête qui tourne.* **4.** ***En avoir à, après*** (fam.), ***contre*** *qqn,* lui en vouloir. **III.** (v. auxiliaire) **1.** ***Avoir à*** (+ inf.) : être dans l'obligation de. → **[1]devoir.** *Avoir des lettres à écrire.* – (sans compl. direct) *J'ai à lui parler.* – ***N'avoir qu'à*** : avoir seulement à. *Vous n'avez qu'à tourner le bouton.* **2.** auxiliaire des temps composés pour les verbes transitifs, la plupart des intransitifs (pour les autres → **[1]être**), les verbes *avoir* [il a eu...] et *être* [il a été...] *J'ai écrit. Quand elle eut terminé. Vous l'aurez voulu. Quand il a eu fini.* **IV.** ***Il y a*** loc. impers. : (telle chose) existe. *Il y a du pain sur la table. Il n'y en a pas. Où y a-t-il une pharmacie ? Il y en a encore,* il en reste. – loc. *Quand (il n')y en a plus, (il) y en a encore :* c'est inépuisable. – *Il n'y a que cela de vrai. Il n'y a pas que lui,* il n'est pas le seul. ■ *Qu'est-ce qu'il y a ? :* que se passe-t-il ? ■ *Il y a... et...* (s'emploie pour exprimer des différences de qualité). *Il y a champagne et champagne,* il en est de bon et de mauvais. ■ ***Il n'y a qu'à*** (+ inf.) : il suffit de. *Il n'y a qu'à attendre.* fam. *Y a qu'à :* il faudrait (solutions faciles, imaginaires). ■ ***Il n'y en a que pour lui*** : il prend beaucoup de place, on ne s'occupe, on ne parle que de lui. ■ (+ adv. de temps) *Il y a longtemps. Il y a peu.*

[2]avoir n. m. (du v. [1]*avoir*) **1.** Ce que l'on possède. → **argent, [2]bien, fortune.** *Il dilapide son avoir.* **2.** Partie d'un compte où l'on porte les sommes dues. → **[2]actif, crédit.** *Le doit et l'avoir.* – Document attestant du crédit dont un client dispose chez un fournisseur. – *Avoir fiscal :* crédit d'impôt.

avoisinant, ante adj. Qui est dans le voisinage. → **proche, voisin.** *Dans les rues avoisinantes.*

avoisiner v. tr. < 1 > (→ voisin) **1.** Être dans le voisinage, à proximité (d'un lieu). *Les villages qui avoisinent la forêt.* **2.** fig. Être proche de. → **approcher.** « *La prétention avoisine la bêtise* » (Proust). → **ressembler.**

Avon Ancien comté d'Angleterre.

Avon Commune de la Seine-et-Marne, près de Fontainebleau. 13 545 habitants.

Avoriaz Station de sports d'hiver de Haute-Savoie, près de Morzine, à 1 800 m d'altitude.

avortement n. m. **1.** Interruption d'une gestation, naturelle (→ **fausse couche**) ou provoquée. *Avortement thérapeutique.* ■ Interruption volontaire de la grossesse (→ **IVG**). **2.** agric. Arrêt du développement (d'une plante). **3.** fig. Échec (d'une entreprise, d'un projet).

avorter v. intr. < 1 > (vient du latin *abortare*, de *ab* [→ [2]a-] et *oriri* « naître » → **origine**) **1.** Accoucher avant terme (naturellement ou par intervention) d'un fœtus ou d'un enfant mort. – trans. *Avorter une femme,* provoquer chez elle un avortement. **2.** (fruits, fleurs) Ne pas arriver à son plein développement. **3.** fig. (projet, entreprise) Ne pas réussir. → **échouer.** *Faire avorter un projet.* – p. p. adj. *Révolution avortée.*

avorteur, euse n. péj. Personne qui pratique un avortement (1) illégal.

avorton n. m. péj. Être petit, chétif, mal conformé. → **gringalet, nabot, nain.**

avouable adj. Qui peut être avoué sans honte (s'oppose à *inavouable*). *Des motifs tout à fait avouables.* → **honnête.**

avoué n. m. (vient du latin *advocatus* → [1]**avocat**) anciennt (en France) Officier ministériel qui était chargé de représenter les parties devant certains tribunaux, de faire les actes de procédure.

avouer v. tr. < 1 > (vient du latin *advocare* « appeler auprès de soi », de *vocare* → **vocation**) **I.** vieux Reconnaître (qqn) pour seigneur. → **aveu** (I). **II. 1.** Reconnaître qu'une chose est ou n'est pas ; reconnaître pour vrai (surtout des choses difficiles à révéler, par honte, pudeur). → **admettre, reconnaître ; aveu.** *Avouer son âge. Avouer ses fautes, qu'on s'est trompé.* « *L'homme est, je vous l'avoue, un méchant animal !* » (Molière). **2.** Faire des aveux, passer aux aveux. *L'assassin a avoué.* **3.** pronom. ***S'avouer*** (+ adj.) : reconnaître qu'on est. *S'avouer coupable.* → **s'accuser.**

Avranches Chef-lieu d'arrondissement de la Manche. 10 277 habitants. *La percée d'Avranches* (25-31 juillet 1944) permit aux blindés américains de lancer la grande offensive alliée vers Paris.

Avre n. f. Rivière de Normandie, qui naît dans la forêt du Perche et se jette dans l'Eure. 80 km.

avril n. m. (vient du latin *aprilis*) Quatrième mois de l'année. – *Poisson d'avril,* plaisanterie, mystification traditionnelle du 1er avril.

avulsion n. f. (latin, de *avellere* « arracher ») didact. Arrachement, extraction. *Avulsion d'une dent.*

avunculaire [avɔ̃kylɛʀ] adj. (latin *avunculus* « oncle* ») didact. Qui a rapport à un oncle ou à une tante. - var. RO **avonculaire.**

avunculat [avɔ̃kyla] n. m. (du radical du latin *avunculus* « oncle ») Système d'organisation sociale dans lequel la responsabilité d'un enfant revient à son oncle maternel ; droits et devoirs de l'oncle maternel envers les enfants de sa sœur dans ce type de société. - var. RO **avonculat.**

awacs [awaks] n. m. (acronyme de l'anglais des États-Unis *airborne warning and control system*) Système électronique de contrôle par radars et d'alerte installé à bord d'avions spécialisés ; ces avions.

Awaji La plus grande île de la mer intérieure du Japon. 140 000 habitants.

awalé voir **walé**

axe n. m. (latin *axis* « essieu », famille de *aile* et *axillaire*) **1.** Ligne idéale autour de laquelle s'effectue une rotation. *L'axe de la Terre, l'axe du monde.* – géom. Droite autour de laquelle tourne une figure plane de manière à engendrer un solide de révolution. *L'axe d'un cylindre.* – *Axe de symétrie.* **2.** math. Droite sur laquelle un sens a été défini. *Axe des x, des y.* → **coordonnées, repère. 3.** Pièce allongée qui sert à faire tourner un objet sur lui-même ou à assembler plusieurs pièces. → **arbre, essieu, pivot.** « *Par le seul jeu des bielles pivotant sur des axes* » (Le Clézio). **4.** Ligne qui passe par le centre, dans la plus grande dimension. *L'axe du corps.* ■ anat. *Axe cérébrospinal,* formé par l'encéphale et la moelle épinière. ■ bot. Partie d'un végétal qui porte des appendices latéraux. **5.** Voie routière importante. **6.** fig. Orientation générale. *Les grands axes d'une politique.*

Axe n. m. Nom donné en 1936 au traité d'amitié entre l'Italie fasciste et l'Allemagne nazie.

axel n. m. (du n. du patineur suédois Axel Polsen) En patinage artistique, Saut au cours duquel le patineur tourne une fois et demie sur lui-même. *Double, triple axel.*

Axel (Richard) Biochimiste américain (né en 1946). Il découvrit l'organisation du système olfactif. Prix Nobel 2004, avec L. B. Buck.

Axelrod (Julius) Biochimiste américain (1912-2004). Ses travaux ont porté sur le rôle des médiateurs chimiques dans la transmission de l'influx nerveux. Prix Nobel 1970.

axénique adj. (de *a-* privatif et du grec *xenos* « étranger ») méd. Qui se développe ou est élevé dans un milieu stérile ; qui est totalement dépourvu de germes contaminants. *Animaux axéniques nés par césarienne.* - syn. **axène.**

axer v. tr. < 1 > **1.** Diriger, orienter suivant un axe. **2.** fig. Orienter, organiser autour d'une idée, d'un thème. *Axer sa vie sur. Il est axé sur,* son esprit est dirigé vers.

axial, iale, iaux adj. De l'axe, qui est dans l'axe. *Éclairage axial d'une route.*

axillaire [aksilɛʀ] adj. (du latin *axilla* → **aisselle**) **1.** anat. Qui a rapport à l'aisselle. *Ganglions axillaires.* **2.** bot. Qui est situé à l'aisselle d'une feuille. *Bourgeon axillaire.*

axiologie n. f. (du grec *axios* « qui vaut ») Science et théorie des valeurs morales.

axiomatique (→ **axiome**) **1.** adj. Relatif aux axiomes ; qui sert de base à un système de déductions. **2.** n. f. Branche de la logique qui recherche et organise en système l'ensemble des axiomes d'une science.

axiome n. m. (latin *axioma*, mot grec, de *axioun* « juger valable ») sc. Proposition considérée comme évidente, admise sans démonstration. → aussi **postulat.** □ v. tr. **axiomatiser** < 1 > □ n. f. **axiomatisation**

Axios voir **Vardar**

axis [aksis] n. m. (mot latin « axe ») anat. Deuxième vertèbre du cou qui sert d'axe pour les mouvements de rotation de la tête. → **atlas.**

Ax-les-Thermes Commune de l'Ariège, sur l'Ariège. 1 285 habitants. Station thermale.

axolotl [aksɔlɔtl] n. m. (mot aztèque, par l'espagnol) zool. Larve d'un reptile (salamandre) du Mexique, capable de se reproduire.

axone n. m. (de l'anglais, du grec *axôn* → **axe**) anat. Prolongement de la cellule nerveuse.

axonométrie n. f. (du grec *axôn, axonos* « axe ») didact. Représentation d'une figure à trois dimensions par projection orthogonale ou oblique où le parallélisme et la proportionnalité des dimensions linéaires sont conservées mais non les valeurs angulaires. □ adj. **axonométrique**

Ay Commune de la Marne, sur la Marne. 5 250 habitants. Vins de Champagne.

Ayacucho Ville du Pérou, au S.-E. de Lima. 95 180 habitants (agglomération : 147 250). Mines de plomb et d'argent. Industrie textile.

ayant Participe présent du verbe *avoir.*

ayant cause n. dr. Personne qui a acquis d'une autre un droit ou une obligation. *Les ayants cause.*

ayant droit n. Personne qui a des droits à qqch. *Les ayants droit à une prestation.*

ayatollah [ajatɔla] n. (mot arabe « signe *[ayat]* de Dieu *[Allah]* ») **1.** n. m. Religieux musulman chiite d'un rang élevé. **2.** fig., fam. Représentant(e) intransigeant(e) [d'une tendance]. *Les ayatollahs du jazz.*

Aydin Ville de l'O. de la Turquie. 255 000 habitants. Centre commercial et industriel.

aye-aye [ajaj] n. m. (mot malgache) zool. Mammifère (lémurien) de Madagascar. *Des ayes-ayes.*

Ayer (sir Alfred Jules) Philosophe britannique (1910-1989). Il fut l'un des représentants du positivisme logique.

Ayler (Albert) Saxophoniste ténor de jazz américain (1936-1970). Il fut l'un des principaux représentants du free-jazz.

Aylwin Azócar (Patricio) Homme d'État chilien (1918-2016). Il fut président de la République de 1990 à 1994.

Aymara(s) n. m. pl. Peuple indien du Pérou et de Bolivie, vivant autour du lac Titicaca.

Aymé (Marcel) Écrivain français (1902-1967). Il est l'auteur de récits (romans, contes, nouvelles) d'une ironie critique *(La Jument verte ; Uranus ; Contes du chat perché)*. Il a également écrit pour le théâtre de truculentes comédies *(Clérambard)*.

Ayodhya Ville d'Inde (Uttar Pradesh). 75 000 habitants. Site sacré de l'hindouisme.

Ayr Ville d'Écosse, sur l'Ayr, au S.-O. de Glasgow. 62 600 habitants. Port.

Ayrault (Jean-Marc) Homme politique français (né en 1950). Député depuis 1986, président du groupe socialiste à l'Assemblée nationale, maire de Nantes de 1989 à 2012, il a été Premier ministre de 2012 à 2014 sous la présidence de F. Hollande.

ayurvéda [ajyʀveda ; ajuʀveda] **n. m. (mot sanskrit « connaissance *[veda]* de la vie, de la santé *[āyur]* »)** Médecine traditionnelle indienne, visant à établir un équilibre entre le corps et l'esprit, entre l'individu et son entourage. *Les ayurvédas.* □ **adj. ayurvédique**

Āyuthyā Ville de Thaïlande, au N. de Bangkok. 75 920 habitants. Capitale d'un royaume créé en 1350, elle fut détruite par les Birmans en 1767.

Ayyubides n. m. pl. Dynastie musulmane, fondée par Saladin, qui régna sur l'Égypte et la Syrie aux XIIe et XIIIe siècles.

azalée n. f. (grec *azaleos* « desséché », la plante se desséchant facilement) Arbuste cultivé pour ses fleurs colorées ; ces fleurs.

Azaña y Díaz (Manuel) Homme d'État espagnol (1880-1940). Président du Conseil en 1931, il rejoignit le Front populaire et fut élu président de la République en 1936.

Azay-le-Rideau Commune de l'Indre-et-Loire. 3 468 habitants. Château Renaissance.

azéotrope adj. (de *a-* privatif, du grec *zein* « bouillir » et *-trope*) didact. *Mélange azéotrope,* formé de deux liquides et qui, à une pression donnée, bout à température constante. □ **adj. azéotropique**

Azerbaïdjan n. m. Région d'Asie occidentale correspondant à la république d'Azerbaïdjan et au N.-O. de l'Iran. Constitué dès le –Ier millénaire (royaume d'Urartu), l'Azerbaïdjan fut divisé au XIXe s., lorsque l'Iran céda le N. de la région à la Russie.

Azerbaïdjan

n. m. ■ **offic. République d'Azerbaïdjan** État d'Asie occidentale. 86 600 km². 10 millions d'habitants (les *Azerbaïdjanais*). **Langues :** azéri (offic.), russe. **Population :** Azéris (90,6 %) ; Daghestanais (2,2 %) ; Russes, (1,8 %) ; Arméniens (1,5 %). **Religion :** musulmans (96 %, majorité chiite) ; orthodoxes. **Monnaie :** manat. **Capitale :** Bakou. **Régime :** démocratie parlementaire. L'Azerbaïdjan englobe à l'O. la région autonome du Haut-Karabagh et au S.-O. la république autonome du Nakhitchevan.

GÉOGRAPHIE

Le N. et l'O. du pays sont occupés par les monts du Caucase, le centre et l'E. par la vallée de la Koura (élevage ovin). Le climat est continental sec, sauf au S., chaud et humide (thé, agrumes, coton ; vigne). L'exploitation du pétrole (oléoduc Bakou-Tbilissi-Ceyhan) et du gaz (gazoducs vers la Turquie) assure la richesse du pays. Industrie (métallurgie, chimie), agriculture et pêche traditionnelles.

Azerbaïdjan

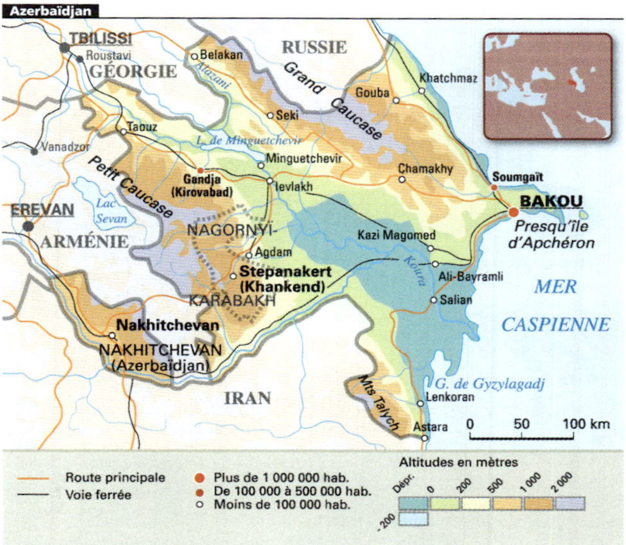

HISTOIRE

L'ancienne république socialiste soviétique d'Azerbaïdjan est indépendante depuis 1991. Dirigeant de l'ère soviétique, Guedar Aliev, élu président de la République en 1993, céda la place à son fils Ilham Aliev en 2003 (réélu en 2008, 2013 et 2018), dans un climat de vive contestation. Le conflit avec l'Arménie à propos de l'appartenance du Haut-Karabagh (enclave essentiellement peuplée d'Arméniens), octroyé par Moscou à l'administration de l'Azerbaïdjan en 1989 mais passé sous contrôle de l'Arménie en 1994, se solda en 2020 : après une intense reprise des combats à l'initiative de l'Azerbaïdjan, soutenu par la Turquie, les forces arméniennes durent évacuer le territoire en novembre. Le président Aliev, entendant ouvrir un corridor sur le territoire arménien pour relier Bakou à la république du Nakhitchevan, lança une nouvelle attaque en 2022.

azéri, ie adj. D'Azerbaïdjan. **– n. m.** Langue turque parlée en Azerbaïdjan.

azerole [azʀɔl] **n. f. (espagnol *acerola*, de l'arabe)** Fruit de l'azerolier, jaune ou rouge, ressemblant à une petite pomme.

azerolier n. m. Variété d'aubépine dont le fruit est l'azerole.

AZERTY adj. invar. (suite des six premières lettres des claviers conçus pour le français) *Clavier AZERTY :* clavier français (par oppos. à *QWERTY*).

Azhar (al-) Mosquée-université du Caire, fondée en 973 et rebâtie au XIVe s. Elle fut pendant des siècles l'arbitre de la pensée musulmane officielle.

azilien, ienne adj. et n. m. (du n. d'une commune de l'Ariège, le Mas d'Azil) Relatif à un âge du mésolithique succédant au magdalénien, caractérisé par de très petits outils de silex de forme régulière.

azimut [azimyt] **n. m. (arabe *'as [al-] samt* « le chemin » → zénith) 1. astron.** Angle formé par le plan vertical d'un astre et le plan méridien du point d'observation. **2. fam.** *Dans tous les azimuts,* dans toutes les directions, dans tous les sens. ■ *Tous azimuts :* capable d'intervenir dans toutes les directions ; **fig.** qui utilise tous les moyens et a des objectifs très variés. □ **adj. azimutal, ale, aux**

azimuté, ée adj. (→ azimut « direction » ; cf. *perdre la boussole*) fam. Déboussolé, un peu fou.

Azincourt (bataille d') Bataille de la guerre de Cent Ans, qui, en 1415, vit la victoire, à Azincourt (dans le Pas-de-Calais), des Anglais sur les troupes de Charles VI.

Aziz (Tarek) Homme politique irakien (1936-2015). Ministre des Affaires étrangères de Saddam Hussein, il se rendit aux Américains après la chute du régime en 2003. Il fut condamné à mort en 2010 mais ne fut pas exécuté.

Aznar López (José Maria) Homme d'État espagnol (né en 1953). Chef du Parti populaire (1990-2004), il fut président du gouvernement espagnol de 1996 à 2004.

Aznavour (Varenagh Aznavourian, devenu Charles) Auteur-compositeur, chanteur et acteur français d'origine arménienne (1924-2018). Ses chansons *(La Mamma ; Les Comédiens)* lui ont valu une consécration internationale. Au cinéma, il s'est illustré dans *Tirez sur le pianiste* ou *Un taxi pour Tobrouk*.

azoïque adj. (de *azote*) chim. Se dit de colorants renfermant dans leur molécule le groupement –N=N– *(groupement azoïque)*.

azonal, ale, aux adj. (de *a-* privatif et *zonal*) Qui ne dépend pas d'une zone terrestre.

azoospermie [azoospɛʀmi] **n. f. (de *a-* privatif, du grec *zôon* « animal » et *sperma* « semence ») méd.** Absence de spermatozoïdes dans le sperme.

azorer v. tr. < 1 > (de *Azor*, n. de chien) (Suisse) fam. Réprimander, gronder.

Azorín (José Martínez Ruiz, dit) Écrivain espagnol (1873-1967). Il chercha à exprimer les profondeurs de l'âme espagnole. *L'Âme castillane ; La Route de Don Quichotte.*

azote n. m. (de *a-* privatif et grec *zoê* « vie ») chim. Élément chimique (symb. N ; n° at. 7 ; masse at. 14,008) ; corps simple gazeux (N_2) incolore, inodore, qui entre (pour 4/5) dans la composition de l'atmosphère et des tissus vivants. *Cycle de l'azote :* circulation des composés de l'azote dans la nature, par l'intermédiaire des organismes végétaux et animaux.

azoté, ée adj. Qui contient de l'azote. *Engrais azotés.*

azotobacter [azɔtobaktɛʀ] **n. m. (de *azote* et *bactér[ie]*) biol.** Bactérie vivant sur des racines et capable d'assimiler l'azote de l'atmosphère.

AZTÈQUES (art et civilisation)

Masque en cuir et pierres du dieu Tezcatlipoca (xve-xvie s.), British Museum, Londres.

Masque en turquoise du dieu Quetzalcoatl (v. 1500), British Museum, Londres.

Masque en pierre du dieu Xipe Totec (xiiie-xvie s.), British Museum, Londres.

Boîte en pierre montrant le dieu Tlaloc (fin xve s.), British Museum, Londres.

Coupe aux pieds à têtes d'aigle, musée d'Ethnographie, Berlin.

Éventail en plumes (moitié du xvie s.), musée d'Ethnographie, Vienne.

Vase sacrificiel représentant les dieux Xiuhtecuhtli et Tlahuizcalpantecuhtli (v. 1500), musée national d'Anthropologie, Mexico.

Statue en pierre de Chacmool (v. 1500), musée national d'Anthropologie, Mexico.

La grandeur de l'art aztèque est de courte durée puisque cette culture parvient à son apogée juste avant l'arrivée des colons espagnols, au xve s., qui vont rapidement presque tout détruire de ses splendeurs. Fondamentalement religieux, cet art parvient à imbriquer très subtilement dans une même œuvre le réalisme très poussé des représentations humaines et animales et les formes très stylisées ou abstraites des symboles sacrés.

Azoulay (Audrey) Femme politique française (née en 1972). Ministre de la Culture et de la Communication de février 2016 à mai 2017. Elle est directrice de l'Unesco depuis nov. 2017.

Azov Ville de Russie, sur la mer d'Azov. 80 700 habitants. Pêcheries, constructions navales.

Azov (mer d') Golfe de la mer Noire, avec laquelle elle communique par le détroit de Kertch. 38 000 km^2.

Azraël L'ange de la Mort dans la tradition musulmane.

AZT [azɛdte] **n. m. (n. déposé, sigle de *azidothymidine*) méd.** Médicament inhibiteur de la transcription génétique, utilisé dans le traitement du sida.

aztèque adj. et n. (mot de la langue aztèque) Relatif aux Aztèques. *L'art aztèque.* **– n.** *Les Aztèques.* **– n. m.** Langue aztèque. **→ nahuatl.**

Aztèques n. m. pl. Ancien peuple établi au Mexique aux xive et xve s. Ils y fondèrent leur capitale, Tenochtitlán, et formèrent une société fortement hiérarchisée, encadrée par les autorités religieuses. Leur art, remarquable (architecture monumentale, sculpture, céramique, peinture murale), repose sur la synthèse d'un réalisme minutieux et d'un grand sens du symbolisme. L'arrivée des Espagnols, menés par Cortés (1519), marqua la fin de l'empire.

Azuela (Mariano) Écrivain mexicain (1873-1952). Il est l'auteur de récits inspirés par la révolution mexicaine *(Ceux d'en bas)* et par la vie du peuple mexicain *(Los Caciques ; Pedro moreno).*

azuki [azuki] **n. m. (mot japonais)** Légumineuse originaire d'Asie, cultivée pour ses graines comestibles. ▪ La graine elle-même, appelée aussi *haricot rouge du Japon.*

azuléjo ou **azulejo** [asulexo] **n. m. (espagnol *azulejo*, de *azul* « bleu » → azur)** Carreau de faïence émaillée et décorée (d'abord bleu) pour le revêtement des murs et des sols (Espagne, Portugal).

azur n. m. (espagnol *azul* « bleu », de l'arabe, du persan → lapis) 1. littér. Couleur bleue du ciel, des flots. **– appos. invar.** *Des murs bleu azur.* ▪ Le ciel, l'air. **–** *La Côte d'Azur*, de la Méditerranée, entre Cassis et Menton. **2.** Verre coloré en bleu par l'oxyde de cobalt (**dit aussi** *bleu d'azur, bleu de saxe*). **3.** Couleur bleue du blason.

azurage n. m. techn. Opération consistant à parfaire l'effet de blancheur de certaines matières (textiles, papier), en ajoutant après le blanchiment un produit (*azurant* **n. m.**) donnant une légère coloration bleutée.

azuré, ée adj. Couleur d'azur.

azuréen, enne adj. De la Côte d'Azur.

azurer v. tr. < 1 > 1. Teindre, colorer, peindre d'un bleu d'azur. **2.** Procéder à l'azurage de.

azurite n. f. (de *azur* et *-ite*) minér. Carbonate naturel de cuivre, de couleur bleue *(azur de cuivre).*

azygos [azigos] **adj. et n. f. (grec *azugos* « non accouplé ») anat.** *Veine azygos*, **ou n. f.** *l'azygos :* importante veine impaire qui relie le système de la veine cave inférieure au tronc de la veine cave supérieure.

azyme adj. (latin *azymus*, du grec, de *a-* et *zumê* « levain » → enzyme) *Pain azyme*, pain sans levain (dont on fait les hosties).

B

b [be] **n. m. invar. I.** Deuxième lettre, première consonne de l'alphabet. **II.** La note *si* dans la notation anglo-saxonne, *si bémol* dans la notation allemande.

BA [bea] **n. f. invar. (abrév.)** Abréviation de *bonne action*, dans le langage des scouts. *Faire une, sa BA.*

Bâ (Amadou Hampâté) Écrivain malien (1901-1991). S'attachant à recueillir et à transmettre la tradition orale de son pays, il publia des textes historiques et sacrés de la tradition peule. *L'Étrange Destin de Wangrin.*

Bâ (Mariama) Romancière sénégalaise d'expression française (1929-1981). Issue d'un milieu musulman traditionnel, elle milita pour les droits des femmes. *Une si longue lettre ; Le Chant écarlate.*

Baade (Walter) Astronome américain (1893-1960). Il détermina les magnitudes des céphéides, type d'étoiles dont l'éclat varie au cours du temps, ce qui l'amena à doubler les dimensions supposées de l'Univers.

Baader (Andreas) Terroriste allemand (1943-1977). Il fut le chef de file, avec Ulrike Meinhof, du mouvement d'extrême gauche Fraction armée rouge (ou bande à Baader), qui commit des attentats en Allemagne de l'Ouest de 1968 à 1972.

Baal Titre cananéen, phénicien, araméen donné à de nombreux dieux du Proche-Orient méditerranéen. Dieu universel de la Fertilité, il a été assimilé au Seth des Égyptiens.

Baalbek ou **Balbek** anciennement **Héliopolis** Ville du Liban, dans la plaine de la Bekaa. 80 000 habitants. Temples romains.

Baarn Ville des Pays-Bas (province d'Utrecht). 24 875 habitants. Siège d'institutions religieuses.

Baas, Baath ou **Ba'th** Parti arabe nationaliste et socialiste fondé en 1952. Il est au pouvoir en Syrie depuis 1963, et l'a été en Irak de 1968 à 2003.

Bāb (le) [Mīrzā 'Alī Muḥammad] Chef religieux iranien (1819-1850). Il se proclama comme le mahdi (figure messianique) attendu par les chiites et mit en place une religion nouvelle (la secte *babiste*).

[1]baba n. m. (mot polonais) Gâteau à pâte légère arrosé d'un sirop alcoolisé. *Des babas au rhum.*

[2]baba adj. (onomatopée) fam. Frappé d'étonnement. → **ébahi, stupéfait.** *Elles en sont restées babas.*

[3]baba n. m. (p.-ê. de *babines*, à cause de l'aspect) argot Postérieur. → **cul.** – loc. fam. *L'avoir dans le baba :* se faire duper, avoir.

[4]baba n. (hindi *baba* « père », par l'anglais) Personne vivant de manière marginale, prônant la non-violence et influencée par l'écologie et la spiritualité orientale. → **hippie.** – Souvent dans l'expression *baba cool* [babakul]. *Des babas cool.*

b. a.-ba [beaba] **n. m. (du n. des lettres *a* et *b*)** Premiers rudiments. → **a b c.** *C'est le b. a.-ba du métier.*

babache n. et adj. régional (Nord) fam. Imbécile. *Quelle babache celle-là !*

Babar Personnage d'éléphant, héros de livres pour enfants, créé en 1931 par Jean de Brunhoff (1899-1937).

Babbage (Charles) Mathématicien anglais (1791-1871). Il tenta de réaliser des machines à calculer, et fut considéré pour cela comme un pionnier de l'informatique.

Babbitt (Milton) Compositeur et théoricien de la musique américain (1916-2011). Enseignant les mathématiques et la musique à Princeton, il pratiqua le sérialisme et l'électroacoustique. *Counterparts.*

Baal

Statuette de Baal datant de l'âge du bronze (v. 1350-1250 av. J.-C.), Syrie, coll. privée.

Babel (tour de) Dans la Bible, tour construite par les hommes à Babel (nom hébreu de Babylone) pour atteindre le ciel. Dieu introduit la diversité des langues, et l'entreprise échoue.

Babel (Issaak Emmanouilovitch) Écrivain soviétique (1894-1940). Il évoqua la guerre civile dans *Cavalerie rouge* et décrivit sa ville natale dans les *Contes d'Odessa.*

babélisme n. m. (de *Babel*) didact. Confusion créée par l'usage de nombreuses langues.

Bab el-Mandeb ou **Bāb al-Mandab** Détroit qui fait communiquer la mer Rouge et le golfe d'Aden, entre le Yémen et Djibouti.

Babenberg Famille qui régna sur la Marche autrichienne de 976 à 1246.

Babeuf (François Noël, dit Gracchus) Révolutionnaire français (1760-1797). Fondateur du journal *Le Tribun du peuple,* il développa une théorie visant à atteindre l'égalité absolue par la suppression de la propriété et la mise en place d'un communisme agraire. Il participa à la conspiration des Égaux qui tenta de renverser le Directoire (1796) et fut exécuté l'année suivante.

babeurre n. m. (→ beurre) Liquide blanc qui reste du lait après le barattage de la crème dans la préparation du beurre.

babil n. m. 1. littér. Babillage. **2.** Bruit rappelant une voix qui babille.

Babilée (Jean Gutmann, dit Jean) Danseur et chorégraphe français (1923-2014). Ses interprétations de *L'Oiseau de feu*, de *Ciselle*, du *Spectre de la rose* lui valurent un succès international.

babillage n. m. Action de babiller.

babillard, arde adj. et n. 1. littér. Bavard. **2. n. f. fam.** Lettre (écrite à qqn). → **bafouille. 3. n. m. (Canada)** Tableau d'affichage.

babiller v. intr. < 1 > (onomatopée *bab-* « mouvement des lèvres ») Parler beaucoup d'une manière enfantine. → **bavarder.**

babines n. f. pl. (onomatopée → babiller) 1. Lèvres pendantes (de certains animaux). **2. fam.** Lèvres. *S'en lécher les babines :* se réjouir à la pensée d'une chose agréable.

Babinski (Joseph) Médecin français d'origine polonaise (1857-1932). Spécialiste de la pathologie nerveuse, il a décrit les signes caractérisant les maladies de la moelle épinière et du cerveau.

babiole n. f. (italien *babbola*) 1. Petit objet de peu de valeur. → **bibelot. 2.** Chose sans importance. → **bagatelle, broutille.**

babiroussa n. m. (malais « porc-cerf ») zool. Sanglier de Malaisie et de Célèbes, aux défenses recourbées.

Babits (Mihály) Poète hongrois (1883-1941). Poète profondément religieux *(Feuilles à la couronne d'Iris ; La Vallée de l'inquiétude)*, il publia aussi des romans psychologiques *(Le Fils de la mort)*.

babka n. f. (mot polonais) **1.** Gâteau brioché polonais en forme de couronne, servi traditionnellement à Pâques. **2.** Brioche tressée, souvent garnie de chocolat.

bâbord n. m. (germanique *bak* « dos » et *boord* → bord) Le côté gauche d'un navire, en se tournant vers l'avant (s'oppose à *tribord*). *Terre à bâbord !*

babouche n. f. (turc *papouch*) Pantoufle de cuir laissant libre le talon.

babouin n. m. (de l'onomatopée *bab-* → babiller, babines ; bobine) Singe d'Afrique à museau allongé et aux lèvres proéminentes, vivant en société.

babouvisme n. m. Doctrine de Babeuf, tendant à un communisme égalitaire. □ adj. et n. **babouviste**

Bābur [Ẓahêr al-Dīn Muḥammad] Souverain turc (1483-1530). Il fonda l'Empire moghol.

baby [babi ; bebi] n. m. (mot anglais) anglic. **1.** Whisky d'une demi-dose servi dans un café, un bar. *Des babys* ou *des babies* (plur. anglais). **2.** Chaussure basse à bride. *Des babies vernis.*

babyblues ou **baby-blues** [babibluz ; bebibluz] n. m. invar. (mot anglais, de *baby* « bébé » et *blues* « mélancolie ») anglic. État de tristesse, de dépression qui peut suivre l'accouchement.

babyboom ou **baby-boom** [babibum ; bebibum] n. m. (anglais *baby* « bébé » et *boom* « explosion ») anglic. Forte augmentation de la natalité. *Des babybooms, des baby-booms. Un babyboom a suivi la Seconde Guerre mondiale.* - var. RO **babyboum.** □ n. m. **babyboomer** ou n. **babyboumeur, euse**

babyfoot ou **baby-foot** [babifut] n. m. (anglais *baby* → bébé et *foot* → football) anglic. Football de table, où l'on frappe une bille à l'aide de joueurs de bois fixés sur des tringles. *Jouer au babyfoot.* ■ La table de jeu. *Des babyfoots, des baby-foots.*

Babylone Ancienne ville de Mésopotamie, sur l'Euphrate. Cité akkadienne mentionnée dès le –XXIIIe s., Babylone fut gouvernée par la dynastie amorrhéenne à partir du –XIXe s. Devenue capitale de l'empire sous Hammourabi, elle fut ensuite dominée par les Kassites puis par les Élamites (–XIIe s.). Tombée sous le joug des Assyriens aux –VIIIe et –VIIe s., elle devint le centre de l'Empire néo-babylonien fondé par Nabopolassar (–625). Son fils Nabuchodonosor II rendit son éclat à la ville en élevant de nombreux édifices. Conquise par Cyrus II (–539), Babylone devint la capitale de l'empire des Achéménides et commença à décliner sous les règnes de Darios Ier et de Xerxès Ier. Alexandre le Grand, qui en fit sa capitale, y mourut en –323.

babysitter ou **babysitteur, euse** [bebisitœʀ, øz ; babi-] n. (anglais *baby* et *sitter*, de *to sit* « s'asseoir [auprès de] ») anglic. Personne qui, moyennant rétribution, garde de jeunes enfants en l'absence de leurs parents. *Des babysitters, des babysitteurs.* - var. **baby-sitter.** *Des baby-sitters.* □ n. m. **babysitting** ou **baby-sitting**

^{1}**bac** n. m. (vient du latin pop., p.-ê. gaulois) **I.** Bateau à fond plat servant à passer un cours d'eau, un lac. *Le passeur du bac.* **II. 1.** Grand récipient. → baquet, bassin, cuve. *Évier à deux bacs. Bac à sable. – Le bac d'alimentation d'une imprimante.* **2.** Présentoir, dans un magasin de disques. **3.** (Belgique) Casier à bouteilles.

^{2}**bac** n. m. Baccalauréat. → fam. ^{1}bachot. *Passer le bac. Bac + 1, 2,... :* niveau correspondant à une, deux,... années d'études supérieures. *– Boîte à bac :* école privée qui prépare au bac.

Bacall (Betty Joan Perske, dite Lauren) Actrice américaine (1924-2014). Elle fut la partenaire attitrée de Humphrey Bogart *(Le Grand Sommeil ; Key Largo)* avec lequel elle formait aussi un couple.

bacante voir ^{2}bacchante

Bacău Ville de Roumanie (province de Moldavie). 133 800 habitants. Centre industriel (aéronautique, électronique, machines-outils, textile).

baccalauréat n. m. (du latin *baccalarius* → bachelier et *laureatus* → lauréat) **1.** Grade universitaire et examen qui terminent les études secondaires (en France). → ^{2}bac ; fam. ^{1}bachot. *Baccalauréat général, technique, professionnel.* **2.** Au Canada, Diplôme universitaire du premier cycle.

baccara n. m. (p.-ê. famille de *bécarre*) Jeu de cartes (où le dix, appelé *baccara*, équivaut à zéro), qui se joue surtout dans les casinos. → chemin de fer.

baccarat n. m. (du n. de la ville) Cristal de la manufacture de Baccarat. *Verres en baccarat.*

Baccarat Commune de la Meurthe-et-Moselle, au S.-E. de Lunéville. 4 160 habitants. Célèbre cristallerie, fondée en 1764.

Baccelli (Guido) Médecin italien (1832-1916). Il fit des recherches sur la pathologie du cœur et de l'aorte, le paludisme, le traitement du tétanos.

bacchanale [bakanal] n. f. (du latin → ^{1}bacchante) **1.** au plur. Antiq. Fêtes débridées que les Romains célébraient en l'honneur de Bacchus. **2.** littér. Orgie.

^{1}**bacchante** [bakɑ̃t] n. f. (du latin, de *Bacchus*, dieu de la vigne, mot grec) **1.** Antiq. Prêtresse de Bacchus. **2.** littér. Femme débauchée.

^{2}**bacchante** ou **bacante** [bakɑ̃t] n. f. (origine obscure ; influence de ^{1}*bacchante*) fam. Moustache.

Bacchante n. f. Dans la mythologie grecque et romaine, femme du cortège de Dionysos (Bacchus).

Bacchelli (Riccardo) Écrivain italien (1891-1985). Il s'illustra dans le théâtre didactique *(L'Aube de l'ultime soir ; Nostos)*, et les romans historiques *(Le Moulin du Pô)*.

Bacchus Nom du dieu romain correspondant à Dionysos.

Bach Famille de musiciens allemands. ■ **Bach (Johann Sebastian, dit en français Jean-Sébastien)** (1685-1750). Musicien de l'époque baroque, organiste et improvisateur hors pair, il laissa une œuvre immense, tant religieuse *(Passion selon saint Matthieu ; Messe en si ; cantates)* que profane (œuvres pour orgue, clavecin, violon seul, concertos). Il sut combiner la rigueur du contrepoint avec la puissance expressive et la fantaisie *(Variations Goldberg)*. Il laisse, avec *Le Clavier bien tempéré* et *L'Art de la fugue*, des monuments dont la postérité ne cesse de s'inspirer. ■ **Bach (Wilhelm Friedemann)** (1710-1784). Fils de Jean-Sébastien. Il renouvela la sonate et le concerto pour piano. ■ **Bach (Carl Philipp Emanuel)** (1714-1788). Fils de Jean-Sébastien. Il fut le claveciniste de Frédéric II de Prusse. ■ **Bach (Johann Christian, dit en français Jean-Chrétien)** (1735-1782). Fils de Jean-Sébastien, il fut l'un des premiers clavecinistes à jouer du piano-forte et à composer pour cet instrument.

bâchage n. m. Action de bâcher.

Bachaumont (François Le Coigneux, dit de) Écrivain français (1624-1702). Il est l'auteur de *Voyage en Languedoc.*

Bachaumont (Louis Petit de) Écrivain français (1690-1771). Ses *Mémoires secrets* sont un précieux document sur la vie mondaine et littéraire du XVIIIe siècle.

Bachchār ibn Burd Poète arabe d'origine persane (v. 693-783). Il fut le panégyriste des Omeyades, puis des Abbassides.

bâche n. f. (origine obscure, p.-ê. gauloise) **1.** techn. Réservoir destiné à contenir l'eau d'alimentation d'une machine. **2.** hortic. Coffre recouvert d'un châssis servant de petite serre. **3.** Pièce de forte toile imperméabilisée qui sert à préserver qqch. des intempéries. *Couvrir un étal d'une bâche.*

Bachelard (Gaston) Philosophe français (1884-1962). Il renouvela l'histoire et la perception de la connaissance scientifique. On lui doit aussi une analyse des fondements psychanalytiques de la raison et de l'imagination poétique. *L'Eau et les Rêves ; Le Nouvel Esprit scientifique.*

Bachelet (Michelle) Femme d'État chilienne (née en 1951). Présidente de la République de 2006 à 2010 et de 2014 à 2018.

bachelier, ière n. (vient du latin *baccalarius*, soit gaulois, soit rattaché à *Bacchus*) **1.** n. m. hist. Jeune gentilhomme qui aspirait à devenir chevalier. **2.** n. Titulaire du baccalauréat.

Bachelier (Nicolas) Architecte, sculpteur et décorateur français (v. 1485-1556). Inspiré par la Renaissance italienne, il élabora notamment les plans de l'hôtel de Bernuy et de l'hôtel d'Assezat, à Toulouse.

bachelor n. m. (mot anglais) Diplôme international d'études supérieures qui se prépare en trois ou quatre ans et qui équivaut à la licence. *Bachelor universitaire de technologie (BUT).*

bâcher v. tr. < 1 > Couvrir d'une bâche. – au p. p. *Un camion bâché.*

bachibouzouk n. m. (mot turc « mauvaise tête ») hist. Cavalier mercenaire de l'armée turque. - var. **bachi-bouzouk.** *Des bachi-bouzouks.*

bachique adj. (de *Bacchus* → ^{1}bacchante) littér. Qui a rapport à Bacchus, au vin, à l'ivresse. *Fêtes bachiques.* → bacchanale.

Bachkirie n. f. ou **Bachkortostan** n. m. République de la fédération de Russie au S. des monts Oural. 143 600 km^2. 4,1 millions d'habitants. Capitale : Oufa. Riche en minerais (fer, cuivre, or), la Bachkirie est également l'une des régions pétrolifères de Russie.

^{1}**bachot** n. m. (de *bachelier*) fam., vieilli Baccalauréat. → ^{2}bac.

^{2}**bachot** n. m. (de *bache*, ancien fém. de ^{1}*bac*) Petit bateau à fond plat.

bachoter v. intr. < 1 > (→ ^{1}bachot) Préparer hâtivement un examen en vue du seul succès pratique. □ n. m. **bachotage**

Baciccia ou **Baciccio (Giovanni Battista Gaulli, dit le)** Peintre et décorateur italien (1639-1709). Successeur du Bernin et de Pierre de Cortone dans la décoration baroque, il peignit les fresques de l'église du Gesù et des Saints-Apôtres à Rome.

bacillaire [basilɛʀ] adj. méd. **1.** (maladie) Dont la cause est un bacille. **2.** (malade) Tuberculeux.

bacille [basil] n. m. (latin *bacillus* « petit bâton » → baguette ; imbécile) **1.** Bactérie en forme de bâtonnet. ■ par ext. Toute bactérie pathogène. *Bacille de Koch*, responsable de la tuberculose. **2.** Phasme (insecte).

Back (sir George) Amiral et navigateur britannique (1796-1878). Il explora le Nord-Ouest canadien et découvrit le fleuve qui porte son nom.

backgammon [bakgamɔn] n. m. (mot anglais) anglic. Jeu de dés proche du jacquet et du trictrac.

Backhaus (Wilhelm) Pianiste allemand (1884-1969). Interprète de Beethoven et de Brahms, il s'est distingué par une grande fidélité aux œuvres.

Backus (John) Informaticien américain (1924-2007). Il créa en 1954 le premier langage de programmation universel, le fortran.

bâcle n. f. (de *bâcler*) Barre de bois ou de fer avec laquelle on ferme de l'intérieur une porte, une fenêtre.

bâcler v. tr. < 1 > (du latin pop., de *baculum* « bâton ») **1.** vieux Fermer au moyen d'une barre (→ **bâcle**). **2.** Expédier (un travail) sans soin. *Ils ont bâclé ça en dix minutes.* – au p. p. *C'est du travail bâclé.* □ n. m. **bâclage**

baclofène n. m. (anglais *baclofen*) biochim., pharm. Dérivé halogéné du GABA, aux effets myorelaxants. *Utilisation du baclofène dans le traitement de l'alcoolodépendance.*

Bacolod Ville des Philippines, sur l'île de Negros. 429 100 habitants. Sucre.

bacon [bekɔn] n. m. (mot anglais, du francique « jambon ») **1.** Lard fumé, assez maigre. *Œufs au bacon.* **2.** Filet de porc fumé et maigre.

Bacon (Francis), baron Verulam Homme d'État et philosophe anglais (1561-1626). Il exerça les plus hautes charges judiciaires, devenant grand chancelier sous Jacques Ier. Il élabora dans son *Novum Organum* une philosophie fondée sur une méthode inductive et expérimentale.

Bacon (Roger) Théologien et philosophe anglais (v. 1214-1294). Il contribua à l'avènement de la méthode expérimentale et insista sur la place des mathématiques dans les sciences de la nature.

Bacon (Francis) Peintre britannique (1909-1992). Ses tableaux de style expressionniste, baignant dans un univers morbide, expriment généralement l'angoisse. *Trois études pour une crucifixion.*

Bacot (Jacques) Géographe et voyageur français (1877-1965). Ses travaux contribuèrent à la connaissance de l'Asie. *Dans les marches tibétaines.*

Bacquier (Gabriel) Baryton français (1924-2020). Il interpréta notamment le rôle-titre de *Don Giovanni* de Mozart et incarna Golaud dans *Pelléas et Mélisande*, de C. Debussy.

Bacri (Jean-Pierre) Comédien et scénariste français (1951-2021). Il a coécrit avec Agnès Jaoui plusieurs comédies dans lesquelles il incarne des personnages bougons et râleurs : *Cuisine et dépendances ; Le Goût des autres ; Au bout du conte.*

bactéricide adj. Qui tue les bactéries. – n. m. Produit bactéricide.

bactérie n. f. (grec *bakterion* « petit bâton ») Micro-organisme formé d'une seule cellule, sans noyau, à structure très simple, considéré comme ni animal ni végétal. → **bacille, -coque, vibrion.** □ adj. **bactérien, ienne**

▶ Les **bactéries**, forme la plus simple de vie organique, sont des êtres unicellulaires mesurant de 0,5 à 500 microns, dépourvus de noyau *(procaryotes)*. Elles sont constituées d'une membrane entourant le cytoplasme qui contient, outre le matériel nécessaire à la vie, l'ADN chromosomique et souvent des fragments d'ADN non chromosomique appelés *plasmides*. Leur reproduction est asexuée, chaque bactérie donnant naissance à deux bactéries par simple division. Le temps de doublement est très rapide, de quelques minutes à quelques heures.
Les bactéries colonisent abondamment les sols, les eaux, l'air et tous les êtres vivants. La plupart d'entre elles sont inoffensives et constituent même l'élément clé des écosystèmes grâce à leur pouvoir de synthèse et de dégradation des molécules. Elles sont indispensables à la vie humaine : ainsi, la peau est tapissée de milliards de bactéries protectrices et la digestion n'est possible que grâce à l'abondante flore bactérienne intestinale. On les utilise pour la fabrication de la bière et des yaourts ou pour l'épuration des eaux usées. En génie génétique, l'introduction dans le colibacille de plasmides codant pour une protéine déterminée permet d'obtenir des produits dits « recombinants », comme le vaccin contre l'hépatite B et des hormones telles que l'insuline ou l'hormone de croissance.
Une centaine de bactéries sont pathogènes pour l'homme, responsables de maladies fréquentes comme les infections à staphylocoques, ou plus rares comme la typhoïde, la tuberculose et la syphilis. On cherche à prévenir ces maladies par la désinfection, la stérilisation ou la vaccination pour certaines ; on les soigne par des traitements symptomatiques et antibiotiques.
voir aussi **antibiotique, ADN, écosystème, vaccin**

bactériémie n. f. (→ -émie) méd. Présence de bactéries dans le sang.

bactériologie n. f. Partie de la microbiologie qui étudie les bactéries.

bactériologique adj. Qui se rapporte à la bactériologie. *Guerre bactériologique*, utilisant les bactéries comme arme.

bactériologiste n. Spécialiste en bactériologie.

bactériophage adj. et n. m. biol. Se dit d'un virus qui détruit les bactéries.

bactériostatique adj. biol. Qui arrête la prolifération des bactéries. → **antibiotique.**

Bactriane n. f. Ancienne région d'Asie centrale, correspondant au N. de l'Afghanistan et au S. du Tadjikistan et de l'Ouzbékistan.

badaboum [badabum] interj. Onomatopée exprimant le bruit d'une chute suivie de roulement. *Badaboum ! tout a dégringolé.*

Badajoz Ville d'Espagne (Estrémadure), sur le Guadiana, à la frontière portugaise. 150 900 habitants.

bactérie

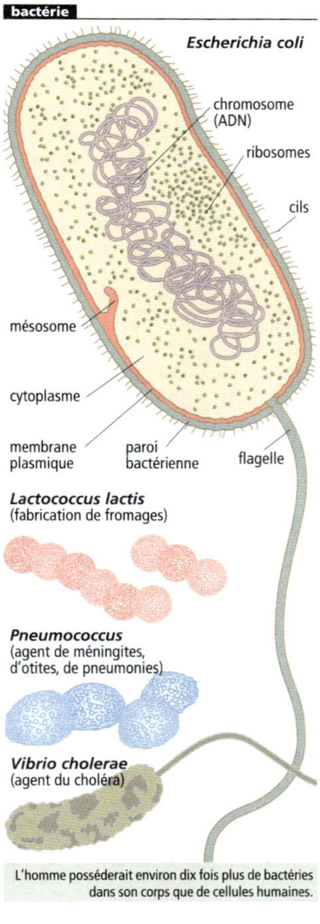

L'homme posséderait environ dix fois plus de bactéries dans son corps que de cellules humaines.

Badakhchan (Haut-) Région autonome au sein du Tadjikistan, à la frontière avec la Chine et l'Afghanistan. 63 700 km². 206 000 habitants. Chef-lieu : Khorog.

Badalona Ville d'Espagne (Catalogne), dans l'agglomération de Barcelone. 223 100 habitants. Industries métallurgique, chimique, textile.

Badami Bourgade du S.-O. de l'Inde (près de Mysore), ancienne capitale d'une dynastie des Chālukya (VIe-VIIIe s.). Grottes sculptées, temples.

badamier n. m. (du persan *bâdâm* « amande ») Arbre exotique ornemental dont le fruit renferme une amande comestible.

badaud, aude n. et adj. (du provençal, du latin → **bayer**) rare au fém. **1.** vieux Nigaud. **2.** Personne qui s'attarde à regarder le spectacle de la rue. → **curieux, flâneur.**

Bade (Josse) latinisé en **Jodocus Badius** Imprimeur belge (1462-1535). Il fonda à Paris une imprimerie où furent notamment édités des ouvrages d'Érasme, Budé, Ange Politien.

Bade n. m. Ancien État de l'Allemagne du S.-O., qui s'étendait sur la plaine rhénane de Bâle à Mannheim.

Baden Ville d'Autriche, au S. de Vienne. 25 142 habitants. Station thermale.

Baden Ville de Suisse (canton d'Argovie), à l'O. de Zürich. 19 100 habitants (agglomération Baden-Brugg 110 600). Station thermale.

Baden-Baden Ville d'Allemagne (Bade-Wurtemberg), dans la plaine du Rhin. 55 440 habitants. Station thermale. Château Renaissance.

Baden-Powell of Gillwell (Robert Stephenson Smyth Baden-Powell, 1er baron) Général britannique (1857-1941). Il fonda le scoutisme en 1908.

1bader v. intr. < 1 > (ancien occitan *badar* « ouvrir la bouche », du latin *batare* → **béer**) régional (sud de la France) **1.** Flâner, faire le badaud. **2.** Rester oisif, rêvasser.

2bader v. intr. < 1 > (de l'anglais *bad [trip]* « mauvais trip ») fam. **1.** Éprouver de l'inquiétude, de l'angoisse. *Ça me fait bader.* **2.** Éprouver de la tristesse, de la mélancolie. *J'ai badé en écoutant cette chanson.*

baderne n. f. (origine obscure) *Vieille baderne* : homme (souvent militaire) âgé et borné.

Bade-Wurtemberg n. m. Land du S.-O. de l'Allemagne. 35 751 km². 11 103 000 habitants. Capitale : Stuttgart. Il englobe la plaine de Bade, la Forêt-Noire et le Jura souabe. Industries électronique, automobile ; pétrochimie. Universités (Stuttgart, Constance, Heidelberg).

Bad Gastein Ville d'Autriche (province de Salzbourg). Station thermale sur le versant nord des Tauern. 4 362 habitants.

badge n. m. (anglais « insigne ») anglic. **1.** Insigne métallique rond porté par les scouts. **2.** Insigne comportant un dessin, une inscription. **3.** inform. Document d'identité codé permettant l'accès à certains locaux, le pointage.

badger v. intr. < 3 > Utiliser un badge pour entrer dans une zone à accès contrôlé, pour pointer. □ n. f. **badgeuse** → **pointeuse.**

Bad Hersfeld ou **Hersfeld** Ville d'Allemagne (Hesse), sur la Fulda. 30 000 habitants. Ruines d'une collégiale romane. Station thermale.

badiane n. f. (mot persan « anis ») Arbuste d'Asie dont les graines aromatiques (anis étoilé) ont des propriétés pharmaceutiques.

badigeon n. m. (origine obscure) Couleur en détrempe à base de lait de chaux, avec laquelle on peint des murs.

badigeonnage n. m. Action de badigeonner.

badigeonner v. tr. < 1 > **1.** Enduire d'un badigeon. **2.** Enduire d'une substance. *Badigeonner une plaie.*

badigoinces n. f. pl. (p.-ê. de [1]*bader* « bavarder » et de *goincer* « crier comme un porc ») fam., vieilli Lèvres.

[1]badin, ine adj. (du provençal, de *badar* → badaud, bayer ; d'abord « fou », « bouffon ») littér. Qui aime à rire, à plaisanter. → **folâtre.** ■ cour. *Humeur badine.*

[2]badin n. m. (du n. de l'inventeur) techn. Appareil qui sert à indiquer la vitesse relative d'un avion.

badinage n. m. Action de badiner. → **amusement, plaisanterie.** *Un ton de badinage.*

badine n. f. (origine obscure) Baguette mince et souple qu'on tient à la main.

badiner v. intr. < 1 > (→ [1]badin) Plaisanter avec enjouement. → **s'amuser.** *« On ne badine pas avec l'amour »* (pièce de Musset). *C'est un homme qui ne badine pas,* sévère.

badinerie n. f. littér. Ce qu'on fait, ce qu'on dit en badinant.

Badinguet Nom du maçon dont Louis Napoléon Bonaparte emprunta les vêtements pour s'enfuir du fort de Ham (1846). Il devint le surnom que ses ennemis politiques lui attribuèrent.

Badinter (Robert) Avocat et homme politique français (né en 1928). Ministre de la Justice (1981-1986), il fit voter l'abolition de la peine de mort (9 oct. 1981).

Badinter (Élisabeth), née **Bleustein-Blanchet** Philosophe française (née en 1944). Elle a mené une réflexion sur la place de la femme dans la société, a remis en cause la notion d'instinct maternel et a insisté sur l'idée de ressemblance sociale des sexes. *L'Amour en plus : histoire de l'amour maternel ; XY, de l'identité masculine ; Fausse route, Réflexions sur trente années de féminisme.*

badiste n. (de *bad[minton]* et suffixe) Joueur, joueuse de badminton.

Bad Kreuznach Ville d'Allemagne (Rhénanie-Palatinat). 53 300 habitants. Station thermale.

badlands [badlɑ̃ds] n. f. pl. (mot anglais des États-Unis « mauvaises terres ») anglic., géogr. Terrains argileux ravinés par l'érosion torrentielle.

Rochers ruiniformes du Badlands National Park, dans le Dakota-du-Sud (États-Unis).

badminton [badmintɔn] n. m. (mot anglais, n. d'un château) anglic. Sport dans lequel on se renvoie un volant par-dessus un filet.

Badoglio (Pietro) Maréchal et homme politique italien (1871-1956). Commandant des forces italiennes pendant la guerre d'Éthiopie (1928-1933), il devint chef du gouvernement après la chute de Mussolini. Il négocia l'armistice avec les Alliés et déclara la guerre à l'Allemagne.

Badura-Skoda (Paul) Pianiste autrichien (1927-2019). Également musicologue, il fut le principal artisan de la renaissance du piano-forte, sur lequel il interpréta la musique de Mozart, Haydn et Beethoven.

Baedeker (Karl) Éditeur allemand (1801-1859). Il créa une collection de guides touristiques publiés en allemand, en français et en anglais.

Baekeland (Leo Hendrik) Chimiste américain d'origine belge (1863-1944). Inventeur d'un papier photographique, il découvrit la première résine synthétique (la *Bakélite*) en 1909.

Baer (Karl Ernst von) Anatomiste et embryologiste estonien d'origine allemande (1792-1876). Il fut l'un des fondateurs de l'embryologie moderne.

Baeyer (Adolf von) Chimiste allemand (1835-1917). Il réussit en 1880 la synthèse de l'indigo. Prix Nobel 1905.

Baez (Joan) Chanteuse américaine (née en 1941). Militante du mouvement contre la guerre du Viêtnam, elle a évolué de la ballade traditionnelle à la chanson politique. *If I Knew ; Sacco and Vanzetti.*

baffe n. f. (rad. onomatopée *baf-* « bouffissure », « coup ») fam. Gifle.

Baffin (William) Navigateur anglais (1584-1622). Il pénétra par le détroit de Davis dans la mer qui porte son nom et explora les régions arctiques.

Baffin (mer ou baie de) Mer polaire, située entre le Groenland et la terre de Baffin.

Baffin (île de) Île de l'archipel arctique canadien (Nunavut). 476 066 km^2. 15 800 habitants.

baffle n. m. (mot anglais, de *to baffle* « décevoir » ; idée de « détourner ») anglic. **1.** techn. Panneau portant le diffuseur d'un haut-parleur. **2.** cour. Enceinte acoustique. *Les baffles d'une chaîne hifi.*

Bafing n. m. Rivière de la Guinée et du Mali, affluent du Sénégal, qui prend sa source dans le Fouta-Djalon. 450 km.

bafouer v. tr. < 1 > (onomatopée ; idée de « gonfler », « tromper ») littér. Traiter avec un mépris outrageant. *Bafouer les droits de l'homme.* ■ Tourner en dérision. → **se moquer, ridiculiser.**

bafouillage n. m. Action de bafouiller. ■ Propos incohérents.

bafouille n. f. (de *bafouiller*) fam. Lettre (écrite à qqn).

bafouiller v. intr. < 1 > (onomatopée ; p.-ê. influence de *barbouiller, fouiller*) Parler d'une façon embarrassée, parfois incohérente. → **bredouiller.** – trans. *Bafouiller des excuses.* □ n. et adj. **bafouilleur, euse**

Bafoussam Ville de l'O. du Cameroun. 240 000 habitants.

bâfrer v. intr. < 1 > (onomatopée *baf-* → baffe ; cf. *bouf-* [bouffer]) fam. Manger gloutonnement et avec excès. → **bouffer, s'empiffrer.** □ n. **bâfreur, euse**

bagad, plur. **bagadou** n. m. (mot breton « ensemble ») régional (Bretagne) Formation musicale à base d'instruments traditionnels de Bretagne (bombardes, cornemuses, binious), qui joue de la musique de marche. *Des bagadou* (ou RO *bagads*).

bagage n. m. (de l'ancien français *bagues* « habits », probablt du provençal) **1.** Effets, objets que l'on emporte en déplacement, en voyage. *Elle avait pour tout bagage un sac et un parapluie.* – loc. *Plier bagage :* partir. ■ plus cour. au plur. *Les bagages :* les malles, valises, sacs... que l'on emporte en voyage. *Bagages à main,* que l'on peut porter facilement, que l'on garde avec soi (dans un avion...). **2.** Ensemble des connaissances acquises. *Son bagage scientifique est insuffisant.*

bagagiste n. **1.** Employé(e) chargé(e) de la manutention des bagages dans un hôtel, une gare, un aéroport. **2.** Fabricant(e) de bagages, d'articles de voyage.

Baganda(s) ou **Ganda(s)** n. m. pl. Peuple bantou, établi en Ouganda. Les Bagandas furent à l'origine du royaume de Buganda, fondé au XVe s. sur la rive N.-O. du lac Victoria.

bagarre n. f. (p.-ê. du basque *batzarre* « confusion, mêlée ») **1.** Mêlée de gens qui se battent. → **échauffourée, rixe.** *Se trouver pris dans une bagarre.* **2.** fam. Échange de coups ; fait de se battre. → **bataille, querelle.** *Chercher la bagarre.* ■ Lutte acharnée. *La bagarre pour le pouvoir.*

bagarrer v. < 1 > fam. **1.** v. pron. *Se bagarrer :* se battre, se quereller. *Ils se sont bagarrés.* **2.** v. intr. Lutter (pour). *Il va falloir bagarrer pour l'obtenir.*

bagarreur, euse n. et adj. Personne qui aime la bagarre. → **batailleur.**

bagasse n. f. (de l'espagnol, de *bago* « grain de raisin », du latin *baca* → [3]baie) Résidu des tiges de canne à sucre dont on a extrait le jus.

bagatelle n. f. (de l'italien, probablt du latin *baca*) **1.** Chose sans importance. → **babiole, futilité, rien.** *Perdre son temps à des bagatelles.* ■ iron. *Elle a dépensé en une journée la bagatelle de 5 000 euros.* **2.** plais. *La bagatelle :* l'amour physique.

Bagaudes n. m. pl. Paysans gaulois qui se révoltèrent contre la domination romaine en Gaule au IIIe s., puis en Espagne au Ve siècle.

Bagdad ou **Baghdād** Capitale de l'Irak, sur le Tigre. 6,7 millions d'habitants. Fondée en 762, peu après l'établissement du califat abbasside en Irak, elle connut sa plus grande prospérité au XIIe s., avant d'être dévastée par les Mongols (1258) puis soumise par les Ottomans. Elle fut partiellement détruite en raison des bombardements de 1991 et 2003, des conflits liés à l'occupation de la ville par la coalition formée par les États-Unis jusqu'en 2009 et des attentats terroristes de Daech.

Mosquée du 14 Ramadan à Bagdad.

Bagehot (Walter) Économiste et publiciste britannique (1826-1877). Il est l'auteur de travaux sur les crises économiques et sur l'organisation institutionnelle de l'Angleterre.

bagel [begœl ; bagɛl] n. m. (du yiddish, de l'allemand dialectal *Beugel* « objet en forme d'anneau ») Petit pain en forme d'anneau, à la mie très dense.

baggy [bagi] n. m. (mot anglais « large, ample », de *bag* « sac ») anglic. Pantalon à coupe large, porté bas sur les hanches. *Des baggys ou des baggies.*

Bagieu (Pénélope) Dessinatrice et scénariste de bande dessinée française (née en 1982). Elle se fait connaître grâce aux saynètes humoristiques de son blog, *Ma vie est tout à fait fascinante.* Mettant en exergue le sexisme ordinaire, elle place les femmes au centre de ses récits : *Cadavre exquis, Les Culottées* ou encore, pour la jeunesse, *Sacrées Sorcières.*

bagnard, arde n. (rare au fém.) Personne internée dans un bagne. → **forçat.**

bagne n. m. (italien *bagno* « bain », à cause des bains de Livourne, sur l'emplacement desquels fut construite une prison) **1.** anciennt Établissement pénitentiaire où étaient internés les forçats après la suppression des galères ; lieu où se purgeait la peine des travaux forcés. *Le bagne de Cayenne.* **2.** Séjour où l'on est astreint à un travail pénible. → **enfer.** *Quel bagne !* → **galère.**

Bagnères-de-Bigorre Chef-lieu d'arrondissement des Hautes-Pyrénées, sur l'Adour. 7 034 habitants. Station thermale et climatique.

Bagnères-de-Luchon Commune de la Haute-Garonne. 2 222 habitants. Station thermale et climatique. Sports d'hiver.

Bagneux Commune des Hauts-de-Seine, au S. de Paris. 41 967 habitants. Cimetière parisien.

bagnole **n. f.** **(de *banne*, p.-ê. d'après *carriole*)** fam. Automobile. → **voiture.** *Une belle bagnole.*

Bagnoles-de-l'Orne-Normandie Commune de l'Orne, à l'O. d'Alençon. 2 720 habitants. Station thermale.

Bagnolet Commune de la Seine-Saint-Denis, à l'E. de Paris. 38 470 habitants. Activités tertiaires.

Bagnols-sur-Cèze Commune du Gard, au N.-E. de Nîmes. 18 072 habitants. Musées d'art moderne et d'archéologie.

bagou **n. m.** **(de *bagouler*, de *bavarder* et *goule* → gueule)** Disposition à parler beaucoup, souvent en essayant de faire illusion ou de tromper. *Avoir du bagou.* - var. **bagout.**

Bagouet (Dominique) Danseur et chorégraphe français (1951-1992). Une recherche de la théâtralité du geste et une opposition entre structure et défaillance ont valu à son style pur et raffiné l'étiquette de « baroque contemporain ». *Chanson de nuit ; Le Saut de l'ange ; So Schnell.*

Bagration (Petr Ivanovitch, prince) Général russe (1765-1812). Il s'opposa à l'invasion de la Russie par Napoléon et fut tué à la bataille de la Moskova.

baguage **n. m.** Action de baguer ; son résultat. *Le baguage d'un pigeon.*

bague **n. f.** **(p.-ê. du néerlandais, ou du latin *vacuus* « vide »)** **1.** Anneau que l'on met au doigt. → **chevalière.** *Bague de fiançailles. Une main chargée de bagues.* – loc. *Avoir la bague au doigt :* être marié. → **alliance.** **2.** Anneau que l'on fixe à la patte d'un oiseau pour l'identifier. **3.** Anneau de papier entourant un cigare. **4.** techn. Anneau métallique servant à accoupler deux pièces d'une machine. → **collier, manchon.** **5.** archit. Moulure circulaire entourant une colonne. **6.** au plur. Appareil d'orthodontie composé d'un ensemble de fils métalliques qui enserrent les dents.

baguenaude **n. f.** **(du languedocien, du provençal *baga* « baie », du latin *baca* → ³baie)** **1.** Fruit du baguenaudier, petite gousse remplie d'air, qui éclate avec bruit lorsqu'on la presse. **2.** fam. Promenade, flânerie. → **balade.**

baguenauder **v. intr.** **< 1 >** **(de *baguenaude* « niaiserie », d'abord « petit fruit », famille du latin *baca* → ³baie)** fam. Se promener en flânant. → **se balader.** – pronom. *Se baguenauder.*

baguenaudier **n. m.** Arbrisseau méditerranéen à fleurs jaunes en grappes.

baguer **v. tr.** **< 1 >** **1.** Garnir d'une bague, de bagues. *On bague les pigeons voyageurs pour les distinguer.* – au p. p. *Mains baguées.* **2.** Inciser (un arbre) en enlevant un anneau d'écorce.

baguette **n. f.** **(italien *bacchetta* ; famille du latin *bacculum* → bacille)** **1.** Petit bâton mince et flexible. → **badine.** – *Commander, mener les gens à la baguette,* avec autorité et rigueur. ■ *Baguette magique,* servant aux fées, enchanteurs, magiciens pour accomplir leurs prodiges. – fig. *D'un coup de baguette magique,* comme par enchantement. ■ *Baguette (de chef d'orchestre),* avec laquelle il dirige. ■ ***Baguettes de tambour*** : les deux petits bâtons avec lesquels on bat la caisse ; fig. cheveux très raides. ■ Chacun des deux petits bâtons utilisés pour manger en Extrême-Orient. **2.** Petite moulure arrondie ou plate. *Baguettes décoratives.* **3.** Ornement vertical sur les côtés d'un bas, d'une chaussette. **4.** Pain long et mince. *Une baguette bien cuite.*

baguier **n. m.** Coffret, coupe où l'on range des bagues, des bijoux.

Baguirmi Ancien sultanat situé sur le territoire de l'actuel Tchad (XVIᵉ-XIXᵉ s.).

bah **interj.** Exclamation exprimant l'insouciance, l'indifférence. *Bah ! j'en ai vu bien d'autres.*

Bahādur Chāh II (1772-1862). Dernier souverain moghol de l'Inde (1837-1858). Il fut déposé par les Britanniques après la mutinerie des cipayes.

Bahamas

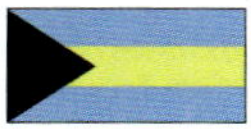

n. f. pl. anciennement **îles Lucayes** ■ offic. **Commonwealth des Bahamas** État insulaire de l'Atlantique Nord, au S.-E. de la Floride. → Antilles (carte). 13 940 km². 393 000 habitants. **Langue :** anglais. **Monnaie :** dollar des Bahamas. **Capitale :** Nassau. **Régime :** démocratie parlementaire.

Les quelque 700 îles (dont 30 habitées) sont presque plates. L'économie repose essentiellement sur le tourisme et les services financiers. L'archipel fut découvert par les Espagnols (XVIᵉ s.), puis occupé par les Anglais (1629). Il obtint l'autonomie (1964) puis l'indépendance dans le cadre du Commonwealth (1973).

Bahār (Mīrzā Taqī) Poète iranien (1885 ou 1886-1951). Il renouvela profondément la poésie persane en traitant des thèmes sociaux, politiques et moraux modernes.

Baharieh ou **Bahariya** Oasis d'Égypte, dans le désert Libyque. 30 000 habitants. Vestiges archéologiques. Dattes. Gisements de fer.

Bahawalpur Ville du Pakistan, sur la Satlej. 719 000 habitants. Grand marché de coton.

Bahia État du N.-E. du Brésil. 566 978 km². 14 millions d'habitants. Capitale : Salvador. L'élevage bovin, l'agriculture (cacao, tabac, riz, soja) et l'exploitation du sous-sol (cuivre, pétrole, gaz) sont les principales activités.

Bahía Blanca Ville d'Argentine, sur l'océan Atlantique. 285 000 habitants. Port exportateur de céréales et de viande. Centre industriel.

Bahmanides ou **Bahmanī** Dynastie indo-musulmane qui régna sur le Dekkan de 1347 à 1527.

Bahrdt (Karl Friedrich) Théologien et pédagogue allemand (1741-1792). Il est l'auteur d'une traduction laïcisée du Nouveau Testament, qui suscita une hostilité de la part de l'Église.

Bahreïn

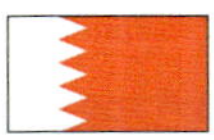

n. m. ■ offic. Royaume de Bahreïn État insulaire du Proche-Orient. → **Arabie** (carte). 750 km². 1 500 000 habitants (les *Bahreïniens* ou *Bahreïnis*). **Langue :** arabe. **Religion :** musulmans. **Monnaie :** dinar bahreïni. **Capitale :** Manama. **Régime :** monarchie constitutionnelle.

Bahreïn, Muharrak et Sitra, principales îles de l'archipel qui en comprend une trentaine, sont reliées par des ponts. L'aridité du climat et la salinité des sols font obstacle au développement agricole. Le pétrole, découvert en 1932, représente aujourd'hui plus de 60 % des revenus du pays. Toutefois, les réserves étant limitées, l'État cherche à diversifier son économie (banque, commerce, assurance, tourisme).

Après plusieurs siècles d'indépendance, Bahreïn fut dominé par les Portugais au XVIᵉ s., la Perse (1602), puis l'émirat arabe de la dynastie des Khalifa (1783) qui devint en 1880 un protectorat britannique. En 1971, Cheikh Issa ibn Salman al-Khalifa proclama l'indépendance du pays, puis suspendit la Constitution (1975). À la mort de Cheikh Issa (1999), son fils Hamad régla le différend territorial avec le Qatar (2001) et rétablit par référendum la monarchie constitutionnelle (avril 2002). L'opposition des chiites (70 % de la population) contre le pouvoir sunnite est durement réprimée et accentue le clivage entre les deux communautés. Le royaume a normalisé ses relations avec Israël en 2020.

Bahr el-Abiad ou **Nil Blanc** **n. m.** Nom donné au Nil du Soudan, en amont de Khartoum.

Bahr el-Azrak ou **Nil Bleu** **n. m.** Rivière d'Éthiopie et du Soudan, issue du lac Tana, qui conflue à Khartoum avec le Bahr el-Abiad pour former le Nil. 1 600 km.

Bahr el-Djebel ou **Bahr al-Jabal** **n. m.** Nom donné au Nil, du lac Albert à sa jonction avec le Bahr el-Ghazal.

Bahr el-Ghazal **n. m.** Rivière du Soudan, affluent du Bahr el-Djebel. 240 km.

Bahrites **n. m. pl.** Nom de la première dynastie des mamelouks turcs qui régnèrent sur l'Égypte de 1250 à 1382.

bahut **n. m.** **(origine probablt germanique)** **1.** vieux Coffre de voyage au couvercle bombé. **2.** Buffet rustique large et bas. **3.** fam. Lycée, collège. → **boîte.** **4.** argot Taxi, voiture.

bai, baie **adj.** **(vient du latin *badius*, p.-ê. du gaulois)** **(cheval)** Dont la robe est d'un brun rouge. *Une jument baie.*

Baia Mare Ville du N.-O. de la Roumanie. 115 900 habitants. Industries métallurgiques et chimiques.

¹baie **n. f.** **(origine obscure)** Échancrure d'une côte, dont l'entrée est resserrée ; petit golfe. → **anse, calanque, crique.**

²baie **n. f.** **(de *bayer* ; famille de *béer*)** Ouverture aménagée pour faire une porte, une fenêtre. *Une large baie vitrée.*

³baie **n. f.** **(vient du latin *baca*)** Petit fruit charnu qui renferme des graines ou pépins. *Le raisin et la myrtille sont des baies.* ■ Petit fruit sauvage en forme de boule.

Baie-Comeau Ville et port du Canada (province de Québec), fondée en 1937, sur la rive N. de l'estuaire du Saint-Laurent. 21 536 habitants. Centrale hydroélectrique.

Baie-Mahault Commune de la Guadeloupe, au N.-O. de Pointe-à-Pitre. 30 316 habitants.

Baies Ville d'Italie (Campanie), à l'O. de Naples. 2 230 habitants. Vestiges de thermes romains.

Baïf (Jean Antoine de) Poète français (1532-1589). Membre de la Pléiade, il tenta d'appliquer la prosodie latine à la poésie française. *Mimes, enseignements et proverbes.*

baignade **n. f.** **1.** Action de se baigner (2). → **bain.** **2.** Endroit (d'un cours d'eau...) où l'on peut se baigner. *Baignade surveillée.*

baigner **v.** **< 1 >** **(vient du bas latin, de *balneum* → bain)** **I. v. tr. 1.** Mettre et maintenir (un corps, un objet) dans l'eau, un liquide pour laver, imbiber. → **plonger, tremper.** *Il baigne ses pieds dans l'eau.* ■ Faire prendre un bain à (qqn) pour le laver. **2.** (mer) Entourer, toucher. *La mer qui baigne cette côte.* ■ littér. Envelopper complètement. *La lumière qui baignait son visage.* **3.** Mouiller. → **inonder.** – au p. p. *Front baigné de sueur.* **II. v. intr.** Être plongé entièrement (dans un liquide, fig. dans une ambiance). *La viande baigne dans la sauce.* – loc. fam. *Ça baigne (dans l'huile),* ça marche, ça va très bien. ■ **se baigner** **v. pron. 1.** Prendre un bain pour se laver (dans une baignoire...). **2.** Prendre un bain pour le plaisir, pour nager (dans la mer, une piscine...). *Allons nous baigner !*

baigneur, euse **n.** **(vient du bas latin → baigner ; d'abord « maître nageur »)** **1.** Personne qui se baigne (2). *« Les Baigneuses »* (titre de tableaux : Fragonard, Cézanne, etc.). **2.** n. m. Poupée figurant un bébé.

baignoire n. f. **1.** Grand récipient allongé, recevant l'eau courante, où une personne peut se baigner (1). *Baignoire encastrée. Baignoire sabot,* courte, où l'on se baigne assis. **2.** Loge de rez-de-chaussée, dans une salle de spectacle. **3.** mar. Partie supérieure du kiosque d'un sous-marin.

Baïkal (lac) Lac de Russie, en Sibérie orientale (Bouriatie), orienté du N.-E. au S.-O. 31 500 km^2. Essentiellement alimenté par la Selenga, il a pour émissaire l'Angara. Nombreuses espèces animales et végétales. Ports et pêcheries.

Baïkal (monts) Chaîne montagneuse au N.-O. du lac Baïkal. 2 572 m.

Baïkonour Ville du Kazakhstan. 54 200 habitants. Elle donne son nom à une base aérospatiale, située à 400 km de la ville, près de Tiouratam.

Le cosmodrome de Baïkonour accueille aujourd'hui des programmes spatiaux internationaux.

[1]**bail,** plur. **baux** n. m. (de *bailler* « donner ») Contrat par lequel une personne (→ **bailleur**) laisse à une autre (→ **locataire**) le droit de se servir d'une chose pendant un certain temps moyennant un certain prix (→ **loyer**). *Résilier le bail d'une maison. Donner, céder ; prendre **à** bail :* louer (dans les deux sens du mot). – loc. fam. *Ça fait un bail,* voilà bien longtemps.

[2]**bail** n. m. (p.-ê. de [1]*bail*) fam. Chose que l'on ne peut nommer. → **machin, truc.** *J'ai un bail à te raconter.* – Affaire, projet mal défini. *C'est quoi les bails ? T'as un bail pour ce soir ?* → [3]**plan.**

Bailén ou **Baylen** Ville d'Espagne (Andalousie). 17 500 habitants. Le général napoléonien Dupont de l'Étang y signa la capitulation de son armée en 1808.

baille n. f. (vient du bas latin *bajula* « récipient ») mar. **1.** Baquet. ■ Bateau qui n'avance pas vite. **2.** argot L'eau, la mer. *Jeter qqn à la baille.* **3.** argot L'École navale.

bâillement n. m. **1.** Action de bâiller (1). *Un bâillement d'ennui.* **2.** État de ce qui bâille (2).

bailler v. tr. < 1 > (vient du latin *bajulare,* de *bajulus* « portefaix » → **bailli**) vieux Donner. – loc. *Vous me la baillez belle :* vous vous moquez de moi.

bâiller v. intr. < 1 > (vient du latin pop. *batacular*e, de *batare* → **bayer, béer**) **1.** Ouvrir involontairement la bouche en aspirant. *Bâiller de sommeil, de faim, d'ennui. Bâiller à se décrocher la mâchoire.* **2.** (choses) Être entrouvert, mal fermé. *Son col bâille* (→ **entrebâiller**).

Bailleul Commune du Nord, sur la Becque. 15 026 habitants. Musée.

bailleur, bailleresse n. (de *bailler* → [1]**bail**) **1.** dr. Personne qui donne une chose à bail. *Le bailleur et le preneur.* – *Bailleur social,* qui gère des logements sociaux. **2.** ***Bailleur de fonds*** *:* personne qui fournit des fonds pour une entreprise déterminée. → **commanditaire.** - Dans ce sens, on rencontre aussi le féminin *bailleuse de fonds.*

bailli n. m. (de l'ancien français *bail* « gouverneur », qui vient du latin *bajulus,* d'abord « portefaix » → **bailler**) **1.** hist. Officier qui rendait la justice au nom du roi ou d'un seigneur. *Les baillis et les sénéchaux.* **2.** Dignité dans l'ordre de Malte. *Le bailli de Suffren.*

bailliage n. m. hist. Circonscription d'un bailli.

bâillon n. m. (de *bâiller*) **1.** Ce que l'on met contre la bouche de qqn pour l'empêcher de parler, de crier. **2.** fig. Empêchement à la liberté d'expression. – appos. *Procédure bâillon :* procédure judiciaire visant à prévenir l'expression d'une opinion qui serait préjudiciable.

bâillonner v. tr. < 1 > **1.** Mettre un bâillon à (une personne). **2.** Empêcher la liberté d'expression de (qqn...), réduire au silence. *Gouvernement qui veut bâillonner la presse.* → **museler.** □ n. m. **bâillonnement**

Baillot (Pierre) Violoniste et compositeur français (1771-1842). Virtuose réputé, il a publié *L'Art du violon,* une méthode d'enseignement.

Bailly (Jean-Sylvain) Savant et homme politique français (1736-1793). Nommé maire de Paris après la prise de la Bastille, il démissionna (1791) après avoir fait tirer sur les manifestants du Champ-de-Mars qui exigeaient la déchéance et le jugement de Louis XVI. Arrêté en 1793, il fut condamné à mort et exécuté.

bain n. m. (vient du latin *balneum,* du grec) **I. 1.** Action de plonger le corps (d'une personne, d'un animal) ou une partie du corps dans l'eau ou un autre liquide (pour laver, soigner). *Prendre un bain,* se baigner. *Faire prendre un bain, donner le bain à... Bain de pieds. Peignoir de bain. Salle* de bains.* – *Bain de vapeur* (hammam, sauna). **2.** L'eau, le liquide dans lequel on (se) baigne. *Faire couler un bain.* ■ loc. ***Être dans le bain*** *:* être compromis dans une affaire ; être engagé dans une entreprise et bien au courant. – *Se mettre dans le bain :* s'accoutumer à un nouveau travail, une nouvelle ambiance. – ***Être dans le même bain,*** dans la même situation (mauvaise). **3.** Action d'entrer dans l'eau pour le plaisir, pour nager. → **baignade.** *Prendre un bain de mer, de rivière. Maillot, slip de bain.* ■ Partie d'une piscine. *Petit bain* (où l'on a pied), *grand bain* (plus profond). **4.** fig. ***Bain de soleil*** *:* exposition volontaire au soleil, pour bronzer... **5.** fig. Action de se plonger dans, de s'imprégner de. *Bain de foule,* fait de se mêler à la foule. *Bain linguistique :* séjour pour apprendre une langue. **II.** au plur. **1.** Établissement public où l'on prend des bains. → **hammam, thermes. 2.** vieilli Station thermale ou balnéaire. **III.** Préparation liquide dans laquelle on plonge un corps, une pellicule photographique...

Bain (Alexander) Philosophe et psychologue écossais (1818-1903). Il tenta de faire de la psychologie une science expérimentale. *Les Sens et l'Intelligence ; Les Émotions et la Volonté.*

bain-marie n. m. (de *Marie,* n. d'une alchimiste) Liquide chaud dans lequel on met un récipient contenant ce que l'on veut faire chauffer. *Sauce réchauffée au bain-marie.* ■ Le récipient qui contient ce liquide. *Des bains-marie.*

Bainville (Jacques) Historien français (1879-1936). Monarchiste, disciple de Charles Maurras, il réfléchit sur les rapports entre la France et l'Allemagne.

baïonnette n. f. (de *Bayonne*) **1.** Arme pointue qui s'ajuste au canon d'un fusil. *Une sentinelle, baïonnette au canon* (du fusil). *« Nous n'en sortirons* [d'ici] *que par la puissance des baïonnettes »* (Mirabeau). **2. *À baïonnette,*** dont le mode de fixation rappelle celui de cette arme. *Douille à baïonnette d'une ampoule électrique.*

baisable adj. fam. Désirable (sexuellement).

baise n. f. **1.** vulg. Action de baiser (II, 1), de faire l'amour. **2.** (Belgique) Petit baiser.

Baïse n. f. Rivière de Gascogne, qui se jette dans la Garonne. 190 km.

baise-en-ville n. m. invar. (de [1]*baiser, en et ville*) fam. Petite valise, sac de voyage contenant ce qu'il faut pour une nuit.

baisemain n. m. Geste de politesse qui consiste pour un homme à baiser la main d'une femme. *Faire le baisemain.*

baisement n. m. vieux ou relig. Action de baiser ce qui est sacré. *Le baisement de la croix.*

[1]**baiser** v. tr. < 1 > (vient du latin *basiare*) **I.** littér. et vieux Donner un baiser à. → **embrasser ; baisemain.** *Baiser les mains, le front de qqn. « Baise m'encor, rebaise-moi et baise* [...] */ Je t'en rendrai quatre plus chauds que braise »* (Louise Labé). **II.** fam. **1.** Faire l'amour à (qqn). – absolt *Ils sont en train de baiser.* **2.** fam. Duper, attraper. → [1]**avoir, posséder.** *Se faire baiser.*

[2]**baiser** n. m. (de [1]*baiser*) **1.** Action de poser sa bouche sur une personne, une chose, en signe d'affection, de respect. *Donner un baiser à qqn.* → fam. **bécot,** [2]**bise, bisou ;** régional **bec.** *Baiser d'adieu.* – *Baiser de Judas,* perfide. ■ spécialt (geste amoureux, érotique) *Baiser profond, prolongé.* → fam. **patin, pelle. 2.** (Belgique) Petit-four composé de deux meringues assemblées par une crème.

baiseur, euse n. fam. Personne qui aime, recherche les rapports sexuels. *C'est un sacré baiseur !*

baisodrome n. m. (de [1]*baiser* et *-drome*) fam. et plais. Lieu réservé aux ébats amoureux.

baisse n. f. **1.** Le fait de baisser de niveau, de descendre à un niveau plus bas. → **diminution.** *Baisse de température.* ■ fig. Affaiblissement. *Baisse d'influence.* **2.** Diminution de prix, de valeur. *La baisse des actions.* → **chute, effondrement.** – *Jouer à la baisse,* spéculer sur la baisse des marchandises ou des valeurs.

Baïkal (lac)

Le lac Baïkal inscrit, pour sa diversité écologique, au patrimoine mondial de l'Unesco.

Bakou

Bakou, le port pétrolier.

– *En baisse* : en train de baisser. *Le cours de l'or est en baisse.*

baisser v. < 1 > (vient du latin pop. *bassiare*, de *bassus* → ¹bas) **I. v. tr. 1.** Mettre plus bas. → **descendre.** *Baisser les stores.* ■ Diminuer la hauteur de. *Baisser une clôture.* **2.** Incliner vers la terre (une partie du corps). *Baisser la tête.* → **courber, pencher.** – *Baisser le nez* : être confus, honteux. – *Baisser les yeux*, les diriger vers la terre. – *Baisser les bras* : s'avouer battu, ne plus lutter. **3.** Diminuer la force, l'intensité de. *Baisser la voix. Baisser la radio*, diminuer l'intensité du son. ■ fig. *Baisser le ton* : être moins arrogant. **4.** Diminuer (un prix). *Les commerçants ont baissé leurs prix.* **II. v. intr. 1.** Diminuer de hauteur. → **descendre.** *Le niveau de l'eau a baissé.* ■ fig. *Il a baissé dans mon estime*, je l'estime moins. **2.** Diminuer d'intensité. *Le jour baisse* : il fait plus sombre. *Sa vue baisse* : il y voit moins bien. **3.** (personnes) Perdre sa vigueur et ses moyens intellectuels. *Il a beaucoup baissé depuis cinq ans.* → **décliner. 4.** Diminuer de valeur. *Ses notes ont baissé. Les prix ont baissé.* ■ se **baisser** v. pron. → se **courber**, s'**incliner**, se **pencher.** *Se baisser pour passer sous une voûte.* – loc. *Il n'y a qu'à se baisser (pour les ramasser)* : il y en a en grande quantité.

baissier, ière Bourse **1. n.** Personne qui spécule en jouant à la baisse sur les valeurs mobilières, les marchandises (opposé à *haussier*). **2. adj.** Qui concerne la baisse. *Une tendance baissière.*

Baj (Enrico) Peintre italien (1924-2003). Adepte du dripping, il lança la « peinture nucléaire » et incorpora divers objets dans ses œuvres.

Baja Ville de Hongrie, au S. du pays, sur le Danube. 34 400 habitants.

Bajazet voir **Bayazid Iᵉʳ**

Ba Jin ou **Pa Kin (Li Feigan, dit)** Écrivain et poète chinois (1904-2005). Son œuvre est imprégnée de romantisme et de patriotisme antijaponais.

bajoue n. f. (→ joue) **1.** Partie latérale inférieure de la tête (de certains animaux), de l'œil à la mâchoire. *Les bajoues du porc.* **2.** Joue pendante (d'une personne).

bajoyer n. m. (de *bajoue*) techn. **1.** Paroi latérale d'une chambre d'écluse. **2.** Mur qui consolide les berges d'une rivière.

bakchich [bakʃiʃ] **n. m.** (mot turc, du persan) Pourboire, pot-de-vin. *Des bakchichs.*

bakélite n. f. (du n. du chimiste Baekeland) Matière plastique qui imite l'ambre, obtenue en traitant le formol par le phénol.

Bakema (Jacob Berend) Architecte néerlandais (1914-1981). Il s'illustra par ses réalisations architecturales à Rotterdam et à Breda, et participa à la reconstruction de Francfort-sur-le-Main.

Baker (Joséphine), née **McDonald** Chanteuse, danseuse et résistante française d'origine américaine (1906-1975). Elle s'installe à Paris à 19 ans et connaît une renommée internationale comme meneuse de revue *(La Revue nègre)* et comme chanteuse *(J'ai deux amours)*. Dès le début de la Seconde Guerre mondiale, elle remplit des missions de contre-espionnage, recueille des informations lors de ses tournées, et intègre l'armée de l'air en 1944. Elle entre au Panthéon en 2021.

Baker (Chesney H., dit Chet) Trompettiste et chanteur de jazz américain (1929-1988). Son jeu était d'une grande richesse mélodique, et sa technique instrumentale exceptionnelle.

Baker (James Addison) Homme d'État américain (né en 1930). Secrétaire général de la Maison-Blanche sous la présidence de R. Reagan, il fut secrétaire d'État lors de la présidence de George Bush (1989-1993).

Bakersfield Ville des États-Unis (Californie). 403 450 habitants. Centre de commerce et d'industrie. Gisements de pétrole.

Bakhtarān voir **Kermanchāh**

Bakhtiar (Chahpour) ou **Bakhtiyār (Chahpūr)** Homme d'État iranien (1916-1991). Dernier Premier ministre du chah Muḥammad Rizā (6 janv.-10 févr. 1979), il se réfugia en France où il fut assassiné.

Bakhtine (Mikhaïl Mikhaïlovitch) Critique littéraire russe (1895-1975). Il a consacré des études à Dostoïevski, à Rabelais et à la technique romanesque.

Bakin ou **Kyokutei Bakin** ou **Takizawa Bakin** Écrivain japonais (1767-1848). Il est l'auteur de romans populaires et de feuilletons.

baklava n. m. (mot turc) Gâteau oriental à pâte feuilletée avec du miel et des amandes. *Des baklavas.*

Bakony (monts) Chaîne montagneuse de Hongrie, au N. du lac Balaton. 709 m.

Bakou ou **Baki** Capitale de l'Azerbaïdjan, sur la mer Caspienne. 1,2 million d'habitants. Mosquées des XIᵉ, XIIᵉ et XIIIᵉ s. Musées. Exploitation, raffinage et transport d'hydrocarbures.

Bakou (Second-) Nom donné à la région pétrolifère située entre la Volga et l'Oural (→ **Bachkirie**).

Bakounine (Mikhaïl Aleksandrovitch) Révolutionnaire et anarchiste russe (1814-1876). Fondateur de mouvements anarchistes en Allemagne et en Italie, il prit part à la Iʳᵉ Internationale et défendit la Commune de Paris. Il s'imposa comme l'un des grands théoriciens de l'anarchisme *(Étatisme et Anarchie)*.

Baker (Joséphine)

Joséphine Baker à l'Olympia (1964).

Bakr (Ahmad Hassan al-) Homme d'État irakien (1912-1982). Membre du parti Baas, il participa au coup d'État de 1968 et fut président de la République jusqu'en 1979.

bal n. m. (de l'ancien français *baller* « danser », qui vient du latin *ballare*, du grec *ballein* « lancer » → **baliste**) **1.** Réunion où l'on danse. *Ouvrir le bal*, y danser le premier ; fig. être le premier à faire qqch. *Les bals populaires du 14 Juillet. Bal musette*. Bal masqué*, où l'on porte des masques. *Bal costumé. Robe de bal.* – fig. *Mener le bal* : être l'élément moteur d'une action collective. **2.** Lieu où se donnent des bals. *Un petit bal musette.* → **dancing, guinguette** ; fam. **bastringue.**

balade n. f. (de *balader*) fam. Action de se promener. *Être en balade.* → **promenade.** ■ Excursion, sortie. *Une belle balade en montagne.*

balader v. tr. < 1 > (de *balade*, ancienne forme de *ballade*) fam. **1.** Promener sans but précis. **2.** Traîner avec soi. **3.** fam. Bercer (qqn) de paroles trompeuses. **4.** intrans. fam. *Envoyer balader* (qqn, qqch.) : envoyer promener. ■ se **balader** v. pron. **1.** Se promener sans but. → **baguenauder, errer, flâner. 2.** Voir du pays en voyageant.

baladeur, euse I. adj. *Avoir l'humeur baladeuse*, aimer se promener. ■ fam. *Main baladeuse*, qui s'égare en caresses indiscrètes. ■ *Micro baladeur* : microphone muni d'un long fil ou d'un émetteur et que l'on peut déplacer. **II. n. m.** Petit appareil portatif constitué d'un lecteur de documents sonores ou d'un récepteur radio et muni d'écouteurs. → anglic. **walkman.** – *Baladeur numérique.* **III. n. f. 1.** Voiture accrochée à la motrice d'un tramway. → **remorque. 2.** Lampe électrique portative munie d'un long fil.

baladin n. m. (de *ballade* ou du provençal) littér. Comédien ambulant. → **saltimbanque.**

balafon n. m. (mot malinké) Instrument de musique africain, proche du xylophone.

balafre n. f. Longue entaille faite par une arme tranchante, particulièrement au visage. → **coupure, estafilade.** ■ Cicatrice de cette blessure.

balafrer v. tr. < 1 > (de *balèvre*, et ancien français *leffre*, mot germanique → **lèvre**) Blesser par une balafre. – au p. p. *Un visage balafré.*

Balagne n. f. Plaine du N.-O. de la Corse, entre Calvi et L'Île-Rousse, très fertile.

Balaguer (Joaquín) Homme d'État dominicain (1907-2002). Il fut président de la République de 1966 à 1978 et de 1986 à 1996.

¹balai n. m. (mot celtique, du gaulois ou du breton) **1.** Ustensile ménager formé d'un long manche et d'une brosse, servant à enlever la poussière, les détritus. *Donner un coup de balai*, balayer rapidement. – loc. *Coup* *de balai* : fait de se débarrasser de personnes (licenciement, etc.). – *Du balai !* : allez-vous-en ! **2.** *Balai mécanique,* appareil à brosses roulantes, monté sur un petit chariot. **3.** électr. Frottoir établissant le contact dans une dynamo. **4.** *Balai d'essuie-glace* : lame de caoutchouc qui nettoie le parebrise d'un véhicule. **5.** fam. Dernier métro ou autobus de la journée. ■ *Voiture balai,* chargée de ramasser les coureurs cyclistes qui abandonnent la course. **6.** mus. Accessoire de percussionniste formé d'un manche court et d'un faisceau métallique.

[2]balai n. m. (origine obscure) fam. An (dans un âge). *Elle a cinquante balais.*

balai-brosse n. m. (→ [1]balai) Brosse de chiendent montée sur un manche à balai, pour frotter le sol. *Des balais-brosses.*

balaise voir **balèze**

Balaïtous (mont) Sommet des Hautes-Pyrénées, à la frontière avec l'Espagne. 3 144 m. Parc naturel.

Balakirev (Mili Alekseïevitch) Compositeur russe (1837-1910). Il fonda le groupe des Cinq. Poèmes symphoniques *Tamara* et *Islamey.*

Balaklava (bataille de) Bataille livrée le 25 octobre 1854 par les troupes russes contre les forces britanniques de lord Cardigan.

Balakovo Ville de Russie, près de Saratov, sur la Volga. 200 000 habitants. Chantiers navals. Industries mécaniques.

balalaïka n. f. (mot russe, d'un v. signifiant « bavarder ») Instrument de musique russe à cordes pincées, comprenant un manche et une caisse triangulaire. *Des balalaïkas.*

balan n. m. (de *balancer*) loc. (Suisse) *Être sur le balan* : être dans l'incertitude.

[1]balance n. f. (latin pop. *bilancia,* de *bis* → bi- et *lanx* « plateau ») **I. 1.** Instrument qui sert à peser, formé à l'origine d'une tige mobile (le fléau) et de plateaux dont l'un porte la chose à peser, l'autre les poids marqués. *Balance de précision.* – *Balance électronique. Balance à bascule.* → **bascule.** *Balance romaine,* à poids constant et qui est mobile par rapport au point de suspension. *Se peser sur une balance.* → **pèse-personne. 2.** techn. Dispositif qui permet d'équilibrer le niveau de sortie des deux canaux d'un appareil stéréophonique. **3.** Petit filet en forme de poche pour la pêche aux écrevisses. **4.** (avec maj.) Constellation zodiacale et septième signe du zodiaque (23 septembre-22 octobre). – *Être Balance,* de ce signe. **II. 1.** loc. fig. *Mettre dans la balance,* examiner en comparant. *Mettre en balance* (deux choses), opposer le pour et le contre. → **peser.** – *Faire pencher la balance du côté de, en faveur de,* favoriser, avantager. **2.** État d'équilibre. *La balance des forces.* **3.** comm. *La balance de l'actif et du passif d'un compte.* → **bilan.** ■ écon. *La balance commerciale d'un pays,* la comparaison entre les importations et les exportations.

[2]balance n. f. (de *balancer*) fam. Dénonciateur, dénonciatrice.

Balance n. f. Constellation zodiacale de l'hémisphère austral, figurant une balance ; septième signe du zodiaque.

balancé, ée adj. fam. (personnes) *Bien balancé* : bien bâti. *Une fille bien balancée.*

[1]balancelle n. f. (du génois) Embarcation à avant pointu et relevé.

[2]balancelle n. f. Fauteuil balançoire de jardin à plusieurs places, avec un toit en tissu.

balancement n. m. **1.** Mouvement alternatif et lent d'un corps, de part et d'autre de son centre d'équilibre. → **oscillation. 2.** fig. État d'équilibre, disposition harmonieuse.

balancer v. < 3 > (de *balance*) **I.** v. tr. **1.** Mouvoir lentement (qqch.) tantôt d'un côté, tantôt d'un autre. *Il balance les bras en marchant.* **2.** fam. Jeter (en balançant le bras). *Balancer un objet par la fenêtre.* → **envoyer. 3.** fam. Se débarrasser de (qqch., qqn). *Il a balancé sa vieille télé.* → **jeter.** *Balancer un employé.* → **renvoyer. 4.** fam. Trahir, dénoncer. *Ils l'ont balancé à la police.* **5.** Équilibrer. *Balancer ses phrases,* en soigner le rythme. **6.** littér. Comparer, peser. *Balancer le pour et le contre.* **II.** v. intr. littér. Être incertain. *Il ne balança pas une minute. Sans balancer* : sans hésiter. ■ **se balancer** v. pron. **1.** Se mouvoir alternativement d'un côté et de l'autre. *Se balancer sur sa chaise.* ■ Être sur une balançoire en marche. **2.** fam. *S'en balancer* : s'en moquer, s'en ficher.

Balanchine (Gueorgui Melitonovitch Balanchivadze, dit George) Danseur et chorégraphe américain d'origine russe (1904-1983). Il créa de nombreux ballets avec I. Stravinski, puis dirigea le New York City Ballet.

balancier n. m. **1.** Pièce dont les oscillations régularisent le mouvement d'une machine. *Le balancier d'une horloge.* **2.** Long bâton utilisé par les danseurs de corde pour maintenir leur équilibre. **3.** Flotteur de bois stabilisant une embarcation. *Pirogue à balancier.* **4.** techn. Presse servant à frapper des monnaies, des médailles. **5.** zool. Organe stabilisateur des diptères.

balancine n. f. (de *balancer*) **1.** mar. Cordage servant à soulager un espar ou à régler son inclinaison. *Balancine de spi.* **2.** aviat. Chacune des roulettes au bout des ailes (d'un avion), servant de stabilisateur au sol.

balançoire n. f. **1.** Bascule sur laquelle deux personnes peuvent se balancer. **2.** Planche ou nacelle suspendue entre deux cordes et sur laquelle on se balance. → **escarpolette.**

Balandier (Georges) Anthropologue et sociologue français (1920-2016). Il est l'auteur d'études sur les sociétés africaines contemporaines.

balane n. f. (du latin, du grec *balanos* « gland ») Petit crustacé qui vit enfermé dans une loge cylindrique calcaire et accroché aux rochers, aux coquillages...

balanite n. f. (grec *balanos* « gland » et *-ite*) méd. Inflammation de la muqueuse du gland de la verge.

Balard (Antoine Jérôme) Chimiste français (1802-1876). Il découvrit le brome.

Balaruc-les-Bains Commune de l'Hérault, sur l'étang de Thau. 7 115 habitants. Station thermale.

Balasko (Josiane Balašković, dite) Actrice, scénariste et réalisatrice française (née en 1950). Après des débuts dans la troupe du Splendid, au théâtre et au cinéma (*Les Bronzés ; Le Père Noël est une ordure*), elle aborde des rôles plus dramatiques (*Cette femme-là ; Le Hérisson*) sans abandonner son domaine de prédilection, la comédie, et s'illustre dans la mise en scène (*Gazon maudit*).

Balassi ou **Balassa** (Bálint, baron) Poète hongrois (1554-1594). Il mena une vie aventureuse, participa à la guerre contre les Turcs, et mourut en héros. Premier grand poète de langue hongroise, il maria le pétrarquisme aux chants hongrois.

Balaton (lac) Lac de Hongrie, le plus grand de l'Europe centrale. 596 km^2.

Balavoine (Daniel) Auteur, compositeur et interprète français (1952-1986). Chanteur populaire, il fut également une figure médiatique de l'engagement social et humanitaire.

balayage n. m. **1.** Action de balayer. → **nettoyage. 2.** Décoloration légère de fines mèches de cheveux. **3.** techn. Action de parcourir (une étendue) avec un faisceau d'ondes ou de particules.

balayer v. tr. < 8 > (de *balai*) **I. 1.** Pousser, enlever avec un balai (la poussière, les ordures...). **2.** Entraîner avec soi. *Le vent balaye les nuages.* → **chasser.** *Le torrent balayait tout sur son passage.* → **emporter. 3.** fig. Faire disparaître. → **rejeter, [1]repousser.** *Balayer les préjugés.* **II. 1.** Nettoyer avec un balai (un lieu). *Balayer le trottoir.* **2.** Parcourir toute la surface de. *Son regard balaie la page.*

balayette n. f. **1.** Petit balai à manche court. **2.** fam. Coup de pied porté au niveau de la cheville ou du tibia de qqn pour le faire tomber.

balayeur, euse 1. n. Personne qui balaie (notamment les lieux publics). **2.** n. f. Véhicule destiné au balayage des voies publiques.

balayures n. f. pl. Ce que l'on enlève avec un balai. → **ordure ; détritus.**

Balázs (Herbert Bauer, dit Béla) Écrivain, théoricien du cinéma et scénariste hongrois (1884-1949). Il a appliqué les théories marxistes à l'esthétique du cinéma. Il est l'auteur du livret de l'opéra de Béla Bartók *Le Château de Barbe-Bleue.*

Balbastre (Claude) Organiste et compositeur français (1724-1799). Instrumentiste renommé, il fut l'organiste de Notre-Dame de Paris et le claveciniste de la cour de France. Œuvres pour clavier (clavecin, piano-forte, orgue) et noëls.

Balbiani (Édouard) Biologiste français (1825-1899). Il est connu pour ses travaux sur les infusoires et sur le phylloxéra.

Balbo (Cesare), comte de Vinadio Patriote et homme politique italien (1789-1853). Auteur de *Speranza d'Italia,* l'un des grands textes du Risorgimento, il fut Premier ministre en 1848.

Balbo (Italo) Maréchal et homme politique italien (1896-1940). Il organisa avec Mussolini la marche sur Rome (1922) puis fut ministre de l'Air.

Balboa (Vasco Núñez de) Conquistador espagnol (1475-1517). Il découvrit l'océan Pacifique en 1513.

balbutiant, ante adj. Qui balbutie. *Une voix balbutiante.*

balbutiement n. m. **1.** Action de balbutier ; manière de parler de celui qui balbutie. *Le balbutiement d'une personne émue.* **2.** fig. au plur. Débuts maladroits (dans un domaine). *Les balbutiements de l'aviation.*

balbutier v. < 7 > (du latin, de *balbus* « bègue ») **1.** v. intr. Articuler d'une manière hésitante et imparfaite les mots que l'on veut prononcer. → **bafouiller, bégayer, bredouiller.** « *Je le vis tout à coup pâlir, balbutier, perdre contenance* » (A. Daudet). **2.** v. tr. Dire en balbutiant. *Balbutier des excuses.*

balbuzard n. m. (anglais *bald* « chauve » et *buzzard,* du français → **busard**) Rapace diurne qui vit au bord de l'eau.

Balch (Emily Greene) Économiste américaine (1867-1961). Elle contribua à créer la Ligue internationale des femmes pour la paix et la liberté, dont elle fut la secrétaire. Prix Nobel de la paix 1946.

balcon n. m. (italien *balcone,* du francique) **1.** Plateforme en saillie sur la façade d'un bâtiment et qui communique avec une pièce. **2.** Balustrade d'un balcon. *Balcon en fer forgé.* **3.** Galerie d'une salle de spectacle s'étendant d'une avant-scène à l'autre. *Fauteuils de balcon.* **4.** Rambarde avant et arrière d'un bateau de plaisance.

balconnet n. m. Soutien-gorge découvrant le haut des seins.

baldaquin n. m. (de l'italien, de *Baldacco* « Bagdad ») **1.** Dais garni de rideaux, placé au-dessus d'un lit, d'un trône. *Lit à baldaquin.* **2.** archit. Ouvrage à colonnes couronnant un autel, un trône.

Baldovinetti (Alesso ou Alessio) Peintre et mosaïste florentin (v. 1425-1499). Il peignit des portraits et des fresques, et composa des mosaïques pour le Baptistère.

Baldung (Hans), dit **Baldung Grien** Peintre, dessinateur et graveur allemand (v. 1484-1545). Il traita des thèmes mythologiques et allégoriques. *Le Chevalier, la Jeune Fille et la Mort.*

Baldwin (Robert) Homme d'État canadien (1804-1858). Chef des libéraux, il forma deux ministères (1842-1843 et 1848-1851) qui entreprirent d'importantes réformes administratives et judiciaires.

Baldwin (James Mark) Psychologue et sociologue américain (1861-1934). Il fonda l'*American Journal of Psychology*.

Baldwin (Stanley), comte Baldwin de Bewdley Homme d'État britannique (1867-1947). Il fut Premier ministre (conservateur) à plusieurs reprises (1923, 1924-1929 et 1935-1937).

Baldwin (James) Romancier américain (1924-1987). Ses romans ont pour thème les discriminations raciale et sexuelle. *Les Élus du Seigneur ; Giovanni, mon ami.*

bale voir **³balle**

Bâle Ville de Suisse, aux frontières de la France et de l'Allemagne. 171 513 habitants (agglomération 547 761). Aéroport de Bâle-Mulhouse. Foire d'art contemporain (Art Basel). Le Rhin divise la ville en deux : le Petit-Bâle, industriel et portuaire ; le Grand-Bâle, commerçant et culturel (cathédrale gothique, musées). La ville, fondée par les Romains (IVe s.), devint un centre universitaire majeur (XVe-XVIIe s.), foyer de la Réforme (Érasme ; XVIe s.). Le 17e concile s'y tint (1431-1437). Des traités y furent signés par la France avec la Prusse (avr. 1795) et avec l'Espagne (juill. 1795).

La ville de Bâle, sur une courbe du Rhin.

Bâle (canton de) Ancien canton de Suisse, de langue allemande et en majorité protestant, divisé en deux cantons : **Bâle-Ville** (37 km² ; 193 908 habitants ; chef-lieu : Bâle) et **Bâle-Campagne** (428 km² ; 287 023 habitants ; chef-lieu : Liestal). Industrie et commerce ; agriculture dans le sud.

Baléares n. f. pl. Archipel méditerranéen formant une communauté autonome de l'Espagne. Les quatre îles principales sont Majorque, Minorque, Ibiza et Formentera. 5 014 km². 1 171 500 habitants. Capitale : Palma de Majorque. Agriculture irriguée. Tourisme.

baleine n. f. (latin *ballaena*, du grec *phallaina*, famille de *phallus* [idée de « gonfler »]) **I.** Mammifère cétacé de très grande taille (jusqu'à 20 m de long), dont la bouche est garnie de lames cornées (les fanons). *Pêche à la baleine. Baleine bleue.* → **rorqual.** *Baleine blanche.* → **bélouga.** – *Blanc de baleine* : matière grasse extraite de l'huile de baleine et de la cervelle de cachalot, utilisée en cosmétique. → **spermacéti.** – loc. fam. *Rire comme une baleine*, en ouvrant la bouche toute grande. **II. 1.** Fanon dont on se servait pour la garniture des corsets. **2.** Lame flexible (d'acier,...) servant à renforcer, à tendre un tissu. *Baleines de parapluie.*

baleiné, ée adj. Maintenu par des baleines (II). *Bustier baleiné.*

baleineau n. m. Petit de la baleine.

baleinier, ière 1. adj. Relatif à la pêche à la baleine. *Port baleinier.* **2.** n. m. Navire équipé pour la pêche à la baleine. **3.** n. f. ancienne Embarcation longue et légère pour la pêche à la baleine. ■ Canot de bord, de forme identique.

baleinoptère n. m. (du latin *ballæna* → baleine et de *-ptère*) zool. Nom scientifique du rorqual*.

Balen Ville de Belgique (province d'Anvers). 22 813 habitants. Métallurgie.

Balenciaga (Cristóbal) Couturier espagnol (1895-1972). Établi à Paris en 1937, il s'imposa par son style classique et épuré.

Bales (Robert Freed) Psychosociologue américain (1916-2004). Ses recherches ont porté sur l'interaction sociale.

balèvre n. f. (famille de *lèvre*) **1.** archit. Saillie d'une pierre sur les autres dans un mur. **2.** techn. Bavure à un joint, faisant saillie sur la surface.

balèze adj. (provençal *balès*) fam. **1.** Grand et fort. – n. *Un gros balèze.* **2.** Qui a de grandes connaissances dans un domaine. *Elle est balèze en maths.* - var. **balèse, balaise.**

Balfour (Arthur James, 1er comte de) Homme d'État britannique (1848-1930). Il fut Premier ministre (conservateur) de 1902 à 1905, puis ministre des Affaires étrangères de 1917 à 1919. ■ **La déclaration Balfour,** en 1917, préconisait la création en Palestine d'un foyer national pour le peuple juif.

Bali Île d'Indonésie, à l'E. de Java. 5 621 km². 4 317 400 habitants. Chef-lieu : Denpasar. Ses monuments historiques et religieux (temple de Besakih, palais de Tampak Siring) et la richesse de ses arts vivants ont favorisé son développement touristique.

Balibar (Étienne) Philosophe français (né en 1942). Coauteur de *Lire le Capital* (avec Althusser et Rancière), il s'est élevé contre toutes les formes d'exclusion, de discrimination et de domination.

Balikesir Ville du N.-O. de la Turquie. 312 500 habitants. Industries alimentaires.

Balikpapan Ville d'Indonésie (île de Bornéo), sur le détroit de Makassar. 526 508 habitants. Port pétrolier, raffineries.

Balinais n. m. pl. Peuple indonésien habitant Bali et une partie de Lombok. La structure de base de la société est le village. Le système religieux mêle les dieux de l'Inde aux divinités locales, honorés dans de nombreux temples par des offrandes très élaborées et des manifestations artistiques (danses, théâtre d'ombres, théâtre).

Balint (Michael) Psychiatre britannique d'origine hongroise (1896-1970). Élève de Ferenczi, il diffusa la psychanalyse dans les pratiques de la médecine générale.

balisage n. m. Pose de balises, de signaux ; ces signaux. *Le balisage d'un aérodrome.* – inform. *Le balisage d'un texte.*

¹balise n. f. (du portugais, d'un bas latin ; famille de *pal* et *pieu*) **1.** Objet, ouvrage, dispositif destiné à guider un navigateur, un pilote. → **bouée, ¹feu, signal. 2.** Émetteur radioélectrique permettant au pilote d'un navire ou d'un avion de se diriger, ou d'être repéré. *Balise radio* (ou *radiobalise* n. f.). **3.** inform. Instruction codée servant à caractériser certains éléments d'un document.

²balise n. f. Fruit du balisier, petite baie noire.

baliser v. < 1 > **I.** v. tr. Garnir, jalonner (un lieu) de balises. – au p. p. *Un chemin balisé.* **II.** v. intr. fam. (idée de « signaler » l'émotion, rougir) Avoir peur.

baliseur, euse n. **1.** Personne qui pose des balises. **2.** n. m. Bateau équipé pour la pose des balises, bouées, etc.

balisier n. m. (d'un mot des Caraïbes) Plante ornementale à fleurs rouges. → **canna.**

baliste n. (latin *balista*, du grec *ballein* → arbalète, bal, balistique) **I.** n. f. hist. Machine de guerre qui servait à lancer des projectiles. **II.** n. m. Poisson des récifs coralliens, dont les dents sont capables de briser des coquilles de mollusques.

balisticien, ienne n. Spécialiste de la balistique.

balistique (du latin mod. → baliste) **1.** adj. Qui est relatif aux projectiles. *Engin balistique* : fusée, missile. **2.** n. f. Science du mouvement des projectiles.

balivage n. m. techn. Choix et marquage des baliveaux à conserver, dans les coupes de forêts.

baliveau n. m. (de l'ancien français *baïf* « badaud ») **1.** Arbre réservé dans la coupe des taillis pour qu'il puisse croître en futaie. **2.** Support vertical utilisé dans les échafaudages.

baliverne n. f. (origine obscure) Propos sans intérêt, sans vérité. → **calembredaine, faribole, sornette.** *Débiter des balivernes.*

Balkan (mont) Chaîne montagneuse de Bulgarie. 2 376 m.

balkanique adj. Des Balkans.

balkanisation n. f. (du caractère morcelé de la péninsule Balkanique) Morcellement politique d'un État, d'un pays. □ **balkaniser** v. tr. < 1 >

Balkans n. m. pl. ou **péninsule Balkanique** Péninsule du S.-E. de l'Europe, qui, baignée par la Méditerranée et la mer Noire, s'étend de la Croatie à la Bulgarie. Elle est limitée au N. par le Danube et la Save. Essentiellement montagneuse, elle comprend les Alpes dinariques, le mont Balkan, le Pinde et le Rhodope. Les civilisations grecque et macédonienne s'y développèrent, puis la péninsule fut conquise par les Romains (–IIe s.). Des populations slaves s'y établirent (VIIe s.), puis elle fut conquise par les Turcs (XIVe-XIXe s.). Le partage de l'Empire ottoman déclencha les guerres balkaniques (1912-1913). La péninsule fut l'un des théâtres de la Première puis de la Seconde Guerre mondiale. Mosaïque de peuples et de civilisations, la péninsule vit la dislocation de la Yougoslavie (1991) et le conflit du Kosovo (1999).

Balkhach Lac de l'E. du Kazakhstan. 17 300 km².

Ball (Hugo) Écrivain allemand (1886-1927). Il fréquenta le groupe du Cavalier bleu et participa au mouvement Dada. *Critique de l'intelligence allemande ; La Fuite hors du temps.*

Balla (Giacomo) Peintre, dessinateur et sculpteur italien (1871-1958). D'abord influencé par l'impressionnisme *(Lampe à l'arc)*, il évolua vers l'abstraction *(Vitesse abstraite)*.

ballade n. f. (ancien provençal « chanson à danser » → bal) **1.** Petit poème de forme régulière, composé de trois couplets ou plus, avec un refrain et un envoi. « *La Ballade des pendus* » (de Villon). **2.** Poème de forme libre, d'un genre familier ou légendaire. **3.** mus. Composition sur le texte d'une ballade. *Les ballades de Chopin.*

Balladur (Édouard) Homme d'État français (né en 1929). Membre du RPR, il fut Premier ministre de 1993 à 1995.

Ballanche (Pierre Simon) Écrivain, imprimeur et éditeur français (1776-1847). Ami de Mme Récamier, il donne dans son œuvre une signification religieuse à l'histoire. *Essai sur les institutions sociales.*

ballant, ante 1. adj. Qui remue, se balance (faute d'être appuyé, fixé). *Rester les bras ballants.* **2.** n. m. Mouvement d'oscillation, balancement.

Ballarat Ville du S.-E. de l'Australie (État de Victoria), à l'O. de Melbourne. 78 220 habitants. Métallurgie, constructions mécaniques, brasseries, filatures de laine.

Ballard (James Graham) Écrivain britannique (1930-2009). Il fut l'un des artisans du renouveau de la science-fiction. *Le Monde englouti ; Empire du soleil.*

B

ballast [balast] n. m. (de l'allemand ancien ; famille de *lest*) 1. Réservoir d'eau de mer sur un navire. ■ Réservoir de plongée d'un sous-marin. → water-ballast. 2. Pierres concassées que l'on tasse sous les traverses d'une voie ferrée.

ballaster v. tr. < 1 > 1. mar. Équilibrer (un navire) en remplissant ou en vidant les ballasts. 2. Garnir de ballast (une voie ferrée). □ n. m. **ballastage**

ballastière n. f. techn. Carrière de pierres fournissant le ballast.

[1]balle n. f. (italien *balla, palla,* mot germanique) I. 1. Petite sphère, boule élastique dont on se sert pour divers jeux. → [1]ballon, pelote. *Balle de ping-pong, de tennis. Jouer à la balle.* 2. Fait de lancer une balle ; échange de balles. – loc. (au tennis) *Faire des balles :* jouer sans compter les points. *Balle de set, de match,* le coup qui décide du set, du match. 3. loc. fig. *Saisir la balle au bond :* saisir avec à-propos une occasion favorable. – *Renvoyer la balle :* répliquer. – *Se renvoyer la balle :* se renvoyer la responsabilité. – *La balle est dans votre camp,* c'est à vous d'agir. 4. fam., vieilli Testicule. – loc. *Peau de balle :* absolument rien. 5. (idée de « monnaie ronde ») au plur. fam. Franc ; euro. *Prête-moi cent balles.* – loc. *À deux balles :* qui ne vaut rien. II. Petit projectile métallique dont on charge les armes à feu. *Balle de revolver, de mitrailleuse. Blessure par balle.* – fam. *Recevoir douze balles dans la peau :* être exécuté (par le peloton). – loc. fam. *Trou* de balle.* III. loc. *Enfant de la balle* (« enfant de joueur de balle [I] » ou « enfant de marchand ambulant », de [2]balle) : comédien, artiste élevé dans le métier.

[2]balle n. f. (probablt mot francique *cf.* balluchon, emballer) Gros paquet de marchandises. → ballot. *Une balle de coton.*

[3]balle ou **bale** n. f. (p.-ê. celtique, d'une racine signifiant « gonfler ») Enveloppe des graines (de céréales). *Balle d'avoine.*

baller v. intr. < 1 > (vient du bas latin, du grec → bal) 1. vieux Danser. 2. littér. Être ballant*. → balancer. *Le bébé laisse baller sa tête.*

ballerine n. f. (de l'italien, de *ballare* « danser » → bal) 1. Danseuse de ballet. *Les ballerines de l'Opéra.* 2. Chaussure de femme rappelant un chausson de danse.

Balleroy-sur-Drôme Commune du Calvados. 1 346 habitants. Château du XVIIe s., bâti par Mansart.

Ballesteros (Severiano) Joueur de golf espagnol (1957-2011). Quintuple champion du monde, il fut le principal représentant européen de la Ryder Cup dans les années 1980 et 1990.

ballet n. m. (italien *balletto,* diminutif de *ballo* → bal) 1. Danse (classique) exécutée par plusieurs personnes. *Le corps de ballet de l'Opéra,* l'ensemble des danseurs. *Un maître de ballet.* ■ Troupe de danseurs. ■ Musique de cette danse. ■ Ce spectacle de danse. 2. fig. Changements, échanges incessants. *Ballet diplomatique.*

Ballets russes (les) Compagnie de ballets créée par Diaghilev en 1907 à Saint-Pétersbourg.

Ballif (Claude) Compositeur français (1924-2004). Il créa la « métatonalité », qui réconcilie la tonalité et l'atonalité. Œuvres pour orchestre, opéras, musique religieuse.

Ballin (Claude) Orfèvre français (1615-1678). Il réalisa de nombreux ouvrages pour Louis XIV (mobilier, candélabres, vases d'argent). ■ Son neveu, Claude Ballin II (1661-1754), exécuta la couronne du sacre de Louis XV.

[1]ballon n. m. (italien *ba-* ou *pallone,* augmentatif de *palla* → [1]balle) I. 1. Grosse balle dont on se sert pour jouer. → [1]balle. *Jouer au ballon.* – sports *Le ballon rond* (du football), *ovale* (du rugby). 2. Jouet d'enfant formé d'une pellicule de caoutchouc très mince gonflée de gaz. → baudruche. *Un lâcher de ballons.* 3. appos. *Manches ballon,* gonflantes. II. Aérostat gonflé d'un gaz plus léger que l'air. *Les premières ascensions en ballon.* → montgolfière. *Ballon dirigeable*.* ■ *Ballon d'essai :* petit ballon qu'on lance pour connaître la direction du vent ; fig. expérience que l'on tente pour sonder les dispositions des gens, du public. ■ *Ballon captif,* retenu à terre par des cordes. III. 1. Récipient en verre de forme sphérique. 2. Verre à boire, à pied, de forme sphérique. – appos. invar. *Des verres ballon.* 3. Récipient, réservoir (de forme quelconque). *Ballon d'oxygène :* récipient contenant de l'oxygène à usage thérapeutique (réanimation, etc.) ; fig. ce qui ranime, maintient en activité. ■ Chauffe-eau électrique à réservoir. *Ballon d'eau chaude.* 4. (Suisse) Petit pain rond.

[2]ballon n. m. (d'après l'allemand *Belchen*) Nom donné aux montagnes des Vosges. *Le ballon d'Alsace.*

ballonnement n. m. Gonflement de l'abdomen dû à l'accumulation des gaz intestinaux. → flatulence, météorisme.

ballonner v. tr. < 1 > 1. Gonfler comme un ballon. – p. p. adj. *Une jupe ballonnée.* 2. Faire enfler l'abdomen de. – p. p. adj. *Avoir le ventre ballonné,* distendu par les gaz intestinaux.

ballonnet n. m. Petit ballon.

ballon-sonde n. m. Ballon muni d'appareils enregistreurs pour l'étude météorologique de la haute atmosphère. *Des ballons-sondes.*

Lancement d'un ballon-sonde, en Antarctique.

ballot n. m. I. 1. Petite balle ([2]) de marchandises. 2. Paquet. → balluchon. II. fam. Imbécile, idiot. – adj. m. *C'est ballot :* c'est bête.

ballote n. f. (du latin, du grec) Plante herbacée dont une variété à fleurs mauves et à odeur fétide est commune le long des chemins, dans les décombres.

ballotin n. m. (de *ballot*) Emballage en carton pour les confiseries, fermé par quatre rabats. *Un ballotin de chocolats.*

ballottage n. m. (de *ballotte* « petite boule pour voter » → ballotter) Résultat négatif d'un premier tour dans une élection au scrutin majoritaire, aucun des candidats n'ayant recueilli le nombre de voix nécessaire pour être élu. *Il y a ballottage. Candidat en ballottage.*

ballottement n. m. Mouvement d'un corps qui ballotte.

ballotter v. < 1 > (de l'ancien mot *ballotte* « petite balle », de l'italien → [1]balle) I. v. tr. 1. Faire aller alternativement dans un sens et dans l'autre. → agiter, balancer, remuer, secouer. – au p. p. *Un chalutier ballotté par la tempête.* 2. fig. passif *Être ballotté entre des sentiments contraires,* tiraillé. II. v. intr. Être agité, secoué en tous sens. *Poitrine qui ballotte.*

ballottine n. f. (→ ballotter) Préparation de viande désossée et roulée. *Ballottine de volaille.*

balltrap ou **ball-trap** [baltrap] n. m. (de deux mots anglais → [1]balle et [1]trappe) anglic. Appareil qui lance une cible (plateau d'argile, etc.) simulant un oiseau en plein vol, et que le tireur doit toucher. *Des balltraps, des ball-traps.* ■ Sport pratiqué avec cet appareil.

Ballu (Théodore) Architecte français (1817-1885). Il édifia, à Paris, les églises Sainte-Clotilde et de la Trinité, et participa à la reconstruction de l'Hôtel de Ville.

balluchon ou **baluchon** n. m. (de [2]*balle*) Petit paquet d'effets maintenus dans un carré d'étoffe noué aux quatre coins. – *Faire son balluchon,* partir.

Bally (Charles) Linguiste suisse (1865-1947). Philologue, élève de Saussure, il renouvela l'approche de la stylistique. *Précis de stylistique ; Traité de stylistique française.*

Ballymena Ville nouvelle d'Irlande du Nord, au N. de Belfast. 30 000 habitants.

Balma Commune de la Haute-Garonne, dans la banlieue de Toulouse. 17 006 habitants.

Balmain (Pierre) Couturier français (1914-1982). Il développa le thème de la « jolie madame ».

Balmat (Jacques) Guide français (1762-1834). Il réalisa la première ascension du mont Blanc en 1786 avec le Dr Paccard.

Balmer (Johann Jakob) Physicien suisse (1825-1898). Il établit la formule qui donne les longueurs d'onde des raies du spectre de l'hydrogène.

Balmont (Konstantine Dmitrievitch) Poète russe (1867-1942). Sa poésie l'apparente au symbolisme. *Sous le ciel nordique ; Soyons comme le Soleil.*

balnéaire adj. (du latin, de *balneum* → bain) Relatif aux bains de mer. *Station balnéaire.*

balnéothérapie n. f. (du latin *balneum* « bain » et de *-thérapie*) Traitement médical par les bains. → thalassothérapie.

Balounda voir Lunda

[1]balourd, ourde adj. (de l'ancien français ou de l'italien, d'un préfixe péj., du latin *bis* et → lourd) Maladroit et sans délicatesse. → lourdaud. *Elle est un peu balourde.* – n. *Un gros balourd.*

[2]balourd n. m. (de [1]*balourd*) mécan. Déséquilibre d'une pièce tournante dont le centre de gravité n'est pas sur l'axe de rotation.

balourdise n. f. 1. Propos ou action de balourd. → [2]gaffe, maladresse, stupidité. 2. Caractère balourd. *Il est d'une balourdise étonnante.*

balsa [balza] n. m. (mot espagnol) Bois très léger utilisé pour les maquettes.

balsamier n. m. (du latin *balsamum* → baume) Arbre ou arbuste des régions chaudes qui produit une résine aromatique (la myrrhe). - syn. baumier.

balsamine [balzamin] n. f. (du latin *balsamum* → baume) Plante annuelle aux fleurs à quatre pétales, dont la capsule éclate dès qu'on la touche.

balsamique adj. (du latin *balsamum* → baume) Qui a des propriétés comparables à celles du baume. – *Vinaigre balsamique,* vieilli longuement dans une série de fûts qui lui donnent une saveur aromatique.

Balsas (río) Fleuve du Mexique qui prend sa source dans l'État de Puebla et se jette dans le Pacifique. 720 km.

Baltard (Victor) Architecte français (1805-1874). Il réalisa les Halles de Paris, dans lesquelles il utilisa le fer de façon fonctionnelle.

balte adj. et n. (du latin) Des pays baltes. – n. *Les Baltes.* – *Les langues baltes :* le lituanien, le letton, etc.

Baltes (pays) Ensemble formé par l'Estonie, la Lettonie et la Lituanie, qui borde le S.-E. de la mer Baltique. Occupés tour à tour par les puissances voisines (Pologne, Suède, Russie), ils ont proclamé leur indépendance en 1990.

Balthasar (Hans Urs von) Théologien suisse (1905-1988). Jésuite depuis 1927, il est l'auteur d'une œuvre abondante dans laquelle il défend la tradition chrétienne. *La Gloire et la Croix ; La Dramatique divine.*

balthazar n. m. (de *Balthazar,* roi de Jérusalem) Grosse bouteille de champagne équivalant à 16 bouteilles normales, soit 12 litres. *Des balthazars.*

Balthazar Un des Rois mages.

Balthus (Balthasar Klossowski de Rola, dit) Peintre français (1908-2001). Il est l'auteur de scènes d'intérieur empreintes d'érotisme et de portraits énigmatiques de jeunes filles. *La Leçon de guitare.*

Baltimore (David) Biologiste américain (né en 1938). Ses recherches ont porté sur les mécanismes d'action des rétrovirus. Prix Nobel 1975.

Baltimore Ville des États-Unis (Maryland), au fond de la baie de Chesapeake. 585 700 habitants (agglomération : 2 800 000). Port commercial très actif. Sidérurgie, chimie. Université. Musées.

Baltique Mer du N. de l'Europe, comprise entre la Finlande, la Suède, la Russie, les pays Baltes, la Pologne, l'Allemagne et le Danemark. Elle forme les golfes de Botnie, de Finlande et de Riga, et communique avec la mer du Nord par le Sund et le Kattegat. 327 730 km^2.

Baltrušaitis (Jurgis Kazimirovitch) Historien de l'art français d'origine lituanienne (1903-1988). Il a analysé les apports de l'Antiquité et de l'Orient à l'art occidental.

Baluchistan ou **Bélouchistan** n. m. Région montagneuse aride de l'Iran et du Pakistan. Les populations (Baloutches et Pashtouns), qui pratiquent l'élevage nomade, revendiquent leur autonomie.

baluchon voir **balluchon**

balustrade n. f. (de l'italien → **balustre**) **1.** Rangée de balustres portant une tablette d'appui. *La balustrade d'une terrasse.* **2.** Clôture à hauteur d'appui et à jour. *La balustrade d'un pont.* → **garde-fou, parapet, rambarde.**

balustre n. m. (de l'italien, du latin) **1.** Petite colonne renflée supportant un appui. **2.** Colonnette ornant le dos d'un siège.

Balzac (Jean-Louis Guez, seigneur de) Écrivain français (1597-1654). Il fut célèbre au XVIIe s. pour la perfection de sa prose.

Balzac (Honoré de) Écrivain français (1799-1850). Il est l'auteur d'une œuvre monumentale, *La Comédie humaine,* qui, à travers 95 romans et nouvelles, cherche à rendre compte de la société de son temps, mettant en scène des êtres (Rastignac, Goriot) en proie aux passions qu'elle suscite, ambition, quête de l'argent, volonté de puissance. Sa curiosité intellectuelle lui fit aborder les thèmes scientifiques, philosophiques, historiques et fantastiques, sans négliger la finesse du détail et de la description. Il est considéré comme un des écrivains majeurs du XIXe s. *César Birotteau ; Les Chouans ; La Cousine Bette ; Le Lys dans la vallée ; Eugénie Grandet ; Illusions perdues ; Le Père Goriot ; Splendeurs et misères des courtisanes.*

balzane n. f. (italien *balzano*) Tache blanche aux pieds d'un cheval.

Bam ou **Bamm** Ville du S. de l'Iran. 128 000 habitants. Cité médiévale.

Bamako Capitale du Mali, au S.-O. du pays, sur le Niger. 3 millions d'habitants. Carrefour de communications (voie ferrée, aéroport). Industries agroalimentaires.

Bambara(s) ou **Bamana(s)** n. m. pl. Peuple mandingue établi au Mali, au Sénégal et au Burkina Faso. Les Bambaras fondèrent au XVIIIe s. le royaume de Ségou.

Bamberg Ville d'Allemagne, au N. de la Bavière. 76 600 habitants. Cathédrale gothique (XIIIe s.), églises et autres édifices baroques. Érigée en évêché souverain (1007), la ville fut rattachée en 1802 à la Bavière.

bambin, ine n. (italien *bambino*) fam. Jeune enfant.

bambochade n. f. (de l'italien, de *il bamboccio* « le pantin », surnom du peintre Peter de Laer ; famille de *bambin*) Tableau ou dessin représentant des scènes champêtres populaires ou burlesques.

bamboche n. f. (de *bambochade*) fam. et vieux Bombance, ripaille.

bambocher v. intr. < 1 > fam. et vieilli Faire la noce, faire la fête. □ n. **bambocheur, euse**

bambou n. m. (du portugais, d'une langue dravidienne de l'ouest de l'Inde) **1.** Plante tropicale ou semi-tropicale, à tige cylindrique ligneuse, souvent creuse et cloisonnée au niveau des nœuds. *Une canne de bambou. Des pousses de bambou,* les bourgeons comestibles. **2.** fam. ***Coup de bambou*** : insolation ; accès de folie ; crise de fatigue (→ **coup de barre**). *C'est le coup de bambou* : c'est trop cher (→ **coup de barre**).

bamboula (mot d'une langue de Guinée) **I.** n. m. vieux Tam-tam. **II.** n. f. **1.** vieux Danse africaine. **2.** vieilli *Faire la bamboula,* la fête, la noce.

bambouseraie n. f. Plantation de bambous. - syn. **bambousaie.**

Bamiléké(s) n. m. pl. Peuple bantou de l'O. du Cameroun, organisé en chefferies. Art traditionnel. Commerce.

Bāmyān Ville d'Afghanistan (à l'O. de Kaboul), dont les statues géantes de Bouddha (IIIe-IVe s.) ont été détruites par les talibans en 2001. 10 400 habitants.

ban n. m. (mot francique, idée de « punition légale ») **1.** hist. Convocation des vassaux par le suzerain ; les vassaux convoqués. – loc. *Convoquer le ban et l'arrière-ban (de...),* tout le monde. **2.** au plur. Proclamation solennelle d'un futur mariage à l'église ou à la mairie. *Publier les bans.* **3.** Roulement de tambour précédant une proclamation. ■ fam. Applaudissements rythmés. *Un ban pour le vainqueur !* **4.** hist. Mesure d'exil proclamée. *Mettre qqn au ban.* → **bannir.** *Être en rupture de ban* : enfreindre le jugement de bannissement ; fig. être affranchi des contraintes de son état. – *Mettre qqn **au ban de** la société, un pays **au ban des** nations,* le rejeter, le déclarer indigne, le dénoncer au mépris public. **5.** (Suisse) *Mettre à ban* : interdire l'accès de (un lieu).

Balzac

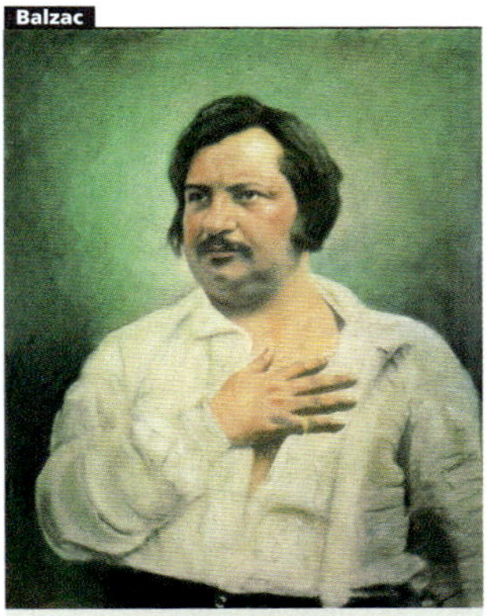

Portrait de Balzac, peint d'après un daguerréotype de Louis-Auguste Bisson (1842).

Banach (Stefan) Mathématicien polonais (1892-1945). Il est l'un des fondateurs de l'analyse fonctionnelle.

banal, ale adj. (de *ban* « circonscription du suzerain » → **banlieue**) **I.** (plur. *banaux*) hist. Appartenant à la circonscription d'un seigneur. *Four, moulin banal.* → **communal.** **II.** (idée de « commun ») (plur. *banals*) Extrêmement commun, sans originalité. → **ordinaire, ¹courant.** *Un cas assez banal.* □ adv. **banalement**

banaliser v. tr. < 1 > **1.** Rendre banal, ordinaire. – pronom. *Cette comparaison a fini par se banaliser.* **2.** admin. Mettre (un bâtiment) sous le régime du droit commun. ■ Équiper (une voie de chemin de fer) pour une circulation dans les deux sens. ■ **banalisé, ée** adj. *Voiture de police banalisée,* dépourvue de signes distinctifs. □ n. f. **banalisation**

banalité n. f. **I.** hist. Obligation de se servir du four, du moulin banal* (moyennant redevance). **II.** **1.** Caractère de ce qui est banal. *La banalité d'une remarque.* **2.** Propos, écrit banal. « *Des banalités d'une fadeur insurpassable* » (Gide). → **cliché, ¹lieu commun, poncif.**

banana split n. m. (mot anglais des États-Unis, de *banana* « banane » et *split* « tranche ») anglic. Dessert glacé à base de banane, de glace et de crème chantilly. *Des bananas splits* ou *des banana splits.* → régional **banane** (royale).

banane n. f. (du portugais, mot bantou) **I.** Fruit oblong à pulpe farineuse, à épaisse peau jaune, que produit la grappe de fleurs du bananier. *Un régime de bananes. Peau, pelure de banane.* (Canada) *Banane royale* : banana split. *Banane à cuire* (→ **²plantain**). fig. *Peau de banane* : procédé déloyal, piège. **II.** fig. **1.** fam. Décoration militaire. **2.** Hélicoptère allongé. **3.** Élément vertical d'un parechoc. **4.** électr. *Fiche-banane* ou *banane* : fiche mâle à broche unique. **5.** Coiffure masculine consistant en une épaisse mèche enroulée au-dessus du front, typique du style rock. **6.** Sac muni d'une ceinture, qui se porte sur le ventre.

bananer v. tr. < 1 > (de *banane,* par allusion à la peau de banane) fam. **1.** Tromper, escroquer. **2.** *Se faire bananer* : subir un échec. ■ **se bananer** v. pron. Tomber. – fig. Échouer. *Il s'est banané à l'exam.*

bananeraie n. f. Plantation de bananiers.

¹bananier n. m. **1.** Plante arborescente dont le fruit est la banane. **2.** Cargo équipé pour le transport des bananes.

²bananier, ière adj. **1.** Qui concerne la culture des bananes. **2.** *République bananière,* pays qui, sous les apparences d'une république, est régi par des intérêts privés.

Banat n. m. Région d'Europe centrale correspondant à la plaine fertile du Timiz. Le Banat fut partagé entre la Roumanie, la Hongrie et la Yougoslavie en 1920.

Banbury Ville d'Angleterre (Oxfordshire), sur la Cherwell. 30 000 habitants. Nœud ferroviaire.

banc [bɑ̃] n. m. (mot germanique) **I.** **1.** Long siège, avec ou sans dossier, sur lequel plusieurs personnes peuvent s'asseoir à la fois. *Banc de pierre, de bois. Sur les bancs de l'école. Bancs publics.* – *Char* à bancs.* **2.** Ce siège, réservé, dans une assemblée. *Le banc des accusés au tribunal.* **II.** **1.** techn. Assemblage de montants et de traverses. → **¹bâti.** *Un banc de tourneur.* **2.** ***Banc d'essai*** : bâti sur lequel on monte les moteurs pour les éprouver, les tester ; fig. ce par quoi on éprouve les capacités d'une personne, d'une chose. **III.** **1.** Amas de matières formant une couche plus ou moins horizontale. *Banc de sable. Banc de glace.* → **banquise.** *Banc de coraux.* → **récif.** – (Canada) *Banc de neige* : congère. **2.** Grande quantité de poissons d'une espèce, se déplaçant ensemble. *Un banc de sardines.*

bancable adj. **1.** Se dit de titres remplissant les conditions requises pour être réescomptés auprès d'une banque centrale. **2.** (anglais *bankable*) Susceptible d'être financé par un investisseur. *Un projet bancable.*

bancaire adj. (→ **banque**) Qui a rapport aux banques, aux opérations de banque. *Chèque bancaire.*

bancal, ale, als adj. (de *banc* [I] « en pieds de banc ») **1.** (personnes) Qui a une jambe ou les jambes torses et dont la marche est inégale. → **boiteux. 2.** (meuble) Qui a des pieds inégaux, et qui n'est pas d'aplomb. *Une table bancale.* **3.** (abstrait) Qui manque d'équilibre, de fondement. *Un raisonnement bancal.*

bancarisation n. f. Importance, dans une population, des titulaires d'un compte en banque.

bancassurance n. f. Distribution de produits d'assurance par les réseaux bancaires.

banche n. f. (forme dialectale [Ouest] de *banc*) techn. Panneau de côté d'un moule à pisé, à béton ; le moule lui-même.

bancher v. tr. < 1 > Couler (du béton, du pisé) dans des banches.

[1]**banco** n. m. (mot italien → **banque**) au jeu *Faire banco* : tenir seul l'enjeu contre la banque. ■ interj. *Banco !*, formule par laquelle on relève un défi.

[2]**banco** n. m. (mot d'une langue d'Afrique de l'Ouest) (Afrique) Matériau de construction traditionnel en Afrique subsaharienne, fait de terre argileuse et de paille hachée.

bancoulier n. m. (de *Bancoulen*, n. d'une ville de Sumatra) Grand arbre des îles de la Sonde.

Bancquart (Alain) Compositeur français (1934-2022). Il est l'auteur de symphonies et d'un opéra de chambre. *Les Tarots d'Ulysse.*

bancroche adj. (de *banc* et *croche* « tordu ») fam. et vieilli Bancal.

Bancroft (George) Historien et homme politique américain (1800-1891). Partisan de Lincoln durant la guerre de Sécession, il est l'auteur d'une *Histoire des États-Unis.*

banc-titre [bɑ̃titʀ] n. m. (de *banc*) techn. Dispositif servant à filmer image par image (titres, génériques, trucages). *Des bancs-titres.*

Banda (Hastings Kamuzu) Homme d'État malawite (1896-1998). Il fit accéder son pays à l'indépendance et fut président de la République de 1965 à 1994.

Banda Aceh Ville d'Indonésie, à la pointe N. de Sumatra. 223 446 habitants. Elle a dû être reconstruite après le passage du tsunami du 26 décembre 2004. La charia y est appliquée depuis 1991.

bandage n. m. **1.** Bandes de tissu appliquées sur une partie du corps, pour un pansement, pour maintenir un organe, etc. → [1]**bande, écharpe.** *Bandage herniaire. Enrouler un bandage.* **2.** techn. Bande de métal ou de caoutchouc qui entoure la jante d'une roue.

bandana n. m. (mot hindi) Petit foulard carré de coton imprimé. *Des bandanas.*

bandant, ante adj. fam. **1.** Qui provoque l'excitation sexuelle, qui fait bander (II). **2.** Qui donne du plaisir, intéresse. *Le programme n'est pas très bandant.*

Bandar Abbas Ville d'Iran, sur le détroit d'Ormuz. 527 000 habitants. Principal port du pays.

Bandaranaike (Sirimavo) Femme d'État srilankaise (1916-2000). Succédant à son mari Salomon Bandaranaike, assassiné en 1959, elle fut Premier ministre de 1960 à 1965, de 1970 à 1977 et, sous la présidence de sa fille Chandrika Kumaratunga, de 1994 à 2000.

Bandar Khomeyni Ville d'Iran, dans le golfe Persique. 78 400 habitants. Port pétrolier.

Bandar Lampung Ville d'Indonésie au S. de Sumatra. 873 007 habitants.

Bandar Seri Begawan Capitale du sultanat de Brunei. 64 000 habitants. Université.

[1]**bande** n. f. (mot germanique, racine signifiant « lier », *cf.* anglais *to bind*) **1.** Pièce souple plus longue que large, qui sert à lier, maintenir, recouvrir, border ou orner qqch. → **lanière, lien, ruban.** *Bande de papier, de tissu. Bande Velpeau,* servant à maintenir un pansement. **2.** Pellicule d'un film. ■ Support magnétique en forme de bande. *La bande magnétique d'un magnétophone.* ■ Ce qui est enregistré sur un tel support. *La bande sonore* (ou bande-son) *d'un film.* – *Bande-annonce* : montage d'extraits d'un film présenté pour sa publicité. *Des bandes-annonces.* **3.** Partie étroite et allongée de qqch. *Chaussée à trois bandes.* → **voie.** ■ Large rayure. *Les bandes d'un drapeau.* **4.** phys. *Bande de fréquence* : ensemble des fréquences comprises entre deux limites. **5.** *Bande dessinée* : suite horizontale de dessins qui racontent une histoire, et où les paroles et les pensées des personnages sont inscrites dans des bulles ; ce genre de narration dessinée. → fam. **BD, bédé.** *Bande dessinée américaine* (→ anglic. **comics**), *japonaise* (→ **manga**), *sud-coréenne* (→ **webtoon**). *Auteur de bandes dessinées.* → **bédéaste. 6.** Rebord élastique qui entoure le tapis d'un billard. ■ loc. *Par la bande* : par des moyens indirects.

[2]**bande** n. f. (ancien provençal *banda*, du germanique, idée de « signe, drapeau », puis « troupe » *cf.* bandit) **1.** Groupe de personnes (notamment de rebelles ou de malfaiteurs) qui combattent ensemble sous un même chef. *Des bandes armées.* → **horde, troupe.** *Bande de voleurs.* → **gang. 2.** Regroupement de personnes ayant des points communs. *Je ne suis pas de leur bande.* → **clan, clique, coterie.** – *Des bandes de jeunes.* ■ loc. *Faire bande à part* : se mettre à l'écart d'un groupe. ■ (insulte collective) *Bande d'idiots !* → **tas. 3.** Groupe d'animaux. → [1]**harde, meute.**

[3]**bande** n. f. (de l'ancien provençal « côté ») (navire) *Donner de la bande* : pencher sur un bord.

bandé, ée adj. **1.** Couvert d'un bandeau. *Les yeux bandés.* **2.** Entouré d'un bandage. *Main bandée.*

bandeau n. m. (de [1]*bande*) **1.** Bande qui sert à entourer le front, la tête. → **serre-tête.** *Bandeaux de joueurs de tennis.* **2.** Cheveux appliqués contre les tempes, dans une coiffure féminine à cheveux longs. **3.** Morceau d'étoffe que l'on met sur les yeux de qqn pour l'empêcher de voir. **4.** Bande de tissu qui couvre la poitrine. **5.** Surface rectangulaire allongée portant un texte. *Le bandeau d'un livre.* ■ Zone allongée d'une page web. → **bannière.**

Bande des Quatre Surnom donné à la coalition de dirigeants chinois qui comprenait Jiang Qing, veuve de Mao Zedong, Wang Hongwen, Zhang Chunqiao et Yao Wenyuan. Ils furent arrêtés à la suite d'un complot fomenté après la mort de Mao (1976).

bandelette n. f. Petite bande de tissu. *Les bandelettes des momies égyptiennes.*

Bandello (Matteo) Conteur italien (1485-1561). Il est l'auteur de nombreux poèmes et de *Nouvelles* d'une grande variété dont les sujets sont inspirés de récits anciens et contemporains.

bander v. < 1 > (de [1]*bande*) **I.** v. tr. **1.** Entourer d'une bande que l'on serre. *Bander le bras d'un blessé.* **2.** Couvrir (les yeux) d'un bandeau. **3.** Tendre avec effort. *Le tireur bande son arc.* – *Bander ses muscles.* **II.** (de I, 3) v. intr. fam. Être en érection.

banderille n. f. (espagnol *banderilla*, de *bandera* « drapeau » → [2]**bande**) Pique ornée de bandes (de tissu, papier) multicolores que les toreros plantent sur le garrot du taureau pendant la corrida.

bandérilléro n. m. (espagnol *banderillero*, de *banderilla* → **banderille**) Toréro qui pose les banderilles.

banderole n. f. (de l'italien, de *bandiera* « drapeau » → [2]**bande**) **1.** Petite bannière. **2.** Longue bande de tissu portant une inscription, portée dans les défilés, lors des manifestations.

Bandiagara Ville du Mali, à l'E. de Mopti, dans la boucle du Niger. 17 000 habitants. Le *plateau de Bandiagara* est bordé à l'E. par des falaises au flanc desquelles vivent les Dogons.

Bandinelli (Baccio) Sculpteur italien (1493-1560). Il est l'auteur de sculptures classiques, inspirées de motifs mythologiques. *Saint Pierre* de la cathédrale de Florence.

bandit n. m. (italien *bandido*, de *bandire* « proclamer » et « proscrire », mot germanique ; famille de [2]*bande* et influence de *bannir*) **1.** Malfaiteur vivant hors la loi. → **brigand, criminel, gangster. 2.** vieilli Homme avide et sans scrupules. → **filou, forban, pirate. 3.** fam. *Bandit manchot* : machine à sous.

banditisme n. m. Activités des bandits. *Acte de banditisme. Le grand banditisme,* les crimes graves.

Bandol Commune du Var, arrondissement de Toulon. 8 359 habitants. Station balnéaire.

bandonéon n. m. (de l'allemand, du n. de H. Band, et finale de *orphéon*, par l'espagnol d'Argentine) Petit accordéon à touches des orchestres de tango.

bandoulière n. f. (du catalan ; famille de [2]*bande*) Bande de cuir ou d'étoffe qui passe d'une épaule au côté opposé du corps pour soutenir qqch. *Bandoulière d'un fusil.* – *Porter un sac en* ***bandoulière.***

Bandung Ville d'Indonésie (Java). 2 394 873 habitants. Industries chimique, aéronautique. ■ **Conférence de Bandung** (18-24 avr. 1955). Conférence réunissant 29 pays d'Asie et d'Afrique dénonçant l'impérialisme et le colonialisme. Elle fut à l'origine du mouvement des pays non-alignés, dans le contexte de la guerre froide.

Banér (Johan Gustafsson) Général suédois (1596-1641). Il commanda les armées suédoises lors de la guerre de Trente Ans.

Banerjea (sir Surendranath) Homme politique indien (1848-1925). Il fonda en 1885 le parti du Congrès, visant à l'indépendance de l'Inde.

Banff (parc national de) Le plus ancien parc naturel du Canada, créé en 1887 dans l'Alberta.

bang [bɑ̃g] **1.** interj. Bruit d'explosion. → [1]**boum. 2.** n. m. Déflagration accompagnant le franchissement du mur du son. *Les bangs des avions à réaction.*

Bang (Herman) Écrivain danois (1857-1912). L'un des représentants du courant « décadent » de la fin du XIXe s. Il est l'auteur de nouvelles *(Existences tranquilles)*, de romans et d'une autobiographie.

Bangalore ■ offic. Bengaluru Ville du S. de l'Inde (Karnataka). 12 millions d'habitants. Industrie (aéronautique, machines-outils). Informatique.

Bangka Île d'Indonésie, au S.-E. de Sumatra. 960 692 habitants. Étain.

Bangkok ou **Krung Thep** Capitale de la Thaïlande, sur le Menam. 6 millions d'habitants (aggl. 11 millions). Nombreux monuments du XVIIIe s. (ancien palais royal) et du XIXe s. (temples bouddhiques). Port fluvial. Centre industriel et touristique.

Bangkok, le Wat Arun (Temple de l'Aube).

Bangladesh

n. m. ■ offic. République populaire du Bangladesh État de l'Asie du Sud. 144 000 km². 170 millions d'habitants (les *Bangladais*). **Langues :** bengali (offic.), ourdou, anglais. **Religions :** musulmans (89 %, majorité sunnite), hindous (9 %). **Monnaie :** taka. **Capitale :** Dacca. **Régime :** démocratie parlementaire.

Le pays est constitué par le delta du Gange, du Brahmapoutre et de la Meghana. Pluies de mousson et cyclones provoquent de fréquentes et tragiques inondations. L'économie est peu développée (riz, jute ; industrie textile) et le niveau de vie figure parmi les plus bas du monde. Lors de l'indépendance de l'Inde en 1947, la région (Bengale oriental) fut intégrée au Pakistan. Le Bangladesh devint indépendant en 1971. Le chef d'État Mujibur Rahman fut assassiné en 1975 et remplacé par le général Zia ur Rahman, à son tour assassiné en 1981. Depuis le retour à la démocratie (1991), la ligue Awami et le BNP (parti nationaliste conservateur et islamiste) alternent au pouvoir mais le pays connaît de graves crises politiques, souffre de la corruption et reste confronté à la présence de camps regroupant des milliers de réfugiés rohingyas chassés de Birmanie en 2017. En nov. 2020, des manifestations ont visé la France après sa réaffirmation du droit à la caricature et au blasphème. La minorité hindoue est victime d'attaques islamistes dans tout le pays.

Bangladesh

Bangor Ville d'Irlande du Nord, au S.-O. de la baie de Belfast. 63 000 habitants. Station balnéaire.

Ban Gu ou **Pan Kou** Historien et écrivain chinois (32-92). Il est l'auteur d'une histoire des premiers Han.

Bangui Capitale de la République centrafricaine, sur l'Oubangui. 812 400 habitants. Transport fluvial. Commerce.

banian n. m. (mot tamoul [sud de l'Inde], par le portugais) Figuier de l'Inde, aux racines aériennes.

Bani Sadr (Abol Hassan) ou **Banī Sadr (Abū al-Ḥasan)** Homme d'État iranien (1933-2021). Premier président de la République islamique d'Iran en 1980, il s'opposa à l'installation d'une théocratie et fut destitué par le Parlement. Il s'exila en France en 1981.

Banja Luka Ville de Bosnie-Herzégovine, sur le Vrbas. 150 000 habitants.

Banjarmasin Ville d'Indonésie (Bornéo). 612 849 habitants. Port de commerce.

Banjars n. m. pl. Peuple d'Indonésie établi sur l'île de Bornéo. Il fut islamisé au XVIIe siècle.

banjo [bɑ̃(d)ʒo] n. m. (mot anglais, de l'espagnol) Instrument de musique à cordes, dont la caisse de résonance est formée d'une membrane tendue sur un cercle de bois. *Jouer du banjo.*

Banjul Capitale de la Gambie, sur l'Atlantique, à l'entrée de l'estuaire de la Gambie. 743 725 habitants. Port de commerce.

Ban Ki-moon Diplomate sud-coréen (né en 1944). Ministre des Affaires étrangères et du Commerce (2004-2006), il a été secrétaire général de l'ONU de 2007 à 2016.

Banks (sir Joseph) Naturaliste britannique (1743-1820). Il participa au premier voyage de James Cook en Australie et Nouvelle-Zélande, et fut président de la Royal Society.

Banks (Russell) Écrivain américain (1940-2023). Au long de ses romans, il décrit la société américaine contemporaine avec force, émotion et imagination. *Continents à la dérive ; Affliction ; De beaux lendemains.*

Banks (île de) Île de l'archipel Arctique canadien, à l'O. de l'île Victoria.

Banksy (Robin Gunningham, dit) Artiste britannique (né en 1974 ou 1973). Figure majeure du street art ou art urbain. Pacifiste et anticapitaliste, il peint des fresques à la fois humoristiques et satiriques qui ornent les façades du monde entier (dont le mur qui sépare Gaza d'Israël : *West Bank*, 2005).

Banksy

Banksy, *Very Little Helps*, pochoir mural réalisé dans une rue de Londres en 2008.

Il a réalisé *Faites le mur !*, un documentaire ludique.

banlieue n. f. (de *ban* et *lieue* « espace d'une lieue autour d'une ville, pour les proclamations du ban ») Ensemble des agglomérations qui entourent une grande ville. → **environs.** *La banlieue de Bruxelles, de Marseille. La grande banlieue,* la plus éloignée. *Habiter en banlieue* (→ **banlieusard**). *Pavillon de banlieue. Train de banlieue.* ■ *Les banlieues,* villes satellites près des grandes villes, à grands immeubles collectifs et population souvent défavorisée. *Les problèmes sociaux des banlieues.*

banlieusard, arde n. Habitant de la banlieue.

Bann n. f. Fleuve d'Irlande du Nord, qui se jette dans le canal du Nord. 158 km.

banne n. f. (bas latin *benna,* mot gaulois → benne) **1.** Grand panier de vannerie. **2.** Bâche protégeant les marchandises d'un éventaire.

banneton n. m. Panier d'osier sans anses utilisé par les boulangers.

bannette n. f. **1.** Petite banne en osier ; petite corbeille. **2.** mar. Couchette (d'un bateau).

banni, ie adj. et n. **1.** Qui est banni de son pays. → **exilé.** – n. *Les bannis.* **2.** Écarté, supprimé. *C'est un sujet banni.*

bannière n. f. (de *ban* « convocation par le seigneur ») **1.** Enseigne guerrière des anciens seigneurs féodaux. ■ loc. *Se ranger sous la bannière de qqn,* avec lui, dans son parti.

2. (anglais *banner*) *La bannière étoilée,* le drapeau des États-Unis. **3.** Étendard que l'on porte aux processions. **– loc.** *La croix* et la bannière.* **4.** mar. *Voile en bannière,* dont les coins inférieurs ne sont pas fixés et qui flotte au vent. **5.** fam. Pan de chemise. **6.** (anglais *banner*) Bandeau publicitaire d'une page web contenant un lien vers le site de l'annonceur.

bannir v. tr. < 2 > (francique *bannjan* « proclamer ; convoquer des troupes » ; famille de *ban*) **1.** Condamner (qqn) à quitter un pays, avec interdiction d'y rentrer. → **exiler, expulser, proscrire, refouler ;** mettre au **ban.** ■ littér. Éloigner en chassant. *Bannir qqn de sa maison.* **2.** (compl. chose) Écarter, supprimer. *Bannir un mot de son discours.* → **chasser, rejeter.**

bannissement n. m. Action de bannir. **–** dr. Peine criminelle interdisant à qqn le séjour dans son pays.

Bannockburn (bataille de) En 1314, Robert Ier Bruce vainquit, dans cette ville d'Écosse, l'armée d'Édouard II, affermissant ainsi l'indépendance de l'Écosse.

banon n. m. (n. d'une localité de Haute-Provence) Fromage de chèvre enveloppé dans une feuille de châtaignier.

banque n. f. (italien *banca* « banc ; comptoir » ; famille de *banco* → [1]banco, de *banc*) **I. 1.** fin. Commerce de l'argent et des titres, effets de commerce et valeurs de Bourse. *Les opérations de banque.* **2.** Établissement où se fait ce commerce. *Avoir un compte en banque. La salle des coffres d'une banque. Banque de dépôt ; banque d'affaires. Banque centrale,* qui émet la monnaie et exécute la politique monétaire (d'un pays...). *Billet de banque.* **3.** jeu Somme que l'un des joueurs tient devant lui pour payer ceux qui jouent contre la banque (pontes) lorsqu'ils gagnent. *Faire sauter la banque,* gagner tout l'argent en jeu. **II.** (anglais *bank*) **1.** méd. *Banque d'organes :* service qui recueille des organes pour les transfusions, les greffes. **2.** inform. *Banque de données :* ensemble d'informations sur un sujet, organisées au moyen de programmes informatiques et mises à la disposition du public. → **base de données.**

Banque centrale européenne (BCE) Banque de l'Union européenne créée en 1998 selon les dispositions du traité de Maastricht, en vue de conduire la politique monétaire commune des États de la zone euro. Son siège est à Francfort.

Banque de France Créée en 1800, elle obtint en 1803 le privilège exclusif d'émettre les billets de banque. Nationalisée en 1945, elle devient indépendante en 1993. Depuis 1999, c'est une banque centrale nationale chargée d'exécuter les décisions de la Banque centrale européenne.

Banque européenne pour la reconstruction et le développement (BERD) Institution créée en 1991 pour aider la transition des pays d'Europe centrale et orientale vers l'économie de marché grâce à des prêts ou par le biais d'investissements.

Banque mondiale Ensemble de cinq organismes internationaux chargés d'aider les pays en voie de développement.

▶ Créée en juillet 1944 lors de la conférence de Bretton Woods, la **Banque mondiale** est aujourd'hui composée de plusieurs organismes, dont principalement la BIRD (Banque internationale pour la reconstruction et le développement) et l'AID (Association internationale de développement). Elle compte 189 pays membres. Elle accorde des prêts à long terme pour financer des projets spécifiques portés par des gouvernements ou des entreprises souvent publiques, parfois privées. Elle fonctionne comme un établissement de crédit en prêtant des fonds empruntés sur les marchés financiers (le capital versé par les pays membres sert de garantie à ses emprunts). À l'origine, la Banque mondiale soutient l'œuvre de reconstruction de l'Europe (jusqu'en 1949), puis finance des actions en faveur du développement des pays du tiers-monde. Dans les années 1960, elle contribue à la lutte contre la pauvreté, notamment par le biais de l'AID, qui prête des fonds à taux nul aux pays les moins avancés.
Depuis les années 1980, la Banque mondiale et le FMI cherchent à coordonner leurs actions à travers la mise en place de plans d'ajustement structurel dans les pays du Sud. Le FMI se concentre sur les politiques macroéconomiques de stabilisation alors que la Banque mondiale conserve une approche plus structurelle et sectorielle (transport, énergie...). Depuis la remise en cause du consensus de Washington (qui imposait des politiques d'inspiration libérale aux pays en développement comprenant des privatisations, une discipline monétaire et budgétaire...), les deux institutions sont contestées.
voir aussi **FMI, mondialisation, Sud**

banquer v. intr. < 1 > fam. Payer. → **casquer, raquer.**

banqueroute n. f. (italien *banca rotta* « banc rompu ») Faillite accompagnée d'infractions à la loi. *Faire banqueroute. Banqueroute d'État.* □ **n. banqueroutier, ière**

banquet n. m. (italien *banchetto,* de *banco* → *banc*) Grand repas, repas officiel où sont conviées de nombreuses personnes. *Donner un banquet en l'honneur de qqn.*

banqueter [bɑ̃k(ə)te] v. intr. < 4 ou RO 5 > **1.** Participer à un banquet. **2.** Faire un bon repas à plusieurs. → **festoyer.**

banquette n. f. (de l'ancien provençal ; famille de *banc*) **I.** Siège à plusieurs places, avec ou sans dossier. *La banquette arrière d'une voiture.* **II.** (d'un sens ancien de *banque*) Plateforme située derrière un parapet, derrière le revers d'une tranchée. ■ Talus, plateforme. *Une banquette rocheuse.*

banquier, ière n. (de l'italien, de *banca* → *banque*) **1.** Personne qui fait le commerce de la banque, dirige une banque. → **financier. 2.** Personne qui fournit, qui prête de l'argent à qqn. **3.** Personne qui tient la banque, à certains jeux.

banquise n. f. (mot scandinave, famille de *iss* « glace » → **iceberg**) Amas de glaces flottantes formant un immense banc (III). *Icebergs détachés de la banquise.*

banquiste n. m. (provençal *banquisto* « saltimbanque ») vieilli ou didact. Artiste forain.

Ban Shigeru Architecte japonais (né en 1957). Adepte d'une architecture durable et responsable, il délaisse le béton et l'acier et utilise des matériaux recyclables tels le bois, le carton, le verre (Centre Pompidou-Metz ; La Seine musicale à Boulogne-Billancourt). Prix Pritzker.

Banská Bystrica Ville de Slovaquie, sur le Hron. 73 300 habitants. Centre du soulèvement slovaque contre les nazis en 1944.

Banting (sir Frederick Grant) Médecin canadien (1891-1941). Il parvint à isoler l'insuline, avec C. Best et J. Macleod. Prix Nobel 1923.

Bantock (sir Granville) Compositeur britannique (1868-1946). Il est l'auteur d'opéras et de symphonies marquées par ses racines celtiques. *Hebridean Symphony.*

bantou, e n. et adj. (mot bantou : *ba-ntu* « les hommes ») **1.** Membre du peuple des Bantous. **– adj.** *La civilisation bantoue.* **2. n. m.** Famille de langues parlées par les Bantous. **– adj.** *Les langues bantoues.*

Bantous n. m. pl. Groupe de peuples établis en Afrique centrale et méridionale, parlant les langues bantoues. Originaires d'un foyer situé entre le Nigeria et le Cameroun, les Bantous migrèrent vers le sud. Agriculteurs, ils établirent leur suprématie sur les populations locales (Pygmées, puis Bochimans).

bantoustan n. m. (mot afrikaans « territoire bantou ») Territoire attribué à une population noire d'Afrique du Sud, au temps de l'apartheid (jusqu'en 1994). - syn. ***homeland** n. m. (anglic.)

Banville (Théodore de) Poète français (1823-1891). Hostile au matérialisme et au romantisme, il prôna le culte de la beauté et de la perfection formelle. *Odes funambulesques ; Les Exilés.*

banyuls [banjyls ; banjuls] n. m. (de *Banyuls-sur-Mer*) Vin doux naturel du Roussillon.

Banyuls-sur-Mer Commune des Pyrénées-Orientales, sur la Côte Vermeille. 4 761 habitants. Station balnéaire. Vins doux.

baobab [baɔbab] n. m. (de l'arabe « fruit aux nombreuses graines ») Arbre d'Afrique tropicale, à tronc énorme. *Des baobabs.*

Bảo Đại Nom de règne de Nguyen Phuc Vinh Thuy (1913-1997). Empereur du Viêtnam (1932-1945). Il abdiqua à la demande du Viêt-minh puis fut le chef de l'État du Viêtnam de 1949 à 1955.

Baoding ou **Pao-ting** Ville de Chine (Hebei), au S. de Pékin. 902 500 habitants. Industries alimentaire et textile.

Baoji ou **Pao-ki** Ville de Chine (Shaanxi), sur le Wei he. 645 500 habitants. Céréales et oléagineux.

Baotou ou **Pao-t'ou** Ville de Chine, en Mongolie-Intérieure, sur le Huang he. 1 420 100 habitants. Centre industriel.

baou n. m. (de l'ancien provençal, du latin *balteus*) régional (Provence) Mont escarpé.

Baoulé(s) n. m. pl. Peuple akan établi en Côte d'Ivoire.

Baour-Lormian (Pierre François Marie Baour, dit Pierre) Écrivain français (1770-1854). Il traduisit en vers les *Poèmes d'Ossian* et écrivit une tragédie, *Omasis.*

banquise

La banquise dans l'archipel du Spitzberg.

Bapaume Commune du Pas-de-Calais, au S. d'Arras. 3 749 habitants. Faidherbe y remporta une victoire sur les Prussiens en 1871.

baptême [batɛm] **n. m. (latin chrét. *baptisma*, du grec, de *baptein* « plonger ») 1.** relig. Sacrement destiné à laver le péché originel et à faire chrétienne la personne qui le reçoit. *Recevoir le baptême. « Le baptême est un bain qui rend à l'âme sa vigueur première »* (Chateaubriand). *Nom de baptême :* prénom chrétien. **2.** Bénédiction (d'un navire, d'une cloche...). **3.** loc. fig. *Baptême du feu :* premier combat. *Baptême de l'air :* premier vol en avion.

baptiser [batize] **v. tr. < 1 > (latin chrét. *baptizare*, du grec → baptême) 1.** relig. chrét. Administrer le baptême à (qqn). **2.** *Baptiser une cloche, un navire.* **3.** fam. *Baptiser du vin, du lait,* y mettre de l'eau. **4.** Donner un surnom à (qqn), une appellation à (qqch.). **→ appeler.** – au p. p. *Une modeste pièce baptisée salon.*

baptismal, ale, aux [batismal, o] **adj.** littér. Qui a rapport au baptême. *Les fonts* baptismaux.*

baptisme [batism] **n. m. (anglais *baptism*, du latin → baptême)** relig. Doctrine selon laquelle le baptême ne doit être administré qu'aux adultes et par immersion complète. **→ anabaptiste.**

baptistaire [batistɛʀ] **adj. (du latin *baptizare* « baptiser » → baptême)** relig. Qui constate un baptême. *Registre baptistaire.* – **n. m.** Extrait de baptême (de qqn).

baptiste [batist] **adj.** Relatif au baptisme. *La doctrine baptiste.* ▪ **n.** Partisan, adepte du baptisme. **→ anabaptiste.**

baptistère [batistɛʀ] **n. m. (du latin chrét., du grec → baptême) 1.** Lieu où l'on administre le baptême (édifice séparé ou chapelle d'une église). **2.** Fonts baptismaux. *Un baptistère roman.*

Baptistère (IVe s.) de l'église de Vénasque (Vaucluse).

baquet **n. m. (dérivé de ^{1}bac « récipient ») 1.** Récipient de bois, à bords bas, servant à divers usages domestiques. **→ cuve. 2.** Siège de voiture bas et très emboîtant. – appos. *Des sièges baquets.*

baquetures **n. f. pl.** techn. Vin qui tombe dans le baquet au-dessous d'un tonneau en perce, pendant le soutirage ou la mise en bouteilles.

^{1}**bar** **n. m. (de l'ancien néerlandais)** Poisson très vorace, à la chair très estimée. **→ loup.**

^{2}**bar** **n. m. (de l'anglais, du français *barre* → barman) 1.** Débit de boissons où l'on peut consommer au comptoir ou en salle. *« Tu es debout devant le zinc d'un bar crapuleux »* (Apollinaire). ▪ *Bar à vin(s).* par ext. *Bar à soupes. Bar à tapas.* – *Bar à ongles, à sourcils...,* où l'on pratique des soins esthétiques. – *Bar-tabac.* **→ ^{1}tabac.** – (Canada) *Bar laitier,* établissement où on achète et consomme des produits laitiers glacés. **2.** Comptoir (de bar, de café). ▪ Meuble, comptoir analogue.

^{3}**bar** **n. m. (du grec *barus* « lourd » → bary-)** Unité de pression atmosphérique valant 10^5 pascals.

Bara ou **Barra (Joseph)** Soldat français (v. 1779-1793). Jeune tambour qui, selon une légende promue par Robespierre, serait mort en héros dans une embuscade tendue par les Vendéens.

Barabbas Dans les Évangiles, voleur condamné à mort et gracié par Pilate à la place de Jésus, à la demande des Juifs.

Baracaldo Ville d'Espagne (Pays basque). 101 400 habitants. Métallurgie. Chantiers navals.

baragouin **n. m. (p.-ê. sobriquet tiré du breton *bara* « pain » et *gwin* « vin »)** Langage incorrect et inintelligible. ▪ Langue que l'on ne comprend pas et qui paraît barbare. **→ jargon ; charabia.**

baragouiner **v. tr. < 1 >** Parler mal (une langue). □ **baragouineur, euse n.**

Baraguey d'Hilliers (Achille, comte) Maréchal de France (1795-1878). Il se distingua lors de la guerre de Crimée (1854-1855) et de la campagne d'Italie, où il battit les Autrichiens à Marengo (1859).

Barak (Ehud Brog, dit Ehud) Général et homme d'État israélien (né en 1942). Leader du Parti travailliste (1997-2001 ; 2007-2011), il fut Premier ministre de 1999 à 2001.

baraka **n. f. (mot arabe)** fam. Chance. *Avoir la baraka.*

Baran (Paul Alexander) Économiste américain (1910-1964). Il a analysé dans une perspective marxiste l'avenir du système capitaliste. *L'Économie marxiste de la croissance ; Le Capital monopolistique.*

Baranagar Ville d'Inde, dans l'agglomération de Calcutta. 250 600 habitants. Industries.

Barante (Prosper Brugière, baron de) Historien et homme politique français (1782-1866). D'opinion libérale, ami de Mme Récamier, il occupa de hauts postes sous l'Empire et la Restauration. Il connut le succès avec son *Tableau de la littérature française au XVIIIe siècle* et son *Histoire des ducs de Bourgogne, de la maison de Valois.*

Bárány (Robert) Médecin autrichien (1876-1936). Il est connu pour ses travaux sur le conduit auditif interne. Prix Nobel 1914.

baraque **n. f. (du catalan) 1.** Construction provisoire en planches. **→ cabane.** *Des baraques foraines.* – (Belgique et nord de la France) *Baraque à frites :* friterie. **2.** fam. Maison mal bâtie, peu solide. **→ bicoque, masure.** ▪ Maison où l'on ne se trouve pas bien. **→ boutique.** *On gèle dans cette baraque.* ▪ (non péj.) Maison. *Une belle baraque.* **3.** loc. fam. *Casser la baraque :* ruiner les projets (de qqn) ; (spectacle) obtenir un triomphe.

baraqué, ée **adj. (de *baraque*)** fam. (personnes) Bien fait, bien bâti. **→ balèze.** *Il est bien baraqué,* grand et fort.

baraquement **n. m.** Ensemble de baraques (surtout militaires).

baraquer **v. intr. < 1 > (de l'arabe *baraka* « s'agenouiller »)** (chameau, dromadaire) S'agenouiller.

baraterie **n. f. (de l'ancien français *barater* « tromper », d'origine inconnue)** mar. Faute commise volontairement par le capitaine ou le propriétaire d'un navire.

Baratier (Albert) Général français (1864-1917). Il participa à la mission coloniale au Soudan dirigée par le général Marchand.

baratin **n. m. (du provençal, d'un v. signifiant « s'agiter », « tromper » → baraterie,)** Discours abondant (d'abord pour tromper, séduire). **→ boniment.** *Arrête ton baratin !*

baratiner **v. tr. < 1 >** Essayer d'abuser (qqn) par un baratin. **→ embobiner.** – Essayer de séduire par la parole. *Il a commencé à baratiner la fille.* □ **n. et adj. baratineur, euse**

baratte **n. f. (de *baratter*)** Instrument ou machine à battre le lait pour faire du beurre. *Baratte électrique.*

baratter **v. tr. < 1 > (mot d'origine obscure)** Battre (la crème) dans une baratte pour obtenir le beurre. □ **n. m. barattage**

Baratynski (Ievgueni Abramovitch) Poète russe (1800-1844). Sa poésie, parfois hermétique, exprime la douloureuse désunion de la nature et de la société industrielle. *La Gitane ; Sur la mort de Goethe.*

barbacane **n. f. (mot d'origine incertaine, probablt de l'arabe) 1.** au Moyen Âge Ouvrage avancé percé de meurtrières. ▪ Meurtrière pratiquée dans le mur d'une forteresse. **2.** Ouverture haute et étroite dans un mur (pour l'écoulement des eaux...).

Barbade

n. f. État insulaire au S.-E. des Petites Antilles (→ carte). Superficie : 431 km^2. 280 000 habitants (les *Barbadiens*). **Langue :** anglais. **Monnaie :** dollar de la Barbade. **Capitale :** Bridgetown. **Régime :** république parlementaire.

L'économie de cette île assez plate repose sur l'industrie de la canne à sucre et surtout le tourisme. Découverte inhabitée par les Espagnols (1519), colonisée par les Anglais (1627), elle accéda à l'indépendance dans le cadre du Commonwealth en 1966. Elle se sépara de la couronne britannique pour devenir une république en 2021 et Sandra Mason fut élue présidente.

barbant, ante **adj.** fam. Qui barbe, ennuie.

barbaque **n. f. (p.-ê. en rapport avec *barbecue**, ou avec une var. pop. de *brebis*)** fam. Viande. **→ bidoche.**

Barbara (Monique Serf, dite) Auteur, compositrice et chanteuse française (1930-1997). Elle interpréta, d'une voix riche en émotion, des textes subtils où l'amour, la mort et la nostalgie de l'enfance tiennent une place centrale. *L'Aigle noir ; Göttingen.*

Barbara en concert à Paris dans les années 1980.

barbare **adj. et n. (latin *barbarus*, pris au grec *barbaros* « étranger ») 1.** Étranger, pour les Grecs et les Romains et, plus tard, pour la chrétienté. *Les invasions barbares. Les peuples barbares.* – **n.** *« Rome, devenue la proie des barbares »* (Bossuet). **2.** vieilli Qui n'est pas civilisé. **→ primitif, sauvage.** ▪ **n.** *« Nous paraîtrons nous-mêmes des barbares à nos arrière-neveux »* (Chateaubriand). – fig. Personne inculte. **→ béotien. 3.** Qui choque, qui est contraire aux règles, au goût, à l'usage. **→ grossier.** *Une musique barbare.* **4.** littér. Cruel, sauvage. *Un crime barbare.*

Barbares **n. m. pl.** Nom employé par les Grecs pour désigner les peuples étrangers à la civilisation hellénique, puis par les Romains, pour désigner notamment les populations germaniques. À la veille des grandes migrations en Europe et en Asie (IVe-VIe s.), la notion fut appliquée aux peuples qui se pressaient aux frontières des empires romain, perse, indien et chinois.

barbaresque **adj. et n. (italien *barbaresco* → barbare)** hist. Des pays autrefois désignés sous le nom de *Barbarie* (Afrique du Nord). *Les États, les pirates barbaresques.*

Barbari (Jacopo de') Peintre et graveur vénitien (v. 1440-1516). Il travailla avec Dürer à Venise, puis dans les cours d'Europe du Nord. Il est l'auteur d'une célèbre *Vue de Venise.*

barbarie n. f. (→ barbare) **1.** vieux État d'un peuple considéré comme non civilisé (s'oppose à *civilisation*). **2.** Absence de goût, grossièreté de barbare. **3.** Cruauté de barbare. → **sauvagerie.** *Actes de barbarie. « La vraie barbarie, c'est Dachau »* (Malraux).

B

Barbarie n. f. ou **États barbaresques** Nom donné de la fin du Moyen Âge au début du XIXe s. aux pays d'Afrique du Nord placés au XVIe s. sous domination ottomane (Algérie, Tunisie, Tripolitaine).

barbarisme n. m. (→ barbare) Faute grossière de langage, emploi de mots forgés ou déformés. *Solutionner une question* (pour résoudre) *est un barbarisme. Barbarismes et solécismes.*

Barbaro (Giosaphat ou Josaphat) Marchand et voyageur vénitien (1413-1494). Il parcourut le S. de la Russie et le Caucase.

Barbaud (Pierre) Compositeur français (1911-1990). Il promut la musique algorithmique. *Variations heuristiques ; Cogitationes symbolicae.*

¹barbe n. f. (latin *barba*) **I. 1.** Poils du menton, des joues et de la lèvre supérieure. *Avoir la barbe dure. Visage sans barbe.* → **glabre, imberbe.** *Se faire faire la barbe.* → **raser.** *Une barbe de huit jours,* pas rasée depuis huit jours. allus. *« Charles le vieux* [Charlemagne], *à la barbe fleurie »* (« Chanson de Roland »), blanchissante. ■ loc. fig. *Rire dans sa barbe,* en se cachant. *Parler dans sa barbe,* de manière inaudible. – *À la barbe de qqn,* devant lui, malgré sa présence. – *Une vieille barbe :* un vieil homme sérieux et ennuyeux. → **barbon, birbe.** ■ *Barbe à papa :* confiserie formée de filaments de sucre. **2.** spécialt Poils que les hommes laissent pousser sur le menton et les joues (à l'exclusion de la moustache et des favoris). **3.** Longs poils que certains animaux ont à la mâchoire, au museau. *Barbe de chèvre.* **4.** Cartilages servant de nageoires aux poissons plats (ex. la barbue). **5.** Pointe effilée de certains épis. ■ *Barbe-de-capucin :* chicorée sauvage. ■ Chacun des filaments serrés formant la plume d'un oiseau. **6.** *Barbes :* petites irrégularités au bord d'une chose coupée. **II.** (de *vieille barbe*, cf. barber) interj. *La barbe !, quelle barbe !,* quel ennui ! → **barbant, barber.**

²barbe adj. et n. m. (italien *barbaro* → barbare) Cheval d'Afrique du Nord. *Un cheval barbe ; un barbe.*

barbeau n. m. (du latin ; famille de *barbe*) **I.** Poisson d'eau douce, à barbillons, à chair estimée. **II.** fam., vieux Souteneur. → **²maquereau.**

barbecue [barbəkju] n. m. (mot anglais des États-Unis d'origine caraïbe [indien]) **1.** Appareil au charbon de bois, pour faire des grillades en plein air. – *Barbecue à gaz. Barbecue électrique.* – *Sauce barbecue :* sauce tomate épicée. **2.** Pique-nique où l'on mange de la viande ainsi grillée. - abrév. fam. **barbeuc** ou **barbec** [barbœk].

barbelé, ée adj. et n. m. (famille de *barbe*) Garni de pointes. *Fil de fer barbelé* ou n. m. *du barbelé,* utilisé pour les clôtures ou pour les lignes de défense militaires. ■ au plur. Clôture de fil barbelé. *Terrain entouré de barbelés.* – loc. *Derrière les barbelés :* dans un camp de prisonniers.

barbelure n. f. Réseau de pointes disposées en barbes d'épi. *Les barbelures d'une grille de jardin.*

Barbe-Noire (Edward Teach, dit Blackbeard, en français) Pirate anglais (mort en 1718). Il fut actif sur les côtes des deux Carolines.

barber v. tr. < 1 > (de ¹*barbe* dans *faire la barbe* « ennuyer », cf. raser, rébarbatif et barbe, II) fam. Ennuyer. → **barbifier, raser.** *Ça me barbe d'y aller.* – pronom. *Se barber à une conférence.*

Barber (Samuel) Compositeur américain (1910-1981). Il est l'auteur de symphonies, d'opéras et d'un *Adagio pour cordes.*

Barbera (Joseph, dit Joe) Réalisateur américain de dessins animés (1911-2006). Associé à William Hanna (1910-2001), il créa les séries *Tom et Jerry* et *Les Pierrafeu.*

Barberaz Commune de la Savoie, dans la banlieue de Chambéry. 5 167 habitants.

Barberina (Barbara Campanini, dite la) Danseuse italienne (1721-1799). Elle excella dans les opéras-ballets de Rameau *(Les Fêtes d'Hébé).*

Barberousse Nom donné en Europe à deux frères turcs corsaires, Arudj et Khayr al-Dîn, qui fondèrent la régence d'Alger au XVIe s. Khayr al-Dîn (v. 1476-1546), vassal du sultan ottoman, fut l'allié de la France contre Charles Quint.

Barberousse voir Frédéric Ier Barberousse

Barbery (Muriel) Écrivaine française (née en 1969). Son roman *L'Élégance du hérisson,* récit d'une petite fille surdouée, a connu un succès immédiat et a été porté à l'écran.

Barbès (Armand) Révolutionnaire français (1809-1870). Républicain, proche d'A. Blanqui, il participa à l'insurrection du 12 mai 1839. Emprisonné puis libéré lors de la révolution de 1848, député d'extrême gauche à l'Assemblée, il fut l'un des principaux instigateurs de la journée insurrectionnelle du 15 mai 1848. Il fut de nouveau incarcéré, jusqu'en 1854.

barbet, ette n. rare au fém. Chien d'arrêt. – adj. *Chien barbet.*

Barbey d'Aurevilly (Jules Amédée) Écrivain français (1808-1889). Polémiste catholique, il est l'auteur de récits insolites au style précis et pur. *Les Diaboliques.*

Barbezieux (Louis Le Tellier, marquis de) Ministre français (1668-1701). Fils de Louvois, il lui succéda au secrétariat à la Guerre en 1691.

Barbezieux-Saint-Hilaire Commune de la Charente. 4 751 habitants. Vestiges d'un château du XVe siècle.

barbiche n. f. Petite barbe (I, 2).

barbichette n. f. Petite barbiche. *« Je te tiens, tu me tiens par la barbichette »* (chanson enfantine).

barbichu, ue adj. Qui porte une barbiche.

Barbie (diminutif de *Barbara*) Poupée mannequin lancée par le fabricant Mattel en 1959, représentant une jeune femme à la silhouette élancée et aux cheveux longs (d'abord blonds). Elle est accompagnée à partir de 1961 par son petit ami Ken.

barbier, ière **1.** n. m. anciennt Celui dont le métier était notamment de faire la barbe au rasoir à main. *« Le Barbier de Séville »* (pièce de Beaumarchais). **2.** n. Personne dont le métier consiste à raser ou à tailler les barbes.

Barbier (Auguste) Poète français (1805-1882). Il est l'auteur de poèmes romantiques *(Il Pianto)* et satiriques *(Iambes).*

Barbieri (Niccolò), dit Beltrame Acteur italien de commedia dell'arte (1576-1640). Il créa le personnage de Beltrame, père et mari débonnaire.

barbifier v. tr. < 7 > fam., vieilli Ennuyer. → **barber.** ■ **barbifiant, ante** adj. → **assommant, barbant.**

barbille n. f. techn. Filament qui subsiste parfois au flan d'une pièce de monnaie.

barbillon n. m. Filament charnu aux bords de la bouche de certains poissons, tel le barbeau.

barbital n. m. (de *barbiturique* + *-al*) pharm. Barbiturique hypnotique et sédatif à action lente. → **véronal.**

barbiturique n. m. (de l'allemand) Médicament dérivé d'un acide, l'acide *barbiturique,* et utilisé comme sédatif, somnifère (ex. le gardénal, le véronal).

barbiturisme n. m. méd. Intoxication par les barbituriques.

Barbizon Commune de la Seine-et-Marne, à la lisière de la forêt de Fontainebleau. 1 245 habitants. Lieu de séjour favori, au XIXe s., de peintres paysagistes (Millet, Daubigny...), précurseurs de l'impressionnisme *(école de Barbizon).*

barbon n. m. (de l'italien « grande barbe ») vieux ou plais. Homme âgé. → **birbe.** *Un vieux barbon.*

Barbosa (Duarte) Voyageur portugais (v. 1480-1521). Il accompagna Magellan lors de son expédition autour du monde, et périt avec lui aux Philippines.

barbotage n. m. **1.** Action de barboter (dans l'eau). **2.** chim. Passage d'un gaz dans un liquide.

barboter v. < 1 > (origine incertaine ; p.-ê. famille de *barbe* ou de *bourbe*) **I.** v. intr. **1.** S'agiter, remuer dans l'eau, la boue. *Les canards barbotent dans la mare.* → **patauger.** *Le bébé barbote dans la baignoire.* **2.** (gaz) Traverser un liquide. **II.** v. tr. fam. Voler. → **faucher, piquer.** *Elle s'est fait barboter son portefeuille.*

barboteur, euse n. **1.** Personne qui barbote (II), qui vole. **2.** n. m. chim. Appareil où l'on fait barboter un gaz dans un liquide.

barboteuse n. f. (de *barboter*) **1.** Vêtement de jeune enfant, qui laisse nus les bras et les jambes. **2.** (Canada) Petite piscine pour enfants. → **pataugeoire.**

barbotin n. m. (du n. de l'inventeur) **1.** mar. Couronne de métal sur laquelle viennent s'engrener les maillons d'une chaîne. **2.** techn. Roue dentée entraînant la chenille d'un véhicule.

barbotine n. f. **1.** Pâte délayée utilisée pour les décors de céramique, ainsi que dans la technique du coulage. *Vase en barbotine.* **2.** Mélange très fluide de ciment et d'eau.

barbouillage n. m. **1.** Action de barbouiller ; son résultat. → **gribouillage.** **2.** spécialt Mauvaise peinture.

barbouille n. f. fam. et péj. Activité du peintre (artiste ou peintre en bâtiment).

barbouiller v. tr. < 1 > (p.-ê. famille de *barboter* et de *brouiller*) **I.** (Salir) **1.** Couvrir d'une substance salissante. → **salir, tacher.** – au p. p. *Visage barbouillé de confiture.* **2.** Étaler grossièrement une couleur sur (qqch.) ; par ext. peindre grossièrement. *« Un amateur qui barbouille des toiles le dimanche »* (Sartre). → **peinturlurer.** **3.** Couvrir de gribouillages. **II.** (Brouiller). *Barbouiller l'estomac, le cœur,* donner la nausée. – au p. p. *Avoir l'estomac barbouillé.* – *Je me sentais toute barbouillée.*

barbouilleur, euse n. Personne qui barbouille. fam. *Barbouilleur de papier,* mauvais écrivain. ■ spécialt Mauvais(e) peintre.

barbouze (idée de « fausse barbe ») fam. **1.** n. f. Barbe. **2.** n. m. ou f. Agent secret (police, espionnage).

barbu, ue adj. et n. (du latin pop. → ¹barbe) Qui a de la barbe, porte la barbe. ■ n. m. *Le barbu :* le père Noël. – Membre d'un groupe où le port de la barbe est significatif (intégristes musulmans, etc.).

Barbu (Eugen) Écrivain roumain (1924-1993). Il est l'auteur de romans et de nouvelles dépeignant la vie de la banlieue de Bucarest. *Groapa* (« La Fosse »).

barbue n. f. Poisson de mer plat voisin du turbot.

barbule n. f. Chacun des petits crochets qui relient une barbe de plume d'oiseau à la barbe voisine.

Barbusse (Henri) Écrivain français (1873-1935). Il exprima ses aspirations pacifistes dans *Le Feu,* roman évoquant de manière réaliste et dure la guerre de 1914-1918.

Barcarès (Le) Commune des Pyrénées-Orientales. 5 894 habitants. Station balnéaire.

barcarole ou **barcarolle** n. f. (de l'italien, de *barcarolo* « gondolier » ; famille de *barque*) Chanson des gondoliers vénitiens. – Air, musique sur un rythme berceur à trois temps.

barcasse n. f. (de *barque*) Grosse barque.

Barceló (Miquel) Peintre, sculpteur et céramiste espagnol (né en 1957). La puissance de sa peinture, marquée par l'Afrique (pays Dogon au Mali) et l'utilisation de matériaux organiques en font une des figures de la peinture contemporaine espagnole.

Barcelona Ville du Venezuela, capitale de l'État d'Anzoátegui. 328 000 habitants.

Barcelone Ville et port d'Espagne, capitale de la communauté autonome de Catalogne. 1 664 100 habitants. Quartier gothique (cathédrale Santa Eulalia, église Santa Maria del Mar, XIVe s.), église de la Sagrada Familia (œuvre de Gaudí), nombreux musées. Célèbres *Ramblas.* Important complexe industriel (textile, métallurgie, électronique). Durant la guerre civile (1936-1939), la ville résista aux nationalistes avant de tomber, le 26 janvier 1939.

Barcelonnette Chef-lieu d'arrondissement des Alpes-de-Haute-Provence. 2 561 habitants.

Barclay (Édouard Ruault, dit Eddie) Producteur et éditeur de musique français (1921-2005). Il importa le microsillon des États-Unis et lança la carrière de nombreux chanteurs (Aznavour, Dalida, Ferré, Nougaro).

Barclay de Tolly (Mikhaïl Bogdanovitch, prince) Maréchal russe (1761-1818). Il fut ministre de la Guerre pendant la campagne de Russie de Napoléon (1812).

bard n. m. (origine inconnue ; *cf.* débardeur) **1.** Civière sans pieds, pour le transport d'objets. **2.** Chariot bas.

barda n. m. (mot arabe « couverture de selle ») fam. **1.** Équipement du soldat. **2.** Bagage, chargement. *Prenez tout votre barda.* → **attirail ;** fam. **bazar.**

bardage n. m. **1.** Transport de matériaux, sur un chantier. **2.** Protection en planches autour d'un ouvrage d'art.

bardane n. f. (mot d'origine obscure) Plante commune dans les décombres, dont les capitules s'accrochent aux vêtements, et dont la racine a des vertus thérapeutiques.

bardasser v. < 1 > (Canada) fam. **I.** v. intr. **1.** Faire du bruit. *Je les entends bardasser dans la cuisine.* **2.** Faire du ménage. ▪ Ranger, bricoler. **II.** v. tr. **1.** Secouer, remuer. *On s'est fait bardasser sur le traversier.* **2.** Réprimander (qqn).

Barddhaman Ville d'Inde (Bengale-Occidental). 286 000 habitants.

1barde n. m. (latin *bardus,* probablt d'origine gauloise) Poète celtique qui célébrait les héros et leurs exploits.

2barde n. f. (de l'arabe → barda) Fine tranche de lard dont on entoure les viandes à rôtir.

1bardeau n. m. (p.-ê. de *2barde*) Petite planche clouée sur volige. → **aisseau.** *Chalet au toit de bardeaux.*

2bardeau voir **bardot**

Bardeen (John) Physicien américain (1908-1991). Il co-inventa le transistor et établit une théorie de la supraconductivité. Prix Nobel 1956 et 1972.

Bardem (Juan Antonio) Cinéaste espagnol (1922-2002). Observateur lucide de la réalité sociale de son pays, il réalisa notamment *Mort d'un cycliste* et *Grand-Rue.*

Bardem (Javier) Acteur espagnol (né en 1969). Pouvant jouer aussi bien un torero, un homme d'affaires, un écrivain homosexuel, un tétraplégique qu'un tueur, il a tourné notamment avec Almodóvar *(En chair et en os),* les frères Coen *(No Country for Old Men),* Iñarritú *(Biutiful).*

Javier Bardem au Festival du film de Venise, pour *Mar adentro,* de Alejandro Amenábar (2004).

1barder v. tr. < 1 > (de *2barde*) **1.** Couvrir d'une armure. – au p. p. *Un chevalier bardé de fer.* – fig. *Être bardé de décorations.* **2.** Entourer de bardes. *Barder une volaille.*

2barder v. intr. impers. < 1 > (p.-ê. de *bard*) fam. Prendre une tournure violente. *Ça va barder !* → **chauffer.**

Bardhi (Frang) Écrivain albanais (XVIIe s.). Il est l'auteur du premier lexique latin-albanais.

Bardili (Christoph Gottfried) Philosophe allemand (1761-1808). Adversaire de l'idéalisme kantien, il adopta un réalisme logique ou rationnel.

bardis [baʀdi] n. m. mar. Cloison de planches que l'on dispose dans la cale ou l'entrepont d'un navire pour maintenir en place les marchandises en vrac.

Bardo (Le) Ville de Tunisie, dans la banlieue de Tunis. 22 240 habitants. Le *traité du Bardo,* concédant à la France un protectorat sur la Tunisie, y fut signé en 1881.

bardolino n. m. (du n. d'une localité d'Italie) Vin rouge italien léger produit à l'est du lac de Garde. *Des bardolinos.*

bardot n. m. (de l'arabe → barda) Animal né de l'accouplement du cheval et de l'ânesse. → **1mulet.** - var. **bardeau.**

Bardot (Brigitte) Actrice de cinéma française (née en 1934). Star mythique, elle fut dans les années 1950-1960 le symbole de la liberté sexuelle. *Et Dieu... créa la femme ; Le Mépris.*

Brigitte Bardot avec Serge Gainsbourg dans *Voulez-vous danser avec moi ?* de Michel Boisrond (1959).

-bare Élément (du grec *barus* « lourd ») servant à former des mots en rapport avec la pression atmosphérique. → **baro-, bary- ; 3bar.**

barefoot [bɛʀfut] n. m. (mot anglais « pieds nus ») anglic. Sport de glisse s'apparentant au ski nautique, où les pieds font office de skis.

Bareilly Ville d'Inde (Uttar Pradesh), dans la plaine du Gange. 729 800 habitants. Industrie.

barème n. m. (du n. de François Barrême, mathématicien du XVIIe s.) Ensemble de tableaux numériques donnant le résultat de certains calculs. *Le barème des salaires.*

Barenboïm (Daniel) Pianiste et chef d'orchestre israélien, palestinien, argentin et espagnol d'origine russe (né en 1942). Il a dirigé l'Orchestre de Paris, l'Orchestre de Chicago, a été le directeur musical de l'Opéra de Paris Bastille, du Staatsoper de Berlin et de la Scala de Milan, et a créé en 1999 le West-Eastern Divan Orchestra, qui réunit des jeunes instrumentistes d'Israël, de Palestine et des pays arabes voisins.

Barentin Commune de la Seine-Maritime. 12 239 habitants. Textile. Électronique.

Barents ou **Barentsz (Willem)** Marin et explorateur néerlandais (v. 1550-1597). Il découvrit la Nouvelle-Zemble (1594).

Barents (mer de) Partie de l'océan Arctique baignant les côtes de Norvège et de Russie.

baresthésie n. f. (→ baro- et esthésie) didact. Sensibilité (des muscles, des os, des viscères) à la pesanteur et à la pression.

Baretti (Giuseppe) Critique et poète italien (1719-1789). Partisan des Lumières, il fut un précurseur du préromantisme.

Barfleur Commune de la Manche, près de la *pointe de Barfleur.* 553 habitants. Église du XVIIe s. Vestiges du « mur de l'Atlantique ».

1barge n. f. (famille de *barque*) **1.** Bateau à fond plat et à voile. **2.** Grande péniche pour le transport de vrac.

2barge adj. voir **barjo**

barguigner v. intr. < 1 > (p.-ê. du francique) vieilli Hésiter. – loc. *Sans barguigner :* sans hésiter.

Bar-Hillel (Yehoshua) Logicien israélien d'origine polonaise (1915-1975). Il s'est surtout consacré à l'étude des structures logiques du langage, notamment à la traduction automatique.

Bari Ville d'Italie (Pouilles). 316 530 habitants. Port de pêche et de commerce. Basilique et cathédrale romanes. La ville fut au Moyen Âge l'un des principaux ports d'embarquement des croisés.

bariatrique adj. (anglais *bariatric,* du grec → 3bar et -iatrie) didact. *Chirurgie bariatrique,* consistant à modifier l'anatomie du système digestif des personnes obèses.

Baricco (Alessandro) Écrivain et musicologue italien (né en 1958). Il est l'auteur de romans *(Châteaux de la colère ; Novecento)* et d'essais sur la musique.

barigoule n. f. (du provençal, n. de champignons) *Artichauts à la barigoule,* farcis et cuits dans l'huile d'olive.

Barika Ville d'Algérie, dans la plaine du Hodna. 98 140 habitants.

baril [baʀi(l)] n. m. (du latin médiéval → barrique) **1.** Petit tonneau. *Baril de poudre.* – *Baril de lessive.* **2.** (d'après l'anglais *barrel*) Unité anglo-saxonne de mesure de capacité, réservée au commerce du pétrole. *Le prix du baril.*

barillet [baʀijɛ ; baʀilɛ] n. m. **1.** vieux Petit baril. **2.** techn. Dispositif de forme cylindrique. *Barillet de serrure.* – *Revolver à barillet,* muni d'un cylindre tournant où sont logées les cartouches.

Barillet (Pierre) Dramaturge français (1923-2019). Il a coécrit, avec Jean-Pierre Gredy, de nombreux succès du théâtre de boulevard *(Fleur de cactus ; Folle Amanda ; Peau de vache).*

Baring (Maurice) Romancier, poète et journaliste britannique (1874-1945). Correspondant au *Morning Post* et au *Times,* il est l'auteur de romans-fleuves. *La Princesse blanche ; C.*

bariolé, ée adj. (origine incertaine, p.-ê. de *barre* et *riolé* [famille de *règle*]) Coloré de tons vifs et variés. → **bigarré, multicolore.** *Tissu bariolé.*

barioler v. tr. < 1 > (de *bariolé*) Peindre de diverses couleurs peu harmonieuses. □ n. m. **bariolage**

Barisan (monts) Massif volcanique d'Indonésie (Sumatra). 3 800 m.

Barish (Barry C.) Physicien américain (né en 1936). Ses travaux contribuèrent à la détection directe, en 2015, de vibrations de l'univers, ou ondes gravitationnelles, produites par la fusion de deux trous noirs. Prix Nobel de physique 2017.

barista n. (mot italien) Spécialiste de la préparation du café. *Des baristas.*

barjaquer v. intr. (mot d'origine germanique) régional Bavarder, parler à tort et à travers.

Barjavel (René) Romancier français (1911-1985). Il fut un pionnier de la science-fiction en France. *Ravage ; La Nuit des temps.*

barjo adj. et n. (interversion de *jobard*) fam. Fou. *Elles sont un peu barjos.* - abrév. **barge.**

Barkla (Charles Glover) Physicien britannique (1877-1944). Ses recherches ont porté sur les rayons X. Prix Nobel 1917.

Bar Kokhba ou **Bar Kochba** (mort en 135). Nom messianique attribué à Simon bar Kosba, chef de la seconde révolte juive contre Rome (132-135).

Barlach (Ernst) Sculpteur, peintre, dessinateur et écrivain allemand (1870-1938). Son œuvre (statues en bronze et en bois), influencée par l'expressionnisme, fut jugée « dégénérée » par les nazis et en partie détruite.

Bârlad Ville de Roumanie, en Moldavie. 55 400 habitants. Centre industriel.

Bar-le-Duc Chef-lieu de la Meuse. 14 592 habitants. Église du XVe s. Musée.

Bar-le-Duc, le pont Notre-Dame (XIVe s.), sur l'Ornain.

Barletta Ville d'Italie (Pouilles). 92 100 habitants. Église du XIIIe s. Port et station balnéaire.

Barlin Commune du Pas-de-Calais, au S. de Béthune. 7 456 habitants.

barlong, ongue [baʀlɔ̃, ɔ̃g] adj. (famille de *long*) archit. Dont le plus grand côté se présente de face.

barlotière n. f. (famille de *barre*) techn. Traverse de fer d'un châssis de vitrail.

Barlow (Joel) Poète, pamphlétaire et diplomate américain (1754-1812). Il est l'auteur d'un poème héroïcomique, *The Hasty-Pudding.*

Barlow (Peter) Mathématicien et physicien britannique (1776-1862). La *roue de Barlow* est considérée comme le prototype du moteur électrique.

barmaid [baʀmɛd] n. f. (mot anglais) anglic. Serveuse d'un bar. *Des barmaids.*

Barmakides ou **Barmécides** n. m. pl. Membres d'une famille persane qui fournit les premiers ministres persans dans le califat arabo-musulman.

barman [baʀman] n. m. (mot anglais) anglic. Serveur d'un bar. *Des barmans* ou *des barmen* [baʀmɛn] (plur. anglais).

bar-mitsvah n. f. invar. (mot hébreu) Accès du jeune garçon juif au statut d'adulte responsable, du point de vue religieux. ■ Cérémonie marquant cet évènement. - var. **barmitsva.** *Des barmitsvas.*

barn n. m. (mot anglais) Unité de mesure de superficie (symb. b) utilisée en physique nucléaire (10^{-28} m^2).

barnabite n. (de *Barnabé*) Membre de l'ordre religieux des clercs de Saint-Paul, dont les fondateurs s'assemblèrent dans l'église de Saint-Barnabé de Milan, au XVIe siècle.

barnache, barnacle voir **bernache**

Barnaoul Ville de Russie dans l'Altaï, sur l'Ob. 603 500 habitants. Chimie. Construction mécanique.

Barnard (Edward Emerson) Astronome américain (1857-1923). Il découvrit le 5e satellite de Jupiter, Amalthée, en 1892.

Barnard (Christian) Chirurgien sud-africain (1922-2001). Il réalisa la première greffe cardiaque en 1967.

Barnave (Antoine) Révolutionnaire français (1761-1793). Brillant orateur à l'Assemblée nationale constituante, il s'opposa à Mirabeau et à La Fayette, puis se rallia à ce dernier pour soutenir l'idée d'une monarchie constitutionnelle. Il fut guillotiné sous la Terreur.

Barnes (Djuna) Romancière américaine (1892-1982). Son chef-d'œuvre, *Le Bois de la nuit,* exerça une forte influence sur Faulkner.

Barnes (Julian) Romancier britannique (né en 1946). Il est l'auteur de romans à l'écriture élégante et ludique sur la subjectivité de la réalité *(Metroland ; Avant moi ; Le Perroquet de Flaubert ; Une fille qui danse).*

Barnet (Boris Vassilievitch) Cinéaste soviétique (1902-1965). Il réalisa des comédies douces-amères empreintes de poésie. *La Jeune Fille au carton à chapeau ; Okraïna.*

Barnet Ville résidentielle d'Angleterre, dans la banlieue N. de Londres. 314 600 habitants.

Barnett (Samuel Jackson) Physicien américain (1873-1956). Il découvrit l'effet gyromagnétique et effectua des mesures précises concernant l'électron.

Barneveld Ville des Pays-Bas (Gueldre). 60 500 habitants. Aviculture.

Barneville-Carteret Commune de la Manche. 2 214 habitants. Église romane. Station balnéaire.

Barney (Matthew) Artiste américain (né en 1967). Il crée, dans ses vidéos et performances, un univers fantastique, voire inquiétant. Dans la mouvance du body art, il explore les limites de son propre corps (cycle *Cremaster*).

Barnsley Ville d'Angleterre (Yorkshire), au S. de Leeds. 218 000 habitants. Centre sidérurgique et textile.

Barnum (Phineas Taylor) Entrepreneur de spectacles américain (1810-1891). Il fonda le cirque Barnum en 1871.

baro- Élément (du grec *baros* « pesanteur » → bary-) signifiant « pesanteur, pression ». → **-bare, bary- ; ³bar.**

Baroccio ou **Barocci** en français **le Baroche** (Federigo Fiori, dit) Peintre, dessinateur, pastelliste et aquarelliste italien (v. 1530-1612). Il a laissé des compositions religieuses de style maniériste.

Baroche (Pierre Jules) Homme politique français (1802-1870). Il fut ministre de l'Intérieur sous la présidence de Louis Napoléon Bonaparte (1850).

barographe n. m. techn. Baromètre enregistreur traçant la courbe de la pression atmosphérique.

Baroja (Pío) Écrivain basque espagnol (1872-1956). On lui doit notamment *Mémoires d'un homme d'action,* qui relèvent de la tradition picaresque.

barolo n. m. (de *Barolo,* localité du Piémont) Vin rouge italien réputé, produit dans le Piémont. *Des barolos.*

baromètre n. m. (de *baro-* et *-mètre*) **1.** Instrument qui sert à mesurer la pression atmosphérique. – Indication donnée par l'instrument, indice du temps météorologique. *Le baromètre est au beau fixe.* **2.** fig. Ce qui est sensible à des variations et permet de les apprécier. *Les sondages, baromètres politiques.* □ adj. **barométrique**

Barom Reachea Nom de quatre rois du Cambodge, qui régnèrent aux XVIe et XVIIe siècles.

¹baron, onne (du francique *baro* « homme libre ») **1.** n. m. Grand seigneur féodal. **2.** n. Possesseur du titre de noblesse entre celui de chevalier et celui de vicomte. **3.** n. fam. Personnage important. *Les barons de la finance.*

²baron n. m. (origine incertaine) *Baron d'agneau,* les deux gigots et les lombes.

Baron (Michel Boyron, dit) Comédien français (1653-1729). Il appartint à la troupe de Molière puis à celle de la Comédie-Française.

baronnage n. m. hist. Qualité de baron. ■ Ensemble des barons.

baronnet n. m. (de l'anglais → ¹baron) En Angleterre, titre héréditaire d'un ordre de chevalerie.

baronnie n. f. **1.** hist. Seigneurie et terre d'un baron. **2.** fig. Autorité locale qui s'affranchit du pouvoir central.

Baronnies n. f. pl. Région des Alpes du Sud, au S. de la Drôme.

baroque adj. et n. m. (portugais *barocco* « de forme irrégulière » [rocher, perle]) **1.** Qui est d'une irrégularité bizarre. → **biscornu, étrange, excentrique.** *Idée baroque.* **2.** archit. Se dit d'un style qui s'est développé du XVIe au XVIIIe siècle, caractérisé par la liberté des formes et la profusion des ornements. *Les églises baroques de Bavière.* – n. m. *Le baroque,* ce style. *Le baroque jésuite*.* ■ arts Qui est à l'opposé du classicisme, laisse libre cours à la sensibilité, la fantaisie. ■ spécialt *Musique baroque* (occidentale ; XVIIe et XVIIIe siècles). *Musicien baroque* (fam. *baroqueux, euse*). – n. m. *Aimer le baroque.* **3.** De l'époque où ces styles prédominaient.

baroquisme n. m. Caractère baroque d'une œuvre d'art.

baroud [baʀud] n. m. (mot berbère du Maroc) argot milit. Combat. – loc. *Baroud d'honneur :* dernier combat d'une guerre perdue, pour sauver l'honneur.

baroudeur, euse fam. **1.** n. m. argot Celui qui aime le baroud. **2.** n. Personne qui voyage en menant une vie aventureuse. **3.** n. Grand reporteur.

barouf n. m. (italien *baruffa* « procès confus », d'origine germanique) fam. Grand bruit. → **¹boucan.**

barque n. f. (italien *barca,* du latin) Petit bateau ponté ou non. → **embarcation.** *Des barques de pêche.* – loc. fig. *Mener, conduire la barque :* diriger, être le maître. *Bien mener sa barque :* bien conduire son entreprise. *Charger la barque :* être trop ambitieux dans un projet, exagérer.

barquette n. f. **1.** Tartelette de forme allongée. **2.** Petit récipient rigide et léger, pour les denrées alimentaires.

Barquisimeto Ville du N.-O. du Venezuela. 811 000 habitants. Carrefour commercial (canne à sucre, café).

Barr Commune du Bas-Rhin. 7 174 habitants. Vins. Tanneries.

barracuda [baʀakyda ; baʀakuda] n. m. (mot anglais, emprunt à l'espagnol) Gros poisson carnivore des mers chaudes.

La spirale, qui aspire le regard vers le ciel, la volute qui l'égare dans les tourbillons du décor, l'emphase des dorures, les scènes peintes pleines d'agitation et d'anecdotes sont les principaux caractères de l'art baroque, qui veut d'abord témoigner du dynamisme du catholicisme, contre la Réforme protestante (XVIe-XVIIe s.). Il s'avère rapidement efficace pour aider à maintenir les fidèles dans les églises européennes. Baroque vient du portugais barroco qui désigne la perle irrégulière de l'huître. Le mot sera plus tard choisi pour nommer cet art du déséquilibre, du refus de la mesure et de la régularité. Sous Louis XIV, la liberté du baroque rencontre de fortes résistances stylistiques et esthétiques, qui en bloqueront durablement le développement en France.

Ci-dessus, *La Mort de la bienheureuse Ludovica Albertoni*, Le Bernin (1675), église San Francesco a Ripa, Rome.

La Félicité de la Régence, Pierre Paul Rubens (1621-1625), musée du Louvre, Paris.

Le roi boit, Jacob Jordaens (1638-1640), musée du Louvre, Paris.

L'Extase de sainte Thérèse, Le Bernin (1647-1652), église Sainte-Marie-de-la-Victoire, Rome.

La Conversion de saint Paul, Le Caravage (1600-1601), église Sainte-Marie-du-Peuple, Rome.

La Gloire de saint Ignace de Loyola, Andrea Pozzo (v. 1685), église Saint-Ignace-de-Loyola, Rome.

Baldaquin de la basilique Saint-Pierre de Rome, Le Bernin (1624-1633), Rome.

Commode de forme tombeau, dite « mazarine », André-Charles Boulle (1708-1709), Grand Trianon de Versailles.

Maître-autel de la basilique Saint-Ignace-de-Loyola, Ignacio de Ibero (1750-1757), Azpeitia.

Pendule au rhinocéros, Jean-Joseph de Saint-Germain (v. 1750), musée du Louvre.

barrage n. m. **1.** Action de barrer (un passage). *Tir de barrage.* ■ plus cour. Ce qui barre le passage. ➔ **barrière.** *Établir un barrage à l'entrée d'une rue. Barrage de police.* – loc. *Faire barrage à (qqn, qqch.),* fig. empêcher d'agir. ➔ faire **obstacle. 2.** fig. Obstacle ; opposition. *Il y a eu un barrage à la direction.* **3.** sports *Match de barrage,* destiné à départager des concurrents. **4.** Ouvrage hydraulique qui a pour objet de relever le plan d'eau, d'accumuler ou de dériver l'eau d'une rivière. *Lac de retenue d'un barrage.*

Barrancabermeja Ville de Colombie, au N.-E. des Andes. 177 200 habitants. Raffineries de pétrole.

Barranquilla Ville de Colombie, sur l'océan Atlantique. 1,2 million d'habitants. 2e port de Colombie. Pétrochimie.

Barraqué (Jean) Compositeur français (1928-1973). Élève de Messiaen, il est l'un des principaux représentants de la musique sérielle.

Barras (Paul, vicomte de) Révolutionnaire français (1755-1829). Député montagnard à la Convention, il contribua à la chute de Robespierre (1794). Il fut le membre le plus influent du Directoire.

Barrault (Jean-Louis) Homme de théâtre français (1910-1994). Membre de la Comédie-Française, il interpréta Claudel, Beckett et les œuvres du répertoire classique.

barre n. f. **(vient du latin pop. *barra,* p.-ê. du gaulois) 1.** Pièce longue et rigide. *Assommer qqn à coups de barre de fer.* – loc. fam. *C'est le coup de barre :* c'est trop cher. ➔ coup de **bambou.** *Avoir un (ou le) coup de barre :* se sentir soudain épuisé. ■ *Une barre d'or.* ➔ **lingot.** – loc. *C'est de l'or en barre,* une valeur, un placement sûr. ■ *Barre de nougat. Barre aux céréales.* **2.** *Barre d'appui,* qui sert d'appui à une fenêtre. – Traverse horizontale scellée au mur et qui sert d'appui aux danseurs pour leurs exercices. *Exercices à la barre.* – sports *Barre fixe :* traverse horizontale sur deux montants. *Barres parallèles,* horizontales, de même hauteur sur des montants. *Barre de saut.* – loc. fig. *Placer la barre trop haut, trop bas :* exiger trop, pas assez. ■ fig. Seuil, niveau. *La barre des 1 500 euros de salaire mensuel.* **3.** Dispositif au moyen duquel on actionne le gouvernail d'un navire. *Être à la barre.* ➔ **[1]barrer.** *L'homme de barre.* ➔ **barreur.** – loc. fig. *Prendre, tenir la barre :* prendre, avoir la direction. **4.** Lieu où comparaissent les témoins, où plaident les avocats à l'audience. **5.** Amas de sable qui barre l'entrée d'un port, d'un fleuve. – Déferlement violent de la houle. ➔ **mascaret. 6.** *Barres du cheval,* espace vide de sa mâchoire. **7.** Trait droit. *La barre du t.* – mus. *Barre de mesure :* trait vertical qui sépare les mesures musicales. ■ *Code-barres, code à barres.* ➔ **code. 8.** au plur. Jeu de course entre deux camps limités chacun par une barre tracée sur le sol. ■ loc. *Avoir barre sur qqn :* être en position de force.

Barre (Raymond) Économiste et homme d'État français (1924-2007). Il fut Premier ministre de 1976 à 1981.

barreau n. m. **1.** Barre servant de clôture ou de support. *Les barreaux d'une cage, d'une fenêtre.* – *Les barreaux d'une échelle, d'une chaise* (entre les montants). **2.** Espace, autrefois fermé par une barrière, qui est réservé au banc des avocats dans les salles d'audience. ■ Profession, ordre des avocats. *Être inscrit au barreau.*

Barreiro Ville du Portugal, face à Lisbonne, sur l'embouchure du Tage. 62 860 habitants.

barrement n. m. Action de barrer un chèque.

[1]barrer v. tr. < 1 > **1.** Fermer (une voie). ➔ **[1]boucher, couper, obstruer.** *Barrer une rue.* – *Des rochers nous barraient la route.* – loc. *Barrer le passage, la route à qqn,* l'empêcher de passer ; fig. lui faire obstacle. ➔ faire **barrage. 2.** Tenir la barre de (une embarcation). *Barrer un voilier.* – absolt *Il barre bien, mal.* **3.** Marquer d'une ou de plusieurs barres. *Barrer un t.* – fig. *Une mèche de cheveux lui barre le front.* **4.** Annuler au moyen d'une barre. ➔ **biffer, rayer.** *Barrer une phrase.* ■ **barré, ée adj. et n. m. I. adj. 1.** Fermé par une barrière, une barre... *Rue barrée.* **2.** sports Se dit d'un équipage dirigé par un barreur. *Le quatre barré.* **3.** Marqué, rayé d'une ou de plusieurs barres. *Chèque barré.* **4.** fam. Fou. *Un mec barré. Un film un peu barré.* **II. n. m.** mus. Appui simultané sur plusieurs cordes d'un instrument à cordes pincées. *Faire un barré à la guitare.*

[2]barrer v. < 1 > **(origine incertaine, de [1]*barrer* ou de l'arabe *barra*) 1. v. intr.** argot Partir, filer. **2.** ***Se barrer* v. pron.** fam. **(même sens).** *Barrez-vous !* ➔ se **tirer. 3.** loc. fam. *Être mal barré :* être mal parti, commencer mal.

Barrès (Maurice) Écrivain et homme politique français (1862-1923). Son œuvre, qui célèbre l'individualisme *(Le Culte du moi)* et exalte la nation *(Le Roman de l'énergie nationale),* exerça une forte influence sur la vie intellectuelle de son temps. *Mes cahiers* (Mémoires).

Barré-Sinoussi (Françoise) Biologiste française (née en 1947). Chercheuse à l'Institut Pasteur, elle a contribué à la découverte du virus VIH en 1983. Prix Nobel de médecine 2008.

Barreto (Francisco) Capitaine portugais (1520-1573). Il fut gouverneur de l'Inde (1555-1559) puis du Mozambique (1569-1570).

[1]barrette n. f. **1.** Ornement en forme de petite barre. *La barrette de la Légion d'honneur.* **2.** Pince à cheveux, souvent munie d'un système de fermeture. **3.** Petite portion de haschich. **4.** inform. Composant électronique, support de la mémoire vive d'un ordinateur.

[2]barrette n. f. **(famille de *béret*)** Toque carrée des ecclésiastiques (violette pour les évêques, rouge pour les cardinaux...). – *Recevoir la barrette :* être nommé cardinal.

Barretto (Ray) Percussionniste américain (1929-2006). Il contribua à l'éclosion d'un nouveau genre musical, la salsa, combinant le jazz anglo-saxon et la percussion afro-antillaise.

barreur, euse n. Personne qui tient la barre du gouvernail dans une embarcation.

barricade n. f. **(de *barrique,* dont étaient faites les barricades)** Obstacle fait de l'amoncellement d'objets divers pour se protéger dans un combat de rue. *Dresser, élever des barricades.* – loc. fig. *Être de l'autre côté de la barricade,* dans le camp opposé. ➔ **barrière.** (Belgique, Luxembourg) *Monter aux barricades :* s'engager personnellement dans une lutte.

barricader v. tr. < 1 > **1.** Fermer par une barricade. **2.** Fermer solidement. *Barricader une porte avec une barre de fer.* ■ se **barricader v. pron. 1.** Se retrancher derrière une barricade. **2.** S'enfermer soigneusement ; spécialt pour ne voir personne. – fig. *Se barricader dans le mutisme.*

Barrie (sir James Matthew) Romancier et auteur dramatique britannique (1860-1937). Auteur de romans de mœurs écossaises, il créa le personnage de Peter Pan.

barrière n. f. **(de *barre*) 1.** Assemblage de pièces de bois, de métal qui ferme un passage, sert de clôture. ➔ **clôture, palissade.** *Les barrières d'un passage à niveau* (➔ **garde-barrière**). **2.** Obstacle naturel. *Barrière de corail.* ➔ **récif. 3.** fig. Ce qui sépare, fait obstacle. *Barrières linguistiques, douanières.* – loc. fig. *Être de l'autre côté de la barrière.* ➔ **barricade. 4.** appos. *Gestes barrières :* précautions prises dans la vie quotidienne pour limiter la propagation d'un virus, d'une maladie.

Barrière (Grande) Chaîne de récifs de la mer de Corail, qui longe la côte N.-E. de l'Australie sur 2 400 km. ➔ Récifs (planche).

Barrios (Justo Rufino) Homme d'État guatémaltèque (1835-1885). Il fut président de la République de 1873 à 1885.

barrique n. f. **(de l'occitan ; famille de *barre,* comme *baril*)** Tonneau d'environ 200 litres. – loc. fam. *Être plein comme une barrique,* pour avoir trop mangé, trop bu.

barrir v. intr. < 2 > **(du latin, de *barrus* « éléphant ») (éléphant)** Pousser un cri. *Les éléphants barrissent.* □ **n. m. barrissement**

Barrois (Charles) Géologue français (1851-1939). Il est connu pour ses travaux sur le bassin houiller franco-belge.

Barrois n. m. Région de l'E. de la France, formant une partie du département de la Meuse. Sa capitale était Bar-le-Duc. D'abord divisé en deux parties, le *Barrois mouvant* (dans la mouvance du roi de France dès 1301) et le *Barrois non mouvant,* qui furent réunies par René Ier le Bon, au XVe s., le Barrois passa, avec la Lorraine, à la couronne de France en 1766.

Barroso (José Manuel Durão) Homme d'État portugais (né en 1956). Premier ministre (2002-2004), il a été président de la Commission européenne de 2004 à 2014.

[1]barrot n. m. **(de *barre*)** mar. Pièce de charpente transversale, fixée aux membrures et soutenant le bordé du pont. *Hauteur sous barrots.*

[2]barrot n. m. **(de *baril*)** Baril à anchois.

Barrot (Odilon) Homme politique français (1791-1873). Monarchiste constitutionnel de tendance libérale, il participa à l'organisation de la campagne des Banquets (1847) qui conduisit à la chute de la monarchie de

barrage

Le barrage Guri, sur le fleuve Caroni, au Venezuela.

Juillet. Ministre de la Justice et chef du premier ministère (1848-1849) sous la présidence de Louis Napoléon Bonaparte, il rejoignit ensuite l'opposition orléaniste.

Barrow (Isaac) Mathématicien et théologien anglais (1630-1677). Maître de Newton, il fut l'un des précurseurs du calcul différentiel.

Barrow n. m. Fleuve du S.-E. de l'Irlande, qui se jette dans l'Atlantique. 150 km.

Barrow-in-Furness Ville d'Angleterre (Cumbria), sur la mer d'Irlande. 72 000 habitants. Constructions navales.

Barry (Jeanne Bécu, comtesse du) Favorite de Louis XV (1743-1793). Elle fut guillotinée lors de la Révolution française.

Barry (sir Charles) Architecte et dessinateur britannique (1795-1860). Il éleva avec A. W. Pugin le nouveau palais de Westminster dans un style résolument néogothique.

Barry Ville du pays de Galles, au S. de Cardiff. 45 000 habitants. Pétrochimie.

Barrymore Famille d'acteurs américains de théâtre et de cinéma. ■ **Lionel Herbert Blythe, dit Lionel Barrymore** (1878-1954). Il fut au cinéma le partenaire de Greta Garbo. ■ **Ethel Mae Blythe, dite Ethel Barrymore** (1879-1959). Sœur de Lionel. Elle fit surtout du théâtre. ■ **John Blythe, dit John Barrymore** (1882-1942). Frère de Lionel et d'Ethel. Il interpréta au cinéma les personnages de Sherlock Holmes et de Don Juan.

Barsac Commune de la Gironde, sur la Garonne. 2 069 habitants. Église des XVIe-XVIIe s. Vins blancs (barsac et sauternes).

Barsacq (André) Décorateur, metteur en scène et directeur de théâtre français (1909-1973). Il a dirigé le théâtre de l'Atelier.

Bar-sur-Aube Chef-lieu d'arrondissement de l'Aube. 4 774 habitants. Église du XIIe siècle.

Bar-sur-Seine Commune de l'Aube, sur la Seine. 2 932 habitants. Église des XVIe et XVIIe siècles.

Bart (Jean) Corsaire français (1650-1702). Passé au service de Louis XIV, il remporta de nombreuses victoires contre les Anglais et les Hollandais.

Bartabas (Clément Marty, dit) Cavalier et metteur en scène français (né en 1957). Il a créé le théâtre équestre Zingaro, dont les spectacles mêlent musiciens, danseurs et chevaux, et l'Académie équestre nationale au sein de la Grande Écurie du château de Versailles.

Bartas [bartɑs] **(Guillaume de Salluste, seigneur du)** Poète français (1544-1590). Son œuvre abondante se compose surtout de poèmes religieux *(Uranie, Le Triomfe de la foi ; Judith). La Sepmaine ou la Création du monde* connut un immense succès.

bartavelle n. f. **(du provençal, du latin)** Perdrix rouge des montagnes.

Barth (Heinrich) Explorateur et géographe allemand (1821-1865). Il explora le nord et le centre de l'Afrique.

Barth (Karl) Théologien calviniste suisse (1886-1968). Sa *Dogmatique* expose les principes de sa « théologie dialectique ».

Barth (John) Romancier américain (né en 1930). S'inscrivant dans le courant postmoderne, il est l'auteur de *L'Opéra flottant* et de *L'Enfant-bouc.*

Barthélemy ou **Bartholomé (saint)** L'un des douze apôtres.

Barthélemy (abbé Jean-Jacques) Écrivain et érudit français (1716-1795). Il consacra sa vie à l'étude de l'Antiquité.

Barthélemy (François, marquis de) Homme politique français (1747-1830). Il fut membre du Directoire (1797). Comte d'Empire, il se rallia à Louis XVIII qui le nomma ministre d'État (1815-1819).

Barthélemy (Auguste Marseille) Poète satirique français (1794-1867). Il créa une gazette satirique contre la monarchie de Juillet, *Némésis.*

Barthélemy (René) Ingénieur français (1889-1954). Il contribua par ses travaux au perfectionnement et au développement de la télévision.

Barthélemy Saint-Hilaire (Jules) Érudit et homme politique français (1805-1895). Il fut ministre des Affaires étrangères dans le cabinet de Jules Ferry (1880-1881). Il a laissé des traductions d'Aristote ainsi que des ouvrages de philosophie et d'histoire religieuse.

Barthes (Roland) Critique et sémiologue français (1915-1980). Avec *Le Degré zéro de l'écriture,* il permit en 1953 l'avènement d'une « nouvelle critique », attachée aux significations internes du texte plutôt qu'à son interprétation historique ou psychologique. Les *Éléments de sémiologie, Mythologies* et *Système de la mode* ont en outre profondément renouvelé la sémiologie. Professeur au Collège de France.

Barthez [bartɛz] **(Paul-Joseph)** Médecin et philosophe français (1734-1806). Il est l'un des fondateurs du vitalisme. *Nouveaux Éléments de la science de l'homme.*

Bartholdi (Frédéric Auguste) Sculpteur français (1834-1904). Il est l'auteur de *La Liberté éclairant le monde,* dite statue de la Liberté, à New York.

Bartholomé (Paul-Albert) Sculpteur et peintre français (1848-1928). Il est l'auteur de nombreux monuments aux morts.

Barrière (Grande)

Le récif de la Grande Barrière (vue aérienne).

Barthou (Louis) Homme d'État français (1862-1934). Président du Conseil (1913) et ministre des Affaires étrangères (1934), il mourut dans l'attentat qui tua Alexandre Ier de Yougoslavie.

B

Bartók (Béla) Pianiste et compositeur hongrois (1881-1945). Marqué par la musique folklorique d'Europe centrale, le romantisme et l'œuvre de Debussy, il est l'auteur d'œuvres lyriques *(Le Château de Barbe-Bleue ; Le Mandarin merveilleux)* et instrumentales (quatuors à cordes, concertos, musique pour piano : *Mikrokosmos*). Sans rompre complètement avec la tonalité, il usa de configurations rythmiques et d'harmonies inédites.

Bartoli (Cecilia) Cantatrice italienne (née en 1966). Mezzo-soprano, elle interprète des opéras classiques et de la musique baroque.

Cecilia Bartoli au festival de Salzbourg (2006).

Bartolo Jurisconsulte italien (1314-1357). Dans ses traités de droit public, criminel, privé et de procédure, il tente de concilier le droit romain et les droits canonique et féodal.

Bartolomeo ou **Bartolommeo (Baccio Della Porta, dit Fra)** Peintre italien (1472-1517). Actif à Florence, il laissa des œuvres à thème religieux (*Jugement dernier* à Santa Maria Novella).

Barton (sir Derek Harold Richard) Chimiste britannique (1918-1998). Ses travaux ont porté sur la forme spatiale des molécules. Prix Nobel 1969.

Baruch Dans la Bible, secrétaire du prophète Jérémie qui lui dicte ses oracles.

bary- Élément **(du grec *barus* « lourd » → baro-)** signifiant « poids, pression ». → **-bare, baro- ; ³bar.**

barycentre n. m. sc. Centre de gravité.

Barychnikov (Mikhaïl Nikolaïevitch) Danseur et chorégraphe américain d'origine russe (né en 1948). Après une carrière brillante en Union soviétique, il a émigré aux États-Unis en 1974 où il a dirigé plusieurs troupes.

Barye (Antoine-Louis) Sculpteur et aquarelliste français (1796-1875). Il se spécialisa dans le bronze animalier, avec une prédilection marquée pour le thème romantique du combat de fauves. *Thésée combattant le Minotaure.*

barymétrie n. f. didact. Détermination approximative des poids par les mensurations.

baryon n. m. (de *bary-* et finale de *électron*) phys. Hadron lourd, particule élémentaire formée de trois quarks.

Baryssav Ville de Biélorussie. 150 700 habitants. Industries mécanique et chimique. Instruments de musique.

baryte n. f. (du grec *barus* → bary-) chim. Oxyde de baryum.

barytine n. f. Sulfate de baryum ($BaSO_4$).

baryton n. m. (grec *barutonos* « ton grave » → bary-) Voix d'homme intermédiaire entre le ténor et la basse. – Chanteur qui a cette voix.

baryum [baʀjɔm] n. m. (de l'anglais, du grec → bary-) Métal d'un blanc argenté (symb. Ba, n° at. 56), qui décompose l'eau à la température ordinaire.

Barzani (Mustafa al-) Chef kurde (1903-1979). Chef du Parti du Kurdistan irakien, il obtint l'autonomie du pays kurde en 1966.

barzoï [baʀzɔj] n. m. (mot russe) Lévrier russe à poil long. *Des barzoïs.*

¹bas, basse (vient du latin *bassus*, aussi « gras » et « petit ») **I.** adj. **1.** Qui a peu de hauteur. *Un mur bas. Un appartement bas de plafond.* – loc. *Être bas sur pattes* : avoir les pattes, les jambes courtes. **2.** Qui se trouve à une faible hauteur. *Des nuages bas. « Quand le ciel bas et lourd pèse comme un couvercle »* (Baudelaire). – ***Ce bas monde****. **3.** Dont le niveau, l'altitude est faible. *Les basses eaux.* → **étiage.** *Marée basse. Le bas Rhin*, la région où le Rhin coule à faible altitude. *Les bas quartiers d'une ville.* **4.** dans des loc. Baissé. *Marcher la tête* basse.* – fig. *S'en aller l'oreille basse*, confus, mortifié. – *Faire* ***main basse*** *sur qqch.*, s'en emparer. – *Avoir la vue basse*, une vue courte (aussi fig.). **5.** Peu élevé. *Basse pression.* → **faible.** – (Dans l'échelle des sons) → **grave.** *Les notes basses.* – (Dans un compte, une évaluation) *Enfant en bas âge*, très jeune. *À bas prix.* → **vil.** – ***Au bas mot*** : en faisant l'évaluation la plus faible. – *Bas morceaux*, les morceaux de qualité inférieure, de prix moindre, en boucherie. – (Dans le rang, la hiérarchie) → **inférieur, subalterne.** *Le bas clergé. De bas étage*.* **6.** Moralement méprisable. → **abject, ignoble, infâme, vil.** *« Les vices odieux des âmes les plus basses »* (Molière). – *Basse vengeance.* **7.** (temporel) De la partie d'une période historique qui vient en dernier lieu. *Le Bas-Empire* : l'Empire romain après Constantin. – *Le* ***bas latin***, qui succède au latin impérial et se pratique pendant tout le moyen âge. **II. 1.** n. m. ***Le bas*** : la partie inférieure. *Le bas du visage. Aller de bas en haut. Le haut et le bas* (d'un maillot, d'un vêtement). – anciennt *Haut et bas de chausses* (→ **haut-de-chausses** ; **²bas**). ■ ***Au bas de*** loc. prép. *Signer au bas de la page.* **2.** fig. *Avoir des hauts* et des bas.* **III.** adv. **1.** À faible hauteur, à un niveau inférieur. *Les hirondelles volent bas. Mettre plus bas.* → **baisser.** *Il habite deux étages plus bas.* → **au-dessous.** ■ loc. fig. *Ça vole bas* : c'est d'un faible niveau. – *Mettre qqn plus bas que terre*, le rabaisser, le maltraiter. – *Être bas*, en mauvais état physique ou moral. *Le malade est bas, bien bas ; au plus bas.* ■ vieilli ***Mettre bas*** : poser à terre. *« Il met bas son fagot »* (La Fontaine). – *Mettre bas les armes*, les déposer ; fig. s'avouer vaincu. – absolt *Mettre bas* : accoucher (animaux supérieurs). – fam. *Bas les pattes !* : n'y touchez pas ! **2.** *Plus bas* : plus loin, dans un écrit. → **ci-dessous.** **3.** En dessous, dans l'échelle des sons. – À voix basse. *Parler bas, tout bas.* → **murmurer.** – ***Tout bas*** : intérieurement, à part soi. *Dire tout haut ce que chacun pense tout bas.* **4.** ***À bas*** loc. adv. *Jeter qqch. à bas.* → **abattre, détruire.** – exclamation hostile *À bas le fascisme !* **5.** ***En bas*** loc. adv. : vers le bas, vers la terre. *La tête en bas.* – En dessous. *Elle loge en bas. Le bruit vient d'en bas.* – ***En bas de*** loc. prép. *En bas de la côte.*

²bas n. m. (ellipse de *bas-de-chausses*) **1.** Vêtement souple qui sert à couvrir le pied et la jambe. *Bas de laine.* – *Bas à varices ; bas de contention.* – spécialt Vêtement féminin qui couvre le pied et la jambe jusqu'au haut des cuisses. → aussi **collant.** *Bas de soie, de nylon ; bas nylon. Bas attachés par un porte-jarretelle.* **2.** fig. ***Bas de laine*** : argent économisé (d'après la coutume de garder ses économies dans un bas de laine).

basal, ale, aux adj. **1.** didact. Qui concerne ou constitue la base (d'un organe...). → **basilaire.** *Os basal.* **2.** Fondamental, essentiel. → **²basique.** ■ *Métabolisme* basal.*

basalte n. m. (du latin, du grec ; mot égyptien) Roche éruptive compacte et noire. *Une coulée de basalte.* □ **basaltique** adj. *Orgues* basaltiques.*

basane n. f. (de l'ancien provençal ; mot arabe, par l'espagnol) **1.** Peau de mouton tannée. *Livre relié en basane.* **2.** Peau très souple garnissant un pantalon de cavalier.

basané, ée adj. Se dit d'une peau brune (naturellement ou par bronzage). → **bistré ; bronzé.** *Un teint basané. Visage basané.*

bas-bleu n. m. (calque de l'anglais) péj. Femme à prétentions littéraires ; intellectuelle pédante. *Des bas-bleus.* – adj. invar. *Elles sont très bas-bleu.*

Basch (Victor) Philosophe français d'origine autrichienne (1863-1944). Président de la Ligue des droits de l'homme, il fut assassiné par des membres de la Milice.

bas-côté n. m. **1.** Nef latérale d'une église, à voûte plus basse que la nef principale. **2.** Côté d'une voie où les piétons peuvent marcher. → **accotement.** *Des bas-côtés.*

basculant, ante adj. Qui peut basculer. *Benne basculante.*

bascule n. f. (de *basculer*) **1.** Pièce ou machine mobile sur un pivot dont une extrémité se lève quand on abaisse l'autre. – *Jeu de bascule.* → **balançoire.** – ***À bascule.*** *Fauteuil à bascule*, monté sur des arcs de cercle. → **rocking-chair.** **2.** fig. *Politique de bascule*, qui consiste à s'appuyer alternativement sur des partis opposés. **3.** Instrument ou appareil à plateforme qui sert à peser les objets lourds, les personnes. **4.** électron. Dispositif à deux positions d'équilibre.

basculer v. < 1 > (de *bas* adv. et *cul*) **1.** v. intr. Faire un mouvement de bascule. – Se renverser, tomber la tête la première. → **culbuter.** *Basculer dans le vide.* **2.** fig. Passer brusquement d'une position à une autre. *Basculer dans l'opposition.* **3.** v. tr. Faire basculer (qqn, qqch.). *Basculer une brouette.* □ n. m. **basculement**

basculeur n. m. Appareil, dispositif qui sert à faire basculer (un wagon, une charge).

bas-culotte n. m. (Canada) Sous-vêtement féminin composé d'une culotte et de bas, en une seule pièce. → **collant.** *Des bas-culottes.*

Basdevant (Jules) Juriste français (1877-1968). Il fut président de la Cour internationale de justice de La Haye de 1949 à 1952.

base n. f. (latin *basis*, mot grec) **I. 1.** Partie inférieure sur laquelle une chose porte, repose. → **assise, fondement.** *La base d'une colonne.* ■ (sans idée d'appui) Partie inférieure. *La base d'une montagne.* → **¹bas, pied.** – *La base du crâne.* ■ Produit appliqué sous un autre. *Base de maquillage.* **2.** math. Droite ou plan à partir duquel on mesure perpendiculairement la hauteur d'un corps ou d'une figure plane. *La base d'une pyramide, d'un triangle.* **3.** Point d'appui, de ravitaillement d'une armée en campagne. *Base d'opérations.* – Lieu équipé pour le stationnement et l'entretien du matériel et du personnel. *Base navale, aérienne. Base de lancement d'engins spatiaux.* ■ Lieu aménagé pour une activité, un loisir. *Base de plein air. Base nautique.* **4.** Principal ingrédient d'un mélange. *Poison à base d'arsenic.* **II. 1.** math. Nombre qui sert à définir un système de numération, etc. *La base du système décimal est dix.* **2.** chim. Substance susceptible de réagir avec les acides pour former des sels. **3.** (calque de l'anglais) ***Base de données*** : ensemble d'informations structurées accessibles au moyen d'un logiciel. **III.** fig. **1.** Principe fondamental sur lequel repose un raisonnement, un système, une institution. → **assise, fondement.** *Jeter les bases de qqch. Être* ***à la base*** *de qqch.*, à l'origine, à la source. *Ce raisonnement pèche* ***par la base***, est mauvais au départ. – ***De base.*** *Vocabulaire de base.* → **¹basique.** *Salaire de base*, le plus bas, qui sert de référence. **2.** *La base* : ensemble des militants d'un parti, d'un syndicat, par rapport aux dirigeants. *Militant de (la) base.* – Masse des travailleurs. *Mouvement de grève déclenché par la base.*

baseball [bɛzbol] n. m. (anglais des États-Unis *base-ball*, de *base* → base, et *ball* → ¹balle) Jeu de balle dérivé du cricket. - var. **base-ball.**

Basedow ou **Basedau (Johann Bernhard)** Pédagogue allemand (1723-1790). Auteur d'un *Manuel élémentaire d'éducation*, en partie inspiré de l'*Émile* de J.-J. Rousseau.

Basedow (Karl von) Médecin allemand (1799-1854). On lui doit la description de l'hyperthyroïdie *(maladie de Basedow)*.

Baselitz (Georg Kern, dit Georg) Peintre, graveur et sculpteur allemand (né en 1938). Inspiré par l'expressionnisme et l'art informel, il est célèbre pour ses représentations de sujets « tête en bas ».

baselle n. f. (d'une langue de l'Inde) Plante grimpante comestible cultivée dans les régions tropicales.

Bas-Empire n. m. Période de l'histoire de l'Empire romain s'étendant de l'avènement de Dioclétien (284) au sac de Rome (476) pour l'empire d'Occident, et jusqu'à la mort de Justinien Ier (565) pour l'empire d'Orient.

baser v. tr. < 1 > **I.** abstrait Faire reposer sur une base. *Baser une théorie sur des faits.* → **fonder.** – pronom. *Se baser sur* : s'appuyer sur. *Sur quoi vous basez-vous pour dire cela ?* **II.** *Être basé quelque part*, avoir pour base (militaire). – au p. p. *Navire basé à Brest.*

bas-fond n. m. **1.** Partie du fond de la mer, d'un fleuve, où l'eau est peu profonde mais où la navigation est praticable (à la différence du *haut-fond*). **2.** Terrain bas et enfoncé. *Un bas-fond marécageux.* **3.** fig. au plur. Couches misérables de la société. *« Les Bas-Fonds »* (drame de Gorki). - var. RO **basfond.**

Bashō (Matsuo Munefusa, dit) Moine et poète japonais (1644-1694). Il est l'un des plus grands maîtres du haïku. *La Sente étroite du bout du monde.*

Bashung (Alain) Compositeur, interprète et comédien français (1947-2009). Avec ses chansons très écrites, sur des musiques sophistiquées, il s'est imposé comme une figure majeure du rock français. *Fantaisie militaire ; L'Imprudence.*

Alain Bashung au concert des Aventuriers d'un autre monde, à Lille (2007).

basic n. m. (sigle de *Beginners All-purpose Instruction Code* « code universel pour l'instruction des débutants ») anglic. Langage informatique évolué, bien adapté au mode conversationnel sur micro-ordinateur.

basicité n. f. chim. Qualité d'une base (II, 2).

baside n. f. (du grec *basis* « base ») bot. Cellule reproductrice des basidiomycètes, en forme de massue, portant les spores.

basidiomycète n. m. (latin savant → -mycète) Champignon supérieur dont les spores se forment sur les basides (classe des *Basidiomycètes* : les agarics, les bolets...).

Basie **(William,** dit **Count)** Pianiste, compositeur et chef d'orchestre de jazz américain (1904-1984). À la tête d'un « big band » prestigieux, il s'est imposé comme un maître du style swing. *One O'Clock Jump.*

basilaire **adj.** anat. Qui sert de base, appartient à une base. → **basal.** *Artère basilaire,* située à la base du cerveau.

Basildon Ville d'Angleterre (Essex), fondée en 1949 pour décongestionner Londres. 165 700 habitants.

Basile **le Grand** ou **Basile** **de Césarée (saint)** Père et docteur de l'Église (v. 330-379). Il joua un rôle important dans l'élaboration de la théologie de la Trinité.

Basile Ier **le Macédonien** (813-886). Empereur byzantin (867-886). Fondateur de la dynastie macédonienne (867), il repoussa les Arabes d'Asie Mineure et rétablit l'autorité de l'Empire byzantin en Italie du Sud.

Basile II surnommé **le Bulgaroctone** (v. 958-1025). Empereur byzantin (963-1025). Il rétablit la prospérité de l'Empire et anéantit la puissance bulgare.

Basile **(Giambattista)** Écrivain italien (1575-1632). Il est l'auteur des *Muses napolitaines,* églogues dialoguées, et du *Pentamerone,* recueil de contes merveilleux où apparaît le personnage de Cendrillon.

Basile-le-Bienheureux **(cathédrale Saint-Basile** ou **de)** Église construite à Moscou, sur la place Rouge, au XVIe s. sur l'ordre du tsar Ivan le Terrible. Elle présente des bulbes ouvragés et un décor polychrome.

Basile Valentin Alchimiste allemand (né à la fin XIVe s.). Auteur d'un ouvrage sur l'antimoine.

1basilic **n. m.** **(du latin, du grec « petit roi » → basilique)** **1.** mythol. Reptile auquel les Anciens attribuaient le pouvoir de tuer par son seul regard. **2.** Grand lézard d'Amérique, à crête dorsale, voisin de l'iguane.

2basilic **n. m.** **(du bas latin, du grec « plante royale » → basilique)** Plante à feuilles aromatiques employée comme condiment. *Soupe au basilic.* → **pistou.**

basilical, ale, aux **adj.** archit. Relatif à une basilique. *Plan basilical.*

Basilicate **n. f.,** anciennement **n. m.** Région du S. de l'Italie. 9 992 km². 540 000 habitants. Chef-lieu : Potenza. Essentiellement montagneuse, la Basilicate est une région agricole peu productive. L'industrie chimique et le tourisme se développent.

basilique **n. f.** **(latin *basilica* « tribunal », du grec *basilikê* « [portique] royal »)** **1.** Église chrétienne rectangulaire, terminée par une abside, souvent divisée en nefs parallèles. **2.** Église dotée par le pape d'une dignité particulière. *La basilique de Lourdes.*

basilique

La basilique Sant'Apollinare in Classe, à Ravenne (VIe s.).

basin **n. m.** **(de l'italien, n. d'une étoffe)** **1.** Étoffe croisée dont la chaîne est de fil et la trame de coton. **2.** Tissu damassé présentant des effets de bandes longitudinales. - var. **bazin.**

Basin **(Thomas)** Prélat et chroniqueur français (1412-1491). Évêque de Lisieux (1447-1474), il fut contraint à l'exil par Louis XI pour avoir participé à la ligue du Bien public. *Histoire de Charles VII et de Louis XI.*

Basingstoke Ville d'Angleterre (Hampshire), à l'O. de Londres. 152 600 habitants. Commerce et industrie.

1basique **adj.** **1.** chim. Qui se rapporte à une base, qui en a les propriétés. → **alcalin.** **2.** De base. *Produits basiques.*

2basique **adj.** **(anglais des États-Unis *basic,* sigle de *British American Scientific International Commercial*)** anglic. (critiqué) *Anglais, français basique,* de base, fondamental.

bas-jointé, ée **adj.** *Cheval bas-jointé,* dont les paturons se rapprochent de l'horizontale.

Baskerville **(John)** Imprimeur britannique (1706-1775). Il grava le caractère qui porte son nom et perfectionna le papier.

basket [baskɛt] **n. f.** **(de *basket,* abrév. de *basketball*)** Chaussure de sport assez souple, à semelle et rebords de caoutchouc. → **running, tennis.** ■ loc. fam. *Être à l'aise, bien dans ses baskets :* être décontracté. *Lâche-moi les baskets :* laisse-moi tranquille.

basketball [baskɛtbol] **n. m.** **(mot anglais des États-Unis « balle au panier »)** Jeu entre deux équipes de cinq joueurs qui doivent lancer un ballon dans le panier du camp adverse. - var. **basket-ball.** - abrév. **basket.** □ **n. basketteur, euse**

bas-mât **n. m.** mar. Partie inférieure d'un mât composé.

basmati **n. m.** **(mot hindi)** Riz indien à grains longs et fins, naturellement parfumé. – appos. *Riz basmati.*

Basnage de Beauval **(Jacques)** Théologien protestant (1653-1723). Pasteur à Rouen, il contribua à la conclusion de la Triple-Alliance de 1717.

basoche **n. f.** **(vient du latin *basilica* → basilique)** fam. et vieilli Ensemble des gens de justice.

basophile **adj.** **1.** biol. (cellule, tissu) Qui fixe les colorants basiques. *Leucocytes basophiles.* **2.** bot. (plante) Qui se plaît dans un sol basique (alcalin).

basquaise **adj. f. et n. f.** Du Pays basque. – *À la basquaise :* avec des tomates, des poivrons et du jambon cru. *Poulet basquaise,* cuit avec des tomates et des poivrons.

1basque **n. f.** **(de l'ancien français *baste,* d'origine germanique)** Partie rapportée d'une veste qui part de la taille et descend plus ou moins bas sur les hanches. *Les basques d'une jaquette.* – loc. fam. *Être pendu aux basques de qqn,* ne pas le quitter d'un pas.

2basque **adj. et n.** **(vient du latin *vasco* → gascon)** Du Pays basque. *Béret basque.* – **n.** *Les Basques.* ■ **n. m.** *Le basque,* langue antérieure à celles des Celtes, non indo-européenne (la plus ancienne d'Europe occidentale).

basque (Pays) Ensemble géographique (env. 20 000 km²) formé, sur les deux versants des Pyrénées occidentales, par le Pays basque espagnol et la province de Navarre, et par le Pays basque français, aujourd'hui inclus dans le département des Pyrénées-Atlantiques. Les habitants (Basques) sont unis par une origine et une langue communes. Mentionnés par Salluste sous le nom de *Vascones,* les Basques furent vaincus par Auguste, puis soumis par les Wisigoths. En 778, ils battirent Charlemagne à Roncevaux. Ils fondèrent le duché de Vasconie (Gascogne) aux VIe-VIIe s. et s'installèrent, au Xe s., sur le trône de Navarre. Au XVIIe s., à la suite d'une série d'annexions, le Pays basque fut partagé entre la France et l'Espagne.

basque espagnol (Pays) Communauté autonome d'Espagne. 7 261 km². 2 214 000 habitants. Capitale : Vitoria. La Communauté autonome comprend 3 provinces : Biscaye, Guipúzcoa, Álava. La région se compose d'une étroite bande côtière surplombée par les Pyrénées et la partie orientale des monts Cantabriques. Le climat humide favorise l'agriculture (maïs) et l'élevage bovin. Pêche sur la côte. L'industrie (sidérurgie, métallurgie, automobile) est concentrée autour de Bilbao (4e port d'Espagne). Annexées par la Castille du XIIIe au XVe s., les provinces basques reçurent des privilèges particuliers *(fueros),* qui furent remis en cause par Madrid au XIXe s. À l'avènement de la république (1931), le nationalisme basque, actif, obtint la reconnaissance de l'euskara comme langue officielle. Malgré l'obtention d'un statut de « grande autonomie » en 1979, les provinces basques restent le foyer d'une opposition au gouvernement de Madrid, qui s'est manifestée par des actions terroristes menées par l'ETA (*Euskadi Ta Azkatasuna,* « le Pays basque et sa liberté »), organisation indépendantiste créée en 1959 qui abandonna la lutte armée en 2011 et annonça sa dissolution en 2018.

basque français (Pays) Région du S.-O. de la France, qui s'étend sur une grande partie du département des Pyrénées-Atlantiques. Il groupe les anciens pays de la Soule, du Labourd et de la basse Navarre. Région de bocages et de collines, au climat doux et humide, qui favorise l'agriculture (maïs) et l'élevage (porcs et bovins). Industrie agroalimentaire (fromage, jambon dit « jambon de Bayonne »). Tourisme très développé sur la Côte d'Argent (Biarritz, Saint-Jean-de-Luz, Hendaye).

Basquiat **(Jean-Michel)** Peintre et graphiste américain d'origine portoricaine (1960-1988). Ses œuvres, figuratives, mêlent écriture, peinture et dessin.

basquine **n. f.** **(espagnol *basquina* → 2basque)** Jupe traditionnelle des femmes basques.

bas-relief **n. m.** **(calque de l'italien *bassorilievo*)** Ouvrage de sculpture en faible saillie sur un fond uni (s'oppose à *haut-relief*). *Des bas-reliefs.*

Bass **(Saul)** Graphiste américain (1920-1996). Il réalisa, avec sa femme Elaine Bass, des génériques de film mémorables. *West Side Story ; Psychose ; Sueurs froides ; Ocean's Eleven.*

Bass **(détroit de)** Bras de mer qui sépare l'Australie et la Tasmanie. 200 km de large.

Bassae Localité de Grèce, dans le S.-O. de l'Arcadie (Péloponnèse). Son temple dorique d'Apollon, construit vers –440, est l'un des mieux conservés de Grèce.

Bas-Saint-Laurent Région administrative du Québec, sur la rive droite du Saint-Laurent. Elle s'étend entre le fleuve et la frontière américaine. 22 232 km². 200 000 habitants. Ville principale : Rimouski.

Bassani (Giovanni Battista) Compositeur et organiste italien (v. 1657-1716). Il excella dans l'oratorio et la cantate.

Bassani (Giorgio) Écrivain italien (1916-2000). Il est l'auteur de récits centrés sur l'enchantement de l'enfance et la violence de l'exclusion. *Le Jardin des Finzi-Contini ; L'Odeur du foin.*

Bassano (Jacopo da Ponte dit l'Aîné ou il) Peintre vénitien (v. 1517-1592). Il s'éloigna du maniérisme pour un réalisme original fondé sur le luminisme. *Le Souper d'Emmaüs.*

Bassano del Grappa Ville d'Italie (Vénétie), sur la Brenta. 40 740 habitants. Production d'une eau-de-vie de raisin (la *grappa*).

basse n. f. (italien *basso* → bas, adj.) **1.** Partie faisant entendre les sons les plus graves des accords de l'harmonie. *Basse continue,* accompagnant tout le morceau (en musique ancienne). **2.** *Voix de basse :* voix d'homme la plus grave. – *Une basse profonde.* → **basse-taille.** ■ Chanteur qui a cette voix. *Une basse de l'Opéra.* **3.** jazz, rock Contrebasse ; guitare basse (→ **bassiste**).

Basse-Autriche n. f. État fédéral du N.-E. de l'Autriche. 19 174 km². 1 617 444 habitants. Capitale : Sankt Pölten. Vaste territoire traversé par le Danube, la Basse-Autriche est une région agricole riche (céréales, élevage, fruits). Elle possède également plusieurs centres industriels dynamiques.

bassecour ou **basse-cour** n. f. **1.** Cour de ferme réservée à l'élevage de la volaille et des petits animaux domestiques. *Animaux de bassecour. Des bassecours, des basses-cours.* **2.** L'ensemble de ces animaux.

Bassée (La) Commune du Nord, sur le *canal de La Bassée.* 6 565 habitants.

basse-fosse voir **cul-de-basse-fosse**

Basse-Goulaine Commune de la Loire-Atlantique, sur la Loire. 9 410 habitants.

Basselin ou **Bachelin (Olivier)** Écrivain français normand (début xvᵉ s.). Il est l'inventeur des *Vaux de Vire,* chansons à boire rendues populaires par la tradition orale.

bassement adv. D'une manière basse, indigne, vile. *Il a été bassement méchant.*

Basse-Normandie voir **Normandie (Basse-)**

Bassens Commune de la Gironde, sur la Gironde. 7 425 habitants. Avant-port de Bordeaux.

Basse-Pointe Commune du N. de la Martinique. 2 727 habitants.

Basses-Alpes n. f. pl. voir **Alpes-de-Haute-Provence**

Basse-Saxe voir **Saxe (Basse-)**

bassesse n. f. **1.** État d'infériorité morale. « *Il est* [...] *dangereux de lui trop faire voir* [à l'homme] *sa grandeur sans sa bassesse* » (Pascal). **2.** Manque d'élévation dans les sentiments, les pensées ; absence de dignité, de fierté. → **petitesse ; servilité. 3.** Action basse, qui fait honte. → **lâcheté.** – Action servile. *Elle ferait des bassesses pour réussir.*

basset n. m. Chien courant très bas sur pattes.

basse-taille n. f. mus. anc. Voix d'homme plus grave que la voix de baryton. → **basse.** *Des basses-tailles.* - var. RO **bassetaille.**

Basse-Terre Chef-lieu de la Guadeloupe, sur la côte S.-O. de l'île de Basse-Terre. 9 892 habitants. Port de commerce (bananes).

Bassigny n. m. Région de la Haute-Marne et de la Meuse, entre le plateau de Langres et le Barrois.

bassin n. m. (vient du latin pop. ; famille de ¹*bac*) **I. 1.** Récipient portatif souvent rond ou ovale. → **¹bac, bassine, cuvette ; bassinoire.** – *Bassin (hygiénique),* dans lequel les malades alités font leurs besoins. **2.** Construction destinée à recevoir de l'eau. *Le grand bassin d'un parc.* – *Le grand, le petit bassin d'une piscine.* → **bain. 3.** Enceinte, partie d'un port où les navires sont à flot. *Bassin de radoub, de carénage,* que l'on assèche pour réparer ou construire des navires. **II. 1.** Territoire arrosé (par un fleuve et ses affluents). *Le bassin d'un fleuve.* **2.** Vaste dépression naturelle. *Le Bassin parisien.* **3.** Groupement de gisements. *Bassin minier.* – fig. *Bassin d'emploi :* zone géographique où se créent des emplois. **III.** Ceinture osseuse qui forme la base du tronc et sert de point d'attache aux membres inférieurs (→ **pelvien**).

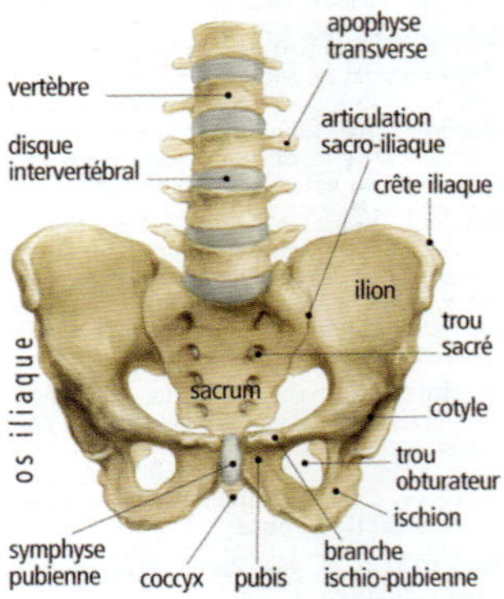

Squelette du bassin.

bassine n. f. Bassin (I, 1) large et profond. *Bassine à confitures.*

bassiner v. tr. < 1 > **I.** Chauffer avec une bassinoire. **II. (d'abord « taper sur des bassines » pour faire du bruit)** fam. Ennuyer, importuner de manière lassante. □ **bassinant, ante** adj. → **barbant.**

bassinet n. m. **1.** vieux Petit bassin pour recueillir de l'argent. – loc. fam. *Cracher au bassinet :* donner de l'argent à la requête de quelqu'un (souvent à contrecœur). **2.** anat. Partie élargie des voies excrétrices du rein, entre les grands calices et l'urètre.

bassinoire n. f. anciennt Bassin emmanché à couvercle percé, dans lequel on met de la braise et qu'on promène dans un lit pour le chauffer.

Bassin Rouge n. m. Région du centre de la Chine, couvrant l'E. de la province du Sichuan. Plaines et collines de grès rouge.

bassiste n. (de *basse* 3) jazz, rock Contrebassiste. – Joueur, joueuse de guitare basse.

Bassompierre (François de) Maréchal de France (1579-1646). Accusé de complot par Richelieu, il fut enfermé à la Bastille (1631-1643).

Basse-Terre

La ville de Basse-Terre, dominée par le volcan de la Soufrière.

basson n. m. (italien *bassone,* de *basso* → basse) **1.** Instrument à vent en bois, à anche double, formant dans l'orchestre la basse de la série des bois. **2.** Musicien(ne) qui joue de cet instrument (syn. **bassoniste** n.).

Bassora Ville d'Irak, sur le Chatt al-Arab. 900 000 habitants. 2ᵉ ville et 1ᵉʳ port du pays, capitale de la province de Bassora (1 340 000 habitants), riche en pétrole et productrice de dattes.

Bassov (Nikolaï Guennadievitch) Physicien russe (1922-2001). Il découvrit le principe du maser (amplificateur d'ondes électromagnétiques, « ancêtre » du laser). Prix Nobel 1964.

basta interj. (mot italien) fam. Ça suffit ! Assez !

bastaing voir **basting**

bastaque n. f. (néerlandais *bakstag*) mar. Hauban mobile qui retient le mât sur l'arrière.

baste interj. (de l'italien → basta) vieux Interjection marquant l'indifférence, le dédain.

baster v. intr. < 1 > (italien *bastare* « suffire » → basta) (Suisse) Céder, s'incliner. *Baster devant qqn.*

Bastet Déesse égyptienne représentée sous l'aspect d'une femme à tête de chat.

Statue en or de la déesse Bastet (1000 av. J.-C.), musée du Caire.

Bastia Chef-lieu de la Haute-Corse, au N.-O. de l'île. 48 296 habitants. Principal port et centre économique de l'île.

Bastian (Adolf) Anthropologue, ethnologue et médecin allemand (1826-1905). Auteur d'un important ouvrage sur les civilisations de l'Amérique précolombienne, il soutint qu'il existait une « unité psychique du genre humain ».

Bastiat (Frédéric) Économiste français (1801-1850). Convaincu des effets bénéfiques de la libre concurrence, il fonda (1846) une association pour la liberté des échanges. *Harmonies économiques.*

bastide n. f. (de l'ancien provençal ; famille de *bâtir*) **1.** dans le Midi Village fortifié. **2.** en Provence Maison de campagne.

Bastide (Jules) Publiciste et homme politique français (1800-1879). Il dirigea le journal *Le National* (1836) et fut ministre des Affaires étrangères (1849).

Bastide (Roger) Anthropologue français (1898-1974). Ses travaux ont porté sur les mécanismes d'acculturation, sur la sociologie des religions et sur les problèmes de psychopathologie.

bastidon n. m. Petite bastide (2).

Bastié (Maryse) Aviatrice et résistante française (1898-1952). Elle traversa en 1936 l'Atlantique sud, de Dakar à Natal. Pendant la Seconde Guerre mondiale, elle entra dans les services de renseignements alliés puis dans la Résistance.

bastille n. f. (altération de *bastide*) au Moyen Âge Ouvrage de fortification ; château fort.

Bastille (la) Ancienne forteresse construite à Paris sous Charles V (1370), devenue prison d'État sous Louis XIII. Symbole de l'arbitraire royal, elle fut prise d'assaut par les émeutiers le 14 juillet 1789 et rasée en 1790.

basting ou **bastaing** n. m. (p.-ê. de l'anglais *batten* « madrier ») techn. Madrier de sapin.

bastingage n. m. (du provençal *bastenc* « cordage » ; famille de *bâtir*) Parapet bordant le pont d'un navire. *S'appuyer au bastingage.*

bastion n. m. (italien *bastione ;* famille de *bâtir*) **1.** Ouvrage de fortification faisant saillie sur l'enceinte d'une place forte. **2.** fig. Ce qui soutient, défend efficacement. *L'Espagne, bastion du catholicisme.* → **citadelle, rempart.**

Bastogne Ville de Belgique, chef-lieu d'arrondissement de la province de Luxembourg, dans l'Ardenne. 16 276 habitants. Église gothique. Monument du Mardasson (mémorial américain de la bataille des Ardennes).

baston n. m. ou f. (de *bastonner*) fam. Bagarre. *Il y a eu du baston, de la baston.*

bastonnade n. f. Volée de coups de bâton.

bastonner v. tr. < 1 > (de l'ancien français *baston* → bâton) **1.** vieux Donner des coups de bâton à (qqn). → **bâtonner. 2.** fam. Frapper, cogner. *Se faire bastonner.* → **tabasser.** ■ pronom. *Ils se sont bastonnés à la sortie du café.* → se **bagarrer ; baston.**

bastos n. f. (de *Bastos,* n. d'une marque de cigarettes) fam. Balle de fusil, de revolver.

bastringue n. m. (origine incertaine, p.-ê. germanique) fam. **1.** Bal de guinguette. **2.** Orchestre tapageur. – appos. *Piano bastringue,* volontairement désaccordé. ■ Tapage, vacarme. **3.** Choses, affaires. *Emporter tout son bastringue.* → **attirail, bazar, fourbi.**

bas-ventre n. m. Partie inférieure du ventre, au-dessous du nombril. – par euphémisme Parties génitales.

bât n. m. (vient du latin pop., de *bastare* « porter ») Dispositif que l'on place sur le dos des bêtes de somme pour le transport de leur charge (→ **bâter**). – loc. *C'est là que le bât blesse :* c'est là le point sensible ; là réside la difficulté.

Bata Ville de Guinée équatoriale (Mbini). Environ 20 000 habitants. Port sur l'Atlantique.

Bastille (la)

Prise de la Bastille, le 14 juillet 1789, gravure allemande (XIXe s.), Bibliothèque nationale de France, Paris.

Bat'a (Tomáš) Industriel tchèque (1876-1932). Fondateur d'une importante manufacture de chaussures.

bataclan n. m. (probablt onomatopée) fam. Attirail, équipage embarrassant. → **bazar.** – loc. *Et tout le bataclan :* et tout le reste.

Bataclan Café-concert parisien créé en 1865, boulevard Voltaire, devenu tour à tour cinéma et salle de spectacles. Il fut pris pour cible lors d'un concert le 13 novembre 2015, par des terroristes de Daech qui exécutèrent 90 personnes.

bataille n. f. (vient du bas latin *battalia* « combat d'escrime » ; famille de *battre*) **1.** Combat entre deux armées. *La bataille de la Marne.* – *Livrer bataille. La bataille fait rage.* – ***Bataille rangée,*** où les troupes manœuvrent en rangs ; fig. mêlée générale. – *Champ* de bataille. Cheval* de bataille. Plan de bataille* (aussi fig.). – Épisode d'un conflit. *« La France a perdu une bataille ! Mais la France n'a pas perdu la guerre ! »* (de Gaulle). **2.** Échange de coups. *Une bataille de rue.* ■ fig. Lutte. → **bagarre.** *Bataille d'idées. Bataille électorale.* **3.** ***En bataille.*** fig. *Stationnement en bataille,* où les véhicules sont garés perpendiculairement à la voie. *Chapeau en bataille,* mis de travers. *Avoir les cheveux, la barbe en bataille,* en désordre. **4.** Jeu de cartes très simple. – *Bataille navale* (jeu de société pour deux joueurs).

Bataille (Gabriel) Compositeur et luthiste français (v. 1575-1630). Il composa des airs de cour et des psaumes.

Bataille (Henry) Auteur dramatique français (1872-1922). Son théâtre se caractérise par la peinture de mœurs décadentes dans le style du réalisme sentimental. *La Marche nuptiale ; La Femme nue.*

Bataille (Georges) Écrivain français (1897-1962). Son œuvre est une analyse impitoyable de la transgression, axée sur l'érotisme et la mort. *La Littérature et le Mal ; L'Érotisme ; Histoire de l'œil.*

batailler v. intr. < 1 > Lutter pour surmonter une difficulté, un obstacle. *Il lui a fallu batailler pour réussir.* → se **battre.**

batailleur, euse adj. et n. Qui aime à se battre ; qui recherche les querelles. → **belliqueux, querelleur.**

bataillon n. m. (italien *battaglione* → bataille) **1.** vieux Troupe, armée. **2.** Unité militaire groupant plusieurs compagnies. *Bataillon du génie.* ancienn *Bataillon d'Afrique* (fam. *bat'd'Af'*), bataillon disciplinaire. ■ loc. fam. *Inconnu au bataillon :* totalement inconnu. **3.** *Un bataillon de :* un grand nombre de. → **légion, régiment, troupe.**

Bataks n. m. pl. Groupe de peuples d'Indonésie, habitant le N. de Sumatra. Agriculteurs convertis à l'islam ou au protestantisme. Architecture traditionnelle en bois.

Batalha Ville du centre du Portugal. 15 550 habitants. Monastère dominicain ; église de style gothique flamboyant.

Batam Île d'Indonésie, face à Singapour. 416 km². 700 000 habitants. Raffineries et industries pétrochimiques.

bâtard, arde adj. et n. (origine germanique) **1.** vieilli ou péj. Né hors mariage. → **naturel ; illégitime.** – n. *Les bâtards de Louis XIV.* **2.** Qui n'est pas de race pure. → **²croisé.** *Chien bâtard* ou n. m. *un bâtard.* → **corniaud ;** régional **zinneke. 3.** fig. Qui tient de deux genres différents ou qui n'a pas de caractère nettement déterminé. *Une solution bâtarde.* ■ *Pain bâtard* ou n. m. *un bâtard :* pain de fantaisie pesant une demi-livre.

batardeau n. m. (p.-ê. famille de *bâtard*) Digue, barrage provisoire établi sur un cours d'eau.

bâtardise n. f. État de bâtard.

batave adj. et n. (latin *Batavi*) vieilli ou plais. Des Pays-Bas. → **hollandais.**

Bataves n. m. pl. Peuple germanique qui habitait les Pays-Bas au Ier s. av. J.-C. et s'assimila aux Francs à la fin du IIIe siècle.

batavia n. f. (n. latin de la Hollande) Variété de laitue à feuilles ondulées et croquantes.

batayole n. f. (italien *battagliola*) mar. Montant vertical d'une rambarde.

bateau n. m. (de l'ancien anglais *bat ; cf.* anglais mod. *boat*) **1.** Construction flottante destinée à la navigation. → **navire ; barque, bâtiment, embarcation, vaisseau.** *Bateau à voiles* (→ **voilier**), *à vapeur, à moteur.* – *Bateau de pêche, de promenade, de plaisance.* – ***Bateau-citerne,*** pour le transport des liquides. → **tanker.** *Des bateaux-citernes.* – ***Bateau-mouche :*** bateau qui circule sur la Seine pour faire visiter Paris. *Des bateaux-mouches.* **2.** *Le bateau :* la navigation de plaisance. *Faire du bateau.* **3.** appos. invar. En forme de bateau. *Lit bateau. Décolleté bateau,* dégageant les épaules. **4.** Dépression du trottoir devant une porte cochère. **5.** fam. *Mener qqn en bateau,* inventer une histoire pour le tromper, le mystifier. ■ *Monter un bateau à qqn* (même sens). **6.** adj. invar. Banal, rebattu. *Des sujets bateau.*

Bateau-Lavoir (le) Immeuble parisien situé à Montmartre. Habité par des peintres et des poètes au début du XXe s., il fut l'un des centres d'éclosion du cubisme.

Batéké(s) ou **Téké(s)** n. m. pl. Peuple bantou d'Afrique centrale établi dans le bassin du Congo.

bateleur, euse n. (de *bateau* « escamotage » en argot) vieilli Personne qui fait des tours d'acrobatie, d'escamotage, sur les places publiques, dans les foires. → **saltimbanque.**

batelier, ière n. (de l'ancien français *batel* « bateau ») Personne dont le métier est de conduire un bateau sur les rivières et canaux. → **marinier.** – Passeur, sur une rivière.

batellerie n. f. (→ batelier) **1.** Industrie du transport fluvial. **2.** Ensemble des bateaux de rivière.

bâter v. tr. < 1 > Mettre un bât à (une bête de somme). ■ loc. fig. ***Âne bâté :*** ignorant, imbécile.

Bates (Herbert Ernest) Romancier britannique (1905-1974). Son œuvre traite de la vie rurale *(The Poacher)* et de la guerre *(How Sleep the Brave).* Il a publié aussi une autobiographie.

Bateson (William) Biologiste et généticien britannique (1861-1926). Il redécouvrit et vérifia les lois de l'hérédité de Mendel.

Bateson (Gregory) Ethnologue et psychologue américain (1904-1980). Il mena des recherches sur les troubles psychiques, notamment sur les schizophrénies, en s'inspirant des théories de la communication et de la cybernétique.

bat-flanc n. m. (de *battre* et *flanc*) **1.** Pièce de bois qui sépare les chevaux, dans une écurie. **2.** Lit de planche. *Les bat-flancs d'un refuge.*

B

Bath Ville d'Angleterre, au S.-E. de Bristol, sur l'Avon. 85 000 habitants. Bâtiments et urbanisme du XVIIIe s. Station thermale depuis l'époque romaine.

Bâthie (La) Commune de la Savoie, sur l'Isère. 2 129 habitants. Centrale hydroélectrique souterraine.

Báthory Famille hongroise qui régna sur la Transylvanie et dont faisait partie Étienne Ier Báthory, roi de Pologne. ■ **Elisabeth Báthory** (1560-1614). Nièce d'Étienne Ier Báthory, elle aurait fait tuer des jeunes filles pour se baigner dans leur sang. Elle fut arrêtée et condamnée à la détention à vie (1610).

Bathurst Ville du Canada (Nouveau-Brunswick), sur la baie des Chaleurs. 11 897 habitants. Industrie du bois. Mine de zinc.

bathy- Élément (du grec *bathus*) qui signifie « profond ».

bathyal, ale, aux adj. (du grec *bathus* → **bathy-**) didact. Qui concerne la zone sous-marine comprise entre 200 et 2 000 m.

bathymétrie n. f. didact. Mesure des profondeurs marines.

bathyscaphe n. m. (de *bathy-* et du grec *skaphê* « objet creux » → **scaphandre**) Appareil destiné à conduire des observateurs dans les grandes profondeurs sous-marines.

bathysphère n. f. didact. Submersible relié à la surface de l'eau par un câble, servant à explorer les profondeurs sous-marines.

1bâti n. m. (de *bâtir*) **1.** Assemblage de montants et de traverses ; charpente qui supporte les pièces d'une machine. → **châssis. 2.** Couture provisoire à grands points. *Faire un bâti.* → **faufiler.**

2bâti, ie voir **bâtir**

batifoler v. intr. ‹ 1 › (de l'ancien provençal ; p.-ê. famille de *battre* et *folar* → **fouler**) S'amuser à des jeux gais, légers. → **folâtrer.** □ **n. m. batifolage** □ **n. batifoleur, euse**

batik n. m. (mot javanais) Technique artisanale de décoration des tissus à base de réserves à la cire. – par ext. Tissu ainsi décoré. *Foulard en batik.*

bâtiment n. m. (de *bâtir*) **1.** Ensemble des industries et métiers qui concourent à la construction des édifices. *Entrepreneur de (ou en) bâtiment. Ouvrier du bâtiment.* – prov. *Quand le bâtiment va, tout va* (dans les affaires). **2.** Construction. → **bâtisse, édifice, immeuble, maison.** *Les bâtiments d'une ferme.* **3.** Gros bateau. *Bâtiment de guerre.*

Batiouchkov (Konstantin Nikolaïevitch) Poète russe (1787-1855). Il fut le chef de file de la poésie anacréontique russe. *À l'ombre d'un ami ; Le Tasse mourant.*

bâtir v. tr. ‹ 2 › (origine germanique ; p.-ê. du francique → **bastide, bastille, bastingage, bastion**) **1.** Élever sur le sol, à l'aide de matériaux assemblés. → **construire, édifier.** *Bâtir une maison, un pont, une ville.* – absolt *Terrain à bâtir,* destiné à la construction. – loc. fig. *Bâtir sur le sable* : entreprendre sur des bases peu solides. **2.** fig. Établir, édifier. *« Et sur de grands exploits bâtir sa renommée »* (Corneille). → **fonder. 3.** Assembler provisoirement (les pièces d'un vêtement) à grands points. *Bâtir une jupe.* → **faufiler.** ■ **bâti, ie** adj. **1.** Sur lequel est construit un bâtiment. *Propriété bâtie, non bâtie.* **2.** (personnes) Fait. *Bien, mal bâti.* → fam. **balancé, baraqué.**

bâtisse n. f. (de *bâtir*) Bâtiment de grandes dimensions (parfois avec l'idée de laideur).

bâtisseur, euse n. Personne qui bâtit, fait beaucoup bâtir. → **architecte, constructeur.** *Les bâtisseurs de cathédrales.* – fig. *Un bâtisseur d'empire.*

Batista (Fulgencio) Militaire et homme d'État cubain (1901-1973). Président de la République de 1940 à 1944, il fut réélu et établit la dictature (1954-1958). Il fut chassé par le mouvement révolutionnaire de Fidel Castro.

batiste n. f. (famille de *battre*) Toile de lin très fine. → **linon.** *Mouchoir de batiste.*

Batlle Y Ordóñez (José) Homme d'État uruguayen (1856-1929). Il fut président de la République de 1903 à 1907 et de 1911 à 1915.

Batman (anglais « l'homme chauve-souris ») Personnage de justicier masqué, héros d'une bande dessinée américaine, créé en 1939 par Bill Finger et Bob Kane.

Batman Ville de Turquie, dans les monts Taurus. 452 100 habitants. Raffinage d'hydrocarbures.

bâton n. m. (vient du latin pop. *basto, bastonis,* de *bastare* « porter » → **bât**) **1.** Long morceau de bois rond que l'on peut tenir à la main. ■ (Servant d'appui) *Bâton de berger. Bâton d'aveugle, de pèlerin.* – *Bâton de vieillesse,* fig. soutien d'un vieillard. – *Bâton de ski,* tige d'acier, à la base munie d'une rondelle. ■ (Servant à frapper) *Donner, recevoir des coups de bâton.* → **gourdin, matraque, trique ; bastonner.** – *Retour* de bâton.* **2.** Symbole d'autorité. *Bâton de commandement. Bâton de maréchal* (de France). – loc. *C'est son bâton de maréchal,* le couronnement de sa carrière. **3.** loc. *Mener une vie de bâton de chaise* (de *bâton de chaise à porteur*), une vie agitée, déréglée. – *Mettre des bâtons dans les roues* : susciter des difficultés, des obstacles. – *Parler à bâtons rompus,* de manière peu suivie, en changeant de sujet. **4.** Objet en forme de bâton. *Bâton de craie, de rouge à lèvres.* **5.** Trait vertical. *« Bâtons, chiffres et lettres »* (de Queneau). **6.** fam. (Avant l'euro) Somme d'un million (de centimes de francs). → **brique.**

bâtonnat n. m. (→ **bâtonnier**) Fonction, état de bâtonnier de l'Ordre des avocats.

bâtonner v. tr. ‹ 1 › Frapper à coups de bâton. → **bastonner.**

bâtonnet n. m. **1.** Petit bâton. **2.** physiol. Cellule nerveuse de la rétine fonctionnant en lumière faible. *Cônes et bâtonnets.*

bâtonnier, ière n. (de *bâton,* symbole d'autorité) Avocat(e) élu(e) par ses confrères pour représenter l'Ordre.

Baton Rouge Ville des États-Unis (Louisiane), sur le Mississippi. 227 470 habitants. Industries pétrochimiques.

batoude n. f. (italien *battuta*) techn. Tremplin très flexible en usage dans les cirques.

Batoumi ou **Batoum** Ville de Géorgie, capitale de la république autonome d'Adjarie. 152 800 habitants. Port pétrolier sur la mer Noire.

batracien n. m. (du grec *batrakhos* « grenouille ») **1.** → **amphibien. 2.** cour. Crapaud, grenouille.

Batroun Ville du Liban, sur la Méditerranée, au S. de Tripoli. 50 000 habitants. Vestiges de l'époque romaine.

battage n. m. **I.** Action de battre. – Opération agricole qui consiste à séparer les grains de l'épi ou de la tige. **II.** fig. Publicité tapageuse, exagérée. → **bruit, 2réclame.** *On a fait beaucoup de battage autour de ce film.*

Battambang Ville du Cambodge, à l'O. du lac Tonle Sap. 140 530 habitants.

Battānī (al-) Astronome arabe (858-929). Il est l'auteur de travaux sur la trigonométrie sphérique, et de tables astronomiques.

1battant n. m. **1.** Pièce métallique suspendue à l'intérieur d'une cloche contre les parois de laquelle elle vient frapper. **2.** Partie d'un panneau double mobile sur ses gonds. → **vantail.** *Les battants vitrés d'une porte-fenêtre.* **3.** techn. Pièce mobile qui vient battre sur une autre. **4.** mar. *Le battant d'une voile* : sa dimension horizontale (opposé à *guindant*).

2battant, ante adj. dans des expr. Qui bat. *Pluie battante,* très violente. *Porte battante,* qui se referme d'elle-même. – *Le cœur battant* : avec une grande émotion. – *Tambour battant* loc. adv. : au son du tambour ; fig. rapidement, rondement.

3battant, ante n. (de *se battre,* d'après l'anglais *battling*) Personne très combative. *C'est une battante.*

batte n. f. (de *battre*) Instrument pour battre, fouler, tasser. → **battoir.** – Large bâton pour renvoyer la balle (au cricket, au baseball).

battée n. f. (de *battre*) Partie du dormant contre laquelle vient battre une porte quand on la ferme.

battellement n. m. (p.-ê. de l'ancien français *batailles* « meurtrières ») archit. Double rang de tuiles formant le bord inférieur d'un toit.

battement n. m. **1.** Choc ou mouvement de ce qui bat ; bruit qui en résulte. → **coup, heurt, martèlement.** *Le battement de la pluie contre les vitres.* – *Battement de mains.* → **applaudissement.** *Battements d'ailes. Un battement de cils.* **2.** (Mouvement alternatif) *Le battement du cœur,* mouvement alternatif de contraction et de dilatation. *Avoir des battements de cœur.* → **palpitation.** *Battement du pouls.* → **pulsation. 3.** Intervalle de temps. *Nous avons vingt minutes de battement pour changer de train.*

batterie n. f. **I.** (de *battre* « attaquer ») Réunion de pièces d'artillerie et du matériel nécessaire à leur service ; emplacement destiné à les recevoir. *Batterie de DCA. Mettre en batterie,* en position de tir. – Unité d'un régiment d'artillerie. – au plur. loc. *Dresser ses batteries,* ses plans. *Dévoiler ses batteries,* ses intentions. **II. 1.** (de *battre* le métal) *Batterie de cuisine* : ensemble des ustensiles de métal servant à faire la cuisine. **2.** Réunion d'éléments générateurs de courant électrique. *Une batterie d'accumulateurs. La batterie est à plat.* **3.** *Élevage en batterie,* en logeant les animaux en grand nombre dans des cages. **4.** Ensemble (de choses semblables). *Une batterie de projecteurs.* – (abstrait) *Une batterie de tests.* **III.** (de *battre* le tambour) **1.** Manière de battre le tambour ; roulement particulier. **2.** Ensemble d'instruments à percussion, utilisé par un seul musicien (→ **batteur**). **3.** *Batterie-fanfare* ou *batterie fanfare* : orchestre de cuivres et de percussions.

batteur, euse n. **I. 1.** Personne qui tient la batterie dans un orchestre. *Un grand batteur de jazz.* **2.** sport Joueur (de cricket, de hockey, de baseball) qui frappe avec la batte la balle reçue du lanceur. **II.** n. m. Ustensile ménager pour battre, mêler. *Batteur à œufs.*

batteuse n. f. **1.** Machine qui sert à égrener des céréales, des plantes fourragères (→ **battage**). **2.** Appareil qui bat le métal, le réduit en feuilles.

Batthyány (Lajos) comte de Németujvar Homme politique hongrois (1806-1849). Il fut président du Conseil du premier ministère hongrois (mars-octobre 1848).

battitures n. f. pl. (italien *battitura* ; famille de *battre*) techn. Parcelles de métal qui jaillissent sous le marteau du forgeron.

battle-dress [batœldʀɛs] n. m. invar. (mot anglais « tenue [*dress*] de combat [*battle*] ») **1.** Tenue de combat composée d'une courte veste de toile et d'un pantalon. **2.** Blouson militaire en toile.

battoir n. m. **1.** Instrument qui sert à battre (le linge, les tapis...). **2.** fig., fam. Main large et forte.

battre v. ‹ 41 › (vient du latin *battere,* de *battuere*) **I.** v. tr. dir. **1.** Frapper à plusieurs reprises (un être vivant). → **maltraiter, rosser.** *Battre qqn comme plâtre,* très fort. *Homme violent qui bat sa femme. Battre son chien. Il a été battu à mort.* → **lyncher.** ■ loc. fig. (faux pronom.) *Se battre les flancs* : faire des efforts inutiles. – fam. *Je m'en bats l'œil* : je m'en moque. **2.** fig. Avoir le dessus sur (un adversaire). → **vaincre.** *Se faire battre* : perdre. *Battre un adversaire aux élections.* **3.** Frapper (qqch.) avec un instrument. *Battre un tapis. Battre le blé* (→ **battage ; batteuse**). *Battre le* *tambour.* – *Battre l'or, l'argent, le cuivre,* pour le réduire en feuilles très minces. ■ loc. *Battre le fer pendant qu'il est chaud :* profiter sans tarder d'une occasion favorable. ***Battre froid** à qqn,* le traiter avec froideur. ■ ***Battre monnaie** :* fabriquer de la monnaie. **4.** Frapper sur ou dans (qqch.) pour remuer, agiter. *Battre le beurre.* → **baratter.** *Battre des œufs pour faire une omelette.* – *Battre les cartes* (avant de les distribuer). → **mêler. 5.** Parcourir pour rechercher, explorer. *Battre des buissons, des taillis* (→ **battue).** ***Battre la campagne,*** fig. → **déraisonner, divaguer.** « *Quel esprit ne bat la campagne ?* » (La Fontaine). – ***Battre le pavé** :* errer par les rues. **6.** ***Battre la mesure** :* marquer la mesure, indiquer le rythme. **7.** Heurter. *Les vagues battent la falaise.* **8.** loc. ***Battre pavillon** :* naviguer sous un pavillon. *Un navire battant pavillon britannique.* **9.** ***Battre son plein*.*** **II. v. tr. ind. et intr. 1.** ***Battre en retraite*.*** **2.** Produire des mouvements répétés. *Battre des mains.* → **applaudir, claquer.** *Battre des ailes.* **3.** Être animé de mouvements répétés. *Le cœur bat. Son pouls bat vite.* – *Le cœur lui bat :* l'émotion lui fait battre le cœur plus vite. **4.** ***Battre contre.*** → **frapper, heurter.** *La pluie bat contre la vitre.* **5.** absolt *Une porte qui bat.* ■ **se battre v. pron. 1.** récipr. Lutter, se donner des coups. loc. *Se battre comme des chiffonniers.* **2.** réfl. Combattre (contre un adversaire). *Se battre avec, contre qqn au pistolet.* « *Vos hommes savent se battre, mais ils ne savent pas combattre* » (Malraux). – fig. *Voilà une heure qu'il se bat avec cette serrure.* → **se débattre.** ■ fig. Lutter, mettre son énergie dans. *Se battre pour un idéal.* ■ **battu, ue adj. 1.** Qui a reçu des coups. loc. *Avoir l'air d'un chien battu.* **2.** Vaincu. loc. *Ne pas se tenir pour battu :* ne pas se résigner à la défaite. **3.** fig. *Avoir les yeux battus,* cernés. **4.** Frappé avec un instrument. *Blancs d'œufs battus* (en neige). *Fromage blanc battu* (pour qu'il soit lisse). – *Sol en terre battue.*

battue n. f. Action de battre les taillis, les bois pour en faire sortir le gibier.

batture n. f. (Canada) Partie du rivage que la marée descendante laisse à découvert. → **estran.**

batucada [batukada] **n. f. (mot portugais du Brésil, famille de *batucar* « battre les tambours »)** Ensemble de percussionnistes qui joue les rythmes de la samba.

Batū Khān Chef mongol (v. 1207-v. 1255). Petit-fils de Gengis Khān, il conquit la Russie, l'Ukraine et la Pologne.

Baty (Gaston) Metteur en scène français et théoricien du théâtre (1885-1952). Il a affirmé la primauté du décor et des éclairages sur le texte. Il a laissé des ouvrages théoriques, dont *Le Masque et l'Encensoir.*

Bat Yam Ville d'Israël, sur la Méditerranée, dans la banlieue de Tel-Aviv. 129 400 habitants.

Batz [bɑ] **(île de)** Île française de la Manche, en face de Roscoff (Finistère).

Batz-sur-Mer Commune de la Loire-Atlantique, dans la presqu'île du Croisic. 2 822 habitants. Église de style gothique flamboyant. Station balnéaire.

bau n. m. (du francique *balk* « poutre ») mar. Traverse qui soutient les bordages. → ^{1}**barrot.** – *Maître bau,* qui traverse le navire dans sa plus grande largeur. *Des baux.*

Bauchant (André) Peintre français (1873-1958). Peintre de la réalité populaire, il a aussi traité des sujets mythologiques et historiques.

Baucis voir **Philémon**

baud n. m. (du n. de Émile Baudot) techn. Unité de mesure de la vitesse de modulation d'un signal (symb. Bd).

Baud Commune du Morbihan. 6 242 habitants. Aux environs, chapelle du xve s., lieu de pèlerinage.

Baudeau (abbé Nicolas) Économiste français (1730-1792). Il se fit le promoteur et le vulgarisateur des thèses des physiocrates.

Baudelaire (Charles) Poète français (1821-1867). Hanté par le « spleen » et l'angoisse de l'impuissance créatrice, il chercha à déceler le beau dans l'univers moderne traversé par la souffrance et le péché. Outre *Les Fleurs du mal,* recueil versifié fondateur de la poésie moderne, son œuvre comprend des poèmes en prose *(Le Spleen de Paris)* et des textes sur la littérature, la peinture, la musique *(Curiosités esthétiques ; L'Art romantique).* Il soutint des artistes comme Delacroix ou Constantin Guys, et traduisit l'œuvre d'Edgar Poe.

Portrait de Charles Baudelaire par Nadar (1855).

Baudelocque (Jean-Louis) Médecin accoucheur français (1746-1810). Il contribua à faire de l'obstétrique une discipline scientifique. ■ **Louis Auguste Baudelocque.** Médecin accoucheur (v. 1799-v. 1864). Neveu de Jean-Louis Baudelocque, il mit au point un procédé opératoire pour la césarienne.

baudet n. m. (de l'ancien français *baut* « impudique ») fam. Âne. – loc. *Être chargé comme un baudet,* très chargé. *Crier haro* sur le baudet.*

Baudouin de Courtenay (Jan) Linguiste polonais (1845-1929). Il distingua la phonétique « physique » (acoustique et physiologique) et la phonétique « psychologique » (fonctionnelle), ouvrant la voie à la phonologie.

Baudot (Anatole de) Architecte français (1834-1915). Il adopta le béton armé (église Saint-Jean de Montmartre, à Paris).

Baudot (Émile) Ingénieur français (1845-1903). Il inventa un système de télégraphie qui porte son nom.

Baudouin Nom de plusieurs rois de Jérusalem. ■ **Baudouin Ier** (1058-1118). Frère de Godefroi de Bouillon, il fut le premier roi de Jérusalem (1100-1118). ■ **Baudouin II du Bourg** (mort en 1131). Roi de Jérusalem (1118-1131). Il permit l'établissement des Templiers. ■ **Baudouin III** (1129-1163). Roi de Jérusalem (1143-1163). Il défendit Damas contre Nūr al-Dīn et fut à l'origine de la 2e croisade.

Baudouin Ier (1171-v. 1206). Comte de Flandre sous le nom de Baudouin IX (1194-1206) et empereur latin d'Orient (1204-1206). Il participa à la 4e croisade et devint empereur de Constantinople. Il dut affronter une révolte des Grecs et des Bulgares (1205).

Baudouin Ier (1930-1993). Roi des Belges (1951-1993). Fils de Léopold III, il fut un ardent défenseur de l'unité de la Belgique.

Baudricourt (Robert de) Capitaine royal de Vaucouleurs (xve s.). Il donna une escorte à Jeanne d'Arc lorsqu'elle se rendit à Chinon auprès de Charles VII.

baudrier n. m. (origine incertaine, probablt germanique) Bande de cuir ou d'étoffe qui se porte en bandoulière et soutient un sabre, une épée.

Baudrier (Yves) Compositeur français (1906-1988). Il est l'auteur de poèmes symphoniques *(Raz de Sein),* d'une symphonie, de mélodies et de musiques de film *(La Bataille du rail).*

Baudrillard (Jean) Philosophe et sociologue français (1929-2007). Traducteur de Marx, il développa une critique de la société contemporaine à partir d'une sémiologie sociale ainsi qu'une réflexion souvent polémique sur la communication. *L'Autre par lui-même ; Le Système des objets.*

Baudrimont (Alexandre Édouard) Chimiste français (1806-1880). On lui doit les premiers travaux sur les colloïdes (solutions contenant de petites particules en suspension).

baudroie n. f. (du provençal, d'origine incertaine) Grand poisson de mer à grosse tête surmontée de tentacules. → **lotte.**

baudruche n. f. (origine inconnue) 1. Pellicule provenant de l'intestin de bœuf ou de mouton. **2.** Fine pellicule de caoutchouc. *Ballon de baudruche.* ■ *Une baudruche :* ce ballon ; fig. personne sans consistance.

Bauer (Bruno) Critique et philosophe allemand (1809-1882). Il est l'un des représentants de la « gauche hégélienne » et s'est illustré par ses travaux de critique historique du christianisme. *Le Christianisme dévoilé.*

Bauer (Otto) Homme politique autrichien (1882-1938). Partisan de la social-démocratie, il dut émigrer en France à la suite de l'Anschluss.

bauge n. f. (p.-ê. du gaulois) Gîte fangeux (de mammifères, notamment porcins). *La bauge du sanglier.*

Baugé Commune du Maine-et-Loire. 11 735 habitants. Château du xve siècle.

Bauges n. m. pl. Plateau de Savoie, à l'E. d'Aix-les-Bains. Parc naturel régional.

Bauhaus École d'architecture fondée par W. Gropius à Weimar en 1919. Elle fut transférée à Dessau en 1925, puis à Berlin en 1932, avant d'être fermée par les nazis en 1933. Visant à intégrer l'art à la civilisation industrielle, elle exerça une grande influence sur l'architecture et la peinture allemande. Klee, Schlemmer, Kandinsky, Moholy-Nagy et Mies van der Rohe y enseignèrent.

Le bâtiment du Bauhaus à Dessau conçu par Walter Gropius (1926).

Baule-Escoublac (La) Commune de la Loire-Atlantique. 16 160 habitants. Station balnéaire.

Baulieu (Étienne Blum, dit dans la Résistance Étienne-Émile) Médecin français (né en 1926). Endocrinologue, il fit des recherches sur les hormones ; il a mis au point la pilule abortive en 1980.

B

Baum (Vicki) Romancière américaine d'origine autrichienne (1888-1960). Elle est surtout connue pour *Grand Hôtel* et *Le Lac aux dames*.

baume n. m. (vient du latin *balsamum* → balsamique, embaumer) **1.** vieilli Plante odoriférante (notamment les menthes). **2.** Résine odoriférante (→ balsamique). **3.** Préparation médicamenteuse employée comme calmant et cicatrisant. → **liniment.** *Baume à lèvres.* ■ fig. Ce qui apaise, réconforte. *La nouvelle me mit du baume au cœur.*

Baumé (Antoine) Pharmacien et chimiste français (1728-1804). Il inventa une échelle de mesure de la densité des liquides *(degré Baumé).*

Baumeister (Willi) Peintre et dessinateur allemand (1889-1955). Sa peinture, abstraite et symbolique, s'apparente parfois à celle de Klee, de Kandinsky et de Miró.

Baume-les-Dames Commune du Doubs, sur le Doubs. 4 984 habitants. Ancienne abbaye de bénédictines fondée au VIIe s. pour recevoir les femmes nobles.

Baume-les-Messieurs Commune du Jura. 158 habitants. Ancienne abbaye fondée au VIe s. par saint Colomban. Abbatiale du XIIe s. Situation exceptionnelle dans une reculée (vallée en cul-de-sac aux parois abruptes).

Baumgarten (Alexander Gottlieb) Philosophe allemand (1714-1762). Disciple de C. Wolff, il présenta une théorie générale de l'art dans son *Esthétique.*

Baumgartner (Felix) Parachutiste autrichien (né en 1969). Après avoir sauté d'une capsule pressurisée à une hauteur de 39 km, il a été le premier homme à franchir le mur du son en chute libre (octobre 2012).

baumier voir **balsamier**

bauquière n. f. (de *bau*) mar. Ceinture intérieure, d'un navire, servant à lier les couples entre eux et à soutenir les baux.

Baur (Henri, dit Harry) Acteur français (1880-1943). Il interpréta au cinéma les personnages de Jean Valjean, Hérode, Tarass Boulba, Raspoutine.

Bauru Ville du S. du Brésil, dans l'État de São Paulo. 338 900 habitants. Région agricole (café, canne à sucre). Université.

Bausch (Pina) Danseuse et chorégraphe allemande (1940-2009). Elle dansa avec le New American Ballet avant de devenir directrice du Ballet de Wuppertal (1974). Elle créa des chorégraphies proches du théâtre. *Barbe-Bleue ; Café Müller.*

Pina Bausch en 1991.

Bautzen Ville d'Allemagne (Saxe), à l'E. de Dresde. 38 000 habitants. Métallurgie lourde. Napoléon y vainquit les Russes et les Prussiens en 1813.

Bauwens (Lievin) Industriel belge (1769-1822). Il importa d'Angleterre la machine à filer le coton *mule-jenny* et construisit plusieurs usines dans la ville de Gand.

Baux-de-Provence (Les) Commune des Bouches-du-Rhône. 315 habitants. Cité médiévale. Tourisme. Bauxite.

bauxite n. f. (de *Baux-de-Provence*) Roche siliceuse, qui est le principal minerai d'aluminium.

bavard, arde adj. et n. (de *bave*) **1.** Qui aime à parler, parle avec abondance. → **loquace, volubile.** *Bavard comme une pie.* – n. *Un intarissable bavard.* – par ext. *Une rhétorique bavarde.* → **redondant. 2.** Qui ne sait pas tenir un secret, parle quand il convient de se taire. → **cancanier, indiscret. 3.** n. m. argot Avocat.

bavardage n. m. **1.** Action de bavarder. – Fait d'être prolixe et futile (par écrit). → **verbiage. 2.** Propos de bavard. – spécialt Discours calomnieux. → **[1]cancan, ragot.** *N'écoutez pas ces bavardages.*

bavarder v. intr. < 1 > **1.** Parler beaucoup, de choses et d'autres. → fam. **bavasser, [2]causer, papoter.** *« Elle bavardait avec une abondance fébrile »* (Flaubert). ■ *Nous bavardions amicalement.* **2.** Divulguer des choses qu'on devrait taire. *Quelqu'un aura bavardé.* → **jaser.**

bavarois, oise 1. adj. et n. De Bavière. – n. *Les Bavarois.* **2.** *Bavarois* n. m. ou *bavaroise* n. f. : entremets froid en gelée. *Bavaroise au cassis.*

bavasser v. intr. < 1 > (de *baver*) fam. et péj. Bavarder. *Ils bavassent à longueur de journée.*

Bavay Commune du Nord. 3 248 habitants. Vestiges d'une cité romaine. Musée archéologique.

bave n. f. (du latin pop. *baba*, onomatopée → babiller, babines, bavard, baver) **1.** Salive qui s'écoule de la bouche, ou de la gueule de certains animaux. **2.** Sécrétion visqueuse de certains mollusques. **3.** fig. Propos venimeux. *« Les maîtres ont la rage et les valets la bave »* (Hugo). – prov. (iron.) *La bave du crapaud n'atteint pas la blanche colombe.*

baver v. intr. < 1 > **1.** Laisser couler de la bave. – fig., fam. *Il en bave d'envie.* **2.** fam. *En baver* : peiner, souffrir. *Il va vous en faire baver.* loc. *En baver des ronds* de chapeau.* **3.** *Baver sur qqn*, salir par des médisances. *Baver sur la réputation de qqn.* **4.** Se répandre, s'étaler. *L'encre a bavé.* – par ext. *Stylo qui bave.*

bavette n. f. (de *bave*) **I. 1.** Bavoir de bébé. – Pièce de tissu portée devant leur bouche par les chirurgiens. **2.** Haut d'un tablier, d'une salopette, qui couvre la poitrine. – Rabat de la robe d'avocat. **3.** Partie inférieure de l'aloyau. *Un bifteck dans la bavette.* **II.** loc. fam. *Tailler une bavette* : bavarder (avec qqn).

baveux, euse adj. **1.** Qui bave (1). ■ *Omelette baveuse*, peu cuite, un peu liquide. **2.** (Canada) fam. Méprisant, arrogant. *Des élèves baveux.*

Bavière n. f., en allemand Bayern Région historique du S. de l'Allemagne. D'abord peuplée de Celtes, elle fut conquise aux Ve et VIe s. par des envahisseurs venus de Bohême (Boïens), qui constituèrent un État sous domination franque. Duché de la maison de Saxe (947), puis de Franconie, elle passa aux Guelfes puis, en 1180, aux Wittelsbach, dont la dynastie régna jusqu'en 1918. Au XVIIe s., Maximilien Ier, duc et électeur de Bavière, prit la tête de la Sainte Ligue et participa à la guerre de Trente Ans. La Bavière fut intégrée dans l'Empire allemand en 1871, puis devint un Land sous la république de Weimar (1918-1919). Elle est, depuis 1949, un des Länder de la République fédérale d'Allemagne.

Bavière n. f. Land du S.-E. de l'Allemagne. 70 554 km². 13 140 000 habitants. Capitale : Munich. Le Danube, grossi par les eaux de nombreux affluents, sépare la Bavière en deux : au N. s'étendent les plateaux céréaliers de Souabe-Franconie ; au S., modestes plateaux et collines s'élèvent lentement vers les Préalpes (élevage laitier). Les industries traditionnelles (mécanique, papeteries, brasseries) et le dynamisme de Munich (haute technologie, banques, assurances) assurent l'indépendance économique du Land.

Bâville (Nicolas de Lamoignon de) Intendant français (1648-1724). À la tête de la généralité de Montpellier (1685-1718), il dut à sa férocité à l'égard des protestants après la révocation de l'édit de Nantes et pendant la guerre des Cévennes son surnom de « tyran du Languedoc ».

bavoir n. m. Pièce de lingerie qui protège la poitrine des bébés. → **bavette.**

bavolet n. m. Ancienne coiffure de paysanne couvrant les côtés et le derrière de la tête. *Bonnet à bavolet.*

Bavon (saint) Moine flamand (v. 589-v. 657). Il a donné son nom à un ancien monastère de la ville de Gand, dont il est le saint patron.

bavure n. f. (de *bave*) **1.** Trace de métal, relief laissé par les joints d'un moule. **2.** Trace d'encre empâtant une écriture, un dessin, une épreuve d'imprimerie. → **[1]macule.** – loc. fam. *Sans bavure(s)* : parfaitement exécuté, impeccable ; impeccablement. **3.** Erreur, abus aux conséquences fâcheuses. *Bavure policière.*

Baxian ou **Pa hien** Les huit Immortels du panthéon taoïste chinois, représentant huit conditions de la vie humaine. Ils sont le symbole de la félicité.

bayadère [bajadɛʀ] n. f. (portugais *balhadeira* ; famille de *bal*) **1.** Danseuse sacrée de l'Inde. **2.** appos. *Tissu bayadère*, à larges rayures multicolores. *Des robes bayadères.*

Bayadh (El-) Ville d'Algérie, au pied du versant N. du djebel Amour. Chef-lieu de la wilaya d'El-Bayadh. 45 165 habitants. Marché de moutons.

Bayamo Ville du S.-E. de Cuba. 137 665 habitants. Monuments anciens.

Bayamón Ville de Porto Rico, dans l'agglomération de San Juan. 165 360 habitants. Rhumerie.

Bayar (Celâl) Homme d'État turc (1884-1986). Ministre de l'Économie nationale (1921-1937) puis Premier ministre (1937-1939) sous la présidence de Mustafa Kemal, il fonda le parti démocratique en 1945-1946. Il fut président de la République de 1950 à 1960.

Bayard (Pierre Terrail, seigneur de) Homme de guerre français (v. 1475-1524). Ses nombreux exploits, notamment à Fornoue, lors de la défense du pont du Garigliano, ainsi qu'à Marignan, lui valurent le surnom de « Chevalier sans peur et sans reproche ».

Bayard (Hippolyte) Photographe français (1801-1887). Il réalisa la première image positive directe sur papier en 1839, un an après le daguerréotype.

Bayard (col) Passage des Alpes dauphinoises, entre les vallées du Drac et de la Durance. 1 248 m.

Bayazid Ier en français **Bajazet** (v. 1354-1403). Sultan ottoman (1389-1402). Il vainquit les croisés à Nicopolis (1396), prit Athènes, mais fut attaqué et fait prisonnier par Tamerlan à Angora (1402).

Bayazid II Sultan ottoman (v. 1447-1512). Arrière-petit-neveu de Bayazid Ier, il régna de 1481 à 1512.

Baybars Ier [al-Mālik al-Zāhir Rukn al-Dīn al-Ṣāliḥ] Sultan mamelouk bahrite d'Égypte (1223-1277). Il mena l'offensive contre les croisés en Syrie. En Égypte, il installa une administration efficace et développa le réseau routier et le système d'irrigation.

Baydhāwī (**ʿAbd Allāh ibn ʿUmar**) Écrivain persan (mort en 1286). Il est l'auteur de l'un des plus célèbres commentaires du Coran, *Les Lumières de la Révélation et les Secrets de l'interprétation,* ainsi que d'un précis d'histoire naturelle.

Baye (**Nathalie**) Actrice française (née en 1948). Révélée par François Truffaut dans *La Nuit américaine,* elle a notamment joué sous la direction de Godard, Pialat, Chabrol et Tavernier.

Nathalie Baye dans *La Fleur du mal,* de Claude Chabrol (2003).

Bayen (**Pierre**) Chimiste français (1725-1798). Il découvrit le fulminate de mercure et combattit la théorie du phlogistique de Stahl, qui allait être réfutée par Lavoisier. Il est le fondateur de la pharmacie militaire française.

bayer [baje] **v. intr.** < 1 > (**vient du latin tardif ; var. de** ***béer***) loc. *Bayer aux corneilles :* perdre son temps en regardant en l'air niaisement.

Bayer (**Johann**) Astronome allemand (1572-1625). Il réalisa en 1625 le premier atlas couvrant entièrement la sphère céleste. Sa notation des étoiles d'une même constellation par des lettres grecques est toujours en vigueur.

Bayern voir **Bavière**

Bayeux Chef-lieu d'arrondissement du Calvados. 12 640 habitants. Cathédrale caractéristique des styles roman et gothique normands. Broderie de la reine Mathilde, du XIe s. (ou « tapisserie de Bayeux ») représentant la conquête de l'Angleterre par Guillaume le Conquérant.

Bayhaqī Historien persan (996 ?-1077). Il est l'auteur d'une histoire de la dynastie des Ghaznavides, dont il ne reste que la partie réservée au règne de Masʿūd Ier.

Bayinnaung Souverain birman (1515-1581). Chef militaire, il fit entrer les États shans dans le royaume birman. Il soutint la poésie birmane et imposa aux Shans le bouddhisme du Theravada.

Bayeux

L'un des panneaux de la « tapisserie de Bayeux » (XIe s.), musée de la Tapisserie, Centre Guillaume-le-Conquérant, Bayeux.

Bayle [bɛl] (**Pierre**) Écrivain et philosophe français (1647-1706). Calviniste, il émigra à Genève puis Rotterdam. Ses écrits prônent la séparation entre la morale et la religion et défendent la liberté civile et la liberté de penser. Il est considéré comme un précurseur des Lumières. *Pensées sur la comète ; Dictionnaire historique et critique.*

Bayle (**Gaspard Laurent**) Médecin français (1774-1816). Il travailla sur la tuberculose et contribua à l'avancée de l'anatomie pathologique.

Bayle (**Antoine Laurent Jessé**) Médecin français (1799-1858). Neveu de Gaspard Bayle. Il décrivit le premier les symptômes de la méningo-encéphalite que peut entraîner la syphilis *(maladie de Bayle).*

Bayle (**François**) Compositeur français (né en 1932). Élève de Messiaen, de Stockhausen et de P. Schaeffer, il prit la direction du groupe de recherche musicale de l'ORTF. Ses œuvres s'inspirent des recherches de Bachelard, P. Klee ou G. Bataille. *L'Expérience acoustique ; Son-vitesse-lumière.*

Baylen voir **Bailén**

Bayon **n. m.** Temple central de la cité d'Angkor Thom, au Cambodge. Consacré au Bouddha, il fut élevé à la fin du XIIe siècle.

Bayonne Chef-lieu d'arrondissement des Pyrénées-Atlantiques, au confluent de l'Adour et de la Nive. 52 006 habitants. Évêché. Cathédrale gothique. Vestiges de remparts de Vauban. Port de commerce. Industries (aéronautique, électronique). Tourisme.

bayou [baju] **n. m.** (**d'un mot indien**) (Louisiane, bas Mississippi) Eaux peu profondes à faible courant, ou stagnantes. → **marigot.** *« Ces lentes rivières aux eaux molles qu'on appelle ici des* bayous *»* (S. de Beauvoir).

Bayreuth Ville d'Allemagne (Bavière), sur le Main. 74 000 habitants. Opéra, Nouveau Château et Ermitage du XVIIIe s. Richard Wagner y fit construire un théâtre, où se déroule chaque année, depuis 1882, un festival consacré à l'œuvre du compositeur.

Bayrou (**François**) Homme politique français (né en 1951). Ministre de l'Éducation nationale (1993-1997), il présida le Centre des démocrates sociaux, devenu Force démocrate en 1995, puis, à partir de 1998, l'UDF. Il a fondé en 2007 le Mouvement démocrate (MoDem) et est le maire de Pau depuis 2014.

bay-window [bɛwindo] **n. f.** (**mot anglais**) anglic. Bow-window. *Des bay-windows.* → **oriel.**

Bazaine (**François Achille**) Maréchal de France (1811-1888). Il se distingua lors de la guerre de Crimée puis à Solferino (1859). Nommé commandant de la garde impériale par Napoléon III, il fut à la tête de l'armée française en Lorraine (1870), et tenta de négocier avec les Prussiens avant de capituler. Après sa condamnation à mort, commuée en peine de prison, il s'évada et gagna l'Espagne.

Bazaine (**Jean**) Peintre français (1904-2001). Il s'éloigna de la peinture figurative et développa un style graphique construit autour de lignes de force. Il est aussi l'auteur de vitraux et de mosaïques.

bazar **n. m.** (**mot persan**) **1.** Marché public en Orient. → **souk. 2.** Lieu, magasin où l'on vend toutes sortes d'objets, d'ustensiles. – fig. *C'est de la psychologie de bazar,* de peu d'intérêt. **3.** fig., fam. Lieu en désordre. → **bordel, foutoir ;** régional **brol.** *Quel bazar !* – Objets en désordre ; affaires, attirail.

Bazard (**Armand**) Socialiste français (1791-1832). Fondateur du carbonarisme en France, il fut le propagateur, avec Enfantin, du saint-simonisme, dont il exposa les thèmes dans *Le Globe* et *Le Producteur.*

bazarder **v. tr.** < 1 > fam. Se débarrasser, se défaire rapidement de (qqch.). → **liquider.**

Bazargan (**Mehdi**) Homme politique iranien (1905-1995). Il fut chargé par l'ayatollah Khomeiny de former un gouvernement provisoire (février-novembre 1979).

Bazas Commune de la Gironde. 4 806 habitants. Cathédrale du XIIe s. Viticulture.

Bazeilles Commune des Ardennes. 2 405 habitants. La ville fut le théâtre de la résistance de l'infanterie de marine française face aux Bavarois en 1870.

Bazille (**Frédéric Jean**) Peintre et dessinateur français (1841-1870). Lié à Monet, Renoir et Sisley, il est l'auteur de portraits et de scènes familiales. Il est considéré comme annonciateur de l'impressionnisme. *Réunion de famille ; Scène d'été.*

Bazin (**René**) Écrivain français (1853-1932). Il est l'auteur de romans marqués par les valeurs terriennes et le traditionalisme. *La Terre qui meurt ; Les Oberlé ; Le Blé qui lève.*

Bazin (**Jean-Pierre Hervé-Bazin, dit Hervé**) Romancier français (1911-1996). Son œuvre, tournée vers la dénonciation des contraintes sociales bourgeoises, connut un grand succès critique et populaire. *Vipère au poing ; Cri de la chouette ; Au nom du fils.*

Bazin (**André**) Critique de cinéma français (1918-1958). Fondateur, avec Jacques Doniol-Valcroze, des *Cahiers du cinéma* en 1952, il soutint les cinéastes de la nouvelle vague. *Qu'est-ce que le cinéma ?*

bazooka [bazuka] **n. m.** (**mot anglais des États-Unis**) Lance-roquettes antichar. *Des bazookas.*

bazou **n. m.** (**mot d'origine incertaine, p.-ê. de l'anglais**) (Canada) Vieille voiture délabrée. → **²citron.** – *Opération « Adieu bazou » :* programme fédéral d'incitation au remplacement des véhicules usagés.

Bazy (**Pierre**) Chirurgien français (1853-1934). Il s'intéressa particulièrement aux maladies des voies urinaires.

Bazy (**Louis**) Chirurgien français (1883-1960), fils de Pierre Bazy. Il fut président de la Croix-Rouge française et promut la vaccination antitétanique.

BBC [bibisi] voir **British Broadcasting Corporation**

BCBG **adj.** (**sigle**) Bon chic* bon genre.

BCE voir **Banque centrale européenne**

BCG **n. m.** (**n. déposé ; sigle de** ***[vaccin] bilié de Calmette et Guérin***) Vaccin antituberculeux.

BD **n. f.** (**sigle**) fam. Bande dessinée. - var. **bédé.** *Des bédés.*

Be Symbole chimique du béryllium.

bè ou **bê** [bɛ] **interj.** (**onomatopée**) Onomatopée (souvent répétée) qui imite le bêlement.

Bea (**Augustinus**) Théologien catholique allemand (1881-1968). Cardinal jésuite, il prépara Vatican II et œuvra pour l'œcuménisme.

Raconter une histoire en images est une pratique très ancienne qui a longtemps permis de considérer que le 9ᵉ art commençait dès la grotte de Lascaux. On réserve aujourd'hui l'appellation de bande dessinée aux narrations en images diffusées industriellement et intégrant en général le texte à l'intérieur des vignettes (les bulles ou cartouches). Si certaines BD existent depuis la fin du XVIIIᵉ s., cet art ne s'est développé vraiment qu'à partir des années 1900, aux États-Unis, puis en Europe (école franco-belge). Initialement réservée aux enfants, la BD s'est ouverte depuis les années 1960 à un large public adulte. Depuis les années 1990, la production japonaise, très ancienne, déferle sur le reste du monde (les mangas).

Ci-dessus, fresque d'Astérix, rue de la Buanderie à Bruxelles, capitale de la bande dessinée.
1. René Pellos reprend à partir de 1948 les personnages des *Pieds Nickelés* créés par Louis Forton.
2. Jacques Tardi, *Adèle et la Bête* (1976).
3. Elzie Crisler Segar, *Popeye* (1936-1937).
4. Charles Monroe Schulz, *Un petit garçon nommé Charlie Brown* (dessin animé de Bill Melendez, 1969).
5. Alain Saint-Ogan, *Zig et Puce à New York* (1930).
6. François Bourgeon, *La Fille sous la dunette*, premier volume de la série « Les Passagers du vent » (1980).
7. Pat Sullivan, Félix le chat, dans le journal *Pearson's Weekly* (1924-1925).
8. André Franquin, *Gaston Lagaffe n° 12* (1971).
9. Winsor McCay, *Little Nemo in Slumberland* (1908).
10. Masashi Kishimoto, *Naruto* n° 39 (1999).
11. Zep, *Nadia se marie*, Titeuf tome 10 (2004).

1

2

3

4

5

6

7

8

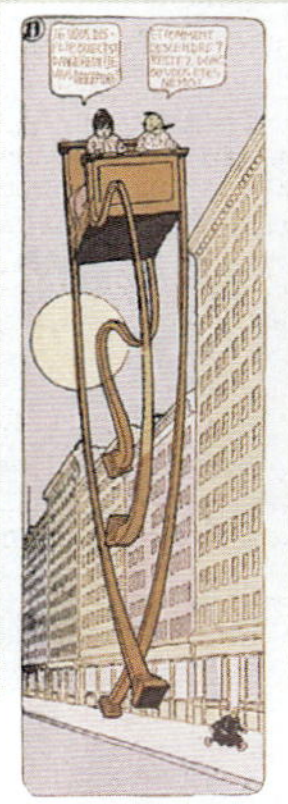
9

10

11

Beach Boys Groupe de rock américain formé en 1961. Leurs harmonies vocales et leurs mélodies ont marqué les années 1960. *Surf'in USA ; I Get Around ; Barbara Ann ; Good Vibrations.*

beach-volley [bitʃvɔlɛ] **n. m.** (de l'anglais « volley de plage *[beach]* ») anglic. Volleyball qui oppose deux équipes de deux joueurs sur une plage de sable. - recomm. offic. **volley sur sable.**

Beadle (George Wells) Biochimiste américain (1903-1989). Il mit en évidence l'action des gènes sur la synthèse des enzymes. Prix Nobel 1958.

beagle [bigl] **n. m.** (mot anglais) Chien courant, basset à jambes droites.

Beagle (canal de) Détroit qui fait communiquer l'Atlantique et le Pacifique, au S. de l'île principale de la Terre de Feu.

Beamon (Bob) Athlète américain (né en 1946). Champion olympique aux Jeux de Mexico, il a été détenteur du record du monde du saut en longueur (8,90 m) de 1968 à 1991.

béance **n. f.** littér. État de ce qui est béant (1). – fig. Ouverture, vide impossible à combler.

béant, ante **adj.** (de *béer*) littér. **1.** Grand ouvert. *Une plaie béante.* **2.** Qui ouvre grand la bouche. *Béant d'admiration.*

Beardsley (Aubrey Vincent) Dessinateur et écrivain britannique (1872-1898). Il illustra des ouvrages de Malory et Wilde. Son esthétique est caractéristique de l'Art nouveau. Écrivain, il est l'auteur de *L'Histoire de Vénus et Tannhaüser.*

Béarn **n. m.** Ancienne province du S.-O. de la France, qui forme, avec le Pays basque, le département des Pyrénées-Atlantiques. Capitale : Pau. Passée à la maison de Foix puis à la maison d'Albret, la vicomté du Béarn revint en 1548 à Antoine de Bourbon, époux de Jeanne d'Albret et père du futur Henri IV.

béarnais, aise **adj. et n.** **1.** Du Béarn. – *Les Béarnais.* **2.** *Sauce béarnaise* ou **n. f.** *une béarnaise :* sauce épaisse au beurre, aux œufs et à l'échalote.

Béart (Guy) Auteur, compositeur et interprète français de chansons (1930-2015). Son sens de la mélodie lui assura un grand succès populaire. *L'Eau vive ; Le Grand Chambardement.*

Béart (Emmanuelle) Actrice française (née en 1963). Fille de Guy Béart. Révélée au cinéma dans *Manon des sources* puis *La Belle Noiseuse,* elle a joué dans une cinquantaine de films dont *Nelly et Mr. Arnaud* et *Huit Femmes.* Son attachement à la scène la conduit à se produire régulièrement au théâtre.

[1]beat [bit] **adj. invar.** (mot anglais des États-Unis → beatnik) anglic. Relatif à la « beat generation ». *Allan Ginsberg, écrivain beat.*

[2]beat [bit] **n. m.** (anglais *to beat* « battre ») anglic., mus. Pulsation rythmique.

béat, ate **adj.** (latin *beatus* « heureux ») Exagérément satisfait et tranquille. *Sourire béat. Optimisme béat.* □ **adv. béatement**

beat generation **n. f.** anglais des États-Unis « la génération épuisée » Mouvement littéraire et social qui se développa aux États-Unis dans les années 1950.

▶ C'est entre New York et San Francisco, à la fin des années 1940, que naît la **Beat Generation**, cette « génération épuisée » de jeunes écrivains en rupture avec la société, qui va influencer profondément l'histoire des États-Unis. Autour d'Allen Ginsberg, Jack Kerouac, William Burroughs, et de leurs amis Lawrence Ferlinghetti, Neil Cassidy ou Gregory Corso, se développe en effet une culture centrée sur l'expérience des drogues, l'errance et la marginalité sociale. Avec le long poème halluciné *Howl* (1956), Ginsberg renouvelle profondément l'écriture poétique de son époque, se libérant des conventions et s'inspirant du jazz. *Sur la route* (1957) de Kerouac et *Le Festin nu* (1959) de Burroughs deviennent des livres cultes pour les hippies qui traversent l'Amérique en autostop et cherchent dans leur dérive la voie d'un ressourcement spirituel. Les « beatniks », comme on les appelle ironiquement, inventent un mode de vie aux antipodes de la version standard de l'*American Way of Life* : refus des convenances et de la société de consommation, libération spirituelle (tantrisme zen, bouddhisme) et sexuelle.

béatification **n. f.** (du latin médiéval → béat) Acte pontifical par lequel une personne défunte est mise au rang des bienheureux. □ **béatifier v. tr.** < 7 > (latin chrét.)

béatifique **adj.** (du latin chrét. → béat) relig. Qui procure la béatitude. *Vision béatifique :* extase procurée aux élus par la contemplation de Dieu.

béatitude **n. f.** (du latin chrét., de *beatus* → béat) **1.** théol. Félicité parfaite des élus au paradis. **2.** Bonheur parfait. → **euphorie, extase.** *Plongé dans une douce béatitude.* **3.** *Les Béatitudes :* les huit vertus que Jésus-Christ a exaltées dans le Sermon sur la montagne.

Beatles (les) Groupe britannique de musique pop (1962-1970). Fondé par George Harrison (1943-2001), John Lennon (1940-1980), Paul McCartney (né en 1942) et Ringo Starr (né en 1940), il se distingua par la liberté de ses compositions et par son humour. Il connut très vite un immense succès. *Love me Do ; Michelle ; Let it Be.*

Les Beatles au London Palladium (janvier 1964).

beatnik [bitnik] **n.** (mot anglais des États-Unis, de l'argot *beat* « foutu, paumé », et *-nik,* suffixe yiddish d'origine slave) anglic. **1.** Membre de la « beat generation ». **2.** Personne en révolte contre le conformisme bourgeois et la société de consommation, qui vit d'expédients. *Les beatniks des années 1960.* → **[4]baba, hippie.**

Beaton (Cecil) Photographe britannique (1904-1980). Célèbre pour ses photos de mode et ses portraits de stars (Greta Garbo, Marlene Dietrich, Marilyn Monroe), portraitiste officiel de la famille royale, il fut également costumier et décorateur pour le théâtre et le cinéma.

Béatrice Personnage de Dante, inspiré de **Beatrice Portinari** (v. 1265-1290), jeune Florentine pour laquelle le poète nourrit un amour durable. Il la célèbre dans *La Vita nuova.* Dans *La Divine Comédie,* elle le guide vers la vision de Dieu.

Beatrix Ire Reine des Pays-Bas (née en 1938). Fille de la reine Juliana, elle a accédé au trône en 1980 et a abdiqué en faveur de son fils Willem-Alexander en 2013.

Beattie (James) Poète et philosophe britannique (1735-1803). Il est l'auteur d'un long poème inspiré par l'époque médiévale, *Le Ménestrel.* Adversaire de Hume, il est connu pour son *Essai sur la vérité.*

Beatty (David) Amiral britannique (1871-1936). Il s'illustra contre les Allemands à la bataille du Jutland (1916) et fut premier lord de l'Amirauté entre 1921 et 1927.

Beatty (Warren) Acteur, réalisateur et producteur américain (né en 1937). Révélé en 1961 par *La Fièvre dans le sang* d'Elia Kazan, il a tourné avec A. Penn *(Bonnie and Clyde)* et R. Altman et a réalisé *Reds* sur la vie de John Reed.

[1]beau (ou **bel** devant un nom commençant par une voyelle ou un h muet et dans quelques locutions), **belle** **adj.** (vient du latin *bellus,* diminutif de *bonus* → [1]bon) **I.** Qui fait éprouver une émotion esthétique ; qui plaît à l'œil. → **joli, magnifique, ravissant, splendide, [2]superbe ;** s'oppose à *laid.* « *Un objet parfaitement beau comporte une parfaite simplicité* [...] » (Delacroix). *Un beau paysage.* – *Un bel homme, une belle femme. Beau, belle comme un astre, comme le jour.* ■ Bien habillé, apprêté. *Se faire beau, belle.* – *Le beau monde :* la société élégante, brillante. ■ loc. *Pour les beaux yeux* de qqn.* – fam. *Cela me fait une belle jambe*.* **II.** Qui fait naître un sentiment d'admiration ou de satisfaction (opposé à *mauvais, médiocre*). **1.** Admirable. *Un beau talent.* → **supérieur.** – *Un beau geste, une belle action.* → **[1]bon, généreux, grand, noble, sublime.** – fam., lang. enfantin *C'est* (ce n'est) *pas beau de mentir.* **2.** Très satisfaisant, très réussi dans son genre. *Un beau gâteau. Un beau voyage. Une belle situation. Un beau coup,* bien exécuté. – loc. *C'est trop beau pour être vrai.* ■ (temps) Clair, dégagé. → **ensoleillé, limpide, radieux.** *Quel beau temps ! Il fait beau.* – **n. m.** *Le baromètre est au beau, au beau fixe*.* ■ *Un beau jour*.* – *À la belle étoile*.* **3.** Qui est grand, nombreux ou important. *Un beau poulet.* → **gros.** *Une belle somme.* → **considérable, grand.** – *Il y a beau temps de cela :* il y a longtemps. **4.** par antiphrase Mauvais, vilain. *Une belle bronchite.* → **[1]bon.** *C'est du beau travail !* – **n. f.** *En faire, en dire de belles* (des sottises). *J'en apprends de belles.* – **n. m.** fam. *C'est du beau !,* se dit à un enfant qui se conduit mal. – *Un bel égoïste.* – iron. *Il ferait beau voir qu'ils agissent sans notre accord,* ce serait incroyable ; ce serait trop facile. **5.** *Avoir beau* (+ inf.) loc. verbale : s'efforcer en vain de. *J'ai beau crier, il n'entend rien,* quoique je crie... *On a beau dire, ça ne va pas si mal.* **6.** *Bel et bien* loc. adv. : réellement, véritablement. *Elle s'est bel et bien trompée.* – *De plus belle :* de nouveau et encore plus fort. *Il pleut de plus belle.* **III.** **n.** → **[2]beau ; belle.**

[2]beau **n. m.** **I.** (Beauté) **1.** Ce qui fait éprouver une émotion esthétique, un sentiment d'admiration. → **beauté.** *Le culte du beau. Le beau idéal, absolu.* **2.** fam. Choses de belle qualité. **II.** **1.** *Un vieux beau :* un vieil homme trop coquet, qui cherche encore à plaire. **2.** loc. *Faire le beau,* se tenir debout sur ses pattes postérieures (chien).

Beaucaire Commune du Gard. 15 659 habitants. Château des XIIIe et XIVe s., hôtel de ville du XVIIe, construit par F. Mansart. Centrale hydroélectrique sur le Rhône.

Beaucarne (Julos) Auteur, compositeur et interprète belge d'expression française (1936-2021). Avec des chansons simples et malicieuses, il transmet une culture populaire *(Le Cheval de corbillard),* classique (*L'Ogre* de V. Hugo) et une vision libertaire de la vie *(Lettre à Kissinger).*

Beauce **n. f.** Région du Canada, au S. de Québec. Industries manufacturières.

Beauce **n. f.** Région limoneuse du Bassin parisien, entre Chartres et la forêt d'Orléans. Agriculture intensive (céréales, betterave à sucre, pomme de terre). On appelle *petite Beauce* la région située entre les vallées de la Loire et du Loir.

Beauchamp (Charles Louis Beauchamps, dit Pierre) Danseur et chorégraphe français (1636-v. 1705). Il régla les divertissements de plusieurs pièces de Molière et les parties dansées d'œuvres de Lully. Il fut maître de ballet de l'Académie royale de musique et codifia les cinq positions classiques.

Beauchamp Commune du Val-d'Oise. 8 900 habitants.

Beauchemin (Yves) Romancier canadien (québécois) [né en 1941]. Fervent défenseur du patrimoine francophone du Québec, il est notamment l'auteur du *Matou* et de *Juliette Pomerleau.*

beaucoup **adv.** (de *beau* et *coup*) **1.** devant un nom *Beaucoup de :* un grand nombre de, une grande quantité de, un haut degré de. *Avoir beaucoup de choses à faire.* – *Beaucoup d'argent.* → **plein.** *Beaucoup de monde.* – *Beaucoup de chance.* **2.** nominal De nombreuses

B

choses, personnes. *Parmi ces objets, beaucoup sont rares. Beaucoup sont de mon avis.* – *C'est déjà beaucoup :* c'est déjà un beau résultat. ***De beaucoup*** : avec une grande différence. *Il s'en faut de beaucoup* (→ loin s'en faut). *Il est de beaucoup son aîné.* **3.** avec un verbe *Elle travaille beaucoup. Il a beaucoup changé.* → fam. **drôlement, rudement. 4.** avec un compar. *C'est beaucoup plus rapide. Beaucoup mieux. Beaucoup trop.*

Beau de Rochas (Alphonse) Ingénieur français (1815-1893). Il est l'inventeur du cycle à quatre temps (qui porte son nom), à la base du fonctionnement des moteurs à explosion.

Beaudin (André) Peintre, dessinateur, graveur et sculpteur français (1895-1979). Marqué par le cubisme après sa rencontre avec J. Gris, il est considéré comme un membre représentatif de l'école de Paris. Il s'attacha à atténuer les sujets au profit des lignes de force, de la couleur et de la luminosité. *Le Miroir.*

Beaudouin (Eugène) Architecte et urbaniste français (1898-1983). Il réalisa, avec M. Lods, des constructions en préfabriqué (cité du Champ-des-Oiseaux à Bagneux, école de plein air de Suresnes) et conçut de nombreux bâtiments administratifs.

beauf n. m. (abrév.) fam. **1.** Beau-frère. **2.** Homme peu cultivé, vulgaire, étroit d'esprit et phallocrate. – par ext. *Elle et son mari sont de vrais beaufs.*

beau-fils [bofis] n. m. **1.** Fils d'un conjoint, pour l'autre conjoint. *Des beaux-fils.* **2.** Gendre.

beaufort n. m. (du n. de la commune de Savoie) Fromage de lait de vache (Savoie) à pâte pressée et cuite.

Beaufort Famille française issue de Gabrielle d'Estrées, faite duchesse de Beaufort par Henri IV. ■ **François de Bourbon-Vendôme, duc de Beaufort** (1616-1669). Petit-fils d'Henri IV et de Gabrielle d'Estrées, il fut l'un des chefs de la Fronde, surnommé « le roi des Halles ».

Beaufort (sir Francis) Amiral britannique (1774-1857). Il proposa en 1805 une échelle pour mesurer la force des vents *(échelle de Beaufort).*

Beaufort (mer de) Partie de l'océan Arctique baignant le N. de l'Alaska et du Canada. Réserves de gaz et de pétrole.

Beaufort ou **Beaufort-sur-Doron** Commune de la Savoie, dans le Beaufortin. 2 024 habitants. Centrale hydroélectrique. Fromage.

Beaufort-en-Anjou Commune du Maine-et-Loire, dans le Val d'Anjou. 7 096 habitants. Église du XVIe siècle.

Beaufortin n. m. ou massif de **Beaufort** Massif cristallin des Alpes du Nord, au N. de la Tarentaise. Sylviculture. Élevage bovin (fromage de *beaufort*).

Beaufre (André) Général français (1902-1975). Il mena une réflexion sur les modifications de la stratégie militaire imposées par l'arme nucléaire *(Dissuasion et Stratégie).*

beau-frère n. m. **1.** Frère du conjoint, pour l'autre conjoint. → fam. **beauf. 2.** Mari de la sœur, du frère, de la belle-sœur ou du beau-frère d'une personne. *Des beaux-frères.*

Beaugency Commune du Loiret, sur la Loire. 7 384 habitants. Donjon du XIe s. Abbatiale du XIIe s. Château du XVe siècle.

Beauharnais (Alexandre, vicomte de) Général français (1760-1794). Il épousa en 1779 Joséphine Tascher de La Pagerie, future impératrice des Français. Accusé d'avoir mal défendu Mayence en 1793, il fut guillotiné.

Beauharnais (Joséphine de) voir **Joséphine**

Beauharnais (Eugène de) Général français (1781-1824). Fils d'Alexandre de Beauharnais et de Joséphine Tascher de La Pagerie, il accompagna Bonaparte, son beau-père, dans les campagnes d'Italie et d'Égypte. Il devint général en 1804, prince d'Empire et vice-roi d'Italie en 1805.

Beauharnais (Hortense de) Reine de Hollande (1783-1837). Fille d'Alexandre de Beauharnais et de Joséphine Tascher de La Pagerie, elle épousa Louis Bonaparte, avec lequel elle eut Charles Louis Napoléon, futur Napoléon III. Elle devint reine de Hollande en 1806.

Beauharnois Ville du Québec, au Canada, sur la rive droite du Saint-Laurent. 11 918 habitants. Centrale hydroélectrique.

Beaujeu (Anne de) voir **Anne de France**

Beaujeu Commune du Rhône. 2 144 habitants. Ancienne capitale du Beaujolais. Viticulture.

beaujolais n. m. Vin du Beaujolais. *Le beaujolais nouveau est arrivé.* - abrév. fam. **beaujo.**

Beaujolais n. m. Région de l'E. du Massif central, formée par la *côte beaujolaise* et les *monts du Beaujolais.* La côte beaujolaise est réputée pour son activité viticole (brouilly, chiroubles, juliénas...).

Beaujoyeulx (Baldassarino di Belgioioso, dit en français Balthazar de) Danseur, maître de ballet et chorégraphe français d'origine italienne (début XVIe s.-1587). Il organisa des fêtes pour les cours de Marie Stuart, Charles IX, Henri III et Catherine de Médicis. *Ballet comique de la reine.*

Beaulieu (Victor-Lévy) Écrivain canadien (québécois) [né en 1945]. Essayiste, romancier et dramaturge, il a fondé sa maison d'édition. *Don Quichotte de la Démanche ; Bouscotte ; L'Héritage.*

Beaulieu-lès-Loches Commune de l'Indre-et-Loire, sur la rive droite de l'Indre. 1 754 habitants. Ancienne abbaye fondée par Foulques Nerra en 1004. La paix de Monsieur y fut signée entre catholiques et protestants en 1576.

Beaulieu-sur-Dordogne Commune de la Corrèze, sur la Dordogne. 1 290 habitants. Église romane, ancienne abbaye fondée au IXe siècle.

Beaulieu-sur-Mer Commune des Alpes-Maritimes. 3 762 habitants. Station balnéaire.

Beaumanoir (Philippe de Remi, sire de) Jurisconsulte français (1246-1296). Il rédigea les *Coutumes de Beauvaisis,* un document fondamental sur le droit coutumier et les institutions de l'époque.

Beaumanoir (Jean de) Maréchal de Bretagne (mort en 1366 ou 1367). Pendant la guerre de Succession de Bretagne, il s'illustra au combat des Trente (1351).

Beaumarchais (Pierre Augustin Caron de) Écrivain et auteur dramatique (1732-1799). Brillant, intrépide et intrigant, auteur de drames bourgeois *(Eugénie ou la Vertu du désespoir),* il connut le succès avec *Le Barbier de Séville* et *Le Mariage de Figaro,* d'abord interdits par la censure, qui apparaissaient, à la veille de la Révolution, comme une revendication du bon droit du tiers état. Il fonda la Société des auteurs dramatiques.

Beaumes-de-Venise Commune du Vaucluse, près de Carpentras. 2 379 habitants. Vin muscat réputé.

Beaumetz [bomɛ] **(Jean de)** Peintre français originaire de la Flandre (connu de 1370 à 1396). Au service du roi de France puis de Philippe le Hardi, il dirigea les travaux décoratifs de la chartreuse de Champmol et fut l'un des premiers représentants de l'école bourguignonne.

Beaumont (Francis) Auteur dramatique anglais (1584-1616). Collaborateur de John Fletcher, il est l'auteur de comédies et de tragédies. *La Tragédie de la jeune fille ; Un roi sans être roi ; La Belle Dédaigneuse.*

Beaumont (Christophe de) Prélat français (1703-1781). Archevêque de Paris en 1746, il lutta contre les jansénistes et les philosophes. Il condamna l'*Émile* de Jean-Jacques Rousseau, qui lui répondit par la *Lettre à M. de Beaumont* en 1762.

Beaumont (Élie de) voir **Élie de Beaumont**

Beaumont Ville des États-Unis (Texas). 115 280 habitants. Port pétrolier ; principal centre pétrochimique du Texas.

Beaumont Commune du Puy-de-Dôme, dans la banlieue de Clermont-Ferrand. 10 630 habitants. Église des XIIe et XIIIe siècles.

Beaumont-de-Lomagne Commune du Tarn-et-Garonne, sur la Gimone. 3 778 habitants. Église du XIVe s. ; halles du XVe siècle.

Beaumont-sur-Oise Commune du Val-d'Oise, sur l'Oise. 9 572 habitants. Église des XIIe-XIIIe s. ; vestiges d'un château du XIIIe siècle.

Beaune Chef-lieu d'arrondissement de la Côte-d'Or, en bordure de la côte de Beaune. 20 122 habitants. Beffroi du XIVe s. Hospices (Hôtel-Dieu) du XVe s., fondé par le chancelier N. Rolin. Musée abritant le polyptyque du *Jugement dernier,* de Van der Weyden ; musée du vin de Bourgogne.

Beaune, les Hospices (hôtel-Dieu).

Beaune (côte de) Région de grands crus de la Bourgogne, au N. et au S. de Beaune, qui fait suite, vers le S., à la côte de Nuits.

Beauneveu (André) Sculpteur, peintre et miniaturiste français (v. 1330-entre 1403 et 1413). Il fut l'un des artistes les plus célèbres de son époque et travailla pour Charles V, pour le comte de Flandre puis pour Jean de Berry.

beau-parent n. m. **1.** au plur. *Les beaux-parents :* les parents du conjoint, pour l'autre conjoint. → **beau-père, belle-mère. 2.** Celui ou celle qui vit avec un de ses parents, pour un enfant d'une autre union. → **coparent.**

beau-père n. m. **1.** Père du conjoint, pour l'autre conjoint. **2.** Mari de l'un des parents, pour les enfants d'une autre union. *Des beaux-pères.*

Beauperthuy (Louis Daniel) Médecin français (1807-1871). Il découvrit la responsabilité d'un moustique (la stégomyie) dans l'inoculation de la fièvre jaune.

beaupré n. m. (de l'anglais ancien « mât de proue *[bow]* ») *(Mât de) beaupré :* mât placé à l'avant d'un voilier. *Voile du beaupré.* → **foc.**

Beaupréau-en-Mauges Commune du Maine-et-Loire, en Anjou. 23 465 habitants. Château du XIe s., remanié à plusieurs reprises. Textile ; cuir.

Beaurains Commune du Pas-de-Calais. 5 509 habitants. On y découvrit en 1922 le *trésor de Beaurains,* datant de l'époque gallo-romaine.

Beausoleil Commune des Alpes-Maritimes. 13 153 habitants. Station balnéaire.

Beaussant (Philippe) Écrivain et musicologue français (1930-2016). Spécialiste de la musique baroque, il est l'auteur de nombreux ouvrages sur le sujet *(Lully ou le Musi-*

cien du soleil ; Vous avez dit baroque ?). Il fonda le Centre de musique baroque de Versailles. Académie française.

Beausset (Le) Commune du Var. 9 802 habitants. Chapelle romane du XIIe siècle.

beauté **n. f. I. 1.** Caractère de ce qui est beau (I) ; manifestation du beau. → **harmonie, joliesse, splendeur.** *Étude de la beauté.* → **esthétique.** *« La mode même et les pays règlent ce que l'on appelle beauté »* (Pascal). – ***De toute beauté*** : très beau. – ***En beauté*** loc. adv. : magnifiquement. *Terminer une course en beauté.* **2.** Qualité d'une personne belle. *Être d'une grande beauté, dans tout l'éclat de sa beauté.* – *Un institut, des produits de beauté.* – *La beauté du diable* : la beauté que confère la jeunesse à une personne sans beauté réelle. – *Être **en beauté*** : paraître plus beau, plus belle que d'habitude. – *Se faire, se refaire une beauté* : se coiffer, se farder. – *Grain* de beauté.* **3.** *Une beauté* : une femme très belle. → **belle n. f. 4.** au plur. ***Les beautés*** : les belles choses, les beaux détails (d'un lieu, d'une œuvre...). *Les beautés d'un musée.* **II.** Caractère de ce qui est moralement admirable. → **noblesse.** *Pour la beauté du geste* : dans un esprit désintéressé.

Beauté (château de) Ancienne résidence royale construite par Charles V vers 1375 au lieudit Beauté-sur-Marne, rasée en 1622.

Beauvais Chef-lieu de l'Oise. 56 889 habitants. Évêché ; cathédrale gothique inachevée ; église des XIIe et XVIe s. ; manufacture nationale de la Tapisserie. Chimie. Agroalimentaire. Aéroport (Tillé). Assiégée par les Anglais en 1443, puis par Charles le Téméraire en 1472, la ville fut défendue par Jeanne Hachette.

Beauvaisis **n. m.** Pays du Bassin parisien, aux confins de la Picardie et de l'Île-de-France. Peuplé à l'origine par les Bellovaques, avec Beauvais pour capitale, il fut incorporé au domaine royal sous Louis XI.

Beauvallon Station balnéaire du Var sur la rive N. du golfe de Saint-Tropez.

Beauvillier (François-Honorat de), duc de Saint-Aignan Homme de guerre français (1607-1687). Il fut protecteur des gens de lettres sous Louis XIV. ■ **Paul, duc de Beauvillier** (1648-1714). Fils de François-Honorat. Gouverneur des ducs de Bourgogne (1689), d'Anjou (1690) et de Berry (1693), il fut nommé ministre d'État en 1691.

Beauvoir (Simone de) Écrivaine française (1908-1986). Elle est l'autrice de romans, de nouvelles, de Mémoires et d'essais, notamment sur la place de la femme dans la société. Elle fut la compagne de Jean-Paul Sartre, avec lequel elle partagea une réflexion sur l'engagement. *Le Deuxième Sexe ; Les Mandarins ; Mémoires d'une jeune fille rangée.*

Beauvoir-sur-Mer Commune de la Vendée. 3 887 habitants. Marais salants.

beaux-arts [bozaʀ] **n. m. pl.** Arts* (techniques) qui ont pour objet la représentation du beau et, spécialt, du beau plastique. → **architecture, gravure, peinture, sculpture.** *L'École des beaux-arts* ; ellipt *faire les Beaux-Arts.*

beaux-arts (École nationale supérieure des) (ENSBA) Établissement public d'enseignement supérieur, créé à Paris en 1648. On y enseigne les arts plastiques et graphiques.

beaux-enfants **n. m. pl.** Enfants que l'autre conjoint a eus d'une autre union, pour un conjoint. → **beau-fils, belle-fille.**

Beauvais

Beauvais, la cathédrale Saint-Pierre qui possède le plus haut chœur gothique au monde.

bébé **n. m. (anglais *baby*) 1.** Enfant en bas âge. → **nourrisson, nouveau-né, poupon, tout-petit.** – *Attendre un bébé* : être enceinte. – *Un bébé-éprouvette*, conçu par fécondation in vitro. *Des bébés-éprouvette.* – fam. *Faire le bébé* : se conduire d'une façon puérile. adjectivt *Elle est restée très bébé.* – **(trad. de l'anglais)** loc. *Jeter le bébé avec l'eau du bain* : supprimer, rejeter en bloc qqch., sans tenir compte d'éventuels aspects positifs. ■ fam. (en loc.) Affaire délicate, embarrassante. *Refiler le bébé à qqn. Hériter du bébé.* ■ fig. Création, production. *Cinéaste qui vient parler de son dernier bébé.* **2.** *Bébé en celluloïd,* poupée. → **baigneur. 3.** Très jeune animal (avec un nom en appos.). *Des bébés phoques.*

Beauvoir (Simone de)

Simone de Beauvoir photographiée en 1948 par Gisèle Freund, Musée national d'art moderne, Centre Georges-Pompidou, Paris.

Bebel (August) Homme politique allemand (1840-1913). Il fut l'un des fondateurs du Parti ouvrier social-démocrate.

bébelle ou **bebelle** **n. f. (d'une racine *beb-* signifiant « jouet ») (Canada, Louisiane)** fam. **1.** Jouet. *Range tes bébelles.* **2.** Chose insignifiante. → **babiole, bricole ; régional cossin.**

bébête **(de *bête*)** fam. **1. adj.** Un peu bête ; niais. → **nigaud. 2. n. f.** Petite bête. → régional **bébite.**

bébite ou **bebite** **n. f. (de *bête*) (Canada)** fam. Insecte ; petite bête. → **bébête, bestiole.** - syn. **bibite** ou **bibitte.**

be-bop [bibɔp] **n. m. (mot anglais des États-Unis, onomatopée)** Style de jazz développé au début des années 1940. *Des be-bops.* - abrév. **bop.** - var. RO **bebop.**

bec **n. m. (vient du latin *beccus*) 1.** Bouche cornée et saillante des oiseaux, démunie de dents. *Le bec crochu de l'aigle. « Le héron au long bec* [...] *»* (La Fontaine). – Bouche cornée (des tortues, céphalopodes...). **2.** loc. fam. *Rester, se retrouver **le bec dans l'eau**,* se retrouver sans rien, sans avoir bénéficié de la situation. – **(trad. du latin)** *Se défendre bec et ongles,* par tous les moyens. ■ (dans des loc.) Bouche de l'homme. *Ouvrir, fermer le bec* (parole). *« Il n'est bon bec que de Paris »* (Villon). (Canada) *Se sucrer le bec* : consommer des sucreries. – ***Prise de bec*** : altercation. → **dispute. 3.** fam. (nord de la France, Canada, Suisse) Baiser. *Donne-moi un petit bec.* → **bécot, ²bise. 4.** Extrémité (d'un objet terminé en pointe). ■ Petite avancée en pointe d'un récipient, pour verser le liquide. *Casserole à bec verseur.* ■ géogr. Pointe de terre qui s'avance dans l'eau. → **cap, promontoire.** ■ Embouchure d'un instrument à vent. *Le bec d'une clarinette.* **5.** Brûleur. *Bec Bunsen.* – ***Bec de gaz*** : réverbère (autrefois à gaz). – fam. *Tomber sur un bec* : rencontrer un obstacle imprévu.

bécane **n. f. (p.-ê. famille de *bec*)** fam. **1.** Machine, spécialt ordinateur. *Il travaille sur sa bécane.* **2.** Bicyclette, cyclomoteur ou moto. *Il va au lycée en bécane.*

bécard **n. m. 1.** Saumon mâle, dont la mâchoire inférieure est recourbée. **2.** Brochet d'une certaine taille.

bécarre **n. m. (trad. du latin, « b carré »)** Signe de musique (♮) placé devant une note haussée par un dièse ou baissée par un bémol, pour la rétablir dans un ton naturel. – appos. invar. *Un mi bécarre.*

bécasse **n. f. 1.** Oiseau échassier migrateur, au long bec, à chair très estimée. **2.** fam. Femme sotte. *Quelle bécasse !*

bécasseau **n. m. 1.** Petit de la bécasse. **2.** Petit échassier des bords des étangs ou de la mer.

bécassine **n. f. 1.** Oiseau échassier migrateur de petite taille, au bec long, aux pattes dénudées. **2.** fam. et péj. Jeune fille niaise.

Bécassine Personnage de bande dessinée créé en 1905 par le dessinateur Pinchon et le scénariste Caumery dans l'hebdomadaire *La Semaine de Suzette.* Bécassine, jeune Bretonne naïve, est le type de la servante dévouée à sa maîtresse.

Bécaud (François Silly, dit Gilbert) Chanteur et compositeur français (1927-2001). Sa présence scénique (il fut surnommé « Monsieur 100 000 volts ») et son grand sens mélodique lui assurèrent un large succès populaire. *Nathalie ; Et maintenant.*

Beccafumi (Domenico di Pace, dit Domenico) Peintre, sculpteur et graveur italien (v. 1486-1551). Figure du maniérisme italien, actif à Sienne, il introduisit des contrastes d'ombre et de lumière dans la richesse des coloris siennois. *L'Archange Michel ;* fresques du Palazzo Pubblico de Sienne.

Beccaria **(Cesare Bonesana, marquis de)** Juriste et économiste italien (1738-1794). Il dénonça la torture et la peine de mort, et prôna, dans le domaine de la criminalité, la prévention plutôt que la répression. *Des délits et des peines*, en 1764, posa les bases de la réflexion moderne en matière de droit pénal.

bec-croisé **n. m.** Passereau dont les mandibules du bec se croisent à la façon de lames de ciseaux. *Des becs-croisés.*

bec-d'âne voir **bédane**

bec-de-cane **n. m.** Pêne d'une serrure qui rentre lorsqu'on manœuvre la poignée. – Cette poignée. *Des becs-de-cane.*

bec-de-corbeau **n. m.** Pince coupante. – Outil tranchant recourbé à une extrémité. *Des becs-de-corbeau.*

bec-de-corbin **n. m. (de *bec* et *corbin* « corbeau ») techn. 1.** Arme ancienne en forme de marteau, à bout pointu et recourbé. **2.** Ciseau à fer pointu et recourbé. *Des becs-de-corbin.*

bec-de-lièvre **n. m.** Malformation congénitale de la face, fissure de la lèvre supérieure. *Des becs-de-lièvre* **(→ [2]palatin).**

becfigue **n. m. (de l'italien → bec et figue)** Bec-fin ; **spécialt** fauvette.

bêchage **n. m.** Action de bêcher. *Le bêchage d'un jardin, d'un massif.*

béchamel **n. f. (du n. de Louis de Béchamel, maître d'hôtel de Louis XIV)** Sauce blanche à base de lait. *Endives à la béchamel.* – **appos.** *Sauce béchamel.*

Béchar anciennement **Colomb-Béchar** Ville d'Algérie, au N.-O. du Sahara, près de la frontière marocaine. 165 200 habitants. Nœud ferroviaire et centre de commerce, à proximité d'exploitations minières.

bêche **n. f. (de *bêcher*)** Outil de jardinage composé d'un fer large, plat et tranchant, adapté à un manche.

bêche-de-mer voir **bichlamar**

Bec-Hellouin (Le) Commune de l'Eure. 402 habitants. Son abbaye bénédictine, fondée en 1034, en fit un important foyer intellectuel au Moyen Âge, sous l'impulsion de Lanfranc et de saint Anselme.

bécher [beʃɛʀ] **n. m. (de l'allemand, du latin pop. *becarius*) chim.** Gobelet utilisé dans les laboratoires (de chimie, etc.).

[1]bêcher **v. tr. < 1 > (vient du latin pop., famille de *bis-*, et p.-ê. *secare* « couper » → scier)** Fendre, retourner (la terre) avec une bêche.

[2]bêcher **v. tr. < 1 > (p.-ê. emploi figuré de [1]*bêcher*) fam.** Être prétentieux et snob à l'égard de (qqn). **→ snober.** *Alors, tu nous bêches, aujourd'hui ?*

Bechet **(Sidney)** Musicien de jazz américain (1891 ou 1897-1959). D'abord clarinettiste, il se fit connaître par son vibrato au saxophone soprano. Il entama une carrière internationale dès 1919 et fut l'un des représentants les plus connus du style « New Orleans ».

bêcheur, euse **n.** Personne prétentieuse et snob. *Une petite bêcheuse.*

Bechterev **(Vladimir Mikhaïlovitch)** Psychophysiologiste russe (1857-1927). À partir de son étude de la neuropsychologie et des réflexes conditionnés (il collabora avec Pavlov), il développa la notion de psychologie objective, fondée sur la réaction à des stimulus.

Bechuanaland **n. m.** voir **Botswana**

bec-jaune voir **béjaune**

Beck **(Ludwig)** Général allemand (1880-1944). L'un des créateurs de la Wehrmacht, il participa ensuite au complot qui élabora l'attentat contre Hitler le 20 juillet 1944.

Beck **(Béatrix)** Écrivaine française d'origine belge (1914-2008). Elle fut la secrétaire d'André Gide, qui l'encouragea à écrire. Elle a publié des romans d'inspiration souvent autobiographique, où l'amour, la religion et l'écriture apparaissent comme des moyens de transcender l'existence. *Léon Morin, prêtre.*

Beck **(Julian)** Acteur et directeur de théâtre américain (1925-1985). Fondateur du Living Theatre avec Judith Malina (1947-2015), il assigna au théâtre un rôle de contestation permanente et de foyer de la non-culture. *Paradise now.*

Beckenbauer **(Franz)** Footballeur allemand (né en 1945). Libéro, il effectua la majeure partie de sa carrière au Bayern de Munich, puis devint entraîneur de l'équipe de la RFA. Vainqueur de deux Coupes du monde, l'une en tant que joueur (1974) et l'autre en tant qu'entraîneur (1990).

Becker **(Jacques)** Cinéaste français (1906-1960). Son œuvre témoigne de la réalité sociale française d'après-guerre. *Rendez-vous de juillet ; Casque d'or.*

Becker **(Gary Stanley)** Économiste américain (1930-2014). Représentant de l'école de Chicago, il a travaillé sur la notion de capital humain. Prix Nobel 1992.

Becker **(Boris)** Joueur de tennis allemand (né en 1967). Doté d'un jeu complet et agressif, excellant dans le service, il remporta 6 tournois du Grand Chelem et contribua à faire évoluer le tennis vers un jeu essentiellement d'attaque.

Becket voir **Thomas Becket (saint)**

Beckett **(Samuel)** Écrivain irlandais (1906-1989). Fixé en France en 1937, il écrivit principalement en français à partir de 1945. Auteur de romans *(Murphy ; Malone meurt)*, qui reflètent, avec pessimisme et humour, une humanité empreinte de fatalisme, il connut la célébrité avec son œuvre théâtrale associée au théâtre de l'absurde *(En attendant Godot ; Fin de partie ; Oh les beaux jours)*, qui offre une vision dérisoire et bouffonne de la condition humaine confrontée à un monde incompréhensible. Prix Nobel 1969.

Samuel Beckett pendant une répétition de *En attendant Godot* à New York (1964).

Beckham **(David)** Footballeur britannique (né en 1975). Réputé pour sa frappe de balle et ses coups francs enroulés, il a fait la plus grande partie de sa carrière au sein de la Manchester United et du Real Madrid.

Beckmann **(Max)** Peintre et dessinateur allemand (1884-1950). Issu du courant expressionniste, il évolua vers les portraits et les scènes brutales, composés de traits secs et appuyés, d'une grande intensité chromatique. *Le Naufrage du Titanic.*

Béclère **(Antoine)** Médecin français (1856-1939). Il créa l'enseignement de la radiologie médicale en France.

bécot **n. m. (de *bec*) fam.** Baiser affectueux.

bécoter **v. tr. < 1 > fam.** Donner des bécots. – **pronom.** S'embrasser. *Amoureux qui se bécotent en public.*

Becque **(Henry)** Auteur dramatique français (1837-1899). Ses comédies et ses drames réalistes mettent en scène la société bourgeoise des débuts de la IIIe République. *Les Corbeaux ; La Parisienne.*

becquée ou **béquée** **n. f.** Ce qu'un oiseau prend dans son bec pour se nourrir ou nourrir ses petits. *Donner la becquée.* – **par ext.** *Donner la becquée à un bébé, à un malade*, le nourrir bouchée par bouchée.

Bécquer **(Gustavo Adolfo)** Poète et prosateur espagnol (1836-1870). Chantre de l'irréel et de l'amour délicat, il créa un monde magique, inspiré par les grandes légendes populaires. *Légendes espagnoles ; Rimes.*

becquerel **n. m. (du n. de Henri Becquerel) phys.** Unité d'activité radioactive (symb. Bq) correspondant à une transition spontanée par seconde.

Becquerel **(Antoine)** Physicien français (1788-1878). Inventeur de la pile impolarisable à deux liquides, il contribua activement au progrès de l'électrochimie.

Becquerel **(Edmond)** Physicien français (1820-1891). Fils d'Antoine Becquerel. Il mit en évidence la partie ultraviolette du spectre de la lumière solaire grâce à la photographie.

Becquerel **(Henri)** Physicien français (1852-1908). Fils d'Edmond Becquerel. En étudiant des sels d'uranium, il découvrit le phénomène de la radioactivité. Prix Nobel 1903, avec P. et M. Curie.

becquet **n. m.** voir **béquet**

[1]becqueter ou **béqueter** **v. tr. < 4 ou RO 5 >** Piquer avec le bec. **→ picorer.**

[2]becqueter voir **becter**

bectance ou **becquetance** **n. f. pop.** Nourriture. **→ [2]bouffe.**

becter **< 1 >** ou **becqueter** **< 4 ou RO 5 > v. tr. (de *bec*) fam.** Manger. **→ bouffer.** *Ils ont tout becté !*

bedaine **n. f. (de l'ancien français *boudine* « nombril » → boudin) fam.** Gros ventre. **→ bedon, bide.** *Il a une bonne bedaine.*

bed and breakfast [bɛdɛndbʀɛkfœst] **n. m. invar. (mots anglais, de *bed* « lit » et *breakfast* « petit-déjeuner »)** Hébergement chez l'habitant, dans les pays anglo-saxons, selon une formule comprenant chambre et petit-déjeuner.

bédane **n. m. (de *bec* et de l'ancien français *ane* « canard », confondu avec *âne*) techn.** Burin étroit dont le tranchant est dans le sens de l'épaisseur. - syn. **bec-d'âne.** *Des becs-d'âne.*

Bédard **(Pierre Stanislas)** Avocat, homme politique et journaliste canadien (1762-1829). Il fut le premier dirigeant du Parti canadien, ou Parti patriote.

Bédarieux Commune de l'Hérault, dans la vallée de l'Orb. 5 736 habitants.

Bedaux **(Charles)** Ingénieur français (1888-1944). Il mit au point un système de mesure de l'effort fourni lors d'un travail, dont l'unité de mesure est le point-minute, ou *point-Bedaux.*

Beddoes **(Thomas Lovell)** Poète et dramaturge britannique (1803-1849). Il subit l'influence du romantisme allemand. Son œuvre montre un goût du macabre et du surnaturel. *Improvisatore ; Recueil de bons mots de la Mort.*

Bède ou **Beda** **(saint)**, dit **le Vénérable** Érudit et historien anglo-saxon (673-735). Bénédictin, il est l'auteur d'ouvrages variés (traité de métrique, histoire naturelle, chronologie universelle...) mais l'*Histoire ecclésiastique des Angles* reste son œuvre fondamentale.

bédé voir **BD.**

bédéaste ou **bédéiste** **n. (de *bédé*)** Auteur de bandes dessinées.

bedeau **n. m. (vient du francique)** Employé laïque préposé au service matériel, dans une église. **→ marguillier, sacristain.** *Des bedeaux.*

Bedel **(Maurice)** Écrivain français (1883-1954). Médecin, journaliste, globe-trotteur, il est l'auteur notamment de *Jérôme 60° de latitude nord.* Il dénonça les dangers du fascisme dès la fin des années 1920.

bédéthèque **n. f. 1.** Collection de bandes dessinées. **2.** Lieu où elles sont entreposées.

Bedford (Jean de Lancastre, duc de) Prince anglais (1389-1435). Frère d'Henri V, il fut régent de France pour son neveu Henri VI (1422).

Bedford Ville d'Angleterre, chef-lieu du Bedfordshire, dans une boucle de l'Ouse, au N. de Londres. 87 500 habitants. Constructions mécaniques, aéronautiques.

Bedfordshire n. m. Comté du S. de l'Angleterre, au N. de Londres. 1 234 km^2. 170 000 habitants. Chef-lieu : Bedford. Région agricole dont l'industrialisation s'est accélérée en raison de la proximité de Londres.

Bédié (Henri Konan) Homme d'État ivoirien (né en 1934). Il fut président de la République de 1993 à 1999.

Bédier (Joseph) Médiéviste français (1864-1938). Élève de Gaston Paris, il lui succéda à la chaire de langue et littérature françaises du Moyen Âge au Collège de France (1903-1936). Il aida à la redécouverte des grandes œuvres de la littérature médiévale française grâce à ses éditions des *Fabliaux*, de *Tristan et Iseult*, et de la *Chanson de Roland*.

Bednorz (Johannes Georg) Physicien allemand (né en 1950). Il découvrit les propriétés supraconductrices de céramiques apparaissant à 35 kelvins (–238 °C). Prix Nobel 1987.

bedon n. m. (→ bedaine) fam. Ventre rebondi.

bedonnant, ante adj. fam. Qui a un gros ventre. → **ventripotent.**

bedonner v. intr. < 1 > fam. Prendre du ventre.

Bedos (Guy) Acteur et humoriste français (1934-2020). Avec un humour caustique, il a dénoncé dans ses sketchs l'hypocrisie et la bêtise, sans ménager le monde politique.

bédouin, ine n. (de l'arabe « habitant du désert ») Arabe nomade du désert. – adj. *Tentes bédouines.*

Bédouins n. m. pl. Arabes nomades d'Afrique du Nord et du Proche-Orient.

Bédriac Ancienne ville d'Italie du Nord, en Gaule cisalpine. Vitellius y battit Othon en 69.

bée adj. (de *béer*) (seul emploi) *Bouche bée* : la bouche ouverte (d'admiration, d'étonnement). *J'en suis resté bouche bée.*

Beebe (William) Explorateur et naturaliste américain (1877-1962). Il mit au point la bathysphère, avec laquelle il effectua de nombreuses plongées sous-marines.

Beecham (sir Thomas) Chef d'orchestre britannique (1879-1961). Il fonda le London Philharmonic Orchestra et le Royal Philharmonic Orchestra.

Beecher-Stowe (Harriet Elizabeth), née Beecher Romancière américaine (1811-1896). Son roman *La Case de l'oncle Tom*, dont les héros sont des esclaves, provoqua une vive polémique lors de sa parution en 1851, à la veille de la guerre de Sécession.

Beeckmann (Isaac) Physicien hollandais (1588-1637). Il formula la loi de conservation du mouvement et étudia, avant Galilée, la chute des corps.

Beer (Wilhelm) Astronome allemand (1797-1850). Il fut à l'origine, avec Mädler, de l'établissement d'une carte de la Lune et participa à celle de la planète Mars.

béer v. intr. (vient du latin *batare* → bâiller) **1.** rare Être grand ouvert. **2.** littér. Ouvrir tout grand la bouche. → **béant, bée.**

Beernaert (Auguste) Homme politique belge (1829-1912). Premier ministre (1884-1894), il fit voter la reconnaissance de l'État indépendant du Congo. Prix Nobel de la paix 1909.

Beerse Commune de Belgique (province d'Anvers). 18 128 habitants. Taille du diamant.

Beersheba ou **Beer Sheva** Ville d'Israël dans le N. du Néguev. 209 600 habitants. Université. Industrie du bois, informatique (cybersécurité), chimique. Oléoduc.

Beethoven (Ludwig van) Compositeur allemand (1770-1827). Enfant prodige, il donna son premier concert à huit ans. Installé à Vienne où il suivit l'enseignement de Haydn, il en devint l'une des personnalités musicales dominantes, et s'y révéla pianiste virtuose. Il fut frappé de surdité à partir de 1802. Sa remarquable indépendance d'esprit — il adopta notamment les idées révolutionnaires françaises — transparaît dans son œuvre, inclassable selon la typologie traditionnelle : elle est l'expression d'une grande force morale et apparaît comme une célébration de la liberté. Il composa notamment des sonates (*Clair de lune ; Hammerklavier ; Appassionata*), des quatuors, des concertos, des symphonies (*Pastorale ; Neuvième*), des bagatelles (*Lettre à Élise*) et un opéra, *Fidelio*.

beffroi n. m. (de *berfroi*, du francique « mettre en paix ») **1.** Tour de bois mobile employée au moyen âge dans le siège des villes. **2.** Tour municipale d'où l'on faisait le guet. – régional Tour, clocher. *Des beffrois.*

Le beffroi de Bruges, dont le carillon compte 47 cloches.

bégaiement n. m. **1.** Trouble de la parole qui se manifeste par la répétition saccadée d'une syllabe et l'arrêt involontaire du débit des mots. **2.** fig. Premier essai ; tentative hésitante, maladroite. → **tâtonnement.** *Les premiers bégaiements d'une technique.*

Bégard Commune des Côtes-d'Armor. 4 810 habitants. Ruines d'une abbaye cistercienne du XIIe siècle.

bégayer v. intr. < 8 > (de *bègue*) **1.** Souffrir de bégaiement. **2.** S'exprimer d'une manière maladroite, hésitante, confuse. – trans. *Bégayer une excuse.* → **balbutier.** □ adj. **bégayant, ante**

Begin (Menahem) Homme d'État israélien (1913-1992). Premier ministre (1977-1983), il signa la paix avec l'Égypte (1978-1979). Prix Nobel de la paix 1978, avec Anouar al-Sadate.

Bègles Commune de la Gironde, banlieue S. de Bordeaux. 30 543 habitants. Musée d'art brut.

Bego (mont) Massif des Alpes françaises (Alpes-Maritimes). 2 873 m. Gravures rupestres.

bégonia n. m. (de *Bégon*, intendant de Saint-Domingue) Plante originaire d'Amérique tropicale, ornementale, cultivée pour ses fleurs. – loc. *Charrier* (cherrer) dans les bégonias.*

Begrām Ancienne ville d'Afghanistan, au N. de Kaboul, fondée au IIIe s. av. J.-C. Site archéologique où a été mis au jour un trésor composé de pièces en plâtre, verre et bronze provenant d'Égypte et de Syrie, d'ivoires sculptés indiens et de laques chinois.

bègue adj. (de l'ancien v. *béguer*, de l'ancien néerlandais *beggen* → béguine) Qui bégaie. – n. *Un, une bègue.*

bégueter v. intr. < 5 > (de l'ancien v. *béguer* → bègue) rare Pousser son cri (chèvre). → **bêler, chevroter.** □ n. m. **béguètement**

bégueule n. f. (de *bée* et *gueule*) Femme qui manifeste une pruderie affectée. – adj. (aussi masc.) *Il est un peu bégueule.*

béguin n. m. (→ béguine) **I.** vieux Coiffe (d'abord, de béguine). **II.** (idée d'« être coiffé », cf. *toqué*) **1.** Amour vif et passager. *Avoir le béguin pour qqn.* **2.** Personne qui en est l'objet. → **amoureux.** *C'est son béguin.*

Béguin (Albert) Critique littéraire et journaliste suisse d'expression française (1901-1957). Il a dirigé la revue *Esprit* de 1950 à 1957 et publié des essais sur la littérature française. Dans *L'Âme romantique et le Rêve*, il s'est attaché à définir l'« esprit romantique ».

béguinage n. m. Couvent de béguines.

Le béguinage de Bruges.

béguine n. f. (probablt de l'ancien néerlandais *beggen* « réciter » → bègue) Religieuse de Belgique ou des Pays-Bas soumise à la vie conventuelle sans avoir prononcé de vœux.

bégum [begɔm] n. f. (mot d'origine turque) Princesse ou épouse de souverain, en Inde.

Behaïm (Martin) Navigateur et cosmographe allemand (1459-1507). Il a réalisé le plus ancien globe terrestre connu.

Behan (Brendan) Auteur dramatique irlandais (1923-1964). Emprisonné pour ses actions nationalistes, il est l'auteur d'une œuvre réaliste et provocatrice qui rend compte de son engagement. *Gibier de potence ; Deux Otages.*

Behanzin Dernier roi du royaume d'Abomey (1844-1906). Il s'opposa à l'annexion de son royaume par la France, effective en 1894. Déchu, il mourut en exil à Alger.

béhaviorisme [beavjɔʀism] n. m. (anglais *behaviourism*, de *behaviour* « comportement ») didact. Théorie qui limite la psychologie à l'étude du comportement. - var. **behaviourisme** [beavjuʀism]. □ adj. et n. **béhavioriste** [beavjɔʀist] ou **behaviouriste** [beavjuʀist].

Béhistun, Bisitun ou **Bisotun** Village d'Iran, au Kurdistan. Darios Ier y fit sculpter, sur la paroi d'une falaise, un bas-relief et graver des inscriptions en écriture cunéiforme, déchiffrées entre 1835 et 1850 par Rawlinson.

Behn (Aphra) Écrivaine anglaise (1640-1689). Auteur dramatique et romancière, elle fut la première femme anglaise à vivre de sa plume. *The Rover ; Oroonoko.*

Behren-lès-Forbach Commune de la Moselle. 6 571 habitants. Ancienne cité minière.

Behrens (Peter) Architecte et designer allemand (1868-1940). Pionnier de l'architecture moderne en Allemagne, il s'intéressa à l'esthétique industrielle, prônant un strict fonctionnalisme.

Behring (Vitus) Navigateur et explorateur danois (1681-1741). Il découvrit lors de sa troisième expédition, en 1741, le détroit qui porte son nom (en français *Béring*).

Behring (Emil von) Médecin et bactériologiste allemand (1854-1917). Il fut l'un des fondateurs de la sérothérapie et mit au point le sérum antidiphtérique. Prix Nobel 1901.

Behring voir **Béring**

Behzād (Kamāl al-Dīn ou **Kamāladdīn)** Miniaturiste persan (v. 1460-v. 1535). Il a réalisé les plus grands chefs-d'œuvre de la miniature persane.

Beïda (El-) Ville de Libye, au pied du djebel Akhdar, sur la Méditerranée. 200 000 habitants. Administrations. Université.

Beiderbecke (Leon Bismarck, dit Bix) Musicien de jazz américain (1903-1931). En tant que cornettiste il exerça une influence sur l'histoire du jazz blanc. *Jazz me Blues ; Singing the Blues.*

Beigbeder (Frédéric) Écrivain et critique littéraire français (né en 1965). Il écrit dans un style enlevé des textes où se mêlent humour, dérision et vision désabusée de la société. *Mémoires d'un jeune homme dérangé ; 99 francs ; Un roman français.*

beige adj. (origine obscure) De la couleur de la laine naturelle, d'un brun très clair. *Des étoffes beiges. Des tissus beige clair.* **– n. m.** *Un joli beige.*

beigeasse adj. péj. D'un vilain beige. *Un imperméable beigeasse.* - **syn. beigeâtre.**

[1]beigne n. f. (origine p.-ê. celtique) fam. Coup, gifle. **→ baffe, tarte.**

[2]beigne n. m. (de l'ancien français *buigne, bigne*, sans doute d'après *beignet*) (Canada) Pâtisserie faite de pâte frite glacée saupoudrée de sucre glace. **→ beignet.**

beignet n. m. (de [1]*beigne* « bosse ») Mets fait de pâte frite enveloppant un aliment. *Beignets aux pommes. Beignet soufflé.* **→ pet-de-nonne.** ■ Mets sucré fait de pâte frite.

Beijing voir **Pékin**

Beira n. f. Ancienne province du Portugal correspondant à l'actuelle région Centre. Vignoble, pinèdes. Industrie textile.

Beira Ville du Mozambique. 592 000 habitants. Port industriel et de commerce. Comptoir fondé par les Arabes au VIIIe s., pris par les Portugais en 1502.

Beit Shean Site d'Israël, au S. du lac de Tibériade. Vestiges de cités du IVe millénaire av. J.-C.

Beja Ville de Tunisie dans la vallée de la Medjerda. 56 680 habitants. Région céréalière. Raffinerie de sucre.

Béjaïa anciennement **Bougie** Ville d'Algérie, sur le *golfe de Béjaïa*, à l'E. de la Grande Kabylie. 176 140 habitants. Ancienne ville romaine. Port pétrolier.

Bejar Ville d'Espagne (Castille-et-León) au S. de Salamanque. 12 500 habitants. Industrie textile.

Béjart Nom d'une famille de comédiens qui fonda l'Illustre-Théâtre avec Molière en 1643. ■ **Madeleine Béjart** (1618-1672). Elle fut directrice de l'Illustre-Théâtre et la compagne de Molière jusqu'en 1662. ■ **Armande Béjart** (1642 ?-1700). Fille ou sœur de Madeleine. Elle épousa Molière en 1662 et dirigea l'Illustre-Théâtre jusqu'en 1680.

Béjart (Maurice Berger, dit Maurice) Danseur et chorégraphe français (1927-2007). Il dirigea le ballet du Théâtre royal de la Monnaie à Bruxelles et anima le Ballet du XXe siècle devenu le Béjart Ballet Lausanne. Il a renouvelé cet art en développant l'idée d'un spectacle total réunissant la danse, le chant et la parole. *Symphonie pour un homme seul ; Le Sacre du printemps ; Messe pour le temps présent.*

béjaune n. m. (de *bec* et *jaune*) 1. fauconnerie Jeune oiseau non dressé. **2. fig., vieilli** Jeune homme sot, inexpérimenté. **→ blanc-bec.** - **syn. bec-jaune.** *Des becs-jaunes.*

Bek (Aleksandr Alfredovitch) Écrivain soviétique (1903-1972). Ses romans soulèvent la question du système totalitaire soviétique des années 1930. *La Nouvelle Affectation.*

Bekaa n. f. Haute plaine du Liban, longue de 120 km et large de 12 km. Culture de céréales, légumes, fruits et coton dans le sud.

béké n. (mot créole) Créole né aux Antilles françaises.

Békéscsaba Ville du S.-E. de la Hongrie. 59 000 habitants. Industries. Marché agricole.

Békésy (Georg von) Physicien américain d'origine hongroise (1899-1972). Il élabora des modèles de fonctionnement de l'oreille qui contribuèrent à améliorer les traitements de la surdité. Prix Nobel 1961.

Bektachi ou **Bektachiyya** Ordre derviche supprimé en 1925 par la République turque.

bel adj. et adv. voir **[1]beau**

Bêl Titre donné au dieu Marduk lors de son élévation au panthéon babylonien.

Béla Nom de plusieurs rois de Hongrie. ■ **Béla Ier.** Roi de Hongrie (1061-1063). Il s'employa à affermir le christianisme. Il était le père de Géza Ier. ■ **Béla II l'Aveugle.** Roi de Hongrie (1134-1141). ■ **Béla III.** Roi de Hongrie (1172-1196). Il épousa Marguerite de France, sœur de Philippe Auguste. ■ **Béla IV.** Roi de Hongrie (1235-1270). Après l'invasion mongole, il s'attacha à reconstruire le pays.

Belafonte (Harold George, dit Harry) Chanteur et acteur américain (né en 1927). « Roi du calypso », il a popularisé la musique caraïbe.

Belaïa ou **Bielaïa n. f.** Rivière de Russie. 1 430 km. Née dans l'Oural, elle arrose la Bachkirie, le Tatarstan et se jette dans la Kama.

Bélanger (François Joseph) Architecte et décorateur français (1745-1818). Le pavillon de Bagatelle qu'il éleva, traduit l'influence de Palladio, la folie Saint-James à Neuilly annonce le style Directoire.

bêlant, ante adj. Qui bêle.

Bélarus voir **Biélorussie**

Belau ou **Palau n. m.** voir **Palaos**

Belaúnde Terry (Fernando) Homme d'État péruvien (1912-2002). Il fut président de la République de 1962 à 1968 et de 1980 à 1985.

Belaval (Yvon) Philosophe français (1908-1988). Spécialiste de Leibniz, auquel il consacra sa thèse *(Leibniz critique de Descartes)*, il est également l'auteur d'essais d'esthétique et de psychologie. *L'Esthétique sans paradoxe de Diderot ; Les Conduites d'échec.*

bel canto n. m. invar. (mots italiens « beau chant ») L'art du chant, selon une tradition de l'opéra italien qui met en avant la virtuosité. *Chanteur, chanteuse de bel canto (bel cantiste ou belcantiste,* **n.**). - **var.** RO **belcanto n. m.**

Belém Ville du N. du Brésil, capitale de l'État de Pará. 1 380 800 habitants (2 041 000 pour l'agglomération). Porte d'entrée de l'Amazonie, port d'exportation des produits de la forêt. Transformation de la bauxite en aluminium.

Belém Quartier de Lisbonne (Portugal). Tour et monastère hiéronymite de style manuélin (XVIe s.), qui abrite les tombeaux de plusieurs rois et princes de Portugal.

Béjart (Maurice)

Maurice Béjart et Ute Lemper répétant *La Mort subite*, à Lausanne (1991).

bêlement n. m. 1. Cri du mouton, de la chèvre. **2.** Plainte niaise. **→ jérémiade.**

bélemnite n. f. (du grec *belemnon* « javeline ») paléont. Mollusque céphalopode fossile, proche de la seiche, dont on trouve la coquille dans les terrains de l'ère secondaire.

Bélénos Divinité gauloise. Dieu des sources, des sanctuaires prophétiques et de la médecine, que les Romains identifiaient à Apollon.

bêler v. intr. < 1 > (vient du latin *belare, balare*) 1. Pousser un bêlement. **→ bégueter. – trans. fig.** *Bêler une chanson, un air.* **2.** Se plaindre sur un ton niais.

belette n. f. (diminutif de *belle* « belle petite [bête] », pour ne pas nommer la *mustela*, nuisible) Petit mammifère carnassier, bas sur pattes, de forme effilée, de couleur fauve. *« Dame belette au long corsage »* (La Fontaine).

Belfast Ville de Grande-Bretagne, capitale de l'Irlande du Nord. 280 500 habitants (500 000 pour l'agglomération). Protestants : 60 % ; catholiques : 40 %. Principal port d'Irlande du Nord. Industrie textile, constructions navales et mécaniques. Très marquée par la guerre civile, la ville connaît aujourd'hui un renouveau économique et culturel.

Le centre-ville de Belfast et le Donegall Square, bordé d'édifices victoriens.

Belfort Chef-lieu du Territoire de Belfort. 45 458 habitants. Le *Lion de Belfort*, symbole de la résistance de la ville en 1870-1871, fut taillé à même le roc par F. A. Bartholdi en 1880. Cathédrale Saint-Christophe (XVIIIe s.) en grès rouge. Industries mécaniques et électriques. Carrefour ferroviaire. Festival de musique.

Belfort, le Lion, symbole de la ville, surplombé par le château.

Belfort (trouée de) ou **porte de Bourgogne** Dépression d'une trentaine de kilomètres de large séparant les Vosges au N., et le Jura au S. Axe de communication.

Belfort (Territoire de) [90] Département français de la Région Bourgogne-Franche-Comté (→ carte). 609 km^2. 140 120 habitants. Chef-lieu : Belfort. Ce territoire (devenu département en 1922) correspond à l'ancienne partie du département du Haut-Rhin restée à la France après l'annexion de l'Alsace à l'Allemagne en 1871. Situé sur un axe de communication important, le Territoire possède une industrie lourde dynamique, concentrée dans l'agglomération de Belfort.

Belgaum Ville d'Inde (Karnataka). 506 235 habitants. Industries chimique et métallurgique.

belge adj. **(du latin *Belga*)** De Belgique. → **flamand, wallon. – n.** *Les Belges.*

belgicisme n. m. **(du latin *belgicus* → belge)** ling. Particularité du français de Belgique.

Belgiojoso (marquise Cristina Trivulzio, princesse de) Femme de lettres italienne (1808-1871). Soutenant le mouvement du Risorgimento, elle dut s'exiler à Paris et y créa un salon où se retrouvaient les partisans de la cause italienne.

Belgique

n. f. ■ offic. royaume de Belgique

État d'Europe occidentale. 30 527 km². 11 492 000 habitants (les *Belges*). **Langues :** néerlandais (en Flandre et en Région bruxelloise), français (en Wallonie et en Région bruxelloise), allemand (dans 9 communes proches de l'Allemagne, à l'E. de la Wallonie). **Monnaie :** euro. **Capitale :** Bruxelles. **Régime :** État fédéral. Monarchie parlementaire.

Belgique

Bannière mêlant flamand, anglais et français lors d'une manifestation pour l'unité de la Belgique, à Bruxelles.

GÉOGRAPHIE

Petit pays appartenant à la vaste plaine d'Europe du Nord, la Belgique se compose de basses terres littorales à l'O. (dunes, polders et plaine de Flandre), de plaines continentales au relief vallonné au centre (Flandre, Campine) et de plateaux boisés au S.-E. (Condroz, massif de l'Ardenne). Deux bassins fluviaux transfrontaliers se partagent l'essentiel du territoire : celui de l'Escaut en Région flamande et dans l'O. du Hainaut, celui de la Meuse en Wallonie et dans l'E. de la Campine. Le climat, doux et océanique, est plus froid et plus humide sur le massif ardennais. Très densément peuplée (373 hab./km²), la Belgique est également l'un des pays les plus urbanisés au monde (98 %). 20 % de la population a plus de 65 ans.

Flamands et Wallons La Belgique est, depuis la révision constitutionnelle de 1993, un État fédéral composé de trois grandes Régions : Bruxelles-capitale, la Région flamande au N. et la Région wallonne au S. La frontière linguistique, les disparités régionales et la persistance de l'antagonisme entre Flamands et Wallons sont à l'origine de vives tensions intercommunautaires qui menacent régulièrement d'entraîner l'éclatement du pays.

ÉCONOMIE

L'agriculture occupe désormais moins de 3 % des actifs, mais est devenue très intensive, tournée vers l'élevage (bovin, porcin, volailles), les céréales et les cultures industrielles (betterave, lin, houblon, tabac). L'horticulture (fleurs, pépinières, fruits et légumes) s'est largement développée,

Belgique

B

jusqu'à réaliser 20 % de la production agricole en valeur. La pêche, essentiellement côtière, intéresse principalement le port d'Ostende. L'industrie n'occupe plus que 20 % de la population active. L'extraction du charbon a cessé en 1992 et le déclin de l'industrie lourde, particulièrement en Wallonie, n'a été que partiellement compensé par la croissance de nouveaux secteurs (industrie mécanique, chimique, agroalimentaire, services). La Flandre, autrefois peu industrialisée, a développé des activités modernes (pétrochimie, chimie lourde, produits pharmaceutiques). Le secteur des services est en pleine expansion et occupe désormais plus de 70 % des actifs. La présence de nombreuses organisations internationales (siège de l'Otan, du Parlement européen) a des retombées économiques importantes. La vocation commerciale du pays découle de sa situation, au cœur de la région la plus dynamique du continent européen, et de son débouché maritime (ports d'Anvers, de Gand et de Zeebrugge) ; elle explique le développement de réseaux de communication (fluvial, ferroviaire et routier) particulièrement denses et efficaces. L'économie du pays repose aujourd'hui largement sur les échanges internationaux ; son volume d'exportation par habitant figure parmi les plus élevés au monde.

Bateaux à quai dans le port d'Ostende, premier port de pêche de Belgique.

HISTOIRE

Des Celtes aux Francs Habitée par des peuples d'origine celte et germanique, la région fut conquise par César en 57 av. J.-C. et divisée sous l'Empire en 4 provinces. Mise en valeur sur les plans économique et urbain, elle joua un grand rôle dans l'Empire romain (cités de Tournai et Tongres). Les invasions de Germains au milieu du IIIe s. obligèrent les villes à se fortifier tandis que le christianisme pénétrait la région. Les territoires du Nord furent très marqués par l'influence germanique, alors que la future Wallonie assimila les Francs par la culture latine.

Des Carolingiens aux Bourguignons À la périphérie des royaumes francs, la vallée de la Meuse reprit de l'importance sous les règnes de Pépin le Bref et de Charlemagne (fondation des grandes abbayes). En 843, la frontière fut stabilisée sur l'Escaut (traité de Verdun) : la Flandre fut intégrée à la Francie occidentale (future France), le Hainaut et le Brabant à la Lotharingie, rattachée en 925 au royaume de Germanie. Les principales villes (Louvain, Malines, Ypres, Bruges), enrichies par l'artisanat et le commerce, obtinrent leur autonomie puis passèrent au duché de Bourgogne avec les Pays-Bas, la Flandre et l'Artois (XIVe-XVe s.). Cette domination marqua un premier apogée de la peinture flamande et vit l'éclosion d'une multitude de foyers artistiques (architecture gothique).

Le temps des Pays-Bas En épousant Maximilien d'Autriche en 1477, Marie de Bourgogne mit les Pays-Bas sous l'égide des Habsbourg. Héritée par Charles Quint (1516), la région se trouva divisée en deux par la Réforme : le Nord, calviniste, prit son indépendance (actuels Pays-Bas), tandis que le Sud (actuelle Belgique), catholique, resta sous domination espagnole (1579). La guerre de Trente Ans (1618-1648), qui opposa à l'Espagne les Provinces-Unies soutenues par la France, s'acheva sans que la rivalité pour la domination des Pays-Bas espagnols ne trouve d'issue ; convoités par Louis XIV, qui conserva l'Artois et le S. du Hainaut, les Pays-Bas espagnols furent attribués à l'Autriche par le traité d'Utrecht (1713).

La Belgique française et l'indépendance Annexée par la France pendant la Révolution, divisée en neuf départements, la Belgique fut réunie aux Pays-Bas à la chute de l'Empire napoléonien (Waterloo, 1815). Dans le sillage de la révolution française de 1830, l'indépendance et la neutralité de la Belgique furent proclamées (1830). Léopold de Saxe-Cobourg devint roi des Belges sous le nom de Léopold Ier. Sous le règne de Léopold II (1865-1909), la Belgique connut un très fort essor industriel et économique, et se lança dans une politique de colonisation (Congo). Le renouveau artistique alla de pair avec la prospérité économique (symbolisme, art nouveau).

D'une guerre à l'autre Albert Ier (1909-1934) s'étant opposé au passage des troupes allemandes, la Belgique fut occupée (1914-1918). Après les accords de Locarno (1925), le Pacte rhénan garantit l'inviolabilité des frontières belges et le pays déclara sa neutralité (1936). Le nationalisme flamand s'affirma durant les années 1930, le néerlandais obtenant le statut de langue officielle en 1932. Léopold III (1934-1951), contraint de capituler devant Hitler, fut fait prisonnier et le territoire fut envahi par l'Allemagne en 1940 ; la résistance s'organisa, jusqu'à la libération du territoire par les Alliés, à l'issue de la bataille des Ardennes (1944-1945).

La Belgique contemporaine Le 14 mars 1947, à La Haye, fut signé le protocole d'union douanière avec les Pays-Bas et le Luxembourg (Benelux). La Belgique devint un membre fondateur de l'Otan (1949). En 1951, Léopold III abdiqua en faveur de son fils Baudouin. Le pays participa activement à la construction européenne (CECA, 1951 ; CEE, 1957), avant de devenir l'un des centres politiques européens (siège du Parlement à Bruxelles). En 1960, la Belgique accorda l'indépendance au Congo, mais de violents troubles éclatèrent. La même année, le pays fut secoué par la querelle linguistique entre Flamands (néerlandophones) et Wallons (francophones), soustendue par une profonde disparité économique. La Belgique fut divisée en 3 régions (Flandres, Wallonie, Bruxelles) qui acquirent une certaine autonomie sous le gouvernement de W. Martens (1977). La réforme constitutionnelle menée par le Premier ministre J.-L. Dehaene (1992-1999) paracheva la fédéralisation du pays (1993). Les premières années du règne d'Albert II, qui succéda en 1993 à son frère Baudouin Ier, furent troublées par une profonde crise politique, financière et judiciaire, renforcée par une recrudescence de la querelle opposant Flamands et Wallons. Le libéral G. Verhofstadt forma un nouveau gouvernement de coalition (1999), resserré autour des libéraux et des socialistes après les élections législatives de 2003. Les chrétiens-démocrates remportèrent les législatives en juin 2007, mais leur désaccord concernant la question flamande provoqua une crise institutionnelle sans précédent : Y. Leterme, Premier ministre quelques mois en 2008, rappelé en novembre 2009 après avoir cédé sa place à H. Van Rompuy en décembre 2008, démissionna en avril 2010 à la suite du départ du parti libéral flamand, l'Open VLD, de la coalition gouvernementale. Après un an et demi sans gouvernement, le président wallon du Parti socialiste, Elio Di Rupo, devint Premier ministre en novembre 2011. Albert II abdiqua en juillet 2013 en faveur de son fils Philippe Ier. À l'issue des élections générales de 2014, un accord fut signé entre quatre partis sur la formation d'un gouvernement de coalition de centre-droit dont Charles Michel (Mouvement réformateur) prit la tête en octobre. Le 22 mars 2016, la cellule franco-belge de Daech à l'origine des attentats du 13 novembre à Paris attaqua l'aéroport et le métro de Bruxelles. Après que Charles Michel fut nommé à la présidence du Conseil européen, Sophie Wilmès (oct. 2019) puis Alexander De Croo (oct. 2020) lui succédèrent au poste de Premier ministre.

Le terminal gazier de Zeebrugge, centre des flux gaziers en Europe.

belgitude n. f. littér. Ensemble des caractères culturels propres à la Belgique ; sentiment d'appartenance à la Belgique.

Belgorod ou **Bielgorod** Ville de Russie, près de la frontière de l'Ukraine. 337 600 habitants. Minerai de fer. Industrie mécanique. Nœud ferroviaire.

Belgrade en serbe **Beograd** Capitale de la Serbie, au confluent du Danube et de la Save. 1,6 million d'habitants. Port fluvial. Industrie et commerce. Siège du patriarcat serbe orthodoxe. Ancienne forteresse ottomane (Kalemegdan). Occupée par les Turcs, puis par les Autrichiens, la ville devint la capitale du royaume de Yougoslavie (1918-1941), puis celle de la république socialiste fédérative de Yougoslavie (1945-1991). Elle s'est agrandie, après 1945, sur la rive gauche de la Save (Novi Beograd). En 1999, les bombardements de l'Otan ont causé d'importantes destructions.

Belgrand (Eugène) Ingénieur français (1810-1878). Il conçut le système des égouts parisiens.

Belgrano (Manuel) Général argentin (1770-1820). Il contribua activement à l'indépendance sud-américaine.

Bélial Personnification du mal dans l'Ancien Testament. Autre nom de Satan dans le Nouveau Testament.

bélier n. m. (de l'ancien français *belin*, du néerlandais « cloche [du mouton] ») **I. 1.** Mâle non châtré de la brebis (opposé à *mouton*). **2.** hist. Machine de guerre servant à enfoncer les murailles des villes assiégées. loc. *Coup de bélier* : choc violent. – *Voiture*-bélier*. **3.** techn. Machine à enfoncer les pieux. → **mouton.** – Machine hydraulique. **II.** (avec maj.) Constellation zodiacale et premier signe du zodiaque (21 mars-20 avril). – *Être Bélier*, de ce signe.

Bélier n. m. Constellation zodiacale de l'hémisphère boréal, figurant un bélier ; premier signe du zodiaque.

bélière n. f. (p.-ê. de l'ancien néerlandais *belle* « cloche ») **1.** Anneau auquel est suspendu le battant d'une cloche ; anneau d'une montre, d'une médaille. **2.** Clochette du bélier qui conduit un troupeau.

Belin (Édouard) Inventeur français (1876-1963). Il conçut en 1907 le *bélinographe*.

Belin-Béliet Commune de la Gironde, dans les Landes. 5 831 habitants. Située sur l'ancien chemin du pèlerinage de Saint-Jacques-de-Compostelle.

bélinographe n. m. (du n. d'Édouard Belin) Ancien appareil destiné à la transmission d'images fixes (*bélinogramme,* **n. m.**) par le réseau téléphonique. - abrév. **bélino.**

Bélisaire Général byzantin (v. 500-565). Mandaté par l'empereur Justinien, il battit les Vandales près de Carthage et reconquit l'Afrique du Nord (533-534). En Italie, il vainquit les Ostrogoths (540).

bélître n. m. (p.-ê. du néerlandais) vieux Mendiant ; vaurien (terme d'injure). - var. RO **bélitre.**

Belitung Île d'Indonésie, entre les îles de Sumatra et de Bornéo. 4 800 km². 262 604 habitants. Mines d'étain.

Béliveau (Jean) Hockeyeur canadien (québécois) [1931-2014]. Capitaine des Canadiens de Montréal, il remporta dix coupes Stanley avec cette équipe (1955-1971).

Belize ou **Bélize**

n. m. anciennement **Honduras-Britannique** État d'Amérique centrale. 22 966 km². 408 000 habitants (les *Béliziens*). **Langues :** anglais (offic.), espagnol, créole. **Monnaie :** dollar de Belize. **Capitale :** Belmopán.

Le Belize est formé d'une plaine dominée par les monts Mayas. Son économie (tourisme, paradis fiscal et pavillon de complaisance) et sa culture anglo-saxonne le rapprochent plus des îles des Caraïbes que de l'Amérique centrale.

Occupé par les Mayas (v. 1500 av. J.-C.), le pays, négligé par les Espagnols lors de la conquête, fut exploité par les Britanniques (*Honduras-Britannique,* 1862). Autonome en 1963, il prit le nom de *Belize* (1973) et devint indépendant dans le cadre du Commonwealth (1981). Le Guatemala a porté en 2019 ses revendications territoriales sur le Belize devant la Cour internationale de justice.

Belize City Ville principale et ancienne capitale du Belize. Port sur la mer des Caraïbes. 65 000 habitants.

Bell (sir Charles) Physiologiste britannique (1774-1842). Il découvrit le double rôle des nerfs rachidiens et décrivit la paralysie faciale périphérique *(signe de Charles Bell)*.

Bell (Alexander Graham) Inventeur et physicien américain (1847-1922). Ses recherches destinées à traiter la surdité aboutirent à l'invention du téléphone en 1876.

Belize

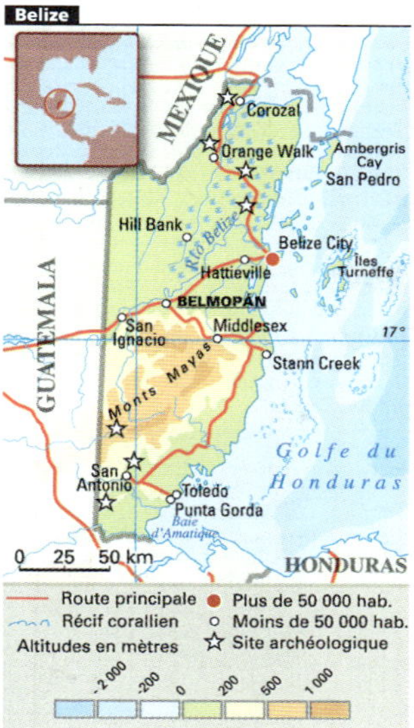

Bell (Marie-Jeanne Bellon-Downey, dite Marie) Actrice française (1900-1985). Sociétaire de la Comédie-Française, elle joua dans une trentaine de films et dirigea le théâtre du Gymnase.

Bell (Daniel) Politologue et sociologue américain (1919-2011). Il étudia les effets des transformations des systèmes sociaux contemporains. *La Fin de l'idéologie ; Vers la société postindustrielle.*

Bellac Chef-lieu d'arrondissement de la Haute-Vienne. 3 619 habitants. Église à deux nefs.

belladone n. f. (de l'italien « belle dame », p.-ê. altération d'un mot gaulois) Plante vénéneuse à baies noires, utilisée en médecine.

Bellange (Jacques de) Peintre, graveur et dessinateur lorrain (v. 1575-1616). Apparenté au maniérisme florentin et à l'école de Fontainebleau, il est l'auteur de gravures et de dessins au graphisme élégant.

Bellano (Bartolomeo) Sculpteur italien (v. 1434-v. 1497). Élève de Donatello, il développa un style expressif dans ses panneaux de reliefs en bronze.

Bellarmin voir Robert Bellarmin (saint)

Bellary Ville d'Inde (Karnataka). 317 000 habitants. Carrière de granit et minerai de fer.

Belgrade

Belgrade, au confluent de la Save et du Danube.

bellâtre n. m. (de *bel, beau*) Bel homme fat et niais.

Bellatrix Étoile de la constellation d'Orion.

Bellavitis (comte Giusto) Mathématicien italien (1803-1880). Il formula la théorie des « équipollences », à l'origine du calcul vectoriel.

Bellay (Guillaume du) Général et diplomate français (1491-1543). Il rejoignit François Ier, prisonnier de Charles Quint, à Madrid. Il a laissé des *Mémoires.* ■ **Jean du Bellay.** Cardinal et diplomate français (1492-1560). Frère de Guillaume. Il fut le protecteur de Rabelais, pour lequel il obtint la cure de Meudon.

Bellay (Joachim du) Poète français (1522-1560). Ami de Ronsard, il rédigea le programme de la Pléiade, *Défense et illustration de la langue française.* Il introduisit en France le sonnet amoureux. Tour à tour élégiaque et satirique, il préfigure le lyrisme romantique. *Regrets ; Le Poète courtisan.*

belle n. f. (→ ¹beau) **I.** Belle femme, fille. **–** *« La Belle et la Bête »* (conte de Mme de Villeneuve ; film de J. Cocteau). **– affectueux ou iron.** *Il est avec sa belle,* son amie. *Ma belle.* **II.** Partie qui doit départager deux joueurs à égalité. *Jouer la revanche et la belle.* **III. loc. fam.** ***Se faire la belle*** : s'évader.

Belleau (Rémi) Poète français (1528-1577). Il fut l'un des membres de la Pléiade. *La Bergerie ; Amour et nouveaux échanges de pierres précieuses.*

Bellechose (Henri) Peintre et enlumineur originaire du Brabant (v. 1380-1440 ou 1444). Il fut le peintre officiel de Jean sans Peur. Son œuvre est caractéristique du gothique international. *Le Martyre de saint Denis.*

belle-dame n. f. **1.** Arroche. **2.** Papillon du genre vanesse. *Des belles-dames.*

belle-de-jour n. f. Le liseron, dont les fleurs s'ouvrent pendant la journée. *Des belles-de-jour.* ■ **fig.** Prostituée dont l'activité est diurne.

belle-de-nuit n. f. Plante ornementale à grandes fleurs qui s'ouvrent le soir. *Des belles-de-nuit.*

belle-doche n. f. (de *belle* et *doche* « mère » en argot) fam. et péj. Belle-mère. *Des belles-doches.*

Belledonne (massif de) Chaîne des Alpes françaises, en Isère. 2 977 m au pic de Belledonne.

Belle Époque Expression utilisée après la Première Guerre mondiale pour désigner le début des années 1900, considéré comme une époque de prospérité.

belle-famille n. f. Famille du conjoint. *Des belles-familles.*

belle-fille n. f. **1.** Femme d'une personne, par rapport aux parents de celle-ci. → **bru.** *Des belles-filles.* **2.** Fille de l'autre conjoint, pour un conjoint.

Bellegambe (Jean) Peintre flamand (v. 1470-1534). Il est l'auteur de nombreux retables qui révèlent son attachement à l'art de la Renaissance flamande. *Polyptyque d'Anchin ; L'Immaculée Conception.*

Bellegarde (maison de) Famille originaire de Saint-Lary (Haute-Garonne), ayant pris le nom d'une terre acquise en Bourgogne. ■ **Roger Ier, duc de Bellegarde** (mort en 1579). Favori du roi Henri IV, il fut fait maréchal de France en 1574. ■ **Roger II, duc de Bellegarde** (v. 1565-1646). Il fut, avant Henri IV, l'amant de Gabrielle d'Estrées. Louis XIII le fit duc et pair en 1620.

Belle-Île ou **Belle-Île-en-Mer** Île du Morbihan, au large de Quiberon. 5 249 habitants. Chef-lieu : Le Palais. S'étendant sur 8 461 ha, elle est la plus grande des îles de Bretagne. Pêche. Moutons de pré-salé. Tourisme.

Belle-Isle [bɛlil] **(Charles Louis Auguste Fouquet, comte** puis **duc de)** Maréchal de France (1684-1761). Petit-fils de Nicolas

Fouquet, il s'illustra durant la guerre de Succession de Pologne, et soutint Charles-Albert de Bavière dans la guerre de Succession d'Autriche. Il fut ministre d'État en 1756, puis secrétaire d'État à la Guerre de 1758 à 1760.

Belle-Isle (détroit de) Détroit reliant le golfe du Saint-Laurent à l'Atlantique entre le Labrador et Terre-Neuve.

Bellême Commune de l'Orne, près de la forêt de Bellême. 1 455 habitants. Chapelle du xe s., église du xviie siècle.

bellement adv. vieux D'une façon belle, jolie. – Doucement, tout doux.

belle-mère n. f. **1.** Mère du conjoint, pour l'autre conjoint. *Des belles-mères.* **2.** Femme de l'un des parents, pour les enfants d'une autre union.

Bellerive-sur-Allier Commune de l'Allier, sur la rive gauche de l'Allier, face à Vichy. 8 844 habitants.

Bellérophon Fils de Poséidon ou de Glaucos, dans la mythologie grecque. Il dompte Pégase, tue la Chimère et vainc les Amazones. Il est condamné par Zeus pour avoir voulu atteindre l'Olympe.

belles-lettres n. f. pl. vieilli La littérature (du point de vue esthétique).

belle-sœur n. f. **1.** Sœur du conjoint, pour l'autre conjoint. **2.** Femme du frère, de la sœur, du beau-frère ou de la belle-sœur d'une personne. *Des belles-sœurs.*

Belleville Quartier du 20e arrondissement de Paris, à l'E. de la ville, construit sur des collines. Ancienne commune annexée à Paris en 1860, Belleville joua un rôle important durant la Commune.

Belleville (Les) Commune de la Savoie. 3 476 habitants. Sports d'hiver aux Menuires (1 800-2 880 m) et à Val-Thorens (2 300-3 400 m).

Belleville (programme de) Programme présenté, en avril 1869, par L. Gambetta, candidat aux élections du Corps législatif. Il constitue la première charte du radicalisme.

Belleville-en-Beaujolais Commune du Rhône, sur la Saône, dans le Beaujolais. 13 336 habitants. Abbatiale du xiie s. Viticulture ; métallurgie.

Belleville-sur-Loire Commune du Cher. 986 habitants. Centrale nucléaire.

Belley Chef-lieu d'arrondissement de l'Ain. 9 207 habitants. Évêché. Cathédrale reconstruite au xixe s. ; palais épiscopal du xviiie s. Travail du cuir.

Belli (Giuseppe Gioacchino) Poète italien (1791-1863). Il écrivit en *romanesco*, truculent dialecte du peuple romain, plus de 2 000 sonnets qui mettent en scène, avec un humour acide, la plèbe romaine et la société pontificale.

bellicisme n. m. (du latin *bellicus* → belliqueux) Amour de la guerre ; attitude des bellicistes.

belliciste adj. Qui pousse à la guerre, à l'emploi de la force dans les conflits entre nations. – n. *Un, une belliciste.*

belligérance n. f. État de belligérant.

belligérant, ante adj. et n. m. (du latin, de *bellum* « guerre » et *gerere* → gérer) (État) Qui prend part à une guerre. ■ n. m. État en guerre. *Les belligérants.*

Bellingshausen (Fabian von) Officier de la marine russe (1778-1852). Lors d'une expédition dans l'Antarctique (1819-1821), il découvrit les îles Pierre-Ier et Alexandre-Ier.

Bellini Famille de peintres italiens majeure dans l'histoire de l'école vénitienne. ■ Jacopo Bellini (v. 1400-v. 1470). Il tenta de s'affranchir du gothique international. Ses recueils de dessins, principalement des compositions sacrées, témoignent d'une forme de modernité. *Christ en croix ; Annonciation.* ■ Gentile Bellini (v. 1431-1507). Fils de Jacopo. Excellent portraitiste, peintre officiel de Venise, il introduisit l'orientalisme dans la peinture vénitienne. *Procession sur la place Saint-Marc.* ■ Giovanni Bellini dit Giambellino (v. 1433-1516). Fils de Jacopo. Il peignit des paysages irréels à la lumière diffuse et sut intégrer les apports de Piero della Francesca et d'Antonello à la tradition spirituelle vénitienne. *Christ après la résurrection ; Transfiguration.*

Bellini (Vincenzo) Compositeur italien (1801-1835). Inspiré par la musique d'église, il composa des mélodies, des concertos, et surtout deux opéras, *La Somnambule* et *Norma*, caractérisés par la pureté de la mélodie et la richesse du lyrisme.

Bellinzona Chef-lieu du canton du Tessin, en Suisse, au N.-E. du lac Majeur. 43 180 habitants. Trois châteaux forts dominent la ville.

Bellinzona, la Piazza Collegiata, et, en arrière-plan, le château de Castelgrande.

belliqueux, euse adj. (du latin, de *bellicus*, de *bellum* « guerre ») **1.** Qui aime la guerre, est empreint d'esprit guerrier. **2.** fig. Qui aime, cherche le combat, la dispute. → agressif. *Être d'humeur belliqueuse.*

Bellman (Carl Michael) Poète et chansonnier suédois (1740-1795). Il composa des chansons populaires et joyeuses inspirées d'opéras français, célébrant les plaisirs de la bonne chère. *Épîtres et chansons de Fredman.*

Bellmer (Hans) Peintre français d'origine allemande (1902-1975). Lié au mouvement surréaliste, il traduisit ses obsessions érotiques dans des *Poupées* articulées.

Bello (Andrés) Poète, philosophe, juriste et grammairien vénézuélien (1781-1864). Il fut l'un des maîtres à penser de l'Amérique latine. Patriote, ami de Bolívar, il rédigea le Code civil du Chili.

Belloc (Joseph-Pierre, dit Hilaire) Historien, poète et romancier britannique (1870-1953). Il est l'auteur de poèmes fantaisistes, de romans et d'ouvrages d'érudition historique. *Vers et Sonnets ; Le Livre de bêtes pour méchants enfants ; Cromwell.*

Bellocchio (Marco) Réalisateur italien (né en 1939). Il tourna *Les Poings dans les poches*, film qui récusait l'autorité familiale, et développa cette veine subversive pointant les paradoxes politiques et sociaux. *Au nom du père ; Le Sourire de ma mère ; Buongiorno, notte ; Le Traître.*

Bellone Déesse romaine de la Guerre, femme ou sœur du dieu Mars.

Bellonte (Maurice) Aviateur français (1896-1984). Il accomplit avec Dieudonné Costes la première traversée aérienne de l'Atlantique nord, rejoignant New York depuis Paris à bord du Bréguet 19 *Point-d'Interrogation*, en 1930.

Bellot (Joseph René) Marin français (1826-1853). Il prit part, en 1851, à l'expédition partie à la recherche de J. Franklin.

Bellotto (Bernardo) dit Canaletto le Jeune Peintre, dessinateur et graveur italien (1721-1780). Il développa un chromatisme sombre et contrasté. Peintre de la cour de Dresde à partir de 1748, il travailla à Vienne, puis s'installa en Pologne. *Vues de Varsovie.*

Bellovaques n. m. pl. Peuple de la Gaule Belgique. Les Bellovaques donnèrent leur nom à la ville de Beauvais.

Bellow (Saul) Écrivain américain (1915-2005). Il a mis en scène, à travers ses romans, des personnages évoluant dans un milieu hostile, et contraints à explorer leur propre personnalité. *La Victime ; Les Aventures d'Augie March ; Herzog ; La Bellarosa Connection.* Prix Nobel 1976.

Belloy (Pierre Laurent Buirette, dit Dormont de) Comédien et auteur dramatique français (1727-1775). Il a notamment écrit une des premières pièces historiques à sujet national, *Le Siège de Calais.*

belluaire n. m. (du latin *bellua* « bête fauve ») hist. Gladiateur qui combattait des fauves. → 1bestiaire.

Belluno Ville d'Italie (Vénétie), dans le massif des Dolomites. 35 050 habitants. Cathédrale du xvie s., avec un campanile baroque du xviiie s. Station de sports d'hiver.

Belmondo (Paul) Sculpteur français (1898-1982). Il sculpta des œuvres néoclassiques aux lignes épurées. *Apollon ; Jeannette.*

Belmondo (Jean-Paul) Acteur français (1933-2021). Fils de Paul Belmondo. Acteur emblématique de la Nouvelle Vague, notamment sous la direction de Godard (*À bout de souffle ; Pierrot le fou*) et de Truffaut (*La Sirène du Mississippi*), il excella dans les rôles de mauvais garçons gouailleurs et séducteurs.

Jean-Paul Belmondo dans *Frédérick ou le Boulevard du crime* d'Éric-Emmanuel Schmitt (1998).

Belmopán Capitale du Belize depuis 1970. 25 000 habitants.

Belo (Carlos Felipe Ximenez) Prélat timorais (né en 1946). Il fut administrateur apostolique du diocèse de Dili, capitale du Timor oriental, puis évêque. Prix Nobel de la paix, avec J. Ramos-Horta, en 1996.

Belœil Commune de Belgique (Hainaut). 14 060 habitants. Château des princes de Ligne.

Belœil Ville de la banlieue E. de Montréal, au Canada. 18 927 habitants.

Belo Horizonte Ville du Brésil, capitale du Minas Gerais. 2 375 400 habitants (5 413 600 pour l'agglomération). Première ville nouvelle du pays, construite en 1894 selon un plan géométrique, au cœur d'une riche région minière et agricole. Industries (sidérurgie, métallurgie, constructions automobiles). Universités, recherche.

Beloïarsk ou **Bieloïarsk** Site de l'Oural (Russie), près de Zaretchny, sur lequel a été construite la deuxième centrale nucléaire russe.

belon n. f. parfois m. (n. de la rivière) Huître plate et arrondie, à la chair d'un gris brun, très savoureuse.

Belon (Pierre) Naturaliste et médecin français (1517-1564). Il s'intéressa particulièrement aux animaux marins et aux oiseaux.

Bélon ou **Belon** n. m. Rivière du Finistère, qui forme un estuaire renommé pour ses huîtres plates. Elle rejoint l'estuaire de l'Aven et débouche dans l'Atlantique.

belote n. f. (p.-ê. de *belle* au sens de « atout ») Jeu de cartes à combinaisons. → coinche. *Faire une belote.* – *Belote et rebelote* (figure de ce jeu).

Bélouchistan voir Baluchistan

bélouga ou **béluga** [beluga] n. m. (du russe, de *biely* « blanc ») **1.** Mammifère cétacé appelé aussi *baleine blanche*, qui vit dans les eaux arctiques. **2.** Variété d'esturgeon des mers Noire et Caspienne. – Caviar de cet esturgeon, très apprécié.

Belphégor Dieu moabite, Baal du mont Pe'or, cité dans la Bible (livre des Nombres). ▪ Feuilleton écrit par Arthur Bernède en 1927 qui inspira des fictions télévisées.

Belsunce de Castelmoron (Henri François-Xavier de) Prélat français (1670-1755). Évêque de Marseille, il s'illustra par son dévouement durant la peste de 1720-1721. Un quartier de Marseille porte son nom.

Beltrami (Eugenio) Mathématicien italien (1835-1900). Ses travaux portèrent essentiellement sur les géométries non euclidiennes, et plus particulièrement sur les travaux de Poincaré.

Belts (Grand et Petit) Détroits danois reliant la mer Baltique au Kattegat : le Grand Belt entre les îles de Fionie et de Sjælland (pont suspendu de 18 km de long) ; le Petit Belt entre la Fionie et le Jutland.

belvédère **n. m. (de l'italien, de *bel* « beau » et *vedere* « voir »)** Construction ou terrasse établie en un lieu élevé, et d'où la vue s'étend au loin.

Belvédère **n. m.** Pavillon du Vatican, bâti pour Innocent VIII à la fin du XVe s., relié au palais apostolique sous Jules II. Il abrite des chefs-d'œuvre de la statuaire antique, tels *Laocoon, Apollon, Torse du belvédère.*

Bély (Boris Nikolaïevitch Bougaïev, dit Andreï Bielyï ou Belyï et en français André) Écrivain russe (1880-1934). Auteur d'essais, de poésies, de romans et de Mémoires, il témoigne dans ses écrits de sa déception face à l'échec de la révolution de 1905 et de sa foi dans la renaissance mystique de la Russie. Il est l'un des principaux auteurs russes du mouvement symboliste. *Symphonies ; Cendre ; Le Pigeon d'argent ; Souvenirs sur Blok.*

Belz Commune du Morbihan, sur la rivière d'Étel. 3 784 habitants.

Belzébuth Déformation du nom du dieu Baal. C'est l'un des noms du diable.

Bełżec Ville de Pologne, dans la voïvodie de Lublin. Un camp d'extermination nazi y fut établi de 1941 à 1943. Environ 600 000 personnes y moururent.

Bembo (Pietro) Cardinal et humaniste italien (1470-1547). Il écrivit en latin et en italien, dont il a contribué à fixer l'usage littéraire, et fut l'un des promoteurs du pétrarquisme. *Proses sur la langue vulgaire.*

bémol **n. m. (du latin « *b* mou »)** Signe musical (♭) abaissant d'un demi-ton la note devant laquelle il est placé. – **appos. invar.** *Un mi bémol.* ▪ **loc. fam.** ***Mettre un bémol*** : radoucir son ton, ses paroles ; être moins exigeant, moins arrogant. ▫ **bémoliser v. tr. < 1 >**

ben [bɛ̃] **(de *bien*) 1. adv.** rural Bien. *P'têt ben qu'oui,* peut-être bien que oui. **2. interj.** fam. Eh bien ! *Ben quoi ? Ben oui.*

Ben (Benjamin Vautier, dit) Artiste français d'origine suisse (né en 1935). Lié aux mouvements alternatifs (Non-Art, Support-Surface) il est surtout très populaire pour ses slogans écrits en blanc sur fond noir.

Benacerraf (Baruj) Médecin et généticien américain d'origine vénézuélienne (1920-2011). Il étudia les mécanismes génétiques de la réponse immunitaire et plus particulièrement les gènes responsables de la production d'anticorps chez la souris. Prix Nobel 1980, avec J. Dausset et G. Snell.

Benacquista (Tonino) Écrivain et scénariste français d'origine italienne (né en 1961). Auteur de romans policiers *(La Commedia des ratés ; Malavita),* de bandes dessinées *(L'Outremangeur),* de scénarios de films *(Sur mes lèvres ; De battre mon cœur s'est arrêté)* et d'une autobiographie *(Porca Miseria).*

Benalcázar ou Belalcázar (Sebastián Moyano, dit de) Conquistador espagnol (1480-1551). Il participa à la conquête du Pérou par F. Pizarro, puis partit pour la Colombie où il fonda Santiago de Guayaquil.

Bénarès

Bénarès, les bords du Gange.

Ben Ali (Zine el-Abidine) Homme d'État tunisien (1936-2019). Successeur de Bourguiba, il fut président de la République de 1987 à 2011. Chassé par la révolution de Jasmin, il se réfugia en Arabie saoudite.

bénard **n. m. (du n. d'un tailleur)** fam. Pantalon. - **abrév. ben** [bɛn].

bénarde **n. f. (de *Bernard* « pauvre sire »)** techn. Serrure dont la clé n'est pas forée et qui s'ouvre aussi bien de l'intérieur que de l'extérieur. – **adj.** *Clé bénarde,* dont la tige n'est pas forée.

Bénarès ou Varanasi Ville d'Inde (Uttar Pradesh), sur le Gange. 1 211 749 habitants. Elle est l'une des sept villes sacrées de l'hindouisme et un lieu de pèlerinage majeur. Artisanat de luxe (soieries).

Benavente y Martinez (Jacinto) Auteur dramatique espagnol (1866-1954). Il écrivit des pièces fantastiques, des drames, des comédies de mœurs. *Les affaires sont les affaires,* satire d'une société qui sacrifie tout à l'argent. Prix Nobel 1922.

Ben Barka (el-Mehdi) Homme politique marocain (1920-1965). Leader de l'Union nationale des forces populaires, il fut le principal opposant au gouvernement marocain. Enlevé à Paris en 1965, il fut probablement assassiné.

Ben Bella (Ahmed) Homme politique algérien (1916-2012). L'un des chefs de l'insurrection algérienne (1954), interné en France de 1956 à 1962, puis libéré après les accords d'Évian, il fut président de la République de 1963 à 1965. Renversé par Boumédiène, il fut emprisonné jusqu'en 1980. Il s'exila en France, où il fonda le Mouvement pour la démocratie en Algérie, avant de rentrer en Algérie (1990).

Benda (Julien) Romancier et essayiste français (1867-1956). Rationaliste polémique, il met en cause dans ses écrits l'engagement des intellectuels mus par l'intuition et non par la raison. *La France byzantine ; La Trahison des clercs.*

Bendigo Ville d'Australie, (État de Victoria), au N. de Melbourne. 76 050 habitants. Elle fut créée suite à la découverte des champs aurifères, en 1871. Agriculture. Industries traditionnelles.

Benacquista (Tonino)

Tonino Benacquista au salon du Livre de Paris (2005).

bendir [bɛndiʀ] **n. m. (de l'arabe)** Grand tambour d'Afrique du Nord, fait d'une peau montée sur un cerclage en bois.

Bendjedid (Chadli) voir **Chadli**

Bendor Petite île de 7 ha au large de Bandol, sur la Côte d'Azur.

Bene (Carmelo) Dramaturge, cinéaste et acteur italien (1937-2002). Il réalisa des mises en scène baroques et est l'auteur de créations radiophoniques. *S. A. D. E. ; Notre-Dame-des-Turcs.*

Bene Braq Ville de la banlieue de Tel-Aviv, en Israël. 204 600 habitants. Centre religieux (études talmudiques).

Benedek (Ludwig August von) Général autrichien (1804-1881). Il se distingua à Solferino (1859) et démissionna après la défaite de l'armée autrichienne face aux Prussiens à Sadowa-Königgrätz (1866).

Benedetti (Vincent) Diplomate français (1817-1900). Il fut ambassadeur en Italie, puis à Berlin. Son intervention auprès de Guillaume Ier (entrevue d'Ems du 13 juillet 1870) fut à l'origine de la déclaration de guerre de la France à l'Allemagne.

Benedetto da Maiano Architecte et sculpteur florentin (1442-1497). Il est le frère cadet de Giuliano da Maiano, dont il fut l'élève et le collaborateur. Son chef-d'œuvre est le palais Strozzi, à Florence, achevé par Cronaca.

bénédicité **n. m. (du latin, de *benedicere* « bénir »)** Prière catholique prononcée avant le repas. *Dire le bénédicité. Des bénédicités.*

Benedict (Ruth) Anthropologue américaine (1887-1948). Elle se consacra à l'étude des Indiens du sud-ouest des États-Unis et de la société japonaise, développant la thèse selon laquelle les comportements individuels sont le fait des cultures sociales. *Patterns of Culture ; Le Chrysanthème et le Sabre.*

bénédictin, ine **n. (du latin *Benedictus,* correspondant à *Benoît*) I.** Religieux, religieuse de l'ordre de saint Benoît. – **loc.** *Un travail de bénédictin,* qui exige beaucoup d'érudition, de patience et de soins. **II. n. f. (marque déposée)** Liqueur fabriquée à l'origine dans un couvent de bénédictins.

bénédictins **n. m. pl.** Ordre religieux qui suit la règle rédigée par saint Benoît de Nursie, reprise par saint Benoît d'Aniane en 817. Les religieux se consacrent à la culture des terres et aux travaux intellectuels. Les ordres monastiques camaldules, célestins, chartreux, cisterciens et olivétains respectent notamment la Règle.

bénédiction **n. f. (du latin, de *benedicere* → bénir) 1.** Grâce, faveur accordée par Dieu. – fam. *C'est une bénédiction,* une grande chance. **2.** Action du prêtre qui bénit (qqn, qqch.). *Donner, recevoir la bénédiction.* **3.** Expression d'un assentiment, d'un souhait. *Elle y est allée avec la bénédiction de la direction.*

Benediktsson **(Einar)** Poète islandais (1864-1940). Ses poèmes combinent l'exaltation de sa patrie et l'éloge du modernisme. *Contes et poèmes ; Lames.*

bénef **n. m. (de *bénéfice*) fam.** Bénéfice. *Faire de gros bénefs. C'est tout bénef.*

bénéfice **n. m. (latin *beneficium*, de *bene facere* « faire du bien ») I. 1.** Avantage. *Tirer un bénéfice moral d'une action.* **– *Au bénéfice de* :** au profit de. *Donner un spectacle au bénéfice d'une œuvre.* **– (Canada) en appos.** *Concert(-)bénéfice, souper(-)bénéfice,* organisé dans le but de recueillir des fonds. *Des soirées(-)bénéfice.* **– loc.** *Le bénéfice du doute* (quand on doute de la culpabilité). **2. hist.** Concession de terres faite à ses sujets par le roi ou le seigneur. **3. hist.** Patrimoine et revenus attachés à une dignité ecclésiastique (abbé, etc.). **4. dr.** Faveur, privilège que la loi accorde à (qqn). *Le bénéfice des circonstances atténuantes.* ■ *Bénéfice d'inventaire :* droit de ne payer les dettes d'une succession que dans la limite des biens recueillis. **– fig.** *Sous bénéfice d'inventaire :* sous réserve de vérification. **II. 1.** Gain réalisé dans une opération ou une entreprise. **→ profit ; fam. bénef.** *Bénéfice net,* tous frais déduits. *Être intéressé aux bénéfices.* **2. comptab.** Différence entre le prix de vente et le prix de revient.

bénéficiaire **(du latin → bénéfice) 1. n.** Personne qui bénéficie d'un avantage, d'un droit, d'un privilège. **2. adj.** Qui a rapport au bénéfice commercial. *Marge bénéficiaire. Entreprise bénéficiaire,* qui fait des bénéfices.

bénéficier **v. tr. ind. <7> (du latin → bénéfice) 1. *Bénéficier de* :** avoir le bénéfice, l'avantage de. *Bénéficier d'un avantage.* **2. *Bénéficier à* :** apporter un droit à.

bénéfique **adj. (du latin → bénéfice)** Qui fait du bien. *Ce séjour lui a été bénéfique.* **→ favorable, salutaire.**

Benelux **[BElgique-NEderland-LUXembourg] n. m.** Union monétaire et douanière de la Belgique, des Pays-Bas et du Luxembourg signée en 1944, puis élargie en union économique en 1958. Le secrétariat général siège à Bruxelles.

Beneš **(Edvard)** Homme d'État tchécoslovaque (1884-1948). Ministre des Affaires étrangères (1918-1935), il présida le gouvernement en exil à Londres (1941). Il fut président de la République de 1935 à 1938 et de 1945 à 1948.

Benét **(Stephen Vincent)** Écrivain américain (1898-1943). Poète, nouvelliste et romancier, il est surtout connu pour son poème narratif sur la guerre de Sécession, *John Brown's Body*, et pour son roman *The Devil and Daniel Webster.*

benêt **n. m. (var. de *benoît*)** Homme, garçon niais. **→ nigaud. – adj.** *Un air benêt.*

Bénévent Ville d'Italie, en Campanie. 61 790 habitants. Arc de Trajan de 114 ; église Sainte-Sophie du VIIIe s. Bénévent fut la capitale d'un puissant duché lombard (VIe s.). Elle appartint au domaine pontifical du XIe au XIXe siècle.

bénévolat **n. m.** Situation d'une personne qui accomplit un travail gratuitement, sans y être obligée.

bénévole **adj. (du latin, de *bene* « bien » et *volo* « je veux » → 1vouloir) 1.** Qui fait (qqch.) sans obligation et gratuitement. *Une infirmière bénévole.* **– n.** *Faire appel à des bénévoles.* **2.** Fait gratuitement et sans obligation. *Une assistance bénévole.* **→ désintéressé, gratuit.**
□ **adv. bénévolement**

Bénezet **(saint)** Berger qui, selon la tradition provençale, aurait construit le pont d'Avignon au XIIe siècle.

Benfeld Commune du Bas-Rhin. 5 820 habitants. Hôtel de ville du XVIe s. ; église Saint-Laurent du VIIIe siècle.

Benfey **(Theodor)** Philologue et orientaliste allemand (1819-1881). Il travailla sur le sanskrit des Védas, rédigea un lexique des racines grecques, et étudia les rapports entre l'égyptien antique et les langues sémitiques.

Bengale **(golfe du)** Partie de l'océan Indien située entre l'Inde, le Bangladesh et la Birmanie.

Bengale **n. m.** Région historique du monde indien, partagée entre l'Inde (Bengale-Occidental) et l'État indépendant du Bangladesh. Région colonisée par les Britanniques à partir de 1757, le Bengale constitua l'un des foyers indépendantistes les plus actifs. Lors de l'indépendance de l'Inde (1947), la région fut divisée entre l'Union indienne et le Pakistan. La partie pakistanaise forma le Bangladesh en 1971.

Bengale-Occidental **n. m.** État d'Inde. 88 752 km^2. 99,6 millions d'habitants. Langue : bengali. L'État est dominé par l'agglomération de Calcutta, sa capitale. Contrairement à la partie orientale du Bengale (le Bangladesh), il connut une industrialisation rapide (travail du jute, sidérurgie).

bengali [bɛ̃gali] **(mot du Bengale) I. n. m.** Petit oiseau passereau au plumage bleu et brun, originaire d'Inde. *Des bengalis.* **II. adj. et n.** Du Bengale. **– n. m.** Langue indo-européenne parlée au Bengale.

Bengalis **n. m. pl.** Population du Bengale, en Inde et au Bangladesh. Ils parlent une même langue, le bengali, et sont hindous ou musulmans.

Bengbu ou **Peng-pou** Ville de l'E. de la Chine, dans la province de l'Anhui. 794 000 habitants. Industries alimentaire, textile, mécanique, pétrochimique et électronique ; céréales, légumes.

Benghazi ou **Bengazi** Ville de Libye, sur la Méditerranée, capitale de la Cyrénaïque. 800 000 habitants. Port. Industries alimentaires. Université. L'ambassade américaine fut la cible d'une attaque terroriste le 11 sept. 2012.

Bengkulu Ville d'Indonésie, au S.-O. de Sumatra. 308 756 habitants. Port d'exportation (café, caoutchouc, girofle).

Ben Gourion **(David Grin, dit David)** Homme d'État israélien (1886-1973). Porte-parole du sionisme, l'un des principaux chefs de la Haganah, il proclama la naissance de l'État d'Israël en 1948. Il en fut le Premier ministre de 1948 à 1953 et de 1955 à 1963.

Benguela Ville d'Angola, sur l'Atlantique. 555 100 habitants. Port.

Benguela **(courant de)** Courant marin froid qui remonte des côtes de l'Angola vers l'équateur.

Benha ou **Banhā** Ville de Basse-Égypte, au N. du Caire, sur une branche du Nil. 171 400 habitants. Nœud ferroviaire et centre agricole.

Beni **(río)** Rivière de Bolivie, longue de 1 600 km, qui conflue avec les rivières Madre Dios et Mamoré pour former le Madeira.

béni, ie **adj. (de *bénir*)** Qui a été béni. *Être béni des Dieux.* **→ aussi bénit.**

bénichon **n. f. (forme pop. de *bénédiction*) (Suisse)** Fête traditionnelle des récoltes et de la descente de l'alpage (canton de Fribourg).

Bénigne **(saint)** Apôtre légendaire de la Bourgogne, qui aurait subi le martyre vers 178.

Benigni **(Roberto)** Acteur et réalisateur italien (né en 1952). Il présente dans ses films des évènements dramatiques sous forme de fantaisies comiques. *Le Petit Diable ; La vie est belle.*

bénignité **n. f. (du latin → bénin) littér. 1.** Qualité d'une personne bienveillante et douce. **→ bonté. 2.** Caractère de ce qui est bénin, sans gravité. *La bénignité d'une maladie.*

Béni Mellal Ville du Maroc, au pied du Moyen-Atlas, dans la plaine du Tadla. 192 600 habitants. Centre de commerce, au cœur d'une région agricole.

bénin, igne **adj. (latin *benignus*, de *bene* → 2bien, opposé à *malignus* → malin) 1. vieilli** Bienveillant, indulgent. **→ doux.** *Une critique bénigne.* **2.** Sans conséquence grave. *Un accident bénin. Tumeur bénigne* **(opposé à *maligne*).**

Bénin **(golfe de)** Partie du golfe de Guinée qui baigne la côte des Esclaves, entre le delta du Niger et l'estuaire de la Volta.

Bénin **(royaume du)** Ancien royaume africain fondé vers le XIIe s. dans le bas Niger (actuel Nigeria) par les Yoroubas. Il était dirigé par un *oba* (roi), dont le plus connu est Ewuare (XVe s.). Le royaume commerça avec les Européens, notamment les Portugais, dès le XVIe s. (esclaves et ivoire). Opposé à la mainmise britannique, il fut détruit en 1897. L'art du Bénin (bronzes et ivoires sculptés) est héritier des arts de Nok et d'Ife.

Bénin

n. m. anciennement **Dahomey** ■ offic. **république du Bénin** État d'Afrique occidentale. 112 622 km^2. 11 175 000 habitants (les *Béninois*). **Langues :** français (offic.), haoussa, yorouba, fon. **Population :** Yoroubas, Fons, Minas, Adjas, Baribas, Haoussas, Peuls. **Religions :** animistes, chrétiens, musulmans. **Monnaie :** franc CFA. **Capitale :** Porto-Novo. **Régime :** démocratie parlementaire.

GÉOGRAPHIE

La zone littorale, bordée par des lagunes, précède un vaste plateau dominé par la chaîne montagneuse de l'Akatora. À la mangrove et à la forêt du bas Bénin succède, à l'intérieur des terres, la savane arborée puis herbeuse à longue saison sèche. L'économie est essentiellement agricole (manioc, maïs, élevage ; huile de palme, coton, arachide). L'industrie demeure peu développée, mais l'exploitation du pétrole et le trafic portuaire de Cotonou apportent des devises.

HISTOIRE

Les premiers royaumes (Dan-Homé, XIVe s.) entrèrent en contact avec les navigateurs européens (XVIIe s.). Le royaume guerrier d'Abomey (v. 1625-1892), hostile à la présence européenne, pratiquait la traite des esclaves. Les Français fondèrent la colonie du Dahomey (1894) et l'intégrèrent à l'Afrique-Occidentale française (1904). Le Dahomey obtint l'indépendance en 1960. Par le coup d'État de 1972, Mathieu Kérékou accéda au pouvoir, baptisa le pays du nom de Bénin (1975) et instaura un régime se réclamant du marxisme. Le multipartisme fut rétabli (1991) et Nicéphore Soglo fut élu. M. Kérékou revint au pouvoir de 1996 à 2006. Lui ont succédé Thomas Boni Yayi (2006-2016) et l'homme d'affaires Patrice Talon.

Benin City Ville du S. du Nigeria, capitale de l'État du Bendel. 1,6 million d'habitants. Ancienne cité du royaume du Bénin. Artisanat d'art.

Benioff **(Victor Hugo)** Géophysicien américain (1899-1968). Spécialisé en sismologie, il découvrit le *plan de Benioff,* plan incliné dans les zones de subduction, constituant le siège des foyers des tremblements de terre.

béni-oui-oui **n. invar. (de l'arabe *beni* « les fils » et de *oui* redoublé) fam.** Personne toujours empressée à approuver les initiatives d'une autorité établie. *Une assemblée de béni-oui-oui.*

bénir **v. tr. <2> (vient du latin *benedicere*, de *bene* → 2bien et *dicere* → 1dire) I. 1. (Dieu)** Répandre sa bénédiction* sur. **→ protéger. – fam.** *Dieu vous bénisse,* souhait adressé à qqn qui éternue. **2.** Appeler la bénédiction

Bénin

de Dieu sur les hommes. *Bénir les fidèles. Le prêtre qui a béni leur union.* ■ Consacrer (un objet) par des cérémonies rituelles (→ **bénit**). **3.** Souhaiter solennellement bonheur et prospérité à (qqn) en invoquant l'intervention de Dieu. – au p. p. *Soyez béni !* **II. 1.** Louer, glorifier (Dieu). *Béni soit le Seigneur.* **2.** Glorifier, remercier (qqn, qqch.). *Je bénis le médecin qui m'a sauvé. Vous pouvez bénir ce concours de circonstances.*

Beni Saf Ville d'Algérie. 39 700 habitants. Port. Exploitation de minerai de fer. Conserveries.

Beni-Souef Ville de Haute-Égypte, sur la rive gauche du Nil. 235 870 habitants. Commerce. Oléoduc.

bénisseur, euse adj. rare Qui bénit. *Geste bénisseur.* - On dit aussi **bénissant, ante.**

bénit, ite adj. (vient du latin → **bénir, benoît**) (choses) Qui a reçu la bénédiction du prêtre avec les cérémonies prescrites. *Eau bénite.* → aussi **béni.** – loc. *C'est pain bénit* : c'est une aubaine.

bénitier n. m. (de l'ancien français *eau benoitier*, d'après *bénite*) **1.** Vasque destinée à contenir l'eau bénite. ■ loc. fam. *Grenouille de bénitier* : bigote. **2.** Mollusque de grande taille, dont la coquille servait parfois de bénitier. → **tridacne.**

benjamin, ine [bɛ̃ʒamɛ̃, in] n. (n. du plus jeune fils de Jacob dans la Bible) **1.** Le, la plus jeune d'une famille, d'un groupe. **2.** Jeune sportif appartenant à la catégorie d'âge comprise entre les poussins et les minimes (autour de 12 ans).

Benjamin Personnage biblique, dernier des fils de Jacob et de Rachel. Il est l'ancêtre de la tribu d'Israël des benjaminites.

Benjamin (Walter) Écrivain et philosophe allemand (1892-1940). Il est l'auteur d'ouvrages critiques étudiant les effets de la société industrielle et marchande sur la perception des œuvres d'art (*L'Œuvre d'art à l'époque de sa reproductibilité technique*). Il mena une réflexion moderne sur la traduction, et a notamment laissé des essais sur Proust, Brecht, Kraus, ainsi que deux volumes de correspondance. *Paris, capitale du XIXe siècle.*

Benjamin de Tudèle Voyageur et rabbin du XIIe s. (mort v. 1173). Il entreprit un long voyage pour visiter les juifs d'obédience mosaïque. Son récit contient de nombreux renseignements sur les mœurs et les coutumes des pays qu'il traversa.

Ben Jelloun (Tahar) Écrivain marocain d'expression française (né en 1944). Ses romans traitent du déracinement, de la double culture et de l'oppression des minorités. Il est également auteur de poésie. *Moha le fou, Moha le sage ; La Nuit sacrée ; Les amandiers sont morts de leurs blessures.*

benjoin [bɛ̃ʒwɛ̃] n. m. (du catalan, de l'arabe « encens de Java ») Résine aromatique utilisée en parfumerie, en médecine.

Ben Khedda (Youssef) Homme politique algérien (1920-2003). Président du gouvernement provisoire, il fut renversé par Ben Bella en septembre 1962.

Ben Laden (Oussama) Chef politique et religieux d'origine saoudienne (1957-2011). Fondateur d'al-Qaida, soupçonné de financer de nombreux groupes islamistes et de commanditer des attentats terroristes, il a été tué en mai 2011 au Pakistan par un commando américain.

Benn (Gottfried) Écrivain allemand (1886-1956). Ses premiers écrits témoignent avec violence de l'absurdité d'un monde qui entretient le mythe du progrès. Disciple de Nietzsche, il tenta par la suite de dépasser le nihilisme grâce à une recherche littéraire purement formelle. *Le Je moderne ; Après le nihilisme ; Poèmes statiques.*

benne n. f. (var. de *banne*) **1.** Caisse servant au transport de matériaux dans les mines, les chantiers. *Benne de charbon.* → **berline.** **2.** Partie basculante d'un camion, pour décharger des matériaux. – Camion muni d'une benne. *Benne à ordures.* **3.** Caisse de chargement d'une grue. **4.** Cabine de téléférique.

Bennett (James Gordon) Journaliste américain (1795-1872). Pionnier du journalisme moderne, il fonda le *New York Herald.* ■ James Gordon **Bennett,** son fils (1841-1918) lui succéda. Passionné par l'automobile, il fonda la coupe Gordon Bennett.

Bennett (Enoch Arnold) Écrivain et journaliste britannique (1867-1931). Il est l'auteur de comédies et de romans régionalistes. Critique littéraire, il reconnut le premier l'importance de Joyce. *Un homme du Nord ; Anna des cinq villes ; La Famille Clayhanger.*

Bennett (Richard Bedford) Homme d'État canadien (1870-1947). Leader du Parti conservateur, il fut Premier ministre de 1930 à 1935.

Bennett (sir Richard Rodney) Compositeur britannique (1936-2012). Élève de P. Boulez, il travailla sur les techniques sérielles. *The Ledge ; The Mines of Sulfur.*

Ben Nevis n. m. Point culminant (1 343 m) de la Grande-Bretagne, dans les monts Grampians, en Écosse.

Bennigsen (Levin August, devenu **Leonti Leontievitch)** Général russe (1745-1826). Il combattit Napoléon à la bataille d'Eylau (1807), prit part à la bataille de la Moskova (1812) et contribua à la victoire de Leipzig (1813).

Bénodet Commune du S. du Finistère, sur l'estuaire de l'Odet. 3 702 habitants. Port de plaisance, station balnéaire. Église du XIIIe siècle.

Benois (Aleksandr Nikolaïevitch, en français **Alexandre)** Peintre, décorateur et critique d'art russe (1870-1960). Il fonda, avec Diaghilev, le groupe Mir Iskousstva (« le Monde de l'art »), et réalisa des décors inspirés par l'opéra français du XVIIe s., la commedia dell'arte et le folklore russe (*Giselle*).

Benoist (Michel) Jésuite, mathématicien, astronome et géographe français (1715-1774). Missionnaire en Chine dès 1744, il prit part à la réalisation d'une carte générale de la Chine gravée sur cuivre et collabora avec G. Castiglione à la réalisation des jeux d'eaux de l'ancien palais d'Été, à Pékin.

Benoist-Méchin (Jacques) Écrivain et historien français (1901-1983). Auteur de nombreux ouvrages historiques, il participa au gouvernement de Vichy. *Un printemps arabe ; Fayçal, roi d'Arabie.*

Benoit (Pierre) Romancier français (1886-1962). Il est l'auteur d'une quarantaine d'ouvrages qui allient récit linéaire traditionnel, intrigues adroites et personnages bien dessinés. *Kœnigsmark ; L'Atlantide ; La Ferté ; La Châtelaine du Liban.* Académie française.

benoît, oîte adj. (vient du latin, du p. p. de *benedicere* → **bénir**) vieux Bon et doux. ■ vieilli Doucereux. - var. RO **benoit, oite.** □ adv. **benoîtement** ou RO **benoitement**

Benoît Nom de papes et d'antipapes. ■ **Benoît VII.** Pape de 974 à 983. Il anathématisa l'antipape Boniface VII, et calma l'agitation féodale en Italie avec l'appui d'Othon II. ■ **Benoît VIII** [Théophylacte, comte de Tusculum] Pape de 1012 à 1024. Il réunit le synode de Pavie en 1022 pour réformer les mœurs du clergé et laissa le pouvoir temporel à son frère Romanus (Jean XIX), qui lui succéda. ■ **Benoît XI** (bienheureux) [Niccolò Boccasini] (1240-1304). Pape de 1303 à 1304. Il renoua avec Philippe IV le Bel après l'attentat d'Anagni, et ne maintint l'excommunication que contre G. de Nogaret et Sciarra Colonna. Il quitta Rome, aux mains des Colonna, et mourut sans doute empoisonné. ■ **Benoît XII** [Jacques Fournier] (mort en 1342). Pape de 1334 à 1342. Il commença l'édification du palais des Papes à Avignon. ■ **Benoît XIII** [Pedro de Luna] (1324 ou 1329-1423) Antipape de 1394 à 1423. Il refusa d'abdiquer, malgré sa déposition par les conciles de Pise (1409) et de Constance (1417). Il fuit Avignon en 1409 et se réfugia en Espagne. ■ **Benoît XIII** [Vincenzo Maria Orsini] (1649-1730). Pape de 1724 à 1730. Peu compétent en politique, il se laissa gouverner par le cardinal Niccolò Coscia. ■ **Benoît XIV** [Prospero Lambertini] (1675-1758). Pape de 1740 à 1758. Canoniste et érudit, il entretint une vaste correspondance avec le monde savant et s'attira l'estime des protestants et des déistes. ■ **Benoît XV** [Giacomo Della Chiesa] (1854-1922). Pape de 1914 à 1922. Durant la Pre-

Benoît XVI

Benoît XVI sur la place Saint-Pierre à Rome (2005).

B

mière Guerre mondiale, il maintint une grande neutralité et se consacra à une action humanitaire et diplomatique. ■ **Benoît XVI** [Joseph Ratzinger] (1927-2022). Pape élu en 2005. Cardinal archevêque de Munich (1977), puis préfet de la Congrégation pour la doctrine de la foi (1981), il est connu pour son conservatisme doctrinal et son érudition. Il renonça à son pontificat en 2013.

Benoît (René) Physicien français (1844-1922). Il inventa, avec C. E. Guillaume, l'alliage invar et participa à l'évaluation de la longueur du mètre en longueurs d'onde lumineuse.

Benoît (Jehane) Cuisinière canadienne (1904-1987). Elle présenta des émissions à la télévision canadienne et publia plusieurs encyclopédies culinaires qui devinrent des ouvrages de référence de la cuisine québécoise.

Benoît Biscop (saint) Moine northumbrien (629-690). Il aida Théodore de Canterbury à organiser l'Église d'Angleterre. Il fonda les monastères de Wearmouth et de Jarrow.

Benoît d'Aniane (saint) Bénédictin français (v. 750-821). Fondateur de l'abbaye d'Aniane, il commenta et codifia la règle de saint Benoît (817).

Benoît de Nursie (saint) Fondateur de l'ordre bénédictin (v. 480-v. 547). Il fonda l'abbaye du Mont-Cassin, et y rédigea, vers 540, une règle codifiée par saint Benoît d'Aniane. Sa sœur, sainte Scholastique, fut patronne des bénédictines.

Benoît de Sainte-Maure ou **de Sainte-More** Trouvère anglo-normand du XIIe s. Il continua, sur ordre de Henri II Plantagenêt, l'*Histoire des ducs de Normandie.* Il est également l'auteur du *Roman de Troie,* l'un des premiers romans antiques.

benoîte n. f. Plante des bois à fleurs jaunes, appelée aussi *herbe de saint Benoît.* - var. RO **benoite.**

Benoît-Joseph Labre (saint) Mystique français (1748-1783). Il parcourut les routes d'Europe en pèlerin mendiant.

Bénoué n. f. Rivière d'Afrique occidentale (Tchad, Cameroun et Nigeria), longue de 1 400 km, principal affluent du Niger. Son cours est utilisé pour le transport des arachides et du coton.

Benserade [bɛ̃sʀad] (Isaac de) Poète français (1613-1691). Auteur de tragédies, il doit sa réputation aux livrets des ballets qu'il écrivit pour la cour de Louis XIII, puis de Louis XIV, notamment avec Lully. Son *Sonnet à Job* est à l'origine de la « querelle des sonnets », qui l'opposa à Voiture.

Bentham (Jeremy) Philosophe et juriste anglais (1748-1832). Il est le fondateur de l'utilitarisme moral, qui postule que la recherche calculée des plaisirs peut servir de principe au gouvernement et au droit pénal. *Introduction aux principes de la morale et de la législation.*

benthique [bɛ̃tik] adj. (de *benthos*) didact. Relatif au fond des eaux ; qui vit au fond des eaux. *La faune et la flore benthiques.*

benthos [bɛ̃tos] n. m. (mot grec « profondeur ») didact. Ensemble des organismes qui vivent sur les fonds des mers.

Bentinck Famille anglaise d'origine hollandaise. ■ William Bentinck, 1er comte de Portland (1649-1709). Il fut l'un des artisans du traité de Rijswijk. ■ William Henry Cavendish Bentinck, 3e duc de Portland (1738-1809). Il fut Premier ministre de 1807 à 1809.

Bentivoglio Famille de la noblesse italienne qui régna à Bologne de 1401 à 1506.

bentonite [bɛ̃tɔnit] n. f. (de *Fort-Benton,* n. d'une ville des États-Unis) géol. Argile absorbante, à grand pouvoir décolorant.

Benveniste (Émile) Linguiste français (1902-1976). Il s'intéressa à la grammaire indo-européenne, puis à la lexicologie. Il enrichit la théorie saussurienne du signe linguistique et mit en avant les rapports entre le locuteur et son discours. *Noms d'agent et noms d'action en indo-européen ; Le Vocabulaire des institutions.*

Benxi ou **Pen-hi** Ville de Chine, dans le Liaoning. 860 900 habitants. Métallurgie, cimenterie, industrie textile.

Ben Yehuda (Eliézer Perelman, devenu) Journaliste et lexicographe de langue hébraïque (1858-1922). Né en Lituanie, sioniste, il s'établit à Jérusalem en 1881 et fut le principal artisan de la renaissance de l'hébreu moderne. Il entreprit la réalisation d'un monumental dictionnaire (16 tomes).

Benz (Carl) Ingénieur allemand (1844-1929). Il mit au point, en 1886, une voiture à trois roues, équipée d'un moteur à essence à quatre temps.

Benzema (Karim) Footballeur français (né en 1987). Avant-centre doué d'une technique et d'un sens du but exceptionnel, il a remporté 5 ligues des Champions avec le Real Madrid et le Ballon d'or 2022.

benzène [bɛ̃zɛn] n. m. (→ benzine) Carbure d'hydrogène, liquide incolore, inflammable, dissolvant les corps gras, extrait des goudrons de houille. □ adj. **benzénique** [bɛ̃zenik]

benzine [bɛ̃zin] n. f. (de l'allemand, de *benzoe,* n. latinisé du *benjoin*) Mélange d'hydrocarbures (benzol rectifié) vendu dans le commerce, employé notamment comme détachant.

benz(o)- Élément (de *benzène*) marquant la parenté chimique avec le benzène ou l'acide benzoïque.

benzoate [bɛ̃zɔat] n. m. chim. Sel ou ester de l'acide benzoïque.

benzodiazépine [bɛ̃zodjazepin] n. f. (de *benzo-* et *diazépine,* n. d'un agent pharmacologique) chim. Composé chimique utilisé comme anxiolytique et hypnotique. - abrév. **BZD.**

benzoïque [bɛ̃zɔik] adj. chim. *Acide benzoïque :* acide organique extrait du benjoin ou produit à partir du toluène, utilisé notamment comme antiseptique.

benzol [bɛ̃zɔl] n. m. Mélange de carbures composé de benzène, de toluène et de xylène.

benzolisme [bɛ̃zɔlism] n. m. méd. Intoxication professionnelle due à la manipulation du benzol.

benzopyrène [bɛ̃zopiʀɛn] n. m. chim. Hydrocarbure aromatique produit lors d'une combustion incomplète, cancérigène.

Beograd voir **Belgrade**

Béotie n. f. Région de la Grèce centrale. Capitale antique : Thèbes. Capitale actuelle : Livadiá. Environ 135 000 habitants. Le massif montagneux Hélikon sépare deux riches bassins agricoles : au N., celui de l'ancien lac Copaïs, où l'on produit du coton et du maïs ; au S., celui de Thèbes, où l'on cultive des céréales et des légumes. Berceau avec l'Argolide de la civilisation mycénienne, la Béotie fut envahie par les *Béotiens,* venus de Thessalie (–XIIIe ou –XIe s.), qui lui donnèrent son nom. Grâce aux victoires d'Épaminondas et de Pélopidas, Thèbes et la Béotie s'assurèrent un moment la suprématie sur les cités grecques (–371 à –362).

béotien, enne n. I. Habitant de la Béotie. II. (de la réputation des Béotiens dans l'Antiquité) **1.** Personnage lourd, peu ouvert aux lettres et aux arts, qui a des goûts grossiers. – adj. *Des goûts béotiens.* **2.** Personne profane (dans un domaine). → **ignorant.**

béotisme n. m. littér. Lourdeur, grossièreté du béotien.

Beowulf (lai de) Poème héroïque en vieil anglais du Xe s. (3 000 vers). Il raconte les exploits de Beowulf, vaillant chevalier qui parvient à tuer le monstre Grendel puis la mère de celui-ci, et succombe, bien plus tard, en affrontant un dragon.

BEP [beøpe] n. m. (sigle) En France, Brevet d'études professionnelles.

BEPC [beøpese], fam. [bɛps] n. m. (sigle) anciennt En France, Brevet d'études du premier cycle.

béquée ; béqueter voir **becquée ; 1becqueter**

béquet n. m. (de *bec*) **1.** imprim. Petit morceau de papier écrit qu'on ajoute à une épreuve pour signaler une correction, etc. **2.** techn. Pièce de carrosserie destinée à améliorer l'aérodynamisme d'une automobile. - var. **becquet** [be-].

béquillard, arde adj. fam. Qui se déplace avec des béquilles. – n. *Une béquillarde.*

béquille n. f. (de *béquillon* « petit bec ») **1.** Bâton surmonté d'une traverse sur laquelle on appuie l'aisselle ou la main pour se soutenir. *Marcher avec des béquilles.* – fig. (abstrait) Appui, soutien. **2.** Instrument, dispositif de soutien, de support. → **2cale, 2étai.** *Les béquilles d'un bateau. La béquille d'une moto.* **3.** techn. Poignée transversale servant à ouvrir une serrure. → **bec-de-cane.**

béquiller v. < 1 > **1.** v. intr. Marcher avec des béquilles. **2.** v. tr. Étayer avec une ou des béquilles.

ber [bɛʀ] n. m. (vient du latin pop. *bertium,* d'origine gauloise ; var. *bers* → **bercer, berceau**) mar. Charpente soutenant un bateau en construction.

Berain (Jean) Dessinateur, graveur et ornemaniste français (1639-1711). Dessinateur de la Chambre du roi, il fut au service de Louis XIV. Son style élégant et fantaisiste annonçant le style rocaille, eut une grande influence en Hollande, en Angleterre et en Allemagne.

Béranger (Pierre Jean de) Chansonnier français (1780-1857). Il est l'auteur de chansons patriotiques très populaires célébrant l'époque napoléonienne. Parfois pamphlétaires, anticléricales, elles lui valurent l'emprisonnement à deux reprises. *Le Dieu des bonnes gens ; Parlez-nous de lui.*

Bérard (Victor) Helléniste français (1864-1931). Auteur d'une traduction en vers de *L'Odyssée,* il effectua un voyage sur les traces d'Ulysse.

Bérard (Christian) Peintre et décorateur français (1902-1949). Il créa de nombreux décors au théâtre et au cinéma, notamment pour Louis Jouvet et Jean Cocteau *(La Belle et la Bête).*

Bérarde (La) Station de sports d'hiver et centre d'alpinisme (1 740 m) de l'Isère.

Berat ou **Berati** Ville d'Albanie, sur l'Osum. 36 467 habitants. Mosquée du XVe s. Industrie textile.

Berbera Ville du N. de la Somalie, port sur le golfe d'Aden. 243 000 habitants. Terminal à conteneurs. Pêche. Exportations (cuir).

berbère adj. et n. (de l'arabe, par l'espagnol) Du peuple autochtone d'Afrique du Nord (ex. kabyle, touareg). – n. *Les Berbères.* ■ n. m. Langue des Berbères. → **tamazight.**

Berbères n. m. pl. Groupe des peuples d'Afrique du Nord (30 millions) qui parlent un dialecte berbère : Chleuhs et Rifains (Maroc), Berbères de l'Aurès, Kabyles et Chaouïas (Algérie), Touaregs notamment. Établis en Afrique du Nord depuis la préhistoire, les Berbères ont été colonisés par les Romains puis par les Arabes, qui se heurtèrent à leur résistance. Plusieurs dynasties berbères s'illustrèrent en étendant leur empire (Almoravides, Almohades).

berbérophone adj. et n. ling. Qui parle un dialecte du berbère. – n. *Un, une berbérophone.*

Berberova (Nina Nikolaïevna) Écrivaine américaine d'origine russe (1901-1993). Elle vécut à Paris, avant de s'installer aux États-Unis à partir de 1950. Son œuvre dépeint les tourments des Russes émigrés. Elle est l'autrice de romans, de nouvelles et d'une autobiographie. *L'Accompagnatrice ; C'est moi qui souligne.*

bercail n. m. (d'abord « bergerie » ; famille du latin *berbex* « brebis ») plais. Famille, foyer, pays (natal). *Rentrer au bercail.*

berçant, ante adj. **1.** Apaisant, endormant. **2.** (Canada) *Chaise berçante* ou n. f. *berçante* : chaise, fauteuil à bascule. → **berceuse, rocking-chair.**

berce n. f. (origine incertaine) bot. Plante à fleurs blanches qui croît dans les lieux humides.

berceau n. m. (de *ber, bers* → ber) **I. 1.** Petit lit de bébé (que l'on peut balancer). – littér. La petite enfance. *Du berceau à la tombe.* ■ Place (en crèche). *Une crèche de trente berceaux.* **2.** Lieu de naissance, d'origine (d'une institution...). *Le berceau familial. Le berceau de la civilisation.* **II. 1.** archit. Voûte en plein cintre. ■ Voûte de feuillage. **2.** Partie où s'appuie un moteur.

Voûte en berceau, caractéristique des édifices romans (abbaye de Saint-Savin, dans la Vienne).

bercelonnette n. f. (du n. de Barcelone, avec influence de *berceau*) Berceau monté sur deux pieds en forme de croissants.

bercement n. m. Action de bercer ; mouvement de balancement.

Berceo (Gonzalo de) voir **Gonzalo de Berceo**

bercer v. tr. < 3 > (de *ber, bers* → ber) **1.** Balancer dans un berceau. – Balancer, agiter doucement. *Bercer un enfant dans ses bras. Un canot bercé par les vagues.* **2.** passif et p. p. littér. ***Être bercé de,*** accompagné par, imprégné de (qqch. d'agréable). *Une enfance bercée de contes, de rêves.* **3.** littér. Apaiser, consoler. **4.** littér. Leurrer, tromper. *Bercer qqn de vaines promesses.* – pronom. *Se bercer d'illusions.*

berceur, euse adj. Qui berce. *Air, rythme berceur.*

berceuse n. f. **1.** Chanson pour endormir un enfant. – Musique analogue. **2.** Siège à bascule. → **rocking-chair.**

Berchem ou **Berghem (Claes Pieter)** Peintre et graveur hollandais (1620-1683). Il fut l'un des principaux représentants du courant italianisant dans le domaine du paysage. Il travailla particulièrement les couleurs et une lumière dorée. *Le Gué italien.*

Berchem-Sainte-Agathe Commune de la banlieue de Bruxelles, en Belgique. 20 500 habitants. Industrie chimique. Confection.

Berchet (Giovanni) Poète italien (1783-1851). Traducteur de Gray, Bürger, Schiller, il est l'auteur d'un manifeste du romantisme italien, *Lettera semiseria di Grisostomo.*

Berchtesgaden Ville d'Allemagne (Bavière), près de la frontière autrichienne. 7 720 habitants. Station climatique. Salines. Hitler y avait installé sa résidence favorite.

Berck-sur-Mer Commune du Pas-de-Calais, sur l'estuaire de l'Authie. 13 442 habitants. Station balnéaire climatique et médicale à *Berck-Plage.*

Bercot (Emmanuelle) Réalisatrice, scénariste et actrice française (née en 1967). Elle a notamment réalisé *Elle s'en va* et *La Tête haute* et a été récompensée pour son interprétation de *Mon roi* (2015) de Maïwenn.

Bercy Quartier de l'E. de Paris (12e arrondissement). Port aux bois et aux vins dès le XVIe s., le quartier a fait l'objet à partir des années 1980 d'un vaste programme de rénovation (Palais omnisport, ministère de l'Économie et des Finances, parc).

Berd voir **Banque européenne pour la reconstruction et le développement**

Berdiaev ou **Berdiaeff (Nikolaï Aleksandrovitch, en français Nicolas)** Philosophe russe (1874-1948). Un des principaux représentants de l'existentialisme chrétien, il s'éloigna du marxisme après être revenu à la foi chrétienne. Expulsé de Russie en 1922, il se fixa en France. *Philosophie de la liberté ; De la destination de l'homme.*

Bérégovoy (Pierre) Homme d'État français (1925-1993). Socialiste, il fut ministre des Affaires sociales et de la Solidarité nationale (1984-1986), ministre de l'Économie, des Finances et du Budget (1988-1992), puis Premier ministre (1992-1993). Il se suicida.

Berelson (Bernard R.) Sociologue américain (1912-1979). Ses travaux portent sur le comportement électoral.

Bérenger de Tours Théologien français (v. 1000-1088). Archidiacre d'Angers, il fut condamné par plusieurs conciles et par le pape Grégoire VII pour sa mise en cause du dogme de la transsubstantiation.

Bérengère (1181-1244). Reine de Castille (1217). Régente après la mort de son père, Alphonse VIII le Noble (1214), elle succéda à son frère Henri Ier (1217), mais abdiqua en faveur de son fils Ferdinand III.

Bérenger Ier (mort en 924). Roi d'Italie (888-924) et empereur d'Occident (915-924). Il fut battu près de Plaisance en 923 par Rodolphe II de Bourgogne et mourut assassiné.

Bérenger II (mort en 966). Roi d'Italie (950-961). Petit-fils de Bérenger Ier, il succéda à Lothaire II, qu'il fit empoisonner. Il fut vaincu par Othon Ier et mourut en prison.

Bérénice Nom de plusieurs princesses égyptiennes de la famille des Ptolémées (IVe-IIIe s. av. J.-C.).

Bérénice Nom de deux princesses juives d'Idumée. ■ **Bérénice** (Ier s. av. J.-C.). Fille de Salomé, elle était la sœur d'Hérode Ier le Grand. ■ **Bérénice** (v. 28-79). Fille d'Hérode Agrippa Ier. Après le siège de Jérusalem (70), Titus s'en éprit et l'emmena à Rome mais il renonça à l'épouser devant l'opposition publique romaine. Elle inspira une tragédie à Racine et à Corneille.

Berenson (Bernhard) Collectionneur et critique d'art américain d'origine lituanienne (1865-1959). Spécialiste de la Renaissance italienne, il participa à la diffusion des œuvres du Quattrocento aux États-Unis.

béret n. m. (béarnais *berret,* du latin) Coiffure de laine souple, ronde et plate. *Un béret basque. Un béret de marin.*

Beretta (Caterina) Danseuse italienne (1839-1910). Maîtresse de ballet au théâtre Mariinski de Saint-Pétersbourg puis à la Scala de Milan, elle fut célèbre pour la perfection de sa technique.

Bérézina ou **Berezina** n. f. Rivière de Biélorussie. Longue de 613 km, elle se jette dans le Dniepr. Elle fut le théâtre de la défaite de la Grande Armée napoléonienne lors de la retraite de Russie en 1812.

Berezniki Ville de Russie, sur la Kama, au pied de l'Oural. 156 500 habitants. Industrie chimique. Gaz naturel.

Berg (duché de) Ancien État d'Allemagne, sur la rive droite du Rhin. Il appartint successivement au duché de Clèves, au Palatinat, puis à la Bavière (1777). Conquis par Napoléon qui en fit un grand-duché (1806), il passa à la Prusse en 1815. Aujourd'hui, le pays de Berg appartient à la Rhénanie-du-Nord-Westphalie.

Berg (Max) Architecte allemand (1870-1947). Architecte de la ville de Breslau, il y réalisa notamment le hall du Centenaire, à la structure apparente en béton.

Berg (Alban) Compositeur autrichien (1885-1935). Il interpréta les principes du dodécaphonisme de manière personnelle. Œuvres symphoniques, concerto pour violon *À la mémoire d'un ange,* musique de chambre, opéras (*Wozzeck ; Lulu* [inachevé]).

Berg (Paul) Biochimiste américain (1926-2023). Il fut l'un des premiers à travailler sur les manipulations génétiques. Prix Nobel 1980.

Bergama voir **Pergame**

bergamasque n. f. (de l'italien, de *Bergame*) Danse folklorique à la mode au XVIIIe siècle.

Bergame Ville d'Italie (Lombardie), au N.-E. de Milan. 113 140 habitants. Basilique des XIIe-XIVe s., chapelle du XVe s. ; Académie Carrare (peinture des XVe-XVIIIe s.). Université. Industries sidérurgique, métallurgique et mécanique.

Bergamín (José) Auteur dramatique et poète espagnol (1895-1983). Il essaya de concilier catholicisme et libéralisme, prit parti pour la République et dut s'exiler. Il a écrit des recueils d'aphorismes *(L'Étoile et la Fusée),* des pièces de théâtre et des poèmes.

bergamote n. f. (de l'italien, p.-ê. du turc) **1.** Poire d'une variété fondante. **2.** Fruit acide (agrume) du bergamotier. *Essence de bergamote.* **3.** Bonbon à la bergamote.

bergamotier n. m. Arbre dont le fruit est la bergamote.

Berganza (Teresa) Mezzo-soprano espagnole (1933-2022). Ses interprétations de mélodies espagnoles et des œuvres de Mozart et de Rossini sont portées par une technique remarquable et un timbre incisif.

^{1}berge n. f. (p.-ê. d'origine celtique) **1.** Bord relevé d'un cours d'eau, d'un canal. *La berge du fleuve.* → **rive. 2.** Bord relevé d'un chemin, d'un fossé. → **^{1}talus.**

^{2}berge n. f. (tsigane *berj*) fam. Année (d'âge). *Un type de cinquante berges.* → **^{2}balai.**

Bergen Port du S.-O. de la Norvège, sur le Vågenfjord. Deuxième ville du pays avec 260 400 habitants. Université. Centre touristique. Activités portuaires (pêche, commerce). Industries (chantiers navals, électrométallurgie, chimie).

Bergen voir **Mons**

Bergen-Belsen Camp de concentration allemand établi par les nazis près de Celle (Hanovre). Ouvert en 1943, il fut libéré par les Britanniques en 1945.

Bergen op Zoom Ville des Pays-Bas (Brabant-Septentrional), sur l'Escaut oriental. 67 890 habitants. Industries.

berger, ère n. (vient du latin pop. *vervecarius,* de *vervex, berbex* « brebis ») **1.** Personne qui garde les moutons. *Chien de berger,* dressé pour garder les troupeaux. *La bergère de Domrémy,* Jeanne d'Arc. *L'étoile du berger :* la planète Vénus. **2.** Personnage des pastorales et des chansons (XVIIe-XVIIIe siècles). *« Il pleut, il pleut, bergère... »* (chanson de Fabre d'Églantine). – loc. *La réponse du berger à la bergère :* la réponse qui clôt la discussion. *L'heure du berger* (favorable à l'amoureux). **3. n. m.** Chien de berger. *Un berger allemand.*

Berger (Hans) Neuropsychiatre allemand (1873-1941). Il mit au point l'électroencéphalogramme.

Berger (Gaston) Philosophe et psychologue français (1896-1960). Il est connu pour ses études sur la phénoménologie de Husserl et ses travaux en caractérologie. *Traité pratique d'analyse du caractère ; Caractère et Personnalité.*

Berger (Yves) Écrivain français (1931-2004). Critique littéraire et éditeur, il est également l'auteur de plusieurs romans qui expriment son attachement aux États-Unis. *Le Sud ; Immobile dans le courant du fleuve.*

Berger (Michel Hamburger, dit Michel) Chanteur français (1947-1992). Fils de Jean Hamburger. Parolier, compositeur et pianiste virtuose, alliant textes simples et musiques pop, il composa notamment l'opéra rock *Starmania* et forma avec France Gall un couple à la ville et sur scène *(La Groupie du pianiste).*

Berger (gouffre) Gouffre de l'Isère, profond de 1 143 m.

Berger (étoile du) voir **Vénus**

Bergerac Chef-lieu d'arrondissement de la Dordogne, sur la Dordogne. 26 360 habitants. Administration et commerce. Musée du Tabac. Vignobles.

Bergerac (Cyrano de) voir **Cyrano de Bergerac**

bergère n. f. (à cause des scènes de bergers de la tapisserie) Fauteuil large et profond dont le siège est garni d'un coussin.

bergerie n. f. 1. Lieu, bâtiment où l'on abrite les moutons. – *Enfermer le loup dans la bergerie,* introduire qqn dans un lieu où il peut faire du mal. **2. littér.** Poème mettant en scène les amours de bergers (2) et bergères.

Bergeron (André) Syndicaliste français (1922-2014). Secrétaire général de la CGT-FO (1963-1989), il fut l'un des fondateurs de l'UNEDIC et participa aux accords de Grenelle en mai 1968.

bergeronnette n. f. (de *bergère*) Oiseau passereau qui vit au bord de l'eau.

Bergès (Aristide) Ingénieur français (1833-1904). Il eut l'idée d'utiliser les chutes d'eau, qu'il appela « houille blanche », pour la production d'électricité.

Bergisch Gladbach Ville d'Allemagne (Rhénanie-du-Nord-Westphalie), dans la banlieue E. de Cologne. 106 150 habitants.

Bergius (Friedrich) Industriel et chimiste allemand (1884-1949). Il mit au point le procédé de synthèse industrielle des carburants. Prix Nobel 1931.

Bergman (Torbern Olof) Chimiste suédois (1735-1784). Il établit une table des affinités chimiques ainsi qu'une théorie réticulaire des cristaux.

Bergman (Hjalmar) Écrivain suédois (1883-1931). Son œuvre, très importante, est une illustration du caractère monstrueux de l'homme et de la société moderne. *Le Testament de Sa Grâce ; Les Mémoires d'un mort ; Le Clown Jac.*

Bergman (Ingrid) Actrice suédoise (1915-1982). Consacrée à Hollywood, elle fut la vedette de nombreux films, dont *Casablanca, Les Enchaînés.* Elle tourna *Stromboli,* premier d'une série de cinq films d'une grande modernité, avec son mari, Rossellini. Avec *Sonate d'automne,* elle revint aux sources nationales.

Bergman (Ingmar) Cinéaste et homme de théâtre suédois (1918-2007). Il réalisa plus de 40 films d'une grande perfection formelle, qui mettent au jour une réflexion métaphysique ou explorent les rapports entre les hommes et les femmes. *Le Septième Sceau ; Cris et Chuchotements.* Il fut directeur du Théâtre royal de Stockholm.

Bergognone ou **Borgognone (Ambrogio da Fossano, dit)** Peintre lombard (v. 1455-v. 1523). Il resta attaché à la tradition lombarde malgré la Renaissance. *Pietà ; Miracle de saint Benoît.*

Bergson [bɛʀksɔn] **(Henri)** Philosophe français (1859-1941). En réaction au rationalisme et au positivisme scientiste dominants, il a prôné un retour aux données immédiates de la conscience et à « l'intuition philosophique » qui peut saisir la « durée pure » et les diverses manifestations de « l'élan vital ». *Matière et Mémoire ; L'Évolution créatrice ; La Pensée et le mouvant ; Le Rire.* Prix Nobel 1927.

Bergues Commune du Nord, au S. de Dunkerque. 3 580 habitants. Fortifications de Vauban. Mont-de-piété du XVIIe siècle.

Beria (Lavrenti Pavlovitch) Homme d'État soviétique (1899-1953). Il dirigea la police politique et fut ministre de l'Intérieur (1942-1946). Vice-président du Conseil des ministres à partir de 1946, il fut exécuté après la mort de Staline.

béribéri n. m. (mot malais) Maladie due au manque de vitamine B, caractérisée par des troubles neurologiques.

bérimbau ou **berimbau** [beʀimbo] **n. m. (mot portugais)** Instrument de musique brésilien, arc musical que l'on fait résonner en frappant sa corde avec une baguette. *Des bérimbaus, des berimbaus.*

Béring ou **Behring (détroit de)** Partie septentrionale de l'océan Pacifique, entre l'Asie du N.-E. et l'Alaska, fermé au S. par les îles Aléoutiennes.

Béring ou **Behring (mer de)** Mer de l'océan Pacifique, entre l'Asie du Nord-Est et l'Amérique du Nord. Elle communique avec l'océan Arctique par le détroit de Béring.

Berio (Luciano) Compositeur italien (1925-2003). Après un court passage par la musique sérielle *(Nones),* il se consacra à la musique électroacoustique *(Mutazioni ; Perspectives).* Sa passion pour l'art vocal lui fit entrevoir une forme inusitée de fusion de la voix dans la structure musicale *(Omaggio a Joyce),* qu'il mêla à des sons traditionnels dans *Laborintus II.* Il dirigea la section électroacoustique de l'Ircam.

Berisha (Sali) Homme d'État albanais (né en 1944). Président de la République (1992-1997), il occupa le poste de Premier ministre de 2005 à 2013.

berk [bɛʀk] **ou beurk** [bœʀk] **interj. (onomatopée)** Interjection exprimant le dégoût. → **pouah.** *C'est dégoûtant, berk !*

Berkane Ville du N.-E. du Maroc, dans la wilaya d'Oujda. 70 000 habitants.

Berkeley (George) Théologien et philosophe irlandais (1685-1753). Il est l'auteur d'une théorie nominaliste de la connaissance qui débouche sur une doctrine de l'immatérialisme qu'il résume ainsi : « Être, c'est être perçu ou percevoir ». *Traité sur les principes de la connaissance.*

Berkeley Ville des États-Unis (Californie), dans la baie de San Francisco. 124 320 habitants. Cité résidentielle. Industries légères. Son université de renom fut l'un des hauts lieux de la contestation à la fin des années 1960.

berkélium [bɛʀkeljɔm] **n. m. (anglais *berkelium,* de *Berkeley,* aux États-Unis) chim.** Élément radioactif artificiel (symb. Bk ; n° at. 97 ; masse at. 247).

Berkshire Ancien comté du S. de l'Angleterre.

Berl (Emmanuel) Écrivain français (1892-1976). Figure intellectuelle de l'entre-deux-guerres. Il est l'auteur de nombreux essais : *Mort de la morale bourgeoise ; La Fin de la Troisième République.*

Berlage (Hendrick Petrus) Architecte néerlandais (1856-1934). Fonctionnaliste convaincu, adepte des théories rationalistes de Viollet-le-Duc, il influença les architectes néerlandais. Bourse d'Amsterdam.

Berlanga (Luis García) Cinéaste espagnol (1921-2010). Il signa une œuvre hostile aux valeurs du franquisme, où l'humour grinçant dissimule à peine un pessimisme profond. *Bienvenue Mr Marshall ; Le Bourreau.*

Berlichingen (Götz ou Gottfried von), dit Main de fer Chevalier allemand (v. 1480-1562). Sa vie inspira Goethe *(Götz von Berlichingen),* et Sartre en fit le personnage principal de sa pièce *Le Diable et le Bon Dieu.*

Berlier (Jean-Baptiste) Ingénieur français (1843-1911). Inventeur d'un système de transmission pneumatique des télégrammes, il est également l'auteur d'un projet de tramway souterrain utilisé lors de la construction du métropolitain de Paris.

Berliet (Marius) Industriel français (1866-1949). Il fonda en 1900 une entreprise de construction automobile spécialisée dans les poids lourds. Il devint le premier constructeur européen grâce à l'introduction d'une organisation tayloriste du travail.

Berlin (Israël Isidore Baline, dit Irving) Compositeur américain d'origine russe (1888-1989). Il est l'auteur de chansons et d'airs de danse popularisés par des comédies musicales. *Alexander's Ragtime Band ; Annie Get your Gun.*

Berlin Capitale de l'Allemagne réunifiée dont elle constitue à elle seule un Land depuis 1990. 889 km^{2}. 3 664 000 habitants. La ville s'étend au centre de la grande plaine d'Allemagne du Nord, entre l'Elbe et l'Oder. Centre administratif, industriel et commercial. Largement rénovée, la capitale est devenue une métropole économique et l'un des hauts lieux de la création artistique contemporaine. Le quartier historique comprend la célèbre Alexanderplatz, la cathédrale Sainte-Edwige (1747-1773), l'Opéra et l'université Humboldt. Nombreux musées, dont l'« île des Musées », avec le musée de Pergame (riche collection d'antiquités mésopotamiennes et gréco-romaines), les musées de Dahlem et ceux de Charlottenburg. Aéroport Willy-Brandt. Festival de cinéma. Capitale du royaume de Prusse, puis des IIe et IIIe Reich, Berlin fut le théâtre de combats acharnés au cours de la Seconde Guerre mondiale. La ville fut divisée, en 1945, en quatre secteurs d'occupation administrés par les États-Unis, la Grande-Bretagne, la France et l'URSS. Après l'échec du blocus de Berlin-Ouest par les Soviétiques, Berlin-Est devint la capitale de la République démocratique allemande, nouvellement créée (1949), tandis que Berlin-Ouest devenait un Land de la République fédérale d'Allemagne. En 1961, un mur de séparation fut élevé par les autorités de RDA. Il fut abattu en 1989 et la réunification de la ville coïncida avec celle du pays. Redevenue la capitale de l'Allemagne, la ville accueille le siège du Parlement (dans le palais du Reichstag) et du gouvernement depuis 1999. Berlin a été frappée par un attentat revendiqué par Daech le 21 décembre 2016.

Berlin, le Reichstag, qui accueille le Parlement de la République fédérale d'Allemagne.

Berlin (conférence de) Conférence internationale qui se réunit à Berlin du 15 novembre 1884 au 26 février 1885, à l'initiative de Bismarck, pour la délimitation des zones d'influence européenne en Afrique.

Berlin (mur de) Mur érigé à Berlin dans la nuit du 13 août 1961 par la RDA afin d'empêcher l'émigration massive de ses habitants vers Berlin-Ouest. Les Berlinois le détruisirent le 9 novembre 1989.

berline n. f. (de *Berlin*) **1.** ancienn**t** Voiture hippomobile, suspendue, à quatre roues, munie de glaces et d'une capote. **2.** Automobile à quatre portes. **3.** Benne roulante utilisée dans les mines.

Berliner Ensemble Troupe théâtrale allemande fondée à Berlin-Est en 1949, dirigée par Helene Weigel et Bertolt Brecht.

berlingot n. m. (de l'italien) **1.** Bonbon en forme de tétraèdre. → aussi **bêtise**. **2.** Emballage qui a la forme de ce bonbon. ■ Emballage souple pour des liquides concentrés. *Berlingot d'eau de Javel.*

Berlinguer (Enrico) Homme politique italien (1922-1984). Il fut secrétaire général du Parti communiste italien (1972-1984)

Berlioz (Hector) Compositeur français (1803-1869). Considéré comme le plus grand représentant du romantisme français, il est le créateur d'harmonies originales et l'inventeur d'une écriture dramatique qui annonce la musique contemporaine. Outre ses œuvres symphoniques (*La Symphonie fantastique*), il a composé des opéras et scènes lyriques (*Roméo et Juliette ; La Damnation de Faust*), des mélodies (*Nuits d'été*). Il est également l'auteur d'écrits sur la musique dont un *Traité d'instrumentation et d'orchestration.*

berlue n. f. (origine obscure) loc. fam. *Avoir la berlue* : avoir des visions.

Berlusconi (Silvio) Homme d'affaires et homme d'État italien (né en 1936). À la tête d'un important groupe financier et de plusieurs sociétés, il fonda le mouvement politique Forza Italia (janvier 1994). Il fut chef du gouvernement en 1994, de 2001 à 2006, puis de 2008 à 2011.

berme n. f. (du néerlandais) Chemin laissé entre une levée et le bord d'un canal ou d'un fossé.

Bermejo (Bartolomé de Cárdenas) Peintre espagnol (connu de 1474 à 1495). Influencé par la peinture flamande, il est l'auteur de représentations religieuses : *Saint Dominique de Silos ; Pietà du chanoine Despla.* Son œuvre inspira les peintres de la couronne d'Aragon des XVe et XVIe siècles.

Bermejo (río) Rivière d'Amérique du Sud. 1 500 km. Il traverse le N. de l'Argentine et se jette dans le fleuve Paraguay.

bermuda n. m. (anglais des États-Unis, du n. des îles Bermudes) Short descendant jusqu'aux genoux. *Des bermudas à fleurs.*

Bermudes n. f. pl. Archipel britannique de l'Atlantique nord, au N.-E. des Bahamas. 53 km². 64 237 habitants. Capitale : Hamilton. Monnaie : dollar des Bermudes. Agriculture maraîchère. Tourisme. Services financiers. Colonie britannique depuis 1612, l'archipel a obtenu un gouvernement autonome en 1968.

bernache ou **bernacle** n. f. (probabl**t** de l'irlandais *bairnech*) **1.** Petite oie sauvage des régions boréales. **2.** Anatife (crustacé marin). - syn. **barnache, barnacle.**

Bernadette Soubirous (sainte) (1844-1879). Ses visions de la Vierge sont à l'origine du célèbre pèlerinage de Lourdes. Elle fut canonisée en 1933.

Bernadotte voir **Charles XIV de Suède**

Bernanos [bɛʀnanɔs] **(Georges)** Romancier français (1888-1948). Catholique hanté par le problème du mal, il décrit dans ses romans tantôt contestataires, tantôt mystiques, le sort des âmes aux prises avec le démon (*Sous le soleil de Satan ; Le Journal d'un curé de campagne*). Il est aussi l'auteur d'essais (*La Grande Peur des bien-pensants ; Les Grands Cimetières sous la lune*) et d'une pièce de théâtre, *Dialogues des Carmélites* (posthume).

Bernard ou **Bernart de Ventadour** Troubadour limousin du XIIe s. Il vécut à la cour d'Aliénor d'Aquitaine, pour laquelle il composa bon nombre de chansons d'amour baignées de mélancolie.

Bernard (Samuel) Financier français (1651-1739). Il fut l'un des grands créanciers de la monarchie sous l'Ancien Régime.

Bernard (Claude) Physiologiste français (1813-1878). Il fit des découvertes décisives sur la fonction glycogénique du foie, le rôle des nerfs vasomoteurs et sur les fonctions du pancréas. Il est l'auteur d'une *Introduction à l'étude de la médecine expérimentale* où sont exposés les principes fondamentaux de son approche expérimentale de la méthode scientifique.

Berlin (mur de)

1. La construction du mur commence le 13 août 1961. 2. Un soldat est-allemand franchit le barrage qui le sépare du secteur français avant que le mur ne se referme. 3. 12 novembre 1989, une jeune Allemande de l'Ouest tend une rose à un garde est-allemand : les jours du mur sont comptés.

Bernard (Paul, dit Tristan) Écrivain humoriste français (1866-1947). Il est célèbre pour ses mots d'esprit, ses romans et ses pièces de théâtre. *L'Anglais tel qu'on le parle ; Triplepatte.*

Bernard (Émile) Peintre et écrivain français (1869-1941). L'un des précurseurs du mouvement symboliste de Pont-Aven, il est l'auteur d'écrits théoriques sur la peinture moderne. *Madeleine au Bois d'Amour.*

Bernard (Jean) Médecin français (1907-2006). Spécialiste d'hématologie et de cancérologie, il présida le Comité national d'éthique de 1983 à 1992.

Bernard (Alain) Nageur français (né en 1983). Médaille d'or du 100 m nage libre aux Jeux olympiques de Pékin (2008), il fut le premier nageur de l'histoire à descendre sous la barre des 47 secondes dans cette discipline en 2009.

Bernard de Clairvaux (saint) Religieux et théologien français (1090-1153). Fondateur de l'abbaye de Clairvaux en 1115, il exerça par ses sermons une grande influence sur son temps. Il obtint la condamnation du rationalisme d'Abélard et prêcha la 2e croisade.

Bernard de Menthon (saint) Prêtre puis archidiacre d'Aoste (923-1008). Il fit édifier les hospices du Grand- et du Petit-Saint-Bernard pour subvenir aux besoins des voyageurs et pèlerins qui franchissaient les Alpes.

Bernard Gui Dominicain français (v. 1261-1331). Grand Inquisiteur de Toulouse (1308-1323), il est l'auteur d'un célèbre manuel, *Pratique de l'Inquisition.*

bernardin, ine n. (de saint *Bernard*) Religieux, religieuse de l'ordre de Saint-Benoît, réformé au XIIe s. par saint Bernard. → **cistercien.**

Bernardin de Saint-Pierre (Jacques-Henri) Écrivain français (1737-1814). Disciple de Jean-Jacques Rousseau, il se fit le chantre de l'abandon au sentiment et de la vertu de la nature. Ces thèmes, alliés à son style expressif, en font le précurseur du romantisme français. *Études de la nature ; Paul et Virginie ; Harmonies de la nature.*

Bernardin de Sienne (saint) Franciscain italien (1380-1444). Il fut l'un des grands prédicateurs de la fin du Moyen Âge.

Bernardin de Sienne dit **Ochino** Capucin italien (1487-1564). Nommé général des capucins en 1534, il se convertit au calvinisme en 1545, et devint un ardent détracteur du catholicisme.

bernard-l'ermite n. m. invar. (occitan *bernat* « Bernard » [sobriquet] et *l'ermito* → ermite) Pagure* (crustacé). - var. **bernard-l'hermite.**

Bernay Chef-lieu d'arrondissement de l'Eure. 9 654 habitants. Église Sainte-Croix des XIVe-XVIe s. Marché agricole. Industrie pharmaceutique.

en **berne** loc. adj. invar. (p.-ê. de *berme*) **1.** *Pavillon en berne*, hissé à mi-mât en signe de deuil ou de détresse. – *Drapeaux en berne*, non déployés, roulés. **2.** fig. Qui a atteint un très bas niveau. *Avoir le moral en berne. Croissance en berne*, en baisse.

Berne Capitale fédérale de la Suisse, sur l'Aar. 133 800 habitants (agglomération 418 225). La ville est le siège du gouvernement fédéral ainsi que d'organisations internationales. Elle a gardé son aspect médiéval (cathédrale gothique des XVe et XVIe s. ; hôtel de ville du XVe s.). Tour de l'Horloge, tour des prisons. Célèbre fosse aux ours. Musée des Beaux-Arts, centre Paul-Klee. Berne fut fondée en 1192, devint ville libre en 1218 et entra dans la Confédération helvétique en 1353. Elle se rallia à la Réforme en 1528. Elle connut son apogée au XVIIIe s. mais ne

Berne, sur les rives de l'Aar.

devint la capitale fédérale de la Suisse qu'en 1848.

Berne (canton de) Canton de l'O. de la Suisse. 6 051 km^2. 1 026 513 habitants. Chef-lieu : Berne. Le canton se compose de l'Oberland bernois, au S. et du Mittelland. Il comporte de nombreux lacs (Brienz, Thoune, Bienne). Élevage (emmental), hydroélectricité, tourisme. Situé à la frontière entre les parties francophone et germanophone du pays, le canton de Berne se veut un pont entre Suisse romande et Suisse alémanique.

berner v. tr. **< 1 > (p.-ê. famille de *bren* « son » et « excrément » → bernique)** Tromper en ridiculisant. **→ duper, jouer.**

Bernhard (Thomas) Écrivain autrichien (1931-1989). Très critique à l'égard de la société autrichienne, son œuvre frappe par la violence du propos et sa tonalité imprécatoire non dénuée d'humour. Il est l'auteur de romans *(Gel ; Extinction ; Maîtres anciens)*, de pièces de théâtre *(La Société de chasse)* et de récits autobiographiques *(L'Origine ; La Cave)*.

Bernhardt (Rosine Bernard, dite Sarah) Tragédienne française (1844-1923). Après un passage à la Comédie-Française, elle fonda sa propre compagnie et fit des tournées dans le monde entier. Ses interprétations de *Phèdre*, de *La Dame aux camélias* et de *L'Aiglon* sont restées célèbres.

Sarah Bernhardt dans *L'Aiglon*, qu'elle créa le 15 mars 1900.

Bernheim (Hippolyte) Médecin français (1837-1919). Il est connu pour ses travaux sur l'hypnotisme et la suggestion. *De la suggestion et de ses applications à la thérapeutique.*

Berni (Francesco) Poète italien (v. 1497-1535). Il est l'auteur de poèmes satiriques.

Bernier (François) Voyageur et médecin français (1620-1688). Le récit de ses voyages en Orient, notamment dans les États du Grand Moghol Aurangzeb, dont il fut le médecin, ouvrit la voie à l'orientalisme.

Bernier (Nicolas) Compositeur français (1664-1734). Il est l'auteur de musique religieuse (cantates et motets). *Les Nuits de Sceaux.*

Bernier (Étienne Alexandre) Prélat français (1762-1806). Il rejoignit l'insurrection vendéenne avant de se rallier à Bonaparte, pour qui il négocia le concordat. Il fut évêque d'Orléans.

Bernin (le) ou **Bernini (Gian Lorenzo)** Architecte et sculpteur italien (1598-1680). Considéré comme le maître de l'art baroque, il réalisa le buste du cardinal Borghèse et obtint la protection des papes. Artiste prolifique, il développa un style maniériste jouant sur les effets illusionnistes et une scénographie théâtrale. Outre ses sculptures monumentales (fontaine des Quatre-Fleuves de la Barcaccia), il conçut des ensembles architecturaux (baldaquin aux colonnes torses de la basilique Saint-Pierre, la colonnade de la place Saint-Pierre).

Bernina n. f. Massif des Alpes suisses (Grisons) et italiennes (Lombardie), situé entre les vallées de l'Inn et de l'Adda. 4 049 m au *Piz Bernina.*

¹bernique ou **bernicle** n. f. **(origine obscure)** Patelle*.

²bernique interj. **(p.-ê. de *bren* → berner)** vieilli Rien à faire.

Bernis (François Joachim de Pierre de) Prélat et homme politique français (1715-1794). Protégé par Mme de Pompadour, il fut ministre des Affaires étrangères sous Louis XV, puis devint archevêque d'Albi (1764). Il entretint une correspondance avec Voltaire.

Bernoulli ou **Bernouilli** Famille de mathématiciens et de physiciens suisses des XVIIe et XVIIIe siècles. ■ **Jacques Bernoulli** (1654-1705). Il contribua au développement du calcul infinitésimal en suggérant la notion de calcul intégral à Leibniz et en proposant un modèle d'équation différentielle linéaire. ■ **Jean Bernoulli** (1667-1748). Frère de Jacques. Il est célèbre pour sa correspondance tumultueuse avec Leibniz au sujet de la résolution des équations différentielles. Il étudia également les marées et la manœuvre des vaisseaux. ■ **Daniel Bernoulli** (1700-1782). Fils de Jean. Il est l'auteur de la première théorie cinétique des gaz ainsi que l'un des créateurs de l'hydrodynamique.

Bernstein (Eduard) Écrivain et homme politique allemand (1850-1932). Théoricien du socialisme réformiste, il influença la politique du parti social-démocrate allemand.

Bernstein (Leonard) Chef d'orchestre et compositeur américain (1918-1990). Directeur de l'Orchestre philharmonique de New York, compositeur de réputation internationale, il connut son plus grand succès avec la comédie musicale *West Side Story.* Il s'illustra également par ses symphonies *(Jeremiah)* et son opéra *(Trouble in Tahiti).*

Bernstorff (Johann Hartwig Ernst, comte von) Homme politique danois (1712-1772). Il fut l'artisan de la neutralité du Danemark pendant la guerre de Sept Ans.

Béroalde de Verville (François Brouard, dit) Écrivain français (1556-1629). On lui doit notamment *Le Moyen de parvenir*, chef-d'œuvre d'humour, de fantaisie et d'humanisme.

Béroul Trouvère anglo-normand (fin XIIe s.). Il est l'auteur d'un poème sur la légende de *Tristan et Iseult*, dont subsistent près de 3 000 vers octosyllabiques.

Berque (Jacques) Sociologue et orientaliste français (1910-1995). Il est connu pour ses travaux sur l'histoire et la culture du monde arabe. *Les Arabes d'hier à demain ; Essai de traduction du Coran.*

Berquin (Arnaud) Écrivain français (1747-1791). Il consacra ses écrits à instruire et distraire les enfants dans un style simple et parfois naïf (« berquinades »). *Idylles ; Romances ; L'Ami des enfants* (24 volumes).

Berr (Henri) Historien et philosophe français (1863-1954). Fondateur de la *Revue de synthèse historique* (1900) et directeur de la collection « L'évolution de l'humanité ».

Berre (étang de) Étang des Bouches-du-Rhône, relié à la Méditerranée par le canal de Caronte. 15 530 ha. Pétrochimie. Construction aéronautique et base aérienne. Marais salant.

Berre-l'Étang Commune des Bouches-du-Rhône, sur l'étang de Berre. 13 834 habitants. Raffineries de pétrole. Pétrochimie.

Berri (Claude Langmann, dit Claude) Réalisateur et producteur de cinéma français (1934-2009). Après un film à caractère autobiographique *(Le Vieil Homme et l'Enfant)* il a entre autres réalisé *Tchao Pantin* et quelques adaptations *(Jean de Florette ; Germinal).*

Berruguete (Pedro) Peintre espagnol (v. 1450-v. 1504). Inspiré par l'art flamand et les principes de la Renaissance italienne, il est l'auteur de retables de la Vierge à Ávila. On lui attribue également des portraits de personnes illustres.

Berruguete (Alonso) Sculpteur, peintre et architecte espagnol (v. 1490-1561). Fils de Pedro. Élève de Michel-Ange, il pratiqua une sculpture polychrome mêlant le maniérisme italien au pathétique espagnol. Retable de San Benito y Real de Valladolid, retable du collège des Irlandais.

Berry n. m. Région du centre de la France, au N. du Massif central entre la Loire et la Creuse. Le Berry se compose de la Champagne berrichonne, du Sancerrois, du Boischaut et de la Brenne. Ancien comté indépendant, le Berry passa sous l'autorité des Capétiens vers la fin du XIe s., puis fut érigé en duché (1360) et devint l'apanage des princes du royaume de France.

Berry (Jean de France, duc de) Prince capétien (1340-1416). Troisième fils de Jean II le Bon, il fut régent de son neveu Charles VI. Gouverneur du Languedoc, il fut destitué de ses charges par les Marmousets (1388). On lui doit notamment la commande aux frères Limbourg des *Très Riches Heures du duc de Berry*, l'un des plus beaux manuscrits enluminés de son époque.

Berry (Charles Ferdinand, duc de) (1778-1820). Fils de Charles X, il fut assassiné par Louvel.

Berry (Jules Paufichet, dit Jules) Acteur français (1883-1951). Il joua dans de très nombreuses pièces de boulevard et plus de 80 films. *Le Crime de M. Lange ; Les Visiteurs du soir ; Le jour se lève.*

Berry (Chuck) Guitariste et chanteur américain (1926-2017). Il fut l'une des plus grandes vedettes du rock-and-roll. *Johnny B. Goode.*

Berryer (Pierre Antoine) Avocat et homme politique français (1790-1868). Il se rendit célèbre par ses plaidoiries lors des procès de Ney, Cambronne, Lamennais, Chateaubriand et Louis Napoléon Bonaparte. Élu député en 1830, il se rangea dans le camp légitimiste tout en demeurant attaché aux libertés.

bersaglier [bɛʀsaglije ; bɛʀsaljɛʀ] **n. m. (italien *bersagliere*)** Soldat italien de l'infanterie légère. *Des bersagliers ou des bersaglieri* **(plur. italien).**

Bert (Paul) Physiologiste et homme politique français (1833-1886). Il est connu pour ses travaux sur les conséquences physiologiques des variations de la pression atmosphérique. Ministre de l'Instruction publique (1881-1882), il contribua aux réformes de l'enseignement. Il est, avec Jules Ferry, le père de l'école publique, gratuite et obligatoire.

Bertaut (Jean) Poète français (1571-1662). Disciple de Ronsard, il est l'auteur d'élégies. *Recueils de quelques vers amoureux.*

Bertelsmann Groupe de médias allemand, fondé en 1835 par Carl Bertelsmann. D'abord centrée sur l'édition, son activité se déploie aujourd'hui dans la communication, la production musicale et les médias de masse.

Bertha n. f. ou **Grosse Bertha** Surnom donné, en l'honneur de Bertha Krupp, à un obusier allemand produit par les usines Krupp. Il fut appliqué aux canons à longue portée qui bombardèrent Paris en 1918.

berthe n. f. (de *Berthe*, n. de la mère de Charlemagne) I. vieux Large col arrondi (vêtement féminin). II. anciennt Récipient de métal pour le lait.

Berthe dite **Berthe au grand pied** Reine des Francs (morte en 783). Épouse de Pépin le Bref, elle était la mère de Charlemagne et de Carloman.

Berthelot (Marcelin) Chimiste et homme politique français (1827-1907). Il fit faire des progrès décisifs à la chimie organique en réalisant la synthèse de l'acétylène, puis celle de la benzine et de la naphtaline.

Berthier (Louis Alexandre) Maréchal de France (1753-1815). Ministre de la Guerre (1800-1807), il fut promu maréchal (1804) puis major général de la Grande Armée (1805-1814). Collaborateur immédiat de Napoléon, il reçut la principauté de Neufchâtel et le titre de prince de Wagram.

Berthollet (Claude Louis, comte) Chimiste français (1748-1822). Il découvrit les propriétés décolorantes du chlore, qu'il appliqua au blanchiment des toiles (eau de Javel). Il fut l'un des fondateurs de l'École polytechnique.

Bertillon (Alphonse) Administrateur français (1853-1914). Il créa l'anthropométrie (ou *bertillonnage*), technique criminalistique destinée à faciliter l'identification des criminels.

Bertini (Elena Seracini Vitiello, dite Francesca) Actrice italienne (1892-1985). Grande vedette du cinéma muet, elle s'imposa comme la « diva », incarnation de la beauté tragique par excellence. *Assunta Spina.*

Bertolucci (Bernardo) Cinéaste italien (1941-2018). Révélé par *Prima della rivoluzione*, il s'imposa comme le cinéaste de la jeunesse en révolte et de la transgression *(Le Dernier Tango à Paris)* avant d'évoluer vers un style plus académique. *1900 ; Le Dernier Empereur ; Little Buddha.*

Bernardo Bertolucci dirigeant Jill Bennett dans *Un thé au Sahara* (1990).

Bertrand (saint) Prélat français (mort en 1123). Évêque de Comminges (1073) dont il fit reconstruire la cathédrale. Canonisé en 1309.

Bertrand (Louis, dit Aloysius) Écrivain français (1807-1841). Ses poèmes en prose associent un souci de réalisme et un goût profond pour le pittoresque et le surnaturel. Il fut un précurseur du surréalisme. *Gaspard de la nuit ; Fantaisies à la manière de Rembrandt et de Callot* (posthume).

Bertrand (Marcel) Géologue français (1847-1907). Par ses travaux sur les plis couchés et les nappes de charriage, il est l'un des fondateurs de la tectonique moderne.

Bertrand (Gabriel) Chimiste et biologiste français (1867-1962). Il étudia les oligoéléments et découvrit la première enzyme oxydante.

Bertrand (Janette) Journaliste, comédienne et écrivaine canadienne de langue française (née en 1925). Elle a écrit plusieurs séries télévisées abordant des sujets polémiques comme l'homosexualité ou l'engagement féministe. Son livre de cuisine *Les Recettes de Janette* a obtenu un grand succès de librairie.

Bertran de Born Troubadour périgourdin (v. 1140-v. 1215). Seigneur de Hautefort, il restitua, dans ses poésies critiques, ses « sirventes », les conflits politiques de son temps.

Bérulle (Pierre de) Prélat français (1575-1629). Il établit en France l'ordre des Carmélites (1604) et fonda la congrégation séculière de l'Oratoire (1611). Il devint cardinal en 1627.

béryl n. m. (du latin, du grec → bésicles) Pierre précieuse, silicate d'aluminium et de béryllium. *Béryl vert* (→ **émeraude**), *béryl bleu* (→ **aigue-marine**).

béryllium [beʀiljɔm] n. m. (de *béryl*) chim. 1. Métal gris, dur et léger. *Alliage au béryllium.* 2. Élément chimique (symb. Be ; n° at. 4 ; masse at. 9,0122).

Berzelius (Jöns Jacob, baron) Chimiste suédois (1779-1848). Il introduisit la notation symbolique moderne en chimie, et découvrit le silicium, le titane et le sélénium.

à tout(e) **berzingue** [atu(t)bɛʀzɛ̃g] loc. adv. (*berzingue* : mot dialectal d'origine inconnue) fam. À toute vitesse, à fond. *Filer à toute berzingue.*

Bès Dieu du panthéon égyptien, génie familier et protecteur représenté sous la forme d'un nain difforme et grimaçant.

besace n. f. (vient du latin, de *bis* → ²bis et *saccus* → ¹sac, bissac) 1. Sac long, ouvert par le milieu et dont les extrémités forment deux poches. *Besace de pèlerin.* 2. Grand sac à large rabat, souvent porté en bandoulière.

Besancenot (Olivier) Homme politique français (né en 1974). Employé à La Poste, il a adhéré à la Ligue communiste révolutionnaire qu'il a contribué à dissoudre pour former le Nouveau Parti anticapitaliste (NPA) en 2009. Il fut candidat aux élections présidentielles de 2002 et de 2007.

Besançon Chef-lieu du Doubs. 118 258 habitants. Vestiges romains. Cathédrale Saint-Jean (XIe, XIIIe et XVIIIe s.). Citadelle de Vauban. Palais de la Renaissance. Musée des Beaux-Arts et d'Archéologie. Ancien centre horloger reconverti dans la micromécanique. Besançon fut définitivement rattachée à la France par le traité de Nimègue (1678).

Besançon, ses quais le long du Doubs et les deux tours de l'église Sainte-Madeleine (XVIIIe s.).

besant n. m. (vient du latin *byzantius* → byzantin) 1. Ancienne monnaie byzantine. 2. blason Figure circulaire d'or et d'argent. 3. Ornement architectural, disque saillant sculpté.

Bescherelle Famille de grammairiens et lexicographes français. ■ **Louis Nicolas Bescherelle** dit Bescherelle l'Aîné (1802-1883). Auteur d'un *Dictionnaire universel de la langue française* (1843-1846). ■ **Henri Bescherelle** dit Bescherelle le Jeune (1804-1852). Frère du précédent. Auteur d'un *Cours complet de langue française* (1852).

bésef voir **bézef**

bésicles [bezikl] n. f. pl. (altération de l'ancien français *bericle* → **béryl**, cette pierre ayant servi à faire des loupes) vieux ou plais. Lunettes.

Besnard (Marie) (1896-1980). Accusée en 1949 de treize meurtres par empoisonnement, elle fut acquittée au terme d'une longue controverse judiciaire. Cette affaire contribua au renforcement des droits de la défense.

besogne n. f. (du francique *bisunia*, de *sunia* → soin ; la forme neutre a donné *besoin*) 1. vieux Ce qui est nécessaire. ■ Acte sexuel. 2. mod. Travail imposé (par la profession, etc.). → **ouvrage, tâche.** *Une rude besogne. Abattre de la besogne.* – *Aller vite en besogne,* travailler rapidement ; précipiter les choses.

besogner v. intr. < 1 > littér. Travailler péniblement. → **peiner.**

besogneux, euse adj. (→ besoin, besogne) 1. vieux Miséreux qui est dans le besoin. 2. Qui fait une médiocre besogne mal rétribuée. 3. Qui travaille beaucoup mais médiocrement.

besoin n. m. (du francique → besogne) I. 1. Exigence pour l'être humain ou l'animal, provenant de la nature ou de la vie sociale. → **appétit, envie.** *La satisfaction d'un besoin. Le besoin de nourriture. Éprouver un besoin de changement.* – au plur. *Les besoins de qqn. Elle a de grands besoins. Subvenir aux besoins de sa famille,* lui assurer ce qui est nécessaire à l'existence quotidienne. – *Les besoins naturels,* la nécessité d'uriner, d'aller à la selle. fam. *Aller faire ses besoins.* 2. *Le besoin de la cause,* ce qui soutient la cause qu'on défend. loc. *Pour les besoins de la cause.* 3. ***Avoir besoin de** qqn, qqch.* loc. verbale : ressentir la nécessité de. → **désirer,** avoir **envie, ¹vouloir.** *Avoir besoin d'affection. Je n'ai besoin de personne.* – Manquer (d'une chose objectivement nécessaire). *Il a besoin de repos.* → **falloir.** – (+ inf.) Éprouver la nécessité, l'utilité de. *Elle a besoin de gagner sa vie. Je n'ai pas besoin d'ajouter que,* inutile d'ajouter que. – (*que* + subj.) *Il a besoin qu'on le conseille,* il faut que. 4. impers. *Point n'est besoin de* (+ inf.), il n'est pas nécessaire de. *S'il en est besoin, si besoin est,* si cela est nécessaire. 5. ***Au besoin*** loc. adv. : en cas de nécessité, s'il le faut. *Au besoin, je vous téléphonerai.* II. État de privation. → **dénuement, gêne, indigence, pauvreté.** *Ils ont toujours vécu dans le besoin.*

Bessarabie n. f. Région d'Europe orientale comprise entre le Dniestr et le Prout (Moldavie et Ukraine). Elle appartint successivement à l'Empire ottoman, la Russie, la Roumanie, l'URSS. Depuis 1990, elle est l'enjeu d'un conflit territorial entre Russes et Moldaves.

Bessarion (Jean) Théologien et humaniste byzantin (v. 1400-1472). Cardinal en 1439. Il s'illustra comme un partisan de l'union des deux Églises d'Orient et d'Occident et comme un promoteur de la renaissance des lettres en Italie.

Besse-et-Saint-Anastaise Commune du Puy-de-Dôme, dans le massif du Mont-Dore. 1 476 habitants. Station de sports d'hiver à *Super-Besse.* Fromages.

Bessèges Commune du Gard, sur la Cèze. 2 766 habitants. Métallurgie.

Bessel (Friedrich) Astronome et mathématicien allemand (1784-1846). Il est l'inventeur d'un système unifié de calcul de position des étoiles encore utilisé de nos jours.

bessemer [bɛsmɛʀ] n. m. (de *Bessemer*) techn. Convertisseur pour transformer la fonte en acier. – *Acier Bessemer,* acier produit par cette méthode.

Bessemer (sir Henry) Ingénieur britannique (1813-1898). Il inventa le procédé qui permet d'obtenir l'acier par oxydation de la fonte en fusion.

Bessières (Jean-Baptiste), duc d'Istrie Maréchal de France (1768-1813). Il participa à toutes les campagnes de l'Empire. Promu commandant de la cavalerie de la Garde impériale (1809), il fut tué la veille de la bataille de Lützen.

Bessin n. m. Région de Normandie qui s'étend autour de Bayeux, au N.-O. du Calvados. Bocage normand. Élevage bovin, produits laitiers.

Bessines-sur-Gartempe Commune de la Haute-Vienne, dans l'arrondissement de Bellac. 2 787 habitants. Extraction d'uranium jusqu'en 1995.

besson, onne n. (vient du latin *bissus*, de *bis* → ²bis) régional Jumeau, jumelle.

Besson (Benno) Acteur et metteur en scène suisse de théâtre (1922-2006). Il fut, aux côtés de Bertolt Brecht, l'un des metteurs en scène du Berliner Ensemble.

Besson (Colette) Athlète française (1946-2005). Championne olympique du 400 m à Mexico en 1968 et recordwoman du 400 m à Athènes en 1969, elle acquit une grande popularité.

Besson (Luc) Cinéaste et producteur français (né en 1959). Il a réalisé des films à succès, très influencés par l'esthétique du cinéma hollywoodien (*Le Grand Bleu ; Nikita ; Léon ; Lucy*) et a créé la Cité du cinéma à Saint-Denis en 2012.

Luc Besson (au centre) dirigeant Bruce Willis dans *Le Cinquième Élément* (1997).

Besson (Philippe) Écrivain français (né en 1967). Auteur au style aisé et fluide, il décrit la fragilité des êtres face à la vie et la mort. *En l'absence des hommes ; L'Arrière-Saison ; Arrête avec tes mensonges* (adapté au cinéma) ; *Paris-Briançon*.

Best (George) Footballeur nord-irlandais (1946-2005). Ailier gauche ou avant-centre, il fit l'essentiel de sa carrière à Manchester United. Ballon d'Or 1968.

¹bestiaire n. m. (latin *bestiarius*, de *bestia* → bête) hist. Gladiateur qui combattait les bêtes féroces, à Rome. → **belluaire.**

²bestiaire n. m. (latin *bestiarium*, de *bestia* → bête) didact. **1.** Recueil de fables, de textes, d'images sur les bêtes. **2.** Ensemble d'animaux, dans des œuvres d'art. *Le bestiaire gothique.*

bestial, ale, aux adj. (du latin, de *bestia* → bête) Qui tient de la bête, qui assimile l'homme à la bête. → **²animal, brutal.** *Une fureur bestiale.* □ adv. **bestialement**

bestialité n. f. **1.** Caractère bestial. **2.** vieilli Relations sexuelles avec des animaux (perversion). → **zoophilie.**

bestiaux n. m. pl. (plur. de l'ancien français *bestial* → bétail) **1.** Ensemble des animaux qu'on élève pour la production agricole dans une ferme (à l'exclusion des animaux de bassecour). → **bétail.** – *Wagon à bestiaux.* **2.** au sing. plais. Animal, bête. *Un bestiau de belle taille.*

bestiole n. f. (du latin, diminutif de *bestia* → bête) Petite bête.

best of [bɛstɔf] n. m. invar. (mots anglais « le meilleur de ») anglic. Sélection de succès musicaux, des meilleurs moments (d'une émission...). → **florilège.**

Bestoujev (Aleksandr Aleksandrovitch Marlinski, dit) Romancier russe (1797-1837). Ses romans ont pour cadre la Sibérie, où il fut déporté, et le Caucase. *Le Lieutenant Bielozor ; Ammalat Bek.*

best-seller [bɛstsɛlœʀ] n. m. (anglais des États-Unis, de *best* « meilleur » et *seller* « vendeur ») anglic. **1.** Livre qui a obtenu un grand succès de librairie. *Des best-sellers.* **2.** Gros succès de vente. - var. RO **bestseller.**

¹bêta n. m. invar. (mot grec) **1.** Deuxième lettre de l'alphabet grec (Β, β). *« Alphabet » vient de alpha et bêta.* **2.** appos. (invar.) phys. *Particule bêta*, β : particule émise par certains corps radioactifs. *Rayons, rayonnement bêta.* – *Récepteurs bêta* (du système nerveux sympathique). ■ inform. *Version bêta* : dernière version (d'un logiciel) avant la commercialisation (→ **bêtatest**).

²bêta, asse n. et adj. (de *bête*) fam. Personne bête, niaise. *C'est un gros bêta. Grosse bêtasse !*

bêtabloquant, ante n. m. et adj. méd. Substance qui empêche la fixation d'adrénaline sur les récepteurs bêta du système sympathique. – adj. *Action bêtabloquante d'un médicament.*

bétail n. m. (de l'ancien français *beste* « bête » → bestiaux) Ensemble des animaux élevés pour la production agricole, lapins et volailles exceptés. → **bestiaux, cheptel.** *Le gros bétail*, les bovins, les chevaux. *Le petit bétail*, les ovins, les porcins. *Cent têtes de bétail.*

bétaillère n. f. Véhicule servant à transporter le bétail.

Betancourt (Rómulo) Homme d'État vénézuélien (1908-1981). Il fut président de la République de 1958 à 1964.

bêtastimulant n. m. méd. Substance qui stimule les récepteurs bêta du système sympathique.

bêtatest n. m. Ensemble de tests effectués par des utilisateurs avertis avant la commercialisation d'un logiciel. □ n. **bêtatesteur, euse**

bêtathérapie n. f. méd. Traitement par les rayonnements bêta* émis par les corps radioactifs.

bêtatron n. m. (de *bêta* et finale de *cyclotron*) sc. Accélérateur circulaire de particules.

bête n. f. et adj. (latin *bestia*, d'abord « bête féroce ») **I.** n. f. **1.** Tout être animé, à l'exception de l'être humain. → **¹animal.** *« La nature commande à tout animal, et la bête obéit »* (Rousseau). *Les bêtes à cornes. Bête de somme. Bêtes féroces.* – *Rentrer les bêtes.* → **bestiaux, bétail.** – loc. *Bête à bon Dieu* : coccinelle. – *La belle* et la bête.* **2.** loc. *Regarder qqn comme une bête curieuse*, avec une insistance déplacée. – *Chercher la petite bête*, être extrêmement méticuleux dans la recherche des erreurs, dans la critique. – *C'est sa bête noire*, il déteste cette personne, cette chose. – *Une bête de scène* : artiste, personne capable de se donner à fond sur une scène. – *Comme une bête* : avec acharnement, intensément. *Foncer, s'éclater comme une bête.* – allus. *« Ce que j'ai fait, je le jure, aucune bête au monde ne l'aurait fait »* (Saint-Exupéry, citant l'aviateur Henri Guillaumet). **3.** Personne dominée par ses instincts. *La sale bête ! « La Bête humaine »* (roman de Zola). ■ Personne inintelligente (→ **abêtir**). loc. *Faire la bête*, jouer l'ignorant. ■ (affectueux) *Grosse bête, grande bête !* → fam. **²bêta.** **II.** adj. **1.** Qui manque d'intelligence, de jugement. → **idiot, imbécile** ; fam. **con, débile, nul.** *« Que les gens d'esprit sont bêtes »* (Beaumarchais). *Bête comme un pied, ses pieds. Elle n'est pas bête, elle est loin d'être bête.* – *Pas si bête*, pas assez sot pour se laisser tromper. **2.** Qui manque d'attention, d'à-propos. *Suis-je bête ! cela m'avait échappé.* ■ (choses) Stupide. *C'est bête, je ne m'en souviens pas.*

bétel n. m. (du portugais, d'une langue du sud de l'Inde) Mélange de feuilles d'un poivrier exotique, de tabac, de noix d'arec, utilisé dans les régions tropicales. *Mâcher du bétel.*

Bételgeuse Étoile « supergéante » de la constellation d'Orion. Sa magnitude est de 0,42 Iab. De couleur rouge et distante de la Terre de 498 années-lumière, elle est de type spectral M2.

bêtement adv. (de *bête* [II, 1]) D'une manière bête. → **stupidement.** *Agir bêtement.* ■ loc. *Tout bêtement* : tout simplement. → **bonnement.**

Béthanie Dans les Évangiles, bourg proche de Jérusalem, lieu de résidence de Marthe et Marie, et de leur frère Lazare.

Bethe (Hans Albrecht) Physicien américain d'origine allemande (1906-2005). Il découvrit le cycle des réactions thermonucléaires de fusion *(cycle de Bethe)* à l'origine de l'énergie solaire. Prix Nobel 1967.

Béthencourt (Jean de) Navigateur normand (v. 1360-1425). Il fonda aux îles Canaries, la première colonie européenne (1402-1404).

Bethléem Ville de Cisjordanie, au S. de Jérusalem. 30 200 habitants. Sous autorité palestinienne depuis 1995. D'après la Bible, elle fut le berceau de la famille de David et le lieu de naissance de Jésus.

Bethlehem Ville des États-Unis (Pennsylvanie). 75 000 habitants. Centre sidérurgique.

Bethmann-Hollweg (Theobald von) Homme politique allemand (1856-1921). Il fut chancelier de l'Empire de 1909 à 1917.

Bethsabée Personnage biblique, épouse du roi David et mère de Salomon.

Béthune Chef-lieu d'arrondissement du Pas-de-Calais. 24 983 habitants. Beffroi du XIVe s. Ancien centre houiller. Industries métallurgiques, mécaniques et pneumatiques.

Beti (Alexandre Biyidi, dit Mongo) Écrivain camerounais (1932-2001). Installé en France à partir de 1951, il publia des ouvrages critiques sur la civilisation occidentale *(Ville cruelle ; Mission terminée)*, puis sur les nouveaux pouvoirs africains *(Main basse sur le Cameroun)*.

bêtifier v. intr. < 7 > Faire l'enfant, dire des bêtises. □ adj. **bêtifiant, ante**

Bétique (cordillère) Massif montagneux du S.-E. de l'Espagne, dans la Sierra Nevada. 3 482 m au Mulhacén.

bêtise n. f. (de *bête* [II]) **I. 1.** Manque d'intelligence et de jugement. → **sottise, idiotie, imbécillité, stupidité** ; fam. **connerie.** *« [...] l'énorme Bêtise, / La Bêtise au front de taureau »* (Baudelaire). *Il est d'une rare bêtise.* **2.** Action ou parole sotte ou maladroite. *Faire, dire des bêtises.* ■ Action, parole, chose sans valeur ou sans importance. → **bagatelle, broutille, enfantillage.** *Se brouiller pour une bêtise*, pour un motif futile. **3.** Action déraisonnable, imprudente. → **¹folie.** *Il faut l'empêcher de faire des bêtises.* **II.** *Bêtise de Cambrai* : berlingot à la menthe.

bêtisier n. m. Recueil plaisant de bêtises rapportées, d'images audiovisuelles cocasses. → **sottisier.**

bétoine n. f. (latin *bettonica*) Plante vivace des bois, à fleurs pourpres.

béton n. m. (latin *bitumen* → bitume) Matériau de construction issu du mélange d'un mortier et de gravier. *Béton armé*, coulé autour d'une armature métallique. *Un immeuble en béton.* – fig. *Un alibi en béton*, solide. appos. invar. fam. *Des prétextes béton.*

bétonner v. tr. < 1 > Construire en béton. ■ fig. Rendre solide et sûr. □ n. m. **bétonnage** ■ **bétonné, ée** adj. *Un abri bétonné.* – *Un dossier bétonné.* → **inattaquable.**

bétonnière n. f. Machine comprenant une cuve tournante, pour fabriquer le béton. - syn. **bétonneuse** n. f.

bétonnisation ou **bétonisation** n. f. (de *béton*) péj. Construction massive de bâtiments. *La bétonnisation du littoral.*

Betsiléos n. m. pl. Peuple vivant sur le plateau central de Madagascar. Les Betsiléos sont connus pour leur art funéraire.

bette ou **blette** **n. f.** **(latin *beta*)** Plante voisine de la betterave, dont on mange cuites les feuilles et les côtes.

Bettelheim **(Bruno)** Psychiatre et psychanalyste américain d'origine autrichienne (1903-1990). Il s'intéressa aux psychoses infantiles, notamment à l'autisme. Interné à Dachau et à Buchenwald (1938), il y étudia les phénomènes de déshumanisation. *Les Blessures symboliques ; La Forteresse vide.*

betterave **n. f.** **(de *bette* et *rave*)** Plante cultivée à racine épaisse. *Betterave fourragère,* cultivée pour l'alimentation du bétail. **–** *Betterave potagère,* à petite racine ronde, rouge et sucrée. *Salade de betteraves.* **–** *Betterave sucrière,* dont on extrait le sucre.

betteravier, ière **1. adj.** De la betterave. **2. n.** Producteur, productrice de betteraves sucrières.

Bettignies **(Louise de)** Héroïne française (1880-1918). Agent de renseignements pour l'armée britannique pendant la Première Guerre mondiale, elle fut arrêtée par les Allemands (1915) et mourut en captivité.

bétulacée **n. f.** **(du radical du latin *betulla* « bouleau »)** **bot.** Plante, arbre, arbuste à feuilles caduques, aux fleurs réunies en chatons (famille des *Bétulacées* ; ex. le bouleau, le charme, le noisetier).

bétyle **n. m.** **(hébreu *Bêth-El* « maison de Dieu », par le grec et le latin)** **didact.** Pierre levée à valeur symbolique sacrée au Moyen-Orient.

beuglant **n. m.** **(de *beugler*)** **fam.** **et vieux** Café-concert de bas étage, à la fin du XIXe s.

beuglante **n. f.** **(de *beugler*)** **fam.** **1.** Chanson criée à tue-tête. **2.** Protestation, remontrance bruyante. *Pousser une beuglante.* **→ gueulante.**

beuglement **n. m.** **1.** Cri des bovins. **→ meuglement.** **2.** Son puissant, prolongé et désagréable. *Le beuglement d'une radio.*

beugler **v. intr.** **< 1 >** **(de l'ancien français *bugle* « buffle »)** **1.** (bovins) Pousser des cris, des beuglements. **→ meugler.** **2.** Hurler, gueuler. **– trans.** *Beugler un ordre.*

beuh **n. f.** **(apocope de *beuhère,* verlan de *herbe*)** **fam.** Marijuana. *Fumer de la beuh.*

beur **n.** **(verlan de *arabe* [[a]reub])** **fam.** Personne née en France de parents immigrés maghrébins. **–** **au fém.** *Une jeune beur* ou *beure* ou *beurette.*

beurk voir **berk**

beurre **n. m.** **(vient du latin *butyrum,* du grec *bouturon,* de *bous* « bœuf, vache » et *turos* « fromage »)** **1.** Corps gras alimentaire onctueux qu'on obtient en battant la crème du lait. *Beurre salé, pasteurisé, demi-sel. Cuisine au beurre. Gâteau au beurre* **(→ petit-beurre).** **–** ***Beurre noir :*** beurre fondu qu'on laisse noircir à la cuisson. *Raie au beurre noir.* **– loc.** *Œil au beurre noir,* poché. ▪ **loc. fam.** *Compter pour du beurre,* pour rien, être négligeable. *Mettre du beurre dans les épinards,* améliorer sa situation financière. **–** *Faire son beurre,* s'enrichir. **–** *Vouloir le beurre et l'argent du beurre.* **2.** *Beurre de...,* pâte formée d'une substance écrasée dans du beurre. *Beurre d'anchois.* **3.** Substance grasse extraite de certains végétaux. *Beurre de cacao, beurre de cacahouète(s).*

[1]beurré, ée **adj.** **1.** Recouvert de beurre. **2.** **(de *bourré*)** **fam.** Ivre, soûl.

[2]beurré **n. m.** **(de *beurrer* ou de *beurre* à cause de la consistance)** Variété de poire fondante. *Beurré Hardy.*

beurrée **n. f.** **(de *beurre*)** **vieux ou régional** Tartine de beurre. **– (Canada)** Tartine (en général). *Une beurrée de mélasse.*

beurrer **v. tr.** **< 1 >** Recouvrir ou enduire de beurre. *Beurrer un moule.*

beurrerie **n. f.** **1.** Lieu où l'on fait, où l'on conserve le beurre. **→ laiterie.** **2.** Industrie du beurre.

beurrier **n. m.** Récipient dans lequel on conserve, on sert le beurre.

Beuve-Méry **(Hubert)** Journaliste français (1902-1989). Il fonda en 1944 le quotidien *Le Monde* qu'il dirigea jusqu'en 1969.

beuverie **n. f.** **(de *boire*)** Réunion où l'on s'enivre. **→ orgie, soûlerie.**

Beuvray **(mont)** Sommet du Morvan. 821 m. Situé au S.-O. d'Autun, près de Saint-Léger-sous-Beuvray. Oppidum de Bibracte.

Beuys **(Joseph)** Artiste allemand (1921-1986). Figure emblématique de l'avant-garde, il s'illustra par ses provocations artistiques : compositions à partir de graisse, de sang et d'os, utilisation d'animaux vivants ou morts. *Comment expliquer un tableau à un lièvre mort ; Infiltration homogène pour piano à queue.*

Bevan **(Aneurin)** Homme politique britannique (1897-1960). Ministre de la Santé et de la Reconstruction (1945), il fut l'un des artisans du *National Health Service,* le système britannique des assurances maladie. Il fut l'un des leaders du Parti travailliste.

Beveridge **(lord William Henry)** Économiste britannique (1879-1963). Il est surtout connu pour son plan d'organisation des assurances sociales *(plan Beveridge),* qui assignait à la Sécurité sociale la tâche d'« abolir la misère » et de « libérer l'homme du besoin ». Ce projet fixa les principes de l'État-providence.

Beverly Hills Ville des États-Unis, intégrée à Los Angeles (Californie). 32 700 habitants. Lieu de résidence de nombreux acteurs et producteurs de cinéma.

Bevin **(Ernest)** Homme politique britannique (1887-1951). Il fut ministre du Travail (1940-1945) puis ministre des Affaires étrangères (1945-1951).

bévue **n. f.** **(de *vue*)** Méprise, erreur grossière due à l'ignorance ou à l'inadvertance. **→ étourderie, [2]gaffe, impair.** « *L'expérience implique une certaine somme de bévues* » (Baudelaire).

bey **n. m.** **(mot turc)** **hist.** Titre porté par les souverains vassaux du sultan ou par certains hauts fonctionnaires turcs. *Le bey de Tunis.* □ **beylical, ale, aux** **adj.** **(du dérivé turc *beylik*)**

Beydts **(Louis)** Compositeur français (1895-1953). Il est l'auteur d'opérettes *(Moineau),* d'une suite d'orchestre *(À travers Paris)* et de musiques de film (*La Kermesse héroïque* de Feyder).

Beyle **(Henri)** voir **Stendhal**

beylicat **n. m.** **(de *beylik* « juridiction d'un bey »)** Souveraineté du bey ; division administrative soumise à son autorité.

beylisme [belism] **n. m.** **(de Henri *Beyle,* dit Stendhal)** **didact.** Attitude des héros de Stendhal (énergie, individualisme).

Beyoncé **(Beyoncé Giselle Carter née Knowles, dite)** Chanteuse et actrice américaine (née en 1981). Elle débute avec le groupe Destiny's Child *(No no no)* puis mène une brillante carrière solo. Son style éclectique, principalement R'n'B et pop, sa voix veloutée et sa maîtrise des chorégraphies lui valent un succès planétaire *(Crazy in Love ; Single Ladies ; Run the World).*

Beyrouth Capitale du Liban, sur la Méditerranée. 1,5 million d'habitants. Centre culturel et intellectuel du Proche-Orient, centre financier important. Ancienne ville de Phénicie puis colonie romaine, la ville fut un enjeu de conquête durant les croisades. Elle passa ensuite sous le joug des Ottomans. Placée sous mandat français en 1920, elle devint capitale du Liban dès l'accession du pays à l'indépendance, en 1943. La ville, moderne et cosmopolite, a été en partie détruite lors de la guerre civile dont elle fut le théâtre principal (1975-1990), puis lors de la guerre israélo-libanaise en 2006 et, en 2020, par l'explosion d'un stock de carburant dans le port.

Bèze **(Théodore de)** Écrivain et théologien protestant français (1519-1605). Il succéda à Calvin à la tête de l'Église réformée en 1564. Il est l'auteur d'une pièce intitulée *Abraham sacrifiant,* considérée comme la première tragédie de l'histoire du théâtre français.

bézef ou **bésef** **adv.** **(de l'arabe) (en emploi négatif)** **fam.** Beaucoup. *Il n'en a pas bézef.*

Béziers Chef-lieu d'arrondissement de l'Hérault, sur l'Orb et le canal du Midi. 78 683 habitants. Ancienne cathédrale Saint-Nazaire (XIIe s.). Église Saint-Jacques (abside romane du XIIe s.). Pont-Vieux sur l'Orb (XIIIe s.). Écluses. Marché viticole. La ville fut mise à sac lors de la croisade des albigeois (1209) par les troupes de Simon de Montfort.

Béziers, le Pont-Vieux et la cathédrale Saint-Nazaire.

bézoard **n. m.** **(de l'arabe, lui-même du persan « chasse-poison »)** **didact.** Concrétion se formant dans l'appareil digestif de certains animaux (ruminants).

Bezons Commune du Val-d'Oise, au S. d'Argenteuil, sur la Seine. 31 866 habitants. Industries mécaniques et chimiques.

Beyrouth et sa corniche sur la mer.

Bezos (Jeffrey Jorgensen, dit Jeff) Entrepreneur américain (né en 1964). Fondateur d'Amazon (1994), il dirigea le groupe jusqu'en 2021 puis se consacra aux activités de Blue Origin qu'il avait créé en 2000 afin de développer le tourisme spatial.

Bezwada voir **Vijayavada**

Bh Symbole chimique du bohrium.

Bhagavad-gītā n. f. Poème didactique sanskrit inclus dans le *Mahābhārata* (IIIe s. av. J.-C.). C'est l'un des textes fondamentaux de la philosophie hindoue, dans lequel le dieu Krishna expose à Arjuna une doctrine de l'action.

Bhaja Site archéologique de l'Inde (Maharashtra). Sanctuaires bouddhiques des IIe s. et Ier s. av. J.-C.

bharatanatyam n. m. ou f. (mot sanskrit) Danse traditionnelle sacrée du sud de l'Inde. - var. **bharata natyam, bharatanatya.**

Bharhut Site archéologique de l'Inde (Madhya Pradesh). Monuments bouddhiques du IIe s. avant J.-C. : stoupas, portiques.

Bhartrihari Poète, philosophe et grammairien indien d'expression sanskrite (VIIe s.). Il fut l'auteur de très nombreuses stances érotiques, morales et religieuses, et d'un traité du langage.

Bhave (Acharya Vinobha) Homme politique et philosophe indien (1895-1982). Disciple de Gandhi, il lutta pour une plus juste répartition des terres.

Bhavnagar Ville d'Inde (Gujarat). 517 000 habitants. Port situé en bordure du golfe du Khambhat (exportation de coton et d'arachides).

Bhopal Ville d'Inde, capitale du Madhya Pradesh. 1,9 million d'habitants. Centre industriel. L'explosion d'une usine de pesticides, en 1984, y provoqua la mort de plus de 20 000 personnes, victimes de gaz toxiques.

Bhoutan

n. m. ■ offic. royaume du Bhoutan État d'Asie situé dans l'Himalaya. 46 500 km². 750 000 habitants (les *Bhoutanais*). **Langue :** dzongkha. **Religion :** bouddhistes, 75 % ; hindouistes, 25 %. **Monnaie :** ngultrum. **Capitale :** Thimphou. **Régime :** monarchie constitutionnelle.

Le Nord est formé par les sommets du haut Himalaya (élevage du yak). Dans le Sud, des vallées au climat tempéré sont séparées par des sommets de 3 000 m (riziculture, arbres fruitiers). Bouddhiste dès le VIIe s., unifié au XVIIe s., le pays fut annexé par la Chine (1720). Il entra au XIXe s. dans l'orbite britannique, puis obtint progressivement l'indépendance (1949-1971). La monarchie constitutionnelle remplaça la monarchie absolue en 2008.

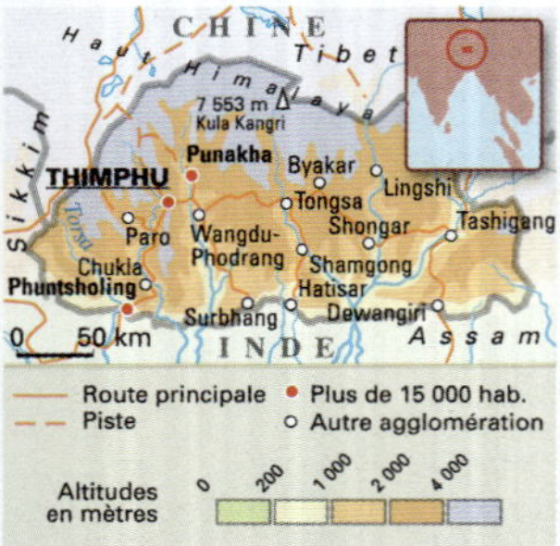

Bhubaneshwar Ville d'Inde, capitale de l'Orissa. 885 400 habitants. Ancien centre religieux, la ville conserve de nombreux temples brahmaniques dont le Lingaraja (XIe s.).

Bhumibol Adulyadej parfois **Phumipol Aduldej** Roi de Thaïlande (1927-2016). Il régna sous le nom de Rama IX de 1946 à sa mort.

Bhutto (Zulfikar Ali) Homme d'État pakistanais (1928-1979). Fondateur du Parti du peuple du Pakistan (PPP), président de la République (1971-1973), il fut Premier ministre de 1973 à 1977. Renversé par le général Zia ul-Haq, il fut condamné à mort et exécuté. ■ Benazir **Bhutto.** Femme d'État pakistanaise (1953-2007). Fille de Zulfikar Ali Bhutto, elle fut Premier ministre de 1988 à 1990 et de 1993 à 1996. Condamnée pour corruption en 1999 et en 2001, elle s'exila en Angleterre. De retour dans son pays en 2007, elle fut assassinée quelques mois plus tard. Son mari, Asif Ali **Zardari,** lui succéda à la tête du PPP (avec son fils, Bilawal **Bhutto Zardari**) puis devint président du Pakistan (2008-2013).

Bi Symbole chimique du bismuth.

bi voir **bisexuel**

bi- Élément **(du latin** ***bis*** **→ ²bis, bis-)** signifiant « deux ; deux fois ». **→ bis-.**

Biafra (république du) Nom pris par la région S.-E. du Nigeria, habitée surtout par les Ibos, en sécession de 1967 à 1970. Importants gisements miniers et pétrolifères. La guerre civile que déclencha la sécession fit plus d'un million de morts et aboutit à la défaite des séparatistes.

biais n. m. (vient p.-ê. du latin pop. ***biaxius*** **→ axe) 1.** Ligne, direction oblique. **– (dans un tissu)** Sens de la diagonale par rapport au droit fil. *Tailler dans le biais.* ■ ***De biais, en biais*** **loc. adv.** : obliquement, de travers. *Regarder de biais,* de côté. **2. fig.** Côté, aspect. *C'est par ce biais qu'il faut considérer le problème.* ■ Moyen détourné. **→ détour. 3. statist.** Fait susceptible de rendre un fait non représentatif. **4. psychol.** *Biais cognitif :* distorsion dans le traitement d'une information, susceptible de fausser le raisonnement et le jugement.

biaiser v. < 1 > (de ***biais*** **[2]) 1. v. intr.** Employer des moyens détournés, artificieux. *Avec lui, inutile de biaiser.* **2. v. tr. statist.** Introduire un biais dans (un échantillon). **– au p. p.** *Résultats biaisés.* □ **n. m. biaisement**

Bialiatski (Alès) Militant politique biélorusse (né en 1962). Défenseur des droits de l'homme, il fonda l'association Viasna (Printemps) en 1996 et fut emprisonné en 2021. Prix Nobel de la Paix 2022.

Bialik (Haïm Nahman) Écrivain de langue hébraïque (1873-1934). Entre tradition juive et modernité, sa poésie exprime l'appel de toute une génération en faveur de la renaissance nationale du peuple juif. Il est célébré en Israël comme le poète national. *Vers l'oiseau.*

Białowieża (forêt de) Grande forêt d'Europe centrale, de part et d'autre de la frontière polono-biélorusse. 1 250 km².

Białystok Ville de l'E. de la Pologne, chef-lieu de la voïvodie de Podlachie. 294 830 habitants. Foyer culturel. Industrie textile.

Bianciotti (Hector) Écrivain français d'origine argentine (1930-2012). Son œuvre oscille entre le classicisme et l'univers fantastique et baroque de Borges. *Seules les larmes seront comptées ; Le Pas si lent de l'amour.* Académie française.

Biarritz Commune des Pyrénées-Atlantiques, sur le golfe de Gascogne, dans le Pays basque. 25 885 habitants. Station balnéaire. Musée de la Mer.

biathlon n. m. (de ***bi-*** **et** ***penthatlon*** **→ athlète ;** ***cf. triathlon*****)** Épreuve olympique consistant en une course de ski nordique associée au tir à la carabine. □ **n. biathlète**

bibande adj. Se dit d'un téléphone mobile capable de communiquer sur deux bandes de fréquences, de manière à capter le meilleur signal.

Biarritz

Biarritz, le château basque et, à l'arrière-plan, le rocher de la Vierge.

Bibans (chaîne des) Massif d'Algérie, dans l'Atlas tellien, au S. de la Grande Kabylie.

bibelot n. m. (p.-ê. ancien français ***beubelet,*** **famille de** ***bel*** **→ ¹beau)** Petit objet décoratif. **→ babiole, ²souvenir.** *Une étagère encombrée de bibelots.* **–** *« Aboli bibelot d'inanité sonore »* (Mallarmé).

bibendum [bibɛ̃dɔm] **n. m. (n. du bonhomme Michelin, du latin** ***bibere*** **« boire »)** fam. Homme bedonnant, corpulent. *C'est un vrai bibendum.*

Biber ou **Bibern (Heinrich Ignaz Franz von)** Compositeur autrichien (1644-1704). Il a composé des sonates pour violon et clavecin *(Sonates du rosaire),* de la musique religieuse et des opéras.

biberon n. m. (du latin ecclés. ***biber*** **« boisson », de** ***bibere*** **→ ¹boire)** Petite bouteille munie d'une tétine, servant à nourrir, abreuver un bébé ; son contenu. *Stériliser un biberon.*

biberonner v. < 1 > 1. v. tr. Nourrir au biberon. **2. v. intr.** fam. Avoir l'habitude de boire (du vin, de l'alcool) avec excès.

¹bibi n. m. (onomatopée) fam., vieilli Petit chapeau de femme. *Des bibis.*

²bibi pron. (origine inconnue) pop. Moi.

Bibiena Surnom des Galli, famille d'architectes et décorateurs bolonais. ■ Ferdinando **Bibiena** (1657-1743). Il s'illustra par ses innovations en matière de perspective. ■ Francesco **Bibiena** (1659-1739). Il conçut le théâtre de Nancy et celui de Vérone.

bibine n. f. (du radical de ***biberon*** **→ ¹boire)** Mauvaise boisson. **–** Bière de qualité inférieure.

bibit(t)e voir **bébite**

bible n. f. (latin ***biblia,*** **du grec, d'abord « papyrus ») 1. (avec maj.)** Recueil des textes de l'Ancien et du Nouveau Testament. **→ écriture** (l'Écriture). **2.** Le livre lui-même. *Une bible de poche.* **3.** Ouvrage faisant autorité. *Ce dictionnaire est ma bible.*

Bible n. f. Recueil des livres saints des religions juive et chrétienne. Pour les croyants, cette Écriture est la parole de Dieu. La Bible hébraïque comprend le récit de l'histoire et de la tradition religieuse du peuple juif. Les premiers chrétiens y ont ajouté, au IIe s., l'Ancien et le Nouveau Testament.

▶ Pour les juifs et les chrétiens, la **Bible** est la parole de Dieu, transmise directement ou par l'intermédiaire de rédacteurs inspirés ; elle peut être interprétée littéralement, spirituellement ou être replacée dans son contexte supposé. Son nom vient du grec *Ta biblia* « les livres ». Véritable bibliothèque, elle regroupe des livres de genres littéraires très différents, rédigés en plusieurs langues (hébreu, araméen, grec).

La Bible hébraïque. Elle est composée de 24 livres regroupés en trois sections : la *Torah* (« Loi »), les *Nebî'îm* (« Prophètes ») et les *Ketûbîm* (« Écrits »). La *Torah* comprend le Pentateuque, c'est-à-dire la Genèse, l'Exode, le Lévitique, les Nombres, le Deutéronome. Les *Nebî'îm* réunissent les livres de Josué, des Juges, de Samuel, des Rois, d'Isaïe, de Jérémie, d'Ézéchiel, des Douze Petits Prophètes. Les *Ketûbîm* regroupent des textes hétérogènes : les Psaumes, les Proverbes, Job, le Cantique des Cantiques, Ruth, les Lamentations, Qohélet (ou l'Ecclésiaste),

Page enluminée de la Bible de Gutenberg, dans son édition de 1455, Bibliothèque nationale de France, Paris.

Esther, Daniel, Esdras et Néhémie, les Chroniques. La composition des livres de la Bible ne serait vraisemblablement pas antérieure au vᵉ s. av. J.-C. Ils ont été écrits en hébreu, à l'exception de quelques passages en araméen. Les plus anciens manuscrits (IIIᵉ s. av. J.-C.) ont été trouvés en 1947 dans les grottes de Qumrân près de la mer Morte ; la plupart sont fragmentaires. La Bible hébraïque a été traduite en grec à Alexandrie dès le IIIᵉ s. av. J.-C. (traduction dite des Septante), mais cette version intègre des livres qui ne figurent pas dans le canon hébreu, fixé à la fin du Iᵉʳ s. apr. J.-C.

La Bible chrétienne. À la Bible hébraïque, utilisée généralement dans la version des Septante, les premiers chrétiens ajoutèrent des textes propres à la « religion nouvelle » : ils distinguèrent les deux séries par les noms d'Ancien et de Nouveau Testament. Le Nouveau Testament comprend 27 livres : les quatre Évangiles (Matthieu, Marc, Luc, Jean) centrés sur l'histoire du Christ ; les Actes des Apôtres ; les épîtres de Paul et celles attribuées à Jacques, Pierre, Jean et Jude ; l'Apocalypse attribuée à l'apôtre Jean.

Ces livres ont tous été écrits en grec au cours du Iᵉʳ siècle. La Bible chrétienne compte 66 livres chez les protestants et 73 (avec les 7 livres « deutérocanoniques » : Tobit, Judith, Sagesse, Ecclésiastique, Baruch, Maccabées 1 et 2, additions à Daniel et à Esther) pour les catholiques et les orthodoxes. La traduction (390-405) en latin par saint Jérôme s'imposa progressivement comme la Vulgate (version commune) et fut déclarée authentique par le concile de Trente (1546). Celle de Luther (1522 et 1534) caractérisée par son appui sur l'hébreu et le grec constitue un des textes fondateurs de l'allemand moderne.

voir aussi **judaïsme, christianisme, réforme (protestante), Apocalypse**

biblio- Élément (du grec *biblion*) signifiant « livre ».

bibliobus n. m. (de *biblio[thèque]* et *[auto]bus*) Véhicule aménagé en bibliothèque de prêt itinérante.

bibliographie n. f. **1.** Liste des écrits relatifs à un sujet donné, à un auteur ou servant de référence. **2.** Science des documents écrits, des livres. □ n. **bibliographe** □ **bibliographique** adj. *Notice, revue bibliographique.*

bibliologie n. f. didact. Science générale du livre (bibliographie, gestion des bibliothèques, etc.).

bibliophile n. (→ -phile) Personne qui aime, recherche, conserve avec soin les livres rares, précieux.

bibliophilie n. f. Passion et science du bibliophile. □ adj. **bibliophilique**

bibliothécaire n. Personne préposée à une bibliothèque (2).

bibliothéconomie n. f. Organisation et gestion des bibliothèques. □ adj. **bibliothéconomique**

bibliothèque n. f. (du latin, du grec, de *biblion* → bible, biblio- et *thêkê* « coffre ») **1.** Meuble permettant de ranger et de classer des livres. → aussi ¹rayonnage. *Une bibliothèque vitrée.* **2.** Salle, édifice où sont classés des livres, pour la lecture ou pour le prêt. *Bibliothèque de prêt, de consultation. Bibliothèque municipale.* – *La bibliothèque d'Alexandrie.* **3.** Collection de livres. *Un ouvrage de sa bibliothèque personnelle.*

La Bibliotheca Alexandrina, inaugurée en 2002, construite sur l'emplacement supposé de l'édifice antique de la Bibliothèque d'Alexandrie.

Bibliothèque nationale de France (BNF) Établissement public dont la mission est de collecter, cataloguer, conserver, enrichir et communiquer le patrimoine documentaire national. Elle est installée à Paris sur deux sites, Richelieu et Tolbiac, et issue de la fusion en 1994 de la Bibliothèque nationale et de l'Établissement public de la bibliothèque de France. Le nouveau bâtiment, quai François-Mauriac, porte le nom de Bibliothèque François-Mitterrand. Ses quatre tours d'angle en forme de livre ouvert conservent le fonds de l'ancienne Bibliothèque nationale augmenté de nouvelles acquisitions dans la majorité des domaines. Le site de la rue de Richelieu réunit des fonds plus spécialisés (manuscrits, estampes, cartes et plans).

biblique adj. Relatif à la Bible. *Études bibliques.* – fam. *D'une simplicité biblique* (comme les mœurs patriarcales).

bibliste n. m. (de *bible*) Spécialiste, érudit qui étudie la Bible.

Bibracte Ancienne ville de Gaule, capitale et oppidum des Éduens, située sur le mont Beuvray (IIᵉ-Iᵉʳ s. av. J.-C.). Fouilles archéologiques.

Bic n. m. (marque déposée ; de *Bich*, n. du fondateur) fam. Stylo à bille de cette marque. – abusivt Stylo à bille.

bicaméral, ale, aux adj. (de *bi-* et du latin *camera* « chambre ») Se dit d'un système politique à deux assemblées représentatives. □ n. m. **bicaméralisme** et **bicamérisme**

bicarbonate n. m. Carbonate acide. *Bicarbonate de soude* (de sodium), employé contre les maux d'estomac. □ adj. **bicarbonaté, ée**

bicarburation n. f. techn. Système permettant à un véhicule d'utiliser alternativement deux types de carburants (ex. essence et GPL).

bicentenaire 1. adj. Qui a deux cents ans. **2.** n. m. Deux centième anniversaire. *Le bicentenaire de la Révolution française.*

bicéphale adj. (→ -céphale) Qui a deux têtes, fig. deux chefs, deux directions. □ n. m. **bicéphalisme**

biceps [bisɛps] n. m. (mot latin « qui a deux têtes », de *bis* et *caput* → triceps) **1.** Muscle composé de deux parties (ou « têtes ») distinctes. **2.** Muscle du bras qui gonfle quand on fléchit celui-ci. → fam. **biscoteau.** – fam. *Avoir des biceps,* être musclé, fort.

Bichat (François Marie Xavier) Anatomiste et physiologiste français (1771-1802). Fondateur de l'anatomie générale, il fut le premier à décrire les tissus des organes et à établir leur classification.

biche n. f. (vient du latin *bistia* « bête ») **1.** Femelle du cerf. **2.** Terme d'affection à l'adresse d'une femme, d'une jeune fille. → **bichette.**

bicher v. intr. < 1 > (var. de *bécher* « piquer du bec ») **1.** impers. fam., vieilli Aller bien. *Ça biche.* **2.** fam. Se réjouir. *Il biche !*

bichette n. f. (de *biche*) rare Petite biche. – terme d'affection *Ma bichette.* → **biche.**

bichique n. m. (mot d'origine malgache) régional Alevin de poissons d'eau douce, recherché pour un mets apprécié de la cuisine réunionnaise.

Bichkek anciennement **Frounze de 1926 à 1990** Capitale du Kirghizstan. 1 million d'habitants. Palais présidentiel. Musées. Université. Industries alimentaires.

bichlamar [biʃlamaʀ] n. m. (d'abord nom du tripang dont le commerce est important dans le Pacifique, probablt de l'anglais) ling. Pidgin utilisé comme langue commerciale véhiculaire dans les îles du Pacifique où l'on parle anglais. - syn. **bêche-de-mer** [bɛʃdəmɛʀ].

bichon, onne n. (de *barbichon*, de *barbe*) Petit chien d'appartement, au nez court, au poil long et soyeux.

bichonner v. tr. < 1 > (de *bichonné* « frisé comme un bichon ») **1.** Arranger avec soin et coquetterie. → **pomponner.** – pronom. *Passer des heures à se bichonner.* **2.** Être aux petits soins pour. → **soigner.** □ n. m. **bichonnage**

Bichonnier (Henriette) Romancière française pour la jeunesse (1943-2018). Elle a écrit une centaine d'ouvrages dans la tradition du conte. *Le Monstre poilu* (1982, illustré par Pef) reprend de façon humoristique le thème de *La Belle et la Bête* dont il conserve la métamorphose magique du monstre en prince.

bichromate [bikʀɔmat] n. m. chim. Sel de l'acide chromique renfermant le groupe Cr_2O_7. *Bichromate de potassium* (fixateur, en photographie).

bichromie [bikʀɔmi] n. f. (de *bi-* + *-chromie*) imprim. Impression en deux couleurs, généralement complémentaires.

bicipital, ale, aux adj. (du radical du latin *biceps, bicipitis* → biceps) anat. Du biceps. *Les tendons bicipitaux.*

biclou n. m. (de *biclo*, abrév. de *bicyclette*, et suffixe populaire) fam. Bicyclette. *De vieux biclous.*

bicolore adj. (→ -colore) Qui présente deux couleurs. *Une écharpe bicolore.*

biconcave adj. Qui a deux surfaces concaves opposées. *Lentille biconcave.*

biconvexe adj. Qui a deux surfaces convexes opposées.

bicoque n. f. (de l'italien, p.-ê. « double coque ») péj. Petite maison de médiocre apparence. *Une vieille bicoque.* → **baraque, cabane.** – Habitation. *Une chouette bicoque.*

bicorne n. m. (du latin → corne) Chapeau à deux pointes. *Un bicorne d'académicien.*

bicorps adj. et n. m. Se dit d'un véhicule dont la carrosserie dessine deux volumes, le compartiment moteur et l'habitacle.

bicourant adj. invar. techn. Qui fonctionne avec deux types de courant électrique (alternatif et continu). *Locomotive bicourant.*

bicross [bikʀɔs] n. m. (n. déposé, de *bi[cyclette]* et *cross*) Vélo tout-terrain, sans suspension ni garde-boue ; sport pratiqué avec ce vélo. → **cyclocross ; VTT.** *Des bicross.*

biculturel, elle adj. didact. Qui possède deux cultures. *Pays de tradition biculturelle.* □ n. m. **biculturalisme**

bicuspide adj. (de *bi-* et du latin *cuspis, cuspidis* « pointe ») anat., bot. Pourvu de deux pointes. *Dent bicuspide.* □ n. f. **bicuspidie**

bicycle n. m. (mot anglais, de *bi-* et *cycle* → ²cycle) anciennt Vélocipède à deux roues de taille inégale. ■ (Canada) fam. Bicyclette.

bicyclette n. f. Véhicule à deux roues mû par un système de pédalier qui entraîne la roue arrière. → **vélo** ; fam. **bécane.** *Aller, rouler à bicyclette. Promenade à, en bicyclette.*

Bidache Commune des Pyrénées-Atlantiques, sur la Bidouze. 1 353 habitants. Ruines du château des ducs de Gramont (XVe-XVIe s.).

bidasse n. m. (de *« Avec l'ami Bidasse »,* chanson) fam. Soldat, homme de troupe.

Bidassoa n. f. Fleuve côtier du Pays basque (Espagne et France). 70 km. Elle prend sa source en Navarre espagnole et sert de frontière entre la France et l'Espagne sur quelques kilomètres avant de se jeter dans le golfe de Gascogne.

Bidault (Georges) Homme politique français (1899-1983). Successeur de J. Moulin à la tête du Conseil national de la Résistance (1943), président du Conseil (1949-1950) et plusieurs fois ministre des Affaires étrangères, il fut l'un des promoteurs de la politique d'union européenne. Partisan de l'Algérie française, il s'opposa à la politique de De Gaulle et s'exila de 1962 à 1968.

bide n. m. (de *bidon*) fam. **I.** Ventre. *Avoir du bide.* **II.** Échec total. *Ç'a été un bide. Faire un bide.* → **²four.**

Biden (Joseph dit Joe) Homme d'État américain (né en 1942). Démocrate, sénateur du Delaware à partir de 1973 et vice-président de Barack Obama, il est devenu le 46e président des États-Unis en 2021.

bidet n. m. (de l'ancien français *bider* « trotter », d'origine incertaine) **1.** Petit cheval de selle. – plais. Cheval. **2.** Cuvette oblongue et basse, sur pied, servant à la toilette intime.

bidimensionnel, elle adj. didact. À deux dimensions. *Image bidimensionnelle.*

bidoche n. f. (p.-ê. famille de *bidet*) fam. Viande. → fam. **barbaque.**

Bidochon (les) voir **Binet** (Christian)

bidon n. m. (origine obscure, p.-ê. scandinave « baquet de lait, baratte ») **I. 1.** Récipient pour transporter les liquides, qui se ferme avec un bouchon ou un couvercle. *Un bidon de lait. Un bidon d'essence.* → **jerricane. 2.** fam. Ventre. → fam. **bedaine, bide. II.** (d'abord « gonflement factice d'une étoffe ») **1.** n. m. fam. *C'est du bidon,* du bluff, des mensonges. **2.** adj. invar. Faux, simulé. *Des élections bidon.*

bidonner v. < 1 > (de *bidon*) fam. **I.** v. pron. *Se bidonner :* rire beaucoup. → se **marrer,** se **poiler, rigoler.** □ adj. **bidonnant, ante II.** v. tr. Truquer (un reportage, une émission...) en simulant des évènements qui ne correspondent à aucune réalité. – au p. p. *Un reportage bidonné.* □ n. m. **bidonnage** □ n. **bidonneur, euse**

bidonville n. m. (de *bidon* et *ville*) Agglomération de baraques sans hygiène, faites de tôles et de matériaux de récupération, où vit la population la plus misérable.

Bidonville à Bombay, en Inde.

bidouiller v. tr. < 1 > (transformation de *biduler* → **bidule**) fam. Faire fonctionner, arranger en bricolant. *Bidouiller un logiciel.* – fig. Truquer. □ n. m. **bidouillage** □ n. **bidouilleur, euse**

Bidpay ou **Pilpay** Brahmane hindou (IIIe s.). Considéré comme le fondateur du genre de la fable, il serait l'auteur d'un recueil de textes dont s'inspira La Fontaine.

bidule n. m. (origine obscure [dialectal]) fam. Objet quelconque. → **machin, truc.**

-bie Élément (→ **bio-**) qui signifie « qui vit, être qui vit » (ex. *aérobie, anaérobie*).

bief n. m. (du gaulois *bedul* « canal ») **1.** Portion d'un cours d'eau, d'un canal entre deux chutes, deux écluses. **2.** Canal de dérivation qui conduit les eaux. *Le bief d'un moulin.*

Bielinski ou **Belinski** (Vissarion Grigorievitch) Philosophe et critique littéraire russe (1811-1848). Réaliste proche du matérialisme socialiste, il est surtout connu pour son œuvre de critique esthétique. *Aperçu de la littérature russe.*

bielle n. f. (origine obscure, p.-ê. de *vielle* [« manivelle de la vielle »]) Tige rigide, articulée à ses extrémités et destinée à la transmission du mouvement entre deux pièces mobiles. *Les bielles d'un moteur.* – *Couler* une bielle.*

biellette n. f. (de *bielle*) techn. Petite bielle ; levier en forme de bielle.

biélorusse adj. et n. (de *Biélorussie*) De Biélorussie. – n. *Un, une Biélorusse.* – n. m. Langue slave de Biélorussie.

Biélorussie

n. f. ou **Bélarus** n. m. ■ offic. république de Biélorussie État d'Europe orientale.

207 600 km^{2}. 9 413 000 habitants (les *Biélorusses*). **Langues :** biélorusse et russe (offic.). **Population :** Biélorusses, 81 % ; Russes, 11 % ; Polonais, 4 %. **Religions :** orthodoxes, catholiques. **Monnaie :** rouble biélorusse. **Capitale :** Minsk.

GÉOGRAPHIE

La Biélorussie, située dans la grande plaine d'Europe orientale au climat continental, est couverte au S. de marécages et de forêts. L'agriculture (céréales, lin, pomme de terre) et l'élevage ont beaucoup souffert de la catastrophe nucléaire de Tchernobyl (1986). Les richesses du sous-sol (tourbe, phosphore) alimentent l'industrie, qui se modernise (chimie, machines agricoles, électronique) ; pourtant, la transition vers une économie de marché n'est pas achevée.

HISTOIRE

La Biélorussie, qui appartint d'abord à l'État de Kiev (IXe-XIe s.), fut rattachée à la Lituanie (XIVe s.), à la Pologne (1569), à la Russie (1772-1795). Le traité de Riga (1921) la partagea entre Russie soviétique et Pologne. La RSS de Biélorussie devint une république de l'URSS (1922). La Biélorussie polonaise fut annexée par l'URSS en 1945. Le pays devint indépendant en 1991. A. Loukachenko, président depuis 1994, a signé un traité d'Union avec la Russie (1997), s'est fait accorder les pleins pouvoirs sans limitation de durée et a muselé l'opposition. La crise migratoire a fourni au président l'occasion de s'attaquer à l'Union européenne, qui ne reconnaît pas sa réélection en 2020, en facilitant l'arrivée de milliers de migrants du Proche-Orient et d'Afrique aux portes de la Pologne. En réponse, cette dernière a édifié un mur le long de sa frontière. Son lien indéfectible avec la Russie a déterminé l'implication militaire de la Biélorussie dans le conflit russo-ukrainien en 2022.

¹bien (vient du latin *bene*) compar. *mieux* **I.** adv. **1.** D'une manière satisfaisante. *Elle danse bien. Il a très bien réussi.* → **admirablement.** *Comment vas-tu ? Bien. Un roman bien écrit. « Il y en a qui parlent bien et qui n'écrivent pas bien »* (Pascal). – loc. *Tant bien que mal ; ni bien ni mal.* → **passablement. 2.** D'une manière conforme à la raison, à la morale. *Elle s'est bien conduite.* → **honnêtement.** – loc. *C'est bien fait ! bien fait pour lui !,* ce qui lui arrive est mérité. – *Vous feriez bien de* (+ inf.), vous devriez. **3.** Avec force, intensité. → **¹tout** à fait, **très.** *Nous sommes bien contents. Bien souvent. Bien sûr, bien entendu,* c'est évident, cela va de soi. *Il est bien jeune pour cet emploi.* → **trop.** *Nous avons bien ri.* → **beaucoup.** – *Bien de, des :* beaucoup de. *Depuis bien des années.* **4.** Au moins. *Cela vaut bien le double.* → **largement. 5.** (renforçant l'affirmation) *Nous le savons bien. C'est bien elle.* → **vraiment.** – iron. *C'était bien la peine !* **6.** En fait et en dépit des difficultés (quoi qu'on dise, pense, fasse ; quoi qu'il arrive). *Cela finira bien un jour. J'irais bien avec vous, mais...* **7. *Eh bien !,*** interjection marquant l'interrogation, l'étonnement. → fam. **ben. 8. *Bien que*** loc. conj. (mar-

Biélorussie

quant la concession) Quoique. – (+ subj.) *J'accepte, bien que je ne sois pas convaincu.* – (+ p. prés.) *Bien que sachant nager, il n'osait pas plonger.* – (avec ellipse du verbe) *« Bien que philosophe, M. Homais respectait les morts »* (Flaubert). **II. adj. invar. 1.** Satisfaisant. *Ce sera très bien ainsi.* → **parfait.** – prov. *Tout est bien qui finit bien,* se dit quand qqch. connaît une issue heureuse. **2.** Juste, moral. *Ce n'est pas bien, ce qu'il a fait.* → **correct.** – (personnes) *Un garçon très bien.* → fam. **chic, épatant. 3.** En bonne santé, en bonne forme. *Elle est très bien en ce moment.* – Beau. *Il est encore bien pour son âge.* **4.** Capable de faire ce qu'il faut. *Elle est bien dans ce rôle.* ■ fam. Convenable, distingué (→ **comme il faut**). *Des gens très bien.* **5.** À l'aise, content. *Qu'on est bien !* – *Être bien avec qqn,* être en bons termes avec lui. *Il est bien avec ses voisins.*

²bien n. m. (de ¹*bien*) **I. 1.** Ce qui est utile, bon, agréable. *Ce remède lui a fait (le plus) grand bien. Le bien commun.* → **intérêt.** *C'est pour son bien. Un ami qui vous veut du bien. La santé est le plus précieux des biens.* – iron. *Grand bien vous fasse !* – *Dire du bien, parler en bien de qqn, de qqch.* **2.** Chose matérielle que l'on peut posséder. → **²capital, fortune, propriété, richesse.** *Avoir du bien.* – prov. *Bien mal acquis ne profite jamais.* ■ dr. *Biens meubles, immeubles, publics, privés.* → **propriété.** – écon. Chose matérielle qui procure une jouissance et qui a une valeur. *Les biens de consommation.* **II.** Ce qui possède une valeur morale, ce qui est juste, honnête. *Discerner le bien du mal. « C'est en faisant le bien qu'on devient bon »* (Rousseau). – vieilli *Un homme de bien,* qui pratique le bien, honnête, intègre. → **²devoir.** – fam. *En tout bien tout honneur,* sans mauvaise intention ; spécialt chastement.

bien-aimé, ée [bjɛ̃neme] **1. adj.** Qui est aimé d'une affection particulière. *Des fils bien-aimés.* **2. n.** littér. Personne aimée d'amour. *Ma bien-aimée.*

bien-dire n. m. invar. (de ¹*bien* adv. et *dire*) littér. Art de bien parler, de s'exprimer avec facilité dans un langage élégant. → **éloquence, rhétorique.**

biénergie [bienɛʀʒi] **n. f.** Système de chauffage qui utilise alternativement deux types d'énergie.

bien-être [bjɛ̃nɛtʀ] **n. m. invar. 1.** Sensation agréable procurée par la satisfaction de besoins physiques, l'absence de soucis. → **bonheur, plaisir. 2.** Situation matérielle qui permet de satisfaire les besoins de l'existence. → **aisance, confort.** *Jouir d'un certain bien-être.*

bienfaisance [bjɛ̃fəzɑ̃s] **n. f.** Action de faire du bien dans un intérêt social. → **assistance.** *Une association, une œuvre de bienfaisance.*

bienfaisant, ante [bjɛ̃fəzɑ̃, ɑ̃t] **adj.** (→ ¹*faire*) (choses) Qui fait du bien, apporte un mieux, un soulagement. → **bénéfique, salutaire.** *L'action bienfaisante d'une cure.*

bienfait n. m. (de l'ancien v. *bienfaire* → ¹*faire*) **1.** littér. Acte de générosité, bien que l'on fait à qqn. → **faveur, largesse, service.** *Combler qqn de bienfaits.* **2.** (choses) Avantage procuré, action bienfaisante. *Les bienfaits de la civilisation, d'une pratique sportive.*

bienfaiteur, trice n. (latin *benefactor,* de *bene* → ¹*bien* et *facere* « faire* ») Personne qui a fait qqch. de bénéfique, apporté une aide. *La bienfaitrice d'un orphelinat. « D'ordinaire, le bienfaiteur exige plus qu'il ne donne »* (Napoléon). *Membre bienfaiteur d'une association.* → **donateur.**

bien-fondé n. m. 1. dr. Conformité au droit. → **légitimité.** *Le bien-fondé d'une réclamation. Des bien-fondés.* **2.** Conformité à la raison. *Le bien-fondé d'une opinion.*

bien-fonds n. m. dr. Bien immeuble (terre, bâtiment). *Des biens-fonds.*

bienheureux, euse [bjɛ̃nœʀø, øz] **adj. et n. 1.** littér. Heureux. **2.** Personne dont l'Église reconnaît, par la béatification*, la perfection chrétienne. *Les saints et les bienheureux.*

Biên Hòa Ville du Viêtnam, au N.-E. de Hô Chí Minh-Ville, sur le Đông Nai. 652 650 habitants. Centre industriel. Elle accueillit une base militaire américaine de 1966 à 1975.

bien-jugé n. m. dr. Conformité au droit (en parlant d'une décision judiciaire). *Des bien-jugés.*

biennal, ale, aux (du latin → *an*) **1. adj.** Qui dure deux ans. – Qui a lieu tous les deux ans. → **bisannuel. 2. n. f.** Manifestation, exposition qui a lieu tous les deux ans. *La Biennale de Venise.*

Bienne Ville de Suisse (canton de Berne), sur le *lac de Bienne.* 54 600 habitants (agglomération 105 720). Architecture médiévale. Industrie horlogère.

bien-pensant, ante adj. Dont les idées sont conformistes. *Des gens bien-pensants.* – **n.** *« La Grande Peur des bien-pensants »* (de Bernanos).

Bien public (ligue du) Coalition féodale qui s'insurgea contre Louis XI en 1465. Conduite par Charles de Berry, frère du roi, et soutenue par les principaux seigneurs féodaux, elle fut dissoute après la bataille de Montlhéry (juillet 1465).

bienséance n. f. littér. Conduite sociale en accord avec les usages, respect de certaines formes. → **correction, savoir-vivre.** – au plur. Usages à respecter. → **convenance.** *Respecter les bienséances.*

bienséant, ante adj. (de *séant,* p. prés. de *seoir*) vieux Qu'il est séant (convenable) de dire, de faire (opposé à *malséant*). → **correct.**

bientôt adv. (de *bien* et *tôt*) **1.** Dans peu de temps, dans un proche futur. → **incessamment, prochainement.** *Nous reviendrons bientôt.* – fam. *C'est pour bientôt,* cela arrivera dans peu de temps. – *À bientôt* loc. adv. *Au revoir et à bientôt !* **2.** En un court espace de temps. → **rapidement, tôt, vite.** *Ce sera bientôt fait.*

bienveillance n. f. Disposition favorable à l'égard de qqn. → **bonté, indulgence.** *Je vous remercie de votre bienveillance.*

bienveillant, ante adj. (de *bien* et ancien p. prés. de *vouloir*) Qui a ou marque de la bienveillance (opposé à *malveillant*). → **indulgent.** *« Il était doux, bon, bénin, bienveillant »* (Péguy). *Critique bienveillante.* □ **adv. bienveillamment**

bienvenir v. intr. < seult inf. > (de *venir*) loc. littér. *Se faire bienvenir de qqn* : se faire accueillir favorablement.

bienvenu, ue (de *venu* → *venir*) **1. adj.** littér. Qui arrive à propos. → **opportun.** *Une remarque bienvenue.* **2. n.** Personne, chose accueillie avec plaisir. *Soyez les bienvenus. Votre offre est la bienvenue.*

bienvenue n. f. (dans un souhait) Heureuse arrivée de qqn. *Souhaiter la bienvenue à qqn,* lui faire bon accueil. *Bienvenue à nos invités !* ■ (Canada) Terme de politesse en réponse à *merci ! Merci. — Bienvenue !*

Bienvenüe (Fulgence) Ingénieur français (1852-1936). Il conçut les plans du métro parisien.

Bierce (Ambrose Gwinnett) Écrivain américain (1842-1914). Son humour féroce et macabre s'exprima avec talent dans son *Dictionnaire du Diable.*

¹bière n. f. (mot germanique [Allemagne ou Flandre], famille du latin *bibere* → ¹*boire* ; a remplacé *cervoise,* mot gaulois) Boisson alcoolique fermentée, faite avec de l'orge germée et aromatisée avec des fleurs de houblon. *Bière brune, blonde. Verre de bière.* → **bock** (vieilli), **demi.** *Chope à bière. Bière en bouteille ; bière pression*.*

²bière n. f. (vient du francique, de *beran* « porter », famille du latin *ferre* → *-fère*) Caisse oblongue où l'on enferme un mort. → **cercueil.** *Mise en bière.*

biergol voir **diergol**

Biermann (Wolf) Poète et chansonnier allemand (né en 1936). Auteur de chansons engagées dans l'ancienne RDA (*La Harpe des barbelés ; Ainsi soit-il et ça ira*), il fut interdit dans son pays et se produisit en Allemagne de l'Ouest.

Bierut (Bolesław) Homme d'État polonais (1892-1956). Président de la République (1947-1952), premier secrétaire du Parti ouvrier unifié polonais (1948-1956), il instaura, sur le modèle stalinien, un véritable culte de la personnalité et aligna son pays sur l'Union soviétique.

bièvre n. m. (bas latin *beber,* du gaulois) vieux Castor.

Bièvres Commune de l'Essonne, au N. de Palaiseau. 4 796 habitants. Musée de la photographie.

biface n. m. didact. Silex taillé sur deux faces ; coup-de-poing préhistorique.

biffe n. f. (de *biffin*) argot milit. Infanterie.

biffer v. tr. < 1 > (p.-ê. ancien français *biffe* « tissu rayé ») Supprimer, rayer (ce qui est écrit). → ¹**barrer.** *Biffer un mot.* □ **n. m. biffage**

biffeton n. m. (probablt de l'ancien français *biffe* → *biffin*) fam. Billet de banque.

biffin n. m. (de l'ancien français *biffe* « tissu rayé », puis « chiffon ») argot **1.** vieux Chiffonnier. **2.** vieilli Fantassin.

biffure n. f. (de *biffer*) Action de biffer. ■ Trait par lequel on biffe. → **rature.**

bifide adj. (du latin, du p. p. de *findere* → *fendre*) sc. nat. Fendu en deux. *La langue bifide du serpent.*

bifidus [bifidys] **n. m.** (→ *bifide*) Bactérie utilisée dans l'industrie alimentaire comme ferment lactique. *Lait fermenté au bifidus,* abusivt *yaourt au bifidus.*

biflèche adj. Se dit d'un affût de canon s'ouvrant en V.

bifocal, ale, aux adj. opt. Qui a deux foyers. *Lunettes bifocales* (→ **à double foyer***).

bifteck n. m. (de l'anglais, de *beef* « [viande de] bœuf » et *steak* → *steak*) Tranche de bœuf grillée ou destinée à l'être. → **chateaubriand, steak, tournedos.** *Un bifteck bleu, saignant, à point, bien cuit.* – loc. fam. *Gagner son bifteck,* sa vie. *Défendre son bifteck,* ses intérêts. - var. **biftèque.**

bifurcation n. f. 1. Division en deux branches. – Lieu où une voie de circulation se dédouble. → **embranchement, fourche. 2.** fig. Possibilité d'option entre plusieurs voies. *La bifurcation des études après le baccalauréat.*

bifurquer v. intr. < 1 > (du latin *bifurcus,* de *furca* → *fourche*) **1.** Se diviser en deux, en forme de fourche. *La route bifurque ici.* **2.** Abandonner une voie pour en suivre une autre. *Le train a bifurqué sur une voie de garage.* **3.** fig. *Bifurquer vers les sciences.*

bigame adj. et n. (du latin, grec *digamos* → *-game*) Personne ayant contracté un second mariage sans qu'il y ait dissolution du premier. □ **n. f. bigamie**

bigarade n. f. (provençal *bigarrado* « bigarré ») Orange amère. – **adj.** *Des oranges bigarades.*

bigaradier n. m. (de *bigarade*) bot. Oranger dont les fleurs fournissent une essence parfumée (→ **néroli**).

bigarré, ée adj. (p.-ê. de l'ancien français *garre* « de deux couleurs ») **1.** Qui a des couleurs variées. → **bariolé.** *Des tissus bigarrés.* **2.** Formé d'éléments disparates. → **hétéroclite, mêlé.** *« La population la plus colorée, bigarrée »* (Maupassant).

bigarreau n. m. (de *bigarrer* → *bigarré*) Cerise rouge et blanche, à la chair ferme. *Des bigarreaux.*

bigarrer v. tr. < 1 > (de *bigarré*) Marquer de couleurs qui tranchent l'une sur l'autre. → **chamarrer.** □ **n. f. bigarrure**

B

big band [bigbɑ̃d] **n. m. (expression anglaise « grand orchestre »)** Grand orchestre de jazz, caractérisé par la prééminence des cuivres et la présence d'un chef d'orchestre. *Les big bands de Count Basie et Glenn Miller.*

big bang [bigbɑ̃g] **n. m. (de l'anglais des États-Unis « grand *bang* » [onomatopée] → bang) anglic.** Explosion de matière ayant provoqué la formation de l'univers connu, selon une théorie compatible avec une création soudaine. *Des big bangs.* - var. RO **bigbang** ou **big-bang.**

big data **n. m. invar. (mots anglais « données massives ») anglic.** *Le big data :* l'ensemble des données générées par les nouvelles technologies, caractérisées par leur volume colossal. - recomm. offic. **méga-données n. f. pl.**

Bigelow (Kathryn) Réalisatrice et scénariste américaine (née en 1951). Elle a réalisé plusieurs films d'action inspirés de faits réels : l'intervention militaire américaine en Irak pour *Zero Dark Thirty*, la traque et l'assassinat de Ben Laden pour *Démineurs.*

bigle **adj. et n. (p.-ê. de *bigre*, d'après *aveugle* et *bigler*)** vieux (Personne) qui louche.

bigler **v. < 1 > (de *bigle*, p.-ê. de *biscler*, latin *bisoculare*, de *oculus* → œil) fam. 1. v. intr.** péj. Loucher. **2. v. tr.** Loucher sur, regarder du coin de l'œil. → fam. **zieuter.** *« Il me biglait de travers, buté, méchant »* (Céline).

bigleux, euse **adj. et n.** fam. péj. **1.** Qui louche. **2.** Qui voit mal.

bignonia **n. m. (de *Bignon*, bibliothécaire de Louis XV)** Plante grimpante ornementale, à fleurs en trompette. - var. **bignone n. f.**

bignoniacée **n. f. (de *bignonia*)** bot. Plante originaire des forêts tropicales, aux grandes fleurs abondantes et colorées (famille des *Bignoniacées* ; ex. le bignonia, le calebassier).

bigophone **n. m. (du n. d'un instrument de musique inventé par *Bigot*)** fam. Téléphone. *Passer un coup de bigophone* (*bigophoner* **v. intr. < 1 >**).

bigorne **n. f. (provençal *bigorna*, du latin *bicornis* « à deux cornes »)** Petite enclume à deux pointes. *Bigorne d'orfèvre.*

bigorneau **n. m. (de *bigorne*, par analogie)** Petit coquillage comestible à coquille grise en spirale. *Des bigorneaux.*

bigorner **v. tr. < 1 > (de *bigorne*) 1.** Forger sur la bigorne. **2.** pop. Abîmer*, tordre. → **endommager.** *Bigorner sa bagnole contre un arbre.* – pronom. (récipr.) *Se bigorner :* se battre.

Bigorre **n. f.** Région du S.-O. de la France, formant la majeure partie du département des Hautes-Pyrénées. Élevage. Thermalisme. Hydroélectricité. La Bigorre fut réunie à la couronne de France en 1607.

bigot, ote **adj. et n. (p.-ê. de l'anglais *be gode [by God]* « par Dieu »)** Qui manifeste une dévotion outrée et étroite. *Une vieille bigote* (→ grenouille de bénitier). *« Les cervelles infantiles des bigotes »* (Huysmans). □ **bigoterie n. f., bigotisme n. m.**

Bigot de Préameneu (Félix) Juriste et homme politique français (1747-1825). Il fut, avec Tronchet, Maleville et Portalis, l'un des pères du Code civil (1804).

Big Bang

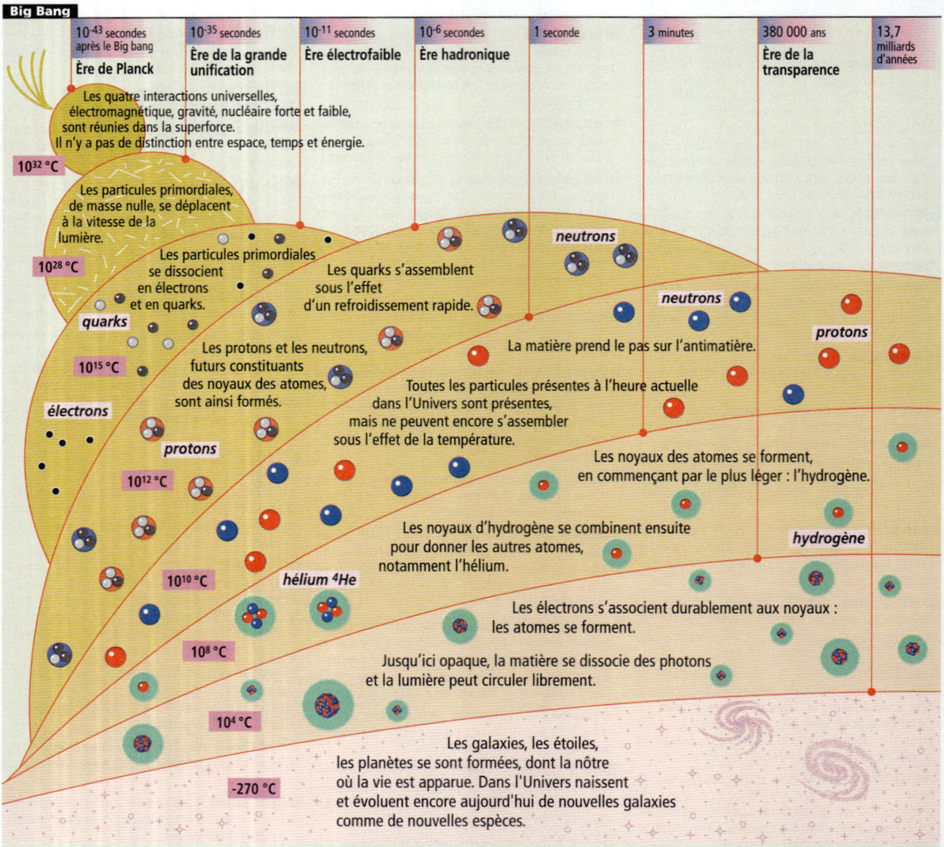

La théorie du Big Bang décrit la formation de l'Univers comme une expansion à partir d'un état extrêmement dense et chaud.

► Le **Big Bang** est le nom d'une théorie astrophysique qui s'appuie sur l'idée d'une « singularité primitive » de l'Univers, datée à environ 13,7 milliards d'années, où les théories de la physique ne savent plus décrire ni l'espace, ni la matière, ni l'énergie ni le temps. Juste après cette phase initiale, l'Univers est dense, chaud et homogène, les particules non différenciées et les forces fondamentales unifiées.
Fréquemment définie (à tort) comme une simple explosion à l'origine de l'Univers, l'expression *Big Bang,* initialement destinée à railler les tenants de cette théorie, a été prononcée pour la première fois à la BBC par le physicien Fred Hoyle en 1950 avant d'être retenue par l'histoire. Depuis un siècle en effet, des observations multiples, et de plus en plus précises, ont permis d'en accréditer la plupart des éléments. En 1929, l'astrophysicien Edwin Hubble mit notamment en évidence l'expansion de l'Univers en mesurant la vitesse d'éloignement des galaxies les unes par rapport aux autres, remarquant qu'elle est proportionnelle à leur distance. En 2012, les chercheurs du Centre européen de recherche nucléaire (Cern) ont réalisé dans le plus grand accélérateur de particules au monde (le LHC) une collision de protons d'une puissance inédite afin de recréer les conditions du Big Bang et ont pu vérifier l'existence, jusque-là théorique, d'une particule qui serait à l'origine de la matière : le boson de Higgs.

voir aussi **matière, particule, quantique, relativité, temps, Univers**

bigouden, ène [bigudɛ̃, ɛn] **(mot breton) 1. adj.** De la région de Pont-l'Abbé. *Le pays bigouden. La coiffe bigoudène.* **– n.** *Les Bigoudens.* **2. n. f.** Haute coiffe cylindrique portée dans cette région.

bigoudi **n. m. (origine obscure)** Petit rouleau autour duquel on enroule une mèche de cheveux pour la friser. *Mettre des bigoudis. Une femme en bigoudis.*

bigre **interj. (altération de *bougre*)** vieilli Exclamation exprimant la crainte, le dépit, l'étonnement. → **bougre.**

bigrement **adv.** fam. Très. → fam. **bougrement.** *Il fait bigrement chaud.*

bigue **n. f. (provençal *biga* « poutre »)** techn. Appareil de levage pour de lourdes charges. → **chèvre.** *Les bigues d'un port.*

biguine **n. f. (mot créole)** Danse des Antilles.

Bihar **n. m.** État du N.-E. de l'Inde, dans la plaine du Gange. 94 163 km^2. 124 millions d'habitants. Capitale : Patna. Le Nord est le domaine de l'agriculture (riz, blé, canne à sucre) et de l'élevage ; la richesse minière du Sud (mica, amiante, fer, charbon) a favorisé l'industrialisation. C'est dans cette région que Bouddha vécut et prêcha. Nombreux vestiges bouddhiques.

bihebdomadaire **adj.** Qui a lieu, qui paraît deux fois par semaine. *Revue bihebdomadaire.*

bihoreau **n. m. (probablt de l'ancien français *buor* « butor »)** Oiseau échassier des marais, sorte de petit héron.

Bijapur Ville d'Inde (Karnataka) sur le plateau du Dekkan. 327 500 habitants. Capitale d'une ancienne dynastie musulmane. Architecture indo-musulmane. Tombeau de Gol Gunbadh (XVIIe s.).

bijection **n. f. (de *bi-* et *[in]jection*)** math. Application qui établit entre deux ensembles une relation telle que tout élément de l'un soit l'image d'un seul élément de l'autre. □ **adj. bijectif, ive**

bijou **n. m. (breton *bizou*, de *biz* « doigt ») 1.** Petit objet ouvragé, précieux par la matière ou par le travail et servant à la parure. → **joyau.** *Bijou en or. Une femme couverte de bijoux.* **2.** Ouvrage d'une grande beauté de détails. *Un bijou d'architecture.*

bijouterie **n. f. 1.** Fabrication, industrie, commerce des bijoux. **2.** Magasin où l'on vend, où l'on expose des bijoux.

bijoutier, ière **n.** Personne qui fabrique, qui vend des bijoux. → **joaillier, orfèvre.**

Bikaner Ville d'Inde (Rajasthan), en bordure du désert de Thar. 529 000 habitants. Industries de la laine et du cuir. École de peinture rajput aux XVIIe et XVIIIe siècles.

bikini **n. m. (de *Bikini* ; marque déposée)** Maillot de bain formé d'un slip de petite dimension et d'un soutien-gorge. → **deux-pièces.** *Des bikinis.*

Bikini Atoll des îles Marshall. Site des expériences atomiques américaines de 1946 à 1956.

bilabial, iale, iaux **adj. et n. f.** phonét. *Consonne bilabiale* ou **n. f.** *une bilabiale* : consonne qui s'articule avec les deux lèvres (ex. b, p, m).

Bilal (Enki) Dessinateur et scénariste de bandes dessinées français (né en 1951). Il décrit dans ses albums un futur angoissant, déshumanisé, reflet de la violence du monde contemporain. *Légendes d'aujourd'hui ; La Trilogie Nikopol.*

bilame **n. m.** techn. Bande métallique formée de deux lames de métaux inégalement dilatables, dans certains dispositifs comme les thermostats.

bilan **n. m. (de l'italien, de *bilanciare* « peser » → balancer) 1.** Tableau résumé de l'inventaire ou de la comptabilité (d'une entreprise). → ^{1}**balance.** *L'actif et le passif d'un bilan.* – *Déposer son bilan,* être en faillite. ■ *Bilan social* : document rendant compte des conditions de travail et de salaire des employés d'une entreprise. **2.** Inventaire chiffré (d'un évènement). *Bilan : cent morts.* **3.** État, résultat global. *Faire le bilan de la situation.* ■ loc. *Bilan de santé* : ensemble d'examens médicaux. → **check-up** (anglic.). *Bilan de compétences,* en vue d'une évolution, d'une réorientation professionnelle.

bilatéral, ale, aux **adj. 1.** Qui a deux côtés, qui se rapporte à deux côtés. *Stationnement bilatéral,* des deux côtés de la voie. **2.** Qui engage les parties contractantes l'une envers l'autre. → **réciproque.** *Contrat bilatéral.* □ **adv. bilatéralement** □ **n. f. bilatéralité**

bilatéralisme **n. m.** écon., dr., polit. Système de relations entre deux pays fondé sur des échanges, des accords bilatéraux.

Bila Tserkva Ville d'Ukraine au S. de Kiev. 204 800 habitants. Industrie mécanique ; traitement du bois et du cuir.

Bilbao Ville d'Espagne (Pays basque), capitale de la province de Biscaye. 351 000 habitants. Port sur le Nervión. Industries métallurgiques et chimiques. Musée Guggenheim. La ville fut un bastion de la résistance républicaine durant la guerre civile.

bilboquet **n. m. (de ^{1}*bille* et *bouque* « boule », du germanique *bosk* « bois* », ou encore de *bouc*)** Jouet formé d'un bâton sur lequel on doit enfiler une boule percée lancée en l'air et qui lui est reliée par une cordelette.

Bild Zeitung Quotidien allemand créé en 1952 par le groupe Springer. C'est aujourd'hui le plus fort tirage de la presse allemande.

Bilal (Enki)

Enki Bilal en 1992.

bile **n. f. (latin *bilis*) 1.** Liquide visqueux et amer sécrété par le foie. → **fiel. 2.** loc. **(de la médecine des humeurs : *bile jaune,* colère ; *bile noire,* mélancolie)** *Se faire de la bile,* s'inquiéter, se tourmenter. → fam. se **biler.**

se **biler** **v. pron. <1> (de *bile* noire)** fam. S'inquiéter. → s'en **faire.** *Ne vous bilez pas !*

bileux, euse **adj. (→ se biler)** fam. Anxieux, prompt à s'inquiéter.

bilharzie [bilaʀzi] **n. f. (de *Bilharz,* n. du découvreur)** méd. Ver hébergé par des mollusques d'eau, parasite de l'être humain et de certains animaux.

bilharziose **n. f. (de *bilharzie* et ^{2}*-ose*)** méd. Maladie causée par les larves de la bilharzie, qui affecte le foie, la vessie, l'intestin, les poumons et les vaisseaux sanguins de l'être humain.

biliaire **adj.** Qui a rapport à la bile. *Sécrétion biliaire. – La vésicule* biliaire.*

bilieux, ieuse **adj. (du latin → bile) 1.** Qui abonde en bile ; qui résulte de l'abondance de bile. *Un teint bilieux.* → **cireux. 2. (de *bile** jaune*)** littér. Enclin à la colère, rancunier. → **irascible.**

bilinéaire **adj.** ethnol. *Filiation bilinéaire,* dans laquelle les droits et devoirs relèvent de la double filiation (matrilinéaire et patrilinéaire).

bilingue **adj. (du latin → langue)** Qui est en deux langues. *Édition, enseignement, dictionnaire bilingue.* ■ Où l'on parle deux langues. *Une région bilingue.* – Qui parle deux langues. *Secrétaire bilingue.* **– n.** *Un, une bilingue.*

bilinguisme [bilɛ̃gɥism] **n. m. 1.** Caractère bilingue (d'un pays, d'une région, de ses habitants). *Le bilinguisme en Belgique, au Québec.* **2. (personnes)** Qualité de bilingue. *Le bilinguisme parfait est rare.*

bilirubine **n. f. (de *bile* et du latin *rubens* « rouge »)** biochim. Pigment rouge contenu dans la bile. *Un excès de bilirubine dans le sang produit la jaunisse.*

bill [bil] **n. m. (mot anglais)** Projet de loi du Parlement anglais. *Rejeter un bill. Des bills.* – par ext. La loi votée.

Bill (Max) Architecte, peintre, sculpteur et essayiste suisse (1908-1994). Artiste prolifique, il trouva une source d'inspiration dans les mathématiques. *Ruban sans fin ; Continuité.*

billard **n. m. (de ^{2}*bille* « bâton recourbé ») 1.** Jeu où les joueurs font rouler sur une table spéciale des billes lancées au moyen d'un bâton (*queue de billard*). *Boule de billard.* → ^{1}**bille.** – *Billard américain, japonais, russe* (jeux analogues). – *Billard électrique.* → anglic. ^{1}**flipper.** ■ Partie de billard. *Faire un billard.* **2.** Table recouverte d'un tapis vert collé, sur laquelle on joue au billard. **3.** fam. Table d'opération chirurgicale. *Passer sur le billard,* subir une opération.

Billaud-Varenne (Jean-Nicolas) Homme politique français (1756-1819). Député montagnard à la Convention, membre du Comité de salut public (1793), il fut d'abord partisan de Robespierre, puis se retourna contre lui lors du 9 Thermidor dont il fut l'un des instigateurs. Il fut déporté à Cayenne en 1795.

billbergia **n. m. (de *Billberg,* n. d'un botaniste suédois)** bot. Plante ornementale originaire des régions tropicales, à fleurs rouges ou roses groupées en grappes.

^{1}**bille** **n. f. (p.-ê. du francique *bikkil* « dé ») 1.** Boule avec laquelle on joue au billard. *« Les angles que font les billes d'ivoire en frappant les bandes du billard »* (Stendhal). – loc. fig. *Bille en tête,* directement, sans hésiter. *Toucher sa bille* : être compétent. **2.** Petite boule de pierre, d'argile, de verre servant à des jeux d'enfants. *Une bille d'agate.* → **agate.**

B

Grosse bille. → [2]calot. – loc. fig. *Reprendre ses billes,* se retirer d'une association. *Donner des billes à qqn,* lui venir en aide en apportant des arguments, des ressources. ■ *Les billes,* ce jeu. *Jouer aux billes. Une partie de billes.* **3.** techn. Petite sphère d'acier. *Roulement à billes.* – *Stylo à bille* ou *stylo-bille.* **4.** fam. Figure, tête. *Bille de clown,* figure comique, ridicule.

[2]bille **n. f.** (du latin médiéval *bilia* [*cf.* billot, habiller], d'origine gauloise) Pièce de bois prise dans la grosseur du tronc ou de grosses branches, destinée à être débitée en planches. *Une bille de chêne.*

billet **n. m.** (de l'ancien français *billette,* de *bullette* → [3]bulle) **1.** littér. Courte lettre. → **mot.** « *Il m'écrivit l'autre jour un fort joli billet* » (Mme de Sévigné). – loc. *Billet doux,* lettre d'amour. **2.** Petit article de journal. *Le billet du jour.* ■ Article d'un blog. **3.** Promesse écrite, engagement de payer. → **effet, traite.** *Billet au porteur,* payable au détenteur à l'échéance. *Billet à ordre* → **lettre** de change. **4.** *Billet (de banque),* papier-monnaie. → **coupure.** *Le billet vert :* le dollar des États-Unis. *Un billet de vingt euros. Distributeur de billets.* **5.** Petit imprimé donnant entrée, accès quelque part. → aussi **ticket.** *Elle est entrée sans billet. Billet d'avion, de train. Billet de loterie.* **6.** loc. *Je vous donne, je vous fiche mon billet que...,* je vous certifie que...

Billetdoux **(François)** Auteur dramatique français (1927-1991). Ses pièces abordent les questions existentielles avec une ironie teintée d'humour noir. *Va donc chez Törpe ; Comment va le monde, Môssieu ? Il tourne, Môssieu.*

billette **n. f.** (de [2]*bille*) **1.** blason Petit rectangle. **2.** *Billettes :* moulure faite de petits tronçons de tore espacés.

billetterie **n. f.** **1.** Distributeur de billets fonctionnant avec une carte magnétique. **2.** Ensemble des opérations liées à la délivrance de billets (transport, spectacles, etc.). – Lieu où ces billets sont délivrés.

billettiste **n.** **1.** Auteur d'un billet (2) dans un journal. **2.** Personne qui délivre des titres de transport dans une agence de voyages.

billevesée [bilvəze] **n. f.** (origine obscure) littér. Parole vide de sens, idée creuse. → **balivernes, sornette.**

billion [biljɔ̃] **n. m.** (de *bi-* et *[mi]llion*) **1.** vieux Mille millions, soit 10^9. → **milliard. 2.** mod. Un million de millions, soit 10^{12} (→ **téra-**).

Billom Commune du Puy-de-Dôme. 4 790 habitants. Église romane (crypte du XIe s.).

billon [bijɔ̃] **n. m.** (de [2]*bille*) **I.** anciennt Monnaie de cuivre mêlé ou non d'argent. **II.** agric. Bande de terre élevée par la charrue entre deux sillons lors du labour.

billonnage **n. m.** (de *billon* [II]) agric. Labourage, technique du labour en billons.

billot **n. m.** (de [2]*bille*) **1.** Bloc de bois sur lequel on appuyait la tête d'un condamné à la décapitation. **2.** Masse de bois ou de métal à hauteur d'appui sur laquelle on fait un ouvrage. → **bloc.** *Billot de boucher.*

Billotte **(Pierre Gaston)** Général et homme politique français (1906-1992). Chef d'état-major du général de Gaulle, il participa à la campagne de libération de la France (1944-1945). Il fut ministre de la Défense (1955) puis des Départements et Territoires d'outre-mer (1966-1968).

bilobé, ée **adj.** (→ lobe) didact. Qui a deux lobes. *Feuille bilobée.*

bimane **adj.** Qui a deux mains. – **n.** *L'homme est un bimane.*

bimbeloterie **n. f.** (de *bimbelot,* var. de *bibelot*) Fabrication ou commerce de bibelots ; ensemble de bibelots.

bimbelotier, ière **n.** (→ **bimbeloterie**) Personne qui fabrique ou vend des bibelots. *Les bimbelotiers du marché aux puces.*

bimbo [bimbo] **n. f.** (mot anglais des États-Unis, de l'italien, var. de *bambino* « enfant ») anglic. Jeune femme à la féminité provocante et stéréotypée. *Un physique de bimbo. Des bimbos.*

bimédia **adj.** Qui utilise conjointement deux médias ou deux supports, en particulier le papier et le numérique. *Journaux bimédias.*

bimensuel, elle **adj.** Qui a lieu, paraît deux fois par mois. *Revue bimensuelle* ou **n. m.** *un bimensuel.*

bimestre **n. m.** (latin *bimestris*) didact. ou admin. Durée de deux mois.

bimestriel, elle **adj.** Qui a lieu, paraît tous les deux mois. *Une publication bimestrielle.*

bimétallique **adj.** (de *bimétallisme*) **1.** écon. Relatif au bimétallisme. *Système bimétallique.* **2.** techn. Composé de deux métaux.

bimétallisme **n. m.** (de *bi-* et *métal*) hist. écon. Système monétaire dans lequel deux métaux servent d'étalon (opposé à *monométallisme*). *Le bimétallisme or-argent.* □ **adj. et n.** **bimétalliste**

bimillénaire [bimi(l)lenɛʀ] **adj. et n. m.** Qui est deux fois millénaire ; qui a deux mille ans, ou plus. *Une civilisation bimillénaire.* – **n. m.** Deux millième anniversaire (d'un évènement).

bimoteur **adj.** (avion) Muni de deux moteurs. → aussi **biréacteur.**

binaire **adj.** (du latin, de *bini* → [2]bis) **1.** Composé de deux unités, deux éléments. – inform. Qui ne comporte que deux états. *Codage binaire. Élément binaire.* → **bit ; booléen.** – mus. *Rythme, mesure binaire.* **2.** fig. Réducteur, simpliste. *C'est une vision des choses un peu binaire.* **3.** didact. *Non binaire :* se dit des personnes dont l'identité de genre se situe en dehors du modèle de genre binaire homme ou femme. – **n.** *Un, une non-binaire.*

binational, ale, aux **adj. et n.** Qui possède une double nationalité, qui relève de deux États. □ **n. f.** **binationalité**

Binche Ville de Belgique (Hainaut), à l'O. de Charleroi. 33 448 habitants. Remparts des XIIe et XIVe s. Musée du Masque et du Carnaval. Industries textiles *(dentelle de Binche).*

Carnaval dont la tradition remonte au XIVe siècle.

Binchois **(Gilles)** Compositeur franco-flamand (1400-1460). Il est l'auteur d'œuvres sacrées et de mélodies inspirées des poèmes d'Alain Chartier et de Charles d'Orléans.

biner **v. tr.** < 1 > (vient du latin, de *bini ;* idée de « deux fois ») Remuer (la terre) pour l'ameublir, l'aérer, désherber en employant un outil (*binette* **n. f.**), une machine (*bineuse* **n. f.**). □ **n. m.** **binage**

Binet **(Alfred)** Physiologiste et psychologue français (1857-1911). Élève de Charcot, il contribua aux progrès de la psychologie expérimentale. Il est connu pour ses travaux sur les tests d'intelligence (échelle de Binet-Simon).

Binet **(Christian)** Dessinateur et scénariste de bandes dessinées français (né en 1947). Il collabore à la revue satirique *Fluide glacial* depuis 1977. *Kador ; Les Bidochon.*

[1]binette voir **biner**

[2]binette **n. f.** (p.-ê. de *trombine* ou *bobinette* → **bobine**) fam. Visage. *Une drôle de binette.*

bineuse voir **biner**

bing [biŋ] **interj.** (onomatopée) Onomatopée évoquant un bruit de choc, de heurt.

Binger **(Louis Gustave)** Explorateur et administrateur français (1856-1936). Il explora la bouche du Niger et la Côte d'Ivoire dont il fut gouverneur (1893-1897).

bingo [biŋgo] **n. m.** (mot anglais des États-Unis, p.-ê. de *bing* « boum ») Jeu de loto public très répandu au Canada. – **interj.** *Bingo !,* formule par laquelle on souligne un succès, une réussite. « *Bingo ! Voilà la solution !* » (Pennac).

biniou **n. m.** (mot breton) Cornemuse bretonne. *Binious et bombardes.*

Binnig **(Gerd)** Physicien allemand (né en 1947). Il mit au point le microscope à balayage utilisant l'effet tunnel. Prix Nobel 1986.

Binoche **(Juliette)** Actrice française (née en 1964). Jouant sur un vaste registre, elle a su mener de front une carrière nationale *(Le Hussard sur le toit)* et internationale *(L'Insoutenable Légèreté de l'être ; Le Patient anglais).*

binoclard, arde **adj. et n.** (de *binocle*) fam. Qui porte des lunettes. – **n.** *Les binoclards du premier rang.*

biodiversité

Groupe taxinomique	Nombre d'espèces recensées	Nombre d'espèces estimées
virus	4000	10^{31}
bactéries	4000	1 000 000 ?
champignons	72 000	1 à 2 millions
protozoaires	40 000	200 000
« algues »	40 000	400 000
plantes	290 000	320 000
animaux invertébrés	1 000 000	10 000 000
éponges	10 000	
cnidaires	10 000	
plathelminthes	20 000	
nématodes	25 000	400 000
arachnides	75 000	750 000
crustacés	40 000	150 000
insectes	950 000	8 000 000
mollusques	70 000	200 000
annélides	12 000	
échinodermes	6000	
animaux vertébrés	58 920	104 000
poissons	29 300	32 000
amphibiens	5740	45 000
reptiles	8240	9000
oiseaux	10 230	12 000
mammifères	5410	6000
Total	**1 726 920**	**13 à 14 millions (sans les virus)**

Loin de n'être qu'un inventaire des espèces, la biodiversité est indispensable au bon fonctionnement et à la stabilité des écosystèmes. Elle constitue, par ailleurs, un réservoir de ressources pour l'homme (aliments, médicaments, matériaux, énergie...). La multiplicité des espèces doit donc être perçue comme une richesse.

binocle n. m. (latin *binoculus* → œil) **1.** vieux Lunettes sans branches se fixant sur le nez. → **lorgnon, pince-nez. 2.** au plur. fam. Lunettes.

binoculaire adj. **1.** Qui se fait par les deux yeux. *Vision binoculaire.* **2.** (appareil) Muni de deux oculaires. *Microscope binoculaire.* **3.** n. f. Jumelle à prisme employée pour l'observation, dans l'armée.

binôme n. m. (du latin médiéval, famille de *nomen* → nom) **1.** math. Polynôme composé de deux termes (somme algébrique de deux monômes*). *Le binôme* $5x^3 - 2x$. **2.** Équipe de deux personnes. *Travailler en binôme.* ▪ Chacun de ses membres. *Elle et son binôme.* ▫ adj. **binomial, ale, aux**

binominal, ale, aux adj. sc. nat. Se dit du mode de désignation à l'aide de deux mots institué par Linné dans la nomenclature des espèces vivantes (ex. *homo sapiens*).

bintje [bintʃ] n. f. (mot néerlandais) Pomme de terre d'une variété à chair jaune.

binz [bins] n. m. (de *cabin's*, apocope de *cabinets*) fam. Chose, affaire, situation confuse, ennuyeuse. *C'est tout un binz pour aller chez lui.* – Désordre. → **bazar, pagaille** ; fam. **bordel**. - var. **bin's**.

¹bio n. f. (abrév. de *biographie*) fam. Biographie. *Des bios.* ▪ Court texte présentant un compte sur les réseaux sociaux. *Lien dans la bio.*

Binoche (Juliette)

Juliette Binoche, Oscar du meilleur second rôle pour *Le Patient anglais* de Anthony Minghella (1996).

²bio (abrév. de *biologique*) **1.** adj. (aliment) Issu de l'agriculture biologique*. *Légumes bios.* – adv. *Manger bio.* ▪ Élaboré dans le respect de l'environnement et avec des composants végétaux issus de l'agriculture biologique. *Cosmétiques bios.* ▪ par ext. *Magasin bio.* **2.** n. m. *Le bio* : l'ensemble des produits biologiques, leur commerce. *Le marché du bio.* **3.** n. f. *La bio* : l'agriculture biologique. *Éleveur qui se convertit à la bio.*

bio- Élément (du grec *bios* → -bie) qui signifie « vie ».

bioastronomie n. f. Branche de l'astronomie qui a pour objet la recherche et l'étude d'éventuels organismes vivants dans l'univers extraterrestre. → **exobiologie**. ▫ n. **bioastronome** ▫ adj. **bioastronomique**

biobanque n. f. didact. Biothèque.

biobibliographie n. f. didact. Étude combinant la biographie et la bibliographie d'un auteur. ▫ adj. **biobibliographique**

biocapacité n. f. écol. Indicateur chiffré (calculé en hectares) qui évalue la capacité d'un écosystème à reconstituer ses réserves et à absorber les déchets issus de leur consommation. *La biocapacité d'une région, de la planète.*

biocarburant n. m. Carburant de substitution aux produits pétroliers, d'origine végétale (éthanol, ester de colza, de tournesol). → **biodiesel**.

biocénose n. f. (de l'allemand, du grec *bios* « vie » et *koinos* « commun ») biol. Ensemble des êtres vivants d'un biotope, d'un milieu donné. - var. **biocœnose**. ▫ adj. **biocénotique** ou **biocœnotique**

biochimie n. f. Partie de la chimie qui traite des phénomènes vitaux. ▫ adj. **biochimique** ▫ n. **biochimiste**

biocide n. m. et adj. (de *bio-* + *-cide*) chim. Produit qui détruit les êtres vivants, généralement utilisé contre les micro-organismes. → **fongicide, herbicide, pesticide**.

bioclimatique adj. didact. Qui concerne l'influence du climat sur les organismes vivants. – Relatif à la bioclimatologie.

bioclimatologie n. f. didact. Science qui étudie l'influence des facteurs climatiques sur les êtres vivants. → **biogéographie, écologie**. ▫ adj. **bioclimatologique**

biocœnose voir **biocénose**

biocombustible n. m. Combustible issu de la valorisation de la biomasse.

biocompatible adj. méd. Qui est toléré par l'organisme. *Matériau biocompatible* (→ **biomatériau**). ▫ n. f. **biocompatibilité**

bioconversion n. f. Transformation d'une forme d'énergie en une autre, d'une substance organique en une autre, par l'effet de processus biologiques.

biodéchet n. m. didact. Déchet composé de matière organique.

biodégradable adj. Qui peut se décomposer facilement en étant dégradé par des micro-organismes. *Détergent biodégradable.* ▫ n. f. **biodégradabilité**

▶ Un produit est dit **biodégradable** lorsqu'il réintègre sans nuisances un cycle de régénération de substances naturelles. Après usage, il doit donc pouvoir être absorbé ou décomposé par des êtres vivants (en général les micro-organismes — champignons, bactéries... — présents dans le sol) et/ou se disséminer naturellement, sans résidus non assimilables ou toxiques pour l'écosystème du lieu considéré. L'ensemble du processus doit en outre se dérouler sur une durée courte par rapport à la vie humaine.

Tous les produits alimentaires sont biodégradables, puisqu'ils peuvent être compostés. Les fibres naturelles (coton, laine, chanvre, lin...) sont également biodégradables, contrairement aux fibres synthétiques (nylons, polyesters...) et, plus généralement, à la quasi-totalité des matières plastiques. Ces dernières, comme le verre et les métaux, sont au mieux « recyclables ».

Les problèmes de pollution et de gestion des déchets, engendrés par la surconsommation des matériaux d'emballage, ont incité les industriels à se tourner vers la conception de matières plastiques dites « biodégradables », à base de substances végétales telles que l'amidon de maïs. Certaines, cependant, ne sont que « biofragmentables » et laissent derrière elles, en disparaissant des regards grâce aux additifs qu'elles contiennent, des fragments de polymères parfois plus nocifs encore que la substance initiale non décomposée.

Pour certains, la notion de « biodégradable » apparaît parfois comme un moyen de se donner une bonne conscience écologique sans remettre en question la surconsommation. De ce point de vue, il ne doit pas faire oublier que la meilleure solution réside souvent dans l'emballage (ou le sac) réutilisable.

Enfin, une substance biodégradable peut néanmoins être source de pollution si elle est répandue en trop grande quantité, comme c'est le cas des phosphates lessiviels, biodégradables mais responsables de l'eutrophisation des rivières.

voir aussi **bactérie, cycle, déchet, développement durable, pollution**

biodégradation n. f. (de l'anglais) Dégradation de certaines substances par des organismes vivants. → **putréfaction**.

biodesign [bjodizajn ; bjodezajn] n. m. anglic. Design qui s'inspire du corps humain, de son galbe, et qui produit des formes sans angles vifs.

biodiesel ou **biodiésel** [bjodjezɛl] n. m. Biocarburant à base de mélange d'huile végétale ou animale avec un alcool (éthanol, méthanol). - recomm. offic. **biogazole**.

biodiversité n. f. Diversité des espèces vivantes (micro-organismes, végétaux, animaux) présentes dans un milieu. *Biodiversité du milieu marin. Biodiversité génétique.*

bioélectrique adj. sc. Qui concerne l'électricité produite par les êtres vivants. ▫ n. f. **bioélectricité**

B

bioélément n. m. biochim. Élément chimique entrant dans la constitution de la matière vivante et indispensable à la vie.

bioénergie n. f. **1.** Énergie renouvelable tirée de la transformation chimique de la biomasse. **2.** psych. Thérapie visant à rendre à l'individu son équilibre en l'aidant à libérer son énergie vitale.

bioéthanol n. m. Éthanol tiré de produits agricoles (céréales, betteraves, etc.), pouvant être ajouté à l'essence et constituer un biocarburant.

bioéthique n. f. didact. Étude des problèmes moraux que soulèvent la recherche et les techniques biologiques, génétiques. *La bioéthique médicale.* – adj. *Problèmes bioéthiques.* ▫ n. **bioéthicien, ienne**

▶ Le terme **bioéthique**, forgé en 1971 par le cancérologue américain Van Rensselaer Potter dans son ouvrage *Bioethics : Bridge to the Future*, concerne l'ensemble des questions éthiques soulevées par les progrès de la biologie, des sciences cognitives et de la médecine. Il vise à la définition de règles de conduite qu'une société, une institution, un organisme de recherche ou un individu doivent se donner pour faire face aux avancées des sciences de la vie.

Faisant écho aux préceptes kantiens énoncés en 1785 dans *Fondement de la métaphysique des mœurs*, la bioéthique tente ainsi de mettre en place des processus de régulation et de fixer des limitations raisonnables au culte de la performance technique. Les recherches pluridisciplinaires de la bioéthique n'ont pas pour vocation d'entraver la recherche et les progrès qu'on peut en attendre, mais de définir les règles juridiques et morales capables d'en prévenir ou d'en endiguer les dérives possibles. Il s'agit en effet d'empêcher toute tendance à l'instrumentalisation du vivant qui ferait des cellules, des tissus, des gènes ou du corps humain de simples matériaux commercialisables et manipulables sans précautions. La difficulté est de trouver un équilibre entre d'un côté, la curiosité scientifique et l'efficacité thérapeutique et, de l'autre, les principes de respect de la vie et de l'homme.

À l'échelon international, la Convention pour la protection des droits de l'homme et de la dignité de l'être humain à l'égard des applications de la biologie et de la médecine (dite *Convention d'Oviedo*, rédigée en 1997) est le premier instrument juridique international contraignant pour la douzaine de pays qui l'ont ratifiée.

voir aussi **éthique, cellule souche, clonage, biotechnologie**

biogaz n. m. Gaz produit par la fermentation de matières organiques animales ou végétales (→ **méthanisation**).

biogenèse [bjoʒənɛz] n. f. vieilli Théorie biologique, opposée à celle de la génération spontanée, selon laquelle un être vivant ne peut provenir que d'un autre être vivant.

biogéographie n. f. écol., géogr. Science qui étudie la répartition de la flore, de la faune dans leurs milieux biologiques. → **bioclimatologie, écologie**. ▫ n. **biogéographe** ▫ adj. **biogéographique**

biographe n. Personne qui compose une, des biographie(s).

biographie n. f. **1.** Ouvrage qui a pour objet l'histoire de la vie (d'une personne). *Écrire sa propre biographie.* → **autobiographie**. **2.** Évènements de la vie (d'une personne). ▫ adj. **biographique**

bio-indicateur n. m. (→ **indicateur**) écol. Organisme végétal, fongique ou animal dont la présence, l'absence ou l'état renseigne sur les caractéristiques d'un écosystème ou permet d'en évaluer les altérations. *Les bio-indicateurs sont utilisés pour la surveillance de* *l'environnement.* ➔ **biosurveillance.** *Le lichen est un bio-indicateur de certaines pollutions de l'air.*

B

bio-industrie n. f. Industrie fondée sur les biotechnologies. *Les bio-industries.* □ **adj. bio-industriel, elle**

bio-informatique n. f. et adj. Informatique appliquée aux données fournies par la recherche en biologie. □ **n. bio-informaticien, ienne**

Bioko anciennement **Fernando Poo** Île volcanique de la Guinée équatoriale, dans le golfe de Guinée. 2 017 km². 200 000 habitants. Chef-lieu : Malabo, capitale du pays. Cultures (cacao, café, banane, huiles).

biologie n. f. Science qui a pour objet l'étude de la matière vivante et des êtres vivants : reproduction (embryologie, génétique), habitat, environnement (écologie), comportement (éthologie). *Biologie animale* (zoologie), *végétale* (botanique) ; *cellulaire* (cytologie, histologie). *Biologie moléculaire. Biologie des micro-organismes* (microbiologie).

biologique adj. **1.** Relatif à la biologie. *Études biologiques.* **2.** Qui a rapport à la vie, aux organismes vivants. **3.** *Arme biologique,* constituée d'organismes vivants (virus, bactéries). *Guerre biologique.* ➔ **bactériologique. 4.** cour. De la vie spontanée, naturelle. ■ *Agriculture biologique,* sans produits chimiques de synthèse ni OGM. ➔ **²bio.** □ **adv. biologiquement**

biologiste n. Spécialiste de la biologie.

bioluminescence n. f. sc. Production de lumière par un être vivant (vers luisants, bactéries), due à une réaction biochimique. ➔ **fluorescence, phosphorescence.** □ **adj. bioluminescent, ente**

biomagnétisme n. m. sc. Sensibilité des êtres vivants aux champs magnétiques, naturels ou artificiels. □ **adj. biomagnétique**

biomasse [bjomas] n. f. écol., géogr. Masse de matière vivante subsistant en équilibre sur une surface donnée du globe terrestre. ➔ **biocénose.** *Biomasse animale, végétale ; terrestre, aquatique.*

biomatériau n. m. méd. Matériau toléré par l'organisme, utilisé pour les prothèses, etc.

biome n. m. (grec *bios* « vie ») écol. Milieu écologique étendu et homogène, à la surface du globe terrestre (forêt tropicale, désert...).

biomécanique n. f. (anglais *biomechanics*) didact. Discipline qui associe biologie et mécanique.

biomédecine n. f. Ensemble des applications de la recherche et des techniques biologiques à la médecine. *La procréation médicalement assistée relève de la biomédecine.*

biomédical, ale, aux adj. didact. Qui concerne à la fois la biologie et la médecine. *La recherche biomédicale.*

biométrie n. f. **1.** Science qui étudie les variations biologiques à l'intérieur d'un groupe déterminé à l'aide d'outils mathématiques. **2.** Analyse des caractéristiques physiques strictement propres à une personne (voix, visage, iris, empreintes digitales...). □ **n. biométricien, ienne** □ **adj. biométrique**

biomimétisme n. m. didact. Imitation technique des processus mis en œuvre par la nature.

biomoléculaire adj. (de l'anglais) Relatif aux molécules de la matière vivante, à la biologie moléculaire. *Génie biomoléculaire.*

biomolécule n. f. biol. Composé chimique présent dans les organismes vivants et participant à leur métabolisme. *Les protéines, les lipides, les glucides sont des biomolécules.*

biomorphique adj. (de *bio-* + *-morphique*) arts Se dit d'une œuvre de tendance abstraite dont la plastique rappelle des formes organiques. □ **n. m. biomorphisme**

bionique adj. et n. f. (de l'anglais, de *bio-* et *electronics*) anglic. Qui concerne la biologie et l'électronique. – **n. f.** Discipline qui cherche à utiliser dans l'électronique les dispositifs imités du monde vivant (notamment le fonctionnement du cerveau). ➔ **cybernétique.** □ **n. bionicien, ienne**

biophysique n. f. Partie de la physique qui traite des phénomènes vitaux. □ **n. biophysicien, ienne**

biopic n. m. (mot-valise anglais, de *bio(graphical) pic(ture)* « film biographique ») anglic. Film retraçant la vie d'un personnage célèbre. *Les biopics hollywoodiens.*

bioplastique n. m. Plastique biosourcé et/ou biodégradable.

biopsie n. f. (du grec *opsis* « vue ») Prélèvement d'un fragment de tissu sur un être vivant en vue d'un examen microscopique.

biopuce n. f. (d'après l'anglais *biochip*) biochim. Support d'analyse (en verre, en silicium...) sur lequel sont déposés des fragments de molécules biologiques.

biorythme n. m. (de l'anglais ➔ rythme) Rythme biologique (d'un individu) déterminé par les variations de son organisme.

biosciences n. f. pl. Ensemble des sciences traitant de la vie.

biosourcer v. tr. <3> didact. Fabriquer à partir de matières d'origine biologique (non fossile). – au p. p. *Peinture biosourcée.*

biosphère n. f. Ensemble des organismes vivants qui se développent sur la Terre.

biostasie n. m. (de *bio-* et du grec *stasis* « fixité ») géol. Période durant laquelle l'érosion du relief est stabilisée en raison de la présence d'une importante couverture végétale.

biosurveillance n. f. (➔ surveillance) écol. Utilisation d'organismes réactifs à un polluant (➔ **bio-indicateur**) pour surveiller la qualité d'un environnement. *Biosurveillance de la qualité de l'air, de l'eau.*

biosynthèse n. f. Synthèse d'une substance organique (protéine, hormone...) par un être vivant. ➔ **anabolisme ; photosynthèse.** □ **biosynthétique adj.** *Insuline biosynthétique.*

Biot (Jean-Baptiste) Astronome et physicien français (1774-1862). Il effectua, avec Félix Savart, l'étude quantitative des interactions entre le courant électrique et le champ magnétique *(loi de Biot et Savart).*

biote n. m. (du grec *bios* ➔ bio-) didact. **1.** La flore et la faune. **2.** Vie animale et végétale d'un biotope.

biotech [bjɔtɛk] n. f. anglic. **1.** Biotechnologie. **2.** Start-up de biotechnologie. *Des biotechs.*

biotechnologie [bjotɛknɔlɔʒi] n. f. (d'après l'anglais) anglic. Technique qui met en œuvre des organismes vivants pour l'industrie (notamment agroalimentaire). ➔ **biotech.** - var. **biotechnique.** □ **adj. biotechnologique ; biotechnique**

▶ Si le terme est souvent associé au clonage et aux OGM, les **biotechnologies** regroupent toutes les techniques mises en œuvre pour tirer des produits, des services ou des connaissances d'organismes vivants. Elles ont été nourries par des avancées rapides en microbiologie, génétique, biologie moléculaire, biophysique et informatique, notamment dans les années 1970-1980. Mais c'est en réalité la découverte de l'ADN comme support de l'hérédité, dans les années 1940, qui a permis l'avènement de ces techniques.

On distingue deux domaines principaux dans les biotechnologies : le génie biologique et le génie génétique. Le premier consiste à modifier les conditions de vie d'un organisme afin de favoriser la fabrication d'un produit, alors que le second consiste à modifier les gènes d'un être vivant afin d'accroître ses propriétés ou d'en faire apparaître de nouvelles. Des organismes génétiquement modifiés sont ainsi utilisés pour fabriquer des substances ou matériaux innovants dont la production par synthèse traditionnelle est coûteuse.

Le génie génétique est donc utile à la recherche fondamentale comme à l'industrie, dans l'agroalimentaire ou le secteur de la santé. Il permet aussi bien de comprendre la fonction d'un gène par sa suppression que de produire des molécules pharmaceutiques ou d'améliorer les procédés de vinification.

Dans leurs applications, les biotechnologies soulèvent toutefois de nombreux problèmes bioéthiques ; le principe de précaution est alors souvent évoqué pour mettre un frein à leur utilisation.

voir aussi **ADN, bactérie, bioéthique, cellule souche, clonage, complexité, embryon, gène, nanotechnologie, OGM, principe de précaution, vie**

bioterrorisme n. m. (de *bio[logique]* dans *arme, guerre biologique* et *terrorisme*) Utilisation de l'arme biologique* à des fins terroristes. □ **bioterroriste adj. et n.** *Attaque bioterroriste.*

biothèque n. f. didact. Établissement destiné à la conservation du matériel biologique. ➔ **biobanque.** *Une biothèque de cellules souches.*

biothérapie n. f. (de *bio-* + *-thérapie*) Traitement par des organismes vivants (ferments, levures, etc.) ou par des substances provenant d'organismes vivants (suc gastrique, bile, sérums, vaccins).

biotine n. f. (allemand *Biotin,* du grec *bios* « vie » et *[Vitam]in*) biochim. Vitamine hydrosoluble du groupe B, existant en très petite quantité dans toutes les cellules.

biosphère

Réserve de biosphère de l'Unesco dans la région de Charlevoix, au Québec.

biotique adj. (du latin, grec *biôtikos* « qui permet la vie ») écol. Relatif au monde vivant. *Milieu biotique.* → **biotope.** *Facteurs biotiques,* liés aux êtres vivants (opposé à *abiotique*).

biotite n. f. (de J.-B. *Biot,* n. propre) minéral. Silicate de magnésium, de fer, d'aluminium et de potassium, appelé aussi *mica noir.*

biotope n. m. (de *bio-* et grec *topos* → topo-) biol. Milieu biologique présentant des conditions de vie homogènes. *Les biotopes marins.*

biotype n. m. sc. Type d'une biotypologie.

biotypologie n. f. biol., psych. Science qui tente d'établir une classification des types humains d'après des caractéristiques physiques. □ adj. **biotypologique**

biovigilance n. f. (→ vigilance) didact. **1.** Dispositif de surveillance visant à assurer la sécurité sanitaire des organes, tissus utilisés à des fins thérapeutiques. **2.** Suivi environnemental des cultures de végétaux génétiquement modifiés.

bioxyde voir **dioxyde**

Bioy Casares (Adolfo) Écrivain argentin (1914-1999). Il se fit connaître en 1940 avec un récit fantastique envoûtant, *L'Invention de Morel.* En collaboration avec son épouse Silvina Ocampo et son ami Jorge Luis Borges, il a également publié des romans policiers ainsi qu'une anthologie de la littérature fantastique.

bip [bip] n. m. (onomatopée) **1.** Signal sonore émis par certains appareils (répondeur téléphonique, ordinateur...). *Bip sonore* (par pléonasme). **2.** fam. Dispositif (d'alarme, d'alerte) émettant ce signal. *Le bip du médecin de garde.* - var. **bip-bip.** *Des bips-bips.*

bipale adj. techn. À deux pales. *Hélice bipale.*

biparti, ie ou **bipartite** adj. (du latin → ²parti) Qui est composé de deux éléments, de deux groupes. *Un gouvernement bipartite. Accord bipartite,* entre deux partis.

bipartisme n. m. (de *biparti*) Système politique qui s'appuie sur la coexistence de deux partis. *Bipartisme aux États-Unis.*

bipartition n. f. didact. Division en deux parties. *Bipartition cellulaire.*

bip-bip voir **bip**

bipède adj. et n. m. (latin *bipes, bipedis* → pied) **1.** adj. (animal) Qui tient debout, marche sur deux pieds. « *L'homme est le seul qui soit bimane et bipède* » (Buffon). – n. m. *Un bipède.* **2.** n. m. hippol. Ensemble de deux membres, chez le cheval.

bipédie n. f. didact. Qualité de bipède ; aptitude à marcher sur deux pieds.

bipenné, ée adj. (du latin, de *bi-* [bis] et *penna* « penne, aile ») bot., zool. Se dit des organes végétaux ou animaux constitués d'éléments répartis symétriquement le long d'un axe.

biper v. <1> (de *bip*) **I.** v. tr. **1.** Appeler, joindre (qqn) à l'aide d'un bip. **2.** Lire (un code-barres) à l'aide d'une douchette. **II.** v. intr. Produire un signal sonore. *Faire biper un portique de détection.*

bipeur n. m. (de *bip*) Petit appareil émettant un signal sonore. - var. **biper** [bipœʀ].

biphasé, ée adj. (→ phase) électr. Se dit d'un système formé de deux courants monophasés de même valeur efficace et de signe contraire. – n. m. *Du biphasé.*

biplace adj. Qui comporte deux places. *Un avion biplace,* ou n. m. *un biplace.*

biplan n. m. Avion dont les ailes présentent deux plans parallèles superposés (opposé à *monoplan*).

bipolaire adj. et n. **1.** didact. Qui a deux pôles. *Système bipolaire. Aimant bipolaire.* – math. *Coordonnées bipolaires d'un point,* distance de ce point à deux autres points du plan. **2.** (par l'anglais) anglic., psych. *Trouble bipolaire* : psychose maniacodépressive*. – n. *Un, une bipolaire* : personne atteinte de ce trouble. □ n. f. **bipolarité**

bipolarisation n. f. Tendance au regroupement en deux blocs des diverses forces politiques d'une nation.

bipoutre adj. techn. Qui comporte deux poutres parallèles maintenues à un même massif. *Un pont roulant bipoutre.*

bique n. f. (p.-ê. altération de *biche* croisé avec *bouc*) fam. **1.** Chèvre. *Une peau de bique.* – fam. *Crotte* de bique !* **2.** péj. *Vieille bique,* vieille femme méchante.

biquet, ette n. **1.** Petit de la bique. → **chevreau. 2.** Terme d'affection. *Mon biquet chéri.*

biquotidien, ienne adj. Qui se fait deux fois par jour. *Levée biquotidienne du courrier.*

Birague (René de) Cardinal et homme politique français (1510-1583). Garde des Sceaux (1570), chancelier (1573), il est considéré comme l'un des instigateurs de la Saint-Barthélemy.

birapport n. m. math. *Birapport de quatre nombres réels ou complexes a, b, c, d* : expression [(c–a)/(c–b)] × [(d–a)/(d–b)] notée [a, b, c, d]. → **anharmonique.** *Birapport de quatre points d'une droite* (de mesures de segment). → **division** (harmonique).

birbe n. m. (italien *birba* « coquin ») péj. *Un vieux birbe,* un vieillard ennuyeux.

biréacteur n. m. Avion à deux réacteurs. → **bimoteur.**

biréfringent, ente adj. phys. Se dit de certains corps transparents qui ont la propriété de diviser en deux le rayon lumineux qui les pénètre. □ n. f. **biréfringence**

birème n. f. (latin *biremis,* de *remus* « rame ») Galère de l'Antiquité à deux rangs de rames de chaque côté.

Birger Homme d'État suédois (v. 1210-1266). Conseiller du roi Éric XI, il conquit la Finlande et fonda la ville de Stockholm. Son fils, Valdemar, monta sur le trône en 1250 et inaugura la dynastie royale des Folkungar.

Bir Hakeim Localité de Libye, près de Tobrouk. Les Forces françaises libres du général Koenig y résistèrent aux assauts de l'Afrikakorps du général Rommel (mai-juin 1942) et permirent ainsi la retraite des armées britanniques jusqu'à El-Alamein.

biriani voir **biryani**

biribi n. m. (p.-ê. italien *biribisso* « jeu de hasard » ou n. d'un lieu du Sud maghrébin) argot milit. Compagnie disciplinaire dans le sud du Maghreb.

Birkenau en polonais **Brzezinka** Localité de Pologne, près d'Auschwitz. Les nazis y établirent un camp d'extermination de 1941 à 1945.

Birkenhead Port d'Angleterre (Merseyside) en face de Liverpool. 143 000 habitants.

Birkin (Jane) Actrice et chanteuse britannique (née en 1946), installée en France. Remarquée dans *Blow up* d'Antonioni, elle rencontra en 1968 Serge Gainsbourg dont elle devint l'inspiratrice (*Je t'aime... moi non plus ; Ex-fan des sixties*).

biplan

Premier vol en biplan : Henri Farman (1908).

birman, ane adj. et n. (de *Birmanie*) De Birmanie, relatif à la Birmanie. – n. *Les Birmans.* ▪ n. m. Langue du groupe tibéto-birman, parlée en Birmanie et en Assam.

Birmanie

n. f. ▪ offic. depuis 2010 République de l'Union de Myanmar Pays de l'Asie du Sud-Est. 676 579 km². 53 700 000 habitants (les *Birmans*). **Langues :** birman (offic.). **Population :** Birmans, 68 % ; Chins, Kachins, Shans, Mônes. **Religions :** bouddhistes (87 %), chrétiens, musulmans. **Monnaie :** kyat. **Capitale :** depuis 2005, Nay Pyi Taw. Capitale commerciale : Rangoun (Yangon). **Régime :** dictature militaire.

GÉOGRAPHIE

La Birmanie est constituée de massifs montagneux boisés, qui encadrent les vallées de l'Irrawaddy et de la Salouen. Le territoire est prolongé par la péninsule du Ténassérim. Tandis que les confins tibétains, élevés, présentent un climat très froid, le reste du pays est soumis à un climat de mousson.

ÉCONOMIE

La forêt, qui couvre 57 % du territoire, est largement exploitée (teck, hévéa). L'activité agricole (riziculture) et la pêche côtière occupent plus de la moitié de la population active. L'exploitation du sous-sol (gaz, pétrole, jade, plomb, zinc) est freinée par la difficulté des communications. Depuis les années 1990, isolée par les pays occidentaux, la Birmanie commerce essentiellement avec la Chine et les autres pays de l'Asie du Sud-Est. La mainmise de la junte militaire sur tous les secteurs a conduit à une régression économique grave.

HISTOIRE

La région, habitée dès le VIIe s. (Pyus et Mônes), fut occupée par les Birmans qui fondèrent un royaume (XIe s.). Ce dernier fut envahi par les Mongols (XIIIe s.), puis par les Shans (XIVe-XVIe s.), avant d'éclater sous la pression des luttes intestines.

Des guerres anglo-birmanes à l'indépendance À l'issue de trois guerres coloniales (1824-1885), le territoire birman fut annexé par la Grande-Bretagne, qui en fit une province de l'empire des Indes. Les Birmans, menés par Aung San, organisèrent la résistance, mais le territoire fut occupé par le Japon (1941). La Grande-Bretagne lui octroya l'indépendance en 1948.

De U Nu à Than Shwe En 1962, le gouvernement de U Nu fut renversé par le général Ne Win, qui engagea le pays sur la « voie birmane du socialisme ». Les nationalisations s'accompagnèrent de mesures autoritaires. Ne Win démissionna, provoquant des émeutes durement réprimées, puis l'armée reprit le pouvoir (1988). En 1990, la victoire électorale du parti démocratique fondé par Aung San Suu Kyi (la fille de Aung San) ne fut pas respectée par le gouvernement, qui poursuivit sa politique de répression. À partir de 1992, la junte au pouvoir, dirigée par le général Than Shwe, alterna périodes d'ouverture (adhésion à l'ASEAN en 1997) et de repli autoritaire (Aung San Suu Kyi assignée à résidence de 2003 à 2010). Le pays amorça une transition vers la démocratie et Aung San Suu Kyi put être élue députée en 2012. Elle remporta une large victoire aux législatives de 2015 mais la Constitution l'empêcha de se présenter à la présidentielle. À partir de 2016, elle cumula cependant plusieurs ministères. Il lui fut reproché, sur la scène internationale, ses compromis avec l'armée et notamment son

Birmanie

inaction face à la violente répression des Rohingyas (minorité musulmane), dont un million a dû se réfugier au Bangladesh, et que l'ONU a qualifiée de génocide en 2018. Elle fut renversée par un putsch en février 2021 après son écrasante victoire aux législatives. Ses partisans subirent une répression sanglante et elle-même fut condamnée à plusieurs décennies de prison.

Birmingham Ville des États-Unis (Alabama). 212 200 habitants. Mines et industrie lourde.

Birmingham Ville d'Angleterre (Midlands), troisième ville britannique par la population après Londres et Manchester. 1 million d'habitants (2,4 dans l'agglomération). La ville a connu au XIXe s. un essor industriel rapide grâce à la métallurgie, aujourd'hui en difficulté. Industries (mécanique, automobile). Universités.

Birobidjan Ville de Russie (S.-E. de la Sibérie, à la frontière chinoise), chef-lieu de l'ancienne région autonome des Juifs (1934-1996). 176 500 habitants. La population juive n'y représente plus aujourd'hui qu'une toute petite minorité.

Biron (Armand de Gontaut, baron de) Maréchal de France (1524-1592). Il servit dans les rangs catholiques pendant les guerres de Religion puis se rallia à Henri IV. Il se distingua à la bataille d'Arques et trouva la mort lors du siège d'Épernay. ■ **Charles de Gontaut, duc de Biron** (1562-1602). Fils d'Armand, il fut l'un des favoris d'Henri IV qui le nomma amiral puis maréchal de France. Il conspira avec l'Espagne et la Savoie, tomba en disgrâce et fut décapité. ■ **Armand Louis de Gontaut, duc de Lauzun puis duc de Biron dit le Beau Lauzun** (1747-1793). Il participa à la guerre de l'Indépendance américaine. Rallié à la Révolution, il commanda l'armée d'Italie, puis les armées de l'Ouest en Vendée. Accusé de haute trahison par le Comité de salut public, il fut guillotiné.

biroute n. f. (origine dialectale obscure) **1.** argot Pénis. **2.** argot milit. Manche à air, sur un terrain d'aviation.

birr n. m. Unité monétaire principale de l'Éthiopie.

Bīrūnī (Abū Rayhān Muhammad ibn Ahmad al-) Savant d'origine iranienne (v. 973-1050). Esprit encyclopédique, il s'est intéressé à l'histoire, aux mathématiques, à l'astrologie, à la philosophie, à la minéralogie. Grand voyageur, il a laissé un *Livre sur l'Inde*.

biryani n. m. (mot ourdou, du persan *bery* « rôti, grillé ») Plat indien de riz cuisiné avec des épices et accompagné de viande, de poisson, de légumes, etc. *Des biryanis d'agneau.* - var. **biriani.**

¹bis, bise [bi, biz] adj. (origine obscure, p.-ê. famille de *beige*) D'un gris tirant sur le brun. *Du pain bis,* renfermant du son.

²bis [bis] (latin *bis* « deux fois » → bi-) **1.** interj. Cri par lequel le public demande la répétition de ce qu'il vient de voir ou d'entendre (→ bisser). – n. m. *Un, des bis.* → **rappel.** ■ adv. mus. Indication d'avoir à répéter une phrase, un refrain. **2.** adv. Indique la répétition du numéro (sur une maison, devant un paragraphe, etc.). **3.** adj. invar. Qui vient doubler qqch. *Itinéraire bis.*

bis- Élément (latin *bis* « deux fois » → bi-, ²bis) qui indique le redoublement. → **bi-.**

bisaïeul, eule n. (→ aïeul) littér. Arrière-grand-père, arrière-grand-mère. *Des bisaïeuls.*

bisannuel, elle adj. **1.** Qui revient tous les deux ans. → **biennal. 2.** bot. Dont le cycle de vie est de deux ans. *Plante bisannuelle.*

bisbille n. f. (italien *bisbiglio* « murmure ») fam. Petite querelle pour un motif futile. *Être en bisbille avec qqn.*

biscaïen n. m. (de *Biscaye*) vieilli **1.** anciennt Mousquet de gros calibre à longue portée. **2.** Projectile de ce fusil.

Biscarrosse Commune des Landes, au N. de l'étang de Biscarrosse et de Parentis. 14 034 habitants. Station balnéaire. Forêt (6 000 ha). Centre d'essais militaires (missiles).

Biscaye n. f. en espagnol **Vizcaya,** en basque **Biskaia** L'une des trois provinces qui forment le Pays basque espagnol. 2 217 km². 1 159 400 habitants. Capitale : Bilbao.

Bischheim Commune du Bas-Rhin, au N. de Strasbourg. 17 520 habitants.

Bischwiller Commune du Bas-Rhin, au S.-E. d'Haguenau. 12 606 habitants. Industrie mécanique, plasturgie.

biscôme n. m. (mot apparenté à l'allemand *Lebkuchen* « pain d'épice ») (Suisse) Pain d'épice, souvent décoré d'une figure en sucre.

biscornu, ue adj. (→ cornu) **1.** Qui a une forme irrégulière, présentant des saillies. **2.** fam. Compliqué et bizarre. *Une idée biscornue.* → **extravagant, saugrenu.**

biscoteau n. m. (de *biceps*, avec influence de *costaud*) fam. Biceps. *De gros biscoteaux.* - var. **biscoto.**

biscotte n. f. (italien *biscotto* « cuit deux fois » → biscuit) Tranche de pain de mie séchée au four. *Un paquet de biscottes.*

biscotterie n. f. Fabrication, industrie des biscottes. – Entreprise où l'on fabrique des biscottes.

biscuit n. m. (de *bis-* et *cuit*, cf. biscotte) **I. 1.** Gâteau sec (galette, petit-beurre, sablé...). **2.** Pâtisserie à pâte levée. *Biscuit roulé.* **II.** Porcelaine blanche non émaillée, qui imite le grain du marbre. – Ouvrage fait en cette matière. *Un biscuit de Saxe.*

biscuiter v. tr. < 1 > (de *biscuit* [II]) techn. Cuire au four (une pièce de poterie) pour faire un biscuit.

biscuiterie n. f. (de *biscuit* [I]) Fabrication, industrie de gâteaux secs. ■ Fabrique de biscuits.

biscuitier, ière n. (de *biscuit* [I]) Professionnel(le) de la biscuiterie.

¹bise n. f. (mot germanique) Vent sec et froid soufflant du nord ou du nord-est. *« L'âpre bise d'hiver, qui se lamente au seuil »* (Rimbaud).

²bise n. f. (du v. *biser*, famille du latin *basiare* → ¹baiser) fam. Baiser. → **bisou.** *Se faire la bise :* s'embrasser sur les joues.

biseau n. m. (probablt de *biais*) **1.** Bord taillé obliquement. → **biais.** *Le biseau d'une vitre. Glace taillée en biseau.* **2.** Outil acéré dont le tranchant est ainsi taillé. *Des biseaux.*

biseauter v. tr. < 1 > **1.** Tailler en biseau. – au p. p. *Une glace biseautée.* **2.** Marquer (des cartes à jouer) d'un signe sur la tranche, pour tricher au jeu. □ n. m. **biseautage**

¹biser v. intr. < 1 > (de *bis* adj.) agric. Devenir bis, gris brun, en parlant des graines qui se détériorent.

²biser v. tr. < 1 > (forme dialectale [Ouest] de *baiser*) fam. Donner une bise à (qqn). → **embrasser.**

biset n. m. (de *bis* adj.) Pigeon sauvage de couleur bise, gris bleuté. – adj. *Un pigeon biset.*

bisexué, ée [bisɛksɥe] adj. biol. Qui porte les organes des deux sexes. → **hermaphrodite.**

bisexuel, elle [bisɛksɥɛl] adj. **1.** psych. Qui concerne les deux sexes dans l'individu humain. *Tendances bisexuelles.* **2.** Qui est attiré sexuellement par des personnes de son sexe et des personnes de sexe différent. – n. *Un bisexuel, une bisexuelle.* - abrév. fam. **bi.** *Un, une bi. Des bis.* □ n. f. **bisexualité**

Biskra Ville d'Algérie, au S. du massif de l'Aurès. 204 660 habitants. Culture de dattes. Tourisme.

Bismarck (Otto, prince von) Homme d'État allemand (1815-1898). Nommé président du Conseil de Prusse par Guillaume Ier en 1862, il fut l'un des principaux artisans de l'unification allemande (1871). Il agrandit la Prusse au détriment de ses voisins danois (guerre des Duchés, 1864), autrichiens (victoire de Sadowa, 1866) et français (guerre de 1870-1871), faisant de son pays la plus grande puissance européenne de son temps. Devenu chancelier de l'Empire allemand (1871), il constitua un solide réseau d'alliances diplomatiques (entente des Trois Empereurs avec l'Autriche-Hongrie et la Russie, 1872 ; Triple-Alliance, 1882) et, à l'intérieur, réalisa d'importantes réformes (système d'assurances sociales, mesures de laïcisation de la société). Mais sa politique autoritaire se heurta à des résistances croissantes : montée du socialisme, opposition des minorités nationales, mécontentement des catholiques. En conflit avec Guillaume II, notamment sur la question coloniale, il se retira du pouvoir en 1890.

Bismarck (archipel) Groupe d'îles de Papouasie-Nouvelle-Guinée. 49 620 km². 170 000 habitants. Ville principale : Rabaul. L'archipel a été colonie allemande de 1884 à 1914, puis sous tutelle australienne jusqu'en 1975. La zone a été le théâtre de violents combats entre les armées japonaise et américaine pendant la Seconde Guerre mondiale.

Bismarck Ville des États-Unis, capitale du Dakota du Nord, sur le Missouri, au centre d'une région agricole. 73 620 habitants.

bismuth n. m. (mot allemand) **1.** Élément chimique (symb. Bi ; n° at. 83 ; masse at. 208,98). *Le bismuth entre dans la composition des métaux fusibles.* **2.** Sel ou composé du bismuth utilisé comme médicament.

bison n. m. (du latin « bœuf sauvage », mot germanique) Bœuf sauvage grand et massif, armé de cornes courtes et possédant une bosse entre les épaules. *Le massacre des bisons.*

bisou n. m. (de *²bise*) fam. Bise, baiser. *Gros bisous.*

bisphénol n. m. chim. *Bisphénol A :* composé organique de synthèse entrant dans la composition de plastiques et de résines époxy, suspecté d'être toxique.

bisque n. f. (p.-ê. famille de *biais*, idée de « couper ») Potage fait avec un coulis de crustacés. *Une bisque de homard.*

bisquer v. intr. < 1 > (origine obscure) fam. Éprouver du dépit, de la mauvaise humeur. → **rager, râler.** *Faire bisquer qqn.* vieilli *Bisque, bisque rage !,* formule enfantine pour narguer qqn.

bissac n. m. (→ ¹sac) Sac à deux poches et ouverture centrale. → **besace.**

bissap n. m. (mot wolof) Variété d'hibiscus. *Jus de bissap* ou *bissap :* boisson rafraîchissante préparée avec les fleurs séchées de cette plante.

Bissau ou **Bissao** Capitale de la Guinée-Bissau. 388 000 habitants. Port de commerce. Aéroport international.

bisse n. m. (var. de *bief*) (Suisse) Long canal d'irrigation conduisant l'eau des montagnes aux terrains cultivés. *Les bisses du Valais.*

bissecteur, trice géom. **1.** adj. Qui divise en deux secteurs égaux. **2.** n. f. *Bissectrice :* droite qui coupe un angle en deux parties égales. *Tracer la bissectrice d'un angle.*

bissection n. f. (de *bis-* et *section*) géom. Division en deux parties égales.

bissel n. m. (de *Bissel*, n. d'un ingénieur américain) Essieu porteur aux extrémités de certaines locomotives, destiné à faciliter le passage dans les courbes.

bisser v. tr. < 1 > (de *²bis*) **1.** Répéter (ce qu'on vient d'exécuter), à la demande du public. → **²bis.** **2.** Faire répéter, recommencer. *Le public a bissé la dernière chanson.* **3.** (Belgique, R. D. du Congo, Rwanda) Redoubler (une année d'études).

bisseur, euse n. et adj. (de *bisser*) (Belgique, R. D. du Congo, Rwanda) Étudiant(e) qui redouble. → **redoublant.** – adj. *Étudiants bisseurs.*

bissextile adj. f. (du latin, de *sextus* « sixième ») *Année bissextile :* année de 366 jours qui revient tous les quatre ans, le jour supplémentaire étant le 29 février.

Bissière (Roger) Peintre et graveur français (1888-1964). Il fréquenta les cubistes puis se tourna vers une peinture non figurative où la couleur tient un rôle privilégié.

Bissing (Moritz, baron von) Général allemand (1844-1917). Gouverneur de la Belgique occupée (1914-1917), il favorisa le développement du mouvement flamingant.

Bissonnette (Lise) Journaliste et écrivaine canadienne (québécoise) [née en 1945]. Journaliste au *Devoir* de 1974 à 1986, elle en assura la direction de 1990 à 1998. Elle a écrit des essais et des œuvres de fiction.

bistouille n. f. (p.-ê. de *bis-* et *touiller*) fam. Mauvais alcool. ■ régional (Nord ; Belgique) Café mêlé d'alcool.

bistouri n. m. (p.-ê. du n. de Pistoia en Italie) Instrument de chirurgie en forme de couteau, à lame courte, qui sert à faire des incisions. *Donner un coup de bistouri.* – par ext. *Bistouri électrique. Bistouri au laser.*

bistourner v. tr. < 1 > (de *bis-* et *tourner*) vétér. Châtrer (un animal) en tordant les vaisseaux testiculaires. □ n. m. **bistournage**

bistre n. m. et adj. invar. (p.-ê. famille de *bis* « gris ») Couleur d'un brun jaunâtre. – adj. invar. *Des peaux bistre.* ■ **bistrer** v. tr. < 1 > Donner la couleur du bistre à (qqch.).

bistré, ée adj. Qui a la couleur du bistre. *Un teint bistré.*

Bistriţa n. f. Rivière de la Roumanie (290 km), qui se jette dans le Siret.

bistronomie n. f. (marque déposée ; mot-valise, de *bistrot* et *gastronomie*) Cuisine inventive s'inspirant des classiques du bistrot. □ adj. **bistronomique**

bistrot ou **bistro** n. m. (p.-ê. de *bistouille* « café arrosé », de *bis-* et *touiller* ; ne peut venir du russe *bystro* « vite ») fam. **1.** vieilli Tenancier de café (fém. **bistrote**). **2.** Café, débit de boissons (généralement petit et modeste). → **troquet.** – appos. *Style bistrot,* se dit du mobilier typique des bistrots du début du XXe siècle. *Chaises bistrot.*

bistrotier, ière n. fam. Personne qui tient un café. → **cafetier.**

bisulfate n. m. chim. Sel acide de l'acide sulfurique.

bisulfite n. m. chim. Sel acide de l'acide sulfureux.

bisulfure n. m. chim. Composé sulfuré qui contient deux atomes de soufre dans sa molécule.

bit [bit] n. m. (de l'anglais des États-Unis, abrév. de *binary digit*) inform. Unité élémentaire d'information pouvant prendre deux valeurs distinctes, notées 0 et 1 (→ **binaire**).

BIT voir **Bureau international du travail**

Bitche Commune de la Moselle. 4 955 habitants. Citadelle de Vauban. Camp militaire.

bitcoin [bitkɔjn] n. m. (marque déposée ; mot anglais, de *bit* → bit et *coin* « pièce de monnaie ») anglic. Unité monétaire en usage sur Internet (→ **cryptomonnaie**). *Payer en bitcoins.*

bite n. f. (origine obscure) fam., vulg. Pénis.

Bithynie n. f. Ancienne région d'Asie Mineure, aujourd'hui en Turquie. D'origine thrace, les Bithyniens formèrent un royaume indépendant. Devenue province romaine en –74, la Bithynie passa sous la domination ottomane au XIIIe siècle.

bitmap [bitmap] n. m. (de l'anglais, de *bit* → bit et *map* « carte », « représentation ») inform. *Bitmap* ou (appos.) *format bitmap :*

codage des images sous la forme d'une multitude de points (pixels).

Bitola Ville de Macédoine du Nord. 84 000 habitants. La ville et ses environs furent l'enjeu de violents combats pendant la Première Guerre mondiale.

bitonal, ale, aux ou **als** adj. didact. Qui comporte deux tons (ou sons). *Voix bitonale. Klaxon bitonal.* – mus. Qui utilise deux tonalités différentes simultanément.

bitoniau n. m. (probablt de *bitte* ou du dérivé dialectal *bitton,* d'après *bouton*) fam. Petit bouton permettant d'actionner un mécanisme, petite protubérance (d'un objet). *Appuyer sur le bitoniau. Des bitoniaux.*

Bitov (Andreï Gueorguievitch) Écrivain russe (1937-2018). Longtemps censuré dans son pays, il fut ensuite reconnu comme un auteur important. On lui doit des romans et des récits de voyage. *La Maison Pouchkine.*

bitte n. f. (du norrois « poutre ») mar. Pièce verticale sur le pont d'un navire ou sur un quai autour de laquelle on enroule les câbles. *Bitte d'amarrage* ou *bitte.*

bitter [bitɛʀ] n. m. (mot néerlandais « amer ») Boisson apéritive amère, alcoolisée ou non. → **¹amer, vermouth.** *Des bitters.*

bitume n. m. (latin *bitumen* → béton) Mélange d'hydrocarbures utilisé comme revêtement des chaussées et des trottoirs. → **asphalte, goudron.** *« Il faisait de plus en plus chaud, et [...] le bitume amolli collait à la semelle »* (R. Vailland).

bitumer v. tr. < 1 > (de *bitume*) Enduire de bitume. – au p. p. *Trottoir bitumé.* □ n. m. **bitumage**

bitumeux, euse adj. Fait avec du bitume. *Revêtement bitumeux.*

bitumineux, euse adj. (latin *bituminosus,* de *bitumen* → bitume) Qui contient du bitume, qui en a les qualités. *Schistes* bitumineux.*

biturbine adj. techn. Mû par deux turbines. *Un hélicoptère biturbine.*

biture n. f. (de *bitte*) fam. *Prendre une biture,* s'enivrer. → fam. **cuite, murge.**

se **biturer** v. pron. < 1 > (de *biture*) fam. S'enivrer. → se **soûler** ; fam. se **cuiter,** se **murger.**

Bituriges n. m. pl. Peuple de la Gaule dont un groupe avait pour capitale Avaricum (auj. Bourges) et l'autre Burdigala (auj. Bordeaux).

biunivoque [biynivɔk] adj. math., log. *Application, correspondance biunivoque entre deux ensembles,* telle qu'un élément du premier ensemble correspond à un seul élément du second, et réciproquement. → **bijectif.**

bivalent, ente adj. (de *bi-* + *-valent*) **1.** chim. Qui a la valence 2 (syn. **divalent**). **2.** log. *Logique bivalente,* qui ne considère que deux valeurs de vérité, le vrai et le faux (opposé à *logique plurivalente*). **3.** Qui a deux fonctions, deux usages. → **polyvalent.** □ n. f. **bivalence**

bivalve adj. Qui a deux valves. *Coquille bivalve.* – n. m. Animal de la classe des mollusques bivalves (ex. l'huître, la moule, la palourde). → **lamellibranche.**

bivitellin, ine adj. (de *bi-* et du latin *vitellus* « jaune de l'œuf ») embryol. *Jumeaux bivitellins,* provenant de deux œufs différents (opposé à *univitellin*). → **dizygote.** - syn. cour. **faux jumeaux.**

bivouac n. m. (de l'allemand ou du néerlandais « garde ») Campement provisoire en plein air d'une troupe, d'une expédition. – Lieu de ce campement.

bivouaquer v. intr. < 1 > Installer un, son bivouac. → **camper.**

biwa [biwa] n. m. (mot japonais) didact. Luth japonais de forme ovoïde, dont on joue avec un plectre. *Des biwas.*

Biwa (lac) Principal lac du Japon (Honshū), au N. de Kyōto. 675 km².

Biya (Paul) Homme d'État camerounais (né en 1933). Il est président de la République depuis 1982.

bizarre adj. (de l'italien « coléreux », puis « extravagant ») **1.** Qui est inhabituel, qu'on s'explique mal. → **curieux, insolite, saugrenu ;** fam. **zarbi.** *Il a des idées bizarres. On n'entend plus rien, c'est bizarre.* → **anormal, étrange.** *« Vous avez dit bizarre ? Comme c'est bizarre ! »* (Carné et Prévert, film). **2.** (personnes) D'un caractère difficile à comprendre, fantasque. *Il, elle est un peu bizarre.* → **excentrique, ²original.** □ adv. **bizarrement**

bizarrerie n. f. **1.** Caractère de ce qui est bizarre, d'une personne bizarre. → **étrangeté, excentricité. 2.** Chose, élément, action bizarre. *Les bizarreries de la langue française.*

bizarroïde adj. fam. Bizarre, insolite.

Bizerte Ville et port de Tunisie. 114 370 habitants. Raffinerie de pétrole. Base navale française de 1882 à 1963. Le *lac de Bizerte* est relié par un canal à la Méditerranée.

Bizet (Georges) Compositeur français (1838-1875). Doué d'une inventivité mélodique originale et d'un grand sens de la couleur orchestrale, il écrivit de la musique de scène *(L'Arlésienne)* et des opéras *(La Jolie Fille de Perth ; Les Pêcheurs de perles),* dont le plus célèbre, *Carmen,* est un chef-d'œuvre de l'art lyrique.

Georges Bizet en 1874.

bizness n. m. voir **business**

bizut, bizute [bizy(t), bizyt] n. (origine obscure) fam. Élève de première année. → **bleu, nouveau.** - var. **bizuth.**

bizutage n. m. Cérémonie d'initiation des bizuts, comportant des brimades.

bizuter v. tr. < 1 > (de *bizut*) Faire subir le bizutage à (qqn).

Björk (Björk Guðmundsdóttir, dite) Chanteuse, musicienne et actrice islandaise (née en 1965). Popularisée par sa performance dans le film *Dancer in the Dark* de Lars von Trier, elle est la principale représentante de la chanson islandaise dans le monde.

Bjørnson (Bjørnstjerne) Auteur dramatique et écrivain norvégien (1832-1910). Il a laissé une œuvre abondante, marquée par un idéal humaniste et optimiste *(Au-dessus des forces humaines).* Il est l'auteur des paroles de l'hymne national norvégien. Prix Nobel 1903.

Björnsson (Sveinn) Homme d'État islandais (1881-1952). Il fut le premier président de la République (1944-1952).

Bk Symbole chimique du berkélium.

BK [beka] n. m. invar. méd. Abréviation de *bacille* de Koch.*

blabla n. m. (onomatopée) fam. Bavardage, verbiage sans intérêt. *C'est du blabla.* ■ Boniment, baratin. *Des blablas.* □ **blablater** v. intr. < 1 >

Blachère (Régis) Orientaliste français (1900-1973). On lui doit notamment une traduction critique du Coran. *Grammaire de l'arabe classique ; Histoire de la littérature arabe.*

black n. (mot anglais « noir ») anglic., fam. **1.** Personne noire. *Les beurs et les blacks.* – adj. *Musique black.* **2.** loc. adv. *Il travaille* **au black,** au noir, sans être déclaré.

Black (Joseph) Physicien et chimiste britannique (1728-1799). Il a fondé la calorimétrie.

Black (sir James) Médecin britannique (1924-2010). Il mit au point le premier bêtabloquant utilisé dans le traitement des maladies cardiovasculaires. Prix Nobel 1988.

black-bass [blakbas] n. m. invar. (mot anglais « perche noire ») Poisson comestible d'eau douce voisin de la perche, originaire d'Amérique. → **achigan** (Canada). - var. RO **blackbass.**

blackbouler v. tr. < 1 > (anglais *to blackball,* de *black* « noir » et *ball* « boule [pour voter] ») **1.** Mettre en minorité dans un vote. *Se faire blackbouler aux élections.* **2.** fam. Refuser à un examen. → **coller.** – par ext. Repousser, écarter sans ménagement. → **évincer, rejeter.**

Blackburn Ville d'Angleterre (Lancashire) au N.-O. de Manchester. 137 241 habitants. Ancien centre d'industries textiles.

Blackett (lord Patrick Maynard) Physicien britannique (1897-1974). Il mena des travaux sur les rayons cosmiques et inventa un détecteur de particules à déclenchement automatique. Prix Nobel 1948.

black-jack [blak(d)ʒak] n. m. (anglais *black jack* « valet noir ») anglic. Jeu de cartes d'origine américaine. *Les tables de black-jack d'un casino. Des black-jacks.* - var. RO **blackjack.**

Black Lives Matter (La vie des Noirs compte) Mouvement et slogan de défense des Noirs américains dénonçant les violences policières et la discrimination raciale. Il est apparu en 2013 après l'acquittement d'un policier blanc soupçonné du meurtre d'un adolescent afro-américain.

black-out [blakaut] n. m. invar. (de l'anglais, de *black* « noir » et *out* « dehors ») **1.** Obscurité totale commandée par la défense passive. → **couvre-feu. 2.** fig. Silence gardé (sur une nouvelle, une décision officielle). - var. RO **blackout** n. m.

Blackpool Ville d'Angleterre (Lancashire), sur la mer d'Irlande. 147 600 habitants. Station balnéaire.

Björk

Björk en 2007 au Festival de musique d'Austin (États-Unis).

black-rot [blakʀɔt] **n. m. (anglais *black rot* « pourriture noire »)** Maladie de la vigne due à un champignon ascomycète. *Des black-rots.*

Blaeu (Willem Janszoon) Géographe et cartographe hollandais (1571-1638). Élève de Tycho Brahé, il établit une carte du monde en 1605.

blafard, arde adj. (de l'ancien allemand, de *bleich* « pâle » et *var,* qualifiant une couleur) D'une teinte pâle et sans éclat. ➔ **terne.** *Un teint blafard.* ➔ **blême, livide.** – *Une lumière blafarde.*

blaff [blaf] **n. m. (probablt anglais de la Dominique *broth* « bouillon »)** Plat de poisson cuit au court-bouillon et très épicé (cuisine des Caraïbes).

Blaga (Lucian) Poète roumain (1895-1961). Il a tenté par son œuvre d'exprimer le « mystère du monde ». *Poèmes de la lumière ; Les Pas du prophète.*

Blagnac Commune de la Haute-Garonne dans la banlieue N.-O. de Toulouse. 26 101 habitants. Aéroport. Construction aéronautique (Airbus).

Blagovechtchensk Ville du S.-E. de la Russie, chef-lieu de la région de l'Amour, à la frontière chinoise. 219 000 habitants. Importante communauté chinoise.

¹blague n. f. (du néerlandais, d'un radical « gonflé ») Petit sac souple dans lequel les fumeurs mettent leur tabac. *Blague à tabac.*

²blague n. f. (métaphore de ¹*blague*) 1. Histoire inventée à laquelle on essaie de faire croire. ➔ **fam. bobard.** *Raconter des blagues.* – **fam.** *Blague à part,* pour parler sérieusement. – *Sans blague !,* interjection de doute, étonnement, ironie. **2.** Farce, plaisanterie. *Faire une bonne blague à qqn.* **3.** Erreur, maladresse. ➔ **bêtise ; fam. boulette.**

blaguer v. < 1 > fam. 1. v. intr. Dire des blagues. ➔ **plaisanter.** *Vous blaguez !* **2. v. tr.** Railler sans méchanceté. ➔ **taquiner.**

blagueur, euse n. fam. Personne qui a l'habitude de dire des blagues. *C'est une blagueuse, je vous préviens.*

Blain Commune de la Loire-Atlantique. 10 086 habitants. Château des XIVe-XVIe siècles.

Blainville (Henri Ducrotay de) Naturaliste français (1777-1850). Élève de Cuvier, il combattit ses théories. Ses idées exercèrent une grande influence sur la pensée d'A. Comte.

blair n. m. (de *blaireau* [à cause du museau pointu]) pop. Nez.

Blair (Anthony, dit Tony) Homme d'État britannique (né en 1953). Leader du Parti travailliste (1994-2007), il fut Premier ministre de 1997 à 2007.

blaireau n. m. (de l'ancien français *bler,* mot gaulois « blanchâtre ») I. Petit mammifère carnivore, bas sur pattes, de pelage clair sur le dos et foncé sous le ventre. *Des blaireaux.* **II.** Brosse pour la barbe, en poils, utilisée pour faire mousser le savon. **III. fam.** Personnage naïf, insignifiant ou ridicule.

blairer v. tr. < 1 > (de *blair*) fam. Aimer **(surtout négatif).** *Je ne peux pas le blairer,* je le déteste. ➔ **sentir ; fam. encadrer, encaisser, pifer.**

Blais (Marie-Claire) Romancière canadienne (québécoise) [1939-2021]. Ses romans évoquent sur un ton gouailleur la part sombre de l'âme humaine et le chaos du monde. *Une saison dans la vie d'Emmanuel.*

Blake (Robert) Amiral anglais (1599-1657). Ami de Cromwell, il remporta d'éclatantes victoires contre les Hollandais et les Espagnols.

Blake (William) Poète, peintre et graveur britannique (1757-1827). Son œuvre poétique, au lyrisme intense et au symbolisme complexe, révèle un caractère visionnaire. Grâce à un procédé de gravure original, il a lui-même illustré ses écrits. *Chant d'expérience.*

Blake (Quentin) Illustrateur britannique (né en 1932). Il fut l'illustrateur attitré de plusieurs auteurs pour la jeunesse dont Roald

Quentin Blake travaillant sur la couverture du *Sunday Times Magazine* (2016).

Dahl *(Charlie et la Chocolaterie ; James et la Grosse Pêche).*

Blakey (Art) Batteur de jazz américain (1919-1990). Il fit de la batterie un instrument soliste capable d'innombrables variations sonores.

blâmable adj. Qui mérite le blâme. ➔ **condamnable, répréhensible.** *Une action blâmable.*

blâme n. m. (de *blâmer*) 1. Jugement par lequel on blâme (qqn, qqch.). ➔ **condamnation, ²critique, réprobation, reproche.** *S'attirer, encourir le, les blâme(s) de qqn.* **2.** Sanction disciplinaire (élèves, fonctionnaires...).

blâmer v. tr. < 1 > (vient du latin, de *blasphemare* ➔ blasphémer) 1. Former un jugement moral défavorable sur (qqn ou qqch.). ➔ **condamner, critiquer, désapprouver.** *Il est plus à plaindre qu'à blâmer.* **2.** Réprimander officiellement.

¹blanc, blanche [blɑ̃, blɑ̃ʃ] **(vient du germanique *blank*) I. adj. 1.** D'une clarté neutre, sans couleur (résultant du mélange de toutes les couleurs du spectre solaire). *Blanc comme (la) neige, le lait, le lis. Fromage* blanc. Drapeau* blanc.* **2.** D'une couleur pâle voisine du blanc. *Peau blanche, cheveux blancs.* ■ Se dit des choses claires, par opposition à celles de même espèce qui sont d'une autre couleur. *Vin blanc.* **3.** Qui n'est pas écrit. *Page blanche.* ➔ **vierge.** *Bulletin (de vote) blanc.* **4. fig.** Qui n'a pas les effets habituels. *Examen blanc. Nuit blanche,* sans sommeil. *Mariage blanc,* sans relations sexuelles. *Voix blanche,* sans timbre. **5.** Innocent. *Il n'est pas tout blanc.* **II. n.** *Blanc, Blanche :* homme, femme appartenant au groupe ethnique caractérisé par une faible pigmentation de la peau. *Les Blancs d'Afrique du Sud.* ■ **adj.** *Population blanche.*

²blanc [blɑ̃] **n. m. I. 1.** Couleur blanche. *Un blanc éclatant, mat.* ➔ **blancheur.** *Être vêtu de blanc,* de vêtements blancs. *Le blanc, symbole de pureté.* **2.** Matière colorante, qui sert à peindre. *Blanc de zinc,* oxyde de zinc. **3.** *En blanc :* avec la couleur blanche. *Peint en blanc. Photo en noir et blanc.* ■ Sans écriture. *Chèque en blanc.* **4.** *À blanc :* de manière à devenir blanc. *Métal chauffé à blanc.* – *Tirer à blanc,* avec des projectiles inoffensifs. **II. 1.** Se dit d'une partie blanche. *Blanc de poulet,* la chair de la poitrine. *Blanc d'œuf,* partie visqueuse formée d'albumine. *Blanc de baleine*.* – *Le blanc de l'œil. Regarder qqn dans le blanc des yeux,* bien en face. **2.** Intervalle, espace libre qu'on laisse dans un écrit. ➔ **interligne.** *Laissez ici un blanc.* ■ *Il y eut un blanc dans la conversation.* **3.** Linge blanc. *Une exposition de blanc* (dans un magasin). **4.** Vin blanc (fait avec des raisins sans peau). *Un petit blanc sec. Blanc de blancs,* vin blanc fait avec du raisin blanc.

Blanc (Louis) Homme politique et historien français (1811-1882). Fondateur de la *Revue du progrès* (1839), il s'opposa à la monarchie de Juillet et défendit un programme de réformes socialistes. Membre du gouvernement provisoire en février 1848, il proposa la création d'ateliers sociaux, projet qui donna naissance aux Ateliers nationaux. Mis en cause lors des journées révolutionnaires de juin 1848, il dut s'exiler en Grande-Bretagne. De retour en France après la chute de l'Empire, il siégea à l'Assemblée nationale en 1871 mais refusa d'apporter son soutien à la Commune. *L'Organisation du travail ; Histoire de la Révolution française ; Histoire de la révolution de 1848.*

Blanc (Michel) Acteur, scénariste et réalisateur français (né en 1952). Connu pour ses rôles comiques d'antihéros *(Les Bronzés ; Le Père Noël est une ordure ; Viens chez moi, j'habite chez une copine),* il aborde un registre plus sombre avec *Tenue de soirée* et *Monsieur Hire.* Il a réalisé quelques comédies *(Marche à l'ombre ; Embrassez qui vous voudrez).*

Blanc (mont) Point culminant des Alpes, en France, dans le massif du Mont-Blanc. 4 807 m. Le *tunnel du Mont-Blanc,* percé de 1959 à 1965, relie la vallée de Chamonix à la vallée d'Aoste. 11 600 m.

Blanc (Le) Chef-lieu d'arrondissement de l'Indre, sur la Creuse. 6 229 habitants. Écomusée.

blanc-bec [blɑ̃bɛk] **n. m.** Jeune homme sans expérience et sûr de soi. *Des blancs-becs.*

blanc-étoc [blɑ̃ketɔk] **ou blanc-estoc** [blɑ̃kɛstɔk] **n. m. (de *blanc* et *estoc*) sylvic.** Coupe complète d'une forêt. *Des blancs-étocs.*

blanchaille n. f. pêche Petits poissons blancs, servant souvent d'appât. ➔ **fretin.**

Blanchard (Jacques) Peintre français (1600-1638). Il est l'auteur de sujets religieux et de scènes mythologiques.

Blanchard (Jean-Pierre) Aéronaute français (1753-1809). Il réalisa la première traversée de la Manche en ballon (1785) et expérimenta le parachute.

Blanchard (Raoul) Géographe français (1877-1965). Il est l'auteur de travaux sur les Alpes occidentales et sur le Canada français. Il a fondé à Grenoble l'Institut de géographie alpine.

blanchâtre adj. D'une teinte tirant sur le blanc.

blanche n. f. Note de musique qui vaut deux noires.

Blanche (Esprit) Médecin français (1796-1852). Aliéniste aux méthodes novatrices, il fonda une célèbre maison de santé à Passy. ■ **Émile Blanche** (1820-1893). Fils d'Esprit Blanche. Il succéda à son père et eut pour patients de nombreuses personnalités (G. de Nerval, G. de Maupassant).

Blanche (Jacques-Émile) Peintre et critique d'art français (1861-1942). Il fit le portrait de Cocteau, Crevel, Proust.

Blanche (Francis) Poète, fantaisiste et acteur français (1921-1974). Il anima à la radio des émissions de variétés, excella dans l'exercice du canular téléphonique et forma, avec P. Dac, un duo célèbre pour ses sketchs loufoques. Il mit ses talents au ser-

Blanc (mont)

Le massif du Mont-Blanc, vu du plateau de Samoteux, dans la vallée de Chamonix (Haute-Savoie).

vice de la chanson *(Débit de lait débit de l'eau)* et du cinéma *(Les Tontons flingueurs)*.

Blanche (mer) Mer de l'océan Arctique, au N.-O. de la Russie.

B

Blanche de Castille Reine de France (1188-1252). Épouse de Louis VIII et mère de Louis IX, elle assura la régence de 1226 à 1234 pendant la minorité de son fils et de 1249 à 1252 lors de la 7e croisade. Elle écrasa la révolte des grands féodaux et intervint dans la croisade contre les albigeois (traité de Paris, 1229).

Blanche-Neige Héroïne d'un conte des frères Grimm. Walt Disney en fit le sujet de son premier long métrage d'animation (1937).

blanchet n. m. Étamine de laine claire, grisâtre. ■ imprim. Revêtement d'un cylindre de presse.

blancheur n. f. Couleur blanche ; qualité de ce qui est blanc. *Linge d'une blancheur éclatante.*

blanchiment n. m. 1. Action de blanchir (I). *Le blanchiment d'un mur au lait de chaux.* 2. fig. Action de blanchir (de l'argent). ■ Fait de laver de tout soupçon, de disculper.

blanchir v. < 2 > I. v. tr. 1. Rendre blanc. → **éclaircir.** ■ *Blanchir des légumes*, les passer à l'eau bouillante. ■ hortic. Provoquer l'étiolement de (un légume) pour en améliorer l'aspect. 2. Couvrir d'une couche blanche ; enduire de blanc. *La neige blanchit les sommets.* – au p. p. *Un mur blanchi à la chaux.* 3. Laver, nettoyer (le linge blanc). – au p. p. *Un pensionnaire logé et blanchi*, et dont on lave le linge. 4. fig. Disculper, innocenter (qqn). *Elle fut blanchie lors de son procès.* ■ (choses) Donner une existence légale à (des fonds dont l'origine est frauduleuse ou illicite). *Blanchir l'argent de la drogue.* – au p. p. *Argent blanchi.* II. v. intr. Devenir blanc. *Ses cheveux blanchissent.*

blanchissage n. m. 1. Action de blanchir le linge. → **lessive.** *Envoyer du linge au blanchissage.* 2. techn. Opération de raffinage du sucre.

blanchissant, ante adj. 1. littér. Qui devient blanc. *Des cheveux blanchissants.* 2. Qui rend plus blanc. *Un dentifrice blanchissant.*

blanchissement n. m. Fait de blanchir (II).

blanchisserie n. f. Établissement où l'on fait le blanchissage et le repassage du linge. → **laverie, pressing.**

blanchisseur, euse n. Personne dont le métier est de blanchir le linge et de le repasser.

blanchon n. m. (Canada) Petit du phoque.

Blanchot (Maurice) Essayiste et romancier français (1907-2003). Il a élaboré une œuvre littéraire et critique exigeante, explorant les relations du langage et de la pensée jusqu'aux confins du silence et de la mort. *Thomas l'Obscur ; L'Espace littéraire ; L'Écriture du désastre.*

blanc-manger n. m. Entremets composé de gelée faite avec du lait, des amandes, du sucre. *Des blancs-mangers.*

Blanc-Mesnil (Le) Commune de la Seine-Saint-Denis, au N.-E. de Paris. 57 989 habitants. Industries. Plateforme logistique (Garonor).

Blanc Nez (cap) Cap aux falaises de marne et de craie, au S. de Calais.

Blanco (Serge) Rugbyman français (né en 1958). Vainqueur dans six tournois des Cinq Nations, il est considéré comme le meilleur arrière de sa génération.

blanc-seing n. m. (de *blanc* et *seing* « signe ») dr. Signature apposée à l'avance sur un document en blanc. *Des blancs-seings.* – fig. *Donner son blanc-seing à qqn*, son autorisation (→ carte* blanche).

blandice n. f. (vient du latin « flatteries ») littér. surtout au plur. Ce qui séduit. *« Toutes les blandices des sens et toutes les jouissances de l'âme »* (Chateaubriand).

Blandine (sainte) Elle fut martyrisée à Lyon, en 177, en même temps que saint Pothin.

Blangy-sur-Bresle Commune de la Seine-Maritime. 2 882 habitants. Site préhistorique.

Blankenberge Ville de Belgique (Flandre-Occidentale), sur la mer du Nord. 20 463 habitants. Station balnéaire.

Blanquefort Commune de la Gironde, dans la banlieue N. de Bordeaux. 15 276 habitants.

blanquette n. f. (du provençal → [1]blanc) 1. Vin blanc mousseux. *La blanquette de Limoux.* 2. Ragoût de viande blanche, dont la sauce est liée avec un jaune d'œuf. *Une blanquette de veau.*

Blanqui (Louis Auguste) Théoricien socialiste et révolutionnaire français (1805-1881). Après avoir adhéré au carbonarisme, il organisa à partir de 1831 des sociétés secrètes, conspira contre la monarchie de Juillet et fut emprisonné à deux reprises. En mai 1848, il fut incarcéré une troisième fois après un coup de force contre l'Assemblée nationale. De nouveau arrêté à la veille de la Commune de Paris (1871), il fut amnistié en 1879 et reprit l'organisation du mouvement socialiste, publiant le journal *Ni Dieu ni Maître*. Sa doctrine politique préconisait l'action révolutionnaire contre le capitalisme bourgeois.

blanquisme n. m. didact. Théorie révolutionnaire de Louis Auguste Blanqui. □ adj. et n. **blanquiste**

Blanton (Jimmy) Contrebassiste de jazz américain (1918-1942). Il joua dans l'orchestre de Duke Ellington et donna à son instrument un rôle mélodique.

Blantyre Ville du S. du Malawi. 830 100 habitants. Plus grande ville du pays. Commerce. Industries.

Blanzy Commune de la Saône-et-Loire, au N. de Montceau-les-Mines. 6 044 habitants. Pneumatiques.

blaps n. m. (grec *blaptein* « nuire ») zool. Insecte coléoptère de grande taille qui vit la nuit.

Blasco Ibáñez (Vicente) Romancier espagnol (1867-1928). Son réalisme populiste est au service de valeurs morales et de thèses sociales ou politiques. *Arènes sanglantes.*

blase ou **blaze** n. m. (p.-ê. de *blason*) argot 1. Nom de personne. 2. Nez.

blasé, ée adj. (personnes) Dont les sensations, les émotions sont émoussées, qui n'éprouve plus de plaisir à rien. → **indifférent, insensible.** *Après tant de succès, elle est blasée.* – n. *Faire le blasé.*

blaser v. tr. < 1 > (mot germanique ; famille de [2]*balle*) littér. Émousser, atténuer (les sens, les sensations) par l'abus. ■ **se blaser** v. pron. Devenir blasé. *« L'amour vrai ne se blase point »* (Hugo).

Blanco (Serge)

Serge Blanco lors du match France-Angleterre (Coupe du monde de rugby, 1991).

Blasis (Carlo) Danseur et chorégraphe italien (1797-1878). Premier danseur de la Scala de Milan, puis directeur de l'Académie impériale de danse, il est l'un des premiers à avoir théorisé son art et codifié certaines figures. *Traité élémentaire théorique et pratique de l'art de la danse.*

blason n. m. (d'abord « bouclier » ; p.-ê. origine germanique) 1. Ensemble des signes distinctifs et emblèmes d'une famille noble, d'une collectivité. → **arme(s), armoiries, [1]écu ; héraldique.** – loc. *Redorer son blason* : rétablir son prestige par une réussite. 2. Connaissance des armoiries. → **héraldique.**

blasonner v. tr. < 1 > didact. Décrire, expliquer (des armoiries) selon les règles du blason.

blasphémateur, trice n. Personne qui blasphème.

blasphématoire adj. (→ blasphème) Qui contient ou constitue un blasphème. → **impie, sacrilège.** *Propos blasphématoires.*

blasphème n. m. (du latin, du grec → blâmer) Parole qui outrage la divinité, la religion, le sacré, et, par ext. une personne ou une chose considérée comme quasi sacrée.

blasphémer v. intr. < 6 > (du latin → blasphème) Proférer des blasphèmes, des imprécations.

blast(o)-, -blaste Éléments (du grec *blastos* « bourgeon ») qui signifient « germe ».

blastoderme n. m. (→ -derme) embryol. Partie de l'œuf des mammifères qui donnera naissance à l'embryon.

blastogenèse n. f. (→ -genèse) embryol. Premier stade du développement de l'embryon et formation du blastoderme.

blastomère n. m. (de *blasto-* et du grec *meros* « partie ») biol. Cellule du blastoderme provenant des premières divisions de l'œuf fécondé.

blastopore n. m. (→ pore) embryol. Orifice de l'intestin embryonnaire primitif.

blastula n. f. (du grec → blast[o]-) embryol. Stade du développement embryonnaire caractérisé par la formation d'une cavité entre les blastomères.

blatérer v. intr. < 6 > (latin *blaterare*) Pousser son cri (chameau, bélier).

blatte n. f. (latin *blatta*) Insecte nocturne au corps aplati, dont plusieurs espèces fréquentent les endroits habités. → **cafard, cancrelat.**

Blaue Reiter (Der) voir **Cavalier bleu (le)**

Blavet (Michel) Compositeur et flûtiste français (1700-1768). Musicien à la Cour, il a composé de la musique de chambre et des opéras-bouffes. *Le Jaloux corrigé.*

Blavet n. m. Fleuve de Bretagne (140 km) qui se jette dans l'Atlantique en rade de Lorient.

Blaye [blaj] Chef-lieu d'arrondissement de la Gironde, sur la rive droite de la Gironde. 4 897 habitants. Vins (côtes-de-Blaye).

blaze voir **blase**

blazer [blazɛʀ ; blazœʀ] n. m. (anglais *to blaze* « flamboyer ») Veste de sport, souvent en flanelle.

blé n. m. (vient du francique « récolte ») I. 1. Céréale dont le grain sert à l'alimentation (farine, pain). → **froment.** *Semer du blé. Un champ de blé.* loc. *Blond comme les blés.* 2. Le grain seul. *Moudre le blé. Un silo à blé.* 3. *Blé noir.* → [2]**sarrasin.** ■ (Canada) *Blé d'Inde.* → **maïs.** II. fam. Argent. → **fric.**

bled [blɛd] n. m. (de l'arabe « pays ») 1. en Afrique, au Maghreb L'intérieur des terres, la campagne. 2. fam. Lieu, village isolé, offrant peu de ressources. → fam. [2]**patelin, trou.** *On s'ennuie dans ce bled. Des bleds.*

Bled (Édouard) Instituteur français (1900-1996). Avec sa femme Odette (1906-1991), il a rédigé un manuel d'orthographe et de grammaire françaises.

blème n. m. (de *problème*) fam. Problème, difficulté. *Y a un blème.*

blême adj. (→ blêmir) (visage) D'une blancheur maladive. → **blafard, livide.** *Blême de colère.* → **pâle.** ■ (jour, lueur) Très pâle. *Un petit matin blême.*

blêmir v. intr. < 2 > (vient du francique) Devenir blême. → **pâlir.** □ n. m. **blêmissement**

blende [blɛ̃d] n. f. (mot allemand) minér. Minerai de sulfure de zinc.

blender [blɛndɛʀ ; blɛndœʀ] n. m. (mot anglais, de *to blend* « mixer ») anglic. Mixer composé d'une base sur laquelle s'emboîte un bol haut. *Des blenders.*

blennie n. f. (du latin) Poisson de petite taille, à peau gluante et à grosse tête, qui vit en eau douce ou dans les eaux du littoral.

blenno- Élément (du grec *blennos*) qui signifie « mucus ».

blennorragie n. f. (→ -rragie) Maladie sexuellement transmissible caractérisée par une inflammation des voies génito-urinaires. → fam. **chaude-pisse.**

blépharite n. f. (du grec *blepharon* « paupière » et de *-ite*) méd. Inflammation de la paupière.

Blériot (Louis) Aviateur et industriel français (1872-1936). Il réalisa le premier (en 1909) la traversée de la Manche en avion, de Calais à Douvres. Il construisit le Spad, avion utilisé durant la Première Guerre mondiale.

bléser v. intr. < 6 > (ancien français *blois* « bègue », du latin) Parler avec un défaut de prononciation qui consiste à substituer certaines consonnes à d'autres. □ n. m. **blèsement**

Blésois ou **Blaisois** n. m. Région de la petite Beauce, dont Blois est la capitale.

blessant, ante adj. Qui blesse, offense. → **désobligeant.** *Des paroles blessantes.*

blessé, ée 1. adj. Qui a reçu une blessure. *Un genou blessé.* – fig. *Blessé dans son orgueil.* 2. n. Personne blessée. *Deux morts et dix blessés. Des blessés de guerre.*

blesser v. tr. < 1 > (vient du francique « meurtrir », *cf.* blet) 1. Frapper d'un coup qui cause une blessure. → **contusionner, meurtrir.** *Blesser grièvement, mortellement qqn.* – pronom. *Se blesser en tombant.* ■ choses Occasionner une blessure à (qqn). *Ce clou m'a blessé.* – Causer une douleur, faire mal. *Ces souliers me blessent.* 2. Causer une impression désagréable, pénible à. *Des sons discordants qui blessent l'oreille.* → **déchirer, écorcher.** – *Blesser les yeux, la vue.* 3. Porter un coup pénible à (qqn), toucher ou impressionner désagréablement. → **offenser, ulcérer.** *Blesser l'amour-propre de qqn,* le froisser, le vexer.

blessure n. f. (de *blesser*) 1. Lésion faite, involontairement ou pour nuire, aux tissus vivants par une pression, un choc, un coup, une arme ou la chaleur. → **plaie.** *Recevoir une blessure. Soigner, panser ses blessures.* 2. Atteinte morale. → **offense.** *Blessure d'amour-propre.*

blet, blette adj. (de l'ancien français *blece,* de *blesser*) (fruits) Qui est trop mûr, dont la chair s'est ramollie. *Une poire blette. Les nèfles se mangent blettes.*

blette n. f. voir **bette**

blettir v. intr. < 2 > Devenir blet. □ n. m. **blettissement**

bleu, bleue (vient du francique *blao,* qualifie d'abord la peau livide) I. adj. 1. De la couleur du ciel pur, sans nuages, de la mer où le ciel se reflète, etc. *Des yeux bleus. Une robe bleue.* – Bifteck bleu, très saignant. ■ *Étoffe bleue, vêtement bleu.* – *Carte bleue* (nom d'une carte de crédit). 2. (peau) D'une couleur livide. → **cyanosé.** *Œdème bleu.* – *Être bleu de froid.* – loc. *Il en est resté bleu* (de peur). – *Une peur* bleue.* ■ *Maladie bleue* (par malformation congénitale du cœur). 3. loc. (métaphore) *Sang bleu,* noble. 4. (Belgique) fam. *Être bleu de qqn,* très amoureux. *Être bleu de qqch.,* passionné. II. n. m. 1. La couleur bleue. *Le bleu du ciel.* → **azur.** *Le grand bleu* (de la mer). *Bleu horizon, lavande, marine, ardoise. Des manteaux bleu-vert.* ■ Matière colorante bleue. → **indigo, ²pastel, tournesol.** *Bleu de Prusse,* cyanure de fer. – Teinture bleue. *Bleu de lessive. Passer le linge au bleu.* 2. (Personne vêtue de bleu) *Les Bleus :* les soldats républicains (pour les royalistes vendéens). ■ Jeune recrue. *L'arrivée des bleus à la caserne.* → **conscrit, nouveau.** – Nouvel élève. → fam. **bizut.** 3. Marque livide sur la peau résultant d'un coup. → **contusion, ecchymose, meurtrissure.** *Être couvert de bleus. Se faire un bleu au bras.* 4. **Au bleu :** façon de préparer certains poissons au court-bouillon vinaigré. *Truite au bleu.* 5. Fromage de vache à pâte parsemée de moisissures (quand il n'a pas un nom spécifique : roquefort, gorgonzola, etc.). *Bleu de Bresse.* 6. *Bleu de méthylène,* colorant et antiseptique. 7. Combinaison d'ouvrier, généralement en toile bleue. *Des bleus de travail.* III. n. *Les bleu(e)s :* les sportifs, les sportives de l'équipe de France. *Allez les bleus !*

Bleu (fleuve) voir **Chang jiang**

bleuâtre adj. Qui tire sur le bleu, n'est pas franchement bleu.

bleuet n. m. I. Plante (centaurée) à fleur bleue. - var., vieilli **bluet.** II. (Québec) Variété d'airelle à grosses baies. *Tarte aux bleuets.*

bleuetière n. f. (Canada) Terrain à bleuets ou à myrtilles.

bleuir v. < 2 > 1. v. tr. Rendre bleu. 2. v. intr. Devenir bleu. *Son visage a bleui.* □ n. m. **bleuissement**

Bleuler (Eugen) Psychiatre suisse (1857-1939). Il employa le premier le terme de « schizophrénie » pour désigner certaines maladies mentales.

bleusaille n. f. (de *bleu*) argot milit. Conscrit. → **bleu.** – *La bleusaille :* les conscrits.

Bleustein-Blanchet (Marcel Bleustein dit) Publicitaire et résistant français (1906-1996). Il créa, en 1926, Publicis, la première agence de publicité française. Il est le père d'Élisabeth Badinter.

bleuté, ée adj. Qui a une nuance bleue. *Des reflets bleutés.*

Bley (Carla, née Borg) Pianiste américaine (née en 1938). Compositrice et interprète de musiques de jazz, elle a également collaboré avec Nino Rota pour le film de Fellini *Huit et demi.*

bliaud ou **bliaut** n. m. (probablt germanique) hist. Longue tunique portée par les hommes et les femmes au Moyen Âge.

Blida voir **Boulaida (El-)**

Blier (Bernard) Acteur français (1916-1989). Il eut une longue et abondante carrière. Son humour caustique se révéla sous la direction de G. Lautner ou de M. Audiard. *Hôtel du Nord ; Les Tontons flingueurs ; Buffet froid.*

Blier (Bertrand) Cinéaste et scénariste français (né en 1939). Fils de Bernard Blier. Son tempérament provocateur et sa critique des mœurs bourgeoises ont parfois fait scandale. *Les Valseuses ; Buffet froid ; Tenue de soirée.*

Bligh (William) Amiral britannique (1754-1817). Il explora le Pacifique et découvrit les îles Bounty (du nom de son navire). La mutinerie de son équipage (1789) est demeurée célèbre.

Blin (Roger) Acteur et metteur en scène de théâtre français (1907-1984). Il travailla avec Prévert dans le groupe de théâtre révolutionnaire Octobre. Metteur en scène exigeant et novateur, il créa les œuvres d'A. Adamov, de S. Beckett *(En attendant Godot ; Oh les beaux jours)* ou de J. Genet *(Les Paravents).*

blindage n. m. Protection (d'un navire, d'un abri, d'un véhicule, d'une porte) par des plaques de métal ; ces plaques.

blinde n. f. (origine inconnue) loc. adv. fam. *À toute blinde :* à toute vitesse. → **berzingue.**

blindé, ée adj. 1. Protégé par un blindage. *Porte blindée. Régiment blindé,* composé de véhicules blindés. 2. fam. Endurci. → **immunisé.** *Elle en a vu d'autres, elle est blindée.* 3. fam. Ivre.

blinder v. tr. < 1 > (de *blinde,* mot allemand, de *blenden* « aveugler ») 1. Protéger par un blindage. *Blinder une porte.* 2. fam. Endurcir, armer. *L'adversité l'a blindé.*

bling-bling adj. invar. (mot anglais des États-Unis « bijoux voyants », de *bling,* onomatopée évoquant un bruit métallique) fam. De style ostentatoire et clinquant, avec des objets coûteux et voyants. ■ n. m. invar. *Le bling-bling,* ce style.

blini n. m. (mot russe) Petite crêpe très épaisse, souvent servie avec du saumon fumé ou du caviar. *Des blinis* [blini(s)].

blinquer v. intr. < 1 > (néerlandais *blinken* « briller ») (Belgique) fam. Reluire, étinceler (à force d'avoir été astiqué).

Blish (James) Romancier américain (1921-1975). Son cycle de science-fiction, *Villes nomades,* a conquis le rang de classique du genre.

blister [blistɛʀ] n. m. (mot anglais « bulle, soufflure ») anglic. Coque de plastique transparent, collée sur carton, sous laquelle sont vendues certaines marchandises.

blitz [blits] n. m. (de l'anglais, de l'allemand *Blitzkrieg* « guerre éclair ») Guerre, combat de courte durée. ■ hist. Attaques aériennes allemandes contre la Grande-Bretagne.

Blixen (Karen), née **Dinesen** Écrivaine danoise (1885-1962). Un long séjour au Kenya inspira plusieurs de ses écrits *(La Ferme africaine).* Ses récits, contes *(Contes gothiques)* et nouvelles ont un caractère fantastique poétique.

blizzard n. m. (mot anglais des États-Unis, p.-ê. de l'allemand → blitz) Vent accompagné de tourmentes de neige, dans le Grand Nord.

blob n. m. (nom d'une créature de science-fiction, anglais *blob* « goutte d'une matière visqueuse ») biol. Organisme unicellulaire *(Physarum polycephalum),* protozoaire capable de se déplacer, de mémoriser, traiter et transmettre certaines informations.

bloc n. m. (du germanique → ¹bloquer) I. 1. Masse solide et pesante constituée d'un seul morceau. *Un bloc de marbre, de bois. Colonne d'un seul bloc* (monolithe). 2. *Bloc de papier à lettres, bloc-note,* feuillets collés ensemble sur un seul côté et facilement détachables. *Des blocs-notes.* 3. Éléments groupés en une masse compacte, homogène. *Bloc moteur.* → **bloc-moteur.** 4. Ensemble d'appareils (sanitaires, ménagers...) groupés pour occuper le moins de place possible. *Bloc-cuisine.* – *Bloc opératoire*.* 5. Pâté de maisons entre des rues perpendiculaires. 6. Coalition politique. – loc. *Faire bloc (avec...),* former un ensemble solide, s'unir. *Faire bloc contre l'agresseur.* 7. **En bloc** loc. adv. : en totalité, sans partage. → **en masse.** *L'accusé nie en bloc.* II. (→ ¹bloquer) **À bloc** loc. adv. : complètement, à fond. *Serrer, visser à bloc avec une clé. Gonflé* à bloc.* III. fam. Prison. *Mettre qqn au bloc.*

blocage n. m. 1. Action de bloquer (II). *Le blocage des freins, du ballon.* – *Blocage des prix.* 2. Fait d'empêcher le fonctionnement habituel de (un établissement). *Le blocage d'une usine, d'une université.* 3. Réaction négative d'adaptation d'un être vivant confronté à une situation nouvelle. *Faire un blocage psychologique.*

Bloc des gauches ou **Bloc républicain** Coalition politique des socialistes et des radicaux, formée en 1899, qui remporta en France les élections législatives de 1902.

bloc-diagramme n. m. géogr. Représentation d'une zone géographique en perspective et en coupe. *Des blocs-diagrammes.*

Bloch (Oscar) Linguiste français (1877-1937). Il est l'auteur avec W. Wartburg d'un *Dictionnaire étymologique de la langue française.*

Bloch (Ernest) Compositeur américain d'origine suisse (1880-1959). Son œuvre inclut de la musique de chambre, un opéra *(Macbeth)* et des symphonies. *Schlomo ; Israël.*

B

Bloch (Ernst) Philosophe allemand (1885-1977). Il a étudié la fonction sociale de l'utopie dans l'histoire et la société. *Le Principe espérance.*

Bloch (Marc) Médiéviste français (1886-1944). Il fonda en 1929 avec L. Febvre les *Annales d'histoire économique et sociale* et contribua à renouveler l'historiographie du Moyen Âge. *Les Rois thaumaturges ; La Société féodale.*

Bloch (Felix) Physicien américain (1905-1983). Il travailla notamment sur les phénomènes magnétiques au niveau de l'atome. Prix Nobel 1952.

Bloch (Konrad) Biochimiste américain (1912-2000). Il élucida la formation du cholestérol dans l'organisme. Prix Nobel 1964.

blockbuster [blɔkbœstœʀ] **n. m.** **(mot anglais des États-Unis « bombe très puissante »)** anglic. **1.** Film à gros budget, dont la sortie s'accompagne d'une importante campagne publicitaire. → **superproduction.** - recomm. offic. **grosse machine. 2.** pharm. Médicament très utilisé, qui rapporte beaucoup d'argent à un laboratoire.

blockchain [blɔkʃɛn] **n. f.** **(mot anglais, de *block* « bloc » et *chain* « chaîne »)** anglic., inform. **1.** Mode de stockage et de transmission de données sous forme de blocs liés les uns aux autres et protégés contre toute modification. - recomm. offic. **chaîne de blocs. 2.** par ext. Base de données contenant l'historique des échanges par blockchain.

blockhaus [blɔkos] **n. m.** **(allemand de *Block* → bloc et *Haus* « maison »)** Ouvrage militaire défensif, fortifié de béton. → **^{1}bunker, fortin.** *Des blockhaus.*

bloc-moteur **n. m.** autom. Ensemble constitué par le moteur, l'embrayage et la boîte de vitesses. *Des blocs-moteurs.*

Bloc national Coalition politique des modérés et des conservateurs qui remporta en France les élections législatives de 1919.

blocus [blɔkys] **n. m.** **(du néerlandais → blockhaus)** Investissement (d'une ville ou d'un port, d'un littoral, d'un pays) pour isoler, couper les communications avec l'extérieur. → aussi **embargo.** *Lever un blocus.* – *Blocus économique* (→ **boycott**).

Blocus continental Ensemble des mesures prises par Napoléon Ier à partir de 1806 pour répliquer au blocus maritime déclaré par la Grande-Bretagne contre l'Empire français. L'objectif était d'empêcher la Grande-Bretagne de commercialiser ses produits et ses denrées coloniales.

Bloemaert (Abraham) Peintre et graveur hollandais (1564-1651). Son œuvre (portraits, paysages, natures mortes, tableaux bibliques et mythologiques) est d'une grande virtuosité technique.

Bloembergen (Nicolaas) Physicien américain (1920-2017). Il fut l'un des pionniers de l'optique non linéaire et travailla sur le laser. Prix Nobel 1981.

Bloemfontein Ville d'Afrique du Sud, chef-lieu de la province État-Libre. 464 600 habitants. Siège de la Cour suprême.

blog **n. m.** **(mot anglais, de *weblog* « carnet de bord *[log]* sur Internet *[web]* »)** anglic. Journal personnel, chronique d'humeur sur Internet. - recomm. offic. **blogue.**

blogosphère **n. f.** **(de *blog* et *-sphère*)** Communauté des personnes qui rédigent des blogs et de celles qui les lisent.

bloguer **v. intr.** < 1 > Tenir un journal personnel en ligne (→ **blog**). □ **n. blogueur, euse**

Blois Chef-lieu du Loir-et-Cher, sur la Loire. 46 660 habitants. Château (XIIIe-XVIIe s.). Évêché. Cathédrale Saint-Louis (XVIIe s.). Hôtel de ville (XVIIIe s.). Ancienne abbaye bénédictine Saint-Laumer (XVIIe-XVIIIe s.). Passée à la maison d'Orléans à la fin du XIVe s., Blois reçut souvent la visite des rois de France, qui y convoquèrent les états généraux à deux reprises, en 1576 et en 1588. Au cours des états généraux de 1588, Henri III fit assassiner Henri de Guise et son frère, le cardinal de Lorraine.

Blok (Aleksandr Aleksandrovitch) Poète russe (1880-1921). Principal représentant du symbolisme russe, il évolua vers un réalisme pessimiste. Son poème, *Les Douze*, concilie les valeurs révolutionnaires et chrétiennes.

blond, onde **(origine inconnue)** **I. 1. adj.** (poil, cheveux) De la couleur la plus claire, proche du jaune (opposé à *brun*). ▪ (personnes) Qui a les cheveux blonds. *Il est blond comme les blés.* – **n.** *Un blond, une blonde.* **2. n. m.** La couleur blonde. *Blond cendré, doré, vénitien.* **II. adj.** D'un jaune très doux. – *Bière blonde. Tabac blond. Cigarette blonde* ou **n. f.** *une blonde.*

blondasse **adj.** D'un vilain blond. *Des cheveux blondasses.*

blonde **n. f.** techn. Dentelle légère au fuseau, faite à l'origine de soie écrue.

Blondel (François) Architecte français (1618-1686). Partisan du style classique en architecture, il a réalisé l'arc de triomphe de la porte Saint-Denis à Paris.

Blondel (Jacques François) Architecte français (1705-1774). Neveu de François Blondel. Il est l'un des créateurs du style Louis XVI. Il a notamment construit l'hôtel de ville de Metz.

Blondel (Maurice) Philosophe français (1861-1949). Il développa une philosophie de l'action et voulut concilier la raison et la foi. Sa pensée religieuse exerça une influence sur les débats dans l'Église catholique au XXe siècle.

blondeur **n. f.** Qualité de ce qui est blond.

^{1}blondin, ine **n.** vieux Enfant, jeune homme, jeune fille à cheveux blonds. → **blondinet.**

^{2}blondin **n. m.** **(du n. d'un acrobate qui avait traversé sur un fil les chutes du Niagara)** techn. Benne à fond mobile pour le transport du béton entre deux pylônes.

Blondin (Antoine) Écrivain français (1922-1991). Son style élégant, ironique, désinvolte, le rapproche du groupe des Hussards. Il écrivit des romans *(L'Humeur vagabonde ; Un singe en hiver)*, des recueils de nouvelles et des chroniques journalistiques.

blondinet, ette **n.** Enfant blond(e). *Une petite blondinette.*

blondir **v. intr.** < 2 > **1.** Devenir blond. **2.** cuis. *Faire blondir des oignons*, les faire revenir jusqu'à ce qu'ils prennent couleur.

bloody mary [blɔdimaʀi] **n. m. invar.** **(mot anglais « Marie la Sanglante »)** anglic. Cocktail composé de vodka et de jus de tomate.

bloomer [blumœʀ] **n. m.** **(mot anglais, d'un n. propre)** anglic. Culotte bouffante et serrée en haut des cuisses.

Blois

Blois, le château et son escalier à vis.

Bloomfield (Leonard) Linguiste américain (1887-1949). Il est considéré comme l'un des principaux représentants d'une linguistique descriptive et fonctionnelle.

Bloomsbury Quartier de Londres (West End) où sont rassemblées des maisons d'édition. De 1907 à 1930, des artistes et des intellectuels y constituèrent le *groupe de Bloomsbury* (T. S. Eliot, V. Woolf, A. Huxley, J.-M. Keynes, B. Russell).

^{1}bloquer **v. tr.** < 1 > **(de *bloc*)** **I.** Réunir, mettre en bloc. → **grouper, ^{1}masser.** *Bloquer deux paragraphes.* **II. 1.** Empêcher de se mouvoir. → **immobiliser.** *Un navire bloqué par les glaces.* – *Bloquer le ballon.* ▪ *Bloquer un compte en banque.* – *Bloquer les prix, les salaires*, en interdire l'augmentation. ▪ *Bloquer la publicité sur Internet*, l'empêcher d'apparaître grâce à un logiciel adapté. **2.** Empêcher le fonctionnement habituel de (un établissement). *Grévistes qui bloquent une usine.* **3.** Boucher, obstruer. *La route est bloquée.* **4.** fig. Inhiber par un blocage (2).

^{2}bloquer **v. tr.** < 1 > **(néerlandais *blokhen*)** (Belgique) fam. Étudier assidûment en vue des examens.

bloqueur, euse **n.** **(de *^{1}bloquer*)** **1.** Personne qui bloque un établissement. **2. n. m.** *Bloqueur de publicité* : application qui empêche l'affichage des publicités sur Internet.

blot **n. m.** **(de *bloc*, d'abord « prix »)** argot loc. *Le même blot*, la même chose. – *Ça fait mon blot*, mon affaire.

se blottir **v. pron.** < 2 > **(p.-ê. du bas allemand *blotten* « écraser »)** **1.** Se ramasser sur soi-même, de manière à occuper le moins de place possible. → se **lover,** se **pelotonner.** *Se blottir sous les couvertures.* **2.** Se mettre à l'abri, en sûreté. → se **réfugier.** *La petite fille s'est blottie contre sa mère.*

blouse **n. f.** **(origine obscure, p.-ê. famille de *bliaud*)** **1.** Vêtement de travail que l'on met par-dessus les autres pour les protéger. *Blouse blanche de chirurgien.* – *Les blouses blanches* : le personnel médical. **2.** Chemisier de femme, large du bas.

^{1}blouser **v. tr.** < 1 > **(de *blouse*, terme du jeu de paume)** fam. Tromper (qqn). *Il s'est fait blouser*, il s'est fait avoir.

^{2}blouser **v. intr.** < 1 > **(de *blouse*)** (vêtements) Bouffer à la taille. □ **adj. blousant, ante**

blouson **n. m.** **(de *blouse*)** Veste courte resserrée aux hanches. → **^{3}bomber, perfecto.** *Blouson de cuir.* – vieilli *Blouson noir* : jeune voyou.

Blow (John) Organiste et compositeur anglais (1649-1708). Célèbre surtout pour sa musique religieuse, il écrivit le premier opéra anglais *Vénus et Adonis.* Purcell fut l'un de ses élèves.

Bloy (Léon) Écrivain et polémiste catholique français (1846-1917). Il se fit le chantre d'une pauvreté mystique et fustigea le matérialisme de son temps. Ses attaques contre le naturalisme en littérature, le conservatisme du Vatican, ou l'antisémitisme de Drumont lui valurent beaucoup d'ennemis. Il est l'auteur de romans *(Le Désespéré)*, d'essais *(Le Salut par les Juifs)* et d'un *Journal.*

Blücher (Gebhard Leberecht), prince Blücher von Wahlstatt Maréchal prussien (1742-1819). Il prit une part décisive aux victoires de Leipzig (1813) et de Waterloo (1815) contre Napoléon.

blue-jean ou **bluejean** [bludʒin] **n. m.** **(de l'anglais des États-Unis → jean)** anglic. vieilli Jean bleu. *Des blue-jeans, des bluejeans.* - var. **blue-jeans** [bludʒin, bludʒins].

Blue Mountains **n. f. pl.** Massif de la cordillère Australienne, à l'O. de Sydney.

Blue Ridge **n. f.** L'une des chaînes montagneuses des Appalaches, au N.-E. des États-Unis.

blues [bluz] **n. m.** **(de l'anglais des États-Unis, de *blue devils* [« diables bleus »] « mélancolie »)** **I.** Forme musicale élaborée par les Noirs des États-Unis d'Amérique, caractérisée par une formule harmonique constante, un rythme à quatre temps. *Un chanteur de blues.* **II. (réemprunt à l'anglais)** fam. Mélancolie, cafard. *Un coup de blues.*

bluesman [bluzman] **n. m.** anglic. Chanteur, musicien de blues. *Des bluesmans* ou *des bluesmen* (plur. anglais).

bluet **n. m.** voir **bleuet**

bluette **n. f.** (ancien français *belue* « étincelle » → berlue) Œuvre (livre, film, chanson) légère et sans prétention, empreinte de sentimentalisme.

bluff [blœf] **n. m.** (de l'anglais des États-Unis, de *to bluff* « faire illusion ») Attitude destinée à impressionner, intimider l'adversaire sans en avoir les moyens. *Il nous a eus au bluff.*

bluffant, ante [blœfɑ̃] **adj.** fam. Qui impressionne, surprend. *Une interprétation bluffante.*

bluffer [blœfe] **v.** < 1 > fam. **I. v. intr.** Pratiquer le bluff. *Bluffer au poker.* **II. 1. v. tr.** *Bluffer qqn*, l'abuser. **2.** Impressionner (qqn). *Sa performance nous a littéralement bluffés.*

bluffeur, euse [blœfœʀ, øz] **n. et adj.** Personne qui bluffe.

Blum (Léon) Homme d'État français (1872-1950). Il entra en 1902 au Parti socialiste français et collabora à partir de 1904 à *L'Humanité*. Élu député en 1919, il se prononça contre la création du Parti communiste lors du congrès de Tours (1920) et devint le chef de la SFIO. La victoire du Front populaire aux élections de 1936 le porta à la tête du gouvernement. Président du Conseil jusqu'en juin 1937, il fit adopter d'importantes réformes sociales. Interné en 1940, il fut jugé (procès de Riom, 1942), puis déporté à Buchenwald (1943-1945). À son retour en France, il constitua un nouveau gouvernement (décembre 1946-janvier 1947) et mit en place les institutions de la IVe République.

Léon Blum lors d'un discours (1936).

Blumberg (Baruch Samuel) Médecin américain (1925-2011). Il mena des travaux sur les hépatites, identifia le virus de l'hépatite B et participa au développement d'un vaccin contre la maladie. Prix Nobel 1976.

Blumenau Ville du S. du Brésil (Santa Catarina). 295 000 habitants (669 000 pour l'agglomération).

Blumenbach (Johann Friedrich) Médecin allemand (1752-1840). Il est considéré comme l'un des pionniers de l'anthropologie. Se basant sur la forme du crâne, il a divisé l'espèce humaine en cinq populations.

Bluntschli (Johann Kaspar) Juriste suisse (1808-1881). Chef du gouvernement du canton de Zurich (1839-1846), il partit s'établir en Allemagne après la guerre du Sonderbund et enseigna à Munich et Heidelberg. Il fut l'un des promoteurs de l'Institut de droit international.

blush [blœʃ] **n. m.** (mot anglais) anglic. Fard à joues sec. *Des blushs.*

Blutch (Christian Hincker dit) Dessinateur et scénariste de bande dessinée français (né en 1967). Il privilégie l'émotion, l'expression et la création d'ambiances, parfois mystérieuses. *Variations ; Pour en finir avec le cinéma ; Lune l'envers.*

bluter **v. tr.** < 1 > (ancien français *beluter*, d'origine incertaine) Tamiser (la farine) pour la séparer du son (avec un tamis appelé *blutoir* **n. m.**). □ **n. m. blutage**

Blyton (Enid Mary) Romancière britannique (1897-1968). Elle est l'autrice de plusieurs séries de romans pour enfants : *Oui-Oui ; Le Club des Cinq ; Le Clan des Sept.*

boa **n. m.** (mot latin) **1.** Gros serpent carnassier de l'Amérique du Sud, non venimeux, qui étouffe sa proie dans ses anneaux. *Boa constricteur.* **2.** Long tour de cou en plumes.

Boabdil (Abū ʿAbd Allāh Muḥammad XI, connu en Occident sous le nom de) Dernier roi arabe de Grenade (1460-1527). Il régna de 1482 à 1492 sous le nom de Muhammad XI.

Boadicée ou **Boudicca** (Ier s.). Reine des Icènes, tribu établie dans l'actuel Norfolk, en Grande-Bretagne. La révolte qu'elle souleva contre l'occupation romaine fut écrasée en 60 ou 61.

Boal (Augusto) Homme de théâtre brésilien (1931-2009). Fondateur du théâtre Arena à São Paulo, il développa des formes de théâtre populaire, de rue et contestataire, insistant sur la participation du spectateur et sur la dimension sociale du théâtre (Théâtre de l'opprimé, Théâtre forum).

Boas (Franz) Anthropologue américain d'origine allemande (1858-1942). Il étudia les populations indiennes d'Amérique du Nord et introduisit les concepts de relativisme culturel et de particularisme historique en anthropologie.

boat people [botpipœl] **n. invar.** (anglais « gens des bateaux ») anglic. (surtout au plur.) Personne fuyant son pays sur un bateau (en Asie). *Des boat people.*

Boa Vista Ville du N. du Brésil, capitale de l'État du Roraima. 277 800 habitants.

¹bob voir **bobsleigh**

²bob **n. m.** (mot anglais, diminutif de *Robert*, désignant les marins américains et leur bonnet) anglic. Chapeau en toile à bords rabattus sur la calotte.

Bobadilla (Francisco de) Gouverneur espagnol d'Hispaniola (mort en 1502). Il fit emprisonner C. Colomb et renvoya celui-ci en Espagne (1500).

bobard **n. m.** (ancien français *bober* « tromper », onomatopée *bob-* → bobine) fam. Propos, récit fantaisiste et mensonger. → **²blague, boniment.** *Raconter des bobards.*

bobèche **n. f.** (onomatopée → bobine) **1.** Disque adapté aux chandeliers et destiné à recueillir la cire qui coule. **2.** Petit socle muni d'une pointe, pour planter une bougie dans un gâteau.

Bobèche (Antoine Mandelot, dit) Clown français (mort en 1836 ou 1837). Son duo avec Galimafré fut célèbre sous la Restauration.

bobet, ette **adj. et n.** (origine inconnue) (Suisse) fam. Idiot, nigaud. – **n.** *Le bobet du village.*

Bobet (Louis, dit Louison) Coureur cycliste français (1925-1983). Il fut champion du monde sur route (1954) et triple vainqueur du Tour de France (1953-1955).

bobettes **n. f. pl.** (origine inconnue) (Canada) fam. Caleçon, culotte, slip. *Bobettes pour homme, pour femme.*

bobeur, euse **n.** sports Équipier, équipière d'un bobsleigh.

Bobigny Chef-lieu de la Seine-Saint-Denis, sur le canal de l'Ourcq. 54 906 habitants. Hôpital Avicenne (CHU ; unité de recherche Iris). Nécropole gauloise mise au jour en 2002.

bobinage **n. m. 1.** Opération de tissage qui consiste à enrouler le fil sur les bobines. **2.** électr. Fils conducteurs enroulés autour d'un noyau.

bobine **n. f.** (onomatopée *bob-*, idée de « gonfler », *cf.* bobèche ; bobard, embobiner) **I. 1.** Petit cylindre à rebords (pour enrouler du fil, du ruban, un film...). *Une bobine de fil. Les bobines d'un métier à tisser. Changer de bobine pendant une projection.* **2.** électr. *Bobine électrique.* **II.** fam. Figure, tête. *Faire une drôle de bobine.*

bobineau **n. m.** Petite bobine (spécialt de magnétophone).

bobiner **v. tr.** < 1 > Dévider (un fil) et l'enrouler sur une bobine.

bobinette **n. f.** vieux Loquet cylindrique en bois. *« Tire la chevillette, la bobinette cherra* [tombera] » (Perrault, *Le Petit Chaperon rouge*).

bobineur, euse **n. 1.** Personne chargée du bobinage. **2. n. f.** Machine à bobiner.

bobinier, ière **n.** Ouvrier, ouvrière qui effectue les bobinages électriques.

Bobino Music-hall parisien installé rue de la Gaîté depuis 1873.

bobinoir **n. m.** techn. Bobineuse mécanique.

¹bobo **n. m.** (onomatopée) **1.** lang. enfantin Douleur physique. *Avoir bobo.* **2.** Petite plaie insignifiante. – fig. *Il n'y a pas de bobo.*

²bobo **n.** (mot anglais des États-Unis, de *bourgeois bohemian* « bourgeois bohème ») anglic. Personne d'un milieu aisé et cultivé, se voulant attachée à des valeurs d'authenticité et de créativité.

Bobo-Dioulasso Ville du Burkina Faso. 904 900 habitants. La deuxième ville du pays par sa population, fondée par des agriculteurs bobos, rejoints par des Dioulas (commerçants).

bobologie **n. f.** (→ ¹bobo) fam. plais. Prise en charge médicale des petites blessures et des maux bénins.

bobonne **n. f.** (de *bonne*) fam., péj. (sans déterminant) Épouse. *Il est venu avec bobonne.* ■ (avec déterminant) Femme d'âge moyen, établie dans une vie petite-bourgeoise. *Elle s'habille comme une bobonne.*

Bobo(s) **n. m. pl.** Peuple du Burkina Faso et du Mali, de langue mandé.

bobsleigh [bɔbslɛg] **n. m.** (mot anglais, de *sleigh* « traîneau ») Traîneau articulé à plusieurs places, pour descendre à grande vitesse sur des pistes de neige aménagées. - abrév. **bob.** ■ Sport pratiqué avec cet engin.

bobtail [bɔbtɛl] **n. m.** (mot anglais « queue [*tail*] coupée ») Chien de berger écossais ou anglais, de taille moyenne, au poil long et rêche, à queue coupée.

bo bun ou **bobun** [-bun] **n. m.** (mot vietnamien) Salade vietnamienne à base de vermicelles de riz et de bœuf sauté servie dans un bol. *Des bo buns, des bobuns.*

bocage **n. m.** (de l'ancien français *bosc* → bois) **1.** Type de paysage formé de prés clos par des levées de terre plantées d'arbres. *Le bocage vendéen.* **2.** littér. Petit bois ; lieu ombragé. □ **adj. bocager, ère**

Bocage normand **n. m.** Région de l'O. de la Normandie, appelée Suisse normande. Élevage.

Bocage vendéen **n. m.** Région de l'O. de la Vendée. Polyculture et élevage.

bocal, aux **n. m.** (italien *boccale*, du latin, du grec) Récipient à col très court et à large ouverture. *Fruits conservés en bocaux.* – *Un bocal à poissons rouges.*

bocard **n. m.** (allemand *Pochwerk*, de *pochen* « frapper ») techn. Appareil pour broyer le minerai de fer. □ **bocarder** **v. tr.** < 1 >

Boccace (Giovanni Boccaccio, dit en français) Écrivain italien (1313-1375). Son chef-d'œuvre, *Le Décaméron*, recueil de contes satiriques et licencieux, est considéré comme l'un des premiers modèles de la prose narrative italienne.

Boccador (Domenico Bernabei, dit Domenico da Cortona ou le) Architecte et décorateur italien (mort v. 1549). Il travailla en France au service de Louis XII et de François Ier. On lui attribue les plans du premier hôtel de ville de Paris et la maquette du château de Chambord.

Boccanegra (Simone) Premier doge de Gênes (mort en 1363 ?). Élu en 1339, il mourut empoisonné. Il inspira à Verdi un opéra (*Simon Boccanegra*).

Boccherini (Luigi) Compositeur italien (1743-1805). Violoncelliste virtuose, il fit carrière en Espagne. Il composa des opéras, des symphonies et de nombreuses pièces de musique de chambre. *Stabat Mater.*

B

boccia [bɔtʃja] **n. f. (mot italien « boule »)** Handisport proche de la pétanque, qui se joue avec des balles en cuir.

Boccioni (Umberto) Peintre et sculpteur italien (1882-1916). Il signa en 1912 avec Marinetti le *Manifeste de la peinture et de la sculpture futuriste*. Il chercha à exprimer le dynamisme de la civilisation moderne et à suggérer le mouvement.

boche n. et adj. (de *caboche* « tête » ou de *alboche* « allemand ») péj., vieilli (injure xénophobe) Allemand.

Bochimans n. m. pl. en anglais **Bushmen** Peuple nomade du S.-O. africain vivant dans le désert du Kalahari.

Bocholt Ville d'Allemagne (Rhénanie-du-Nord-Westphalie), à la frontière néerlandaise. 71 000 habitants. Industrie métallurgique, mécanique.

Bochum Ville d'Allemagne (Rhénanie-du-Nord-Westphalie), dans la Ruhr. 364 400 habitants. Industrie automobile. Université.

bock n. m. (allemand *Bockbier*) Verre de bière (d'une contenance équivalant à environ la moitié d'un *demi*).

Bock (Fedor von) Feld-maréchal allemand (1880-1945). Il commanda les troupes qui envahirent l'Autriche (1938), dirigea l'un des groupes d'armées qui anéantirent la Pologne (1939), et participa aux campagnes contre la France (1940) et l'Union soviétique (1941).

Böcklin (Arnold) Peintre suisse (1827-1901). Il exécuta des tableaux d'inspiration mythologique dont l'étrangeté et la puissance onirique suscitèrent l'intérêt des expressionnistes allemands et des surréalistes. *L'Île des morts.*

Bocskay (István) (1577-1606). Prince de Hongrie et de Transylvanie (1605-1606). Révolté contre les Habsbourg, il obtint la reconnaissance de l'indépendance de la Transylvanie. Il prit d'importantes mesures sociales en faveur des paysans.

Bocuse (Paul) Cuisinier français (1926-2018). Il se fit l'ambassadeur dans le monde d'une cuisine française rénovée.

Bodard (Lucien) Journaliste et écrivain français (1914-1998). Auteur d'études consacrées à la Chine contemporaine *(La Chine de la douceur ; Mao)*, il évoqua son enfance dans l'univers de la Chine coloniale *(Monsieur le Consul ; Anne-Marie)*.

Bode (Johann Elert) Astronome allemand (1747-1826). La loi empirique qui porte son nom permit de calculer approximativement les distances relatives des planètes par rapport au Soleil (1778).

bodéga ou **bodega** [bɔdega] **n. f. (mot espagnol, du latin *apotheca* [→ apothicaire], famille de *boutique*)** Petit bistrot en Espagne ou dans le midi de la France.

Bodel (Jean) voir **Jean Bodel**

Bodh Gaya ou **Boddh Gayā** Localité de l'État du Bihar en Inde. Lieu de pèlerinage bouddhiste. Siddhārta Gautama (dit aussi Śākyamuni) y atteint l'état de Bouddha, « l'Éveillé ».

Bodhidharma (VIe s.). Moine bouddhiste indien dont la doctrine est à l'origine des sectes chan en Chine et zen au Japon.

bodhisattva n. m. (mot sanskrit) Sage bouddhiste ayant franchi tous les degrés de la perfection sauf le dernier qui fera de lui un bouddha. *Des bodhisattvas.*

Bodin (Jean) Économiste et philosophe français (1529-1596). Il fut le théoricien de la monarchie absolue. *La République.*

Bodléienne (bibliothèque) Bibliothèque fondée à Oxford, en 1602, par sir Thomas Bodley (1545-1613). Constamment enrichie, c'est une des plus importantes bibliothèques de recherche au monde.

Bodmer (Johann Jakob) Écrivain et critique suisse d'expression allemande (1698-1783). Il fut l'un des premiers à redécouvrir la poésie allemande médiévale et publia une édition du *Chant des Nibelungen*. Il défendit le rôle prépondérant de l'imagination et du merveilleux en art. *Traité critique du merveilleux.*

Bodoni (Giambattista) Imprimeur italien (1740-1813). Il est le créateur du caractère qui porte son nom.

Bodrum Ville de Turquie sur le golfe de Cos, à l'emplacement de l'ancienne Halicarnasse. 33 260 habitants. Station touristique.

body n. m. (mot anglais « corps ») anglic. 1. Sous-vêtement féminin, collant, d'une seule pièce, couvrant le tronc, qui se ferme généralement par des boutons-pressions à l'entrejambe. **→ justaucorps.** *Des bodys ou des bodies.* **2.** Sous-vêtement similaire pour bébé.

body art [bɔdiaʀt] **n. m. (mot anglais, de *body* « corps » et *art* « art ») anglic.** Art plastique né dans les années 1970 consistant en interventions sur le corps humain ou utilisant le corps humain. *Le body art et la pratique de la performance**. ■ Interventions à volonté esthétique (artistique) réalisées sur le corps humain. *Peintures corporelles, tatouages, scarifications sont des formes de body art.*

bodyboard [bɔdibɔʀd] **n. m. (de l'anglais, de *body* « corps » et *board* « planche ») anglic.** Courte planche sur laquelle le surfeur se tient allongé ou à genoux. ■ Sport pratiqué avec cette planche.

bodybuilding [bɔdibildiŋ] **n. m. (mot anglais, de *body* « corps » et *to build* « construire ») anglic.** Musculation destinée à « remodeler » le corps. **→ culturisme.**

Boèce Philosophe et poète latin (480-524). Condamné à mort par l'empereur Théodoric, il écrivit dans son cachot *De la consolation de la philosophie.*

Boëly (Alexandre) Compositeur français (1785-1858). Organiste de Saint-Germain-l'Auxerrois à Paris, il fut l'un des plus ardents défenseurs en France de la musique de Bach. Il composa pour le piano et l'orgue.

Boers n. m. pl. Nom donné aux colons néerlandais, puis allemands, scandinaves et français qui s'établirent en Afrique australe à partir de 1652. Leurs descendants (Afrikaners) constituent la majorité de la population blanche d'Afrique du Sud. ■ **La guerre des Boers** Guerre menée par les Boers contre la colonisation britannique (1899-1902).

Boesset ou **Boysset (Antoine), sieur de Villedieu** Compositeur français (1586-1643). Surintendant de la musique de Louis XIII, il est considéré comme l'un des maîtres de la musique vocale du XVIIe siècle.

boette [bwɛt] **n. f. (breton *boued* « nourriture ») pêche** Appât pour attirer le poisson. - var. **bouette, boitte** [bwat].

bœuf [bœf], plur. **bœufs** [bø] **n. m. (vient du latin *bos, bovis*) I. 1.** Mammifère ruminant domestique (bovin), lorsqu'il est mâle **(opposé à *vache*)**, castré **(opposé à *taureau*)** et adulte **(opposé à *veau*)**. *Bœuf de boucherie*, élevé pour l'alimentation. **– fam.** *Être fort comme un bœuf*, très fort. **2.** *Bœuf sauvage*, bison, aurochs. **–** *Bœuf musqué.* **→ ovibos. 3.** *(Le, du bœuf).* Viande de bœuf ou de vache. *Bœuf bouilli, braisé. Pièce, côte de bœuf.* **→ aussi bifteck, steak. 4. adj. invar. fam.** *Un effet, un succès bœuf*, très grand et étonnant. **II. (p.-ê. allusion au cabaret *le Bœuf sur le toit*) argot des musiciens** Improvisation collective.

bof interj. (onomatopée) Exclamation exprimant le mépris, la lassitude, l'indifférence. *Bof ! Faire ça ou autre chose !*

Boff (Leonardo) Franciscain brésilien (né en 1938). Il est l'un des fondateurs de la théologie de la libération et a été sanctionné pour ses écrits par le Vatican en 1985.

Boffrand (Germain) Architecte et décorateur français (1667-1754). Il travailla pour le duc de Lorraine (château de Lunéville) et contribua à propager le classicisme français en Europe. Décorateur, il introduisit le style rocaille (hôtel de Rohan-Soubise à Paris).

Bofill (Ricardo) Architecte espagnol (1939-2022). Son esthétique néoclassique s'exprime dans le quartier Antigone à Montpellier ou dans le Teatre nacional de Catalunya (Barcelone).

Bogarde (Derek Van Den Bogaerde, dit Dirk) Acteur britannique (1921-1999). Après une carrière de jeune premier, il interpréta des personnages complexes et ambigus. *The Servant ; Mort à Venise ; Providence.*

Bogart (Humphrey) Acteur américain (1899-1957). L'un des interprètes emblématiques du film noir, il a su incarner des personnages de héros dur mais romantique, au charme ténébreux et à l'humour désabusé. *Le Faucon maltais ; Casablanca ; The African Queen.*

Humphrey Bogart et Lauren Bacall dans *Le Port de l'angoisse* de Howard Hawks (1944).

Boğazkale Site archéologique de Turquie, en Cappadoce, identifié en 1906 comme l'ancienne capitale hittite Hattousas.

Bogdan Ier Prince moldave de 1359 à 1365. Il émancipa son pays de la tutelle hongroise et proclama l'indépendance de la Moldavie (1359).

boghead [bɔgɛd] **n. m. (n. d'un village d'Écosse) anglic., techn.** Charbon dur.

boghei ou **boguet n. m. (anglais *buggy*) anciennt** Petit cabriolet découvert. **→ buggy.**

bogie [bɔʒi] ou **boggie** [bɔgi] **n. m. (mot anglais)** Chariot sur lequel est articulé le châssis d'un wagon pour lui permettre de prendre les courbes. *Des bogies, des boggies.*

bogomile n. (bulgare *bog* « Dieu » et *mile* « ami ») relig. Membre d'une secte hérétique bulgare qui exista entre le Xe et le XIIIe s. ■ **adj.** Relatif à cette secte.

Bogor Ville d'Indonésie sur l'île de Java, au S. de Jakarta. 950 334 habitants. Ancien palais des gouverneurs hollandais. Jardin botanique.

Bofill (Ricardo)

Réalisées par Ricardo Bofill entre 1979 et 1986, les Échelles du baroque, à Paris.

Bogotá Capitale de la Colombie, dans la Cordillère orientale, à 2 600 mètres d'altitude. 7,7 millions d'habitants. Musées de l'Or, d'Art colonial. Administration, commerce et universités. Industries. Fondée en 1538 sous le nom de Santa Fe de Bogotá, la ville fut la capitale de la vice-royauté espagnole de Nouvelle-Grenade (1598-1819).

Bogotá, l'une des capitales les plus hautes en altitude, après La Paz et Quito.

¹bogue n. f. (du breton, du gaulois *bulga* → ¹blague, bouge) Enveloppe piquante de la châtaigne, du marron.

²bogue n. m. (anglais *bug* « cafard, punaise ») anglic., inform. Défaut d'un logiciel entraînant des anomalies de fonctionnement. ■ fig. Anomalie, dysfonctionnement imprévu. - syn. anglic. **bug** [bœg]. □ **adj. bogué, ée**

boguer v. intr. < 1 > Présenter un bogue, une anomalie de fonctionnement. *Logiciel qui bogue.* - syn. anglic. **bugger, buguer** [bœge] v. intr. < 1 >.

boguet voir **boghei**

Bohai (golfe du) Golfe de la mer Jaune, situé entre les péninsules du Liaodong et du Shandong (Chine).

Bohain-en-Vermandois Commune de l'Aisne. 5 703 habitants.

bohème n. (du latin, de *Boii*, n. d'un peuple celtique, *cf.* **bohémien**) **1.** vieux Bohémien. **2.** fig. Personne qui vit en marge, sans règles ni souci du lendemain. *Une vie de bohème.* – **adj.** *Des mœurs bohèmes.* ■ *La bohème* : milieu artiste, antibourgeois ; ce mode de vie.

Bohême n. f. Région historique et géographique d'Europe centrale, formant la principale composante de la République tchèque, avec la Moravie. Elle se compose de massifs anciens (monts des Sudètes, Krušné Hory ou Erzgebirge, Forêt-de-Bohême et collines de Moravie) qui encadrent un plateau au centre duquel se trouve Prague.

HISTOIRE

Occupée à partir du –vᵉ s. par les Celtes boïens puis, dès le viᵉ s., par les Slaves, la Bohême, évangélisée au ixᵉ s. par Cyrille et Méthode, fit partie du royaume de Grande-Moravie à la fin du ixᵉ s. Au xᵉ s., l'État tchèque, fondé par les Přemyslides, reconnut la suzeraineté des rois allemands. En 1198, la Bohême devint un royaume héréditaire. Le règne d'Ottokar II Přemysl (1253-1278) fut marqué par une série de conquêtes (Silésie, Slovaquie, Lusace, Autriche, Styrie, Carinthie et Carniole), auxquelles celui-ci dut renoncer sous la contrainte de l'empereur Rodolphe Iᵉʳ de Habsbourg. La dynastie des Přemyslides, éteinte en 1306, fut remplacée en 1310 par celle des Luxembourg. Charles IV (1346-1378), empereur du Saint Empire, porta la Bohême à son apogée et agrandit considérablement le royaume. Il fonda l'université de Prague et fit de la ville sa capitale. Au début du xvᵉ s., le mouvement de réforme conduit par Jan Hus aboutit, après la mort de celui-ci, à une guerre civile entre hussites et croisés (1419-1436) sous Sigismond de Luxembourg. La couronne de Bohême passa ensuite successivement à Georges de Poděbrady (1458-1470), aux Jagellons Ladislas VI (1471-1516) et Louis II (1516-1526), lequel unit les couronnes de Bohême et de Hongrie, et enfin à la maison de Habsbourg avec Ferdinand Iᵉʳ (1526-1564). En 1618, l'insurrection des protestants nationalistes (défenestration de Prague) marqua le début de la guerre de Trente Ans. Les insurgés déposèrent Ferdinand II et le remplacèrent par l'électeur palatin Frédéric V (1619). La défaite de celui-ci à la Montagne Blanche (1620) marqua la fin de l'autonomie de la Bohême. Le sentiment national tchèque, éveillé sous le régime des Habsbourg (devenus rois héréditaires de Bohême depuis la Constitution de 1627) aux xviiᵉ et xviiiᵉ s., se renforça à partir de 1815 et conduisit à l'émeute de Prague (juin 1848). Le règne de François-Joseph (1848-1916) vit apparaître le néoslavisme des Jeunes-Tchèques, qui défendait l'indépendance de la Bohême. La Première Guerre mondiale cristallisa l'opposition tchèque à la monarchie austro-hongroise et aboutit à la création d'une Tchécoslovaquie indépendante (1918) réunissant Tchèques et Slovaques.

Bohême (Forêt-de-) Massif montagneux séparant la Bohême (République tchèque) de l'Allemagne et de l'Autriche, et culminant à 1 456 mètres.

bohémien, ienne n. (de *bohème* [on croyait ce peuple originaire de Bohême]) Tsigane nomade. → **romanichel.**

Böhm (Karl) Chef d'orchestre autrichien (1894-1981). Il dirigea les plus grands orchestres européens et l'Opéra de Vienne.

Böhm-Bawerk (Eugen Böhm von Bawerk, dit) Homme politique et économiste autrichien (1851-1914). Il fut, avec Menger, l'un des principaux représentants de l'école marginaliste de Vienne.

Böhme ou **Boehme** (Jakob) Mystique luthérien allemand (1575-1624). Ses œuvres influencèrent les philosophes des xixᵉ et xxᵉ siècles.

Bohr (Niels) Physicien danois (1885-1962). Il est l'un des pères de la physique et de la mécanique quantiques. Il proposa le modèle de structure interne de l'atome qui porte son nom. À Copenhague, il fonda un institut de recherche qui accueillit les plus grands scientifiques de son époque. Prix Nobel 1922.

bohrium [bɔʀjɔm] n. m. (du n. du physicien danois Niels Bohr) chim. Élément atomique transuranien (symb. Bh, nº at. 107, masse at. 264).

Boiardo (Matteo Maria) Poète italien (1441-1494). Son poème chevaleresque, *Roland amoureux*, mêle le cycle carolingien au cycle breton et préfigure le *Roland furieux* de l'Arioste.

Boieldieu [bɔjɛldjø] (François Adrien) Compositeur français (1775-1834). Il est l'auteur d'une quarantaine d'opéras et d'opéras-comiques. *La Dame blanche.*

Boileau (Nicolas), dit **Boileau-Despréaux** Écrivain français (1636-1711). Il se fit le défenseur de l'esthétique classique *(Art poétique)* et prit parti pour les Anciens contre C. Perrault lors de la querelle des Anciens et des Modernes. *Satires ; Épîtres.*

Boileau-Narcejac Nom de plume de Pierre Boileau (1906-1989) et Pierre Ayraud dit Thomas Narcejac (1908-1998). Ils s'associèrent pour écrire des romans policiers à suspense qui ont été fréquemment adaptés au cinéma.

boiler [bwalɛʀ ; bɔjlœʀ] n. m. (mot anglais, de *to boil* « bouillir ») (Belgique, Luxembourg, Suisse) anglic. Chauffe-eau. *Des boilers.*

boille n. f. (de ¹*bouille*) (Suisse) Récipient cylindrique ou ovale servant au transport du lait. → ¹**bouille.**

Boijmans-Van Beuningen (musée) Musée d'art de Rotterdam fondé en 1847. Riches collections de tableaux de l'école flamande et hollandaise ; art moderne et contemporain.

¹boire v. tr. < 53 > (vient du latin *bibere* → biberon, boisson) **1.** Avaler (un liquide). → **absorber, ingurgiter, prendre.** *Boire de l'eau, du vin.* – pronom. (passif) *Ce vin se boit au dessert.* – (vin, alcool) *Boire un coup, un verre. Boire à la santé de qqn.* – loc. *Il y a à boire et à manger*, de bonnes et de mauvaises choses. – *Boire la tasse*.* – *Boire du lait*, du petit-lait.* – fig. *Boire les paroles de qqn*, les écouter avec attention et admiration. **2.** absolt Prendre des boissons alcoolisées avec excès. → fam. **picoler.** *Un homme qui boit* (→ **alcoolique, ivrogne**). *Boire comme un trou, comme une éponge ; boire sans soif.* **3.** (corps poreux, perméable) Absorber. *Ce papier boit l'encre ;* absolt *il boit.*

²boire n. m. loc. *Le boire et le manger* : l'action de boire et de manger. – loc. *En perdre, en oublier le boire et le manger*, être entièrement absorbé.

bois n. m. (vient du francique *bosk* « buisson ») **I.** Espace de terrain couvert d'arbres (en principe plus petit que la forêt*). *Un bois de hêtres. Se promener dans les bois.* **II.** ***Le bois, du bois.*** Matière ligneuse et compacte des arbres. → **ligni-, xylo-.** *Bois vert. Bois mort, sec.* – *Bois de chauffage. Feu de bois.* – loc. *Montrer de quel bois on se chauffe*, de quoi l'on est capable (menace). – ***De bois, en bois*** : dont la matière est le bois. *Cheval de bois.* loc. *N'être pas de bois*, ne pas être insensible. loc. fam. *Avoir la gueule* de bois.* – *Langue* de bois.* **III. 1.** *Bois de lit*, cadre en bois qui supporte le sommier. **2.** Gravure sur bois. **3.** ***Les bois*** : les instruments à vent, munis de trous, en bois (parfois en métal). **4.** au plur. *Les bois d'un cerf*, ses cornes.

Bois (lac des) Lac du Canada (Ontario) et des États-Unis (Minnesota). 3 500 km^2.

Boischaut n. m. Plaine du S. du Berry, en bordure du Massif central.

Bois-Colombes Commune des Hauts-de-Seine, au N.-O. de Paris. 29 555 habitants.

Bois-d'Arcy Commune des Yvelines, à l'O. de Versailles. 15 028 habitants. Service des Archives du film.

Boise ou **Boise City** Ville des États-Unis, capitale de l'Idaho. 235 680 habitants. Industrie du bois.

boisé, ée adj. **1.** Couvert de bois (I) (opposé à *déboisé*). *Une région boisée.* **2.** Qui sent le bois.

boiser v. tr. < 1 > (de *bois*) **1.** Garnir de charpentes en bois. *Boiser une galerie de mines.* □ **n. m. boisage 2.** (de *boisé*) Planter d'arbres (→ **reboiser**). □ **n. m. boisement**

boiserie n. f. **1.** Revêtement en bois de menuiserie. **2.** au plur. Éléments de menuiserie d'une maison (à l'exclusion des parquets). *Boiseries peintes.*

boiseur, euse n. Ouvrier, ouvrière employé(e) aux travaux de boisage.

Boisguilbert ou **Boisguillebert** (Pierre Le Pesant, sieur de) Économiste français (1646-1714). Il chercha à réformer le système fiscal, préconisant la liberté du commerce et une meilleure répartition de l'impôt.

Bois-Guillaume Commune de la Seine-Maritime, dans la banlieue N. de Rouen. 14 378 habitants.

Bois-le-Duc Ville des Pays-Bas, chef-lieu du Brabant-Septentrional, au N. d'Eindhoven. 156 500 habitants. Cathédrale des xivᵉ-xviᵉ s. Ville de culture. Henri Iᵉʳ, duc de Brabant, lui donna le statut de cité en 1185.

boisseau n. m. (ancien français *boisse*, du gaulois) Ancienne mesure de capacité utilisée pour les matières sèches. – loc. *Mettre, laisser, garder qqch. sous le boisseau* (Évangile), le tenir secret.

boissellerie n. f. (de *boisseau*) Fabrication et commerce d'objets en bois cintré. □ **n. boisselier, ière**

Boissière (Jean-Baptiste Prudence) Lexicographe français (1806-1885). On lui doit un *Dictionnaire analogique de la langue française.*

boisson n. f. (vient du latin *bibere* → ¹boire) **1.** Liquide qui se boit. → **breuvage.** *Boisson froide, chaude. Boisson gazeuse. Boissons alcoolisées.* **2.** Boisson alcoolique. *Un débit de boissons,* un café, un bar. **3.** Habitude de boire de l'alcool. *S'adonner à la boisson.*

Boissy d'Anglas [ɑ̃glas] **(François Antoine, comte de)** Homme politique français (1756-1826). Il présida la Convention après la chute de Robespierre (9 Thermidor). Proscrit sous le Directoire, il devint comte d'Empire et fut fait pair sous la Restauration.

Boissy-Saint-Léger Commune du Val-de-Marne, au S. de Créteil. 17 286 habitants. Château de Grosbois (XVIe s., rebâti au XVIIe s.).

Boiste (Claude) Lexicographe français (1765-1824). Il est l'auteur d'un *Dictionnaire universel de la langue française.*

boîte n. f. (vient du latin *buxida,* de *buxis,* du grec *puxis* « boîte en buis », de *puxos* « buis ») **1.** Récipient de matière rigide, facilement transportable, souvent muni d'un couvercle. *Boîte en bois, en carton. Boîte de conserve. Boîte à,* destinée à recevoir (une chose). *Boîte à bijoux. Boîte à ouvrage,* pour ranger les objets de couture. *Boîte de,* contenant (qqch.). *Boîte d'allumettes.* – ***En boîte*** : dans une boîte. – loc. fam. ***Mettre qqn en boîte,*** se moquer de lui, le faire marcher. ■ Contenu d'une boîte. *Elle a avalé une boîte entière de chocolats.* **2.** loc. ***Boîte à musique,*** dont le mécanisme reproduit quelques mélodies. ***Boîte à rythme*** : appareil électronique reproduisant des rythmes programmés. – ***Boîte aux lettres,*** où l'on dépose le courrier. inform. *Boîte aux lettres électronique* ou *boîte mail* : pour réceptionner des messages électroniques. ***Boîte postale,*** boîte aux lettres réservée, dans un bureau de poste. → **BP.** – *Boîte à gants d'une voiture.* – fig. *Boîte à malice*.* – ***Boîte noire,*** dispositif d'un avion enregistrant certaines données du vol afin d'en contrôler le déroulement. **3.** Cavité, organe creux qui protège et contient un organe, un mécanisme. *Boîte crânienne.* ■ *Boîte de vitesses,* organe renfermant les engrenages des changements de vitesse. **4.** fam. Maison, lieu de travail. *Elle veut changer de boîte.* – argot scol. Lycée. → fam. **bahut. 5.** ***Boîte (de nuit)*** : établissement ouvert la nuit où l'on boit, danse. → **discothèque,** anglic. **night-club.** *Aller en boîte.* - var. RO **boite.**

boiter v. intr. < 1 > (de *boiteux*) Marcher en inclinant le corps d'un côté plus que de l'autre, ou alternativement de l'un et de l'autre. → **boitiller.** *En boitant.* → **clopin-clopant.** □ n. m. **boitement**

boiterie n. f. Infirmité, mouvement d'une personne qui boite. → **claudication.**

boiteux, euse adj. (de *boîte* « cavité [de l'articulation] ») **1.** Qui boite. – n. *Un boiteux, une boiteuse.* **2.** (choses) Qui n'est pas d'aplomb sur ses pieds. → **bancal, branlant.** *Une chaise boiteuse.* **3.** Qui manque d'équilibre, de solidité. *Un projet, un raisonnement boiteux.* ■ Qui présente une irrégularité. *Vers boiteux,* qui n'a pas le nombre de syllabes voulu.

boîtier n. m. Boîte à compartiments destinés à recevoir différents objets. – *Boîtier de montre,* où s'emboîtent le cadran et le mécanisme. *Boîtier d'appareil photo* : corps de l'appareil. – *Le boîtier d'un disque compact.* - var. RO **boitier.**

boitiller v. intr. < 1 > Boiter légèrement. □ adj. **boitillant, ante** □ n. m. **boitillement**

Boito (Arrigo) Poète et compositeur italien (1842-1918). Il écrivit des opéras *(Méphistophélès ; Néron)* et fut le librettiste de deux œuvres de Verdi *(Othello ; Falstaff).*

boiton n. m. (gaulois °*bōte-* « étable ») (Suisse) Porcherie.

boit-sans-soif n. invar. fam. Ivrogne.

Bojador (cap) Cap d'Afrique, dans le Sahara-Occidental.

Bo Juyi ou **Po Kiu-yi** Poète chinois (772-846). Il voulut revenir à une poésie moins érudite et s'inspira des chansons populaires. *Chant de l'éternel regret.*

Bokassa (Jean-Bedel) Homme d'État centrafricain (1921-1996). Il présida un régime autoritaire de 1966 à 1979.

Boko Haram (arabe « la civilisation occidentale est un péché ») Secte islamiste nigériane fondée en 2002, militant pour l'application stricte de la charia. Elle commet de nombreux attentats et des massacres de grande ampleur dans le nord-est du Nigéria, le nord du Cameroun, le sud-est du Niger et au Tchad.

¹bol n. m. (anglais *bowl,* d'abord à propos du punch) **I.** Pièce de vaisselle, récipient individuel hémisphérique. *Un bol de porcelaine.* ■ Son contenu. → **bolée.** *Manger un bol de riz.* – loc. *Prendre un bol d'air,* aller au grand air. **II.** (« anus » et « chance » ; cf. **pot, II**) fam. **1.** loc. ***Ras le bol.*** *En avoir ras le bol,* en avoir assez. **2.** Chance. *Avoir du bol.* → fam. **pot** (II, 2). *Manque de bol !*

²bol n. m. (du latin, grec *bôlos* « motte de terre ») *Bol alimentaire,* masse d'aliments déglutis en une seule fois.

Bolbec Commune de la Seine-Maritime, à l'E. du Havre. 11 551 habitants.

bolchevik n. (mot russe « partisan de la majorité ») **1.** Partisan du bolchevisme, pendant la révolution russe. **2.** Russe communiste. – péj. Communiste.

bolchevisme n. m. Doctrine adoptée en 1917, en Russie, par les partisans du collectivisme marxiste. □ adj. **bolchevique**

Boldini (Giovanni) Peintre italien (1842-1931). Établi à Paris vers 1872, il remporta un grand succès comme portraitiste mondain.

boldo n. m. (de l'espagnol d'Amérique, d'une langue indienne du Chili) bot. Petit arbre du Chili, dont les feuilles possèdent des propriétés médicinales.

bolduc n. m. (de *Bois-le-Duc,* aux Pays-Bas) Ruban plat et fin, servant à ficeler les paquets.

Bolduc (Mary-Rose-Anne Travers, dite la) Auteure, compositrice et interprète canadienne (québécoise) [1894-1941]. Première chansonnière au Canada à chanter des chansons traitant des difficultés de la vie ordinaire et des problèmes du quotidien.

bolée n. f. Contenu d'un bol, quand il s'agit d'un liquide. *Une bolée de cidre.*

boléro n. m. (de l'espagnol) **1.** Danse espagnole à trois temps, de rythme lent ; air sur lequel on la danse. ■ Composition musicale inspirée de cette danse. *« Le Boléro » de Ravel.* **2.** Petite veste de femme, courte et sans manches.

Boleslas Ier dit le Vaillant (v. 966-1025). Il devint en 1025 le premier roi de Pologne.

bolet n. m. (du latin, p.-ê. de *Boletum,* ville d'Espagne) Champignon charnu, à pied central. → **cèpe.** *Le bolet (de) Satan est vénéneux.*

bolide n. m. (du latin, du grec, de *ballein* « lancer » ; famille de *bal*) **1.** astron. Météorite qui traverse l'atmosphère sans être volatilisée. → **météore.** – loc. *Comme un bolide,* très vite, très brusquement. **2.** Véhicule très rapide. *Un bolide de course.*

bolier ou **boulier** n. m. (de l'ancien provençal, du latin *bolus* « coup de filet ») Grand filet de pêche traîné par bateau le long des côtes.

Bolingbroke (Henry Saint John, 1er vicomte) Homme politique britannique (1678-1751). Leader tory, il s'opposa à Robert Walpole. Son déisme influença Pope, Voltaire et Rousseau.

bolivar n. m. (de *Bolívar*) **1.** anciennt Chapeau haut-de-forme à larges bords. **2.** Unité monétaire du Venezuela.

Bolívar (Simón José Antonio) Général et homme d'État sud-américain (1783-1830). Défenseur de l'indépendance du Venezuela, il entra en 1813 à Caracas à la tête d'un corps expéditionnaire et reçut le titre de *Libertador.* Après avoir libéré le pays (1818), il permit à la Nouvelle-Grenade (actuelle Colombie) d'accéder à l'indépendance (1819) et fonda la Grande-Colombie, réunissant le Venezuela, la Nouvelle-Grenade, l'Équateur et le Panamá (1819-1830). Il tenta ensuite de réaliser l'unité des nations hispano-américaines (congrès de Panamá de 1826) mais, devant son échec, abandonna le pouvoir (1830).

boliviano n. m. (mot espagnol) Unité monétaire de Bolivie. *Des bolivianos.*

Bolivie

n. f. ■ offic. État plurinational de Bolivie Pays d'Amérique du Sud. 1 098 581 km^2. 11 630 000 habitants (les *Boliviens*). **Langues :** espagnol (offic.), quéchua, aymara. **Religion :** catholiques. **Monnaie :** boliviano. **Capitale :** Sucre (offic.), La Paz (siège du gouvernement). **Régime :** présidentiel.

GÉOGRAPHIE

Enclavé, le territoire est partagé entre les plaines de l'Oriente et la cordillère des Andes, qui se compose de deux chaînes parallèles encadrant un immense haut plateau couvert de steppes (l'Altiplano). Le climat est froid au S.-O., tropical à saisons sèche et humide alternées au N.-E., dans l'Oriente, couvert de plaines, de forêts et de savanes. La population bolivienne — constituée à 55 % d'Amérindiens (Quechuas, Aymaras), à 30 % de métis et à 15 % de Blancs — se concentre sur l'Altiplano et dans l'agglomération de La Paz. Un mouvement de colonisation de l'Oriente est à l'origine du développement de Santa Cruz.

ÉCONOMIE

L'agriculture demeure la principale activité économique du pays, mais les productions vivrières sont concurrencées par les cultures de plantation (café, canne à sucre, coton, soja) et surtout par la coca (env. 3 % du PIB). Les secteurs minier (étain, or, argent, zinc), gazier et pétrolier occupent une place croissante. Importantes réserves de lithium. Les industries (agroalimentaire, énergie) de la région de Santa Cruz en font le nouveau cœur économique du pays.

HISTOIRE

Peuplée à l'origine par les Aymaras, les Chiquitos et les Quechuas, la région fit partie de l'empire des Incas. Conquise par Pizarro, elle passa sous domination espagnole en 1538, fut rattachée à la vice-royauté du Pérou (1543-1776), puis à la vice-royauté du Río de La Plata **(→ Argentine).** L'État naquit des guerres d'indépendance (1825) et fut baptisé *Bolivie* en l'honneur de Bolívar, qui rédigea sa Constitution. L'échec de la tentative pour réunir la Bolivie et le Pérou (1839) fut suivi par une succession de coups d'État et de conflits frontaliers perdus.

Un gouvernement révolutionnaire (1952-1964) réalisa d'importantes nationalisations (terres, mines). La junte militaire qui le renversa fut menacée par le mouvement révolutionnaire mené par Ernesto « Che » Guevara, tué en 1967. Après une série de coups d'État, la Bolivie retrouva un régime civil en 1982. De 1985 à 1997, des plans d'austérité provoquèrent la dégradation du climat social ; la culture de la coca se développa. L'instabilité politique (1997-2005) aboutit en 2006 à l'élection du premier président amérindien, Evo Morales, qui parvint à réduire la pauvreté et nationalisa le secteur des hydrocarbures. Paradoxalement, il autorisa en 2015 l'exploitation pétrolière et minière dans des zones protégées. Sa victoire à l'élection de 2019 fut annulée et c'est son dauphin, Luis Arce, qui remporta la présidentielle en 2020 dans un contexte de crise économique et sanitaire.

Böll (Heinrich) Romancier allemand (1917-1985). Il défendit des valeurs humanistes, chrétiennes et socialistes, en réaction à la brutalité du nazisme et de la société moderne. *L'Honneur perdu de Katharina Blum.* Prix Nobel 1972.

Bolland (Jean) latinisé en **Bollandus** Jésuite belge (1596-1665). Il publia un recueil de vies de saints, *Acta sanctorum.*

Bolland (Adrienne) Aviatrice française (1895-1975). Elle fut la première à accomplir la traversée de la cordillère des Andes, en 1921.

bollandiste n. m. Membre de la société savante fondée par Jean Bolland.

bollard n. m. (mot anglais, d'origine inconnue) mar. Grosse bitte d'amarrage en bordure de quai.

Bollée (Amédée) Constructeur français (1844-1917). Il mit au point la première voiture à vapeur (1873). Ses fils **Léon** (1870-1913) et **Amédée** (1872-1926) furent parmi les premiers constructeurs d'automobiles à essence.

Bollène Commune du N. du Vaucluse. 13 830 habitants. Centrale hydroélectrique sur le canal de dérivation du Rhône.

Bollywood Ensemble des studios de cinéma situés dans la banlieue de Bombay (son nom est une allusion à l'industrie du cinéma de Hollywood).

Bolm (Adolph Rudolfovitch) Danseur et chorégraphe russe (1884-1951). Membre des Ballets russes de Diaghilev, puis maître de ballet au Metropolitan Opera de New York, il fut l'un des pionniers du ballet américain.

bolognais, aise adj. → **bolonais.** – *Sauce bolognaise,* à la viande et à la tomate. *Spaghettis (à la) bolognaise.*

Bologne Ville d'Italie, capitale de l'Émilie-Romagne. 371 220 habitants. Nombreux monuments du Moyen Âge et de la Renaissance. Pinacothèque (œuvres de Carrache et des peintres de l'école bolonaise, XVIIe s. : Le Guerchin, Reni...). Université, la plus ancienne d'Europe (fondée en 1119). Grand centre industriel. Foire internationale du livre pour la jeunesse. Bologne, ancienne cité étrusque puis colonie romaine, obtint le statut de ville libre au XIIe s. Elle fut annexée aux États pontificaux (1513) puis à la France (1800-1815). Elle entra dans le royaume d'Italie en 1860.

bolomètre n. m. (du grec *bolê* « trait » et de *-mètre*) phys. Thermomètre à résistance électrique, servant à mesurer de faibles dégagements de chaleur.

bolonais, aise adj. De Bologne, ville d'Italie. → **bolognais.** – n. *Les Bolonais.*

Bolsonaro (Jair) Homme d'État brésilien (né en 1955). Leader de l'extrême droite, président de la République de 2019 à 2022, il fut très critiqué pour sa politique environnementale, dont la déforestation de l'Amazonie, et pour l'absence de politique sanitaire durant la pandémie de Covid-19.

Bolt (Usain) Athlète jamaïcain (né en 1986). Spécialiste du sprint, il a remporté trois médailles d'or aux Jeux olympiques de Pékin (2008), trois médailles d'or à ceux de Londres (2012) et trois médailles d'or à ceux de Rio (2016).

Boltanski (Christian) Artiste français (1944-2021). Dans ses installations, il présentait des objets banals et des photos d'amateurs et utilisait toutes sortes de matériaux pour créer des espèces de reliquaires reconstituant des souvenirs de sa vie ou de la vie des autres.

Bolton Ville d'Angleterre (Lancashire), au N.-O. de Manchester. 194 200 habitants. Constructions mécaniques. Plasturgie.

Boltzmann (Ludwig) Physicien autrichien (1844-1906). Considéré comme l'un des fondateurs de la physique statistique, il donna une interprétation probabiliste du second principe de la thermodynamique et de la notion d'entropie, et proposa une explication de l'irréversibilité des processus naturels.

Bolyai (János) Mathématicien hongrois (1802-1860). Il est l'un des pères de la géométrie non euclidienne. En 1832, il publia un modèle de géométrie (« géométrie absolue ») fondée sur l'hypothèse qu'on peut tracer une infinité de parallèles à une droite donnée et passant par un même point.

Bolivie

Bolzano (Bernhard) Mathématicien, logicien et philosophe tchèque d'origine italienne (1781-1848). Précurseur de la théorie des ensembles par ses travaux sur la notion d'infini, il est également tenu pour l'un des fondateurs de la logique moderne. *Théorie de la connaissance.*

Bolzano Ville d'Italie (Trentin-Haut-Adige), sur l'Adige, au N. de Trente. 95 000 habitants. Église du XIe s. Centre industriel, commercial et touristique.

bombance n. f. (de l'ancien français *bobance,* radical *bob-* « gonflement ») *Faire bombance :* faire un repas excellent et abondant. → **festoyer ;** fam. faire **ripaille.**

Bombard (Alain) Médecin et biologiste français (1924-2005). Voulant expérimenter les conditions de survie en mer, il entreprit, en 1952, la traversée de l'Atlantique en solitaire, en canot pneumatique.

bombarde n. f. (du latin *bombus,* grec *bombos* « grand bruit ») **I.** au Moyen Âge Machine de guerre qui servait à lancer de grosses pierres. **II.** Instrument à vent, à anche, au son très puissant, d'origine bretonne. *Binious et bombardes.*

bombardement n. m. **1.** Action de bombarder, de lancer des bombes ou des obus. *Un bombardement aérien. Un bombardement atomique.* **2.** phys. Projection de particules.

bombarder v. tr. < 1 > (de *bombarde*) **1.** Attaquer, endommager en lançant des bombes, des obus. – au p. p. *Des villes bombardées par l'aviation.* **2.** Lancer de nombreux projectiles sur (qqn ou qqch.). *Bombarder de tomates.* ▪ fig. et fam. *On le bombardait de questions.* **3.** fam. Nommer brusquement, élever avec précipitation (qqn), à un poste, un emploi, une dignité. *On l'a bombardée directrice générale.*

bombardier n. m. **1.** Avion de bombardement. – *Bombardier d'eau* (→ **canadair).** **2.** Aviateur chargé du lancement des bombes.

Bombardier (Denise) Journaliste, essayiste et écrivaine canadienne (québécoise) [née en 1941]. Une grande liberté de pensée et un ton polémique l'ont fait connaître à travers articles, essais, romans et chroniques. *Une enfance à l'eau bénite ; Aimez-moi les uns les autres.*

bombardon n. m. (de *bombarde*) anciennt Instrument de musique, cuivre très grave, à pistons, utilisé dans les fanfares.

Bombay ou **Mumbai** (depuis 1995) Ville d'Inde, capitale du Maharashtra, sur l'océan Indien. 18 395 000 habitants. La ville, construite sur une île rattachée aujourd'hui au continent, est le premier port et la capitale économique du pays. D'importantes industries textiles, chimiques, métallurgiques et navales y attirent une main-d'œuvre nombreuse, ce qui cause un grave problème de surpopulation et de pauvreté. Gare Chhatrapati Shivaji. Industrie du cinéma à Bollywood. Parc national. La ville fut un comptoir portugais (1534-1661) avant de devenir le principal comptoir britannique (XVIIe-XVIIIe s.). Elle fut victime d'une série d'actes terroristes islamistes en 2008.

[1]bombe n. f. (italien *bomba ;* famille de *bombarde*) **1.** Projectile creux rempli d'explosif. *Bombe explosive, incendiaire, au napalm. Lâcher, larguer des bombes sur une ville.* → **bombarder.** – *Bombe atomique,* utilisant l'énergie de la transmutation nucléaire. *Bombe H,* à hydrogène. ▪ Tout appareil explosible. *Bombe à retardement.* – *La nouvelle a éclaté comme une bombe, a fait l'effet d'une bombe.* ▪ fig. et fam. Fille ou garçon très sexy. *Une bombe sexuelle.* **2.** *Bombe glacée,* glace en forme de pyramide. **3.** *Bombe au cobalt,* appareil de traitement médical du cancer. **4.** Casquette hémisphérique renforcée des cavaliers. **5.** Atomiseur de grande dimension. *Une bombe insecticide. Bombe de peinture* (→ [2]**bomber).**

[2]bombe n. f. (de *bombance*) fam. *Faire la bombe :* faire bombance*, faire la noce.

bombé, ée adj. Qui est ou qui est devenu convexe. → **renflé.** *Un front bombé. Une route bombée.*

bombement n. m. État de ce qui est bombé. ■ Partie bombée.

^{1}**bomber** v. < 1 > (de ^{1}*bombe*) **1.** v. tr. Rendre convexe. *Bomber la poitrine. Bomber le torse,* faire le fier. **2.** v. intr. Devenir convexe, gonfler. *Ce mur bombe.*

^{2}**bomber** v. tr. < 1 > fam. Peindre, inscrire à la bombe. → **graffer, graffiter, taguer.** □ n. m. **bombage** □ n. **bombeur, euse**

^{3}**bomber** [bɔ̃bœʀ] ou **bombers** [bɔ̃bœʀs] n. m. (mot anglais « bombardier ») anglic. Blouson inspiré de celui des bombardiers américains.

Bombieri (Enrico) Mathématicien italien (né en 1940). Il est spécialiste de la théorie des nombres. Médaille Fields 1974.

Bombois (Camille) Peintre français (1883-1970). À travers ses représentations de paysages, de nus et de personnages de cirque, il a élevé la peinture naïve au-dessus des critères habituels de reproduction simpliste de la nature. *Le Pont de Chablis ; Nature morte au homard.*

bombonne voir bonbonne

bombyx [bɔ̃biks] n. m. (latin « ver à soie ») Papillon dont le principal type, le *bombyx du mûrier*, a pour chenille le ver à soie.

bôme n. f. (néerlandais *boom* « mât ») mar. Grand espar horizontal sur lequel sont attachées les voiles auriques et triangulaires. □ adj. **bômé, ée**

^{1}**bon, bonne** adj. (latin *bonus* « convenable ») REM. Le compar. de *bon* est *meilleur ; plus... bon* peut s'employer lorsque les deux mots ne se suivent pas : *Plus ou moins bon ; plus il est bon...* **I.** Qui convient, a une valeur. **1.** Qui a les qualités utiles qu'on en attend ; qui fonctionne bien. → **satisfaisant.** *Un bon outil. Un bon lit. Une bonne vue. De bonnes raisons.* → **valable.** – en attribut *Il est bon de* (+ inf.), *que* (+ subj.), souhaitable, salutaire. *Trouver bon de* (+ inf.), *que* (+ subj.). **2.** (personnes) *Il n'est bon à savoir.* Qui fait bien son travail ; tient bien son rôle. *Un bon acteur. Bon père et bon époux.* ■ *Être bon en :* réussir dans (un domaine). *Il est bon en latin.* **3.** Qui convient bien, est utile. *Ce ticket est encore bon.* → **valable, valide.** ■ *Bon pour :* adapté, approprié à. *Bon pour la santé.* → **bénéfique.** – fam. *Être bon (pour...)* : ne pas échapper à... *On est bons pour une contravention !* ■ *Bon à.* Chose bonne à manger. *C'est bon à savoir.* → **utile.** – (personnes) *Il n'est bon à rien :* il ne sait rien faire. – *À quoi bon ? :* à quoi cela sert-il ? → **pourquoi.** *À quoi bon continuer ?* **4.** Qui est bien fait, mérite l'estime. *C'est du très bon travail.* → **excellent.** *Un bon livre, un bon film.* **5.** Qui répond aux exigences de la morale. → **convenable, honorable.** *Bonne conduite. Bonnes mœurs.* → **vertueux.** **6.** Agréable au goût ou à l'odorat. *Un très bon plat.* → **délicieux, succulent.** **7.** Qui donne du plaisir. → **agréable.** *Passer un bon moment, avoir du bon temps.* – attribut *L'eau est bonne,* agréable pour le bain. – fam. *En avoir de bonnes,* plaisanter. ■ (en souhait) *Bonne année !* → **heureux, joyeux.** (Suisse) *Tout de bon :* formule de souhait employée en quittant qqn. **8.** *Le bon* (+ n.) : celui qui convient. *C'est la bonne route. Arriver au bon moment.* → **opportun.** **II.** (personnes ; actes) **1.** Qui veut du bien, fait du bien à autrui. → **charitable, généreux ; bonté.** *Il était bon avec, pour les malheureux.* loc. *Être bon comme le pain.* – *Le bon Dieu.* – *Avoir bon cœur*. Il, elle a une bonne tête.* **2.** Qui entretient avec autrui des relations agréables ; qui a de la bonhomie. → **brave,** ^{2}**gentil.** *Être bon public,* être indulgent, ne pas faire le difficile. – → **bon enfant.** – *Merci, vous êtes bien bon.* → **aimable, obligeant.** – (pour souligner la difficulté) *Demain ? Vous êtes bon ! C'est impossible !* **3.** Qui témoigne de bonté. *Une bonne action* (→ **BA**). **4.** loc. fam. *Avoir qqn à la bonne,* le trouver sympathique. **III. 1.** Qui atteint largement la mesure exprimée. → **grand, gros.** *Trois bons kilomètres.* **2.** Intense, violent. *Une bonne gifle.* **3.** Définitif, total. *Finissons-en une bonne fois.* **IV.** n. m. **1.** Ce qui est bon. *Il y a du bon et du moins bon, et du mauvais.* – loc. *Avoir du bon :* présenter des avantages. ■ loc. adv. *Pour de bon :* réellement, véritablement. – littér. *Tout de bon.* **2.** (BON À... : chose, personne bonne à...) – *Bon à tirer :* épreuve d'imprimerie bonne à tirer. – *Un bon à rien :* une personne bonne à rien. **3.** *Les bons :* ceux qui sont bons. *Les bons et les méchants.* – fam. au sing. *C'est un bon !,* il est bon (dans tel domaine). **V. 1.** adv. (loc.) *Sentir bon :* avoir une bonne odeur. – *Il fait bon :* le temps est doux, agréable. – *Il fait bon* (+ inf.) : il est agréable de. *Une région où il fait bon vivre.* – *Tenir bon :* ne pas céder. **2.** interj. *Bon !,* marque la satisfaction *(bon ! c'est fini, on peut partir* → ^{1}**bien**), la surprise *(ah, bon ?),* le mécontentement *(bon, ça recommence !).* ■ loc. *Allons bon !* (étonnement ou mécontentement). ■ *C'est bon :* cela suffit.

^{2}**bon** n. m. Écrit constatant le droit d'exiger une prestation, de toucher une somme d'argent, etc. *Bon d'essence. Bons du Trésor,* émis par l'État.

Bon (presqu'île du cap) Péninsule du N.-E. de la Tunisie. Région densément peuplée, qui attire de nombreux touristes.

bonace n. f. (du latin pop., de *bonus* → ^{1}**bon**) mar. État d'une mer très tranquille.

Bonald (vicomte Louis de) Écrivain politique français (1754-1840). Fervent catholique, monarchiste, il s'opposa aux idées des Lumières et à la Révolution. *Théorie du pouvoir politique et religieux ; Essai analytique sur les lois naturelles de l'ordre social.*

Bonampak Site archéologique du S.-E. du Mexique, dans l'État du Chiapas. Il est célèbre pour ses peintures mayas.

Bonaparte Famille française d'origine lombarde (à l'origine « Buonaparte ») établie en Corse au XVIe s. ■ Charles Marie **Bonaparte** (1746-1785). Époux de Marie Letizia, il était le père de Napoléon Ier. ■ Marie Letizia **Bonaparte** née **Ramolino** (1750-1836). Mère de Napoléon Ier, elle reçut, sous l'Empire, le titre de *Madame Mère.* ■ Joseph **Bonaparte** (1768-1844). Frère aîné de Napoléon Ier, député de la Corse au Conseil des Cinq-Cents, il fut roi de Naples de 1806 à 1808 et roi d'Espagne de 1808 à 1813. ■ Napoléon **Bonaparte** → **Napoléon Ier** ■ Lucien **Bonaparte** (1775-1840). Frère de Napoléon Ier, président du Conseil des Cinq-Cents, il fut l'un des principaux artisans du coup d'État du 18 brumaire. Il obtint le titre de prince de Canino. ■ Maria-Anna, dite Élisa **Bonaparte** (1777-1820). Princesse de Lucques et de Piombino. Sœur de Napoléon Ier, elle fut grande-duchesse de Toscane. ■ Louis **Bonaparte** (1778-1846). Frère de Napoléon Ier, marié en 1802 à Hortense de Beauharnais, il fut roi de Hollande de 1806 à 1810. Il était le père de Napoléon III. ■ Marie Paulette, dite Pauline **Bonaparte** (1780-1825). Sœur de Napoléon Ier, elle épousa le général Leclerc puis le prince Borghèse (1803). Napoléon la fit duchesse de Guastalla en 1806. ■ Marie-Annonciade, dite Caroline **Bonaparte** (1782-1839). Sœur de Napoléon Ier, elle épousa Joachim Murat, devint grande-duchesse de Berg et de Clèves, puis reine de Naples (1808-1814). ■ Jérôme **Bonaparte** (1784-1860). Frère de Napoléon Ier, il fut roi de Westphalie de 1807 à 1815. Son neveu Louis Napoléon, le futur Napoléon III, le fit maréchal de France (1850) puis président du Sénat (1852).

Bonaparte (Marie) Psychanalyste française (1882-1962). Disciple de Freud, elle fut cofondatrice de la Société psychanalytique de Paris en 1926.

bonapartisme n. m. Attachement à la dynastie des Bonaparte ou à leur système politique, l'Empire. □ n. et adj. **bonapartiste**

bonard, arde adj. (de *bon*) fam. Beau, bon, satisfaisant. *C'est bonard, ça marche !* - var. **bonnard, arde.**

bonasse adj. D'une bonté excessive. → **faible,** ^{1}**mou.**

Bonatti (Walter) Alpiniste italien (1930-2011). Il réalisa en solitaire l'ascension du pilier sud-ouest des Drus (1955) et l'hivernale de la face nord du Cervin (1965).

Bonaventure (saint) [Giovanni di Fidanza] Théologien franciscain italien (v. 1221-1274). Sa pensée d'inspiration augustinienne lui valut d'être surnommé « le Docteur séraphique ».

bonbec n. m. (de *bonbon* et *bec*) fam. Bonbon. *Des bonbecs.*

bonbon n. m. (*bon* répété ; d'abord « toute friandise ») **1.** Petite friandise faite de sirop aromatisé et parfois coloré. *Bonbons fondants, acidulés, fourrés.* **2.** (Belgique) Biscuit.

bonbonne ou **bombonne** n. f. Gros récipient à col étroit et court. → **dame-jeanne.** *Une bonbonne de vin.*

bonbonnière n. f. **1.** Petite boîte à bonbons. **2.** fig. Petit appartement ravissant.

Bonchamp ou **Bonchamps** (Charles, marquis de) Chef vendéen (1759 ou 1760-1793). Blessé lors de la bataille de Cholet (1793), il aurait, avant de mourir, obtenu la grâce de 4 000 prisonniers républicains.

bond n. m. **1.** (personnes, animaux) Action de bondir. → **saut.** *Franchir un obstacle d'un bond.* – loc. *Ne faire qu'un bond :* se précipiter. – fig. *Les prix ont fait un bond,* ils ont augmenté subitement. – *Bond en avant,* progrès soudain et rapide. **2.** loc. *Faire faux bond à qqn,* ne pas venir à un rendez-vous ; ne pas faire ce qu'on a promis à qqn.

Bond (Thomas Edward, dit Edward) Dramaturge britannique (né en 1934). Ses œuvres de jeunesse *(Early Morning ; Lear)* dénoncent les valeurs répressives de la société. Plus didactiques, ses dernières pièces traitent du terrorisme, de la misère, de la guerre atomique *(Derek ; La Compagnie des hommes).*

Bond (James) voir James Bond

bondage n. m. (mot anglais des États-Unis, de *bond* « lien ») anglic. Pratique sexuelle sadomasochiste dans laquelle un des partenaires est attaché.

Bondartchouk (Sergueï Fedorovitch) Acteur et cinéaste soviétique (1920-1994). Il tourna notamment dans *Les Évadés de la nuit* de Rossellini. Il adapta *Guerre et paix* au cinéma.

bonde n. f. (probablt gaulois) **1.** Ouverture de fond, destinée à vider l'eau d'un réservoir, d'une baignoire... ■ Le système de fermeture. *Lâcher, lever la bonde,* l'ouvrir pour faire écouler l'eau. **2.** Trou percé dans un tonneau (pour le remplir ou le vider).

bondé, ée adj. (p. p. de *bonder* « remplir entièrement », de *bonde*) (espace clos) Qui contient le maximum de personnes. → ^{2}**comble, plein.** *Trains bondés.*

bondelle n. f. (gaulois °*bunda* « fond ») (Suisse) Poisson du genre corégone.

bondérisation n. f. (de l'anglais, de *Bonder,* n. déposé) techn. Phosphatation superficielle des produits ferreux pour les protéger de la rouille. □ v. tr. **bondériser**

bondieuserie n. f. (de *bon Dieu*) péj. **1.** Dévotion excessive. → **bigoterie.** **2.** Objet de piété de mauvais goût.

bondir v. intr. < 2 > (vient du latin pop., de *bombire* « bourdonner ») **1.** S'élever brusquement en l'air par un saut. → **sauter.** *Le tigre bondit sur sa proie.* ■ fig. *Cela me fait bondir* (d'indignation, de colère). **2.** S'élancer précipitamment. → **courir.** *Elle bondit à la porte.* □ adj. **bondissant, ante** □ n. m. **bondissement**

bondon n. m. Morceau de bois qui sert à boucher la bonde d'un tonneau.

Bondoufle Commune de l'Essonne, à l'O. d'Évry. 10 326 habitants.

bondrée n. f. (p.-ê. du breton *bondrask* « grive ») Oiseau rapace diurne, à longue queue, de la taille d'une buse.

Bondues Commune du Nord, entre Lille et Tourcoing. 9 759 habitants. Industries alimentaires (bonbons).

Bondy (Luc) Metteur en scène suisse (1948-2015). Il mena une carrière dans toute l'Europe où il monta plusieurs pièces de Botho Strauss, Schnitzler, Beckett, Shakespeare et mit en scène des opéras (Berg, Mozart, Verdi, Boesmans). Il dirigea le théâtre de l'Odéon, à Paris, de 2012 à sa mort.

Bondy Commune de la Seine-Saint-Denis, dans l'arrondissement de Bobigny, à l'E. de Paris. 53 342 habitants. Commune résidentielle. Hôpital Jean-Verdier (CHU).

Bône voir **Annaba**

bon enfant [bɔ̃nɑ̃fɑ̃] **adj. invar.** Qui a une gentillesse simple et naïve. *Des manières bon enfant.* – par ext. *Une ambiance bon enfant.*

bongo **n. m.** (mot espagnol d'Amérique) Instrument de percussion d'origine latino-américaine, constitué de deux petits tambours.

Bongo (Albert-Bernard, converti à l'islam en 1973 sous le nom d'Omar) Homme d'État gabonais (1935-2009). Président de la République de 1967 à sa mort, il introduisit le multipartisme en 1990, à la suite de graves émeutes.

Bongo Ondimba (Ali) Homme d'État gabonais (né en 1959). Fils d'Omar Bongo. Il est président de la République depuis la mort de son père en 2009.

bonheur [bɔnœʀ] **n. m.** (de *bon* et *heur*) **I.** Chance. *Porter bonheur* (→ **porte-bonheur**). – *Au petit bonheur (la chance)* loc. adv. : au hasard. – ***Par bonheur*** : par chance. → **heureusement. II.** (opposé à *malheur*) **1.** État de pleine satisfaction. → **béatitude, félicité, joie.** *« On n'est pas heureux. Notre bonheur, c'est le silence du malheur »* (J. Renard). *Le bonheur d'aimer. Nager dans le bonheur. Faire le bonheur de qqn,* le rendre heureux. fam. *Si ce crayon peut faire votre bonheur,* vous être utile. – prov. *L'argent ne fait pas le bonheur.* **2.** Ce qui rend heureux. *C'est un grand bonheur pour moi.* – *Trouver son bonheur,* ce que l'on cherche.

Bonheur (Rosa) Peintre française (1822-1899). Son œuvre, extrêmement réaliste, est nourrie de ses voyages, de son observation des espèces animales, domestiques ou sauvages, et du cycle de la nature. *Marché aux chevaux ; Labourage nivernais.*

bonheur-du-jour **n. m.** Petit bureau ouvragé à tiroirs. *Des bonheurs-du-jour.*

Bonheur-du-jour, estampillé Leleu (XVIIIe s.).

Bonhoeffer (Dietrich) Théologien protestant allemand (1906-1945). Figure de proue de la résistance de l'Église protestante au nazisme, il fut arrêté en 1943 puis exécuté. *L'Éthique.*

bonhomie ou **bonhommie** [bɔnɔmi] **n. f.** Simplicité dans les manières, unie à la bonté du cœur.

bonhomme [bɔnɔm], plur. **bonshommes** [bɔ̃zɔm] (→ **homme**) **I. n. m. 1.** fam. Homme, monsieur. → fam. **mec, type.** *Un drôle de bonhomme.* **2.** Jeune garçon (souvent *petit bonhomme*). *Ce petit bonhomme a déjà cinq ans.* – appellatif *Alors bonhomme !, mon bonhomme !* **3.** Figure humaine dessinée ou façonnée grossièrement. *Bonhomme de neige.* **4.** loc. *Aller son petit bonhomme de chemin* : poursuivre ses entreprises sans hâte, sans bruit, mais sûrement. **II. adj.** (plur. *bonhommes*). Qui a de la bonhomie.

Bonhomme (col du) Col des Alpes. 2 329 m. Il relie la vallée de l'Arve à celle de l'Isère.

Bonhomme (col du) Col des Vosges, entre Saint-Dié et Colmar. 949 m.

boni **n. m.** (latin *[aliquid] boni* « qqch. de bon ») **1.** fin. Excédent des recettes sur les dépenses ; économie de dépense par rapport aux prévisions. **2.** Bénéfice ; gratification.

boniche voir **bonniche**

Boniface (saint) [Wynfrith] surnommé **l'Apôtre de la Germanie** Évêque et missionnaire anglais (675-754). Il reçut du pape Grégoire II la mission d'évangéliser la Germanie. Il fut consacré archevêque de Mayence en 751.

Boniface VIII [Benedetto Caetani] (1235-1303). Pape de 1294 à 1303. Adversaire déclaré de Philippe le Bel, qu'il menaçait d'excommunier, il fut quelques jours prisonnier des Français (attentat d'Anagni, 1303). Il mourut peu après sa libération.

Bonifacio Commune de la Corse-du-Sud, située à l'extrémité S. de l'île, séparée de la Sardaigne par le détroit de Bonifacio. 3 204 habitants. Falaises. Enceinte fortifiée du XVIe s. Église romane Sainte-Marie-Majeure ; église Saint-Dominique (XIIIe-XIVe s.). Port de pêche. Tourisme.

bonification **n. f. 1.** Avantage accordé par l'État sur le taux d'intérêt d'un emprunt. **2.** sports Avantage accordé à un concurrent lors d'une épreuve, en fonction de performances particulières.

bonifier **v. tr.** < 7 > **1.** Rendre meilleur, améliorer le rendement de (qqch.). *Bonifier les terres par l'assolement.* – pronom. S'améliorer. *Le vin se bonifie en vieillissant.* **2.** spécialt *Bonifier un prêt.* – au p. p. *Taux bonifié,* allégé par une prise en charge partielle de l'État.

boniment **n. m.** (de l'argot *bonir, bonnir* « dire » ; d'un sens de *bon*) **1.** Propos débité pour convaincre et attirer la clientèle. *Le boniment d'un camelot* (→ **bonimenter**). **2.** fam. Propos mensonger. → fam. **baratin, bobard.** *Raconter des boniments. C'est du boniment.*

bonimenter **v. tr.** < 1 > Faire du boniment. *Bonimenter la clientèle.* □ **adj. et n. bonimenteur, euse**

Bonington (Richard Parkes) Peintre, aquarelliste et lithographe britannique (1802-1828). Il est, par la modernité et la légèreté de son style, l'un des précurseurs de l'impressionnisme. *François Ier et Marguerite de Navarre.*

bonite **n. f.** (espagnol *bonito,* par l'italien, du latin *bonus* → [1]**bon**) Variété de thon des mers chaudes.

Bonivard ou **Bonnivard** (François de) Patriote suisse (1496-1570). Il lutta pour sauvegarder l'indépendance de Genève contre le duc de Savoie et fut emprisonné (1530-1536). Byron l'a immortalisé dans son poème *Le Prisonnier de Chillon.*

bonjour **n. m.** (→ **jour**) Souhait de bonne journée (adressé en arrivant, en rencontrant). → fam. **salut.** – sans article *Dire bonjour. Bonjour, Monsieur.* loc. *C'est simple, facile comme bonjour,* très simple, très facile. – (saluant l'arrivée, le début de qqch.) loc. *Bonjour les dégâts !* ■ (avec article) *Je vous souhaite le bonjour.* fam. *Bien le bonjour !*

bon marché **adj. invar.** (→ **marché**) Qui n'est pas cher. *Des articles bon marché.* - au compar. : **meilleur marché***.

Bonn Ville d'Allemagne (Rhénanie-du-Nord-Westphalie), sur la rive gauche du Rhin. 330 570 habitants. Capitale de la République fédérale d'Allemagne de 1949 à 1990, siège du Parlement fédéral et de la Chancellerie jusqu'en 1999. Centre universitaire, administratif et diplomatique. Collégiale romane (XIe-XIIIe s.), cloître du XIIe s. Maison natale de Beethoven. Musées d'Art et d'Histoire naturelle.

Bonnaire (Sandrine) Actrice française (née en 1967). Jouant dans un registre sombre et grave, elle a souvent incarné des personnages rebelles et complexes (*À nos amours ; Sans toit ni loi ; La Cérémonie*) et réalisé un documentaire sur sa sœur atteinte d'un handicap mental (*Elle s'appelle Sabine*).

bonnard, arde voir **bonard**

Bonnard (Pierre) Peintre français (1867-1947). Influencé par les estampes japonaises, il développa un style lyrique et sensuel tout en demeurant imperméable aux révolutions picturales qui secouèrent son époque. *Nu à contre-jour ; Paysage de Saint-Tropez.*

Bonn

Bonn, la place du Marché et l'ancien hôtel de ville.

Bonnat (Léon) Peintre français (1833-1922). Peintre académique connu pour son souci d'atteindre une précision quasi photographique, il fut, sous la IIIe République, le portraitiste favori des milieux officiels (*Thiers, Jules Ferry*).

bonne **n. f.** (de l'appellatif *ma bonne*) **1.** vieilli Servante. → **domestique.** *Bonne d'enfants.* **2.** Employée de maison à plein temps, qui vit chez ses patrons. → péj. **bonniche.** – loc. péj. *Bonne à tout faire.*

Bonne-Espérance (cap de) Pointe du S. de l'Afrique. Découvert, en 1488, par Bartolomeu Dias qui l'appela « cap des Tempêtes », il fut doublé par Vasco de Gama en 1497.

bonne femme **n. f. 1.** fam. Femme. *Je ne connais pas ces bonnes femmes.* – péj. Épouse. **2.** *Petite bonne femme,* petite fille. **3.** *Remèdes de bonne femme,* transmis par tradition populaire.

Bonnefoy (Yves) Poète français (1923-2016). La forme dépouillée de son style donne à ses poèmes un caractère suggestif (*Du mouvement et de l'immobilité de Douve ; Début et fin de la neige*). Traducteur de Shakespeare et de Yeats, professeur au Collège de France, il est l'auteur d'essais sur l'art (*Entretiens sur la poésie ; Dessin, couleur, lumière*).

bonne-maman **n. f.** Grand-mère (surtout en appellatif). → **mamie, mémé.** *Des bonnes-mamans.*

bonnement **adv. 1.** vieux Avec simplicité, sans détour. **2.** mod. ***Tout bonnement,*** franchement, simplement. – *C'est tout bonnement impossible,* vraiment impossible.

bonnet **n. m.** (p.-ê. latin médiéval *abonnis* « bandeau ») **1.** Coiffure souple sans bord. *Bonnet pointu. Bonnet de laine, de fourrure. Bonnet de bain,* pour protéger les cheveux. *Bonnet phrygien**. – *Bonnet d'âne* : bonnet de papier dont on affublait les cancres. – *Bonnet de nuit,* qu'on portait pour dormir. fig. **n. m. et adj.** Personne triste, ennuyeuse. – loc. *Avoir la tête près du bonnet,* être colérique, prompt à s'emporter. – *Prendre qqch. sous son bonnet,* faire qqch. de sa propre autorité, en prendre la responsabilité. – *C'est blanc bonnet et bonnet blanc,* cela revient au même. ■ *Un gros bonnet,* un personnage éminent, influent. → **huile. 2.** Chacune des deux poches d'un soutien-gorge. **3.** zool. Second estomac d'un ruminant.

Bonnet (Charles) Naturaliste et philosophe suisse (1720-1793). Il décrivit la parthénogenèse chez certains insectes. Il est également considéré comme l'un des précurseurs de la psychologie expérimentale.

Bonnet (Georges) Homme politique français (1889-1973). Ministre des Affaires étrangères (1938-1939), il signa les accords de Munich.

bonneteau **n. m.** (de *bonneteur* « filou qui fait des politesses [coups de bonnet] ») Jeu de trois cartes que le *bonneteur* mélange après les avoir retournées, le joueur devant deviner où se trouve une de ces cartes.

bonneterie [bɔn(ə)tʀi ; bɔnɛtʀi] ou **bonnèterie** **n. f.** (de *bonnet*) Industrie, commerce d'articles d'habillement en tissu à mailles. ■ Ces articles (bas, chaussettes, collants, lingerie).

bonnetier, ière n. (de *bonnet*) **1.** Personne qui fabrique ou vend de la bonneterie. **2.** n. f. Petite armoire à une porte.

bonnette n. f. (de *bonnet* « étoffe ») **1.** mar. Voile carrée de supplément. **2.** photogr. Lentille amovible modifiant la distance focale.

Bonneuil-sur-Marne Commune du Val-de-Marne, à l'O. de Créteil. 18 424 habitants. Port fluvial.

Bonneval Commune de l'Eure-et-Loir, sur le Loir, au N. de Châteaudun. 4 841 habitants. Église gothique du XIIIe s. Ruines de fortifications.

Bonneval (Claude Alexandre, comte de) Général français (1675-1747). Disgracié en France, il passa au service de l'Autriche, puis de la Turquie. Il se convertit à l'islam et prit le nom d'Ahmed Pacha.

Bonneville Chef-lieu d'arrondissement de la Haute-Savoie, sur l'Arve. 12 511 habitants.

bonniche ou **boniche** n. f. péj., vieilli Bonne (2).

Bonnières-sur-Seine Commune des Yvelines, au N.-O. de Mantes-la-Jolie. 4 882 habitants. Port fluvial. Allée sépulcrale néolithique.

Bonnot (Jules Joseph) Anarchiste français (1876-1913). À la tête d'un groupe se réclamant de l'anarchisme, la *bande à Bonnot*, il mena de nombreuses attaques de banques et se rendit coupable de plusieurs meurtres.

Bono (Paul Hewson, dit) Chanteur irlandais (né en 1960). Il est le leader du groupe de rock U2, engagé dans des causes humanitaires.

bonobo n. m. (mot d'une langue du Congo) Singe anthropoïde, chimpanzé de la forêt congolaise.

Bononcini (Giovanni) Compositeur italien (1670-1747). Auteur d'une trentaine d'opéras (*Astarto ; Erminia*), il fut le rival malheureux de Haendel, avec lequel il partagea pourtant la composition de *Muzio Scevola* en 1721.

bon-papa n. m. Grand-père (surtout en appellatif). → **papi, pépé.** *Des bons-papas.*

bonsaï [bɔ̃(d)zaj] n. m. (mot japonais) Arbre nain cultivé en pot (obtenu par coupe des racines, ligature).

bonshommes voir **bonhomme**

bonsoir n. m. (→ soir) Salutation du soir (qu'on emploie lorsqu'on rencontre ou lorsqu'on quitte qqn). *Bonsoir, Madame.* ■ fig., fam. *Bonsoir !*, se dit pour marquer qu'une affaire est finie, qu'on s'en désintéresse. *S'il refuse, bonsoir !* → **adieu.**

Bonstetten (Charles Victor de) Écrivain suisse (1745-1832). Il consacra ses écrits à la recherche d'une identité culturelle européenne. *L'Homme du Midi et l'Homme du Nord ou l'Influence des climats.*

bonté n. f. (vient du latin *bonitatem [bonitas]*, de *bonus*) **1.** Qualité morale qui porte à faire le bien, à être bon pour les autres. → **altruisme, bienveillance, humanité.** *Elle est d'une grande bonté.* – **interj.** *Bonté divine !* **2.** Amabilité, gentillesse. *Voulez-vous avoir la bonté de...* **3.** au plur. vieilli ou littér. Acte de bonté, d'amabilité. *Avoir des bontés pour qqn.*

Bontempelli (Massimo) Écrivain italien (1878-1960). Fondateur de la revue *Novecento*, adepte du « réalisme magique », opposé au vérisme, il décrit, dans ses romans, un univers où le réel est transfiguré par l'humour et le fantastique (*Des gens dans le temps*). Il est aussi l'auteur de pièces de théâtre (*Nuée*).

Bontemps (Pierre) Sculpteur français (1507-1570). Il collabora au tombeau de François Ier sous la direction de Philibert Delorme. On lui attribue les deux gisants du roi et de la reine (basilique de Saint-Denis).

bonus [bɔnys] n. m. (mot anglais, du latin → [1]bon) **1.** Réduction consentie par un assureur au conducteur qui n'a pas d'accidents. **2.** Supplément gratuit (d'un CD, d'un DVD).

bon vivant, bonne vivante adj. et n. Qui est d'humeur joviale et facile, qui aime les plaisirs. – **n.** *Des bons vivants.*

bonze n. m. (du japonais, par le portugais) **1.** Prêtre de la religion bouddhique. – au fém. (vieilli) *Bonzesse*, religieuse bouddhiste. **2.** fig., fam. Personnage en vue, quelque peu prétentieux. → [2]**ponte.** *Les bonzes d'un parti. Vieux bonze.*

bonzerie n. f. vieilli Monastère de bonzes.

boogie-woogie [bugiwugi] n. m. (mot anglais des États-Unis) Blues joué au piano sur un rythme rapide avec, à la basse, une formule rythmique constante. ■ Danse qui accompagne cette musique. *Des boogie-woogies.* - var. RO **boogiewoogie.**

book voir **bookmaker** et **press-book**

bookmaker [bukmɛkœʀ] n. m. ou **bookmakeur, euse** [bukmɛkœʀ, øz] n. (mot anglais « celui qui tient les livres [*books*] de paris ») Personne qui prend des paris, notamment les paris sportifs. *Des bookmakers, des bookmakeurs.* - abrév. **book.**

Boole (George) Mathématicien et logicien britannique (1815-1864). Créateur de la logique symbolique moderne, il fut le premier à formaliser le raisonnement logique en règles de calcul.

booléen, enne [buleɛ̃, ɛn] adj. (de *Boole*) didact. Relatif à l'algèbre* de Boole. *Variable booléenne*, qui ne peut prendre que deux valeurs distinctes.

boom [bum] n. m. (mot anglais, onomatopée → [1]boum) **1.** Brusque hausse des valeurs, en Bourse. **2.** écon. Croissance soudaine et peu stable. *Des booms.* - var. RO **boum.**

boomerang [bumʀɑ̃g] n. m. (mot anglais, d'une langue d'Australie) **1.** Arme de jet des aborigènes australiens, formée d'une pièce de bois dur courbée, qui revient à son point de départ si le but est manqué. **2.** fig. Acte dont les effets se retournent contre l'auteur. – appos. *Des effets boomerangs.* – loc. *Faire boomerang.*

Boon (Louis-Paul) Écrivain et journaliste belge (1912-1979). Rédacteur au quotidien socialiste *Vooruit*, il est l'auteur d'une œuvre romanesque d'une grande sensibilité aux questions sociales. *Le faubourg s'étend ; Rue oubliée.*

Boon (Daniel Hamidou dit Dany) Réalisateur et acteur français (né en 1966). Il se fit connaître grâce à des sketches (*Je vais bien, tout va bien !*) et des rôles comiques. Son film *Bienvenue chez les Ch'tis*, comédie qui se déroule dans le nord de la France dont il est originaire, rencontra un succès considérable.

Boone (Daniel) Pionnier américain (1734-1820). Il mena une expédition qui franchit les Appalaches et découvrit le Kentucky. Il inspira Fenimore Cooper pour le personnage de « Natty Bumper » de sa série romanesque *Bas-de-Cuir.*

Boorman (John) Cinéaste britannique (né en 1933). À travers une exploration fine des principaux genres du septième art, il décrit les rapports de l'homme avec une nature « sauvage ». *Leo the Last ; Delivrance ; Excalibur.*

[1]**booster** [bustœʀ] n. m. (mot anglais des États-Unis « accélérateur ») anglic. **1.** techn. Propulseur externe auxiliaire destiné à accentuer la poussée (d'un engin spatial). **2.** Amplificateur qui augmente la puissance d'un autoradio. - recomm. offic. **suramplificateur.** - var. RO **boosteur.**

[2]**booster** [buste] v. tr. < 1 > (anglais des États-Unis *to boost* « augmenter, stimuler ») anglic., fam. Accélérer, stimuler. *Booster les ventes.*

Booth (William) Prédicateur évangélique britannique (1829-1912). Il fonda l'Armée du Salut en 1878, et en devint général.

Booth (John Wilkes) Acteur américain (1838-1865). Partisan de la cause sudiste, il assassina le président Lincoln le 14 avril 1865.

Boothia (péninsule de) Péninsule du N. du Canada située dans l'Arctique. Elle est séparée de l'île de Baffin par le *golfe de Boothia.*

Bootle Ville d'Angleterre (Merseyside). Faubourg portuaire de Liverpool. 51 400 habitants.

bootlegger [butlegœʀ] n. (mot anglais « celui qui cache sa bouteille dans sa botte ») hist. Aux États-Unis, Personne pratiquant la contrebande d'alcool, pendant la prohibition.

boots [buts] n. f. pl. (mot anglais « bottes ») anglic. Bottes courtes s'arrêtant au-dessus de la cheville.

Booz Personnage biblique, époux de Ruth.

bop voir **be-bop**

Bophuthatswana Ancien bantoustan du N.-O. de l'Afrique du Sud. 40 000 km². Indépendant de 1977 à 1994, il fut réintégré à la fin de l'apartheid. Mines de platine et de chrome.

Bopp (Franz) Linguiste allemand (1791-1867). Premier grand comparatiste des langues indo-européennes, précurseur du fonctionnalisme, il est l'auteur d'une *Grammaire comparée des langues indo-européennes*, qui fait de lui le père incontesté de la linguistique scientifique moderne.

boqueteau n. m. (de l'ancien français *boquet* → bosquet) Petit bois ; bouquet d'arbres. → **bosquet.**

Bor Ville de Serbie. 34 100 habitants. Mine de cuivre, l'une des plus grandes d'Europe.

Bór (Tadeusz Komorowski, dit) Général polonais (1895-1966). Chef de l'armée secrète (résistance antinazie), il déclencha l'insurrection de Varsovie (août-sept. 1944).

bora n. f. (mot italien, du grec, de *boreas* « vent du nord » [→ boréal], par le latin) Vent froid et violent du nord-est qui souffle l'hiver sur les régions septentrionales de l'Adriatique.

Bora (Katharina von) Religieuse allemande (1499-1552). Elle quitta son couvent pour épouser Luther.

Bora Bora Île volcanique de la Polynésie française. 10 549 habitants. Elle appartient aux îles Sous-le-Vent, dans l'archipel de la Société. Tombeau du navigateur français Alain Gerbault.

Bora Bora

L'atoll de Bora Bora vu du ciel.

Borås Ville du S.-O. de la Suède. 100 220 habitants. Centre de l'industrie textile suédoise.

borasse n. m. (du latin bot., du grec *borassos* « datte ») Palmier dont on fait le vin de palme et dont les bourgeons sont comestibles (cœurs de palmier). → **rônier.** - syn. **borassus.**

borate n. m. chim. Sel de l'acide borique.

borax [bɔʀaks] n. m. (arabe *buraq*, du persan) Borate de sodium, sel cristallin blanc soluble dans l'eau.

borborygme n. m. (du grec, origine onomatopéique) **1.** Bruit produit par le déplacement des gaz dans l'intestin ou l'estomac. → **gargouillement. 2.** fig. et péj. Bruits de voix incompréhensibles.

Borchardt (Rudolf) Poète et écrivain allemand (1877-1945). Il fut un défenseur de la tradition contre les mouvements naturalistes ou impressionnistes (*L'Ode à la Grenade ; Magnolia d'automne*). Il traduisit *La Divine Comédie* de Dante.

Borcherds (Richard E.) Mathématicien britannique (né en 1959). Spécialiste d'algèbre, il contribua à la démonstration de la « conjecture moonshine ». Médaille Fields 1998.

Borchert (Wolfgang) Écrivain allemand (1921-1947). Écrivain emblématique de la *Trümmerliteratur*, littérature des ruines ou du « point zéro », il est surtout célèbre pour son drame *Devant la porte*.

bord n. m. (du francique) **I.** mar. **1.** Extrémité supérieure des bordages, de chaque côté d'un navire (→ **bâbord, tribord**). *Navire de haut bord*, haut sur l'eau. *Jeter qqn par-dessus bord*, à la mer. **2.** Le navire lui-même. *Monter à bord. Journal de bord*, compte rendu de la vie à bord. – loc. *Les moyens du bord*, ce qu'on a sous la main. ■ par ext. *À bord d'une voiture, d'un avion.* – *Tableau* de bord.* **3.** *Être du bord de qqn, du même bord que qqn*, du même parti, de la même opinion. *Changer, virer de bord.* **II. 1.** Contour, limite, extrémité (d'une surface). → **bordure.** *Le bord d'une assiette* (→ **bordure, rebord**). *Le bord de la mer. Le bord d'une rivière* (→ **¹berge, rive**), *d'un bois* (→ **lisière, orée**), *de la route* (→ **bas-côté**). – *Verre plein jusqu'au bord, à ras bord* (→ **déborder**). ■ *Bord à bord* loc. adv. : en mettant un bord contre l'autre, sans les croiser. ■ inform. *Effet de bord* : modification par une fonction d'une variable qui existe hors de cette fonction. – cour. Effet secondaire indésirable. **2.** Partie circulaire (d'un chapeau), perpendiculaire à la calotte. → **rebord. 3.** *Être au bord de qqch.*, en être tout près. – (temporel) *Au bord des larmes*, près de pleurer. ■ fam. *Sur les bords* : légèrement, à l'occasion. *« Il était un peu faux jeton sur les bords votre jules »* (Queneau).

Borda (Jean Charles), dit le chevalier de Borda Physicien français (1733-1799). Ses travaux sur la mesure de l'arc du méridien terrestre aboutirent à la mise au point du système métrique.

bordages n. m. pl. (de *bord*) mar. Planches épaisses ou tôles recouvrant la membrure d'un navire.

borde n. f. (vient du francique → **bordel**) régional (Sud-Ouest) Métairie.

Börde n. f. Région d'Allemagne, riche en lœss, qui s'étend en bordure méridionale de la plaine du Nord, de la rive gauche du Rhin à la haute Lusace. Agriculture intensive (blé, betterave à sucre, tabac, maraîchage), élevage bovin et porcin.

bordé n. m. (de *border*) mar. Ensemble des bordages.

bordeaux n. m. (de *Bordeaux*) **1.** Vin des vignobles du département de la Gironde. **2.** n. m. et adj. Couleur rouge foncé ; de cette couleur. *Des vestes bordeaux.*

Bordeaux (Henry) Écrivain français (1870-1963). Partisan de la tradition et de l'ordre moral, il décrit dans ses romans les vertus de la société bourgeoise et des « sentiments naturels ». *Les Roquevillard ; La Neige sur les pas.*

Bordeaux Chef-lieu de la Gironde et de la Région Nouvelle-Aquitaine, sur la Garonne. 259 809 habitants (agglomération de 994 920 habitants). Cathédrale Saint-André (XIIe-XIVe s.) ; église Sainte-Croix (XIIe-XIIIe s.) ; église Saint-Seurin (XIIe-XIVe s.) ; église Sainte-

Bordeaux, le Pont de Pierre et la porte de Bourgogne.

Eulalie (XIIe-XVIe s.) ; église Saint-Michel (XIVe-XVIe s.) et tour Saint-Michel (109 m) ; église Notre-Dame (XVIIe-XVIIIe s.). Grand-Théâtre et place de la Bourse (XVIIIe s.). Esplanade des Quinconces (XIXe s.). Musée d'Aquitaine. Cité du Vin. Siège d'un archevêché, d'universités et de grandes écoles. Métropole économique du S.-O. de la France. Industries chimique, pharmaceutique, aéronautique et militaire. Centrale nucléaire du Blayais. Capitale des Bituriges, la ville devient après la conquête romaine la capitale d'une province de l'Empire. Possession anglaise de 1152 à 1453, à la suite du mariage d'Aliénor d'Aquitaine avec Henri II, elle connut une grande prospérité au XVIIIe s. grâce au commerce avec les Antilles et la traite des Noirs.

bordée n. f. (de *bord* [I]) **1.** vieux Ligne de canons rangés sur chaque bord d'un vaisseau. – Décharge simultanée des canons d'un même bord. *Tirer une bordée.* ■ mod., fig. *Une bordée d'injures.* **2.** Partie de l'équipage de service à bord. **3.** Route parcourue par un navire qui louvoie sans virer de bord. ■ loc. fam. *Marins **en bordée***, qui courent les cabarets, les lieux de plaisir.

bordel n. m. (de l'ancien français *bord, borde* « cabane », du francique « planche », p.-ê. même famille que le mot de marine → **bord**) **1.** vulg. Maison de prostitution. → **boxon. 2.** fig. et fam. Grand désordre. → **foutoir.** *Quel bordel dans sa chambre !* ■ *Tout le bordel* : tout le reste. **3.** exclam. vulg. *Magne-toi, bordel !*

bordelais, aise adj. et n. **I.** De Bordeaux ou de sa région. *Le vignoble bordelais.* – n. *Les Bordelais.* **II.** n. f. **1.** Tonneau d'environ 225 litres. **2.** Bouteille de forme particulière, contenant environ 75 centilitres.

Bordelais n. m. Région autour de Bordeaux, dans le département de la Gironde. Le Bordelais est mondialement connu pour son vignoble, le plus grand du monde (120 000 ha), qui englobe le Médoc, les Graves (et le Sauternais) et les Côtes (notamment Pomerol et Saint-Émilion).

bordélique adj. (de *bordel* [2]) fam. **1.** Où il y a du désordre. **2.** (personnes) Qui est désordonné.

border v. tr. < 1 > (de *bord* [II]) **1.** Occuper le bord de (qqch.). – au p. p. *Route bordée d'arbres.* **2.** Garnir d'un bord, d'une bordure. *Border une nappe d'un galon.* **3.** *Border un lit* : replier le bord des draps, des couvertures sous le matelas. – *Border qqn (dans son lit).* **4.** mar. *Border une voile*, tendre les écoutes pour la raidir.

bordereau n. m. (de *bord*) Relevé détaillé énumérant les articles ou pièces d'un compte, d'un dossier... → **état.** *Des bordereaux d'achat.*

borderie n. f. (ancien français *borde*, du francique °*borda* « cabane ») régional Petite métairie.

borderline [bɔʀdœʀlajn] adj. et n. (mot anglais, de *border* « limite » et *line* « ligne ») anglic. psychiatr. Qui présente des troubles entre psychose et névrose. *Personnalités borderlines.* – n. *Des borderlines.*

Borders ou **Scottish Borders** n. m. pl. District du S. de l'Écosse. 4 732 km^2. 113 600 habitants. Chef-lieu : Newton Saint Boswell's. Agriculture. Vallée industrielle de la Tweed.

Bordes (Charles) Compositeur français (1863-1909). Il contribua à la renaissance de la musique polyphonique du XVe au XVIIe s. Il fonda la Schola Cantorum.

Bordet (Jules) Médecin et microbiologiste belge (1870-1961). Considéré comme l'un des fondateurs de la sérologie, il découvrit l'hémolyse et le bacille de la coqueluche. Prix Nobel 1919.

Bordeu (Théophile de) Médecin français (1722-1776). Fondateur du vitalisme, collaborateur à l'*Encyclopédie*, il est connu pour ses travaux sur les eaux thermales.

bordier, ière adj. géogr. *Mer bordière*, située en bordure d'un océan.

bordigue ou **bourdigue** n. f. (de l'ancien provençal) Enceinte en clayonnages qui, au bord de la mer, sert à prendre ou garder du poisson.

Bordj Bou Arreridj Ville d'Algérie, dans l'Atlas tellien. 159 000 habitants.

Borduas (Paul Émile) Peintre et sculpteur canadien (québécois) (1905-1960). Chef de file du mouvement des « automatistes » au Québec et auteur principal du manifeste *Refus global*, il fit évoluer son style surréaliste (*Sous le vent de l'île*) vers une forme d'expressionnisme plus austère (*L'Étang recouvert de givre*).

bordure n. f. Ce qui occupe le bord. *La bordure d'un champ.* – **En bordure** : sur le bord, le long du bord. *Jardin en bordure de la rivière.*

bordurette n. f. Bordure de pierre, de béton, qui sert à délimiter sur la chaussée une voie de circulation réservée.

bore n. m. (de *borax*) chim. Élément atomique (symb. B ; n° at. 5 ; masse at. 11), corps simple, voisin du carbone.

boréal, ale, aux adj. (du bas latin, du grec *Boreas* « Borée », dieu du vent du Nord → **bourrasque**) Qui est au nord du globe terrestre (s'oppose à *austral*). *Hémisphère boréal.* ■ Voisin du pôle Nord. → **arctique ; hyperboréen.** *Aurore* boréale.*

Borée Dieu grec du Vent du nord, fils du Titan Astrée et d'Éos (l'Aurore). Les Romains l'assimilèrent à Aquilon.

boréal

Aurore boréale dans le ciel de la taïga canadienne.

Borel **(Joseph-Pierre Borel d'Hauterive, dit Petrus)** Écrivain français (1809-1859). Surnommé « le Lycanthrope », cet écrivain romantique allia un sentimentalisme exacerbé *(Madame Putiphar)*, à une forme virulente d'humour noir dont il acquit une grande maîtrise *(Contes immoraux)*.

Borel **(Émile)** Mathématicien et homme politique français (1871-1956). Spécialiste de la théorie des fonctions, il fut un précurseur de la théorie des jeux.

Borg **(Björn)** Joueur de tennis suédois (né en 1956). Cinq fois vainqueur du tournoi de Wimbledon, six fois vainqueur des Internationaux de France à Roland-Garros, il domina le tennis mondial de 1974 à 1981.

Borges **(Jorge Luis)** Écrivain argentin (1899-1986). Auteur de nouvelles fantastiques *(Fictions ; L'Aleph)*, il brilla par son style baroque, son érudition et son imagination foisonnante. Il évolua ensuite vers un style plus dépouillé *(Le Rapport de Brodie)*, et publia des essais critiques *(Autres Inquisitions)*.

Borghèse Famille italienne originaire de Sienne. Établis à Rome au XVIe s., les Borghèse y firent construire le palais qui porte leur nom (achevé en 1607). ■ **Camille Borghèse** en it. **Camillo Borghese** (1775-1832). Époux de Pauline Bonaparte, il fut gouverneur du Piémont de 1808 à 1814.

Borgia Famille romaine originaire de Borja, en Espagne. ■ **Rodrigo Lançol y Borgia.** → **Alexandre VI**, pape ■ **Borgia** **(César)** (1476-1507). Prélat et homme d'État italien. Fils du futur pape Alexandre VI, cardinal (1492), il fut duc de Valentinois (1498) puis duc de Romagne (1501). Habile politique, il servit de modèle à Machiavel dans *Le Prince*. ■ **Borgia** **(Lucrèce)** (1480-1519). Sœur de César Borgia, elle fut l'instrument des desseins politiques de son père et de son frère. Elle se fit protectrice des arts et des lettres.

borgne adj. **(mot prélatin, idée de « creux », par celle d'« œil crevé » ; famille indo-européenne de *forer*)** **1.** Qui a perdu un œil ou ne voit que d'un œil. *Un accident l'a rendu borgne.* – **n.** *Un, une borgne.* prov. *Au royaume des aveugles, les borgnes sont rois.* **2.** *Fenêtre borgne*, donnant du jour, mais aucune vue. *Mur borgne*, sans ouvertures. **3.** *Hôtel borgne*, mal famé.

Borgo Commune de Haute-Corse, au S. de Bastia. 9 254 habitants. Viticulture. Arboriculture.

borie n. f. **(de l'ancien provençal, du latin médiéval *bovaria* « étable », de *bos, bovis* → bœuf)** Petite hutte ronde en pierres sèches dans le midi de la France.

Bories dans la région de Gordes (Vaucluse).

Borinage n. m. Région de Belgique située dans le Hainaut, à la frontière avec la France. Ancien bassin houiller reconverti dans des industries diverses (carbochimie, aéronautique).

borique adj. chim. Formé d'hydrogène et de bore. *Acide borique.*

boriqué, ée adj. chim. Qui contient de l'acide borique.

Boris Godounov (1551-1605). Tsar de Russie (1598-1605). Il s'efforça d'émanciper l'Église russe de la tutelle de Constantinople et de rapprocher la Russie de l'Occident. La fin de son règne fut marquée par une terrible famine (1601-1603) qui provoqua de violentes insurrections.

Boris Ier (mort en 907). Khan des Bulgares (852-889). Il imposa à son peuple, sous la pression de Byzance, le christianisme orthodoxe comme religion officielle.

Boris III (1894-1943). Roi de Bulgarie (1918-1943). Rallié aux puissances de l'Axe en 1941, il refusa cependant d'attaquer l'URSS. Sa mort, dans des conditions mystérieuses, est parfois imputée aux nazis.

Borlaug **(Norman Ernest)** Agronome américain (1914-2009). Il est connu pour ses recherches sur le blé et son combat contre la faim dans le monde. Prix Nobel de la paix 1970.

Bormann **(Martin)** Homme politique allemand (1900-1945 ?). Général des SS, il devint secrétaire particulier de Hitler (1943). Disparu lors de la chute de Berlin (1945), il fut condamné à mort par contumace par le tribunal de Nuremberg.

Born **(Max)** Physicien britannique d'origine allemande (1882-1970). Il contribua à l'élaboration de la mécanique quantique et en apporta, en particulier, une interprétation statistique. Prix Nobel 1954.

Born **(Bertran de)** voir **Bertran de Born**

bornage n. m. Opération consistant à délimiter deux propriétés contiguës par la pose de bornes.

borne n. f. **1.** Pierre ou autre marque servant à délimiter un champ, une propriété foncière, et qui sert de repère. – *Borne kilométrique*, plantée à chaque kilomètre d'une route. – fam. Kilomètre. ■ *Borne d'incendie* : bouche d'incendie en forme de borne. ■ Dispositif de communication placé dans un lieu public. *Une borne Internet.* **2.** Pièce correspondant à l'un des pôles d'un circuit électrique. *Les bornes d'une batterie de voiture.* **3.** au plur. fig. Limite permise. *Vous dépassez les bornes !* → **mesure.** – *Sans bornes*, illimité. → **infini.**

Borne **(Élisabeth)** Femme d'État française (née en 1961). Elle dirigea plusieurs ministères de 2017 à 2022 (dont celui des Transports) et fut nommée Première ministre par Emmanuel Macron en 2022.

borné, ée adj. **1.** (choses) Qui est limité par un obstacle. *Un horizon borné.* **2.** (personnes) Dont les capacités intellectuelles sont limitées. → **bouché, obtus.** *Esprit borné*, étroit, limité.

borne-fontaine n. f. **1.** Fontaine en forme de borne. *Des bornes-fontaines.* **2.** (Canada) Bouche d'incendie.

Bornéo Île de l'Asie du Sud-Est, la plus grande de l'Insulinde, partagée entre l'Indonésie, la Malaisie et Brunei. 736 560 km^2. 23 millions d'habitants. Le relief est montagneux dans le N., tandis que le S. est occupé par des plaines fluviales. Traversée par l'équateur, l'île est couverte d'une dense forêt tropicale. La riziculture irriguée est pratiquée sur le littoral. Les plantations (café, poivre, girofle, cacao, huile de palme, hévéa) occupent un espace croissant, aux dépens de la forêt qui fait l'objet d'une exploitation intensive. Mines d'or, de diamants, d'uranium, de charbon. Gisements de pétrole.

borner v. < 1 > **I. v. tr. 1.** Délimiter. *Les montagnes qui bornent l'horizon.* **2.** fig. Mettre des bornes à ; renfermer, resserrer dans des limites précises. → **limiter, réduire.** *Savoir borner ses désirs.* **II. v. intr.** télécomm. Activer une antenne relais de téléphonie mobile. *Son téléphone a borné dans le secteur.* ■ **se borner** (à) v. pron. S'en tenir à. → **se contenter de.** « *Je me borne à vous dire simplement les faits* » (Voltaire). – (choses) Se limiter à. *L'examen s'est borné à deux questions.*

Bornes **(massif des)** Massif des Alpes françaises, en Haute-Savoie, compris entre l'Arve et le lac d'Annecy. 2 438 m.

Bornholm Île du Danemark, dans la Baltique. 588 km^2. 46 500 habitants. Chef-lieu : Rønne. Églises rondes fortifiées. Gisements de kaolin.

Bornou n. m. Ancien empire africain du Soudan central. Il connut son apogée au XVIe s. sous le sultan Idriss III (1580-1603). Foyer de l'islam, il s'étendait sur le Niger et le N. du Cameroun. Il fut partagé, en 1900, entre la France, la Grande-Bretagne et l'Allemagne.

bornoyer v. intr. < 8 > **(de *borgne*)** techn. Regarder d'un œil en fermant l'autre pour vérifier un alignement, une surface plane.

Borobudur Célèbre monument bouddhique de Java (VIIIe s.). Imposant par ses dimensions, il comprend 504 statues illustrant les vies antérieures du Bouddha.

Borodine **(Alexandre)** Compositeur russe (1833-1887). Il participa au renouveau de la musique russe avec le groupe des Cinq. Son œuvre majeure, *Le Prince Igor*, achevée par Glazounov et Rimski-Korsakov, puise ses références à la fois dans le folklore russe et dans la mélodie italienne.

Borodino Village de Russie, à l'O. de Moscou. Ce fut le théâtre de la bataille de la Moskova (appelée par les Russes *bataille de Borodino*), le 7 septembre 1812.

borosilicate n. m. **(de *borate* et *silicate*)** chim. Sel double, combinaison d'un borate avec un silicate.

Borotra **(Jean)** Joueur de tennis français (1898-1994). Surnommé le « Basque bondissant », membre de l'équipe de France, dite des « Mousquetaires », qui remporta la Coupe Davis de 1927 à 1932.

Borrassà **(Luís)** Peintre catalan (1360-1424). Adepte du style gothique international, il influença les peintres aragonais et avignonnais.

borréliose n. f. **(de *borrelia*, n. d'une bactérie, du n. du médecin A. Borrel)** méd. Maladie infectieuse due à la transmission de bactéries par des arthropodes.

Borobudur

Le temple de Borobudur à Java, restauré par l'Unesco.

Borromées (îles) Groupe de quatre îles situées dans le lac Majeur, en Italie. Tourisme. Cultures florales.

Borromini (Francesco Castelli ou Castello, dit) Architecte italien (1599-1667). Il est considéré comme le maître de l'art baroque italien. Ses effets en trompe-l'œil, ses courbes et ses porte-à-faux en firent l'un des architectes les plus inventifs de son temps. On lui doit, à Rome, les églises Saint-Charles-aux-Quatre-Fontaines et Saint-Yves-de-la-Sapience.

bortch ou **bortsch** [bɔʀtʃ] **n. m. (ukrainien** ***bortsch*****)** Soupe aux betteraves et à la viande, avec de la crème (plat ukrainien) ; abusivt soupe russe analogue, aux choux *(chtchi)*. *Des bortchs, des bortschs.*

Bort-les-Orgues Commune de la Corrèze, sur la Dordogne. 2 595 habitants. Colonnes phonolitiques. Église des XIIe et XVe s. Barrage hydroélectrique sur la Dordogne.

Borudjerd Ville d'Iran, à l'O. d'Ispahan. 235 000 habitants.

borure n. m. chim. Combinaison du bore avec un corps simple. *Borure de magnésium.*

Bory (Jean-Louis) Journaliste et écrivain français (1919-1979). Il est l'auteur de chroniques cinématographiques et d'essais historiques. *La Révolution de juillet ; Eugène Sue, dandy mais socialiste.*

Bory de Saint-Vincent (Jean-Baptiste Marcellin, baron) Général et naturaliste français (1778-1846). Il tira de ses voyages et expéditions scientifiques de nombreux ouvrages. *Voyage dans les quatre principales îles des mers d'Afrique.*

Borzage (Frank) Cinéaste américain (1893-1962). Il dénonça la détresse du prolétariat américain dans les années 1930 *(L'Adieu aux armes ; Ceux de la zone)*, tout en témoignant dans ses derniers films d'un idéalisme généreux *(The Mortal Storm ; Moonrise)*.

Bosanquet (Bernard) Philosophe britannique (1848-1923). Figure centrale du néo-hégélianisme britannique, il a abordé tous les domaines de la réflexion dans une perspective idéaliste. *Connaissance et réalité ; Logique ; Histoire de l'esthétique.*

Bosc (Jean) Dessinateur humoristique français (1924-1973). Il dessina dans de nombreux journaux et publia aussi des albums. *Mort au tyran ; Les Boscaves.*

Bosch (Hieronymus Van Aken ou Aeken, dit en français Jérôme) Peintre flamand (1450-1516). Ses compositions complexes d'êtres imaginaires monstrueux lui valurent une très grande renommée de son vivant. Il fit preuve d'une imagination délirante en dessinant des scènes démoniaques dont les détails furent interprétés comme autant de symboles ésotériques. *Les Sept Péchés capitaux ; La Nef des fous ; Le Jardin des délices terrestres.*

Bosch (Carl) Chimiste et industriel allemand (1874-1940). Il fut l'inventeur, avec Haber, d'un procédé de synthèse industrielle de l'ammoniac (procédé *Haber-Bosch*). Prix Nobel 1931.

Bosch (Juan) Écrivain et homme politique dominicain (1909-2001). Auteur de nouvelles ainsi que d'ouvrages d'histoire et de sociologie, il fut président de la République de 1962 à 1963.

bosco n. m. (de ***bosseman*****, néerlandais** ***bootsman*****, d'après l'argot** ***boscot*** **« bossu »)** mar. Maître de manœuvre sur un navire.

Bosco (Henri) Écrivain français (1888-1976). Ses romans de terroir sont dédiés à la Provence et décrivent un univers bucolique nimbé de surnaturel. *Le Jardin d'Hyacinthe ; Malicroix.*

Boscoreale Ville d'Italie (Campanie), au pied du Vésuve. 27 620 habitants. On y découvrit en 1895 le *trésor de Boscoreale*, un ensemble de pièces d'argenterie (Ier s. apr. J.-C.).

Bose (Satyendranath) Physicien indien (1894-1974). Ses travaux en mécanique statistique appliquée à certaines particules élémentaires servirent de base à Einstein pour imaginer le phénomène de « condensation de Bose-Einstein ». Il donna son nom aux *bosons.*

Bosnie-Herzégovine

Bosio (François Joseph, baron) Sculpteur monégasque (1768-1845). Disciple de Canova, il devint sculpteur officiel sous le Premier Empire et la Restauration (le quadrige du Carrousel).

boskoop [bɔskɔp] **n. f. (localité des Pays-Bas)** Variété de pomme à peau rugueuse gris-vert et rouge. - var. **boscop.**

bosniaque adj. et n. De la Bosnie. **– n.** *Les Bosniaques.* ■ **n. m.** Langue slave du groupe méridional.

Bosnie-Herzégovine

n. f. ■ offic. république de Bosnie-Herzégovine ou Bosnie-et-Herzégovine État de l'Europe balkanique. 51 129 km^2. 3 531 000 habitants (les *Bosniens*). **Langues :** bosniaque, serbe, croate. **Population :** Bosniaques, 48 % ; Serbes, 37 % ; Croates, 14 %. **Religions :** musulmans, 50 % ; orthodoxes, 31 % ; catholiques, 15 %. **Monnaie :** mark bosniaque convertible. **Capitale :** Sarajevo.

GÉOGRAPHIE

À l'exception des plaines de la Save au N., la Bosnie-Herzégovine est couverte de montagnes boisées (élevage). Le climat est méditerranéen. L'industrie (sidérurgie, chimie, industrie du bois) s'est développée à l'époque socialiste. Le relèvement économique après la guerre (1995) est encore difficile. Le chômage, très élevé, est à l'origine d'un taux d'émigration important.

HISTOIRE

Après avoir fait partie de la province romaine d'Illyrie, la région fut peuplée par des Serbes et des Croates puis fut incluse dans l'Empire ottoman (1463). L'Autriche-Hongrie l'annexa (1908) mais se trouva confrontée au nationalisme serbe. L'assassinat à Sarajevo, le 28 juin 1914, de l'archiduc François-Ferdinand, fut à l'origine de la Première Guerre mondiale. Intégrée en 1918 à la future Yougoslavie, la Bosnie-Herzégovine en devint en 1945 l'une des 6 républiques fédérées. Son indépendance (1992) déclencha entre Bosniaques, musulmans, Croates et Serbes une guerre civile (1992-1995) marquée par des massacres (Srebrenica) et des expulsions massives de populations (« purification ethnique »). Les accords de Dayton (1995) créèrent une république de Bosnie-Herzégovine composée de la Fédération de Bosnie-Herzégovine et de la République serbe, chacune dotée d'un président et d'un gouvernement. Leur application est surveillée par l'Union européenne mais depuis 2020 l'unité du pays est menacée par une montée du nationalisme séparatiste serbe. Le pays est dirigé par un collège de trois membres qui président à tour de rôle tous les huit mois.

boson n. m. (de Bose et ***-on*****, de** ***électron*****)** phys. Particule fondamentale (symb. W^+, W^-), atome dont le nombre de spin est entier ou nul. *Boson de Higgs*, qui est à l'origine de la masse des particules.

Boson (mort en 887). Roi de Bourgogne et de Provence (879-887). Beau-frère de Charles le Chauve, il était le père de Louis III l'Aveugle.

Bosphore anciennement **détroit de Constantinople n. m.** Détroit qui sépare, en Turquie, l'Europe de l'Asie, et fait communiquer la mer Noire et la mer de Marmara. Deux ponts suspendus relient la rive occidentale d'Istanbul à sa rive orientale. Tunnel ferroviaire (2013) et tunnel autoroutier (2016).

Bosphore cimmérien Nom antique du détroit de Kertch. Les Grecs y fondèrent un royaume en 480 av. J.-C. (le *royaume du*

Bosphore) qui passa sous protectorat romain en 63 av. J.-C.

bosquet n. m. **(du provençal, de *bosc* → bois)** Petit bois ; groupe d'arbres plantés pour l'agrément. → **boqueteau, ¹bouquet.**

Bosquet (Pierre Jean François) Maréchal de France (1810-1861). Il participa à la conquête de l'Algérie (1839-1853) et se distingua lors de la guerre de Crimée (1854-1855).

Bosquet (Anatole Bisk, dit Alain) Écrivain français (1919-1998). Poète, essayiste et romancier, il fut très influencé par la violence verbale du surréalisme. *La Confession mexicaine ; Le Tourment de Dieu ; Une femme, un parc, quelques mensonges.*

Bosra Localité du S.-O. de la Syrie. Porte nabatéenne, théâtre romain (enceinte du XIIIe s.). Vestige d'une cathédrale construite en 512.

boss [bɔs] n. **(mot anglais, du néerlandais *baas* « maître »)** anglic. **1.** fam. Patron, chef. *Le big boss* : le grand patron. *C'est ma boss. Des boss.* **2.** Ennemi(e) puissant(e) qu'il faut battre pour accéder au niveau suivant (d'un jeu). *Affronter un boss, le boss final.*

bossage n. m. **(de *bosser* → ¹bosse)** archit. Saillie laissée comme ornement (à la surface d'un mur, d'une porte, etc.).

bossanova ou **bossa-nova** n. f. **(mot portugais « nouvelle vague »)** Musique de danse brésilienne influencée par le jazz. *Des bossanovas, des bossas-novas.*

¹bosse n. f. **(vient du latin pop. *bottia*)** **1.** Enflure due à un choc sur une région osseuse. *Une bosse au front.* **2.** Grosseur dorsale, difformité de la colonne vertébrale (→ **bossu**). – loc. *Rouler sa bosse* : voyager sans cesse ; fig. avoir de multiples expériences. **3.** Saillie à la surface d'un os, d'un crâne. – fig. et fam. *Avoir la bosse du commerce.* → **¹don. 4.** Protubérance naturelle sur le dos (d'animaux). *Les deux bosses d'un chameau.* **5.** Partie renflée et arrondie. *Les bosses d'une piste de ski. Creux et bosses.* ■ → **ronde-bosse.**

²bosse n. f. **(p.-ê. de *¹bosse* à cause des nœuds)** mar. Cordage fin.

Bosse (Abraham) Graveur, peintre et théoricien français (1602-1676). Auteur du frontispice du *Léviathan* de Hobbes et maître de la gravure à l'eau-forte, il produisit une œuvre volumineuse qui constitue un précieux témoignage sur les mœurs de son époque. *Les Cris de Paris.*

bosselage n. m. techn. Travail en bosse, en relief, exécuté sur les pièces d'orfèvrerie.

bosseler v. tr. < 4 ou RO 5 > Déformer (qqch.) par des bosses. → **cabosser.** – au p. p. *Un terrain bosselé.* □ n. m. **bossellement** ou RO **bossèlement** □ n. f. **bosselure**

¹bosser v. tr. < 1 > mar. Fixer, retenir avec des bosses.

²bosser v. < 1 > **(de *bosse* ; p.-ê. « courber le dos sur un travail »)** fam. **1.** v. intr. Travailler. → **boulonner. 2.** v. tr. *Bosser un examen*, le préparer activement. → **²bûcher.**

bossette n. f. **1.** Ornement en bosse sur le mors, sur les œillères d'un cheval. – par ext. Les œillères. **2.** Petit renflement sur la détente (d'une arme à feu).

bosseur, euse n. et adj. fam. Personne qui travaille beaucoup. – adj. *Elle est très bosseuse.*

bossoir n. m. **(de *²bosse*)** mar. Dispositif de levage à bord d'un navire, pour lever l'ancre, descendre les canots, etc.

bossu, ue adj. Qui a une ou plusieurs bosses (2) par un vice de conformation. *Elle est bossue. « Un pays où tout le monde devient bossu à force de faire des révérences »* (Guez de Balzac). ■ n. *Une bossue.* – loc. fam. *Rire comme un bossu*, à gorge déployée (→ **être plié de rire**).

bossuer v. tr. < 1 > **(de *bossu*, en ancien français « déformé par des bosses »)** Déformer accidentellement par des bosses. *Bossuer une timbale en argent.* – par ext. Rendre inégal (un sol, une surface) en formant des bosses. □ **bossué, ée** adj. *Crâne bossué.*

Bossuet (Jacques Bénigne) Prélat, théologien et écrivain français (1627-1704). Précepteur du Grand Dauphin de 1670 à 1680, il écrivit pour son élève *Politique tirée des paroles de l'écriture sainte* et le *Discours sur l'histoire universelle.* Nommé évêque de Meaux, il se posa en chef de l'Église de France et rédigea la *Déclaration du clergé de France*, défendant la légitimité du gallicanisme au regard de l'autorité papale. Adversaire du protestantisme *(Histoire des variations des Églises protestantes)*, puis du quiétisme *(Relations sur le quiétisme)*, il développa une pensée soucieuse de concilier la religion et la raison dans une « intelligence de la foi ». Dans les dernières années de sa vie, il se consacra à l'exégèse des Écritures dont il tira une vision mystique de la Providence divine et de l'ordre du monde. On lui doit douze *Oraisons funèbres.*

boston [bɔstɔn] n. m. **(du n. de la ville des États-Unis)** Valse lente. □ **bostonner** v. intr. < 1 >

Boston Ville d'Angleterre (Lincolnshire), sur la Witham. 41 300 habitants. Église du XIVe s. de style gothique.

Boston Ville des États-Unis, capitale du Massachusetts. 675 640 habitants (agglomération 4,5 millions). Port important. Centre industriel et technologique. Laboratoires de recherche en informatique, électronique, chimie et biotechnologie. Musées. Bâtiments du XVIIIe s. (Faneuil Hall). La ville, fondée en 1630 par des colons britanniques, fut un foyer du puritanisme et le centre intellectuel du pays au XIXe siècle.

bostryche [bɔstʀiʃ] n. m. **(grec *bostrukhos* « boucle de cheveux »)** zool. Insecte coléoptère à corselet velu, dont les larves vivent dans le bois du chêne.

Bosworth Localité d'Angleterre, dans le Leicestershire. La *bataille de Bosworth* (1485), au cours de laquelle Richard III fut tué par Henri Tudor, mit fin à la guerre des Deux-Roses.

Boston

Boston, le quartier de Back Bay, érigé à l'emplacement d'anciens marais.

¹bot adj. **(p.-ê. du francique « crapaud »)** *Pied bot*, rendu difforme par la rétraction de certains muscles.

²bot [bɔt] n. m. **(mot anglais, abrév. de *robot*)** anglic. inform. Agent* logiciel. *Des bots. Bot conversationnel.* → **chatbot.**

botanique **(du grec, de *botanê* « plante »)** **1.** adj. Relatif à l'étude des végétaux. *Jardin botanique.* **2.** n. f. Science qui a pour objet l'étude des végétaux.

botaniste n. Spécialiste de botanique.

Botany Bay Baie de la côte orientale de l'Australie, en Nouvelle-Galles du Sud. Découverte par Cook en 1770, elle fut le premier foyer de peuplement du pays.

Botero (Fernando) Peintre et sculpteur colombien (né en 1932). Ses personnages aux formes généreuses sont autant d'hommages à l'art précolombien. Érigeant l'humour en technique artistique, il a peint

Botswana

des pastiches d'œuvres classiques *(Mona Lisa à l'âge de douze ans)* et réalisé de nombreuses sculptures en bronze *(Figure allongée ; Homme debout)*.

Botev (Hristo) Écrivain et patriote bulgare (1849-1876). Auteur de poèmes qui exaltent la patrie et l'idéal révolutionnaire, il est considéré comme le premier grand poète bulgare.

Botev (pic) Point culminant de la chaîne du Balkan, en Bulgarie. 2 376 m.

Botha (Louis) Général et homme d'État sud-africain (1862-1919). Commandant en chef de l'armée des Boers (1899-1902), il fut Premier ministre du Transvaal (1907-1910), puis de l'Union sud-africaine (1910-1919).

Botha (Pieter Willem) Homme d'État sud-africain (1916-2006). Il fut Premier ministre (1978-1984), puis président de la République (1984-1989).

Bothe (Walter) Physicien allemand (1891-1957). Il découvrit, avec Becker, les rayonnements de neutrons. Prix Nobel 1954.

bothriocéphale n. m. (du grec *bothrion* « fossette, petite cavité » et *kephalê* « tête ») zool. Ténia parasite de l'intestin, transmis par l'ingestion de poisson insuffisamment cuit.

Bothwell (James Hepburn, 4ᵉ comte de) Gentilhomme écossais (v. 1536-1578). Accusé d'avoir assassiné lord Darnley, époux de Marie Stuart qu'il épousa ensuite, il fut contraint de s'exiler au Danemark.

Botnie (golfe de) Golfe de l'extrémité septentrionale de la mer Baltique, entre la Suède et la Finlande.

Botocudos n. m. pl. Indiens du Brésil de la famille des Aymorés.

Botoşani Ville de Roumanie, en Moldavie septentrionale. Chef-lieu de district. 96 800 habitants. Église du XVᵉ siècle.

botox n. m. (marque déposée, de l'anglais *botulinum toxin* → botulique) Toxine botulique utilisée en injection locale pour estomper les rides du visage.

Botrange (signal de) Point culminant de la Belgique, en Ardenne. 694 m.

Botrel (Théodore) Chansonnier français (1868-1925). Ses chansons inspirées du folklore breton lui valurent un grand succès. *Le Petit Grégoire ; La Paimpolaise.*

Botswana

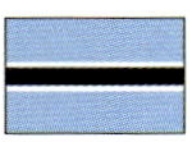

n. m. anciennement **Bechuanaland** ▪ offic. république du Botswana État de l'Afrique australe. 600 372 km². 2 346 180 habitants (les *Botswanais* ou *Botswanéens*). **Langues :** anglais (offic.), tswana (bantou), khoïsan. **Population :** Tswanas (Bantous), Bochimans. **Religions :** protestants, animistes. **Monnaie :** pula. **Capitale :** Gaborone. **Régime :** présidentiel.

GÉOGRAPHIE

Occupé en grande partie par le désert du Kalahari, le Botswana est un pays aride au climat subtropical. Les traditions pastorales sont vivaces au nord ; le Sud-Est est le domaine de la savane arbustive, la vallée du Limpopo celui de l'agriculture. L'exploitation des ressources naturelles (1ᵉʳ producteur mondial de diamant ; cuivre et nickel) assure au pays le PIB le plus élevé d'Afrique.

HISTOIRE

L'occupation de la vallée du Limpopo est ancienne (–40 000). Les pasteurs bantous s'installèrent dans l'Est au Iᵉʳ millénaire. En 1885, les Britanniques établirent le protectorat du Bechuanaland. Malgré l'opposition de l'Afrique du Sud, le Botswana obtint l'indépendance en 1966 après des élections législatives qui donnèrent la victoire au Parti démocratique fondé par Seretse Khama. Depuis, cette formation a remporté toutes les élections présidentielles.

Botta (Mario) Architecte et designer suisse (né en 1943). Héritier de Le Corbusier et de L. Kahn, il combine les techniques modernes aux matériaux traditionnels. Il a réalisé le musée d'Art moderne de San Francisco, le musée des Arts à Séoul, le musée Tinguely à Bâle et la cathédrale d'Évry.

¹botte n. f. (p.-ê. famille de ¹*bot*) Chaussure qui enferme le pied et la jambe. *Des bottes de cuir. Petites bottes* (→ aussi **boots, bottine**). ▪ loc. *Être à la botte de qqn,* lui obéir servilement. – fam. *En avoir plein les bottes :* être très fatigué, excédé. – *Bruits de bottes :* rumeurs de guerre, d'invasion.

²botte n. f. (ancien néerlandais *bote* « touffe ») **1.** Réunion de tiges de végétaux attachés ensemble. *Une botte de paille, de radis, d'asperges.* **2.** argot Groupe des élèves de Polytechnique sortis dans les premiers rangs. *Sortir dans la botte.*

³botte n. f. (italien *botta,* de *bottare* → bouter) Coup d'épée, de fleuret, porté à l'adversaire selon les règles. *Une botte secrète.*

botteler v. tr. < 4 ou RO 5 > agric. Attacher en botte(s). – absolt « *Quand les travailleurs bottelaient ou dormaient* » (Giraudoux). ▫ n. m. **bottelage** ▫ n. **botteleur, euse**

botter v. tr. < 1 > **I. 1.** Chausser de bottes. – au p. p. *Des motards bottés et casqués.* **2.** Donner un coup de pied à. *Il lui a botté les fesses.* ▪ sports Frapper du pied (le ballon). → **shooter.** – absolt *Botter en touche.* **II.** fam. Convenir, plaire à (qqn).

botteur, euse n. sports Joueur, joueuse qui botte le ballon.

Botticelli (Sandro di Mariano Filipepi, dit Sandro) Peintre italien (1445-1510). Il contribua à la décoration de la chapelle Sixtine. Peintre des allégories antiques *(Le Printemps ; La Naissance de Vénus),* il est surtout reconnu comme le maître de la représentation de la femme *(La Vierge à l'Enfant ; La Madone et la Roseraie).*

bottier, ière n. Personne qui fabrique des chaussures, des bottes sur mesure. → **chausseur.**

bottillon n. m. Chaussure montante confortable. → **boots.**

bottin n. m. (n. déposé, de Sébastien Bottin) Annuaire* des téléphones. – *Le Bottin mondain :* répertoire des personnalités de la haute société.

Bottin (Sébastien) Administrateur et statisticien français (1764-1853). Il publia un *Almanach du commerce* auquel il donna son nom en 1817.

bottine n. f. (de *botte*) Chaussure montante qui serre la cheville.

Bottrop Ville d'Allemagne (Rhénanie-du-Nord-Westphalie), dans la Ruhr. 117 300 habitants. Mine de charbon fermée en 2018.

botulique adj. méd. *Bacille botulique :* bactérie anaérobie, agent du botulisme. – *Toxine botulique,* produite par cette bactérie.

botulisme n. m. (du latin *botulus* « boudin » → boyau) Intoxication alimentaire causée par un microbe contenu dans la charcuterie, les conserves avariées.

Botzaris ou **Bótsaris (Márkos)** Patriote grec (1789-1823). Héros de l'indépendance, il s'illustra dans la défense de la ville de Missolonghi (1822-1823).

Bouaké Ville de Côte d'Ivoire, au centre du pays. 740 000 habitants. Industrie textile. Manufacture du tabac. Gisement de tantale.

Bouaye Commune de la Loire-Atlantique, dans l'arrondissement de Nantes. 8 102 habitants.

Boubat (Édouard) Photographe français (1923-1999). Il réalisa des reportages dans de nombreux pays dans un style loin du sensationnel et collabora avec les plus grands journaux. *Réalités ; Infinity.*

Édouard Boubat, *Paris, France* (1948).

boubou n. m. (mot mandingue [Afrique de l'Ouest]) Longue tunique ample, vêtement traditionnel africain. *Des boubous.*

boubouler v. intr. < 1 > (d'une onomatopée) (hibou) Pousser son cri. → **hululer.**

bouc n. m. (mot gaulois) **1.** Mâle de la chèvre. – loc. (trad. de l'hébreu biblique [« Lévitique »]) *Bouc émissaire :* bouc que le prêtre, dans la religion hébraïque, chargeait symboliquement des péchés d'Israël ; fig. personne sur laquelle on fait retomber les torts des autres. *Des boucs émissaires.* **2.** Barbiche. *Porter le bouc.*

¹boucan n. m. (p.-ê. famille de *bouc*) fam. Grand bruit. → **tapage, vacarme.**

²boucan n. m. (mot indien du Brésil) Gril de bois pour fumer viandes et poissons (aux Caraïbes). « *Mon écrevisse du jour, que j'irai brûler sur un petit boucan* » (É. Glissant). → **boucaner.**

Botticelli

Botticelli, *Le Printemps* (v. 1482), galerie des Offices, Florence.

B

boucane n. f. (Canada, Louisiane) fam. Fumée (du feu, de cigarette...).

boucaner v. tr. < 1 > (de *boucan*) 1. Faire sécher à la fumée (de la viande, du poisson). □ n. m. **boucanage** 2. Dessécher et colorer (la peau). → **tanner.** – au p. p. *Teint boucané.*

boucanier n. m. (de *boucan* → boucaner) Aventurier, pirate des Antilles, des Caraïbes.

boucau n. m. (provençal *boucau, bouco* « bouche ») régional Entrée d'un port, dans le sud de la France. *Des boucaux.*

boucaud n. m. (diminutif de *bouc* → ²bouquet ; *cf. crevette*) régional Crevette grise. - var. **boucot.**

bouchage n. m. Action de boucher.

Bouchard (Lucien) Homme politique canadien (québécois) [né en 1938]. Il fut Premier ministre du Québec de 1996 à 2001.

boucharde n. f. (p.-ê. de *bocard*) techn. Marteau, rouleau à aspérités. □ **boucharder** v. tr. < 1 >

Bouchardon (Edme) Sculpteur et dessinateur français (1698-1762). Ses œuvres de style néoclassique ornent les jardins de Versailles (bassin de Neptune, *Protée*) et les rues de Paris (la fontaine des Quatre-Saisons).

bouche n. f. (vient du latin *bucca,* d'abord « joue ») 1. Cavité située au bas du visage humain, communiquant avec l'appareil digestif et avec les voies respiratoires. → fam. **bec, gueule ; buccal.** *Ouvrir, fermer la bouche. Un baiser sur la bouche.* ■ Les lèvres et leur expression. – loc. *Faire la fine bouche,* le difficile. *La bouche en cœur,* en minaudant. ■ (servant à manger) *Avoir la bouche pleine,* en mangeant. – loc. *Garder qqch. pour la bonne bouche,* le manger en dernier pour en conserver le goût agréable ; fig. garder pour la fin. – *Une fine bouche :* un gourmet. – *Une bouche inutile,* une personne que l'on doit nourrir et qui ne rapporte rien. ■ (servant à parler) *De bouche à oreille :* en confidence. – *Le bouche à oreille :* ce qui se transmet seulement par la parole. *Bouche cousue !,* gardez le secret. → **motus.** 2. Cavité buccale (de certains animaux). → **gueule.** 3. Ouverture, orifice. *Une bouche de métro,* l'entrée d'une station de métro. *Bouche d'égout. Bouche de chaleur.* – *Bouche à feu :* canon. ■ au plur. Embouchure à plusieurs bras d'un fleuve. → **delta.** *Les bouches du Rhône.*

bouché, ée adj. 1. Fermé, obstrué. *Avoir le nez bouché* (par des mucosités). *Un temps bouché,* couvert. *Du cidre bouché,* en bouteille bouchée. 2. (personnes) Borné, imbécile. *Il est bouché (à l'émeri).* → **obtus.**

bouche-à-bouche n. m. invar. Procédé de respiration artificielle par lequel une personne insuffle avec sa bouche de l'air dans la bouche de l'asphyxié. *Faire du bouche-à-bouche à un noyé.*

bouchée n. f. 1. Quantité d'aliment qu'on met dans la bouche en une seule fois. *Une bouchée de pain.* – loc. *Pour une bouchée de pain :* pour presque rien. – *Mettre les bouchées doubles :* aller plus vite (dans un travail, etc.). 2. *Bouchée à la reine :* croûte feuilletée garnie de viandes blanches en sauce. → **vol-au-vent.** 3. Morceau de chocolat fin fourré. 4. (Canada) *Prendre une bouchée,* un repas léger.

¹boucher v. tr. < 1 > (de l'ancien français *bousche* « poignée de paille », *cf.* bouchon ; famille de *bois*) 1. Fermer (une ouverture, un trou, un récipient...). *Boucher une bouteille* (→ **bouchon, capsule**). – *Se boucher le nez* (en le pinçant), pour ne pas sentir une odeur. – *Se boucher les yeux, les oreilles,* refuser de voir, d'entendre. 2. Obstruer (un passage, une porte...). → **¹barrer.** *Ce mur bouche la vue.* ■ fam. *En boucher un coin à qqn,* le rendre muet d'étonnement.

²boucher, ère n. (probablt de *bouc* « personne chargée d'abattre le bouc et d'autres animaux ») 1. Commerçant(e) qui prépare et vend la viande. *Acheter un gigot chez le boucher.* 2. fig. Personne cruelle et sanguinaire. ■ Général(e) peu économe de la vie de ses troupes.

Boucher (François) Peintre et décorateur français (1703-1770). Maître de la peinture galante et rococo, nommé premier peintre de Louis XV, il créa un monde sensuel et gracieux, par un dessin souple et des couleurs tendres. *Vénus sortant du bain ; Odalisque.*

Boucher (Hélène) Aviatrice française (1908-1934). Elle conquit successivement sept records mondiaux de vitesse.

Boucher de Perthes (Jacques Boucher de Crèvecœur de Perthes, connu sous le nom de) Préhistorien français (1788-1868). Il fut le fondateur de la science préhistorique. *Antiquités celtiques et antédiluviennes.*

boucherie n. f. 1. Commerce de la viande crue de bœuf (et veau), de mouton (et agneau), de porc, de cheval. *Animaux de boucherie,* élevés pour leur chair. 2. Magasin du boucher. 3. fig. Tuerie, carnage. *« Un officier préparant les Français à la boucherie, pour dire la guerre ! »* (Proust).

Boucheron (Patrick) Historien français (né en 1965). Spécialiste du Moyen Âge et de l'Italie, il défend une lecture de l'Histoire non plus nationale mais mondiale. *Histoire du monde au xve siècle ; Un été avec Machiavel ; Histoire mondiale de la France.*

Bouches-du-Rhône n. f. pl. [13] Département français de la Région Provence-Alpes-Côte d'Azur (→ carte). 5 430 km². 2 048 070 habitants. Chef-lieu : Marseille. Chefs-lieux d'arrondissement : Aix-en-Provence, Arles, Istres. L'agriculture y demeure importante (riz, vigne, fruits, élevage bovin), mais l'industrie et les services dominent. Ils sont largement concentrés dans les agglomérations de Marseille, d'Aix, et autour de l'étang de Berre.

bouche-trou n. m. (d'abord « dernier enfant d'une femme ») Personne, objet n'ayant pas d'autre utilité que de combler une place vide. *Des bouche-trous.*

Bouchir ou **Bandar Bouchir** Ville d'Iran, chef-lieu de province, sur le golfe Arabo-Persique. 223 500 habitants. Gisement de pétrole. Centrale nucléaire.

boucholeur voir **bouchoteur**

bouchon n. m. (de l'ancien français *bousche* « poignée de paille » → ¹boucher) I. 1. vieux Poignée de paille tordue (pour frotter, nettoyer → **bouchonner**). 2. (du bouchon qui servait d'enseigne) Cabaret, petit restaurant. *Les bouchons lyonnais.* 3. (de *bouchonner*) vieilli Terme d'affection. *« Que je t'aime, mon petit bouchon ! »* (Molière). II. 1. Pièce qui sert à boucher, fermer les bouteilles, flacons. *Le bouchon d'une carafe.* ■ spécialt Pièce cylindrique de liège obturant les bouteilles. *Ce vin sent le bouchon* (→ **bouchonné**). 2. (du bouchon de liège) Flotteur de ligne de pêche (qui permet de surveiller le fil). 3. Pièce cylindrique vissée, servant à boucher (flacons, tubes...). 4. *Bouchons d'oreille :* petits cônes de mousse ou boules de cire que l'on place dans les oreilles pour s'isoler du bruit. 5. fig. Ce qui bouche accidentellement un conduit, un passage. ■ Encombrement qui arrête ou ralentit fortement la circulation. → **embouteillage.** 6. Ancien jeu où on lançait des bouchons de liège. – loc. *Envoyer, pousser le bouchon un peu loin :* exagérer.

bouchonné, ée adj. *Vin bouchonné,* qui a un goût, une odeur de bouchon.

bouchonner v. < 1 > (de *bouchon* [I]) I. v. tr. Frotter vigoureusement, frictionner. – *Bouchonner un cheval,* frotter le poil de l'animal avec un bouchon de paille ou de foin. □ n. m. **bouchonnement** ou **bouchonnage** II. v. intr. Former un bouchon, un embouteillage. *Ça bouchonne sur l'autoroute.*

bouchonnier, ière 1. n. Personne qui fabrique, qui vend des bouchons de liège. 2. adj. *La production bouchonnière du Var.*

bouchot n. m. (vient du latin médiéval, de *bucca* → bouche) Parc à moules (et autres coquillages), en bois. *Moules de bouchot.*

bouchoteur, euse n. vieilli Personne qui s'occupe de la reproduction des moules. → **mytiliculteur.** - var. **boucholeur, euse.**

Boucicaut (Jean) Maréchal de France (v. 1365-1421). Après avoir contraint les Turcs à lever le siège de Constantinople (1399), il devint gouverneur de Gênes (1401-1407). Fait prisonnier à Azincourt en 1415, il mourut en captivité.

bouclage n. m. 1. Mise sous clé. 2. Opération militaire, policière par laquelle on boucle une région, un quartier. 3. (presse, journalisme) Action de boucler (I, 2).

boucle n. f. (vient du latin *buccula,* de *bucca* → bouche ; d'abord « bosse de bouclier » puis « anneau ») 1. Anneau ou rectangle métallique muni d'une ou plusieurs pointes (→ **ardillon**) pour tendre une courroie, une ceinture. 2. Objet en forme d'anneau. – *Boucles d'oreilles :* petits bijoux qu'on fixe aux oreilles. 3. Ligne courbe qui s'enroule, se recoupe. *Faire une boucle avec un lacet.* – *Boucles de cheveux. « Ô toison, moutonnant jusque sur l'encolure ! / Ô boucles ! [...] »* (Baudelaire). – Courbe très accentuée (d'un fleuve). *Les boucles de la Seine.* → **méandre.** 4. Processus, montage en séquence fermée (évoquant un cercle). – loc. *En boucle :* répété plusieurs fois. *Être dans la boucle,* impliqué dans un processus. ■ inform. Partie d'un programme qui revient à son point de départ.

bouclé, ée adj. Disposé en boucle. *Cheveux bouclés.*

boucler v. < 1 > (de *boucle*) I. v. tr. 1. Attacher, serrer au moyen d'une boucle. *Boucler sa ceinture.* – *Boucler sa valise, sa malle,* les fermer ; fig. s'apprêter à partir. 2. (presse, journalisme) Finir de rassembler les articles et les tenir prêts à partir en composition. *Il faut boucler ce numéro avant le 15.* 3. fam. → **fermer.** ■ *La boucler,* se taire. ■ Enfermer, emprisonner (qqn). 4. Parcourir entièrement (une boucle qu'on décrit, un circuit). *Il a bouclé le second tour en 8 minutes.* – fig. *Boucler son budget,* le mettre en équilibre (→ **joindre*** les deux bouts). 5. Entourer complètement par des troupes ou des forces de police. → **cerner, encercler.** *La police a bouclé le quartier.* II. v. intr. Avoir, prendre la forme de boucles. *Ses cheveux bouclent naturellement.* → **friser.**

bouclette n. f. Petite boucle. → **¹frisette.** – appos. *Laine bouclette,* qui présente de petites boucles.

bouclier n. m. (de *[écu] bouclier* « à bosse » → boucle) 1. Ancienne arme défensive, épaisse plaque portée par les gens de guerre pour se protéger. → **¹écu.** – loc. *Levée de boucliers :* démonstration d'opposition. 2. Plaque de blindage ; appareil étanche (creusement, etc.). *Bouclier thermique.* 3. fig., littér. Ce qui constitue un moyen de défense, de protection. → **rempart.** *« Couvert du bouclier de ta philosophie »* (Lamartine). 4. zool. Carapace (de certains crustacés). 5. Plateforme étendue de roches primitives. *Le bouclier canadien.*

Bouclier canadien n. m. Nom donné aux vastes terrains précambriens du N.-E. du Canada. 144 000 km². Il s'étend autour de la baie d'Hudson, de l'Atlantique à l'archipel arctique, et renferme d'immenses réserves de minerais métallifères.

boucot voir **boucaud**

Boucourechliev (André) Compositeur français d'origine bulgare (1925-1997). Ses compositions sur bande magnétique en firent l'un des grands représentants de la musique « aléatoire ». On lui doit la série des cinq *Archipels* et des opéras *(Le Nom d'Œdipe ; Les Cheveux de Bérénice).*

Boudard (Alphonse) Romancier et scénariste français (1925-2000). Il est l'auteur de nombreux romans à caractère autobiographique *(Les Combattants du petit bonheur ; La Métamorphose des cloportes ; L'Hôpital),* et de scénarios pour le cinéma *(Mourir d'enfance ; Les Trois Mamans du petit Jésus).*

bouddha n. m. (du nom propre) **1.** Dans le bouddhisme, Celui qui est parvenu à la sagesse et à la connaissance parfaite. – *Le bouddha vivant :* le Dalaï-lama. **2.** Représentation peinte ou sculptée d'un bouddha.

Bouddha Nom signifiant en sanskrit « Éveillé », adopté par le fondateur du bouddhisme, Siddhārta Gautama (v. 536-v. 480 av. J.-C.). Prince de la tribu des Śākyas, au Népal, il renonça à une vie confortable pour se mettre en quête de vérité spirituelle. Il la découvrit au cours d'une longue méditation sous l'« arbre de la sagesse ». De cet « Éveil », il tira une philosophie de la compassion, du renoncement et de l'oubli de soi. Il créa le *Sangha*, une communauté de fidèles auxquels il enseigna les préceptes de sa pensée. Inlassable prédicateur de son vivant, il devint, après sa mort, la figure emblématique de doctrines religieuses qui se répandirent dans l'Asie tout entière.

bouddhisme n. m. (de *Bouddha*) Doctrine religieuse fondée dans l'Inde après le brahmanisme et qui se répandit en Asie. *Le bouddhisme zen* (au Japon). □ adj. **bouddhique**

bouddhiste n. et adj. Adepte du bouddhisme. *Prêtre bouddhiste.* → **bonze.**

bouder v. < 1 > (de l'onomatopée *boud-* [gonflement, moue] ou dérivé du latin *bulla* → 2bulle) **1.** v. intr. Montrer du mécontentement par une attitude renfrognée, maussade. *Un enfant qui boude.* **2.** v. tr. Montrer de l'hostilité à (qqn) par cette attitude. *J'ai l'impression qu'elle me boude.* ▪ fam. Ne plus rechercher (qqch.). *Bouder les distractions.* → **ignorer.**

bouderie n. f. Action de bouder ; état de la personne qui boude.

bouddhisme

Éléments représentatifs du bouddhisme : 1. Les moulins à prières (stoupa de Swanyanbunath, à Katmandou). 2. La roue de la vie, symbolisant la globalité de l'existence (monastère de Kopan, Népal). 3. L'étude philosophique (collège bouddhiste de Sakar, Tibet).

▶ Le **bouddhisme** est issu de l'enseignement de Siddharta Gautama (fin du VIe siècle avant notre ère), dit le Bouddha (l'Éveillé). Née en Inde, cette tradition religieuse a conservé des conceptions essentielles de l'hindouisme : la loi du *karma* qui régit le cycle des renaissances et la notion de *nirvana* qui en marque la délivrance. Mais, pour Siddharta, cette libération ne peut être obtenue par les sacrifices rituels du brahmanisme, ni par la pratique d'une ascèse rigoureuse mais par la sagesse et le détachement. Son enseignement oral a été transmis par ses disciples organisés en communautés monastiques *(sangha),* cadre dans lequel ont été élaborés les textes fondamentaux du bouddhisme, dès le Ve siècle avant notre ère.
Résumée dans son « sermon de Bénarès », la doctrine de Bouddha repose sur les « Quatre Nobles Vérités ». Un premier principe pose que l'existence humaine est marquée par le mal-être *(dukkha).* Le second en désigne la cause : cette souffrance vient de l'avidité, de la soif de posséder, du désir insatiable. Le troisième énonce la possibilité, pour chacun, de s'en détacher. Le quatrième propose le chemin approprié : celui de la pensée, de la parole et de l'action justes, à l'inverse des actes conditionnés *(karma)* qui enchaînent dans le cycle infernal des renaissances *(samsara).* La sagesse du Bouddha, où prend place la compassion *(karuna)* pour tous les êtres vivants, est ainsi une voie de guérison *(dharma)* permettant, au terme de l'éveil *(bodhi),* d'atteindre le *nirvana,* un stade au-delà de tout mal-être, et même de tout être. Car le « soi » personnel n'est qu'une illusion pour la doctrine bouddhiste. Celle-ci nie aussi l'existence d'une âme individuelle *(atman)* et partie prenante d'une essence éternelle *(brahman)* selon l'hindouisme. Le bouddhisme est une religion sans dieux transcendants pour laquelle les divinités et leur culte peuvent certes permettre de progresser vers le *nirvana ;* mais il convient de ne pas s'y attacher, car ces entités restent soumises au cercle vicieux des renaissances.
Dès le IIIe siècle avant notre ère, sous le règne de l'empereur indien Ashoka, le bouddhisme s'est implanté à Ceylan (Sri Lanka). De là, cette religion missionnaire a gagné toute l'Asie du Sud-Est en quelques siècles. Du nord de l'Inde, le bouddhisme a atteint, au Ier siècle de notre ère, la Chine d'où il se répand en Corée et au Japon. Il est arrivé au Tibet, vers le VIIIe siècle, après s'être diffusé en Asie centrale, le long des routes de la soie. Mais, jointe à un renouveau de l'hindouisme, l'expansion de l'islam (XIe siècle) a entraîné en Inde une quasi-disparition du bouddhisme. Aujourd'hui encore, les bouddhistes y sont très minoritaires. La diffusion du bouddhisme en Asie s'est accompagnée de l'apparition de différentes traditions. La première, élaborée dans le sud de l'Inde et à Ceylan, est le bouddhisme *theravada* (« voie des anciens »). Dite encore du « petit véhicule » *(hinayana),* elle est celle de l'Asie du Sud et du Sud-Est. Appelée, pour s'en différencier, « grand véhicule » *(mahayana),* la seconde tradition, forgée au nord de l'Inde, a donné les principales écoles bouddhistes de la Chine (le *Chan*) et du Japon (le *Zen*). En est encore issu le bouddhisme du Tibet, influencé par le tantrisme hindou. Dit du *« véhicule de diamant » (vajrayana),* reposant sur des textes *(tantra)* très ésotériques, le bouddhisme tibétain est aussi le plus ritualisé. Pratiqué par environ 350 millions de personnes, le bouddhisme est la quatrième religion de l'humanité.

voir aussi **hindouisme**

Bouddha

Bouddha assis en méditation, sculpture, art du Gandhara (IVe-IIIe s. av. J.-C.), coll. Hirayama, Kamakura, Japon.

boudeur, euse adj. Qui boude fréquemment. → **grognon, maussade.** – n. *Un vilain boudeur.* ▪ par ext. *Visage boudeur.*

Boudewijnkanaal en français **canal Baudouin** Canal de Belgique. 11 km. Il relie le port intérieur de Bruges au port de Zeebrugge.

boudi interj. (de l'occitan « bon Dieu ! ») régional (sud de la France), fam. Bon Dieu ! (pour exprimer la surprise, l'admiration, la lassitude...). - var. **boudiou ; boudu.**

Boudiaf (Mohamed) Homme politique algérien (1919-1992). L'un des chefs de la guerre d'indépendance, il fut emprisonné en France de 1956 à 1962. Opposant au régime de Ben Bella, il s'exila au Maroc à partir de 1965. Rappelé en Algérie pour présider le Haut Comité d'État (janv. 1992), il fut assassiné (juin 1992).

Boudicca voir **Boadicée**

boudin n. m. (de l'onomatopée *bud-, boud-* exprimant le gonflement) **1.** Boyau rempli de sang et de graisse de porc assaisonnés. *Boudin grillé.* – *Boudin blanc :* charcuterie de forme semblable faite avec du lait et des viandes blanches. – loc. fam. *S'en aller, tourner en eau de boudin,* se dit d'une affaire qui échoue progressivement. **2.** Objet cylindrique. ▪ techn. *Ressort à boudin,* hélicoïdal. ▪ Bourrelet. **3.** fam., péj. Fille mal faite, dénuée de charme et de grâce. - abrév. fam. **boude.**

Boudin (Eugène) Peintre et dessinateur français (1824-1898). Il fonda, avec Courbet et Jongkind, l'école de Saint-Siméon à Honfleur et fut le maître de Monet. Peintre de marines, il composa une palette aux tons clairs qui donnent à ses paysages un aspect aérien. Il est considéré comme un précurseur de l'impressionnisme. *La Plage à Trouville.*

boudiné, ée adj. **1.** Serré dans un vêtement étroit. **2.** En forme de boudin. *Des doigts boudinés.*

boudiner v. tr. < 1 > **1.** Tordre en écheveau, en spirale. □ n. m. **boudinage 2.** Serrer (qqn) dans des vêtements trop étroits.

boudineuse n. f. techn. Machine servant à mouler des matières malléables. → **extrudeuse.**

boudiou voir **boudi**

Boudjedra (Rachid) Romancier algérien d'expression arabe et française (né en 1941). Écrivain de combat, il a mis son écriture délirante et volontiers provocante au service d'une critique acerbe des structures traditionnelles de la société algérienne et de ses évolutions contemporaines. *La Répudiation ; FIS de la Haine.*

boudoir n. m. (de *bouder*) **1.** Petit salon élégant de dame. « *La Philosophie dans le boudoir* » (de Sade). **2.** Biscuit oblong recouvert de sucre cristallisé.

Boudon (Raymond) Sociologue français (1934-2013). À partir de ses travaux sociologiques *(L'Inégalité des chances)* et de réflexions plus théoriques *(La Logique du social),* il a montré comment les individus sont libres et conscients de leurs actes mais inconscients des « effets pervers » que provoque leur agrégation. Il fut le promoteur en France de l'individualisme méthodologique.

B

boue n. f. (vient du gaulois) **1.** Terre, poussière détrempée (dans les rues, les chemins). → **gadoue.** *Patauger dans la boue.* – loc. fig. *Traîner qqn dans la boue, le couvrir de boue,* l'accabler de propos infamants. **2.** Limon imprégné d'éléments minéraux. *Bains de boue.* **3.** Déchets, résidus liquides (→ **[2]boueux, éboueur).** *Boues industrielles.*

bouée n. f. (origine germanique, p.-ê. du néerlandais) Corps flottant qui signale l'emplacement d'un mouillage, d'un écueil, d'un obstacle ou qui délimite une passe, un chenal. → **[1]balise, flotteur.** ■ *Bouée (de sauvetage),* anneau d'une matière insubmersible. fig. Secours de dernière minute. – *Apprendre à nager avec une bouée.* – fig. Bourrelet de graisse autour de la taille.

[1]bouette voir **boette**

[2]bouette n. f. (diminutif de *boue*) (Canada) fam. **1.** Boue, vase. → **gadoue. 2.** Mélange de neige, de sable et de sel.

[1]boueux, euse adj. **1.** Plein de boue. *Chemin boueux.* → **bourbeux.** *Chaussures boueuses.* **2.** Qui a la consistance, l'aspect de la boue.

[2]boueux n. m. (mot régional, de *boueur* → **éboueur)** fam. Éboueur.

Boufarik Ville d'Algérie, au centre de la plaine de la Mitidja. 57 160 habitants. Vignobles. Agrumes.

bouffant, ante adj. Qui bouffe. *Manches bouffantes.* → **[1]ballon.**

bouffarde n. f. (de *bouffer*) fam. Grosse pipe à tuyau court.

[1]bouffe adj. (italien *buffa* → **bouffon)** *Opéra bouffe,* du genre lyrique léger.

[2]bouffe n. f. (de *bouffer* [II]) fam. Action de bouffer, de manger. – Nourriture. → **boustifaille.** – *Faire la bouffe,* la cuisine.

bouffée n. f. (de *bouffer*) **1.** Souffle qui sort par intermittence de la bouche. *Tirer des bouffées de sa pipe.* **2.** Souffle d'air qui arrive par intermittence. *Une bouffée de parfum.* ■ Sensation brusque et passagère. *Bouffée de chaleur.* **3.** fig. → **accès.** *Des bouffées de colère, d'orgueil. Par bouffées,* par intervalles. – psych. *Bouffée délirante.*

bouffer v. < 1 > (onomatopée *bouf-* → **bouffir ;** *cf.* **baf- [bâfrer]) I.** v. intr. (matière souple, légère) Se gonfler et augmenter de volume. *Des cheveux qui bouffent.* **II.** v. tr. fam. **1.** Manger. → **becter, boulotter.** absolt *À quelle heure on bouffe ?* – loc. fig. *Se bouffer le nez,* se disputer. ■ (choses) Consommer. *Voiture qui bouffe de l'huile.* **2.** Absorber complètement, accaparer (qqn). *Son travail le bouffe.*

bouffetance n. f. (de *bouffer* et *bectance*) fam. Nourriture.

bouffette n. f. Petit nœud bouffant de ruban, employé autrefois comme ornement.

bouffeur, euse n. fam. Personne qui mange. – fig. *Un bouffeur de curé(s) :* un anticlérical.

bouffi, ie adj. **1.** Gonflé, enflé de manière disgracieuse. → **boursouflé, soufflé.** *Un visage bouffi. Yeux bouffis,* aux paupières gonflées. **2.** fig., péj. *Bouffi d'orgueil,* rempli d'un orgueil démesuré. *Un style bouffi.*

bouffir v. tr. < 2 > (onomatopée *bouf-* → **bouffer) 1.** Déformer par une enflure morbide, disgracieuse. → **enfler, gonfler. 2.** Faire gonfler et fumer (des harengs). □ n. m. **bouffissage**

bouffissure n. f. **1.** Enflure des chairs bouffies. **2.** fig. Caractère de ce qui est bouffi (2).

Boufflers [buflɛʀ] (Louis François, duc de) Maréchal de France (1644-1711). Il défendit Lille contre l'armée du prince Eugène de Savoie (1708) et commanda la retraite des troupes franco-espagnoles lors de la bataille de Malplaquet (1709).

Boufflers (Stanislas Jean, chevalier de) Poète français (1738-1815). Il est connu pour ses contes en prose *(Aline, reine de Golconde).*

bouffon, onne (italien *buffone,* de *buff-* → **bouffer, bouffir) I. 1.** n. m. Personnage qui était chargé de divertir un prince par ses plaisanteries. → **[1]fou.** ■ Celui qui amuse. → **clown, farceur, pitre. 2.** n. fam. (injure) Personne sans intérêt, niaise, ridicule. **II.** adj. Qui excite le gros rire, a quelque chose de grotesque et d'un peu fou. → **comique, ridicule.** *Une scène bouffonne.*

bouffonnerie n. f. **1.** Caractère bouffon. *La bouffonnerie de la situation.* **2.** Action ou parole bouffonne. → **[2]farce.**

Bouffons (querelle des) Querelle qui opposa, dans le milieu parisien, les tenants de la musique italienne et ceux de la musique française. Elle éclata en 1752, après la représentation de la *Serva padrona* de Pergolèse par la troupe italienne des Bouffons.

Bougainville (Louis Antoine, comte de) Navigateur français (1729-1811). Son expédition autour du monde (1766-1769) fut rendue célèbre par le récit qu'il en fit. *Le Voyage autour du monde.*

Bougainville (île) Île de Papouasie-Nouvelle-Guinée, dans l'océan Pacifique. 10 000 km^2. 249 350 habitants. Ville principale : Kieta. L'île, la plus grande des îles Salomon, tient son nom de Louis Antoine de Bougainville qui la découvrit en 1768. Relief montagneux, volcans. Forêt tropicale. Minerais de cuivre.

bougainvillée [bugɛ̃vile] n. f. (du n. du navigateur Bougainville) Arbrisseau grimpant à feuilles persistantes, aux bractées violettes, roses ou orangées. - syn. **bougainvillier** n. m.

bouge n. m. (vient du latin *bulga* « sac de cuir » → **budget ;** d'abord « sac, bourse » puis « réduit, petite chambre ») Café, cabaret sordide, sale, mal fréquenté.

bougé n. m. photogr. Caractère flou d'une photographie.

bougeoir n. m. (de *bougie*) Support bas pour les bougies.

bougeotte n. f. fam. Manie de bouger ; de voyager. *Avoir la bougeotte.*

bouger v. < 3 > (vient du latin pop. *bullicare,* de *bullire* → **bouillir) I.** v. intr. **1.** Faire un mouvement. → **remuer.** – Se déplacer. *Je ne bouge pas de chez moi,* je ne sors pas. **2.** fam. Changer. *Les prix n'ont pas bougé.* **3.** (groupe de personnes) S'agiter sous l'effet du mécontentement. → se **soulever. II.** v. tr. fam. Remuer, déplacer. *Bouger un meuble.* – pronom. *Bouge-toi de là.*

bougie n. f. (n. français d'une ville d'Algérie, *Bugaya,* aujourd'hui *Béjaïa*) **1.** Appareil d'éclairage formé d'une mèche tressée enveloppée de cire. *Bougies, chandelles et cierges.* **2.** Appareil d'allumage (d'un moteur à explosion). *Bougies encrassées.*

Bougie voir **Béjaïa**

Bougival Commune des Yvelines, sur la Seine. 8 983 habitants. Elle fut, au XIXe s., le lieu de villégiature de nombreux artistes (Berlioz, Bizet, Corot, Renoir, Tourgueniev...). La machine de Marly, construite sous Louis XIV pour conduire les eaux de la Seine à Versailles par l'intermédiaire de l'aqueduc de Marly, fut détruite à la Révolution et remplacée par différentes machines hydrauliques au cours du XIXe siècle. La dernière a été démontée en 1967.

Bouglé (Célestin) Sociologue français (1870-1940). Proche de Durkheim, il prôna une sociologie fondée sur la morale laïque de la IIIe République. *Les Idées égalitaires ; La Démocratie devant la science.*

Bouglione Famille française d'artistes de cirque d'origine italienne et gitane. Montreurs d'animaux en Italie dès le XVIIIe s.,

Le cirque Bouglione en 2011, au Cirque d'Hiver, Paris.

les Bouglione montèrent un cirque en 1924 et prirent en 1934 la direction du Cirque d'hiver à Paris.

Boug Méridional n. m. Fleuve d'Ukraine qui se jette dans la mer Noire. 806 km.

bougnat n. m. (de *charbougna,* de *charbonnier* et *Auvergnat*) fam. et vieilli Marchand de charbon, qui tenait souvent un café.

bougnoule n. (mot wolof « chose noire ») fam., péj. (injure raciste) Maghrébin(e). - var. du masc. **bougnoul.**

Boug Occidental ou **Boug** n. m. Rivière qui prend sa source en Ukraine pour se jeter dans la Vistule, en Pologne. 772 km.

bougon, onne adj. et n. fam. Qui a l'habitude de bougonner. → **grognon ;** fam. **ronchon.** *Il est un peu bougon.* – *Un air bougon.*

bougonner v. intr. < 1 > (mot régional, p.-ê. onomatopée) fam. Exprimer pour soi seul, souvent entre les dents, son mécontentement. → **grogner, grommeler ;** fam. **râler.** □ n. m. **bougonnement**

bougonneux, euse adj. (Canada) Qui bougonne, qui est grognon.

bougre, bougresse n. (vient du latin *Bulgarus* « Bulgare ») fam. **1.** Gaillard. *Il n'a pas froid aux yeux, le bougre !* ■ *Un bon bougre,* un brave type. **2.** péj. *Bougre d'idiot !* → **espèce.** ■ interj. vieilli → **bigre.**

bougrement adv. fam. Très. → **bigrement, rudement.** *C'est bougrement cher.*

Bouguenais Commune de la Loire-Atlantique, dans la banlieue nantaise. 20 450 habitants.

Bouguer (Pierre) Astronome et mathématicien français (1698-1758). Inventeur du photomètre et de l'héliomètre, il est considéré comme l'un des créateurs de la photométrie.

Bouguereau (William) Peintre français (1825-1905). Il est l'auteur de portraits, compositions allégoriques de style académique. *Dante et Virgile en enfer ; Le Jour des morts.*

bouh interj. (onomatopée) **1.** Exclamation qui exprime le chagrin, les pleurs, la lassitude. → **ouin. 2.** Exclamation employée pour surprendre, faire peur à qqn.

Bouhours (Dominique) Grammairien français (1628-1702). Il proposa une doctrine de la pureté de la langue française. *La Manière de bien penser dans les ouvrages d'esprit.*

bouiboui ou **boui-boui** n. m. (origine obscure) fam. Café, restaurant de dernier ordre. *Des bouibouis, des bouis-bouis.*

bouif n. m. (de *ribouis* « savetier ») argot Cordonnier.

bouillabaisse n. f. (du provençal, de *bouilh* → **bouillir** et *abaissa* → **abaisser)** Plat provençal de poissons, fortement épicé, que l'on sert dans son bouillon avec des tranches de pain.

bouillant, ante adj. **1.** Qui bout. *Eau bouillante* (→ **ébouillanter). 2.** Très chaud, brûlant. **3.** fig. Ardent, emporté. *« Et déjà tout bouillant de vin et de colère »* (Boileau).

Bouillargues Commune du Gard, au S.-E. de Nîmes. 6 238 habitants.

bouillasse n. f. fam. Boue. *Marcher dans la bouillasse.* → **gadoue.**

Bouillaud (Jean) Médecin (1796-1881). Il décrivit le rhumatisme articulaire connu sous le nom de *maladie de Bouillaud.*

^{1}**bouille** n. f. (vient p.-ê. du latin pop. *buttula*, de *buttis* « tonneau ») régional **1.** (Est ; Suisse) → **boille. 2.** (Franche-Comté) Hotte pour la vendange.

^{2}**bouille** n. f. (abrév. de *bouillotte*, fig.) fam. Figure, tête. *Il a une bonne bouille.*

Bouillé (François Claude Amour, marquis de) Général français (1739-1800). Il contribua à l'organisation de la fuite de Louis XVI à Varennes (1791).

bouillée n. f. (du radical de *bouillart*, n. dialectal [Ouest] du *bouleau*) régional Bouquet (d'arbres) ; touffe (d'herbes).

bouilleur, euse n. Distillateur. – ***Bouilleur de cru*** : propriétaire qui distille chez lui ses récoltes de fruits.

bouilli n. m. Viande bouillie. → **pot-au-feu.**

bouillie n. f. (de *bouillir*) **1.** Aliment fait de lait et de farine bouillis ensemble, destiné surtout aux bébés. **2.** ***En bouillie*** : écrasé. *Réduire qqch. en bouillie.* – par exagér. « *On l'a ramassé, la figure en bouillie* » (Martin du Gard). → fam. **écrabouiller. 3.** Liquide pâteux.

bouillir v. intr. < 15 > (vient du latin *bullire*, de *bulla* → ^{2}**bulle**) **1.** (liquides) S'agiter en formant des bulles, par ébullition. *L'eau bout à 100 degrés. Faire bouillir du lait.* – au p. p. *Eau bouillie.* **2.** Cuire dans un liquide qui bout (de la viande, des légumes...). – au p. p. *Bœuf bouilli.* → **bouilli.** ■ *Faire bouillir*, stériliser ou nettoyer dans l'eau qui bout. **3.** fig. (personnes) *Bouillir de colère, d'impatience*, être emporté par la colère, l'impatience. – sans compl. S'impatienter, s'emporter. *Ça me fait bouillir.* **4.** trans. (sujet personne) fam. Faire bouillir. *Bouillir le linge.*

bouillissage n. m. techn. **1.** En papeterie, Blanchiment de la pâte à papier. **2.** En sucrerie, Cuisson du jus sucré avant sa concentration.

bouilloire n. f. Récipient à bec destiné à faire bouillir de l'eau. *Une bouilloire électrique.*

bouillon n. m. **1.** Bulles qui se forment au sein d'un liquide en ébullition. *Retirer au premier bouillon*, dès l'ébullition. *Bouillir* ***à gros bouillons***, très fort. → **bouillonnement. 2.** Liquide dans lequel ont bouilli des substances comestibles (→ **court-bouillon**). *Bouillon gras. Bouillon de légumes.* **3.** *Boire un bouillon*, avaler de l'eau en nageant (→ **boire la tasse**) ; fig., fam. subir une perte considérable. **4.** *Bouillon de culture* : liquide destiné à la culture des microbes ; fig. milieu favorable.

Bouillon (Henri de La Tour d'Auvergne, vicomte de Turenne, duc de) Maréchal de France (1555-1623). Rallié à Henri IV, il fut l'un des chefs du parti protestant. Il était le père de Turenne.

Bouillon (Godefroi de) voir **Godefroi de Bouillon**

Bouillon Ville de Belgique (province de Luxembourg), sur la Semois. 5 500 habitants. Château fort du xe siècle.

bouillon-blanc n. m. (vient du bas latin *bugillo*, influencé par *bouillon* et de *blanc* [couleur du duvet des feuilles]) Plante dont les fleurs jaunes sont utilisées dans la composition d'une tisane pectorale. → **molène.** *Des bouillons-blancs.*

bouillonnant, ante adj. **1.** Qui bouillonne. *L'eau bouillonnante d'un torrent.* **2.** fig. En effervescence.

bouillonné n. m. cout. Ornement fait d'une bande froncée sur ses deux bords et posée en applique.

bouillonnement n. m. **1.** Agitation, mouvement d'un liquide qui bouillonne. **2.** fig., littér. Effervescence. *Un bouillonnement d'idées nouvelles.*

bouillonner v. intr. < 1 > **1.** (liquides) Être agité en formant des bouillons. *La source bouillonne.* **2.** fig., littér. *Les idées bouillonnent dans sa tête.*

^{1}**bouillotte** n. f. **1.** vieux Bouilloire. **2.** Récipient que l'on remplit d'eau bouillante pour se chauffer (dans un lit, etc.). **3.** fam., vieilli Tête (ronde). → ^{2}**bouille.**

^{2}**bouillotte** n. f. (p.-ê. de *bouillir*, ce jeu étant rapide) Ancien jeu de cartes.

bouillotter v. intr. < 1 > Bouillir doucement ou trop doucement. - var. RO **bouilloter.**

Bouin (Jean) Athlète français (1888-1914). Champion de course à pied, il détint le record du 10 000 m.

Bouira Ville d'Algérie. Chef-lieu de wilaya au pied du Djurdjura, à l'E. d'Alger. 68 500 habitants.

Boukhara Ville d'Ouzbékistan, dans la vallée du Zeravchan. 228 000 habitants. Mausolée des Samanides (v. 907). Citadelle du xvie s. Grande mosquée du xvie siècle.

Boukharine (Nikolaï Ivanovitch) Homme politique et théoricien marxiste soviétique (1888-1938). Bolchevik dès 1906, il entra au comité central du Parti en 1917. Opposé à la politique de Staline à partir de 1928, il fut condamné à mort puis exécuté. *Théorie du matérialisme historique ; Impérialisme du capital.*

Boulaida (El-) anciennement **Blida** Ville d'Algérie. Chef-lieu de wilaya, au pied de l'Atlas de Blida et au S. de la plaine de la Mitidja. 292 300 habitants.

boulaie n. f. (→ **bouleau**) Terrain planté de bouleaux.

Boulainvilliers (Henri de) comte de Saint-Saire Historien français (1658-1722). Il plaida, dans ses ouvrages, pour la supériorité du système féodal. *Essai sur la noblesse.*

Bouillon

Le château médiéval de Bouillon, érigé sur une crête de schiste qui domine la Semois.

boulange n. f. **1.** Action de pétrir et de cuire le pain. *Bois de boulange*, destiné à chauffer le four. **2.** fam. Métier ou commerce du boulanger.

^{1}**boulanger, ère** n. (du picard *boulenc*, d'origine germanique, de *bolla* « pain rond », p.-ê. famille de *pollen*) Personne qui fait et vend du pain. *Garçon boulanger.* → **mitron.**

^{2}**boulanger** v. tr. < 3 > Préparer et cuire (le pain). – au p. p. *Du pain bien boulangé.*

Boulanger (Georges) Général et homme politique français (1837-1891). Après avoir commandé les troupes françaises en Tunisie (1884), il fut ministre de la Guerre

Boukhara

Boukhara, le minaret, la médersa et la mosquée Poï Kalon.

(1886-1887). Ayant réuni autour de lui une grande partie de l'opposition, nationalistes, bonapartistes et monarchistes, il se présenta avec succès aux élections de 1888 dans quatre départements et à Paris. Soupçonné de complot, il s'enfuit en Belgique (1889), où il se suicida.

Boulanger (Nadia) Compositrice et professeur de musique française (1887-1979). Grande pédagogue, elle eut pour élèves Jean Françaix, Igor Markevitch, Aaron Copland.

Boulanger (Daniel) Écrivain et scénariste français (1922-2014). Chroniqueur, dans ses nouvelles, d'une vie provinciale où affleurent l'absurde et le fantastique *(Le Chemin des caracoles ; Les Jeux du tour de ville)*, il a également écrit pour le cinéma *(L'Homme de Rio ; Le Voleur)*.

boulangerie n. f. **1.** Fabrication et commerce du pain. **2.** Magasin du boulanger. *Boulangerie-pâtisserie.*

boulangisme n. m. (du n. du général Boulanger) hist. Parti politique attaché à la personne ou à la doctrine du général Boulanger. □ adj. et n. **boulangiste**

Boulay de La Meurthe (Antoine Claude Joseph, comte) Avocat et homme politique français (1760-1840). Il participa au coup d'État du 18 brumaire et, conseiller d'État, collabora à la rédaction du Code civil.

Boulay-Moselle Commune de la Moselle. 5 565 habitants. Fabrique d'orgues d'église.

boulbène n. f. (du gascon *boulbeno* « terre d'alluvion ») didact. ou régional Terre composée de sable, de limons argileux rougeâtres et de cailloux, sol caractéristique de l'Aquitaine.

boulder [buldœʀ] n. m. (mot anglais, proprt « galet ») anglic., géol. Gros bloc de pierre arrondi par l'érosion.

boule n. f. (vient du latin *bulla* → ^{2}**bulle**) **1.** Objet sphérique. *Rond comme une boule.* ■ ***Boule de neige.*** *Une bataille de boules de neige.* loc. *Faire boule de neige* : augmenter de

B

volume en roulant ; fig. grossir. ■ *Boule de gomme :* bonbon de gomme. – loc. fam. *Mystère et boule de gomme !*, je n'en sais rien ! ■ *Boule à neige :* boule transparente contenant des paillettes blanches pour simuler une chute de neige quand on la secoue. ■ loc. fam. *Avoir la boule au ventre*, une sensation désagréable causée par l'angoisse. **2.** *En boule :* en forme de boule. *Arbres taillés en boule. Le hérisson se met en boule.* – fam. *Se mettre en boule*, en colère. **3.** Corps plein sphérique que l'on fait rouler (dans certains jeux). → [1]**bille.** *Boule de bowling, de croquet. Jeux de boules* (boule lyonnaise, pétanque). ■ Jeu de casino proche de la roulette. **4.** fam. Tête. *Coup de boule.* – *Perdre la boule*, devenir fou, s'affoler, déraisonner. **5.** loc. fam. *Avoir les boules*, être en colère, énervé ou anxieux. *Ça me fout les boules !*

bouleau n. m. (de l'ancien français *boul*, qui vient du latin pop. *betullus*, p.-ê. gaulois) Arbre des régions froides et tempérées, à écorce blanche, à petites feuilles. *Un bois de bouleaux* (→ **boulaie**).

boule-de-neige n. f. Arbuste à fleurs blanches en pompons. → **obier.** *Des boules-de-neige.*

bouledogue n. m. (anglais *bulldog* « chien taureau ») Petit dogue à mâchoires saillantes. – iron. *Aimable comme un bouledogue :* hargneux.

bouler v. intr. < 1 > **1.** Rouler comme une boule. **2.** fig., fam. *Envoyer bouler qqn*, le repousser, l'éconduire.

boulet n. m. **1.** Projectile sphérique de métal dont on chargeait les canons. – loc. fam. *Arriver comme un boulet de canon*, en trombe. – loc., fig. *Tirer à boulets rouges sur qqn*, l'attaquer violemment. **2.** Boule de métal qu'on attachait aux pieds de condamnés (bagnards, etc.). – fig. Obligation pénible. **3.** Aggloméré (ovoïde) de charbon.

boulette n. f. **1.** Petite boule façonnée à la main. *Boulette de pain, de papier.* – Petite boule de viande hachée, de pâte. → **croquette.** **2.** fam. *Faire une boulette*, une bévue, une gaffe.

boulevard n. m. (néerlandais *bolwerc*, du germanique *bol* « planche » → **balcon**) **1.** anciennt Rempart. – fig., vieux Défense. **2.** mod. Rue très large, généralement plantée d'arbres. – *Les grands boulevards*, à Paris (entre la Madeleine et la Bastille). **3.** *Théâtre, pièce de boulevard*, d'un comique léger, traditionnel. – *Le boulevard*, ce genre de théâtre.

boulevardier, ière adj. Qui a les caractères du théâtre, de l'esprit de boulevard.

bouleversant, ante adj. Très émouvant. *Un récit bouleversant.*

bouleversement n. m. Action de bouleverser ; son résultat. → **changement.** *Bouleversements politiques, économiques.* → **révolution.**

bouleverser v. tr. < 1 > (de *bouler*, de *boule* et *verser*) **1.** Mettre en grand désordre, par une action violente. → **chambouler, déranger.** **2.** Apporter des changements brutaux dans. → **troubler.** *Cet évènement a bouleversé sa vie.* **3.** (choses) Causer une émotion violente et pénible, un grand trouble à (qqn). → **émouvoir, secouer.** *La nouvelle de sa mort nous a bouleversés.* – au p. p. *Un visage bouleversé.*

Boulez (Pierre) Compositeur et chef d'orchestre français (1925-2016). Influencé par Schoenberg, Berg et Webern, il est considéré comme le chef de file de la musique dodécaphonique en France. Il a dirigé l'Ircam et joué un grand rôle dans la vie musicale internationale. *Le Soleil des eaux ; Polyphonie X ; Le Marteau sans maître.*

Boulgakov (Mikhaïl Afanassievitch) Écrivain soviétique (1891-1940). Auteur de romans réalistes sur la guerre civile *(La Garde blanche)*, dramaturge *(Les Jours des Tourbine ; La Fuite)*, il écrivit aussi des contes fantastiques et satiriques *(La Diaboliade ; Les Œufs fatals)*. Son style corrosif trouva son point d'orgue dans son chef-d'œuvre, *Le Maître et Marguerite*, dans lequel il décrit les conditions de vie à Moscou dans les années 1920.

Boulganine (Nikolaï Aleksandrovitch) Homme politique soviétique (1895-1975). Il fut président du Conseil de 1955 à 1958.

boulgour n. m. (turc *bulgur*, d'origine persane) Blé dur concassé.

[1]**boulier** voir **bolier**

[2]**boulier** n. m. Cadre portant des tringles sur lesquelles sont enfilées des boules et qui sert à compter. → **abaque.**

boulimie n. f. (du grec, de *bos* « bœuf » et *limos* « faim ») **1.** Faim excessive pathologique. – Grande faim. **2.** fig. *Une boulimie de lecture.*

boulimique adj. et n. **1.** Atteint de boulimie. **2.** fig. *« Sa boulimique rage de tendresse »* (Léon Bloy).

boulin n. m. (p.-ê. de [1]*boule*) Trou dans un mur, spécialt pour les pigeons d'un colombier.

bouline n. f. (anglais *boweline* « corde de proue ») mar. Cordage qui servait à tenir une voile de biais.

boulingrin n. m. (anglais *bowling green*, de *bowling* [→ **bowling**] et *green* « vert » et « pelouse ») Parterre de gazon généralement entouré de bordures, de talus.

boulisme n. m. **1.** Ensemble des jeux de boules. **2.** Pratique des jeux de boules.

bouliste n. Personne qui joue aux boules. → **boulomane.**

Boulle (André Charles) Ébéniste français (1642-1732). Il laissa son nom à un type de marqueterie utilisant le cuivre et l'écaille. Il fut l'un des plus importants fournisseurs de Louis XIV.

Boulle (Pierre) Écrivain français (1912-1994). Il est l'auteur de romans d'aventures *(Le Pont de la rivière Kwaï)* et de science-fiction *(La Planète des singes)*.

Boullée (Étienne Louis) Architecte français (1728-1799). Il imagina des monuments colossaux et audacieux qui préfigurent ceux de l'avant-garde russe des années 1920, à l'exemple de son projet de cénotaphe à Newton.

Boullongne ou **Boulogne** Famille de peintres français. ■ Louis **Boullongne** le Père ou le Vieux (1609-1674). Il participa à la décoration du Louvre et de Versailles. ■ Bon **Boullongne** l'Aîné (1649-1717). Fils de Louis. Il réalisa des tableaux mythologiques pour le Trianon et l'église des Invalides. ■ Louis **Boullongne** le Jeune (1654-1733). Frère de Bon l'Aîné. Il peignit de nombreuses œuvres religieuses et reçut la charge de premier peintre du roi en 1722.

boulocher v. intr. < 1 > (lainage) Former de petites boules pelucheuses à l'usage. *Pull qui bouloche.*

boulodrome n. m. (→ **boule** ; **-drome**) Terrain aménagé pour le jeu de boules.

Boulogne (bois de) Parc situé à l'O. de Paris. 859 ha. Il s'étend de Neuilly-sur-Seine à Boulogne-Billancourt. Il doit son nom à un sanctuaire qu'y dédia Philippe IV à Notre-Dame-de-Boulogne (v. 1310). Abbaye du XIIIe s. Hippodrome de Longchamp. Jardin d'acclimatation (parc de loisirs et Fondation Louis-Vuitton par F. Gehry).

Boulez (Pierre)

Pierre Boulez dirigeant l'orchestre de la Lucerne Festival Academy (2006).

Boulogne-Billancourt anciennement **Boulogne-sur-Seine** Chef-lieu d'arrondissement des Hauts-de-Seine, au S. du bois de Boulogne. 120 911 habitants. Église du XIVe s. restaurée au XIXe s. Siège historique des automobiles Renault. Industrie chimique, aéronautique, matériel téléphonique, caoutchouc, imprimerie.

Boulogne-sur-Mer Chef-lieu d'arrondissement du Pas-de-Calais. 40 588 habitants. Premier port de pêche de France. Enceinte fortifiée et château du XIIIe s. Hôtel de ville du XVIIIe siècle.

boulomane n. (→ [2]**-mane**) Amateur du jeu de boules.

boulon n. m. (de *boule* « pièce à tête ronde ») Ensemble constitué par une vis et l'écrou qui s'y adapte. – loc. fig. *Serrer, resserrer les boulons :* réorganiser avec plus de rigueur.

boulonnais, aise adj. et n. (de *Boulogne*, n. de ville) **1.** De la ville de Boulogne-Billancourt. ■ Relatif à la ville de Boulogne-sur-Mer ou à la région du Boulonnais. ■ n. *Les Boulonnais.* **2.** Se dit d'une race de bœufs et de chevaux réputés (élevés dans la région du Boulonnais). – n. m. *Un boulonnais.*

Boulonnais n. m. Région du Pas-de-Calais, constituée par un plateau crayeux creusé d'une dépression argileuse et humide : la *fosse du Boulonnais.* Élevage de chevaux et de bovins. Cultures céréalières.

Boulle (André)

Marqueterie de A. Ch. Boulle ; paire de piédestaux (début XVIIIe s.).

boulonner v. < 1 > **1.** v. tr. Fixer au moyen de boulons. □ n. m. **boulonnage** **2.** v. intr. fam. Travailler. *Elle boulonne dur.* → fam. [2]**bosser.**

boulonnerie n. f. Fabrique, industrie des boulons et accessoires. – Ensemble de ces produits.

[1]**boulot, otte** adj. et n. (de *boule*) Gros et court. *Une personne boulotte.*

[2]**boulot** n. m. (origine obscure) fam. Travail. *Chercher du boulot.* → **emploi.**

boulotter ou **bouloter** v. intr. < 1 > (de *pain boulot*, de *boule*) fam. Manger. → **bouffer.** – trans. *Il n'y a rien à boulotter.*

Boulou (Le) Commune des Pyrénées-Orientales, au pied des Albères. 5 313 habitants. Église rupestre des XIe et XIIe s. Station thermale.

[1]**boum** [bum] (onomatopée) **1.** interj. Bruit de ce qui tombe, explose. → **bang.** *« Boum ! Quand notre cœur fait boum ! »* (Ch. Trenet). **2.** n. m. *Un grand boum !* ■ loc. *En plein boum*, en pleine activité.

[2]**boum** [bum] n. f. (de *surboum*) vieilli Surprise-partie. *Aller à une boum, en boum.*

Boumédiène (Mohamed Boukharrouba, dit Houari) Homme d'État algérien (1932-1978). Président de la République (1965-1978), il mena une politique de nationalisations et d'industrialisation accélérée.

boumer **v. intr. impers.** < 1 > fam. *Ça boume, ça va bien.*

Boumerdès Ville d'Algérie, chef-lieu de wilaya, sur le littoral. 29 000 habitants. Fort de Tamenfoust (XVIIe s.). La ville a connu un violent tremblement de terre en 2003.

boumeur **n. m. (de l'anglais)** Haut-parleur destiné à diffuser les sons graves. *Le boumeur d'une enceinte stéréo.*

Bounine (Ivan Alekseïevitch) Poète et romancier russe (1870-1953). Consacré par ses pairs pour ses recueils de poèmes, il se tourna ensuite vers le roman réaliste classique *(Le Village ; Le Monsieur de San Francisco ; La Vie d'Arseniev)*. Hostile aux bolcheviks, il devint l'un des écrivains emblématiques de l'émigration russe *(L'Amour de Mittia)*. Prix Nobel 1933.

Bounty **n. m.** Navire de la marine royale britannique. À la suite d'une mutinerie, son capitaine, W. Bligh, fut abandonné en mer (1789).

1bouquet **n. m. (du normand, du picard « petit bois » → bois)** **1.** Groupe serré (d'arbres). → **boqueteau.** **2.** Assemblage de fleurs, de feuillages coupés dont les tiges sont disposées dans le même sens. → **2botte, 1gerbe.** *Un bouquet de violettes.* – *Bouquet garni,* thym, laurier, persil. ■ Ensemble (de choses groupées) évoquant un bouquet de fleurs. **3.** *Le bouquet d'un feu d'artifice,* les plus belles fusées (à la fin). – iron. *C'est le bouquet.* → **1comble.** **4.** télév. *Bouquet de programmes :* ensemble des chaînes de télévision proposé par un opérateur. **5.** *Bouquet énergétique :* proportion des différentes sources d'énergie dans la production d'électricité nécessaire à la consommation d'un pays, d'une industrie, etc. **6.** dr. Dans un achat en viager, Partie du prix à payer immédiatement au vendeur. *Le bouquet et la rente.* **7.** Parfum (d'un vin, d'une liqueur). → **arôme.** *Ce vin a du bouquet.*

2bouquet **n. m. (de bouc)** Grosse crevette rose qui rougit à la cuisson.

Bouquet (Michel) Acteur français (1925-2022). Il s'est imposé par son jeu subtil suscitant inquiétude et fascination, au théâtre *(Caligula ; La Mort de Danton)* comme au cinéma *(La Femme infidèle ; Le Promeneur du Champ de Mars).*

bouqueté, ée **adj.** Qui a du bouquet. *Un vin bouqueté.*

bouquetière **n. f.** Celle qui fait et vend des bouquets de fleurs dans les lieux publics.

bouquetin **n. m. (mot des Alpes, famille de *bouc* et germanique *stein* « rocher »)** Mammifère ruminant à longues cornes annelées, vivant à l'état sauvage dans les montagnes d'Europe.

1bouquin **n. m. (de *bouc*)** **1.** vieux Vieux bouc. **2.** Lièvre, lapin mâle.

2bouquin **n. m. (du néerlandais ancien *boec* « livre » ; *cf.* anglais *book*)** fam. Livre, ouvrage. *Son bouquin va paraître.*

3bouquin **n. m. (du normand *bouque* « bouche »)** Bec adapté à une corne de bœuf pour en faire une trompe de chasse.

bouquiner **v.** < 1 > fam. **1. v. intr.** Fouiller dans de vieux livres. **2. v. tr. et intr.** Lire.

bouquinerie **n. f.** Commerce de livres d'occasion.

bouquiniste **n.** Personne qui vend des livres d'occasion.

Bourassa (Robert) Homme politique canadien (québécois) (1933-1996). Il fut Premier ministre du Québec de 1970 à 1976 et de 1985 à 1994.

Bourbaki (Nicolas) Nom choisi par un collectif de jeunes mathématiciens de l'École normale supérieure. Créé en 1935, ce groupe a entrepris de refonder les mathématiques à partir des outils de la logique formelle. Il publie, depuis 1939, une série de volumes, *Éléments de mathématique,* ouvrages de référence de la discipline.

bourbe **n. f. (p.-ê. du gaulois)** Dépôt qui s'accumule au fond des eaux stagnantes. → **boue.** *La bourbe d'un marais.*

bourbeux, euse **adj.** Qui est plein de bourbe. → **1boueux.** *Eau bourbeuse.*

bourbier **n. m.** **1.** Lieu creux plein de bourbe. *S'enfoncer dans un bourbier* (→ **s'embourber**). **2.** fig. Situation très embarrassante.

bourbillon **n. m. (de *bourbe*)** méd. Amas de pus et de tissu nécrosé au centre d'un furoncle.

bourbon **n. m. (n. d'un comté du Kentucky)** Alcool analogue au whisky, à base de maïs, fabriqué aux États-Unis.

Bourbon (maison de) Famille française qui doit son nom à la seigneurie de Bourbon-l'Archambault et du Bourbonnais, et dont les membres régnèrent sur la Navarre, la France, l'Espagne, Naples et le duché de Parme. La branche aînée, issue de Louis Ier, duc de Bourbon (1327), s'éteignit en 1527 avec la mort de Charles III, duc de Bourbon, connétable de France. La branche cadette accéda au trône de Navarre par le mariage d'Antoine de Bourbon avec Jeanne d'Albret (1548) puis au trône de France par l'avènement de leur fils Henri IV (1589). De Louis XIII, fils d'Henri IV, descendent deux branches. La branche aînée, qui régna en France jusqu'en 1792 et de 1814 à 1830 (Louis XIV, Louis XV, Louis XVI, Louis XVIII et Charles X), s'éteignit en 1883 avec le comte de Chambord, petit-fils de Charles X. La branche cadette est issue du second fils de Louis XIII, Philippe Ier, duc d'Orléans, frère de Louis XIV. ■ **Bourbon-Orléans.** Branche de la famille des Bourbons issue de Philippe Ier, duc d'Orléans. Elle régna en France avec Louis-Philippe Ier, roi des Français de 1830 à 1848. Elle est représentée aujourd'hui par Henri d'Orléans, comte de Paris. ■ **Bourbon-Anjou.** Branche de la famille des Bourbons issue de Philippe, duc d'Anjou, petit-fils de Louis XIV, roi d'Espagne sous le nom de Philippe V. Elle régna sur l'Espagne de 1700 à 1931 et fut rétablie sur le trône en 1975 avec Juan Carlos Ier. ■ **Bourbon de Naples** ou **Bourbon-Sicile.** Branche de la famille des Bourbons issue de Ferdinand Ier. Elle régna à Naples de 1759 à 1860. ■ **Bourbon-Parme.** Maison ducale, issue des Bourbons d'Anjou, fondée en 1748 par Charles III d'Espagne. Elle régna sur le duché de Parme jusqu'en 1859.

Bourbon (Charles III, 8e duc de) dit le Connétable de Bourbon (1490-1527). Comte de Montpensier (1501), duc de Bourbon et d'Auvergne (1503). Il participa brillamment aux batailles d'Agnadel (1509) et de Marignan (1515). Ayant refusé d'épouser Louise de Savoie, mère de François Ier, il passa au service de Charles Quint et contribua à la défaite de la France à Pavie (1525). Après sa mort, François Ier confisqua ses domaines qui furent rattachés à la Couronne.

Bourbon (palais) Siège de l'Assemblée nationale, à Paris, à proximité de la place de la Concorde. Il fut édifié entre 1722 et 1728 pour la duchesse de Bourbon par Giardini, Lassurance, Aubert et Gabriel.

Bourbon (île) voir **Réunion**

Bourbon Busset (Jacques de) Écrivain français (1912-2001). Il publia des études historiques et des romans célébrant avec élégance l'amour qu'il vouait à sa femme. *Laurence de Saintonge ; Lettres à Laurence.*

bourbonien, ienne **adj.** Qui a rapport à la famille des Bourbons. – *Nez bourbonien,* long et un peu busqué.

Bourbon-Lancy Commune de la Saône-et-Loire. 4 684 habitants. Église Saint-Nazaire du XIe s. Musée militaire. Station thermale.

Bourbon-l'Archambault Commune de l'Allier, dans le Bourbonnais. 2 566 habitants. Ruines du château des premiers ducs de Bourbon. Station thermale.

B

Bourbonnais **n. m.** Ancienne province du centre de la France correspondant approximativement au département de l'Allier. Érigé en duché par Charles le Bel pour Louis Ier de Bourbon, en 1327, le Bourbonnais fut réuni à la Couronne après la confiscation, par François Ier, des domaines du Connétable de Bourbon (1527).

Bourbonne-les-Bains Commune de la Haute-Marne, dans l'arrondissement de Langres. 1 971 habitants. Station thermale.

Bourboule (La) Commune du Puy-de-Dôme, dans les monts Dore. 1 757 habitants. Station thermale.

Bourbourg Commune du Nord, en Flandre. 7 087 habitants.

Bourbriac Commune des Côtes-d'Armor. 2 125 habitants. Mausolée de Saint-Briac (XIVe s.).

bourdaine **n. f. (origine obscure)** Arbuste à écorce laxative. *Une tisane de bourdaine.* – Cette tisane.

Bourdaloue (Louis) Prédicateur français (1632-1704). Jésuite rigoriste, il prêcha devant la cour et acquit une grande popularité par ses sermons qui contenaient des portraits « à clés ». *Sermons et œuvres diverses.*

bourde **n. f. (p.-ê. famille de *bourre*, au fig. « mensonge », ou onomatopée → 3bourdon)** Faute lourde, grossière. *Faire, dire une bourde.* → **bêtise ;** fam. **2gaffe.**

Bourdelle (Antoine) Sculpteur français (1861-1929). Il réalisa des bronzes aux formes bosselées. On lui doit également le relief du théâtre des Champs-Élysées. *Héraclès archer ; Tête d'Apollon.*

Bourdet (Édouard) Auteur dramatique français (1887-1945). Il porta un regard sans complaisance sur les mœurs de la société bourgeoise de l'entre-deux-guerres. *Le Sexe faible ; Les Temps difficiles.*

Bourdichon (Jean) Peintre et miniaturiste (v. 1457-1521). Artiste rattaché à la cour, il s'y illustra par ses enluminures et divers travaux de décoration. On lui doit notamment *Les Heures d'Anne de Bretagne.*

Bourdieu (Pierre) Sociologue français (1930-2002). Auteur de nombreux travaux en sociologie de la culture et de l'éducation, il s'est attaché, à partir des concepts de « champ » et d'*habitus,* à mettre en lumière les rapports de domination symbolique gouvernant les relations sociales. Il a décrit un système scolaire caractérisé par la reproduction sociale (*Les Héritiers,* en collaboration avec J.-C. Passeron), et des clivages sociaux régis par la lutte pour le contrôle du langage et des croyances *(La Distinction, critique sociale du jugement ; Langage et pouvoir symbolique).* Ses analyses ont considérablement influencé la sociologie critique française contemporaine.

bourdigue voir **bordigue**

1bourdon **n. m. (probablt onomatopée)** **I. 1.** Insecte hyménoptère au corps lourd et velu, qui butine comme l'abeille. **2.** *Faux bourdon :* mâle de l'abeille. **II. 1.** Ton qui sert de basse continue dans certains instruments. – *Bourdon d'orgue,* jeu de l'orgue qui fait la basse. **2.** Grosse cloche à son grave. *Le bourdon d'une cathédrale.* **III. (p.-ê. par métaphore du sens I)** fam. *Avoir le bourdon,* être mélancolique, avoir le cafard.

2bourdon **n. m. (vient du bas latin *burdo*, p.-ê. germanique)** Long bâton de pèlerin, orné d'une boule. *Le bourdon des pèlerins de Saint-Jacques.*

3bourdon **n. m. (de *bourde*)** typogr. Faute de composition, omission d'un ou de plusieurs mots figurant sur la copie.

Bourdon (Sébastien) Peintre et dessinateur français (1616-1671). Il est l'auteur de scènes de genre, de tableaux religieux et de portraits aux couleurs vives. *Moïse sauvé des eaux ; L'Homme aux rubans noirs.*

bourdonnant, ante adj. Qui bourdonne. *« Sa tête bourdonnante et près d'éclater »* (A. Daudet).

bourdonnement n. m. **1.** Bruit sourd et continu que font en volant certains insectes (bourdon, mouche). *Le bourdonnement de la ruche.* **2.** Murmure sourd, confus. **–** *Bourdonnement d'oreilles.*

bourdonner v. intr. < 1 > (→ [1]**bourdon**) **1.** Faire entendre un bourdonnement. *Abeille qui bourdonne.* ■ Émettre un son grave et continu, vibrant. **–** fig. *Usine qui bourdonne d'activité.* **2.** Percevoir un bruit sourd et confus (oreilles).

Boureïa n. f. Rivière de Russie, en Extrême-Orient. 623 km. Affluent de l'Amour. Gisements de houille et de fer dans sa vallée.

bourek ou **beurek** n. m. (mot arabe) Feuilleté farci, de forme triangulaire ou allongée (spécialité du Maghreb). *Des boureks aux épinards.*

bourg [buʀ] n. m. (bas latin *burgus*, germanique et emprunt au grec *purgos* « enceinte fortifiée », *cf.* faubourg) **1.** hist. Petite ville fortifiée. **2.** Agglomération relativement importante ; centre commercial en milieu rural. *Le marché du bourg.*

Bourg Commune de la Gironde, dans le Bordelais. 2 303 habitants. Vignobles des côtes de Bourg et du Bourgeais.

bourgade n. f. Petit bourg.

Bourgain (Jean) Mathématicien belge (1954-2018). Ses travaux ont porté sur les espaces vectoriels, la représentation des fonctions et l'hypothèse ergodique de Boltzmann. Médaille Fields 1994.

Bourganeuf Commune de la Creuse. 2 462 habitants. Vestiges d'un prieuré de l'ordre de Malte (XVe s.).

Bourg-de-Péage Commune de la Drôme, sur l'Isère. 9 818 habitants. Industrie du cuir.

Bourg-d'Oisans (Le) Commune de l'Isère, sur la Romanche. 3 285 habitants. Musée des Minéraux. Centre touristique.

Bourgelat (Claude) Vétérinaire français (1712-1779). Fondateur, à Lyon en 1761, de la première école vétérinaire d'Europe, il dirigea celle de Maisons-Alfort, créée en 1765.

Bourg-en-Bresse [buʀkɑ̃-] Chef-lieu de l'Ain, sur la Reysouze. 41 681 habitants. Église des XVe et XVIe s. Ancien monastère de Brou, édifié au XVIe s., chef-d'œuvre du style gothique flamboyant. Constructions mécaniques. Marché agricole (volailles de Bresse).

Le monastère de Brou, ensemble architectural de style gothique flamboyant.

bourgeois, oise n. et adj. (de *bourg* [franc « libre »]) **1.** au Moyen Âge Citoyen d'une ville, bénéficiant d'un statut privilégié. *Les bourgeois de Calais.* **2.** sous l'Ancien Régime Membre du tiers état qui ne travaillait pas de ses mains et possédait des biens. → **roturier. 3.** mod. Personne de la classe moyenne et dirigeante, qui ne travaille pas manuellement. *Bourgeois, ouvriers et paysans. Un grand bourgeois.* ■ **adj.** Propre à cette classe. *Un quartier bourgeois. Les valeurs bourgeoises.* → **petit-bourgeois. 4.** péj. Qui a un goût excessif de la sécurité et respecte les convenances sociales. *« J'appelle bourgeois quiconque pense bassement »* (Flaubert). - abrév. fam. **bourge.** **–** *Bourgeois bohème.* → [2]**bobo. 5. n. f.** pop. Femme, épouse.

Bourgeois (Léon) Homme politique français (1851-1925). Président du Conseil de 1895 à 1896, il défendit l'idée d'une République fondée sur le principe de solidarité *(Essai d'une philosophie de la solidarité).* Il fut aussi l'un des promoteurs de la SDN. Prix Nobel de la paix 1920.

Bourgeois (Louise) Sculptrice américaine d'origine française (1911-2010). Elle a su élaborer un style expressif à partir de formes allusives et de matériaux bruts (bois, chiffon, verre, latex). *L'Un et les Autres ; La Fillette ; Maman,* immense araignée dédiée à sa mère.

bourgeoisement adv. D'une manière bourgeoise, avec un esprit bourgeois. *Vivre bourgeoisement.*

bourgeoisial, iale, iaux adj. (Suisse) De la bourgeoisie, droit de cité communal. *Conseil bourgeoisial.*

bourgeoisie n. f. **1.** hist. État de bourgeois (1). *Droit de bourgeoisie.* **–** (Suisse) Droit de cité. **2.** Ensemble des bourgeois (2). *La noblesse et la bourgeoisie.* **3.** Ensemble des bourgeois (3). **–** (marxisme) Classe dominante en régime capitaliste, qui possède les moyens de production. *La bourgeoisie et le prolétariat.*

bourgeon n. m. (vient du latin pop., de *burra* → [1]**bourre**) **1.** Excroissance qui apparaît sur la tige ou la branche d'un arbre, et qui contient en germe les tiges, branches, feuilles, fleurs ou fruits. *Un arbre en bourgeons.* → **bouton, œil. 2.** Structure embryonnaire et première ébauche d'un organe dans le développement animal.

bourgeonnement n. m. **1.** Action de bourgeonner ; naissance de bourgeons. **2.** Mode de reproduction asexuée de certains invertébrés. → **gemmiparité.**

bourgeonner v. intr. < 1 > **1.** Pousser des bourgeons. *Les arbres bourgeonnent au printemps.* **2.** *Son visage bourgeonne,* il y vient des boutons. **3.** fig. *« L'idée est chose qui grandit, bourgeonne, fleurit »* (Bergson). □ **adj. bourgeonnant, ante**

bourgeron n. m. (de l'ancien français *bourge* « toile », qui vient du latin pop., de *burra* → [1]**bourre**) ancienn Blouse en grosse toile.

Bourges Chef-lieu du Cher. 64 362 habitants. Cathédrale Saint-Étienne (fin XIIIe-début XIVe s.) : ce monument gothique a la particularité de posséder cinq nefs sans transept. Palais Jacques-Cœur (XVe s.). Musées. Vestiges de rempart gallo-romain. Centre administratif et commercial. Industries d'armement, de construction aéronautique et d'électroménager. Festival annuel de musique (le Printemps de Bourges). La ville fut, sous le nom d'Avaricum, la capitale gauloise des Bituriges Cubi. Durant la guerre de Cent Ans, elle devint la résidence de Charles VII, dit le « roi de Bourges ».

Bourges, la cathédrale Saint-Étienne, inscrite au patrimoine mondial de l'Unesco.

Bourget (Paul) Romancier français (1852-1935). Auteur de romans psychologiques ou sociologiques, il se posa en analyste des « maladies morales » de son époque et prôna un retour aux vertus traditionnelles. *André Cornélis ; Le Disciple.*

Bourget (lac du) Lac des Alpes françaises, en Savoie. 45 km². Aix-les-Bains se trouve sur la rive orientale, l'abbaye de Hautecombe sur la rive occidentale.

Bourget (Le) Commune de la Seine-Saint-Denis. 15 660 habitants. Musée de l'Air et de l'Espace. Ancien aéroport qui accueille tous les deux ans le Salon international de l'aéronautique et de l'espace.

Bourg-la-Reine Commune des Hauts-de-Seine, sur la Bièvre. 20 974 habitants.

Bourg-lès-Valence Commune de la Drôme, dans la banlieue N. de Valence. 19 814 habitants. Hydroélectricité.

Bourget (lac du)

Le lac du Bourget, le plus grand des lacs glaciaires de France, dominé par l'abbaye de Hautecombe.

bourgmestre [buʀgmɛstʀ] **n.** (du germanique « maître du bourg ») Premier magistrat des communes belges, néerlandaises, allemandes, luxembourgeoises. *La nouvelle bourgmestre.*

bourgogne **n. m.** Vin des vignobles de Bourgogne.

Bourgogne **n. f.** Ancienne province française. Territoire des Éduens à l'époque gauloise, elle fut occupée au vᵉ s. par les Burgondes, auxquels elle doit son nom. Constituée en duché au ıxᵉ s. par Charles le Chauve en faveur de Boson, elle forma en 934 le royaume de Bourgogne-Provence ou royaume d'Arles. Passé sous suzeraineté capétienne sous Robert II le Pieux (1002) puis germanique sous l'empereur Conrad II (1034), le duché revint en héritage à Jean II le Bon qui le donna en apanage (1363) à son quatrième fils, Philippe II le Hardi, premier des Valois de Bourgogne. Ses successeurs, Jean sans Peur, Philippe III le Bon et Charles le Téméraire, ajoutèrent au duché primitif de nombreux territoires dont la Flandre, le Hainaut, le Brabant et le Luxembourg. Ce puissant État devint ainsi le rival des royaumes de France et d'Angleterre ainsi que celui du Saint-Empire. En 1477, la Bourgogne ducale fut rattachée à la Couronne de France par Louis XI.

Bourgogne Anc. région administrative de la France (jusqu'en 2015). → **Bourgogne-Franche-Comté.**

Bourgogne (canal de) Canal reliant la Seine au Rhône par les vallées de l'Armançon et de l'Ouche. 242 km.

Bourgogne (théâtre de l'hôtel de) Nom du premier théâtre régulier de Paris fondé en 1548 par la Confrérie de la Passion qui déménagea ensuite à la Comédie-Française.

Bourgogne-Franche-Comté Région administrative de la France formée de huit départements : Côte-d'Or, Doubs, Haute-Saône, Jura, Nièvre, Saône-et-Loire, Territoire de Belfort, Yonne. 47 784 km². 2 801 695 habitants. Chef-lieu : Dijon. ■ **Bourgogne** Région de seuil entre le Bassin parisien et le sillon rhodanien, la Bourgogne est formée de plusieurs ensembles naturels distincts. À l'E. se trouvent des plaines d'effondrement (plaine de la Saône). Au N. et à l'O., des plaines sédimentaires formant les plateaux de la basse Bourgogne s'élèvent par paliers vers le S.-E. (région de Chablis et d'Auxerre). Plus au S., le relief s'accentue avec le massif forestier humide du Morvan (Haut-Folin, 901 m), qui domine des collines bocagères. Dans cette région rurale, l'agriculture associe la production céréalière (orge, colza, blé), l'élevage (bovins du Charolais) et des vignobles de renommée internationale (le bourgogne). Les plateaux bourguignons continuent de se dépeupler, tandis que la population se concentre dans la vallée de la Saône (Dijon, Chalon-sur-Saône). L'industrie se déploie autour des villes (agroalimentaire, électricité, sidérurgie en déclin). Les services s'affirment plus difficilement, malgré le potentiel économique que constitue sa position de lieu de passage. Un riche patrimoine historique et culturel d'art roman (Autun, Cluny, Vézelay) et de gothique bourguignon (Beaune, Dijon) attire les visiteurs. ■ **Franche-Comté** La région est constituée de plateaux calcaires, de la vallée de l'Ain au S. à la porte de Bourgogne au N.-E. ; d'une partie de la plaine sédimentaire de la Saône, au N.-O. ; et des plateaux et monts boisés du Jura, à l'E. Le climat est de type continental, avec un enneigement persistant en altitude. La population se concentre dans les agglomérations de Besançon (capitale administrative et universitaire), Montbéliard et Belfort, tandis que les zones de plateaux et de bassins ont connu un exode massif. L'exploitation de la forêt, l'élevage bovin (coopératives « fruitières » pour la fabrication du comté et de l'emmental) et la viticulture (vins d'Arbois, des Côtes du Jura...) sont les principales activités du secteur primaire. L'industrie, de tradition ancienne (horlogerie, lunetterie), représente une part importante de l'emploi. Elle s'est modernisée en s'ouvrant à la micromécanique (Besançon), à la construction automobile (Sochaux-Montbéliard) et ferroviaire (Alstom à Belfort) et à l'informatique. La montagne jurassienne développe une activité touristique importante, valorisant ainsi son patrimoine naturel et artisanal (travail du bois, taille des pierres précieuses).

Bourgoin-Jallieu Commune de l'Isère, près de La Tour-du-Pin. 29 389 habitants. Centre industriel.

Bourg-Saint-Andéol Commune de l'Ardèche, sur le Rhône. 7 187 habitants. Église romane du xıᵉ s. Viticulture (côtes-du-rhône).

B

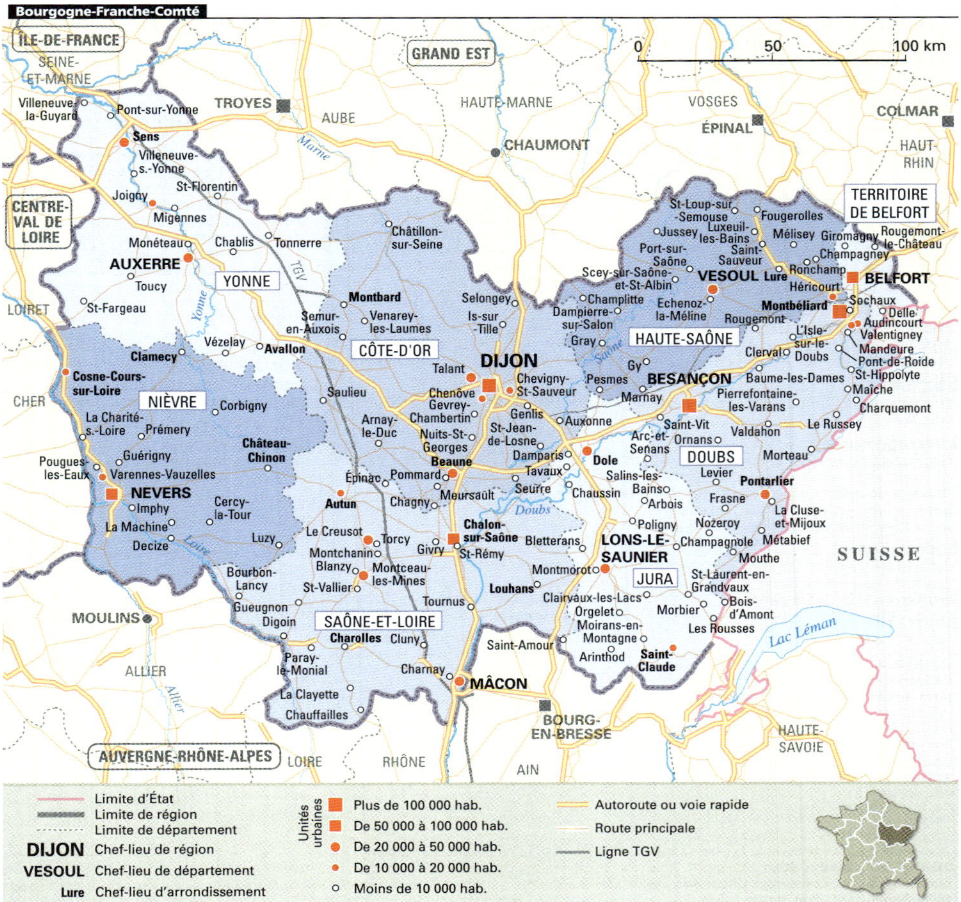

B

Bourg-Saint-Maurice Commune de la Savoie, près d'Albertville, en Tarentaise. 7 160 habitants. Station de sports d'hiver. Garnison de chasseurs alpins.

bourgueil n. m. (de Bourgueil) Vin rouge du Val de Loire.

Bourgueil Commune de l'Indre-et-Loire. 3 808 habitants. Vestiges d'une abbaye fondée au xe s. Vins rouges.

Bourguiba (Habib) Homme d'État tunisien (1903-2000). Chef du Néo-Destour (1934), il lutta pour l'indépendance de son pays, qu'il obtint en 1955. Président de la République en 1957, il fut destitué par son Premier ministre, le général Ben Ali, en 1987.

bourguignon, onne adj. et n. De la Bourgogne. – n. *Les Bourguignons.* ■ *Bœuf bourguignon* et absolt *bourguignon,* bœuf accommodé au vin rouge et aux oignons.

bourguignons voir armagnacs

Bouriates n. m. pl. Peuple mongol de la région sibérienne du lac Baïkal qui se répartit entre la république autonome de Bouriatie et la république de Mongolie.

Bouriatie n. f. République autonome de la fédération de Russie. 351 300 km². 981 000 habitants. Capitale : Oulan-Oude. Au N., territoire montagneux quasi désertique couvert de forêts. Au S., zone agricole, industrielle et touristique. Dominée par les Russes depuis le xviie s., elle a été déclarée république socialiste soviétique autonome en 1923, et a obtenu sa souveraineté au sein de la fédération de Russie en 1992.

bourlinguer v. intr. < 1 > (origine obscure) **1.** (navire) Avancer péniblement contre le vent et la mer. → **rouler. 2.** Naviguer beaucoup. *Il a bourlingué sur toutes les mers.* – fam. Voyager beaucoup ; avoir une vie aventureuse. □ **n. f. bourlingue** □ **n. bourlingueur, euse**

Bourmont (Louis-Auguste-Victor, comte de Ghaisnes de) Maréchal de France (1773-1846). Il abandonna Napoléon (1815) pour rejoindre Louis XVIII à Gand. Nommé ministre de la Guerre (1829), il commanda l'expédition d'Alger (1830).

Bournemouth Ville d'Angleterre (Dorset), sur la Manche. 187 500 habitants. Station balnéaire. Port d'où les ferries rallient le continent.

bourrache n. f. (du latin médiéval, de l'arabe *'abû 'araq* « père de la sueur ») Plante à grandes fleurs bleues, employée en tisane comme médicament.

bourrade n. f. (de *bourrer*) Brusque poussée que l'on donne à qqn. *Une bourrade amicale.*

bourrage n. m. **I. 1.** Action de bourrer. *Le bourrage d'une paillasse.* ■ techn. *Le bourrage du papier dans une imprimante.* **2.** fig., fam. *Bourrage de crâne* : action insistante pour persuader. – Propagande intensive. **II.** Matière servant à bourrer. → **¹bourre.**

bourrasque n. f. (de l'italien, de *bora* « vent du Nord » → **boréal**) Coup de vent violent et de courte durée. → **tornade.** *Des bourrasques de pluie, de neige* (→ **tempête**).

bourratif, ive adj. fam. (aliment) Qui bourre.

¹bourre n. f. (vient du bas latin *burra,* p.-ê. de *burrus* « roux », grec *purros*) **1.** Amas de poils, détachés avant le tannage de la peau de certains animaux. **2.** Déchets du peignage ou du dévidage de matières textiles servant à emplir des coussins, des matelas... – loc. fig. *De première bourre* : de première qualité. **3.** Duvet qui recouvre les bourgeons de certains arbres.

²bourre n. (de *bourrer*) **I.** n. f. fam. Fait de se presser. – loc. *À la bourre* : en retard. *Je suis désolé, je suis encore à la bourre.* **II.** (de *bourrer* « maltraiter » [cf. l'argot *cogne,* même sens] → **bourreau**) n. m. argot Policier. → fam. **flic.**

bourré, ée adj. **1.** Rempli, plein (de qqch.). *Texte bourré d'erreurs.* → **farci. 2.** Très plein. *La salle est bourrée.* → **bondé, ²comble. 3.** fam. Ivre.

bourreau n. m. (d'abord *bourrel ;* de *bourrer* « maltraiter, tourmenter ») **1.** Celui qui exécute les peines corporelles ordonnées par une cour de justice, et spécialt la peine de mort. **2.** Personne qui martyrise (qqn), physiquement ou moralement. *Des bourreaux d'enfants.* – plais. *Un bourreau des cœurs.* → **don juan, séducteur. 3.** *Bourreau de travail,* personne qui abat beaucoup de travail.

bourrée n. f. (de *bourrer*) **I.** Petites branches (avec lesquelles on bourre un fagot). **II.** (« danse autour d'un feu de bourrées ») Danse du folklore auvergnat ; air sur lequel on l'exécute.

bourrelé, ée adj. (de *bourrel* → **bourreau**) *Bourrelé de remords* : tourmenté par le remords.

bourrèlement n. m. littér. Douleur physique cruelle. – fig. Torture morale. → **tourment.**

bourrelet n. m. (de l'ancien français *bourrel,* de *¹bourre*) **1.** Bande que l'on fixe au bord des battants des portes et des fenêtres pour calfeutrer. **2.** Renflement allongé. – spécialt Pli de chair, de graisse. *Avoir des bourrelets.*

bourrelier, ière n. (de l'ancien français *bourrel* « collier rempli de bourre », de *¹bourre*) Personne qui fait et vend des harnais, des sacs, des courroies. → **sellier.**

bourrellerie n. f. Métier et commerce du bourrelier.

bourre-pif n. m. (de *bourrer* « donner un coup » et *pif* « nez ») fam. Coup sur le nez, sur le visage. *Des bourre-pifs.*

bourrer v. tr. < 1 > (de *¹bourre*) **I. 1.** Emplir de bourre. → **rembourrer.** *Bourrer un coussin.* **2.** Remplir complètement en tassant. *Bourrer sa valise. Bourrer une pipe.* **3.** Gaver (qqn) de nourriture. – pronom. *Elle s'est bourrée de gâteaux.* → fam. se **goinfrer.** ■ intrans. fam. *Un aliment qui bourre,* qui cale l'estomac. → **bourratif. 4.** *Bourrer le crâne à qqn,* lui raconter des histoires, essayer de lui en faire accroire. fam. *Bourrer le mou à qqn* (même sens). **II.** vieux Maltraiter (→ **bourreau**). – mod. *Bourrer qqn de coups,* le frapper à coups redoublés. ■ **se bourrer** v. pron. fam. S'enivrer. ■ faux pronom. *Se bourrer la gueule.*

bourrette n. f. techn. Soie grossière qui entoure le cocon ; tissu que l'on en fait.

bourriche n. f. (origine obscure ; p.-ê. famille de *¹bourre*) Panier sans anse. *Une bourriche d'huîtres.*

bourrichon n. m. (de *bourriche* au fig. « tête ») fam. Tête. *Se monter le bourrichon* : se faire des illusions.

bourricot n. m. (→ **bourrique**) Petit âne. – *C'est kifkif* bourricot.*

bourride n. f. (du provençal, de *boulido* « bouilli ») Plat de poissons bouillis, analogue à la bouillabaisse.

Bourrienne (Louis Antoine Fauvelet de) Homme politique français (1769-1834). Compagnon d'études et secrétaire de Bonaparte, il se rallia à Louis XVIII en 1814. Il a laissé des *Mémoires.*

bourrin, ine n. et adj. (mot dialectal, de *bourrique*) fam. **1.** n. m. Cheval. → **canasson. 2.** Personne qui emploie la force, est sans finesse, sans subtilité. *Ce boxeur est un bourrin.* – adj. *Des manières bourrines.*

bourrique n. f. (espagnol *borrico* « âne », p.-ê. d'origine germanique) **1.** Âne ou ânesse. – loc. *Faire tourner qqn en bourrique,* l'abêtir à force d'exigences, de taquineries. **2.** fig., fam. Personne bête et têtue.

bourriquet n. m. Âne de petite espèce. ■ Ânon. → **bourricot.**

bourru, ue adj. (de *¹bourre*) **1.** (choses) Qui a la rudesse, la grossièreté de la bourre. *Fil bourru.* – *Vin bourru,* vin nouveau, non fermenté. **2.** (personnes) Rude, peu aimable. → **renfrogné.** *« Avec son air bourru, c'était le meilleur homme du monde »* (A. Daudet).

Boursault (Edme) Auteur dramatique français (1638-1701). Il se distingua par ses violentes critiques de Molière. *Le Portrait du peintre ou la Contre-Critique de « l'École des femmes ».*

¹bourse n. f. (du bas latin, du grec *bursa* « dépouille d'un animal ») **I. 1.** Petit sac arrondi destiné à contenir des pièces de monnaie. → **portemonnaie.** – loc. *Tenir les cordons de la bourse,* disposer des finances. *Sans bourse délier,* sans rien débourser. – *La bourse ou la vie !* ■ L'argent dont qqn dispose. *À la portée de toutes les bourses,* bon marché. **2.** *Bourse (d'études),* pension accordée à un élève, à un étudiant pour la durée de ses études. **II.** au plur. Enveloppe des testicules. → **scrotum.**

²Bourse n. f. (de *¹bourse,* p.-ê. par le n. de banquiers : van der *Burse,* della *Borsa*) **1.** Réunion périodique de personnes qui effectuent des opérations sur les valeurs mobilières ou sur des marchandises ; lieu où elles se réunissent. *Bourse du commerce.* – spécialt Bourse des valeurs. *Les agents de change travaillent à la Bourse.* **2.** Ensemble des opérations traitées à la Bourse (des valeurs). *Jouer à la Bourse.* → **spéculer.** *Valeurs cotées en Bourse.* – Les cours de la Bourse. *La Bourse a monté.* **3.** *Bourse du travail* : réunion des adhérents des syndicats ouvriers d'une ville ou d'une région. **4.** Lieu où l'on échange certaines marchandises. *Bourse aux livres.*

▶ Les **Bourses** (1) de valeurs mobilières (actions, obligations...) constituent un système de financement direct pour les entreprises qui peuvent y lever des fonds (sur le marché primaire) en échange de certains engagements (partage des bénéfices, participation à la décision, accès à l'information financière de l'entreprise...). La Bourse met en rapport des agents à besoin de financement (entreprises, administrations publiques) et des agents à capacité de financement (ménages, organismes qui gèrent de l'épargne collective : banques, assurances, fonds de pension...). Elle permet aux emprunteurs de se procurer des capitaux à long terme et favorise une réallocation des capitaux vers les entreprises les plus prometteuses. La Bourse constitue aussi une sorte de baromètre de l'économie. Dans la mesure où les cours des actions dépendent fondamentalement des perspectives de profit, leur variation est un indicateur avancé de la conjoncture économique. Pour autant, la nature spéculative de la formation des prix est à l'origine de crises financières. Début 2008, le niveau des capitalisations boursières atteignait des records. Il s'est fortement réduit avec la crise. Malgré tout, la Bourse paraît incarner plus que jamais le capitalisme.
voir aussi **action, capitalisme, fonds de pension**

bourse-à-pasteur n. f. (→ **¹bourse**) Petite plante des lieux incultes dont le fruit sec a la forme d'un cœur. → **capselle.** *Des bourses-à-pasteur* [bursapastœr].

Bourseiller (Antoine) Auteur et metteur en scène français (1930-2013). Il réalisa des mises en scène placées sous le signe de la violence et du rituel. *Le Métro fantôme,* de Leroi Jones.

boursicoter v. intr. < 1 > (de l'ancien n. *boursicot* « petite bourse ») Faire de petites opérations en Bourse. → **spéculer.** □ **n. m. boursicotage** □ **n. boursicoteur, euse**

¹boursier, ière n. et adj. Élève ou étudiant qui a obtenu une bourse d'études.

²boursier, ière (de *²bourse*) **1.** n. Personne qui exerce sa profession à la Bourse (fém. rare). **2.** adj. De la Bourse. *Opérations boursières.*

boursouflage ou **boursoufflage** n. m. État de ce qui est boursouflé. → **boursouflure.** ■ Action de boursoufler. - syn. **boursouflement** ou **boursoufflement.**

boursouflé, ée ou **boursoufflé, ée** adj. (de *soufflé* → **souffler**) **1.** Qui présente des gonflements disgracieux. *Un visage bour-*

soufflé. → **bouffi, enflé.** **2.** fig. *Un discours boursouflé.* → **ampoulé.**

boursoufler ou **boursouffler** v. tr. < 1 > Faire enfler, gonfler. – pronom. *Le papier peint se boursoufle.* → **cloquer.**

boursouflure ou **boursoufflure** n. f. Gonflement que présente par endroits une surface unie. – Enflure disgracieuse des chairs.

Bourvil (André Raimbourg, dit) Acteur français (1917-1970). D'abord chanteur d'opérette, il exprima son talent comique dans des rôles de personnages candides et sensibles *(La Traversée de Paris ; La Grande Vadrouille).* Il interpréta aussi des rôles dramatiques *(Les Grandes Gueules ; Le Cercle rouge).*

Bourvil dans *Le Corniaud* de Gérard Oury (1964).

Bouscat (Le) Commune de la Gironde, dans la banlieue N.-O. de Bordeaux. 24 006 habitants. Industrie métallurgique.

bouscueil n. m. (mot canadien, de *bousculer*) (Canada) Mouvement des glaces sous l'action du vent, de la marée ou du courant. → **débâcle.** *Le bouscueil du printemps.*

bousculade n. f. **1.** Remous de foule. → **cohue.** *Bousculade au guichet.* **2.** Grande agitation, précipitation. *La bousculade du départ.*

bousculer v. tr. < 1 > (des anciens v. *bousser* « heurter », mot germanique, famille de *bouter*, et *culer* « reculer ») **1.** Pousser, heurter brutalement par inadvertance. *Les voyageurs pressés le bousculaient.* – pronom. *Les idées se bousculent dans sa tête.* **2.** Modifier avec brusquerie. *Bousculer les traditions.* **3.** Faire se dépêcher (qqn). → **presser.** *Elle n'aime pas qu'on la bouscule.*

bouse n. f. (p.-ê. famille de *boue*) Fiente des bovins. *Bouse de vache.* « *Nous regardions choir, éclater les bouses* » (Gide).

bouseux, euse n. fam. et péj. Paysan(ne).

bousier n. m. Scarabée vivant dans les excréments de mammifères, qu'il roule en boulettes.

bousillage n. m. **1.** Torchis. **2.** Action de bousiller ; gâchis.

bousiller v. tr. < 1 > (de *bouse*) **1.** vieux Construire en torchis. **2.** fig. Mal faire (qqch.). *Bousiller son travail.* ■ fam. Rendre inutilisable. → **abîmer, casser, détraquer.** – par ext. *Elle s'est bousillé une main dans son accident.* **3.** fam. Tuer. → **massacrer.** □ n. **bousilleur, euse**

bousin n. m. Tourbe de mauvaise qualité.

bousingot n. m. (de *bousin* « cabaret, tapage », de l'anglais *to booze* « s'enivrer ») hist. Jeune républicain (après 1830). ■ Son chapeau.

Bousquet (Joë) Écrivain et poète français (1897-1950). Paralysé à la suite d'une blessure de guerre, il mena une existence solitaire propice à l'écriture d'une poésie de la contemplation et du surnaturel. *Le Meneur de lune ; La Connaissance du soir.*

Boussingault (Jean-Baptiste) Chimiste et agronome français (1802-1887). Considéré comme l'un des fondateurs de la chimie agricole, il est l'auteur de nombreux travaux sur le cycle de l'azote et sur la photosynthèse.

boussole n. f. (de l'italien, d'un dérivé du latin *buxa* « boîte ») Appareil composé d'un cadran et d'une aiguille aimantée mobile, dont la pointe marque la direction du nord. *Naviguer à la boussole.* → **compas.** – fam. *Perdre la boussole,* être troublé, affolé (→ perdre* le nord ; → **déboussoler**).

boustifaille n. f. (mot régional, de *bouffer*, par *bouffeter, boutifaille*) fam. Nourriture, repas.

boustrophédon n. m. (du grec, de *bous* « bœuf » et *strophein* « tourner » → **strophe**) didact. Écriture ancienne dont les lignes allaient sans interruption de gauche à droite, puis de droite à gauche.

bout n. m. (de *bouter*) **I. 1.** Partie qui termine (un objet) dans le sens de la longueur. → **extrémité.** *Le bout d'une canne. Le bout du nez.* fig. *Avoir un mot sur le bout de la langue :* être sur le point de se rappeler ce mot. – loc. *À bout de bras :* au bout du bras tendu. *Bout à bout :* l'extrémité d'un objet touchant l'extrémité d'un autre. *Tirer à bout portant,* de très près. – loc. *Tenir le bon bout,* être en passe de réussir. – *Joindre* les deux bouts.* **2.** Extrémité (d'un espace). *Le bout de la route.* → **[1]fin.** *Elle vient de l'autre bout de la ville.* – *De bout en bout :* d'une extrémité à l'autre. *D'un bout à l'autre :* dans toute son étendue. – fig. *À tout bout de champ :* à chaque instant, à tout propos. **3.** Fin d'une durée, de ce qui se termine, s'épuise. → **[1]terme ; aboutir.** *Jusqu'au bout :* jusqu'à la fin ; complètement. *Être au bout de,* à la fin de. *Arriver au bout de sa carrière. Au bout d'un moment.* « *Elle était vraiment vieille, tout au bout de la vieillesse* » (Céline). – *Au bout du compte,* finalement. ■ *Être à bout de,* ne plus avoir de. *Être à bout de forces, d'arguments. Être à bout,* n'en pouvoir plus, être épuisé. *Elle me pousse à bout,* elle m'exaspère. – *Venir à bout d'un travail,* l'achever ; *d'un adversaire,* le vaincre. **II. 1.** Partie, fragment. → **morceau.** *Un bout de papier. Un petit bout de bois.* – loc. fam. *En connaître un bout,* être compétent. ■ *Un bout de,* peu de. *Un bout de lettre,* une lettre courte, rapide. *Bout d'essai*.* – Partie d'une étendue, d'un espace. *Faire un bout de chemin.* – Partie d'une durée. *Un bon bout de temps,* longtemps. **2.** loc. fam. *Mettre les bouts :* partir. « *Charlamilébou* » (Queneau). **III.** mar. [but] Cordage.

boutade n. f. (de *bouter,* au fig. « pousser une pointe ») Trait d'esprit, propos plaisant. → **plaisanterie.**

boutargue voir **poutargue**

bout-dehors n. m. mar. Espar horizontal à l'avant d'un voilier, pour fixer une voile. *Des bouts-dehors.*

boute-en-train n. invar. (de *bouter* « mettre » *en train*) Personne qui met en train, en gaieté. – *C'est une vraie boute-en-train.* - var. RO **boutentrain** n.

boutefas [butfa] n. m. (p.-ê. du latin *buttis* « tonneau » et de *farcir*) (Suisse) Saucisson de porc, enveloppé dans le gros boyau de l'animal.

boutefeu n. m. (de *bouter* « mettre » et *feu*) anciennt Bâton garni à son extrémité d'une mèche pour mettre le feu à la charge d'un canon, allumer un feu.

Bouteflika (Abdelaziz) Homme d'État algérien (1937-2021). Commandant dans l'Armée de libération nationale (1961), ministre des Affaires étrangères (1963-1979), il fut élu président de la République en 1999 et conserva le pouvoir jusqu'en avril 2019 malgré un accident vasculaire cérébral en 2013. Il fut chassé par la contestation populaire.

bouteille n. f. (vient du latin pop. *butticula,* de *buttis* « récipient ») **I. 1.** Récipient à goulot étroit, destiné à contenir un liquide. *Une bouteille de vin, de bière, d'huile... Le fond (cul) d'une bouteille. Mettre du vin en bouteilles.* **2.** Récipient contenant à peu près 75 cl de vin. *Des bouteilles et des litres.* « *Un soir, l'âme du vin chantait dans les bouteilles* » (Baudelaire). *Une bouteille vide.* → fam. **cadavre.** – loc. (personnes) *Prendre de la bouteille :* vieillir. ■ Son contenu. *Une bonne bouteille.* – *La bouteille :* le vin. loc. *Être porté sur la bouteille :* s'adonner à la boisson. **3.** Récipient métallique destiné à contenir un gaz sous pression, de l'air liquide... *Bouteille d'air comprimé.* ■ *Bouteille thermos,* isolante. **4.** *Une bouteille à la mer* (contenant un message de détresse). **II.** appos. invar. *Vert bouteille :* vert foncé.

bouteiller n. m. hist. Maître échanson. ■ Grand officier de la couronne qui avait l'intendance du vin, des vignobles.

bouteillerie n. f. techn. Fabrication des bouteilles. – Usine où l'on fabrique des bouteilles.

bouter v. tr. < 1 > (vient du francique *botan* « pousser » et « frapper » → **débouter**) vieux Pousser, chasser. *Jeanne d'Arc bouta l'ennemi hors de France.*

bouterolle n. f. (de *bouter*) **1.** Outil à tête arrondie avec laquelle on façonne une pièce de métal. **2.** Garde de serrure. - var. RO **bouterole.**

boute-selle n. m. invar. anciennt Sonnerie de trompette annonçant le départ à des cavaliers. - var. RO **bouteselle** n. m.

bouteur n. m. (de *bouter*) Bulldozer.

Bouthoul (Gaston) Sociologue français (1896-1980). Il est surtout connu pour ses travaux sur les guerres, rassemblés sous le nom de « polémologie ».

boutique n. f. (du grec *apothêkê,* d'un v. signifiant « mettre en réserve » → **apothicaire**) **1.** Petit local où un commerçant, un artisan expose, vend sa marchandise. → aussi **magasin.** *Tenir boutique.* – *Fermer boutique,* cesser son commerce. ■ Magasin de confection d'un grand couturier. **2.** fam. *Parler boutique,* des activités professionnelles. **3.** fam., péj. Maison, lieu de travail. → **baraque, boîte.**

boustrophédon

Écrit en boustrophédon, le Code des lois de Gortyne, Crète (v. 470 av. J.-C.).

boutiquier, ière n. péj. Commerçant, marchand.

boutis [buti(s)] n. m. (mot provençal, de *bouter* « pousser ») Broderie effectuée sur deux étoffes superposées, le dessin étant mis en relief par un bourrage.

boutisse n. f. (de *bouter* « s'enfoncer dans ») techn. Pierre, brique placée dans un mur selon sa longueur, de manière à ne montrer qu'un de ses bouts. – en appos. *Pierre boutisse.*

Boutmy (Émile) Écrivain politique français (1835-1906). Il fonda l'École libre des sciences politiques de Paris en 1872.

boutoir n. m. (de *bouter*) Extrémité du groin avec lequel le sanglier, le porc fouissent la terre. – loc. *Coup de boutoir* : coup violent et répété ; fig. vive attaque, propos dur et blessant.

bouton n. m. (de *bouter* « germer, pousser ») I. Bourgeon, notamment bourgeon à fleur. *Un bouton de rose.* II. Petite tumeur à la surface de la peau. → **pustule.** *Bouton d'acné. Avoir des boutons.* – loc. fig. *Donner des boutons à qqn*, lui répugner, le rendre malade. III. **1.** Petite pièce, généralement ronde, cousue sur les vêtements pour les fermer. *Boutons de manchettes. Un bouton et sa boutonnière.* **2.** Petite commande (d'un mécanisme, d'un appareil) que l'on tourne ou sur laquelle on appuie (→ **touche**). *Bouton de porte* (→ **poignée**). *Bouton de sonnette. Appuyer sur le bouton. Bouton électrique.* → **interrupteur.** – *Le bouton d'une souris d'ordinateur.* ▪ inform. Petite zone (d'un écran) qui permet de déclencher une action. *Cliquer sur le bouton « Imprimer ».*

bouton-d'argent n. m. Renoncule à fleurs blanches. → **achillée, ¹millefeuille.** *Des boutons-d'argent.*

bouton-d'or n. m. Renoncule sauvage, à fleurs jaune doré. *Des boutons-d'or.* – **adj. invar.** De la couleur de cette fleur.

boutonnage n. m. Manière dont un vêtement se boutonne. *Manteau à double boutonnage.*

boutonner v. tr. < 1 > Fermer, attacher (un vêtement) au moyen de boutons (s'oppose à *déboutonner*). ▪ se **boutonner** v. pron. **1.** passif *Cette robe se boutonne par-derrière.* **2.** réfl. Boutonner ses vêtements. *Tu t'es boutonnée de travers.* □ adj. **boutonné, ée**

boutonneux, euse adj. Qui a des boutons (II) sur la peau. *Un adolescent boutonneux.*

boutonnier, ière n. techn. Ouvrier, ouvrière qui fait des boutons.

boutonnière n. f. **1.** Petite fente faite à un vêtement pour y passer un bouton. – *Avoir une fleur, une décoration à la boutonnière* (du revers de veste). **2.** chir. Incision longue et étroite dans les chairs. **3.** géol. Bombement aplani et entaillé par l'érosion. *La boutonnière du pays de Bray.*

bouton-poussoir n. m. Commutateur électrique que l'on active par pression. *Des boutons-poussoirs.*

bouton-pression voir **pression**

boutre n. m. (arabe *bût*, de l'anglais *boat*) Petit voilier à la poupe élevée (mer Rouge, etc.).

bout-rimé n. m. Petite pièce de vers à rimes imposées. *Des bouts-rimés.*

Boutros Ghali (Boutros) Juriste, homme politique et diplomate égyptien (1922-2016). Ministre des Affaires étrangères (1977-1992), il fut secrétaire général de l'ONU (1992-1996), puis secrétaire général de l'Organisation internationale de la francophonie (1997-2002).

Boutroux (Émile) Philosophe français (1845-1921). Adversaire convaincu du scientisme, il critiqua la conception mécaniste de l'univers, affirmant l'existence d'une contingence et d'une finalité dans la nature. *Science et religion dans la philosophie contemporaine.*

Bouts (Dierick ou Thierry) Peintre néerlandais (v. 1415-1475). On lui doit des retables, des portraits et des scènes religieuses qui révèlent une grande maîtrise de la perspective. *Adoration des Mages.*

bouturage n. m. Action de multiplier des végétaux par boutures.

bouture n. f. (de *bouter* « pousser » → **bouton**) Jeune pousse coupée, plantée en terre pour former une nouvelle plante.

bouturer v. tr. < 1 > Reproduire (une plante) par boutures. *Bouturer des géraniums.*

Bouveresse (Jacques) Philosophe français (1940-2021). Il est l'un des premiers à avoir introduit en France la philosophie analytique et la philosophie de Wittgenstein (*Le Mythe de l'intériorité*). Mettant volontiers l'ironie et la satire au service de la défense du rationalisme, il s'est consacré principalement à la philosophie de la connaissance. *Langage, perception et réalité.*

bouverie n. f. (de *bœuf*) agric. Étable à bœufs.

bouvet n. m. (d'abord « jeune bœuf » ; par analogie avec les sillons tracés par le bœuf) techn. Rabot servant, en menuiserie, à faire des rainures.

bouveteuse n. f. techn. Machine à bois servant à faire des rainures.

bouvier, ière n. (du bas latin *bovarius*, de *bos, bovis* → **bœuf**) **1.** Personne qui garde et conduit les bœufs (→ anglic. **cow-boy**). *Les bouviers et les bergers.* **2.** n. m. *Bouvier des Flandres* : chien de bouvier.

Bouvier n. m. Constellation boréale située dans le prolongement de la Grande Ourse.

bouvière n. f. (origine obscure, p.-ê. de *boue*) Poisson osseux de rivière, à grosses écailles.

bouvillon n. m. (de *bœuf*) Jeune bœuf châtré.

Bouvines (bataille de) Bataille qui opposa, le 27 juillet 1214 à Bouvines (au S.-E. de Lille), Philippe Auguste et l'empereur Othon IV. Cette bataille, remportée par Philippe Auguste, fut considérée comme le premier témoignage d'un sentiment national chez les Français.

bouvreuil n. m. (de *bouv-*, radical de *bœuf*, pour « oiseau trapu ») Oiseau passereau au plumage gris et noir, rouge sur la poitrine.

Bouxwiller Commune du Bas-Rhin. 3 736 habitants. Hôtel de ville Renaissance.

Bouygues (Francis) Industriel français (1922-1993). Il a constitué le plus grand groupe français de bâtiment et travaux publics. Le groupe a diversifié ses activités dans l'audiovisuel (rachat de TF1) et la téléphonie.

Bouzonville Commune de la Moselle. 3 926 habitants. Métallurgie.

bouzouki ou **buzuki** [buzuki] n. m. (mot grec d'origine arabe) Instrument de musique grec de la famille du luth, muni d'un long manche et d'une caisse de résonance bombée.

bovarysme n. m. (de Emma *Bovary*, personnage de Flaubert) Tendance à s'imaginer autre que l'on est, à rêver un autre destin (pour une personne insatisfaite).

Bovet (Daniel) Pharmacologue italien d'origine suisse (1907-1992). Il élabora la formule des premiers antihistaminiques ainsi qu'une synthèse de composés relaxants à partir du curare. Prix Nobel 1957.

bovidé n. m. (du radical latin *bos, bovis* → **bœuf**) Mammifère ongulé ruminant (de la famille des *Bovidés* comprenant les bovins, les ovins [moutons], les chèvres, antilopes, gazelles et chamois).

bovin, ine (bas latin *bovinus*, de *bos, bovis* → **bœuf**) **1.** adj. Qui a rapport au bœuf (espèce). *Races bovines. L'élevage bovin.* – (personnes) fam. *Regard bovin*, morne et sans intelligence. **2.** n. m. pl. *Les bovins* : les bœufs, vaches, taureaux et veaux. *Les bovins sont des bovidés.* - syn. **bovinés.**

Bowie (David Robert Jones, dit David) Compositeur, chanteur et acteur britannique (1947-2016). Artiste excentrique, il s'est imposé par son éclectisme musical (rock, pop, soul, punk, techno).

David Bowie à New York (2003).

Bowles (Paul) Compositeur et écrivain américain (1910-1999). Il est l'auteur de ballets, de musiques de film et d'un opéra (*The Wind Remains*) ainsi que de récits mêlant fiction et autobiographie (*Un thé au Sahara ; Leurs mains sont bleues*).

bowling [buliŋ] n. m. (mot anglais, de *bowl*, emprunt au français *boule* → **boulingrin**) anglic. Jeu de quilles et de boules (grosses boules à trois trous). ▪ Salle où l'on y joue.

bow-window [bowindo] n. m. (anglais *bow* « arc », *window* « fenêtre ») anglic. Fenêtre en encorbellement, faisant saillie sur un mur de façade. → **bay-window.** *Des bow-windows.* - recomm. offic. **oriel.**

¹box [bɔks] n. m. (anglais *box* « boîte ») anglic. **1.** Stalle d'écurie servant à loger un seul cheval. **2.** Compartiment cloisonné (d'un garage, d'un dortoir, d'une salle). *Box à louer.* ▪ *Le box des accusés*, au tribunal.

²box [bɔks] n. m. (de l'anglais *box-calf*, du n. du chausseur Joseph Box et de *calf* « veau ») anglic. Cuir fait de peaux de veau tannées au chrome. *Un sac en box noir.*

³box n. f. (mot anglais « boîte ») anglic. Boîtier électronique fourni par un opérateur à ses abonnés, permettant d'accéder à des services de télécommunication (Internet, téléphone, télévision) via un même réseau.

⁴box n. f. (mot anglais « boîte ») anglic. **1.** Coffret cadeau thématique donnant accès à des prestations (repas, séjours, loisirs...). **2.** Coffret contenant un assortiment de produits thématiques que l'on reçoit sur abonnement. *Les box beauté, cuisine.*

boxe n. f. (anglais *box* « coup », d'origine inconnue ; le terme anglais est *boxing*) Sport de combat opposant deux adversaires (de la même catégorie de poids) qui se frappent à coups de poing, en portant des gants spéciaux (syn. **le noble art**). *Gants de boxe. Match, combat de boxe.*

¹boxer v. < 1 > **1.** v. intr. Livrer un combat de boxe, pratiquer la boxe. **2.** v. tr. fam. Frapper (qqn) à coups de poing. « *Ce n'est pas dans mes procédés de boxer les clients* » (Carco).

²boxer [bɔksɛʀ] n. m. (allemand *Boxer* « boxeur », de l'anglais) Chien de garde, voisin du dogue allemand, à robe fauve ou tachetée. *Des boxers.*

³boxer [bɔksɛʀ] n. m. (de *boxer-short*) anglic. Sous-vêtement (d'homme ou de femme), sorte de short court et collant. → **shorty.**

Boxers n. m. pl. Nom anglais de la secte chinoise *Yihequan*, « Poings de justice et de concorde », qui s'opposa violemment à l'influence occidentale en Chine à la fin du XIXe s. La « révolte des Boxers (ou Boxeurs) » conduisit au massacre d'Européens et au siège des légations européennes à Pékin, ce qui provoqua une expédition internationale de répression.

boxer-short [bɔksœʀʃɔʀt] **n. m.** **(mot anglais « culotte courte de boxeur »)** anglic. Short de sport ou maillot de bain, doublé d'un slip. *Des boxer-shorts.*

boxeur, euse **n.** Personne qui pratique la boxe. **→ pugiliste.** *Boxeurs amateurs, professionnels.*

box-office **n. m.** **(mot anglais des États-Unis, proprt « guichet de théâtre », de *box* « boîte » et *office* « bureau »)** anglic. (dans les milieux du spectacle) Échelle de succès d'après le montant des recettes. *Des box-offices.* - var. RO **boxoffice.**

boxon **n. m.** **(de l'anglais, de *box* « boîte »)** fam. **1.** Maison de prostitution. **→ bordel.** « *Ils venaient* [...] *au boxon pour la rigolade* » (Céline). **2.** Désordre ; chahut.

boy [bɔj] **n. m.** **(anglais « garçon »)** **1.** Domestique indigène en Extrême-Orient, en Afrique, etc. - fém. **boyesse. 2.** Danseur de music-hall.

Boyacá Ville de Colombie, dans la Cordillère orientale. Lieu de la victoire de Bolívar sur les Espagnols (1819), qui ouvrit la voie à l'indépendance de la Colombie.

boyard [bɔjaʀ] **n. m.** **(russe *boïarin*)** anciennt Noble, en Russie. *Le boyard et ses moujiks.*

boyau **n. m.** **(d'abord *boiel* ; vient du latin *botellus* « saucisse » puis « viscère », de *botulus* « boudin »)** **I. 1.** Intestin d'un animal (ou, au plur., fam. de l'être humain). **→ entrailles, tripe, viscère.** *Boyaux utilisés en charcuterie.* **–** loc. *Rendre tripes et boyaux* : vomir. **2.** Mince corde faite avec l'intestin d'animaux (pour les instruments de musique, les raquettes). **II.** milit. Fossé en zigzag reliant des tranchées, etc. ■ Galerie de mine étroite. **III.** Pneu constitué d'une structure tubulaire contenant une chambre à air collée sur la jante.

boyauderie **n. f.** techn. Préparation des boyaux ; lieu où on les prépare.

se **boyauter** **v. pron.** < 1 > **(de *boyau*)** fam. Rire très fort. **→ se bidonner, se tordre.**

Boyce **(William)** Compositeur britannique (1710-1779). Il est l'auteur de nombreuses partitions de musique de scène, d'odes et de symphonies.

boycott [bɔjkɔt] **n. m.** **(de l'anglais, du n. de Charles Boycott, ruiné par un blocus)** Cessation volontaire de toute relation avec un individu, un groupe, un pays et refus des biens qu'il met en circulation. *Le boycott d'un produit.* ■ *Le boycott d'un examen. Des boycotts.*

boycotter [bɔjkɔte] **v. tr.** < 1 > Pratiquer le boycott vis-à-vis de (qqn, qqch.) **(→ mettre à l'index, en quarantaine).** *Boycotter un spectacle, un produit, une entreprise.* **–** *Boycotter les élections.* □ **n. boycotteur, euse** □ **n. m. boycottage**

Boyd **(William)** Écrivain britannique (né en 1952). À travers ses antihéros, il brosse avec ironie et minutie un tableau du monde contemporain. *Un Anglais sous les tropiques ; Comme neige au soleil ; Les Vies multiples d'Amory Clay.*

Boyd-Orr **(John, 1er baron)** Nutritionniste britannique (1880-1971). Il fut directeur général de la FAO de 1946 à 1947. Prix Nobel de la paix 1949.

Boye **(Karin)** Écrivaine suédoise (1900-1941). Elle est considérée comme l'un des grands poètes de son pays pour ses textes où elle dévoile une angoisse de vivre qui la conduira au suicide. *Nuages ; Pour l'amour de l'arbre.*

Boyer **(Jean-Pierre)** Homme d'État haïtien (1776-1850). Président de la République (1818-1843), il fut renversé par un coup d'État et mourut en exil.

Boyer **(Charles)** Acteur américain d'origine française (1899-1978). Sa carrière se partagea entre la France et les États-Unis. On retiendra ses rôles dans *Mayerling, Madame de* et *Stavisky.*

Boyer **(Paul D.)** Biochimiste américain (1918-2018). Spécialiste des enzymes, il contribua à l'élucidation du mécanisme de formation de l'ATP (adénosine triphosphate). Prix Nobel 1997.

Boyle **(sir Robert)** Physicien et chimiste irlandais (1627-1691). Il énonça, indépendamment de Mariotte, la loi de compressibilité des gaz *(loi de Boyle-Mariotte).* Il améliora le thermomètre de Galilée et la pompe pneumatique.

Boyle **(Danny)** Metteur en scène de théâtre et de cinéma britannique (né en 1956). Il a surtout tourné des thrillers grinçants et provocateurs où le danger et la peur sont omniprésents. *Petits Meurtres entre amis ; Trainspotting ; Slumdog Millionaire ; Yesterday.*

Boyne **(bataille de la)** Victoire remportée le 1er juillet 1690 par Guillaume III d'Orange-Nassau sur Jacques II, sur les bords de la Boyne en Irlande. Elle confirma le triomphe de la révolution de 1688 et la chute des jacobites.

boy-scout ou **boyscout** [bɔjskut] **n. m.** **(mot anglais, de *boy* « garçon » et *scout* « action d'observer », emprunt au français *écoute* ; *cf.* scout)** **1.** vieux Scout. **2.** fam. Idéaliste naïf. *Des boy-scouts, des boyscouts.*

Bozouls Commune de l'Aveyron, sur le causse Comtal. 2 951 habitants. Canyon du Dourdou dit *trou de Bozouls.*

BP **n. f.** **(sigle)** Boîte* postale. *BP 563.*

bps [bepeɛs] **n. m.** **(abrév. de *bits par seconde*)** inform. Unité de mesure de la vitesse de transfert des données.

Br Symbole chimique du brome.

brabançon, onne **adj. et n.** Du Brabant. **–** *Cheval brabançon* ou **n. m.** *brabançon.* ■ **n.** *Les Brabançons.* ■ **n. f.** *La Brabançonne* : l'hymne national belge.

Brabançonne (La) Hymne national belge composé lors de l'insurrection victorieuse contre le gouvernement hollandais (1830) par Frans Van Campenhout.

brabant **n. m.** **(de *Brabant*, n. d'une province belge)** agric. Charrue métallique à avant-train.

Brabant **n. m.** Région historique située entre la Meuse et l'Escaut, aujourd'hui partagée entre la Belgique et les Pays-Bas. Ancien duché passé sous la domination des Valois de Bourgogne (1406), puis de la maison d'Autriche (1477), il fut réuni à la France sous la Révolution et l'Empire, avant d'être annexé au royaume des Pays-Bas (1815). Il fut de nouveau divisé lors de l'indépendance de la Belgique (1830), sa partie septentrionale étant rattachée aux Pays-Bas.

Brabant flamand **n. m.** Province du centre de la Belgique. 2 106 km². 1 155 853 habitants. Chef-lieu : Louvain. Zone néerlandophone, à l'exception de l'enclave bilingue de Bruxelles-Capitale. La province recouvre un ensemble de plaines et de bas plateaux limoneux. Horticulture. Élevage. Des industries diversifiées sont établies autour de Bruxelles (Vilvoorde, Machelen, vallée de la Senne) et à Louvain : mécanique, chimie, industrie alimentaire.

Brabant-Septentrional **n. m.** Province méridionale des Pays-Bas. 4 957 km². 2 592 800 habitants. Chef-lieu : Bois-le-Duc. L'agriculture (céréales, fleurs à l'O.) et l'élevage y sont des activités importantes, même si l'industrie domine (Philips à Eindhoven).

Brabant wallon **n. m.** Province du centre de la Belgique. 1 090 km². 406 019 habitants. Chef-lieu : Wavre. La province constitue la banlieue résidentielle du S. de Bruxelles. Zone francophone. Cultures céréalières et betteravières. Université catholique de Louvain-la-Neuve. Site du champ de bataille de Waterloo.

bracelet **n. m.** **(de *bras*)** Bijou en forme d'anneau, de cercle porté autour du poignet (parfois de la cheville). *Le bracelet d'une montre.* ■ Enveloppe de cuir que certains travailleurs portent autour du poignet. *Bracelet de force.* ■ au plur. argot Menottes.

bracelet-montre **n. m.** Montre montée sur un bracelet. *Des bracelets-montres.*

brachial, ale, aux [bʀakjal] **adj.** **(du latin, de *brachium* → bras)** didact. Du bras. *Nerf brachial.*

brachiation [bʀakjasjɔ̃] **n. f.** **(de l'anglais, du latin *bracchium* « bras »)** zool. Mode de déplacement de certains singes arboricoles à l'aide des bras, par balancement de branche en branche.

brachiopode [bʀakjopɔd] **n. m.** **(du latin *bracchium* « bras » et de *-pode*)** zool. Invertébré marin enfermé dans une coquille à deux valves, le plus souvent fixé aux roches par un pédoncule (embranchement des *Brachiopodes*).

brachiosaure [bʀakjɔzɔʀ] **n. m.** **(du latin sc., du grec *brakhiôn* « bras » et *sauros* « lézard »)** paléont. Grand reptile de l'ère secondaire, l'un des plus grands dinosaures.

brachy- Élément **(du grec *brakhus* → bras)** qui signifie « court ».

brachycéphale [bʀakisefal] **adj. et n.** **(de *brachy-* + *-céphale*)** (Personne) qui a le crâne arrondi, presque aussi large que long (opposé à *dolichocéphale*).

brachydactyle [bʀakidaktil] **adj. et n.** **(de *brachy-* + *-dactyle*)** anthropol. Qui a les doigts ou les orteils anormalement courts.

brachyoure [bʀakjuʀ] **n. m.** **(de *brachy-* et du grec *oura* « queue »)** zool. Crustacé dont l'abdomen très court est replié sous le corps (sous-ordre des *Brachyoures*). **→ crabe.**

braconnage **n. m.** Action de braconner, délit d'une personne qui braconne.

braconner **v. intr.** < 1 > **(de l'ancien français *bracon* « chien de chasse » → braque)** Chasser (et parfois pêcher) sans permis, ou à une période, en un lieu, avec des engins interdits.

braconnier, ière **n.** Personne qui se livre au braconnage.

Bracquemond **(Félix)** Aquafortiste, lithographe et peintre français (1833-1914). Adepte de la technique de la gravure à l'eau-forte, il eut pour élèves Corot, Millet et Manet.

bractée **n. f.** **(latin *bractea* « feuille de métal »)** bot. Feuille qui accompagne la fleur (colorée, elle ressemble à une fleur). □ **adj. bractéal, ale, aux**

Bradbury **(Raymond, dit Ray)** Romancier américain (1920-2012). Il s'imposa comme un maître du roman de science-fiction et d'anticipation, dont il se servait pour dénoncer l'inhumanité du monde. *Chroniques martiennes ; Fahrenheit 451.*

à la **bradel** **loc. adj. invar.** **(de *Bradel*, n. d'une famille de relieurs)** techn. *Reliure, cartonnage à la bradel,* où le bloc des cahiers est emboîté dans un cartonnage léger.

brader **v. tr.** < 1 > **(néerlandais ancien *braden* ; d'abord « rôtir », puis « gaspiller »)** **1.** Vendre en braderie. **2.** Se débarrasser de (qqch.) à n'importe quel prix. **→ liquider, sacrifier.** *Il a bradé sa voiture.* ■ fig. *Brader le service public.* □ **n. m. bradage**

braderie **n. f.** Foire où chacun peut vendre à bas prix des vêtements ou objets usagés. ■ Liquidation de soldes en plein air.

bradeur, euse **n.** Personne qui brade, se débarrasse à bas prix de qqch. ■ fig. *On l'accusait d'être un bradeur d'Empire.*

Bradford Ville d'Angleterre (West Yorkshire), sur la bordure orientale des Pennines. 349 500 habitants. Église Saint Peter du XVe s. Ses usines lainières, aujourd'hui en difficulté, furent les plus importantes du pays.

Brahmā

Brahmā, sculpture en grès (xᵉ s.), musée Guimet, Paris

Bradley **(James)** Astronome britannique (1693-1762). Il fit d'importantes découvertes concernant les mouvements de la Terre, des étoiles et des satellites de Jupiter. Il découvrit l'aberration astronomique, changement apparent de la position des étoiles dû à la rotation de la Terre.

Bradley **(Francis Herbert)** Philosophe anglais (1846-1924). Figure atypique du néohégélianisme, opposé à l'empirisme, il soutint que la réalité dans sa totalité ne peut être atteinte que dans la sensation. *Études éthiques ; Apparence et réalité.*

Bradley **(Omar Nelson)** Général américain (1893-1981). Il commanda les troupes américaines lors du débarquement en Normandie (1944) et progressa jusqu'à l'Elbe, où il fit la jonction avec les Russes (1945).

brady- Élément **(du grec *bradus*)** qui signifie « lent ».

bradycardie **n. f.** **(de *brady-* + *-cardie*)** méd. Ralentissement du rythme cardiaque.

bradype **n. m.** **(du latin zool., du grec *bradupous* « au pied *[pous]* lent »)** zool. Mammifère (édenté) aussi appelé *paresseux* ou *aï.*

Braga **(Teófilo)** Homme d'État et écrivain portugais (1843-1924). Il fut président de la République de mai à août 1915.

Braga Ville du N. du Portugal, chef-lieu de district dans le Minho. 148 550 habitants. Capitale religieuse du Portugal. Cathédrale des XIIᵉ et XVIIIᵉ s. Sanctuaire du Bom Jesus do Monte.

Bragance Ville du N. du Portugal, chef-lieu de district dans le Trás-os-Montes. 23 830 habitants. Cité fortifiée qui fut le siège de la maison capétienne de Bragance.

Bragance **(maison capétienne de)** Famille portugaise de la branche bourguignonne des Capétiens issue d'Alphonse Iᵉʳ, duc de Bragance, fils naturel de Jean Iᵉʳ le Grand. Elle régna sur le Portugal (1640-1910) et sur le Brésil (1822-1889).

Bragg **(sir William Henry)** Physicien britannique (1862-1942). En collaboration avec son fils, il mena d'importants travaux sur la diffraction des rayons X par les cristaux. Prix Nobel 1915, avec son fils et collaborateur William Lawrence Bragg (1890-1971).

braguette **n. f.** **(de l'ancien français *brague* « culotte » → braies)** **1.** ancienn Pièce de tissu devant le haut-de-chausses. *La braguette de Gargantua « estoit bien longue et bien ample »* (Rabelais). **2.** mod. Ouverture sur le devant (d'un pantalon, d'un short...).

Brahé **(Tycho)** Astronome danois (1546-1601). Il mit au point les instruments d'observation les plus avancés de son époque et obtint du roi de Danemark l'usage d'une île entière pour en faire son observatoire. Il suivit, notamment, le passage de la grande comète de 1577 et en conclut qu'elle ne pouvait être un phénomène atmosphérique. Ses travaux permirent à Kepler d'énoncer les lois du mouvement des planètes.

Brahmā Divinité hindoue, membre de la trinité Brahmā-Shiva-Vishnou représentée avec quatre faces et deux paires de bras pour symboliser son omniscience. Brahmā était autrefois considéré comme l'Entité suprême.

Brāḥmaṇa **n. m. pl.** Nom générique des traités et recueils de commentaires des Véda, écrits en prose sanskrite.

brahmane **n. m.** **(mot sanskrit)** Membre de la caste sacerdotale, la première des grandes castes traditionnelles de l'Inde.

brahmanisme **n. m.** Système social et religieux de l'Inde, caractérisé par la suprématie des brahmanes et l'intégration de tous les actes de la vie civile aux rites et devoirs religieux. → **hindouisme.** □ **adj. brahmanique**

Brahmapoutre **n. m.** Fleuve d'Asie. 2 900 km. Né dans l'Himalaya au Tibet, il traverse l'E. de l'Inde puis le Bangladesh, où il se mêle au Gange pour former un grand delta. Bassin de 900 000 km².

Brahms **(Johannes)** Compositeur allemand (1833-1897). Il composa des œuvres souvent difficiles d'exécution sans jamais se déprendre de son souci pour la mélodie. Il est l'auteur de 300 lieder, de nombreuses sonates et de quatre symphonies dans la tradition beethovénienne, où l'invention rythmique et la sensibilité poétique ne cèdent jamais le pas à l'académisme. *Requiem allemand.*

Brahui(s) **n. m. pl.** Peuple de langue dravidienne du Baluchistan pakistanais (env. 650 000).

brai **n. m.** **(de *brayer* « enduire de goudron »)** Résidu pâteux de la distillation des goudrons, des pétroles (utilisé pour la fabrication de peintures, etc.).

braies **n. f. pl.** **(latin *bracae,* mot gaulois → braguette)** ancienn Pantalon ample en usage chez les Gaulois et les peuples germaniques.

Brăila Ville de l'E. de la Roumanie, sur le Danube. 155 000 habitants. Port fluvial. Centre industriel (cellulose, constructions navales).

braillard, arde **n. et adj.** fam. Personne en train de brailler, ou qui est toujours à brailler. → fam. **²gueulard.** - syn. **brailleur, euse.**

braille **n. m.** **(du n. de Louis Braille)** Système d'écriture en points saillants à l'usage des aveugles. *Livre écrit en braille.*

Clavier en braille, pour les non-voyants.

Braille **(Louis)** Professeur et organiste français (1809-1852). Il inventa un système d'écriture en points saillants pour les aveugles.

brailler **v. intr.** **< 1 >** **(vient du latin pop., de *bragere* → braire)** **1.** fam. Crier fort, parler ou chanter de façon assourdissante et ridicule. *Faire brailler sa radio.* **–** trans. *Brailler une chanson.* **–** (enfants) Pleurer bruyamment. □ **n. m. braillement** **2.** (paon) Pousser son cri.

braiment **n. m.** **(de *braire*)** Cri de l'âne, du mulet.

Braine **(John)** Romancier britannique (1922-1987). Il est l'auteur de romans de critique sociale. *Une pièce au soleil ; La Vie au sommet.*

Braine Commune de l'Aisne, sur la Veste. 2 232 habitants. Ancienne abbatiale du XIIᵉ siècle.

Braine-l'Alleud Commune de Belgique (Brabant wallon), sur le Hain. 40 170 habitants. Industrie pharmaceutique. La commune fut l'un des sites de la bataille de Waterloo.

brainstorming [bʀɛnstɔʀmiŋ] **n. m.** **(mot anglais des États-Unis, de *brain* « cerveau » et *storm* « tempête »)** anglic. Technique de recherche d'idées originales dans une réunion, chacun émettant ses suggestions spontanément. - recomm. offic. **remue-méninges.**

brain-trust [bʀɛntʀœst] **n. m.** **(mot anglais des États-Unis « trust du cerveau »)** anglic. Petite équipe d'experts, de techniciens, etc., qui assiste une direction. *Des brain-trusts.*

braire **v. intr.** **< 50 >** **(vient du latin pop. *bragere*)** **1.** (âne) Pousser son cri. → **braiment.** *« Un de ces ânes [...] qui braient comme douze trompettes »* (H. Bosco). **2.** fam. Crier, pleurer bruyamment. → fam. **brailler.**

braise **n. f.** **(p.-ê. germanique)** Bois réduit en charbons ardents. ■ *Des yeux de braise,* ardents. ■ loc. fam. *Être sur la braise.* → être sur des charbons* ardents.

braiser **v. tr.** **< 1 >** Faire cuire (un aliment) à feu doux et à l'abri de l'air. **– p. p. adj.** *Bœuf braisé.*

braisière **n. f.** **1.** Étouffoir pour la braise. **2.** Récipient de fonte dont le couvercle creux contient de l'eau afin d'empêcher l'évaporation du jus de cuisson.

braisiller **v. intr.** **< 1 >** (braises) Scintiller, luire.

Bramante **(Donato di Angelo,** dit**)** Architecte et peintre italien (1444-1514). D'abord peintre au style géométrique *(Hommes d'armes),* il s'imposa comme l'un des maîtres du classicisme en architecture : *tempietto* de San Pietro in Montorio, rattachement du Belvédère d'Innocent III au palais pontifical médiéval. Il fut le maître de Raphaël.

bramer **v. intr.** **< 1 >** **(de l'ancien provençal, du gotique)** **1.** Pousser son cri (notamment, du cerf en rut). **2.** fam. Crier fort ou sur un ton de lamentation. → **brailler, braire.** □ **n. m. brame ; bramement**

Brampton Ville du Canada (Ontario), dans la banlieue de Toronto. 593 638 habitants. Industrie automobile, industrie du bois, affinage des métaux précieux. Horticulture.

bran **n. m.** **(vient du latin pop. *brennus* « son » et « déchets », p.-ê. du gaulois)** vieux ou régional **1.** Partie la plus grossière du son. **2.** Excrément. - var. **bren** [bʀɑ̃ ; bʀɛ̃], **brun** [bʀɛ̃].

Branagh **(sir Kenneth)** Acteur et cinéaste britannique (né en 1960). Acteur prodige, il a joué et mis en scène Shakespeare *(Henri V ; Hamlet)* et a été comparé à Laurence Olivier. Il a également réalisé pour le cinéma *(Beaucoup de bruit pour rien ; Peter's Friends ; Belfast)* et produit pour la télévision la série des *Enquêtes de l'inspecteur Wallander* dans laquelle il tient le rôle-titre.

Kenneth Branagh dans *Beaucoup de bruit pour rien* (1993).

brancard n. m. (du normand *branque* → branche) **1.** Bras d'une civière ; civière. *Transporter un blessé sur un brancard.* □ **brancarder** v. tr. < 1 > **2.** Chacune des deux barres de bois entre lesquelles on attache une bête de trait. – loc. fig. *Ruer* dans les brancards.*

brancardier, ière n. **1.** Personne qui porte un brancard (1). **2.** Agent hospitalier chargé de transporter les patients dans les services.

Brancati (Vitaliano) Écrivain italien (1907-1954). Il est l'auteur de pastiches, de satires et de tragicomédies. *Le Vieux avec les bottes ; Le Bel Antonio ; Les Ardeurs de Paolo.*

branchage n. m. **1.** rare Ensemble des branches d'un arbre. → **ramure. 2.** cour. au plur. Branches coupées. *Sol jonché de branchages.*

branche n. f. (vient du latin *branca* « patte d'animal », puis « branche » en gallo-roman) **I. 1.** Ramification latérale du tronc d'un arbre. *Branche morte.* ▪ (autres plantes) *Épinards, céleris en branches,* avec la tige complète. ▪ loc. fig. *Se rattraper aux branches :* rétablir une situation critique en saisissant une occasion. **2.** Chacune des ramifications ou divisions (d'un organe, d'un appareil, etc.), qui partent d'un axe ou d'un centre. *Les branches terminales d'un nerf. Les branches d'un compas.* ▪ math. Portion d'une courbe géométrique non fermée (parabole, etc.). **3.** (d'abord « partie » [du *Roman de Renart*]) fig. Division (d'une œuvre ou d'un système complexe). *Les différentes branches de l'économie* (→ **secteur**), *de l'enseignement* (→ **discipline**). **II.** pop., vieilli *Vieille branche :* vieux camarade.

branché, ée adj. et n. fam. **1.** vieilli (Personne) au courant de tout ce qui est à la mode (verlan **chébran**). ▪ À la mode. *Avoir un look branché.* **2.** *Être branché* (+ n.) : être vivement intéressé par (qqch.). *Elle est très branchée cinéma.*

branchement n. m. **1.** Action de brancher ; son résultat. *Réaliser le branchement d'un appareil.* **2.** Conduite, galerie, voie secondaire partant de la voie principale pour aboutir au point d'utilisation.

brancher v. tr. < 1 > (de *branche,* d'abord « se percher [sur une branche] ») **1.** Rattacher (un circuit secondaire) à un circuit principal. → **connecter.** *Brancher le téléphone. Brancher une lampe,* la connecter au réseau électrique. – pronom. (passif) *Fil qui se branche sur une prise.* ▪ Faire fonctionner (un appareil électrique). *Brancher la radio.* **2.** fig. Orienter, diriger sur un thème (la conversation ; qqn). *« Je branche la dame sur la mode et les potins littéraires »* (A. Sarrazin). **3.** fam. Intéresser (qqn). *Ça te branche ?* **4.** fam. *Brancher qqn :* aborder qqn, engager la conversation. – Draguer.

branchial, ale, aux adj. zool. Des branchies. *La respiration branchiale.*

branchie n. f. (grec *brankhia*) Organe de respiration des poissons, des mollusques.

branchiopode [bʀɑ̃kjɔpɔd] n. m. (→ branchie et -pode) zool. Crustacé primitif possédant sur le tronc des appendices aplatis, ses branchies (sous-classe des *Branchiopodes*).

branchu, ue adj. Qui a beaucoup de branches. *Un arbre branchu.*

Brancusi ou **Brâncuşi (Constantin)** Sculpteur français d'origine roumaine (1876-1957). Influencé par l'art primitif et par le cubisme, il délaissa la représentation naturaliste du monde, ramenant les objets à des formes primordiales afin d'en exprimer l'essence symbolique *(Muse endormie ; La Sorcière ; La Chimère).* Il est considéré comme l'un des grands initiateurs de la sculpture moderne.

Brand ou **Brandt (Hennig)** Alchimiste allemand (v. 1625-1692). Il découvrit fortuitement le phosphore en distillant de l'extrait d'urine.

brandade n. f. (du provençal, de *brandar* « remuer », famille de *brandir*) Morue émiettée finement, mélangée à de l'huile, du lait et de l'ail. ▪ abusivt et cour. Purée de pommes de terre à la morue.

brande n. f. (de l'ancien français *brander* « flamboyer », à cause des brûlis → **brandir, brandon**) Ensemble des plantes de sous-bois (bruyères, ajoncs, genêts, fougères). *« Un feu sournois qui rampe sous la brande »* (Mauriac). ▪ Terre où poussent ces plantes.

brandebourg [bʀɑ̃dbuʀ] n. m. (de Brandebourg) Passementerie, galon ornant un vêtement, une boutonnière. *Veste à brandebourgs.*

Brandebourg n. m., en allemand Brandenburg Région historique de l'Allemagne s'étendant sur la partie N. de la grande plaine centrale allemande, entre l'Elbe et l'Oder. Lieu de rencontre entre populations slaves et germaniques, regroupées sous l'autorité des Ascaniens (1157), le Brandebourg échut aux Hohenzollern au XVe s. puis fut rattaché à la Prusse au XVIIe s. En 1945, sa partie orientale passa à la Pologne et, en 1949, sa partie occidentale fut constituée en Land de la RDA, devenu Land d'Allemagne en 1990.

Brandebourg n. m. Land d'Allemagne. 29 476 km^2. 2 531 000 habitants. Capitale : Potsdam. Il occupe la partie occidentale du Brandebourg historique, la partie orientale ayant été attribuée à la Pologne en 1945. Le Land s'étend tout entier dans la grande plaine germano-polonaise du N. dont les sols médiocres se traduisent par la présence de vastes zones forestières et une faible densité de population. La pauvreté des sols commande une agriculture extensive et l'exploitation de la lignite y est progressivement abandonnée.

Brandebourg (porte de) Arc de triomphe édifié au centre de Berlin par Langhans en 1788. Elle marqua la limite entre les secteurs américain et soviétique en 1945.

Brandes (Georg) Écrivain et critique littéraire danois (1842-1927). Il contribua à l'accession de la littérature scandinave au premier plan des lettres européennes, et se fit le défenseur d'un réalisme esthétique radical. Son ouvrage sur *Les Principaux Courants de la littérature européenne du XIXe siècle* a fait de lui le père de la littérature comparée.

brandir v. tr. < 2 > (de l'ancien français *brand* « tison » → **brandon**, puis « épée [flamboyante] », d'origine germanique) **1.** Agiter en tenant en l'air de façon menaçante. *Brandir une arme.* **2.** Agiter en élevant pour attirer l'attention. *Brandir une affiche ; un slogan.*

Brando (Marlon) Acteur américain (1924-2004). Dès sa sortie de l'Actors Studio, son charisme animal éclata au théâtre *(Un tramway nommé Désir)* et davantage encore au cinéma *(Sur les quais ; Le Dernier Tango à Paris ; Apocalypse Now ; Le Parrain).*

brandon n. m. (du francique *brant* « tison » ; famille de *brande, brandir*) **1.** Débris enflammé. **2.** littér. *Brandon de discorde :* personne, chose qui est source de discorde.

Brandt ou **Brant (Sebastian)** Jurisconsulte alsacien d'expression allemande (1458-1521). Il est l'auteur du poème satirique *La Nef des fous,* illustré par Dürer, qui eut une grande influence au XVIe siècle.

Brandt (Bill) Photographe britannique (1904-1983). Il est connu pour ses nus féminins déformés et ses portraits d'artistes et d'écrivains (Ezra Pound).

Brandt (Karl Herbert Frahm, dit Willy) Homme d'État allemand (1913-1992). Social-démocrate, maire de Berlin-Ouest (1957-1966), puis chancelier de la RFA (1969-1974), il inaugura une politique d'ouverture à l'égard des pays de l'Est et de la RDA *(Ostpolitik).* Prix Nobel de la paix 1971.

brandy n. m. (anglais « [vin] brûlé » ; *cf.* l'ancien subst. *brandevin,* du néerlandais ; famille de *brandir, brandon*) anglic. Eau-de-vie de raisins. *Des brandys* ou *des brandies* (plur. angl.).

branlant, ante adj. Qui branle (II), est instable. *Une chaise branlante.* → **vacillant.**

en **branle** loc. adv. (de *branler*) **1.** En oscillation. *Mettre en branle une cloche.* **2.** fig. *Mettre en branle :* donner l'impulsion initiale. – *Se mettre en branle :* commencer à bouger, à agir.

branle-bas ou **branlebas** n. m. invar. (« replier » *[bas]* les *branles* « hamacs », de *branler*) **1.** *Branle-bas de combat :* préparation au combat sur un navire de guerre. **2.** Agitation, désordre précédant l'action. *Dans le branle-bas des élections.*

branlée n. f. **1.** fam. et vulg. Masturbation. **2.** fam. Fait d'être battu, écrasé. → **raclée.**

branler v. < 1 > (de *brandeler,* de *brandir ;* d'abord « agiter une arme ») **I.** v. tr. **1.** vieux Agiter, secouer (→ **ébranler**). **2.** loc. *Branler la tête,* la remuer d'avant en arrière, ou d'un côté à l'autre. → **hocher, secouer.** □ n. m. **branlement II.** v. intr. Être instable, mal fixé. → **chanceler, vaciller.** *Une chaise, une dent qui branle.* – loc. *Branler dans le manche ;* fig. être précaire. **III.** vulg. **1.** Masturber. ▪ pronom. fam. Se masturber. – fig. *S'en branler :* s'en ficher, s'en foutre. **2.** fam. Faire, fabriquer. → [1]**foutre.** *Qu'est-ce qu'ils branlent ?*

branlette n. f. (d'abord « manière de pêcher en secouant la ligne ») fam. Masturbation. → **branlée.** ▪ fig. *Ce film, c'est de la branlette intellectuelle.*

branleur, euse n. fam. Paresseux ; fantaisiste. → **glandeur.**

Branly (Édouard) Physicien français (1844-1940). Il a rendu possible la télégraphie sans fil, en inventant le radioconducteur, ou « cohéreur » à limaille, qui porte son nom.

Branner (Hans Christian) Romancier danois (1903-1970). Il est l'auteur de romans de critique sociale et d'analyse psychologique. *Le Cavalier ; Personne ne connaît la nuit.*

branque n. m. et adj. (origine obscure, p.-ê. de formes régionales, avec influence de *braque*) fam. Sot, imbécile. – adj. *Être (un peu) branque,* (un peu) fou. → **braque.**

branquignol n. m. et adj. m. (de *branque* + finale argotique) fam. Imbécile, incapable ; fou, loufoque.

brante n. f. (d'un radical préroman *brenta*) (Suisse) Hotte en bois servant à transporter la vendange. – par ext. *Brante à lait.* → **boille.** - var. **brande.**

Brantford Ville du Canada (Ontario), sur la rivière Grand. 97 496 habitants. Musée et centre culturel amérindiens. Centre industriel. Graham Bell y expérimenta son téléphone en 1876.

Brantôme-en-Périgord Commune de la Dordogne, sur la Dronne. 3 694 habitants. Ancienne abbaye fondée par Charlemagne (VIIIe s.). Musée de la Préhistoire. Sculptures du XVIe s. à même le roc.

Brantôme (Pierre de Bourdeille, abbé et seigneur de) Écrivain français (v. 1538-1614). Il croqua les personnages célèbres de son temps à coup d'anecdotes piquantes et parfois grivoises. *Mémoires* (posthume), complétés par les *Vies des hommes illustres et des grands capitaines* et les *Vies des dames galantes.*

braquage n. m. **I.** Action de braquer (II). **II.** argot Attaque à main armée.

braque (germanique *brakko* « chien de chasse » → **braconnier**) **I.** n. m. Chien de chasse à poil ras et à oreilles pendantes. **II.** adj. fam. (de *fou comme un braque*) Un peu fou, écervelé. → **timbré, toqué.**

Braque (Georges) Peintre, dessinateur et graveur français (1882-1963). Il abandonna l'impressionnisme et le fauvisme pour une peinture plus abstraite et est considéré, avec Picasso dont il fut l'ami, comme le créateur du cubisme. Il recourut au trompe-l'œil et introduisit la technique des papiers collés, insérant dans ses œuvres des matériaux originaux (morceaux de carton ou de papier journal). *Le Port de l'Estaque ; La Musicienne ; Natures mortes.* Il a également peint une partie du plafond du Louvre.

B

braquemart n. m. **(ancien français *bragamas,* du néerlandais, de *breken* « couper, casser » ; *cf.* anglais *to break*)** 1. vieux Poignard, épée courte. 2. fam. Membre viril.

braquer v. < 1 > **(p.-ê. famille du latin *brachium* → bras)** I. v. tr. 1. Tourner (une arme à feu, un instrument d'optique) dans la direction de l'objectif. → **diriger, ¹pointer.** *Braquer son revolver sur qqn.* 2. Fixer (le regard, l'attention, etc.). *Son regard était braqué sur nous.* 3. argot Mettre en joue (qqn) ; attaquer à main armée. *Braquer une banque.* 4. fig. **(idée de « tourner contre »)** *Braquer qqn contre (qqn, un projet),* l'amener à s'opposer obstinément à lui. → **¹dresser.** *Elle l'a braqué contre son ami.* – pronom. (réfl.) *Il s'est braqué* : il s'est buté. II. v. intr. Faire tourner un véhicule (au maximum). *Braquer (à fond).*

braquet n. m. **(d'abord « petit clou » ; p.-ê. de *broquette, brochette* → broche, ou de l'anglais *bracket,* du français *braguette*)** Rapport, entre le pignon et le plateau, qui commande le développement d'une bicyclette. *Le dérailleur permet de changer de braquet.*

braqueur, euse n. Personne qui commet un vol à main armée.

bras n. m. **(vient du latin *brac[c]hium* → brachial, pris au grec *brakhiôn,* du comparatif de *brakhus* « court » → brachy-)** 1. Segment du membre supérieur compris entre l'épaule et le coude. *Le bras et l'avant-bras. Muscles du bras.* → **biceps, triceps.** *Os du bras.* → **humérus.** ■ cour. Membre supérieur, de l'épaule à la main. *Mouvements des bras. Agiter les bras. Porter qqch. à bras tendus. Porter un enfant dans ses bras. Tenir, serrer qqn dans ses bras.* → **embrasser, étreindre.** *Donner le bras à qqn,* pour qu'il puisse s'y appuyer en marchant. *Être au bras de qqn. Marcher bras dessus, bras dessous,* en se donnant le bras. – loc. ***Bras de fer*** : jeu où deux adversaires mesurent la force de leur bras ; fig. épreuve de force. – ***Bras d'honneur,*** geste injurieux du bras (simulacre d'érection). – *Baisser les bras* : abandonner, renoncer à agir. *Rester les bras croisés,* sans rien faire. – *Accueillir qqn à bras ouverts,* avec effusion, empressement. – *Avoir qqn ou qqch. sur les bras,* être obligé de s'en occuper. 2. Symbole de la force, du pouvoir. « *Ton bras est invaincu, mais non pas invincible* » (Corneille). – *Jouer les* ***gros bras,*** les durs. – *Avoir le bras long,* du crédit, de l'influence. 3. Personne qui agit, travaille, combat. *Les hôpitaux manquent de bras.* – *Le* ***bras droit*** *de qqn,* son principal agent d'exécution. – ***Bras cassé*** : personne paresseuse ou inefficace, incompétente. 4. ***À bras*** loc. adv. : à l'aide des seuls bras (sans machine). *Charrette à bras,* qu'on meut avec les bras. – ***À bras le corps*** (→ **à bras-le-corps**). – *Se jeter sur qqn* ***à bras raccourcis,*** avec la plus grande violence. 5. Partie du membre antérieur du cheval. ■ Tentacule (des céphalopodes). *Les bras d'une pieuvre.* 6. (Objets fonctionnant comme le bras) Pièce allongée. *Les bras d'une brouette.* – Partie mobile d'un dispositif. *Bras d'une manivelle.* – sc. ***Bras de levier*** : distance d'une force à son point d'appui, perpendiculairement à la direction de cette force. ■ (Objet en rapport avec le bras humain) *Les bras d'un fauteuil.* 7. Division d'un cours d'eau que partagent des îles. *Bras mort,* où l'eau ne circule plus. *Bras de mer.*

braser v. tr. < 1 > **(de *braise*)** techn. Souder en interposant un métal, un alliage fusible **(→ brasure).** □ **n. m. brasage**

braséro [bʀazeʀo] n. m. **(espagnol *brasero* → braise)** 1. Appareil de chauffage constitué d'un bassin de métal rempli de charbons ardents, posé sur un trépied. 2. (Afrique) Réchaud de plein air. - var. **brasero** [bʀazeʀo].

brasier n. m. **(de *braise*)** 1. Masse d'objets ou matières en complète combustion du fait d'un incendie. 2. fig. Foyer de passions violentes, de guerre.

Brasília Capitale du Brésil depuis 1960, située au centre du pays, à 1 100 m d'altitude. 2 563 000 habitants (3 700 000 pour l'aire métropolitaine). La ville est un grand centre administratif. Elle a été édifiée à partir de 1956 par l'urbaniste L. Costa et l'architecte O. Niemeyer, qui l'ont érigée en monument de l'architecture moderne par ses lignes régulières et ses alternances d'espaces verts et de grandes tours.

Brasillach (Robert) Écrivain français (1909-1945). Nationaliste puis admirateur du nazisme, il consacra une grande partie de ses écrits à la célébration de la collaboration. Il fut condamné à mort à la Libération et fusillé. Il a laissé une œuvre littéraire où affleure un certain romantisme. *L'Enfant de la nuit ; Poèmes de Fresnes* (posthume).

brasiller v. intr. < 1 > **(de *braise*)** Scintiller, étinceler (comme de la braise). – Braisiller. □ **n. m. brasillement**

à bras-le-corps [abʀal(ə)kɔʀ] loc. adv. Avec les bras et par le milieu du corps. *Saisir qqn à bras-le-corps.* – fig. *Prendre un problème à bras-le-corps,* avec énergie.

Brașov Ville de Roumanie, chef-lieu de district dans la partie N.-E. des Alpes de Transylvanie. 246 200 habitants. Architecture médiévale. Église Noire du XVe s. (style gothique allemand). Musée ethnographique. Tourisme. Centre industriel. La ville fut le centre historique de la Réforme en Transylvanie.

brasque n. f. **(italien *brasca,* du latin pop. *brasica,* même origine que *braise*)** techn. Pâte servant au revêtement intérieur des creusets, des fourneaux où l'on réduit des oxydes métalliques.

¹brassage n. m. 1. Action de brasser (spécialt la bière). 2. Mélange. – fig. *Brassage culturel.*

²brassage n. m. mar. Action de brasser (un espar).

Brassaï (Gyula Halász, dit) Photographe et sculpteur français d'origine hongroise (1899-1984). Il est célèbre pour ses photographies de Paris où le réel côtoie le fantastique, signe de ses liens avec le surréalisme. *Paris de nuit ; Camera in Paris.*

Brassaï, *À la Cabane cubaine,* Montmartre, photo (v. 1932).

brassard n. m. **(de l'italien → bras)** 1. Pièce d'armure qui couvrait le bras. 2. Bande d'étoffe ou ruban porté au bras comme insigne. *Brassard d'infirmier. Brassard de deuil.* 3. Bouée pour enfant qui se porte autour du bras.

brasse n. f. **(vient du latin *bracchia,* plur. de *bracchium* → bras)** I. Ancienne mesure de longueur égale à cinq pieds (environ 1,60 m). – Mesure marine de profondeur (environ 1,60 m). II. Nage ventrale réalisée en pliant et détendant alternativement bras et jambes ; chacun des espaces successifs ainsi parcourus. *Brasse papillon*.*

brassée n. f. Ce que les bras peuvent contenir, porter. *Une brassée de fleurs.*

Brassempouy Village des Landes. On y a retrouvé en 1894 des vestiges archéologiques, dont la statuette d'ivoire dite « Dame à la capuche », première représentation connue d'un visage humain (paléolithique supérieur).

La Dame de Brassempouy, ou Dame à la capuche, musée des Antiquités, Saint-Germain-en-Laye.

Brassens (Georges) Auteur, compositeur et interprète français de chansons (1921-1981). Sur des accompagnements de guitare et de contrebasse, il chanta l'amitié *(Les Copains d'abord),* l'amour *(Je me suis fait tout petit)* et la mort *(Le Testament)* avec drôlerie et sensibilité. Sa verve anticonformiste

Brasília

Brasília, le Congrès national (Chambre des députés et Sénat), conçu par Oscar Niemeyer.

Georges Brassens au théâtre Bobino, à Paris (1972).

révéla une forme d'humanisme teintée d'anarchisme.

[1]brasser v. tr. < 1 > (vient du latin pop., du n. gaulois d'une céréale ; influence de *bras*) **1.** *Brasser la bière :* préparer le moût en faisant macérer le malt dans l'eau ; fabriquer la bière. **2.** Remuer en mêlant. *Brasser la salade.* **3.** fig. Manier (beaucoup d'argent), traiter (beaucoup d'affaires). *Brasser des millions.*

[2]brasser v. tr. < 1 > (de *bras* « cordage, manœuvre pour orienter un espar ») mar. Orienter (un espar) en agissant sur ses bras. - syn. **brasseyer** [bʀaseje] v. tr. < 1 >.

brasserie n. f. **1.** Fabrique de bière ; industrie de la bière. **2.** Grand café-restaurant.

[1]brasseur, euse n. Personne, entreprise qui fabrique de la bière ou en vend en gros.

[2]brasseur, euse n. Nageur, nageuse de brasse.

Brasseur (Pierre Espinasse, dit Pierre) Comédien français (1905-1972). Il imposa son jeu flamboyant au théâtre (*Le Sexe faible ; Le Bossu*), comme au cinéma, où il incarna avec brio le rôle de Frédérick Lemaître dans *Les Enfants du paradis*.

brasseyer voir **[2]brasser**

brassière n. f. (de *bras*) **1.** Courte chemise de bébé qui se ferme dans le dos. **2.** Sous-vêtement féminin destiné à soutenir la poitrine, constitué d'une bande de tissu et d'une paire de bretelles. ▪ (Canada) Soutien-gorge.

brassin n. m. techn. Cuve où l'on brasse la bière ; son contenu.

brasure [bʀazyʀ] n. f. (de *braser*) techn. Assemblage de pièces métalliques par brasage.

Bratislava Capitale de la Slovaquie, située sur le Danube, près des frontières autrichienne et hongroise. 475 500 habitants. Églises gothiques du XIIIe s. Hôtels et palais baroques. Carrefour ferroviaire et routier, la ville est un centre de commerce important. Industries récentes. Elle fut, sous le nom de Presbourg (en allemand *Pressburg*), la capitale historique de la Hongrie habsbourgeoise.

Bratislava et son château, surplombant la ville et le Danube.

Bratsk Ville de Russie, en Sibérie méridionale, sur l'Angara. 246 000 habitants. Elle est située à proximité de l'une des plus grandes centrales hydroélectriques du monde. Métallurgie de l'aluminium, pâte à papier.

Brattain (Walter Houser) Physicien américain (1902-1987). Il travailla sur les matériaux semi-conducteurs et le développement du transistor. Prix Nobel 1956.

Brauchitsch (Walther von) Maréchal allemand (1881-1948). Commandant de l'armée de terre en 1938, il fut relevé de ses fonctions par Hitler en 1941.

Braudel (Fernand) Historien français (1902-1985). Membre de l'école des Annales, il privilégia l'étude de l'histoire sur la longue durée tout en cherchant à s'ouvrir aux autres domaines des sciences humaines. *La Méditerranée et le monde méditerranéen à l'époque de Philippe II ; Civilisation matérielle, économie et capitalisme XVe-XVIIIe siècle ; L'Identité de la France.*

Braun (Carl Ferdinand) Physicien allemand (1850-1918). Il est l'inventeur de l'oscillographe cathodique en 1897 et, en 1902, de l'antenne dirigée. Prix Nobel 1909.

Braun (Wernher von) Ingénieur allemand naturalisé américain (1912-1977). Il est considéré comme le père des fusées modernes. Il mit au point le V2 en 1944 et participa, après la guerre, au programme spatial américain. Il conçut notamment la fusée *Saturne V*, qui permit l'envoi d'astronautes sur la Lune.

Brauner (Victor) Peintre français d'origine roumaine (1902-1966). Dans la mouvance du surréalisme, il chercha à retranscrire l'univers du rêve et du fantasme par l'image. *L'Étrange Cas de Monsieur K ; Le Lion double.*

Braunschweig (Stéphane) Metteur en scène français de théâtre et d'opéra (né en 1964). Directeur du Théâtre national de Strasbourg de 2000 à 2008 puis de l'Odéon à Paris depuis 2016, il a monté une soixantaine de pièces (Shakespeare, Molière, Tchekhov, Pirandello, Ibsen...).

Brautigan (Richard) Poète et romancier américain (1935-1984). Il mit son talent et ses audaces stylistiques au service d'un esprit de provocation qui a pu aller jusqu'à une volonté de « détruire la littérature ». *La Pêche à la truite en Amérique ; Le Monstre des Hawkline.*

Brauwer (Adriaen) voir **Brouwer** (Adriaen)

bravache n. (de l'italien, de *bravo* → brave) Personne qui affecte la bravoure. → **fanfaron.** – adj. *Un air bravache.*

bravade n. f. (de l'italien → brave) **1.** Ostentation de bravoure. *S'exposer par bravade.* **2.** Action ou attitude de défi insolent envers une autorité.

Bravais (Auguste) Physicien et minéralogiste français (1811-1863). Il décrivit tous les cristaux à partir de 14 types de mailles élémentaires *(réseaux de Bravais).*

brave adj. et n. (probablt italien *bravo*, du provençal *brau*, qui vient p.-ê. du latin *barbarus* → barbare) **1.** (après le nom) Courageux au combat, devant un ennemi (→ **bravoure**). – n. *La paix des braves.* **2.** (avant le nom) Honnête et bon avec simplicité. *Un brave homme, une brave femme. De braves gens.* – n. *Mon brave* (appellation condescendante). – par ext. *Un brave chien.* **3.** attribut D'une bonté ou d'une gentillesse un peu naïve. ▪ régional (Sud) Aimable, gentil ; gai et vaillant. **4.** (Liban) (personnes) Doué, brillant.

bravement adv. **1.** Avec bravoure, courageusement. → **hardiment.** **2.** D'une manière décidée, sans hésitation. → **résolument.**

braver v. tr. < 1 > (de *brave*, d'après l'italien) **1.** Défier orgueilleusement en montrant qu'on ne craint pas. → **narguer, provoquer.** **2.** Se comporter sans crainte devant (qqch. de redoutable). → **mépriser.** *Braver le danger, la mort.* – Oser ne pas respecter (une règle, une tradition). *Braver les convenances.*

bravissimo interj. (superl. italien de *bravo*) Exclamation exprimant un très haut degré de contentement.

bravo (mot italien → brave) **1.** interj. Exclamation dont on se sert pour applaudir, pour approuver. *Bravo ! c'est parfait.* **2.** n. m. Applaudissement, marque d'approbation. *Un tonnerre de bravos.*

Bravo (río) voir **Rio Grande**

bravoure n. f. (italien *bravura*, de *bravo* → brave) **1.** Qualité d'une personne brave. → **courage, héroïsme, vaillance.** **2.** mus., vieilli *Air de bravoure :* air brillant destiné à faire valoir le chanteur. – mod. *Morceau, air de bravoure :* passage (d'une œuvre littéraire, etc.) particulièrement brillant.

Bray (pays de) Région de Haute-Normandie entre le pays de Caux à l'O. et la Picardie au N.-E. Dépression argileuse couverte de prairies, elle est le territoire de l'élevage bovin laitier.

Brazza (Pierre Savorgnan de) Explorateur italien naturalisé français (1852-1905). Il entreprit une série d'expéditions et parvint jusqu'au Congo, où il établit un protectorat français (1879-1882). Il fonda Brazzaville en 1880.

Brazzaville Capitale du Congo, sur la rive droite du fleuve Congo. 1 373 400 habitants. La ville est reliée à l'Atlantique par le chemin de fer Congo-Océan. Industries alimentaires et constructions métalliques. Fondée en 1880 par Pierre Savorgnan de Brazza, elle devint la capitale de l'Afrique-Équatoriale française. Sur l'initiative du général de Gaulle, elle accueillit, en 1944, une conférence qui posa les fondements de la future Union française.

Brea (Louis) Peintre niçois (connu de 1475 à 1523). Ses œuvres dénotent l'influence des peintures avignonnaise et lombarde. *Pietà* de l'église de Cimiez.

[1]break [bʀɛk] n. m. (mot anglais, p.-ê. de *brake* « bride », puis « frein ») anglic. **1.** anciennt Voiture à quatre roues, ouverte, avec un siège de cocher élevé et deux banquettes longitudinales. **2.** mod. Automobile en forme de fourgonnette, à arrière vitré.

[2]break [bʀɛk] n. m. (mot anglais des États-Unis, de *to break* « rompre » → breakfast) anglic. **1.** tennis loc. *Faire le break :* creuser à son avantage un écart de deux jeux sur son adversaire. **2.** mus. Interruption du jeu de l'orchestre créant un effet d'attente. **3.** critiqué Pause. *Faire un break.*

breakdance [bʀɛkdɛns] n. f. ou m. (mot anglais des États-Unis → [2]break) Danse acrobatique exécutée au sol sur une musique hip-hop. - var. **break dance.**

breakfast [bʀɛkfœst] n. m. (mot anglais « ce qui rompt *[break]* le jeûne *[fast]* ») anglic. Petit-déjeuner à la manière anglo-saxonne. → aussi **brunch.**

Bréal (Michel) Linguiste français (1832-1915). Élève de Franz Bopp, qu'il traduisit en français, il tenta une synthèse des courants linguistiques allemand et français, s'intéressant particulièrement à la sémantique et à la linguistique historique. *Essai de sémantique.*

brebis n. f. (de *berbis*, qui vient du latin *berbix*, de *vervex* « mouton » ; famille de *bercail, berger*) **1.** Femelle adulte du mouton. *Lait, fromage de brebis.* **2.** loc. fig. *Brebis galeuse :* personne dangereuse et indésirable dans un groupe.

[1]brèche n. f. (du germanique, de *brechen* « casser » → ébrécher ; *cf.* anglais *break*) **1.** Ouverture d'un mur, d'une clôture. – Ouverture dans une enceinte fortifiée ; percée d'une ligne fortifiée, d'un front. → **trouée.** *Faire, ouvrir, colmater une brèche.* – loc. *Être toujours sur la brèche :* être toujours à combattre ; fig. être toujours en pleine activité. ***Battre en brèche*** *un argument, le crédit de qqn,* l'attaquer, le ruiner. **2.** Petite entaille sur un objet d'où s'est détaché un éclat (→ **ébrécher**). ▪ fig. *Faire une brèche sérieuse à ses économies.*

[2]brèche n. f. (de l'italien) géol. Roche formée d'éléments pointus agglomérés.

bréchet n. m. (du germanique, p.-ê. de l'ancien anglais, d'origine incertaine) Sternum saillant (des oiseaux).

B

Brecht **(Bertolt)** Poète et auteur dramatique allemand (1898-1956). Ayant quitté l'Allemagne dès 1933, il écrivit une grande partie de son œuvre aux États-Unis. Chassé par le maccarthysme, il s'installa à Berlin-Est en 1948, où il fonda la troupe du Berliner Ensemble qu'il dirigea jusqu'à sa mort. Créateur d'un théâtre fondé sur la « distanciation » qui doit permettre au spectateur non plus de s'identifier aux personnages mais de démystifier le spectacle, il favorisa le caractère démonstratif du jeu de l'acteur en détruisant l'illusion théâtrale. *L'Opéra de quat'sous ; Mère Courage et ses enfants ; Maître Puntila et son valet Matti ; Le Cercle de craie caucasien.*

Breda Ville des Pays-Bas (Brabant-Septentrional). 184 700 habitants. Église de style brabançon. Château du XVIe s. Grand centre de constructions mécaniques, métallurgie, textile, matières plastiques et industries alimentaires. Aux XVIe et XVIIe s., la ville passa plusieurs fois sous domination espagnole et fut à chaque fois reconquise par les princes de Nassau. Elle fut le lieu de conclusion du *compromis de Breda* (1566), texte par lequel les seigneurs calvinistes réclamaient la tolérance religieuse et la fin de l'Inquisition. Elle vit également la signature du *traité de Breda* (1667) entre les Provinces-Unies, l'Angleterre, la France et le Danemark.

Brède (La) Commune de la Gironde. 4 461 habitants. Château des XIIe et XVe s. où naquit Montesquieu.

bredouille **adj.** **(p.-ê. de *berdouille* « boue »)** *Être, rentrer, revenir bredouille,* sans avoir rien pris, obtenu ou trouvé.

bredouillement **n. m.** Paroles confuses. - syn. **bredouillis.**

bredouiller **v.** **< 1 >** **(p.-ê. de l'ancien français *bredeler, de Breton,* ou de *berdouille* « boue », pour « barboter »)** **1. v. intr.** Parler d'une manière précipitée et peu distincte. → **bafouiller, balbutier, marmonner.** **2. v. tr.** Dire en bredouillant. *Bredouiller une excuse.* □ **adj.** **bredouillant, ante** □ **n. bredouilleur, euse**

bredouillis voir **bredouillement**

Breendonck Site militaire, près de Willebroek en Belgique, qui abrita un camp de concentration nazi de 1940 à 1944.

1bref, brève **(vient du latin *brevis*)** **I. adj. 1.** De peu de durée. → **1court.** *Une brève rencontre. À bref délai :* bientôt. **2.** (dans l'expression, le discours) *Une brève allocution.* → **succinct.** – *Soyez bref.* → **concis ; abréger. 3.** ling. *Syllabe, voyelle brève,* qui a une durée d'émission plus courte que la moyenne. → **brève. II. adv. 1.** Pour résumer les choses en peu de mots. → **enfin,** en **résumé.** *Bref, tout va bien.* **2.** littér. ***En bref*** loc. adv. : en peu de mots. → **brièvement.** *L'actualité en bref.*

2bref **n. m.** **(vient du latin « court [écrit] », *cf.* brevet, briefing)** Lettre du pape, plus courte que la bulle.

Brégançon **(cap de)** Cap de Provence (Var) où se trouve un fort du XVIe s., devenu résidence d'été des présidents de la République française depuis 1968.

Bregenz Ville d'Autriche, capitale du Vorarlberg, située au S. du lac de Constance. 28 007 habitants. Tour Saint-Martin du XIIIe s. Église Saint-Gall du XVe s. (remaniée). Festival lyrique et chorégraphique.

Bregović **(Goran)** Compositeur et musicien d'origine yougoslave vivant en France (né en 1950). Mêlant musiques traditionnelles gitanes et slaves, orchestrations symphoniques et musique électronique, il a composé de nombreuses musiques de films (*Le Temps des Gitans ; Underground ; Arizona Dream,* pour Emir Kusturica ; *La Reine Margot,* pour Patrice Chéreau).

Breguet Famille d'horlogers, d'inventeurs et d'industriels français d'origine suisse. ■ **Abraham Louis Breguet** (1747-1823). On lui doit de nombreuses inventions dans le domaine de l'horlogerie. ■ **Louis Breguet** (1804-1883). Petit-fils d'Abraham Louis. Il mit au point de nouveaux appareils de précision et travailla sur le télégraphe. ■ **Louis Breguet** (1880-1955). Petit-fils du précédent. Il fut l'un des pionniers de la construction aéronautique en France, notamment d'hélicoptères.

bréhaigne **adj. f.** **(origine obscure)** Stérile. *Jument bréhaigne.*

Bréhat **(île de)** Île de la Manche au large de Paimpol (Côtes-d'Armor). 420 habitants. Station balnéaire.

L'île de Bréhat (309 ha), premier site naturel classé en France.

Breil-sur-Roya Commune des Alpes-Maritimes. 2 121 habitants. Centrale hydroélectrique.

breitschwanz [bʀɛtʃvɑts] **n. m.** **(mot allemand « large queue »)** Fourrure d'agneau né avant terme, variété d'astrakan.

Brejnev **(Leonid Ilitch)** Homme d'État et maréchal soviétique (1906-1982). Premier secrétaire du Parti communiste (1964-1982), il fut président du præsidium du Soviet suprême de 1960 à 1964 et de 1977 à 1982. Il signa les traités SALT-I (1972) et SALT-II (1979) avec les présidents Nixon et Carter, mais mit fin à cette politique de détente par l'intervention militaire en Afghanistan (1979).

Brel **(Jacques)** Auteur, compositeur et interprète belge de chansons (1929-1978). Chanteur de l'anticonformisme (*Les Bourgeois*) et de l'exaltation des sentiments (*Ne me quitte pas ; Le Plat Pays*), il s'imposa autant par la qualité de ses textes que par la puissance de ses interprétations.

Jacques Brel, en concert à l'Olympia (1966).

brelan **n. m.** **(ancien allemand *bretling* « planchette ») à certains jeux de cartes (dont l'ancien jeu dit *brelan*)** Réunion de trois cartes de même valeur. *Avoir un brelan d'as, au poker.* ■ aux dés Coup amenant trois faces semblables.

brèle **n. f.** **(de l'arabe)** fam. Personne incompétente, nulle. - var. **brêle.**

breloque **n. f.** **(origine obscure, p.-ê. famille de *emberlificoter*)** **1.** Petit bijou de fantaisie que l'on suspend. **2.** **(du sens vieux « batterie de tambour »)** loc. vieilli *Battre la breloque :* fonctionner mal ; être dérangé, un peu fou.

brème **n. f.** **(vient du francique)** Poisson d'eau douce long et plat.

brême **n. f.** **(origine obscure)** pop. Carte à jouer.

Brême **(Land de)** Land d'Allemagne, formé de la ville de Brême et de son avant-port Bremerhaven. 404 km². 680 130 habitants.

Brême Ville d'Allemagne, sur la Weser. Capitale du Land de Brême. 566 570 habitants. Cathédrale du XIIe s. Statue de Roland. Hôtel de ville du XIVe s. Construction automobile, raffinage de pétrole, sidérurgie, constructions navale et aéronautique, industries textile et alimentaire. Siège d'un évêché fondé en 787, la ville devint également une grande cité commerciale et adhéra à la Hanse (1358). Ville libre impériale (1656-1866), elle entra dans l'Empire allemand en 1871. Elle fut en partie détruite au cours de la Seconde Guerre mondiale.

Bremerhaven Ville d'Allemagne (Land de Brême), sur la rive droite de l'estuaire de la Weser. 108 100 habitants. Grand port de pêche et de commerce.

Bremond **(abbé Henri)** Critique et historien français (1865-1933). Auteur d'une *Histoire littéraire du mouvement religieux français,* il compara l'acte poétique à l'expérience mystique (*Prière et Poésie*). Il défendit, contre Valéry, l'idée d'une *Poésie pure.*

bren voir **bran**

Brendel **(Alfred)** Pianiste autrichien (né en 1931). Il est reconnu pour la qualité exceptionnelle de ses interprétations de Schubert, Liszt et Beethoven.

Brenner **(Sydney)** Biologiste britannique et sud-africain (1927-2019). Il découvrit l'ARN messager et contribua au décryptage du code génétique. Prix Nobel 2002.

Brenner **(col du)** Col des Alpes orientales à la frontière italo-autrichienne. 1 375 m. Passage transversal le plus praticable de la chaîne, c'est un axe ferroviaire et routier important.

Brennus Chef des Gaulois Senones qui, selon la tradition, envahirent l'Italie et ravagèrent Rome en –390. La légende lui attribue la formule « Malheur aux vaincus » (*Vae victis*).

Brenta **n. f.** Fleuve d'Italie. 174 km. La Brenta prend sa source dans les Dolomites et se jette dans l'Adriatique près de Chioggia.

Brentano **(Clemens)** Poète et romancier allemand (1778-1842). L'un des principaux représentants du romantisme allemand, il est l'auteur, avec Achim von Arnim, d'un célèbre recueil de poèmes (*Le Cor enchanté de l'enfant*) ainsi que de contes (*Histoire du brave Gaspard et de la belle Anna*).

Brentano **(Elisabeth, dite Bettina)** Femme de lettres allemande (1785-1859). Sœur de Clemens Brentano, épouse d'Achim von Arnim. Elle laissa une correspondance avec Goethe (*Correspondance de Goethe avec une enfant*), et des écrits politiques qui font d'elle l'une des premières à s'intéresser à la question du prolétariat industriel (*Ce livre appartient au roi*).

Brentano **(Franz)** Philosophe et psychologue allemand (1838-1917). Neveu de Clemens Brentano. Père de la psychologie descriptive, il définit la conscience par son intentionnalité. C'est l'un des précurseurs de la méthode phénoménologique.

Brera **(palazzo)** Palais de Milan édifié au XVIIe s. Il abrite la *galleria Brera,* qui comporte des œuvres de Piero della Francesca, une riche bibliothèque et une école des Beaux-Arts.

Brescia Ville d'Italie, chef-lieu de province en Lombardie, sur les contreforts des Alpes brescianes. 187 570 habitants. Université. Cathédrale des XIIe et XVIIe s. Nombreuses églises du XIIe au XVIe s. Musées. Pinacothèque contenant des œuvres de Raphaël, Lotto et le Tintoret. Industries diversifiées : métallurgie, mécanique, chimie, textile, papeterie. Tourisme. Brescia fut annexée à la France en 1796 avant de tomber sous la domination autrichienne en 1815. Elle se souleva en 1849, mais n'obtint son indépendance qu'en 1859.

Bresdin **(Rodolphe)** Graveur français (1822-1885). Auteur d'eaux-fortes et de lithographies, il laissa des œuvres visionnaires. Il collabora à la *Revue fantaisiste* de Théophile Gautier et de Théodore de Banville.

brésil **n. m.** **(de *breze,* var. ancienne de *braise*)** Bois d'un arbre d'Amérique du Sud, contenant un colorant rouge orangé.

Brésil

Brésil

n. m. ■ offic. république fédérative du Brésil Pays d'Amérique du Sud. 8 512 000 km². 211 800 000 habitants (les *Brésiliens*). **Langue** : portugais. **Population** : Blancs (53 %), Métis (38 %), Noirs (6 %), Amérindiens (1 %), Asiatiques (1 %). **Religions** : catholiques (64 %), protestants. **Monnaie** : réal. **Capitale** : Brasília. **Régime** : démocratie présidentielle.

GÉOGRAPHIE

Le bassin de l'Amazone et la forêt tropicale occupent tout le N. du pays. Le reste du territoire est un immense plateau (savanes), bordé de massifs montagneux sur le littoral atlantique. On y rencontre tous les types de climats tropicaux, l'intérieur étant plus sec et plus chaud que le littoral. Le peuplement, issu d'une longue histoire migratoire, se concentre sur la façade atlantique et à 81 % dans les villes. Aujourd'hui encore, les inégalités sociales sont parmi les plus importantes au monde.

Grandes régions Le pays est divisé en 5 grandes régions, qui participent inégalement à son essor économique rapide. Le **Sudeste** est le cœur démographique et économique du pays (11 % du territoire, 44 % de la population, 55 % du PIB). Ses trois grandes métropoles — São Paulo, Rio de Janeiro et Belo Horizonte — concentrent une part essentielle des activités industrielles (automobile, aéronautique, armement) et des services, tout en conservant une agriculture performante (café, canne à sucre, produits laitiers). Le **Sud** est une région agricole et industrielle prospère qui forme l'extension méridionale du cœur économique brésilien (7 % du territoire, 15 % de la population). Le **Nordeste**, région agricole très peuplée, connaît une crise structurelle liée aux structures foncières très inégalitaires (18 % du territoire, 25 % de la population). Son solde migratoire est négatif. Le **Centre-Ouest** est une périphérie intérieure de plus en plus peuplée et exploitée (soja, canne à sucre, élevage) depuis la création de la capitale politique Brasília (1960) et la multiplication des fronts pionniers (19 % du territoire, 7 % de la population). Le **Nord**, immense réserve amazonienne d'espace et de ressources, connaît un très fort essor économique (route transamazonienne, mines, caoutchouc, soja, bois, élevage) et démographique (45 % du territoire, 8 % de la population).

HISTOIRE

La colonisation portugaise Le Brésil fut découvert par le navigateur Pedro Álvarez Cabral (1500) puis colonisé par les Portugais. Une économie sucrière de plantation fondée sur l'esclavage se mit rapidement en place. Le peuplement de l'intérieur s'amplifia au XVIIIe s. avec la découverte des gisements d'or et de diamant dans le Minas Gerais. Fuyant en 1807 devant Napoléon, le roi Jean VI vint se fixer à Rio, qui devint la capitale de l'empire portugais.

L'indépendance Pierre Ier, fils de Jean VI, proclama l'indépendance du Brésil en 1822 et en devint empereur. Après l'abolition de l'esclavage (1888), une révolution fonda la république du Brésil. Toutefois, le pouvoir était détenu par une oligarchie qui associait les grands propriétaires terriens et les généraux. Getúlio Vargas (1930-1945, puis 1951-1954) établit un régime autoritaire à l'origine d'importants progrès sociaux et économiques. En 1955, le président Kubitschek inaugura un programme d'expansion

Mine de fer de Para Carajas, en Amazonie, minerai dont le Brésil est premier producteur mondial.

industrielle. En 1961, son successeur João Goulart tenta de promouvoir une réforme agraire et des nationalisations, mais il fut renversé (1964). De 1964 à 1985, le Brésil connut un régime militaire sanglant (arrestations arbitraires, tortures, « escadrons de la mort »). Les difficultés économiques croissantes déclenchèrent des mouvements de grève très durs (1979, 1980).

La démocratie Les élections de 1985 ramenèrent les civils au pouvoir. La politique d'austérité initiée par le président J. Sarney (1985-1989) échoua (1 000 % d'inflation en 1988). Élu président, F. Collor de Melo fut destitué par le Parlement en 1992 pour corruption. I. Franco puis F. H. Cardoso (1994) lui succédèrent. La récession, le chômage et les inégalités sociales conduisirent en 2002 les Brésiliens à élire pour la première fois un président issu de la gauche ouvrière : Luiz Inácio Da Silva (dit « Lula ») qui associa une politique financière rigoureuse à d'ambitieux programmes sociaux. Malgré une croissance économique médiocre et de très fortes tensions sociales, c'est sa « dauphine », Dilma Rousseff, qui lui succéda en 2011. Réélue de justesse en 2014, elle fut confrontée à une contestation populaire due à la forte baisse de la croissance économique et à la corruption généralisée. En 2016, l'ancien président Lula fut condamné pour corruption et Dilma Roussef destituée. Michel Temer lui succéda jusqu'à la présidentielle de 2018 que remporta l'ancien militaire d'extrême droite, Jair Bolsonaro. L'accélération de la dévastation de la forêt amazonienne valut au président d'être vivement critiqué pour son non-respect des engagements internationaux sur le climat. Sa faillite dans la gestion de la pandémie de Covid-19 et une recrudescence de la précarité alimentaire le privèrent d'un deuxième mandat et Lula reprit le pouvoir en 2023. En janvier, des partisans de l'ancien président tentèrent d'envahir le Parlement dans l'intention d'un coup d'État.

Dilma Rousseff et Lula pendant la campagne présidentielle de 2010, lors d'un meeting à São Paulo.

brésilien, ienne adj. et n. Du Brésil. – n. *Les Brésiliens.* ■ n. m. *Le brésilien* : portugais parlé au Brésil.

brésiller v. < 1 > (p.-ê. de l'ancien provençal *brezilh* « sable fin ») **1.** v. tr. techn. ou littér. Réduire en menus morceaux, pulvériser. ■ pronom. S'émietter. **2.** v. intr. Tomber en poussière.

Breslau voir **Wrocław**

Bresle n. f. Fleuve côtier à la limite de la Normandie et de la Picardie (72 km). La Bresle se jette dans la Manche au Tréport.

Bresse n. f. Région de l'E. de la France, entre la Saône et le Jura. Ville principale : Bourg-en-Bresse. Région d'élevage de volailles de qualité supérieure.

Bresse (La) Commune des Vosges, dans les hautes Vosges. 4 139 habitants. Station de sports d'hiver. Fromages (munster). Textile.

Bresson (Robert) Cinéaste français (1901-1999). Son style dépouillé témoigne d'un profond humanisme et d'une quête passionnée de la vérité humaine, par-delà les artifices du cinéma considéré comme un spectacle. *Les Dames du bois de Boulogne ; Journal d'un curé de campagne ; Au hasard Balthazar.*

Bressuire Chef-lieu d'arrondissement des Deux-Sèvres. 19 862 habitants. Vestiges d'un château féodal. Marché agricole et industrie agroalimentaire.

Brest Chef-lieu d'arrondissement du Finistère, à l'extrémité occidentale de la Bretagne, sur la rive N. de la *rade de Brest.* 139 456 habitants. La ville, très endommagée par les bombardements de la Seconde Guerre mondiale, a été reconstruite selon un plan en damier. Elle a conservé des remparts élevés par Vauban (tour de la Motte-Tanguy, qui abrite le musée du Vieux-Brest) et un château des XIIe-XIVe s. (musée de la Marine). Premier port militaire français de l'Atlantique (port militaire de la marine du Ponant, base des sous-marins nucléaires à l'île Longue, siège du service hydrographique et océanographique de la Marine, arsenal). Centre de la Mer (Océanopolis). La ville est tournée vers des activités d'enseignement et de recherche (université) et abrite l'Ifremer.

Brest anciennement **Brest-Litovsk** Ville de Biélorussie, chef-lieu de région, à la frontière polonaise. 304 200 habitants.

Brest-Litovsk (traité de) Traité de paix signé le 3 mars 1918 entre la Russie soviétique et le bloc allemand (Allemagne, Autriche-Hongrie, Bulgarie, Empire ottoman). La Russie renonçait à de nombreux territoires, dont la Pologne et les pays Baltes. Ce traité fut annulé le 13 novembre 1918 par le gouvernement soviétique.

Bretagne n. f. Nom de l'Angleterre jusqu'aux invasions anglo-saxonnes des Ve et VIe siècles.

Bretagne n. f. Région historique de l'O. de la France. Péninsule bordée par la Manche et l'Atlantique, elle couvre une partie du Massif armoricain et donne son nom à une région administrative. Elle comprend aussi la Loire-Atlantique. On distingue la Bretagne maritime, ou Armor (1 200 km de côtes), et la Bretagne intérieure ou Arcoat (montagne et bois). Du point de vue linguistique, la haute Bretagne, à l'E., où l'on parle français, s'oppose à la basse Bretagne, à l'O., où l'on parle aussi breton. Région très tôt peuplée, comme l'attestent les mégalithes, elle fut envahie par les Celtes et résista jusqu'en –51 à la conquête romaine. Aux Ve-VIe s., les Bretons des îles Britanniques se réfugièrent en Armorique et donnèrent leur nom à la région. Nominoé l'affranchit en 846 de la suzeraineté des Francs et fonda la dynastie des comtes de Rennes. Son descendant, Conan Ier, prit le titre de duc en 987. À la mort de Jean III, s'ouvrit la guerre de la Succession de Bretagne (1341-1364) qui se termina par la victoire de Jean IV. Sous son règne et celui de ses successeurs, la Bretagne vit s'épanouir une civilisation prospère. Après le mariage d'Anne de Bretagne avec Charles VIII (1491), puis Louis XII (1499), l'union de sa fille Claude de France avec le futur François Ier (1514) allait assurer l'annexion définitive de la Bretagne à la France. Son particularisme continua néanmoins à se manifester (la Bretagne fut un important foyer de la Chouannerie sous la Révolution).

Bretagne Région administrative de l'O. de la France formée de quatre départements : les Côtes-d'Armor, le Finistère, l'Ille-et-Vilaine et le Morbihan. 27 208 km². 3 373 835 habitants. Chef-lieu : Rennes.

La Bretagne constitue la partie péninsulaire du Massif armoricain, bordée par la Manche et l'océan Atlantique. Elle est occupée par d'anciennes chaînes hercyniennes érodées (monts d'Arrée, Montagne Noire), des plateaux cristallins à l'O. (Léon, Cornouaille) et par le bassin de Rennes à l'E. La Bretagne intérieure reste un pays de bocage, où landes et forêts sont peu nombreuses. De type océanique, le climat y est doux et humide.

L'agriculture intensive domine, en particulier avec l'élevage (porcins, bovins, volailles), mais aussi avec la culture de primeurs (artichauts, choux-fleurs) et de céréales (maïs, blé, orge). En déclin, la pêche assure encore 51 % de la production nationale (Lorient, Concarneau, Le Guilvinec, Douarnenez). Le recul de l'emploi agricole a été compensé par le développement de l'industrie depuis les années 1960 (arsenaux de Brest et Lorient, agroalimentaire, électronique et télécommunications à Rennes, Brest et Lannion) et par celui des services. Un littoral changeant et spectaculaire, des traditions fortes (fêtes folkloriques), un riche patrimoine archéologique et monumental, des paysages naturels préservés la rangent parmi les principales régions touristiques françaises. La Bretagne est traditionnellement divisée entre Armor (« pays de la mer ») et Arcoat (« pays des bois »), l'usage de la langue celtique restant vivant à l'O. d'une ligne Plouha-Vannes. La population se concentre dans l'agglomération de Rennes et sur le littoral.

Bretagne (Nouvelle-) voir **Nouvelle-Bretagne**

bretèche n. f. (vient du latin médiéval *brittisca* « construction surélevée », famille de *breton*) Logette en saillie sur une façade, utilisée autrefois comme ouvrage de défense.

Bretécher (Claire) Dessinatrice et scénariste française de bandes dessinées (1940-2020). Elle fait dans ses chroniques la satire des mœurs bourgeoises (*Les Frustrés ; Agrippine*), épinglant les ridicules langagiers et les préjugés de ses contemporains.

bretelle n. f. (de l'ancien allemand ; famille de *bride*) **1.** Courroie que l'on passe sur les épaules pour porter un fardeau. → **bandoulière.** *Porter l'arme à la bretelle.* **2.** Bande de tissu, de ruban qui maintient aux épaules les pièces de lingerie féminine ou de certains vêtements. *Robe à bretelles.* ■ Bande passant sur les épaules, servant à retenir un pantalon. *Une paire de bretelles.* – loc. fam. *Remonter les bretelles à qqn,* le réprimander. **3.** Voie de raccordement. *La bretelle d'une autoroute.*

Bretenoux Commune du Lot. 1 370 habitants. Vestiges de fortifications. En 1944, les Allemands y massacrèrent des résistants et des otages.

Breteuil (Louis Auguste Le Tonnelier, baron de) Homme politique français (1730-1807). Ministre sous Louis XVI, il fut rappelé en remplacement de Necker (12 juillet 1789). La prise de la Bastille (14 juillet 1789) marqua la fin de son ministère.

Brétigny (traité de) Traité signé pendant la guerre de Cent Ans, le 8 mai 1360, à Brétigny (Beauce) par le roi Jean II le Bon. Ce dernier, prisonnier des Anglais, obtint ainsi sa libération en échange d'une rançon et de l'abandon de l'Aquitaine à l'Angleterre.

Brétigny-sur-Orge Commune de l'Essonne, à l'O. d'Évry. 27 006 habitants. Recherche biomédicale des armées.

breton, onne **adj. et n.** **(du latin *britto, brittonis*)** **1.** De Bretagne. *Gâteau breton.* → **far.** – **n.** *Les Bretons.* ■ **n. m.** *Le breton :* langue celtique parlée en Bretagne. **2. didact.** Qui appartient aux peuples celtiques de Grande-Bretagne et de Bretagne. *Les romans bretons du XIIe siècle.*

Breton (pertuis) Détroit entre la côte de Vendée et l'île de Ré.

Breton (André) Écrivain français (1896-1966). Il participa avec Éluard, Aragon et Soupault, au mouvement dada et à ses provocations, avant d'écrire, avec Soupault, *Les Champs magnétiques,* premier texte né de l'écriture automatique. Sous sa seule signature, il publia *Le Manifeste du surréalisme,* acte fondateur du mouvement éponyme, dans lequel il revendiquait la dictée de l'inconscient comme voie d'accès à la « surréalité », thématique qu'il reprit dans *Nadja.* Membre du Parti communiste à partir de 1927, il lança le mouvement dans l'engagement politique *(Second Manifeste du surréalisme).*

bretonnant, ante **adj.** Où l'on parle (parlait) breton. *La Bretagne bretonnante.* ■ Qui garde ou fait revivre les traditions et la langue bretonnes.

Bretonneau (Pierre) Médecin français (1778-1862). Il identifia la diphtérie, la fièvre typhoïde et décrivit la spécificité des maladies infectieuses.

brette **n. f.** **(du latin médiéval, famille de *breton*)** Ancienne épée longue et étroite.

bretteur **n. m.** **(de *brette*)** **anciennt** Celui qui aime se battre à l'épée. → [1]**ferrailleur.** *« Bretteurs et menteurs sans vergogne, / Ce sont les cadets de Gascogne ! »* (E. Rostand, *Cyrano de Bergerac*).

Breton (André)

André Breton chez lui, photographié par H. Cartier-Bresson (1961).

Bretton Woods (accords de) Accords financiers signés en juillet 1944 à Bretton Woods (États-Unis) par 44 pays. Ils instauraient notamment le dollar comme monnaie de réserve (seule convertible en or) et créaient le FMI et la BIRD, qui devint la Banque mondiale.

bretzel **n. m.** **(de l'allemand, de l'ancien *prizitella,* du latin, de *brachium* → bras)** Biscuit léger en forme de huit, salé et saupoudré de cumin. *Des bretzels.*

Breuer (Josef) Physiologiste et psychiatre autrichien (1842-1925). Sa méthode de thérapie (hypnose) est à l'origine de la psychanalyse (*Études sur l'hystérie,* en collaboration avec S. Freud).

Breuer (Marcel) Architecte, dessinateur et urbaniste américain (1902-1981). Élève du Bauhaus, il fut l'un des principaux créateurs de mobilier contemporain et conçut les plans de la maison de l'Unesco à Paris.

Breuil (abbé Henri) Paléontologue et préhistorien français (1877-1961). Il participa à la découverte ou à l'authentification des grottes préhistoriques les plus importantes (Combarelles, Altamira, Lascaux...). *Quatre Cents Siècles d'art pariétal.*

Breuil-Cervinia Station climatique et de sports d'hiver au N.-O. de l'Italie, au pied du mont Cervin (Vallée d'Aoste), à 2 010 m d'altitude.

breuvage **n. m.** **(famille de *boire*)** **1. vieux ou littér.** Boisson. **2.** Boisson d'une composition spéciale ou ayant une vertu particulière.

brève **n. f.** **1. ling.** Voyelle, syllabe brève. **2. journalisme** Information brièvement annoncée.

brevet **n. m.** **(de [2]*bref*)** **1.** Titre ou diplôme délivré par l'État, donnant des droits au titulaire. – *Brevet d'invention,* conférant à l'auteur d'une invention un droit exclusif d'exploitation pour un temps déterminé. *Déposer un brevet.* ■ (attestant des connaissances) *Brevet (des collèges). Brevet de technicien* (BT). *Brevet de technicien supérieur* (BTS). *Brevet d'études professionnelles* (BEP). – *Brevet de pilote* (d'avion). **2. fig., littér.** Garantie, assurance.

brevetable **adj.** Susceptible d'être protégé par un brevet. □ **n. f. brevetabilité**

breveter **v. tr.** **< 4 ou RO 5 >** Protéger par un brevet. *Faire breveter une invention.* □ **n. m. brevetage** ■ **breveté, ée** **adj. 1.** Qui a obtenu un brevet (civil, militaire). *Ingénieur breveté.* **2.** Garanti par un brevet.

bréviaire **n. m.** **(du latin, dérivé de *brevis* →** [1]**bref)** **1.** Livre de l'office divin, renfermant les formules de prières. **2. fig.** Ouvrage, auteur servant de modèle.

Bretagne

bréviligne adj. (du latin *brevis* « court » et de *ligne*) didact. Qui a les membres relativement courts, l'aspect trapu.

Brewster (sir David) Physicien britannique (1781-1868). Il découvrit les lois de polarisation de la lumière par réflexion *(angle de Brewster)* et inventa le kaléidoscope.

Breytenbach (Breyten) Romancier français d'origine sud-africaine (né en 1939). Militant contre l'apartheid, emprisonné pendant plusieurs années, il a tiré de son expérience carcérale des livres où le rêve semble la seule échappatoire à la souffrance *(Une saison au paradis)*. Son œuvre est marquée par l'engagement contre les discriminations. *Confession véridique d'un terroriste albinos ; Feuilles de route.*

Brexit n. m. (de l'anglais *Britain* [ou *British*] et *exit* « sortie ») Retrait du Royaume-Uni de l'Union européenne, voté par référendum en juin 2016 ; approuvé par le Parlement britannique en déc. 2019 et effectif le 31 déc. 2020.

Brézé (Louis de) Grand sénéchal de Normandie (mort en 1531). Il fut l'époux de Diane de Poitiers.

Brialmont (Henri Alexis) Ingénieur militaire belge (1821-1903). Il créa le système fortifié de la Belgique, d'Anvers à la Meuse.

Brialy (Jean-Claude) Acteur et réalisateur français (1933-2007). Comédien fétiche des réalisateurs de la Nouvelle Vague (Godard, Truffaut, Chabrol, Rohmer), il a joué dans plus de deux cents films, souvent dans des seconds rôles. Également réalisateur, il a organisé différents festivals et dirigé le théâtre Hébertot puis celui des Bouffes-Parisiens.

Briançon Chef-lieu d'arrondissement des Hautes-Alpes, sur la Durance. 10 780 habitants. La ville haute est une place forte construite par Vauban. Station climatique et touristique.

Briançonnais n. m. Région de la haute Durance, dans les Alpes du Dauphiné. Hydroélectricité. Tourisme et sports d'hiver.

Briand (Aristide) Homme d'État français (1862-1932). Socialiste, il fut plus de 20 fois ministre de la IIIe République, notamment des Affaires étrangères, et 11 fois président du Conseil. Partisan de la paix et de la collaboration internationale, il signa le pacte de Locarno (1925) puis le pacte Briand-Kellogg (1928). Prix Nobel de la paix 1926.

Briand-Kellogg (pacte) Pacte signé en août 1928 par 57 pays à l'instigation d'Aristide Briand et de Frank Billings Kellogg. Il mettait la guerre hors la loi et proposait une fédération européenne.

Briansk Ville de Russie, sur la Desna, au S.-O. de Moscou. 415 000 habitants. Centre industriel (métallurgie, mécanique, cuir, industries alimentaires) et nœud ferroviaire.

briard, arde adj. et n. De la Brie. – *Chien briard* ou n. m. *briard* : chien de berger à poils longs.

Briare Commune du Loiret, sur la Loire. 5 212 habitants. Le *canal de Briare* relie la Loire à la Seine par le Loing (56 km).

Briarée Dans la mythologie grecque, l'un des trois hécatonchires, géants à cent bras et à cinquante têtes.

bribe n. f. (onomatopée) 1. vieilli Petit morceau, petite quantité. 2. fig. au plur. *Des bribes de phrases, de souvenirs.*

bric-à-brac n. m. invar. (onomatopée ; influence de *brique*) 1. Amas de vieux objets hétéroclites, destinés à la revente. *Le bric-à-brac d'un brocanteur.* 2. Amas d'objets hétéroclites en désordre.

bricelet n. m. (du moyen français, d'un dérivé du latin *bracchium* « bras ») (Suisse) Gaufre très mince et croustillante.

de **bric et de broc** loc. adv. (onomatopée) En employant des morceaux de toute provenance, au hasard des occasions. *Une chambre meublée de bric et de broc.*

[1]**brick** n. m. (de l'anglais, abrév. de *brigantine*, du français, mot italien ; famille de *brigand*) Voilier à deux mâts gréés à voiles carrées.

[2]**brick** n. m. (mot arabe de Tunisie) Beignet salé fait d'une pâte très fine. *Un brick à l'œuf.*

bricolage n. m. 1. Action de bricoler ; travail de bricoleur. 2. Réparation ou travail manuel sommaire. ■ péj. Travail peu soigné. 3. fig. Travail intellectuel à la méthode improvisée, soumise aux circonstances.

bricole n. f. (italien *briccola* « catapulte », mot germanique ; d'abord « corde de catapulte ») 1. Courroie du harnais passée sur la poitrine du cheval ; bretelle de porteur. 2. Petit accessoire, menu objet ; chose insignifiante. → **babiole.** – loc. fam. *Il va lui arriver des bricoles,* des ennuis.

bricoler v. < 1 > (de *bricole* [2]) 1. v. intr. Gagner sa vie en faisant toutes sortes de petites besognes. – Se livrer à de petits travaux manuels (aménagements, réparations, etc.). ■ S'occuper. 2. v. tr. Installer, aménager en amateur et avec ingéniosité. → fam. **bidouiller.** – péj. Arranger, réparer tant bien que mal. ■ Faire, s'occuper de. *Qu'est-ce qu'il bricole ?*

bricoleur, euse n. Personne qui aime à bricoler. – adj. *Il est très bricoleur.*

Briçonnet (Guillaume) Prélat français (1472-1534). Évêque de Meaux, marqué par Érasme, il anima, autour de Lefèvre d'Étaples, le « cénacle de Meaux », cercle d'humanistes qui voulaient réformer l'Église.

Bricquebec-en-Cotentin Commune de la Manche. 5 847 habitants. Vestiges d'une forteresse médiévale.

Briançon

À Briançon, la citadelle de Vauban vue d'avion.

BRICS n. m. Acronyme anglais désignant le groupe de pays formé par le Brésil, la Russie, l'Inde, la Chine et l'Afrique du Sud.

Manmohan Singh (le Premier ministre indien), Dmitri Medvedev (le président russe), Hu Jintao (le président chinois), Dilma Rousseff (la présidente brésilienne) et Jacob Zuma (le président sud-africain) au 3e sommet du BRICS à Sanya (Hainan) en Chine le 14 avril 2011.

bride n. f. (du germanique, même famille que *bretelle*) 1. Pièce du harnais fixée à la tête du cheval pour le diriger. ■ loc. *Tenir son cheval en bride,* le maintenir à l'aide de la bride. – fig. *Tenir qqn en bride.* – *Lâcher la bride,* laisser libre de ses mouvements. – *Avoir la bride sur le cou* : être libre. – ***À bride abattue*** : très vite ; sans retenue. – ***Tourner bride*** : rebrousser chemin ; fig. changer d'avis, de conduite. 2. Lien servant à retenir ou à relier. *Les brides d'un bonnet.*

bridé, ée adj. (de *bride*) *Yeux bridés,* présentant un repli qui retient la paupière supérieure quand l'œil est ouvert ; par ext. yeux dont les paupières sont comme étirées latéralement.

brider v. tr. < 1 > 1. Mettre la bride à (un cheval). 2. Serrer avec une bride. – *Brider une volaille* (avant cuisson). → **trousser.** 3. fig., littér. Contenir, gêner dans son développement. → **freiner, réprimer.** *Brider ses instincts.* 4. *Brider un moteur,* en limiter la puissance. □ n. m. **bridage**

Brides-les-Bains Commune de la Savoie. 491 habitants. Station thermale.

[1]**bridge** n. m. (mot anglais des États-Unis, p.-ê. d'origine russe) Jeu de cartes qui se joue à quatre (deux contre deux), et qui consiste, pour l'équipe qui a fait la plus forte enchère, à réussir le nombre de levées correspondant. *Jouer au bridge. Table de bridge.*

[2]**bridge** n. m. (mot anglais « pont ») Appareil de prothèse dentaire en forme de pont, qui prend appui sur des dents solides.

[3]**bridge** n. m. (mot anglais « pont ») anglic. Appareil photo qui associe les fonctionnalités du réflex et le faible encombrement d'un appareil compact.

Bridge (Frank) Compositeur et chef d'orchestre britannique (1879-1941). Son œuvre, d'abord influencée par le postromantisme, s'orienta vers la polytonalité. *Quatuors à cordes n° 3 et n° 4.*

Bridgeport Ville des États-Unis (Connecticut). 148 650 habitants. Port. Industries mécaniques, électricité.

bridger v. intr. < 3 > (de [1]*bridge*) Jouer au bridge. □ n. **bridgeur, euse**

Bridges (Robert Seymour) Poète britannique (1844-1930). Son œuvre, de facture néoclassique, s'inspira de la prosodie grecque. *Short Poems.*

Bridgetown Capitale de la Barbade, située au S.-O. de l'île. 102 000 habitants. Port et tourisme.

Bridgman (Percy Williams) Physicien américain (1882-1961). Il travailla sur les techniques d'obtention de très hautes pressions et découvrit des glaces plus denses que l'eau. Prix Nobel 1946.

bridon n. m. Bride légère à mors articulé.

brie n. m. (du n. de la région) Fromage fermenté à pâte molle et croûte fleurie.

Brie n. f. Région de l'E. du Bassin parisien, située entre la Seine et la Marne. Villes principales : Meaux, Melun. Vaste plateau recouvert de limons fertiles, c'est une région de grandes exploitations agricoles (blé, betterave, élevage, fromages). La Brie française, au S., est la plus riche, alors que la Brie champenoise, au N., est moins fertile.

Brie-Comte-Robert Commune de la Seine-et-Marne. 19 161 habitants. Ancienne capitale de la Brie française, elle a conservé les vestiges du château construit par Robert, comte de Dreux (v. 1170), et une église gothique (vitraux du XIIIe s.). Marché agricole, roseraies.

brief [bʀif] **n. m. (mot anglais)** anglic. **1.** Présentation des informations nécessaires à la réalisation d'un travail, d'une opération. **2.** Briefing.

briefer [bʀife] **v. tr. < 1 >** anglic. Informer par un briefing, communiquer des instructions à. *Il a briefé ses collaborateurs.*

briefing [bʀifiŋ] **n. m. (mot anglais → ²bref)** anglic. Réunion d'information. → **brief.**

Brienne (Jean de) (1148-1237). Issu d'une famille champenoise, il fut roi de Jérusalem (1210) et empereur de Constantinople (1231-1237).

Brienne-le-Château Commune de l'Aube. 2 754 habitants. Château du XVIIIe s., église des XIVe-XVIe s. Ancienne école militaire où Napoléon fit ses études.

Brienon-sur-Armançon Commune de l'Yonne. 3 160 habitants. Ancienne collégiale Saint-Loup, gothique et Renaissance.

Brienz Ville de Suisse (canton de Berne) au bord du lac de Brienz. 3 080 habitants. ■ **Brienz (lac de)** Lac formé par l'Aar, au pied des Alpes bernoises. 30 km².

Brière ou **Grande-Brière n. f.** Région de marais au N. de l'estuaire de la Loire (Loire-Atlantique), ancien golfe parsemé d'îles comblé par les alluvions. Parc naturel régional depuis 1970.

Brière de l'Isle (Louis Alexandre) Général français (1827-1896). Il prit une part active à la colonisation du Tonkin (1884-1885).

brièvement adv. (de ¹bref) En peu de mots. → **en bref, succinctement.**

brièveté n. f. (de ¹bref) Caractère de ce qui est bref.

briffer v. < 1 > (d'un radical onomatopéique *b-r-f*) fam. et vieilli Manger. → **bouffer, bâfrer.**

brigade n. f. (de l'italien, de *briga* « lutte » → brigue et « troupe » → brigand) 1. dans l'armée Unité tactique à l'intérieur de la division. **2.** Unité de gendarmerie la plus petite. ■ Subdivision de la police. *La brigade mondaine*.* **3.** Équipe de travailleurs, spécialt, de cuisiniers.

Brigades internationales Unités de volontaires étrangers qui combattirent aux côtés des républicains lors de la guerre civile espagnole (1936-1939). Parmi leurs cadres se trouvaient plusieurs personnalités qui jouèrent un rôle essentiel dans le mouvement communiste (A. Marty, Tito, W. Ulbricht).

Brigades rouges Groupe de terroristes italiens de l'extrême gauche révolutionnaire qui se manifesta par de nombreux attentats contre des personnalités politiques (dont l'assassinat d'Aldo Moro) dans les années 1970.

brigadier, ière n. (de *brigade*) 1. fam. Général de brigade. **2.** Celui, celle qui a dans certains corps d'armée le grade le moins élevé (correspondant à *caporal*). ■ Chef d'une brigade de gendarmes. **3. n. m.** Bâton pour frapper les trois coups, au théâtre.

brigand n. m. (italien *brigante*, de *briga* → brigade) 1. vieilli Homme qui se livre au brigandage. → **bandit, malfaiteur, voleur.** *Un repaire de brigands.* **2.** Homme malhonnête. ■ (envers un enfant) *Petit brigand !* → **chenapan, coquin.**

brigandage n. m. Vol ou pillage commis avec violence et à main armée par des malfaiteurs généralement en bande.

brigantin n. m. (de l'italien → brigand) mar. Ancien navire à deux mâts, analogue au brick.

brigantine n. f. (de *brigantin*) mar. Voile trapézoïdale de l'arrière d'un navire.

Bright (Richard) Médecin britannique (1789-1858). L'un des fondateurs de l'anatomie pathologique, il décrivit la néphrite chronique qui porte son nom *(mal de Bright).*

Bright (John) Homme politique britannique (1811-1889). Ardent défenseur du libre-échange, il fut ministre du Commerce de 1868 à 1870.

Brighton Ville d'Angleterre (East Sussex), sur la Manche. 229 700 habitants. La ville a conservé une architecture typique de l'époque victorienne. Station balnéaire.

Brigide, Brigid ou **Brigitte (sainte)** Abbesse de Kildare (Ve s.), elle est une des patronnes de l'Irlande.

Brigitte, Birgitta, Brïte ou **Bridget (sainte)** Religieuse suédoise (v. 1303-1373). Mère de sainte Catherine de Suède, elle est l'autrice de *Révélations.*

Brignais Commune du Rhône. 12 403 habitants. Vestiges d'un aqueduc romain.

Brignoles Chef-lieu d'arrondissement du Var. 17 652 habitants. Ancien palais des comtes de Provence (XIIIe s.). Marché agricole (vins). Carrières de marbre. Anc. gisements de bauxite.

brigue n. f. (italien *briga* → brigade) vieux ou littér. Manœuvre pour obtenir un avantage, une place. *« Tout se fait par brigue et par cabale chez les grands »* (Lesage).

Brigue Ville de Suisse (canton du Valais), dans la vallée du Rhône. 13 158 habitants. Palais de Stockalper. Nœud de communication, à l'entrée du tunnel du Simplon. Tourisme.

Brigue (La) Commune des Alpes-Maritimes. 696 habitants. Église Saint-Martin qui contient des retables du XVe siècle.

briguer v. tr. < 1 > 1. vieux Tenter d'obtenir par brigue. **2.** littér. Rechercher avec ardeur. → **ambitionner, convoiter.** *Briguer un poste.*

Bril ou **Brill (Paul)** Peintre et graveur flamand (1556-1626). Ses fresques et peintures de la campagne romaine évoquent un univers bucolique qui inspira Poussin et le Lorrain. *Pêcheurs ; Pan et Syrinx.*

brillamment adv. D'une manière brillante, avec éclat. *Jouer brillamment son rôle.*

brillance n. f. Caractère de ce qui est brillant.

brillant, ante I. adj. 1. Qui brille. → **éblouissant, éclatant, lumineux, resplendissant.** *Cheveux brillants. Des yeux brillants de fièvre.* **2.** fig. Qui sort du commun, s'impose à la vue, à l'imagination par sa qualité. → **magnifique, splendide.** *Être promis à un brillant avenir.* ■ spécialt Qui éblouit, réussit par une intelligence, un esprit remarqués. *Un esprit brillant.* → **remarquable.** – *Exposé, texte brillant.* **3.** (avec une négation) *Le résultat n'est pas brillant*, est médiocre. *Ses affaires ne sont guère brillantes*, guère prospères. **II. n. m. 1.** Éclat, caractère brillant. *Le brillant de l'acier. Donner du brillant aux cheveux.* ■ fig. *Le brillant d'une cérémonie.* **2.** Diamant taillé à facettes.

brillanter v. tr. < 1 > techn. **1.** Tailler (une pierre précieuse) en brillant. **2.** Donner un aspect brillant à.

brillantine n. f. Cosmétique parfumé pour faire briller les cheveux.

brillantiner v. tr. < 1 > Enduire de brillantine. – p. p. adj. *Cheveux brillantinés.*

Brillat-Savarin (Anthelme) Gastronome et écrivain français (1755-1826). Il est l'auteur de la *Physiologie du goût.*

briller v. intr. < 1 > (italien *brillare*, d'origine obscure) 1. Émettre ou réfléchir une lumière vive. → **étinceler, luire, rayonner, resplendir.** *Le soleil brille. Briller de mille feux.* → **scintiller.** – *Faire briller des chaussures, des meubles*, en les astiquant, en les cirant. ■ par ext. *Son visage brille de joie.* **2.** Se manifester, se distinguer avec éclat. *Briller en société* **(→ brillant).** – iron. *Briller par son absence*, la faire remarquer.

Brillet (Alain) Astrophysicien français (né en 1947). Il a contribué à mettre au point l'instrument européen Virgo utilisé pour la détection directe des ondes gravitationnelles et a reçu la médaille d'or du CNRS en 2017.

Brillouin (Léon) Physicien français (1889-1969). Spécialiste de mécanique quantique et de physique du solide, il étudia la diffraction des ondes électromagnétiques par les ultrasons *(diffusion de Brillouin)* et apporta une contribution capitale à la théorie des semi-conducteurs *(bandes de Brillouin).*

brimade n. f. (→ brimer) Épreuve vexatoire que les anciens imposent aux nouveaux dans les régiments, les écoles. → **bizutage.** ■ par ext. Vexation. *Subir des brimades.*

brimbaler v. < 1 > (formation expressive, de *baller* « danser » → bal) vieilli Bringuebaler.

brimborion n. m. (altération du latin ecclés. *breviarium* → bréviaire) vieilli Petit objet de peu de valeur.

brimer v. tr. < 1 > (régional, d'abord « geler » ; de *brime*, p.-ê. croisement de *brume* et *frimas*) Soumettre à des brimades. – au p. p. *Se sentir brimé.*

brin n. m. (origine inconnue, p.-ê. gaulois ou germanique) 1. Filament qui constitue un fil, une corde. **2.** Tige, jeune pousse (d'un végétal). *Un brin d'herbe, de muguet.* – loc. *Un beau brin de fille* : une fille grande et bien faite. **3.** Petite partie longue et mince (de qqch.). *Un brin de paille.* → **fétu. 4.** fig. *Un brin de* : une quantité infime de. *Faire un brin de toilette.* – ***Un brin*** loc. adv. : un petit peu. *Elle est un brin jalouse.*

brindezingue adj. (de *brinde* → ²bringue) fam., vieilli **1.** Ivre. **2.** Un peu fou.

brindille n. f. (de *brin*) Menue branche (surtout sèche).

Brindisi Ville d'Italie (Pouilles). 89 100 habitants. Ancienne colonie grecque, puis cité romaine. Port sur l'Adriatique. Marché agricole. Commerce et industrie (pétrochimie). Station balnéaire.

¹bringue n. f. (probablt de *brin*) fam. et péj. *Une grande bringue*, une grande fille dégingandée. → **¹gigue.**

²bringue n. f. (var. de *brinde*, de *brinder* « boire à la santé », d'origine germanique) 1. fam. Noce, foire. *Faire la bringue, une bringue à tout casser.* → fam. **²bombe, nouba. 2.** (Suisse) Querelle.

bringuebaler v. < 1 > (formation expressive → brimbaler) 1. v. tr. Agiter, secouer. **2. v. intr.** Osciller de façon brusque et irrégulière. - var. **brinquebaler.** □ **adj. bringuebalant, ante**

Brink (André) Écrivain sud-africain d'expression afrikaans (1935-2015). Il est l'auteur de romans critiques contre le régime d'apartheid et le racisme. *Au plus noir de la nuit*, dont le personnage principal est un acteur noir, eut un retentissement considérable. *Une saison blanche et sèche.*

Brinon (Fernand de) Homme politique français (1885-1947). Créateur du Comité France-Allemagne (1935), il fut représentant du gouvernement de Vichy auprès des autorités allemandes à Paris (1940-1942) puis secrétaire d'État. Condamné à mort à la Libération, il fut exécuté.

Brinvilliers (Marie-Madeleine d'Aubray, marquise de) Principale protagoniste de l'affaire des Poisons (1630-1676). Elle fut brûlée pour avoir empoisonné son père et ses frères.

brio n. m. (mot italien, probablt d'origine gauloise) Technique aisée et brillante dans l'exécution musicale. → **maestria.** *Jouer avec, sans brio.* ■ par ext. *Parler avec brio.*

brioche n. f. (de *brier* « pétrir », forme normande de *broyer*) 1. Pâtisserie légère, souvent ronde, faite avec une pâte levée. **2.** fam. Ventre proéminent (d'un adulte). *Prendre de la brioche.*

brioché, ée adj. Qui a la consistance, le goût de la brioche. *Pain brioché.*

Brioché (Pierre Datelin, dit) Bateleur et montreur de marionnettes français (mort en 1671). Il fit connaître le personnage de Polichinelle et le singe Fagotin.

Brion (Marcel) Historien de l'art et écrivain français (1895-1984). Il est l'auteur de récits fantastiques et d'écrits sur l'art *(L'Allemagne romantique)*.

Brionne Commune de l'Eure, sur la Risle. 4 184 habitants. Donjon carré du XIe siècle.

Brioude Chef-lieu d'arrondissement de la Haute-Loire, sur l'Allier. 6 537 habitants. Basilique Saint-Julien, de style roman auvergnat.

Brioullov voir **Brullov**

Brioussov (Valeri Iakovlevitch) Poète et critique russe (1873-1924). Chef de file des symbolistes russes *(Urbi et Orbi ; Stephanos)*, il a laissé de nombreuses traductions.

brique n. f. (mot néerlandais, de *breken* « briser » → broyer) **1.** Matériau fabriqué avec de la terre argileuse pétrie, façonnée et séchée (souvent en parallélépipède). *Maison en brique(s).* – adj. invar. Rouge brun. appos. invar. *Des chaussettes rouge brique.* **2.** Matière compacte moulée en parallélépipède. *Une brique de savon.* **3.** (n. déposé) Emballage parallélépipédique utilisé pour certains liquides alimentaires. *Une brique de lait.* **4.** fam., vieilli Somme de dix mille francs. → **bâton.** **5.** (Belgique, Canada) fam. Gros livre. → **pavé.**

briquer v. tr. < 1 > (de *brique à pont* « pierre pour frotter le pont d'un navire ») Nettoyer en frottant vigoureusement. → **astiquer.**

[1]**briquet** n. m. (de *brique*) **1.** vieux Pièce d'acier produisant une étincelle en battant contre un caillou. – *Battre le briquet.* **2.** Petit appareil pouvant produire du feu à répétition.

[2]**briquet** n. m. (de *brique* « petit morceau ») Petit chien de chasse.

briqueter v. tr. < 4 ou RO 5 > **1.** Construire en briques. **2.** Peindre en figurant des briques. *Briqueter une façade.* □ n. m. **briquetage**

briqueterie [bʀik(ə)tʀi ; bʀikɛtʀi] ou **briquèterie** [bʀikɛtʀi] n. f. Fabrique de briques.

briquetier, ière n. Ouvrier, ouvrière d'une briqueterie.

briquette n. f. **1.** Petite brique. **2.** Combustible en forme de brique. *Briquette de charbon.*

bris n. m. (de *briser* → débris) Action de briser ou de se briser ; son résultat. ■ dr. *Bris de scellés* (délit).

brisant n. m. Rocher sur lequel la mer se brise et déferle. → **écueil, récif.**

Brisbane Ville d'Australie, capitale du Queensland, sur l'océan Pacifique. 2,5 millions d'habitants. C'est l'un des ports les plus actifs du pays. Important centre commercial et industriel. Université.

briscard, arde n. (de *brisque* vieux « chevron de soldat », origine obscure) **1.** n. m. Vieux soldat de métier. – loc. *Vieux briscard* : homme pourvu d'une longue expérience. **2.** Militant(e), combattant(e) de longue date d'une cause.

brise n. f. (probablt de l'espagnol, famille de *bise*) Vent peu violent. *Brise de terre*, soufflant de la terre vers la mer.

brise-bise n. m. Petit rideau garnissant le bas d'une fenêtre. *Des brise-bises* ou *des brise-bise* (invar.).

brisées n. f. pl. (de *briser*) **1.** Branches que le veneur casse (sans les couper) pour marquer la voie de la bête. **2.** loc. littér. *Aller, marcher sur les brisées de qqn*, entrer en concurrence avec lui sur un terrain qu'il s'était réservé.

brise-fer [bʀizfɛʀ] n. Personne, enfant qui casse les objets les plus solides par brutalité ou maladresse. *Des brise-fers* ou *des brise-fer* (invar.). → **brise-tout.**

brise-glace n. m. Navire à étrave renforcée pour briser la glace. *Des brise-glaces.*

Brise-glace dans le fjord du Saguenay, au Québec.

brise-jet n. m. Embout que l'on adapte à un robinet pour atténuer et diriger le jet. *Des brise-jets.*

brise-lame n. m. Construction élevée à l'entrée d'un port pour le protéger contre les vagues du large. → **digue,** [2]**môle.** *Des brise-lames.*

brisement n. m. Action de briser. → **bris.** – fig. *Brisement de cœur.*

brise-motte n. m. Rouleau servant à écraser les mottes de terre. *Des brise-mottes.*

briser v. tr. < 1 > (vient du latin pop., p.-ê. du latin *brisare* « fouler le raisin ») **1.** littér. Casser, mettre en pièces. *Briser une vitre.* – loc. *Briser les liens, les chaînes de qqn*, le libérer d'une sujétion. *Briser le cœur* : affliger profondément. – *Briser qqn.* → **abattre, anéantir.** *Être brisé de fatigue.* → **moulu.** **2.** fig. Rendre inefficace par une intervention violente. → **anéantir, détruire.** *Briser la carrière, la résistance de qqn. Briser une grève*, la faire échouer. ■ Interrompre, rompre. *Briser le silence.* – *Briser un ménage.* ■ **se briser** v. pron. Se casser. ■ (mer) Déferler. ■ **brisé, ée** adj. **1.** *Un miroir brisé.* – fig. *Cœur brisé.* **2.** géom. *Ligne brisée*, composée de droites qui se succèdent en formant des angles variables. ■ archit. *Arc brisé*, formant un angle au faîte (opposé à *plein cintre*). **3.** *Pâte brisée* : pâte à tarte non feuilletée.

brise-soleil n. m. invar. ou n. m. Dispositif fixé contre la façade d'un bâtiment vitré de façon à le protéger du soleil.

brise-tout n. invar. Personne maladroite qui casse tout ce qu'elle touche. → **brise-fer.** - var. RO **brisetout** n.

briseur, euse n. Personne qui brise (qqch.). ■ fig. *Une briseuse de ménage.* – loc. *Briseur de grève* : personne qui ne fait pas la grève lorsqu'elle a été décidée (→ **jaune**) ; personne embauchée pour remplacer un gréviste.

brise-vent n. m. Obstacle (haie, palissade) abritant les cultures du vent. *Des brise-vents* ou *des brise-vent* (invar.).

Brisbane

Brisbane, l'une des plus grandes villes du monde en superficie.

Brisgau n. m. Région de plaine du S.-O. de l'Allemagne, formant la partie méridionale de la plaine de Bade, entre la vallée du Rhin et la Forêt-Noire.

brisis n. m. (de *briser*) archit. Partie inférieure d'un versant de toit brisé.

Brissac Famille de militaires et d'hommes d'État français. ■ **Charles Ier de Cossé-Brissac, comte de Brissac,** dit **le maréchal de Brissac.** Maréchal de France (1505-1563). Gouverneur de Picardie puis de Normandie, il reprit Le Havre aux Anglais (1563). ■ **Artus de Cossé-Brissac.** Maréchal de France (1512-1582). Frère de Charles Ier de Cossé-Brissac, il combattit les calvinistes durant les guerres de Religion. ■ **Charles II, comte de Cossé-Brissac.** Maréchal de France (1550-1621). Fils de Charles Ier de Cossé-Brissac, il se rallia à Henri IV à qui il rendit Paris.

Brissac-Loire-Aubance Commune du Maine-et-Loire. 10 906 habitants. Château (XVe s.). Industrie agroalimentaire.

Brisson (Barnabé) Magistrat français (v. 1530-1591). Nommé premier président du parlement de Paris par le conseil des Seize au moment de la Ligue, il fut ensuite désavoué et pendu.

Brissot (Jacques Pierre) dit **Brissot de Warville** Journaliste et homme politique français (1754-1793). Fondateur du journal *Le Patriote français*, membre du club des Jacobins, puis député à l'Assemblée législative, il devint l'un des chefs des Girondins (ou *Brissotins*). Réélu à la Convention, il s'opposa aux Montagnards et fut guillotiné.

Brissotins n. m. pl. Nom donné pendant la Révolution française, sous la Législative et la Convention (1791-1793), aux partisans de Brissot, plus connus sous le nom de Girondins.

bristol n. m. (du n. de la ville) **1.** Papier satiné fort et blanc. **2.** vieilli Carte de visite ou d'invitation.

Bristol Ville d'Angleterre, sur l'Avon. 535 700 habitants. Cathédrale, église Sainte-Marie, maisons du XVIIIe s. Musée de l'aérospatiale. Université. Port de commerce. Industrie alimentaire. Construction aéronautique et aérospatiale.

Bristol, le Watershed Media Centre, sur les quais de l'Avon.

Bristol (canal ou chenal de) Golfe formé par l'océan Atlantique entre le pays de Galles au N. et l'Angleterre au S. (comté de Somerset).

brisure n. f. Cassure, fêlure ; fragment.

Britannicus (Tiberius Claudius Caesar, dit) Fils de l'empereur Claude et de Messaline (41-55). Il fut écarté du trône par Agrippine, seconde épouse de son père, au profit de Néron, qui le fit assassiner. Son destin inspira la tragédie *Britannicus* à Racine.

britannique adj. (du latin, de *Britannia* « [Grande-]Bretagne ») Qui se rapporte à la Grande-Bretagne, au Royaume-Uni et à l'Irlande. → **anglais, anglo-saxon.** *Les îles Britanniques.* – n. *Les Britanniques.*

Britanniques (îles) Archipel formé par la Grande-Bretagne, l'Irlande et 5 000 îles environnantes.

Brite (sainte) voir **Brigitte** (sainte)

British Broadcasting Corporation (BBC) Office national créé en 1922 et qui reçut en 1927 le monopole de la radiodiffusion puis de la télévision britannique. Ce dernier cessa en 1954.

British Museum Musée de Londres fondé en 1753. Il abrite de remarquables collections d'archéologie ainsi que des chefs-d'œuvre des cultures égyptienne, grecque et romaine.

Britten (Benjamin, baron Britten of Aldeburgh) Compositeur britannique (1913-1976). Il a consacré la majeure partie de son œuvre au répertoire lyrique *(Peter Grimes ; The Turn of the Screw)*. Il est également l'auteur d'œuvres symphoniques et religieuses *(War Requiem)*.

Brive-la-Gaillarde Chef-lieu d'arrondissement de la Corrèze. 45 910 habitants. Collégiale (XIIe-XIVe s.). Nœud ferroviaire et carrefour routier. Centre industriel (métallurgie, électronique, agroalimentaire).

brize n. f. (grec *briza*) Plante herbacée, à épillets verts ou roussâtres très sensibles au vent.

Brizeux (Auguste) Poète français (1803-1858). Son œuvre célèbre sa Bretagne natale *(Les Bretons)*.

Brno en allemand **Brünn** Ville de la République tchèque, au confluent de la Svitava et de la Svratka. Ville principale de la Moravie. 398 500 habitants. Important centre culturel et universitaire. Églises gothiques (église Saint-Jacques ; monastère des Augustins) et édifices baroques (église des Minorites, église des Jésuites). La ville est dominée par la forteresse du Spielberg. C'est un carrefour ferroviaire et routier important. Industries très diversifiées (optique, chimie, mécanique, fabrication de dirigeables). Importante foire annuelle internationale.

Broadway L'une des plus célèbres avenues de New York, dans Manhattan. Lieu d'une intense activité nocturne, elle abrite notamment de nombreux théâtres.

Broadway et Times Square, haut lieu des comédies musicales à New York.

broc [bʀo] n. m. (de l'ancien provençal, p.-ê. du grec) Récipient profond à anse, à bec évasé, dont on se sert pour transporter les liquides.

Broca (Paul) Chirurgien et anthropologue français (1824-1880). Il s'est consacré à la localisation des centres cérébraux de la parole et à l'aphasie consécutive à leurs lésions *(aphasie de Broca)*. Il fonda par ailleurs la Revue et l'École d'anthropologie.

Broca (Philippe de) Cinéaste français (1933-2004). Il a réalisé quelques-uns des plus gros succès du cinéma français. *L'Homme de Rio ; Tendre Poulet ; Chouans !*

brocante n. f. (de *brocanter*) Commerce du brocanteur.

brocanter v. < 1 > (probablt d'origine germanique) **1. v. intr.** Faire commerce d'objets anciens. **2. v. tr.** Vendre en tant que brocanteur.

brocanteur, euse n. (de *brocanter*) Personne qui fait commerce d'objets anciens et de curiosités qu'elle achète d'occasion pour la revente. → **antiquaire, fripier, revendeur.** *Chiner chez les brocanteurs.*

¹brocard n. m. (de *broquer* « piquer », var. dialectale de *brocher*) vieux Petit trait moqueur, raillerie.

²brocard n. m. (de *broque* « bois [d'un animal] », var. dialectale de *broche*) Chevreuil mâle d'un an. - var. **brocart.**

brocarder v. tr. < 1 > littér. Railler par des brocards. *Brocarder une institution.*

brocart n. m. (de l'italien, de *broccare* « brocher ») Riche tissu de soie rehaussé de dessins brochés en fils d'or et d'argent.

brocatelle n. f. (de l'italien → brocart) techn. **1.** Brocart à petits dessins. **2.** Marbre coquillier.

brocciu [bʀɔtʃ(j)u] ou **bruccio** [bʀutʃ(j)o] n. m. (corse *brócciu*, d'origine germanique) Fromage frais de chèvre ou de brebis, fabriqué en Corse. - var. **broccio** [bʀɔtʃ(j)o].

Brocéliande Forêt légendaire de Bretagne, où vivaient Merlin l'Enchanteur et la fée Viviane selon les romans de la Table ronde. On l'identifie souvent à la forêt de Paimpont.

Broch (Hermann) Écrivain autrichien (1886-1951). Il est l'auteur d'œuvres critiques qui décrivent la décadence des valeurs bourgeoises *(Les Somnambules ; Théorie de la folie des masses)* et de romans d'une morale exigeante, parfois influencés par Joyce *(La Mort de Virgile)*. Il s'exila aux États-Unis après l'arrivée de Hitler.

brochage n. m. **1.** Action, manière de brocher (les feuilles imprimées). → **reliure. 2.** Procédé de tissage des étoffes brochées.

broche n. f. (vient du latin pop., d'origine germanique ou celtique) (Instrument, pièce à tige pointue) **1.** Tige de fer pointue qu'on passe au travers d'une volaille ou d'une pièce de viande à rôtir, pour la faire tourner pendant la cuisson. **2.** en filature Tige de fer recevant la bobine. **3.** Tige métallique d'une prise électrique mâle. **4.** Tige métallique utilisée en chirurgie osseuse pour fixer un os fracturé. **5.** Bijou muni d'une épingle et d'un fermoir. **6.** (Canada) Fil de fer. – **loc. adj. invar.** fam. *(De) broche à foin* : mal organisé. *Un projet (de) broche à foin.* **7.** au plur. Défenses du sanglier.

brocher v. tr. < 1 > (de *broche*) **1.** Relier sommairement, avec couverture de papier. **2.** Tisser en entremêlant sur le fond des fils de soie, d'argent ou d'or, et en formant des dessins en relief. ■ **broché, ée adj. 1.** *Livre broché* (opposé à *relié, cartonné*). **2.** *Tissu broché.* – **n. m.** *Du broché.*

brochet n. m. (de *broche* à cause du museau) Poisson d'eau douce long et étroit, carnassier, aux dents aiguës. *Quenelles de brochet.*

brochette n. f. **1.** Petite broche servant à faire rôtir ou griller des morceaux d'aliments ; les morceaux ainsi embrochés. *Brochette de mouton, de fruits de mer.* **2.** Petite broche servant à porter des médailles, des décorations ; cette série. **3.** fig. et fam. *Une brochette de stars.*

brocheur, euse n. **1.** Ouvrier, ouvrière dont le métier est de brocher (des tissus, des livres). **2. n. f.** Machine pour le brochage des livres.

brochure n. f. **1.** Décor d'un tissu broché. **2.** Livret broché. *Brochure publicitaire.*

Brocken ou **Blocksberg** n. m. Point culminant du massif du Harz, en Allemagne. 1 142 m. Lieu de la réunion légendaire des sorcières pendant la nuit de Walpurgis (30 avril-1er mai).

brocoli n. m. (de l'italien, de *brocco*, famille de *broche*) Chou-fleur originaire d'Italie, à longue tige et fleurs vertes. *Des brocolis.*

Brod (Max) Écrivain juif d'expression allemande (1884-1968). Ami et exécuteur testamentaire de Franz Kafka, dont il publia les œuvres et le *Journal*, il est l'auteur de romans réalistes à caractère psychologique réunis sous le titre *Le Combat pour la vérité.*

brodequin n. m. (origine inconnue) **1.** Chaussure montante de marche, lacée sur le cou-de-pied. → aussi **godillot. 2.** Antiq. Chaussure des personnages de comédie (opposé à *cothurne* [tragédies]). **3.** au plur. hist. Instrument de supplice, pour serrer les pieds.

broder v. < 1 > (origine germanique) **1. v. tr.** Orner (un tissu) de broderies. *Broder un napperon.* – Exécuter en broderie. *Broder des initiales sur du linge.* **2. v. intr.** fig. Amplifier ou exagérer à plaisir. *Un petit fait sur lequel l'auteur a brodé.* □ **adj. brodé, ée**

broderie n. f. Ouvrage consistant en points qui recouvrent un motif dessiné sur un tissu ou un canevas. – *Broderie anglaise*, effectuée autour de parties évidées. ■ Technique, commerce, industrie des brodeurs.

brodeur, euse n. **1.** Ouvrier, ouvrière en broderie. **2. n. f.** Métier, machine à broder.

Brodsky (Joseph) Poète soviétique naturalisé américain (1940-1996). Condamné en URSS en 1964 pour « parasitisme social », il fit paraître ses œuvres clandestinement avant de s'exiler aux États-Unis en 1972. Ses poèmes sont empreints d'une profondeur philosophique qui s'allie à un langage très riche. *Urania.* Prix Nobel 1987.

Broederlam (Melchior) Peintre flamand (XIVe s.). Son œuvre est caractéristique de l'école bourguignonne (retable de la chartreuse de Champmol).

Broglie [bʀɔj] Famille française descendant d'un noble piémontais, Francesco Maria Broglia. ■ **Victor François, duc de Broglie** (1718-1804). Il s'illustra pendant la guerre de Sept Ans avant d'émigrer sous la Révolution et de commander l'armée des princes en 1792. ■ **Charles Louis Victor de Broglie** (1756-1794). Fils de Victor François, député de la noblesse aux États généraux (1789), il fut exécuté sous la Terreur. ■ **Achille Léon Charles Victor, duc de Broglie** Homme politique français (1785-1870). Petit-fils de Victor François, il fut président du Conseil sous la monarchie de Juillet (1835-1836). ■ **Albert, duc de Broglie** Homme politique français (1821-1901). Fils d'Achille, il fut député monarchiste à l'Assemblée nationale (1871) et contribua à provoquer la chute de Thiers (1873). Il tenta, aux côtés de Mac-Mahon (1877), de faire triompher la politique de l'Ordre moral. ■ **Maurice, duc de Broglie** Physicien français (1875-1960). Petit-fils d'Albert, il étudia les rayons X et découvrit l'effet photoélectrique nucléaire (1921). ■ **Louis, prince, puis duc de Broglie** Physicien français (1892-1987). Frère de Maurice, il est le créateur de la mécanique ondulatoire *(formule de Broglie)*. Ses travaux sont à l'origine de l'optique électronique. Prix Nobel 1929.

broiement n. m. rare Broyage.

Broken Hill Ville d'Australie (Nouvelle-Galles du Sud), dans une région subdésertique. 18 850 habitants. Nombreux minerais (plomb, argent, zinc).

broker [bʀɔkœʀ] n. m. (mot anglais « courtier ») anglic., fin. Opérateur sur les places financières anglo-saxonnes. ■ par ext. Courtier. - var. RO **brokeur, euse n.**

brol n. m. (mot flamand) (Belgique) fam. Désordre, fouillis. → **bazar.**

bromate n. m. chim. Sel de l'acide bromique.

¹brome n. m. (latin *bromos*, mot grec, de *bremein* « gronder ») bot. Plante herbacée (graminée), utilisée comme fourrage ou gazon.

²brome n. m. (du grec « puanteur ») Corps chimique simple (symb. Br, n° at. 35, masse at. 79,90), gaz suffocant extrait des eaux marines et des gisements salins. □ **bromique adj.** *Acide bromique.*

Bromfield (Louis) Romancier américain (1896-1956). Son roman *La Mousson* lui valut une grande popularité.

bromhydrique adj. chim. *Acide bromhydrique,* produit par la combinaison de l'hydrogène et du brome.

bromure n. m. **1.** Composé du brome avec un corps simple. *Bromure de potassium* ou absolt *bromure,* puissant sédatif. **2.** dans l'industrie graphique Épreuve photographique sur papier au bromure d'argent.

Bron Commune du Rhône, dans la banlieue E. de Lyon. 42 442 habitants. Aéroport Lyon-Bron. Université. Centre industriel.

bronca n. f. (mot espagnol, probablt du latin pop. *bruncus* « saillie, aspérité ») Concert de huées. → **tollé.**

bronche n. f. (du latin médiéval, du grec *bronkhia* « gorge, trachée ») Chacun des deux conduits cartilagineux qui naissent par bifurcation de la trachée et se ramifient dans les poumons. □ adj. **bronchique**

bronchectasie n. f. (→ ectasie) méd. Dilatation pathologique des bronches. - syn. **bronchiectasie.**

broncher v. intr. < 1 > (vient du latin pop. *bruncus* « souche ») **1.** vieilli Trébucher. **2.** (surtout négatif) Réagir. *Il ne bronchait pas.*

bronchiole [bʀɔ̃ʃjɔl ; bʀɔ̃kjɔl] n. f. anat. Ramification terminale des bronches.

bronchiolite [bʀɔ̃kjɔlit] n. f. (→ -ite) méd. Inflammation aiguë des bronchioles.

bronchite n. f. Inflammation des bronches.

bronchiteux, euse adj. et n. (Personne) qui est souvent atteint de bronchite.

bronchitique adj. Relatif à la bronchite. ■ Atteint de bronchite. – n. *Un, une bronchitique.*

broncho- [bʀɔ̃ko] Élément (du grec *bronkhia* → bronche) qui signifie « des bronches ».

bronchodilatateur, trice adj. méd. Qui relâche les muscles des voies respiratoires, facilitant la ventilation pulmonaire. *Action bronchodilatatrice d'un médicament.* – n. m. *Un bronchodilatateur.*

bronchopneumonie [bʀɔ̃kopnømɔni] n. f. Inflammation du poumon et des bronches.

bronchorrhée [bʀɔ̃kɔʀe] n. f. (→ -rrhée) méd. Hypersécrétion du mucus bronchique qui s'observe dans la bronchite chronique.

bronchoscopie [bʀɔ̃kɔskɔpi] n. f. (→ -scopie) méd. Examen endoscopique de l'intérieur des bronches.

Brongniart (Alexandre Théodore) Architecte français (1739-1813). Néoclassique, il édifia de nombreux hôtels particuliers ainsi que la Bourse de Paris, dite *palais Brongniart.*

Bronson (Charles Buchinski, dit Charles) Acteur américain (1921-2003). Acteur de westerns *(Les Sept Mercenaires)* et de films de guerre *(La Grande Évasion),* il tourna aussi avec Sergio Leone *(Il était une fois dans l'Ouest),* René Clément, Clint Eastwood.

Brønsted (Johannes Nicolaus) Chimiste danois (1849-1947). Il élabora la théorie d'acides et bases dite de *Brønsted-Lowry* (1923).

Brontë (Charlotte) Poète et romancière britannique (1816-1855). Comme ses sœurs, Emily et Anne, elle connut une enfance difficile qui lui inspira des romans semi-autobiographiques, dont *Jane Eyre,* empreint d'un romantisme passionné.

Brontë (Branwell Patrick) Écrivain britannique (1817-1848). Il exerça une forte influence sur ses trois sœurs, Charlotte, Emily et Anne, et collabora à leurs œuvres de jeunesse.

Brontë (Emily Jane) Poète et romancière britannique (1818-1848). Elle est, des trois sœurs Brontë, celle dont la production littéraire est la moins abondante. Elle publia *Les Hauts de Hurlevent,* chef-d'œuvre lyrique et tourmenté, à la frontière du surnaturel.

Brontë (Anne) Poète et romancière britannique (1820-1849), sœur des trois précédents. Elle est l'autrice d'*Agnes Grey.*

brontosaure n. m. (du latin sc., du grec *brontê* « tonnerre » et *saura* → saurien) Reptile fossile gigantesque de l'ère secondaire.

Bronx n. m. District de New York, séparé de Manhattan par la rivière de Harlem. 1,4 million d'habitants. Quartier traditionnel des minorités blanches (Juifs, Italiens, Irlandais), il accueille depuis les années 2010 une majorité de Portoricains et est en pleine réhabilitation.

bronzage n. m. **1.** techn. Action de bronzer un métal. **2.** Fait de bronzer ; son résultat. → **hâle.** *Bronzage intégral,* sur tout le corps.

bronzant, ante adj. Qui facilite, provoque le bronzage. *Crème bronzante.* → **solaire.**

bronze n. m. (de l'italien ; p.-ê. du grec ou du persan) **1.** Alliage de cuivre et d'étain. → **airain.** *Statue de bronze. Médaille de bronze,* 3ᵉ prix dans une compétition. – en appos. invar. *Vert bronze.* – *L'âge du bronze :* période préhistorique de diffusion de la technique du bronze (environ IIᵉ millénaire avant J.-C.). **2.** Objet d'art (surtout sculpture) en bronze. ■ Médaille, monnaie de bronze antique. **3.** fig., littér. *De bronze :* dur, insensible. *Un cœur de bronze.*

bronzer v. < 1 > **1.** v. tr. techn. Recouvrir d'une couche de bronze, donner l'aspect du bronze. **2.** v. tr. (soleil, radiations artificielles) Brunir (qqn). → **hâler.** – pronom. *Elle se bronze au soleil.* **3.** v. intr. Brunir. *Il bronze facilement.* – *Lampe à bronzer.* ■ **bronzé, ée** adj. *Visage bronzé.* – n. Personne bronzée.

bronzette n. f. fam. Action de se faire bronzer au soleil. *Faire bronzette.*

bronzier, ière n. Personne qui fabrique des bronzes d'art.

Bronzino (Agnolo di Cosimo Torri, dit) Peintre italien (1503-1572). Peintre officiel du grand-duché de Toscane, il exécuta une série de portraits qui firent sa renommée, ainsi que des peintures religieuses et allégoriques. *Le Temps et la Vérité découvrant la Luxure.*

Broodthaers (Marcel) Artiste belge (1924-1976). Influencé par le mouvement dadaïste et le surréalisme, il interrogea dans ses œuvres (objets, textes, dessins, collages, photos, films) la légitimité et la fonction de l'histoire de l'art et du musée.

brook [bʀuk] n. m. (mot anglais « ruisseau ») anglic. Fossé rempli d'eau constituant un des obstacles d'un parcours de steeple-chase.

Brook (Peter) Metteur en scène de théâtre et de cinéma britannique (1925-2022). Metteur en scène incomparable de Shakespeare, directeur du théâtre des Bouffes du Nord à Paris de 1974 à 2011, il a développé un théâtre dépouillé, à partir de recherches avec des acteurs de nationalités diverses. *La Conférence des oiseaux ; Le Mahabharata.* Il a adapté au cinéma le roman de M. Duras, *Moderato cantabile.*

Brooke (Rupert Chawner) Poète britannique (1887-1915). Ses cinq *Sonnets de guerre* ont fait de lui un poète « patriotique », mais il s'inscrit aussi dans le néopaganisme.

Brooklyn District de New York, à l'extrémité S.-O. de Long Island. 2,7 millions d'habitants. Il accueille une forte minorité afro-américaine et latino-américaine.

Brooks (Louise) Actrice américaine (1906-1985). Sa carrière fulgurante reposa sur sa sensualité et son style audacieux pour l'époque. Elle fut notamment l'héroïne de *Loulou* et du *Journal d'une fille perdue* de Pabst.

Brooks (Richard) Cinéaste américain (1912-1992). Défenseur des valeurs humanistes, il critiqua dans ses films les travers de la société américaine (culte de l'argent, racisme, colonialisme). *Bas les masques.*

Brooks (Melvin Kaminsky, dit Mel) Cinéaste et acteur américain (né en 1926). Doué d'un humour délirant *(Les Producteurs),* il a excellé dans la parodie et le pastiche de genre : western *(Le shérif est en prison),* épouvante *(Frankenstein Junior),* suspense *(Le Grand Frisson)* et science-fiction *(La Folle Histoire de l'espace).*

Broons Commune des Côtes-d'Armor. 2 910 habitants. Vestiges du château de La Motte-Broons, lieu de naissance de Du Guesclin.

Broonzy (William Lee Conley, dit Big Bill) Guitariste et chanteur de blues américain (1893-1958). Il fut l'un des plus importants représentants du country blues grâce à la qualité de son chant et de son jeu de guitare. *Black Brown and White.*

Brossard (Sébastien de) Musicographe et bibliophile français (1655-1730). Auteur d'un *Dictionnaire de la musique,* il constitua une riche collection d'œuvres musicales.

Brossard (Nicole) Écrivaine canadienne (québécoise) [née en 1943]. Chef de file de la génération qui a renouvelé la poésie québécoise dans les années 1970, elle a également publié des romans (*Le Désert mauve,* 1987) qui expriment son féminisme et sa revendication de la liberté homosexuelle.

Brossard Ville du Canada (Québec), sur la rive droite du Saint-Laurent. 85 721 habitants.

brosse n. f. (vient du latin pop., p.-ê. d'origine gauloise) **1.** Ustensile de nettoyage, assemblage de filaments fixés sur une monture. *Brosse à habits, à chaussures, à cheveux. Brosse à dents.* – loc. fam. *Manier la* ***brosse à reluire*** *:* être servilement flatteur. **2.** *Cheveux en brosse,* coupés court et droit comme les

Brooklyn

Le pont de Brooklyn sur l'East River, qui relie Brooklyn à l'île de Manhattan.

poils d'une brosse. – *Porter la brosse*, les cheveux en brosse. **3.** Pinceau de peintre aux poils de longueur égale. **4.** (Belgique) Balai. **5.** chez certains insectes Rangées de poils pour recueillir le pollen.

Brosse (Salomon de) Architecte français (1571-1626). Formé par son oncle Jacques II Androuet du Cerceau, il fut aussi l'héritier du maniérisme et de la Renaissance (château de Coulommiers), annonçant le style classique dans le caractère monumental du palais du Luxembourg.

brosser v. tr. < 1 > **1.** Nettoyer, frotter avec une brosse. *Brosser un vêtement. Se brosser les dents.* ■ pronom. *Se brosser* : brosser ses vêtements. – loc. fam. *Tu peux toujours te brosser* : tu te passeras de ce que tu désires. **2.** Peindre à la brosse par grandes touches. ■ fig. Décrire à grands traits. □ n. m. **brossage**

brosserie n. f. Fabrication, commerce des brosses et ustensiles analogues (balais, plumeaux, etc.).

Brosses (Charles de) Magistrat, érudit et écrivain français (1709-1777). Il étudia l'histoire romaine, l'art, l'archéologie, la géographie et l'origine des langues. Ses *Lettres familières écrites d'Italie à quelques amis* (posthume) sont un chef-d'œuvre d'esprit, de finesse d'observation et d'ironie.

brossier, ière n. Ouvrier, ouvrière en brosserie.

Brossolette (Pierre) Journaliste et résistant français (1903-1944). Militant socialiste, il rejoignit le général de Gaulle à Londres (1942). Prônant un grand rassemblement autour du chef de la France libre, il tenta de fédérer les mouvements de résistance de la zone Nord. Arrêté par la Gestapo, il se suicida. Ses cendres ont été transférées au Panthéon en 2015.

Brotonne (forêt de) Forêt domaniale de Normandie, dans une boucle de la Seine (7 400 ha), peuplée de hêtres et de chênes. Parc régional naturel des Boucles de la Seine normande.

brou n. m. (de *brout* « pousse » → brouter) **1.** bot. Enveloppe externe de divers fruits. **2.** *Brou de noix* : teinture brune de menuisier, faite avec le brou de la noix.

Brou Quartier de Bourg-en-Bresse. Monastère et église (tombeaux, jubé, stalles), chefs-d'œuvre du gothique flamboyant, édifiés au XVIe siècle.

Brou Commune de l'Eure-et-Loir. 3 265 habitants. Maisons à pans de bois. Constructions mécaniques.

Brouage Village de la commune de Marennes-Hiers-Brouage, en Charente-Maritime. Ancienne place forte et port de mer, aujourd'hui ensablé, il était le plus important producteur et exportateur de sel au XVIIe siècle.

Brouckère (de) voir **De Brouckère**

brouet n. m. (de l'ancien français *breu* « bouillon », mot germanique) vieux Potage. ■ Mets grossier.

brouette n. f. (vient du bas latin *birota*, de *bi-* et *rota* → roue) Petit véhicule à une roue muni de deux brancards, qui sert à transporter des fardeaux à bras d'homme.

brouettée n. f. Contenu d'une brouette.

brouetter v. tr. < 1 > Transporter dans une brouette.

Brougham (Henry Peter), 1er baron Brougham and Vaux Homme politique britannique (1778-1868). Député whig, il se consacra à la défense des libertés et proposa des mesures sociales, notamment en matière d'assistance publique.

brouhaha n. m. (probablt de l'hébreu) Bruit confus qui s'élève d'une foule.

brouillage n. m. Trouble introduit (accidentellement ou délibérément) dans la réception des ondes de radio, de télévision, de radar.

brouillamini n. m. (du latin *boli armenii* « pilule d'Arménie » → 2bol, avec influence de *brouiller*) vieilli Embrouillamini. « *Je renonce à démêler ce brouillamini* » (Cocteau).

1brouillard n. m. (de *brouiller*) Phénomène naturel produit par de fines gouttelettes d'eau en suspension dans l'air qui limitent la visibilité. → **brume**. *Brouillard épais, à couper* au couteau.* – fig. *Être dans le brouillard* : ne pas voir clair dans une situation qui pose des problèmes.

2brouillard n. m. (sens vieux « brouillon ») Livre de commerce où l'on note les opérations à mesure qu'elles se font (cf. Main courante*).

brouillasser v. intr. impers. < 1 > (famille de *brouillard*) Faire du brouillard.

brouille n. f. (de *brouiller*) Mésentente survenant entre personnes qui entretenaient des rapports familiers ou affectueux. → **rupture**. *Brouille passagère.*

brouiller v. tr. < 1 > (vient du gallo-roman, du germanique *brod* « bouillon » → brouet) **1.** Mêler en agitant, en dérangeant. – loc. *Brouiller les cartes*, les pistes**. **2.** Rendre trouble. **3.** Troubler par brouillage. *Brouiller une émission de radio.* **4.** fig. Rendre confus. → **embrouiller**. *Vous me brouillez les idées.* **5.** Désunir en provoquant une brouille. *Elle l'a brouillé avec sa famille* (→ **brouille**). – au passif *Ils sont brouillés.* – fam. *Être brouillé avec les chiffres*, ne pas y comprendre grand-chose. ■ **se brouiller** v. pron. **1.** Devenir trouble, confus. *Sa vue se brouille.* – *Le temps se brouille.* **2.** Cesser d'être ami. → **se fâcher**. ■ **brouillé, ée** adj. **1.** *Œufs brouillés*, mêlés en cours de cuisson. **2.** fig. Confus, peu net. *Yeux brouillés de sommeil.*

brouilleur n. m. Émetteur qui brouille la réception d'un signal, d'une détection radar.

1brouillon, onne adj. Qui mêle, qui brouille (4) tout, n'a pas d'ordre, de méthode. → **confus, désordonné**. *Un esprit brouillon.*

2brouillon n. m. (de *brouiller* « faire hâtivement ») Première rédaction d'un écrit qu'on se propose de mettre au net par la suite. *Faire un brouillon de lettre. Cahier de brouillon(s).* – loc. adv. *Au brouillon* (opposé à *au propre*).

brouilly n. m. (n. d'une commune du Rhône) Vin rouge du Beaujolais.

broum interj. Onomatopée imitant le ronflement et la trépidation d'un moteur. → **vroum**.

broussaille n. f. (famille de *brosse*) **1.** au plur. Végétation touffue des terrains incultes. *Des ruines envahies par les broussailles.* **2.** fig. *Cheveux en broussaille*, emmêlés et touffus.

broussailleux, euse adj. Couvert de broussailles. – fig. *Sourcils broussailleux.* → **hirsute**.

Broussais (François) Médecin français (1772-1838). Sa « médecine physiologique » préconisait la diète et la saignée comme thérapeutique.

broussard, arde n. fam. Personne qui vit dans la brousse.

1brousse n. f. (probablt provençal *brousso* « brosse ») **1.** Végétation arbustive dégradée des pays tropicaux. **2.** Zone éloignée des centres urbains, des villages, en Afrique. → **bled**.

2brousse n. f. (ancien provençal *broce*, d'origine germanique, famille de *broyer*) Fromage frais de Provence, à base de lait de chèvre ou de brebis.

Brousse (Paul) Homme politique français (1844-1912). Médecin anarchiste, disciple de Bakounine, il fonda en 1882 le parti possibiliste (ou *broussiste*) qui prônait le changement social sans révolution.

Broussel (Pierre) Conseiller au parlement de Paris (1575-1654). Son arrestation sur l'ordre d'Anne d'Autriche (1648) déclencha la Fronde.

Broussilov (Aleksis Alekseïevitch) Général russe (1853-1926). Il mena en 1916-1917 une offensive victorieuse en Galicie et s'empara de la Bucovine. Il se rallia aux bolcheviks en 1917.

brout n. m. (de l'ancien français, du germanique °*brust* « bourgeon ») agric. Pousse de printemps.

Brout (Robert) Physicien belge d'origine américaine (1928-2011). Il proposa en 1964, avec F. Englert, l'existence du boson de Higgs, au même moment que Peter Higgs mais indépendamment de lui.

broutard n. m. (de *brouter*) Jeune bovin de trois à dix mois environ, sevré et mis au pâturage.

broutement n. m. Action de brouter. - syn. **broutage**.

brouter v. < 1 > (du germanique, de *brust* « bourgeon ») **1.** v. tr. (animaux) Manger en arrachant sur place (l'herbe, les pousses, les feuilles). → **paître**. – absolt *Mouton, vache qui broute.* **2.** v. intr. (outil, organe mécanique) Fonctionner par saccades. *L'embrayage broute.* – *Voiture qui broute au démarrage.*

brouteur, euse n. (de *brouter*) Escroc qui piège ses victimes sur Internet.

broutille n. f. (de l'ancien français *brout* « rameau », famille de *brou, brouter*) Objet ou élément sans valeur, insignifiant. → **babiole, bricole**. *Se disputer pour des broutilles.* → **vétille**.

Brouwer ou **Brauwer** (Adriaen) Peintre et dessinateur flamand (1605-1638). L'un des maîtres de la peinture de genre, il peignit des scènes de taverne et des scènes de mœurs remarquables par leur intensité plastique.

Brouwer (Luitzen Egbertus Jan) Mathématicien néerlandais (1881-1966). Il travailla sur la topologie algébrique et fut le chef de file de l'intuitionnisme, qui affirme que la mathématique ne peut être déduite de la logique.

Brown (Charles Brockden) Écrivain américain (1771-1810). Son œuvre, souvent noire et violente, est celle d'un « moraliste conteur » qui annonce Poe, Hawthorne et le mouvement naturaliste.

Brown (Robert) Botaniste écossais (1773-1858). Sa découverte du mouvement dit *brownien* constitue un jalon fondamental dans le développement de la théorie atomique.

Brown (John) Homme politique américain (1800-1859). Adversaire de l'esclavagisme, il fut arrêté et pendu après avoir tenté un soulèvement d'esclaves. Il fut célébré dès lors comme un martyr de l'abolitionnisme et de la liberté.

Brown (Ford Madox) Peintre, fresquiste et graveur britannique (1821-1893). Ses œuvres aux couleurs brillantes, porteuses d'un contenu social et didactique, influencèrent les préraphaélites. *Le Dernier Regard sur l'Angleterre.*

Brown (Clarence) Cinéaste américain (1890-1987). Il adapta pour le cinéma plusieurs romans célèbres *(Anna Karénine ; La Mousson ; L'Intrus).*

Brown (Fredric) Romancier américain (1906-1972). Ses nouvelles et romans policiers et de science-fiction se caractérisent par leurs intrigues délirantes et jubilatoires. *L'Univers en folie ; La Fille de nulle part.*

Brown (Herbert Charles) Chimiste américain (1912-2004). Ses travaux sur la synthèse des composés organiques ont reçu de nombreuses applications industrielles. Prix Nobel 1979.

Brown (Earle) Compositeur américain (1926-2002). Collaborateur de John Cage, il composa des pièces de musique aléatoire. *Available Forms II.*

Brown (Raymond Matthews, dit Ray) Contrebassiste de jazz américain (1926-2002). Créateur du groupe les L. A. Four, mari d'Ella Fitzgerald, il demeure l'un des musiciens les plus représentatifs du jazz moderne (*Way Out West*, avec Sonny Rollins).

Brown (Clifford) Trompettiste et compositeur de jazz américain (1930-1956). Associé à Max Roach, il s'est imposé par un jeu virtuose et puissant. *Study in Brown.*

Brown (James) Chanteur américain (1933-2006). Surnommé « The Godfather of Soul » et « Mr Dynamite », il eut une influence importante sur la soul music, le rhythm and blues et le gospel. Célèbre aussi pour ses prestations scéniques, il mêla musique commerciale et chansons engagées qui proclament l'identité noire.

Brown (Trisha) Danseuse et chorégraphe américaine (1936-2017). Figure majeure de la « postmodern dance », elle a participé à la fondation du Judson Dance Theater à New York.

Brown (Michael Stuart) Biochimiste américain (né en 1941). Il mit au point les mécanismes biologiques qui maintiennent constant le taux de cholestérol dans le sang. Prix Nobel 1985.

Brown (James Gordon) Homme d'État britannique (né en 1951). Chancelier de l'Échiquier (1997-2007), il a été leader du Parti travailliste et Premier ministre de 2007 à 2010.

Brown (Daniel dit Dan) Romancier américain (né en 1964). Il a écrit de nombreux romans dont les intrigues puisent dans l'histoire du catholicisme, des sociétés secrètes, de l'art et de l'ésotérisme. *Da Vinci Code*, vendu à plus de soixante millions d'exemplaires et porté à l'écran ; *Anges et Démons.*

brownie [bʀoni] **n. m.** **(mot anglais, de *brown* « brun »)** anglic. Gâteau fondant au chocolat et aux noix de pécan, qui se sert découpé en carrés.

brownien, ienne [bʀonjɛ̃, jɛn] **adj.** **(de Robert *Brown*)** phys. *Mouvement brownien* : mouvement désordonné des très petites particules dans les systèmes liquides ou gazeux.

browning [bʀoniŋ] **n. m.** **(du n. de l'inventeur américain John Moses Browning)** Pistolet automatique à chargeur.

Browning (Elizabeth Barrett) Poète britannique (1806-1861). Sa passion pour Robert Browning, qu'elle épousa secrètement en 1846, lui inspira *Les Sonnets de la Portugaise* et *Aurora Leigh*, véritable roman en vers.

Browning (Robert) Poète britannique (1812-1889). D'abord influencé par Shelley, il utilisa la forme du monologue dramatique *(Paracelse)*, puis s'orienta vers la poésie romantique. *Hommes et Femmes ; L'Anneau et le Livre.*

Browning (Tod) Cinéaste américain (1882-1962). Cinéaste de l'insolite et de l'étrange, il s'est imposé comme l'un des maîtres du fantastique. *Dracula ; Freaks.*

Browning (Kurt) Patineur artistique canadien (né en 1966). Il a remporté quatre championnats mondiaux.

Brown-Séquard (Édouard) Médecin et physiologiste français (1817-1894). Il se consacra à l'étude de la physiologie nerveuse, décrivant la maladie qui porte son nom, et fut l'un des pionniers de l'endocrinologie.

broyage **n. m.** techn. Action de broyer.

broyat **n. m.** Ce qui a été broyé, réduit en très fins morceaux.

broyer **v. tr.** **< 8 >** **(du germanique, du francique *brekan* ; *cf.* anglais *to break*)** **1.** Réduire en parcelles très petites, par pression ou choc. → **écraser, [1]piler, triturer.** *Broyer les couleurs*, pulvériser les matières colorantes en les écrasant. – loc. *Broyer du noir* : s'abandonner à des réflexions tristes, avoir le cafard. **2.** Écraser. *La machine lui a broyé la main.*

Bruegel (Pieter)

Pieter Bruegel l'Ancien, *Les Chasseurs dans la neige* (1565), Kunsthistorisches Museum, Vienne (Autriche).

broyeur, euse **n. et adj.** **1. n.** Personne chargée du broyage. **2. n. m.** Machine à broyer. → **concasseur.** *Broyeur à café.* → **moulin. 3. adj.** Qui broie. *Insectes broyeurs.*

brrr **interj.** **(onomatopée)** S'emploie pour exprimer une sensation de frisson (froid, peur).

bru **n. f.** **(vient du bas latin d'origine germanique)** vieilli ou régional Belle-fille (1).

bruant **n. m.** **(de *bruire*)** Petit passereau de la taille du moineau, nichant à terre ou très près du sol.

Bruant (Libéral) Architecte et ingénieur français (v. 1636-1697). L'un des grands représentants du classicisme français, il édifia notamment l'hôtel des Invalides.

Bruant (Aristide) Chansonnier français (1851-1925). Ses chansons, qui évoquent la vie quotidienne des faubourgs dans une langue populaire volontiers argotique, sont teintées d'anarchisme. *Nini Peau d'chien ; À Ménilmontant.*

Bruay-la-Buissière Commune du Pas-de-Calais. 21 953 habitants. Ancien centre houiller reconverti dans l'industrie automobile.

Bruay-sur-l'Escaut Commune du Nord, dans la banlieue N. de Valenciennes. 11 325 habitants. Constructions mécaniques.

Brubeck (David Warren, dit Dave) Pianiste et compositeur de jazz (1920-2012). Avec son quartette, il produisit le populaire *Time Out* (« Blue Rondo a la Turk »).

bruccio voir **broccio**

Bruce ou **de Brus** Nom d'une famille écossaise descendant d'un chevalier normand, compagnon de Guillaume le Conquérant. Elle donna deux rois à l'Écosse, Robert Ier et David II.

brucella **n. f.** **(du n. de D. Bruce, médecin australien)** méd. Bacille responsable de la brucellose.

brucelles **n. f. pl.** **(origine incertaine)** **1.** techn. Pince fine à ressort. *Brucelles d'horloger.* **2.** (Suisse) Pince à épiler.

brucellose **n. f.** **(de *brucella*)** méd. Maladie infectieuse due à des bacilles, transmise à l'être humain par les animaux domestiques.

bruche **n. m.** **(du bas latin, du grec *broukhos*)** Petit insecte (coléoptère) dont la larve parasite le pois et le haricot.

brucine **n. f.** **(du latin)** biochim. Alcaloïde extrait de la noix vomique.

Brücke (Die) Association artistique fondée à Dresde en 1905, dissoute en 1913. En rupture avec l'art académique, elle fut le ferment le plus actif de l'expressionnisme allemand.

Bruckner (Anton) Compositeur autrichien (1824-1896). D'abord organiste et auteur de musique religieuse, il écrivit des symphonies influencées par les innovations harmoniques de Wagner. Il a laissé trois messes, un *Te Deum* et également de la musique de chambre.

Bruckner (Theodor Tagger, dit Ferdinand) Auteur dramatique autrichien (1891-1958). Il rénova le théâtre de l'entre-deux-guerres en portant à la scène des sujets audacieux traités dans un style réaliste. *Les Criminels.*

Bructères **n. m. pl.** Peuple germanique établi au Ier s. dans la région correspondant à la Westphalie et au Hanovre actuels. Ils luttèrent contre les Romains, participant à la révolte d'Arminius (9) et au soulèvement des Bataves (70), puis s'assimilèrent aux Francs (fin du Ier s.).

Bruegel (Pieter) dit **Bruegel l'Ancien** Peintre et dessinateur flamand (v. 1525-1569). Influencé par Bosch, il peupla nombre de ses toiles de personnages monstrueux. Il se consacra aux thèmes religieux *(La Tour de Babel)*, décrivit avec un sens profond du détail la vie quotidienne populaire *(Le Combat de Carnaval et de Carême)* et excella dans la représentation allégorique de la vie humaine *(La Chute d'Icare)*. Son influence fut considérable sur les paysagistes et les peintres de genre hollandais.

Bruegel (Pieter II) dit **Bruegel le Jeune** ou **d'Enfer** Peintre et dessinateur flamand (v. 1564-1638). Fils de Bruegel l'Ancien, il poursuivit les recherches picturales de son père et se spécialisa dans la peinture de scènes d'incendies et d'« enfer », d'où son surnom. *Incendie de Troie.*

Bruegel (Jan Ier) dit **Bruegel de Velours** Peintre et dessinateur flamand (1568-1625). Fils de Bruegel l'Ancien, peintre de la cour et ami de Rubens, il est l'auteur de délicats tableaux de fleurs et de natures mortes, de paysages bibliques ou allégoriques. *Le Paradis terrestre.*

Bruges en néerlandais **Brugge** Ville de Belgique, chef-lieu de la province de Flandre-Occidentale, près de la mer du Nord. 118 656 habitants. Cité ancienne parcourue par de nombreux canaux qui lui valurent le qualificatif de « Venise du Nord », elle a conservé un style architectural unique des XIIIe-XVIe s. : les halles et leur beffroi, l'hôtel de ville, la basilique du Saint-Sang, la cathédrale, l'église Notre-Dame, le béguinage, l'hôpital Saint-Jean (musée Memling). Centre d'échanges fluviaux et maritimes (grâce à son avant-port Zeebrugge), Bruges accueille des industries traditionnelles (meubles, dentelles) et des constructions métalliques et électroniques. Tourisme. Résidence des comtes de Flandre (XIe-XVe s.), elle connut une grande prospérité au sein de la Ligue hanséatique.

Bruges Commune de la Gironde, dans la banlieue N.-O. de Bordeaux. 19 863 habitants.

Brüggen (Frans) Flûtiste et chef d'orchestre néerlandais (1934-2014). Après une carrière internationale de soliste, il fonda en 1981 l'Orchestre du XVIIIe siècle, avec lequel il a notamment interprété sur instruments d'époque Bach, Rameau et Mozart.

Brugmann (Friedrich Karl) Linguiste allemand (1849-1919). Représentant de l'école des « néogrammairiens », il se consacra à la grammaire comparée des langues indo-européennes.

brugnon n. m. (de l'ancien provençal *brinho,* qui vient du latin pop. *pruna* → prune) Variété de pêche à peau lisse et noyau adhérent. → aussi **nectarine.**

Brühl Ville d'Allemagne (Rhénanie-du-Nord-Westphalie). 43 670 habitants. Châteaux rococo d'Augustusburg et Falkenlust, construits au XVIIIe s. pour l'évêque Clemens August Ier.

Bruhns (Nicolaus) Organiste et compositeur allemand (1665-1697). Disciple de Buxtehude, il fut célèbre dans toute l'Allemagne pour sa virtuosité.

bruine n. f. (vient du latin *pruina,* d'après *bruma* → brume) Petite pluie très fine et froide, qui résulte de la condensation du brouillard. → **crachin.** □ adj. **bruineux, euse**

bruiner v. impers. < 1 > Tomber de la bruine. *Il bruine.*

bruire v. intr. < 2 défectif : seulement inf., 3es pers. prés. et imp., p. prés. > (vient du latin pop. *brugere,* de *bragere* → braire, brailler, d'après *rugere* → rugir) littér. Produire un bruit léger et confus. → **bruisser.** « *Les feuilles des hêtres bruissaient en un frisson rapide* » (Flaubert).

bruissement n. m. (de *bruire*) Bruit faible, confus et continu. → **frémissement, froufrou, murmure.** *Bruissement d'étoffe.*

bruisser v. intr. < 1 > (de *bruire,* d'après les formes en *bruiss-*) Bruire. « *Leurs pas faisaient bruisser les feuilles mortes* » (Simenon).

bruit n. m. (de *bruire*) **1.** Sensation perçue par l'oreille. → **2son.** *Les bruits de la rue. Niveau sonore du bruit* (→ **décibel**). *Bruit de fond,* auquel se superpose un autre bruit. ▪ (sens collectif) *Faire du bruit, un bruit d'enfer.* → **vacarme ;** fam. **1boucan.** – *Marcher sans bruit.* – loc. fig. *Faire grand bruit, faire du bruit,* avoir un grand retentissement. – « *Oh ! le bon tour ! je ne dirai rien, mais cela fera du bruit dans Landerneau* » (Alexandre Duval). **2.** Nouvelle répandue, propos rapportés dans le public. → **rumeur.** *Un bruit qui court.* → **on-dit.** *Des bruits de couloir :* des informations officieuses dont on ignore la source. *Un faux bruit :* une fausse nouvelle. **3.** phys. Phénomène qui se superpose à un signal utile et en perturbe la réception. ▪ par ext. Ensemble des informations redondantes ou inutiles qui nuisent à une recherche documentaire.

bruitage n. m. Reconstitution artificielle des bruits qui doivent accompagner l'action (au théâtre, au cinéma, etc.).

bruiter v. tr. < 1 > techn. Faire le bruitage de. *Bruiter une émission de radio.*

bruiteur, euse n. Spécialiste du bruitage.

brûlage n. m. Action de brûler. - var. RO **brulage.**

brûlant, ante adj. **1.** Qui peut causer une brûlure ; très ou trop chaud. *Boire un thé brûlant.* → **bouillant.** *Un soleil brûlant.* – fig. *Sujet brûlant,* qui soulève les passions. → **sensible.** *Un terrain brûlant :* un sujet à éviter. → **dangereux, épineux. 2.** Affecté d'une sensation de chaleur intense. *Mains brûlantes, brûlantes de fièvre.* – « *Et tu bois cet alcool brûlant comme ta vie* » (Apollinaire). **3.** fig. Ardent, passionné. *Regard brûlant.* - var. RO **brulant, ante.**

brûlé, ée n. **1.** n. m. Odeur, goût d'une chose qui brûle ou a brûlé. *Ça sent le brûlé ;* fig. l'affaire tourne mal. → **roussi. 2.** n. Personne atteinte de brûlures. *Les grands brûlés.* - var. RO **brulé, ée.**

Brûlé (Étienne) Voyageur français (v. 1591-1633). Il explora Québec et la baie de Chesapeake (1628). Il fut tué par les Hurons.

brûle-gueule n. m. Pipe à tuyau très court. → **bouffarde.** *Des brûle-gueules.* - var. RO **brule-gueule.**

brûlement n. m. (Canada) Sensation de forte chaleur ou d'irritation. *Brûlement d'estomac.* → **brûlure.** - var. RO **brulement.**

brûle-parfum n. m. Cassolette à parfums. → **encensoir.** *Des brûle-parfums.* - var. RO **brule-parfum.**

à **brûle-pourpoint** loc. adv. (« tout près, à bout portant ») après un verbe de déclaration Sans préparation, brusquement. *Questionner qqn à brûle-pourpoint.* - var. RO **à brule-pourpoint.**

brûler v. < 1 > (p.-ê. croisement de l'ancien français *bruir,* du francique, et latin *ustulare,* de *urere* « consumer ») **I.** v. tr. **1.** Détruire par le feu. → **consumer, embraser, incendier.** *Brûler des mauvaises herbes. Brûler un cadavre.* → **incinérer ; crémation.** ▪ *Brûler (vif) qqn* (supplice) (→ **1bûcher**). ▪ (pour un résultat utile) *Brûler du bois pour se chauffer.* – loc. fig. *Brûler ses dernières cartouches*.* ▪ Consommer (de l'énergie) pour éclairer, chauffer. *Brûler de l'électricité.* – *Brûler des calories.* → **dépenser. 2.** Altérer par l'action du feu, de la chaleur, d'un caustique. *Brûler un gâteau.* – *Brûler une verrue.* → **cautériser. 3.** Produire les mêmes effets qu'une brûlure. « *La fièvre ardente qui la brûlait* » (Zola). – loc. fig. *L'argent lui brûle les doigts,* il ne peut le conserver. **4.** Passer sans s'arrêter à (un point d'arrêt prévu). *L'autobus a brûlé la station. Brûler un feu rouge.* – loc. *Brûler les étapes*.* **5.** (passif) *Être brûlé,* avoir une activité clandestine désormais connue de l'adversaire. *Notre agent est brûlé.* → **démasqué.** ▪ Qui a perdu tout crédit. **II.** v. intr. **1.** Se consumer par le feu. *Matière incombustible qui ne brûle pas.* – Être calciné, cuire à feu trop vif. *Le rôti brûle.* ▪ Flamber. *La maison brûle.* ▪ Se consumer en éclairant ; être allumé. « *L'électricité brûlait du matin au soir* » (Aymé). **2.** Ressentir une sensation de brûlure, de fièvre. – fig. *Brûler d'impatience.* – ***Brûler de*** (+ inf.) : être impatient de. *Il brûle de lui parler.* – vieux ***Brûler pour*** *qqn,* en être amoureux. **3.** à certains jeux ou devinettes Être tout près du but. *Tu brûles !* - var. RO **bruler.** ▪ **se brûler** v. pron. **1.** S'immoler par le feu. **2.** Subir une brûlure partielle. *Se brûler à la main.* - var. RO **se bruler.** ▪ **brûlé, ée** p. p. **1.** Qui a brûlé. → **calciné, carbonisé.** *Du pain brûlé.* – *Elle est morte brûlée vive.* **2.** loc. fig. *Une tête brûlée, un cerveau brûlé :* un individu exalté. - var. RO **brulé, ée.**

brûlerie n. f. **1.** rare Distillerie d'eau-de-vie. **2.** Usine, atelier de torréfaction du café. - var. RO **brulerie.**

brûleur n. m. Appareil qui met en présence un combustible et un comburant afin de permettre et de régler la combustion à sa sortie. *Les brûleurs d'une cuisinière à gaz.* - var. RO **bruleur.**

brûlis n. m. (de *brûler*) Défrichement par le feu. – Terrain ainsi traité. *Culture sur brûlis.* - var. RO **brulis.**

Brullov ou **Brioullov (Karl Pavlovitch)** Peintre russe (1799-1852). Il dut sa réputation de peintre d'histoire à son tableau *Le Dernier Jour de Pompéi.*

brûloir n. m. Appareil de torréfaction. → **torréfacteur.** - var. RO **bruloir.**

brûlot n. m. **1.** anciennt Petit navire chargé de matières combustibles, destiné à incendier les bâtiments ennemis. **2.** fig. Ce qui est susceptible de causer des dégâts, un scandale ; spécialt journal, article polémique. **3.** Eau-de-vie flambée et sucrée. - var. RO **brulot.**

brûlure n. f. **1.** Lésion produite sur une partie du corps par l'action du feu, de la chaleur ou d'une substance corrosive. *Brûlures du premier, du deuxième, du troisième degré* (selon leur gravité). ▪ Marque, trou à l'endroit où qqch. a brûlé. **2.** Sensation de chaleur intense, d'irritation dans l'organisme. *Des brûlures d'estomac.* → **aigreur,** régional **brûlement. 3.** Altération des végétaux due au soleil ou à la gelée. - var. RO **brulure.**

brumaire n. m. (de *brume*) hist. Deuxième mois du calendrier républicain (22 octobre-21 novembre). *Le coup d'État du 18 Brumaire.*

Brumaire an VIII (le 18) Journée (9 novembre 1799), au cours de laquelle Bonaparte renversa le Directoire.

Brumath Commune du Bas-Rhin, au N. de Strasbourg. 10 061 habitants. Anciens thermes romains.

brume n. f. (latin *bruma*) **1.** Brouillard léger. – mar. Brouillard de mer. *Signal, corne de brume,* pour signaler sa présence. **2.** fig. *Les brumes du sommeil, de l'ivresse.*

Brumel (Valeri Nikolaïevitch) Athlète russe (1942-2003). Plusieurs fois champion du monde, il fut champion olympique du saut en hauteur en 1964.

brumeux, euse adj. **1.** Couvert, chargé de brume. *Temps brumeux.* **2.** fig. Qui manque de clarté. *Esprit brumeux.* → **confus.**

brumisateur n. m. (marque déposée ; de *brume*) Atomiseur pour les soins de la peau. *Brumisateur d'eau minérale.*

Bruges

Bruges, le quartier du Burg.

Brummell (George Bryan) dit le Beau Brummel Aristocrate britannique (1778-1840). Surnommé le « roi de la mode », il inspira à Baudelaire son analyse du dandysme.

[1]brun, brune (vient du latin médiéval, d'origine germanique) 1. adj. De couleur sombre, entre le roux et le noir. → **bistre, [1]marron, [1]tabac.** *La couleur brune de la châtaigne. Chemises brunes* (des hitlériens). – (opposé à *blond*) *Tabac brun ; cigarettes brunes* ou **n. f.** *des brunes. Bière brune* ou **n. f.** *une brune.* – *Cheveux bruns. Peau brune.* ■ (personnes) Qui a les cheveux (souvent le teint) bruns. *Elle est brune.* – **n.** *Un beau brun. Une petite brune.* **2. n. m.** Cette couleur. *Un brun clair.* – appos. *Des bottes brun foncé.*

[2]brun voir **bran**

brunante n. f. (de *brunir*) (Canada) loc. *À la brunante :* à la tombée de la nuit. → **brune.**

brunâtre adj. Tirant sur le brun.

brunch [bʀœnʃ] **n. m. (mot anglais des États-Unis, de *breakfast* et *lunch* [voir ces mots]) anglic.** Repas pris dans la matinée qui sert à la fois de petit-déjeuner et de déjeuner. *Des brunchs* ou *des brunches* (plur. anglais).

bruncher [bʀœnʃe] **v. intr. < 1 >** anglic. Prendre un brunch.

Brundtland (Gro Harlem) Femme d'État norvégienne (née en 1939). Présidente du Parti travailliste (1981-1992), elle fut Premier ministre (1981 ; 1986-1989 ; 1990-1996). Elle présida la commission des Nations unies pour l'environnement en 1983 et dirigea l'OMS de 1998 à 2003.

brune n. f. littér. *À la brune* loc. adv. : au crépuscule. → **brunante.**

Brune (Guillaume) Maréchal de France (1763-1815). Après s'être illustré à Arcole (1797), il battit l'armée anglo-russe à Bergen (1799). Disgracié en 1807, il fut tué par les royalistes lors de la Terreur blanche.

Bruneau (Alfred) Compositeur et critique musical français (1857-1934). Sous l'influence de Zola et du naturalisme, il s'efforça de renouveler le drame lyrique *(Le Rêve)* et publia des études sur Fauré et Massenet.

Brunehaut Reine d'Austrasie (v. 543-613). Elle était l'épouse de Sigebert Ier, roi d'Austrasie. Son conflit avec Frédégonde, reine de Neustrie, entraîna les deux royaumes dans une lutte sans merci. Elle fut tuée par Clotaire II, fils de Frédégonde.

Brunei

n. m. État d'Asie du Sud-Est, sur l'île de Bornéo. 5 770 km^2. 453 600 habitants (les *Brunéiens*). **Langue :** malais (offic.). **Population :** Malais (67 %), Chinois (15 %). **Religion :** musulmans, 67 %. **Capitale :** Bandar Seri Begawan. **Régime :** monarchie (sultanat).

Le territoire est formé de plaines côtières, au climat tropical. Les activités traditionnelles (riziculture, pêche) sont supplantées par l'exploitation d'hydrocarbures qui génère un très fort PNB. Le royaume (IXe s.) fut islamisé vers 1520. Protectorat britannique (1888), il refusa de rejoindre la Malaisie (1963) et obtint l'indépendance en 1984 dans le cadre du Commonwealth.

Brunel (sir Marc Isambard) Ingénieur britannique (1769-1849). Il réalisa le tunnel sous la Tamise. Son fils, **Isambard Kingdom Brunel** (1806-1859), construisit des navires transatlantiques, dont le *Great Eastern*, qui demeura pendant cinquante ans le plus grand vaisseau du monde.

Brunelleschi (Filippo di ser Brunellesco, dit Filippo) Architecte et sculpteur italien (1377-1446). Il étudia à Rome les monuments antiques et devint à Florence un des grands initiateurs de la Renaissance. Il réalisa notamment la coupole du Dôme de Florence.

Brunei

Bruner (Jerome Seymour) Psychologue américain (1915-2016). Il travailla sur les mécanismes de l'apprentissage linguistique et du développement cognitif de l'enfant.

brunet, ette n. vieilli Petit brun, petite brune.

Brunetière (Ferdinand) Critique littéraire français (1849-1906). Professeur à l'École normale supérieure, puis directeur de la *Revue des Deux Mondes*, il s'efforça de théoriser l'évolution des genres littéraires et s'opposa au naturalisme. *Études critiques sur l'histoire de la littérature française.*

Brunetto Latini voir **Latini**

Brunhes (Jean) Géographe français (1869-1930). Il est le créateur d'une synthétique *Géographie humaine.*

Brünhild ou **Brunehilde** Personnage de la mythologie germanique, une des héroïnes de la *Chanson des Nibelungen*, reprise par le romantisme. Wagner en fit la fille préférée du dieu Wotan.

bruni n. m. techn. Partie polie (d'un métal).

Brüning (Heinrich) Homme politique allemand (1895-1970). Chef du Centre catholique et chancelier de la république de Weimar (1930-1932), il lutta contre la crise économique et tenta de contrer l'ascension d'Hitler.

Bruniquel Village du Tarn-et-Garonne. Grotte renfermant des constructions de l'homme de Neandertal.

brunir v. < 2 > I. v. tr. 1. techn. Polir (un métal). □ **n. m. brunissage 2.** Rendre brun. *Le soleil brunit la peau.* → **hâler. II. v. intr.** Devenir brun, prendre une teinte brune. → **bronzer.** □ **n. m. brunissement**

brunisseur, euse 1. n. techn. Ouvrier, ouvrière en charge des opérations de brunissage. **2. adj.** cuis. *Papier, plat brunisseur,* permettant de dorer les aliments cuits au four.

brunissoir n. m. techn. Outil servant au brunissage des métaux.

brunissure n. f. techn. **1.** Poli d'un ouvrage bruni. **2.** Action de brunir par la teinture les nuances des étoffes pour mieux les assortir.

Brünn voir **Brno**

Brunnen (pacte de) Pacte conclu le 9 décembre 1315 à Brunnen, au bord du lac des Quatre-Cantons, entre les cantons de Schwyz, d'Uri et d'Unterwald, qui donna naissance à la Confédération suisse.

Brunner (Kilian Houston, dit John) Romancier britannique (1934-1995). Ses romans de science-fiction ont renouvelé le genre. *Tous à Zanzibar.*

Bruno (saint) Fondateur de l'ordre des Chartreux (v. 1035-1101). Il établit en 1084 son premier monastère dans la Grande-Chartreuse, près de Grenoble.

Bruno (Giordano) Philosophe italien (1548-1600). Il rompit avec la cosmologie aristotélicienne et défendit les thèses de Copernic, allant plus loin que ce dernier dans son affirmation panthéiste de l'éternité et de l'unité de la substance. Accusé d'hérésie, il fut jugé par l'Inquisition et brûlé.

brunoise n. f. (origine inconnue) Aliment coupé en très petits dés, pour la garniture des potages. → **[1]julienne.**

Brunon de Querfurt (saint), en religion Boniface Moine bénédictin (v. 974-1009). Il évangélisa l'Ukraine, la Pologne et la Prusse.

Brunot (Ferdinand) Grammairien français et historien de la langue française (1860-1938). Il écrivit une importante *Histoire de la langue française*, inachevée, et un essai d'esprit psychologique, *La Pensée et la Langue.* Il est le fondateur des Archives de la parole.

Brunoy Commune de l'Essonne, sur l'Yerres, au N. de la forêt de Sénart. 25 344 habitants. Église Saint-Médard. Musée.

Brunschvicg (Léon) Philosophe français (1869-1944). Il adopta une position idéaliste critique voyant dans les mathématiques l'expression de la raison en tant qu'activité législatrice. *Les Étapes de la philosophie mathématique ; Les Âges de l'intelligence.*

Brunswick n. m. en allemand Braunschweig Ancien État d'Allemagne, qui comprenait des territoires morcelés entre Harz et Weser. Érigé en duché par Othon Ier (1235), il fit partie du royaume de Westphalie (1807) puis de l'Empire allemand (1871), et devint un État de la république de Weimar (1919).

Bruxelles

La Grand-Place et l'hôtel de ville de Bruxelles, classés au patrimoine mondial de l'Unesco.

Tête cornue, Pascal-Désir Maisonneuve (1927-1928), Collection de l'Art Brut, Lausanne.

Sans titre, Judith Scott (1990), LaM-Lille Métropole, Villeneuve d'Ascq.

Saint Adolf portant des lunettes, entre les deux villes géantes Niess et Mia, Adolf Wölfli (1924), Collection de l'Art Brut, Lausanne.

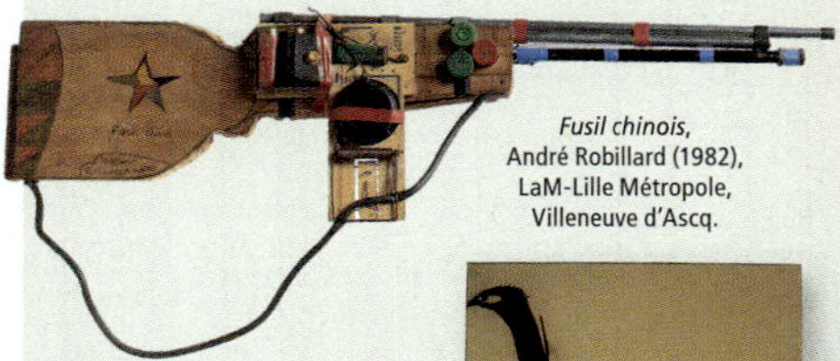

Fusil chinois, André Robillard (1982), LaM-Lille Métropole, Villeneuve d'Ascq.

Sans titre, Masao Obata (fin xxe s.), Collection de l'Art Brut, Lausanne.

Y a d'la joie ou *Anatole*, Gaston Chaissac (1960), musée de l'abbaye Sainte-Croix, Les Sables-d'Olonne.

Sans titre, Ataa Oko (2008), Collection de l'Art Brut, Lausanne.

Grue, Takashi Shuji (fin xx^{e} s.), Collection de l'Art Brut, Lausanne.

Paysages aux ivrognes, Jean Dubuffet (1949), Menil Collection, Houston.

Le terme d'*art brut* a été inventé en 1947 par Jean Dubuffet pour désigner les créations plastiques de personnes « hors normes » et non-professionnelles de l'art : malades souffrant de troubles psychiatriques, « médiums », créateurs autodidactes... Cet art spontané, inventif et souvent compulsif doit être distingué de l'art « naïf » et des « arts premiers ». L'art brut a inspiré de nombreux artistes contemporains : Chaissac, Dubuffet, Michaux...

Brunswick (Charles Guillaume Ferdinand, duc de) Général allemand (1735-1806). Chef des armées austro-prussiennes, il lança en 1792 le *manifeste de Brunswick* contre la France révolutionnaire. Il fut vaincu à Valmy (1792), à Iéna (1806), et mourut à Auerstedt.

Brunswick (manifeste de) Proclamation rédigée par un émigré et signée par le duc de Brunswick le 25 juillet 1792. Le manifeste, qui menaçait Paris en cas d'atteinte à la famille royale, ne fit qu'attiser la colère des révolutionnaires et contribua à la journée du 10 août 1792.

Brunswick (Nouveau-) voir **Nouveau-Brunswick**

brushing [brœʃiŋ] **n. m.** **(procédé déposé ; mot anglais → brosse)** **anglic.** Mise en plis où les cheveux sont travaillés à la brosse ronde et au séchoir à main.

brusque **adj.** **(italien *brusco*, p.-ê. du latin pop. *brucus* → bruyère)** **1.** Qui agit avec rudesse et d'une manière soudaine. → **abrupt, brutal, rude.** – *Mouvement brusque.* – *Ton brusque.* → **cassant.** **2.** Qui est soudain, que rien ne prépare ni ne laisse prévoir. → **inattendu, subit.** *Le brusque retour du froid.* ▫ **adv. brusquement**

brusquer **v. tr.** < 1 > **1.** Traiter d'une manière brusque, sans se soucier de ne pas heurter. *Brusquer un enfant.* → **malmener.** **2.** Précipiter (ce dont le cours est lent, l'échéance éloignée). → **hâter.** *Ne brusquons pas les choses.*

brusquerie **n. f.** **1.** Façons brusques dans le comportement envers autrui. → **rudesse.** **2.** **littér.** Soudaineté, précipitation.

brut, brute [bryt] **adj.** **(latin *brutus*, d'abord « lourd, pesant »)** **1.** **vieux** À l'état le plus primitif. → **grossier, rudimentaire.** ■ Le plus proche de l'animalité. *Bête brute. Force brute.* → **brutal.** **2.** Qui est à l'état naturel, n'a pas encore été élaboré par l'homme. → **naturel, sauvage.** *Diamant brut,* non taillé, non poli. *Pétrole brut,* non raffiné. *Soie brute.* → **grège.** ■ Qui résulte d'une première élaboration (avant d'autres transformations). *Toile brute.* → **écru.** – *Champagne brut,* sans ajout de sucre. → **sec.** – **loc. fig.** *Brut de fonderie, de décoffrage :* qui n'a pas été travaillé ; non dégrossi. **3.** Qui n'a subi aucune élaboration intellectuelle, est à l'état de donnée immédiate. *Les faits bruts, à l'état brut.* ■ ***Art brut,*** spontané, échappant à toute norme culturelle. **4.** Dont le montant est évalué avant déduction des taxes et frais divers (**opposé à *net***). *Produit national brut.* – *Poids brut :* poids total, emballage ou chargement compris. – **adv.** *L'opération doit produire brut un million.*

brutal, ale, aux **adj.** **(du latin médiéval → brut)** **1.** **vieux** Qui tient de la brute, de l'animal. *Instincts brutaux.* **2.** Qui use volontiers de violence, du fait de son tempérament rude et grossier. → **violent.** – *Des manières brutales.* ■ Qui est sans ménagement, ne craint pas de choquer. → **brusque, direct.** **3.** Soudain et violent. *Le choc a été brutal.*

brutalement **adv.** **1.** D'une manière brutale. → **rudement, violemment.** **2.** Avec soudaineté, de manière imprévisible et violente. *Elle est morte brutalement.*

brutaliser **v. tr.** < 1 > Traiter d'une façon brutale. → **malmener, maltraiter, molester, rudoyer.**

brutalité **n. f.** **1.** Caractère d'une personne brutale. *Agir, s'exprimer avec brutalité.* ■ Acte brutal, violence. *Victime de brutalités policières.* → **sévices.** **2.** Caractère inattendu et violent. *La brutalité du choc, de l'accident.*

brute **n. f.** **(de *brut* → abrutir)** **1.** **littér.** L'animal considéré dans ce qu'il a de plus éloigné de l'homme. → **bête.** « *Le vulgaire instinct de la brute* » (Jules Verne). **2.** Personne grossière, sans esprit. *Il n'a aucun goût, c'est une brute.* **fam.** *Brute épaisse.* **3.** Personne brutale, violente. *Frapper comme une brute.*

Bruttium ou **Brutium** **n. m.** Région de l'Italie ancienne, dans l'actuelle Calabre. Elle fut colonisée par les Grecs puis conquise par les Romains (–270).

Brutus en latin **Lucius Junius Brutus** Héros semi-légendaire de Rome (–vi^{e} s.). Vengeant l'outrage fait à sa sœur Lucrèce par Sextus, il aurait soulevé le peuple romain contre Tarquin le Superbe et renversé la royauté (–509 ?).

Brutus en latin **Marcus Junius Brutus** Homme politique romain (v. 85-42 av. J.-C.). Neveu de Caton d'Utique et fils adoptif de César, il organisa avec Cassius le complot qui conduisit à la mort de César (–44). Réfugié en Macédoine, il fut défait par Antoine et Octave à Philippes (–42) et se suicida.

Bruxelles [brysɛl] en néerlandais **Brussel** Capitale de la Belgique, chef-lieu de la Région et de l'arrondissement de Bruxelles-Capitale, sur la Senne. 185 103 habitants. La partie haute de la ville a conservé de remarquables monuments : cathédrale gothique Saint-Michel (xiiie-xviie s.), églises Notre-Dame-du-Sablon (xive-xvie s.), Notre-Dame-de-la-Chapelle (typique de l'art brabançon),

B

Saint-Jean-Baptiste au Béguinage (baroque), place Royale (XVIIIe s.), palais de la Nation (1779) et du Roi (façade Louis XVI), palais de la Justice (1883). La Grand-Place comprend l'hôtel de ville, de style flamboyant (XVe s.), la halle au pain ou Maison du roi (XVIe s.) et les Maisons des corporations, aux façades baroques. Nombreux musées, dont le musée d'Art ancien (peintures flamandes des XVe-XIXe s.) et d'Art moderne. Bruxelles est une ville à vocation européenne (siège du Conseil des ministres, de la Commission de l'Union européenne, du conseil permanent de l'Otan), et un grand centre politique, administratif et culturel (université). Elle abrite la résidence du roi et l'archevêché. Premier centre économique, elle fait partie de l'axe Anvers-Bruxelles-Charleroi : importantes industries liées à la main-d'œuvre, au marché de consommation et aux capitaux (chimie, constructions mécaniques, imprimerie, industries alimentaires). La ville doit son essor à son site naturel et à sa situation. Au XIIIe s., elle devint la principale ville des Pays-Bas et développa ses industries drapières. Elle connut, au XVe s., une période particulièrement florissante (architecture et peinture), et après la révolution de 1830, devint la capitale du royaume indépendant de Belgique. Elle fut, à la fin du XIXe s. et au XXe s., un incontournable foyer artistique et culturel (symbolisme, Art nouveau, surréalisme, groupe Cobra). La ville a été victime d'attentats djihadistes du groupe Daech en mars 2016.

Bruxelles (traité de) Alliance défensive signée en 1948 pour cinquante ans entre la France, la Grande-Bretagne et le Benelux. Il précéda la fondation de l'Otan (1949).

Bruxelles-Capitale Région et arrondissement de Belgique. 161,4 km². 1 218 255 habitants. Elle comprend 19 communes, dont Bruxelles.

bruxomanie **n. f. (du grec *brukein* « grincer des dents » et de *-manie*) méd.** Manie de grincer* des dents.

bruyamment [bʀyjamɑ̃ ; bʀɥijamɑ̃] **adv.** **1.** D'une manière bruyante. **2.** En faisant grand bruit, bien haut. *Protester bruyamment.*

bruyant, ante [bʀyjɑ̃ ; bʀɥijɑ̃, ɑ̃t] **adj. (ancien p. prés. de *bruire*)** **1.** Qui fait beaucoup de bruit. *Musique bruyante.* – *Voisins bruyants.* ▪ **péj.** Qui se manifeste avec éclat. *Il a le triomphe bruyant.* **2.** Où il y a beaucoup de bruit. *Un quartier bruyant.*

bruyère [bʀyjɛʀ ; bʀɥijɛʀ] **n. f. (vient du latin pop. *brucaria*, du gaulois *bruco*)** **1.** Arbrisseau des landes à fleurs variant du blanc au pourpre. *« J'ai cueilli ce brin de bruyère / L'automne est morte souviens-t'en »* (Apollinaire). **2.** Racine de cette plante. *Une pipe de bruyère.* – *Terre de bruyère*, légère, siliceuse, formée notamment par la décomposition des bruyères. **3.** Lieu où pousse la bruyère. → **brande, lande.**

Bruyères Commune des Vosges, près de la Vologne. 3 028 habitants.

Bruyères-le-Châtel Commune de l'Essonne. 3 594 habitants. Centre de la Direction des applications militaires du Commissariat à l'énergie atomique, qui abrite le supercalculateur Tera.

Bruz Commune de l'Ille-et-Vilaine. 19 090 habitants. Centre électronique. Le bourg, détruit en 1944, a été reconstruit.

Bryant (William Cullen) Poète et publiciste américain (1794-1878). Considéré comme le premier poète américain, il dut sa renommée à *Thanatopsis*, poème élégiaque en vers libres qui célèbre la mort comme participant du cycle de la nature.

Bryen (Camille Briand, dit Camille) Poète et peintre français (1907-1977). Proche du surréalisme à ses débuts, il chercha ensuite son inspiration dans le monde réel et peignit des tableaux précurseurs de l'« abstraction informelle ».

bryo- Élément **(du grec *bruon*)** qui signifie « mousse ».

bryone **n. f. (du latin, pris au grec, de *bruein* « pousser » → embryon) bot.** Plante des haies (cucurbitacée), à baies rouges ou noires.

bryophyte **n. f. (→ -phyte) bot.** Végétal cryptogame non vasculaire tel que les mousses, les hépatiques (embranchement des *Bryophytes*).

bryozoaire **n. m. (du grec *bruon* « mousse » et de *-zoaire*) zool.** Invertébré marin (ectoprocte) vivant en colonies, dont l'enveloppe externe, ramifiée, est cornée ou calcaire.

Bry-sur-Marne Commune du Val-de-Marne. 17 592 habitants. Siège de l'Institut national de l'audiovisuel. Studios de cinéma.

BTP **n. m. (sigle de *bâtiment et travaux publics*)** Secteur économique du bâtiment et des travaux publics.

BTS **n. m. (sigle de *brevet de technicien supérieur*)** Diplôme national sanctionnant deux ou trois années d'études supérieures dans un domaine très spécialisé.

bu, bue Participe passé de *boire.*

buanderie **n. f. (de *buer*, techn. « dégager de la vapeur » → buée)** **1.** Local réservé à la lessive, aux lavages, dans une maison. **2. (Canada)** Blanchisserie.

bubale **n. m. (du latin, du grec)** Grande antilope d'Afrique aux cornes en forme de lyre.

Bubastis ou **Boubastis** aujourd'hui **Tell Basta** Ancienne ville de Basse-Égypte, sur le bras oriental du Nil. Consacrée à la déesse Bastet, elle devint sous la XIXe dynastie la capitale de l'Égypte et atteignit son apogée sous Chéchonq Ier (–950). Elle fut détruite par les Perses (–352).

Buber (Martin) Philosophe israélien d'origine autrichienne (1878-1965). Son spiritualisme méditatif est issu du courant judaïque hassidique, populaire et anti-intellectualiste. *Je et Tu.*

Buber-Neumann (Margarete), née Gross Communiste allemande (1901-1989). Alors qu'elle était réfugiée à Moscou avec son mari après l'arrivée au pouvoir des nazis, tous deux furent victimes des purges staliniennes et envoyés au goulag. Livrée ensuite à Hitler, elle fut internée à Ravensbrück. Elle témoigna de sa double expérience des camps dans *Prisonnière de Staline et d'Hitler.*

Bubka (Sergueï) Perchiste ukrainien (né en 1963). Il fut champion du monde à six reprises et champion olympique à Séoul en 1988.

bubon **n. m. (du latin médiéval, du grec *boubon* « aine »)** Inflammation et gonflement des ganglions lymphatiques, dans certaines maladies (syphilis, peste, etc.). ▫ **bubonique adj.** *Peste bubonique.*

Buc Commune des Yvelines, arrondissement de Versailles. 5 972 habitants. Aqueduc (1684).

Bucaramanga Ville de Colombie, au N. de Bogotá. 597 300 habitants. Centre agricole. Industries textile et métallurgique.

Bucarest Capitale de la Roumanie, sur la rive droite de la Dîmboviţa, dans la plaine de Valachie. 1 819 400 habitants. Centre culturel, universitaire, industriel et religieux. La politique de grands travaux de Ceausescu a entraîné la destruction d'une partie du patrimoine historique, mais la ville a conservé des églises de style byzantin et des musées, dont le musée national d'Art et le Musée folklorique. Elle s'est développée durant la seconde moitié du XXe s. et est devenue un centre industriel important (métallurgie, automobile, mécanique de précision, textile, chimie, traitement du cuir). Capitale de la Valachie à la fin du XVIIe s., elle fut prise par les Russes, puis par les Autrichiens. Restituée à l'Empire ottoman jusqu'à la création des Principautés unies roumaines (1861), elle devint la capitale du royaume de Roumanie en 1881.

buccal, ale, aux **adj. (latin *bucca* → bouche) didact.** De la bouche. *La cavité buccale.*

buccin **n. m. (latin *buccina*)** **1. Antiq.** Trompette romaine. **2.** Gros mollusque gastéropode des côtes de l'Atlantique. → **bulot.**

buccinateur **n. m. et adj. m. (du latin → buccin)** **1. Antiq.** Sonneur de trompette, à Rome. **2. adj. m.** *Muscle buccinateur*, ou *buccinateur* **n. m.** : muscle de la joue, qui tire vers l'extérieur les commissures des lèvres.

bucco- Élément **(du latin *bucca* → bouche)** qui signifie « bouche ».

buccodentaire **adj. didact.** Qui se rapporte à la bouche et aux dents. *Hygiène buccodentaire.*

buccogénital, ale, aux **adj. didact.** Qui concerne la bouche et les parties génitales. *Relations sexuelles buccogénitales.* → **cunnilingus, fellation.**

Bucentaure Galère d'apparat d'où le doge de Venise jetait, chaque année, à l'Ascension, un anneau d'or dans l'Adriatique, symbolisant ainsi son alliance avec la mer.

Bucéphale Nom du cheval d'Alexandre le Grand.

Bucer ou **Butzer (Martin Kuhhorn, hellénisé en)** Théologien protestant allemand (1491-1551). Dominicain rallié à Luther, il conduisit la Réforme à Strasbourg, organisa le colloque de Marburg (1529) entre luthériens et zwingliens puis se consacra à la Réforme en Angleterre.

Buchanan (George) Humaniste et dramaturge écossais (1507-1582). Il vécut la majeure partie de sa vie en France. Professeur de Montaigne, calviniste, il s'opposa à Marie Stuart et se déclara adversaire de l'absolutisme. Il composa des tragédies en latin. *Jephté.*

Buchanan (James) Homme d'État américain (1791-1868). Président des États-Unis (1857-1861), pacifiste, il facilita la sécession des États du Sud.

Buchanan (James) Économiste américain (1919-2013). Souvent qualifié d'ultralibéral, il est le fondateur de la théorie des « choix publics » qui a influencé la politique de Reagan. Prix Nobel 1986.

bûche **n. f. (vient du latin pop. *buska* « bois », d'un mot germanique, famille de *bois*)** **I. 1.** Morceau de bois de chauffage. ▪ *Bûche de Noël*, pâtisserie en forme de bûche servie traditionnellement aux fêtes de fin d'année. – **loc. fam. (Canada)** *Se tirer une bûche* : s'asseoir avec d'autres. **2. fig.** *Dormir comme une bûche*, très profondément. → **souche.** – **fam.** *Quelle bûche !*, se dit d'une personne stupide et apathique. **II. fam.** Chute. *Prendre, ramasser une bûche* : tomber. - var. RO **buche.**

Buchenwald Camp de concentration nazi (1937-1945), près de Weimar. Plus de 50 000 personnes y moururent.

Bucarest

Bucarest, la place Unirii.

¹bûcher **n. m. (de *bûche*)** **1.** Local où l'on range le bois à brûler. **2.** Amas de bois sur lequel on brûlait les morts ou les condamnés au supplice du feu, les livres interdits. - var. RO **bucher.**

²bûcher **v. tr. < 1 > (de *bûche* « travailler [le bois] à la hache »)** **1. techn.** Dégrossir (une pièce de bois). **2. fam.** Étudier, travailler avec acharnement. *Bûcher son droit.* → **fam. ²bosser.** - var. RO **bucher.**

bûcheron, onne **n. (famille de *bois* ; influence de *bûche*)** Personne dont le métier est d'abattre du bois, des arbres dans une forêt. *« Un pauvre bûcheron tout couvert de ramée »* (La Fontaine). - var. RO **bucheron, onne.**

bûcheronner **v. intr.** Abattre les arbres ; débiter le bois. - var. RO **bucheronner.** ▫ **n. m. bûcheronnage** ou RO **bucheronnage**

bûchette **n. f.** **1.** Petite bûche. **2.** Petit sachet tubulaire. *Une bûchette de sucre.* - var. RO **buchette.**

bûcheur, euse n. fam. Personne qui étudie, travaille avec acharnement. → **bosseur.** - var. RO **bucheur, euse.**

Buchez (Philippe Joseph Benjamin) Philosophe et homme politique français (1796-1865). D'abord proche du saint-simonisme, il fut l'un des fondateurs du socialisme chrétien. *Histoire parlementaire de la Révolution française* (en collaboration avec Charles Roux).

Buchner (Eduard) Chimiste allemand (1860-1917). Il travailla sur les fermentations et découvrit le rôle joué par les enzymes. Prix Nobel 1907.

Büchner (Georg) Dramaturge allemand (1813-1837). On lui doit le *Messager des campagnes hessoises,* premier tract socialiste, *La Mort de Danton ; Léonce et Léna.* Son *Woyzeck,* drame du peuple berné par les militaires et les intellectuels, a été mis en musique par A. Berg.

Büchner (Ludwig) Philosophe allemand (1824-1899), frère de Georg. Sa philosophie matérialiste s'illustre notamment dans *Nature et Esprit* et *Darwinisme et Socialisme.*

Buck (Pearl) Romancière américaine (1892-1973). Ses romans sur la Chine connurent un vif succès *(Vent d'Est, Vent d'Ouest).* Prix Nobel 1938.

Buckingham Ville d'Angleterre (Buckinghamshire), sur l'Ouse. 12 900 habitants. Château des ducs de Buckingham (XVIIIe s.).

Buckingham Palace Palais de Londres. Érigé en 1705, remanié au XIXe s., il est depuis 1837 la résidence londonienne des souverains britanniques.

Buckinghamshire Comté du centre de l'Angleterre, au N.-O. de Londres. 1 883 km². 516 000 habitants. Chef-lieu : Aylesbury. Comté majoritairement agricole excepté dans sa partie S., où l'emprise de la capitale se fait sentir.

bucolique (du latin, pris au grec, de *boukolos* « bouvier » ; famille de *bœuf*) 1. n. f. Poème pastoral. → **églogue, idylle.** *Les « Bucoliques »* (de Virgile). **2. adj.** Relatif à la poésie pastorale. *Un poète bucolique.* – par ext. Qui a rapport à la vie de la campagne.

Bucovine n. f. Région du N. des Carpates, partagée entre la Roumanie, la Moldavie et l'Ukraine. Prise par les Ottomans en 1538, la Bucovine revint à l'Autriche (1775), puis à la Roumanie (1919). Le N. de la région fut intégré à l'URSS en 1947.

bucrane n. m. **(du grec, de *bous* « bœuf » et *kranion* → ¹crâne)** Motif ornemental sculpté représentant une tête de bœuf.

Budapest Capitale de la Hongrie, sur le Danube. 1 729 000 habitants. Formée par la réunion de Buda et de Pest (respectivement sur la rive droite et sur la rive gauche du Danube), elle est une grande ville touristique grâce à son site naturel et à ses nombreux monuments (château royal, église Mathias, palais baroques, parlement de style néogothique, pont des Chaînes), à ses musées et à ses sources thermales. C'est le plus grand centre industriel de la Hongrie (sidérurgie, métallurgie, transport, mécanique générale et de précision, chimie, textile, papier). Nœud de communications routières et ferroviaires, elle abrite les principaux centres décisionnels du pays. Capitale des Magyars à partir du XIIIe s., Buda fut occupée par les Turcs (XVIe-XVIIe s.). Devenue capitale de la Hongrie (1867), elle fut réunie à Pest en 1873.

buddleia [bydleja] ou **buddléia** n. m. **(de *Buddle,* n. d'un botaniste)** bot. Arbuste aux fleurs violettes ou mauves en grappes.

Buckingham Palace

Devant Buckingham Palace, la relève de la garde.

Budé (Guillaume) Humaniste et érudit français (1467-1540). Propagateur en France de l'étude du grec, il s'affirma comme un philologue précurseur de la méthode comparative *(Commentaires sur la langue grecque).* Il créa la bibliothèque de Fontainebleau, à l'origine de la Bibliothèque nationale, et fonda le futur Collège de France.

Budějovice voir **České Budějovice**

budget n. m. **(mot anglais, du français *bougette* « petit sac », de *bouge* « sac » → bouge) 1.** Acte par lequel sont prévues et autorisées les recettes et les dépenses annuelles de l'État ou d'autres services assujettis aux mêmes règles. *Le budget de l'État, d'une commune. Budget en excédent, en déficit.* **2.** par ext. *Budget familial, domestique. Boucler, équilibrer son budget.* – *Le budget d'un voyage.*

Budapest

Budapest, le Parlement surplombant le Danube.

budgétaire adj. Qui a rapport au budget. *Contrôle budgétaire.*

budgétiser v. tr. < 1 > Inscrire au budget. - syn. **budgéter.** □ n. f. **budgétisation**

budgétivore adj. **(→ -vore)** par plais. Qui vit aux dépens du budget de l'État. – (choses) Qui grève un budget.

Buéa Ville de l'O. du Cameroun, sur le versant S.-O. du mont Cameroun. 90 100 habitants. Ancienne capitale du Cameroun allemand puis britannique. Tourisme.

Bueckelaer ou **Beuckelaer (Joachim)** Peintre flamand (v. 1530-1573). Il peignit des natures mortes, des scènes de marché *(Le Marché aux poissons)* et des scènes de genre.

buée n. f. **(vient probablt du gallo-roman d'origine germanique)** Vapeur qui se dépose en fines gouttelettes formées par condensation. *Vitre couverte de buée.*

Bueil (Jean V de), comte de Sancerre Homme de guerre français (v. 1405-v. 1480). Compagnon d'armes de Jeanne d'Arc, amiral de France (1450), il contribua à la reconquête de la Normandie et de la Guyenne.

Buenaventura Ville de Colombie, sur le Pacifique. 235 000 habitants. C'est le premier port du pays (exportation du café).

Buenos Aires Capitale fédérale de l'Argentine, sur la rive méridionale du río de La Plata. 3 072 000 habitants (le Grand Buenos Aires compte 17 millions d'habitants). Ville portuaire, dont l'industrie est en pleine mutation (automobile, électronique). Ancien poste fortifié espagnol, Buenos Aires est devenue en 1776 la capitale de la vice-royauté de La Plata, puis, en 1816, de l'Argentine. C'est au XIXe s., avec l'essor des activités portuaires, que la ville se développa. Elle joue actuellement le rôle de métropole financière, culturelle et universitaire du « cône Sud ».

Buenos Aires, la Plaza de la Republica et son obélisque.

Buenos Aires (province de) Province d'Argentine. 308 000 km². 17 370 000 habitants. Capitale : La Plata. C'est la province la plus prospère du pays (riches terres agricoles de la Pampa, infrastructures industrielles, routières et portuaires).

Buero Vallejo (Antonio) Auteur dramatique espagnol (1916-2000). Il est l'un des dramaturges espagnols les plus importants de la seconde moitié du XXe s. *Historia de una escalera* (« Histoire d'un escalier »).

Buffalo Ville des États-Unis (État de New York), sur le lac Érié, proche des chutes du Niagara. 278 340 habitants. Port. Université. Centre industriel.

Buffalo Bill (William Frederick Cody, dit) Aventurier américain (1846-1917). Il s'illustra aux côtés du général Custer lors des combats menés contre les Indiens. Il est l'artisan de la destruction massive des bisons.

buffet n. m. **(p.-ê. onomatopée *buff-* « gonflé » → bouffer) 1.** Meuble servant à ranger la vaisselle, le linge de table, certaines provisions. → **bahut. 2.** Table garnie de mets froids, de rafraîchissements à l'occasion d'une réception ; l'ensemble de ces mets et boissons. *Buffet campagnard.* **3.** *Buffet de gare :* café-restaurant d'une gare. → **buvette. 4.** *Buffet d'orgue,* sa menuiserie. **5.** fam. Ventre, estomac.

Buffet (Bernard) Peintre français (1928-1999). Il se fit connaître par des toiles au graphisme anguleux et aux couleurs discrètes, puis changea de manière, peignant des formes pleines.

Buffet (Marie-George) Femme politique française (née en 1949). Secrétaire nationale du PCF de 2001 à 2010, elle fut ministre de la Jeunesse et des Sports (1997-2002).

Buffier (Claude) Philosophe et théologien français (1661-1737). Jésuite, il développa une philosophie du « sens commun » attaquant certains aspects du cartésianisme.

buffle n. m. (italien *buffalo*, qui vient du bas latin d'origine grecque) Mammifère ruminant d'Afrique et d'Asie, voisin du bœuf, aux longues cornes arquées. *Femelle du buffle* (*bufflonne* ou *bufflesse* **n. f.**). *Petit du buffle* (*bufflon* ou *buffletin* **n. m.**).

buffleterie [byflətʀi ; byflɛtʀi] ou **buffletterie** [byflɛtʀi] n. f. (de *buffle*) Équipement en cuir soutenant des armes.

Buffon (Georges Louis Leclerc, comte de) Naturaliste et écrivain français (1707-1788). Intendant du Jardin du roi, l'actuel Muséum national d'histoire naturelle à Paris, grand vulgarisateur, il est l'auteur de la célèbre *Histoire naturelle* (près de 40 volumes), et des *Époques de la nature*. Il s'appuya sur des faits d'expérience pour fonder la connaissance scientifique.

bug voir **²bogue**

Buganda ou **Bouganda** n. m. Ancien royaume d'Afrique de l'Est (Ouganda actuel), fondé au XVe s., sur la rive N.-O. du lac Victoria. Il est passé sous protectorat britannique en 1886. Ses habitants sont les Gandas ou Bagandas.

Bugatti (Ettore) Industriel français d'origine italienne (1881-1947). Il construisit des automobiles de course et de grand luxe, célèbres pour leur design.

Affiche pour Bugatti, par René Vincent (1930).

Bugatti (Rembrandt) Sculpteur français (1885-1916). Il est le principal sculpteur animalier de la période impressionniste, avec Degas et Pompon. *Deux Girafes ; Deux Panthères se léchant.*

Rembrandt Bugatti, *Rhinocéros de Java*, bronze à cire perdue (1908).

Bugeaud (Thomas Robert), marquis de La Piconnerie, duc d'Isly Maréchal de France (1784-1849). Gouverneur de l'Algérie (1840-1847), il organisa la colonisation du pays, poursuivie par le duc d'Aumale.

Bugey n. m. Région du S.-E. du département de l'Ain, à l'extrémité méridionale des monts du Jura. Divisée en haut Bugey au N. et bas Bugey au S., c'est une région d'élevage. Centrale nucléaire à Saint-Vulbas. Le Bugey fit partie du royaume de Bourgogne (934), appartint à l'empereur germanique puis à la maison de Savoie avant d'être rattaché à la France en 1601.

bugger voir **boguer**

buggy [bygi] n. m. (mot anglais) **1.** anciennt Petit cabriolet découvert. → **boghei. 2.** Voiture tout-terrain découverte, au moteur placé à l'arrière. *Des buggys* ou *des buggies* (plur. anglais).

Bugis n. m. pl. Peuple de la péninsule S.-O. de Célèbes. Au nombre d'environ 3,9 millions, de langue malayo-polynésienne, ils sont islamisés depuis le XVIIe s. Navigateurs, ils ont développé un important commerce maritime en Indonésie et Malaisie.

bugle n. m. (mot anglais, *cf.* beugler) Instrument à pistons de la famille des cuivres, utilisé notamment dans les fanfares.

bugne n. f. (var. franco-provençale de *beigne*) régional Beignet de pâte, frit et poudré de sucre. *Les bugnes lyonnaises.*

bugrane n. f. (du latin, du grec → bucrane) Plante épineuse à fleurs roses ou jaunes, appelée aussi *arrête-bœuf.*

Bugue (Le) Commune de la Dordogne, sur la Vézère. 2 595 habitants. Grotte préhistorique.

buguer voir **boguer**

Buican (Denis) Historien des sciences et généticien français (né en 1934). Il est l'auteur de recherches sur l'*Histoire de la génétique et de l'évolutionnisme en France.*

building [b(ɥ)ildiŋ] n. m. (mot anglais, de *to build* « construire ») anglic. Vaste immeuble moderne, à nombreux étages. → **gratte-ciel, ¹tour.**

buire n. f. (p.-ê. de l'ancien français *buie* « cruche », du francique) archéol. Vase en forme de cruche, à bec et à anse.

Buirge (Susan) Danseuse et chorégraphe américaine (née en 1940). Elle contribua à introduire en France les innovations de la danse américaine : performances, évolution du rôle du chorégraphe, relation au public et collaboration avec des musiciens et des plasticiens. *En allant de l'ouest à l'est ; Grand Exil.*

buis n. m. (vient du latin *buxus*, du grec *pyxos* ; famille de *boîte, boussole*) Arbuste à feuilles persistantes vert foncé. *Buis taillé en boule. Buis bénit* : branche de buis qu'on bénit le jour des Rameaux. ■ Bois jaunâtre, dense et dur de cette plante. *Sculpter du buis.*

Buis-les-Baronnies Commune de la Drôme, sur l'Ouvèze. 2 291 habitants. Ancien couvent des Ursulines (XVIIe s.).

buisson n. m. (famille de *bois*) **1.** Touffe d'arbrisseaux sauvages. *Ronces en buisson.* **2.** Mets arrangé en forme de pyramide hérissée d'épines. *Buisson d'écrevisses.*

Buisson (Ferdinand) Pédagogue et homme politique français (1841-1932). Auteur d'un grand *Dictionnaire de pédagogie*, il lutta aux côtés de Jules Ferry pour l'enseignement laïque, gratuit et obligatoire, et s'engagea pour le droit de vote des femmes. Il fut président de la Ligue des droits de l'homme de 1913 à 1926. Prix Nobel de la paix 1927.

buisson-ardent n. m. (de l'expression *buisson ardent*, dans la Bible) Arbuste méditerranéen ornemental à baies écarlates. *Des buissons-ardents.*

Buisson-de-Cadouin (Le) Commune de la Dordogne. 1 936 habitants. Vestiges d'une abbaye cistercienne.

buissonnant, ante adj. Qui pousse, se présente en forme de buisson. – didact. Se dit d'un classement en arbre dont les divisions sont nombreuses et irrégulières.

buissonner v. intr. < 1 > Pousser en forme de buisson.

buissonneux, euse adj. Couvert de buissons ; fait de buissons.

buissonnier, ière adj. (sens vieux « qui habite les buissons ») **1.** *Faire l'école buissonnière* : flâner, se promener au lieu d'aller en classe ; par ext. ne pas aller travailler. **2.** Qui s'écarte des chemins battus. → **libre, ²original, vagabond.** *Tourisme buissonnier.*

Bujumbura Capitale économique du Burundi, sur la rive N. du lac Tanganyika. 800 000 habitants. Exportation de café et de thé. Industries alimentaires et textiles. Constructions mécaniques.

Bukavu Ville de la République démocratique du Congo, au bord du lac Kivu, près de la frontière rwandaise. Env. 1 million d'habitants. Mines d'étain à proximité. Parc touristique des Birungas.

Bukhārī (Muḥammad al-) Auteur arabe (810-870). Il est considéré par les sunnites comme le plus grand rapporteur du Hadīth.

Bukowski (Charles) Écrivain américain d'origine allemande (1920-1994). Dans son œuvre, largement autobiographique, il étale avec ironie et truculence les défauts et passions qui l'écartent de la morale conventionnelle. *Contes de la folie ordinaire ; Journal d'un vieux dégueulasse ; Souvenirs d'un pas-grand-chose.*

Bulawayo Ville du Zimbabwe, au S.-O. du pays. 665 000 habitants. Sidérurgie, industries alimentaires.

bulbe n. m. (du latin, du grec *bolbos*) **1.** Organe de réserve souterrain, renflé, de certaines plantes. → **oignon.** *Plantes à bulbe* (lis, glaïeul, tulipe...). **2.** anat. Renflement arrondi. *Bulbe rachidien*, à la base de l'encéphale. □ adj. **bulbaire 3.** Coupole renflée au faîte resserré en pointe. *Les bulbes d'une église russe.*

bulbeux, euse adj. **1.** bot. Qui a un bulbe. **2.** En forme de bulbe.

bulbille n. f. (de *bulbe*) bot. Petit bulbe qui naît à l'aisselle d'une feuille et sert de bourgeon de remplacement. *Les bulbilles de l'ail.*

bulgare adj. et n. (latin *Bulgarus* → bougre) De Bulgarie. – n. *Les Bulgares.* ■ n. m. *Le bulgare* (langue slave).

Bulgarie

n. f. ■ offic. république de Bulgarie Pays de l'Europe balkanique. 110 912 km². 6 519 790 habitants (les *Bulgares*). **Langue :** bulgare. **Population :** Bulgares, 84 % ; Turcs, 9,5 % ; Tsiganes, 4,5 %. **Religions :** orthodoxes (83 %), musulmans (12 %). **Monnaie :** lev. **Capitale :** Sofia. **Régime :** démocratie parlementaire.

GÉOGRAPHIE

Les montagnes, d'altitude moyenne (Balkan, Rhodope), occupent 28 % du territoire. Couvertes de forêts, elles sont peu peuplées. Les plaines forment deux ensembles : les plaines pré-danubiennes au N. du Balkan (Dobroudja) ; au S., la plaine de Sofia prolongée par la grande plaine de Thrace. La façade littorale de la mer Noire, haute et rocheuse sur sa partie septentrionale, est basse et uniforme dans sa partie méridionale. Le climat est continental à l'intérieur, méditerranéen sur la côte et dans les vallées au S. du Rhodope. La population, qui ne cesse de diminuer depuis les années 1990 notamment en raison de l'émigration, se concentre dans l'agglomération de Sofia, dans la vallée du Danube et sur le littoral.

ÉCONOMIE

Le pays connut un difficile passage à l'économie de marché et les privatisations se poursuivirent jusqu'au début des années 2000. Le secteur agricole mit vingt ans à retrouver le niveau de production de la période socialiste. Les principales cultures sont les céréales, les cultures industrielles (coton, tabac, betterave sucrière), les cultures fruitières et maraîchères, la vigne et la riziculture. La culture traditionnelle des roses se concentre dans la Vallée des Roses, au S. du Balkan. L'élevage ovin et caprin fournit des produits laitiers (fromages, yaourts). Le sous-sol contient du lignite (Balkan), des métaux (fer, plomb, zinc, cuivre, uranium) et un peu de pétrole au N. de Varna. L'essor de l'industrie date de l'époque soviétique (métallurgie, machines-outils). La chimie (engrais, produits pharmaceutiques) et l'informatique se sont

Récolte de la pomme de terre dans la province de Sofia.

développées récemment. Encore très dépendante de la Russie, notamment pour ses importations d'énergie, la Bulgarie s'est tournée vers l'Union européenne dont elle est membre depuis 2007. Le tourisme progresse sur les plages de la mer Noire, autour de Varna.

HISTOIRE

Formé des anciennes provinces romaines de Thrace et de Mésie, le pays fut occupé par les Bulgares, qui se mêlèrent aux populations slaves (VIIe-IXe s.). Le royaume bulgare, converti au christianisme byzantin (IXe s.), atteignit son apogée sous Siméon Ier (893-927). Affaibli par des dissensions dynastiques et religieuses (hérésie bogomile), il fut soumis par Byzance en 972. Rétabli, il fut de nouveau annexé après la victoire de Basile II en 1018. Un second royaume bulgare domina les Balkans (XIIe-XIIIe s.), puis la Bulgarie en déclin fut annexée par l'Empire ottoman (1396).

La Bulgarie indépendante L'intervention russe, qui suivit la répression de la révolte nationale de 1876, aboutit à l'autonomie de la Bulgarie (1878), bientôt amputée de la Macédoine et de la Roumélie orientale. L'indépendance fut proclamée en 1908 et le pays s'engagea aux côtés de la Serbie, de la Grèce et du Monténégro dans la première guerre balkanique (1912). D'abord victorieuse de la Turquie, puis vaincue par ses anciens alliés lors de la seconde guerre balkanique (1913), la Bulgarie fut privée d'une partie de ses conquêtes. Alliée des Empires centraux durant la Première Guerre mondiale, elle perdit la Dobroudja méridionale et la Thrace en 1919. Boris III fit annexer la Dobroudja (1940) et s'allia au Reich allemand (1941). Occupée par les Soviétiques (1944), la Bulgarie fut rétablie dans ses anciennes frontières (1947) et conserva la Dobroudja méridionale.

République populaire, république parlementaire En 1946, G. Dimitrov mit en place une république populaire, dans l'orbite soviétique. T. Živkov, chef de l'État depuis 1971, fut remplacé en 1989 par P. Mladenov. La Constitution de 1991 rétablit un régime parlementaire, mais les difficultés économiques ramenèrent les communistes au pouvoir (1994-1997). En 2001, le gouvernement fut dirigé par l'ancien tsar Siméon II, tandis qu'un ex-communiste, G. Parvanov, devint président de la République (réélu en 2006). La Bulgarie intégra l'Otan en 2004. Les législatives de 2005 donnèrent une courte majorité aux travaillistes (S. Stanichev). Le centre droit, mené par Boïko Borisov, remporta celles de 2009 et son candidat, Rossen Plevneliev, fut élu président de la République en 2011. Sa politique d'austérité entraîna une forte contestation populaire mais il parvint à conserver le pouvoir jusqu'en 2017, puis fut évincé par le candidat de l'opposition, le socialiste Roumen Radev, qui s'attaqua à la corruption et fut réélu en 2021.

Bull (John) Compositeur anglais (v. 1562-1628). Il a laissé des œuvres pour orgue, viole et clavecin.

Bull (Fredrik Rosing) Ingénieur norvégien (1882-1925). Il inventa une des premières machines à cartes perforées (1919). Ses brevets furent acquis par un groupe français qui prit son nom.

Bull (Olaf) Poète norvégien (1883-1933). Ses poèmes d'inspiration bergsonienne méditent sur la mort, l'homme et l'univers.

Bull (John) voir **John Bull**

bullaire n. m. (du latin médiéval, de *bulla* → **1bulle**) relig. Recueil des bulles des papes.

Bullant (Jean) Architecte, dessinateur et théoricien français (1520-1578). Son œuvre mêle les influences de la Renaissance italienne à l'idéal antique, et annonce le maniérisme (château d'Écouen, hôtel de Soissons).

bulldozer [byldɔzɛʀ ; buldozœʀ] n. m. anglic. **1.** Engin de terrassement, tracteur à chenilles très puissant. → **bouteur.** *Des bulldozers.* **2.** fig., fam. Personne décidée que rien n'arrête. - var. RO **bulldozeur.**

1bulle n. f. (du latin médiéval, de *bulla* « médaillon, ornement en forme de boule ») **1.** hist. Boule de métal attachée à un sceau ; ce sceau. **2.** Lettre patente du pape, portant son sceau. *Une bulle d'excommunication.*

2bulle n. f. (latin *bulla* → **boule**) **1.** Petite sphère remplie d'air ou de gaz qui s'élève à la surface d'un liquide en mouvement, en ébullition. *Liquide qui fait des bulles.* → **effervescent, gazeux, pétillant.** ▪ Sphère formée d'une pellicule remplie d'air. *Bulle de chewing-gum.* – *Bulle d'air sous du papier peint.* – *Papier bulle* : film plastique à bulles d'air, servant à emballer les objets fragiles (→ aussi **3bulle**). ▪ Globule gazeux qui se forme dans une matière en fusion. *Les bulles du verre.* ▪ (par analogie de forme) *Avoir une bulle en anglais,* la note zéro. **2.** méd. Ampoule, cloque. **3.** Enceinte stérile dans laquelle sont placés les enfants atteints de déficience immunitaire. ▪ Espace protégé, où l'on se sent en sécurité. – *Vivre dans une bulle, dans sa bulle,* à l'écart, dans son monde. **4.** Espace délimité par une ligne fermée, où sont inscrites les paroles ou les pensées d'un personnage de bande dessinée. → **phylactère.** **5.** fig. Situation créée par un gonflement excessif. *Bulle médiatique* : engouement excessif des médias. – fin. *Bulle spéculative* : forte hausse de titres sans fondement économique.

3bulle n. m. (origine inconnue) Papier jaunâtre, de qualité médiocre. – **adj. m. invar.** *Papier bulle* (→ aussi **2bulle**).

bullé, ée adj. (de *2bulle*) techn. Qui présente, contient des bulles. – *Verre bullé.*

Bulle d'or Série d'ordonnances rendues par les empereurs romains germaniques et scellées d'or. La plus célèbre, promulguée par Charles IV en 1356, fixa l'organisation de l'élection au Saint Empire.

buller v. intr. < 1 > (de *coincer la bulle* « se reposer ») fam. Ne rien faire. → **paresser ;** fam. **glander.**

Bullet (Pierre) Architecte français (1639-1716). Il est l'un des représentants du classicisme français (arc de la porte Saint-Martin, à Paris).

bulletin n. m. (famille de *bulle* « sceau ») **1.** Information émanant d'une autorité, d'une administration, et communiquée au public. → **communiqué.** *Bulletin météorologique. Bulletin d'état civil, de naissance,* établi dans une mairie. – Rapport contenant les notes d'un élève. ▪ Article de journal donnant des nouvelles dans un certain domaine. *Bulletin de l'étranger.* – *Bulletin d'information* (radio, télévision). **2.** Certificat ou récépissé. *Bulletin de salaire.* → **feuille, 1fiche.** ▪ *Les bulletins-réponses d'un concours.* **3.** *Bulletin de vote,* papier indicatif d'un vote, que l'électeur dépose dans l'urne. *Bulletin nul,* irrégulier. *Bulletin blanc,* vierge (en signe d'abstention).

bulleux, euse adj. méd. Qui présente des bulles, des cloques. *Dermatose bulleuse.*

bull-finch [bulfinʃ] n. m. (mot anglais) anglic. Obstacle de steeple-chase, formé d'un talus surmonté d'une haie. *Des bull-finchs* ou *des bull-finches* (plur. anglais). - var. RO **bullfinch.**

bull-terrier [bultɛʀje] n. m. (mot anglais, de *bulldog* et *terrier*) Chien ratier d'une race anglaise. *Des bull-terriers.* - var. RO **bullterrier.**

Bully-les-Mines Commune du Pas-de-Calais. 12 080 habitants. Anciennes houillères, industrie automobile.

bulot n. m. (mot de l'Ouest, p.-ê. germanique) Gros mollusque gastéropode comestible, appelé aussi *buccin.*

Bülow (Friedrich Wilhelm), comte Bülow von Dennewitz Général prussien (1755-1816). Il contribua aux défaites napoléoniennes de Leipzig (1813) puis de Waterloo (1815).

Bülow (Karl von) Feld-maréchal allemand (1846-1921). Il fut l'un des responsables de la défaite allemande de la Marne (1914).

Bülow (Bernhard, prince von) Homme politique allemand (1849-1929). Il fut chancelier du Reich de 1900 à 1909.

Bultmann (Rudolf) Théologien luthérien allemand (1884-1976). Il mena un travail de « démythologisation » du Nouveau Testament pour rendre compte du fait religieux.

bun [bœn] n. m. (mot anglais) anglic. Petit pain au lait rond.

buna n. m. (n. déposé, de *butadiène* et de *Na,* symbole du sodium) techn. Caoutchouc synthétique obtenu à partir du butadiène.

Bunche (Ralph Johnson) Sociologue et homme politique américain (1904-1971). Il fut médiateur de l'ONU au Proche-Orient (1948-1949), puis sous-secrétaire d'État aux Nations unies. Prix Nobel de la paix 1950.

Bulgarie

B

Bund n. m. Union générale des ouvriers juifs de Lituanie, de Pologne et de Russie, fondée en 1897. Le Bund prit position contre le sionisme et lutta contre l'antisémitisme. Il fut éliminé en Russie après la révolution d'octobre 1917.

Bundesrat n. m. L'une des deux chambres législatives de la Confédération de l'Allemagne du Nord (1866-1871), de l'Empire allemand (1871-1918), puis, depuis 1949, de la République fédérale d'Allemagne. Ce « Conseil fédéral » représente les États au Parlement.

Bundestag n. m. L'une des deux chambres législatives de la République fédérale d'Allemagne. Cette « Diète fédérale », élue au suffrage universel direct, élit le chancelier.

Bundeswehr n. f. Nom donné en 1956 aux forces armées de l'Allemagne fédérale.

Bunel (Jacob) Peintre et dessinateur français (1558-1614). Représentant du maniérisme de la seconde école de Fontainebleau, il a surtout exécuté des portraits. *Portrait du roi Henri IV.*

bungalow [bœ̃galo] n. m. (mot anglais, de l'hindi « [maison] du Bengale ») **1.** Maison indienne basse entourée de vérandas. **2.** Petit pavillon en rez-de-chaussée. *Des bungalows.*

[1]**bunker** [bunkœʀ ; bunkɛʀ] n. m. (mot allemand, emprunt à l'anglais) Casemate construite par les Allemands pendant la Seconde Guerre mondiale. – Construction souterraine très protégée. *Des bunkers.*

[2]**bunker** [bœnkœʀ] n. m. (mot anglais) anglic. Sable situé autour d'un green, en golf.

bunraku [bunʀaku] n. m. (mot japonais) Théâtre traditionnel de marionnettes, au Japon.

Bunsen (Robert Wilhelm) Physicien allemand (1811-1899). Il est l'inventeur d'une pile électrique, d'un photomètre à tache d'huile et d'un bec de gaz *(bec Bunsen).*

Buñuel (Luis) Cinéaste espagnol, naturalisé mexicain (1900-1983). Marqué par une éducation religieuse qui en fit un athée irréductible, principal représentant du surréalisme au cinéma, il a réalisé des films poétiques et satiriques d'une grande force imaginative et expressive. *Un chien andalou ; Los Olvidados ; Nazarin ; Belle de jour ; Cet obscur objet du désir.*

Bunyan (John) Écrivain anglais (1628-1688). Pasteur baptiste, il composa un roman allégorique, *Le Voyage du pèlerin,* qui exerça une profonde influence sur Swift et Johnson.

Buon ou **Bon** (Bartolomeo) Sculpteur italien (v. 1374-v. 1467). Il réalisa les sculptures de la Ca'd'Oro, chef-d'œuvre vénitien de l'architecture gothique.

Buonarroti (Michelangelo) voir Michel-Ange

Buonarroti (Philippe) Révolutionnaire français d'origine italienne (1761-1837). Ami de Babeuf, il fut l'un des chefs de la conspiration des Égaux contre le Directoire. Il publia *La Conspiration pour l'Égalité,* dite de *Babeuf.*

Buontalenti (Bernardo) Architecte, sculpteur, peintre et miniaturiste italien (1536-1608). Disciple de Vasari, de tendance maniériste, il fut organisateur des fêtes à la cour des Médicis.

bupreste n. m. (du latin, pris au grec) Insecte coléoptère, aux couleurs métalliques, dont la larve mange le bois.

buraliste n. (de *bureau,* p.-ê. d'après *journaliste*) Personne préposée à un bureau de recette, de poste. – Personne qui tient un bureau de tabac.

Burayda ou **Boraïda** Ville d'Arabie saoudite, située dans une oasis du Nedjd, au centre du pays. 378 500 habitants. Elle accueille le plus grand marché de dromadaires du monde.

Burbage Famille d'acteurs et de directeurs de théâtre anglais. **Richard Burbage** (v. 1567-1619) créa quelques-uns des plus grands rôles de Shakespeare, dont il fut l'associé.

Burberry (Thomas) Couturier britannique (1835-1926). Connu pour avoir inventé un tissu imperméable et résistant, la gabardine, qui fut réservée tout d'abord aux vêtements d'activités en plein air, il est aussi le créateur du célèbre motif à carreaux beiges, rouges et noirs. En 1856, il fonda la maison qui porte son nom et qui devint une marque de luxe.

Burckhardt (Johann Ludwig ou Lewis) Explorateur suisse (1784-1817). Il visita, sous le nom de cheikh Ibrahim, la Syrie, l'Égypte, la Nubie, et pénétra dans les villes saintes de l'Arabie.

Burckhardt (Jakob) Historien suisse d'expression allemande (1818-1897). Spécialiste de la Renaissance italienne et de la Grèce antique, il contribua au développement de l'histoire culturelle. *Le Cicérone ; La Civilisation de la Renaissance en Italie.*

bure n. f. (p.-ê. du latin, famille de *bourre*) Grossière étoffe de laine brune. « *Une veste en bure brune, sans col ni poches* » (Genet). – Vêtement de cette étoffe. *La bure du moine.*

bureau n. m. (famille de *bure ;* « tapis de table » puis « table ainsi couverte ») **I. 1.** Table sur laquelle on écrit, on travaille ; meuble de travail où l'on peut enfermer des papiers, etc. → **secrétaire.** *Bureau ministre :* grand bureau. *Être assis à, derrière son bureau.* ■ inform. Plan de travail que représente l'écran d'un ordinateur à son allumage. *Placer un fichier sur le bureau.* **2.** Pièce où est installée la table de travail, avec les meubles indispensables (bibliothèque, etc.). → **cabinet.** *Le bureau d'un avocat.* **II. 1.** Lieu de travail des employés (d'une administration, d'une entreprise). *Les bureaux d'une société.* → **siège.** *Employé de bureau. Aller au bureau, à son bureau.* ■ Établissement ouvert au public et où s'exerce un service d'intérêt collectif. *Bureau de poste. Bureau de vote.* – *Bureau de tabac,* où se fait la vente du tabac. **2.** Service (assuré dans un bureau). *Un bureau d'études.* anciennt *Deuxième Bureau,* service de renseignements de l'armée. **3.** vieilli Le personnel d'un bureau. ■ *Les bureaux :* l'administration (→ **bureaucratie).** « *Ce que nous appelons la raison d'État, c'est la raison des bureaux* » (A. France). **4.** Membres d'une assemblée élus par leurs collègues pour diriger les travaux, mener l'action. *Bureau politique d'un parti,* sa direction.

Bureau (Jean) Seigneur de Montglat (mort en 1463). Il prit une part active à la bataille de Castillon (1453) et fut maire de Bordeaux.

bureaucrate n. (de *bureau* [II]) **1.** Fonctionnaire, employé(e) imbu(e) de son importance et abusant de son pouvoir sur le public. **2.** péj. Employé(e) de bureau. → **gratte-papier.**

bureaucratie n. f. (→ -cratie) **1.** Pouvoir politique des bureaux ; influence abusive de l'Administration. **2.** L'ensemble des fonctionnaires ; leur pouvoir dans l'État.

bureaucratique adj. Propre à la bureaucratie. *Une société bureaucratique.*

bureaucratiser v. tr. < 1 > Transformer par la mise en place d'une bureaucratie. □ n. f. **bureaucratisation**

Bureau international du travail (BIT) Secrétariat permanent de l'Organisation internationale du travail.

bureautique n. f. (n. déposé, de *bureau* et *informatique*) Ensemble des techniques visant à automatiser les travaux de bureau. – adj. *Logiciel bureautique.*

burelé, ée adj. (de l'ancien français *burel* « tapis rayé ») blason Divisé en fasces rétrécies.

Buren (Daniel) Peintre et sculpteur français (né en 1938). Partisan de l'art « in situ », il installa notamment ses colonnes à bandes verticales dans la cour d'honneur du Palais-Royal à Paris.

Bures-sur-Yvette Commune de l'Essonne, sur l'Yvette. 9 240 habitants. Élément de l'université de Paris-Sud. Institut des hautes études scientifiques.

burette n. f. (de *buire*) **1.** Flacon destiné à contenir les saintes huiles, ou l'eau et le vin de la messe. **2.** Petit flacon à goulot. **3.** Récipient à tubulure, spécialt pour injecter l'huile de graissage.

Burgas ou **Bourgas** Ville de Bulgarie, sur la mer Noire. 190 000 habitants. Important port de pêche et de commerce. Tourisme balnéaire.

burgau n. m. (probablt mot antillais) Coquillage univalve nacré. – Nacre de ce coquillage (syn. **burgaudine** n. f.). *Des burgaux.*

Burgdorf Ville de Suisse (canton de Berne), à l'entrée de l'Emmental. 16 280 habitants. Fromages (emmental).

Burgenland n. m. État fédéral d'Autriche. 3 965 km². 297 000 habitants. Capitale : Eisenstadt. Région de plaines et de collines fertiles (céréales, vignes, arbres fruitiers, tabac).

burger [bœʀgœʀ] n. m. (mot anglais, abrév. de *hamburger*) anglic. Hamburger*. *Des burgers.* – par ext. *Burger de poulet.*

Bürger (Gottfried August) Poète et traducteur allemand (1747-1794). Il se rattache au mouvement expressionniste Sturm und Drang par l'inspiration populaire de ses ballades *(Lénore).*

Burgess (John Burgess Wilson, dit Anthony) Romancier britannique (1917-1993). Il connut avec son roman *Orange mécanique,* adapté au cinéma par Kubrick, un succès international. Il interroge dans ses œuvres la condition de l'homme moderne face à la violence.

Burghley voir Cecil

Burgkmair (Hans) Peintre, graveur et dessinateur flamand (1473-1531). Il mêla dans ses œuvres les conceptions de la Renaissance italienne aux traits germaniques. Il est célèbre pour ses peintures représentant des basiliques *(Saint-Jean-de-Latran)* et des retables *(Saint Jean).*

Burgondes n. m. pl. Peuple germanique d'origine scandinave. Les Burgondes fondèrent au début du ve s. un royaume qui s'étendait du Main jusqu'au Rhin. Battus par les Huns et le général romain Aetius (436), ils se portèrent vers l'E. de la Gaule et fondèrent un nouveau royaume entre les vallées du Rhône et de la Saône et la Méditerranée. Soumis par les Francs en 532, ils donnèrent leur nom à la Bourgogne.

Burgos Ville d'Espagne (Castille-et-León), dans le N.-E. de la Castille. 176 400 habitants. Célèbre cathédrale gothique Sainte-Marie (XIIIe-XVIIIe s.), abbaye cistercienne de Santa Maria de las Huelgas, chartreuse de Miraflores. Maison du Cid. Ancienne capitale de la Castille, elle fut le siège du gouvernement nationaliste espagnol de 1936 à 1939.

burgrave n. m. (allemand ancien « châtelain », *cf.* bourg) hist. Commandant d'une place forte ou d'une ville, dans le Saint Empire romain germanique. « *Les Burgraves* » (drame de Victor Hugo).

Buridan (Jean) Philosophe scolastique français (v. 1300-apr. 1358). Il fut un partisan critique du nominalisme. Son nom reste attaché, sans doute à tort, à l'argument de l'âne *(âne de Buridan),* qui, ayant aussi faim que soif et se trouvant à égale distance d'un seau d'eau et d'un picotin d'avoine, ne parvient pas à choisir, se laissant plutôt mourir.

burin n. m. (probablt italien d'origine germanique) **1.** Ciseau d'acier qui sert à graver. – par ext. Gravure au burin. **2.** techn. Ciseau d'acier pour couper les métaux, dégrossir les pièces.

buriner v. tr. < 1 > Graver, travailler au burin. ■ **buriné, ée** adj. **1.** Gravé au burin. **2.** fig. *Visage buriné, traits burinés,* marqués et énergiques. □ n. m. **burinage**

burka voir burqa

Burke (Edmund) Homme politique et écrivain britannique (1729-1797). Il fut l'adversaire de la Révolution française qui ne pouvait, selon lui, qu'aboutir à la tyrannie.

Burkina Faso

Burkina Faso

État d'Afrique occidentale. 274 000 km^2. 20,5 millions d'habitants (les *Burkinabés* ou *Burkinabè* [invar.]). **Langues :** français (offic.), mooré, dioula, fulfuldé. **Population :** Mossis (47 %), Bobos, Lobis, Touaregs, Peuls... **Religions :** animistes, musulmans, chrétiens. **Monnaie :** franc CFA. **Capitale :** Ouagadougou. **Régime :** présidentiel.

GÉOGRAPHIE

Ce pays sahélien enclavé est formé d'un plateau d'altitude modeste. Le climat, tropical, est de type soudanais au centre (forêt claire), sahélien au N. (savane arbustive). Traversé par de nombreux cours d'eau, le territoire demeure aride, ce qui constitue un obstacle au développement de l'agriculture (céréales, coton et arachide, élevage). Le pays, dépendant du cours des matières premières et des revenus des Burkinabés expatriés, figure parmi les pays les moins avancés.

HISTOIRE

Les premiers royaumes (Fada N'Gourma, Yatenga, Bobo-Dioulasso) apparurent au XVe s. En 1919, les Français formèrent la colonie de Haute-Volta qui, un temps divisée entre Côte d'Ivoire, Niger et Soudan, retrouva ses limites territoriales (1947), puis accéda à l'indépendance (1960). En 1983, Thomas Sankara rebaptisa la Haute-Volta « Pays des hommes intègres » (*Burkina Faso*) et engagea une « révolution démocratique et populaire ». Il fut renversé par Blaise Compaoré (1987) qui instaura le multipartisme (1991). Réélu jusqu'en 2010, le président Compaoré fut déposé en 2014 pour avoir tenté de modifier la Constitution en vue de briguer un cinquième mandat. C'est l'ancien Premier ministre passé dans l'opposition, Roch Marc Kaboré, qui fut élu démocratiquement à la présidence en 2015. Il fut chassé du pouvoir par un putsch en janvier 2022, suivi d'un autre coup d'État militaire en septembre 2022. Le pays subit de nombreux attentats islamistes depuis 2016.

burkini [byʀkini ; buʀkini] **n. m. (marque déposée ; mot-valise, de *burqa* et *bikini*)** Tenue de baignade portée par certaines musulmanes, couvrant entièrement le corps à l'exception du visage, des mains et des pieds.

burlat **n. f. (de *Burlat*, botaniste)** Grosse cerise bigarreau rouge foncé, à chair ferme.

burlesque **(de l'italien, de *burla*, mot espagnol « plaisanterie » ; famille de *bourre*) 1. adj.** D'un comique extravagant et déroutant. → **bouffon.** *Accoutrement burlesque. Film burlesque.* – Ridicule et absurde. → **grotesque.** *Idée burlesque.* **2. n. m.** Caractère d'une chose burlesque, absurde et ridicule. ▪ Genre littéraire parodique, à la mode au XVIIe siècle. – Genre comique du cinéma.

Burlington Ville du Canada (Ontario), sur le lac Ontario. 183 314 habitants.

Burnaby Ville du Canada (Colombie-Britannique), dans la banlieue de Vancouver. 232 755 habitants. Université. Ville résidentielle et industrielle (bois, sidérurgie).

Burne-Jones (sir Edward Jones, dit) Peintre britannique (1833-1898). Ses thèmes, issus de la mythologie antique et des légendes médiévales, annoncent l'art nouveau. *L'Enchantement de Merlin.*

Burney (Charles) Compositeur, homme de lettres et historien britannique de la musique (1726-1814). Il publia la première histoire de la musique en langue anglaise, pour laquelle il parcourut l'Europe, à la rencontre des musiciens de son temps.

Burney (Frances, dite Fanny) Romancière britannique (1752-1840). Elle est l'autrice de romans épistolaires et d'un *Journal.*

burnous [byʀnu(s)] **n. m. (de l'arabe, du grec tardif *burros, birros*) 1.** Grand manteau de laine à capuchon et sans manches, en usage dans les pays du Maghreb. **2.** Manteau, cape à capuchon dont on enveloppe les jeunes enfants.

burn-out [bœʀnaut] **n. m. invar. (mot anglais)** anglic. État de fatigue intense et de grande détresse causé par le stress au travail. - recomm. offic. **syndrome d'épuisement professionnel.**

Burns (Robert) Poète écossais (1759-1796). Il célébra dans ses œuvres la beauté de la vie rustique, préfigurant le mouvement romantique.

buron **n. m. (germanique *bûr* « hutte, cabane »)** régional En Auvergne, Petite cabane de berger, et, spécialt, petite fromagerie.

burqa ou **burka** [byʀka ; buʀka] **n. f. (de l'arabe « voile »)** Voile épais, ajouré à hauteur des yeux, qui couvre intégralement le corps, porté par certaines femmes musulmanes. → **tchadri.** *Afghane qui porte la burqa.*

burrata [buʀata] **n. f. (mot italien)** Fromage frais italien proche de la mozzarella. *Des burratas.*

Burri (Alberto) Artiste italien (1915-1995). Il fonda le groupe Origine et travailla à partir de déchets de toiles.

Burri (René) Photographe suisse (1933-2014). Il a réalisé de nombreux reportages sur les conflits majeurs de la seconde moitié du XXe s. et des portraits de Che Guevara et Picasso.

Burroughs (Edgar Rice) Romancier américain (1875-1950). Auteur de romans d'aventures et de science-fiction, il est le créateur du personnage de Tarzan.

Burroughs (William Seward) Écrivain américain (1914-1997). Il fut l'une des personnalités marquantes de la beat generation. *Le Festin nu.*

Burrus ou **Burrhus** en latin **Sextus Afranius Burrus** Homme politique romain (mort en 62). Il fut chargé, avec Sénèque, de l'éducation de Néron.

Bursa Ville du N.-O. de la Turquie. 2 millions d'habitants. Nombreux monuments. Grand centre industriel et métropole régionale. Station thermale et touristique. La ville fut la résidence des sultans ottomans au XIVe siècle.

Burton (Robert) Essayiste anglais (1577-1640). Il est l'un des principaux humanistes anglais. *L'Anatomie de la mélancolie.*

buron

Buron en pierre avec son toit d'ardoises.

Burton (sir Richard Francis) Voyageur et écrivain britannique (1821-1890). Il visita l'Arabie, l'Afrique orientale et, avec Speke, découvrit le lac Tanganyika (1858).

Burton (Richard Walter Jenkins, dit Richard) Acteur britannique (1925-1984). Acteur shakespearien, il mena ensuite une carrière cinématographique à Hollywood, jouant souvent aux côtés de son épouse Elizabeth Taylor. *Cléopâtre ; Qui a peur de Virginia Woolf ?*

Burton (Tim) Cinéaste américain (né en 1958). Son œuvre rénove le cinéma hollywoodien et joue des registres burlesque et fantastique. *Beetlejuice ; Batman ; Edward aux mains d'argent ; Charlie et la chocolaterie ; Dark Shadows.*

Tim Burton sur le tournage de *La Planète des singes* (2001).

Buru Île indonésienne, au centre des Moluques, à l'O. de Seram. 9 000 km^2. Relief montagneux. Production d'huile d'eucalyptus.

Burundi

État d'Afrique orientale. 27 834 km². 12,2 millions d'habitants (les *Burundais*). **Langues :** kirundi et français (offic.), swahili. **Population :** Hutus (85 %), Tutsis (14 %), Twas (Pygmées). **Religions :** chrétiens, animistes, musulmans. **Monnaie :** franc du Burundi. **Capitale :** Gitega ; **capitale économique :** Bujumbura. **Régime :** présidentiel.

GÉOGRAPHIE

Petit pays enclavé de la région des Grands-Lacs, le Burundi est formé de collines et de hauts plateaux. Le climat tropical humide de l'E. est adapté à l'agriculture traditionnelle (sorgo, manioc, coton, palmier à huile), tandis que l'altitude, à l'O., favorise la culture du thé et du café. L'élevage bovin extensif et la pêche (dans le lac Tanganyika) sont des activités importantes. Très densément peuplé (413 hab./km²), le Burundi a l'un des PIB/hab. les plus faibles au monde.

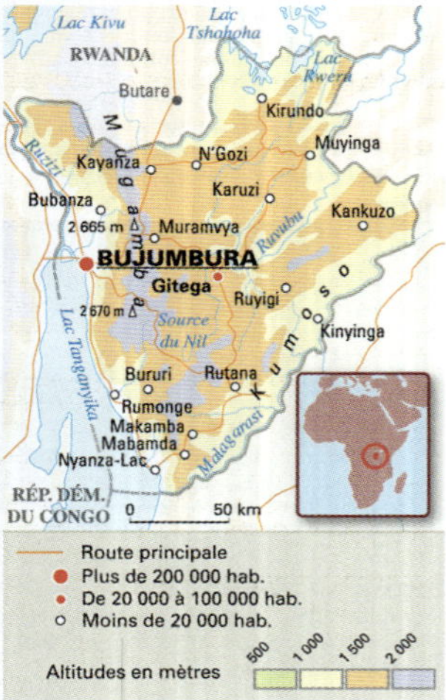

HISTOIRE

Les Hutus, cultivateurs bantous, s'installèrent dans la région au début de l'ère chrétienne, suivis par les pasteurs tutsis. Progressivement, la possession du bétail devint le critère de différenciation sociale, dans ce royaume dirigé par le *mwami*, un Tutsi.

La colonisation En 1903, le mwami signa un traité de protectorat avec l'Allemagne. En 1923, la SDN confia un mandat sur le pays au roi des Belges, qui constitua le territoire du Ruanda-Urundi, dépendant du Congo belge. En 1946, l'ONU transforma le mandat en une administration sous tutelle, qui aboutit à l'indépendance (1962). La république fut proclamée en 1966.

La guerre civile Les Tutsis s'engagèrent dans une politique de répression contre les Hutus (1972). Après la présidence de J.-B. Bagaza (1976-1987), de nouveaux massacres ensanglantèrent le pays. En 1993, l'assassinat du président Melchior N'Dadaye, Hutu, puis la mort de Cyprien Ntaryamira (avril 1994) déclenchèrent de nouvelles violences.

Le retour à la paix En 1996, le président tutsi Pierre Buyoya engagea des pourparlers de paix à Arusha, puis céda la place à un président de transition, le Hutu Domitien Ndayizeye (2003). Une nouvelle Constitution garantit 60 % des sièges de l'Assemblée nationale aux Hutus et 40 % aux Tutsis. Le principal mouvement rebelle hutu (CNDD-FDD), ayant déposé les armes, remporta les législatives en 2005 et son dirigeant, Pierre Nkurunziza, accéda à la présidence. Une violente répression de la contestation lui permit de conserver sa fonction jusqu'à sa mort en 2020. Le candidat du parti au pouvoir, Évariste Ndayishimiye, lui succéda.

Bury (Pol) Peintre et sculpteur belge (1922-2005). Membre du groupe Cobra, il réalisa des sculptures cinétiques et des œuvres monumentales (plafond du métro de Bruxelles).

¹bus [bys] **n. m. (abrév. de *omnibus* → autobus)** fam. Autobus. *Ticket de bus.*

²bus [bys] **n. m. (de l'anglais *omnibus*)** inform. Ensemble des conducteurs mettant en communication les différents composants d'un ordinateur. *Bus interne, externe.*

Busan voir **Pusan**

busard n. m. (de ¹*buse*) Oiseau rapace diurne, à longues ailes et longue queue.

busc n. m. (de l'italien → buste) anciennt Corset renforcé. ■ Baleine de corset.

Busch (Adolf) Violoniste suisse d'origine allemande (1891-1952). Il fut l'interprète idéal de Bach et de la musique romantique allemande et forma un quatuor.

¹buse n. f. (de l'ancien français *buison*, qui vient du latin *buteo*) 1. Oiseau rapace diurne, aux formes lourdes, qui se nourrit de rongeurs. **2.** fig., fam. Personne sotte et ignorante. *Triple buse !*

²buse n. f. (p.-ê famille de *buccin*) Conduit, tuyau.

bush [buʃ] **n. m. (mot anglais, du latin *boscus* « bois »)** Végétation des pays secs (Afrique orientale, Madagascar, Australie), formée de buissons serrés et d'arbres isolés.

Bush (George Herbert Walker) Homme politique américain (1924-2018). Républicain, président des États-Unis (1989-1993), il rencontra de réels succès en politique étrangère mais ne put juguler la crise économique et sociale.

Bush (George Walker) Homme politique américain (né en 1946). Fils de George Herbert Walker, républicain, gouverneur du Texas (1995-2000), il fut président des États-Unis de 2001 à 2009. Confronté au terrorisme islamiste avec les attentats du 11 septembre 2001, il engagea son pays dans la guerre contre les talibans en Afghanistan, puis contre le régime de Saddam Hussein en Irak en 2003.

George W. Bush en visite au Rwanda (2008).

Bush (Catherine, dite Kate) Auteur-compositrice-interprète britannique (née en 1958). Sa voix, d'une pureté exceptionnelle, toute en arabesques, et les lignes mélodiques sinueuses de ses compositions l'ont immédiatement hissée parmi les plus grands artistes de variété : *Wuthering Heights* (1978, chanson inspirée par *Les Hauts de Hurlevent*), *Babooshka* (1980).

bushidô [buʃido] **n. m. (mot japonais)** hist. Ensemble des préceptes qui constituent la morale du guerrier japonais (le *bushi*).

Bushnell (David) Inventeur américain (1742-1824). L'un des précurseurs de la conception des sous-marins, il construisit en 1775 la *Tortue*, prédécesseur en bois du *Nautilus*.

business ou **bizness** [biznɛs] **n. m. (anglais *business*, de *busy* « occupé »)** anglic., fam. **1.** vieux Travail. **2.** Chose, truc. **3.** Commerce, affaires. *Le big business :* le monde du grand capitalisme.

businessman ou **biznessman** [biznɛsman] **n. m. (→ business)** anglic. Homme d'affaires. *Des businessmans, businessmen* (plur. anglais), *des biznessmans.*

businesswoman ou **biznesswoman** [biznɛswuman] **n. f. (→ business)** anglic. Femme d'affaires. *Des businesswomans, des businesswomen* (plur. anglais), *des biznesswomans.*

Busnois (Antoine) Poète et musicien français (v. 1440-1492). Auteur de messes et de motets, il s'est aussi illustré dans la chanson.

Buson ou **Yosa Buson (Taniguchi In, dit)** Poète et peintre japonais (1716-1783). Fondateur de l'école des lettrés, il fut le premier à associer la peinture et le haïku.

Busoni (Ferruccio) Compositeur et pianiste allemand d'origine italienne (1866-1924). Virtuose, héritier de la technique lisztienne, il enseigna dans les grands conservatoires européens. Il composa dans tous les genres et certaines de ses œuvres annoncent Schoenberg.

busqué, ée adj. (de *busc*) (nez) Qui présente une courbure convexe. **→ aquilin.**

Bussang Commune des Vosges, sur la Moselle. 1 339 habitants. Station de sports d'hiver. ■ **Bussang (col de)** Col des Vosges, près de la source de la Moselle. 727 m.

Busser (Henri) Compositeur français (1872-1973). Il s'illustra notamment dans l'art lyrique. *Les Noces corinthiennes ; La Pie borgne.*

busserole n. f. (du provençal, de *bouis* « buis ») Sorte d'arbousier, arbrisseau à feuilles vertes persistantes et à baies rouges.

Bussotti (Sylvano) Compositeur italien (1931-2021). Son œuvre explore le dodécaphonisme et les méthodes aléatoires de composition.

Bussy d'Amboise (Louis de Clermont d'Amboise, seigneur de Bussy, dit) Homme de guerre français (v. 1549-1579). Gouverneur de l'Anjou, célèbre pour sa bravoure, il fut tué par le comte de Montsoreau.

Bussy-Rabutin (Roger de Rabutin, comte de Bussy, dit) Officier et écrivain français (1618-1693). Auteur de l'*Histoire amoureuse des Gaules*, roman satirique critiquant les mœurs de la cour et les amours du jeune Louis XIV, il a laissé des *Mémoires* et une importante *Correspondance.*

buste n. m. (de l'italien, venant du latin *bustum* « bûcher funéraire » puis « monument funéraire [en buste] », famille de *urere* → brûler) 1. Partie supérieure du corps humain, de la tête à la ceinture. **→ torse.** – spécialt Poitrine de femme, seins. **→ gorge. 2.** Portrait sculpté représentant la tête et une partie des épaules, de la poitrine, souvent sans les bras.

bustier n. m. Sous-vêtement féminin ou corsage sans bretelles qui maintient le buste jusqu'à la taille.

but [by(t)] **n. m. (p.-ê. de l'ancien scandinave *butr* « bûche [servant de cible] » ou var. de *bout*) 1.** Point visé, objectif. **→ cible.** *Atteindre, toucher le but.* – loc. adv. *De but en blanc :* sans préparation, brusquement. *Interroger qqn de but en blanc.* **2.** Point que l'on se propose d'atteindre. **→ ¹terme.** *Errer sans but.* **3.** sports Espace déterminé que doit franchir le ballon pour qu'un point soit marqué. *Gardien de but.* **→ goal.** ■ par ext. Le point marqué. *Gagner par trois buts à un.* **4.** fig. Ce que l'on se propose d'atteindre, ce à quoi l'on tente de parvenir. **→ dessein, ²objectif.** *Avoir un but dans la vie. « L'art doit se donner un but qui recule sans cesse »* (Rivarol). *Avoir pour but de...* – loc. *Toucher au but :* être près de réussir. *Aller droit au but,* sans détour. – loc. prép. *Dans un but* (+ adj.) ; *dans le but de,* dans le dessein, l'intention de.

butadiène n. m. (de *butane* et *diéthylène*) chim. Hydrocarbure éthylénique employé dans la fabrication du caoutchouc synthétique **(→ buna).**

butane n. m. (famille de *butyro-*) Hydrocarbure saturé employé comme combustible. *Une bouteille de butane.* – appos. *Gaz butane.*

Bute (île de) Île d'Écosse, sur l'estuaire de la Clyde. 122 km². 10 000 habitants.

Bute (John Stuart, 3e comte de) Homme politique britannique (1713-1792). Membre du parti tory, Premier ministre de George III (1761-1763), il mit fin à la guerre de Sept Ans.

butée n. f. (de ¹*buter*) **1.** Massif de maçonnerie destiné à supporter une poussée. – Culée d'un pont. **2.** Organe, pièce limitant un mouvement. *La butée d'un tiroir.*

Butenandt (Adolf) Chimiste allemand (1903-1995). Il travailla sur les hormones sexuelles et synthétisa la testostérone et la progestérone. Prix Nobel 1939.

butène n. m. (de *butyle* et *-ène*) chim. Hydrocarbure éthylénique. - syn. vieux **butylène.**

¹**buter** v. < 1 > (de *but*) **I.** v. intr. **1.** Heurter le pied (contre qqch. de saillant). *Buter contre une pierre.* – fig. *Buter sur, contre* (une difficulté). → **se heurter** à. *Buter sur un mot,* avoir du mal à le prononcer. **2.** S'appuyer, être calé. *La poutre bute contre le mur.* **II.** v. tr. *Buter qqn,* l'acculer à une position de refus entêté. → **braquer.** ■ **se buter** v. pron. S'entêter, se braquer. ■ **buté, ée** adj. Entêté dans son opinion, dans son refus de comprendre. → **obstiné, têtu.** « *Butée et complètement imperméable aux sentiments* [...] *d'autrui* » (Gide). – *Un visage buté.*

²**buter** v. tr. < 1 > (de l'argot *butte* « échafaud ») fam. Tuer, assassiner. *Se faire buter.*

buteur, euse n. sports Joueur, joueuse qui marque des buts.

butin n. m. (origine germanique [allemand du Nord], d'abord « partage ») **1.** Ce qu'on prend aux ennemis, pendant une guerre, après la victoire. **2.** Produit d'un vol, d'un pillage. *Partager le butin.* **3.** Produit, récolte qui résulte d'une recherche. *Le butin d'une fouille.*

butiner v. < 1 > (de *butin,* 3) **1.** v. intr. (abeille) Visiter les fleurs pour y chercher la nourriture de la ruche. **2.** v. tr. *Les abeilles butinent les fleurs.*

butineur, euse adj. Qui butine. *Une abeille butineuse* ou *une butineuse* n. f.

Butler (Samuel) Poète anglais (1612-1680). Il est l'auteur d'un poème burlesque antipuritain, *Hudibras,* et d'autres œuvres satiriques.

Butler (Samuel) Romancier britannique (1835-1902). Auteur de romans satiriques, il décrit parfois des civilisations imaginaires, à la manière de Swift. *Erewhon.*

Butler (Édith) Chanteuse canadienne de langue française (née en 1942). D'abord interprète de chansons folkloriques acadiennes, elle composa ensuite nombre de ses chansons : *J'étions fille du vent et d'Acadie ; Paquetville.*

Butler (Judith) Philosophe américaine (née en 1956). Elle a consacré ses recherches à la question du genre et aux mouvements gays et lesbiens. *Trouble dans le genre (Gender Trouble).*

buto [byto ; buto] n. m. (japonais *butô,* de *bu* « danse » et *tô* « pas, frappement de pied ») Danse contemporaine japonaise issue de traditions réinterprétées, caractérisée par la nudité des corps peints en blanc et des mouvements très lents. - var. **butô.**

butoir n. m. (de ¹*buter*) **1.** Pièce ou dispositif servant à arrêter. *Le butoir d'une porte.* **2.** fig. *Date butoir :* dernier délai. → **limite.**

butome n. m. (du latin, pris au grec, de *bous* « bœuf » et *tomein* → -tome, -tomie, « qui coupe la langue des bœufs ») Plante aquatique, appelée communément *jonc fleuri,* aux fleurs blanches ou roses.

butor n. m. (vient probablt du latin pop. *butitaurus* → ¹buse et taureau) **1.** Échassier des marais au plumage fauve et tacheté, aux formes lourdes. **2.** fig. Grossier personnage, sans finesse ni délicatesse. → **lourdaud, malappris, rustre.**

Butor (Michel) Romancier et critique littéraire français (1926-2016). Par le biais d'une écriture se jouant des conventions spatiales et temporelles *(L'Emploi du temps),* son œuvre, qui participe du nouveau roman, expérimente l'éclatement de la structure romanesque *(La Modification)* et réfléchit sur les nouvelles voies de la création littéraire *(Répertoire I-IV).*

butte n. f. (de *but*) **1.** Tertre naturel ou artificiel où l'on adosse la cible. *Butte de tir.* – ***Être en butte à*** : être exposé à. « *Je fus en butte à des vexations sans nombre* » (A. France). **2.** Petite éminence de terre, petite colline. → **monticule, tertre.** – géol. *Butte-témoin :* relief résiduel. *Des buttes-témoins.*

butter v. tr. < 1 > (de *butte*) Garnir (une plante) de terre qu'on élève autour du pied. □ n. m. **buttage**

butternut [bœtœʀnœt] n. m. ou f. (mot anglais) anglic. Variété de courge en forme de poire, à la saveur douce. → **doubeurre.** *Des butternuts.*

Buttes-Chaumont Parc de Paris (19e arrondissement) dessiné par Alphand (1864-1867) à la demande d'Haussmann.

buttoir n. m. agric. Petite charrue employée au buttage.

Butuan City Ville des Philippines (Mindanao). 267 280 habitants. Centre commercial. Établissements bancaires. Aéroport.

butyle n. m. (de *butyrique* et de *-yle*) chim. Radical univalent de formule C_4H_9.

butylique adj. chim. Se dit des alcools, esters et composés contenant le radical butyle.

butyreux, euse adj. (latin *butyrum* « beurre ») didact. Qui a l'apparence ou les caractères du beurre. *Taux butyreux du lait,* sa teneur en matière grasse.

butyrine n. f. (de *butyrique*) chim. Corps gras présent dans le beurre.

butyrique adj. (→ butyr[o]-) **1.** didact. Qui se rapporte au beurre. **2.** chim. *Acide butyrique :* acide organique d'odeur désagréable, présent dans le beurre rance, la sueur, etc.

butyr(o)- Élément (du latin *butyrum,* du grec *bouturon*) qui signifie « beurre ».

butyromètre n. m. Appareil servant à mesurer la richesse du lait en matière grasse.

buvable adj. (de *buv-* → ¹boire) **1.** Qui peut se boire. *Ce vin est à peine buvable.* **2.** fig., fam. (en tournure négative) Supportable, tolérable.

buvard n. m. Papier qui boit l'encre ; sous-main garni de ce papier. – appos. *Papier buvard. Tampon buvard.*

buvette n. f. Petit local ou comptoir où l'on sert à boire. *La buvette d'une gare.* → **buffet.**

buveur, euse n. **1.** Personne qui aime boire du vin, des boissons alcoolisées. → **alcoolique.** *Un buveur invétéré.* – Personne qui a l'habitude de boire (telle ou telle boisson). *Une grande buveuse de thé.* **2.** Personne qui est en train de boire.

Buxtehude (Dietrich) Organiste et compositeur allemand (v. 1637-1707). Son œuvre pour orgue, savante, âpre et mystique, fit de lui le plus important compositeur de son temps en Allemagne du Nord.

Buys Ballot (Christophorus Henricus) Météorologiste néerlandais (1817-1890). On lui doit une règle permettant de localiser le centre d'une dépression d'après la direction des vents.

Buysse (Cyriel) Écrivain belge d'expression néerlandaise (1859-1932). Auteur de contes, de romans et de pièces de théâtre naturalistes, il fonda la revue *D'aujourd'hui et de demain,* qui exerça une influence profonde sur les lettres flamandes. *La Vie de Rose van Dalen.*

Buzançais Commune de l'Indre, sur l'Indre. 4 507 habitants.

Buzău Ville de Roumanie, en Valachie, au pied des collines subcarpatiques. 102 300 habitants. Centre agricole, commercial et industriel.

Buzenval Quartier de la commune de Rueil-Malmaison (Hauts-de-Seine). Le château de Buzenval fut le théâtre d'un des derniers combats du siège de Paris (janvier 1871).

Buzot (François) Homme politique français (1760-1794). Député girondin à la Convention, il prit part à l'Insurrection fédéraliste (1793) et se suicida après son échec. Il a laissé des *Mémoires sur la Révolution française.*

buzz [bœz] n. m. (mot anglais, onomatopée évoquant un bourdonnement) anglic. Rumeur propageant un message (notamment sur Internet). *Créer un buzz, le buzz, du buzz. La chanson qui fait le buzz cette semaine.* → **buzzer.**

Buzzati (Dino) Romancier italien (1906-1972). Auteur de récits où l'étrangeté se dégage d'un réalisme délicat, il usa d'une rhétorique savante pour traduire l'impression de vacillement de l'univers autour de l'homme. *Le Désert des Tartares.*

buzzer v. intr. < 1 > anglic. Se répandre par un buzz (message...). *Vidéo qui buzze sur le net.*

Byblos Ancienne cité phénicienne, aujourd'hui *Jbaïl,* au N. de Beyrouth (Liban). Florissante aux –IIIe et –IIe millénaires, puis à l'époque romaine, elle fut un important port de commerce et un centre de construction.

Bydgoszcz Ville de Pologne, près de la Vistule, au N.-E. de Poznań. 337 600 habitants. Carrefour de communications. Centre agricole et industriel.

bye-bye [bajbaj] interj. (mot anglais, de *good-bye*) anglic., fam. Au revoir. → **salut.** - abrév. **bye.** - var. RO **byebye.**

Byng (George, vicomte Torrington) Amiral anglais (1663-1733). Il s'illustra lors de la guerre de Succession d'Espagne en détruisant la flotte espagnole près du cap Passero (1718).

by-pass ou **bypass** [bajpas] n. m. invar. (mot anglais « dérivation ») anglic. **1.** techn. Canal de dérivation pratiqué sur le trajet d'un fluide. - var. **bipasse** [bipas] n. m. - recomm. offic. **dérivation. 2.** chir. → **pontage.** ■ *By-pass gastrique :* opération qui consiste à modifier le circuit des aliments dans le tube digestif.

Byrd (William) Compositeur anglais (1543-1623). Il fut organiste de la Chapelle royale et composa de la musique d'église, souvent polyphonique, ainsi que des œuvres profanes, vocales et instrumentales.

Byrd (Richard Evelyn) Marin, aviateur et explorateur américain (1888-1957). Il survola le pôle Nord et le pôle Sud et établit la base de Little America en Antarctique.

Byron (George Gordon Noel, 6e baron Byron, lord) Poète britannique (1788-1824). Il incarna le « mal du siècle » par sa vie mouvementée, sa révolte contre la société et la morale britanniques et par sa mort au milieu des combattants grecs en lutte pour leur indépendance. Ses œuvres en firent le chantre de la génération romantique, sur laquelle il eut une grande influence. *Le Pèlerinage de Childe Harold ; Manfred ; Le Captif de Chillon ; Don Juan.*

byssus [bisys] n. m. (mot latin, du grec *bussos* « lin ») zool. Faisceau de filaments qui permet à certains mollusques (moules, etc.) de se fixer.

byte [bajt] n. m. (mot anglais) anglic., inform. Ensemble de plusieurs bits traités comme un tout. → **octet** (recomm. offic.).

Bytom Ville de Pologne, en Silésie, au N.-O. de Katowice. 153 200 habitants. Houille, zinc, plomb. Sidérurgie.

Byzance Ville de la Thrace ancienne, sur le Bosphore. Colonie grecque fondée en –667, elle devint la capitale de l'Empire byzantin (330) sous le nom de Constantinople, puis

B

byzantin (Empire)

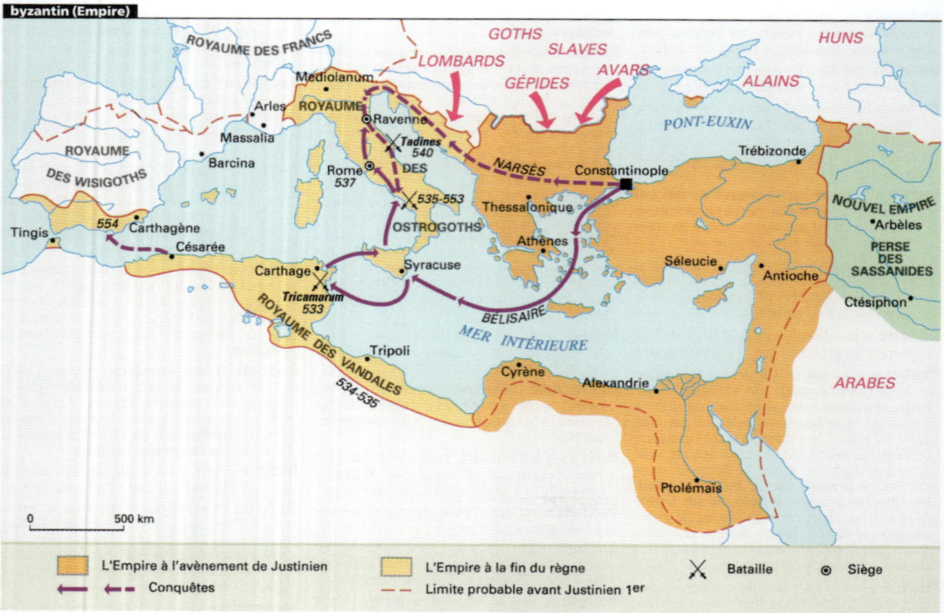

la capitale de l'Empire ottoman (1453) sous le nom d'Istanbul.

byzantin, ine adj. **(du bas latin, du grec « de Byzance », du n. du fondateur Buzas)** **1.** De Byzance. *Empire byzantin* : Empire romain d'Orient (fin IVe s.-1453). *L'art byzantin*, de l'Empire byzantin. **– n.** *Les Byzantins.* **2. fig.** Qui évoque, par son excès de subtilité, son caractère formel et oiseux, les disputes théologiques de Byzance. *Querelles byzantines.*

▶ Déjà soumis à des partages pour des raisons défensives depuis Dioclétien (285), l'Empire romain est définitivement divisé entre empire d'Occident et empire d'Orient à la mort de Théodose Ier (395). L'empire romain d'Orient sera plus tard appelé **Empire byzantin** (1), du nom de l'antique cité de Byzance sur le site de laquelle Constantinople, sa capitale, est fondée entre 324 et 330. Seuls héritiers de l'État romain après 476, les empereurs d'Orient ont d'abord résisté aux invasions barbares et cherché à reconstituer l'unité de l'ancien empire : Justinien Ier (527-565) reconquiert l'Afrique du Nord et l'Italie. Puis, au VIIe s., l'Empire à son apogée revendique son identité grecque : Héraclius Ier (610-641) relève alors le titre de *basileus* porté par les anciens rois d'Orient.
L'Empire byzantin est profondément marqué par le christianisme oriental, qui inspire les arts (basilique Sainte-Sophie ; mosaïques de Ravenne, VIe s. ; basilique Saint-Marc de Venise, XIe s.). C'est de Constantinople que part l'évangélisation des Slaves aux IXe et Xe siècles. Mais, dans cet État (dit « césaro-papiste ») où l'empereur est considéré comme le représentant de Dieu sur terre et impose ses vues au patriarche, la religion est aussi cause de troubles politiques — crise de l'iconoclasme (VIIIe-IXe s.), persécution des monophysites de Syrie et d'Égypte (les coptes)... — qui facilitent la conquête arabe. Confronté à la poussée des Bulgares au N., à l'expansion musulmane à l'E. et au S. (perte de la Mésopotamie, de la Palestine, de la Syrie et de l'Égypte au VIIe s.), l'Empire byzantin n'en finit pas de décliner, malgré un sursaut sous la dynastie macédonienne (IXe-XIe s.). La défaite de Mantzikert (1071) offre l'Anatolie aux Turcs seldjoukides. Le renfort des croisades est reçu avec méfiance, arrière-pensées et malentendus opposant l'Empire byzantin à l'Occident catholique romain. Le pillage de Constantinople par les croisés (1204) aggrave la rancœur héritée du schisme de 1054 avec Rome. Un temps supplanté par l'Empire latin de Constantinople (1204-1261), l'Empire byzantin est restauré par la dynastie des Paléologues (1261-1453). Pourtant, confronté à la concurrence de Venise en Méditerranée, du royaume serbe dans les Balkans, et surtout encerclé par les Turcs ottomans dès le XIVe s. et réduit aux environs du Bosphore, l'Empire s'effondre avec la prise de Constantinople par Mehmet II, le 29 mai 1453. Quant à l'Empire byzantin de Trébizonde, fondé en 1204, il succombe quelques années plus tard, en 1461. Se présentant comme les héritiers de l'Empire byzantin, les Russes baptisent Moscou « la troisième Rome ».

voir aussi **Rome, orthodoxe (religion), arabo-musulmanes (conquêtes), croisades**

byzantin (art)

1. Église des Saints-Théodores (fin XIIIe s.), Mistra. 2. Buste d'ange en médaillon émaillé (Constantinople, fin XIe-début XIIe s.), musée du Louvre, Paris. 3. *Christ Pantocrator*, mosaïque (XIIe s.) de la coupole de la cathédrale de Cefalu (Sicile).

byzantinisme n. m. Tendance aux discussions byzantines.

byzantiniste n. Spécialiste de byzantinologie. - syn. **byzantinologue.**

byzantinologie n. f. Étude de l'histoire et de la civilisation byzantines.

BZD voir **benzodiazépine**

bzzz interj. **(onomatopée)** Bruit de sifflement continu. → **zzz.**

C

c [se] **n. m. invar. I.** Troisième lettre, deuxième consonne de l'alphabet, servant à noter les sons [s] *(céleste, cymbale)* ou [k] *(car, court)*. - REM. *C* cédille *(ç)* se prononce toujours [s] : *garçon, façade ; ch* se prononce [ʃ] : *chanson, chemin* ou [k] : *chœur*. **II.** C *(majuscule)* abrév. et symboles **1.** Chiffre romain (cent). **2.** chim. Symbole du carbone. **3.** mus. La note *do*, dans la notation anglo-saxonne. **4.** *30 °C* : 30 degrés Celsius.

Ca Symbole chimique du calcium.

CA [sea] **n. m.** abrév. **1.** Chiffre* d'affaires. **2.** Conseil* d'administration.

¹ça pron. dém. (de *cela*) **1.** fam. Cela, ceci. *Il ne manquait plus que ça. À part ça.* – *C'est comme ça* : c'est ainsi. *Avec ça* : en plus. *Et avec ça ? Il y a de ça* : c'est assez vrai. *Comme ça, vous ne restez pas ? Ça a marché. Sans ça* : sinon. – (personnes) *Les enfants, ça grandit vite.* – spécialt L'acte sexuel. *Il ne pense qu'à ça !* **2.** (pour marquer l'approbation) *C'est ça !* ■ (pour marquer l'indignation, l'étonnement, la surprise) *Ah ça, alors !* ■ (pour marquer une insistance) *Comment ça ? Ça oui, ça non.*

²ça n. m. (trad. de l'allemand *Es*) psych. L'une des trois instances de la personnalité (selon Freud), ensemble des pulsions inconscientes. *Le ça, le moi et le surmoi.*

çà adv. de lieu (vient du latin *ecce hac* « voici, par ici ») *Çà et là* : de côté et d'autre. *Quelques arbres sont plantés çà et là.*

cab [kab] **n. m.** (mot anglais, abrév. de *cabriolet*) anciennt Cabriolet, d'origine anglaise, où le cocher est placé derrière.

cabale n. f. (hébreu *qabbālā* « tradition » ; d'abord « interprétation de la Bible » → kabbale) **I.** vieux Magie ésotérique, occultisme. → **cabalistique** ■ → **kabbale. II.** littér. **1.** Entente secrète de plusieurs personnes dirigée contre (qqn, qqch.). → **complot, conjuration, conspiration.** *Monter une cabale contre qqn.* **2.** vieux Ceux qui forment une cabale. → **faction, ligue.**

cabalistique adj. (de *cabale*, I) **1.** Qui a rapport à la science occulte. → **ésotérique, magique. 2.** Mystérieux, incompréhensible. *Des signes cabalistiques.*

Caballé (Montserrat) Soprano espagnole (1933-2018). Révélée en 1965, elle s'illustra dans le répertoire du bel canto italien.

Caballero (Cecilia Böhl von Faber, dite **Fernán)** Femme de lettres espagnole d'origine allemande (1796-1877). Elle a écrit des nouvelles et des romans de mœurs. *La Famille d'Alvoreda.*

caban n. m. (du sicilien, d'origine arabe ; famille de *gabardine*) Manteau court en drap de laine (porté à l'origine par les marins). → **vareuse.**

Caballé (Montserrat)

Montserrat Caballé sur scène, avec sa fille, en 2006.

Cabanatuan Ville des Philippines, au N. de Manille. 223 000 habitants.

cabane n. f. (du provençal, du latin d'Espagne) **1.** Petite habitation grossièrement construite. → **cahute, case, hutte.** *Une cabane en planches. « Le pauvre en sa cabane où le chaume le couvre »* (Malherbe). → **chaumière.** ■ (Suisse) Refuge de haute montagne. ■ (Canada) *Cabane à sucre* : bâtiment destiné à la fabrication du sucre et du sirop d'érable. **2.** *Cabane à lapins*, pour élever des lapins. → **clapier. 3.** Case où l'on place les vers à soie pour qu'ils y filent leur coton. **4.** fam. Prison. → fam. **taule.**

Cabanel (Alexandre) Peintre français (1823-1889). Sa peinture académique fut très prisée sous Napoléon III. Il réalisa des décors historiques, des portraits et des nus féminins *(La Naissance de Vénus)*.

cabaner v. tr. < 1 > mar. Renverser (une embarcation), la mettre quille en l'air.

Cabanis (Pierre Jean Georges) Médecin, physiologiste et philosophe français (1757-1808). Membre du groupe des Idéologues, il insista sur le rôle déterminant de la physiologie en psychologie. *Rapport du physique et du moral de l'homme.*

Cabanis (José) Romancier français (1922-2000). Il publia des romans, souvent peinture d'une France provinciale et étouffante *(L'Âge ingrat)*, des monographies *(Le Sacre de Napoléon ; Goya)* et un *Journal*. Académie française.

cabanon n. m. 1. Cachot où l'on enfermait les fous jugés dangereux. **2.** en Provence Petite maison de campagne. **3.** Petite cabane de jardin.

cabaret n. m. (de l'ancien néerlandais, d'un mot picard, de *cambret*, famille de *chambre*) **1.** vieilli Établissement où l'on sert des boissons. → **²café, estaminet. 2.** Établissement où l'on présente un spectacle et où les clients peuvent consommer des boissons, souper, danser. → **boîte de nuit, café-concert.**

cabaretier, ière n. anciennt Personne qui tient un cabaret.

cabas n. m. (de l'ancien provençal, p.-ê. du bas latin *capacium* → capacité) **1.** Panier souple, sac à provisions que l'on porte au bras. → régional **couffin. 2.** Grand sac de femme plus large que haut.

cabécou n. m. (de l'occitan, de *cabre* « chèvre ») Petit fromage de chèvre rond et plat.

cabernet n. m. (p.-ê. du latin *caput* « tête ») Cépage à petits grains (grains rouges). *Cabernet sauvignon.* – Vin issu de ce cépage.

cabestan n. m. (origine obscure) Treuil à axe vertical sur lequel peut s'enrouler un câble.

Cabestany Commune des Pyrénées-Orientales, dans la banlieue de Perpignan. 10 368 habitants. Église à tympan roman.

Cabet (Étienne) Socialiste français (1788-1856). Membre de la Charbonnerie, il participa aux mouvements insurrectionnels de juillet 1830. Dans *Le Voyage en Icarie*, il prônait un communisme utopique qu'il tenta d'appliquer au sein d'une petite communauté établie en Amérique.

Cabeza de Vaca (Álvar Nuñez) Explorateur espagnol (1507-1559). Il vécut parmi les Amérindiens et fut gouverneur du Paraguay. Il écrivit des récits de voyage.

Cabezón (Antonio de) Compositeur et organiste espagnol (1510-1566). Musicien favori de la cour d'Espagne, il fut au service de Charles Quint et de Philippe II.

cabiai n. m. (mot d'une langue indienne de Guyane) Mammifère semi-aquatique d'Amérique du Sud, le plus grand des rongeurs, encore appelé *cochon d'eau*. *Des cabiais.*

cabillaud n. m. (de l'ancien néerlandais ; altération du portugais *bacalhão* « morue ») Églefin. ■ Morue fraîche.

cabillot n. m. (de l'occitan, de *cabilha* « cheville ») mar. Cheville à laquelle on amarre les manœuvres courantes.

Cabimas Ville du Venezuela, sur la rive orientale du lac de Maracaibo. 210 000 habitants. Gisements de pétrole ; raffineries.

Cabinda (enclave de) Territoire d'Afrique, dépendant de l'Angola, situé sur le littoral entre la république du Congo et la République démocratique du Congo. 7 270 km². 894 000 habitants. Exploitation de gisements pétroliers offshores. Ancien protectorat portugais, elle fut annexée en 1975 par l'Angola qui venait juste d'accéder à l'indépendance.

cabine n. f. (mot picard, apparenté à *cabane*) **1.** Petite chambre, à bord d'un navire. **2.** *La cabine d'un camion*, réservée au conducteur. – *Cabine de pilotage*, d'un avion. – *Cabine spatiale*. **3.** Petit réduit. *Cabine de bain*, où l'on se déshabille avant le bain. – *Cabine téléphonique. Cabine d'essayage.* – *La cabine d'un ascenseur.*

C

cabinet n. m. (de *cabine*, influence de l'italien) **I. 1.** Petite pièce située à l'écart. → **cagibi**, **²réduit.** – ***Cabinet de toilette*** : petite salle d'eau (avec lavabo). **2.** ***Cabinet de travail*** : pièce où l'on se retire (pour travailler). → **bureau. 3.** Lieu d'exercice de certaines professions libérales. *Cabinet médical.* ■ Ensemble des affaires, des clients d'un cabinet d'affaires, etc. **4.** (d'abord *cabinet d'aisances*) au plur. *Les cabinets.* → **toilette(s), waters, WC** ; vulg. **chiottes.** *Elle « croit un peu trop que les vrais poètes ne vont pas aux cabinets »* (Gide). **II.** Le gouvernement. – Service d'un ministère, d'une préfecture. *Chef de cabinet.* – *Directeur de cabinet.* - abrév. fam. **dircab.** ■ *Cabinet noir* : service occulte de renseignements. **III.** vieilli Meuble à plusieurs compartiments pour ranger des objets précieux.

Cabinet en marqueterie, de Thomas Hache (XVIIe s.).

câblage n. m. **1.** Action de câbler. **2.** techn. Fils de montage d'un appareil électrique, connexions d'un appareil électronique.

câble n. m. (mot du Nord venant du bas latin *capulum*) **1.** Faisceau de fils tressés. → **corde.** – Gros cordage ou amarre en acier. *Câble de remorque.* **2.** *Câble électrique*, fil conducteur métallique protégé. *Câbles sous-marins. Câbles à fibres* optiques.* ■ *Câble de télévision. Télévision par câble.* → **câblodistribution.** – *Le câble* : la télévision par câble. *Les chaînes du câble.*

câblé, ée adj. *Circuits câblés*, construits par câblage. – *Réseau câblé de télédistribution.* par ext. *Ville câblée*, qui reçoit le câble (2).

câbleau voir **câblot**

Cable News Network voir **CNN**

câbler v. tr. < 1 > **1.** Assembler (plusieurs fils) en (les) tordant ensemble en un seul câble. **2.** Réaliser le câblage de (un circuit). ■ Munir d'un réseau câblé. **3.** Envoyer (une dépêche) par câble télégraphique.

câblerie n. f. techn. **1.** Fabrication de câbles. **2.** Fabrique de câbles.

câbleur, euse n. techn. Personne qui effectue la pose et le montage de câbles électriques.

câblier, ière n. **1.** Fabricant(e) de câbles. **2.** n. m. Navire qui pose, répare des câbles sous-marins. – adj. *Un navire câblier.*

câbliste n. Agent chargé de manipuler les câbles d'une caméra, lors de ses déplacements dans une prise de vues.

câblodistribution n. f. (de *câble* et *distribution*) techn. Diffusion d'émissions télévisées par câble, par réseaux d'abonnés (syn. cour. **le câble**).

câblo-opérateur n. m. (de *câble* et *opérateur*) Opérateur qui propose des services (télévision, Internet, téléphonie...) accessibles par réseau câblé. *Des câblo-opérateurs.* - var. RO **câbloopérateur.**

câblot ou **câbleau** n. m. mar. Câble de grosseur moyenne servant d'amarre aux embarcations.

cabochard, arde adj. et n. fam. Qui n'en fait qu'à sa tête. → **entêté, têtu.**

caboche n. f. (ancien français *caboce* ; famille de *bosse*) fam. Tête. loc. *N'avoir rien dans la caboche.*

cabochon n. m. **1.** Pierre précieuse ou pièce de cristal polie, non taillée en facettes. **2.** Clou à tête décorée. *Meuble orné de cabochons.*

cabosse n. f. (→ caboche) bot. Fruit (drupe) du cacaoyer contenant les fèves de cacao.

cabosser v. tr. < 1 > (→ caboche) Faire des bosses à. → **bosseler, déformer.** *Cabosser un chapeau.* – au p. p. *Une vieille voiture toute cabossée.*

¹cabot n. m. (p.-ê. du latin *caput*, idée de « grosse tête ») fam. Chien. → fam. **clébard.**

²cabot n. m. (abrév. de *cabotin*) Cabotin. – adj. (invar. en genre) *Elle est trop cabot.*

Cabot (Giovanni Caboto, dit en français Jean) Navigateur italien (1450-1499). Au service de l'Angleterre, il chercha une voie maritime septentrionale vers la Chine et découvrit Terre-Neuve, explora les côtes du Groenland, du Labrador et de la Nouvelle-Angleterre. ■ Sébastien **Cabot** (1476-1557) Fils de Jean Cabot. Après avoir participé aux expéditions de son père, il explora le río de La Plata et le Paraná. ■ Le détroit de **Cabot** relie le golfe du Saint-Laurent à l'Atlantique.

cabotage n. m. Navigation près des côtes.

caboter v. intr. < 1 > (p.-ê. famille de *cap*) Naviguer en longeant la côte, avec des escales.

caboteur n. m. Bateau qui fait du cabotage.

cabotin, ine n. (origine incertaine, p.-ê. d'un n. propre, ou famille du latin *caput* « tête » → chef) **1.** Mauvais acteur. **2.** Personne qui cherche à se faire remarquer par des manières affectées. → **²cabot.** – adj. *Elle est un peu cabotine.*

cabotiner v. intr. < 1 > Se comporter comme un cabotin. □ n. m. **cabotinage**

caboulot n. m. (mot franc-comtois, de *cabane* et d'un dérivé du gaulois *buta* « hutte ») fam., vieilli Café, cabaret mal famé.

Cabourg Commune du Calvados, sur la Manche. 3 511 habitants. Station balnéaire. Marcel Proust y séjourna régulièrement et l'évoque sous le nom de Balbec.

Cabral (Pedro Álvares) Navigateur portugais (1460-1526). Il découvrit le Brésil, qu'il baptisa Terra de Santa Cruz (1500). Il en prit possession au nom du Portugal.

Cabral (Amilcar) Homme politique guinéen (v. 1924-1973). Il milita pour l'indépendance de la Guinée portugaise (Guinée-Bissau) et des îles du Cap-Vert.

cabrer v. < 1 > (de l'ancien provençal *cabra* « chèvre ») **I.** ***Se cabrer*** v. pron. **1.** (animaux) Se dresser sur les pattes de derrière. – au p. p. *Un cheval cabré.* **2.** fig. (personnes) Se révolter. → se **braquer**, se **buter.** – (avec ellipse de *se*) *« Des naturels rétifs, que la vérité fait cabrer »* (Molière). **II.** v. tr. **1.** Faire se dresser (un animal). *Cabrer son cheval.* **2.** *Cabrer un avion*, en redresser l'avant. **3.** fig. Inciter à s'opposer à (qqn). *On l'a cabré contre son professeur.* □ n. m. **cabrage**

Cabrera Infante (Guillermo) Écrivain cubain naturalisé britannique (1929-2005). Partisan du gouvernement castriste puis dissident, il s'exila à Londres. *Trois Tristes Tigres ; La Havane pour un Infante défunt.*

cabri n. m. (ancien provençal → chèvre) **1.** Petit de la chèvre. → **biquet, chevreau.** *Des sauts de cabri.* **2.** Chèvre naine vivant en Afrique.

cabriole n. f. (italien *capriola*, dérivé de *capra* → chèvre) **1.** au plur. Bonds légers, capricieux, désordonnés. → **galipette, gambade.** – spécialt Culbute, pirouette. **2.** danse Saut dans lequel les jambes battent l'une contre l'autre. ■ équit. Saut où le cheval décoche une ruade pendant qu'il est en l'air.

cabrioler v. intr. < 1 > Faire la cabriole, des cabrioles.

cabriolet n. m. (« voiture qui cabriole, saute ») **1.** anciennt Voiture à cheval, à deux roues, à capote mobile. – Voiture décapotable. *Un cabriolet grand sport.* **2.** anciennt (d'après la capote) Chapeau de femme dont les bords encadraient le visage. → **capote. 3.** Petit fauteuil, dont le dossier incurvé épouse le dos.

Cabrol (Christian) Médecin français (1925-2017). Il effectua la première greffe de cœur en France (1968), la première greffe cœur-poumons (1982) et la première implantation d'un cœur artificiel (1986).

Cabu (Jean Cabut, dit) Dessinateur français (1938-2015). Auteur de bandes dessinées et de caricatures de presse (*Le Grand Duduche*), il fut abattu au siège du journal *Charlie Hebdo* le 7 janvier 2015, par des terroristes islamistes.

Cabu au Salon du livre de Paris (2006).

cabus adj. m. (de l'ancien provençal, du latin *caput* « tête ») *Chou cabus*, à tête ronde (→ **pommé**) et à feuilles lisses. – n. m. *Un cabus.*

CAC 40 [kak] n. m. (n. déposé, sigle de *Compagnie des agents de change*, puis de *cotation assistée en continu*) Indice *CAC 40* : indice établi par la Compagnie nationale des agents de change sur la base de 40 titres cotés à la Bourse de Paris.

caca n. m. (du latin *cacare* → chier) **1.** fam. ou lang. enfantin Excrément. → **crotte.** *Faire caca dans sa culotte.* – loc. fig. *Faire un caca nerveux*, une crise de nerfs. *Être dans le caca*, dans une situation difficile. → fam. **merde. 2.** *Caca d'oie* : jaune verdâtre. – adj. invar. *Des peintures caca d'oie.*

cacaber v. intr. < 1 > (bas latin *cacabare*, du grec, de *kakkabê* « perdrix ») rare Crier, en parlant de la perdrix, de la caille.

cacahouète [kakawɛt] n. f. (mot aztèque, par l'espagnol → cacao) Fruit de l'arachide ; graine contenue dans ce fruit. → régional **pinotte.** *Beurre de cacahouète(s)* : préparation pâteuse, sucrée, utilisée en tartines. – loc. fam. *Ça vaut son pesant de cacahouètes !* (d'une chose étonnante, ridicule). - var. **cacahuète.**

cacaille n. f. (mot wallon) régional (Nord, Belgique) fam. Objet de mauvaise qualité. → **camelote, pacotille.** *Ce collier, c'est de la cacaille !*

cacao n. m. (aztèque *cacahuatl* → cacahouète, par l'espagnol) **1.** Graine du cacaoyer qui sert à fabriquer le chocolat. **2.** Poudre de cette graine. – Boisson préparée avec cette poudre. *Une tasse de cacao.* → **chocolat.**

cacaoté, ée adj. Qui contient du cacao.

cacaoui n. m. (de l'algonquin) (Canada) Petit canard sauvage, appelé aussi *canard à longue queue de Terre-Neuve. Des cacaouis.*

cacaoyer [kakaɔje] n. m. Arbre d'Amérique du Sud dont les fruits (→ **cabosse**) contiennent le cacao. - syn. **cacaotier.**

cacaoyère [kakaɔjɛʀ] n. f. Plantation de cacaoyers. - syn. **cacaotière.**

cacarder v. intr. < 1 > (d'une onomatopée) Crier (en parlant de l'oie).

cacatoès [kakatɔɛs] n. m. (mot malais, de *kaka* « corneille » et *tuwa* « vieux », par le portugais) Perroquet dont la tête est ornée d'une huppe aux vives couleurs.

cacatois n. m. (de *cacatoès*) Petite voile carrée au-dessus du perroquet.

Caccini (Giulio) Compositeur italien (1550-1618). Entré très jeune au service des Médicis, il composa pour la cour de Toscane. Il fut l'un des inventeurs de l'opéra, avec Jacopo Peri, puis Monteverdi.

Cáceres Ville d'Espagne (Estrémadure). 96 200 habitants. Fortifications romaines et arabes, églises et palais des XVe et XVIe s. Marché agricole.

cachaça n. f. (mot du Brésil) Alcool extrait du jus fermenté de la canne à sucre (le vesou). *La cachaça entre dans la composition de la caïpirinha.*

cachalot n. m. (de l'espagnol, du portugais, de *cachola* « grosse tête », du latin *caput*) Mammifère marin (cétacé) de la taille de la baleine, pourvu de dents.

Cachan Commune du Val-de-Marne dans la banlieue S. de Paris. 30 214 habitants.

¹cache n. f. régional Cachette. – cour. *Une cache d'armes.*

²cache n. m. **1.** photogr., cinéma Papier destiné à cacher une partie de la pellicule à impressionner, etc. – par ext. *Utiliser un cache pour masquer un texte.* **2.** inform. Mémoire d'un système informatique où sont stockées temporairement les dernières données. – appos. *Mémoire cache.*

cache-cache n. m. invar. Jeu où l'un des joueurs doit découvrir les autres qui sont cachés. – loc. fig. *Jouer à cache-cache,* ne pas se rencontrer, alors qu'on se cherche. - var. RO **cachecache n. m.**

cache-cœur n. m. Vêtement féminin, petit gilet croisé sur la poitrine. *Des cache-cœurs.*

cache-col n. m. (de *cacher*, et *col* « cou ») Écharpe qui entoure le cou. → **cache-nez.** *Des cache-cols.*

cachectique adj. et n. (du bas latin, du grec *kakhektikos* → **cachexie**) méd. Relatif à la cachexie. *État cachectique.* ■ Atteint de cachexie. – n. *Un, une cachectique.*

cache-flamme n. m. techn. Appareil fixé au bout d'un canon d'arme à feu pour refroidir les gaz, et éteindre la flamme produite par leur combustion. *Des cache-flammes.*

cachemire n. m. (du n. de la région) **1.** Tissu ou tricot de laine très fin en poil de chèvre. *Pull-over en cachemire* ou *cashmere* (anglic.). **2.** *Châle de cachemire,* à impression de feuilles stylisées.

Cachemire n. m. Région montagneuse du N. de l'Inde et du Pakistan. 300 000 km^2. Le Cachemire comporte plusieurs des plus hauts sommets du monde, appartenant aux chaînes de l'Himalaya occidental et du Karakoram (K2). Il connaît de fréquents séismes. Peuplé d'une majorité musulmane, il constituait en 1947 un État souverain dont les dirigeants étaient hindous. Il devint avec la décolonisation l'enjeu d'une guerre entre l'Inde et le Pakistan ; une ligne de cessez-le-feu fut imposée par l'ONU en 1949 ; elle sert encore de frontière, et les tensions persistent.

cache-misère n. m. Vêtement de bonne apparence sous lequel on cache des habits usés. *Des cache-misère* (invar.) ou *des cache-misères.*

cache-nez n. m. invar. Grosse écharpe protégeant le cou et le bas du visage. → **cache-col.**

cache-pot n. m. Vase orné qui sert à cacher un pot de fleurs. *Des cache-pots.*

cache-poussière n. m. **1.** ancienn Long manteau en tissu léger pour protéger les automobilistes de la poussière. *Des cache-poussières* ou *des cache-poussière* (invar.). **2.** (Belgique) Blouse que l'on porte pour faire des travaux salissants.

cache-prise n. m. Dispositif de sécurité en matière isolante pour les prises de courant. *Des cache-prises.*

cacher v. tr. < 1 > (vient du latin pop., de *coactare* « contraindre ») **1.** Soustraire à la vue ; empêcher d'être vu. → **dissimuler ;** fam. **planquer.** *Cacher un objet derrière qqch. – Cacher un prisonnier chez soi.* ■ loc. *Cacher son jeu,* aux cartes ; fig. dissimuler son but ou les moyens par lesquels on cherche à l'atteindre. **2.** (choses) Empêcher de voir. *Cet arbre cache la vue.* → **¹boucher, masquer. 3.** Empêcher (qqch.) d'être su, connu (→ **déguiser, dissimuler**) ; ne pas exprimer (→ **rentrer**). *Cacher ses sentiments.* – Ne pas dire. *Elle cache son âge. Je ne vous cache pas que...* (+ indic.) : je l'avoue, je le reconnais. ■ **se cacher** v. pron. **1.** Faire en sorte de n'être pas vu, trouvé, se mettre à l'abri, en lieu sûr. *Se cacher derrière un arbre, sous un drap.* – (choses) *Le soleil s'est caché (derrière un nuage).* **2.** *Se cacher de qqn :* lui cacher ce que l'on fait ou dit. – *Se cacher de qqch.,* ne pas reconnaître qqch. *Il a peur et ne s'en cache pas.* ■ **caché, ée** adj. *Un trésor caché. – Des sentiments cachés.*

Cachemire

Cachemire : Srinagar, capitale d'été du Cachemire indien.

cache-radiateur n. m. Revêtement destiné à cacher un radiateur d'appartement. *Des cache-radiateurs.*

cacherout [kaʃʀut] n. f. (mot hébreu) Ensemble des prescriptions alimentaires de la religion juive. - var. **kashrout.**

cache-sexe n. m. Petit vêtement couvrant le bas-ventre. → **²slip, string.** *Des cache-sexes.*

cachet n. m. (de *cacher*) **I. 1.** ancienn Plaque ou cylindre d'une matière dure gravée avec laquelle on imprime une marque (sur de la cire). → **sceau.** – La cire, la matière qui porte l'empreinte du cachet. – hist. *Lettre de cachet :* lettre au cachet du roi, contenant un ordre d'emprisonnement ou d'exil. **2.** Marque apposée à l'aide d'un cachet (ou d'un tampon). → **empreinte.** *Le cachet (d'oblitération) de la poste.* **3.** Marque, signe caractéristique, distinctif. *Ce village a du cachet,* est pittoresque. **4.** Rétribution d'un artiste, pour un engagement déterminé (→ **cachetonner**). *Le cachet d'un acteur.* - syn. fam. **cacheton. II. 1.** Enveloppe de pain sans levain contenant un médicament en poudre. → **capsule, gélule. 2.** abusivt Comprimé. *Un cachet d'aspirine.*

cachetage n. m. Action de cacheter.

cache-tampon n. m. Jeu où l'on cache un objet que l'un des joueurs doit découvrir. *Des cache-tampons.*

cacheter v. tr. < 4 ou RO 5 > (de *cachet*, I) **1.** Fermer avec un cachet (I, 1) ; marquer d'un cachet (I, 2). → **estampiller, sceller. 2.** Fermer (une enveloppe). – au p. p. *Pli cacheté.*

cachetonner v. intr. < 1 > (de *cacheton*) fam. Courir le cachet (artiste).

cachette n. f. (de *cacher*) **1.** *En cachette* loc. adv. : en se cachant. → **discrètement,** en **secret ;** fam. en **douce.** *Il fume en cachette.* **2.** Endroit retiré, propice à cacher (qqch. ou qqn). → régional **¹cache ;** fam. **planque.**

cachexie n. f. (du grec, de *kakos* → **caco-** et *hexis* « constitution ») Amaigrissement et fatigue généralisée dus à une grave maladie ou à la sous-alimentation.

Cachin (Marcel) Homme politique français (1869-1958). L'un des fondateurs du Parti communiste français, il fut directeur du journal *L'Humanité* de 1918 à sa mort.

cachot n. m. (de *cacher*) **1.** Cellule obscure, dans une prison. → **geôle. 2.** Punition (dans une prison) qui consiste à être enfermé seul dans une cellule. → argot **mitard.**

cachotterie n. f. (de l'ancien v. *cachotter*, de *cacher*) (surtout au plur.) Petit secret que l'on affecte de taire. *Faire des cachotteries.* - var. RO **cachoterie.**

cachottier, ière n. Personne qui aime faire des cachotteries. *Un petit cachottier.* – adj. *Elle est cachottière.* - var. RO **cachotier, ière.**

cachou n. m. (du portugais, du tamoul [sud de l'Inde]) **1.** Extrait du bois d'un acacia, utilisé en teinture. **2.** Extrait d'un acacia ou de la noix d'arec*. ■ Pastille parfumée au cachou. *Boîte de cachous.* **3.** adj. invar. De la couleur brun-rouge du cachou. *Des bas cachou.*

cachucha [katʃutʃa] n. f. (mot espagnol) Danse andalouse, d'un mouvement animé et gracieux.

cacique n. (d'une langue indienne des Antilles [caraïbe]) **1.** Ancien(ne) chef amérindien(ne) d'Amérique centrale. **2.** Major du concours de l'École normale supérieure. → **major. 3.** Personnalité nantie d'une fonction importante.

caco- Élément (du grec *kakos*) qui signifie « mauvais ».

cacochyme adj. (du grec → **caco-**, de *khumos* « suc, humeur ») vieux ou plais. D'une constitution faible, d'une santé déficiente. → **maladif.** *Un vieillard cacochyme.*

cacographie n. f. (de *caco-* + *-graphie*) plais. État d'un écrit très fautif (graphies, syntaxe, vocabulaire, style). → **charabia.** □ n. **cacographe**

cacolet n. m. (p.-ê. du basque) Bât comportant deux sièges.

cacophonie n. f. (du grec → caco- et -phonie) **1.** Rencontre ou répétition désagréable de sons. **2.** Mélange confus, discordant de voix, de sons. → **dissonance.** □ adj. **cacophonique**

cacou n. m. (mot d'origine inconnue) régional (sud de la France) Homme, jeune homme qui fait le fanfaron, qui se donne des airs de mauvais garçon.

Cacoyannis (Michael) Cinéaste grec (1922-2011). Il s'imposa à l'étranger avec *Stella* et réalisa *Zorba le Grec*.

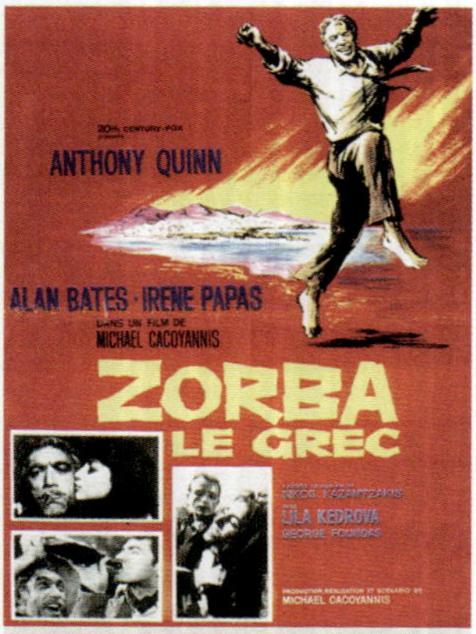

L'affiche du film *Zorba le Grec* de Cacoyannis (1964).

cactée n. f. (de *cactus*) bot. Plante à tige charnue, verte, remplie d'un suc, aux feuilles réduites à des épines (la famille des *Cactées*, ex. le cactus). - syn. **cactacée.**

cactus [kaktys] n. m. (grec *kaktos* « plante épineuse ») **1.** Plante grasse à tige charnue et épineuse, riche en sucs, en forme de palette ou de colonne. **2.** fam. Problème, difficulté. → fam. **os.** *Y a (il y a) un cactus !*

Cacus Héros de la mythologie romaine, fils de Vulcain. Il vole à Hercule une partie de son troupeau, en traînant les animaux par la queue pour falsifier leurs traces. Hercule le tue.

c.-à-d. [sɛtadiʀ] Abréviation de *c'est-à-dire.*

Cadaqués Ville d'Espagne (Catalogne). 2 843 habitants. Station balnéaire rendue célèbre par les artistes qui la fréquentèrent (Picasso, Dalí, Duchamp, Man Ray, Max Ernst, André Derain). Musée Salvador Dalí.

Cadarache Site des Bouches-du-Rhône, appartenant à la commune de Saint-Paul-lès-Durance. Barrage hydroélectrique. Centre de recherche nucléaire.

cadastre n. m. (du provençal, de l'italien, du grec *kata* « vers le bas » et *stikhos* « ligne » → hémistiche) **1.** Registre public où figurent les renseignements sur la surface et la valeur des propriétés foncières. **2.** Administration fiscale en charge des documents précédents. □ adj. **cadastral, ale, aux**

cadastrer v. tr. < 1 > Mesurer, inscrire au cadastre.

cadavéreux, euse adj. (du latin → cadavre) littér. Qui tient du cadavre. *Teint cadavéreux.* → **cadavérique.**

cadavérique adj. (du latin *cadaver* → cadavre) **1.** Qui rappelle par son aspect un cadavre. *Pâleur cadavérique.* **2.** Caractéristique du cadavre. *Rigidité cadavérique.*

cadavre n. m. (latin *cadaver*) **I. 1.** Corps mort, de l'être humain et des gros animaux. → **corps, dépouille. 2.** hist. littér. *Le « cadavre exquis »* (jeu surréaliste). **3.** loc. fig. et fam. *Un cadavre ambulant* : une personne affaiblie, maigre et pâle. *Avoir un cadavre dans le placard,* une affaire passée peu avouable, que l'on ne tient pas à divulguer. **II.** fam. Bouteille vidée.

[1]**caddie** n. (mot anglais, du français *cadet*) golf Personne qui porte le matériel du joueur. *Des caddies.* - var. **caddy.**

[2]**caddie** n. m. (n. déposé, de l'anglais *caddie car* « chariot de golf ») **1.** Petit chariot métallique (de gare, d'aéroport, de libre-service). *Des caddies.* **2.** Châssis à roulettes portant un sac à provisions.

cade n. m. (de l'occitan, venant du bas latin *catanum*) Genévrier des régions méditerranéennes, dont le bois est utilisé en marqueterie. *Huile de cade* : liquide noir et odorant extrait du cade, utilisé en pharmacopée.

cadeau n. m. (vient du latin *capitellum* → chapiteau, de *caput* « tête » → chef ; d'abord « lettre ornée » → capitale, puis « chose luxueuse ») Objet que l'on offre. → [1]**don,** [3]**présent. loc. prov.** *Les petits cadeaux entretiennent l'amitié. Cadeau de nouvel an.* → **étrenne.** *Faire cadeau de qqch. à qqn.* – loc. fam. *Ne pas faire de cadeau à qqn,* être dur avec lui. – fam. *Je vous fais cadeau des détails,* je vous les épargne. – *C'est pas un cadeau,* c'est une chose, une personne pénible, insupportable. – appos. *Paquet cadeau* : emballage destiné aux cadeaux. *Des paquets cadeaux.*

cadeauter v. tr. < 1 > (Afrique) fam. Offrir en cadeau. *Il lui a cadeauté un bijou.*

cadenas n. m. (vient du latin *catenatum,* de *catena* → chaîne, par le provençal) Serrure mobile munie d'un arceau.

cadenasser v. tr. < 1 > Fermer avec un cadenas. – pronom. *Se cadenasser* : s'enfermer.

cadence n. f. (de l'italien, venant du latin, famille de *cadere* « tomber » → choir) **1.** Rythme de l'accentuation, en poésie ou en musique ; effet qui en résulte. → **harmonie, nombre.** – Rythme. *La cadence des pas.* **2.** Terminaison d'une phrase musicale, résolution sur un accord consonant. **3.** loc. *En cadence* : d'une manière rythmée, régulière. *Marcher en cadence.* **4.** *La cadence de tir d'une arme,* le nombre de coups qu'elle peut tirer en un temps déterminé. **5.** Rythme du travail, de la production. *Une cadence infernale.*

cadencé, ée adj. Qui est rythmé. *Pas cadencé.*

cadencer v. tr. < 3 > **1.** Donner de la cadence à (des phrases, des vers). → **rythmer. 2.** Conformer (ses mouvements) à un rythme. *Cadencer son pas,* le régler.

cadenette n. f. (du n. du seigneur de Cadenet) Petite tresse.

cadet, ette n. (du gascon, du provençal *capdel* → cadeau) **1.** Personne qui, par ordre de naissance, vient après l'aîné. *Le cadet, la cadette de qqn,* son frère, sa sœur plus jeune. – adj. *Sœur cadette.* **2.** Personne moins âgée (sans relation de parenté). *Elle est ma cadette de deux ans.* **3.** loc. ***C'est le cadet de mes soucis*** : c'est mon plus petit souci, ça m'est égal. **4.** ancient Gentilhomme qui servait comme soldat pour apprendre le métier des armes. *Les « cadets de Gascogne »* (→ **bretteur**). **5.** Sportif, sportive de 15 à 17 ans, entre les minimes et les juniors.

Cadet Rousselle Type de niais, héros d'une chanson de 1792, à la mode parmi les volontaires français.

cadi n. m. (de l'arabe, d'un v. signifiant « décider ») Magistrat musulman qui remplit des fonctions civiles, judiciaires et religieuses.

Cadillac Commune de la Gironde. 2 846 habitants. Monuments des XVIe et XVIIe s. Viticulture.

Cadix Ville et port d'Espagne (Andalousie) sur le golfe de Cadix. 115 400 habitants. Ville fortifiée (XVIIIe s.). Cathédrale (XIIIe-XIXe s.). Ancienne colonie romaine (Gades). Elle détint, au XVIIIe s., le monopole du commerce avec l'Amérique du Sud, et devint une des plus riches villes d'Europe.

cadmiage n. m. (de *cadmium*) techn. Revêtement d'une surface métallique par dépôt électrolytique de cadmium.

cadmium [kadmjɔm] n. m. (de l'allemand, du latin *Cadmia,* du grec, de *Kadmos,* ville ; cf. *cadmie* « minerai de zinc ») chim. Corps simple (symb. Cd, n° at. 48 ; masse at. 112,40), métal blanc, malléable, utilisé en alliage (protection des métaux).

Cadmos Héros légendaire grec, fondateur de Thèbes, en Béotie. Il est le roi des Cadméens et l'époux d'Harmonia.

cador n. (p.-ê. de l'arabe *gaddour* « chef » ou de *cabot* et *Médor*) argot **1.** n. m. Chien. → **clebs. 2.** Individu puissant ; chef. → **caïd.**

Cadou (René-Guy) Poète français (1920-1951). Instituteur rural, disciple de Max Jacob, il rallia l'« école de Rochefort », groupe qui affirma en pleine Occupation l'indépendance de la poésie. *Bruit du cœur ; La Vie rêvée ; Les Biens de ce monde.*

Cadoudal (Georges) Chef chouan (1771-1804). Il participa à la guerre de Vendée, puis se réfugia à Londres. Après avoir organisé deux complots contre Bonaparte (1800 et 1803), il fut arrêté et exécuté.

cadrage n. m. **1.** Mise en place de l'image (en photo, etc.) ; son résultat. **2.** fig. Grandes lignes fixant les orientations (d'un projet, d'une politique).

cadran n. m. (latin *quadrans,* famille de *quattuor* → quatre) **1.** *Cadran solaire* : surface où l'heure est marquée par l'ombre d'une tige projetée par le soleil. **2.** Cercle divisé en heures (et minutes), sur lequel se déplacent les aiguilles (d'une montre, horloge, pendule). – loc. *Faire le tour du cadran* : dormir douze heures d'affilée. **3.** Surface plane, divisée et graduée, d'un appareil. *Les cadrans d'un tableau de bord.*

cadrat n. m. (latin *quadratum* « carré ») imprim. Petit lingot de métal, employé par les typographes pour laisser des blancs et remplir la justification des lignes.

cadratin n. m. imprim. Cadrat de l'épaisseur du caractère. – Espace correspondant à un cadratin.

cadre n. m. (italien *cuadro,* du latin *quadrus* → carré) **I. 1.** Bordure entourant une glace, un tableau. → **encadrement.** *« Comme un beau cadre ajoute à la peinture* [...] » (Baudelaire). **2.** Châssis fixe. *Le cadre d'une porte.* → **chambranle.** – *Cadre de bicyclette,* tube creux qui en forme la charpente. **3.** Petit conteneur. **4.** inform. Chacune des zones indépendantes divisant une fenêtre affichée. **II.** fig. **1.** Ce qui circonscrit un espace, une scène, une action. → **décor, entourage, milieu.** – *Cadre de vie. Sortir de son cadre familier.* **2.** *Être dans le cadre de..., sortir du cadre de...,* des limites prévues. – *Dans le cadre de...* : dans l'ensemble organisé. **III. 1.** Ensemble des officiers et sous-officiers qui encadrent les soldats. *Le cadre de réserve.* **2.** Tableau des emplois et du personnel qui les remplit. *Être rayé des cadres* : être libéré ou licencié. **3.** n. *Les cadres* : le personnel d'encadrement. ■ au sing. Personne qui a des fonctions de direction. *Un cadre moyen. Un jeune cadre dynamique* (type social). *Elle est cadre.* – REM. On trouve aussi *une cadre* en parlant d'une femme. *Une cadre supérieure.*

cadrer v. < 1 > **1.** v. intr. Aller bien (avec qqch.). → **s'accorder, s'assortir, concorder, convenir.** *Leurs témoignages ne cadrent pas ensemble.* **2.** v. tr. Disposer, mettre en place (les éléments de l'image), en photo, etc. (→ **cadrage**). – Projeter en bonne place (sur l'écran). – au p. p. *Image mal cadrée.* – *Cadrer un tir* (au football). → **ajuster. 3.** fig. *Cadrer un enfant,* lui indiquer les limites.

cadreur, euse n. Personne qui manie la caméra. → **caméraman, opérateur.**

caduc, uque adj. (du latin, de *cadere* « tomber » → choir) **1.** littér. Qui n'a plus cours. → **démodé, dépassé, périmé, vieux. 2.** *Arbres à feuilles caduques,* qui tombent en hiver (opposé à *persistant*). ■ Qui tombe après avoir rempli sa fonction. *Les bois du cerf sont caducs.*

caducée n. m. (du latin, du grec, de *kêrux* « héraut ») Attribut de Mercure, constitué par une baguette entourée de deux serpents entrelacés. ■ Symbole du corps médical et des pharmaciens (avec un seul serpent).

caducité n. f. littér. État de ce qui est caduc.

cæcum [sekɔm] n. m. (mot latin, « aveugle ») Première partie du gros intestin, fermée à sa base et communiquant avec d'autres parties de l'intestin. → **côlon, iléon.** *Appendice* du cæcum.* □ adj. **cæcal, ale, aux**

Caedmon Poète chrétien anglo-saxon du VIIe s. d'origine celtique. On lui attribua des commentaires oraux de la Bible et des poèmes.

Caelius (mont) L'une des sept collines de Rome, se détachant du plateau de l'Esquilin et finissant près du Colisée. Aujourd'hui, quartier de Saint-Jean-de-Latran.

Caen Chef-lieu du Calvados. 107 250 habitants. Largement détruite par les bombardements de la Seconde Guerre mondiale, la ville a cependant conservé le château et deux abbayes (Abbaye-aux-Dames et Abbaye-aux-Hommes) de style roman construites par Guillaume le Conquérant. Musée Mémorial pour la paix. Université et centres de recherche. Industrie (automobile, électronique). Services.

Caerphilly Ville du pays de Galles, au N. de Cardiff. 28 000 habitants. Ruines médiévales. Ancienne ville minière.

CAF [seaɛf] ou [kaf] adj. ou adv. (sigle de *coût, assurance, fret*) comm. Où les frais d'expédition, les droits de sortie du port et les assurances maritimes sont acquittés par le vendeur, l'acheteur répondant des pertes et dommages survenus après l'embarquement. → **CIF** (anglic.).

cafard, arde n. (de l'arabe « incroyant ») **I. 1.** vieux Personne qui affecte l'apparence de la dévotion. → **bigot, cagot. 2.** Personne qui dénonce sournoisement les autres. → **dénonciateur, mouchard. II.** n. m. (« animal qui fuit la lumière ») Blatte. **III.** n. m. fig. *Avoir le cafard,* des idées noires. → **blues.**

cafardage n. m. Fait de cafarder, de rapporter.

cafarder v. intr. < 1 > fam. **1.** Faire le cafard (I, 2). → **cafter, moucharder, rapporter.** ■ trans. *Cafarder qqn,* le dénoncer. **2.** Être déprimé.

cafardeur, euse n. Délateur, délatrice.

cafardeux, euse adj. Qui a le cafard (III). → **triste.** – Qui donne le cafard. → **déprimant.**

¹café n. m. (du turc, de l'arabe *qahwa ;* cf. argot *caoua*) **1.** Graine du caféier. *Récolte du café.* – Ces graines torréfiées. *Café en grains, moulu. Moulin à café.* par ext. *Café soluble* (→ **nescafé**). **2.** Boisson excitante obtenue par infusion de grains de café torréfiés et moulus. *Un café filtre. Un café express.* → **²express.** *Cuiller à café. Café noir,* sans lait. *Café au lait.* → aussi **²latte.** *Café crème* (→ **crème**). – fam. *C'est fort de café,* c'est exagéré. **3.** Moment du repas où l'on prend le café. *Venez pour le café.* **4.** adj. invar. *Café au lait :* couleur brun clair.

²café n. m. (de *cabaret de café* → **¹café**) Lieu public où l'on consomme des boissons. → **bistrot.** *Garçon de café,* chargé de servir les consommations. *Café-bar* (→ **²bar**). *Café-restaurant* (→ **brasserie**). – loc. *Discussions de café du Commerce,* sans valeur.

café-concert n. m. anciennt Café où les consommateurs pouvaient écouter des chansonniers, de la musique. *Des cafés-concerts.* - abrév. **caf'conc'.**

caféier n. m. Arbuste tropical, originaire d'Abyssinie, dont le fruit contient les grains de café.

caféière n. f. Plantation de caféiers.

caféine n. f. Alcaloïde contenu dans le café, le thé, aux propriétés stimulantes. □ adj. **caféiné, ée**

caféisme n. m. Intoxication par la caféine.

cafetan voir **caftan**

cafétéria [kafeterja] n. f. (espagnol du Mexique) Lieu public, souvent en libre service, où l'on sert du café, des boissons non alcoolisées, des plats très simples, etc. → **restoroute, snack-bar.** *Des cafétérias.* - abrév. fam. **cafèt'.**

café-théâtre n. m. Petite salle où l'on peut consommer et où se donnent des spectacles échappant aux formes traditionnelles. *Des cafés-théâtres.*

cafetier, ière n. Personne qui tient un café (rare au fém.).

cafetière n. f. **1.** Appareil ménager permettant de préparer le café. *Cafetière électrique.* → aussi **percolateur.** – Récipient pour servir le café. **2.** fam. Tête. *Recevoir un coup sur la cafetière.*

Caffieri (Jean-Jacques) Sculpteur français d'origine italienne (1725-1792). À Rome, il subit l'influence du Bernin et exécuta les bustes de personnages célèbres (Corneille, Molière).

cafouillage n. m. fam. Fait de cafouiller ; mauvais fonctionnement. - syn. **cafouillis.**

cafouiller v. intr. < 1 > (mot picard, de *cacher* et *fouiller*) fam. Agir d'une façon désordonnée ; fonctionner mal. → fam. **merdoyer, vasouiller.** □ adj. **cafouilleux, euse**

cafre adj. et n. (de l'arabe « infidèle, renégat ») De la Cafrerie, région de l'Afrique australe. – *Les Cafres :* ethnie noire d'Afrique australe.

Cafrerie n. f. Nom donné par les Arabes à la partie méridionale de l'Afrique peuplée de non-musulmans.

caftan n. m. (turc *qaftān* « robe d'honneur », du persan) Vêtement oriental, ample et long. - var. **cafetan.**

cafter v. tr. < 1 > (de *cafard* [I, 2]) fam. Dénoncer. → **cafarder.**

Caen

Caen, les bâtiments conventuels de l'Abbaye-aux-Hommes, aujourd'hui hôtel de ville, et l'abbatiale Saint-Étienne.

Cagayan de Oro Ville des Philippines, sur Mindanao. 461 880 habitants. Port de pêche. Industries. Université.

cage n. f. (vient du latin, de *cavus* « creux ») **I. 1.** Endroit clos (par des barreaux, du grillage) servant à tenir enfermés des animaux vivants. *Cage à oiseaux.* → **volière.** *Cage à poules* (aussi fig.). **2.** Lieu où qqn est enfermé. → **geôle, prison.** – loc. *Cage dorée :* lieu luxueux où l'on n'est pas libre. **3.** football Les buts. **II. 1.** Espace clos servant à enfermer, à limiter (qqch.). – sc. *Cage de Faraday,* enceinte servant à observer les phénomènes électrostatiques. **2.** *Cage d'escalier, d'ascenseur,* espace où est placé l'escalier, où fonctionne l'ascenseur. **3.** *Cage thoracique,* ensemble formé par les vertèbres, les côtes et le sternum.

C

Cage (John) Compositeur américain (1912-1992). Il fit des recherches sur les sonorités et devint l'un des pionniers de la musique concrète. Œuvres pour « piano préparé » (dont le son est altéré en plaçant des objets dans ses cordes).

cageot n. m. **1.** Emballage à claire-voie. *Des cageots de fruits.* → **caisse. 2.** fam., péj. Fille ou femme laide, mal faite.

caget n. m. Claie sur laquelle on met les fromages à égoutter, à affiner. - syn. **cagerotte** n. f.

cagette n. f. Petit cageot.

cagibi n. m. (mot de l'Ouest, de *cabagetis,* famille de *cabas* et *jeter*) fam. Pièce de dimensions étroites, servant au rangement. → **appentis, débarras, ²réduit.**

Cagliari Port d'Italie, ville principale et chef-lieu de la Sardaigne. 164 250 habitants. Colonie phénicienne, puis carthaginoise et romaine. Amphithéâtre romain. Fortifications, cathédrale et tours pisanes (XIIIe-XIVe s.). Port pétrolier ; industries. Université.

Cagliostro [kaljɔstro] (Giuseppe Balsamo, dit Alexandre, comte de) Aventurier italien (1743-1795). Il connut à Paris un vif succès pour ses talents de guérisseur et sa pratique des sciences occultes. Lié au cardinal de Rohan, compromis dans l'affaire du Collier, il fut expulsé en 1786.

cagna n. f. (annamite « la maison ») vieux (surtout 1914-1918) Abri militaire (de tranchée).

cagnard n. m. (de l'occitan « niche », puis « endroit retiré, abri », de *canha* « chienne ») régional Lieu ensoleillé, abrité du vent. – par ext. fam. Soleil brûlant. *Grimper sous le cagnard.*

cagne voir **khâgne**

Cagnes-sur-Mer Commune des Alpes-Maritimes. 52 100 habitants. Maison d'Auguste Renoir. Village ancien du *Haut-de-Cagnes ;* station balnéaire au *Cros-de-Cagnes* (hippodrome).

¹cagneux, euse adj. (de l'ancien subst. *cagne* « chienne », famille du latin *canis* → **chien**) Qui a les genoux tournés en dedans. → **tordu.** *Un cheval cagneux.*

²cagneux voir **khâgneux**

cagnotte n. f. (du provençal, p.-ê. famille de *cagna* « chienne ») **1.** Caisse commune (jeu, etc.). **2.** Argent d'une cagnotte.

cagole n. f. (mot d'origine inconnue) régional (sud de la France) Jeune fille, jeune femme qui affiche une féminité provocante et vulgaire.

cagot, ote n. (de l'occitan béarnais) littér. Faux dévot ; hypocrite. → **cafard** (I, 1).

cagouille n. f. (du latin pop., de *conchyllium* « coquille ») régional Escargot, petit-gris.

cagoulard, arde n. Membre de la Cagoule ; activiste pro-fasciste.

cagoule n. f. (vient du latin *cuculla* « vêtement de moine à capuchon ») **1.** Manteau ou cape sans manches, muni d'un capuchon percé d'ouvertures à la place des yeux ; ce capuchon. *Cagoule de pénitent.* **2.** Passe-montagne porté par les enfants. □ adj. **cagoulé, ée**

Cagoule (la) Surnom donné par la presse au Comité secret d'action révolutionnaire (CSAR), groupe d'extrême droite qui, à partir de 1935, engagea des actions violentes contre le régime républicain.

caguer v. intr. < 1 > (provençal *cagar*, du latin *cacare*) régional (sud de la France), fam. Déféquer. → **chier.**

C

cahier n. m. (vient du latin *quaterni, de quattuor* → **quatre**) **1.** Feuilles de papier assemblées et munies d'une couverture. → **album, calepin, carnet.** *Cahier de brouillon. Cahier de textes :* agenda scolaire. **2.** imprim. Ensemble, plié et coupé, des pages fournies par une feuille. *Les cahiers d'un livre.* **3.** hist. Mémoires présentés par les membres d'une assemblée au souverain et renfermant des remontrances, demandes, etc. *Les cahiers de doléances des états généraux.* – ***Cahier des charges*** : énumération des clauses et conditions pour l'exécution d'un contrat.

cahin-caha adv. (p.-ê. d'après *cahot*) fam. Tant bien que mal, péniblement. → **clopin-clopant.** « *Gagnant cahin-caha sa pauvre vie* » (Rabelais). - var. RO **cahincaha.**

cahors n. m. (du n. de la ville) Vin rouge produit dans la région de Cahors.

Cahors Chef-lieu du Lot, sur le Lot. 20 159 habitants. Cathédrale romane à coupoles, cloître Renaissance. Pont Valentré ; remparts (XIVe s.). Centre administratif. Tourisme.

Le pont Valentré (XIVe s.), inscrit au patrimoine mondial de l'Unesco, à Cahors.

cahot n. m. (de *cahoter*) Saut que fait une voiture en roulant sur un terrain inégal. → **heurt, secousse.**

cahotant, ante adj. Qui fait cahoter ; qui cahote.

cahotement n. m. Fait de cahoter.

cahoter v. < 1 > (p.-ê. de *ca-*, idée de « creux », et d'un v. d'origine germanique « secouer », famille de *hocher*) **1.** v. tr. Secouer par des cahots. ■ fig. *La vie l'a cahoté.* → **malmener. 2.** v. intr. Être secoué. → **bringuebaler.**

cahoteux, euse adj. Qui fait éprouver des cahots. *Chemin cahoteux.*

Cahuachi Ancienne ville du Pérou, dans la région d'Ica. Centre de la civilisation Nazca jusqu'au IIIe siècle apr. J.-C., elle était dotée d'une grande pyramide cérémonielle.

cahute ou **cahutte** n. f. (p.-ê. de *ca-*, idée de « creux », ou de *cabane*, et *hutte*) Hutte grossière. → **cabane.**

caïd n. m. (de l'arabe) **1.** (Afrique du Nord) Fonctionnaire musulman qui cumule les fonctions de juge, d'administrateur, de chef de police. □ **n. m. caïdat 2.** fam. Chef d'une bande. → **cador.** *Jouer les caïds :* chercher à en imposer. ■ fam. Personnage très important dans son milieu. *Les caïds de l'industrie.* → fam. **manitou, ²ponte.**

caïeu [kajø] n. m. (mot normand, ancien français *chael* qui vient du latin *catellus* « petit chien », *cf.* **chaton**) bot. Bourgeon qui se développe à partir du bulbe principal. - var. **cayeu.**

caillage n. m. Action de cailler ; état de ce qui est caillé.

caillasse n. f. fam. Cailloux, pierraille.

caillasser v. tr. < 1 > fam. Endommager à coups de pierres. *Caillasser un bus.* – Agresser (qqn) à coups de pierres. → **lapider.** □ **n. m. caillassage**

Caillaux (Joseph) Homme d'État français (1863-1944). Plusieurs fois ministre des Finances, président du Conseil (1911), il s'attira l'hostilité de la droite par sa politique fiscale et son pacifisme. En 1914, sa femme assassina Gaston Calmette, patron du *Figaro*, qui menait campagne contre lui. En 1920, il fut condamné par la Haute Cour de justice pour aide involontaire à l'ennemi, puis fut ensuite amnistié.

Caillavet (Gaston Arman de) Auteur dramatique français (1869-1915). Avec Robert de Flers, il écrivit des comédies satiriques (*Le Roi ; L'Habit vert*).

caille n. f. (vient du latin *quaccola*, d'origine onomatopéique) **1.** Oiseau migrateur des champs et des prés, voisin de la perdrix. **2.** fam. *Ma petite caille* (terme d'affection).

caillé n. m. Partie coagulée du lait caillé. → **caillebotte.**

caillebotis n. m. (de *caillebotte*) Treillis en métal ou en lattes de bois, amovible, laissant passer l'eau et servant de plancher.

caillebotte n. f. (du v. *caillebotter*, de *cailler* et *botter* « mettre en caillé, s'agglomérer ») **1.** Masse de lait caillé. **2.** Fromage frais non salé (lait de vache) du Poitou.

Caillebotte (Gustave) Peintre français (1848-1894). Mécène des impressionnistes, il peignit des paysages et des scènes de la vie ouvrière (*Les Raboteurs de parquet*). Le legs Caillebotte constitue une part importante du fonds impressionniste conservé au musée d'Orsay.

cailler v. < 1 > (vient du latin *coagulare* → **coaguler**) **1.** v. tr. Faire prendre en caillots. → **coaguler, figer.** *La présure caille le lait.* – pronom. *Le sang se caille.* – au p. p. *Lait caillé* → **caillé. 2.** v. intr. fam. Avoir froid. → **geler.** *On caille, ici ! Ça caille !*

Cailletet (Louis Paul) Physicien, chimiste et industriel français (1832-1913). Il parvint le premier à liquéfier les gaz considérés alors « permanents » (n'existant que sous cet état de la matière) comme l'azote et l'oxygène.

caillette n. f. (d'un dérivé de *cailler*) Quatrième compartiment de l'estomac des ruminants.

Caillié (René) Explorateur français (1799-1838). Il séjourna chez les Maures et gagna Tombouctou en se faisant passer pour un Arabe. *Journal d'un voyage à Tombouctou et à Djenné dans l'Afrique centrale.*

Caillois (Roger) Écrivain français (1913-1978). Il se consacra à la sociologie et notamment à l'étude du sacré, à celle des mécanismes de l'imagination, à l'esthétique des formes naturelles et aux mythologies modernes (*Les Jeux et les Hommes*). Il fit connaître en France la littérature latino-américaine.

caillot n. m. (→ **cailler**) Petite masse de liquide caillé, spécialt de sang coagulé. *Embolie causée par un caillot.*

caillou n. m. (d'un mot gaulois, apparenté au latin *callum* « durillon ») **1.** Pierre de petite ou moyenne dimension. → **gravier ; galet, rocaille.** *Des cailloux.* ■ fam. *Du caillou :* de la roche. → **pierre. 2.** fam. Pierre précieuse, diamant. **3.** fam. *Il n'a pas un poil sur le caillou,* sur le crâne.

cailloutage n. m. **1.** Ouvrage, pavage de cailloux. **2.** techn. Béton fait de cailloux noyés dans de la chaux hydraulique. **3.** Faïence fine faite avec une poudre de quartz ou de silex.

caillouter v. tr. < 1 > Garnir de cailloux (1). → **empierrer.** – au p. p. *Allée caillouteé.*

caillouteux, euse adj. Où il y a beaucoup de cailloux. *Chemin caillouteux.*

cailloutis n. m. Amas ou ouvrage de petits cailloux concassés (plus gros que les graviers, les gravillons).

caïman n. m. (de l'espagnol d'Amérique, probablt d'origine caraïbe) Crocodile d'Amérique tropicale et équatoriale, à museau large et court. → **alligator.**

Caïmans (îles) Archipel britannique des Grandes Antilles, composé de trois îles situées au S. de Cuba. 55 450 habitants. Capitale : George Town. Centre touristique et financier (« paradis fiscal »).

Cain (James Mallahan) Romancier américain (1892-1977). Directeur du *New Yorker* et scénariste, il écrivit des romans noirs, centrés sur le sexe et la violence. *Le facteur sonne toujours deux fois.*

Caïn Personnage biblique. Fils aîné d'Adam et Ève, il tue son frère Abel, devenant le premier homicide.

Caillebotte (Gustave)

Caillebotte : *Rue de Paris, temps de pluie* (1877), Art Institute of Chicago.

Caïphe Grand prêtre juif de Jérusalem de 18 à 36. D'après les Évangiles, il est le principal responsable de la condamnation de Jésus.

caïpirinha [kajpiʀiɲa] **n. f. (mot brésilien, diminutif du portugais *caipira* « rustique »)** Cocktail à base d'alcool de canne à sucre (cachaça*), de sucre de canne et de citron vert.

caïque **n. m. (du turc)** Embarcation légère, étroite et pointue, utilisée dans la mer Égée et sur le Bosphore.

Caire (Le) Capitale de l'Égypte, située en amont du delta du Nil. Première ville d'Afrique et du monde arabe par sa population. 9 539 700 habitants (Le Grand Caire : 20 200 000), Le Caire est un centre politique (siège de la Ligue arabe), intellectuel (nombreuses universités, dont al-Azhar) et historique. La ville abrite des mosquées laissées par ses conquérants successifs, depuis le VIIe s. *(Ibn al-As, Ibn Tulun)*. Musée égyptien, musée d'Art islamique, musée d'Art copte. Administrations, commerce, industries (automobile, chimique, textile). Tourisme.

cairn **n. m. (mot celtique) 1.** didact. Monticule, tumulus. **2.** Pyramide de pierres élevée par des alpinistes, des explorateurs comme point de repère ou marque de leur passage.

Cairns Ville d'Australie (Queensland) sur la mer de Corail. 98 350 habitants. Marché agricole. Tourisme (Grande Barrière).

caisse **n. f. (ancien provençal, venant du latin *capsa* → châsse ; capsule, ¹casse) I. 1.** Grande boîte (souvent en bois) utilisée pour l'emballage, le transport de marchandises. *Une caisse de champagne. Caisse à outils.* – *Caisse à fleurs,* contenant de la terre où poussent des plantes. *Orangers en caisse.* **2.** Dispositif rigide (de protection, etc.). → **caisson.** ■ Carrosserie d'automobile (opposé à *châssis*). – fam. Voiture. *À fond la caisse :* à toute allure. **3.** *La caisse du tympan :* la cavité du fond de l'oreille. **II.** mus. Cavité d'un instrument à cordes qui amplifie les vibrations par résonance*. – Cylindre d'un instrument à percussion. → **tambour.** *Caisse claire :* tambour plat. – *Grosse caisse,* que l'on frappe avec une mailloche. **III. 1.** Coffre dans lequel on dépose de l'argent, des valeurs (spécialt, dans un commerce). → **coffre-fort.** *Tenir la caisse* (→ **caissier**). – *Avoir deux mille euros en caisse.* **2.** Bureau, guichet où se font les paiements, les versements. **3.** Argent en caisse. *Partir avec la caisse.* **4.** Établissement qui reçoit des fonds pour les faire valoir ou les administrer. *Caisse de retraite. Caisse des dépôts et consignations.* ***Caisse d'épargne :*** établissement où l'on dépose de l'argent pour l'économiser et en avoir des intérêts.

caisserie **n. f.** techn. Fabrique de caisses, d'emballages rigides.

caissette **n. f.** Petite caisse (I, 1).

Caire (Le)

La vieille ville du Caire vue de la citadelle construite par Saladin au XIIe siècle.

caissier, ière **n.** Personne qui tient la caisse (III). → **comptable, trésorier.**

caisson **n. m. (ancien provençal, de *caissa* → caisse) I. 1.** anciennt Chariot de l'armée utilisé pour transporter des munitions. **2.** Caisse métallique pleine d'air permettant d'effectuer des travaux sous l'eau. → **¹cloche à plongeur.** – loc. *Maladie des caissons :* ensemble des troubles liés aux accidents de décompression. **3.** loc. fam. *Se faire sauter le caisson :* se tirer une balle dans la tête. **II.** archit. Compartiment creux, orné de moulures, servant à décorer un plafond. *Plafond à caissons.*

cajoler **v. tr. < 1 > (de l'ancien picard *gaiole,* var. de *geôle* « cage », *cf.* enjôler)** Avoir (envers qqn) des manières, des paroles tendres et caressantes. → **câliner, choyer, dorloter.** □ **n. f. cajolerie**

cajoleur, euse **1. n.** Personne qui cajole. → **enjôleur, flatteur. 2. adj.** Câlin. *Une voix cajoleuse.*

cajou **n. m. (de *acajou*)** Fruit d'un arbre exotique dont l'amande se mange. → **anacarde.** *Des noix de cajou.*

cajun **n. et adj. (de *Acadien*)** Acadien de la Louisiane. – **adj.** (invar. en genre) *La musique cajun. Les parlers cajuns.* - var. **cadjin,** fém. **cadjine.**

Cajuns **n. m. pl.** Population établie en Louisiane (États-Unis), qui descend des Acadiens (descendants des premiers colons français de l'Acadie, au Canada). Les Cajuns parlent un dialecte issu du français.

cake [kɛk] **n. m. (anglais « gâteau »)** anglic. Gâteau garni de raisins secs, de fruits confits. *Une tranche de cake.*

cake-walk [kɛkwɔk] **n. m. (mot anglais des États-Unis « marche *[walk]* du gâteau *[cake]* »)** Danse noire américaine, en vogue en Europe vers 1900. *Des cake-walks.* – La musique sur laquelle le cake-walk se dansait. - var. RO **cakewalk.**

¹cal Symbole de la calorie.

²cal **n. m. (d'abord *chal ;* vient du latin *callus,* p.-ê. du gaulois → caillou) 1.** Épaississement et durcissement de l'épiderme produits par frottement. → **callosité, durillon.** *Des mains pleines de cals.* **2.** méd. Formation osseuse qui soude les deux fragments d'un os fracturé. **3.** bot. Amas de cellulose qui obstrue les tubes du liber de certaines plantes quand vient l'hiver. *Le cal de la vigne.*

Calabar Ville du Nigeria (État de Cross River). 381 000 habitants. Port pétrolier.

Calabre Région de l'extrême S.-O. de l'Italie. 2 011 470 habitants. 15 080 km². Chef-lieu : Catanzaro. Région montagneuse en son centre, la Calabre possède plusieurs vallées et plaines littorales (agriculture, élevage). Malgré le développement de l'industrie (chimie, mécanique) et du tourisme, la région figure parmi les moins riches du pays.

calade **n. f. (ancien provençal *calada,* d'origine grecque)** régional (Sud-Est) Voie pentue pavée de galets.

caladium [kaladjɔm] **n. m. (latin bot. *caladium,* du malais *keladi*)** Plante d'ornement herbacée, tubéreuse, à larges feuilles colorées.

C

Calaferte (Louis) Écrivain et poète français d'origine italienne (1928-1994). Son œuvre est corrosive, flamboyante et crue. *Septentrion* fut interdit pour pornographie dès sa sortie, en 1963. *Requiem des innocents ; Partage des vivants ; La Mécanique des femmes.*

calage **n. m. 1.** Action de caler, de fixer, d'étayer avec une cale ou de monter avec précision (une pièce). **2.** Opération de réglage (d'une machine). **3.** imprim. Ultime mise au point avant de lancer l'opération d'impression sur une machine à imprimer.

Calais Chef-lieu d'arrondissement du Pas-de-Calais. 67 544 habitants. Premier port français de voyageurs, port de commerce. Industries. *Calais Nord,* détruit pendant la Seconde Guerre mondiale, fut reconstruit en style flamand. Le bronze de Rodin, *Les Bourgeois de Calais,* est un hommage aux six bourgeois qui se livrèrent en otages aux Anglais pendant la guerre de Cent Ans et sauvèrent la ville de la destruction. Calais demeura deux siècles sous domination anglaise. Depuis la fin des années 1990, des centaines de migrants affluent dans la ville pour tenter de rejoindre l'Angleterre.

Calais (pas de) **n. m.** Détroit séparant l'Europe continentale (France) de la Grande-Bretagne. Il fait communiquer la Manche et la mer du Nord, constituant l'un des couloirs de navigation les plus empruntés d'Europe et du monde.

calamar voir **calmar**

calambac **n. m. (de l'italien, du portugais *calambuco,* du malais *kelembak*)** Bois d'aloès odorant, utilisé en tabletterie. - syn. **calambour.**

calame **n. m. (latin *calamus* « roseau » → chaume)** hist. Roseau taillé dont les Anciens se servaient pour écrire.

Scribe aux calames derrière l'oreille, mastaba de Kagemni, Saqqara (Égypte).

calamine **n. f. (latin *calamina,* altération de *cadmea* → cadmium) 1.** minér. Silicate hydraté naturel de zinc. – Minerai de zinc. **2.** Résidu de la combustion d'un carburant dans un moteur à explosion. **3.** Oxyde qui apparaît à la surface des métaux soumis à une haute température.

calaminé, ée **adj.** Couvert de calamine (2).

se **calaminer** **v. pron. < 1 > (de *calamine*)** Se couvrir de calamine (2).

calamistrer **v. tr. < 1 > (du latin *calamistratus* « frisé », de *calamistrum* « fer à friser », de *calamus* → calame)** Brillantiner. – au p. p. *Cheveux calamistrés,* pommadés, gominés. *« la chevelure calamistrée et noire de danseur mondain »* (C. Simon).

calamite **n. f. (latin *calamita,* du grec *kalamos* « roseau »)** paléont. Plante fossile du carbonifère inférieur, sorte de prêle géante répandue dans les terrains houillers.

calamité **n. f. (latin *calamitas*) 1.** Grand malheur collectif. → **catastrophe, désastre, ²fléau.** *Les épidémies, la guerre, les inondations sont* *des calamités.* **2.** Grande infortune personnelle. → **malheur.**

calamiteux, euse **adj.** littér. Désastreux, catastrophique.

Calamity Jane **(Martha Jane Canary, dite)** Aventurière américaine (1852 ou 1856-1903). Vêtue en homme, elle participa à la conquête de l'Ouest en exécutant des missions pour l'armée puis se produisit dans des spectacles de Buffalo Bill.

Calamity Jane au début du XXe s.

calancher **v. intr.** **< 1 >** **(p.-ê. de *caler* « s'arrêter »)** pop. et vieilli Mourir. → **clamser, claquer.**

calandre **n. f.** **(vient du bas latin *calendra*, du grec *kulindros* → cylindre)** **1.** Machine formée de cylindres, de rouleaux, et qui sert à lisser, lustrer les étoffes, à glacer les papiers. **2.** Garniture métallique verticale sur le devant du radiateur (de certaines automobiles).

calandrer **v. tr.** **< 1 >** Faire passer (une étoffe, un papier) à la calandre (1). → **lisser, lustrer.** □ **n. m. calandrage**

calanque **n. f.** **(du provençal)** Crique entourée de rochers, en Méditerranée.

Calanques **n. f. pl.** Littoral des Bouches-du-Rhône, entre Marseille et Cassis, parsemé de criques étroites et profondes. Parc national (51 800 ha), créé en 2012.

Les calanques d'En-vau à Cassis (Bouches-du-Rhône).

calao **n. m.** **(du malais)** Oiseau des forêts tropicales d'Afrique et d'Asie de la taille d'un faisan, au bec énorme, recourbé et surmonté d'une ou de deux excroissances cornées.

Calas [kalas] **(Jean)** Négociant calviniste de Toulouse (1698-1762). Accusé à tort d'avoir tué son fils pour l'empêcher de se convertir au catholicisme, il fut exécuté. *L'affaire Calas* mobilisa Voltaire, qui prouva l'erreur judiciaire et obtint la réhabilitation de la victime (1765).

Calatayud Ville d'Espagne (Aragon), à l'O. de Saragosse. 21 264 habitants. Monuments mudéjars.

calathéa **n. m.** **(grec *kalathos* « corbeille »)** Plante herbacée d'origine tropicale à feuilles bigarrées, cultivée pour l'ornement.

Calatrava **(Santiago Valls)** Architecte et ingénieur espagnol (né en 1951). On lui doit des ponts (Barcelone, Bilbao, Séville, Venise, Liège), des gares aux structures aériennes (Lyon-Saint-Exupéry ; Lisbonne ; World Trade Center à New York) et la tour Turning Torso à Malmö.

calc- voir **calci(o)-**

calcaire **(du latin, de *calx* → chaux)** **I. adj. 1.** Qui contient du carbonate de calcium. *Eau calcaire.* **2.** chim. De calcium. *Sels calcaires.* → **calcique. II. n. m.** Roche composée surtout de carbonate de calcium. → **calcite, craie, marbre.**

calcanéum [kalkaneɔm] **n. m.** **(latin *calcaneum* « talon »)** anat. Os du tarse qui forme le talon. □ **adj. calcanéen, enne**

calcédoine **n. f.** **(de *Chalcédoine*)** Pierre précieuse (silice cristallisée) d'une transparence laiteuse, légèrement teintée. → **agate, cornaline, jaspe, onyx.**

calcémie **n. f.** **(de *calc-* + *-émie*)** méd. Teneur du sang en calcium.

calcéolaire **n. f.** **(du latin *calceolus* « petit soulier »)** Plante ornementale à fleurs en forme de sabot.

Calchas Devin grec qui, selon *L'Iliade*, accompagne les Grecs au siège de Troie, ordonne à Agamemnon d'immoler Iphigénie et contribue au stratagème du cheval de Troie.

calci- voir **calci(o)-**

calcicole **adj.** **(de *calci-* + *-cole*)** bot. Qui pousse bien en sol calcaire (contr. **calcifuge**). *La betterave et l'if sont calcicoles.*

calcif voir **caleçon**

calciférol **n. m.** **(de *calci-* et du latin *ferre* « apporter »)** biochim. Forme de la vitamine D (vitamine D2), qui prévient le rachitisme.

calcification **n. f.** Dépôt de sels de calcium dans les tissus organiques (ossification ; dégénérescence calcaire).

calcifié, ée **adj.** Qui a subi une calcification. *Artères calcifiées.*

calcifier **v. tr.** **< 7 >** **(du latin *calx* → chaux)** Rendre calcaire. – **pronom.** *Se calcifier.*

calcifuge **adj.** **(de *calci-* + *-fuge*)** bot. Qui végète, pousse mal en sol calcaire (contr. **calcicole**). *Les bruyères sont calcifuges.*

calcin **n. m.** **(de *calciner*)** techn. **1.** Débris de glace, de verre, utilisés pour les émaux. – Débris de verre réutilisés comme matière vitrifiable. **2.** Dépôt de carbonate de chaux laissé sur les pierres calcaires par l'eau de pluie.

calciner **v. tr.** **< 1 >** **(du latin, de *calx* → chaux)** **1.** techn. Transformer (une pierre calcaire) en chaux par l'action du feu. **2.** Soumettre un corps à l'action d'une haute température. *Calciner un métal.* ■ Brûler, griller. – **au p. p.** *Une forêt calcinée.* □ **n. f. calcination**

calci(o)-, calc(o)- Éléments **(du latin *calx, calcis* « chaux »)** signifiant « calcium » ou « calcaire » (ex. *calcicole, calcifuge*).

calcique **adj.** **(du radical du latin *calx, calcis* « chaux »)** Qui se rapporte au calcium ou à ses composés ; qui en contient. *Sels calciques.* → **calcaire.**

calcite **n. f.** **(allemand, du latin *calx* → chaux)** Carbonate naturel de calcium, cristallisé. → **calcaire.**

calcitonine **n. f.** **(de *calci-*, *ton[us]* et *-ine*)** physiol. Hormone thyroïdienne contrôlant les échanges de calcium dans le corps, modulant le taux de calcium dans le sang et jouant un rôle important dans la solidité des os.

calcium [kalsjɔm] **n. m.** **(du latin *calx, calcis* → chaux)** Élément chimique (symb. Ca, n° at. 20, masse at. 40, 078), métal blanc, mou. *Oxyde de calcium.* → **chaux.** *Carbonate de calcium.* → **calcaire, calcite.**

calciurie **n. f.** **(de *calci-* + *-urie*)** physiol. Quantité de calcium présente dans l'urine.

calco- voir **calci(o)-**

calcschiste [kalkʃist] **n. m.** **(d'un élément *calc-*, de *calcifère* « qui contient du calcaire » et de *schiste*)** Schiste riche en calcaire.

[1]**calcul** **n. m.** **(latin *calculus* « caillou »)** Concrétion pierreuse qui se forme dans l'organisme. *Calcul rénal, urinaire.* → **gravelle, pierre.** □ **adj. calculeux, euse**

[2]**calcul** **n. m.** **(de *calculer*)** **1.** sc. Opérations effectuées sur des symboles représentant des grandeurs. – Méthode pour représenter des relations logiques, les transformer, les développer, etc. → **algèbre, arithmétique, mathématique.** *Calcul numérique, calcul algébrique. Calcul différentiel, calcul intégral.* ■ inform. *Feuille de calcul* (→ **tableur**). **2.** cour. Action de calculer, opération numérique. *Erreur de calcul.* ■ *Le calcul* : les opérations arithmétiques (addition, soustraction, multiplication, division). *Elle est bonne en calcul.* – *Calcul mental,* effectué de tête, sans poser l'opération. **3.** Appréciation, évaluation, estimation. *D'après mes calculs.* **4.** Moyens que l'on combine pour arriver à un but, à une fin. → **combinaison,** [3]**plan, projet, stratégie.** *Faire un mauvais calcul. Agir par calcul,* d'une manière intéressée.

▶ Le **calcul**, dans sa forme la plus élémentaire, n'est pas l'apanage de l'homme. Certains animaux (singes, rats, oiseaux...) perçoivent le nombre et sont capables d'effectuer des « additions » simples sur de petites quantités. Mais l'homme est le seul animal à avoir dépassé cette compétence biologique innée pour inventer un système de calcul abstrait de plus en plus sophistiqué et indépendant des objets de la vie réelle. On ne sait si cette évolution est d'abord l'effet de la pression du commerce ou si elle est plutôt le fruit de la contemplation spéculative et de l'astrologie. Ce qui est certain en revanche c'est que le développement des mathématiques a été accéléré par l'invention de la numération écrite.
La méthode de calcul la plus ancienne encore en usage aujourd'hui fait appel à l'utilisation des doigts de la main (voire de toutes les parties du corps). Mais des systèmes de représentation des nombres et des calculs plus efficaces ont été inventés dès l'Antiquité, pour dénombrer des quantités importantes et effectuer les 4 opérations élémentaires : bâtonnets, cailloux (*calcul* vient du latin *calculi* « petits cailloux ») puis jetons, bouliers et abaques. Ces systèmes ont permis de traduire tous les nombres si grands soient-ils et d'effectuer des calculs complexes grâce au recours à l'idée de « base » qui affecte une « puissance » au signe selon la position qu'il occupe dans l'espace (du boulier ou du papier) : dans notre système décimal — à base 10 — le « 9 » de gauche dans « 99 » vaut 10 fois plus que celui de droite.
C'est l'Inde qui est à l'origine de notre système d'écriture numérique. Ce système utilise la numération positionnelle et les chiffres dits « arabes » parce qu'ils furent diffusés par les savants arabes à partir de Bagdad dès le IXe siècle. L'invention du zéro, « chiffre » par excellence (le mot vient de *sifr,* le « vide » en arabe) fut une innovation majeure, en rendant plus économique l'écriture des nombres et possible celle de nombres décimaux, relatifs... Le calcul sur papier, venu d'Orient, s'est rapidement imposé à tout l'Occident d'autant qu'il permettait de conserver les résultats intermédiaires. Avec l'écriture chiffrée et littérale on peut également dire que les nombres ont acquis une « vie propre » : les règles logiques purement formelles qui régissent leurs multiples combinaisons peuvent s'appliquer à des symboles indépendamment de leur valeur dans un système antérieur. C'est ainsi qu'avec le développement des mathématiques on a vu apparaître et se développer de « nouveaux » nombres (irrationnels, imaginaires, complexes...) et de nouvelles formes de calcul (algébrique, différentiel, intégral, vectoriel...).
Toutes les sciences font appel à ces méthodes de calcul qui permettent d'obtenir un résultat numérique à l'aide de règles logiques précises. Pour rendre les calculs plus rapides et plus sûrs, les scientifiques ont créé des machines d'abord mécaniques (comme la « Pascaline » de B. Pascal au XVIIe s.) puis électromécaniques. Aujourd'hui, l'informatique a considérablement

accru les capacités et la puissance de calcul de ces machines.

calculable adj. Qui peut se calculer (opposé à *incalculable*). □ n. f. **calculabilité**

calculateur, trice I. 1. n. Personne qui sait calculer. **2.** adj. (souvent péj.) Habile à combiner des projets, des plans. *Il est ambitieux et calculateur.* II. n. m. Ordinateur spécialisé dans les calculs.

calculatrice n. f. Machine électronique qui effectue des calculs. *Calculatrice de poche.* → **calculette.**

calculer v. tr. < 1 > (latin *calculare*, de *calculus* « caillou, jeton pour les comptes ») **1.** Chercher, déterminer par le calcul. *Calculer un bénéfice.* → **chiffrer.** – absolt → **compter.** *Machine à calculer* (→ **calculateur, calculatrice**). **2.** Évaluer (qqch.) ; déterminer la probabilité d'un évènement. → **apprécier, estimer, supputer.** *Calculer ses chances de réussite. Calculer que...* **3.** Décider ou faire après avoir prémédité, réglé. → **combiner.** *Calculer ses moindres gestes.* – au p. p. *Une bonté calculée,* intéressée.

calculette n. f. Machine à calculer de poche.

Calcutta ■ offic. Kolkata Ville d'Inde, capitale du Bengale-Occidental. 14 millions d'habitants. Située au fond du golfe du Bengale, sur le Hooghly, Calcutta est une ville portuaire importante, à l'entrée d'une voie d'accès majeure vers la partie la plus peuplée du monde indien. L'agglomération comporte plus de trente villes de plus de 100 000 habitants. On y trouve de très grands bidonvilles. Fondée en 1690, Calcutta fut la capitale des Indes britanniques de 1773 à 1912.

Caldara (Antonio) Compositeur italien (1670-1736). Il est l'auteur d'une œuvre religieuse et profane (opéras, madrigaux) abondante.

caldarium [kaldaʀjɔm] n. m. (mot latin, de *caldus* → **chaud**) hist. Étuve des bains romains (opposé à *frigidarium*). *Des caldariums.*

Caldas da Rainha Ville du Portugal (Leiria). 30 420 habitants. Station thermale.

caldeira [kaldeʀa] n. f. (portugais *caldeira* « chaudière ») géol. Grande dépression formée par l'effondrement de la partie supérieure du cône d'un volcan à la suite d'éruptions intenses et rapides. - var. **caldera, caldéra.**

Calder (Alexander) Sculpteur et peintre américain (1898-1976). Installé en France en 1927, il se lia avec l'avant-garde artistique, Miró, Man Ray, Cocteau. En 1932, il exposa ses premiers « mobiles ».

Calderón de la Barca (Pedro) Auteur dramatique espagnol (1600-1681). Dramaturge officiel de la cour de Philippe IV, puis chapelain du roi, il mit en scène les grands thèmes de son temps : fidélité au roi, foi catholique et esprit chevaleresque. Les *autos sacramentales,* petites pièces en un acte, servirent l'idéologie de la Contre-Réforme. *La vie est un songe.*

caldoche n. (de *Calédonie* et suffixe péj. *-oche*) fam. Européen de la Nouvelle-Calédonie. → **calédonien (2).** *Les Caldoches et les Kanaks.* – adj. *Une bourgade caldoche.*

Caldwell (Erskine Preston) Romancier et journaliste américain (1903-1987). Il mit en scène de manière tragicomique les pauvres Blancs du Sud. *La Route du tabac ; Le Petit Arpent du Bon Dieu.*

¹cale n. f. (de *caler*) **1.** Espace situé entre le pont inférieur et le fond d'un navire. *Mettre des marchandises dans la cale.* – loc. fig. *Être à fond de cale,* dépourvu d'argent, de ressources. **2.** Partie en pente d'un quai. **3.** Bassin que l'on peut mettre à sec, servant à la construction, à la réparation des navires. *Cale de radoub.*

²cale n. f. (allemand *Keil* « coin » → **¹caler, décaler, recaler**) Ce que l'on place sous un objet pour lui donner de l'aplomb, pour le mettre de niveau ou l'empêcher de bouger.

calé, ée adj. fam. **1.** (personnes) Savant, instruit. *Il est très calé en physique.* → **¹fort.** **2.** (choses) Difficile. *C'est trop calé pour lui.* → **ardu.**

Caleb Personnage biblique. Avec Josué, il est le seul des Israélites de l'Exode à entrer en Terre promise, où il conquiert Hébron.

calebasse n. f. (de l'espagnol, d'origine obscure) Fruit du calebassier qui, vidé et séché, peut servir de récipient. – Ce récipient ; son contenu. *Une calebasse de riz.*

calebassier n. m. (de *calebasse*) bot. Arbre d'Amérique tropicale (bignoniacée), dont le fruit est la calebasse.

calèche n. f. (allemand *Kalesche,* du tchèque, du n. slave de la roue) Voiture à cheval, découverte, à quatre roues, munie d'une capote à soufflet à l'arrière, et d'un siège surélevé à l'avant.

caleçon n. m. (de l'italien, de *calza* → **chausses**) **1.** Sous-vêtement masculin, à jambes longues ou courtes. *Il préfère le caleçon au slip.* - syn. pop. **calcif.** **2.** Pantalon de maille, très collant, pour femmes.

Calédonie n. f. Nom donné par les Romains à l'Écosse actuelle.

calédonien, enne adj. et n. **1.** De Calédonie (Écosse). ■ géol. Relatif au relief engendré au début de l'ère primaire en Scandinavie, Écosse, Irlande. *Plissement calédonien.* **2.** De Nouvelle-Calédonie. – n. *Les Calédoniennes.*

cale-étalon n. m. (de *²cale* et *étalon*) techn. Instrument servant à la vérification des calibres de contrôle. *Des cales-étalons.*

Calcutta

Calcutta, la gare ferroviaire et le pont de Howrah.

caléfaction n. f. (latin *calefactio,* de *calefacere* « chauffer ») phys. Phénomène par lequel une goutte de liquide projetée sur une plaque de métal fortement chauffée prend la forme d'une lentille tournant en spirale et se vaporisant.

calembour n. m. (probablt du radical de *calembredaine* et de *bourde*) Jeu de mots fondé sur des ressemblances de sons et des différences de sens (ex. « Vieux motard que j'aimais » pour « Mieux vaut tard que jamais »).

calembredaine n. f. (p.-ê. radical *ca-,* idée de « creux », et famille de *bredouiller*) surtout au plur. Propos extravagant ; plaisanterie futile. → **sornette, sottise.**

calendaire adj. (latin *calendarium* → **calendrier**) Du calendrier. *Année calendaire,* allant du 1er janvier au 31 décembre.

calendes n. f. pl. (latin *calendae,* de *calare* « appeler » → **nomenclature**) Premier jour de chaque mois chez les Romains. – loc. *Renvoyer qqch. aux **calendes grecques**,* à un temps qui ne viendra jamais (les Grecs n'avaient pas de calendes).

calendos [kalɑ̃dos] n. m. (origine inconnue) pop. Camembert.

calendrier n. m. (latin *calendarium* « livre d'échéances », de *calendae* → **calendes**) **1.** Système de division du temps en années, en mois et en jours. → **chronologie.** *Calendrier grégorien* (de Grégoire XIII). *Calendrier républicain révolutionnaire.* ■ Système de mesure du temps réglé sur des phénomènes astronomiques. *Calendrier lunaire.* **2.** Emploi du temps ; programme. → **planning.** *« Un calendrier, c'est-à-dire un avenir divisé en cases »* (Alain). **3.** Tableau présentant les mois, les jours, les fêtes d'une année déterminée. *Un calendrier de la poste. Calendrier de l'avent*.*

▶ Conçus dès la plus haute antiquité, les **calendriers** (1) divisent et mesurent le temps grâce à des unités temporelles empruntées aux rythmes de la nature. La principale ponctuation qui s'est imposée avec évidence est la succession des jours et des nuits, induite par la rotation de la Terre sur elle-même. Très tôt, les hommes ont également identifié les lunaisons (29,53 jours en moyenne), mouvement de la Lune autour de la Terre dont la périodicité a instauré le mois. Enfin, le cycle des saisons au cours duquel la Terre effectue une révolution complète autour du Soleil compose une année (soit 365,24220 jours).
À l'aide de ces données, trois types de calendriers ont été élaborés. Les **calendriers solaires** s'ajustent sur les saisons : ils fixent l'année autour de 365 jours et la divisent en 12 mois. Les Égyptiens et les Romains ont opté pour ce système. En 46 av. J.-C., Jules César introduit une année bissextile (366 jours) tous les quatre ans afin d'améliorer la synchronisation du calendrier, désormais appelé *julien,* avec la révolution terrestre. Ce dernier, à nouveau réformé en 1582 par le pape Grégoire XIII, devient le calendrier *grégorien* toujours en usage de nos jours. Le calendrier *républicain,* en vigueur en France du 24 octobre 1793 au 31 décembre 1805, divise l'année en 12 mois de 30 jours auxquels sont ajoutés 5 ou 6 jours selon les années. Les musulmans ont fondé un **calendrier lunaire,** privilégiant le mois qui dure alternativement 29 et 30 jours. L'année de douze lunaisons dure ainsi 354 jours, ce qui induit un décalage progressif des mois par rapport aux saisons. Les **calendriers luni-solaires** des Hébreux et des Chinois empruntent aux deux précédents.
voir aussi **Soleil, Lune**

calendula n. m. (latin *calendula officinalis,* famille de *calendae* → **calendes**) bot. Plante herbacée de la famille des composées (genre *Calendula*), appelée couramment *souci.* – Capitule du souci. *Pommade au calendula.*

cale-pied n. m. Petit butoir adapté à la pédale de la bicyclette, et qui maintient le pied du cycliste. *Des cale-pieds.*

calepin n. m. (italien, du n. de Calepino ; d'abord « dictionnaire, registre ») Petit carnet de poche.

Calepino (Ambrogio) francisé en **Ambroise Calepin** Religieux et lexicographe italien (1435-1511). Il est l'auteur d'un *Dictionnaire de la langue latine* enrichi au fil des siècles.

[1]caler v. tr. < 1 > (de [2]*cale*) **1.** Mettre d'aplomb au moyen d'une cale. *Caler un meuble bancal.* ■ Rendre stable. – au p. p. *Avoir le dos bien calé dans un fauteuil.* **2.** Rendre fixe ou immobile (une pièce mécanique). → **fixer. 3.** Régler une machine, un mécanisme (→ **calage**). *Caler une presse.* **4.** fam. *Se caler l'estomac, les joues,* manger. – *Je suis calé* : j'ai l'estomac plein. **5.** Fixer, organiser. *Caler une réunion.*

[2]caler v. intr. < 1 > (de [1]*caler*) **I.** S'arrêter, s'immobiliser. *Moteur qui cale.* **II.** (personnes) Céder, reculer ; s'arrêter. *Il a calé devant la difficulté.*

Calet (Henri) Écrivain et journaliste français (1904-1956). Son œuvre, souvent autobiographique, constitue une chronique drôle, sensible et désenchantée de son temps. *Le Tout sur le tout,* peinture du Paris populaire de sa jeunesse, est considéré comme son chef-d'œuvre, avec *La Belle Lurette.*

calfat, ate n. (→ calfater) Ouvrier, ouvrière qui calfate.

calfater v. tr. < 1 > (de l'italien ou du provençal, de l'arabe) Garnir d'étoupe goudronnée les interstices d'une coque (de navire) pour la rendre étanche. → **caréner, radouber.** □ n. m. **calfatage**

calfeutrer v. tr. < 1 > (de *calfater* et *feutre*) **1.** Boucher des fentes avec un bourrelet (pour empêcher l'air et le froid de pénétrer). **2.** *Se calfeutrer* v. pron. : s'enfermer (confortablement, durablement). *Se calfeutrer chez soi.* □ n. m. **calfeutrage**

Calgary Ville du Canada (Alberta). 1 239 220 habitants (agglomération : 1 488 840). Université. Raffineries de pétrole. Industries chimiques. Jeux olympiques d'hiver en 1988.

Calgary, la plus grande ville de la province d'Alberta.

Cali Ville de Colombie, dans la Cordillère occidentale. 2,17 millions d'habitants. Commerce de produits agricoles et industries agroalimentaires (café, canne à sucre). Voie ferrée jusqu'au port de Buenaventura.

calibrage n. m. Action de calibrer ; son résultat. → **étalonnage.**

calibre n. m. (arabe *qâlib, qâlab* « forme », du grec) **I. 1.** Diamètre intérieur (d'un tube, du canon d'une arme). ■ Grosseur (d'un projectile). *Obus de gros calibre.* ■ argot Arme à feu. **2.** Diamètre. *Fruits de calibres différents.* **3.** Instrument servant à mesurer un diamètre, une forme, etc. → [2]**étalon. II.** fam. Importance. *Un escroc de ce calibre.* → **acabit, classe.**

calibrer v. tr. < 1 > **1.** Donner le calibre (I) convenable à. **2.** Mesurer le calibre de. *Calibrer une machine.* ■ Trier selon le calibre. *Calibrer des fruits.* ■ imprim. Évaluer l'encombrement d'un texte à l'impression.

calibreur n. m. et **calibreuse** n. f. Appareil, machine pour calibrer.

[1]calice n. m. (latin *calix, calicis* « coupe ») **1.** Vase sacré dans lequel est consacré le vin lors de la messe. **2.** loc. *Boire le calice jusqu'à la lie,* endurer jusqu'au bout qqch. de pénible. → [1]**coupe.**

[2]calice n. m. (latin *calyx,* grec *kalux,* p.-ê. famille de *calix* → [1]calice) **1.** Enveloppe extérieure de la fleur recouvrant, le plus souvent, la base de la corolle. **2.** anat. *Calices du rein* : canaux collecteurs de l'urine. *Petits calices, grands calices* (qui aboutissent au bassinet).

caliche n. m. (mot espagnol) Mélange naturel de sels alcalins dont on extrait le nitrate de sodium et l'iode.

calicot n. m. (du n. de Calicut) **1.** Toile de coton assez grossière. **2.** Bande de calicot ou d'une autre étoffe portant une inscription. → **banderole.**

calicule n. m. (latin *calyculus* « petite coupe », de *calyx* → [2]calice) bot. Deuxième calice, formé de sépales supplémentaires (bractées), insérés en dehors et dans l'intervalle des sépales ordinaires. *L'œillet, le fraisier ont des calicules.*

Calicut voir **Kozhikode**

califat n. m. Dignité, pouvoir, règne d'un calife ; territoire soumis à l'autorité d'un calife. - var. **khalifat.**

calife n. m. (de l'arabe « successeur ») Souverain musulman, successeur de Mahomet, investi du pouvoir spirituel et temporel. - var. **khalife.**

Californie n. f. État de l'O. des États-Unis, 411 012 km^2. 39,5 millions d'habitants, c'est l'État le plus peuplé des États-Unis, et celui qui compte le plus grand nombre de minorités. Formée d'E. en O. de la sierra Nevada, de la Grande Vallée et de la Coast Range, qui longe le Pacifique, la Californie est traversée par la faille de San Andreas. La capitale est Sacramento, mais la principale ville est Los Angeles, lieu d'implantation de Hollywood, l'une des plus importantes industries cinématographiques du monde. L'État compte plusieurs universités renommées, ainsi que le parc de recherche et d'industrie de haute technologie le plus ancien du monde, la Silicon Valley. De violents incendies touchent régulièrement le nord de l'État. Cédée par le Mexique aux États-Unis en 1848, la Californie devint en 1850 le 31e État de l'Union.

Californie (Basse-) Presqu'île montagneuse du Mexique s'étendant sur plus de 1 000 kilomètres du N. au S., dans le prolongement de la Californie américaine. Elle sépare le golfe de Californie de l'océan Pacifique.

californium [kalifɔʀnjɔm] n. m. (mot anglais, de *Californie,* cet élément ayant été découvert à l'université de cet État) chim. Élément atomique artificiel transuranien (symb. Cf, n° at. 98, masse at. [des isotopes] 240 à 256), dont tous les isotopes sont radioactifs.

à califourchon loc. adv. (de *fourche,* élément *ca-* ou *cal-* obscur) Une jambe d'un côté, la deuxième de l'autre. → à **cheval.** *Se mettre à califourchon sur qqch.* → **enfourcher.** *Monter à califourchon.*

Caligula (Caius Caesar Germanicus, dit) (12-41). Empereur romain (37-41). Fils de Germanicus et d'Agrippine, il se montra d'abord libéral, puis changea brusquement et voulut régner en tyran. Il sombra dans une folie sanguinaire et fut assassiné.

câlin, ine I. adj. Qui aime les caresses. *Une fillette câline.* – *Un ton câlin.* → **caressant, doux. II.** n. m. Échange de caresses, de baisers. ■ fam. Acte sexuel.

câliner v. tr. < 1 > (probablt famille du latin *calere,* de *calor* → chaud) Traiter avec douceur, avoir des gestes tendres pour. → **cajoler, dorloter.** *Câliner un enfant.*

câlinerie n. f. souvent au plur. Manières, gestes câlins.

Călinescu (Gheorghe) Écrivain roumain (1899-1965). Romancier, auteur de théâtre et de poésie, il dépeignit Bucarest, bourgeoise, puis socialiste *(Ce pauvre Ioanide).* Il est l'auteur d'une monumentale *Histoire de la littérature roumaine.*

caliorne n. f. (occitan *caliourno,* p.-ê. du grec *kalôs* « câble ») mar. Palan servant à élever des fardeaux très lourds.

calisson n. m. (provençal « claie [de pâtissier] », du latin *canna* → canne) Petit gâteau d'amandes pilées en forme de losange, couvert d'un glaçage. *Les calissons d'Aix.*

Calixte Nom de plusieurs papes. ■ **Calixte** ou **Calliste Ier** (saint) (v. 155-222). Pape de 217 à 222. Il fut accusé de modalisme (le Père, le Fils et le Saint-Esprit sont différents modes de Dieu et non trois personnes distinctes). ■ **Calixte II** [Guy de Bourgogne] (v. 1060-1124). Pape de 1119 à 1124. Il régla la querelle des investitures. ■ **Calixte III** [Alonso Borgia] (1378-1458). Pape de 1455 à 1458. Il tenta vainement d'organiser une croisade contre les Turcs.

Callaghan (Morley) Écrivain canadien d'expression anglaise (1903-1990). Proche de Fitzgerald et d'Hemingway, qu'il retrouva à Paris *(That Summer in Paris),* il se fit connaître par des livres courts à caractère moral *(Telle est ma bien-aimée ; More Joy in Heaven).*

Callaghan (Leonard James) Homme d'État britannique (1912-2005). Ministre des Affaires étrangères en 1974, il favorisa le maintien de la Grande-Bretagne dans la CEE. Leader des travaillistes, il fut Premier ministre de1976 à 1979.

Callahan (Harry) Photographe américain (1912-1999). Fidèle à l'esprit du Bauhaus, il réalisa de nombreux portraits de sa femme et des paysages au graphisme dépouillé à l'extrême.

Callao ou **El Callao** Ville du Pérou, située à 12 km au N. de Lima, sur le Pacifique. 389 580 habitants. Premier port du pays. Pêche.

Callas (Maria Kalogeropoulos, dite Maria) Cantatrice grecque (1923-1977). Elle revisita le répertoire lyrique romantique et devint l'interprète incomparable des opéras italiens *(Norma ; La Traviata ; Tosca).* Ses dons de soprano et ses talents de tragédienne firent d'elle une figure du XXe s. Elle incarna Médée au cinéma pour P. P. Pasolini.

Maria Callas dans la *Norma* de Bellini (1964).

Calle (Sophie) Plasticienne française (née en 1953). Elle a fait de sa vie et de celle de certains de ses contemporains une œuvre d'art qui met en scène son intimité (ruptures, rencontres avec des inconnus, décès de sa mère) par le biais de livres, de photos, de vidéos, de performances ou encore d'installations.

calleux, euse adj. (latin *callosus,* de *callus* → ^{2}cal) 1. Dont la peau est durcie et épaissie (→ ^{2}cal). *Des mains calleuses.* 2. anat. *Corps calleux :* bande médullaire qui joint les deux hémisphères du cerveau.

call-girl [kolgœʀl] n. f. (mot anglais, de *call* « appel [téléphonique] » et *girl* « fille ») anglic. Prostituée que l'on appelle par téléphone. *Des call-girls.* - var. RO **callgirl.**

calli- Élément (du grec *kalos* « beauté ») qui signifie « beau ».

Callias Homme politique grec (v. –511). Il signa avec la Perse la paix dite *paix de Callias* qui mettait fin aux guerres médiques (–449).

Callicratès Architecte grec (ve s. av. J.-C.). Il construisit le Parthénon avec Ictinos et le temple d'Athéna Niké sur l'Acropole d'Athènes.

calligramme n. m. Poème dont la disposition des vers forme un dessin. *Les « Calligrammes »* (d'Apollinaire).

Calligramme en latin, formant une rose (S. Lepsenyi, *Poesis ludens,* 1551, Bibliothèque nationale de Hongrie).

calligraphe n. Spécialiste de la calligraphie.

calligraphie n. f. Art de bien former les caractères d'écriture ; écriture formée selon cet art. □ adj. **calligraphique**

calligraphier v. tr. < 7 > Former avec application, art et soin (les caractères écrits).

Callimaque Sculpteur, ciseleur et orfèvre grec (ve s. av. J.-C.). Maître de l'élégance ionienne et du raffinement, il annonçait certains traits de la plastique de Praxitèle. On lui attribue notamment l'*Aphrodite,* dite *Venus Genitrix.*

Callimaque Poète, grammairien et érudit grec (315-240 av. J.-C.). Appelé à Alexandrie par Ptolémée Philadelphe, il serait l'auteur d'un immense catalogue des ouvrages de la bibliothèque d'Alexandrie *(Tableaux),* base de l'histoire de la littérature grecque. Il fut le fondateur d'une nouvelle école poétique précieuse et réaliste, combattant l'emphase et le merveilleux homérique. 6 *Hymnes* et 63 *Épigrammes* ont été conservés intacts.

Callinos Poète grec (VIIe s. av. J.-C.). Il est peut-être le plus ancien des élégiaques grecs. Il ne reste que quatre fragments de ses *Élégies.*

Calliope Muse de la mythologie grecque, protectrice de la poésie épique et parfois de l'éloquence.

callipyge adj. (grec *pugê* « fesse ») didact. Qui a de belles fesses. *La Vénus callipyge.*

Callisthène (v. 360-v. 327 av. J.-C.) Historien et philosophe grec. D'abord historiographe d'Alexandre le Grand pendant son expédition en Asie *(Récit de l'expédition d'Alexandre),* il railla la prétention de ce dernier à être traité comme une divinité.

Callisto Nymphe aimée de Zeus, dans la mythologie grecque. Elle suscite la jalousie d'Héra qui la transforme en ourse pour la faire tuer à la chasse. Mais Zeus la place au ciel où elle devient la constellation de la Grande Ourse.

callosité n. f. (du latin → calleux) Épaississement et durcissement de l'épiderme dus au frottement. → **^{2}cal, ^{2}cor, durillon.**

Callot (Jacques) Graveur et dessinateur français (1592-1635). Il découvrit à Rome l'eau-forte, à laquelle il se consacra et qu'il transforma, donnant au trait une extrême finesse. Entré au service des Médicis à Florence, il devint un artiste à la mode. Son originalité s'affirma avec la série des *Caprices.* Ce genre fut appelé « à la manière de Callot » et réclamé en France comme aux Pays-Bas. Son œuvre contient près de 1600 pièces. *Les Foires ; Les Hideux ; Les Supplices.*

Calloway (Cabell, dit Cab) Chanteur et chef d'orchestre de jazz américain (1907-1994). Vedette du Savoy de Harlem, puis du Cotton Club de New York, il connut une carrière internationale à la tête de son grand orchestre.

Cab Calloway au festival de jazz d'Antibes (1987).

calmant, ante 1. adj. Qui calme la douleur, l'excitation nerveuse. *Infusion calmante.* – Qui calme, apaise, tranquillise. *Des paroles calmantes.* → **apaisant, lénifiant.** 2. n. m. Remède calmant. → **sédatif, tranquillisant.**

calmar ou **calamar** n. m. (italien *calmaro,* du latin, de *calamus,* comparaison avec la boîte pour *calames* [roseaux à écrire]) Céphalopode marin à nageoires triangulaires, voisin de la seiche, comestible. → **encornet.**

^{1}calme n. m. (grec *kauma* « chaleur brûlante ») 1. Absence d'agitation, de bruit. 2. Immobilité de l'atmosphère, de la mer. *Calme plat :* calme absolu de la mer. *Le calme après la tempête.* → **accalmie.** *Calmes équatoriaux, tropicaux,* dans la zone de basses pressions, près de l'équateur, des tropiques. 3. État d'une personne qui n'est ni agitée ni énervée. → **apaisement, détente, soulagement ; paix, quiétude, sérénité, tranquillité.** *« L'idéal du calme est dans un chat assis »* (J. Renard). – *Garder, perdre son calme.* → **assurance, maîtrise de soi, sang-froid.** – *Du calme !*

^{2}calme adj. 1. Qui n'est pas troublé, agité. → **^{1}serein, tranquille.** *Air, caractère calme.* → **flegmatique, placide.** 2. Qui a une faible activité. *Les affaires sont calmes.*

calmement adv. Avec calme. → **tranquillement.**

calmer v. tr. < 1 > 1. Rendre calme, en atténuant, en diminuant (la douleur, les passions). → **apaiser, soulager.** *Calmer son impatience.* → **maîtriser, modérer.** loc. *Calmer le jeu :* atténuer les tensions dans une situation. 2. Rendre (qqn) plus calme. → **apaiser.** ■ **se calmer** v. pron. Devenir calme. *La mer s'est calmée.* – (personnes) Reprendre son sang-froid. loc. fam. *On se calme !*

Calmette (Gaston) Journaliste français (1858-1914). Directeur du *Figaro,* frère d'Albert Calmette, il fut tué par l'épouse du ministre des Finances Caillaux, contre lequel il menait campagne.

Calmette (Albert) Médecin et bactériologiste français (1863-1933). Il mit au point, avec Camille Guérin, le vaccin contre la tuberculose, dit BCG (bacille de Calmette et Guérin).

calmir v. intr. < 2 > (var. de *calmer*) mar. Devenir calme. *Le vent calmit.*

calo n. m. (espagnol *caló,* repris au tsigane) ling. Argot espagnol moderne qui emploie de nombreux mots gitans.

calomel n. m. (du grec *kalos* « beau » et *melas* « noir ») Sel de mercure (chlorure) utilisé autrefois comme purgatif et antiseptique intestinal.

calomniateur, trice n. Personne qui calomnie. → **diffamateur.**

calomnie n. f. (latin *calumnia* « fausse accusation ») Accusation fausse, mensonge qui attaque la réputation, l'honneur (de qqn). → **attaque, diffamation.**

calomnier v. tr. < 7 > (du latin → calomnie) Attaquer l'honneur, la réputation de (qqn), par des calomnies. → **attaquer, décrier, diffamer.**

calomnieux, euse adj. Qui contient de la calomnie. → **diffamatoire.** *Dénonciation calomnieuse.* □ adv. **calomnieusement**

Calonne (Charles-Alexandre de) Homme politique français (1734-1802). Ministre des Finances de Louis XVI en remplacement de Necker (1783-1787), il proposa une réforme radicale pour unifier l'administration des provinces et établir l'égalité fiscale. Devant l'opposition de l'Assemblée des notables, il dut démissionner.

Caloocan Ville des Philippines, en banlieue de Manille. 1 178 000 habitants.

caloporteur, euse adj. et n. m. (du latin *calor* « chaleur » et de *porteur*) *Fluide caloporteur,* ou ellipt *un caloporteur,* qui évacue la chaleur d'une machine thermique.

calor(i)- Élément (latin *calor* → chaleur) qui signifie « chaleur ».

calorie n. f. (→ calor[i]-) 1. Ancienne unité de mesure de quantité de chaleur (symb. cal). 2. Unité de mesure de la valeur énergétique des aliments (symb. Cal) valant 1000 calories (au sens 1). *Un plat riche en calories* (→ **calorique**). *Menu basses calories.*

calorifère n. m. (de *calor-* + *-fère*) vieilli Appareil de chauffage.

calorifique adj. Qui est relatif à la chaleur, produit de la chaleur. *Énergie calorifique.*

calorifuge adj. (→ -fuge) Qui empêche la déperdition de la chaleur. – n. m. *Un calorifuge.*

calorifuger v. tr. < 3 > Isoler par un revêtement calorifuge. □ n. m. **calorifugeage**

calorimètre n. m. (de *calori-* + *-mètre*) Instrument destiné à mesurer la quantité de chaleur absorbée ou dégagée lors d'un phénomène physique, chimique ou biologique.

calorimétrie n. f. phys. Mesure des échanges calorifiques entre les corps. □ adj. **calorimétrique**

calorique adj. Qui apporte des calories. *Aliment calorique.* → **énergétique.**

caloriser v. tr. (→ calor[i]-) techn. Enduire (une surface métallique) d'une mince couche d'aluminium pour la soustraire à l'oxydation. □ n. f. **calorisation**

^{1}calot n. m. (de l'ancien français *cale* « bonnet », p.-ê. de *écale* « enveloppe de la noix ») Coiffure militaire constituée de deux bandes de drap réunies par un soufflet.

^{2}calot n. m. (du moyen français *cale* « noix », cf. écale) Grosse bille.

calotin n. m. fam. et péj. Ecclésiastique ; défenseur du clergé. → **clérical.**

calotte n. f. (de l'ancien provençal → ^{1}calot) I. 1. Petit bonnet rond qui ne couvre que le sommet de la tête. 2. péj. *La calotte :* le clergé, les prêtres. → **calotin.** II. fig. *Calotte du crâne :* partie supérieure de la boîte crânienne. ■ géogr. *Calotte glaciaire :* glacier de forme convexe qui recouvre tout le relief. ■ géom. *Calotte sphérique :* partie d'une sphère coupée par un plan autre qu'un médian. III. fam. Tape sur la tête. → **gifle.**

calotter v. tr. < 1 > fam. Gifler.

caloyer, yère [kalɔje, jɛʀ] **n. (grec mod. *kalogeros* « bon vieillard ») didact.** Moine grec, religieuse grecque, de l'ordre de saint Basile ; par ext. Religieux de l'Église d'Orient.

Calpé Nom d'une des deux colonnes d'Hercule, celle de l'extrémité de la péninsule Ibérique, devenue Gibraltar après l'invasion des Maures.

C

calque n. m. (de l'italien → calquer) 1. Copie, reproduction calquée. appos. *Papier calque* ou *calque :* papier transparent pour calquer. **2.** fig. Imitation étroite. **→ plagiat. 3.** ling. Traduction littérale (d'une expression ou d'un mot en emploi figuré) d'une langue dans une autre. « Lune de miel » *est un calque de l'anglais* « honeymoon ».

calquer v. tr. < 1 > (de l'italien « presser », qui vient du latin *calcare*, de *calx*, *calcis* « talon » → chausses, inculquer) 1. Copier les traits d'un modèle sur une surface contre laquelle il est appliqué. **→ décalquer.** *Calquer une carte de géographie.* **2.** abstrait Imiter exactement. *Ils ont calqué leur organisation sur celle de leur concurrent.* □ **n. m. calquage**

Caltanissetta Ville d'Italie, au centre de la Sicile. 61 440 habitants. Tourisme.

calter v. intr. < 1 > (de *caler* « reculer ») fam. S'en aller en courant, s'enfuir. **→** fam. se **barrer,** se **tailler.**

Caluire-et-Cuire Commune du Rhône, banlieue N. de Lyon. 43 355 habitants.

calumet n. m. (forme régionale de *chalumeau*) Pipe à long tuyau que les Indiens de l'Amérique du Nord fumaient pendant les discussions importantes. *Le calumet de la paix* (aussi fig.).

calure n. f. (de *calé*) (Suisse) fam. Personne très instruite ou très compétente. **→ pointure.**

calvados [kalvados] **n. m. (du n. du département)** Eau-de-vie de cidre. - abrév. fam. **calva.**

Calvados n. m. [14] Département français de la Région Normandie (→ carte). 5 692 km². 697 547 habitants. Chef-lieu : Caen. Chefs-lieux d'arrondissement : Bayeux, Lisieux, Vire Normandie. Bordé par la Manche (stations balnéaires de Trouville, Deauville, Cabourg ; plages du Débarquement), le Calvados est une région de plaines (champs ouverts de la plaine de Caen) et de collines bocagères (pays d'Auge, Bocage normand), favorables à l'élevage bovin. L'agglomération de Caen concentre la population et les activités (industrie automobile, électronique).

Calvaert ou **Calvart (Denijs)** dit en italien **Dionisio Fiammingo** Peintre, dessinateur et graveur flamand (1540-1619). Installé en Italie, il est l'auteur de nombreux retables et de petits tableaux de style maniériste. Il créa une académie à Bologne.

calvaire n. m. (latin *calvariae locus* « lieu du crâne », trad. de l'araméen *gulgaltā* « crâne » [d'où *Golgotha*]) 1. relig. *Le Calvaire :* la colline où Jésus fut crucifié. **–** *Un calvaire :* représentation de la passion du Christ. *Calvaires bretons.* **2.** fig. Épreuve longue et douloureuse. **→ martyre.**

Calvaire voir **Golgotha**

Calvi Chef-lieu d'arrondissement de la Haute-Corse, au fond du golfe de Calvi. 5 766 habitants. Citadelle génoise entourée de remparts du XVᵉ siècle.

calville n. f. (de *Calleville*, n. d'un village de Normandie) Pomme à peau rouge et blanche.

Calvin (Jean Cauvin, dit) Réformateur religieux français (1509-1564). Il est l'un des fondateurs du protestantisme. Il adhéra à la Réforme en 1533 et entama une vie de prédicateur. Il dut quitter la France pour Bâle où il publia en latin *L'Institution de la religion chrétienne* (1536), dans laquelle il développe sa doctrine, qui reconnaît la Bible comme unique source de foi, insiste sur la grâce divine et la prédestination et prône le retour à la simplicité du culte. Appelé à Genève, il participa à la rédaction des *Ordonnances ecclésiastiques*, statut de l'Église réformée de Genève.

calvaire

Un des très nombreux calvaires de Bretagne, à Lainfain (Côtes-d'Armor).

Calvin (Melvin) Biochimiste américain (1911-1997). Il étudia la photosynthèse et élucida le mécanisme du cycle du carbone. Prix Nobel de chimie 1961.

calvinisme n. m. Doctrine de Calvin.

calviniste adj. et n. De Calvin, de sa doctrine. **→ protestant.**

Calvino (Italo) Écrivain italien (1923-1985). Ses romans sont empreints d'ironie, et marquent un penchant pour les contes fantastiques *(Si par une nuit d'hiver un voyageur)*. La célèbre trilogie, regroupée sous le titre *Nos aïeux — Le Vicomte pourfendu ; Le Baron perché ; Le Chevalier inexistant* — est une allégorie de la condition humaine. Il fut membre de l'OuLiPo et proche de Raymond Queneau.

calvitie [kalvisi] **n. f. (du latin, de *calva* « crâne »)** Absence totale ou partielle de cheveux. **→ alopécie ; chauve.**

Calvo Sotelo (José) Homme politique espagnol (1893-1936). Il fut, sous le régime républicain, l'un des chefs du parti monarchiste. Son assassinat donna le signal du soulèvement nationaliste et de la guerre civile.

Calydon Ville de l'ancienne Grèce, en Étolie. Elle est célèbre pour la chasse au *sanglier de Calydon*, qui réunit un grand nombre de héros grecs, comme Héraclès ou Atalante.

calypso n. m. (mot anglais de la Jamaïque, du n. de la nymphe, dans un vieil air espagnol) Danse à deux temps, originaire de la Jamaïque. **–** Musique qui accompagne cette danse.

Calypso Nymphe de la mythologie grecque. Selon *L'Odyssée*, elle accueille Ulysse après son naufrage et le retient sept ans.

Ulysse et Calypso, peinture sur vase (fin vᵉ s. av. J.-C.), Musée archéologique national de Naples.

Calzabigi (Ranieri de') Écrivain et librettiste italien (1714-1795). Il entreprit la réforme de l'opéra italien et œuvra pour une plus grande fluidité entre la musique et le texte. *Orphée et Eurydice ; Alceste.*

Cam ou **Cão (Diogo)** Navigateur portugais (XVᵉ s.). Chargé de découvrir un passage maritime vers les Indes par le S. de l'Afrique, il atteignit le Congo (1485).

Camagüey Ville de Cuba. 310 200 habitants. Jusqu'en 1903, elle portait le nom de Santa Maria del Puerto del Principe.

camaïeu n. m. (origine obscure → camée) 1. Peinture où l'on n'emploie qu'une couleur avec des tons différents. *Un paysage en camaïeu.* **2.** Dégradé de couleurs. *Un camaïeu de bleu. Des camaïeux ou des camaïeus.*

camail n. m. (de l'ancien provençal, famille de *cap* « tête ») 1. au Moyen Âge Armure de tête et de cou en tissu de mailles. **2.** Courte pèlerine des ecclésiastiques. *Des camails.* **3.** zool. Longues plumes du cou et de la poitrine chez certains oiseaux (coq).

camarade n. (de l'espagnol, de *cámara* → chambre) 1. Personne qui a les mêmes occupations qu'une autre et des liens de familiarité avec elle. **→ collègue, compagnon, confrère ;** fam. **copain, pote.** *Une camarade de classe.* **2.** Appellation, dans certains syndicats et partis politiques de gauche.

camaraderie n. f. 1. Relations familières entre camarades. *« La camaraderie mène à l'amitié »* (Mauriac). **2.** Solidarité. *Esprit de camaraderie.*

camard, arde adj. (de *camus*) littér. Qui a le nez plat, écrasé. **→ camus. – n. f.** *La camarde,* la mort.

Camargo (Marie Anne de Cupis de Camargo, dite la) Danseuse française (1710-1770). Elle triompha à l'Opéra et introduisit dans les rôles féminins des pas jusqu'alors réservés aux danseurs : entrechats, pas battus, cabrioles.

Camargue n. f. Région du S. de la France (Bouches-du-Rhône), située entre deux branches du delta du Rhône, essentiellement constituée de marais et d'étangs dont celui de Vaccarès. Au centre et au S., élevage de taureaux et de chevaux. Au N., grandes exploitations agricoles (riz, blé, vigne). L'exploitation des salins assure près de la moitié de la récolte française de sel. Parc naturel régional (80 000 ha). Tourisme.

camarilla [kamaʀija] **n. f. (mot espagnol « cabinet particulier du roi », de *cámara* « chambre ») 1.** hist. Parti absolutiste, formé par les familiers du roi d'Espagne. **2.** péj. (vieilli ou littér.) Coterie influente autour d'un personnage important.

Camarón de la Isla (José Monje Cruz, dit) Chanteur espagnol (1950-1992). Il a ajouté au flamenco traditionnel des instruments comme la basse électrique, enrichissant le genre avec des influences rocks, jazz et orientales. *Flamenco vivo ; Soy gitano.*

Cà Mau Ville du Viêtnam, capitale de la province du même nom, située dans la région du même nom, à la pointe S. du pays. 146 846 habitants. Exportation de crevettes.

Cambacérès (Jean-Jacques Régis de) duc de Parme Juriste et homme politique français (1753-1824). Député de la Convention, membre du Conseil des Cinq-Cents sous le Directoire, il fut nommé deuxième consul à la demande de Bonaparte (1799). Il participa à la rédaction du Code civil (1804).

Cambaluc Nom donné par les voyageurs occidentaux du Moyen Âge à la capitale mongole de l'Empire chinois, édifiée près de Pékin à partir de 1264.

Cambert (Robert) Compositeur français (1628-1677). Il fut le maître de musique d'Anne d'Autriche, obtint le monopole de la représentation des spectacles de musique en langue française, mais se vit supplanter par Lully. Il quitta la France pour l'Angleterre, où il fonda la Royal Academy of Music à Londres.

cambiaire adj. (de l'italien *cambio* « change ») Relatif aux opérations de change **(→ cambiste).**

Cambiaso **(Luca)** Peintre italien (1527-1585). Premier grand maître de l'école génoise, il décora des églises et des palais notamment avec son maître et père Giovanni (fresques dans le palais Saluzzo, le palais Doria). Il évolua vers le clair-obscur *(Madone à la chandelle)* et exerça une forte influence sur la peinture caravagesque. Très célèbre, il fut appelé par Philippe II d'Espagne pour décorer la grande voûte de l'Escurial *(Couronnement de la Vierge)*.

cambiste **n. (de l'italien, de *cambio* « change »)** Spécialiste des opérations de change.

cambium [kɑ̃bjɔm] **n. m. (du latin *cambiare* « changer ») bot.** Tissu des tiges et des racines qui donne naissance au bois, au liège.

Cambodge

n. m. ■ **offic. de 1970 à 1976 République khmère, de 1976 à 1989 Kampuchea démocratique** État d'Asie du Sud-Est. 181 040 km². 15 288 500 habitants (les *Cambodgiens*). **Langues :** khmer (offic.), français. **Religion :** bouddhistes (95 %). **Monnaie :** riel. **Capitale :** Phnom Penh. **Régime :** monarchie parlementaire.

GÉOGRAPHIE

Le Cambodge est formé d'une vaste cuvette entourée de montagnes. Des plateaux de faible altitude traversés par le Mékong occupent le N. et le N.-E. Le climat tropical est soumis à la mousson. La population est concentrée dans les plaines et les vallées. L'activité économique a repris après la guerre civile (croissance de 7 % en moyenne entre 2010 et 2019), mais le Cambodge reste l'un des pays les plus pauvres du monde. 80 % des actifs travaillent dans l'agriculture (riz, canne à sucre, manioc). Le tourisme (temples d'Angkor, palais royal) est la principale ressource du pays, avec la confection.

HISTOIRE

Le royaume indianisé du Funan (Iᵉʳ-VIᵉ s.) fut conquis au VIᵉ s. par les Kambuja du royaume de Zhenla (VIᵉ-VIIIᵉ s.). Jayavarman II ouvrit la voie à l'empire khmer d'Angkor (IXᵉ-XVᵉ s.). Du XVIIᵉ au XIXᵉ s., le royaume fut l'objet de luttes entre Thaïs et Vietnamiens. En 1863, il se plaça sous le protectorat de la France, avant de retrouver son indépendance en 1953 sous l'autorité du roi Norodom Sihanouk. Ayant abdiqué, celui-ci devint Premier ministre mais fut chassé en 1970 par le coup d'État du maréchal Lon Nol. À l'issue d'une guerre civile, les Khmers rouges de Pol Pot imposèrent en 1975 un régime totalitaire soutenu par la Chine. Le génocide visant à éliminer les Khmers éduqués provoqua plus de 2 millions de victimes. Les Vietnamiens envahirent le pays et y installèrent un gouvernement sympathisant (1979), tandis que N. Sihanouk réunissait les autres factions dans un gouvernement en exil (1982). Après le retrait vietnamien (1989), N. Sihanouk redevint roi en 1993. En 1997, la guérilla khmère rouge se disloqua. Le prince Ranariddh, Premier ministre, fut chassé du pouvoir par Hun Sen. Norodom Sihamoni fut couronné roi en 2004. Le Parti du peuple cambodgien, au pouvoir depuis 1985, est régulièrement critiqué pour manipuler les élections et l'unique parti d'opposition a été interdit en 2017.

Cambodge

Cambo-les-Bains Commune des Pyrénées-Atlantiques. 6 623 habitants. Station thermale. Musée Edmond-Rostand.

Cambon **(Joseph)** Homme politique français (1756-1820). Député à l'Assemblée législative puis à la Convention, président du Comité des finances jusqu'en 1795, il institua le Grand Livre de la dette publique par lequel le nouveau régime mesurait les dettes de l'ancien.

Cambon **(Jules)** Administrateur et diplomate français (1845-1935). Gouverneur général de l'Algérie (1891), ambassadeur à Washington, Madrid puis Berlin, il fut secrétaire général au ministère des Affaires étrangères de 1915 à 1919 et signa le traité de Versailles.

cambouis **n. m. (mot régional ; famille de *bouillir*)** Graisse, huile noircie par le frottement des organes d'une machine.

cambrage **n. m.** Opération par laquelle on cambre (qqch.).

Cambrai Chef-lieu d'arrondissement du Nord. 31 559 habitants. Beffroi des XVᵉ et XVIIIᵉ s. Cathédrale Notre-Dame. Archevêché (dont Fénelon fut titulaire). Industries (textile, confiserie). ■ **Paix de Cambrai** ou **paix des Dames.** Paix signée en 1529 entre Louise de Savoie, représentant son fils François Iᵉʳ, et Marguerite d'Autriche, représentant son neveu Charles Quint. François Iᵉʳ renonçait à ses droits en Italie et Charles Quint à ses prétentions en Bourgogne.

cambré, ée **adj.** Qui forme un arc. *Taille cambrée*, creusée par-derrière.

C

Cambreling **(Sylvain)** Chef d'orchestre français (né en 1948). Il a été directeur musical au théâtre de la Monnaie à Bruxelles, directeur artistique de l'Opéra de Francfort (1993-1997), directeur de la musique de l'Opéra de Stuttgart (2012-2018) puis chef de l'Orchestre symphonique de Hambourg.

cambrement **n. m.** Action de cambrer (le corps), fait de se cambrer.

cambrer **v. tr. < 1 > (de l'ancien français *cambre*, venant du latin *camurus* « recourbé »)** **1.** Courber légèrement en forme d'arc. → **arquer, infléchir. 2.** Redresser (la taille) en se penchant légèrement en arrière. *Cambrer les reins.* ■ **se cambrer v. pron.** *Elle se cambre en marchant.*

Cambrésis **n. m.** Région du N. de la France, autour de Cambrai. Voie de passage entre la Flandre et le Bassin parisien (seuil du Cambrésis).

Cambridge Ville d'Angleterre, au N. de Londres. Chef-lieu du Cambridgeshire. 109 000 habitants. L'une des deux plus prestigieuses universités anglaises (avec Oxford), composée de plusieurs collèges. Centre de recherche (informatique). Aéroport international.

Cambridge, la rivière Cam et le Saint John's College.

Cambridge Ville des États-Unis (Massachusetts), près de Boston. 105 000 habitants. Université Harvard et Massachusetts Institute of Technology (MIT).

Cambridgeshire **n. m.** Comté de l'E. de l'Angleterre. 3 409 km². 632 000 habitants. Chef-lieu : Cambridge.

cambrien, enne **n. m. et adj. (de l'anglais, de *Cambria*, n. du pays de Galles) géol.** Première période de l'ère primaire. *Le cambrien précède l'ordovicien.* – **adj.** *Période cambrienne* (→ **précambrien).**

Cambriens **(monts)** Massif montagneux du pays de Galles.

cambrioler **v. tr. < 1 > (de l'argot *cambriole* « chambre »)** Dévaliser (un lieu fermé) en pénétrant par effraction. *Cambrioler un appartement.* – *Cambrioler qqn.* □ **n. m. cambriolage**

cambrioleur, euse **n. (de l'argot *cambriole* « chambre »)** Voleur qui cambriole. → **argot casseur.**

Cambronne **(Pierre Jacques Étienne, vicomte)** Général français (1770-1842). Il prit part aux campagnes de la Révolution et de l'Empire. Son apostrophe aux Anglais, « Merde ! », qui le sommaient de se rendre, à Waterloo (1815), est restée célèbre comme le *mot de Cambronne*.

cambrousse **n. f. (du provençal, de *cambra* → chambre) fam. et péj.** Campagne.

cambrure **n. f. 1.** État de ce qui est cambré. → **cintrage, courbure.** *La cambrure du pied.* **2.** Partie courbée entre la semelle et le talon d'une chaussure.

cambuse **n. f. (néerlandais *kombuis*) 1. mar.** Magasin du bord, sur un bateau. **2. fam.** Chambre, habitation mal tenue.

cambusier, ière n. mar. Navigant(e) qui a la responsabilité de la cambuse et de la distribution des vivres.

Cambyse Nom de deux souverains de la dynastie achéménide. ■ **Cambyse Ier** Roi d'Anshan (600-559 av. J.-C.). Il était le fils de Cyrus Ier. ■ **Cambyse II** Roi de Perse (530-522 av. J.-C.). Il conquit l'Égypte et s'y fit couronner roi, fondant la XXVIIe dynastie.

C

¹came n. f. (allemand *Kamm* « peigne ») Pièce destinée à transmettre et à transformer le mouvement d'un mécanisme. *Arbre à cames.*

²came n. f. (abrév. de *camelote*) fam. **1.** Cocaïne, drogue (→ se camer). **2.** Marchandise.

camé, ée adj. et n. fam. Drogué. → toxico.

camée n. m. (même famille que *camaïeu*, p.-ê. de l'arabe « bouton de fleur ») Pierre fine (agate, améthyste, onyx) sculptée en relief.

Camée en sardoine représentant un centaure (Ier s. av. J.-C.), Musée archéologique national de Naples.

caméléon n. m. (du grec, de *leôn* « lion » et *khamai* « à terre ») **1.** Petit reptile d'Afrique et d'Inde, à queue préhensile, de couleur gris verdâtre. *La peau du caméléon change de couleur par mimétisme.* **2.** fig. Personne qui change de conduite, d'opinion au gré de l'intérêt.

camélia n. m. (du n. de Georg *Kamel*) Arbrisseau à feuilles persistantes (théacée), à somptueuse floraison ; sa fleur. *« La Dame aux camélias »* (de A. Dumas fils).

camélidé n. m. (du radical du latin *camelus* « chameau ») zool. Mammifère ruminant ongulé sans cornes, à estomac sans feuillet (famille des *Camélidés* ; ex. l'alpaga, le chameau, le dromadaire, le lama, la vigogne).

Camélinat (Zéphyrin) Homme politique français (1840-1932). Ouvrier militant socialiste, il participa à la création de la Ire Internationale (1864), puis à la Commune de Paris. Il fut l'un des principaux actionnaires de *L'Humanité*, adhéra à la IIIe Internationale communiste lors du congrès de Tours (1920).

cameline [kam(ə)lin ; kamelin] ou **caméline** [kamelin] n. f. (latin *chamaemelina [herba]* → camomille) bot. Plante herbacée (crucifère) à petites fleurs jaunes et aux graines oléagineuses.

camelle n. f. (provençal *camello* « chameau », du latin → chameau, à cause du profil irrégulier de la crête) techn. Tas de sel, dans un marais salant.

camelot n. m. (arabe *hamlat* « peluches de laine ») Marchand ambulant qui propose de menus objets à bas prix. → colporteur.

Camelot (Robert) Architecte français (1903-1992). Il est l'auteur de nombreux édifices scolaires et de grands ensembles d'habitations à loyer modéré.

camelote n. f. fam. **1.** Marchandise de mauvaise qualité. → pacotille, ²toc. *C'est de la camelote.* **2.** Toute marchandise. *C'est de la bonne camelote.*

Camelots du roi Groupes royalistes fondés en 1908 par Maxime Real del Sarte et Lacour, chargés de vendre le journal *L'Action française*. Ils furent dissous en 1936.

camembert n. m. (n. du village) **1.** Fromage de vache, de forme ronde, à croûte blanche. **2.** Graphique en forme de cercle divisé en secteurs représentant des pourcentages.

Camembert Village de l'Orne, près de Vimoutiers. Célèbre fromage, créé en 1791.

se **camer** v. pron. < 1 > (de *²came*) fam. Se droguer.

caméra n. f. (de l'anglais, du latin → chambre) Appareil cinématographique de prise de vues. *Caméra de télévision. Caméra vidéo.* → caméscope.

caméraman [kameʀaman] n. m. (de l'anglais, de *man* « homme ») Opérateur qui utilise la caméra sur un tournage. → cadreur, opérateur. *Des caméramans* [-man]. - var. cameraman. *Des cameramen* [-men].

Camerarius (Rudolf Jakob) Naturaliste allemand (1665-1721). Il démontra le premier l'existence d'une sexualité chez les végétaux.

Camerarius l'Ancien (Joachim Ier) Humaniste allemand (1500-1574). Il participa à la rédaction de la *Confession d'Augsbourg* avec Melanchthon et correspondit avec François Ier, puis Maximilien Ier, au sujet de la réunification des Églises.

camérier n. m. (de l'italien, de *camera* « chambre ») Personne attachée au service personnel du pape.

camériste n. f. (espagnol *camarista*, de *cámara* → chambre) **1.** hist. Dame qui servait une princesse en Espagne, en Italie. **2.** anciennt Femme de chambre.

camerlingue n. m. (italien *camerlingo* ; famille de *chambellan*) Cardinal de la cour pontificale qui administre la justice et le trésor, préside la chambre apostolique et gouverne quand le Saint-Siège est vacant.

Cameron (Charles) Architecte britannique (1743-1812). Il fit l'essentiel de sa carrière en Russie, auprès de Catherine II. Il réalisa notamment l'intérieur du palais de Tsarskoïe Selo.

Cameron (Julia Margaret) Photographe britannique (1815-1879). Elle réalisa de nombreux portraits, volontairement flous et remarquables par leur intensité psychologique (portrait de Darwin).

Cameron (Verney Lovett) Explorateur britannique (1844-1894). Il traversa l'Afrique d'E. en O. et laissa le récit de son voyage, *Across Africa*.

Cameron (James) Réalisateur, scénariste et producteur canadien (né en 1954). Adepte des effets spéciaux et des gros budgets hollywoodiens, il est l'auteur de *Titanic* et d'*Avatar,* qui figurent parmi les plus gros succès de l'histoire du cinéma, ou encore de *Terminator.*

James Cameron lors du tournage de *Titanic* (1997).

Cameron (David) Homme d'État britannique (né en 1966). Chef du parti conservateur à partir de 2005, il a été Premier ministre de 2010 à 2016.

Cameroun (mont) Sommet volcanique de l'O. du Cameroun. Point culminant de l'O. de l'Afrique (4 070 m).

Cameroun

n. m. ■ offic. république du Cameroun Pays d'Afrique centrale. 475 442 km². 27 millions d'habitants (les *Camerounais*). **Langues :** anglais et français (offic.), langues bantoues et soudanaises. **Population :** Bamilékés, Fangs, Peuls, Pygmées, Betis, Boulous, Bassas, Doualas, Haoussas. **Religions :** catholiques, musulmans, protestants, animistes. **Monnaie :** franc CFA. **Capitale :** Yaoundé. **Régime :** présidentiel.

GÉOGRAPHIE

Le massif volcanique de l'Adamaoua sépare la pointe nord, qui appartient à l'Afrique des savanes, du vaste plateau occupé par la forêt équatoriale dense, au climat humide, et par les mangroves sur le littoral.

L'économie repose sur l'exploitation de la forêt et les cultures d'exportation (café, cacao, coton, huile de palme, banane). Les ressources du sous-sol (bauxite, fer, pétrole) alimentent une industrie diversifiée (raffineries, chimie, électricité, alimentaire). Le port de Douala assure l'essentiel des échanges internationaux ; depuis 2003, un oléoduc achemine jusqu'à Kribi le pétrole du Tchad. La corruption et les attentats des islamistes de Boko Haram freinent toutefois les investissements étrangers et le tourisme.

HISTOIRE

Le N. du pays, occupé dès le Iᵉʳ millénaire av. J.-C., fut islamisé au XIᵉ s. ; des Bantous s'établirent au S. Les côtes, reconnues en 1471 par les Portugais, accueillirent des établissements commerciaux français et britanniques à partir du XVIIᵉ s. Les Allemands obtinrent l'autorité sur l'Oubangui-Chari (1911). Occupé par la France et la Grande-Bretagne en 1916, le *Kamerun* fut divisé et confié par la SDN à l'administration des deux pays (1919).

Le Cameroun français accéda à l'indépendance en 1960 et fut rejoint par le S. du Cameroun britannique, tandis que le N. du territoire britannique fut intégré au Nigeria. Le président A. Ahidjo (1960-1982) instaura un régime de parti unique. Il dut céder le pouvoir à Paul Biya, qui restaura le multipartisme (1991) mais musela l'opposition. En 2006, le jugement de la Cour internationale de justice de La Haye accordant au Cameroun la presqu'île pétrolifère de Bakassi qu'il se disputait avec le Nigeria fut appliqué. Le nord du pays subit des attentats islamistes de la secte Boko Haram depuis 2016 et les deux provinces anglophones mènent un combat séparatiste depuis 2016. Malgré les suspicions de fraude, Paul Biya fut élu pour la cinquième fois en 2018.

caméscope n. m. (n. déposé ; de l'anglais, de *camera* et *-scope*) Caméra vidéo portative à magnétoscope intégré.

Camichel (Charles) Mathématicien français (1871-1966). Ses études sur la similitude permirent la mise au point de la technique des modèles réduits qui permet de tester un phénomène à petite échelle pour en déduire des lois à grande échelle.

Camille en latin **Marcus Furius Camillus** Général romain (Vᵉ-IVᵉ s. av. J.-C.). Tribun consulaire, puis dictateur, il chassa de Rome les Gaulois conduits par Brennus (–390).

¹camion n. m. (origine obscure ; d'abord « charrette ou traîneau pour les fardeaux ») **1.** Gros véhicule automobile transportant des marchandises. → **poids** lourd ; **semi-remorque.** *« Le camion est là. Un trente-deux tonnes* [...] *Avec remorque »* (M. Duras, *Le Camion*). **2.** techn. Récipient dans lequel les peintres en bâtiment préparent leur peinture.

²camion n. m. (origine inconnue) techn. Très petite épingle. *Camion de dentellière.*

camion-citerne n. m. Camion pour le transport des liquides en vrac. *Des camions-citernes.*

camionnage n. m. Transport par camion. → **routage.**

camionner v. tr. < 1 > Transporter par camion.

camionnette n. f. Véhicule utilitaire, de tonnage beaucoup plus faible que celui du camion.

camionneur, euse n. **1.** Personne qui conduit un camion. → **¹routier. 2.** Personne qui gère ou possède une entreprise de transports par camion. **3.** *Pull camionneur,* à col roulé zippé.

camisard n. m. (de l'occitan *camiso* « chemise », à cause de la chemise blanche que les camisards portaient par-dessus leurs vêtements) hist. Calviniste cévenol insurgé, durant les persécutions qui suivirent la révocation de l'édit de Nantes.

camisole n. f. (du provençal, de *camisa* → **chemise**) **1.** anciennt Vêtement court, à manches, porté sur la chemise. ■ (Canada, Suisse) Sous-vêtement couvrant le torse. **2.** *Camisole de force :* chemise de toile à manches fermées, garnie de liens paralysant les mouvements, utilisée pour maîtriser des malades mentaux agités. – *Camisole chimique :* tranquillisants utilisés en psychiatrie.

Camoens en portugais **Camões (Luis de)** Poète portugais (1524-1580). Prenant part à l'expansion portugaise, il parcourut l'Afrique, les Indes, et l'Extrême-Orient. Son œuvre maîtresse, *Les Lusiades,* est devenue le poème national du Portugal. Cette épopée en vers présente une description du système du monde.

Camoin (Charles) Peintre français (1879-1965). Il participa aux manifestations des Fauves, tout en étant influencé par Renoir et Cézanne. Il peignit de nombreux paysages, marines, nus, scènes intimistes, portraits *(Jeune Fille au bouquet).*

camomille n. f. (latin *chamaemelon,* du grec, de *khamai* « à terre » → **caméléon,** et *mêlon* « pomme, fruit ») **1.** Plante odorante, dont les fleurs ont des propriétés digestives. **2.** Tisane, infusion de fleurs de cette plante.

Camorra n. f. Organisation criminelle, née vers 1820 à Naples, qui se livre à divers trafics (drogue, armes). Également appelée mafia napolitaine, elle contrôle de façon licite de nombreux pans de l'économie régionale.

camouflage n. m. **1.** Action de camoufler. *Tenue de camouflage.* **2.** Dissimulation. *Camouflage de bénéfices.*

camoufler v. tr. < 1 > (de *camouflet*) Rendre méconnaissable ou invisible. → **dissimuler, maquiller.** – au p. p. *Matériel de guerre camouflé par une peinture bigarrée.* – fig. *Camoufler une faute.*

camouflet n. m. (de *chaud mouflet,* de *moufle* « museau », de l'allemand → **mufle**) **1.** littér. Vexation humiliante. → **affront, offense. 2.** milit. Fourneau de mine destiné à détruire une galerie ennemie et asphyxier ses occupants.

camp n. m. (forme régionale de *champ,* qui vient du latin *campus*) **I. 1.** Lieu, constructions où des troupes s'installent. → **bivouac, campement, cantonnement, quartier.** *Camp retranché. Camp volant,* provisoire. – *Lit*

camp (d'extermination)

1. Le camp de travail de Mauthausen en Autriche afficha un taux de mortalité effrayant. 2. À son arrivée à Auschwitz en mai ou juin 1944, ce convoi de Juifs hongrois est soumis à la « sélection ». 3. En avril 1945, les Alliés découvrent l'horreur du camp de Nordhausen.

C

de camp, facilement transportable. **2.** Lieu où sont rassemblées et sommairement installées un grand nombre de personnes. *Camp de réfugiés. Camp de prisonniers*, où sont groupés des prisonniers de guerre. – ***Camp de concentration***, où sont regroupées des personnes que le pouvoir suspecte et veut neutraliser. – *Camps d'extermination (nazis)*, où furent affamés, suppliciés et exterminés certains groupes ethniques (Juifs, Tsiganes), politiques (communistes) et sociaux. **3.** Terrain où s'installent des campeurs. → **camping.** *Feux de camp.* **4.** loc. fig. *Lever le camp*, fam. *ficher, foutre* le camp* : s'en aller. → **décamper. II.** Groupe qui s'oppose à un autre. *Choisir son camp.* → **faction, groupe, ²parti.** ■ sport, jeu Équipe ; portion du terrain qu'elle défend. *La balle* est dans votre camp.*

campagnard, arde 1. adj. De la campagne. → **rural.** – Qui vit à la campagne. **2. n.** *Un campagnard, une campagnarde.* → **paysan.**

campagne n. f. (famille de *camp* → champagne) I. 1. Grande étendue de pays plat et découvert. – *En rase* campagne.* ■ Paysage rural de champs et d'habitations groupées. **2.** *La campagne*, la terre cultivée, hors d'une ville. *Les travaux de la campagne.* → **champ(s), terre. 3.** Ensemble des lieux fertiles, agricoles et forestiers, hors des villes. *Vivre à la campagne.* – *Maison de campagne* (→ **résidence secondaire**). – *Pâté, pain de campagne.* **II.** (du **sens I, 1 « plaine ») 1.** Ensemble des manœuvres des troupes. *Les troupes sont en campagne.* – *Une campagne*, une opération de guerre. *La campagne d'Italie, d'Égypte.* – loc. *Se mettre en campagne* : commencer une opération. – *Faire campagne pour, contre qqn*, militer pour, contre lui. **2.** *Une campagne* : période d'activité, d'affaires, de prospection, de propagande. *Campagne électorale. Campagne publicitaire.*

campagnol n. m. (de l'italien, de *campagna* → campagne) Mammifère rongeur (muridé), au corps plus ramassé que le rat, à queue courte et poilue.

Campan (Jeanne Louise Henriette Genet, Mme) Éducatrice française (1752-1822). Première femme de chambre et amie de la reine Marie-Antoinette, elle fonda un pensionnat de jeunes filles et fut nommée, en 1805, directrice de la maison de la Légion d'honneur d'Écouen. *Mémoires sur Marie-Antoinette.*

Campana (Dino) Poète italien (1885-1932). Sa vie vagabonde, entrecoupée d'internements, se termina par une hospitalisation définitive en 1918. Il laisse une poésie hallucinée marquée par la fréquentation de Rimbaud et de D'Annunzio. *Chants orphiques.*

campanaire adj. (latin *campana* « cloche » → campanile) didact. Relatif aux cloches.

campane n. f. (latin ou italien *campana* « cloche ») archit. Chapiteau en forme de cloche renversée.

Campanella (Tommaso) Philosophe italien (1568-1639). Il fut emprisonné 27 ans, après un complot manqué contre les autorités espagnoles. Libéré par le pape, il se réfugia en France où Richelieu lui attribua une pension. Il est l'auteur d'une utopie politique, où il prône un communisme total, *La Cité du soleil.*

Campanie Région administrative du S. de l'Italie. 13 595 km². 5 701 930 habitants. Chef-lieu : Naples. C'est sur les vastes plaines côtières, aux sols volcaniques fertiles (Vésuve), que se concentrent la population (Naples, Salerne) et les activités économiques (industrie ; tourisme à Naples, Capri, Pompéi, Herculanum, Paestum).

campaniforme adj. (du latin *campana* « cloche ») didact. En forme de cloche. *Fleur campaniforme.*

campanile n. m. (de l'italien, de *campana* « cloche » → campanule) 1. Tour isolée (clocher) souvent près d'une église (surtout en Italie). **2.** archit. Lanterne surmontant le toit (d'un édifice civil) et contenant souvent une cloche d'horloge.

campanile

Campanile de la cathédrale Santa Maria del Fiore à Florence, dessiné par Giotto (XIVe s.).

campanulacée n. f. (de *campanule*) bot. Plante dicotylédone à fleurs en forme de clochettes (famille des *Campanulacées* ; ex. la campanule, la raiponce, mais pas le muguet).

campanule n. f. (du latin, de *campana* « cloche ») Plante herbacée des montagnes et des champs, à clochettes violettes.

Campbell (Thomas) Poète et critique littéraire britannique (1777-1884). Il est connu pour ses poèmes patriotiques (*Les Marins d'Angleterre ; Hohenlinden ; La Bataille de la Baltique*).

Campbell (sir Colin), baron Clyde Maréchal britannique (1792-1863). Il s'illustra à la bataille de l'Alma (1854). Commandant en chef des forces de l'Inde, il réprima la révolte des Cipayes (1857).

Campbell (William Wallace) Astronome américain (1862-1938). Il fut parmi les premiers à déterminer la vitesse radiale de centaines d'étoiles (leur vitesse dans le sens de la ligne de visée) et fut un grand observateur de la couronne solaire.

Campbell (Ignatius Roy Dunnachie Campbell, dit Roy) Poète sud-africain d'expression anglaise (1901-1957). Il est l'auteur d'une œuvre satirique exaltant la force vitale et attaquant l'intellectualisme. Il a traduit Baudelaire et García Lorca.

Camp David Résidence du président des États-Unis, dans le Maryland. En septembre 1978, les *accords de Camp David*, signés par Jimmy Carter, président des États-Unis, Anouar al-Sadate, chef d'État égyptien, et Menahem Begin, Premier ministre israélien, prévoyaient un traité de paix israélo-égyptien et l'instauration d'un statut transitoire pour la Cisjordanie et Gaza. Il aboutit à la signature, l'année suivante, d'un accord de paix entre Israël et l'Égypte.

Campeche Ville du Mexique, dans la baie de Campeche. 259 000 habitants. Capitale de l'État du même nom. Le pétrole découvert dans la baie représente les deux tiers de la production mexicaine.

campêche n. m. (du n. de *Campeche*) Arbre tropical à bois dur, dont on peut tirer une matière colorante rouge.

campement n. m. 1. Action de camper. *Matériel de campement.* → **camping. 2.** Lieu, installations où l'on campe. → **bivouac, cantonnement.** – *Campement de migrants.* → **jungle.**

camper v. < 1 > (mot picard, de *camp* → champ) I. v. intr. 1. S'installer, être installé dans un camp. → **bivouaquer.** loc. fig. *Camper sur ses positions* : refuser toute concession. **2.** Coucher sous la tente, faire du camping. **3.** S'installer provisoirement quelque part. *« Mes gens sont occupés à déménager ; j'ai campé dans ma chambre »* (Mme de Sévigné). **II. v. tr. 1.** Placer, poser (qqch.) avec décision, solidement. → **installer. 2.** fig. *Camper un personnage, une scène*, représenter avec vigueur (par l'écriture, le dessin). ■ **se camper v. pron.** Se tenir dans une attitude hardie, décidée. → **se dresser, se planter.** ■ **campé, ée adj.** *Solidement campée sur ses jambes.*

Camper (Petrus) Anatomiste et naturaliste hollandais (1722-1789). Il tenta de déterminer le degré d'intelligence par la mesure de l'angle facial qui porte son nom.

campeur, euse n. Personne qui pratique le camping.

camphre n. m. (latin *camphora*, de l'arabe *kāfūr*, mot persan, du sanskrit) Substance aromatique d'odeur forte, aux vertus antiseptiques, provenant du camphrier.

camphré, ée adj. Qui contient du camphre. *Alcool camphré.*

camphrier n. m. Arbuste d'Extrême-Orient dont le bois distillé donne le camphre (syn. **laurier du Japon**).

Campi Famille de peintres italiens de Crémone (XVIe s.), représentants du maniérisme lombard.

Campigli (Massimo) Peintre italien (1895-1971). Journaliste et peintre à Paris, il fut influencé par le cubisme et l'art archaïque. Il laisse une œuvre figurative aux couleurs sourdes et aux formes massives. *Les Amazones ; Au balcon.*

Campin (Robert) Peintre flamand (1378-1444). Il fut l'un des fondateurs de la peinture flamande. On lui attribue les œuvres signées Maître de Flémalle (*Le Mariage de la Vierge ; La Nativité ; L'Annonciation*).

Câmpina Ville de Roumanie, au pied des Carpates méridionales. 29 900 habitants. Puits et raffinerie de pétrole.

Campina Grande Ville du Brésil (État de Paraíba). 367 300 habitants. Marché agricole (coton, viande).

Campinas Ville du Brésil (État de São Paulo). 1 062 400 habitants (2 800 000 pour l'aire métropolitaine). Université. Recherche (télécommunications). Industrie.

Campine n. f. Région de Belgique (provinces d'Anvers et de Limbourg) et des Pays-Bas. Plateau sableux peu favorable à l'agriculture, la Campine est une région de charbonnages (fermés depuis 1992), d'industrie et de tourisme.

camping n. m. (mot anglais, de *to camp* → camper) 1. Activité touristique qui consiste à vivre en plein air, sous une tente, dans une caravane, un camping-car, et à voyager avec le matériel nécessaire. *Faire du camping* (→ **camper**). *Terrain de camping.* – *Camping sauvage*, en dehors des lieux réservés à cet effet. **2.** Terrain aménagé pour camper. *Camping municipal.*

camping-car n. m. (de *camping* et de l'anglais *car* « voiture ») anglic. Camionnette aménagée pour le camping. *Des camping-cars.* - recomm. offic. **autocaravane n. f.**

camping-gaz [kɑ̃piŋgɑz] **n. m. invar. (marque déposée)** Réchaud à gaz portatif pour le camping.

Campion (Jane) Réalisatrice néo-zélandaise (née en 1954). Ses films mettent en scène des femmes hors du commun. *Un ange à ma table ; La Leçon de piano ; Holy Smoke ; The Power of the Dog.*

campo ou campos n. m. (latin *[ire ad] campos* « [aller aux] champs ») fam., vieilli Congé, repos accordé aux écoliers, étudiants, etc. *Donner campo.*

Campobasso Ville d'Italie, capitale de la Molise. 50 765 habitants. Coutellerie.

Campoformio (traité de) Traité signé le 18 octobre 1797 près de Campoformio (Vénétie), mettant fin à la première campagne d'Italie de Bonaparte. L'Autriche abandonnait à la France la Belgique, la rive gauche du Rhin et les îles Ioniennes. Elle recevait une partie de la Vénétie, l'Istrie et la Dalmatie.

Camus (Albert)

Albert Camus en 1959.

Campo Grande Ville du Brésil, capitale de l'État du Mato Grosso do Sul. 777 000 habitants. Université.

Campos Ville du Brésil (État de Rio de Janeiro). 418 600 habitants. Principal gisement de pétrole offshore du pays.

Campra (André) Compositeur français (1660-1744). Maître de musique à Notre-Dame de Paris, il composa des pièces religieuses. Devenu directeur de l'Opéra, il créa le genre de l'opéra-ballet. *L'Europe galante ; Les Noces de Vénus.*

campus [kɑ̃pys] **n. m. (de l'anglais des États-Unis, du latin → champ) 1.** Parc d'un collège, d'une université aux États-Unis et au Canada. **2.** Ensemble constitué des unités d'enseignement et des résidences étudiantes d'un établissement d'enseignement supérieur.

Cam Ranh Baie du Viêtnam, où les Américains établirent une base aéronavale en 1965, reprise par les Soviétiques jusqu'en 1990. Ville de 118 000 habitants.

camus, use adj. (p.-ê. du gaulois *kamusio*, de *kam-* « courbe ») Qui a le nez court et plat. **→ camard.** – *Nez camus,* aplati, écrasé.

Camus (Armand Gaston) Jurisconsulte et homme politique français (1740-1804). Avocat du clergé au parlement de Paris, il fut élu du tiers état aux États généraux, et contribua à l'élaboration de la Constitution civile du clergé en juillet 1790.

Campion (Jane)

Holly Hunter et Anna Paquin dans *La Leçon de piano* de Jane Campion (1993).

Camus (Albert) Écrivain et philosophe français (1913-1960). Né en Algérie, moraliste engagé, résistant du réseau Combat devenu journaliste, il publia en 1942 un premier roman, *L'Étranger,* puis un essai, *Le Mythe de Sisyphe,* qui lui apportèrent une renommée devenue mondiale. La pièce de théâtre *Caligula* puis son roman *La Peste* confirmèrent la puissance de sa plume. Esprit humaniste et libre, il s'est opposé à toutes les idéologies. Il attaqua radicalement l'existentialisme de Jean-Paul Sartre *(La Chute)* devenant le représentant de la philosophie de l'absurde. Il laissa à sa mort un roman inachevé, *Le Premier Homme.* Prix Nobel 1957.

Cana Ville de Galilée où, selon les Évangiles, Jésus changea l'eau en vin lors de noces.

Canaan Personnage biblique. Fils de Cham, il est l'ancêtre éponyme des Cananéens.

Canaan (terre ou pays de) Nom donné dans la Bible au territoire Syrie-Palestine, « Terre promise » pour le peuple hébreu.

Canachos Sculpteur grec (VIe s. av. J.-C.). Il travailla comme bronzier et marbrier à Sycione. Son fameux *Apollon Philésios,* ciselé pour le temple de Didymes proche de Milet, est perdu.

canada n. f. (du n. du pays) Pomme reinette. *Des canadas.*

Canada

n. m. Pays d'Amérique du Nord traversé par le cercle polaire arctique. 9 984 670 km². 35 151 728 habitants (les *Canadiens*). **Langues :** anglais, français (offic.). **Population :** Blancs d'origine européenne, 94 % ; Asiatiques, 3,4 % ; Amérindiens, Métis, Inuits, 4,9 %. **Religions :** majorité de catholiques et de protestants. **Monnaie :** dollar canadien. **Capitale fédérale :** Ottawa. **Régime :** démocratie parlementaire. Le Canada est un État fédéral membre du Commonwealth.

GÉOGRAPHIE

Relief et climat À l'O., les montagnes Rocheuses culminent au mont Logan (6 050 m). Au centre, le Bouclier canadien, de formation ancienne, est une immense plaine couverte de forêts et de lacs. Il s'étend sur la moitié du pays, encercle la baie d'Hudson et atteint les Grands Lacs. L'E. est occupé par le golfe du Saint-Laurent et le plateau du Labrador, prolongement des Appalaches. Les contraintes climatiques (hivers très froids) restreignent le peuplement et les activités économiques : l'espace occupé et exploitable *(œkoumène)* est exigu (14 %).

Quatre grands ensembles Au S.-E., la **région des Grands Lacs et du Saint-Laurent,** la plus peuplée et la plus active, s'organise autour de l'axe urbain Windsor-Québec. Au S.-O., le **S. de la Colombie-Britannique** est tourné vers le Pacifique. Son image attrayante lui vaut le surnom de « Californie canadienne ». Au centre, de Winnipeg aux Rocheuses, la **Prairie,** zone d'agriculture extensive et de peuplement discontinu, appartient aux grandes plaines nord-américaines. Le reste du pays, très faiblement peuplé, est le domaine presque exclusif de la forêt (40 % de la superficie du pays, 10 % des forêts mondiales). Le **Grand Nord** regroupe les régions subarctiques (Yukon, Territoires du Nord-Ouest, Labrador) et arctiques, au sous-sol gelé *(permafrost)* et à la végétation de toundra.

POPULATION

La densité moyenne de population du Canada est très faible (3,5 habitants/km²). Dans ce pays d'immigration ancienne, les autochtones (Amérindiens, Inuits) ne représentent que 5 % des habitants — relégués dans les territoires du Grand Nord. Anglophones (75 %) et francophones (21,4 %) constituent les deux grands groupes linguistiques du pays. Si la domination anglophone est marquée, le pays revendique son caractère biculturel, voire multiculturel du fait de l'arrivée d'Asiatiques depuis les années 1980, dans le cadre d'une politique d'immigration active. La décennie 2010 a vu l'Afrique devenir la deuxième source d'immigration.

Bivouac dans l'Arctique canadien à Victory Harbour, péninsule de Boothia.

ÉCONOMIE

Membre du G7, le Canada a un niveau de vie parmi les plus élevés du monde.

Des richesses naturelles S'appuyant sur les grandes exploitations mécanisées de la Prairie, l'agriculture (céréales et oléagineux, élevage, tabac) est une des forces de l'économie. La pêche et l'exploitation forestière sont également dynamiques : le Canada est le 1er exportateur de bois et réalise 40 % de la production mondiale de papier journal. Le sous-sol recèle d'immenses réserves (hydrocarbures, charbon, uranium, zinc, nickel, potasse, cuivre, plomb, or, cobalt). L'hydroélectricité représente 59,3 % de la production d'électricité (2021).

Industrie et commerce Les industries, variées (métallurgie, agroalimentaire, chimie, construction, hautes technologies), sont compétitives. Malgré les contraintes géographiques et climatiques, les infrastructures de communication sont perfectionnées. Grand exportateur, le Canada a pour principal partenaire commercial les États-Unis (76 % des exportations canadiennes, 23 % des exportations américaines) ; il est membre de l'Alena (remplacé par l'AEUMC ou Nouvel Alena en 2020) depuis 1994.

HISTOIRE

Les Amérindiens et les Inuits constituent le peuplement primitif du territoire. Si les Vikings l'abordèrent dès les IXe-Xe s., sa découverte est attribuée à Jean Cabot, navigateur vénitien au service de l'Angleterre (1497).

Exploration et conquête Exploré par Jean de Verrazane (1524), puis par Jacques Cartier (1534-1536) à la demande de François Ier, le littoral atlantique (alors nommé Nouvelle-France) fut colonisé à partir du XVIIe s., par Samuel de Champlain, qui fonda Québec (1608). En 1663, Colbert donna un gouverneur à la Nouvelle-France, administrée telle une province française. Mais les conflits opposant la France à l'Angleterre furent continuels : Louis XIV dut céder

Indiens Micmacs, v. 1850, musée des Beaux-Arts du Canada, Ottawa.

Canada

l'Acadie, Terre-Neuve et la baie d'Hudson (traité d'Utrecht, 1713). Le conflit armé reprit pendant la guerre de Sept Ans (milieu du XVIIIe s.). La Grande-Bretagne prit Québec (1759) et Montréal (1760), puis le traité de Paris (1763) lui attribua l'ensemble de la Nouvelle-France.

Colonie britannique À partir de la Déclaration d'indépendance des États-Unis (1776), beaucoup de loyalistes au Royaume-Uni s'installèrent au Canada. En 1791, l'Acte constitutionnel partagea le pays en deux provinces : le Haut-Canada (Ontario, britannique) et le Bas-Canada (Québec, francophone) disposèrent chacun d'une assemblée, au pouvoir très limité. Dans les années 1830, les Patriotes réclamèrent une démocratie réelle, mais leur mouvement fut réprimé. Sous l'impulsion de lord John Durham, envoyé par Londres, le pays retrouva son unité avec l'Acte d'union (1840). Le 1er juillet 1867, l'Acte de l'Amérique du Nord britannique créa finalement la Confédération du Canada : Nouveau-Brunswick, Nouvelle-Écosse, Ontario et Québec, progressivement rejoints par d'autres colonies. La construction du chemin de fer permit l'expansion territoriale vers l'O., mais se heurta toutefois aux populations indiennes et métissées.

Flottage du bois, île de Vancouver (Colombie-Britannique).

Un État du Commonwealth Le statut de Westminster (1931) reconnut l'indépendance du Canada, qui apporta une aide précieuse aux Alliés durant les deux guerres mondiales. Le pouvoir, jusqu'alors exercé presque sans interruption par les libéraux, revint aux conservateurs en 1984. En 1993, les élections législatives furent remportées par les libéraux conduits par Jean Chrétien qui, démissionnaire, fut remplacé par Paul Martin (2003). Une affaire de corruption ébranla le Parti libéral et les élections de 2006 conduisirent le conservateur Stephen Harper à former un nouveau gouvernement.

Celui-ci engagea le pays dans des offensives militaires (en Libye en 2011, en Irak et en Syrie en 2014 et 2015). Sa politique fut sanctionnée aux législatives de 2015 par la victoire du libéral Justin Trudeau qui devint Premier ministre.

Le statut du Québec La question du statut du Québec et la rivalité opposant les francophones aux anglophones n'ont toujours pas été résolues. Si le français a été déclaré deuxième langue officielle du pays en 1968 à l'initiative du Premier ministre Pierre Elliott Trudeau, le projet de révision constitutionnelle (1971) n'a pas abouti et les souverainistes, menés par René Lévesque (fondation du Parti québécois, 1968 ; démission de la présidence du parti, 1985), ont en vain réclamé l'indépendance du Québec : en effet, deux référendums successifs (1980, 1995) ont décidé du maintien de la province dans la Confédération, sans toutefois essouffler le mouvement souverainiste.

canadair n. m. (n. déposé, de *Canada* et *air*) Avion bombardier d'eau pour l'extinction des incendies de forêt.

canadianisme n. m. (de *canadien*) Mot, tournure propre au français parlé au Canada (québécisme, acadianisme...) ou à l'anglais parlé au Canada.

canadien, ienne adj. Du Canada ou qui concerne le Canada, ses habitants. – n. *Les Canadiens. Les Canadiens français* (Québécois, Acadiens).

canadienne n. f. (de *canadien*) 1. seulement en France Longue veste doublée de peau de mouton. 2. Petite tente de camping à deux mâts, où l'on ne peut se tenir debout.

canaille n. f. (de l'italien, de *cane*, venant du latin *canis* → chien) 1. *La canaille* : ensemble de gens méprisables. → **pègre, racaille.** 2. *Une canaille* : une personne malhonnête, nuisible. → **coquin, crapule, fripouille.** *Petite canaille !* (à un enfant). → fam. **bandit.** 3. adj. Volontairement vulgaire, polisson. *Un air canaille.*

canaillerie n. f. Acte méprisable.

Çanakkale Ville de Turquie sur la rive asiatique des Dardanelles. 143 600 habitants.

canal, aux n. m. (du latin, de *canna* → canne) I. 1. Cours d'eau artificiel. *Canal d'irrigation. Le canal de Suez.* 2. Bras de mer. → **détroit, ¹passe.** *Le canal de Mozambique.* II. 1. Conduit permettant le passage d'un fluide. → **conduite, tube, tuyau ; canalisation.** *Canal de drainage.* 2. Cavité allongée ou conduit de l'organisme, autre que les artères et les veines. → **vaisseau.** *Canal biliaire.* III. fig. 1. Agent ou moyen de transmission. → **intermédiaire.** *J'ai appris cela par le canal d'un ami.* 2. Domaine de fréquence occupé par un émetteur de radio, de télévision. → **chaîne.** *Sur quel canal émettent-ils ?* 3. inform. Voie de communication entre l'unité centrale d'un ordinateur et un périphérique. 4. *Canal de distribution* : circuit de commercialisation d'un produit.

Canaletto (Giovanni Antonio Canal, dit) Peintre, dessinateur et graveur italien (1697-1768). Ses vues de Venise, en clair-obscur *(Pont du Rialto à Venise)*, puis baignées de lumière, précises et réalistes *(Le Quai de la Piazzetta)* ont fait de lui un peintre reconnu de son temps. En Angleterre, il exécuta de nombreuses vues de la Tamise et de la campagne anglaise *(La Tamise et Whitehall vus de la terrasse de Richmond House)*.

canalicule n. m. (de *canal*) anat. Petit canal, petit conduit de l'organisme. *Canalicules biliaires du foie.* □ adj. **canaliculaire**

canalisation n. f. 1. Action de canaliser ; son résultat. 2. Ensemble des conduits, tuyaux ou câbles par lesquels sont distribués des fluides, de l'énergie. → **branchement, tuyauterie.** *Une canalisation de gaz.*

canaliser v. tr. < 1 > 1. Rendre (un cours d'eau) navigable. – Sillonner (une région) de canaux. 2. Empêcher de se disperser, diriger dans un sens déterminé. → **centraliser, concentrer.** *Canaliser la foule. Canaliser son énergie.* □ adj. **canalisable** □ n. et adj. **canalisateur, trice**

Canal Plus Première chaîne privée de télévision française, créée en 1984, elle joue un rôle important dans la production cinématographique.

cananéen, enne adj. et n. Du pays de Canaan (Palestine et Phénicie). – n. m. Langue sémitique occidentale qui comprenait plusieurs dialectes dont sont issus notamment l'hébreu et le phénicien.

canapé n. m. (ancien français *conopé* « rideau de lit », du latin *conopeum* « moustiquaire », du grec *kônôps* « moustique ») 1. Long siège à dossier où plusieurs personnes peuvent s'asseoir ensemble. *Canapé-lit*, transformable en lit. 2. Tranche de pain sur laquelle on dispose une garniture.

Canaques voir **Kanaks**

canard n. m. (d'abord « bavard » ; de l'ancien français *caner* « caqueter », onomatopée → ¹cancan) I. 1. (idée de « cancaner ») Oiseau palmipède (anatidé), au bec large, aux ailes longues et pointues. *Femelle du canard* (→ **cane**), *petit du canard* (→ **caneton ; canardeau**). *Canard sauvage* (colvert). *Canard de basse-cour, canard de Barbarie.* – *Canard rôti, laqué*, à l'orange.* 2. loc. *Marcher comme un canard.* → se **dandiner.** – *Un froid de canard*, très vif. – *Canard boiteux* : personne, entreprise inadaptée, en difficulté. II. fig. 1. Morceau de sucre trempé dans une liqueur, du café. 2. Son criard, fausse note. → **couac.** 3. fam. Fausse nouvelle lancée dans la presse. → **bobard, bruit.** *Lancer des canards.* – péj. Journal.

canardeau n. m. Jeune canard (plus âgé que le caneton).

Canard enchaîné (Le) Hebdomadaire satirique français fondé en 1916 par Maurice et Jeanne Maréchal. Né en réaction contre la censure et la propagande de guerre, il s'est orienté vers la dénonciation des scandales politiques.

canarder v. tr. < 1 > (de « chasser le canard ») fam. Tirer sur (qqn, qqch.) d'un lieu où l'on est à couvert. → **tirer.** *Se faire canarder.*

canardière n. f. (de *canard*) Mare à canards.

[1]canari n. m. (espagnol *canario* « oiseau des îles Canaries ») Serin à la livrée jaune et brun olivâtre. – adj. invar. *Une robe jaune canari.*

[2]canari n. m. (mot indien d'Amérique du Sud) Récipient de terre cuite, en Afrique.

Canaries (îles) Archipel de sept îles de l'océan Atlantique, au large du Sahara occidental, formant une communauté autonome d'Espagne. 7 273 km². 2 082 655 habitants. Capitale en alternance, Las Palmas et Santa Cruz de Tenerife. Principales îles : Grande-Canarie, Fuerteventura, Lanzarote, Tenerife, Palma. Agriculture. Tourisme. Les îles sont espagnoles depuis 1477.

Canaris (Wilhelm) Amiral allemand (1887-1945). Chef des services de renseignement de l'armée allemande, il fut arrêté après l'attentat manqué du 20 juillet 1944 contre Hitler et exécuté.

canasson n. m. (de *canard*) fam. Cheval.

canasta n. f. (mot espagnol d'Uruguay) Jeu de cartes (2 jeux de 52 et 4 jokers) qui consiste à réaliser des séries de 7 cartes de même valeur ; nom de ces séries.

Canaveral (cap) Centre aérospatial des États-Unis, sur la côte E. de la Floride. Principale base de lancement de la Nasa.

Canberra Capitale fédérale de l'Australie, au S.-O. de Sydney. 356 120 habitants. Sa construction débuta en 1913. Université.

cancale n. f. Huître élevée dans la baie de Cancale.

Cancale Commune de l'Ille-et-Vilaine, sur la baie du Mont-Saint-Michel. 5 313 habitants. Ostréiculture.

[1]cancan n. m. (latin *quamquam*, influence de *cancaner*) souvent plur. Bavardage médisant. → **ragot** ; fam. **potin.** *Colporter des cancans.*

[2]cancan n. m. (de *canard, cancaner*) Danse de cabaret excentrique et tapageuse (quadrille), spectacle traditionnel du Montmartre de 1900. → **french cancan.**

cancaner v. intr. < 1 > (onomatopée → canard) **1.** Faire des cancans ([1]). **2.** Pousser son cri, en parlant du canard.

cancanier, ière adj. Qui cancane (1).

cancer [kɑ̃sɛʀ] n. m. (latin *cancer, cancri* → cancre, chancre, crabe) **I.** (avec maj.) Constellation zodiacale et quatrième signe du zodiaque (22 juin-22 juillet). – *Être Cancer*, de ce signe. **II. 1.** Tumeur maligne causée par une multiplication anarchique de cellules. → fam. **crabe.** *Cancer du foie. Cancer du sang.* → **leucémie. 2.** fig. Ce qui ronge, détruit.

▶ Le **cancer** (II, 1) résulte de la prolifération d'un clone de cellules devenues malignes par altération de leur ADN sous l'influence de facteurs exogènes, de facteurs génétiques ou de la combinaison des deux. Cependant, dans plus de la moitié des cas, aucune cause ne peut être formellement incriminée. Ces cellules malignes ont acquis le pouvoir de proliférer de façon illimitée et de se disséminer sous forme de métastases.
Tous les tissus, y compris le sang (leucémie), peuvent être atteints. Le cancer est depuis 2004 la première cause de mortalité en France. Les principaux facteurs exogènes sont le tabac et l'alcool qui, ensemble, sont à l'origine de 40 % des cancers en France. Les expositions — professionnelles ou non — à certains facteurs tels que l'amiante, le benzène ou les rayonnements ionisants, certains traitements hormonaux substitutifs de la ménopause et l'exposition prolongée aux rayons solaires sont des causes bien établies. Certains agents infectieux, virus ou bactéries, peuvent favoriser les cancers du col utérin, de l'oropharynx, du foie, de l'estomac ou certains lymphomes. Une prédisposition génétique est bien identifiée dans quelques cas comme certains cancers du sein. Sans être une cause de cancer, le vieillissement en augmente statistiquement le risque.
Le diagnostic, évoqué par l'examen clinique, la biologie et l'imagerie médicale, doit être confirmé par l'examen histologique de la tumeur. Le traitement fait appel à la chirurgie (exérèse de la tumeur primitive et parfois des métastases), à la radiothérapie, à la chimiothérapie, à l'hormonothérapie, à l'immunothérapie souvent employées en combinaisons simultanées ou successives. La prévention repose sur l'évitement des facteurs exogènes ; une bonne hygiène de vie comportant alimentation équilibrée et exercice physique régulier a un effet préventif contre certains cancers. Le dépistage systématique est proposé en France pour les cancers du sein, du côlon et de la prostate, afin d'en détecter les formes débutantes.
voir aussi **imagerie médicale, mort cellulaire**

Cancer Constellation zodiacale située vers la partie la plus septentrionale de l'écliptique, figurant un crabe ; quatrième signe du zodiaque.

Cancer (tropique du) Parallèle de l'hémisphère terrestre Nord (latitude 23°26′ N).

cancéreux, euse adj. et n. **1.** De la nature du cancer. *Tumeur cancéreuse.* **2.** Qui est atteint d'un cancer. – n. *Un, des cancéreux.*

cancéri-, cancéro- Éléments (du latin *cancer, cancri* → cancer) signifiant « relatif au cancer ».

Canberra

Canberra, ville verte imaginée en 1913.

cancérigène adj. Qui cause ou peut causer le cancer. → **carcinogène, oncogène.** - var. **cancérogène.**

se **cancériser** v. pron. < 1 > Se transformer en cancer. *Tumeur qui se cancérise.* – au p. p. *Tumeur bénigne cancérisée.* ▫ n. f. **cancérisation**

cancérogène voir **cancérigène**

cancérogenèse n. f. (de *cancéro-* + *-genèse*) didact. Processus de formation d'un cancer (syn. **carcinogenèse**).

cancérologie n. f. Étude, médecine du cancer. → **carcinologie, oncologie.** ▫ adj. **cancérologique** ▫ n. **cancérologue**

cancérophobie n. f. (de *cancéro-* + *-phobie*) Peur morbide d'être atteint d'un cancer. ▫ adj. et n. **cancérophobe**

canche n. f. (origine inconnue) Graminée des prairies utilisée comme fourrage.

Canche n. f. Fleuve d'Artois qui se jette dans la Manche à Étaples. 96 km.

cancoillotte [kɑ̃kwajɔt] n. f. (du franc-comtois *coillotte*, de *caillote* « masse de lait caillé », et *can-*, élément obscur) Fromage de Franche-Comté, à pâte molle et fermentée.

cancre n. (latin *cancer* « crabe » [→ cancer, I] celui-ci progressant avec difficulté) fam. Élève médiocre et indolent(e).

cancrelat n. m. (néerlandais *kakkerlak*, avec influence de *cancre*) Blatte d'Amérique.

Cancún Ville du Mexique. 628 300 habitants. Station balnéaire réputée au bord de la mer des Caraïbes. Aéroport international.

Candaule Roi de Lydie (735-708 av. J.-C.). Il aurait été assassiné par son favori Gygès. Avec Candaule s'éteignit la dynastie des Héraclides.

candela ou **candéla** [kɑ̃dela] n. f. (latin *candela* → chandelle) Unité d'intensité lumineuse (symb. cd).

Candela (Félix) Architecte mexicain (1910-1997). Il devint spécialiste des voûtes en béton très mince, qu'il utilisa dans la construction de nombreux édifices à Mexico.

candélabre n. m. (du latin, de *candela* → chandelle) **1.** Grand chandelier à plusieurs branches. → **flambeau.** ▪ vieux Lampadaire portant une ou plusieurs lanternes. **2.** archit. Balustre figurant une torchère.

Candélabre porte-lampes, en provenance d'Herculanum (av. 79), musée du Louvre, Paris.

Candes-Saint-Martin Village de l'Indre-et-Loire. Église élevée aux XIIe et XIIIe s. à l'endroit où mourut saint Martin, et fortifiée au XVe siècle.

candeur n. f. (latin *candor* « blancheur ; éclat », de *candere* « brûler » → incendier) Qualité d'une personne pure et innocente, sans défiance. → **ingénuité, innocence, naïveté ; candide.**

candi adj. m. (de l'arabe, de *qanda* « sucre de canne ») *Sucre candi*, obtenu par cristallisation lente d'un sirop de sucre concentré.

candida n. m. invar. (mot latin « blanche ») méd. Genre de levures, dont la plus importante *(Candida albicans)* provoque des affections de la peau et des muqueuses, chez l'être humain (→ **candidose**).

candidat, ate n. (du latin, de *candidus* → **candide** ; « vêtu de la toge blanche ») Personne qui postule une place, un poste, un titre. → **postulant.** *Se porter candidat à des élections.*

candidater v. tr. ind. < 1 > Se porter candidat. *Candidater à un poste, à une élection.*

candidature n. f. État de candidat. *Poser sa candidature à un poste.*

candide adj. (latin *candidus* « blanc ; éclatant » → **candeur**) Qui a de la candeur, exprime la candeur. → **ingénu, innocent, ¹naïf, pur, simple.** *Air candide. Réponse candide.* □ adv. **candidement**

candidose n. f. (de *candida* et *²-ose*) méd. Infection (surtout de la peau et des muqueuses) causée par une levure *(Candida albicans).* → **muguet ; mycose.**

Candie Nom donné à la Crète par les Arabes lorsqu'ils occupèrent l'île (IXe-Xe s.).

Candilis (Georges) Architecte français d'origine grecque (1913-1995). Collaborateur de Le Corbusier, il s'est intéressé aux problèmes d'urbanisme. Il est l'auteur de plusieurs grands ensembles d'habitation (quartier Toulouse-Le-Mirail).

candir v. tr. < 2 > (de *candi*) techn. Faire fondre et réduire (le sucre) jusqu'à cristallisation. □ n. f. **candisation**

candomblé [kɑ̃dɔ̃ble] n. m. (du portugais du Brésil, d'une langue africaine) Au Brésil, Culte adopté par des communautés suivant des croyances et des pratiques d'origine africaine (golfe de Guinée). → **vaudou.** – Lieu de ce culte. *Les candomblés de Bahia.*

cane n. f. (de *canard*) Femelle du canard.

Canebière (la) Avenue animée du centre de Marseille, qui conduit au Vieux Port.

Canée (La) Ville de Grèce, sur la côte N.-O. de la Crète. 88 500 habitants. Capitale administrative de la Crète jusqu'en 1971.

canéficier n. m. (de l'espagnol *cañafistola*) bot. Cassier, que l'on trouve aux Antilles.

canepetière n. f. (de *cane* et *petière*, de *pet*) Petite outarde à collier blanc.

canéphore n. f. (grec *kanêphoros*, de *kaneon* « corbeille » et *pherein* « porter ») Antiq. grecque Jeune fille qui portait les corbeilles sacrées dans certaines fêtes.

¹caner v. intr. < 1 > (de *faire la cane* « se sauver ») fam. Reculer devant le danger ou la difficulté. → **céder, flancher.**

²caner v. intr. < 1 > (de *canne* « jambe ») argot S'enfuir (jouer des cannes). → **calter, décaniller.** – fig. Mourir (sens métaphorique de *s'en aller*). *Il est cané.* - var. **canner.**

canetage n. m. (de *²canette*) techn. Opération qui consiste à mettre sur canette les fils de trame.

Canet-en-Roussillon Commune des Pyrénées-Orientales. 12 653 habitants. Station balnéaire à *Canet-Plage.*

canetière n. f. (de 2 *canette*) techn. **1.** Ouvrière chargée de disposer la soie sur les canettes. **2.** Machine employée à garnir les canettes.

caneton n. m. (de *cane*) Petit du canard.

¹canette n. f. (de *cane*) Jeune cane.

²canette n. f. (de l'italien de Gênes, de *canna* → **canne**) Cylindre recevant le fil de trame dans les métiers à tisser, les machines à coudre.

³canette n. f. (de *canne*) **1.** Bouteille de bière de forme et bouchage spécifiques. **2.** (de l'anglais *can* « boîte de conserve ») Boîte cylindrique en métal contenant une boisson.

Canetti (Elias) Écrivain britannique d'origine bulgare et d'expression allemande (1905-1994). Il a abordé tous les genres, romans, théâtre, essais. *Autodafé ; Masse et Puissance.* Prix Nobel 1981.

canevas n. m. (ancien français, du latin tardif *canapus* → **chanvre**) **1.** Grosse toile claire et à jour qui sert de support aux ouvrages de tapisserie à l'aiguille. **2.** Ensemble de points géodésiques relevés pour établir une carte. **3.** Donnée première d'un ouvrage. → **ébauche, esquisse, ³plan, schéma.**

canezou n. m. (origine inconnue, p.-ê. du provençal) anciennt Corsage sans manches.

Cange (Charles du Fresne, seigneur du) voir **Du Cange**

cangue n. f. (portugais *canga*, du chinois) Carcan dans lequel on engageait le cou et les poignets d'un condamné, en Extrême-Orient.

Canguilhem (Georges) Philosophe français (1904-1995). Il exerça une grande influence sur la formation des philosophes français de l'après-guerre (Foucault, Deleuze). Ses travaux ont porté sur la notion de normalité en médecine et en biologie, ainsi que sur la signification du vitalisme dans l'histoire des sciences du vivant. *Le Normal et le Pathologique.*

Canicatti Ville d'Italie, en Sicile. 31 715 habitants. Gisements de soufre.

caniche n. m. (de *cane*, ce chien aimant barboter dans l'eau) Chien barbet à poil frisé.

canicule n. f. (du latin, de *canis* → **chien** ; de la constellation du Chien où l'étoile Sirius se lève avec le Soleil du 22 juillet au 23 août) Période de grande chaleur. □ adj. **caniculaire**

canidé n. m. (du radical du latin *canis* « chien ») zool. Mammifère carnivore digitigrade, au museau allongé, aux pattes hautes, ayant quatre doigts derrière, et cinq devant (famille des *Canidés* ; ex. le loup, le renard, le chacal).

canier n. m. (de l'occitan, du latin *canna* « roseau ») régional Lieu où poussent les roseaux. → **cannaie.**

canif n. m. (du francique, cf. anglais *knife* « couteau ») Petit couteau de poche à lames qui se replient dans le manche. – loc. *Donner un coup de canif dans le contrat (de mariage)*, être infidèle. par ext. *Coup de canif* : non-respect d'un accord. → **entorse.**

Canigou n. m. Massif granitique des Pyrénées (Pyrénées-Orientales), dominant le Roussillon. 2 784 mètres.

canin, ine adj. (du latin, de *canis* → **chien**) Relatif au chien. *Exposition canine.*

canine n. f. (de *canin*) Dent pointue entre les prémolaires et les incisives.

caninette n. f. (n. déposé, de *canin*) Moto équipée d'un dispositif pour aspirer les excréments des chiens. → **motocrotte.**

canisse voir **cannisse**

canitie [kanisi] n. f. (latin *canities*, de *canus* « blanc » → **chenu**) méd. État du système pileux, des cheveux devenus blancs.

caniveau n. m. (origine inconnue) Bordure pavée d'une rue, le long d'un trottoir, qui sert à l'écoulement des eaux. → **ruisseau.** ■ fig. *Tomber dans le caniveau* : déchoir. *Presse, journalisme de caniveau*, racoleurs et de qualité médiocre.

Cankar (Ivan) Romancier et auteur dramatique slovène (1876-1918). Socialiste et patriote, il se révéla dans des nouvelles psychologiques. *Vignettes ; Mila et Milena.*

canna n. m. (mot latin « roseau, balisier ») Balisier.

cannabidiol n. m. chim. Molécule ($C_{21}H_{30}O_2$) dérivée du cannabis, à usage thérapeutique. - abrév. **CBD.** *Huile de CBD. CBD et THC.*

cannabinacée n. f. (du latin *cannabis* « chanvre ») bot. Plante dicotylédone dépourvue de corolle (famille des *Cannabinacées* ne comprenant que deux types, le chanvre et le houblon). - var. **cannabacée.**

cannabis [kanabis] n. m. (mot latin → **chanvre**) Chanvre indien. □ adj. **cannabique**

cannabisme n. m. (de *cannabis*) didact. Usage régulier de cannabis, intoxication par le cannabis.

cannage n. m. Fait de canner. – Partie cannée.

cannaie n. f. Plantation de cannes à sucre ; lieu planté de roseaux (→ régional **canier**).

canne n. f. (vient du latin *canna* « roseau », grec *kanna*, d'origine sémitique → **²canon**) **I.** Tige droite de certaines plantes (roseau, bambou, rotin...). – *Canne à sucre* : haute plante herbacée, de laquelle on extrait du sucre. *Sucre de canne.* **II. 1.** Bâton travaillé sur lequel on s'appuie en marchant. *Canne blanche d'aveugle. Canne anglaise.* → **canne-béquille. 2.** *Canne à pêche* : gaule portant une ligne de pêche. **3.** techn. Tube à souffler le verre.

canne-béquille n. f. Canne orthopédique dont l'appui est sur l'avant-bras (syn. **canne anglaise**). *Des cannes-béquilles.*

canneberge n. f. (p.-ê. allemand *Kran* « grue » et *Beere* « baie », altéré) Airelle des marais ; arbuste portant cette baie.

canne-épée n. f. Canne creuse cachant une épée. *Des cannes-épées* [kanepe].

cannelé, ée (de *cannelle*, de *canne* « tuyau ») **1.** adj. Qui présente des cannelures. *Colonne cannelée.* **2.** n. m. Petite pâtisserie moelleuse, cylindrique et striée de cannelures.

canneler v. tr. < 4 ou RO 5 > (de *cannelle*, de *canne* « tuyau ») Pourvoir de cannelures.

cannelier [kanəlje] n. m. Laurier dont l'écorce, dépourvue de son épiderme et fermentée, constitue la cannelle.

¹cannelle n. f. (de *canne* « tuyau ») Écorce aromatique du cannelier utilisée en cuisine. – adj. invar. De la couleur brun clair de la cannelle.

²cannelle n. f. (de *canne* « tuyau ») techn. Petit tube, robinet que l'on adapte à une cuve, un pressoir, un tonneau.

cannelloni n. m. (italien « gros tube », de *canna* → **canne**) Pâte alimentaire en forme de tube et garnie d'une farce. *Des cannellonis.*

cannelure n. f. (de l'italien, de *canna* → **canne**) Sillon longitudinal creusé dans du bois, de la pierre, du métal, sur une surface. → **moulure, rainure.** *Les cannelures d'une colonne.* – bot. Strie sur la tige de certaines plantes. *Les cannelures du céleri.* → **¹côte.**

canner v. tr. < 1 > (de *canne*, I) Garnir le fond, le dossier de (un siège) avec des cannes de jonc, de rotin entrelacées. → **rempailler.** – au p. p. *Chaise cannée.* □ n. **canneur, euse ; cannier, ière**

Cannes Commune des Alpes-Maritimes. 72 435 habitants. Musée. Festival international du film depuis 1946. Tourisme balnéaire.

Cannes Ancienne ville d'Italie méridionale, près de l'actuelle Barletta. Hannibal y vainquit l'armée romaine en –216 lors de la deuxième guerre punique.

Cannet (Le) Commune des Alpes-Maritimes, banlieue de Cannes. 42 125 habitants. Musée Bonnard.

cannetille n. f. (espagnol *cañutillo*, de *cañuto* « tuyau ») techn. Fil d'or ou d'argent retordu, servant à des travaux de broderie.

cannibale adj. et n. (espagnol, de l'arawak, langue caraïbe, n. d'ethnie, de *car-* « brave ») **I.** Anthropophage. **II.** n. m. (Belgique) Steak tartare servi sur du pain grillé.

cannibalesque adj. Digne d'un cannibale.

cannibaliser v. tr. < 1 > (de l'anglais des États-Unis → **cannibale**) anglic. **1.** Démonter (un objet fabriqué) pour en récupérer les pièces. **2.** comm. Concurrencer (un produit) du même producteur.

cannibalisme n. m. Anthropophagie.

Canning **(George)** Homme politique britannique (1770-1827). Ministre des Affaires étrangères (1807-1809 et 1822-1827), il reconnut l'indépendance des colonies espagnoles d'Amérique du Sud et soutint les Grecs contre les Turcs. Il fut nommé Premier ministre en 1827.

C

cannisse ou **canisse** **n. f.** **(du provençal, du latin *canna* → canne)** régional Canne longue et flexible.

Cannizzaro **(Stanislao)** Chimiste italien (1826-1910). Il formula la loi selon laquelle les éléments chimiques interviennent toujours dans les composés comme multiples d'une même quantité : l'atome.

Cano **(Alonso)** Sculpteur, peintre et architecte espagnol (1600-1667). Il fut le sculpteur le plus célèbre de son époque et réalisa la façade de la cathédrale de Grenade. Ses tableaux religieux annoncent une peinture plus colorée, moins ténébreuse *(Les Sept Joies de la Vierge)*.

canoë ou **canoé** [kanɔe] **n. m.** **(de l'anglais, de l'espagnol, mot indien arawak *canoa* → canot)** Embarcation légère et portative manœuvrée à la pagaie ; sport ainsi pratiqué **(→ pirogue ; kayak).** *Faire du canoë.*

canoéiste **n.** Personne qui pratique le sport du canoë. **→ céiste.**

canola **n. m.** **(marque enregistrée ; mot anglais, de *Canada* et *Ola* pour *oil low acid* « huile faible en acide »)** Variété de colza sélectionnée pour ses graines oléagineuses à faible teneur en acide érucique ; ces graines. *Huile de canola.*

¹canon **n. m.** **(italien *cannone* « gros tube », de *canna* → canne)** **I. 1.** Pièce d'artillerie servant à lancer des projectiles lourds (obus). *Poudre à canon. Canon antiaérien, antichar. Canon à tir courbe.* **→ mortier, obusier.** ■ **loc.** ***Chair à canon*** : les soldats exposés à être tués. – *Marchand de canons,* d'armes. **2.** Tube (d'une arme à feu). *Le canon d'un fusil. Dimension du canon* **(→ calibre).** – **par ext.** Partie cylindrique d'un objet. *Canon d'une clé.* **3.** *Canon à neige* : appareil qui fabrique et projette de la neige artificielle sur les pistes de ski. ■ **sc.** *Canon à électrons* : dispositif accélérant et rassemblant les électrons en faisceau. **II. au XVIIe siècle** Pièce de toile ornée de dentelle, de rubans qu'on attachait au-dessous du genou. **III. (du sens I, « coup » à boire)** **fam.** Verre de vin. **IV.** Personne très belle. **→ ¹bombe.** – **adj. invar.** Superbe. *Elle est canon.* – *Un film canon.*

²canon **n. m.** **(du latin, du grec « règle », de *kanna* → canne)** **1.** Loi ecclésiastique. – **adj.** *Droit canon* : droit ecclésiastique. **2.** Ensemble des livres reconnus par les Églises chrétiennes comme appartenant à la Bible. ■ *Canon de la messe* : partie essentielle de la messe qui va de la Préface au Pater. **3. didact.** Norme. ■ **arts** Règles pour déterminer les proportions idéales. *Le canon de la beauté.* **→ idéal, type ; canonique. 4.** Composition musicale dans laquelle les voix partent l'une après l'autre et répètent le même chant. *Canon à deux, trois voix.*

canonial, iale, iaux **adj.** **(de *chanoine*, refait d'après le latin *canonicalis*)** **1.** Qui est réglé par les canons **(→ ²canon).** *Heures canoniales.* **2.** Relatif aux chanoines.

canonicat **n. m.** **(du latin, de *canonicus* « chanoine »)** Dignité, office, bénéfice de chanoine.

canonique **adj.** **(du latin, du grec → ²canon)** **1. didact.** *Livres canoniques,* qui composent le canon. **2. loc.** ***Âge canonique*** : âge de quarante ans (minimum pour être servante chez un ecclésiastique). – **fam.** *Être d'un âge canonique,* respectable. **3. didact.** Qui pose une règle ou correspond à une règle. **→ normatif.** – *Beauté canonique.* ■ **math.** De forme simple, servant de modèle. *Forme canonique.* □ **n. f. canonicité** □ **adv. canoniquement**

canoniser **v. tr. < 1 >** **(du latin ecclés., du grec → ²canon)** Reconnaître comme saint. □ **adj. canonisable** □ **n. f. canonisation**

canoniste **n.** Spécialiste du droit canon.

canope

Vases canopes du prêtre d'Amon Padiouf (1069-664 av. J.-C.), musée du Louvre, Paris.

canonnade **n. f.** Tir soutenu d'un ou de plusieurs canons.

canonner **v. tr. < 1 >** Tirer au canon sur (un objectif). **→ bombarder.** □ **n. m. canonnage**

canonnier **n. m.** Soldat qui sert un canon.

canonnière **n. f.** Petit navire armé de canons.

canope **n. m.** **(du grec, du n. de la ville)** **didact.** Vase funéraire égyptien, dont le couvercle représente une tête. – **appos.** *Vase canope.*

Canope Ancienne ville d'Égypte, au N.-E. d'Alexandrie, à l'embouchure de la branche dite *canopique* du Nil. Son temple dédié à Sérapis fut jusqu'au IVe s. un important lieu de pèlerinage. Ville des plaisirs, elle était réputée pour les orgies auxquelles se livraient les Romains.

canopée **n. f.** **(probablt calque de l'anglais *canopy* « dais »)** **didact.** Zone d'une forêt qui correspond à la cime des grands arbres.

Les plantes de la canopée sont collectées depuis une nacelle se déplaçant à la cime des arbres.

Canosa di Puglia Ville d'Italie (Pouilles), 31 445 habitants. Cathédrale romane (XIe s.).

Canossa Village d'Italie (Émilie-Romagne) où l'empereur germanique Henri IV vint implorer le pardon du pape (1077).

canot **n. m.** **(→ canoë ; forme francisée)** **1. vieux ou régional (Canada)** Canoë, kayak, pirogue. **2.** Petite embarcation sans pont (à aviron, rame, moteur, voile). **→ barque, chaloupe.** – *Canot de sauvetage. Canot pneumatique,* gonflable. **→ zodiac.** *Canot automobile.* **→ vedette.**

canoter **v. intr. < 1 >** Se promener en canot, en barque. □ **n. m. canotage**

canoteur, euse **n.** Personne qui fait du canot.

canotier **n. m.** Chapeau de paille à fond plat et à bords étroits.

Canourgue (La) Commune de la Lozère. 2 099 habitants. Église des XIIe-XIVe s. Beffroi.

Canova **(Antonio)** Sculpteur italien (1757-1822). Maître du néoclassicisme, il exécuta à Paris la statue colossale de *Napoléon tenant la Victoire.* Il imita aussi la sculpture antique, lui donnant un caractère gracieux et sensuel *(L'Amour et Psyché)*.

Cánovas del Castillo **(Antonio)** Écrivain et homme politique espagnol (1828-1897). Chef du Parti conservateur, conseiller d'Alphonse XII, plusieurs fois président du Conseil entre 1874 et 1881, il abolit presque toutes les réformes de la République. Il fut assassiné par un anarchiste.

Canrobert **(François Certain)** Maréchal de France (1809-1895). Général et aide de camp de Louis Napoléon Bonaparte, auquel il apporta son soutien lors du coup d'État du 2 décembre 1851, il commanda les forces françaises en Crimée (1854-1855).

cantabile [kɑ̃tabile] **adj.** **(mot italien « chantable ») mus. (d'un mouvement lent)** Chantant. *« Moderato cantabile »* (titre d'un roman de M. Duras). – **adv.** *Jouer cantabile.*

Cantabrie **n. f.** Communauté autonome et province du N. de l'Espagne. 5 289 km². 592 543 habitants. Capitale : Santander. Région de montagnes. Élevage. Mines de zinc, de plomb, d'argent et de manganèse. Grotte préhistorique d'Altamira.

Cantabriques **(monts)** Chaîne de montagnes au N.-O. de l'Espagne, qui prolonge les Pyrénées jusqu'à la Galice. Les monts Cantabriques culminent aux pics d'Europe (2 648 m).

Cantacuzène Famille de l'aristocratie byzantine, qui donna des empereurs à Byzance, des despotes à Mistra et des hospodars aux principautés roumaines.

cantal **n. m.** Fromage de lait de vache fabriqué dans le Cantal. *Des cantals.*

Cantal **(massif ou monts du)** Massif volcanique de l'Auvergne, au cœur du Massif central, culminant à 1 855 m.

Cantal **n. m.** [15] Département français de la Région Auvergne-Rhône-Alpes (→ carte). 5 726 km². 144 379 habitants. Chef-lieu : Aurillac. Chefs-lieux d'arrondissement : Mauriac, Saint-Flour. Le massif volcanique du Cantal occupe l'essentiel du territoire, où prennent leur source de nombreuses rivières (Cère, Maronne, Rhua, Alagnon). Enclavé, dépeuplé, peu industrialisé, le Cantal vit essentiellement de l'élevage bovin, de l'industrie agroalimentaire et du tourisme.

cantaloup [kɑ̃talu] **n. m.** **(de *Cantalupo*, localité italienne)** Melon à côtes rugueuses.

cantate **n. f.** **(de l'italien, de *cantare* → chanter)** Poème lyrique destiné à être mis en musique et chanté ; cette musique. *Une cantate de Bach.*

cantatrice **n. f.** **(de l'italien, de *cantare* → chanter)** Chanteuse professionnelle d'opéra ou de chant classique. **→ diva.**

Canteleu Commune de la Seine-Maritime, dans la banlieue de Rouen. 13 807 habitants.

Canteloube de Malaret **(Marie-Joseph)** Compositeur français (1879-1956). Il transcrivit et harmonisa un grand nombre de chansons populaires. Il laisse deux opéras *(Le Mas ; Vercingétorix)*.

Cantemir **(Antioch Dmitrievitch Kantemir, dit en français)** Poète et diplomate russe (1708-1744). Défenseur des réformes de Pierre le Grand, il s'attaqua aux adversaires de celles-ci dans ses satires *(Contre l'envie et l'orgueil des méchants nobles)*, publiées en français puis en russe. Il fut ambassadeur de Russie en France.

canter [kɑ̃tɛʀ] **n. m.** **(mot anglais, p.-ê. de *Canterbury*, d'après l'allure lente des chevaux des pèlerins de cette ville)** **turf** Galop d'essai d'un cheval de course.

Canterbury Ville d'Angleterre (Kent) à l'E. de Londres. 54 800 habitants. La cathédrale, érigée entre 1070 et 1503, mélange de roman et de gothique, est l'un des édifices religieux les plus célèbres d'Angleterre. Siège de l'archevêque primat d'Angleterre.

cantharide **n. f.** (du grec, de *kantharos* « scarabée ») Insecte coléoptère vert doré et brillant.

cantharidine **n. f.** chim. Substance toxique, supposée aphrodisiaque, que l'on tirait de la poudre de cantharide.

Cần Thơ Ville du Viêtnam méridional, sur la rive du Hâu Giang. 731 500 habitants. Port fluvial.

cantilène **n. f.** (du latin, de *cantilare,* de *cantare* → **chanter**) **1.** littér. Texte lyrique. → **complainte.** « *La Cantilène de sainte Eulalie* » (premier poème en langue romane). **2.** Chant monotone, mélancolique.

cantilever [kɑ̃tilǝvɛʀ ; kɑ̃tilevœʀ] **adj. invar. et n. m.** (mot anglais, de *cant* « rebord » et *lever* « levier ») Qui est suspendu en porte-à-faux (sans câbles). *Pont cantilever.* – **n. m.** *Aile d'avion en cantilever.*

cantine **n. f.** (de l'italien, de *canto* « angle ; coin » → **canton**) **1.** Restaurant d'une collectivité. *La cantine d'une école* (→ **réfectoire**), *d'une entreprise.* **2.** Lieu d'un établissement pénitentiaire où les détenus peuvent faire des achats. **3.** Coffre de voyage, malle rudimentaire (en bois, métal).

cantiner **v. tr.** < 1 > argot Acheter (qqch.) à la cantine d'une prison.

cantinier, ière **n. 1.** Personne qui travaille dans une cantine. **2. n. f.** anciennt Gérante d'une cantine militaire. → **vivandière.**

cantique **n. m.** (du latin, de *cantus* → ^{1}**chant**) **1.** Poème, chant d'action de grâces. **2.** Chant religieux, en langue commune.

Cantique des cantiques (le) Livre de la Bible traditionnellement attribué à Salomon. Mettant en scène l'amour passionné d'une jeune femme et de son bien-aimé, il est interprété comme une allégorie de l'union entre Dieu et son peuple.

canton **n. m.** (du provençal, de *can* « côté, bord » ; famille de ^{2}**chant**) **1.** Chacun des États composant la Confédération helvétique (la Suisse). *Le canton de Berne.* **2.** Division territoriale (en France). *L'arrondissement est divisé en cantons. Chef-lieu de canton.* **3.** Division cadastrale (au Canada). – *Les cantons de l'Est,* au Québec. **4.** admin. *Canton de route, canton de voie ferrée :* portion de voie délimitée en vue de son entretien (→ **cantonnier**).

Canton ou **Guangzhou** Ville de Chine, capitale de la province du Guangdong, sur la rivière des Perles (Zhu Jiang). 9,7 millions d'habitants. Industries. Commerce. Port ouvert au commerce avec les Indiens et les Arabes depuis plusieurs siècles, Canton accueillit les premières ambassades européennes au XVIe siècle.

cantonade **n. f.** (provençal *cantonada,* de *canton* → **canton**) L'intérieur des coulisses d'un théâtre. – loc. *Parler à la cantonade,* à un groupe sans s'adresser à qqn en particulier.

cantonais, aise **adj. et n.** De Canton, de ses habitants. *Riz cantonais :* plat de riz mélangé de légumes, jambon, œufs. – **n.** *Les Cantonais.* ■ **n. m.** Dialecte chinois de la région de Canton.

cantonal, ale, aux **adj. I.** (en Suisse) Du canton (1). *Lois cantonales* (opposé à *fédéral*). **II.** (en France) Du canton (2). *Élections cantonales,* élisant les conseils généraux (jusqu'en 2011).

cantonnement **n. m.** Action de cantonner des troupes ; lieu où elles cantonnent. → **bivouac, campement.**

cantonner **v. tr.** < 1 > (de *canton*) **1.** Établir, faire séjourner (des troupes) en un lieu. – **intrans.** S'installer, séjourner. « *Les divers hôtels où les troupes devaient cantonner* » (Carco). **2.** Établir (qqn) d'autorité dans un lieu, dans un état. ■ **se cantonner v. pron.** Limiter ses activités. *Se cantonner dans ses études, dans ses recherches.* → **se borner.**

cantonnier, ière **n.** Personne qui travaille à l'entretien des routes, des voies ferrées.

cantonnière **n. f.** (de *canton* « coin ») Bande d'étoffe qui masque le haut des rideaux.

Cantor (Georg) Mathématicien allemand (1845-1918). Initiateur de la théorie des ensembles, il étudia le concept d'infini, provoquant une profonde révision des mathématiques. Il définit les ensembles dénombrables, les ensembles dérivés, les nombres cardinaux et ordinaux.

cantre **n. m.** (probablt du radical du latin *cantherius* → **chantier**) techn. Partie de l'ourdissoir* où sont enfilées les bobines.

canular **n. m.** (de *canuler*) fam. Blague, farce ; fausse nouvelle.

canule **n. f.** (du latin, de *canna* → **canne**) Tube utilisé pour faire passer de l'air, un liquide dans un conduit de l'organisme.

canuler **v. tr.** < 1 > (de *canule*) fam., vieilli Ennuyer, importuner. → **fatiguer.**

canut, canuse **n.** (p.-ê. de *canne* « bobine de fil ») régional Ouvrier, ouvrière de l'industrie de la soie (Lyon).

Canut en danois **Knud,** en suédois **Knut** Nom de plusieurs rois de Danemark. ■ **Canut II,** dit le Grand (v. 995-1035). Roi de Danemark (1018-1035), d'Angleterre (1017-1035) et de Norvège (1030-1035). Il acheva la conquête de l'Angleterre et se fit le protecteur de l'Église. ■ **Canut III** (mort en 1042). Roi de Danemark (1035-1042) et d'Angleterre (1040-1042). Fils de Canut II. Sa mort marqua la fin de la dynastie danoise en Angleterre.

Canuts (révolte des) Insurrection des ouvriers de la soie *(canuts)* à Lyon en 1831. Provoquée par l'insuffisance des salaires, elle fut durement réprimée par le gouvernement Casimir-Perier.

canyon [kanjɔn ; kanjɔ̃] **n. m.** (espagnol *cañón,* de *caña* « roseau ; tube », proprt « gros tuyau » → **canne**) Gorge aux parois abruptes, creusée par un cours d'eau. *Les canyons du Colorado.* - var. **cañon** [kaɲɔn].

canyoning [kanjɔniŋ] ou **canyonisme** **n. m.** (de *canyon*) Sport associant la marche, l'escalade et la nage en eau vive. □ **n. canyoniste**

canzone [kɑ̃tzɔne] **n. f.** (mot italien, du latin *cantio* « chant ») **1.** Chanson populaire italienne. **2.** Petit poème italien divisé en stances égales, et terminé par une stance plus courte. *Des canzones.*

CAO [seao] **n. f.** Sigle de *conception assistée par ordinateur.*

Cao Bằng Ville du N. du Viêtnam. 34 200 habitants. Lieu de la première victoire du Viêt-minh sur les troupes françaises (1950).

Cao Cao ou **Ts'ao Ts'ao** Chef militaire et poète chinois (155-220). Il ouvrit la voie à la dynastie de Wei, dont son fils se proclama l'empereur. Il a laissé des poèmes et des proses.

Cao Đài Religion syncrétiste vietnamienne fondée en 1920, empruntant des éléments au bouddhisme, au taoïsme, au confucianisme et au christianisme et affirmant la venue d'une grande religion salvatrice.

caodaïsme **n. m.** (du vietnamien *Cao daï* « être suprême ») didact. Religion philosophique reconnue au Viêtnam en 1926 mêlant bouddhisme, taoïsme et divers éléments de toutes les religions.

Cao Kun ou **Tsao K'ouen** Maréchal chinois (1862-1938). Chef militaire de la Chine du Nord, il devint président de la République (1923-1924) grâce à la corruption des parlementaires.

caoua **n. m.** (mot arabe d'Algérie « café ») fam. Café (la boisson). *Un bon caoua.* - var. **kawa.**

caouane **n. f.** (espagnol *caouana,* d'une langue des Caraïbes) Grande tortue de mer. → ^{2}**caret.**

caoutchouc [kautʃu] **n. m.** (de l'espagnol, de la langue maya) **1.** Substance élastique, imperméable, provenant du latex de certaines plantes ou fabriquée artificiellement. → ^{1}**gomme.** *Caoutchouc synthétique.* **2.** vieilli Vêtement caoutchouté (→ **imperméable**). – Bracelet élastique. **3.** Plante d'appartement (ficus) à feuilles épaisses et brillantes.

caoutchouter **v. tr.** < 1 > Enduire de caoutchouc. – au p. p. *Tissu caoutchouté,* imperméabilisé. □ **n. m. caoutchoutage**

caoutchouteux, euse **adj.** Qui a la consistance ou l'aspect du caoutchouc.

Cao Xueqin ou **Ts'ao Sine-k'in** appelé aussi **Cao Zhan** ou **Ts'ao Tchan** Écrivain chinois (1715-1763). Il est l'auteur du roman d'amour d'inspiration bouddhique *Histoire de la pierre,* inachevé, connu sous le titre *Le Rêve dans le pavillon rouge.*

Cao Yu ou **Ts'ao Yu (Wan Jiabao** ou **Wan Kia-pao,** dit) Auteur dramatique chinois (1910-1996). Il fut le premier à écrire des pièces dans le style occidental. *L'Orage.*

Cao Zhi ou **Ts'ao Tche** Poète chinois (192-232). Fils de l'homme politique et poète Cao Cao. Ses poèmes inspirés des chants populaires ont eu une grande influence. Il est l'auteur de la célèbre *Ballade de la déesse de la rivière Luo.*

cap **n. m.** (ancien provençal *cap* « tête » ; vient du latin *caput* → **chef**) **I.** loc. *De pied en cap :* des pieds à la tête (→ **complètement**). **II. 1.** Pointe de terre qui s'avance dans la mer. → **pointe, promontoire.** *Le cap Horn. L'Europe, « un petit cap du continent asiatique »* (Valéry). **2.** Limite. loc. fig. *Franchir,*

canyon

Canyon formé par le Colorado à Horseshoe Bend, Arizona (États-Unis).

dépasser le cap de la trentaine. **3.** Direction d'un navire. *Mettre le cap sur :* se diriger vers.

CAP [seape] **n. m. invar. (sigle de *certificat d'aptitude professionnelle*)** Diplôme délivré aux élèves d'une école professionnelle.

Cap (Le) Capitale législative de l'Afrique du Sud, à l'extrême S.-O. du pays, sur la baie de la Table. 1 911 520 habitants. Port d'exportation. Raffinerie de pétrole. Centre industriel. La ville, ainsi nommée en raison de la proximité du cap de Bonne-Espérance, fut fondée par les Hollandais en 1652, puis devint possession britannique en 1806.

Capa (André Friedmann, dit Robert) Photographe américain d'origine hongroise (1913-1954). Sa photo de la mort d'un soldat républicain espagnol *(Bataille des sierras)* fit le tour du monde. Avec Cartier-Bresson, il fonda l'agence Magnum. Correspondant de guerre pour *Life,* il fut tué par une mine au Viêtnam.

Robert Capa, photo de George Rodger, Naples (1943).

capable adj. (du latin ecclés., de *capere* « prendre ; comprendre » → capter, chasser) I. 1. *Capable de qqch. :* qui est en état, a le pouvoir d'avoir (une qualité), de faire (qqch.). *Capable de tout, du pire.* **2.** *Capable de (+ inf.).* **→ apte à, propre à, susceptible de.** *Elle est capable de réussir.* **3.** Qui a de l'habileté, de la compétence. **→ adroit, habile. 4. dr.** Qui a les qualités requises par la loi pour exercer un droit. *Capable de voter.* **II. math. (idée de « qui contient »)** *Arc capable d'un segment AB sous un angle donné :* ensemble des points qui voient les points A et B sous l'angle donné (cet ensemble dessinant un arc de cercle).

capacimètre n. m. (de *capaci[té]* et *-mètre*) électr. Appareil pour la mesure des capacités électriques.

capacitaire n. Titulaire de la capacité en droit.

capacité n. f. (du latin, de *capax* « qui peut contenir » → capable) I. 1. Propriété de contenir une quantité de substance. **→ contenance, mesure, volume.** *La capacité d'un récipient. Mesures de capacité.* **2. sc.** *Capacité thermique* ou *calorifique d'un corps :* quantité de chaleur à fournir pour augmenter sa température de 1 °C. ■ **inform.** *Capacité d'une mémoire :* quantité de données qu'elle peut contenir. **II. 1.** Puissance, pouvoir (de faire qqch.). **→ aptitude, force.** *« La vraie mesure du mérite du cœur,* [c'est] *la capacité d'aimer »* (Mme de Sévigné). **–** *L'usine a doublé sa capacité de production.* **2.** Qualité d'une personne qui est en état de comprendre, de faire (qqch.) **[opposé à *incapacité*]. → compétence, faculté.** *Avoir une grande capacité de travail.* **→ puissance. – au plur.** Moyens, possibilités. *Capacités intellectuelles.* **3. dr.** Aptitude juridique à agir valablement, à exercer droits et obligations. **→ capable. 4.** *Capacité en droit,* diplôme délivré après deux ans d'études.

caparaçon n. m. (de l'espagnol, p.-ê. de *capa* → cape) Harnais d'ornement ou de protection dont on équipe les chevaux.

caparaçonner v. tr. < 1 > Revêtir, couvrir (un cheval) d'un caparaçon. **– fig.** Recouvrir pour protéger.

Cap (Le)

La ville du Cap, surmontée par la montagne de la Table (1 086 m), accessible par téléférique.

Capazza (Louis) Inventeur et aéronaute français (1862-1928). Il réalisa la première traversée de la Manche en dirigeable, en 1910.

Cap-Breton (île du) Île de l'E. du Canada (Nouvelle-Écosse), à l'entrée du golfe du Saint-Laurent. Ville principale : Cape Breton. L'île fit partie de l'Acadie avant de devenir britannique (1758).

Capbreton Commune des Landes. 9 181 habitants. Port de plaisance et station balnéaire.

Capcir ou **Capsir n. m.** Région des Pyrénées-Orientales dans le bassin supérieur de l'Aude.

Cap-d'Agde (Le) Station balnéaire de l'Hérault (commune d'Agde). Musée d'archéologie sous-marine.

Cap d'Ail Commune des Alpes-Maritimes, sur la Côte d'Azur. 4 517 habitants. Station balnéaire.

Cap-de-la-Madeleine Ancienne ville du Canada (Québec) sur la rive gauche du Saint-Laurent, fusionnée dans la ville de Trois-Rivières.

Capdenac Commune du Lot, sur le Lot. 1 112 habitants. Vestiges gallo-romains. Remparts XIIe-XVe siècles.

cape n. f. (provençal « capuchon », du latin *cappa* → chape) I. 1. Vêtement de dessus, sans manches, qui enveloppe le corps et les bras. **→ houppelande, pèlerine. – loc.** *Histoire, roman de cape et d'épée,* dont les personnages sont des héros chevaleresques. **2. loc. fig.** *Rire sous cape,* en cachette. **3.** Feuille de tabac qui forme l'enveloppe d'un cigare. **II. mar.** *À la cape :* en réduisant la voilure. **→ capeyer.**

capé, ée adj. (de l'anglais *cap* « casquette ») 1. sport Se dit d'un sportif sélectionné en équipe nationale. ■ **par ext.** Qui a remporté de nombreuses victoires. *Nageuse très capée.* **2. par ext.** Qui a reçu de nombreux prix. **–** Très qualifié, expérimenté.

Cape Breton Ville du Canada (Nouvelle-Écosse), à l'extrémité orientale de l'île du Cap-Breton. 90 000 habitants. Port. Industries. Tourisme.

Čapek (Karel) Écrivain tchèque (1890-1938). Il publia des nouvelles puis du théâtre dramatique. Ses œuvres de science-fiction reflètent l'atmosphère dramatique de son époque. *RUR, les robots universels de Rossum* est la plus célèbre de ses pièces. Il écrivit aussi des récits de voyage et des romans psychologiques. Il fut le grand écrivain de la Ire République tchèque, dont la liquidation précéda de peu sa propre mort.

capelage n. m. mar. 1. Ensemble des boucles qui fixent les cordages du gréement. **2.** Partie du mât portant le capelage.

capelan n. m. (mot occitan « curé, chapelain ») Poisson de mer osseux. *Grand, petit capelan.*

capeler v. tr. < 4 ou RO 5 > (mot probablt normand, de *capel* « chapeau ») mar. Entourer d'une boucle de cordage, d'une bague.

capelet n. m. (mot provençal « chapelet ») vétér. Tumeur qui se développe à la pointe du jarret du cheval.

capeline n. f. (ancien provençal → cape) Chapeau de femme à très larges bords souples.

Capeluche Bourreau de Paris de 1411 à 1418. Chef des bourguignons, il mourut décapité.

CAPES [kapɛs] **n. m.** Sigle de *certificat d'aptitude au professorat de l'enseignement secondaire.* □ **adj. et n. capésien, ienne** [kapesjɛ̃, jɛn]

Capesterre-Belle-Eau Commune de la Guadeloupe (Basse-Terre). 17 628 habitants. Eau minérale.

Capet Surnom donné à Hugues Ier, fondateur de la dynastie des Capétiens, probablement par allusion à la cape à laquelle son titre d'abbé lui donnait droit. Pendant la Révolution française, il fut attribué comme nom roturier à Louis XVI et à sa famille.

Capet (Lucien) Compositeur et violoniste français (1873-1928). Il composa de la musique de chambre et fonda un quatuor à cordes longtemps célèbre dans le monde entier.

capétien, ienne [kapesjɛ̃, jɛn] **adj. et n. (de *Capet*)** Relatif à la dynastie des Capétiens, à leur époque. *La dynastie capétienne.* **– n.** *Un Capétien.*

Capétiens Dynastie des rois de France qui succéda aux Carolingiens en 987, avec Hugues Capet, et régna en ligne directe jusqu'à Charles IV le Bel (1328).

capeyer [kapeje] **v. intr. < 1 > (de *cape* [II]) mar.** Être à la cape.

Cap-Ferret Station balnéaire de la Gironde, à l'entrée du bassin d'Arcachon. Ostréiculture.

Cap-Haïtien Ville portuaire de la république d'Haïti. 262 000 habitants. Exportation de café et de cacao. La ville fut la capitale de la colonie de Saint-Domingue jusqu'en 1770.

capharnaüm [kafaʀnaɔm] **n. m. (n. de la ville) fam.** Lieu qui renferme beaucoup d'objets en désordre. **→ bazar, bric-à-brac.**

Capharnaüm Ville de Galilée où les Évangiles situent le centre de la prédication de Jésus avant sa montée à Jérusalem.

cap-hornier n. m. (de *cap Horn*) anciennt 1. Grand voilier qui passait par le cap Horn (où la mer est très dangereuse). *Des cap-horniers.* **2.** Marin naviguant sur ces voiliers.

capillaire [kapilɛʀ] **adj. (du latin, de *capillus* « cheveu ») I. 1.** Se dit des vaisseaux sanguins les plus fins (dernières ramifications). *Veines, vaisseaux capillaires ;* **n. m.** *les capil-*

laires. – phys. *Tube capillaire,* très fin. **2.** Relatif aux cheveux, à la chevelure. *Lotion capillaire.* **II.** bot. Fougère (polypodiacée) à pétioles très fins.

capillarite [kapilaʀit] **n. f.** (du latin *capillaris* « capillaire » et *-ite*) méd. Altération des petits vaisseaux cutanés.

capillarité [kapilaʀite] **n. f. 1.** État de ce qui est fin comme un cheveu. **2.** Phénomènes qui se produisent à la surface des liquides (dans les tubes *capillaires,* notamment) et à la surface de séparation de deux fluides rencontrant une paroi solide.

capilliculture [kapilikyltyʀ] **n. f.** (du radical du latin *capillus* « cheveu » et *-culture*) didact. ou comm. Spécialité professionnelle des soins donnés aux cheveux. ▫ **n. capilliculteur, trice**

capilotade **n. f.** (espagnol *capirotada* « préparation qui recouvre un mets », du gascon, de *capa* → cape) fam. *En capilotade :* en piteux état, en miettes. → en **marmelade.** *J'ai le dos en capilotade.*

capitaine **n.** (du latin, de *caput* « tête » → chef) **I. 1. n. m.** littér. Chef militaire. *Les grands capitaines de l'Antiquité.* **2.** (en France) Officier qui commande une compagnie dans les armées de terre et de l'air. – *Un, une capitaine de gendarmerie. Capitaine des pompiers.* **3.** Officier qui commande un navire de commerce (sur les bateaux de pêche : *patron*). « *Ô combien de marins, combien de capitaines* [...] » (Hugo). → **commandant.** *Capitaine de port,* chargé de la police d'un port. **4.** *Capitaine de corvette, de frégate, de vaisseau :* grades d'officiers supérieurs dans la marine militaire française. **5.** Chef (d'une équipe sportive). **II. n. m.** (Afrique) Gros poisson d'eau douce, à la chair estimée.

capitainerie **n. f.** mar. Bureau du capitaine de port.

[1]**capital, ale, aux** **adj.** (du latin, de *caput* « tête ») **1.** Qui est le plus important, le premier. → **essentiel, fondamental, primordial, principal.** *Un évènement capital.* **2.** *Peine capitale :* peine de mort.

[2]**capital, aux** **n. m.** (p.-ê. italien *capitale* « somme principale » → [1]capital) **1.** Somme d'argent que l'on possède ou que l'on prête (opposé à *intérêt*). **2.** Ensemble des biens que l'on fait valoir dans une entreprise. *Capital en nature* (terres, bâtiments, matériel). *Capital en valeur* (argent, fonds). *Capital social :* montant des richesses apportées par les associés dont on assure le maintien dans le patrimoine. *Engager, investir des capitaux. Augmentation de capital.* ■ Patrimoine. *Avoir un joli capital.* – fig. Ensemble de ressources. *Capital de relations* ou *relationnel. Capital santé.* **3.** absolt Richesse destinée à produire un revenu ou de nouveaux biens ; moyens de production. *Le capital provient du travail et des richesses naturelles.* « *Le Capital* » (œuvre principale de Karl Marx). – *Les capitaux :* les sommes en circulation. *Fuite des capitaux. Capitaux fébriles* ou *flottants :* capitaux très mobiles, spéculatifs. **4.** Ensemble de ceux qui possèdent les moyens de production. → **capitaliste.** *Le capital et le prolétariat.*

capitale **n. f.** (de *ville capitale*) **1.** Ville qui occupe le premier rang dans un État, une province ; siège du gouvernement. *Rome, capitale de l'Italie. Capitale fédérale.* – Ville la plus importante dans un domaine. *Limoges, capitale de la porcelaine.* **2.** (de *lettre capitale*) Grande lettre. → **majuscule.** *Les titres sont imprimés en capitales.*

capitaliser **v.** < 1 > **1. v. tr.** Transformer en capital ([2]). *Capitaliser des intérêts.* – fig. *Capitaliser des connaissances.* **2. v. intr.** Amasser de l'argent. → **thésauriser. 3. v. tr. ind.** *Capitaliser sur :* tirer profit de. *L'équipe veut capitaliser sur sa victoire pour redorer son image.* ▫ **adj. capitalisable** ▫ **n. f. capitalisation**

capitalisme **n. m. 1.** Régime économique et social dans lequel les capitaux, source de revenu, les moyens de production et d'échange appartiennent, en règle générale, à des personnes privées. *Capitalisme d'État.* → **étatisme. 2.** Ensemble des capitalistes, des pays capitalistes. *Le capitalisme international.*

▶ Le terme **capitalisme,** apparu en 1753, a été vulgarisé au XIXe siècle par des socialistes français (Proudhon, Blanqui) qui désignaient ainsi le système économique et social de l'époque en termes polémiques. Le capitalisme est d'abord caractérisé par une logique d'accumulation du capital. Le capital constitue en effet la capacité productive de l'entreprise et la finalité du « jeu » capitaliste à travers la recherche du profit. C'est un système caractérisé également par la propriété privée des moyens de production et la décentralisation des décisions économiques et sociales de ses unités élémentaires. Sur le marché, des mécanismes de prix concurrentiels régulent la répartition des ressources. L'individualisme et la rationalité apparaissent comme des singularités culturelles du capitalisme (par rapport à des sociétés traditionnelles). La raison est mise au service de l'accumulation de richesses.
Depuis qu'il s'est constitué (au Moyen Âge en Italie selon l'historien Fernand Braudel), le capitalisme s'est transformé. Un capitalisme marchand et bancaire s'épanouit aux XVIe et XVIIe siècles autour du commerce intercontinental. Le capitalisme industriel émerge au XIXe siècle en Occident avec l'essor des grandes manufactures. Au XXe siècle, le capitalisme apparaît relativement plus stable et plus protecteur vis-à-vis des individus (développement de l'État-providence...) que le système socialiste des économies de type soviétique. Depuis les années 1980, un capitalisme actionnarial ou « financier » a émergé, plus concurrentiel, dominé par des réseaux commerciaux et financiers transnationaux mobiles. Différents modèles de capitalisme peuvent être identifiés suivant le rôle joué par l'État (distinction faite entre capitalisme anglo-saxon et capitalisme rhénan par l'économiste américain Michael Albert).
voir aussi **libéralisme économique, marxisme**

capitaliste **1. n.** Personne qui possède des capitaux. – fam. Personne riche. **2. adj.** Relatif au capitalisme. → **libéral.** *Les pays capitalistes.*

capitalistique **adj.** (de [2]*capital*) Relatif au capital. *Contrôle capitalistique d'un groupe.* – Qui utilise une forte proportion de capital par rapport au travail. *Industrie capitalistique.*

capital-risque **n. m.** (calque de l'anglais *venture capital*) Financement de la création ou du développement d'une entreprise à risque mais à fort potentiel, sous la forme d'une prise de participation. *Société de capital-risque. Des capitaux-risques.*

capital-risqueur, euse **n.** (de *capital-risque*) Investisseur, investisseuse qui pratique le capital-risque. *Les capitaux-risqueurs* ou *les capital-risqueurs.*

capitan **n. m.** (italien *capitano*) vieilli Personnage ridicule, d'une bravoure affectée. → **bravache, fanfaron,** vieilli **matamore.**

capitation **n. f.** (latin *capitatio* « impôt par tête », de *caput, capitis* → chef) hist. Impôt, taxe levée par individu jusqu'en 1789. → **prestation.**

capiteux, euse **adj.** (italien *capitoso* « obstiné », du latin *caput* « tête ») Qui monte à la tête, qui produit une certaine ivresse. → **enivrant, excitant.** *Parfum capiteux.*

capitole **n. m.** (de l'occitan → capitoul) Édifice public où se concentre la vie municipale et politique, dans certaines villes. *Le Capitole de Toulouse.*

Capitole ou **Capitolin** Nom donné à l'une des sept collines de Rome et à l'ensemble des édifices qu'elle supporte. Site légendaire de l'allaitement de Romulus par la louve, cette colline était le centre religieux de la Rome antique. L'actuelle place du Capitole a été dessinée par Michel-Ange en 1546. Le nom de capitole a été donné depuis à des édifices publics, comme le *Capitole de Washington,* palais où siègent le Sénat et la Chambre des représentants des États-Unis.

capitolin, ine **adj.** (latin *capitolinus*) Du Capitole. *Le mont Capitolin* ou *le Capitolin. La triade capitoline :* Jupiter, Junon, Minerve.

capiton **n. m.** (italien *capitono* « grosse tête », du latin *caput* « tête ») **1.** Chacune des divisions formées par la piqûre sur la surface d'un tissu rembourré. **2.** physiol. Amas graisseux dans les tissus.

capitonnage **n. m.** Action de capitonner ; rembourrage.

capitonner **v. tr.** < 1 > Garnir de capitons, rembourrer en piquant (l'étoffe) d'espace en espace. *Capitonner une porte.* – au p. p. *Fauteuil capitonné.*

capitoul **n. m.** (mot languedocien, de *senhor de capitoul ;* latin ecclés. *capitulum* « chapitre ») hist. Magistrat municipal de Toulouse.

capitulaire (du latin, de *capitulum* → chapitre) **1. adj.** Relatif aux assemblées d'un chapitre (de religieux). *La salle capitulaire d'un monastère.* **2. n. m.** hist. Ordonnance des rois et empereurs francs.

capitulard, arde **n. et adj.** péj. Partisan de la capitulation.

capitulation **n. f. 1.** Action de capituler (→ **reddition**) ; convention réglant cette reddition. *Capitulation sans conditions.* **2.** au plur. hist. Conventions qui réglaient les droits des sujets chrétiens en pays musulman.

capitule **n. m.** (du latin, de *caput* « tête ») bot. Partie d'une plante formée de fleurs insérées les unes à côté des autres sur l'extrémité élargie du pédoncule, formant une seule fleur. *Capitule du tournesol.*

capituler **v. intr.** < 1 > (latin *capitulare,* de *capitulum* « article de traité » → chapitre) **1.** Se rendre à un ennemi par un pacte. **2.** fig. Abandonner sa position, s'avouer vaincu. → **céder.**

Caplet (André) Compositeur et chef d'orchestre français (1878-1925). Il composa des œuvres d'inspiration mystique. *Messe à trois voix.*

capodastre **n. m.** (de l'italien *capo tasto,* mot à mot « début de touche ») mus. Pince qui se fixe sur le manche d'une guitare et qui permet de modifier la tonalité de l'instrument.

Capo d'Istria ou **Kapodístrias** (Jean Antoine, comte de) Homme d'État grec (1776-1831). Acteur de l'indépendance grecque, il fut élu président de la nation en 1827 et mena une politique autoritaire. Il mourut assassiné.

capoeira [kapɔɛiʀa] **n. f.** (mot brésilien, du tupi) Danse brésilienne qui enchaîne des figures acrobatiques et des mouvements de combat. ▫ **n. capoeiriste**

capon, onne **adj. et n.** (forme régionale de *chapon*) vieux Peureux.

Capone (Alphonse, dit Al) Gangster américain d'origine italienne (1899-1947). Chef d'un gang de Chicago, il contrôla les différents trafics (alcool, drogue, prostitution) au temps de la prohibition.

caponnière **n. f.** (italien *capponiera* « cage à chapons ») fortifications Chemin protégé établi dans un fossé à sec d'une place forte.

caporal, ale, aux **n.** (de l'italien, de *capo* « tête » → chef) **1.** Militaire qui a le grade le moins élevé dans les armes à pied, l'aviation. → **brigadier.** – *Le Petit Caporal :* Napoléon Ier. – *Caporal-chef, caporale-chef :* militaire qui a le grade supérieur au caporal. *Des caporaux-chefs.* **2.** Tabac à fumer, très fort.

caporalisme **n. m.** Autoritarisme tyrannique.

[1]**capot** **n. m.** (de *cape* « ce qui recouvre ») Couverture métallique protégeant un moteur. *Le capot d'une automobile. Regarder sous le capot,* fig. observer le fonctionnement de qqch.

[2]**capot** **adj. invar.** (p.-ê. de *caper* « se cacher », de *cape*) Qui n'a fait aucune levée, aux cartes.

capote **n. f.** (de *capot*) **1.** anciennt Grand manteau à capuchon. – Grand manteau militaire. **2.** Couverture mobile de certains véhicules. *La capote d'un cabriolet.* **3.** fam. Préservatif masculin.

Capote (Streckfus Persons, devenu Truman) Romancier américain (1924-1984). Il laisse des œuvres majeures aux tonalités différentes : roman léger et mordant *(Petit Déjeuner chez Tiffany)*, ou chronique très personnelle d'un fait divers sanglant *(De sang-froid)*. Son dernier roman, *Prières exaucées*, est resté inachevé.

Truman Capote à Portofino dans les années 1950.

[1]**capoter** v. tr. < 1 > (de *capote* [2]) Garnir d'une capote ; fermer la capote de. *Capoter une voiture.* □ n. m. [1]**capotage**

[2]**capoter** v. intr. < 1 > (de *faire capot* « chavirer ») **1.** (bateau, avion, véhicule) Être renversé, se retourner. *Le bateau a capoté.* → **chavirer. 2.** fig. Échouer. *Le projet a capoté.* **3.** (Canada) Devenir un peu fou. □ n. m. [2]**capotage**

Capoue Ville d'Italie (Campanie), sur le Volturno. 19 040 habitants. À 4 km s'élevait l'ancienne Capoue, qui fut fondée par les Étrusques. Hannibal s'en empara en –215 et y fit résider des troupes, qui y perdirent leur combativité (les « délices de Capoue »).

Capp (Alfred Gerald Caplin, dit Al) Dessinateur et humoriste américain (1908-1979). Il est connu pour sa bande dessinée peignant la vie d'une famille modeste de Blancs du Sud *(Li'l Abner)*.

Cappadoce n. f. Région d'Asie Mineure, appartenant aujourd'hui à la Turquie. Elle est formée de plateaux volcaniques situés autour de Kayseri. Elle fut occupée dès le –IIe millénaire par les Hittites. Elle fut l'un des premiers foyers du christianisme en Asie. Du VIIIe au XIIIe s., des communautés monastiques byzantines aménagèrent des églises et des couvents dans le relief volcanique.

Cappelle-la-Grande Commune du Nord dans la banlieue de Dunkerque. 7 953 habitants.

Cappiello (Leonetto) Peintre, dessinateur, caricaturiste et affichiste français d'origine italienne (1875-1942). Pionnier du message publicitaire, il exécuta des affiches aux couleurs vivement contrastées et souvent pleines d'humour. *Kub.*

cappuccino [kaputʃino] n. m. (mot italien → capucin, à cause de la couleur) Café noir serré nappé de crème mousseuse. *Des cappuccinos.*

Capra (Frank) Cinéaste américain d'origine italienne (1897-1991). Il réalisa des films marqués par l'optimisme et la foi en l'homme, surtout avant l'entrée en guerre des États-Unis, en 1941. *New-York-Miami ; Monsieur Smith au Sénat ; Arsenic et vieilles dentelles ; La vie est belle.*

câpre n. f. (de l'italien, du latin, du grec) Bouton à fleur du câprier que l'on confit dans le vinaigre pour servir d'assaisonnement.

Caprera Petite île d'Italie, au N.-E. de la Sardaigne. Maison et tombe de Garibaldi.

Capri Petite île d'Italie, dans la mer Tyrrhénienne, fermant le golfe de Naples. 10 km². 12 500 habitants. Tourisme. L'empereur Tibère y séjourna dans des grottes aménagées et y mourut.

capricant, ante adj. (du latin *capra*, avec le *c* médian de *capricorne*) didact. Inégal, saccadé, sautillant. *Pouls capricant.*

capriccio [kapʀitʃjo] n. m. (mot italien « caprice » → caprice) mus. Morceau instrumental de forme libre, de caractère folklorique. *Capriccio espagnol. Des capriccios.*

caprice n. m. (italien *capriccio*, de *caporiccio*, de *capo* « tête ») **1.** Envie subite et passagère, fondée sur la fantaisie et l'humeur. → **désir ; boutade, lubie, tocade.** *Avoir des caprices.* – Amour passager. → **béguin, tocade.** – (enfants) Exigence accompagnée de colère. *On lui passe tous ses caprices.* **2.** au plur. (choses) Changements fréquents, imprévisibles. *« Les caprices du hasard ou les jeux de la fortune »* (La Bruyère). *Les caprices de la mode.* **3.** mus → **capriccio.**

capricieux, ieuse adj. (de l'italien → caprice) **1.** Qui a des caprices. → **fantasque, instable.** *Enfant capricieux.* – **n.** *Un capricieux.* **2.** (choses) Dont la forme, le mouvement varie de manière imprévue. → **irrégulier.** *Un temps capricieux.* □ **adv. capricieusement**

capricorne n. m. (du latin, de *capra* → chèvre et *cornu* → corne) **1.** Animal fabuleux, à tête de chèvre et queue de poisson. ■ (avec maj.) Constellation zodiacale et dixième signe du zodiaque (21 décembre-19 janvier). – *Être Capricorne*, de ce signe. **2.** Coléoptère (cérambycidé) dont la larve creuse de longues galeries notamment dans le chêne. → **cérambyx.**

Capricorne Constellation zodiacale ; dixième signe du zodiaque.

Capricorne (tropique du) Parallèle de l'hémisphère terrestre Sud (latitude 23°26′ S), limite méridionale de la zone tropicale.

câprier n. m. Arbuste à tige souple (capparidacée) produisant les câpres.

caprification n. f. (latin *caprificus* « figuier à bouc ») agric. Opération qui consiste à suspendre parmi les branches d'un figuier cultivé des figues sauvages (ou *caprifigues* **n. f.**), pour faciliter la fécondation (par l'intermédiaire d'un insecte).

caprifoliacée n. f. (du latin *caprifolium* → chèvrefeuille) Plante angiosperme arbustive ou grimpante (famille des *Caprifoliacées* ; ex. le chèvrefeuille, le sureau, la viorne).

caprin, ine (latin *caprinus*, de *capra* → chèvre) didact. **1. adj.** Relatif à la chèvre. *Races caprines.* **2. n. m. pl.** *Les caprins* : sous-famille de bovidés comprenant les chèvres, les moutons et les chamois.

capriné n. m. (du latin *capra* « chèvre ») zool. Mammifère ruminant, aux cornes côtelées rabattues vers l'arrière, de la famille des bovidés (sous-famille des *Caprinés* ; ex. la chèvre, le bouquetin, le chamois, le mouton). - syn. **caprin.**

Capra (Frank)

Frank Capra et James Stewart sur le tournage de *La vie est belle* (1946).

caprique adj. (du latin *capra* « chèvre ») chim. *Acide caprique* : acide gras saturé à dix atomes de carbone.

Caprivi (Leo, comte de) Général et homme politique prussien (1831-1899). Successeur de Bismarck à la chancellerie, il mena une politique libérale sur le plan intérieur et consolida la Triple-Alliance sur le plan extérieur.

Caproni (Giorgio) Poète italien (1912-1990). Il fut aussi journaliste et traducteur. *Le Mur de la terre.*

caprylique adj. (du latin *capra* « chèvre ») chim. *Acide caprylique* : acide gras saturé à huit atomes de carbone.

capselle n. f. (latin *capsella* « coffret », de *capsa* « boîte » → capsule) bot. Plante herbacée des chemins, appelée aussi *bourse-à-pasteur.*

capside n. f. (du latin *capsa* « boîte » → capsule) biol. Coque protéique qui entoure le matériel génétique d'un virus.

capsien, ienne n. m. (du n. latin de Gafsa) Faciès culturel et industriel préhistorique (fin du paléolithique) de plusieurs régions du Maghreb. – **adj.** *Restes de type capsien.*

capsule n. f. (du latin, de *capsa* → caisse) **1.** anat. Membrane, cavité en forme de poche, de sac. *Capsule synoviale.* – bot. Fruit dont l'enveloppe est sèche et dure. *Capsule de coton.* **2.** Enveloppe soluble dont on enrobe certains médicaments. **3.** Petite coupe de métal garnie de poudre (armes à feu). → **amorce. 4.** Calotte de métal qui sert à fermer une bouteille (→ **décapsuler**). **5.** Conditionnement rigide contenant une dose de produit. *Capsule de café.* **6.** *Capsule spatiale*, habitacle d'un engin spatial. **7.** Émission de radio ou de télévision de très courte durée. → **pastille. 8.** comm. *Collection capsule*, ou ellipt *une capsule* : collection (de prêt-à-porter, etc.) en série limitée.

capsule-congé n. f. Capsule que l'on appose sur les bouteilles de vin et d'alcool, portant l'attestation du paiement des taxes fiscales. *Des capsules-congés.*

capsuler v. tr. < 1 > Boucher avec une capsule. □ n. m. **capsulage**

captateur, trice n. (latin *captator*, de *captare* → capter) dr. Personne qui use de captation.

captatif, ive adj. (du radical du latin *captare* → capter) psych. Qui cherche à accaparer, à prendre pour soi. → **possessif.** *Amour captatif* (opposé à *amour oblatif*). □ n. f. **captativité**

captation n. f. (latin *captatio*, de *captare* → capter) **1.** dr. Manœuvre répréhensible en vue de pousser qqn à consentir une libéralité, une donation. → **dol, suggestion. 2.** Action de capter, de recueillir. *Captation des eaux.* **3.** audiovisuel Enregistrement vidéo (d'un spectacle, d'une manifestation).

captcha n. m. (sigle anglais de *Completely Automated Public Turing test to tell Computers and Humans Apart* « test de Turing entièrement automatisé pour différencier les ordinateurs des humains ») inform. Test requis pour accéder à certains services sur Internet, qui consiste à saisir une courte séquence visible sur une image, afin de différencier les utilisateurs humains d'éventuels robots malveillants. ■ L'image elle-même. *Des captchas.*

capter v. tr. < 1 > (latin *captare* « essayer de prendre », de *capere* « prendre ») **1.** Chercher à obtenir (une chose abstraite). *Capter l'attention.* **2.** Recueillir une énergie, un fluide pour l'utiliser. *Capter une source.* **3.** Recevoir. *Capter une émission de radio.* **4.** fam. Comprendre. → **piger. 5.** Réaliser la captation (3) de, filmer, enregistrer. □ **adj. captable** □ **n. m. captage**

capteur n. m. sc. Dispositif permettant de capter un phénomène physique et de le restituer sous forme de signal. *Capteur solaire*, convertissant l'énergie solaire en énergie thermique ou électrique.

captieux, euse adj. (du latin, de *capere* « prendre », au fig.) littér. Qui cherche, sous des apparences de vérité, à tromper. → **fallacieux, spécieux.** *Raisonnement captieux.* □ adv. **captieusement**

captif, ive adj. (du latin, de *capere* « prendre » → **capture**) **1.** littér. Qui a été fait prisonnier au cours d'une guerre (→ **captivité**). – n. *Captifs réduits en esclavage.* **2.** *Ballon captif :* aérostat retenu au sol par un câble. **3.** (animaux) Privé de liberté, enfermé. **4.** écon. *Marché captif,* résultant d'une situation privilégiée du fournisseur.

captiver v. tr. < 1 > (→ **captif**) Attirer et fixer (l'attention) ; retenir en séduisant. → **charmer, enchanter, passionner, séduire.** *Captiver l'attention.* □ adj. **captivant, ante**

captivité n. f. (→ **captif**) Situation d'une personne captive, prisonnière (→ **emprisonnement**), spécialt d'un prisonnier de guerre. *Retour de captivité.* – *Animaux en captivité.*

capture n. f. (du latin, de *capere* « prendre » → **captif**) **1.** Action de capturer. → **prise, saisie.** *Capture d'un criminel.* → **arrestation.** **2.** Ce qui est pris. *Une belle capture.* **3.** inform. *Capture d'écran :* enregistrement de l'image affichée à l'écran sous la forme d'un fichier graphique.

capturer v. tr. < 1 > **1.** S'emparer de (un être vivant). → **arrêter, prendre.** *Capturer un animal sauvage.* – *Capturer un navire.* **2.** inform. *Capturer un écran :* enregistrer l'image affichée à l'écran sous la forme d'un fichier graphique.

Capuana (Luigi) Écrivain et critique italien (1839-1915). Théoricien du vérisme, il laisse des nouvelles et des romans. *Le Marquis de Roccaverdina.*

capuce n. m. (de l'italien → **capuche** ; **capucin, capucine**) didact. Capuchon en pointe.

capuche n. f. (de *cape*) Petit capuchon ; capuchon amovible.

capuchon n. m. (de *capuche*) **1.** Large bonnet attaché à un vêtement, et que l'on peut rabattre sur la tête. → **capuche.** **2.** Bouchon fileté. *Un capuchon de stylo.*

capucin, ine n. (italien *cappuccino*) **1.** Religieux, religieuse d'une branche réformée de l'ordre de saint François. → **franciscain.** **2.** n. m. Singe d'Amérique à longue barbe.

capucinade n. f. vieux Discours de morale ennuyeux.

capucine n. f. (de *capuce*) Plante à feuilles rondes et à fleurs jaunes, orangées ou rouges ; cette fleur. – « *Dansons la capucine* » (ronde enfantine).

Capuçon (Renaud) Violoniste français (né en 1976). Passionné de musique de chambre, il se produit aussi avec les plus prestigieux orchestres philharmoniques (Berlin, Los Angeles, Chicago, Boston, Séoul...). Il a interprété les concertos et sonates pour violon de nombreux compositeurs : Brahms, Beethoven, Dusapin, Dutilleux, Mendelssohn, Mozart, Ravel.

Capulet Famille de la noblesse italienne, probablement de Vérone, rivale des Montaigus. Leur histoire inspira *Roméo et Juliette* à Shakespeare.

Cap-Vert

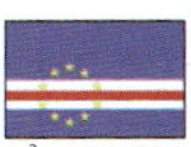

n. m. ■ offic. république du Cap-Vert État insulaire de l'océan Atlantique, à 645 km au large du Sénégal. → Afrique (carte). 4 033 km². 483 620 habitants (les *Cap-Verdiens*). **Langues :** portugais (offic.), créole. **Religion :** catholique. **Monnaie :** escudo. **Capitale :** Praia. **Régime :** démocratie parlementaire.

L'archipel est constitué d'une quinzaine d'îles et d'îlots volcaniques soumis au climat sahélien. L'agriculture (canne à sucre, maïs, banane), l'élevage et l'industrie (exploitation de la pouzzolane) sont peu productifs, et l'émigration est importante.

L'archipel était probablement inhabité quand il fut découvert (1456) puis colonisé (1494) par les Portugais. Le Cap-Vert devint indépendant en 1975. Le projet d'union avec la Guinée-Bissau fut abandonné dans les années 1980 et le Cap-Vert fut gouverné par un parti unique. Le multipartisme restauré, le chef de l'opposition Antonio Mascarenhas Monteiro (Mouvement pour la démocratie) accéda au pouvoir (1990). Depuis, le Mpd et le PAICV (Parti africain pour l'indépendance du Cap Vert) alternent au pouvoir. Le pays a adhéré à l'OMC en 2008.

---

caque n. f. (mot germanique) Barrique pour les harengs salés.

caquelon n. m. (mot germanique de Suisse ; famille de *caque, cake*) Poêlon où l'on prépare la fondue.

caquer v. tr. < 1 > (néerlandais *kaken* « ôter les ouïes ») Préparer (le poisson) pour le mettre en caque ; mettre en caque (le poisson).

caquet n. m. (onomatopée → **caqueter**) **1.** Gloussement de la poule quand elle pond. **2.** loc. *Rabattre le caquet de, à (qqn),* le faire taire.

Caquetá (río) voir Japurá

caquetage n. m. **1.** Action de caqueter. - syn. **caquètement.** **2.** Bavardage.

caquetant, ante adj. Qui caquète.

caqueter v. intr. < 4 > (onomatopée) **1.** Glousser au moment de pondre. *Les poules caquètent.* **2.** fig. Bavarder d'une façon indiscrète, intempestive. → **jacasser.**

Caquot (Albert) Ingénieur français (1881-1976). Il effectua des travaux importants sur l'étude des matériaux, dont le béton. Il réalisa le Christ Rédempteur, la statue géante de la baie de Rio.

[1]car conj. (latin *quare* « c'est pourquoi ») Conjonction de coordination qui introduit une explication (preuve, raison de la proposition qui précède). → **parce que, puisque.** *Vous irez car il le faut.*

[2]car n. m. Autocar. *Un car de trente places.*

carabe n. m. (grec *karabos* « crabe ») Insecte coléoptère (carabidé), à reflets métalliques. → **scarabée.** *Carabe doré.*

carabin n. m. (p.-ê. de l'occitan *[e]scarrabin* « ensevelisseur de pestiférés ») fam. Étudiant en médecine.

Carabin (Rupert) Sculpteur français (1862-1932). Il s'inspira du corps humain et des animaux pour créer des meubles étranges et réalisa des sculptures à partir de photographies. Directeur de l'école des Arts décoratifs de Strasbourg de 1920 à sa mort.

carabine n. f. (de *carabin* « soldat ») Fusil léger à canon court.

carabiné, ée adj. (de *carabiner* « se battre », de *carabin* « soldat ») fam. Très fort, violent. *Un rhume carabiné.*

carabinier, ière n. en Italie Gendarme. ■ en Espagne Douanier, douanière. ■ loc. *Arriver comme les carabiniers,* trop tard (comme dans « *Les Brigands* » d'Offenbach).

carabistouille n. f. (d'un élément *cara-*, peu clair, et de *bistouille*) régional (Nord ; Belgique) fam. Baliverne, calembredaine.

Carabosse (la fée) Fée malfaisante et bossue, qui apparaît sous ce nom dans le conte *La Princesse printanière* de Mme d'Aulnoy.

caracal n. m. (mot espagnol, turc *qara qâlaq* « oreille noire ») Petit lynx des savanes d'Afrique et d'Asie du Sud. *Des caracals.*

Caracalla (Marcus Aurelius Antonius Bassianus, dit) (188-217). Empereur romain (211-217). Il tenta d'unifier l'Empire, accordant la citoyenneté romaine à tous les sujets libres (212). Il fit construire à Rome les thermes qui portent son nom.

Caracas Capitale du Venezuela, à 900 m d'altitude, à 20 km de la mer des Antilles. 2 millions d'habitants (agglomération 4 800 000). La ville et le port (La Guaira) concentrent l'essentiel des activités tertiaires du pays. Fondée en 1567 sur un site visité par Christophe Colomb, la ville devint capitale en 1829.

Caracciolo ou **Caraccioli** Famille noble napolitaine d'origine grecque. ■ Domenico **Caracciolo.** Diplomate et économiste napolitain (1715-1789). Ambassadeur de Ferdinand IV à Paris, il se lia avec les Encyclopédistes. Il fut vice-roi de Sicile (1780) puis ministre des Affaires étrangères (1786). ■ Francesco **Caracciolo.** Amiral napolitain (1752-1799). Il s'opposa au débarquement anglo-sicilien à Naples sous la république Parthénopéenne et fut pendu sur l'ordre de Nelson au grand mât de son propre navire.

caraco n. m. (origine obscure) **1.** vieux Corsage de femme droit et assez ample. **2.** mod. Sous-vêtement féminin couvrant le buste.

caracoler v. intr. < 1 > (de *caracole* « spirale, volte », espagnol *caracol* « escargot ») Chevaucher en sautant, en cabrant le cheval. – loc. fig. *Caracoler en tête (des sondages, du peloton) :* devancer largement ses concurrents.

caractère n. m. (du latin, du grec *kharaktêr* « graveur », puis « signe gravé, marque ») **I. 1.** Marque, signe gravé ou écrit, élément d'une écriture. → **lettre, symbole ; idéogramme, pictogramme.** *Caractères chinois, grecs.* ■ *Caractères d'imprimerie. Caractères romains, italiques.* **2.** inform. Élément graphique codé par une suite binaire. *Chaîne de caractères. Jeu de caractères.* **II. 1.** Trait distinctif propre à une personne, à une chose. → **attribut, caractéristique, particularité.** *Caractères physiques héréditaires.* – *Présenter un caractère d'urgence, de gravité.* **2.** absolt Air personnel, original. → **originalité, personnalité.** *Cette maison a du caractère.* → **cachet.**

Caracas

L'agglomération de Caracas où vit près d'un quart de la population du Venezuela.

III. 1. Ensemble des manières habituelles de sentir et de réagir qui distinguent un individu. → **individualité, nature, personnalité, tempérament.** *Caractère froid, exubérant. Avoir mauvais caractère.* **2.** absolt *Avoir du caractère.* → **énergie, fermeté, volonté.** *« Un homme de caractère n'a pas bon caractère »* (J. Renard). **3.** Personne considérée dans son individualité, son originalité. → **personnalité.** *« Paris [...] estompe les caractères, nous réduit tous à un type commun »* (Mauriac).

caractériel, ielle adj. **1.** didact. Du caractère (III, 1). *Troubles caractériels.* **2.** (personnes) Qui présente des troubles du caractère. *Un enfant caractériel.* – n. *Un caractériel.*

caractérisé, ée adj. Dont le caractère est nettement marqué. → **typique.** *Une rougeole caractérisée.*

caractériser v. tr. < 1 > **1.** Définir avec précision, mettre en relief les caractères distinctifs de (qqn, qqch.). → **distinguer, marquer, préciser. 2.** Constituer le caractère ou l'une des caractéristiques de. → **définir, déterminer.** *La gentillesse qui le caractérise.* □ **n. f. caractérisation**

caractéristique I. adj. Qui permet de distinguer, de reconnaître. → **propre, spécifique, typique.** *Les propriétés caractéristiques du cuivre.* **II.** n. f. **1.** Ce qui sert à caractériser. → **caractère.** *Les caractéristiques d'une machine.* → **particularité. 2.** math. Partie non décimale (d'un logarithme).

caractérologie n. f. Étude des types de caractères.

caracul voir **karakul**

carafe n. f. (de l'italien, p.-ê. de l'arabe) **1.** Récipient à base large et col étroit ; son contenu. *Une carafe d'eau. Vin en carafe.* **2.** loc. fam. *Rester **en carafe** :* être oublié, laissé de côté ; tomber en panne.

carafon n. m. **1.** Petite carafe. **2.** fam. Tête. → fam. **cafetière.**

Caragiale (Ion Luca) Écrivain et dramaturge roumain (1852-1912). Auteur de comédies et d'intrigues populaires, il est un précurseur de l'absurde verbal. *Une nuit orageuse ; La Calomnie.*

caraïbe adj. et n. Des Caraïbes. → **antillais.** ■ **n. m.** Groupe de langues amérindiennes de cette région.

Caraïbes n. f. pl. ou **Caraïbe** (la) n. f. Ensemble géographique situé au centre du continent américain et comprenant les Antilles, les pays bordiers au S. de la mer des Antilles (Venezuela et Colombie), Panamá et les pays de l'isthme centraméricain. On y adjoint souvent le Yucatán mexicain, la Floride, les Bahamas et les Guyanes qui ont des caractéristiques naturelles et culturelles voisines.

Caraïbes (mer des) ou mer des **Antilles** Mer de l'Atlantique N., limitée au N. et à l'E. par les Antilles, au S. par l'Amérique du S., à l'O. par l'Amérique centrale. 2 500 000 km².

caraïte n. (de l'hébreu) Membre d'une secte juive qui ne reconnaît que la Torah, excluant la tradition talmudique. - var. **karaïte.**

Carajás (serra dos) Région montagneuse de l'Amazonie brésilienne (État de Pará). Très riche province minière (manganèse, nickel, bauxite).

Caramanlis (Constantin) Homme d'État grec (1907-1998). Exilé à Paris pendant la dictature des colonels, il rentra en 1974 et forma un gouvernement civil qui rétablit la démocratie. Il fut président de la République de 1980 à 1985 et de 1990 à 1995.
■ Costas **Caramanlis,** son neveu (né en 1956), fut Premier ministre de 2004 à 2009.

carambolage n. m. **1.** au billard Coup dans lequel une bille en touche deux autres. **2.** Série de chocs, de collisions. *Carambolage de voitures.*

carambole n. f. (portugais *carambola,* de *karambal,* mot du sud de l'Inde) Petit fruit exotique orangé originaire d'Asie, marqué de côtes saillantes disposées en étoile.

caramboler v. < 1 > (de *carambole*) **1.** v. intr. Faire un carambolage, au billard. **2.** v. tr. fig. Bousculer, heurter. – pronom. *Six voitures se sont carambolées au carrefour.*

carambolier n. m. Arbuste originaire de l'Inde, cultivé pour son fruit. → **carambole.**

carambouillage n. m. (probablt altération de *carambole* → **caramboler,** avec influence de *fripouille*) argot fam. Escroquerie consistant à revendre une marchandise non payée. - syn. **carambouille n. f.**

caramel n. m. (du portugais, du latin *calamellus* → **chalumeau**) **1.** Produit brun, brillant, aromatique, obtenu en chauffant du sucre avec de l'eau. *Crème (au) caramel.* **2.** Bonbon au caramel. *Caramels mous.* **3.** adj. invar. Roux clair.

caraméliser v. tr. < 1 > **1.** Transformer (du sucre) en caramel. – intrans. Se transformer en caramel. **2.** Mêler, enduire de caramel. □ **n. f. caramélisation**

Caran d'Ache (Emmanuel Poiré, dit) Illustrateur et dessinateur humoristique français (1859-1909). Il publia dans des journaux parisiens des dessins à tonalité militariste et nationaliste.

carapace n. f. (de l'espagnol ; influence de *capa* → **cape**) **1.** Organe dur, qui protège le corps. *La carapace des tortues.* **2.** Ce qui protège. → **blindage, cuirasse.** – fig. *La carapace de l'indifférence.*

se **carapater** v. pron. < 1 > (de *patte* et p.-ê. de l'argot *se carrer* « se cacher ») fam. S'enfuir. → **décamper.**

caraque n. f. (de l'italien *caracca,* arabe *karâka* « barque ») didact. Ancien navire à voiles, de fort tonnage, très haut sur l'eau.

carassin n. m. (allemand *Karas,* du tchèque) Poisson d'eau douce, semblable à la carpe, mais sans barbillons et plus petit. *Carassin doré :* poisson* rouge (→ **cyprin**). - var. **caracin.**

carat n. m. (de l'italien, arabe *qīrāt*) **1.** Chaque vingt-quatrième d'or fin contenu dans une quantité d'or. *Or à dix-huit carats.* **2.** Unité de poids (0,2 g) des pierres précieuses et des perles. *Diamant de dix carats.* **3.** loc. fam. *Dernier carat :* dernière limite.

Caravage (Michelangelo Merisi ou Amerighi ou Merighi, dit il Caravaggio, et en français le) Peintre italien (1573-1610). Sa nouvelle conception de la lumière, violent éclairage latéral, et sa liberté envers les conventions de la peinture religieuse eurent des répercussions sur toute la peinture européenne. Il choisissait ses modèles dans le peuple et soulignait avec réalisme leur aspect humble. Malgré l'hostilité académique et les accusations d'indécence, il affirma son tempérament, donnant aux scènes religieuses un tour pathétique et intense *(La Mort de la Vierge).* Parmi ses œuvres majeures, *Saint Matthieu et l'Ange ; La Crucifixion de saint Pierre.* Avec lui commençait un vaste mouvement : le caravagisme.

caravagisme n. m. (de *Caravage*) arts Courant esthétique pictural issu du Caravage et caractérisé par les contrastes de lumière et d'ombre. □ **adj. et n. caravagiste, caravagesque**

caravane n. f. (persan *kārwān* → **caravansérail**) **I. 1.** Groupe de voyageurs réunis pour franchir une région peu sûre, désertique. *« Les caravanes de Maures qui vont à Tombouctou [...] troquer du sel contre de l'or »* (Montesquieu). – prov. *Les chiens aboient, la caravane passe,* il faut laisser crier les envieux, les médisants. **2.** Groupe de personnes qui se déplacent. **II.** (de l'anglais) Remorque aménagée pour servir de logement.

caravanier n. m. Conducteur d'une caravane (I, 1).

caravaning n. m. (mot anglais, de *caravan* → **caravane**) anglic. Voyage et séjour en caravane.

caravansérail n. m. (persan *kārwān* [→ **caravane**] *sarāy* « abri ») **1.** en Orient Vaste cour entourée de bâtiments où les caravanes font halte. **2.** fam. Lieu très animé, fréquenté par des gens de toute provenance.

caravelle n. f. (du portugais, du latin *carabus* → **gabare**) Navire à voiles (XVe-XVIe s). *Les caravelles de Christophe Colomb.*

Carax (Alex Dupont, dit Leos) Réalisateur français (né en 1960). Il a filmé la détresse et la déchéance (*Boy Meets Girl ; Mauvais sang ; Les Amants du Pont-Neuf,* avec son acteur fétiche, Denis Lavant ; *Annette*).

carbamate n. m. (de *carbam[ide]* [vieux] « urée » et suffixe chimique *-ate*) chim. Sel ou ester (NH_2COOH) du monoacide de l'acide carbonique (acide *carbamique*).

caravane

Les caravanes sont un moyen de franchir de longues distances dans des régions désertiques (1) le long de la Kali Gandaki au Népal ou (2) dans l'Aïr nigérien, (3) au temps de Marco Polo sur la Route de la soie (enluminure de l'Atlas d'Abraham Cresques, 1375, Bibliothèque nationale de France, Paris).

carbet n. m. (d'une langue du nord-est du Brésil) (Antilles) Grande case collective. ■ Abri pour embarcations, engins de pêche.

Carbet, abri propre aux cultures amérindiennes (ici en Guyane française).

carb(o)- Élément (du latin *carbo* « charbon »). – spécialt, chim. Élément indiquant la présence de carbone ou d'un anhydride carbonique dans un composé.

carbochimie n. f. techn. Chimie industrielle de la houille et de ses dérivés. □ **adj. carbochimique**

carbonade n. f. (occitan *carbonada*, de *carbone* « charbon ») surtout au plur. Plat de bœuf braisé. *Carbonades flamandes*, accommodées à la bière. - var. **carbonnade.**

carbonado n. m. (mot portugais « charbonneux ») techn. Diamant noir utilisé pour le forage des roches dures.

carbonarisme n. m. (de *carbonaro*) Principes, doctrine des carbonari. – Mouvement politique des carbonari.

carbonaro n. m. (italien « charbonnier ») hist. Membre des sociétés secrètes italiennes qui luttaient au XIXe s. pour la liberté nationale. → **carbonarisme.** *Réunion de carbonari* (plur. italien) ou *de carbonaros.*

carbonatation n. f. chim., techn. Fait de carbonater, ou d'être carbonaté.

carbonate n. m. chim. Sel ou ester de l'acide carbonique. → **bicarbonate.**

carbonater v. tr. < 1 > chim. Transformer en carbonate. – Additionner de carbonate.

Carbon-Blanc Commune de Gironde. 8 272 habitants. Viticulture.

carbone n. m. (latin *carbo, carbonis* → charbon) **1.** Élément chimique (symb. C, n° at. 6, masse at. 12,01), corps simple, métalloïde qui se trouve dans tous les corps vivants. *Carbone cristallisé* (→ **diamant, graphite**), *amorphe* (→ **charbon**). *Oxyde de carbone :* gaz toxique incolore et inodore. *Cycle du carbone*, série de ses combinaisons dans les êtres vivants. – *Carbone 14 :* isotope radioactif du carbone qui permet de dater les restes d'origine animale ou végétale. **2.** appos. *Papier carbone*, chargé de couleur et destiné à obtenir des doubles, en dactylographie. *Des papiers carbones* ou *carbone* (invar.).

▶ Le **carbone** est un élément présent à l'état solide sous deux formes connues depuis l'Antiquité : l'une abondante, noire et friable, le graphite ; l'autre rare, dure et translucide, le diamant. En 1985, une nouvelle variété de carbone fut identifiée dans la suie par Harold W. Kroto, Robert Curl et Richard Smalley : les fullerènes, ainsi nommés d'après l'architecte Richard Buckminster Fuller pour une construction semblable au plus commun d'entre eux, le C_{60} ou footballène, en forme de ballon de football. De l'identification des fullerènes a découlé celle des nanotubes de carbone, objets moléculaires légers et ultrarésistants, qui ont ouvert la voie aux nanotechnologies.
Parce qu'il est capable de former des chaînes d'atomes, liés entre eux ainsi qu'à d'autres atomes tels que l'hydrogène, l'oxygène ou l'azote, le carbone est le principal constituant des molécules organiques, et donc du vivant. Sur la Terre, il est néanmoins présent majoritairement sous forme inorganique, lié à deux ou trois atomes d'oxygène, sous forme de dioxyde de carbone (CO_2) ou de carbonates insolubles au fond des océans. Lié à un seul atome d'oxygène, il forme le monoxyde de carbone, un gaz dangereux car toxique et inodore.
Dans la nature, le représentant majoritaire de l'élément chimique carbone est le carbone 12, les noyaux de 98,9 % des atomes de carbone étant composés de 6 protons et de 6 neutrons. Mais les isotopes 13 (6 protons et 7 neutrons) et 14 (6 protons et 8 neutrons) du carbone, indissociables chimiquement, existent également. Durant leur vie, les organismes intègrent ces différents isotopes sans les discriminer mais, après leur mort, des réactions de fission nucléaire font spontanément diminuer la quantité de carbone 14, radioactif, selon une loi quantitative connue. En mesurant cette quantité et en calculant le rapport carbone 12/carbone 14, on peut ainsi estimer l'âge d'échantillons organiques vieux de 50 000 ans.
voir aussi **atome, CO_2, fission, matière, molécule, nanotechnologie**

carboné, ée adj. (de *carbone*) chim. Qui contient du carbone. ■ par ext. Pollué au dioxyde de carbone. – *Énergies non carbonées*, non polluantes.

carbonifère (de *carbone* et *-fère*) **1.** adj. Qui contient du charbon. *Terrain carbonifère.* **2.** n. m. géol. Période géologique de la fin de l'ère primaire, entre le dévonien et le permien, durant laquelle se formèrent d'importantes couches de houille.

carbonique adj. *Anhydride carbonique* ou *gaz carbonique :* gaz incolore (CO_2), présent dans l'atmosphère, résultant de la combinaison du carbone et de l'oxygène - (syn. **dioxyde de carbone**). ■ *Neige carbonique :* anhydride carbonique solide.

carboniser v. tr. < 1 > Transformer en charbon sous l'effet de la chaleur. → **brûler, calciner.** – au p. p. *Forêt carbonisée par un incendie.* ■ Cuire à l'excès. *Le rôti est carbonisé.* □ **n. f. carbonisation**

carbonitruration n. f. (de *carbone* et *nitruration*) Cémentation d'un produit ferreux, spécialt de l'acier, par le carbone et l'azote.

carbonnade voir **carbonade**

carbonyle n. m. (de *carbon[e]* et *-yle*) chim. Radical bivalent composé d'un atome de carbone et d'un atome d'oxygène. – adj. *Métal carbonyle :* composé d'un métal avec l'oxyde de carbone. □ **adj. carbonylé, ée**

carborundum [karbɔrɔ̃dɔm] n. m. (n. déposé ; mot anglais, de *carbon* « carbone » et *corundum* « corindon ») techn. Carbure de silicium utilisé comme abrasif, comme matériau réfractaire.

carboxyhémoglobine n. f. (de *carbo[ne], oxy[gène]* et *hémoglobine*) biochim. Combinaison de l'oxyde de carbone et de l'hémoglobine lors des intoxications par le monoxyde de carbone.

carboxylase n. f. (de *carboxyle* et *-ase*) biochim. Enzyme qui catalyse la fixation de gaz carbonique sur un composé organique.

carboxyle n. m. (de *carbo[ne], ox[ygène]* et *-yle*) chim. Groupement monovalent —COOH, caractéristique des acides dits *carboxyliques.*

carburant n. m. (de *carbure*) Combustible liquide qui, mélangé à l'air (→ **carburation**), est inflammable et peut être utilisé dans un moteur à explosion (ex. essence, gazole). – adj. Qui contient un combustible. *Mélange carburant.*

carburateur n. m. Appareil qui, dans un moteur à explosion, sert à effectuer la carburation (2).

carburation n. f. **1.** techn. Enrichissement en carbone d'un corps métallique. **2.** Formation, dans un carburateur, d'un mélange gazeux inflammable composé d'air et de carburant.

carbure n. m. (du radical de *carbone* et *-ure*) **1.** chim. Composé du carbone avec un autre corps simple. *Carbures d'hydrogène.* → **hydrocarbure.** *Carbures à chaîne ouverte*, saturés (ex. méthane, propane) et non saturés (ex. éthylène, acétylène). *Carbures à chaîne fermée* (ex. benzène). **2.** Carbure de calcium (CaC_2). *Lampe à carbure* (ou lampe à acétylène). □ **adj. carburé, ée**

carburéacteur n. m. (de *carbu[rant]* et *réacteur*) techn. Combustible pour moteur d'avion à réaction ou à turbine. - recomm. offic. pour **jet fuel.**

carburer v. < 1 > **1.** v. intr. Effectuer la carburation. *Ce moteur carbure mal.* – loc. fig. *Carburer à la vodka*, en boire habituellement. → **fonctionner.** **2.** v. tr. techn. Enrichir (un métal) en carbure.

carburol n. m. (de *carbu[rant]* et *-ol*) Carburant à base de gaz, de charbon ou de végétaux.

carcailler v. intr. < 1 > (formation onomatopéique sur *caille*) rare Pousser son cri, en parlant de la caille.

carcajou n. m. (d'un mot amérindien du Canada) Mammifère carnivore des régions boréales, au corps trapu et massif. → **glouton.** *Des carcajous.*

carbone

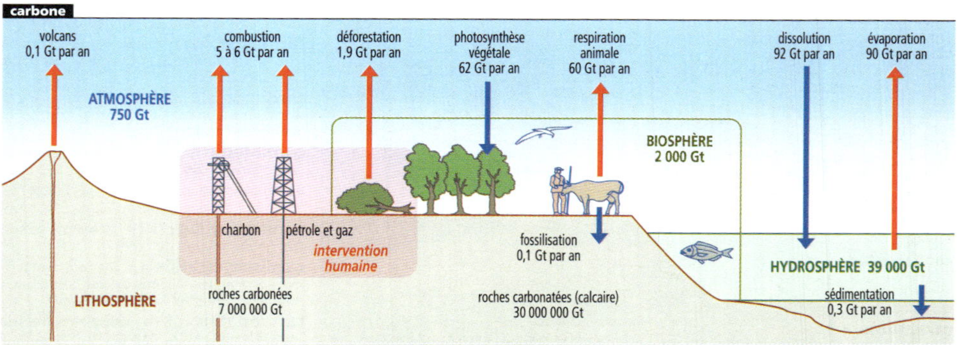

Le carbone est échangé entre quatre réservoirs (biosphère, hydrosphère...) de façon lente (fossilisation) ou rapide (respiration). L'intervention humaine tend à perturber cet équilibre complexe.

carcan n. m. (probablt d'origine germanique) **1.** anciennt Collier de fer fixé à un poteau pour y attacher par le cou un condamné. → **pilori.** **2.** fig. → **assujettissement, contrainte.** *Le carcan de la discipline.*

carcasse n. f. (origine obscure) **1.** Ensemble des ossements décharnés d'un corps. → **squelette.** ■ Animal de boucherie dépecé, prêt pour le commerce. – *La carcasse d'une volaille :* ce qui reste du corps après avoir enlevé les cuisses, les ailes et les blancs. **2.** fam. Le corps humain. – allus. « *Tu trembles, carcasse !* » (Turenne). **3.** Charpente (d'un appareil, d'un ouvrage) ; assemblage des pièces soutenant un ensemble. → **armature, structure.** *La carcasse d'un avion.*

Carcassonne Chef-lieu de l'Aude dans le Carcassès. 46 673 habitants. Ville basse (bastide) du XIIIe s. sur la rive gauche de l'Aude. Sur la rive droite se trouve la cité, forteresse médiévale (restaurée à l'initiative de Viollet-le-Duc), érigée du VIe au XIIIe s. Château comtal. Église romane et gothique (vitraux). Administrations. Tourisme.

carcéral, ale, aux adj. (du latin *carcer* « prison » → **incarcérer**) De la prison. *L'univers carcéral.*

carcino- Élément (grec *karkinos* « crabe ; chancre ») signifiant « crabe » ou « cancer ».

carcinogène adj. didact. → **cancérigène.**

carcinogenèse n. f. (de *carcino-* et *-genèse*) didact. (méd.) Processus de formation des tumeurs malignes. → **cancérogenèse.** □ adj. **carcinogénétique**

carcinologie n. f. didact. **1.** Étude des crustacés. **2.** méd. Étude du cancer. → **cancérologie, oncologie.** □ adj. **carcinologique**

carcinome n. m. (du grec, de *karkinos* → **carcino-**) Tumeur maligne (épithélium, glandes). → **épithélioma.** *Carcinome glandulaire.* → **adénocarcinome.** □ adj. **carcinomateux, euse**

Carco (François Carcopino-Tusoli, dit Francis) Écrivain français (1886-1958). Connu pour ses romans qui peignent le « milieu » *(Jésus la Caille)*, il aborda aussi le roman psychologique *(L'Homme traqué)*, et écrivit sur les poètes *(Le Roman de François Villon)*.

cardamine n. f. (latin *cardamina*, grec *kardamon* « cresson » → **cardamome**) Plante (crucifère) des herbages humides. « *La cardamine des prés avec sa nuance lilas* » (Bourget). → **cressonnette.**

cardamome n. f. (du latin, du grec) Plante aromatique d'Asie. – Sa graine.

Cardamomes (monts ou chaîne des) Massif montagneux du S.-O. du Cambodge, culminant à 1 771 m.

cardan n. m. (de *Jérôme Cardan*) Système de suspension dans lequel le corps suspendu conserve une position invariable malgré les mouvements de son support. ■ Articulation mécanique permettant de transmettre le mouvement entre deux axes d'arbres concourants (syn. **joint de cardan**).

Cardan (Gerolamo Cardano, dit en français Jérôme) Philosophe, médecin et mathématicien italien (1501-1576). Surtout connu comme mathématicien, il donna la méthode de résolution d'une équation du 3e degré. Il est aussi l'inventeur du cardan.

carde n. f. (du latin *carduus* → **chardon**) **I.** Peigne ou machine à tambours servant à carder. **II.** Côte comestible des feuilles de cardon et de bette.

cardé, ée adj. Dont les fibres, démêlées grossièrement, ne sont pas rectilignes et donnent au fil un aspect grossier (opposé à *peigné*). *Coton cardé.* ■ n. m. comm. Tissu de laine cardée. *Le cardé et le peigné.*

Cárdenas (Lázaro) Homme d'État mexicain (1895-1970). Figure de la lutte révolutionnaire, il fut président de la République de 1934 à 1940.

Cárdenas (Agustín) Sculpteur cubain (1927-2001). Installé à Paris, il intégra à ses sculptures les principes de l'art africain et totémique. Il fut admis dans le mouvement surréaliste.

carder v. tr. < 1 > Peigner, démêler (des fibres textiles). □ n. m. **cardage**

cardère n. f. (origine inconnue ; p.-ê. à rattacher à la famille de *chardon*) Chardon des lieux incultes, appelé aussi *chardon à foulon*, qui porte des capitules à bractées épineuses (qui servaient autrefois au cardage).

cardeur, euse n. **1.** Personne qui carde la laine. **2.** n. f. Machine à carder.

cardia n. m. anat. Orifice supérieur de l'estomac (près du cœur). □ adj. **cardial, ale, aux**

cardialgie n. f. (du latin, du grec, de *kardia* « cœur » et *algos* « douleur ») méd. Douleur névralgique, dans la région cardiaque. – Douleur de l'estomac au niveau du cardia (→ **gastralgie**). □ adj. **cardialgique**

cardiaque adj. et n. (du latin, du grec, de *kardia* « cœur ») **1.** Du cœur. *Le muscle cardiaque :* le cœur. *Un malaise cardiaque.* **2.** Atteint d'une maladie de cœur. – n. *Une cardiaque.*

Cardiff Capitale du pays de Galles et important port de Grande-Bretagne sur l'estuaire de la Severn. 335 100 habitants. Bombardée pendant la Seconde Guerre mondiale, la ville a été reconstruite. Industries. Services. Stade de rugby (Millennium Stadium).

cardigan n. m. (de l'anglais, du comte de *Cardigan*) Veste de laine tricotée à manches longues, boutonnée devant. → **gilet, tricot.**

Cardigan (baie de) Vaste baie de la côte O. du pays de Galles. Stations balnéaires.

Cardijn (Léon-Joseph) Prélat belge (1882-1967). Il fonda en 1925 la Jeunesse ouvrière chrétienne (JOC). Expert au concile Vatican II, il fut fait cardinal.

Cardin (Pierre) Couturier français (1922-2020). Après avoir créé des costumes pour le théâtre et le cinéma, et collaboré avec Dior, il fonda sa propre maison et créa la première ligne de prêt-à-porter.

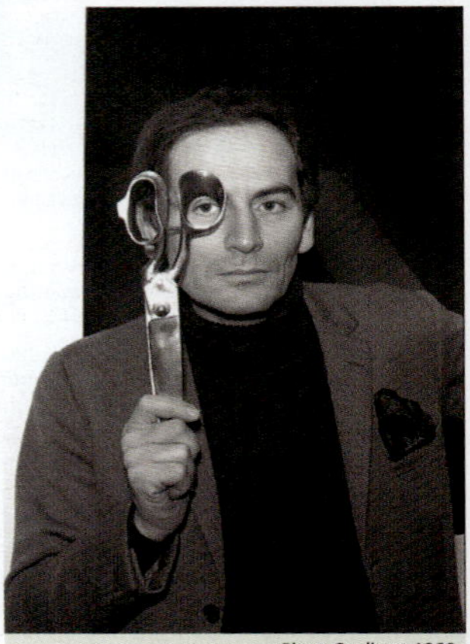

Pierre Cardin en 1966.

[1]cardinal, ale, aux adj. (du latin, de *cardo, cardinis* « gond, pivot ») **1.** littér. Qui sert de pivot, de centre. → **[1]capital, essentiel, fondamental.** *Idées cardinales.* **2.** math. *Nombre cardinal* (opposé à *ordinal*), désignant la quantité plutôt que l'ordre (ex. *quatre* dans *maison de quatre pièces*). – n. m. *Cardinal d'un ensemble fini :* nombre des éléments de cet ensemble. **3.** *Les quatre points cardinaux* (nord, est, sud, ouest). → **[1]rose** des vents.

[2]cardinal, aux n. m. (du latin ecclés., de *[1]cardinal*) **1.** Prélat* participant au gouvernement de l'Église catholique (électeur et conseiller du pape). *Réunion des cardinaux.* → **conclave.** **2.** Oiseau passereau d'Amérique au plumage rouge foncé.

cardinalat n. m. (latin ecclés. *cardinalatus*) Dignité de cardinal.

Cardinale (Claudia) Actrice italienne (née en 1938). Beauté sensuelle à la voix rauque, elle est devenue une star internationale et a tourné avec les plus grands metteurs en scène. *Le Guépard ; Huit et demi ; La Storia.*

cardinalice adj. (italien *cardinalizio*) didact. Relatif aux cardinaux.

cardi(o)-, -carde, -cardie Éléments (du grec *kardia*) signifiant « cœur ».

cardiogramme n. m. méd. Enregistrement des mouvements du cœur. → **électrocardiogramme.**

cardiographe n. m. méd. Appareil qui enregistre les mouvements du cœur.

cardiographie n. f. méd. Enregistrement, par des techniques graphiques, des mouvements du cœur.

cardioïde adj. (de *cardio-* + *-ide*) didact. En forme de cœur. – n. f. math. Courbe en forme de cœur.

cardiologie n. f. Étude du cœur et de ses affections. □ adj. **cardiologique**

cardiologue n. Médecin spécialiste des maladies du cœur.

cardiomégalie n. f. (→ **-mégalie**) Augmentation du volume du cœur.

cardiomyopathie n. f. (de *cardio-* et *myopathie*) Maladie du muscle du cœur due à une augmentation de son épaisseur.

cardiopathie n. f. (→ **-pathie**) méd. Maladie du cœur.

cardiopulmonaire adj. (→ **[2]pulmonaire**) méd. Relatif au cœur et aux poumons.

Carcassonne

La cité médiévale de Carcassonne, inscrite au patrimoine mondial de l'Unesco.

cardiorespiratoire adj. (→ respiratoire) méd. Qui concerne la physiologie et la pathologie du cœur et des poumons. *Maladies cardiorespiratoires.*

cardiotomie n. f. (→ -tomie) chir. Ouverture par incision du cœur ou du cardia.

cardiotonique adj. et n. m. (→ ^{1}tonique) méd. Qui augmente la tonicité du muscle cardiaque. → **tonicardiaque.** – n. m. *La digitaline est un cardiotonique.*

cardiotraining [kaʀdjotʀeniŋ] n. m. (de *cardio-* et *training,* par l'anglais) anglic. Activité sportive destinée à renforcer les capacités cardiaques. - abrév. fam. **cardio.** *Faire du cardio.*

cardiovasculaire adj. méd. Relatif à la fois au cœur et aux vaisseaux sanguins. *Troubles cardiovasculaires.*

cardon n. m. (forme picarde de *chardon* → carde) Plante potagère voisine de l'artichaut, dont on mange la côte médiane (carde) des feuilles.

Cardoso (Fernando Henrique) Homme d'État et sociologue brésilien (né en 1931). Il fut président de la République de 1994 à 2002.

Carducci (Giosuè) Poète et critique italien (1835-1907). Républicain et laïque, il influença la vie intellectuelle italienne du XIXe s. par ses écrits aux formes classiques et au ton révolutionnaire. Son œuvre la plus connue reste *Odes barbares,* où il use de la structure métrique des vers grecs et latins. Prix Nobel 1906.

Carélie République de la fédération de Russie, limitrophe de la Finlande. 172 000 km². 643 500 habitants. Capitale : Petrozavodsk. Exploitation de la forêt. Gisement de fer. Pêche. Industries (métallurgie, mécanique ; industrie du bois)

Carelman (Jacques) Artiste français (1929-2012). Illustrateur (*Exercices de style* de Queneau), décorateur et auteur en Mai 68 de l'affiche représentant la silhouette d'un CRS brandissant une matraque, il est surtout sculpteur et assembleur d'objets. *Mécaniques pour Cyrano ; Catalogue d'objets introuvables.*

carême n. m. (vient du latin, de *quadragesima* « quarantième » → quatre) **1.** Temps liturgique chrétien marqué par la prière et la pénitence, qui va du mercredi des Cendres au samedi saint, veille de Pâques. ▪ loc. fam. *Face de carême,* maigre ; triste. **2.** (Antilles) Saison sèche. **3.** (Afrique) Jeûne du ramadan.

Carême (Marie-Antoine) Cuisinier et gastronome français (1784-1833). Chef de bouche auprès de cours royales, esthète de la pâtisserie, il a laissé quelques ouvrages, comme *Le Pâtissier pittoresque.*

Carême (Maurice) Poète belge (1899-1978). Il a écrit des comptines, des poèmes et des fables pour les enfants (*Mère ; Contes pour Caprine ; La Lanterne magique).*

carême-prenant n. m. (de *carême* et *prenant* « commençant ») vieux **1.** Réjouissance de mardi gras (→ **carnaval**). **2.** Personne déguisée et masquée pendant les jours gras. *Des carêmes-prenants.*

carénage n. m. **1.** Action de caréner. **2.** Lieu où l'on carène les navires. → **radoub. 3.** Carrosserie carénée, aérodynamique.

carence n. f. (du latin, de *carere* « manquer de ») **1.** Incapacité à faire face à ses responsabilités. *La carence des pouvoirs publics.* → **impuissance, inaction. 2.** méd. Absence ou insuffisance d'éléments indispensables à la nutrition. *Carence en vitamine C. Maladie de carence.* → **carentiel.** ▪ psych. *Carence affective.* **3.** dr. Insolvabilité (d'un débiteur).

carencé, ée adj. (de *carence*) méd., psych. Souffrant d'une carence.

carène n. f. (de l'italien de Gênes, latin *carina* « demi-coquille de noix ») **1.** Partie immergée de la coque (d'un navire). **2.** bot. Pièce formée par les deux pétales inférieurs des fleurs de papilionacées.

caréner v. tr. < 6 > **1.** Nettoyer, réparer la carène de (un navire). → **radouber. 2.** Donner un profil aérodynamique à (une carrosserie). – au p. p. *Train caréné.*

Carentan-les-Marais Commune de la Manche. 10 227 habitants. Port de plaisance.

carentiel, ielle adj. méd. Relatif à une carence.

caressant, ante adj. **1.** Qui aime les caresses, tendre et affectueux. → **cajoleur, câlin.** *Un enfant caressant.* **2.** (gestes, manières) Doux comme une caresse. → ^{2}**tendre.** *Une voix caressante.*

caresse n. f. (italien *carezza,* de *caro* « cher ») Attouchement tendre ou érotique. → **cajolerie, étreinte.** *Couvrir qqn de caresses.* ▪ fig. Frôlement, effleurement. *La caresse du vent, du soleil.*

caresser v. tr. < 1 > **1.** Toucher en signe de tendresse. *Caresser un enfant.* → **cajoler, câliner.** *Caresser un chien.* → **flatter. 2.** Effleurer doucement, agréablement. *Le vent caresse ses cheveux.* **3.** fig. Entretenir complaisamment (une idée, un espoir). → **nourrir.** *Caresser un rêve.*

^{1}**caret** n. m. (du picard, de *car* « char, chariot du dévidoir ») Dévidoir des cordiers. – *Fil de caret :* gros fil de chanvre.

^{2}**caret** n. m. (d'une langue caraïbe) Grande tortue carnivore des mers chaudes.

carex [kaʀɛks] n. m. (mot latin) bot. Plante herbacée des bords de l'eau. → **laîche.**

Carey (Henri Charles) Économiste américain (1793-1879). Il fut favorable au protectionnisme agricole et industriel, qui devait assurer l'indépendance des États-Unis vis-à-vis de la Grande-Bretagne.

car-ferry ou **carferry** [kaʀfeʀi ; kaʀfeʀɛ] n. m. (mot anglais, de *car* « voiture » et *ferry* « passage ») anglic. Bateau servant au transport de véhicules routiers ou ferroviaires avec leur chargement et leurs passagers. → **ferry-boat.** *Des car-ferrys, des carferrys* (ou *des car-ferries,* plur. anglais). - abrév. **ferry.**

cargaison n. f. (famille de *charger*) **1.** Marchandises chargées sur un navire, dans un avion ou un camion. → **chargement, fret.** *Arrimer une cargaison. Une cargaison de vin.* **2.** fam. Grande quantité. → **collection, réserve.**

Cargèse Commune de la Corse du Sud, sur le cap du même nom. 1 280 habitants. Église latine et église catholique de rite grec.

cargneule n. f. (de *corne*) Roche sédimentaire carbonatée de couleur orangée, à structure caverneuse.

cargo n. m. (anglais *cargo-boat* « navire de charge », de l'espagnol *cargo* « charge » et anglais *boat* « navire ») Navire destiné surtout au transport des marchandises. ▪ *Avion-cargo :* avion servant au transport du fret aérien. *Vélo-cargo :* bicyclette ou tricycle muni à l'avant d'une caisse permettant de transporter des charges. *Des vélos-cargos.*

cargue n. f. (de *carguer*) mar. Cordage servant à carguer les voiles.

carguer v. tr. < 1 > (latin *carricare* → charger) Serrer (les voiles) contre leurs vergues ou contre le mât au moyen de cordages (→ **cargue**).

Carhaix-Plouguer Commune du Finistère. 7 165 habitants.

cari n. m. (mot tamoul) **1.** vieilli → **curry. 2.** Plat créole (Réunion, Maurice) composé de viande ou de poisson, d'oignons, d'ail, de tomates, etc., cuisiné avec un mélange d'épices et accompagné de riz. *Des caris de crabe.* - var. **carry.**

cariacou n. m. (probablt du brésilien *cuguacu-apara*) zool. Cerf de Virginie, le plus commun d'Amérique du Nord.

cariatide n. f. (du grec, de *Karues,* n. d'une ville) Statue de femme soutenant une corniche sur sa tête. - var. **caryatide.**

cariatide

Cariatide (maison de Chateaubriand, Châtenay-Malabry, Hauts-de-Seine).

caribe n. m. (mot indigène *karib*) Famille de langues indiennes d'Amérique du Sud et des Antilles.

Caribert Ier Roi franc de Paris (de 561 à 567). Fils de Clotaire Ier, il fut excommunié pour bigamie.

Caribert II Roi d'Aquitaine (de 602 à 632). Fils de Clotaire II, il reçut l'Aquitaine de son frère Dagobert Ier.

caribou n. m. (mot amérindien [algonquin]) **1.** Renne du Canada. *Des caribous.* **2.** (Canada) Boisson faite d'un mélange de vin et d'alcool.

caricatural, ale, aux adj. **1.** Qui tient de la caricature, qui y prête. → **burlesque, grotesque.** *Un profil caricatural.* **2.** Qui déforme en ridiculisant. → **outré.**

caricature n. f. (de l'italien, de *caricare* → charger) **1.** Représentation qui, par la déformation, l'exagération de détails, tend à ridiculiser le modèle. → **charge. 2.** fig. Ce qui évoque sous une forme déplaisante ou ridicule. *« La superstition n'est que la caricature du sentiment religieux »* (Gide). – Simulacre, parodie. *Une caricature de la vérité.* **3.** Satire, description comique. *La caricature d'une société.* **4.** Personne ridicule.

caricaturer v. tr. < 1 > **1.** Faire la caricature de (qqn). **2.** Représenter sous une forme caricaturale. → **parodier, railler, ridiculiser.**

caricaturiste n. Artiste (spécialt dessinateur) qui fait des caricatures.

Caricom voir Communauté des Caraïbes

carie n. f. (latin *caries* « pourriture ») **1.** Maladie des os et des dents qui entraîne leur destruction. ▪ spécialt Lésion qui détruit l'émail et l'ivoire de la dent en formant une cavité. **2.** bot. Infection (des céréales) produite au moment de la germination.

Carie Ancienne région du S.-O. de l'Asie Mineure, sur la mer Égée. Elle fut hellénisée, au IVe s. av. J.-C. puis annexée par Rome en 133 av. J.-C.

carier v. tr. < 7 > Attaquer par la carie. → **gâter.** – pronom. (passif) *Cette dent s'est cariée.* – au p. p. *Dent cariée.*

carillon n. m. (vient du latin, de *quaternio,* de *quater* → quatre) **1.** Ensemble de cloches accordées à différents tons. **2.** Système de sonnerie (d'une horloge) qui se déclenche automatiquement pour indiquer les heures. ▪ *Carillon électrique.* → **sonnette. 3.** Air exécuté par un carillon ; sonnerie de cloches vive et gaie.

carillonnement n. m. rare Action de carillonner ; bruit produit par un carillon.

carillonner v. intr. < 1 > **1.** Sonner en carillon. *Les cloches carillonnent.* ▪ trans. *Carillonner une fête,* l'annoncer par un carillon. au p. p. *Fête carillonnée,* solennelle.

– Annoncer bruyamment une nouvelle. *Carillonner la victoire.* **2.** fam. Sonner bruyamment. *Carillonner à la porte.*

Carin en latin **Marcus Aurelius Carinus** (mort en 285). Empereur romain (283-285). Fils de Carus, il lui succéda avec son frère Numérien. Il lutta contre Dioclétien.

carinate n. m. **(du radical du latin *carina* → carène)** zool. Oiseau à bréchet (sous-classe des *Carinates :* tous les oiseaux, excepté les ratites et les manchots).

Carinthie Land du S. de l'Autriche. 9 533 km^2. 557 671 habitants. Capitale : Klagenfurt. Possédant les sommets les plus élevés d'Autriche, la Carinthie s'ouvre au S. par de nombreuses vallées aux terres cultivables.

cariogène adj. **(de *carie* et *-gène*)** didact. Qui provoque la carie dentaire.

Carissimi (Giacomo) Compositeur italien (1605-1674). Maître de chapelle de Saint-Apollinaire à Rome, il compta parmi ses élèves M.-A. Charpentier et A. Scarlatti. Il composa messes, motets et cantates, religieux et profanes. Il brilla dans le genre de l'oratorio.

cariste n. **(du latin *carrus* « chariot »)** techn. Conducteur (trice) d'un chariot de manutention.

caritatif, ive adj. **(du latin, de *caritas* → charité)** Destiné à porter secours aux plus défavorisés. *Association caritative.*

Carjat (Étienne) Photographe français (1828-1906). Photographe en titre de Victor Hugo, il fit également des portraits de Baudelaire, Corot, Courbet.

Carle (Gilles) Cinéaste canadien (québécois) [1929-2009]. D'abord auteur de documentaires *(Dimanche d'Amérique)*, il réalisa des longs métrages *(La Mort d'un bûcheron ; Fantastica)*.

Carleton (Guy), 1er baron Dorchester Général britannique (1724-1808). Gouverneur du Canada (1766-1778 et 1786-1796), il ménagea les Canadiens (Acte du Québec, 1774) mais dut accepter le partage du pays en deux provinces (1791).

carlin n. m. **(italien *Carlo,* n. d'un acteur)** Petit chien à poil ras, au museau noir et écrasé. → **dogue.**

carline n. f. **(du provençal ou de l'espagnol ou de l'italien, famille de *chardon*)** Plante sauvage à feuilles épineuses (composée), à grandes fleurs entourées de bractées vertes ou argentées. *La carline sans tige* ou *chardon doré.*

carlingue n. f. **(de l'ancien nordique)** **1.** Pièce de charpente renforçant la carène (d'un navire). **2.** Partie habitable (d'un avion).

Carlisle (sir Anthony) Chirurgien et chimiste britannique (1768-1840). Connu pour sa découverte de l'électrolyse de l'eau.

Carlisle Ville du N. de l'Angleterre, chef-lieu du comté de Cumbria, près de la frontière écossaise. 75 300 habitants. Cathédrale (XIIe-XVe s.).

carlisme n. m. **(de don *Carlos* d'Espagne)** hist. Attachement à la politique traditionaliste de don Carlos. □ **adj. et n. carliste**

Carloman (mort en 754). Maire du palais d'Austrasie (741), il s'allia à son frère, Pépin le Bref, pour combattre les Alamans et les Saxons.

Carloman (751-771). Roi des Francs (768-771). Fils de Pépin le Bref et frère de Charlemagne, il régna sur la partie orientale du royaume. À sa mort, Charlemagne s'empara de ses territoires et fit enfermer ses enfants dans un monastère.

Carloman (mort en 884). Roi de France (879-884). Fils de Louis II le Bègue, il régna avec son frère Louis III, puis seul à la mort de ce dernier (882).

Carmen

Julia Migenes-Johnson incarnant Carmen dans le film de Francesco Rosi (1984).

Carlos (Maria José Isidoro de Bourbon, don) Infant d'Espagne (1788-1855). Écarté du trône par sa nièce Isabelle II, qui avait profité de l'abolition de la loi salique, il réclama la couronne sous le nom de Charles V. Expulsé d'Espagne, il trouva de nombreux partisans chez les traditionalistes basques, catalans, aragonais, qui déclenchèrent (1833) la guerre civile (guerre carliste).

Carlow Ville de la république d'Irlande sur le Barrow. 16 200 habitants. Le comté de Carlow est l'une des principales terres agricoles d'Irlande.

Carlsbad Ville des États-Unis (Nouveau-Mexique). 26 000 habitants. Immense réseau de grottes calcaires.

Carlsen (Magnus) Joueur d'échecs norvégien (né en 1990). Champion du monde en 2013, 2014, 2016, 2018 et 2022, il est numéro 1 au classement mondial de la Fédération internationale des échecs depuis 2011.

Carlson (Carolyn) Danseuse et chorégraphe américaine (née en 1943). Chargée du Groupe de recherche théâtrale de l'Opéra de Paris, elle créa notamment *Wind, Water, Sand,* opéra de Bob Wilson. Elle dirigea les Ballets du Nord à Roubaix de 2005 à 2013. Académie des beaux-arts.

Carolyn Carlson dans *Blue Lady* en 1984.

Carlsson (Arvid) Pharmacologue suédois (1923-2018). Il démontra que la maladie de Parkinson est due à un déficit d'un des neurotransmetteurs, la dopamine, dans certaines parties du cerveau, ouvrant la voie aux premiers traitements. Prix Nobel 2000.

Carlu (Jacques) Architecte français (1890-1976). Il éleva le palais de Chaillot à Paris (1938) dont le traditionalisme provoqua l'opposition des milieux d'avant-garde.

Carlyle (Thomas) Historien et philosophe britannique (1795-1881). Il soutint le rôle moteur des grands hommes dans l'histoire. *Histoire de la Révolution française.*

carmagnole n. f. **(p.-ê. d'un n. de ville, au Piémont)** hist. Veste étroite garnie de plusieurs rangées de boutons.

Carmagnole (La) Chant (et danse) révolutionnaire composé en 1792.

Carmarthen ou **Caermarthen** Ville du S.-O. du pays de Galles, capitale du Carmarthenshire. 15 000 habitants. Haut lieu de la culture celtique où, selon la légende, serait né l'enchanteur Merlin.

Carmaux Commune du Tarn, au N. d'Albi. 9 870 habitants. Ancien bassin houiller.

carme n. m. Religieux de l'ordre du Carmel.

carmel n. m. **(du n. du mont Carmel)** Couvent de carmes, de carmélites.

Carmel (mont) Promontoire rocheux d'Israël (plus de 500 m), qui isole la Samarie de la vallée de Jezréel.

Carmel (le) ou **ordre de Notre-Dame du Mont-Carmel** Ordre religieux mendiant fondé en 1185 par Berthold de Calabre sur le mont Carmel, et établi en Europe au XIIIe s. En 1452, fut fondée la branche féminine des carmélites. Le Carmel comporte deux branches, les carmes chaussés et les carmes déchaux.

carmélite n. f. Religieuse de l'ordre du Carmel.

Carmen Héroïne bohémienne d'un récit d'amour et de mort de P. Mérimée, devenue figure d'un opéra de Bizet.

Carmet (Jean) Acteur français (1921-1994). Comique populaire, il a incarné le « Français moyen » dans *Dupont Lajoie* et *La Victoire en chantant.*

Carmichael (Hoagland Howard, dit Hoagy) Pianiste et compositeur de musique américain (1899-1981). Il écrivit pour Broadway et le cinéma *(Stardust).*

carmin n. m. **(p.-ê. de l'arabe *qirmiz* « cochenille » et latin *minium* → minium)** Colorant ou couleur rouge vif. → **vermillon.** – **adj. invar.** *Des étoffes carmin.* → **carminé.**

carminé, ée adj. Rouge vif.

Carmona (António Óscar de Fragoso) Maréchal et homme d'État portugais (1869-1951). Chef de l'État dictatorial (1928-1951), il choisit A. Salazar comme président du Conseil.

Carmontelle (Louis Carrogis, dit) Peintre, architecte, graveur et auteur dramatique français (1717-1806). Il dessina le parc Monceau, à Paris, fut un portraitiste des célébrités de son temps et composa des comédies légères pour la cour de Philippe d'Orléans.

Carnac Commune du Morbihan. 4 231 habitants. Célèbres mégalithes (environ 2 800), datant du néolithique et du début de l'âge du bronze.

carnage n. m. **(forme picarde de *charnage,* de l'ancien français *char* « chair »)** Action de tuer un grand nombre (d'animaux, d'hommes). → **boucherie, massacre, tuerie.**

Carnap (Rudolf) Logicien et philosophe américain d'origine allemande (1891-1970). Représentant de l'empirisme logique du Cercle de Vienne, il proposait de fonder toutes les connaissances sur la logique et sur un langage épuré de tous les concepts vides de sens *(La Construction logique du monde).* Il élargit ensuite sa réflexion aux études de sémantique *(Signification et Nécessité).*

Carnarvon (George Herbert, 5e comte de) Égyptologue britannique (1866-1923). Il prit part, avec H. Carter, à l'exhumation de la tombe de Toutankhamon à Louksor (1922).

Carnarvon ou **Caernarvon** Ville du N. du pays de Galles. 10 000 habitants. Château du XIIIe siècle.

carnassier, ière adj. **(du provençal, de *carn* « chair »)** Qui se nourrit de viande, de chair crue. *Le lion, la belette, animaux carnassiers.* – **n. m.** *« Des dents pareilles à des crocs de carnassiers »* (Fromentin). → **carnivore.** ■ *Dents carnassières* ou *carnassières* **n. f. :** molaires tranchantes des carnassiers.

carnassière n. f. Sac servant au chasseur pour porter le gibier. → **carnier, gibecière.**

carnation n. f. **(de l'italien, de *carne* « chair »)** Couleur, aspect de la chair d'une personne. → **^{2}teint.**

carnaval, als n. m. **(de l'italien, de *carne* et *levare* « interrompre le jeûne de viande »)** **1.** Période de réjouissances, de l'Épiphanie au début du carême. **2.** Divertissements publics (bals, défilés) du carnaval. *Masques de carnaval. Le carnaval de Venise.* ■ Mannequin qui personnifie le carnaval. *Brûler Carnaval.*

▶ Le **carnaval**, fête née dans l'Europe médiévale, est alors indissociable du jeûne de carême, qu'il annonce. Les 40 jours de jeûne, durant lesquels les chrétiens commémorent la mort du Christ, précèdent Pâques. La semaine de carnaval, culminant le jour du Mardi gras, était à l'origine l'occasion de « faire gras » et de manger de la viande avant le jeûne. Elle s'apparente ainsi à la fête de l'*Aïd-el-Fitr*, qui marque la fin du ramadan chez les musulmans, ou au *Pourim* juif. Mais le carnaval n'est pas seulement une étape de l'année religieuse, c'est aussi une fête populaire reprenant la tradition des Saturnales romaines et caractérisée par l'inversion des codes sociaux. Dans des sociétés soumises à une forte pression morale ou religieuse, le carnaval permet, une fois par an, d'agir en toute liberté, souvent dissimulé par un masque. À Venise, à Nice ou à la Nouvelle-Orléans, la tradition du carnaval est devenue une fête surtout touristique. Elle a conservé sa fonction d'origine dans d'autres lieux comme, par exemple, au Brésil à Rio de Janeiro ou à Salvador : la semaine du carnaval marque le triomphe éphémère de la culture populaire et le renversement des positions sociales dans une société inégalitaire.

voir aussi **christianisme**

carnavalesque adj. **1.** Relatif au carnaval (2). → **carnavalier.** **2.** Digne du carnaval (2).

Carnavalet (hôtel) Hôtel situé dans le Marais, à Paris, conçu par Pierre Lescot en 1544. Il fut occupé par Madame de Sévigné. Il est devenu un musée consacré à l'histoire de Paris.

carnavalier, ière **1. adj.** Relatif au carnaval. → **carnavalesque.** **2. n.** Personne qui participe à un carnaval. - Dans le Nord, on dit aussi **carnavaleux, euse.**

carne n. f. (normand, *cf.* ancien français *char, charn* → **chair**) fam. **1.** Viande de mauvaise qualité. **2.** Mauvais cheval. ▪ Personne méchante, désagréable. *Une vieille carne.* → **rosse.**

carné, ée adj. didact. **1.** De couleur rosée. **2.** Composé de viande. *Alimentation carnée.*

Carné (Marcel) Cinéaste français (1906-1996). Avec son scénariste J. Prévert, il est l'auteur d'une œuvre populaire et poétique. *Hôtel du Nord ; Les Enfants du paradis.*

Marcel Carné (à gauche) et Jean Gabin sur le tournage de *Le jour se lève* (1939).

Carnéade Philosophe grec (v. 215-129 av. J.-C.) Il dirigea la Nouvelle Académie et, en introduisant la notion de probabilité, imprima une orientation sceptique à l'école fondée par Platon.

carneau n. m. (altération de *créneau*) techn. Conduit qui va d'un foyer au conduit d'évacuation.

Carnegie (Andrew) Industriel et philanthrope américain (1835-1919). Il fit fortune dans la sidérurgie (US Steel corporation) puis se consacra aux fondations caritatives et aux instituts scientifiques qu'il avait créés.

carnet n. m. (de l'ancien provençal *quern*, ancien français *quaer* → **cahier**) **1.** Petit cahier de poche. → **agenda, calepin, répertoire.** *Carnet de notes.* ▪ *Carnet de commandes* : total des commandes d'une entreprise. – *Carnet (mondain)* : rubrique d'un journal consacrée à l'état civil. *Carnet rose,* consacré aux naissances. **2.** Assemblage de feuillets détachables. *Carnet de chèques.* → **chéquier.** **3.** Réunion de tickets, de timbres, etc., détachables.

carnaval

Le carnaval donne lieu à une fête surtout en Europe et en Amérique du Sud. Caractérisé par des costumes, des maquillages, des masques ou des déguisements, il revêt des formes variées selon l'aire culturelle. (1) École de samba dans les rues de Rio, au Brésil. (2) Masques devant le pont du Rialto à Venise. (3) Les chars du carnaval à Nice.

carnier n. m. (du provençal, de *carn* « chair ») Petite carnassière. → **gibecière.**

Carniole Ancienne province d'Autriche, aujourd'hui en Slovénie.

carnivore (du latin *caro, carnis* → **chair** et *vorare* → **dévorer**) **1. adj.** Qui se nourrit de chair. → **carnassier.** – *Plantes carnivores,* qui peuvent capturer de petits animaux, des insectes. **2. n.** Mammifère caractérisé par une dentition très développée, qui se nourrit essentiellement de viande (ordre des *Carnivores* ; ex. le chien, le lion).

Carnoët Village des Côtes-d'Armor. Vallée des saints (statues en granit de saints bretons).

Carnot (Lazare Nicolas Marguerite) surnommé **l'Organisateur de la victoire** ou **le Grand Carnot** Général, homme politique et savant français (1753-1823). Député à l'Assemblée législative puis à la Convention, membre du Comité de salut public (1793), il créa les armées de la République. Membre du Directoire (1795-1797) puis ministre de la Guerre (1800), il s'opposa au consulat à vie et se retira de la vie publique. Il fut ministre de l'Intérieur pendant les Cent-Jours. Auteur d'importants travaux scientifiques *(Essai sur les machines en général),* il apparaît, avec Monge, comme l'un des créateurs de la géométrie analytique.

Carnot (Nicolas Léonard Sadi) Physicien français (1796-1832). Fils de Lazare Carnot, il est le précurseur de la thermodynamique. Ses découvertes sont définies dans le *cycle de Carnot* et le *théorème de Carnot,* à la base de toutes les machines thermiques.

Carnot (Lazare Hippolyte) Homme politique français (1801-1888). Fils de Lazare Carnot, il participa à la révolution de Juillet 1830. Il fut nommé ministre de l'Instruction publique en 1848.

Carnot (Marie François Sadi) Homme d'État français (1837-1894). Petit-fils de Lazare Carnot, il devint président de la République en 1887. Son mandat fut marqué par l'agitation boulangiste et le scandale de Panamá (1892). Il fut assassiné par l'anarchiste Caserio lors de l'Exposition de Lyon.

carnotset n. m. (mot patois vaudois ; probablt de *carre* « coin ») (Suisse) Local aménagé pour manger et boire entre amis.

Caro ou **Karo (Joseph)** Docteur juif d'origine espagnole (1488-1575). Il compila les lois énoncées par le Talmud dans *La Table mise.*

Caro (Annibale) Écrivain et poète italien (1507-1566). Secrétaire de prélats influents et des princes de Farnèse, il est connu pour ses *Lettres.*

Caro (sir Anthony) Sculpteur britannique (1924-2013). Ses sculptures abstraites sont des assemblages d'objets métalliques industriels. Certaines sont de couleurs vives *(Early One Morning),* d'autres sont laissées à l'état brut *(Night Movements).*

Carol ou **Charles Ier** (1839-1914). Prince (1866-1881) puis roi de Roumanie (1881-1914). Il se rendit indépendant de la Turquie (1878). ▪ **Carol II** ou **Charles II** (1893-1953). Roi de Roumanie (1930-1940). Il fut contraint d'abdiquer en faveur de son fils Michel.

Caroline de Brunswick Reine de Grande-Bretagne et d'Irlande (1768-1821). Elle fut mariée à son cousin, le futur George IV, qui la répudia.

Caroline du Nord n. f. État du S.-E. des États-Unis. 135 000 km^2. 9 500 000 habitants. Capitale : Raleigh. Culture du tabac. Industries de pointe.

Caroline du Sud n. f. État du S.-E. des États-Unis, au S. de la Caroline du Nord. 79 176 km^2. 4 600 000 habitants. Capitale : Columbia. Coton, textile, tabac. La Caroline du Sud fut le premier État de l'Union à faire sécession, en 1860.

Carolines (îles) Archipel de Micronésie dans le Pacifique occidental, au N. de l'Équateur. 500 îles dont les Palaos, Yap, Truk, Ponape et Kusaie. 120 000 habitants. Excepté les Palaos (qui constituent un État souverain), les îles de l'archipel appartiennent depuis 1980 à la fédération de Micronésie.

carolingien, ienne adj. et n. **(du latin *Carolus* « Charles »)** De Charlemagne, de son époque, de sa dynastie. **–** *Un Carolingien.*

Carolingiens Dynastie de rois francs qui succéda aux Mérovingiens. Fondée en 751 par Pépin le Bref, elle régna jusqu'en 911 en Germanie et jusqu'en 987 en France. Le règne des Carolingiens atteignit son apogée sous Charlemagne.

carolus n. m. **(latin *Carolus* « Charles »)** Monnaie frappée sous Charles VIII, employée jusqu'au XVIIIe s.

Carolus-Duran (Charles Durand, dit) Peintre français (1837-1917). Peintre officiel et mondain de la IIIe République, représentant de l'art académique, il connut un succès retentissant. Il laisse d'élégants portraits féminins.

Caron (Antoine) Peintre et graveur français (1521-1599). Peintre attitré de Catherine de Médicis, il retraça dans ses tableaux les fêtes et les évènements du règne. *Les Massacres du triumvirat.*

Caron (Gilles) Photographe français (1939-1970). Cofondateur de l'agence Gamma avec Raymond Depardon, il a suivi tous les grands conflits, du Viêtnam au Tchad, et apporté au photojournalisme d'après-guerre un regard sensible et perspicace.

Gilles Caron, la guerre civile du Biafra (avril 1968).

caronade n. f. **(de l'anglais, de *Carron*, n. d'une ville d'Écosse)** Ancien canon court.

caroncule n. f. **(du latin, de *caro* « chair »)** anat. Petite excroissance charnue. ▪ Excroissance charnue, rouge, sur la tête ou la gorge de certains oiseaux (coq, dindon).

Caroní Rivière du Venezuela, affluent de l'Orénoque. 690 kilomètres.

Carossa (Hans) Poète et romancier allemand (1878-1956). Sa vie de médecin, véritable apostolat, lui inspira ses romans *(Le Destin du Dr Bürger).* Il laisse aussi des ouvrages autobiographiques, dont une courageuse analyse de son attitude face au nazisme *(Mondes inégaux).*

carotène n. m. **(de *carotte*)** Matière colorante jaune ou rouge que l'on trouve dans certains tissus végétaux (carottes) et animaux.

caroténoïde n. m. biochim. Pigment liposoluble présent dans de nombreux organismes vivants. **– adj.** *Pigment caroténoïde* **(→ carotène).**

Carothers (Wallace Hume) Chimiste américain (1896-1937). Il découvrit le Nylon, et inventa le caoutchouc synthétique.

carotide n. f. **(du grec, de *kara* « tête »)** Chacune des deux grosses artères qui conduisent le sang du cœur à la tête. ▫ **adj. carotidien, ienne**

carottage n. m. Action de carotter (I ou II).

carotte n. f. **(du latin, du grec) I. 1.** Plante potagère dont la racine est sucrée et comestible. ▪ Cette racine (rouge orangé). *Manger des carottes râpées.* **– loc. fam.** *Les carottes sont cuites :* tout est fini, perdu. **2.** Rouleau de feuilles de tabac. ▪ Enseigne rouge, à double pointe, des bureaux de tabac français. **3. adj. invar.** *Rouge carotte. Cheveux carotte.* **→ roux. II.** techn. Échantillon cylindrique tiré du sol.

carotter v. tr. < 1 > **I. (de *tirer une carotte* « extorquer »)** fam. Prendre (qqch.) par ruse. **→ extorquer, soutirer, ²voler.** *Il vous a carotté cent euros.* **II.** techn. Extraire un échantillon de (un terrain).

carotteur, euse n. et adj. fam. (Personne) qui carotte (qqch.), qui escroque (qqn). - syn. **carottier, ière.**

caroube n. f. **(de l'arabe)** Fruit du caroubier, longue gousse renfermant une pulpe sucrée.

caroubier n. m. **(de *caroube*)** Arbre méditerranéen à feuilles persistantes, à fleurs rougeâtres.

Carouge Ville de Suisse, dans la banlieue de Genève. 21 868 habitants. Horlogerie.

carpaccio [kaʀpatʃ(j)o] n. m. **(mot italien, du n. du peintre)** Plat fait de très fines tranches de bœuf cru, assaisonné. **– par ext.** *Carpaccio de saumon, de courgettes.*

Carpaccio (Vittore) Peintre italien (1460-1526). Peintre de l'école vénitienne, il choisit une forme narrative pour évoquer les spectacles et les paysages vénitiens, comme dans les neuf toiles de la *Légende de sainte Ursule.* Artiste du Quattrocento, il refusa d'adapter son style à l'évolution picturale du début du XVIe siècle.

Carpates ou **Karpates** n. f. pl. Ensemble montagneux d'Europe centrale et orientale, formant un arc de cercle de 1 500 km sur les territoires de la Slovaquie, de la Pologne, de l'Ukraine et de la Roumanie. Les Carpates culminent à 2 655 m.

¹carpe n. f. **(bas latin *carpa*)** Gros poisson d'eau douce couvert de larges écailles. ▪ **loc.** *Saut de carpe :* saut où l'on se rétablit sur les pieds, d'une détente. **– fam.** *Bâiller comme une carpe,* en ouvrant largement la bouche. **–** *Muet comme une carpe.*

²carpe n. m. **(grec *karpos* « poignet »)** anat. Double rangée de petits os (huit chez l'homme) qui soutiennent le poignet.

-carpe 1. Élément **(du grec *karpos*)** qui signifie « fruit » (ex. *péricarpe*). **2.** Élément **(du grec *karpos*)** qui signifie « poignet » (ex. *métacarpe*).

Carpeaux (Jean-Baptiste) Sculpteur et peintre français (1827-1875). Il tenta d'imposer une conception naturaliste de la sculpture, en traduisant fidèlement gestes et attitudes. *La Danse,* destinée à la façade de l'Opéra Garnier, lui valut d'être accusé d'attentat à la pudeur. Encouragé par Napoléon III, il réalisa une série de bustes et des peintures de la cour.

Carpelan (Bo) Poète finlandais d'expression suédoise (1926-2011), défenseur d'une poésie sans convention, usant d'associations d'images très personnelles. *Les Objets des mots.*

carpelle n. m. **(du grec *karpos* « fruit »)** bot. Chaque élément du pistil (d'une fleur).

Carpentarie (golfe de) Vaste golfe du N. de l'Australie, ouvert sur la mer d'Arafura.

Carpenter (Nathanael) Philosophe anglais (1589-1638). Il fut l'un des premiers à concevoir la géographie comme science explicative.

Carpenter (John) Réalisateur, scénariste et compositeur américain (né en 1948). Il s'est spécialisé dans les films de suspense, d'épouvante ou fantastiques *(New York 1997 ; Prince des ténèbres).*

Carpentier (Jules) Ingénieur français (1851-1921). Il réalisa les premiers appareils cinématographiques des frères Lumière.

Carpentier (Georges) Boxeur français (1894-1975). Il fut champion du monde des poids mi-lourds en 1920.

Carpentier (Alejo) Romancier et musicologue cubain (1904-1980). Son œuvre s'inspire de la tradition négro-cubaine. Il est également auteur de romans historiques. *Ecué-Yamba-o ; Le Royaume de ce monde.*

Carpentras Chef-lieu d'arrondissement du Vaucluse. 29 865 habitants. Arc de triomphe gallo-romain. Synagogue du XVe s. reconstruite au XVIIIe s. Ancienne cathédrale Saint-Siffrein des XVe et XVIe siècles.

carpette n. f. **(mot anglais, de l'ancien français, famille latine de *carpere* « déchirer » → charpie) 1.** Petit tapis. **→ descente** de lit. **2.** fig., fam. Personnage plat, rampant, servile.

carpiculture n. f. **(de ¹*carpe* et *culture*)** Élevage de carpes.

carpien, ienne adj. anat. Relatif au carpe (²). *Canal carpien,* où sont logés les os du carpe.

carpillon n. m. Petit de la carpe.

carpocapse n. m. ou f. **(du latin zool., du grec *karpos* « fruit » [→ -carpe] et *kaptein* « dévorer »)** Petit papillon dont la chenille se développe dans les fruits.

carpophore n. m. **(du grec *karpos* « fruit » [→ -carpe] et de *-phore*)** bot. Partie aérienne des champignons supérieurs.

Carquefou Commune de la Loire-Atlantique. 20 463 habitants. Horticulture. Machines et équipements mécaniques.

Carqueiranne Commune du Var. 9 462 habitants. Station balnéaire.

carquois n. m. **(altération de *tarquais,* du grec médiéval, du persan)** Étui destiné à contenir des flèches.

Carr (Emily) Peintre et écrivaine canadienne (1871-1945). Sa peinture s'inspire des paysages naturels de Colombie-Britannique. Elle explora des villages indiens, voyagea dans les îles et le long des rivières. Elle écrivit plusieurs récits autobiographiques, dont *Klee Wyck.*

Carrà (Carlo Dalmazzo) Peintre et essayiste italien (1881-1966). Proche des milieux anarchistes et socialistes, il signa le *Manifeste des peintres et sculpteurs futuristes* en 1910. Il peignit *Les Funérailles de Galli l'anarchiste,* recourut à la technique du papier collé sous l'influence du cubisme, glissa vers une peinture dite « métaphysique », puis vers la nature morte.

Carrache Famille de peintres et décorateurs italiens de la fin du XVIe s. **Annibal Carrache** (1560-1609) décora le palais Farnèse, à Rome. Avec son frère **Augustin Carrache** (1557-1602) et son cousin, **Ludovic Carrache** (1555-1619), il donna naissance à une nouvelle conception de la peinture, en rupture avec le maniérisme et fondée sur une étude plus directe de la nature.

Carranza (Venustiano) Homme d'État mexicain (1859-1920). Il combattit Pancho Villa et Zapata et fut élu président de la République en 1917. Il mourut assassiné.

carrare n. m. **(du n. de la ville)** Marbre blanc très estimé, extrait près de Carrare.

Carrare Ville d'Italie (Toscane). 65 035 habitants. Centre d'exploitation et de commerce du marbre.

carre n. f. (de *carrer*) **1.** techn. Angle qu'une face d'un objet forme avec les autres faces. ▪ Épaisseur d'un objet coupé à angle droit. **2.** Baguette d'acier qui borde la semelle d'un ski.

carré, ée (vient du latin *quadratus*, de *quadrare*, de *quadrus* → carrer) **I.** adj. **1.** Qui a quatre angles droits et quatre côtés égaux. *Plan carré.* – *Mètre carré :* unité de mesure de surface équivalant à la surface d'un carré ayant un mètre de côté (symb. m^2). **2.** Qui a à peu près cette forme. *Tour carrée*, dont la base est carrée. ▪ *Épaules carrées*, larges, robustes (→ **carrure**). **3.** fig. Dont le caractère est nettement tranché. *Une réponse carrée* (→ **carrément**). **4.** math. *Racine* carrée.* **II.** n. m. **1.** Quadrilatère dont les quatre angles sont droits et les quatre côtés égaux. *Les carrés d'un damier, d'une feuille de papier.* → **case ; carreau, quadrillage.** ▪ Figure proche d'un carré. *Un carré de terre.* **2.** Foulard, fichu carré. *Carré de soie.* **3.** Parallélépipède. *Un carré de chocolat.* – spécialt *Carré de l'Est* (fromage). **4.** Troupe disposée pour faire face des quatre côtés. *Former le carré.* **5.** Chambre d'un navire servant de salon ou de salle à manger aux officiers. **6.** math. Produit d'un nombre par lui-même. *Seize est le carré de quatre et quatre la racine carrée de seize.* **7.** Réunion de quatre cartes à jouer de même valeur. *Un carré d'as.* **8.** loc. *Au carré :* à angles droits. – *Lit au carré.* – *Coupe au carré* ou *carré :* coupe de cheveux dont la longueur est égalisée.

Carré (Ferdinand) Ingénieur français (1824-1900). Il réalisa les premières machines frigorifiques.

carreau n. m. (d'abord *quarrel, quarel* ; vient du latin, de *quadrus* « carré » → carrer) **I. 1.** Pavé plat, de forme carrée. → **[1]dalle, pavé.** *Des carreaux de faïence.* **2.** Sol pavé de carreaux. → **carrelage.** – loc. *Rester sur le carreau*, être tué ou grièvement blessé ; fig. être abandonné. ▪ *Carreau de mine :* emplacement où sont déposés les minéraux, le charbon, etc. **3.** Plaque de verre dont sont munies les fenêtres, les portes vitrées. → **vitre.** *Laveur de carreaux.* **II. 1.** au plur. Assemblage symétrique de plusieurs carrés. *Chemise à carreaux. Papier à carreaux* (→ **quadrillé**). **2.** (cartes à jouer) Série dont la marque distincte est un losange rouge. **3.** loc. *Se tenir à carreau :* être sur ses gardes.

carreauté, ée adj. régional À carreaux. *Tissu carreauté.*

carrée n. f. (de *carré*) fam. Chambre.

carrefour n. m. (vient du latin *quadrifurcus* « qui a quatre fourches ») **1.** Endroit où se croisent plusieurs voies. → **bifurcation, croisement, embranchement.** **2.** fig. Situation nouvelle où l'on doit choisir entre diverses voies. ▪ Lieu de rencontre, de confrontation. *Un carrefour culturel.* **3.** Réunion pour un échange d'idées.

Carrel (Armand) Journaliste français (1800-1836). Opposé à la monarchie, il fonda avec Mignet et Thiers *Le National*, journal libéral, et publia des livres historiques dont *Histoire de la contre-révolution en Angleterre sous Charles II.* Il fut tué en duel par Émile de Girardin.

Carrel (Alexis) Chirurgien et physiologiste français (1873-1944). Pionnier de la transplantation d'organes. Ses théories sur l'eugénisme *(L'Homme, cet inconnu)*, en pleine période hitlérienne, ont suscité de vives critiques. Prix Nobel 1912.

carrelage n. m. Action de carreler. *Le carrelage d'une cuisine.* ▪ Pavage fait de carreaux. → **dallage.** *Carrelage mural.*

carreler v. tr. < 4 ou RO 5 > (de *quarel* → carreau) **1.** Paver avec des carreaux. – au p. p. *Une cuisine carrelée.* **2.** Tracer des carrés sur (une feuille de papier, une toile). → **quadriller.**

carrelet n. m. (de *quarel* → carreau) **1.** Poisson plat de forme quadrangulaire. → **plie.** **2.** Filet de pêche carré. **3.** techn. Grosse aiguille à pointe quadrangulaire.

carreleur, euse n. Personne spécialisée dans la pose du carrelage.

carrément adv. **1.** D'une façon nette, décidée, sans détours. → **fermement, franchement, nettement.** *Parler carrément*, sans ambages. – *Allez-y carrément !* → **hardiment ;** fam. **franco. 2.** fam. Complètement. *Il est carrément nul.*

Carreño de Miranda (Juan) Peintre espagnol (1614-1685). Protégé de Vélasquez, il travailla à la cour à des portraits aristocratiques et à des sujets religieux. *Messe de fondation de l'ordre des Trinitaires.*

carrer v. tr. < 1 > (vient du latin *quadrare*, de *quadrus* « carré ») Donner une forme carrée à (qqch.). – techn. *Carrer une pierre.* ▪ **se carrer** v. pron. *Se carrer dans un fauteuil*, s'y installer confortablement ; s'y mettre à l'aise. → **s'étaler,** se **prélasser.**

Carrera Andrade (Jorge) Poète équatorien (1903-1978). Il mêla dans ses œuvres des thèmes cosmopolites et indigènes. *Le Temps manuel.*

Carrère dite **Carrère d'Encausse (Hélène)** née **Zourabichvili** Historienne française (née en 1929). Spécialiste de l'URSS, elle a publié *L'Empire éclaté ; Le Malheur russe.* Élue à l'Académie française, elle en est le secrétaire perpétuel depuis 1990.

Hélène Carrère d'Encausse à l'Académie française (2003).

Carrère (Emmanuel) Écrivain, scénariste et réalisateur français (né en 1957). Fils d'Hélène Carrère d'Encausse. Il est l'auteur de *La Classe de neige ; L'Adversaire ; Un roman russe ; Yoga ; V 13* et d'une biographie romancée, *Limonov.* Il a adapté pour le cinéma le récit de F. Aubenas, *Ouistreham.*

carrick n. m. (mot anglais « voiture légère » puis « manteau du cocher ») anciennt Redingote ample à plusieurs collets étagés.

carrier, ière n. Personne qui exploite une carrière comme entrepreneur ou comme ouvrier.

Carrier (Jean-Baptiste) Homme politique français (1756-1794). Député montagnard à la Convention, il organisa d'effroyables massacres à Nantes, faisant fusiller ou noyer tous les suspects des prisons. Il fut condamné à mort par le Tribunal révolutionnaire qu'il avait contribué à créer.

Carrier (Roch) Écrivain canadien (québécois) [né en 1937]. Il a affirmé son engagement culturel et identitaire et dénoncé toute forme de domination à travers des romans *(La guerre, yes sir ! ; Floralis, où es-tu ? ; Il est par là, le soleil)* et des nouvelles pour la jeunesse *(Le Chandail de hockey).*

[1]carrière n. f. (de l'italien « chemin de chars ») **1.** loc. *Donner carrière à :* donner libre cours à. **2.** littér. Voie où l'on s'engage. *« Nous entrerons dans la carrière »* (« La Marseillaise »). **3.** Métier, profession qui présente des étapes, une progression. *Le choix d'une carrière.* – *Faire carrière :* réussir dans une profession (→ **carriériste**). – *Militaire de carrière* (opposé à *appelé, mobilisé*).

[2]carrière n. f. (vient du latin pop., de *quadrus* « carré ») Lieu d'où l'on extrait des matériaux de construction (pierre, roche), surtout à ciel ouvert (s'oppose à *mine*). *Carrière de marbre.*

Carrière (Eugène) Peintre français (1849-1906). Ami de Rodin, Verlaine, Mallarmé, il fit du portrait et de la maternité son thème d'élection *(La Famille ; Le Baiser).* Il fut socialiste et dreyfusard.

Carrière (Jean-Claude) Scénariste et dramaturge français (1931-2021). Il a écrit des scénarios pour Pierre Étaix, Luis Buñuel *(Le Charme discret de la bourgeoisie)*, Miloš Forman, Volker Schlöndorff *(Le Tambour)*, Andrzej Wajda, Louis Malle, Jean-Luc Godard *(Sauve qui peut la vie)*, Jean-Paul Rappeneau *(Cyrano de Bergerac)* ainsi que des romans *(La Controverse de Valladolid)*, des pièces de théâtre *(L'Aide-Mémoire)* et une adaptation du Mahabharata.

Carrières-sous-Poissy Commune des Yvelines, dans une boucle de la rive droite de la Seine. 17 417 habitants.

Carrières-sur-Seine Commune des Yvelines, dans une boucle de la Seine, face à Nanterre. 15 115 habitants. Vestiges d'un château médiéval.

carriériste adj. et n. (de *[1]carrière*) péj. Qui recherche avant tout la réussite professionnelle. → **ambitieux, arriviste.** ▫ n. m. **carriérisme**

carriole n. f. (ancien provençal ou italien *carriola*, du latin *carrus* « char ») **1.** Petite charrette. **2.** (Canada) Voiture hippomobile montée sur patins.

Carroll (Charles Lutwidge Dodgson, dit **Lewis)** Écrivain, mathématicien et photographe (1832-1898). Il fut professeur à Oxford. Fasciné par l'enfance, il écrivit *Alice au pays des merveilles*, œuvre dans laquelle il invente des mots-valises et accole constamment le rêve à la réalité. Le succès fut immédiat. Suivirent *De l'autre côté du miroir* et *Sylvie et Bruno.*

Carroll (John Bissell) Psychologue américain (1916-2003). Il a étudié les mécanismes d'apprentissage du langage. *Le Langage et la Pensée.*

Carros Commune des Alpes-Maritimes. 12 875 habitants.

carrossable adj. Où peuvent circuler des voitures. *Chemin carrossable.* → **praticable.**

carrosse n. m. (italien *carrozza*, de *carro* → [1]char) Ancienne voiture à chevaux, de luxe, à quatre roues, suspendue et couverte.

carrosser v. tr. < 1 > Munir (un véhicule) d'une carrosserie. – au p. p. *Châssis carrossé.* ▫ n. m. **carrossage**

carrosserie n. f. **1.** Industrie, commerce des carrossiers. **2.** Caisse d'un véhicule automobile (capot, toit, coffre, portes, ailes). – par ext. *La carrosserie d'un appareil ménager.*

carrossier, ière n. Spécialiste de la construction, de la réparation de carrosseries d'automobiles. ▪ Personne qui dessine, conçoit des carrosseries.

carrousel n. m. (mot napolitain, n. d'un jeu, de *caruso* « tête rasée » : on s'y lançait des balles en forme de tête) **1.** Parade au cours de laquelle des cavaliers se livrent à des exercices variés. **2.** fig. Succession rapide. *Un carrousel d'avions, de motos.* **3.** régional Manège forain.

Carrousel (arc de triomphe du) Monument construit de 1806 à 1808, à Paris, il fut conçu comme l'entrée monumentale de l'ancien palais des Tuileries.

carroyage n. m. (de *carreau*) techn. **1.** urbanisme Quadrillage de voies. **2.** Quadrillage pour reproduire un dessin.

carroyer v. tr. < 8 > Quadriller (un plan, une carte) par un carroyage.

carrure n. f. (de *carrer*) **1.** Largeur du dos, d'une épaule à l'autre. *Une carrure imposante.* – par ext. *La carrure d'une veste.* **2.** fig. Force, valeur (d'une personne). → **envergure, stature.**

carry voir cari

Carry-le-Rouet Commune des Bouches-du-Rhône. 5 705 habitants. Station balnéaire.

C

Cars (Guy de Pérusse des Cars, dit Guy des) Écrivain français (1911-1993). Auteur à succès, il a écrit de nombreux romans dramatiques. *La Brute ; L'Impure.*

Carson (Rachel) Biologiste américaine (1907-1964). Ses études sur le monde marin et sur les dangers de la pollution environnementale contribuèrent à alerter l'opinion publique sur la nocivité des pesticides, notamment le DDT. *La Vie de l'océan ; Printemps silencieux.*

Carson City Ville des États-Unis (Nevada), près du lac Tahoe. 91 700 habitants. Mines d'argent.

cartable n. m. (du latin *charta* → charte) **1.** Sacoche d'écolier. → **serviette.** ■ *Cartable électronique* ou *numérique* : ensemble de contenus numériques conçus pour l'enseignement scolaire. **2.** (Canada) Classeur à anneaux.

Cartagena Ville de Colombie, principal port militaire du pays, sur la mer des Caraïbes. 914 600 habitants. Fortifications coloniales. Terminal pétrolier.

Cartago Ville du Costa Rica. 26 850 habitants. Située au pied du volcan Irazu, elle été victime de plusieurs éruptions.

Cărtărescu (Mircea) Écrivain roumain (né en 1956). Après une trentaine de romans dont une trilogie fantasmatique qui brosse un tableau du régime totalitaire de Ceaușescu, il publie *Solénoïde* (2015), récit virtuose et kafkaïen.

carte n. f. (latin *charta* « feuille de papier » → charte) **I. 1.** Rectangle ou carré de papier, de carton. – loc. *Donner* **carte blanche** *à qqn*, le laisser libre de choisir, de décider. **2.** *Carte à jouer* ou *carte* : carton rectangulaire dont l'une des faces porte une illustration et qui est utilisé dans différents jeux. *Un jeu de 32, de 52 cartes* (→ **carreau, cœur, [1]pique, trèfle**). *Jouer aux cartes.* – loc. fig. ***Brouiller les cartes*** : compliquer, obscurcir volontairement une affaire. *Jouer sa **dernière carte*** : tenter sa dernière chance. *Jouer **cartes sur table*** : agir franchement, sans rien cacher. – *Le dessous des cartes* : ce qui est caché. – ***Carte forcée*** : obligation à laquelle on ne peut échapper. – *Tirer les cartes à qqn* (→ **cartomancie ; oracle, tarot**). ■ *Les cartes* : le jeu. **3.** Liste des plats, des consommations avec leur prix. *Manger à la carte,* en choisissant librement (s'oppose à *au menu*). – par ext. *À la carte* : au choix. *Programme à la carte.* **4.** ***Carte (de visite)*** : petit carton sur lequel on fait imprimer son nom, son adresse, sa profession, etc. **5.** ***Carte (postale)*** : carte dont l'une des faces sert à la correspondance, l'autre portant une illustration. **6.** Document personnel. *Carte d'identité ; carte d'électeur.* → **papier(s).** – *Carte de séjour*.* ■ ***Carte grise*** : titre de propriété d'une automobile. **7.** *Carte bancaire, carte de crédit* : carte à puce* utilisable comme moyen de paiement, de retrait d'espèces. **8.** inform. Circuit imprimé équipé de composants. *Carte son. Carte graphique. Carte(-)mère,* contenant le processeur principal de l'ordinateur. **II. 1.** Représentation à échelle réduite de la surface du globe. *Carte universelle.* → **mappemonde, planisphère.** *Recueil de cartes.* → **atlas.** *Carte géographique, routière. Carte d'état-major. Carte de France.* – *Carte marine. Carte du ciel.* **2.** Document descriptif d'une répartition. *La carte scolaire. La carte du génome humain.* **3.** *Carte mentale, carte heuristique,* représentant les idées sous forme de schéma.

▶ Grossièrement dessinées, les premières **cartes** (II) marines, les portulans du XIVe siècle, servent à repérer les récifs et les courants des ports, dont la position est relevée à la boussole. Les indications de Ptolémée sont encore utilisées au temps des Grandes Découvertes mais, grâce à de nouveaux instruments de navigation (invention du sextant en 1731), ces cartes marines gagnent considérablement en précision au XVIIIe siècle. Le système des longitudes et latitudes est définitivement fixé en 1884 avec le choix de Greenwich comme méridien origine.
Avec le développement de l'automobile, les cartes routières se généralisent. L'invention de la photographie aérienne, puis des images satellite et du Global Positioning System (GPS) donnent à la cartographie moderne une rigueur scientifique.
Le XXe siècle voit aussi une diversification des représentations : les cartes administratives matérialisent frontières et districts, les cartes géologiques insistent sur le sous-sol, d'autres figurent le climat, les reliefs, les cultures.
Même lorsqu'elle est rigoureuse, la représentation cartographique apparaît ainsi comme une véritable interprétation de l'espace. La cartographie occidentale a par exemple, depuis ses origines, tendance à placer l'Europe au centre du monde et à négliger les noms indigènes. Au XIXe s., les cartes d'Afrique sont vierges dès qu'on s'éloigne des côtes : cet espace « vide » est « offert » à la conquête, et la cartographie coloniale projette ensuite l'imaginaire culturel d'une Europe attachée aux frontières, au contrôle administratif et à la propriété foncière. En représentant un espace, la cartographie l'invente : on le constate depuis les projections de Mercator (1569), qui permettent de dresser les premières mappemondes mais déforment les zones les plus proches des pôles.
voir aussi **frontière, pôle, grandes découvertes, géopolitique**

cartel n. m. (italien « affiche », de *carta* → carte) **I.** Encadrement décoratif qui entoure certaines pendules. – Cette pendule. *Un cartel Louis XV.* **II. 1.** Entente regroupant des entreprises ayant des activités proches en vue de maîtriser la concurrence. → **consortium, trust.** – par ext. *Les cartels de la drogue.* **2.** Association de groupements (politiques, syndicaux) en vue d'une action commune.

Cartel des gauches Coalition constituée en France en 1924 pour faire face aux modérés et aux conservateurs du Bloc national, elle regroupa la gauche radicale (radicaux et radicaux-socialistes), les républicains socialistes et les socialistes (SFIO). Sa victoire aux élections (mai 1924) conduisit à la démission du président de la République Millerand, auquel succéda Gaston Doumergue.

carte-lettre n. f. Feuille de papier qui, pliée et collée, peut être utilisée pour la correspondance. *Des cartes-lettres.*

Cartellier (Pierre) Orfèvre, ornemaniste et sculpteur français (1757-1831). Il reçut de nombreuses commandes officielles : statues d'*Aristide* et de *Vergniaud* au Sénat, *La Gloire* au Louvre.

cartellisation n. f. Groupement (d'entreprises) en cartel.

carter [kaʀtɛʀ] n. m. (mot anglais, n. de l'inventeur) Enveloppe de métal servant à protéger un mécanisme. *Le carter d'un moteur.*

Carter (Howard) Égyptologue britannique (1873-1939). Il découvrit, avec Lord Carnavon, la tombe de Toutankhamon dans la Vallée des rois (1922).

Howard Carter penché sur le sarcophage de Toutankhamon (1922).

Carter (Bennett Lester, dit Benny) Saxophoniste, trompettiste et chef d'orchestre de jazz américain (1907-2003). Chef d'orchestre au Savoy de New York, ce musicien du middle jazz a fait des arrangements pour Louis Armstrong, Ray Charles, Ella Fitzgerald et a écrit des musiques de films. *Cow Cow Boogie.*

Carter (James Earl, dit Jimmy) Homme d'État américain (né en 1924). Membre du Parti démocrate, il fut président des États-Unis de 1977 à 1981. Son mandat reste marqué par les accords de Camp David (1978). Prix Nobel de la paix 2002.

carte-réponse n. f. Carte jointe à un questionnaire, utilisée pour y répondre. *Des cartes-réponses.*

Carteret (Philip) Navigateur britannique (mort en 1796). Il mena plusieurs expéditions dans les régions équatoriales de l'océan Pacifique.

Carteret Petit port sur la Manche (commune de Barneville-Carteret), dans le département de la Manche. Embarcadère pour les îles Anglo-Normandes.

carterie n. f. Commerce de cartes postales.

cartésianisme n. m. (de *Cartesius*, n. latin de Descartes) Philosophie de Descartes et de ses disciples.

▶ Le **cartésianisme** est le courant de pensée issu de la philosophie de Descartes. Descartes a légué à la postérité une série de problèmes (l'hétérogénéité de l'âme et du corps), de concepts (la clarté et la distinction comme critères du vrai), une méthode rationnelle qui a pour modèle les mathématiques, et de thèmes (le *cogito*, le « je pense, donc je suis », les preuves de l'existence de Dieu...).
La philosophie de Descartes a structuré plusieurs grandes philosophies (celles de Spinoza, de Leibniz, de Malebranche...) qui s'en sont elles-mêmes éloignées. Il a aussi existé des cartésiens orthodoxes (comme A. Arnauld et Nicole dans *La Logique de Port-Royal*).
Les philosophies du sujet se réclament du cartésianisme, notamment la phénoménologie de Husserl ainsi que celles qui définissent la liberté comme un choix fondateur (Alain, Sartre). La théorie cartésienne du langage comme compétence illimitée d'expression de la pensée est considérée par Noam Chomsky (*Linguistique cartésienne,* 1966) comme une anticipation de la grammaire transformationnelle qui affirme l'universalité des structures logiques de l'esprit. L'anticartésianisme a revêtu des formes très diverses : métaphysique chez Pascal ou politique chez Hayek (*Droit, Législation, Liberté,* 1973).
voir aussi **raison, âme**

cartésien, ienne adj. **1.** Relatif à Descartes, à sa philosophie. **2.** (raisonnement ; personnes) Logique. *Un esprit cartésien.*

Carthage Ville d'Afrique du Nord, sur le golfe de Tunis. Ruines à 16 km de Tunis. Fondée vers –814 par des colons venus de Phénicie et de Chypre, la ville créa de nombreux comptoirs sur le littoral nord-africain et forma un empire économique au commerce très actif avec l'Égypte, l'Étrurie et la Grèce. À partir du –Ve s., Carthage s'opposa aux Grecs pour la maîtrise de la Sicile puis aux Romains lors des guerres puniques (264-241 av. J.-C. ; 218-201 av. J.-C. ; 149-146 av. J.-C.). Détruite par Scipion Émilien (–146), elle fut reconstruite sur un site différent, devenant le centre intellectuel et religieux de l'Afrique romaine puis chrétienne. Après le passage des Vandales (439), des Byzantins (534) puis des Arabes (698), elle n'était plus qu'une petite bourgade quand Louis IX y mourut en 1270.

Carthagène Ville d'Espagne (Murcie) au pied de la sierra de Carthagène. 216 100 habitants. Important port militaire et commercial sur la Méditerranée.

carthame n. m. (de l'arabe) Plante originaire d'Orient (composée), appelée aussi *faux safran,* cultivée pour ses propriétés colorantes.

Cartier (Jacques) Navigateur français (1491-1557). Il découvrit l'estuaire du Saint-Laurent et prit possession du Canada en 1534 au nom de François Ier.

Portrait de Jacques Cartier par Auguste Lemoine, musée d'Histoire de la ville, Saint-Malo.

Cartier (sir Georges Étienne) Homme politique canadien (1814-1873). Défenseur des Canadiens français, il fut l'un des créateurs de la Confédération canadienne (1867).

Cartier (Louis-François) Joaillier français (1819-1904). Il ouvrit une bijouterie de luxe à Paris en 1847. Son fils Alfred puis ses petits-fils reprirent la joaillerie devenue fournisseur attitré des rois et de l'aristocratie.

Cartier-Bresson (Henri) Photographe français (1908-2004). Il commença le reportage photo dès 1931, parcourut le monde, devint l'assistant de J. Renoir. De ses voyages, il rapporta des images sobres, humaines et toujours fidèles aux particularités sociales de chaque pays. *D'une Chine à l'autre ; Moscou ; Les Européens.*

Henri Cartier-Bresson, *Écluse de Bougival* (1956).

cartilage n. m. (latin *cartilago*) Tissu animal résistant mais élastique et souple qui, chez les vertébrés supérieurs, recouvre la surface des os aux articulations, forme la charpente de certains organes (nez, oreille) et le squelette des embryons.

cartilagineux, euse adj. Composé de cartilage.

cartisane n. f. (p.-ê. de l'italien *carteggiana*, de *carta* « papier ») techn. Petit morceau de carton recouvert de fil d'or, d'argent, et qui fait relief dans les dentelles, les broderies.

Cartland (Mary Barbara Hamilton, dite Dame Barbara) Écrivaine britannique (1901-2000). Ses romans, environ sept cents, histoires sentimentales se déroulant pour la plupart au XIXe siècle, se sont vendus à des millions d'exemplaires.

cartographe n. Spécialiste qui dresse et dessine les cartes de géographie.

cartographie n. f. **1.** Technique de l'établissement du dessin et de l'édition des cartes et plans. **2.** biol. Établissement de la disposition des gènes sur le chromosome. □ **adj. cartographique**

cartographier v. tr. < 7 > Établir la carte de.

cartomancie n. f. (→ -mancie) Pratique consistant à prédire l'avenir par l'interprétation des cartes, des tarots.

cartomancien, ienne n. Personne qui tire les cartes. → **[1]voyant.**

carton n. m. (italien *cartone*, de *carta* → carte) **1.** Matière assez épaisse, faite de pâte à papier (papier grossier ou ensemble de feuilles collées). *Une valise en carton.* ■ Feuille de cette matière. *Carton ondulé. Carton fin.* → **bristol. 2.** Boîte, réceptacle en carton fort. *Carton à chapeau.* ***Carton à dessin*** *:* grand dossier servant à ranger des dessins, des plans. **3.** Dessin d'après lequel un artiste réalise une fresque, une tapisserie ou un vitrail. **4.** ***Faire un carton*** *:* tirer à la cible* ; fig., fam. tirer (sur qqn) ; marquer des points (aux dépens d'un adversaire), réussir (→ **cartonner**). – fam. *Un carton :* ce qui a du succès. *Cette chanson est un carton.* → **tube. 5.** sports *Carton jaune, rouge :* sanction infligée par l'arbitre à un footballeur.

cartonnage n. m. **1.** Fabrication des objets en carton. **2.** Reliure en carton avec un dos en toile. ■ Emballage en carton.

cartonné, ée adj. (livre) Recouvert d'une reliure en carton (opposé à *broché* et à *relié*).

cartonner v. < 1 > **1. v. tr.** Relier (un livre) en carton. **2. v. intr.** fam. Réussir, obtenir du succès (cf. faire un carton*). *Il cartonne en maths.*

cartonnerie n. f. **1.** Industrie du carton. **2.** Usine où l'on fabrique du carton.

cartonneux, euse adj. Qui a l'aspect du carton. ■ (aliments) Durci et desséché.

cartonnier, ière 1. n. Fabricant(e), marchand(e) de carton. **2. n. m.** Meuble de bureau à tiroirs en carton épais, servant à classer les dossiers.

carton-pâte n. m. Carton fait de vieux papiers, de rognures. *Des cartons-pâtes.* ■ fig. *De, en carton-pâte :* factice.

cartoon [kartun] n. m. (mot anglais « dessin ») anglic. Dessin destiné à composer un film d'animation ou une bande dessinée. – par ext. Le film, la bande dessinée eux-mêmes.

cartophile n. (→ -phile) Personne qui collectionne les cartes postales. □ **n. f. cartophilie**

cartothèque n. f. (→ -thèque) Collection de cartes géographiques ; local où elle se trouve.

[1]cartouche n. f. (de l'italien, de *carta*, latin *charta*) **1.** Enveloppe contenant la charge d'une arme à feu. *Cartouche à blanc.* ■ fig. ***Les dernières cartouches*** *:* les dernières réserves. **2.** Étui contenant une matière consommée lors de l'utilisation d'un outil, d'un appareil. *Une cartouche d'encre.* **3.** Boîtier contenant un support d'enregistrement. **4.** Paquets de cigarettes emballés et vendus ensemble.

[2]cartouche n. m. (de l'italien, de *carta*, du latin *charta* → charte) **1.** Ornement sculpté ou dessiné, en forme de carte à demi déroulée. **2.** Encadrement elliptique entourant certains hiéroglyphes (noms de pharaons, etc.). **3.** Emplacement réservé à la légende ou au titre, situé au bas d'un tableau, d'une carte géographique, etc.

Cartouche (Louis Dominique) Bandit français (1693-1721). Chef d'une bande célèbre qui terrorisa Paris et sa banlieue, il finit roué vif en place de Grève.

cartoucherie n. f. Fabrique de cartouches ([1]).

cartouchière n. f. Sac ou boîte à cartouches ([1]).

cartulaire n. m. (latin médiéval *chartularium* « recueil d'actes ») didact. Recueil de chartes contenant la transcription des titres de propriété et privilèges temporels d'une église ou d'un monastère.

Caruaru Ville du Brésil (État du Pernambouc). 278 100 habitants. Céramique.

Carus en latin **Marcus Aurelius Carus** (mort en 283). Empereur romain (282-283). Père de Numérien et de Carin, il vainquit les Parthes et s'empara de la Mésopotamie.

Carus (Karl Gustav) Médecin et philosophe allemand (1789-1869). Un des derniers représentants du romantisme, influencé par Goethe et Schelling, également pionnier de la gynécologie, il élabora une anthropologie génétique où le conscient procède de l'inconscient. *Psyché, histoire du développement de l'âme humaine.*

Caruso (Enrico) Ténor italien (1873-1921). Il interpréta de manière mémorable le répertoire lyrique italien. Il fut premier ténor au Metropolitan Opera de New York de 1903 à 1920.

Carven (Carmen de Tommaso, dite) Couturière française (1909-2015). Elle ouvrit sa maison de couture en 1945, se fit connaître comme « grande couturière pour petites femmes » et redessina la coupe de nombreux uniformes féminins.

Carver (Raymond) Écrivain américain (1938-1988). Ses recueils de nouvelles dépeignent avec une extrême économie de moyens le désespoir et la solitude des Américains ordinaires *(Tais-toi, je t'en prie).*

carvi n. m. (de l'arabe) Plante sauvage (ombellifère) qui produit des fruits aromatiques utilisés comme condiment.

Carvin Commune du Pas-de-Calais. 17 667 habitants.

Cary (Arthur Joyce) Romancier britannique (1888-1957). Brillant portraitiste, il raconta son enfance africaine et s'intéressa à l'art et à la politique. *The House of the Children ; Except the Lord.*

caryatide voir **cariatide**

caryocinèse n. f. (du grec *karyo* « noyau » et *kinêsis* → ciné-) biol., vieux Mitose*.

caryophyllacée n. f. (du grec → girofle) Plante dicotylédone à feuilles opposées, qui croît surtout dans les régions tempérées

cartouche

Cartouche encadrant le nom de Ramsès II.

(famille des *caryophyllacées* ; ex. : l'œillet, la saponaire).

caryopse n. m. (du grec, de *karuon* « noix » et de *opsis* « apparence » → optique) bot. Fruit sec des graminées, dont la graine est soudée au péricarpe.

C

caryotype n. m. (grec *karuon* « noix ; noyau » et → type) biol. Arrangement des chromosomes d'une cellule, spécifique d'un individu ou d'une espèce.

Carzou (Jean) Peintre et décorateur français (1907-2000). La décoration de théâtre a fait sa célébrité (*Les Indes galantes* de Rameau).

[1]**cas** n. m. (latin *casus*, de *cadere* « tomber » → choir) I. emplois généraux **1.** Ce qui arrive. → circonstance, évènement, [2]fait. *Un cas grave, étrange, imprévu. Un cas d'espèce*. C'est le cas de (+ inf.)* : c'est opportun de. *C'est bien le cas de le dire*. – *Dans le cas présent ; dans ce cas-là*. → situation. – (avec *en*) *En ce cas*. → alors. – ***En cas de*** loc. prép. : dans l'hypothèse de. *En cas d'accident, qui faut-il prévenir ? En cas de besoin* : s'il est besoin. **2. *Au cas où*** (+ cond.) loc. conj. : en admettant que, à supposer que. → quand, [1]si. *Au cas où il viendrait*. littér. *En cas qu'il vienne*. – ***En aucun cas*** (dans une proposition négative). → jamais. *En aucun cas je n'accepterai de partir*. – ***En tout cas*** loc. adv. : quoi qu'il arrive, de toute façon. **3. *Faire grand cas de qqn, qqch.***, lui accorder beaucoup d'importance. ***Faire cas de***. → apprécier, considérer, estimer. *Faire peu de cas, ne faire aucun cas de qqn, qqch.* II. **1.** Situation définie par la loi pénale. → crime, [1]délit. *Soumettre un cas au juge*. **2. *Cas de conscience*** : difficulté sur un point de morale, de religion (→ casuiste). ■ par ext. Scrupule. **3.** État ou évolution d'un sujet, du point de vue médical. *Un cas grave*. ■ Personne présentant des caractères psychologiques singuliers. – fam. (souvent péj.) *Lui, c'est un cas !* **4. *Cas social*** : personne dont la situation sociale est difficile.

[2]**cas** n. m. (latin *casus* → [1]cas, pour traduire le grec *ptôsis* « chute » [→ ptose]) Dans les langues à déclinaisons, Chacune des formes d'un mot qui correspond à une fonction grammaticale précise dans la phrase. → désinence ; déclinaison. *Les cas du latin, de l'allemand*.

Casablanca ou **Dar el-Beïda** Ville du Maroc, sur l'Atlantique. 3 359 818 habitants. Grand port artificiel, aménagé sous l'impulsion de Lyautey. Métropole économique et commerciale du pays. Grande Mosquée construite en 1993. En 1943, la *conférence de Casablanca* réunit Churchill et Roosevelt, qui prirent d'importantes décisions concernant le débarquement et les conditions de la capitulation allemande.

casbah

La casbah d'Alger avec ses ruelles en escalier, classée au patrimoine mondial de l'Unesco.

caryotype

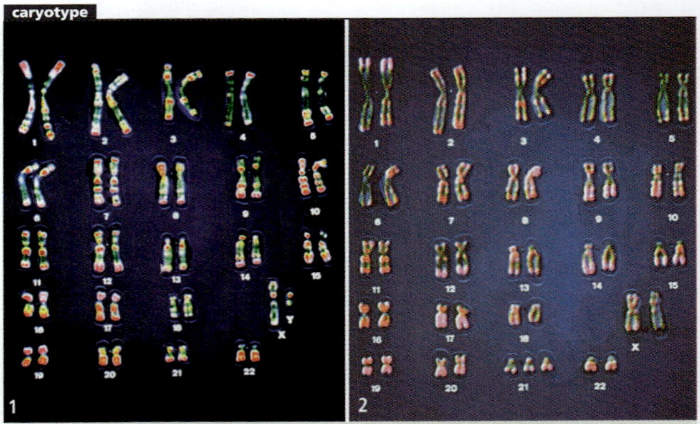

1. Caryotype masculin normal : 22 paires de chromosomes et une paire XY. 2. Caryotype de trisomie 21 : le chromosome 21 est présent en trois exemplaires.

Casadesus Famille de musiciens français originaire de Catalogne. ■ **Francis Casadesus** (1870-1954). Compositeur et chef d'orchestre. ■ **Henri Casadesus** (1879-1947), frère de Francis et père de la comédienne Gisèle Casadesus (1914-2017). Altiste du quatuor Capet, il fonda la Société des instruments anciens. ■ **Marius Casadesus** (1892-1981), frère de Francis et d'Henri. Violoniste et compositeur. ■ **Robert Casadesus** (1899-1972), leur neveu. Compositeur et pianiste virtuose. ■ **Jean-Claude Casadesus** (né en 1935), petit-fils d'Henri. Directeur de l'Orchestre national de Lille de 1976 à 2016.

Casale Monferrato Ville d'Italie (Piémont). 35 245 habitants. Centre vinicole.

Casals (Pablo) Violoncelliste et chef d'orchestre espagnol (1876-1973). Membre d'un célèbre trio avec A. Cortot et J. Thibaud, il s'exila en France après la victoire de Franco et s'installa à Prades (Pyrénées-Orientales) où il organisa un festival de musique.

Casamance n. f. Région du Sénégal, sur le fleuve du même nom, comprise entre la Gambie et la Guinée-Bissau. Entre 1983 et 2004, une guérilla indépendantiste fut entretenue, essentiellement par la minorité Diola.

casanier, ière adj. (p.-ê. de l'italien, de *casana* « boutique de prêteur », d'un mot arabe, et de *casa* « maison ») Qui aime rester chez soi. → sédentaire ; fam. pantouflard.

Casanova (Giacomo Girolamo) dit **Casanova de Seingalt** Aventurier et écrivain italien (1725-1798). Voyageur, modèle du séducteur aux multiples aventures galantes, il fut également espion au service de divers gouvernements. Estimé des rois, des philosophes et des scientifiques, il finit sa vie comme bibliothécaire du château de Dux en Bohême, où il écrivit en français l'*Histoire de ma vie*, peinture de la société de la fin du XVIIIe siècle.

casaque n. f. (du turc → kazakh) **1.** vieux Veste à larges manches. ■ mod. Veste en soie des jockeys. **2.** loc. fig. ***Tourner casaque*** : fuir ; changer de parti, d'opinion (→ retourner sa veste).

Casarès (Maria) Comédienne française d'origine espagnole (1922-1996). Elle fut engagée à la Comédie-Française, puis au TNP, où elle créa des pièces de Camus, Sartre ou Genet. Au cinéma, elle joua notamment dans *Les Enfants du paradis* de M. Carné et *Orphée* de J. Cocteau.

Casaubon (Isaac) Érudit et humaniste français (1559-1614). Grand helléniste, bibliothécaire du roi Henri IV entre 1600 et 1610, il fut l'une des grandes figures huguenotes en France.

casbah n. f. (arabe « forteresse ») Citadelle (dans un pays arabe). ■ par ext. Quartier de la citadelle.

cascade n. f. (de l'italien, de *cascare* « tomber ») **1.** Chute d'eau. → cataracte. **2.** Ce qui se produit par saccades, par rebondissements successifs. *Une cascade de rires*. – ***En cascade*** : en série. *Des incidents en cascade*. **3.** Acrobatie des cascadeurs.

cascader v. intr. < 1 > Tomber en cascade.

Cascades (chaîne des) Chaîne montagneuse de l'O. des États-Unis et du Canada. Elle culmine à 4 391 m.

cascadeur, euse n. Spécialiste qui tourne les scènes dangereuses, acrobatiques d'un film.

Cascais Ville du Portugal, à l'O. de Lisbonne. 214 130 habitants. Port et station balnéaire.

cascara n. m. (mot espagnol « écorce ») Arbre tropical dont l'écorce séchée a des vertus purgatives. ■ Cette écorce.

cascatelle n. f. (italien *cascatella*, de *cascata* → cascade) littér. Petite cascade.

case n. f. (latin *casa* « maison ») I. (par le portugais) Habitation traditionnelle, dans des pays exotiques. → hutte, paillote. II. **1.** Espace délimité par des lignes se coupant à angle droit, sur une surface. *Cocher une case. Les 64 cases de l'échiquier*. – loc. *Revenir à la case départ*, à une situation que l'on croyait dépassée. **2.** Compartiment (d'un meuble, d'un casier). *Tiroir à plusieurs cases* (→ casier). **3.** fam. *Il lui manque une case, il a une case en moins*, il est anormal.

Case créole au toit à quatre pans, en tôle.

caséeux, euse adj. (du latin *caseus* « fromage ») didact. De la nature du fromage. – méd. *Nécrose caséeuse*, présentant l'aspect du fromage.

caséification n. f. (du latin *caseus* « fromage ») didact. **1.** Transformation en fromage. - syn. **caséation. 2.** méd. Développement d'une nécrose caséeuse.

caséine n. f. (du latin *caseus* « fromage ») Protéine qui constitue l'essentiel des matières azotées du lait.

casemate n. f. (italien *casamatta*, d'origine incertaine) Abri enterré, protégé contre les obus, les bombes. → **blockhaus, fortin.** *Casemates d'un fort.*

caser v. tr. < 1 > (de *case*) **1.** Mettre à la place qu'il faut ; dans une place qui suffit. → [1]**placer ;** fam. **fourrer. 2.** fig., fam. Établir (qqn) dans une situation. – pronom. *Se caser :* se marier.

Caserio (Santo Jeronimo) Anarchiste italien (1873-1894). Il est l'auteur de l'attentat contre le président Sadi Carnot (juin 1894).

caserne n. f. (ancien provençal, du latin *quaterni* « quatre par quatre ») **1.** Bâtiment destiné au logement des militaires. → **baraquement, quartier.** ■ Troupes logées dans une caserne. **2.** fam. Grand immeuble peu plaisant. ■ Établissement où règne une discipline sévère.

casernement n. m. **1.** Action de caserner. **2.** Ensemble des constructions d'une caserne.

caserner v. tr. < 1 > Loger dans une caserne. – au p. p. *Troupes casernées dans une ville frontière.*

Caserte Ville d'Italie (Campanie), au N. de Naples. 75 208 habitants. Château et parc des Bourbons de Naples.

caseyeur n. m. (de *casier*) Bateau équipé pour pratiquer la pêche aux crustacés à l'aide de casiers.

Casgrain (Thérèse) Femme politique canadienne (québécoise) [1896-1981]. Elle plaida en faveur de nombreuses réformes, dont la principale fut l'obtention du droit de vote pour les femmes au Québec (1940).

cash (mot anglais → caisse) anglic., fam. **1.** adv. *Payer cash.* → **comptant. 2.** n. m. invar. Espèces. *Vous préférez du cash ou un chèque ?* **3.** adj. invar. Franc, direct. *Elle a été cash.* ■ adv. *Il me l'a dit cash,* sans ménagement.

Cash (Johnny) Auteur, compositeur et interprète de country américain (1932-2003). Durant quarante ans d'une carrière tumultueuse, il a marqué la musique populaire américaine. *Cry, Cry, Cry ; Walk the Line ; Folsom Prison blues.*

casher [kaʃɛʀ] adj. (mot hébreu) (aliments) Conforme aux prescriptions rituelles de la loi juive. *Viande casher. Des volailles cashers* ou *cashères.* ■ *Une boucherie casher.* - var. **kasher, cascher.**

cash-flow [kaʃflo] n. m. (mot anglais, de *cash* « comptant » et *flow* « écoulement ») anglic., comptab. Solde comptable indiquant la capacité d'autofinancement d'une entreprise. *Des cash-flows.* - var. RO **cashflow.**

cashmere voir **cachemire**

casier n. m. (du picard ; du latin *forma* ou *sporta casearia* « panier à fromage ») **1.** Ensemble de cases, de compartiments formant meuble. *Casier à bouteilles.* **2.** *Casier judiciaire :* relevé des condamnations prononcées contre qqn. **3.** Nasse pour la capture des crustacés. *Casiers à homards.*

Casimir Nom de plusieurs ducs et rois qui régnèrent sur la Pologne du XIe au XVe siècle.

Casimir-Perier (Auguste Casimir Perier, dit) Homme d'État français (1847-1907). Président du Conseil (1893), il organisa la répression des mouvements ouvriers en faisant voter les « lois scélérates ». Devenu président de la République (1894), il fut violemment attaqué par les socialistes, notamment J. Jaurès, et démissionna (janv. 1895).

casino n. m. (mot italien, de *casa* « maison ») Établissement de plaisir, de spectacle, où les jeux d'argent sont autorisés.

Casino de Paris Salle de spectacle fondée en 1890 rue de Clichy à Paris. Mistinguett et Maurice Chevalier firent son succès.

casoar n. m. (d'une langue de Nouvelle-Guinée) **1.** Grand oiseau coureur qui porte sur le front une sorte de casque. **2.** Touffe de plumes ornant la coiffure des saint-cyriens.

Casorati (Felice) Peintre italien (1886-1963). Proche de la peinture métaphysique de De Chirico, son univers est reconnaissable à ses personnages aux yeux clos et à ses fenêtres ouvertes sur un monde énigmatique. *Meriggio ; Concerto.*

Caspienne (mer) Plus vaste étendue d'eau enclavée du monde (sa superficie varie entre 371 000 km^2 et 393 000 km^2), bordée par la Russie, l'Azerbaïdjan, l'Iran, le Turkménistan et le Kazakhstan. La très faible salinité de ses eaux explique qu'elle soit parfois présentée comme un lac, parfois comme une mer intérieure. Son principal fleuve tributaire est la Volga. Ressources pétrolières.

casque n. m. (espagnol *casco* « tesson » et « crâne » [*cf.* tête], de *cascar*, du latin *quassare* → casser) **1.** Coiffure rigide (métal, cuir, plastique) qui couvre et protège la tête. *Le port du casque est obligatoire sur le chantier.* – loc. *Les Casques bleus :* la force militaire de l'ONU. ■ fig. Cheveux. *Casque d'or* (surnom de femme ; film de Jacques Becker). **2.** Dispositif qui se porte sur la tête. *Casque de réalité virtuelle.* ■ spécialt Ensemble constitué par deux écouteurs reliés par un serre-tête. *Le casque d'un baladeur.* **3.** Appareil à air chaud qui coiffe la tête et sert à sécher les cheveux. → **séchoir. 4.** bot. Partie supérieure de la corolle de certaines fleurs.

casqué, ée adj. Coiffé d'un casque.

casquer v. intr. < 1 > (italien *cascare* « tomber [dans le panneau] ») fam. Donner de l'argent, payer. → **débourser.** *Faire casquer qqn.*

Casques bleus Militaires de la force d'urgence de l'ONU, formée en 1956 et constituée des contingents fournis par les États membres.

casquette n. f. (de *casque*) Coiffure garnie d'une visière. – loc. fig. *Avoir plusieurs casquettes,* plusieurs fonctions importantes.

cassable adj. Qui risque de se casser facilement. → **cassant, fragile.**

cassage n. m. Action de casser.

Cassandre n. f. invar. (du n. de la princesse) Prophète de mauvais augure. *Les prévisions des Cassandre* (ou *cassandre*).

Cassandre Princesse troyenne de la mythologie grecque. Elle reçoit d'Apollon le don de prophétie mais repousse son amour. Le dieu offensé décrète que ses prophéties ne seront jamais prises au sérieux.

Cassandre Roi de Macédoine (v. 358-297 av. J.-C.). Maître de toute la Grèce, il s'empara d'Athènes, fit mettre à mort Démade puis Olympias, la mère d'Alexandre le Grand.

cassant, ante adj. **1.** Qui se casse aisément. *Métal cassant.* **2.** Qui manifeste son autorité par des paroles dures. → **brusque, sec, tranchant.** – *Un ton cassant.* **3.** (en emploi négatif) fam. Fatigant. *Ce n'est pas cassant :* c'est facile.

Cassard (Jacques) Marin français (1679-1740). Capitaine de frégate corsaire, il combattit les Anglais dans la Manche et en Méditerranée (1708-1710) et attaqua les colonies portugaises d'Afrique (1712). Ses réclamations d'argent auprès du cardinal de Fleury lui valurent d'être incarcéré au fort de Ham (1726) où il mourut en captivité.

cassate n. f. (mot sicilien « gâteau aux fruits confits ») Glace aux fruits confits.

[1]**cassation** n. f. (de *casser*, I, 6) Annulation (d'une décision) par une cour compétente. *Cassation d'un testament.* – *La Cour de cassation :* la juridiction suprême de l'ordre judiciaire français.

[2]**cassation** n. f. (italien *cassazione* « départ ») mus. Divertissement écrit pour instruments à vent, à cordes, destiné à être exécuté en plein air.

Cassatt (Mary) Peintre américaine (1845-1926). Venue à Paris en 1872, elle exposa avec les impressionnistes qu'elle contribua à faire connaître aux États-Unis. Son œuvre lumineuse privilégie les scènes de maternité et les compositions d'intérieur. *La Toilette.*

cassave n. f. (espagnol *cazabe*, d'une langue d'Haïti) Galette de farine de manioc.

Cassavetes (John) Réalisateur et scénariste américain (1929-1989). Il devint le porte-drapeau de la nouvelle vague américaine en réalisant des films comme *Shadows* ou *Faces.* Il chercha à capter la spontanéité du jeu de l'acteur et à traduire l'intensité des sentiments. Il tourna sept films avec son épouse et actrice fétiche Gena Rowlands. *Une femme sous influence ; Gloria ; Love Streams.*

John Cassavetes dans *Love Streams* (1983).

[1]**casse** n. f. (italien *cassa* → caisse) imprim. Boîte divisée en casiers contenant les différents caractères typographiques. *Bas de casse :* partie inférieure de la casse contenant les caractères courants. – *Bas de casse* n. m. : lettre minuscule (opposé à *capitale*).

[2]**casse** n. f. **1.** Action de casser. → **bris.** *Ces verres sont mal emballés, il y aura de la casse.* **2.** fam. Violence ; dégâts. **3.** *Mettre une voiture à la casse,* à la ferraille.

[3]**casse** n. m. argot Cambriolage. *Faire un casse* (→ **casseur** (II)).

cassé, ée adj. **1.** Brisé. *Du verre cassé. Bras cassé.* **2.** *Voix cassée,* éraillée, rauque. **3.** *Col cassé :* col dur à coins rabattus. **4.** (personnes) Courbé, voûté (par l'âge). **5.** *Blanc cassé,* mêlé d'une faible quantité d'une autre couleur.

casseau n. m. (de [1]*casse*) imprim. Moitié de casse à grands compartiments et servant de réserve pour différents caractères.

casse-cou **1.** n. m. *Crier casse-cou à qqn,* l'avertir d'un danger. **2.** n. fam. Personne qui s'expose, sans réflexion, à un danger. *Une vraie casse-cou. Des casse-cous.* – adj. *Elles sont casse-cou* (invar.) ou *casse-cous.* → **téméraire.**

casse-couilles n. invar. vulg. Personne importune, énervante. – adj. invar. *Un débat casse-couilles.* - var. RO **casse-couille n. et adj.**

casse-croûte n. m. **1.** Repas léger pris rapidement. *Des casse-croûte* (invar.) ou *des casse-croûtes.* **2.** (Canada) Restaurant où l'on sert rapidement des repas simples. - var. RO **casse-croute.**

casse-dalle n. m. fam. Repas sommaire ; sandwich. → **casse-croûte.** *Des casse-dalles.*

Cassegrain (Laurent) Physicien français (1629-1693). Il mit au point en 1672 un télescope qui porte son nom et dont le principe est encore utilisé par les astronomes amateurs.

casse-graine n. m. (de *casser la graine*) fam. Repas sommaire. → **casse-croûte.** *Des casse-graine* (invar.) ou *des casse-graines.*

casse-gueule adj. fam. Dangereux, risqué. *C'est casse-gueule. Des escaliers casse-gueule* (invar.) ou *casse-gueules.*

Cassel Commune du Nord. 2 249 habitants. Philippe VI de Valois y remporta le 23 août 1328 une victoire importante contre les Flamands.

casse-noisette n. m. Pince servant à casser des noisettes. *Des casse-noisettes.* - var. **casse-noisettes** (invar.).

casse-noix n. m. invar. **1.** Instrument qui sert à casser des noix. **2.** *Casse-noix* (ou RO *cassenoix*) *moucheté :* gros oiseau d'Eurasie, espèce de corneille.

C

casse-pied n. fam. Personne insupportable, ennuyeuse. → **importun.** *Des casse-pieds.* – **adj.** *Ce qu'elles sont casse-pied* (invar.) *ou casse-pieds !*

casse-pierre n. m. 1. Masse ou machine pour casser les pierres. *Des casse-pierres.* 2. Pariétaire*.

casse-pipe n. m. fam. Guerre. *Aller au casse-pipe. Des casse-pipes.*

casser v. < 1 > (vient du latin *quassare*, de *quatere*) I. v. tr. 1. Mettre en morceaux, diviser (une chose rigide) d'une manière soudaine, par choc, coup, pression. → **briser, broyer, écraser, rompre.** *Casser une assiette, une vitre. Casser qqch. en (deux, ... mille) morceaux.* ■ loc. fam. *Casser la croûte* : manger (→ **casse-croûte**). – *Casser sa pipe* : mourir (→ **casse-pipe**). – *Casser la tête à qqn,* le fatiguer, l'importuner. *Se casser la tête* : se donner beaucoup de mal (→ **casse-tête**). – *Casser du sucre sur le dos de qqn,* dire du mal de lui. – *Casser la figure, la gueule à qqn,* se battre avec lui. – fam. *Casser du* (et n. de collectivité) : s'attaquer à. *Casser du facho.* 2. Rompre l'os de (un membre, le nez, etc.). *Elle s'est cassé la jambe.* – fig., fam. *Casser les pieds à qqn,* l'ennuyer, le déranger (→ **casse-pied**). vulg. *Casser les couilles* (→ **casse-couilles**). 3. Endommager de manière à empêcher le fonctionnement. → **détériorer.** *Il a cassé sa montre.* ■ *Se casser la voix, les yeux.* ■ fig., fam. *Casser le moral* : démoraliser. 4. fam. *Ça ne casse rien* : ça n'a rien d'extraordinaire. 5. fam. *À tout casser* loc. adv. : tout au plus. *Ça coûtera cent euros à tout casser.* ■ loc. adj. invar. Extraordinaire. *Une fête à tout casser.* 6. dr. Annuler un acte, un jugement, une sentence (→ [1]**cassation**). 7. Interrompre ou gêner. *Casser une grève. Casser l'ambiance.* – *Casser les prix,* les faire diminuer brusquement. 8. (compl. personne) Dégrader, démettre de ses fonctions. *Casser un officier.* ■ fam. Remettre (qqn) à sa place brutalement. II. v. intr. Se rompre, se briser. *Le verre a cassé en tombant.* ■ se **casser** v. pron. 1. (passif) *Le verre se casse facilement.* 2. fam. Se fatiguer. *Elle ne s'est pas cassée.* 3. fam. S'en aller. *Casse-toi !*

casserole n. f. (de *casse* « récipient » → [1]**casse, caisse**) 1. Ustensile de cuisine de forme cylindrique, à manche ; son contenu. ■ loc. *Chanter comme une casserole,* de façon discordante. – fam. *Passer à la casserole* : être mis dans une situation pénible ; spécialt être obligé d'accepter l'acte sexuel (femme). 2. fam. Mauvais piano. 3. fig., fam. *Traîner une casserole,* une affaire compromettante.

casse-tête n. m. 1. Massue grossière ; matraque. 2. Jeu de patience. *Casse-tête chinois. Des casse-têtes.* ■ fig. Problème difficile à résoudre.

cassetin n. m. (de l'italien, de *cassetta* → **cassette**) Chacune des petites loges qui divisent une casse* d'imprimerie.

cassette n. f. (de *casse* → **caisse**) 1. vieux Petit coffre destiné à ranger de l'argent, des bijoux. → **coffret.** *La cassette d'Harpagon* (dans « *L'Avare* », de Molière). 2. Boîtier contenant une bande magnétique qui permet d'enregistrer le son, ou l'image et le son. *Cassette vidéo.* → **vidéocassette.** ■ Cette bande. *Cassette vierge.*

casseur, euse n. I. 1. Personne qui casse (qqch.). *Un casseur de pierres.* 2. Personne qui vend des pièces de voitures mises à la casse. 3. Personne qui, au cours d'une manifestation, endommage volontairement des biens. II. fam. Cambrioleur.

cassier n. m. (du grec) Arbre tropical, qui produit une gousse aux vertus laxatives et purgatives.

Cassin (René) Juriste français (1887-1976). Il rejoignit le général de Gaulle à Londres en juin 1940 et prit la tête du service juridique de la France libre. Il rédigea la Déclaration universelle des droits de l'homme de 1948 et présida la Cour européenne des droits de l'homme de 1965 à 1968. Prix Nobel de la paix 1968. Ses cendres sont au Panthéon.

Cassin (Barbara) Philosophe et philologue française (née en 1947). Elle travaille sur le pouvoir des mots, du langage et de l'effet du discours. Traductrice, elle explore la pluralité et la singularité des langues : *Vocabulaire européen des philosophies, dictionnaire des intraduisibles.* Elle est spécialiste de la pensée de l'Antiquité et notamment des sophistes. Médaille d'or du CNRS 2018. Académie française.

Cassin (mont) Colline d'Italie (519 m) au S.-E. du Latium. Saint Benoît de Nursie y fonda en 529 une abbaye appelée à devenir le berceau de l'ordre des Bénédictins.

cassine n. f. (du piémontais, du latin *capsea*, de *capsa* « caisse ») vieux Petite maison.

Cassini Famille d'astronomes et de géodésiens français d'origine italienne, directeurs de l'Observatoire de Paris pendant quatre générations. ■ **Jean-Dominique Cassini, dit Cassini I**er (1625-1712). Appelé en France par Colbert en 1669, il prit la direction de l'Observatoire en 1671. Il découvrit notamment quatre des satellites de Saturne (Japet, Rhéa, Téthys et Dioné) et la discontinuité entre les anneaux A et B (appelée *division de Cassini*). ■ **Jacques Cassini** (1677-1756). Fils de Jean-Dominique. Il est considéré comme le fondateur de la cartographie topographique. ■ **César-François Cassini** (1714-1784). Fils de Jacques. Sa carte de France au 1/86 400 est la première du genre et servit de modèle jusqu'au XIXe siècle. ■ **Dominique Cassini** (1748-1845). Fils de César-François. Il acheva les travaux cartographiques de son père.

Cassino Ville d'Italie (Latium), près du mont Cassin. 32 765 habitants. Pendant la Seconde Guerre mondiale, la ville et sa région furent violemment disputées par les Allemands et par les Alliés (1944).

Cassiodore Homme politique et érudit latin (v. 480-v. 575). Il succéda à Boèce dans ses fonctions politiques auprès de Théodoric le Grand. Retiré au monastère du Vivarium en Calabre, il y constitua une bibliothèque, et écrivit de nombreux ouvrages pédagogiques.

Cassiopée Reine légendaire d'Éthiopie, mère d'Andromède. Elle suscite par sa vanité la colère de Poséidon, qui fait ravager son pays par un monstre marin et punir sa fille. Son nom est donné à une constellation.

Cassirer (Ernst) Philosophe allemand (1874-1945). Dans le sillage du néokantisme de Marbourg, il mit en lumière le rôle de la fonction symbolique de l'esprit humain dans la production des formes culturelles (langage, mythe, religion, art et science). Sa théorie de la connaissance influença le structuralisme et le constructivisme. *La Philosophie des formes symboliques.*

[1]**cassis** [kasis] n. m. (p.-ê. latin *cassia*) Groseillier à baies noires et à feuilles odorantes. ■ Son fruit. *Gelée de cassis.* – *Crème de cassis, cassis* : liqueur faite avec ce fruit. *Un vin blanc cassis.* → **kir.**

[2]**cassis** [kasi(s)] n. m. (de *casser*) Rigole ou dépression en travers d'une route.

Cassis Commune des Bouches-du-Rhône, près de Marseille. 6 782 habitants. Station balnéaire. Vin blanc. À l'O., côte des Calanques jusqu'à Marseille.

cassitérite n. f. (du grec *kassiteros* « étain ») minér. Oxyde d'étain naturel (SnO_2).

Cassius en latin **Caius Cassius Longinus** Général romain (mort en 42 av. J.-C.). Il fut avec Brutus à la tête des conjurés qui assassinèrent César. Vaincu par Antoine à la bataille de Philippes (–42), il se donna la mort.

cassolette n. f. (de l'ancien français *cassole*, de *casse* → **casserole**) 1. Réchaud à couvercle dans lequel on fait brûler des parfums. → **encensoir.** 2. Petit récipient individuel pouvant aller au four. ■ Plat cuit dans ce récipient.

casson n. m. (de *casser*) techn. 1. Débris de verre destiné à être refondu pour la fabrication du verre. 2. Pain de sucre informe.

cassonade n. f. (du provençal ; famille de *casser*) Sucre roux, qui n'a été raffiné qu'une fois.

Cassou (Jean) Écrivain et critique d'art français (1897-1986). Il fut conservateur en chef du Musée national d'art moderne de 1946 à 1965 et dirigea la revue *Europe.* Son expérience dans la Résistance lui inspira un livre de poèmes publié dans la clandestinité, *33 sonnets composés au secret,* des essais (*Situation de l'art moderne ; Le Greco*) et des romans.

cassoulet n. m. (du languedocien, de *casso* « poêlon » → **caisse, cassolette**) Ragoût préparé avec de la viande (confit d'oie, de canard, mouton ou porc) et des haricots blancs assaisonnés.

cassure n. f. 1. Endroit où un objet a été cassé. → [1]**brèche,** [1]**faille, fracture.** « *Les assises étaient lisses, pas une cassure, pas un relief* » (Hugo). 2. abstrait Coupure, rupture.

castagne n. f. (mot gascon « châtaigne ») fam. Bagarre. → **baston.** *Il aime la castagne.*

castagner v. tr. < 1 > (de *castagne*) argot Battre, frapper. *Se faire castagner.* ■ pronom. Se bagarrer. → **châtaigner.**

castagnettes n. f. pl. (de l'espagnol, de *castaña* → **châtaigne**) Petit instrument de musique espagnol composé de deux pièces de bois que l'on fait claquer l'une contre l'autre.

Castagniccia n. f. Région montagneuse du N.-E. de la Corse, entre Corte et Bastia.

Castalie Fontaine de Delphes, au pied du Parnasse. Elle était fréquentée par les Muses et inspirait les poètes.

Castanet-Tolosan Commune de la Haute-Garonne. 14 377 habitants.

castard, arde ou **castar, arde** adj. (probablt de *costaud*) (Belgique, Burundi) fam. 1. Fort, vigoureux. – n. *Un grand castard.* 2. Solide, résistant.

caste n. f. (portugais « race ») 1. Classe sociale fermée (d'abord en Inde). *La caste des prêtres* (→ **brahmane**), *des guerriers.* 2. péj. Groupe social fermé, jaloux de ses privilèges. → **clan.** « *L'orgueil du nom ou les préjugés de la caste* » (Proust). 3. zool. Chez les insectes, Groupe d'individus spécialisés par leur fonction (ouvrière, soldat...).

castel n. m. (mot occitan) Petit château. → **gentilhommière.**

Castel del Monte Château construit près de Bari vers 1240 pour Frédéric II, empereur germanique. Il présente une synthèse unique de l'architecture arabe, du gothique cistercien et de certains éléments décoratifs de l'Antiquité classique.

Castel Gandolfo Ville d'Italie (Latium), près de Rome. 7 930 habitants. Résidence d'été des papes, depuis le XVIIIe siècle.

Casteljaloux Commune du Lot-et-Garonne. 4 521 habitants. Maisons anciennes.

Castellane (Victor Boniface, comte de) Maréchal de France (1788-1862). Il participa aux campagnes de l'Empire et à l'expédition d'Espagne (1823). Il soutint le coup d'État de Louis Napoléon Bonaparte le 2 déc. 1851.

Castellane Chef-lieu d'arrondissement des Alpes-de-Haute-Provence, sur le Verdon, au pied d'un rocher de 184 m de haut. 1 462 habitants. Église romane. Tourisme.

Castellani (Aldo) Médecin italien (1877-1971). Il découvrit le trypanosome responsable de la maladie du sommeil.

Castellet (Le) Commune du Var. 4 578 habitants. Remparts. Château. Circuit automobile.

Castellion, Castalion ou **Châteillon (Sébastien)** Humaniste et théologien protestant français (1515-1563). Il dénonça l'intolérance religieuse de son maître Calvin et se fit le défenseur de la liberté de conscience. Il a publié une traduction française de la

Castor et Pollux

Castor et Pollux, détail d'un relief, Palazzo Altemps, Rome.

Bible (1555). *Traité des hérétiques ; Conseil à la France désolée.*

Castellón de la Plana Ville d'Espagne (Valence). 176 298 habitants. Commerce de produits agricoles (oranges).

Castelnau (Édouard de Curières de) Général français (1851-1944). Il dirigea l'offensive de Champagne (1915), devint l'adjoint du général Joffre, puis commanda le groupe d'armées de l'Est (1917-1918). Élu député en 1919, il fonda la Fédération nationale catholique (1924).

Castelnau le Bienheureux (Pierre de) Moine cistercien français (mort en 1208). Il fut missionné par le pape Innocent III pour combattre l'hérésie cathare. Son assassinat déclencha la croisade contre les albigeois.

Castelnaudary Commune de l'Aude. 12 467 habitants. Église gothique. Port sur le canal du Midi. Spécialité de cassoulet.

Castelnau-le-Lez Commune de l'Hérault, dans la banlieue de Montpellier. 23 469 habitants.

Castelo Branco (Camilo) Écrivain portugais (1825-1890). Il sut allier un tempérament romantique à des études de mœurs très réalistes. *Amour de perdition.*

Castelo Branco (Humberto) Maréchal et homme d'État brésilien (1897-1967). Président de la République (1964-1967), il formula la doctrine de « sécurité nationale » qui servit de fondement à vingt ans de dictature militaire au Brésil.

Castelsarrasin Chef-lieu d'arrondissement du Tarn-et-Garonne, sur le canal latéral à la Garonne. 14 131 habitants.

caster v. tr. < 1 > anglic. Faire passer un casting (à). – au p. p. *Actrice castée.*

Casteret (Norbert) Spéléologue français (1897-1987). Il a découvert ou exploré plus de 2 000 grottes et abîmes et a déterminé les sources de la Garonne, en 1930.

Castex (Jean) Homme d'État français (né en 1965). Membre de l'UMP puis des Républicains, maire de Prades (Pyrénées-Orientales) de 2008 à 2020, il fut Premier ministre de 2020 à 2022.

Castiglione (Baldassare) Écrivain italien (1478-1529). Il fixa le portrait de l'homme de cour idéal et contribua à la définition de « l'honnête homme ». Son *Livre du courtisan* eut une influence considérable sur la vie sociale de l'aristocratie européenne jusqu'au XVIIIe siècle.

Castiglione (Giuseppe) Jésuite, peintre et décorateur italien (1688-1766). Il travailla en Chine à la cour des empereurs Qing sous le nom de Lang Shining et fut l'un des maîtres d'œuvre du Yuanmingyuan (palais d'Été) à Pékin. Il s'efforça de concilier les techniques picturales occidentales avec la tradition chinoise.

Castiglione (bataille de) Bataille qui vit, à Castiglione delle Stiviere (Lombardie), la victoire des troupes de Bonaparte sur les armées autrichiennes, le 5 août 1796.

Castilla-La Mancha n. f. Communauté autonome d'Espagne. 79 226 km^2 ; 2 045 220 habitants ; capitale : Tolède. Elle compte 5 provinces : Albacete, Ciudad Real, Cuenca, Guadalajara, Tolède. La région s'étend sur la partie méridionale de la Meseta et comprend les bassins supérieurs du Tage et du Guadiana. Le climat est continental, avec des étés chauds et secs et des hivers froids. Culture céréalière et élevage (ovins) sur les plateaux, culture intensive (olivier, vigne) dans les vallées, maraîchage dans les zones irriguées. Le secteur industriel est peu développé.

castillan, ane adj. et n. (de l'espagnol, de *Castilla* « la Castille ») De la Castille. – n. *Les Castillans.* ■ n. m. *Le castillan :* dialecte espagnol, devenu la langue officielle de l'Espagne. → **espagnol.**

Castille n. f. Région historique du centre de l'Espagne, s'étendant sur la Meseta et traversée par les chaînes de Castille (sierra de Gredos et sierra de Guadarrama). Elle est divisée en trois communautés : Castilla-La Mancha, Castille-et-León et Madrid. La région fut toujours fermement défendue contre les Maures par un système fortifié *(castella),* dont la Castille tire son nom. Royaume indépendant au XIe s., la Castille étendit peu à peu ses possessions vers le S. de la péninsule Ibérique pendant la Reconquista, annexant au XIIIe s. les territoires qui formèrent la Nouvelle-Castille. En 1469, le mariage de Ferdinand d'Aragon et d'Isabelle de Castille réalisa l'union des deux royaumes et soumit l'Espagne à une autorité unique.

Castille-et-León Communauté autonome d'Espagne. 94 147 km^2 ; 2 540 251 habitants ; capitale : Valladolid. Elle compte 9 provinces : Ávila, Burgos, León, Palencia, Salamanque, Ségovie, Soria, Valladolid, Zamora. La région s'étend sur la partie N. de la Meseta. Elle est drainée par le Douro et fermée au S. par les chaînes de Castille (sierra de Gredos et sierra de Guadarrama). Climat continental (étés chauds et secs, hivers froids). Culture du blé, olivier, élevage (ovins). Industrie textile dans la région de Burgos.

Castillon-la-Bataille Commune de la Gironde. 3 238 habitants. Les armées de Charles VII y remportèrent sur les Anglais une victoire décisive qui mit un terme à la guerre de Cent Ans (1453).

castine n. f. (allemand *Kalkstein,* de *Stein* « pierre » et *Kalk* « chaux ») techn. Pierre calcaire que l'on mélange au minerai de fer pour en faciliter la fusion.

casting [kastiŋ] n. m. (mot anglais) anglic. **1.** Sélection des acteurs et des figurants (d'un film, d'un spectacle). - recomm. offic. **audition. 2.** Ensemble des acteurs (d'un film, d'un spectacle). - recomm. offic. **distribution.** – fig. loc. *Erreur de casting :* mauvaise répartition des rôles (en sport, en politique, etc.).

Castlereagh (Henry Robert Stewart, vicomte), 2e marquis de Londonderry Homme politique britannique (1769-1822). Ministre de la Guerre (1805-1806 et 1807-1809), puis ministre des Affaires étrangères (1812-1822), il consolida la coalition européenne contre Napoléon et joua un rôle de premier plan lors du congrès de Vienne (1815).

castor n. m. (mot latin, du grec) **1.** Mammifère rongeur amphibie des pays froids, à large queue plate. **2.** Fourrure de cet animal.

Castor et **Pollux** Fils jumeaux de Zeus et Léda, dits les *Dioscures.* Ils participent notamment à l'expédition des Argonautes. Ils ont été placés parmi les constellations sous le nom de Gémeaux. Leur légende a inspiré un opéra à Rameau *(Castor et Pollux).*

castorette n. f. Peau traitée de manière à évoquer la fourrure du castor.

castoréum [kastɔʀeɔm] n. m. (du latin médiéval, de *castor*) Substance obtenue à partir des glandes sexuelles du castor.

Castoriadis (Cornelius) Philosophe et psychanalyste français d'origine grecque (1922-1997). Il fut, avec Claude Lefort, l'un des animateurs de la revue *Socialisme et Barbarie* (1949-1965), qui développait une critique radicale du stalinisme et de la bureaucratie soviétique. Il dénonça aussi les dangers du régime capitaliste et souhaita une nouvelle « institution imaginaire de la société » fondée sur une démocratie et des citoyens autonomes. *L'Institution imaginaire de la société ; Les Carrefours du labyrinthe.*

castramétation n. f. (latin *castrametatio,* de *castra* « camp » et *metari* « mesurer ») Antiq. Art de choisir et de disposer l'emplacement d'un camp.

castrat n. m. (de l'italien, du latin *castratus* → castrer) Homme castré. → **eunuque.** ■ spécialt Chanteur castré, qui conservait la voix de soprano.

castrateur, trice adj. psych. Qui provoque un complexe de castration*. *Une mère castratrice.*

castration n. f. **1.** Opération par laquelle on prive un individu, mâle ou femelle, de la faculté de se reproduire. – *Castration chimique :* arrêt des pulsions sexuelles par traitement médicamenteux. **2.** psych. *Complexe de castration,* lié à la présence ou non du pénis chez l'enfant.

Castrén (Mathias Alexander) Philologue et ethnologue finlandais (1813-1852). Il explora la Carélie, la Laponie, la Sibérie, s'intéressa aux langues finno-ougriennes et étudia notamment les tribus ostiaks et samoyèdes.

castrer v. tr. < 1 > (du latin → châtrer) Pratiquer la castration sur. → **châtrer.**

Castres Chef-lieu d'arrondissement du Tarn. 42 394 habitants. L'hôtel de ville (ancien évêché) abrite le musée Goya et le musée Jean-Jaurès. Industrie textile. Produits chimiques et pharmaceutiques. Construction mécanique.

Castries [kastʀ] **(Charles Eugène Gabriel de La Croix, marquis de)** Maréchal de France (1727-1801). Secrétaire d'État à la Marine (1780-1787), il réorganisa la flotte et entreprit la construction du port militaire de Cherbourg. Il a donné son nom à la capitale de l'île de Sainte-Lucie aux Antilles.

Castries Commune de l'Hérault. 6 423 habitants. Aqueduc du XVIIIe s. Château (XVIe-XVIIe s.).

castrisme **n. m.** Mouvement révolutionnaire de Fidel Castro ; politique qui en découle. □ **adj. et n. castriste**

Castro (João de) Capitaine et administrateur portugais (1500-1548). Il explora la mer Rouge (1541) et fut nommé vice-roi des Indes portugaises (1545).

Castro (Josué de) Médecin et géographe brésilien (1908-1973). Il devint spécialiste mondial des problèmes nutritionnels (*Géopolitique de la faim*). Il fut déchu de ses droits politiques après le coup d'État de 1964 et s'exila en France.

Castro Ruz (Fidel) Révolutionnaire et homme d'État cubain (1926-2016). Il renversa la dictature de Batista en 1959 après plusieurs années de guérilla. Premier ministre (1959), il adhéra au Parti communiste (1962) et défendit un tiers-mondisme militant. Devenu chef de l'État en 1976, il instaura un régime de plus en plus autoritaire. En 2008, malade, il confia le pouvoir à son frère Raúl.

Castro Ruz (Raúl) Homme d'État cubain (né en 1931). Demi-frère de Fidel Castro, il lui succéda à la tête de l'État en 2008 et à la tête du Parti communiste en 2011. Il ouvrit le dialogue avec le président américain Obama après soixante ans de rupture entre les deux pays (embargo) mais les relations redevinrent conflictuelles. Miguel Díaz-Canel, son dauphin, lui succéda comme chef de l'État en 2018 et à la tête du Parti en 2021.

Castro y Bellvís (Guilhem ou Guillén de) Auteur dramatique espagnol (1569-1631). La plus célèbre de ses pièces, *L'Enfance du Cid* inspira Corneille pour *Le Cid*.

casuarina **n. m. (du latin bot., de *casoaris* « casoar », à cause des rameaux plumeux de cet arbre)** Grand arbre d'Australie et de Malaisie au bois très dur. → **filao.**

[1]**casuel, elle** **1. adj.** didact. Qui peut arriver ou non. → **contingent, éventuel. 2. n. m.** vieux Profit, revenu incertain et variable d'un office, d'un emploi.

[2]**casuel, elle** **adj.** ling. Relatif aux cas. *Langues casuelles,* qui comportent des cas. → **flexionnel.**

casuiste **n. (de l'espagnol, du latin *casus* → [1]cas)** Théologien qui s'applique à résoudre les cas de conscience.

casuistique **n. f. 1.** relig. Partie de la théologie morale qui s'occupe des cas de conscience. **2.** péj. Subtilité complaisante (en morale).

casus belli [kazysbɛli ; -beli] **n. m. invar. (mots latins « cas de guerre »)** didact. Acte de nature à motiver une déclaration de guerre.

cata- Élément **(du grec *kata*)** qui signifie « en dessous, en arrière ».

catabolisme **n. m. (de *cata-* et *[méta]bolisme*)** physiol. Phase du métabolisme qui comprend les processus de dégradation des composés organiques, avec dégagement d'énergie et élimination des déchets. *Anabolisme et catabolisme.* □ **adj. catabolique**

catabolite **n. m.** physiol. Substance formée au cours du catabolisme.

catachrèse [katakʀɛz] **n. f. (du grec)** Figure de rhétorique détournant un mot de son sens (métaphore, figure).

cataclysme **n. m. (du grec, de *katakluzein* « inonder ») 1.** Bouleversement de la surface de la Terre par une catastrophe (inondation, tremblement de terre, etc.). **2.** Terrible catastrophe. → **calamité.** □ **adj. cataclysmal, ale, aux** ou **cataclysmique**

catacombe **n. f. (du latin chrét., du grec *kata* « en bas » et de *tumba* → tombe)** Cavité souterraine ayant servi de sépulture ou d'ossuaire. → **cimetière, hypogée.** *Les catacombes de Rome.*

catadioptre **n. m. (de *catadioptrique*, croisement de *catoptrique* et de *dioptrique*)** Dispositif réfléchissant la lumière et rendant visible de nuit le véhicule, l'obstacle qui en est muni. - syn. **cataphote.** □ **adj. catadioptrique**

catafalque **n. m. (de l'italien, du latin pop. → échafaud)** Estrade décorée sur laquelle on place un cercueil.

cataire **n. f. (du bas latin, de *cattus* → [1]chat)** Plante des décombres, dont l'odeur forte attire les chats (d'où son nom d'*herbe aux chats*). - syn. **chataire.**

catalan, ane **adj. et n.** De Catalogne. **– n.** *Les Catalans.* ■ **n. m.** *Le catalan :* langue romane parlée en Catalogne, aux Baléares.

Catalauniques (champs) Plaine de Champagne près de Troyes. Attila, roi des Huns, y fut vaincu par le général romain Aetius, à la tête d'une coalition de Francs, de Burgondes et de Wisigoths (451).

catalectique **adj. (grec *katalêktikos*, de *katalêgein* « finir »)** Se dit d'un vers grec ou latin qui se termine par un pied auquel manque une syllabe.

catalepsie **n. f. (du grec, de *kata-* et *lambanein* « prendre »)** méd. Suspension complète du mouvement volontaire des muscles. → **léthargie, paralysie.** □ **adj. cataleptique**

Çatal Höyük Site archéologique de Turquie, près de la ville de Konya. Sa découverte en 1961 a permis de mieux connaître la civilisation du néolithique au Proche-Orient.

Çatal Höyük, statue de la déesse-mère (v. 6000 av. J.-C.), musée des Civilisations anatoliennes, Ankara.

catalogne **n. f. (du n. propre) (Canada)** Étoffe dont la trame est faite de bandes de tissus multicolores. ■ Tapis fait de cette étoffe.

Catalogne Communauté autonome et région historique du N.-E. de l'Espagne. 31 930 km^2. 7 780 400 habitants. Capitale : Barcelone. 4 provinces : Barcelone, Gérone, Lérida, Tarragone. Trois ensembles se détachent : la chaîne pyrénéenne, entaillée par des vallées encaissées (cultures fourragères, élevage bovin), le bassin fertile de l'Èbre (maraîchage), le littoral, abrupt et découpé (cultures méditerranéennes). Activités commerciales et industrielles très anciennes. Important tourisme sur le littoral (Costa Brava, Costa Dorada). Envahie par les Wisigoths (ve s.) puis par les Arabes (712), la Catalogne fut conquise par Charlemagne (801) et devint une marche de l'Empire franc. Au xe s., les comtes de Catalogne se rendirent indépendants et résistèrent à la poussée des Maures. Réunie à la Provence (1113-1245) puis à l'Aragon (1137), la Catalogne connut une longue période d'épanouissement économique et culturel, avant d'être rattachée à la couronne d'Espagne (fin du xve s.). Au xixe s., elle devint la région la plus industrialisée d'Espagne et milita pour un statut d'autonomie, qu'elle obtint en 1931 à l'avènement de la république. Dernier bastion des forces républicaines (prise de Barcelone en janvier 1939) pendant la guerre civile, elle perdit son autonomie sous le régime de Franco. Depuis 1979, la Catalogne bénéficie à nouveau d'un statut de grande autonomie ; sa spécificité culturelle est soutenue par l'usage du catalan. Une première consultation sur la question de l'indépendance fut rejetée par le gouvernement espagnol en 2014. Un deuxième référendum fut de nouveau déclaré anticonstitutionnel en 2017 et amena Madrid à destituer le gouvernement régional. Son fonctionnement reprit en juin 2018.

catalogue **n. m. (du bas latin, du grec *kata* « en bas » et *legein* → -logue) 1.** Liste méthodique accompagnée de détails, d'explications. → **index, inventaire, répertoire. 2.** Liste de marchandises, d'objets à vendre.

cataloguer **v. tr. < 1 > 1.** Classer, inscrire par ordre. **2.** péj. Classer (qqn ou qqch.) en le jugeant de manière définitive. □ **n. m. catalogage**

catalpa **n. m. (mot anglais, d'une langue amérindienne)** Arbre décoratif d'Amérique du Nord, à très grandes feuilles et à fleurs en grappes dressées.

catalyse **n. f. (du grec, de *kata* « en bas » et *luein* « dissoudre »)** chim. Accélération ou ralentissement d'une réaction chimique sous l'effet d'une substance **(→ catalyseur)** qui ne subit elle-même aucune transformation. *Four à catalyse,* autonettoyant.

catalyser **v. tr. < 1 > 1.** chim. Provoquer la catalyse de. **2.** fig. Déclencher, par sa seule présence (une réaction, un processus). *Catalyser l'enthousiasme.*

catalyseur, euse **n. m. et adj. 1.** chim. Substance qui catalyse. **2.** fig. Ce qui déclenche une réaction par sa seule présence. **– adj.** *Réaction catalyseuse.*

catalytique **adj.** *Pot catalytique :* pot d'échappement antipollution utilisant la catalyse.

catamaran **n. m. (mot tamoul, de *katta* « lier » et *maram* « bois »)** Bateau multicoque à deux flotteurs.

La forme du catamaran est d'invention probablement polynésienne.

cataménial, iale, iaux **adj. (du grec *katamênia*, de *kata* « chaque » et *mên* « mois » → catimini)** méd. Qui est en rapport avec la menstruation.

Catane Ville d'Italie, sur la côte E. de la Sicile, au pied de l'Etna. 313 110 habitants. Port. Centre industriel. Ruines romaines. Monuments baroques. La ville a été à plusieurs reprises gravement endommagée par des éruptions volcaniques (1669) ou par des tremblements de terre (1693).

Catanzaro Ville d'Italie, chef-lieu de la Calabre. 95 250 habitants.

cataphote voir **catadioptre**

cataplasme n. m. (du grec, de *kata-* et *plasma* → plasma) Bouillie médicinale que l'on applique, entre deux linges, sur une partie du corps. → **sinapisme.**

cataplexie n. f. (du grec, de *kata* « sur » et *plêssein* « frapper ») pathol. Perte soudaine de tonicité musculaire due à une émotion vive. □ adj. **cataplectique**

catapultage n. m. Action de catapulter.

catapulte n. f. (du grec, de *kata-* et *pallein* « brandir ») **1.** Ancienne machine de guerre qui lançait de lourds projectiles. → **baliste.** **2.** Dispositif de lancement des avions à bord d'un porte-avion.

catapulter v. tr. < 1 > **1.** Lancer par catapulte (2). **2.** Lancer, projeter violemment. ▪ fig. Envoyer subitement (qqn) (dans un lieu, une situation). → fam. **bombarder.**

cataracte n. f. (du latin, du grec, de *kata-* et *rhêgnunai* « briser ») **I.** Chute des eaux d'un grand cours d'eau. → **cascade, chute.** ▪ *Des cataractes de pluie,* des chutes violentes. **II.** (latin et grec « s'abaisser en tombant ») pathol. Opacité du cristallin.

catarhinien n. m. (du grec *kata* « en bas » et *rhis, rhinos* « nez ») Singe à cloison nasale étroite et sans queue préhensile (sous-ordre des *Catarhiniens* ; ex. gorille, macaque).

catarrhe n. m. (du bas latin, du grec, de *kata-* et *rhein* « couler » → -rrhée) méd., vieilli Inflammation des muqueuses provoquant une sécrétion excessive. □ adj. et n. **catarrheux, euse**

catastrophe n. f. (du latin, du grec, de *kata-* et *strophê* → strophe ; idée de « évènement final ») **I. 1.** vieux Dénouement tragique. « *La catastrophe de ma pièce est peut-être un peu trop sanglante* » (Racine). **2.** Malheur effroyable et brusque. → **calamité, cataclysme, désastre.** *Les catastrophes naturelles* (cyclones, inondations, etc.). – loc. *En catastrophe* : d'urgence ; très vite. *Atterrir en catastrophe.* **3.** fam. Évènement fâcheux. → **accident, ennui. II.** math. *Théorie des catastrophes,* qui, à partir de l'observation de phénomènes discontinus (situations de conflit), cherche à construire un modèle dynamique continu.

catastrophé, ée adj. fam. Abattu, comme par une catastrophe. – *Un air catastrophé.*

catastropher v. tr. < 1 > fam. Consterner, atterrer. → **abattre.**

catastrophique adj. **1.** Qui a les caractères d'une catastrophe. → **désastreux, effroyable.** *Conséquences catastrophiques.* **2.** fam. Qui peut provoquer une catastrophe. *Une initiative catastrophique.* **3.** fam. Très mauvais. *Un film catastrophique.*

catastrophisme n. m. Attitude pessimiste, qui prévoit le pire. □ adj. **catastrophiste**

catatonie n. f. (du grec *kata* « en dessous » et *tonos* « tension ») psych. État de passivité, d'inertie motrice et psychique, alternant souvent avec des états d'excitation, caractéristique de la schizophrénie. □ adj. et n. **catatonique**

catch n. m. (mot anglais, de *catch as catch can* « attrape comme tu peux attraper », de *to catch* « saisir ») Lutte libre.

catcher v. intr. < 1 > Lutter au catch.

catcheur, euse n. Personne qui pratique le catch.

Cateau-Cambrésis (Le) Commune du Nord. 7 016 habitants. Hôtel de ville de style Renaissance. Église baroque du XVIIᵉ s. Ancienne résidence des archevêques de Cambrai, abritant le musée Henri-Matisse. Le roi de France Henri II y conclut deux traités en 1559 : le premier, avec l'Angleterre, confirmait les droits de la France sur la ville de Calais ; le second, avec l'Espagne, mettait fin aux guerres d'Italie et assurait à la France le contrôle des Trois-Évêchés (Metz, Toul, Verdun), mais lui enlevait la Savoie.

catéchèse n. f. (→ catéchisme) didact. Enseignement oral de la religion chrétienne. □ adj. **catéchétique**

cathares

Les cathares assiégés à Toulouse lors de la croisade contre les albigeois, relief sur le sarcophage de Simon de Montfort, cathédrale Saint-Nazaire, Carcassonne.

▶ Dualiste, la doctrine des **cathares** empruntait à la fois au manichéisme ancien et à certaines « hérésies » chrétiennes (docétisme, bogomiles) : le monde matériel était considéré comme la création d'un Dieu mauvais ; les fidèles devaient se dégager de la matière afin de rejoindre le Dieu bon du Ciel. L'unique sacrement cathare était le « consolament » *(consolamentum),* administré par les « parfaits » ou « bonshommes » ; sa réception était généralement retardée jusqu'au moment de la mort. Il y avait une certaine organisation ecclésiastique et, en 1167, un concile cathare se tint à Saint-Félix-de-Caraman (Haute-Garonne). Cette secte religieuse se répandit du XIᵉ au XIIIᵉ siècle en Lombardie et en Italie centrale, en Rhénanie, en Catalogne, en Champagne et Bourgogne, et surtout dans le midi de la France (Albi, Toulouse, Carcassonne), où ses fidèles étaient connus sous le nom d'« albigeois ».

L'austérité morale des cathares, contrastant avec l'opulence et le relâchement du clergé catholique, leur assura un grand succès dans toutes les couches de la société. L'Église catholique les combattit par la prédication (saint Bernard, Pierre le Vénérable, saint Dominique), puis par la répression (croisade contre les albigeois, de 1209 jusqu'à la chute de la forteresse de Montségur en 1244 ; Inquisition, 1229). Les derniers cathares disparurent au début du XIVᵉ siècle.

voir aussi **christianisme, croisade, Inquisition, secte**

catéchine n. f. (du latin sc., du n. indien du cachou) chim. Principe actif du cachou utilisé dans la fabrication de produits pharmaceutiques. - syn. **catéchol** n. m.

catéchiser v. tr. < 1 > (→ catéchisme) **1.** Instruire dans la religion chrétienne. **2.** fig. Endoctriner, sermonner. □ n. f. **catéchisation**

catéchisme n. m. (du latin chrét., du grec, de *kata-* et *êkhein* « résonner » → écho) **1.** Enseignement de la doctrine et de la morale chrétiennes. ▪ Cours où cet enseignement est dispensé. *Aller au catéchisme.* - abrév. fam. **caté. 2.** Ce qui est pour qqn article de foi. □ adj. **catéchistique**

catéchiste n. Personne qui enseigne le catéchisme.

catéchol voir **catéchine**

catécholamine [katekɔlamin] n. f. (de *catéchol* et *amine*) physiol. Substance du groupe des amines affectant le système nerveux sympathique et jouant un rôle de neurotransmetteur. *L'adrénaline est une catécholamine.*

catéchumène [katekymɛn] n. (du latin chrét., du grec → catéchisme) Personne qu'on instruit dans la foi chrétienne pour la préparer au baptême. □ n. m. **catéchuménat**

catégorie n. f. (du latin, du grec, de *kata-* et *agoreuein* « parler en public » → agora) **1.** philos. *Les catégories de l'être,* ses attributs généraux. – Chez Kant, concept fondamental de l'entendement. **2.** Classe dans laquelle on range des objets de même nature. → **espèce, famille, genre, groupe, ordre, série.** « *Enfermer dans des catégories rigides* [...] *ce qui est encore fluctuant et changeant* » (N. Sarraute). ▪ *Catégories grammaticales,* qui classent les mots (ex. verbe, nom, adverbe). **3.** Ensemble de personnes ayant des caractères communs. *Catégories socioprofessionnelles.* – sports *Championnat du monde toutes catégories.*

catégoriel, elle adj. Propre à une catégorie de travailleurs.

catégorique adj. (du latin, du grec → catégorie) **1.** Qui ne permet aucun doute, ne souffre pas de discussion. → **absolu, clair, indiscutable, ¹net.** *Refus catégorique.* → **formel.** ▪ *Elle a été catégorique sur ce point.* **2.** philos. *Proposition, jugement catégorique* : assertion sans condition (opposé à *hypothétique*).

catégoriquement adv. D'une manière catégorique. → **carrément, franchement.**

catégorisation n. f. didact. Classement par catégories. □ **catégoriser** v. tr. < 1 >

catelle n. f. (allemand *Kachel* « écuelle ») (Suisse) Carreau de faïence vernissée.

caténaire n. f. (du latin, de *catena* → chaîne) Dispositif qui soutient le fil conducteur à distance constante d'une voie de chemin de fer électrique.

catgut [katgyt] n. m. (mot anglais « boyau *[gut]* de chat *[cat]* ») Fil résorbable employé en chirurgie, obtenu à partir de l'intestin grêle d'animaux.

cathare n. et adj. (grec *katharos* « pur ») Membre d'une secte chrétienne du Moyen Âge. – adj. *L'hérésie cathare.* □ n. m. **catharisme**

catharsis [kataʀsis] n. f. (mot grec « purification » → cathare) didact. Purgation des passions (selon Aristote). ▪ Libération affective. □ adj. **cathartique**

cathédrale

Les bâtisseurs de cathédrales (1. Miniature allemande [xve s.], Bibliothèque nationale de France, Paris) firent preuve d'un grand sens de l'ornementation (2. Façade de la cathédrale Notre-Dame de Senlis) et associèrent verticalité et légèreté architecturale pour exprimer la foi (3. Nef et chœur de la cathédrale Saint-Étienne de Bourges).

Cathay, Catay ou **Catai** n. m. Nom donné par les voyageurs et les cartographes médiévaux à la Chine du Nord.

cathédral, ale, aux adj. (du latin médiéval, de *cathedra* « siège épiscopal ») didact. Du siège de l'autorité épiscopale.

cathédrale n. f. (de *église cathédrale*) **1.** Église épiscopale d'un diocèse. *La cathédrale de Chartres.* **2.** appos. invar. *Verre cathédrale,* translucide.

cathèdre n. f. (latin *cathedra* « chaise [à dossier] » → chaire) Chaise gothique à haut dossier.

Cathelineau (Jacques) Chef vendéen (1759-1793), surnommé « le saint de l'Anjou ». Généralissime de l'armée « catholique et royale » (1793), il fut blessé lors de l'attaque de Nantes et mourut peu après.

Catherine Ire (1684-1727). Impératrice de Russie (1725-1727). Maîtresse du tsar Pierre Ier le Grand, qui l'épousa publiquement en 1712, elle lui succéda en 1725.

Catherine II la Grande (1729-1796). Impératrice de Russie (1762-1796). Épouse de Pierre III, elle renversa celui-ci et, liée aux philosophes des Lumières, instaura un despotisme éclairé. Elle mena une série de réformes qui, en renforçant la centralisation de l'Empire et le pouvoir de la noblesse au détriment des paysans et des minorités nationales, entraîna la révolte des serfs dirigée par Pougatchev (1773-1774). Elle entreprit une importante réforme administrative (1775) et, par la Charte de la noblesse (1785), codifia les privilèges. Sous son règne, la Russie connut une grande expansion territoriale aux dépens de l'Empire ottoman (annexion de la Crimée, 1783) et de la Pologne (annexion des pays Baltes, de la Biélorussie, de l'O. de l'Ukraine). Protectrice des arts et des lettres, Catherine II s'entoura d'artistes de talent et poursuivit l'embellissement de Saint-Pétersbourg.

Catherine d'Alexandrie (sainte) Vierge chrétienne qui aurait subi le martyre sous Maxence au début du IVe s. C'est à elle que se rattache la tradition des « catherinettes ».

Catherine d'Aragon (1485-1536). Reine d'Angleterre. Elle fut la première femme de Henri VIII et la mère de Marie Tudor. Après sa répudiation par le roi, son divorce (1533), prononcé contre l'avis du pape, fut à l'origine du schisme anglican.

Catherine de Médicis (1519-1589). Reine de France. Fille de Laurent II de Médicis, épouse d'Henri II, elle fut nommée régente à l'avènement de son fils Charles IX (1560). Elle choisit Michel de L'Hospital comme ministre et adopta une politique de conciliation entre catholiques et protestants par l'édit d'Amboise (1563) et la paix de Saint-Germain (1570). Cependant, devant la montée en puissance de Coligny et du parti huguenot, elle laissa agir les instigateurs de la Saint-Barthélemy (1572).

Catherine de Sienne (sainte) [Caterina Benincasa] Mystique italienne (1347-1380). Elle tenta d'empêcher le grand schisme d'Occident (1378). Elle a raconté ses visions et ses extases dans *Dialogues de la Divine Providence* et dans des *Lettres* et des *Poèmes*. Elle a été proclamée docteur de l'Église en 1970.

Catherine Howard (v. 1522-1542). Reine d'Angleterre. Elle fut la cinquième femme d'Henri VIII (1540). Il l'accusa d'inconduite et la fit décapiter.

Catherine Labouré (sainte) [Zoé Labouré] Religieuse française (1806-1876). Elle eut des visions de la Vierge, à l'origine de la dévotion à la « Médaille miraculeuse ».

Catherine Parr (1512-1548). Reine d'Angleterre. Elle fut la sixième femme de Henri VIII (1543). Après la mort de celui-ci, elle épousa Thomas Seymour, frère de Jeanne.

catherinette n. f. Jeune fille célibataire âgée de 25 ans qui fête la Sainte-Catherine (→ coiffer* Sainte-Catherine).

cathéter [katetɛʀ] n. m. (latin médical, du grec) méd. Tige servant à explorer, à dilater un canal, un orifice. → **canule, sonde.**

cathétérisme n. m. méd. Sondage par cathéter.

cathétomètre n. m. (du grec *kathetos* « vertical » et *metron* « mesure ») phys. Appareil servant à mesurer la distance verticale de deux points.

cathode n. f. (mot anglais, du grec, de *kata-* et *hodos* « chemin » → période) électr. Électrode de sortie du courant dans l'électrolyse (opposé à *anode*). ■ Source d'électrons dans un tube cathodique.

cathodique adj. **1.** Qui provient de la cathode. *Rayons cathodiques.* – *Tube cathodique,* à rayons cathodiques. **2.** Relatif à l'image des rayons cathodiques focalisée sur un écran. ■ fig. Relatif à la télévision en tant que média. → **télévisuel.**

catholicisme n. m. Religion chrétienne dans laquelle le pape exerce l'autorité en matière de dogme et de morale. → **Église.**

▶ Le **catholicisme** (du grec *katholikos,* « universel ») est l'une des confessions du christianisme, la plus importante par le nombre (plus d'un milliard de fidèles).
Les catholiques partagent le credo commun aux chrétiens, mais à la différence des orthodoxes, ils affirment la primauté du pape et professent la doctrine du *filioque* (dans la Trinité, le Saint-Esprit procède du Père *et* du Fils). Contrairement aux protestants, qui considèrent l'Écriture comme la seule source de la Révélation, les catholiques y joignent la Tradition transmise par les écrits des Pères et docteurs de l'Église, les décrets des conciles, le magistère pontifical. Le catholicisme se distingue également du protestantisme par la reconnaissance de sept sacrements, par sa conception de l'eucharistie et par le culte de la Vierge Marie et des saints. À côté de l'Église romaine de rite latin, les Églises catholiques orientales ont conservé leurs propres rites.
L'Église catholique romaine est aussi une institution, divisée en diocèses confiés à un évêque et en paroisses. Successeur de saint Pierre, évêque de Rome, le pape est le chef de l'Église catholique ; les cardinaux sont chargés de son élection. L'autorité du pape et des évêques est héritée des apôtres.
Au concile de Vatican II (1962-1965), le catholicisme s'ouvrit à la modernité et réalisa son *aggiornamento* (mise à jour), auquel s'opposa un courant intégriste (Marcel Lefebvre). Durant les années postconciliaires, les contrastes régionaux s'accrurent : déclin de la pratique dans le monde industriel, concurrence des sectes dans le tiers-monde, poids accru du catholicisme dans certains pays de l'ancien bloc communiste. À un risque d'éclatement, le pape Jean-Paul II répondit par la « nouvelle évangélisation », la multiplication des voyages pastoraux et la réaffirmation de l'autorité doctrinale romaine, tandis que le pape François prôna l'intégration sociale des pauvres.
voir aussi **christianisme, Réforme (protestante), orthodoxes (Églises), papauté, pèlerinage**

catholicité n. f. **1.** Conformité d'une doctrine à celle de l'Église catholique. **2.** Ensemble des catholiques.

catholique adj. et n. (du latin et du grec chrét. « universel », du grec *katholon* « en général », de *holos* « tout entier ») **1.** Relatif au catholicisme ; qui le professe. *L'Église catholique, apostolique et romaine.* ■ n. *Une bonne catholique.* → **croyant, pratiquant.** - abrév. fam. **catho.** *Les cathos.* **2.** fam. *Une allure pas (très) catholique,* louche.

Catilina en latin **Lucius Sergius Catilina** Homme politique romain (v. 108-62 av. J.-C.). Sa conspiration contre le sénat fut dénoncée par Cicéron dans quatre discours *(Catilinaires)* et par Salluste *(Conjuration de Catilina).*

en **catimini** loc. adv. (p.-ê. grec *katamênia* « menstrues », de *mên* « lune », « mois ») En cachette, discrètement, secrètement. → en **tapinois.**

catin n. f. (diminutif de *Catherine*) fam. vieilli Prostituée. ■ mod. → **salope.**

Catinat (Nicolas) Maréchal de France (1637-1712). Il commanda l'armée de Louis XIV lors de la guerre de la ligue d'Augsbourg et remporta plusieurs victoires contre le duc de Savoie (Staffarde, 1690 ; La Marsaille, 1693).

cation [katjɔ̃] n. m. (du grec *kata* « en bas » et de *ion*) phys. Ion positif (opposé à *anion*).

catir v. tr. <2> (du latin pop., de *cogere* « réunir ») techn. Donner du lustre à (une étoffe) en la pressant. □ n. m. **catissage**

catleya voir **cattleya**

Catlin (George) Peintre et explorateur américain (1796-1872). Il vécut parmi les tribus indiennes, notamment chez les Sioux, et leur consacra plusieurs ouvrages d'illustrations.

catoblépas n. m. (du grec *katoblepein* « regarder par-dessous ») Animal légendaire à long cou grêle, dont la tête traîne à terre.

catogan n. m. (du n. du général anglais Cadogan) Nœud, ruban, élastique qui attache les cheveux sur la nuque. ■ Cette coiffure.

Caton dit l'Ancien ou le Censeur Homme politique romain (234-149 av. J.-C.). Consul (–195), puis censeur (–184), il combattit l'influence hellénique sur la culture et les mœurs, s'opposa aux Scipions et encouragea la lutte contre la puissance carthaginoise. Orateur remarquable, il est considéré comme l'un des premiers grands auteurs de langue latine. *Discours ; De agri cultura ; Origines.*

Caton d'Utique Homme politique romain (93-46 av. J.-C.). Arrière-petit-fils de Caton l'Ancien, il défendit la république et s'opposa à César. Il se donna la mort après la défaite de Thapsus. Son stoïcisme a été loué par Plutarque et Cicéron.

catoptrique (du grec, de *katoptron* « miroir ») **1.** adj. Relatif à la réflexion de la lumière. **2.** n. f. Partie de l'optique qui étudie la réflexion.

Catroux (Georges) Général français (1877-1969). Il fut gouverneur d'Indochine (1939-1940), puis haut-commissaire au Levant (1941) et gouverneur général d'Algérie (1943-1944). Il négocia le retour du sultan Mohammed V au Maroc en 1955.

Cattelan (Maurizio) Artiste italien (né en 1960). Provocateur, il construit un univers fait de détournements, d'insubordination et d'usurpation symbolique. *La Nona Hora ; Him.*

Cattenom Commune de la Moselle. 2 619 habitants. Centrale nucléaire.

cattleya n. m. (d'un n. propre) Orchidée à grandes fleurs richement colorées. - var. **catleya.**

Catulle Poète latin (v. 87-v. 54 av. J.-C.). Influencé par les poètes alexandrins, il innova en introduisant des éléments autobiographiques dans le genre élégiaque et fut le premier auteur latin à exposer, dans des pièces lyriques, son amour pour une femme, Lesbie. Il a laissé des épigrammes érotiques et des poèmes mythologiques.

Caubère (Philippe) Comédien et auteur dramatique français (né en 1950). Il fit ses débuts au Théâtre du Soleil sous la direction d'A. Mnouchkine *(1793 ; L'Âge d'or).* Il s'appuya sur l'improvisation et le travail du mime pour créer une « épopée burlesque et fantastique » en forme d'autobiographie, *La Danse du diable,* suivie du *Roman d'un acteur.* Il tint le rôle titre du *Molière* tourné par A. Mnouchkine et joua dans *La Gloire de mon père* et *Le Château de ma mère* d'Yves Robert.

Cauca (río) Rivière de Colombie (1 250 km), affluent du Magdalena.

Caucase n. m. Ensemble montagneux qui s'étend de la mer Noire à la mer Caspienne entre la Russie au N., la Turquie et l'Iran au S. 440 000 km². Il culmine à 5 642 m au mont Elbrouz et est généralement considéré comme la limite entre l'Europe et l'Asie. C'est l'une des régions les plus composites au monde sur le plan ethnique et religieux. Dans sa partie russe, le Caucase est divisé entre plusieurs républiques autonomes (Daguestan, Ingouchie, Kabardino-Balkarie, Karatchaïévo-Tcherkessie, Ossétie du Nord, Tchétchénie et république des Adygués). Le Caucase méridional (ou Transcaucasie) se partage entre l'Arménie, l'Azerbaïdjan et la Géorgie.

cauchemar n. m. (mot picard, de *cauchier* « presser », latin *calcare,* et du germanique *mare* « fantôme ») **1.** Rêve pénible dont l'élément dominant est l'angoisse. *Faire un cauchemar.* **2.** Personne ou chose qui effraie, obsède. → **hantise, tourment.**

cauchemarder v. intr. < 1 > Faire des cauchemars.

cauchemardesque adj. D'un cauchemar ; digne d'un cauchemar. *Une vision cauchemardesque.*

Cauchon (Pierre) Religieux français (v. 1371-1442). Évêque de Beauvais, il présida le tribunal ecclésiastique qui condamna Jeanne d'Arc.

Cauchy (baron Augustin) Mathématicien français (1789-1857). Il introduisit une plus grande rigueur en analyse mathématique et créa la théorie des fonctions d'une variable complexe, qui allait jouer un grand rôle dans l'évolution de sa discipline.

caucus [kokys] n. m. (mot anglais des États-Unis, p.-ê. de l'algonquin) (aux États-Unis et au Canada) Réunion à huis clos (des élus d'un parti politique).

caudal, ale, aux adj. (du latin *cauda* → queue) De la queue. *Nageoire caudale.*

Caudan Commune du Morbihan. 7 091 habitants.

caudataire n. (du latin, de *cauda* → queue) **1.** Personne qui, dans les cérémonies, porte la « queue » de la robe des prélats. **2.** fig. Personnage obséquieux et flatteur.

caudé, ée adj. (du latin *cauda* « queue ») didact. Pourvu d'une queue.

Caudebec-lès-Elbeuf Commune de la Seine-Maritime. 9 996 habitants.

caudillo [kaodijo] n. m. (mot espagnol « capitaine ») Général espagnol ayant pris le pouvoir (titre repris par le général Franco, en 1936).

caudrette n. f. (du picard, de *caudière* « chaudière ») Filet à crustacés.

Caudron Aviateurs et ingénieurs français. Gaston **Caudron** (1882-1915) et son frère René **Caudron** (1884-1959) fabriquèrent à partir de 1909 une série d'avions à usage civil ou militaire.

Caudry Commune du Nord. 14 028 habitants. Dentelle. Cosmétiques.

Caulaincourt (Armand Augustin Louis, marquis de) Général et diplomate français (1772-1827). Il fut aide de camp de Bonaparte (1802), ambassadeur en Russie (1807-1811), puis ministre des Affaires étrangères en 1813 et en 1815.

caulerpe n. f. (latin sc. *caulerpa,* du grec *kaulos* « tige » et *herpein* « ramper ») Algue verte d'origine tropicale, qui prolifère en Méditerranée.

Caumont (Arcisse de) Archéologue français (1802-1873). Il contribua à établir et à développer la science archéologique en publiant le *Bulletin monumental* et en fondant la Société française d'archéologie en 1834.

Caures (bois des) Haut lieu de la résistance française pendant la bataille de Verdun en février 1916. Le colonel Driant s'y illustra.

cauri ou **cauris** [kɔʀi(s)] n. m. (du tamoul) Coquillage du groupe des porcelaines.

Caus [ko] (Salomon de) Ingénieur français (v. 1576-1626). Il développa une théorie sur l'expansion et la condensation de la vapeur et en imagina les premiers usages hydrauliques (description d'une machine à pomper l'eau).

causal, ale, als ou **aux** adj. (du latin, de *causa* → cause) Qui concerne la cause, lui appartient, ou la constitue. *Lien causal.* – gramm. *« Car » est une conjonction causale,* qui annonce la raison de ce qui a été dit.

causalgie n. f. (du grec *kausis* « brûlure » et *-algie*) méd. Vive douleur des extrémités donnant une sensation de brûlure.

causalité n. f. Rapport de la cause à son effet. ■ *Principe de causalité,* en vertu duquel tout phénomène a une cause.

causant, ante adj. fam. Qui parle volontiers. → **bavard, communicatif.** *Elle n'est pas très causante.*

causatif, ive adj. gramm. Qui annonce ou indique la cause, la raison. → **causal.** – *Verbe causatif.* → **factitif.**

cause n. f. (latin *causa* → chose) **I.** Ce qui produit un effet. **1.** Ce par quoi un événement, une action humaine arrive, se fait. → **origine ; motif, raison.** *L'analyse « fait voir comment les effets dépendent des causes »* (Descartes). *Les causes de l'accident.* – *Être cause de* (+ n.), *que* (+ indic.). – ***À cause de** qqn, qqch.* loc. prép. : par l'action, l'influence de ; en raison de. *À cause de lui,* par sa faute. *Décollage retardé à cause du mauvais temps.* – ***Pour cause de.*** *Magasin fermé pour cause d'inventaire.* – ***Et pour cause :*** pour une raison bien connue, qu'il est inutile de rappeler. **2.** Ce qui fait qu'une chose existe. → **fondement, origine.** *Cause première,* indépendante de toute autre cause. **3.** loc. *Pour la bonne cause,* le bon motif, sans intérêt personnel. **II.** (latin « procès ») **1.** dr. Affaire, procès qui se plaide. *Cause civile, criminelle.* ■ loc. ***Plaider (une, sa) cause :*** défendre (qqn, qqch., soi). – *Obtenir **gain de cause** :* l'emporter, obtenir ce qu'on voulait. – ***En tout état de cause*** : de toute manière. ■ ***En cause.*** *Être en cause :* être l'objet du débat, de l'affaire. – *Mettre en cause :* appeler, citer (qqn) au débat ; accuser, attaquer, suspecter. – *Remettre en cause :* remettre en question. ■ ***Mettre hors de cause :*** dégager de tout soupçon, disculper. ■ *En désespoir de cause :* comme dernière ressource. – *En connaissance de cause :* en connaissant les faits. **2.** Ensemble des intérêts à soutenir, à faire triompher. → **¹parti.** *Lutter pour une noble cause.* – loc. *Prendre fait* et cause pour qqn.* ***Faire cause commune avec** qqn,* mettre en commun ses intérêts.

¹causer v. tr. < 1 > (de *cause,* I) Être cause de. → **amener, entraîner, motiver, occasionner, produire, provoquer, susciter.** *L'incendie a causé des dégâts.*

²causer v. intr. < 1 > (latin *causari* « plaider », de *causa* → cause [II]) S'entretenir familièrement avec qqn. → **bavarder.** *Nous causons ensemble. Causer avec qqn.* ■ fam., régional *Causer de qqch. à qqn.* → **¹parler.**

causerie n. f. (→ ²causer) Conférence sans prétention. *Une causerie littéraire.*

causette n. f. fam. *Faire la causette, un brin de causette :* bavarder familièrement.

causeur, euse n. *Un brillant causeur :* une personne qui parle bien, avec aisance.

causeuse n. f. Petit canapé à deux places.

Caussade Commune du Tarn-et-Garonne. 6 819 habitants. Ancienne place forte protestante.

causse n. m. (mot provençal ; famille de *caillou, calanque*) Plateau calcaire, dans le centre et le sud-ouest de la France.

Causses n. m. pl. Formations calcaires du S. et de l'O. du Massif central, composées de plateaux nivelés par l'érosion et entaillées de gorges profondes (Tarn, Dourbie, Jonte, Aveyron, Lot). Climat chaud et sec l'été. Élevage. Tourisme. On distingue généralement les Grands Causses, au S.-E. (causse de Sauveterre, causse de Méjean, causse Noir, causse du Larzac), et les causses du Quercy, à l'O. (causse de Martel, causse de Granat, causse de Limogne), qui forment chacun un Parc naturel régional.

causticité n. f. **1.** Caractère d'une substance caustique. *Causticité d'un acide.* **2.** fig. Tendance à dire, à écrire des choses caustiques, mordantes. ■ *La causticité d'une remarque.*

¹caustique adj. (latin, du grec, de *kaiein* « brûler » → cautère, holocauste) **1.** Qui désorganise, brûle les tissus animaux et végétaux. → **acide, brûlant, corrosif.** *Soude caustique.* **2.** fig. Qui attaque, blesse par la moquerie et la satire. → **mordant, narquois.** *Avoir l'esprit caustique.*

²caustique n. f. (de ¹*caustique,* parce que les rayons lumineux brûlent) phys. Surface à deux nappes ; enveloppe des rayons d'un faisceau lumineux, qui lui sont tangents.

cautèle n. f. (du latin, de *cavere* « prendre garde » → caution) vieux Prudence rusée.

cauteleux, euse adj. Qui agit d'une manière hypocrite et habile. → **sournois.** *« Une hypocrisie cauteleuse et prudente »* (Stendhal).

cautère n. m. (du latin, du grec, de *kaiein* « brûler » → [1]caustique) Instrument qui brûle les tissus vivants, pour cicatriser et guérir. – loc. *Un cautère sur une jambe de bois* : un remède inefficace.

Cauterets Commune des Hautes-Pyrénées. 870 habitants. Station thermale et station de sports d'hiver.

cautérisation n. f. Action de cautériser.

cautériser v. tr. < 1 > Brûler au cautère. *Cautériser une plaie.*

caution n. f. (latin *cautio*, de *cavere* « prendre garde » → cautèle) **1.** Garantie d'un engagement. → **cautionnement ; assurance, gage.** *Verser une caution*, de l'argent pour servir de garantie. – *Mettre en liberté sous caution.* – *Caution morale.* **2.** *Sujet à caution* loc. adj. invar. : sur qui ou sur quoi l'on ne peut compter (→ **douteux, suspect**). **3.** Personne qui fournit une garantie, un témoignage. → **garant, témoin.** ■ dr. Personne qui s'engage à garantir l'exécution d'une obligation souscrite par une autre personne au cas où celle-ci n'y satisferait pas.

cautionnement n. m. **1.** Contrat par lequel la caution s'engage envers le créancier. **2.** Somme d'argent destinée à servir de garantie. → **gage.**

cautionner v. tr. < 1 > **1.** dr. Se rendre caution pour (qqn). **2.** Être la caution de (une idée, une action) en l'approuvant. → **soutenir.** *Refuser de cautionner une politique.*

Cauvery voir Kaveri

Caux (pays de) Plateau crayeux de Haute-Normandie retombant en hautes falaises sur le littoral de la Manche, entre Étretat et Dieppe.

Cavafy ou **Cavafis (Constantin)** Poète grec (1863-1933). Il passa la plus grande partie de sa vie à Alexandrie dont l'atmosphère imprègne sa poésie ironique et nostalgique, nourrie de références hellénistiques.

Cavaignac (Godefroy) Homme politique français (1801-1845). Il fut à partir de 1830 l'un des chefs du Parti républicain opposé à la monarchie de Juillet. Membre de la Société des droits de l'homme, il fut emprisonné après les émeutes parisiennes de juin 1834.

Cavaignac (Louis Eugène) Général et homme politique français (1802-1857). Frère de Godefroy, il fut nommé ministre de la Guerre en 1848 et réprima sévèrement l'insurrection ouvrière du mois de juin. Candidat à l'élection présidentielle de décembre 1848, il fut battu par Louis Napoléon Bonaparte.

Cavaillé-Coll (Aristide) Facteur d'orgues français (1811-1899). Il construisit plus de 500 orgues, en France comme à l'étranger, et apporta de nombreux perfectionnements à cet instrument (orgues de Notre-Dame, de la Madeleine, de Saint-Sulpice, à Paris, de Saint-Sernin, à Toulouse).

Cavaillès (Jean) Mathématicien et philosophe français (1903-1944). Il est l'auteur d'ouvrages de logique et de philosophie des mathématiques. Il fut exécuté par les Allemands en février 1944 pour ses activités dans la Résistance. *Essai sur le fondement des mathématiques.*

cavaillon n. m. (du provençal, du latin *caballio*, de *caballus* → cheval) Bande de terre entre les pieds de vigne, que la charrue ne peut labourer.

Cavaillon Commune du Vaucluse. 25 832 habitants. Monuments anciens. Ancienne cathédrale de style roman. Synagogue du XVIIIe s. Fruits et primeurs (melons).

Cavalaire-sur-Mer Commune du Var. 7 642 habitants. Station balnéaire. Les Américains y débarquèrent le 15 août 1944.

cavalcade n. f. (de l'italien, de *cavallo* « cheval » → [1]cavalier) **1.** Chevauchée animée. ■ fam. Troupe désordonnée, bruyante. **2.** Défilé de chars, de cavaliers.

cavalcader v. intr. < 1 > Courir en groupe bruyamment.

Cavalcanti (Guido) Poète italien (v. 1250-1300). Il fut l'ami de Dante et l'un des meilleurs représentants du « dolce stil novo », poésie de l'amour courtois.

[1]**cavale** n. f. (italien *cavalla*, dérivé fém. du latin *caballus* → cheval) littér. Jument de race.

[2]**cavale** n. f. (de *cavaler*) argot Action de s'enfuir de prison. *Être en cavale*, en fuite.

cavaler v. intr. < 1 > (de [1]*cavale*, d'abord « chevaucher ») fam. **1.** Courir, fuir, filer. ■ pop. pronom. *Se cavaler* : s'enfuir. **2.** Se déplacer beaucoup, sans relâche. *Il a fallu cavaler pour obtenir ce papier.* **3.** Rechercher les aventures érotiques.

cavalerie n. f. (italien *cavallera*, de *cavallo* → cavalcade, [1]cavale) **1.** Corps de l'armée ne comprenant, à l'origine, que des troupes à cheval. *La cavalerie moderne est motorisée.* → **blindé,** [1]**char. 2.** comm. *Traites de cavalerie*, de complaisance ou frauduleuses.

cavaleur, euse n. et adj. fam. Personne qui cavale, cherche les aventures érotiques. – adj. *Il est un peu cavaleur.* → **coureur.**

[1]**cavalier, ière** n. (italien *cavalliere* → chevalier, de *cavallo* → [1]cavale, cavalerie) **I.** (personnes) **1.** Personne qui est à cheval. *« Le mouvement du cavalier qui s'affermit en selle »* (Colette). **2.** n. m. Militaire servant dans la cavalerie. **II.** Personne avec qui l'on forme un couple dans une réunion, un bal. *Danser avec sa cavalière.* **III.** n. m. (choses) **1.** Pièce du jeu d'échecs qui se déplace en diagonale. **2.** Carte du jeu de tarot, entre le valet et la dame. **3.** Pièce métallique, clou en U.

[2]**cavalier, ière** adj. **I.** Destiné aux cavaliers. *Allée cavalière.* **II.** (« propre au cavalier ; libre, aisé ») Qui traite les autres sans égards, sans respect. → **brusque, hardi, insolent.** *Réponse cavalière.* → **impertinent.**

Cavalier (Jean) Chef camisard français (1679-1740). Il résista aux armées royales dans les Cévennes protestantes de 1702 à 1704 avant de s'exiler en Angleterre et de devenir gouverneur de Jersey (1738).

Cavalier (Alain Fraissé, dit Alain) Cinéaste français (né en 1931). Entre documentaire et fiction, il a tenté de filmer la réalité dans ses dimensions politiques ou intimes avec un grand souci de perfection formelle et des moyens techniques épurés. *Thérèse ; Le Filmeur ; Pater.*

Cavalier bleu (le) en allemand **Der Blaue Reiter** Mouvement artistique fondé en 1911 à Munich par W. Kandinsky et F. Marc. Proche par ses préoccupations du mouvement expressionniste ou du fauvisme, il n'en partagea pas tous les dogmes formels.

cavalièrement adv. D'une manière brusque et un peu insolente. *Traiter qqn cavalièrement.*

Cavalieri (Emilio dei) Compositeur italien (v. 1550-1602). Il fut l'un des premiers à employer des récitatifs et fut un maître de l'oratorio. *Rappresentazione di Anima et di Corpo.*

Cavalieri (R. P. Bonaventura) Prêtre et mathématicien italien (1598-1647). Il inventa la méthode des indivisibles (calcul d'une surface ou d'un volume à partir d'éléments unitaires tels des lignes et des rectangles) et se montra ainsi l'un des précurseurs du calcul intégral.

Cavaliers Nom qui désignait les partisans de Charles Ier au cours de la révolution anglaise (par opposition aux *Têtes rondes*, partisans du parlement).

Cavalli (Pier Francesco) Compositeur italien (1602-1676). Il fut organiste puis maître de chapelle de la basilique Saint-Marc à Venise. Il est l'auteur d'une quarantaine d'opéras considérés comme les premières réussites du genre. Son *Giasone (Jason)* fut l'opéra le plus représenté au XVIIe s. en Europe.

Cavallini (Pietro Cerroni, dit Pietro) Peintre et mosaïste italien (v. 1250-v. 1340). Il fut l'un des artistes les plus novateurs de l'école romaine au XIVe s. Mosaïque de la *Vie de la Vierge*, Santa Maria in Trastevere, Rome.

Cavanna (François) Écrivain, journaliste et dessinateur humoristique français (1923-2014). Membre fondateur de *Hara-Kiri* et de *Charlie Hebdo*, il a écrit dans un langage vivant et coloré des romans autobiographiques (*Les Ritals ; Les Russkofs*) et des essais remplis d'un humour ravageur (*Lettre ouverte aux culs-bénits*).

cavatine n. f. (de l'italien, de *cavata* « action de tirer un son », de *cavare* « creuser » → [1]caver) mus. Pièce vocale assez courte dans un opéra.

[1]**cave** n. f. (bas latin *cava* « fossé », de *cavus* → [2]cave) **1.** Local souterrain. *Cave voûtée.* – *Cave à vin.* → **cellier.** – loc. *De la cave au grenier* : de bas en haut, entièrement. **2.** Les vins conservés dans une cave. *La cave d'un restaurant.* **3.** Coffret (à liqueurs, à cigares).

[2]**cave** adj. (latin *cavus* « creux » → cavité) **1.** *Un œil cave*, enfoncé. **2.** *Veines caves*, grosses veines qui amènent au cœur tout le sang du corps par l'oreillette droite.

[3]**cave** n. m. (p.-ê. de *caver* « tromper ») argot Celui qui se laisse duper ; qui n'est pas du « milieu ».

[4]**cave** n. f. (de [2]*caver*) Fonds d'argent que chaque joueur met devant soi, à certains jeux. → **enjeu, mise.**

caveau n. m. **1.** Cabaret, théâtre de chansonniers. **2.** Construction souterraine servant de sépulture. *Caveau de famille.*

Caveau (société du) Société de chansonniers fondée à Paris en 1729. Elle réunissait Crébillon père et fils, Boucher, Rameau, Piron, Gresset lors de dîners accompagnés de chansons. Plusieurs fois dissoute, elle fut reconstituée rue Montorgueil à partir de 1805 et Béranger s'y illustra.

caveçon n. m. (de l'italien, de *cavezza* « bride ») Demi-cercle de métal enserrant les naseaux d'un cheval.

cavée n. f. (du picard, de *caver*) régional Chemin creux.

Cavelier de La Salle (René Robert) Explorateur français (1643-1687). Il explora la région des Grands Lacs et descendit le Mississippi jusqu'au golfe du Mexique (1681-1682).

Cavendish (Henry) Physicien et chimiste britannique (1731-1810). Il fut le premier à identifier l'hydrogène (1766) et à décrire la

Cavalier bleu (le)

Almanach du Cavalier bleu, couverture du recueil de W. Kandinsky (1912).

composition précise de l'air et de l'eau. En définissant les notions de potentiel et de charge électrique (1771), il contribua au développement de l'électrostatique. Il a également calculé la densité moyenne du globe à l'aide d'une balance de torsion (dite aussi *balance de Cavendish*).

Caventou (Joseph Bienaimé) Chimiste et pharmacien français (1795-1877). Avec P. J. Pelletier, il isola la strychnine et la quinine à partir de plantes médicinales. Il a également découvert et nommé la chlorophylle (1817).

[1]caver v. tr. (latin *cavare*, de *cava* → [1]cave) vieux ou régional Creuser, miner. □ n. m. **cavage**

[2]caver v. intr. (italien *cavare* [→ [1]caver] « creuser » puis « tirer de sa poche ») Miser une somme d'argent, à certains jeux.

caverne n. f. (latin *caverna*, de *cavus* → [2]cave) **1.** Cavité naturelle creusée dans la roche. → **grotte.** – *L'âge des cavernes* : la préhistoire. *Homme des cavernes* (→ **troglodyte**). **2.** méd. Cavité qui se forme dans un organe malade. *Cavernes pulmonaires.*

caverneux, euse adj. **1.** (son) Qui semble venir des profondeurs d'une caverne. *Voix caverneuse.* → **grave, sépulcral. 2.** anat. *Tissu caverneux*, qui contient des capillaires dilatés, susceptibles de gonfler fortement (→ **érectile**). *Corps caverneux du clitoris, de la verge.*

cavernicole adj. et n. (de *caverne* → -cole) didact. Qui vit en permanence dans l'obscurité.

cavet n. m. (de l'italien, de *cavo* « creux ») archit. Moulure concave dont le profil est d'un quart de cercle.

caviar n. m. (mot turc, par l'italien) **1.** Œufs d'esturgeon salés, hors-d'œuvre très estimé (variétés : sévruga, osciètre, bélouga). **2.** *Caviar d'aubergine* : fin hachis d'aubergine assaisonné à l'huile d'olive.

caviarder v. tr. < 1 > (de *caviar*) Supprimer (un passage) dans un texte. → **censurer.** □ n. m. **caviardage**

caviste n. (de *cave*) Personne chargée des soins de la cave, des vins. *Caviste d'un restaurant.* → **sommelier.**

cavitaire adj. (de *cavité*) méd. Qui se rapporte à une caverne pulmonaire. *Lésions cavitaires.*

cavitation n. f. (du latin → cavité) phys. Formation de cavités gazeuses dans un liquide soumis à des ondes ultrasonores.

cavité n. f. (du latin, de *cavus* → [2]cave) Espace vide à l'intérieur d'un corps solide. → **creux, trou, vide.** *Les cavités d'un rocher.* – *Les cavités du nez* (→ **narine**), *des yeux* (→ **orbite**).

Cavour (Camillo Benso, comte de) Homme d'État italien (1810-1861). Député de tendance libérale, fondateur du journal *Il Risorgimento*, il fut appelé en 1852 à la tête du gouvernement de Piémont-Sardaigne par le roi Victor-Emmanuel II et se fit le principal artisan de l'unité italienne. Après s'être assuré du soutien de Napoléon III en échange de la cession de Nice et de la Savoie (entrevue de Plombières, juillet 1858), il s'opposa à la présence autrichienne en Italie. Les victoires franco-piémontaises de Magenta et Solferino (1859), suivies de l'armistice de Villafranca et de la démission de Cavour, permirent seulement la réunion de la Lombardie au Piémont. Revenu au pouvoir (1860), Cavour procéda au rattachement de l'Émilie et de la Toscane et soutint l'expédition de Garibaldi en Sicile et à Naples. Son œuvre aboutit à la proclamation du royaume d'Italie en 1861 à Turin.

Caxias (Luis, duc de) Maréchal et homme politique brésilien (1803-1880). Il commanda les armées brésiliennes lors de la guerre contre le Paraguay et occupa à plusieurs reprises le poste de Premier ministre, de 1857 à sa mort.

Caxias do Sul Ville du Brésil, dans le S. du pays (État du Rio Grande do Sul). 419 300 habitants.

Caxton (William) Imprimeur anglais (v. 1422-1491). Il publia à Bruges le premier livre imprimé en anglais et introduisit l'imprimerie en Angleterre vers 1476.

Cayatte (André) Cinéaste français (1909-1989). Avocat et journaliste, il a interrogé dans plusieurs de ses films le fonctionnement de la justice. *Justice est faite ; Nous sommes tous des assassins.*

Cayenne Chef-lieu de la Guyane française, sur l'Atlantique. 65 956 habitants. Un bagne y fut construit par Napoléon III sur le territoire de la commune voisine, Saint-Laurent du Maroni. De 1852 à 1953, plus de 90 000 prisonniers y furent déportés.

Cayenne, place de la Victoire.

cayeu voir caïeu

Cayeux (Lucien) Géologue français (1864-1944). Il fut l'un des premiers à étudier les roches sédimentaires à l'aide d'un microscope polarisant.

Cayley (sir George) Inventeur britannique (1773-1857). Il définit dès 1809 le principe de fonctionnement d'un avion, établissant les différentes forces qui s'appliquent dessus. Il a conçu le premier planeur ayant volé avec un pilote à son bord.

Cayley (Arthur) Mathématicien britannique (1821-1895). Il fonda le calcul matriciel.

Caylus (Anne Claude Philippe de Turbières, comte de) Archéologue et graveur français (1692-1765). Il est l'auteur d'un *Recueil d'antiquités égyptiennes, étrusques, grecques, romaines et gauloises.* Il légua sa collection d'antiques au Cabinet du roi, futur musée du Louvre.

Cayolle (col de la) Col des Alpes reliant la haute vallée du Var à la vallée de l'Ubaye, à 2 326 m d'altitude.

Cayrol (Jean) Poète et romancier français (1911-2005). Son œuvre fut profondément marquée par l'expérience de la déportation et de l'univers concentrationnaire. Il a collaboré au scénario du film *Nuit et brouillard* d'Alain Resnais.

Cazaux (étang de) ou **étang de Cazaux et de Sanguinet** Étang de la côte des Landes, relié par un canal à l'étang de Biscarosse-Parentis. 55 km^2.

Cazeneuve (Bernard) Homme d'État français (né en 1963). Membre du Parti socialiste, maire de Cherbourg (2001-2012), il fut ministre de l'Intérieur à partir de 2014 puis Premier ministre de déc. 2016 à mai 2017.

Cazotte (Jacques) Écrivain français (1719-1792). Il écrivit des contes, dont le plus célèbre, *Le Diable amoureux*, a fait de lui l'un des précurseurs du récit fantastique français.

[1]CB [sibi] n. f. (sigle anglais de *Citizen Band*) anglic. Bande de fréquences radio mise à la disposition du public pour communiquer (notamment en voiture).

[2]CB [sebe] n. f. (sigle) fam. (à l'oral) Carte bancaire ; carte bleue.

CBC/Radio-Canada (Canadian Broadcasting Corporation/Radio-Canada) voir **Radio-Canada**

CBD voir **cannabidiol**

CBS voir **Columbia Broadcasting System**

CCP n. m. Abréviation de *compte chèque* postal.*

Cd Symbole chimique du cadmium.

CD [sede] n. m. (sigle) anglic. Disque* compact.

CDD Sigle de *contrat à durée déterminée.*

CDI Sigle de *contrat à durée indéterminée.*

CD-I n. m. invar. (n. déposé ; mot anglais, sigle de *Compact Disc Interactive*) anglic. Disque compact interactif où sont stockés des images et des sons. - recomm. offic. **cédérom interactif.**

CD-ROM ou **cédérom** [sedeʀɔm] n. m. (sigle anglais de *Compact Disc Read Only Memory*) anglic. Disque optique numérique à lecture seule, où sont stockées des données (texte, son, images).

CDS (Centre des démocrates sociaux) Parti politique français fondé en 1976, dirigé par J. Lecanuet (1976-1982), Pierre Méhaignerie (1982-1994) puis F. Bayrou (1994-1995). Il fit partie de l'UDF à sa création en 1978. En 1995, il se transforma en Force démocrate.

CDU (Christlich-Demokratische Union) en français **Union chrétienne-démocrate** Parti politique allemand fondé en 1945. Avec son aile bavaroise, la CSU (Christlich-Soziale Union [en français *Union sociale-chrétienne*]), la CDU représente l'électorat conservateur et prône un certain libéralisme économique. Elle fut au pouvoir de 1949 à 1969 puis de 1982 à 1998, et revint au gouvernement de 2005 à 2021 sous la direction d'A. Merkel. Cette dernière, à la tête du parti depuis 2000, quitta ses fonctions en 2018.

[1]ce, cette, ces adj. dém. (vient du bas latin *ecce isti*, de *ecce* « voici » et *iste* « celui-ci ») *ce* prend la forme *cet* devant une voyelle ou un *h* muet Devant un nom, sert à montrer la personne ou la chose désignée par le nom. « *Ces aigles, ces faisceaux, ce peuple, cette armée* » (Racine). – Sert à indiquer un temps rapproché (passé ou présent). *Ces derniers temps. Ce soir.* – renforcé par les particules adverbiales *-ci* et *-là*, après le nom *Ce livre-ci. Cet homme-là.*

[2]ce pron. dém. (vient du bas latin *ecce [hoc]* → çà, ici) *ç'* devant les formes des verbes *être* et *avoir* commençant par *a*, *c'* devant celles qui commencent par *e* **I.** Désignant la chose que la personne qui parle a dans l'esprit. → **[1]ça. 1.** ***C'est ; ce doit, ce peut être.*** (avec un adj. ou un p. p.) *C'est fini.* – (avec un compl. prép.) *C'est à vous. C'est pour demain. C'est à voir* : il faut voir. ■ (avec un nom ou un pronom) *C'était le bon temps. Ce sont eux* (mais *c'est vous, c'est nous*). **2.** en phrase interrog. « *Est-ce toi, chère Élise* [...] ? » (Racine). – *Qu'est-ce que c'est ? Qui est-ce ?* **3.** ***C'est... qui, c'est... que*** : sert à détacher en tête un élément. *C'est une bonne idée que vous avez là.* ■ ***C'est que***, exprime la cause (*s'il sort, c'est qu'il va mieux*), l'effet (*puisqu'il la cherche, c'est qu'il veut lui parler*). **4.** ***C'est... de*** (et l'inf.) *C'est gentil d'être venu.* ***C'est à... de...*** *C'est à toi de jouer.* **II.** suivi d'un pronom relatif *Ce que je crois. Ce qui importe. Ce dont on parle.* ■ fam. ***Ce que*** : combien, comme. *Ce que c'est beau !* **III.** loc. *Ce me semble* : il me semble. *Ce disant, ce faisant* : en disant, en faisant cela. *Pour ce faire.* – *Sur ce* : là-dessus. *Sur ce, je vous quitte.*

Ce Symbole chimique du cérium.

CEA voir **Commissariat à l'énergie atomique**

céans adv. (de *çà* et ancien français *enz* « dans », qui vient du latin *intus*) vieux Ici, dedans. – loc. *Le maître de céans* : le maître de maison.

Ceará État du Brésil (région Nordeste), sur l'Atlantique. 145 694 km^2. 8 448 000 habitants. Capitale : Fortaleza.

Ceauşescu (Nicolae) Homme d'État roumain (1918-1989). Premier secrétaire du Parti communiste (1965), puis président de la République (1974), il instaura un régime dictatorial fondé sur le culte de la personnalité et une redoutable police politique *(Securitate)*. Renversé en 1989, il fut exécuté avec son épouse.

Cébazat Commune du Puy-de-Dôme. 8 951 habitants.

C

cébette **n. f.** **(occitan *cebeto*)** **régional** Oignon nouveau.

cébiste voir **cibiste**

Cebu Ville des Philippines, dans l'île du même nom. Aggl. de 2,5 millions d'habitants. Centre commercial, industriel et universitaire.

Ceca voir **Communauté européenne du charbon et de l'acier**

Cecchetti (Enrico) Danseur et maître de ballet italien (1850-1928). Professeur de danse à l'école impériale de Saint-Pétersbourg, il forma les plus grands danseurs de son temps (T. Karsavina, V. Nijinski, A. Pavlova). Il interpréta des rôles importants dans la troupe des Ballets russes de Diaghilev.

ceci **pron. dém.** **(de 2*ce* et *ci*)** **(opposé à *cela*)** Désigne la chose la plus proche, ce qui va suivre, ou simplement une chose opposée à une autre. *« On croit faire ceci, et l'on fait cela »* (Queneau).

cécidie **n. f.** **(grec *kêkis, kêkidos* « galle »)** **bot.** Galle des végétaux.

Cecil (William), baron Burghley Homme politique anglais (1520-1598). Principal conseiller de la reine Élisabeth Ire (1558-1598), il contribua à la chute de Marie Stuart.

Cecil (Robert), 1er comte de Salisbury Homme politique anglais (1563-1612). Fils de William, il prit la suite de son père auprès d'Élisabeth Ire et favorisa l'accession au trône de Jacques Ier, qui le nomma lord trésorier (1608).

Cécile (sainte) Vierge et martyre chrétienne (IIe ou IIIe s.). Patronne des musiciens.

cécité **n. f.** **(latin *cæcitas*, de *cæcus* « aveugle »)** État d'une personne aveugle. *Être frappé de cécité.* **– par analogie, didact.** *Cécité mentale, psychique.*

Cécrops Premier roi mythique d'Attique et fondateur d'Athènes. Considéré comme « autochtone » (né de la terre), il est souvent figuré moitié homme moitié serpent.

cédant, ante **n.** **dr.** Personne qui cède un droit.

Cedar Rapids Ville des États-Unis (Iowa). 126 300 habitants. Centre d'une région agricole.

CEDEAO (Communauté économique des États de l'Afrique de l'Ouest) Association de 15 États d'Afrique occidentale (Bénin, Burkina Faso, Cap-Vert, Côte d'Ivoire, Gambie, Ghana, Guinée, Guinée-Bissau, Libéria, Mali, Niger, Nigeria, Sénégal, Sierra Leone, Togo) créée en 1975 pour promouvoir leur intégration économique. L'adoption d'une monnaie unique, baptisée eco, par la communauté est en projet depuis les années 2020.

céder **v.** **< 6 >** **(latin *cedere*, d'abord « marcher, aller », *cf.* ancêtre, antécédent, cesser)** **I. v. tr. 1.** Abandonner, laisser (qqch.) à qqn. **→ concéder, donner, livrer.** *Céder sa place à qqn. Céder du terrain,* reculer ; **fig.** faire des concessions. **2.** Transporter la propriété de (qqch.) à une autre personne. **→ vendre ; cessible, cession.** *Céder un bail.* **II. v. tr. ind. 1.** *Céder à :* ne plus résister, se conformer à la volonté de (qqn). **→ obéir, se soumettre ; s'opposé à *résister*.** *Céder à qqn, à ses prières.* **–** *Céder à la tentation.* **→ succomber.** ■ **loc.** *Elle ne lui cède en rien,* elle est son égale. **2. absolt → capituler, renoncer.** *Céder par lassitude.* **3. (choses)** Ne plus résister à la pression, à la force. **→ fléchir, plier, rompre.** *Branche qui cède sous le poids des fruits.* **4. fig.** *Céder devant, à... La fièvre a cédé aux antibiotiques.*

cédérom voir **CD-ROM**

cédétiste **adj.** Qui concerne la Confédération française démocratique du travail (CFDT). **– n.** *Les cédétistes.*

cedex ou **cédex** [sedɛks] **n. m.** **(sigle de *courrier d'entreprise à distribution exceptionnelle*)** Système spécial de distribution de courrier aux entreprises ou aux administrations.

cédille **n. f.** **(espagnol *cedilla* « petit *z* »)** Petit signe que l'on place sous la lettre c (ç) suivie des voyelles a, o, u pour indiquer qu'elle doit être prononcée [s].

cédraie **n. f.** Forêt de cèdres.

cédrat **n. m.** **(de l'italien, de *cedro* « citron », du latin *citrus*)** Fruit (agrume) du cédratier, plus gros que le citron.

cédratier **n. m.** Citronnier sauvage.

cèdre **n. m.** **(du latin, du grec *kedros*)** **1.** Grand arbre (conifère) originaire d'Afrique et d'Asie, à branches presque horizontales en étages. *Les cèdres du Liban.* **2. (Canada)** Arbre (conifère) d'Amérique du Nord, appelé aussi *faux thuya* ou *thuya d'Occident.*

cédrière **n. f.** **(Canada)** Terrain planté de cèdres blancs ou thuyas.

Cédron **n. m.** Rivière de Cisjordanie qui sépare la ville de Jérusalem du mont des Oliviers.

cédule **n. f.** **(bas latin *schedula* « feuillet », de *scheda* « bande de papyrus »)** **ancienn**t Feuillet de déclaration de revenus.

CEE voir **Communauté économique européenne**

Cefalù Ville d'Italie, sur la côte N. de la Sicile. 13 790 habitants. Centre touristique et balnéaire. Cathédrale romane de style normand (XIIe s.).

cégep [seʒɛp] **n. m.** **(sigle)** **au Québec** Collège d'enseignement général et professionnel.

cégétiste **adj.** Qui concerne la Confédération générale du travail (CGT). **– n.** *Les cégétistes.*

CEI voir **Communauté des États indépendants**

ceindre **v. tr.** **< 52 >** **(vient du latin *cingere* « entourer »)** **1. littér.** Entourer. *Un bandeau ceignait sa tête. Les murailles qui ceignent la ville.* **2.** Mettre autour du corps, de la tête de (qqn). *Ceindre qqn d'une écharpe.*

ceinturage **n. m.** Marquage d'un arbre à abattre.

ceinture **n. f.** **(vient du latin *cinctura*, de *cingere* → ceindre)** **I. 1.** Bande servant à serrer la taille, à ajuster les vêtements à la taille ; partie d'un vêtement (jupe, robe, pantalon) qui l'ajuste autour de la taille. *Boucler sa ceinture.* **– fig., fam.** *Se serrer la ceinture, faire ceinture :* se priver de nourriture ; se passer de qqch. **– ellipt** *Ceinture ! :* rien du tout. ■ **sports de combat** Bande tissée dont la couleur symbolise un grade. *Être ceinture noire de judo,* de la catégorie la plus forte. **2.** Dispositif qui entoure la taille. *Ceinture (de sécurité),* dans un avion, une voiture. *Ceinture de sauvetage,* dans un bateau. **–** *Attachez vos ceintures !* ■ *Ceinture orthopédique,* qui maintient les abdominaux. **II. → 3taille.** *Entrer dans l'eau jusqu'à la ceinture. Coup au-dessous de la ceinture :* coup bas. ■ **loc.** *Ne pas arriver à la ceinture de qqn,* lui être très inférieur (cf. ne pas arriver à la cheville). *Plaisanterie au-dessous de la ceinture,* triviale. **III.** Ce qui entoure. *Chemin de fer de ceinture,* qui circule autour d'une ville.

ceinturer **v. tr.** **< 1 >** **1.** Entourer d'une enceinte. **→ ceindre.** *Ceinturer une ville de murailles.* **2.** Prendre (qqn) par la taille, en le serrant avec les bras. *Ceinturer son adversaire.*

ceinturon **n. m.** Grosse ceinture.

céiste **n.** Canoéiste.

cela **pron. dém.** **(de 2*ce* et *là*)** **1. (opposé à *ceci*)** Désigne ce qui est plus éloigné ; ce qui précède. **2.** Cette chose. **→ 1ça.** *Cela ne fait rien.*

cellule

CELLULE VÉGÉTALE
longueur : 1/10 mm en moyenne

CELLULE ANIMALE
diamètre : 1/100 mm en moyenne

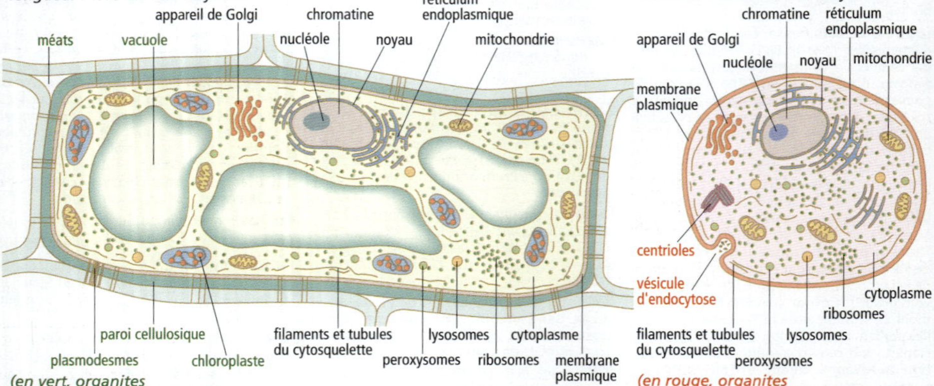

(en vert, organites propres à la cellule végétale)

(en rouge, organites propres à la cellule animale)

Des organites (compartiments cellulaires) assurent des fonctions spécialisées au sein des cellules. Les mitochondries et chloroplastes proviendraient de l'endosymbiose, intégration de bactérie dans la cellule eucaryote.

Il y a dix ans de cela. Cela dit, le problème subsiste.

Cela **(Camilo José)** Écrivain espagnol (1916-2002). Il a renouvelé les traditions réaliste et picaresque de la littérature de son pays. *La Famille de Pascal Duarte ; La Ruche.* Prix Nobel 1989.

Celac voir **Communauté d'États latino-américains et caraïbes**

céladon **adj. invar.** **(n. d'un personnage de** ***L'Astrée,*** **n. latin, du grec « le retentissant »)** *Vert céladon,* vert pâle. **– n. m.** Porcelaine chinoise de cette couleur.

Aiguière en céladon de la dynastie Song (960-1279).

Celan **(Paul Antschel, dit Paul)** Poète français d'origine roumaine et d'expression allemande (1920-1970). Son œuvre est hantée par le génocide et les persécutions nazies contre le peuple juif. Écrite dans la « langue des bourreaux », sa poésie, de style elliptique, souvent hermétique, tente de surmonter la culpabilité d'« écrire après Auschwitz ». *La Rose de personne.*

Celaya **(Rafael Mugicá, dit Gabriel)** Écrivain espagnol (1911-1991). Son œuvre poétique, engagée contre le franquisme, a été traversée par les influences du siècle, du surréalisme à l'existentialisme.

Celaya Ville du Mexique, au N.-O. de Mexico. 340 400 habitants.

-cèle Élément **(du grec** ***kêlê*** **« tumeur »)** employé dans la formation de mots scientifiques.

Célé **n. f.** Rivière du Quercy, affluent du Lot. 102 km.

Célèbes voir **Sulawesi**

célébrant, ante **n.** Personne qui célèbre une cérémonie. **– spécialt** Prêtre qui célèbre la messe. **→ officiant.**

célébration **n. f.** **(latin → célébrer)** Action de célébrer une cérémonie, une fête. *Célébration d'un mariage.*

célèbre **adj.** **(latin** ***celeber,*** **d'abord « nombreux » et « fréquenté »)** Très connu. **→ fameux, illustre, renommé.** *Une musicienne célèbre. Un lieu célèbre. Date tristement célèbre.*

célébrer **v. tr.** **< 6 >** **(latin, de** ***celeber*** **→ célèbre)** **1.** Accomplir solennellement. *Le maire a célébré le mariage.* **–** *Célébrer la messe.* **→ ¹dire.** **2.** Marquer (un évènement) par une cérémonie, une démonstration. **→ fêter.** *Célébrer une victoire.* **→ commémorer.** **3.** **littér.** Faire publiquement la louange de. **→ glorifier, vanter.** *Célébrer les mérites de qqn.*

celebret [selebʀɛt] **n. m.** **(mot latin « qu'il célèbre »)** **relig.** Document qui autorise un prêtre catholique à dire la messe en tout lieu.

célébrité **n. f.** **(latin → célèbre)** **1.** Réputation qui s'étend au loin. **→ notoriété, renom, renommée.** **2.** Personne célèbre, illustre. **→ personnalité.**

celer [səle ; sele] **v. tr.** **< 5 >** **(latin** ***celare*** **« cacher »)** **littér.** Garder, tenir secret. **→ cacher, dissimuler.**

céleri [sɛlʀi] **n. m.** **(italien lombard, du grec** ***selinon*** **« persil »)** Plante alimentaire dont on consomme les côtes *(céleri en branches)* ou la racine charnue *(céleri-rave).* **–** *Céleri rémoulade.* - **var.** **RO** **cèleri.**

célérifère **n. m.** **(latin** ***celer*** **« rapide » + -*fère*)** **anciennt** Appareil de locomotion formé de deux roues reliées par un cadre de bois (**→ draisienne).**

célérité **n. f.** **(latin, de** ***celer*** **« rapide »)** **1.** **littér.** Grande rapidité (dans le geste, l'action). **→ promptitude, vitesse.** **2.** **phys.** Vitesse de propagation d'une onde.

célesta **n. m.** **(de** ***céleste*)** Instrument de musique à percussion et à clavier.

céleste **adj.** **(latin** ***cælestis,*** **de** ***cælum*** **→ ciel)** **1.** Relatif au ciel. **→ aérien.** *La voûte céleste :* le ciel. **2.** Qui appartient au ciel (considéré comme le séjour de la divinité, des bienheureux). *« Le calme céleste, aérien, la prière »* (Rimbaud). **3.** Merveilleux, surnaturel. **→ divin.** *Une beauté céleste.* **4.** *Le Céleste Empire :* l'ancienne Chine (l'empereur étant considéré comme le Fils du Ciel).

Célestin Ier **(saint)** Pape de 422 à 432. Il lutta contre les hérésies de Pélage et Nestorius et envoya saint Patrick évangéliser l'Irlande.

Célestin III **[Giacinto di Pietro di Bobone]** (1106-1198). Pape de 1191 à sa mort. Il couronna l'empereur germanique Henri VI.

Célestin V **(saint)** ou **saint Pierre Célestin** **[Pietro Angeleri, dit del Morrone]** (v. 1215-1296). Pape (1294). Ermite dans les Abruzzes, il fut élu pape contre sa volonté et abdiqua au bout de cinq mois sous la pression du futur Boniface VIII qui le plaça en résidence surveillée.

célibat **n. m.** **(latin, de** ***cælebs*** **« célibataire »)** État d'une personne en âge d'être mariée et qui ne l'est pas, ne l'a jamais été.

célibataire **adj.** Qui vit dans le célibat. *Elle est célibataire.* **– n.** *Un célibataire endurci.* **– appos.** *Mère célibataire.*

Celibidache **(Sergiu)** Chef d'orchestre roumain (1912-1996). Il dirigea notamment la Philharmonie de Berlin et la Philharmonie de Munich.

Célimène Personnage du *Misanthrope* de Molière. Jeune veuve coquette, spirituelle et inconstante, Célimène ne peut se résoudre à quitter la société mondaine pour épouser Alceste et partager sa vie austère.

Céline **(Louis-Ferdinand Destouches, dit Louis-Ferdinand)** Écrivain français (1894-1961). Il s'affirma, dès ses premiers romans, par un style très personnel, utilisant les effets du langage oral et populaire pour créer un rythme, exprimer la violence des passions humaines et dénoncer les misères de son temps. Ses pamphlets antisémites portèrent ombrage à l'ensemble de son œuvre. Dans ses récits, il allie un prodigieux talent lyrique *(Le Pont de Londres)* à la verve de l'épopée burlesque pour décrire les mésaventures de son double, Ferdinand Bardamu, ou ses propres tribulations dans le cataclysme de l'Allemagne nazie à la fin de la Seconde Guerre mondiale. *Voyage au bout de la nuit ; Mort à crédit ; D'un château l'autre ; Nord ; Guerre* et *Londres* (posthumes).

Louis-Ferdinand Céline à Meudon (1960).

célioscopie voir **cœlioscopie**

cella, plur. **cellae** [sela, sele ; sɛla, sɛle] **n. f.** **(mot latin « loge »)** **archéol.** Lieu d'un temple où était la statue du dieu. *Des cellae* (ou **RO** *cellas*).

Cellamare **(Antonio del Giudice, duc de Giovenazzo, prince de)** Diplomate espagnol (1657-1733). Ambassadeur d'Espagne à la cour de France (1715), il échoua dans sa tentative de complot contre le régent Philippe d'Orléans (1718).

celle voir **celui**

Celle Ville d'Allemagne (Basse-Saxe). 71 185 habitants. Château ducal du XIIIe siècle.

cellérier, ière **n.** **(du latin** ***cellarius*** **« chef de l'office »)** Religieux, religieuse préposé(e) à l'intendance dans un monastère, un couvent. **→ économe (I).**

Celle-Saint-Cloud (La) Commune des Yvelines. 20 496 habitants. Château du XVIIe s. remanié au XVIIIe s. pour la marquise de Pompadour.

cellier **n. m.** **(latin** ***cellarium,*** **de** ***cella*** **« chambre » → cellule)** Lieu aménagé pour y conserver du vin, des provisions. **→ ¹cave, chai.**

Cellini **(Benvenuto)** Orfèvre, médailleur et sculpteur italien (1500-1571). Il étudia les modèles de l'Antiquité classique et les dessins de Michel-Ange ou de Raphaël pour réaliser des pièces de monnaie, des médailles et des objets d'orfèvrerie d'une grande virtuosité technique. Il travailla à Rome, puis se rendit en France à l'invitation de François Ier où il réalisa le bas-relief *La Nymphe de Fontainebleau.* De retour à Florence chez les Médicis, il développa son art de sculpteur *(Persée).* Il élabora un style élégant, parfois proche du maniérisme. Il a laissé des *Mémoires.*

cellophane **n. f.** **(n. déposé ; du radical de** ***cellulose*** **et** ***-phane,*** **du grec → diaphane)** Feuille transparente obtenue à partir de la cellulose et utilisée pour l'emballage. *Fromage sous cellophane.*

cellulaire **adj.** **1.** **biol.** De la cellule vivante. *Biologie cellulaire.* **→ cytologie.** *Division cellulaire.* **→ méiose, mitose.** **2.** Qui présente des alvéoles, des pores. **–** *Béton cellulaire.* ■ *Téléphone cellulaire,* qui fonctionne dans des zones (cellules) disposant chacune d'une antenne et de canaux radioélectriques. **→ mobile, portable.** **– n. m.** **(Canada, Liban)** Téléphone cellulaire. **3.** Relatif aux cellules de prison. *Régime cellulaire,* dans lequel les prisonniers sont isolés. *Fourgon cellulaire* (**→ fam.** panier à salade).

cellular **n. m.** **(mot anglais « cellulaire »)** Tissu de coton ajouré à mailles lâches.

cellulase **n. f.** **chim.** Enzyme qui hydrolyse la cellulose.

cellule **n. f.** **(latin, diminutif de** ***cella*** **« chambre »)** **I.** Pièce utilisée pour isoler ou enfermer qqn. *Les cellules d'une prison.* **II.** **1.** **vieilli** Cavité qui isole ce qu'elle enferme. **→ alvéole.** **2.** Élément fondamental constituant tous les organismes vivants. **→ cyto-.** *Noyau, membrane d'une cellule. Cellules nerveuses* (neurones). *Cellules reproductrices.* **→ gamète, spore.** *Cellules souches.* **3.** Ensemble des structures d'un avion (ailes, fuselage). **4.** **sc.** Unité productrice d'énergie. *Cellule photoélectrique.* **5.** **inform.** Chacune des cases d'un tableur. **III.** **abstrait** Groupe de personnes faisant partie d'un ensemble, ayant

C

un fonctionnement propre. *Les cellules d'un parti politique.* → **section.** *Cellule de crise.*

▶ Les **cellules souches** sont des cellules indifférenciées ayant conservé des possibilités d'évolution en différents types de cellules d'un organisme. Rares chez l'adulte, elles sont largement présentes aux premiers stades embryonnaires. Les cellules unipotentes et multipotentes donnent respectivement naissance à un seul et à plusieurs types cellulaires. Toutes les cellules sanguines sont par exemple issues de cellules multipotentes dites *hématopoïétiques*. Spécifiques aux embryons de moins de quatre jours et au nombre d'une quarantaine, les cellules totipotentes ont, quant à elles, la capacité de générer un être humain dans son entier. Les cellules souches ont pour rôle d'assurer la croissance des organes, le renouvellement cellulaire, mais aussi la restauration d'organes lésés chez les invertébrés et chez certains vertébrés comme le lézard ou la salamandre.

Ces avantages ont conduit à une pratique médicale d'un nouveau type, la thérapie cellulaire, et incité la recherche à tenter de les fabriquer artificiellement par clonage thérapeutique. La recherche sur les cellules souches pourrait en effet déboucher sur des applications médicales importantes pour des maladies incurables comme le diabète et la maladie d'Alzheimer, voire pour reconstituer tissus et organes lésés chez l'humain. Leur utilisation limiterait les rejets de greffes dus aux incompatibilités immunologiques entre greffon et greffé.

Malheureusement, les cellules souches les plus performantes sont les cellules embryonnaires, dont l'utilisation nécessite la destruction d'embryons. Cette contrainte pose des problèmes éthiques qui constituent un frein à la recherche. Le fantasme du « bébé médicament », conçu dans le seul but de générer des cellules souches destinées à guérir un patient, a conduit plusieurs pays, dont les États-Unis, à interdire la production de cellules embryonnaires par la création d'embryons humains. Mais d'autres voies plus satisfaisantes sont actuellement testées, telles que l'utilisation de cellules du placenta.

voir aussi **bioéthique, clonage, embryon, greffe**

cellulite n. f. (de *cellule,* II) Gonflement du tissu conjonctif sous-cutané.

cellulitique adj. Relatif à la cellulite. *Tissu cellulitique.*

celluloïd n. m. (mot anglais des États-Unis, de *cellulose*) Matière plastique flexible, inflammable. *Baigneur en celluloïd.*

cellulose n. f. (de *cellule*) Matière contenue dans la membrane des cellules végétales, utilisée dans la fabrication de papier, de textiles et d'explosifs.

cellulosique adj. Constitué de cellulose.

Celse Médecin romain, surnommé « le Cicéron de la médecine » (Iᵉʳ s.). Il est l'auteur d'un traité, *De arte medica,* qui propose un aperçu des connaissances de la médecine ancienne depuis Hippocrate.

Celse Philosophe grec (IIᵉ s.). Ses attaques polémiques contre la religion chrétienne furent réfutées par Origène.

Celsius (Anders) Astronome et physicien suédois (1701-1744). Il créa en 1742 l'échelle centigrade de température dont l'unité porte aujourd'hui son nom (degré Celsius). Il participa également à l'expédition de Maupertuis en Laponie (1736) qui permit de confirmer l'aplatissement de la Terre aux pôles.

celte adj. et n. (latin *Celtae* « les Celtes », d'une racine gauloise) Relatif aux Celtes, spécialt aux anciens Celtes. → **celtique.** ■ n. m. *Le celte.* → **celtique.** – adj. *La langue celte.*

Celtes n. m. pl. Groupe de peuples indo-européens apparus en Europe centrale au –IIᵉ millénaire et qui occupèrent progressivement la Gaule, la Grande-Bretagne, l'Espagne, l'Italie du Nord, les Balkans et l'Asie Mineure. L'expansion géographique des Celtes se heurta à la puissance romaine à partir du –IVᵉ s. (prise de Rome par Brennus v. –390). Après les grandes invasions germaniques des IVᵉ et Vᵉ s. et l'effondrement de l'Empire romain, la présence celte ne se maintint qu'en Irlande, dans les îles Britanniques et en Armorique. L'unité des Celtes fut essentiellement de nature linguistique et religieuse. La société était divisée en trois classes : la noblesse guerrière, le peuple et les druides. La civilisation celtique connut cinq grandes périodes : la civilisation protoceltique, de –1800 à –1200 ; la civilisation dite « des champs d'urnes », entre –1200 et –750, caractérisée par la pratique de l'incinération et le développement des *oppida ;* la civilisation de Hallstatt, de –725 à –480, qui vit l'utilisation du fer et la multiplication des échanges avec les peuples de la Méditerranée ; la civilisation de La Tène, du –Vᵉ au –IIᵉ s., marquée par l'apogée de l'art celtique ; la conquête romaine à partir du –IIᵉ siècle.

Celtibères n. m. pl. Peuple issu de la rencontre des Celtes avec les populations autochtones de la péninsule Ibérique. Établis dans le N. de l'Espagne à partir de –500, il furent soumis par les Romains au –IIᵉ s. (siège de Numance, –133).

celtique adj. (latin → **celte**) Qui a rapport aux Celtes. – n. m. *Le celtique* (langue indo-européenne) : breton, gaélique, gallois, gaulois. - On dit aussi **celte.**

Celtique n. f. Nom donné par les Romains à la Gaule habitée par les Celtes, d'abord la Gaule Transalpine, puis la Gaule proprement dite (entre la Seine et la Garonne). Au temps d'Auguste, la Gaule Celtique ou Lyonnaise désignait le pays entre Seine et Loire, par opposition à la Gaule Belgique (au N. de la Seine) et à l'Aquitaine (au S. de la Loire).

celui, celle, ceux, celles pron. dém. (vient du latin *ecce illi*) Désigne la personne ou la chose dont il est question dans le discours. *Les modes actuelles et celles d'autrefois. Celui qui vient.*

celui-ci, celle-ci, ceux-ci, celles-ci et **celui-là, celle-là, ceux-là, celles-là** pron. dém. Marque la même opposition que *ceci* et *cela. Des deux maisons, celle-ci est la plus jolie, mais celle-là est plus confortable.*

Cemal Paşa voir **Djamal Pacha**

cément n. m. (→ **ciment**) **1.** techn. Substance qui, chauffée au contact d'un métal, en modifie la composition et lui fait acquérir de nouvelles propriétés. **2.** anat. Substance osseuse recouvrant l'ivoire à la racine des dents.

cémentation n. f. techn. Chauffage d'une pièce métallique au contact d'un cément pour lui faire acquérir certaines propriétés.

cémenter v. tr. < 1 > Traiter par cémentation.

cénacle n. m. (latin *cenaculum,* de *cena* → **cène**) **1.** Salle où Jésus-Christ se réunit avec ses disciples pour la Cène. **2.** littér. Réunion d'un petit nombre d'intellectuels, d'artistes, etc. → **cercle, club, société.**

Cénacle (le) Groupe de jeunes écrivains qui se réunirent de 1823 à 1828 chez C. Nodier puis chez V. Hugo pour formuler les idées du romantisme naissant.

Cendrars [sɑ̃draʀ] **(Frédéric Sauser,** dit **Blaise)** Écrivain français d'origine suisse (1887-1961). Il commença très jeune une vie de voyages et d'aventures qu'il a su transposer dans une œuvre fiévreuse et poétique où le réel et l'imaginaire se rejoignent pour créer une sorte de mythologie personnelle. Sa poésie opéra un renouvellement des formes traditionnelles par l'usage de rythmes syncopés et de notations brèves qui privilégient l'instantanéité des images. *La Prose du Transsibérien ; Moravagine ; La Main coupée ; Bourlinguer.*

cendre n. f. (vient du latin *cinis, cineris* → **incinérer**) **1.** Poudre qui reste quand on a brûlé certaines matières organiques. « *Elle enfouissait la bûche sous les cendres et s'endormait devant l'âtre* » (Flaubert). *Cendres de cigarettes* (→ **cendrier**). **2.** Matière qui se réduit facilement en poudre. *Cendres volcaniques.* **3.** loc. *Mettre, réduire en cendres,* détruire par le feu, l'incendie. **4.** *Les cendres de qqn,* ce qui reste de son cadavre après incinération ; ses restes. – *Renaître de ses cendres :* revivre, se ranimer. **5.** relig. cathol. *Les Cendres,* symbole de la dissolution du corps (→ **poussière**). *Mercredi des Cendres* (premier jour du carême).

cendré, ée adj. Qui a la couleur grisâtre de la cendre. *Des cheveux blond cendré. Héron cendré.*

cendrée n. f. **1.** Petit plomb de chasse. → **menuise. 2.** Mélange de mâchefer et de sable utilisé comme revêtement des pistes de stade.

cendrer v. tr. < 1 > **1.** Donner une couleur cendrée à. **2.** Couvrir de cendre, de cendrée. *Cendrer une piste.*

cendreux, euse adj. Qui contient de la cendre ; qui a l'aspect de la cendre. *Teint cendreux.*

cendrier n. m. **1.** Partie mobile d'un foyer, où tombent les cendres. *Le cendrier d'un poêle.* **2.** cour. Petit récipient destiné à recevoir les cendres de tabac.

cendrillon n. f. (du personnage de Perrault) littér. Jeune fille qui a en charge les travaux pénibles d'une maison.

Cendrillon Personnage de contes de fées, titre d'un conte de Charles Perrault. Reléguée à la cuisine, près des cendres, d'où son nom, Cendrillon rencontre le fils du roi, qui, séduit par sa grâce, l'épouse. Le conte a notamment été repris par les frères Grimm.

cène n. f. (latin *cena* « souper », appliqué au repas de Jésus) relig. chrét. **1.** *La Cène :* repas que Jésus-Christ prit avec ses apôtres la veille de la Passion et au cours duquel il institua l'Eucharistie. *La Cène est un thème largement représenté dans l'iconographie chrétienne. La Cène,* peinture murale de Vinci. **2.** Communion sous les deux espèces, chez les protestants.

-cène Élément (du grec *kainos* « récent ») entrant dans la formation de certains mots scientifiques (ex. : *éocène, pliocène*).

cenelle n. f. (origine obscure) Baie rouge de l'aubépine et du houx.

cenellier n. m. (Canada) Aubépine. - var. **senellier.**

cénesthésie n. f. (du grec *koinos* « commun » et *aisthêsis* « sensibilité ») didact. Impression générale de bien-être ou de malaise résultant de l'ensemble des sensations internes.

cénesthésique adj. Relatif à la cénesthésie.

Cenis (Mont-) voir **Mont-Cenis**

cenne voir **²cent**

Cennini (Cennino) Peintre italien (v. 1370-v. 1440). Son manuel de peinture *(Libro dell' Arte)* est une source d'informations précieuses sur les techniques de son temps.

cénobite n. m. (latin chrét., du grec *koinobion* « vie en commun ») didact. Moine qui vivait en communauté (opposé à *anachorète*). → **ermite.**

cénobitique adj. Relatif aux cénobites. → **ascétique.**

Cénomans n. m. pl. Peuple celtique qui s'établit dans la région du Pô en Italie du Nord vers –400.

Cenon Commune de la Gironde, dans la banlieue de Bordeaux, sur la rive droite de la Garonne. 26 047 habitants.

cénotaphe n. m. (grec, de *kenos* « vide » et *taphos* « tombe ») didact. Tombeau élevé à la mémoire d'un mort et qui ne contient pas son corps. → **sépulcre.**

CELTES (art et civilisation)

Torque en or du trésor de Snettisham (Ier s. av. J.-C.), British Museum, Londres.

Bouclier en bronze, trouvé dans la Tamise à Wandsworth (IIe-Ier s. av. J.-C.), British Museum, Londres.

Statuettes de sangliers, trouvées à Hounslow (Ier s. av. J.-C.), British Museum, Londres.

Le prince celte de Glauberg (Ve s. av. J.-C.), Musée du Land de Hesse, Darmstadt.

Détail du chaudron de Gundestrup, trouvé au Jutland (Ier s.), Musée national du Danemark, Copenhague.

Détail du chaudron de Gundestrup, trouvé au Jutland (Ier s.), Musée national du Danemark, Copenhague.

Chaudron de Gundestrup, trouvé au Jutland (Ier s.), Musée national du Danemark, Copenhague.

Pièce d'or du nord de la Gaule (Ier s. av. J.-C.), château Sforza, Milan.

Phalère ajourée, trouvée à Ville-sur-Retourne (Ve s. av. J.-C.), musée Saint-Rémi, Reims.

L'art celte s'exprime par la stylisation des représentations et l'abstraction des signes ornementaux. Fondamentalement sacré, leur sens précis nous échappe encore largement. Cet art a toujours subi une forte influence méditerranéenne, que la conquête romaine de la Gaule fixe définitivement. L'art gallo-romain, qui lui succède, respecte largement les spécificités gauloises (travail du métal en entrelacs et volutes, notamment).

cénozoïque adj. didact. *Ère cénozoïque* : période géologique regroupant les ères tertiaire et quaternaire.

cens [sɑ̃s] n. m. **(latin *census*, de *censere* « compter » → recenser)** hist. **1.** Antiq. Dénombrement des citoyens romains **(→ recensement)** et évaluation de leur fortune. **2.** Redevance fixe que le possesseur d'une terre payait au seigneur féodal. **3.** Montant de l'impôt que devait payer un individu pour être électeur ou éligible **(→ censitaire)**.

censé, ée adj. **(de l'ancien v. *censer*, du latin → cens)** (+ inf.) Qui est supposé, réputé (être, faire...). *Elle est censée être à Paris.* **→ présumé.**

censément adv. Apparemment, prétendument. *Des « obstacles censément infranchissables »* (Cendrars).

censeur n. **(latin *censor*, de *censere* → censé)** **I.** n. m. hist. Magistrat romain qui contrôlait les mœurs de ses concitoyens. **II.** n. au féminin *censeur*, (Canada) *censeure* **1.** littér. Personne qui contrôle, critique les opinions, les actions des autres. **2.** Personne qui applique la censure. **3.** anciennt Personne qui, dans un lycée, était chargée de la discipline.

censier, ière adj. et n. hist. **1.** adj. Qui recevait ou payait le cens, à l'époque féodale. *Seigneur, fermier censier.* **2.** n. m. Registre sur lequel étaient inscrites les contributions du cens.

censitaire adj. **(→ cens)** hist. *Suffrage censitaire*, réservé aux personnes qui payaient le cens (3).

censorial, iale, iaux adj. Relatif à la censure.

censure n. f. **(latin *censura*, de *censor* → censeur)** **I.** hist. Charge de censeur (I). **II.** **1.** littér. Condamnation d'une opinion. **2.** Examen des publications, des spectacles, exigé par les pouvoirs publics avant d'autoriser leur diffusion. *Visa de censure d'un film.* – Service qui délivre cette autorisation.

▶ Les autorités civiles, militaires ou religieuses exercent traditionnellement un pouvoir de contrôle. Elles peuvent exercer une **censure** (II, 2), si elles jugent des actes, des discours ou des écrits contraires à l'ordre public. Les *censeurs* romains avaient pour fonction de dénombrer les citoyens mais aussi de surveiller leurs mœurs : c'est de là que vient le terme. En Occident, la censure fut longtemps une prérogative de l'Église catholique. En 1571 est créée la congrégation de l'Index qui donne ou refuse l'*imprimatur* à des ouvrages en préparation. Par la suite, les États prennent le relais, même si la congrégation existe toujours. Au XVIIIe siècle, en France, un manuscrit doit passer entre les mains du censeur royal, qui peut exiger des coupes ou, assez rarement, interdire la publication. À partir du XIXe siècle, ce sont les tribunaux qui exercent la censure, le plus souvent après publication. En 1857, deux fameux procès traitent le cas de *Madame Bovary* (Flaubert) et des *Fleurs du mal* ; le recueil de Baudelaire est condamné. Du XVIIe au XXe siècle, l'histoire est marquée par la volonté des écrivains de s'émanciper de la censure, en « rusant » ou en publiant à l'étranger.
Au XXe siècle, la censure est surtout pratiquée en temps de guerre et elle concerne essentiellement la presse et la correspondance. Elle sévit également dans les pays totalitaires, où la liberté de la presse est limitée et où certains manuscrits circulent clandestinement (les *samizdats* à l'époque soviétique) quand les auteurs ne sont pas contraints de publier à l'étranger (Soljenitsyne publie *L'Archipel du Goulag* à Paris en 1973).
La censure s'exerce également à l'encontre des médias. La Corée du Nord, l'Arabie saoudite, la Chine, l'Érythrée, l'Éthiopie, l'Iran, la Russie, la Turquie figurent au début du XXIe siècle parmi les pays où la menace d'emprisonnement conduit de nombreux journalistes à s'autocensurer ou à s'exiler. L'accès à Internet est également fortement restreint.

censurer v. tr. < 1 > **1.** vieux Condamner (une opinion). **2.** Interdire (une publication, un spectacle). – au p. p. *Article de journal censuré.*

1cent (vient du latin *centum*) **I.** adj. **numéral cardinal invar.** (sauf s'il est précédé d'un nombre qui le multiplie et non suivi d'un autre adj. numéral : *deux cents*, mais *deux cent un*) - REM. On fait la liaison avec les mots commençant par une voyelle ou un *h* muet : *cent ans, deux cents hommes*, sauf devant *un, une, unième, onze, onzième*. Dix fois dix (100). **→ hect(o)-.** *Onze cents*, mille cent. ■ Un grand nombre **(→ trente-six, 1mille)**. *Je lui ai dit cent fois. Faire les cent pas*, aller et venir. **II.** adj. **numéral ordinal invar.** Centième. *Page trois cent.* **III.** n. m. Le nombre cent. *Compter jusqu'à cent.* – loc. *Gagner des mille et des cents*, beaucoup d'argent. ■ ***Pour cent*** (précédé d'un numéral) : pour une quantité de cent unités **(→ pourcentage)**. *Cinquante pour cent* (50 %), la moitié. – *Chemise cent pour cent coton* **(→ entièrement)**.

2cent [sɛnt] n. m. **(anglais des États-Unis → centime)** Centième partie du dollar. *Pièce de dix cents.* - var. fam. **cenne** (Canada).

³cent [sɑ̃] **n. m.** Centième partie de l'euro. → **centime** (d'euro). *Une pièce de dix cents.* - REM. La forme *centime* est beaucoup plus courante.

centaine **n. f.** Groupe de cent unités *(le chiffre des centaines)* ou d'environ cent unités *(une centaine de personnes).*

Cent Ans (guerre de) Nom donné aux conflits qui opposèrent la France à l'Angleterre de 1337 à 1453. Les causes en furent nombreuses : aux querelles de territoire vinrent s'ajouter des rivalités dynastiques (revendication de la couronne de France par Édouard III d'Angleterre) et des intérêts économiques divergents.

▶ La cause principale de la **guerre de Cent Ans** réside dans les prétentions du roi d'Angleterre Édouard III, qui se considérait comme l'héritier de Philippe le Bel, dont il était le petit-fils par sa mère. Mais en 1328, à la mort de Charles IV le Bel, la couronne fut donnée à Philippe VI de Valois, neveu de Philippe le Bel. Édouard parut d'abord se résigner, puis en 1337, il renia ses engagements et prit le titre de roi de France. Cet aspect dynastique, déterminant, se double d'une dimension économique avec la rivalité franco-anglaise en Flandre. Depuis longtemps, l'Angleterre entretenait des relations commerciales étroites avec la Flandre, comté qui relevait du royaume de France. Mais en écrasant l'armée des communes de Flandre révoltées contre leur comte (Cassel, 1328), Philippe VI avait porté un coup sévère au commerce anglais. D'ailleurs, atteints dans leurs intérêts, les Flamands allaient se rapprocher de l'Angleterre.

La guerre débuta mal pour la France (défaites de Crécy, 1346 ; Poitiers, 1356), en outre ravagée par la peste noire et bientôt en proie aux troubles civils sous la régence du dauphin Charles. Par le traité de Calais (après les préliminaires de Brétigny), la France perdit l'Aquitaine, le Ponthieu et Calais (1360). Charles V (1364-1380), grâce à Du Guesclin, reprit à l'Angleterre la plupart de ses possessions. Une longue trêve s'ensuivit. Profitant de la démence de Charles VI et de la guerre civile entre les armagnacs et les bourguignons, le roi d'Angleterre Henri V reprit les hostilités. Il s'allia au duc de Bourgogne, Jean sans Peur, remporta la victoire d'Azincourt (1415) et imposa à la France le traité de Troyes qui le faisait roi de France et d'Angleterre (1420). Le dauphin, futur Charles VII, s'assura l'appui du centre et du sud de la France face aux Anglais, maîtres de la France du Nord et de l'Ouest. Jeanne d'Arc ranima les énergies, fit lever le siège d'Orléans, battit les Anglais à Patay et fit sacrer Charles VII à Reims (1429).

Après la mort de Jeanne d'Arc sur le bûcher (1431), la reconquête se poursuivit. Le duc de Bourgogne Philippe III le Bon changea de camp par le traité d'Arras (1435). Les Français reprirent Paris (1436), la Normandie (victoire de Formigny, 1450), la Guyenne de 1450 à 1453 (victoire de Castillon). Seule Calais resta à l'Angleterre (jusqu'en 1558). Le traité de paix définitif ne fut signé qu'en 1475 à Picquigny. La guerre de Cent Ans s'inscrit dans une crise générale de l'Occident européen au XIVe s. (refroidissement climatique, arrêt de l'expansion agricole, famines, épidémies entraînant une diminution de la population). Elle représente cependant une étape majeure dans l'élaboration d'un sentiment national français et dans le renforcement de l'État royal.

voir aussi **Moyen Âge**

Cent-Associés (Compagnie des) ou **Compagnie de la Nouvelle-France** Compagnie fondée en 1627 par Richelieu pour favoriser l'établissement de colons et l'essor du commerce.

centaure **n. m.** **(latin *centaurus*, du grec *kentauros*)** Être imaginaire, moitié homme, moitié cheval.

Centaure Constellation de l'hémisphère Sud. Son étoile α Centaure C (ou Proxima du Centaure) est l'étoile la plus proche de la Terre (après le Soleil).

centaurée **n. f.** **(latin « plante du centaure »)** Plante aux nombreuses espèces, dont le bleuet.

Cent Ans (guerre de)

1. Le 26 août 1346, les archers anglais infligent une terrible défaite aux chevaliers français de Philippe VI à Crécy.
2. En 1449, les troupes de Charles VII reprennent Château-Gaillard aux mains des Anglais depuis 1430.

Centaures **n. m. pl.** Peuple sauvage de la mythologie grecque, chevaux à torse et tête d'homme habitant la Thessalie et l'Arcadie. Ils sont vaincus par le roi des Lapithes dans un combat qui symbolise le triomphe de la civilisation sur la barbarie.

centavo [sɑ̃tavo] **n. m.** **(mot espagnol)** Centième partie de l'unité monétaire, dans les pays d'Amérique du Sud.

centenaire **(latin → ¹cent)** **1. adj.** Qui a au moins cent ans. *Un chêne centenaire.* → **séculaire.** ■ **n.** Personne qui a cent ans. – *Centenaire de plus de 110 ans* ou *supercentenaire.* **2. n. m.** Centième anniversaire. *Célébrer le centenaire de la mort d'un écrivain.*

centenier **n. m.** **(latin *centenarius*)** hist. Officier romain qui commandait une troupe de cent hommes (→ **centurie**).

centennal, ale, aux **adj.** Qui se produit, revient tous les cent ans.

-centèse Élément **(du grec *kentêsis* « action de piquer »)** entrant dans la composition de mots de médecine (ex. *amniocentèse, paracentèse...*).

centésimal, ale, aux **adj.** math. Dont les parties sont des centièmes ; divisé en cent. – *Dilution centésimale* (en homéopathie), amenant à la concentration de 1 %.

centi- Préfixe du système international (symb. c) **(du latin *centum* → ³cent)** qui divise par cent l'unité dont il précède le nom (ex. *centigrade, centimètre*).

centiare **n. m.** Centième partie de l'are (abrév. *ca*), correspondant à la superficie d'un mètre carré.

centième [sɑ̃tjɛm] **1. adj.** (ordinal) Qui a rapport à cent, pour l'ordre, le rang. *Le centième anniversaire.* → **centenaire.** – **n.** *La centième sur la liste.* **2. n. m.** Chacune des parties d'un tout divisé en cent parties égales. *Le centième de l'euro.* → **³cent, centime.**

centigrade **adj.** **(→ grade [II])** Divisé en cent degrés. *Thermomètre centigrade.*

centigramme **n. m.** Centième partie du gramme (symb. cg).

centilage **n. m.** didact. Division d'un ensemble statistique ordonné en cent classes d'effectif égal.

centaure

Le centaure Chiron enseigne la lyre à Achille, peinture murale romaine d'Herculanum, Musée national archéologique de Naples.

centile **n. m.** didact. Chacune des cent parties égales d'un ensemble statistique ordonné.

centilitre **n. m.** Centième partie du litre (symb. cl).

centime **n. m.** **(de ¹*cent*)** **1.** Centième partie du franc. *Une pièce de vingt centimes.* **2.** *Centime d'euro.* → **³cent.**

centimètre **n. m.** **1.** Centième partie du mètre (symb. cm). *Centimètre carré* (cm^2), *cube* (cm^3). **2.** Ruban gradué pour prendre les mesures. → **²mètre.** *Centimètre de tailleur.*

Cent-Jours (les) Dernière période du règne de Napoléon Ier, du 20 mars au 22 juin 1815. S'étant échappé de l'île d'Elbe, Napoléon débarqua en Provence le 1er mars, traversa la France et arriva à Paris le 20 mars. La défaite de Waterloo (18 juin) le contraignit à abdiquer une seconde fois (22 juin).

centon **n. m.** **(latin *cento* « habit d'arlequin »)** littér. Texte, morceau de musique fait de fragments empruntés.

Centrafrique

n. f. ■ offic. République centrafricaine État d'Afrique centrale. 622 436 km². 6 millions d'habitants (les *Centrafricains*). **Langues :** français et sangho (offic.). **Population :** Babingas (Pygmées), Oubanguiens, Bandas, Mbakas. **Religions :** animistes, chrétiens, musulmans. **Monnaie :** franc CFA, sango (cryptomonnaie). **Capitale :** Bangui. **Régime :** présidentiel.

GÉOGRAPHIE

Le territoire est formé d'un vaste plateau couvert de savanes et de forêts, soumis au climat tropical. Le manioc, la patate douce et le maïs constituent les principales cultures vivrières. La grande richesse du pays réside dans son couvert forestier et dans son sous-sol (diamant, or, uranium). Enclavé, le pays exporte des matières premières par voie fluviale (Oubangui) jusqu'à Brazzaville.

HISTOIRE

Aux Babingas se mêlèrent des populations de langue soudanaise (XVIIIe-XIXe s.). Colonie française de l'Oubangui-Chari (1905), intégrée à l'Afrique-Équatoriale française (1910), le pays devint indépendant en 1960. En 1966, un coup d'État porta au pouvoir le général J.-B. Bokassa qui érigea la république en empire (1976). La répression sanglante de l'opposition aboutit à l'intervention de la France et au retour de l'ancien président D. Dacko (1979), remplacé par A. Kolingba (1981), puis par A.-F. Patassé (1993). A.-F. Patassé fut déposé en 2003 par le général F. Bozizé (élu en 2005). En nov. 2006, la crise du Darfour a atteint le nord du pays, déclenchant une intervention aérienne française à partir du Tchad. Après la chute de Bozizé, renversé par une coalition paramilitaire musulmane venue du Nord, la Seleka, et l'autoproclamation de Michel Djotodia comme président en 2013, le pays, en butte à l'anarchie et à une crise humanitaire engendrée par les violences

Centrafrique

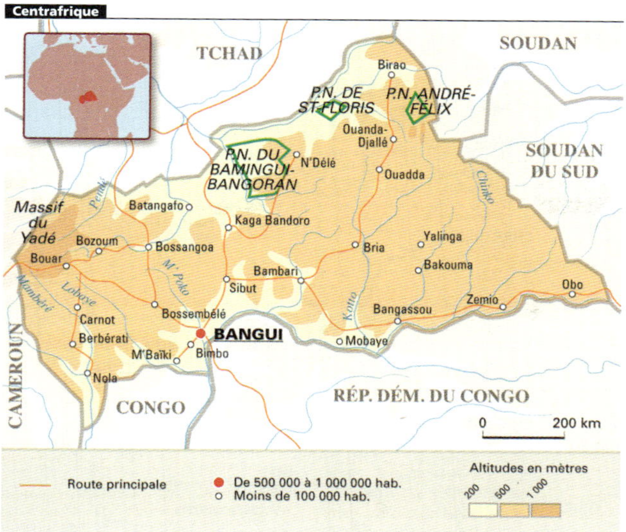

entre communautés religieuses, devint la proie de bandes armées. De décembre 2013 à 2016, la France mena l'opération militaire « Sangaris » afin de sécuriser Bangui et les principaux axes du pays mais les combats menés par les chefs de guerre persistèrent. Une élection présidentielle put finalement se tenir en 2016, avec la victoire de l'ancien Premier ministre Faustin-Archange Touadéra qui demanda une aide militaire à la Russie. Un accord de paix fut signé en 2019 à Khartoum avec quatorze groupes armés mais sans véritablement régler la situation dans un pays miné par la corruption et soumis aux luttes d'influence des puissances étrangères, notamment entre la France et la Russie qui y déploie des troupes militaires de sociétés privées.

---

centrage n. m. Action de centrer (qqch.). *Centrage d'une pièce mécanique.*

¹central, ale, aux adj. (latin *centralis* → centre) **1.** Qui est au centre, qui a rapport au centre. *Point central. L'Asie centrale.* **2.** Qui constitue l'organe directeur, principal. *Pouvoir central.* – *Chauffage* central.* – *Maison, prison centrale* ou **n. f.** *centrale,* où sont regroupés des prisonniers purgeant une longue peine. – *École centrale (des arts et manufactures)* ou **n. f.** *Centrale.* – *Unité centrale.* → **unité.**

²central n. m. *Central télégraphique, téléphonique,* lieu où aboutissent les parties d'un réseau.

centrale n. f. **1.** Usine qui produit de l'électricité. *Centrale nucléaire.* **2.** Groupement national de syndicats. → **confédération.** **3.** Organisme qui centralise. *Centrale d'achat.* **4.** (prison ; école) → **¹central** (2).

centralien, ienne n. En France, Élève ou ancien élève de l'École centrale des arts et manufactures.

Central Intelligence Agency (CIA) voir CIA

centralisateur, trice adj. Qui centralise. *Régime centralisateur.*

centralisation n. f. Action de centraliser ; fait d'être centralisé. *La centralisation du pouvoir.*

centraliser v. tr. < 1 > Réunir dans un même centre, ramener à une direction unique. → **concentrer, rassembler, réunir.** *Centraliser les pouvoirs, les renseignements.* – au p. p. *Un pays centralisé.*

centralisme n. m. Système de centralisation (politique, économique).

Central Park Vaste parc de 341 ha au centre de New York (de la 8ᵉ à la 5ᵉ Avenue et de la 59ᵉ à la 110ᵉ Rue). Ce fut le premier parc public aménagé aux États-Unis.

centre n. m. (latin *centrum,* grec *kentron,* de *kentein* « piquer, percer ») **1.** Point intérieur situé à égale distance de tous les points de la circonférence d'un cercle, de la surface d'une sphère. *Le centre d'une cible.* « *Voyage au centre de la Terre* » (de Jules Verne). **2.** Milieu approximatif. *Les départements du centre de la France.* **3.** Point intérieur doué de propriétés actives, dynamiques. ▪ phys. ***Centre de gravité d'un corps,*** point où s'applique la résultante des forces exercées par la pesanteur sur ce corps. ▪ *Centres nerveux :* parties du système nerveux constituées de substance grise et reliées par les nerfs aux organes. **4.** Lieu caractérisé par l'importance de ses activités, de son influence. *La Bourse est le centre des affaires.* → **siège.** ▪ *Un centre :* un lieu où diverses activités sont groupées. → **agglomération, ville.** *Un grand centre industriel, d'affaires.* – *Centre commercial.* ▪ Organisme qui coordonne plusieurs activités. *Centre national de la recherche scientifique* (CNRS). **5.** fig. Point où des forces sont concentrées. *Un centre d'intérêt.* – Chose, personne principale. *Il, elle se croit le centre du monde* (→ **égocentrique**). **6.** Parti politique, électorat modéré. *Un député du centre* (→ **centriste**). **7.** sports Partie centrale du terrain.

Centre (canal du) Canal reliant la Saône et la Loire, de Chalons-sur-Saône à Digoin. 114 km.

Centre-du-Québec Région administrative du Québec (Canada). 6 949 km². 245 600 habitants. Ville principale : Drummondville.

Centre national d'art et de culture Georges-Pompidou (Cnac) Établissement public parisien dû à l'initiative de G. Pompidou et construit sur le plateau Beaubourg. L'édifice, inauguré en 1977, est l'œuvre des architectes R. Piano et R. Rogers. Il réunit le Musée national d'art moderne, le Centre de création industrielle, la Bibliothèque publique d'information (BPI) et l'Institut de recherche et de coordination acoustique/musique (Ircam), ainsi que des espaces d'exposition, de spectacle et de cinéma. Avec 3,7 millions de visiteurs annuels, c'est l'un des monuments les plus visités de Paris. Il a ouvert une antenne à Metz en 2010 et à Shanghai en 2019.

Centre national de la recherche scientifique (CNRS) Établissement public créé à Paris en 1939. Premier organisme de recherche en Europe, il regroupe plus de 30 000 personnes, dont la majorité sont des chercheurs et des ingénieurs.

Centre national d'études spatiales (CNES) Établissement public, scientifique et technique, à caractère industriel et commercial, fondé en 1961 pour mettre en œuvre la politique spatiale française.

centrer v. tr. < 1 > (de *centre*) **1.** Ramener, disposer au centre, au milieu. – p. p. adj. *Photo mal centrée.* **2.** Ajuster au centre. *Centrer une roue* (→ **centrage**). **3.** *Centrer sur :* donner comme centre (d'action, d'intérêt). **4.** absolt Ramener le ballon vers l'axe du terrain. *L'ailier a centré près des buts.*

centreur n. m. Dispositif de centrage sur une machine-outil.

Centre-Val de Loire Région administrative de la France formée de six départements : Cher, Eure-et-Loir, Indre, Indre-et-Loire, Loiret, Loir-et-Cher. 39 151 km². 2 574 863 habitants. Chef-lieu : Orléans.

La Loire, en traversant la région d'E. en O., assure l'unité de cet ensemble de plaines et de bas plateaux. À l'exception des collines du Sancerrois, le relief, modeste, s'incline de tous côtés vers sa vallée, vaste zone déprimée favorisant les confluences (Cher, Indre, Vienne). De part et d'autre, les paysages varient : plateau calcaire de la Champagne berrichonne, étangs de la Brenne, plateaux argileux de la Touraine vers le S., plateaux calcaires de la Beauce,

Centre national d'art et de culture

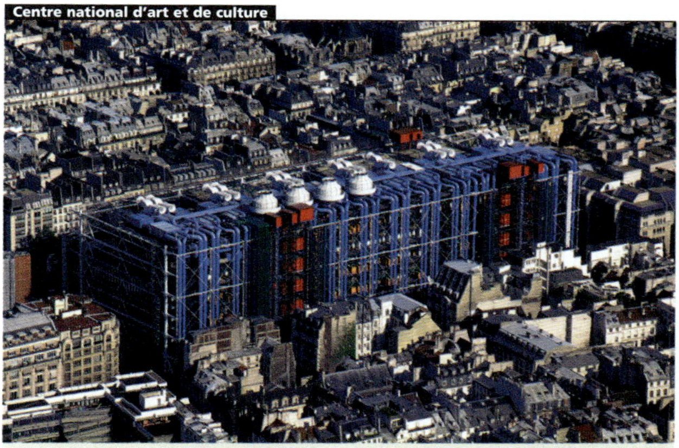

Le Centre national d'art et de culture Georges-Pompidou, entre les Halles et le Marais à Paris.

Centre-Val de Loire

de la Sologne et forêt d'Orléans vers le N. Les influences océaniques apportent une relative douceur.

Importante, l'agriculture produit des céréales (blé, maïs, colza), du tournesol, de la betterave sucrière (plaines de la Beauce et de la Champagne berrichonne) et du vin (Sancerre, Vouvray). La région s'est industrialisée tardivement (automobile, armement, pharmacie, cosmétiques, électronique, électricité nucléaire). Les services souffrent de la forte concurrence francilienne, mais les villes de Tours et d'Orléans affirment leur poids régional (universités, pôles technologiques, carrefours routiers). Le tourisme culturel est très actif : châteaux de la Loire, cathédrales gothiques (Chartres, Orléans, Bourges), festival musical du Printemps de Bourges. Après avoir subi l'exode vers Paris, la population régionale augmente lentement ; les densités départementales demeurent contrastées.

centrifuge adj. (du latin *centrum* et *fugere* → fuir) Qui tend à s'éloigner du centre. *Force centrifuge* (opposé à *centripète*).

centrifuger v. tr. < 3 > Séparer par un mouvement de rotation très rapide (des éléments de densité différente). □ n. f. **centrifugation**

centrifugeuse n. f. Appareil permettant de soumettre des corps, des substances à une rotation très rapide pendant des intervalles de temps variables. *Centrifugeuse d'un laboratoire de biologie.* ■ Appareil servant à extraire le jus des fruits, des légumes.

centriole n. m. biol. Petite structure dense au milieu du centrosome, qui se dédouble avant la mitose.

centripète adj. (latin *centrum* et *petere* « poursuivre » → pétition) Qui tend à rapprocher du centre. *Force centripète* (opposé à *centrifuge*).

centrisme n. m. Position de ceux qui sont politiquement au centre.

centriste adj. Qui appartient au centre politique. – n. *Les centristes.*

centro- Élément (du latin *centrum* → centre) qui signifie « centre ».

centromère n. m. (de *centro-* + *-mère*) biol. Petit granule situé en général au centre du chromosome.

centrophylle n. f. (du grec *kentron* « aiguille » + *-phylle*) bot. Gros chardon à feuilles profondément divisées.

centrosome n. m. (mot anglais ; de *centro-* + *-some*) biol. Petit corpuscule cytoplasmique proche du noyau, qui se divise pendant la mitose, les deux parties qui en résultent migrant vers les pôles opposés de la cellule en division. → **centriole, centrosphère.**

centrosphère n. f. biol. Partie du centrosome entourant le centriole.

centuple adj. (latin ecclés. *centuplus*, de *centum* et *plicare* « plier ») Qui est cent fois plus grand. – n. m. *Être récompensé au centuple.*

centupler v. < 1 > 1. v. tr. Multiplier par cent. 2. v. intr. Être porté au centuple. *La production a centuplé en cinquante ans.*

centurie n. f. (latin *centuria* « groupe de cent hommes ») Subdivision administrative, dans la Rome antique. ■ Unité militaire de cent hommes, dans l'armée romaine.

centurion n. m. (latin *centurio*, de *centum* → 1cent) Antiq. romaine Officier qui commandait une centurie.

cénure n. m. zool. Larve de certains vers plats, parasite de l'être humain et de certains animaux (mouton). - var. **cœnure.**

cep [sɛp] n. m. (latin *cippus* « pieu » → cèpe) Pied (de vigne).

cépage n. m. (de *cep*) Variété de plant de vigne cultivée. *Cépage blanc, noir.*

cèpe n. m. (gascon *cep*, du latin *cippus* → cep) Gros champignon à chapeau brun (bolet comestible).

cépée n. f. (de *cep*) sylvic. Touffe de jeunes tiges de bois, de rejets qui sortent d'une souche.

cependant adv. (de 2*ce* et 3*pendant*) Exprime une opposition, une restriction. → **néanmoins, pourtant, toutefois.** *Personne ne l'a crue, cependant elle disait la vérité.*

-céphale, -céphalie Éléments (du grec *kephalê* « tête ») (ex. *acéphale, bicéphale*).

céphalée n. f. méd. Mal de tête.

céphalique adj. didact. De la tête. *Douleurs céphaliques.*

céphal(o)- Élément (du grec *kephalê* « tête ») qui signifie « tête ».

céphalocordé n. m. Animal marin primitif (sous-embranchement des *Céphalocordés* ; ex. l'amphioxus).

Céphalonie La plus grande des îles Ioniennes, en Grèce. 73 km^2. 35 000 habitants.

céphalopode n. m. zool. Mollusque supérieur qui a un pied à tentacules munis de ventouses (classe des *Céphalopodes* ; ex. la pieuvre).

céphalorachidien, ienne adj. méd. Qui concerne à la fois l'encéphale et la colonne vertébrale (ou rachis). → **cérébrospinal.** *Liquide céphalorachidien.*

céphalosporine n. f. (anglais *cephalosporin*, de *céphalo-*, *spore* et *-ine*) chim. Antibiotique fongique.

céphalothorax [sefalotɔʀaks] n. m. Partie antérieure du corps de certains invertébrés, tête et thorax soudés (crustacés, arachnides).

céphéide n. f. (de *Céphée*, constellation boréale) astron. Étoile variable en éclat, température et grosseur.

cérambyx [seʀɑ̃biks] n. m. (grec *kerambux* « pot à cornes ») zool. Insecte coléoptère rongeur de bois. → **capricorne.**

cérame n. m. (grec *keramon* « argile ») archéol. Vase grec en terre cuite. – adj. *Grès cérame* : cuit jusqu'à la vitrification.

céramide n. m. biochim. Lipide organique qui structure la membrane de la cellule vivante.

céramique n. f. (grec, de *keramos* « argile à potier ») 1. Technique et art du potier ; fabrication des objets en terre cuite, faïence, grès, porcelaine. 2. Matière dont sont faits ces objets. *Des carreaux de céramique.* ■ Objet en céramique. *Une céramique de Picasso.* 3. techn. Matériau manufacturé inorganique à l'exception des métaux et alliages. *Céramiques nouvelles*, obtenues par frittage. → **vitrocéramique.**

Céramique n. m. Quartier de l'Athènes antique au N.-O. de l'Acropole. Il abritait l'Agora et constituait le centre des activités sociales, politiques et culturelles de la cité.

céramiste n. Artiste qui fait, décore des objets en céramique.

céramographie n. f. didact. Science de la céramique ; traité d'histoire de la céramique.

céraste n. m. (grec, de *keras* « corne ») zool. Vipère cornue.

cérat n. m. (du latin *cerare* « frotter avec de la cire ») pharm. Mélange de cire et d'huile destiné à des applications sur la peau.

cerbère n. (grec *kerberos*, n. de l'animal mythol.) iron. Portier, portière, gardien(ne) sévère et intraitable.

Cerbère Chien à trois têtes, gardien des Enfers dans la mythologie grecque.

Cerbère et Héraclès, amphore (v. 510 av. J.-C.), musée du Louvre, Paris.

Cerbère Commune des Pyrénées-Orientales, à la frontière espagnole, près du cap Cerbère. 1 301 habitants. Gare internationale. Station balnéaire.

cercaire n. f. (du grec *kerkos* « queue ») zool. Larve de la douve.

cerce n. f. techn. Cercle de bois.

cerceau n. m. (bas latin *circellus*, de *circus* → cirque) 1. Cintre, demi-cercle en bois, en fer qui sert de support. → **arceau.** *Cerceaux d'une tonnelle.* 2. Cercle (de bois, métal...). *Cerceaux d'un tonneau.* 3. Accessoire utilisé en gymnastique rythmique et sportive. *Cerceau enflammé*, que traversent les fauves d'un cirque.

cerclage n. m. Action de cercler. *Le cerclage d'une barrique.* ■ méd. *Cerclage (du col de l'utérus)*, pour prévenir une expulsion du fœtus.

cercle n. m. (vient du latin *circulus*, diminutif de *circus* → cirque) I. 1. Courbe plane fermée dont tous les points sont à égale distance d'un point (le centre). *Diamètre, rayon d'un cercle. Longueur d'un cercle.* → **circonférence.** *Cercles concentriques.* – *Entourer d'un cercle* (→ **cercler, encercler**). – *Cercles que décrit un oiseau.* 2. (impropre en sc.) Surface plane limitée par un cercle. → **disque ; rond.** 3. Objet circulaire (anneau, disque, collier, instrument). *Les cinq cercles entrelacés de l'emblème olympique.* 4. Disposition en rond. *Former un cercle autour de qqn.* 5. Groupe de personnes qui ont l'habitude de se réunir. *Un cercle d'amis. « Lorsque l'enfant paraît, le cercle de famille / Applaudit à grands cris »* (Hugo). 6. Local dont disposent les membres d'une association pour se réunir. → **club.** *Cercle militaire.* II. fig. 1. Espace, milieu limité. → **domaine, étendue, limite.** ■ *Cercle de qualité* : groupe d'agents de production s'engageant à garantir la qualité de leurs produits. 2. *Cercle vicieux* : raisonnement faux où l'on donne pour preuve la supposition d'où l'on est parti ; situation dans laquelle on est enfermé.

cercler v. tr. < 1 > Entourer, munir (qqch.) de cercles, de cerceaux. *Cercler un tonneau.* – *Lunettes cerclées d'or.*

C

cercopithèque n. m. (du grec *kerkos* « queue » et *pithekos* « singe ») zool. Singe d'Afrique qui stocke la nourriture dans ses bajoues.

cercueil [sɛʀkœj] n. m. (vient du grec *sarkophagos* → sarcophage) Longue caisse dans laquelle on enferme le corps d'un mort avant l'inhumation ou la crémation. → **2bière, sarcophage.**

Cerdagne n. f. Région de l'E. des Pyrénées, partagée entre la France (Pyrénées-Orientales) et l'Espagne (Catalogne). La Cerdagne fut partagée entre l'Espagne et la France au traité des Pyrénées (1659).

Cerdan (Marcel) Boxeur français (1916-1949). Il remporta le titre de champion du monde des poids moyens en 1948. Il forma un couple célèbre avec Édith Piaf et trouva la mort dans un accident d'avion aux Açores.

Marcel Cerdan contre Tony Zale, à Jersey City (1948).

Cère n. f. Rivière d'Auvergne, affluent de la Dordogne. 110 km.

céréale n. f. (latin *cerealis*, de *Ceres* « la croissance », n. de la déesse) 1. Plante dont les grains servent de base à l'alimentation (avoine, blé, maïs, millet, orge, riz, sarrasin, seigle, sorgo). *Pain aux céréales.* 2. anglic. au plur. Flocons de céréales. → **cornflakes.**

céréaliculture n. f. didact. Culture des céréales.

céréalier, ière adj. De céréales ; des céréales. *Cultures céréalières.* ■ n. Producteur, productrice de céréales.

cérébelleux, euse adj. (du latin *cerebellum* « cervelet » → cerveau) anat. Du cervelet.

cérébral, ale, aux adj. (du latin *cerebrum* → cerveau) 1. Qui a rapport au cerveau. *Les hémisphères cérébraux*, les deux moitiés du cerveau. *Cortex* cérébral.* ■ méd. *Congestion, hémorragie cérébrale.* 2. Qui concerne l'esprit, l'intelligence, la pensée. → **intellectuel.** *Travail cérébral.* 3. (personnes) Qui vit surtout par la pensée, par l'esprit. – n. *C'est une cérébrale.*

cérébralité n. f. Caractère d'une personne cérébrale (3).

cérébroside n. m. biochim. Lipide contenant du galactose, constituant du tissu nerveux du cerveau.

cérébrospinal, ale, aux adj. (du latin *cerebrum* et *spinalis*, de *spina* → épine) méd. Relatif au cerveau et à la moelle épinière. *Méningite cérébrospinale.*

cérémonial, als n. m. Ensemble de règles que l'on observe lors d'une cérémonie. *Cérémonial de cour.* → **étiquette.**

cérémonie n. f. (latin *cærimonia* « culte ») 1. Ensemble d'actes solennels accompagnant la célébration d'un culte religieux. *Assister à une cérémonie.* 2. Formes extérieures (gestes, décor...) destinées à marquer, à commémorer un évènement de la vie sociale. *En grande cérémonie.* ■ *Tenue, habit de cérémonie.* 3. Manifestation excessive de politesse dans la vie privée. – loc. fig. *Faire des cérémonies,* des manières (→ **cérémonieux**). *Sans cérémonie,* avec simplicité. → **complication, façon, formalité.**

cérémoniel, elle adj. didact. Qui concerne les cérémonies, les fêtes. *Danse cérémonielle.*

cérémonieux, euse adj. Qui fait trop de cérémonies (3), qui manque de naturel. → **affecté.** – *Un ton, un air cérémonieux.* → **solennel.** □ adv. **cérémonieusement**

Cérès Déesse de la Fertilité chez les Latins. Elle fut assimilée par les Grecs à Déméter.

Cérès, mosaïque du IIe s., *Allégorie de l'été récoltant du blé,* Musée national du Bardo, Tunis.

Cérès Planète naine située entre les orbites de Mars et Jupiter. C'est le premier astéroïde à avoir été découvert (1801).

Céret Chef-lieu d'arrondissement des Pyrénées-Orientales. 7 753 habitants. Musée d'art moderne.

cerf [sɛʀ] n. m. (vient du latin *cervus*) Animal ruminant vivant en troupeaux dans les forêts ; spécialt le mâle adulte, qui porte de longues cornes ramifiées (→ **bois**). *Femelle du cerf.* → **biche.** *Jeune cerf.* → **faon.** *Le cerf brame.*

Cerf (Vinton Gray) Informaticien américain (né en 1943). Il a imaginé avec R. E. Kahn le protocole de communication à la base du réseau Internet (1974).

cerfeuil n. m. (latin, du grec *khairephyllon,* de *kairein* « réjouir » et *phullon* « feuille ») Plante herbacée aromatique cultivée comme condiment.

cerf-volant [sɛʀvɔlɑ̃] n. m. **I.** Gros insecte volant (coléoptère) dont les pinces dentelées rappellent les bois du cerf. **II.** Objet fait d'une armature tendue de papier ou de tissu, qui peut s'élever en l'air lorsqu'on le tire face au vent. *Des cerfs-volants.*

cerf-voliste [sɛʀvɔlist] ou **cervoliste** n. Amateur de cerfs-volants. → **lucaniste.** *Des cerfs-volistes.*

Cergy Chef-lieu du Val-d'Oise. 67 790 habitants. Campus de l'Essec.

Cérignole Ville d'Italie (Pouilles). 57 365 habitants.

cerisaie n. f. Lieu planté de cerisiers. « *La Cerisaie* » (pièce de Tchekhov).

cerise n. f. (bas latin *ceresium,* du grec) **1.** Petit fruit charnu arrondi, à noyau, à peau lisse brillante, rouge, parfois jaune pâle, produit par le cerisier. → **bigarreau, griotte.** *Cerises sauvages.* → **merise.** *Le kirsch, eau-de-vie de cerise.* « *Le Temps des cerises* » (chanson de J.-B. Clément). loc. *La cerise sur le gâteau,* le détail qui parachève l'ensemble ; le comble. **2.** adj. invar. *Rouge cerise,* vermeil. **3.** argot Malchance, guigne. *Avoir la cerise.*

cerisette n. f. Boisson rafraîchissante à base de cerise.

cerisier n. m. Arbre fruitier à fleurs blanches en bouquets, qui produit la cerise ; bois de cet arbre. *Cerisier sauvage.* → **merisier.** *Une table en cerisier.*

cérite ou **cérithe** n. m. (du grec *kerukion* « buccin ») zool. Mollusque gastéropode à coquille en hélice très allongée, à côtes.

cérium n. m. (de *Cérès*) chim. Élément chimique (symb. Ce, n° at. 58, masse at. 140,1), métal du groupe des lanthanides.

Cern Acronyme du Conseil européen pour la recherche nucléaire, aujourd'hui Laboratoire européen pour la physique des particules. Cet organisme de recherche fondamentale, inauguré en 1954 près de Genève, compte 23 États membres et emploie plus de 3 000 personnes. Le Cern possède plusieurs accélérateurs de particules, dont le LEP, long de 27 km, en service de 1989 à 2000, et le LHC qui doit permettre de sonder la matière à un niveau encore plus profond, mis en service en 2008.

Cernay Commune du Haut-Rhin, au N.-O. de Mulhouse. 11 559 habitants. Enceinte médiévale (porte de Thann). Articles de puériculture.

cerne n. m. (latin *circinus,* diminutif de *circus* → **cirque**) **1.** Cercle bistre ou bleuâtre qui entoure parfois les yeux, une plaie (→ **bleu**). « *Des yeux enfoncés dans le cerne des orbites* » (Robbe-Grillet). **2.** Trace laissée par une tache mal nettoyée. → **auréole. 3.** Chacun des cercles concentriques visibles sur le tronc coupé d'un arbre.

cerné, ée adj. Entouré d'une zone de couleur brune ou bleuâtre. *Avoir les yeux cernés.*

cerneau n. m. (de *cerner* « sortir [des noix] de leur coque ») Chair de la noix épluchée.

cerner v. tr. < 1 > (latin → **cerne**) **1.** Entourer par des troupes. → **encercler.** – passif et p. p. *Quartier cerné par la police.* **2.** Entourer par un trait. **3.** fig. Délimiter en définissant. *Cerner un problème.*

Cernuda (Luis) Poète espagnol (1902-1963). Il retrouva dans le surréalisme le prolongement des grands thèmes de la poésie lyrique espagnole. *La Réalité et le Désir.*

Cernunnos Dieu gaulois. Il est représenté portant des bois de cerf.

Cernuschi (Enrico) Banquier et collectionneur italien (1821-1896). Réfugié en France après la révolution lombarde de 1848, il légua à la Ville de Paris une importante collection d'objets orientaux, et son hôtel particulier fut transformé en musée pour les accueillir.

certain, aine (vient du latin, de *certus* → **certes,** p. p. de *cernere* « discerner ») **I.** adj. épithète après le nom **1.** Qui est effectif, sans aucun doute. → **assuré, incontestable, indubitable ; certitude.** *Une bonne volonté certaine.* ■ *Un âge certain,* avancé. **2.** Qui ne peut manquer de se produire. → **inéluctable, inévitable, sûr.** *Voués à une mort certaine.* – (attribut) *C'est probable, mais pas certain.* **3.** Qui considère une chose pour vraie. → **assuré, convaincu.** *Je suis certaine d'y arriver, que j'y arriverai.* **II.** adj. avant le nom **1.** (précédé de l'art. indéf.) Imprécis, difficile à fixer. *Pendant un certain temps. Jusqu'à un certain point.* ■ *D'un certain âge :* qui n'est plus tout jeune. *Il lui a fallu un certain courage,* du courage. **2.** au plur. Quelques-uns parmi d'autres. *Certaines personnes. Dans certains pays.* **3.** *Un certain* (et nom de personne) : exprime le dédain ou une ignorance feinte. **III.** pron. pl. *Certains :* certaines personnes. *Certains disent.* → **plusieurs, quelques-uns.** *Certains de vos amis.*

certainement adv. **1.** D'une manière certaine. *Cela arrivera certainement.* → **fatalement, nécessairement, sûrement. 2.** (renforce une affirmation) *Elle est certainement la plus douée.* → **assurément, certes, évidemment.** *Cela en vaut-il la peine ? — Certainement.* **3.** Très probablement. *Il avait certainement trop bu.*

Certeau (Michel de) Jésuite et anthropologue français (1925-1986). Influencé par la psychanalyse, il est l'auteur de travaux historiques et sociologiques sur les expériences mystiques ou les pratiques culturelles. *La Fable mystique ; L'Invention du quotidien.*

certes adv. (vient du latin, de *certus* → **certain**) vieilli ou littér. **1.** Certainement. *Certes, il a raison.* **2.** (concession) *Elle l'a dit, certes, mais...*

Cervantès (Miguel de)

Miguel de Cervantès, peinture de 1600, attribuée à Juan de Jauregui.

certifiant, ante adj. Qui permet d'obtenir un certificat de compétence, d'aptitude. → **qualifiant.**

certificat n. m. (latin médiéval *certificatum* → **certifier**) **1.** Écrit qui émane d'une autorité compétente et atteste un fait. → **attestation.** *Certificat médical. Certificat de travail.* **2.** Acte attestant la réussite à un examen ; cet examen. *Certificat d'études* (primaires). *Certificat d'aptitude professionnelle* (CAP).

certificateur, trice n. dr. *Certificateur de caution :* personne qui intervient pour garantir l'engagement pris par la caution elle-même. – adj. *Notaire certificateur.*

certification n. f. **1.** Assurance donnée par écrit. *Certification d'un chèque.* **2.** Certificat délivré par un organisme indépendant attestant la conformité (d'un produit, d'un service) aux normes et règlements en vigueur.

certifié, iée adj. et n. Titulaire du CAPES. – *Les certifiés et les agrégés.*

certifier v. tr. < 7 > (latin, de *certus* → **certain** et *facere* → ¹**faire**) **1.** Assurer qu'une chose est vraie. → **affirmer, garantir.** *Certifier qqch. à qqn. Je vous certifie que* (+ indic.). **2.** dr. Garantir par un acte. *Certifier une signature.* – au p. p. *Chèque certifié.*

certitude n. f. (latin, de *certus* → **certain**) **1.** Caractère certain, indubitable ; ce qui est certain. → **évidence, vérité.** *La certitude d'un fait. C'est une certitude absolue.* **2.** État de l'esprit qui ne doute pas. → **assurance, conviction.** *J'ai la certitude qu'il viendra.* – loc. adv. *Avec certitude. En toute certitude.*

Certon (Pierre) Compositeur français (mort en 1572). Il fut maître de chant à la Sainte-Chapelle et écrivit plus de 300 chansons profanes polyphoniques qui font de lui l'auteur français le plus fécond du XVIe siècle.

Cérulaire (Michel) (v. 1000-1059) Patriarche de Constantinople de 1043 à 1058. Il fut excommunié par le pape Léon IX et provoqua la rupture avec l'Église latine (schisme d'Orient, 1054).

céruléen, éenne adj. (du latin, famille de *cælum* → **ciel**) littér. D'une couleur bleu ciel. *Bleu céruléen.*

cérumen [seʀymɛn] n. m. (latin médiéval *cærumen,* de *cera* → **cire**) Matière onctueuse jaune sécrétée dans le conduit auditif externe. *Bouchon de cérumen.*

céruse n. f. (latin *cerussa*) Colorant blanc très toxique (aujourd'hui interdit). *Blanc de céruse.*

cérusé, ée adj. (bois) Dont les pores sont remplis d'une résine blanche ou colorée (autrefois de céruse).

Cervantès **(Miguel de Cervantes Saavedra, dit en français)** Écrivain espagnol (1547-1616). Soldat, il perdit l'usage de sa main gauche à la bataille de Lépante (1571), fut prisonnier des Turcs (1575), et passa cinq années au bagne d'Alger. De retour en Espagne, il fit jouer des pièces de théâtre et publia son roman pastoral, *La Galatée*. Impliqué dans plusieurs affaires, il fut emprisonné à Séville. C'est là qu'il aurait rédigé la première partie de *Don Quichotte de la Manche*, parue en 1605 (la seconde partie n'ayant été publiée qu'en 1615). Dans les dernières années de sa vie, il donna une série d'œuvres (théâtre, poésie, roman, nouvelles), s'y révélant un conteur plein d'humour et un observateur lucide de la société de son temps. Il apparaît comme un héritier de la Renaissance et comme un novateur dont les personnages et la vision du monde n'ont cessé de nourrir l'imaginaire de la littérature espagnole et européenne. *Les Nouvelles exemplaires ; Voyage au Parnasse*, poème satirique ; huit *Comédies* et huit *Intermèdes ; Les Travaux de Persilès et de Sigismonde*, roman de chevalerie.

cerveau n. m. **(vient du latin *cerebellum* → cervelle, cérébelleux, diminutif de *cerebrum* → cérébral)** **I.** concret **1.** Masse nerveuse contenue dans le crâne de l'être humain comprenant le cerveau (2), le cervelet, le bulbe et les pédoncules cérébraux. → **encéphale.** – vieilli *Transport au cerveau* : congestion cérébrale. – *Tumeur au cerveau. Inflammation du cerveau.* → **encéphalite. 2.** anat. Partie antérieure et supérieure de l'encéphale* des vertébrés (deux hémisphères cérébraux, méninges). *Lobes, circonvolutions du cerveau.* → **cérébral. II.** abstrait **1.** Le siège de la vie psychique et des facultés intellectuelles. → **esprit, tête ; cervelle.** « *L'homme n'apporte avec lui en naissant aucune idée : son cerveau est une table rase* » (Lavoisier). – fam. *Avoir le cerveau malade, dérangé, fêlé* : être fou. *Retourner* le cerveau à qqn.* ■ Personne, quant à l'esprit. *C'est un grand cerveau,* absolt *un cerveau* : une personne d'une grande intelligence. *La fuite des cerveaux* (vers des pays proposant de meilleures conditions de travail). **2.** fig. Organe de direction. → **centre.** – *Cet homme est le cerveau de la bande.*

cervelas n. m. **(du latin, *cf.* cervelle)** Saucisson cuit, gros et court, assez épicé.

cervelet n. m. **(→ cerveau)** Partie postérieure et inférieure de l'encéphale **(→ cérébelleux).**

cervelle n. f. **(du latin *cerebella* → cerveau)** **1.** Substance nerveuse constituant le cerveau. loc. *Se brûler, se faire sauter la cervelle* : se tuer d'un coup de pistolet dans la tête. ■ Cerveau comestible de certains animaux. *Cervelle d'agneau.* **2.** Les facultés mentales. → **cerveau (II).** *Tête sans cervelle.* → **écervelé.** *Cervelle d'oiseau, de moineau.* – loc. *Se creuser* la cervelle.*

cervical, ale, aux adj. **(du latin *cervix* « cou, nuque » → cerveau)** **1.** De la région du cou. *Vertèbres cervicales.* **2.** Relatif au col (de l'utérus, de la vessie). *Frottis cervical.*

cervicalgie n. f. méd. Douleur localisée à la nuque.

cervidé n. m. **(du latin → cerf)** *Les cervidés* : famille de mammifères ongulés dont les mâles portent des bois (cerf, chevreuil...).

cervier voir **loup-cervier**

cerveau

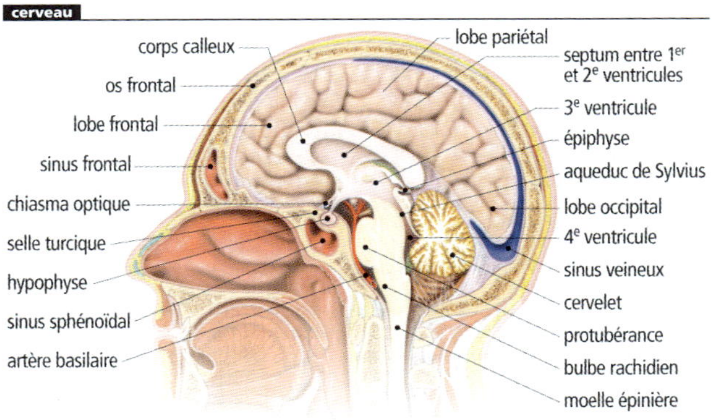

Coupe sagittale du cerveau.

▶ Le **cerveau** (I) supervise le système nerveux et contrôle l'essentiel des activités de l'organisme : perception, motricité, apprentissage, mémoire, émotions, langage, attention, homéostasie, production hormonale...
Chez la plupart des vertébrés, le cerveau est abrité et protégé par la boîte crânienne. Il est composé de deux hémisphères, chacun exerçant un contrôle sur la moitié opposée du corps. Les fonctions cognitives sont quant à elles distribuées de façon partiellement dissymétrique : le langage est ainsi traité de manière prédominante par l'hémisphère gauche chez les droitiers. Les deux hémisphères collaborant dans toutes les fonctions cognitives, l'opposition entre cerveau gauche (logique et rationnel) et cerveau droit (émotionnel, intuitif et créatif) est toutefois assez caricaturale, surtout lorsqu'elle est évoquée pour justifier des différences d'ordre sexiste.
Le cerveau est organisé selon une architecture fonctionnelle précise, chaque zone ayant la responsabilité d'une ou de plusieurs activités : fonctions motrices dans le lobe frontal, vision dans la partie postérieure du lobe occipital, perception de l'espace dans le lobe pariétal, reconnaissance des visages dans le lobe temporal...
La plupart des fonctions cognitives complexes mettent cependant en œuvre la collaboration de plusieurs aires cérébrales, situées dans les deux hémisphères.
La matière grise est constituée du corps cellulaire des neurones (une centaine de milliards chez l'humain). Elle se situe principalement à la surface du cerveau (le cortex), qui se replie en de multiples circonvolutions. Les informations y sont reçues, traitées et intégrées. La substance blanche est composée de fibres nerveuses, les axones des neurones, qui relient les différentes parties du cerveau et transmettent les impulsions nerveuses entre les neurones et les capteurs extérieurs.
Les apports de la physiologie, des sciences cognitives, de la neuropsychologie et de l'imagerie cérébrale fournissent depuis peu les moyens conceptuels et techniques nécessaires à la compréhension de cet organe resté longtemps impénétrable. Elles montrent par exemple qu'il est capable d'extraordinaires évolutions tout au long de la vie, qu'il s'agisse d'apprentissages ou de récupération de régions lésées ; c'est la *plasticité cérébrale*.
voir aussi **apprentissage, cognition, imagerie médicale, intelligence artificielle, prion**

Cervin en allemand **Matterhorn** Sommet des Alpes situé entre la Suisse et l'Italie. 4 478 m. Il fut gravi pour la première fois par Whymper en 1865.

Le mont Cervin, canton de Valais (Suisse).

Cervione Commune de la Haute-Corse, dans la Castagniccia. 2 182 habitants. Ancienne cathédrale Saint-Érasme du XVIe s. Chapelle Sainte-Christine (fresques).

cervoise n. f. **(latin, mot gaulois)** Bière d'orge, de blé (chez les Anciens, les Gaulois jusqu'au Moyen Âge).

cervoliste voir **cerf-voliste**

ces voir **1ce**

Césaire **(saint)** Prélat catholique (470-542). Évêque d'Arles, primat des Gaules. Il joua un grand rôle dans le combat de l'Église catholique contre l'arianisme.

Césaire **(Aimé)** Écrivain et homme politique français de la Martinique (1913-2008). Il fut député de la Martinique (1945-1993) et maire de Fort-de-France (1945-2001). Il a puisé dans sa poésie d'influence surréaliste les ressorts d'une condamnation vibrante du colonialisme. Dénonçant la soumission des descendants d'esclaves à la culture occidentale, il a contribué à forger le concept de « négritude », qui vise à valoriser les racines africaines. *Cahier d'un retour au pays natal ; Soleil cou coupé ; Cadastre ; Une saison au Congo.*

Aimé Césaire, à Fort-de-France (2005).

Césalpin **(Andrea Cesalpino francisé en André)** Médecin italien (1519-1603). Le premier, il formula l'hypothèse d'une reproduction sexuée chez les végétaux.

césalpinée n. f. **(du n. d'un botaniste italien)** bot. Plante légumineuse originaire des régions tropicales, dont de nombreuses espèces sont cultivées. *L'arbre de Judée et le tamarinier sont des césalpinées.*

césar n. m. **(latin « né par césarienne », surnom *[Cæsar]* de Julius [Jules César] et de la gens Julia, *cf.* kaiser, tsar)** **1.** Titre d'empereur romain puis germanique **(→ kaiser, tsar). 2.** **(du sculpteur *César*) avec une majuscule** Récompense cinématographique française, analogue à l'Oscar américain. *La Nuit des*

César (marque déposée). *Le César de la meilleure actrice.*

César ou **Jules César** en latin **Caius Julius Caesar** Général et homme d'État romain (101-44 av. J.-C.). Bien qu'issu d'une famille patricienne romaine, il s'engagea dans une carrière politique au sein du parti populaire. Il se lança à la conquête du pouvoir à la mort de Sylla (−78). Préteur (−62), propréteur d'Espagne (−61), il forma le premier triumvirat avec Crassus et Pompée (−60), et obtint le consulat en −59. Proconsul de la Gaule Cisalpine et de la Narbonnaise (−58), il conduisit la conquête des Gaules avec succès. Lorsque Pompée, devenu consul unique après la mort de Crassus, lui ordonna de rentrer à Rome et de licencier ses troupes, César franchit le Rubicon (−49) et marcha sur la capitale. Quatre années de guerre civile s'ensuivirent au terme desquelles Pompée, vaincu, dut s'enfuir en Égypte, où il fut défait à Pharsale (−48). Après avoir donné le trône d'Égypte à Cléopâtre, César vainquit les derniers pompéiens à Thapsus (−46) et à Munda (−45). En février −44, il fut nommé dictateur et consul à vie. Victime d'une conspiration, il fut assassiné par Brutus (15 mars −44), lors d'une séance au sénat au cours de laquelle il devait recevoir le titre de roi. Il a laissé deux ouvrages précieux pour les historiens : les *Commentaires sur la guerre des Gaules* et *De la guerre civile.*

Jules César, sculpture romaine en marbre, Kunsthistoriches Museum, Vienne (Autriche).

César (**César Baldaccini,** dit) Sculpteur français (1921-1998). Il réalisa des sculptures en métal, d'abord expressionnistes *(L'Homme de Draguignan)*, puis structurées et équilibrées *(Vénus de Villetaneuse)*. Ses compressions d'automobiles et de matières plastiques en font l'un des artistes les plus audacieux de son temps. Il est l'auteur des statuettes des césars.

Cesare da Sesto Peintre italien (1477-1523). Élève de Léonard de Vinci, il s'inspira également de Raphaël et des peintres flamands, pour les paysages. *Madone avec l'Enfant et l'Agneau ; La Vierge et les Saintes Femmes.*

Césarée Nom donné dans l'Antiquité à plusieurs villes en l'honneur des empereurs romains. ■ **Césarée de Cappadoce** aujourd'hui **Kayseri** (Turquie). Capitale de la Cappadoce, elle fut la patrie de Basile le Grand qui en fit un important évêché au IVe siècle. ■ **Césarée de Palestine.** Ville située sur la côte de Judée. Bâtie pour Hérode le Grand, elle fut détruite par les Mamelouks en 1265. Ruines importantes, aujourd'hui centre touristique d'Israël. ■ **Césarée de Maurétanie** → **Cherchell.**

Cesari (**Giuseppe**) dit **le Cavalier d'Arpin** Peintre italien (1568-1640). Il décora la grande salle du palais des Conservateurs et la basilique Saint-Jean-de-Latran à Rome. *Andromède ; La Chute du Christ.*

césarienne n. f. (du latin ; p.-ê. famille de *cædere* « couper » → **césar, césure, ciseau**) Opération chirurgicale, incision dans la paroi abdominale pour extraire l'enfant de l'utérus de la mère.

césariser v. tr. < 1 > Faire subir une césarienne à (une femme). – *Femme césarisée.*

césarisme n. m. (de *César*) Système de gouvernement d'un dictateur s'appuyant sur le peuple. → **absolutisme, dictature.**

Cesena Ville d'Italie (Émilie-Romagne), à l'O. de Rimini. 90 950 habitants. Cathédrale gothique (XIVe-XVe s.). Château des Malatesta.

césium [sezjɔm] n. m. (allemand, du latin *cæsius* « bleu ») chim. Élément atomique (symb. Cs, n° at. 55, masse at. 132,90), métal mou, jaune pâle, utilisé notamment dans les cellules photoélectriques. - var. **cæsium.**

České Budějovice Ville de la République tchèque, en Bohême méridionale, sur la Vltava. 95 700 habitants. Remparts et maisons anciennes. Centre industriel.

cespiteux, euse adj. (du latin *cespes, cespitis* « touffe ») bot. Qui pousse en touffes compactes.

cessant, ante adj. loc. *Toute(s) affaire(s) cessante(s)* : en interrompant tout le reste, en priorité.

cessation n. f. (latin → **cesser**) Fait de prendre fin ou de mettre fin à qqch. → **arrêt, ¹fin, interruption.** *Cessation des hostilités* : armistice, trêve. → **cessez-le-feu.** – *Entreprise en cessation de paiements,* en faillite.

cesse n. f. (de *cesser*) **1.** Fait de cesser (sans art. et en loc. négatives). *N'avoir de cesse que* (+ subj.) : ne pas arrêter avant que... *Il n'aura (pas) de cesse qu'il n'obtienne ce qu'il veut. N'avoir de cesse de* : ne pas cesser de. **2.** *Sans cesse* loc. adv. : sans discontinuer. → **constamment, continuellement.** *Elle en parle sans cesse.*

cesser v. < 1 > (vient du latin *cessare,* de *cedere* → **céder**) **1. v. intr.** Se terminer ou s'interrompre. → **s'arrêter, finir.** *Le vent a cessé.* → **s'apaiser, tomber.** – ***Faire cesser*** : mettre fin à. → **arrêter, interrompre.** *Faire cesser un scandale.* **2. v. tr. ind.** *Cesser de* (+ inf.). → **s'arrêter de.** *Cesser de parler.* – *Journal qui cesse de paraître.* ■ ***Ne (pas) cesser de,*** continuer à. *La pluie n'a pas cessé de tomber.* **3. v. tr.** (sujet animé) Faire finir. → **arrêter.** *Cesser le travail.* *« Alors je cessai mes folies »* (Rousseau).

cessez-le-feu n. m. invar. (trad. de l'anglais *cease-fire*) Arrêt officiel des combats.

cessibilité n. f. dr. Qualité de ce qui peut être cédé. *Cessibilité d'un bien.*

cessible adj. (du latin *cessibilis* → **céder**) dr. Qui peut être cédé. → **négociable.**

cession n. f. (latin → **céder**) dr. Action de céder (un droit, un bien). → **transmission.** *Cession de bail.* - contr. **achat, acquisition.**

cessionnaire n. dr. Personne à qui une cession a été faite. → **bénéficiaire.**

Cesson-Sévigné Commune de l'Ille-et-Vilaine, dans l'arrondissement de Rennes. 17 316 habitants.

c'est-à-dire [sɛtadiʀ] loc. conj. **1.** Annonçant une explication, une précision ou une qualification (abrév. *c.-à-d.*). *Il est douze heures, c'est-à-dire midi.* → **donc. 2.** *C'est-à-dire que* : cela signifie que. ■ (annonçant une rectification ou une restriction) *Serez-vous des nôtres ? — C'est-à-dire que je me suis déjà engagé ailleurs.*

ceste n. m. (latin *cæstus*) Antiq. Courroie garnie de plomb dont les pugilistes s'entouraient les mains.

Cesti (**Pietro Antonio**) Compositeur italien (1623-1669). Il est l'auteur de nombreux opéras, dont *L'Orontea, Il Tito, Il Pomo d'Oron.*

cestode n. m. (du grec *keistos* « ceinture ») zool. Ver parasite de l'intestin des vertébrés. *Le ténia est un cestode.*

césure n. f. (latin *cæsura,* de *cædere* « couper » → **ciseau**) **1.** Repos à l'intérieur d'un vers après une syllabe accentuée. → **²coupe. 2.** *Année de césure,* pendant laquelle un étudiant suspend ses études.

cet, cette voir **¹ce**

CETA (*Comprehensive Economic and Trade Agreement*) Traité global de libre-échange entre l'Union européenne et le Canada signé en octobre 2016 et entré provisoirement en vigueur en septembre 2017. En 2019, il fut ratifié par 14 pays de l'UE.

cétacé n. m. (origine incertaine, vient probablt du latin class. *cetus,* emprunt au grec *kêtos* « monstre marin ») Grand mammifère aquatique possédant des nageoires antérieures et une nageoire caudale horizontale (ordre des *Cétacés* ; ex. la baleine, le cachalot, le dauphin...).

cétane n. m. chim. Hydrocarbure saturé ($C_{16}H_{34}$), constituant du pétrole.

cétérac [seteʀak] n. m. (de l'arabe *sitrak*) bot. Fougère appelée aussi *herbe à dorer,* qui pousse entre les pierres des vieux murs. - var. **cétérach.**

cétoine n. f. (latin zool. *cetonia,* origine inconnue) Insecte coléoptère de la famille des scarabées. *Cétoine dorée.*

cétone n. f. (de *acétone*) Nom des corps chimiques de constitution analogue à celle de l'acétone.

cétonémie n. f. biochim. Présence de cétones dans le sang.

cétonique adj. Relatif à une cétone, qui en a les propriétés.

cétonurie n. f. méd. Présence de corps cétoniques dans l'urine. → **acétonurie.**

Ceuta Ville constituant une enclave espagnole sur la côte méditerranéenne du Maroc. 84 200 habitants. Elle est située sur une presqu'île rocheuse, à l'extrémité N. du Rif, constituant le mont Acho, l'une des deux colonnes d'Hercule, face à Gibraltar. Port franc et port de voyageurs. Point de passage important de l'émigration africaine vers l'Europe.

ceux voir **celui**

Cévennes n. f. pl. Région de moyenne montagne formant la bordure S.-E. du Massif central, culminant à 1 699 m au mont Lozère. Élevage extensif, vergers, châtaigneraies. Bassin industriel d'Alès. Parc naturel national (84 200 ha), qui chevauche les départements de la Lozère, de l'Ardèche, du Gard, englobant tout le massif de l'Aigoual et le mont Lozère. Important foyer du protestantisme, la région fut le siège de la révolte des camisards au XVIIIe siècle.

Ceyhan n. m. Fleuve de Turquie, en Asie Mineure. 509 km. Il se jette dans la Méditerranée après avoir traversé la ville de Ceyhan, terminal de l'oléoduc venant de Bakou.

Ceylan (**Nuri Bilge**) Réalisateur turc (né en 1959). Très remarqué dès 2004 avec *Uzak* puis *Il était une fois en Anatolie,* il a remporté la Palme d'or à Cannes en 2014 pour son huis clos dramatique, *Winter Sleep.*

Ceylan voir **Sri Lanka**

Cézallier ou **Cézalier** Plateau basaltique d'Auvergne, au N.-E. du Cantal. Il culmine à 1 555 m au signal du Luguet. Élevage.

Cézanne (**Paul**) Peintre français (1839-1906). Il assimila la méthode impressionniste auprès de C. Pissarro *(Maison du pendu à Auvers)*, mais retrouva rapidement une composition plus classique. Il réduisit les formes à des figures géométriques et donna à ses touches un aspect tel que le dessin et les couleurs sont indissociables *(Les Joueurs de cartes ; La Montagne Sainte-Victoire)*. Se libérant de la convention du point de vue unique, il composa des natures mortes où deux objets sont présentés selon deux angles différents *(Portrait de Gustave Geffroy)*, préfigurant le cubisme et les grands courants picturaux du XXe s. Mal compris de son temps, il est considéré comme l'un des plus grands peintres occidentaux.

Cèze n. f. Rivière des Cévennes, affluent du Rhône. 100 km.

Cf Symbole chimique du californium.

Cf. ou **cf.** [kɔ̃fɛʀ] **(abrév. du latin *confer* « compare, rapproche » → conférer)** Indication invitant le lecteur à se référer à ce qui suit.

CFA [seɛfa] **n. m. et adj. (sigle de *Communauté financière africaine*)** *Franc CFA :* unité monétaire en circulation dans certains États africains (Cameroun, Togo, Sénégal, etc.).

CFAO [seɛfao] **n. f. (sigle)** Conception et fabrication assistées par ordinateur.

CFC voir **chlorofluorocarbone**

CFDT voir **Confédération française démocratique du travail**

CFE-CGC voir **Confédération française de l'encadrement-Confédération générale des cadres**

CFTC voir **Confédération française des travailleurs chrétiens**

CGS **adj.** *Système CGS :* ancien système d'unités de mesure (centimètre, gramme, seconde).

CGT voir **Confédération générale du travail**

CGT-FO voir **Confédération générale du travail-Force ouvrière**

ch Abréviation de cheval-vapeur. → **cheval (III).**

Chaalis (abbaye de) Ancienne abbaye cistercienne du XIIe s., située dans la commune de Fontaine-Chaalis, près de Senlis (Oise). Ruines de l'église abbatiale (XIIe s.) ; « chapelle de l'Abbé » (XIIIe s.). Palais abbatial construit par J. Aubert en 1736. Musée.

Chabal (Sébastien) Rugbyman français (né en 1977). Joueur athlétique remarqué pour ses plaquages impressionnants, vainqueur du challenge européen en 2005, champion d'Angleterre en 2006, il a remporté avec l'équipe de France le Tournoi des six nations en 2007 et 2010 (grand chelem en 2010).

Sébastien Chabal en 2007 à Rome, lors du Tournoi des six nations.

Chaban-Delmas (Jacques Delmas, dit) Homme d'État français (1915-2000). Gaulliste et ancien résistant, maire de Bordeaux de 1947 à 1995, il fut Premier ministre de 1969 à 1972.

Chabannes Famille noble du Bourbonnais. ■ **Antoine de Chabannes.** Homme de guerre (1408-1488). Compagnon d'armes de Jeanne d'Arc, il servit Charles VII, Louis XI et Charles VIII. ■ **Jacques de Chabannes → La Palice.**

Chabaud (Auguste) Peintre français (1882-1955). Après une période fauve où il peignit des scènes de la vie nocturne parisienne, il s'installa dans les Alpilles et s'exprima dans un style plus austère.

chabbat voir **sabbat (1)**

Chabeuil Commune de la Drôme, à l'E. de Valence. 6 839 habitants.

chabichou **n. m. (forme dialectale de *chèvre*)** Fromage de chèvre du Poitou, à saveur très fruitée.

chabin, ine **n. et adj. (de *chabin* « animal né de l'accouplement d'un bouc et d'une brebis », du latin *caprinus* → caprin) (Antilles, Haïti)** Métis aux traits de type africain, aux cheveux crépus blonds ou roux et à la peau claire.

Chablais **n. m.** Massif des Alpes, dans le N. de la Haute-Savoie, au S. du lac Léman. 2 466 m. Élevage bovin. Tourisme. Thermalisme.

châble **n. m. (du grec *katabolê* « lancement ») régional (Savoie ; Suisse)** Passage naturel déboisé, en pente rapide, où l'on fait dévaler les billes de bois. → **dévaloir.**

chablis **n. m. (du n. de la ville)** Vin blanc sec de Chablis, en Bourgogne.

Chablis Commune de l'Yonne, à l'E. d'Auxerre. 2 171 habitants. Église Saint-Martin du XIIIe s. Crus réputés de vins blancs secs.

chablon **n. m. (allemand *Schablone*) (Suisse) 1.** Pochoir. *Motifs peints au chablon.* **2.** Pièces détachées qui, une fois assemblées, composent le mouvement d'une montre.

chabot **n. m. (provençal *cabotz* ; famille du latin *caput* « tête »)** Poisson à grosse tête, dont une espèce vit près des côtes rocheuses.

Chabot (Philippe de) Amiral français (v. 1480-1543). Ami d'enfance de François Ier, il négocia la rançon du roi au lendemain de la défaite de Pavie (1525). Il conquit le Piémont (1535-1536).

chabraque **n. f. (allemand *Schabracke*, du turc) ancienn**t Couverture que l'on mettait sur les chevaux de cavalerie.

Chabrier (Emmanuel) Compositeur français (1841-1894). Il se fit remarquer par ses mélodies *(Invitation au voyage ; L'Île heureuse)*, ses œuvres pour piano *(Pièces pittoresques)* et ses pièces pour orchestre *(España)*. Il composa également des œuvres lyriques d'une grande fantaisie *(L'Étoile ; Gwendoline)*.

chabrol ou **chabrot** **n. m. (famille de *chèvre* ; d'une loc. occitane « boire comme une chèvre »)** ***Faire chabrol*** *:* verser du vin dans le fond de son assiette de soupe et boire le mélange.

Chabrol (Claude) Réalisateur français (1930-2010). Il est une figure importante de la Nouvelle Vague. Ses films d'un réalisme critique dépeignent, avec ironie et cruauté, les travers de la bourgeoisie française de province. *Le Beau Serge ; Que la bête meure ; La Cérémonie.*

Chabrol (fort) Nom donné, en 1899, au siège de la Ligue antisémite, situé rue de Chabrol à Paris, où se retrancha son chef, le journaliste antidreyfusard Jules Guérin. Ce dernier résista plus d'un mois aux policiers venus l'arrêter à la suite de sa campagne contre la révision du procès de Dreyfus.

chacal, als **n. m. (sanskrit « le hurleur », par le turc)** Mammifère carnivore d'Asie et d'Afrique, voisin du renard.

cha-cha-cha [tʃatʃatʃa] **n. m. invar. (onomatopée)** Danse d'origine mexicaine dérivée de la rumba et du mambo. - var. RO **chachacha n. m.**

Cézanne (Paul)

Paul Cézanne, *Montagne Sainte-Victoire et Château Noir* (1904-1906), Bridgestone Museum of Art, Tōkyō.

chachlik **n. m. (mot caucasien)** Brochette de mouton marinée, spécialité du Caucase.

Chaco ou **Gran Chaco** Vaste plaine de l'Argentine et du Paraguay, située entre les Andes et le fleuve Paraná. 400 000 km². Steppe semi-aride et zones marécageuses. Élevage extensif.

Chaco (province du) Province d'Argentine recouvrant une partie du Gran Chaco. 100 000 km². 1,2 million d'habitants. Capitale : Resistencia. Agriculture (coton, céréales).

Chaco (guerre du) Guerre qui opposa, de 1932 à 1935, la Bolivie au Paraguay pour le contrôle de la région du Chaco. Très meurtrière, elle s'acheva par la conférence de Buenos Aires (1936), qui attribua au Paraguay l'essentiel des territoires contestés.

chaconne ou **chacone** **n. f. (espagnol *chacona*) 1.** Danse lente à trois temps apparue en Espagne au XVIe siècle. **2.** Pièce instrumentale dérivant de la danse du même nom, formée de variations sur un motif répété à la basse. *Les chaconnes de J.-S. Bach.*

chacun, une **pron. indéf. (vient du latin pop. *cascunum* → chaque, et un) 1.** Personne ou chose prise individuellement dans un ensemble. *Chacun de nous est parti. Chacun des deux :* l'un et l'autre. *Ils ont bu chacun sa (ou leur) bouteille. Chacune son tour.* **2.** Toute personne. *À chacun selon son mérite. Chacun pour soi.* ■ **loc. (n. f.)** *Chacun sa chacune :* une fille avec chaque garçon. **– (n. m.)** ***Tout un chacun*** *:* n'importe qui, tout le monde.

chadburn [ʃadbœʀn] **n. m. (n. propre) mar.** Transmetteur d'ordres, sur un navire.

Chadli (Chadli Bendjedid, dit) Colonel et homme d'État algérien (1929-2012). Élu à la présidence de la République en 1979, il fut poussé à la démission par l'armée en 1992.

Chadwick (sir James) Physicien britannique (1891-1974). Élève de Rutherford, il découvrit l'existence du neutron en 1932. Prix Nobel 1935.

Chāfiʿī ou **Shāfiʿī (Abū ʿAbd Allāh Muḥammad al-)** Théologien et juriste arabo-musulman (767-820). Fondateur de l'une des quatre écoles juridiques du sunnisme, le chaféisme. Traditionaliste modéré, il codifia les principes du droit musulman, fondés sur l'exégèse du Coran et de la tradition (Ḥadīth).

chafouin, ine **adj. (de *chat* et *fouin*, ancien masc. de *fouine*) 1.** Rusé, sournois. *Mine chafouine.* **2.** Qui est contrarié, de mauvaise humeur.

Chagall (Marc) Artiste français d'origine russe (1887-1985). Grand coloriste, il développa une peinture où prévaut l'effusion lyrique. Ses œuvres furent d'abord inspirées par le folklore juif d'Europe orientale *(Moi et le Village ; À la Russie, aux ânes et aux autres)*, pour s'orienter ensuite vers les thèmes bibliques *(La Chute de l'ange ; Crucifixion)*. Il conçut le plafond de l'Opéra de Paris.

Chagall, *Double Portrait au verre de vin* (1917), Musée national d'art moderne, Centre Georges-Pompidou, Paris.

Chagny Commune de la Saône-et-Loire, au N. de Chalon-sur-Saône. 5 516 habitants.

Chagos (îles) Îles coralliennes de l'océan Indien, situées au S. des îles Maldives. 200 km². Elles sont sous mandat britannique depuis 1814. Base militaire anglo-américaine. L'archipel est revendiqué par l'île Maurice.

¹chagrin, ine adj. (→ chagriner) **1.** vieilli Rendu triste. → **affligé, peiné.** *J'en suis fort chagrin.* **2.** littér. Qui est d'un caractère triste, morose. → **maussade, mélancolique.** – *Être d'humeur chagrine.*

²chagrin n. m. (de *¹chagrin*) État moralement douloureux. → **affliction, douleur, peine.** *Avoir du chagrin.* ■ *Un chagrin,* peine ou déplaisir causé par un évènement précis. *Un chagrin d'amour. Un gros chagrin* (d'enfant).

³chagrin n. m. (turc *sagri* « croupe d'animal ») Cuir grenu utilisé en reliure. *Livre relié en chagrin.* – loc. fig. *C'est une peau de chagrin :* cela ne cesse de rétrécir (allus. au roman de Balzac).

chagrinant, ante adj. Qui cause du chagrin, de la peine.

chagriner v. tr. < 1 > (d'un ancien v. *grigner* « être maussade », origine germanique ; cf. anglais *to grin*) **1.** vieux Irriter, fâcher. **2.** Rendre triste, faire de la peine à. → **affliger, peiner.**

chah voir **schah**

Chahine (Youssef) Réalisateur égyptien (1926-2008). Par leur romantisme et leur idéalisme, ses films constituent de vibrants plaidoyers humanistes. *Saladin ; Le Retour du fils prodigue ; Le Destin.*

Chahpour ou **Chahpūr** Nom donné à plusieurs souverains sassanides de Perse. ■ **Chahpour** ou **Chahpūr Ier** en latin Sapor. Roi sassanide de Perse (241-272). Il annexa la Mésopotamie et l'Arménie. Il fit prisonnier l'empereur Valérien en 260. ■ **Chahpour** ou **Chahpūr II.** Roi sassanide de Perse (310-379). Il lutta contre Rome et persécuta les chrétiens au nom du mazdéisme. ■ **Chahpour** ou **Chahpūr III.** Roi sassanide de Perse (383-388). Il signa la paix avec l'empereur Théodose Ier.

chahut n. m. (→ chahuter) Agitation bruyante ; spécialt vacarme d'écoliers. *Faire du chahut.*

chahuter v. < 1 > (p.-ê. onomatopée, famille de *huer*) **I.** v. intr. Faire du chahut dans une classe. □ n. et adj. **chahuteur, euse II.** v. tr. **1.** *Chahuter un professeur,* manifester contre lui par un chahut. **2.** Bousculer, taquiner. *Il aime chahuter ses adversaires.*

chai n. m. (même origine que *quai*) Lieu en rez-de-chaussée où l'on emmagasine les alcools, les vins en fûts. → **cellier.**

Chaillot (palais de) Édifice parisien construit en 1937, sur la colline de Chaillot dominant la Seine, par Carlu, Boileau et Azéma, sur les structures de l'ancien Trocadéro. Il abrite le musée des Monuments français, le musée de la Marine, le musée de l'Homme, la Cité de l'architecture et du patrimoine ainsi que le Théâtre national de Chaillot.

Chain (sir Ernst Boris) Biochimiste britannique d'origine allemande (1906-1979). Avec H. Florey, il mit en évidence le pouvoir thérapeutique de la pénicilline ainsi que sa composition chimique. Prix Nobel de médecine 1945.

chaînage n. m. **1.** Mesure d'un terrain à la chaîne d'arpenteur. **2.** Armature qui empêche l'écartement des murs. → **étayage.** **3.** inform. Opération consistant à assurer automatiquement l'exécution séquentielle de certaines tâches. – Organisation d'informations en mémoire selon laquelle chaque élément contient l'adresse du suivant. - var. RO **chainage.**

chaîne n. f. (vient du latin *catena* → cadenas) **I.** Suite d'anneaux entrelacés (→ **chaînon, ¹maille, maillon**). **1.** (servant à orner) *Chaîne d'or. Chaîne de cou.* ■ (servant à manœuvrer, attacher) *La chaîne d'un puits.* – *Chaîne de sûreté,* qui retient une porte entrebâillée. ■ (servant à transmettre un mouvement) *Chaîne de bicyclette.* ■ (servant à mesurer) *Chaîne d'arpenteur.* ■ au plur. Assemblage de chaînes qu'on place sur les pneus d'un véhicule pour éviter de glisser sur la neige, le verglas. **2.** Cette suite d'anneaux, pour attacher un animal ou une personne (→ **enchaîner**). *« Comme un chien qui s'agite et qui tire sa chaîne »* (Hugo). ■ fig. Ce qui enchaîne, rend esclave. → **lien.** *Briser, secouer ses chaînes :* s'affranchir, se délivrer. **II.** Objet (concret ou abstrait) composé d'éléments successifs solidement liés. **1.** Ensemble des fils d'un tissu disposés suivant sa longueur (opposé à *trame*). **2.** Suite d'accidents du relief rattachés entre eux. *Chaîne de montagnes.* **3.** chim. Molécule organique composée d'atomes de carbone ou de radicaux liés. *Chaîne lipidique.* **4.** Ensemble d'appareils concourant à la transmission de signaux. *Chaîne (haute-fidélité) :* système de reproduction du son formé d'éléments séparés (lecteur, amplificateur, tuner, haut-parleurs). – Ensemble d'émetteurs de radiodiffusion, de télévision émettant un même programme. *Les chaînes hertziennes et les chaînes câblées.* – Ensemble de vidéos postées par une même personne, un même groupe sur un site Internet d'hébergement. **5.** Installation formée de postes successifs de travail et du système les intégrant. *Chaîne de montage. Travail à la chaîne.* **6.** Réseau d'entreprises associées. *Chaîne d'hôtels.* **7.** *Chaîne alimentaire :* ensemble des êtres vivants se nourrissant les uns des autres. **8.** *Chaîne du froid :* ensemble des moyens de conservation frigorifique des denrées périssables, de la production à la consommation. **9.** ***Réaction en chaîne*** : ensemble de phénomènes déclenchés les uns par les autres. **10.** ling. *La chaîne du discours, la chaîne parlée :* la succession des éléments d'un énoncé. **III.** Ensemble de personnes qui se transmettent qqch. de l'une à l'autre. – loc. *Faire la chaîne. Chaîne de solidarité :* association d'entraide. - var. RO **chaine.**

Chahine (Youssef)

Youssef Chahine tournant *Le Destin* (1997).

chaîné, ée adj. *Pneu chaîné,* muni de chaînes antidérapantes. - var. RO **chainé, ée.**

chaîner v. tr. < 1 > **1.** Mesurer avec une chaîne d'arpenteur. **2.** Relier par un chaînage (des murs dont on veut empêcher l'écartement). **3.** inform. Lier (des données) par un chaînage. - var. RO **chainer.**

chaînette n. f. Petite chaîne. - var. RO **chainette.**

chaîneur, euse n. Arpenteur, arpenteuse qui mesure à la chaîne. - var. RO **chaineur, euse.**

chaînier, ière n. techn. Ouvrier, ouvrière qui forge des chaînes. - var. RO **chainier, ière.**

chaîniste n. techn. Ouvrier, ouvrière en bijouterie qui fait des chaînes en métal précieux. - var. RO **chainiste.**

chaînon n. m. **1.** Anneau d'une chaîne. → **¹maille, maillon.** **2.** fig. Lien intermédiaire. loc. *Le chaînon manquant :* l'élément à découvrir pour reconstituer une suite logique. - var. RO **chainon.**

chaintre n. f. ou m. (var. régionale de *cintre*) agric. Espace sur lequel tourne la charrue ou le tracteur à l'extrémité de chaque raie de labour.

chair n. f. (du latin *caro, carnis* → carnage, carnation, charnel, charnier, incarner) **I. 1.** Substance molle du corps humain ou animal (muscles et tissu conjonctif). *La chair et les os.* – loc. *En chair et en os :* en personne. – *Être bien en chair :* avoir de l'embonpoint. **2.** Aspect de la peau. *Chair ferme, molle, flasque. « Il est des parfums frais comme des chairs d'enfants »* (Baudelaire). – *Avoir **la chair de poule**,* la peau qui se hérisse (de froid, de peur). → **frisson.** *Couleur chair,* rosée comme la peau des personnes blanches. – adj. invar. *Des collants chair.* **II. 1.** relig. La nature humaine, le corps. *Le Verbe s'est fait chair.* → **incarnation.** **2.** littér. Les instincts, les besoins du corps ; les sens (→ **charnel**). *« L'esprit est prompt et la chair infirme »* (Pascal). **III.** (vieux « viande » ; le mot *viande* signifiait « nourriture ») **1.** Partie comestible (de certains animaux). *L'ogre disait : « Je sens la chair fraîche »* (Perrault). – → **viande.** fig. *Ni chair ni poisson :* indécis, indéfinissable. **2.** *Chair à saucisse :* préparation de viande hachée à base de porc. – loc. fam. *Hacher menu comme chair à pâté,* très fin. **3.** Partie comestible (d'animaux non mammifères, de fruits). *Volaille, poisson à chair délicate. Une pêche à chair blanche.*

chaire n. f. (vient du latin *cathedra* [→ cathédrale], emprunt au grec) **1.** Siège d'un pontife. **2.** Tribune élevée où prend place le prédicateur, dans une église. **3.** Tribune du professeur. – Poste le plus élevé du professorat dans l'enseignement supérieur.

chaise n. f. (var. de *chaire*) **I. 1.** Siège à dossier et sans bras pour une personne. – loc. *Être assis **entre deux chaises** ;* fam. *avoir le cul entre deux chaises :* être dans une situation incertaine, instable. **2.** anciennt *Chaise percée,* dans laquelle pouvait s'encastrer un pot de chambre. **3.** *Chaise longue :* siège à inclinaison réglable, permettant de s'allonger. → **chilienne, transat.** – *Chaise haute pour enfant.* **4.** *Chaise électrique :* chaise au moyen de laquelle on électrocute les condamnés à mort, dans certains États des États-Unis. **II. 1.** *Chaise à porteurs ou chaise* (→ **bâton** (3) de chaise) : petit abri muni d'un siège, dans lequel on se faisait porter par deux hommes. → **palanquin.** **2.** ancienntt Véhicule hippomobile. *Chaise de poste.*

Chaise-Dieu (La) Commune de la Haute-Loire, dans le Livradois. 608 habitants. Ancienne abbatiale fondée en 1044 ; église reconstruite au XIVe s., abritant la *Danse macabre* (peinture murale de 1470-1480) ; stalles du XVe s. Cloître de la fin du XIVe s. Festival de musique.

chaisier, ière n. **1.** Personne qui fabrique des chaises. **2.** Personne qui loue des chaises.

Chaissac (Gaston) Peintre français (1910-1964). Son œuvre s'apparente à l'art brut par l'utilisation de matériaux ordinaires.

Chakhty Ville de Russie, au N. de Rostov. 240 000 habitants. Centre houiller et industriel.

chakra n. m. **(mot sanskrit « roue, cercle »)** Dans le yoga, Chacun des sept points du corps où se concentre l'énergie vitale.

Chakri Dynastie régnante de Thaïlande, fondée en 1782 par le Chao Phya Chakri, dont tous les rois prirent le nom de règne de Rāma.

Chalais (Henri de Talleyrand, comte de) Gentilhomme français (1599-1626). Il conspira contre Richelieu et fut décapité.

Chalamov (Varlam Tikhonovitch) Écrivain soviétique (1907-1982). Arrêté en 1929, il passa 22 ans dans des camps au nord de l'Oural. Ses *Récits de la Kolyma* constituent un témoignage émouvant sur la vie dans les camps staliniens et sur l'univers du goulag.

^{1}chaland n. m. **(du grec byzantin)** Bateau à fond plat pour le transport des marchandises. → **péniche.**

^{2}chaland, ande n. **(de *chaloir*)** vieux Client, cliente. *Avoir des chalands :* être achalandé.

chalandage n. m. Promenade dans les magasins pour repérer ou acheter des objets. → **lèche-vitrine.** - recomm. offic. pour **shopping.**

chalandise n. f. **(de *^{2}chaland*)** comm. *Zone de chalandise,* sur laquelle se trouvent les clients potentiels d'un magasin, d'une localité. - syn. **zone d'attraction commerciale.**

Chalandon (Georges dit Sorj) Écrivain et journaliste français (né en 1952). Reporteur de guerre, il a exprimé ses traumatismes dans plusieurs romans : *Retour à Killibegs ; Le Quatrième Mur ; Profession du père.* Prix Albert-Londres 1988.

chalaze n. f. **(du grec *khalaza* « grêlon »)** **1.** bot. Point d'attache du faisceau nourricier dans l'ovule. **2.** Ligament d'albumine qui maintient suspendu le jaune de l'œuf.

chalazion n. m. méd. Petite tumeur dure au bord de la paupière. → **orgelet.**

Chalcédoine Ancienne ville d'Asie Mineure, sur le Bosphore. Le concile de Chalcédoine, réuni en 451, condamna le monophysisme.

Chalcidique n. f. Presqu'île grecque de la mer Égée formant trois péninsules : Kassandra, Sithonia et Athos.

Chalcis ou **Khalkis** Ville de Grèce sur l'île d'Eubée. Environ 60 000 habitants. Chef-lieu du district régional d'Eubée. Musée d'archéologie. Port. Station balnéaire.

chalco- [kalko] Élément **(du grec *khalkos*)** qui signifie « cuivre ».

Chalcocondyle (Démétrios) Grammairien grec (v. 1424-v. 1511). On lui doit la première édition imprimée d'Homère (1488) et d'Isocrate (1493).

chalcographie [kalkogʀafi] n. f. **1.** Gravure sur métal. **2.** Collection de planches gravées.

chalcolithique [kalkolitik] adj. *Époque chalcolithique :* période de la protohistoire où le cuivre commence à être en usage.

chalcopyrite [kalkopiʀit] n. f. minér. Sulfure double naturel de fer et de cuivre (CuFeS$_2$).

chalcosine [kalkozin] n. f. minér. Sulfure naturel de cuivre (Cu$_2$S).

Chaldée n. f. Nom donné, dans l'Antiquité, à la région occidentale de Sumer, puis à la Babylonie.

chaldéen, enne [kaldeɛ̃, ɛn] adj. et n. hist. Qui se rapporte à la Chaldée ou à ses habitants. *L'art chaldéen.* – n. *Les Chaldéens.* ▪ n. m. Langue sémitique qui était parlée par les Chaldéens.

châle n. m. **(hindi *shal,* du persan)** Grande pièce d'étoffe que l'on drape sur les épaules. *Châle de cachemire.* – *Col châle,* à larges revers arrondis.

chalenge ; chalenger ; chalengeur, euse voir **challenge ; challenger ; challenger**

chalet n. m. **(mot suisse romand, venant du latin *cala* « abri » → calanque, ^{1}cale)** **1.** Maison de bois des pays de montagne européens. **2.** Maison de plaisance imitée des chalets suisses. ▪ (Canada) Maison de campagne, souvent située près d'un lac ou d'une rivière. (Liban) Maison de plaisance en bord de mer.

Châlette-sur-Loing Commune du Loiret, au N. de Montargis. 12 743 habitants.

chaleur n. f. **(latin *calor,* de *calere* « être chaud » → chaloir)** **I. 1.** Température élevée de la matière (par rapport au corps humain) ; sensation produite par un corps chaud. *La chaleur d'un fer rouge.* → **brûlure.** ▪ Température de l'air qui donne à l'organisme une sensation de chaud. *Chaleur douce, modérée* (→ **tiédeur**) ; *accablante, étouffante* (→ **canicule, étuve, fournaise**). – au plur. Époque de l'année où il fait chaud. *Les premières chaleurs.* **2.** sc. Phénomène physique qui se transmet et dont l'augmentation se traduit notamment par l'élévation de la température (→ **calorifique, thermique**). **3.** *Chaleur animale,* chaleur naturelle de l'organisme. **II. 1.** *Coup de chaleur :* malaise causé par l'excès de chaleur. *Bouffée* de chaleur.* **2.** État des femelles des mammifères quand elles acceptent l'approche du mâle. → **rut.** *Chatte en chaleur. Époque des chaleurs.* **III.** fig. Animation, ardeur, passion. *La chaleur de ses convictions. La chaleur de son amitié* (→ **chaleureux**). *Chaleur humaine :* sympathie. – allus. *« La chaleur communicative des banquets »* (É. Combes).

chaleureux, euse adj. Qui manifeste de la chaleur (III). → **ardent, enthousiaste.** – *Accueil chaleureux.* ▫ adv. **chaleureusement**

Chaleurs (baie des) Baie du Canada, dans le golfe du Saint-Laurent, entre la Gaspésie (Québec) et le Nouveau-Brunswick.

Chalgrin (Jean-François) Architecte français (1739-1811). Représentant de la phase dorique du style néoclassique, il édifia à Paris l'église Saint-Philippe-du-Roule, reconstruisit le théâtre de l'Odéon et agrandit le Collège de France.

Chaliapine (Fedor) Chanteur russe d'opéra (1873-1938). Célèbre basse, il triompha dans *Boris Godounov* et fut l'interprète au cinéma du *Don Quichotte* de Pabst.

châlit n. m. **(vient du latin pop. ; famille de *lit*)** Cadre de lit en bois ou en métal.

Chalk River Localité du Canada (Ontario). 1 030 habitants. Centre de recherche atomique.

Challans Commune de la Vendée, dans le Marais breton. 21 900 habitants. Aviculture (canards).

Challe (Maurice) Général d'aviation français (1905-1979). Commandant en chef en Algérie, il fut l'un des auteurs de la tentative de coup d'État d'Alger (1961).

challenge [ʃalɑ̃ʒ ; tʃalɛnʒ] n. m. **(mot anglais, emprunt à l'ancien français *chalenge* « accusation ; défi » ; famille de *calomnie*)** anglic. **1.** Épreuve sportive dont le vainqueur sort avec un titre, un prix, jusqu'à ce qu'un vainqueur nouveau l'en dépossède. **2.** fig. Situation où la difficulté stimule. → **défi, gageure.** *Cette entreprise est un véritable challenge.* - var. RO **chalenge.**

challengeur, euse [ʃalɑ̃ʒœʀ, øz] n. ou **challenger** [tʃalɛndʒœʀ ; ʃalɑ̃ʒœʀ] n. m. **(anglais *challenger* → challenge)** anglic. **1.** Personne, sportif, équipe qui cherche à enlever son titre au champion. **2.** Compétiteur, rival. *Son challengeur le plus sérieux.* - recomm. offic. RO **chalengeur, euse n.**

chaloir v. impers. **(vient du latin *calere,* fig. « s'échauffer pour » → ^{2}chaland ; chauffer)** loc. vieilli *Peu me chaut :* peu m'importe.

Chalonnaise (côte) Région viticole de Saône-et-Loire, en Bourgogne méridionale, prolongeant la Côte d'Or. Vins rouges et blancs (mercurey, givry, montagny, rully).

Chalonnes-sur-Loire Commune du Maine-et-Loire, au confluent de la Loire et du Layon. 6 475 habitants. Église gothique des XIIe et XIIIe siècles.

Châlons-en-Champagne Chef-lieu de la Marne. 44 336 habitants. Agglomération de 56 806 habitants. Cathédrale Saint-Étienne (XIIe s.) remaniée au XIIIe s. Église Saint-Alpin des XIIe et XVIe s. Église Notre-Dame-en-Vaux (XIIe s.). Musée d'Histoire militaire. Industries alimentaires. À proximité de l'aéroport de Vatry.

Châlons-en-Champagne, la collégiale Notre-Dame-en-Vaux.

Chalon-sur-Saône Chef-lieu d'arrondissement de la Saône-et-Loire, sur la rive droite de la Saône. 45 094 habitants (agglomération 79 701). Ancienne cathédrale Saint-Vincent (XIe-XVe s.). Musée de la Photographie. Port fluvial à la jonction de la Saône et du canal du Centre. Marché vinicole. Industrie métallurgique. Plateforme logistique.

Chalosse n. f. Région de collines située au S. du département des Landes, entre l'Adour et le gave de Pau. Cultures céréalières, vigne et élevage.

chaloupe n. f. **(p.-ê. famille de *écale,* finale de *enveloppe*)** **1.** Embarcation non pontée. *Chaloupes de sauvetage.* → **canot.** **2.** (Canada) Petit bateau à rames.

chaloupé, ée adj. (démarche, danse) Qui est balancé. *Démarche chaloupée.*

chalouper v. intr. < 1 > Marcher, danser en balançant les épaules.

Chālukya Nom donné à plusieurs dynasties indiennes qui régnèrent sur la partie occidentale de l'Inde et le centre du Dekkan du VIe s. à 1297.

chalumeau n. m. **(vient du bas latin *calamellus,* diminutif de *calamus* → chaume)** **1.** Tuyau (d'abord de roseau, de paille). **2.** Outil qui produit et dirige un jet de gaz enflammé. *Soudure au chalumeau.*

Châlus Commune de la Haute-Vienne, au S.-O. de Limoges. 1 647 habitants. Vestiges d'un château féodal devant lequel Richard Cœur de Lion fut mortellement blessé, en 1199.

chalut n. m. **(probablt mot dialectal de l'Ouest, origine inconnue)** Filet en forme d'entonnoir, attaché à l'arrière d'un bateau.

chalutage n. m. Pêche au chalut.

chalutier n. m. **1.** Bateau armé pour la pêche au chalut. **2.** Marin pêcheur qui sert sur un chalutier.

Cham Personnage biblique. Deuxième fils de Noé, il incarne la figure du fils irrévérencieux.

C

Cham (Amédée de Noé, dit) Dessinateur humoristique français (1819-1879). Caricaturiste politique au magazine *Charivari*, il publia divers albums : *Proudhon en voyage ; L'Assemblée nationale comique.*

chamade n. f. (italien *chiamada* « appel », du latin *clamare* → clamer) **1.** anciennt Signal militaire de reddition. **2.** (cœur) *Battre la chamade* : battre à grands coups.

chamærops voir **chamérops**

chamaillage n. m. (Canada) fam. Chamaillerie.

se **chamailler** v. pron. < 1 > (croisement de deux v. anciens signifiant « frapper ») fam. Se quereller bruyamment pour des raisons futiles. → se **disputer** □ n. et adj. **chamailleur, euse**

chamaillerie n. f. fam. Dispute, querelle.

Chamalières Commune du Puy-de-Dôme, dans la banlieue O. de Clermont-Ferrand. 17 196 habitants. Imprimerie de la Banque de France.

chamallow [ʃamalo] n. m. (marque déposée ; déformation de *marshmallow*) Marshmallow. *Des chamallows.*

chaman ou **chamane** [ʃaman] n. (d'une langue de Sibérie) Dans certaines civilisations, Être capable d'interpréter les signes et de communiquer avec les esprits au nom de sa communauté. - var. **shaman.**

Danse d'un chaman, en Mongolie.

chamanisme n. m. didact. Ensemble des croyances et des pratiques liées au pouvoir du chaman. - var. **shamanisme.** □ adj. **chamanique** ou **shamanique** *Cérémonies chamaniques.*

Chamarande Commune de l'Essonne, près d'Étampes. 1 134 habitants. Château du XVIIe s. construit par François Mansart. Parc dessiné par Le Nôtre.

chamarrer v. tr. < 1 > (basque *zammar* « peau de mouton », par l'espagnol) Rehausser d'ornements aux couleurs éclatantes. □ adj. **chamarré, ée** □ n. f. **chamarrure**

chambard n. m. (de *chambarder*) fam. **1.** Bouleversement. **2.** Vacarme, chahut.

chambardement n. m. fam. Action de chambarder. – loc. *Le grand chambardement* : la révolution.

chambarder v. tr. < 1 > (de *chamberder, chamberter*, d'origine obscure) **1.** Bouleverser de fond en comble. *On a tout chambardé dans la maison.* **2.** fig. Changer brutalement, révolutionner. → fam. **chambouler.**

chambellan n. m. (vient du francique, du latin *camera* → chambre) hist. Gentilhomme de la cour chargé du service de la chambre du souverain.

chambellanie n. f. (de *chambellan*) hist. Dignité de chambellan. ▪ mod. Services du chambellan du souverain du Maroc.

Chamberlain Famille d'hommes politiques britanniques. ▪ Joseph **Chamberlain** (1836-1914). À la tête du Parti libéral unioniste, il défendit une politique impérialiste et protectionniste. ▪ sir Joseph Austen **Chamberlain** (1863-1937). Fils de Joseph Chamberlain. Ministre des Affaires étrangères (1924-1929), il négocia le pacte de Locarno. Prix Nobel de la paix 1925. ▪ Arthur Neville **Chamberlain** (1869-1940). Fils de Joseph Chamberlain. Il fut Premier ministre de 1937 à 1940. Partisan de la politique d'« apaisement », il signa les accords de Munich (1938), mais dut se résoudre à entrer en guerre contre l'Allemagne (1939).

Chamberlain (Owen) Physicien américain (1920-2006). Avec Emilio Segrè, il découvrit l'antiproton. Prix Nobel 1959.

Chambers (Ephraïm) Publiciste et encyclopédiste anglais (v. 1680-1740). Sa *Cyclopaedia ou Dictionnaire universel des arts et des sciences* inspira Diderot pour l'*Encyclopédie.*

Chambers (William) Architecte, paysagiste et dessinateur britannique (1723-1796). Il contribua à la fondation de l'Académie royale des arts. Ses réalisations allient le néoclassicisme à l'exotisme et au pittoresque : pagode des jardins de Kew, Somerset House à Londres.

chambertin n. m. (de *Gevrey-Chambertin*, n. d'un vignoble près de Dijon) Vin rouge de Bourgogne.

Chambéry Chef-lieu de la Savoie, entre les Bauges et la Grande-Chartreuse. 59 172 habitants. Cathédrale Saint-François-de-Sales (XVe s.). Château des ducs de Savoie (XIVe, XVe et XIXe s.). Musée des Beaux-Arts. Centre administratif. Industrie du verre.

Chambéry, la fontaine des Éléphants, dont le plan forme une croix de Savoie.

Chambiges Famille d'architectes français. ▪ Martin **Chambiges** (mort en 1532). Il élabora les plans du transept des cathédrales de Sens et de Beauvais et de la façade de celle de Troyes. ▪ Pierre Ier **Chambiges** (mort en 1544). Fils de Martin. Il participa aux travaux des châteaux de Chantilly, Fontainebleau, La Muette et Saint-Germain-en-Laye.

Chambolle-Musigny Commune de la Côte-d'Or, près de Dijon. 285 habitants. Vin rouge renommé (bourgogne, côtes-de-nuits).

Chambon (Pierre) Médecin et biologiste français (né en 1931). On lui doit entre autres d'avoir démontré que les gènes d'eucaryotes ont une structure discontinue, les exons (segments qui codent les protéines) étant séparés par des introns (segments non codants). Professeur au Collège de France, médaille d'or du CNRS 1979. Académie des sciences.

Chambon (lac) Lac volcanique du Puy-de-Dôme. Altitude 877 m. 60 ha.

Chambon-Feugerolles (Le) Commune de la Loire au S. de Saint-Étienne. 11 857 habitants. Métallurgie ; constructions mécaniques.

Chambonnières (Jacques Champion de) Compositeur et claveciniste français (1601-1672). Musicien à la cour de Louis XIII et de Louis XIV, il est considéré comme le fondateur de l'école française de clavecin.

Chambord (Henri d'Artois, duc de Bordeaux, comte de) Dernier représentant de la branche aînée des Bourbons (1820-1883). Fils posthume du duc de Berry, il fut le prétendant légitimiste au trône de France (sous le nom d'Henri V) en 1873. Son refus, notamment, de renoncer au drapeau blanc fit échouer la tentative de restauration monarchique. Mort sans enfant, il laissa la maison d'Orléans seule héritière du trône.

Chambord Commune du Loir-et-Cher, à l'E. de Blois. 92 habitants. Le château de Chambord, dont la construction (1519-1537) fut entreprise sous François Ier, est un chef-d'œuvre d'architecture. Il marque la transition entre le modèle de la forteresse médiévale et le style de la Renaissance (escalier à double révolution). Autrefois propriété du duc de Bordeaux, qui prit le titre de comte de Chambord, le château et son domaine de 5 500 ha appartiennent aujourd'hui à l'État.

chamboulement n. m. fam. Action de chambouler ; état de ce qui est chamboulé.

chambouler v. tr. < 1 > (mot de l'Est, de *bouler* ; l'élément *cham-* est obscur) fam. Bouleverser, mettre sens dessus dessous. → fam. **chambarder.**

chambranlant, ante adj. (Canada) fam. Sur le point de s'écrouler. *Table chambranlante.* → **branlant.**

chambranle n. m. (latin *camerare* « voûter », famille de *camera* → chambre) Encadrement d'une porte, d'une fenêtre, d'une cheminée.

chambranler v. intr. < 1 > (Canada) fam. Vaciller, chanceler.

chambray n. m. (mot anglais des États-Unis, altération de *Cambrai*) Toile dont la chaîne est teinte en indigo et la trame blanche.

Chambray-lès-Tours Commune de l'Indre-et-Loire. 11 956 habitants. Industrie électronique.

chambre n. f. (latin *camera*, cf. caméra, emprunt au grec) **I. 1.** Pièce où l'on couche. → fam. **piaule.** *Chambre à coucher. Chambre d'amis. Chambre d'hôtel. Chambre d'hôte*.* ▪ ***Garder la chambre*** : ne pas sortir de chez soi, par suite d'une maladie. *Faire **chambre à part*** : coucher dans deux chambres séparées (couple). **2.** *Travailler **en chambre**,* chez soi (ouvrier, artisan). – *Robe* de chambre.* – *Valet*, femme* de chambre.* ▪ (italien *camera* « appartement ») *Musique* de chambre.* **3.** Pièce, compartiment à bord d'un navire. *Chambre de chauffe, des machines.* **4.** Pièce spécialement aménagée (pour la conservation des denrées périssables). *Chambre froide, frigorifique.* **5.** *Chambre à gaz*.* **II.** fig. **1.** Section d'une cour ou d'un tribunal judiciaire. *Chambre de l'instruction, chambre d'accusation* (cour d'appel). – anciennt ***Chambre ardente*** : cour de justice qui pouvait appliquer la peine du feu. **2.** Assemblée législative. *La Chambre des députés* (syn. **Assemblée nationale**). *La Chambre des communes et la Chambre des lords, chambre basse et chambre haute* (en Grande-Bretagne). **3.** Assemblée s'occupant des intérêts d'un corps. *Chambre de commerce et d'industrie. Chambre des métiers.* **III.** (Cavité) **1.** opt., photogr. ***Chambre noire*** (latin *camera obscura*) : enceinte fermée percée d'une petite ouverture, et munie d'un écran sur lequel se forme l'image. – ***Chambre claire,*** formée d'un dispositif optique et d'un écran sur lequel on peut dessiner l'image. **2.** (dans un moteur) *Chambre de combustion.* **3.** techn. *Chambre sourde* ou *anéchoïque,* dont les parois absorbent partiellement les ondes. **4.** ***Chambre à air*** : enveloppe de caoutchouc gonflée d'air, partie intérieure d'un pneumatique. **5.** anat. *Chambre de l'œil,* espace entre l'iris et la cornée.

Chambre des communes Chambre basse du Parlement du Royaume-Uni. Née au XIIIe s., elle se structura à partir du XVIIe s. autour de deux grandes tendances, les torys et les whigs, auxquels succédèrent au XIXe s. les conservateurs et les libéraux, puis les conservateurs et les travaillistes. Élue au suffrage universel à un tour, elle contrôle l'action du gouvernement et a le pouvoir d'amender ou de rejeter les lois.

Chambre des députés Nom donné à l'une des assemblées du Parlement français sous la Restauration, la monarchie de Juillet et la IIIe République. Désignés par le suffrage censitaire jusqu'en 1848, les députés furent élus au suffrage universel sous la IIIe République. En 1946, la Constitution de la IVe République donna à la Chambre des députés le nom d'Assemblée nationale.

Chambre des époux Salle du palais ducal de Mantoue décorée de fresques de Mantegna, chefs-d'œuvre de la technique du trompe-l'œil.

Chambre des lords Chambre haute du Parlement du Royaume-Uni. Née du Conseil féodal qui siégeait auprès du roi, elle joua un rôle important au XIIIe s. et, à partir du XVIe s., vit son pouvoir diminuer au profit de la Chambre basse. Elle est aujourd'hui composée de 1200 pairs, les uns héréditaires, les autres élus pour une législature par les pairs d'Écosse et d'Irlande, ou nommés par le souverain ; d'autres sont pairs de par leurs fonctions : évêques et archevêques, hauts magistrats. La Chambre des lords dispose d'un pouvoir juridictionnel, exerçant le rôle de tribunal supérieur d'appel.

chambrée **n. f. 1.** Ensemble des personnes qui couchent dans une même pièce. **2.** Pièce où logent les soldats. **→ dortoir.**

Chambre introuvable (la) Surnom donné à la Chambre des députés élue en 1815, qui était très largement dominée par les royalistes. Elle fut dissoute en septembre 1816.

chambrer **v. tr. < 1 > 1.** fam. *Chambrer qqn,* se moquer de lui en paroles. **2.** Mettre (le vin) à la température de la pièce, le réchauffer légèrement (opposé à *frapper*).

Chambres de Raphaël Salles du Vatican décorées par Raphaël à la demande du pape Jules II, à partir de 1509. La plus célèbre, la chambre de la Signature, abrite quatre fresques illustrant la Théologie *(La Dispute du saint sacrement),* la Philosophie *(L'École d'Athènes),* la Poésie *(Le Parnasse)* et la Justice *(Les Décrétales).*

chambrette **n. f.** Petite chambre.

chambrière **n. f. 1.** vieux Femme de chambre. **2.** Long fouet de manège.

chambriste **n.** Musicien(ne) spécialiste de musique de chambre.

chameau **n. m.** (vient du latin *camelus,* du grec) **1.** Grand ruminant à une ou deux bosses, à pelage laineux ; spécialt chameau à deux bosses, vivant en Asie (par opposition à *dromadaire*). *Le chameau blatère. Caravane de chameaux.* – *Poil de chameau :* tissu en poil de chameau. **2.** fig., fam. (d'abord « prostituée », injure) Personne méchante, désagréable. *Quel chameau !* – **adj.** *Qu'est-ce qu'elle est chameau !* **→ vache.**

chamelier **n. m.** Personne qui conduit les chameaux, les dromadaires et en prend soin.

chamelle **n. f.** Femelle du chameau et du dromadaire.

chamelon **n. m.** Petit du chameau, du dromadaire.

chamérops [kameʀɔps] **n. m.** (du grec *khaimairôps* « buisson à terre ») Palmier dont une variété est le *palmier nain.* - var. **chamærops.**

Chamfort (Sébastien Roch Nicolas, dit Nicolas de) Moraliste français (1741-1794). Esprit caustique et spirituel, il est l'auteur de fables, de poésies et d'épigrammes *(Maximes et Pensées, Caractères et Anecdotes).*

Chamisso de Boncourt (Louis Charles Adélaïde, dit Adelbert von) Écrivain et savant allemand d'origine française (1781-1838). Il est l'auteur de *La Merveilleuse Histoire de Peter Schlemihl,* histoire à la fois réaliste et fantastique de l'homme qui a perdu son ombre.

chamito-sémitique [kamitosemitik] **adj.** (de *chamitique* « du pays de Cham ») Relatif à une famille de langues comprenant l'hébreu, l'arabe (langues sémitiques), l'égyptien ancien, le phénicien, le berbère et certaines langues d'Afrique orientale.

chamois **n. m.** (vient du latin de Gaule *camox,* mot alpin) **1.** Ruminant à cornes recourbées qui vit dans les montagnes. **→ isard. 2.** *Peau de chamois :* peau de mouton, de chèvre, préparée par chamoisage, qui sert au nettoyage (**→ chamoisine**). **3. adj.** Couleur jaune clair. *Veste chamois.* **4.** Épreuve de ski, slalom spécial en temps imposé ; titre sanctionnant cette épreuve. *Chamois d'or, d'argent.*

chamoisage **n. m.** Préparation d'une peau pour la rendre aussi souple que la peau de chamois véritable.

Chamoiseau (Patrick) Écrivain français (né en 1953). Défenseur de la créolité, il s'est attaché à rendre compte de la culture martiniquaise, mêlant l'objectivité scientifique de l'analyse historique à la subjectivité du fictif romanesque. *Solibo Magnifique ; Texaco ; Manifestes* coécrit avec Édouard Glissant.

Patrick Chamoiseau en 1992.

chamoiser **v. tr. < 1 >** techn. Préparer par chamoisage.

chamoiserie **n. f.** Lieu où se fait le chamoisage. – Industrie, commerce des peaux chamoisées.

chamoisine **n. f.** Petit torchon jaune duveteux qui sert à faire briller (meubles, argenterie, carrosseries).

Chamonix-Mont-Blanc Commune de la Haute-Savoie, sur l'Arve, dans la vallée de Chamonix, à 1 037 m d'altitude. 8 644 habitants. La ville est dominée par le massif du Mont-Blanc. Tourisme. Sports d'hiver.

Chamoun (Camille) Homme politique libanais (1900-1987). Président de la République (1952-1958), il prit la tête des milices chrétiennes lors de la guerre civile.

champ **n. m.** (vient du latin *campus* **→ camp, campagne**) **I. 1.** Étendue de terre propre à la culture. *Champ de blé.* **2.** *Les champs :* toute étendue rurale. **→ campagne ; champêtre.** *Fleurs des champs. Travaux des champs.* (**→ agricole**). – *En plein(s) champ(s) :* au milieu de la campagne. *À travers champs :* hors des chemins. **3.** Terrain, espace. *Champ de bataille :* terrain où se livre la bataille. – *Mourir, tomber au **champ d'honneur**,* à la guerre. ■ Espace déterminé réservé à une activité. *Champ de manœuvres, d'exercices* (militaires). *Champ d'aviation.* **→ terrain.** *Champ de courses.* **→ hippodrome.** ■ *Champ clos,* où avaient lieu les tournois (**→ champion**). – loc. ***Prendre du champ*** : reculer pour prendre de l'élan ; prendre du recul. ***Laisser le champ libre*** : se retirer ; fig. donner toute liberté. *Avoir le champ libre.* **II.** fig. **1.** Domaine d'action. **→ sphère.** *Élargir le champ de ses connaissances. Donner libre champ à son imagination.* **→ cours. 2. *Sur-le-champ*** **loc. adv. → aussitôt, immédiatement.** *Il partit sur-le-champ.* – *À tout bout* de champ.* **III.** Espace limité réservé à certaines opérations ou doué de propriétés. **1.** *Le champ d'un instrument optique,* le secteur qu'il couvre. *Profondeur de champ.* ■ Espace dont l'image est enregistrée par la caméra ou l'appareil photo. *Être dans le champ, hors champ. Voix hors champ.* **→ aussi hors-champ. 2. *Champ opératoire*** : zone dans laquelle une opération chirurgicale est pratiquée. **3.** phys. Zone où se manifeste un phénomène physique. *Champ magnétique.* **4.** ling. Ensemble structuré (de notions, de sens, de mots). *Champ sémantique, lexical.* **5.** inform. Zone réservée à une sorte particulière de données.

Champa ou **Campa** Ancien royaume indianisé du centre du Viêtnam. Fondé vers 192, il lutta contre les Khmers et les Vietnamiens, et disparut à la fin du XIXe siècle.

champagne **n. m. et adj. invar.** (n. de région, du bas latin *campania* **→ campagne**) **1. n. m.** Vin mousseux produit dans la région de Champagne. *Champagne brut. Sabler le champagne.* **2. adj. invar.** De la couleur jaune pâle du champagne. *Des écharpes champagne.*

Champagne **n. f.** Région de l'E. du Bassin parisien qui s'étend entre la vallée de l'Yonne et la vallée de l'Aisne. On distingue généralement la Champagne humide (du S. au N.-E.), couverte d'étangs et de marais, et la Champagne crayeuse (au N. et à l'O.), aujourd'hui consacrée à l'agriculture céréalière grâce aux amendements. Les vignobles des alentours de Reims et d'Épernay sont à l'origine des célèbres vins de Champagne. Ancienne possession de la maison de Vermandois (Xe s.), la Champagne fut incorporée au royaume de France, en 1284, par le mariage de Jeanne de Champagne avec Philippe le Bel. La région connut une grande prospérité au cours des XIIe et XIIIe s. avec le développement des foires de Troyes, Provins, Bar-sur-Aube et Lagny-sur-Marne, qui devinrent d'importantes places commerciales européennes.

Champagne-Ardenne Anc. région administrative de la France (jusqu'en 2015). **→ Grand Est.**

champagniser **v. tr. < 1 >** Rendre mousseux (les vins de Champagne) par seconde fermentation en bouteille. □ **n. f. champagnisation**

Champagnole Commune du Jura, sur l'Ain. 8 040 habitants. Métallurgie. Industrie du bois. Musée archéologique.

Champaigne [-paɲ] ou **Champagne (Philippe de)** Peintre français d'origine flamande (1602-1674). Son talent de portraitiste lui permit de bénéficier de nombreuses commandes officielles. On lui doit notamment le *Portrait de Louis XIII couronné par une victoire,* ceux de Richelieu et de plusieurs jansénistes.

champart **n. m.** (de *champ* et *part*) **1.** hist. Droit qu'avait le seigneur de prélever une partie de la récolte de ses tenanciers. **2.** Mélange de froment, de seigle et d'orge.

Champaubert (bataille de) Bataille remportée, le 10 février 1814, par les troupes de Napoléon Ier face aux Russes et aux Prussiens, à Champaubert (dans la Marne, près de Montmirail).

champ de Mars Plaine romaine qui s'étendait au N. du Capitole dans la boucle du Tibre. Sous la République, s'y tenaient les assemblées du peuple. Sous l'Empire, de nombreux monuments y furent construits (Panthéon, mausolée d'Auguste, thermes d'Agrippa et de Néron).

Champ-de-Mars Vaste esplanade située à Paris entre l'École militaire et la rive gauche de la Seine, dominée au N. par la tour Eiffel. Champ de manœuvres militaires, le Champ-de-Mars fut utilisé pour la célébration de la fête de la Fédération, le 14 juillet 1790, puis servit de cadre aux Expositions universelles de 1867, 1878, 1889, 1900 et 1937. Il a été depuis aménagé en jardins.

Champeaux (Guillaume de) voir **Guillaume de Champeaux**

champêtre adj. (→ champ) littér. Qui appartient aux champs, à la campagne cultivée. → **agreste, bucolique, rural, rustique.** *Vie champêtre.* – *Garde* champêtre.*

Champfleury (Jules Husson, dit Fleury, puis) Écrivain français (1821-1889). Il fut un défenseur du réalisme en littérature comme en art. *Chien-Cailloux ; Les Aventures de Mlle Mariette.*

champi, isse n. et adj. (de *champ*) régional et vieux Enfant trouvé(e) dans les champs. *« François le Champi »* (de George Sand). - var. **champis, isse.**

Champigneulles Commune de la Meurthe-et-Moselle, sur la Meurthe. 6 633 habitants. Brasserie.

champignon n. m. (vient du latin pop. *[fungus] campaniolus*, de *campania* → campagne) **1.** Végétal sans feuilles, formé généralement d'un pied surmonté d'un chapeau, à nombreuses espèces comestibles ou vénéneuses. *Ramasser des champignons. Champignon de couche* ou *champignon de Paris* : agaric. – loc. *Pousser comme un champignon,* très vite. *Ville champignon,* qui se développe très vite. **2.** Ce qui a la forme d'un champignon à chapeau. – fam. Pédale d'accélérateur. *Appuyer sur le champignon* : accélérer. – *Champignon atomique* : nuage produit lors d'une explosion nucléaire. **3.** bot. au plur. Classe de végétaux comprenant les champignons (1), les moisissures, les levures et des parasites des plantes, des animaux ou de l'être humain. → **fonge ; mycologie.**

champignonneur, euse n. (Suisse) Personne qui aime cueillir des champignons.

champignonnière n. f. Lieu où l'on cultive les champignons (1) sur couche.

champignonniste n. Personne qui cultive les champignons.

Champigny-sur-Marne Commune du Val-de-Marne, au S.-E. de Nogent-sur-Marne. 77 439 habitants. Industries diversifiées. Une sanglante bataille opposant Prussiens et Français s'y déroula, du 30 novembre au 2 décembre 1870.

champion, ionne n. (du germanique *kamp* « lieu du combat », emprunt au latin → champ) **1.** n. m. anciennt Celui qui combattait en champ clos. **2.** fig. Défenseur attitré d'une cause. *Elle s'était faite la championne de la liberté.* **3.** Athlète qui remporte un championnat. *Champion du monde.* – *Champion d'échecs.* **4.** fig., fam. Personne remarquable. → **as.** – adj. *Il est champion ; c'est champion !*

championnat n. m. Épreuve sportive officielle (ou épreuve de jeux → **tournoi**) à l'issue de laquelle le vainqueur obtient un titre.

Championnet (Jean Étienne) Général français (1762-1800). Nommé commandant en chef de « l'armée de Rome » par le Directoire, il investit une grande partie de l'Italie, prit Naples et y fonda la république Parthénopéenne en 1799.

champis, isse voir **champi, isse**

Champlain (Samuel de) Explorateur et colonisateur français (v. 1567-1635). Il explora le Saint-Laurent et la région des Grands Lacs. Fondateur de Québec (1608) et de plusieurs autres colonies, il stimula la venue de colons en Nouvelle-France.

Champlain (lac) Lac situé au N.-E. des États-Unis, à la frontière avec le Canada. 1 550 km². Il fut découvert par Samuel de Champlain en 1609.

champlever [ʃɑ̃l(ə)ve] v. tr. < 5 > (de *champ* et ¹*lever*) techn. Enlever au burin ce qu'il y a autour d'un motif, d'une figure, pour obtenir des blancs, des reliefs. ■ Pratiquer des alvéoles dans (un support métallique) pour incruster à chaud de la pâte d'émail.

Champlitte Commune de la Haute-Saône. 1 634 habitants. Château des XVIe et XVIIIe siècles.

champlure ou **champleure** n. f. (var. de *chantepleure* « robinet de tonneau ») (Canada) Robinet.

Champmeslé (Marie Desmares, dite la) Actrice française (1642-1698). Grande tragédienne, elle est connue pour ses interprétations des principaux rôles féminins du théâtre de Racine, dont elle fut la maîtresse.

Champmol Monastère fondé par Philippe le Hardi en 1383, près de Dijon, pour recevoir les sépultures des ducs de Bourgogne.

Champollion (Jean-François) dit le Jeune Égyptologue français (1790-1832). À partir d'un fac-similé de la pierre de Rosette et du texte d'un obélisque trouvé à Philae en 1821, il découvrit la correspondance entre les systèmes de signes hiératiques, hiéroglyphiques et démotiques, rendant possible le déchiffrement de la langue de l'Égypte ancienne. Il publia son *Précis du système hiéroglyphique des anciens Égyptiens* en 1824. En 1831, une chaire d'égyptologie fut créée pour lui au Collège de France.

L'expédition de Champollion, par Giuseppe Angelelli, Musée archéologique national, Florence.

Champsaur Région des Hautes-Alpes, au N. de Gap. Le Drac y prend sa source.

Champs Élysées Séjour de l'âme des héros et des hommes vertueux aux Enfers, dans la mythologie grecque et latine.

Champs-Élysées Célèbre avenue de Paris qui joint la place de la Concorde à l'Arc de Triomphe. Elle fut tracée par Le Nôtre en 1670. Haut lieu touristique parisien.

Champs-Élysées (Théâtre des) Nom donné à trois salles de spectacle réunies dans un immeuble de l'avenue Montaigne, à Paris. Il fut construit en 1913 par Perret et classé monument historique en 1957.

Champs-sur-Marne Commune de la Seine-et-Marne. 25 230 habitants. Château du XVIIIe s. construit par J.-B. Bullet.

Chamrousse Station de sports d'hiver de l'Isère, près de Grenoble, à 1 620 m d'altitude. Site des Jeux olympiques de 1968.

Chams n. m. pl. Peuple hindouisé établi aujourd'hui au S. du Viêtnam et au Cambodge. Les Chams furent à l'origine de la constitution du royaume du Champa.

Champlain (Samuel de)

Samuel de Champlain remontant le Saint-Laurent en 1603, lithographie du XXe s., coll. privée.

chamsin voir **khamsin**

Chamson (André) Écrivain français (1900-1983). Il situa la plupart de ses romans dans la région des Cévennes, avec l'ambition de décrire les désordres du vaste monde. *Roux le Bandit ; Le Crime des justes ; Castanet le camisard de l'Aigoual.*

Chan (Chan Kong-sang dit Jackie) Acteur et metteur en scène chinois (né en 1954). Il s'est initié très jeune aux arts martiaux qui sont la matière principale de ses comédies. Il a renouvelé le genre en apportant à ses chorégraphies de combats, dont il réalise à une allure trépidante les cascades et les acrobaties, une touche personnelle, l'humour *(Rush Hour).*

chançard, arde adj. et n. fam. (Personne) qui a de la chance. → **chanceux, veinard.**

Chancay Nom d'une culture établie sur la côte centrale des Andes péruviennes entre le XIe et le XVe s. Elle est connue pour ses sépultures exceptionnellement riches et, en particulier, pour les textiles qu'elles contiennent.

chance n. f. (vient du latin *cadentia* → cadence, de *cadere* « tomber » → choir) **I. 1.** Manière (favorable ou défavorable) dont un évènement se produit → **hasard.** *Souhaiter bonne chance à qqn.* ■ *La chance* : le sort. – loc. *La chance a tourné.* **2.** Possibilité de se produire par hasard. → **éventualité, probabilité.** *Il y a de fortes chances que cela se produise. Une chance sur deux. Calculer ses chances de succès.* – *Donner sa chance à qqn,* lui laisser la possibilité de réussir. **II.** *La chance* : la bonne chance (opposé à *malchance*). *Avoir de la chance.* → fam. ¹**bol, pot, veine.** *Avoir la chance de* (+ inf.). *Elle a la chance de faire ce qu'elle aime. Par chance.* – *Pas de chance ! Manque de chance !* – iron. *C'est bien ma chance !*

chancel n. m. (de *cancellus* « barreau ») didact. Barrière qui sépare le chœur des autres parties d'une église.

Chancelade Commune de la Dordogne. 4 419 habitants. Église des XIIe et XVIe s. Lieu de la découverte, en 1888, d'un squelette datant du paléolithique supérieur connu sous le nom d'« homme de Chancelade ».

chancelant, ante adj. **1.** Qui chancelle. *Un pas chancelant.* **2.** fig. Fragile. *Santé chancelante.* → **faible.**

chanceler v. intr. < 4 > (vient du latin *cancellare* « disposer en forme de grille », de *cancelli* « treillis ») **1.** Vaciller sur sa base, pencher de côté et d'autre en menaçant de tomber. → **flageoler, tituber.** **2.** fig. Être menacé de ruine, de chute. *Le pouvoir chancelle.* – Hésiter. *Sa mémoire chancelle.*

chancelier, ière n. (vient du latin *cancellarius* « surveillant de la grille » → chanceler) **1.** Personne chargée de garder les sceaux, qui en dispose. **2.** *Chancelier de l'Échiquier* : ministre des Finances (Grande-Bretagne). **3.** Premier ministre (Autriche, Allemagne).

chancelière n. f. (d'abord « femme d'un chancelier ») **1.** vieilli Sac fourré pour tenir les pieds au chaud. **2.** Sac de couchage pour bébé qui se fixe sur une poussette.

chancellerie n. f. Services d'un chancelier ; spécialt administration centrale du ministère de la Justice.

Chancellor (Richard) Navigateur anglais (mort en 1556). Explorateur de la mer Blanche, il contribua à l'établissement des relations commerciales entre l'Angleterre et la Russie.

chanceux, euse adj. Qui a de la chance (II). → fam. **veinard.**

Chanchán Site archéologique du N. du Pérou, près de Trujillo. Vestiges datés du IXe au XVe s. qui s'étendent sur 20 km².

chancre n. m. (vient du bas latin *cancrus,* de *cancer* → cancer, cancre) **1.** méd. Érosion ou ulcération de la peau ou d'une muqueuse. *Chancre syphilitique.* – loc. fam. *Manger, bouffer comme un chancre,* avec excès. **2.** fig. Ce qui ronge, détruit.

Chanel (Coco)

Coco Chanel avec Romy Schneider lors d'une séance d'essayage (1961).

chancrelle n. f. (de *chancre*) méd. Maladie vénérienne (appelée aussi *chancre mou*) due à un bacille, et qui se caractérise par une ulcération de la verge ou de la vulve, avec tuméfaction des ganglions de l'aine.

chandail, ails n. m. (de *chand [marchand] d'ail*, n. du tricot des vendeurs de légumes aux Halles) Gros tricot de laine qu'on enfile par la tête. → **pull-over.**

Chandeleur n. f. (vient du latin ; famille de *chandelle*) Fête de la présentation de Jésus-Christ au Temple et de la purification de la Vierge (2 février).

chandelier n. m. Support destiné à recevoir des chandelles, cierges, bougies. → **bougeoir, candélabre, flambeau.** *Les bobèches d'un chandelier.* – *Le chandelier à sept branches*, symbole juif traditionnel.

chandelle n. f. (vient du bas latin *candela* → **candela, candélabre, incendie**) **1.** Appareil d'éclairage fait d'une mèche tressée enveloppée de suif. **2.** loc. *Devoir une fière chandelle à qqn*, lui être redevable d'un grand service rendu. – *Des économies de bouts de chandelles*, insignifiantes. – *Brûler la chandelle par les deux bouts* : gaspiller son argent, sa santé. – *(En) voir trente-six chandelles* : être ébloui, étourdi par un coup. – fig., fam. *Tenir la chandelle* : assister à un rendez-vous galant, en tant que tiers. – *Le jeu n'en vaut pas la chandelle* : cela n'en vaut pas la peine (en parlant d'une entreprise hasardeuse). **3.** Montée verticale (d'une balle, d'un avion). *L'avion monte en chandelle.*

Chandernagor (Françoise) Écrivaine française (née en 1945). Ancien membre du Conseil d'État, elle a écrit de nombreux romans à succès. *L'Allée du Roi ; La Chambre.*

Chandernagor ou **Chandannagar** Ville d'Inde (Bengale-Occidental), dans l'agglomération de Calcutta. 166 000 habitants. Ancien comptoir français (1686-1951).

Chaṇḍidās Poète indien originaire du Bengale (fin XIVe-début XVe s.). Il est l'auteur de très nombreux poèmes de dévotion à Krishna.

Chandigarh Ville d'Inde, capitale de l'État du Panjab et de l'Haryana. 1 million d'habitants. Les plans de la ville ont été dessinés par Le Corbusier.

Chandler (Raymond Thornton) Romancier américain (1888-1959). Il est l'un des grands maîtres du roman noir. Ses récits racontent, sur fond de violence et de faux-semblants, les enquêtes du détective Philip Marlowe. *Le Grand Sommeil ; Adieu, ma jolie ; La Dame du lac.*

Chandos (John) Homme de guerre anglais (mort en 1370). Capitaine lors de la guerre de Cent Ans, il fut le vainqueur de Du Guesclin à Auray (1364).

Chandragupta Maurya Roi indien du Magadha (v. 322-v. 298 av. J.-C.). Fondateur de la dynastie des Maurya, il fut le premier empereur des Indes. Selon la tradition, il se serait laissé mourir de faim en application des principes de la doctrine jaïniste.

Chandrasekhar (Subrahmanyan) Astrophysicien américain d'origine indienne (1910-1995). Il fut l'un des grands spécialistes de la théorie de la relativité générale. Théoricien de l'évolution stellaire, il établit une limite de masse pour les naines blanches *(limite de Chandrasekhar)*. Prix Nobel 1983.

Chanel (Gabrielle Chasnel, dite Coco) Couturière française (1883-1971). La maison de couture qu'elle ouvrit à Paris en 1916 devint le symbole mondial du luxe et de l'élégance française.

[1]chanfrein n. m. (famille de *frein*) Partie de la tête du cheval qui va du front aux naseaux.

[2]chanfrein n. m. (de *[2]chant* et du latin *frangere* « briser » → **fracture**) techn. Biseau obtenu en abattant l'arête d'une pierre ou d'une pièce de bois, de métal. □ **chanfreiner** v. tr. < 1 >

Changarnier (Nicolas Anne Théodule) Général et homme politique français (1793-1877). Il fut nommé gouverneur de l'Algérie en 1848. Député royaliste, il contribua à la chute de Thiers en 1873.

Changchun ou **Tch'ang-tch'ouen** Ville de Chine, capitale de la province du Jilin. 3,4 millions d'habitants. Gisements de pétrole, de gaz et de charbon. Industrie automobile. Studios de cinéma.

change n. m. (de *changer*) **I. 1.** loc. *Gagner, perdre au change*, à l'échange. **2.** Échange de deux monnaies de pays différents. *Bureau, agent de change. Contrôle des changes.* ■ Valeur de l'indice monétaire étranger en monnaie nationale. *Taux de change. Cours des changes.* ■ ***Lettre de change.*** → **billet** à ordre, **effet. II.** (d'abord en vénerie, « faire lever un autre gibier ») ***Donner le change** à qqn*, lui faire prendre une chose pour une autre. → **tromper ; abuser.** « *Je suis réduit* [...] *à me cacher, à ruser, à tenter de donner le change* » (Rousseau). **III. 1.** Couche*-culotte jetable. **2.** Tenue, vêtements de rechange. *Prévoir un change.*

changeable adj. Qui peut être changé. → **modifiable, remplaçable.**

changeant, ante adj. **1.** Qui est sujet à changer. → **variable ; incertain, instable.** *Temps changeant. Humeur changeante.* → **inégal. 2.** Dont l'aspect, la couleur change suivant le jour sous lequel on le regarde. *Étoffe aux reflets changeants.* → **chatoyant.**

changement n. m. **1.** *Changement de*, modification quant à (tel caractère) ; fait de changer. *Changement d'état.* → **déformation, transformation.** *Changement de programme.* **2.** Fait de ne plus être le même. **3.** *Changement de*, fait de quitter une chose pour une autre. *Changement d'adresse.* – *Changement de métro.* → **correspondance. 4.** *Le changement* : état de ce qui évolue, se modifie (choses, circonstances, états psychologiques). *Changement brusque, total.* → **bouleversement, transformation.** *Changement graduel, progressif.* → **évolution, gradation, progression.** ■ *Un changement* : ce qui change, évolue. *Cela a été un grand changement dans sa vie.* **5.** Dispositif permettant de changer. *Changement de vitesse.*

changer v. < 3 > (vient du latin tardif *cambiare* « troquer » → **cambiste**) **I. v. tr. 1.** Céder (une chose) contre une autre. → **échanger, troquer.** *Changer une chose pour une autre.* – *Changer de l'argent.* → **change. 2.** Remplacer (qqch., qqn) par une chose, une personne (de même nature). *Changer une roue.* – *Changer la couche d'un bébé ;* par ext. *changer un bébé.* **3.** ***Changer** qqch., qqn **de*** : faire subir une modification quant à. *Changer qqch. de place ; qqn de poste.* → **déplacer, transférer ; [3]muter. 4.** Rendre autre ou différent (compl. abstrait ou indéfini). → **modifier.** *Changer sa manière de vivre, ses plans.* – *Cela ne change rien à l'affaire.* « *Il y a peut-être des secrets pour changer la vie* » (Rimbaud). – fam. *Avoir besoin de se changer les idées*, de se distraire. – (sujet chose) *Changer qqn*, le faire paraître différent. **5. *Changer** qqch., qqn **en.*** → **convertir, transformer.** « *Narcisse s'aima* [...] *les dieux le changèrent en fleur* » (Cocteau). **6. *Changer** qqch. **à*** : modifier un élément de. *Ne rien changer à ses habitudes.* **II. v. tr. ind. *Changer de.*** **1.** *Changer de place* : quitter un lieu pour un autre. *Changer de place avec qqn.* → **permuter.** *Changer de cap.* **2.** Abandonner, quitter (une chose, une personne) pour une autre du même genre. *Changer de vêtements, de coiffure, de voiture.* – *Changer (de métro) à Odéon.* – *Changer d'avis.* ■ (sens passif) *La rue a changé de nom.* – *Son visage changea de couleur.* **III. v. intr.** Devenir autre, différent, éprouver un changement. → **évoluer,** se **modifier,** se **transformer, varier.** « *Plus ça change, plus c'est la même chose* » (A. Karr). *Elle n'a pas changé.* ■ iron. ***Pour changer*** : comme d'habitude. *Il est en retard, pour changer.* ■ **se changer** v. pron. **1.** *Se changer en* : se convertir en. **2.** Changer de vêtements. *Se changer pour sortir.* ■ **changé, ée** p. p. *Je l'ai trouvée changée.* – *Une voix changée.*

changeur, euse n. **1.** Personne qui effectue des opérations de change. → **cambiste. 2.** n. m. Machine, dispositif permettant de changer. *Changeur de monnaie.* → **monnayeur.**

Changeux (Jean-Pierre) Neurobiologiste français (né en 1936). Spécialiste du système nerveux, il soutient que la maturation du système nerveux s'opère sous l'effet des interactions avec le milieu. *L'Homme neuronal.* Académie des sciences.

Chang-hai voir **Shanghai**

Changhua ou **Zhanghua** Ville de l'île de Taiwan. 236 000 habitants.

Chang jiang voir **Yangzi jiang**

Chang Myŏng ou **Jang** Myeong Homme politique coréen (1899-1966). Chef du gouvernement sud-coréen en 1960, il fut chassé du pouvoir dès 1961 par un coup d'État militaire.

Changsha ou **Tch'ang-cha** Ville de Chine, capitale de la province du Hunan. 3,2 millions d'habitants. Centre culturel (théâtre d'ombres et de marionnettes). Musée. Gisements de fer, de manganèse et de vanadium. Industries textile et mécanique.

Changwon Ville de Corée du Sud, dans le sud du pays. 1 million d'habitants.

Changzhou ou **Tch'ang-tcheou** Ville de Chine (Jiangsu). 2,2 millions d'habitants.

chanlatte n. f. (de *[2]chant* et *latte*) techn. Latte mise de chant au bas du versant d'un toit.

channe n. f. (vient du latin *canna* « récipient ») (Suisse) Broc en étain pour servir le vin. → **pichet.**

Channel Islands voir **Anglo-Normandes (îles)**

Channing (William Ellery) Théologien américain (1780-1842). Il s'engagea en faveur de l'abolition de l'esclavage.

chanoine n. m. (vient du latin chrét. *canonicus* → **canonique**) Dignitaire ecclésiastique. *Assemblée de chanoines.* → **chapitre (II).**

chanoinesse n. f. Religieuse de certaines communautés.

chanson n. f. (du latin ; famille de *chanter*) **I. 1.** Texte mis en musique, souvent divisé en couplets et refrain, destiné à être chanté. → **[1]chant, mélodie.** *Chanson d'amour. Chansons à boire.* « *Tout finit par des chansons* » (derniers mots du *Mariage de Figaro*, de Beaumarchais). *Les chansons de Brassens.* ■ *La chanson* : le genre musical. ■ Texte de chanson. *Les chansons d'Aragon.* **2.** Chant, bruit harmonieux. *La chanson du vent dans les feuilles.* **3.** fig., fam. Propos rebattus. → **disque, refrain.** *C'est toujours la même chanson.* **II.** Poème épique du Moyen Âge, divisé en couplets. *Chanson de geste*. La Chanson de Roland.*

▶ La **chanson française** s'alimente à deux sources anciennes : les chansons populaires et le répertoire des troubadours. Adoptant parfois un ton contestataire (mazarinades du XVIIe s., chants révolutionnaires du XVIIIe s.), elle n'a cessé de se

C

nourrir de cette tension entre la tradition populaire et des formes plus savantes.
De nombreux cafés-concerts et cabarets (le *Chat noir*, animé par Aristide Bruant) apparaissent dans le courant du XIXe s., dont la fin est marquée par une véritable explosion des genres : chanson nationaliste, comique troupier (Polin, Ouvrard) et chanson réaliste (Fréhel, Damia). Alors que, durant les années folles, la chanson s'ouvre aux influences étrangères (jazz et tango) et répond aux besoins d'amusement du public avec le music-hall et ses vedettes (Mistinguett et Maurice Chevalier), les années de guerre offrent un contraste entre des chansons de propagande *(Maréchal nous voilà)*, des œuvres militantes *(Le Chant des partisans)* et le swing des zazous.
Au lendemain de la Seconde Guerre mondiale, Saint-Germain-des-Prés devient le principal foyer de la chanson française, avec notamment Juliette Gréco et Boris Vian. Interprète exigeante, Édith Piaf contribue également à lancer la carrière de nombreux artistes (Georges Moustaki, Charles Aznavour, Yves Montand, Gilbert Bécaud). Le développement des médias et du disque ouvre bientôt une nouvelle ère, celle des vedettes du « show-biz » (Claude François, Françoise Hardy, Johnny Hallyday) dont les carrières sont gérées par des imprésarios. La chanson à texte (Léo Ferré, Jacques Brel, Georges Brassens, Barbara, Claude Nougaro) fait pourtant la preuve de sa vitalité face à cette lame de fond commerciale. Dans les années 1980, le courant de la « nouvelle chanson française » (Alain Souchon, Renaud, Michel Berger) suit la voie ouverte par Serge Gainsbourg, tout en intégrant l'influence anglo-saxonne ; des artistes comme Alain Bashung ou les Rita Mitsouko bâtissent un répertoire aux accents résolument rock. Les années 2000 connaissent une véritable explosion des genres (Bénabar, Sanseverino, Thomas Fersen, Arthur H, Benjamin Biolay, Angèle, Clara Luciani).
voir aussi **jazz, rock**

Chanson de Roland (La) La plus ancienne chanson de geste française, écrite dans la seconde moitié du XIe s. Elle raconte, en quatre parties et en 4 000 vers, le combat de Roland, neveu de Charlemagne, contre les Sarrasins et la vengeance de l'empereur. Œuvre épique, elle utilise le souvenir de faits historiques pour exalter le sentiment patriotique et religieux.

chansonner v. tr. < 1 > vieux Railler (qqn) par une chanson satirique.

chansonnette n. f. Petite chanson populaire. *Pousser la chansonnette.*

chansonnier, ière 1. n. m. Recueil de chansons. 2. n. Personne qui compose ou improvise des chansons ou des monologues satiriques, des sketchs.

¹chant n. m. (vient du latin *cantus* → chanter) **1.** Émission de sons musicaux par la voix humaine ; technique, art de la musique vocale. → **voix.** *Exercices de chant.* **2.** Composition musicale destinée à la voix, généralement sur des paroles. → **³air, chanson, mélodie.** *Chants sacrés.* → **cantique.** **3.** Forme particulière de musique vocale. *Chant grégorien. Chant choral.* → **polyphonie.** **4.** Bruit harmonieux. *Le chant des oiseaux.* → **ramage.** – fig. *Le chant des baleines.* – loc. *Au chant du coq* : au point du jour. *Le chant du cygne*.* **5.** Poésie lyrique ou épique. – Division d'un poème épique. *Les douze chants de l'« Énéide ».* **6.** littér. La poésie, les poèmes. *« Les plus désespérés sont les chants les plus beaux »* (Musset).

²chant n. m. (vient du latin *canthus*) Face étroite d'un objet. *Mettre, poser une pierre **de chant**,* de sorte que sa face longue soit horizontale.

chantage n. m. Action d'extorquer à qqn de l'argent ou un avantage sous la menace d'une révélation compromettante. *Faire du chantage* (→ **maître chanteur**). – par ext. Moyen de pression. *Chantage au suicide.*

Chantal voir **Jeanne de Chantal** (sainte)

chantant, ante adj. **1.** Qui chante, a un rôle mélodique. *Basse chantante.* **2.** Qui se prête bien au chant. *Une musique très chantante.* **3.** *Voix chantante,* mélodieuse. *Accent chantant.*

Chant du départ (Le) Hymne patriotique français composé par M.-J. Chénier et É. Méhul pour la célébration du 5e anniversaire de la prise de la Bastille (1794).

chanteau n. m. (de *²chant*) **1.** vieux ou régional Morceau coupé (d'un grand pain). **2.** techn. Pièce (d'un violon, d'un violoncelle) qui augmente la largeur de la table ou du fond.

chantefable n. f. littér. Récit médiéval où alternent la prose (récit) et les vers (chant). ■ Poème de forme analogue. *Les chantefables de Robert Desnos.*

chantepleure n. f. (en référence au bruit du liquide qui coule) techn. ou régional **1.** Entonnoir à long tuyau percé de trous (pour transvaser le vin, etc.). ■ Robinet de tonneau. **2.** Fente pratiquée dans un mur de terrasse pour l'écoulement des eaux. → **barbacane.**

chanter v. < 1 > (vient du latin *cantare* → cantate, cantique) **I.** v. intr. **1.** Former avec la voix une suite de sons musicaux (chant). *Chanter juste, faux. Chanter à tue-tête, chanter fort. Chanter à mi-voix.* → **chantonner, fredonner.** *Chanter en chœur.* **2.** (oiseaux, certains insectes) Crier. → **gazouiller, siffler.** *L'alouette, le coq chantent.* – *« Vous chantiez ? j'en suis fort aise. Eh bien ! dansez maintenant ! »* (La Fontaine, *La Cigale et la Fourmi*). **3.** littér. Produire un effet agréable, poétique. – allus. *Des lendemains* qui chantent.* **4.** *Faire chanter qqn,* exercer un chantage sur lui. **5.** loc. fam. *Si ça te chante,* si ça te convient, te plaît. **II.** v. tr. **1.** Exécuter (un morceau de musique vocale). *Chanter un air, une chanson.* ■ fam. *Que me chantes-tu là ?* → **¹dire, raconter.** **2.** littér. Célébrer. → **exalter.** *Homère a chanté les exploits d'Ulysse.* – *Chanter les louanges de qqn,* en faire de grands éloges.

¹chanterelle n. f. (de *chanter*) Corde la plus fine et la plus aiguë dans un instrument à cordes.

²chanterelle n. f. (du latin bot. « petite coupe », du grec → cantharide) Champignon gris-brun, parfois jaune, à bords ondulés. → **girolle.**

chanteur, euse (vient du latin → chanter) **1.** n. Personne qui chante, qui fait métier de chanter. *Chanteur populaire. Chanteur de charme. Chanteuse d'opéra.* – (Antiquité, Moyen Âge) → **aède, ¹barde, ménestrel, troubadour, trouvère.** **2.** adj. *Oiseaux chanteurs.*

chantier n. m. (vient du latin *cantherius* « mauvais cheval », p.-ê du grec ; *cf.* poutre, chevalet pour le sens ; d'abord « cale, support, tréteau [pour les tonneaux] ») **1.** Lieu où l'on procède à des travaux. *Chantier de construction, de démolition.* – *Chantier naval.* **2.** *En chantier* : en train d'être fait. *Il a plusieurs projets en chantier.* **3.** fam. Lieu en désordre.

chantignole n. f. (du moyen français *chantille* « brique mince » → ²chant) techn. **1.** Pièce de bois soutenant les pannes de la charpente d'un toit. **2.** Brique de demi-épaisseur.

chantilly (du n. de la ville) **1.** n. m. Dentelle au fuseau à mailles hexagonales. *Des chantillys.* **2.** n. f. *Crème chantilly ; de la chantilly* : crème fouettée et sucrée.

Chantilly Commune de l'Oise, au S. de Creil. 10 604 habitants. Château médiéval, plusieurs fois reconstruit, qui fut la propriété des Montmorency puis des Condé. Le duc d'Aumale en fit don à l'Institut de France en 1886. Hippodrome. Siège du grand quartier général de l'armée française pendant la Première Guerre mondiale. La ville est entourée de la forêt de Chantilly (6 300 ha).

Chantonnay Commune de la Vendée. 8 434 habitants. Industrie agroalimentaire.

chantonner v. < 1 > Chanter à mi-voix. → **fredonner.** □ n. m. **chantonnement**

chantoung voir **shantung**

chantourner v. tr. < 1 > (de *²chant* et *tourner*) techn. Découper suivant un profil donné.

chantre n. m. (vient du latin *cantor* → chanter) **1.** Chanteur dans un service religieux. **2.** littér. *Le chantre de* : personne qui célèbre (qqn, qqch.).

Chanute (Octave) Ingénieur français naturalisé américain (1832-1910). Il conçut et développa divers modèles de planeurs et apporta son aide aux frères Wright.

chanvre n. m. (vient du latin *cannabis* → cannabis, emprunt au grec) **1.** Plante dont la tige fournit un textile. ■ Ce textile. *Cordage de chanvre.* **2.** *Chanvre indien,* qui produit le haschich. **3.** *Chanvre d'eau.* → **eupatoire.**

chanvrier, ière n. Personne qui travaille le chanvre. ■ adj. *L'industrie chanvrière.*

Chanzy (Antoine Alfred Eugène) Général français (1823-1883). En 1871, il commanda la IIe armée de la Loire qui parvint à contenir l'avancée prussienne. Il fut nommé gouverneur de l'Algérie en 1873, et ambassadeur en Russie en 1879.

Chao (José-Manuel Thomas Arthur Chao, dit Manu) Auteur, compositeur et interprète français (né en 1961). Figure du rock alternatif, il a joué avec la Mano Negra *(Casa Babylon)* avant de mener une carrière en solo sollicitant des artistes étrangers, notamment de l'Amérique du Sud, et issus de milieux différents. *Clandestino ; La Radiolina.*

Chao Phraya ou **Menam** n. m. Principal fleuve de Thaïlande, formé par la réunion de quatre affluents. 1 200 km. Il se jette dans le golfe de Thaïlande après avoir traversé Bangkok.

chaos [kao] n. m. (mot latin, pris au grec *khaos* désignant le premier état de l'Univers) **1.** Confusion, désordre grave. *Jeter un pays dans le chaos.* **2.** Entassement naturel et désordonné de rochers.

Chantilly

Le château de Chantilly et les Grandes Écuries abritant le Musée vivant du cheval.

chapiteau

Trois styles de chapiteau : (1) dorique, (2) ionique et (3) corinthien.

chaotique [kaɔtik] **adj.** Qui a l'aspect d'un chaos. *Amas chaotique.* – *Des débuts de carrière chaotiques.*

Chaouïa Région de l'O. du Maroc, dans l'arrière-pays de Casablanca. Centre vinicole réputé (vin gris de Boulaouane).

Chaoumian ou **Saumjan (Sebastian Konstantinovitch)** Linguiste soviétique émigré aux États-Unis (1916-2007). Spécialiste de la phonologie, il a conçu un modèle général du langage, largement inspiré de la logique combinatoire. *Problèmes philosophiques de la linguistique théorique.*

chaource [ʃauʀs] **n. m. (du n. de la ville)** Fromage de vache à pâte molle et à croûte fleurie.

Chaource Commune de l'Aube. 1 017 habitants. Église des XIIIe et XVIe s. qui abrite un sépulcre du XVIe s. Fromage.

Chapala Le plus grand lac du Mexique, à l'O. de Mexico dans l'État de Jalisco. 1 500 km^2.

chaparder v. tr. < 1 > (origine inconnue) fam. Dérober, voler (de petites choses). → **fam. chiper.** □ **n. m. chapardage**

chapardeur, euse adj. et n. (Personne) qui chaparde.

chapati n. m. (mot hindi) Petite crêpe indienne à pâte non levée. *Des chapatis.*

chape n. f. (vient du bas latin *cappa* → cape) 1. Long manteau de cérémonie, sans manches. *Chape de cardinal.* ■ **fig.** Ce qui pèse, étouffe. *Le ciel semblait une chape de plomb.* **2.** Objet recouvrant qqch. *Chape de poulie.*

chapeau n. m. (vient du bas latin, diminutif de *cappa* → chape) I. Coiffure de forme souvent rigide. → **couvre-chef.** *Chapeaux d'homme* (canotier, feutre, haut-de-forme, melon...). *Mettre, enlever son chapeau.* → **se couvrir, se découvrir.** – **loc.** *Donner un coup de chapeau, tirer son chapeau à qqn :* **fig.** lui rendre hommage. *Chapeau bas !* **ellipt et fam.** *Chapeau !* → **bravo.** – **fam.** *Porter le chapeau :* être considéré comme coupable d'une erreur, d'un délit. ■ *Chapeaux de femme* (bibi, feutre, toque...). *Marchande de chapeaux* (de femme). → **modiste. II. 1.** Partie supérieure d'un champignon. **2.** Partie supérieure ou latérale (qui protège). *Chapeau de roue.* → **enjoliveur.** – **loc. fam.** ***Sur les chapeaux de roues,*** très vite. **3.** Texte court qui surmonte et présente un article de journal (après le titre). **4. appos.** *Retraite chapeau :* pension supplémentaire versée à certains cadres dirigeants. *Des retraites chapeaux.*

chapeauter v. tr. < 1 > 1. Coiffer d'un chapeau. **2. fig.** Exercer un contrôle sur (qqn, qqch.).

Chapeaux et Bonnets Nom des deux factions qui se disputèrent le pouvoir en Suède de 1738 à 1772. Les Bonnets défendaient une politique pacifiste, alors que les Chapeaux prônaient une alliance avec la France pour reconquérir les territoires pris par les Russes.

chapelain n. m. Prêtre qui dessert une chapelle.

Chapelain (Jean) Écrivain français (1595-1674). Il l'auteur de *La Pucelle ou la France délivrée,* un poème épique qui fut brocardé par Boileau. Il fut l'un des fondateurs de l'Académie française, en 1635, et contribua à fixer les principes de la doctrine classique.

chapelet n. m. (d'abord « couronne de fleurs » ; de *chapeau*) 1. Objet de dévotion formé de grains enfilés que l'on fait glisser entre ses doigts en récitant des prières ; ces prières. *Dire, réciter son chapelet.* **2.** Succession de choses identiques ou analogues. *Un chapelet de saucisses.* – **fig.** *Un chapelet d'injures.*

chapelier, ière 1. n. Personne qui fait ou vend des chapeaux (→ **modiste**). **2. adj.** *L'industrie chapelière.*

chapelle n. f. (vient du latin pop., diminutif de *cappa* → chape) 1. Lieu consacré au culte dans une demeure, un établissement. → **[2]oratoire. 2.** Église n'ayant pas le titre de paroisse. **3.** Partie d'une église où se dresse un autel secondaire. *Chapelle latérale.* ■ *Chapelle ardente*.* **4.** Chanteurs et instrumentistes d'une église. ***Maître de chapelle,*** celui qui les dirige. **5. fig.** Groupe très fermé. → **clan, coterie.** *Avoir l'esprit de chapelle.*

Chapelle-aux-Saints (La) Commune de la Corrèze. 273 habitants. En 1908, les abbés Jean et Amédée Bouyssonie y découvrirent un squelette considéré comme un exemple de l'homme de Neandertal, vieux de 100 000 ans (musée).

Chapelle-d'Angillon (La) Commune du Cher. 612 habitants. Château dit « de Béthune ». Musée Alain-Fournier.

Chapelle-de-Guinchay (La) Commune de la Saône-et-Loire. 4 126 habitants. Viticulture (beaujolais).

Chapelle-en-Vercors (La) Commune de la Drôme. 724 habitants. Station de sports d'hiver (945 m). Le bourg fut incendié par les Allemands en 1944.

chapellenie n. f. relig. Dignité, charge ou bénéfice du chapelain.

chapellerie n. f. Industrie, commerce des chapeaux.

Chapelle-Saint-Luc (La) Commune de l'Aube, au N.-O. de Troyes, sur la Seine. 12 324 habitants. Industrie pneumatique et des matières plastiques.

Chapelle-sur-Erdre (La) Commune de la Loire-Atlantique, au N. de Nantes. 19 981 habitants. Château de la Gâcherie (XVe s.), ancien siège du marquisat de Charrette.

chapelure n. f. (de l'ancien français *chapeler* « tailler en pièces », « émietter », qui vient du latin, famille de *chapon*) Pain séché (ou biscotte) râpé ou émietté. *Couvrir de chapelure* → **paner.**

chaperon n. m. (diminutif de *chape*) 1. anciennt Capuchon. *« Le Petit Chaperon rouge »* (conte de Perrault). ■ Coiffe de cuir servant à aveugler les oiseaux de fauconnerie. **2. fig., anciennt** Personne qui accompagnait une jeune fille ou une jeune femme par souci des convenances. → **duègne.** ■ **par ext.** Personne qui en accompagne une autre pour la surveiller. □ **chaperonner v. tr. < 1 >**

chapiteau n. m. (vient du latin, de *caput* « tête » → chef) 1. Partie élargie qui couronne une colonne. *Chapiteaux grecs* (corinthien, dorique, ionien). *Chapiteau roman historié.* **2.** Tente (d'un cirque). – Le cirque.

chapitre n. m. (vient du latin, de *caput* « tête » → cadeau, [1]capital, chef) I. 1. Chacune des parties suivant lesquelles se divise un livre. **2.** Division d'un budget. *Voter le budget par chapitres.* **3. fig.** Sujet dont on parle. → **matière, question.** *Le chapitre de la discipline.* **II. 1.** Assemblée délibérante de religieux, de chanoines (→ **capitulaire**). – Communauté de chanoines. **2. loc.** *Avoir **voix au chapitre** :* avoir le droit de donner son avis, avoir droit à la parole.

chapitrer v. tr. < 1 > (« réprimander au chapitre [II, 1] ») Réprimander (qqn), lui faire la morale. → **admonester, sermonner.**

chapka n. f. (mot russe) Coiffure de fourrure à rabats pour les oreilles.

Chaplin (sir Charles Spencer, dit Charlie) Acteur, scénariste et cinéaste américain d'origine britannique (1889-1977). Génie comique, il est le créateur et l'interprète du personnage de Charlie (« Charlot » en français), qui le rendit universellement célèbre. Dans ses films, il sut conjuguer une inventivité comique hors du commun avec une authentique émotion poétique. Il constitua la Société des artistes associés (United Artists) avec Mary Pickford, Douglas Fairbanks et D. W. Griffith. Ses films parlants prirent le caractère d'une dénonciation des injustices, de la misère et de la montée des fascismes. *Le Gosse (The Kid) ; La Ruée vers l'or ; Les Lumières de la ville ; Les Temps modernes ; Le Dictateur ; Monsieur Verdoux ; Limelight.*

Charlie Chaplin avec Jackie Coogan dans *The Kid* (1921).

Chapochnikov (Boris Mikhaïlovitch) Maréchal soviétique (1882-1945). Stratège dans la lignée de Clausewitz, il fut chargé par Staline de la réorganisation de l'Armée rouge et prit la tête de l'état-major de 1938 à 1940, puis de 1941 à 1942.

chapon n. m. (vient du bas latin *cappo*, d'une racine signifiant « couper ») Jeune coq châtré que l'on engraisse.

chaponner v. tr. < 1 > Châtrer (un jeune coq). □ n. m. **chaponnage** □ n. **chaponneur, euse**

C

Chappaz (Maurice) Écrivain et poète suisse d'expression française (1916-2009). Ses poèmes et ses récits évoquent avec force et lyrisme sa région natale, le Valais, non sans une tendance mystique. *Testament du Haut-Rhône ; Office des morts ; Évangile selon Judas.*

Chappe (Claude) Ingénieur français (1763-1805). Il mit au point le télégraphe aérien dont il inaugura la première ligne en 1794, entre Paris et Lille.

chapska n. m. ou f. (polonais *czapka* « coiffure nationale ») Coiffure (d'origine polonaise) des lanciers français du Second Empire.

Chaptal (Jean-Antoine) comte de Chanteloup Chimiste français (1756-1832). Pionnier de l'industrie chimique en France, il inventa la « chaptalisation » des vins, pour élever leur teneur en alcool.

chaptaliser v. tr. < 1 > (de *Chaptal*) Ajouter du sucre à (un moût) avant la fermentation. □ n. f. **chaptalisation**

chaque adj. indéf. sing. (de *chacun*) **1.** Qui fait partie d'un tout et qui est considéré à part. *Chaque personne. Chaque chose à sa place. À chaque instant.* – prov. *Chaque chose en son temps. À chaque jour suffit sa peine.* **2.** fam. Chacun. *Deux anneaux « d'une valeur de mille écus chaque »* (Balzac).

¹char n. m. (vient du latin *carrus*, mot gaulois → **²car, carrosse, charger, charrue**) **1.** Voiture à quatre roues, tirée par un animal. → **chariot, charrette.** *Char à foin. Char à bœufs. Char à bancs,* pour le transport des personnes. **2.** Antiq. Voiture à deux roues utilisée dans les combats, les jeux. → **quadrige.** *Course de chars. Conducteur de char.* → **aurige.** ■ par métaphore *Le char de l'État.* allus. *« Le char de l'État navigue sur un volcan »* (H. Monnier ; phrase ridicule de Joseph Prudhomme). **3.** Voiture décorée, pour les réjouissances publiques. *Char de carnaval.* **4.** *Char (d'assaut), char (de combat)* : engin blindé et armé monté sur chenilles (→ **antichar**). **5.** *Char à voile* : véhicule sur roues ou patins à glace, muni d'une voile, et qui se déplace grâce au vent.

²char ou **charre** n. m. (de *charrier*) argot Bluff. – loc. fam. (calembour sur *¹char*, 2) *Arrête ton char !* : cesse de raconter des histoires.

Char (René) Poète français (1907-1988). Sa rencontre avec le mouvement surréaliste déboucha sur *Ralentir travaux*, ouvrage écrit en collaboration avec Éluard et Breton. Il signa ensuite une œuvre solitaire *(Le Marteau sans maître)*. Ses écrits sont marqués par son engagement dans la guerre d'Espagne *(Placard pour le chemin des écoliers)*, puis dans la Résistance *(Feuillets d'Hypnos)*. Sa poésie, écrite dans l'urgence du combat, est une « leçon de vie » qui exalte les forces vitales contre l'intelligence analytique et les multiples visages de la fatalité. *Fureur et Mystère ; Le Nu perdu ; La Nuit talismanique.*

René Char en 1973.

Charcot (Jean-Baptiste)

Jean-Baptiste Charcot sur le « Pourquoi-pas ? » (1908).

charabia n. m. (p.-ê. du provençal *charrá* « bavarder » → **charade**) fam. Langage, style incompréhensible ou incorrect. → **baragouin, jargon.**

charade n. f. (p.-ê. du provençal *charrá* « bavarder », d'origine onomatopéique → **charabia, charivari, charlatan**) Jeu où l'on doit deviner un mot dont chaque syllabe fait l'objet d'une définition. → **devinette.** *Le mot de la charade s'appelle « le tout »* (mon premier, mon second..., mon tout).

charadriiforme [kaʀadʀiifɔʀm] n. m. (du grec *kharadrios* « pluvier ») zool. Oiseau de taille moyenne, vivant à proximité de l'eau (ordre des *Charadriiformes* ; ex. la bécasse, le goéland).

charançon n. m. (p.-ê. du gaulois) Insecte coléoptère nuisible. *Charançon du riz.* ■ **charançonné, ée** adj. *Blé charançonné.*

Charb (Stéphane Charbonnier, dit) Dessinateur et journaliste français (1967-2015). Il fut le directeur de *Charlie Hebdo* à partir de 2009. L'affaire des caricatures de Mahomet, publiées dans l'hebdomadaire, lui valut des menaces de mort. Malgré une protection policière, il fut abattu au siège du journal le 7 janvier 2015, par des terroristes islamistes.

charbon n. m. (vient du latin *carbo, carbonis* → **carbone**) **I. 1.** Combustible solide, noir, d'origine végétale, tiré du sol (→ **anthracite, houille, lignite**). *Mine de charbon. Charbon de bois,* obtenu par la combustion lente et incomplète du bois. – loc. fam. *Aller au charbon,* au travail. **2.** Morceau ou parcelle de charbon. – loc. *Être sur des charbons ardents* : brûler, griller d'impatience ; se consumer d'inquiétude. **3.** Fusain. *Dessin au charbon.* **II. 1.** Maladie infectieuse de l'être humain et des animaux domestiques. **2.** Maladie cryptogamique des végétaux.

charbonnage n. m. Exploitation de la houille. – au plur. Mines de houille.

Charbonneau (Robert) Écrivain canadien (québécois) [1911-1967]. Figure emblématique de la littérature québécoise, il est l'auteur de romans d'analyse. *Ils posséderont la terre ; Aucune créature.*

charbonner v. < 1 > **1.** v. tr. Noircir, dessiner avec du charbon. **2.** v. intr. Se réduire en charbon, sans flamber.

charbonnerie n. f. (d'après l'italien, de *carbonaro* « charbonnier ») hist. Société politique secrète sous la Restauration (→ **carbonaro**).

charbonneux, euse adj. **1.** Qui a l'aspect du charbon. – fig. *« Un regard charbonneux qui accentuait la blancheur de la tête »* (Lévi-Strauss). **2.** Qui est noir de charbon.

charbonnier, ière (vient du latin, de *carbo* → **charbon**, cf. **carbonaro**) **1.** n. Personne qui vend du charbon. → fam. **bougnat.** – loc. *La foi du charbonnier* : la foi naïve d'une personne simple. prov. *Charbonnier est maître chez soi.* **2.** n. m. Cargo pour le transport du charbon. **3.** n. f. Lieu où l'on fait le charbon de bois. **4.** adj. Qui a rapport au charbon. *Industrie charbonnière.* → **houiller. 5.** adj. *Mésange charbonnière* ou *une charbonnière* n. f., à tête et cou noirs.

Charbonnières-les-Bains Commune du Rhône, près de Lyon. 5 237 habitants. Station thermale et centre de villégiature.

Charcot (Jean-Martin) Neurologue français (1825-1893). Il contribua par ses travaux sur l'hystérie et l'hypnose au développement de la pathologie nerveuse, et découvrit la localisation de plusieurs centres cérébraux responsables de fonctions spécifiques. On donna le nom de *maladie de Charcot* à la sclérose latérale amyotrophique.

Charcot (Jean-Baptiste) Explorateur français (1867-1936). Fils de Jean-Martin Charcot. Il réalisa plusieurs explorations dans les régions polaires, dont il contribua à établir la cartographie. Il publia ses récits de voyage : *Le « Pourquoi-pas ? » dans l'Antarctique ; La Mer du Groenland, croisières du « Pourquoi-pas ? ».*

charcutaille n. f. fam. Charcuterie, préparations alimentaires à base de charcuterie. *Une assiette de charcutaille, de charcutailles.* → **cochonnaille.**

charcuter v. tr. < 1 > (de *charcutier*) fam. **1.** Opérer (qqn) maladroitement. *Le chirurgien l'a charcuté.* **2.** fig. Abîmer, saccager. *Charcuter un texte.*

charcuterie n. f. (→ **charcutier**) **1.** Industrie et commerce de la viande de porc, des préparations à base de porc. **2.** Spécialité à base de viande de porc. **3.** Boutique de charcutier.

charcutier, ière n. (de *chair cuite*) Personne qui apprête et vend du porc frais, de la charcuterie (et divers plats, conserves).

Chardin (Jean) Voyageur français (1643-1713). Il est connu pour ses récits de voyage : *Le Récit du couronnement du roi de Perse Soliman III ; Voyages en Perse et aux Indes orientales.*

Chardin (Jean-Siméon) Peintre français (1699-1779). D'abord consacré « maître en nature morte » *(La Raie)*, il se spécialisa dans les scènes de genre *(Dame cachetant une lettre ; Le Bénédicité)*, puis dans le portrait au pastel *(Autoportrait au chevalet)*. Toujours en quête de rigueur et de simplicité, il se voulait surtout peintre de « la vie silencieuse » de ses sujets.

chardon n. m. (vient du bas latin *cardo* → **carder**) **1.** Plante à feuilles et bractées épineuses. **2.** Pointes de fer destinées à empêcher l'escalade d'un mur, d'une grille.

chardonnay [ʃaʀdɔnɛ] n. m. (n. d'un lieu en Saône-et-Loire) Raisin blanc, variété de pinot. ■ Vin fait avec ce cépage.

Chardonne (Jacques Boutelleau, dit Jacques) Écrivain et moraliste français (1884-1968). Ses romans décrivent la fragilité de l'amour dans le couple, face au milieu social, puis à l'histoire, avec une idéologie conservatrice. *L'Épithalame ; Claire ; Les Destinées sentimentales.*

chardonneret n. m. (de *chardon*) Oiseau chanteur au plumage coloré, friand de graines de chardon.

Chardonnet (Hilaire Bernigaud, comte de) Chimiste et industriel français (1839-1924). Il inventa de la soie artificielle à partir de fils de nitrocellulose (la *soie Chardonnet*). En 1891, il installa à Besançon la toute première usine de production de textile artificiel.

Chareau (Pierre) Architecte et décorateur français (1883-1950). Influencé par la peinture cubiste et les réalisations de Le Corbusier, il opta pour une architecture résolument moderniste (maison de verre du Dr Dalsace, rue Saint-Guillaume, à Paris).

charentaise n. f. (de *Charente*) Pantoufle fourrée, en tissu à carreaux.

Charente n. f. Fleuve de l'O. de la France. 360 km. Née en Haute-Vienne, elle se jette dans l'Atlantique par le pertuis d'Antioche, en aval de Rochefort.

Charente n. f. [16] Département français de la Région Nouvelle-Aquitaine (→ carte). 5 956 km². 351 718 habitants. Chef-lieu : Angoulême. Chefs-lieux d'arrondissement : Cognac, Confolens. Les plaines de l'Angoumois et les contreforts vallonnés du Confolentais (N.-E.) sont favorables à la céréaliculture, à l'élevage bovin et, à l'O., à la viticulture (vignoble de Cognac produisant une eau-de-vie réputée). La population et l'industrie se concentrent à Angoulême.

Charente-Maritime n. f. [17] Département français de la Région Nouvelle-Aquitaine (→ carte). 6 864 km². 655 709 habitants. Chef-lieu : La Rochelle. Chefs-lieux d'arrondissement : Jonzac, Rochefort, Saintes, Saint-Jean-d'Angély. Formé de plaines parfois marécageuses (Marais poitevin, marais de Rochefort, Brouage), et de bas plateaux à l'E., le territoire est drainé par la Charente et ses affluents (Seugne, Boutonne). Hormis l'élevage laitier et l'agriculture (vignoble de Cognac, à l'E. de Saintes), les activités sont concentrées sur le littoral : ostréiculture (Marennes), mytiliculture, pêche et industrie (La Rochelle et Rochefort), et surtout tourisme (îles de Ré et d'Oléron, Royan).

Charenton-le-Pont Commune du Val-de-Marne, au confluent de la Seine et de la Marne. 29 632 habitants. Pont sur la Marne qui, dans le passé, joua un rôle essentiel dans la défense de Paris.

Charès Général athénien (IVᵉ s. av. J.-C.). Il fut l'un des commandants de l'armée athénienne lors de la défaite infligée par Philippe de Macédoine à Chéronée (338 av. J.-C.).

Charès Sculpteur grec (IVᵉ-IIIᵉ s. av. J.-C.). Il réalisa le colosse de Rhodes, l'une des Sept Merveilles du monde.

Charest (Jean) Homme d'État canadien (québécois) (né en 1958). Chef du Parti libéral (1998-2012), il a été Premier ministre du Québec de 2003 à 2012.

Charette de la Contrie (François Athanase de) Chef vendéen (1763-1796). Il prit la tête de l'insurrection vendéenne à Machecoul (1793) et participa au siège de Nantes. Il aida au débarquement des émigrés à Quiberon (1795) mais fut arrêté par Hoche et exécuté.

charge n. f. (de *charger*) **I. 1.** Ce qui pèse sur ; ce que porte ou peut porter une personne, un animal, un véhicule, un bâtiment. → **fardeau, poids.** *Charge utile*.* – *Prendre en charge un passager dans un véhicule.* **2.** techn. Poussée. *Pilier supportant une charge.* **3.** Quantité de poudre, projectiles, que l'on met dans une arme à feu, une mine. *Charge de dynamite.* **4.** phys. Action d'accumuler l'électricité. *La charge d'une batterie.* ▪ Quantité d'électricité à l'état statique. → **potentiel.** *Charge négative, positive. Charge d'une particule.* **II.** abstrait (Ce qui pèse) **1.** Ce qui cause de l'embarras, de la peine. ***Être à charge*** : être pénible. « *Quoique sa vie languissante lui fût à charge* » (Fléchier). – loc. ***À charge de revanche*.*** **2.** Ce qui met dans la nécessité de faire des frais, des dépenses. *Charges de famille.* – *Être **à la charge** de qqn. Avoir deux enfants **à charge**.* – *Reste à charge* : montant des frais médicaux qui reste à la charge du patient après le remboursement de la Sécurité sociale. – *Prise **en charge**.* ▪ *Charges d'habitation* (entretien de l'immeuble, chauffage). – absolt *Loyer charges comprises.* ▪ *Charges sociales.* **3.** Fonction dont qqn a tout le soin ; responsabilité publique. → **dignité, emploi, ²poste.** *Charge de notaire. Les devoirs de sa charge.* ▪ Responsabilité. *On lui a confié la charge de...* – loc. *Avoir **charge d'âme**,* la responsabilité morale de qqn. ***Prendre en charge,*** sous sa responsabilité. – (anglais *in charge*) *En charge de* : responsable de. **4.** Fait qui pèse sur la situation d'un accusé. → **présomption, preuve.** *Témoin **à charge**,* qui accuse. **5.** littér. Ce qui outre le caractère de qqn pour le rendre ridicule ; exagération comique. → **caricature.** *Portrait-charge.* **III.** (de *charger*, **III**) Attaque rapide et violente. → **assaut.** *Charge de police. À la charge !* – loc. *Revenir à la charge* : insister (pour obtenir qqch.).

chargement n. m. **1.** Action de charger (un animal, un véhicule, un navire). *Appareils de chargement.* → **levage, manutention.** – Marchandises chargées. → **cargaison, charge.** *Chargement mal arrimé.* **2.** Action de charger, de garnir (une arme à feu...). **3.** inform. Opération consistant à introduire (des données) dans la mémoire de l'ordinateur.

charger v. tr. < 3 > (vient du bas latin *carricare,* de *carrus* → ¹char) **I. 1.** Mettre sur (une personne, un animal, un véhicule, un bâtiment) un certain poids d'objets à transporter. *Charger un navire.* → **arrimer. 2.** Placer, disposer pour être porté. → **mettre.** *Charger du charbon sur une péniche.* – fam. *Taxi qui charge un client,* le fait monter. **3.** Mettre dans (une arme à feu) ce qui est nécessaire au tir. *Charger un fusil.* **4.** Accumuler de l'électricité dans. *Charger une batterie d'accumulateurs.* ▪ inform. Introduire (un programme, des données) dans la mémoire d'un ordinateur. **5.** *Charger de* : garnir abondamment de. *Charger une table de mets.* **II.** abstrait **1.** ***Charger*** *qqch., qqn* ***de*** : faire porter à. *Charger le pays de taxes.* – *Charger sa mémoire de détails.* → **encombrer, surcharger.** ▪ Revêtir de (une fonction, un office). *On l'a chargée de faire le compte rendu de la séance.* **2.** ***Charger*** *qqn,* apporter des preuves ou des indices de sa culpabilité ; par ext. le calomnier, le noircir. **III.** Attaquer avec impétuosité (→ **charge** [III]). *Charger l'ennemi.* – absolt *Chargez !* ▪ **se charger** v. pron. **1.** Porter une charge. *Se charger d'un fardeau.* **2.** Assumer, endosser. *Se charger d'une responsabilité.* – Prendre le soin, la responsabilité. *Je me charge de tout.* – iron. *Se charger de qqn,* en faire son affaire. ▪ **chargé, ée I.** p. p. et adj. **1.** *Les bras chargés de paquets.* **2.** (de *charger*, **I, 3**) *Fusil chargé.* **3.** Alourdi, embarrassé. *Avoir la langue chargée,* couverte d'un dépôt blanchâtre. ▪ Plein, rempli (de). « *Les nuages chargés de neige que roulait le ciel* » (Barrès). – absolt *Un décor trop chargé. Casier judiciaire chargé.* **4.** fam. (personnes) Qui est sous l'effet de la drogue, de l'alcool. **II.** n. **1.** ***Chargé(e) d'affaires*** : agent diplomatique, représentant accrédité d'un État. **2.** ***Chargé(e) de cours*** : professeur délégué de l'enseignement supérieur. **3.** ***Chargé(e) de mission*** : personne engagée pour remplir une mission déterminée.

chargeur, euse n. **1.** Personne qui charge (des marchandises ; une arme à feu). ▪ Entreprise qui possède et transporte des cargaisons. **2.** n. m. Dispositif permettant d'introduire plusieurs cartouches dans le magasin d'une arme à répétition. ▪ Magasin à pellicule (d'un appareil photo...). **3.** n. m. techn. Appareil qui charge, garnit (qqch.). *Un chargeur de batterie.*

chargeuse n. f. techn. Appareil destiné à charger des matériaux dans un véhicule de transport (recomm. offic. pour **loader**), ou à alimenter une machine. *Une chargeuse-pelleteuse.*

Chari n. m. Fleuve d'Afrique centrale. 1 100 km. Né en République centrafricaine, il traverse Sarh et N'Djamena où il reçoit le Logone avant de se jeter dans le lac Tchad.

charia n. f. (mot arabe) didact. Loi islamique*. - var. **sharia** (anglic.).

chariot ou **charriot** n. m. (→ ¹char) **1.** Voiture à quatre roues pour le transport des fardeaux (→ **charroi**). ▪ Appareil de manutention. → **diable.** *Chariot de supermarché.* → **²caddie.** *Chariot élévateur.* **2.** Pièce d'une machine qui transporte, déplace (une charge). *Chariot de machine-outil.*

charisme [kaʀism] n. m. (grec chrét. « don divin », de *kharis* « grâce », *cf.* **Eucharistie**) **1.** théol. Don conféré par la grâce divine pour le bien commun. **2.** Qualité d'une personnalité qui a le don de plaire, de s'imposer, dans la vie publique. ▫ adj. **charismatique** [kaʀismatik]

Charisse (Tula Ellice Finklea, dite Cyd) Actrice et danseuse américaine (1922-2008). Elle devint célèbre au gré de ses apparitions dans de grandes comédies musicales : *Chantons sous la pluie ; Tous en scène.*

Cyd Charisse et Gene Kelly dans *Hollywood... Hollywood !* (1976).

charitable adj. **1.** Qui a de la charité pour son prochain. → **altruiste, généreux. 2.** Inspiré par la charité (→ **caritatif, humanitaire**). *Un conseil charitable* (souvent iron.). ▫ adv. **charitablement**

charité n. f. (latin *caritas,* de *carus* → cher) **1.** Amour du prochain (vertu chrétienne). → **bienfaisance, humanité, miséricorde.** – prov. *Charité bien ordonnée commence par soi-même.* **2.** Bienfait envers les pauvres. *Demander, faire la charité.* → **aumône.**

Charité-sur-Loire (La) Commune de la Nièvre, au N. de Nevers. 4 673 habitants. Il y fut établi, au milieu du XIᵉ s., le premier prieuré dépendant de l'abbaye bénédictine de Cluny.

charivari n. m. (p.-ê. famille du provençal *charrá* « bavarder » → **charabia**) Grand bruit, tumulte. → **vacarme, tapage.**

Charivari (Le) Quotidien satirique français fondé par Charles Philipon et publié de 1832 à 1937. Grâce au talent de ses contributeurs (Cham, Daumier et Gavarni), le journal est devenu une référence dans l'univers de la caricature.

charlatan n. m. (de l'italien, de *cerretano* « de *Cerreto* [ville] » et *ciarlare* « bavarder » ; famille de *charade*) **1.** anciennt Vendeur ambulant qui débitait des drogues, arrachait les dents. **2.** Imposteur qui exploite la crédulité publique.

charlatanesque adj. De charlatan.

charlatanisme n. m. Caractère, comportement du charlatan (surtout sens 2).

Charlebois (Robert) Chanteur et compositeur canadien (québécois) [né en 1944]. Il introduisit le rock dans la chanson québécoise, faisant preuve d'un humour déca-

Robert Charlebois en concert à La Rochelle (2004).

pant. *Je reviendrai à Montréal ; Lindberg ; Les Ailes d'un ange.*

faire charlemagne loc. verbale (du n. du roi de cœur, aux cartes) Se retirer du jeu après avoir gagné.

Charlemagne ou **Charles Ier le Grand** (742-814). Roi des Francs (768-814) et des Lombards (774-814), empereur d'Occident (800-814). Fils aîné de Pépin le Bref. À la mort de son père, il reçut la Neustrie, l'Austrasie et une partie de l'Aquitaine, puis, à la mort de son frère Carloman, l'Alémanie, l'Alsace, la Bourgogne et la Septimanie. En 774, il adopta une politique de conquêtes et vainquit les Lombards. Suivirent la conquête de la Bavière (781) et de la Saxe (799), puis la soumission progressive des Frisons et des Avars de Pannonie (805). Il échoua dans sa conquête de l'Espagne musulmane et dut se contenter de la Catalogne et de la Navarre (778-811). Couronné empereur d'Occident par le pape Léon III (25 décembre 800), il fit d'Aix-la-Chapelle, où il résidait le plus souvent, la capitale de la chrétienté en Occident. Il préserva l'unité de son empire en lui donnant une solide organisation administrative : les comtes et les évêques, chargés de l'administration des 300 comtés, étaient contrôlés par les *missi dominici*, qui veillaient au respect des décisions de l'empereur. Il encouragea enfin le mouvement de renaissance carolingienne en attirant à sa cour des savants venus de toute l'Europe et en créant des écoles au sein des cathédrales et des monastères. En dépit du couronnement de son fils Louis le Pieux (813), cet immense empire ne put survivre à sa mort.

Charlemagne, enluminure du manuscrit des *Grandes Chroniques de France* (XIIIe-XVe s.), Bibliothèque nationale de France, Paris.

Charleroi Ville de Belgique, chef-lieu d'arrondissement du Hainaut, sur la Sambre. 202 746 habitants. Ancien bassin houiller reconverti dans l'industrie aérospatiale et chimique. Musée du Verre. Musée de l'Industrie. Site de la bataille de Charleroi qui opposa Allemands et Français du 21 au 23 août 1914 et qui vit la défaite des troupes françaises.

Charles

EMPEREURS D'OCCIDENT ET EMPEREURS GERMANIQUES

■ **Charles Ier** → Charlemagne

■ **Charles II** → Charles le Chauve

■ **Charles III le Gros** (839-888) Empereur d'Occident de 881 à 887, roi de France de 884 à 887. Fils cadet de Louis le Germanique. Il assura la régence de la France pendant la minorité de Charles III le Simple mais dut abdiquer en raison de sa faiblesse devant les Normands.

■ **Charles IV** (1316-1378) Roi de Bohême sous le nom de Charles Ier (1346-1378), roi de Germanie (1346-1378) et empereur germanique (1355-1378). Il fonda l'université de Prague en 1348 et acheva de faire de la ville une capitale intellectuelle et artistique. Il promulgua la Bulle d'or (1356) qui servit de constitution impériale jusqu'en 1806.

■ **Charles Quint** ou **Charles V** (1500-1558) Prince des Pays-Bas et roi d'Espagne sous le nom de Charles Ier (1516-1556), roi de Sicile sous le nom de Charles IV (1516-1556), empereur germanique (1519-1556). Fils de Philippe le Beau, archiduc d'Autriche, et de Jeanne la Folle, reine de Castille. Héritier d'un immense empire regroupant la Flandre, la Castille, l'Aragon, Naples, la Sicile, des colonies d'Amérique latine et le territoire des Habsbourg en Autriche, il lutta sans cesse pour en maintenir l'unité. Il mena de nombreuses guerres contre les rois de France François Ier (Pavie, 1525) et Henri II, et combattit l'expansion des Turcs (prise de Tunis, 1535). Il lutta en vain contre la Réforme et finit par admettre la victoire des princes protestants dans les États d'Allemagne du Nord (paix d'Augsbourg, 1555). Déçu dans son rêve de créer un empire chrétien universel, Charles Quint abdiqua ses différentes couronnes, d'octobre 1555 à janvier 1556, en faveur de son fils Philippe II et de son frère Ferdinand.

■ **Charles VI** (1685-1740) Empereur germanique (1711-1740), roi de Hongrie sous le nom de Charles III (1711-1740) et roi de Sicile (1714-1734). Il assura par la Pragmatique Sanction (1713) la succession d'Autriche à sa fille Marie-Thérèse. Son règne fut marqué par la perte de la Lorraine, de Naples et de la Sicile (1735).

■ **Charles VII Albert** (1697-1745) Empereur germanique (1742-1745). Concurrent de Marie-Thérèse à la succession d'Autriche, il parvint à se faire couronner empereur à la mort de Charles VI, grâce à l'alliance française.

ANGLETERRE

■ **Charles Ier** (1600-1649) Roi d'Angleterre, d'Écosse et d'Irlande (1625-1649). Fils de Jacques Ier Stuart, il s'aliéna l'opinion et le Parlement par un absolutisme politique et religieux encouragé par sa femme Henriette-Marie de France. Après avoir renvoyé le Parlement (1629), il gouverna seul jusqu'en 1640, avec l'aide de ses ministres Strafford et Laud. Un soulèvement de l'Écosse le conduisit à convoquer le Parlement (1640), qui obtint l'exécution de Strafford et de Laud. De nouvelles dissensions opposèrent alors le roi et le Parlement, renforcées par la Grande Remontrance (1641). Ces conflits débouchèrent sur une guerre civile (1642-1646) entre les Cavaliers, partisans du roi, et les Têtes rondes, qui, alliées aux Écossais, soutenaient le Parlement. Son armée ayant été définitivement vaincue à Naseby en 1645, Charles Ier fut capturé et livré au Parlement. Il s'évada en 1647, mais, après la défaite de ses troupes devant l'armée de Cromwell à Preston (1648), fut ramené à Londres. Le « Parlement croupion » le fit exécuter à Whitehall.

■ **Charles II** (1630-1685) Roi d'Angleterre, d'Écosse et d'Irlande (1660-1685). Fils de Charles Ier, il trouva refuge en France à la mort de son père. Rappelé au pouvoir grâce au général Monk en 1660, il mena une politique de soutien aux catholiques et d'alliance avec Louis XIV contre les Provinces-Unies. Il fut cependant contraint d'accepter le *Test Act* (1673) puis l'*Habeas Corpus Act* (1679).

■ **Charles III** (né en 1948) Roi du Royaume-Uni de Grande-Bretagne et d'Irlande du Nord et chef du Commonwealth depuis 2022. Fils d'Élisabeth II, il est nominalement chef de l'État de quatorze autres pays du Commonwealth, dont le Canada, l'Australie et la Nouvelle-Zélande.

AUTRICHE

■ **Charles de Habsbourg** dit **l'archiduc Charles** Général autrichien (1771-1847). Fils de l'empereur Léopold II, il lutta contre les armées de Napoléon mais, blessé à Wagram (1809), il dut se retirer du commandement.

■ **Charles Ier** (1887-1922) Empereur d'Autriche, roi de Hongrie sous le nom de Charles IV (1916-1918). Il succéda à son grand-oncle François-Joseph Ier. Il ne put empêcher la dislocation de l'Empire austro-hongrois et la proclamation de la république fédérale d'Autriche en octobre 1920.

BOURGOGNE

■ **Charles le Téméraire** (1433-1477) Duc de Bourgogne (1467-1477). Fils de Philippe III le Bon. Il participa à la ligue du Bien public contre le roi de France Louis XI. Après la bataille indécise de Montlhéry (1465), il obtint de celui-ci la restitution des villes de la Somme (traité de Conflans, 1465). Son projet d'unification des deux parties de son duché, la Flandre et la Bourgogne, suscita l'opposition de Louis XI qui encouragea la révolte des Liégeois. En réponse, Charles envahit la Picardie (1472), conquit la Lorraine (1475) mais il fut battu à Grandson et à Morat (1476). Il fut tué au siège de Nancy en combattant René II de Lorraine.

ESPAGNE

■ **Charles II** (1661-1700) Roi d'Espagne (1665-1700) et roi de Sicile, sous le nom de Charles V (1665-1700). Fils de Philippe IV. Vaincu par Louis XIV, il dut céder la Flandre en 1668, l'Artois et la Franche-Comté, en 1678. Son testament en faveur de Philippe d'Anjou est à l'origine de la guerre de Succession d'Espagne.

■ **Charles III** (1716-1788) Roi d'Espagne (1729-1788). Il régna d'abord sur Parme, sur la Toscane et sur le royaume de Naples et de Sicile, sous le nom de Charles VII (1734-1759). Fils de Philippe V. Partisan d'un despotisme éclairé, il œuvra pour le renforcement du pouvoir monarchique face à l'Église, contre l'emprise de laquelle il ne cessa de lutter. Il signa avec la France le pacte de Famille (1761) qui l'entraîna dans la guerre de Sept Ans et dans celle de l'Indépendance américaine.

■ **Charles IV** (1748-1819) Roi d'Espagne (1788-1808). Fils de Charles III. Il subit l'influence de son épouse, Marie-Louise de Parme, et du favori de celle-ci, Godoy. Il fut contraint d'abdiquer en faveur de son fils Ferdinand VII (1808), puis en faveur de Napoléon Ier, qui donna la couronne d'Espagne à son frère Joseph Bonaparte.

FRANCE

■ **Charles Ier** → Charlemagne

■ **Charles II le Chauve** (823-877) Roi de France (843-877) et empereur d'Occident (875-877). Fils de Louis le Pieux. Il conclut une alliance avec son frère Louis II le Germanique contre Lothaire (*Serments de Strasbourg*, 842). Ils signèrent tous les trois le traité de Verdun (843) qui partageait l'Empire carolingien : Charles devint alors le roi de la « Francia occidentalis ». Son règne fut marqué par les invasions normandes et le développement de la féodalité. Il était le père de Louis II le Bègue.

■ **Charles III le Simple** (879-929) Roi de France (898-922). Fils de Louis II le Bègue. En conflit avec Eudes, le comte de Paris, pour l'accession au trône, il dut partager le pouvoir jusqu'à la mort de celui-ci (898). Il concéda le pays de Caux à Rollon, chef des Normands, par le traité de Saint-Clair-sur-Epte (911). Vaincu et détrôné par Herbert de Vermandois, il mourut en prison.

■ **Charles IV le Bel** (v. 1294-1328) Roi de France et de Navarre (1322-1328). Fils de Philippe IV le Bel, il succéda à son frère Philippe V. Il consacra son règne au renforcement de l'administration royale au détriment des pouvoirs féodaux. Mort sans héritier mâle, il fut le dernier des Capétiens directs : la couronne passa aux Capétiens Valois.

■ **Charles V le Sage** (1338-1380) Roi de France (1364-1380). Assurant la régence du royaume pendant la captivité de son père Jean II le Bon, il réprima la révolte parisienne d'Étienne Marcel et la Jacquerie, et signa avec l'Angleterre le traité de Brétigny (1360). Avec l'aide de Du Guesclin, il mit fin à la lutte contre Charles II le Mauvais, roi de Navarre, débarrassa le royaume des Grandes Compagnies et reconquit la plupart des territoires pris par les Anglais. Protecteur des arts et des lettres, il fonda la Bibliothèque royale, reconstruisit le Louvre, et fit édifier l'hôtel Saint-Pol et la Bastille.

■ Charles VI le Bien-Aimé ou **le Fou** (1368-1422) Roi de France (1380-1422). Fils de Charles V. Il rejeta la tutelle de ses oncles, dont la politique avait provoqué la révolte des Maillotins en 1382, et fit appel aux Marmousets, les conseillers de son père (1388). Victime de crises de démence, il ne put empêcher la guerre entre armagnacs et bourguignons, ces derniers étant alliés aux Anglais. La fin de son règne fut marquée par la signature du traité de Troyes (1420) qui désignait Henri V d'Angleterre comme l'héritier légitime du royaume de France.

■ Charles VII (1403-1461) Roi de France (1422-1461). Fils de Charles VI. Réfugié à Bourges (1418) pendant la guerre civile entre armagnacs et bourguignons, déshérité au profit du roi d'Angleterre Henri V par le traité de Troyes signé en 1420, il fut reconnu comme roi de France par Jeanne d'Arc, qui délivra Orléans et le fit sacrer à Reims, en 1429. Après avoir reconquis sur les Anglais une partie du nord de la France, Charles VII signa le traité d'Arras avec Philippe le Bon, duc de Bourgogne. Il réorganisa son royaume, affirmant son autorité face à la papauté par la Pragmatique Sanction de Bourges (1438), créant une armée nouvelle (compagnies d'ordonnance et infanterie des francs-archers) et entreprenant, avec Jacques Cœur, l'assainissement des monnaies. Il acheva la reconquête de ses territoires, celle de la Normandie après la victoire de Formigny (1450) sur l'Angleterre et celle de la Guyenne après la bataille de Castillon (1453). Il était le père de Louis XI.

Charles VII et Jeanne d'Arc recevant la reddition de la ville de Troyes (1429), miniature, Bibliothèque nationale de France, Paris.

■ Charles VIII (1470-1498) Roi de France (1483-1498). Fils de Louis XI. Il régna d'abord sous la régence de sa sœur Anne de Beaujeu, qui le maria à Anne de Bretagne (1491), préparant ainsi le rattachement du duché à la Couronne. Après avoir cédé le Roussillon et la Cerdagne à l'Espagne, l'Artois et la Franche-Comté à l'Autriche, il entreprit la conquête du royaume de Naples (1495) mais, devant l'alliance entre Milan, Venise, Maximilien d'Autriche, Ferdinand d'Aragon et le pape Alexandre VI, dut battre en retraite.

■ Charles IX (1550-1574) Roi de France (1560-1574). Fils d'Henri II et de Catherine de Médicis et successeur de son frère François II. Son règne fut marqué par la double influence de sa mère et de Coligny. Devant faire face aux guerres de Religion, il mena une politique de conciliation avec le parti huguenot qui déboucha sur la paix de Saint-Germain (1570). Il ordonna cependant le massacre de la Saint-Barthélemy (1572).

■ Charles X (1757-1836) Roi de France (1824-1830). Petit-fils de Louis XV, frère de Louis XVI et de Louis XVIII, il prit part à la lutte contre-révolutionnaire puis séjourna en Angleterre jusqu'en 1814. Lieutenant général du royaume (1814), il prit la tête des ultras et succéda à Louis XVIII sur le trône en 1824. Partisan d'un retour aux principes de la monarchie absolue, il conduisit une politique autoritaire et, face aux progrès de l'opposition, nomma un conservateur, le prince de Polignac, à la tête de son gouvernement (1829). La dissolution de la Chambre après la chute du cabinet Polignac conduisit à de nouvelles élections qui renforcèrent l'opposition libérale. Les ordonnances de Saint-Cloud (suspension de la liberté de presse, modification de la loi électorale), le 25 juillet 1830, déclenchèrent la révolution de juillet 1830. Charles X abdiqua en faveur du comte de Chambord qui s'effaça devant le duc d'Orléans, Louis-Philippe, nommé lieutenant général du royaume et régent.

HONGRIE

■ Charles-Robert ou **Charles Ier**, dit **Carobert** (1288-1342) Roi de Hongrie (1308-1342). Petit-fils de Charles II d'Anjou. Il brisa la puissance de la noblesse magyare.

■ Charles II → **Charles III**, roi de Naples

■ Charles III → **Charles VI**, empereur germanique

■ Charles IV → **Charles Ier**, empereur d'Autriche

LORRAINE

■ Charles IV Duc de Lorraine (1604-1675). Il assista impuissant au rattachement de son duché à la couronne de France par le traité de Westphalie (1648).

■ Charles V Duc de Lorraine (1643-1690). Neveu de Charles IV. Il ne put entrer en possession de son héritage et servit dans l'armée de l'empereur Léopold Ier.

NAPLES

■ Charles Ier d'Anjou (1227-1285) Comte d'Anjou et du Maine (1232-1285), comte de Provence (1246-1285), roi de Naples et de Sicile (1266-1285). Fils de Louis VIII, il participa aux croisades aux côtés de son frère Louis IX. La révolte des Vêpres siciliennes (1282) lui fit perdre la Sicile au profit de Pierre III d'Aragon.

■ Charles II d'Anjou le Boiteux (v. 1254-1309) Comte de Provence et roi de Naples (1285-1309). Fils et successeur de Charles Ier d'Anjou. Il échoua dans ses tentatives de reconquête de la Sicile.

■ Charles III dit **Charles de Duras** ou **de Durazzo** (1345-1386) Roi de Naples (1381-1386), roi de Hongrie sous le nom de Charles II (1385-1386). Il fut assassiné à l'instigation de la veuve de Louis Ier, roi de Hongrie.

NAVARRE

■ Charles II le Mauvais (1332-1387) Roi de Navarre (1349-1387). Petit-fils de Louis X, roi de France. Prétendant au royaume de France, il soutint la révolte parisienne d'Étienne Marcel, s'allia aux Anglais, mais fut battu par Du Guesclin à Cocherel en 1364.

■ Charles III le Noble (1361-1425) Roi de Navarre (1387-1425). Fils de Charles II le Mauvais. Il se réconcilia avec les Valois et obtint le duché de Nemours.

SUÈDE

■ Charles VIII Knutsson (1409-1470) Roi de Suède (1448-1470). Il monta sur le trône lors de la séparation des royaumes de Suède, de Norvège et de Danemark.

■ Charles IX (1550-1611) Roi de Suède (1607-1611). Fils de Gustave Vasa. Il devint régent en 1595, puis monta sur le trône lorsque son neveu Sigismond fut déposé.

■ Charles X ou **Charles-Gustave** (1622-1660) Roi de Suède (1654-1660). Petit-fils de Charles IX. Successeur de sa cousine Christine. Il s'empara de la Pologne, en 1656, et imposa au Danemark la paix de Roskilde (1658).

■ Charles XI (1655-1697) Roi de Suède (1660-1697). Fils de Charles X. Allié de la France en 1675 dans la guerre contre les Provinces-Unies, il instaura la monarchie absolue en Suède.

■ Charles XII (1682-1718) Roi de Suède (1697-1718). Fils et successeur de Charles XI. Il remporta une série de victoires sur les Danois, les Russes et les Polonais. Après avoir mis Stanislas Leszczyński sur le trône de Pologne (1704), il envahit l'Ukraine, mais son armée fut vaincue à Poltava par les troupes de Pierre le Grand (1709). Réfugié chez les Turcs, il ne parvint à regagner la Suède qu'en 1715. Il fut tué au cours du siège de Fredrikshald, en Norvège.

■ Charles XIII (1748-1818) Roi de Suède (1809-1818). Il monta sur le trône après le renversement de son neveu Gustave IV. Il conquit la Norvège dont il devint roi en 1814. Il adopta Bernadotte, qui lui succéda.

■ Charles XIV ou **Charles-Jean [Charles Jean-Baptiste Bernadotte]** (1763-1844) Maréchal de France, roi de Suède et de Norvège (1818-1844). Engagé au service de Bonaparte, il se distingua lors des guerres napoléoniennes, notamment à Austerlitz, avant de se brouiller avec l'Empereur. Élu prince royal de Suède (1810), il fut adopté par le roi Charles XIII et combattit Napoléon, puis monta sur le trône en 1818.

■ Charles XV (1826-1872) Roi de Suède (1859-1872). Petit-fils de Charles XIV et successeur d'Oscar Ier. Il instaura la monarchie constitutionnelle en Suède.

■ Charles XVI Gustave (né en 1946) Roi de Suède. Il succéda à son grand-père Gustave VI Adolphe en 1973.

Charles (Ray Robinson, dit Ray) Chanteur et pianiste noir américain (1932-2004). Aveugle dès l'enfance, il s'imposa grâce à sa voix au registre étendu et à un large répertoire mêlant blues, gospels et variétés. *What'd I say ; Georgia on my mind ; Hit the Road, Jack.*

Ray Charles lors d'un concert à Paris (1988).

Charles (Jacques Alexandre César) Physicien français (1746-1823). Il fut le premier à employer l'hydrogène pour le gonflage des aérostats. Il démontra la constance du rapport entre la température et la pression à volume constant d'un gaz *(loi de Charles).*

Charles-Albert (1798-1849). Roi de Piémont-Sardaigne (1831-1849). Il accorda une constitution qui resta en vigueur jusqu'en 1946. Défait par les Autrichiens à Custozza (1848) et à Novare (1849), il abdiqua en faveur de son fils Victor-Emmanuel II.

Charles-Auguste (1757-1828). Duc (1758-1815) puis grand-duc (1815-1828) de Saxe-Weimar-Eisenach. Il fut l'un des premiers artisans de l'unité allemande. Il fit de son petit État un foyer intellectuel en attirant auprès de lui de brillants esprits tels que Goethe, Schiller et Herder.

Charles Borromée (saint) Cardinal italien (1538-1584). Archevêque de Milan. Ardent défenseur de la Contre-Réforme, il fonda la congrégation des Oblats, prêtres séculiers destinés à l'aider dans son œuvre de réforme de l'Église.

Charles de Cossé voir **Brissac**

Charles-de-Gaulle (aéroport Paris-) Le principal aéroport desservant Paris, près de Roissy-en-France, dans le Val-d'Oise. En activité depuis 1974.

Charles de Valois Prince français (1270-1325). Fils de Philippe III le Hardi, comte de Valois et d'Alençon (1285) et comte d'Anjou (1290). Frère de Philippe IV le Bel, il était le père de Philippe VI de Valois.

Charles d'Orléans Poète français (1394-1465). Duc d'Orléans, il est le petit-fils de Charles V, le neveu de Charles VI et le père de Louis XII. Chef des armagnacs, il fut capturé par les Anglais à Azincourt (1415) et ne fut libéré que vingt-cinq ans plus tard. En prison et après son retour, il composa de très nombreuses ballades, chansons et des rondeaux. *En* *regardant vers le pays de France ; En la forêt d'ennuyeuse tristesse.*

Charles-Emmanuel Ier le Grand (1562-1630). Duc de Savoie (1580-1630). Il combattit en Provence aux côtés de la Ligue (1589-1593).

Charles-Emmanuel II (1634-1675). Duc de Savoie (1638-1675). Fils de Victor-Amédée Ier, il resta fidèle à l'alliance française.

Charles-Emmanuel III (1701-1773). Duc de Savoie et roi de Sardaigne (1730-1773). Successeur de Victor-Amédée II. Il est l'initiateur d'une importante réforme judiciaire, le *Corpus Carolinum* (1770).

Charles-Emmanuel IV (1751-1819). Roi de Sardaigne (1796-1802). Fils de Victor-Amédée III. Chassé de Savoie par Grouchy, il abdiqua en faveur de son frère Victor-Emmanuel Ier.

Charles-Félix (1765-1831). Roi de Sardaigne (1821-1831). Il succéda à son frère Victor-Emmanuel Ier.

Charles Martel Maire du palais d'Austrasie et de Neustrie (v. 688-741). Fils de Pépin de Herstal, il œuvra en faveur de l'unification de l'État mérovingien. Il arrêta les Arabes menés par Abd al-Rahmān à Poitiers en 732 et fit reconnaître sa suzeraineté à l'Aquitaine et à la Provence. Il était le père de Carloman et de Pépin le Bref.

Charles-Roux (Edmonde) Journaliste et écrivaine française (1920-2016). Rédactrice en chef de l'édition française de *Vogue*, elle relia la mode et les autres formes de création. Autrice de romans (*Oublier Palerme*, prix Goncourt 1966 ; *Elle Adrienne*), elle a aussi écrit sur son mari Gaston Defferre (*L'Homme de Marseille*), sur Coco Chanel (*L'Irrégulière*) et Isabelle Eberhardt (*Un désir d'Orient*). Elle a été présidente de l'académie Goncourt de 2002 à 2013.

charleston [ʃaʀlɛstɔn] **n. m. (n. de la ville de Caroline du Sud) I.** Danse rapide où l'on lance les jambes de chaque côté en maintenant les genoux serrés (à la mode v. 1920-1925). **II.** mus. Paire de cymbales en opposition montées sur un pied (élément de la batterie). - abrév. fam. **charley** [ʃaʀlɛ]. *Des charleys.*

Charleston Ville des États-Unis (Caroline du Sud). 150 200 habitants. Fondée en 1670, la ville fut l'un des grands centres de l'armée sudiste et sa chute marqua la fin de la guerre de Sécession (1865). Port actif. Industrie pétrolière, chimique, aéronautique et métallurgique. Centre touristique.

Charleston Ville des États-Unis, capitale de la Virginie-Occidentale. 51 400 habitants. Centre administratif. Industrie du verre. Bassin houiller, raffineries de pétrole.

Charlet (Nicolas) Peintre, dessinateur et lithographe français (1792-1845). Il se consacra à la glorification des soldats de l'Empire et contribua ainsi au développement de la légende napoléonienne.

Charlet (Armand) Alpiniste français (1900-1975). Glaciériste expérimenté, il a ouvert des voies dans l'aiguille Verte (1926-1928) et dans les aiguilles du Diable (1925-1928).

Charleville-Mézières Chef-lieu des Ardennes, sur la Meuse. 46 388 habitants. Ville issue de la fusion de Charleville avec Mézières en 1966. Place Ducale du XVIIe s.

Charleville-Mézières, la place Ducale dont le dessin rappelle celui de la place des Vosges à Paris.

Musée Arthur-Rimbaud. Institut international de la marionnette. Industrie automobile.

Charlevoix (François-Xavier de) Jésuite et historien français (1682-1761). Il explora les régions du Saint-Laurent et du Mississippi. Il est l'auteur d'une *Histoire et Description générale de la Nouvelle-France* qui inspira Chateaubriand.

charley voir **charleston**

Charlie Hebdo Journal satirique français créé en 1969 par Cavanna et le professeur Choron. D'abord mensuel (*Charlie Mensuel*), il devint hebdomadaire en 1970. Reiser, Wolinski, Cabu ont participé à sa publication. Le 7 janvier 2015, le siège du journal fut la cible d'un attentat terroriste qui tua douze personnes parmi lesquelles le directeur de la rédaction Charb, les dessinateurs Cabu, Honoré, Tignous et Wolinski, et l'économiste Bernard Maris. Lors du procès des attentats de 2015, alors que *Charlie* venait de republier les caricatures du prophète Mahomet, une tentative d'assassinat eut lieu devant ses anciens locaux (sept. 2020).

Charlier (Jean-Michel) Scénariste belge de bandes dessinées (1924-1989). Il est l'auteur d'une vingtaine de bandes dessinées dont les plus connues sont *Buck Danny ; Barbe rouge ; Blueberry*.

Charlieu Commune de la Loire. 3 714 habitants. Restes d'une abbaye bénédictine des XIe et XVe s. Église Saint-Philibert du XIIIe siècle.

charlot n. m. (n. français du personnage comique créé par Charlie Chaplin) fam. Personne peu sérieuse, peu fiable. → **guignol.** *Bande de charlots !*

Charlot voir **Chaplin** (sir Charles Spencer, dit Charlie)

charlotte n. f. (du prénom) I. Entremets à base de fruits ou de crème aromatisée, qu'on entoure de biscuits. *Charlotte aux poires.* **II. (de *Charlotte* Corday)** Ancienne coiffure de femme à bord froncé. ■ Bonnet de caoutchouc pour protéger les cheveux (sous la douche...). **III.** Pomme de terre ronde à chair jaune clair.

Charlotte Ville des États-Unis (Caroline du Nord). 731 400 habitants. Architecture coloniale. Centre d'industries textile et mécanique. Université.

Charlotte de Belgique Impératrice du Mexique (1840-1927). Fille du roi des Belges Léopold Ier, elle épousa l'archiduc Maximilien d'Autriche qui devint empereur du Mexique. Elle sombra dans la folie à la suite de l'exécution de son mari à Querétaro (1867).

Charlotte de Nassau Grande-duchesse de Luxembourg (1896-1985). Elle succéda à sa sœur Marie-Adélaïde en 1919 et abdiqua en faveur de son fils, le prince Jean, en 1964.

Charlotte de Savoie Reine de France (v. 1445-1483). Seconde femme de Louis XI, elle était la mère de Charles VIII et d'Anne de France.

Charlotte-Élisabeth de Bavière dite **la princesse Palatine** (1652-1722). Seconde épouse du duc d'Orléans, frère de Louis XIV. Elle était la mère du Régent Philippe d'Orléans. Sa correspondance est d'un grand intérêt pour l'étude des mœurs aux XVIIe et XVIIIe siècles.

Charlottetown Ville du Canada, capitale de l'île du Prince-Édouard. 36 094 habitants. Port actif. Raffineries de pétrole. Industries textile, alimentaire et forestière.

charmant, ante adj. 1. Qui a un grand charme, qui plaît beaucoup. → **séduisant ; charmeur.** *Le prince charmant des contes de fées.* **2.** Qui est très agréable à regarder, à fréquenter. → **délicieux, ravissant.** *Un village charmant.* – (personnes) *Une jeune fille charmante.* → **agréable, plaisant.** « *Je la trouvai charmante, de ce charme à l'épreuve du temps* » (Rousseau). – iron. Désagréable. *Charmante soirée !*

1charme n. m. (vient du latin *carmen, carminis*) 1. Enchantement ; action magique. « *Charmes* » (poèmes de Valéry). *Jeter un charme.* → **sort.** – fig. *Être sous le charme*, charmé. *Le charme est rompu* : l'illusion cesse. – *Se porter* **comme un charme** : jouir d'une santé robuste. **2.** Qualité de ce qui attire, plaît ; attirance. → **agrément, attrait, séduction.** *Le charme de la nouveauté.* – Aspect agréable. *L'automne a son charme.* **3.** *Faire du charme* : essayer de plaire. **4.** vieilli ou iron. *Les charmes d'une femme*, ce qui fait sa beauté, sa grâce. → **appas.**

2charme n. m. (vient du latin *carpinus*) Arbre à bois blanc et dur, répandu en France.

Charm el-Cheikh Localité d'Égypte (mais occupée par Israël de 1967 à 1982), située à l'extrémité S. du Sinaï, au bord de la mer Rouge. 70 000 habitants. Station balnéaire. Entre 1999 et 2007, elle a accueilli plusieurs sommets internationaux relatifs à la question israélo-palestinienne et à la résolution du problème irakien. La COP27 s'y est tenue en 2022.

charmer v. tr. < 1 > 1. vieux Exercer une action magique sur. **2.** Attirer, plaire par son charme. → **ravir, séduire.** *Ce spectacle nous a charmés.* → **captiver, transporter. 3. (être) *charmé, ée* (terme de politesse)**, ravi, enchanté. *J'ai été charmée de vous voir.*

Charmes Commune des Vosges, au N. d'Épinal, sur la Moselle. 4 625 habitants. Lieu de la bataille de la « trouée de Charmes », en août-septembre 1914.

Charmettes (les) Hameau proche de Chambéry, en Savoie. La maison de madame de Warens, dans laquelle Jean-Jacques Rousseau séjourna entre 1736 et 1742 et qu'il célébra dans les *Confessions*, est aujourd'hui transformée en musée.

charmeur, euse n. 1. Personne qui plaît, qui séduit les gens. → **séducteur.** *C'est une grande charmeuse.* – **adj.** *Un sourire charmeur.* → **charmant. 2.** *Charmeur de serpents* : personne qui rend inoffensifs des serpents venimeux en les tenant « sous le charme » d'une musique. → **1psylle.**

charmille n. f. (de 2*charme*) Berceau de verdure. « *Allons sous la charmille où l'églantier fleurit* » (Hugo).

charnel, elle adj. (vient du latin *carnalis*, de *caro, carnis* → chair) 1. Qui a trait aux choses du corps, de la chair (opposé à *spirituel*). → **corporel, 1matériel, sensible.** « [...] *car le surnaturel est lui-même charnel* » (Péguy). **2.** Relatif à la chair, à l'instinct sexuel. → **sensuel.** *Acte charnel.* → **sexuel.** □ **adv. charnellement**

charnier n. m. (vient du latin *carnarium* → chair) 1. Lieu où l'on déposait les ossements des morts. → **ossuaire. 2.** Lieu où sont entassés des cadavres. *Les charniers des camps de concentration.*

charnière n. f. (de l'ancien français *charne*, qui vient du latin *cardo* → 1cardinal) 1. Assemblage de deux pièces métalliques réunies par un axe (autour duquel l'une des deux peut tourner). *Charnière de porte.* → **gond. 2.** fig. Point de jonction, de transition. *À la charnière de deux époques.* – **adj.** *Période charnière.*

charnu, ue adj. (de *charn* → chair) Bien fourni de chair, de muscles. *Lèvres charnues.* ■ *Fruit charnu*, dont la pulpe est épaisse.

charognard, arde n. 1. Vautour ; animal sauvage qui se nourrit de charognes. **2.** injure Personne qui exploite impitoyablement les malheurs des autres. → **chacal, vautour.** « *Le charognard ! La petite frappe !* [...] *Il est aussi vicieux que méchant* » (Céline). – **adj.** *La presse charognarde.*

charogne n. f. (vient du latin pop., de *caro* → chair) 1. Corps de bête morte ou cadavre en putréfaction. « *Une charogne* » (poème de Baudelaire). **2.** fam., injure → **ordure, saleté.**

charolais, aise adj. et n. Du Charolais. – spécialt (bovins) Élevé dans le Charolais. *La race charolaise.* ■ **n.** *Un charolais. Viande de charolais.*

Charolais n. m. Région de Bourgogne située au N.-E. du Massif central, en Saône-et-Loire. Plateaux granitiques morcelés par des fossés d'effondrement. La région est réputée pour son élevage bovin (race charolaise).

Charolles Chef-lieu d'arrondissement de la Saône-et-Loire, dans le Charolais. 2 849 habitants. Restes du château des comtes de Charolais. Marché agricole.

Charon Nocher des Enfers dans la mythologie grecque et romaine. Il fait traverser les âmes des morts de l'autre côté de l'Achéron pour le prix d'une obole.

Charondas (Loys Le Caron, dit) Poète et jurisconsulte français (1536-1617). On lui doit des ouvrages de droit, notamment *Le Grand Coutumier de France.*

Charpak (Georges) Physicien français d'origine polonaise (1924-2010). Il inventa un détecteur de particules (chambre à fils) et se consacra à la vulgarisation du savoir scientifique *(Devenez sorciers, devenez savants).* Prix Nobel 1992.

charpente n. f. **(ancien français *charpent,* qui vient du latin *carpentum* « chariot », mot gaulois) 1.** Assemblage de pièces de bois ou de métal destinées à soutenir une construction. *Bois de charpente.* **2.** *La charpente du corps humain,* ses parties osseuses. → **carcasse, ossature. 3.** Plan, structure (d'un ouvrage). *La charpente d'un roman.*

charpenter v. tr. < 1 > **1.** Tailler (des pièces de bois) pour une charpente. □ **n. m. charpentage 2.** fig. Organiser, construire. ■ **charpenté, ée p. p. adj.** *Roman bien charpenté.* ■ (personnes) *Un enfant solidement charpenté.* → **[1]bâti.**

charpenterie n. f. **1.** Technique des charpentes de bois. → **menuiserie. 2.** Chantier de charpente.

charpentier, ière n. **(vient du latin *carpentarius* « des chariots [de bois] » → charpente)** Personne qui fait des travaux de charpente. → **menuisier.**

Charpentier (Marc Antoine) Compositeur français (1643-1704). Grand maître de la musique baroque française, il composa pour le théâtre, notamment aux côtés de Molière (ouvertures et intermèdes du *Malade imaginaire*), avant de se tourner vers la musique religieuse. Il introduisit la cantate en France et instaura un genre nouveau : l'opéra chrétien. Il a laissé un nombre important de messes, de psaumes et de cantiques ainsi qu'un célèbre *Te Deum.*

Charpentier (Gustave) Compositeur français (1860-1956). Connu pour sa célèbre suite pour orchestre, *Les Impressions d'Italie,* il est également l'auteur d'un roman musical, *Louise.*

Charpentier (Emmanuelle) Microbiologiste française (née en 1968). Elle mit au point, avec Jennifer Doudna, des ciseaux moléculaires permettant de modifier les gènes d'une cellule. Académie des sciences. Prix Nobel de chimie 2020.

Emmanuelle Charpentier en 2015.

charpie n. f. **(de l'ancien français *charpir,* qui vient du latin, de *carpere* « cueillir ») 1.** ancienn Amas de fils tirés de vieilles toiles, servant à faire des pansements. **2.** loc. *Mettre, réduire en charpie :* déchirer, déchiqueter.

Charrat (Janine) Danseuse et directrice de ballet (1924-2017). Elle a signé de nombreux et prestigieux ballets avant de fonder sa compagnie, les Ballets Janine-Charrat, en 1952. *Jeux de cartes ; La Femme et son ombre.*

charre voir **[2]char**

charretée n. f. Contenu d'une charrette.

charretier, ière n. Personne qui conduit une charrette. – *Jurer comme un charretier,* grossièrement.

charreton n. m. Petite charrette.

Chartres

La cathédrale gothique Notre-Dame de Chartres, grand lieu de pèlerinage.

charrette n. f. **(de *char*) 1.** Voiture à deux roues, à ridelles, servant à transporter des fardeaux. → **carriole, [1]char, chariot, tombereau.** ■ *Charrette à bras,* tirée par une ou deux personnes. **2. (de *charrette des condamnés*)** Groupe de personnes licenciées. **3.** fam. Période de travail intensif. *Être en charrette.* – **adj.** *Être charrette :* avoir beaucoup de travail urgent.

charriage n. m. Action de charrier (I). – géol. *Nappe de charriage.*

charrier v. tr. < 7 > **(de *char* : « transporter par char ») I.** Entraîner, emporter dans son cours. *La rivière charrie du sable.* **II.** fam. *Charrier qqn,* se moquer de lui. → **mystifier ;** fam. faire **marcher.** – intrans. *Tu charries.* → **exagérer, plaisanter.**

charroi n. m. **(de *charroyer,* de *char*)** Transport par chariot.

charron, onne n. **(de *char*)** ancienn Personne qui fabrique des chariots, des charrettes.

Charron (Pierre) Moraliste français (1541-1603). Il publia en 1603 *De la sagesse,* inspiré par les *Essais* de Montaigne. Sa philosophie, proche du scepticisme, le fit accuser à tort d'athéisme.

charronnage n. m. ancienn Métier ou travail du charron.

Charroux Commune de la Vienne, sur la rive droite de la Charente. 1 099 habitants. Au Moyen Âge, l'ancienne abbaye Saint-Sauveur abrita de célèbres reliques et fut un lieu de pèlerinage.

charrue n. f. **(vient du latin *carruca,* de *carrus* → [1]char, d'abord « chariot », puis « instrument aratoire des Francs »)** Instrument agricole servant à labourer. – loc. *Mettre la charrue avant les bœufs :* faire d'abord ce qui devrait être fait ensuite.

charte n. f. **(ancien français *chartre,* qui vient du latin *cartula,* de *carta, charta* → carte) 1.** au Moyen Âge Titre de propriété, de vente, de privilège accordé par un seigneur. – *L'École des chartes,* préparant des spécialistes des documents anciens **(→ chartiste). 2.** hist. Constitution politique accordée par un souverain. ■ Lois et règles fondamentales. *La charte des Nations unies.* – *Charte de qualité.*

Charte (Grande) Charte imposée par les barons d'Angleterre au roi Jean sans Terre en 1215. Elle institua le contrôle de l'impôt par le Grand Conseil du royaume et garantit les droits féodaux ainsi que les libertés de l'Église et des villes contre l'arbitraire royal.

Charte constitutionnelle Charte octroyée par Louis XVIII aux Français lors de la première Restauration, en juin 1814. Compromis entre les acquis de la Révolution et de l'Empire et l'Ancien Régime, elle instaura en France la monarchie constitutionnelle et définit les mécanismes fondamentaux du régime parlementaire.

charte-partie n. f. **(→ charte et [2]partir)** mar. Écrit constatant l'existence d'un contrat d'affrètement. *Des chartes-parties.*

charter [ʃaʀtɛʀ] n. m. **(mot anglais)** anglic. Avion affrété. – appos. *Vols charters.*

chartériser v. tr. < 1 > anglic. Affréter, noliser. *Voyagiste qui chartérise un avion.*

Chartier (Alain) Écrivain et poète français (1390-1430). Il est l'auteur du *Quadrilogue invectif,* allégorie politique. *La Belle Dame sans merci,* recueil de poèmes courtois et patriotiques.

chartisme n. m. **1.** hist. Doctrine des partisans de la Charte de Louis-Philippe. **2.** Union des ouvriers anglais formée vers 1838. **3.** anglic., fin. Méthode d'analyse financière permettant d'établir des prévisions de cours, de prix.

chartiste n. **1.** Partisan de la Charte de Louis-Philippe. **2.** Élève de l'École des chartes. **3.** anglic. Analyste financier qui pratique le chartisme.

Chartres Chef-lieu de l'Eure-et-Loir, sur la rive gauche de l'Eure, dans la Beauce. 38 443 habitants. Centre agricole. Industries chimique et pharmaceutique. Évêché. La cathédrale Notre-Dame du XIIe s., reconstruite au XIIIe s., est un chef-d'œuvre de l'art gothique. Elle se caractérise par une rare unité de style, la nef, d'une largeur de 16,40 m (la plus large de France) a une longueur de 130 m pour une hauteur, mesurée au transept, de 32 m. On y trouve des portails sculptés des XIIe (statues-colonnes) et XIIIe s. ainsi qu'une riche collection de vitraux du XIIIe s. Église Saint-Pierre (XIe et XIIIe s.). Musée des Beaux-Arts et d'Archéologie médiévale. Collégiale Saint-André (XIIe s.).

chartreuse n. f. **(n. de lieu, latin *Cartusia,* p.-ê. du gaulois) I.** Couvent de chartreux. **II.** Liqueur aux herbes (fabriquée par les chartreux).

Chartreuse (massif de la Grande-) Massif des Préalpes qui s'étend de la cluse de Chambéry au N. à celle de Grenoble au S. Pic de Chamechaude (2 082 m). Au cœur du massif se trouve le monastère de la Grande-Chartreuse.

Chartreuse (la Grande-) Monastère fondé dans le massif de la Grande-Chartreuse par saint Bruno, en 1084. Les bâtiments actuels datent du XVIIe siècle.

chartreux, euse n. **(de *chartreuse*) 1.** Religieux, religieuse de l'ordre de saint Bruno. **2.** Chat européen à poil gris cendré.

chartrier n. m. **(→ charte)** didact. Recueil de chartes ; salle des chartes.

Charybde [ka-] et **Scylla** [si-] Monstres fabuleux gardant le détroit de Messine, dans la mythologie grecque. Les marins qui échappent aux tourbillons de Charybde tombent sur l'écueil de Scylla qui les dévore (d'où l'expression *tomber de Charybde en Scylla*).

Charyn (Jérome) Écrivain américain (né en 1937). Auteur de romans policiers dont le héros, simple inspecteur qui devient maire, symbolise le rêve américain *(Zyeux bleus ; Marilyn la Dingue).*

C

chas n. m. **(p.-ê. famille du latin *capsus* → caisse, châsse)** Trou (d'une aiguille).

Chase (René Brabazon Raymond, dit James Hadley) Écrivain britannique (1906-1985). Il est l'un des maîtres du roman criminel. Il écrivit environ 80 romans, qui se déroulent tous aux États-Unis. Le premier, *Pas d'orchidées pour Miss Blandish*, lui valut d'emblée la célébrité. Son roman *Eva* fut adapté au cinéma par Losey.

Chasles [ʃal] **(Michel)** Mathématicien français (1793-1880). L'un des principaux représentants de la géométrie projective. *Traité de géométrie supérieure.*

Chassagne-Montrachet Commune de la Côte-d'Or, au pied de la côte viticole. 288 habitants. Vins blancs et rouges réputés.

chasse n. f. **(de *chasser*)** **I. 1.** Action de chasser, de poursuivre les animaux (**→ gibier**) pour les manger ou les détruire (**→ cynégétique**). *Aller à la chasse.* – ***De chasse.*** *Permis de chasse. Chiens de chasse.* – ***Chasse à courre***, avec des chiens, sans armes à feu. **→ vénerie.** – *Chasse organisée.* **→ battue.** *Chasse aux canards.* – *Chasse sous-marine.* **→ ^{2}pêche.** **2.** Période où l'on a le droit de chasser. *La chasse est ouverte.* **3.** Terre réservée pour la chasse. *Chasse gardée ;* fig. activité que l'on se réserve exclusivement. **II.** Poursuite ; action de poursuivre. *Faire, donner la chasse (à...) ; prendre en chasse.* – *Chasse à l'homme*, poursuite d'un individu recherché. ■ *Avion de chasse*, chargé de poursuivre et de détruire les avions ennemis. **→ chasseur.** **III.** Écoulement rapide donné à une retenue d'eau. *Bassin, écluse de chasse.* – loc. ***Chasse (d'eau)*** : dispositif servant à nettoyer la cuvette des WC.

châsse n. f. **(vient du latin *capsa* → caisse ; châssis)** **1.** Coffre où l'on garde les reliques d'un saint. **2.** argot Œil.

chassé n. m. danse Pas où une jambe exécute un pas glissé tandis que l'autre se rapproche.

chasse-clou n. m. techn. Outil servant à enfoncer profondément les clous. *Des chasse-clous.*

chassé-croisé n. m. **1.** Mouvement par lequel deux danseurs se croisent. **2.** Échange réciproque et simultané (de place, de situation...). *Des chassés-croisés.*

chasselas n. m. **(du n. de la ville)** Raisin de table blanc.

Chasselas Commune de la Saône-et-Loire, située sur la côte chalonnaise. 170 habitants. Cépage produisant le chasselas.

Chasseloup-Laubat (François, marquis de) Général et ingénieur militaire français (1754-1833). Il prit part aux campagnes de l'Empire, dirigea le siège de Dantzig en 1807 et fit réaliser de nombreuses fortifications dans le Piémont. ■ **Justin de Chasseloup-Laubat.** Homme politique français (1805-1873). Fils de François, il fut ministre de la Marine et des Colonies sous le Second Empire et œuvra en faveur de l'annexion de la Cochinchine et du Cambodge.

chasse-marée n. m. vieux Petit bateau côtier de pêcheur breton, à trois mâts. *Des chasse-marée* (invar.) ou *des chasse-marées.*

chasse-mouche n. m. Petite raquette ou petit balai de crins pour écarter les mouches. *Des chasse-mouches.*

chasse-moustique n. m. (Canada) Substance répulsive qui éloigne les moustiques. *Des chasse-moustiques.*

chasse-neige n. m. **1.** Engin muni d'un dispositif pour enlever la neige. *Des chasse-neiges* ou *des chasse-neige* (invar.). **2.** Position des skis servant à freiner. *Descendre une pente en chasse-neige.*

chasse-pierre n. m. Appareil placé à l'avant des locomotives, qui écarte les obstacles (pierres, etc.) des rails. *Des chasse-pierres.* - var. **chasse-pierres** (invar.).

chassepot n. m. **(n. de l'inventeur)** hist. Fusil à aiguille.

chasser v. < 1 > **(vient du bas latin *captiare*, var. de *captare* → capter, de *capere* → capable)** **I.** v. tr. **1.** Poursuivre (les animaux) pour les tuer ou les prendre. **→ chasse.** *Chasser le lièvre, le tigre.* – absolt « *On ne chasse pas pour se nourrir* » (J. Renard). **2.** Mettre dehors ; faire sortir de force. **→ expulser, renvoyer.** *Chasser un indésirable.* **→ congédier, renvoyer.** – *Les peintres le chassent de chez lui.* **3.** Faire partir, éliminer (qqch.). *Le vent chasse les nuages.* – *Chasser une idée de son esprit.* **II.** v. intr. Être poussé, entraîné malgré une résistance. *Les roues chassent sur le verglas.* **→ déraper, ^{1}patiner.**

château

Le château médiéval d'Ainay-le-Vieil (Cher), forteresse construite vers 1300.

chasseresse n. f. et adj. **(fém. ancien de *chasseur*)** littér. Femme qui chasse. *Diane chasseresse*, déesse de la chasse.

Chassériau (Théodore) Peintre français (1819-1856). Influencé par Delacroix, il exprima, dans ses peintures, une sensualité langoureuse ainsi qu'une nostalgie romantique. *Vénus marine ; Suzanne au bain ; La Toilette d'Esther.*

Théodore Chassériau : *Les Deux Sœurs* (1843), musée du Louvre, Paris.

chasse-roue n. m. Borne ou arc métallique placé à l'angle d'une porte, d'un mur, pour en écarter les roues des voitures. *Des chasse-roues.*

chasseur, euse n. le fém. ne s'emploie qu'au sens 1 → aussi chasseresse **1.** Personne qui pratique la chasse (surtout au fusil). *Chasseur sans permis.* **→ braconnier.** ■ fig. *Chasseur de têtes*, recruteur de cadres dirigeants. – *Chasseur d'images* : photographe, cinéaste à la recherche d'images, de scènes. **2.** n. m. Domestique en livrée, attaché à un hôtel, à un restaurant. **→ groom.** **3.** n. m. Membre de certains corps de troupes. *Chasseurs à pied, chasseurs alpins.* **4.** n. m. Avion léger, rapide et maniable destiné aux combats aériens.

chassie n. f. **(vient du latin pop., de *cacare* → chier)** Matière gluante s'accumulant sur le bord des paupières.

chassieux, euse adj. Qui a de la chassie. *Des yeux chassieux.*

châssis n. m. **(de *châsse*)** **1.** Cadre destiné à maintenir en place des planches, des vitres, du tissu, du papier. **→ ^{1}bâti, cadre.** ■ Cadre sur lequel on tend la toile d'un tableau. **2.** Encadrement (d'une ouverture ou d'un vitrage) ; vitrage encadré. **3.** Charpente ou bâti de machines, de véhicules.

chaste adj. **(vient du latin *castus* « conforme aux rites », du sanskrit, puis « pur », influence de *carere* « manquer de » → carence)** **1.** Qui s'abstient volontairement des plaisirs sexuels. **→ pur.** **2.** (choses, actions) **→ décent, modeste, pudique.** *Amour chaste. Des oreilles chastes.* **→ innocent.** □ adv. **chastement**

Chastel (André) Historien et critique d'art français (1912-1990). Spécialiste de l'art italien de la Renaissance, il est l'auteur d'une monumentale étude de *L'Art français.*

Chastellain [ʃatlɛ̃] **(Georges)** Chroniqueur flamand (v. 1410-1475). Conseiller de Philippe le Bon, duc de Bourgogne, il est l'auteur d'une *Chronique des ducs de Bourgogne.*

Chastenet de Castaing (Jacques) Journaliste et historien (1893-1978). Auteur d'une *Histoire de la IIIe République.*

chasteté n. f. Comportement d'une personne chaste. *Faire vœu de chasteté.*

chasuble n. f. **(vient du bas latin, de *casula*, de *casa* « maison »)** **1.** Manteau à deux pans, que le prêtre revêt pour célébrer la messe. **2.** Vêtement sans manches qui a cette forme. – appos. *Robe chasuble.*

^{1}chat, chatte n. **(vient du latin tardif *cattus*, *gattus*, p.-ê. mot africain [berbère])** **I. 1.** Petit mammifère familier à poil doux, aux yeux oblongs et brillants, à oreilles triangulaires, aux griffes rétractiles. **→ matou ;** fam. **minet.** *Chat de gouttière. Chat angora, siamois. Le chat miaule, ronronne. Une chatte et ses chatons.* « *Les chats puissants et doux, orgueil de la maison* » (Baudelaire). **2.** (au masc.) prov. *La nuit, tous les chats sont gris* : on confond tout dans l'obscurité. – *Quand le chat n'est pas là, les souris dansent* : les gens agissent librement quand il n'y a plus de surveillance. – *Chat échaudé craint l'eau froide* : une mésaventure rend trop prudent. – *À bon chat, bon rat* : la défense, la réplique vaut, vaudra l'attaque. – allus. « *Le petit chat est mort* » (Agnès, dans *L'École des femmes* de Molière). ■ loc. *Écrire comme un chat*, d'une manière illisible. **→ griffonner.** – *Appeler un chat un chat* : appeler les choses par leur nom. – *Avoir un chat dans la gorge* : être enroué. – *Il n'y a pas un chat*, absolument personne. – *Avoir d'autres chats à fouetter*, des affaires plus importantes. – *Donner sa langue au chat* : avouer son ignorance. **3.** adj. *Elle est chatte*, câline (**→ chatterie**). – n. terme d'affection *Mon chat, ma petite chatte.* **4.** n. m. Personne qui poursuit les autres (à un jeu) ; jeu de poursuite. *Jouer à chat perché.* **5.** Mammifère carnivore dont le chat (1) est le type. *Chats sauvages.* **→ chat-tigre, guépard, haret, ocelot.** **II.** (de l'anglais) *Chat à neuf queues* : fouet à neuf lanières. **III.** n. f. fam. et vulg. Sexe de la femme.

^{2}chat ou **tchat** [tʃat] **n. m.** (anglais *chat* « bavardage ») anglic. Communication en temps réel sur Internet, par échange de messages écrits. ➔ **clavardage.** - recomm. offic. **dialogue en ligne.**

châtaigne n. f. (vient du latin *castanea*, du grec, mot d'Asie Mineure) **I.** Fruit du châtaignier, masse farineuse enveloppée d'une écorce lisse de couleur brun rougeâtre. ➔ **^{1}marron** (I, 1). *La bogue d'une châtaigne.* **II.** fam. Coup de poing. ➔ **^{1}marron** (II).

châtaigner v. intr. < 1 > fam. Se battre violemment. – pronom. *Ils se châtaignent pour un rien.* ➔ se **castagner.**

châtaigneraie n. f. Lieu planté de châtaigniers.

châtaignier n. m. Arbre de grande taille, vivace, à feuilles dentées dont le fruit est la châtaigne.

châtain adj. m. (de *châtaigne*) De couleur brun clair. *Cheveux châtains.* – *Une femme châtain,* aux cheveux châtains.

chataire voir **cataire**

chatbot [tʃatbɔt] **n. m.** (mot anglais, de *chat* ➔ **^{2}chat** et *bot* ➔ **^{2}bot**) anglic. inform. Logiciel qui simule le dialogue en langage naturel avec l'utilisateur. *Des chatbots.*

château n. m. (vient du latin *castellum* « forteresse », de *castrum*) **1.** *Château (fort)* : demeure féodale fortifiée et défendue par des remparts, des tours et des fossés. ➔ **citadelle, ^{1}fort, forteresse.** *Un château médiéval.* **2.** Habitation seigneuriale ou royale ; grande et belle demeure. ➔ **^{1}palais.** *Les châteaux de la Loire. Petit château.* ➔ **gentilhommière, manoir.** – *Mener une vie de château,* une vie oisive, opulente. **3.** loc. *Faire des châteaux en Espagne* : échafauder des projets chimériques. **4.** *Château de cartes* : échafaudage de cartes, fragile. **5.** *Château d'eau* : grand réservoir à eau. **6.** Propriété productrice de vins de Bordeaux. *Château-Margaux.* – plais. *Château-la-Pompe* : eau du robinet.

Châteaubourg Commune de l'Ille-et-Vilaine, sur la Vilaine. 7 516 habitants.

chateaubriand n. m. (n. propre, l'écrivain ou la ville) Épaisse tranche de filet de bœuf grillé. - var. **châteaubriant.** - abrév. fam. **châteu.**

Chateaubriand (François-René, vicomte de) Écrivain français (1768-1848). Il interrompit sa carrière militaire au moment de la Révolution pour voyager en Amérique (1791), puis émigra à Londres (1793). De retour en France, en 1800, il inclut *Atala* et *René,* deux récits majeurs du jeune romantisme, dans *Le Génie du christianisme,* œuvre apologétique. Un temps ministre de Bonaparte, il démissionna dès 1804 et fit un voyage en Orient dont il tira le récit d'une épopée chrétienne, *Les Martyrs.* Ambassadeur à Londres (1822) puis ministre des Affaires étrangères (1822-1824) sous la Restauration, il publia de nombreux récits de voyage, dont *Les Aventures du dernier Abencérage* et *Les Natchez.* Hostile à la monarchie de Juillet, il se retira de la vie politique pour se consacrer à ses méditations religieuses *(La Vie de Rancé)* ainsi qu'à ses *Mémoires d'outre-tombe,* son chef-d'œuvre, commencé en 1809, achevé en 1841 et publié après sa mort. Son écriture sensible, mélancolique et évocatrice en fit l'initiateur de la prose lyrique du romantisme.

Portrait de Chateaubriand par Anne-Louis Girodet-Trioson (1808), Musée d'Histoire, Saint-Malo.

Châteaubriant Chef-lieu d'arrondissement de la Loire-Atlantique. 12 016 habitants. Vestiges du Vieux-Château (XIe s.). Château-Neuf (XVIe s.). Église romane Saint-Jean-de-Béré (XIe s.).

Château-Chinon Chef-lieu d'arrondissement de la Nièvre. 1 934 habitants. Fontaine aux sculptures mobiles, par J. Tinguely et N. de Saint-Phalle. Musée du Septennat de F. Mitterrand.

Château-d'Oléron (Le) Commune de la Charente-Maritime, dans l'île d'Oléron. 4 312 habitants. Station balnéaire. Ostréiculture.

Châteaudun Chef-lieu d'arrondissement de l'Eure-et-Loir, aux confins de la Beauce et du Perche. 12 949 habitants. Château avec donjon du XIIe s., agrandi au XVIe s. Église de la Madeleine, du XIIe siècle.

Château-d'Yquem Vignoble bordelais. Parcelles de vins blancs, les plus renommés de l'appellation Sauterne.

Château-Gaillard voir **les Andelys**

Châteaugay Commune du Puy-de-Dôme. 3 104 habitants. Vestiges d'un château des XIVe-XVIe s. Viticulture.

Châteaugiron Commune de l'Ille-et-Vilaine. 10 541 habitants. Vestiges d'un château féodal.

Château-Gontier-sur-Mayenne Chef-lieu d'arrondissement de la Mayenne. 16 845 habitants. Église romane Saint-Jean-Baptiste, avec vestiges de fresques romanes et gothiques.

Châteauguay n. m. Rivière du Canada et des États-Unis, affluent du Saint-Laurent. 81 km.

Châteauguay Ville du Canada (Québec), sur la rive droite du Saint-Laurent, dans la banlieue S. de Montréal. 47 906 habitants. Église du XVIIIe siècle.

Château-Landon Commune de la Seine-et-Marne, au S. de Nemours. 3 020 habitants. Église Notre-Dame, avec clocher du XVe s. Ancienne abbaye Saint-Séverin, avec fresques du XIIe siècle. Industrie alimentaire (viande).

Châteaulin Chef-lieu d'arrondissement du Finistère. 5 156 habitants. Chapelle Notre-Dame, avec colonnes et chapiteaux du XIIIe s., restaurée en 1991.

Châteaumeillant Commune du Cher. 1 740 habitants. Église romane Saint-Genès. Viticulture.

Châteauneuf-du-Faou Commune du Finistère. 3 650 habitants.

Châteauneuf-du-Pape Commune du Vaucluse. 2 061 habitants. Vestiges d'un château construit par les papes d'Avignon (XIVe s.). Vins rouges célèbres depuis Jean XXII (« vin du pape »).

Châteauneuf-en-Thymerais Commune de l'Eure-et-Loir. 2 614 habitants.

Châteauneuf-lès-Martigues Commune des Bouches-du-Rhône. 17 809 habitants.

Châteauneuf-sur-Charente Commune de la Charente. 3 546 habitants. Église Saint-Pierre du XVe siècle.

Châteauneuf-sur-Cher Commune du Cher. 1 425 habitants. Forteresse du XIe s., remaniée.

Châteauneuf-sur-Loire Commune du Loiret. 8 382 habitants. Musée de la Marine de Loire. Métallurgie.

Châteauponsac Commune de la Haute-Vienne. 2 036 habitants. Église Saint-Thyrse des XIIe et XVe s., avec chœur roman orné de chapiteaux sculptés.

Châteaurenard Commune des Bouches-du-Rhône. 16 201 habitants. Vestiges d'un château du XIVe siècle.

Château-Renard Commune du Loiret. 2 106 habitants. Château de la Motte (XVIe-XVIIe s.).

Château-Renault Commune de l'Indre-et-Loire. 4 895 habitants. Château du XIIe s., remanié.

Châteauroux (Marie-Anne de Mailly-Nesle, duchesse de) Dame française (1717-1744). Elle fut l'une des maîtresses les plus influentes de Louis XV.

Châteauroux Chef-lieu de l'Indre. 43 331 habitants. Église des Cordeliers (XIIIe s.) ; église Saint-Martial (XIIe et XVe s.). Administrations. Industries (métallurgie, céramique, textile).

Le Château-Raoul, peut-être à l'origine du nom de Châteauroux.

Château-Salins Commune de la Moselle. 2 304 habitants. Extraction de sel gemme.

Château-Thierry Chef-lieu d'arrondissement de l'Aisne. 15 306 habitants. Maison natale de La Fontaine et musée. Viticulture (champagne). Matériel optique.

Châtel (Jean) (1575-1594). Il tenta d'assassiner Henri IV (1594) et fut écartelé.

Châtelaillon-Plage Commune de la Charente-Maritime. 6 024 habitants. Ostréiculture.

Chatelain (Eugène Pierre Amable) Homme politique et écrivain français (1829-1902). Il participa à la révolution de 1848 et à la Semaine sanglante (22-28 mai 1871). Il

Châteauneuf-du-Pape

Châteauneuf-du-Pape et son vignoble aux treize cépages.

C

C

laissa plusieurs recueils de poèmes *(Les Exilées de 1871)*.

châtelain, aine n. (de *châtel* → château) 1. Seigneur ou dame d'un château féodal. 2. Personne qui possède ou qui habite un château.

châtelaine n. f. ancient Chaîne portée en ceinture. ■ Sautoir à gros chaînons.

Châtelet (Émilie Le Tonnelier de Breteuil, marquise du) (1706-1749). Érudite, elle écrivit plusieurs traités de physique, traduisit les *Principes mathématiques de la philosophie naturelle*, de Newton, et vécut une quinzaine d'années avec Voltaire.

Châtelet Ville de Belgique (province de Hainaut), sur la Sambre. 35 668 habitants.

Châtelet (Grand et Petit) Anciennes forteresses parisiennes qui protégeaient l'accès de la Cité (IXe s., reconstruites au XIIe s.). Elles furent toutes deux démantelées, le Petit Châtelet en 1782, le Grand Châtelet en 1802.

Châtelet-en-Brie (Le) Commune de la Seine-et-Marne. 4 282 habitants. Industrie agroalimentaire.

Châtel-Guyon Commune du Puy-de-Dôme. 6 283 habitants. Station thermale datant de l'époque romaine.

châtellenie n. f. hist. Seigneurie et juridiction d'un seigneur châtelain.

Châtellerault Chef-lieu d'arrondissement de la Vienne. 31 573 habitants. Église Saint-Jacques (XIIe-XIIIe s.). Pont Henri-IV sur la Vienne (fin XVe-début XVIe s.). Centre industriel (automobile et aéronautique).

Châtenay-Malabry Commune des Hauts-de-Seine. 34 383 habitants. Église Saint-Germain-l'Auxerrois (XIe s., remaniée au XIIIe s.).

Chatham (îles) Petit archipel volcanique de la Nouvelle-Zélande, dans l'Océanie, situé à l'E. de la Nouvelle-Zélande. 963 km². 750 habitants. Station météorologique.

Chatham Ville d'Angleterre (Kent), sur l'embouchure de la Medway. 76 800 habitants. Principal port du pays aux XVIIe et XVIIIe siècles.

chat-huant n. m. (de *chahuant*, qui vient du latin *cavannus* → ¹chouette et huer, d'après *chat*) Rapace nocturne qui possède deux touffes de plumes semblables à des oreilles de chat. → ¹chouette, hulotte. *Des chats-huants.*

châtier v. tr. < 7 > (vient du latin *castigare*, de *castus* « conforme aux règles » → chaste) littér. 1. Infliger une peine à (qqn) pour corriger. → punir. *Châtier un coupable.* 2. fig. Rendre (son style) plus correct et plus pur. → corriger, épurer. – au p. p. *Un langage châtié.* → académique, correct.

chatière n. f. Petite ouverture (passage pour les chats, trou d'aération).

Chatila voir Sabra

Châtillon Commune des Hauts-de-Seine. 36 392 habitants. Installations du Commissariat à l'énergie atomique.

Châtillonnais n. m. Région de plateaux calcaires aux confins de la Côte-d'Or et des départements limitrophes, au N. du Morvan. Vallées encaissées de l'Ource, de l'Aube et de la Seine.

Châtillon-sur-Chalaronne Commune de l'Ain. 4 968 habitants. En 1617, saint Vincent de Paul y fonda la première de ses confréries de la Charité.

Châtillon-sur-Indre Commune de l'Indre. 2 326 habitants. Église romane des XIe et XIIe s., avec chapiteaux sculptés.

Châtillon-sur-Seine Commune de la Côte-d'Or, dans le Châtillonnais. 5 352 habitants. Église Saint-Vorles du XIe s., remaniée. Musée archéologique gallo-romain (trésor de Vix).

châtiment n. m. (de *châtier*) Peine sévère. → punition ; châtier. *Châtiment corporel. Infliger, subir un châtiment.* « *Crime et Châtiment* » (roman de Dostoïevski). « *Les Châtiments* » (poèmes de Hugo).

Chat noir (Le) Cabaret parisien fondé en 1881 par Rodolphe Salis sur le boulevard Rochechouart, à Montmartre. Bastion de la chanson réaliste française, il ferma ses portes en 1897.

chatoiement n. m. (de *chatoyer*) Reflet changeant de ce qui chatoie. → miroitement. *Le chatoiement d'une étoffe.*

¹chaton n. m. Jeune chat.

²chaton n. m. (du francique *kasto* « boîte » ou famille du latin *capsa* → caisse) Tête d'une bague où s'enchâsse une pierre précieuse ; cette pierre.

³chaton n. m. (de *²chaton*, influence de *¹chaton*) 1. Assemblage de fleurs de certains arbres, épi duveteux. *Chatons de noisetier.* 2. Petit amas de poussière. → mouton.

chatou voir chatrou

Chatou Commune des Yvelines. 29 709 habitants.

chatouille n. f. fam. Action de chatouiller. *Faire des chatouilles.*

chatouillement n. m. 1. → chatouille. 2. Léger picotement.

chatouiller v. tr. < 1 > (origine obscure, p.-ê. onomatopéique) 1. Produire, par des attouchements légers et répétés sur la peau, des sensations qui provoquent un rire convulsif. *Chatouiller la plante des pieds (à qqn).* – pronom. (récipr.) *Enfants qui se chatouillent.* 2. Faire subir un léger picotement. → agacer, picoter. « *Est-ce que ça vous chatouille ou est-ce que ça vous gratouille ?* » (le Dr Knock, dans la pièce de J. Romains). 3. littér. Exciter doucement par une sensation, une émotion agréable. → titiller. *Chatouiller la vanité de qqn.* → flatter.

chatouilleux, euse adj. 1. Qui est sensible au chatouillement. 2. Qui se fâche aisément ; qui réagit vivement. → irritable, susceptible. *Elle est chatouilleuse sur ce sujet.*

chatouillis n. m. fam. Petit chatouillement.

chatoyant, ante adj. Qui a des reflets vifs et changeants.

chatoyer v. intr. < 8 > (de *¹chat*, à cause des reflets de l'œil du chat) Changer de couleur, avoir des reflets différents suivant le jeu de la lumière. → miroiter.

Châtre (La) Chef-lieu d'arrondissement de l'Indre. 4 048 habitants. Musée George-Sand.

châtrer v. tr. < 1 > (vient du latin *castrare* → castrer) Rendre (un homme, un animal mâle) impropre à la reproduction en mutilant les testicules. → castrer. *Châtrer un taureau, un chat.* – par ext. Rendre (un mâle ou une femelle) impropre à la reproduction. *Faire châtrer une chatte.* ■ au p. p. *Homme châtré.* → eunuque.

chatrou n. m. (mot créole des Antilles) (Antilles) Poulpe. - var. chatou.

Chatt al-Arab n. m. Fleuve d'Irak, débouchant sur le golfe Arabo-Persique, et formé par la réunion du Tigre, de l'Euphrate et du Kārun. 180 km. Région fertile, où se trouvent les plus grandes palmeraies du monde. Unique débouché maritime de l'Irak, le Chatt al-Arab occasionna un contentieux territorial qui conduisit à la guerre entre l'Irak et l'Iran (1980-1988).

Chattam (Maxime Drouot, dit Maxime) Écrivain français (né en 1976). Spécialiste du roman policier, il en a exploré différents sous-genres : fantastique *(Le Cinquième Règne*, paru sous le nom de Maxime Williams), noir et d'investigation *(La Trilogie du Mal)*, historique et ésotérique *(Le Requiem des abysses)*, d'espionnage *(Les Arcanes du chaos)*.

Chattanooga Ville des États-Unis (Tennessee), dans les Appalaches, sur le fleuve Tennessee. 168 000 habitants. Tourisme. Pendant la guerre de Sécession, la *bataille de Chattanooga* vit la victoire de Grant et Sherman sur les confédérés (1863).

chatte n. f. voir ¹chat

chattemite n. f. (de *chatte* et ancien français *mite* « hypocrite ») loc. fam. *Faire la chattemite*, prendre un air doux, pour tromper.

chatter ou **tchatter** [tʃate] v. intr. < 1 > Participer, prendre part à un chat. → clavarder. □ n. **chatteur, euse** ou **tchatteur, euse** [tʃatœʀ, øz]

chatterie n. f. 1. Caresse, câlinerie. « *Il n'était point d'attentions, de délicatesses, de chatteries qu'elle n'eût pour son mari* » (Maupassant). 2. au plur. Choses délicates à manger. → douceur, friandise, gâterie. 3. Élevage de chats.

chatterton [ʃatɛʀtɔn] n. m. (du n. de l'inventeur) Ruban de toile isolant et très adhésif.

Chatterton (Thomas) Poète britannique (1752-1770), dont le destin tragique (il se suicida à l'arsenic) inspira Vigny *(Chatterton)* et les romantiques français, qui virent en lui le type du poète maudit. Il laissa notamment une *Ballade de la charité*, qui influença Coleridge et Keats.

chat-tigre n. m. Grand chat sauvage. → ocelot. *Des chats-tigres.*

Chaucer (Geoffrey) Poète anglais (v. 1340-1400). Son œuvre, qui se présente comme une synthèse des influences française et italienne, notamment de Boccace, a contribué à fixer la forme du vers « héroïque » en décasyllabes, typique de la grande poésie anglaise. Chaucer introduisit également le rondeau, le virelai, la ballade et la stance de sept vers, à laquelle son nom reste attaché. Ses *Contes de Cantorbéry*, véritable chronique sociale qui tend à « représenter les hommes au naturel », font de lui le premier écrivain réaliste. Il donna une

Chaussée des Géants

Les orgues basaltiques de la Chaussée des Géants présentent des colonnes pouvant atteindre 12 m de haut.

traduction très fidèle du *Roman de la Rose*, qui contribua à former l'identité de la littérature et de la langue anglaises.

chaud, chaude **(vient du latin *caldus, calidus*, de *calere* → chauffer)** **I. adj. 1.** (opposé à *froid, frais*) Qui est à une température plus élevée que celle du corps ; qui donne une sensation de chaleur (→ **chaleur, chauffer**). *Eau chaude. À peine chaud* (→ **tiède**) ; *très, trop chaud* (→ **bouillant, brûlant**). *Repas chaud. Climat chaud et humide.* ■ **adv.** *Boire chaud. Chaud les marrons !* **2.** Qui réchauffe ou garde la chaleur. *Un vêtement chaud.* **3.** Qui met de l'animation, de la passion dans ce qu'il fait. → **ardent, chaleureux, enthousiaste, fervent, passionné.** *Elle n'est pas très chaude pour cette affaire.* ■ Où il y a de l'animation, de la passion. → **animé, vif.** *La discussion sera chaude.* **4.** Qui donne une impression de chaleur. *Une voix chaude*, grave et bien timbrée. – *Tons chauds.* **5.** (Sensuel) loc. *Un chaud lapin**. ■ *Quartier chaud, rue chaude* (prostitution). **6.** **(calque de l'anglais)** Point* chaud. **II. n. m. 1.** (employé avec *le froid*) *Le chaud*, la chaleur. – *Un chaud et froid :* un refroidissement. **2.** ***Au chaud*** : en conservant la chaleur. *Rester au chaud.* **3.** nominal (après un verbe) *Avoir chaud, très, trop chaud.* – fam. *On crève de chaud, ici !* – *Il fait chaud.* ■ ***Avoir chaud*** : avoir peur. *On a eu chaud !* ■ loc. *Cela ne me fait ni chaud ni froid*, m'est indifférent. **4.** ***À chaud*** **loc. adv.** : au moment où l'évènement vient de se produire. *Réagir à chaud.* – *Opérer à chaud* : faire une opération chirurgicale en pleine crise.

chaude **n. f. 1.** techn. Degré de chaleur donné à une substance (verre, métal) pour la travailler. **2.** régional Flambée pour se réchauffer.

chaudeau **n. m.** **(de *chaud* et *eau*)** cuis. ou régional **1.** Bouillon chaud. **2.** Lait chaud.

chaudement **adv. 1.** De manière à conserver sa chaleur. *Être vêtu chaudement.* **2.** fig. Avec chaleur, animation. *Féliciter chaudement qqn.* → **chaleureusement.**

chaude-pisse **n. f.** fam. Blennorragie (inflammation des voies génito-urinaires). *Des chaudes-pisses.*

Chaudes-Aigues Commune du Cantal, au S. de Saint-Flour. 818 habitants. Station thermale (eaux chaudes utilisées dès l'Antiquité).

Chaudet (Denis Antoine) Sculpteur français (1763-1810). Il fut l'un des représentants du style néoclassique. *Paul et Virginie au berceau.*

chaud-froid **n. m.** Plat de volaille ou de gibier cuit et servi froid. *Des chauds-froids de volaille.*

chaudière **n. f.** **(vient du latin *caldaria*, famille de *caldus* → chaud)** Récipient où l'on transforme de l'eau en vapeur, pour fournir de l'énergie thermique (chauffage) ou mécanique, électrique.

Chaudière **n. f.** Rivière du Canada, affluent du Saint-Laurent, près de Québec. 192 km. Installations hydroélectriques.

Chaudière-Appalaches **n. f.** Région administrative du Québec (Canada) située entre le Saint-Laurent et l'État du Maine (États-Unis). 15 074 km^2. 426 800 habitants.

chaudrée **n. f.** **(d'abord « portion de la pêche prélevée pour les marins » ; de *chaudière* « marmite »)** régional (Charentes) Plat de poissons et de pommes de terre dans leur bouillon de cuisson. → **cotriade.**

chaudron **n. m.** **(de *chaudière*, suffixe *-eron*)** Récipient métallique pour faire chauffer (bouillir, cuire) qqch.

chaudronnerie **n. f.** Industrie, commerce des récipients métalliques ; ces objets.

chaudronnier, ière **1. n.** Artisan qui fabrique et vend des ustensiles de chaudronnerie. **2. adj.** Qui concerne la chaudronnerie.

chauffage **n. m. 1.** Action, manière de chauffer ; production de chaleur. *Appareils de chauffage. Chauffage au gaz.* – ***Chauffage central***, par distribution de la chaleur provenant d'une source unique. **2.** Les installations qui chauffent.

Chaumont

Chaumont et la basilique Saint-Jean-Baptiste.

chauffagiste **n.** Personne qui installe, entretient une installation de chauffage.

chauffant, ante **adj.** Qui chauffe. *Plaque chauffante.*

chauffard, arde **n.** **(de *chauffer* → chauffeur)** Mauvais conducteur.

chauffe **n. f.** techn. Fait de chauffer. → **chauffage.** *Surface de chauffe d'une chaudière. Chambre de chauffe.* → **chaufferie.** – *Bleu de chauffe*, combinaison de chauffeur (I).

chauffe-assiette **n. m.** Appareil pour chauffer les assiettes. *Des chauffe-assiettes.* - var. **chauffe-assiettes** (invar.).

chauffe-bain **n. m.** Appareil qui produit de l'eau chaude. *Des chauffe-bains.*

chauffe-biberon **n. m.** Appareil électrique servant à chauffer les biberons. *Des chauffe-biberons.*

chauffe-eau **n. m.** Appareil producteur d'eau chaude. *Des chauffe-eau* (invar.) ou *des chauffe-eaux.*

chauffe-plat **n. m.** Réchaud qui tient les plats au chaud pendant le repas. *Des chauffe-plats.*

chauffer **v. < 1 >** **(vient du latin pop., de *calere* « être chaud » → chaloir, chaud)** **I. v. tr. 1.** Élever la température de ; rendre (plus) chaud. *Chauffer trop fort.* → **brûler, [1]griller, surchauffer.** – au p. p. *Métal chauffé à blanc.* **2.** fig. *Chauffer qqn (à blanc)*, l'exciter, attiser son zèle. **II. v. intr. 1.** Devenir chaud. *Faire chauffer de l'eau.* **2.** S'échauffer à l'excès, dangereusement. *Le moteur chauffe.* **3.** Produire de la chaleur. **4.** fam. *Ça va chauffer.* → fam. **[2]barder.** ■ **se chauffer v. pron. 1.** S'exposer à la chaleur. *Se chauffer au soleil.* **2.** Chauffer sa maison. – loc. fig. *Montrer de quel bois on se chauffe*, de quoi on est capable (pour punir, attaquer...). **3.** (sportifs, etc.) Se mettre en train avant un effort. → **s'échauffer.**

chaufferette **n. f.** Petit appareil pour se chauffer les pieds, etc.

chaufferie **n. f.** Local où sont les chaudières.

chauffeur, euse **n. I.** Personne chargée d'entretenir le feu d'une chaudière. **II.** **(de *chauffer* [une machine à vapeur])** Personne dont le métier est de conduire un véhicule automobile. *Chauffeur de camion.* → **[2]routier.** *Elle est chauffeuse de taxi.* - REM. Au féminin, on trouve plus rarement *chauffeure*.

chauffeuse **n. f.** **(siège pour se *chauffer*)** Siège bas, confortable, sans accoudoirs.

chauler **v. tr. < 1 >** **(de *chaux*)** **1.** Traiter par la chaux. *Chauler des arbres fruitiers.* **2.** Blanchir à la chaux. □ **n. m. chaulage**

chaume **n. m.** **(vient du latin *calamus* « roseau », du grec → calame, chalumeau)** **1.** Partie de la tige des céréales qui reste sur pied après la moisson. → **paille. 2.** Paille qui couvre le toit de maisons. *Un toit de chaume.*

chaumer **v. tr. < 1 >** agric. Arracher, couper le chaume de (un champ) après la moisson. – absolt *Chaumer et écobuer.* □ **n. m. chaumage**

Chaumette (Pierre Gaspard) Révolutionnaire français (1763-1794). Membre du club des Cordeliers et de la Commune de Paris (1792), il prit part aux massacres de Septembre. Principal initiateur du culte de la Raison, il fut guillotiné avec les Hébertistes.

chaumière **n. f.** Petite maison couverte de chaume. – fig. *Dans les chaumières* : chez les gens simples.

chaumine **n. f.** vieilli Petite chaumière.

Chaumont Chef-lieu de la Haute-Marne. 21 770 habitants. Basilique Saint-Jean-Baptiste, en partie gothique (XIIIe et XVIe s.). Nœud ferroviaire et routier.

Chaumont-sur-Loire Commune du Loir-et-Cher, sur la Loire. 1 082 habitants. Château fort de Pierre d'Amboise, avec corps de logis et chapelle influence Renaissance (1445-1510).

Chaunu (Pierre) Historien français (1923-2009). Spécialiste de l'histoire sociale des XVIe-XVIIIe s., il fut l'un des promoteurs de la méthode quantitative en histoire. *La Mort à Paris, XVIe-XVIIIe siècle.*

Chauny Commune de l'Aisne, au confluent de l'Oise et du canal de Saint-Quentin. 11 438 habitants.

Chausey (îles) Archipel de la Manche, dépendant de la commune de Granville. Pêche (homard et crevette).

chaussant, ante **1. adj.** comm. Qui a pour fonction de chausser. *Articles chaussants.* ■ Qui chausse bien. *Ces mocassins sont très chaussants.* **2. n. m.** Façon dont une chaussure convient au pied.

chaussée **n. f.** **(vient du latin pop. *calciata [via]*, p.-ê. de *calx* → chaux)** **1.** Partie d'une voie publique où circulent les voitures (opposé à *trottoir, bas-côté*). → **route. 2.** Talus, levée de terre (digue ou chemin).

Chaussée des Géants Curiosité géologique et site touristique d'Irlande du Nord (Ulster), dans le comté d'Antrim, formé de quelque 36 000 orgues (colonnes de lave basaltique refroidie au contact de l'océan).

chausse-pied **n. m.** Lame incurvée employée pour faciliter l'entrée du pied dans la chaussure. → **corne.** *Des chausse-pieds.* - var. RO **chaussepied.**

chausser **v. tr. < 1 >** **(vient du latin *calceare*, de *calceus* « soulier » → chausses)** **I. 1.** Mettre (des chaussures) à ses pieds. *Chausser des pantoufles.* ■ *Chausser du 40*, avoir cette pointure. ■ *Chausser des skis.* ■ fam. *Chausser des lunettes*, les ajuster. **2.** Mettre des chaussures à (qqn). – pronom. *Se chausser.* **II. 1.** Entourer de terre le pied (d'une plante). **2.** Garnir de pneus (une voiture).

chausses **n. f. pl.** **(vient du latin pop., de *calceus* « soulier », de *calx* « talon », « pied d'échelle », p.-ê. mot étrusque)** vieux Culotte (→ **haut-de-chausses**) ou bas.

chausse-trape **n. f.** **(ancien français *chauchetrepe*, de *chaucher* « fouler » et *treper* → trépigner)** **1.** Trou recouvert, cachant un piège. **2.** fig. Embûche. « *La destinée est piège et l'homme tombe dans des chausse-trapes* » (Hugo). - var. **chausse-trappe,** RO **chaussetrappe** (par analogie avec *trappe*).

chaussette **n. f.** **(de *chausse*)** **1.** Vêtement de maille qui couvre le pied et le bas de la jambe ou le mollet. → **mi-bas.** *Chaussettes courtes.* → **socquette.** – loc. *Avoir le moral dans les chaussettes*, au plus bas. **2.** loc. fam. *Jus de chaussette* : mauvais café.

chausseur, euse **n.** Personne qui fabrique ou vend des chaussures. → **bottier.**

chausson **n. m.** **(de *chausse*)** **1.** Chaussure d'intérieur légère et chaude ; chaussure tricotée pour bébé. ■ Chaussure souple employée pour certains exercices. *Chaussons de danse.* **2.** Pâtisserie formée d'un rond de pâte feuilletée replié, fourré de compote. *Chausson aux pommes.*

Chausson (Ernest) Compositeur français (1855-1899). Ses œuvres orchestrales déploient dans un style personnel un lyrisme inspiré de César Franck et de Wagner *(Poème de l'amour et de la mer)*. Il laisse aussi de la musique de chambre, des mélodies et un drame lyrique, *Le Roi Arthus*.

chaussonnier, ière n. techn. Fabricant(e) de chaussons, de pantoufles.

chaussure n. f. (de *chausser*) **1.** Partie du vêtement qui protège le pied. **2.** Chaussure (1) solide, basse et fermée (opposé à *chausson, sabot, sandale, botte*). → **soulier** ; fam. **godasse, grolle, ²pompe, tatane.** *Chaussures de marche, de sport.* – loc. *Trouver chaussure à son pied,* la personne ou la chose qui convient. **3.** Industrie, commerce des chaussures. *Les ouvriers de la chaussure.*

chaut (peu me chaut) voir **chaloir**

Chautemps (Camille) Homme d'État français (1885-1963). Député radical-socialiste (1919), il fut président du Conseil à plusieurs reprises (1930 ; 1933-1934 ; 1937-1938). Membre du cabinet Reynaud (1940), il démissionna la même année sous le gouvernement de Pétain (juillet).

chauve adj. (vient du latin *calvus* → **calvitie**) Qui n'a plus ou presque plus de cheveux. → **dégarni, déplumé** ; **calvitie.** *« Chevelu sur le front, et chauve par-derrière »* (Mathurin Régnier).

Chauveau (Auguste) Vétérinaire et physiologiste français (1827-1917). Il étudia la physiologie cardiaque avec Marey, et émit avant Pasteur l'hypothèse que les maladies infectieuses sont transmises par des agents externes au malade. *Traité d'anatomie comparée des animaux domestiques.*

Chauvelin (Germain Louis de) Homme politique français (1685-1762). Secrétaire d'État aux Affaires étrangères, il engagea la France dans la guerre de Succession de Pologne (1772).

Chauvelin (François Bernard, marquis de) Homme politique français (1766-1832). Rallié à la Révolution, il fut ambassadeur à Londres sous la Convention (1792). Il siégea, sous la Restauration, comme député de l'opposition libérale.

chauve-souris n. f. Mammifère à ailes membraneuses, qui aime l'obscurité. *Des chauves-souris.* - var. RO **chauvesouris.**

Chauvet (grotte) voir **Vallon-Pont-d'Arc**

Chauvigny Commune de la Vienne, à l'E. de Poitiers. 7 084 habitants. Églises romanes des XIe et XIIe s. Vestiges de plusieurs châteaux féodaux des XIe-XVe s. Carrières de pierre de taille. Porcelaine.

chauvin, ine adj. (n. propre d'un soldat de l'Empire) Qui a une admiration exagérée, partiale et exclusive pour son pays ; nationaliste et parfois xénophobe. – n. *Des chauvins.*

Chauvin (Yves) Chimiste français (1930-2015). Il a élaboré une méthode de synthèse organique originale appelée métathèse. Prix Nobel 2005, avec R. H. Grubbs et Richard R. Schrock.

chauvinisme n. m. Nationalisme agressif et exclusif.

Chauviré (Yvette) Danseuse française (1917-2016). À l'Opéra de Paris, elle créa plusieurs ballets de S. Lifar *(David triomphant)*.

chaux n. f. (vient du latin *calx, calcis* → **calcaire ; chauler**) Oxyde de calcium ; substance blanche obtenue par la calcination des calcaires dans des *fours à chaux. Chaux vive,* qui ne contient pas d'eau. – loc. *Être bâti à chaux et à sable :* être très robuste.

Chaux-de-Fonds (La) Ville de Suisse (canton de Neuchâtel), à 997 m d'altitude. 38 625 habitants. Horlogerie.

Chaval (Yvan Le Louarn, dit) Dessinateur humoristique français (1915-1968). Ses dessins, d'un graphisme simple, s'attachent à croquer la bêtise humaine, en usant de l'absurde et de l'humour noir. *Vive Gutenberg !*

Chávez (Carlos) Compositeur et chef d'orchestre mexicain (1899-1978). Son œuvre (ballets, musique de chambre, symphonies) s'inspire du folklore et des thèmes populaires mexicains et indiens, auxquels se mêlent des préoccupations politiques de gauche *(Sinfonia proletaria)*. Il fonda l'Orchestre symphonique de Mexico.

Chávez Frías (Hugo) Homme d'État vénézuélien (1954-2013). Militaire, allié de F. Castro et anti-impérialiste, il fut président de la République de 1999 à sa mort.

Chavignol Lieu-dit de la commune de Sancerre, dans le Cher, près de Bourges. Fromages de chèvre (crottins de Chavignol). Vins (sancerre).

Chaville Commune des Hauts-de-Seine. 20 524 habitants.

Chavín de Huantar Site archéologique du N. du Pérou. Vestiges du centre cérémoniel de la culture chavín, vouée notamment au culte du jaguar, et qui rayonna sur toute la côte andine entre le Xe et le IIIe s. av. J.-C. Céramique, métallurgie, sculpture (bas-reliefs, statuaire).

chavirement n. m. (navire) Fait de chavirer. - syn. **chavirage.**

chavirer v. < 1 > (du provençal *cap vira* « tourner [*vira* → virer] la tête [*cap*] en bas ») **I.** v. intr. **1.** (navire) Se retourner sens dessus dessous. → **couler, sombrer.** **2.** Se renverser. *Ses yeux chavirèrent.* → se **révulser.** **II.** v. tr. **1.** Faire chavirer. *Chavirer un navire pour le réparer.* **2.** Émouvoir, perturber (qqn). – au p. p. *J'en suis tout chaviré.*

chayote [ʃajɔt] n. f. (de l'espagnol, d'un mot aztèque) Plante grimpante vivace (cucurbitacée) originaire du Mexique, cultivée pour son fruit en forme de grosse poire ; ce fruit. → **³chouchou.** - var. **chayotte.**

Chazal (Malcolm de) Écrivain mauricien (1902-1981). Son œuvre poétique, qui s'apparente au surréalisme sur le plan formel, se présente comme une recherche visant à la connaissance de l'esprit. *Sens plastique.*

Chazelle (Damien) Réalisateur et scénariste franco-américain (né en 1985). La musique joue un rôle primordial dans ses films, que ce soit le très physique et violent *Whiplash*, sur des musiciens de jazz, la comédie musicale *La La Land* ou encore *First Man* et *Babylon*.

Chazelles-sur-Lyon Commune de la Loire. 5 436 habitants. Musée de la chapellerie, activité traditionnelle de la ville.

Chazy (Jean) Mathématicien et astronome français (1882-1955). Il appliqua les théories de la relativité générale aux corps célestes, et étudia notamment le déplacement du périhélie de Mercure.

cheap [tʃip] adj. (mot anglais « bon marché ») anglic., fam. Bon marché et d'une qualité douteuse. → **ordinaire.** *Cette robe fait cheap. Des cadeaux cheaps ou cheap* (invar.).

chébec n. m. (italien *sciabecco*, de l'arabe *chabbâk*) mar. Ancien petit trois-mâts de la Méditerranée.

chèche n. m. (mot arabe → **chéchia**) Longue écharpe de coton léger, au Maghreb.

chéchia n. f. (mot arabe) Coiffure en forme de calotte portée dans certains pays d'Islam. → **fez.**

Chéchonq, Chéchanq ou **Sheshonk** Nom de cinq pharaons des XXIIe et XXIIIe dynasties (Xe-VIIIe s. av. J.-C.).

check-list [(t)ʃɛklist] n. f. (mot anglais, de *to check* « vérifier ») anglic. Liste de vérification (recomm. offic.). *Des check-lists.* - var. RO **checklist.**

check-up [(t)ʃɛkœp] n. m. invar. (de l'anglais, de *to check* « vérifier » → **chèque**) anglic. Examen systématique de l'état de santé d'une personne. → **bilan** de santé. – Vérification, bilan. *Un check-up financier.* - var. RO **checkup** n. m.

Chécy Commune du Loiret. 8 699 habitants.

cheddar [(t)ʃedaʀ] n. m. (mot anglais, n. d'un village) Fromage de lait de vache, à pâte dure et souvent colorée.

cheddite n. f. (de *Chedde*, n. d'un village de Haute-Savoie) techn. Explosif à base de chlorate (de potassium, de sodium) et d'un dérivé nitré du toluène (dinitrotoluène).

Chedid (Andrée), née de Saab Écrivaine libanaise d'expression française (1920-2011). Son œuvre (poésie, roman, théâtre), nourrie de culture moyen-orientale et souvent teintée de ferveur mystique, vise à élucider les énigmes de la condition humaine, notamment à travers le prisme de la guerre civile. *Cérémonial de la violence.*

Andrée, Louis et Matthieu, trois générations de Chedid au théâtre de Reims (2001).

Chedid (Matthieu), appelé aussi -M- Auteur, compositeur et chanteur français (né en 1971). Fils du chanteur Louis **Chedid** (né en 1948) et petit-fils d'Andrée Chedid. Il excelle autant dans l'interprétation que dans l'écriture. *Je dis aime* ; *Le Soldat rose,* comédie musicale ; musique du film *Ne le dis à personne.*

cheeseburger [(t)ʃizbœʀgœʀ ; tʃizbuʀgœʀ] n. m. (mot anglais, de *cheese* « fromage » et *[ham]burger*) anglic. Hamburger au fromage.

cheese-cake [(t)ʃizkɛk] n. m. (mot anglais « gâteau au fromage ») anglic. Gâteau au fromage blanc. *Des cheese-cakes.* - var. RO **cheesecake.**

Cheever (John) Romancier et nouvelliste américain (1912-1982). Il a brossé le tableau d'une classe moyenne américaine, tiraillée entre carcan de la norme et désarroi existentiel. *The Wapshot Chronicle* ; *Bullet Park.*

chef n. (vient du latin pop., de *caput* « tête » → **cap, ¹capital ; achever, chapitre, cheptel, chevet...**) **I.** n. m. **1.** vieux Tête (→ **couvre-chef**). **2.** *De son (propre) chef :* de sa propre initiative. → **autorité.** **3.** *Au premier chef :* essentiellement. *Il importe, au premier chef, que,* c'est essentiel, capital. **4.** dr. Élément d'une action en justice. *Chef de prévention* (anciennt *d'accusation*). **II.** n. **1.** Personne qui est à la tête, qui dirige, commande, gouverne. → **commandant, directeur, dirigeant, maître, ¹patron.** *Chefs hiérarchiques. C'est la chef* ou *la cheffe* (courant en Suisse). ■ **appellatif** → **¹patron.** ■ loc. *Petit chef :* personne qui possède une supériorité hiérarchique modeste et qui fait preuve d'une autorité prétentieuse. → **chefaillon** **2.** *Chef de... :* celui qui dirige en titre. *Le chef de l'État. Chef de service. Chef d'entreprise.* → **directeur, ¹patron, PDG.** *Chef d'équipe.* → **contremaître.** *Chef de gare.* **3.** dans un corps hiérarchisé militaire Celui qui commande. *Les soldats et leurs chefs.* → **gradé, ¹officier.** – *Chef de bataillon :* commandant. **4.** Personne qui dirige, commande effectivement (sans titre). → **leader, meneur.** *Un chef de bande* (brigands, gangsters). – *Chef de famille :* personne sur qui repose la responsabilité de la famille. **5.** *Chef d'orchestre :* personne qui dirige l'orchestre (→ **maestro**) ; fig. personne qui organise. **6.** *Chef (cuisinier, cuisinière). Gâteau, pâté du chef.* ■ loc. *La surprise du chef :* plat du chef (souvent un dessert), qui peut surprendre le consommateur. – loc. fam. Évènement inattendu. **7.** appos. *Adjudant-chef, médecin-chef. Gardien-chef.* – (avec un n. fém.) *Infirmière-chef, gardienne-chef.* **8.** fam. Personne remarquable. → **as, champion.** *Elle, c'est un chef.* **9.** En *chef* **loc. adv.** : en qualité de chef ; en premier. *Ingénieur, rédacteur en chef.*

chefaillon **n. m.** fam. Responsable sans envergure, imbu de ses pouvoirs.

chef-d'œuvre [ʃɛdœvʀ] **n. m. 1.** Œuvre capitale et difficile qu'un compagnon doit faire pour passer maître dans son métier. ■ La meilleure œuvre (d'un auteur). *C'est son chef-d'œuvre.* **2.** Œuvre, chose très remarquable, parfaite. **➔ merveille.** *Des chefs-d'œuvre d'habileté.* **➔ prodige.**

chefferie **n. f. 1.** Territoire sur lequel s'exerce l'autorité d'un chef traditionnel (en Afrique). **2.** Charge de chef traditionnel. **3.** Fonction de chef.

chef-lieu **n. m.** en France Ville qui est le centre administratif d'une circonscription territoriale (arrondissement, canton, commune). *Des chefs-lieux de département.* **➔ préfecture.**

cheftaine **n. f. (de l'anglais, de l'ancien français, qui vient du latin *capitaneus* ➔ capitaine)** Jeune fille, jeune femme responsable d'un groupe de jeunes scouts (louveteaux), de guides, d'éclaireuses.

Chehab **(Fouad)** Homme d'État libanais (1903-1973). Commandant en chef de l'armée libanaise en 1946, il fut président de la République de 1958 à 1964.

cheik **n. m. (mot arabe) 1.** Homme respecté pour son grand âge, ses connaissances (dans un pays arabe). **2.** Chef de tribu, chez les Arabes. - var. **cheikh, scheik, scheikh.**

cheire **n. f. (mot dialectal auvergnat)** régional (Auvergne) Coulée volcanique qui présente des inégalités dues aux scories.

chéiroptère voir **chiroptère**

Cheju ou **Jeju** Île d'origine volcanique de la Corée du Sud, située dans la mer de Chine orientale. 1 826 km². 695 000 habitants.

chélateur, trice [kelatœʀ, tʀis] **adj. et n. m. (du grec *khêlê* « pince », l'atome de métal étant « pincé » par le chélateur)** didact. (corps) Qui a la propriété de former avec un ion positif métallique un composé (un *chélate* [kelat]) soluble et non toxique. **– n. m.** *Le chélateur du plomb.*

chelem [ʃlɛm] **n. m. (de l'anglais *slam* « écrasement ») 1.** (jeux de cartes) *Grand chelem :* réunion, dans la même main, de toutes les levées. *Petit chelem,* toutes les levées moins une. **2.** sports Série complète de victoires (rugby, tennis). - var. **schelem.**

Chélia **(djebel)** Montagne du massif de l'Aurès, au N.-E. de l'Algérie. Point culminant : 2 326 m.

chélicère [kelisɛʀ] **n. f. (du latin mod., du grec *khêlê* « pince » et *keras* « corne »)** zool. Appendice céphalique des arachnides et limules, crochet (araignées) ou pince (scorpions).

chélidoine [kelidwan] **n. f. (du latin, du grec *khelidonia,* de *khelidôn* « hirondelle »)** Plante herbacée, appelée aussi *grande éclaire,* à fleurs jaunes.

Chéliff ou **Chélif** **n. m.** Plus long fleuve d'Algérie (700 km). Il prend naissance sur les hauts plateaux de l'Atlas, et se jette dans la Méditerranée au N. de Mostaganem.

Chelles Commune de la Seine-et-Marne, à l'O. de Marne-la-Vallée. 54 372 habitants. Musée préhistorique Alfred-Bonno.

Chełmno Ville de Pologne, sur la Vistule (voïvodie de Grande-Pologne). 22 000 habitants. Ancien camp d'extermination allemand ouvert en 1941, où périrent environ 300 000 personnes, dont deux tiers de Juifs.

Chelmsford Ville d'Angleterre, chef-lieu de l'Essex, au N.-E. de Londres. 110 000 habitants. Industries mécaniques. Centrale nucléaire.

chéloïde [kelɔid] **n. f. (du grec *khêlê* « pince »)** méd. Boursouflure fibreuse qui peut se former sur la peau à l'endroit d'une cicatrice.

Chemin des Dames (le)

Le Chemin des Dames, théâtre de violents affrontements entre troupes françaises et allemandes au cours de la Première Guerre mondiale.

chélonien [kelɔnjɛ̃] **n. m. (du grec *khelônê* « tortue »)** Reptile dont le tronc est protégé par une carapace dorsale et un plastron ventral (ordre des *Chéloniens ;* ex. les tortues terrestres et aquatiques).

chelou, e **adj. (verlan de *louche*)** fam. Suspect, douteux ; bizarre. **➔ zarbi.** *Une affaire cheloue. Des mecs chelous.*

Chelsea Quartier du West End à Londres (*borough* de Chelsea-Kensington). 158 900 habitants. Quartier résidentiel aisé qui tend à se transformer en quartier d'affaires.

Cheltenham Ville d'Angleterre (Gloucestershire). 116 000 habitants. Station thermale.

Chemetov **(Paul)** Architecte français (né en 1928). Il s'est spécialisé dans la construction de logements sociaux et de bâtiments publics, parmi lesquels le ministère des Finances à Paris.

Chemillé-en-Anjou Commune du Maine-et-Loire, au N. de Cholet. 21 187 habitants. Important centre de culture de plantes médicinales.

chemin **n. m. (vient du latin pop. *camminus,* du gaulois) I. 1.** Bande déblayée assez étroite, en général non revêtue, qui suit les accidents du terrain (opposé à *route*). **➔ piste, sentier.** *Être toujours sur les chemins* (➔ par monts* et par vaux). **2.** *Chemin de ronde :* étroit couloir aménagé au sommet de fortifications. **3.** Distance, espace à parcourir d'un lieu à un autre. **➔ parcours, route, trajet.** *La ligne droite est le plus court chemin d'un point à un autre. Elles ont fait la moitié du chemin.* **➔ à mi-chemin.** ■ loc. *Poursuivre, passer son chemin :* continuer à marcher ; ne pas s'arrêter. **–** *Faire du chemin :* aller loin ; fig. progresser ; réussir. ***Chemin faisant :*** pendant le trajet. **–** ***En chemin :*** en cours de route. **4.** Direction, voie d'accès. *Demander son chemin.* **–** prov. *Tous les chemins mènent à Rome :* il y a de nombreux moyens pour obtenir un résultat. **–** loc. *Le chemin des écoliers,* le plus long. ■ ***Le chemin de (la) croix,*** suivi par Jésus portant sa croix. **–** ***Un chemin de croix :*** les 14 tableaux (**➔ station**) qui illustrent ce chemin, dans les églises. **II.** abstrait Conduite qu'il faut suivre pour arriver à un but. **➔ ²moyen, voie.** *S'il veut réussir, il n'en prend pas le chemin. Être, ne pas être en bon chemin pour… – Je n'irai pas par quatre chemins :* j'agirai franchement, sans détour (➔ aller droit* au but).

chemin de fer **n. m. (calque de l'anglais *railway ;* d'abord « voie ») 1.** Moyen de transport utilisant la voie ferrée (**➔ ferroviaire, train**). *Voie, ligne de chemin de fer.* **2.** Entreprise qui exploite des lignes de chemin de fer. *Employés des chemins de fer.* **➔ cheminot. 3.** Jeu d'argent, variété de baccara.

Chemin des Dames **(le)** Route de crêtes de 30 km de long entre l'Aisne et l'Ailette, qui connut de violents combats lors de l'offensive de Nivelle en avril 1917 (qui se solda par un échec), puis lors de la percée allemande victorieuse de mai 1918.

chemineau **n. m. (de *chemin*)** vieilli Celui qui parcourt les chemins et qui vit de petites besognes, d'aumônes, de larcins. **➔ vagabond.** *Des chemineaux.*

cheminée **n. f. (vient du latin *[camera] caminata,* de *caminus,* grec *kaminos* « four ») 1.** Construction comprenant un espace aménagé pour faire du feu et un tuyau qui sert à évacuer la fumée. **➔ âtre, foyer.** *Faire une flambée dans la cheminée.* **2.** Encadrement du foyer. *Cheminée de marbre.* **3.** Partie supérieure du conduit qui évacue la fumée. *Les cheminées fument sur les toits. – Cheminée de navire, d'usine.* **4.** *Cheminée d'un volcan,* par où passent les matières volcaniques. **5.** alpin. Couloir de montagne vertical et étroit. **6.** Trou, conduit cylindrique. *Cheminée d'aération.*

cheminement **n. m. 1.** Action de cheminer. **➔ ¹marche. 2.** fig. Avance lente, progressive. *Cheminement de la pensée.*

cheminer **v. intr. < 1 > 1.** (personnes) Faire du chemin, et spécialt un chemin long et pénible, que l'on parcourt lentement. **➔ ¹aller, marcher. 2.** fig. (choses) Avancer lentement. *« Ainsi, malgré tout, les idées cheminaient »* (Jaurès). **➔ progresser.**

cheminot, ote **n. (de *chemineau,* et *-ot*)** Employé, employée des chemins de fer.

chemise **n. f. (vient du bas latin *camisa,* p.-ê. du gaulois ou du germanique) I. 1.** Vêtement couvrant le torse (porté souvent à même la peau). **➔** argot **liquette.** *Chemise d'homme. Col, pan de chemise. – Être en chemise,* sans autre vêtement. **–** *En manches de chemise :* sans veston. ■ ***Chemise de nuit :*** vêtement de nuit (analogue à une robe). **2.** Chemise d'uniforme de certaines formations politiques paramilitaires ; ces formations. *Chemises rouges :* partisans de Garibaldi. *Chemises noires :* fascistes. *Chemises brunes :* nazis. **3.** loc. *Se soucier de qqch. comme de sa première chemise,* n'y accorder aucun intérêt. **–** *Changer d'avis comme de chemise,* en changer souvent. **–** fam. *Être comme cul et chemise,* inséparables. **II. 1.** Couverture (cartonnée, toilée) dans laquelle on insère les pièces d'un dossier. **2.** techn. Revêtement de protection.

chemiser **v. tr. < 1 >** techn. Garnir d'un revêtement protecteur. □ **n. m. chemisage**

chemiserie **n. f.** Industrie et commerce des chemises et sous-vêtements d'homme, d'accessoires vestimentaires ; magasin où l'on vend ces objets.

chemisette **n. f.** Chemise, blouse ou corsage à manches courtes.

chemisier, ière **n. I.** Personne qui fabrique ou vend des articles de chemiserie. **II. n. m.** Chemise de femme. **➔ corsage.**

Chemnitz Ville d'Allemagne (Saxe), au S.-O. de Dresde. 244 400 habitants. Industries textile et mécanique en reconversion. Informatique.

chémorécepteur voir **chimiorécepteur**

Chenab **n. f.** Rivière d'Inde et du Pakistan qui, née dans l'Himalaya, se jette dans l'Indus. 1 200 km. Installations en vue de l'irrigation et de la production hydroélectrique.

chênaie **n. f.** Plantation, bois de chênes.

chenal, aux **n. m.** (vient du latin *canalis*, de *canna* « roseau » → canne) Passage navigable entre un port, une rivière ou un étang et la mer, entre des rochers, ou dans le lit d'un fleuve. → **canal**, **¹passe.**

Chenal (Pierre Cohen, dit Pierre) Cinéaste français (1904-1991). Il fut un pilier du cinéma français avant la Seconde Guerre mondiale. *La Rue sans nom.*

chenapan **n. m.** (du néerlandais, de l'allemand *Schnapphahn* « voleur de grand chemin ») vieux ou plais. → **bandit, vaurien.** – (à des enfants) *Sortez d'ici, chenapans !* → **galopin, garnement.**

Chenard (Ernest) Industriel français (1861-1922). Pionnier de l'industrie automobile, il développa la transmission par courroie et par engrenage ainsi que les premières carrosseries profilées.

Chen Boda ou **Tch'en** Po-ta Homme politique chinois (1904-1986). Secrétaire de Mao Zedong (1937), il prit la tête de la Révolution culturelle en 1966 mais fut victime de la purge de 1970. Accusé de complot et jugé en 1981, il mourut en prison.

chêne **n. m.** (de *chasne*, qui vient du latin pop., du gaulois ; le mot latin est *quercus*, cf. le n. propre Quercy) Grand arbre à fleurs en chatons, à feuilles lobées, répandu surtout en Europe. *Fruit du chêne.* → **gland.** – *Chêne vert.* → **yeuse.** ■ Bois de chêne.

chéneau **n. m.** (de *chenal*) Conduit qui longe le toit et recueille les eaux de pluie. → **gouttière.**

chêne-liège **n. m.** Chêne à feuillage persistant, qui fournit le liège. *Des chênes-lièges.*

chenet **n. m.** (de *chien*, les premiers chenets représentant des chiens accroupis) Une des pièces métalliques jumelles sur lesquelles on dispose les bûches, dans une cheminée.

chènevière **n. f.** (vient du latin pop., de *canapus* [→ chanvre]) Champ où croît le chanvre. - syn. régional (Sud-Est) **can(n)ebière.**

chènevis **n. m.** (vient du latin pop., de *cannabis* → chanvre) Graine de chanvre.

Cheng (François) Écrivain français d'origine chinoise (né en 1929). Traducteur de grands poètes chinois (Lao She) et français (Apollinaire, Baudelaire, Michaux...), il a lui-même écrit de nombreux recueils, des essais et des romans dont *Le Dit de Tianyi* et *Cinq méditations sur la mort*. Académie française.

François Cheng en habit d'académicien, le 28 mai 2015, jour de l'entrée de Dany Laferrière à l'Académie française.

Chenonceaux

Le château de Chenonceaux offert à Diane de Poitiers par Henri II.

Chengdu ou **Tch'eng-tou** Ville de Chine, capitale de la province du Sichuan. 6,3 millions d'habitants. Centre culturel ; université. Industrie lourde et de pointe (électronique ; aéronautique). Nœud de communication. Artisanat (soie, broderie).

cheni [ʃ(ə)ni] **n. m.** (→ chenil) régional (Centre-Est), (Suisse) fam. **1.** Poussière, saleté. ■ fig. Petit objet sans valeur. **2.** Ordures ménagères. *Jeter au cheni,* à la poubelle. **3.** Désordre ; pagaille. → **bazar,** fam. **bordel.**

Chénier (André) Poète français (1762-1794). D'abord enthousiasmé par les idées libérales de la Révolution, il protesta contre la systématisation de la Terreur et mourut sous la guillotine. Son œuvre, qui mêle, avec une grande sincérité de ton, foi dans le progrès et culte de l'art et des formes antiques (*Idylles ou Bucoliques*), fut célébrée par la jeunesse romantique, notamment par V. Hugo. Ses *Iambes* constituent un des chefs-d'œuvre de la poésie satirique.

Chénier (Marie-Joseph) Homme politique et écrivain français (1764-1811). Frère d'André, il fut membre du club des Jacobins, de la Convention, du Conseil des Cinq-Cents et du Tribunat. Il est l'auteur des paroles du *Chant du départ*. Son théâtre tragique connut un succès considérable. *Charles IX ou l'École des rois.*

chenil [ʃ(ə)nil] **n. m.** (du latin pop., de *canis* → chien) **1.** Abri pour les chiens (de chasse). **2.** Lieu où l'on élève ou garde des chiens.

chenille **n. f.** (vient du latin pop. *canicula* « petite chienne » → canicule) **I.** Larve des papillons, à corps allongé formé d'anneaux et généralement velu. *La chenille file une enveloppe où elle s'enferme* (→ **cocon ; chrysalide**). **II.** Dispositif de transmission articulé isolant du sol les roues d'un véhicule (char, chenillette, tracteur...).

chenillé, ée **adj.** Muni de chenilles. *Véhicule chenillé.*

chenillette **n. f.** Petit véhicule automobile sur chenilles.

Chennaï voir **Madras**

Chennevières-sur-Marne Commune du Val-de-Marne, à l'E. de Créteil. 18 011 habitants.

Chenonceaux Commune de l'Indre-et-Loire, à l'E. de Tours. 345 habitants. Château de Chenonceaux (ou Chenonceau) du XVIe s., style première Renaissance, avec pont à cinq arches sur le Cher, commandé par Diane de Poitiers, et galerie à deux étages ajoutée par Catherine de Médicis.

chénopode [kenɔpɔd] **n. m.** (du latin bot., du grec *khênopous* « patte *[pous]* d'oie *[khên]* ») bot. Plante sauvage répandue dans les décombres.

Chenôve Commune de la Côte-d'Or, à l'extrémité N. de la côte de Nuits. 14 323 habitants. Cuverie et pressoirs des ducs de Bourgogne (XIIIe s.). Deux crus classés.

chenu, ue **adj.** (vient du latin *canutus*, de *canus* « blanc » → candide) littér. **1.** Qui est devenu blanc de vieillesse. *Tête chenue.* **2.** *Des arbres chenus,* de vieux arbres dont la cime est dépouillée.

Chenu (Marie Dominique) Historien de la philosophie et théologien français (1895-1990). Dominicain, auteur de travaux sur la théologie médiévale, il fut également l'un des principaux inspirateurs du concile Vatican II.

Cheongju Ville de Corée du Sud, au N. de Taejon. 671 500 habitants.

Chéops voir **Khéops**

Chéphrèn voir **Khéphren**

cheptel [ʃɛptɛl ; ʃtɛl] **n. m.** (de *chetel, chatel,* qui vient du latin *capitale* → ¹capital, chef) Ensemble des bestiaux (d'une exploitation, d'une région). *Le cheptel ovin d'une région.*

chèque **n. m.** (anglais *check* « contrôle », de l'ancien français *eschec* → échec) Écrit par lequel une personne (tireur) donne l'ordre de remettre, soit à son profit, soit au profit d'un tiers, une somme à prélever sur le crédit (de son compte ou d'un autre). *Chèque bancaire. Carnet de chèques.* → **chéquier.** *Chèque sans provision*.* – *Chèque en blanc,* où la somme à payer n'est pas indiquée. fig. *Donner un chèque en blanc à qqn,* lui donner carte blanche. – *Compte chèque postal (CCP).*

chéquier **n. m.** Carnet de chèques.

cher, chère **adj.** (vient du latin *carus*) **I. 1.** Qui est aimé ; pour qui l'on éprouve une vive affection. *Les êtres qui lui sont chers.* **2.** (formules de politesse) *Cher Monsieur.* – **n.** *Mon cher, ma chère.* **3.** (choses) *Cher à* : considéré comme précieux par. *Son souvenir nous est cher.* **II.** (attribut ou après le nom) **1.** D'un prix élevé. → **coûteux, onéreux ;** opposé à *bon marché. Une voiture très chère.* **2.** Qui exige de grandes dépenses. → **dispendieux.** *La vie est chère à Paris* (→ **cherté**). **3.** Qui pratique des prix élevés. *Ce magasin est cher.* **III.** *Cher* **adv.** À haut prix. *Ce livre vaut cher.* fam. *Je l'ai eu pour pas cher.* – loc. *Ne pas donner cher (de qqch.),* considérer que cela n'a pas d'avenir. *Je ne donne pas cher de sa peau,* il est en danger.

Cher **n. m.** Rivière née sur le plateau de Combrailles (Creuse), affluent de la Loire. 368 km.

Cher **n. m.** [18] Département français de la Région Centre-Val de Loire (→ carte). 7 235 km². 300 933 habitants. Chef-lieu : Bourges. Chefs-lieux d'arrondissement : Saint-Amand-Montrond ; Vierzon. La Champagne berrichonne, au centre-ouest, est propice à la céréaliculture ; les coteaux du Sancerrois, au N.-E., à la viticulture. Le département est limité à l'E. par la Loire et son canal latéral (centrale nucléaire de Belleville-sur-Loire). L'industrie est concentrée à Vierzon et à Bourges (armement, mécanique).

Chêr ʿAlī khān Émir d'Afghanistan (1823-1879). Successeur désigné de son père Dōst Mohammad, il engagea son pays dans une voie réformiste, mais fut chassé par l'invasion britannique de 1878.

Cherbourg-en-Cotentin Chef-lieu d'arrondissement de la Manche, sur la côte N. de la presqu'île du Cotentin. 77 789 habitants. Port et installations militaires (arsenal ; École des applications militaires de l'énergie atomique). Construction navale. Cité de la mer. Port de transit vers l'Angleterre. Musée Thomas-Henry (peinture, XVe-XIXe s.). Rattachée au royaume de France depuis 1450, la ville fut fortifiée par Vauban en 1686. Château Renaissance de Tourlaville.

Cherbuliez [ʃɛʀbylje] **(Victor)** Écrivain suisse naturalisé français (1829-1899). Il est l'auteur de romans à succès et d'essais critiques. *Le Comte Kostia.*

Cherchell Ville d'Algérie (wilaya de Tipasa), sur la Méditerranée. 34 400 habitants. Ruines romaines et musée archéologique. Comptoir carthaginois, la ville, rebaptisée Césarée, devint capitale de la *Maurétanie césarienne* (Ier s. av. J.-C.), et le deuxième port d'Afrique après Carthage. Elle passa sous domination arabe au VIIIe s. Académie militaire.

chercher v. tr. < 1 > (vient du latin *circare*, de *circus* → cirque) **1.** S'efforcer de découvrir, de trouver (qqn ou qqch.). → **rechercher.** *Chercher qqn dans la foule.* **2.** Essayer de découvrir (la solution d'une difficulté, une idée, etc.). *Chercher un prétexte. Qu'allez-vous chercher là ?* → **imaginer, inventer.** loc. *Chercher midi à quatorze heures :* compliquer les choses inutilement. – sans compl. *« Je ne cherche pas, je trouve »* (Picasso). ■ pronom. (réfl.) *Elle se cherche :* elle cherche à connaître sa véritable personnalité. **3.** *Chercher à* (+ inf.) : essayer de parvenir à. → **s'efforcer, tâcher, tenter, ¹viser.** *Chercher à comprendre.* **4.** Essayer d'obtenir. *Chercher un emploi, un appartement.* – loc. *Chercher fortune.* ■ Ne pas éviter (un mal). *Elle l'a cherché, c'est bien fait pour elle !* **5.** Envoyer, venir prendre (qqn ou qqch.). *Aller chercher qqn à la gare.* **6.** fam. Provoquer. *Tu me cherches ?* **7.** (choses) fam. → **atteindre.** *Ça va chercher dans les mille euros :* le prix atteindra environ mille euros.

chercheur, euse n. **I.** (personnes) **1.** rare ou dans des loc. Personne qui cherche. *Un chercheur d'or.* **2.** Personne qui se consacre à la recherche scientifique. → **savant, scientifique.** **II. 1.** n. m. Petite lunette adaptée à un télescope. **2.** adj. *Tête chercheuse d'une fusée.*

chère n. f. (vient du latin *cara* « visage », du grec) littér. Nourriture. loc. ***Faire bonne chère,*** un bon repas.

Chéreau (Patrice) Metteur en scène et cinéaste français (1944-2013). Directeur du TNP de Villeurbanne, puis du théâtre des Amandiers de Nanterre, il y créa des œuvres de B.-M. Koltès, dont *Dans la solitude des champs de coton.* Ses mises en scène du répertoire classique, politiques et critiques (*La Dispute* de Marivaux ; *Phèdre* de Racine), ont fait date. Il mit également en scène des opéras (Wagner, Berg, Janacek) et réalisa des films *(La Reine Margot ; Ceux qui m'aiment prendront le train).*

Patrice Chéreau en 2007.

chèrement adv. **1.** Affectueusement, tendrement. **2.** En consentant de grands sacrifices. → **cher.**

Chéret (Jules) Affichiste et décorateur français (1836-1932). S'inspirant notamment des procédés industriels de la lithographie en couleurs développés en Angleterre, il réalisa plus d'un millier d'affiches au trait vif et léger, typiques de l'art 1900.

chergui n. m. (de l'arabe maghrébin, de *šarqīyy* « relatif à l'Orient ») Vent chaud et sec qui souffle du sud-est (au Maroc). → **siroco.**

Chergui (chott ech-) Dépression de l'Algérie occidentale, formée d'une succession de lacs d'eau salée en surface, douce en profondeur.

chéri, ie **1.** adj. Tendrement aimé. *Sa femme chérie.* **2.** n. Terme d'affection. – *Ma chérie. Oui, chéri.*

chérif n. m. (arabe *charif* « noble », par l'italien) Prince, dans plusieurs pays d'Islam.

chérifien, ienne adj. vieux Relatif au chérif. – mod. *Le royaume chérifien :* le Maroc.

chérir v. tr. < 2 > (de *cher, chère*) littér. **1.** Aimer tendrement, avoir beaucoup d'affection pour. → **affectionner.** *Chérir ses amis, le souvenir de qqn* (→ **vénérer**). **2.** S'attacher, être attaché à (qqch.). *« Homme libre, toujours tu chériras la mer ! »* (Baudelaire).

Chermann (Jean-Claude) Médecin virologue français (né en 1939). Il dirigeait à l'Institut Pasteur le laboratoire d'oncologie virale dans lequel Luc Montagnier et Françoise Barré-Sinoussi isolèrent et identifièrent le virus de l'immunodéficience humaine (VIH) à l'origine du sida, en 1983.

Cherokees n. m. pl. Peuple indien du S.-E. des États-Unis, de langue iroquoienne. Sédentaires, ils furent spoliés de leurs terres après la défaite de leurs alliés britanniques, lors de la guerre d'Indépendance (1776). Malgré la fondation de la Nation cherokee en 1827, l'unité territoriale ne survécut pas au Grand Déplacement ordonné au début des années 1830. Environ 150 000 personnes vivent aujourd'hui dans les réserves de l'Oklahoma et de la Caroline du Nord.

Chéronée Ancienne ville de Grèce (Béotie), près de Thèbes. Site archéologique. ■ **les batailles de Chéronée** Victoire de Philippe II de Macédoine (338 av. J.-C.) sur Athènes et Thèbes. Victoire de Sylla (86 av. J.-C.) sur l'armée de Mithridate le Grand, conduite par Archélaos.

chérot adj. m. fam. Trop cher, coûteux.

cherry n. m. (mot anglais « cerise ») Liqueur de cerise. *Des cherrys* ou *des cherries* (plur. anglais).

cherté n. f. (de *cher* [II]) Prix élevé. → **coût ; prix.** *La cherté de la vie.*

chérubin n. m. (du latin chrét., hébreu *kherubim* « les anges », mot akkadien) **1.** Ange. **2.** *Avoir une face, un teint de chérubin,* un visage rond et des joues colorées. – Bel enfant.

Cherubini (Luigi) Compositeur italien (1760-1842). Installé à Paris, il dirigea le Conservatoire et se bâtit une solide réputation dans toute l'Europe. Il a laissé une œuvre variée : opéras *(Médée),* musique religieuse *(Messe en la majeur),* musique de chambre et mélodies.

Chesapeake (baie de) Profonde baie de la côte E. des États-Unis, dans le Maryland et la Virginie. S'étendant sur 280 km, pour une largeur de 30 km, elle accueille un important trafic maritime. Pont de 12 km.

Cheselden (William) Chirurgien et anatomiste britannique (1688-1752). Il est resté célèbre pour ses travaux sur la cataracte, et en particulier pour son opération d'un jeune garçon aveugle de naissance, en 1728.

Cheshire ou **Chester** Comté du N.-O. de l'Angleterre, au S. de Liverpool. 2 322 km². 674 000 habitants. Élevage laitier (fromage). Salines. Industrie chimique.

Chesnay-Rocquencourt (Le) Commune des Yvelines, au N. de Versailles. 31 057 habitants. Ruines du château de Rocquencourt (XVIIIe siècle). Informatique. Centre commercial Parly 2. Rocquencourt abrita le siège du commandement suprême des forces alliées (Shape) de 1951 à 1967.

Chessex (Jacques) Écrivain suisse d'expression française (1934-2009). Le souci autobiographique domine son œuvre romanesque, qui met en scène des personnages hantés par l'obsession de la faute et de la mort *(L'Ogre).* On lui doit aussi des recueils de poésie *(L'Ouvert obscur)* et des essais littéraires *(Maupassant et les autres).*

chester [ʃɛstɛʀ] n. m. (n. de la ville) Fromage anglais au lait de vache, à pâte pressée non cuite.

Chester Ville d'Angleterre, chef-lieu du Cheshire, au S. de Liverpool. 86 000 habitants. Florissante cité commerciale et portuaire jusqu'au XVe s., c'est la seule ville d'Angleterre ayant préservé ses remparts.

Chesterfield (Philip Dormer Stanhope, 4e comte de) Homme politique, journaliste et écrivain britannique (1694-1773). Il fut membre du Parlement puis ambassadeur aux Provinces-Unies. Ami de Swift et de Voltaire, il est surtout resté célèbre pour ses lettres éducatives *(Letters to His Son ; Letters to His Godson).*

Chesterfield Ville d'Angleterre (Derbyshire), au S. de Sheffield. 88 500 habitants. Industries lourdes en reconversion.

Chesterton (Gilbert Keith) Romancier et essayiste britannique (1874-1936). Il déploya ses talents de polémiste sur les terrains social, religieux et philosophique *(Hérétiques).* Dans ses histoires, sa verve satirique et son goût pour le cocasse *(Le Club des métiers bizarres)* témoignent d'un scepticisme et d'un pessimisme fonciers. Attiré par le catholicisme (il se convertit en 1922), il créa le personnage du Père Brown, prêtre-détective aux intuitions infaillibles, qui incarne ses préoccupations religieuses et métaphysiques *(La Sagesse du Père Brown).*

Chestov (Lev Isaakovitch Chvartsman, dit Léon) Écrivain et philosophe russe (1866-1938), l'un des principaux représentants de l'existentialisme chrétien. *La Philosophie de la tragédie.*

chétif, ive adj. (vient du latin pop. *cactivus,* d'un mot gaulois et du latin *captivus* → captif) De faible constitution ; d'apparence fragile. → **malingre, rachitique.** *Enfant chétif. Un arbre chétif.* □ adv. **chétivement** □ n. f. **chétivité**

Cheung (Maggie) Actrice chinoise de Hong Kong (née en 1964). Star du cinéma asiatique avec les films d'action de Jackie Chan, elle obtint une renommée internationale en tournant avec Wong Kar-wai *(In the Mood*

Maggie Cheung dans *Hero*, de Zhang Yimou (2002).

for Love) et Olivier Assayas *(Irma Vep ; Clean).*

chevaine voir **chevesne**

cheval, aux n. m. (vient du latin pop. *caballus*, remplaçant en Gaule le latin class. *equus* → **équestre**) **I. 1.** Grand mammifère (équidé) à crinière, domestiqué par l'homme comme animal de trait et de transport ; spécialt le mâle adulte (opposé à *jument, poulain*). → **hipp(o)-** ; fam. **canasson, 1dada.** *Cheval sauvage.* → **mustang.** *Cheval reproducteur.* → **1étalon.** *Petit cheval.* → **poney.** *Cheval de course* (→ **hippisme**). *Cheval de selle.* → **1monture.** – *Cheval qui trotte, galope, hennit, rue, se cabre.* **2.** *À cheval* loc. adj. invar. et adv. : sur un cheval. *Monter à cheval.* → **chevaucher ; équitation.** – À califourchon (une jambe d'un côté, et l'autre de l'autre). *Être à cheval sur une branche d'arbre.* – fig. Une partie d'un côté, une partie de l'autre. *Être à cheval sur deux périodes* (→ **chevaucher**). **3.** Équitation. *Faire du cheval. Culotte* de cheval,* de cavalier. **4.** loc. *Fièvre de cheval,* très forte. – *Monter sur ses grands chevaux :* s'emporter. *Être à cheval sur les principes,* y tenir rigoureusement. **5.** fam. *Un grand cheval :* une grande femme masculine. *Un vrai cheval :* une personne très solide, infatigable. *C'est pas le mauvais cheval :* il n'est pas méchant. – *Cheval de retour :* récidiviste. **6.** fig. *Cheval de bataille :* argument, sujet favori auquel on revient. → fam. **1dada. II.** Figure représentant un cheval. *Cheval de bois :* jouet d'enfant. – *Chevaux de bois :* manège circulaire des foires. – *Cheval d'arçons :* appareil de gymnastique, gros cylindre rembourré sur quatre pieds. *Des chevaux d'arçons* ou *des cheval d'arçons.* – *Cheval de frise*.* ■ hist. *Le cheval de Troie :* dans *L'Iliade,* cheval de bois gigantesque dans les flancs duquel les guerriers grecs se cachèrent pour pénétrer dans Troie. – inform. Petit programme introduit dans un ordinateur avec des instructions malveillantes ou destructrices (→ **virus**). ■ *Les petits chevaux :* jeu de hasard où les pions représentent des chevaux. **III.** *Cheval-vapeur* (symb. ch), ou *cheval :* ancienne unité de puissance équivalant à 736 watts. *Des chevaux-vapeur.* ■ *Cheval fiscal* (symb. CV) : unité de calcul équivalant à 1/6 environ du litre de cylindrée. – *Une sept chevaux :* une voiture de sept chevaux (fiscaux).

Cheval (Ferdinand) dit le Facteur Cheval Architecte amateur français (1836-1924). Facteur de son état, il créa à Hauterives (Drôme) le *Palais idéal,* cité miniature dont l'étrange architecture baroque évoque le Douanier Rousseau et anticipe sur l'art brut.

chevalement n. m. (de *cheval* → **chevalet**) Assemblage de madriers et de poutres qui soutiennent une construction et peut supporter des appareils (poulies, etc.). → **2étai.**

chevaler v. tr. < 1 > techn. Soutenir par un chevalement. → **étayer.**

chevaleresque adj. (de l'italien, de *cavaliere* → **1cavalier**) Digne d'un chevalier (1). → **généreux.**

chevalerie n. f. (de *chevalier*) **1.** hist. Ordre militaire d'un caractère religieux, propre à la noblesse féodale. → **chevalier.** *Romans de chevalerie.* **2.** *Ordre de chevalerie,* donnant des distinctions honorifiques.

chevalet n. m. **1.** Support servant à tenir à la hauteur voulue l'objet sur lequel on travaille. *Chevalet de peintre,* qui supporte la toile. **2.** mus. Mince pièce de bois placée sur la table d'un instrument pour soutenir les cordes tendues.

chevalier, ière n. (vient du latin pop., de *caballus* → **cheval**) **I. 1.** n. m. au Moyen Âge Noble admis dans l'ordre de la chevalerie. → **paladin, preux.** *Les chevaliers de la Table ronde.* – loc. *Chevalier errant,* qui voyageait pour redresser les torts. ■ fig. *Chevalier servant :* homme dévoué à une femme, qui lui fait la cour. ■ *Chevalier d'industrie :* homme qui vit d'expédients. **2.** n. m. au Moyen Âge Membre d'un ordre militaire et religieux. *Les chevaliers de Malte.* **3.** mod. Membre d'un ordre honorifique. *Chevalier de la Légion d'honneur.* **4.** dans la noblesse Celui qui est au-

Le chevalier est avant tout un homme d'armes, ce que manifeste son équipement (ici sur une miniature du Codex Capodilista, 1434, bibliothèque municipale de Padoue).

dessous du baron. **II.** n. m. **1.** Oiseau échassier migrateur, au long bec droit. **2.** en appos. → **omble.**

Chevalier (Auguste) Voyageur et botaniste français (1873-1956). Il tira de ses expéditions en Afrique (Sénégal, Soudan, lac Tchad) et en Indochine un ouvrage sur les *Végétaux utiles de l'Afrique tropicale* et une contribution au *Traité de géographie physique* de E. de Martonne.

Chevalier (Maurice) Chanteur populaire et acteur français (1888-1972). Formé au café-concert, il composa très tôt le personnage optimiste et gouailleur qui le rendit célèbre. Il tourna de nombreux films à Hollywood *(Parade d'amour),* et en France *(Le silence est d'or).*

chevalière n. f. (de *chevalier : bague à la chevalière*) Bague à large chaton plat sur lequel sont gravées des armoiries, des initiales.

chevalin, ine adj. (vient du latin pop. *caballinus* → **cheval**) **1.** Du cheval. *Races chevalines.* **2.** Qui évoque le cheval. *Visage chevalin.*

Chevalley (Claude) Mathématicien français (1909-1984). Membre fondateur du groupe Bourbaki, il étudia en particulier les groupes de Lie.

cheval-vapeur voir **cheval** (III)

Chevardnadze (Édouard) Homme d'État géorgien (1928-2014). Ministre des Affaires étrangères de l'URSS jusqu'en 1991, il fut l'un des artisans de la fin de la guerre froide et fut élu président de la république de Géorgie en 1995, fonction qu'il exerçait de fait depuis 1992 comme président du Conseil d'État. Il démissionna en 2003.

chevauchant, ante adj. Qui chevauche, se recouvre en partie. *Tuiles chevauchantes.*

chevauchée n. f. Promenade, course à cheval.

chevauchement n. m. Position de choses qui chevauchent.

chevaucher v. < 1 > (vient du bas latin, de *caballus* → **cheval**) **1.** v. intr. littér. Aller à cheval. **2.** v. tr. Être à cheval, à califourchon sur. *Sorcières qui chevauchent des manches à balai.* **3.** v. intr. (choses) Se recouvrir en partie. → se **recouvrir.** *Dents qui chevauchent.* ■ se **chevaucher** v. pron. *Tuiles qui se chevauchent.*

chevau-léger n. m. anciennt Soldat du corps de cavalerie de la garde du souverain (du XVIe au XIXe s.). – *Les chevau-légers :* ce corps de cavalerie.

chevêche n. f. (vient p.-ê. du latin *cavannus* → **chat-huant**) Petite chouette.

chevelu, ue adj. (de *chevel* → **cheveu**) **1.** Garni de cheveux. *Le cuir chevelu.* **2.** Qui a de longs cheveux.

chevelure n. f. (vient du bas latin → **cheveu**) **1.** Ensemble des cheveux. *Une chevelure abondante* (→ **toison ; crinière**), *emmêlée* (→ **tignasse**). **2.** *La chevelure d'une comète,* la traînée lumineuse qui la suit.

Chevènement (Jean-Pierre) Homme politique français (né en 1939). Plusieurs fois député socialiste entre 1973 et 2002, maire de Belfort (1983-1997 ; 2001-2007), sénateur (2008-2014), il fut plusieurs fois ministre, notamment de l'Éducation nationale (1984-1986), de la Défense (1988-1991) et de l'Intérieur (1997-2000). Il fonda en 1992 un parti souverainiste de gauche, le Mouvement des citoyens (MDC), devenu Mouvement républicain et citoyen en 2003.

Cheverny Commune du Loir-et-Cher, au S.-E. de Blois. 918 habitants. Château de style Louis XIII (début du XVIIe s.) en pierre blanche de Bourré. Hergé s'en inspira pour dessiner Moulinsart. Importantes collections de peintures, meubles et tapisseries.

chevesne [ʃ(ə)vɛn] n. m. (vient du latin pop. « grosse tête », de *caput* → **chef**) Poisson d'eau douce à dos brun et ventre argenté. - var. **chevaine, chevenne.**

chevet n. m. (vient du latin *capitum,* de *caput* « tête » → **chef**) **I. 1.** Partie du lit où l'on pose la tête. → **tête.** *Lampe, table de chevet,* qui sont à la tête du lit. *Livre de chevet,* livre de prédilection. **2.** *Au chevet de qqn,* auprès de son lit. *Rester au chevet d'un malade.* **II.** Partie (d'une église) qui se trouve à la tête de la nef, derrière le chœur. → **abside.**

chevêtre n. m. (vient du latin *capistrum* « licou ») techn. Élément de charpente disposé pour réunir des éléments porteurs, supporter un tablier de pont, etc.

cheveu n. m. (d'abord *chevel ;* vient du latin *capillus,* p.-ê. famille de *caput* « tête » → **chef**) **1.** Poil qui recouvre le crâne humain. surtout au plur. *Les cheveux.* → **chevelure ;** fam. **tif(s).** *Cheveux plats, raides ; frisés, bouclés, crépus.* – *Cheveux noirs, bruns, châtains, roux, blonds ; gris, poivre et sel, blancs.* – *Perdre ses cheveux* (→ **chauve**). *Avoir les cheveux en bataille, hirsutes* (→ être **échevelé**). *Démêler, peigner ses cheveux.* → se **coiffer.** – loc. *Cheveux au vent,* libres de toute attache. **2.** loc. fig. *S'arracher les cheveux :* être furieux et désespéré. – *Faire dresser les cheveux sur la tête (à qqn) :* inspirer un sentiment d'horreur. – fam. *Avoir mal aux cheveux,* mal à la tête pour avoir trop bu. – *Se faire des cheveux (blancs) :* se faire du souci. – *Tiré par les cheveux :* amené d'une manière forcée et peu logique (raisonnement, récit...). – *Couper les cheveux en quatre :* se perdre dans un raisonnement pointilleux. → **pinailler.** – au sing. *Avoir un cheveu sur la langue*.* – *À un cheveu (près) :* à très peu de chose (près). – *Comme un cheveu sur la soupe :* à contretemps, mal à propos. **3.** *Cheveux d'ange :* fines décorations d'arbre de Noël ; vermicelle très fin. ■ bot. *Cheveu-de-Vénus.* → **adiante.** *Des cheveux-de-Vénus.*

Chevigny-Saint-Sauveur Commune de la Côte-d'Or, à l'E. de Dijon. 11 055 habitants. Industrie automobile.

chevillard, arde n. Commissionnaire qui vend la viande en gros ou en demi-gros. → **cheville** (I, 4).

Chevillard (Éric) Écrivain français (né en 1963). Ses récits poétiques, qui peuvent s'apparenter à des fables, donnent la parole aux animaux et les resituent à l'égal de l'homme *(La Nébuleuse du crabe ; Du hérisson).* Toujours à l'écart de la réalité, il manie l'art du conte et s'est notamment réapproprié celui du *Vaillant Petit Tailleur.*

cheville n. f. (vient du latin pop., de *clavicula* → **clavicule**) **I. 1.** Tige rigide dont on se sert pour boucher un trou, assembler des pièces. *Cheville d'assemblage.* → **boulon, clou, goupille, taquet.** *Planter une cheville.* **2.** *Cheville ouvrière :* grosse cheville qui joint l'avant-train avec le corps d'une voiture ; fig. agent, instrument essentiel (d'une entreprise, d'un organisme). → **centre, pivot.** ■ loc. fam. *Être en cheville avec qqn,* associé plus ou moins secrètement avec lui. **3.** mus. Pièce qui sert à tendre les cordes d'un instrument. **4.** Crochet servant à suspendre la viande. *Viande vendue à la cheville,* en gros (→ **chevillard**). **II.** Saillie des os de l'articulation du pied ; partie située entre le pied et la jambe. *Se fouler la cheville.* – fig. *Ne pas arriver* **à la cheville de** *qqn,* lui être inférieur. – loc. fam. *Avoir les chevilles qui enflent,* être prétentieux. **III.** Terme de remplissage permettant la rime ou la mesure, en poésie ; expression inutile au sens. *« Cheville ! redondance inutile ! »* (Rousseau).

cheviller v. tr. < 1 > Joindre, assembler (des pièces) avec des chevilles. ■ (au p. p.) loc. *Avoir l'âme chevillée au corps :* avoir la vie dure.

chevillère n. f. Bandage qui protège la cheville.

chevillette n. f. vieux Petite cheville (→ aussi **bobinette**).

Chevilly-Larue Commune du Val-de-Marne, au S.-E. de Paris. 20 372 habitants. Le marché de Rungis se trouve en partie sur la commune.

Cheviot (monts) Hautes collines de Grande-Bretagne, aux confins de l'Écosse et de l'Angleterre. 815 m au mont Cheviot. Élevage ovin. Parc national.

cheviotte n. f. (de *monts Cheviot*) Laine des moutons d'Écosse ; étoffe faite avec cette laine.

Chevotet (Jean Michel) Architecte et décorateur français (1698-1772). Prix de Rome en 1722, il réalisa plusieurs hôtels particuliers et châteaux de style Louis XV, notamment le pavillon de Hanovre. Il aménagea des parcs, en particulier celui de Belœil, en Belgique.

chèvre n. f. (vient du latin *capra* → **capricorne, caprin**) **I. 1.** Mammifère ruminant, à cornes arquées, à pelage fourni, apte à grimper et à sauter ; spécialt la femelle adulte (opposé à *bouc ; à chevreau*). → fam. **bique, biquette ; caprin.** *La chèvre bêle.* → **chevroter.** *Lait de chèvre. Fromage de chèvre ;* n. m. *du chèvre.* **2.** loc. *Faire devenir chèvre (qqn) :* exaspérer, faire enrager (→ **faire tourner en bourrique**). – *Ménager la chèvre et le chou :* ménager les deux camps en évitant de prendre parti. **II.** Appareil servant à soulever des fardeaux.

chevreau n. m. **1.** Petit de la chèvre. → **biquet, cabri. 2.** Peau de chèvre ou de chevreau tannée.

chèvrefeuille n. m. (vient du latin *caprifolium* « feuille de chèvre ») Plante, arbrisseau grimpant, à fleurs parfumées.

chevrette n. f. (de *chèvre*) **I. 1.** Jeune chèvre. **2.** Femelle du chevreuil. **II.** (forme picarde de *crevette*) Crevette* rose.

chevreuil n. m. (vient du latin *capreolus,* de *capra* → **chèvre**) **1.** Mammifère sauvage, assez petit, à robe fauve et ventre blanchâtre. – *Cuissot de chevreuil.* **2.** (Canada) Cerf de Virginie.

Chevreul (Eugène) Chimiste français (1786-1889). Pionnier de la chimie organique, il s'intéressa à la composition des corps gras, ce qui lui permit de concevoir des bougies à base de graisses animales (stéarine) autres que le suif. Sa théorie des couleurs, alors qu'il dirigeait la manufacture des Gobelins, influença les peintres impressionnistes.

Chevreuse Commune des Yvelines, à l'E. de Rambouillet. 5 572 habitants. Église Saint-Martin du XIIe s., remaniée au XVIIe s. Vestiges du château de la Madeleine (XIIe-XVe s.). ■ **Vallée de Chevreuse** Vallée moyenne et supérieure de l'Yvette, dont les affluents forment des vallons, notamment le vallon de Saint-Lambert qui abrite Port-Royal-des-Champs. Parc naturel régional de la Haute-Vallée de Chevreuse, créé en 1985. 66 616 ha.

chevrier, ière n. **1.** Berger, bergère qui mène paître les chèvres. **2.** n. m. Flageolet d'une variété verte.

chevron n. m. (vient du latin pop., famille de *capra* → **chèvre**) **1.** Pièce de bois sur laquelle on fixe des lattes qui soutiennent la toiture. → **madrier. 2.** Galon en V renversé porté sur les manches des uniformes (→ **chevronné**). – Motif décoratif en zigzag. *Tissu à chevrons.*

chevronné, ée adj. (de *chevron* « galon d'ancienneté ») Expérimenté.

chevrotain n. m. zool. Petit ruminant d'Asie et d'Afrique, sans cornes ni bois.

chevrotant, ante adj. *Voix chevrotante,* tremblante et cassée.

chevrotement n. m. Tremblement (de la voix).

chevroter v. intr. < 1 > (de *chèvre*) **1.** (chèvre) Bêler. → **bégueter. 2.** Parler, chanter d'une voix tremblotante. *Vieillards dont la voix chevrote.*

chevrotin n. m. **1.** abusivt Petit du chevreuil. → **faon. 2.** techn. Peau de chevreau corroyée. **3.** Petit fromage de chèvre.

chevrotine n. f. (de *chevrotin* « petit chevreuil ») Balle sphérique, gros plomb pour tirer le chevreuil, les bêtes fauves.

Chevtchenko (Tarass Grigorievitch) Poète ukrainien (1814-1861). Membre fondateur de la Confrérie de Cyrille et Méthode (1846), qui œuvra pour l'abolition du servage et pour l'égalité sociale, il fut déporté en Sibérie, où il resta 10 ans. Par son engagement politique comme par ses poèmes (*Kobzar,* inspiré de la chanson populaire, et *Les Haïdamaques,* poème épique), il réveilla la conscience nationale de l'Ukraine, dont il devint le héros et le martyr, et à qui il donna son hymne *(Testament).*

chewing-gum [ʃwiŋgɔm] n. m. (de l'anglais, de *to chew* « mâcher ») anglic. Gomme à mâcher. *Des chewing-gums.*

Cheyenne Ville des États-Unis, capitale du Wyoming. 59 500 habitants. Agriculture et élevage. Base de missiles.

Cheyennes n. m. pl. Peuple indien d'Amérique du Nord, de langue algonquine, originaire de la région des Grands Lacs. Vaincus au terme d'une résistance farouche contre les colons blancs (ils contribuèrent à la victoire du chef sioux Sitting Bull sur le général Custer à la bataille de Little Big Horn, en 1876), ils subsistent depuis 1884 dans des réserves du Montana et de l'Oklahoma.

Cheyney (Peter Southouse-Cheyney, dit Peter) Romancier britannique (1896-1951). Auteur prolifique, il a laissé des romans d'espionnage dont le trait saillant est la violence physique et verbale, et qui influencèrent le roman noir américain. *Cet homme est dangereux.*

chez prép. (vient du latin *casa* « maison » → **case**) **1.** Dans la demeure de, au logis de (qqn). *Venez chez moi* (→ à la **maison**). *Je vais chez le coiffeur.* – loc. *Se sentir chez soi :* ne pas être gêné. *Faites comme chez vous :* mettez-vous à l'aise. – précédé d'une autre prép. *Je viens de chez eux. Passez par chez nous.* – *Bien de chez nous* **loc. adj. invar. :** typique de notre pays (souvent iron.). – loc. fam. (surtout oral) *De chez* (et adj. répété). *C'est nul de chez nul,* complètement nul. **2.** Dans la nation de. *Chez les Anglais. Chez les Romains :* du temps des Romains. **3.** Dans l'esprit, dans le caractère, dans les œuvres, le discours de (qqn). *C'est une réaction courante chez elle. On trouve ceci chez Voltaire.* → **dans.**

chez-moi, chez-toi, chez-soi n. m. invar. Domicile personnel (avec valeur affective). → **home, maison.** *Ton petit chez-toi.*

Chézy (Antoine de) Ingénieur et mathématicien français (1718-1798). On lui doit d'importantes études en hydrodynamique, ainsi que les ponts de Neuilly, de Nantes et du Tréport.

Chhattisgarh État du centre de l'Inde (créé en 2000 avec les districts de l'E. du Madhya Pradesh). 135 100 km². 29,4 millions d'habitants. Capitale : Raipur.

chiader v. tr. < 1 > (de l'argot *chiade* « défécation » → **chier**) fam. Travailler, préparer (un examen ; un travail). *Chiader son bac.* – p. p. adj. *Un travail chiadé,* difficile ; très réussi.

chialer v. intr. < 1 > (p.-ê. famille de *chiot,* et influence de *chier [chier des yeux]*) fam. Pleurer.

chialeur, euse n. et adj. fam. (Personne) qui chiale, pleure souvent, facilement. → **pleurard.**

Chiang Maï Ville du N.-O. de la Thaïlande, capitale de province. 174 340 habitants. Capitale du royaume de Lan Na fondée en 1296. Tourisme.

chiant, ante adj. fam. Qui ennuie ou contrarie. *Ce mec est chiant comme la pluie.* → **ennuyeux.** *C'est chiant !* → fam. **emmerdant.**

Chianti Région d'Italie, en Toscane. Vins réputés (le *chianti*).

Chiapas n. m. État du S.-E. du Mexique, sur le Pacifique, à la frontière du Guatemala. 74 211 km². 4 800 000 habitants. Capitale : Tuxtla Gutiérrez.

chiard n. m. (de *chier*) très fam., péj. Enfant. → **môme.**

chiasma [kjasma] n. m. (→ **chiasme**) anat. Entrecroisement de nerfs ou de chromatides. – *Chiasma optique :* croisement des fibres des nerfs optiques, à la base du cerveau. □ adj. **chiasmatique**

chiasme [kjasm] n. m. (mot grec « croisement ») didact. Figure de rhétorique consistant à inverser deux groupes de mots (ex. « Blanc bonnet et bonnet blanc »).

chiasse n. f. (→ **chier**) vulg. Colique. → **courante.**

Chiasso Ville de Suisse (canton du Tessin), à la frontière italienne. 8 331 habitants (agglomération 43 100). Industries chimique, métallurgique, agroalimentaire.

chiatique adj. (de *chiant* avec suffixe pseudo-scientifique) fam. Ennuyeux, chiant.

Chiavenna Ville d'Italie (Lombardie), au N. du lac de Côme. 7 240 habitants. Nœud routier. Tourisme.

Chiayi ou **Jiayi** Ville de l'île de Taiwan. 273 100 habitants. Site touristique d'Alishan.

Chiba Ville du Japon (Honshū), à l'E. de Tōkyō. 975 210 habitants. Port de commerce et centre administratif. Industries en expansion grâce aux terrains gagnés sur la mer (industries du bois, métallurgie, chimie).

chibani n. m. (mot arabe « homme âgé », littéralement « cheveux blancs ») Immigré âgé, souvent maghrébin, venu travailler en France durant les Trente* Glorieuses.

Chibcha(s) n. m. pl. Peuple d'Amérique du Sud (région de Bogotá), dont la civilisation fut anéantie par les Espagnols au XVIe s. Les Chibchas sont également un groupe linguistique d'Amérique du Nord.

Chibougamau Ville du Canada (Québec). 7 563 habitants. Fondée vers 1950 dans une région presque déserte, à près de 500 km au N.-O. de Québec, elle recèle d'importants gisements de cuivre et d'or. Réserve naturelle près du lac Chibougamau.

chibouque n. f. ou m. (mot turc « tuyau, pipe ») Pipe turque à long tuyau. - var. **chibouk** n. m.

chic (p.-ê. allemand *Schick* « façon, manière », ou radical onomatopéique de *chicaner*) **I.** n. m. **1.** *Avoir le chic pour* (+ inf.) : faire (qqch.) avec facilité, aisance, élégance. – iron. *Elle a le chic pour m'énerver.* **2.** Élégance hardie, désinvolte. → **caractère, chien, originalité.** *Son chapeau a du chic.* **II.** adj. (invar. en genre) **1.** Élégant. *Elle est chic,* bien habillée. – *Les quartiers chics :* les beaux quartiers. - var. fam. **chicos. 2.** (avant le nom) fam. Sympathique, généreux. *Un chic type ; une chic fille. C'est chic de sa part.* → [2]**gentil. 3.** loc. adj. invar. *Bon chic bon genre :* d'une élégance discrète et traditionnelle. - abrév. fam. → **BCBG. III.** interj. fam. Marquant le plaisir, la satisfaction. → [2]**chouette.** *Chic alors !*

Chicago Ville des États-Unis (Illinois), sur le lac Michigan. 2,7 millions d'habitants (agglomération 9 millions d'habitants ; 3e rang après New York et Los Angeles). Située à proximité des grandes plaines agricoles des États-Unis, Chicago est un important marché international de céréales et de bétail. Nombreuses industries (métallurgie, chimie, agroalimentaire). Foyer de l'architecture moderne, centre culturel (musées, bibliothèques). La ville se développa après 1830, grâce au chemin de fer, à l'industrialisation rendue possible par l'immigration. Elle devint le berceau du syndicalisme américain et un haut lieu de la lutte pour la reconnaissance des minorités.

Chicago, trois des 45 ponts mobiles enjambant la rivière Chicago.

chicane n. f. (de *chicaner*) **I. 1.** Difficulté, incident qu'on suscite dans un procès pour embrouiller l'affaire (→ **chicaner**). – péj. La procédure. **2.** Querelle, contestation où l'on est de mauvaise foi. → **argutie, dispute, tracasserie.** *Les éternelles chicanes entre voisins.* **II.** Passage en zigzag qu'on est obligé d'emprunter.

chicaner v. ‹ 1 › (p.-ê. de *ricaner* et radical onomatopéique *tchikk-, chi-* « petit coup » → **chichi, chiquenaude**) **1. v. intr.** Élever des contestations mal fondées, chercher querelle sur des riens. → **contester, ergoter.** *Chicaner sur qqch.* **2. v. tr.** Chercher querelle à (qqn). *Je ne vous chicanerai pas là-dessus.*

chicanerie n. f. Fait de chicaner. → **ergotage.**

chicanier, ière adj. et n. (Personne) qui chicane sur les moindres choses. *Il est très chicanier. – Un procédé chicanier.* - syn. **chicaneur, euse.**

chicano [tʃikano] n. (de l'espagnol du Mexique *mexicano*) souvent péj. Mexicain(e) établi(e) aux États-Unis. – adj. *Les communautés chicanos de Californie.*

Chic-Chocs (monts) Massif du Canada (Québec), extrémité orientale des monts Notre-Dame, sur la rive droite de l'estuaire du Saint-Laurent. Point culminant : mont Jacques-Cartier, 1 268 m.

chicha n. f. (mot persan « verre » ; n. tunisien du narguilé) Pipe à eau. → **houka, narguilé.**

Chichakli (Adib) Homme politique syrien (1901-1964). Il s'autoproclama président de la République en 1951 mais fut lui-même chassé par un coup d'État en 1954.

^{1}**chiche** adj. (de l'ancien français *cice*, latin *cicer* « pois chiche », à l'origine du surnom *Cicero [Cicéron]* → **cicérone**) *Pois chiche* : graine comestible d'une plante méditerranéenne. *Des pois chiches.*

^{2}**chiche** adj. (p.-ê. onomatopée → **chichi**) **1.** vieilli Qui répugne à dépenser. – mod., fig. *Vous êtes chiche de compliments.* → **avare. 2.** littér. Peu abondant. *Une nourriture chiche.*

^{3}**chiche** interj. (p.-ê. de ^{2}*chiche*) fam. Exclamation de défi : je vous prends au mot. *Tu n'oserais jamais. — Chiche ! – Être* **chiche de** (+ inf.) : être capable de, oser. *Tu n'es pas chiche de plonger d'ici.*

chiche-kébab ou **chiche-kebab** [ʃiʃkebab] n. m. (du turc, de l'arabe) Brochette de mouton. *Des chiches-kébabs, des chiches-kebabs.* - var. RO **chichekébab.**

chichement adv. Pauvrement, comme un avare. *Vivre chichement.* → **modestement, petitement.**

Chichén Itzá

La grande pyramide « El Castillo » de Chichén Itzá, site inscrit au patrimoine mondial de l'Unesco.

Chichén Itzá Cité maya du xe s., dans le Yucatán (Mexique), dont il reste de nombreux vestiges.

Chichester (sir Francis) Navigateur britannique (1901-1972). Il remporta la première course transatlantique à la voile (1960) et réalisa le tour du monde en solitaire (1966-1967).

Chichester Ville du S. de l'Angleterre, chef-lieu du West Sussex. 30 000 habitants. Industries de pointe. Tourisme. Cathédrale du XIIe s., transition entre styles roman et gothique primitif.

chichi n. m. (onomatopée → ^{2}**chiche, chicot**) Comportement qui manque de simplicité. → ^{1}**affectation, minauderie.** *Faire des chichis.* → **embarras, façon, manière, simagrée.**

Chichimèques n. m. pl. Nom donné par les Aztèques à des populations nomades du N. du Mexique (XIIe-XVe s.).

chichiteux, euse adj. et n. fam. Qui fait des chichis, des manières. → **prétentieux.**

Chiclayo Ville du N. du Pérou, sur le Pacifique. 251 400 habitants (agglomération 495 500). Commerce. Industrie agroalimentaire.

chiclé [(t)ʃikle] n. m. (de l'espagnol, d'un mot aztèque) Latex qui découle notamment du sapotillier et qui est utilisé dans la préparation des chewing-gums.

chicon n. m. (probablt de *chicorée*) régional (Nord ; Belgique) Endive.

chicorée n. f. (du bas latin, du grec *kikhoria*) **1.** Plante herbacée dont les feuilles se mangent en salade. → **scarole.** *Chicorée frisée.* **2.** Racine torréfiée de la chicorée ; boisson chaude qu'on en tire. *Une tasse de chicorée.*

chicot n. m. (du radical onomatopéique *chi-* « petitesse » → **chicaner, chichi, chiquenaude**) Morceau qui reste d'une dent ; dent cassée, usée. *« Son sourire crénelé par les chicots »* (Blondin).

chicoter v. ‹ 1 › (d'un radical onomatopéique *tchikk-* exprimant un petit bruit) **1. v. intr.** rare (souris) Pousser son cri. **2. v. tr.** (Canada) fam. Tracasser, inquiéter. *Ça me chicote.* → **chiffonner, turlupiner.**

chicotin n. m. (adaptation de l'arabe, du n. de l'île de Socotra) vieux Suc très amer d'un aloès. – mod. loc. *Amer comme chicotin* : très amer.

Chicoutimi Ancienne ville du Canada (Québec) au confluent des rivières Chicoutimi et Saguenay, intégrée en 2002 à la ville de Saguenay (Saguenay-Chicoutimi). Université.

Chidambaram Ville d'Inde (Tamil Nadu). 78 400 habitants. Ancienne capitale de la dynastie des Cholas, et important centre de pèlerinage hindou. Temple de Shiva (xe s.).

chié, chiée adj. fam. Réussi. *C'était chié ! –* Incroyable, étonnant. *Tu es vraiment chié !*

chiée n. f. fam. Grande quantité. → **flopée, tapée.** *Il a une chiée d'amis.*

Chiemsee Lac du S.-E. de l'Allemagne (Bavière), traversé par l'Alz. 80 km^{2}.

chien n. m. (vient du latin *canis*, famille du grec *kuôn* → **cynégétique**) **I. 1.** Mammifère domestique dont de nombreuses races sont élevées ; spécialt le mâle (opposé à *chienne*). → **canin, cyno-.** *Le chien aboie.* → **roquet ;** fam. ^{1}**cabot, clébard ; toutou.** *Une portée de petits chiens.* → **chiot.** *La niche, la laisse d'un chien. Chien de race* (→ **pedigree**). *Chien bâtard.* → **corniaud.** – *Chien de chasse. Meute de chiens. Chien couchant ou chien d'arrêt,* qui lève le gibier en plaine et le rapporte quand il est abattu. *Chien courant,* qui aboie quand il est sur la piste du gibier. – *Chien de garde. Attention, chien méchant ! Chien policier.* – *Chien de berger.* **2.** loc. *Se regarder en chiens de faïence,* avec hostilité. – *Recevoir qqn comme un chien dans un jeu de quilles,* très mal. – *S'entendre, vivre comme chien et chat,* en se disputant constamment. – *Un chien couchant* : un être obséquieux, lâche. – *Entre chien et loup* : au crépuscule. – *Nom d'un chien !* (juron faible). – prov. *Qui veut noyer son chien l'accuse de la rage* : tout prétexte est bon quand on veut se débarrasser de qqn ou de qqch. *Les chiens aboient, la caravane* passe.* ■ *Avoir un mal de chien,* rencontrer bien des difficultés. – *De* **chien** (travail, métier) : très pénible. *Vie de chien,* difficile, misérable. – *Temps de chien,* très mauvais. ■ *Traiter qqn comme un chien,* sans égard ni pitié. – *Malade comme un chien,* extrêmement malade. ■ (Canada) péj. *Chien de poche* : personne qui en suit constamment une autre. **3.** loc. *Les* **chiens écrasés** : les faits divers sans importance (dans un journal). **4.** (personnes) péj. *Ah ! les chiens !* → **salaud.** ■ **adj.** Dur, avare. – Loc. fam. (Canada) *C'est chien* : c'est méchant, mesquin ; c'est vexant. → **vache ;** régional **cochon.** *C'est chien ce qu'on lui a fait !* **II. 1.** Pièce coudée d'une arme à feu qui guide le percuteur. ■ loc. *Être couché* **en chien de fusil**, les genoux repliés. **2.** Talon du jeu, au tarot. **III.** Charme, allure (d'une femme). *« Mieux que belle : elle a du chien »* (M. Yourcenar).

Chicoutimi

Chicoutimi, le pont Sainte-Anne enjambant le Saguenay.

Chien (Grand) Constellation de l'hémisphère austral, au bord de la Voie lactée et à laquelle appartient Sirius, l'étoile la plus brillante du ciel.

Chien (Petit) Constellation boréale, dont la principale étoile est Procyon.

chien-assis n. m. (à cause de sa ressemblance, vu de profil, avec un chien assis) archit. Lucarne en charpente, en saillie sur le toit d'une maison, pour munir d'une fenêtre verticale. *Des chiens-assis* [ʃjɛ̃asi].

chiendent n. m. (de *chien* et *dent* [à cause de la forme de la feuille]) **1.** Mauvaise herbe vivace très commune, à racines développées. **2.** Racine de chiendent séchée. *Brosse de chiendent.*

chienlit [ʃjɑ̃li] n. f. (de *chier, en* et *lit*) Désordre. → **pagaille.** *« La réforme, oui ; la chienlit, non »* (de Gaulle).

chien-loup n. m. Chien qui ressemble au loup (→ **berger allemand**). *Des chiens-loups.*

chienne n. f. **1.** Femelle du chien. **2.** péj. (injure) Femme détestable ; spécialt femme lubrique.

chiennerie n. f. péj. Ce que l'on trouve pénible, difficile à supporter. *Chiennerie de métier !* → **chien.**

chier v. intr. < 7 > (vient du latin *cacare* → **caca**) fam. et vulg. **1.** Se décharger le ventre des excréments. → **¹faire** ; fam. faire **caca. 2.** fig. *Faire chier qqn.* → **emmerder,** faire **suer.** *« Pourquoi que tu veux l'être, institutrice ? — Pour faire chier les mômes, répondit Zazie »* (Queneau). – *Se faire chier :* s'ennuyer. ■ loc. fig. *Nul à chier :* très mauvais. – *Envoyer chier qqn,* le rembarrer. – *En chier :* être dans une situation difficile, pénible. – en fonction d'adj. *À chier :* très mauvais ; très déplaisant. *Un film à chier.* ■ impers. *Ça va chier :* les choses vont se gâter.

chierie n. f. très fam. Chose très ennuyeuse, contrariante ou contraignante. → **emmerdement.** *Quelle chierie !*

Chiers n. f. Rivière du N. de la Lorraine, affluent de la Meuse. 127 km.

Chieti Ville d'Italie (Abruzzes). 52 490 habitants. Vestiges romains et musée archéologique.

chieur, chieuse n. très fam. Personne qui embête, ennuie. → **emmerdeur.** *Quel chieur, ce mec !*

chiffe n. f. (ancien français *chipe,* de l'ancien anglais *chip* → **chips**) **1.** vieux Chiffon. **2.** fig. et fam. *Chiffe molle :* personne d'un caractère faible.

chiffon n. m. (de *chiffe*) **1.** Morceau de vieille étoffe. *Commerce de chiffons* (→ **chiffonnier**). – *Chiffon à poussière.* – fig. *Agiter le chiffon rouge :* mettre en avant un sujet polémique. **2.** fig. (trad. de l'anglais ; formule du chancelier Bethmann-Hollweg, en 1914) *Un chiffon de papier :* un document sans valeur ; un traité qu'on ne veut pas respecter. **3.** au plur. fam. *Parler chiffons :* parler de vêtements, de mode.

chiffonnade n. f. cuis. Préparation de salade (laitue, oseille) coupée en fines lanières, fondue au beurre et assaisonnée. – *Chiffonnade de jambon :* jambon coupé en tranches très fines.

chiffonné, ée adj. **1.** Froissé. *Vêtement chiffonné.* → **fripé. 2.** fig. (visage) Fatigué. – Aux traits peu réguliers, mais agréables. *« Un petit minois éveillé, chiffonné »* (Rousseau). **3.** Tracassé, ennuyé.

chiffonnement n. m. rare État de ce qui est chiffonné. - syn. **chiffonnage.**

chiffonner v. tr. < 1 > **1.** Froisser, mettre en chiffon. → **friper.** *Chiffonner une robe.* **2.** fig. Contrarier, inquiéter. *Cela me chiffonne.* → **chagriner, intriguer.**

chiffonnette n. f. Carré de matière textile pour essuyer ou nettoyer. *Chiffonnettes jetables.* → aussi **lingette.** *Chiffonnette en microfibre.*

chiffonnier, ière n. **I. 1.** Personne qui ramasse les vieux chiffons pour les vendre. **2.** loc. *Se battre comme des chiffonniers,* d'une manière violente et bruyante. **II.** n. m. Petit meuble haut, à nombreux tiroirs superposés.

chiffrable adj. Qu'on peut chiffrer, qu'on peut exprimer par des chiffres.

chiffrage n. m. **1.** Évaluation en chiffres. *Le chiffrage des pertes.* **2.** Opération par laquelle on chiffre un message. → **codage.** - syn. **chiffrement. 3.** mus. Le fait de chiffrer ; manière dont une basse, un accord est chiffré.

chiffre n. m. (arabe *sifr* « rien », « zéro », calque du sanskrit) **I. 1.** Chacun des caractères qui représentent les nombres. *Chiffres arabes* (1, 2, 3, 4, 5, 6, 7, 8, 9, 0), *romains* (I, V, X, L, C, D, M). *Un nombre de plusieurs chiffres.* – *Les chiffres et les lettres.* **2.** Nombre représenté par les chiffres. *Le chiffre des dépenses.* → **montant, ¹somme, total.** *Le chiffre de la population. En chiffres ronds* (→ **arrondir**). – *Chiffre d'affaires :* total des ventes effectuées pendant une année. absolt *Faire du chiffre.* **II. 1.** Signe de convention servant à correspondre secrètement, à coder des messages (→ **chiffrer, déchiffrer**). – *Le chiffre :* l'ensemble de ces signes. → **code.** *Service du chiffre, dans l'armée* (→ **cryptographie**). **2.** Entrelacement de lettres initiales. → **monogramme.**

chiffrer v. < 1 > **I. 1.** v. tr. Noter à l'aide de chiffres. – Évaluer en chiffres. *Chiffrer ses revenus à tant par mois.* ■ mus. Noter au moyen de chiffres. *Chiffrer un accord.* – au p. p. *Basse chiffrée.* **2.** v. intr. (sujet chose) Atteindre un prix élevé. *Toutes ces dépenses finissent par chiffrer.* **II.** v. tr. Écrire en chiffre (II, 1). *Chiffrer une correspondance secrète.* → **coder, crypter.** – au p. p. *Message chiffré.*

chiffreur, euse n. Employé(e) qui chiffre les messages.

chignole n. f. (vient du bas latin, diminutif de *ciconia* → **cigogne**) **I.** fam. Mauvaise voiture. → **guimbarde, tacot. II.** Perceuse à main (→ **vilebrequin**) ou électrique.

chignon n. m. (de *chagnon,* venant du bas latin, de *catena* → **chaîne**) **1.** Partie de la chevelure relevée et ramassée derrière la tête. **2.** loc. fam. (femmes) *Se crêper le chignon :* se battre, se disputer.

chihuahua [ʃiwawa] n. m. (du n. de la ville, par l'anglais) Très petit chien à poil ras et à museau pointu, originaire du Mexique.

Chihuahua Ville du N. du Mexique, capitale de l'État de Chihuahua. 819 540 habitants. Églises du XVIIIe s. Richesses minières. Industrie (sous-traitance à destination des États-Unis).

chiisme [ʃiism] n. m. Doctrine religieuse des chiites. - var. **shiisme.**

chiite [ʃiit] adj. et n. (de l'arabe) Dans l'islam, Relatif à la branche des partisans d'Ali, gendre du prophète Mahomet, et de ses descendants. – n. *Les chiites et les sunnites.* - var. **shiite.**

Chikamatsu Monzaemon (Sugimori Nobumori, dit) Auteur dramatique japonais (1653-1724). Fils de samouraï et fin connaisseur des lettres chinoises, il écrivit des drames pour le théâtre bunraku (marionnettes) d'une grande perfection linguistique et scénique, qui lui valurent le surnom de « Shakespeare du Japon ». *Suicide par amour à Sonekazi.*

Chikuden ou **Tanomura Chikuden** Peintre japonais de l'école des lettrés (1777-1835). Il est considéré comme le plus grand représentant de l'école chinoise du XVIIIe s. au Japon.

chikungunya [ʃikungunja] n. m. (mot swahili « celui qui est courbé ») Maladie infectieuse (arbovirose) causée par un virus transmis par les moustiques.

Childe (Vere Gordon) Archéologue australien (1892-1957). Il introduisit dans les études sur la préhistoire, notamment européenne, des considérations d'ordre économique et social. *L'Aube de la civilisation européenne.*

Childebert Nom de trois rois mérovingiens. ■ **Childebert Ier** (v. 495-558). Roi de Paris (511-558). Fils de Clovis, il défit le roi wisigoth Amalaric près de Narbonne en 531. ■ **Childebert II** (v. 570-596). Roi d'Austrasie (575-596). Fils de Sigebert Ier et de Brunehaut, il hérita des royaumes de Bourgogne et d'Orléans (593), qu'il transmit à son fils Théodebert II. ■ **Childebert III** (v. 683-711). Roi de Neustrie, de Bourgogne et d'Austrasie (695-711). Fils de Thierry III, il régna sous la tutelle de Pépin de Herstal.

Childéric Nom de trois rois francs. ■ **Childéric Ier** (v. 436-481). Roi des Francs Saliens (457-481). Fils de Mérovée, il était le père de Clovis Ier. ■ **Childéric II** (v. 653-675). Roi d'Austrasie (663-675). Fils de Clovis II, il régna sur les royaumes de Bourgogne et de Neustrie après la chute d'Ébroïn (673). ■ **Childéric III** (mort en 755). Roi des Francs et dernier roi mérovingien (743-751). Il fut déposé par Pépin le Bref, fondateur de la dynastie carolingienne.

Childs (Lucinda) Danseuse et chorégraphe américaine (née en 1940). Elle est l'une des représentantes de la danse postmoderne, répétitive et minimaliste. *Dance ; Radial ; Einstein on the Beach* (de Ph. Glass).

chili [(t)ʃili] n. m. (de l'espagnol) Piment fort, utilisé en Amérique latine. – *Chili con carne* [kɔnkaʀne] : ragoût pimenté de viande hachée et de haricots rouges (plat mexicain).

Chili

n. m. ■ offic. république du Chili Pays d'Amérique du Sud. 756 945 km². 19 458 000 habitants (les *Chiliens*). **Langues :** espagnol (offic.), quéchua. **Religion :** catholiques en majorité. **Monnaie :** peso. **Capitale :** Santiago. **Régime :** démocratie présidentielle.

GÉOGRAPHIE

Le territoire du Chili, long de 4 300 km pour environ 200 de large, comprend trois grands éléments parallèles : une cordillère littorale, une dépression centrale et la cordillère des Andes.

En outre, le territoire se divise en trois grandes régions du nord au sud. Au N., le **Norte Grande** est marqué par le désert d'Atacama. Les mines constituent l'activité prépondérante. Au S. de Copiapó commence le Norte Chico dont le climat semi-aride permet des cultures céréalières extensives. Le **centre** rassemble l'essentiel de la population (45 % à Santiago) et des activités. Le climat méditerranéen rend l'irrigation nécessaire pour la culture de céréales, de fruits et de la vigne. Alors que Santiago concentre l'essentiel des productions de biens manufacturés, les industries agroalimentaires et celles du bois sont plus dispersées. Le Sud, partie chilienne de la **Patagonie,** est marqué par la fraîcheur et l'humidité. L'élevage ovin, la sylviculture et la pêche alimentent de petites industries (agroalimentaire, papeterie).

Malgré un taux d'urbanisation de 87 %, l'économie reste fondée sur le secteur primaire (cultures d'exportation, hydrocarbures, mines de cuivre, nitrates) et les industries de transformation (agroalimentaire, sidérurgie, pétrochimie). Le Chili est membre associé du Mercosur (1996) et signataire d'un traité de libre-échange avec les États-Unis (2004). L'économie chilienne est la plus stable d'Amérique latine ; cependant, les inégalités sociales se renforcent.

HISTOIRE

La région était principalement occupée au XVe s. par les Incas au N. et par les Mapuches au S. La conquête espagnole (1536-1560) l'intégra au Pérou jusqu'en 1778. L'Espagne s'y investit assez peu, du fait de son éloignement et de l'absence de métaux précieux. La période qui suivit l'indépendance (1818) fut marquée par une succession de dictatures et de troubles politiques. Ce fut avec

sa victoire sur le Pérou et la Bolivie lors de la guerre du Pacifique (1883) que le Chili entra dans une période de stabilité politique et de développement économique. La démocratie s'installa en 1891. Les gouvernements cherchèrent dès lors à concilier les réformes sociales et l'industrialisation par les investissements étrangers (américains surtout). Cet essor industriel, bien qu'ébranlé par la crise des années 1930, fit du Chili un des pays les plus riches d'Amérique latine mais aussi l'un des plus inégalitaires.

Le président Salvador Allende, qui inaugura en 1970 une politique socialiste, fut renversé en 1973 lors d'un coup d'État appuyé par la CIA. Durant la dictature militaire du général Augusto Pinochet (1974-1990), « chef suprême de la Nation », toute velléité d'opposition fut sévèrement réprimée et une économie néolibérale fut immédiatement mise en place (privatisations, coupe des budgets sociaux). La fin de son mandat marqua le retour à la démocratie avec l'élection de présidents de centre gauche (P. Alwyn Azócar en 1990, Eduardo Frei Ruíz-Tagel en 1994, R. Lagos en 2000) et seule sa mort (2006) mit un terme aux débats sur son immunité judiciaire. Rompant avec le pouvoir conservateur, la socialiste Michelle Bachelet, fille d'un opposant assassiné sous la dictature de Pinochet, fut élue présidente en 2006. La droite revint au pouvoir de 2010 à 2014 avec Sebastián Piñera mais, à nouveau portée par l'espoir de la population d'en finir avec les inégalités sociales, l'ex-présidente Michelle Bachelet obtint un autre mandat (2014-2018). Toutefois les structures politique et économique héritées de la dictature lui laissèrent une faible marge de manœuvre et Sebastián Piñera lui succéda à nouveau en 2018. Un mouvement populaire pour davantage de justice sociale secoua le pays en 2019 et aboutit en 2020 à un référendum portant sur une réforme constitutionnelle. Le « oui » l'emporta à près de 80 %. Gabriel Boric, de la gauche anti-néolibérale, accéda à la présidence en 2022.

chilienne n. f. (de *chilien* « du Chili ») Chaise longue en toile, sans accoudoirs.

Chillán Ville du Chili, à l'E. de Concepción. 148 000 habitants. Commerce et industrie.

chiller [(t)ʃile] v. intr. < 1 > (anglais des États-Unis *to chill [out]*) anglic., fam. Prendre du bon temps à ne rien faire. *Chiller devant une série.*

Chillida (Eduardo) Sculpteur et graveur espagnol (1924-2002). Il produisit des œuvres abstraites et minimalistes mais lyriques, visant à exprimer l'essence de la vie humaine. Il laisse aussi des ouvrages monumentaux, dont les portes de la basilique d'Aranzazu.

Chillon (château de) Château fort (XIIIe s.) de Suisse, près de Montreux (Vaud), au bord du lac Léman. Il inspira Lord Byron *(Le Prisonnier de Chillon).*

Chilly-Mazarin Commune de l'Essonne, au S. de l'aéroport d'Orly. 19 943 habitants.

Chiloé Île du Chili méridional. Pêche aux coquillages.

chilom voir shilom

Chilon Un des Sept Sages de la Grèce (VIe s. av. J.-C.). Éphore de Sparte (v. –556), il fit confier aux éphores le droit de déposer les rois.

Chilpéric Nom de deux rois mérovingiens. ■ **Chilpéric Ier** (539-584). Roi de Neustrie (561-584). Fils de Clotaire Ier, il fit assassiner sa femme Gaslwinthe et épousa Frédégonde. ■ **Chilpéric II** (670-721). Roi de Neustrie (715-721). Fils de Childéric II, il fut vaincu par Charles Martel.

Chimay Ville de Belgique (province de Hainaut), sur l'Eau Blanche. 9 726 habitants. Abbaye cistercienne. Industrie agroalimentaire (bière, fromage).

Chimborazo n. m. Volcan des Andes, point culminant de l'Équateur (6 261 m).

Chimbote Ville du Pérou, sur le Pacifique. 206 960 habitants (agglomération 313 500). Port de pêche. Sidérurgie.

chimère n. f. (du latin, grec *khimaira*) **1.** Monstre imaginaire (à tête de lion et queue de dragon) qui crache des flammes. **2.** Idée sans rapport avec la réalité. → **illusion, mirage, rêve, utopie.** *Ses projets sont des chimères.* **3.** Poisson marin aux dents broyeuses, pourvu d'un aiguillon parfois venimeux. **4.** biol. Organisme créé artificiellement à partir de deux tissus appartenant à des génotypes différents. – appos. *Des souris-chimères.*

Chimère Monstre à trois têtes (lion, chèvre et dragon), dans la mythologie grecque. Elle est tuée par Bellérophon, aidé du cheval ailé Pégase.

chimérique adj. **1.** Sans rapport avec la réalité. *Projets, rêves chimériques.* → **illusoire, impossible, utopique. 2.** littér. Qui se complaît dans les chimères. *Un esprit chimérique.* → **rêveur, utopiste, visionnaire.**

chimie n. f. (du latin médiéval, p.-ê. de l'égyptien par le grec → alchimie) Science qui étudie les divers constituants de la matière, leurs propriétés, transformations et interactions. *Laboratoire, expérience de chimie. Chimie biologique* (→ **biochimie**). *La chimie du pétrole* (pétrochimie), *de la houille* (carbochimie).

▶ La **chimie** est au cœur de la production de la plupart des produits de consommation courante, des techniques agricoles et des produits pharmaceutiques. Elle se trouve liée, de près ou de loin, à chacun de nos progrès technologiques, mais également à beaucoup de leurs effets secondaires négatifs.
Affectée par plusieurs scandales, pollutions et accidents graves, tels que ceux de l'amiante, de la toxicité avérée de certains pesticides ou des catastrophes de Bhopal (Inde 1984) et AZF (France 2001), impliquée dans la chaîne de production du pétrole, la communauté des chimistes a progressivement compris la nécessité d'agir pour l'environnement et l'importance de prouver sa bonne foi et sa responsabilité. C'est ainsi qu'est née la *chimie pour un développement durable.*
Lancée en 1991 par l'*Agence Américaine pour la Protection de l'Environnement,* la première initiative de recherche affichée en *Green Chemistry* — **chimie verte** — visait ainsi à « concevoir des produits ou des procédés permettant de réduire ou d'éliminer l'utilisation et la synthèse de substances dangereuses ». Douze principes furent établis par les chimistes Anastas et Warner, insistant notamment sur la prévention (en termes de sécurité des installations, de production des déchets et de toxicité des nouvelles substances produites), l'économie d'atomes (pour limiter les sous-produits lors des synthèses), la valorisation de la catalyse (optimisant les rendements, la consommation d'énergie et de matières premières), l'utilisation de matières premières renouvelables ou la synthèse de substances non persistantes.
C'est dans cet esprit que la directive européenne REACH *(Registration, Evaluation and Authorisation of Chemicals)* entrée en vigueur en 2007 impose aux industriels d'évaluer les risques associés aux produits mis sur le marché, en accord avec la volonté des chimistes de promouvoir une chimie plus propre.
voir aussi **énergie renouvelable, pétrole, écologie, effet de serre, pollution, déchets, développement durable**

chimio voir chimiothérapie

chimio- Élément dérivé de *chimie.*

chimioluminescence n. f. chim. Lumière visible produite par une réaction chimique et qui ne s'accompagne pas de dégagement de chaleur.

chimiorécepteur n. m. physiol. Récepteur sensible aux stimulations chimiques. *Les chimiorécepteurs du goût.* - syn. **chémorécepteur.**

chimiorésistance n. f. méd. Résistance de cellules cancéreuses ou de microorganismes à la chimiothérapie.

chimiosynthèse n. f. biochim. Synthèse de substances organiques sous l'effet d'une source d'énergie chimique.

▶ Les végétaux, lors de la photosynthèse, utilisent la lumière comme source d'énergie pour transformer le CO_2 en carbone organique, c'est-à-dire pour synthétiser les molécules nécessaires à leur survie.
Au contraire, les bactéries qui réalisent la **chimiosynthèse** dans les fonds marins obscurs utilisent de l'énergie chimique : celle des liaisons de molécules organiques ou minérales (sulfure d'hydrogène par exemple). Ces bactéries chimiosynthétiques se trouvent sur les cheminées et dans le panache des sources chaudes hydrothermales, dites « fumeurs noirs », ou encore dans les tissus de certains invertébrés des milieux marins (vers, mollusques). Elles ont été découvertes par des chercheurs français et américains à la fin des années 1970 sur la dorsale des Galapagos, vers 2 500 m de profondeur où l'absence de lumière rend la photosynthèse impossible.
La chimiosynthèse a non seulement bouleversé notre compréhension de la vie au fond des océans, balayant un des paradigmes de la biologie qui tenait l'énergie lumineuse pour indispensable à toute chaîne trophique. Mais elle a également complexifié les hypothèses relatives à l'origine de la vie sur Terre. Compte tenu des pressions et températures extrêmes qui règnent en ces lieux (plusieurs centaines d'atmosphères et des centaines de degrés), elle est désormais très

étudiée pour la compréhension des processus d'adaptation de la vie aux milieux extrêmes. On dénombre en effet plus de 500 espèces animales (dont une cinquantaine de poissons) vivant à proximité des sources chaudes des divers océans du globe, les trois quarts d'entre elles n'existant nulle part ailleurs.
voir aussi **écosystème, métabolisme, photosynthèse, vie**

chimiotactisme n. m. biol. Propriété de certaines cellules, de certains organismes d'être attirés ou repoussés par des substances chimiques.

chimiothérapie n. f. méd. Traitement par des substances chimiques. - abrév. fam. **chimio.** □ adj. **chimiothérapique**

chimique adj. **1.** Relatif à la chimie, aux corps qu'elle étudie. *Formule, symbole chimique. Propriétés chimiques d'un corps.* – *Produits chimiques,* corps obtenus par l'*industrie chimique* (opposé à *naturel*). *Armes chimiques,* utilisant des produits chimiques toxiques (gaz). **2.** Qui est dû à la chimie pharmaceutique. *Sommeil chimique.*

chimiquement adv. D'après les lois, les formules de la chimie. *De l'eau chimiquement pure.*

chimiquier n. m. Navire conçu pour le transport de produits chimiques.

chimiste n. Personne qui s'occupe de chimie, pratique et étudie la chimie. *Ingénieur chimiste.*

chimpanzé n. m. (mot bantou) Grand singe anthropoïde d'Afrique.

Chimú Ancien empire établi sur la côte N. du Pérou, caractérisé par une société guerrière et une civilisation brillante (orfèvrerie). Il atteignit son apogée aux XIIIe-XIVe s., puis fut soumis par les Incas vers 1440.

Chinard (Joseph) Sculpteur français (1756-1813). Artiste favori de Napoléon, il réalisa les bustes de l'Empereur et de Joséphine.

Chinassi (Ibrahim) Écrivain turc (1826-1871). Principal représentant de la « littérature du *Tanzimat* », mouvement d'inspiration libérale, il contribua au développement d'un journalisme indépendant en Turquie.

chinchard n. m. (apparenté à l'espagnol *chicharro*) Poisson marin au corps fusiforme marqué d'une ligne latérale sinueuse, voisin du maquereau.

chinchilla [ʃɛ̃ʃila] n. m. (de l'espagnol, d'un mot indien du Pérou) **1.** Petit mammifère rongeur qui vit au Pérou et au Chili. **2.** Sa fourrure gris clair.

Chindwin n. m. Rivière de Birmanie, principal affluent de l'Irrawaddy. 850 km.

¹chine n. m. (de *Chine*) **1.** Porcelaine de Chine. **2.** Papier de luxe.

²chine n. f. (de *chiner*) Brocante. – Ensemble des chineurs.

Chine (mer de) Partie de l'océan Pacifique comprise entre la côte chinoise et vietnamienne à l'O., et diverses îles (Ryukyu, Philippines et Bornéo) à l'E. On distingue la mer de Chine orientale (entre la Corée et Taiwan) et la mer de Chine méridionale (au S. de Taiwan).

Chimère

Chimère en bronze, art étrusque (fin V^e^-début IVe s. av. J.-C.), Musée archéologique de Florence.

Chine

n. f. ■ offic. République populaire de Chine État d'Asie orientale. 9 596 960 km². 1 411 778 700 habitants (les *Chinois*). **Langues :** chinois mandarin (offic.), chinois cantonais, nombreuses langues minoritaires. **Religions :** taoïsme, bouddhisme, christianisme, islam, judaïsme. **Monnaie :** yuan. **Capitale :** Pékin (Beijing). **Régime :** république populaire.

GÉOGRAPHIE

Le territoire est constitué de gradins descendants d'O. en E., dont le plateau tibétain (5 000 m) forme le plus haut palier. À cet ensemble succèdent les hauts plateaux d'Asie centrale, de la Chine du Sud et de la Chine orientale. Des plaines bordent le littoral.

La Chine orientale Le **Nord-Est** s'étend entre la mer Jaune au S. et le fleuve Argoum au N. (qui marque la frontière avec la Russie) ; c'est l'ancienne Mandchourie. La région forme une vaste plaine ondulée, adossée aux montagnes de l'O. (Hinggan, monts de Mandchourie), et parcourue au N. par le Songhua jiang et au S. par le Liao he. Le climat est continental ; les précipitations assez abondantes en été entretiennent les forêts de montagne, les prairies des collines et permettent de riches cultures en plaine (sorgo, soja). Grâce à sa richesse en charbon et en fer, le Liaoning est la plus grande zone sidérurgique de Chine ce qui entraîne une grave pollution ; le Jilin possède d'importantes ressources hydroélectriques.

La grande plaine du **Nord**, fertile, est formée par le bassin du Huang he (fleuve Jaune). Elle est encadrée par les collines du Shandong, les plateaux du Shanxi et du Shaanxi, et le prolongement des monts Qinling. Le climat est continental. Elle constitue le cœur de la Chine traditionnelle et économique. Grâce aux immenses travaux d'aménagement des fleuves, à la mise en valeur des ressources en charbon et en fer, à la facilité des communications dans les bassins et au large débouché maritime, la région est l'un des centres de gravité du pays mais subit une grave pollution.

Le **Centre** est une zone de collines et de montagnes articulée autour du cours moyen et inférieur du Chang jiang. La région rejoint l'océan en une côte plate et sableuse. L'humidité du climat compense la moindre fertilité des sols. Favorable à l'agriculture (riz), cette zone possède d'importantes réserves de charbon, de minerais, de bois et un très important potentiel hydraulique (barrage des Trois-Gorges).

Le **Sud** s'étend entre la baie de Hangzhou, la frontière du Viêtnam et les plateaux du Yunnan et du Guizhou ; il est séparé du Centre par les monts du Guangdong et du Fujian. C'est une région de collines et de montagnes, où la plus grande plaine est celle que forment le Xi jiang et ses affluents (delta de Canton). La côte est découpée et bordée de nombreuses îles, dont la plus grande est celle de Hainan. Le climat est chaud et humide avec des influences subtropicales (moussons). L'agriculture est moins développée que dans le Nord et le Centre ; les plateaux et montagnes, isolés, conservent une économie traditionnelle. Les réserves minières, forestières et hydroélectriques sont importantes. L'activité des zones côtières (pêche, navigation) est intense.

La « Chine extérieure » Les régions occidentales, qui forment la « Chine extérieure », se distinguent nettement du reste du territoire. Très étendues (Mongolie-Intérieure, Xinjiang ou Turkestan oriental, Tibet), elles présentent un climat et une végétation désertiques. Le relief est très compartimenté : des bassins séparent des blocs montagneux parmi les plus hauts du monde. Au N. de l'Himalaya, qui marque la frontière entre la Chine et le subcontinent indien, le plateau du Tibet est bordé par les monts Kunlun au N. et le Karakoram à l'O. Dans le Xinjiang, le vaste bassin désertique du Tarim est riche en pétrole, gaz, charbon et minerais. La chaîne du Tian Shan oriental sépare le Tarim, au N., du bassin de Djoungarie, situé sur la fameuse « route de la Soie ». La chaîne de l'Altaï et le désert de Gobi jouxtent la frontière mongole. La densité moyenne de ces régions, peuplées de minorités (Tibétains, Ouïgours) ne dépasse pas 10 hab./km², malgré les politiques de « fronts pionniers » lancées par Pékin.

La culture du riz domine l'activité agricole chinoise.

POPULATION

La principale ethnie, les Han, représente 92 % des Chinois. Elle occupe surtout les grandes plaines de la Chine orientale (environ 600 hab./km², contre 8 hab./km² dans le Xinjiang). Les 55 ethnies minoritaires officiellement recensées se divisent entre peuples altaïques (Turcs, Mongols, Toungouses, Coréens) et peuples sino-tibétains (Hui, Tibétains, Sino-Thaïs, Miao-Yao, Tibéto-Birmans). Le pouvoir central a, de tout temps, poursuivi un idéal d'unité. Aussi la politique des « minorités nationales » planifiée à Pékin depuis 1949 oscille-t-elle entre l'assimilation à long terme et l'intégration rapide et brutale. Elle a jusqu'à présent porté peu de fruits (ainsi, le taux d'illettrisme atteint au Tibet 90 % contre environ 10 % chez les Han). La population urbaine est devenue majoritaire en 2012. Confronté au problème du vieillissement de la population, l'État a renoncé en 2015 à la politique de l'enfant unique appliquée depuis 1979.

ÉCONOMIE

Ressources naturelles Premier producteur mondial de **charbon,** la Chine consomme l'essentiel de sa production. 50 % des gisements se trouvent à l'O. (Shaanxi, Henan) ; les autres sont disséminés au N. et au N.-E. La Chine abrite environ 10 % des **réserves pétrolières** mondiales (à Daqing, dans le N.-E. ; offshore dans le golfe de Bohai et au large de Shanghai). Le pays est devenu exportateur en 1974 (en moyenne 25 % des revenus annuels des exportations), mais les gisements sont de moins en moins rentables en raison de leur épuisement et des coûts d'acheminement. Les poches de **gaz naturel** sont situées au Sichuan, au sud de l'île de Hainan et dans la mer de Chine. Le **minerai de fer** est de qualité médiocre, si bien que le pays doit recourir à l'importation. L'exploitation de métaux non ferreux (or, cuivre, aluminium...) augmente de 10 % par an depuis 1989. La production d'**électricité** place la Chine au 1er rang mondial. Tou-

À Datong, important centre minier de charbon, et dans sa région (province de Shanxi), la qualité de l'air se ressent de l'activité industrielle.

Chine

tefois, l'implantation massive d'industries étrangères fortes consommatrices en énergie (automobiles, construction, production d'acier et de ciment) génère une demande croissante, supérieure à la production en dépit de la multiplication des centrales. 65 % de l'électricité est produite au charbon (malgré les engagements climatiques) en 2021, contre 15 % pour le nucléaire et les énergies renouvelables. Le pays possède une quarantaine de réacteurs nucléaires.

Agriculture Le « système de responsabilité » établi sous Deng Xiaoping entre 1979 et 1984, en attribuant un lopin de terre à chaque famille paysanne, a atténué les effets négatifs de la collectivisation imposée à partir de 1957. Les « communes populaires » ont presque disparu. Entre 1979 et 1987, la productivité agricole a doublé, les conditions de vie rurale se sont nettement améliorées et la Chine est devenue exportatrice de riz, de soja et de coton brut. Cependant, si la famine semble bien vaincue, la croissance de la production n'est pas assez rapide en regard des besoins de la population ; le secteur demeure archaïque et le pays doit recourir à des importations massives. En 1990, les 2/3 de la population vivaient de l'agriculture et produisaient 1/3 du PNB. En 2022, 33 % de la population active est encore agricole mais ne réalise plus que 7,3 % du PIB. L'écart de revenus et de développement avec la population urbaine s'accroît, si bien que l'exode rural semble devoir se poursuivre, voire s'amplifier.

Industrie Pour des raisons idéologiques, la Chine appliqua de 1949 à 1961 le modèle soviétique de développement, avant de subir les conséquences du Grand Bond en avant et de la Révolution culturelle. Après l'accession de Deng Xiaoping au pouvoir en 1978, le parti ratifia la politique de la « porte ouverte » à la technologie occidentale. L'industrie chinoise a depuis bénéficié d'un taux de croissance honorable. Parmi les réformes les plus marquantes figurent le début de la libération des prix et le droit à la création d'entreprises privées. Deng Xiaoping lança pendant le XIVe congrès du PCC la formule de l'orientation de la Chine vers « une économie de marché socialiste pour les cent prochaines années ». L'industrie s'est développée dans les secteurs du textile (1er rang mondial), du jouet (75 % de la production mondiale), de l'automobile (1er producteur mondial), de la chimie et de l'électronique.

Services La côte compte plusieurs ports ouverts au commerce international (Shanghai ; Hong Kong, revenu dans le giron

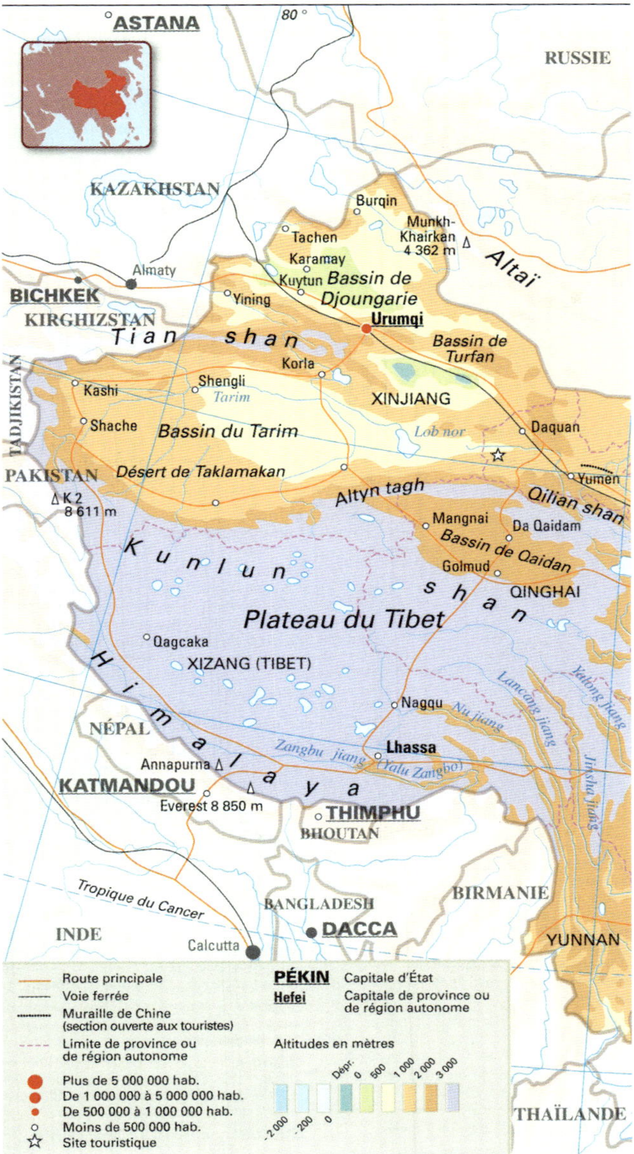

chinois en 1997). Grâce à son entrée dans l'OMC en 2001, la Chine a accru les bénéfices de sa politique d'attraction des investissements étrangers et de croissance engendrée notamment par les exportations. Les objectifs, plus mesurés, consistent désormais à modifier le moteur de la croissance : accroître la consommation intérieure et diminuer la part des exportations, source de conflits permanents avec ses partenaires, spécialement les États-Unis (2e destination des produits chinois après les voisins asiatiques). Depuis 2010 la Chine est la 2e puissance économique mondiale, derrière les États-Unis.

HISTOIRE

Les traces les plus anciennes d'une occupation de la Chine remontent au paléolithique (env. 1,5 million d'années av. J.-C.). La culture néolithique (10 000 à 5 000 av. J.-C.) apparaît dans le S. de la Chine.

Des Shang aux Sui (1765 av. J.-C.-617 apr. J.-C.) La première dynastie historique est celle des Shang (1765-1066 av. J.-C.), dont les inscriptions témoignent des origines de l'écriture chinoise. La dynastie Zhou (XIe s.-221 av. J.-C.) fut la plus longue de l'histoire chinoise. C'est durant la période de troubles dite des « Royaumes combattants » (475-221 av. J.-C.) qu'apparurent les grandes écoles qui formèrent la pensée chinoise, le confucianisme et le taoïsme. Le roi Zheng de Qin (221-207 av. J.-C.) finit par s'imposer sous le nom de Shi Huangdi. La féodalité fit place à un État centralisé et fort, appuyé sur des réseaux de communication et défensifs élaborés (première Grande Muraille). Shi Huangdi fit construire près de Xian son célèbre mausolée. Liu Bang fonda la dynastie Han (206 av. J.-C.-220 apr. J.-C.). Le confucianisme s'implanta dans l'appareil de l'État. Le contrôle de la route de la Soie assura aux Chinois le commerce avec les peuples barbares de l'Ouest, qui introduisirent le bouddhisme. Après la chute des Han, la Chine se divisa (époque des « Trois Royaumes »). Le général Yang Jian inaugura la dynastie des Sui (581-617) qui entreprit la reconstruction du pays.

Des Tang aux Mongols (618-1368) Sous les Tang (618-907), la capitale Changan se transforma en une ville cosmopolite. Mais la dynastie ne sut pas conserver ses conquêtes (Ouïgours, Tibétains) et la Chine retomba dans l'anarchie, jusqu'à ce que les Song (960-1279) annexent les provinces du Sud, de l'Est et du Nord. Les peuples de la frontière septentrionale chinoise firent peser une menace constante sur leur sécurité. Parmi eux, les Jürchets de Mandchourie créèrent en 1126 la dynastie des Jin. Les Song du Sud continuèrent à régner en Chine méridionale où le commerce prit un essor considérable au XIIIe s. Gengis Khān conquit les royaumes chinois du Nord. Son petit-fils Kūbilaï Khān dirigea à partir de 1276 l'empire depuis Pékin (Cambaluc), devenue pour la première fois capitale. Il acheva la conquête de la Chine (fin des Song du Sud) et fonda la dynastie Yuan (1280-1368). Les découvertes des Song (impression à caractères mobiles, papier monnaie, boussole, poudre) ainsi que la prospérité dont jouit la Chine sous Kūbilaï firent l'étonnement et l'enthousiasme du voyageur Marco Polo. Les Mongols, qui brimèrent les peuples Han, furent chassés lors de l'insurrection du « Turban Rouge ».

Des Ming aux Mandchous (1368-1895) Hongwu inaugura alors la dynastie des Ming (1368-1644). Au XVIe s., les Portugais s'installèrent en Chine (comptoir commercial de Macao), de même que des missionnaires occidentaux. Les Mandchous venus du N. installèrent à Pékin la dynastie des Qing (1644-1911), dont les deux plus grands monarques furent Kangxi (1662-1722) et Qianlong (1736-1796), qui agrandirent l'empire jusqu'à la Mongolie, l'Altaï et le Pamir, et ouvrirent leur cour aux jésuites. La Corée, le Népal, le Viêtnam et la Birmanie devinrent des vassaux de la Chine. Puis le pays se ferma aux étrangers. Les deux guerres de l'Opium (1840-1842 et 1856-1860), marquées notamment par le sac du palais d'Été par les Français et les Britanniques en 1860, obligèrent la Chine à rétablir le commerce international (« porte ouverte ») et à céder Hong Kong à la Grande-Bretagne. Les Européens établirent des « concessions » dans les ports. Sous l'impératrice douairière Cixi (Tseu-hi), les révoltes se multiplièrent. La guerre du Tonkin (1884-1885) donna le Viêtnam à la France. Le conflit sino-japonais de 1894-1895 consacra la perte de la Corée et de Taiwan. Un soulèvement nationaliste et xénophobe provoqua une ultime intervention armée occidentale (guerre des Boxers).

La République chinoise Une révolution obligea le jeune empereur Puyi à abdiquer (1912) et le dictateur Yuan Shikai (1912-1916) s'imposa ; il dut céder au Japon une grande part de la souveraineté chinoise (« 21 demandes », 1915) et, à sa mort, les gouverneurs de province se disputèrent le pays (Seigneurs de la guerre). À la mort de Sun Yat-sen, leader du parti nationaliste Guomintang (1925), son beau-frère, Jiang Jieshi (Chiang Kai-shek) instaura un gouvernement nationaliste à Nankin (1927). Pourtant, lorsque les Japonais entreprirent de s'implanter en Chine à partir de 1931, Jiang Jieshi divisa ses forces afin de poursuivre les communistes (Longue Marche, 1934-1936). Aidés par les États-Unis, nationalistes et communistes résistèrent aux Japonais (1937-1945). Après la défaite japonaise, la reprise de la guerre civile s'acheva sur la victoire des communistes de Mao Zedong.

Chine sous les Qing

La Chine de Mao Le 1er oct. 1949, Mao proclama la République populaire de Chine à Pékin. En 1956-1957, il lança l'éphémère mouvement des *Cent-Fleurs,* en faveur d'une relative liberté d'expression, puis en 1958-1959 une révolution industrielle, le *Grand Bond en avant,* qui provoqua une immense famine. En 1960, la Chine rompit avec l'URSS. En perte de vitesse, Mao, s'appuyant sur les « gardes rouges » et un groupe de fidèles (le Premier ministre Zhou Enlai, le ministre de la Défense Lin Biao), orchestra la Révolution culturelle (1966-1968). Les débordements des gardes rouges aboutirent à une purge sanglante. En 1971, la Chine populaire se rapprocha des États-Unis et entra à l'ONU.

À Pékin, des soldats et des civils brandissent le petit livre rouge de Mao lors d'une manifestation révolutionnaire (1967).

La Chine postmaoïste Après la mort de Mao (1976), le modéré Deng Xiaoping lança le pays sur la voie de la modernisation économique et de la démaoïsation. Mais des manifestations étudiantes aboutirent en 1989 au massacre de Tiananmen et à une sanglante répression. Les présidents Jiang Zemin (1993-2003) et Hu Jintao (2003-2013) maintinrent la priorité à la croissance. La Chine accéda au statut de grande puissance : elle entreprit la conquête de l'espace (premier taïkonaute en 2003), se rapprocha de la Russie (2005), prit pied en Afrique (1er sommet Chine-Afrique en 2006), s'imposa comme médiateur dans les crises nucléaires nord-coréennes (2006, 2009). La consécration fut atteinte lors des manifestations d'ampleur mondiale, les Jeux olympiques de 2008 et l'Exposition universelle de Shanghai en 2010. Avec l'arrivée au pouvoir de Xi Jiping (2012), le processus d'ouverture au commerce international s'est accéléré (incitation à l'urbanisation massive des ruraux, accroissement du marché libre avec la création de la zone économique de Shanghai en 2013, réforme des entreprises, etc.). Parallèlement, les atteintes aux droits de l'homme, la montée en puissance des capacités militaires chinoises et une politique hégémonique en Asie inquiètent l'Occident et les voisins de la Chine. À Hong Kong, qui est censé conserver une autonomie partielle jusqu'en 2047, la police a violemment réprimé les manifestations pro-démocratie en 2019 et en 2020, de même qu'à Taiwan. À l'intérieur du pays, toute contestation est muselée ; les Ouïgours, minorité musulmane, sont persécutés. La nature autoritaire du régime s'est encore manifestée par sa volonté de dissimuler l'apparition à Wuhan du virus Covid-19 qui a déclenché une pandémie mondiale. La concentration extrême des pouvoirs ne cesse de renforcer la position de Xi à la tête du parti, malgré un mouvement de contestation inédit contre la politique zéro Covid et les stricts confinements à répétition : il a été reconduit à son poste de secrétaire général en 2022 et à la présidence du pays en 2023.

Chine (république de) voir **Taiwan**

chiné, ée adj. **(de *Chine*) (étoffe, laine)** Fait de fils de couleurs alternées. *Veste chinée noir et blanc.*

chiner v. tr. **< 1 > (p.-ê. famille de *échiner*)** Chercher des occasions chez les brocanteurs, les chiffonniers, etc. **(→ chineur).**

chinetoque n. et adj. **(de *chinois*) fam. et péj. (injure raciste)** Chinois, Chinoise.

chineur, euse n. fam. **1.** Brocanteur, brocanteuse. **2.** Personne qui aime chiner.

Chinguetti Oasis des plateaux désertiques de l'Adrar, au N. de la Mauritanie. La cité de Chinguetti, fondée au XIIIe s., foyer de la culture islamique, est classée au patrimoine mondial de l'Unesco.

Chinju ou **Jinju** Ville de Corée du Sud au S. de la péninsule. 281 000 habitants. Site archéologique.

chino n. m. **(mot anglais d'origine obscure)** Pantalon léger en coton. *Des chinos.*

chinois, oise I. **1.** adj. De Chine. **→ sino-.** *L'écriture chinoise* **(→ idéogramme).** – *Le quartier chinois de San Francisco.* – n. *Les Chinois.* ■ Qui imite un style de la Chine. – *Un restaurant chinois* ou n. m. *un chinois.* **2.** adj. Compliqué à l'excès. *C'est un peu chinois.* **3.** n. m. Ensemble des langues parlées en Chine, écrites en idéogrammes ; **spécialt** le mandarin (langue de la région de Beijing [Pékin]). *Parler le chinois* **(→ sinophone).** – **fig.** *C'est du chinois,* c'est incompréhensible. **II.** n. m. **(de la forme du chapeau chinois traditionnel)** Passoire conique fine utilisée pour la cuisine.

chinoiser v. intr. **< 1 >** Discuter de façon pointilleuse. **→ ergoter.**

chinoiserie n. f. **1.** Œuvre d'art, bibelot dans le goût chinois. **2. fig.** Complication inutile et extravagante.

chinon n. m. **(du n. de la ville)** Vin de Loire de la région de Chinon, issu du cépage cabernet franc. *Du chinon rouge, rosé.*

Chinon Chef-lieu d'arrondissement de l'Indre-et-Loire, sur la Vienne. 8 063 habitants. Vestiges du château (XIe-XIIIe s.) où Jeanne d'Arc rencontra et reconnut Charles VII. Église Saint-Étienne, avec portail de style gothique flamboyant. Viticulture. Centrale nucléaire.

chinook [ʃinuk] n. m. **(mot indien d'Amérique, par l'anglais)** Vent chaud et sec des montagnes Rocheuses.

Chins n. m. pl. Populations semi-nomades de souche tibéto-birmane vivant dans les montagnes du N.-O. de la Birmanie (État de Chin).

chintz [ʃints] n. m. **(de l'hindi)** Toile de coton imprimée, utilisée pour l'ameublement.

Chioggia Ville d'Italie (Vénétie), au S. de la lagune de Venise. Port de pêche et station balnéaire. 51 780 habitants.

Chios [kjɔs] ou **Chio** Île grecque de la mer Égée, près de la côte turque. 30 000 habitants. Vestiges grecs et romains (temple d'Apollon). Monastère byzantin de Néa Moni (XIe s.). Tourisme.

chiot n. m. **(forme dialectale de *chael,* qui vient du latin *catellus* « petit d'animal », croisé avec *chien*)** Jeune chien.

chiotte n. f. **(de *chier*) fam. au plur.** Toilettes. – **loc. adj.** *De chiottes :* mauvais. *Des goûts de chiottes.*

chiourme n. f. **(italien, du grec) anciennt** Ensemble des rameurs d'une galère ; des forçats d'un bagne **(→ garde-chiourme).**

chiper v. tr. **< 1 > (p.-ê. de *chipe* « petit morceau » → chiffe, chips) fam.** Dérober, voler. **→ fam. faucher, piquer.**

chipie n. f. **(p.-ê. de *chiper* et *pie*)** Femme désagréable **(→ mégère),** jeune fille qui se plaît à agacer les autres. ■ Petite fille qui se plaît à agacer les autres.

chipiron n. m. **(basque *txipiroi*) régional (Sud-Ouest)** Calmar.

chipolata n. f. **(de l'italien, de *cipolla* « oignon » → ciboule)** Saucisse longue et mince.

chipoter v. intr. **< 1 > (de *chipe* → chiffe)** **1.** Manger par petits morceaux, sans plaisir. **2.** Chicaner sur des vétilles. **→ ergoter, fam. pinailler.** *Il chipote sur les dépenses.* **3. (Belgique) fam.** Farfouiller. **4. v. tr. (Belgique) fam.** Manier sans soin. **→ fam. tripoter.** □ **n. m. chipotage** □ **n. et adj. chipoteur, euse**

chippendale [ʃipɛndal] adj. invar. **(du n. de T. Chippendale) didact.** Qui appartient à un style de mobilier anglais du XVIIIe s. *Des commodes chippendale.*

Chippendale (Thomas) Ébéniste britannique (v. 1718-1779). Il mêla les influences françaises (rocaille) et hollandaises à des emprunts à l'art chinois et au gothique flamboyant. Son travail, rassemblé dans le recueil *The Gentleman's and Cabinet Maker's Director,* eut une grande influence.

Pour le créateur chinois, le caractère essentiel d'une œuvre n'est pas sa beauté, mais sa fonctionnalité et sa valeur symbolique (spirituelle, religieuse). La hiérarchie traditionnelle place au sommet des arts l'écriture, considérée comme la traduction la plus directe de l'esprit et de la pensée. La calligraphie et la peinture, « arts de pinceau », ont la faveur première, et sont réservées aux seuls lettrés. Les arts de commande (sculpture, architecture) ont plutôt un statut d'artisanat. Le goût de la fragilité et de l'éphémère pour les thématiques (fleurs, nuages) aussi bien que pour les matériaux (papier, encre) est un caractère constant de l'art chinois. Il s'exprime aussi par la délicatesse des matières (jade, soie, porcelaine) et des lignes, où dominent l'ondulation et le mouvement calme.

Ci-dessus, gardiens à l'entrée de la grotte de Fengxian (fin VIIe s.), grottes de Longmen, Henan.

Vase en porcelaine de la dynastie Qing (fin XVIIe s.).

Figurine en ivoire utilisée en médecine pour indiquer un endroit douloureux, coll. privée.

Statuette d'un esprit de la Terre de la dynastie Tang (VIIe-VIIIe s.).

Statuette funéraire de la dynastie Han (IIIe s.), musée Guimet, Paris.

Robe de cérémonie en soie brodée du règne de l'empereur Qianlong (XVIIIe s.).

Vue du palais de l'empereur Heou Tchou de la dynastie Tchin, estampe anonyme (XVIIIe s.), BNF, Paris.

Bateau de pêche sous les saules pleureurs, estampe de Fu Baoshi (XXe s.), musée Cernuschi, Paris.

Portrait de l'empereur chinois Qianlong, tableau anonyme (XVIIIe s.), Cité interdite, Pékin.

Campagne chinoise, tableau attribué à Kano Masanobu (XVIe s.), coll. particulière.

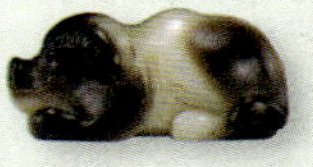

Statuette en jade représentant un cochon couché, de la période des Six Dynasties (IIIe-VIe s.), musée d'Art d'Asie de l'Est, Bath.

Boîte en laque de la dynastie Qing (XVIIIe s.), Royal Ontario Museum, Toronto.

Statue de Luohan, disciple de Bouddha, de la province Hebei (Xe-XIIe s.), British Museum, Londres.

Flacon en bronze pour le vin, de la période des Royaumes combattants (IVe-IIe s. av. J.-C.).

C

chips [ʃips] n. f. invar. (mot anglais, de *to chip* « couper en petits morceaux » → chiffe, chipoter) Mince rondelle de pomme de terre frite (surtout au plur.). – adj. *Pommes chips.*

chique n. f. (p.-ê. du radical onomatopéique *tchikk-* → chicot) **I. 1.** Morceau de tabac à mâcher. – loc. fam. *Couper la chique à qqn,* l'interrompre brutalement. **2.** régional (Nord, Belgique) fam. Bonbon ; gomme à mâcher. – (Belgique) loc. fam. *Mordre sur sa chique :* ravaler sa colère, sa peine ; tenir bon. **3.** fam. Enflure de la joue. **II.** (l'insecte forme une boule, une « chique ») Puce dont la femelle peut s'enfoncer dans la chair humaine et y provoquer des abcès.

chiqué n. m. (de *chic*) fam. **1.** Attitude prétentieuse, affectée, pour se faire valoir. → bluff, cinéma, esbroufe. *Faire du chiqué,* des manières. → frimer. **2.** Simulation. → bluff. *Tu n'as pas mal, c'est du chiqué.*

chiquenaude n. f. (p.-ê. du radical onomatopéique de *chichi, chicot*) **1.** Coup donné avec un doigt replié contre le pouce et que l'on détend brusquement. → pichenette. **2.** fig. Petite impulsion ; poussée.

chiquer v. tr. < 1 > (de *chique*) Mâcher (du tabac).

chiqueur, euse n. Personne qui chique du tabac.

Chiquito de Cambo (Joseph Apesteguy, dit) Joueur de pelote basque français (1881-1950). Considéré comme le plus grand joueur de pelote de tous les temps, il a contribué à faire connaître cette discipline.

Chiquitos n. m. pl. Peuple indien vivant aux confins du haut Paraguay et des Andes boliviennes.

Chirac (Jacques) Homme d'État français (1932-2019). Premier ministre (1974-1976), fondateur du RPR (1976), maire de Paris (1977-1995), il fut de nouveau Premier ministre (1986-1988) à la tête d'un gouvernement de cohabitation. Élu président de la République en 1995, il fut contraint de cohabiter avec un gouvernement de gauche à partir de 1997. Il effectua un second mandat de 2002 à 2007 grâce à une forte mobilisation de l'électorat face à la présence de Jean-Marie Le Pen au second tour.

Le président Jacques Chirac lors de la commémoration du 8 mai 1945 à Paris (2006).

chiral, ale, aux [kiʀal, o] adj. (de l'anglais, du grec *kheir* « main » → chir[o]-) sc. Se dit d'un objet qui n'est pas superposable à son image dans un miroir plan. □ n. f. **chiralité**

Chirāz Ville d'Iran, chef-lieu de la province de Fārs, à 1 600 m d'altitude. 1,5 million d'habitants. Capitale des Saffarides au IXe s., la ville possède une riche architecture, notamment une « maison de Dieu » (Khāne Khodāy), où sont conservés de très anciens manuscrits du Coran. Jardins célèbres (orangeraies, roseraies), vignobles. Artisanat, industrie pétrochimique.

Chiriaeff (Ludmilla) Danseuse et chorégraphe canadienne (1924-1996). Elle fonda les ballets Chiriaeff, devenus Grands Ballets canadiens.

Chirico (Giorgio De) voir **De Chirico** (Giorgio)

Chiriquí Volcan et point culminant du Panamá. 3 475 m.

chir(o)- [kiʀo] Élément (du grec *kheir*) qui signifie « main ».

chirographaire [kiʀɔgʀafɛʀ] adj. (du latin) dr. *Créance chirographaire,* dépourvue de sûreté donnant un droit de préférence pour faire remplir les engagements d'un débiteur (s'oppose à *hypothécaire*).

chiromancie [kiʀɔmɑ̃si] n. f. (→ -mancie) Art de deviner l'avenir, le caractère de qqn par les lignes de sa main.

chiromancien, ienne [kiʀɔmɑ̃sjɛ̃, jɛn] n. Personne qui pratique la chiromancie. – par ext. Diseur, diseuse de bonne aventure. → ¹voyant.

Chiron L'un des centaures de la mythologie grecque. Fils de Cronos, doté d'une grande sagesse, il est l'éducateur des héros Asclépios, Achille et Héraclès. Blessé, il fait don de son immortalité à Prométhée. Il est identifié à la constellation du Sagittaire.

chiropracteur, trice n. Personne qui pratique la chiropractie. - recomm. offic. **chiropraticien, ienne.**

chiropractie n. f. (du grec → chir[o]- et *prassein* « agir » → pragmatique) Thérapeutique par manipulation des vertèbres. - var. **chiropraxie.**

chiroptère [kiʀɔptɛʀ] n. m. (de *chiro-* + *-ptère*) zool. Mammifère adapté au vol grâce à sa membrane alaire (ordre des *Chiroptères,* ex. la chauve-souris). - var. **chéiroptère.**

Chiroubles Commune du Rhône, au N. de Villefranche-sur-Saône. 380 habitants. Grand cru de Beaujolais (le *chiroubles*).

Chirripó Grande n. m. Massif volcanique du Costa-Rica. 3 820 m.

chirurgical, ale, aux adj. Relatif à la chirurgie. *Opération chirurgicale.* ■ fig., milit. *Attaque, frappe chirurgicale,* d'une extrême précision.

chirurgie n. f. (du latin, du grec → chir[o]- et de *ergon* « activité » → énergie) Partie de la médecine qui comporte une intervention manuelle et instrumentale. *Chirurgie du cœur. Opération de chirurgie esthétique. Chirurgie dentaire.*

chirurgien, ienne n. **1.** Médecin qui pratique la chirurgie. **2.** *Chirurgien-dentiste.* → **dentiste.**

Chisinau (Kichinev de 1944 à 1991) Capitale de la république de Moldavie. 664 700 habitants. Administrations. Industries (métallurgie, mécanique, agroalimentaire).

chistéra ou **chistera** [(t)ʃisteʀa] n. f. ou m. (basque *xistera,* du latin *cistella,* de *cista* « panier », du grec) Instrument d'osier en forme de gouttière recourbée, qui sert à lancer la balle à la pelote basque.

chitine [kitin] n. f. (grec *khitôn* « tunique ») Substance organique (téguments des arthropodes, membranes de certains champignons). □ adj. **chitineux, euse**

chiton [kitɔ̃] n. m. (mot grec → chitine) **I.** Tunique grecque, dans l'Antiquité. **II.** zool. Mollusque allongé qui adhère aux rochers et aux coquilles grâce à son pied large et plat.

Chitral Ville du N. du Pakistan, sur la rivière Chitral, dans le district montagneux du Chitral.

Chittagong Ville du Bangladesh, capitale de district. 2,58 millions d'habitants. 1er port et 2e ville du pays. Industries diversifiées (métallurgie, textile, transformation du thé).

chiure n. f. (de *chier*) fam. Excrément d'insectes. *Des chiures de mouches.*

Chiusi Ville d'Italie (Toscane), au S.-E. de Sienne. 8 610 habitants. Nécropole étrusque.

Chivasso Ville d'Italie (Piémont), au N.-E. de Turin. 23 650 habitants. Important nœud de communication. Industrie du cuir.

Chiyo ou **Kaga no Chiyojo** Poète japonaise (1703-1775). Ses haïkus, en raison de la délicatesse des sentiments qu'ils transmettent, sont très populaires.

Chklovski (Viktor Borissovitch) Critique et historien littéraire soviétique (1893-1984). Théoricien du formalisme russe, il laisse de nombreuses études sur les grands romanciers du XIXe s., notamment Tolstoï et Dostoïevski. *Voyage sentimental.*

chlamyde [klamid] n. f. (du latin, du grec) Antiq. Manteau court et fendu, agrafé sur l'épaule.

chlamydia [klamidja] n. f. (du latin médical, du grec *khlamus* « manteau » → chlamyde) méd. Bactérie vivant à l'intérieur des cellules, responsable de multiples affections chez l'être humain. *Des chlamydias* ou *des chlamydiae*[-dje] (plur. latin).

chlass(e) voir **¹schlass**

Chlef anciennement **Orléansville** puis **El-Asnam** Ville d'Algérie, sur le Cheliff, entre Oran et Alger. 224 150 habitants. La ville a connu deux tremblements de terre meurtriers, en 1954 et 1980.

chleuh n. et adj. (de l'argot des soldats, au Maroc, « soldat des troupes territoriales », puis en Franche-Comté, en Alsace « frontalier ne parlant pas le français ») fam. et péj. Allemand, Allemande (en tant qu'ennemi, pendant la Seconde Guerre mondiale). *Les Chleuhs.* - var. **schleu, schleue.**

Chleuhs n. m. pl. Population berbère sédentaire du Maroc, établie dans le Haut-Atlas, l'Anti-Atlas de l'Ouest et la plaine du Sous.

chlinguer v. intr. < 1 > (de l'allemand) fam. Sentir mauvais. → puer. - var. **schlinguer.**

chloasma [klɔasma] n. m. (grec *khloazein* « être de la couleur vert pâle des jeunes pousses ») méd. Taches pigmentées irrégulières du visage, observées notamment pendant la grossesse (masque de grossesse).

chloral [klɔʀal] n. m. (de *chlore* et *alcool*) chim. Liquide incolore, huileux, préparé par action du chlore sur l'éthanol. *Des chlorals.*

chlorate [klɔʀat] n. m. chim. Sel de l'acide chlorique.

chloration [klɔʀasjɔ̃] n. f. Purification de l'eau par adjonction de chlore.

chlore [klɔʀ] n. m. (grec *khlôros* « vert ; jaune clair ») chim. Corps simple (symb. Cl ; n° at. 17 ; masse at. 35,5), gaz jaune verdâtre, d'odeur suffocante.

chloré, ée [klɔʀe] adj. Qui contient du chlore.

chlorelle [klɔʀɛl] n. f. (du latin, du grec → chlor[o]-) bot. Algue verte d'eau douce qui se développe dans les conduits.

chlorer [klɔʀe] v. tr. < 1 > **1.** Transformer en chlorure. → chlorurer. **2.** Mêler de chlore. *Chlorer l'eau d'une piscine.*

chlorhydrate [klɔʀidʀat] n. m. chim. Sel hydraté de l'acide chlorhydrique.

chlorhydrique [klɔʀidʀik] adj. (de *chlore* et → ¹hydr[o]-) *Acide chlorhydrique :* solution du gaz *chlorhydrique* (composé de chlore et d'hydrogène) dans l'eau, liquide incolore, fumant, corrosif.

chlorique [klɔʀik] adj. chim. Du chlore. *Acide chlorique.*

Chloris Déesse grecque des Fleurs. Épouse de Zéphyr, elle est identifiée à la Flore romaine.

chlor(o)- Élément (du grec *khlôros* « vert ») indiquant la présence de chlore ou la couleur verte.

chlorofibre [klɔʀofibʀ] n. f. (de *chloro-* et *fibre*) techn. Fibre synthétique à base de chlorure de vinyle, utilisée dans le textile.

chlorofluorocarbone [klɔʀoflyɔʀokaʀbɔn] n. m. (de l'anglais, des équivalents de *chloro-, fluoro* [→ fluor] et *carbone*) chim. Composé, correctement nommé *hydrocarbure fluoré* ou *chlorofluoroalcane,* utilisé comme réfrigérant et comme propulseur dans les bombes aérosol. → fréon. - abrév. **CFC.**

chloroforme [klɔʀɔfɔʀm] n. m. (de *chlore* et *formique*) Liquide incolore, employé comme anesthésique.

chloroformer v. tr. < 1 > **1.** Anesthésier au chloroforme. **2.** fig. Endormir. *Chloroformer les esprits.*

chlorométrie [klɔʀɔmetʀi] **n. f.** techn. Dosage du chlore d'un chlorure décolorant. □ **adj. chlorométrique**

chlorophylle [klɔʀɔfil] **n. f.** (de *chloro-* + *-phylle*) Pigment vert des végétaux, qui joue un rôle essentiel dans la photosynthèse (→ **chlorophyllien**).

chlorophyllien, ienne [klɔʀɔfiljɛ̃, jɛn] **adj.** De la chlorophylle. *Fonction chlorophyllienne,* par laquelle, sous l'action de la lumière, la chlorophylle absorbe le gaz carbonique et rejette l'oxygène.

chloropicrine [klɔʀopikʀin] **n. f.** (→ picrique) chim. Liquide huileux et incolore, obtenu en traitant le chloroforme par l'acide nitrique, très toxique, employé pour la destruction des rongeurs et comme insecticide et fongicide.

chloroplaste [klɔʀɔplast] **n. m.** (de *chloro-phylle* et *-plaste*) biol. Organite contenant de la chlorophylle et de l'ADN, assurant la photosynthèse chez les végétaux verts.

chloroquine **n. f.** (de *chloro-* et *quinoléine*) Méd. Médicament employé dans la prévention et le traitement du paludisme et de certaines arthrites.

chlorose [klɔʀoz] **n. f.** (→ ²-ose) **1.** méd. Anémie causée par le manque de fer. □ **adj. chlorotique** **2.** bot. Étiolement et jaunissement des végétaux dus au manque de chlorophylle.

chlorpromazine [klɔʀpʀɔmazin] **n. f.** (de *chlor-* et *promethazine,* dénomination internationale) pharm. Médicament de synthèse, tranquillisant qui prévient également les vomissements.

chlorure [klɔʀyʀ] **n. m.** **1.** Sel résultant de la combinaison de l'acide chlorhydrique avec une base. → **sel.** *Chlorure de sodium* (sel marin). **2.** Mélange industriel utilisé pour le blanchiment, la désinfection. → eau de **Javel.**

chloruré, ée [klɔʀyʀe] **adj.** Transformé en chlorure, ou qui contient un chlorure. *Roches chlorurées.*

chlorurer [klɔʀyʀe] **v. tr.** < 1 > Combiner avec le chlore (un corps autre que l'oxygène et l'hydrogène), pour obtenir un chlorure. → **chlorer.**

chnoque ou **schnock** **n.** (origine incertaine) fam. Imbécile. *Quel vieux chnoque !*

chnouf ou **schnouf** [ʃnuf] **n. f.** (allemand *Schnupf* « tabac à priser ») argot Drogue en poudre que l'on prise.

choane [kɔan] **n. f.** (grec *khoanê* « entonnoir ») anat. Chacun des orifices postérieurs des fosses nasales, dans l'arrière-nez.

Cho Bongam ou **Jo Bong-am** Homme politique coréen (1898-1959). Il est le fondateur du Parti communiste de Corée (1925).

choc **n. m.** (→ choquer) **1.** Entrée en contact de deux corps qui se rencontrent violemment ; ébranlement qui en résulte. → **coup, heurt, percussion.** *« Les chocs rythmés, et de plus en plus durs et violents, de cette mer démontée contre la coque »* (Valéry). *Choc violent.* → **collision. 2.** Rencontre violente (d'adversaires). *Le choc de deux armées ennemies.* → **bataille, combat.** *Troupes, unités de choc,* qui sont toujours en première ligne. → **commando. 3.** fig. *Le choc des opinions, des cultures, des intérêts.* → **conflit, opposition. 4.** Émotion brutale. → **traumatisme.** – appos. (invar.) Qui provoque un choc psychologique (surprise, intérêt, émotion). *Photo-choc. Des prix-chocs* ou *choc* (invar.). ■ *Choc opératoire, anesthésique.* – *Choc cytokinique :* production excessive de cytokine (réaction immunitaire). ■ Crise brutale. *Choc pétrolier.* **5.** *Choc en retour :* contrecoup d'un choc, d'un évènement sur la personne qui l'a provoqué ou sur le point d'où il est parti.

Chocano (José Santos) Poète péruvien (1875-1934). D'inspiration moderniste, son œuvre se présente comme une enquête sur l'identité latino-américaine, mais reste à ce jour, pour l'essentiel, inédite en français.

chochotte **adj.** et **n. f.** (p.-ê. var. de ¹*cocotte*) fam. Qui est maniérée, prétentieux. – Qui est d'une sensibilité exagérée. – **n. f.** *Quelle chochotte, ce type !*

chocolat **n. m.** (de l'espagnol, d'un mot indien du Mexique, confondu avec celui qui a donné *cacao*) **1.** Substance alimentaire (pâte solidifiée) faite de cacao broyé avec du sucre, de la vanille, etc. *Chocolat aux noisettes. Plaque, tablette de chocolat.* ■ Bonbon au chocolat. *Une boîte de chocolats.* **2.** Boisson faite de poudre de cacao. *Une tasse de chocolat. Un chocolat.* **3.** Brun-rouge foncé. – **adj. invar.** *Des robes chocolat.* **4. adj. invar.** fam. *Être chocolat :* être privé d'une chose sur laquelle on comptait.

chocolaté, ée **adj.** Parfumé au chocolat.

chocolaterie **n. f.** Fabrique de chocolat.

chocolatier, ière **I. n. 1.** Personne qui fabrique, qui vend du chocolat. **2. n. f.** Récipient pour servir le chocolat liquide. **II. adj.** Relatif au chocolat. *L'industrie chocolatière.*

chocolatine **n. f.** régional (Sud-Ouest ; Canada) Pain au chocolat.

chocottes **n. f. pl.** (p.-ê. de *chicot*) loc. fam. *Avoir les chocottes :* avoir peur.

Choderlos de Laclos voir **Laclos**

choéphore [kɔefɔʀ] **n.** (du grec, de *khoê* « libation » et *phoros* « qui porte ») Antiq. Personne qui portait les libations destinées aux morts, chez les Grecs.

chœur [kœʀ] **n. m.** (latin *chorus,* du grec *khoros* → choral, chorégraphie) **I. 1.** Réunion de chanteurs (→ **choriste**) qui exécutent un morceau ensemble. → **chorale. 2.** Composition musicale destinée à être chantée par plusieurs personnes (→ **choral**). **3.** (théâtre antique) Troupe de personnes qui dansent et chantent ensemble. *Le chœur des tragédies grecques.* **4.** fig. Réunion de personnes qui ont une attitude commune, un but commun. *Le chœur des mécontents.* **5.** *En chœur :* ensemble, unanimement (→ faire chorus, agir de concert). *Chanter en chœur.* **II.** (« partie de l'église où se tiennent les chantres ») Partie de la nef d'une église, devant le maître-autel. – *Enfant* de chœur.*

choir **v. intr.** < surtout : *je chois, tu chois, il choit ; je chus ; chu, chue* au p. p. > (vient du latin *cadere* « tomber » → cadence, ¹cas, chance) **1.** littér. Être entraîné de haut en bas. → **tomber. 2.** *Laisser choir.* → **abandonner, plaquer.** *Après de belles promesses, il nous a laissés choir.*

Choiseul (Étienne François, duc de) Homme politique français (1719-1785). Il fut, de 1759 à 1770, secrétaire d'État aux Affaires étrangères, puis à la Guerre et à la Marine. Pendant la guerre de Sept Ans, il fut l'artisan du pacte de Famille conclu par les Bourbons de France, d'Espagne, de Parme et de Naples (1761). Il contribua à l'acquisition de la Corse (1768) et au succès de la guerre d'Indépendance américaine. Désavoué au profit de Maupeou, il ne joua plus aucun rôle politique après 1770.

choisi, ie **adj.** Excellent ; pris pour sa qualité. *Œuvres, textes choisis.* → **anthologie.** *S'exprimer en termes choisis,* élégants.

choisir **v. tr.** < 2 > (mot germanique, venant du gotique *kausjan* « goûter », même racine que le latin *gustare* → ¹goûter) **1.** Prendre de préférence, faire choix de. *On l'a choisi pour ce poste.* → **désigner, distinguer, nommer.** – *Choisir ses amis, ses lectures.* → **sélectionner. 2.** Se décider entre deux ou plusieurs partis ou plusieurs solutions. → **opter,** se **prononcer, trancher.** *Choisir de* (+ inf.), *choisir si...* – absolt *« Mais nous ne choisissons pas. Notre destin nous choisit »* (R. Rolland).

Choisy (François Timoléon, abbé de) Écrivain français (1644-1724). Son goût du travestissement entoura son œuvre et sa personne d'un parfum de scandale. Il laisse des *Mémoires pour servir à l'histoire de Louis XIV.*

Choisy-le-Roi Commune du Val-de-Marne, sur la Seine. 46 229 habitants. Château du XVIIe s., remanié au XVIIIe s., résidence de Louis XV. Faïencerie jusqu'en 1938.

choix **n. m.** (de *choisir*) **1.** Action de choisir, décision par laquelle on donne la préférence à qqch. *Son choix est fait.* → **décision, résolution. 2.** Pouvoir, liberté de choisir (actif) ; existence de plusieurs partis entre lesquels choisir (passif). *« Tout choix est effrayant »* (Gide). *On lui laisse le choix.* → **option.** *Choix entre deux solutions.* → ¹**alternative, dilemme.** *Vous avez le choix. Au choix.* – *L'embarras* du choix.* – *Ne pas avoir le choix :* être obligé. **3.** Ensemble de choses parmi lesquelles on peut choisir. *Un très grand choix d'articles de sport.* → **assortiment, éventail.** – absolt *Il y a le choix.* **4.** Ensemble de choses choisies pour leurs qualités. → **sélection.** *Choix de poésies.* → **anthologie, recueil.** – *De choix :* de prix, de qualité. *Un morceau de choix.*

choke-bore [(t)ʃɔkbɔʀ] ou **choke** **n. m.** (mot anglais) anglic., techn. Étranglement à l'extrémité du canon de certains fusils de chasse pour regrouper les plombs. *Des choke-bores, des chokes.*

Chokwé(s) ou **Tshokwé(s)** **n. m. pl.** Peuple bantou établi aux confins de l'Angola et de la République démocratique du Congo.

Chola Dynastie de l'Inde du Sud fondée vers le IIIe s. Elle connut son apogée au Xe s., développant sa puissance maritime et établissant un commerce intensif avec le S.-E. asiatique. Supplantée par les Chālukya, elle s'éteignit vers la fin du XIIIe siècle.

cholagogue [kɔlagɔg] **adj.** (du grec, de *khôlê* → chol[é]- et de *agein* « conduire ») méd. Qui facilite l'évacuation de la bile. – **n. m.** *Un cholagogue.*

chol(é)- [kɔle] Élément (du grec *kholê, cf.* colère, mélancolie) qui signifie « bile ».

cholécystectomie [kɔlesistɛktɔmi] **n. f.** (de *cholé-, cyst[o]-* et *-ectomie*) chir. Ablation chirurgicale de la vésicule biliaire.

cholécystite [kɔlesistit] **n. f.** (→ cystite) méd. Inflammation de la vésicule biliaire.

cholécystotomie [kɔlesistɔtɔmi] **n. f.** (→ cystotomie) méd. Incision de la vésicule biliaire.

cholédoque [kɔledɔk] **adj. m.** (du latin, du grec, de *kholê* → chol[é]- et *dekhestai* « recevoir ») *Canal cholédoque,* qui conduit la bile de la vésicule biliaire au duodénum.

Cholem Aleichem (Sholom Nokhoumovitch Rabinovitch, dit) Écrivain russe d'expression yiddish et russe (1859-1916). Ses nouvelles et ses romans évoquent avec humour et lucidité la condition juive et le destin de ses intellectuels. *Les Étoiles errantes.*

cholémie [kɔlemi] **n. f.** (de *chol-* + *-émie*) méd. **1.** Passage d'éléments de bile dans le sang. → **ictère, jaunisse. 2.** Taux de bile dans le sang.

choléra [kɔleʀa] **n. m.** (du latin, du grec « maladie de la bile » → chol[é]-, colère) **1.** Très grave maladie intestinale épidémique. **2.** fam., vieilli Personne méchante, nuisible. → **peste.**

cholérétique [kɔleʀetik] **adj.** (de *chol-* et du grec *airetikos* « qui prend ») méd. Qui stimule la sécrétion de la bile.

cholériforme [kɔleʀifɔʀm] **adj.** méd. Qui a l'apparence du choléra.

cholérique [kɔleʀik] **adj.** Du choléra. ■ Qui est atteint du choléra. – **n.** *Un, une cholérique.*

cholestéatome [kɔlɛsteatom] **n. m.** (de *cholé-* et *stéatome* « tumeur graisseuse ») méd. Tumeur infiltrée de cholestérol ou de ses dérivés.

cholestérol [kɔlɛsteʀɔl] **n. m.** (de *cholestérine,* de *cholé-* et du grec *stereos* « solide » → stéréo-) Substance grasse toujours présente dans l'organisme, provenant des aliments. ■ *Avoir du cholestérol,* un taux de cholestérol trop élevé dans le sang.

C

C

▶ Le **cholestérol** est un lipide de la famille des stérols qui peut être synthétisé par le foie ou provenir directement de l'alimentation. C'est un constituant majeur de la membrane de toutes les cellules de l'organisme et le matériau de base des hormones stéroïdes et de la vitamine D. Élément important de la bile, il participe à la digestion intestinale. Il est transporté dans le sang par les lipoprotéines dont il constitue la partie grasse.
Le taux normal du cholestérol total sanguin, ou cholestérolémie, est de 4 à 5 mmol/l (soit 1,55 à 1,95 g/l). Un taux élevé correspond le plus souvent à l'augmentation du LDL-cholestérol (ou *low density lipoproteins cholesterol*), appelé « mauvais cholestérol » du fait de sa responsabilité dans la constitution des plaques d'athérome artériel. Il nécessite une consultation médicale qui aboutit généralement à des mesures simples : éviter les graisses animales, riches en acides gras saturés, et normaliser son poids. Les médicaments dits « hypocholestérolémiants » sont réservés aux cas réfractaires à ces mesures. Les petites hypercholestérolémies relèvent parfois de la seule élévation du HDL-cholestérol (ou *high density lipoproteins cholesterol*, appelé « bon cholestérol »), ce qui ne nécessite aucune mesure correctrice. Certains cas d'hypercholestérolémie relèvent de défauts génétiques et imposent des investigations plus poussées que ces simples dosages. Les hypocholestérolémies sont pathologiques ; la dénutrition, l'insuffisance hépatique et certains troubles hormonaux en sont les principaux responsables.
voir aussi **alimentation, diabète, obésité**

cholestérolémie [kɔlɛsteʀɔlemi] **n. f. (de *cholestérol* et *-émie*) physiol.** Taux de cholestérol dans le sang.

Cholet Chef-lieu d'arrondissement du Maine-et-Loire. 54 357 habitants. Marché au bétail. Industries (cuir, textile, mécanique, pneumatique). Le musée des Guerres de Vendée commémore les combats violents qui opposèrent les armées royaliste et révolutionnaire en 1793-1794.

choline [kɔlin] **n. f. (de *chol-* + *-ine*) biochim.** Matière azotée (amine-alcool), présente dans les tissus vivants surtout sous forme d'esters, qui joue un rôle important dans l'utilisation des lipides par le foie et dont les sels exercent une action stimulante sur le système nerveux. ➔ **acétylcholine.**

cholinestérase [kɔlinɛsteʀaz] **n. f. (de *choline* et *estérase*) biochim.** Enzyme qui hydrolyse l'acétylcholine en choline et acide acétique, et joue un rôle important dans le fonctionnement du système nerveux.

Cholokhov (Mikhaïl Aleksandrovitch) Conteur et romancier soviétique (1905-1984). Le plus inspiré des écrivains officiels de l'URSS, il évoqua avec un souffle épique la terre et le peuple de son pays, en suivant sans réserve les canons du réalisme socialiste. *Le Don paisible.* Prix Nobel 1965.

Cholon Ville du Viêtnam, dans la banlieue S. de Hô Chí Minh-Ville. Cholon fut fondée à la fin du XVIIIe s. par des immigrants chinois. Industries et commerce.

Cholula Ville du Mexique, dans l'agglomération de Puebla. 87 900 habitants. Pyramide précolombienne surmontée d'une église coloniale.

cholurie [kɔlyʀi] **n. f. (de *chol-* et de *-urie*, du grec *ourêsis* « action d'uriner ») méd.** Présence dans l'urine des éléments de la bile.

Choluteca Ville du S. du Honduras. 96 410 habitants. Exportation de produits agricoles.

chômable adj. Qui peut ou doit être chômé. ➔ **férié.**

chômage n. m. 1. Inactivité forcée (des personnes) due au manque de travail, d'emploi. *Ouvriers en chômage. Être au chômage. Indemnité de chômage.* – *Chômage partiel*, dû à une baisse d'activité. *Chômage technique* : arrêt momentané du travail dû à un problème fonctionnel. ▪ **par ext.** *Taux de chômage de la population.* **2. fam.** Allocation versée aux chômeurs. - **syn. fam. chômedu.**

▶ La notion de **chômage** (1) apparaît à la fin du XIXe siècle pour désigner l'inactivité d'ouvriers souhaitant pourtant travailler. Le phénomène atteint des niveaux élevés dans l'entre-deux-guerres (plus de 20 % aux États-Unis en 1932), puis se dissipe durant les Trente Glorieuses. Depuis 1974 et le ralentissement de la croissance, tous les pays développés ont été, à un moment ou à un autre, confrontés au chômage. Sa définition est très conventionnelle. Les chiffres officiels, fondés sur l'approche du Bureau international du travail (BIT), sont assez restrictifs : est au chômage une personne sans emploi, disponible pour occuper un emploi et effectivement à la recherche d'un emploi. Certains individus dans des situations intermédiaires entre l'emploi, l'inactivité et le chômage (temps partiel et intérim subis, personnes découragées de chercher un emploi...) en sont donc exclus. Le chômage est plus ou moins élevé selon le pays, l'âge, la catégorie sociale et professionnelle, le niveau d'études... Il révèle ainsi la pluralité de ses causes. Pour certains économistes, il résulte d'un coût du travail trop élevé, de rigidités du marché (chômage classique) ; pour d'autres, d'une insuffisance de la demande (chômage keynésien) ou du progrès technique (chômage technologique).
L'organisation du marché du travail rend l'objectif de plein emploi illusoire. Il reste toujours un volant d'individus entre deux emplois (chômage frictionnel). Pour les monétaristes, le fonctionnement global d'une économie donnée était associé à long terme à un taux de chômage naturel.
La lutte contre le chômage passe par différentes politiques : libéralisation du marché pour les libéraux, politiques conjoncturelles actives pour Keynes, meilleure adaptation du système de formation...
voir aussi **croissance, crise des années 1930, trente glorieuses**

chômer v. intr. < 1 > (vient du latin *caumare* « se reposer pendant les chaleurs », de *cauma*, du grec ➔ ^{1}calme) 1. vieux Suspendre son travail pendant les jours fériés. – **au p. p.** *Jours chômés*, pendant lesquels on ne travaille pas. **2.** Ne pas avoir de travail, par manque d'emploi (➔ **plus cour.** être au chômage). **3. loc.** *Ne pas chômer*, travailler beaucoup.

chômeur, euse n. Travailleur, travailleuse qui se trouve involontairement privé(e) d'emploi (➔ **demandeur d'emploi**). ➔ **sans-emploi.**

Chomsky (Noam) Linguiste américain (né en 1928). Il voulut donner à la linguistique structurale le pouvoir prédictif d'une science naturelle par sa « grammaire générative transformationnelle », qui eut une influence considérable. Il s'est signalé par ses prises de position hostiles à l'égard de la politique internationale américaine. *Le Langage et la Pensée.*

chondrichtyen [kɔ̃dʀiktjɛ̃] **n. m. (grec *khondros* « cartilage » et *ikhtus* « poisson ») zool.** Poisson cartilagineux (classe des *Chondrichtyens*, ex. le requin, la raie). - **s'oppose à ostéichtyen.**

chondriome [kɔ̃dʀijom] **n. m. (grec *khondrion* « granule ») biol.** Ensemble des mitochondries de la cellule.

chondroblaste [kɔ̃dʀoblast] **n. m. (du grec *khondrion* « granule » et de *-blaste*) biol.** Cellule du cartilage.

chondrocalcinose [kɔ̃dʀokalsinoz] **n. f. (du grec *khondros* « cartilage » et de *calcinose*, du latin *calx, calcis* « chaux ») méd.** Maladie articulaire causée par une infiltration calcaire des cartilages, des ménisques, des ligaments.

chondrostéen [kɔ̃dʀɔsteɛ̃] **n. m. (grec *khondros* « cartilage » et *ostêon* « os ») zool.** Poisson vertébré (ostéichtyen) à écailles ganoïdes (le superordre des *Chondrostéens*). *La plupart des chondrostéens sont fossiles.*

Chŏng Ch'ŏl ou **Jeong** Cheol Poète coréen (1536-1593). Il est considéré comme le plus grand poète de langue coréenne. *Song Gang.*

Ch'ŏngjin ou **Cheongjin** Ville de Corée du Nord, port sur la mer du Japon. 614 900 habitants. Industries lourdes. Exportation de bois.

Chongming ou **Tch'ong-ming** Île de Chine (Shanghai), à l'embouchure du Chang jiang.

Chongqing ou **Tch'ong-king** Ville et municipalité autonome de Chine, au confluent du Chang jiang et du Jialing jiang, juste en amont du lac de retenue formé par le barrage des Trois-Gorges. 9,5 millions d'habitants (municipalité autonome : 29 millions). Important port fluvial. Industries. Centrale hydroélectrique.

Chonos (archipel des) Archipel du Chili, au large d'Aisén, séparé du continent par le canal de Moraleda.

Cho Oyu n. m. Sommet de l'Himalaya, sur la frontière entre la Chine (Tibet) et le Népal, proche de l'Everest. 8 201 m.

Le sommet du Cho Oyu (Népal), dont la première ascension eut lieu en 1954.

chope n. f. (alsacien *schoppe*, d'un mot allemand) Récipient cylindrique à anse, pour boire la bière. – Son contenu.

choper v. tr. < 1 > (argot, de *chopper* « boiter, trébucher » ➔ achopper, p.-ê. onomatopée) fam. 1. Arrêter, prendre (qqn). ➔ **pincer. 2.** Attraper. *Il a chopé un rhume.* ➔ **ramasser.**

Chopin (Frédéric) Compositeur et pianiste polonais (1810-1849). Il entama très jeune une carrière de virtuose dans son pays natal, puis s'installa à Paris, où il se consacra à la composition pour le piano seul. Tout en concentrant la forme de ses pièces autour d'un matériau parfois empreint d'intimisme ou de nostalgie *(Nocturnes)*, ou marqué par le folklore polonais *(Mazurkas)* et par un sens épique puissant *(Polonaises)*, il a étendu les possibilités techniques du clavier. Outre la virtuosité exigée de l'interprète *(Études, Valses)*, il a su mêler élans extatiques, élasticité rythmique et fermeté des lignes mélodiques. Il eut un rôle prépondérant dans le développement du genre romantique au piano. Il a laissé également deux *Concertos pour piano* et de la musique de chambre. Il eut une longue liaison avec George Sand.

Portrait de Frédéric Chopin par Eugène Delacroix (v. 1838), musée du Louvre, Paris.

chopine n. f. (de l'ancien allemand ➔ chope) 1. (Canada) Mesure de capacité pour les liquides (0,568 litre). **2. fam. (surtout rural)** Petite bouteille (de vin).

chopper [(t)ʃɔpœʀ] **n. m. (mot anglais, de *to chop* « couper en morceaux, hacher ») anglic.** Moto de sport avec un guidon très haut. - **var.** RO **choppeur.**

chop suey [ʃɔpswi ; ʃɔpsɥɛ] **n. m.** **(mot chinois cantonais « morceaux mêlés », par l'anglais)** Plat chinois à base de légumes émincés et frits dans l'huile de sésame, souvent accompagnés de viande. *Des chop sueys.* – appos. invar. *Légumes chop suey.*

choquant, ante **adj.** Qui heurte la bienséance, le goût, le bon sens. → **déplacé, inconvenant, indécent, malséant.** *Des propos choquants. Une injustice choquante,* révoltante.

choquer **v. tr.** < 1 > **(origine allemande ou onomatopéique → choper)** **1.** Faire se heurter (des choses). *Choquons nos verres.* → **trinquer.** **2.** Contrarier ou gêner en heurtant les goûts, les bienséances. → **indigner, offusquer, scandaliser.** **3.** Agir, aller contre, être opposé à. *Choquer la bienséance.* **4.** *Être choqué (par)* : subir un choc, un traumatisme. *Elle a été choquée par son accident.* **5.** mar. Diminuer la raideur de (un cordage tendu).

choral, ale [kɔʀal] **(du latin médiéval, de *chorus* → chœur)** **I.** (plur. *chorals* ou *choraux*) **adj.** **1.** Qui a rapport aux chœurs. *Chants choraux.* **2.** *Film choral,* mettant en scène de nombreux personnages aux destins liés. **II.** (plur. *chorals*) **n. m.** Chant religieux. *Des chorals de Bach.*

▶ Les cultures antiques nous apportent des témoignages de chant **choral** (I), culte de Dionysos dans la Grèce antique, chœurs processionnaires dans la Rome primitive au Ve s. av. J.-C. L'essor du christianisme dans les premiers siècles de notre ère entraîne le développement de l'art choral, dans la continuité des psaumes hérités de la culture juive. Les mélodies sont d'abord chantées à l'unisson par des chœurs exclusivement composés d'hommes.
Entre le IXe et le XIIIe s., la complexité des chants des offices impose la création de maîtrises, qui se généralisent. La polyphonie conduit progressivement à la composition des chœurs à quatre voix (soprano, alto, ténor et basse). La Réforme de Luther accorde une place centrale au chant choral. La fixation de la tonalité, au tournant du XVIIe s., modifie l'écriture pour chœurs : la basse continue permet l'éclosion de la chorale accompagnée par un instrument (l'orgue) ou par un orchestre.
Le répertoire choral est vaste : musique ancienne, parfois exécutée *a cappella* (sans accompagnement), opéra ou répertoire symphonique (*Symphonie des Mille* de Mahler, 1906-1907), répertoire spécifique de compositeurs célèbres et même chansons populaires.
Il existe plusieurs catégories de chœurs, placés généralement sous la direction d'un chef de chœur : les chœurs d'enfants (Manécanterie des petits chanteurs à la croix de bois, créée en 1907 ; maîtrise de Radio-France...), les chœurs (à voix égales) composés exclusivement de femmes ou d'hommes, ou les chœurs mixtes. Au milieu du XIXe s., apparaissent de nombreuses sociétés chorales très structurées, les *orphéons*. Très répandu dans les pays anglo-saxons et dans les pays nordiques, l'art choral s'inscrit aujourd'hui de manière significative en France jusque dans les programmes scolaires.
voir aussi **polyphonie, tonalité**

chorale [kɔʀal] **n. f.** Société musicale qui exécute des œuvres vocales, des chœurs. → **chœur.**

chorba **n. f.** **(mot arabe d'Algérie)** Soupe algérienne.

chorée [kɔʀe] **n. f.** **(du latin, du grec → chorégraphie)** Contractions musculaires pathologiques ; spécialt danse de Saint-Guy. □ **adj.** **choréique**

chorège [kɔʀɛʒ] **n. m.** **(du grec, de *khoreia* « danse »)** Antiq. En Grèce, Citoyen chargé d'organiser à ses frais un chœur de danse pour une représentation théâtrale.

chorégraphe [kɔʀegʀaf] **n.** Personne qui compose des ballets.

chorégraphie [kɔʀegʀafi] **n. f.** **(grec *khoreia* « danse », de *khoros* → chœur)** Art de composer des ballets, d'en régler les figures et les pas. ■ Figures et pas de danse ainsi réglés. → **danse.** □ **adj.** **chorégraphique**

▶ Né au XVIIIe siècle, le terme **chorégraphie** a d'abord un sens limité : il s'agit simplement de transcrire sur papier les figures et les pas des danseurs. Les maîtres de ballet s'intéressent alors davantage aux mouvements d'ensemble (*choros* signifie « le chœur ») qu'aux solos, dont la composition est laissée aux danseurs. Le vocabulaire chorégraphique s'enrichit à l'époque romantique et l'importance croissante des solos amène les « compositeurs », comme on dit alors, à s'y intéresser de plus près. La chorégraphie acquiert le statut d'une création à part entière et son esthétique évolue vers des figures plus aériennes et plus complexes. Le poids de la tradition classique entrave pourtant le développement d'un art qui se libère progressivement avec Isadora Duncan et surtout les Ballets russes de Diaghilev (1909).
Partie prenante d'un mouvement moderne qui découvre le jazz et rêve de libérer les corps, la chorégraphie s'impose comme un art ambitieux. L'expression de la douleur et celle du plaisir se radicalisent. Martha Graham développe dans les années 1920 l'idée que la danse ne doit pas aspirer à la perfection technique, mais à une intensité expressive. Serge Lifar, George Balanchine, Rudolf Noureïev ou Maurice Béjart reviennent ensuite à des conceptions plus classiques, tandis que Merce Cunningham ou Pina Bausch explorent la condition humaine et les liens sociaux à travers des figures toujours plus extrêmes : corps souffrants, organiques, terrestres. Certains chorégraphes contemporains s'inspirent des danses de rue comme le hip-hop (William Forsythe), d'autres conçoivent de plus en plus leur travail comme une création collective de danseurs originaires de tous pays (Jean-Claude Gallotta, Maguy Marin, Ohad Naharin).
voir aussi **danse**

chorégraphier [kɔʀegʀafje] **v.** < 7 > **1. v. tr.** Faire la chorégraphie de (une œuvre). **2. v. intr.** Faire des chorégraphies.

Chorell (Walentin) Dramaturge et romancier finlandais (1912-1983). Son œuvre met au jour les motifs cachés des personnages qu'il crée. *Journal intime.*

choreute [kɔʀøt] **n. m.** **(grec *khoreutês*)** Antiq. Membre d'un chœur, dans le théâtre grec.

chorion [kɔʀjɔ̃] **n. m.** **(grec *khorion*)** biol. Membrane extérieure de l'embryon des mammifères qui assure le contact avec la muqueuse utérine et joue un rôle dans la nutrition de l'embryon.

choriste [kɔʀist] **n.** **(du latin relig. → chœur)** Personne qui chante dans un chœur.

chorizo [ʃɔʀizo ; tʃɔʀiso] **n. m.** **(mot espagnol)** Saucisson espagnol pimenté.

choroïde [kɔʀɔid] **n. f.** **(du grec, de *khorion* « membrane »)** anat. Membrane de l'œil, entre la sclérotique et la rétine. □ **adj.** **choroïdien, ienne**

chorten [ʃɔʀtɛn] **n. m.** **(du tibétain)** Monument religieux des pays lamaïstes.

Chorten, dans la vallée de Kali Gandaki (Népal).

Chorti(s) **n. m. pl.** Peuple amérindien vivant aux confins du Guatemala et du Honduras. Environ 60 000 personnes.

chorus [kɔʀys] **n. m.** **(du latin → chœur)** **I.** *Faire chorus* : se joindre à d'autres pour dire comme eux, être du même avis. → **approuver.** **II.** **(de l'anglais, du latin)** jazz Improvisation sur la durée du thème. *Un chorus de trompette.*

Chorzów Ville de Pologne (voïvodie de Silésie). 113 980 habitants. Métallurgie. Chimie.

chose **n. f.** **(vient du latin *causa* → cause, « affaire » en droit ; cf. italien *cosa*)** **I.** **1.** Réalité concrète ou abstraite perçue ou concevable comme un objet unique. → **²être, évènement, objet.** *Voir, percevoir, imaginer une chose. Toutes choses égales d'ailleurs. Avant toute chose,* premièrement. *De deux choses l'une* : il existe deux possibilités. **2.** *Les choses* : le réel. → **²fait, phénomène, réalité.** *Regarder les choses en face.* – *Appeler les choses par leur nom,* parler franchement. *« Les Mots et les Choses »* (de M. Foucault). – philos. *La chose en soi* : l'être en tant qu'il existe indépendamment des conditions de perception et des circonstances (par opposition au *phénomène*). **3.** spécialt Réalité matérielle non vivante. → **objet.** *Les êtres, les personnes et les choses.* ■ Objet concret indéterminé ou non spécifié. → fam. **²bail, bidule, machin, truc.** *Offrir quelques petites choses.* → **babiole, bagatelle.** **4.** surtout plur. Ce qui a lieu, ce qui se fait, ce qui existe. *« Vous qui devez savoir les choses de la vie »* (La Fontaine). *C'est la moindre des choses,* le minimum que l'on puisse faire. **5.** *La chose* : ce dont il s'agit. → **affaire, objet, ²sujet.** *Je vais vous expliquer la chose. C'est chose faite.* **6.** **(avec dire, répéter, etc.)** Paroles, discours. *Je vais vous dire une bonne chose. Dites-lui bien des choses de ma part,* faites-lui mes amitiés. **7.** dr. *La chose jugée.* → **cause.** **8.** *La chose publique* : l'ensemble des questions relatives aux intérêts généraux d'un pays, d'une collectivité régionale ou locale. **II.** loc. **1.** ***Autre chose.*** *C'est (tout) autre chose.* → **différent.** – ***La même chose.*** *Ce n'est pas la même chose.* **2.** ***Quelque chose*** loc. indéf. masc. (abrév. **qqch.**). *Quelque chose de bon. Il faut faire quelque chose,* intervenir. *Il lui est arrivé quelque chose,* un accident, un ennui. – fam. *C'est quelque chose !* : c'est un peu fort ! **3.** ***Peu de chose*** : une chose (acte, objet) peu importante. → **peu ; grand-chose.** **III.** **(ce qu'on ne nomme pas précisément)** **1. n. m.** → **machin, truc.** *Qu'est-ce que c'est que ce... chose ?* – (personnes) *Eh ! Chose ! « Le Petit Chose »* (roman de A. Daudet). **2. n. f.** (euphémisme) *Être porté sur la chose,* attiré par la sexualité. **3. adj.** *Se sentir* ***tout chose*** : éprouver un malaise difficile à analyser.

chosifier **v. tr.** < 7 > philos. Rendre semblable à une chose. → **réifier.** *Chosifier les êtres.* □ **n. f.** **chosification**

Chostakovitch (Dmitri)

Dmitri Chostakovitch au piano avec le Glazunov Quartet (1940).

Chostakovitch (Dmitri Dmitrievitch) Compositeur soviétique (1906-1975). Vivement critiqué pour son formalisme supposé, il fut contraint de produire des œuvres de circonstance plus conformes aux canons du réalisme socialiste (*Symphonie n° 2 « À Octobre »*, qu'il devait désavouer). Il n'en conçut pas moins une œuvre orchestrale d'une majesté et d'une puissance sans égales dans la seconde moitié du XXe s. et sut donner à ses œuvres la gravité et la franchise qui convenaient à son talent inquiet *(Sonate pour piano n° 2)*. Ses 15 *Quatuors à cordes* et 15 *Symphonies* témoignent d'un effort de synthèse des formes les plus intransigeantes du dodécaphonisme, de la musique populaire et d'un lyrisme teinté de spiritualité.

chott [ʃɔt] **n. m. (de l'arabe maghrébin)** Lac salé, en Afrique du Nord.

chou **n. m. (vient du latin *caulis*) 1.** Plante crucifère (n. sc. *Brassica*) à plusieurs variétés sauvages ou cultivées pour l'alimentation. – **spécialt** Le chou pommé ou cabus. *Soupe aux choux. Choux fermentés.* → **choucroute.** – **(autres espèces)** *Chou rouge,* que l'on consomme cru, en salade. *Chou de Bruxelles,* à longues tiges et bourgeons comestibles. – → **aussi brocoli, chou-fleur, chou-navet, chou-rave. 2. loc. fam.** *Feuille de chou :* journal de peu de valeur. – *C'est bête comme chou,* facile à comprendre. → **enfantin.** – *Être dans les choux,* dans l'embarras, dans une mauvaise situation. – *Faire chou blanc :* échouer. – *Rentrer dans le chou à qqn,* l'attaquer, lui donner des coups. – *Faire ses choux gras de qqch.,* en tirer profit. **3.** *Mon chou, mon petit chou,* expression de tendresse (**fém. choute**). → **²chouchou.** *Bout de chou,* petit enfant. – **fam. adj. (invar. en nombre)** *Ce qu'elle est chou !* (ou *choute*), *ce qu'ils sont chou.* → **²gentil, joli. 4.** Pâtisserie légère, soufflée et ronde. *Pâte à choux,* dont on fait ces choux. *Chou à la crème.* **5. argot** Tête. *Prendre le chou :* excéder, énerver (→ **prendre la tête***).

chouan **n. m. (mot régional, de l'ancien français *choan* → chat-huant, de *choe* → ¹chouette)** Insurgé royaliste de l'ouest de la France, pendant la Révolution.

Chouannerie **n. f.** Insurrection paysanne contre-révolutionnaire menée par les frères Cottereau, surnommés *Chouans,* dans le bas Maine à partir de 1793. Étendu à la Bretagne, à la Normandie et à l'Anjou, le mouvement se poursuivit jusqu'au début de l'Empire.

choucas **n. m. (p.-ê. onomatopée)** Oiseau noir, voisin de la corneille.

chouchen [ʃuʃɛn] **n. m. (mot breton) régional (Bretagne)** Hydromel. *Des chouchens* ou *des chouchen* (invar.).

¹chouchou **n. m. (probablt de *chou* 3)** Morceau de tissu froncé autour d'un élastique, servant à retenir les cheveux. *Des chouchous.*

²chouchou, oute **n. (de *chou* 3, redoublé) fam.** Favori, préféré. *La chouchoute du professeur.*

³chouchou **n. m. (origine inconnue) (Maurice, Réunion, Madagascar)** Chayote. *Des chouchous.*

chouchouter **v. tr. < 1 >** Dorloter, gâter.

choucroute **n. f. (de l'alsacien *sûrkrût,* en allemand *sauer* [« aigre » → ²sur] *kraut* [« chou »], d'après *chou* et *croûte*) 1.** Chou blanc découpé en rubans, que l'on fait légèrement fermenter dans une saumure. ■ *Choucroute garnie,* ou **absolt** *choucroute :* plat de choucroute accompagnée de charcuterie. **2. fam.** Chignon volumineux de cheveux crêpés, sur le dessus de la tête.

Chou En-lai voir **Zhou Enlai**

¹chouette **n. f. (de l'ancien français *choe,* qui vient du francique *kawa* → choucas, et de *suette,* onomatopée) 1.** Oiseau rapace nocturne. → **chevêche, effraie, hulotte.** *La chouette hulule.* **2. fig.** *Une vieille chouette :* une vieille femme laide, acariâtre.

²chouette **(p.-ê. de ¹*chouette* ou famille de *choyer*) fam. 1. adj.** Agréable, beau. *Elle est chouette, ta voiture. C'est chouette,* c'est digne d'admiration, d'éloge. → **²super.** – *Allez, sois chouette !* → **sympa. 2. interj.** *Ah, chouette, alors !* → **chic.**

chou-fleur **n. m.** Variété de chou dont on mange les fleurs qui forment une masse blanche, charnue. *Des choux-fleurs.* - **var. RO choufleur.**

chougner voir **chouiner**

chouïa **n. m. (de l'arabe maghrébin) fam.** *Un chouïa :* un peu. *Ajouter un chouïa de poivre.* - **var. chouya.**

Chouinard (Marie) Danseuse et chorégraphe canadienne [québécoise] (née en 1955). Volontiers provocatrice, à l'écoute de « la pulsion vitale du corps », elle a fondé sa compagnie en 1990. *Cristallisation ; Les Trous du ciel ; bODY rEMIX/les vARIATIONS gOLDBERG.*

chouiner ou **chougner** **v. intr. < 1 > (du radical onomatopéique *chouin-*) régional** ou **fam.** Pleurnicher, geindre.

Choukchine (Vassili Makarovitch) Acteur, metteur en scène et écrivain soviétique (1929-1974). Il est surtout connu pour ses brèves nouvelles (une centaine), qui s'attachent à décrire avec minutie et chaleur le monde paysan, qu'il oppose à la rigidité et au mercantilisme du monde urbain. *Les Villageois.*

Choukeiry (Ahmad) ou **Aḥmad Chuqayrī** Homme politique saoudien d'origine palestinienne (1908-1980). Il fut membre fondateur et premier président de l'Organisation de libération de la Palestine (OLP) de 1964 à 1967.

chouleur **n. m. (de *chouler* « charrier un chargement ») techn.** Engin monté sur chenilles ou sur pneus, muni d'une benne mécanique.

Choumen voir **Šumen**

chou-navet **n. m.** Chou dont la racine a l'apparence d'un gros navet (→ **rutabaga**). *Des choux-navets.*

chouquette **n. f. (d'un dérivé de *chouque,* var. régionale de *souche,* avec influence de *chou*)** Petit chou (4) décoré de grains de sucre.

chou-rave **n. m.** Variété de chou cultivée pour ses racines. *Des choux-raves.*

chouraver **v. tr. < 1 > (du romani) fam.** Voler. → **chiper.** *On m'a chouravé mon stylo.* - **abrév. chourer.**

chouya voir **chouïa**

chow-chow [ʃoʃo] **n. m. (d'un mot du jargon anglo-chinois)** Chien d'origine chinoise, à abondant pelage uni, le plus souvent de couleur fauve. *Des chows-chows.* - **var. RO chowchow.**

choyer **v. tr. < 8 > (origine obscure : *chuer, choer* en ancien français) 1.** Soigner avec tendresse, entourer de prévenances. → **cajoler, combler, entourer, gâter.** – **au p. p.** *Une enfant très choyée.* **2. fig.** Entretenir avec tendresse, complaisance (une idée, un sentiment, un état). → **cultiver.**

Chraïbi (Driss) Romancier marocain d'expression française (1926-2007). Il a évoqué dans un style imagé et puissant le drame des ex-colonisés contraints à l'émigration, dans une perspective à la fois sociologique et politique. *Le Passé simple.*

chrême [kʀɛm] **n. m. (du latin chrét., du grec *khrisma* → chrétien, *cf.* crème)** Huile consacrée, employée dans des sacrements ou cérémonies des Églises catholique et orthodoxe. *Le saint chrême.*

chrestomathie [kʀɛstɔmati] **n. f. (du grec, de *khrêstos* « utile » et *manthanein* « apprendre »)** Recueil de morceaux choisis (textes anciens ; classiques). → **anthologie.**

chrétien, ienne [kʀetjɛ̃, jɛn] **(du latin, de *Christus,* grec *Khristos,* « l'Oint », de *khriein* « frotter, oindre », *cf.* chrême) I. adj. 1.** Qui professe la foi en Jésus-Christ. *Le monde chrétien.* **2.** Du christianisme. *L'ère chrétienne,* qui commence à la naissance de Jésus-Christ. **II. n.** Personne qui professe le christianisme. → **catholique, orthodoxe, protestant, réformé.**

Chrétien (Jean) Homme d'État canadien (né en 1934). À la tête du Parti libéral (1990), il fut Premier ministre du Canada de 1993 à 2003.

Chrétien (Jean-Loup) Militaire et spationaute français (né en 1938). Il est le premier Français à avoir effectué un vol dans l'espace (1982).

Chrétien de Troyes Poète français (v. 1135-v. 1183). Auteur de romans de chevalerie, en octosyllabes, dans la lignée du roman courtois. *Lancelot ou le Chevalier à la charrette.*

chrétiennement [kʀetjɛnmɑ̃] **adv.** Conformément à la religion chrétienne.

chrétienté [kʀetjɛ̃te] **n. f.** Ensemble des peuples, des pays chrétiens.

chriscraft **n. m.** ou **chris-craft** [kʀiskʀaft] **n. m. invar. (marque déposée) anglic.** Canot à moteur de cette marque. *Des chriscrafts, des chris-craft.*

chrisme [kʀism] **n. m. (du latin, du grec *khrêsimos*) didact.** Monogramme du Christ, formé des deux premières lettres grecques de son nom (khi et rhô).

christ [kʀist] **n. m. (→ chrétien) 1. (avec une maj.)** Nom donné à Jésus de Nazareth. → **Messie, Seigneur. 2.** Figure du Christ sur la croix. → **crucifix.** *Un christ d'ivoire.*

Christchurch Ville de Nouvelle-Zélande, sur la côte E. de l'île du Sud. 380 600 habitants (3e ville du pays). 2e centre industriel du pays (alimentaire, textile, outillage). La ville a été en partie détruite lors d'un séisme en février 2011.

christe-marine voir **criste-marine**

Christian Nom de plusieurs rois de Danemark, de Norvège et de Suède. ■ **Christian Ier** (1426-1481). Roi de Danemark (1448-1481), de Norvège (1450-1481) et de Suède (1457-1471). Il fonda la dynastie d'Oldenbourg, qui régna sur le Danemark jusqu'en 1863. ■ **Christian II** (1481-1559). Roi de Danemark (1515-1523). Il s'empara du trône de Suède (1520) mais en fut chassé par la révolte de Gustave Ier Vasa (1523). ■ **Christian III** (1503-1559). Roi de Danemark (1534-1559). Il fit du luthéranisme la religion officielle (1536). ■ **Christian IV** (1577-1648). Roi de Danemark et de Norvège (1588-1648). Il fut vaincu par Tilly durant la guerre de Trente Ans (1626 ; 1629) puis par la Suède (1645). ■ **Christian V** (1626-1699). Roi de Danemark et de Norvège (1670-1699). Sous son règne, la monarchie devint héréditaire, et les privilèges de la noblesse furent abolis (1665). ■ **Christian VI** (1699-1746). Roi de Danemark et de Norvège (1730-1746). Il encouragea le commerce et les arts et maintint la paix durant son règne. ■ **Christian VII** (1749-1808). Roi de Danemark (1766-1808). Déséquilibré, il laissa gouverner son ministre Struensee. ■ **Christian VIII** (1786-1848). Roi de Danemark (1839-1848). Il ne put empêcher que la Norvège soit donnée à la Suède (1814). ■ **Christian IX** (1818-1906). Roi de Danemark (1863-1906). Il perdit le Schleswig et le Holstein (1864) face à l'Autriche et à la Prusse. ■ **Christian X** (1870-1947). Roi de Danemark (1912-1947). Il accorda le droit de vote aux femmes et supprima le suffrage censitaire (1915). Il résista fermement à l'occupation allemande (1940-1944).

Christian (Charlie) Guitariste de jazz américain (1919-1942). Il participa à la naissance du be-bop et donna une place à la guitare électrique dans le jazz moderne.

christiania [kʀistjanja] **n. m. (de *Christiania,* ancien n. d'Oslo)** Technique de virage et d'arrêt en skis, les skis restant parallèles.

Christiania voir **Oslo**

christianiser [kʀistjanize] **v. tr. < 1 > (du latin, de *christianus* → chrétien)** Rendre chrétien. → **évangéliser.** – **au p. p.** *Pays christianisé.* □ **n. f. christianisation** [kʀistjanizasjɔ̃]

christianisme [kʀistjanism] **n. m. (du latin et du grec chrét. → chrétien)** Religion fondée sur l'enseignement, la personne et la vie de Jésus-Christ.

Le **christianisme** est issu de la prédication de Jésus de Nazareth en Palestine au début de l'ère qui porte son nom (l'ère chrétienne). Religion du Livre, il se réfère aux récits de l'Ancien et du Nouveau Testament qui forment la Bible chrétienne et où se manifeste la Révélation.

Le credo chrétien comprend la croyance en un Dieu unique (monothéisme) en trois personnes, le Père, le Fils et le Saint-Esprit (Trinité) ; en la venue sur terre du Fils en la personne de Jésus-Christ (Incarnation) ; en la mort du Christ et en sa résurrection pour sauver l'homme et préparer l'avènement du royaume de Dieu. Noël célèbre la naissance du Christ, Pâques sa résurrection. Les principaux sacrements sont le baptême et l'eucharistie.

Le christianisme fut d'abord une secte tolérée au sein du judaïsme, avant la rupture intervenue vers 65. Entre cette date et la fin du Ier s. furent rédigés les quatre Évangiles. De Jérusalem, le christianisme se répandit dans la Diaspora juive et le monde gréco-romain grâce à la prédication des apôtres (de Paul notamment), et des premiers disciples. Les persécutions contre les chrétiens dans l'Empire romain prirent fin avec l'édit de Milan (313) et la conversion de l'empereur Constantin. Dans la lutte contre les hérésies s'élabora jusqu'au Ve s. la tradition des Pères de l'Église (Augustin), à laquelle le Moyen Âge ajouta celle des docteurs de l'Église (Bernard de Clairvaux, Thomas d'Aquin...). Si, dès le IIe s., l'évêque de Rome jouissait d'une certaine prééminence (« primat de Pierre »), les patriarcats d'Alexandrie, Antioche, Constantinople, Jérusalem et Rome formaient l'Église primitive. La division de l'Empire romain en empire d'Occident (tombé en 476) et en empire d'Orient eut des conséquences capitales, accentuant les querelles théologiques et provoquant la rupture avec l'Église gréco-byzantine (schisme de Michel Cérulaire en 1054).

Contre l'islam s'organisèrent les croisades pour la libération des Lieux saints (XIe-XIIIe s.). L'évangélisation se poursuivit en Europe au Moyen Âge et la puissance de l'Église s'accrut considérablement, engendrant des rivalités entre pape et empereur.

Après le schisme d'Orient, l'autre grande rupture que connut le christianisme fut la Réforme protestante conduite par Luther à partir de 1517. La Contre-Réforme qui suivit ne fut pas qu'une réaction ; elle remodela l'Église catholique, lui conférant des traits qui subsistèrent jusqu'au concile Vatican II (1962-1965). Les divisions intervenues au cours de l'histoire provoquèrent au XXe s. un effort pour tendre de nouveau vers l'unité (œcuménisme). On compte aujourd'hui environ 2,2 milliards de chrétiens dans le monde.

voir aussi **Bible, judaïsme, catholicisme, Réforme (protestante), orthodoxes (Églises), monothéisme, secte**

Christian-Jaque (Christian Maudet, dit) Cinéaste français (1904-1994). Une pratique très sûre du métier, le sens du mouvement, l'art de créer des atmosphères caractérisent son œuvre. *François Ier ; Les Disparus de Saint-Agil ; Fanfan la Tulipe.*

Christiansen (Sigurd) Écrivain norvégien (1891-1947). Il reprit les thèmes forts de Dostoïevski, la faute et la responsabilité. *Un voyage dans la nuit.*

Christie (Mary Clarissa Miller, dite Agatha) Romancière et dramaturge britannique (1890-1976). Spécialiste de l'énigme policière, elle imposa en particulier deux personnages de détectives, Hercule Poirot et Miss Marple. Elle a écrit quelque 70 romans. *Le Meurtre de Roger Ackroyd ; Mort sur le Nil ; Le Crime de l'Orient-Express.*

Christie (William) Claveciniste et chef d'orchestre français d'origine américaine (né en 1944). Il est le fondateur des Arts florissants, ensemble dédié à la musique française des XVIIe et XVIIIe siècles.

Christie's Société de vente aux enchères. Elle fut fondée en 1766 à Londres par James Christie.

Christine (1626-1689). Reine de Suède (1632-1654). Fille de Gustave II Adolphe, elle signa les traités de Brömsebro et de Westphalie. Esprit brillant, elle correspondit avec toute l'Europe savante et fit venir Descartes à sa cour. Elle abdiqua en faveur de son cousin Charles X pour se convertir au catholicisme.

Christine de Pisan ou **Pizan** Poète française (v. 1363-v. 1430). Elle se consacra à la poésie morale, et en particulier à la défense des femmes contre les satires de Jean de Meung. *La Cité des dames.*

christique [kʀistik] **adj.** didact. Qui a rapport au Christ.

Christmas (île) Île de l'océan Indien, entre Java et les îles Coco, territoire australien depuis 1958. 100 km².

Christo (Javacheff, dit) **et Jeanne-Claude** Artistes américains. Christo, d'origine bulgare et française (1935-2020), et sa femme Jeanne-Claude (1935-2009). Ils sont connus pour leurs installations éphémères consistant à emballer des lieux (*Surrounded Islands*, en Californie) ou des monuments (le Reichstag, le Pont-Neuf, l'Arc de Triomphe).

christologie [kʀistɔlɔʒi] **n. f.** théol. Étude de la personne et de la doctrine du Christ. □ **adj. christologique**

Christophe (saint) Personnage légendaire de la tradition chrétienne, il est le « porteur du Christ ». Il est le patron des voyageurs et des automobilistes.

Christophe Ier (1219-1259). Roi de Danemark (1252-1259). Il lutta contre le pouvoir de l'Église.

Christophe II (1276-1332). Roi de Danemark (1320-1326). Il fut déposé deux fois.

Christophe III (1418-1448). Roi de Danemark, de Suède (1440-1448) et de Norvège (1442-1448). Il choisit Copenhague comme capitale.

Christophe (Henry) (1767-1820). Roi d'Haïti (1811-1820). Lieutenant de Toussaint Louverture lors de la guerre d'indépendance contre la France, il prit le pouvoir par coup d'État en 1807 et se proclama roi en 1811. Contesté, il se donna la mort. Ce drame inspira à A. Césaire sa *Tragédie du roi Christophe.*

Christophe (Georges Colomb, dit) Écrivain et dessinateur français (1856-1945). Il est célèbre pour ses histoires humoristiques illustrées. *Le Sapeur Camember ; Le Savant Cosinus.*

Christus (Petrus) Peintre flamand (v. 1420-v. 1473). Disciple de Van Eyck, il laisse des toiles au chromatisme nuancé et à la composition statique et apaisée. *Portrait d'une jeune femme*, dite parfois « la Joconde du Nord ».

chromage [kʀomaʒ] **n. m.** Action de chromer ; son résultat.

Christie (Agatha)

Agatha Christie, photographiée chez elle (1949).

chromate [kʀɔmat] **n. m.** chim. Sel de l'acide chromique. *Chromate jaune* (de potassium). *Chromate rouge :* bichromate de potassium.

chromatide [kʀɔmatid] **n. f.** biol. Chacune des deux parties d'un chromosome résultant de sa division longitudinale au cours de la méiose.

chromatine [kʀɔmatin] **n. f.** biol. Substance essentiellement formée d'ADN et de protéines, présente sous forme de granules dans le noyau cellulaire, fixant les colorants basiques. → **nucléosome.** *Transformation de la chromatine en chromosomes lors de la division cellulaire.*

chromatique [kʀɔmatik] **adj.** (du grec, de *khrôma* « mélodie » → **chrome**) **1.** mus. Qui est composé d'une suite de demi-tons (opposé à *diatonique*). **2.** Relatif aux couleurs. **3.** biol. Des chromosomes. *Réduction chromatique.* → **méiose.**

chromatisme [kʀɔmatism] **n. m.** (du grec → **chromatique**) didact. **1.** Ensemble de couleurs. « *Les chromatismes légendaires, sur le couchant* » (Rimbaud). **2.** mus. Caractère chromatique.

chromat(o)- Élément (du grec *khrôma, atos* « couleur »). → **chromo-.**

chromatogramme [kʀɔmatɔgʀam] **n. m.** didact. Image obtenue par chromatographie.

chromatographie [kʀɔmatɔgʀafi] **n. f.** chim. Méthode d'analyse chimique et de purification des constituants d'un mélange par adsorption sélective des constituants du mélange, ou par partage en présence de phases liquides ou gazeuses.

chromatopsie [kʀɔmatɔpsi] **n. f.** (de *chromat-* et *-opsie*, du grec *opsis* « vision, vue ») **1.** physiol. Vision des couleurs. **2.** pathol. Trouble de la vision caractérisé par l'impression subjective de voir colorés des objets incolores ou par la perception de couleurs différentes des couleurs réelles (→ **daltonisme**).

chrome [kʀom] **n. m.** (grec *khrôma* « teint ; couleur », aussi « couleur du style » et « modulation, air » → **chromatique**) **1.** Corps simple (symb. Cr ; n° at. 24 ; masse at. 51,99), métal gris, brillant, dur. **2.** Pièce métallique en acier chromé. *Nettoyer les chromes de sa voiture.*

chromer [kʀome] **v. tr.** < 1 > Recouvrir (un métal) de chrome. – au p. p. *Acier chromé.*

chrominance [kʀɔminɑ̃s] **n. f.** (du grec *khrôma* « couleur », d'après *luminance*) audiovisuel Représentation des informations relatives à la couleur d'une image de télévision.

chromique [kʀɔmik] **adj.** chim. Qui contient un composé oxygéné du chrome. *Acide chromique.*

chromiste [kʀɔmist] **n.** (de *chromolithographie*) Spécialiste des couleurs, des retouches en photogravure, héliogravure, offset.

chromite [kʀɔmit] **n. f.** minér. Oxyde de chrome contenant du fer et du manganèse, principal minerai du chrome.

chromo [kʀomo] **n. m.** (de *chromolithographie*) **1.** Image lithographique en couleurs. **2.** Image en couleurs de mauvais goût. « *Les bourgeois n'ont que le goût du chromo* » (Léautaud). - REM. parfois **n. f.** *une chromo.*

chromo- [kʀomo], **-chromie** [kʀɔmi], **-chrome** [kʀom] Éléments (du grec *khrôma* → **chrome**) qui signifient « couleur ».

chromodynamique [kʀomodinamik] **n. f.** (de l'anglais, de *chromo-*, à cause de la propriété des quarks nommée arbitrairement « couleur », et de *dynamique*) phys. *Chromodynamique quantique :* théorie des interactions fortes, fondée sur les nombres quantiques d'un « champ de couleur » (considérés comme analogues aux quanta de l'électrodynamique quantique pour les interactions électromagnétiques).

chromogène [kʀomoʒɛn] **adj.** (→ **-gène**) didact. Susceptible de produire un pigment ou de permettre la pigmentation.

chromolithographie [kʀomolitɔgʀafi] **n. f.** (→ **lithographie**) **1.** Impression lithographique en couleurs. → **lithographie. 2.** Image obtenue par la chromolithographie. → **chromo.**

chromosome n. m. (de l'allemand, du grec *khrôma* et *sôma* « corps » ; ces éléments ont été repérés par l'absorption de colorants) Élément de la cellule vivante, de forme caractéristique et en nombre constant (23 paires chez l'homme), situé dans le noyau de la cellule. *Les chromosomes sont le support des gènes*.*

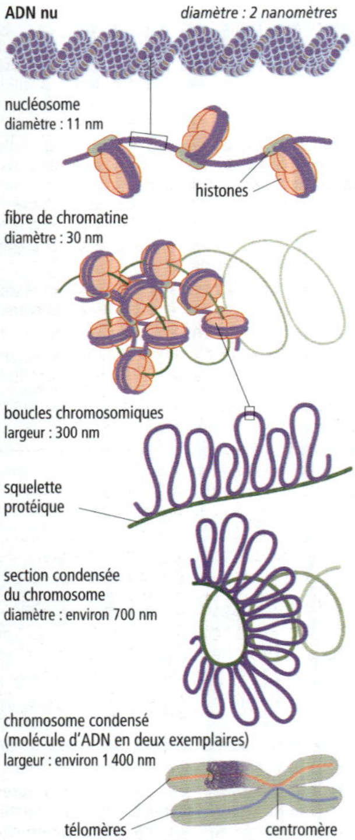

Dans le noyau des cellules, l'ADN décondensé est lié à des protéines, les histones. Les chromosomes ne structurent que le temps de la division cellulaire, durant la métaphase, ils apparaissent nettement sous la forme d'un « X ».

chromosomique adj. Relatif aux chromosomes. *Maladie chromosomique.* → aussi **chromatique** (3).

chromosphère [kʀomosfɛʀ ; kʀɔmɔsfɛʀ] **n. f.** (→ **sphère**) astron. Partie superficielle extérieure de la couronne solaire.

chronaxie n. f. (de *chron[o]-* et *axia* « valeur ») physiol. Temps nécessaire pour exciter un tissu nerveux ou musculaire à l'aide d'un courant électrique.

-chrone voir **chrono-**

chronicité n. f. didact. État de ce qui est chronique.

[1]**chronique** [kʀɔnik] **adj.** (latin *chronicus*, du grec → **chrono-**) **1.** (maladie) Qui dure longtemps, se développe lentement (opposé à *aigu*). **2.** (chose nuisible) Qui dure ou se répète. *Chômage chronique.* □ **adv. chroniquement**

[2]**chronique** [kʀɔnik] **n. f.** (latin *chronica*, du grec → **chrono-**) **1.** Recueil de faits historiques, rapportés dans l'ordre temporel. → **annales, histoire, [1]mémoire(s), récit.** *Les chroniques de Froissart.* **2.** au sing. L'ensemble des nouvelles qui circulent. – loc. *Défrayer la chronique* : faire parler de soi ; faire grand bruit. **3.** Partie d'un journal consacrée à un sujet particulier. *Une chronique littéraire.*

-chronique, -chronisme Éléments (du grec → **chrono-**) qui signifient « temps » (ex. *anachronique, synchronisme*).

chroniquer v. intr. < 1 > Faire des chroniques.

chroniqueur, euse [kʀɔnikœʀ, øz] **1. n. m.** Auteur de chroniques historiques. → **historien, mémorialiste.** *Les chroniqueurs du Moyen Âge.* **2. n.** Personne chargée d'une chronique de journal. *Une chroniqueuse littéraire.*

chrono voir **chronomètre**

chrono- [kʀɔno], **-chrone** [kʀon] Éléments (du grec *khronos*) qui signifient « temps » (ex. *chronomètre, synchrone*).

chronobiologie n. f. didact. Étude des rythmes biologiques.

chronographe n. m. techn. Appareil qui enregistre des durées. → **chronomètre.**

chronologie n. f. 1. Science de la fixation des dates des évènements historiques. → **annales, calendrier, datation. 2.** Ouvrage décrivant une évolution, l'histoire, dans l'ordre temporel. **3.** Succession des évènements dans le temps. *Établir la chronologie des faits.* ■ **chronologique adj.** *L'ordre chronologique.* □ **adv. chronologiquement**

chronomètre n. m. Montre de précision. - abrév. fam. **chrono.** *Des chronos. Faire du 120* (km/h) *chrono,* mesuré au chronomètre (s'oppose à *au compteur*). → **chronographe.**

chronométrer v. tr. < 6 > Mesurer (une durée) avec précision, à l'aide d'un chronomètre. *Chronométrer une course.* □ **n. m. chronométrage**

chronométreur, euse n. Personne qui chronomètre (une course, etc.).

chronométrie n. f. didact. Science de la mesure du temps.

chronométrique adj. Relatif à la mesure exacte du temps.

chronophage adj. (de *chrono-* + *-phage*) Qui demande beaucoup de temps. *Activité chronophage.*

chronophotographie n. f. didact. Analyse du mouvement par des photographies répétées et très rapides.

chrysalide [kʀizalid] **n. f.** (latin, du grec, de *khrusos* « or », allusion aux reflets dorés d'insectes) **1.** État intermédiaire par lequel passe la chenille avant de devenir papillon. → **nymphe.** ■ Enveloppe de l'insecte à l'état de chenille. *Chrysalide du ver à soie.* → **cocon. 2.** loc. fig. *Sortir de sa chrysalide* : prendre son essor.

chrysanthème [kʀizɑ̃tɛm] **n. m.** (latin, du grec, de *khrusos* « or » et *anthemon* « fleur » → **anthologie**) Plante ornementale qui fleurit en automne. – Fleur composée, en boule, de cette plante, de couleurs variées.

chryséléphantin, ine [kʀizelefɑ̃tɛ̃, in] **adj.** (de *chrys[o]-* et du grec *elephas, -antos* « ivoire ») didact. *Sculpture chryséléphantine,* contenant de l'or et de l'ivoire.

Chrysippe Philosophe grec (v. 281-205 av. J.-C.). Il fut le troisième directeur de l'école stoïcienne. Les fragments conservés de ses œuvres attestent que ses réflexions, en logique notamment, ont joué un rôle décisif dans la formation du système stoïcien.

chrys(o)- [kʀizo] Élément (du grec *khrusos*) qui signifie « or » (ex. *chrysocale*).

chrysobéryl n. m. (→ **béryl**) Pierre fine de couleur verte, constituée d'aluminate de béryllium, appelée aussi *œil-de-chat.*

chrysocale n. m. (de *chryso-* et du grec *khalkos* « cuivre ») Alliage de cuivre, de zinc et d'étain, imitant l'or. → **similor.**

chrysolithe n. f. Pierre fine de couleur dorée. - var. **chrysolite.**

chrysomèle n. f. (du grec *melos* « membre ») zool. Insecte coléoptère, voisin du doryphore, au corps épais et brillant, dont les larves se nourrissent d'arbrisseaux divers.

chrysope [kʀizɔp] **n. f.** (du grec *krusôpsis* « aux yeux d'or ») zool. Insecte aux ailes diaphanes, prédateur des pucerons.

chrysoprase n. f. (de *chryso-* et du grec *prasos* « poireau ») Calcédoine vert pomme, contenant du nickel.

chtarbé, ée adj. et n. (de l'argot *chtar* « coup ») fam. Fou. *Elle est complètement chtarbée !* → **barjo.**

chtimi ou **ch'timi n. et adj.** (expr. patoise *ch'timi* « c'est-il moi ? ») Français du Nord. *Les chtimis.* ■ *Le chtimi* : le patois du Nord. – *L'accent chtimi.* - abrév. **chti.** *Les chtis.*

chtonien, ienne [ktɔnjɛ̃, jɛn] **adj.** Relatif aux divinités infernales. *Les puissances chtoniennes.*

chtouille n. f. (altération de *jetouille,* de *jeter*) argot Blennorragie ou syphilis.

CHU [seaʃy] **n. m. invar.** Sigle de *centre hospitalier universitaire.*

Chu (Steven) Physicien américain (né en 1948). Il a développé des méthodes pour refroidir des atomes à une température inférieure au millième de degré tout en les capturant dans un piège lumineux (« mélasse optique »). Prix Nobel 1997.

Chubut n. m. Fleuve du S. de l'Argentine. 810 km.

chuchotement n. m. Action de chuchoter. → **murmure.** *« Cris et Chuchotements »* (film d'Ingmar Bergman).

chuchoter v. intr. < 1 > (onomatopée → **chut**) **1.** Parler bas, indistinctement. → **murmurer, susurrer.** *Chuchoter en classe.* – **trans.** *Chuchoter quelques mots à l'oreille de qqn.* **2. v. intr.** Produire un bruit confus, indistinct. → **bruire.**

chuchoterie n. f. fam. Conversation de personnes qui chuchotent entre elles.

chuintant, ante adj. Qui chuinte. – **n. f.** phonét. Se dit des sons [ʃ] (ex. chat) et [ʒ] (ex. je). *Une chuintante.*

chuintement n. m. 1. Bruit continu et sourd. **2.** (personnes) Le fait de chuinter (2).

chuinter v. intr. < 1 > (onomatopée → **chuchoter, chut**) **1.** (choses) Produire un sifflement assourdi. *Jet de vapeur qui chuinte.* **2.** (aussi trans.) (personnes) Prononcer les consonnes sifflantes (*s* et *z*) comme *ch* et *j.*

Chungju Ville de Corée du Sud, au N.-E. de Chongju. 218 400 habitants.

Chung Myung-whun Chef d'orchestre et pianiste américain et sud-coréen (né en 1953). Il fut directeur musical de l'Opéra Bastille, à Paris, de 1989 à 1994 puis de l'Orchestre philharmonique de Radio France de 2000 à 2015.

Myung-whun Chung dirigeant l'Orchestre philharmonique de Radio France (2000).

Chuquicamata Ville du N. du Chili, dans le désert de Norte Grande. 17 000 habitants. On y trouve la plus grande mine de cuivre à ciel ouvert du monde.

Churchill (Winston)

Winston Churchill dans les décombres londoniens durant la Seconde Guerre mondiale.

Church (Alonzo) Logicien et philosophe américain (1903-1995). Il travailla surtout sur le calcul des prédicats (« théorème de Church », 1936) et l'analyse sémantique.

Churchill (sir Winston Leonard Spencer) Homme d'État britannique (1874-1965). Député conservateur (1900) rallié aux libéraux (1904), il fut plusieurs fois ministre à partir de 1906. Premier lord de l'Amirauté (1911-1915), ministre des Munitions (1917-1919) puis ministre de la Guerre et de l'Air (1919-1922), il se montra résolument anticommuniste et apporta une aide militaire à l'armée blanche et à la Pologne lors de l'invasion de l'Ukraine (1920). Député conservateur (1924), il fut chancelier de l'Échiquier de 1924 à 1929. Premier lord de l'Amirauté (1939) puis Premier ministre (1940-1945), il dut organiser l'effort de guerre britannique, se révéla un chef de guerre hors pair et favorisa la réunion de conférences internationales (Téhéran, Québec, Yalta, Potsdam). Il fut de nouveau Premier ministre de 1951 à 1955. Il a laissé de nombreux écrits politiques, historiques et autobiographiques *(Mémoires de guerre)*. Prix Nobel de littérature 1953.

Churchill n. m. anciennement Hamilton Fleuve du N.-E. du Canada, dans le Labrador. 1 000 km. Il se jette dans l'Atlantique, en formant un fjord de 250 km de long.

Churchill n. m. Fleuve du Canada. Né dans le lac de La Loche, il se jette dans la baie de l'Hudson. 1 609 km.

Churriguera Famille d'architectes baroques espagnols des années 1700, à l'origine d'un style décoratif influent *(art churrigueresque)*, considéré comme typique du baroque espagnol.

chut [ʃyt] **interj.** (onomatopée) Se dit pour demander le silence. → **silence.** *Chut ! on nous écoute. Faire chut.*

chute n. f. (du p. p. de *choir*) **I.** Le fait de tomber. **1.** (personnes) *Faire une chute dans un escalier. Bruit de chute.* ■ (choses) *Chute de pluie, de neige.* – sc. *Lois de la chute des corps.* → **pesanteur.** – *Chute libre,* d'un corps lâché sans vitesse initiale, soumis à l'accélération de la pesanteur. – *Point de chute :* lieu où tombe un projectile ; fig. endroit où l'on s'arrête après avoir exercé une activité, fait un voyage. *Avoir un point de chute à Paris.* ■ loc. *Chute d'eau :* produite par la différence de niveau entre deux parties consécutives d'un cours d'eau. → **cascade, cataracte, saut.** – plur. *Les chutes du Niagara.* **2.** Action de se détacher (de son support naturel). *Chute de pierres.* → **éboulement.** *La chute des feuilles.* **3.** fig. Le fait de passer dans une situation plus mauvaise, d'échouer. → **échec, faillite.** *La chute de Napoléon. Entraîner qqn dans sa chute.* **loc. prov.** (du latin) *Plus dure sera la chute* (lorsqu'on tombe de plus haut). – (institutions, gouvernement) *La chute d'un régime. La chute de l'Empire romain.* → **décadence, ruine.** ■ Action de tomber moralement. → **déchéance, faute, péché.** **4.** (choses) Diminution de valeur ou d'intensité. *Chute de pression, de température.* → **baisse.** ■ *Chute des cours en Bourse. Prix en chute libre.* **II. 1.** Partie où une chose se termine, s'arrête, cesse. *La chute des reins :* le bas du dos. **2.** surtout au plur. Reste inutilisé (tombé en coupant qqch.). *Chutes de tissu, de film.*

chuter v. intr. <1> **1.** Subir un échec. → **échouer. 2.** fam. Faire une chute, tomber. *Chuter dans l'escalier.* **3.** fig. Diminuer brusquement. *Les prix ont chuté.*

chutney [ʃœtnɛ] **n. m.** (mot anglais, de l'hindi *chatni*) Condiment aigre-doux, composé de fruits ou de légumes épicés, confits dans du vinaigre.

chyle [ʃil] **n. m.** (latin, du grec *khulos* « suc ») Produit de la digestion, destiné à passer de l'intestin grêle dans le sang.

chylifère adj. et n. m. Qui transporte le chyle. *Vaisseaux chylifères* ou **n. m.** *les chylifères :* vaisseaux lymphatiques de l'intestin qui absorbent le chyle.

chyme n. m. (du grec *khumos* « humeur ») physiol. Bouillie formée par la masse alimentaire au moment où elle passe dans l'intestin, après avoir subi l'action de la salive et du suc gastrique.

Chymkent Ville du S. du Kazakhstan. 360 000 habitants. Nœud ferroviaire. Industrie lourde.

chymotrypsine n. f. (de *chyme* et *trypsine*) biochim. Enzyme sécrétée par le pancréas.

chypre n. m. Parfum à base de bergamote et de santal. □ **adj. chypré, ée**

Chypre

■ offic. république de Chypre, en grec Kypros, en turc Kibris État insulaire de la Méditerranée orientale, au S. de la Turquie. 9 251 km². 918 100 habitants (les *Chypriotes* ou *Cypriotes*), dont 440 000 dans la partie nord. Majorité de Grecs (orthodoxes), minorité de Turcs (musulmans). Depuis 1974, l'occupation turque, au N., a amputé la république de Chypre de 38 % de son territoire. **Capitale** (N. et S.) : Nicosie. **Langues offic. :** grec au S., turc au N. **Monnaie :** euro au S. ; livre turque au N.

GÉOGRAPHIE

Deux chaînes montagneuses s'étirent d'E. en O., séparées par la plaine de la Mésorée. Le Nord, à l'écart des échanges internationaux depuis 1974, vit grâce aux subventions de la Turquie, qui y stationne quelque 40 000 soldats. L'économie est pénalisée par la dépendance énergétique mais bénéficie d'un accord de coopération économique avec la Grèce et d'un tourisme en développement. Le pays est confronté au flux de migrants clandestins.

HISTOIRE

Habitée dès le néolithique, l'île fut occupée par les Mycéniens et les Phéniciens, puis passa sous la domination des Perses. Conquise par Alexandre (–333), elle échut ensuite aux Lagides.

Entre chrétiens et musulmans La région fut annexée à l'Empire romain (–58) et évangélisée par saint Paul. Intégrée à l'Empire byzantin (395), elle subit pendant plusieurs siècles (VIIᵉ-Xᵉ s.) les raids arabes. En 1171, Richard Cœur de Lion en fit un royaume allié à celui de Jérusalem. Occupée par les Vénitiens (1489-1570), elle fut ensuite conquise par les Turcs et resta sous domination de l'Empire Ottoman pendant trois siècles. En 1878, l'île fut cédée aux Britanniques, contre lesquels les Chypriotes grecs se soulevèrent (1931), demandant l'union à la Grèce *(Enôsis)*. La révolte, qui s'intensifia (1955-1959), conduisit aux accords de Zurich (1959). Un État indépendant fut créé, dans le cadre du Commonwealth, et, en 1960, la république fut proclamée.

Chypre

C

Mgr Makarios en devint le premier président.

La partition Les troubles entre communautés grecque et turque persistèrent jusqu'au coup d'État, mené par la Grèce (1974), qui permit à la Turquie d'envahir le nord du pays. En 1983, la « République turque de Chypre du Nord » (RTCN) fut proclamée unilatéralement ; non reconnue par la communauté internationale, elle est présidée de 2015 à 2020 par Mustafa Akinci puis par le nationaliste Ersin Tatar. En 2004, la république de Chypre est entrée dans l'Union européenne, après avoir rejeté, par référendum — malgré l'ouverture de la « ligne verte » (ligne de séparation) entre les parties grecque et turque — un projet de réunification initié par l'ONU. En 2013, le conservateur Nicos Anastasiades a été élu président de la République (réélu en 2018).

Chytilova (Vera) Cinéaste tchèque (1929-2014). Ses préoccupations féministes et son ton iconoclaste, mal perçus par les autorités, lui valurent une longue période d'inactivité contrainte. *Quelque chose d'autre.*

¹ci adv. (abrév. de *ici*) **I. 1.** (placé immédiatement devant un adjectif ou un participe) Ici. – *Ci-inclus, incluse ; ci-joint, jointe* (→ inclus ; ¹joint). *La copie ci-incluse, ci-jointe. Vous trouverez ci-inclus, ci-joint une copie.* **2.** (après un nom précédé de *ce, cette, ces, celui, celle*) *Cet homme-ci. Ces jours-ci.* **II.** loc. adv. *Ci-dessus* : plus haut, supra ; *Ci-dessous* : plus bas, infra ; *Ci-contre* : en regard, en face. ■ vieux *Ci-devant* : précédemment. (pendant la Révolution) *Une ci-devant comtesse.* – absolt *Les ci-devant* : les nobles. – *De-ci de-là* : de côté et d'autre. – *Par-ci par-là* : en divers endroits (→ çà et là) ; à diverses reprises, de temps à autre. **III.** *Ci-gît* (ou RO *ci-git*) : ici est enterré. → gésir.

²ci pron. dém. (abrév. de *ceci*) (employé avec *ça*) *Demander ci et ça.* – fam. *Comme* ci, comme ça.*

CIA (Central Intelligence Agency) n. f. Service d'espionnage et de contre-espionnage des États-Unis fondé en 1947.

ciabatta [tʃ(j)abata] n. f. (mot italien « pantoufle ») Pain blanc à la mie très aérée, préparé avec de l'huile d'olive (spécialité italienne).

Ciamician (Giacomo Luigi) Chimiste italien (1857-1922). Il est l'auteur de recherches sur la chimie des végétaux, de la lumière, ou encore sur les pyrroles (chlorophylle, goudron de houille).

Ciampi (Carlo Azeglio) Homme d'État italien (1920-2016). Président du Conseil (1993-1994), il fut président de la République de 2000 à 2006.

Ciano (Galeazzo), comte de Cortellazzo Homme politique italien (1903-1944). Gendre de Mussolini, dont il fut le ministre des Affaires étrangères (1936), il contribua à l'alliance avec Hitler (axe Rome-Berlin, 1936 ; pacte d'Acier, 1939). Néanmoins hostile à la guerre aux côtés de l'Allemagne, il réclama la démission du *Duce*, qui le fit fusiller.

ciao voir tchao

cibiche n. f. fam. et vieilli Cigarette.

cibiste n. (de ¹*CB*) Utilisateur de la CB (¹). - recomm. offic. **cébiste**.

ciblage n. m. Action de déterminer la clientèle auquel un produit est destiné.

cible n. f. (suisse alémanique *schîbe*, allemand *Scheibe* « disque », « cible ») **1.** But que l'on vise et contre lequel on tire. *Toucher la cible* (→ carton). **2.** fig. *Servir de cible aux railleries de qqn*, de point de mire. – *Cible, cœur de cible* (en commerce, publicité) : clientèle visée par un produit. – appos. *Langue cible*, celle dans laquelle on doit traduire la langue source*. **3.** phys. Corps exposé à un bombardement de particules. ■ appos. *Organe cible*, qui reçoit un messager chimique destiné à détruire une tumeur. *Cellule cible.*

cibler v. tr. < 1 > comm. Viser (un public). *Ce modèle cible les jeunes.*

ciboire n. m. (latin, grec *kibôrion* « fleur du nénuphar ») Vase sacré en forme de coupe, où l'on conserve les hosties.

ciboule n. f. (provençal *cebola*, du latin *caepulla*, de *caepa* « oignon », cf. civet) Variété d'ail.

ciboulette n. f. (de *ciboule*) Plante à petits bulbes dont les feuilles sont employées comme condiment.

ciboulot n. m. (de *ciboule*) pop. et vieilli Tête. → fam. caboche.

Ciboure Commune des Pyrénées-Atlantiques. 6 109 habitants. Maison natale de Maurice Ravel. Station balnéaire.

cicatrice n. f. (latin, d'origine inconnue) **1.** Marque laissée par une plaie après la guérison. *Cicatrice de brûlure. Avoir une cicatrice au visage.* → balafre. **2.** Trace d'une souffrance morale. « *Quiconque aima jamais porte une cicatrice* » (Musset).

cicatriciel, ielle adj. D'une cicatrice.

cicatricule n. f. biol. Dans l'œuf fécondé, petit disque qui renferme l'embryon.

cicatrisant, ante adj. Qui aide à cicatriser.

cicatrisation n. f. Processus par lequel se réparent les plaies, les blessures.

cicatriser v. < 1 > **I.** v. tr. **1.** Faire guérir, faire se refermer (une plaie, la partie du corps blessée). – pronom. *La brûlure ne se cicatrise pas.* – au p. p. *Sa jambe est cicatrisée.* **2.** fig. *Cicatriser une blessure d'amour-propre.* → apaiser, guérir. **II.** v. intr. Se cicatriser. *La plaie cicatrise mal.*

cicéro n. m. (du latin *Cicero* « Cicéron », caractère de la première édition des œuvres de Cicéron en 1458) Caractère d'imprimerie de douze points typographiques, soit 4,5 mm.

Cicéron en latin **Marcus Tullius Cicero** Homme politique et orateur romain (106-43 av. J.-C.). D'abord avocat (–80), il fut ensuite questeur en Sicile (–75) et défendit les Siciliens contre les exactions de leur ancien gouverneur Verrès. Consul en –63, il déjoua la conjuration de Catilina et fit exécuter ses complices. Accusé d'avoir fait exécuter sans jugement des citoyens, il fut exilé en Grèce (–58) puis nommé gouverneur en Cilicie. Après l'assassinat de César (–44), dont il avait obtenu le pardon, il s'opposa à Antoine, qui le fit assassiner. Il a porté l'art oratoire latin à son apogée dans ses plaidoyers *(Verrines ; Pro Milone)* et dans ses harangues politiques *(Catilinaires)*. Théoricien de l'éloquence *(De oratore)*, il a servi de modèle à toute la rhétorique latine.

cicérone n. m. (de l'italien, n. de Cicéron → ¹chiche) Guide. *Des cicérones.*

cicindèle n. f. (du latin *cicindela* « ver luisant ») Insecte coléoptère carnassier, à élytres verts ou bruns tachetés de jaune.

ciclosporine n. f. Médicament immunodépresseur utilisé pour éviter les réactions de rejet après une greffe d'organe. - var. **cyclosporine**.

ci-contre voir ¹ci

cicutine n. f. (du latin *cicuta* « ciguë ») chim. Alcaloïde extrait de la ciguë, utilisé comme antispasmodique. - syn. **conicine**.

Cid Campeador (Rodrigo Díaz de Bivár, dit le) Chef de guerre espagnol (1043-1099). L'une des grandes figures de la Reconquista, mercenaire au service des princes chrétiens aussi bien que musulmans (il servit notamment l'émir de Saragosse), il conquit en 1094 le royaume maure de Valence, dont il fut souverain jusqu'à sa mort.

-cide Élément (du latin *caedere* « abattre, tuer », cf. occire) qui signifie « qui tue, qui fait disparaître ; meurtre (de...) ».

ci-dessous, ci-dessus, ci-devant voir ¹ci

cidre n. m. (vient du latin biblique *sicera*, de l'hébreu, par le grec) Boisson obtenue par la fermentation alcoolique du jus de pomme.

cidrerie n. f. Usine, local où l'on fabrique le cidre.

Cie [kɔ̃paɲi] Abréviation de *compagnie* (3).

Ciechanover (Aaron) Biochimiste israélien (né en 1947). Il a mené des travaux sur la dégradation contrôlée des protéines par l'ubiquitine. Prix Nobel de chimie 2004.

ciel, plur. **ciels** et **cieux** n. m. (latin *cælum* « voûte [céleste] ») (plur. *ciels* : « multiplicité réelle ou d'aspects » ; *cieux* : « collectif à nuance affective ou sens religieux ») **I. 1.** Espace visible limité par l'horizon. *La voûte du ciel, des cieux.* → firmament. « *Le ciel est par-dessus le toit / Si bleu si calme* » (Verlaine). *Un ciel étoilé.* – loc. *Sous le ciel* : ici-bas, au monde. *Sous d'autres cieux* : ailleurs. – *Entre ciel et terre* : en l'air, à une certaine hauteur. – *En plein ciel* : très haut dans les airs. *À ciel ouvert* : en plein air. *Une piscine à ciel ouvert.* – *Lever les yeux **au ciel**. Tomber du ciel* : arriver à l'improviste. *Remuer ciel et terre*.* – (qualifié ; plur. *des ciels*) Ciel bleu ; nuageux. *Des ciels orageux, de plomb. Ciel chargé, couvert.* « *Quand le ciel bas et lourd pèse comme un couvercle* » (Baudelaire). *Le ciel se couvre, s'éclaircit.* – appos. invar. *Bleu ciel* : bleu très clair. **2.** sc. Apparence de l'espace extraterrestre, vu de la Terre ; voûte où semblent se mouvoir les astres. *La carte du ciel.* → cosmographie. – loc. (d'après d'anciennes cosmologies) *Être au septième ciel*, dans le ravissement. **II.** (plur. *cieux*) **1.** Séjour des dieux, de Dieu, des puissances surnaturelles. → au-delà. « *Notre Père, qui êtes aux cieux...* » (prière du Pater). *Le royaume des cieux.* **2.** Séjour des bienheureux, des élus. → paradis. *Mériter le ciel.* **3.** La divinité, la providence. *Prier le ciel.* prov. *Aide-toi, le ciel t'aidera.* – interj. *Ciel !* (surprise désagréable). « *Ciel, mon mari !* » (formule de vaudeville). – littér. *Plût au ciel !*, si cela pouvait être ! **III.** fig. *Un ciel, des ciels.* **1.** *Ciel de lit* : baldaquin au-dessus d'un lit. → dais. **2.** Voûte, plafond d'une excavation. *Des ciels de carrière.*

Ciénaga Ville de Colombie, sur la mer des Caraïbes. 105 000 habitants. Activités portuaires.

Cienfuegos Ville de Cuba, sur la côte S. de l'île. 165 230 habitants. Port de commerce (sucre).

cierge n. m. (vient du latin *cereus*, de *cera* « cire ») **1.** Chandelle de cire, longue et effilée, en usage dans les églises. *Brûler un cierge.* **2.** Plante grasse de l'Amérique tropicale qui forme de hautes colonnes verticales. → euphorbe.

Cieszyn Ville du S. de la Pologne (Silésie). 35 570 habitants. Ville frontalière, elle fut partagée entre la Pologne et la Tchécoslovaquie en 1920. La partie tchèque, Český Těšín, compte 24 500 habitants.

cieux voir ciel

CIF [seiɛf] adj. ou adv. (sigle anglais de *Cost, Insurance and Freight*) anglic., comm. → CAF.

cigale n. f. (provençal *cigala*, du latin *cicada*) Insecte dont les quatre ailes sont membraneuses, abondant dans les régions chaudes, dont le mâle fait entendre un bruit strident. *Le chant, les stridulations des cigales.*

cigare n. m. (espagnol *cigarro*) **1.** Petit rouleau de feuilles de tabac que l'on fume. *Petit cigare.* → cigarillo. **2.** *Cigare des mers.* → off-shore.

cigarette n. f. (de *cigare* ; d'abord « petit cigare ») **1.** Petit rouleau de tabac haché et enveloppé dans un papier fin. → fam. clope, sèche. *Cigarettes blondes, brunes ; cigarette (à bout filtre). Cigarettes légères.* – *Cigarette électronique* ou *e-cigarette* : petit appareil produisant de la vapeur destinée à être inhalée. → fam. **vapoteuse.** ■ appos. invar. *Pantalon cigarette,* droit et très étroit du bas. **2.** *Cigarette (russe)* : biscuit croquant de forme allongée.

cigarettier, ière n. Fabricant(e) de cigarettes.

cigarier, ière n. Ouvrier, ouvrière qui fabrique les cigares à la main.

cigarillo n. m. (mot espagnol) Petit cigare.

ci-gît voir gésir

cigogne n. f. (du provençal, latin *ciconia*) Oiseau échassier migrateur aux longues pattes, au bec rouge, long, droit.

ciguë [sigy] n. f. (latin *cicuta*) Plante très toxique ; poison extrait d'une variété de cette plante *(grande ciguë). Socrate fut condamné à boire la ciguë.* - var. RO **cigüe.**

ci-inclus, ci-joint voir [1]ci

cil n. m. (latin *cilium,* d'abord « paupière ») **1.** Chacun des poils garnissant le bord libre des paupières et protégeant le globe oculaire. *Faux cils* (que l'on peut adapter au bord des paupières). *Fard pour les cils.* → **mascara. 2.** biol. Filament fin du cytoplasme de certains organismes (bactéries, protozoaires) qui assure leur déplacement. **3.** bot. Poil fin de certains pétales, de certaines feuilles.

Cilaos Commune de la Réunion, dans le centre de l'île, à 1 200 m d'altitude dans le cirque de Cilaos. 5 568 habitants.

ciliaire adj. Qui appartient aux cils. *Zone ciliaire de l'œil.*

cilice n. m. (latin, du n. de la Cilicie, à cause des chèvres qu'on y élevait) Chemise, ceinture rugueuse (poils de chèvre, etc.) portée par pénitence.

Cilicie n. f. Ancienne région d'Asie Mineure, située dans le S. de l'actuelle Turquie (villes principales : Adana, Mersin). Elle fut colonisée par les Hittites, les Grecs puis les Romains, avant d'être arabisée (VIIIe s.).

cilié, ée adj. et n. m. Garni de cils. *Feuille ciliée.* ■ Protozoaire nageur à cils vibratiles, possédant au moins deux noyaux cellulaires. → vieilli **infusoire.**

cillement n. m. Action de ciller. → **clignement.**

ciller v. intr. < 1 > (de *cil*) Fermer et rouvrir rapidement les yeux. → **cligner.** – loc. *Ne pas ciller* : rester imperturbable. → **broncher.**

Çiller (Tansu) Femme politique turque (née en 1946). Elle fut la première femme à occuper le siège de Premier ministre en Turquie (1993-1995) (parti de la Juste Voie, centre-droit).

Cimabue (Cenni di Pepi, dit) Peintre et mosaïste florentin primitif (v. 1240-v. 1302). Considéré comme le maître de Giotto, il sut le premier combiner les influences byzantine et latine. Il est l'auteur du *Crucifix* de Santa Croce, à Florence, et de fresques à Assise.

Cima da Conegliano (Giovanni Battista Cima, dit) Peintre vénitien (v. 1459-v. 1517). Il conserva les archaïsmes typiques de la période, dans des compositions harmonieuses et sereines où sont néanmoins mises en œuvre les nouvelles règles de l'espace pictural. *Madone à la pergola.*

cimaise n. f. (latin, du grec, de *kuma* → cime) **1.** Moulure qui forme la partie supérieure d'une corniche. **2.** Moulure à hauteur d'appui ; spécialt pour accrocher des tableaux.

Cimarosa (Domenico) Compositeur italien (1749-1801). Il connut un succès retentissant à travers toute l'Europe et fut appelé à la cour de Catherine II de Russie. Parmi quelque 70 opéras, on retiendra son chef-d'œuvre, *Le Mariage secret.*

Cimbres n. m. pl. Ancien peuple germanique. Établis dans la Chersonèse cimbrique (l'actuel Jutland), les Cimbres envahirent la Gaule et l'Espagne au cours du IIe s. av. J.-C., mais furent défaits par Marius à Verceil (101 av. J.-C.).

cime n. f. (latin, grec *kuma* « gonflement ; vague ») Extrémité pointue (d'un arbre, d'un rocher, d'une montagne). → **faîte, sommet.** *Les cimes neigeuses d'une chaîne de montagnes.*

ciment n. m. (vient du latin *cæmentum* « pierre de taille », de *cædere* « couper ») Matière calcaire qui, mélangée avec un liquide, forme une pâte durcissant à l'air ou dans l'eau. *Sac de ciment. Mur en ciment.*

cimentation n. f. Action de cimenter.

cimenter v. tr. < 1 > **1.** Lier avec du ciment ; enduire de ciment. – au p. p. *Sol cimenté.* **2.** fig. Rendre plus ferme, plus solide. → **affermir, consolider.** – pronom. *Un attachement « qui ne s'est cimenté que par une estime réciproque »* (Rousseau).

cimenterie n. f. Industrie du ciment. – Usine où se fabrique le ciment.

cimentier, ière n. Ouvrier, ouvrière d'une cimenterie. – Fabricant(e) de ciment.

cimeterre n. m. (de l'italien *scimitarra,* du persan) Sabre oriental, à lame large et recourbée. → **yatagan.**

cimetière n. m. (latin, du grec *koimêtêrion* « dortoir ») **1.** Lieu où l'on enterre les morts. → **nécropole, ossuaire.** *« Il n'est de terre sans un cri / Que la terre des cimetières »* (Supervielle). – fig. *Un cimetière de voitures.* → [2]**casse. 2.** littér. Lieu où sont mortes beaucoup de personnes.

cimier n. m. (de *cime*) Ornement qui forme la partie supérieure d'un casque.

Cimino (Michael) Réalisateur américain (1941-2016). Il a renouvelé avec originalité les grands thèmes et mythes du cinéma américain. *Voyage au bout de l'enfer,* sur la guerre du Viêtnam ; *La Porte du Paradis.*

Cimmériens n. m. pl. Ancien peuple indo-européen nomade du N. de la mer Noire. Les Cimmériens dominèrent une large partie de l'Asie Mineure entre le VIIIe et le VIe s. av. J.-C.

Cimon Général athénien (v. 510-v. 449 av. J.-C.). Il consolida la confédération de Délos et remporta plusieurs batailles au nom d'Athènes, notamment contre les Perses (Eurymédon, 468 av. J.-C.).

cinabre n. m. (latin, du grec) littér. Couleur rouge du sulfure de mercure. → **vermillon.**

cinchonine [sɛ̃kɔnin] n. f. (du latin bot. *cinchona* « quinquina ») chim. Alcaloïde extrait du quinquina, voisin de la quinine.

Cincinnati Ville des États-Unis (Ohio), sur l'Ohio. 297 000 habitants. Industrie (mécanique, chimie).

Cincinnatus en latin **Lucius Quinctius Cincinnatus** Homme politique romain (Ve s. av. J.-C.). Paysan devenu soldat, nommé dictateur, il retourna à sa charrue après avoir renoncé aux honneurs. Il symbolise la vertu civique romaine.

cincle n. m. (du grec *kigklos* « merle d'eau ») Oiseau d'Europe et d'Asie, de la famille des passereaux, qui plonge et nage dans les eaux froides pour pêcher des insectes.

ciné n. m. (abrév.) fam. Cinéma.

ciné- Élément (du grec *kinein* « mouvoir ») qui signifie « mouvement ». → **-cinèse**

Cinéas Orateur et homme politique grec (mort en 279 av. J.-C.). Il est célèbre pour avoir tenté de dissuader Pyrrhus, dont il était le ministre, d'attaquer Rome.

cinéaste n. (italien ou de *ciné[ma]*) Personne qui exerce une activité créatrice et technique de cinéma (metteur en scène, opérateur, réalisateur).

Cinecittà Studios de cinéma italiens, situés au S.-E. de Rome. Inaugurés par Mussolini en 1937, ils furent fermés après la guerre, puis connurent leur apogée dans les années 1950 avec la vague des « péplums » et les premiers longs métrages de F. Fellini.

cinéclub [sineklœb] n. m. Club d'amateurs de cinéma, où l'on organise des projections de films d'auteur. *Des cinéclubs.* - var. **ciné-club.** *Des ciné-clubs.*

cinégénique adj. (de *cinéma,* d'après *photogénique*) Dont l'image cinématographique est agréable. *Acteur, paysage cinégénique.* □ n. f. **cinégénie**

cinéma n. m. (de *cinématographe*) **1.** Procédé permettant d'enregistrer photographiquement et de projeter des vues animées. *Le cinéma muet ; parlant. Amateur de cinéma.* → **cinéphile.** – *Salle, séance de cinéma.* **2.** Salle de projections. → fam. **ciné, cinoche.** *Aller au cinéma. Cinéma d'art et d'essai*. Cinéma à salles multiples.* → **multiplexe. 3.** Art de composer et de réaliser des films (→ le septième art). *Studio de cinéma. Acteur, réalisateur* (→ **metteur en scène**) *de cinéma.* – Ensemble de films ; art, industrie cinématographique. **4.** loc. fam. *C'est du cinéma,* c'est invraisemblable (→ du roman). *Faire du cinéma, tout un cinéma,* des démonstrations affectées (pour obtenir qqch.). *Arrête ton cinéma.* → **comédie** (II). *Se faire du cinéma* : s'imaginer les choses comme on les souhaiterait. → **fantasmer.**

cinémascope n. m. (marque déposée ; → -scope) Cinéma sur écran large par anamorphose.

cinémathèque n. f. (→ -thèque) Endroit où l'on conserve les films de cinéma. ■ Lieu où l'on projette ces films.

Cinémathèque française Association créée à Paris, en 1936, par H. Langlois, G. Franju, P.-A. Harlé et J. Mitry, dans le but d'assurer la conservation ou la restauration de films et de documents relatifs à l'histoire du cinéma et de les montrer au public.

cinématique (grec, de *kinêma* « mouvement ») sc. **1.** n. f. Partie de la mécanique qui étudie le mouvement. *Applications de la cinématique.* → **dynamique. 2.** adj. Du mouvement.

cinématographe n. m. (du grec *kinêma* et *-graphe*) **1.** hist. Appareil capable de reproduire le mouvement par une suite de photographies, inventé par les frères Lumière. **2.** vieux Cinéma.

cinématographie n. f. didact. Technique ou art du cinéma.

cinématographier v. < 7 > vieilli Filmer.

cinématographique adj. Qui se rapporte au cinéma. *Art, technique cinématographique.*

cinémomètre n. m. techn. Indicateur de la vitesse d'un mobile. *Le compteur de vitesse d'un véhicule et les radars sont des cinémomètres.*

cinéparc n. m. (Canada) Cinéma de plein air où les spectateurs assistent à la projection dans leur voiture. *Des cinéparcs.* - recomm. offic. pour **drive-in.** - var. **ciné-parc.** *Des ciné-parcs.*

cinéphage adj. et n. fam. Qui voit de nombreux films.

cinéphile adj. et n. Amateur et connaisseur en matière de cinéma.

cinéraire (latin, de *cinis, cineris* → cendre) **1.** adj. littér. Qui renferme ou est destiné à renfermer les cendres d'un mort. *Urne cinéraire.* → **funéraire. 2.** n. f. Plante herbacée aux feuilles cendrées et aux fleurs colorées.

cinérite n. f. (du latin *cinis, cineris* « cendre ») géol. Dépôt de cendres volcaniques stratifiées.

-cinèse Élément (du grec *kinêsis* → kinési-) qui signifie « mouvement ». → **ciné-.**

cinéthéodolite n. m. (de *ciné-* et *théodolite*) sc. Instrument optique servant à localiser la trajectoire d'engins balistiques et de lanceurs spatiaux.

cinétique adj. (grec, de *kinêtos* « mobile », de *kinein* « mouvoir » → ciné- ; cinématique) Qui a le mouvement pour principe. *Énergie cinétique* (d'un point matériel en mouvement). ■ *Art cinétique* : art plastique fondé sur le caractère changeant d'une œuvre par effet optique.

cinétir n. m. Tir sur un objectif mobile.

Le cinéma est à la fois une technique, un art et un phénomène de société. Depuis son invention en 1895 on est passé techniquement du « muet » au « parlant » dans les années 1930 et du noir et blanc à la généralisation de la couleur vers 1950. Le numérique ouvre aujourd'hui des possibilités presque infinies : très grands formats, effets spéciaux, décors virtuels, films en relief... Le « 7e art » est l'œuvre de ces grands réalisateurs – « metteurs en scène » – qui ont pu « faire école » : expressionnisme allemand de Murnau à Fritz Lang, néoréalisme italien de Rossellini ou Visconti, « Nouvelle Vague » française de Truffaut, Resnais, Godard... Mais le public est surtout attaché aux acteurs vedettes (des stars aujourd'hui mondialisées par la TV et Internet) qui, de Hollywood à Bollywood, sur les traces de Chaplin, Bogart et Marilyn Monroe et après Ingrid Bergman, Brigitte Bardot, Marcello Mastroianni ou Robert de Niro, savent « incarner » le cinéma.

Ci-dessus: ***Star Wars V : L'Empire contre-attaque*** de George Lucas (États-Unis, 1980). Une odyssée intergalactique, première des superproductions des années 1980.

La Dolce Vita de Federico Fellini (Italie, 1960). Le réalisateur apporte sa dimension visionnaire au néoréalisme italien.

Les Enfants du paradis de Marcel Carné (France, 1945). Une fresque historique qui sublime la poésie de ses auteurs.

Rio Bravo de Howard Hawks (États-Unis, 1959). La quintessence du western hollywoodien dans un enfermement rigoureux.

Ran d'Akira Kurosawa (Japon, 1985). Dans le Japon du XVIe s., une épopée foisonnante d'une grande perfection esthétique.

Le Voyage dans la Lune de Georges Méliès (France, 1902). L'emploi des techniques existantes et des trucages à des fins purement artistiques donne à cette œuvre une stature historique.

Les Quatre Cents Coups de François Truffaut (France, 1959). La révolution des codes esthétiques de la Nouvelle Vague française.

Coup de foudre à Bollywood de Gurinder Chadha (Inde, 2004). Les productions indiennes, mêlant danses et chansons, inondent le marché mondial.

L'Étrange Noël de M. Jack de Henry Selick et Tim Burton (États-Unis, 1994). L'intrusion du fantastique dans la tradition du film d'animation des studios Disney.

Les Temps modernes de Ch. Chaplin (États-Unis, 1936). La dernière apparition du personnage de Charlot dénonce les problèmes économiques et la mécanisation industrielle.

Ciney Ville de Belgique (province de Namur). 16 706 habitants. Église des XIe-XIIIe s. Important marché aux bestiaux.

cinghalais, aise adj. et n. Se dit des habitants d'origine indo-européenne et de religion bouddhiste du sud et du sud-ouest de Sri Lanka. – n. *Les Cinghalais.* – n. m. Langue indo-aryenne parlée par les Cinghalais. - var. **cingalais, aise.**

cinglant, ante adj. **1.** Qui cingle. *Une bise cinglante.* **2.** fig. Qui blesse. → **blessant, vexant.** *Une remarque cinglante.*

cinglé, ée adj. (de 2*cingler* ; *cf.* toqué) fam. Fou. – n. *C'est un vrai cinglé.*

1cingler v. intr. < 1 > (de l'ancien français *sigler* « faire voile », mot d'origine germanique) (navire) Faire voile dans une direction. → **naviguer.** *Le navire cingle vers le nord.*

2cingler v. tr. < 1 > (altération de *sangler* « donner des coups de sangle ») **1.** Frapper fort (qqn) avec un objet mince et flexible (baguette, corde...). **2.** (vent, pluie, neige) Frapper, fouetter. *« Le vent était glacial. Il me cinglait la figure »* (H. Bosco). **3.** techn. Battre (le fer) au sortir du four. → **forger.**

Cingria (Charles-Albert) Écrivain suisse d'expression française (1883-1954). D'une vaste érudition, notamment sur la période médiévale, il laisse une œuvre variée, comprenant essais et chroniques. *Bois sec, bois vert.*

Cinna (Lucius Cornelius) Homme politique romain (mort en 84 av. J.-C.). Chef du parti populaire, il succéda à Marius et régna en tyran de 87 à 84 av. J.-C. Il fut assassiné au cours d'une mutinerie.

Cinna (Cneius Cornelius) Homme politique romain (Ier s. av. J.-C.). Il conspira contre Auguste, qui lui accorda son pardon et le fit consul. Il inspira une tragédie à Corneille.

cinnamome n. m. (latin, du grec) **1.** Arbrisseau aromatique (camphrier, cannelier). **2.** Aromate tiré du cannelier. → **1cannelle.**

cinoche n. m. fam. Cinéma.

cinoque voir **sinoque**

cinq [sɛ̃k] (vient du latin *cinque*) **I.** ([sɛ̃] devant consonne ; [sɛ̃k] dans les autres cas) **1. adj. numéral cardinal invar.** Quatre plus un (5 ; V). *Les cinq doigts de la main. Les cinq sens. Cinq fois.* → **quintuple.** – *Dans cinq minutes* : très bientôt. *Il était moins cinq* : cela allait arriver. **2. adj. numéral ordinal invar.** → **cinquième.** *Page cinq. Il est cinq heures.* **II. n. m. invar.** [sɛ̃k] **1.** Nombre premier (quatre plus un). *Le nombre cinq.* ■ Carte à jouer marquée de cinq points. *Le cinq de pique.* – loc. fam. *En cinq sec* : très rapidement. **2.** Chiffre qui représente ce nombre (5).

Cinq (groupe des) Musiciens russes du XIXe s. qui participèrent au renouveau de la musique russe : Balakirev, Borodine, César Cui, Moussorgski, Rimski-Korsakov.

Cinq Cantons ou **Cinq Nations** Confédération fondée par les Iroquois en 1570. Elle devint la plus puissante des nations indiennes au XVIIIe s. Sa destruction fut ordonnée par G. Washington en 1779.

Cinq-Cents (Conseil des) Assemblée législative instituée, en même temps que le Conseil des Anciens, par la Constitution de l'an III et mise en vigueur le 23 sept. 1795. Il était chargé d'établir le projet des lois, soumises ensuite à l'approbation du Conseil des Anciens. Le Conseil des Cinq-Cents fut dissous lors du coup d'État du 18 Brumaire qui mit fin au Directoire (1799).

Cinq-Mars [sɛ̃maʀ] **(Henri Coiffier de Ruzé d'Effiat, marquis de)** Favori de Louis XIII (1620-1642). Il conspira contre Richelieu et fut décapité avec de Thou.

cinquantaine n. f. Nombre de cinquante ou environ. *Une cinquantaine de personnes. Approcher de la cinquantaine,* de cinquante ans.

cinquante **I. adj. numéral cardinal invar.** (50 ; L). Dix fois cinq. *Cinquante pages. Cinquante fois.* – **adj. numéral ordinal invar.** Cinquantième. *La page cinquante.* **II. n. m. invar.** Le nombre cinquante.

cinquantenaire n. m. Cinquantième anniversaire. → **jubilé.**

cinquantième adj. **1.** Numéral ordinal (correspond à *cinquante*). **2.** Se dit d'une fraction d'un tout divisé également en cinquante. *La cinquantième partie de sa fortune.* – n. m. *Le cinquantième de ses revenus.*

cinquième adj. **1.** Numéral ordinal (correspond à *cinq*). *La Ve (ou cinquième) République.* **2.** Se dit d'une fraction d'un tout divisé également en cinq. – n. m. *Consacrer un cinquième du budget au loyer.* □ adv. **cinquièmement**

Cintegabelle Commune de la Haute-Garonne, sur l'Ariège. 2 959 habitants.

Cinto (monte) Point culminant de la Corse, situé au N.-O. de l'île. 2 706 m.

Cintra voir **Sintra**

cintre n. m. (→ cintrer) **I. 1.** Courbure de la surface intérieure (d'une voûte, d'un arc). – *En plein cintre* : dont la courbure est un demi-cercle. *Arc en plein cintre.* → **berceau.** **2.** techn. Échafaudage en arc de cercle. → **coffrage.** **3.** Partie du théâtre située au-dessus de la scène. **II.** Barre courbée munie d'un crochet servant à suspendre les vêtements.

cintré, ée adj. fam. et vieilli Fou.

cintrer v. tr. < 1 > (vient du latin pop. *cincturare* → **ceinture**) **1.** Bâtir en cintre. *Cintrer une porte.* **2.** Bomber, courber. *Cintrer une barre.* □ n. m. **cintrage** **3.** Rendre (un vêtement) ajusté à la taille. – au p. p. *Veste cintrée.*

CIO voir **Comité international olympique**

Cioran (Emil Michel) Essayiste et moraliste roumain d'expression française (1911-1995). Toute son œuvre, profondément nihiliste et antihumaniste, consiste en une défense et illustration du caractère injustifiable de l'existence humaine. Il pratiqua avec talent un humour noir et pessimiste généralisé. *De l'inconvénient d'être né ; Précis de décomposition.*

Ciotat (La) Commune des Bouches-du-Rhône, arrondissement de Marseille, sur la côte méditerranéenne. 36 441 habitants. Station balnéaire. Port de pêche.

cipaye [sipaj] n. m. (mot portugais, du persan *sipahi* « cavalier » → **spahi**) anciennt Soldat hindou au service d'une armée étrangère.

cipolin n. m. (de l'italien *cipollino*, de *cipolla* « oignon ») Marbre de teinte claire, formé de cristaux de calcite enchevêtrés, homogène ou à veines ondulées.

cippe n. m. (latin) didact. Petite colonne (tronquée ou sans chapiteau) qui servait de borne, de stèle.

cirage n. m. **1.** Action de cirer. *Le cirage des parquets.* **2.** Produit servant à nettoyer, lustrer le cuir. ■ fam. *Être dans le cirage* : ne plus rien voir ; ne plus rien comprendre.

circadien, ienne adj. (du latin *circa diem* « presque un jour ») biol. Dont la période est voisine de 24 heures (rythme biologique).

circaète n. m. (du grec *kirkos* « faucon » et *aetos* « aigle ») Oiseau rapace diurne d'assez grande taille, appelé aussi *milan blanc.*

circassien, ienne adj. et n. Relatif au cirque. *Les arts circassiens.* – *Les circassiens* : les gens du cirque.

Circassiens voir **Tcherkesses**

Circé Magicienne de *L'Odyssée*, fille d'Hélios et sœur de Pasiphaé. Elle transforme les compagnons d'Ulysse en pourceaux.

circoncire v. tr. < 37 > (latin, de *circum* « autour » et *caedere* « couper ») Exciser le prépuce de (un garçon). → **circoncision.** □ adj. m. **circoncis**

circoncision n. f. Excision totale ou partielle du prépuce, ablation rituelle (judaïsme, islam, animisme).

circonférence n. f. (latin, de *circum* [→ circum-] et *ferre* « porter » → -fère) **1.** Périmètre d'un cercle. *La circonférence est égale au produit du diamètre par pi* (π = 3,1416...). **2.** Pourtour. *La circonférence d'une ville.* □ adj. **circonférentiel, ielle**

Circé, vase en céramique, Grèce antique (Ve-IVe siècle av. J.-C.), Musée archéologique de Tarente.

circonflexe adj. (latin, de *circum* [→ circum-] et *flectere* → **fléchir**) *Accent circonflexe* : signe (ˆ) placé sur certaines voyelles longues (pâte, île, rôle) ou comme signe distinctif (dû et du).

circonlocution n. f. (latin, de *locutio* → **locution**) Manière d'exprimer sa pensée d'une façon indirecte. → **périphrase.**

circonscription n. f. (latin → **circonscrire**) Division légale (d'un territoire). *Circonscription électorale.*

circonscrire v. tr. < 39 > (latin, de *scribere* → **écrire**) **1.** Décrire une ligne qui limite (une surface). *Circonscrire un espace.* **2.** fig. Enfermer dans des limites. → **borner, limiter.** *Circonscrire son sujet.* → **délimiter.**

circonspect, ecte [siʀkɔ̃spɛ(kt), ɛkt] adj. (latin, de *spicere* « regarder » → **spectacle**) Qui est attentif et prudent dans ses actes. → **avisé, réservé.**

circonspection n. f. Attitude de retenue prudente. *Agir avec circonspection.* → **précaution.**

circonstance n. f. (latin, de *circum* [→ circum-] et *stare* → **état**) **1.** Particularité qui accompagne un évènement, une situation. → **condition.** *Tenir compte des circonstances.* – dr. *Circonstances atténuantes,* qui atténuent la peine normale. – gramm. *Complément de circonstance* (de temps, de lieu, de manière, de cause, de condition...). → **circonstanciel.** **2.** Ce qui constitue, caractérise le moment présent. → **conjoncture, situation.** *Il faut profiter de la circonstance.* – *En toute(s) circonstance(s)* : quelle que soit la situation. – *Les circonstances* : la situation. *Dans les circonstances actuelles, présentes. Être à la hauteur des circonstances. Un concours* de circonstances.* – *De circonstance* : adapté à la situation momentanée. *Un discours de circonstance.* – *Une figure de circonstance* (grave et triste). **3.** Évènement particulier. → **occasion.** *Pour la circonstance.*

circonstancié, ée adj. Qui comporte les circonstances, les détails (récit). → **détaillé.**

circonstanciel, ielle adj. littér. De circonstance. *Déclaration circonstancielle.* ■ gramm. Qui apporte une détermination exprimant les circonstances. *Complément circonstanciel de lieu, de temps, de manière.*

circonvallation n. f. (latin, de *vallus* « pieu, palissade ») techn. Tranchée fortifiée.

circonvenir v. tr. < 22 > (latin → **venir**) **1.** vieux Entourer de tous côtés. **2.** Agir sur (qqn) avec ruse pour obtenir ce que l'on souhaite. → **entortiller, tromper.** *Prévenu qui circonvient le jury.*

circonvoisin, ine adj. (latin médiéval *circumvicinus*) littér. Qui est situé autour, tout près de. → **avoisinant, voisin.**

circulation sanguine

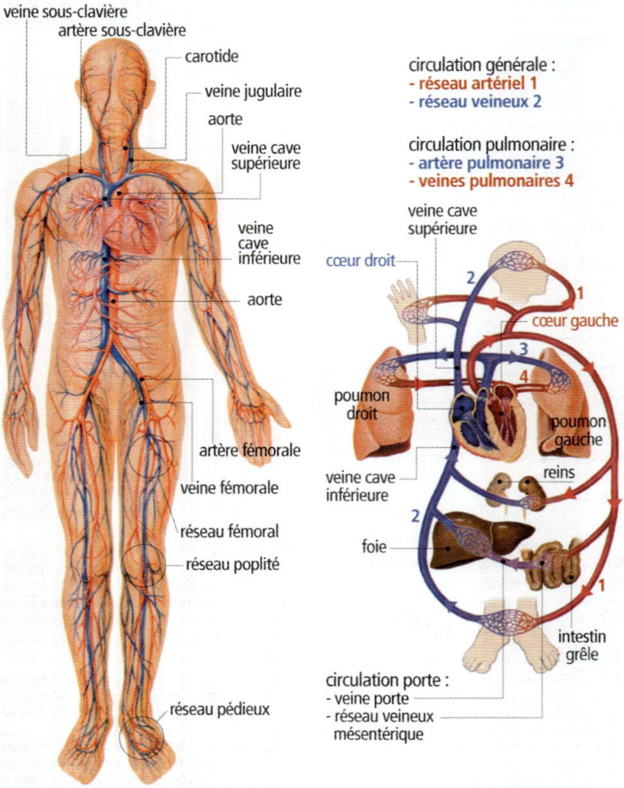

Circulation générale (à gauche) : les vaisseaux colorés en rouge transportent du sang artériel venant du cœur, les vaisseaux colorés en bleu transportent du sang veineux retournant au cœur. Circulation artério-veineuse et réseau capillaire (à droite), lieu des échanges métaboliques et gazeux assurant la continuité entre les systèmes artériel et veineux.

circonvolution n. f. (latin, de *volvere* « rouler » → volute, voûte) **1.** Enroulement, sinuosité autour d'un point central. *Décrire des circonvolutions.* **2.** *Les circonvolutions cérébrales,* replis sinueux du cortex (cerveau), en forme de bourrelets.

circuit n. m. (latin *circuitum,* de *circumire* « faire le tour ») **I. 1.** Distance à parcourir pour faire le tour (d'une surface). **2.** Chemin (long et compliqué) parcouru pour atteindre un lieu. **3.** Tour organisé. *Circuit touristique.* ***En circuit fermé :*** en revenant à son point de départ. – Itinéraire en circuit fermé de certaines courses (auto, moto...). *Le circuit du Mans.* **4.** techn. Suite ininterrompue de conducteurs électriques. *Couper le circuit.* ■ électron. *Circuit imprimé,* reproduit sur une surface isolante revêtue d'une fine couche métallique. – *Circuit intégré :* circuit électronique sur une plaquette semi-conductrice. → **microprocesseur, puce.** – loc. fig. ***Être hors circuit :*** ne plus être en état d'être impliqué dans une affaire. **5.** Ensemble de conduits pour les fluides. *Circuit de refroidissement.* **II.** fig. Mouvement d'aller et retour (des biens, des services). *Le circuit des capitaux. Circuit de distribution.* → **canal.** *Circuit commercial.*

circulaire (latin, de *circulus* → cercle) **I.** adj. **1.** Qui décrit un cercle. *Mouvement circulaire.* → **giratoire, rotatoire. 2.** Qui a ou rappelle la forme d'un cercle. → **rond.** *Une scie circulaire.* **3.** Dont l'itinéraire ramène au point de départ. → **circuit, ²tour.** *Boulevard circulaire.* → **périphérique.** □ adv. **circulairement 4.** *Raisonnement circulaire :* cercle* vicieux. *Définition circulaire,* qui ramène au défini, sans rien expliquer. **II.** n. f. **1.** Lettre reproduite à plusieurs exemplaires et adressée à plusieurs personnes à la fois. *Circulaire administrative.* **2.** (Canada) anglic. Prospectus.

circulant, ante adj. didact. Qui est en circulation. *Capitaux circulants.*

circularité n. f. didact. Caractère de ce qui est circulaire. *Circularité d'un mouvement.* – Caractère d'un raisonnement ou d'une définition circulaire.

circulation n. f. (→ circuler) **1.** Le fait de se déplacer en utilisant les voies de communication. → **trafic.** *Une circulation fluide. Accident de la circulation. Circulation alternée, différenciée,* en cas de pic de pollution. **2.** Les véhicules qui circulent. *Détourner la circulation.* **3.** Mouvement des fluides, notamment physiologiques. *La circulation du sang.* absolt *Trouble de la circulation.* → **circulatoire.** *La circulation de la sève dans les plantes.* **4.** Mouvement (des biens, des produits) ; échanges. *Circulation des capitaux.* → **roulement.** ■ ***Mettre en circulation :*** diffuser, répandre. – *Disparaître de la circulation :* ne plus donner signe de vie.

circulatoire adj. Relatif à la circulation du sang. *Troubles circulatoires.*

circuler v. intr. < 1 > (latin *circulari,* de *circulus* → cercle) **1.** Aller et venir ; se déplacer sur les voies de communication. *Les passants circulent.* → **passer,** se **promener.** *Circulez ! :* avancez, ne restez pas là ! **2.** (fluides) Passer dans un circuit. *Le sang circule dans le corps.* – (air, fumée) Se renouveler par la circulation. **3.** Passer, aller de main en main. *Les capitaux circulent.* **4.** (information) Se propager. → **courir.** *Ce bruit circule dans la ville.*

circum- [siʀkɔm] Élément (latin *circum* « autour », *cf.* mots en *circon-*) qui signifie « autour ».

circumduction n. f. (de *circum-* et famille du latin *ducere* « conduire ») didact. Mouvement de rotation autour d'un axe central ou d'un point central.

circumnavigation n. f. didact. Voyage maritime autour d'un continent. → **périple.**

circumpolaire adj. didact. Qui a lieu autour d'un pôle. *Expédition circumpolaire.*

cire n. f. (vient du latin *cera*) **1.** Matière molle, jaunâtre, produite par les abeilles. *Gâteau de cire.* → **²rayon.** ■ Matière plastique à base de cire. *Les personnages en cire du musée Grévin. Alvéoles en cire d'une ruche.* **2.** Préparation (cire et essence de térébenthine) pour l'entretien du bois. → **encaustique. 3.** *Cire à cacheter,* préparation de gomme laque et de résine.

ciré, ée I. adj. **1.** Enduit de cire ou de cirage. *Parquet ciré.* **2.** ***Toile cirée,*** enduite d'un vernis. **II.** n. m. Vêtement imperméable de tissu plastifié. *Un ciré jaune.*

Cirebon Ville d'Indonésie, située sur la côte N. de l'île de Java. 296 389 habitants. Port d'exportation.

cirer v. tr. < 1 > **1.** Enduire, frotter de cire, d'encaustique. *Cirer des meubles.* **2.** Enduire de cirage. *Cirer ses chaussures.*

cireur, euse 1. n. Personne chargée de cirer. *Un petit cireur (de chaussures).* **2.** n. f. Appareil ménager qui cire les parquets.

cireux, euse adj. Qui a la consistance, l'aspect blanc jaunâtre de la cire. *Salvador Dali, « la moustache cirée et le teint cireux »* (Cl. Mauriac).

cirier, ière 1. n. m. Arbre à cire. **2.** n. f. Abeille ouvrière produisant de la cire.

ciron n. m. (de *suiron,* de l'ancien allemand) vieux ou didact. Insecte minuscule, symbole de l'extrême petitesse.

cirque n. m. (latin *circus,* grec *kirkos* « cercle », spécialt « bâtiment circulaire ») **I. 1.** hist. Amphithéâtre pour les jeux publics (Rome antique, Gaule). *Les jeux du cirque.* **2.** Amphithéâtre naturel de parois abruptes, d'origine glaciaire. *Le cirque de Gavarnie.* **II. 1.** Édifice ou tente (circulaire, ovale...) où ont lieu des exercices d'équitation, de domptage, d'équilibre, des exhibitions, des scènes comiques (clowns, augustes). *Cirque forain.* **2.** *Le cirque :* ce type de spectacle. *Les gens du cirque* (cf. *gens du voyage*). ■ *Un cirque :* entreprise qui organise ce genre de spectacle. **3.** fam. Activité désordonnée. *Qu'est-ce que c'est que ce cirque ? – Faire son cirque.* → **cinéma (4).**

Cirque du Soleil Entreprise canadienne (québécoise) de divertissement fondée en 1984 par Guy Laliberté et Daniel Gauthier. À la fois cirque (sans animaux) et théâtre de rue, ses spectacles offrent un univers mystérieux et poétique, présentant, avec des costumes loufoques et colorés, acrobaties et prouesses technologiques sur fond de musiques originales.

cirre n. m. (du latin *cirrus* « filament ») zool. Appendice fin, chez certains animaux. *Cirres de mollusques, de vers.* - var. **cirrhe.**

cirrhose n. f. (du grec *kirros* « roux ») Maladie du foie caractérisée par des granulations. *Cirrhose alcoolique.* □ adj. et n. **cirrhotique**

cirripède n. m. (de *cirre* et *-pède*) Crustacé marin, au corps recouvert de plaques calcaires, aux longues pattes bordées de cirres. *Les anatifes sont des cirripèdes.*

cirrocumulus n. m. Nuage de la famille des cirrus, formant de petits flocons séparés (ciel moutonné).

cirrostratus n. m. Nuage de la famille des cirrus, formant à une hauteur élevée un nuage blanchâtre presque translucide.

cirque

Avec ses animaux (1, festival du cirque de Massy en 2008), ses acrobates (2, l'Australian Circus en 2003) et ses clowns (3, affiche du cirque Medrano, années 1930), le cirque est depuis toujours un divertissement populaire.

cirrus [siRys] n. m. (mot latin « frange de cheveux ») Nuage élevé, en flocons ou filaments.

Cirta Ancienne ville de Numidie, sur le site de l'actuelle Constantine (Algérie).

cis [sis] adj. (du latin *cis* « en deçà de ») chim. *Isomère cis :* isomère organique dans lequel les atomes ou les radicaux sont situés du même côté de la molécule asymétrique (opposé à *trans*).

cis- [siz] Élément (du latin *cis*) signifiant « en deçà ».

cisaille n. f. (vient du latin pop. → ciseau) Gros ciseaux (ou pinces coupantes) servant à couper les métaux, à élaguer les arbres. → **sécateur.**

cisaillement n. m. **1.** Action de cisailler. **2.** Rupture de deux pièces de métal contiguës par suite de forces entraînant le déplacement de l'une par rapport à l'autre. *Boulons rompus par cisaillement.* **3.** Croisement à niveau de deux courants de circulation (routes, rues...).

cisailler v. tr. < 1 > Couper (qqch.) avec des cisailles. *Cisailler des fils de fer barbelés.*

cisalpin, ine adj. (de *cis-* et *alpin*) Situé en deçà des Alpes (opposé à *transalpin*).

Cisalpine (Gaule) Nom donné par les Romains au territoire qu'occupaient les Celtes au N. de l'Italie, en deçà des Alpes, par opposition à la Gaule Transalpine, située au-delà des Alpes. Elle était divisée en 4 parties : la Gaule Cispadane (en deçà du Pô), la Gaule Transpadane (au-delà du Pô), la Ligurie et la Vénétie.

Cisalpine (république) République formée par Bonaparte en 1797, au N. de l'Italie. Elle devint *République italienne* (1802) puis *royaume d'Italie* (1805) jusqu'à sa fin en 1814.

ciseau n. m. (vient du latin, de *caedere* « couper ») **I.** Outil d'acier, en biseau à l'une de ses extrémités, qui sert à tailler des matières dures. *Un ciseau de sculpteur, de graveur* (→ **burin**). *Ciseau à bois.* **II.** au plur. **1.** Instrument formé de deux branches d'acier, tranchantes sur la lame, réunies et croisées en leur milieu sur un pivot, et qui sert à couper. *Des ciseaux* ou *une paire de ciseaux. Ciseaux à ongles.* **2.** sport Mouvement des jambes évoquant le jeu des lames d'une paire de ciseaux. *Sauter en ciseaux.*

cisèlement n. m. **1.** Action de ciseler ; son résultat. **2.** En viticulture, Action de couper les grains défectueux d'une grappe, pour favoriser la croissance des autres. - syn. **ciselage.**

ciseler v. tr. < 5 > (de *ciseau*) **1.** Travailler avec un ciseau (des ouvrages de métal, de pierre). *Ciseler un bijou.* – au p. p. *Des motifs ciselés.* □ n. **ciseleur, euse 2.** Travailler minutieusement, en détail. *Ciseler son style.* **3.** Tailler en menus morceaux. *Ciseler du persil.*

ciselet n. m. techn. Petit ciseau des graveurs, bronziers et orfèvres.

ciselure n. f. Ornement ciselé.

cisgenre adj. et n. (de *cis-* et *genre*) didact. Qui concerne une personne dont l'identité de genre correspond au sexe qui lui a été assigné à la naissance (par oppos. à *transgenre*). – n. *Les cisgenres.* - abrév. **cis.** *Les cis.*

Cisjordanie n. f. Région de Palestine située entre Israël et la Jordanie, à l'O. du Jourdain. 5 879 km². 3 millions d'habitants. Ses habitants (Cisjordaniens) sont majoritairement des Palestiniens. Annexée par la Jordanie (1949), occupée et colonisée par Israël (1967), la Cisjordanie fut le théâtre de l'Intifada (1987). La région de Jéricho est devenue en 1993 le premier territoire palestinien autonome et l'autonomie a progressivement été étendue jusqu'à la seconde Intifada (2000). En réponse, Israël a occupé militairement la Cisjordanie et a édifié une « clôture de sécurité » qui isole et fragmente par secteurs le territoire palestinien. En juillet 2004, la Cour internationale de justice de La Haye a déclaré cette barrière illégale. La région est dirigée par l'OLP et le Fatah tandis que le Hamas contrôle l'autre territoire palestinien, la bande de Gaza, depuis 2007.

Ciskei n. m. Ancien bantoustan d'Afrique du Sud, compris depuis 1994 dans la province du Cap-Oriental.

CISL voir **Confédération internationale des syndicats libres**

Cisneros (cardinal de) voir **Jiménez de Cisneros** (Francisco)

cisoires n. f. pl. (du latin *cisorium*) techn. Cisaille de chaudronnier, de tôlier, au manche monté sur un pied.

cispadane (Gaule) voir **cisalpine (Gaule)**

Cispadane (république) République créée par Bonaparte en 1796. Elle fut unie à la république Transpadane en 1797 pour former la république Cisalpine.

Cissé (Souleymane) Cinéaste malien (né en 1940). Aujourd'hui figure nationale, il fut emprisonné pour son premier film, *Den Muso* (« la fille »). *Yeelen* (« la lumière ») le fit connaître du grand public.

¹ciste n. m. (latin, grec *kisthos*) Arbrisseau méditerranéen à résine aromatique.

²ciste n. f. (latin, grec *kistê* « panier ») didact. Corbeille portée dans les mystères antiques.

cistercien, ienne adj. et n. (du latin *Cistercium* « Cîteaux ») Qui appartient à l'ordre religieux de Cîteaux. *Abbaye cistercienne.*

cisterciens n. m. pl. Moines de l'ordre bénédictin réformé de Cîteaux. L'ordre cistercien, fondé par Robert de Molesme en 1098, se développa en Europe sous l'impulsion de Bernard de Clairvaux, autour d'un idéal de retrait du monde et d'extrême pauvreté, réglé par la *Charte de charité* (1114). En 1664, l'abbé de Rancé donna naissance à une branche de « la stricte observance » (trappistes).

cis-trans adj. biol. *Test cis-trans :* test permettant de connaître l'effet de la configuration relative sur l'expression de deux mutations chez un double hétérozygote.

cistron n. m. biol. Unité génétique fonctionnelle, définie par le test cis-trans, qui correspond à un segment d'ADN, spécifiant une chaîne polypeptidique.

cistude n. f. (du latin *cistudo*) zool. Tortue d'eau douce.

citadelle n. f. (italien *cittadella*, diminutif → cité) **1.** Forteresse qui commandait une ville. → **château** fort, **fortification.** *Une citadelle inexpugnable.* **2.** fig. Centre, bastion. *Rome, citadelle du catholicisme.*

citadin, ine (italien → cité ; *cf.* citoyen) **1.** adj. didact. De la ville. → **urbain.** *Populations citadines.* **2.** n. Habitant(e) d'une grande ville. *Les citadins.* ■ n. f. Voiture adaptée à la circulation urbaine.

citateur, trice n. Personne qui cite (qqn, un texte).

citation n. f. (latin → citer) **1.** Passage cité (d'un auteur, d'un personnage célèbre). → **exemple, extrait ;** → **allusion.** *Citations d'un dictionnaire.* – loc. ***Fin de citation***, signale qu'on a fini de rapporter les paroles d'autrui. **2.** Sommation de comparaître en justice ; acte qui la notifie. *Citation devant le tribunal civil.* **3.** Mention honorable d'un militaire, d'une unité, qui se sont distingués. *Citation à l'ordre du jour.*

cité n. f. (vient du latin *civitas*, de *civis* → civil, civique) **I. 1.** Antiq. Fédération autonome de tribus, avec une ville-métropole. *Les cités grecques.* **2.** Ville importante considérée sous son aspect de personne morale. *Les grandes cités du monde.* → **mégalopole.** ■ Partie la plus ancienne d'une ville. *L'île de la Cité* (à Paris). **3.** Groupe isolé d'immeubles ayant même destination. *Cité universitaire*, où habitent les étudiants. *Cité dortoir. Les cités de banlieue.* **II.** (« citoyenneté » ; *cf.* ci-dessus I, 1) loc. *Avoir **droit de cité***, être admis à, dans, à faire partie de...

▶ Si le phénomène urbain est déjà notable dans des civilisations plus anciennes du Proche-Orient, la Grèce antique pose, au IXe s. av. J.-C., les fondements de nouveaux États sous la forme de la **cité** *(polis)*. Cette dernière comprend une ville close de remparts et un territoire rural qui l'approvisionne. La Grèce est alors fragmentée en de nombreuses cités-États autonomes et rivales qui possèdent leurs propres institutions politiques, comme Athènes qui invente le régime démocratique à partir du VIe s. av. J.-C. Dans un temps où il n'est pas encore question de nation, le sentiment identitaire de la population se cristallise dans ce cadre. Avec le temps, la cité tend à se confondre avec la ville. Au Moyen Âge, le terme désigne la ville ceinte de murailles. Au-delà se déploient les faubourgs.

Par extension, la cité désigne des zones d'habitat urbain qui présentent une unité architecturale ou une homogénéité sociale : les centres médiévaux (Carcassonne, Paris), les quartiers tertiaires les plus modernes (la cité internationale de Lyon), les cités-jardins, les cités d'artistes ou les cités HLM. Depuis l'Antiquité et Platon, la recherche de la Cité idéale au sens d'État parfait est un sujet de réflexion privilégié pour les philosophes. De

celle-ci découlent certaines utopies (T. More au XVIe s.) puis, dès le XVIIIe s., de nombreuses doctrines (Rousseau, Marx) imaginant des modèles politiques et sociaux qui se veulent les plus harmonieux possible.
voir aussi **citoyenneté, Grèce, démocratie, utopie**

Cité (île de la) Île de la Seine, noyau primitif de Paris, elle abrite Notre-Dame de Paris, le Palais de Justice, l'Hôtel-Dieu.

Cîteaux-l'Abbaye Hameau de la commune de Saint-Nicolas-lès-Cîteaux (Côte-d'Or). L'*abbaye de Cîteaux* fut fondée en 1098 par Robert de Molesme (→ **cisterciens**).

Cité des étoiles Complexe militaire russe, situé à proximité de Moscou, accueillant le Centre Gagarine d'entraînement des cosmonautes.

Cité des sciences et de l'industrie Établissement français de vulgarisation scientifique et technique, construit sur le site du parc de la Villette, à Paris, et inauguré en 1986.

La Cité des enfants, à la Cité des Sciences et de l'Industrie à Paris.

Cité interdite Palais impérial de Pékin, construit entre 1407 et 1420, sous les Ming, à l'occasion du transfert de la cour de Nankin à Pékin. Longtemps interdite d'accès aux étrangers (d'où son nom), elle devint un musée sous le régime communiste. La vaste place Tiananmen a été aménagée à sa porte sud.

citer v. tr. < 1 > (latin *citare* « appeler, convoquer ») **1.** Rapporter (ce qu'a dit ou écrit quelqu'un d'autre). *Citer un passage ; citer un auteur.* **2.** Alléguer. *Citer ses références.* **3.** Désigner comme digne d'attention. *Citer qqn en exemple.* → **donner en exemple.** **4.** Sommer (qqn) à comparaître en justice. **5.** Décerner une citation militaire à (qqn, une unité).

citerne n. f. (latin *cisterna*, de *cista* « panier ») **1.** Réservoir d'eau de pluie. *Eau de citerne.* **2.** Cuve contenant un carburant, un liquide.

cithare n. f. (grec *kithara*) Instrument de musique à cordes tendues sur une caisse de résonance dépourvue de manche. □ **n. cithariste**

Cithéron n. m. Chaîne de montagnes de Grèce, séparant la Béotie de l'Attique et de la Mégaride. Le mont Cithéron (1 409 m) est l'un des premiers lieux du culte dionysiaque.

Cition ou **Citium** Ancienne ville située sur la côte E. de Chypre (aujourd'hui Larnaca). Fondée par les Grecs, elle vit naître Zénon, fondateur du stoïcisme. Cimon y mourut en combattant les Perses.

Citlaltépetl voir pic d'**Orizaba**

citoyen, enne (de *cité* ; *cf.* citadin) **I. n. 1.** Individu considéré du point de vue de ses droits politiques. – National d'un pays qui vit en république. → **ressortissant.** *Un citoyen français et un sujet britannique. Accomplir son devoir de citoyen :* voter. – *Citoyen du monde*, qui met l'intérêt de l'humanité au-dessus du nationalisme. **2.** sous la Révolution Appellatif pour monsieur, madame, mademoiselle. **II. adj.** Qui fait preuve d'esprit civique. *Une attitude citoyenne.*

citoyenneté n. f. Qualité de citoyen. *La citoyenneté française.*

▶ La **citoyenneté** définit un statut juridique et un modèle de comportement. Le citoyen est d'abord un sujet de droit, membre d'une communauté politique qui lui garantit ses droits : une cité dans le monde antique, un État aujourd'hui. À Athènes ou à Rome, la citoyenneté est réservée à une partie des hommes : en sont exclus les femmes et les esclaves. Être citoyen autorise alors à participer aux décisions politiques et confère des droits « civiques » (de *civis* « le citoyen »), comme la libre disposition de ses biens et de sa propre personne. En élargissant la citoyenneté à l'ensemble de leurs ressortissants, les États modernes ont ouvert la voie à une autre définition du terme. En effet, la nationalité reste soumise à des conditions qui varient selon les pays (droit du sol, droit du sang), mais la plupart des droits civiques en ont été dissociés. Dans certains pays, le droit de vote s'étend désormais aux résidents et non plus aux seuls nationaux.
Parallèlement, l'affirmation de droits universels esquisse une citoyenneté transnationale, avec des tribunaux internationaux devant lesquels chacun peut faire valoir ses droits. Cette extension continue de la notion de citoyenneté pourrait-elle la vider de sa substance ? On observe en tout cas que l'adjectif « citoyen » est réservé aujourd'hui à des comportements exemplaires, où l'on se reconnaît des devoirs et pas seulement des droits. Certaines entreprises soucieuses de leur image se disent ainsi « citoyennes ».
voir aussi **cité, nation**

citrate n. m. chim. Sel de l'acide citrique.

citrin, ine adj. et n. f. **1. adj.** littér. De la couleur du citron. → **[1]citron. 2. n. f.** Pierre semi-précieuse, appelée aussi *fausse topaze.*

citrique adj. (du latin *citrus* → **[1]citron**) chim. *Acide citrique :* triacide-alcool (que l'on peut extraire de certains fruits : citron, groseille...).

Citroën (André) Industriel français de l'automobile (1878-1935). Fabricant d'obus durant la Première Guerre mondiale, il se lança dans la construction automobile (premier modèle en 1919), pour laquelle il inaugura, en France, le travail à la chaîne. Il créa en 1934 sa première voiture à traction avant, la Type A.

Affiche pour la Citroën C4 (1928).

[1]citron n. m. (latin, de *citrus*, famille du grec *kedron* → **cèdre**) **1.** Fruit jaune du citronnier, agrume de saveur acide. *Zeste de citron. Jus de citron.* – loc. *Presser qqn comme un citron*, l'exploiter. ■ *Citron vert.* – *Citron caviar :* agrume dont la pulpe est constituée de petites boules acidulées. **2.** fam. Tête. *Il n'a rien dans le citron.* **3. adj. invar.** De la couleur du citron. *Tissu citron.*

[2]citron n. m. (calque de l'anglais *lemon*, au fig.) (Canada) fam. **1.** Véhicule défectueux ou délabré. **2.** Marchandise, produit de mauvaise qualité.

citronnade n. f. Boisson rafraîchissante à base de jus ou de sirop de citron additionné d'eau.

citronné, ée adj. Qui sent le citron. – Où l'on a mis du jus de citron. *Eau citronnée.*

citronnelle n. f. Plante contenant une essence à odeur de citron. *Poulet à la citronnelle.*

citronnier n. m. Arbre qui produit le citron jaune ou vert. ■ Son bois. *Une table en citronnier.*

citrouille n. f. (*citrole*, du bas latin, de *citrus*, pour la couleur) Courge arrondie et volumineuse d'un jaune orangé. → **potiron.**

citrus n. m. (mot latin) bot. Arbre qui produit les agrumes. *Les orangers, citronniers, pamplemoussiers sont des citrus.*

City (La) Le plus ancien quartier de Londres. Centre financier de la ville, la City est aujourd'hui l'une des principales places financières du monde.

Ciudad Bolívar Ville du Venezuela, sur l'Orénoque. 287 000 habitants. Port fluvial.

Ciudad de Guatemala ou **Guatemala** Capitale du Guatemala, située sur les hauts plateaux de la Cordillère centrale (1 500 m). 923 400 habitants. Administrations, commerce et industries. La ville remplace l'ancienne capitale, *Antigua Guatemala*, située à proximité, en partie détruite par un tremblement de terre en 1773, et devenue site touristique.

Ciudad de Guatemala, dominée par trois des nombreux volcans actifs que compte le Guatemala.

Ciudad del Este Ville du Paraguay, sur le Paraná. 245 000 habitants.

Ciudad Juárez Ville du Mexique, sur la rive droite du río Grande, à la frontière avec les États-Unis. 924 000 habitants. Avec sa ville jumelle d'El Paso (Texas) sur la rive gauche, elle forme une conurbation de plus de 2 millions d'habitants.

Ciudad Real Ville d'Espagne (Castilla-La Mancha). 75 071 habitants. Cathédrale gothique ; Puerta de Toledo, d'architecture mudéjare.

Ciudad Rodrigo Ville d'Espagne (Castille-et-León), au S.-O. de Salamanque. 13 655 habitants. Monuments anciens.

cive n. f. (du latin *caepa* « oignon ») Ciboule.

civelle n. f. (du latin *caecus* « aveugle ») régional Jeune anguille. → **pibale.**

civet n. m. (de *cive* « ciboule » → **ciboulette**) Ragoût (de lièvre, lapin, gibier) cuit avec du vin, des oignons.

civette n. f. (arabe *zabād*) **1.** Petit mammifère au pelage gris, à poche contenant une matière odorante. **2.** Parfum extrait de cette matière.

civière n. f. (p.-ê. du latin pop. *cibaria* « sac à provisions ») Brancard pour transporter les malades, les blessés.

civil, ile adj. (latin *civilis,* de *civis* → cité ; civique) **I. 1.** Relatif à l'ensemble des citoyens. *La société civile :* les citoyens qui n'appartiennent pas au monde politique. ***Guerre civile,*** entre les citoyens d'un même État. – *Droits civils,* que la loi garantit à tous les citoyens. – *État* civil.* **2.** dr. Relatif aux rapports entre les individus (opposé à *criminel*). *Droit civil. Le Code civil.* ■ *Se porter **partie civile** :* demander des dommages-intérêts pour un préjudice, en dehors de l'aspect pénal. **3.** Qui n'est pas militaire. *Les autorités civiles.* – n. *Les militaires et les civils. Une civile. S'habiller en civil.* – *Dans le civil :* dans la vie. **4.** Qui n'est pas religieux. *Mariage civil.* **II.** vieilli Qui observe les usages de la bonne société (opposé à *incivil*). → **courtois, [1]poli ; civilité.**

civilement adv. **I. 1.** En matière civile. *Être civilement responsable.* **2.** (opposé à *religieusement*) *Se marier civilement.* **II.** Avec civilité.

civilisateur, trice adj. et n. Qui répand la civilisation. *Religion civilisatrice.*

civilisation n. f. (d'abord « action de civiliser ») **1.** *La civilisation :* ensemble des caractères communs aux sociétés les plus complexes ; ensemble des acquisitions des sociétés humaines (opposé à *nature, barbarie*). → **progrès. 2.** (Une, des civilisations) Ensemble de phénomènes sociaux (religieux, moraux, esthétiques, scientifiques, techniques) d'une grande société. → **culture.** *La civilisation chinoise, égyptienne. « Nous autres civilisations, nous savons maintenant que nous sommes mortelles »* (Valéry). ■ **civilisationnel, elle** adj. didact.

civilisé, ée adj. et n. **1.** Doté d'une civilisation. **2.** fam. Qui a des manières plutôt raffinées. *Entre personnes civilisées,* bien élevées.

civiliser v. tr. < 1 > (de *civil*) **1.** Faire passer une collectivité à un état social plus complexe, plus évolué. → **civilisation.** *Les Grecs ont civilisé l'Occident.* **2.** fam. Rendre plus raffiné, plus aimable.

civiliste n. Spécialiste de droit civil.

civilité n. f. (latin → civil) **1.** vieilli Politesse. *Les règles de la civilité.* – *Madame, Monsieur, Maître, titres de civilité.* **2.** au plur. Démonstration de politesse. *Présenter ses civilités à qqn,* ses compliments. → **hommage, salutation. 3.** anglic. Titre de civilité. *Nom, prénom, civilité.*

civique adj. (latin *civicus,* de *civis* « citoyen » → civil) Relatif au citoyen. *Droits civiques. Courage civique.* → **patriotique.** – *Instruction civique,* portant sur les devoirs du citoyen. *Sens civique :* sens des responsabilités et des devoirs de citoyen.

civisme n. m. Sens civique.

Civitavecchia Ville d'Italie (Latium), au N.-O. de Rome. 50 030 habitants. Port sur la Méditerranée.

Cixi ou **Ts'eu-Hi** Impératrice douairière de Chine (1835-1908), de la dynastie des Qing. Conservatrice, elle réprima les réformateurs et régna en autocrate. Elle désigna Puyi, qui sera le dernier empereur, comme son successeur.

Cixous (Hélène) Écrivaine française (née en 1937). Féministe, elle comprend son œuvre (essais et fictions) comme un travail de critique sociale, et a collaboré avec Michel Foucault (Groupe information-prison). Dramaturge, elle a travaillé notamment avec Ariane Mnouchkine. *Dedans ; Souffles ; Tambours sur la digue.*

cl voir **centilitre**

clabauder v. intr. < 1 > (de l'ancien français *clabaud* « chien », d'origine onomatopéique → clapper) littér. Protester de manière malveillante. *Clabauder sur, contre qqn.* → **dénigrer, médire.** □ n. m. **clabaudage**

clabauderie n. f. littér. Clameur, criaillerie. – Médisance de personnes qui clabaudent. → **commérage, ragot.**

clabot ; clabotage voir **crabot ; crabotage.**

clac (onomatopée) Interjection imitant un bruit sec, un claquement.

clade n. m. (du grec *klados* « rameau ») biol. Groupement de plusieurs embranchements de plantes ou d'animaux ayant une organisation et une origine communes. *Le clade contient un ancêtre et tous ses descendants.*

Cladel (Léon) Écrivain français (1835-1892). Il est l'auteur de romans empreints de réalisme social *(Mes paysans ; Les Va-nu-pieds),* appréciés de Baudelaire.

cladisme n. m. biol. Classification des êtres vivants fondée sur la parenté évolutive. → **cladistique.**

cladistique adj. et n. f. biol. Du cladisme. *Analyse cladistique,* qui étudie le sens des transformations évolutives des caractères. ■ n. f. Cladisme.

cladogramme n. m. biol. Schéma arborescent montrant les relations de parenté entre divers groupes d'organismes (taxons).

Claesz (Pieter) Peintre hollandais (1597-1661). Élève de A. Van Dyck, il est, avec Heda, son rival, l'un des maîtres de la nature morte en Hollande au XVIIe siècle.

clafoutis n. m. (ancien français *claufir,* venant du latin « fixer *[figere]* avec un clou [*clavis* → clé] », et *foutre* « mettre » ; régional) Gâteau à base de lait, d'œufs et de fruits. *Clafoutis aux cerises.*

claie n. f. (vient du gaulois) **1.** Treillis d'osier à claire-voie. *Claie à sécher les fromages.* → **clisse. 2.** Treillage en bois ou en fer. *Claie métallique.* → **grille.**

Clain n. m. Rivière de France (125 km), affluent de la Vienne.

Cité interdite

La Cité interdite à Pékin est inscrite au patrimoine mondial de l'Unesco.

clair, aire (vient du latin *clarus* → dérivés ci-dessous et clarifier, clarinette, clarté ; [1]éclair, éclaircir, éclairer) **I.** adj. **1.** Qui a l'éclat du jour, reçoit beaucoup de lumière. → **clarté.** *Ciel clair. Temps clair,* sans nuage. → **lumineux. 2.** Faiblement coloré. *Couleur claire. Cheveux châtain clair. Teint clair. Vert clair.* **3.** Peu serré, peu épais. *Les blés sont clairs.* → **clairsemé.** *Coupe* claire.* **4.** Pur et transparent. *De l'eau claire.* **5.** (sons) Net et pur. → **[1]argentin.** *Timbre clair. D'une voix claire.* – *Caisse* claire.* **II.** adj. fig. **1.** Aisé, facile à comprendre. → **lumineux, [1]net.** *Des idées claires et précises. « Ce qui n'est pas clair n'est pas français »* (Rivarol). *Rendre plus clair.* → **clarifier.** – loc. *C'est clair comme le jour, comme de l'eau de roche.* **2.** Manifeste, sans équivoque. → **apparent, certain, évident, sûr.** *C'est clair !* ■ (personnes) fam. *Ce type n'est pas clair,* pas franc, ses intentions ne sont pas nettes. **3.** *Avoir l'esprit clair :* avoir du jugement, de la clairvoyance. → **lucide, perspicace. III.** n. m. (dans des expr.) **1.** concret *Clair de lune :* lumière que donne la Lune. – *Le clair de terre* (vu de la Lune). ■ art *Les clairs :* les parties éclairées. *Les clairs et les noirs d'un dessin.* **2.** fig. *Tirer **au clair** :* éclaircir, élucider (une affaire confuse, obscure). ■ *Dépêche **en clair,*** en langage ordinaire (opposé à *chiffré, codé*). *Les émissions en clair d'une chaîne de télévision cryptée.* – *En clair :* exprimé clairement. *En clair, cela signifie que...* ■ ***Le plus clair :*** la plus grande partie. *Passer le plus clair de son temps à dormir.* **IV.** adv. **1.** D'une manière claire. → **clairement.** *Essayons d'y voir clair,* de comprendre. **2.** *Parler clair.* → **franchement, nettement.**

Clair (René Chomette, dit René) Cinéaste et écrivain français (1898-1981). Du cinéma muet au parlant, le rythme poétique de ses films participe aux révolutions culturelles et techniques de son époque. *Entracte* (divertissement surréaliste) ; *Le Million ; Quatorze Juillet ; La Beauté du diable.*

René Clair, avec Michèle Morgan, pendant le tournage des *Grandes Manœuvres* (1955).

Clairambault (Pierre de) Érudit français (1651-1740). Nommé généalogiste du roi (1698), il rassembla de nombreux manuscrits sur l'histoire du royaume de France.

clairance n. f. (de *clair,* adaptation de l'anglais *clearance*) **1.** biol. Coefficient d'épuration, correspondant à l'aptitude d'un tissu, d'un organe, à éliminer une substance d'un fluide organique. **2.** Dans l'aviation, Autorisation donnée par le contrôle d'exécuter une phase du plan de vol. – Autorisation donnée à un navire de faire mouvement. - recomm. offic. pour **clearance.**

Clairaut (Alexis Claude) Astronome et mathématicien français (1713-1765). Ses recherches en géométrie le firent entrer dès l'âge de 18 ans à l'Académie des sciences. Il étudia la géodésie, mesurant avec Maupertuis la longueur d'un degré du méridien terrestre, et les équations différentielles. *Théorie de la figure de la Terre tirée des principes de l'hydrostatique.*

claire **n. f. 1.** Bassin d'eau de mer dans lequel se fait l'affinage des huîtres. *Fine de claire :* huître affinée en claire. **2.** Huître (de claire). *Des claires.*

Claire d'Assise (sainte) (1193-1253) Fondatrice de l'ordre des Pauvres Dames, ou *Clarisses,* en 1212, pendant féminin de celui des Frères mineurs fondé par saint François d'Assise.

clairement **adv. 1.** D'une manière claire. → **distinctement.** *Voir clairement la côte.* **2.** D'une manière claire à l'esprit ; avec clarté. → **nettement.** *« Ce que l'on conçoit bien s'énonce clairement »* (Boileau).

clairet, ette **adj.** Un peu clair. *Du vin clairet,* léger et peu coloré.

clairette **n. f.** Cépage blanc du midi de la France ; vin mousseux qu'il produit. *De la clairette de Die.*

claire-voie ou **clairevoie** **n. f. (de *voie*) 1.** Clôture à jour. → **barrière, ¹grillage, treillage.** *Des claires-voies, des clairevoies.* **2. loc.** *À claire-voie :* qui présente des vides, des jours. *Volet à claire-voie.* → **persienne.**

clairière **n. f.** Endroit dégarni d'arbres (dans un bois, une forêt).

clair-obscur **n. m. (trad. de l'italien *chiaroscuro*) 1. peint.** Opposition des lumières et des ombres. *Des clairs-obscurs.* **2.** Lumière douce, tamisée. → **pénombre.**

clairon **n. m. (de « son *clair* ») 1.** Instrument à vent, cuivre sans pistons ni clés (différent de la trompette). *Sonner du clairon.* **2.** Soldat qui joue du clairon.

Clairon (Claire Josèphe Léris, dite Hippolyte, dite de Latude, dite Mlle) Actrice française (1723-1803). Elle contribua à réformer la déclamation tragique.

claironner **v. tr. < 1 > 1.** Parler d'une voix aiguë et forte. **2.** Annoncer avec éclat, affectation. *Claironner son succès, sa victoire.* □ **adj. claironnant, ante**

clairsemé, ée **adj. (de *clair* et *semé*) 1.** Qui est peu serré, répandu de distance en distance. → **épars.** *Cheveux clairsemés.* **2. fig.** Peu dense. *Population clairsemée.*

Clairvaux (abbaye de) Abbaye fondée en 1115 par des moines cisterciens à Clairvaux, en Champagne (aujourd'hui dans la commune de Ville-sous-la-Ferté, dans l'Aube). Saint Bernard en fut le premier abbé.

clairvoyance **n. f.** Vue claire et lucide des choses. → **discernement, lucidité, pénétration.**

clairvoyant, ante **adj. (de *clair* et *voyant*) 1. vieux** Qui voit bien **(opposé à *aveugle*). 2.** Qui a de la clairvoyance. *Un esprit clairvoyant.* → **lucide, pénétrant.**

clam [klam] **n. m. (mot anglais des États-Unis)** Mollusque marin bivalve, sorte de palourde.

Clamart Commune des Hauts-de-Seine, dans la banlieue sud de Paris. 53 179 habitants. Industries diversifiées.

Clamecy Chef-lieu d'arrondissement de la Nièvre, sur l'Yonne. 3 594 habitants. Ancienne cathédrale, église gothique, musée Romain-Rolland.

clamer **v. tr. < 1 > (vient du latin *clamare*)** Manifester en termes violents, par des cris. → **crier, hurler.** *Clamer son innocence.* → **proclamer.**

clameur **n. f. (vient du latin *clamor* → clamer)** Ensemble de cris confus. → **bruit, tumulte.**

clamp [klɑ̃p] **n. m. (mot anglais, du néerlandais *klamp* « taquet ») chir.** Pince chirurgicale occlusive à deux branches.

clamper **v. tr. < 1 >** Serrer, interrompre avec un clamp. □ **n. m. clampage**

clair-obscur

Clair-obscur : détail du *Philosophe en méditation* de Rembrandt (1632), musée du Louvre, Paris.

clampin **n. m. (p.-ê. de *clopin* → clopin-clopant) fam. et vieilli 1.** Traînard, fainéant. **2.** Individu quelconque. → **type.**

clamser [klamse] **v. intr. < 1 > (aussi *cramcer ;* origine incertaine) fam.** Mourir. → **calancher, claquer, crever.**

clan **n. m. (du gaélique *clann* « famille ») 1.** Groupe ethnique, tribu **(d'abord Écosse et Irlande).** ■ **ethnol.** Groupe composé de parents ayant à l'origine un ancêtre unique. *Chef de clan.* **2.** Petit groupe de personnes qui ont des idées, des goûts communs. *Esprit de clan. Groupe scindé en deux clans.* → **camp.**

Clancier (Georges Emmanuel) Écrivain français (1914-2018). Son œuvre comprend des romans, des essais, des poèmes. *La Poésie et ses environs ; Évidences ; Le Pain noir.*

clandé **n. m. (abrév. de *clandestin*) argot** Maison de prostitution clandestine. → **bordel.**

clandestin, ine **adj. (du latin *clam* « en secret », famille de *celare* → celer) (choses)** Qui se fait en cachette et qui a un caractère illicite. → **¹secret.** *Trafic clandestin. Maison de prostitution clandestine.* → **clandé.** – *Passager clandestin,* sans billet. – *Travailleurs immigrés clandestins,* qui ont passé illégalement une frontière. – **n.** *Un clandestin.* □ **adv. clandestinement**

clandestinité **n. f.** Caractère clandestin. *Vivre dans la clandestinité.*

clanique **adj. ethnol.** D'un clan.

clanisme **n. m. 1. ethnol.** Organisation d'une ethnie en clans. **2. sociol.** Comportement d'individus qui recherchent l'intérêt de leur groupe sans tenir compte des règles sociales et des lois de la société.

clap [klap] **n. m. (mot anglais, de *to clap* « choquer ») anglic.** Petit tableau sur lequel est numérotée chaque prise de chaque séquence d'un film, muni d'un claquoir signalant le début de chaque tournage d'un plan.

Claparède (Édouard) Psychologue de l'enfant et pédagogue suisse (1873-1940). Ses travaux s'appuient sur l'idée de mesure objective du comportement (expérimentation, statistiques), et mettent au premier plan le concept de fonction adaptative.

clapet **n. m. (de *clapper*) 1.** Soupape en forme de couvercle à charnière. *Les clapets d'une pompe.* **2. fam.** *Ferme ton clapet :* tais-toi.

Clapeyron (Émile) Physicien français (1799-1864). Il contribua à la création de la thermodynamique (1834) en appuyant ses recherches sur les études de S. Carnot.

clapier **n. m. (de *clap* « tas de pierre », mot d'origine préromane)** Cabane à lapins.

clapir **v. intr. < 2 > rare** Pousser son cri (lapin).

se **clapir** **v. pron. < 2 > rare** Se cacher dans un trou (lapin).

clapman **n. m. (faux anglicisme, de *clap* et anglais *man* « homme »)** Personne qui manœuvre le clap, sur un tournage de film. *Des clapmans ou des clapmen* [-mɛn] **(d'après l'anglais).**

clapot **n. m.** Succession de vagues courtes et irrégulières.

clapoter **v. intr. < 1 > (onomatopée → clapper) (surface liquide)** Être agité de petites vagues qui font un bruit caractéristique. □ **n. m. clapotement**

clapoteux, euse **adj.** Qui clapote.

clapotis **n. m.** Bruit et mouvement de l'eau qui clapote. *Le clapotis des vagues.* - **syn. clapotement.**

clapper **v. intr. < 1 > (onomatopée, représentée dans les langues germaniques)** Produire un bruit sec avec la langue en la détachant brusquement du palais. □ **n. m. clappement**

Clapton (Eric) Chanteur de pop music et guitariste britannique (né en 1945). Il se consacra d'abord au blues dans des groupes (notamment les Yardbirds), puis évolua en solo comme chanteur de pop.

claquage **n. m. 1.** Distension d'un ligament musculaire. **2.** Destruction d'un matériau sous l'effet d'un champ électrique ou de la chaleur.

claquant, ante **adj. fam.** Qui fatigue, éreinte. → **crevant, éreintant.**

claque **n. f. (onomatopée) 1.** Coup donné avec le plat de la main. *Une claque sur la joue.* → **gifle, soufflet.** – **loc.** *Tête à claques,* visage déplaisant ; personne déplaisante. ■ **fig. et fam.** *Prendre une claque :* subir un affront, un échec cuisant. – Surprise, choc. *Quelle claque, ce film !* **2.** Personnes payées pour applaudir. *Faire la claque.* **3. fam.** ***En avoir sa claque :*** en avoir assez. → **marre.**

claquement **n. m.** Le fait de claquer ; choc, bruit de ce qui claque. → **coup.** *Un claquement sec.*

se **claquemurer** **v. pron. < 1 > (de *claquer* et *mur*)** Se tenir enfermé (chez soi). – **au p. p.** *Il passe son temps claquemuré dans sa chambre.*

claquer v. < 1 > (onomatopée → clac, claque) **I. v. intr. 1.** Produire un bruit sec et sonore. *Faire claquer ses doigts. Claquer des dents (de froid, de peur)* : grelotter, trembler. – *Un volet qui claque.* → **battre. 2.** fam. *L'affaire lui a claqué dans les doigts,* lui a échappé. **3.** fam. Mourir. → fam. **calancher, clamser, crever. 4.** fam. Faire de l'effet. *Un clip qui claque.* **II. v. tr. 1.** Donner une claque à (qqn). → **gifler. 2.** Faire claquer (en signe de mécontentement). *Claquer la porte.* **3.** fam. Dépenser en gaspillant. → **dilapider.** *Claquer tout son fric.* **4.** fam. Éreinter, fatiguer. → **exténuer ; claquant.** *Ce travail m'a claqué.* – au p. p. *Être complètement claqué.* → **crevé. 5.** *Se claquer un muscle.* → **claquage.**

claquet n. m. techn. Petite latte sur la trémie d'un moulin, qui claque sans cesse.

claqueter v. intr. < 4 ou RO 5 > (oiseaux) Faire une série de claquements de bec (cigogne) ; glousser, caqueter (poule).

claquette n. f. **1.** Petit instrument formé de deux planchettes réunies par une charnière, et servant à donner un signal (en claquant). *Claquette de plan de tournage d'un film.* → anglic. **clap. 2.** *Claquettes* : lames de métal fixées aux semelles qui permettent de marquer le rythme en dansant. ▪ Cette danse. *Faire des claquettes.*

claquoir n. m. Claquette.

Clare (John) Poète britannique (1793-1864). Célèbre comme « poète paysan », il tomba vite dans l'oubli malgré son talent, perdit la raison et fut interné, continuant à écrire. *Poems Descriptive of Rural Life and Scenery ; The Rural Muse.*

Clarence (George, duc de) Seigneur anglais (1449-1478). Frère d'Édouard IV, il participa à la guerre des Deux-Roses en le trahissant. Il fut exécuté.

Clarendon (Edward Hyde, 1er comte de) Homme politique anglais (1609-1674). Il servit Charles Ier, puis Charles II durant son exil. Nommé Premier ministre et chancelier (1660), il tomba en disgrâce (1667), puis s'exila à Rouen.

Clarendon (Constitutions de) Textes soumis par Henri II au clergé anglais en 1164 à Clarendon Park statuant sur les rapports de l'État et de l'Église d'Angleterre et visant à asservir cette dernière au pouvoir monarchique. C'est en s'y opposant que l'archevêque Thomas Becket trouva la mort.

Clarens Station touristique de Suisse près de Montreux, sur le lac Léman. Jean-Jacques Rousseau y situa l'action de *La Nouvelle Héloïse.*

clarifier v. tr. < 7 > (latin, de *clarus* → clair) **1.** Rendre plus pur en éliminant les substances étrangères. → **décanter, filtrer, purifier.** *Clarifier un sirop.* **2.** fig. Rendre plus clair, plus facile à comprendre. → **éclaircir, élucider.** *Clarifier une situation embrouillée.* □ n. f. **clarification**

Clapton (Eric)

Eric Clapton en concert au Madison Square Garden, à New York (2008).

Clarín (Leopoldo García de las Alas y Ureña, dit) Critique et romancier espagnol (1852-1901). Catholique fervent, il était animé par un désir de renouvellement moral. Sa quête d'une identité culturelle espagnole fut reprise par la « génération de 98 ». Dans *La Regenta,* il dresse une peinture ironique de la corruption cléricale.

clarine n. f. (de *clar, clair*) Clochette placée au cou du bétail.

clarinette n. f. (du provençal *clarin,* de *clar* → clair) Instrument de musique (bois) à anche ajustée sur un bec.

clarinettiste n. Personne qui joue de la clarinette.

clarisse n. f. (de sainte *Claire*) Religieuse de l'ordre de sainte Claire.

Clark (John Bates) Économiste américain (1847-1938), père de John Maurice. Il fut le principal représentant du marginalisme aux États-Unis.

Clark (John Maurice) Économiste américain de la tendance « institutionnaliste » (1884-1963). Il est connu pour son explication des crises de surproduction.

Clark (Mark Wayne) Général américain (1896-1984). Il joua un rôle central dans la conduite de l'opération *Torch* (1942) et reçut la capitulation de l'Italie et de l'Autriche (1945). En Corée, il fut commandant en chef des forces des Nations unies (1952-1953).

Clark (lord Kenneth) Historien britannique de l'art (1903-1984). Il s'intéressa à l'art moderne, l'architecture baroque, la peinture chinoise *(Landscape into Art ; Piero della Francesca).* Homme de télévision, il fit beaucoup pour populariser la compréhension de l'histoire par l'histoire de l'art *(Civilisation).*

Clark (Colin Grant) Économiste britannique (1905-1989). Il établit la distinction des différents secteurs d'activité : primaire pour l'agriculture, secondaire pour l'industrie et tertiaire pour les services. *The Conditions of Economic Progress.*

Clarke (Samuel) Philosophe et théologien anglais (1675-1729). Auteur d'un *Traité de l'existence et des attributs de Dieu,* il est surtout connu pour sa *Correspondance* avec Leibniz sur la nature de l'espace. Il y défend une position réaliste compatible avec la théorie newtonienne contre son adversaire qui fait de l'espace, ainsi que du temps, un pur système de relations.

Clarke (Charles Edward) Navigateur britannique (1741-1779). Compagnon de voyage de J. Cook, il mourut en cherchant un passage entre l'Atlantique et le Pacifique par l'Arctique.

Clarke (Henri) Général et homme politique français (1765-1818). Il fut secrétaire de Napoléon, puis ministre de la Guerre (1807-1814). Rallié aux Bourbons, il conserva cette fonction et fut fait pair et maréchal de France.

Clarke (Kenny) Batteur et chef d'orchestre de jazz américain (1914-1985). Adepte du style bop, il est considéré comme l'un des créateurs du style moderne à la batterie.

Clarke (Arthur Charles) Auteur britannique de science-fiction (1917-2008). Visionnaire en astronautique (il découvre le principe de l'orbite géostationnaire), il est célèbre pour ses fictions, comme *Les Enfants d'Icare* ou *L'Étoile,* et ses nouvelles *(La Sentinelle).*

Claros Ancienne ville d'Asie Mineure (Ionie) près de Colophon. Son oracle d'Apollon était très réputé.

clarté n. f. (latin, de *clarus* → clair) **I. 1.** Lumière ; caractère de ce qui est clair. *Faible clarté.* → **lueur.** *La clarté du soleil.* → **éclat.** « *Cette obscure clarté qui tombe des étoiles* » (Corneille). **2.** Transparence, limpidité. **II. 1.** fig. Qualité de ce qui est facilement intelligible. → **netteté, précision.** *S'exprimer avec clarté.* → **clairement.** *Clarté d'esprit.* **2.** au plur. littér. Connaissances, notions. *J'ai quelques clartés là-dessus.* → **connaissance.**

clash n. m. (anglais « fracas ») anglic. Conflit, désaccord violent.

Clash (The) Groupe de punk rock britannique (1976-1985). Sa musique, alliant punk, rock, rockabilly et reggae, a influencé une grande partie des groupes rock des années 1980. *White Riot ; Remote Control.*

clasher v. < 1 > (anglais *to clash* → clash) anglic. fam. **I. v. intr. 1.** impers. Donner lieu à un conflit. *Ça a failli clasher !* **2.** (personnes) Entrer en conflit. *Ils ont fini par clasher.* **II. v. tr.** Attaquer, critiquer (qqn). *Le jury l'a clashé.*

-clasie Élément (du grec *klasis* « action de briser ») servant à former des mots didactiques féminins.

classable adj. Qui peut être classé. *Objets difficilement classables.*

classe n. f. (latin *classis* → classique) **I. 1.** (dans un groupe social) Ensemble des personnes qui ont en commun une fonction, un genre de vie, une idéologie, etc. → **caste, groupe.** *Les classes sociales. Les classes dirigeantes. Classes moyennes. Les classes défavorisées. Lutte des classes.* **2.** Ensemble d'individus ou d'objets qui ont des caractères communs. → **catégorie, espèce, sorte.** *Ce livre s'adresse à toutes les classes de lecteurs. Une classe à part.* **3.** biol. Grande division inférieure à l'embranchement. *La classe des mammifères.* **4.** (après un ordinal, etc.) Grade, rang. *Voyager en première classe* (train, avion...). – *Un soldat de deuxième classe ;* ellipt *un deuxième classe.* ▪ absolt *Avoir de la classe,* de la distinction. → **allure.** *C'est la classe !* – **adj.** fam. Chic, distingué. *Elle est très classe.* → fam. **classieux. II. 1.** Ensemble d'élèves groupés selon les différents degrés d'études. *Classes supérieures ; petites classes.* – *La rentrée des classes.* **2.** L'enseignement donné en classe ; sa durée. → **cours, leçon.** *Une classe d'histoire. Faire la classe* : enseigner. – *Livres de classe.* → **scolaire.** – *Classe inversée,* qui privilégie l'apprentissage à domicile et les travaux à l'école. **3.** Salle de classe. – loc. *Aller en classe,* à l'école. **III.** Contingent des conscrits nés la même année. *Faire ses classes* : recevoir l'instruction militaire.

classement n. m. **1.** Action de ranger dans un ordre ; façon dont un ensemble est classé. → **arrangement, classification.** *Classement alphabétique.* **2.** Place d'une personne dans une compétition, un concours. *Avoir un bon classement.*

classer v. tr. < 1 > **1.** Diviser en classes (I), en catégories. → **¹répartir ; diviser.** *Classer les plantes, les insectes.* **2.** Ranger (dans une catégorie). *Classer le lapin parmi les rongeurs.* – pronom. (réfl.) *Il s'est classé parmi les premiers.* **3.** Mettre dans un certain ordre, à son ordre. → **arranger, ¹ranger, trier.** *Classer des papiers.* ▪ fig. *Classer une affaire,* la considérer comme terminée. – au p. p. *Affaire classée.*

classeur n. m. **1.** Portefeuille ou meuble qui sert à classer des papiers. **2.** Reliure à feuillets mobiles destinée au classement de documents.

classicisme n. m. **1.** Caractères propres aux œuvres classiques de l'Antiquité et du XVIIe siècle (en Europe occidentale). **2.** Caractère de ce qui est classique.

▶ Dans un sens restreint, le **classicisme** est la période de la littérature et de l'art français correspondant au règne de Louis XIV (après Malherbe, Corneille et Descartes), la période 1661-1683 : La Rochefoucauld, La Fontaine, Molière, Mme de Sévigné, Bossuet, Boileau, Racine, Mme de La Fayette, La Bruyère. Au sens large, le classicisme dénote un idéal de mesure et de rigueur, parfois réduit à l'imitation des Anciens et à des règles. On rattache souvent des auteurs anglais ou allemands comme Dryden, Pope ou Wieland au classicisme. On distingue, pour l'architecture, la sculpture et la peinture, deux classicismes

Le terme « classique » qualifie l'art de la Grèce du Vᵉ s. av. J.-C., caractérisé par sa sérénité et son harmonie. Il s'applique également à tout art ultérieur qui retrouve ou réinvestit les formes de la Grèce classique. Son usage commun renvoie surtout à l'art français des académies (XVIIᵉ-XIXᵉ s.), basé sur les règles de l'art antique gréco-romain, qui méprisent la démesure, le contraste ou l'anecdote, et préfèrent la ligne droite, l'orthogonalité et la symétrie. Le classicisme français est en cela totalement opposé au baroque, dont il bloquera le développement en France. Au milieu du XIXᵉ s., plus de trois siècles de classicisme académique ont rendu celui-ci stérile. Il cède alors la place à l'impressionnisme, ferment de l'art moderne.

Ci-dessus, le bassin du Midi et la façade sur les jardins du château de Versailles.

Tenture *Les Maisons royales: Février, signe des Poissons,* d'après Charles Le Brun (apr. 1680), Musée national du château de Pau.

Commode de style Louis XIV, portes en marqueterie Boulle, collection privée.

Fontaine du bassin d'Apollon, Jean-Baptiste Tuby (1668-1670), jardins du château de Versailles.

Port de mer, effet de brume, Le Lorrain (1646), musée du Louvre, Paris.

Établissement de l'Académie des sciences et fondation de l'Observatoire, Henri Testelin d'après Ch. Le Brun (1666), musée du Louvre, Paris.

La Mort de Saphire, Nicolas Poussin (v. 1652), musée du Louvre, Paris.

Cabinet en marqueterie et bronze doré, David Roentgen (1776), musée des Arts appliqués, Vienne.

Diogène drapé tenant un parchemin roulé, Matthieu Lespagnandelle (1685-1688), jardins du château de Versailles.

Coupe en agate, monture argent et or (v. 1630), musée du Louvre, Paris.

La Petite Cène, Philippe de Champaigne (1648), musée du Louvre, Paris.

Bosquet de la colonnade, Jules Hardouin-Mansart (1684), jardins du château de Versailles.

français : le premier, d'influence italienne, avec Poussin, Claude Lorrain, Georges de La Tour et les réalisations architecturales de Mansart ou de Le Vau ; le second, directement lié au règne de Louis XIV, est symbolisé par Versailles, avec Le Brun, Mignard, et l'art des jardins à la française. En musique, on appelle classique au sens strict la période de la musique savante qui se situe entre Bach et Beethoven, l'inclusion de ces deux limites, par rapport au baroque antérieur et au romantisme postérieur, faisant d'ailleurs difficulté.

voir aussi **baroque**

classieux, ieuse adj. fam. Qui a de la classe, de l'allure.

classificateur, trice adj. et n. (personnes) Qui établit des classifications.

classification n. f. Action de distribuer par classes, par catégories. *La classification biologique des espèces.* → **classement.**

classificatoire adj. **1.** Qui constitue une classification ou y contribue. **2.** ethnol. *Parenté classificatoire,* fondée sur des critères de rapports sociaux et non biologiques.

classifier v. tr. < 7 > **1.** Répartir selon une classification. – absolt Établir des classifications. **2.** Classer secret.

classique adj. et n. m. (latin *classicus,* de *classis* → classe, « de première classe » [de fortune], « de premier ordre » [écrivains]) **I.** adj. **1.** (écrivain, texte) Qui fait autorité, digne d'être imité. *Les auteurs classiques.* **2.** Qui appartient à l'Antiquité gréco-latine. *Langues classiques. Enseignement classique* (incluant le latin, et parfois le grec). **3.** Qui appartient aux grands auteurs du XVIIe siècle, imitateurs des Anciens (opposé à *romantique*) ; qui en a les caractères. → **classicisme.** *Théâtre classique. Style classique* (opposé à *romantique, baroque*). **4.** *Musique classique :* musique des grands auteurs de la tradition musicale occidentale (s'oppose à *folklorique, légère, de variétés*). ■ n. m. *Aimer le classique.* **5.** *Danse classique :* ensemble de pas et de mouvements enseignés dans les écoles de danse traditionnelle (opposé à *danse moderne, contemporaine*). **6.** Conforme aux usages, qui ne s'écarte pas des règles établies, de la mesure. *Un veston de coupe classique.* → **sobre.** ■ Conforme aux habitudes. → **habituel, traditionnel.** fam. *C'est le coup classique :* c'était prévu. **II.** n. m. **1.** Auteur classique (I). *Connaître ses classiques.* **2.** Ouvrage pour les classes. *Collection des classiques latins, français.* ■ Œuvre caractéristique (d'un genre...). *Ce film est un classique (du genre), un grand classique.*

classiquement adv. D'une manière classique (I, 6), habituelle.

clastique adj. (du grec *klastos* « brisé ») **1.** géol. Qui présente des traces de fracture due à l'érosion. **2.** Se dit de pièces anatomiques artificielles et démontables. **3.** psych. (actes, comportements) Marqué par la violence et le bris d'objets. *Geste clastique.*

Clastres (Pierre) Ethnologue français (1934-1977). Dans *La Société contre l'État,* en s'appuyant sur l'analyse de sociétés amérindiennes, il critiqua l'idée d'une nécessité de l'État comme fin de toute société organisée.

Clauberg (Johann) Universitaire et philosophe allemand (1622-1665), il fut le premier propagateur du cartésianisme en Allemagne. Sa *Logique ancienne et nouvelle* tint lieu de la première « logique cartésienne ».

Claude (saint) Abbé du monastère de Saint-Oyand (Jura) dans la seconde moitié du VIIe s., il donna son nom au monastère et à la ville de Saint-Claude.

Claude Ier (10 av. J.-C.-54 apr. J.-C.). Empereur romain (41-54). Successeur de Caligula, il agrandit l'Empire par la conquête de le Thrace (46) et de l'île de Bretagne (43-47). Dominé par sa femme Messaline, il fit exécuter celle-ci et épousa Agrippine, qui lui fit adopter Néron, son fils, et l'empoisonna.

Claude II le Gothique (v. 214-270). Empereur romain (268-270). Il succéda à Gallien, combattit avec succès les Goths. Il mourut de la peste en Serbie.

Claude (Jean) Pasteur calviniste français (1619-1687). Il fut le premier expulsé après la révocation de l'édit de Nantes. Il soutint des polémiques contre Bossuet, Nicole, Arnauld. *Histoire de la persécution des protestants sous Louis XIV.*

Claude (Georges) Physicien et industriel français (1870-1960). Il est, entre autres, l'inventeur du tube au néon. Entré en 1924 à l'Académie des sciences, il en fut exclu en 1944 pour son attitude collaborationniste.

Claude (Albert) Biologiste belge (1899-1983). Il mit au point de nouvelles techniques expérimentales (microscopie électronique et ultracentrifugation) pour l'étude cellulaire. Prix Nobel 1974, avec G. E. Palade et C. de Duve.

Claude de France Duchesse de Bretagne et reine de France (1499-1524). Fille de Louis XII et d'Anne de Bretagne, elle épousa le futur François Ier (1514). Elle était la mère d'Henri II.

Claudel (Camille) Sculptrice française (1864-1943), sœur de Paul Claudel. Amie et collaboratrice de Rodin, elle fut influencée par celui-ci, au point qu'on ignora son talent propre. Elle fut internée de 1913 jusqu'à sa mort. *L'Abandon ; La Valse ; L'Âge mûr.*

Camille Claudel : *La Valse* (1895), musée Rodin, Paris.

Claudel (Paul) Poète et auteur dramatique français (1868-1955), frère de Camille Claudel. C'est en 1886 qu'il dit avoir reçu la révélation de la foi catholique qui marquera toute son œuvre. Entré dans la carrière diplomatique, parcourant le monde au gré de ses nominations, il témoigna parallèlement d'une féconde activité littéraire et conçut une œuvre empreinte de lyrisme et de ferveur religieuse. On lui doit également des essais, une abondante correspondance

classification

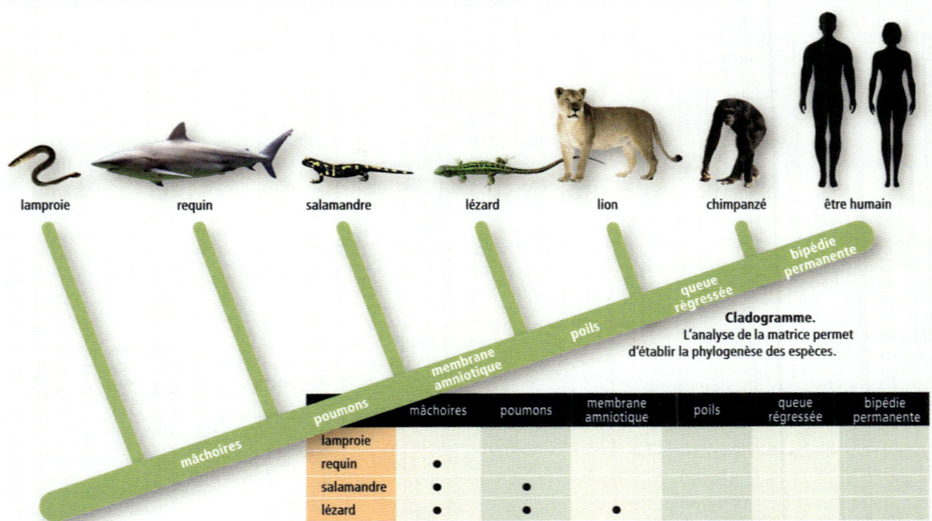

Cladogramme.
L'analyse de la matrice permet d'établir la phylogenèse des espèces.

	mâchoires	poumons	membrane amniotique	poils	queue régressée	bipédie permanente
lamproie						
requin	•					
salamandre	•	•				
lézard	•	•	•			
lion	•	•	•	•		
chimpanzé	•	•	•	•	•	
être humain	•	•	•	•	•	•

Une matrice permet de recenser l'absence ou la présence de certains caractères partagés.

Dans la systématique traditionnelle, initiée par Carl von Linné au XVIIIe s., la classification se basait sur les ressemblances générales. À partir de 1950, elle a été remplacée et bouleversée par la systématique phylogénétique avec la cladistique, aujourd'hui utilisée conjointement avec la comparaison de composants moléculaires (ADN, ARN, protéine).

Paul Claudel à sa table de travail (vers 1949).

et un *Journal. Tête d'or ; L'Échange ; Partage de midi ; Le Pain dur ; L'Annonce faite à Marie ; Le Soulier de satin.*

Claudel (Philippe) Écrivain français (né en 1962). Il explore, dans un style soigné et poétique, les tourments de l'âme humaine. *Les Âmes grises ; La Petite Fille de monsieur Linh ; Le Rapport de Brodeck.* Réalisations pour le cinéma : *Il y a longtemps que je t'aime ; Une enfance.*

Claudia ou **Claudii (gens)** Famille romaine fondée par le noble sabin **Attius Claudius.** ■ **Appius Claudius Sabinus.** Homme politique romain (mort en 446 av. J.-C.). Consul, puis président des *decemviri*, il fut mis en prison lors du soulèvement provoqué par sa tyrannie. ■ **Appius Claudius Caecus.** Homme politique romain (IVe-IIIe s. av. J.-C.). Consul en –307 et en –296, censeur en –312, il fit construire la voie Appienne, symbole de l'expansion romaine, et le premier aqueduc de Rome. Il est le premier écrivain latin connu *(Discours ; Sentences morales).* ■ **Publius Claudius Pulcher.** Homme politique romain. Consul lors de la première guerre punique (–249), il fut battu en Sicile à Drepanum (Trapani) par Adherbal.

claudicant, ante adj. littér. Qui boite.

claudication n. f. (latin, de *claudus* « boiteux ») littér. Le fait de boiter.

Claudien Poète latin (v. 370-v. 404). Il est l'auteur d'épîtres, d'épigrammes et d'épopées mythologiques *(Enlèvement de Proserpine).* Païen, il fut le dernier défenseur de la grandeur romaine.

Claudien Mamert Philosophe et théologien gallo-romain (mort v. 474). Frère de saint Mamert, il est l'auteur du *De statu animae*, ouvrage classique au Moyen Âge.

claudiquer v. intr. < 1 > (→ claudication) vieux Boiter.

Claus (Hugo) Poète, romancier et dramaturge belge d'expression néerlandaise (1929-2008). D'inspiration expressionniste et surréaliste, il a dénoncé l'ordre de la morale bourgeoise, tourné en dérision les traditions conservatrices qu'il jugeait hypocrites. *Vendredi, jour de liberté ; Le Chagrin des Belges.*

clause n. f. (latin *clausa* « membre de phrase », de *claudere* → clore) Disposition particulière (d'un acte). → [1]**convention, disposition.** *Respecter une clause.* – dr. *Clause de style*, que l'on retrouve habituellement dans tous les contrats de même nature ; fig. disposition toute formelle, sans importance.

Clausel ou **Clauzel (Bertrand, comte)** Maréchal de France (1772-1842). Il servit d'abord sous Napoléon, qu'il rejoignit durant les Cent-Jours. Gouverneur de l'Algérie en 1835 et commandant de l'armée d'Afrique, il démissionna après la défaite de Constantine (1836).

Clausewitz (Karl von) Général et théoricien militaire prussien (1780-1831). Il combattit les armées napoléoniennes et se distingua à Waterloo. Directeur de l'École de guerre (1818), il exerça une grande influence sur la pensée militaire contemporaine *(De la guerre).*

Clausius (Rudolf Emanuel) Physicien allemand (1822-1888). Ses recherches en thermodynamique mirent en évidence la « dégradation de l'énergie ». Il précisa le deuxième principe de la thermodynamique, après S. Carnot et Clapeyron et avant Boltzmann, et introduisit le concept fondamental d'entropie.

claustra n. m. ou f. (mot latin → cloître) Cloison légère, évidée.

Les claustras permettent le passage de l'air et de la lumière.

claustral, ale, aux adj. (latin, de *claustrum* → cloître) Relatif au cloître ou qui l'évoque. → **monacal, religieux.**

claustration n. f. (→ claustral) littér. État de qqn qui est enfermé dans un lieu clos. → **isolement.**

se **claustrer** v. pron. < 1 > (→ claustral) S'enfermer. → **se cloîtrer.** – fig. *Se claustrer dans le silence.* → **se murer.**

claustrophobe adj. et n. (personnes) Qui souffre de claustrophobie.

claustrophobie n. f. Angoisse d'être enfermé.

clausule n. f. didact. Dernier membre (d'une strophe, d'une période oratoire, d'un vers).

clavaire n. f. (du latin *clava* « massue ») Champignon basidiomycète simple ou ayant la forme d'une massue dressée, et dont certaines espèces sont comestibles.

clavardage n. m. (de *clavarder*) (Canada) Fait de dialoguer entre internautes. → [2]**chat.**

clavarder v. intr. < 1 > (de *clavier* et *bavarder*) (Canada) Dialoguer avec d'autres internautes. → **chatter.**

Clavé (Antoni) Peintre et sculpteur espagnol (1913-2005). Son style s'épanouit et se détacha des influences de Bonnard, de Rouault, dans l'abstraction lyrique.

claveau n. m. (du latin *clavis* → clé) archit. Pierre taillée en coin, utilisée dans la construction des voûtes, des corniches.

clavecin n. m. (du latin *clavicymbalum*, de *clavis* → clé, *cymbalum* → cymbale) Instrument de musique à claviers et à cordes pincées. □ n. **claveciniste**

Clavel (Bernard) Écrivain français (1923-2010). Écrivain populaire, il a peint, dans de grandes fresques, les petites gens pris dans la tourmente de l'histoire : *Les Fruits de l'hiver ; Malataverne ; L'Espagnol.*

clavelée n. f. (bas latin *clavellus*, de *clavus* « clou ») Maladie virale contagieuse du mouton, qui ressemble à la variole.

clavetage n. m. techn. Assemblage de deux pièces au moyen d'une clavette.

claveter v. tr. < 4 ou RO 5 > techn. Fixer avec une clavette.

clavette n. f. (du latin *clavis*) Petite cheville servant à immobiliser (un boulon, une cheville). *Clavette de sûreté.* ■ Pièce métallique destinée à rendre deux pièces concentriques solidaires en rotation.

clavicorde n. m. (du latin *clavis* « clé » et *cordium* « corde ») Instrument à clavier et à cordes frappées, ancêtre du piano-forte.

clavicule n. f. (latin, de *clavis* → clé) Os en forme d'S très allongé, formant la partie antérieure de l'épaule. □ adj. **claviculaire**

clavier n. m. (du latin *clavis* → clé) **1.** Ensemble des touches de certains instruments de musique (piano, clavecin, orgue...), de certains appareils. *Les claviers d'un orgue.* – *Musique pour le clavier.* **2.** Dispositif à touches alphanumériques disposées sur plusieurs rangées. *Le clavier d'un ordinateur. Clavier AZERTY, QWERTY.*

claviériste n. **1.** Personne qui joue d'un instrument à clavier. **2.** rare Claviste (1).

claviste n. **1.** Personne qui saisit un texte sur ordinateur. **2.** Claviériste (1).

Clavius (Christoph Klau ou **Clau,** latinisé en **Christophorus)** Jésuite et mathématicien allemand (1537-1612). Il dirigea le collège scientifique chargé de l'établissement du calendrier grégorien et organisa l'enseignement mathématique des jésuites, exerçant ainsi une influence considérable sur le développement de la science.

Clay (Henry) Homme politique américain (1777-1852). Il négocia la paix avec la Grande-Bretagne (1814). Son surnom de Grand Pacificateur lui fut donné pour avoir réussi, en 1820 et en 1850, à maintenir l'accord entre le Sud et le Nord.

Clay (Cassius) voir **Ali** (Muhammad)

clayère n. f. (de *claie*) Parc à huîtres. → **vivier.**

Claye-Souilly Commune de la Seine-et-Marne. 12 316 habitants.

Clayes-sous-Bois (Les) Commune des Yvelines, à l'O. de Versailles. 17 378 habitants.

clayette n. f. (de *claie*) **1.** Emballage à claire-voie, cageot. **2.** Support à claire-voie. *Les clayettes d'un réfrigérateur.*

claymore n. f. (mot écossais) hist. Grande épée des guerriers écossais, maniée à deux mains.

clayon n. m. Petite claie servant à faire égoutter les fromages, sécher les fruits.

clayonnage n. m. (→ claie) Assemblage de pieux et de branches d'arbres destiné à soutenir des terres (→ **claie).**

clayonner v. tr. < 1 > techn. Garnir de clayonnages. *Clayonner un fossé.*

Clazomènes Ancienne ville d'Asie Mineure (Ionie), sur le golfe de Smyrne (aujourd'hui Urla, en Turquie).

clé ou **clef** n. f. (vient du latin *clavis*) **I.** Ce qui sert à ouvrir. **1.** Instrument de métal servant à faire fonctionner le mécanisme d'une serrure. *Des clés de voiture. Trousseau de clés.* → **porte-clé.** *La porte est fermée à clé.* – loc. *Mettre la clé sous la porte* : partir, disparaître, déménager ; faire faillite. *Clés en main* : prêt à l'usage. – *Mettre qqch. sous clé*, dans un meuble fermé. – *Clé magnétique* : carte magnétique jouant le rôle d'une clé. **2.** loc. *La clé des champs* : la liberté. **II. 1.** Outil servant à serrer ou à démonter des pièces. *Clé à molette. Clé anglaise.* **2.** *Clef (ou clé) de voûte* : pierre en forme de coin (→ **claveau)** placée à la partie centrale d'une voûte et servant à maintenir en équilibre les autres pierres. – fig. Point important, partie essentielle, capitale d'un système. *La clef de voûte d'une argumentation.* **3.** mus. Pièce qui commande l'ouverture des trous du tuyau (d'un instrument à vent). *Les clés d'une clarinette.* **4.** inform. *Clé (USB)* : petit appareil de stockage mobile qui se connecte sur le port USB. **5.** Prise de judo, de lutte par laquelle on immobilise l'adversaire. **III.** fig. **1.** Signe de référence placé au début d'une portée musicale et qui indique, par sa forme et sa position, la hauteur des notes. *Clef de sol, de fa.* – loc. **À la clé (ou clef)** : avec, à la fin de l'opération. *Il y a une récompense à la clé.* **2.** Caractère chinois, de nature phonétique, permettant de classer et comprendre un autre caractère. **3.** Ce qui permet de comprendre, donne accès (à une connaissance). *La clé du mystère. Roman à clés.* ■ appos. Qui est très important. *Une position clé.*

clean [klin] **adj.** (mot anglais « propre ») anglic., fam. **1.** Qui a un air propre, soigné. *Un intérieur clean. Des ongles clean* (invar.) ou *cleans.* **2.** Sain moralement. – spécialt Qui ne prend pas ou plus de drogue.

Cléanthe Philosophe grec de l'école stoïcienne (331-232 av. J.-C.). Successeur de Zénon de Cittium à la tête du Portique. Il ne nous reste de lui, outre quelques fragments, qu'un *Hymne à Zeus.*

clearance voir **clairance**

Cléarque Général spartiate (Vᵉ s. av. J.-C.). Mercenaire au service de Cyrus le Jeune, il commanda la retraite des Dix Mille, et fut arrêté puis mis à mort par Tissapherne (–401). Xénophon fait son portrait dans l'*Anabase.*

clébard, arde n. (de *clebs*) fam. Chien, chienne.

clebs n. m. (de l'arabe maghrébin *klab*, plur. de *kelb* « chien ») fam. Chien.

clédar n. m. (du provençal *cleda* « claie ») régional (Savoie, Jura ; Suisse) Porte à claire-voie d'un jardin, d'un pâturage.

clef voir **clé**

clématite n. f. (latin, du grec *klêma* « sarment ») Plante grimpante à fleurs en bouquet. → **viorne.**

clémence n. f. (latin → **clément**) **1.** littér. Vertu qui consiste, de la part de qui dispose d'une autorité, à pardonner les offenses et à adoucir les châtiments. → **indulgence, magnanimité.** *Un acte de clémence.* – allus. *La clémence d'Auguste* (envers Cinna). **2.** Douceur. *La clémence de la température.*

Clemenceau (Georges) Homme d'État français (1841-1929). Député radical en 1871, il siégea à partir de 1876 dans les rangs de l'extrême gauche et contribua à la chute de plusieurs ministères (Gambetta, 1882 ; J. Ferry, 1885). Compromis dans le scandale de Panamá, il revint sur la scène politique lors de l'affaire Dreyfus, en publiant « J'accuse » de Zola dans *L'Aurore* (1898). Ministre de l'Intérieur, président du Conseil (1906), il se heurta à des mouvements sociaux et, par la répression violente des grèves, s'attira l'hostilité des socialistes. Appelé à la tête du gouvernement par Poincaré en 1917, il retrouva sa popularité en luttant contre le défaitisme. « Père la Victoire », il négocia le traité de Versailles (1919) mais fut battu à l'élection présidentielle de 1920.

Clément (René)

Georges Poujouly et Brigitte Fossey dans *Jeux interdits* de René Clément (1951).

Clemens non Papa (Jacques Clément, dit) Compositeur flamand (v. 1510-v. 1555). Il fut l'auteur de chansons polyphoniques, de motets et de psaumes.

clément, ente adj. (latin *clemens*) **1.** Qui manifeste de la clémence. → **généreux, humain, indulgent, magnanime.** **2.** (temps) *Un hiver clément,* peu rigoureux. → **doux.**

Clément Nom de plusieurs papes. ■ **Clément Iᵉʳ ou Clément Romain (saint)** [mort en 97]. Pape de 88 à 97. Il est l'auteur d'une *Lettre à l'Église de Corinthe sur la Foi* (un des plus anciens textes théologiques du christianisme). ■ **Clément IV [Guy Foulques dit le Gros]** (v. 1200-1268). Pape de 1265 à 1268. Il confirma les titres de Charles II d'Anjou comme roi de Sicile. ■ **Clément V [Bertrand de Got]** (mort en 1314). Pape de 1305 à 1314. Premier pape d'Avignon (1309), il réunit le concile de Vienne (1311-1312) lors duquel il supprima l'ordre des Templiers. ■ **Clément VI [Pierre Roger de Beaufort]** (1291-1352). Pape d'Avignon (1342-1352). Il acheta la ville à Jeanne de Naples (1348). Il fut un protecteur des arts. ■ **Clément VII [Robert de Genève]** (1342-1394). Antipape de 1378 à 1394. Il fut élu par des cardinaux mécontents d'Urbain VI et s'installa en Avignon, ouvrant ainsi le Grand Schisme. ■ **Clément VII [Jules de Médicis]** (1478-1534). Pape de 1523 à 1534. Il dut s'incliner face à Charles Quint (sac de Rome, 1527) qu'il couronna empereur en 1530. Il refusa le divorce à Henri VIII, ce qui déclencha le schisme anglican (*Acte de suprématie,* 1534). ■ **Clément XI [Gianfrancesco Albani]** (1649-1721). Pape de 1700 à 1721. Il publia, contre le jansénisme, les bulles *Vineam Domini* (1705) et *Unigenitus* (1713). ■ **Clément XIV [Giovanni Vincenzo Ganganelli]** (1705-1774). Pape de 1769 à 1774. Il supprima la Compagnie de Jésus par la bulle *Dominus ac Redemptor noster* (1773).

Clément (Jean-Baptiste) Poète français (1837-1903). Il participa activement à la Commune de Paris et prit part aux combats de la Semaine sanglante ; réfugié à Londres, il continua à militer pour la révolution. Il fut la voix du peuple à travers ses chansons. *Le Temps des cerises.*

Clemenceau (Georges)

Georges Clemenceau en visite sur le front de Picardie durant la Première Guerre mondiale (photo colorisée).

Clément (René) Cinéaste français (1913-1996). Ses films témoignent d'un regard réaliste et rigoureux sur la solitude de l'homme dans sa quête de liberté. De *La Bataille du rail* à *Jeux interdits* ou *Plein Soleil,* il a traité des sujets variés et adapté de grandes œuvres littéraires *(Gervaise).*

Clément d'Alexandrie Écrivain grec chrétien (v. 150-v. 215). Païen converti, il dirigea l'enseignement des catéchumènes (v. 180-202). Il aurait été le maître d'Origène. Le premier, il présenta la pensée antique comme une préparation aux Écritures, et tenta de réconcilier les deux cultures autour d'une même visée spirituelle (logos divin et Christ). *Le Pédagogue ; Les Stromates.*

Clément d'Ohrid (saint) Évêque et écrivain bulgare (mort en 916). Il christianisa la Bulgarie. On lui attribue une *Vie de saint Cyrille et de saint Méthode.*

Clementi (Muzio) Compositeur, chef d'orchestre et pianiste italien (1752-1832). Outre six symphonies et de la musique de chambre, il composa une soixantaine de sonates pour piano. Il apparaît comme l'un des inventeurs du piano moderne et le créateur d'un style d'écriture qui remplaça celui du clavecin.

clémentine n. f. (du n. du père Clément) Petite mandarine à peau fine.

clémentinier n. m. Hybride du bigaradier et du mandarinier.

clémenvilla [klemɑ̃vila] n. f. (de *clémen[tine]* et *Villa[longa]* n. du producteur) Agrume à peau fine, de forme légèrement aplatie, hybride de clémentine et de tangélo.

clenche n. f. (mot du Nord, du francique) **1.** Petit bras de levier, dans le loquet d'une porte. **2.** régional Poignée de porte.

Cléobis et Biton Personnages de la mythologie grecque, fils de Cydippe, prêtresse d'Héra à Argos. Ils tirent eux-mêmes le char de leur mère pour la conduire au temple. Pour les récompenser, Héra leur accorde le sommeil éternel.

Cléobis et Biton, sculptures grecques en marbre de plus de 2 m de hauteur (v. 590 av. J.-C.), Musée archéologique de Delphes.

Cléobule Un des Sept Sages de la Grèce (–VIᵉ s.). Tyran de Lindos (Rhodes), à demi légendaire, il serait l'auteur d'énigmes composées en vers.

Cléomède Astronome et compilateur grec (Iᵉʳ s. av. J.-C.). Il fit un résumé des connaissances astronomiques des stoïciens *(Sur le mouvement circulaire des corps célestes).*

Cléomène Nom de trois rois de Sparte. ■ **Cléomène Iᵉʳ** (520-487 av. J.-C.). Il déposa Démarate et mena plusieurs guerres victorieuses. ■ **Cléomène II** (370-309 av. J.-C.). ■ **Cléomène III** (236-219 av. J.-C.). Il essaya de rétablir la puissance spartiate, mais fut vaincu par la ligue Achéenne et les Macédoniens (–221).

Cléopâtre Nom de plusieurs reines de Macédoine, de Syrie et d'Égypte. ■ **Cléopâtre** (morte en 336 av. J.-C.). Seconde femme de Philippe II de Macédoine, elle essaya de s'emparer du pouvoir mais fut assassinée par Olympias. ■ **Cléopâtre Théa.** Reine séleucide de Syrie (morte en 121 av. J.-C.). Elle fit tuer son fils Séleucos V pour installer au pouvoir son autre fils Antiochos VIII, qui la fit assassiner peu après. Racine en fit l'héroïne de *Rodogune*. ■ **Cléopâtre V Séléné.** Reine d'Égypte, puis de Syrie (morte en 69 av. J.-C.). Elle fut l'une des dernières représentantes de la lignée authentique des Lagides. Après sa victoire sur la Syrie, le roi d'Arménie, Tigrane le Grand, la fit assassiner.

Cléopâtre VII (69-30 av. J.-C.). Reine d'Égypte (51-30 av. J.-C.). Maîtresse de César puis d'Antoine, elle tenta de rétablir la suprématie de l'Égypte des Lagides en Méditerranée, poursuivant le rêve d'un grand empire oriental. Devant l'expansion territoriale de l'Égypte, Octave combattit Antoine et Cléopâtre, les vainquit à Actium (–31), et tous deux se suicidèrent (Cléopâtre aurait choisi pour cela la morsure d'un aspic).

Cléopâtre, fragment de relief égyptien, époque ptolémaïque, musée du Louvre, Paris.

clepsydre n. f. (grec *klepsudra* « qui vole l'eau ») ancienn Horloge à eau.

cleptomane n. et adj. (du grec *kleptês* « voleur » et de ²*-mane*) (Personne) qui souffre d'une propension pathologique à commettre des vols. - var. **kleptomane.**

cleptomanie n. f. (du grec *kleptês* « voleur » et de *-manie*) Obsession du cleptomane. - var. **kleptomanie.**

Clérambault (Louis Nicolas) Compositeur et organiste français (1676-1749). Ses sonates et cantates réunissent les esthétiques italienne et française. *Cantates françaises à une et deux voix.*

clerc [klɛʀ] (vient du latin *clericus* → **clérical**, du grec) **1.** n. m. Homme qui est entré dans l'état ecclésiastique (→ **clergé** ; opposé à *laïc*). *Clerc tonsuré.* **2.** n. m. vieux Personne instruite. → **lettré, savant.** – loc. *Il est grand clerc en la matière*, très compétent. *Pas besoin d'être grand clerc pour savoir cela.* **3.** n. Employé(e) des études d'officiers publics et ministériels. *Une clerc de notaire.* – REM. Au fém., on dit aussi *une clercque* (Belgique) et *une clergesse* (Suisse). ■ (idée d'« apprenti ») loc. littér. *Pas de clerc* : maladresse par inexpérience.

Clerc (Paul-Alain Leclerc, dit Julien) Chanteur et compositeur français (né en 1947). Il prêta sa voix à la comédie musicale *Hair*, puis à un répertoire aux accents romantiques. *Ma préférence ; Femmes... je vous aime.*

Clerfayt ou **Clairfayt (François de Croix, comte de)** Feld-maréchal autrichien (1733-1798). Il fut défait par les armées de la France révolutionnaire à Wattignies (1793) mais délivra Mayence en 1795.

clergé n. m. (latin, de *clericus* → **clerc**) Ensemble des ecclésiastiques. *Clergé régulier, séculier. Haut, bas clergé.*

clergie n. f. (de *clerc*) hist. *Bénéfice, privilège de clergie* : privilège par lequel les clercs étaient jugés par la juridiction ecclésiastique.

Clergue (Lucien) Photographe français (1934-2014). Sa rencontre avec Picasso fut déterminante dans l'édification d'une œuvre où la mer et le corps féminin tiennent une place de premier plan. Avec Michel Tournier, il fonda le festival de photographie des Rencontres d'Arles.

clergyman [klɛʀʒiman] n. m. (mot anglais, de *clergy* → **clergé**) Pasteur anglo-saxon. *Des clergymans* ou *des clergymen* [-mɛn] (plur. anglais).

clérical, ale, aux adj. (latin → **clerc**) **1.** Relatif au clergé. **2.** Partisan du cléricalisme. *Parti clérical.* – n. *Les cléricaux.*

cléricalisme n. m. Opinion des partisans d'une intervention du clergé dans la politique.

cléricature n. f. didact. État, condition des clercs, des ecclésiastiques.

Clérisseau (Charles-Louis) Architecte, dessinateur, décorateur et archéologue français (1721-1820). Sa fascination pour l'art antique marque le style de ses édifices et de ses dessins (château Borély, à Marseille).

Clermont (Robert de France, comte de) Prince français (1256-1318). Fils de Louis IX, il devint par son mariage avec Béatrice de Bourbon (1272) le chef de la maison de Bourbon.

Clermont Chef-lieu d'arrondissement de l'Oise. 10 268 habitants. Dès le début de la dynastie capétienne, Clermont devint le siège d'un comté important.

Clermont-Ferrand Chef-lieu du Puy-de-Dôme. 147 284 habitants. Basilique romane. Cathédrale gothique, achevée au XIXᵉ s. par Viollet-le-Duc. Université. Industrie des pneumatiques (Michelin). Agroalimentaire. Plusieurs fois détruite et reconstruite depuis l'Antiquité, la ville fut réunie à la couronne de France par Philippe Auguste. En 1633, Clermont fut associée à la ville de Montferrand. Seule grande agglomération du Massif central, la ville souffre d'être située dans une région en recul démographique.

Clermont-Ferrand : au centre, la cathédrale Notre-Dame-de-l'Assomption (XIIIᵉ s.), en pierre de Volvic noire.

Clermont-l'Hérault Commune de l'Hérault, arrondissement de Lodève. 9 126 habitants. Église gothique fortifiée. Marché agricole. Viticulture.

Clermont-Tonnerre (Stanislas Marie Adélaïde, comte de) Homme politique français (1757-1792). Député de la noblesse aux États généraux (1789), il fut favorable à l'abolition des privilèges. Il se rallia ensuite aux monarchiens et fut assassiné par des émeutiers le 10 août 1792.

Clerselier (Claude) Philosophe français (1614-1684). Correspondant et traducteur de Descartes, il publia ses œuvres posthumes.

Clervaux Ville du Luxembourg. 1 790 habitants. Château féodal abritant la collection photographique d'Edward Steichen. Abbaye Saint-Maurice.

Clésinger (Jean-Baptiste, dit Auguste) Sculpteur français (1814-1883). Sa *Femme au serpent* lui valut la notoriété. Son style s'accorde aux normes académiques de l'époque romantique.

Clet (saint) voir **Anaclet (saint)**

clette voir **klette**

Cleveland (Stephen Grover) Homme d'État américain (1837-1908). Démocrate, président des États-Unis de 1885 à 1889, il pratiqua une politique de libre-échange et d'apaisement envers les États du Sud. Son deuxième mandat (1893-1897) mécontenta à la fois les démocrates et les républicains.

Cleveland Ville des États-Unis (Ohio), sur le lac Érié. 372 620 habitants. Industrie (métallurgie, mécanique, électronique). Université. Important musée. La ville fait partie d'une conurbation de 3 millions d'habitants (avec Akron).

Clèves Famille noble d'Allemagne, célèbre aux XVIᵉ et XVIIᵉ s. Mᵐᵉ de Lafayette emprunta son nom pour son roman *La Princesse de Clèves*.

Clèves (Anne de) Fille du duc de Clèves, Jean III (1515-1557). Elle fut la femme d'Henri VIII durant le court temps de l'alliance entre l'Angleterre et les maisons protestantes allemandes.

Clèves (Sibylle de) Dame allemande (1512-1554). Épouse de l'électeur Jean-Frédéric de Saxe, elle contribua à répandre les doctrines de Luther.

Clèves en allemand **Kleve** Ville d'Allemagne (Rhénanie-du-Nord-Westphalie). 49 530 habitants. Château ducal (XIᵉ-XVIᵉ s.). Sa situation près du Rhin et de la frontière néerlandaise en fit un point stratégique important en Europe.

clic (onomatopée → **cliquer** [1]) **1.** interj. Bruit sec, bref (alternant parfois avec *clac*). **2.** n. m. Pression du doigt sur le bouton de la souris d'un ordinateur. *Lancer une recherche d'un simple clic.*

clic-clac **1.** interj. Onomatopée exprimant un claquement sec et répété. **2.** n. m. invar. (n. déposé) Canapé-lit transformable qui se plie en deux (en faisant ce bruit).

cliché n. m. (de *clicher*) **1.** Image négative (d'une photo). – Photographie. *Cliché flou.* → **image. 2.** péj. Idée ou expression trop souvent utilisée. → **banalité, lieu** commun, **poncif. 3.** Plaque en relief pour la reproduction, l'impression typographique.

clicher v. tr. < 1 > (p.-ê. onomatopée → **clic**) techn. Fabriquer une empreinte pour la reproduction de. *Clicher une page.* □ n. m. **clichage**

clicheur, euse n. Personne chargée de faire les clichés.

Clichy ou **Clichy-la-Garenne** Commune des Hauts-de-Seine, au N.-O. de Paris. 62 933 habitants. Activités tertiaires. Hôpital.

Clichy (club de) ou **Parti clichyien** Nom donné sous la Convention thermidorienne et le Directoire aux représentants de la droite, royalistes et monarchistes constitutionnels (Pichegru, Royer-Collard, C. Jordan, Barthélemy), qui se réunissaient rue de Clichy, à Paris.

Clichy-sous-Bois Commune de la Seine-Saint-Denis, au N.-E. de Paris. 29 568 habitants.

Clicquot Famille française de facteurs d'orgues. ■ **Robert Clicquot** (1645-1719), le plus célèbre. On lui doit les orgues de la cha-

climat

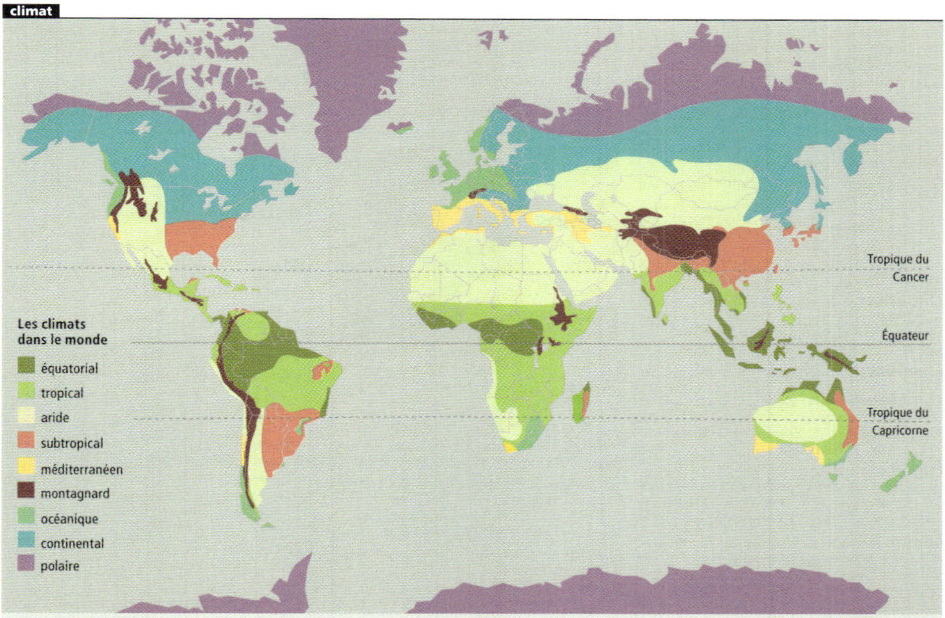

Carte simplifiée des climats. Ils sont définis en fonction de paramètres mesurables (précipitations, température...) et sur une analyse statistique. Cette classification varie selon les paramètres pris en compte.

pelle de Versailles, des cathédrales de Rouen et de Blois. ■ François Henri **Clicquot** (1732-1790). Il écrivit une *Théorie pratique de la facture d'orgue.* ■ Nicole **Clicquot,** née **Ponsardin** (1777-1866), épouse de François, apparenté aux précédents, contribua au développement du vin de Champagne.

client, ente [klijɑ̃, ɑ̃t] **n.** (latin *cliens*) **1.** anciennt ou polit. Personne qui dépend d'un protecteur (→ **clientélisme**). **2.** Personne qui achète ou requiert des services moyennant rétribution. *Les clients d'un médecin.* → **patient.** *Magasin plein de clients,* d'acheteurs. → **achalandé.** ■ Acheteur (d'un fournisseur) ; spécialt acheteur habituel, régulier. → **clientèle.** – appos. *Service client(s) :* service d'une entreprise qui gère les relations avec les clients. **3. n. m.** Consommateur, importateur (→ **marché**). **4. n. m.** inform. Système informatique qui utilise des services, des informations fournies par un serveur.

clientèle n. f. (du latin → client) **I. 1.** Protégés d'un homme politique ; ceux qui servent son influence. *Clientèle électorale.* **2.** Ensemble de clients (2). *Viser une clientèle donnée.* → **cible. II.** Fait d'être client, d'acheter. *Obtenir la clientèle d'un pays.* → **marché.**

clientélisme n. m. (→ client [1]) (pour un politicien, un parti) Fait de chercher à élargir son influence en attribuant des privilèges. □ **adj. et n. clientéliste**

Clift (Montgomery) Acteur américain (1920-1966). Sa finesse d'interprétation et le choix de ses rôles bouleversent l'image alors caricaturale du héros américain. *La Rivière rouge ; Soudain l'été dernier ; Les Désaxés.*

Clignancourt Quartier de Paris, dans le 18e arrondissement. Ancienne commune intégrée à Paris en 1860.

clignement n. m. 1. Action, fait de cligner. *Clignement d'yeux.* **2.** littér. (lumière) Fait de briller par intermittence. → **clignotement.**

cligner v. < 1 > (p.-ê. d'un dérivé du latin *clinare* → incliner) **1. v. tr.** Fermer à demi (les yeux) pour mieux voir. **2. v. tr.** Fermer et ouvrir rapidement (les yeux). → **ciller.** – **v. tr. ind.** *Cligner de l'œil (pour faire un signe, pour aguicher).* → **clin d'œil, œillade. 3. v. intr.** (yeux, paupières) Se fermer et s'ouvrir.

clignotant, ante I. adj. 1. (yeux) Qui clignote. **2.** (lumière) Qui s'allume et s'éteint par intermittence. **II. n. m. 1.** Dispositif muni d'une lumière intermittente, qui sert à indiquer la direction que va prendre un véhicule. *Mettre son clignotant pour tourner.* **2.** Indice dont l'apparition signale un danger (dans un plan, un programme économique).

clignoter v. intr. < 1 > (de *cligner*) **1.** Cligner coup sur coup rapidement et involontairement. **2. v. intr.** Éclairer et s'éteindre alternativement à brefs intervalles. → **scintiller.** □ **n. m. clignotement**

clignoteur n. m. (Belgique) Clignotant (II, 1).

climactérique adj. (→ climatérique) bot. Se dit de fruits et légumes dont la maturation se poursuit après la récolte.

climat n. m. (du latin, du grec *klima* « inclinaison ») **1.** Ensemble de circonstances atmosphériques et météorologiques (humidité, pressions, températures...) propres à une région (→ aussi **microclimat**). *Climat équatorial, tropical, désertique, tempéré. Un climat sec, humide, pluvieux.* **2.** Atmosphère morale. → **ambiance, milieu.** *Climat d'hostilité.*

Clift (Montgomery)

Montgomery Clift, avec Elizabeth Taylor, dans *Soudain l'été dernier* de J. Mankiewicz (1959).

climatérique adj. et n. f. (du grec, de *klimaktêr* « étape, échelon », de *klimax* « échelle ») Antiq. *Année climatérique* ou *climatérique* **n. f. :** année de la vie humaine, multiple de 7 ou de 9, considérée comme difficile à franchir, en particulier la 63e, dite *grande climatérique.* – par ext. Se dit d'une période qui présente un caractère dangereux. → **¹critique.** – méd. *Troubles, symptômes climatériques,* accompagnant la ménopause.

climatique adj. Relatif au climat (1). *Conditions climatiques. Station climatique,* où l'on envoie les malades pour les vertus curatives du climat.

▶ À l'échelle des temps géologiques, comme à celle de la météorologie, les **phénomènes climatiques** sont soumis à l'influence de multiples facteurs.

L'énergie solaire reçue par la Terre est le véritable moteur de la « machine climatique », alors que les variations de l'activité solaire et de la distance Terre-Soleil influencent ses cycles.

Les modifications de la composition chimique de l'atmosphère accompagnent aussi les perturbations climatiques : l'absorption lumineuse par les cendres émises lors d'explosions volcaniques refroidissent la surface, alors que l'augmentation des gaz à effet de serre favorise l'absorption de l'énergie infrarouge émise par la Terre et réchauffe sa surface.

La dynamique interne du système climatique repose enfin sur des liens intimes entre l'atmosphère et l'océan qui peuvent générer de nombreux phénomènes climatiques, à l'échelle locale comme à l'échelle planétaire, notamment *via* les courants marins qui distribuent la chaleur. Cette dernière circule également sous l'influence des variations de la pression atmosphérique, l'air se déplaçant des régions où elle est élevée (anticyclones) vers les zones de dépressions.

Dans l'océan Pacifique, le phénomène climatique *El Niño* (littéralement « courant de l'enfant Jésus ») apparaît tous les 2 à 7 ans à la période de Noël et dure environ 18 mois. Une diminution des alizés se produit le long des côtes péruviennes entraînant une augmentation de la température de l'océan. Outre ses effets extraordinaires sur la pêche, ce phénomène climatique entraîne des pluies torrentielles sur l'Amérique du Sud et des sécheresses en Australie.

On peut parler d'impact climatique régional quand des modifications profondes de l'environnement apparaissent dans des zones moins étendues, sous l'influence des installations humaines (grands lacs artificiels par exemple). D'une manière générale, le cycle de l'eau est alors fortement perturbé : l'urbanisation intense provoque des crues, la déforestation et l'assèchement des lacs favorisent la désertification.

voir aussi **atmosphère, dioxyde de carbone (CO_2), océanographie, volcan**

C

climatisation **n. f.** Moyens employés pour obtenir, dans un lieu fermé, une atmosphère constante (température, humidité), à l'aide d'appareils. - **abrév. fam. clim.**

climatiser **v. tr.** < 1 > **1.** Maintenir (un lieu) à une température agréable. **2.** Équiper (un local) de la climatisation. ■ **climatisé, ée adj.** *Salle, voiture climatisée.*

climatiseur **n. m.** Appareil de climatisation.

climatologie **n. f.** Étude des phénomènes climatiques et météorologiques dans les différentes parties du globe. □ **adj. climatologique** □ **n. climatologue**

climatosceptique **adj. et n.** (**de** ***climat*** **et** ***sceptique***) **didact.** (Personne) qui met en doute les théories les plus répandues concernant le réchauffement climatique.

climax [klimaks] **n. m.** (**mot anglais, du grec** ***klimax*** **« échelle, gradation »**) **1. sc.** Point culminant (dans une progression). **2. géogr.** État optimal d'équilibre écologique. **3. fig.** Moment le plus intense. *Le climax d'un film.*

Climax Site minier (molybdène) des États-Unis, dans le Colorado.

clin **n. m.** (**de l'ancien français** ***cliner***, **du latin** ***clinare*** **« incliner »**) **techn.** Panneau à recouvrement partiel dans un revêtement extérieur.

clin d'œil [klɛ̃dœj] **n. m.** (**de** ***cligner*** **et** ***œil***) **1.** Mouvement rapide de la paupière (**→ clignement**) pour faire signe. *Des clins d'œil, d'yeux.* **→ œillade. 2.** *En un clin d'œil* : en un temps très court.

clinfoc **n. m.** (**allemand** ***klein Fock*** **« petit foc »**) **mar.** Voile légère, à l'avant du navire.

clinicat **n. m.** **didact.** Fonction de chef de clinique.

clinicien, ienne **n.** (**de** ***clinique***, **I**) Médecin praticien.

clinique (**du latin, du grec, de** ***klinê*** **« lit »**, **de** ***klinein*** **« incliner* »**) **I. 1. adj.** Qui observe directement (au lit des malades) les manifestations de la maladie. *Médecine clinique. Signes cliniques* : symptômes que le médecin peut percevoir par la seule observation. □ **adv. cliniquement 2. n. f.** Enseignement médical donné au chevet des malades. **II. n. f. 1.** Service hospitalier où est donné l'enseignement d'une discipline. *Chef de clinique*, assurant l'enseignement dans un service de clinique. **2.** Établissement de soins privé.

clinomètre **n. m.** (**du grec** ***klinein*** **« pencher » et de** ***-mètre***) Instrument destiné à mesurer l'inclinaison d'un plan. **→ inclinomètre.**

clinquant, ante (**p.-ê. onomatopée → cliquer [1]**) **I. n. m. 1.** Lamelle brillante dont on rehausse certaines broderies. **2.** Mauvaise imitation de métaux, de pierreries. **→ camelote, [1]faux. 3.** Éclat trompeur ou de mauvais goût. **II. adj.** Qui brille d'un éclat voyant, vulgaire. *Des bijoux clinquants.*

Clinton (**William Jefferson Blythe, dit Bill**) Homme d'État américain (né en 1946). Démocrate, gouverneur de l'Arkansas (1978-1980 ; 1982-1992), il fut président des États-Unis de 1993 à 2001. Il s'attacha à la lutte contre la criminalité, à la réduction du déficit budgétaire, à la libéralisation du commerce international et enregistra plusieurs succès en politique extérieure (règlement du contentieux nucléaire avec la Corée du Nord, intervention en Haïti, accord de paix jordano-israélien).

Clinton (**Hillary**), **née Rhodam** Femme politique américaine (née en 1947). Femme de Bill Clinton. Sénatrice démocrate, elle fut secrétaire d'État (2009-2013) sous la présidence de B. Obama et se présenta à l'élection présidentielle de 2016 contre D. Trump.

Hillary Clinton lors de la conférence de Copenhague sur le climat en décembre 2009.

Clio L'une des neuf Muses de la mythologie grecque, patronne de l'Histoire. Elle est représentée tenant un rouleau de papyrus.

[1]clip [klip] **n. m.** (**anglais** ***clip*** **« pince »**) **anglic.** Bijou qui se fixe par une pince.

[2]clip [klip] **n. m.** (**mot anglais des États-Unis « extrait »**) **anglic.** Film vidéo, assez court, réalisé pour promouvoir (une chanson, etc.). *Des clips.* - **syn. vidéoclip n. m.**

clipper [klipœʀ] **n. m.** (**mot anglais « qui coupe [les flots] »**) **ancienn** Petit voilier fin et rapide. - **var.** RO **clippeur.**

Clipperton (**îlot**) Atoll inhabité de l'océan Pacifique, dépendant de la Polynésie-Française (depuis 1931). Situé à 1 300 km des côtes mexicaines, ce territoire fut l'objet d'une rivalité entre la France et le Mexique.

cliquable **adj.** **inform.** Sur lequel il est possible de cliquer afin d'activer un lien hypermédia.

clique **n. f.** (**p.-ê. de** ***cliquer*** **[1] ; idée de « rumeurs, intrigues »**) **1.** Groupe de personnes peu estimables. **→ [2]bande.** ■ Groupe d'amis, notamment sur un réseau social. **2.** Ensemble des tambours et des clairons d'une musique militaire. **→ fanfare.**

cliquer **v. intr.** < 1 > (**onomatopée**) **1. vieux** Faire un bruit sec. **→ cliqueter. 2. anglic.** Actionner le bouton d'une souris pour effectuer une sélection sur l'écran d'un ordinateur.

cliques **n. f. pl.** (**mot régional « jambes »**) **fam.** ***Prendre ses cliques et ses claques*** : s'en aller en emportant ce que l'on possède.

cliquet **n. m.** (**de** ***cliquer*** **[1]**) Pièce servant à empêcher une roue dentée de tourner dans le sens contraire à son mouvement.

cliquètement voir **cliquetis**

cliqueter **v. intr.** < 4 ou RO 5 > (**de** ***cliquer***) Produire un cliquetis. □ **adj. cliquetant, ante**

cliquetis **n. m.** Série de bruits secs que produisent certains corps sonores qui se choquent. *Un cliquetis de clés.* - **syn. cliquètement ou cliquettement.**

Cliquet-Pleyel (**Henri**) Compositeur français (1894-1963). Il appartient à l'école d'Arcueil. *Le Cantique des colonnes*, sur un poème de Paul Valéry.

cliquette **n. f.** (**de** ***cliquer***) **vieux** Crécelle.

cliquettement voir **cliquetis**

clisse **n. f.** (**de** ***éclisse***) Petite claie d'osier servant à faire égoutter les fromages, à protéger des bouteilles.

clisser **v. tr.** < 1 > Garnir de clisses.

Clisson (**Olivier de**) Homme de guerre français (1336-1407). Nommé connétable à la mort de Du Guesclin (1380), il contribua à la victoire de Rozebeke sur les Flamands (1382).

Clisson Commune de la Loire-Atlantique, au S.-E. de Nantes. 7 507 habitants. Ruines d'un château fort qui fut le domaine des Clisson puis des ducs de Bretagne.

Clisthène Homme d'État athénien (2de moitié du VIe s. av. J.-C.). Il renversa le tyran Hippias (–510) puis, porté au pouvoir par une révolution populaire, institua la démocratie à Athènes. On lui attribue l'instauration de l'ostracisme.

clitocybe **n. m.** (**mot du latin bot., du grec** ***klitos*** **« pente » et** ***kubê*** **« tête »**) Champignon basidiomycète à lames décurrentes.

clitoridectomie **n. f.** (**→ -ectomie**) **didact.** Ablation du clitoris. **→ excision.**

clitoris [klitɔʀis] **n. m.** (**du grec, de** ***kleis*** **« clé »**) Organe érectile de la vulve. □ **adj. clitoridien, ienne**

clivage **n. m.** **1.** Action de cliver, de se cliver. **2. fig.** Séparation par plans, par niveaux. *« Un nouveau clivage social prenait vie »* (Gracq).

Clive (**Robert**) **baron Clive de Plassey** Général britannique (1725-1774). Il est le fondateur de l'Empire britannique en Inde. Accusé à tort de concussion, il se suicida après avoir été réhabilité.

cliver **v. tr.** < 1 > (**néerlandais** ***klieven*** **« fendre »**) **1.** Fendre (un corps minéral, un diamant) dans le sens naturel de ses couches. – **pronom.** *Le mica se clive en fines lamelles.* **2. fig.** Séparer. **→ clivage.**

Cloaca Maxima Le plus grand égout de la Rome antique, ruisseau traversant le Forum, canalisé par Tarquin l'Ancien.

cloaque **n. m.** (**latin** ***cloaca*** **« égout »**) **I. 1.** Lieu destiné à recevoir les immondices, les eaux usées. **2. fig.** Foyer de corruption (morale ou intellectuelle). **II. zool.** Orifice des cavités urinaire et génitale (oiseaux, reptiles). □ **adj. cloacal, ale, aux**

cloître

Dans le cloître chrétien, les colonnes sont posées sur un socle continu entrecoupé de quelques issues permettant le passage de la galerie à la cour intérieure (cloître de la cathédrale Saint-Sauveur, Aix-en-Provence).

clochard, arde n. (de [2]*clocher*) Personne socialement inadaptée, qui vit sans travail ni domicile, dans les grandes villes. - abrév. fam. **clodo** n.

clochardiser v. tr. < 1 > Réduire (une personne, un groupe social) à l'état de clochard. – pronom. *Un vagabond en train de se clochardiser.* □ n. f. **clochardisation**

[1]**cloche** n. f. (vient du latin *clocca*, d'origine celtique) **1.** Instrument creux, évasé, en métal sonore (bronze), dont on tire des vibrations retentissantes et prolongées en en frappant les parois intérieures ou extérieures. → [1]**bourdon, carillon.** *Les cloches sonnent.* – loc. *N'entendre qu'un* **son de cloche**, qu'une opinion. *Déménager* **à la cloche de bois**, en cachette. – fam. *Sonner les cloches à qqn*, le réprimander fortement. **2.** Objet creux qui recouvre, protège. *Cloche à fromage.* – *Cloche à plongeur* : dispositif à l'abri duquel on peut séjourner sous l'eau. **3.** loc. fam. *Se taper la cloche* : bien manger. **4.** en appos. *Chapeau cloche*, sans bords. *Jupe cloche*, légèrement évasée.

[2]**cloche** n. f. (de [2]*clocher*) **I.** fam. Personne niaise et maladroite. – adj. *Il est un peu cloche.* **II.** *La cloche* : les clochards.

à **cloche-pied** ou à **clochepied** loc. adv. (de [2]*clocher*) En tenant un pied en l'air et en sautant sur l'autre. *Sauter à cloche-pied.*

[1]**clocher** n. m. **1.** Bâtiment élevé d'une église dans lequel on place les cloches. → **campanile. 2.** loc. *Querelles, rivalités de clocher*, purement locales, insignifiantes. *Esprit de clocher* : chauvinisme.

[2]**clocher** v. intr. < 1 > (vient du latin pop. *cloppicare* « boiter » → **clopiner**) Être défectueux ; aller de travers. *Il y a quelque chose qui cloche*, qui ne va pas.

clocheton n. m. archit. Ornement en forme de petit clocher.

clochette n. f. **1.** Petite cloche. → **sonnette. 2.** Fleur, corolle en forme de petite cloche. *Les clochettes du muguet.*

Clodion le Chevelu (mort en 447). Chef des Francs Saliens (v. 428-447). Il est l'ancêtre des Mérovingiens.

Clodion (Claude Michel, dit) Sculpteur français (1738-1814). Élève de L. S. Adam et de Pigalle, il traita avec grâce et sensualité des sujets mythologiques. *Bacchanale ; Nymphes et Satyres.*

Clodius en latin **Publius Claudius Pulcher** Homme politique romain (93-52 av. J.-C.). Tribun de la plèbe en –58, il fit exiler Cicéron et terrorisa la ville. Il fut tué par un autre agitateur, T. Annius Milon.

clodo voir **clochard**

Clodomir Fils de Clovis (v. 495-524). Roi d'Orléans (511-524). Il prit part avec ses frères à la guerre contre les Burgondes et mourut à la bataille de Vézeronce.

cloison n. f. (vient du latin, de *claudere* → **clore**) **1.** Paroi plus légère que le mur, qui limite les pièces d'une maison. *Abattre une cloison.* **2.** Séparation entre les parties intérieures (d'un navire). *Cloison étanche*.* **3.** Ce qui divise l'intérieur (d'une cavité). *Cloison des fosses nasales.* **4.** fig. Ce qui divise (des personnes). → **barrière.** *Abattre, faire tomber les cloisons.*

cloisonné, ée adj. et n. m. Divisé par des cloisons. – fig. *Une société cloisonnée.* ■ *Émaux cloisonnés*, sertis d'arêtes de métal. – n. m. *Un cloisonné.*

cloisonnement n. m. Division entre des personnes, des choses.

cloisonner v. tr. < 1 > Séparer par des cloisons. → **compartimenter.** □ n. m. **cloisonnage**

cloître n. m. (vient du latin *claustrum* → **claustral**) **1.** Partie d'un monastère interdite aux profanes et fermée par une enceinte. → **clôture.** ■ par ext. Le monastère. → **abbaye, couvent ; claustral. 2.** Galerie à colonnes qui encadre une cour ou un jardin carré, dans une église. *Cloître roman.* - var. RO **cloitre.**

cloîtrer v. tr. < 1 > **1.** Faire entrer comme religieux, religieuse dans un monastère fermé. – au p. p. *Religieuses cloîtrées.* **2.** Enfermer, mettre à l'écart (qqn). – pronom. (réfl.) *Se cloîtrer* : vivre à l'écart du monde. → se **claustrer**, se **retirer.** - var. RO **cloitrer.**

clonage n. m. biol. **1.** Reproduction d'un individu (végétal ou animal) à partir d'une de ses cellules. **2.** Technique permettant d'obtenir un ensemble de cellules à partir d'une seule. *Clonage thérapeutique.*

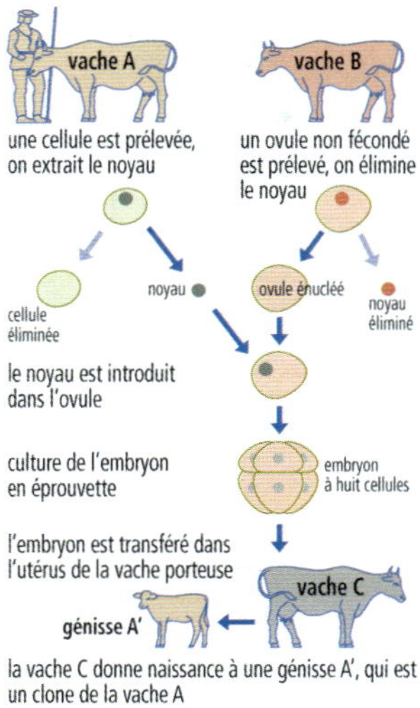

En 1996, la brebis Dolly fut le premier mammifère né grâce au clonage reproductif. Depuis, d'autres espèces (vache, lapin, chat...) ont ainsi été clonées.

Le **clonage** est une réédition à l'identique de la totalité ou d'une partie d'un organisme vivant, végétal ou animal. Il désigne des processus variés, dont le point commun est de permettre l'obtention de plusieurs entités ayant le même patrimoine génétique.
Le **clonage reproductif** vise à donner naissance à au moins une entité vivante, génétiquement identique à une autre déjà existante, c'est-à-dire à un jumeau plus jeune que l'original. Phénomène naturel chez certains végétaux qui se reproduisent par émission de rejets, le clonage est également et depuis très longtemps réalisé artificiellement par les jardiniers (le bouturage d'une tige de géranium est un clonage). Le clonage animal n'a été réussi que récemment, par l'introduction du noyau d'une cellule issue d'un organe d'un animal dans un ovocyte énucléé prélevé chez une femelle de la même espèce, ou d'une autre espèce. Utilisée depuis 1963, cette méthode présente un taux de réussite encore faible et les clones souffrent de problèmes que ne présentent pas leurs « aînés ». Une autre étape a été franchie en 1996 avec la brebis Dolly, premier clone d'un mammifère (morte depuis, en 2003, d'une maladie pulmonaire). S'il est parfois présenté comme un moyen de lutte contre la disparition d'espèces menacées, le clonage reproductif ne permet pas le brassage de gènes caractéristique de la reproduction sexuée, qui favorise l'adaptation et l'évolution des espèces.
Le **clonage thérapeutique** permet, quant à lui, d'obtenir, essentiellement à partir de cellules souches, des cellules destinées à remplacer des cellules ou des organes défaillants. Le « **clonage de gène** » consiste enfin en l'introduction d'un gène étranger dans un organisme par le biais d'un vecteur biologique (en général un plasmide), destiné à faire produire à l'organisme récepteur une protéine inédite, qualifiée de *recombinante.*
Le clonage reproductif soulève de nombreuses questions éthiques. Le désir de « ressusciter » un être cher est souvent invoqué pour justifier le clonage reproductif appliqué à l'être humain ; il est cependant illusoire de penser que le clone d'une personne lui sera identique en tout point, dans la mesure où le patrimoine génétique d'un individu est loin d'en conditionner entièrement la personnalité.
voir aussi **cellule souche, biotechnologie, bioéthique, jumeau, OGM**

clone n. m. (mot anglais, du grec *klôn* « pousse ») **1.** biol. Individu provenant de la reproduction d'un individu unique. ■ Ensemble des cellules résultant des divisions d'une cellule unique. **2.** inform. Copie d'un modèle d'ordinateurs, compatible avec ce modèle.

C

cloner v. tr. < 1 > biol. Reproduire par clonage.

clonie n. f. (du grec *klonos* « agitation ») méd. Secousse musculaire brève et involontaire.

Clonmacnois Un des principaux centres monastiques irlandais du haut Moyen Âge, sur le Shannon.

Clonmel Ville de la république d'Irlande, chef-lieu du comté de Tipperary. 14 800 habitants.

clonus n. m. (grec *klonos* « agitation ») méd. Succession de contractions déclenchée par la traction brusque de certains muscles. □ adj. **clonique**

Clooney (George) Acteur et réalisateur américain (né en 1961). Un charme et un humour à la Cary Grant ont fait de lui l'acteur fétiche des frères Coen (*O'Brother ; Burn after reading*) et de Soderbergh (*Hors d'atteinte*). Il est également un metteur en scène engagé : *Good Night, and Good Luck ; Bienvenue à Suburbicon.*

Cloots [klots] (Jean-Baptiste du Val-de-Grâce, baron de Cloots, dit **Anacharsis**) Révolutionnaire français d'origine prussienne (1755-1794). Il collabora à *L'Encyclopédie* et se rallia à la Révolution dès 1789. Jacobin puis hébertiste, il fut exécuté en 1794.

clope n. (origine inconnue) fam. **1.** n. m. Mégot. **2.** n. f. Cigarette. *Un paquet de clopes.*

cloper v. intr. < 1 > fam. Fumer une, des cigarettes.

clopin-clopant loc. adv. (de l'ancien v. *cloper* « boiter ») fam. En clopinant. *Aller clopin-clopant.* → **cahin-caha.** - var. RO **clopinclopant** adv.

clopiner v. intr. < 1 > (de l'ancien français *clop*, qui vient du latin *cloppus* « boiteux » → [2]**clocher**) Marcher avec peine, en traînant le pied. → **boiter.**

clopinettes n. f. pl. (de *clope*) fam. *Des clopinettes* : rien. *Ça lui a coûté des clopinettes.*

cloporte n. m. (p.-ê. de *clore* et *porte*) **1.** Petit animal arthropode qui vit sous les pierres. **2.** fig. Personnage ignoble.

cloque n. f. (forme picarde de *cloche*) **1.** Petite poche de la peau pleine de sérosité. → **ampoule. 2.** Boursouflure dans un matériau de revêtement. **3.** loc. fam. *Être en cloque*, enceinte.

cloqué, ée adj. Qui présente des cloques, des boursouflures. ■ *Étoffe cloquée*, gaufrée. – n. m. *Du cloqué.*

cloquer v. intr. < 1 > Former des cloques.

clore v. tr. < 45 > (vient du latin *claudere*) **1.** vieux Fermer pour empêcher l'accès. **2.** vieilli Entourer d'une enceinte. → **enclore. 3.** Terminer ; déclarer terminé. *Clore un débat, une négociation.* → **clôturer (2).**

Clorinde Héroïne de *La Jérusalem délivrée* du Tasse. Elle est tuée par Tancrède, follement épris d'elle, qui ne l'avait pas reconnue.

[1]**clos, ose** adj. (p. p. de *clore*) **1.** littér. Fermé. *Volets clos. Trouver porte close* : ne trouver personne. – *Maison close*, de prostitution. – loc. *En vase* clos.* **2.** Achevé, terminé. *L'incident est clos.*

[2]**clos** n. m. (de *clore*) **1.** Terrain cultivé et fermé par des haies, des murs, des fossés. **2.** Vignoble. *Le clos Vougeot* (bourgogne).

close-combat n. m. (mot anglais « combat rapproché [close] ») anglic. Combat corps à corps. *Des close-combats.*

closerie n. f. Petit clos comprenant une maison d'habitation.

clostridie n. f. (du latin savant, du grec *klôstêr* « fuseau ») biol. Bactérie anaérobie de la flore intestinale, qui peut être responsable de certaines maladies (botulisme, tétanos).

C

Clotaire Nom de plusieurs rois mérovingiens. ■ **Clotaire Ier** (v. 497-561). Roi de Neustrie (511-561). Fils de Clovis, il conquit la Thuringe, le royaume des Burgondes et devint le seul roi des Francs à la mort de Théodebald. ■ **Clotaire II** (584-628). Roi de Neustrie (584-628). Fils de Chilpéric Ier et de Frédégonde, il conquit l'Austrasie, devenant ainsi roi des Francs, et fit assassiner Brunehaut (613). ■ **Clotaire III** (652-673). Roi de Neustrie et de Bourgogne (657-673). Fils de Clovis II, il régna sous la tutelle d'Ébroïn. ■ **Clotaire IV** (mort en 719). Roi d'Austrasie (718-719). Il fut opposé à Chilpéric II par Charles Martel.

Clotilde (sainte) Reine des Francs (v. 475-545), fille de Chilpéric, roi des Burgondes. Femme de Clovis Ier, elle le convertit au christianisme.

clôture n. f. (vient du latin → clore) **1.** Ce qui sert à fermer un passage, à enclore un espace. → **barrière**, **¹enceinte**. *Mur de clôture. Clôture métallique.* → **grille**. **2.** Enceinte d'un monastère, où des religieux vivent cloîtrés. → **cloître**. **3.** Action de terminer, de déclarer la fin (de qqch.). *Séance de clôture.*

clôturer v. tr. < 1 > **1.** Fermer par une clôture. **2.** Déclarer terminé. → **achever**, **clore**. *Clôturer les débats, la séance.* → **¹lever**.

clou n. m. (vient du latin *clavus* → clavicule) **I. 1.** Petite tige de métal à pointe, souvent à tête, qui sert à fixer, assembler, suspendre. *Petits clous.* → **semence**. *Planter des clous.* → **clouer**. – fig. *Enfoncer* le clou.* **2.** fam. *Les clous* : passage pour piétons (autrefois signalé par de gros clous). *Traverser dans les clous.* → **passage clouté**. **3.** loc. fig. *Maigre comme un clou* : très maigre. – fam. *Ça ne vaut pas un clou* : cela ne vaut rien. – *Des clous !* : rien du tout. **II.** fig. **1.** *Clou de girofle**. **2.** fam. Furoncle. **III. 1.** (de *mettre au clou* « suspendre ») fam. Mont-de-piété. *Mettre ses bijoux au clou.* **2.** *Le clou du spectacle* : ce qui accroche le plus l'attention des spectateurs. **3.** (idée d'« objet sans valeur ») Mauvais véhicule. → fam. **bagnole**, **guimbarde**.

clouage n. m. Action ou manière de clouer.

cloud [klaud] n. m. (mot anglais « nuage ») anglic. inform. Ensemble des serveurs distants proposant des services accessibles par le réseau Internet. *Stocker des photos sur le cloud.* - recomm. offic. **nuage**.

Cloud (saint) Fils de Clodomir (mort en 560). Il échappa à ses oncles Clotaire Ier et Childebert Ier, qui avaient massacré ses frères. Il se retira dans un ermitage près de Paris.

clouer v. tr. < 1 > **1.** Fixer, assembler avec des clous. *Clouer une caisse. Clouer un tableau au mur.* **2.** Fixer avec un objet pointu. *Il le cloua au sol d'un coup d'épée.* ■ fig. Immobiliser. *Une maladie la cloue au lit.* – passif *Être, rester cloué sur place* (par la peur, l'émotion, la surprise). → **paralyser**. **3.** loc. *Clouer le bec à qqn* : réduire (qqn) au silence.

Clouet (Jean, dit Janet) Peintre et dessinateur français d'origine flamande (v. 1485-1541). Au service de François Ier, il est surtout connu pour ses portraits d'une précision et d'une finesse remarquables, exécutés à la pierre noire et à la sanguine.

Clouet (François, dit aussi Janet) Peintre et dessinateur de cour (1515-1572). Fils et élève de Jean, il continua à servir le roi. Ses peintures sont empreintes du maniérisme de l'école de Fontainebleau. *Portrait équestre de François Ier ; Pierre Quthe.*

cloueuse n. f. Machine automatique à clouer.

clouté, ée adj. **1.** Garni de clous. *Une ceinture cloutée.* **2.** vieilli *Passage clouté* : passage pour piétons limité par des bandes peintes (autrefois par des têtes de clous). → fam. **clou** (I, 2).

clouter v. tr. < 1 > Garnir de clous. □ n. m. **cloutage**

clouterie n. f. Fabrication, commerce des clous. □ n. **cloutier, ière**

Clouzot (Henri-Georges) Scénariste et cinéaste français (1907-1977). Son œuvre, servie à l'écran par des artistes de renom (Y. Montand, L. Jouvet, B. Blier), allie réalisme et tension dramatique. *Quai des Orfèvres ; Le Salaire de la peur ; Les Diaboliques.*

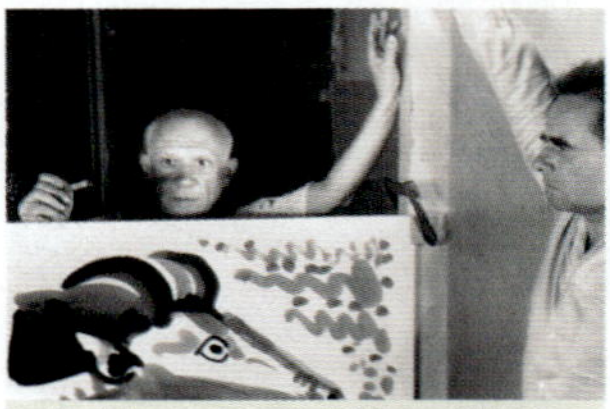

Henri-Georges Clouzot (à droite), avec Pablo Picasso pour le film *Le Mystère Picasso* (1955).

Clovis Nom de rois mérovingiens. ■ **Clovis Ier** (v. 466-511). Roi des Francs (481-511). Fils de Childéric Ier, il battit le dernier représentant de l'autorité romaine, Syagrius, à Soissons (486), et n'eut de cesse d'agrandir son territoire, dominant successivement les Alamans, les Burgondes et les Wisigoths. Premier roi barbare converti au christianisme, sous l'influence de son épouse Clotilde et de saint Remi, évêque de Reims (v. 496), il réunit un concile à Orléans en 511. ■ **Clovis II** (mort en 657). Roi de Neustrie, de Bourgogne (639-657), et d'Austrasie (656-657). Il est le fils de Dagobert Ier. ■ **Clovis III** (mort en 695). Roi d'Austrasie (691-695). Fils de Thierry III, il eut pour successeur son frère Childebert III.

Clovis décapitant le guerrier qui l'a outragé à Soissons, miniature extraite des *Grandes Chroniques de France* (1375-1379), Bibliothèque nationale de France, Paris.

clovisse n. f. (du provençal, de *clausisso*, famille de *clore*) régional (Provence) Palourde.

clown [klun] n. (mot anglais « rustre ») **1.** Comique de cirque qui, très maquillé et grotesquement accoutré, fait des pantomimes et des scènes de farce. → **auguste**. *Clown blanc.* **2.** fig. Farceur, pitre. *Faire le clown.* → **guignol**.

clownerie [klunʀi] n. f. Pitrerie.

clownesque [klunɛsk] adj. **1.** Qui a rapport au clown. **2.** Digne d'un clown.

club [klœb] n. m. (mot anglais « groupement de personnes ») **I. 1.** Société constituée pour aider ses membres à exercer des activités désintéressées (sports, voyages). → **association**. **2.** Cercle où des habitués (membres) passent leurs heures de loisir. **3.** hist. Groupe politique. *Le club des Jacobins.* **II.** (autre sens de l'anglais) Large et profond fauteuil de cuir. – appos. *Fauteuil club.* **III.** (1er sens du mot anglais « gros bâton ») anglic. Crosse de golf. *Le caddie transporte les clubs des joueurs.*

club-house [klœbaus] n. m. (mot anglais, de *club* → club et *house* « maison ») anglic. Bâtiment réservé aux membres d'un club sportif et mettant à leur disposition divers services (bar, restaurant, etc.). *Des club-houses.* - recomm. offic. **pavillon-club**. - var. RO **clubhouse**.

clubiste [klœbist] n. **1.** hist. Membre d'un club politique, sous la Révolution. **2.** Membre d'une association sportive.

Cluj-Napoca Ville de Roumanie, en Transylvanie. 324 700 habitants. Université. Administrations. Industries (mécanique, chimique, alimentaire). La ville fut fondée par les Daces, puis dominée par les Romains. Elle acquit le statut de ville libre en 1405. Elle appartint à la Hongrie avant 1919, puis de 1940 à 1944.

clunisien, ienne adj. didact. Relatif à l'ordre monastique de Cluny et à l'architecture (de style roman) qu'il promut.

Cluny Commune de la Saône-et-Loire, au N. de Mâcon. 4 931 habitants. ■ **L'abbaye de Cluny**, fondée en 910 par le duc Guillaume d'Aquitaine, fut le principal instrument de la réforme de la règle bénédictine (XIe s.) en raison de son lien direct avec la papauté. La conduite éclairée de ses premiers abbés (Odon, Odilon, Hugues le Grand) en fit un centre spirituel et culturel. La riche architecture clunisienne joua un rôle marquant dans l'évolution de l'art roman. L'église, qui fut la plus grande de la chrétienté avant Saint-Pierre de Rome, fut aux trois quarts détruite, à la Révolution et au XIXe s. Il reste un bras du transept.

Vue d'ensemble de l'abbaye de Cluny, construite en trois temps et achevée en 1120.

Cluny (hôtel et musée de) Ancienne résidence parisienne des abbés de Cluny (Ve arrondissement), édifiée sur l'ordre de Jacques d'Ambroise de 1485 à 1500, à proximité des ruines des thermes gallo-romains. L'hôtel de Cluny abrite désormais le Musée national du Moyen Âge, grâce aux collections laissées en 1843 par Alexandre de Sommerard.

clupéiforme n. m. (du latin *clupea* « alose » et de *-forme*) Poisson osseux à nageoire caudale fourchue (ordre des *Clupéiformes* ; ex. : le hareng, la sardine).

Clusaz (La) Commune de la Haute-Savoie. 1 706 habitants. Station d'été et de sports d'hiver, dans le massif des Aravis.

cluse n. f. (du latin médiéval, de *cludere*, *claudere* → clore) Coupure encaissée perpendiculaire, dans une chaîne de montagnes.

Cluseret (Gustave Paul) Officier et homme politique français (1823-1900). Il combattit en Crimée (1855) puis aux côtés de Garibaldi, et fut général des armées nordistes pendant la guerre de Sécession (1862). Affilié à la Ire Internationale, il participa à la Commune de Paris (1871).

Cluses Commune de la Haute-Savoie, sur l'Arve. 16 976 habitants.

cluster [klœstœʀ] n. m. (mot anglais « agglomérat ») anglic. **1.** didact. Groupement (d'un petit nombre d'objets). **2.** mus. Résonance de plusieurs notes jouées simultanément. **3.** méd. Foyer épidémique.

Cluver, Cluvier ou **Cluwer (Philipp)** latinisé en **Cluverius** Géographe et historien allemand (1580-1622). Il rédigea un des premiers essais de géographie historique et politique : *Introduction à la géographie générale, ancienne et moderne.*

Clyde **n. f.** Fleuve d'Écosse (170 km) qui arrose Glasgow, et se jette dans l'Atlantique par le *Firth of Clyde*.

Clydebank Ville d'Écosse dans la banlieue de Glasgow, sur la Clyde. 28 800 habitants. Le *Queen Mary* et le *Queen Elizabeth* furent construits dans ses chantiers navals.

Clyméné L'une des Océanides, dans la mythologie grecque. De son mariage avec le titan Japet naissent Atlas, Prométhée et Épiméthée. De son mariage avec Hélios naissent Phaéton et les Héliades.

clystère **n. m.** **(grec** ***klustêr*****)** vieux Lavement.

Clytemnestre Dans la mythologie grecque, fille de Tyndare, roi de Sparte, et de Léda ; sœur ou demi-sœur d'Hélène, de Castor et de Pollux. Elle épouse Agamemnon, qu'elle assassine avec l'aide de son amant Égisthe après le sacrifice de sa fille Iphigénie. Elle est tuée par Oreste et Électre, ses deux autres enfants.

Oreste tue sa mère Clytemnestre, pièce centrale d'un triptyque ionique grec en bronze repoussé (v. 570 av. J.-C.), Musée d'Olympie.

cm voir **centimètre**

Cm Symbole chimique du curium.

Cnac ou **Cnac-GP** voir **Centre national d'art et de culture Georges-Pompidou**

Cnam voir **Arts et Métiers** (Conservatoire national des)

cnémide **n. f.** **(grec** ***knêmis*** **« jambière »)** **Antiq.** Jambière des soldats grecs.

Cnes voir **Centre national d'études spatiales**

cnidaire **n. m.** **(du grec** ***knidê*** **« ortie », à cause des cellules urticantes)** **zool.** Animal aquatique primitif à symétrie radiale (embranchement des *Cnidaires* ; ex. : la méduse, le corail). **➔ polype.**

Cnide Ancienne ville d'Asie Mineure (Carie). Colonie dorienne, elle adhéra à la Confédération athénienne, puis se rebella (–412). Un de ses temples abritait la statue d'Aphrodite réalisée par Praxitèle, connue grâce à des copies antiques.

CNN **(Cable News Network)** Chaîne de télévision américaine émettant sur le réseau câblé. Diffusant de l'information en continu, la chaîne connaît une audience mondiale grâce à la couverture des grands évènements internationaux et des élections présidentielles américaines.

Cnossos ou **Knossos** Ancienne ville de Crète, à 5 km d'Héraklion. Centre de l'antique civilisation crétoise, elle fut la résidence du roi légendaire Minos. Des fouilles conduites par sir Arthur Evans ont mis au jour depuis 1900 les ruines des palais et de la ville ; y furent découvertes, entre autres, des fresques faisant partie des premières peintures murales.

CNPF **n. m.** voir **Mouvement des entreprises de France**

CNR voir **Conseil national de la Résistance**

CNRS voir **Centre national de la recherche scientifique**

CNSM voir **Conservatoire national supérieur de musique**

Co Symbole chimique du cobalt.

co- Élément **(du latin** ***cum*****)** signifiant « avec, ensemble ».

Cnossos

Cnossos : entrée sud du palais dédaléen du roi Minos (Crète).

CO_2 [seodø] **n. m.** **(abréviation)** Dioxyde* de carbone **(dans des emplois courants, non scientifiques).** *Émissions de CO_2.*

► Le dioxyde de carbone (de formule chimique **CO_2**), identifié en 1638 par le médecin flamand Van Helmont à la fois comme produit de la combustion du charbon et de la fermentation du jus de raisin, fut isolé par Joseph Priestley en 1766. Gaz inodore et incolore, plus dense que l'air à pression et température ambiantes, il est également appelé « gaz carbonique » ou « anhydride carbonique ». À la température de –78 °C (sous pression atmosphérique), il se solidifie sans passer par l'état liquide. Ce dernier ne peut être obtenu qu'à une pression supérieure à 5,11 atmosphères. À l'état gazeux, il est utilisé pour gazéifier artificiellement les boissons. À l'état solide, il forme la neige carbonique des extincteurs : déposé au pied des flammes, il y stagne et empêche le renouvellement de l'oxygène nécessaire à la combustion. Cette « glace sèche » est également employée comme réfrigérant industriel. Mais c'est dans son état « supercritique » (sous haute pression entre liquide et gaz) qu'il donne lieu à son utilisation la plus étonnante : devenu capable de dissoudre les matières organiques, il est utilisé pour décaféiner le café.
Le CO_2 représente seulement 0,0375 % (en volume) de l'atmosphère, mais sa concentration connaît une augmentation rapide dont les causes sont anthropiques (combustion des énergies fossiles) ou naturelles (feux de forêts, déforestation, volcanisme). Or, s'il n'est pas toxique en tant que tel puisqu'il est utilisé par les végétaux pour réaliser la photosynthèse, le CO_2 est un gaz à effet de serre dont les émissions doivent être limitées. Ces dernières font désormais l'objet d'une réglementation.
voir aussi **carbone, photosynthèse, effet de serre**

coaccusé, ée **n.** Personne accusée en même temps qu'une autre.

coacervat **n. m.** **(du latin savant, de** ***coacervare*** **« mettre en tas »)** **chim.** Système liquide se formant lors de la coagulation d'un sol **(➔ ³sol).**

coach [kotʃ] **n.** **(mot anglais)** **anglic.** **I. n. m.** vieilli Automobile à deux portes et quatre places. **➔ coupé.** *Des coachs* **ou** *des coaches* **(plur. anglais).** **II. 1.** Personne chargée de l'entraînement d'une équipe, d'un sportif. **➔ entraîneur. 2.** Professionnel qui accompagne une personne, une équipe, pour l'aider à développer ses aptitudes, à atteindre ses objectifs.

coacher [kotʃe] **v. tr.** **< 1 >** **(anglais** ***to coach*** **« entraîner »)** **1.** Entraîner, diriger (une équipe, un sportif). **2.** Accompagner (une personne, une équipe) dans la réussite de ses projets. □ **n. m. coaching** [kotʃiŋ]

coacquéreur **n. m.** **dr.** Personne qui acquiert en même temps qu'une autre le même bien en commun. **– REM. Au fém., on dit** ***coacquéresse*** **et** ***coacquéreuse*****.**

coadjuteur **n. m.** **(du latin, de** ***adjuvare*** **« aider »)** Ecclésiastique adjoint à un prélat. *Le coadjuteur d'un évêque.*

coadministrateur, trice **n.** Personne qui administre en même temps que d'autres.

coagulant, ante **adj.** et **n. m.** Qui fait coaguler. ■ **n. m.** Substance qui favorise la coagulation.

coagulation **n. f.** Fait de se coaguler.

coaguler **v.** **< 1 >** **(latin** ***coagulare*** **➔ cailler)** **1. v. tr.** Transformer (une substance organique liquide) en une masse solide. **➔ cailler, figer.** *La présure coagule le lait.* **– pronom.** *Se coaguler.* **2. v. intr.** Se coaguler. *Le sang coagule plus ou moins vite.* □ **adj. coagulable**

coagulum [kɔagylɔm] **n. m.** **(mot latin)** **biochim.** Masse de substance coagulée. *Des coagulums.* **➔ caillot.**

coalescence **n. f.** **(du latin** ***coalescere*** **« croître avec »)** **1. biol.** Soudure de deux surfaces tissulaires en contact. **2. chim.** État des particules liquides en suspension réunies en gouttelettes plus grosses. **3. ling.** Contraction de deux ou plusieurs éléments phoniques en un seul.

coalescent, ente **1. adj.** Uni, soudé par coalescence. **2. n. m.** **chim.** Substance qui provoque la coalescence.

coagulation

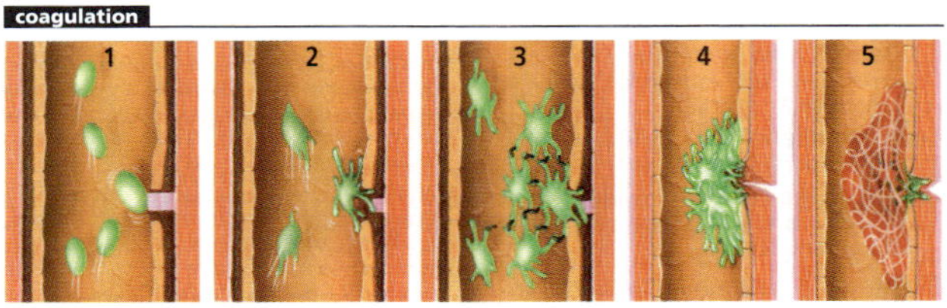

1. L'effraction vasculaire attire et active les plaquettes qui changent de forme. 2 et 3. Agrégation des plaquettes activées et obstruction de l'effraction vasculaire. 4. Clou plaquettaire obstructif. 5. Formation du caillot sanguin par transformation du fibrinogène soluble circulant en fibrine insoluble enserrant dans ses mailles les éléments figurés du sang.

C

coaliser v. < 1 > (de *coalition*) **I.** *Se coaliser* v. pron. **1.** Former une coalition. → **s'allier, se liguer. 2.** S'unir, s'entendre (contre qqn). **II.** v. tr. Unir (contre). ■ **coalisé, ée** adj. et n. Engagé dans une coalition. – n. *Les coalisés.*

coalition n. f. (du latin médiéval, de *co-* et *alescere*, de *alere* « se nourrir ») **1.** Réunion momentanée (de puissances, de partis ou de personnes) dans la poursuite d'un intérêt commun. → **alliance, association, entente, ligue.** *Un gouvernement de coalition.* **2.** fig. Union. *Une coalition d'intérêts.*

coalition Alliance des puissances européennes contre la France pendant la Révolution et le premier Empire. ■ **La première coalition** (1792) groupa principalement la Russie, la Prusse, l'Autriche, l'Espagne et la Grande-Bretagne (à partir de 1793). Elle se disloqua en 1797, au traité de Campoformio. Seule la Grande-Bretagne resta en guerre contre la France. ■ **La deuxième coalition** (1799), constituée par la Grande-Bretagne, la Russie, l'Autriche, la Turquie et les Deux-Siciles, prit fin en 1802 avec la signature de la paix de Lunéville (1801) puis de la paix d'Amiens (1802). ■ **La troisième coalition** (1805), formée entre la Grande-Bretagne, la Russie et l'Autriche pour lutter contre la domination de Napoléon en Italie et en Allemagne, éclata après la bataille d'Austerlitz et fut dissoute à la signature de la paix de Presbourg (déc. 1805). ■ **La quatrième coalition** (1806), qui réunissait la Russie, la Grande-Bretagne et la Prusse, refusant la réorganisation de l'Allemagne (Confédération du Rhin) orchestrée par Napoléon, fut dissoute en juillet 1807 par le traité de Tilsit. ■ **La cinquième coalition** (1809), formée par l'Autriche et la Grande-Bretagne, échoua contre Napoléon lors de la bataille de Wagram et prit fin à la paix de Vienne (1809). ■ **La sixième coalition** (1813) réunit la Grande-Bretagne, la Russie, la Prusse, l'Autriche et la Suède. Elle obtint la première abdication de Napoléon par le traité de Fontainebleau en 1814. ■ **La septième coalition** (1815), formée par les mêmes États, proclama l'Empereur hors-la-loi au congrès de Vienne et obtint après la bataille de Waterloo la seconde abdication de Napoléon.

coaltar [koltaʀ ; kɔltaʀ] n. m. (de l'anglais, de *coal* « charbon » et *tar* « goudron ») anglic. Goudron de houille. – loc. fam. *Être dans le coaltar* : être inconscient, ahuri (→ être dans le cirage).

coaptation n. f. (du latin, de *coaptare* « ajuster ») **1.** chir. Rapprochement et ajustement des bords d'une plaie ou des fragments d'un os fracturé. **2.** anat. Dispositif organique formé de parties séparées et agencées fonctionnellement.

coarctation n. f. (latin *coarctatio* « action de resserrer ») méd. Rétrécissement de l'aorte.

Coase (Ronald) Économiste britannique (1910-2013). Il fut l'un des premiers à mettre l'accent sur les coûts de transaction, réfutant l'hypothèse néoclassique dite « de l'information parfaite ». Prix Nobel 1991.

coassement n. m. Cri de la grenouille, du crapaud.

coasser v. intr. < 1 > (du latin, du grec *koax*, onomatopée) (grenouille, crapaud) Pousser son cri.

coassocié, iée n. Personne associée à d'autres dans une entreprise financière, commerciale, industrielle.

coassurance n. f. Assurance d'un même risque par plusieurs assureurs.

Coast Range Chaîne de montagnes de l'O. des États-Unis et du Canada, parallèle à la côte du Pacifique.

coati n. m. (mot tupi, par le portugais) Mammifère carnivore d'Amérique du Sud, au corps allongé, au museau terminé en groin.

Coatzacoalcos Ville du Mexique au S.-E. de Veracruz. 236 000 habitants. Port pétrolier. Industries.

coauteur, trice n. **1.** Personne qui a écrit un livre en collaboration avec une autre. **2.** dr. Participant à un crime commis par plusieurs personnes. – REM. Au fém., on trouve aussi *coauteure* (courant au Canada).

coaxial, iale, iaux adj. (de *axe*) Qui a le même axe qu'un autre objet. *Câble coaxial*, formé de deux conducteurs concentriques.

cob [kɔb] n. m. (mot anglais) équit. Cheval demi-sang, utilisé comme cheval de selle ou d'attelage.

COB voir **Commission des opérations de Bourse**

cobalt [kɔbalt] n. m. (de l'allemand, de *Kobold* « lutin » → **kobold**) Élément atomique (symb. Co, n° at. 27, masse at. 58,93), métal blanc gris à reflets. *Cobalt radioactif* (ou n. m. *radiocobalt*). *Bombe au cobalt* (irradiations médicales). *Bleu de cobalt* : colorant, oxyde ou arséniure de cobalt.

cobaye [kɔbaj] n. m. (du tupi, par le portugais) Petit mammifère rongeur (syn. **cochon d'Inde**). *On utilise les cobayes comme sujets d'expérience dans les laboratoires.* – loc. *Servir de cobaye* : être utilisé comme sujet d'expérience.

Cobbett (William) Journaliste et homme politique britannique (1763-1835). Élu à la Chambre des communes en 1832 et porte-parole de la classe laborieuse, il fonda le journal *Weekly Political Register.*

Cobden (Richard) Industriel, économiste et homme politique britannique (1804-1865). Défenseur du libre-échange, il fut l'instigateur d'un traité de commerce entre la France et la Grande-Bretagne (1860). Il contribua à l'abolition des lois protectionnistes de son pays (1848-1851).

cobée n. f. (du n. d'un missionnaire) Plante grimpante à grandes fleurs bleues.

cobelligérant, ante n. m. et adj. (→ **belligérant**) Pays qui est en guerre en même temps qu'un autre contre un ennemi commun. – adj. *Les nations cobelligérantes.*

Coben (Harlan) Écrivain américain (né en 1962). Il est l'auteur de romans policiers et de thrillers, récits haletants souvent autour du thème de la disparition (*Juste un regard ; Ne le dis à personne*), avec pour héros récurrent le personnage de Myron Bolitar (*Rupture de contrat ; Promets-moi*).

Cobenzl (Ludwig, comte) Diplomate autrichien (1783-1809). Vice-chancelier (1801-1805), il démissionna après l'échec de la troisième coalition.

Cóbh Ville de la république d'Irlande (comté de Cork). 7 000 habitants. Avant-port de Cork. Ce fut un des principaux points de départ de l'émigration irlandaise vers les États-Unis de 1850 à 1920.

Coblence en allemand **Koblenz** Ville d'Allemagne (Rhénanie-Palatinat), au confluent du Rhin et de la Moselle. 106 530 habitants. Monuments médiévaux. Centre administratif et commercial. En 1792, les émigrés français y formèrent l'armée de Condé.

cobol n. m. (mot anglais, sigle de *common business oriented language*) inform. Langage de programmation évolué.

Cobourg Ville d'Allemagne (Bavière), ancienne capitale des ducs de Saxe-Cobourg-Gotha. 42 085 habitants. Monuments des xve et xvie siècles.

cobra n. m. (portugais *cobra capel* « couleuvre [du latin *colubra* → **couleuvre**] à capuchon ») Serpent venimeux, à cou dilatable orné d'un dessin rappelant des lunettes (appelé aussi *serpent à lunettes*). → **naja.**

Cobra Mouvement artistique international (Copenhague, Bruxelles, Amsterdam). Fondé à Paris en 1948, il réunissait des peintres (A. Jorn ; K. Appel ; Constant) et des poètes (C. Dotremont) dont le but était de rompre avec le surréalisme, jugé trop intellectuel, pour retrouver une création artistique spontanée, aux valeurs populaires et collectives (arts primitifs, art brut, dessins d'enfants). Leurs expositions, qui firent scandale, et leur revue *Cobra* cessèrent en même temps que le mouvement, en 1951.

Coburn (Alvin Langdon) Photographe américain (1882-1966). Grand portraitiste, il s'intéressa particulièrement à la photographie d'art. Influencé par le cubisme et ami d'Ezra Pound, il travailla la photo abstraite. *Vortographies.*

coca (d'une langue indienne du Pérou) **1.** n. m. Arbrisseau dont les feuilles persistantes contiennent la cocaïne. **2.** n. f. Substance extraite de la feuille de coca, aux propriétés stimulantes.

coca-cola n. m. invar. (marque déposée, anglais des États-Unis) Boisson gazeuse à base de coca et de cola. - abrév. **coca** n. m.

cocagne n. f. (du provençal, famille de *coque* ou famille germanique de *cake* « gâteau ») **1.** *Pays de cocagne* : pays imaginaire où l'on a tout en abondance. – *Vie de cocagne* : vie de plaisirs et de fêtes. **2.** *Mât de cocagne*, au sommet duquel sont suspendus des objets qu'il faut aller détacher.

cocaïne n. f. (→ **coca**) Substance (alcaloïde) extraite du coca, utilisée en médecine pour ses propriétés analgésiques et anesthésiques. ■ Cet alcaloïde, utilisé comme stupéfiant. → fam. **[3]coco, [2]coke.**

cocaïnomane n. Toxicomane qui use de cocaïne. □ n. f. **cocaïnomanie**

cocarde n. f. (de *coquard* « vaniteux », de *coq*) **1.** Insigne aux couleurs nationales. *Cocarde tricolore.* **2.** Ornement en ruban, nœud décoratif.

cocardier, ière adj. Chauvin, militariste.

cocasse adj. (de *coquard* « vaniteux » → **cocarde**) fam. Qui est d'une étrangeté comique, qui étonne et fait rire. → **burlesque.** □ adv. **cocassement**

cocasserie n. f. Caractère cocasse. → **drôlerie.**

coccidie n. f. (du grec *kokkos* « grain » et *eidos* « aspect extérieur ») Parasite (protozoaire) des cellules de l'épithélium de certains animaux.

coccinelle n. f. (du latin *coccinus* « écarlate ») Insecte coléoptère au corps rouge ou orangé tacheté de noir (aussi appelé *bête à bon Dieu*).

coccus [kɔkys] n. m. biol. (latin *coccum* « grain », du grec) Bactérie de forme arrondie. *Des coccus* ou *des cocci* [kɔksi] (plur. latin).

coccyx [kɔksis] n. m. (grec *kokkux* « coucou », l'os étant en « bec de coucou ») anat. Petit os situé à l'extrémité inférieure de la colonne vertébrale, articulé avec le sacrum. □ adj. **coccygien, ienne**

Cochabamba Ville de Bolivie, à 2 500 m d'altitude. 620 000 habitants. Marché agricole. Industries alimentaire et pétrochimique.

[1]coche n. f. (vient p.-ê. du latin pop. *cocca*) vieux ou régional Encoche (→ **[1]cocher**) ; entaille.

[2]coche n. m. (du hongrois, de *Kocs*, n. de lieu) **1.** anciennt Grande voiture tirée par des chevaux, qui servait au transport des voyageurs. **2.** loc. fig. *Manquer le coche* : perdre l'occasion de faire une chose utile, profitable. **3.** *Coche d'eau* : chaland halé pour le transport des voyageurs.

cochenille n. f. (de l'espagnol, p.-ê. de *cochino* « cochon ») Insecte dont on tirait une teinture rouge écarlate.

[1]cocher v. tr. < 1 > (de *[1]coche*) Marquer d'un trait, d'un signe. *Cochez la bonne réponse.* – loc. fig. *Cocher toutes les cases* : avoir toutes les qualités requises ; effectuer un parcours sans faute.

[2]cocher, ère n. (de *[2]coche*) Personne qui conduit une voiture à cheval. → **conducteur ; postillon.**

Cocher n. m. Constellation boréale. Ses amas stellaires contiennent une étoile ε 40 000 fois plus lumineuse que le Soleil, et l'étoile Capella (α), visible à l'œil nu.

côcher v. tr. < 1 > (de l'ancien français, du latin *calcare* « presser, fouler ») Couvrir la femelle, en parlant des oiseaux.

cochère adj. f. (de [2]*coche*) *Porte cochère,* dont les dimensions permettent l'entrée d'une voiture.

Cochereau (Pierre) Organiste français (1924-1984). Virtuose et improvisateur, il fut titulaire des grandes orgues de Notre-Dame de Paris.

Cochet (Henri) Joueur de tennis français (1901-1987). Plusieurs fois vainqueur à Wimbledon et à Paris dans les années 1920-1930, il fut l'un des « Quatre Mousquetaires » qui remportèrent à six reprises la coupe Davis.

Cochin (Charles Nicolas) dit Le Jeune Dessinateur, graveur et écrivain d'art (1715-1790). Son voyage en Italie lui fit prôner un retour à l'antique ; il contribua à imposer le style néoclassique. Il est l'auteur de planches pour l'*Encyclopédie* de Diderot.

Cochin (Jacques Denis ou Jean Denis) Curé parisien (1726-1783). Il fonda l'hôpital de Paris qui porte son nom.

Cochin (Augustin) Publiciste et administrateur français (1823-1872). Il est l'auteur d'études sur le paupérisme et la condition ouvrière dans la France du XIXe siècle. ■ Denys **Cochin.** Homme politique et écrivain français (1851-1922). Fils d'Augustin. Il fut député de droite, et plusieurs fois ministre sous la IIIe République. *L'Esprit nouveau.* ■ Augustin **Cochin.** Historien français (1876-1916). Fils de Denys. Il étudia les origines idéologiques de la Révolution française.

Cochin voir Kochi

Cochinchine n. f. Nom donné par les Français à la partie méridionale du Viêtnam actuel, ayant pour capitale Saigon. Les Français s'en emparèrent en 1859, la rattachèrent à l'Union indochinoise en 1887, avant qu'elle ne revienne au Viêtnam en 1949.

Cochise (Tsoka-ne-nde, dit) Chef des Apaches Chiricahuas (v. 1812-1874). Il mena l'une des résistances les plus fortes contre les colons américains et ne se rendit, en 1872, que lorsqu'il obtint un territoire pour son peuple.

Cochise fut en guerre ouverte contre les colons pendant plus de dix ans.

[1]**cochléaire** [kɔkleɛʀ] n. f. (du latin bot., famille de *cuiller*) Plante crucifère des rivages atlantiques, à fleurs blanches.

[2]**cochléaire** [kɔkleɛʀ] adj. anat. Relatif à la cochlée. *Implant cochléaire,* pour remédier à la surdité.

cochlée [kɔkle] n. f. (latin *cochlea* « escargot ») Partie de l'oreille interne enroulée en spirale, contenant les terminaisons du nerf auditif (organe de Corti). → limaçon.

cochon n. et adj. (vient p.-ê. du latin *cutio* « cloporte ») I. n. m. 1. Porc élevé pour l'alimentation (mâle, opposé à *truie* ; châtré, opposé à *verrat*). → goret, pourceau. *Cochon de lait* : jeune cochon. – *Viande de cochon.* → porc ; charcuterie ; cochonnaille. loc. prov. *Tout est bon dans le cochon.* ■ loc. *Gros, sale comme un cochon. Manger, écrire comme un cochon,* malproprement. → cochonner. – (de l'ancien français *sochon, soçon* « ami » → social) *Ils sont copains comme cochons,* dans des rapports de grande familiarité. – *Avoir une tête de cochon,* mauvais caractère. 2. *Cochon d'Inde* : cobaye. – *Cochon de mer* : marsouin. II. n. et adj. *Cochon, onne* fam. 1. Personne malpropre (aussi au fig.). → dégoûtant, sale. *Quel cochon ! – Un travail de cochon* (→ cochonner). 2. Personne qui a le goût des obscénités. ■ adj. *Histoire cochonne,* licencieuse. *Film cochon,* pornographique. 3. adj. (Canada) Méchant, sévère. → vache ; régional chien. ■ Volontairement difficile. *Un examen cochon.* 4. adj. (Canada) Se dit d'un plat riche et savoureux. *Un dessert cochon.*

cochonceté n. f. (de *cochon,* d'après *méchanceté*) fam. Action, propos obscène. → cochonnerie.

cochonnaille n. f. fam. Charcuterie (préparations simples, campagnardes).

cochonner v. tr. < 1 > fam. 1. Faire (un travail) mal, salement. – au p. p. *Un travail cochonné.* 2. Salir. → saloper. 3. (Canada) Faire un mauvais coup à (qqn).

cochonnerie n. f. fam. 1. Malpropreté ; chose sale. → saleté. 2. Chose mal faite, cochonnée, ou sans valeur. 3. Acte, propos obscène.

cochonnet n. m. 1. Jeune cochon. 2. Petite boule servant de but aux joueurs de boules.

Cochran (Jacqueline) Aviatrice américaine (1906-1980). Elle fut la première femme pilote à franchir le mur du son (1953).

cochylis [kɔkilis] n. m. (du latin, du grec *kogkhulion* « coquillage ») Papillon dont la chenille est très nuisible à la vigne. - var. conchylis.

Cockcroft (sir John Douglas) Physicien britannique (1897-1967). Avec Walton, il mit au point un accélérateur de particules permettant la transmutation d'atomes. Prix Nobel 1951, avec son collaborateur.

cocker [kɔkɛʀ] n. m. (mot anglais, de *cocking* « chasse à la bécasse [*woodcock*] ») Petit chien de chasse voisin de l'épagneul, à longues oreilles pendantes. – loc. *Un regard de cocker,* doux et triste.

Cocker (John Robert, dit Joe) Chanteur britannique (1944-2014). Sa voix rauque a contribué à faire de lui l'un des grands interprètes du rhythm and blues.

cockney [kɔknɛ] n. et adj. (mot anglais, de *cocken-egg* « œuf de coq ») Londonien de l'est de la ville, caractérisé par son langage populaire. ■ n. m. Ce langage.

cockpit [kɔkpit] n. m. (mot anglais, « arène, puits [*pit*] pour les combats de coqs » [*cock*]) anglic. Habitacle du pilote.

cocktail [kɔktɛl] n. m. (mot anglais des États-Unis, « queue [*tail*] de coq », d'un cheval bâtard, d'où « mélangé ») 1. Mélange de boissons. *Un cocktail au gin. Cocktail de jus de fruits. Cocktail sans alcool.* → mocktail. 2. Réunion mondaine avec buffet. 3. *Cocktail Molotov* : liquide inflammable utilisé comme projectile incendiaire.

[1]**coco** n. m. (→ coque) *Coco* ou *noix de coco* : fruit du cocotier, grosse coque à chair blanche comestible. *Beurre, huile de coco.*

[2]**coco** n. m. (de *coque*) 1. lang. enfantin Œuf (→ [1]cocotte). 2. terme d'affection *Mon petit coco.* → [1]cocotte. 3. Individu, personnage bizarre, dangereux. → type, zèbre. 4. *Cocos* : haricots nains aux grains arrondis.

[3]**coco** n. f. (abrév.) fam., vieilli Cocaïne.

[4]**coco** n. (abrév.) fam. et péj. Communiste.

Coco (río) Fleuve d'Amérique centrale qui se jette dans la mer des Caraïbes. Frontière naturelle mais litigieuse entre le Nicaragua et le Honduras.

cocon n. m. (du provençal, de *coco* → coque) Enveloppe formée d'un fil de soie enroulé, dont les chenilles de certains papillons s'entourent pour se transformer en chrysalide. *Cocon de ver à soie.* ■ loc. *S'enfermer dans son cocon* : s'isoler.

Coconnat ou **Coconas** (Annibal, comte de) Gentilhomme piémontais (1535-1574). Compromis dans un complot visant à mettre le duc d'Alençon sur le trône de Charles IX, il fut exécuté avec son complice La Mole.

cocontractant, ante n. dr. Chacune des personnes qui sont parties* à un contrat.

cocooning [kɔkuniŋ] n. m. (mot anglais, de *cocoon* « cocon ») anglic. Fait de se reposer dans un confort douillet. □ **cocooner** v. intr. < 1 >

cocorico n. m. et exclam. (onomatopée) Chant du coq. – fig. *Crier cocorico* : se réjouir d'une victoire française. - syn. coquerico.

Cocos ou **Keeling** (îles) n. f. pl. Archipel australien de l'océan Indien formé de deux atolls (Home et West Island) et de 27 îlots coralliens, situé entre Java et l'Australie. 14,2 km^2 et 603 habitants.

cocoter voir cocotter

cocoteraie n. f. Plantation de cocotiers.

cocotier [kɔkɔtje] n. m. (de [1]*coco*) Palmier au tronc élancé surmonté d'un faisceau de feuilles, et qui produit la noix de coco. – loc. *Secouer le cocotier* : se débarrasser de personnes à charge ; modifier les habitudes.

[1]**cocotte** n. f. (de l'onomatopée *cot... cot...*) 1. lang. enfantin Poule. – *Cocotte en papier* : papier plié en forme d'oiseau. 2. vieilli Femme de mœurs légères. → fam. [1]poule. 3. Terme d'encouragement adressé à un cheval. *Hue, cocotte !* 4. terme d'affection. → [2]coco.

[2]**cocotte** n. f. (vient du moyen français *cocasse* « récipient ») Marmite en fonte. – appos. invar. *Œufs cocotte,* cuits au four. – *Cocotte-minute* (marque déposée) : autocuiseur. *Des cocottes-minute.*

cocotter v. intr. < 1 > fam. Sentir mauvais. → puer. - var. cocoter.

Cocteau (Jean) Écrivain, dessinateur et cinéaste français (1889-1963). Figure centrale de la culture française de son époque, d'une curiosité insatiable et doté de dons multiples, il fut dramaturge (*La Machine infernale ; Les Parents terribles*), cinéaste (*La Belle et la Bête ; Orphée*), poète et romancier (*Thomas l'imposteur*), laissant une œuvre aussi riche et variée dans ses formes que relativement constante dans ses motifs : des personnages, qu'un pacte compromis par les passions lie au réel, se retrouvent confrontés au destin, souvent tragique, parfois grotesque.

Jean Cocteau dans son appartement du Palais-Royal (Paris) en 1943.

coction n. f. (latin *coctio* → cuisson) didact. Digestion des aliments dans l'estomac.

cocu, ue n. et adj. (var. de *coucou*) fam. Personne dont le conjoint est infidèle. « *Le Cocu magnifique* » (pièce de Crommelynck). – loc.

Une veine de cocu : beaucoup de chance. ■ **adj.** *Elle est cocue.*

cocuage n. m. fam. État de cocu.

cocufier v. tr. < 7 > fam. Faire cocu. → **tromper.**

cocyclique adj. math. Situé sur un même cercle. *Des points cocycliques.*

Cocyte n. m. Fleuve des Enfers, dans la mythologie grecque, dont les eaux s'accroissent des larmes des injustes.

Cod (presqu'île du cap) Péninsule des États-Unis (Massachusetts). Ports de pêche, stations balnéaires, réserves naturelles.

coda n. f. (mot italien « queue », du latin *cauda*) Conclusion d'un morceau de musique. *Des codas.*

codage n. m. techn., inform. Transformation (de données) selon un code. → **encodage.**

code n. m. (latin *codex* → codex) **1.** Recueil de lois. – Ensemble de lois et dispositions légales. *Le Code civil. Le Code pénal.* **2.** Décret ou loi de grande importance. – *Code de la route ;* absolt *le code. Apprendre le code pour passer le permis de conduire.* – *Phares code* ou *codes :* phares d'automobile à puissance et distance réduites - (syn. **feux de croisement).** *Allumer ses codes.* **3.** Ensemble de règles, de préceptes, de prescriptions. → **règlement.** *Le code de l'honneur. Code vestimentaire.* **4.** Système ou suite de symboles destinés à représenter et à transmettre une information. *Code secret. Déchiffrer, décrypter un code* (→ **décoder).** *Nom de code,* permettant de désigner qqch. ou qqn de manière confidentielle. *Code postal,* permettant le tri du courrier. *Code-barre* ou *code-barres :* fines barres parallèles imprimées sur l'emballage permettant l'identification d'un produit par lecture optique. *Code QR*.* **5.** Système structuré de signes. *Les langues sont des codes.* ■ inform. *Code source :* code écrit dans un langage de programmation et qui peut être converti pour constituer un programme exécutable. ■ biol. *Code génétique :* dispositif matériel disposé sur les gènes et permettant la transmission des caractères héréditaires.

codébiteur, trice n. dr. Personne qui doit une somme en même temps que d'autres.

codec n. m. (de *codeur décodeur*) inform. Programme qui convertit un fichier audio ou vidéo dans un autre format.

codécision n. f. Décision prise en commun par plusieurs organismes compétents. □ **codécider** v. tr. < 1 >

Code civil Recueil de 36 lois relatives au droit civil des Français, promulgué le 21 mars 1804, et connu sous le nom de *Code Napoléon.* Issu des travaux d'une commission désignée par Bonaparte (Portalis, Bigot de Préameneu, Tronchet, Maleville), considérablement modifié depuis son origine, il eut une grande influence sur les législations de nombreux États dans le monde.

codéine n. f. (grec *kôdeia* « pavot ») chim. Alcaloïde dérivé de la morphine, extrait de l'opium.

coder v. tr. < 1 > **1.** Mettre en code ; procéder au codage de. → **encoder.** – au p. p. *Message codé.* **2.** inform. Écrire le code de (un programme, une application). – absolt *Apprendre à coder.*

Coderch (José Antonio) Architecte espagnol (1913-1984). Son travail, anti-académique, fut attentif à la typologie des logements et à leur utilisation optimale. On lui doit un grand ensemble du quartier de la Barceloneta, à Barcelone.

codétenteur, trice n. dr. Personne qui détient une chose en même temps qu'une ou plusieurs autres personnes.

codétenu, ue n. Personne qui est détenue avec une ou plusieurs autres personnes.

codeur, euse n. **1.** n. m. techn. Dispositif servant à coder une information ou à changer son code. **2.** n. Personne dont le métier consiste à faire du codage informatique.

codex [kɔdɛks] n. m. (mot latin → code) **1.** Recueil officiel des formules pharmaceutiques et des médicaments. → **pharmacopée.** **2.** didact. Dans l'Antiquité et au Moyen Âge, Ensemble de feuilles écrites cousues ensemble et reliées.

codicille [kɔdisil] n. m. (du latin, de *codex* → code) Acte ajouté à un testament pour le modifier. □ **adj. codicillaire**

codicologie n. f. (de *codex* et *-logie*) Étude des livres manuscrits en tant qu'objets matériels. □ **adj. codicologique** □ **n. codicologue**

codifier v. tr. < 7 > **1.** Réunir (des dispositions légales) dans un code. *Codifier le droit aérien.* **2.** Rendre rationnel ; ériger en système organisé. □ **adj. et n. codificateur, trice** □ **n. f. codification**

codirecteur, trice n. Personne qui partage avec une ou plusieurs autres la responsabilité d'une direction.

cododo n. m. (de *co-* et [1]*dodo*) Pratique qui consiste à faire dormir son bébé dans le lit parental ou dans un berceau à proximité.

codominance n. f. biol. Absence de relation dominance-récessivité dans la transmission génétique.

codon n. m. (de *code [génétique]*) biochim. Triplet de nucléotides désigné par les initiales des noms des trois bases respectives, qui détermine la synthèse cellulaire des acides aminés.

Codros Dernier roi légendaire d'Athènes (IXe s. av. J.-C.). À la veille d'un combat contre les Doriens, l'oracle prédit la victoire au peuple dont le chef mourra. Codros se sacrifie volontairement et la royauté est abolie, aucun homme n'étant digne de lui.

Coe (Jonathan) Écrivain britannique (né en 1961). Véritable portraitiste sociopolitique de l'Angleterre, combinant satire et humour, il s'est emparé de l'actualité depuis la Seconde Guerre mondiale jusqu'à l'après-Brexit dans plusieurs romans : *Testament à l'anglaise ; La Maison du sommeil ; Le Royaume désuni* et la trilogie *Bienvenue au club, Le Cercle fermé, Le Cœur de l'Angleterre.*

Coecke Van Aalst (Pieter) Peintre flamand, décorateur, dessinateur de cartons de tapisseries et de vitraux (1502-1550). Avec Van Orley, il contribua à propager l'influence italienne (romanisme) aux Pays-Bas. Il traduisit Vitruve et Serlio.

coédition n. f. Édition d'un ouvrage réalisée en collaboration par plusieurs éditeurs. ■ **coéditer** v. tr. < 1 > □ **n. coéditeur, trice**

coefficient n. m. (de *co-* et latin *efficiens,* de *ex-* et *facere* → [1]efficace) **1.** Nombre qui multiplie la valeur d'une quantité. → [2]**facteur.** ■ Valeur relative d'une épreuve d'examen. *Matière à fort coefficient.* - abrév. fam. **coef.** *Coef. 5.* **2.** phys. Nombre caractérisant une propriété. *Coefficient de dilatation.* **3.** Facteur, pourcentage. *Coefficient d'erreur. Coefficient d'occupation des sols (COS).*

Coehoorn (Menno, baron von) Ingénieur et général hollandais (1641-1704). Auteur de travaux sur la fortification, il conçut les plans de nombreuses places fortes (Breda ; Nimègue).

cœlacanthe n. m. (du latin zool., du grec *koilos* « creux » et *akantha* « épine ») Grand poisson osseux, très primitif, que l'on croyait disparu. - var. RO **célacanthe.**

cœlentéré n. m. (du grec *koilos* « creux » et *enteron* « intestin ») zool. *Les cœlentérés :* ancien embranchement qui regroupait les cnidaires et les cténaires. - var. RO **célentéré.**

Coelho (Paulo) Écrivain brésilien (né en 1947). Son premier roman, *L'Alchimiste,* développe l'idée que l'homme a l'obligation d'accomplir sa « légende personnelle », c'est-à-dire son destin, par l'attention aux signes que transmet l'univers et par la persévérance. *Brida ; Les Walkyries ; Veronika décide de mourir.*

cœliaque adj. (grec *koiliakos* « qui appartient aux intestins ») anat. Qui a rapport à la cavité abdominale. - var. RO **céliaque.**

cœlioscopie ou **célioscopie** n. f. (du grec *koilia* → cœlome) méd. Examen de la cavité abdominale par endoscopie.

Coello (Claudio) Peintre et décorateur espagnol (1642-1693). Brillant portraitiste, exécutant aussi bien des scènes religieuses que des trompe-l'œil, il fut nommé peintre du roi. Il fut le dernier représentant de l'école de Madrid au XVIIe s. *La Sagrada Forma* (sacristie de l'Escurial).

cœlomate n. m. zool. Animal qui possède un cœlome. - var. RO **célomate.**

cœlome n. m. (grec, de *koilos* « creux ») biol. Cavité à l'origine de la cavité générale de l'organisme. - var. **célome.**

Coen (Joel et Ethan) Cinéastes américains. Joel (né en 1954) et Ethan (né en 1957) collaborèrent comme scénaristes, réalisateurs et monteurs de comédies originales et de films policiers. *Barton Fink ; Fargo* (Oscar de la meilleure actrice à Frances McDormand, mariée à Joel Coen) ; *O'Brother ; The Barber ; Burn After Reading.* Joel réalisa seul *The Tragedy of Macbeth.*

Joel et Ethan Coen sur le tournage du court-métrage *Tuileries* pour le film *Paris je t'aime* (2006).

coentreprise n. f. écon. Association d'entreprises ayant pour objet la réalisation d'un projet commun. → anglic. **joint-venture.**

cœnure voir **cénure**

coenzyme n. m. ou f. biochim. Substance organique non protéique, qui peut s'unir à un apoenzyme pour donner un enzyme actif.

coépouse n. f. Chacune des épouses d'un polygame, par rapport aux autres épouses.

coéquipier, ière n. Personne qui fait équipe avec d'autres.

coercitif, ive adj. (du latin *coercitum,* de *coercere,* de *co-* et *arcere* → exercer) didact. Qui exerce une contrainte. *Force coercitive.*

coercition n. f. (du latin, de *coercere* → coercitif) didact. Fait de contraindre.

Coëtquidan Camp militaire du Morbihan. → **Saint-Cyr.**

Coetzee (John Maxwell) Romancier australien d'origine sud-africaine d'expression anglaise (né en 1940). Opposant à l'apartheid, il est l'auteur de romans dont l'écriture épurée traite avec finesse de thèmes aussi délicats que la marginalité, la liberté, le racisme, le pouvoir, le conflit entre les générations et leur histoire. *En attendant les Barbares ; Disgrâce ; Michael K., sa vie, son temps.* Prix Nobel 2003.

cœur [kœʀ] n. m. (vient du latin *cor, cordis*) **I. 1.** Organe central de l'appareil circulatoire (animaux supérieurs). ■ chez l'être humain Viscère musculaire conique situé entre les deux poumons (→ **cardiaque, cardio-).** *Cœur droit, cœur gauche,* moitiés du cœur divisées, chacune, en deux cavités (oreillette, ventricule). *Contraction* (systole), *dilatation* (diastole) *du cœur. Battement du cœur. Opération chirurgicale* **à cœur ouvert.** – *Cœur-poumon artificiel :* appareil destiné à suppléer l'arrêt momentané de la circulation centrale. ■ (animaux) *Cœur de poulet, de bœuf.* **2.** Poitrine. *Il la serra tendrement sur, contre son cœur.* **3.** dans des loc. Estomac. *Avoir* **mal au cœur,**

cœur

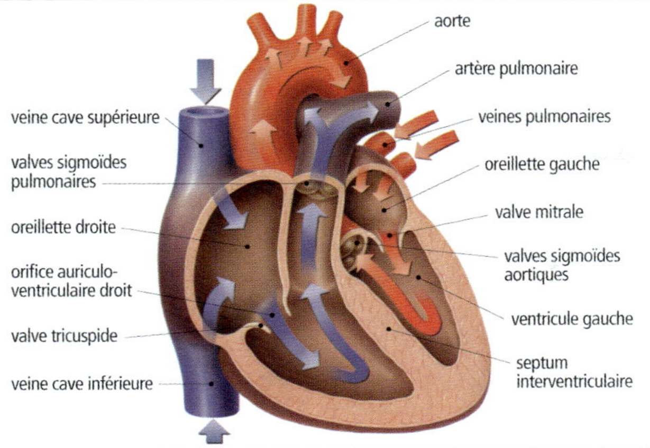

Parcours du sang dans les cavités cardiaques.

▶ Le **cœur** (I, 1) est un muscle creux situé dans le thorax entre les deux poumons. Il sert de « pompe » à l'ensemble du système circulatoire grâce à la succession de contractions et décontractions rythmiques, appelées *systoles* et *diastoles*.
Il est constitué de deux parties accolées, le cœur droit et le cœur gauche, constitués chacun d'une oreillette et d'un ventricule communiquant par une valve auriculo-ventriculaire. Le cœur droit reçoit dans l'oreillette le sang amené par les deux veines caves ; le ventricule le chasse dans l'artère pulmonaire vers les poumons pour qu'il y soit oxygéné. Le cœur gauche reçoit dans l'oreillette le sang oxygéné venant des poumons par les quatre veines pulmonaires ; le ventricule le chasse dans l'aorte. Les valves auriculo-ventriculaires se ferment sous la pression lors de chaque systole, empêchant le reflux du sang ventriculaire vers l'oreillette. Les valvules sigmoïdes, situées à l'entrée de l'artère pulmonaire et de l'aorte, empêchent le reflux du sang artériel vers les ventricules en fin de systole.
Le rythme cardiaque, de 70 à 75 battements par minute en moyenne chez l'adulte, est modulé physiologiquement par l'effort, le repos ou les émotions. Les artères coronaires sont les nourricières du muscle cardiaque et leur obturation est responsable de l'angine de poitrine et de l'infarctus du myocarde.

voir aussi **sang, circulation**

des nausées. – fig. *Soulever le cœur de qqn.* → **écœurer.** *Ça me reste sur le cœur :* je ne peux pas l'accepter. **II.** **(analogie de forme, de situation) 1.** fam. *Faire la bouche en cœur,* des manières. **2.** Image conventionnelle du cœur. ■ aux cartes Une des quatre couleurs, dont les points sont figurés par des cœurs. *As de cœur.* **3.** Partie centrale (de qqch.). → **centre, milieu.** *Le cœur de la ville. Un cœur de laitue.* – *Un fromage fait **à cœur**,* jusqu'en son centre. – *Cœur de palmier :* chou-palmiste comestible. – *Le cœur d'un réacteur* (nucléaire). loc. *Être au cœur du réacteur,* à une position stratégique. **4.** ***Au cœur de l'hiver, de l'été*** (→ au plus fort). – *Le cœur du sujet, de la question,* le point essentiel. **III. 1.** Siège des sensations et émotions. *Serrement de cœur. Briser, fendre, serrer le cœur. Avoir le cœur gros* (de peine). **2.** loc. Siège du désir, de l'humeur. ***De bon cœur, de grand cœur, de tout cœur, de gaieté de cœur*** : avec plaisir. – *Si le cœur vous en dit :* si vous en avez le désir. *Je n'ai pas le cœur à rire.* – *Prendre qqch. **à cœur**,* y prendre un intérêt passionné. *Cela lui tient à cœur,* il y tient. – ***À cœur joie*** : avec délectation. **3.** Siège des sentiments, des passions. *Avoir un cœur sensible.* ■ Siège de l'amour. *Cœur fidèle. Affaire de cœur. « Et puis voici mon cœur, qui ne bat que pour vous »* (Verlaine). **4.** Bonté, sentiments altruistes. *Avoir bon cœur, avoir du cœur.* → **charité, générosité, sensibilité.** *Avoir un cœur d'or.* – ***Sans cœur*** : dur. *Une personne sans cœur.* → **sans-cœur.** – *Avoir le cœur sur la main :* être généreux. ■ Personne considérée dans ses sentiments, ses affections. *C'est un cœur dur.* – terme d'affection *Oui, mon cœur.* **5.** littér. Qualités de caractère, siège de la conscience. *Noblesse du cœur.* → **âme.** ■ Courage. *« Rodrigue, as-tu du cœur ? »* (Corneille). *Le cœur lui manqua.* **6.** Pensée secrète, intime. *Ouvrir son cœur à qqn :* se confier. – loc. *Parler à cœur ouvert.* **7.** Esprit, raison. loc. *Je veux en avoir le **cœur net**,* être fixé. ■ ***Par cœur*** : de mémoire. *Apprendre par cœur.*

Cœur (Jacques) Financier français (v. 1395-1456). Sa fortune, fondée sur ses relations commerciales avec les pays du Levant, l'Espagne et l'Italie et sur la diversification de ses activités (banque, change, métaux précieux, mines), l'amena à devenir le créancier et le banquier de Charles VII. Devenu maître des monnaies (1436), argentier du roi (1440) puis conseiller du roi (1442), il fut jalousé et accusé de malversations. Emprisonné (1451), il réussit à s'enfuir et se réfugia auprès du pape (1454). Il fit construire un palais à Bourges, sa ville natale.

Cœur d'amour épris (Maître du) ou **Maître du Roi René** Auteur de miniatures qui illustrent le roman allégorique du roi René, avec des effets lumineux d'une grande inventivité. Il est identifié comme étant Barthélemy d'Eyck, peintre flamand qui travailla à la cour du roi dans les années 1450-1470.

cœur-de-bœuf n. f. **1.** Variété ancienne de grosse tomate charnue en forme de cœur. **2.** abusivt Variété hybride de tomate côtelée. *Des cœurs-de-bœuf.*

coexistence n. f. **1.** Existence simultanée. **2.** hist. *Coexistence pacifique :* principe de tolérance réciproque entre nations socialistes et capitalistes.

coexister v. intr. < 1 > Exister ensemble, en même temps. □ adj. **coexistant, ante**

coextensif, ive adj. log. Qui possède la même extension.

cofacteur n. m. Facteur associé à une grandeur, une réaction, un évènement.

coffrage n. m. **(→ coffre) 1.** Charpente qui maintient les terres d'une tranchée, d'une galerie de mine. **2.** Dispositif qui moule et maintient le béton que l'on coule ; sa pose.

coffre n. m. **(vient du latin *cophinus* → couffin) I. 1.** Meuble de rangement en forme de caisse qui s'ouvre en soulevant le couvercle. **2.** Caisse où l'on range de l'argent, des choses précieuses. → **coffre-fort. 3.** *Coffre (d'une voiture) :* espace aménagé pour le rangement, souvent à l'arrière. → **malle. II.** fam. Thorax. *Avoir du coffre,* du souffle ; fig. de l'aplomb.

coffre-fort n. m. Coffre métallique destiné à recevoir de l'argent, des objets précieux. *Des coffres-forts.* – par analogie *Coffre-fort numérique, électronique :* espace de stockage numérique sécurisé.

coffrer v. tr. < 1 > **(« mettre dans un coffre ») 1.** fam. *Coffrer qqn.* → **emprisonner. 2.** techn. Couler dans un coffre. → **coffrage.**

coffret n. m. **1.** Petit coffre. *Un coffret à bijoux.* **2.** Emballage rigide et élégant.

cofinancer v. tr. < 3 > Financer (un projet, une entreprise) à plusieurs. □ n. m. **cofinancement**

cofondateur, trice n. Personne qui fonde, a fondé (une entreprise) avec une ou plusieurs autres personnes.

cogérance n. f. Gérance exercée en commun par plusieurs personnes. □ n. **cogérant, ante**

cogérer v. tr. < 6 > Gérer en commun. – p. p. adj. *Une usine cogérée.*

cogestion n. f. Administration, gestion en commun. ■ spécialt Gestion de l'entreprise assurée en commun par le chef d'entreprise et les représentants des salariés.

cogiter v. intr. < 1 > **(du latin, de *co-* et *agitare* « agiter ensemble » [des pensées])** plais. Réfléchir. *Ne le dérange pas, il cogite.* □ n. f. plais. **cogitation**

cogito n. m. **(du latin → cogiter)** Argument de base de la philosophie de Descartes : « je pense » (donc je suis).

cognac n. m. **(du n. propre)** Eau-de-vie de raisin réputée de la région de Cognac. *Des cognacs.* – **adj. invar.** De la couleur orangée du cognac. *Des pulls cognac.*

Cognac Chef-lieu d'arrondissement de la Charente. 18 606 habitants. Monuments anciens. Célèbre pour son eau-de-vie (cognac).

cognassier n. m. **(d'un dérivé de *coing*)** Arbre qui produit les coings.

cognat [kɔgna] n. m. **(latin *cognatus*, de *gnatus*, pour *natus* « né »)** dr. romain Parent par cognation **(opposé à *agnat*)**.

cognation [kɔgnasjɔ̃] n. f. **(latin *cognatio* → cognat)** dr. romain Parenté naturelle (biologique). ■ spécialt Parenté par les femmes **(opposé à *agnation*)**.

cogne n. m. **(de *cogner*)** vieux et pop. Agent de police, gendarme.

cognée n. f. **(vient du latin *cuneata*, de *cuneus* → coin)** Grosse hache à biseau étroit. – loc. *Jeter le manche après la cognée :* se décourager, renoncer par lassitude, dégoût.

cogner v. < 1 > **(vient du latin *cuneare* → cognée, coin) I. v. tr. dir. 1.** fam. Heurter (qqch.). *Cogner un meuble.* **2.** fam. **(compl. personne)** Battre, rosser. → fam. **tabasser. II. v. tr. ind.** Frapper fort, à coups répétés. *Cogner sur ; à la porte.* → **heurter. III. v. intr.** Frapper ; heurter. *J'entends quelque chose qui cogne.* ■ **se cogner** v. pron. Se heurter. *Se cogner à un meuble.* □ n. m. **cognement**

cogneur, euse n. **1.** Personne qui aime cogner. **2.** Sportif, sportive qui a une frappe puissante.

cogniticien, ienne [kɔgnitisjɛ̃, jɛn] n. Spécialiste de l'intelligence* artificielle.

cognitif, ive [kɔgnitif, iv] adj. **(du latin, de *cognoscere* → connaître)** didact. Qui concerne l'acquisition des connaissances. *Sciences cognitives* (psychologie, linguistique, logique, informatique...).

cognition [kɔgnisjɔ̃] n. f. **(latin *cognitio*) 1.** philos. Faculté, acte de connaître. **2.** physiol. Processus par lequel un organisme acquiert la conscience des évènements et objets de son environnement.

C

▶ La **cognition** (1) désigne les principales dispositions et capacités de l'esprit humain — perception, mémoire, langage, raisonnement, coordination motrice, planification de l'action — en tant que champ d'étude privilégié des sciences dites cognitives.
Les études de la cognition humaine, ou sciences cognitives, ne se limitent pas à l'adulte sain. Elles explorent largement la cognition du nouveau-né et de l'enfant (psychologie du développement), ainsi que celle d'individus atteints de pathologies dues à des traumatismes, à des maladies ou à des anomalies congénitales ou de développement (neuropsychologie).
Riches d'une approche très interdisciplinaire, les sciences cognitives ne se réduisent ni aux neurosciences, qui explorent le fonctionnement du système nerveux central, ni à la psychologie ou à la logique, qui visent à décrire les processus mentaux en tant que chargés de sens. La linguistique y joue par exemple un rôle particulier, participant également des deux approches. Elles sont complétées par la philosophie, l'anthropologie, l'éthologie cognitive (étude de la cognition animale), et enfin par les travaux sur l'intelligence artificielle.
Historiquement, le courant de recherche cognitiviste est né d'une réflexion sur les processus logiques et leur production matérielle dans le cerveau, puis dans l'ordinateur : c'est l'époque de la cybernétique (Wiener, MacCulloch, Von Neumann) prolongeant, dans les années 1940-1950, les grandes découvertes logiques des années 1930 (Turing).
L'ordinateur y a été utilisé à la fois comme image approchée du fonctionnement propre du cerveau et comme instrument de modélisation de ses propres opérations. Puis les sciences cognitives ont pris la figure d'une psychologie généralisée plutôt que d'une informatique appliquée. Elles sont aujourd'hui largement marquées par les neurosciences, notamment grâce aux développements des techniques d'imagerie cérébrale.
voir aussi **apprentissage, cerveau, intelligence artificielle, ordinateur, QI.**

cognitique n. f. didact. Domaine associant les sciences cognitives, la robotique et l'intelligence artificielle.

cognitivisme [kɔgnitivism] n. m. didact. Ensemble de théories portant sur les processus d'acquisition des connaissances. □ adj. et n. **cognitiviste**

Cogolin Commune du Var, près de Draguignan. 11 794 habitants. Artisanat, viticulture. Tourisme.

cohabitation n. f. **1.** Fait de cohabiter. **2.** (en France) Coexistence d'un président de la République et d'un gouvernement de tendances politiques opposées. □ adj. et n. **cohabitationniste**

cohabiter v. intr. < 1 > **1.** Habiter, vivre ensemble. **2.** polit. Pratiquer la cohabitation.

Cohen (Hermann) Philosophe allemand (1842-1918). Figure principale de l'école néo-kantienne de Marbourg, il réinterpréta l'idéalisme kantien et en développa une version intellectualiste dans les domaines de la théorie de la connaissance, de la morale et de l'esthétique. Dans sa *Religion de la raison tirée des sources du judaïsme*, il a cherché à montrer le caractère rationnel du judaïsme. *Logique de la connaissance pure.*

Cohen (Marcel) Linguiste et sociologue français (1884-1974). Spécialiste de l'amharique, historien de l'écriture et de la langue française, il formula les bases d'une sociologie marxiste du langage.

Cohen (Albert) Écrivain suisse de langue française (1895-1981). Diplomate puis haut fonctionnaire, il est connu pour ses romans, en particulier *Belle du Seigneur*, peinture de l'amour-passion rongé par la crainte de sa propre disparition. *Solal ; Le Livre de ma mère.*

Cohen (Stanley) Biochimiste américain (1922-2020). Il découvrit le facteur de croissance épidermique (EGF). Prix Nobel 1986.

Cohen (Leonard) Écrivain et chanteur canadien d'expression anglaise (1934-2016). D'abord poète et romancier, il se lança dans la chanson, devenant, aux côtés de Bob Dylan, le porte-parole de la folk-song. *Songs of Love and Hate.*

Cohen (Paul Joseph) Mathématicien et logicien américain (1934-2007). Il inventa une méthode (baptisée *forcing*) qui lui permit de construire un modèle illustrant l'indépendance de l'axiome du choix et de l'hypothèse du continu (échappant à la théorie des ensembles de Zermelo-Fraenkel) ; on peut donc le considérer comme un continuateur de Gödel. Médaille Fields en 1966.

Cohen (Daniel) Économiste français (né en 1953). Il décrit les mutations du capitalisme depuis les années 1980 et leurs répercussions notamment sur le plan social (pauvreté, inégalités, stress). *Richesse du monde, pauvreté des nations ; Homo Economicus ; Homo Numericus.*

Cohen-Tannoudji (Claude) Physicien français (né en 1933). Spécialiste de l'optique quantique, il proposa un mécanisme de refroidissement par laser des atomes (« effet Sisyphe »). Prix Nobel 1997.

cohérence n. f. (→ cohérent) Liaison, rapport étroit d'idées qui s'accordent entre elles ; absence de contradiction (opposé à *incohérence*).

cohérent, ente adj. (du latin, de *cum* → co- et *hærere* « être fixé » → adhérer, hésiter) Qui se compose de parties liées et harmonisées entre elles. → **harmonieux, ²logique, ordonné.** *Idées cohérentes.*

cohéritier, ière n. Chacune des personnes appelées à partager le même héritage.

cohésif, ive adj. (du latin → cohérent) didact. Qui joint, unit, resserre. *Force cohésive.*

cohésion n. f. (du latin → cohérent) **1.** phys. Force qui unit les parties d'une substance matérielle (molécules). **2.** Caractère d'un ensemble dont les parties sont unies, harmonisées. *La cohésion d'un groupe.* → **union, unité.**

Cohl (Émile Courtet, dit Émile) Dessinateur et cinéaste français (1857-1938). Il est considéré comme l'inventeur du dessin animé au cinéma. *Le Baron de Crac ; Les Aventures des Pieds-Nickelés.*

Cohn-Bendit (Daniel) Homme politique franco-allemand (né en 1945). Figure importante de mai 68 en France, il fut l'un des instigateurs du Mouvement du 22 mars. Expulsé de France, il s'installa en Allemagne et se joignit aux Verts. Il a été député européen de 1994 à 2014.

cohorte n. f. (latin *cohors* « enclos » → cour, de *hortis* « jardin » → horticole) **1.** Antiq. Corps d'infanterie, constitué de centuries, qui formait la dixième partie de la légion romaine. **2.** fam. Groupe. *Une joyeuse cohorte.*

cohue n. f. (du breton « halle ») **1.** Foule en désordre. **2.** Bousculade, désordre, dans une assemblée nombreuse. → **mêlée.** *La cohue des heures de pointe.*

coi, coite adj. (vient du latin pop., de *quietus* → quiet) loc. *Se tenir coi* : se taire et ne pas bouger. *En rester coi.* → **muet, pantois.**

coiffage n. m. Action de coiffer.

coiffant, ante adj. **1.** Qui couvre bien la tête. *Un chapeau coiffant.* **2.** Qui sert à arranger, à fixer les cheveux. *Gel coiffant.*

coiffe n. f. (vient du bas latin, p.-ê. germanique) **1.** Coiffure féminine en tissu, encore portée dans quelques régions. *Coiffe de Bretonne.* **2.** techn. Extrémité (d'une fusée, d'un lanceur) protégeant la charge.

coiffé, ée adj. **1.** loc. *Être né coiffé* : avoir de la chance. **2.** Dont les cheveux sont arrangés. *Elle est toujours bien coiffée.*

coiffer v. tr. < 1 > (de *coiffe*) **1.** Couvrir la tête de (qqn). – *Coiffer Sainte-Catherine* (se dit d'une jeune fille encore célibataire à vingt-cinq ans). **2.** Recouvrir (qqch.), surmonter (de qqch.). **3.** Arranger les cheveux de (qqn). → **peigner.** – pronom. (réfl.) *Elle est en train de se coiffer.* **4.** Réunir sous son autorité, être à la tête de. → **chapeauter.** *Ce directeur coiffe les services commerciaux.* **5.** fig. *Coiffer un concurrent au poteau*, le dépasser à l'arrivée.

coiffeur, euse n. Personne qui fait le métier d'arranger les cheveux.

coiffeuse n. f. Table de toilette munie d'une glace.

coiffure n. f. **1.** vieilli Ce qui sert à couvrir la tête ou à l'orner (béret, bonnet, chapeau, coiffe, toque ; filet, mantille, etc.). *Sortir sans coiffure.* **2.** Arrangement des cheveux. *Coiffure en brosse.* **3.** Métier de coiffeur. *Salon de coiffure.*

Coimbatore Ville d'Inde (Tamil Nadu). 2,1 millions d'habitants. Importante industrie du coton. À proximité, grand temple de Perur (XVIIIe s.), lieu de pèlerinage.

Coimbra Ville du Portugal, capitale de la région Centre. 139 085 habitants. Elle fut la première capitale du Portugal, remplacée en 1255 par Lisbonne. Université fondée en 1290.

coin n. m. (vient du latin *cuneus* → cunéiforme) **I. 1.** Instrument triangulaire (en bois, en métal) pour fendre, ou serrer et assujettir. → **¹cale ; coincer. 2.** Morceau d'acier gravé en creux servant à frapper les monnaies et médailles ; poinçon. – loc. *Une réflexion marquée au coin du bon sens.* **II. 1.** Angle rentrant ou saillant. *Les quatre coins d'une table.* – *Les quatre coins d'une pièce.* → **encoignure.** – fig. *Aux quatre coins du monde* : dans le monde entier. – *Au coin du feu* : près du feu, à l'angle de la cheminée. – *Le coin de la rue* : l'endroit où deux rues se coupent. – *Le coin d'un bois* : l'endroit où une route coupe un bois. loc. *Je ne voudrais pas le rencontrer au coin d'un bois* : il a une allure inquiétante. – *Le coin de la bouche, des yeux.* → **commissure.** *Regarder qqn du coin de l'œil. Regard en coin*, oblique, dissimulé. *Sourire en coin*, malveillant. **2.** Petit espace ; portion d'un espace. – loc. *Un coin de terre.* ■ Endroit retiré. *Chercher dans tous les coins.* → **recoin.** ■ fam. *Le **petit coin*** : les toilettes. → **cabinet.**

coinçage n. m. Fait de coincer. → **grippage.**

coincement n. m. État de ce qui est coincé.

coincer v. tr. < 3 > (« fixer avec des *coins* [I] ») **1.** Immobiliser (un dispositif mobile) par accident. – pronom. *Mécanisme qui se coince.* **2.** Immobiliser dans un espace étroit. → **¹bloquer, ¹caler.** *Coincer une bouteille entre deux paquets.* ■ fig., fam. Mettre (qqn) dans l'impossibilité de se mouvoir, d'agir. *On a coincé le voleur.* → **pincer.** – *Coincer qqn*, le mettre dans l'embarras, dans l'impossibilité de répondre. – passif et p. p. *Être coincé dans une situation impossible.* ■ **coincé, ée** adj. *Une fille coincée*, inhibée.

coinche n. f. (de *coincher* « contrer », forme régionale de *coincer*) régional (Lyonnais) Jeu de cartes, variété de belote avec enchères.

coïncidence n. f. Fait de coïncider. → **concordance.** ■ Évènements qui arrivent ensemble par hasard. → **concours** de circonstances, **¹rencontre.** *Coïncidence étonnante.*

coïncident, ente adj. didact. Qui coïncide (dans l'espace ou dans le temps).

coïncider v. intr. < 1 > (de *cum* → co- et *incidere* → ¹incident) **1.** Arriver, se produire en même temps ; être synchrone. *Sa venue coïncide avec l'évènement.* **2.** géom. Se recouvrir exactement. *Deux cercles de même rayon coïncident.* **3.** Correspondre exactement, s'accorder. *Les deux témoignages coïncident.*

coin-coin n. m. invar. (onomatopée) Cri du canard. - var. RO **coincoin** n. m.

coïnculpé, ée n. dr. Personne inculpée, mise en examen en même temps que d'autres, pour le même délit.

coing [kwɛ̃] n. m. (vient du latin *cotoneum [malum]*, du grec « fruit de *Cydonia* », en Crète) Fruit du cognassier, en forme de poire, de couleur jaune. *Gelée de coings.*

Coire Ville de Suisse, chef-lieu du canton des Grisons, dans la vallée du Rhin. 34 880 habitants. Cathédrale des XIIe-XIIIe s. Musée. Tourisme.

Coire

Coire, l'église Saint-Martin, au cœur de la vieille ville.

Coiron n. m. Massif volcanique de l'Ardèche. Le roc de Gourdon y culmine à 1 061 m.

coït [kɔit] **n. m. (latin *coitus,* de *cum* → co- et *ire* « aller »)** Union sexuelle. → **accouplement, copulation.**

coïter v. intr. < 1 > S'accoupler, copuler.

¹coke n. m. (mot anglais) Charbon résultant de la carbonisation ou de la distillation de certaines houilles grasses.

²coke n. f. (abrév.) fam. Cocaïne.

Coke (sir Edward) Jurisconsulte anglais (1552-1634). Attorney général (1594-1616), il mena les procès contre les membres de la Conspiration des poudres. Il est l'auteur des *Institutes.*

cokéfier v. tr. < 7 > techn. Transformer (la houille) en coke. □ n. f. **cokéfaction** □ adj. **cokéfiable**

cokerie n. f. Usine où l'on produit, où l'on traite le coke.

col n. m. (vient du latin *collum* ; forme de *cou**) **I.** vieux ou littér. Cou. – loc. *Se pousser du col :* prendre de grands airs, être prétentieux. **II. 1.** Partie étroite, rétrécie (d'un récipient). → **goulot. 2.** anat. Partie rétrécie (d'une cavité de l'organisme : *col de l'utérus ;* d'un os : *col du fémur*). **III.** Passage entre deux sommets de montagne. → **défilé, gorge.** *Col fermé à la circulation.* **IV. 1.** Partie du vêtement qui entoure le cou. *Col de chemise. Pull à col roulé.* – fam. ***Col-bleu*** : marin de la Marine nationale ; ouvrier. *Les cols-bleus.* – *Les* ***cols blancs*** : les employés de bureau. **2.** *Le* ***faux col*** *d'un verre de bière,* la mousse.

col- voir **con-**

cola (mot africain, par le portugais) **1.** n. m. bot. Arbre d'Afrique (appelé aussi *colatier* ou *kolatier*) qui produit la *noix de cola.* **2.** n. m. ou f. Produit stimulant extrait de cette noix. **3.** n. m. Boisson à base de ce produit (→ **coca-cola**). - var. **kola.**

Cola di Rienzo (Nicola di Lorenzo, dit) Homme politique italien (1313-1354). Il voulut rétablir la république à Rome, au cours d'une révolution menée en 1347 durant laquelle il fut proclamé tribun. Emprisonné puis libéré avec l'appui de Pétrarque, il provoqua un nouveau soulèvement à l'issue duquel il fut tué.

Colas (Alain) Navigateur français (1943-1978). Il remporta la course transatlantique en solitaire en 1972 et réalisa le premier tour du monde en multicoque et en solitaire (169 jours) à bord de *Manureva* en 1973. Il disparut en mer en disputant la Route du rhum.

colatier voir **cola**

colback n. m. (turc *qalpâk*) **1.** Ancienne coiffure militaire. **2.** fam. *Il l'a attrapé par le colback* (ou RO *colbac*), par le col, le collet.

Colbert (Jean-Baptiste) Homme politique français (1619-1683). Il commença sa carrière au service de Mazarin, qui le recommanda à Louis XIV. Après avoir contribué à la chute de Fouquet, il fut nommé intendant des Finances (1661), surintendant des Bâtiments du roi (1664), contrôleur général des Finances (1665) puis secrétaire d'État à la Maison du roi et à la Marine (1669). Il entreprit une réforme fiscale (fondation d'une ferme générale) et réorganisa l'administration. Appliquant les principes mercantilistes, il développa l'industrie et encouragea la création de manufactures d'État (Gobelins) ou privées. Il adopta des mesures protectionnistes afin de limiter les importations et encouragea les exportations par le développement de la marine et la création de grandes compagnies commerciales (Compagnie des Indes orientales et occidentales, 1664). Fondateur de la future Académie des inscriptions (1663), de l'Académie des sciences (1666) et de l'Observatoire (1667), il protégea avec Le Brun un académisme artistique. Mais sa lutte contre les dépenses de l'État se fit de plus en plus vaine, et son crédit s'effaça au profit de son rival Louvois.

colbertisme n. m. (de *Colbert*) Système économique fondé sur l'accumulation des richesses, le protectionnisme et l'interventionnisme d'État dans le commerce et l'industrie. □ adj. **colbertiste**

Colchester Ville d'Angleterre (Essex), au N.-E. de Londres. 119 400 habitants. Commerce et industries. Université. Elle fut la première cité et la première capitale romaine, sous le nom de *Camulodunum,* des îles Britanniques.

colchicine n. f. biochim. Alcaloïde toxique extrait des graines de colchique, employé dans le traitement de la goutte.

Colchide n. f. Ancienne contrée de l'Asie, à l'E. du Pont-Euxin et au S. du Caucase, traversée par le Phase (Rioni). Ses mines d'or donnèrent probablement naissance au mythe de la Toison d'Or.

colchique n. m. (du grec, « herbe de *Colchide* ») Plante des prés humides, très vénéneuse, qui fleurit en automne. « *Le colchique, couleur de cerne et de lilas* » (Apollinaire).

colcotar n. m. (de l'arabe) Oxyde ferrique artificiel (Fe_2O_3) utilisé pour le polissage du verre.

cold-cream [kɔldkʀim] n. m. (mot anglais « crème froide *[cold]* ») anglic., vieilli Crème pour la peau, faite de blanc de baleine, de cire blanche, d'huile d'amandes douces. *Des cold-creams.*

col-de-cygne n. m. Pièce ou robinet à double courbe. *Des cols-de-cygne.*

-cole Élément (du latin, de *colere* « habiter ; cultiver », *cf.* cultiver) signifiant « qui concerne la culture (ex. *viticole*) ou l'habitation (ex. *arboricole*) ».

Cole (Jack) Chorégraphe américain (1913-1974). Il fit les chorégraphies de comédies musicales au cinéma, travaillant pour Minelli, Hawks et Cukor. *Les hommes préfèrent les blondes.*

Cole (Nathaniel Adams Coles, dit Nat King) Chanteur, pianiste et chef d'orchestre de jazz américain (1917-1965). Connu pour son interprétation de chansons sentimentales, il participa à ses débuts au développement et à la popularisation de nouvelles formes du jazz. *Sweet Lorraine ; Route 66.*

colégataire n. dr. Légataire, avec d'autres personnes, d'un même testateur.

Coleman (Ornette) Saxophoniste, trompettiste, violoniste et compositeur de jazz américain (1930-2015). Il devint très tôt une figure centrale du free-jazz, dont il bouleversa à plusieurs reprises les schémas.

coléoptère n. m. (du grec, de *koleon* « étui » et *pteron* « aile ») zool. Insecte à quatre ailes dont deux (les élytres) sont cornées (ordre des *Coléoptères ;* ex. : le hanneton, le scarabée).

colère n. f. (du latin, du grec *kholera* → choléra « maladie de la bile ») **1.** Violent mécontentement accompagné d'agressivité. → **courroux, emportement, fureur, irritation, ¹rage** ; fam. **rogne.** *Une colère noire,* terrible. – *Être en colère.* → **furieux, hors de soi. 2.** Accès, crise de colère. – fam. *Faire une colère.*

coléreux, euse adj. Qui se met facilement en colère. → **agressif, emporté, irascible, violent.** – *Un tempérament coléreux.*

Coleridge (Samuel Taylor) Poète, critique et penseur britannique (1772-1834). Son œuvre, visionnaire et lumineuse, marque le début du romantisme anglais *(Ballades lyriques).* Deux de ses poèmes sont célèbres : *Le Dit du vieux marin* (qu'a traduit Alfred Jarry) et *Kubla Khan.* Il inspira l'*Encyclopedia Metropolitana.*

colérique adj. Coléreux.

coleslaw [kɔlslo] n. m. (de l'anglais des États-Unis, du néerlandais *koolsla,* de *kool* « chou » et *sla* « salade ») Salade de chou blanc émincé et de carottes râpées assaisonnée de mayonnaise.

Colet (John) Théologien anglais (1467-1519). Il fréquenta les grands humanistes de son temps (Érasme, Guillaume Budé) et fut un précurseur en matière de pédagogie. *Sermons ; Épîtres à Érasme.*

Colet (Louise Revoil, Mme) Femme de lettres française (1810-1876). Poète, elle doit surtout sa réputation posthume à la volumineuse correspondance que lui adressa Flaubert.

Colette ou **Nicole (sainte)** Religieuse clarisse (1381-1447). Sous l'ordre du pape Benoît XIII, elle réforma les trois ordres franciscains ; dans ses couvents de Pauvres Clarisses, elle rétablit la rigueur primitive de la règle de sainte Claire.

Colette (Sidonie Gabrielle Colette, dite) Romancière française (1873-1954). Poussée à écrire par son mari Henri Gauthier-Villars, qui signa sous le pseudonyme de Willy ses premiers ouvrages, elle connut un succès à demi scandaleux avec la série des *Claudine,* remarquées pour une sensibilité et une sensualité qui ne se démentiront pas. Ses ouvrages postérieurs, souvent partiellement autobiographiques, développent un style d'une clarté et d'une saveur exceptionnelles. *L'Ingénue libertine ; Le Blé en herbe.*

Colette chez elle, à Paris (1953).

coléus n. m. (du latin sc., du grec *koleos* « étui » → coléoptère) Plante des régions tropicales, cultivée pour son feuillage richement coloré.

Colfontaine Commune de Belgique (Hainaut). 20 741 habitants. Monument à Van Gogh, qui y fut missionnaire, par Zadkine.

Coli (François) Aviateur français (1881-1927). Il disparut avec Nungesser en tentant la liaison Paris-New York sans escale.

C

Colisée

Le Colisée, à Rome, amphithéâtre elliptique le plus grand de l'Empire romain.

colibacille [kɔlibasil] **n. m. (du grec *kôlon* → côlon, et *bacille*)** Bactérie intestinale.

colibacillose [kɔlibasiloz] **n. f. méd.** Infection due au colibacille.

colibri n. m. (origine obscure) Oiseau de très petite taille, à plumage éclatant, à long bec. → **oiseau-mouche.**

colicitant, ante n. et adj. (→ liciter) dr. Chacune des personnes au profit desquelles se fait une vente par licitation.

colifichet n. m. (de *coeffichet*, p.-ê. de *coiffe* et *ficher*) Petit objet de fantaisie, sans grande valeur. → **babiole, bagatelle.**

Coligny (Gaspard de Châtillon, sire de) Amiral de France (1519-1572). Il défendit Saint-Quentin contre les Espagnols (1557). Converti au calvinisme, il fut avec Condé le principal chef huguenot et fut assassiné lors du massacre de la Saint-Barthélemy.

Colima Ville du Mexique, capitale d'État en bordure de la sierra Madre occidentale. 137 400 habitants. Commerce. Tourisme.

colimaçon n. m. (régional : normand et picard → écale, limaçon) 1. vieilli Escargot. **2. loc. adv.** *En colimaçon* : en hélice. *Escalier en colimaçon.*

colin n. m. (du néerlandais, famille germanique de *coal* « charbon ») Gros poisson de mer comestible à dos noir. → ^{2}**lieu, merlu.**

Colin (Paul) Affichiste, décorateur et peintre français (1892-1985). Il créa plus de 1 200 affiches, d'un style épuré, et de nombreux décors de théâtre. Son travail pour la *Revue nègre* le fit remarquer.

Colin de Blamont (François) Compositeur français (1690-1760). Surintendant de la Musique du roi, il succéda à Lalande à la Chapelle royale et est l'auteur de cantates et de ballets. Il s'opposa à Rousseau dans l'*Essai sur les goûts anciens et modernes de la musique française.*

colinéaire adj. math. *Vecteurs colinéaires,* qui ont la même direction.

colin-maillard n. m. (des n. *Colin* [de *Colas, Nicolas*] et *Maillart* « l'homme au *maillet* ») Jeu où l'un des joueurs, les yeux bandés, doit chercher les autres à tâtons, en saisir un et le reconnaître. *Des colin-maillards.*

Colin Muset Trouvère champenois (début XIIIe s.). Ses chansons évoquent la vie errante des ménestrels.

colinot ou **colineau n. m.** Jeune colin. *Des colinots, des colineaux.*

colique n. f. (latin *colica* [*passio* → passion], du grec, de *kôlon* → côlon) 1. souvent au plur. Douleur ressentie au niveau des viscères abdominaux. → **colite, entérite.** *Colique hépatique, néphrétique,* due à l'obstruction des canaux biliaires, des uretères par un calcul. **2.** Diarrhée. *Avoir la colique.* – **fig., fam.** *Quelle colique !,* chose, personne ennuyeuse. ■ *Avoir la colique* : avoir peur. → **trouille.**

colis n. m. (de l'italien, de *collo* → cou : « charge portée sur le cou ») Objet emballé destiné à être expédié et remis à qqn. → **paquet.**

Colisée ou **amphithéâtre Flavien n. m.** Amphithéâtre de Rome, commencé sous Vespasien et inauguré en 80 par Titus, où 87 000 spectateurs pouvaient assister à des combats de gladiateurs. Ses restes imposants sont l'un des grands sites de Rome.

colistier, ière n. Chacun des candidats inscrits sur une même liste électorale.

colis-voiturage n. m. Transport d'un colis dans le véhicule d'un particulier pour le compte d'un autre particulier.

colite n. f. (→ colique ; suffixe *-ite*) méd. Inflammation du côlon ; douleur qui en résulte. → **colique (1).**

colitigant, ante n. (de *co-* et *litigant* « celui qui a un procès ») Chacun des plaideurs engagés dans un même procès.

collaborateur, trice n. (→ collaborer) 1. Personne qui collabore à une œuvre commune. → **adjoint,** ^{2}**aide, associé, collègue.** *Les collaborateurs d'une revue scientifique.* **2. hist.** Français partisan de la collaboration avec les Allemands pendant l'Occupation. - **abrév. fam. collabo.**

collaboratif, ive adj. Destiné à un travail en commun, sur le web. *Site web collaboratif.* → **wiki.** ■ **par ext.** Fondé sur le partage (des équipements, des services). *Consommation, économie collaborative.*

collaboration n. f. (→ collaborer) 1. Travail en commun, action de collaborer. *Livre écrit en collaboration* **(→ collectif).** *Apporter sa collaboration à une œuvre.* → ^{1}**aide, concours, participation. 2.** Mouvement, attitude des collaborateurs (2).

collaborationniste adj. et n. Partisan d'une politique de collaboration (2). □ **n. m. collaborationnisme**

collaborer v. < 1 > (latin, de *cum* et *laborare* « travailler » → labeur, labour) 1. v. tr. ind. *(à, avec)* Travailler en commun (à qqch. ; avec qqn). *Collaborer à un journal.* → **participer. 2. v. intr.** Agir en tant que collaborateur (2). *Elle a refusé de collaborer.*

collage n. m. 1. Action de coller. – État de ce qui est collé. **2.** Composition artistique faite d'éléments collés. *Les collages de Braque.* **3. techn.** Addition de colle. – *Collage du vin* : clarification du vin à l'aide de substances qui entraînent la sédimentation des particules en suspension. **4. fam., vieilli → concubinage.**

collagène n. m. (de *colle* et *-gène*) biochim. Protéine fibreuse du tissu conjonctif. *Crème au collagène.*

collant, ante adj. et n. m. 1. Qui adhère, qui colle. *Papier collant.* → **adhésif, autocollant.** ■ Gluant. → **poisseux. 2.** Qui s'applique exactement sur une partie du corps. → **ajusté, moulant, serré.** *Robe collante.* ■ **n. m.** *Un collant* : pantalon, maillot collant. – Sous-vêtement féminin qui réunit culotte et bas. → **régional bas-culotte. 3. fam. (personnes)** Ennuyeux, dont on ne peut se débarrasser. → **importun ; fam. crampon.**

collante n. f. (de *coller*) argot scol. Convocation à un examen ; feuille de résultats d'examen.

collapsologie n. f. (de l'anglais *to collapse* « s'effondrer ») didact. Courant de pensée annonçant l'effondrement de la civilisation industrielle. □ **n. collapsologue**

collapsus [kɔlapsys] **n. m. (du latin, p. p. de *collabi*) méd. 1.** Malaise soudain, intense, accompagné d'une chute de tension. **2.** Affaissement d'un organe.

collatéral, ale, aux adj. (→ latéral) 1. didact. Qui est sur le côté. *Nef collatérale d'une église.* → **bas-côté. 2.** *Parents collatéraux* : membres d'une famille descendant d'un même ancêtre sans descendre les uns des autres (ex. frères, cousins, oncles). – **n.** *Les collatéraux.* **3. (par l'anglais)** *Dégâts, dommages collatéraux* : conséquences non maîtrisées d'une opération militaire, notamment pertes civiles.

collation n. f. (du latin, de *conferre* → conférence ; d'abord « rencontre ») Repas léger. → **encas,** ^{2}**goûter, lunch ; fam. casse-croûte.**

collationnement n. m. Action de collationner.

collationner v. tr. < 1 > (du latin *collatio*, d'abord « comparaison » → collation) Comparer (plusieurs versions ou copies d'un texte) pour reconnaître les concordances, les divergences.

colle n. f. (grec *kolla* « gomme ») I. 1. Matière gluante adhésive. → **glu.** *Tube, bâton de colle. Enduire qqch. de colle.* → **encoller.** – **loc. fam.** *Chier dans la colle* : exagérer. **2. fig. et fam.** ***Pot de colle*** : personne dont on ne peut se débarrasser **(→ collant).** – **vieilli** *Être, vivre à la colle,* en concubinage. **II. (de *coller* [I, 7]) argot scol. 1.** Interrogation préparatoire aux examens. – **cour.** Question difficile. *Poser une colle.* **2.** Consigne, retenue donnée en punition.

Collé (Charles) Chansonnier français (1709-1783). Il organisa les fêtes du duc d'Orléans et créa des parades comiques.

collecte n. f. (du latin, de *colligere* → cueillir) 1. Action de recueillir des dons, des contributions. → ^{1}**quête. 2.** Ramassage. *La collecte du lait dans les fermes.*

collecter v. tr. < 1 > Recueillir par une collecte. *Collecter des fonds.* □ **n. m. collectage**

collecteur, trice (latin *collector* → collecte) 1. n. Personne qui recueille les cotisations, les taxes. *Collecteur d'impôts.* → **percepteur. 2. n. m.** Organe ou dispositif qui recueille ce qui était épars. *Collecteur d'ondes.* → **antenne.** ■ Conduite qui recueille le contenu d'autres conduites. *Collecteur d'eaux pluviales.* **3. adj.** Qui recueille. *Égout collecteur.*

collectif, ive (du latin, de *colligere* → collecte) I. adj. 1. Qui comprend ou concerne un ensemble de personnes. *Œuvre collective. Démission collective. Propriété collective.* → **collectivisme. 2. ling.** Se dit d'un terme singulier représentant un ensemble d'individus ou d'objets. – **n. m.** *« La foule » est un collectif.* **II. n. m. 1.** Ensemble des dispositions d'un projet de loi de finances. *Le collectif budgétaire.* **2.** Groupe de personnes réunies pour délibérer et prendre des décisions.

collection n. f. (du latin → collecte, cueillir) 1. Réunion d'objets (notamment d'objets précieux, intéressants). *Les collections d'un musée. Une collection de livres* **(→ bibliothèque),** *de timbres. Faire collection de...* → **collectionner.** ■ **fig.** Grand nombre. → **quantité.** *« La suite de ses œuvres n'est qu'une collection d'échecs »* (Camus). **2.** Série d'ouvrages, de publications ayant une unité. *Ouvrage publié dans une collection de poche.* **3.** Ensemble des modèles présentés en même temps. *Collections d'été des grands couturiers.*

collaboration

1. Affiche allemande justifiant le Service du travail obligatoire en mettant en avant le péril bolchevique. 2. Poignée de main entre Hitler et Pétain le 24 octobre 1940 à Montoire. 3. Juillet 1944, en Bretagne : la Milice française arrête un groupe de résistants.

▶ Après la défaite de 1940 et l'entrevue du maréchal Pétain avec Hitler à Montoire (24 oct. 1940), le gouvernement de Vichy inaugure une politique de rapprochement avec l'Allemagne. Cette **collaboration** (2) d'État vise, pour son principal concepteur P. Laval, à faciliter l'intégration de la France à une « Europe nouvelle », dans la perspective d'une victoire allemande. Le gouvernement français fait des concessions de plus en plus compromettantes, allant jusqu'à anticiper les requêtes allemandes, en particulier après le retour de Laval au pouvoir en avril 1942 (aide à la déportation des Juifs, création du STO en 1943). Intellectuels (Brasillach, Céline...), militants politiques (du Rassemblement national populaire de Déat, du Parti populaire français de Doriot), ou simples citoyens, certains Français adhèrent par conviction ou par opportunisme au projet hitlérien. La presse collaborationniste *(Je suis partout, L'Œuvre, La Gerbe)* ira jusqu'à attaquer un gouvernement de Vichy pas assez radical à ses yeux. Quelques-uns combattent même aux côtés de l'Allemagne (*Légion des volontaires français,* 1941). La Milice, créée en 1943 par Darnand, participe à la lutte contre la Résistance. Enfin, certaines entreprises pratiquent la *collaboration économique* (Renault). Les ultras de la collaboration composent le dernier gouvernement du régime de Vichy (1943-1944). En 1944, ils tentent de former un gouvernement en exil à Sigmaringen en Allemagne. À la Libération, de nombreux collaborateurs furent condamnés à mort et exécutés.

voir aussi **Seconde Guerre mondiale, Occupation, Résistance**

collectionner v. tr. < 1 > Réunir pour faire une collection (1). ▪ fig. *Il collectionne les contraventions,* il en a beaucoup. → **accumuler.**

collectionneur, euse n. Personne qui fait des collections. → **amateur.** *Collectionneur de timbres.* → **philatéliste.**

collectivement adv. De façon collective ; ensemble.

collectiviser v. tr. < 1 > Mettre (les moyens de production) en possession de la collectivité. → **étatiser, nationaliser.** *Collectiviser des terres.* ▫ n. f. **collectivisation**

collectivisme n. m. (→ **collectif**) Système social dans lequel les moyens de production et d'échange sont la propriété de la collectivité. → **communisme.** *Collectivisme d'État.* → **étatisme.** ▫ adj. et n. **collectiviste**

collectivité n. f. **1.** Ensemble de personnes groupées (naturellement ou pour atteindre un but commun). → **communauté, société. 2.** Circonscription administrative dotée de la personnalité morale. *Collectivités locales.*

collector n. m. (de l'anglais *collector's item* « objet de collectionneur ») anglic. Objet produit en série devenu un objet de collection. – adj. *Un album collector.*

collège n. m. (latin *collegium,* famille de *lex* → [1]**loi**) **I.** Réunion de personnes ayant la même dignité, la même fonction. – *Le collège des cardinaux* ou *Sacré Collège.* ▪ ***Collège électoral :*** ensemble des électeurs d'une circonscription. **II.** Établissement d'enseignement secondaire du premier cycle. *Lycées* et collèges. Collège technique.* → **régional athénée, cégep.** ▪ *Le Collège de France.*

Collège de France Établissement d'enseignement et de recherche situé à Paris. D'abord *Collège des trois langues,* fondé par François Ier en 1530 sur le conseil de Guillaume Budé, puis *Collège royal,* enfin *Collège de France* sous la Restauration, il dispense aujourd'hui un enseignement libre sans délivrer de diplômes. Les professeurs sont choisis par leurs pairs et décident de leur programme d'enseignement et des recherches menées par les laboratoires.

collégial, iale, iaux adj. **1.** Qui a rapport à un collège (I) de chanoines. *Église collégiale* et n. f. *une collégiale.* **2.** Exercé par un collège, un groupe. *Direction collégiale.*

collégialement adv. De manière collégiale, collective.

collégialité n. f. Caractère collégial.

collégien, ienne n. Élève d'un collège (II).

collègue n. (latin *collega,* famille de *lex* → **collège**) **1.** Personne qui exerce la même fonction qu'une autre ou appartient au même établissement. → **confrère, consœur. 2.** régional (Midi) Ami, camarade.

collenchyme n. m. (du grec *kolla* « colle » et *enkuma* « épanchement ») bot. Tissu végétal de soutien, formé de cellulose.

Colleoni (Bartolomeo) Condottiere italien (1400-1475). Engagé par Venise, il fut victorieux contre les Milanais (à Brescia, Vérone, au lac de Garde) et devint, en 1454, capitaine général à vie. Sa statue équestre par Verrocchio est à Venise.

coller v. < 1 > (de *colle*) **I.** v. tr. **1.** Joindre et faire adhérer avec de la colle. → **fixer.** *Coller une affiche sur un mur.* **2.** (sujet chose) Faire adhérer, rendre gluant. *La sueur collait ses cheveux.* **3.** techn. Enduire de colle. **4.** inform. Insérer (du texte, une image) dans un document. **5.** *Coller* (qqch., qqn) *contre, sur, à* (qqch.), l'appliquer étroitement. *Coller son visage contre la vitre.* – pronom. *Se coller contre qqn.* **6.** fam. Donner ; mettre. *Collez ça dans un coin !* → [2]**ficher.** *La prof lui a collé un zéro.* → [2]**flanquer,** [1]**foutre.** *Il nous a collé tout le sale boulot.* → **refiler. 7.** fam. Infliger une retenue à. → **consigner, punir.** ▪ *Coller un candidat,* le refuser à un examen. → **ajourner, refuser.** – passif *Il a été collé au bac* (opposé à *reçu*). ▪ Poser à (qqn) une question à laquelle il ne peut répondre. **8.** Rester obstinément avec (qqn). *Elle nous a collées tout l'après-midi.* **II.** v. intr. **1.** Adhérer. ▪ Être gluant. *Ses mains collent.* **2.** fam. *Ça colle :* ça convient, ça fonctionne. *Ça ne colle pas entre eux.* **III.** v. tr. ind. ***Coller à :*** s'adapter étroitement. *Mot qui colle à une idée,* qui la traduit exactement. *Ce rôle lui colle à la peau.*

collerette n. f. (de l'ancien subst. *coller* → **collier**) **1.** Tour de cou plissé ou froncé (→ [3]**fraise**). *Une collerette en dentelle.* **2.** techn. Objet en forme de couronne.

Colle-sur-Loup (La) Commune des Alpes-Maritimes, près de Grasse. 8 048 habitants. Horticulture.

collet n. m. (de *col*) **I. 1.** vieux Col (vêtement). ▪ loc. adj. invar. ***Collet monté :*** prude, austère (comme les femmes qui avaient un collet très haut). → **affecté, guindé.** – *Prendre qqn au collet,* l'arrêter, le faire prisonnier (→ se **colleter**). **2.** Cou (d'animal). *Collet de mouton.* **II. 1.** Nœud coulant pour prendre certains animaux (au cou). → **lacet.** *Collet à lapin.* **2.** techn. Partie en saillie autour d'un objet. **III. 1.** bot. Zone de transition entre la racine et la tige (d'une plante). **2.** anat. Partie (d'une dent) entre la couronne et la gencive.

Collet (Henri) Compositeur et musicologue français (1885-1951). Il fut à l'origine du groupe des Six, musiciens influencés par Satie et Cocteau. Sa musique est d'inspiration ibérique : *Chants de Castille ; Concertos Flamencos.*

se **colleter** v. pron. < 4ou RO 5 > (de *[prendre au] collet*) Se battre, lutter. → s'**empoigner.** *Se colleter avec qqn.* ▪ fig. *Se colleter avec la vie.* → **affronter.**

Colletet (Guillaume) Poète français (1598-1659). Il est l'auteur de recueils de poèmes et de *Biographies des poètes français.*

colleur, euse n. **1.** Professionnel(le) qui colle du papier peint, des affiches. **2.** n. f. Appareil servant à coller (notamment des films).

colley n. m. (mot anglais) Chien de berger écossais.

Colliander (Tito Fritiof, dit Tito) Écrivain finlandais de langue suédoise (1904-1989). Il est l'auteur de romans et de nouvelles antirationalistes, reflétant sa foi chrétienne orthodoxe. *Une enfance à Pétrograd.*

collier n. m. (aussi *coler, coller* → **collerette,** de deux dérivés latins de *collum* → **cou**) **1.** Objet que l'on passe autour du cou d'un animal pour l'attacher ou le harnacher. – loc. *Reprendre le collier :* se remettre au travail. – *Être franc du collier,* très franc. – *Donner un coup de collier :* fournir un effort énergique mais momentané. **2.** Bijou, ornement qui se porte autour du cou. *Collier de diamants.* → **rivière. 3.** Poils, plumes du cou d'un animal d'une couleur différente de celle du reste du corps. **4.** *Collier de barbe :* barbe courte qui remonte jusqu'aux tempes. **5.** Partie d'une bête de boucherie comprenant le cou. **6.** techn. Cercle de renfort (par ex. autour d'un tuyau). *Collier de serrage.*

Collier (affaire du) Escroquerie qui contribua à discréditer la royauté à la veille de la Révolution française. Le cardinal de Rohan, manipulé par la comtesse de La Motte et Cagliostro, acheta pour la reine un collier qu'il fut incapable de payer. L'affaire fut alors dévoilée. Le procès qui suivit acquitta Rohan et mit en cause la réputation de Marie-Antoinette.

colliger v. tr. < 3 > (du latin → **cueillir**) didact. **1.** Réunir en un recueil. **2.** Relier (des abstractions) en vue d'une synthèse.

collimateur n. m. (de *collimation,* du latin *colineare,* de *linea* → **ligne**) Dispositif de visée qui permet d'orienter avec précision (un instrument d'optique, une arme). – loc. *Avoir qqn dans le collimateur,* le surveiller très étroitement.

Colmar

Colmar, le quai de la Poissonnerie, dans la « petite Venise ».

collimation n. f. (du latin, de *collineare* « viser ») astron. Action d'orienter un appareil d'optique dans une direction précise.

colline n. f. (du bas latin, de *collis* « colline ») Petite élévation de terrain de forme arrondie. → **butte, coteau, hauteur.** *Le sommet d'une colline.*

Collingwood (Cuthbert, 1er baron) Amiral britannique (1750-1810). Lieutenant de Nelson, il prit, à la mort de ce dernier, le commandement de la flotte britannique en Méditerranée.

Collingwood (Robin George) Philosophe et historien britannique (1889-1943). Il est surtout connu pour ses travaux en esthétique et en épistémologie des sciences historiques. *The Idea of History.*

Collins (Anthony) Philosophe anglais (1676-1729). Élève et ami de Locke, déiste, il est, par son œuvre de polémiste, l'un des représentants de la libre-pensée en Angleterre. *Discours sur la liberté de penser.*

Collins (William) Poète britannique (1721-1759). Il fut, avec T. Gray, l'un des rares poètes lyriques du XVIIIe s. Ignoré de ses contemporains, il mourut dans une maison d'aliénés. *L'Ode au soir,* son chef-d'œuvre, utilise le vers libre.

Collins (William, dit Wilkie) Romancier britannique (1824-1889). Il écrivit *L'Abîme* en collaboration avec Dickens. Dans la revue de son ami, il publia en feuilleton *La Dame en blanc,* l'un des tout premiers romans policiers.

Collonges-la-Rouge

Collonges-la-Rouge, répertorié comme l'un des plus beaux villages de France.

Collins (Michael) Homme politique irlandais (1890-1922). Membre du Sinn Féin, il prit part à la guerre d'indépendance irlandaise. Président du gouvernement provisoire (1921), il ne put empêcher la guerre civile, au cours de laquelle il fut tué.

Collioure Commune des Pyrénées-Orientales. 2 400 habitants. Monuments anciens. Port de pêche. Séjour de peintres (Derain, Matisse, Braque, Picasso) au début du XXe siècle.

collision n. f. (du latin, de *collidere,* de *laedere* « frapper » → **léser, lésion**) **1.** Choc de deux corps qui se rencontrent. → **heurt, impact.** *Collision entre deux voitures. Entrer en collision avec,* heurter. – phys. *Collision de particules.* **2.** fig. Lutte, conflit. *La collision des intérêts.*

collisionneur n. m. phys. Accélérateur de particules sans cible fixe, où se produisent des collisions frontales.

collocation n. f. (latin *collocatio* « placement ») **1.** dr. Classement des créanciers dans l'ordre que le juge a assigné pour leur paiement. **2.** ling. Association fréquente de deux éléments dans le discours. → **cooccurrence.**

Collodi (Carlo Lorenzini, dit Carlo) Journaliste et écrivain italien (1826-1890). Directeur de journaux satiriques, il est avant tout l'auteur du conte de *Pinocchio.*

collodion n. m. (du grec *kollodês* « collant », de *kolla* « colle ») Solution de nitrocellulose dans de l'éther alcoolisé, utilisée en photographie et en chirurgie.

colloïdal, ale, aux adj. sc. *Solution colloïdale :* solution contenant des particules de taille supérieure à celle des molécules.

colloïde n. m. (de l'anglais, du grec *kolla* → **colle**) sc. Soluté d'une solution colloïdale à demi liquide.

Collonges-la-Rouge Commune de la Corrèze, village en grès rouge bâti sur un site pittoresque. 483 habitants.

colloque n. m. (du latin, de *colloqui* → **co-**, de *loqui* « parler » → **loquace**) Débat entre plusieurs personnes sur des questions théoriques, scientifiques. → **conférence, discussion.** ■ Réunion organisée pour ce débat. → **séminaire, table** ronde.

Collot d'Herbois (Jean-Marie) Homme politique français (1750-1796). Membre de la Commune de Paris (1792), il participa aux massacres de Septembre. Partisan actif de la Terreur, il fut déporté en Guyane en 1795.

collure n. f. (de *coller*) techn. Soudure de plusieurs parties d'une pellicule cinématographique ou d'une bande magnétique.

collusion n. f. (du latin, de *cum* → **co-** et *ludere* « jouer » → **ludique**) Entente secrète au préjudice d'un tiers. → **complicité, connivence.**

collusoire adj. dr. Fait par collusion.

collutoire n. m. (du latin, de *cum* → **co-** et *luere,* de *lavare* → **laver**) Médicament liquide destiné à agir sur les muqueuses de la bouche et de l'arrière-gorge.

colluvion n. f. (de *co-* et *alluvion*) géol. Fin dépôt de sédiments résultant d'un remaniement voisin.

collyre n. m. (du latin, emprunt au grec *kollurion*) Médicament liquide qu'on instille dans l'œil.

Colmar Chef-lieu du Haut-Rhin. 68 294 habitants. Collégiale des XIIe et XIVe s. Maisons médiévales et Renaissance. Musées (primitifs rhénans ; art moderne). Commerce (vins d'Alsace). Tourisme.

colmater v. tr. < 1 > (de l'italien, de *colmare* « combler » ; famille du latin *culmen* → **culminer**) Boucher, fermer. *Colmater une fissure avec du plâtre.* ■ fig. *Colmater un déficit.* – milit. *Colmater une brèche.* □ n. m. **colmatage**

colocase n. f. (du grec) Plante tropicale cultivée en Polynésie pour son rhizome féculent. → **taro.**

colocataire n. **1.** Personne qui est locataire avec d'autres dans le même immeuble. **2.** Personne qui loue un logement avec un ou plusieurs autres locataires.

colocation n. f. Situation des colocataires. *Vivre en colocation.*

cologarithme n. m. math. Logarithme de l'inverse d'un nombre (colog $a = \log(1/a) = -\log a$).

Cologne en allemand **Köln** Ville d'Allemagne (Rhénanie-du-Nord-Westphalie), sur la rive gauche du Rhin. 1 080 500 habitants. Cathédrale gothique. Basilique du XIe s. Église Saint-Géréon (IXe s.), église Saint-Séverin (XIe-XIIIe s.). Importante dès l'époque romaine, promue ville impériale au XIIIe s., ville hanséatique, Cologne eut longtemps un grand prestige intellectuel et artistique : Albert le Grand, Thomas d'Aquin, Duns Scot enseignèrent à son université. Bombardée entre 1942 et 1945, elle fut en partie détruite, puis reconstruite et restaurée.

Colomb (Christophe) Navigateur d'origine génoise (v. 1451-1506). Le détail de sa vie est mal connu. Installé au Portugal en 1476, il ne parvint pas à convaincre le roi Jean II du bien-fondé de son projet d'atteindre les Indes par l'océan Atlantique. Il se tourna alors vers l'Espagne. Les souverains Ferdinand II et Isabelle Ire, gagnés à sa cause, lui promirent le titre de vice-roi sur les territoires qu'il découvrirait et lui confièrent en 1492 trois caravelles (*Santa María, Pinta* et *Niña*). Au cours d'un premier voyage, il découvrit les Grandes Antilles, puis Cuba et Haïti qu'il nomma Hispaniola. Un deuxième voyage le mena vers la Dominique, la Guadeloupe, Porto Rico, la Jamaïque et la côte S.-O. de Cuba (1493-1496). Lors d'un troisième voyage, il longea le continent américain et atteignit le delta de l'Orénoque. Il

Christophe Colomb débarque à Guanahani, gravure colorisée de Théodore de Bry (1594), coll. privée.

perdit sa fonction de vice-roi en raison d'erreurs d'administration. Au cours d'une dernière expédition, il longea la côte de l'Amérique centrale, du Honduras au golfe de Darién (1502-1504).

colombage n. m. (de l'ancien mot *colombe*, var. de *colonne*) archit. Mur en charpente dont les vides sont garnis d'une maçonnerie légère. – par ext. Charpente apparente en bois. *Maison à colombages*.

Les armatures en bois et le hourdage de maisons à colombages.

Colomban (saint) Moine et prédicateur irlandais (v. 540-615). Il fonda plusieurs monastères sur le continent : à Luxeuil, à Bregenz, à Bobbio.

Colomb-Béchar voir Béchar

colombe n. f. (vient du latin *columba*) **1.** littér. Pigeon, considéré comme symbole de douceur, de pureté, de paix. **2.** fig. Partisan d'une solution pacifique aux conflits politiques (s'oppose à *faucon*).

Colombe n. f. Constellation de l'hémisphère austral.

Colombe (Michel) Sculpteur français (v. 1430-v. 1512). Maître de la fin de l'époque gothique, il travailla pour Louis XI, pour le duc de Bourbon, puis pour Anne de Bretagne (tombeau du duc François II de Bretagne et de Marguerite de Foix, dans la cathédrale de Nantes).

Colombe (Jean) Peintre français (v. 1440-v. 1500). Il acheva les *Très Riches Heures du duc de Berry* commencées par les frères Paul, Jean et Herman de Limbourg.

Colombes Commune des Hauts-de-Seine, au N. de Nanterre. 86 775 habitants. Activités tertiaires. Industries (aéronautique).

Colombey-les-Deux-Églises Commune de la Haute-Marne. 693 habitants. Ancienne propriété (La Boisserie, aujourd'hui musée) et tombe du général de Gaulle.

Colombie

n. f. ■ offic. république de Colombie État d'Amérique du Sud. 1 141 748 km². 50,3 millions d'habitants (les *Colombiens*). **Langue :** espagnol. **Population :** métis, Blancs, Amérindiens, Noirs. **Religion :** catholiques. **Monnaie :** peso. **Capitale :** Bogotá. **Régime :** présidentiel.

Colombie

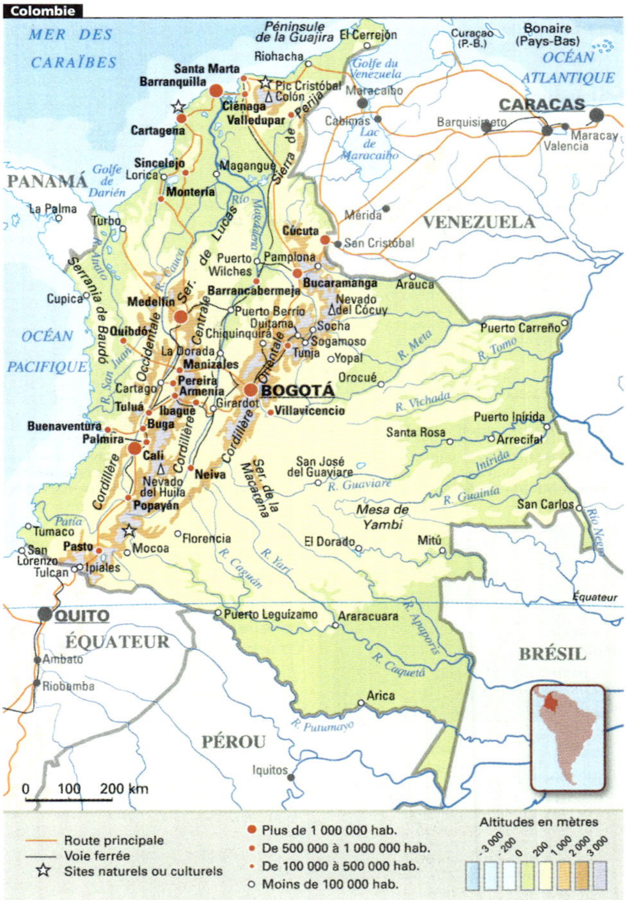

GÉOGRAPHIE

La Colombie bénéficie de sa situation, au carrefour entre le N. et le S. du continent, ainsi qu'entre les océans Pacifique et Atlantique. La partie O. du pays, la plus peuplée, est occupée par l'extrémité septentrionale de la cordillère des Andes, qui se divise en trois chaînons (Cordillères Occidentale, Centrale et Orientale). Les plaines littorales doivent leur peuplement et leur mise en valeur au développement des cultures de plantation (banane, canne à sucre). La moitié orientale du pays, peu peuplée, souffre d'enclavement. Au N. de celle-ci, les savanes arborées accueillent des élevages extensifs ou sont consacrées à la culture de la coca, du pavot et du cannabis ; au S., la forêt équatoriale est menacée par la déforestation.

ÉCONOMIE

La population, les ressources minières (pétrole, charbon, émeraudes) et les activités économiques (culture du café et du maïs notamment) sont concentrées dans la partie andine du pays. La force de l'économie colombienne réside dans son agriculture, dans l'exploitation des richesses de son sous-sol et dans son intégration dans les réseaux d'échanges continentaux et mondiaux. Des revenus considérables sont également générés par la production et le trafic de drogues (cocaïne, héroïne, haschich).

HISTOIRE

La conquête de la Colombie, au début du XVIe s., détruisit la civilisation des Indiens chibchas.

L'indépendance L'indépendance fut proclamée en 1819 suite à la victoire de Bolívar sur les Espagnols. Le Venezuela et l'Équateur se séparèrent de la Colombie (appelée *Nouvelle-Grenade*, puis *Grande-Colombie*) en 1830, suivis par le Panamá en 1903.

La vie politique fut dominée par les conflits civils (1899-1902, années 1950) et les rivalités entre conservateurs centralistes et libéraux fédéralistes. La démocratie fut suspendue par le coup d'État du général Rojas Pinilla, qui instaura un régime dictatorial (1953-1957).

Les guérillas marxistes Après 1958, les guérillas menées par différents groupes marxistes (FARC, ELN, EPL, M19) entretinrent un climat de violence et d'insécurité, renforcé par la « guerre totale » engagée en 1989 par le gouvernement contre la production et le trafic de drogues (aux mains du Cartel de Medellín puis, après l'arrestation de Pablo Escobar en 1993, du Cartel de Cali). Álvaro Uribe, président de 2002 à 2010, tenta de rompre avec les pratiques de négociation de ses prédécesseurs pour combattre militairement guérillas et narcotrafiquants, avec le soutien des États-Unis. Les très nombreux otages des FARC (dont la Franco-Colombienne Ingrid Betancourt détenue de 2002 à 2008) rendirent très délicates les opérations militaires qui aboutirent cependant à l'élimination de leur chef en 2011. L'année suivante, le président Juan Manuel Santos, ancien ministre de la Défense d'A. Uribe, élu en 2010, entama des négociations de paix avec les FARC et parvint à un cessez-le-feu en 2016 mais des groupes dissidents subsistèrent. Il obtint l'adhésion de la Colombie à l'OCDE (2018). L'ultralibéral Ivan Duque lui succéda en 2018 puis la gauche retrouva le pouvoir en 2022 avec l'élection de Gustavo Petro.

Colombie-Britannique n. f. Province du Canada (capitale : Victoria). 944 735 km² et 4 648 055 habitants, dont environ 45 000 Amérindiens. Montagneuse, la province comprend l'île de Vancouver (en face de laquelle se trouve la ville de Vancouver) et les îles de la Reine-Charlotte. Pêche. Exploitation de la forêt et industrie du bois. Le S. de l'île de Vancouver et l'agglomération de Vancouver concentrent les 2/3 de la population.

colombier n. m. littér. Pigeonnier.

[1]colombin, ine adj. et n. m. **1.** vieux Relatif à la colombe, au pigeon. **2.** *Pigeon colombin* (ou *colombin* **n. m.**) : pigeon sauvage d'Europe et d'Asie.

[2]colombin n. m. (origine obscure) **1.** techn. Rouleau de pâte servant à confectionner des poteries. **2.** fam. Étron.

Colombine Personnage de la commedia dell'arte, d'abord type de la soubrette insolente, puis de l'ingénue.

colombo n. m. (du n. de la ville) Mélange d'épices d'origine indienne (coriandre, piment...). ■ Plat de viande ou de poisson préparé avec ce mélange.

Colombo (Realdo) latinisé en **Columbus** Anatomiste italien (v. 1520-1599). Élève de Vésale, il fut un pionnier dans l'étude de la circulation sanguine. Ses travaux annoncent ceux de Harvey, découvreur du trajet en boucle du sang.

Colombo Capitale commerciale du Sri Lanka, la capitale administrative étant Sri Jayewardenepura Kotte. 561 300 habitants. Port d'exportation (thé, graphite, pierres précieuses). Industries. Aéroport international. ■ En 1950-1951 y fut élaboré le **plan de Colombo,** signé à Londres, pour le développement économique du sud et du sud-est de l'Asie.

Colombo, ville industrielle et commerçante moderne, en bordure de l'océan Indien.

colombophile adj. et n. Qui élève, dresse des pigeons voyageurs. **– n.** *Des colombophiles.* □ **n. f. colombophilie**

colon n. m. (latin *colonus*, de *colere* « cultiver » → -cole) **I. 1.** hist. Personne libre attachée héréditairement au sol qu'elle exploitait. **2.** Personne qui est allée peupler, exploiter une colonie ; habitant(e) d'une colonie. *Les premiers colons d'Amérique.* → **pionnier. II.** Enfant, adolescent(e) d'une colonie (II).

côlon n. m. (grec *kôlon* → colique, colite) Portion moyenne du gros intestin. *Inflammation du côlon.* → **colite.**

colón [kɔlɔn] n. m. Unité monétaire du Salvador et du Costa Rica.

Colón Ville du Panamá, à l'embouchure du canal de Panamá. Port de commerce doté d'une importante zone franche. 34 700 habitants.

colonat n. m. État, condition du colon.

Colone Ancien bourg d'Attique, patrie de Sophocle et cadre de son *Œdipe à Colone.*

colonel, elle n. (de l'italien « chef de colonne », de *colonna* « colonne ») **1.** Officier supérieur qui commande un régiment, ou une formation, un service de même importance. *Les cinq galons d'un colonel* (→ **lieutenant-colonel).** *La colonelle a été promue générale.* **2. n. f.** vieilli La femme d'un colonel.

colonial, ale, aux adj. et n. **1.** Relatif aux colonies. *Expansion coloniale* (→ **colonialisme).** *Les anciens empires coloniaux.* **2. n. m.** Militaire de l'armée coloniale. *Un colonial.* **–** Habitant des colonies. → **colon. 3. n. f.** Les troupes coloniales. *Servir dans la coloniale.*

colonialisme n. m. Doctrine visant à légitimer l'occupation, la domination politique et l'exploitation économique de territoires par certains États. → **impérialisme.** – *Colonialisme économique.*

colonialiste adj. et n. Relatif au colonialisme. *Politique colonialiste.* **– n.** Partisan du colonialisme.

colonie n. f. **I. 1.** Établissement fondé dans un pays moins développé par une nation appartenant à un groupe dominant ; ce pays, placé sous la dépendance du pays occupant, qui en tire profit. *Ensemble des colonies* (→ **empire).** *Les anciennes colonies. Indépendance des colonies.* → **décolonisation. 2.** Population des colons d'une colonie. **II. 1.** anciennt *Colonie (pénitentiaire)* : établissement pour jeunes délinquants. **2.** *Colonie de vacances* : groupe d'enfants réunis pour un séjour de vacances. *Moniteurs d'une colonie de vacances.* - abrév. fam. **colo. III. 1.** (du sens I, 2) Ensemble des personnes originaires d'un même lieu (pays, province, ville) et qui en habitent un autre. *La colonie vietnamienne de Paris.* – Groupe de personnes vivant en communauté. *Une petite colonie d'artistes.* **2.** Réunion d'animaux vivant en commun. *Une colonie d'abeilles.*

colonisateur, trice adj. et n. Qui colonise. *Nation colonisatrice.* **– n.** *Les colonisateurs* (opposé à *colonisé*).

colonisation n. f. **1.** Le fait de peupler de colons, de transformer en colonie. *La colonisation de l'Amérique.* **2.** Exploitation des pays devenus colonies. → **colonialisme, impérialisme.** « *Colonisation = Chosification* » (Césaire). **3.** fig. Fait d'annexer, d'utiliser à des fins mercantiles, publicitaires.

colonisé, ée adj. et n. Qui subit la colonisation. *Les peuples colonisés.* **– n.** *Les colonisés* (opposé à *colonisateur*).

coloniser v. tr. < 1 > **1.** Peupler de colons. **2.** Faire d'un pays une colonie (I, 1). **3.** fig. Envahir ; être omniprésent dans (un lieu, un domaine).

Colonna Famille romaine, rivale des Orsini, qui a donné un pape (Martin V) et de nombreux cardinaux, du XIIe au XVIIe siècle. ■ **Vittoria Colonna,** marquise de Pescara (1490-1547). Elle laissa une correspondance avec les plus grands esprits de son temps et des poèmes qui la firent surnommer « la Divine ».

colonnade n. f. File de colonnes sur une ou plusieurs rangées, formant un ensemble architectural.

colonne n. f. (latin *columna* ; aussi *colombe* → colombage) **I. 1.** Support vertical d'un édifice, ordinairement cylindrique. → **pilastre, pilier, poteau.** *Base, fût, chapiteau d'une colonne. Rangée de colonnes.* → **colonnade. 2.** Monument formé d'une colonne isolée. → **obélisque, stèle.** *La colonne Vendôme.* – par ext. *Colonne Morris* : édicule cylindrique, où l'on affiche les programmes de spectacles, etc., à Paris. ■ Formation géologique dressée. **II.** (objets dressés ou allongés) **1.** loc. ***Colonne vertébrale***, axe articulé formé par les vertèbres (33 chez l'être humain), soutien du squelette et axe nerveux des vertébrés. – fig. *La colonne vertébrale d'un raisonnement.* **2.** *Colonne d'air, d'eau, de mercure,* masse de ce fluide dans un tube vertical. – *Une colonne de fumée.* **3.** ***Colonne montante*** : maçonnerie verticale groupant les canalisations d'un immeuble. **4.** fig. Section qui divise verticalement une page manuscrite ou imprimée. *Titres sur deux colonnes.* – loc. *Titre sur cinq colonnes à la* (page) *une.* – *Des colonnes de chiffres.* **III.** (→ **colonel)** Corps de troupe disposé sur peu de front et beaucoup de profondeur. *Colonne d'infanterie.* ■ loc. ***La cinquième colonne*** : les services secrets d'espionnage ennemi sur un territoire.

Colonne (Judas Colonna, dit **Édouard)** Chef d'orchestre français (1838-1910). Il défendit passionnément la musique française, de Berlioz et Bizet à Debussy et Ravel. Il fonda une société de concerts.

Colonne (cap) voir **Sounion**

Colonnes d'Hercule Nom donné par les Anciens aux caps qui marquent l'entrée orientale du détroit de Gibraltar. La légende veut qu'au terme de ses travaux Hercule y ait planté deux colonnes commémoratives.

colonnette n. f. Petite colonne.

colopathie n. f. (de *côlon* et *-pathie*) pathol. Affection du côlon.

colophane n. f. (du grec, du n. de la ville de *Colophon*) Résine servant à frotter les crins des archets (de violons, etc.).

Colophon Ancienne ville d'Asie Mineure (Ionie), près d'Éphèse. À proximité se trouvait le fameux oracle d'Apollon à Claros. Célèbre pour son luxe, Colophon fut la patrie de Xénophane.

coloquinte n. f. (du latin, du grec « calebasse ») Plante dont les fruits ronds, amers fournissent un purgatif ; ces fruits.

Colorado (río) n. m. Rivière d'Argentine (1 200 km), qui forme la limite entre la Pampa et la Patagonie.

Colorado n. m. Fleuve des États-Unis et du Mexique, 2 250 km. Prenant sa source dans les Rocheuses, il creuse de profonds canyons dans les *plateaux du Colorado,* notamment le Grand Canyon. Il se jette dans le golfe de Californie, au Mexique.

Colorado n. m. Fleuve du S. des États-Unis (Texas). 1 580 km. Il arrose Austin et se jette dans le golfe du Mexique.

Colorado n. m. État du centre des États-Unis (capitale : Denver) ; 270 000 km^2, 5,7 millions d'habitants. État montagneux, il eut longtemps pour principales ressources l'extraction minière et l'agriculture. Énergie hydroélectrique. Industries (alimentaire, métallurgie, électronique).

Colorado Springs Ville des États-Unis (Colorado), au pied du Pikes Peak. 478 900 habitants. Site pittoresque. Tourisme. Centre de l'armée de l'air.

colorant, ante 1. adj. Qui colore. *Shampooing colorant.* **2. n. m.** Substance colorée qui peut se fixer à une matière pour la teindre. → **couleur, teinture.** *Les colorants alimentaires.*

coloration n. f. **1.** Action de colorer ; état de ce qui est coloré. → **coloris.** *La coloration de la peau.* **2.** fig. *Coloration de la voix, d'un sentiment,* son aspect particulier.

colorature n. f. (de l'italien « coloration ») mus. **1.** Musique vocale très ornée (vocalises, etc.). **2.** Chanteuse apte à chanter ce type de musique. – appos. *Soprano colorature.*

-colore Élément (du latin *color* → couleur) qui signifie « couleur » (ex. *incolore, tricolore*).

coloré, ée adj. **1.** Qui a de vives couleurs. **2.** fig. Animé, expressif. *Une description colorée et pittoresque.* → **imagé.**

colorectal, ale, aux adj. (de *côlon* et *rectal*) méd. Qui concerne le côlon et le rectum.

colorer v. tr. < 1 > (de *couleur* et du latin *colorare*) **1.** Revêtir de couleur, donner une teinte à. → **teindre, teinter.** *Colorer qqch. en rouge* (rougir). **2.** fig. Donner un aspect particulier à. – pronom. *Son étonnement se colorait d'inquiétude.* → se **teinter.**

coloriage n. m. **1.** Action de colorier ; son résultat. **2.** Image à colorier ; image coloriée. *Un album de coloriage.*

colorier v. tr. < 7 > (de *coloris*) Appliquer des couleurs sur (une surface, notamment du papier).

colorimètre n. m. (du latin *color* et de *-mètre*) didact. Instrument servant à mesurer l'intensité de coloration d'un liquide.

colorimétrie n. f. **1.** Mesure de l'intensité de coloration de certains corps (liquides, verres teintés, etc.). **2.** chim. Usage d'indicateurs colorés pour déterminer le pH d'une solution. □ **adj. colorimétrique**

coloris n. m. (italien *colorito*, de *colorire* → couleur) **1.** Effet qui résulte du choix, du mélange et de l'emploi des couleurs dans un tableau. *L'éclat d'un coloris.* – Couleur d'objets fabriqués. *Ce tissu existe dans plusieurs coloris.* **2.** Couleur (du visage, des fruits). → **carnation.**

coloriser v. tr. < 1 > (de l'anglais, du latin → couleur) Mettre en couleur informatiquement (un film en noir et blanc) par interprétation des gris. – au p. p. *Version colorisée d'un film.* □ **n. f. colorisation**

colonisation

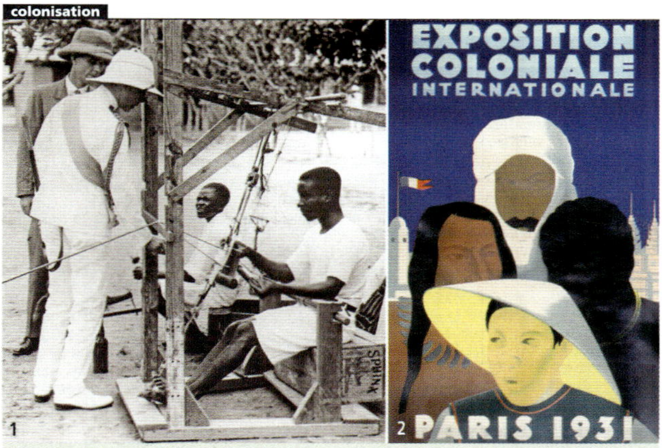

1. Le prince de Galles, futur Edouard VIII, en visite à Accra, sur la Côte de l'Or, en 1925. 2. Convaincue de faire œuvre civilisatrice, la France multiplie les expositions coloniales en métropole.

▶ La **colonisation** au sens actuel du terme fait référence à l'exploitation économique d'un territoire et de ses habitants.

Les Européens se lancent dans la colonisation, poussés par les transformations économiques que connaît le continent. Au XVIe siècle, l'Espagne et le Portugal conquièrent une très grande partie du continent américain, animés par des convictions religieuses et « civilisatrices » et attirés par les richesses et l'étendue des territoires jusqu'alors inconnus. Ils installent également des comptoirs dans l'océan Indien et en Afrique. Ils sont suivis par la France, l'Angleterre et la Hollande, qui réservent à des compagnies de commerce le monopole des échanges avec les colonies. La colonisation a été l'occasion d'exactions envers les populations indigènes, souvent contraintes au travail forcé, réduites en esclavage, dans certains cas exterminées.

À la fin du XVIIIe et au début du XIXe siècle, les colonies espagnoles et anglaises d'Amérique déclarent leur indépendance. Le monopole des compagnies est abandonné au profit d'une domination impérialiste : deux grands empires, britannique et français, se partagent des pays d'Afrique et d'Asie ; l'Allemagne, l'Italie et la Belgique, puis le Japon et les États-Unis se lancent à leur tour à la conquête de colonies. Ce partage du monde est effectif en 1914.

Les métropoles organisent la domination politique des colonies selon différents modèles : dominions, protectorats ou colonies, selon que les colonisés conservent ou non leurs propres institutions et selon l'autonomie accordée aux colons par les métropoles pour se gouverner. La France choisit l'assimilation dans certains territoires (les Antilles, la Réunion ou la Guyane).

Progressivement, les réactions des colonisés se structurent et la contestation du système colonial s'amplifie : révoltes, mouvements nationalistes, guerres de libération conduisent à la décolonisation à partir de 1945.

voir aussi **décolonisation**

coloriste n. (de *coloris*) **1.** Peintre qui s'exprime surtout par la couleur. *Les coloristes et les dessinateurs.* **2.** Spécialiste de la couleur, en matière de décoration, d'esthétique industrielle. **3.** Spécialiste de la coloration des cheveux.

coloscopie n. f. (de *côlon* et de *-scopie*) méd. Examen visuel de l'intérieur du côlon à l'aide d'un endoscope.

colossal, ale, aux adj. Extrêmement grand. ➔ **démesuré, énorme, gigantesque, immense, titanesque.** *Une statue colossale.* ■ fig. *Une force colossale. Une fortune colossale.* □ adv. **colossalement**

colosse n. m. (du latin, du grec) **1.** Statue d'une grandeur extraordinaire. *Le colosse de Rhodes.* **2.** Homme, animal de haute et forte stature, d'une grande force apparente. ➔ **géant, hercule. 3.** Personne ou institution considérable, très puissante. – loc. *Colosse aux pieds d'argile*.*

Colossiens (Épître aux) Lettre du Nouveau Testament, attribuée à saint Paul et adressée aux chrétiens de Colosses, colonie grecque d'Asie Mineure.

colostomie n. f. (de *côlon* et *-stomie*, du grec *stoma* « orifice, bouche ») méd. Création d'un anus artificiel par abouchement chirurgical du gros intestin à la peau.

colostrum [kɔlɔstʀɔm] n. m. (du latin) physiol. Premier lait d'une accouchée.

Colot Famille de chirurgiens français qui s'illustrèrent dans l'opération de la taille (ouverture de la vessie pour en extraire les calculs) aux XVIe et XVIIe siècles.

colportage n. m. Action de colporter. – Métier de colporteur. *La littérature de colportage* (anciens livres populaires).

colporter v. tr. < 1 > (de *comporter*, latin *comportare* ➔ ¹*porter*, d'après *porter à col* « sur le cou, le dos ») **1.** Transporter avec soi (des marchandises) pour vendre. **2.** Transmettre (une information) à de nombreuses personnes (souvent péj.). ➔ **divulguer, propager, répandre.** *Colporter une rumeur.*

colporteur, euse n. Marchand(e) ambulant(e) qui vend ses marchandises de porte en porte. ➔ **camelot, démarcheur.**

colposcopie n. f. (du grec *kolpos* « vagin » et de *-scopie*) méd. Examen du col de l'utérus au moyen d'un appareil optique.

colt [kɔlt] n. m. (de l'anglais des États-Unis [marque déposée], du n. de Samuel Colt) **1.** Revolver. **2.** Pistolet automatique américain. *Des colts.*

Colt (Samuel) Ingénieur américain (1814-1862). Il inventa le pistolet à barillet, ou « revolver », qui porte son nom (1835), ainsi que la carabine à répétition (1840).

coltan n. m. (mot-valise, de *colombite* et *tantalite*, d'après l'anglais) minér. Minerai de couleur noire ou brun-rouge, composé de niobium et de tantale.

coltiner v. tr. < 1 > (de *coltin*, *colletin* « protection de cou en cuir » ➔ col) **1.** Porter (un lourd fardeau). ➔ **transbahuter. 2.** fam. ***Se coltiner*** *(qqch., qqn)* : devoir faire (qqch. de désagréable), supporter (qqn de pénible). ➔ **se farcir, se taper.** *Se coltiner la vaisselle. Se coltiner sa belle-mère.*

Coltrane (John) Saxophoniste de jazz américain (1926-1967). Il s'appuya sur l'héritage de Charlie Parker pour développer un style virtuose qu'il formalisa dans les « nappes de son » de *Giant Steps.* Puis il adopta la musique modale de Miles Davis et du pianiste Bill Evans. Durant sept ans, il explora les possibilités des saxophones ténor et soprano. À la fin de sa vie, sans renier le blues *(Ascension)*, il donna à sa musique un sens religieux *(A Love Supreme)*.

Coluche (Michel Colucci, dit) Humoriste et comédien français (1944-1986). Il joua dans de nombreux films comiques ou plus subversifs *(L'An 01 ; Tchao Pantin).* Comme humoriste, ses prises de position d'un ton très libre le rendirent populaire. Il fonda les Restaurants du cœur en 1985.

columbarium [kɔlɔ̃baʀjɔm] n. m. (du latin, de *columba*, allusion aux niches d'un colombier) Édifice où l'on place les urnes funéraires. *Des columbariums.*

Columbia n. f. Fleuve d'Amérique du Nord (1 953 km), qui naît dans les Rocheuses canadiennes (près du mont Columbia), entaille les *plateaux de la Columbia* et se jette dans le Pacifique en aval de Portland.

Columbia (district fédéral de) District des États-Unis (689 540 habitants) où se trouve la capitale fédérale, Washington.

Columbia Ville des États-Unis, capitale de la Caroline du Sud. 136 630 habitants. Université.

Columbia Université privée située à Manhattan, dans la ville de New York (États-Unis). Anciennement *King's College*, c'est l'un des établissements universitaires les plus anciens et les plus réputés du pays.

Columbia Broadcasting System (CBS) Réseau de stations de radio et de télévision créé aux États-Unis en 1927.

Columbus (Chris) Cinéaste américain (né en 1958). Plusieurs de ses films destinés au jeune public sont devenus cultes : *Maman j'ai raté l'avion ; Madame Doubtfire ; Harry Potter* (deux opus de la série) ; *La Nuit au musée.*

Columbus Ville des États-Unis (Géorgie). 206 920 habitants. Industries (textile, ciment, industrie du froid).

Columbus Ville des États-Unis, capitale de l'Ohio. 905 740 habitants. Université. Important centre industriel et vaste dépôt militaire.

columelle n. f. (latin *columela*, diminutif de *columna* « colonne ») zool. Axe de la coquille des gastéropodes. ■ anat. Axe central du limaçon de l'oreille interne.

Columelle Écrivain latin (Ier s.). Il est l'auteur du traité d'agronomie *De re rustica*, précieuse source d'information sur l'agriculture romaine.

colvert n. m. Canard sauvage d'une espèce commune. *Des colverts.*

Colville (David Alexander) Peintre canadien (1920-2013). Il fut peintre de guerre officiel en 1944 et développa un style proche de l'hyperréalisme par son souci du détail, mais riche d'effets d'étrangeté, ce qui le fait classer parfois parmi les « réalistes magiques ». *History of Mount Allison* (fresque) ; *The Swimming Race* ; la série des *Raven.*

colza n. m. (du néerlandais, « graine [*zaad*] de chou [*kool*] ») Plante à fleurs jaunes cultivée comme plante fourragère, et pour ses graines. *Huile de colza.*

com- voir con-

coma n. m. (grec *kôma, kômatos*) Perte prolongée de la conscience, de la sensibilité. *Être dans le coma. Coma dépassé*, où la survie n'est plus assurée que par des moyens artificiels. *Coma diabétique, éthylique.*

Comanches n. m. pl. Peuple indien des États-Unis, de langue uto-aztèque. Chasseurs et guerriers, ils résistèrent violemment aux Blancs. Ils vivent actuellement dans l'Oklahoma.

Comaneci (Nadia) Gymnaste roumaine puis américaine à partir de 1996 (née en 1961). Révélée lors des Jeux olympiques de Montréal (1976), elle fut la première gymnaste à obtenir la note maximale de 10 (aux barres asymétriques et à la poutre).

comater v. intr. < 1 > (de *coma*) fam. Être dans un état de somnolence. *Ils comatent devant la télé.*

comateux, euse adj. Qui a rapport au coma. *État comateux.* – Qui est dans le coma. – n. *Un comateux.*

Combarelles (les) n. f. pl. Grotte préhistorique de Dordogne (commune des Eyzies-de-Tayac-Sireuil). Important ensemble de gravures pariétales du magdalénien, découvert en 1901.

Combas (Robert) Peintre et sculpteur français (né en 1957). Inspiré par la culture populaire et le rock, il fut l'un des fondateurs du mouvement Figuration libre en 1980.

combat n. m. (de *combattre*) **1.** Action de deux ou de plusieurs adversaires armés, de deux armées qui se battent. → **bataille, engagement, mêlée, [1]rencontre.** *Combat offensif* (→ **attaque**). *Combat aérien, naval. Engager le combat.* – *Être mis* ***hors de combat,*** dans l'impossibilité de poursuivre la lutte. – ***De combat :*** de guerre. *Char de combat.* **2.** Le fait de se battre, avec ou sans armes. → **bagarre, rixe.** *Combats de rue.* → **émeute. 3.** Lutte organisée. *Sports de combat :* arts martiaux. *Combat de boxe.* → **match.** – (animaux) *Combat de coqs.* **4.** fig., littér. Lutte, opposition. *« Je suis un révolté* [...] *Mon existence sera une existence de combats »* (Vallès). *Un combat d'esprit.* → **assaut, émulation.** – *« C'est ici le combat du jour et de la nuit »* (parole de Hugo, peu avant sa mort). ■ Lutte de l'homme contre les obstacles, les difficultés. *La vie est un combat.* ■ *Une littérature de combat,* engagée.

Combat Mouvement de la Résistance française (zone sud), créé en 1941. Il fonda et diffusa clandestinement le journal *Combat* qu'anima notamment Albert Camus.

combatif, ive ou **combattif, ive** adj. Qui est porté au combat, à la lutte. → **agressif, belliqueux.** *Humeur combative.*

combativité ou **combattivité** n. f. Goût du combat, de la lutte ; ardeur belliqueuse.

combattant, ante n. **I. 1.** Personne qui prend part à un combat, à une guerre. → **soldat ; guerrier.** *« Et le combat cessa faute de combattants »* (Corneille). – ***Anciens combattants :*** combattants d'une guerre terminée, groupés en associations. – adj. *Unité combattante.* – *Les royaumes combattants* (dans l'histoire de la Chine). **2.** fam. Personne qui se bat à coups de poing. → **adversaire, antagoniste. II.** adj. et n. m. zool. **1.** *(Poisson) combattant :* poisson d'Extrême-Orient, de couleurs vives. **2.** *(Chevalier) combattant :* oiseau échassier migrateur.

combattre v. < 41 > (vient du latin pop., de *cum* → **co-** et *battuere* → **battre**) **I.** v. tr. **1.** Se battre, lutter contre (qqn). *Combattre un adversaire.* – Faire la guerre à. *Napoléon combattit l'Europe.* **2.** S'opposer à. *Combattre un argument.* → **attaquer, réfuter. 3.** Aller contre, s'efforcer d'arrêter (un mal, un danger). *Combattre un incendie.* **II.** v. tr. ind. et intr. **1.** Livrer combat. *Combattre contre l'ennemi, avec ses alliés.* ■ absolt *Combattre à armes égales.* **2.** Lutter (contre un obstacle, un danger, un mal). *Combattre contre la faim.*

combava n. m. (mot créole, de *citron de Combava,* altération de *Sumbawa*) Petit citronnier des îles de l'océan Indien, dont le fruit et les feuilles sont utilisés dans la cuisine créole. ■ Fruit de cet arbre, petit citron vert à peau granuleuse, très parfumé.

combe n. f. (gaulois *cumba* « vallée ») régional, géol. Dépression, vallée profonde. *Les combes du Jura.*

Combe de Savoie n. f. Région des Alpes françaises, dans la haute vallée de l'Isère.

Combes (Émile) Homme d'État français (1835-1921). Ministre de l'Instruction publique (1895-1896), puis président du Conseil (1902-1905), il mena une politique anticléricale qui conduisit à la rupture avec le Saint-Siège (1904) et, après lui, à la loi de séparation des Églises et de l'État (déc. 1905).

Combes (Françoise) Astrophysicienne française (née en 1952). Professeur au Collège de France, elle mène des recherches consacrées à la formation et l'évolution des galaxies et à la matière noire dans l'Univers. Académie des sciences.

combien adv. (de *com* → **comme,** et *bien*) **1.** Dans quelle mesure, à quel point. → **comme.** *Si vous saviez combien je l'aime !* **2.** ***Combien de :*** quelle quantité, quel nombre. *Depuis combien de temps ? « Oh ! combien de marins, combien de capitaines* [...] *»* (Hugo). – sans compl. Quelle quantité (distance, temps, prix, etc.). *Combien vous dois-je ?* fam. *Ça fait combien ?* **3.** n. m. invar. fam. *Le combien.* → **quantième.** *On est le combien ?,* quel jour sommes-nous ? – fam. *Le bus passe tous les combien ?,* à quelle fréquence. **4.** *Ô combien !* (souvent en incise). *Un personnage équivoque, ô combien !,* très équivoque.

combientième adj. (de *combien*) fam. Qui est à un rang (qu'on ignore). → **quantième.** – n. *C'est le, la combientième ?*

Combin (Grand) n. m. Sommet des Alpes suisses (Valais), à la frontière italienne. 4 314 m.

combinaison n. f. (de *combiner*) **I. 1.** Assemblage d'éléments dans un arrangement déterminé. *Combinaison de couleurs, de lignes.* → **disposition, organisation. 2.** math. Chacune des manières de choisir un nombre d'objets parmi un nombre plus grand (→ **combinatoire**). ■ cour. *La combinaison gagnante,* au tiercé. ■ Système d'ouverture d'un coffre-fort. → **chiffre. 3.** sc. Union des atomes, des éléments qui entrent dans un composé. *La combinaison de deux volumes d'hydrogène et d'un volume d'oxygène donne de l'eau.* → **synthèse. 4.** souvent péj. Organisation précise de moyens en vue d'assurer le succès d'une entreprise. → **arrangement, combine, [1]manœuvre.** *Des combinaisons financières.* **II. 1.** Sous-vêtement féminin, comportant un haut et une partie remplaçant le jupon. **2.** Vêtement (surtout de travail, de sport, de combat...) d'une seule pièce réunissant veste et pantalon. *Combinaison de mécanicien.* → **bleu.** – *Combinaison spatiale. Combinaison de plongée.*

combinard, arde adj. et n. fam., péj. Qui utilise des combines. *C'est un combinard.* → **débrouillard.**

combinat n. m. (du russe, d'un v. correspondant à *combiner*) hist. En URSS, Unité industrielle regroupant plusieurs industries connexes.

combinateur n. m. techn. Appareil coordonnant les circuits de moteurs électriques.

combinatoire 1. adj. Relatif aux combinaisons (I, 2). ■ math. *Analyse combinatoire :* théorie des ensembles finis traitant du dénombrement des groupes organisés d'éléments. **2.** n. f. Arrangement (d'éléments) selon un nombre limité de combinaisons. ■ Analyse systématique des combinaisons possibles.

combine n. f. (abrév. de *combinaison*) fam. Moyen astucieux et souvent déloyal employé pour parvenir à ses fins. → **système, truc.** – loc. *Être dans la combine :* être au courant d'une affaire qui se trame.

combiné n. m. **1.** chim. Composé. **2.** Partie mobile d'un appareil téléphonique, réunissant écouteur et microphone. *Décrocher le combiné.* **3.** Appareil électroménager, hifi... assurant plusieurs fonctions. *Combiné réfrigérateur congélateur.* **4.** aviat. Appareil volant réunissant les caractères de l'avion et de l'hélicoptère. **5.** Épreuve sportive complexe (en ski : descente et slalom).

combiner v. tr. < 1 > (du bas latin, de *cum* → **co-** et *bini* → **binaire**) **1.** Réunir (des éléments), le plus souvent dans un arrangement déterminé. → **arranger, disposer.** *Combiner des mouvements.* – p. p. adj. *Éléments combinés.* **2.** Organiser en vue d'un but précis. → **agencer ; combinaison.** *Combiner un mauvais coup.* → **manigancer, tramer.**

combishort [kɔ̃biʃɔʀt] n. m. (de *combinaison* et *short*) Vêtement d'une seule pièce couvrant le tronc et le haut des cuisses.

comblanchien n. m. (du n. de la commune) techn. Calcaire dur utilisé en construction, en décoration.

Comblanchien Commune de la Côte-d'Or, près de Beaune. 607 habitants. Carrières de pierre dure. Viticulture.

[1]comble n. m. (vient du latin *cumulus* « tas, amas » → **cumulus**) **I.** Le plus haut degré. → **faîte, maximum, sommet.** *C'est le comble du ridicule. Être* ***au comble de*** *la joie.* – ellipt *C'est le comble, c'est un comble !,* il ne manquait plus que cela. – *Pour comble de malheur :* par surcroît. **II. 1.** Construction surmontant un édifice et destinée à en supporter le toit. → **charpente.** *Comble métallique.* **2.** cour. *Le comble* ou *les combles :* espace, volume compris entre le dernier étage et le toit. *Combles aménagés.* – loc. ***Sous les combles :*** sous le toit. **3.** loc. ***De fond en comble :*** de bas en haut (de la cave au grenier). *Fouiller de fond en comble,* complètement.

[2]comble adj. (de *combler*) **1.** Rempli de monde. → **plein.** *Spectacle qui fait salle comble. L'autobus est comble.* → **bondé, bourré, complet. 2.** loc. *La mesure est comble :* on n'en supportera pas plus.

comblement n. m. **1.** Action de combler (1). *Le comblement d'un puits.* **2.** fig. Le fait d'être comblé (3).

combler v. tr. < 1 > (vient du latin *cumulare* → **cumuler,** de *cumulus* → **[2]comble**) **1.** Remplir (un vide, un creux). → **[1]boucher.** *Combler un fossé.* → **remblayer.** *Combler un interstice.* → **obturer. 2.** fig. *Combler une lacune. Combler les vœux de qqn,* les exaucer. **3.** ***Combler qqn de,*** lui donner (qqch.) à profusion. *On l'a comblé de cadeaux.* – fig. *Combler qqn de joie.* ■ *Combler qqn,* le satisfaire pleinement. ■ **comblé, ée** p. p. adj. **1.** *Vallée comblée.* **2.** fig. *Comblé d'honneurs.* → **[2]couvert. 3.** (personnes) *Je suis comblé,* très satisfait.

Combloux Commune de la Haute-Savoie. 2 109 habitants. Station estivale et hivernale.

combo n. m. (de l'anglais des États-Unis, de *combination* « combinaison ») anglic. **I.** mus. Petit ensemble musical. *Un combo de jazz.* **II.** techn. **1.** Appareil, dispositif qui associe plusieurs fonctions. **2.** Petit moniteur de contrôle intégré. **III.** Association d'éléments différents. *Humour et suspense : le combo parfait !*

Combourg Commune de l'Ille-et-Vilaine. 6 082 habitants. Le château féodal de Combourg, qui appartint à la famille Du Guesclin, fut acheté en 1761 par le père de Chateaubriand, lequel y passa sa jeunesse.

Combrailles ou **Combraille** Région du N. du Massif central (Auvergne) formée de plateaux cristallins.

Combray voir **Illiers-Combray**

Combs-la-Ville Commune de la Seine-et-Marne, à l'E. d'Évry. 21 657 habitants.

comburant, ante adj. (de l'ancien v. *comburer,* du latin → **combustion**) Se dit d'un corps qui, en se combinant avec un combustible, opère la combustion de ce dernier. – n. m. *L'oxygène est un comburant.*

combustibilité n. f. didact. Propriété des corps combustibles.

combustible (de *combustion*) **1.** adj. Qui a la propriété de brûler. *Le carton est très combustible.* **2.** n. m. Corps dont la combustion produit de la chaleur. *Combustibles solides* (anthracite, bois, houilles...), *liquides* (essence, mazout, pétrole), *gazeux* (butane, gaz). – *Combustible nucléaire :* matière qui entretient une réaction atomique en chaîne.

combustion n. f. (du latin, de *cumburere,* de *cum* → **co-** et *urere* « brûler ») **1.** Le fait de brûler entièrement. *La combustion d'un gaz dans un brûleur.* **2.** chim. Combinaison d'un corps avec l'oxygène. → **oxydation.** *Combustion vive,* avec un dégagement de lumière et de chaleur. *Combustion lente* (ex. la rouille). ■ biol. *La combustion de l'air dans les poumons.*

Côme Ville d'Italie (Lombardie), au S. du lac du même nom. 78 680 habitants. Cathédrale du XIVe s. Églises romanes. Industrie de la soie.

Côme (lac de) Lac italien des Alpes, orienté N.-S., divisé en deux branches au S. 146 km^2. Tourisme.

Côme et Damien (saints) Frères jumeaux originaires d'Arabie, ils exercèrent gratuitement la médecine dans diverses villes de l'Orient méditerranéen et auraient été martyrisés en Syrie sous Dioclétien (287 ?).

come-back n. m. invar. (mot anglais) anglic. Retour (d'une personnalité, d'une vedette) dans l'actualité, après une période de relatif oubli. *Faire son come-back.* - var. RO **comeback** n. m.

Comecon n. m. Acronyme de l'anglais *Council for Mutual Economic Assistance* (Conseil d'assistance économique mutuelle, CAEM). Organisation créée à Moscou en 1949, favorisant les échanges économiques et la coopération scientifique et technique entre l'URSS, la Bulgarie, la Hongrie, la RDA, la Pologne, la Roumanie, la Tchécoslovaquie, l'Albanie (jusqu'en 1961), la Mongolie, Cuba et le Viêtnam. Il a été dissous en 1991.

comédie n. f. (du latin, du grec, de *komos* « troupe, cortège ») **I. 1.** vieux Théâtre. – mod. *La Comédie-Française.* **2.** Pièce de théâtre ayant pour but de divertir. *Une courte comédie.* → ^{2}**farce, sketch.** ▪ par ext. Film présentant les caractères de la comédie. *Comédie américaine.* – *Comédie musicale :* spectacle, film musical chanté et dansé. **3.** Le genre comique. *Comédie et tragédie.* **II. 1.** Attitude fausse et théâtrale. *Jouer la comédie,* affecter, feindre (des sentiments, des pensées). **2.** (enfants) Attitude insupportable, désagréable. → **caprice.** *Cesse ta comédie !* **3.** Manœuvres contraignantes. *Quelle comédie pour se garer !*

▶ La **comédie** (I, 3) des classiques n'est pas un simple divertissement : Aristote et Horace la définissent déjà par son enjeu moral. Elle représente les appétits, les vices, l'égoïsme en les ridiculisant pour amener les spectateurs à s'en libérer. Comme le dit une devise du XVIIe s. : *castigat ridendo mores,* « elle corrige les mœurs en riant ». Mais il arrive à la comédie d'oublier ses propres règles, chez Plaute ou dans la *commedia dell'arte,* et c'est peut-être pour cette raison que, à la différence de la tragédie, elle n'a cessé de se réinventer. La critique des mœurs a ouvert sur celle de la société (Molière), la critique sociale sur celle des puissants (Beaumarchais), la critique du pouvoir sur celle des institutions (Maïakovski). La comédie s'attaque à toutes les hypocrisies et à tous les abus (A. Jarry). Elle investit la radio, le cinéma, la télévision. Elle se fait parfois sérieuse (E. Rostand, J. Anouilh), donnant une touche de gaieté à des sujets graves, tels que la mort ou la maladie. Elle peut aussi s'abandonner au simple plaisir du rire et s'autoriser l'absurde (E. Ionesco). Son enjeu alors n'est plus de moraliser la communauté des spectateurs, mais simplement de la ressouder. Rire ensemble des personnages incarnés au cinéma par L. de Funès ou l'Italien A. Sordi, c'est se moquer du vice, de la bêtise et de l'égoïsme que nous avons en commun, non plus pour nous en débarrasser mais pour nous rappeler que nous ne pouvons pas leur échapper.
voir aussi **absurde, tragédie**

Comédie-Française Société de comédiens français, née en 1680 à Paris sur ordre de Louis XIV de la réunion des comédiens de l'Hôtel de Bourgogne et de l'Hôtel Guénégaud (ancienne troupe de Molière). Dissoute, elle fut réorganisée en 1799, année de son installation au Théâtre-Français, rue de Richelieu.

Comédie-Italienne Nom donné à plusieurs troupes italiennes de commedia dell'arte, qui connurent le succès à Paris du milieu du XVIe à la fin du XVIIIe s. Rivale de la Comédie-Française, elle abandonna peu à peu le principe de l'improvisation pour celui du répertoire, en jouant notamment Marivaux.

comète

La comète de Halley photographiée le 19 mars 1986.

comédien, enne n. **1.** Personne qui joue au théâtre, au cinéma, à la télévision. → **acteur, artiste.** *Mauvais comédien.* → **cabotin.** **2.** fig. Personne qui se compose une attitude. → **hypocrite.** *Quel comédien !* – **adj.** *Elle est un peu comédienne.* **3.** (opposé à *tragédien*) Acteur comique.

comédogène adj. (de *comédon* et *-gène*) Susceptible de provoquer des comédons. *Crème de beauté non comédogène.*

comédon n. m. (latin *comedo* « mangeur ») Petit amas de matière sébacée qui bouche un pore de la peau (→ **point noir**).

Comencini (Luigi) Réalisateur italien (1916-2007). D'abord critique, il est l'auteur de films qui privilégient le thème de l'enfance délinquante ou meurtrie *(Casanova, un adolescent à Venise).* Il a adapté *Les Aventures de Pinocchio.*

Nino Manfredi et le jeune Andrea Balestri dans *Pinocchio* de Luigi Comencini (1972).

Comenius (Jan Amos Komenský, latinisé **en)** Philosophe, humaniste et pédagogue tchèque (1592-1670). Professeur et pasteur, il fut contraint à l'exil après la victoire du camp catholique en 1620 et exerça une activité de diplomate à travers toute l'Europe. Il défendit les principes d'une pédagogie démocratique. *La Porte ouverte sur les langues ; La Grande Didactique.*

comestible (latin médiéval, de *comedere,* de *edere* « manger ») **1. adj.** Qui peut servir d'aliment à l'être humain. *Champignons comestibles.* ▫ n. f. **comestibilité** **2.** n. m. pl. Denrées alimentaires.

Comédie-Française

Comédie-Française : *Les Farceurs français et italiens,* huile sur toile attribuée à Vério (1670).

cométaire adj. astron. Des comètes. *Système cométaire.*

comète n. f. (du latin, du grec *komêtês,* de *komê* « chevelure ») **1.** Astre présentant un noyau brillant (tête) et une traînée gazeuse (chevelure et queue), qui décrit une orbite en forme d'ellipse autour du Soleil. *La comète de Halley.* **2.** loc. *Tirer des plans sur la comète :* faire des projets chimériques (→ **des châteaux en Espagne**).

comice n. m. et f. (du latin, de *cum* et *ire* « aller ») **I.** n. m. pl. Antiq. Assemblée du peuple à Rome. **II. 1.** n. m. (souvent au plur.) *Comices agricoles :* réunion des cultivateurs d'une région pour le développement de l'agriculture. **2.** n. f. (« poire des comices ») Poire fondante à peau épaisse semée de points grisâtres.

comics [kɔmiks] n. m. pl. (mot anglais, de *comic strips* « bandes [dessinées] comiques ») anglic. Bande dessinée américaine, spécialt de science-fiction. *Lire des comics.*

Comines Commune du Nord, sur la Lys, à la frontière belge. 12 749 habitants.

Comines-Warneton Ville de Belgique (Hainaut), sur la rive gauche de la Lys. 18 058 habitants. La ville a été reconstruite après la Première Guerre mondiale.

coming out [kɔmiŋaut] n. m. invar. (de l'anglais) anglic. Révélation publique par une personne de son homosexualité. → **aussi outing.** *Faire son coming out.*

comique adj. (du latin, du grec, de *komos* → **comédie**) **I. 1.** vieux Théâtral ; des comédiens. *« Le Roman comique »* (de Scarron). **2.** Qui appartient à la comédie. *Le genre comique. Auteur comique.* **3.** n. Acteur, actrice jouant des personnages comiques. – fam., péj. Personne qui suscite la dérision par son manque de sérieux. **4.** n. m. *Le comique :* le genre comique ; les éléments comiques. *Le comique de situation.* **II.** Qui provoque le rire. → **amusant, burlesque, cocasse,** ^{1}**drôle.** *Un film comique. Il est comique avec ses grands airs.* – n. m. *Le comique de l'histoire, c'est que...*

comiquement adv. D'une manière risible.

comité n. m. (anglais *committee,* de *to commit* → **commettre, commis**) **1.** Réunion de personnes choisies dans une assemblée plus nombreuse pour s'occuper de certaines affaires. → **commission.** – *Comité d'entreprise* (abrév. **CE**). *Comité de gestion.* **2.** *En petit comité :* entre intimes.

Comité de salut public Organisme créé sous la Convention le 6 avril 1793 pour prendre les décisions urgentes en matière de défense intérieure et extérieure. Ses pouvoirs s'étendirent jusqu'à prendre, avec Robespierre, la forme d'une dictature révolutionnaire. Il fut supprimé en 1795.

Comité de sûreté générale Organisme révolutionnaire créé sous la Convention le 2 octobre 1792. Ses membres étaient chargés d'appliquer les mesures contre les suspects. Devenu un véritable « ministère de la Terreur », le Comité de sûreté générale fut supprimé sous le Directoire.

Comité français de libération nationale (CFLN) Fusion réalisée le 3 juin 1943 entre les gouvernements français d'Alger et de Londres. Présidé par le général de Gaulle (oct. 1943), il devint le 2 juin 1944 le Gouvernement provisoire de la République française.

Comité international olympique (CIO) Organisation non-gouvernementale fondée en 1894 par P. de Coubertin pour promouvoir et organiser les Jeux olympiques modernes.

comitial, iale, iaux [kɔmisjal, jo] adj. (latin *comitialis* « relatif aux comices », car souffrir d'une crise d'épilepsie pendant les comices était de mauvais augure) méd. Relatif à l'épilepsie.

comitialité [kɔmisjalite] n. f. méd. Épilepsie.

C

comitologie n. f. (de *comité* et *-logie*) Procédure par laquelle des comités, composés de représentants des États membres, assistent la Commission européenne dans le cadre de la mise en œuvre des mesures d'exécution de la législation communautaire.

C

comma n. m. (du latin, pris au grec *komma* « membre de phrase », de *koptein* « couper ») mus. Intervalle musical, difficilement appréciable pour l'oreille, qui sépare deux notes enharmoniques (*do* dièse et *ré* bémol, *mi* dièse et *fa*...).

Commagène n. f. Ancienne province de l'empire séleucide, sur l'Anti-Taurus, au N. de la Syrie et de l'Euphrate. Capitale : Samosate. Royaume indépendant sous Ptolémée (–162), elle devint protectorat romain en –64, fut annexée en 17 et partagée entre les provinces de Cilicie et de Syrie en 72.

commandant, ante n. **1.** Personne qui a un commandement militaire. **2.** Titre donné aux chefs de bataillon, d'escadron, de groupe aérien (quatre galons). **3.** Officier qui commande (un navire, un avion). *Commandant de bord.* → **pilote.**

commande n. f. (de *commander*) **I. 1.** Ordre par lequel un client demande une marchandise ou un service dans un délai déterminé (→ **achat).** *Passer une commande au fournisseur. Prendre la commande d'un client. Bon de commande.* ■ La chose commandée. *Livrer une commande.* **2.** loc. ***Sur commande*** : à la demande ou sur ordre. – ***De commande.*** → **affecté, artificiel.** *Rire de commande.* **II. 1.** Organe capable de déclencher, arrêter, régler des mécanismes (→ **télécommande).** *Moteur à commande électrique.* – *Être **aux commandes** d'un avion.* ■ ***Tenir les commandes*** : diriger, avoir en main une affaire. → **rêne. 2.** inform. Ordre donné à un programme pour qu'il effectue une opération. → **instruction.**

commandement n. m. **1.** Dans l'armée, Ordre bref, donné à voix haute. *À mon commandement : garde-à-vous !* **2.** dr. Acte d'huissier, mettant un débiteur en demeure de satisfaire aux obligations résultant d'un acte authentique. → **injonction, 1sommation. 3.** Règle de conduite édictée par Dieu, une Église. → **1loi, précepte.** *Les dix commandements.* → **décalogue. 4.** Pouvoir, droit de commander. → **autorité, direction.** *Prendre le commandement. Poste de commandement.* → **1PC. 5.** Autorité militaire qui détient le commandement des forces armées. *Le haut commandement des armées.* → **état-major.**

commander v. < 1 > (vient du latin, de *cum* → co- et *mandare* « confier » → mander) **I. v. tr. dir. 1.** ***Commander** qqn* : exercer son autorité sur (qqn) en lui dictant sa conduite. → **conduire, diriger.** – Détenir l'autorité hiérarchique sur. *L'officier qui commande le régiment.* **2.** *Commander qqch.* : donner l'ordre de ; diriger (une action). *Commander une attaque.* ■ pronom. (passif) *La sympathie ne se commande pas,* elle ne dépend pas de la volonté. **3.** (sujet chose) Rendre absolument nécessaire. *Ce que les circonstances commandent.* → **exiger, nécessiter. 4.** Demander (qqch.) à un fabricant, à un fournisseur par une commande (→ **acheter).** *Commander un costume sur catalogue.* – absolt *Tu as commandé ?* (dans un restaurant). **II. v. tr. ind.** ***Commander à* 1.** *Commander à qqn de* (+ inf.), lui donner ordre de. → **enjoindre, 1imposer, ordonner, prescrire. 2.** fig. *Commander à ses instincts,* les dominer. **III. v. intr.** Exercer son autorité ; donner des ordres et les faire exécuter. *« Quand vous commanderez, vous serez obéi »* (Racine). *Qui commande ici ?* → **décider. IV. v. tr.** (sujet et compl. n. de chose) **1.** Dominer en empêchant l'accès de. *Cette position d'artillerie commande toute la plaine.* **2.** Faire fonctionner. *La pédale qui commande les freins* (→ **commande).**

commanderie n. f. hist. Bénéfice affecté à certains ordres militaires. *Commanderie de Templiers.* – Résidence d'un commandeur.

commandeur, euse n. (de *commander*) **1.** n. m. Chevalier d'un ordre (militaire, hospitalier). ■ n. *Commandeur de la Légion d'honneur* (grade au-dessus de l'officier). - REM. Au féminin, on rencontre aussi **commandeure** (courant au Canada). **2.** n. m. hist. *Commandeur des croyants* : calife.

Commandeur (îles du) Archipel russe situé dans la mer de Béring. 1 848 km^2.

commanditaire n. **1.** dr. Bailleur de fonds dans une société en commandite. **2.** cour. Personne qui finance une entreprise. → **bailleur, sponsor. 3.** Personne qui finance un acte criminel. *Le commanditaire présumé des attentats.*

commandite n. f. (de l'italien *accomandita*, famille de *commander*) **1.** Société formée de deux sortes d'associés : les premiers *(commanditaires)* avancent des fonds à des associés (*commandités* ou gérants), seuls responsables de la gestion et répondant des dettes de la société. **2.** Fonds versés par chaque membre d'une société en commandite. **3.** (Canada) Soutien matériel ou financier apporté à une personne, une organisation. → **sponsorisation.**

commanditer v. tr. < 1 > **1.** Fournir des fonds à (une société en commandite). **2.** Financer (une entreprise, qqn). **3.** Financer, organiser (un acte criminel). *Commanditer un attentat.*

commando n. m. (de l'anglais, du portugais par l'afrikaans [guerre des Boers] ; famille de *commander*) **1.** Groupe de combat employé pour les opérations rapides, isolées. *Un commando de parachutistes.* **2.** Membre d'un commando.

comme (vient du latin *comodo*, de *quis* → chacun et *modus* → 1mode) **I. conj. 1.** (comparaison) De la même manière que, au même degré que. *Elle a réussi comme sa sœur. Il écrit comme il parle. Courir comme un lièvre. Il fait doux comme au printemps. Faire comme si* : simuler. ■ ***Tout comme.*** *Ils ne sont pas divorcés mais c'est tout comme,* c'est la même chose. ■ fam. ***Comme tout.*** → **extrêmement.** *Joli comme tout.* **2.** (addition) Ainsi que ; et. *J'oublierai cela comme le reste.* **3.** (manière) De la manière que. *Riche comme il est, il pourra vous aider. Comme il vous plaira,* selon votre désir. – ***Comme il faut.*** → **falloir.** ■ Pour ainsi dire. *C'est quelque chose comme un paquet,* une sorte de paquet. – (atténuation) *Il était comme fou.* ■ ***Comme quoi...*** *Un certificat comme quoi elle a besoin de repos* (un certificat disant que...). *Il en est mort ; comme quoi j'avais vu juste* (ce qui prouve que...). ■ ***Comme cela,*** fam. ***comme ça.*** → **ainsi.** *Comme ça tout le monde sera content.* – *Comme ci, comme ça,* ni bien ni mal. → fam. **couci-couça. 4.** Tel (telle) que. *Une intelligence comme la sienne.* **5.** (attribution, qualité) En tant que, pour. *Comme directrice, elle est efficace.* ■ fam. En matière de, en ce qui concerne. *Qu'est-ce que vous prendrez comme dessert ?* **II. conj. 1.** cause (de préférence en tête de phrase) → **parce que, puisque.** *Comme elle arrive ce soir, nous l'attendrons.* **2.** temps (simultanéité) *Nous sommes arrivés comme il partait.* → **alors** que, **tandis que. III. adv. 1.** Marque l'intensité. → **combien, 2que.** *Comme c'est cher !* **2.** en subordonnée → **comment.** *Regardez comme elle court !*

commedia dell'arte [kɔmedjadɛlaʀt(e)] n. f. (mots italiens, de *arte* « fantaisie, improvisation » → art) Genre de comédie italienne dans lequel les acteurs improvisaient à partir d'un scénario.

commémoraison n. f. relig. Mention que l'Église catholique fait d'un saint le jour de sa fête, lorsque celle-ci est mise en concurrence avec une fête plus importante.

commémoratif, ive adj. Qui rappelle le souvenir d'une personne, d'un évènement. *Plaque commémorative.*

commémoration n. f. **1.** Cérémonie destinée à commémorer. → **anniversaire, fête. 2.** Souvenir, mémoire. *En commémoration de...*

commémorer v. tr. < 1 > (du latin, de *cum* → co- et *memorare* → mémorable) Rappeler par une cérémonie le souvenir de (une personne, un évènement). → **célébrer, fêter.** *Commémorer la victoire.*

commençant, ante adj. et n. Qui commence, débute. → **débutant.**

commencement n. m. **1.** Ce qui vient d'abord (dans une durée, un processus) ; première partie. → **début.** *Au commencement de l'année. Le commencement du monde.* → **genèse, origine.** *Le commencement de la vie.* → **naissance ; enfance.** *Le commencement des hostilités.* → **déclenchement, ouverture.** – loc. *Il y a un commencement à tout* : les choses sont progressives. *Commencer par le commencement* : faire les choses dans l'ordre. loc. fam. *Le commencement de la fin* : l'arrivée imminente d'une catastrophe. – *Dès, depuis le commencement.* **2.** Partie qui se présente, que l'on voit avant les autres (dans l'espace). *Le commencement d'un couloir.* → **entrée. 3.** au plur. Premiers développements, débuts. → **balbutiement, bégaiement.** *« Presque en toutes choses les commencements sont rudes »* (Rousseau).

commencer v. < 3 > (vient du latin pop., de *cum* → co- et *initiare* → initier) **I. v. tr. 1.** Faire la première partie de (une chose ou une série de choses) ; faire exister (ce qui est le résultat d'une activité). → **amorcer, entamer, entreprendre** (s'oppose à *finir, terminer*). *Commencer un travail, une entreprise* (→ **créer, fonder). 2.** Être au commencement de. *Le mot qui commence la phrase.* **3. v. tr. ind.** ***Commencer de, à*** (+ inf.) : être aux premiers instants (de l'action indiquée par le verbe).

commedia dell'arte

Personnages italiens de la commedia dell'arte, le capitaine Spezzamonti et Bagattino, musée de la Scala, Milan.

Commencer de parler. Je commence à croire que... – fam. *Ça commence à bien faire !*, ça suffit ! – impers. *Il commence à pleuvoir.* – (choses) *Le remède commence à agir.* **4.** absolt *Nous allions commencer sans vous.* **5.** (personnes) ***Commencer** qqch. **par** qqch. Commencer son travail par la fin.* ■ (sans compl. dir.) *Par où, par quoi allez-vous commencer ?* – (choses) *Le texte commence par une description.* **II.** **v. intr.** Entrer dans son commencement. *L'année commence au 1er janvier. Ça commence bien.* → **débuter, démarrer, ¹partir.** – (espace) *La plaine commence juste après la rivière.*

commende n. f. (du latin ecclés. → commander) relig. Concession d'un bénéfice à un ecclésiastique séculier ou à un laïc. *Abbaye en commende.*

commensal, ale, aux n. (du latin, de *cum* et *mensa* « table ») **1.** didact. Personne qui mange habituellement à la même table qu'une ou plusieurs autres. → **hôte.** **2.** biol. Organisme qui vit en commensalisme. – **adj.** *Espèces commensales de la vigne.*

commensalisme n. m. biol. Association d'organismes d'espèces différentes, profitable pour l'un d'eux et sans danger pour l'autre (différent du *parasitisme* et de la *symbiose*).

commensurable adj. (du bas latin, de *commetiri*, de *metiri* « mesurer ») didact. *Grandeur commensurable*, qui a une commune mesure avec une autre. → **comparable.**

comment (de *com* « comme ») **I.** **adv.** De quelle manière ; par quel moyen. **1.** (interrog. dir.) *Comment allez-vous ? Comment cela ?*, expliquez mieux. *Comment (dites-vous) ?*, exclamation qui invite à répéter. → **pardon ;** fam. **hein, quoi.** **2.** (dans une interrog. indir.) *Il ne sait pas comment elle va réagir.* → **comme.** ■ *C'est rédigé n'importe comment*, sans soin. → **²mal.** **II.** **n. m. invar.** Manière. *Chercher les pourquoi et les comment.* **III.** **adv.** **1.** Exclamation exprimant l'étonnement, l'indignation. → **quoi.** *Comment ! tu es encore ici ?* **2.** *Comment donc !*, en signe d'approbation. → **bien sûr, évidemment.** fam. *Et comment !* (→ **je te crois ; tu parles !**).

commentaire n. m. (latin *commentarius*, de *commentari* → **commenter**) **1.** Ensemble des explications, des remarques à propos de qqch. *Commentaire d'un texte.* → **exégèse, explication de texte, glose.** **2.** Addition, explication apportée sur un sujet. *Nécessiter un commentaire*, un éclaircissement. ■ *Cela se passe de commentaires*, c'est évident. – fam. (souvent péj.) *Sans commentaire(s) !*, la chose se suffit à elle-même. **3.** Interprétation généralement malveillante. → **bavardage, médisance.** *Sa conduite donne lieu à bien des commentaires.* **4.** Contenu publié sur Internet en réponse à un autre. - abrév. fam. **com.** *Poster des coms.*

commentateur, trice n. Personne qui commente (un texte, des évènements). *Les commentateurs de la Bible.* → **²critique, exégète.** – *Commentateur sportif* (à la radio, la télévision). → **présentateur.**

commenter v. tr. < 1 > (latin *commentari*, de *cum* → **co-** et *mens, mentis* « esprit ») Faire des remarques, des observations sur (un texte, un fait) pour expliquer, exposer. *Commenter les nouvelles.*

Commentry Commune de l'Allier, à l'E. de Montluçon. 6 100 habitants. Industries (sidérurgie, mécanique, chimie).

commérage n. m. (→ **commère**) fam. Bavardage indiscret. → **ragot ; médisance.** *Des commérages malveillants.*

commerçant, ante **1.** **n.** Personne qui fait du commerce. → **marchand, négociant.** *Commerçant en gros* (→ **grossiste**), *au détail* (→ **détaillant**). **2.** **adj.** Qui a le sens du commerce. *Vendeuse très commerçante.* – Où il y a de nombreux commerces. *Rue commerçante.*

commerce n. m. (du latin, de *cum* → **co-** et *merx, mercis* « marchandise ») **I.** **1.** Opération de vente, ou d'achat et de revente d'une marchandise, d'une valeur. Prestation de ce type de service. *Être dans le commerce, faire du commerce* (→ **commerçant**). *Voyageur de commerce.* → **représentant, VRP.** *Commerce électronique, en ligne* (sur Internet). *Commerce équitable**. *Commerce international. Organisation mondiale du commerce.* → **OMC.** *Ce produit n'est pas encore dans le commerce*, pas encore en vente (→ **commercialiser**). **2.** *Le commerce* : le monde commercial, les commerçants. *Le commerce, l'agriculture et l'industrie. Le petit commerce et la grande distribution.* **3.** *Un commerce*, magasin de détail. *Ouvrir un commerce.* **4.** fig., vieilli Trafic (de choses morales). *Un commerce honteux.* ■ loc. *Faire commerce de ses charmes* : se prostituer. **II.** littér. Relations que l'on entretient dans la société. → **fréquentation, rapport.** loc. *Être d'un commerce agréable.*

commercer v. intr. < 3 > Faire du commerce.

commercial, iale, iaux adj. **1.** Qui a rapport au commerce. *Droit commercial.* **2.** Qui se rapporte à la commercialisation. *Opérations commerciales.* ■ **n.** Personne chargée des relations commerciales dans une entreprise. → aussi **technico-commercial.** **3.** péj. *Film, livre commercial*, destiné uniquement à plaire au grand public. **4.** **n. f.** Véhicule utilitaire léger.

commercialement adv. Du point de vue commercial.

commercialisable adj. Qui peut être commercialisé.

commercialiser v. tr. < 1 > **1.** Faire de (qqch.) l'objet d'un commerce. *Commercialiser un brevet.* **2.** Mettre en vente. → **distribuer.** □ **n. f. commercialisation**

Commercy Chef-lieu d'arrondissement de la Meuse, sur la Meuse. 5 352 habitants. Château du XVIIIe s. Aciéries. Anc. forges. Spécialité de pâtisserie (madeleines).

commère n. f. (latin *commater* « marraine », de *cum* → **co-** et *mater* « mère » ; *cf.* **compère**) Personne qui sait et colporte toutes les nouvelles. → **bavard ; commérage.**

commettage n. m. (de *commettre*) mar. Confection d'un cordage par la réunion de brins, de torons tordus ensemble.

commettant, ante n. dr. Personne qui confie à une autre (→ **commissionnaire**) le soin de ses intérêts. → **mandant.**

commettre v. tr. < 56 > (latin *committere*, de *mittere* → **mettre**) **1.** Accomplir, faire (une action blâmable ou regrettable). *Commettre un crime.* → **perpétrer.** – fam., iron. Être l'auteur de, se rendre responsable de. *Elle a commis un mauvais roman.* ■ pronom. (passif) *Fautes qui se commettent par étourderie.* – impers. *Il s'est commis beaucoup d'atrocités pendant la guerre.* **2.** littér. *Commettre qqn à* (une fonction), le désigner pour (cette fonction), l'en charger. – au p. p. dr. *Avocat commis d'office*, chargé par la justice de défendre ceux qui ne peuvent payer les services d'un avocat. ■ **se commettre** v. pron. littér. Compromettre sa dignité, sa réputation, ses intérêts. *Se commettre avec des gens méprisables.*

comminatoire adj. (du latin, de *cum* et *minari* « menacer » → **mener**) **1.** dr. Qui renferme la menace d'une peine légale. *Disposition comminatoire.* **2.** Destiné à intimider. → **menaçant.** *Un ton comminatoire.*

Comminges n. m. Région des Pyrénées centrales, autour de Saint-Bertrand-de-Comminges. Comté appartenant au duché d'Aquitaine, il fut rattaché à la Couronne en 1454.

comminutif, ive adj. (du latin *comminuere* « briser ») chir. Se dit d'une fracture comportant de petits fragments d'os.

commis, ise n. (→ **commettre**) **1.** Agent subalterne (administration, banque, bureau, maison de commerce). → **employé.** *Commis aux écritures.* **2.** **n. m.** *Les grands commis de l'État* : les hauts fonctionnaires. **3.** **n. m.** vieux ***Commis voyageur*** : représentant, voyageur de commerce.

commisération n. f. (du latin, de *cum* et *miserari* « plaindre » → **misère**) Sentiment de pitié qui fait prendre part à la misère d'autrui. → **compassion, miséricorde.**

commissaire n. (du latin, de *committere* → **commettre**) **1.** Personne chargée de fonctions spéciales et temporaires. *Commissaire d'une exposition. Commissaire du gouvernement* : fonctionnaire chargé(e) d'une mission d'étude, de surveillance, d'assistance. ■ ***Haut-commissaire*** : titre de parlementaires qui dirigent de grands départements. *Le, la haut-commissaire au Plan. Les hauts-commissaires.* ■ ***Commissaire aux comptes***, mandaté(e) pour vérifier les comptes des administrateurs d'une société anonyme. **2.** Personne qui vérifie qu'une épreuve sportive se déroule régulièrement. **3.** ***Commissaire (de police)*** : officier de police judiciaire (supérieur à l'*inspecteur*). *Commissaire divisionnaire, principal.* **4.** Membre d'une commission. – *Commissaire européen* : membre de la Commission européenne. **5.** ***Commissaire de bord***, chargé(e), à bord d'un paquebot, du service des passagers, du ravitaillement. **6.** hist. *Commissaire du peuple* : en URSS, Personnalité assurant des fonctions ministérielles.

commissaire-priseur, euse n. (de *priser* « mettre à prix ») Officier ministériel chargé de l'estimation des objets mobiliers et de leur vente aux enchères. *Des commissaires-priseurs. Une commissaire-priseuse.*

commissariat n. m. **1.** Emploi, fonction de commissaire. ■ ***Haut-commissariat*** : fonction de haut-commissaire. *Des hauts-commissariats.* **2.** Bureau et services d'un commissaire de police.

Commissariat à l'énergie atomique (CEA) Établissement public de recherche et de développement, fondé en 1945. Il avait à l'origine pour objectif de promouvoir la recherche scientifique et technique dans le domaine de l'énergie nucléaire. Ses activités se sont depuis diversifiées et incluent des disciplines comme la climatologie et les sciences du vivant.

commission n. f. (du latin, de *committere* → **commettre**) **I.** **1.** Charge, mandat. *Charger (qqn) d'une commission.* ■ dr. comm. Pouvoir qu'une personne (→ **commettant**) donne à une autre (→ **commissionnaire**) d'agir en son nom. – *Commission rogatoire* : délégation faite par un tribunal, un juge, à un autre tribunal, un magistrat d'une autre juridiction d'accomplir un acte. **2.** dr. Action de commettre une infraction. **3.** Pourcentage qu'un intermédiaire perçoit pour sa rémunération. → **²prime.** *Toucher quinze pour cent de commission.* **4.** Marchandise achetée, service rendu, message transmis pour qqn d'autre. *On l'a envoyé faire une commission.* ■ au plur. *Les commissions* : les achats de provisions pour l'usage quotidien. → **course, emplette.** **II.** Réunion de personnes déléguées pour étudier un projet, préparer ou contrôler un travail. → **bureau, comité.** *Les membres d'une commission parlementaire. Commission d'enquête.* **III.** dr. Fait de commettre (une infraction). *La commission d'un crime.*

Commission des opérations de Bourse (COB) Organisme public créé en 1967, chargé de la surveillance du fonctionnement du marché boursier. La COB a fusionné avec le Conseil des marchés financiers en 2003 pour devenir l'Autorité des marchés financiers (AMF).

Commission du Luxembourg ou **Commission des travailleurs** Organisme administratif créé après la révolution de février 1848. Sous la direction de Louis Blanc et d'Albert, elle fit adopter la journée de travail de 10 heures à Paris et 12 heures en province.

commissionnaire n. **1.** Personne qui fait les commissions du public. → **²coursier, porteur.** **2.** Personne qui agit pour le compte d'une autre (→ **commettant**), dans une opération commerciale. – *Commissionnaire en douane* : personne qui accomplit pour une autre des formalités de douane.

C

commissionner v. tr. < 1 > **1.** dr. Attribuer une fonction à, commettre (2) à un travail (**→ commission, mandat**). *Être commissionné par son gouvernement.* – au p. p. *Agent commissionné.* **2.** Donner à (qqn) commission d'acheter ou de vendre. □ **n. m. commissionnement**

commissoire adj. (latin *commissorius*, de *committere* **→ commettre**) dr. Qui entraîne l'annulation d'un contrat.

commissure n. f. (du latin, de *committere* « joindre » **→ commettre**) Point de jonction de deux ou plusieurs parties d'un organe. *La commissure des lèvres.* □ **adj. commissural, ale, aux**

commissurotomie n. f. (de *commissure* et *-tomie*) chir. Opération consistant à séparer les valves cardiaques soudées par leurs commissures.

commodat n. m. (latin *commodatum* « prêt », de *commodus* « commode, avantageux ») dr. Prêt à usage, entraînant l'obligation de rendre après avoir utilisé.

¹commode adj. (du latin, de *cum* **→ co-** et *modus* **→ ¹mode**) **1.** (choses) Qui se prête aisément à l'usage qu'on en fait. **→ ²pratique.** **2.** Facile, simple. *Un moyen commode.* – fam. *C'est trop commode* : c'est une solution de facilité. **3.** (personnes) *Pas commode* : bourru, sévère, exigeant.

²commode n. f. (de *armoire commode*) Meuble à hauteur d'appui, muni de tiroirs.

Commode en latin **Lucius Aelius Aurelius Commodus** (161-192) Empereur romain (180-192). Fils de Marc Aurèle, il se livra à des actes de débauche et de barbarie. Il rebaptisa Rome *Colonia commodiana* et se fit reconnaître comme Hercule vivant. Il fut étranglé sur l'ordre de sa maîtresse Marcia.

commodément adv. D'une manière commode. *S'installer commodément*, à son aise.

commodité n. f. (du latin, de *commodus* **→ ¹commode**) **1.** Qualité de ce qui est commode. **→ agrément.** *La commodité d'un lieu. Pour plus de commodité.* **→ facilité.** **2.** au plur. *Les commodités de la vie*, ce qui rend la vie plus agréable, plus confortable. **→ aise.** ■ Équipements apportant le confort, l'hygiène à un logement. *Appartement pourvu de toutes les commodités.*

commodore n. (mot anglais, du néerlandais *kommandeur*, d'origine française **→ commandeur**) Officier de marine néerlandais, britannique ou américain, immédiatement inférieur au contre-amiral.

Commons (John Rogers) Économiste américain (1862-1945). Défenseur d'un « capitalisme raisonnable », il est l'un des principaux représentants du courant institutionnaliste américain. *Institutional Economics.*

Commonwealth n. m. Fédération d'États souverains issus de l'ancien Empire britannique, formé en 1931, qui succéda au *Commonwealth of Nations*. Placés sous l'allégeance de la Couronne britannique, les 56 États membres sont unis par une alliance plus morale que juridique.

▶ On pourrait traduire **Commonwealth** par « bien commun ». Né au XVe s. par analogie avec la *res publica* des Romains, utilisé pendant la révolution anglaise de 1649, ce terme désigne à l'origine l'organisation politique d'un État. *State* et *Government* s'imposent ensuite, le premier désignant l'État souverain, le second l'administration et le gouvernement ; le terme de *commonwealth* devient alors désuet.
Il revient au premier plan à la fin du XIXe s., dans le contexte de la décolonisation britannique, pour désigner des formes politiques fédérales. L'autonomie du Canada en 1867 conduit les Britanniques à imaginer un « *Commonwealth of nations* » (1884). L'Australie (1900), la Nouvelle-Zélande (1907), l'Afrique du Sud (1910), puis l'Irlande (1921) rejoignent cette structure. L'indépendance des dominions et colonies souveraines est reconnue en 1931 (statut de Westminster). Le Commonwealth est alors constitué comme une association de pays libres et égaux, placés sous la souveraineté symbolique de la couronne britannique. Il s'agit d'une alliance de pays indépendants qui ont en commun des intérêts, mais aussi des éléments culturels et institutionnels comme le droit, le système éducatif et surtout la langue anglaise.
L'existence de cette structure a facilité la décolonisation et le Commonwealth compte en 2023 56 États membres, représentant 2,5 milliards de personnes. 15 d'entre eux reconnaissent le souverain britannique comme unique monarque et chef d'État. Les Bermudes, la Birmanie et le Yémen du Sud n'y ont jamais adhéré ; l'Irlande a quitté le Commonwealth en 1949, le Zimbabwe en 2003, la Gambie de 2013 à 2018, les Maldives en 2016.
voir aussi **État, Royaume-Uni, colonisation, décolonisation, francophonie**

commotion n. f. (du latin, de *cum* et *motio* **→ motion**) **1.** Ébranlement violent (de l'organisme ou d'une de ses parties) par un choc direct ou indirect, ne laissant pas de lésion. **→ traumatisme.** *Commotion cérébrale.* **2.** Violente émotion. **→ choc, ébranlement.** « *L'atroce commotion causée par le renversement de toutes ses espérances* » (Balzac).

commotionner v. tr. < 1 > (sujet chose) Frapper (qqn) d'une commotion. **→ choquer, traumatiser.**

commuer v. tr. < 1 > (latin *commutare*, de *mutare* « changer » **→ mutation**) dr. Changer (une peine) en une peine moindre. *Sa peine de prison à perpétuité a été commuée en quinze ans* (**→ commutation**). □ **adj. commuable**

commun, une adj. (vient du latin *communis*, de *cum* **→ co-** et *munis*, de *munus* « charge » **→ muer, ¹ et ²muter**) **I. 1.** Qui appartient, qui s'applique à plusieurs personnes ou choses (opposé à *particulier, individuel*). *La salle commune d'un foyer d'étudiants. Leurs intérêts communs. Un but commun. Avoir des caractères communs.* **→ comparable, identique, semblable.** – *Commun à* : propre également à (plusieurs). ■ *Marché* commun.* **2.** Qui se fait ensemble, à plusieurs. *Œuvre commune.* **→ collectif.** *Vie commune. D'un commun accord.* ■ *En commun* : ensemble. *Personnes qui vivent en commun* (**→ communauté**). *Mettre en commun* : partager. **3.** Du plus grand nombre. **→ ¹général, public, universel.** *L'intérêt, le bien commun.* « *On doit quelquefois plus à une erreur singulière qu'à une vérité commune* » (Diderot). ■ *Nom commun* : nom de tous les individus de la même espèce, correspondant à un concept (opposé à *nom propre*). « *Arbre* », « *livre* » *sont des noms communs.* **II. 1.** Ordinaire (opposé à *exceptionnel*). **→ banal, ¹courant, habituel.** *C'est une réaction assez commune.* – *Peu commun. Une force peu commune*, très grande. – **n. m.** *Hors du commun*, extraordinaire. loc. *Le commun des mortels* : les gens ordinaires, la majorité des gens. **2.** Qui se rencontre fréquemment. **→ répandu.** *Une variété commune.* – *Lieu* commun.* **3.** (personnes, manières) péj. Qui n'appartient pas à l'élite (opposé à *distingué*). **→ quelconque, vulgaire.** **III. n. m. 1.** vieux Le peuple. *Les gens du commun.* **2.** au plur. *Les communs* : les dépendances d'une propriété (écuries, garages, buanderies, etc.).

communal, ale, aux adj. Qui concerne une commune, appartient à une commune. *Le budget communal. Bois communaux. École communale.* – **n. f.** vieilli *La communale.*

communaliser v. tr. < 1 > dr. Mettre sous la dépendance de la commune. *Communaliser un terrain.* □ **n. f. communalisation**

communard, arde n. et adj. hist. Partisan de la Commune de Paris, en 1871.

communautaire adj. **1.** Qui a rapport à la communauté, à une communauté. *Vie communautaire.* **2.** Qui concerne les Communautés européennes, l'Union européenne. *Le droit communautaire.*

communautariser v. tr. < 1 > Transférer (une compétence qui revenait à l'État) à l'Union européenne. □ **n. f. communautarisation**

communautarisme n. m. Tendance à faire prévaloir les spécificités d'une communauté, des communautés (ethniques, religieuses, culturelles, sociales...) au sein d'un ensemble social plus vaste. □ **n. et adj. communautariste**

communauté n. f. (latin *communitas* **→ commun**) **I. 1.** Groupe social dont les membres vivent ensemble, ou ont des biens, des intérêts communs. **→ collectivité.** *Vivre en communauté. La communauté scientifique d'un pays. Communauté nationale*, État, nation. – admin. *Communauté urbaine, communauté de communes. Communauté autonome* : division administrative en Espagne. **2.** Groupe de religieux vivant ensemble. **→ congrégation, ordre.** **3.** Groupe d'États. *La Communauté économique européenne.* **4.** Ensemble de personnes de même origine nationale, ethnique, religieuse. *La communauté juive de France.* **5.** Ensemble de personnes présentant des points communs. *La communauté LGBT.* **6.** Ensemble de personnes qui suivent un même compte sur les réseaux sociaux, une même chaîne de vidéos, etc. *La communauté d'un influenceur. Animateur, gestionnaire de communauté (en ligne)* : personne chargée de développer la présence d'une marque, d'une institution sur les réseaux sociaux (recomm. offic. pour remplacer l'anglic. **community manager**, abrév. **CM**). **II.** État, caractère de ce qui est commun. « [Un peuple] *une communauté d'idées, d'intérêts, d'affections, de souvenirs et d'espérances* » (Fustel de Coulanges). **III.** Régime matrimonial où les biens des deux époux sont communs ; ces biens. *Communauté réduite aux acquêts.*

Communauté andine des nations (CAN) Union douanière regroupant la Bolivie, la Colombie, l'Équateur et le Pérou.

Communauté des Caraïbes (Caricom) Organisation d'États des Caraïbes instituée en 1973.

Communauté des États indépendants (CEI) Communauté constituée lors de la dissolution de l'URSS, en décembre 1991, et composée d'anciens membres de l'Union soviétique (Arménie, Azerbaïdjan, Biélorussie, Kazakhstan, Kirghizstan, Moldavie, Ouzbékistan, Russie, Tadjikistan, Turkménistan ; jusqu'en 2009 la Géorgie et jusqu'en 2014 l'Ukraine). Dépourvue d'institutions centralisées, la CEI sert d'organe de consultation en matière de défense et d'échanges économiques.

Communauté d'États latino-américains et caraïbes (CELAC) Organisation régionale composée de 33 pays (dont Cuba) créée en 2011.

Communauté économique des États de l'Afrique de l'Ouest voir **CEDEAO**

Communauté économique européenne (CEE) ou **Marché commun** Institution créée par le traité de Rome (25 mars 1957) et comprenant initialement six membres (République fédérale d'Allemagne, Belgique, France, Italie, Luxembourg, Pays-Bas), auxquels se sont joints le Danemark, la Grande-Bretagne et l'Irlande en 1973, la Grèce en 1981, l'Espagne et le Portugal en 1986. La CEE organisa entre les pays membres un grand marché unique permettant la libre circulation des biens, des marchandises, des capitaux et des hommes. En application du traité de Maastricht (1992), elle se transforma le 1er novembre 1993 en Union européenne.

Communauté européenne de l'énergie atomique voir **Euratom**

Communauté européenne du charbon et de l'acier (CECA) Institution élaborée par Jean Monnet et créée par le traité de Paris en 1951, en vue de la mise en place d'un marché commun européen du charbon et de l'acier. Regroupant la République fédérale d'Allemagne, la Belgique, la France, l'Italie, le Luxembourg et les Pays-Bas, la CECA a fusionné avec la CEE en 1967.

commune n. f. (latin *communia* **→ commun**) **1.** La plus petite subdivision administrative du territoire français, administrée par un

la Commune

Lors de la Commune de Paris, les communards ont abattu la colonne de la place Vendôme, le 16 mai 1871, Bibliothèque historique de la Ville de Paris.

▶ La **Commune** est un gouvernement insurrectionnel qui se forma dans un Paris hostile à l'armistice signé par le gouvernement de la IIIe République avec la Prusse le 28 janvier 1871 et aux mesures prises par l'Assemblée transférée à Versailles le 10 mars.
Les forces socialistes et ouvrières se constituant en pouvoir autonome dans la capitale et prônant l'instauration d'une Commune insurrectionnelle inquiétèrent le gouvernement provisoire des « Versaillais ». Adolphe Thiers décida de désarmer Paris en récupérant les canons regroupés à Montmartre (18 mars), ce qui déclencha l'insurrection parisienne.
Le Comité central de la garde nationale, constitué le 3 mars et soutenu par l'Association internationale des travailleurs, prépara les élections du Conseil de la Commune qui fut proclamée officiellement le 28 mars. Le mouvement s'étendit à la province (Lyon, Marseille, Narbonne). La Commune de Paris vota plusieurs décrets en faveur des prolétaires (moratoire sur les loyers, journée de dix heures, salaire minimum) et institua la séparation des Églises et de l'État.
Après avoir occupé des positions stratégiques dans les banlieues parisiennes, les troupes gouvernementales entrèrent dans Paris le 21 mai et mirent fin à la Commune par un véritable carnage (Semaine sanglante, 22-28 mai). Les derniers combats se déroulèrent au cimetière du Père-Lachaise, où furent fusillés 147 communards, adossés au mur des Fédérés. Suivit une terrible répression au cours de laquelle des dizaines de milliers de communards furent exécutés, condamnés aux travaux forcés ou à la déportation. Premier pouvoir révolutionnaire prolétarien, la Commune de Paris a été revendiquée depuis par la gauche et l'extrême gauche.

voir aussi **Internationale**

maire, des adjoints et un conseil municipal. → **municipalité.** **2.** hist. Ville administrée par ses citoyens (indépendante du seigneur féodal). – *La Chambre* des communes* et ellipt *les Communes.*

Commune (la) Gouvernement insurrectionnel, mis en place par les ouvriers à Paris et dans plusieurs villes de province en mars 1871, qui prit fin en mai de la même année sous une terrible répression.

Commune de Paris Gouvernement révolutionnaire de Paris (1789-1795). Installée à l'Hôtel de Ville après la prise de la Bastille, la Commune se dota en 1790 d'un organisme régulier, le Conseil général de la Commune. Dans la nuit du 9 au 10 août 1792, une *Commune insurrectionnelle* prit la place de la Commune légale. Devenue l'un des organes principaux du gouvernement révolutionnaire, elle joua un rôle actif dans les massacres de Septembre (1792), et aida à la proscription des Girondins. À la fin de 1793, elle fut supplantée par le Comité de salut public.

communément adv. Suivant l'usage commun, ordinaire. → **couramment, habituellement, ordinairement.**

communiant, ante n. Personne qui communie (1). – *Premier communiant :* enfant qui fait sa première communion.

communicable adj. Qui peut être communiqué. *Une impression difficilement communicable.* □ n. f. **communicabilité**

communicant, ante adj. **1.** Qui communique (III). *Des chambres communicantes. Principe des vases communicants.* **2.** Qui participe à un processus de communication. *Entreprise communicante.* – n. Spécialiste de la communication. → **communicateur.** **3.** inform. Qui peut être relié à un réseau. *Un ordinateur communicant.*

communicateur, trice n. Personne qui utilise efficacement les techniques de communication*.

communicatif, ive adj. **1.** Qui se communique facilement. *Rire communicatif.* → **contagieux.** **2.** (personnes) Qui aime communiquer ses idées, ses sentiments. → **expansif.**

communication n. f. (du latin → **communiquer**) **I. 1.** Le fait de communiquer, d'établir une relation avec (qqn, qqch.). *Être **en communication** avec un correspondant.* → **correspondance, rapport.** ■ sc. Relation dynamique qui intervient dans un fonctionnement ; échange de signes, de messages entre un émetteur et un récepteur. → **information.** *Étude des signes et de la communication.* → **sémiologie, sémiotique.** ■ inform. Échange d'informations entre organes divers (matériels, logiciels). *Communication de données.* **2.** Action de communiquer qqch. à qqn ; résultat de cette action. → **information.** *Demander communication d'un dossier.* – *J'ai une communication importante à vous faire.* → **message.** **3.** Moyen technique par lequel des personnes communiquent. → **transmission.** *Communication par Internet. Communication téléphonique* ou *communication.* **4.** Ensemble des techniques médiatiques d'information et de publicité. *Service de communication d'une entreprise* (→ **relations publiques**). **II.** Ce qui permet de communiquer dans l'espace ; liaison d'un lieu à un autre. *Porte de communication. Voie de communication.*

communicationnel, elle adj. didact. Qui concerne la communication, relatif à la communication.

communier v. intr. < 7 > (latin *communicari* → **communiquer**) **1.** relig. chrét. Recevoir le sacrement de l'Eucharistie. **2.** Être en accord, en union spirituelle (→ **communion**).

communion n. f. (du latin ecclés. → **communier**) **1.** relig. chrét. Le fait de communier. *Faire sa première communion.* – anciennt *Communion solennelle :* profession de foi. ■ Partie de l'office au cours de laquelle a lieu la communion. → **Eucharistie.** **2.** Union de ceux qui ont la même religion. **3.** *Être **en communion** d'idées, de sentiments avec qqn,* partager les mêmes idées, etc. → **accord.**

C

communiqué n. m. Avis qu'un service compétent communique au public. → **annonce, bulletin, note.** *Des communiqués de presse.*

communiquer v. < 1 > (latin *communicari,* de *cum* → co- et *munus* « charge » → **commun**) **I.** v. tr. **1.** Faire connaître (qqch. à qqn). → **divulguer, livrer, publier.** *Communiquer un renseignement à qqn.* → **transmettre.** *Communiquer ses sentiments* (→ **communicatif**). **2.** Faire partager. *Elle nous a communiqué son enthousiasme.* **3.** (choses) Rendre commun à ; transmettre (qqch.). *Corps qui communique sa chaleur à un autre.* – pronom. *Une maladie qui se communique facilement.* **II.** v. intr. **1.** Être, se mettre en relation. *Communiquer par lettres* (→ **correspondre**), *par téléphone...* **2.** Utiliser les techniques de communication. **III.** v. intr. (choses) Être en rapport avec, par un passage. *Cette chambre communique avec la salle de bains.*

communisant, ante adj. et n. Qui sympathise avec les communistes.

communisme n. m. (→ **communiste**) **1.** Organisation politique, sociale, fondée sur la suppression de la propriété privée au profit de la propriété collective. → **collectivisme, socialisme.** **2.** Dans le marxisme, système social où les biens de production appartiennent à la communauté et qui vise la disparition des classes sociales. **3.** Politique, doctrine des partis communistes.

▶ C'est au Siècle des lumières que le **communisme**, pensée fondée sur la critique de la propriété privée et la mise en commun des biens, s'élabore véritablement.
Au XIXe s., après la Révolution française, Marx et Engels théorisent la lutte des classes et les conditions pratiques de la révolution prolétarienne devant instaurer le communisme universel. Ils définissent en même temps une philosophie, une doctrine politique et une organisation révolutionnaire destinée à mettre en place une société communiste sans classes (*Manifeste du parti communiste,* 1848). Les socialistes et sociaux-démocrates européens se divisent alors entre révolutionnaires et réformateurs. La Ire puis la IIe Internationale tentent d'unifier les diverses tendances, mais l'échec est consommé à la veille de la Première Guerre mondiale, avec le ralliement de nombreux socialistes modérés au mot d'ordre de défense nationale.
C'est la révolution russe de 1917 qui relance la radicalisation du mouvement communiste. Sur le modèle du Parti bolchevik élaboré par Lénine émergent en Europe de nouvelles organisations, qui ne disposent toutefois que d'une marge de manœuvre limitée par la ligne politique du parti communiste d'URSS. À la tactique de « classe contre classe » qui n'a pu barrer la route aux fascismes succède en 1934 celle des « fronts populaires », en particulier en France et en Espagne.
L'Internationale encourage les mouvements de libération des peuples colonisés. Des PC (partis communistes) se constituent au Viêtnam avec Hô Chí Minh ou en Chine avec Mao Zedong. Après la Seconde Guerre mondiale, grâce au prestige de l'URSS victorieuse et au rôle des militants communistes dans la Résistance, le mouvement s'étend. Des communistes participent au gouvernement en Belgique, en France, en Italie ; d'autres prennent le pouvoir en Europe de l'Est ou en Chine avec la victoire de Mao Zedong en 1949. Face au bloc politique que le totalitarisme stalinien tente de former, les États-Unis et leurs alliés font échouer les tentatives communistes de prise de pouvoir en Grèce, en Iran et en Corée. La guerre froide est amorcée.
Dès 1948 pourtant, des fissures paraissent dans le bloc communiste : la Yougoslavie est exclue ; l'URSS rompt avec l'Albanie et la Chine malgré la remise en cause, à partir de 1956, des pratiques staliniennes, sous la direction de Khrouchtchev.

Les interventions soviétiques en Hongrie (1956) et en Tchécoslovaquie (1968) conduisent les partis italien, français et espagnol à rechercher une voie plus démocratique vers le socialisme. Au début des années 1980, le communisme paraît solidement implanté dans de nombreux pays (Chine, Afghanistan, Corée du Nord, Angola, Mozambique, Cuba, etc.). Pourtant, la faillite économique de l'URSS contraint Gorbatchev, arrivé au pouvoir en 1985, à entreprendre des réformes qui conduiront en 1991 à l'effondrement de l'URSS.

Après cet évènement, si le communisme conserve une force certaine (à Cuba, dans certains pays d'Asie et d'Amérique), dans les pays européens, les partis communistes déclinent et se rapprochent d'un socialisme réformateur.

voir aussi **Internationale, marxisme, maoïsme, socialisme, Front populaire, guerre froide**

Communisme (pic du) Un des sommets du Pamir, au Tadjikistan. 7 495 m.

communiste adj. **(de *commun*) 1.** Du communisme. *Doctrines communistes.* **2.** Qui appartient aux organisations, aux États qui se réclament du marxisme. **3. adj. et n.** Partisan du communisme. **–** Membre d'un parti communiste. **-** abrév. fam. **coco.**

communiste français (Parti) (PCF) Parti politique fondé en 1920, au congrès de Tours, sous le nom de Section française de l'Internationale communiste (SFIC), et issu de la scission du parti socialiste (SFIO). Devenu Parti communiste en 1922, il se constitua en parti fortement structuré dont l'organe officiel fut *L'Humanité*. Dirigé par Maurice Thorez, il contribua au Front populaire, puis soutint le gouvernement de Léon Blum. Au cours de la Seconde Guerre mondiale, il joua un rôle déterminant et fut représenté dans le Conseil national de la Résistance et au gouvernement provisoire d'Alger. Devenu, à la Libération, une des premières formations politiques françaises, il entra au gouvernement (tripartisme, 1945-1947) mais en fut bientôt exclu en raison de la Guerre froide, et redevint un parti d'opposition. Dirigé par G. Marchais, le PCF participa au gouvernement Mauroy (1981-1984). Face à l'effondrement du communisme dans les pays de l'Est, il traversa alors une longue crise. Devenu membre de la Gauche plurielle, avec Robert Hue à sa tête, il prit part au gouvernement Jospin (1997-2002). Le PCF a eu pour secrétaire national(e) M.-G. Buffet (2001-2010) ; P. Laurent (2010-2018) ; F. Roussel (à partir de 2018).

community manager voir **communauté**

commutable adj. Qui peut être commuté. **→ substituable ; commutation (1).** *Éléments commutables.*

commutateur n. m. Appareil permettant de modifier un circuit électrique ou les connexions entre circuits. **→ bouton, interrupteur.**

commutatif, ive adj. **(du radical de *commutation* → commuter) 1.** dr. Fondé sur l'échange. *Contrat commutatif.* **–** *Justice commutative*, qui attribue à chacun une part égale indépendamment de ses mérites (opposé à *justice distributive*). **2.** math. Se dit d'une opération dont le résultat est invariable quel que soit l'ordre des facteurs. *L'addition est commutative.* □ **n. f. commutativité**

commutation n. f. **(du latin → commuter) 1.** didact. Substitution, remplacement. **2.** dr. *Commutation de peine :* substitution d'une peine plus faible à la première peine **(→ commuer). 3.** Établissement d'une liaison entre deux points d'un réseau (téléphonique, informatique) pendant la durée nécessaire à un transfert d'informations.

commutatrice n. f. électr. Appareil qui servait à transformer du courant alternatif en continu ou inversement.

commuter v. **< 1 > (du latin, de *cum* et *mutare* → commuer) 1. v. intr.** Modifier en substituant un élément à un autre. *Faire commuter deux mots dans une phrase.* **2. v. tr.** Transférer le courant électrique de (un circuit) à un autre circuit.

Commynes ou **Comines (Philippe de)** Historien français (v. 1447-1511). Il fut le conseiller politique et diplomatique de Louis XI, Charles VIII et Louis XII. Il a laissé des *Mémoires.*

Comnène Dynastie byzantine qui régna de 1057 à 1059 et de 1081 à 1185. Le règne des Comnènes coïncida avec le début de la décadence byzantine : victoires des Turcs, privilèges aux Vénitiens, croisades. Des descendants de cette famille fondèrent l'empire de Trébizonde (1204).

Comodoro Rivadavia Ville d'Argentine, en Patagonie, dans le golfe de San Jorge. 144 000 habitants. Exploitation de pétrole offshore ; ses oléoduc et gazoduc alimentent Buenos Aires.

Comoé n. m. Fleuve du Burkina Faso et de la Côte d'Ivoire, qui se jette dans le golfe de Guinée. Environ 1 000 km. Parc national de Comoé (Côte d'Ivoire), 1 150 km².

comorbidité n. f. **(→ morbidité)** didact. Association de plusieurs facteurs cliniques à une pathologie principale.

Comores

n. f. pl. ■ offic. Union des Comores État de l'océan Indien au nord du canal de Mozambique faisant partie de l'archipel des Comores et composé des îles d'Anjouan, Mohéli et Grande Comore. 1 862 km². 691 000 habitants (les *Comoriens*). **Langues :** arabe, français et shikomor (offic.), swahili. **Religions :** musulmans, chrétiens. **Monnaie :** franc comorien. **Capitale :** Moroni (Grande Comore). **Régime :** présidentiel.

GÉOGRAPHIE

Les îles sont formées de plateaux surplombant des plaines côtières étroites. Le Kartala, volcan actif, culmine à 2 361 m. Le climat tropical humide est soumis à la mousson. L'agriculture vivrière est négligée au profit de cultures d'exportation (coprah, vanille, clous de girofle, ylang-ylang). De nombreux Comoriens ont émigré à Madagascar, en France et surtout à Mayotte.

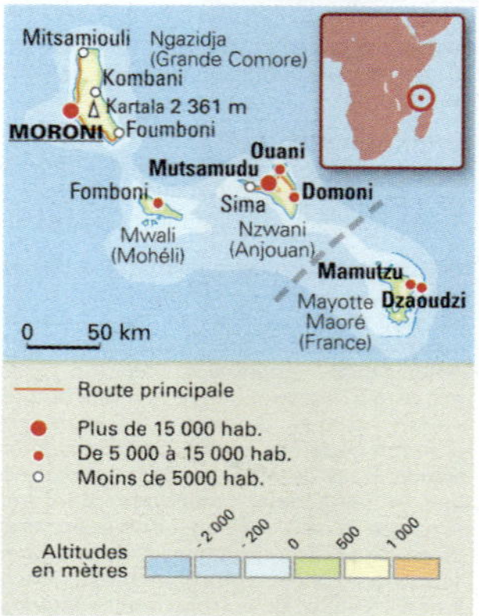

HISTOIRE

Peuplées d'Africains, les Comores accueillirent des émigrés perses (xᵉ s.). Installés dès 1841 à Mayotte, les Français étendirent leur protectorat. L'archipel fut rattaché à Madagascar (1914), puis doté du statut de territoire d'outre-mer (1946). En 1974, les Comores choisirent l'indépendance, excepté Mayotte. Plusieurs coups d'État se succédèrent. En 1996, les habitants des îles Anjouan et Mohéli réclamèrent la constitution d'un État fédéral. L'armée reprit le pouvoir (1999) et une Constitution instaura une présidence tournante entre les trois îles.

comourants n. m. pl. **(de *co-* et *mourant*, p. prés. de *mourir*)** dr. Personnes susceptibles d'hériter les unes des autres et qui meurent simultanément.

compact, acte [kɔ̃pakt] adj. **(latin *compactus*, de *compingere* « assembler ») 1.** Qui est formé de parties fortement liées, dont les éléments constitutifs sont très rapprochés. **→ dense, serré.** *Foule compacte.* **2. (de l'anglais) (appareils)** D'un faible encombrement relatif. *Appareil photo compact.* ■ *Disque* compact.* □ **n. f. compacité**

compact-disc n. m. **(marque déposée ; de l'anglais)** anglic. Disque* compact.

compacter v. tr. **< 1 > 1.** Rendre plus compact. **–** Faire réduire de volume en compressant. *Compacter des déchets.* **2.** inform. Compresser. *Compacter des images.* □ **adj. compactable** □ **n. m. compactage**

compacteur n. m. Engin servant au compactage des sols.

compagne n. f. **(de l'ancien français *compain* → compagnon) 1.** Camarade (femme). *Revoir des compagnes de voyage.* **→ fam. copine ; compagnon. 2.** Concubine, maîtresse. **→ ami.**

compagnie n. f. **(de l'ancien français *compain* ou du latin, de *companio* → compagnon, copain) 1.** Présence auprès de qqn, fait d'être avec qqn. *Apprécier la compagnie de qqn.* **→ présence, société. –** loc. *Dame, demoiselle de compagnie*, qui reste auprès d'une personne âgée, malade. *Animal de compagnie.* **–** *En compagnie de*, avec. **–** *En... compagnie. « Un homme seul est toujours en mauvaise compagnie »* (Valéry). **–** *Fausser compagnie à qqn.* **→ quitter.** *Tenir compagnie à qqn*, rester auprès de lui. **–** *Être de bonne compagnie*, bien élevé. **2.** Réunion, assemblée. *Se trouver en joyeuse compagnie.* **3.** Association de personnes que rassemblent des statuts communs. **→ entreprise, société.** *Compagnie commerciale, financière. ... et compagnie* (abrév. *et Cie*) : désigne à la fin d'une raison sociale, les associés non nommés. *Compagnie d'assurances. Compagnie aérienne.* ■ Troupe de spectacle permanente. **4.** milit. Unité de formation d'infanterie placée sous les ordres d'un capitaine. *Les compagnies d'un bataillon.* **–** *Compagnies républicaines de sécurité.* **→ CRS. 5.** Groupe (d'animaux de même espèce, vivant ensemble). **→ colonie.** *Une compagnie de cerfs.*

Compagnie anglaise des Indes orientales voir **Indes orientales (Compagnie anglaise des)**

Compagnie de Jésus voir **Jésus (Compagnie de)**

Compagnie française des Indes orientales voir **Indes orientales (compagnie française des)**

Compagnie hollandaise des Indes occidentales voir **Indes occidentales (Compagnie hollandaise des)**

Compagnie hollandaise des Indes orientales voir **Indes orientales (Compagnie hollandaise des)**

Compagnies (Grandes) Bandes de mercenaires qui combattirent à la solde de Jean II et de Charles V pendant la guerre de Cent Ans.

compagnon n. m. **(vient du bas latin *companio, companionis* → copain, de *cum* → co- et *panis* → pain) 1.** Personne qui partage la vie, les occupations d'autres personnes (par rapport à elles). **→ camarade.** *Compagnon d'études* **(→ condisciple)**, *de travail* **(→ collègue)**, *de voyage. Compagnon d'infortune.* **– spécialt → amant, ami, concubin ;** correspond au fém. *compagne.* **–** polit. *Compagnon de route (d'un parti)* : sympathisant actif. **2.** Personne qui a terminé son apprentissage et n'est pas encore maître, dans certaines corporations d'artisans. *Les compagnons du Tour de France.*

compagnonnage n. m. **1.** Organisation d'ouvriers, d'artisans axée sur la formation professionnelle et la solidarité **(→ compagnon (2)). 2.** ancient Temps du stage qu'un compagnon devait faire chez un maître.

Companys y Jover (Lluis) Homme politique espagnol (1883-1940). Président de la généralité de Catalogne, il se révolta contre le gouvernement de Madrid en 1934 et instaura une éphémère République catalane, aussitôt supprimée par le gouvernement central.

comparable adj. Qui peut être comparé (avec qqn ou qqch.). **→ analogue, approchant.** *Une ville comparable aux plus grandes capitales.* □ **n. f. comparabilité**

communisme

1. Défilé du 1er mai sur la place Rouge à Moscou (1969). 2. Réunion politique en Ukraine, en 1929. 3. Le 1er mai à Cuba en 1995.

comparaison n. f. (latin *comparatio*, de *comparare* → comparer) **1.** Fait d'envisager ensemble (deux ou plusieurs objets de pensée) pour en chercher les différences ou les ressemblances. → **rapprochement.** *Établir une comparaison entre... ; faire la comparaison.* → **comparer.** *Mettre une chose **en comparaison** avec une autre.* → en **parallèle.** ■ *Adverbes de comparaison*, indiquant un rapport de supériorité, d'égalité ou d'infériorité (ex. comme, plus, moins, autant). **2.** loc. *En comparaison de* : par rapport à. → **auprès** de, **relativement** à. – *Par comparaison à, avec.* – *Sans comparaison*, d'une manière nette, évidente. **3.** Rapport établi entre un objet et un autre terme, dans le langage. → **image, métaphore.**

comparaître v. intr. < 57 > (de l'ancien français *comparoir*, latin *cumparere*, de *parere* → paraître) Se présenter sur ordre. *Comparaître en justice, devant un juge* (→ **comparution**). - var. RO **comparaitre.**

comparateur, trice **1.** n. m. techn. Instrument destiné à mesurer avec précision de très petites différences de longueur par comparaison avec un étalon. ■ *Comparateur de prix* : site web comparant les prix des offres en ligne. **2.** adj. rare Qui aime comparer. *Esprit comparateur.*

comparatif, ive (→ comparer) **1.** adj. Qui contient ou établit une comparaison. *Étude comparative.* **2.** n. m. Le second degré dans la signification des adjectifs. *Comparatif de supériorité* (→ [1]**plus**), *d'égalité* (→ **aussi**), *d'infériorité* (→ **moins**). *Comparatif et superlatif.*

comparatisme n. m. (de *comparé*) didact. Ensemble des études comparées (en grammaire, linguistique, littérature) ; méthode de recherche basée sur ces études.

comparatiste adj. didact. Relatif aux études comparées, notamment à la littérature comparée. – n. Spécialiste de ces études.

comparativement adv. Par comparaison, par rapport. *Comparativement à l'année dernière.*

comparé, ée adj. Qui étudie les rapports entre plusieurs objets d'étude. *Anatomie comparée* (des espèces différentes). – *Grammaire, linguistique comparée*, étudiant les rapports entre langues. *Littérature comparée*, étudiant les influences, les échanges entre littératures.

comparer v. tr. < 1 > (latin *comparare*, de *compar*, de *cum* → co- et *par, paris* → pareil) **1.** Examiner les rapports de ressemblance et de différence (entre plusieurs choses ou personnes). → **confronter, rapprocher ; comparaison.** *Comparer un écrivain avec un autre, à un autre.* – absolt *Comparer avant de choisir.* **2.** Rapprocher en vue d'assimiler ; mettre en parallèle. « *Il ne faut pas comparer les chagrins de la vie avec ceux de la mort* » (Musset).

comparse n. (de l'italien ; même origine que *comparaître*) Personnage dont le rôle est secondaire, de peu d'importance.

compartiment n. m. (de l'italien, de *compartire*, latin *compartiri*, de *partiri* « partager » → [2]partir) **1.** Division pratiquée dans un espace pour loger des personnes ou des choses en les séparant. → **case.** *Tiroir à compartiments.* ■ Division d'une voiture de chemin de fer (voyageurs), délimitée par des cloisons. *Compartiment de première classe.* **2.** Subdivision d'une surface (par des figures régulières). « *La splendeur du plafond, divisé en compartiments octogones* » (Flaubert). → **caisson.**

compartimenter v. tr. < 1 > Diviser en compartiments ; fig. diviser par classes, par catégories nettement séparées. → **cloisonner.** – au p. p. *Une société très compartimentée.* ▫ n. m. **compartimentage** ▫ n. f. **compartimentation**

comparution n. f. Action de comparaître.

compas n. m. (de *compasser*) **1.** Instrument composé de deux branches mobiles que l'on écarte plus ou moins pour mesurer des angles, tracer des circonférences. – loc. *Avoir le compas dans l'œil* : juger à vue d'œil, avec une grande précision. **2.** Instrument de navigation indiquant la direction du nord magnétique et la direction du bateau. → **boussole.** *Compas gyroscopique.* → **gyrocompas.**

compassé, ée adj. (de *compasser*) Dont le comportement est affecté et guindé. *Un homme compassé.* – *Manières compassées.*

compasser v. tr. < 1 > (vient du bas latin, de *cum* et *passus* → [1]pas) vieux ou littér. Régler minutieusement (ses actes). → **compassé.**

compassion n. f. (du latin ecclés., de *compati* → compatir) Sentiment qui porte à plaindre autrui et à partager ses souffrances. → **sympathie ; commisération, pitié.** *Avoir de la compassion pour qqn* (→ **compatir**). ▫ adj. **compassionnel, elle**

compatibilité n. f. Caractère, état de ce qui est compatible. *Compatibilité d'humeur.* ■ inform. Fait d'être compatible. *Compatibilité entre ordinateurs, périphériques, logiciels.*

compatible adj. (du latin, de *compati* « exister avec » → compatir) Qui peut s'accorder avec autre chose, exister en même temps. → **conciliable.** *La fonction de préfet n'est pas compatible avec celle de député.* ■ inform. *Ordinateurs compatibles*, qui peuvent utiliser les mêmes logiciels, les mêmes périphériques, et être connectés entre eux. – n. m. Ordinateur compatible.

compatir v. tr. ind. < 2 > (latin *compati*, de *cum* → co- et *pati* « souffrir » → -pathie ; *cf. sympathie*) *Compatir à.* Avoir de la compassion pour (une souffrance). → s'**apitoyer,** s'**attendrir.** *Je compatis à votre douleur.*

compatissant, ante adj. Qui ressent ou manifeste de la compassion. *Un regard compatissant.*

compatriote n. Personne originaire du même pays qu'une autre. *Aider un compatriote.* ■ Personne originaire de la même province, de la même région. → [2]**pays.**

compendieusement adv. vieux En abrégé, brièvement (souvent mal employé, pour « minutieusement, en détail »).

compendieux, ieuse adj. (du latin, de *compendium* « abrégé ») Concis, laconique.

compendium [kɔ̃pɛ̃djɔm] n. m. (mot latin « abréviation ») didact. Abrégé. → **résumé.** *Des compendiums.*

compensateur, trice adj. Qui compense. *Indemnité compensatrice.* → **compensatoire.**

compensation n. f. (du latin → compenser) **1.** Avantage qui compense (un désavantage). *Compensation reçue pour des services rendus, des dommages.* → **indemnité ; dédommagement, réparation.** – *En compensation* : en revanche ; en échange. **2.** L'action, le fait de compenser, de rendre égal. *Compensation entre les dépenses et les recettes.* → [1]**balance, équilibre.** ■ fin. Procédé de règlement comptable par balance des comptes débiteurs et créditeurs entre deux ou plusieurs parties. *Chambre de compensation* : endroit où sont réglés les engagements entre banquiers. ■ dr. Libération de deux personnes débitrices l'une de l'autre par la balance de leurs dettes réciproques. **3.** méd. Modification de l'organisme permettant d'atténuer ou de supprimer les effets d'une maladie. **4.** psych. Réaction psychologique permettant d'atténuer ou de supprimer une souffrance.

compensatoire adj. didact. Qui compense. → **compensateur.**

compensé, ée adj. Équilibré. ■ *Semelle compensée*, qui forme un seul bloc avec le talon haut.

compenser v. tr. < 1 > (latin *compensare*, de *cum* → co- et *pensare* → [1]penser, peser) **1.** Équilibrer (un effet par un autre). → **contrebalancer, corriger, neutraliser.** *Compenser une perte par un gain.* – absolt *Pour compenser* : pour la peine. **2.** dr. Effectuer la compensation de. *Compenser une dette.* **3.** Régler (un instrument) de manière que des effets contraires, des variations, etc. soient neutralisés. *Compenser un compas.*

compérage n. m. vieilli Entente entre les auteurs d'une tromperie. → **complicité, connivence.**

compère n. m. (du latin ecclés., de *cum* et *pater* → père ; *cf. commère*) **1.** vieilli et fam. (terme d'amitié) Ami, camarade. **2.** Complice d'une supercherie. → **acolyte.** *Le prestidigitateur avait deux compères dans la salle.*

Compère (Loyset) Compositeur français (1450-1518). Chantre ordinaire de Charles VIII et chanoine de la collégiale de Saint-Quentin, il composa des messes, des motets et des chansons à trois et quatre voix.

compère-loriot n. m. (origine obscure) Petit bouton au bord de la paupière. → **orgelet.** *Des compères-loriots.*

compétence n. f. (→ compétent) **1.** Connaissance approfondie, reconnue, qui confère le droit de juger ou de décider en certaines matières. → **capacité, qualité.**

C

S'occuper d'une affaire avec compétence. Cela n'entre pas dans mes compétences. – fam. Personne compétente. *C'est une compétence en la matière.* **2.** Aptitude légale ; aptitude d'une juridiction à instruire et juger un procès. *Cette affaire relève de la compétence du préfet.* → **attribution, domaine, ^{2}ressort. 3.** ling. Système implicite fondé sur le lexique et la grammaire, intégré par l'usager d'une langue, qui lui permet de comprendre et de former un nombre indéfini d'énoncés jamais entendus auparavant.

compétent, ente adj. (du latin, de *competere*, de *cum* et *petere* « chercher à obtenir » → **pétition, appétit**) **1.** Capable de juger, d'agir avec compétence. → **capable, expert, qualifié.** *Elle est compétente en archéologie.* **2.** Qui a la compétence légale, juridique. *Le tribunal compétent.*

compétiteur, trice n. Personne qui entre en compétition → **concurrent.**

compétitif, ive adj. Qui peut supporter la concurrence du marché. → **concurrentiel.** *Prix compétitifs.* □ n. f. **compétitivité**

compétition n. f. (de l'anglais, du latin, de *competere* → **compétent**) **1.** Recherche simultanée par deux ou plusieurs personnes d'un même résultat. → **concurrence, rivalité.** *Sortir vainqueur d'une compétition.* **2.** Épreuve sportive disputée entre plusieurs concurrents. → **match.**

compétitionner v. intr. < 1 > (Québec) Participer à une compétition. *Compétitionner avec, contre qqn.*

Compiègne Chef-lieu d'arrondissement de l'Oise, à la lisière de la *forêt de Compiègne* (14 450 ha). 40 453 habitants. Église Saint-Jacques des XIIIe-XVe s. Musée. Industries (chimie, mécanique). Jeanne d'Arc y fut faite prisonnière par les Anglais en 1430. Le château, qui fut la résidence préférée de Napoléon III, abrita, pendant la Première Guerre mondiale, le grand quartier général français. L'armistice du 11 novembre 1918 fut signé, comme celui de 1940, dans la forêt de Compiègne. Royallieu, un faubourg de Compiègne, servit de centre de triage vers les camps de concentration nazis.

Le château de Compiègne, réaménagé par Louis XV et Napoléon Ier, abrite notamment un musée du Second Empire.

compilateur, trice n. **I. 1.** didact. Personne qui réunit des documents dispersés. **2.** péj. Auteur qui emprunte aux autres. → **plagiaire. II.** (anglais *compiler*) inform. Programme d'ordinateur qui traduit un programme en « langage machine ».

compilation n. f. (du latin → **compiler**) **I. 1.** Action de compiler. – Rassemblement de documents. **2.** péj. Ouvrage fait d'emprunts et qui manque d'originalité. **3.** Enregistrement réunissant des chansons, des morceaux extraits d'enregistrements antérieurs. - abrév. fam. **compil, compile. II.** (de l'anglais) inform. Traduction (d'un programme) par un compilateur.

compiler v. tr. < 1 > (du latin, de *cum* → **co-** et *pilare* → **piller**) **I.** Rassembler (des documents, des extraits de textes) pour former un recueil. **II.** (anglais *to compile*) inform., anglic. Traduire (un programme) en « langage machine ».

compisser v. tr. < 1 > (de *com-* → **con-** et *pisser*) vieux ou plais. Pisser sur, arroser d'urine.

complainte n. f. (de l'ancien français *complaindre* → **plaindre**) **1.** vieux ou littér. Plainte. **2.** Chanson populaire de caractère plaintif. **3.** dr. Action destinée à faire cesser un trouble apporté à la possession d'un immeuble.

complaire v. tr. ind. < 54 > (latin *complacere* → **plaire**) **1.** littér. *Complaire à qqn*, lui être agréable (→ **complaisance**). **2.** *Se complaire (à, dans)* **v. pron.** : trouver son plaisir, sa satisfaction à, dans. → se **délecter,** se **plaire.** *Il se complaît* (ou RO complait) *à faire cela.*

complaisance n. f. (→ **complaire**) **1.** Disposition à s'accommoder aux goûts, aux sentiments d'autrui pour lui plaire. → **amabilité, empressement, serviabilité.** *Un jugement sans complaisance.* → **bienveillance, indulgence.** ■ péj. *Sourire de complaisance*, peu sincère. *Certificat de complaisance*, délivré à une personne qui n'y a pas droit. **2.** Sentiment dans lequel on se complaît par faiblesse, vanité. → **contentement.** *S'écouter, se regarder avec complaisance*, être content de soi. → **autosatisfaction.**

complaisant, ante adj. (→ **complaire**) **1.** Qui a de la complaisance envers autrui. → **aimable, empressé, prévenant.** ■ Qui ferme les yeux sur les infidélités de son conjoint. **2.** péj. Qui a ou témoigne de la complaisance envers soi-même. → **indulgent.** □ adv. **complaisamment**

complanter v. tr. < 1 > (de *com-* → **con-** et *planter*) agric. Couvrir un même terrain de plantations différentes.

complément n. m. (du latin, de *complere*, de *plere* → **emplir**) **1.** Ce qui s'ajoute ou doit s'ajouter à une chose pour qu'elle soit complète. *Un complément d'information. Complément alimentaire.* **2.** gramm. Mot ou proposition rattaché(e) à un autre mot ou à une autre proposition, pour en compléter ou en préciser le sens. *Complément du nom, du verbe, de l'adjectif.* **3.** géom. *Complément d'un angle aigu*, ce qu'il faut ajouter pour obtenir un angle droit. – math. *Complément d'un ensemble A inclus dans un ensemble E* : ensemble formé de tous les éléments de E qui n'appartiennent pas à A. **4.** méd. Substance du sérum sanguin qui renforce l'action des anticorps.

complémentaire adj. **1.** Qui apporte un complément. *Renseignement complémentaire.* – *Assurance complémentaire santé* ou **n. f.** *une complémentaire.* → **mutuelle. 2.** math. Qui constitue un complément (3). *Angle complémentaire.* **3.** *Couleurs complémentaires*, dont la combinaison donne la lumière blanche. □ n. f. **complémentarité**

complémenter v. tr. < 1 > Rendre complet (→ **compléter**) par un complément. □ n. f. **complémentation**

complet, ète (du latin, de *complere* → **complément**) **I.** adj. **1.** Auquel ne manque aucun des éléments qui doivent le constituer. *Œuvres complètes. Aliment complet*, qui réunit tous les éléments nécessaires à l'organisme. – *Pain complet*, qui renferme du son. **2.** Qui a un ensemble achevé de qualités, de caractères. *Un homme complet*, sans lacunes. *Une étude complète.* → **exhaustif.** *Destruction complète.* → **total.** – *C'est complet !*, c'est le comble. **3.** (parfois avant le nom) Qui possède tous les caractères de son genre. → **accompli, achevé, parfait.** *C'est un complet idiot. Tomber dans un oubli complet.* **4.** Tout à fait réalisé. *Dans l'obscurité complète.* → **absolu.** ■ Écoulé. *Dix années complètes.* → **accompli, révolu. 5.** Avec toutes les parties, tous les éléments qui le composent en fait. → **entier, total.** *Son mobilier complet se réduit à deux chaises.* **6.** Qui n'a plus de place disponible. → **bondé, bourré, plein.** *Train complet.* **II.** n. m. **1.** *Au complet* : en entier → **intégralement.** *Réunir la famille au complet. Au grand complet.* **2.** vieilli Vêtement masculin en deux (ou trois) pièces assorties : veste, pantalon (et gilet). → **costume.** *Des complets* ou *des complets-vestons.*

complètement adv. **1.** D'une manière complète. → **entièrement.** *Elle a étudié complètement le dossier.* **2.** Tout à fait, vraiment. *Il est complètement fou.*

compléter v. tr. < 6 > **1.** Rendre complet. *Compléter une collection.* **2.** v. pron. (récipr.) *Se compléter* : se parfaire en s'associant. *Leurs caractères se complètent* (→ **complémentaire**). – (passif) Être complété, devenir complet.

complétif, ive adj. (du latin → **complet**) (proposition) Qui joue le rôle d'un complément. – n. f. *Une complétive.*

complétion n. f. (anglais *completion*, de *to complete* « compléter ») anglic. Action de compléter. *Complétion automatique.* → **autocomplétion.**

complétude n. f. didact. Caractère complet, achevé (opposé à *incomplétude*).

complexe (du latin, de *complectere*, de *plectere* → **plier**) **I.** adj. **1.** Qui contient, qui réunit plusieurs éléments différents. *Un problème très complexe* (→ **complexité**). *« Hamlet est un personnage parfaitement humain, parce que complexe »* (Louis Jouvet). ■ math. *Nombre complexe*, comportant une partie réelle et une partie imaginaire, s'écrivant sous la forme : $a + ib$ avec $i^2 = -1$. **2.** Difficile, à cause de sa complexité. → **compliqué. II.** n. m. **1.** Ensemble des traits personnels, acquis dans l'enfance, doués d'une puissance affective et généralement inconscients. *Complexe d'Œdipe*, attachement érotique de l'enfant au parent du sexe opposé. – *Complexe d'infériorité*, conduites particulières provenant d'un sentiment d'infériorité. – fam. *Avoir des complexes*, être timide, inhibé. *Être bourré de complexes.* **2.** chim. Composé formé par l'association d'ions ou de molécules à un atome isolé ou à l'atome central d'une molécule. **III.** n. m. Grand ensemble industriel. *Un complexe sidérurgique.* – Ensemble de bâtiments groupés en fonction de leur utilisation. *Un complexe hôtelier.*

complexé, ée adj. et n. Inhibé. *« Un type malheureux, complexé, et tout »* (Le Clézio).

complexer v. tr. < 1 > fam. Donner des complexes (II, 1) un sentiment d'infériorité à (qqn). → **inhiber, intimider.** *Il est complexé par son nez.*

complexifier v. tr. < 7 > Rendre complexe. □ n. f. **complexification**

complexion n. f. (du latin, de *complexus* → **complexe**) littér. Constitution physique d'une personne. *Être d'une complexion délicate.* → **nature.**

complexité n. f. (de *complexe*) État, caractère de ce qui est complexe. *« Un état de choses dont la complexité, l'instabilité [...] nous égarent »* (Valéry). → **complication, difficulté.**

▶ Relevant de disciplines très diverses (cybernétique, théories de l'information et de la communication, sciences biologiques, sciences économiques et sociales, etc.) la notion de **complexité** est devenue, à partir de la seconde moitié du XXe s., un nouveau « paradigme » permettant de rompre avec le modèle classique de l'explication scientifique. Il ne s'agit plus de chercher à *« rendre compte du visible complexe à l'aide de l'invisible simple »*, sur le modèle de la science d'inspiration cartésienne, mais d'essayer de *« lire le complexe réel sous l'apparence simple fournie par les phénomènes... »* comme le précisait déjà Bachelard.
Le « complexe » n'est pas ce qui est compliqué ou « désordonné », comme l'est un phénomène qui comporte une quantité élevée d'éléments intriqués, embarrassante pour sa description. La complexité n'est pas non plus seulement « algorithmique », au sens d'un problème rendu difficile par le nombre d'étapes qui permettent sa résolution. Elle est plus généralement entendue comme la variété, et surtout l'hétérogénéité des facteurs dont il faut tenir compte pour la compréhension d'un phénomène par un ensemble de disciplines scientifiques convoquées simultanément.
Le concept de développement durable peut être considéré comme une des mises en œuvre les plus admirables de ces principes.
voir aussi **bioéthique, développement durable, écologie, science**

compliance [kɔ̃plijɑ̃s] n. f. (mot anglais, de *to comply* « s'adapter ») anglic. **1.** techn. Souplesse adaptative (d'un organe de dispositif électronique). **2.** méd. Capacité d'un organe, d'une cavité à changer de volume en fonction des changements de pression. *Compliance pulmonaire.* **3.** méd. Rigueur avec laquelle un patient suit son traitement médical. **4.** dr., fin. Qualité de ce qui est conforme ; mise en conformité. *Programmes de compliance.*

complication n. f. (du latin, de *complicare* → **compliquer**) **1.** Caractère de ce qui est compliqué. *La situation est d'une complication inextricable.* → **complexité. 2.** Concours de circonstances capables de créer ou d'augmenter des difficultés. *Éviter les compli-*

cations. **3.** au plur. Phénomènes morbides nouveaux, au cours d'un état pathologique. → **aggravation.** *Le médecin craint des complications.*

complice (latin *complex, complicis,* de *complecti* « enlacer » → **complexe**) **I. adj. 1.** Qui participe avec qqn à une action répréhensible. *Être complice d'un vol.* **2.** Qui favorise l'accomplissement d'une chose. *Le silence, la nuit semblaient complices.* **3.** Qui dénote une connivence, une complicité. *Un clin d'œil complice.* **II. n.** *L'auteur du crime et ses complices.* → **acolyte.**

complicité n. f. **1.** Participation à la faute, au délit ou au crime commis par un autre. *Être accusé de complicité de meurtre.* « *Des circonstances* [...] *où la complicité d'un crime est préférable à la délation* » (Sade). **2.** Entente profonde, spontanée entre personnes. → **accord, connivence.**

complies n. f. pl. (latin ecclés. *completa [hora]* « [heure] qui complète [l'office] » → **complet**) relig. cathol. La dernière heure de l'office divin (après les vêpres).

compliment n. m. (de l'italien, de *cumplir* « abonder », latin *complere* → **accomplir**) **1.** Paroles louangeuses que l'on adresse à qqn pour le féliciter ou le flatter. → **éloge, félicitation, louange.** *Faire des compliments à qqn.* « *Pas d'insensibilité aux compliments. Nul n'y échappe* » (Valéry). *Tous mes compliments pour votre réussite !* → **bravo. 2.** Paroles de politesse. *Vous lui ferez mes compliments.* **3.** Petit discours adressé à qqn pour lui faire honneur. *Réciter un compliment.*

complimenter v. tr. ‹ 1 › Faire un compliment, des compliments à. → **féliciter.** *Complimenter qqn sur, pour son élégance.*

complimenteur, euse adj. Qui fait trop de compliments. → **flatteur.** *Des propos complimenteurs.* – n. *C'est un grand complimenteur.*

compliqué, ée adj. **1.** Qui possède de nombreux éléments difficiles à analyser. *Un mécanisme compliqué.* → **complexe.** *Une histoire compliquée.* → **confus. 2.** Difficile à comprendre. *C'est trop compliqué pour moi.* – fam. *C'est pas compliqué, vous prenez la deuxième à droite !* **3.** Qui manque de simplicité, complique les choses. *Un esprit compliqué.* – n. fam. *Vous, vous êtes une compliquée.*

compliquer v. tr. ‹ 1 › (du latin, de *plicare* → **plier**) Rendre complexe et difficile à comprendre, à résoudre. → **embrouiller.** *Ce n'est pas la peine de compliquer cette affaire.* ■ **se compliquer** v. pron. Devenir compliqué. *La situation se complique.*

complosphère n. f. (de *complot* et *sphère*) Ensemble des personnes qui participent à la diffusion d'idées jugées complotistes sur Internet.

complot n. m. (p.-ê. famille de *pelote*) Projet concerté secrètement afin de nuire (à qqn, à une institution). *Faire, tramer un complot. Tremper dans un complot contre l'État.* → **conjuration, conspiration, machination.** – *Théorie du complot,* selon laquelle l'opinion est manipulée par un groupe de conspirateurs.

comploter v. ‹ 1 › **1. v. tr. ind.** *Comploter de :* préparer par un complot. *Comploter de tuer qqn.* **2. v. tr. dir.** Préparer secrètement et à plusieurs. → **manigancer, tramer.** *Qu'est-ce que vous complotez là ?* **3. v. intr.** Conspirer, intriguer. *Comploter contre qqn.*

comploteur, euse n. Personne qui complote. → **conspirateur.**

complotiste n. et adj. Défenseur d'une théorie du complot*. → **conspirationniste.** – adj. *Discours complotiste.* □ n. m. **complotisme**

compogravure n. f. (de *compo[sition]* et *[photo]gravure*) imprim. Activité, prestation regroupant la composition et la photogravure. □ n. m. **compograveur**

componction n. f. (du latin, de *compungere,* de *pungere* « piquer, tourmenter ») Gravité recueillie et affectée. « *L'habitude de baisser les yeux, de garder une attitude de componction* » (Balzac).

componé, ée adj. (de *coupon,* avec influence de *composer*) blason Divisé en fragments d'émaux alternés.

comporte n. f. (de l'occitan, de *comportar* « comporter ») régional Baquet de bois servant au transport de la vendange.

comportement n. m. **1.** Manière de se comporter. → **attitude, conduite.** *Un comportement anormal.* **2.** psych. Ensemble des réactions objectivement observables d'un sujet. *Psychologie du comportement.* → **comportemental.**

comportemental, ale, aux adj. didact. Du comportement. *Troubles comportementaux.* – *Thérapie comportementale,* visant à soigner par une modification du comportement. → **béhaviorisme, comportementalisme.**

comportementaliste n. et adj. **1.** Béhavioriste*. **2.** Professionnel qui pratique la thérapie comportementale. □ n. m. **comportementalisme**

comporter v. tr. ‹ 1 › (du latin, de *cum* et *portare* → [1]**porter**) **1.** Inclure en soi ou être la condition de. → **contenir, impliquer.** *Toute règle comporte des exceptions. Cette solution comporte de nombreux avantages.* **2.** concret Comprendre en soi. → [1]**avoir.** *Le concours comporte trois épreuves.* → **se composer** de. ■ **se comporter** v. pron. Se conduire, agir d'une certaine manière. *Se comporter en adulte. Comment s'est-elle comportée devant cette nouvelle ?* – *Comment se comporte ce matériau à la chaleur ?* → **réagir.**

composant, ante 1. adj. Qui entre dans la composition de qqch. **2. n. m.** Élément qui entre dans la composition de qqch. ■ chim. Élément d'un corps composé. → **constituant.** ■ inform. *Composant informatique :* élément d'un ordinateur (unité centrale, carte, lecteur...). ■ électron. *Composant électronique,* d'un circuit électronique.

composante n. f. **1.** mécan. Chacune des forces qui se combinent pour produire une résultante. ■ math. *Les composantes d'un vecteur :* nombres qui le déterminent par rapport à une base. → **coordonnées. 2.** Élément d'un ensemble complexe. *Les composantes d'une décision.*

composé, ée 1. adj. Formé de plusieurs éléments. → **complexe.** *Bouquet composé,* formé de fleurs différentes. ■ chim. *Corps composé,* formé par la combinaison d'un corps simple avec d'autres corps. – n. m. *Un composé chimique.* ■ bot. *Feuille composée,* formée de plusieurs folioles reliées à un pétiole commun. ■ *Mot composé,* formé de plusieurs mots ou d'un élément (préfixe, etc.) et d'un mot (ex. antigel, chemin de fer, chou-fleur). – n. m. *Composés et dérivés.* ■ *Temps composé,* formé de l'auxiliaire *(avoir, être)* et du participe passé du verbe. **2. n. m.** Ensemble formé de parties différentes. → **amalgame, mélange.** « *Est-ce* [l'homme] *un composé monstrueux de choses incompatibles ?* » (Bossuet).

composée n. f. bot. Plante dicotylédone aux fleurs groupées en capitules (famille des *Composées ;* ex. l'artichaut, le bleuet, le pissenlit).

composer v. ‹ 1 › (latin *componere,* de *ponere* → **poser**) **I. v. tr. 1.** Former par la réunion d'éléments. → **agencer, assembler, constituer.** « *Un breuvage que la petite Fadette leur avait appris à composer* » (G. Sand). – *Composer un poème.* → **créer, écrire.** – *Composer une sonate* (→ **compositeur**). **2.** Assembler des caractères (d'imprimerie) pour former (un texte). → **photocomposer.** ■ *Composer un numéro de téléphone.* **3.** Élaborer, adopter (une apparence, un comportement). *Composer son attitude.* **4.** (sujet chose) Constituer en tant qu'élément. *Les pièces qui composent cet appareil.* – passif *La matière vivante est composée de cellules.* **II. v. intr. 1.** S'accorder (avec qqn ou qqch.) en faisant des concessions. → **traiter, transiger.** « *On ne compose jamais avec les tyrans* » (Danton). **2.** Faire une composition (parfois, pour un examen). *Les élèves sont en train de composer.* ■ **se composer** v. pron. Être formé de. → **comporter, comprendre.** *La maison se compose de deux étages.*

composeuse n. f. Machine à composer, en imprimerie. → **linotype, photocomposeuse.**

composite adj. (latin *compositus,* p. p. de *componere* → **composer**) **1.** Formé d'éléments très différents. *Style composite. Une assemblée composite.* → **hétérogène. 2.** archit. *Ordre composite* ou n. m. *un composite :* ordre d'architecture romain réunissant l'ionique et le corinthien. **3.** techn. *Matériau composite* ou n. m. *un composite,* composé de matériaux différents dont l'association confère à l'ensemble une très grande résistance.

compositeur, trice n. (du latin → **composer**) **I.** Personne qui compose des œuvres musicales. **II.** Personne qui compose des textes au moyen de caractères d'imprimerie. → **typographe.** – Société qui assure la composition d'un texte.

composition n. f. (du latin, de *componere* → **composer, position**) **I. 1.** Action ou manière de former un tout en assemblant plusieurs éléments ; disposition des éléments. → **agencement, arrangement, organisation, structure.** *La composition d'un mélange.* ■ chim. *La composition (chimique) d'un corps :* nature et proportion des éléments qui le composent. ■ *La composition d'une assemblée.* **2.** imprim. Action de composer un texte (→ **photocomposition**). *Composition et mise en pages.* **3.** math. *Loi de composition :* application associant une grandeur à un couple d'éléments d'un ensemble. → **opération. II. 1.** Action de composer (une œuvre d'art) ; façon dont une œuvre est composée. « *La rigueur de la composition — des chapitres, des phrases, du livre lui-même* » (Genet). *La composition d'un opéra. Un poème de sa composition.* ■ *Une composition :* l'œuvre composée. **2.** *Composition (française),* exercice scolaire de français et de littérature. → **dissertation, rédaction. 3.** vieilli Épreuve scolaire comptant pour un classement, en toute matière. *Composition d'histoire.* - abrév. fam. **compo. III. 1.** vieilli Accord (entre personnes). **2.** loc. (personnes) *Être de bonne composition,* accommodant, facile à vivre.

▶ Processus créateur qui vise à l'organisation formelle des sons en une entité perceptible comme œuvre, la **composition musicale** (II, 1) suppose la maîtrise de différentes techniques comme l'écriture musicale, l'instrumentation et l'orchestration. Une œuvre écrite nécessite le truchement de l'interprète qui lui donne une réalité sensible ; elle se distingue de l'improvisation par son caractère de permanence. La composition musicale s'inscrit dans un réseau culturel et historique. En ce sens, un certain nombre de ses techniques peuvent être transmises, et de grands compositeurs contemporains comme Olivier Messiaen ou Luciano Berio ont également été de grands professeurs de cette discipline. Il n'en reste pas moins que le travail de composition ne peut être réduit à un enseignement normé ; c'est surtout en confrontant ses productions aux œuvres du passé ou à celles de ses contemporains qu'un compositeur progresse sur la voie de sa propre création.
Les progrès de la technique, de l'électronique et de l'acoustique musicale, s'ils ont permis aux compositeurs d'explorer à partir de la seconde moitié du xxe s. de nouveaux modes compositionnels, n'ont cependant pas fondamentalement modifié l'acte de composition, qui dépend en dernier lieu des choix artistiques du créateur. Si l'on excepte des artistes comme Rameau et Schoenberg, qui ont considérablement nourri la réflexion théorique sur la composition musicale, rares sont les théoriciens qui ont été également de grands compositeurs.
voir aussi **improvisation, musicologie**

compost [kɔ̃pɔst] n. m. (du normand, var. de *compote*) Engrais formé par le mélange fermenté de débris organiques avec des matières minérales.

compostable adj. Que l'on peut transformer en compost. *Sac biodégradable et compostable.*

Compostelle voir **Saint-Jacques-de-Compostelle**

[1]**composter** v. tr. ‹ 1 › (de *compost*) agric. **1.** Amender (une terre) avec du compost. **2.** Transformer en compost. *Composter des feuilles mortes, des déchets ménagers.* □ n. m. [1]**compostage** *Cuve de, à compostage.* → [2]**composteur.**

[2]**composter** v. tr. ‹ 1 › (de [1]*composteur*) Perforer, valider à l'aide d'un composteur. *Composter son billet de train.* □ n. m. [2]**compostage**

[1]**composteur** n. m. (italien *compositore* → **composer, compositeur,** en typogr.) **1.** Appareil mécanique servant à perforer et à marquer

des titres de transport, des factures. **2.** imprim. Réglette sur laquelle le compositeur assemblait les caractères d'imprimerie.

²composteur n. m. (de ¹composter) Bac où l'on dépose des matières organiques pour en faire du compost. *Composteur à lombrics.* → **lombricomposteur.**

C

compote n. f. (latin *composita*, de *componere* → composer) **1.** Fruits coupés en quartiers ou écrasés, cuits avec de l'eau et du sucre. → **marmelade.** *Une compote de pommes.* **2.** fam. *Avoir la tête, les membres en compote,* meurtris.

compotée [kɔ̃pɔte] n. f. (de *compoter* « cuire lentement », de *compote*) Préparation culinaire qui a la consistance d'une compote. *Compotée d'oignons.*

compotier n. m. Plat en forme de coupe. – Son contenu.

compound [kɔ̃pund] adj. invar. et n. (mot anglais « composé, composite ») **1.** anglic. *Machine compound,* ou n. f. *une compound :* machine à vapeur à plusieurs cylindres dans lesquels la vapeur agit alternativement. **2.** n. m. Mélange isolant pour machines électriques.

comprador, ore n. m. et adj. (mot portugais « acheteur ») Commerçant enrichi par les échanges avec les étrangers, dans les pays en développement. – adj. *La bourgeoisie compradore.*

compréhensible adj. (du latin, de *comprehendere* → comprendre) **1.** Qui peut être compris. → **clair, intelligible.** *Expliquer qqch. d'une manière compréhensible.* **2.** Qui s'explique facilement, que l'on peut admettre. → **concevable.** *Une réaction compréhensible. C'est très compréhensible.* → **normal.**

compréhensif, ive adj. (→ comprendre) **1.** (personnes) Qui comprend les autres avec sympathie. → **bienveillant, indulgent, tolérant ; compréhension (II).** *Des parents compréhensifs.* **2.** log. Qui comprend (I) dans son sens un grand nombre de caractères (opposé à *extensif*). *« Chien » est un terme plus compréhensif que « mammifère » : il faut énumérer plus de caractères pour le définir.*

compréhension n. f. (du latin → comprendre) **I. 1.** Faculté de comprendre, de percevoir par l'esprit, par le raisonnement. *La compréhension du problème.* → **intelligence ;** fam. **comprenette. 2.** (choses) Possibilité d'être compris. → **clarté.** *Texte d'une compréhension malaisée.* **3.** log. Ensemble des caractères qui servent à définir un concept (opposé à *extension*). **II.** Qualité par laquelle on comprend autrui (opposé à *incompréhension*). → **indulgence, tolérance ; compréhensif.** *Manquer de compréhension.*

comprendre v. tr. < 58 > (latin *comprehendere*, de *cum* et *prehendere* → prendre) **I. 1.** (sujet chose) Contenir en soi. → **comporter,** se **composer de, renfermer.** *Le logement comprend trois pièces.* – *« Par l'espace, l'univers me comprend et m'engloutit* [...] *; par la pensée, je le comprends »* (Pascal ; cf. ci-dessous le sens II). **2.** (sujet personne) Faire entrer dans un ensemble. → **inclure, intégrer.** *Le propriétaire a compris les charges dans le prix du loyer* (→ **compris). II.** (sujet personne) **1.** Avoir une idée de ; saisir le sens de. *Fait de comprendre qqch.* → **compréhension.** *Comprendre une explication, une leçon...* → **saisir.** *Tout comprendre. Je n'y comprends rien. Il comprend l'italien, mais il le parle mal.* – *Comprendre qqn,* ce qu'il dit, écrit. ■ absolt *« Elle veut trop vite avoir compris »* (Gide). **2.** Se faire une idée claire des causes, des motifs de (qqch.). → **saisir, sentir.** – ***Comprendre que*** (+ subj.). *Je ne comprends pas qu'il puisse s'ennuyer.* → **concevoir. 3.** Se rendre compte de (qqch.). → **s'apercevoir, voir.** *Elle comprenait enfin la gravité de la situation. Ah ! Je comprends !* (→ j'y suis, je vois !). *Ça va, j'ai compris.* ***Comprendre pourquoi, comment*** (+ indic.). ***Comprendre que*** (+ indic.). *Je comprends que tu n'es pas d'accord.* **4.** Avoir une attitude compréhensive envers (qqch., qqn). *Comprendre la plaisanterie,* l'admettre sans se vexer. *Comprendre les choses,* avoir l'esprit large. *Personne ne me comprend* (→ **incompris).** ■ se **comprendre** v. pron. (réfl.) *Je me comprends :* je sais ce que je veux dire. – *Ça se comprend bien.* – (récipr.) *Ils ne se sont jamais compris.* ■ **compris, ise** p. p. → **compris.**

comprenette n. f. fam. Faculté de comprendre. *Il a la comprenette difficile.*

compresse n. f. (de l'ancien français *compresser, de presser*) Morceau de linge fin plusieurs fois replié que l'on applique sur une partie malade. → **pansement.**

compresser v. tr. < 1 > (du bas latin → con- et presser) **1.** Serrer, presser. → **comprimer.** *Faire compresser une voiture à la casse.* – (critiqué) au p. p. *Passagers compressés dans l'autobus.* **2.** inform. Réaliser la compression de (un fichier). → **compacter, zipper.**

compresseur I. n. m. **1.** Appareil qui comprime les gaz. **2.** inform. Logiciel qui permet de compresser des données. *Un compresseur de fichiers audio.* **II.** adj. m. ***Rouleau compresseur :*** véhicule muni d'un gros cylindre, employé dans les travaux publics.

compressibilité n. f. **1.** Propriété (d'un corps, d'un gaz) à pouvoir diminuer (plus ou moins) de volume sous l'effet d'une pression. **2.** fig. *La compressibilité des effectifs.*

compressible adj. **1.** Qui peut être comprimé. → **compressibilité.** *L'air est compressible.* **2.** fig. Qui peut être diminué, restreint. *Des dépenses compressibles* (opposé à *incompressible*).

compressif, ive adj. (du latin médiéval, de *comprimere* → comprimer) didact. Qui sert à comprimer. – chir. *Bandage compressif.*

compression n. f. (du latin, de *comprimere* → comprimer) **1.** Action de comprimer ; son résultat. → **pression.** *La compression de l'air.* ■ Ce qui est comprimé. **2.** Réduction forcée. *Compression de personnel.* **3.** inform. Traitement mathématique permettant de réduire la taille d'un ensemble de données, pour en faciliter le stockage, la transmission... *Compression d'images.*

¹comprimé, ée adj. Diminué de volume par pression. *Air comprimé.*

²comprimé n. m. Pastille pharmaceutique (faite de poudre comprimée). *Comprimés, cachets, pilules et gélules.*

comprimer v. tr. < 1 > (du latin, de *cum* et *premere* « serrer ») **1.** Exercer une pression sur (qqch.) et en diminuer le volume. → **presser, serrer ; compression.** *Comprimer un objet entre deux choses.* → **coincer, écraser. 2.** vieilli Empêcher de se manifester. *Comprimer sa colère.* → **refouler, retenir.** – absolt *« Comprimez ! Opprimez ! Vous ne supprimerez pas »* (Gide). **3.** *Comprimer les dépenses, les effectifs,* les réduire (→ **compression).** □ adj. **comprimable**

compris, ise adj. (de *comprendre*) **1.** Contenu dans qqch. → **inclus.** *Le pourboire n'est pas compris. Cent euros, tout compris.* – *Elle s'est fâchée avec sa famille, y compris sa sœur.* **2.** Dont le sens, les raisons, les idées sont saisis. *Une leçon comprise.* – *Compris ?*

compromettant, ante adj. Qui compromet ou peut compromettre. *Un document compromettant.*

compromettre v. tr. < 56 > (du latin, de *cum* et *promittere* → promettre) Mettre dans une situation critique (en exposant au jugement d'autrui). → **exposer, impliquer.** *Son associé l'a compromis dans une affaire malhonnête.* – au p. p. *Les associés les plus compromis.* – *Compromettre sa santé, sa réputation.* → **risquer.** *Compromettre ses chances.* → **diminuer.** □ se **compromettre** v. pron. *Elle s'est compromise dans une sale affaire.*

compromis n. m. **1.** dr. Convention par laquelle on recourt à l'arbitrage d'un tiers. *Signer un compromis.* **2.** Arrangement dans lequel on se fait des concessions mutuelles. → **accord, transaction.** *En arriver, consentir à un compromis.*

compromission n. f. (→ compromettre) Action par laquelle une personne est compromise.

compromissoire adj. dr. Relatif au compromis. *Clause compromissoire,* par laquelle les deux parties s'engagent à soumettre leurs différends éventuels à l'arbitrage.

comptabiliser [kɔ̃tabilize] v. tr. < 1 > Inscrire dans la comptabilité. □ n. f. **comptabilisation**

comptabilité [kɔ̃tabilite] n. f. **1.** Tenue des comptes ; ensemble des comptes tenus selon les règles. *La comptabilité d'une entreprise. Livres de comptabilité.* **2.** Service chargé d'établir les comptes. - abrév. fam. **compta.**

comptable [kɔ̃tabl] (de *compter*) **I.** adj. **1.** littér. Qui a des comptes à rendre ; responsable. *N'être comptable à personne de ses actions.* **2.** Qui concerne la comptabilité. *Plan comptable.* **II.** n. Personne dont la profession est de tenir les comptes. *Expert-comptable. Chef comptable.*

comptage [kɔ̃taʒ] n. m. Le fait de compter. *Faire un comptage rapide.*

comptant [kɔ̃tɑ̃] **1.** adj. m. Que l'on peut compter immédiatement ; disponible. *Argent comptant,* payé immédiatement et en espèces (opposé à *à terme*). – loc. *Prendre qqch. pour argent comptant :* croire trop facilement ce qui est dit. **2.** n. m. loc. *Au comptant :* en argent comptant. *Acheter, vendre au comptant* (opposé à *à crédit*). **3.** adv. *Payer, régler comptant :* en argent comptant.

compte [kɔ̃t] n. m. (du latin → compter) **1.** Action d'évaluer une quantité (→ **compter) ;** cette quantité (→ **²calcul, énumération).** *Faire un compte. Le compte exact des dépenses.* – loc. *Compte à rebours*.* **2.** Énumération, calcul des recettes et des dépenses. → **comptabilité.** *Les comptes d'une entreprise.* – au plur. *Faire ses comptes. Livre de comptes.* prov. *Les bons comptes font les bons amis.* – *La Cour* des comptes.* ■ État de l'avoir et des dettes d'une personne, dans un établissement financier, une banque. *Un compte en banque. Compte courant,* représentant les opérations entre une personne et la banque. *Un compte chèque. Approvisionner, débiter son compte. Compte débiteur*, créditeur*.* – *Laisser une marchandise pour compte,* la laisser au vendeur. fig. → **laissé-pour-compte. 3.** Argent dû. *Pour solde de tout compte.* – fig. ***Régler son compte à qqn,*** lui faire un mauvais parti. ***Règlement de comptes :*** explication violente ; attentat. – *Son compte est bon :* il aura ce qu'il mérite. **4.** ***À bon compte :*** à bon prix. *S'en tirer à bon compte,* sans trop de dommage. **5.** *Trouver son compte.* → **avantage, bénéfice, intérêt, profit. 6.** loc. ***À ce compte-là :*** d'après ce raisonnement. *Au bout du compte :* tout bien considéré. ***En fin de compte :*** après tout, pour conclure. – *Être **loin du compte*** (du total) : se tromper de beaucoup. – ***Tout compte fait :*** tout bien considéré. **7.** *Compte (utilisateur) :* droit d'accès attribué à un utilisateur par l'administrateur d'un réseau (Internet...) ou d'un service en ligne, associé à un nom d'utilisateur et à un mot de passe. *Créer un compte pour accéder à un forum de discussion.* **8.** loc. *Au compte de (à son compte), pour le compte de qqn.* *« L'espion chasse pour le compte d'autrui, comme le chien ; l'envieux chasse pour son propre compte, comme le chat »* (Hugo). *Travailler à son compte :* travailler pour soi, être autonome. – *Il n'y a rien à dire sur son compte,* à son sujet. ***Mettre*** *(un acte, une erreur)* ***sur le compte de*** *qqch.* → **imputer. 9.** ***Tenir compte de*** *qqch. :* prendre en considération, accorder de l'importance à. – loc. prép. *Compte tenu de :* étant donné. *Compte tenu des circonstances.* **10.** Explication ; fait de donner des informations. → **rapport.** *Demander, rendre des comptes.* – ***Rendre compte*** de. *Rendre compte de sa mission* (→ **compte rendu).** ***Se rendre compte.*** → **s'apercevoir, comprendre, découvrir, remarquer, voir.** *Se rendre compte de qqch., que* (+ indic.). *Vous ne vous rendez pas compte, pas bien compte.*

compte-fil [kɔ̃tfil] n. m. (de *fil*) Loupe montée, de fort grossissement. *Des compte-fils.* - var. **compte-fils** (invar.).

compte-goutte n. m. Petite pipette en verre servant à doser un liquide (médicaments...). *Des compte-gouttes.* – loc. *Au compte-goutte :* avec parcimonie. - var. **compte-gouttes** (invar.).

compter [kɔ̃te] v. < 1 > (vient du latin *computare* → conter ; comput) **I.** v. tr. **1.** Déterminer (une quantité) par le calcul ; établir le nombre de. → **chiffrer, dénombrer, évaluer.** *Compter les auditeurs, les téléspectateurs d'une émission. Compter une somme d'argent. Compter les points.* – pronom. (passif) *Ses erreurs ne se comptent plus,* sont innombrables. **2.** Mesurer avec parcimonie. *Compter l'argent, ses sous* (en dépensant, en payant). – au p. p. *Marcher à pas comptés.* **3.** Mesurer. *Compter les jours, les heures :* trouver le temps long. – (passif) loc. *Ses jours* *sont comptés* : il lui reste peu de temps à vivre. **4.** Prévoir, évaluer (une quantité, une durée). *Il faut compter une heure de marche. Il faut compter deux cents euros pour la réparation de la voiture.* **5.** Comprendre dans un compte, un total. → **inclure.** *Ils étaient quatre, sans compter les enfants.* **6.** Avoir l'intention de **(+ inf.).** *Elle compte partir demain.* → **espérer, [1]penser ; prévoir** (de). – (avec *que* + indic.) *Je compte bien qu'il viendra.* → **s'attendre, croire. 7.** *Compter pour* : considérer comme. « [Amants] *Tenez-vous lieu de tout, comptez pour rien le reste* » (La Fontaine). ■ *Sans compter que* : sans considérer que. **II. v. intr. 1.** Calculer. *Compter sur ses doigts. Apprendre à lire, à écrire et à compter. Donner, dépenser, recevoir* **sans compter. 2.** *Compter avec qqn, qqch.* : tenir compte de. *Il faut compter avec l'opinion.* **3.** *Compter sur* : faire fond, s'appuyer sur. *Comptez sur moi.* – *J'y compte bien,* je l'espère bien. **4.** Avoir de l'importance. → **[2]importer.** *Cela compte peu, ne compte pas.* – fam. *Compter pour du beurre,* ne pas compter. **5.** Être (parmi). *Compter parmi, au nombre de.* → **figurer. 6.** *À compter de* : à partir de. *À compter d'aujourd'hui.*

compte rendu n. m. Texte par lequel on rend compte (→ **compte (10)**), on expose. *Faire le compte rendu d'une réunion. Des comptes rendus.*

compte-tour n. m. Appareil comptant les tours faits par l'arbre d'un moteur, dans un temps donné. *Des compte-tours.* - var. **compte-tours** (invar.).

compteur [kɔ̃tœʀ] n. m. **1.** rare Personne qui compte. « *tous ces compteurs d'étoiles* » (Hugo). **2.** cour. Appareil servant à compter, à mesurer. *Compteur de vitesse. Faire du cent à l'heure au compteur. Compteur de taxi,* indiquant le prix de la course. *Compteur Geiger,* qui compte les particules émises par un corps radioactif. – (consommations domestiques) *Compteur à gaz, à eau, d'électricité. Relever les compteurs,* (fig.) contrôler (un travail, une rentrée d'argent). *Remettre les compteurs à zéro,* repartir du début, sur de nouvelles bases. – loc. adv. fig. et fam. *Au compteur :* dans son parcours, dans son existence. *Sportive qui a cinq victoires au compteur.*

comptine [kɔ̃tin] n. f. (de *compter*) Formule enfantine, chantée, parlée ou scandée (ex. am, stram, gram).

comptoir [kɔ̃twaʀ] n. m. (de *compter*) **1.** Table, support long et étroit, sur lequel le marchand reçoit l'argent, montre les marchandises. *Comptoir (d'un débit de boissons),* sur lequel sont servies les consommations. → **[2]bar, zinc.** – fig. et péj. (idées, propos) *De comptoir :* de peu de valeur, de peu d'intérêt. *De la psychologie de comptoir.* **2.** hist. Installation commerciale d'une entreprise dans un pays éloigné. *Les comptoirs des Indes.* **3.** Entente entre producteurs pour la vente ; entreprise commerciale, financière.

Compton (Arthur Holly) Physicien américain (1892-1962). Il découvrit, en 1923, que l'interaction d'un rayonnement X avec un atome conduit simultanément à une déviation du rayon incident et à l'extraction d'un électron *(effet Compton).* Ses travaux confirmaient l'existence des photons, particules de la lumière. Prix Nobel 1927.

Compton-Burnett (Ivy) Romancière britannique (1892-1969). Elle décrivit avec lucidité l'Angleterre victorienne décadente. *Frères et Sœurs ; Les Ponsonby ; La Chute des puissants.*

compulser v. tr. < 1 > (du latin, de *cum* et *pulsare* « pousser » → **pulsation**) Consulter, examiner, feuilleter. *Compulser ses notes.*

compulsif, ive adj. (de l'anglais → **compulser**) psych. Qui constitue une compulsion. *Trouble obsessionnel compulsif* (toc). – par ext., fam. Irrépressible, quasi automatique. *Il vérifie tout, c'est compulsif.* □ adv. **compulsivement**

compulsion n. f. (de l'anglais → **compulser**) psych. Acte que le sujet est forcé d'accomplir sous peine d'angoisse, de culpabilité.

compulsionnel, elle adj. psych. De la compulsion. *Une action compulsionnelle.* → **compulsif.**

comput [kɔ̃pyt] n. m. (latin *computus* → *compter*) hist. ou relig. Calcul du calendrier des fêtes mobiles.

Comtat venaissin n. m. Région du S. de la France, correspondant à une partie du département du Vaucluse. Possession des comtes de Toulouse à partir de 1125, le Comtat venaissin passa à la France en 1271, puis appartint au Saint-Siège (1274-1791), avant d'être racheté par la France.

comte n. m. (vient du latin *comes, comitis,* de *cum* → **co-** et *ire* « **aller*** ») Titre de noblesse (après le marquis et avant le vicomte). □ **comtal, ale, aux** adj. *Couronne comtale.*

Comte (Auguste) Philosophe français (1798-1857). Sa doctrine, le positivisme, a pour objet de réorganiser l'ensemble des connaissances en un seul corps homogène et de créer « un nouveau système des idées morales et politiques ». Sa pensée prit un tour mystique et religieux qui le conduisit à vouloir tirer de sa philosophie une nouvelle religion de l'humanité. *Cours de philosophie positive ; Catéchisme positiviste.*

[1]comté n. m. **1.** Domaine dont le possesseur prenait le titre de comte. **2.** (anglais *county*) Circonscription administrative, dans les pays anglo-saxons.

[2]comté n. m. (de *[Franche-]Comté*) Fromage de Franche-Comté voisin du gruyère.

comtesse n. f. Femme possédant le titre équivalant à celui de comte. – Femme d'un comte.

comtois, oise adj. et n. (de *Franche-Comté* → **[1]comté**) De Franche-Comté. *Les fromages comtois.* – *Une horloge comtoise* ou *une comtoise* n. f. : horloge à balancier. ■ n. *Les Comtois.*

con, conne (vient du latin *cunnus*) **I.** n. m. vulg. Sexe de la femme. **II.** fam. (de *comme un con* « mal ») **1.** n. Imbécile, idiot. *Quel bande de cons ! C'est une conne.* – *Jouer au con.* → **déconner. 2.** adj. « *Vous me croyez plus con que je ne suis, pour me servir d'une de vos expressions* » (Mérimée, à Stendhal). *Elle est très con* (ou *conne*). – impers. *C'est con :* c'est bête. **3.** *À la con* loc. adj. invar. : mal fait, inepte. → fam. à la **noix.**

con- Élément (du latin *cum*) qui signifie « avec ». → **co-.** - var. **col-, com-, cor-.**

Conakry ou **Konakry** Capitale de la Guinée, sur l'Atlantique. 1 600 000 habitants. Port d'exportation (fer, bauxite ; banane). Usines frigorifiques. Cimenteries.

Conakry, les figures marquantes de l'histoire peintes sur le mur des héros.

Conan Nom de plusieurs ducs de Bretagne (IXᵉ-XIIᵉ s.).

Conan (Félicité Angers, dite Laure) Romancière canadienne (québécoise) [1845-1924]. Elle est l'autrice d'un roman psychologique, *Angéline de Montbrun,* où s'exprime une sensibilité mélancolique.

conard ; conasse voir **connard ; connasse**

conatif, ive adj. didact. Qui exprime l'idée d'effort. – ling. Qui (dans le message linguistique) a pour but de produire un certain effet sur le destinataire. *La fonction conative d'un message publicitaire.*

conation n. f. (latin *conatio* « tentative, effort ») didact. Impulsion déterminant un acte, un effort.

Concarneau Commune du Finistère, dans la baie de Concarneau. 20 209 habitants. Cité fortifiée. Premier port thonier européen. Laboratoire de physiologie et de zoologie marines. Station balnéaire.

concassée n. f. Purée de légumes grossièrement écrasés. *Une concassée de tomates.*

concasser v. tr. < 1 > (du latin, de *quassare* → **casser**) Réduire (une matière solide) en petits fragments. → **broyer, écraser.** *Concasser du poivre.* □ n. m. **concassage**

concasseur n. m. Machine servant à concasser.

concaténation n. f. (du latin, de *catena* → **chaîne**) didact. Enchaînement (de termes). – inform. *Concaténation de fichiers.* ■ **concaténer** v. tr. < 1 >

concave adj. (du latin, de *cavus* « creux » → **[2]cave**) Qui présente une surface courbe en creux (s'oppose à *convexe*). *Surface, miroir concave.*

concavité n. f. **1.** Forme concave. *La concavité d'une lentille.* **2.** Cavité, creux. *Les concavités du sol, de la roche.*

concéder v. tr. < 6 > (→ **céder**) **1.** Accorder (qqch.) à qqn comme une faveur. → **céder, donner, octroyer.** *Concéder un privilège.* **2.** Céder sur (un point en discussion). → **concession (II).** *Je vous concède ce point. Concédez que j'ai raison sur ce point.* **3.** sports *Concéder un but à l'équipe adverse.*

concélébrer v. tr. < 6 > (du latin ecclés.) relig. Célébrer à plusieurs (un office religieux).

concentrateur n. m. inform. Appareil relié à plusieurs machines en réseau, et permettant de concentrer les données pour les transmettre par un unique canal. - recomm. offic. pour **hub.**

concentration n. f. **I. 1.** Réunion dans un même lieu. *La concentration des troupes ; une concentration de troupes.* → **rassemblement.** *Concentration d'entreprises,* réunion sous une direction commune. – *Camp* de concentration.* **2.** Ce qui réunit des éléments assemblés. *Les grandes concentrations urbaines.* → **agglomération. 3.** chim. Le fait de concentrer ou d'être concentré. *Point, degré*

Concarneau

Le port de Concarneau, la « ville close » et ses remparts de granit du XVᵉ s.

de concentration (rapport entre la quantité d'un corps et sa solution). **II.** Application de l'effort intellectuel sur un seul objet. – *Manquer de concentration.* → **attention.**

concentrationnaire adj. Relatif aux camps de concentration. « *L'Univers concentrationnaire* » (ouvrage de David Rousset).

C

concentré, ée adj. **I.** Qui contient une faible proportion d'eau. *Lait concentré* (→ **condensé).** – n. m. *Du concentré de tomate.* **II.** Dont l'esprit est accaparé par qqch. ; attentif. « *Attentif, concentré tout entier dans un regard profond* » (Taine). – *Un air concentré.*

concentrer v. tr. < 1 > (→ **centre**) **I. 1.** Réunir en un point (ce qui était dispersé). *Concentrer des troupes,* rassembler, réunir. *Concentrer le tir.* **2.** Diminuer la quantité d'eau de (un mélange, un liquide). *Concentrer un bouillon.* → **réduire. II.** Appliquer avec force sur un seul objet. *Concentrer son énergie, son attention.* ■ **se concentrer** v. pron. réfl. *Se concentrer sur un problème. Taisez-vous, je me concentre.*

concentrique adj. **1.** (courbes, cercles, sphères) Qui a un même centre. « *Cinq enceintes concentriques de murailles* » (Loti). **2.** *Mouvement concentrique,* qui tend à se rapprocher du centre. → **centripète.** □ adv. **concentriquement**

Concepción Ville du Chili située au centre du pays. 700 000 habitants. Deuxième pôle industriel du pays (pétrochimie, sidérurgie). Port de commerce.

concept [kɔ̃sɛpt] n. m. (du latin, de *concipere* → **concevoir**) **1.** Idée générale ; représentation abstraite d'un objet ou d'un ensemble d'objets ayant des caractères communs. → **conception, notion.** *Le concept de chien, de liberté. Les concepts scientifiques, philosophiques. Le terme qui désigne un concept.* **2.** Idée efficace. *Un nouveau concept publicitaire.*

conceptacle n. m. (du latin, de *concipere* « contenir » → **concevoir**) bot. Petite poche dans laquelle sont groupés les filaments reproducteurs, chez les algues.

concepteur, trice n. (→ **conception**) Personne chargée de trouver des idées, des concepts nouveaux. → **créatif ;** régional **idéateur.** *Concepteur-rédacteur, en publicité.*

conception n. f. (du latin, de *concipere* → **concevoir**) **I.** Formation d'un nouvel être dans l'utérus maternel à la suite de la réunion d'un spermatozoïde et d'un ovule ; moment où un enfant est conçu. → **fécondation, génération.** *Éviter la conception* (→ **anticonceptionnel, contraceptif). II. 1.** Action de concevoir (II, 1 et 2), acte de l'intelligence. **2.** Manière de concevoir (qqch.). *Se faire une conception personnelle d'une chose.* **3.** Action de concevoir (II, 3), de créer. *Conception et réalisation artistiques.* – *Conception assistée par ordinateur* (CAO).

conceptisme n. m. (de l'espagnol, de *concepto* « pensée ») didact. Style raffiné et recherché, dans la littérature espagnole du XVIIe siècle.

conceptualiser v. < 1 > **1.** v. intr. Élaborer des concepts. **2.** v. tr. Organiser (des connaissances) selon des concepts. □ n. f. **conceptualisation**

conceptualisme n. m. philos. Théorie suivant laquelle les concepts sont considérés comme les produits d'une construction de l'esprit et sont fondamentaux par rapport aux signes (opposé à *nominalisme*) et aux choses perçues (opposé à *réalisme*).

conceptuel, elle, els adj. (du latin → **concept**) **1.** Du concept. – Qui constitue un, des concepts. *La pensée conceptuelle.* **2.** *Art conceptuel,* privilégiant l'idée.

concernant prép. À propos, au sujet de. → **¹touchant.** – *Concernant cette affaire...*

concerner v. tr. < 1 > (du latin, de *cernere* → **cerner**) **1.** (sujet chose) Avoir rapport à, s'appliquer à. → **intéresser, regarder, ¹toucher ;** → être l'affaire de. *Voici une lettre qui vous concerne. Cela ne vous concerne pas.* – *En ce qui concerne...* : pour ce qui est de... → **quant à. 2.** passif et p. p. Être intéressé, touché (par qqch.). *Je ne me sens pas concernée (par le problème).* « *Je n'étais concerné par aucun jugement* » (Camus).

concert n. m. (italien *concerto*, de *concertare* → **concerter**) **I.** Séance musicale. *Concert donné par un soliste.* → **audition, récital.** *Aller au concert. Salle de concerts.* – fig. *Le concert des oiseaux. Un concert de klaxons.* **II. 1.** vieux Accord, bonne entente. *Le concert des nations.* **2.** *De concert* loc. adv. : en accord. → **ensemble.** *Ils ont agi de concert.* → de **conserve. 3.** *Un concert de louanges,* des louanges nombreuses et concordantes.

concertant, ante adj. (de *concerter* « tenir sa partie ») mus. Qui exécute une partie. ■ *Symphonie concertante :* concerto à plusieurs solistes.

concertation n. f. polit. Fait de se concerter.

concerter v. tr. < 1 > (italien *concertare*, du latin, de *certare*, de *cernare* → **cerner**) **1.** Projeter ensemble, en discutant. → **arranger, organiser.** *Concerter un projet, une décision.* – au p. p. *Une action concertée.* – pronom. *Se concerter :* s'entendre pour agir de concert. **2.** Décider après réflexion. → **calculer.** – au p. p. « *Une discrétion qui semblait concertée* » (Camus).

concertina n. m. (→ **concertino**) Instrument de musique à anches et à soufflet, voisin de l'accordéon. *Des concertinas.*

concertino n. m. (mot italien, diminutif de *concerto*) mus. **1.** Groupe des solistes dans le concerto grosso. **2.** Bref concerto. *Des concertinos* ou *des concertini* (plur. italien).

concertiste n. Musicien, interprète qui donne des concerts.

concerto n. m. (mot italien → **concert**) Composition de forme sonate, pour orchestre et un instrument soliste. *Concerto pour piano et orchestre. Des concertos* ou *des concerti* (plur. italien). ■ (mots italiens « **grand concert** ») *Concerto grosso :* composition où les solistes (→ **concertino**) dialoguent avec l'orchestre. *Des concerti grossi.*

▶ Le **concerto** se définit principalement par l'opposition entre différents groupes instrumentaux ou vocaux. Né au XVIIe s., ce genre se développe à l'époque baroque, sous des formes instrumentales variées : le *concerto grosso,* dans lequel plusieurs solistes s'opposent à l'ensemble orchestral (Corelli ; *Concertos brandebourgeois* de Bach) ; le concerto pour soliste (les *Quatre Saisons* de Vivaldi, v. 1725) qui laisse une large place à un soliste unique, notamment pour les cadences, improvisations qui reprennent les thèmes musicaux de chaque mouvement.
À la fin du XVIIIe s., Mozart libère la forme du concerto en redonnant de l'importance à l'accompagnement. Beethoven introduit des innovations formelles (début au piano solo dans son 4e concerto). À la fin du XIXe s., Schumann et Dvořák enrichissent le répertoire d'instruments comme le violoncelle. Chopin ou Liszt pour le piano, Paganini pour le violon exigent du soliste des prouesses techniques.
Cette tendance à la difficulté et à la virtuosité se poursuit au XXe s. (concerto pour violon *À la mémoire d'un ange* d'Alban Berg, 1935). Bartók fait reculer les limites du genre par ses choix d'instrumentation (*Concerto pour deux pianos, percussions et orchestre,* 1941). Les compositeurs actuels, s'ils donnent encore un rôle soliste à certains instruments (la clarinette dans *Domaines* de Boulez, 1961), ont pour la plupart abandonné le terme de concerto.
voir aussi **symphonie, polyphonie**

concessif, ive adj. gramm. Qui indique une opposition, une restriction. *Proposition concessive* ou *une concessive* n. f. (introduite par *bien que, même si,* etc.).

concession n. f. (→ **concéder, cession**) **I. 1.** Action de concéder (un droit, un privilège, une terre). → **cession. 2.** Contrat accordant le droit d'assurer un service public. *Concession d'électricité.* **3.** Droit, privilège, terre concédé(e). *Concession pétrolière, forestière.* – (dans un cimetière) *Concession à perpétuité.* **II. 1.** fig. Fait d'abandonner à son adversaire un point de discussion, de concéder (II) ; ce qui est abandonné. *Faire une concession à un adversaire. Ils se sont fait des concessions mutuelles.* → **compromis.** – *Un discours, une analyse sans concession.* **2.** gramm. Opposition, restriction (→ **concessif).**

concile

Lors du concile de Lyon (1245), Innocent IV fit déposer l'empereur Frédéric II (enluminure), Bibliothèque nationale de France, Paris.

concessionnaire n. (de *concession*, I) **1.** Personne qui a obtenu une concession. – adj. *Société concessionnaire.* **2.** Intermédiaire qui a reçu un droit exclusif de vente dans une région. *Les concessionnaires d'une marque d'automobiles.*

concetti [kɔnʃɛtti] n. m. (mot italien, plur. de *concetto* « mot d'esprit » → **concept**) souvent péj. Trait d'esprit brillant. *Des concettis* ou *des concetti* (plur. italien).

concevable adj. Que l'on peut imaginer, concevoir ; que l'on peut comprendre. → **compréhensible, imaginable ;** s'oppose à *inconcevable. Cela n'est pas concevable.* → **pensable.**

concevoir v. tr. < 28 > (vient du latin *concipere*, de *cum* et *capere* « contenir » → **capter, chasser**) **I.** Former (un enfant) dans son utérus par la conjonction d'un ovule et d'un spermatozoïde ; devenir, être enceinte. → **engendrer ; conception. II. 1.** Former (une idée, un concept). « *Ce que l'on conçoit bien s'énonce clairement* » (Boileau). → **conception** (II). **2.** Avoir une idée claire de. → **comprendre, saisir.** *Je ne conçois pas ce qu'il veut dire.* – pronom. *Cela se conçoit facilement.* – *Concevoir que* (+ indic.), se rendre compte ; (+ subj.) comprendre. *Je conçois que tu sois fatigué.* **3.** Créer par l'imagination. → **imaginer, inventer.** *Concevoir un projet, un dessein.* – au p. p. *Un ouvrage bien conçu.* **4.** Éprouver (un état affectif). *Concevoir de l'amitié pour qqn.*

Conches-en-Ouche Commune de l'Eure, à l'O. d'Évreux. 4 950 habitants. Église Sainte-Foy des XVe et XVIe s. Forêt de Conches (12 000 ha).

conchier v. tr. < 7 > (→ **chier**) fam., vulg. Souiller d'excréments.

conchoïde [kɔ̃kɔid] adj. (grec *kogkhoeidês*, de *kogkhê* « coquille » → **conque** et *eidês* → **-oïde**) minér. En forme de coquille. géol. *Cassure conchoïde.* - syn. **conchoïdal, ale, aux.**

conchyliculture [kɔ̃kilikyltyʀ] n. f. (→ **conchyli[o]-**) didact. Élevage des coquillages comestibles (huîtres, moules, etc.). □ n. **conchyliculteur, trice** [kɔ̃kilikyltœʀ, tʀis]

conchylien, enne [kɔ̃kiljɛ̃, jɛn] adj. (du latin, du grec *kogkhulion* « coquillage ») géol. Qui contient des coquilles. *Terrain, calcaire conchylien.*

conchyli(o)- Élément (du grec *kogkhulion* « coquillage ») qui signifie « coquille ».

conchyliologie [kɔ̃kiljɔlɔʒi] n. f. (→ **conchyli[o]-**) didact. Partie des sciences naturelles consacrée à l'étude des coquillages.

conchylis voir **cochylis**

concierge n. (du latin pop., de *conservus*, de *cum* et *servus* « esclave » → **serf**) Personne qui a la garde d'un immeuble, d'une maison importante. → **gardien, portier.** *La loge du, de la concierge.* ■ fam. *C'est une vraie concierge,* une personne bavarde.

conciergerie n. f. Charge de concierge (d'un château, etc.). – Bâtiment où est logé le concierge. ■ Service de réception d'un hôtel.

Conciergerie (la) Partie restante du palais royal des Capétiens, aujourd'hui incluse dans le Palais de Justice, sur l'île de la Cité, à Paris. Pendant la Révolution, elle fut aménagée pour rassembler des prisonniers souvent voués à la guillotine, notamment la reine Marie-Antoinette, Danton et Robespierre.

concile n. m. (latin *concilium*, de *colare* « convoquer, appeler » → clamer) Assemblée des évêques de l'Église catholique.

conciliable adj. Que l'on peut concilier. → **compatible.**

conciliabule n. m. (du latin, de *concilium* → concile) Conversation où l'on chuchote, comme pour se confier des secrets.

conciliaire adj. D'un concile. *Décisions conciliaires.*

conciliant, ante adj. Qui est porté à maintenir la bonne entente avec les autres, par des concessions (II). → **accommodant.** *Il est d'un caractère conciliant. – Des paroles conciliantes.*

conciliateur, trice n. (→ concilier) Personne qui s'efforce de concilier les personnes entre elles. → **[1]arbitre, médiateur.** *« Un pouvoir qui devrait jouer le rôle d'arbitre et de conciliateur »* (Renan).

conciliation n. f. (→ concilier) **1.** Action de concilier des opinions, des intérêts. → **arbitrage, médiation. 2.** Règlement amiable d'un conflit.

conciliatoire adj. dr. Propre à concilier. *Une procédure conciliatoire.*

concilier v. tr. < 7 > (latin « réunir », de *concilium* → concile) **1.** Faire aller ensemble, rendre harmonieux (ce qui était très différent, contraire). *Concilier des intérêts divergents. – Concilier la richesse du style avec (et) la simplicité.* → **allier, réunir. 2.** littér. Mettre d'accord (des personnes). → **réconcilier. 3.** *Se concilier qqn,* le disposer favorablement envers soi. *Se concilier les bonnes grâces de qqn.* → **s'attirer, gagner.**

Concini (Concino) dit le maréchal d'Ancre Aventurier et homme politique italien (1569-1617). Après la mort d'Henri IV, il bénéficia, avec sa femme Leonora Galigaï, des faveurs de Marie de Médicis et exerça le pouvoir à partir de 1611. Il fut exécuté sur l'ordre de Louis XIII.

concis, ise adj. (du latin, de *concidere*, de *caedere* « couper ») Qui s'exprime en peu de mots. → **[1]bref, dense, dépouillé, laconique, sobre, succinct.** *Pensée claire et concise. Écrivain concis.*

concision n. f. (du latin → concis) Qualité d'une personne concise, de ce qui est concis. → **brièveté, sobriété.** *La concision du style, de la pensée.*

concitoyen, enne n. (→ citoyen) Citoyen du même État, d'une même ville (qu'un autre). → **compatriote.** *« J'ai paru devant les Romains, citoyen au milieu de mes concitoyens »* (Montesquieu).

conclave n. m. (latin *conclave*, de *clavis* → clé) Assemblée des cardinaux réunis pour élire un nouveau pape.

Le conclave de Viterbe qui élut le pape Clément V dura plus d'un an (miniature des *Chroniche fiorentine* de Giovanni Villani, début XIVe s., Bibliothèque apostolique vaticane).

concluant, ante adj. Qui apporte une preuve irréfutable. *Argument concluant.* → **convaincant, décisif, probant.** *Des expériences concluantes.*

conclure v. tr. < 35 > (du latin, de *cum* et *claudere* → clore) **I.** v. tr. dir. **1.** Amener à sa fin par un accord. → **régler, résoudre.** *Conclure une affaire. Conclure un traité, la paix.* → **[1]signer.** – au p. p. *Marché conclu.* **2.** Terminer (un discours, un ouvrage). → **conclusion.** *Elle a conclu son propos par une citation.* – absolt *Concluez !* **3.** Tirer (une conséquence) de prémisses. → **déduire.** *Conclure qqch. d'une expérience. J'en conclus que* (+ indic.). **II.** v. tr. ind. *Conclure à :* tirer (une conclusion, un enseignement). *Les enquêteurs concluent à l'assassinat.*

conclusif, ive adj. (du latin) **1.** Qui exprime, qui indique une conclusion. *Une phrase conclusive.* **2.** mus. Qui amène une conclusion. *Des accords conclusifs.*

conclusion n. f. (du latin → conclure) **1.** Arrangement final (d'une affaire). → **règlement, solution. 2.** Fin. *Les évènements approchent de leur conclusion.* ▪ Ce qui termine (un récit, un discours, un ouvrage). → **dénouement, épilogue.** *« Belle conclusion, et digne de l'exorde »* (Racine). **3.** Jugement qui suit un raisonnement. *Tirer des conclusions de qqch.* → **enseignement.** *Arriver à la conclusion que...* – *En conclusion* loc. adv. : pour conclure, en définitive. → **ainsi, donc.** – adv. fam. *Conclusion, il a tout raté.*

concocter v. tr. < 1 > (de *concoction* « digestion », du latin, de *cum* et *coctio* « cuisson ») plais. Préparer, élaborer. *Concocter un plat compliqué.* – fig. *« Une plaisanterie qu'il concocta en classe [...] »* (Queneau).

concombre n. m. (p.-ê. du provençal, famille du latin *cucumis*) Plante herbacée rampante (cucurbitacée) ; son fruit, consommé comme légume ou en hors-d'œuvre (cru). *Concombre en salade. Petit concombre au vinaigre.* → **cornichon.**

concomitance n. f. (→ concomitant) didact. Rapport de simultanéité (entre plusieurs faits). → **coexistence.**

concomitant, ante adj. (du latin, de *cum* et *comes, comitis* « compagnon » → comte) Qui accompagne, coïncide avec (un autre fait). → **coexistant, simultané.** *Symptômes concomitants d'une maladie.* ▫ adv. **concomitamment**

concordance n. f. **I. 1.** Le fait d'être semblable, de correspondre aux mêmes idées, de tendre au même résultat. → **accord, conformité.** *La concordance de deux situations, de témoignages.* → **ressemblance, similitude.** – *Mettre ses actes* **en concordance** *avec ses principes.* **2.** gramm. *Concordance des temps :* règle subordonnant le choix du temps du verbe dans certaines propositions complétives à celui du temps dans la proposition complétée (ex. je regrette qu'il vienne ; je regrettais qu'il vînt). **II.** Index alphabétique des mots contenus dans un texte, avec l'indication des passages où ils se trouvent (pour comparer). *Concordance de la Bible.*

concordant, ante adj. Qui concorde avec autre chose. *Témoignages concordants.*

concordat n. m. (du latin médiéval → concorder) Accord écrit à caractère de compromis. → **[1]convention.** *Concordat entre le pape et un État souverain.* ▫ adj. **concordataire**

concordat de 1801 Concordat conclu entre Bonaparte et Pie VII. Il prévoyait la nomination des évêques par le chef de l'État, le pape conservant l'institution canonique, et stipulait que les évêques et les prêtres devaient prêter serment de fidélité au gouvernement.

concorde n. f. (du latin → concorder) littér. Paix qui résulte de la bonne entente ; union des volontés. → **accord, entente.** *Un esprit de concorde. La concorde règne. « La concorde se change en discorde »* (A. France).

Concorde (place de la) Place de Paris, située entre les jardins des Tuileries et l'avenue des Champs-Élysées. Elle fut dessinée par Gabriel et aménagée pour accueillir la statue équestre de Louis XV. D'abord appelée place Louis XV, puis place de la Révolution en 1795, elle devint place de la Concorde en 1830, et l'obélisque de Louqsor y fut érigé en 1836.

concorder v. intr. < 1 > (du latin, de *concors*, de *cum* et *cors, cordis* → cœur) **1.** Être semblable ; correspondre au même contenu. *Les témoignages concordent.* → **correspondre.** *Faire concorder des chiffres.* **2.** Pouvoir s'accorder. *Concorder avec... Ses projets concordent avec les nôtres. « C'était [le mariage] irréalisable, parce que nos caractères ne concorderaient pas »* (Proust).

concourant, ante adj. **1.** Qui concourt à un résultat. *Des tentatives concourantes.* **2.** géom. *Droites concourantes,* qui se coupent en un même point.

concourir v. < 11 > (latin *concurrere*, de *cum* et *currere* → courir) **I.** v. tr. ind. *Concourir à.* Tendre à un but commun ; contribuer avec d'autres à un même résultat. → **collaborer.** *Ces efforts concourent au même but.* **II.** v. intr. **1.** didact. (directions) Converger ; se couper en un même point. *Droites qui concourent en un point.* **2.** (personnes) cour. Entrer en compétition ; participer à un concours* (→ **concurrent**).

concouriste n. péj. Personne qui participe souvent à des concours (télévisés, publicitaires...).

concours n. m. (latin *concursus* → concourir) **I.** Fait d'aider, de participer. *Prêter son concours à un projet.* **II.** vieux Rencontre, réunion. ▪ loc. mod. *Concours de circonstances :* hasard (heureux ou non). → **coïncidence. III.** Épreuve dans laquelle plusieurs candidats entrent en compétition pour un nombre limité de places, de récompenses. *Concours d'entrée aux grandes écoles. – Recrutement sur concours.* ▪ Suite d'épreuves organisées (→ **jeu**) et dotées de prix. *Grand concours publicitaire.* ▪ sports *Concours hippique.*

concrescence n. f. (du latin *concrescere* → concret) **1.** bot. Soudure (normale) de deux organes végétaux qui ont poussé côte à côte. **2.** pathol. Croissance commune (de parties primitivement séparées). *Concrescence de deux racines dentaires.* ▫ adj. **concrescent, ente**

concret, ète (latin *concretus*, de *cum* et *crescere* → croître) **I.** adj. **1.** Qui peut être perçu par les sens ou imaginé ; qui correspond à un élément de la réalité. *« Homme », terme concret ; « humanité », terme abstrait. Rendre concret.* → **concrétiser.** – *Tirer d'une situation des avantages concrets.* → **[1]matériel. 2.** *Musique concrète,* « constituée à l'aide d'éléments préexistants, empruntés à n'importe quel matériau sonore » (P. Schaeffer). **3.** personnes Qui s'intéresse aux applications (et non aux théories). → **pragmatique.** *Un pédagogue doit rester concret. – Un esprit concret.* **II.** n. m. *Le concret :* qualité de ce qui est concret. – Ensemble des choses concrètes. → **réel.**

concrètement adv. **1.** Relativement à ce qui est concret. **2.** En fait, en pratique. → **pratiquement.**

concrétion n. f. (du latin, de *cum* et *crescere* → concret) Réunion de parties en un corps solide ; ce corps. *Concrétion calcaire, pierreuse.*

concrétiser v. tr. < 1 > (→ concret, a remplacé *concréter*) Rendre concret (ce qui était abstrait). → **matérialiser.** *Concrétiser sa pensée par des exemples. Concrétiser un projet.* – pronom. Devenir concret, réel. *Ses espoirs se sont enfin concrétisés.* → **se réaliser.** ▫ n. f. **concrétisation**

conçu, ue voir **concevoir**

concubin, ine n. (du latin, de *cum* et *cumbere* « être couché », de *cubare* [même sens] → couver) Personne qui vit en concubinage (avec qqn). *C'est sa concubine. Concubins signant un pacs.*

concubinage n. m. État d'un couple vivant en union libre sous le même toit. *Vivre en concubinage.*

Concorde (place de la)

La place de la Concorde fut le lieu de nombreuses exécutions sous la Révolution.

concupiscence n. f. (du latin chrét., de *cum* et *cupiscere*, de *cupere* → cupide) **1.** relig. Désir des biens et plaisirs terrestres. *« L'appétit de souffrir est, lui aussi, une concupiscence »* (Mauriac). **2.** vieilli ou plais. Désir sexuel. → **sensualité.**

concupiscent, ente adj. littér. ou plais. Empreint de concupiscence. *Regard concupiscent.*

concurremment [kɔ̃kyʀamɑ̃] adv. Conjointement, de concert.

concurrence n. f. (→ concurrent) **I. 1.** littér. Rivalité entre plusieurs personnes, plusieurs forces poursuivant un même but. → **compétition, rivalité.** *Entrer, se trouver en concurrence avec qqn.* – *Faire concurrence à qqn.* **2.** Rapport entre producteurs, commerçants qui se disputent une clientèle. *Libre concurrence. Concurrence déloyale. Se faire concurrence. Des prix défiant toute concurrence,* très bas. ■ L'ensemble des concurrents. *Lutter contre la concurrence.* **II.** vieux Rencontre. ■ loc. ***Jusqu'à concurrence de :*** jusqu'à ce qu'une somme parvienne à en égaler une autre.

concurrencer v. tr. ‹ 3 › Faire concurrence à (qqn, qqch.). *Il les concurrence dangereusement.*

concurrent, ente (du latin, de *concurrere* → concourir) **I.** adj. vieux Qui concourt au même résultat. **II.** n. **1.** Personne en concurrence avec une autre, d'autres. → **émule, rival.** *Les concurrents pour un poste.* → **candidat.** – *Les concurrents d'une compétition sportive.* → **participant. 2.** Entreprise qui fait concurrence à d'autres. – adj. *Sociétés concurrentes.*

concurrentiel, ielle adj. Où la concurrence (2) s'exerce. – *Prix concurrentiels,* qui permettent de soutenir la concurrence. → **compétitif.**

concussion n. f. (du latin, de *concutere*, de *cum* et *quatere* « secouer » → casser) Perception illicite d'argent par un fonctionnaire. → **escroquerie, 2vol.** *« Croyant tous les hommes politiques véreux, le crime de concussion lui paraissait moins grave que le plus léger délit de vol »* (Proust).

concussionnaire adj. De la concussion. ■ Qui commet des concussions.

condamnable [kɔ̃dɑnabl] adj. Qui mérite d'être condamné. → **blâmable, critiquable.** *Action, attitude, opinion condamnable.*

condamnation [kɔ̃dɑnasjɔ̃] n. f. (du bas latin → condamner) **1.** Décision de justice qui condamne une personne à une obligation ou à une peine. *Condamnation pour vol. Infliger une condamnation à qqn.* → **peine, sanction.** *Condamnation à la prison.* **2.** Action de blâmer (qqn ou qqch.). → **attaque, 2critique.** *Ce livre est la condamnation du régime actuel.*

condamnatoire [kɔ̃dɑnatwaʀ] adj. dr. Qui condamne. *Sentence condamnatoire.*

condamné, ée [kɔ̃dɑne] adj. **1.** Que la justice a condamné. – n. *Un condamné à mort.* **2.** Qui n'a aucune chance de guérison, va bientôt mourir. *Un malade condamné.* → **incurable, perdu. 3.** Obligé (à). *Être condamné à supporter qqn.*

condamner [kɔ̃dɑne] v. tr. ‹ 1 › (d'abord *condemner*, du latin, de *cum* et *damnare* → damner) **I. 1.** Frapper d'une peine, faire subir une punition à (qqn), par un jugement. *« Il vaut mieux hasarder de sauver un coupable que de condamner un innocent »* (Voltaire). *Il a été condamné pour meurtre. Condamner qqn à une lourde peine.* **2.** Obliger (à une chose pénible). → **forcer, obliger.** *Sa maladie le condamne à l'inaction.* **3.** Interdire ou empêcher formellement (qqch.). *La loi condamne la bigamie.* **4.** Blâmer avec rigueur. → **réprouver.** *Condamner la violence.* **II.** Faire en sorte qu'on n'utilise pas (un lieu, un passage). *Condamner une porte.* – au p. p. *Ouverture condamnée.*

Côn Đảo Archipel du S. du Viêtnam, comprenant 14 îles. 70 km^2. 5 000 habitants. Pétrole offshore. Tourisme.

condé n. m. (p.-ê. pris au portugais *conde* « gouverneur », du latin *comitem* → comte) argot Policier. → **flic.**

Condé (maison de) Branche de la maison de Bourbon, issue de Louis Ier, prince de Condé.

Condé (Louis Ier de Bourbon, prince de) (1530-1569). Chef du parti protestant, il fut vaincu à Dreux (1562) puis à Jarnac (1569), et fut assassiné au cours de cette dernière bataille.

Condé (Henri Ier de Bourbon, 2e prince de) (1552-1588). Fils de Louis Ier de Bourbon, il s'allia avec Henri de Navarre contre les catholiques et se distingua à Coutras.

Condé (Henri II de Bourbon, 3e prince de) (1588-1646). Élevé par Henri IV dans le catholicisme, il épousa Charlotte de Montmorency. Il lutta contre Marie de Médicis mais servit Richelieu.

Condé (Louis II de Bourbon, 4e prince de) dit **le Grand Condé** (1621-1686). Fils d'Henri II de Bourbon, il commanda les armées du Nord contre les Espagnols et se distingua à la bataille de Rocroi (1643). Durant la Fronde, il permit la signature de la paix de Rueil en 1649 mais, s'étant rapproché des frondeurs, il fut emprisonné. Libéré, il prit la tête de la Fronde des princes et fut battu par Turenne à Bléneau et au faubourg Saint-Antoine (1652). Passé dans l'armée espagnole, il revint en France après le traité des Pyrénées (1659). Il fit alors la conquête de la Franche-Comté, participa à la guerre de Hollande et succéda à Turenne en Alsace.

Le Grand Condé à la bataille de Lens (1648), toile de Jean-Pierre Franque (vers 1835), Musée du château, Versailles.

Condé (Louis Joseph de Bourbon, prince de) Homme de guerre français (1736-1818). Émigré après le 14 juillet 1789, il organisa l'armée contre-révolutionnaire, dite « armée de Condé ». Il revint en France sous la Restauration.

Condé (Louis Antoine Henri de Bourbon) voir Enghien (duc d')

Condé (Maryse Boucolon) Écrivaine française (née en 1937). Elle occupe une place majeure dans les combats pour la reconnaissance des cultures et des littératures créoles. *Ségou* est un roman sur le déclin d'un empire africain animiste du XVIIIe siècle qui ne résiste pas à l'arrivée de l'islam et à la colonisation. *Moi, Tituba, sorcière de Salem ; En attendant la montée des eaux.*

Maryse Condé en 2008.

condensateur n. m. Appareil permettant d'accumuler de l'énergie électrique. → **accumulateur.**

condensation n. f. (du latin → condenser) **1.** Phénomène par lequel un gaz, une vapeur, diminue de volume et augmente de densité. *La condensation de la vapeur d'eau en buée, en rosée.* **2.** Accumulation d'énergie électrique sur une surface. → **condensateur.**

condenser v. tr. ‹ 1 › (du latin, de *cum* et *densare*, de *densus* → dense) **1.** Rendre (un fluide) plus dense ; réduire à un plus petit volume. → **comprimer, réduire.** *Condenser un gaz par pression.* – pronom. *« Le brouillard, en s'attachant aux arbres, s'y condensait en gouttes [...] »* (Balzac). **2.** Réduire, ramasser (l'expression de la pensée). *Condenser un récit.* → **abréger, dépouiller, résumer.** ■ **condensé, ée** adj. **1.** *Lait condensé.* → **concentré. 2.** *Texte condensé.* **3.** n. m. *« Un condensé exemplaire de toutes les dépravations de l'esprit »* (M. Aymé).

condenseur n. m. techn. Appareil où se fait une condensation (1).

condescendance n. f. (→ condescendre) Supériorité bienveillante mêlée de mépris. → **arrogance, hauteur.** *« Cette condescendance aimable des très nobles dames qu'aucun contact ne peut salir »* (Maupassant). *Un air de condescendance.*

condescendant, ante adj. Hautain, supérieur. *Un ton condescendant.*

condescendre v. tr. ind. ‹ 41 › (du latin chrét., de *cum* et *descendere* → descendre) ***Condescendre à :*** daigner consentir (avec hauteur) à. *« L'entretien que j'ai condescendu à vous accorder [...] »* (Proust).

Condé-en-Normandie Commune du Calvados, au S. de Caen. 6 296 habitants. La ville a été détruite par les bombardements en 1944.

Condé-sur-l'Escaut Commune du Nord, au N. de Valenciennes. 9 445 habitants. Château des princes de Condé (XVe s.).

Condillac (Étienne Bonnot de) Philosophe français (1715-1780). Principal représentant du sensualisme, proche de la pensée de Locke, il considérait que les sensations étaient les éléments premiers et simples d'où procèdent toutes les connaissances et toutes les idées. Dans le *Traité des sensations*, il illustre cette thèse par la fiction de l'« homme statue ». Il est aussi un des premiers philosophes à avoir placé la question du langage au centre de la réflexion philosophique.

condiment n. m. (du latin, de *condire* « assaisonner ») Substance de saveur forte destinée à relever le goût des aliments. → **assaisonnement, épice.** *La moutarde est un condiment.*

condisciple n. (du latin → disciple) Compagnon, compagne d'études. → **camarade, collègue.**

condition n. f. (du latin « formule d'entente », d'où « situation qui en résulte », de *cum* et *dicio*, famille de *dicere* → 1dire) **I. 1.** Rang social, place dans la société. → **classe.** *L'inégalité des conditions sociales.* – vieux *Une personne de condition,* un noble. **2.** La situation où se trouve un être vivant (notamment l'être humain). *« Notre véritable étude est celle de la condition humaine »* (Rousseau). → **destinée, sort. 3.** État passager, relativement au but visé. ***Être en (bonne) condition (pour),*** dans un état favorable à. *La condition physique d'un athlète.* → **forme. 4.** loc. ***Mettre en condition :*** préparer les esprits (par la propagande). → **conditionner. II. 1.** État, situation, fait dont l'existence est indispensable pour qu'un autre état, un autre fait existe. *Remplir les conditions exigées. Condition sine qua non.* sc. *Condition nécessaire et suffisante.* **2.** *Dicter, poser ses conditions.* → **exigence.** – *Se rendre* ***sans condition :*** sans restriction. **3.** loc. ***À condition de*** (+ inf.) ; ***que*** (+ indic. futur ou subj.). *C'est faisable, à condition d'être patient ; que vous serez patient, que vous soyez patient.* – ***Sous condition.*** *Faire qqch. sous condition.* **4.** plur. Ensemble de faits dont dépend qqch. → **circonstance.** *Les conditions de vie dans un milieu donné. Dans de bonnes, de mauvaises conditions. Dans ces conditions :* dans ce cas. – *Conditions atmosphériques.* – *Conditions de prix. Obtenir des conditions avantageuses.*

conditionné, ée adj. **I. 1.** Soumis à des conditions. *Réflexe* conditionné.* **2.** Qui a subi un conditionnement. *Produits conditionnés.* **II.** anglic. *Air* conditionné.*

conditionnel, elle 1. adj. Qui dépend de certaines conditions (s'oppose à *inconditionnel*). → **hypothétique.** *Détenu mis en liberté conditionnelle* (→ sous condition). **2.** n. m. Mode du verbe (comprenant un temps présent et deux passés) exprimant un état ou une action subordonnée à une condition (ex. j'irais si vous le vouliez). *« Le conditionnel magique des enfants : alors, on serait des Peaux-Rouges... »* (J.-P. Chabrol). – La même forme du verbe, affectée au futur dans le passé, dans la concordance des temps (ex. j'affirmais qu'il viendrait).

conditionnellement adv. Sous une ou plusieurs conditions.

conditionnement n. m. **1.** écon. Fait de conditionner (1). *Le conditionnement du blé.* ▪ cour. Emballage et présentation (d'un produit) pour la vente. **2.** Fait de conditionner (3), de provoquer des réflexes conditionnés. « *Le conditionnement* [avec les expériences de Pavlov] *l'a emporté sur l'instinct* » (J. Delay). – *Le conditionnement du public par la propagande et la publicité.*

conditionner v. tr. < 1 > **1.** Préparer, traiter (des produits) selon certaines règles, avant de les présenter au public. → **présenter, traiter.** – spécialt Emballer. – au p. p. *Café moulu conditionné sous vide.* **2.** (sujet chose) Être la condition de. *Son retour conditionne mon départ* : de son retour dépend mon départ. **3.** Déterminer le comportement de (par le conditionnement*). – Influencer moralement ou intellectuellement.

conditionneur, euse n. **1.** Professionnel(le) qui s'occupe du conditionnement des marchandises. **2.** n. m. Appareil servant au conditionnement de l'air. → **climatiseur. 3.** n. m. Produit capillaire destiné à améliorer l'aspect des cheveux. – appos. *Shampoing conditionneur.*

condoléances n. f. pl. (ancien français *condoloir*, qui vient du latin, de *cum* et *dolere* « souffrir » → **dolent**) Expression de la part que l'on prend à la douleur de qqn. → **sympathie.** *Présenter ses condoléances à l'occasion d'un deuil.* – *Toutes mes condoléances.*

Condom [kɔ̃dɔ̃] Chef-lieu d'arrondissement du Gers, sur la Baïse. 6 478 habitants. Ancienne cathédrale gothique. Eaux-de-vie d'Armagnac.

condominium [kɔ̃dɔminjɔm] n. m. (de l'anglais, du latin *cum* et *dominium* « autorité » → **domaine**) anglic. **1.** Souveraineté exercée par deux ou plusieurs États sur un même pays colonisé. **2.** Immeuble en copropriété, dans un pays anglo-saxon (cour. en français du Canada). - abrév. **condo.**

condor n. m. (mot espagnol, du quichua [Pérou] *kuntur*) Grand vautour des Andes.

Condorcet (Marie Jean Antoine Nicolas de Caritat, marquis de) Philosophe, mathématicien et homme politique français (1743-1794). Il entra à l'Académie des sciences en 1769 et en devint le secrétaire perpétuel. Il rédigea pour l'*Encyclopédie* des articles d'économie politique, combattit la peine de mort et l'esclavage, et lutta en faveur de l'égalité des droits. Député à l'Assemblée législative (1791) et à la Convention (1792), il proposa une réforme de l'instruction publique. Recherché comme Girondin lors de la Terreur, il écrivit dans la clandestinité son ouvrage principal, *Esquisse d'un tableau des progrès de l'esprit humain.* Il s'empoisonna pour échapper à l'échafaud.

condottiere ou **condottière** [kɔ̃dɔ(t)tjɛʀ] n. m. (mot italien, de *condotta* « conduite », famille de *conduire*) au Moyen Âge Chef de soldats mercenaires, en Italie. *Des condottieri* (plur. italien), *des condottières.* – fig. Aventurier.

Condrieu Commune du Rhône, au S. de Lyon, sur le Rhône. 3 949 habitants. Viticulture (grand vin blanc).

Condroz n. m. Plateau de Belgique, situé entre la Meuse, l'Ourthe et la Lesse, séparé de l'Ardenne par la dépression de Fagne-Famenne. Grandes exploitations agricoles.

conductance n. f. (de l'anglais, du latin) phys. Inverse de la résistance électrique d'un conducteur.

conducteur, trice (ancien français *conduiteur*, qui vient du latin *conductor* → **conduire**) **I.** n. **1.** Personne qui dirige, mène. *Un conducteur d'hommes.* → **meneur. 2.** Personne qui conduit (des animaux, un véhicule). → **pilote.** *Conducteur de camion* (→ **camionneur, ²routier**), *de taxi, d'autobus* (→ **chauffeur**). *Le conducteur et les passagers d'une voiture.* → **automobiliste, chauffeur.** *C'est elle la conductrice. Conducteur fantôme**. **3.** *Conducteur, conductrice de travaux* : contremaître, technicien(ne) qui dirige des travaux. **II.** adj. et n. m. **1.** Qui conduit. *Fil conducteur.* **2.** Qui conduit l'électricité. *Corps conducteurs* (opposé à *isolant*). – n. m. *Les métaux sont de bons conducteurs.* → **semi-conducteur.** *Conducteur de chaleur.* **3.** n. m. Document de travail qui décrit à l'avance les différentes étapes d'une émission de télévision.

conductibilité n. f. (du latin) sc. **1.** Propriété qu'ont les corps de transmettre la chaleur, l'électricité. → **conduction.** *La conductibilité électrique des métaux.* **2.** physiol. Propriété des fibres nerveuses et musculaires de propager l'influx nerveux.

conduction n. f. (du latin → **conduire**) didact. Transmission de la chaleur, de l'électricité dans un corps conducteur ; de l'influx nerveux.

conductivité n. f. (de *conductance*, d'après *résistivité*) électr. Grandeur inverse de la résistivité*.

conduire v. tr. < 38 > (vient du latin *conducere*, de *cum* et *ducere* « mener ensemble ; diriger » → **duc**) **I. 1.** Mener (qqn) quelque part. → **accompagner, emmener, guider.** *Conduire qqn chez le médecin, un enfant à l'école.* **2.** Diriger (un animal, un véhicule). *Conduire une voiture* (→ **conducteur**). – absolt *Apprendre à conduire. Permis* de conduire.* **3.** (choses) Faire passer, transmettre. *Certains corps conduisent l'électricité* (→ **conducteur**). **4.** (sujet chose) Faire aller (qqn, un animal quelque part). *Ses traces nous ont conduits jusqu'ici.* – *Cette route conduit à la ville.* → **mener. II. 1.** Faire agir, mener en étant à la tête. → **commander, diriger.** *Conduire une entreprise.* **2.** fig. Entraîner (à un sentiment, un comportement). *Conduire qqn au désespoir.* → **pousser, réduire.** « *Si c'est la raison qui fait l'homme, c'est le sentiment qui le conduit* » (Rousseau). ▪ **se conduire** v. pron. Agir, se comporter. *Les façons de se conduire.* → **conduite.** *Se conduire mal.*

conduit n. m. (de *conduire*, I, 3) Canal étroit, tuyau par lequel s'écoule un fluide. → **tube ; conduite.** *Conduit d'eau. Conduit souterrain.* – *Conduit auditif, lacrymal.*

conduite n. f. (de *conduire*, au p. p. fém.) **I. 1.** Action de conduire qqn ou qqch. ; son résultat. → **accompagnement.** *Sous la conduite de qqn.* fam. *Faire un bout, un brin de conduite à qqn*, l'accompagner. ▪ Action de conduire une automobile. *La conduite en ville, sur route.* ▪ vieilli *Conduite intérieure* : automobile fermée (opposé à *cabriolet, décapotable*...). **2.** Action de diriger, de commander. → **commandement, direction.** *La conduite d'une affaire.* **3.** (de *se conduire*) Façon d'agir, manière de se comporter. → **attitude, comportement.** *Une conduite étrange. Bonne, mauvaise conduite* (→ **inconduite**). « *Ma conduite est assez simple et je suis une ligne très droite* » (Gide). – loc. fam. *S'acheter une conduite* : s'amender, se corriger. – loc. *Faire, commettre un écart de conduite*, une erreur, une faute. *Zéro de conduite* (titre d'un film de Jean Vigo). **II.** Canalisation (→ **conduit**). *Conduite d'eau, de gaz.*

condyle n. m. (du latin, du grec *kondulos* « articulation ») anat. Extrémité articulaire arrondie d'un os, qui s'emboîte dans une cavité d'un autre os (→ **glénoïde**). *Condyle fémoral. Les condyles de la mâchoire.* □ adj. **condylien, ienne**

condylome n. m. (du latin) méd. Petite tumeur localisée sur la muqueuse génitale ou anale. *Condylome acuminé*, d'origine virale. - syn. **crête-de-coq.**

cône n. m. (du latin, pris au grec *kônos*, d'abord « pomme de pin » → **conifère**) **1.** Figure géométrique engendrée par une droite passant par un point fixe (sommet) et dont la base est une courbe fermée. *Cône elliptique.* – spécialt, cour. Cône circulaire droit. **2.** Objet, forme conique. « *Nous faisons un cornet de papier. Nous engendrons ainsi un cône* » (Valéry). *Le cône d'un volcan.* ▪ Fruit des conifères. ▪ Cornet en biscuit rempli de crème glacée.

confection n. f. (du latin, de *conficere* « acheter » → **confire**) **1.** Préparation (d'un plat...). *Un dessert de sa confection.* **2.** *La confection* : l'industrie des vêtements qui ne sont pas faits sur mesure. → **prêt-à-porter.**

confectionner v. tr. < 1 > **1.** Faire, préparer. → plais. **concocter.** *Confectionner un plat.* **2.** Fabriquer (des vêtements). □ n. **confectionneur, euse**

confédéral, ale, aux adj. (→ **fédéral**) D'une confédération.

confédération n. f. (du latin → **confédérer**) **1.** Union d'États qui s'associent tout en gardant leur souveraineté. → aussi **fédération.** **2.** Groupement d'associations, de fédérations. *La Confédération générale du travail* (CGT). → **syndicat.**

C

Confédération athénienne Confédération constituée par plusieurs cités grecques sous l'autorité d'Athènes. ▪ **Première confédération athénienne** ou **ligue de Délos** (477-404 av. J.-C.). Organisée dans le but de s'affranchir de la domination perse en mer Égée, elle prit fin avec la défaite d'Athènes dans la guerre du Péloponnèse. ▪ **Seconde confédération athénienne** (378-338 av. J.-C.). Organisée contre Sparte, elle fut dissoute après la victoire de Philippe II de Macédoine à Chéronée.

Confédération de l'Allemagne du Nord (1866-1871). Union regroupant autour de la Prusse des États au N. du Main, après la dissolution de la Confédération germanique.

Confédération du Rhin Confédération constituée (traité de Paris, 12 juillet 1806) par seize princes allemands et placée sous le protectorat de Napoléon. En 1811, la Confédération comprenait trente-six États ; elle se disloqua en 1813.

Confédération française de l'encadrement-Confédération générale des cadres (CFE-CGC) Organisation syndicale française créée en 1944, anciennement Confédération générale des cadres (CGC).

Confédération française démocratique du travail (CFDT) Organisation syndicale française, issue de la Confédération française des travailleurs chrétiens (CFTC) en 1964.

Confédération française des travailleurs chrétiens (CFTC) Organisation syndicale française, créée en 1919, se réclamant de la doctrine sociale chrétienne. En 1964, la majorité de ses membres ont fondé la CFDT, sans étiquette confessionnelle.

Confédération générale du travail (CGT) Confédération de syndicats français créée en 1895. Elle se scinda en 1922 à la suite du congrès de Tours par la création de la CGTU (Confédération générale du travail unitaire). Réunifiées au congrès de Toulouse (1936), CGT et CGTU signèrent les accords de Matignon. Une nouvelle scission aboutit à la formation de la CGT-FO en 1948.

Confédération générale du travail-Force ouvrière (CGT-FO) Organisation syndicale française constituée en 1948 par la scission de la Confédération générale du travail (CGT).

Confédération germanique (1815-1866). Confédération groupant trente-neuf membres, États et villes libres d'Allemagne. Issue du congrès de Vienne à l'instigation de Metternich, elle était présidée par l'empereur d'Autriche. Elle fut dissoute en 1866 (victoire prussienne de Sadowa sur l'Autriche).

Confédération internationale des syndicats libres (CISL) Organisation syndicale (1949-2006), issue d'une scission de la Fédération syndicale mondiale. Son siège était à Bruxelles.

Confédération paysanne Organisation syndicale française fondée en 1987. Elle défend une agriculture paysanne et citoyenne et participe aux mouvements altermondialistes.

Confédération suisse voir **Suisse**

confédéré, ée n. **1.** Membre de la Confédération helvétique (la Suisse). **2.** (de l'anglais) *Les Confédérés*, les Sudistes, pendant la guerre de Sécession américaine.

confédérer v. tr. < 6 > (latin *confoederare*, de *foedus* « traité ») Réunir en confédération. – p. p. *Nations confédérées.*

confer voir **cf.**

conférence n. f. (du latin, de *conferre* → conférer) **I. 1.** Assemblée de personnes discutant d'un sujet important, officiel, politique... → **assemblée, congrès.** *Conférence internationale ; conférence au sommet.* – Réunion de travail (dans une entreprise). *Être en conférence.* → en **réunion. 2.** Discours en public sur une question. *Faire, donner une conférence.* **3.** ***Conférence de presse*** : réunion où une personnalité s'adresse aux journalistes. *Conférence de presse télévisée.* **II.** *Poire conférence* ou *une conférence* **n. f.** : poire allongée, à peau verte.

Conférence sur la sécurité et la coopération en Europe (CSCE) voir OSCE

conférencier, ière n. Personne qui parle en public, qui fait des conférences (2).

conférer v. < 6 > (latin *conferre,* de *cum* et *ferre* « porter » → -fère) **I.** v. tr. **1.** Accorder (qqch. à qqn) en vertu du pouvoir qu'on a de le faire. → **attribuer.** *Conférer un grade, un titre à qqn.* **2.** (sujet chose) Donner. *Les privilèges que confère l'âge.* **II.** v. tr. ind. ou intr. littér. S'entretenir (de qqch. avec qqn). *Conférer de son affaire avec son avocat. Ils en ont conféré ensemble.* – *Conférer avec qqn.*

confesse n. f. *Aller à confesse,* se confesser. → en **confession.**

confesser v. tr. < 1 > (de l'ancien français *confes,* qui vient du latin *confessus,* de *confiteri* « avouer » → confiteor) **I. 1.** Déclarer (ses péchés) à un prêtre catholique, dans le sacrement de la pénitence. – pronom. *Se confesser à un prêtre.* **2.** Déclarer spontanément, reconnaître pour vrai (qqch. qu'on a honte ou réticence à confier). → **avouer, reconnaître.** *Confesser son erreur, ses torts.* **3.** littér. Proclamer (sa croyance). **II.** Entendre (qqn) en confession. *Le prêtre qui le confesse.* ■ Faire parler. *On a eu du mal à le confesser.*

confesseur, euse n. Personne qui reçoit la confession. – spécialt Prêtre à qui l'on se confesse. → **directeur de conscience.**

confession n. f. (du latin → confesser) **I. 1.** Aveu de ses péchés à un prêtre. → **confesse, pénitence.** *Entendre qqn en confession.* – fam. *On lui donnerait le bon Dieu sans confession* (d'une personne d'apparence vertueuse et trompeuse). **2.** Déclaration que l'on fait (d'un acte blâmable) ; action de se confier. → **aveu.** *Confession sans réticences. La confession d'un crime, d'une faute.* – *Les « Confessions » de saint Augustin* (ouvrage). *« L'objet propre de mes confessions est de faire connaître exactement mon intérieur dans toutes les situations de ma vie »* (Rousseau). **II.** Religion, croyance. → **confessionnel.**

confessionnal, aux n. m. Lieu fermé où le prêtre entend le fidèle en confession.

confessionnalisme n. m. Caractère confessionnel ; statut, caractère de ce qui est confessionnel. *Le confessionnalisme politique* (opposé à *laïcité*). □ adj. et n. **confessionnaliste**

confessionnel, elle adj. Relatif à une confession (II), à une religion. *Querelles confessionnelles.* → **religieux.** □ adv. **confessionnellement**

confetti n. m. (mot italien « bonbon », plur. de *confetto,* du latin *confectus,* p. p. de *conficere* → confire) Petite rondelle de papier coloré qu'on lance par poignées pendant le carnaval, les fêtes. *Des confettis.*

confiance n. f. (latin *confidentia,* d'après l'ancien français *fiance* → ^{1}fier) **1.** Espérance ferme, assurance d'une personne qui se fie à qqn ou à qqch. → **foi, sécurité.** *Avoir une confiance absolue en (qqch., qqn). « Cette confiance sans bornes qui fait peut-être le plus doux charme de l'amour »* (Stendhal). *Donner, témoigner sa confiance. Obtenir, tromper la confiance de qqn.* – *Abus* de confiance.* – *Homme, personne* ***de confiance,*** à qui l'on se fie. → **sûr.** *Poste de confiance,* qui exige une personne sûre. – *De confiance* **loc. adv.** : sans doute ni méfiance. – *Acheter qqch. en (toute) confiance.* **2.** Sentiment de sécurité d'une personne qui se fie à elle-même. → **assurance, hardiesse.** *Manquer de confiance (en soi).* **3.** Sentiment collectif de sécurité. *Ce gouvernement fait renaître la confiance.* – polit. *Vote de confiance,* d'approbation.

confiant, ante adj. (de *confier*) **1.** Qui a confiance (en qqn ou en qqch.). *Être confiant dans le succès.* – *Un regard confiant.* **2.** Qui a confiance en soi. *Elle attend, confiante et tranquille.* **3.** Enclin à la confiance, à l'épanchement. *Elle est d'un caractère trop confiant.* → **crédule.** *« Mon cœur ouvert et confiant s'épanchait avec des amis et des frères »* (Rousseau).

Confiant (Raphaël) Écrivain français (né en 1951). Il est un des défenseurs de la créolité avec Patrick Chamoiseau. *Le Nègre et l'Amiral ; Nuée ardente.*

Raphaël Confiant (1993).

confidence n. f. (latin *confidentia* → confiance) **1.** Communication d'un secret qui concerne soi-même. → **confession.** *Faire une confidence, des confidences à qqn.* → se **confier. 2.** loc. *Dans la confidence* : dans le secret. – ***En confidence*** loc. adv. : secrètement.

confident, ente n. (italien *confidente,* du latin → confier) **1.** Personne qui reçoit les plus secrètes pensées de qqn. → **confesseur.** *Être le confident des projets de qqn. Une confidente discrète.* – (théâtre classique) Personnage auquel un protagoniste se confie. *Confidentes et suivantes.* **2.** n. m. Siège en S à deux places dont les occupants se font face.

confidentialité n. f. Maintien du secret d'informations (dans une administration, un système informatisé).

confidentiel, ielle adj. (de *confidence*) **1.** Qui se dit, se fait sous le sceau du secret. *Avis, entretien confidentiel.* → ^{1}**secret. 2.** Qui s'adresse à un nombre restreint de personnes. *Une revue confidentielle.* □ adv. **confidentiellement**

confier v. tr. < 7 > (ancien français *confider,* du latin *confidere,* de *cum* et *fidere* → confiance, ^{1}fier) **1.** Remettre (qqn, qqch.) aux soins d'un tiers dont on est sûr. → **abandonner, laisser.** *Confier l'un de ses enfants à un ami.* – pronom. *« Je me confie à vous corps et âme »* (Giraudoux). – *Confier une mission à qqn.* **2.** Communiquer (qqch. de personnel) sous le sceau du secret. *Confier ses secrets à un ami.* – pronom. *Se confier* (→ confidence).

configuration n. f. didact. **1.** Forme extérieure (d'une chose). *La configuration du terrain.* **2.** Ensemble des éléments d'un système (spécialt, en informatique). **3.** inform. Opération consistant à configurer un système informatique ; ensemble des réglages résultant de cette opération. *Changer la configuration d'un navigateur.*

configurer v. tr. < 1 > (du latin, de *cum* et *figurare* → figurer) **1.** Donner une forme à (qqch.). **2.** inform. Programmer (un élément d'un système) pour assurer son fonctionnement selon un certain mode. *Configurer une imprimante.*

confiné, ée adj. **1.** Enfermé. *Elle reste confinée dans sa chambre.* – *Région confinée lors d'une pandémie.* **2.** *Air confiné,* non renouvelé.

confiner v. tr. < 1 > (de *confins*) **1.** v. tr. ind. Toucher aux limites. → **confins.** *Les prairies qui confinent à la rivière.* – fig. *« La rêverie [...] confine au sommeil et s'en préoccupe comme de sa frontière »* (Hugo). **2.** v. tr. dir. Forcer à rester dans un espace limité. → **enfermer.** fig. *Il voudrait confiner les femmes dans leur rôle de mères.* ■ **se confiner** v. pron. *Se confiner chez soi.* → **s'isoler.** *Population qui se confine lors d'une pandémie.* – *Se confiner dans un rôle.* → se **cantonner.** □ n. m. **confinement**

confins n. m. pl. (du latin, de *cum* et *finis* → ^{1}fin) Parties (d'un territoire) situées à l'extrémité, à la frontière. → **limite.** *Le Tchad, aux confins du Sahara.* – fig. *« Quelque expérience créée aux confins de toutes les sciences »* (Valéry).

confiote n. f. (p.-ê. mot-valise, de *confi[ture]* et *[comp]ote*) fam. Confiture. *Un pot de confiote.*

confire v. tr. < 37 > (vient du latin *conficere* → confit, confiserie ; confetti) Mettre (des aliments) dans un élément qui les conserve. *Confire des cornichons dans du vinaigre, des fruits dans du sucre* (→ **confit**).

confirmand, ande n. (du latin → confirmer) relig. Personne qui va recevoir le sacrement de confirmation.

confirmatif, ive adj. (du latin) dr. Qui confirme. *Arrêt confirmatif de la cour d'appel.*

confirmation n. f. (du latin → confirmer) **I.** Ce qui rend une chose plus certaine. → **affirmation, certitude.** *La confirmation d'une nouvelle. Avoir confirmation d'une nouvelle.* **II.** Sacrement de l'Église catholique destiné à confirmer le chrétien dans la grâce du baptême.

confirmer v. tr. < 1 > (du latin, de *cum* et *firmus* → ^{1}ferme) **I. 1.** ***Confirmer qqn dans*** : rendre (qqn) plus ferme, plus assuré. → **affermir, encourager, fortifier.** *Nous l'avons confirmé dans sa résolution.* **2.** Affirmer l'exactitude, l'existence de (qqch.). → **assurer, certifier, corroborer.** *Confirmer l'exactitude d'un fait. Confirmer que* (+ indic. ou cond.). – (sujet chose) *Les résultats confirment que...* → **démontrer, prouver.** *L'exception confirme la règle.* – pronom. *La nouvelle se confirme.* **II.** Conférer le sacrement de la confirmation (II) à.

confiscation n. f. (du latin → confisquer) Peine par laquelle un bien est confisqué à son propriétaire.

confiscatoire adj. admin. *Taux confiscatoire (d'un impôt)* : taux élevé, qui absorbe une trop grande partie des revenus. – par ext. *L'effet confiscatoire d'une mesure.*

confiserie n. f. (pour *confisserie,* de *confissant,* ancien p. prés. de *confire*) **1.** Commerce, magasin, usine du confiseur. **2.** surtout au plur. Produits à base de sucre, fabriqués et vendus par les confiseurs. → **sucrerie ; bonbon.**

confiseur, euse n. (→ confiserie) Personne qui fabrique et vend des sucreries. – loc. *La trêve des confiseurs* (trêve politique entre Noël et le nouvel an).

confisquer v. tr. < 1 > (du latin, de *cum* co- et *fiscus* → fisc) **1.** Prendre (ce qui appartient à qqn) par une mesure de punition. → **saisir.** *Confisquer des marchandises de contrebande.* → **confiscation.** *Le professeur lui a confisqué son ballon.* **2.** Prendre (qqch.) à son profit. → **accaparer,** ^{2}**voler.** □ adj. **confiscable**

confit, ite (p. p. de *confire*) **I.** adj. **1.** ***Fruits confits,*** trempés dans des solutions de sucre (et glacés, givrés). **2.** fig. ***Être confit en dévotion,*** très dévot. **II.** n. m. Préparation de viande cuite et mise en conserve dans sa graisse. *Un confit de porc, d'oie.*

confiteor [kɔ̃fiteɔʀ] n. m. invar. (mot latin « je me confesse, j'avoue » → confesser) relig. Prière de contrition de la liturgie catholique.

confiture n. f. (de *confit*) Fruits coupés qu'on a fait cuire dans du sucre pour les conserver. *Confitures, gelées, marmelades et compotes. Faire de la confiture, des confitures. De la confiture de fraises.* – *Confiture de lait* : préparation sirupeuse obtenue par réduction de lait sucré et aromatisé.

confiturerie n. f. techn. **1.** Industrie, commerce de la confiture. **2.** Établissement où l'on fabrique les confitures.

confiturier, ière n. **1.** Personne dont le métier est de fabriquer des confitures. – adj. *L'industrie confiturière.* **2.** n. m. Récipient dans lequel on sert les confitures. *Un confiturier de verre.*

conflagration n. f. (du latin, de *cum* et *flagrare* « brûler » → flagrant, déflagration) Bouleversement de grande portée. *La menace d'une conflagration mondiale.* → **conflit, guerre.**

Conflans (traité de) Traité, signé le 5 octobre 1465 à Conflans-l'Archevêque, aujourd'hui dans la commune de Charenton-le-Pont, Val-de-Marne, par lequel Louis XI mit fin à la guerre de la ligue du Bien public.

Conflans-Sainte-Honorine Commune des Yvelines, sur la Seine, près de son confluent avec l'Oise. 35 957 habitants. Château du XIXe s. abritant le musée de la batellerie. Le professeur d'histoire Samuel Paty y fut assassiné par un terroriste islamiste le 16 oct. 2020.

Conflent n. m. Région du Roussillon (Pyrénées-Orientales), de part et d'autre de la vallée de la Têt. Cultures maraîchères et fruitières.

conflictuel, elle adj. (du radical latin de *conflit*) Qui constitue une source de conflits. *Situation conflictuelle.* □ n. f. **conflictualité**

conflit n. m. (latin *conflictus*, de *cum* et *fligere* « battre » → **affliger, infliger**) **1.** Guerre ou contestation entre États. *Les conflits internationaux. Conflit armé.* → **guerre. 2.** Rencontre d'éléments, de sentiments contraires, qui s'opposent. → **antagonisme, lutte, opposition.** *Un conflit d'intérêts. Entrer en conflit avec qqn. Les conflits sociaux.*

confluence n. f. (→ **confluer**) **1.** Jonction de cours d'eau. **2.** fig. Convergence.

confluent n. m. (du latin → **confluer**) Endroit où deux cours d'eau se joignent. → **jonction, ¹rencontre.** *Lyon est au confluent du Rhône et de la Saône.*

confluer v. intr. < 1 > (latin *confluere* « couler [*fluere*] ensemble » → **flux**) géogr. (sujet et compl. : cours d'eau) *Confluer avec* : rejoindre. *L'Allier conflue avec la Loire.* – *L'Allier et la Loire confluent près de Nevers,* s'y rejoignent. ■ fig. *Leurs efforts confluent,* tendent vers un même but.

Confolens Chef-lieu d'arrondissement de la Charente, sur la Vienne. 2 720 habitants. Église romane Saint-Barthélemy. Vestiges d'une forteresse du XIIe siècle.

confondant, ante adj. Très étonnant. *Une ressemblance confondante.*

confondre v. tr. < 41 > (du latin, de *cum* et *fundere* « répandre » → **fondre**) **I. 1.** littér. Remplir d'un grand étonnement. → **déconcerter, étonner.** *Son insolence me confond.* – passif et p. p. *Elle restait confondue.* **2.** Réduire (qqn) au silence, en prouvant publiquement son erreur, ses torts. *Confondre un menteur.* → **démasquer. II. 1.** littér. Réunir, mêler pour ne former qu'un tout. → **mêler, unir.** *Fleuves qui confondent leurs eaux.* → **confluent.** – (au p. p.) loc. *Toutes choses confondues* : sans faire le détail. **2.** Prendre une personne, une chose pour une autre. *Confondre une chose et, avec une autre. Confondre des dates.* – absolt Faire une confusion (II, 3). → **se tromper.** ■ **se confondre** v. pron. **1.** littér. *Se confondre en excuses* : multiplier les excuses. **2.** Se mêler, s'unir ; être impossible à distinguer de. *Les souvenirs se confondaient dans son esprit.*

conformateur n. m. techn. Appareil servant aux chapeliers à déterminer la forme et la mesure de la tête. ■ Appareil destiné à donner sa forme définitive à une matière plastique.

conformation n. f. (du latin → **conformer**) Disposition des différentes parties (d'un corps organisé). → **constitution, forme, organisation.** *La conformation du squelette. Présenter un vice de conformation.* → **malformation.**

conforme adj. (du latin, de *cum* et *forma* → **forme**) (construit avec *à*) **1.** Dont la forme est semblable (à celle d'un modèle). → **semblable.** – (sans compl.) *Copie conforme* (à l'original). **2.** Qui s'accorde (avec qqch.), qui convient à sa destination. → **assorti.** *Mener une vie conforme à ses goûts.* **3.** absolt Conforme à la norme. « [En France] *Toute pensée non conforme devient suspecte* » (Gide).

conformément adv. D'après, selon. *Conformément à la loi.*

conformer v. tr. < 1 > (du latin, de *cum* et *formare* → **former** ; **conforme**) littér. Rendre conforme, semblable (au modèle). → **adapter.** *Conformer son attitude à celle d'autrui* (→ **conformisme**). ■ **se conformer** v. pron. Devenir conforme (à) ; se comporter de manière à être en accord (avec). → **s'accommoder.** *Conformez-vous strictement aux ordres.* → **obéir, observer.** ■ **conformé, ée** adj. Qui a telle conformation. *(Être) bien, mal conformé.*

confluence

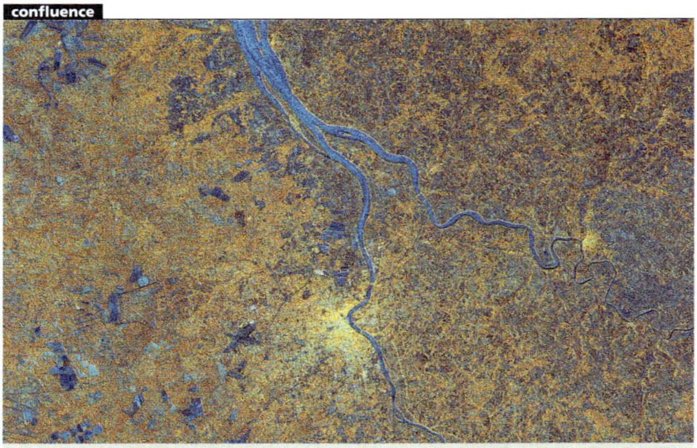

La confluence de la Garonne et de son affluent, la Dordogne, vue par satellite. En aval de la confluence, le cours d'eau change de nom pour s'appeler la Gironde.

conformisme n. m. (→ **conforme**) Fait de se conformer aux normes, aux usages (→ **traditionalisme**) ; attitude passive qui en résulte (s'oppose à *non-conformisme*).

conformiste adj. Qui fait preuve de conformisme. – n. *Un, une conformiste.*

conformité n. f. (du latin → **conforme**) Caractère de ce qui est conforme. → **accord, concordance.** « *La morale est la conformité de l'action à la raison* » (V. Cousin). – *Être en conformité de goûts. Agir en conformité avec ses principes,* conformément à. ■ Fait d'être conforme à certaines normes. *Mise en conformité* (→ anglic. **compliance**).

confort n. m. (anglais *comfort*, de l'ancien français → **conforter**) **I. 1.** Ce qui contribue au bien-être, à la commodité de la vie matérielle. *Le confort d'un appartement. Avoir tout le confort.* – par ext. *Le confort de lecture, d'écoute.* → **qualité. 2.** fig. Situation psychologiquement confortable. *La zone de confort de qqn* : l'ensemble des situations qui font partie de ses habitudes. **II.** (de *conforter*) *Médicament de confort,* qui permet de mieux supporter un mal (sans agir sur la cause).

confortable adj. (anglais *comfortable*, du français → **confort**) **1.** Qui procure, présente du confort (s'oppose à *inconfortable*). *Maison confortable.* **2.** fig. Qui assure un bien-être psychologique. *Une vie confortable.* **3.** (quantité) Assez important. *Des revenus confortables.* → **important.** □ adv. **confortablement**

conforter v. tr. < 1 > (latin chrét. *confortare* « consoler », de *cum* et *fortis* → **¹fort**) **1.** vieux → **réconforter. 2.** Renforcer (qqn) dans un comportement, une idée. *Cette expérience l'a confortée dans ses certitudes.*

confraternel, elle adj. (→ **fraternel**) De confrère ou de consœur. *Salutations confraternelles.*

confraternité n. f. (→ **fraternité**) didact. Bonnes relations entre confrères et consœurs.

confrère n. m. (de *confrérie*, ou latin *confrater*, de *frater* → **frère**) Celui qui appartient à une société, à une compagnie, considéré par rapport aux autres membres. → **collègue ; consœur.** *Mon cher confrère.*

confrérie n. f. (latin *confratria*, de *cum* et *frater* → **frère**) Association pieuse de laïcs.

Confrérie de la Passion Association théâtrale fondée en 1402 par Charles VI. Ce fut le premier théâtre permanent en France. La Confrérie accueillit des troupes à l'Hôtel de Bourgogne jusqu'à sa dissolution par Louis XIV en 1676.

confrontation n. f. (du latin → **confronter**) **1.** Action de confronter (des personnes, des choses). *Confrontation de témoins. Une confrontation d'idées.* **2.** Débat ; conflit. *Une confrontation entre la police et les manifestants.*

confronter v. tr. < 1 > (du latin, de *cum* et *frons* → **front**) **1.** Mettre en présence (des personnes) pour comparer leurs affirmations. *Confronter un témoin avec l'accusé. Confronter des témoins.* **2.** *Être confronté à, avec (qqch.)* : se trouver en face de. **3.** Comparer pour mettre en évidence des ressemblances ou des différences. *Confronter deux textes.*

confucianisme n. m. (du n. de Confucius) didact. Doctrine philosophique et religieuse du philosophe chinois Confucius. □ adj. et n. **confucianiste**

▶ Le **confucianisme** est le nom donné à la doctrine issue de l'enseignement de Confucius (555-479 avant notre ère), condensée dans un ouvrage intitulé les « Entretiens familiers » *(Lun Yu)*. Maître Kong, *Kongfuzy* en chinois, incarne la figure du « *sage accompli, premier des professeurs* ». Ayant abandonné sa carrière de conseiller des princes dans une Chine encore féodale, ce fin lettré a fondé la première école ouverte à tous. Transmis par ses disciples, sous forme de dialogues, son enseignement respecte les rites et les croyances traditionnelles. Plus qu'une philosophie ou une religion, c'est une sagesse qui met l'accent sur la recherche du bien commun et de l'identité entre l'ordre humain et l'ordre naturel. Elle passe par l'étude et un perfectionnement de soi mis au service de ses semblables et de son pays. Pour Confucius, cette vertu est accessible à chacun, indépendamment des privilèges de la naissance. L'éthique confucéenne a pour principal objectif l'harmonie sociale. Elle ne remet pas en cause l'idée d'un gouvernement fort et autoritaire, mais elle le veut vertueux au service du bien-être de tous.
La pensée de Confucius a été prolongée par ses héritiers directs, Mengzi ou Mencius de son nom latinisé (372-289 avant notre ère) puis Xunzi (300-230 avant notre ère). Elle est devenue, sous les Han (−202 à 206 de notre ère), la doctrine officielle des classes dirigeantes de l'empire. Enrichi des controverses avec le taoïsme et le bouddhisme, le confucianisme a marqué en profondeur la culture chinoise, se transformant, à partir du XIe s., en une sorte de religion civile avec son clergé et ses temples (les « palais de la civilité »). Mais le confucianisme a été victime de la lente décadence (XVIIe-XIXe s.) de l'ordre impérial auquel il était étroitement associé. La Chine communiste a tenté d'effacer l'influence du confucianisme considéré comme « une idéologie » réactionnaire. Depuis la fin du XXe s., les dirigeants postcommunistes puisent, au contraire, dans l'héritage confucéen pour légitimer leur pouvoir. Redécouvert par une société chinoise en quête de repères, le confucianisme reste aussi l'une des principales sources de la réflexion des intellectuels chinois.

Confucius Penseur chinois (555-v. 479 av. J.-C.). Ses enseignements et ses idées ont influencé toute la pensée chinoise jusqu'à nos jours. Il a été connu en Occident par l'intermédiaire des jésuites. Sa doctrine, le *confucianisme*, repose sur une morale de la vertu modérée, de la pensée claire, et sur l'élaboration d'un modèle d'homme, le *junzi*, marqué par la bienveillance et la correction morale.

confus, use adj. (du latin, p. p. de *confundere* → **confondre**) **I.** (personnes) Qui est embarrassé par pudeur, par honte. → **honteux, troublé ; confusion** (I). *Je suis confuse* *d'arriver si tard.* → **désolé.** *Je suis confus, excusez-moi.* **II.** (choses) **1.** Dont les éléments sont mêlés, impossibles à distinguer. → **désordonné, indistinct.** *Un bruit confus de voix.* → **brouhaha. 2.** Qui manque de clarté. → **embrouillé, obscur.** *« Il se réveillait en sursaut [...] avec le souvenir confus d'un rêve terrible »* (A. Daudet). *Idées confuses. Style, langage confus. Une situation confuse.*

C

confusément adv. Indistinctement. *Comprendre confusément qqch.* → **vaguement.**

confusion n. f. (du latin → confus) **I.** Trouble d'une personne confuse (I). → **embarras, gêne.** *« J'en dois rougir de honte et de confusion »* (Molière). *Remplir qqn de confusion.* **II. 1.** État de ce qui est confus ; situation embrouillée. → **désordre, ²trouble. 2.** (abstrait) Manque de clarté, d'ordre. *Jeter la confusion dans les esprits.* → **²trouble.** – *Confusion mentale.* → **démence. 3.** Action de confondre (II, 2) entre elles (des personnes, des choses). → **erreur, méprise.** *Confusion de noms, de dates. Prêter à confusion.*

confusionnel, elle adj. De la confusion mentale.

confusionnisme n. m. **1.** psych. État de la pensée, chez l'enfant, où les éléments distincts chez l'adulte se mêlent, alternent et fusionnent. **2.** polit. Fait d'entretenir la confusion dans les esprits.

conga n. f. (mot espagnol des Antilles) **1.** Danse cubaine d'origine africaine. ▪ Musique accompagnant cette danse. **2.** Tambour allongé aux sonorités sourdes, d'origine cubaine.

Congar (Yves) Théologien dominicain et prélat français (1904-1995). Il défendit l'œcuménisme et participa au concile Vatican II en qualité d'expert.

congé n. m. (vient du latin, de *commeare,* de *cum* et *meare* « circuler ») **1.** Permission de s'absenter, de quitter un service, un emploi, un travail. *Congé de maladie, de maternité.* → **repos.** *Congé d'été, d'hiver. Être en congé.* → **vacance(s).** – loc. *Congés payés,* auxquels les salariés ont droit annuellement. **2.** *Donner son congé à qqn,* le renvoyer. **3.** *Prendre congé de qqn,* le saluer avant de le quitter. fig. *« Je voudrais prendre congé de moi-même. Je me suis décidément assez vu »* (Gide).

congédier v. tr. < 7 > (de *congé*) **1.** Inviter à se retirer, à s'en aller. → **éconduire.** *Il le congédia d'un signe, après l'entrevue.* **2.** Renvoyer. *Congédier un employé.* → **licencier.** □ n. m. **congédiement**

congélateur n. m. Appareil pour la congélation des aliments. - abrév. fam. **congélo.**

congélation n. f. (du latin → congeler) **1.** Passage de l'état liquide à l'état solide par refroidissement. *Point de congélation de l'eau,* 0 °C. **2.** Action de soumettre un produit au froid (–18 °C) pour le conserver.

congelé, ée adj. **1.** Conservé par congélation. *Viande congelée.* → **surgelé.** ▪ *Embryon congelé.* **2.** par exagér. fam. *Être congelé :* avoir très froid. → **frigorifié.**

congeler v. tr. < 5 > (du latin → geler) **1.** Faire passer à l'état solide par l'action du froid. → **geler.** – pronom. *L'eau se congèle à 0 °C en augmentant de volume.* **2.** Soumettre au froid. *Congeler de la viande, des fruits.* □ adj. **congelable**

congénère n. (latin *congener,* de *cum* et *genus* → genre) Animal qui appartient au même genre, à la même espèce. *Cet animal et ses congénères.* – fam. (personnes) → **pareil, semblable.**

congénital, ale, aux adj. (du latin *congenitus,* de *cum* et *genitus* « né », de *generare* → génération) **1.** (opposé à *acquis*) (caractère) Qui est présent à la naissance. *Maladie, malformation congénitale.* **2.** fig., fam. Inné. *Un optimisme congénital.* – *Un crétin congénital.* □ adv. **congénitalement**

congère n. f. (du latin, de *congerere,* de *cum* et *gerere* → gérer) Amas de neige entassée par le vent. → au Canada **banc** de neige.

congestif, ive adj. Qui a rapport à la congestion.

congestion n. f. (du latin, de *congestum,* de *congerere* → congère) Afflux de sang dans une partie du corps. *Congestion cérébrale* (→ vieux transport au cerveau). *Congestion pulmonaire.* ▪ fig. Afflux, encombrement.

congés payés

1. En août 1936, un train spécial affrété par le gouvernement emmène des Parisiens sur la Côte d'Azur, pour leurs premiers congés payés. 2. Le camping et les activités de plein air sont encouragés par l'Organisation des loisirs et sports, un sous-secrétariat particulièrement actif du Front populaire.

congestionner v. tr. < 1 > Produire une congestion dans. – (surtout passif et p. p.) *Avoir le visage congestionné.* → **rouge.** ▪ fig. Encombrer par une accumulation de personnes, de choses. – au p. p. *Routes congestionnées.*

conglomérat n. m. (du latin *conglomerare* → conglomérer) **1.** Roche formée par des fragments agglomérés. **2.** Assemblage informe (de choses). *Un conglomérat d'objets hétéroclites.* **3.** (de l'anglais des États-Unis) anglic., écon. Réunion d'entreprises offrant des produits différents, au sein d'un même groupe financier.

conglomérer v. tr. < 6 > (du latin, de *cum* et *glomerare,* de *glomus* « boule ») vieux Réunir en masse compacte. ▪ fig. → **agglomérer.** □ n. f. **conglomération**

conglutiner v. tr. < 1 > (du latin, de *cum* et *glutinare,* de *gluten* → gluten, agglutiner) littér. Faire adhérer. ▪ Rendre visqueux. □ n. f. **conglutination**

conglutineux, euse adj. vieux ou littér. Gluant.

Congo n. m. Fleuve d'Afrique équatoriale, le deuxième du continent africain par sa longueur (4 700 km), et le deuxième du monde par son débit (75 000 m³/s). La majeure partie de son cours est navigable mais il est coupé de rapides. Il prend sa source dans le Katanga et se nomme *Lualaba* jusqu'à Kisangani. Il reçoit notamment les eaux de l'Oubangui et du Kasaï, avant de se jeter dans l'océan Atlantique par un estuaire de 150 km de long. Appelé Congo par les Portugais, il fut baptisé Zaïre par le président Mobutu en 1971, mais reprit son nom originel en 1997.

Congo

n. m. ▪ offic. **république démocratique du Congo, dite Congo-Kinshasa, anciennement république du Zaïre autrefois Congo belge** État d'Afrique centrale. 2 345 000 km². 100 millions d'habitants (les *Congolais*). **Langues :** français (offic.), swahili, tchilouba, kikongo, lingala. **Population :** Bantous (Bakongos, Batékés, Baloubas, Balundas, Bakoubas), populations nilotiques, Pygmées. **Religions :** chrétiens, musulmans, animistes. **Monnaie :** franc congolais. **Capitale :** Kinshasa. **Régime :** présidentiel.

GÉOGRAPHIE

Le bassin du fleuve Congo et de ses affluents, couvert par la forêt équatoriale,

Congo (république démocratique du)

occupe l'O. du pays. Des plateaux, couverts de savanes, se relèvent vers le S. (Katanga) et vers l'E. jusqu'au massif volcanique Ruwenzori (5 109 m d'altitude) et au lac Tanganyika. Le pays, continental, possède un étroit débouché maritime. Il est soumis au climat équatorial.

ÉCONOMIE
Le Congo est formé de trois régions économiques distinctes. Le N. et l'E. sont essentiellement agricoles : les cultures vivrières (manioc, patates douces, bananes, riz) et l'élevage bovin sont associés aux grandes cultures industrielles (hévéa, palmier à huile, canne à sucre, coton, arachide ; thé et café en altitude). Les grandes richesses minières du pays se trouvent dans le S. (cuivre, cobalt, diamant, uranium au Katanga, coltan, or, pétrole à l'embouchure du Congo). Enfin, la région de Kinshasa, la plus peuplée, concentre les principales activités industrielles (agroalimentaire) et les services. Durant la guerre civile, les ressources naturelles de l'E. du pays ont été exploitées illégalement, laissant la région dévastée.

HISTOIRE
La région, occupée depuis deux millions d'années, accueillit des populations pygmées, puis bantoues (royaume du Kongo).

La colonisation Les Portugais découvrirent l'embouchure du fleuve (xve s.). Au xvie s., les guerriers baloubas créèrent un empire prospère, fondé sur le commerce entre l'Atlantique et l'océan Indien. En se disloquant (xviie s.), l'empire donna naissance à plusieurs royaumes. La vallée du Congo fut explorée par Stanley (1874-1884), puis la région fut attribuée à la Belgique (1885), qui en fit une colonie sous le nom de *Congo belge* (1908). Le Congo prit part à la Première Guerre mondiale en occupant le Rwanda et le Burundi (1916), à la Seconde Guerre mondiale en fournissant des matières premières.

L'indépendance et la guerre civile Alors que le pays accédait à l'indépendance (1960) sous la présidence de J. Kasavubu, la région minière du Katanga fit sécession, provoquant une guerre civile qui s'acheva avec son retour dans le giron du Congo en 1963. Le général Mobutu s'empara du pouvoir (1964) et donna le nom de Zaïre au pays (1971). Affaibli par la crise économique et la corruption, le Congo fit face à l'agitation de séparatistes katangais (1977) grâce au soutien militaire franco-belge. Après une tentative de démocratisation initiée par Mobutu (1990-1993), le Zaïre fut déstabilisé par l'arrivée massive de réfugiés rwandais (1994), qui exacerba les tensions communautaires. Laurent-Désiré Kabila, originaire du Katanga, prit Kinshasa et chassa Mobutu (1997) ; il renomma le pays « république démocratique du Congo ». Le conflit s'étendit lorsque la Namibie, le Zimbabwe et surtout l'Angola aidèrent L.-D. Kabila à chasser ses deux anciens alliés (1998). Joseph Kabila succéda à son père, assassiné en 2001, et initia des pourparlers, sans mettre fin à la rébellion. En 2005, une nouvelle Constitution fut adoptée et J. Kabila fut élu président. Sa réélection en 2011 fut contestée par l'opposition. Une nouvelle rébellion de Tutsis congolais, le M23, apparut alors dans le Kivu, à laquelle une brigade d'intervention des Nations unies infligea en 2012 une lourde défaite. Le report de la présidentielle de 2016 aggrava les tensions ; l'opposant Félix Tshisekedi, victorieux, prit ses fonctions en 2019.

Congo

n. m. ■ offic. république du Congo, jusqu'en 1965 Congo-Brazzaville État d'Afrique centrale. 341 821 km^2. 5 336 000 habitants (les *Congolais*). **Langues :** français (offic.), kikongo, lingala, munukutuba, sangho, toba. **Population :** Bakongos, Batékés, Bakwélés, Bakas (Pygmées), Vilis. **Religions :** catholiques, protestants, animistes, musulmans. **Monnaie :** franc CFA. **Capitale :** Brazzaville.

Congo (république du)

GÉOGRAPHIE
Le territoire, traversé par l'équateur, est occupé par les vallées fertiles du fleuve Congo et de ses affluents. Il est couvert de forêts denses et soumis au climat équatorial.

L'exploitation forestière et l'agriculture (canne à sucre, huile de palme, café, cacao) perdent de l'importance au profit de l'extraction minière (pétrole, or, phosphates, cuivre, zinc, plomb). Pointe-Noire est la capitale économique du pays (activités portuaires, raffinerie de pétrole).

HISTOIRE
Le territoire, peuplé de Pygmées puis de Bantous (Ier millénaire av. J.-C.), était organisé en royaumes lorsque les Portugais le découvrirent (xve s.). Exploré par Savorgnan de Brazza (1875), il fut intégré à l'Afrique-Équatoriale française (1910). En 1960, le *Congo-Brazzaville* accéda à l'indépendance. Le président F. Youlou fut renversé par une révolution populaire (1963), qui ouvrit une période d'instabilité. Un régime militaire d'inspiration marxiste-léniniste fut instauré. En 1979, le colonel Sassou-Nguesso prit le pouvoir, introduisit le libéralisme (années 1980) et autorisa le multipartisme (1990), avant d'être remplacé par P. Lissouba (1992). Les élections de 1993 déclenchèrent une guerre civile opposant Sassou-Nguesso à Lissouba. Le premier parvint à s'imposer, fut élu président en 1998, et étendit ses pouvoirs en faisant adopter une nouvelle Constitution, contestée par l'opposition, qui lui permit d'être réélu en 2016 et en 2021.

congolais, aise adj. et n. (de *Congo*) **1.** Du Congo. **2. n. m.** Gâteau à la noix de coco.

congratulation n. f. (du latin → congratuler) Compliment, félicitation.

congratuler v. tr. < 1 > (du latin, de *gratulari* « rendre grâce », de *gratus* → gré) (souvent iron.) Faire un compliment, des félicitations. → **féliciter.** ■ se **congratuler** v. pron. Échanger des compliments. *Ils se sont longuement congratulés.*

congre n. m. (vient du latin *congrus*, grec *gongros*) Poisson de mer au corps cylindrique, sans écailles. - syn. **anguille de mer.**

congréer v. tr. < 1 > (de l'ancien français *conreer* « arranger », d'après *gréer*) mar. *Congréer un cordage,* remplir les vides entre ses torons au moyen de filins.

congréganiste adj. et n. D'une congrégation. *École congréganiste,* religieuse.

congrégation n. f. (du latin, de *cum* et *gregare*, de *grex, gregis* « troupeau » → grégaire) **1.** Compagnie de prêtres, de religieux, de religieuses. → **communauté, ordre. 2.** Paroisse protestante.

Congrégation (la) Association religieuse fondée à Paris (1801) sous le nom de Congrégation de la Sainte-Vierge. Elle était constituée de représentants de l'aristocratie et de magistrats, et avait plusieurs filiales en province. Soupçonnée d'être un système de gouvernement occulte, elle fut dissoute en 1830.

congrégationalisme n. m. relig. Système ecclésiastique dans lequel chaque paroisse protestante est autonome.

congrès n. m. (latin *congressus*, de *cum* et *gradi* « marcher », famille de *grade*) **1.** Réunion diplomatique. *Le congrès de Vienne.* **2. (de l'anglais) (avec maj.)** Corps législatif des États-Unis d'Amérique. **3.** Réunion de personnes qui se rassemblent pour échanger leurs idées ou se communiquer leurs études. *Congrès et colloques.*

congressiste n. Personne qui prend part à un congrès.

Congress of Industrial Organizations (CIO) voir **American Federation of Labor-Congress of Industrial Organizations**

Congreve (William) Auteur dramatique anglais (1670-1729). En réaction au puritanisme, il écrivit des comédies et des drames dans lesquels l'habileté du langage se conjugue avec une grande liberté de ton et de style. La plus connue de ses pièces, *Le Train du monde,* dénonce l'hypocrisie des rapports sociaux.

Congreve (sir William) Officier britannique (1772-1828). Il conçut la fusée qui porte son nom (1804).

C

Congreve (Richard) Philosophe britannique (1818-1899). Il fut en Angleterre l'un des principaux disciples d'Auguste Comte, et publia un *Catéchisme de religion positive* (1858).

congru, ue adj. (du latin, de *congruere*, de *ruere* « se rencontrer » → ruer) **1.** littér. Qui convient, approprié. – loc. *Portion congrue* : ressources à peine suffisantes pour subsister. *Réduire qqn à la portion congrue.* **2.** math. *Nombres congrus par rapport à un troisième,* dont la différence est divisible par ce dernier (module). □ n. f. **congruence**

congruent, ente adj. (du latin → congru) Qui convient, qui s'applique bien. *Solution congruente à la situation.*

congrûment ou **congrument** adv. littér. D'une manière congrue.

conidie n. f. (du latin sc., du grec *konis* « poussière ») bot. Spore asexuée de champignon.

conifère n. m. (du latin, de *conus* → cône et -fère) Arbre dont les organes reproducteurs sont en forme de cônes (pomme de pin) et qui porte des aiguilles persistantes (ordre des *Conifères* ; ex. cèdre, if, pin, sapin...).

conique (→ cône) **1.** adj. Qui a la forme d'un cône. *Engrenage, pignon conique.* □ n. f. **conicité** **2.** n. f. Courbe qui résulte de la section d'un cône par un plan (ne contenant pas le sommet de ce cône).

conjectural, ale, aux adj. Fondé sur des suppositions. *L'histoire, « une petite science conjecturale »* (Renan). □ adv. **conjecturalement**

conjecture n. f. (du latin, de *cum* et *jacere* → jeter) Opinion fondée sur des probabilités, des apparences. → **hypothèse, supposition.** *En être réduit aux conjectures. Se perdre en conjectures :* envisager de nombreuses hypothèses, être perplexe. ■ écon. Forme de prévision et de prospective.

conjecturer v. tr. < 1 > littér. Croire, juger par conjecture. → **présumer, supposer.** *« Aucun* [avant Magellan] *n'a osé dire ni même conjecturer qu'il était possible de faire le tour du monde »* (Buffon).

conjoint, ointe (de l'ancien français *conjoindre*) **I.** adj. Joint avec ; uni. *Problèmes conjoints. Note conjointe.* **II.** n. Personne qui vit en couple avec une autre. → **époux.** *Le conjoint de..., son conjoint.*

conjointement adv. Ensemble.

conjoncteur n. m. électr. Interrupteur automatique fermant un circuit. *Un conjoncteur-disjoncteur.* ■ télécomm. Prise murale permettant de connecter un poste téléphonique à la ligne d'un abonné.

conjonctif, ive adj. (du latin → conjonction) **1.** *Tissu conjonctif,* qui occupe les intervalles entre les organes. **2.** *Locutions conjonctives,* jouant le rôle de conjonctions (ex. bien que, après que, de telle sorte que). – *Proposition conjonctive* ou *une conjonctive* n. f., introduite par une conjonction.

conjonction n. f. (du latin, de *conjungere* → conjuguer) **I.** Action de joindre. *La conjonction et l'opposition des planètes en astrologie.* ■ fig. *« Cette conjonction de la nature et de l'histoire »* (Camus). **II.** Mot qui sert à joindre deux mots ou groupes de mots. *Conjonctions de coordination,* qui marquent l'union *(et),* l'opposition *(mais, pourtant),* l'alternative ou la négation *(ni, ou),* la conséquence *(donc),* la conclusion *(ainsi, enfin). Conjonctions de subordination,* qui établissent une dépendance entre les éléments qu'elles unissent *(comme, quand, que).*

conjonctive n. f. (de *conjonctif*) Muqueuse qui joint le globe de l'œil aux paupières. □ **conjonctival, ale, aux** adj. *Les glandes conjonctivales.*

conjonctivite n. f. Inflammation de la conjonctive.

conjoncture n. f. (de l'ancien français *conjointure,* de *conjoint*) Situation qui résulte d'une rencontre de circonstances. *Une conjoncture favorable, difficile. Dans la conjoncture actuelle... « Une conjoncture purement accidentelle »* (Gide). *Étude de conjoncture,* étude d'une situation occasionnelle (opposé à *structure*). ■ spécialt État de l'économie à un moment donné. *La conjoncture internationale.* □ adj. **conjoncturel, elle**

conjoncturiste n. écon. Spécialiste des problèmes de conjoncture économique.

conjugable adj. Qui peut être conjugué. *Verbe qui n'est pas conjugable à tous les temps,* verbe défectif.

conjugaison n. f. (du latin → conjuguer) **1.** Ensemble des formes verbales suivant les voix, les modes, les temps, les personnes, les nombres. *Cet ouvrage comprend en annexe des tableaux de conjugaison.* **2.** littér. ou didact. Action de conjuguer, d'unir (différents éléments). *La conjugaison de leurs efforts.* ■ anat. *Cartilage de conjugaison,* qui permet la croissance des os longs. – *Trou de conjugaison* (entre deux vertèbres).

conjugal, ale, aux adj. (du latin, de *conjugare* → conjuguer) Relatif à l'union entre le mari et la femme. → **matrimonial.** *Amour conjugal.* □ adv. **conjugalement**

conjugateur n. m. Logiciel qui fournit la conjugaison des verbes. - var. **conjugueur.**

conjugué, ée adj. et n. **1.** Joint, combiné (avec). *La force conjuguée à, avec l'intelligence. Leurs efforts conjugués.* **2.** bot. *Feuilles conjuguées :* feuilles composées, dont les folioles s'opposent deux à deux. **3.** n. f. bot. Algue d'eau douce, verte, sans spore, à reproduction sexuée (ordre des *Conjuguées*).

conjuguer v. tr. < 1 > (latin *conjugare,* de *cum* et *jugare,* var. de *jungere* → joindre) **I.** littér. Joindre ensemble. → **combiner, unir.** *Ils ont conjugué leurs efforts.* **II.** Réciter ou écrire la conjugaison de (un verbe).

conjugueur voir **conjugateur**

conjuration n. f. (du latin → conjurer) **1.** Action préparée secrètement par un groupe de personnes (contre qqn ou qqch.). → **complot, conspiration.** *La conjuration des mécontents.* **2.** Rite, formule magique pour chasser les démons, orienter des influences maléfiques. □ adj. **conjuratoire**

conjuré, ée n. Membre d'une conjuration.

conjurer v. tr. < 1 > (du latin, de *cum* et *jurare* → jurer) **I.** vieux Préparer par un complot (la perte de qqn). → **comploter, conspirer ; conjuré.** **II.** **1.** Détourner, dissiper (une menace), écarter (un danger). *Conjurer le mauvais sort.* **2.** Chasser (les démons, les esprits). **III.** littér. Adjurer, implorer. *Je vous conjure de me croire ; je vous en conjure.*

Connacht ou **Connaught** n. m. Province de la république d'Irlande qui comprend les comtés de Galway, Leitrim, Mayo, Roscommon et Sligo. 17 122 km². 588 600 habitants. Galway, la capitale, en est le principal centre et le Connemara la région la plus touristique. Le Connacht fut, au XIXe s., l'une des régions les plus touchées par la grande famine.

connaissable adj. Qui peut être connu. – n. m. *Le connaissable et l'inconnaissable.*

connaissance n. f. (de *connaissant* → connaître) **I.** **1.** Le fait ou la manière de connaître. → **conscience ; compréhension.** *La connaissance de qqch. Connaissance intuitive ; expérimentale. Théorie de la connaissance.* → **épistémologie.** **2.** loc. *Avoir connaissance de,* connaître, savoir. – *À ma connaissance,* autant que je sache. – *Prendre connaissance* (d'un texte, etc.). – *En (toute) connaissance de cause,* avec raison et justesse. **3.** (dans des loc.) Le fait de sentir, de percevoir. → **conscience, sentiment.** *Avoir toute sa connaissance.* → **lucidité.** – loc. *Perdre connaissance.* → **s'évanouir.** *Être sans connaissance.* **4.** *Les connaissances* (sens objectif), ce que l'on sait, pour l'avoir appris. → **culture, éducation,** ²**savoir.** *« Les connaissances nous suivent tout le reste de notre vie »* (Stendhal). *Approfondir, enrichir ses connaissances.* **II.** (de *connaître,* II) **1.** *Faire connaissance,* rencontrer (qqn) pour la première fois. *Faire connaissance avec qqn, faire sa connaissance.* – *De connaissance :* connu. *Une personne, un visage de connaissance.* **2.** *Une connaissance :* une personne que l'on connaît. → **relation.** fam. *C'est une vieille connaissance,* une personne que l'on connaît depuis longtemps.

connaissement n. m. dr., comm. Reçu de marchandises expédiées par mer.

connaisseur, euse n. Personne experte, compétente (dans un domaine). → **amateur.** *Être connaisseur en vins. Parler en connaisseur.* – adj. *Une clientèle connaisseuse.*

connaître v. tr. < 57 > (vient du latin *cognoscere,* de *cum* et *noscere* → gnose) Avoir présent à l'esprit ; être capable de former l'idée, l'image de. **I.** *Connaître qqch.* **1.** Se faire une idée claire de. *Connaître un fait.* → ¹**savoir ; connu.** *Faire connaître une chose, une idée à qqn,* apprendre. *« On peut bien connaître l'existence d'une chose sans connaître sa nature »* (Pascal). – *« On peut connaître tout, excepté soi-même »* (Stendhal). **2.** *Connaître qqch.,* en avoir l'expérience. *Connaître un pays, une ville. Connaître son métier.* **3.** Avoir présent à l'esprit ; pouvoir utiliser. *Connaître une œuvre à fond. Ne pas connaître grand-chose à (qqch.).* – *S'y connaître en qqch. :* être compétent. **4.** Éprouver, ressentir. *À cette époque, elle a connu la faim, les privations.* **5.** (sujet chose) Avoir. *Ce nouveau modèle connaît un grand succès.* → **rencontrer.** *Sa gentillesse ne connaît pas de bornes.* **II.** *Connaître qqn* **1.** Être conscient de l'existence de (qqn). *Connaître qqn de nom.* – **allus.** *« Hitler ? connais pas ! »* (film de Bertrand Blier). – Être capable de reconnaître. *Connaître qqn de vue.* **2.** Avoir des relations sociales avec. *Chercher à connaître un homme en vue.* – pronom. *Ils se sont connus en Italie.* **3.** Se faire une idée de la personnalité de (qqn). → **apprécier, comprendre, juger.** *Vous apprendrez à la connaître.* ■ pronom. *Ne plus se connaître,* perdre son sang-froid. – *« Connais-toi toi-même »* (trad. de Socrate). - var. RO **connaitre.**

connard, arde ou **conard, arde** adj. et n. vulg. et péj. Con (II), crétin.

connasse ou **conasse** n. f. vulg. et péj. Femme idiote et désagréable. *Quelle connasse !*

conne voir **con (II)**

conneau n. m. (de *con*) fam. Imbécile, sot. → **connard.**

connectable adj. (appareil) Qui peut être connecté (à un réseau, à un autre appareil). *Téléphone portable connectable à Internet.*

connecté, ée adj. *Objets connectés,* qui offrent certains services grâce à une connexion à Internet. *Télévision, montre connectée. Jouets connectés.*

connecter v. tr. < 1 > (du latin, de *cum* et *nectere* « nouer » → connexe) Unir par une connexion ; mettre en liaison (plusieurs appareils électriques). – *Connecter un ordinateur à Internet.* ■ se **connecter** v. pron. Établir une connexion (d'un ordinateur à un réseau). *Se connecter à Internet.*

connecteur n. m. **1.** techn. Dispositif qui connecte. **2.** log. Symbole qui relie deux propositions élémentaires en une proposition complexe. – ling. Mot grammatical qui y correspond (ex. *et, ou, donc*).

Connecticut n. m. Fleuve du N.-E. des États-Unis (553 km). Il prend sa source à la frontière canadienne et se jette dans l'Atlantique par le détroit de Long Island.

Connecticut n. m. État du N.-E. des États-Unis. 12 850 km². 3 605 000 habitants. Capitale : Hartford. Bien que très urbanisé, l'État conserve de vastes forêts (60 % de sa superficie). L'agriculture décline lentement ; les industries traditionnelles (horlogerie, armurerie) sont relayées par l'aéronautique et l'électronique. Activités tertiaires (assurance). Université (Yale).

connectif n. m. anat. Nerf réunissant des ganglions. ■ bot. Organe qui réunit les deux loges de l'anthère, dans certaines plantes.

connectique n. f. techn. Ensemble des techniques et des procédés utilisés pour établir des liaisons électriques, informatiques... – Matériel servant à établir ces liaisons. □ n. **connecticien, ienne**

Connelly (Michael) Auteur de romans policiers américain (né en 1956). Au travers de son héros récurrent Harry Bosch, il entraîne le lecteur dans des intrigues à rebondissement décrites avec une grande minutie. *Les Égouts de Los Angeles ; Le Poète ; Wonderland Avenue ; Echo Park.*

Connemara n. m. Région de la république d'Irlande, à l'O. du Connacht. Ses paysages de tourbière et de moyenne montagne en ont fait un archétype de l'O. irlandais. Tourisme.

connement adv. fam. Bêtement, d'une manière conne.

connerie n. f. (de *con*) fam. **1.** Imbécillité, absurdité. *« La connerie, c'est parfois insondable »* (Queneau). **2.** Action, parole inepte. *Dire des conneries.* → fam. **déconner.** *« Quelle connerie la guerre »* (Prévert).

Connery (sir Thomas, dit Sean) Acteur britannique (1930-2020). Il incarna l'agent secret James Bond dans le premier film adaptant les livres de Ian Fleming, *James Bond 007 contre Dr No*, il a joué ce rôle dans six des volets suivants. Il fut dirigé par Alfred Hitchcock, John Huston, Sydney Lumet, Steven Spielberg *(Indiana Jones)*, Jean-Jacques Annaud *(Le Nom de la rose)*.

Sean Connery incarne James Bond dans *Bons Baisers de Russie* de Terence Young (1963).

Connes (Alain) Mathématicien français (né en 1947), professeur au Collège de France (1984). Il a conduit des recherches pour une géométrie non commutative, qui apparaît comme le cadre adapté à l'étude des « espaces feuilletés » et de certains modèles de physique théorique. Médaille Fields 1982. Académie des sciences.

connétable n. m. (vient du latin *comes* [→ comte] *stabuli* [→ étable] « dignitaire des écuries, grand écuyer ») hist. (sous l'Ancien Régime) Grand officier de la Couronne, chef suprême de l'armée.

connexe adj. (du latin, de *connectere* → connecter) Qui a des rapports étroits avec autre chose. → **analogue, uni, voisin.** *Affaires, matières, idées, sciences connexes.* □ n. f. **connexité**

connexion n. f. (→ connecter) **1.** Fait d'être connexe. → **affinité, analogie.** *La connexion des faits entre eux.* **2.** Liaison d'un appareil à un circuit électrique (→ **connecter**). **3.** inform. Liaison d'un ordinateur avec un réseau. *Connexion à Internet.*

connivence n. f. (du latin, de *cum* et *nictare* « cligner [de l'œil] ») Entente secrète ; accord tacite. → **entente, intelligence.** *Échanger un sourire de connivence. Être de connivence avec qqn* (→ être de mèche).

connivent, ente adj. (du latin → connivence) bot. Qui tend à se rapprocher. *Feuilles conniventes.* ■ anat. *Organes connivents,* accolés sans être soudés.

Connors (Jimmy) Joueur de tennis américain (né en 1952). Doté d'une combativité exceptionnelle, il a marqué le tennis par son revers de gaucher et un jeu de fond de court agressif qui lui permirent de remporter 8 titres du Grand Chelem, entre 1974 et 1983.

connotatif, ive adj. (de l'anglais → connoter) ling. Qui constitue une connotation. *Sens connotatif et sens dénotatif.*

connotation n. f. Sens particulier ou effet de sens (d'un mot, d'un énoncé) qui vient s'ajouter au sens ordinaire selon la situation ou le contexte.

connoter v. tr. < 1 > (du latin *puis* de l'anglais, de *cum* et *notare* → noter) didact. Signifier par connotation.

connu, ue adj. (du p. p. de *connaître*) **I.** (choses) **1.** Qui existe en tant qu'objet de pensée, n'est pas inconnu. *Le monde connu.* – **n. m.** *Le connu et l'inconnu.* **2.** Que la majorité connaît, sait. → **répandu.** *C'est bien connu.* **II.** (personnes) Qui a une grande réputation. → **célèbre.** *Un personnage connu dans les milieux littéraires. Il est connu comme, en tant que chirurgien.* – loc. adv. *Ni vu ni connu,* personne n'en saura rien.

conoïde adj. (du grec → cône et -oïde) sc. Qui a la forme d'un cône. – math. *Surface conoïde ou un conoïde* **n. m.**

Conon de Béthune Trouvère artésien (v. 1150-v. 1220). Ses chansons célèbrent tantôt l'amour courtois, tantôt la croisade.

conopée n. m. (grec *kônôpeion* « moustiquaire ») relig. Voile qui enveloppe le tabernacle d'un autel.

conque n. f. (latin *concha*, du grec) Mollusque bivalve de grande taille ; sa coquille. *Conque marine.*

conquérant, ante n. **1.** Personne qui fait des conquêtes par les armes. → **guerrier, vainqueur.** *Guillaume le Conquérant.* – **adj.** *Les nations conquérantes.* **2.** Personne qui séduit les cœurs, les esprits. **3.** adj. fam. *Un air conquérant,* prétentieux, un peu fat.

conquérir v. tr. < 21 > (de l'ancien français *conquerre*, du latin, de *cum* et *quaerere* « chercher » → quérir, ¹quête) **1.** Acquérir par les armes, soumettre par la force. *Conquérir un pays.* → **soumettre, vaincre ; conquis.** – Obtenir en luttant. *Conquérir le pouvoir, un marché.* **2.** Acquérir une forte influence sur (qqn). → **envoûter, séduire, subjuguer.** *Conquérir les cœurs, qqn.* – absolt *« Le succès flatteur est de conquérir, et non de conserver »* (Stendhal).

Conques-en-Rouergue Commune de l'Aveyron, au N.-O. de Rodez. 1 586 habitants. Ancienne abbaye bénédictine devenue un haut lieu de pèlerinage (reliques de sainte Foy). Abbatiale de style roman (tympan du *Jugement dernier*). Trésor (statue-reliquaire dite « Majesté de sainte Foy »). Vitraux de Soulages.

Conques-sur-Orbiel Commune de l'Aude. 2 585 habitants. Enceinte, donjon (XIIe-XVe s.). Au S. de la ville, château des Saptes (XVIe s.). Vignobles.

conquête n. f. (vient du latin → conquérir) **I. 1.** Action de conquérir. → **domination, soumission.** *Faire la conquête d'un pays.* – fig. *Le cheval, « la plus noble conquête que l'Homme ait jamais faite »* (Buffon). – *La conquête de l'espace.* – loc. *À la conquête de... :* à la découverte de. **2.** au plur. Ce qui est conquis. *Les conquêtes sociales.* **II. 1.** Action de séduire (qqn) ; pouvoir sur ceux que l'on a conquis. *Elle a fait sa conquête,* elle lui a plu. **2.** fam. Personne séduite, conquise.

conquis, ise adj. **1.** Pris par une conquête. *Ville conquise.* – fig. *Se conduire comme en pays conquis,* avec impudence, sans ménagement. **2.** Soumis, dominé. – spécialt Séduit. *Un public conquis. Une femme conquise.*

conquistador n. m. (mot espagnol ; famille de *conquérir*) hist. Conquérant espagnol ou portugais de l'Amérique, au XVIe siècle. *Des conquistadors ou des conquistadores* [-dɔʀɛs] (plur. espagnol).

Conrad II le Salique (v. 990-1039). Roi de Germanie (1024-1039), empereur germanique (1027-1039). Fondateur de la dynastie salienne, ou franconienne, il institua le principe d'hérédité des fiefs (1027) qui conduisit à l'anarchie féodale en Allemagne. Il réunit le royaume de Bourgogne et d'Arles à ses États (1032).

Conrad IV de Hohenstaufen (1228-1254). Empereur germanique (1250-1254), roi de Jérusalem et de Sicile. Il fut élu roi des Romains en 1237 et assura la régence de l'Allemagne sous la tutelle de l'archevêque de Mayence.

Conrad (Józef Teodor Konrad Nałęcz Korzeniowski, dit Joseph) Romancier britannique d'origine polonaise (1857-1924). Capitaine dans la marine, il vint à la littérature après de longs voyages. Sa volonté, son sens du style et du rythme lui permirent d'inventer sa propre voix dans une langue autre que sa langue maternelle. Son acuité psychologique, l'intensité de ses évocations et la complexité de son écriture font de lui l'un des grands noms de la littérature moderne. *Typhon ; Le Nègre du « Narcisse » ; Lord Jim ; Au cœur des ténèbres.*

Conrad von Hötzendorf (Franz, baron puis comte) Feld-maréchal autrichien (1852-1925). Chef de l'état-major austro-hongrois, il fut, avec Hindenburg, le principal vainqueur des Russes en Pologne en 1915. Commandant du front tyrolien, il vainquit les Italiens à Caporetto (octobre 1917).

Conrart (Valentin) Écrivain et érudit français (1603-1675). Les lettrés qu'il réunissait chez lui formèrent l'Académie française, dont il devint le premier secrétaire.

consacrant, ante adj. relig. Qui consacre. *Prêtre consacrant,* qui dit la messe. → **célébrant.**

consacré, ée adj. Qui est de règle, normal dans une circonstance. *Expression consacrée.* → **habituel.**

consacrer v. tr. < 1 > (du latin, de *cum* et *sacrare* « rendre sacré ») **1.** Rendre sacré en dédiant à Dieu (→ **consécration**). *Consacrer une église.* **2.** *Consacrer qqch. à :* destiner (qqch.) à un usage. → **donner.** *Combien de temps pouvez-vous me consacrer ?* → **accorder.** – pronom. *Se consacrer à une œuvre.* **3.** Rendre durable et faire considérer comme légitime. *Consacrer une pratique.*

Consalvi (Ercole) Prélat romain (1757-1824). Secrétaire du conclave de Venise où il fit élire Pie VII (1800), cardinal et secrétaire du Saint-Siège, il signa à Paris le concordat de 1801. Il représenta le Saint-Siège au congrès de Vienne, où il obtint la reconstitution des États de l'Église.

consanguin, ine adj. (du latin ; famille de *sang*) **1.** Qui est parent du côté du père. *Des cousins consanguins.* **2.** Qui a un ascendant commun. – *Union consanguine.*

consanguinité [kɔ̃sɑ̃g(ɥ)inite] n. f. didact. Lien entre parents consanguins.

consciemment [kɔ̃sjamɑ̃] adv. D'une façon consciente.

conscience [kɔ̃sjɑ̃s] n. f. (du latin, de *cum* et *scire* « savoir ») Faculté humaine de connaître sa propre réalité et de la juger. **I. 1.** Connaissance immédiate de sa propre activité psychique (s'oppose à *inconscience*). *« La seule façon d'exister, pour la conscience, c'est d'avoir conscience d'exister »* (Sartre). – *Perdre conscience.* **2.** Connaissance immédiate, spontanée. *Avoir, prendre conscience de qqch. Avoir conscience de sa force, du danger.* – absolt *Liberté* de conscience.* **II. 1.** Faculté ou fait de porter des jugements de valeur

conquistador

Les conquistadors, avec Hernán Cortés, débarquèrent sur la côte du Mexique en 1519 (manuscrit aztèque du XVIe s.), Bibliothèque nationale de France, Paris.

C

sur ses propres actes. *Une conscience droite, pure. Cas* de conscience. Agir selon sa conscience.* allus. *« Science* sans conscience... » Avoir la conscience tranquille. Avoir (une faute, un poids)* ***sur la conscience,*** quelque chose à se reprocher. – ***En conscience :*** en toute franchise, honnêtement. *En mon âme et conscience* (formule de serment). – relig. *Directeur de conscience.* **2.** ***Bonne conscience :*** état d'une personne qui estime (souvent à tort) n'avoir rien à se reprocher. – ***Avoir mauvaise conscience*** (→ **culpabilité**). **3.** ***Conscience professionnelle :*** honnêteté, soin dans son travail.

▶ Terme ambigu, **conscience** a tout d'abord désigné la conscience morale, à savoir la faculté de juger si une action accomplie ou projetée est bonne ou mauvaise. On la décrit traditionnellement comme une voix intérieure qui guide celui qui agit. « Conscience ! conscience ! instinct divin, immortelle et céleste voix [...], juge infaillible du bien et du mal, qui rend l'homme semblable à Dieu », s'écrie Rousseau dans l'*Émile* (1762). Pour certains, la conscience morale est un sentiment inné, naturel, du bien et du mal ; pour d'autres, à l'inverse, elle dérive de l'expérience, de l'éducation, de la société.
Il faut distinguer la conscience morale (*Gewissen* en allemand) de la conscience psychologique (*Bewusstsein*), qui a été comprise par les philosophes de multiples manières. Descartes fonde sa philosophie sur l'expérience de sa propre conscience (ou pensée) : après avoir douté de tout, il pose comme vérité première le *cogito* puis se définit comme une substance pensante, ayant une conscience immédiate de toutes ses pensées.
La philosophie de la conscience a été fortement marquée par Descartes, mais aussi par Locke (pour qui « la conscience constitue l'identité personnelle »), par Kant, Hegel et Bergson. Husserl, pour sa part, définit la conscience non plus en termes de substance mais comme « intentionnalité » : « toute conscience est conscience de quelque chose », c'est-à-dire tension, visée vers autre chose qu'elle-même, ouverture au monde. Comme Nietzsche et Marx, Freud a fait tomber la conscience de son « piédestal », en montrant la puissance de l'inconscient.
voir aussi **éthique, cartésianisme, inconscient**

Conscience (Hendrik) Écrivain belge d'expression flamande (1812-1883). Actif dans le mouvement des revendications flamandes, il connut le succès avec son roman historique *Le Lion de Flandre ou la Bataille des Éperons d'or,* qui célèbre la victoire en 1302 des communes flamandes sur les troupes du roi de France.

consciencieusement [kɔ̃sjɑ̃sjøzmɑ̃] **adv.** Avec application.

consciencieux, ieuse [kɔ̃sjɑ̃sjø, jøz] **adj. 1.** Qui obéit à la conscience morale. ■ spécialt Qui accomplit ses devoirs avec conscience. → **honnête.** *Employé consciencieux.* **2.** Qui est fait avec conscience. *Un travail consciencieux.*

conscient, ente [kɔ̃sjɑ̃, jɑ̃t] **adj. 1.** (personnes) Qui a conscience (I) de ce qu'il fait ou éprouve (s'oppose à *inconscient*). *L'être humain est un être conscient. Elle est consciente de la situation.* ■ Avoir sa connaissance. *Le blessé est conscient.* **2.** (choses) Dont on a conscience (I). *États semi-conscients. Mouvements conscients et volontaires.* – **n. m.** *Le conscient et l'inconscient.*

conscientiser [kɔ̃sjɑ̃tize] **v. tr.** < 1 > didact. Faire prendre conscience à (qqn). → **sensibiliser.** *Conscientiser les parents d'élèves.* – **p. p. adj.** Dont la conscience est éveillée. *Une génération conscientisée.* – spécialt Donner une conscience politique à. □ **n. f. conscientisation**

conscription **n. f.** (du latin « rédaction », d'après *conscrit*) Inscription des jeunes gens pour le service militaire. → **recrutement.**

conscrit, ite **n.** (latin *conscriptus* « enrôlé », de *conscribere,* de *cum* et *scribere* → **écrire**) Personne inscrite pour accomplir son service militaire. – Soldat nouvellement recruté. → **recrue ;** fam. **bleu.**

consécration **n. f.** (du latin → **consacrer**) **I.** Action de consacrer à la divinité, à Dieu. – Action par laquelle le prêtre consacre le pain et le vin, à la messe. **II.** Action de sanctionner, de rendre durable (→ **consacré**). *Recevoir la consécration du temps* (par le temps). *La consécration d'une œuvre par le succès.*

consécutif, ive **adj.** (du latin, du p. p. de *consequi,* de *cum* et *sequi* → **conséquent**) **1.** au plur. Qui se suit dans le temps. *Pendant six jours consécutifs.* **2.** ***Consécutif à :*** qui suit, résulte de. *La fatigue consécutive à un effort violent.* **3.** gramm. *Proposition consécutive,* qui exprime une conséquence. – log. *Relation consécutive.*

consécution **n. f.** (→ **consécutif**) didact. Suite, enchaînement ; caractère de ce qui est consécutif.

consécutivement **adv. 1.** Immédiatement après, à la suite. *Elle a eu deux accidents consécutivement,* coup sur coup. **2.** *Consécutivement à :* par suite de.

conseil **n. m.** (vient du latin *consilium,* de *consulere* → **consulter**) **I. 1.** Opinion donnée à qqn sur ce qu'il doit faire. → **avis, recommandation.** *Donner un bon conseil à qqn.* → **²conseiller.** *Un conseil judicieux. Mauvais conseil. Demander conseil à qqn. « Monsieur, répondit le mendiant, je vous demande de l'argent et non pas des conseils »* (Voltaire). *Suivre un conseil. Être de bon conseil.* ■ spécialt Activité professionnelle consistant à mettre ses connaissances à la disposition de clients. *Société de conseil en informatique.* **2.** Incitation qui résulte de qqch. – prov. *La nuit porte conseil.* **3.** appos. *Avocat-conseil, ingénieur-conseil* (qui donnent des avis). *Des avocats-conseils.* ■ *Conseil juridique.* **II.** Réunion de personnes qui délibèrent, donnent leur avis sur des affaires publiques ou privées. → **assemblée.** *Les membres, le président d'un conseil.* ■ (institutions françaises) *Conseil d'État. Conseil constitutionnel.* – *Conseil des ministres,* réunion des ministres sous la présidence du chef de l'État. → **gouvernement.** – *Conseils départementaux* (anciennt *généraux*) : assemblées délibérantes dans chaque département. *Conseils municipaux* (maire et adjoint, conseillers). ■ (institutions internationales) *Le Conseil de sécurité.* – *Le Conseil de l'Europe.* ■ ***Conseil d'administration :*** dans une société anonyme, Réunion d'actionnaires pour gérer les affaires (abrév. *CA*). – ***Le conseil de l'ordre*** *des médecins.* – *Conseil de discipline.* – *Conseil de classe,* réunion des professeurs, des parents d'élèves et des délégués d'une classe.

Conseil constitutionnel Organe créé par la Constitution française de 1958 et chargé de veiller à son respect. Il est composé des anciens présidents de la République et de neuf membres nommés pour neuf ans. Il est obligatoirement saisi de la constitutionnalité de toute loi organique ou de toute modification du règlement intérieur des assemblées parlementaires. L'article 16 de la Constitution (pouvoirs exceptionnels) ne peut être appliqué sans qu'il soit consulté.

Conseil de la République Assemblée instituée par la Constitution de la IVe République (oct. 1946) en remplacement du Sénat de la IIIe République. La Constitution de la Ve République (1958) rétablit le Sénat.

Conseil de l'Europe voir **Europe**

Conseil des Anciens voir **Anciens (Conseil des)**

Conseil des Cinq-Cents voir **Cinq-Cents (Conseil des)**

Conseil de sécurité Organe exécutif de l'ONU ayant « la responsabilité principale du maintien de la paix et de la sécurité internationales ». Seule structure politique des Nations unies, composé de cinq membres permanents (Grande-Bretagne, États-Unis, France, Chine et Russie) et de 10 autres élus pour deux ans, le Conseil de sécurité a le pouvoir de prendre des résolutions que les États membres sont contraints d'appliquer en vertu de la charte des Nations unies signée à San Francisco le 26 juin 1945.

Conseil d'État Premier corps de l'État, organe juridictionnel suprême de la France. Il siège au Palais-Royal à Paris, et joue le rôle de conseiller du pouvoir exécutif et de tribunal administratif suprême.

Conseil du roi Organisme principal du gouvernement sous l'Ancien Régime. Héritier de la *Curia regis* féodale, le Conseil du roi fut divisé jusqu'au XVIIe s. en *Conseil étroit,* s'occupant des questions les plus importantes, et *Conseil privé,* traitant les affaires administratives et judiciaires courantes. Sous Louis XIV, il y eut quatre conseils distincts.

Conseil économique, social et environnemental (CESE) Organisme consultatif issu en 2008 du Conseil économique et social qui avait été institué par la Constitution de 1958. Constitué de 175 membres, il forme une assemblée consultative auprès du gouvernement et du Parlement.

Conseil français du culte musulman (CFCM) Association fondée en 2003 afin de défendre la dignité et les intérêts du culte musulman et d'assurer la représentation des lieux de culte auprès des pouvoirs publics.

¹conseiller, ère **n.** (vient du latin *consiliarius,* de *consilium* → **conseil**) **1.** Personne qui donne des conseils. – prov. *La colère est mauvaise conseillère.* – *Conseillère d'orientation ; conseiller d'éducation* (dans un collège). **2.** Membre d'un conseil. *Elle est conseillère à la Cour des comptes.*

²conseiller **v. tr.** < 1 > (vient du latin pop. *consiliare,* de *consilium* → **conseil**) **1.** Indiquer à qqn (ce qu'il doit faire ou ne pas faire). *Conseiller qqch. à qqn.* → **recommander, suggérer.** *Je ne vous le conseille pas.* → **déconseiller.** ■ **v. tr. ind.** *Conseiller (à qqn) de faire qqch. « Je vous conseille, moi, de prendre cet époux »* (Molière). **2.** Guider (qqn) en lui indiquant ce qu'il doit faire. *Conseiller un ami dans l'embarras.* – au passif *Vous avez été mal conseillé.*

conseilleur, euse **n.** Personne qui donne des conseils. – prov. *Les conseilleurs ne sont pas les payeurs.*

Conseil national de la Résistance (CNR) Organisme fondé en 1943 pour unifier les mouvements de la Résistance, jusqu'alors politiquement divisés. Présidé par Jean Moulin, puis par G. Bidault, le CNR regroupa huit réseaux de la Résistance française, des représentants des syndicats (CGT et CFTC) et des partis politiques.

Conseil national du patronat français (CNPF) voir **Mouvement des entreprises de France (MEDEF)**

Conseil œcuménique des Églises Organisme fondé en 1948 à Amsterdam et issu des préparatifs engagés en 1937 à Édimbourg, pour assurer le rapprochement des Églises chrétiennes. En 2021, le Conseil rassemblait 352 Églises, soit 500 millions de chrétiens. L'Église catholique romaine n'y a pas adhéré.

Conseil représentatif des institutions juives de France voir **Crif**

Conseil supérieur de l'audiovisuel (CSA) Organisme public français, créé en janvier 1989, chargé de garantir la liberté de la communication audiovisuelle. Il a été remplacé par l'Autorité de régulation de la communication audiovisuelle et numérique (Arcom) en 2022.

consensus [kɔ̃sɛ̃sys] **n. m.** (mot latin « accord », de *consentire* → **consentir**) Accord entre personnes. *Recueillir un large consensus.* □ **adj. consensuel, elle**

consentant, ante **adj.** Qui consent, accepte. *Les parents étaient consentants.* – spécialt Qui accepte une relation sexuelle. *Relation entre adultes consentants.*

consentement **n. m.** Acquiescement donné à un projet ; décision de ne pas s'y opposer. → **accord, assentiment, permission.** *Accorder, refuser son consentement. « Ce n'est pas l'amour qui fait le mariage, mais le consen-*

tement » (Claudel). *Consentement sexuel,* entre partenaires.

consentir v. tr. < 16 > (latin *consentire,* de *cum* et *sentire* → sentir) **I. v. tr. ind.** *Consentir à,* accepter qu'une chose se fasse. → **acquiescer.** *Les parents ont consenti au mariage. J'y consens. Je consens à ce qu'il y aille.* – prov. *Qui ne dit mot consent,* celui qui se tait ne s'oppose pas. **II. v. tr. dir. 1.** *Consentir que* (+ subj.). → **admettre, permettre.** « *Je consens qu'une femme ait des clartés de tout* » (Molière). **2.** Accorder (un avantage) à qqn. *Consentir un prêt.*

conséquemment [kɔ̃sekamɑ̃] **adv.** littér. **1.** Avec esprit de suite. **2.** Par conséquent.

conséquence n. f. (du latin → conséquent) **1.** Suite qu'une action, un fait entraîne. → **effet, résultat, suite.** *La cause et les conséquences. Conséquences sérieuses, graves. Avoir (qqch.) pour conséquence.* – loc. *Tirer, ne pas tirer à conséquence. Sans conséquence,* sans suite fâcheuse ; insignifiant. **2.** *En conséquence* **loc. adv.** : compte tenu de ce qui précède. *Nous agirons en conséquence. En conséquence de quoi...*

conséquent, ente adj. (du latin, de *consequi,* de *cum* et *sequi* « suivre* » → séquence) **I. 1.** Qui agit ou raisonne avec esprit de suite. → **²logique.** *Être conséquent avec ses principes, avec soi-même.* **2.** log. *Le terme conséquent* ou *le conséquent* **n. m.** : conclusion d'un syllogisme. *L'antécédent et le conséquent.* **3.** *Par conséquent* **loc. adv.** : comme suite logique. « *Il y aura toujours à aimer sur la terre, par conséquent à plaindre, à servir, à souffrir* » (G. Sand). → **ainsi, donc. II.** fam. (critiqué) Important. *Une somme conséquente.*

conservateur, trice (du latin → conserver) **I. n.** Personne qui a la charge de conserver des choses précieuses. *La conservatrice d'un musée.* **II. adj.** fig. (en politique) Qui veut conserver, préserver ce qui existe. *Un parti conservateur,* défenseur de l'ordre social, des valeurs traditionnelles. – *Un journal conservateur.* – **n.** *Les conservateurs.* **III. n. m. 1.** Produit destiné à la conservation des aliments. **2.** Congélateur.

conservateur (Parti) Parti politique britannique créé en 1824. Cette désignation remplaça le terme *tory* après la réforme électorale de 1832. Les conservateurs ont alterné au pouvoir avec les libéraux, jusqu'en 1923, puis avec les travaillistes. L'objectif essentiel du parti, tel que son « fondateur » Robert Peel l'a défini, est d'entreprendre des réformes économiques et sociales tout en protégeant l'ordre établi. Au pouvoir depuis 2010, les conservateurs ont dû mener à bien le processus de sortie de la Grande-Bretagne de l'Union européenne.

conservation n. f. (du latin → conserver) **1.** Action de conserver, de maintenir intact ou dans le même état. → **entretien, ¹garde, sauvegarde.** *Instinct de conservation* (de soi-même, de sa propre vie). – *Conservation des aliments par congélation, déshydratation, stérilisation, salage, fumage. Agent de conservation.* → **conservateur** (III, 1). **2.** État de ce qui est conservé.

conservatisme n. m. État d'esprit des conservateurs. → **conformisme, traditionalisme.**

¹conservatoire adj. dr. Destiné à conserver. *Mesures conservatoires.*

²conservatoire n. m. (de l'italien « école où l'on conserve le niveau et la tradition ») **1.** (en France) École de musique. *Un premier prix du Conservatoire.* ■ École qui forme des comédiens. **2.** *Conservatoire national des arts et métiers,* nom d'un établissement de recherche et d'enseignement français (sciences et techniques).

Conservatoire national des Arts et Métiers voir Arts et Métiers (Conservatoire national des)

Conservatoire national supérieur d'art dramatique École de théâtre dont le siège est à Paris, séparée en 1946 du Conservatoire national supérieur de musique. Les études y durent trois ans, encadrées par des professionnels (acteurs et metteurs en scène) en activité.

Conservatoire national supérieur de musique et de danse (CNSMD) Il existe deux conservatoires de musique et de danse en France : celui de Paris, appelé Conservatoire national supérieur de musique et de danse de Paris (CNSMDP), installé depuis 1990 dans la Cité de la musique, et celui de Lyon, le Conservatoire national supérieur de musique et de danse de Lyon (CNSMDL), quai Chauveau.

conserve n. f. (de *conserver*) **I. 1.** Substance alimentaire conservée dans un récipient hermétique. *Faire des conserves de légumes. Des boîtes de conserve.* **2.** *En conserve* : en boîte (opposé à *frais*). *Petits pois, sardines en conserve.* **II.** (d'un sens maritime de *conserver*) *De conserve* **loc. adv.** : ensemble. *Naviguer de conserve.* – *Agir de conserve,* en accord avec qqn. → de **concert.**

conserver v. tr. < 1 > (latin *conservare,* de *cum* et *servare* « préserver », de *servus* → serf, servir) **1.** Maintenir en bon état, préserver de l'altération, de la destruction. → **entretenir, garder.** *Conserver des aliments* (→ **conserve**). **2.** Ne pas laisser disparaître ; faire durer. → **garder.** *Conserver une tradition.* **3.** Ne pas perdre, garder (avec soi). *Conserver son emploi. Conserver son calme. Conserver un espoir.* **4.** Ne pas jeter. *Conserver des lettres.* ■ **conservé, ée p. p.** spécialt *Être bien conservé,* ne pas paraître son âge.

conserverie n. f. **1.** Usine de conserves alimentaires. **2.** Industrie des conserves.

conserveur, euse n. Producteur, industriel de la conserverie. – appos. *Ouvrier conserveur.*

considérable adj. (de *considérer*) (grandeur, quantité) Très important. → **grand.** *Des sommes considérables.*

considérablement adv. En grande quantité ; beaucoup. → **énormément.**

considérant n. m. dr. Considération qui motive un décret, une loi, et qui en précède le texte. → **²attendu, motif.** *Les considérants d'un jugement.*

Considérant (Victor) Philosophe et économiste français (1808-1893). Il se consacra à la propagation des doctrines de Ch. Fourier et dirigea l'hebdomadaire *Le Phalanstère* (1836-1843). Député en 1848, il fut exilé sous la IIe République et créa une colonie socialiste au Texas en 1854. *Principes du socialisme ; Théorie du droit de propriété et du droit au travail.*

considération n. f. (du latin → considérer) **1.** Motif, raison que l'on considère pour agir. *Je ne peux pas entrer dans ces considérations.* **2.** Fait de considérer, d'envisager. *Digne de considération,* d'attention. ■ *Prendre en considération :* tenir compte de. – *En considération de* **loc. prép.** → eu égard* à. **3.** Estime que l'on porte à qqn. → **déférence, égard.** « *L'estime vaut mieux que la célébrité, la considération vaut mieux que la renommée* » (Chamfort).

considérer v. tr. < 6 > (du latin, de *cum* et *sidus, sideris* « étoile, astre » → sidérer) **1.** Regarder attentivement. « *M'as-tu de tes gros yeux assez considéré ?* » (Molière). **2.** Envisager par un examen attentif, critique. → **examiner, observer.** *Considérer une chose sous tous ses aspects.* « *En toutes choses il faut considérer la fin* » (La Fontaine). loc. *Tout bien considéré.* **3.** Faire cas de (qqn). → **estimer. 4.** *Considérer qqn, qqch. comme.* → **juger, tenir** pour. *Je le considère comme un ami.* – pronom. *Il se considère comme un personnage.* – passif *Il est considéré comme le meilleur patineur français.* **5.** *Considérer que.* → **estimer, ¹penser.** *Je considère qu'il a raison.* ■ **considéré, ée adj.** (sens 3) *Elle est très considérée dans la ville,* très estimée.

consignataire n. **1.** Dépositaire d'une somme consignée. ■ admin. Préposé(e) à la garde des dépôts et consignations. **2.** Négociant(e), firme commerciale qui reçoit des marchandises en dépôt. → **commissionnaire, mandataire.** ■ mar. Agent maritime qui représente un armateur et assiste le navire lors de son passage dans un port.

consignation n. f. **1.** Fait de consigner (IV). **2.** Consigne (II). **3.** *Caisse des dépôts et consignations* (dépôt de valeurs dues à un créancier).

consigne n. f. (de *consigner*) **I. 1.** Instruction stricte. *Donner, transmettre la consigne.* – loc. *Manger la consigne,* l'oublier. **2.** Défense de sortir par punition. → **retenue ;** fam. **colle. II. 1.** Service chargé de la garde des bagages ; lieu où les bagages sont déposés. *Consigne automatique.* **2.** Somme remboursable versée à la personne qui consigne un emballage.

consigner v. tr. < 1 > (du latin, de *cum* et *signare* → ¹signer) **I.** Remettre en dépôt (un objet, une somme). **II.** Mentionner, rapporter par écrit. → **enregistrer.** *Consigner une réflexion sur un carnet.* → **noter. III.** (Consigner qqn) Empêcher (qqn) de sortir par mesure d'ordre, par punition. → **retenir.** *Consigner un élève.* → fam. **coller ; consigne. IV.** (Consigner qqch.) **1.** Interdire l'accès de. *La police a consigné la salle.* **2.** Mettre à la consigne. *Consigner ses bagages.* **3.** Facturer (un emballage) en s'engageant à reprendre et à rembourser. – au p. p. *Bouteille consignée.*

consistance n. f. (→ consister) **1.** Degré plus ou moins grand de solidité ou d'épaisseur (d'un corps). → **dureté, fermeté.** *La consistance de la boue. La consistance dure, molle, visqueuse d'une substance.* – (liquide) *Prendre consistance,* épaissir. **2.** fig. État de ce qui est ferme, solide. → **solidité.** *Caractère, esprit sans consistance.*

consistant, ante adj. **1.** Qui est ferme, épais. *Une sauce trop consistante.* → **épais. 2.** Qui nourrit. *Un repas consistant.* → **copieux. 3.** fig. Qui a de la consistance (2).

consister v. tr. ind. < 1 > (du latin, de *cum* et *sistere,* de *stare* → état, station) **1.** *Consister en, dans :* se composer de. *Ce bâtiment consiste en trente appartements.* → **comporter, comprendre.** *En quoi consiste ce projet ?* **2.** *Consister à. La sagesse consiste maintenant à patienter.*

consistoire n. m. (du latin, de *consistere* → consister) Assemblée de cardinaux. – Assemblée de ministres du culte protestant ou israélite. □ **adj. consistorial, ale, aux**

consœur n. f. (→ sœur) Femme qui appartient à une société, à une compagnie, considérée par rapport aux autres membres (et notamment aux autres femmes). → **confrère.**

consolant, ante adj. Propre à consoler. → **consolateur, réconfortant.** *Des paroles consolantes. Il est consolant de se dire que...*

consolateur, trice n. (du latin → consoler) Personne qui console. – **adj.** → **consolant.** « *La religion chrétienne est principalement consolatrice* » (Gide).

consolation n. f. (du latin → consoler) Soulagement apporté à la douleur, à la peine de qqn. → **réconfort.** *Paroles de consolation. C'est une consolation de savoir que...* – *Prix, lot de consolation.* – (personnes) *Sa fille est sa seule consolation.*

console n. f. (abrév. de *consolateur,* au sens de « statue servant d'accoudoir ») **1.** Moulure saillante en forme de S, qui sert de support. *La console d'un balcon.* **2.** Table adossée

Console en bois doré (XVIIIe s.).

contre un mur et dont les pieds ont la forme d'une console. **3.** *Console d'orgue*, le meuble qui porte les claviers, etc. **4.** vieilli Élément périphérique (écran et clavier) d'un ordinateur. → **²terminal.** – mod. *Console de jeux (vidéo)* : terminal d'ordinateur qui se branche sur un téléviseur et qui est réservé à la pratique des jeux vidéo. ■ Pupitre d'enregistrement sonore.

C

consoler v. tr. < 1 > (latin *consolari*, de *cum* et *solari* « soulager ») **1.** Soulager (qqn) dans son chagrin, dans sa douleur. → **apaiser, soulager.** *Consoler un enfant qui pleure.* **2.** (choses) Apporter un réconfort, une compensation à. *Ce n'est pas ça qui va le consoler.* ■ **se consoler v. pron.** Trouver en soi une consolation. *Il ne se console pas de la mort de sa femme.* → **inconsolable.** □ **adj. consolable**

consolider v. tr. < 1 > (du latin, de *cum* et *solidus* → **solide**) **1.** Rendre (qqch.) plus solide, plus stable. → **renforcer, soutenir.** *Consolider un édifice, une charpente.* **2.** fig. Rendre solide, durable. → **confirmer.** *Consolider sa position.* **3.** *Consolider une rente, un emprunt*, le garantir. – au p. p. *Fonds consolidés*, garantis. – *Bilan consolidé* (par mise en commun de tous les comptes). □ **n. f. consolidation**

consommable adj. **1.** Qui peut être consommé. → **mangeable.** *Viande encore consommable.* **2.** fam. (personnes) → **baisable.** **3. n. m.** (surtout au plur.) Produit qu'il faut fréquemment renouveler lors de l'utilisation d'un appareil (imprimante...) ou dans un laboratoire (pipettes...).

consommateur, trice n. **1.** Personne qui consomme (des marchandises, des richesses). *Du producteur au consommateur.* → **acheteur.** *Défense du consommateur.* → anglic. **consumérisme.** – adj. *Pays consommateur de pétrole.* **2.** Personne qui prend une consommation dans un café.

consommation n. f. (du latin → **consommer**) **I.** vieux ou littér. Achèvement, fin. *Jusqu'à la consommation des temps.* **II. 1.** Usage. *Faire une grande consommation de papier à lettres. Consommation d'électricité.* – absolt (s'oppose à *production* ; à *conservation, investissement*). *Biens de consommation. Société de consommation*, dont l'équilibre économique repose sur l'importance de la consommation. **2.** Ce qu'un client consomme au café. *Payer les consommations.* - abrév. fam. **conso.**

▶ La **consommation** (II, 1) constitue selon l'économiste Adam Smith « l'unique aboutissement et la seule finalité de toute production ». La consommation est l'utilisation d'un bien ou d'un service qui entraîne à terme sa destruction ou sa transformation. La consommation peut avoir deux buts : la satisfaction d'un besoin ou la production de biens.
Lorsqu'elle satisfait un besoin, on parle de *consommation finale*. La consommation finale des ménages concerne principalement des biens et services marchands (denrées alimentaires, vêtements, voitures...) ainsi que des services non marchands (dépenses de santé, d'éducation... financées par la collectivité).
Lorsqu'elle sert à produire des biens, on parle de *consommation intermédiaire*. L'analyse économique et sociale de la consommation est complexe. Au niveau microéconomique, les économistes étudient les comportements individuels de consommation (maximisation de la satisfaction, arbitrage entre consommation présente et future...), mais aussi les propriétés de différents biens selon que leur demande réagit plus ou moins aux variations de prix et aux variations de revenus (biens dits inférieurs ou supérieurs).
Au plan macroéconomique, de grands déterminants de la consommation sont isolés (le revenu, la « confiance », le temps disponible...). Quoi qu'il en soit, l'évolution de la structure de la consommation des ménages caractérise la transformation des modes de vie.
voir aussi **revenu, épargne**

consommatoire adj. De la consommation. *Les comportements consommatoires.*

¹consommé, ée adj. littér. Parvenu à un degré élevé de perfection. → **accompli, achevé.** *Un artiste consommé. Habileté consommée.*

²consommé n. m. (« achevé » dans la concentration) Bouillon de viande concentré. *Un consommé de poulet.*

consommer v. tr. < 1 > (du latin, de *cum* et *summa* → **¹somme**) **I.** littér. **1.** Mener (une chose) au terme de son accomplissement (→ **consommation (I)**). *Consommer son œuvre.* **2.** *Consommer un forfait, un crime.* → **accomplir, commettre.** ■ *Consommer le mariage* : accomplir l'union charnelle. **II. 1.** Amener (une chose) à destruction en utilisant sa substance ; en faire un usage qui la rend ensuite inutilisable. → **user de, utiliser.** *Consommer des aliments*, boire, manger. – pronom. (passif) *Ce plat se consomme froid.* ■ spécialt Acquérir un bien, un service pour satisfaire un besoin. **2.** intrans. Prendre une consommation au café. **3.** (choses) User (du combustible, etc.). *Cette voiture consomme trop (d'essence).*

consomptible adj. (du latin → **consumer**) dr. Dont on ne peut se servir sans le détruire. *Biens, produits consomptibles par le premier usage.*

consomption n. f. (du latin, de *consumere* → **consumer**) Amaigrissement et dépérissement, dans une maladie grave et prolongée.

consonance n. f. (du latin, de *consona* → **consonne**) **1.** Ensemble de sons (accord) considéré dans la musique occidentale comme plus agréable à l'oreille (opposé à *dissonance*). **2.** Uniformité ou ressemblance du son final (de mots). → **assonance, rime.** **3.** Succession, ensemble de sons. *Un nom aux consonances harmonieuses.*

consonant, ante adj. Qui produit une consonance ; est formé de consonances (1, 2).

consonantique adj. Relatif aux consonnes (opposé à *vocalique*). □ **n. m. consonantisme**

consonne n. f. (latin *consona*, de *cum* et *sonus* → **²son**) **1.** Phonème produit par le passage de l'air à travers la gorge, la bouche, formant obstacles. *Les consonnes et les voyelles.* « *Je réglai la forme et le mouvement de chaque consonne* » (Rimbaud). **2.** Lettre représentant une consonne.

consort (du latin « qui partage le même sort », de *cum* et *sors* → **sort**) **1. n. m. pl.** *Un tel et consorts* : et les personnes qui agissent avec lui ; et les gens de même espèce (souvent péj.). **2. adj.** (invar. en genre) *Prince consort* : époux d'une reine, quand il ne règne pas lui-même. – *Reine consort* : épouse non régnante d'un souverain.

consortium [kɔ̃sɔʀsjɔm] n. m. (mot anglais, du latin « communauté ») Groupement d'entreprises. *Des consortiums d'achat* (→ **comptoir**). □ **adj. consortial, ale, aux**

consoude n. f. (bas latin *consolida*, de *consolidare* « affermir », à cause de ses propriétés) Plante des fossés humides aux grandes tiges velues.

conspirateur, trice n. Personne qui conspire. → **comploteur.** *Des airs de conspirateurs*, mystérieux.

conspiration n. f. **1.** Accord secret entre plusieurs personnes pour renverser le pouvoir établi. → **complot, conjuration.** **2.** Entente dirigée contre qqn ou qqch. *La conspiration du silence.*

Conspiration des poudres Complot formé en 1604-1605 à Londres par des catholiques en vue de faire sauter le Parlement et tuer le roi Jacques Iᵉʳ. Il échoua à la suite de l'arrestation d'un des complices, Guy Fawkes.

conspirationniste n. et adj. Personne qui défend la théorie d'une conspiration organisée pour manipuler l'opinion. → **complotiste.** – adj. *Thèses conspirationnistes.* □ **n. m. conspirationnisme**

conspirer v. < 1 > (du latin, de *cum* et *spirare* « souffler » → **expirer, inspirer**) **1. v. intr.** S'entendre secrètement pour renverser le pouvoir ou contre qqn, qqch. → **comploter.** absolt « *Quand M. de Talleyrand ne conspire pas, il trafique* » (Chateaubriand). *Conspirer contre le gouvernement.* **2. v. tr. ind.** *Conspirer à* : contribuer au même effet. → **concourir.** « *Tout semblait conspirer au bonheur de cette journée* » (Rousseau).

conspuer v. tr. < 1 > (du latin, de *cum* et *spuere* « cracher ») Manifester bruyamment et en groupe contre (qqn). → **huer.** *Conspuer un orateur.*

constable n. m. (mot anglais, de l'ancien français → **connétable**) (Dans les pays anglo-saxons) Officier de police ; sergent de ville.

Constable (John) Peintre et dessinateur britannique (1776-1837). Peintre de la campagne anglaise, il fut remarqué pour la spontanéité de ses compositions, pourtant contraire aux principes académiques : la *Charrette de foin*, présentée à Paris, fut une révélation. À partir de 1828, sa vision devint plus lyrique et plus dramatique et il utilisa une matière plus épaisse, qu'il étalait au couteau (*Le Cénotaphe*). Delacroix le considérait comme « le père du paysage français ».

constamment adv. D'une manière constante. → **continuellement, toujours.**

constance n. f. (→ **constant**) **1.** vieilli ou littér. Force morale, courage. **2.** Persévérance dans ce que l'on entreprend. *La constance en amour.* → **fidélité.** – fam. Patience. **3.** didact. Caractère durable, constant. → **continuité, permanence, persistance.** *La constance d'un phénomène.*

Constance Iᵉʳ Chlore (mort en 306). Empereur romain (305-306). Il gouverna les Gaules, l'Espagne et la Bretagne. Devenu empereur avec Galère, il fit cesser dans ses États la persécution contre les chrétiens.

Constance II (317-361). Empereur romain (337-361). Fils de Constantin Iᵉʳ le Grand, il reçut le gouvernement de l'empire d'Orient. Après avoir battu l'usurpateur Magnence (353), il resta seul maître de l'Empire. Pensant servir l'Église et l'État, il favorisa l'arianisme et persécuta saint Athanase.

Constance de Castille Reine de France (morte en 1160). Elle fut la deuxième femme de Louis VII (1154).

Constance de Provence Reine de France (morte en 1032). Elle fut la troisième femme de Robert II le Pieux (v. 1003).

Constance en allemand **Konstanz** Ville d'Allemagne (Bade-Wurtemberg), constituant une enclave allemande sur la rive suisse du lac de Constance. 84 400 habitants. Université. Cathédrale romane. Tourisme. Ancienne place forte romaine (Iᵉʳ s.), la ville fut un important centre de commerce au Moyen Âge, grâce à sa situation sur une route reliant l'Orient à la Méditerranée.

Constance (lac de) Lac d'Europe (540 km^2) formé par le Rhin, partagé entre l'Allemagne, la Suisse et l'Autriche. Ses rives sont bordées de stations climatiques.

Constans (Jean) Homme politique français (1833-1913). Ministre de l'Intérieur dans plusieurs cabinets de la IIIᵉ République, il réprima l'agitation boulangiste et les mouvements socialistes.

constant, ante (latin *constans*, de *cum* et *stare* → **état, station**) **1. adj.** (personnes ; actes) littér. Persévérant. « *Un travail constant, soutenu* » (Balzac). **2. adj.** (choses) Qui persiste dans l'état où il se trouve ; qui ne s'interrompt pas. → **continuel, permanent, persistant.** *Manifester un intérêt constant. Qualité constante.* **3. n. f.** Élément qui ne varie pas. ■ sc. *Constante physique.*

Constant Iᵉʳ (v. 323-350). Empereur romain (337-350). Fils de Constantin Iᵉʳ le Grand, il partagea d'abord l'Occident avec son frère Constantin II, puis vainquit celui-ci en 340. Il fut tué par Magnence.

Constant II Héraclius (629-668). Empereur d'Orient (641-668). Il décréta le monothélisme et emprisonna le pape Martin Iᵉʳ. Il fut assassiné à Syracuse par l'un de ses lieutenants.

Constant (Benjamin Constant de Rebecque, dit Benjamin) Homme politique et écrivain français d'origine suisse (1767-

1830). Hostile à Napoléon (il rédigea cependant l'Acte additionnel lors des Cent-Jours), il prit la tête du parti libéral sous la Restauration. C'est surtout pour ses romans *(Cécile ; Adolphe)*, sa *Correspondance* et ses *Journaux intimes* que Benjamin Constant a obtenu sa célébrité littéraire.

Constant (Constant Nieuwenhuys, dit) Peintre, sculpteur et architecte néerlandais (1920-2005). Il participa, en 1948, à la formation du Groupe expérimental qui devait donner naissance au groupe Cobra. Remarqué pour ses peintures, au style violent et spontané, il s'intéressa aussi à l'espace, à travers la sculpture et l'architecture, et à partir de 1956 se consacra à l'élaboration d'une « nouvelle Babylone », cité globale où les hommes pourraient exprimer leur créativité.

Constant (Marius) Compositeur français d'origine roumaine (1925-2004). Il a fondé l'ensemble Ars Nova, consacré à l'interprétation de la musique contemporaine. Il a écrit de la musique de chambre et des œuvres symphoniques *(Turner)*.

Constant (Alphonse Louis) voir **Lévi (Éliphas)**

constantan **n. m.** **(origine incertaine, p.-ê. de *constant*)** Alliage de cuivre et de nickel dont la résistance électrique varie peu avec la température.

Constantin Ier le Grand en latin **Flavius Valerius Aurelius Claudius Constantinus** (entre 270 et 288-337). Empereur romain (306-337). Il fut proclamé empereur par ses légions à la mort de son père Constance Ier Chlore (306). L'Empire était alors dirigé par quatre augustes. Constantin élimina Maximien en le poussant au suicide, s'allia à Licinius, qui régnait sur l'Orient, et vainquit Maxence au pont Milvius (312), victoire décisive pour l'avenir du christianisme. Par les édits de Milan (313), il garantit aux chrétiens une tolérance qui équivalait à la reconnaissance du christianisme comme religion d'État. En 324, il vainquit Licinius. Devenu le seul maître de l'Empire, il se fit le champion de la foi orthodoxe et condamna l'arianisme au concile de Nicée (325). Souverain de droit divin, il établit une administration centralisée et choisit comme nouvelle capitale de l'Empire Constantinople (330).

Constantin II le Jeune (317-340). Empereur romain (337-340). Fils de Constantin Ier. Il entra en rivalité avec son frère Constant Ier et fut vaincu par ce dernier.

Constantin III Héraclius (612-641). Empereur byzantin en 641. Père de Théodose. Il entreprit une politique de rapprochement avec Rome.

Constantin IV (654-685). Empereur byzantin (668-685). Il mit fin à l'avancée arabe en Orient et fit condamner le monothélisme.

Constantin V Copronyme (718-775). Empereur byzantin (741-775). Son règne vit la fin de l'influence byzantine sur les papes. Il condamna le culte des images (concile d'Hiéra, 754).

Constantin VI (771-apr. 800). Empereur byzantin (780-797). Il régna sous la tutelle de sa mère Irène et, battu par les Bulgares et les Arabes, fut écarté du pouvoir par cette dernière.

Constantin VII Porphyrogénète (905-959). Empereur byzantin (913-959). Il gouverna d'abord sous la tutelle de sa mère, Zoé, et de son beau-père, Romain Ier Lécapène, avant d'assumer le pouvoir à partir de 945. Il réforma l'enseignement, l'administration, la législation et favorisa les arts et les lettres.

Constantin VIII (v. 960-1028). Empereur byzantin (991-1028). Il partagea le pouvoir avec son frère Basile II jusqu'en 1025.

Constantin IX Monomaque (v. 980-1055). Empereur byzantin (1042-1055). Il accéda au trône par son mariage avec l'impératrice Zoé (1042), fille de Constantin VIII. Son règne fut marqué par le schisme religieux entre Rome et Constantinople (1054).

Constantin X Doukas (1007-1067). Empereur byzantin (1059-1067). Sous son règne, l'Empire subit la poussée des Seldjoukides.

Constantin XI Paléologue Dragasès (1404-1453). Dernier empereur byzantin (1449-1453). Proclamé empereur à la mort de son frère Jean VIII, il ne put empêcher la prise de Constantinople par Mehmet II et fut tué au cours de l'assaut final.

Constantin Ier (1868-1923). Roi de Grèce (1913-1922). Fils de Georges Ier, il s'efforça de maintenir la neutralité de la Grèce pendant la Première Guerre mondiale mais fut contraint d'abdiquer en 1917 par les Alliés et le gouvernement insurrectionnel de Venizélos. Rappelé en 1920, il fut de nouveau forcé d'abdiquer en 1922 en faveur de son fils Georges II, après sa défaite face aux Turcs.

Constantin II (1940-2023). Dernier roi de Grèce (1964-1973). Fils et successeur de Paul Ier, il fut contraint à l'exil par le coup d'État des colonels (avril 1967). La république fut proclamée en 1973.

Constantin Pavlovitch (1779-1831). Grand-duc de Russie. Il céda ses droits au trône à son frère Nicolas Ier. Vice-roi de Pologne (1816), il fut chassé par l'insurrection de 1830.

Constantine Ville d'Algérie, chef-lieu de wilaya, située sur les hauts plateaux constantinois. 520 000 habitants. Université. Anciennement *Cirta*, la ville devint capitale de la Numidie. Elle prit en 311 le nom de Constantine en l'honneur de l'empereur Constantin Ier. Elle passa ensuite sous le contrôle des Arabes, puis des Turcs.

Constantinople Capitale de l'Empire romain d'Orient (324-395), puis de l'Empire byzantin (395-1453), fondée par Constantin Ier (324-330) sur le site de l'antique Byzance, sur la rive européenne du Bosphore et de la mer de Marmara. La ville fut ornée d'édifices grandioses (palais, basilique Sainte-Sophie). Elle fut capitale religieuse de l'Orient chrétien, centre intellectuel et commercial de l'Orient au Moyen Âge. Assiégée, puis prise par les croisés, elle devint la capitale de l'Empire latin de Constantinople (1204-1261). Occupée par les Turcs en 1453, elle reçut alors le nom d'Istanbul.

Constantinople (détroit de) voir **Bosphore**

Constantza Ville du S.-E. de la Roumanie, dans la Dobroudja, sur la mer Noire. 269 700 habitants. Premier port du pays (pêche, industrie, commerce). Site archéologique.

constat **n. m.** **(mot latin « il est établi », de *constare* → constant)** **1.** Procès-verbal dressé pour décrire un état de fait. *Constat d'huissier. Établir un constat amiable en cas d'accident.* **2.** *Constat de...*, ce par quoi on constate (qqch.). *Dresser un constat d'échec.*

constatation **n. f.** Action de constater pour attester ; fait constaté. → **observation.** *Procéder aux constatations d'usage.*

constater **v. tr.** **< 1 >** **(du latin *constat* → constat)** **1.** Établir par expérience directe la vérité, la réalité de. → **observer, reconnaître.** *Constater un fait, la réalité d'un fait. « On n'explique pas une vocation, on la constate »* (Chardonne). **2.** Consigner (ce qu'on a constaté). *Médecin qui constate un décès.*

constellation **n. f.** **(du latin, de *cum* et *stella* « étoile »)** Groupe apparent d'étoiles qui présente un aspect reconnaissable. *La constellation de la Grande Ourse.*

consteller **v. tr.** **< 1 >** **(→ constellation)** Couvrir d'étoiles, d'astres. **– fig.** *« Ces belles îles de marbre qui constellent l'azur de la mer Égée »* (Taine). ■ **constellé, ée adj.** Parsemé d'objets brillants. *Robe constellée de paillettes.* **– fig.** *Peau constellée de taches de rousseur.*

consternant, ante **adj.** Qui consterne. *Une nouvelle consternante.* **–** *Une naïveté consternante.*

consternation **n. f.** Abattement, accablement.

consterner **v. tr.** **< 1 >** **(du latin, de *cum* et *sternere* « étendre, coucher » → ²estrade, strate)** **1.** Jeter brusquement (qqn) dans un abattement profond. → **abattre, accabler, atterrer, désoler, navrer.** *Son départ m'a consterné.* **– passif et p. p.** *Je suis consterné par son attitude. Un visage consterné.* → **atterré, abattu.** **2.** Attrister en étonnant. *Son incompétence nous consterne.*

constipation **n. f.** Difficulté dans l'évacuation des selles. *Laxatif contre la constipation.*

constiper **v. tr.** **< 1 >** **(du latin, de *cum* et *stipare* « raidir »)** **1.** Causer la constipation de (qqn). **– absolt** *Le riz constipe.* **– au p. p.** *Il est constipé.* **2.** *Constipé, ée* **p. p. adj. fig.** Anxieux, contraint, embarrassé. → **coincé.**

constituant, ante **adj.** **1.** Qui entre dans la composition de. *Les éléments constituants d'un mélange.* → **constitutif.** **– n. m.** *Les constituants de la matière.* **2.** *Assemblée constituante*, chargée d'établir une constitution (II). **– n. f. hist.** *La Constituante* : l'Assemblée française de 1789.

Constituante voir **Assemblée nationale constituante**

constitué, ée **adj.** **1. (personnes)** *Bien, mal constitué* : dont la constitution physique est bonne ou mauvaise. **2.** *Les corps constitués*, établis par la Constitution.

constituer **v. tr.** **< 1 >** **(latin « mettre debout », de *cum* et *statuere* → statuer)** **1. dr.** Établir (qqn) dans une situation légale. **– pronom.** *Se constituer prisonnier. Se constituer partie civile.* **2. dr.** *Constituer une rente à qqn*, la créer à son intention. **3. (sujet choses)**

Constantinople

Plan de la ville de Constantinople, miniature du XVIe siècle, Bibliothèque universelle, Istanbul.

1. Aigle
2. Andromède
3. Autel
4. Balance
5. Baleine
6. Bélier
7. Boussole
8. Bouvier
9. Burin
10. Caméléon
11. Cancer
12. Capricorne
13. Carène
14. Cassiopée
15. Centaure
16. Céphée
17. Chevelure de Bérénice
18. Chiens de chasse
19. Cocher
20. Colombe
21. Compas
22. Corbeau
23. Cou pe
24. Couronne australe
25. Couronne boréale
26. Croix du Sud
27. Cygne
28. Dauphin
29. Dorade
30. Dragon
31. Écu
32. Équerre
33. Éridan
34. Flèche
35. Fourneau
36. Gémeaux
37. Girafe
38. Grand Chien
39. Grande Ourse
40. Grue
41. Hercule
42. Horloge
43. Hydre femelle
44. Hydre mâle
45. Indien
46. Lézard
47. Licorne
48. Lièvre
49. Lion
50. Loup
51. Lynx
52. Lyre
53. Machine pneumatique
54. Microscope
55. Mouche
56. Octant
57. Oiseau de Paradis
58. Orion
59. Paon
60. Pégase
61. Peintre
62. Persée
63. Petit Cheval
64. Petit Chien
65. Petit Lion
66. Petit Renard
67. Petite Ourse
68. Phénix
69. Poisson austral
70. Poisson volant
71. Poissons
72. Poupe
73. Reticulum
74. Sagittaire
75. Scorpion
76. Sculpteur
77. Serpent
78. Serpentaire
79. Sextant
80. Table
81. Taureau
82. Télescope
83. Toucan
84. Triangle
85. Triangle austral
86. Verseau
87. Vierge
88. Voiles

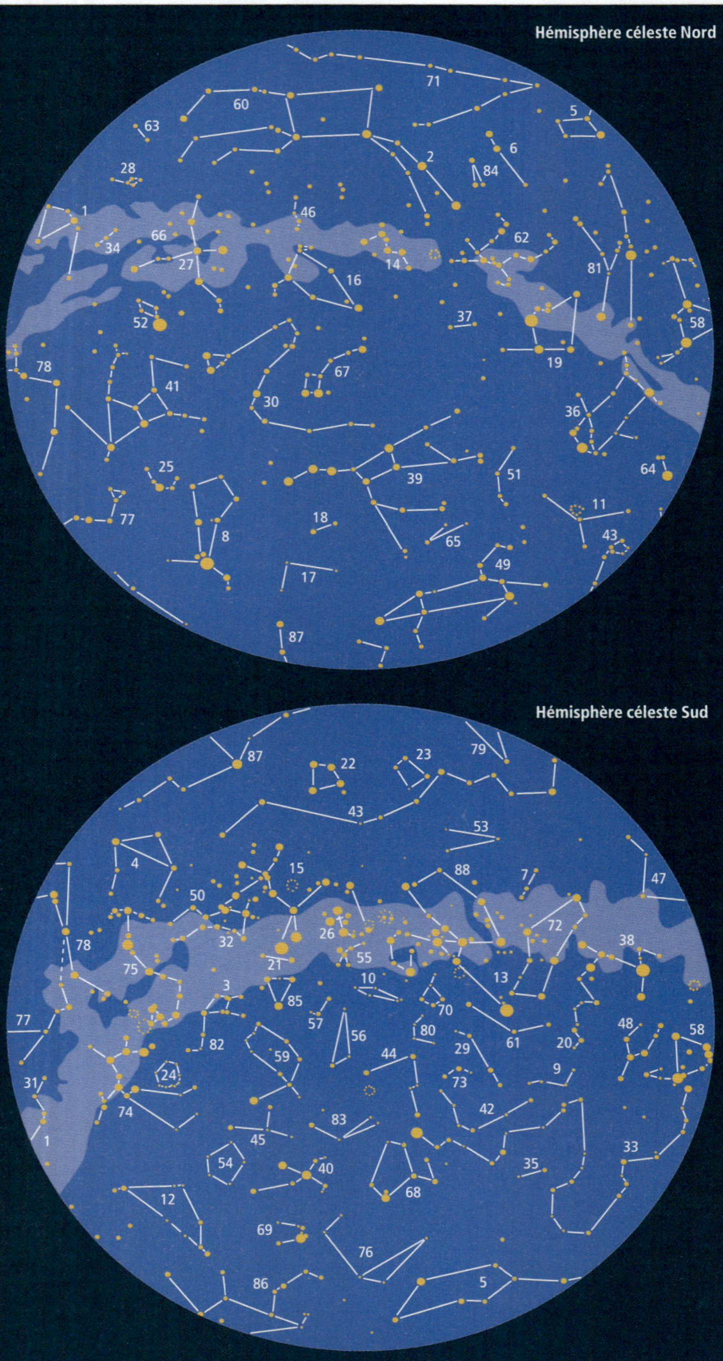

L'univers compte des millions d'étoiles. Depuis l'Antiquité les astrologues puis les astronomes ont regroupé les étoiles voisines les plus brillantes (vues de la Terre) en figures identifiables : ce sont les 88 constellations. Les noms des constellations de l'hémisphère boréal sont largement issus de la mythologie gréco-romaine (Andromède, Hercule, Pégase…). Celles de l'hémisphère austral ont souvent des noms d'animaux (Toucan, Loup…) ou d'objet (Croix du Sud, Boussole, Coupe…). Enfin, 12 constellations portent le nom des signes du zodiaque.

Concourir, avec d'autres éléments, à former (un tout). → **composer.** *Les articles qui constituent un traité.* ■ Être. *Cette action constitue un délit.* **4.** Organiser, créer (une chose complexe). *Constituer un gouvernement, une société.*

constitutif, ive adj. Qui constitue ou établit juridiquement qqch. *Titre constitutif de propriété.* – *Éléments constitutifs d'un corps.* → **constituant.**

constitution n. f. (latin → constituer) **I. 1.** dr. Action d'établir légalement. **2.** Manière dont une chose est composée. → **arrangement, disposition, forme, organisation.** *La constitution d'une substance.* **3.** Action de constituer (un ensemble) ; son résultat. → **composition, création, élaboration.** *La constitution d'un club sportif.* **4.** Ensemble des caractères congénitaux (d'un individu). → **tempérament.** *Robuste, faible constitution.* **II.** Charte, textes fondamentaux qui déterminent la forme du gouvernement d'un pays. *Voter une constitution. Réviser la Constitution. Loi conforme à la Constitution.* → **constitutionnel.**

▶ Une **constitution** (II), parfois également appelée « loi fondamentale », est le texte fondateur d'un régime politique. Le Royaume-Uni possède un ensemble de textes constitutionnels dont le plus ancien remonte au Moyen Âge, mais les constitutions modernes sont en général d'un seul tenant. Le modèle historique est la Constitution américaine, dont le texte, adopté en 1787, est régulièrement complété par des amendements. La France a eu plusieurs Constitutions depuis 1791, jusqu'au texte de 1958 qui fonde la Ve République.
Une constitution, parfois approuvée par référendum, est en quelque sorte le « contrat social » par lequel un peuple se constitue en société politique. Le plus souvent, l'adoption d'une constitution marque l'introduction de la démocratie ; la Suisse est une exception, puisque la Confédération a vécu plusieurs siècles avant d'adopter le Pacte fédéral de 1815, devenu « Constitution » en 1848 et révisé à plusieurs reprises jusqu'en 1999. Dans la hiérarchie des valeurs juridiques, la Constitution est supérieure aux lois. Le Conseil constitutionnel en France ou la Cour suprême aux États-Unis sont chargés de veiller à la constitutionnalité des lois. La ratification de traités internationaux peut obliger à des révisions constitutionnelles. Une modification de la Constitution fait toutefois l'objet d'une procédure plus lourde que l'adoption d'une loi. En France par exemple, il faut réunir le Congrès (l'Assemblée nationale et le Sénat) et obtenir une majorité des deux tiers. Aux États-Unis, l'adoption d'un amendement est un évènement : le XXVIIe et dernier date de 1992.
voir aussi **loi, parlement, démocratie**

Constitution civile du clergé Décret voté par l'Assemblée nationale constituante le 12 juillet 1790 et sanctionné par le roi le 24 août. Cette Constitution visait à donner à l'Église catholique une organisation calquée sur celle de l'administration civile, prévoyant notamment l'élection des évêques. L'Assemblée constituante ayant exigé des prêtres un serment de fidélité à la Constitution du royaume, ces derniers se divisèrent en prêtres assermentés (ou constitutionnels) et prêtres insermentés (ou réfractaires). La condamnation de la Constitution civile du clergé par le pape Pie VI consacra le schisme au sein de l'Église française (avril 1791).

constitutionnaliser v. tr. <1> Donner un caractère constitutionnel à (un texte législatif).

constitutionnel, elle adj. I. Qui constitue, forme l'essence (de qqch.). ■ Qui tient à la constitution (de qqn). *Faiblesse constitutionnelle.* **II. 1.** Relatif ou soumis à une constitution. *Monarchie constitutionnelle.* ■ Conforme à la Constitution du pays. *Cette loi n'est pas constitutionnelle* (→ **anticonstitutionnel**). **2.** *Droit constitutionnel,* qui étudie la structure et le fonctionnement du pouvoir politique (branche du droit public). □ **n. f. constitutionnalité**

constitutionnellement adv. D'une manière conforme à la Constitution.

constructivisme

Constructivisme : *Composition,* Vladimir Levgrafovitch Tatline, peinture sur bois, Nationalgalerie, Berlin.

constricteur, trice adj. (du latin *constrictum,* de *constringere*) anat. Qui resserre (→ **vasoconstricteur**). *Muscles constricteurs.* – zool. *Boa constricteur* ou *constrictor,* qui étreint sa proie dans ses anneaux.

constrictif, ive adj. 1. méd. Qui donne une sensation douloureuse de resserrement (maladies cardiaques, angoisse...). **2.** *Consonne constrictive,* produite par un resserrement (constriction) du canal vocal. → **fricatif.** – **n. f.** *Une constrictive.*

constriction n. f. (du latin *constrictum* → constricteur) Action de serrer, de resserrer en pressant autour. → **étranglement.** ■ Fait de se resserrer.

constructeur, trice n. (latin → construire) **1.** Personne qui bâtit, construit. *Les constructeurs de cathédrales.* → **architecte, bâtisseur.** *Constructeur d'automobiles, d'avions.* **2.** fig. Personne qui établit, fonde. *Un constructeur d'empire.* → **bâtisseur.**

constructible adj. (du latin *constructum* → construire) Où l'on a le droit de construire un édifice. *Terrain constructible.*

constructif, ive adj. Capable de construire, d'élaborer, de créer. → **créateur.** *Un esprit constructif.* ■ Qui aboutit à des résultats positifs. *Une proposition constructive.*

construction n. f. (latin → construire) **1.** Action de construire. → **assemblage, édification.** *La construction d'une maison.* – *Immeuble* **en construction,** en train d'être construit. – *La construction d'une automobile.* → **fabrication.** ■ Techniques qui permettent de construire. *Les constructions aéronautiques.* **2.** Ce qui est construit, bâti. → **bâtiment, édifice, immeuble.** *Une construction en pierres de taille.* **3.** Action de composer, d'élaborer une chose abstraite ; cette chose. → **composition.** *C'est une construction de l'esprit. Construction géométrique,* figure. ■ Place relative des mots dans la phrase (→ **syntaxe**). *Construction grammaticale.*

constructivisme n. m. (→ constructif) Mouvement artistique né en Russie, où l'effet plastique est obtenu par des lignes et des plans assemblés, construits.

constructiviste n. et adj. Adepte du constructivisme.

construire v. tr. < 38 > (latin *construere,* de *cum* et *struere* « ranger, édifier » d'où *constructum* → constructeur, construction) **1.** Bâtir, suivant un plan déterminé. → **édifier.** *Construire un pont. Construire un navire.* – **au p. p.** *Une maison bien construite.* **2.** fig. Faire exister (un système complexe) en organisant des éléments mentaux. → **composer.** *Construire un système, une théorie.* ■ **au p. p.** *Roman mal construit.* ■ Tracer (une figure géométrique) selon un schéma. *Construire un triangle.* **3.** fig. Organiser. « *On construit sa vie pour une personne* [...] » (Proust).

consubstantialité n. f. théol. chrét. Unité et identité de substance des personnes de la Trinité (→ **consubstantiel**).

consubstantiation n. f. théol. Chez les luthériens, Croyance à la présence réelle du corps du Christ dans le pain et le vin de l'Eucharistie (s'oppose à la *transsubstantiation*).

consubstantiel, ielle adj. (latin chrét., de *cum* et *substantia* → substance) théol. chrét. Qui est unique par la substance. *Le Fils est consubstantiel au Père.* ■ littér. *Consubstantiel à :* inséparable de.

consul, e n. (latin, de *consulere* → consulter) **I. n. m.** hist. **1.** Antiq. L'un des deux magistrats qui exerçaient l'autorité suprême, sous la République romaine. **2.** L'un des trois magistrats auxquels la Constitution de l'an VIII avait confié le gouvernement de la République française. *Bonaparte, Premier consul.* **II. n.** Agent chargé par un gouvernement de la défense des intérêts de ses nationaux et de fonctions administratives dans un pays étranger. *Le consul de France à Rome.*

consulaire adj. D'un consul. *Agent consulaire.* ■ *Juge consulaire :* juge élu d'un tribunal de commerce.

consulat n. m. (latin, de *consul*) **1.** Charge de consul. **2.** Bureaux, services dirigés par un consul (II). *Aller au consulat pour obtenir un visa.*

Consulat n. m. Gouvernement de la France issu du coup d'État du 18 Brumaire et qui remplaça le Directoire. Il se maintint du 10 novembre 1799 au 18 mai 1804. La Constitution de l'an VII nomma les trois consuls : Bonaparte (Premier consul), Cambacérès et Lebrun.

Napoléon Bonaparte, Premier consul, entouré de Cambacérès et de Lebrun.

consultable adj. Que l'on peut consulter.

C

consultant, ante n. Personne qui donne des consultations. → **conseil.** *Consultant en communication.* – appos. *Avocat, médecin consultant.*

consultatif, ive adj. Qui est constitué pour donner des avis mais non pour décider. *Comité consultatif. À titre consultatif :* pour simple avis.

consultation n. f. (latin → consulter) **1.** Action de prendre avis. *Consultation de l'opinion.* → **enquête, sondage.** ■ *La consultation d'un document.* → **examen. 2.** (savant, avocat, médecin) Action de donner avis. *Les consultations données par un expert.* **3.** Fait de recevoir des patients. *Cabinet, heures de consultation.* ■ Moment, service des consultations.

consulte n. f. (de l'italien *consulta*) **1.** hist. Ancienne assemblée administrative en Italie, en Suisse. **2.** En Corse, Grande assemblée se réunissant pour traiter d'une question d'intérêt général.

consulter v. < 1 > (latin, de *consulere* → conseil, consul) **I.** v. tr. **1.** Demander avis, conseil à (qqn). *Consulter un médecin, un expert.* **2.** Regarder (qqch.) pour y chercher des explications, des renseignements. *Consulter un dictionnaire.* **II.** v. intr. (médecin) Donner des consultations (3). *Le docteur consulte tous les après-midis.*

consulteur n. m. *Consulteur du Saint-Office :* théologien consulté par le pape.

consumer v. tr. < 1 > (latin *consumere* [supin *consumptum* cf. consomption], de *cum* et *sumere* « se charger de », de *emere* « acheter » → somptueux) **1.** littér. Épuiser complètement les forces de (qqn). → **abattre, user.** *Le chagrin, la maladie le consume.* – pronom. *Se consumer :* épuiser sa santé, ses forces. *Elle se consumait en efforts inutiles.* → **s'épuiser. 2.** Détruire par le feu. → **brûler, calciner.** *Le feu a consumé tout un quartier.* → **incendier.** – au p. p. *Bois à demi consumé.*

consumérisme n. m. (anglais des États-Unis, de *to consume* → consumer) anglic. **1.** Protection des intérêts du consommateur par des associations. **2.** Propension à consommer. ■ Mode de vie basé sur la consommation. □ adj. et n. **consumériste**

contact [kɔ̃takt] n. m. (latin *contactus*, de *contingere* « toucher » → contingent) **1.** Position, état relatif de corps qui se touchent. *Le contact entre deux choses, d'une chose et d'une autre. « Rien d'exquis ne se propage par contact »* (Gide). – *Être, entrer* **en contact**, se joindre, se toucher. *Au contact de l'air.* – *Lentilles, verres* **de contact** : verres correcteurs de la vue qui s'appliquent sur l'œil (→ **cornéen**). – *Paiement* sans contact.* ■ appos. *Cas contact :* personne qui a été en contact avec une personne contaminée par le virus du Covid-19. **2.** *Contact électrique :* jonction entre conducteurs, permettant le passage du courant. ■ Dispositif permettant l'allumage d'un moteur à explosion. *Clé de contact. Couper le contact.* **3.** Relation entre personnes. *Les contacts humains.* – *Entrer, rester* **en contact** *avec qqn*, en relation. – *Au contact de qqn*, sous son influence. – *Prendre contact avec qqn.* ■ Personne avec laquelle on est en contact.

contacter v. tr. < 1 > (critiqué) Prendre contact avec (qqn). → **rencontrer, ¹toucher.** *Contacter qqn par téléphone.*

contacteur n. m. Dispositif qui permet d'établir ou de couper un courant électrique.

contactologie n. f. Partie de l'ophtalmologie qui traite des lentilles de contact.

contage n. m. (du latin *contagium* « contagion ») méd. Cause matérielle de la contagion.

contagieux, euse adj. (latin → contagion) **1.** Qui se communique par la contagion. *Maladie contagieuse.* **2.** Agent de contagion. *Malade contagieux.* – n. *Un contagieux.* **3.** fig. Qui se communique facilement. *Rire, enthousiasme contagieux.* → **communicatif.**

contagion n. f. (latin, de *cum* et *tangere* « toucher » → tangible ; contact) **1.** Transmission d'une maladie à une personne bien portante, par contact (direct ou indirect). → **contamination, infection.** *S'exposer à la contagion.* **2.** Imitation involontaire. → **propagation, transmission.** *La contagion du bâillement.*

contagiosité n. f. méd. Caractère contagieux (d'une maladie) ; potentiel de transmission d'une maladie d'un individu à l'autre.

container [kɔ̃tɛnɛʀ] voir **conteneur**

contaminant adj. et n. m. méd. Susceptible de contaminer. *Agent contaminant.* – n. m. *Les salmonelles, contaminants microbiens de l'alimentation.*

contaminateur, trice adj. et n. Qui transmet une maladie. *Agent contaminateur.*

contamination n. f. Envahissement (d'un organisme → **contagion** ; d'un milieu) par des agents pathogènes ou des polluants. *La contamination de l'eau d'une rivière.* → **pollution.**

contaminer v. tr. < 1 > (latin *contaminare* « souiller », de *cum* et une forme supposée *tamen* « contact impur », famille de *tangere* « toucher » → tangible) Transmettre une maladie à. → **infecter.** – Polluer (par la radioactivité, des micro-organismes, etc.). – au p. p. *Eau contaminée. Une région contaminée,* rendue dangereuse (par la radioactivité, etc.). – *Sang contaminé* (par un virus).

Contant d'Ivry (Pierre Coutant, Content ou Constant, dit) Architecte français (1698-1777). Il abandonna le style rocaille au profit d'une conception néoclassique. Il conçut les plans de la Madeleine.

Contarini Famille noble de Venise qui compta sept doges, des hommes d'État, des diplomates, des savants et des artistes.

conte n. m. (de *conter*) **1.** Récit de faits, d'aventures imaginaires, destiné à distraire. → **histoire, récit ; conter.** *Les contes de Perrault.* – *Conte de fées :* récit merveilleux ; fig. aventure étonnante et heureuse. **2.** littér. Histoire fausse et invraisemblable. → **baliverne, sornette.** *Des contes à dormir debout.*

▶ Présent dans la plupart des cultures, le **conte** est l'un des plus anciens genres littéraires. Le plus souvent, il est anonyme et transmis oralement. Certains ont été collectés, à partir du XVIIe s., par des folkloristes comme Charles Perrault ou les frères Grimm. Des écrivains comme La Fontaine ou Dickens ont pu créer leurs propres contes, jouant avec les traditions d'un genre dont l'enjeu est de délivrer une leçon. Cette dimension didactique et morale rapproche le conte de la fable : l'un comme l'autre sont des genres privilégiés de la littérature pour enfants. Les « contes philosophiques » de Voltaire suggèrent pourtant que ces récits ont plusieurs niveaux de lecture et que, sous des dehors anodins, peut se cacher la littérature la plus ambitieuse.
À la suite de Freud, le psychanalyste Bruno Bettelheim a par ailleurs montré l'importance de la sexualité dans des contes comme *Le Petit Chaperon rouge,* véritables récits d'initiation mettant en jeu des structures fondamentales dans la construction de la personnalité, comme le désir ou l'interdit. C'est en cela aussi que le conte trouve sa dimension universelle : il met en scène des personnages archétypaux. À la différence de la nouvelle, inventée au Moyen Âge et dont l'action est toujours inscrite dans un contexte historique et géographique précis, les contes se situent rarement dans l'univers de la réalité connue. L'action a lieu dans un temps anhistorique : le fameux « il était une fois ».
voir aussi **fable, psychanalyse**

Conté (Nicolas Jacques) Chimiste et inventeur français (1755-1805). Il fut l'initiateur de la création du Conservatoire national des arts et métiers. Il est surtout connu pour avoir remplacé, dans la fabrication des mines de crayon, la plombagine par un mélange d'argile et de graphite.

contemplateur, trice n. Personne qui contemple.

contemplatif, ive adj. (latin → contempler) **1.** Qui aime la contemplation, la méditation. *Esprit contemplatif.* **2.** relig. *Ordre contemplatif,* voué à la méditation. *Religieux contemplatif.* – n. *Un contemplatif.*

contemplation n. f. (latin → contempler) **1.** Fait de s'absorber dans l'observation attentive (de qqn, qqch.). *La contemplation des étoiles. Rester en contemplation devant une œuvre d'art.* **2.** Concentration de l'esprit sur des sujets intellectuels ou religieux. → **méditation ; contemplatif.** *Être plongé dans la contemplation. « Les Contemplations »* (poèmes de Hugo). *« Le goût de la solitude et de la contemplation naquit dans mon cœur »* (Rousseau).

contempler v. tr. < 1 > (latin *contemplari*, de *cum* et *templum* « espace des présages » → temple) Considérer attentivement ; s'absorber dans l'observation de. *Contempler les merveilles de la nature.*

contemporain, aine adj. (latin, de *cum* et *tempus, temporis* → temps) **1.** *Contemporain de :* qui est de la même époque que. *Jeanne d'Arc était contemporaine de Charles VII.* – n. *Les contemporains de Voltaire.* ■ *Des évènements contemporains,* qui se sont produits à la même époque. **2.** Du temps actuel. → **moderne.** *L'art contemporain.* □ n. f. **contemporanéité**

contempteur, trice n. (latin, de *cum* et *temnere* « mépriser ») littér. Personne qui méprise, dénigre (qqn, qqch.). *« Ce contempteur des médiocrités présentes […] »* (J. Renard).

contenance n. f. (de *contenir*) **I.** Quantité de ce qu'un récipient peut contenir. → **capacité, ²contenu.** *La contenance d'un réservoir.* **II.** Manière de se tenir, de se présenter. → **¹air, allure, attitude, ¹mine.** *Une contenance gênée, embarrassée.* – loc. *Faire bonne contenance :* garder son sang-froid, montrer du courage. *Se donner une contenance :* déguiser son embarras. *Perdre contenance :* être subitement déconcerté, se troubler (→ **décontenancé**).

contenant n. m. Ce qui contient qqch. → **récipient.** *Le contenant et le contenu.*

conteneur n. m. (de *contenir*, adaptation de l'anglais *container*) **1.** Grande caisse métallique pour le transport des marchandises. → **cadre.** *Décharger des conteneurs.* **2.** Récipient destiné à recevoir des déchets recyclables. *Conteneur à verre, à plastique.* - syn. anglic. **container** [-nɛʀ].

contenir v. tr. < 22 > (latin *continere*, de *cum* et *tenere* → tenir ; continu) **1.** Avoir, comprendre en soi, dans sa capacité, son étendue, sa substance. → **renfermer.** *Ce minerai contient une forte proportion de métal. Une enveloppe contenant des photos.* **2.** Avoir une capacité de. *Cette salle contient mille spectateurs.* → **accueillir, recevoir.** ■ Avoir (un certain nombre d'éléments). *Dictionnaire qui contient 50 000 articles.* → **compter, posséder. 3.** Empêcher (des personnes, des groupes) d'avancer, de s'étendre. → **limiter, maintenir, retenir.** *Contenir les manifestants.* **4.** Empêcher (un sentiment) de se manifester, de s'exprimer. *Contenir ses larmes.* → **refouler.** *Contenir son émotion, sa colère.* ■ **se contenir** v. pron. Ne pas exprimer un sentiment fort. → se **dominer,** se **maîtriser,** se **retenir.** *Essayez de vous contenir.* ■ **¹contenu, ue** adj. *Une émotion contenue,* que l'on se retient d'exprimer.

content, ente adj. (latin *contentus* « qui se contient », p. p. de *continere* → contenir) **I.** Satisfait. **1.** *Content de qqch.* → **enchanté, ravi.** *« Qui vit content de rien possède toute chose »* (Boileau). *Je suis content de mon acquisition.* ■ **Non content de** (et inf.) *Non content d'être endetté, il emprunte à tous ses amis,* il ne lui suffit pas de (→ **non seulement**). **2.** *Être content que* (+ subj.). *Je suis content que vous veniez.* **3.** *Content de qqn,* satisfait de son comportement. – *Content de soi :* vaniteux. **4.** sans compl. Gai, joyeux. *Elle a l'air toute contente.* **II.** n. m. **Avoir son content de qqch.**, être comblé, avoir assez de. → **soûl.**

contentement n. m. Satisfaction. *Contentement de soi.* → **autosatisfaction.** – prov. *Contentement passe richesse.*

Le terme « art contemporain » s'applique aux œuvres créées dans un esprit de recherche à partir des thématiques et des interrogations nées de la civilisation globalisée de l'après-Seconde Guerre mondiale. Il s'inscrit en rupture par rapport à l'« art moderne », issu en particulier des écoles de Paris (Matisse, Picasso, Giacometti, De Staël…). Certains artistes contemporains appartiennent à des mouvements ou à des courants comme le mouvement néo-dada et le pop art aux États-Unis, ou les nouveaux réalistes en France. Les techniques traditionnelles (peinture, sculpture) sont représentées, mais l'influence de Marcel Duchamp est telle que les assemblages d'objets ou les installations ont une place prépondérante. La recherche artistique s'étend aussi à la transformation de l'espace (« land art ») ou s'approche de la photographie, du cinéma et du théâtre (« performances »).

Ci-dessus: FIAC 2006, Grand Palais, Paris.
1. Vladimir Velickovic, *Poursuite fig. VII* (1984), Centre Georges-Pompidou, Paris.
2. Alain Jacquet, *Le Déjeuner sur l'herbe* (1964), Centre Georges-Pompidou, Paris.
3. Christian Boltanski, *Photographies noir et blanc et couleurs, éléments bleu et rouge, ampoules, douilles, fils* (1985-1986), Galerie Ghislaine Hussenot, Paris.
4. Philippe Ramette, *Balcon II (Hong-Kong)* (2001), Centre Georges-Pompidou, Paris.
5. César, *Compression de canettes de Schweppes, d'Oasis, de Coca-Cola, d'Orangina et de Kronenbourg* (1988), Château Notre-Dame des fleurs, Vence. 6. Andy Warhol, *Mao* (1973), collection José Mugrabi, New York.
7. Christo et Jeanne-Claude, *Le Pont-Neuf empaqueté* (1985), Paris.
8. Robert Smithson, *Spiral Jetty* (1970), Great Salt Lake, Utah.

1

2

3

4

5
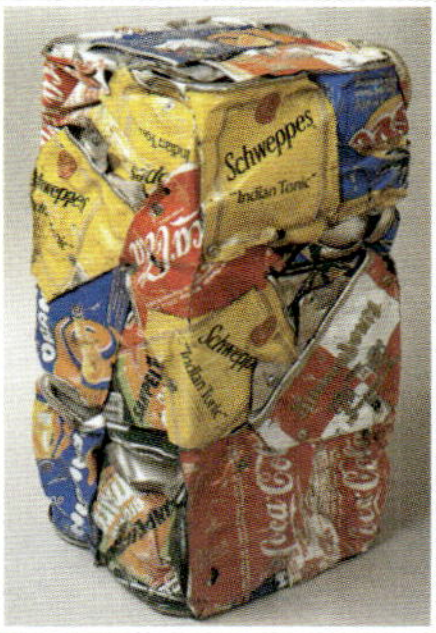

6

7

8

C

contenter v. tr. < 1 > (de *content*) Rendre (qqn) content en lui donnant ce qu'il désire. → **combler, satisfaire.** « *Rien ne la contentait, rien n'était comme il faut* » (La Fontaine). **loc. prov.** *On ne peut pas contenter tout le monde.* → **plaire à.** ■ **se contenter (de) v. pron.** Être satisfait de (qqch.), ne rien demander de plus que. → **s'accommoder, s'arranger.** *Se contenter de ce que l'on a.* « *Il est [...] difficile de se contenter d'une seule manière de voir* » (Camus).

contentieux n. m. (latin, de *contendere* « lutter », de *cum* et *tendere* → [1]**tendre**) Ensemble des litiges ; service qui s'occupe des affaires litigieuses (dans une entreprise). *Chef du contentieux.*

contentif, ive adj. (du latin *contentum*, supin de *contendere* « contention ») méd. Qui maintient en place. *Bandage contentif.*

contention n. f. (latin, de *contendere* → **contentieux**) **I.** littér. Tension (des facultés intellectuelles). **II.** chir. Maintien, par des moyens artificiels, d'organes accidentellement déplacés. *La contention des fractures osseuses. Bas de contention,* pour soulager l'insuffisance veineuse.

[1]**contenu, ue** voir **contenir**

[2]**contenu** n. m. **1.** Ce qui est dans un contenant. *Le contenu d'un récipient.* **2.** fig. Substance, teneur. *Le contenu d'une lettre.* – *Contenu latent*, manifeste du rêve. Le contenu et l'expression* (d'un ensemble de signes). *Analyse de contenu* : analyse sémantique. **3.** au plur. Ensemble de connaissances ou d'informations mises à disposition (de qqn, d'un public). *Contenus musicaux. Création de contenus digitaux.*

conter v. tr. < 1 > (latin *computare* « calculer » [→ **compter**] et « relater ») **1.** Dire (une histoire imaginaire, un conte) pour distraire. → **raconter.** « *Si* Peau d'âne *m'était conté / J'y prendrais un plaisir extrême* » (La Fontaine). **2.** vieilli Dire (une chose inventée) pour tromper. – loc. ***En conter à qqn*** : l'abuser, le tromper. *Elle ne s'en laisse pas conter, il ne faut pas lui en conter.*

Contes Commune des Alpes-Maritimes, au N. de Nice. 7 534 habitants. Retable de l'école niçoise dans l'église.

contestable adj. Qui peut être contesté. → **discutable.** *Un argument contestable.*

contestant, ante n. et adj. rare Personne qui conteste. → **contestataire.** – *Les parties contestantes.*

contestataire adj. et n. Qui conteste. *Des étudiants contestataires.* – **n.** *Des contestataires.*

contestation n. f. (bas latin → **contester**) **1.** Le fait de contester qqch. ; discussion sur un point contesté. → **controverse, débat.** *Élever une contestation sur un point.* **2.** Vive opposition. *Entrer en contestation avec qqn.* → **dispute, opposition, querelle.** ■ Remise en cause de l'ordre établi.

sans **conteste** loc. adv. Sans discussion possible. → **assurément, incontestablement.** *Elle est la meilleure, sans conteste.*

contester v. tr. < 1 > (latin *contestari*, de *cum* et *testari* « témoigner », de *testis* « témoin » → **test**) **1.** Mettre en discussion (le droit, les prétentions de qqn). → **discuter.** *Contester la compétence d'un tribunal. Contester à qqn le droit de s'exprimer.* → **récuser.** – absolt *Ils aiment contester* (→ **contestataire, contestation**). **2.** Mettre en doute. → **nier.** *Contester un fait.* – au p. p. *Cette théorie est très contestée.* → **controversé.**

conteur, euse n. Personne qui compose, dit ou écrit des contes. *Une excellente conteuse.* – appos. *Les poètes conteurs* (aèdes, troubadours...).

contexte n. m. (latin *contextus*, de *cum* et *texere* → **tisser**) **1.** Ensemble du texte qui entoure un élément de la langue (un mot, une phrase...). *Citation séparée de son contexte.* **2.** Ensemble des circonstances dans lesquelles se produit un fait. → **situation.** *Le contexte politique. Dans un contexte particulier.*

contextualisation n. f. **1.** ling. Passage d'une unité de langue dans le discours ; mise en contexte (d'un mot). **2.** didact. Mise en contexte.

contextuel, elle adj. didact. Relatif au contexte. *Sens contextuel.*

contexture n. f. (du latin *contextus* → **contexte**) Manière dont se présentent les éléments d'un tout complexe (notamment organique). → **constitution, organisation, structure.** *La contexture des os.*

Conti (Niccolò de') Voyageur vénitien (mort en 1469). Il raconta son long périple jusqu'aux Indes, récit traduit en latin par Pogge.

Conti ou **Conty (maison de)** Branche cadette de la maison de Bourbon-Condé. ■ **Armand de Bourbon, prince de Conti** (1629-1666). Frère du Grand Condé. Il participa à la Fronde et fut emprisonné.

Conticini (Philippe) Chef pâtissier français (né en 1963). Il s'est fait une spécialité des recettes à base de pâte à chou et de praliné, dont le paris-brest, et a proposé les premières verrines afin de disposer les différentes saveurs d'un dessert par couches.

Philippe Conticini est considéré comme l'inventeur de la verrine (ici en 2016).

contigu, uë [kɔ̃tigy] adj. (latin, de *contingere*, de *cum* et *tangere* « toucher » → **tangible**) Qui touche (à autre chose). → **attenant, voisin.** *Deux jardins contigus. Chambre contiguë à une autre.* - var. du fém. RO **contigüe.**

contiguïté [kɔ̃tigɥite] n. f. État de ce qui est contigu. → **mitoyenneté, proximité.** - var. RO **contigüité.**

continence n. f. État d'une personne qui s'abstient de tout plaisir charnel. → **ascétisme, chasteté, pureté.**

[1]**continent, ente** adj. (latin, de *continere* → **contenir**) vieux Qui pratique la continence. → **chaste.**

[2]**continent** n. m. (latin *continens [terra]*, de *continere* au sens de « maintenir, continuer ») **1.** Grande étendue de terre limitée par un ou plusieurs océans. **2.** Partie du monde. *Les six continents* : l'Europe, l'Asie, l'Afrique, l'Amérique, l'Océanie et l'Antarctique. – *Le septième continent* : plaque formée de débris flottants qui s'accumulent dans les gyres océaniques. **3.** *Le continent,* la terre par rapport à une île.

▶ C'est par sa continuité que s'est définie historiquement l'idée de **continent**, à une époque où l'homme n'avait qu'une idée réduite de la géographie de la planète. Les îles étaient entourées d'eau, alors qu'on pouvait cheminer « sans fin » sur le continent. Pour les Grecs, l'Europe, l'Asie, l'Afrique définissent des aires bien différenciées mais constituent un espace continu, dont on ne connaît pas la fin. À partir du XVe s., les Grandes Découvertes permettent de circonscrire l'Afrique et de découvrir les Amériques. L'Australie découverte en 1605 pose une question irrésolue : s'agit-il d'une île ou d'un continent ? Puisque les continents sont eux aussi entourés d'eau, la distinction a-t-elle encore un sens ? L'Asie et l'Europe ne seraient-elles pas un seul continent ?
La théorie de la dérive des continents, proposée par l'astronome allemand Wegener en 1912, a été complétée par la tectonique des plaques dans les années 1960. La croûte terrestre et la partie externe du manteau supérieur constituent une enveloppe rigide appelée lithosphère. Celle-ci se divise en différentes plaques qui dérivent lentement (quelques cm/an). Les plaques océaniques, minces et de forte densité, ont tendance à passer sous les plaques plus légères et épaisses qui forment les continents. Mais une seule plaque peut englober un fond océanique et un continent : la plaque eurasienne s'étend vers l'ouest jusqu'au milieu de l'océan Atlantique. Inversement, un continent peut comprendre plusieurs plaques : l'Asie est formée des plaques eurasienne et indienne. Et les îles ? Certaines sont une partie émergée de plaques continentales ; d'autres, comme Hawaii ou les Açores, signalent l'existence d'un « point chaud » au milieu d'une plaque océanique.

voir aussi **océanographie**

continental, ale, aux adj. D'un continent. *Climat continental,* des régions éloignées des mers.

continentalité n. f. didact. Ensemble des caractères du climat continental.

contingence n. f. **1.** philos. Caractère de ce qui est contingent. **2.** au plur. Les choses qui peuvent changer, qui n'ont pas une importance capitale. *Les contingences de la vie quotidienne* : les évènements terre à terre.

contingent, ente (latin, de *contingere* → **contigu**) **I.** adj. Qui peut se produire ou non. → **accidentel, éventuel, occasionnel.** *Évènement contingent,* soumis au hasard. **II. n. m.** (« part qui revient à qqn ») **1.** Effectif des appelés au service militaire pour une période déterminée. → **classe. 2.** Part que chacun apporte ou reçoit. ■ Quantité de marchandises dont l'importation ou l'exportation est autorisée. → **quota.**

contingentement n. m. Action de contingenter ; son résultat.

contingenter v. tr. < 1 > Fixer un contingent (II, 2) limité, précis à. → **limiter.** *Contingenter les importations.*

continu, ue adj. (latin *continuus*, p. p. de *continere* → **contenir**) **1.** Qui n'est pas interrompu dans le temps. → **continuel, incessant, ininterrompu.** *Mouvement continu. Un bruit continu. Fournir un effort continu.* → **assidu.** – mus. *Basse* continue.* – *Courant continu* (opposé à *alternatif*). – *Journée continue* : horaire de travail ne comportant qu'une brève interruption pour le repas. – **n. m.** *Fonctionner **en continu**,* sans interruption. **2.** Composé de parties non séparées. *Ligne continue.* ■ sc. *Grandeurs continues et discontinues, et discrètes.* – **n. m.** *Le continu et le discontinu en physique.*

continuateur, trice n. Personne qui continue ce qu'une autre a commencé. → **successeur.** *Les continuateurs de Darwin.*

continuation n. f. Action de continuer (qqch.) ; le fait d'être continué. *La continuation de la guerre.* – fam. *Bonne continuation !* (formule de souhait).

continuel, elle adj. (de *continu*) Qui dure sans interruption ou se répète à intervalles rapprochés. → **continu, perpétuel.** *Pluies continuelles.* → **ininterrompu.** *Faire des efforts continuels.* « *Une pensée profonde est en continuel devenir* » (Camus).

continuellement adv. D'une manière continuelle, sans arrêt, sans relâche. → **constamment.**

continuer v. < 1 > (latin *continuare*, de *continere* → **contenir**) **I. v. tr. 1.** Faire ou maintenir encore, plus longtemps ; ne pas interrompre (ce qui est commencé). *Continuer ses études. Continuer son chemin.* → **poursuivre.** – trans. ind. ***Continuer à, de*** (+ inf.). *Continuer à parler, de parler.* – absolt *Vous pouvez continuer.* **2.** Prolonger (qqch.) dans l'espace. *Continuer une ligne, une route.* **II. v. intr.** (sujet chose) **1.** Ne pas s'arrêter. → **durer.** *La fête continue. La vie continue.* **2.** S'étendre plus loin. → **se prolonger.** *Cette route continue jusqu'à Paris.* → [1]**aller.**

continuité n. f. (de *continu*) Caractère de ce qui est continu. → **persistance.** « *La continuité constitue le style comme la constance fait* *la vertu* » (Flaubert). *Assurer la continuité d'une tradition.* – *Solution* de continuité.*

continûment ou **continument** adv. D'une manière continue.

continuo n. m. (mot italien) mus. Basse continue.

continuum [kɔ̃tinɥɔm] n. m. (mot latin → continu) 1. phys. Ensemble d'éléments homogènes. – *Le continuum espace-temps.* 2. didact. Phénomène progressif dont on ne peut considérer une partie que par abstraction.

contondant, ante adj. (de l'ancien français *contondre*, latin *contundere* [→ contusion], de *cum* et *tundere* « battre ») didact. *Instrument contondant, arme contondante,* qui blesse, meurtrit sans couper ni percer.

contorsion n. f. (latin, de *contorquere*, de *cum* et *torquere* → tordre) 1. vieux Attitude anormale par torsion des membres, du corps. ■ mod. Attitude acrobatique, mouvement volontaire et anormal de parties du corps. *Les contorsions d'une acrobate* (→ contorsionniste). 2. Attitude outrée, gestes affectés. → **agitation, grimace.**

se **contorsionner** v. pron. < 1 > Faire des contorsions.

contorsionniste n. Acrobate spécialisé dans les contorsions.

contour n. m. (de *contourner*, avec influence de l'italien *contorno*) Limite extérieure (d'un objet, d'un corps). → **bord, ²tour.** *Le contour des montagnes à l'horizon.* → **silhouette.** *Tracer les contours d'une figure. Les contours du corps humain.* → **courbe, forme, galbe, ligne.**

contourné, ée adj. 1. Qui présente des courbes, a un contour compliqué. 2. Affecté et compliqué. *Style contourné.* → **tarabiscoté.**

contourner v. tr. < 1 > (latin, de *cum* et *tornare* → tourner) Faire le tour de, passer autour. *Le fleuve qui contourne la ville.* ■ fig. *Contourner une difficulté.* → **éviter.** □ n. m. **contournement**

contra- Élément savant signifiant « contre ; en sens contraire ». → **contre-.**

contraceptif, ive adj. (de l'anglais *contraceptive* → contraception) Qui empêche les rapports sexuels d'aboutir à la conception d'un enfant. *Pilule contraceptive.* – n. m. Produit, dispositif contraceptif. *Contraceptif féminin, masculin.*

contraception n. f. (mot anglais, de *contra-* et *[con]ception* → conception) anglic. Ensemble des moyens employés pour rendre les rapports sexuels inféconds. *Moyens de contraception.*

La **contraception** désigne l'ensemble des moyens utilisés pour provoquer une infécondité temporaire chez la femme ou chez l'homme.
Chez la femme, la contraception hormonale est la plus employée. Elle se fait le plus souvent par la prise orale régulière de la pilule contraceptive, méthode sûre et efficace, employée par 36 % des femmes désirant une contraception. Les hormones contraceptives peuvent aussi être administrées par un patch cutané, un anneau vaginal imprégné ou un implant sous-cutané d'une durée de vie de deux ou trois ans.
Les dispositifs intra-utérins (stérilets), dont l'efficacité avoisine 100 %, sont utilisés par 25 % des femmes désirant une contraception. Toutes ces méthodes nécessitent une surveillance médicale.
La contraception vaginale est d'une bien moindre efficacité. Elle fait appel aux spermicides locaux présentés sous différentes formes (crème, ovule, tampon, éponge) et aux obturateurs féminins, diaphragme ou préservatif, à placer avant chaque rapport sexuel.
Les méthodes dites « naturelles » sont d'efficacité aléatoire : évitement des rapports pendant la période fertile du cycle menstruel déterminée par simple calcul (méthode d'Ogino-Knauss), par la prise de la température ou l'appréciation de l'état de la glaire cervicale.
La contraception d'urgence, après un rapport non protégé, peut être réalisée par la mise en place d'un stérilet ou la prise d'un traitement hormonal dans les 48 heures qui suivent (pilule du lendemain). Cette dernière méthode peut être, en France, proposée aux mineures sans accord parental.
Pour l'homme, outre le coït interrompu — peu fiable —, le préservatif est un moyen contraceptif relativement répandu qui permet également la prévention des maladies sexuellement transmissibles.
La stérilisation par ligature des trompes chez la femme et vasectomie chez l'homme n'entre pas dans le cadre de la contraception.
voir aussi **génitaux (appareils), hormones**

contractant, ante adj. dr. Qui s'engage par contrat.

contracte adj. gramm. Qui renferme une contraction. *Verbes contractes du grec ancien.*

contracté, ée adj. 1. Qui est tendu, crispé. *Visage contracté.* – (personnes) Inquiet, nerveux. 2. ling. Formé de deux éléments réunis en un seul. « *Au* » *et* « *du* », *formes contractées de* « *à le* » *et* « *de le* ».

¹contracter v. tr. < 1 > (du latin *contractus*, du p. p. de *contrahere*, de *trahere* « tirer » → traire) I. S'engager à faire, à respecter par contrat. *Contracter une assurance.* II. 1. Prendre, acquérir (une habitude, un sentiment). → **former, prendre.** *Contracter une manie.* 2. Attraper (une maladie). *Contracter le sida.*

²contracter v. tr. < 1 > (du latin *contractus* → ¹contracter) Réduire dans sa longueur, son volume. → **raccourcir, resserrer.** *Le froid contracte les corps.* – *Contracter ses muscles.* → **raidir, ¹tendre.** ■ se **contracter** v. pron. *Le cœur se contracte et se dilate alternativement* (→ contraction).

contractile adj. (→ ²contracter) physiol. Qui peut être contracté. *Muscles contractiles.*

contractilité n. f. physiol. Propriété que possèdent certains tissus de se contracter. *La contractilité des muscles.*

contraction n. f. (→ ²contracter) 1. Réaction du muscle qui se raccourcit et se gonfle. *Contraction violente.* → **crampe, spasme.** ■ *Les contractions d'une femme qui accouche.* → **douleur(s).** 2. *Contraction de texte* : exercice scolaire consistant à résumer un texte.

contractualiser v. tr. < 1 > Attribuer à (qqn) le statut d'agent contractuel.

contractuel, elle adj. et n. (du latin *contractus* → ¹contracter) 1. Stipulé par contrat. *Obligation contractuelle.* 2. *Agent contractuel* : agent non fonctionnaire coopérant à un service public. ■ n. Auxiliaire de police chargé(e) de faire respecter les règles de stationnement.

contracture n. f. (latin *contractura*, de *contractus* → ¹contracter) méd. Contraction musculaire prolongée. « *Les symptômes de la grande hystérie, ses contractures généralisées* » (Huysmans).

contradicteur, trice n. Personne qui contredit. → **adversaire, opposant.**

contradiction n. f. (latin *contradictio*, de *contradicere* → contredire) 1. Action de contredire qqn ; échange d'idées entre ceux qui se contredisent. → **contestation, objection, opposition.** *Il ne supporte pas la contradiction.* – *Esprit de contradiction* : disposition à contredire, à s'opposer. ■ Action de se contredire. *Être en contradiction avec ses principes.* 2. log. Relation entre deux termes, deux propositions affirmant et niant une même proposition. ■ Réunion d'éléments incompatibles. *Les contradictions internes d'un système.* – *Principe de non-contradiction* : principe d'identité* (en logique).

contradictoire adj. (latin *contradictorius*, → contradiction) 1. Qui contredit une affirmation. → **contraire, opposé.** 2. Où il y a contradiction, discussion. *Débat contradictoire.* 3. Qui implique contradiction, incompatibilité. → **incompatible.** *Tendances, influences contradictoires.* □ adv. **contradictoirement**

contragestif, ive adj. (de *contra-* et *[pro]gest[érone]*) Qui s'oppose aux effets de la progestérone, hormone indispensable à l'implantation de l'embryon. → **abortif.** *Pilule contragestive.* → fam. **pilule** du lendemain. – n. m. *Un contragestif.*

contraignable adj. dr. (personnes) Qui peut être contraint par voie de droit.

contraignant, ante adj. Qui contraint, gêne et oblige. *Des règles contraignantes.* → **astreignant, pénible.** *Horaires contraignants.*

contraindre v. tr. < 52 > (vient du latin *constringere*, de *cum* et *stringere* « serrer » → strict) *Contraindre qqn à faire qqch.*, lui imposer de faire qqch. contre sa volonté. → **forcer, obliger.** – au passif *Être contraint de* (+ inf.). *Elle a été contrainte d'accepter.* ■ se **contraindre** v. pron. *Se contraindre à faire qqch.*, se forcer. ■ **contraint, ainte** adj. Gêné, mal à l'aise. *Un air contraint.* → **embarrassé, emprunté.** « *Ses regards étaient lents, ses gestes contraints* » (A. Daudet). ■ loc. *Contraint et forcé* : sous la contrainte. *Ils n'ont accepté que contraints et forcés.*

contrainte n. f. (du p. p. de *contraindre*) 1. Violence exercée contre qqn ; entrave à la liberté d'action. *Contrainte sociale, morale. Agir sous la contrainte.* 2. Gêne, retenue. « *Il pleura sans aucune contrainte ni honte, comme s'il eût été seul* » (Loti). 3. Règle obligatoire. *La contrainte sociale, morale.* → **¹loi, pression.** *Les contraintes de la vie en société.* → **exigence, obligation.** 4. dr. *Contrainte par corps* : emprisonnement destiné à forcer qqn au paiement d'une amende. 5. phys. Ensemble des forces qui tendent à déformer un corps.

contraire (latin *contrarius*, de *contra* → contre) I. adj. 1. Qui présente la plus grande différence possible (en parlant de deux choses du même genre) ; qui s'oppose (à qqch.). → **antinomique, contradictoire, incompatible, inverse, opposé** ; s'oppose à *semblable, identique. Deux opinions contraires. Son attitude est contraire à la raison.* 2. Qui, en s'opposant, gêne le cours d'une chose. → **défavorable.** *Vents contraires.* – *La chance lui est contraire.* II. n. m. 1. Ce qui est opposé (logiquement). → **antithèse, opposition.** « *C'est par leurs contraires qu'elle* [la nature] *fait sentir les choses* » (Hugo). *Faire le contraire de ce que l'on a dit. C'est tout le contraire. Il dit toujours le contraire* (→ contredire). – Mot de sens contraire. → **antonyme.** 2. *Au contraire* loc. adv. : d'une manière opposée. → **contrairement,** par **contre.** *Elle ne le regrette pas ; au contraire, elle en est ravie.* ■ **contrairement** adv. *Contrairement à ce qu'on pensait...* : en contradiction avec.

contralto n. m. (→ alto) mus. La plus grave des voix de femme. ■ n. Personne qui a cette voix. *Des contraltos* ou *des contralti* (plur. italien).

contrapontique ou **contrapuntique** [kɔ̃tʀapɔ̃tik] adj. (de l'italien *contrappunto*) mus. Du contrepoint. - var. **contraponctique, contrapunctique** [kɔ̃tʀapɔ̃ktik].

contrapontiste [kɔ̃tʀapɔ̃tist] ou **contrapuntiste** n. (de l'italien *contrappuntista*) mus. Compositeur qui utilise les règles du contrepoint.

contrariant, ante adj. 1. Qui est porté à contrarier (1). *Il n'est pas contrariant ! Un esprit contrariant.* 2. Qui contrarie. *Comme c'est contrariant !* → **agaçant, ennuyeux, fâcheux.**

contrarié, ée adj. 1. Ennuyé ou fâché. *Avoir l'air contrarié.* 2. Combattu, freiné ou arrêté. *Projets contrariés.* ■ *Gaucher contrarié,* que l'on a obligé à se servir de sa main droite.

contrarier v. tr. < 7 > (bas latin *contrariare*, de *contrarius* → contraire) 1. Avoir une action contraire, s'opposer à (qqch.) → **combattre, contrecarrer, gêner, résister** à. *Contrarier les projets de qqn.* « *Cela seul vous éduque vraiment, qui vous contrarie* » (Gide). – au p. p. *Des amours contrariées.* 2. Causer du dépit, du mécontentement à (qqn) en s'opposant à lui. → **chagriner, fâcher, mécontenter.** *Il cherche à vous contrarier.* ■ (sujet chose) Rendre inquiet, mal à l'aise. *Cette histoire me contrarie.* – au p. p. *Il a l'air très contrarié.*

contrariété n. f. (bas latin → contraire) Déplaisir causé par ce qui contrarie. → **mécontentement.** *Éprouver une vive contrariété.*

contrarotatif, ive adj. mécan. *Organes contrarotatifs,* qui tournent en sens inverse l'un de l'autre.

contrastant, ante adj. Qui fait un contraste. *Effet contrastant.*

contraste n. m. (de l'italien *contrasto*) **1.** Opposition de deux choses dont l'une fait ressortir l'autre. *« La nature procède par contrastes »* (Hugo). → **antithèse.** *Un contraste de couleurs.* – *Par contraste,* par l'opposition avec son contraire. → **comparaison. 2.** Variation de l'ombre et de la lumière, dans une image. *Régler le contraste de la télévision.* ■ méd. *Produit* **de contraste,** produit opaque aux rayons X, utilisé en radiographie.

contrasté, ée adj. Qui présente des contrastes. *Couleurs contrastées.*

contraster v. intr. < 1 > (latin *contrastare* « s'opposer », de *contra* et *stare* → **station**) *Contraster avec qqn, qqch.,* être en contraste (avec) ; s'opposer d'une façon frappante. *« La prudence du fils contrastait étrangement avec l'heureuse audace du père »* (Mérimée).

contrastif, ive adj. **1.** Qui produit un, des contrastes. **2.** Qui compare deux langues. *Grammaire contrastive du français et de l'anglais.*

contrat n. m. (latin jurid. *contractus,* de *contrahere* → [1]**contracter**) **1.** Convention par laquelle une ou plusieurs personnes s'obligent à donner, à faire ou à ne pas faire qqch. vis-à-vis de qqn. → [1]**convention, pacte.** *Un contrat de vente. Contrat de travail. Stipuler par contrat* (→ **contractuel**). ■ *« Contrat social »* (Rousseau) : convention entre les membres du corps social, entre gouvernés et gouvernants. **2.** Acte qui enregistre cette convention. *Rédiger, signer un contrat.*

contravention n. f. (du latin *contravenire,* de *venire* → **venir**) dr. Infraction que les lois punissent d'une amende. *Être en contravention.* ■ Cette amende. *Contravention pour excès de vitesse.* → fam. **contredanse.** ■ Procès-verbal de cette infraction. *Trouver une contravention sur son parebrise.* → fam. **PV.**

contravis n. m. Avis contraire au précédent.

contre (vient du latin *contra* « en face de ; en opposition à ») **I.** prép. et adv. **1.** (Proximité, contact). → **auprès** de, **près** de, [1]**sur.** *Pousser le lit contre le mur.* ■ adv. *Tout contre :* très près. – *Ci*-contre.* **2.** À l'opposé de, dans le sens contraire à. *Nager contre le courant.* – (critiqué) *Par contre* loc. adv. : au contraire, en revanche. *« "Par contre" m'est nécessaire et, me pardonne Littré, je m'y tiens »* (Gide). **3.** En dépit de. → **malgré, nonobstant.** *Contre toute apparence, c'est elle qui a raison. Contre toute attente.* **4.** En opposition à, dans la lutte avec (surtout après les verbes *combattre, lutter,* etc.). → **avec.** *Se battre, être en colère contre qqn.* – adv. *Voter pour ou contre.* ■ *Avoir qqch. contre* (qqch., qqn), ne pas approuver entièrement, ne pas aimer. – adv. *Je n'ai rien contre. Être contre.* **5.** Pour se défendre, se protéger de (→ [1]**anti-,** [1]**para-**). *S'assurer contre l'incendie.* **6.** (proportion, comparaison) *Parier à cent contre un.* **7.** En échange de. *Envoi contre remboursement.* **II.** n. m. **1.** *Le pour et le contre :* les avantages et les inconvénients. *Peser le pour et le contre.* **2.** Parade ou riposte. – Action de contrer (aux cartes).

contre- Élément (du latin *contra* → **contre**) qui signifie « opposé, contraire ».

contre-alizé n. m. Vent qui souffle en sens inverse de l'alizé. *Les contre-alizés.* - var. RO **contralizé.**

contre-allée n. f. Allée latérale, parallèle à la voie principale. *Des contre-allées.* - var. RO **contrallée.**

contre-amiral, ale, aux n. Officier général de la marine, immédiatement au-dessous du vice-amiral. *Des contre-amiraux.* - var. RO **contramiral, ale, aux.**

contre-appel n. m. Second appel inopiné, pour vérifier le premier. *Des contre-appels.* - var. RO **contrappel.**

contre-assurance n. f. Seconde assurance qui garantit la première. *Des contre-assurances.* - var. RO **contrassurance.**

contre-attaque n. f. Riposte offensive à une attaque. → **contre-offensive.** *Des contre-attaques.* - var. RO **contrattaque.**

contre-attaquer v. tr. < 1 > Faire une contre-attaque. - var. RO **contrattaquer.**

contrebalancer v. tr. < 3 > **I. 1.** Faire équilibre à. **2.** Compenser en étant égal à. *Les avantages contrebalancent les inconvénients.* **II.** (de *s'en balancer*) *Se contrebalancer (de)* v. pron. fam. Se moquer éperdument (de). → **se contrefiche, se contrefoutre** de. *« Si je ne lui plais pas* [...] *je m'en contrebalance »* (S. de Beauvoir).

contrebande n. f. (de l'italien, de *contra* et *bando* → **ban**) Introduction clandestine de marchandises dans un pays ; ces marchandises. *Faire la contrebande du tabac. Marchandises de contrebande.*

contrebandier, ière n. Personne qui fait de la contrebande.

en **contrebas** loc. adv. (de *bas*) À un niveau inférieur. *La route passe en contrebas* (opposé à *en contrehaut*). – loc. prép. *La maison se trouve en contrebas du chemin.*

contrebasse n. f. (de l'italien, de *contra* et *basso* → [1]**bas, basse**) **1.** Le plus grand et le plus grave des instruments à archet. **2.** Musicien(ne) qui joue de la contrebasse. → **contrebassiste.**

contrebassiste n. Musicien(ne) qui joue de la contrebasse. → **bassiste.**

contrebasson n. m. (de *basson,* d'après *contrebasse*) Instrument à vent analogue au basson, sonnant à l'octave inférieure.

contrebatterie n. f. milit. Tir d'artillerie contre les batteries de l'ennemi.

contrebattre v. tr. < 41 > S'opposer avec succès à (en contre-attaquant par un tir).

contrebraquer v. intr. < 1 > Braquer les roues avant d'un véhicule dans le sens inverse de la direction du train arrière.

contrebuter v. tr. < 1 > archit. Soutenir (une poussée) par un contrefort, un pilier. → **étayer.**

contrecarrer v. tr. < 1 > (→ **carrer**) S'opposer directement à. → **gêner.** *Contrecarrer les projets de qqn.* ■ au p. p. *Vocation contrecarrée.*

contrechamp n. m. cinéma Prise de vues dans le sens opposé à celui de la précédente (→ **champ**) ; plan ainsi filmé.

contre-chant ou **contrechant** n. m. mus. Phrase mélodique sur les harmonies du thème, et jouée en même temps que lui. *Des contre-chants, des contrechants.*

contrechâssis n. m. techn. Châssis appliqué contre un autre châssis.

contrechoc n. m. Choc en retour. → **contrecoup.** *Des contrechocs.* ■ *Contrechoc pétrolier :* chute des cours du pétrole entraînant une désinflation. - var. **contre-choc.** *Des contre-chocs.*

contreclef n. f. archit. Voussoir qui touche la clef de voûte. - var. RO **contreclé.**

à **contrecœur** [akɔ̃tʀəkœʀ] loc. adv. Malgré soi, avec répugnance. *Faire une chose à contrecœur.*

contrecoller v. tr. < 1 > Coller des feuilles, des plaques d'un matériau rigide entre elles. *Contrecoller des feuilles de carton.* – *Parquet contrecollé.*

contrecoup [kɔ̃tʀəku] n. m. Évènement qui se produit en conséquence indirecte d'un autre. → **réaction.** *Subir le contrecoup d'un désastre. Par contrecoup.*

contre-courant n. m. **1.** Courant contraire (au courant principal). **2.** *À contre courant* loc. adv. En remontant le courant. *Nager à contre-courant.* – fig. *Aller à contre-courant de son époque,* dans un sens opposé à l'évolution. - var. RO **contrecourant.**

contre-courbe n. f. Courbe concave accolée à une courbe convexe. *Courbes et contre-courbes en décoration.* - var. RO **contrecourbe.**

contre-culture n. f. Courant culturel qui se définit en opposition à la culture dominante. *Des contre-cultures.* - var. RO **contreculture.**

contredanse n. f. (anglais *countrydance* « danse de campagne » → **contrée,** d'après *contre*) **I.** Danse ancienne où les couples de danseurs se faisaient vis-à-vis et exécutaient des figures ; son air. **II.** (jeu de mots) fam. Contravention. → **amende.**

contre-digue n. f. techn. Ouvrage destiné à consolider la digue principale. *Des contre-digues.* - var. RO **contredigue.**

contredire v. tr. < 37 2ᵉ pers. du plur. *vous contredisez* > (latin *contradicere,* de *dicere* → [1]**dire**) **1.** S'opposer à (qqn) en disant le contraire de ce qu'il dit. → **démentir ; contradiction.** *Contredire qqn ; son témoignage.* **2.** (choses) Aller à l'encontre de. *Les évènements ont contredit ses prédictions.* ■ **se contredire** v. pron. Dire des choses contradictoires successivement. → **se couper.** *Elle n'arrête pas de se contredire.*

contredit (de *contredire*) **1.** n. m. vieux Affirmation contradictoire. **2.** *Sans contredit* loc. adv. : sans qu'il soit possible d'affirmer le contraire. → **assurément, certainement,** sans **conteste.**

contrée n. f. (vient du latin pop. *contrata,* pour *contrata regio* « pays en face » → **contre**) littér. Étendue de pays. → **région.** *Une contrée riche, fertile.*

contre-écrou [kɔ̃tʀekʀu] n. m. techn. Écrou que l'on visse à fond au-dessous d'un autre écrou pour éviter qu'il se desserre. *Des contre-écrous.* - var. RO **contrécrou.**

contre-électromotrice adj. f. électr. *Force contre-électromotrice* (*f. c. e. m.* ou *f. c. é. m.*) : tension opposée à la direction du courant et convertissant l'énergie électrique en une énergie autre que thermique. *Les forces contre-électromotrices d'un moteur.* - var. RO **contrélectromotrice.**

contre-emploi n. m. Rôle qui ne correspond ni au physique ni au tempérament d'un acteur. *Comédien qui joue à contre-emploi. Des contre-emplois.* - var. RO **contremploi.**

contre-empreinte n. f. Relief dans une empreinte en creux. *Des contre-empreintes.* - var. RO **contrempreinte.**

contre-enquête n. f. Enquête destinée à vérifier les résultats d'une enquête précédente. *Des contre-enquêtes.* - var. RO **contrenquête.**

contre-épaulette n. f. Plaque d'épaule sans franges, sur une épaulette d'uniforme. *Des contre-épaulettes.* - var. RO **contrépaulette.**

contre-épreuve n. f. **1.** Épreuve tirée sur une estampe ; reproduction. *Des contre-épreuves.* **2.** Second essai pour vérifier. → **vérification.** - var. RO **contrépreuve.**

contre-espionnage n. m. Organisation chargée de la surveillance des espions ; cette surveillance. *Faire du contre-espionnage.* - var. RO **contrespionnage.**

contre-essai n. m. Second essai pour contrôler les résultats du premier. → **contre-épreuve.** *Des contre-essais.* - var. RO **contressai.**

contre-exemple n. m. Exemple qui contredit une affirmation, une thèse. *Des contre-exemples.* - var. RO **contrexemple.**

contre-expertise n. f. Expertise destinée à en contrôler une autre. *Des contre-expertises.* - var. RO **contrexpertise.**

contre-extension n. f. méd. Action qui consiste à maintenir fixe et immobile la partie supérieure d'un membre luxé ou fracturé, au cours d'une réduction par extension. - var. RO **contrextension.**

contrefaçon n. f. (de *contrefaire,* d'après *façon*) Imitation frauduleuse. → **copie, plagiat.** *La contrefaçon d'un livre, d'un produit de marque. Délit de contrefaçon.*

contrefacteur, trice n. dr. Personne coupable de contrefaçon. → **faussaire.** *Contrefacteur de billets de banque.*

contrefaire v. tr. < 60 > (latin *contrafacere,* d'après *faire*) **1.** littér. Imiter pour tourner en dérision. → **caricaturer.** *Contrefaire la voix de qqn.* **2.** Imiter frauduleusement (→ **contre-**

façon). *Contrefaire une signature.* **3.** vieilli Feindre (un sentiment) ; changer, modifier l'apparence de (qqch.) pour tromper. → **déguiser.** « [Il] *contrefit le mort, puis le ressuscité* » (La Fontaine).

contrefait, aite adj. (personnes) Difforme, mal bâti.

contre-fer ou **contrefer** n. m. techn. Partie d'un outil qui double le fer. *Contre-fer de rabot. Des contre-fers, des contrefers.*

contre-feu n. m. Feu allumé pour arrêter un incendie en créant un espace vide. *Des contre-feux.* - var. RO **contrefeu.**

contrefiche n. f. techn. Pièce de charpente placée obliquement pour servir d'étai à une pièce verticale. - var. **contre-fiche.** *Des contre-fiches.*

se **contreficher** v. pron. < 1 > (→ [2]**ficher**) fam. Se moquer complètement (de). → **se contrebalancer.** - syn. **se contrefoutre.**

contrefil n. m. Sens contraire à la normale. – *À contrefil* : dans le mauvais sens. - var. **contre-fil.**

contre-filet ou **contrefilet** n. m. Morceau de bœuf correspondant aux lombes. → **faux-filet.** *Des contre-filets, des contrefilets.*

contrefort n. m. (de *contre* et *fort*) **1.** Pilier, mur servant d'appui à un autre mur. *Les contreforts d'une voûte.* → **arcboutant. 2.** Chaîne de montagnes latérales. *Les contreforts des Alpes.* **3.** Pièce de cuir qui renforce l'arrière d'une chaussure.

Les contreforts, massifs, de l'époque romane seront remplacés par les arcs-boutants, plus élancés, de l'époque gothique.

se **contrefoutre** voir **se contreficher**

en **contre-haut** ou en **contrehaut** loc. adv. À un niveau supérieur.

contre-hermine [kɔ̃tʀɛʀmin] n. f. (terme de blason) Fourrure constituée par un fond de sable (noir) semé de mouchetures d'argent.

contre-indication n. f. méd. Circonstance où il serait dangereux d'employer un traitement, un médicament. *Les contre-indications d'un médicament.* - var. RO **contrindication.**

contre-indiqué, ée adj. Qui ne convient pas, est dangereux (dans un cas déterminé). → **déconseillé.** *Médicaments contre-indiqués en cas d'asthme.* - var. RO **contrindiqué, ée.**

contre-indiquer v. tr. < 1 > méd. Déconseiller, interdire par une contre-indication. - var. RO **contrindiquer.**

contre-interrogatoire n. m. Interrogatoire d'un témoin, d'un accusé par la partie adverse. *Des contre-interrogatoires.* - var. RO **contrinterrogatoire.**

contre-jour ou **contrejour** n. m. Éclairage d'un objet qui vient du côté opposé à celui d'où l'on regarde. *Des contre-jours, des contrejours.* – *À contre-jour* **loc. adv.** : dans ce type d'éclairage.

contre-lame n. f. Lame, vague qui vient en sens contraire du mouvement de l'eau. *Des contre-lames.* - var. RO **contrelame.**

contre-la-montre voir **montre**

contre-lettre n. f. dr. Acte secret qui annule, modifie les dispositions prises dans un premier acte apparent. *Des contre-lettres.* - var. RO **contrelettre.**

contremaître, contremaîtresse n. Celui qui est responsable d'une équipe d'ouvriers ; chef d'équipe. - var. RO **contremaitre, contremaitresse.**

contre-manifestation n. f. Manifestation organisée pour faire échec à une autre. *Des contre-manifestations.* - var. RO **contremanifestation.** □ n. **contre-manifestant, ante** ou RO **contremanifestant, ante**

contre-manifester v. intr. < 1 > Prendre part à une contre-manifestation. - var. RO **contremanifester.**

contremarche n. f. **I.** Partie verticale de chaque marche d'un escalier. **II.** Marche (d'une troupe) en direction opposée à la marche précédente.

contremarque n. f. Ticket délivré à des spectateurs qui sortent momentanément d'une salle de spectacle.

contre-mesure n. f. Mesure contraire à une autre mesure. ■ milit. Moyens destinés à rendre inefficace l'action ennemie. *Des contre-mesures.* - var. RO **contremesure.**

contre-mine n. f. milit. Mine pratiquée pour éventer ou détruire une mine de l'ennemi. *Des contre-mines.* - var. RO **contremine.**

contre-mur n. m. Petit mur bâti contre un autre mur, contre une terrasse, pour servir d'appui. *Des contre-murs.* - var. RO **contremur.**

contre-offensive n. f. Contre-attaque en vue d'enlever à l'ennemi l'initiative des opérations. *Des contre-offensives.* - var. RO **controffensive.**

contrepartie n. f. **1.** Sentiment, avis contraire. *Soutenir la contrepartie d'une opinion.* **2.** Chose qui s'oppose à une autre en la complétant ou en l'équilibrant. « *Le défaut avait pour contrepartie une qualité précieuse* » (Proust). *Une contrepartie financière.* → **compensation.** *Accorder qqch. sans contrepartie.* – **loc. adv.** *En contrepartie.* → par **contre,** en **échange,** en **revanche.**

contre-pas n. m. milit. Demi-pas pour reprendre le pas cadencé, sur le bon pied. *Des contre-pas.* - var. RO **contrepas.**

contre-passer v. tr. < 1 > comm. **1.** Repasser (une lettre de change) à la personne de qui on la reçoit. **2.** Rectifier une écriture au grand livre, au journal. - var. RO **contrepasser.**

contrepente n. f. Pente opposée à une autre pente. *À contrepente. Des contrepentes.* - var. **contre-pente.** *Des contre-pentes.*

contre-performance n. f. Mauvais résultat (d'une personne, d'un concurrent dont on attendait un succès). *Les contre-performances d'un sportif.* - var. RO **contreperformance.**

contrepet n. m. (de *contrepèterie,* d'après *pet*) Art d'inventer des contrepèteries et de les résoudre.

contrepèterie n. f. (de *contre* et *péter*) Interversion des lettres ou des syllabes d'un ensemble de mots produisant un sens burlesque, souvent obscène (ex. chez Rabelais « femme folle à la messe » et « femme molle à la fesse »).

contrepied [kɔ̃tʀəpje] n. m. **1.** Ce qui est diamétralement opposé à (une opinion, un comportement). → **contraire, contrepartie.** – loc. *Prendre le contrepied de qqch.* : faire exactement le contraire pour s'opposer. **2.** sport *À* **contrepied,** sur le mauvais pied (pour une action). *La balle l'a surpris à contrepied.* - var. **contre-pied.**

contreplacage n. m. techn. Fabrication du contreplaqué par application de feuilles de bois des deux côtés d'un panneau.

contreplaqué n. m. (de *plaquer*) Matériau formé de plaques de bois minces collées, à fibres opposées. *Étagères en contreplaqué.*

contre-plongée n. f. Prise de vues faite de bas en haut (opposé à *plongée*). *Séquence filmée en contre-plongée. Des contre-plongées.* - var. RO **contreplongée.**

contrepoids n. m. **1.** Poids qui fait équilibre à un autre poids. *Les contrepoids d'une horloge.* **2.** Ce qui équilibre, neutralise. → **contrepartie.** *Faire contrepoids à qqch.* → **contrebalancer.**

à **contre-poil** ou à **contrepoil** adv. Dans le sens inverse des poils. → à **rebrousse-poil.** ■ loc. fig. *Prendre qqn à contre-poil,* maladroitement, en l'irritant.

contrepoint n. m. (de *point* au sens de « note ») **1.** mus. Art de composer en superposant des dessins mélodiques (→ [2]**canon, fugue ; contrapontique).** *Apprendre l'harmonie et le contrepoint.* **2.** fig. Motif secondaire qui se superpose à qqch. *La musique doit fournir un contrepoint aux images d'un film.* – **loc. adv.** *En contrepoint* : simultanément et comme une sorte d'accompagnement.

contre-pointe n. f. **1.** Partie tranchante à l'extrémité du dos d'un sabre. *Des contre-pointes.* **2.** techn. Pointe mobile qui, sur un tour, sert d'appui à la pièce que l'on veut usiner. - var. RO **contrepointe.**

contrepoison n. m. Substance destinée à neutraliser l'effet d'un poison. → **antidote.** *Administrer un contrepoison.*

contre-porte n. f. Face intérieure d'une porte (de voiture, de réfrigérateur, etc.) aménagée pour recevoir des accessoires. *Des contre-portes.* - var. RO **contreporte.**

contre-pouvoir n. m. Pouvoir qui s'oppose ou fait équilibre à l'autorité établie. *Des contre-pouvoirs.* - var. RO **contrepouvoir.**

contre-préparation n. f. milit. Bombardement destiné à neutraliser une préparation d'artillerie. *Des contre-préparations.* - var. RO **contrepréparation.**

contre-productif, ive ou **contreproductif, ive** adj. Qui produit l'effet inverse de l'effet attendu. *Mesures contre-productives* ou *contreproductives.*

contreprojet n. m. Projet que l'on oppose à un autre sur le même sujet. *Des contreprojets.* - var. **contre-projet.** *Des contre-projets.*

contre-propagande n. f. Propagande destinée à détruire les effets d'une autre propagande. *Des contre-propagandes.* - var. RO **contrepropagande.**

contreproposition n. f. Proposition qu'on fait pour l'opposer à une autre. - var. **contre-proposition.** *Des contre-propositions.*

contre-publicité n. f. **1.** Publicité qui a un effet contraire au but recherché, qui nuit à ce qu'elle veut vanter. *Des contre-publicités.* **2.** Publicité destinée à lutter contre une autre publicité. - var. RO **contrepublicité.**

contrer v. < 1 > (de *contre*) **1.** v. tr. fam. S'opposer avec succès à (qqn). *Se faire contrer.* **2.** v. intr. aux cartes S'opposer à l'annonce d'un joueur (→ **contre** (II, 2)).

contre-rail ou **contrerail** n. m. Second rail placé contre le rail normal aux passages à niveau, aux croisements. *Des contre-rails, des contrerails.*

contre-réaction n. f. techn. Action de contrôle en retour, dans un système cybernétique. → **rétroaction.** *Des contre-réactions.* - recomm. offic. pour **feedback.** - var. RO **contreréaction.**

Contre-Réforme n. f. Mouvement religieux appelé aussi Réforme catholique. Dès la fin du XVe s., une réorganisation de l'Église devint nécessaire face au développement du protestantisme. Sous l'impulsion du pape Paul III et durant le concile de Trente (1545-1563), la plupart des points du dogme furent examinés et redéfinis, les pratiques du culte réaffirmées, le canon des

Écritures fixé. Un renouveau culturel se manifesta en architecture religieuse et en musique sacrée. Politiquement, la Contre-Réforme empêcha la propagation du protestantisme en Italie et en Espagne et l'enraya en France.

contre-révolution n. f. Mouvement politique, social, destiné à combattre une révolution. *La férocité des contre-révolutions.* - var. RO **contrerévolution.** □ adj. et n. **contre-révolutionnaire** ou RO **contrerévolutionnaire**

contrescarpe n. f. (de [1]*escarpe*) anciennt Pente du mur extérieur d'un fossé qui entoure une fortification.

contreseing [kɔ̃tʀəsɛ̃] n. m. (de *seing*) dr. Deuxième signature destinée à authentifier la signature principale.

contresens [kɔ̃tʀəsɑ̃s] n. m. I. 1. Interprétation contraire à la signification véritable. *Faire un contresens et des faux sens dans une traduction.* ■ fig. Erreur dans une interprétation. *Un contresens historique.* 2. Erreur de choix. *« Sa vie était un contresens perpétuel »* (Balzac). II. Sens, direction contraire. *À contresens* loc. adv. : dans un sens contraire au sens normal. → à l'**envers**, à **rebours**. *Prendre une autoroute à contresens.* ■ fig. *Interpréter un fait à contresens.*

contresignataire n. et adj. Personne qui appose un contreseing.

contresigner v. tr. < 1 > Apposer une deuxième signature à. *Décret contresigné par un ministre.*

contresujet n. m. mus. Second ou troisième sujet d'une fugue. - var. **contre-sujet.**

contre-taille n. f. En gravure, Chacune des tailles qui croisent la première sur une planche de cuivre. – Le trait qui en résulte sur l'estampe. *Des contre-tailles.* - var. RO **contretaille.**

contretemps [kɔ̃tʀətɑ̃] n. m. (de *temps*, d'abord « interruption de la cadence du cheval ») 1. mus. Action d'attaquer un son sur un temps faible. 2. Évènement, circonstance qui s'oppose à ce que l'on attendait. → **difficulté, empêchement, ennui.** *Un fâcheux contretemps.* – loc. adv. *À contretemps* : au mauvais moment. *Arriver à contretemps.*

contre-ténor n. m. (→ ténor) 1. mus. Voix d'un ténor qui chante dans le registre supérieur. → **haute-contre.** 2. Chanteur qui a cette voix. *Des contre-ténors.* - var. RO **contreténor.**

contre-terrorisme n. m. Lutte violente contre le terrorisme, par les mêmes méthodes. *Des contre-terrorismes.* - var. RO **contreterrorisme.** □ n. et adj. **contre-terroriste** ou RO **contreterroriste**

contre-timbre n. m. Timbre apposé sur une feuille de papier timbré pour modifier la valeur du premier timbre. *Des contre-timbres.* - var. RO **contretimbre.**

contre-torpilleur n. m. Navire de guerre rapide, de tonnage réduit, fortement armé. *Des contre-torpilleurs.* - var. RO **contretorpilleur.**

contre-transfert n. m. psych. Ensemble des réactions inconscientes de l'analyste à la personne de l'analysé et spécialement de son transfert. *Des contre-transferts.* - var. RO **contretransfert.**

contretype n. m. Cliché négatif inversé. – Copie d'une épreuve ou d'un cliché photographique.

contre-ut [kɔ̃tʀyt] n. m. invar. mus. Ut d'une octave au-dessus de l'ut supérieur d'un registre normal. *Des contre-ut.*

contre-vair n. m. (de *vair*) (terme de blason) Fourrure analogue au vair, où de petites pièces d'argent et d'azur sont opposées par la pointe. *Des contre-vairs.* - var. RO **contrevair.**

contre-valeur n. f. fin. Valeur échangée contre une autre. *Contre-valeur en euros d'une devise étrangère. Des contre-valeurs.* - var. RO **contrevaleur.**

contrevallation n. f. (du latin *vallatio* « retranchement ») Fossé entourant une place forte.

contrevenir v. tr. ind. < 22 > (de *contre-* et *venir*, d'après *contravention*) *Contrevenir à* : agir contrairement à (une prescription, une obligation). → **enfreindre, transgresser.** *Il a contrevenu à la loi, au règlement* (→ **contravention**). *« Ayant contrevenu à mes promesses envers moi-même »* (M. Yourcenar). □ n. **contrevenant, ante**

contrevent n. m. (de *contre* et *vent*) Volet extérieur d'une fenêtre. → [1]**jalousie, persienne.**

contreventement n. m. (de *contrevent* « pièce de charpente oblique ») techn. Assemblage de charpente destiné à lutter contre les déformations horizontales d'une construction.

contrevérité n. f. Affirmation visiblement contraire à la vérité. → **mensonge.** - var. **contre-vérité.** *Des contre-vérités.*

contre-visite n. f. Nouvelle visite destinée à contrôler les résultats d'une première inspection. *Des contre-visites.* - var. RO **contrevisite.**

à contre-voie ou **à contrevoie** loc. adv. Du côté du train où n'est pas le quai.

Contrexéville Commune des Vosges, au S. de Vittel. 3 105 habitants. Station hydrominérale.

contribuable n. (de *contribuer*) Personne qui paie des impôts. *Les petits, les gros contribuables.* loc. *Aux frais du contribuable* : en gaspillant l'argent public.

contribuer v. tr. ind. < 1 > (latin, de *cum* et *tribuere*, de *tribus* → tribu) *Contribuer à* : aider à l'exécution d'une œuvre commune ; avoir part (à un résultat). → **concourir, coopérer.** *Contribuer au succès d'une entreprise.*

contributif, ive adj. 1. dr. Qui concerne une contribution. *Part contributive.* 2. À quoi chacun peut contribuer. *Encyclopédie contributive.*

contribution n. f. (latin → contribuer) 1. Part que chacun donne pour une charge, une dépense commune. → **quote-part.** *« La contribution des époux aux charges du mariage »* (Code civil). 2. au plur. Impôt (→ **contribuable**). *Contributions directes, indirectes.* (en France) *Contribution sociale généralisée (CSG).* ■ Administration chargée de la répartition et du recouvrement des impôts. → **fisc.** 3. Collaboration à une œuvre commune. → **concours.** *Apporter sa contribution à un projet.* – loc. *Mettre qqn, qqch. à contribution* : utiliser les services de (qqn, qqch.). *Il a mis tous ses amis à contribution.*

contrister v. tr. < 1 > (latin, de *cum* et *tristis* → triste) littér. Causer de la tristesse à (qqn). → **attrister.**

contrit, ite adj. (latin *contritus*, du p. p. de *conterere* « broyer », de *terere* « frotter » → térébrant) Qui marque le repentir. *Air contrit.* → **penaud, repentant ; contrition.**

contrition n. f. (bas latin → contrit) 1. Douleur vive et sincère d'avoir offensé Dieu. → **pénitence.** *Acte de contrition.* 2. littér. Remords, repentir.

contrôlable adj. Qui peut être contrôlé (s'oppose à *incontrôlable*). *Une affirmation facilement contrôlable.*

controlatéral, ale, aux adj. méd. Situé du côté opposé. *Paralysie controlatérale*, située du côté opposé à celui de la lésion nerveuse.

contrôle n. m. (de *contre* et *rôle* « registre », d'abord *contrerole*) 1. Vérification (d'actes, de droits, de documents). → **inspection.** *Le contrôle d'une comptabilité. Contrôle financier* (→ **audit**), *fiscal. Contrôle des billets. Contrôle d'identité*, par la police. *Contrôle des connaissances.* → **examen.** 2. Examen pour surveiller ou vérifier. *Exercer un contrôle sur qqn, qqch. Contrôle judiciaire. Sous contrôle médical.* 3. Vérification du bon fonctionnement (d'un appareil). *Contrôle technique d'un véhicule. Contrôle d'un réacteur nucléaire.* 4. Le fait de maîtriser. *Perdre le contrôle de sa voiture.* – *Le contrôle de soi-même.* → **maîtrise.** 5. anglic. *Contrôle des naissances* : maîtrise de la fécondité (par ex. grâce aux méthodes contraceptives).

contrôler v. tr. < 1 > (de *contrôle*) 1. Soumettre à un contrôle. → **examiner, inspecter, vérifier.** *Contrôler les comptes d'une entreprise, des billets de train.* 2. Maîtriser ; dominer. *Contrôler ses réactions.* – pronom. *Se contrôler* : rester maître de soi. → se **maîtriser.** *Avoir du mal à se contrôler.* 3. Avoir sous sa domination, sa surveillance. *Puissance qui contrôle une région stratégique.* 4. anglic. Être en mesure de régler, de déclencher ou d'arrêter (un phénomène, un processus, le fonctionnement d'une machine).

contrôleur, euse n. 1. Personne qui exerce un contrôle, une vérification. → **inspecteur.** *Un contrôleur des contributions.* 2. n. m. Appareil de réglage, de contrôle. *Contrôleur de vitesse.*

contrordre n. m. Ordre qui annule un ordre précédent.

controuvé, ée adj. littér. Inventé ; qui n'est pas exact. → **apocryphe ; mensonger.**

controversable adj. Qui est sujet à controverse. → **discutable.**

controverse n. f. (latin *controversia*, de *contra* et *versus* → [1]**vers**, prép.) Discussion sur une question, une opinion. → **polémique.** *Controverse scientifique.*

controversé, ée adj. Qui fait l'objet d'une controverse. → **contesté, discuté.**

controverser v. tr. < 1 > Débattre (une question) dans une controverse. → **argumenter, discuter.** – absolt *Controverser avec passion.* → **polémiquer.**

controversiste n. (de *controverser*) relig. Personne qui traite des matières de controverse religieuse.

contumace n. f. (latin, de *contumax* « fier », p.-ê. de *contemnere* « mépriser » → **contempteur**) 1. dr. Refus de comparaître devant un tribunal. 2. loc. adv. *Être condamné par contumace*, sans être présent, après avoir refusé de comparaître. → par **défaut.**

contumax [kɔ̃tymaks] adj. (mot latin → contumace) dr. Se dit de l'accusé en état de contumace. – n. *Un, une contumax.*

contus, use [kɔ̃ty, yz] adj. (du latin *contusus* « contusion ») didact. Qui présente une contusion. *Plaie contuse.*

contusion n. f. (latin, de *contundere* [→ contondant], de *cum* et *tundere* « battre ») Meurtrissure produite par un choc, sans déchirure de la peau. → **bleu,** [1]**bosse, ecchymose, hématome.** *Légères contusions.*

contusionner v. tr. < 1 > Blesser par contusion. → **meurtrir.** – au p. p. *Genou contusionné.*

conurbation n. f. (anglais, de *co-* et latin *urbs* « ville ») Grand ensemble urbain formé par plusieurs villes rapprochées. *Conurbation très importante.* → **mégalopole.**

convaincant, ante adj. Qui est propre à convaincre. *Une démonstration convaincante.* ■ (personnes) Qui convainc, est éloquent. *Un avocat convaincant.* → **persuasif.**

convaincre v. tr. < 42 > (latin *convincere*, de *cum* et *vincere* → vaincre, d'après *vaincre*) 1. Amener (qqn) à reconnaître la vérité, la nécessité d'une proposition ou d'un fait. → **persuader ; conviction.** *Nous l'avons convaincu de nous laisser partir.* – pronom. « [...] *parlant pour se convaincre soi-même* » (Mauriac). 2. *Convaincre* (qqn) *de* (qqch.), donner (à qqn) des preuves de (sa faute, sa culpabilité). *« C'est lui qu'il faut convaincre de son crime et punir »* (Duhamel). – au p. p. *(Être) convaincu d'imposture.* ■ **convaincu, ue** p. p. Qui possède, qui exprime la certitude (de). → **certain, persuadé, sûr.** *Elle est convaincue qu'elle se trompe, de son erreur.* ■ Sûr de son opinion. *Parler d'un ton convaincu.* → **assuré.** – n. *Prêcher un convaincu.*

convalescence n. f. (latin, de *cum* et *valere* « être fort, bien portant » → valoir) Période de transition entre la fin d'une maladie et le retour à la santé. – *Être en convalescence.*

convalescent, ente adj. (latin → *convalescere*) Qui est en convalescence. *Il est encore convalescent.* → **faible.** – n. *Les malades et les convalescents.*

convecteur n. m. (→ convection) Appareil de chauffage électrique où l'air est chauffé par convection.

convection n. f. (du latin *convectum,* de *cum* et supin de *vehere* → véhicule) phys. Transport de chaleur dans un fluide, par déplacement de molécules. □ adj. **convectif, ive**

convenable adj. (de *convenir*) **1.** Qui convient, est approprié. *Choisir le moment convenable.* → **favorable, opportun. 2.** Suffisant, acceptable. *Un salaire à peine convenable.* → **correct, décent. 3.** Conforme aux règles, aux conventions de la bienséance. → **correct, honnête.** *Une tenue convenable.*

convenablement adv. D'une manière convenable. ■ Correctement. *Elle est convenablement payée.*

convenance n. f. (de l'ancien français *convenant* → convenir) **1.** littér. Caractère de ce qui convient. → **conformité, harmonie.** *Convenance de goûts entre deux amis.* **2.** Ce qui convient à qqn. → **goût.** *Congé pour convenance personnelle.* – *À ma, ta, sa convenance :* quand cela me, te, lui conviendra. *Choisissez une heure à votre convenance.* **3.** *Les convenances :* ce qui est en accord avec les usages. → **bienséance.** *Respecter, braver les convenances.*

convenir v. tr. ind. < 22 > (latin *convenire,* de *cum* et *venire* → venir) **I.** (auxiliaire *avoir*) **1.** *Convenir à (qqch.)* : être approprié à (qqch.). *Les vêtements qui conviennent à la circonstance.* – absolt *Cela pourrait convenir.* → **1aller. 2.** *Convenir à (qqn),* être agréable ou utile (à qqn) ; être conforme à son goût. → **agréer, plaire.** *J'irai si ça me convient.* **3.** impers. *Il convient :* il est conforme aux usages, aux nécessités, aux besoins. *Il convient d'y aller, que vous y alliez* (→ il faut, il est à propos). **II.** (auxiliaire *être* [littér.] ou *avoir*) *Convenir de* **1.** (sujet sing.) Reconnaître la vérité de ; tomber d'accord sur. → **avouer, reconnaître.** *Vous devriez en convenir.* « *Je suis âne, il est vrai, j'en conviens, je l'avoue* » (La Fontaine). – *Convenir que* (+ indic. ou cond.). *Je conviens que c'est, que ce serait prudent.* → **admettre. 2.** (sujet plur.) Faire un accord, s'accorder sur. → **s'entendre ; 1convention.** – littér. (auxiliaire *être*) *Ils sont convenus d'une date. Nous sommes convenus de* (+ inf.). → **décider.** – cour. (auxiliaire *avoir*) *Ils ont convenu d'y aller.* – passif *Il a été convenu que :* on a décidé que. – loc. *Comme convenu :* comme il a été décidé, comme prévu. *Nous ferons comme convenu.* ■ **se convenir** v. pron. (sens I) Être approprié l'un à l'autre, se plaire mutuellement.

convent [kɔ̃vɑ̃] n. m. (mot anglais, du latin *conventus* « réunion ») didact. Assemblée générale de francs-maçons.

1convention n. f. (latin *conventio,* de *convenire* → convenir) **1.** Accord de deux ou plusieurs personnes portant sur un fait. → **arrangement, contrat, entente.** *Conventions diplomatiques, commerciales.* → **accord, traité.** *Les deux parties ont signé une convention.* – *Convention collective :* accord entre salariés et employeurs réglant les conditions de travail. **2.** *Les conventions :* ce qu'il est convenu de penser, de faire, dans une société. *Les conventions sociales.* → **convenance(s).** – *Les conventions du théâtre, du roman.* → **procédé. 3.** *De convention* loc. adj. invar. : qui est admis par convention. → **1conventionnel.**

2convention n. f. (anglais, du latin *conventio* « assemblée » → 1convention ; couvent) **1.** Assemblée exceptionnelle réunie pour établir ou modifier la constitution d'un État. – hist. (en France) *La Convention nationale* ou *la Convention.* **2.** anglic. (aux États-Unis) Congrès d'un parti pour désigner son candidat à la présidence. *La convention démocrate.*

conventionnalisme n. m. didact. **1.** Caractère conventionnel. **2.** philos. Doctrine qui considère tous les principes comme des conventions.

Convention nationale Assemblée constituante formée en 1792 de 749 députés élus au suffrage quasi universel, et se répartissant en une droite, les Girondins, un centre, la Plaine, et une gauche, les Montagnards. Elle succéda à l'Assemblée législative le 21 sept. 1792. On distingue trois périodes : la *Convention girondine* (jusqu'au 2 juin 1793) ; la *Convention montagnarde* (jusqu'au 27 juillet 1794) ; la *Convention thermidorienne* (jusqu'au 26 octobre 1795).

Louis XVI à la barre de la Convention nationale, le 26 décembre 1792, gravure de G. Vendramini (fin XVIIIe-début XIXe s.), Bibliothèque nationale de France, Paris.

conventionné, ée adj. Régi par une convention. *Logement conventionné.* ■ spécialt Lié par une convention avec la Sécurité sociale. *Clinique conventionnée.*

1conventionnel, elle adj. (de 1*convention*) **1.** Qui résulte d'une convention, d'une décision. *Valeur conventionnelle de la monnaie. Signe conventionnel.* → **arbitraire. 2.** Conforme aux conventions sociales ; peu naturel, peu sincère. *Des idées très conventionnelles. Non conventionnel.* **3.** anglic. Traditionnel, classique. *Armement conventionnel,* non atomique. – *Agriculture conventionnelle* (opposé à *raisonnée, biologique*). □ adv. **conventionnellement**

2conventionnel n. m. hist. Membre de la Convention.

conventionnement n. m. (de *conventionné*) En France, Fait pour un médecin, un établissement de soins, d'adhérer à la convention nationale conclue avec la Sécurité sociale.

conventuel, elle adj. (du latin médiéval, de *conventus* → couvent) Qui appartient à une communauté religieuse. *La vie conventuelle.*

convenu, ue adj. **1.** Qui est le résultat d'un accord. → **décidé.** *Payer le prix convenu.* **2.** péj. Conventionnel, artificiel. → **artificiel, banal.** *Un style convenu.*

convergeant Participe présent de *converger.*

convergence n. f. (→ convergent) **1.** Fait de converger. *La convergence de deux lignes.* **2.** Action d'aboutir au même résultat, de tendre vers un but commun. → **concours.** *La convergence des opinions.* – dr. *Critères de convergence :* conditions économiques à remplir par tout État membre de l'Union européenne pour faire partie de la zone euro. **3.** biol., paléont. Ressemblance partagée par différents groupes (espèces, etc.) qui n'est pas héritée de l'espèce ancestrale.

convergent, ente adj. (du latin mod., de *convergere* → converger) **1.** Qui converge. *Lignes convergentes.* ■ *Lentille convergente,* qui fait converger les rayons lumineux. ■ math. Qui converge vers une valeur unique, finie. *Série convergente.* **2.** Qui tend au même résultat, se rapproche des autres. *Des efforts convergents.*

converger v. intr. < 3 > (latin *convergere,* de *cum* et *vergere* « incliner, pencher ») **1.** Se diriger (vers un point commun). → **se concentrer.** *Les regards convergèrent sur lui.* **2.** fig. Tendre au même résultat. *Leurs théories convergent.* - contr. **diverger.**

convers, erse adj. (du latin chrét., de *convertere* → convertir) relig. *Frère convers, sœur converse :* personne qui, dans un monastère ou un couvent, se consacre aux travaux manuels.

conversation n. f. (du latin → converser) **1.** Échange spontané de propos ; ce qui se dit dans un tel échange. → **bavardage, entretien.** *Engager la conversation. Un sujet de conversation. Une conversation animée. Conversation téléphonique.* → **communication. 2.** Entretien entre personnes responsables, en petit nombre et souvent à huis clos. *Conversations diplomatiques.* **3.** *La conversation de qqn,* sa manière de parler ; ce qu'il dit dans la conversation. – fam. *Avoir de la conversation,* parler avec aisance.

conversationnel, elle adj. (anglais *conversational* → conversation) anglic., inform. *Mode conversationnel,* qui permet à l'utilisateur de dialoguer avec l'ordinateur. → **interactif.** *Agent* conversationnel.*

converser v. intr. < 1 > (latin *conversari* « se tourner vers », de *cum* et *versari* → verser) Parler avec (une ou plusieurs personnes) d'une manière spontanée. → **bavarder, 2causer.** *Nous avons conversé un moment.*

conversion n. f. (du latin, de *convertere* → convertir, version) **1.** Fait de passer d'une croyance considérée comme fausse à une vérité religieuse admise. – « *J'avais entrevu la conversion au bien et au bonheur, le salut* » (Rimbaud). ■ *Conversion au libéralisme, au socialisme.* ■ *Thérapie de conversion,* prétendant modifier l'orientation sexuelle ou l'identité de genre d'une personne (pratique interdite dans plusieurs pays). **2.** Fait de se changer en autre chose. → **changement, mutation, transformation.** *La conversion de l'eau en glace.* ■ Expression d'une quantité dans une autre. *Conversion de minutes en heures. Conversion de dollars en euros.* ■ techn. Opération consistant à transformer le format d'un ensemble de données. *Conversion de fichiers informatiques.* **3.** écon. Adaptation (d'une personne, d'une entreprise) à une nouvelle activité économique, notamment par suite de la suppression de l'ancienne. → **reconversion. 4.** milit. Mouvement tournant, dans un but tactique. – sports Demi-tour sur place, à l'arrêt, effectué par un skieur.

converti, ie adj. Qui est passé d'une croyance (religion) à une autre (considérée comme vraie). *Des chrétiens convertis au judaïsme.* – n. *Les nouveaux convertis.* – loc. *Prêcher un converti,* vouloir convaincre qqn qui l'est déjà.

convertibilité n. f. fin. Qualité de ce qui est convertible. *La convertibilité d'une monnaie* (en or, en devises).

convertible adj. (du latin → convertir) **1.** fin. Qui peut être converti (2). *Monnaie convertible.* **2.** (meubles) Transformable. *Canapé convertible* (en lit) ; n. m. *un convertible.* → **clic-clac.**

convertir v. tr. < 2 > (latin *convertere,* de *cum* et *vertere* « tourner » → version) **1.** Amener (qqn) à croire, à adopter une croyance, une religion (considérée comme vraie). *Convertir des Européens au bouddhisme* (→ **conversion**). – pronom. (absolt) « *Je veux que l'impie se convertisse* » (Bible). ■ Faire adhérer (à une opinion). → **rallier. 2.** (compl. chose) Transformer, changer. *Convertir ses biens en espèces.* → **réaliser.** *Convertir une rente* (→ **convertible**). *Convertir une fraction en nombre décimal.*

convertissage n. m. (de *convertisseur*) techn. Transformation de la fonte en acier au convertisseur.

convertisseur n. m. **1.** techn. Appareil qui effectue une transformation. *Convertisseur Bessemer* (où l'on transforme la fonte en acier). – électron. *Convertisseur analogique/numérique.* **2.** *Convertisseur (de devises, de monnaies) :* dispositif (calculette, tableau...) pour convertir une monnaie en une autre.

convexe adj. (latin *convexus,* de *cum,* et p.-ê. de *vexare* → vexer) Courbé, arrondi vers l'extérieur (opposé à *concave*). → **bombé, renflé.** *Miroir convexe.* ■ géom. *Polyèdre convexe,* tel que tout segment joignant deux points de ce polyèdre est situé tout entier dans celui-ci.

Cook (James)

Le Débarquement de James Cook aux Nouvelles Hébrides en 1774, William Hodges (v. 1776), National Maritime Museum, Londres.

convexité n. f. État, forme d'un corps convexe. → **courbure.**

convict [kɔ̃vikt] n. m. (de l'anglais, du latin, de *convincere* → **convaincre**) Criminel emprisonné ou déporté (pays anglo-saxons).

conviction n. f. (du latin chrét., de *convictum*, de *convincere* → **convaincre**) **1.** vieux Preuve de culpabilité. – loc. *Pièce à conviction* : objet dont se sert la justice comme élément de preuve dans un procès pénal. **2.** Certitude fondée sur des preuves évidentes. *Parler avec conviction. J'en ai la conviction* : j'en suis convaincu. ▪ *Jouer son rôle avec beaucoup de conviction*, de sérieux. **3.** Opinion ferme. → **croyance.** *Agir selon ses convictions.*

convier v. tr. ‹ 7 › (vient du bas latin, de *convivium* « festin » → **convive**, et *invitare* → **inviter**) **1.** Inviter (qqn) à un repas, une réunion. *Convier qqn à une réception.* **2.** fig. Inviter, engager (qqn) à (une activité). *Le beau temps nous convie à la promenade.*

convive n. (latin *conviva*, de *cum* et *vivere* → **vivre**) Personne invitée à un repas en même temps que d'autres. → **hôte.**

convivial, ale, aux adj. (anglais *convivial*, du latin → **convive**) **1.** Relatif à la nourriture prise en commun et avec plaisir. **2.** De la convivialité sociale. **3.** (de l'anglais des États-Unis) inform. Se dit d'un matériel, d'un système dont l'utilisation est facile pour un non-professionnel.

convivialité n. f. (anglais des États-Unis *conviviality* → **convivial**) **1.** Rapports positifs entre personnes, dans la société. **2.** inform. Facilité d'emploi, d'accès.

convocable adj. Qui peut être convoqué.

convocation n. f. (du latin → **convoquer**) **1.** Action de convoquer (qqn, un ensemble de personnes). *Se rendre, répondre à une convocation.* **2.** Lettre de convocation. *Convocation à un examen.*

convoi n. m. (de *convoyer*) **1.** Ensemble de voitures militaires, de navires faisant route sous la protection d'une escorte. **2.** Groupe de véhicules qui font route ensemble. *Des convois de nomades.* → **caravane.** **3.** Train. *Ajouter une rame au convoi.* **4.** Groupe important de personnes qu'on achemine vers une destination. *Des convois de prisonniers.* **5.** Cortège funèbre.

convoiement voir **convoyage**

convoiter v. tr. ‹ 1 › (de l'ancien français *coveitier*, qui vient du latin pop. *cupidietare*, de *cupiditas* → **cupidité**) Désirer avec avidité (une chose disputée ou qui appartient à un autre). → **briguer** ; fam. **lorgner.** *Convoiter le bien d'autrui, la première place. « Vous épousiez ma fille, et convoitiez ma femme ! »* (Molière).

convoitise n. f. Désir extrême et sans scrupule de posséder une chose. → **avidité, envie.** *Éveiller, attiser les convoitises.*

convoler v. intr. ‹ 1 › (du latin jurid., de *cum* et *volare* → [1]**voler**) plais. *Convoler (en justes noces)*, se marier, se remarier.

convoluté, ée adj. (du latin, de *convolvere* « rouler autour », de *cum* et *volvere* « rouler » → **voûte, volute**) bot. Roulé sur soi-même ou autour de qqch. *Les feuilles convolutées du bananier.*

convolvulacée n. f. (du latin sc., formé sur *convulvus*) bot. Plante (arbrisseau, herbe) généralement volubile, aux fleurs à cinq pétales soudés (famille des *Convolvulacées*, ex. le liseron, la patate, le volubilis).

convolvulus [kɔ̃vɔlvylys] n. m. (du latin, de *cum* et *volvere* « tourner » → **volte**) bot. Liseron.

convoquer v. tr. ‹ 1 › (du latin, de *cum* et *vocare* « appeler », de *vox* → **voix**) **1.** Appeler (plusieurs personnes) à se réunir. *Convoquer une assemblée. On les a convoqués par lettre* (→ **convocation**). **2.** Faire venir (une seule personne) auprès de soi. *Le directeur m'a convoqué dans son bureau.*

convoyage n. m. **1.** (cour. en mar.) Fait de convoyer, et notamment de conduire un bateau d'un lieu à un autre. – spécialt Fait de convoyer des avions neufs vers leur lieu d'utilisation militaire. **2.** Transport. *Le convoyage du minerai.* - syn. **convoiement.**

convoyer v. tr. ‹ 8 › (d'abord *conveier* ; vient du latin pop. *conviare*, de *cum* et *viare* « voyager », de *via* → **voie**) **1.** Accompagner pour protéger. → **escorter.** *Blindés qui convoient un transport de troupes* (→ **convoi**). ▪ mar. Faire naviguer (un bateau) jusqu'au lieu où il doit être utilisé. **2.** Transporter. *Convoyer des matières premières.*

convoyeur, euse **1.** n. Personne qui convoie qqch. *Convoyeur de fonds.* **2.** n. m. Bateau qui en convoie d'autres. **3.** n. m. Transporteur automatique de marchandises. *Tapis roulant servant de convoyeur.*

convulser v. ‹ 1 › (latin *convulsus*, de *cum* et *vellere* « arracher, tirer ») **1.** v. tr. Agiter, tordre par des convulsions. → [2]**contracter, crisper.** *La peur convulsait ses traits.* – au p. p. *Visage convulsé par la douleur.* – pronom. *Membres qui se convulsent.* **2.** v. intr. Être pris de convulsions. *« Elle convulsait, hantée, par terre »* (Céline).

convulsif, ive adj. (de *convulsion*) **1.** Caractérisé par des convulsions. *Maladies convulsives.* **2.** Qui a le caractère mécanique, involontaire et violent des convulsions. → **spasmodique ; nerveux.** *Geste, rire convulsif.* ▪ fig. *« La beauté sera* CONVULSIVE *ou ne sera pas »* (A. Breton) : violente. □ adv. **convulsivement**

convulsion n. f. (latin « crampe », de *convulsus* → **convulser**) **1.** Contraction violente, involontaire des muscles. → **spasme.** **2.** Agitation violente ; trouble soudain. → **secousse.** *Les convulsions politiques d'une révolution.*

convulsionnaire n. vieux Personne agitée de convulsions. ▪ hist. *Les convulsionnaires de Saint-Médard*, des jansénistes fanatiques au XVIIe siècle.

convulsionner v. tr. ‹ 1 › méd. Donner des convulsions à. – cour. au p. p. Agité ou déformé par des convulsions. *Visage convulsionné.*

coobligé, ée n. dr. Personne qui est obligée avec d'autres en vertu d'un contrat.

cooccupant, ante adj. et n. dr. Qui occupe (un lieu) en même temps que d'autres personnes. *Locataire cooccupant.* → **colocataire.**

cooccurrence n. f. ling. Présence simultanée de deux ou plusieurs éléments ou classes d'éléments dans le même énoncé. → **collocation.** □ adj. et n. **cooccurrent, ente**

Cook (James) Navigateur britannique (1728-1779). Entré dans la marine royale, il participa à la prise de Québec (1759) et réalisa le levé hydrographique du Saint-Laurent. Il fit ensuite trois expéditions dans l'océan Pacifique, découvrit la Nouvelle-Zélande et les côtes orientales de l'Australie, et atteignit l'océan Arctique par le détroit de Béring. Il fut tué par les indigènes aux îles Sandwich (Hawaii).

Cook (Thomas) Homme d'affaires britannique (1808-1892). Pasteur baptiste, il organisait des excursions pour ses fidèles avant de fonder, en 1841, ce qui allait devenir la première agence de voyages internationale.

Cook (détroit de) Bras de mer séparant les deux îles principales de la Nouvelle-Zélande.

Cook (îles) Archipel de Polynésie, éparpillé sur 2 200 000 km^2 au centre de l'océan Pacifique. 236 km^2. 14 900 habitants. Découvertes par J. Cook en 1773, proclamées protectorat britannique en 1888, ces îles furent annexées par la Nouvelle-Zélande en 1901. En 1965, elles devinrent un territoire de « libre association » avec la Nouvelle-Zélande.

Cook (mont) Point culminant de la Nouvelle-Zélande, situé dans les Alpes néo-zélandaises (île du Sud). 3 754 m.

cookie [kuki] n. m. (mot anglais, du néerlandais, de *koeke* « gâteau ») anglic. **I.** Biscuit rond, dont la pâte comporte des éclats de chocolat, de fruits secs. **II.** inform. Petit fichier installé sur le disque dur lors de la consultation d'un site web, qui permet au serveur de mémoriser des informations sur l'internaute et son comportement.

cool [kul] adj. (mot anglais « frais ») **1.** *Jazz cool*, aux sonorités douces. **2.** fam. (personnes) Calme et détendu. → **relax.** *Il a des parents cools.* ▪ Décontracté. *Une tenue cool.* **3.** fam. (intensif) Agréable, excellent ; sympathique.

Coolidge (John Calvin) Homme d'État américain (1872-1933). Gouverneur républicain du Massachusetts, puis vice-président de W. G. Harding, il devint président des États-Unis à la mort de celui-ci (1923) puis, élu, gouverna jusqu'en 1929. Il encouragea le règlement des affaires européennes (plan Dawes).

Coolidge (William David) Physicien américain (1873-1975). En 1906, il parvint à obtenir le tungstène sous forme de filaments utilisables dans les ampoules électriques. En 1913, il créa le tube à rayons X qui porte son nom.

coolie [kuli] n. m. (de l'anglais, du portugais, d'une langue de l'Inde) en Inde, en Chine Travailleur, porteur. *Des coolies.*

Cooper (James Fenimore) Romancier américain (1789-1851). Les cinq récits qui forment le *Roman de Bas-de-Cuir* évoquent les luttes franco-anglaises de la fin du XVIIIe s. et s'inspirent de ce que Cooper avait vu enfant. Il reste l'auteur qui sut le mieux évoquer l'Amérique des temps héroïques. *Le Dernier des Mohicans ; La Prairie ; Le Tueur de daims.*

Cooper (Frank James Cooper, dit Gary) Acteur américain (1901-1961). Sa haute taille, son allure nonchalante, la vigueur de ses poings et sa feinte naïveté lui valurent aussi bien des rôles de jeune premier que de cow-boy et d'aventurier, en même temps qu'une reconnaissance internationale.

Cooper (Gary)

Gary Cooper dans *Le train sifflera trois fois* de Fred Zinnemann (1952).

Cooper (Léon N.) Physicien américain (né en 1930). Prix Nobel 1972, pour sa théorie des supraconducteurs (théorie BCS).

Cooper (David) Psychiatre sud-africain (1931-1986). En collaboration avec Ronald Laing, il développa une méthode originale de traitement des troubles psychiques, fondée sur une critique radicale de la notion de maladie mentale, qu'il nomma antipsychiatrie. *Psychiatrie et Antipsychiatrie.*

coopérant, ante n. Spécialiste, enseignant(e) envoyé(e) au titre de la coopération (2) dans un pays étranger.

coopérateur, trice n. **(du bas latin)** didact. **1.** Personne qui travaille avec qqn. → **associé, collaborateur. – adj.** *Agent coopérateur.* **2.** Membre d'une coopérative.

coopératif, ive adj. **(du bas latin → coopérer) 1.** Qui est fondé sur la coopération (1), la solidarité. *Système coopératif.* **2. (anglais *cooperative*)** anglic. (personnes) Qui apporte volontairement son aide. *Elle s'est montrée très coopérative.*

coopération n. f. **(du latin chrét. → coopérer) 1.** Action de participer à une œuvre commune. → **collaboration.** *Apporter sa coopération à une entreprise.* → **¹aide, concours. 2.** Politique d'entente et d'échanges culturels, économiques ou scientifiques entre États ; spécialt aide au développement de nations moins développées. *Coopération agricole, industrielle. Faire son service militaire dans la coopération* (→ **coopérant**). **3.** écon. Système par lequel des personnes intéressées à un but commun s'associent et se répartissent le profit en fonction de leur part d'activité. *Société de coopération.* → **coopérative.**

coopératisme n. m. écon. Système économique qui attribue un rôle important aux coopératives. → **mutualisme.**

coopérative n. f. **(*société coopérative*, d'après l'anglais → coopératif)** Entreprise où les droits de chaque associé à la gestion sont égaux et où le profit est réparti entre eux. → **association, mutuelle.** *Coopérative d'achat. Coopérative agricole.*

coopérer v. intr. < 6 > **(du latin chrét., de *cum* et *operare* → opérer)** Agir, travailler conjointement (avec qqn). → **collaborer.** – trans. ind. *Coopérer à une entreprise.*

cooptation n. f. **(du latin → coopter)** Dans une assemblée, nomination d'un membre nouveau par ceux qui en font déjà partie.

coopter v. tr. < 1 > **(du latin, de *cum* et *optare* « choisir » → option)** Admettre par cooptation. – au p. p. *Membre coopté.*

coordinateur, trice adj. Qui coordonne. *Bureau coordinateur.* – n. *Un coordinateur.* - syn. **coordonnateur, trice.**

coordination n. f. **(du latin, de *cum* et *ordinatio*, de *ordinare* → ordonner) 1.** Agencement logique des parties d'un tout en vue d'obtenir un résultat déterminé. → **organisation ; coordonner.** *La coordination des secours.* – anat. *La coordination des mouvements.* **2.** Rassemblement professionnel momentané et spontané dans un but revendicatif, sans mot d'ordre syndical. *Coordination nationale des infirmières.* **3.** gramm. *Conjonction de coordination,* liant des mots ou des propositions de même nature ou fonction (et, ou, donc, or, ni, mais, car).

coordinence n. f. **(de *coordination*)** chim. Nombre des atomes qui sont proches voisins d'un autre atome, dans un édifice atomique (molécule, ion...).

coordonnateur, trice voir **coordinateur, trice**

coordonné, ée adj. **1.** Disposé, ordonné avec d'autres en vue d'une fin. *Actions coordonnées.* **2.** Harmonisé (avec). « *Un tissu coordonné au reste de la chambre* » (Perec). **– n. m.** *Des coordonnés* (objets, vêtements). **3.** Relié par une conjonction de coordination. *Propositions coordonnées.*

coordonnées n. f. pl. **(de *co-* et *ordonnée*) 1.** math. Éléments qui déterminent la position d'un point par rapport à un système de référence, dans un plan (abscisse, ordonnée) ou dans l'espace (abscisse, ordonnée, cote). ■ *Coordonnées géographiques :* latitude et longitude. **2.** fig., fam. Renseignements qui permettent de joindre qqn (adresse, etc.).

coordonner v. tr. < 1 > **(de *co-* et *ordonner*, d'après *coordination*) 1.** Organiser (les différentes parties d'un ensemble) pour former un tout efficace ou harmonieux. → **agencer, combiner, ordonner, organiser.** *Coordonner une chose à une autre, avec une autre. Coordonner les travaux de différentes équipes.* **2.** Relier (des mots, des propositions) par une conjonction de coordination.

COP (Conférence des parties) Conférence mondiale sur le climat qui réunit les pays signataires du traité du premier sommet de la Terre sur les changements climatiques (Rio 1992). La première COP s'est tenue en 1995. → **Kyōto** (protocole de).

Copacabana Quartier de Rio de Janeiro (Brésil), bordé d'une longue plage (4,5 km).

copahu n. m. **(mot tupi du Brésil)** Substance résineuse extraite de divers copayers, utilisée autrefois en médecine.

copain, copine n. **(ancien français *compain* → compagnon)** fam. **1.** Camarade. *Une bande de copains. Une copine de classe.* – *Favoriser les copains.* → **copinage.** ■ Compagnon, compagne. *J'ai rencontré sa nouvelle copine* (→ **petit ami**). **2. adj.** *Ils sont très copains.* → **ami.**

copal n. m. **(de l'espagnol, du nahuatl)** Résine fournie par des arbres tropicaux, utilisée dans la fabrication des vernis. *Des copals.*

Copán Site de vestiges mayas, situé au N.-O. du Honduras, à la frontière du Guatemala, découvert en 1839.

coparent n. m. Personne qui partage la vie du père ou de la mère biologique (d'un enfant). → **beau-parent.** □ **adj. coparental, ale, aux**

coparentalité n. f. didact. **1.** Exercice conjoint des droits et des responsabilités de chacun des parents à l'égard de l'enfant, après une séparation, un divorce. **2.** Responsabilité, statut de beau-parent, dans une famille recomposée.

copartage n. m. dr. Partage entre plusieurs personnes (*copartageant, ante,* **n.**).

coparticipation n. f. dr. Participation commune de plusieurs personnes (*coparticipant, ante,* **n.**).

copayer [kɔpaje] n. m. **(de *copahu*)** Arbre de grande taille des régions tropicales d'Amérique et d'Afrique. → **copahu.**

Copé (Jean-François) Homme politique français (né en 1964). Membre du gouvernement de 2002 à 2007, il fut secrétaire général (2010) puis président (2012-2014) de l'UMP. Il est maire de Meaux depuis 1995.

copeau n. m. **(d'abord *cospel* ; vient du latin *cuspellus*, de *cuspis* « pointe »)** Éclat, mince ruban détaché (d'une pièce de bois, etc.) par un instrument tranchant. *Brûler des copeaux.* – *Copeaux d'acier.* – *Copeaux de parmesan.*

Copeau (Jacques) Écrivain et homme de théâtre français (1879-1949). Cofondateur avec André Gide et Jean Schlumberger de la *Nouvelle Revue française,* il s'opposa aux traditions théâtrales figées. Il participa à la création de la Compagnie du Vieux-Colombier et influença le théâtre européen. Après 1924, il élargit son public avec une troupe itinérante. *Le Théâtre populaire* constitue son testament spirituel.

Copenhague Capitale du Danemark, sur la côte orientale de l'île de Sjælland et le nord de l'île d'Amager, sur le détroit d'Øresund. 644 000 habitants. Premier port du Danemark. Quartier de Christianshavn, sur l'île d'Amager, percé de canaux et entouré de fortifications. Bourse (XVIIe s. restaurée). Langelinie (promenade en bordure de mer, avec la statue de la Petite Sirène inspirée par Andersen). Château de Christianborg. Nombreux musées et bibliothèques. Université. Grand centre commercial et de services. Industries (constructions navales, mécanique, brasseries). En 1167, l'évêque Absalon fit construire un château fort pour défendre le port. La ville devint résidence royale au XVe s. Elle fut ravagée par la peste au XVIIIe s. et endommagée par deux incendies. En 1807, elle fut bombardée par les Anglais.

Copenhague

Au cœur de Copenhague, les toits verts du château de Christianborg, qui abrite le parlement danois.

copépode n. m. **(du grec *kopê* et de *-pode*)** zool. Petit crustacé marin, abondant dans le plancton (la sous-classe des *Copépodes,* ex. le cyclope).

copermuter v. tr. < 1 > Échanger (spécialt des bénéfices ecclésiastiques).

C

Copernic (Mikołaj Kopernik, dit en français Nicolas) Astronome polonais (1473-1543). Après des études en Pologne et en Italie, il s'installa à Frauenburg où il fit toutes ses observations astronomiques. Les insuffisances du système de Ptolémée l'amenèrent à élaborer une nouvelle théorie des mouvements planétaires, passant du géocentrisme à l'héliocentrisme. Sa théorie selon laquelle la Terre n'occupe pas le centre de l'Univers fut à l'origine de la révolution scientifique du XVIIe s. Les preuves qui manquaient à son système furent apportées par Kepler et Galilée. Le pape Paul V condamna en 1616 les idées coperniciennes.

La théorie héliocentrique de Nicolas Copernic ne fut acceptée par l'Église qu'en 1830.

copernicien, ienne adj. et n. (de *Copernic*) Relatif à Copernic, à son système. *Révolution copernicienne :* bouleversement des théories astronomiques dont Copernic fut l'initiateur, avec son système héliocentrique ; par ext. innovation considérée comme fondamentale.

copernicium [kɔpɛʀnisjɔm] n. m. (de *Copernic*) chim. Élément atomique artificiel (symb. Cn ; n° at. 112).

Copi (Raúl Taborda Damonte, dit) Dessinateur et écrivain argentin d'expression française (1939-1987). Établi à Paris en 1962, il se fit connaître grâce à ses dessins. Son théâtre et ses romans développent le thème de l'identité sexuelle.

copiage n. m. Fait de copier (dans un examen) ou d'imiter servilement.

copie n. f. (latin *copia* « abondance » cf. copieux) **I. 1.** Reproduction d'un écrit. → **double, duplicata, photocopie.** *Copie fidèle. Copie certifiée conforme. L'original et la copie.* **2.** Texte (d'un ouvrage), servant de référence aux différents stades de la publication. → **manuscrit, tapuscrit.** – fam. *Journaliste en mal de copie,* de sujet d'article. **3.** Devoir rédigé sur une feuille volante. *Corriger des copies.* loc. fig. *Revoir sa copie :* revoir, modifier un projet. – Cette feuille. *Un paquet de copies doubles.* **II. 1.** Reproduction (d'une œuvre d'art originale). → **imitation.** *La copie d'un tableau.* **2.** Imitation (d'une œuvre). *Une pâle copie.* → **plagiat. III.** audiovisuel Duplication des bandes originales d'un film ; bande(s) ainsi obtenue(s). – Double d'un enregistrement. *Copie d'un CD.* ■ inform. Duplication de données numériques. *Copie de sauvegarde. – Copie d'écran.* → **capture.**

copier v. tr. < 7 > (latin médiéval *copiare* → copie) **1.** Reproduire (un écrit ; une œuvre d'art). → **calquer, transcrire ; imiter.** *Copier un tableau.* **2.** Imiter frauduleusement. – intrans. *Il a copié* (sur le voisin). **3.** Imiter (qqn, ses manières). – (choses) *« La mission de l'art n'est pas de copier la nature »* (Balzac). **4.** inform. Effectuer une copie de. *Copier un fichier.*

copier-coller n. m. invar. inform. Opération consistant à copier (une portion de texte, une image) puis l'insérer à un autre endroit du même document ou dans un document différent. → aussi **couper-coller.** - var. **copié-collé** n. m. *Des copiés-collés.*

copieur, euse I. n. Élève qui copie en fraude. **II.** n. m. (abrév. de *photocopieur*) Photocopieur.

copieusement adv. Beaucoup ; abondamment. *Manger copieusement.* – fig. *S'ennuyer copieusement.*

copieux, euse adj. (latin *copiosus* « abondant », de *copia* → copie) Abondant. *Un repas copieux.* → **plantureux.**

copilote n. aviat. Pilote en second.

copinage n. m. (de *copiner*) fam., péj. Favoritisme (dans le monde politique, des affaires, etc.).

copine n. f. voir **copain**

copiner v. intr. < 1 > (de *copain* [fém. *copine*]) fam. Avoir des relations de camaraderie.

copinerie n. f. fam. Relations de copains ; ensemble de copains.

copion n. m. (Belgique) argot scol. Antisèche.

copiste n. **1.** anciennt Professionnel qui copiait des manuscrits, de la musique. → **scribe. 2.** Personne qui copie une œuvre artistique ou littéraire. → **plagiaire.**

Un atelier de copiste, miniature du *Quadrilogue invectif* d'Alain Chartier (1422), Bibliothèque du musée Condé, Chantilly.

coplanaire adj. (de *co-* et du latin *planus*) géom. Situé dans un même plan. *Droites coplanaires.*

Copland (Aaron) Compositeur américain (1900-1990). Il fut d'abord influencé par le jazz avant de s'orienter vers le folklore américain, avec quelques incursions dans la musique sérielle. On lui doit trois symphonies, des ballets *(Billy the Kid),* des œuvres pour orchestre et de la musique de chambre.

copolymère n. m. chim. Macromolécule constituée par deux ou plusieurs sortes de motifs monomères.

coppa n. f. (mot italien → ²coupe) Charcuterie italienne où la viande (échine) est désossée, salée, fumée et roulée.

Coppée (François) Poète français (1842-1908). Tenté un moment par l'esthétique parnassienne, il préféra ensuite dépeindre des choses plus « communes », qui « ont une grâce de nouveauté pour qui sait les voir ». *Les Humbles ; Promenades et Intérieurs.*

Coppens (Yves) Paléontologue et paléoanthropologue français (1934-2022). Il découvrit, étudia et interpréta de nombreux fossiles humains et d'australopithèques, notamment celui de « Lucy ». *Le Singe, l'Afrique et l'Homme.* Professeur au Collège de France. Académie des sciences.

Coppet Ville de Suisse (canton de Vaud), sur la rive droite du lac Léman. Son château appartint à Necker et à sa fille, Mme de Staël, et fut l'un des centres du préromantisme, fréquenté par Chateaubriand, Benjamin Constant et Byron.

Coppi (Fausto) Coureur cycliste italien (1919-1960). Il fut deux fois vainqueur du Tour de France (1949 et 1952), cinq fois du Tour d'Italie, recordman de l'heure et champion du monde sur route (1953).

Coppola (Francis Ford) Cinéaste et producteur américain (né en 1939). Il contribua à renouveler le cinéma hollywoodien, utilisant l'élégance des films classiques mais aussi son propre langage formel, plus violent. *Le Parrain I, II et III ; Apocalypse Now.*

Al Pacino et Marlon Brando dans *Le Parrain* de Francis Ford Coppola (1972).

Coppola (Sofia) Réalisatrice américaine (née en 1971). Fille de Francis Ford, elle débuta comme actrice avant de se consacrer à la réalisation. *Virgin Suicides ; Lost in Translation ; Marie Antoinette.*

copra ou **coprah** n. m. (du portugais, d'une langue dravidienne du sud de l'Inde) Amande de la noix de coco décortiquée. *Huile de copra.*

coprésidence n. f. Présidence assurée conjointement par les représentants de plusieurs organismes ou gouvernements.

coprésident, ente n. Personne (ou puissance) participant à une coprésidence.

coprin n. m. (du grec, de *kopros* « excrément ») Champignon à chapeau ovoïde qui pousse sur les déchets organiques.

copro- Élément (du grec *kopros*) qui signifie « excrément ».

coprocesseur n. m. (de l'anglais → processeur) inform. Processeur associé à l'unité centrale d'un ordinateur et spécialisé dans l'exécution de tâches spécifiques.

coproculture n. f. (→ culture) biol. Culture des micro-organismes présents dans les selles.

coproduction n. f. Production (d'un film, d'un spectacle) par plusieurs producteurs *(coproducteurs)* ; le spectacle lui-même. *Une coproduction franco-italienne.*

coproduire v. tr. < 38 > Produire (un film, un spectacle) avec d'autres.

coprolalie n. f. (de *copro-* et *-lalie,* du grec *lalein* « parler ») méd. Tendance morbide à utiliser des mots orduriers et scatologiques.

coprolithe n. m. (de *copro-* + *-lithe*) paléont. Excrément fossile.

coprologie n. f. didact. Étude des matières fécales. □ adj. **coprologique**

coprophage adj. et n. (de *copro-* + *-phage*) **1.** Qui se nourrit d'excréments. *Le bousier, insecte coprophage.* **2.** pathol. Atteint de coprophagie (2).

coprophagie n. f. **1.** zool. Fait de se nourrir d'excréments. **2.** pathol. Tendance pathologique à manger des excréments.

coprophile adj. (de *copro-* + *-phile*) **1.** biol. Se dit d'organismes (surtout bactéries) vivant dans les excréments. **2.** psych. Qui trouve du plaisir dans la manipulation des excréments.

copropriétaire n. (de *co-* et *propriétaire*) Personne qui possède qqch. en copropriété.

copropriété n. f. (de *co-* et *propriété*) Propriété de plusieurs personnes sur un seul bien. *Immeuble en copropriété.* – Ensemble des copropriétaires.

copte adj. et n. (de l'arabe, du grec *Aiguptios* « Égyptien ») Des Coptes. ■ n. m. Langue liturgique des Coptes, issue de l'ancien égyptien.

Tissage copte (Ve ou VIe siècle), Musée copte du Caire.

Coptes n. m. pl. Chrétiens d'Égypte et d'Éthiopie. Ils forment une Église autonome depuis le concile de Chalcédoine (451) et suivent le rite d'Alexandrie. On compte environ 9 millions de Coptes égyptiens, et 14 millions de Coptes éthiopiens. L'art copte, d'inspiration gréco-romaine, se caractérise notamment par la simplification des détails.

copulatif, ive adj. (du latin → copuler) gramm. Qui marque une liaison entre les termes ou les propositions. *Conjonction copulative.*

copulation n. f. (du latin → copuler) Union sexuelle. → **accouplement, coït.**

copule n. f. (latin *copula* « lien, union » → couple, de *cum* et *apere* « attacher » → apte) didact. Mot qui relie le sujet au prédicat*. *Le verbe « être » est une copule.*

copuler v. intr. < 1 > (du latin, de *copula* → copule) didact. Avoir des relations sexuelles, s'accoupler. → **coïter.** – plais. (humain) Faire l'amour.

copyright [kɔpiʀajt] n. m. (mot anglais « droit *[right]* de copie ») Droit exclusif que détient un auteur ou son représentant d'exploiter une œuvre (symb. ©).

[1]coq [kɔk] n. m. (p.-ê. onomatopée, ou germanique *cocke* « tas », croisé avec le latin *coccum* « rouge écarlate » → coccinelle) **I. 1.** Oiseau de bassecour, mâle de la poule. *Crête de coq. Le chant du coq.* → **cocorico.** – *Le coq gaulois,* symbole de la France. ■ *Manger du coq au vin.* **2.** iron. *Le coq du village :* le garçon le plus admiré des femmes. **3.** loc. *Être comme un* **coq en pâte** *:* être soigné, dorloté. ■ *Passer du coq à l'âne.* → **coq-à-l'âne. 4.** *Poids coq,* catégorie de boxeurs (51 à 54 kg). **II.** Mâle d'une autre espèce de gallinacés. *Coq de bruyère :* tétras. *Coq de roche.*

[2]coq n. m. (néerlandais *kok,* du latin *coquus* → queux, de *coquere* → cuire) Cuisinier à bord d'un navire. *Maître-coq* (ou RO *maitre-coq*), le cuisinier en chef. *Des maîtres-coqs.*

coq-à-l'âne n. m. invar. (de *[saillir « sauter »] du coq à l'âne*) Passage sans transition et sans motif d'un sujet à un autre.

coquard n. m. (probablt de *coque,* idée d'« objet rond ») fam. Tuméfaction de l'œil due à un coup (→ œil au beurre* noir). - var. **coquart.**

coque n. f. (p.-ê. du latin *coccum* « kermès » et « écarlate » → coccinelle, ou altération du latin *concha* → conque ; coquille) **I. 1.** Enveloppe rigide (de certains fruits). *Coque d'amande, de noix.* → **coquille. 2.** Coquillage comestible (mollusque bivalve). **3.** *Œuf à la coque,* cuit dans sa coquille, le jaune restant liquide (→ **coquetier**). **II. 1.** Ensemble de la membrure et du revêtement extérieur (d'un navire). → **monocoque, multicoque. 2.** Bâti rigide qui remplace le châssis et la carrosserie (d'une automobile). **3.** Partie centrale du fuselage (d'un avion).

-coque Élément (du grec *kokkos* « grain ») signifiant « grain » et caractérisant certains micro-organismes (ex. *staphylocoque, streptocoque*).

coquecigrue n. f. (p.-ê. de *coq* et *grue,* croisé avec *cigogne*) littér. Baliverne, absurdité.

coquelet n. m. cuis. Jeune coq.

coqueleux, euse n. régional (Nord, Belgique) Éleveur, éleveuse de coqs de combat.

coquelicot n. m. (de *coquerico,* onomatopée → cocorico, à cause de la crête du coq) Petit pavot sauvage à fleur rouge vif. – loc. *Rouge comme un coquelicot,* rouge de confusion, de timidité.

Coquelin Nom de deux comédiens français. ■ Constant **Coquelin,** dit **Coquelin Aîné** (1841-1909). Il fut sociétaire de la Comédie-Française et créateur de *Cyrano de Bergerac,* écrit par Rostand à sa demande. ■ Ernest **Coquelin,** dit **Coquelin Cadet** (1848-1909). Frère de Constant, il s'illustra dans le genre comique.

coqueluche n. f. (p.-ê. famille de *coque, coquille*) **1.** Maladie contagieuse, caractérisée par une toux convulsive. *Malade atteint de coqueluche* (coquelucheux, euse **adj. et n.**). **2.** *Être **la coqueluche de** :* être aimé, admiré de. *« Beau, vigoureux, gaillard, la coqueluche des femmes »* (A. France).

coquemar n. m. (origine obscure, p.-ê. du flamand *kookmolor*) Bouilloire à anse.

coquerelle n. f. (de *coq*) (Canada) Blatte, cafard.

coqueret n. m. (probablt de *coq*) bot. Physalis*. → **alkékenge.**

coquerico voir cocorico

coqueron n. m. (anglais *cook-room* « pièce du cuisinier ») **I.** techn. Compartiment extrême de la coque d'un navire, servant souvent de citerne à eau. **II.** (Canada) fam. Logement très modeste.

coquet, ette adj. (de *coq,* fig. « séducteur ») **I. 1.** Qui cherche à plaire, à séduire. – n. f. « [...] *je suis une coquette et vous un libertin* » (Musset). → **aguicheuse, allumeuse. 2.** Qui soigne sa tenue pour plaire. **3.** Qui a un aspect plaisant, soigné. *Un logement coquet.* **II.** fam. Assez important. *Il m'en a coûté la coquette somme de...*

coquetier n. m. (de *[œuf à la] coque*) Petite coupe dans laquelle on met un œuf pour le manger à la coque.

coquetière n. f. (de *coque*) cuis. Ustensile où l'on met à cuire les œufs à la coque.

coquettement adv. D'une manière coquette (I).

coquetterie n. f. (de *coquet*) **1.** Souci de plaire en attirant l'attention ; comportement qui en résulte. *« La coquetterie tendrement insolente par quoi elle stimulait son désir »* (Malraux). ■ Légère affectation. *Son refus, c'est de la coquetterie.* ■ loc. fam. *Avoir une coquetterie dans l'œil :* loucher légèrement. **2.** Goût de la toilette, souci d'élégance.

Coquilhatville voir Mbandaka

coquillage n. m. (de *coquille*) **1.** Mollusque marin comestible pourvu d'une coquille. *Manger des coquillages* (→ fruits de mer). **2.** La coquille. *Un collier de coquillages.*

coquillard n. m. (de *coquille* « œil », par comparaison) fam. vieux Anus. – loc. mod. *S'en tamponner le coquillard :* s'en moquer.

coquillart n. m. minér. Calcaire renfermant des coquilles fossiles.

coquille n. f. (vient du latin pop. *conchilia,* de *conchylium,* du grec, de *konkhê* → conque, influence du latin *coccum* → coque) **I. 1.** Enveloppe calcaire qui recouvre le corps de la plupart des mollusques et d'autres animaux aquatiques. → **carapace, coque, coquillage.** *Coquille bivalve. Coquille d'escargot.* – loc. fig. *Rentrer dans sa coquille* (comme l'escargot) : se replier sur soi. *Sortir de sa coquille.* ■ ***Coquille Saint-Jacques :*** coquille d'un mollusque (que les pèlerins de Saint-Jacques-de-Compostelle fixaient à leur manteau et à leur chapeau) ; ce mollusque comestible. → **peigne. 2.** Objet représentant ou évoquant une coquille. ■ loc. *La coquille d'une épée :* partie concave qui protège la main. – *Coquille (de boxeur),* protégeant les parties génitales. **II. 1.** Enveloppe dure (des noix, noisettes, etc.) ; enveloppe calcaire (des œufs d'oiseaux). **2.** fig. ***Coquille de noix :*** petit bateau, barque. **III.** Faute typographique. *Corriger une coquille.*

C

Coquille (Guy) Jurisconsulte et publiciste français (1523-1603). Il fut député du tiers état aux états généraux d'Orléans (1560), puis de Blois (1576 et 1588). Ses travaux de droit public inspirèrent ceux de Pierre Pithou.

coquillette n. f. (généralt au plur.) Pâte alimentaire en forme de petit coude.

coquillier, ière ou **coquiller, ère** adj. **1.** minér. Qui contient de nombreuses coquilles fossiles. *Calcaires coquilliers.* → **coquillart. 2.** Qui concerne les coquillages comestibles. *L'industrie coquillière.*

Coquimbo Ville du Chili, sur la *baie de Coquimbo.* 205 760 habitants. Port exportateur du cuivre, du fer et du manganèse extraits dans la région.

coquin, ine n. et adj. (p.-ê. famille de *coq* ou de *coquille* [mendiant, faux pèlerin]) **1.** vieux Personne vile, capable d'actions blâmables. → **bandit, canaille ;** s'**acoquiner. 2.** (surtout enfants) Personne espiègle, malicieuse. *Petit coquin !* → **garnement.** – **adj.** (enfants) *Elle est coquine.* **3. adj.** Grivois, leste. *Une histoire coquine.*

coquinerie n. f. vieux ou littér. Canaillerie.

[1]cor n. m. (ancien français *corn,* venant du latin *cornu* → corne) **I. 1.** anciennt Corne, trompe. *Le cor de Roland.* → **olifant. 2.** Instrument à vent en métal, contourné en spirale et terminé par une partie évasée (→ **corniste).** *« J'aime le son du cor, le soir, au fond des bois »* (Vigny, *Le Cor*). *Cor de chasse.* → **trompe.** *Cor d'harmonie. Cor à piston* ou *cor chromatique.* ■ ***Cor anglais :*** hautbois alto. **3.** loc. ***À cor et à cri :*** en insistant bruyamment. **II.** au plur. Ramifications des bois du cerf. – appos. *Un cerf dix cors* ou subst. *un dix-cors.*

[2]cor n. m. (spécialisation de *corn,* [→ [1]cor] « matière cornée ») Petite excroissance dure et douloureuse sur les orteils ou la plante des pieds. → **callosité.** *Avoir des cors au pied.*

coracoïde adj. (du grec, de *korax, korakos* « corbeau » et *eidos* → -oïde) anat. *Apophyse coracoïde,* de forme pointue, qui termine le bord supérieur de l'omoplate.

corail, aux n. m. (vient du latin *corallium,* du grec *korallion*) **1.** Animal marin des mers chaudes, qui sécrète un squelette calcaire (→ **polypier),** de couleur rouge ou blanche. → **madrépore.** *Récifs de corail.* → **atoll. 2.** La matière calcaire qui forme les coraux, appréciée en bijouterie. – appos. invar. *Couleur corail,* celle du corail rouge. *Des jupes corail.* **3.** Partie rouge d'une coquille Saint-Jacques. **4.** appos. *Serpent corail,* très venimeux, rouge et jaune.

Corail (mer de) Partie de l'océan Pacifique du S.-O. délimitée par l'Australie au S.-O., la Papouasie-Nouvelle-Guinée au N.-O. et la Mélanésie (Nouvelle-Calédonie, Vanuatu, îles Salomon) à l'E. Elle relie l'océan Pacifique à l'océan Indien par le détroit de Torres.

corailleur, euse n. Personne qui pêche ou qui travaille le corail.

Coraïs ou **Koraïs** (Adamantios) Écrivain grec (1743-1833). Il édita et commenta les classiques, et montra la voie de l'affranchissement national et intellectuel des Grecs.

C

Coralli (Jean Coralli Peracini, dit Jean) Danseur et chorégraphe français (1779-1854). Il débuta à l'Opéra de Paris et créa des ballets pour les opéras de Vienne, Milan et Lisbonne. Il présenta à Paris *La Tempête ; Gisèle ; La Péri.*

coralliaire adj. zool. Constitué d'un polype formé par bourgeonnement.

corallien, ienne adj. (de *coral* → corail) Formé de coraux. *Récifs coralliens.*

corallifère adj. (du latin *corallium* et de *-fère*) didact. Qui porte des coraux. *Bancs, îlots corallifères.*

coralline n. f. (du latin sc., de *corallum* → corail) Algue marine qui forme des buissons roses.

coran n. m. (d'abord *alcoran* ; arabe *qur'an* « lecture », de *qara'a* « réciter ») 1. (avec maj.) Livre sacré des musulmans. 2. Exemplaire du Coran. *Un coran enluminé.*

Coran Livre sacré des musulmans, « le Livre » par excellence *(Al-Kitāb).* Le Coran eut une importance historique déterminante sur la langue et la littérature arabes. Il imposa le dialecte dans lequel il est écrit et servit de modèle au développement de la prose arabe classique, fondée sur les effets du discours oratoire (*Qu'rān* signifiant « récitation à voix haute »).

▶ Le **Coran** est le livre saint des fidèles de l'islam. Les musulmans le considèrent comme l'expression parfaite de la parole de Dieu descendue en langue arabe sur Mahomet par l'intermédiaire de l'archange Gabriel. Cette révélation divine s'échelonne sur une vingtaine d'années, du début de la prédication de Mahomet à La Mecque, vers 610 de notre ère, à sa mort à Médine en 632. Selon la tradition musulmane, elle a été recueillie dans divers écrits réunis en un livre unique par le calife Othman (644-655). À partir de la fin du VIIe s., cette version canonique s'est progressivement imposée à tous les musulmans, sunnites puis chiites. Le Coran se compose de cent quatorze sourates (chapitres) découpées en versets. À l'exception de la première, elles sont assemblées par ordre de longueur décroissante, sans souci chronologique. La plupart des sourates traitent de thèmes divers, dont certains évoquent des histoires et des personnages bibliques (Adam, Noé, Abraham, Moïse, Jésus...). Les plus courtes recueillent la première prédication de Mahomet à La Mecque. Elles posent les fondements de l'islam : la foi en un Dieu unique, créateur de toutes choses, au jugement dernier et à la résurrection. Les sourates plus longues correspondent à la période médinoise. Elles précisent les règles de la vie religieuse et sociale de la communauté croyante.
Rappel de l'enseignement divin, le Coran est conçu pour être lu, ou récité, à voix haute (sens du mot *qur'ân*). Pour l'orthodoxie musulmane, seule la langue arabe garantit la vérité du message coranique. Le Coran a néanmoins été traduit, dès les XIIe-XIIIe s., en persan et en turc. Il est aujourd'hui disponible en plusieurs dizaines de langues. Aux premiers siècles de l'islam, la compréhension de ce texte, parfois énigmatique et contradictoire, a suscité une importante littérature de commentaires et de vifs débats appuyés sur une tradition prophétique *(sunna),* ayant recueilli les propos *(hadith)* de Mahomet. L'opposition demeure entre traditionalistes, défendant le respect à la lettre de cet héritage sacralisé, et réformateurs, partisans d'une nouvelle interprétation, plus contemporaine, des sources de l'islam.
voir aussi **islam, monothéisme, prophète**

coranique adj. Qui a rapport au Coran. *École coranique :* école musulmane traditionnelle.

Corbas Commune du Rhône, au S.-E. de Lyon. 11 161 habitants.

corbeau n. m. (vient du latin pop. *corbellus,* de *corbus* pour *corvus*) I. 1. Grand oiseau à plumage noir ou gris (→ **choucas, corneille, freux**). *Le corbeau croasse. Noir comme un corbeau,* très noir, très foncé. ■ spécialt Le grand corbeau (à plumage noir). 2. fig., péj. et vieux Prêtre. 3. fig. Personne avide. ■ Auteur de lettres anonymes. II. (de *bec de corbeau*) archit. Pierre, poutre en saillie sur un mur, servant à soutenir un linteau, une corniche (→ **encorbellement**).

Corbeil-Essonnes Commune de l'Essonne, au S. d'Évry, au confluent de l'Essonne et de la Seine. 52 340 habitants. Évêché. Cathédrale Saint-Spire (XIIe-XVe s.). Industries (électronique, constructions aéronautiques).

corbeille n. f. (vient du latin *corbicula,* de *corbis* « panier ») I. Panier léger. *Corbeille de jonc. Corbeille à ouvrage. Corbeille à pain. Corbeille à papier.* – inform. Icone représentant une corbeille à papier dans laquelle on place les fichiers à détruire. ■ Contenu d'une corbeille. *Une corbeille de fruits.* II. 1. Massif de fleurs rond ou ovale. 2. Espace circulaire entouré d'une balustrade et réservé aux agents de change, à la Bourse. 3. Balcon situé immédiatement au-dessus de l'orchestre d'une salle de spectacle. → **mezzanine.**

Corbie Commune de la Somme, à l'E. d'Amiens, sur la Somme. 6 276 habitants. Abbaye bénédictine fondée en 657.

Corbier (Le) Station de sports d'hiver de la Savoie, dans le massif des Arves.

Corbière (Édouard Joachim, dit Tristan) Poète français (1845-1875). Le recueil de ses vers, *Les Amours jaunes,* passa inaperçu jusqu'à ce que Verlaine le mentionne dans les *Poètes maudits.* Sa poésie se caractérise par la liberté de ses images, souvent crues, et ses rythmes heurtés.

Corbières n. f. pl. Région montagneuse du S. de la France, située entre la vallée de l'Agly et la vallée de l'Aude, prolongeant au N.-E. les Pyrénées-Orientales. Élevage ovin et viticulture.

corbillard n. m. (de *[coche de] Corbeil,* n. d'un bac [coche d'eau], p.-ê. influence de *corbeau*) Voiture servant à transporter les morts jusqu'à leur sépulture (→ **fourgon funéraire**).

corbillon n. m. (→ corbeille) vieux Petite corbeille.

Corbin (Alain) Historien français (né en 1936). Spécialiste de l'histoire des mentalités, il a travaillé sur l'odorat et son imaginaire *(Le Miasme et la Jonquille)* et contribué au développement de la micro-histoire *(Le Monde retrouvé de Louis-François Pinagot, sur les traces d'un inconnu, 1798-1876).*

corbleu interj. (de *corps [de] Dieu*) vieux Juron en usage au XVIIe s. (→ **morbleu**).

cordage n. m. 1. Lien servant au gréement d'un navire ou à la manœuvre d'une machine. → **corde, filin.** 2. Ensemble des cordes d'une raquette.

Corday (Charlotte de Corday d'Armont, dite Charlotte) Révolutionnaire française (1768-1793). Après la proscription des Girondins (2 juin 1793), elle décida de tuer Marat et le poignarda dans son bain (13 juillet 1793). Jugée par le Tribunal révolutionnaire, elle fut condamnée à mort et exécutée.

corde n. f. (latin *chorda,* du grec *khordê,* p.-ê. du hittite *karad* « intestins », d'où « corde en boyau ») I. 1. (sens général) Réunion de brins d'une matière textile tordus ensemble. → **câble, cordage, ficelle, filin.** *Une corde résistante.* – *Échelle de corde. Des semelles de corde.* – *Une corde en matière plastique.* – *Corde à linge :* fil sur lequel on met le linge à sécher. → **étendoir.** ■ loc. fig. *Tirer sur la corde,* abuser d'un avantage, de la patience de qqn. – *Il pleut des cordes,* très fort, à verse. – fam. (Canada) *Passer la nuit sur la corde à linge :* passer une nuit blanche ou agitée. 2. (pour des jeux, des exercices d'équilibre) *Corde à sauter :* corde munie de poignées que l'on fait tourner et par-dessus laquelle on saute à chacun de ses passages au sol. ■ *Corde lisse, corde à nœuds,* servant à grimper. ■ Fil sur lequel les acrobates font des exercices. *Danseur de corde.* – loc. fig. *Être sur la corde raide,* dans une situation délicate. ■ *Alpinistes reliés par une corde.* → **cordée.** 3. (pour envoyer des projectiles) *Tendre la corde d'un arc.* – loc. fig. *Avoir plus d'une corde, plusieurs cordes à son arc,* plusieurs moyens pour parvenir à ses fins. ■ fig., géom. Segment joignant deux points d'une courbe. 4. (de la corde qui limitait intérieurement la piste des hippodromes) *Tenir la corde :* rester près de l'intérieur de la piste. – *Prendre un virage à la corde.* ■ boxe *Les cordes du ring. Boxeur envoyé dans les cordes.* 5. Lien servant à pendre qqn. – Supplice de la pendaison. « *On les condamna à la corde* » (Voltaire). ■ loc. *Se mettre la corde au cou :* se marier. – *Parler de corde dans la maison d'un pendu,* faire une gaffe. 6. Trame d'une étoffe devenue visible par l'usure. *Vêtement usé jusqu'à la corde.* II. 1. Boyau, crin, fil métallique tendu qui produit les sons sur certains instruments. *Instruments à cordes pincées, à cordes frottées.* – *Les cordes d'un orchestre* (violons, altos, violoncelles, contrebasses). *Les cordes et les vents.* – *Quatuor* à cordes.* 2. loc. *Faire vibrer, toucher la corde sensible :* parler à une personne de ce qui la touche le plus. III. 1. *Cordes vocales :* replis du larynx qui vibrent pour produire les sons de la voix. ■ loc. fig. *Ce n'est pas **dans mes cordes** :* ce n'est pas de ma compétence. 2. *Corde dorsale :* cordon cellulaire des vertébrés primitifs, et première ébauche de la colonne vertébrale chez l'embryon.

¹cordé n. m. (de *corde*) zool. Animal possédant une corde* dorsale (l'embranchement des *Cordés,* ex. les vertébrés).

²cordé, ée adj. (latin *cor, cordis* → cœur) didact. Qui a la forme d'un cœur schématisé.

cordeau n. m. 1. Petite corde que l'on tend entre deux points pour obtenir une ligne droite. *Plate-bande tirée au cordeau.* – fig. *Au cordeau :* de façon nette et régulière. « *J'arrange au cordeau chaque mot ; / Je sens que je deviens puriste* » (d'Alembert). 2. Mèche de mise à feu. 3. Ligne de fond pour la pêche fluviale.

cordée n. f. Groupe d'alpinistes attachés pour faire une ascension (→ **s'encorder**). *Premier de cordée,* qui mène le groupe (titre d'un roman de Frison-Roche).

cordelette n. f. Corde fine.

cordelier n. m. Religieux franciscain. – hist. Membre d'un club révolutionnaire (fondé dans un ancien couvent de cordeliers).

cordelière n. f. Corde à plusieurs nœuds servant de ceinture ; gros cordon.

Cordeliers (club des) ou **Société des amis des droits de l'homme et du citoyen** Club révolutionnaire fondé à Paris en avril 1790 par Danton. C'est sous son influence que fut portée au Champ-de-Mars la pétition exigeant la déchéance du roi (17 juillet 1791). Porte-parole des sans-culottes et de la population laborieuse des faubourgs, le club fut supprimé après l'élimination des Hébertistes (avril 1794), et ses derniers partisans passèrent aux Jacobins.

Cordemoy (Géraud de) Philosophe et historien français (1628-1684). Ses *Six Discours sur la distinction et l'union de l'âme et du corps,* d'inspiration cartésienne, préfigurent la théorie de Malebranche.

corder v. tr. < 1 > 1. Tordre, rouler en corde. *Corder du chanvre.* 2. Lier avec une corde. *Corder une malle.* → **cercler.** 3. Garnir de cordes (une raquette de tennis).

corderie n. f. (de *cordier*) 1. Atelier, usine où l'on fabrique des cordes, cordages, ficelles. 2. Industrie de la fabrication des cordes et cordages.

Cordes-sur-Ciel Commune du Tarn, au N.-O. d'Albi. 817 habitants. Ancienne bastide ; église et halle des XIIIe-XIVe siècles.

cordial, iale, iaux adj. (du latin médiéval, de *cor, cordis* → cœur) I. vieux Qui stimule le cœur. *Remède cordial.* ■ n. m. Remède cordial ; cour. boisson alcoolisée. *Prendre un cordial.* II. Qui vient du cœur ; sincère et spontané. → **affectueux, bienveillant, chaleureux.** *Un accueil cordial.* ■ iron. *Une haine cordiale :* très vive.

cordialement adv. D'une manière cordiale, spontanée.

cordialité n. f. Affection, bienveillance qui se manifeste avec simplicité. → **chaleur, sympathie.**

cordier, ière n. **1.** Personne qui fabrique ou vend des cordes, des cordages. – *La Belle Cordière,* surnom de Louise Labé. **2.** n. m. mus. Partie du violon où s'attachent les cordes.

cordiforme adj. En forme de cœur. → **[2]cordé.**

cordillère n. f. (de l'espagnol, famille de *corde*) Chaîne de montagnes. *La cordillère des Andes.*

cordillère Australienne voir **Australienne** (cordillère)

cordillère Bétique voir **Bétique** (cordillère)

cordillère des Andes voir **Andes**

cordiste n. Personne qui travaille en hauteur, assurée par des cordes, pour exécuter des travaux dans des lieux d'accès difficile.

cordite n. f. (mot anglais, de *cord*) techn. Poudre explosive à base de nitroglycérine.

Córdoba Ville d'Argentine, capitale de province, au pied de la *sierra de Córdoba.* 1 446 000 habitants. 2e ville du pays. Carrefour commercial et industriel (métallurgie, mécanique, armement).

cordon n. m. (de *corde*) **I. 1.** Petite corde (attache, ornement, tirage). → **cordelière, lacet, lien.** *Cordon de sonnette, de rideaux.* – loc. *Tenir les cordons de la bourse :* régler les dépenses. **2.** → **cordeau** (2). – *Cordon Bickford,* pour l'allumage des explosifs. **II.** Ruban qui sert d'insigne aux membres d'un ordre honorifique. *Le grand cordon de la Légion d'honneur,* l'écharpe de grand-croix. **III.** (analogie de forme) **1.** *Cordon ombilical,* qui rattache l'embryon au placenta. – absolt loc. fig. *Couper le cordon :* devenir autonome, adulte (→ **s'émanciper**). **2.** Tendon saillant. **3.** Bord façonné d'une pièce de monnaie. **4.** Série (de choses ou de personnes alignées). → **file, ligne, rangée.** *Un cordon d'agents de police.* – *Cordon sanitaire,* ligne de postes de surveillance sanitaire. **5.** *Cordon littoral :* bande de terre qui émerge à peu de distance d'une côte.

cordon-bleu n. m. (plais. sur la décoration de l'ordre du Saint-Esprit, le cordon bleu) **1.** Personne qui fait très bien la cuisine. *Des cordons-bleus.* **2.** Escalope panée garnie de jambon et de fromage fondu.

cordonner v. tr. < 1 > Tordre en cordon. → **corder.**

cordonnerie n. f. Commerce, métier, atelier du cordonnier.

cordonnet n. m. Petit cordon (I).

cordonnier, ière n. (de *Cordouan,* de *Cordoue,* la ville espagnole étant célèbre pour ses cuirs) Artisan qui répare, entretient les chaussures. – prov. *Les cordonniers sont toujours les plus mal chaussés.*

cordophone n. m. (de *corde* et *-phone*) mus. Instrument de musique à cordes.

Cordouan Îlot rocheux au large de l'estuaire de la Gironde.

Cordoue en espagnol **Córdoba** Ville d'Espagne (Andalousie), sur le Guadalquivir. 326 000 habitants. Grande mosquée adaptée au culte catholique sous Ferdinand III. Églises mudéjares et gothiques. La ville, autrefois connue pour ses cuirs, est aujourd'hui un centre commercial, industriel et touristique. Au N.-O. de la ville, vestiges de l'architecture palatine arabe, datant de 978. D'origine carthaginoise, Cordoue fut une des plus grandes villes de l'Espagne romaine. Conquise par les Arabes en 711, elle connut alors sa période la plus faste, étendit son autorité sur toute l'Espagne musulmane, et devint, au xe s., un foyer intellectuel. Après sa reconquête par Ferdinand III, la ville connut un lent déclin.

corê, coré voir **korê**

Corea (Armando Anthony, dit Chick) Pianiste et compositeur de jazz américain (1941-2021). Avec le groupe Return To Forever, il mélangea jazz, musiques classique et brésilienne avant de s'orienter vers le jazz fusion, utilisant divers instruments électriques (synthétiseurs).

coréalisateur, trice n. Réalisateur qui travaille en collaboration avec d'autres réalisateurs (sur un projet). *Les coréalisateurs d'un film.*

Corée n. f. Péninsule d'Asie orientale (220 000 km^2), baignée à l'E. par la mer du Japon, à l'O. par la mer Jaune, et limitée au N. par la Mandchourie (Chine). La Corée est aujourd'hui divisée en deux États, la Corée du Nord et la Corée du Sud, au niveau du 38e parallèle. La Corée fut depuis l'Antiquité un territoire convoité, tantôt par les Chinois, tantôt par les Mongols. En 1910, le Japon en fit une colonie. L'indépendance du pays fut proclamée en 1943, à la conférence du Caire, les États-Unis et l'URSS étant chargés de désarmer les Japonais. En 1948, deux républiques séparées furent proclamées, ce qui déclencha une guerre civile (*guerre de Corée,* 1950-1953).

Corée du Nord

n. f. ■ offic. République populaire démocratique de Corée État d'Asie orientale fondé en 1948. 120 538 km^2. → Corée (carte). 24 052 000 habitants (les *Nord-Coréens*). **Langue :** coréen. **Religions :** bouddhistes, confucianistes. **Monnaie :** won. **Capitale :** Pyongyang. **Régime :** république socialiste.

GÉOGRAPHIE
Pays montagneux, la Corée du Nord assurait son autonomie alimentaire (riz, céréales, élevage, pêche) jusqu'à ce que son agriculture soit désorganisée par les grandes crues de 1995, suivies d'une grande famine. L'industrialisation (chimie, machines-outils, matériel de transport...) a été financée par l'URSS et la Chine, mais l'aide apportée a en partie été investie dans les dépenses d'armement. Aujourd'hui, le pays, au bord de la faillite, ne survit plus que grâce à l'aide internationale (Chine, Corée du Sud) et à des exportations réduites (armement, minerais).

HISTOIRE
→ **Corée.** Kim Il-sung instaura en 1948 un régime de type stalinien (collectivisation, culte de la personnalité) dont l'échec économique devint flagrant à la fin des années 1980. Son fils Kim Jong-il lui succéda en 1994, son petit-fils Kim Jong-un en 2011. Le pays est isolé depuis la chute de l'URSS. Bien que s'étant rapproché de la Corée du Sud, il joue depuis 2002 sur la menace nucléaire pour négocier une aide internationale et procéda à un premier test nucléaire en 2006. En 2007, par des accords conclus sous l'égide de la Chine, la Corée du Nord s'engagea à démanteler ses installations nucléaires en échange de la levée des sanctions américaines et d'une aide énergétique. Mais le processus échoua et les essais nucléaires se poursuivirent (le 6e en 2017) et provoquèrent une crise diplomatique majeure avec la Corée du Sud, les États-Unis et le Japon. Une reprise de dialogue eut cependant lieu en 2018 avec la Corée du Sud, et en 2019 avec le président américain D. Trump mais cette rencontre historique n'aboutit à aucune entente permettant de freiner une course à l'armement qui perdure.

Corée du Sud

n. f. ■ offic. **république de Corée** État d'Asie orientale fondé en 1948. 99 974 km². → Corée (carte). 51 829 130 habitants (les *Sud-Coréens*). **Langue :** coréen. **Religions :** bouddhistes, chrétiens, confucianistes, chamanistes. **Monnaie :** won. **Capitale :** Séoul. **Régime :** présidentiel.

ÉCONOMIE
La Corée du Sud est, depuis les années 1960, l'un des « nouveaux pays industrialisés » de l'Asie. L'industrie (pétrochimie, textile, métallurgie, automobile, électronique) et le tertiaire ont longtemps été portés par une forte croissance. Faute de matières premières et d'un marché intérieur suffisant, le pays est dépendant de ses exportations. La crise financière asiatique de 1997-1999 l'a durement atteint, mais des réformes ont permis d'assainir l'économie. Cependant, la Corée du Sud, 10e puissance économique mondiale, ne cesse de voir grandir les inégalités sociales en particulier depuis la pandémie de 2020-2021.

HISTOIRE
→ **Corée.** Le régime militaire des généraux Syngman Rhee (1948-1960), Pak Chŏnghi (1962-1979) et Chŏn Duhwan (1980-1988) connut un début de démocratisation sous la présidence de Roh Tae-woo (1988-1993). En 1993, Kim Yongsam, président civil élu au suffrage universel, lança un vaste programme d'assainissement des mœurs politiques et économiques, poursuivi par ses successeurs Kim Dae-jung (1998-2003), Roh Moo-hyun (2003-2008) et Lee Myung-bak (2008-2012). La Corée du Sud entreprit en 2000 une politique de rapprochement avec la Corée du Nord, dont les menaces persistantes mirent fin au processus en 2008. En 2012, la représentante du parti conservateur, Park Geun-hye, fille du dictateur Pak Chŏnghŭi, fut élue à la présidence mais elle fut destituée fin 2016 pour corruption. Le démocrate Moon Jae-in arriva au pouvoir en 2017 et tenta d'apaiser les tensions avec la Corée du Nord, les deux pays restant techniquement en état de guerre depuis la guerre de Corée puisqu'aucun traité de paix n'a été signé (seul un armistice fut conclu en 1953). À l'occasion de l'accueil des Jeux olympiques de 2018, il noua un timide dialogue avec son homologue nord-coréen, Kim Jong-un, mais ces efforts diplomatiques sont restés lettre morte. Un conservateur, Yoon Seok-youl, lui succéda en 2022.

coréen, enne adj. et n. De Corée. *Populations coréennes.* – n. *Les Coréens.* ■ n. m. *Le coréen :* langue parlée en Corée.

corégone n. m. (du latin mod., du grec *korê* « pupille » et *gonia* « angle » → ¹-gone) Poisson (salmonidé) des lacs du nord de l'Eurasie et de l'Amérique, à la chair maigre (genre des *Corégones ;* ex. la féra, le lavaret).

coreligionnaire n. Personne qui professe la même religion qu'une autre.

Corelli (Arcangelo) Compositeur italien (1653-1713). D'abord violoniste puis maître de chapelle à Saint-Louis-des-Français à Rome, il fonda l'école classique du violon. Son œuvre, très homogène, se caractérise par l'expressivité de la mélodie et la fermeté du style.

coréopsis [kɔʀeɔpsis] n. m. (grec *koris* « punaise » et *opsis* « apparence ») bot. Plante à fleurs richement colorées, dont les graines évoquent une punaise.

coresponsable adj. Qui est responsable de qqch. conjointement avec d'autres personnes. □ n. f. **coresponsabilité**

Corey (Elias James) Chimiste américain (né en 1928). Il se spécialisa dans la synthèse de composés organiques et développa les bases de la rétrosynthèse. Prix Nobel 1990.

Corfou La plus peuplée et la plus septentrionale des îles Ioniennes (Grèce). 641 km². 105 000 habitants. Chef-lieu : Corfou. Agriculture. Tourisme. Colonie de Corinthe (–734), elle fut une puissance maritime rivale de la métropole. Romaine en –229, elle fut conquise par les Byzantins, puis par les Normands (XIe s.). En 1923, bombardée et occupée par l'Italie, elle fut évacuée sur décision de la SDN.

Cori (Carl Ferdinand) Biochimiste américain d'origine tchèque (1896-1984). Ses recherches portèrent essentiellement sur le métabolisme des glucides. Prix Nobel 1947, avec sa femme Gerty Theresa Cori.

coriace adj. (vient p.-ê. du latin *coriaceus,* de *corium* → cuir) **1.** (viande) Très dur ; qui ne se laisse pas couper, mâcher, etc. **2.** (personnes) Qui ne cède pas. → **dur.** *Elle est coriace en affaires.* – n. *C'est un coriace.*

coriandre n. f. (du latin, du grec) Plante annuelle dont le fruit séché (ainsi que les feuilles fraîches), aromatique, s'emploie comme assaisonnement et dans la fabrication de liqueurs.

coricide n. m. (de *cor* et *-cide*) Préparation qu'on applique sur les cors aux pieds, pour les détruire.

corindon n. m. (du tamoul) Pierre précieuse très dure, diversement colorée (ex. aigue-marine, améthyste, rubis, saphir, topaze).

Corinth (Lovis) Peintre, graveur et dessinateur allemand (1858-1925). Installé à Berlin en 1900, il fut l'un des membres les plus actifs du mouvement sécessionniste opposé à l'académisme. D'abord influencé par l'impressionnisme, il évolua vers un style plus violent, une gamme chromatique plus froide. Il est considéré comme l'un des initiateurs de l'expressionnisme germanique.

Corinthe Ville de Grèce, au fond du golfe de Corinthe, sur l'isthme du même nom. 30 000 habitants. Ruines de l'ancienne Corinthe à 5 km de la ville actuelle : temple d'Apollon (–VIe s.), agora, théâtre (–Ve s.). Importante dès le –XIe s., elle devint une cité prospère et puissante. Alliée, puis ennemie de Sparte, elle fut au centre de la *guerre de Corinthe* (395-386 av. J.-C.). Elle fut soumise par les Macédoniens (–335), puis prit la tête de la Ligue achéenne. Elle fut prise et détruite par l'armée romaine (–146). Saint Paul y fonda une église vers 50. ■ **Canal de Corinthe.** Canal percé à travers l'isthme de Corinthe pour relier la mer Ionienne et la mer Égée, entre 1883 et 1893.

Corinthe

La fontaine Pirène, ornée de marbre blanc, dans l'ancienne Corinthe.

corinthien, ienne adj. (de la ville de Corinthe) **1.** Relatif à Corinthe. **2.** archit. Se dit d'un ordre d'architecture grecque (succédant au dorique et à l'ionique) caractérisé par des colonnes élancées, aux chapiteaux ornés de feuilles d'acanthe. *Ordre corinthien* et n. m. *le corinthien.* – *Chapiteau corinthien.*

Coriolan en latin **Cneius Marcius Coriolanus** Général romain (v. 488 av. J.-C.). Vainqueur des Volsques, il prit leur tête et assiégea Rome.

Coriolis (Gustave Gaspard) Mathématicien français (1792-1843). Le *théorème de Coriolis,* théorème de mécanique, est utilisé notamment dans l'étude des mouvements aériens.

Cork Ville de la république d'Irlande, chef-lieu de comté, au fond de la ria que forme l'estuaire de la Lee. 130 200 habitants. Industrie (agroalimentaire). Université. Cork, qui fut l'un des points d'appui de la colonisation anglaise, devint à la fin du XIXe s. l'un des principaux centres de la résistance nationaliste.

Cormack (Allan) Physicien américain d'origine sud-africaine (1924-1998). Ses recherches sur les collisions de nucléons contribuèrent à la mise au point de la tomographie par ordinateur (scanner). Prix Nobel 1979.

Corman (Roger) Cinéaste et producteur américain (né en 1926). Il s'est distingué dans les genres du western, du film de gangsters, du film d'horreur et de science-fiction. Il est surtout connu pour ses adaptations d'Edgar Poe *(La Chute de la maison Usher ; Le Corbeau).*

Cormatin (Pierre Dezoteux, dit baron de) Un des chefs de la chouannerie (v. 1750-1812). Membre de la garde constitutionnelle de Louis XVI (1791), il émigra en 1792. Major général de l'armée catholique et royale, il signa le traité de Mabilais (1795).

Cormeilles-en-Parisis Commune du Val-d'Oise, au N.-O. d'Argenteuil. 26 074 habitants. Fort du XIXe s.

cormier n. m. (de *corme,* mot d'origine gauloise) Sorbier cultivé.

cormoran n. m. (de *cormareng,* de *corb* → corbeau et *mareng,* du latin *mare* « mer » ou du breton *mor* « mer », suffixe germanique) Oiseau palmipède au plumage sombre, bon plongeur.

cornac n. m. (du portugais, d'une langue de l'Inde) **1.** Personne chargée des soins et de la conduite d'un éléphant. **2.** fig., fam. Personne qui introduit, guide (un personnage officiel, etc.).

cornage n. m. (de *corner*) **1.** vétér. Râle que les chevaux, les ânes poussifs font entendre en respirant. → **sifflage. 2.** méd. Bruit qui se produit lors de l'inspiration en cas de rétrécissement de la glotte.

cornaline n. f. (de *corne,* II) Variété de calcédoine translucide, rouge.

cornaquer v. tr. < 1 > (→ cornac) fam. Servir de guide à (qqn).

cornard n. m. fam., vieilli Celui dont la femme est infidèle. → **cocu.**

Cornaro Famille de Venise qui donna trois doges à la république. ■ **Giovanni II Cornaro,** doge de 1709 à 1722, signa le traité de Passarowitz délimitant Venise et les États turcs.

Cornaro (Caterina) (1454-1510). Reine de Chypre par son mariage avec Jacques de Lusignan (1472), elle assura la régence jusqu'en 1489, date de remise de ses États à Venise.

Cornaro **(Elena)** (1646-1684). Elle fut la première femme à recevoir le titre de docteur en philosophie à l'université de Padoue (1678).

corne **n. f.** (vient du latin *corna*, de *cornua*, plur. de *cornu* → 2cor) **I. 1.** Excroissance épidermique, dure et pointue, sur la tête de certains animaux. *Cornes ramifiées du cerf.* → **andouiller, bois.** *Transpercer à coups de corne.* → **encorner.** – ***Bêtes à cornes*** : bœufs, vaches, chèvres. – loc. *Prendre le taureau par les cornes*, prendre de front les difficultés. ■ loc. fam. *Avoir, porter des cornes*, être trompé (mari, femme). → **cocu, cornard.** ■ fig. *Corne de gazelle* : gâteau oriental. **2.** Appendice comparé à une corne. *Les cornes* (pédicules oculaires) *d'un escargot.* **3.** Corne d'animal évidée. *Corne d'abondance*.* ■ Instrument sonore. → **1cor, cornet, trompe.** *Corne de brume.* **4.** Angle saillant, coin. ■ *Faire une corne à la page d'un livre.* → **1corner. II. 1.** Substance compacte qui constitue les productions dures de l'épiderme (ongles, cornes, sabots, griffes, bec des oiseaux, fanons de baleine, écailles de tortue). → **kératine.** *Des couteaux à manches de corne.* – ***Corne à chaussures*** : chausse-pied. **2.** Couches mortes de l'épiderme qui forment des callosités.

corné, ée **adj.** Qui a la consistance dure de la corne (II).

Corneau **(Alain)** Cinéaste français (1943-2010). Il a été l'un des rénovateurs du film policier à la française *(Police Python 357)*. Il a aussi développé un style intimiste, comme dans *Tous les matins du monde*, qui fit connaître du grand public le musicien baroque Marin Marais et son interprète Jordi Savall.

corned-beef [kɔʀnɛdbif ; kɔʀnbif] **n. m.** (mot anglais) Viande de bœuf en conserve. → **singe.** *Des corned-beefs.* - var. RO **cornedbif.**

Corne d'Or **n. f.** Baie turque sur l'extrémité sud du Bosphore (rive européenne). Sur ses rivages furent bâties Byzance (–VIIe s.), puis Constantinople (IVe s.). Elle se trouve aujourd'hui au cœur de l'agglomération d'Istanbul.

cornée **n. f.** (latin *cornea [tunica]* « [tunique] cornée » → corne [II]) Enveloppe antérieure et transparente de l'œil.

cornéen, enne **adj.** De la cornée. *Lentilles cornéennes*, verres de contact.

corneille **n. f.** (vient du latin *cornicula*, de *cornix* « corneille », même famille que *corbeau*) Oiseau du genre corbeau, plus petit que le grand corbeau, à queue arrondie et plumage terne. *Corneille grise ; noire* (souvent appelée corbeau). – loc. *Bayer* aux corneilles.*

Corneille **(saint)** Centurion romain. D'après les Actes des Apôtres, il aurait été le premier païen à être baptisé par saint Pierre.

Corneille **(Pierre)** Poète dramatique français (1606-1684). Avocat, il se consacra très vite à la littérature et écrivit ses premières comédies dès 1629 *(Mélite ; La Place royale)*. Sa première tragédie, *Médée*, fut publiée en 1635, suivie, en 1636, par la représentation de *L'Illusion comique*. *Le Cid*, son premier grand succès (1636), adapté de l'espagnol, fut l'objet d'une vive querelle. On reprochait à Corneille de ne pas suivre à la lettre les règles d'unité du théâtre classique. Il y revint dans ses pièces suivantes, *Horace, Cinna, Polyeucte, Rodogune*. Il fut élu à l'Académie française en 1647. Ses dernières œuvres connurent un faible succès et, après *Suréna*, il renonça au théâtre, éclipsé par son jeune rival Racine. Corneille a abordé dans ses tragédies les thèmes de l'honneur et du devoir, confrontant ses héros à des choix difficiles. Son génie de l'intrigue et sa liberté de ton font de son œuvre un mélange complexe de classicisme et d'originalité.

Corneille **(Thomas)** Écrivain et poète dramatique français (1625-1709). Frère de Pierre Corneille. Son œuvre comprend des tragédies, des tragicomédies et des comédies. Sa pièce *Timocrate* fut le plus grand succès de son temps. Il collabora au *Mercure galant* et composa un dictionnaire de mots techniques en complément de celui de l'Académie.

Corneille (Pierre)

Portrait de Pierre Corneille (XVIIe s.), anonyme, musée du château, Versailles.

Corneille **(Cornelis Van Beverloo, dit)** Peintre néerlandais (1922-2010). Fondateur avec Appel et C. Constant du Groupe expérimental et de la revue *Reflex*, il participa ensuite au mouvement Cobra et se fixa à Paris en 1951. Ses œuvres violemment colorées, au graphisme tumultueux, se rapprochent de la tendance expressionniste. *La Grande Terre âpre.*

Corneille **de Lyon** Portraitiste français d'origine hollandaise (v. 1500-1510-v. 1574). Il reçut la charge de peintre d'Henri II en 1551. Ses œuvres, souvent des portraits caractérisés par la finesse du trait et la méticulosité dans les détails, trahissent l'influence de la miniature.

Cornélie Dame romaine (v. 189-v. 110 av. J.-C.). Fille de Scipion l'Africain et mère des Gracques. Elle fut le type de la Romaine admirable pour ses vertus et sa grande culture.

cornélien, ienne **adj. 1.** Qui appartient à Pierre Corneille, évoque ses héros, ses tragédies. *Un héros cornélien.* **2.** *Un choix cornélien*, caractérisé par un dilemme entre le sentiment et le devoir.

Cornelius **(Peter von)** Peintre, graveur et dessinateur allemand (1783-1867). Influencé notamment par Dürer, il illustra *Faust*, de Goethe, et s'inspira des *Nibelungen*. Il s'intégra en 1811 au groupe des Nazaréens, à Rome.

Cornelius Nepos Historien et polygraphe latin (v. 99-v. 24 av. J.-C.). Il introduisit à Rome le genre alexandrin de la biographie, repris plus tard par Plutarque et Suétone.

Cornell **(Joseph)** Peintre et sculpteur américain (1903-1972). Constituée essentiellement de collages, d'assemblages et de boîtes vitrées, les *Shadow Boxes*, son œuvre exprime une nostalgie pour l'ailleurs et témoigne de ses lectures des romantiques et des symbolistes français.

cornemuse **n. f.** (de *corner* et *muser* → 1musette) Instrument de musique à vent composé d'un sac de cuir et de deux ou trois tuyaux percés de trous. → **1musette.** *Cornemuse bretonne.* → **biniou.**

1corner **v.** < 1 > (de *corne*) **I. v. tr.** Plier en forme de corne (I, 4), relever un coin de. *Corner les pages d'un livre.* – au p. p. *Feuille cornée.* **II. v. intr.** vieux Faire fonctionner une corne, une trompe. → **klaxonner.** ■ trans. fam. *Corner qqch. aux oreilles de qqn*, le lui dire bruyamment.

2corner [kɔʀnɛʀ] **n. m.** (mot anglais « coin » → corne [I]) anglic. Faute commise par un footballeur qui envoie le ballon derrière la ligne de but de son équipe. ■ Coup accordé à l'équipe adverse à la suite de cette faute.

Corner Brook Ville du Canada (Terre-Neuve-et-Labrador), sur la côte ouest de l'île. 19 806 habitants. Papeterie.

cornet **n. m.** (de *corne*) **I. 1.** Objet en forme de corne ; récipient conique (→ **cône**). *Une glace en cornet. Un cornet de frites.* ■ *Cornet à dés*, godet qui sert à agiter et à jeter les dés. ■ anat. *Cornets du nez*, lames osseuses des fosses nasales. **2.** fam. Estomac, gosier. *Se coller, se mettre qqch. dans le cornet.* **II.** Petite trompe. – ***Cornet (à pistons)*** : cuivre plus court que la trompette.

cornette **n. f.** (de *corne*, I) **1.** anciennt Coiffure de certaines religieuses. **2.** anciennt Étendard de cavalerie. – **n. m.** Officier qui le portait.

cornettiste **n.** Joueur, joueuse de cornet (à pistons).

cornflakes [kɔʀnflɛks] **n. m. pl.** (de l'anglais des États-Unis, de *corn* « maïs » et *flake* « flocon, pétale ») anglic. Flocons (ou « pétales ») de maïs grillés et croustillants, consommés avec du lait. - var. **corn-flakes.**

Cornforth **(sir John Warcup)** Chimiste australien (1917-2013). Ses plus grandes découvertes concernent la stéréochimie des réactions enzymatiques. On lui doit la synthèse du cholestérol. Prix Nobel 1975.

corniaud **n. m.** (de *corneau*, p.-ê. de *corne* « coin » [né au coin des rues]) **1.** Chien bâtard. **2.** fam. Imbécile.

1corniche **n. f.** (de l'italien, d'origine incertaine) **1.** Partie saillante qui couronne un édifice. – Ornement en saillie sur un mur, un meuble, autour d'un plafond. *La corniche d'une armoire.* **2.** Saillie naturelle surplombant un escarpement. *Route en corniche.*

2corniche **n. f.** (de *cornichon*) argot scol. Classe préparatoire à l'École militaire de Saint-Cyr.

cornichon **n. m.** (diminutif de *corne*, I [analogie de forme]) **1.** Petit concombre* cueilli avant sa maturité, que l'on conserve dans du vinaigre. **2.** fam. Niais, naïf. → **imbécile.** *Quel cornichon !* **3.** argot scol. Élève de classe préparatoire à l'école de Saint-Cyr. → **2corniche.**

cornier, ière **adj.** (de *corne* « coin ») Qui est au coin, à l'angle. *Les poteaux corniers d'une charpente.*

cornière **n. f.** Pièce cornière, en équerre.

cornique **adj.** (du radical de *Cornouailles*, anglais *cornish*) De Cornouailles. *Légendes corniques.* – **n. m.** *Le cornique*, dialecte celtique.

corniste **n.** Personne qui joue du cor, du cor anglais.

Corn Laws Lois sur le blé qui fixaient des tarifs douaniers élevés pour protéger le marché intérieur britannique de la concurrence étrangère. Abrogées en 1846 et 1849, elles furent réclamées par les paysans après l'effondrement du cours du blé en 1875 et rétablies seulement en 1931.

Cornouaille **n. f.** Région du S.-O. de la Bretagne, comprise entre la pointe du Raz et Le Pouldu. Sa ville principale est Quimper.

Cornouailles Comté d'Angleterre, à l'extrémité S.-O. de la Grande-Bretagne. 3 546 km^2. 500 000 habitants. La côte alterne les hautes falaises, les caps et les vastes baies. L'intérieur est agricole, mais le tourisme tend à devenir une des ressources capitales du comté.

cornouille **n. f.** (du latin *cornum* → cornouiller) rare ou régional Fruit du cornouiller.

cornouiller **n. m.** (de *cornouille*, famille du latin *cornum* « arbre à bois dur », famille de *corne*) Arbre commun dans les haies, les bois.

cornu, ue **adj.** (vient du latin *cornutus*, de *cornu* → corne) **1.** Qui a des cornes. *Diable cornu.* **2.** Qui a la forme d'une corne, présente des saillies en forme de corne. *Blé cornu.*

Cornu **(Alfred)** Physicien français (1841-1902). Ses recherches concernent particulièrement l'optique, notamment la mesure de la vitesse de la lumière, et l'étude photographique des radiations ultraviolettes.

cornue **n. f.** (de *cornu*) Récipient à col étroit, long et courbé, qui sert à distiller. → **alambic.**

Cornwall Ville du Canada (Ontario), sur le Saint-Laurent. 46 589 habitants. Port d'entrée à la frontière des États-Unis. La ville est située sur le « corridor bilingue canadien ».

Cornwallis **(Charles Mann, lord Brome, marquis de)** Général britannique (1738-1805). Il se distingua pendant la guerre de Sept Ans mais capitula à Yorktown en Amérique (1781). Il fut gouverneur au Bengale, en Irlande, en Inde et l'un des négociateurs du traité d'Amiens.

Corogne (La) en espagnol **La Coruña** Ville d'Espagne (Galice), située sur une petite presqu'île séparant l'anse d'Ozran de la ria de la Corogne. 247 600 habitants. Pêche. Port de commerce. Industries (conserveries, construction navale, pétrochimie). Station balnéaire.

C

corollaire n. m. (latin *corollarium*, de *corolla* « couronne » → corolle) didact. Proposition dérivant immédiatement d'une autre. – math. Conséquence directe d'un théorème. ■ Conséquence, suite naturelle. - var. RO **corolaire.**

corolle n. f. (latin *corolla* « couronne ») Ensemble des pétales d'une fleur. - var. RO **corole.**

Coromandel (côte de) Nom donné à la côte S.-E. de l'Inde, sur le golfe du Bengale. La Compagnie anglaise des Indes orientales exportait depuis ses ports (Madras, Pondichéry) des laques chinois (XVIIe-XVIIIe s.).

coron n. m. (p.-ê. de l'ancien français *corn* « coin » → corne) Ensemble d'habitations identiques construites pour les mineurs dans le nord de la France et le sud de la Belgique.

La brique est le matériau typique des corons.

coronaire adj. (vient du latin, de *corona* → couronne) anat. Disposé en couronne. *Artères coronaires* ou n. f. *les coronaires* : les deux artères qui, partant de l'aorte, irriguent le cœur.

coronal, ale, aux adj. (latin *coronalis*, de *corona* → couronne) astron. De la couronne solaire. *Les gaz coronaux.*

coronarien, ienne adj. méd. Des artères coronaires. *Lésions coronariennes.* → **coronarite.**

coronarite n. f. (du radical de *coronaire* et *-ite*) méd. Affection des artères coronaires.

coronaro- Élément (du radical de *coronaire*) de mots savants médicaux.

coronarographie n. f. Radiographie des artères coronaires après injection d'un produit opaque aux rayons X.

coronavirus n. m. (du latin *corona* « couronne » → coronaire et de *virus*) virol. Genre de virus à ARN responsable d'infections respiratoires et digestives chez l'être humain et l'animal. *Maladie à coronavirus.* → **covid.** - abrév. fam. **corona.**

coronelle n. f. (du latin *corona* « couronne ») Serpent du genre couleuvre.

Coronelli (Vincenzo) Moine franciscain, cartographe et encyclopédiste italien (1650-1718). Il créa les globes dits « de Coronelli » offerts à Louis XIV en 1681, qui donnaient l'état des connaissances géographiques de l'époque et l'état du ciel à la naissance du roi.

coroner [kɔʀɔnɛʀ] n. (mot anglais, de l'ancien normand « représentant de la Couronne » → couronne) Officier, officière de police judiciaire, dans les pays anglo-saxons.

coronille n. f. (espagnol *coronilla* « petite couronne » → couronne) Plante aux fleurs disposées en ombelles axillaires à longs pédoncules, qui pousse en Europe centrale et dans les pays méditerranéens.

coronographe n. m. (du latin *corona* → couronne et *-graphe*) astron. Lunette permettant d'examiner la couronne solaire.

corossol n. m. (mot créole des Antilles) Gros fruit tropical, variété d'anone, dont l'enveloppe est parsemée de pointes.

Corot (Jean-Baptiste Camille) Peintre et dessinateur français (1796-1875). Après sa formation aux Beaux-Arts, il fit un séjour en Italie au cours duquel sa technique des paysages s'ébaucha. Il connut rapidement le succès avec des paysages français ou italiens et des scènes mythologiques. Au fil de ses voyages en France et en Italie, il s'affirma comme le plus grand paysagiste français du XIXe s. *(La Cathédrale de Chartres ; Le Beffroi de Douai)*, notamment pour son utilisation de la lumière. Il réalisa aussi des portraits et des nus féminins *(Odalisque romaine ; La Gitane à la mandoline)*.

Jean-Baptiste Camille Corot, *L'Église de Marissel, près de Beauvais* (1866), musée du Louvre, Paris.

corozo n. m. (mot espagnol, du latin *carudium* « noyau ») Matière blanche tirée de la noix d'un palmier et dite ivoire végétal. *Boutons de corozo.*

corporal, aux n. m. (du latin ecclés., de *corpus* « corps » [de Jésus-Christ]) relig. cathol. Linge consacré étendu sur l'autel pour recevoir le calice et la patène.

corporatif, ive adj. Des corporations. – *Esprit corporatif* : esprit* de corps.

corporation n. f. (du latin, de *corpus* → corps, par l'anglais) **1.** hist. Jusqu'au XVIIIe s., association d'artisans, groupés en vue de réglementer leur profession et de défendre leurs intérêts. → **communauté. 2.** Ensemble des personnes qui exercent la même profession. → **corps** de métier. *La corporation des avocats.* → **ordre.**

corporatisme n. m. **1.** Doctrine qui préconise les groupements professionnels du type des corporations. **2.** Attitude qui vise à défendre exclusivement les intérêts d'une catégorie professionnelle donnée. □ adj. **corporatiste**

corporel, elle adj. (latin *corporalis* → corps) Relatif au corps. → **1physique.** *Châtiment corporel.* – *Schéma corporel* : représentation qu'une personne a de son corps.

corps [kɔʀ] n. m. (aussi *cors* en ancien français [*cf.* corsage, corselet, corser, corset] ; vient du latin *corpus*, opposé à *anima* « âme* ») **I.** Partie matérielle des êtres animés. **1.** L'organisme humain (opposé à l'esprit, à l'âme). « *L'âme* [...] *est la substance ; le corps, l'apparence* » (A. France). *Étude du corps humain.* → **anatomie, anthropométrie, physiologie.** *Les parties du corps. Les attitudes, les gestes, les mouvements du corps.* ■ loc. *Trembler de tout son corps. Être sain de corps et d'esprit.* – ***Corps à corps***, en serrant le corps d'un autre contre le sien (dans la lutte). n. m. *Un corps à corps.* – ***Corps et âme***, tout entier, sans restriction. – *Se jeter à corps perdu dans une entreprise*, avec fougue, impétuosité. **2.** Cadavre. *La levée* du corps.* **3.** Le tronc (distinct de la tête et des membres). *Entrer dans l'eau jusqu'au milieu du corps.* → **mi-corps.** – Partie (d'un vêtement, d'un habillement) qui recouvre le corps. *Corps de cuirasse.* **4.** (dans des loc.) Personne, individu. *Garde du corps.* – dr. *Séparation* de corps.* – loc. *À son corps défendant.* → **défendre. II.** Partie principale. *Le corps d'un bâtiment* (s'oppose à *aile*, *avant-corps*). *Le corps de ferme et les dépendances.* – loc. *Navire perdu **corps et biens***, le navire lui-même et les marchandises. – *Le corps d'un livre* : le texte principal. **III.** Objet matériel. « [...] *tous les corps qui sont sur la terre* » (Descartes). **1.** *Les corps célestes.* → **astre, satellite. 2.** Objet matériel caractérisé par ses propriétés physiques. *Volume, masse d'un corps. La chute des corps.* → **pesanteur.** *Corps solides, fluides* (liquides, gaz). – chim. ***Corps simple***, constitué par un seul élément chimique. – phys. ***Corps noir*** : corps absorbant toutes les radiations qu'il reçoit. **3.** Élément anatomique qui peut être étudié isolément (organe, etc.). *Corps calleux*, corps caverneux*, corps jaune*...* – *Introduction d'un corps étranger dans l'organisme.* **IV. 1.** Épaisseur, consistance. **2.** Force (d'un vin). → **corsé. 3.** typogr. Dimension d'un caractère d'imprimerie. loc. ***Prendre corps*** : devenir réel ; commencer à s'organiser. – ***Faire corps avec***, adhérer, ne faire qu'un. **V.** abstrait **1.** Groupe formant un ensemble organisé sur le plan des institutions. → **association, communauté.** *Le corps électoral*, l'ensemble des électeurs. *Les corps constitués*, les organes de l'Administration et les tribunaux. **2.** Compagnie, ordre, administration. *Le corps enseignant.* – *Corps de métier*, ensemble organisé de personnes exerçant la même profession. → **corporation.** ■ *Esprit* de corps.* **3.** Unité militaire administrativement indépendante (bataillon, régiment). *Chef de corps.* – *Corps d'armée*, formé de plusieurs divisions. *Corps franc*.* **4.** *Corps de ballet.* → **ballet. 5.** math. Ensemble ayant une structure d'anneau dans lequel tout élément non nul admet un symétrique pour la seconde loi de composition.

corps-mort n. m. mar. Dispositif de mouillage attaché à un poste fixe. *S'amarrer à des corps-morts.*

corpulence n. f. (du latin → corpulent) Ampleur du corps humain (taille, grosseur). *Une personne de forte corpulence.* – Embonpoint.

corpulent, ente adj. (du latin, de *corpus* → corps) Qui est de forte corpulence. → **gras, gros.**

corpus [kɔʀpys] n. m. (mot latin → corps) didact. Ensemble fini de textes choisi comme base d'une étude.

Corpus Christi Ville des États-Unis (Texas), sur le golfe du Mexique. 317 800 habitants. Port. Métallurgie. Tourisme.

corpusculaire adj. phys. Des corpuscules, relatif aux particules matérielles dans leur discontinuité. *La théorie corpusculaire de la lumière* (s'oppose à *ondulatoire*). *Physique corpusculaire.* → **atomique, nucléaire.**

corpuscule n. m. (du latin, diminutif de *corpus* → corps) **1.** Petite parcelle de matière (atome, molécule). – Petit élément anatomique. *Corpuscules tactiles.* **2.** phys., vieilli → **particule.**

corral n. m. (mot espagnol d'Amérique, famille de *cour*) **1.** Enclos où l'on parque le bétail (bœufs, taureaux), dans certains pays. *Des corrals.* **2.** Lieu de l'arène où l'on parque les taureaux d'une corrida.

corrasion n. f. (du latin *corradere* « enlever en raclant » et suffixe d'après *éro[sion]*) géogr. Érosion par le vent chargé de grains de sable.

correct, ecte adj. (du latin, du p. p. de *corrigere* → corriger) **I.** (s'oppose à *incorrect*) **1.** Qui respecte les règles. *Phrase grammaticalement correcte.* **2.** Conforme aux usages, aux convenances. → **bienséant, convenable.** *Tenue correcte exigée.* **3.** Conforme à la morale. *Correct en affaires.* → **honnête, régulier. 4.** loc. anglic. *Politiquement* correct.* **II.** fam. Qui ne présente pas de défauts, mais n'est pas remarquable par sa qualité. → **acceptable, honnête, 1moyen.** *Pour son prix, ce menu est juste correct.* → **convenable.**

correctement adv. **1.** Sans faute, d'une manière correcte. *Tiens-toi correctement !* → **convenablement. 2.** Assez bien. *Gagner correctement sa vie.*

correcteur, trice n. et adj. (du latin → corriger) **1.** Personne qui corrige en relevant les fautes et en les jugeant. → **examinateur. 2.** Personne qui lit et corrige les épreuves d'imprimerie. **3.** Dispositif qui corrige. ■

Des schémas détaillés sont consultables aux articles indiqués ci-dessous.

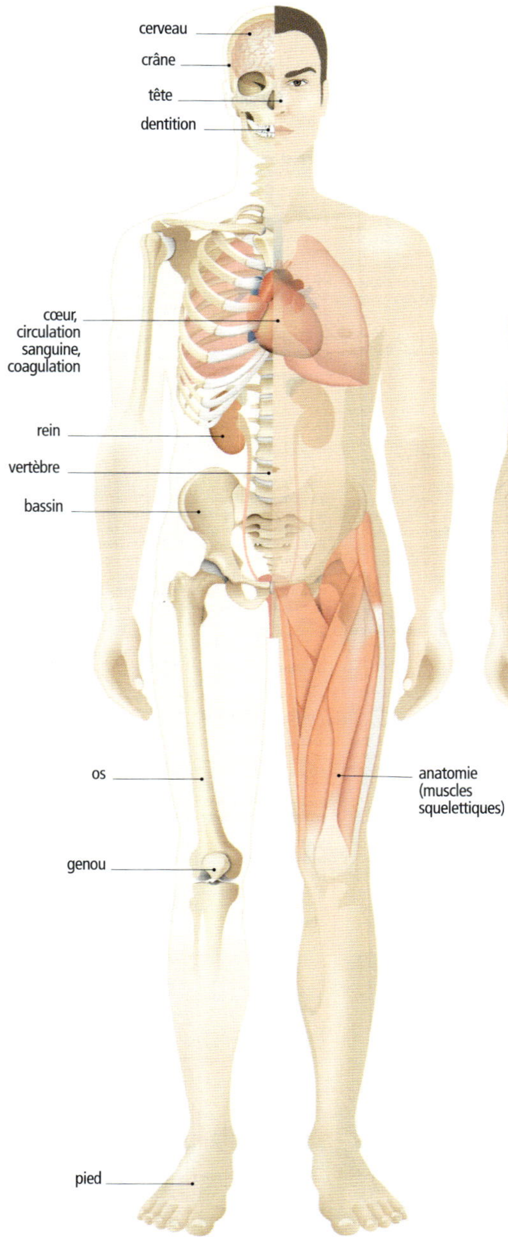

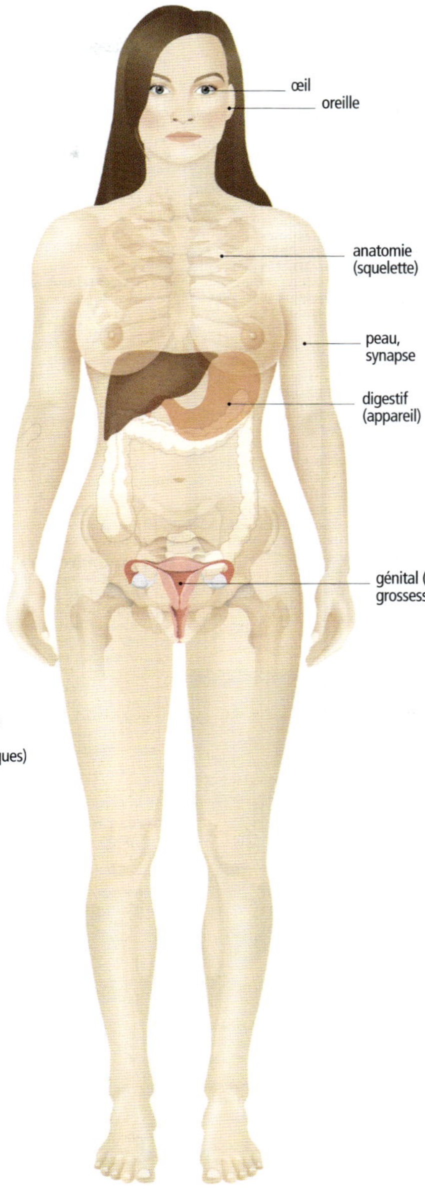

voir aussi les planches *hormone, organe, os, peau*

inform. *Correcteur orthographique :* logiciel qui vérifie l'orthographe des mots saisis avec un logiciel de traitement de texte. **4.** adj. Qui a pour but de corriger. *Verres correcteurs.*

correctif, ive (du latin → corriger) **I.** adj. Qui a le pouvoir de corriger. *Gymnastique corrective.* **II.** n. m. Antidote, contrepartie qui atténue ou rectifie. *Apporter un correctif à une affirmation.*

correction n. f. (du latin, de *correctum*, supin de *corrigere* → corriger) **I.** (Action de corriger ; résultat de cette action) **1.** Changement fait à un ouvrage pour l'améliorer. → **rectification, remaniement, retouche.** *Corrections de forme, de fond.* ▪ spécialt *Correction des épreuves* d'imprimerie*, indication des erreurs ; exécution matérielle des rectifications. – Action de corriger des devoirs, les épreuves d'un examen. **2.** Opération qui rend exact. *La correction d'une observation.* – *Apporter une correction à un tracé.* **3.** vieux Fait de corriger qqn, sa conduite. – anciennt *Maison de correction*, où des mineurs délinquants étaient détenus. **II.** Châtiment corporel ; coups. → **punition.** **III. 1.** Qualité de ce qui est correct. *La correction d'une traduction, du langage.* **2.** Comportement correct (2 ou 3). *Être d'une parfaite correction* (opposé à *incorrection*). → **politesse.**

correctionnaliser v. tr. < 1 > (de *correctionnel*) dr. Poursuivre (un crime) devant le tribunal correctionnel en le qualifiant de délit. ▫ n. f. **correctionnalisation**

correctionnel, elle adj. (de *correction* [II]) Qui a rapport aux actes qualifiés de délits par la loi. *Tribunal de police correctionnelle* ou n. f. fam. *la correctionnelle. Passer en correctionnelle.*

Corrège (Antonio Allegri, dit il Correggio, en français le) Peintre italien (1489-1534). Il intégra dans ses premiers tableaux le *sfumato* de Léonard de Vinci et, dès ses débuts, affirma sa volonté de synthétiser les recherches du « nouveau style tendre » du début du XVIe s. Les grandes fresques qu'il réalisa à Parme révèlent une sensibilité nouvelle caractérisée par les nuances monochromes, l'immatérialité du mouvement de la couleur et la maîtrise du clair-obscur.

Le Corrège, *Le Repos pendant la fuite en Égypte avec saint François d'Assise* (1516-1517), galerie des Offices, Florence.

corregidor n. m. (mot espagnol, de *corregir* « corriger ») hist. Premier magistrat d'une ville espagnole dans laquelle ne résidait pas de gouverneur. - var. RO **corrégidor.**

corrélat n. m. (→ corrélation) didact. Terme d'une corrélation.

corrélatif, ive adj. (→ corrélation) **1.** Qui est en corrélation, qui présente une relation logique avec autre chose. → **correspondant, relatif.** **2.** adj. et n. m. gramm. *Mots, termes corrélatifs :* mots généralement employés ensemble, qui servent à indiquer une relation entre deux membres de phrases (ex. trop... pour). ▫ adv. **corrélativement**

corrélation n. f. (latin *correlatio*, de *cum* et *relatio* → relation) Lien, rapport réciproque. *Il n'y a aucune corrélation entre ces évènements.* → **correspondance, interdépendance.** ▫ adj. **corrélationnel, elle**

corréler v. tr. < 6 > (anglais *to correlate*, même origine que *corrélation*) didact. Établir une corrélation entre (deux phénomènes) ; être en corrélation avec (qqch.). – au p. p. *Phénomènes faiblement corrélés.* → **interdépendant.**

correspondance n. f. (de *correspondant*) **I. 1.** Rapport de conformité. → **accord, analogie.** *Correspondance d'idées entre deux personnes.* → **affinité, concordance, harmonie.** **2.** log. Rapport entre un terme et un ou plusieurs autres (→ **conséquent**), déterminés par le premier. → **liaison.** ▪ algèbre Relation associant les éléments d'un ensemble à ceux d'un autre. **II. 1.** Relation par écrit entre deux personnes ; échange de lettres. → **courrier.** *Entretenir une correspondance avec qqn.* – *Cours par correspondance.* → aussi **téléenseignement.** ▪ Les lettres qui constituent la correspondance. *La correspondance de Madame de Sévigné.* **2.** Relation entre deux moyens de transport. → **changement.** *Un autocar assure la correspondance à la gare.* – Le moyen de transport qui assure la correspondance (chemin de fer, autocar). *Rater la correspondance.*

correspondant, ante **I.** adj. (p. prés. de *correspondre*) Qui a un rapport avec qqch. ; qui y correspond. → **relatif.** *Cocher la case correspondante.* **II.** n. **1.** Personne avec qui l'on entretient des relations épistolaires. *Avoir des correspondants dans plusieurs pays.* – Personne à qui on téléphone, avec qui on correspond par mail. **2.** Personne employée par un journal, une agence d'informations pour transmettre des nouvelles d'un lieu éloigné. → **envoyé.** *Correspondant de guerre. De notre correspondante à Londres...* **3.** Membre d'une société savante n'assistant pas régulièrement aux séances. *Correspondant* ou *membre correspondant de l'Académie des sciences, d'un groupe de travail.* **4.** Personne chargée de veiller sur un élève interne, hors de l'internat.

correspondre v. < 41 > (du latin, de *cum* et *respondere* → répondre) **I.** v. tr. ind. *Correspondre à.* Être en rapport d'équivalence (avec qqch.), être conforme, se rapporter (à). → **s'accorder, ¹aller.** *L'an 1 de l'hégire correspond à l'an 622 de l'ère chrétienne. Ce récit ne correspond pas à la réalité.* – pronom. *Se correspondre.* → se **répondre.** **II.** v. intr. (correspondre avec) **1.** Avoir des relations par lettres, par mails (avec qqn). *Nous avons cessé de correspondre.* **2.** (sujet chose) Être en communication. → **communiquer.** *Ces deux pièces correspondent.*

Corrèze n. f. Rivière du Limousin (85 km), affluent de la Vézère. Elle prend sa source sur le plateau de Millevaches.

Corrèze n. f. [19] Département français de la Région Nouvelle-Aquitaine (→ carte). 5 857 km². 239 190 habitants. Chef-lieu : Tulle. Chefs-lieux d'arrondissement : Brive-la-Gaillarde, Ussel. Étendue sur la bordure occidentale du Massif central, la Corrèze comprend l'essentiel du plateau de Millevaches au N.-E. (élevage bovin) et le bassin de Brive-la-Gaillarde au S.-O. (maraîchage ; industries mécaniques, électriques). Les cours de la Dordogne, de la Corrèze et de la Vézère sont exploités. Le département, longtemps enclavé, a souffert de l'exode rural.

corrida n. f. (espagnol « course » → courir) **1.** Course de taureaux, spectacle de tauromachie. *Des corridas.* **2.** fig. fam. Dispute, agitation. → **cirque.** *Quelle corrida !*

corridor n. m. (de l'italien, de *correre* → courir) **1.** Passage couvert mettant en communication plusieurs pièces d'un même étage. → **couloir, passage.** **2.** Territoire délimité géographiquement afin de permettre le passage, la circulation. *Corridor humanitaire.*

Corrientes Ville d'Argentine, située au confluent du Paraguay et du Paraná, en face de Resistencia. 329 000 habitants.

corrigé n. m. Devoir donné comme modèle. → **modèle, solution.**

corriger v. tr. < 3 > (latin *corrigere* [supin *correctum* cf. correct, correcteur, correctif, correction], de *cum* et *regere* → régir) **I. 1.** Ramener à la règle (ce qui s'en écarte ou la personne qui s'en écarte). → **amender, reprendre.** *« Vous avez corrompu mes mœurs en voulant les corriger »* (Lesage). *Corriger qqn d'un défaut.* – pronom. *Se corriger de son mauvais caractère.* **2.** Supprimer (les fautes, les erreurs). → **remanier, reprendre, revoir.** *Corriger des épreuves d'imprimerie.* → **correction ; correcteur.** **3.** Relever les fautes de (qqch.) en vue de donner une appréciation, une note. *Corriger des devoirs.* **4.** Rendre exact ou plus exact. → **rectifier.** *Corriger une observation.* **5.** Rendre normal ce qui ne l'est pas. *Corriger une mauvaise posture.* **6.** Ramener à la mesure (qqch. d'excessif) par une action contraire. → **adoucir, atténuer, compenser ; correctif.** *Corriger l'effet d'une parole trop dure.* **II.** Infliger un châtiment corporel, donner des coups à. → **battre.** ▫ adj. **corrigeable**

corroborer v. tr. < 1 > (du latin, de *cum* et *roborare*, de *robur* « force » → robuste) Donner appui, ajouter de la force à (une idée, une opinion). → **confirmer, renforcer.** *Plusieurs indices corroborent les soupçons.* ▫ adj. et n. m. **corroborant, ante** ▫ n. f. **corroboration**

corroder v. tr. < 1 > (latin *corrodere* [*cf.* corrosif, corrosion], de *cum* et *rodere* → roder) Détruire lentement par une action chimique. → **attaquer, ronger.** *Les acides corrodent les métaux* (→ **corrosif**). ▫ adj. **corrodant, ante**

corsaire

Une part des prises faites par les corsaires revenaient à l'État (ici, le retour des corsaires par Maurice Orange, fin XIXe s., Musée du vieux Granville).

corroierie n. f. (de *corroyer*) **1.** Industrie du corroyeur. **2.** Atelier, usine où l'on corroie des cuirs.

corrompre v. tr. < 41 > (latin *corrumpere* [supin *corruptum* cf. **corrupteur, corruption**], de *cum* et *rumpere* « détruire ; détériorer » → **rompre**) **I.** vieilli Altérer en décomposant. → **gâter. II.** fig. **1.** littér. Altérer, gâter (ce qui était pur, bon). → **abâtardir, déformer, dénaturer. 2.** littér. Altérer ce qui est sain, honnête, dans l'âme. → **avilir, dépraver, pervertir.** « *Afin de le corrompre* [le peuple], *on le peint corrompu* » (P.-L. Courier). **3.** (compl. personne) Engager (qqn) par des dons, des promesses ou par la persuasion, à agir contre sa conscience, son devoir. → **acheter, soudoyer.** *Corrompre un témoin.*

corrompu, ue adj. **1.** vieux Altéré, en décomposition. **2.** (sens moral) → **dépravé, dissolu ; vil.** « *La nature des hommes est corrompue* […] » (Pascal). **3.** Que l'on a corrompu, que l'on peut corrompre. *Juge corrompu.* → **vénal.**

corrosif, ive adj. (du latin *corrosum*, supin de *corrodere* → **corroder**) **1.** Qui corrode ; qui a la propriété de corroder. → [1]**caustique.** *Les acides sont corrosifs.* **2.** Qui attaque avec mordant. *Une ironie corrosive.* → **acerbe,** [1]**caustique, incisif.**

corrosion n. f. (du latin *corrosum* → **corrosif**) Action de corroder ; son résultat. *Corrosion par un acide.*

corroyer v. tr. < 8 > (vient du latin, du gotique *garedan* « apprêter » → **arroi**) **1.** Apprêter (le cuir), l'assouplir après le tannage. – au p. p. *Peaux corroyées.* **2.** Forger ensemble ou souder à chaud (du métal). **3.** menuiserie Dégrossir le bois avant le façonnage. □ n. m. **corroyage** ou **corroi**

corroyeur, euse n. Personne qui corroie les cuirs.

corrupteur, trice (du latin → **corrompre**) **1.** n. Personne qui soudoie, achète qqn. *Le corrupteur et les témoins corrompus ont été punis.* **2.** adj. littér. Qui corrompt moralement. → **malfaisant, nuisible.** *L'influence corruptrice de l'argent.*

corruptible adj. (du latin ecclés., de *corrumpere* → **corrompre**) Qui peut être corrompu. *Personne corruptible.* → **vénal.** - contr. **incorruptible.** □ n. f. **corruptibilité**

corruption n. f. (du latin → **corrompre**) **I.** vieux Altération (de la substance) par décomposition. → **infection, pourriture, putréfaction. II. 1.** littér. Altération (du jugement, du goût, du langage…). **2.** Le fait de corrompre moralement ; état de ce qui est corrompu. → **avilissement, perversion.** *La corruption des mœurs.* **3.** Moyens que l'on emploie pour faire agir qqn contre son devoir, sa conscience ; fait de se laisser corrompre. *Corruption de fonctionnaire.* → **prévarication.** *Lutte contre la corruption* (→ **anticorruption**).

corsage n. m. (de *corps**) Vêtement féminin léger qui recouvre le buste. → **blouse, chemisier.**

corsaire n. m. (de l'italien, de *corsa* → **course**) **1.** anciennt Navire armé par des particuliers, avec l'autorisation du gouvernement d'attaquer les navires d'autres pays. *Corsaires et pirates.* ■ Le capitaine de ce navire. *Jean Bart, Surcouf, célèbres corsaires français.* – adj. *La cité corsaire : Saint-Malo.* **2.** Aventurier, pirate. **3.** Pantalon moulant s'arrêtant au haut du mollet.

corse adj. et n. De la Corse. – n. *Les Corses.* – n. m. Dialectes appartenant à l'ensemble italien, parlés en Corse, et pouvant être considérés comme la langue de la Corse. *Le corse est l'une des langues régionales de France.*

Corse

n. f. Île française de la Méditerranée, formant une région administrative. 8 680 km². Des vestiges néolithiques établissent l'existence d'une occupation de la Corse dès le –VIe millénaire. De par sa situation stratégique, l'île fut convoitée durant toute l'Antiquité. Successivement occupée par les Phéniciens, les Phocéens, les Étrusques (–VIe s.) et les Carthaginois (–IIIe s.), elle fut ensuite conquise par les Romains (238-162 av. J.-C.). Un temps sous domination byzantine (VIe-VIIe s.), puis attribuée au Saint-Siège (IXe s.), elle fut prise par Gênes en 1284. Au XVIIIe s., à l'issue d'une guerre de 40 ans qui opposa la France (soutenue par la résistance locale menée par Paoli) à Gênes, l'île fut cédée aux Français. Au cours de la Seconde Guerre mondiale, la Corse, occupée par les Italiens puis par les Allemands, fut libérée par les troupes françaises d'Afrique du Nord (oct.-nov. 1943). À partir de 1976 se développèrent les mouvements de revendications autonomistes et indépendantistes qui entraînèrent des affrontements parfois violents (Aléria, 1976) et des attentats. Devenue région administrative en 1982, la Corse obtint ensuite un statut particulier de collectivité territoriale. Après l'assassinat du préfet Érignac (1998) et l'échec de son successeur, le gouvernement engagea des négociations avec les représentants corses afin d'envisager un nouveau statut de collectivité territoriale. Celui-ci, soumis par référendum en 2003, ne fut pas approuvé.

Corse Région administrative française comportant 2 départements : la Haute-Corse et la Corse-du-Sud. 8 680 km². 343 701 habitants (1,6 % du territoire, 0,5 % de la population, 0,4 % du PIB métropolitain). Chef-lieu : Ajaccio. Dotée à partir de 1982 d'un statut particulier, la Corse devint en 1992 une collectivité territoriale puis collectivité de Corse en 2018. Elle est administrée par un Conseil exécutif de 11 personnes, et dispose d'une assemblée régionale de 63 membres élus au suffrage universel.

Île française de la Méditerranée située à 170 km de Nice, la Corse est une véritable « montagne dans la mer ». Un puissant massif cristallin en occupe la plus grande partie, avec une ligne de crête Nord-Sud (Monte Cinto, 2 706 m) et une série de chaînons parallèles vers l'O. et le S.-O. Les côtes sont découpées en golfes, caps et îles. Le climat est méditerranéen, presque partout altéré par l'altitude.

Protégée depuis 1970 par un parc régional de 150 000 ha, la forêt a longtemps reculé devant le maquis et reste la proie des incendies. Les sols ingrats ont favorisé l'élevage du mouton dans l'intérieur. La viticulture et la culture des agrumes sont pratiquées dans les plaines orientales. Souffrant de l'insularité, l'industrie est restée artisanale, avec des débouchés essentiellement locaux. Le commerce et les services sont les activités dominantes (80 %

partie liés à l'État), le tourisme constituant la principale ressource. Les villes de Bastia et d'Ajaccio concentrent 40 % de la population et une large part de l'activité économique de l'île.

Corse (cap) Presqu'île montagneuse formant le N. de la Corse. 1 322 m.

Corse (Haute-) n. f. [2B] Département français de la Région Corse (→ carte). 4 666 km^2. 182 887 habitants. Chef-lieu : Bastia. Chefs-lieux d'arrondissement : Calvi, Corte.

corsé, ée adj. Fort (au goût). *Un café corsé. Un vin corsé,* qui a du corps. *Un assaisonnement corsé.* → **relevé.**

Corseaux Commune suisse du canton de Vaud. 2 071 habitants. Villa au bord du lac Léman construite par Le Corbusier.

Corse-du-Sud n. f. [2A] Département français de la Région Corse (→ carte). 4 014 km^2. 160 814 habitants. Chef-lieu : Ajaccio. Chef-lieu d'arrondissement : Sartène.

corselet n. m. (de *corps**) **I.** anciennt **1.** Cuirasse légère couvrant le buste. **2.** Vêtement féminin qui serre la taille et se lace sur le corsage. **II.** Partie antérieure du thorax, chez certains insectes. *Le corselet des coléoptères.*

corser v. tr. < 1 > (de *corps* [au sens IV]) **1.** Rendre plus forte (une substance comestible). *Corser une sauce.* **2.** *Corser l'intrigue d'un roman,* en accroître l'intérêt. – pronom. *L'affaire se corse,* elle se complique.

corset n. m. (de *corps**) Gaine baleinée et lacée, en tissu résistant, qui serre la taille et le ventre des femmes. → **gaine.** – *Corset orthopédique,* qui maintient l'abdomen, le thorax ou redresse la colonne vertébrale.

corseter v. tr. < 5 > Revêtir d'un corset.

corsetier, ière n. Personne qui fait ou vend des corsets.

corso n. m. (mot italien « avenue » → cours) Défilé de chars, lors d'une fête. *Des corsos fleuris.*

Cortázar (Julio) Écrivain argentin naturalisé français en 1981 (1914-1984). Romancier, conteur et traducteur dans la lignée de J. L. Borges qui le découvrit, il s'est imposé comme l'un des maîtres contemporains de la littérature fantastique. Son grand roman, *Marelle,* est représentatif du « réalisme magique ». Ses nombreuses nouvelles sont réunies dans des recueils *(Les Armes secrètes ; Cronopes et Fameux ; Tous les feux, le feu).*

Corte Chef-lieu d'arrondissement de la Haute-Corse, sur le Tavignano, au centre de l'île. 7 549 habitants. Université. Ancien Palais national, siège du gouvernement de P. Paoli.

cortège n. m. (de l'italien, de *corteggiare* « accompagner en troupe un grand personnage », de *corte* → cour, courtisan) **1.** Suite de personnes qui en accompagnent une autre lors d'une cérémonie. → **suite.** *Cortège nuptial.* **2.** Groupe organisé qui avance. → **défilé, procession.** *Un cortège de manifestants.*

cortès [kɔʀtɛs] n. f. pl. (espagnol *cortes,* plur. de *corte* « cour ») Parlement espagnol formé de deux chambres.

Cortés (Hernán) parfois en français **Fernand Cortez** Conquistador espagnol (1485-1547). Il participa avec Velázquez à la conquête de Cuba (1511-1514). À la tête d'une expédition au Mexique (1519), il assiégea Tenochtitlán et mit fin à l'Empire aztèque (1521). Nommé gouverneur général de la Nouvelle-Espagne par Charles Quint (1522), il fut ensuite discrédité et dut rentrer en Espagne (1540).

cortex [kɔʀtɛks] n. m. (mot latin « écorce ») anat. Partie périphérique externe de certains organes. *Cortex cérébral. Cortex surrénal* (→ **corticosurrénal**).

cortical, ale, aux adj. (du latin *cortex*) **1.** anat. Relatif au cortex. **2.** bot. Qui appartient à l'écorce. *Couches corticales.*

cortico- Élément (du latin *cortex, corticis* « écorce ») qui signifie « relatif au cortex ».

corticoïdes n. m. pl. (de *cortico-* + *-oïde*) biol. Hormones stéroïdes du cortex surrénal animal et humain. → **cortisol, cortisone, hydrocortisone ; androgène.** – chim. Produit similaire obtenu par synthèse à des fins thérapeutiques.

corticostéroïdes n. m. pl. biol. Hormones produites par la partie corticale de la glande surrénale. → **corticoïdes.**

corticostimuline n. f. (→ stimuline) biol. Hormone de l'hypophyse stimulant l'activité de la glande corticosurrénale.

corticosurrénal, ale, aux (→ surrénale) physiol. **1.** n. f. Périphérie (cortex) de la glande surrénale. **2.** adj. *Hormones corticosurrénales.* → **corticoïdes.** *Insuffisance corticosurrénale.*

corticothérapie n. f. (→ thérapie) méd. Emploi thérapeutique des hormones corticosurrénales, notamment la cortisone.

Cortina d'Ampezzo Ville d'Italie (Vénétie), dans les Dolomites, à 1 210 m. 6 085 habitants. Station de sports d'hiver et de tourisme très fréquentée. Les Jeux olympiques d'hiver de 1956 s'y sont déroulés.

cortinaire n. m. (de *cortine*) Champignon à lamelles (basidiomycète) très répandu dans les forêts. *Cortinaire de Berkeley,* comestible. *Cortinaire des montagnes,* mortellement toxique.

cortine n. f. (latin *cortina* « récipient rond ») bot. Ensemble de filaments qui réunit le bord du chapeau à la partie supérieure du pied de certains champignons. → **cortinaire.**

cortisol n. m. (de *cortisone* et *-ol*) biol. Hormone corticosurrénale qui intervient dans de nombreux métabolismes, notamment celui des glucides. → **hydrocortisone.**

cortisone n. f. (mot anglais des États-Unis, de *corticosterone,* formé en allemand, du latin *cortex* [→ cortex], *ster-* [→ cholestérol] et *-one*) Hormone du cortex des glandes surrénales, antiallergique et anti-inflammatoire. ▫ adj. **cortisonique**

Corto Maltese voir **Pratt** (Hugo)

corton n. m. (de *Aloxe-Corton,* village de la Côte-d'Or) Vin rouge renommé de Bourgogne.

Cortot (Alfred) Pianiste et pédagogue français (1877-1962). Il se distingua par ses interprétations de Chopin. Il fut aussi chef d'orchestre. En 1905, le trio qu'il forma avec J. Thibaud et P. Casals eut une renommée internationale. Il fonda l'École normale de musique de Paris.

coruscant, ante adj. (du latin, de *coruscare* « étinceler ») littér. Brillant, éclatant.

corvéable adj. (de *corvée*) hist. Assujetti à la corvée. *Taillable* et corvéable à merci.* subst. *Les corvéables.*

Cortés (Hernán)

Hernán Cortés, détail d'une aquarelle de Diego Duran (v. 1580), Bibliothèque nationale, Madrid.

corvée n. f. (vient du latin *corrogata [opera]* « [travail] obligatoire », de *corrogare,* de *cum* et *rogare* « demander » → rogatoire) **1.** hist. Travail gratuit que les serfs, les roturiers devaient au seigneur. **2.** Obligation ou travail pénible et inévitable. *Quelle corvée !* **3.** Travail que font à tour de rôle les membres d'un corps de troupe, d'une communauté. *Être de corvée.*

corvette n. f. (de l'ancien néerlandais *corf* « corbeille » [*cf.* latin *corbis* → corbeille], par un dérivé désignant un bateau) mar. **1.** Ancien navire d'escorte. – *Capitaine* de corvette.* **2.** Petit bâtiment d'escorte, utilisé dans la lutte anti-aérienne ou anti-sous-marine.

Corvetto (Louis Emmanuel, comte) Homme politique français (1756-1821). Président du directoire de la république Ligurienne, il contribua à favoriser le rattachement de Gênes à la France (1805). Ministre des Finances sous Louis XVIII (1815-1818), il aida au redressement financier de la France.

corvidé n. m. (du latin *corvus* « corbeau* ») zool. Oiseau au bec épais, omnivore (famille des *Corvidés ;* ex. le corbeau, la corneille, le geai, la pie).

Corvin (Mathias) voir **Mathias I**^{er}

Corvisart (Jean, baron) Médecin français (1755-1821). Il chercha à donner des bases scientifiques à la médecine clinique, utilisa la méthode de percussion pour le diagnostic des maladies cardiaques et créa l'enseignement clinique au lit du malade.

Corvo (baron) voir **Rolfe** (Frederick William)

corybante n. m. (grec *korubas, korubantos*) Dans l'Antiquité grecque, Prêtre de la déesse Cybèle.

corymbe n. m. (grec *korumbos* « sommet ») bot. Inflorescence dans laquelle les pédicelles (de longueur inégale) s'élèvent en divergeant de sorte que leurs fleurs se trouvent sur un même plan. → **ombelle.** *Les corymbes des fleurs de poirier.*

coryphée n. m. (du grec, de *koruphê* « sommet, extrémité ») **1.** Chef de chœur, dans les pièces du théâtre antique. **2.** littér. Celui qui tient le premier rang. → **chef. 3.** n. danse Quatrième et avant-dernier des cinq échelons dans le corps de ballet de l'Opéra de Paris.

coryza n. m. (du latin, du grec *koruza* « flux [du nez] ») Inflammation de la muqueuse des fosses nasales (rhume de cerveau). *Des coryzas.*

COS [kɔs] n. m. Sigle de *coefficient* d'occupation des sols.*

cosaque n. m. (mot turc, par l'ukrainien et le polonais) hist. Cavalier cosaque de l'armée russe.

Cosaques n. m. pl. Nom donné aux populations nomades ou semi-nomades formées de paysans réfugiés d'Asie centrale et de Moscovie, qui occupèrent au xve s. les steppes de la Russie méridionale. Organisés en plusieurs communautés de type militaire, regroupés autour d'un chef *(hetman),* les Cosaques cherchèrent à s'affranchir des dominations russe *(Cosaques du Don)* et polonaise *(Cosaques du Dniepr).* Sous Catherine II, leurs dernières franchises furent supprimées et le dernier *hetman* fut destitué en 1764.

Cosenza Ville d'Italie (Calabre), chef-lieu de province. 73 000 habitants. Cathédrale (xiie-xiiie s.) : mausolée du cœur d'Isabelle d'Aragon, morte à Cosenza en ramenant de Tunis le corps de saint Louis, son beau-père.

Cosgrave (William Thomas) Homme politique irlandais (1880-1965). Président du Conseil exécutif de l'État libre d'Irlande de 1922 à 1932, il fonda un nouveau parti modéré, le futur Fine Gael, et s'efforça de normaliser les rapports avec l'Angleterre et de restaurer l'économie.

cosigner [kosiɲe] v. tr. < 1 > Signer avec d'autres. ▫ n. **cosignataire** ▫ n. f. **cosignature**

Cosimo (Piero di) voir **Piero di Lorenzo**

cosplay

Cosplays dans le métro londonien en 2017.

cosinus [kɔsinys] **n. m. (de *co-* et *sinus*) math.** *Cosinus d'un angle* : mesure algébrique de la projection orthogonale d'un segment unitaire porté par un axe qui fait cet angle avec l'axe de projection. *Des cosinus.*

Cosma (Vladimir) Compositeur français (né en 1940). On lui doit de nombreuses musiques de film dont celles de *Diva* (J.-J. Beinex), du *Bal* (E. Scola), des *Aventures de Rabbi Jacob* (G. Oury).

-cosme Élément **(du grec *kosmos* → cosmos)** qui signifie « monde, univers » (ex. *microcosme*).

cosmétique adj. et n. (du grec, de *kosmos* « ornement ») 1. Relatif aux soins de beauté. *Produits cosmétiques.* **– n. m.** *Les cosmétiques.* ■ **n. f.** Partie de l'hygiène qui concerne les produits de soin et de beauté. **2. péj.** Qui n'améliore que les apparences, superficiel. *Un dispositif purement cosmétique.*

cosmétologie n. f. (de *cosmét[ique]* et *-logie*) Étude de ce qui a trait aux produits cosmétiques. □ **adj. cosmétologique** □ **n. cosmétologue, cosmétologiste**

cosmique adj. (du grec, de *kosmos* → cosmos) 1. Relatif à l'Univers, à l'ordre du monde. **2.** Du cosmos (2). *Les corps cosmiques.* → **astral, céleste.** *Vaisseau cosmique.* → **spatial. 3.** *Rayons cosmiques* : rayonnement de grande énergie, d'origine cosmique, que l'on peut étudier sur Terre par ses effets sur l'atmosphère (ionisation).

cosm(o)- Élément **(du grec *kosmos* → cosmos)** qui signifie « univers ».

cosmodrome n. m. (de *cosmos* [2], d'après *aérodrome*) Base de lancement d'engins* spatiaux (en URSS puis en Russie).

cosmogonie n. f. (du grec → cosmos) 1. Théorie expliquant la formation de l'Univers, de certains objets célestes. **2.** Exposé de cette théorie. *« La Petite Cosmogonie portative » de Queneau* (cycle de poèmes). □ **adj. cosmogonique**

cosmographie n. f. (du grec → cosmos) Astronomie descriptive de l'Univers visible. □ **adj. cosmographique**

cosmologie n. f. (du grec → cosmos) Science des lois physiques de l'Univers, de sa formation. □ **adj. cosmologique** □ **n. cosmologiste, cosmologue**

cosmonaute n. (du russe, du grec *kosmos* → -naute) Voyageur de l'espace (dans le contexte soviétique, puis russe). → **astronaute.**

cosmopolite adj. (du grec, de *kosmos* et *polis* « cité » → [1]politique) I. 1. Qui s'accommode de tous les pays, de mœurs nationales variées. *Un esprit cosmopolite.* **2.** Qui comprend des personnes de tous les pays, subit des influences de nombreux pays. *Ville cosmopolite.* □ **n. m. cosmopolitisme II. didact.** Dont la répartition géographique est très large. *Animal, plante cosmopolite.*

cosmos [kɔsmos] **n. m. (grec *kosmos* « ornement, mise en ordre » → cosmétique, puis « organisation » et « monde, univers ») 1. philos.** L'Univers considéré comme un système bien ordonné. **2. (d'après le russe)** Espace extraterrestre. *Du cosmos.* → **cosmique.** *Voyage dans le cosmos* (→ **cosmonaute**).

Cosne-Cours-sur-Loire Chef-lieu d'arrondissement de la Nièvre, sur la rive droite de la Loire. 9 415 habitants. Musée consacré à la Loire. Petit centre industriel (mécanique, imprimerie).

cosplay [kɔsplɛ] **n. (mot-valise anglais, de *costume* et *play* « jeu ») anglic. n. m.** Pratique consistant à incarner un personnage de manga, de film d'animation, de jeu vidéo, etc. ■ **n.** Personne qui pratique le cosplay. *Une cosplay japonaise. Des cosplays.* ■ **n. m.** Rassemblement de cosplays. - **recomm. offic. costumade.**

Cosquer (grotte) Grotte préhistorique ornée découverte en 1991 par le plongeur Henri Cosquer, près du cap Morgiou à Marseille. Les gravures et peintures ont été datées de –25 000 à –16 000.

Cossa (Francesco del) Peintre italien (1435-1478). Il fut l'un des grands maîtres de l'école ferraraise du Quattrocento. Influencé par Piero della Francesca et Mantegna, il fit montre d'un style original dans les fresques du palais Schifanoia à Ferrare. Il s'installa ensuite à Bologne et réalisa le *Polyptyque Griffoni*, chef-d'œuvre de l'école ferraraise.

cossard, arde n. et adj. (de *cossu*) fam., vieilli Paresseux. → **flemmard.**

[1]cosse n. f. (de *cossard*) fam., vieilli Paresse. → **flemme.** *« Comme les petits pois, j'ai la cosse »* (Genet).

[2]cosse n. f. (vient p.-ê. du latin, de *cochlea* « coquille » → cuillère, du grec, famille de *conque*) I. Enveloppe qui renferme les graines de certaines légumineuses. *Ôter des petits pois de leur cosse.* → **écosser. II. (néerlandais *kous*) électr.** Anneau métallique fixé à l'extrémité d'un conducteur et pouvant être connecté à une borne.

Cossé-Brissac voir **Brissac**

cossette n. f. techn. Lamelle de betterave à sucre, de racine de chicorée.

cossin n. m. (origine obscure) (Canada) fam. 1. Babiole, petit objet de peu de valeur. → **bébelle.** ■ **par ext.** Objet de mauvaise qualité. **2.** Chose quelconque, qu'on ne peut ou ne veut pas nommer. *À quoi peut servir ce cossin ?* **3. au plur.** Affaires, effets personnels. *Ramasse tes cossins !*

cossu, ue adj. (de [2]cosse) Qui a une large aisance. → **riche.** *Des gens cossus.* ■ Qui dénote l'aisance. *Maison cossue.*

cossus [kɔsys] **n. m. (mot latin)** Grand papillon nocturne lépidoptère (cossidé), aux ailes brunes. → **gâte-bois.**

Costa (Lúcio) Architecte et urbaniste brésilien (1902-1998). Il introduisit les formes modernes au Brésil. Après l'arrivée au pouvoir de Vargas (1930), il dirigea la construction du ministère de l'Éducation et établit les plans audacieux de Brasília, dont l'architecte en chef fut Niemeyer.

Costa Brava n. f. Littoral méditerranéen du N. de l'Espagne (Catalogne), qui s'étend de la frontière française à l'embouchure du río Tordera. Nombreuses stations balnéaires.

Costa del Sol n. f. Littoral méditerranéen du S. de l'Espagne (Andalousie), de part et d'autre de Malaga, très fréquenté par les touristes.

Costa-Gavras (Konstantinos Gavras, dit) Cinéaste français d'origine grecque (né en 1933). Après des débuts remarqués dans le genre policier *(Compartiment tueurs)*, il s'orienta vers le film politique, notamment la dénonciation des dictatures *(Z ; L'Aveu ; Missing)*.

costal, ale, aux adj. (latin *costalis*, de *costa* → [1]côte) anat. Des côtes. *Muscles costaux.*

costard n. m. (de *costume*) fam. Costume d'homme.

Costa-Gavras

Costa-Gavras, avec Yves Montand, sur le tournage de *Clair de femme* (1979).

Costa Rica

n. m. ■ **offic. république du Costa Rica** État d'Amérique centrale. 51 000 km^2. 4 500 000 habitants (les *Costaricains* ou *Costariciens*). **Langue :** espagnol. **Religion :** catholique. **Monnaie :** colón. **Capitale :** San José. **Régime :** présidentiel.

GÉOGRAPHIE

Ce petit État a une situation stratégique, entre le Nicaragua au N. et Panamá au S., et de par sa double façade maritime. Tropical humide sur le littoral (forêt équatoriale et plantations de bananes), le climat est tempéré au centre par la Cordillère de Talamanca (3 820 m), où se concentrent les hommes et les activités (culture du café, industries agroalimentaires et électroniques). 99 % de l'énergie est renouvelable (hydroélectricité, géothermie, éolien). Écotourisme.

HISTOIRE

Découvert par Christophe Colomb (1502), longtemps dépendant du Guatemala (1544), le pays obtint son indépendance en 1838. Il se singularise depuis par sa pratique démocratique exemplaire, la modération des inégalités sociales et le développement économique, tant agricole (plantations et industries agroalimentaires) qu'industriel (puces et processeurs Intel). État sans armée depuis 1949, il s'est beaucoup engagé pour la paix dans la région, notamment à l'initiative du président social-démocrate O. Arias Sánchez (1986-1990, 2006-2010). En 2014, et après plus de cinquante ans de règne, la droite céda la présidence au centre-gauche avec L. G. Solis puis Carlos Alvarado. Elle revint au pouvoir en 2022 avec l'élection de Rodrigo Chavez.

costaud, aude adj. (de *coste* → [1]côte) fam. 1. Fort, robuste. *Elles sont costaud* **(invar.) ou** *costaudes.* **– n.** *Un costaud.* **2. (choses)** Solide.

Costeley (Guillaume) Compositeur français (1531-1606). Il écrivit une centaine de chansons et fut un précurseur de l'air de cour.

Costes (Dieudonné) Aviateur français (1892-1973). Il fit un tour du monde (1927-1928), détint le record du monde de distance en ligne droite (7 905 km) et réalisa la première liaison sans escale Paris-New York.

costière n. f. (de l'ancien français *coste* « côte ») techn. Vide, trappe dans le plancher d'une scène de théâtre pour le passage et la disposition des décors.

costume n. m. (italien *costume* « coutume » ; l'habit marque les différences de conditions, d'âge, etc.) **1.** Pièces d'habillement qui constituent un ensemble. → **vêtement ; tenue.** *Costume régional. Costume de théâtre. « Il y a une troupe de petits comédiens en costumes »* (Rimbaud). **2.** Déguisement. → **panoplie. 3.** Vêtement d'homme composé d'une veste, d'un pantalon et parfois d'un gilet. → **complet ;** fam. **costard.** *Costume habillé.* → **smoking.**

costumé, ée adj. Vêtu d'un déguisement, d'un costume de théâtre. → **déguisé.** – *Bal costumé,* où les danseurs sont costumés.

costumer v. tr. < 1 > Revêtir d'un déguisement. – pronom. *Se costumer en Pierrot.*

costumier, ière n. **1.** Personne qui fait, vend ou loue des costumes (de théâtre, de déguisement). **2.** Personne en charge de concevoir les costumes d'un spectacle.

[1]cosy adj. (mot anglais « confortable ») anglic. Confortable, agréable. *Un endroit cosy.* → **douillet.** *Une ambiance cosy. Des intérieurs cosys* ou *cosy* (invar.).

[2]cosy n. m. (anglais *cosy corner* « coin confortable » → [1]cosy, adj.) anglic., vieux Divan muni d'une étagère et que l'on place généralement dans l'encoignure d'une pièce. *Des cosys.*

[3]cosy n. m. (mot anglais → [1]cosy) anglic. Siège à coque rigide pour transporter un bébé. *Des cosys.*

cotangente n. f. (→ **tangente**) math. Rapport du cosinus au sinus (d'un angle, d'un arc) ; tangente du complément (de cet angle, de cet arc).

cotation n. f. Action de coter. *Cotation des titres en Bourse.* → **cours.**

cote n. f. (latin *quota pars,* de *quotus,* de *quot* « combien ») **1.** Marque servant au classement, au repérage (de livres, de documents...). **2.** Montant d'une cotisation, d'un impôt. → **quote-part, part ; cotiser.** *Cote mobilière.* – loc. ***Cote mal taillée*** : répartition approximative ; compromis. **3.** Constatation officielle des cours (d'une valeur, d'une monnaie), par exemple en Bourse. – *La cote d'une voiture d'occasion.* **4.** Appréciation. *La cote d'un cheval.* – ***Cote d'amour*** : appréciation d'un candidat. *La cote de popularité d'un homme politique.* – fam. *Avoir la cote* : être apprécié, estimé. **5.** Chiffre indiquant une dimension, un niveau. *Les cotes d'un plan.* ■ géom. Nombre précisant la distance d'un point par rapport à un plan de référence. ■ ***Cote d'alerte*** : niveau d'un cours d'eau audelà duquel commence l'inondation ; fig. point critique.

[1]côte n. f. (d'abord *coste ;* vient du latin *costa* « flanc, côté ») **I. 1.** Os plat du thorax, de forme courbe, qui s'articule sur la colonne vertébrale et le sternum. *Les douze paires de côtes,* délimitant la cage thoracique. – loc. ***Se tenir les côtes*** : rire démesurément. ■ *Côte de bœuf, de veau, d'agneau.* → **côtelette ; entrecôte. 2.** ***Côte à côte*** : l'un à côté de l'autre. *Marcher côte à côte.* **II. 1.** Partie saillante (d'un végétal). *Côtes de bettes.* – *Côtes de melon.* **2.** Rayure saillante (d'un tissu, d'un tricot). *Le point de côte* (au tricot). *Velours à côtes.* → **côtelé.**

[2]côte n. f. (de [1]côte) **1.** Pente qui forme l'un des côtés d'une colline. → **coteau.** *Les côtes du Rhône sont plantées de vignobles* (→ **côtes-du-rhône**). ■ géogr. *Relief de côte* : relief formé par un talus et par un plateau en pente douce à l'opposé. → **cuesta. 2.** Route en pente. → **montée, pente.** *Monter la côte.* – *Être à mi-côte,* au milieu d'une côte.

[3]côte n. f. (de [1]côte) Rivage de la mer. → **bord, littoral, rivage.** *Côte sablonneuse, basse. La Côte d'Azur ;* absolt *la Côte.* – Régions proches d'une côte. → **côtier.** *Les côtes françaises.*

coté, ée adj. **1.** Qui a une bonne cote, estimé. *Un artiste coté.* **2.** Dont la valeur est indiquée. *Coté en Bourse.* **3.** Caractérisé par des cotes (5). *Croquis coté.*

côté n. m. (vient du latin pop. *costatum,* de *costa* « côte » et « côté » → [1]côte) **1.** Région des côtes (de l'aisselle à la hanche). → **flanc.** *Recevoir un coup dans le côté.* – loc. ***Point* de côté.*** ■ La partie droite ou gauche de tout le corps. *Se coucher sur le côté.* – *À mes côtés,* près de moi. **2.** (choses) Partie qui est à droite ou à gauche (→ **latéral**). *Les côtés de la route.* → **bas-côté.** – *Mettez-vous de l'autre côté.* **3.** Ligne ou surface qui constitue la limite (d'une chose). *Les quatre côtés d'un carré. Les deux côtés d'une feuille de papier,* recto, verso. *Côté pile, face.* **4.** fig. Aspect. *Les bons et les mauvais côtés de qqch., de qqn. Prendre les choses par le bon côté.* **5.** (après *de, du*) → **endroit, partie, [1]point.** *De ce côté-ci ; de ce côté-là,* par ici, par là. *De tous côtés,* partout. – ***Du côté de*** : dans la direction de (avec mouvement) ; aux environs de (sans mouvement). *Du côté de la fenêtre. Il habite du côté de l'église.* ■ fig. *De mon côté,* pour ma part. – fam. *De ce côté, je n'ai pas à me plaindre. Côté finances, ça peut aller.* – *Du côté de.* → **[2]parti, camp.** *« La guerre peut être juste de deux côtés à la fois »* (J. Benda). – *Du côté de mon père* : dans ma famille paternelle. ■ ***De côté*** loc. adv. *Se jeter de côté,* faire un écart. *Laisser de côté,* à l'écart. *Mettre de côté,* en réserve (économiser). *Regarder de côté,* de biais. **6.** ***À côté*** loc. adv. : à une distance proche. *Il habite à côté. Passons à côté,* dans la pièce voisine. – ***À côté de*** loc. prép. → **auprès de, contre.** *Marcher à côté de qqn.* – fig. *Vos ennuis ne sont pas graves à côté des miens.* → en **comparaison.** – *Être à côté de la question.* loc. *À côté de ses pompes*.*

coteau n. m. (de [2]côte) Petite colline ; son versant. *À flanc de coteau.*

Côte d'Argent n. f. Littoral atlantique du S.-O. de la France, s'étendant de l'embouchure de la Gironde à celle de la Bidassoa.

Côte d'Azur n. f. Région côtière française au bord de la Méditerranée, comprise entre Cassis et Menton. Très urbanisée, la Côte d'Azur compte plusieurs grandes villes (Toulon, Nice, Monaco) et de nombreuses stations balnéaires.

Côte d'Émeraude n. f. Littoral français de la Manche, en Bretagne, s'étendant de la pointe du Grouin au Val-André. La côte, rocheuse, est très découpée.

Côte d'Ivoire

n. f. ■ offic. république de Côte d'Ivoire État d'Afrique occidentale. 322 463 km^2. 29 400 000 habitants (les *Ivoiriens*). **Langues :** français (offic.), akan (anyi, baoulé), bété, krou, dioula, haoussa, malinké. **Population :** Anyis, Baoulés, Bétés, Krous, Malinkés, Sénoufos... **Religions :** musulmans, chrétiens, animistes. **Monnaie :** franc CFA. **Capitale :** Yamoussoukro. **Régime :** présidentiel.

GÉOGRAPHIE

Le littoral est parsemé de lagunes dans lesquelles se jettent plusieurs fleuves ; une zone forestière soumise à un climat subtropical humide précède un plateau peu élevé couvert de savanes ; le relief est plus marqué à l'O.

Les cultures d'exportation (café, cacao, fruits, coton, arachide) et l'exploitation de la forêt assurent à la Côte d'Ivoire d'importants revenus, toutefois tributaires des cours mondiaux. Les richesses minières (cobalt, uranium, diamant industriel) sont encore négligées. La production de pétrole (gisements offshores) croît rapidement.

HISTOIRE

Lorsque les Portugais découvrirent la côte (xve s.), le territoire était occupé par les Sénoufos au N. et les Akans à l'E. Les Français, installés sur la côte (1842), colonisèrent le territoire, qui fut intégré à l'Afrique-Occidentale française (1904). La Côte d'Ivoire accéda à l'indépendance (1960) et, sous la présidence de F. Houphouët-Boigny (1960-1993) à la tête

Côte d'Ivoire

d'un parti unique, le pays prospéra (le « miracle ivoirien »). De graves troubles éclatèrent après la mort d'Houphouët-Boigny : le Premier ministre A. Ouattara s'opposa au président H. Konan Bédié, puis le général Gueï s'empara du pouvoir (1999). Un soulèvement populaire favorisa l'accession à la tête de l'État de L. Gbagbo (2000), mais les tensions communautaires dégénérèrent en guerre civile. L'intervention militaire française ne parvint pas à restaurer le calme. Le mandat de Gbagbo fut prolongé, mais la confusion régna après l'élection présidentielle de 2010 gagnée selon le Conseil constitutionnel par L. Gbagbo et selon la Commission électorale validée par l'ONU par A. Ouattara qui ne prit ses fonctions officielles qu'en mai 2011. Il fut réélu en 2015 et en 2020 (94,27 % des voix).

Côte-d'Or **n. f.** [21] Département français de la Région Bourgogne-Franche-Comté (→ carte). 8 763 km^2. 535 078 habitants. Chef-lieu : Dijon. Chefs-lieux d'arrondissement : Beaune, Montbard. Le territoire comprenant une partie du plateau de Langres au N., une partie du Morvan au S.-O. et la Côte d'Or aux vignobles réputés (Côte de Beaune, Côte de Nuits), est traversé par d'importants axes de communication aux carrefours desquels se trouvent Beaune et Dijon (qui concentre population et industries).

côtelé, ée **adj.** (de [1]*côte*) Qui présente des côtes. *Velours côtelé.* – *Tomate côtelée.*

côtelette **n. f.** (de [1]*côte*) Côte comestible des animaux de boucherie de taille moyenne (mouton, porc).

Côte-Nord Région administrative du Québec (Canada), s'étendant sur la rive N. de l'estuaire et du golfe du Saint-Laurent. 236 661 km^2. 91 546 habitants. Ville principale : Sept-Îles.

Cotentin **n. m.** Presqu'île du N.-O. de la France, en Normandie, formant l'essentiel du département de la Manche. Élevage. Industries (construction navale, nucléaire).

coter **v. tr.** < 1 > (de *cote*) **1.** Marquer un document, une pièce d'une cote, de cotes. → **numéroter. 2.** Indiquer le cours de (une valeur, une marchandise). → **estimer, évaluer ; coté. 3.** Indiquer les cotes (5) sur un dessin, un plan, une carte.

coterie **n. f.** (de l'ancien français *cotier*, de *cote* « cabane », mot germanique → cottage) littér., péj. Réunion de personnes soutenant ensemble leurs intérêts. → **caste, chapelle.** *« Les écoles, les coteries ne sont autre chose que des associations de médiocrités »* (Delacroix).

Côte-Saint-André (La) Commune de l'Isère, au S.-E. de Vienne. 4 817 habitants. Halles du XVIe s. Château du XVIIe s. Maison natale de Berlioz.

Côtes-d'Armor **n. f. pl.** [22] anciennement Côtes-du-Nord, jusqu'en 1990 Département français de la Région Bretagne (→ carte). 6 878 km^2. 603 640 habitants. Chef-lieu : Saint-Brieuc. Chefs-lieux d'arrondissement : Dinan, Guingamp, Lannion. Les Côtes-d'Armor sont formées de collines au S. (monts d'Arrée, landes du Méné), d'une plaine littorale vallonnée (Trégorrois, Penthièvre) et d'une côte découpée (rias et baie de Saint-Brieuc). L'agriculture, l'élevage et la pêche demeurent actifs. Le tourisme est important sur le littoral. L'industrie s'est développée essentiellement à Lannion.

côtes-du-rhône **n. m. invar.** (de [2]*côte*) Vin rouge des Côtes du Rhône, au sud de Lyon. *Un côtes-du-rhône.*

coteur, euse **n.** Bourse Personne qui enregistre les cotes atteintes par les valeurs.

Côte Vermeille **n. f.** Littoral français de la Méditerranée, s'étendant d'Argelès-sur-Mer à Cerbère, prolongé par la Costa Brava en Espagne.

cothurne **n. m.** (du latin, grec *kothornos*) Chaussure montante à semelle très épaisse portée par les tragédiens du théâtre antique.

cotice **n. f.** (de l'ancien français *coste* « côte ; pièce en longueur ») blason Bande étroite traversant diagonalement l'écu. □ **adj.** **coticé, ée**

cotidal, ale, aux **adj.** (mot anglais, de *co-* et *tidal* « de la marée ») géogr. *Ligne, courbe cotidale,* passant par les points où la marée a lieu à la même heure.

côtier, ière **adj.** (de [3]*côte*) Relatif aux côtes, au bord de la mer. *Navigation côtière. Région côtière. Fleuve côtier,* dont la source est proche de la côte.

cotignac **n. m.** (du provençal, de *codonh* → coing) Pâte de coings.

Cotillard (Marion) Actrice française (née en 1975). Tournant en France (*De rouille et d'os* de J. Audiard) et aux États-Unis (*Big Fish* de Tim Burton, *The Immigrant* de J. Gray), elle a reçu un Oscar en 2008 pour son interprétation d'Édith Piaf dans *La Môme.*

cotillon **n. m.** (de *cotte* n. f.) **I.** anciennt Jupon. *« Cotillon simple et souliers plats »* (La Fontaine). **II.** Danse, farandole qui termine un bal. – au plur. *Cotillons :* accessoires (serpentins, confettis, etc.) utilisés dans une fête.

Cotin (Charles) Ecclésiastique et poète français (1604-1682). Ses *Œuvres mêlées* furent très appréciées, mais leur préciosité excita la verve de Boileau et inspira à Molière le personnage de Trissotin dans *Les Femmes savantes.*

cotisant, ante **adj.** Qui cotise. – **n.** *Les cotisants.*

cotisation **n. f.** Somme à verser par les membres d'un groupe, en vue des dépenses communes. *Cotisation syndicale. Payer, verser sa cotisation.* → **quote-part.** *Cotisation sociale.*

cotiser **v.** < 1 > (de *cote*) **1.** *Se cotiser* **v. pron. :** contribuer, chacun pour sa part (→ **quote-part**), à réunir une certaine somme en vue d'une dépense commune. *Se cotiser pour offrir un cadeau à qqn.* **2. v. intr.** (même sens) *Ils ont tous cotisé.* – Verser une cotisation. *Cotiser à la Sécurité sociale.*

Cotman (John Sell) Aquarelliste et graveur britannique (1782-1842). Ses premières aquarelles, inspirées par ses voyages à travers l'Angleterre, révèlent une conception synthétique, presque abstraite, du paysage. Son style se modifia ensuite sous l'influence du goût romantique.

coton **n. m.** (arabe *qutun* ; cf. espagnol *algodón,* avec l'article arabe *al*) **1.** Filaments soyeux qui entourent les graines du cotonnier. *Balle de coton. Tissu de coton.* ■ Fil de coton. *Coton à broder, à repriser.* ■ Tissu de coton. *Sous-vêtements en coton.* **2.** *Coton hydrophile,* dont on a éliminé les substances grasses et résineuses. → **ouate.** *Coton à démaquiller.* ■ loc. *Élever un enfant dans du coton,* en l'entourant de soins excessifs. – *Avoir les jambes en coton :* être très faible. **3.** loc. *Filer un mauvais coton,* être dans une situation dangereuse. **4.** (idée de fils emmêlés) **adj.** fam. Difficile. *Des problèmes cotons* ou *coton* (invar.).

Coton (Pierre) Jésuite français (1564-1626). Confesseur de Henri IV, il publia en 1610 la *Lettre déclaratoire de la doctrine des Pères jésuites* pour innocenter la Compagnie de Jésus mise en cause dans l'assassinat du roi. Il fut ensuite directeur de conscience de Louis XIII, jusqu'à sa disgrâce après l'assassinat de Concini.

cotonéaster [kɔtɔneastɛʀ] **n. m.** (du latin mod.) bot. Arbrisseau à port étalé ou rampant, cultivé pour ses baies rouges décoratives. → **buisson-ardent.**

cotonnade **n. f.** Étoffe fabriquée avec du coton.

se **cotonner** **v. pron.** < 1 > Se couvrir d'un léger duvet ressemblant aux filaments de coton. *Lainage qui se cotonne.*

cotonnerie **n. f.** **1.** Culture du coton. **2.** Champ de coton. **3.** Lieu où l'on travaille le coton.

cotonneux, euse **adj.** **1.** Couvert d'un duvet ressemblant au coton. *Feuille cotonneuse.* **2.** Semblable à de la ouate. *Brume cotonneuse.* **3.** Mou et fade. *Fruit cotonneux.*

cotonnier, ière **I. n. m.** Plante herbacée (malvacée), arbrisseau aux fleurs jaunes ou pourpres, aux graines entourées de poils soyeux (→ **coton**), dont on extrait une huile alimentaire. **II. adj.** Qui a rapport au coton. *Industrie cotonnière.*

Cotonou Ville du Bénin. 679 000 habitants. Métropole économique et centre administratif, seul port en eaux profondes du pays. Centrale thermique. Industries alimentaires et textiles. Cimenterie. Pêche.

coton-poudre **n. m.** Explosif formé de nitrocellulose (coton nitré). → **fulmicoton.** *Des cotons-poudres.*

coton-tige **n. m.** (n. déposé) Bâtonnet dont les deux extrémités sont recouvertes de coton. *Des cotons-tiges.*

Cotopaxi **n. m.** Volcan d'Équateur, dans la cordillère des Andes (5 897 m). Toujours actif, il est couvert au sommet d'une calotte glaciaire permanente.

côtoyer **v. tr.** < 8 > (d'abord « aller côte à côte ») **1.** Aller, se trouver le long de. → **border, longer.** *Côtoyer la rivière.* **2.** Être en contact avec (qqn). → **fréquenter, rencontrer.** *Dans son métier, il côtoie beaucoup d'artistes.* **3.** fig. Se rapprocher de. → **friser, frôler.** *Cela côtoie le ridicule.*

cotre **n. m.** (anglais *cutter,* de *to cut* « couper » → cutter) Petit navire à voile à un seul mât.

Cotopaxi

Le Cotopaxi, dont le nom signifie « cou de la lune » en quéchua, est le plus haut volcan d'Équateur après le Chimborazo à l'arrière-plan.

cotriade n. f. (du breton *kaoteriad* « contenu d'un chaudron *[kaoter]* ») Soupe de poissons préparée avec des oignons et des pommes de terre (plat breton).

Cottafavi (Vittorio) Cinéaste italien (1914-1998). Il a su utiliser sa culture classique dans des adaptations (Dumas, Simenon) et a tourné de nombreux péplums. *Fille d'amour ; Hercule à la conquête de l'Atlantide ; Maria Zef.*

cottage [kɔtɛdʒ ; kɔtaʒ] n. m. (mot anglais, famille de *coterie*) Petite maison de campagne élégante, de style rustique.

Cottbus Ville d'Allemagne (Brandebourg), sur la Spree. 101 820 habitants. Industries (textile, cuir, chimie, mécanique).

¹cotte n. f. (du francique) **1.** anciennt Tunique d'homme ou de femme. – *Cotte de mailles* : armure défensive à mailles métalliques. → **haubert.** *Cotte d'armes* : casaque portée sur la cuirasse. **2.** vieux Jupe courte. → **cotillon. 3.** Vêtement de travail, pantalon et devant montant sur la poitrine. → **bleu, combinaison, salopette.**

²cotte n. m. (grec *kottos*) Poisson comestible (cottidé) de petite taille. → **chabot.**

Cotte (Robert de) Architecte, décorateur et ornemaniste français (1656-1735). Élève de J. Hardouin-Mansart, il collabora avec lui aux châteaux de Versailles, Saint-Germain et Marly. Il dirigea la manufacture des Gobelins et devint le premier architecte du roi. Il construisit le palais épiscopal de Rohan à Strasbourg. Il joua un rôle important dans la diffusion de l'architecture française à l'étranger.

cotuteur, trice n. dr. Personne chargée avec une ou plusieurs autres de la tutelle d'une personne.

Coty (René) Homme d'État français (1882-1962). Député (1923-1935), sénateur (1935-1940) et membre du Conseil de la République (1948-1954), il fut le dernier président de la IVᵉ République (1954-1959).

cotyle n. m. ou (rare) f. (du grec *kotulê* « cavité ») anat. Cavité profonde de l'os iliaque dans laquelle se loge la tête du fémur. → **cotyloïde.**

cotylédon n. m. (du grec, de *kotulê* « creux ; coupe ») **1.** bot. Feuille ou lobe qui naît sur l'axe de l'embryon d'une plante (réserve nutritive). *Plantes à un* (→ **monocotylédone**), *deux cotylédons* (→ **dicotylédone**). **2.** embryol. Lobe à la surface utérine du placenta.

cotyloïde adj. (de *cotyle*) anat. En forme de cupule. *Cavité cotyloïde de l'os iliaque.* → **cotyle.**

cou n. m. (vient du latin *collum* → col) **1.** Partie du corps (de certains vertébrés) qui unit la tête au tronc. « *Le héron au long bec emmanché d'un long cou* » (La Fontaine). – (chez l'être humain) → **col ; gorge, nuque ; cervical.** « *La chair de leurs cous blancs brodés de mèches folles* » (Rimbaud). *Un cou de taureau,* large, puissant. *Porter un bijou autour du cou.* ■ loc. *Sauter, se jeter au cou de qqn,* l'embrasser avec effusion. – *Tordre le cou à qqn,* l'étrangler. fig. « *Prends l'éloquence et tords-lui son cou !* » (Verlaine, *Art poétique*). – *Couper le cou à qqn,* le décapiter. – *Se rompre, se casser le cou,* se blesser gravement, se tuer. – *Prendre ses jambes à son cou,* fuir en courant. – *Tendre le cou* : s'offrir en victime, se laisser maltraiter. – *Jusqu'au cou,* complètement. *Être endetté jusqu'au cou.* – (Belgique) fam. *Avoir le gros cou, un gros cou* : être prétentieux. *Un gros cou* : une personne prétentieuse. **2.** *Le cou d'une bouteille,* le goulot. → **col.**

couac n. m. (onomatopée) **1.** Son faux et discordant dans une ligne musicale. → **canard. 2.** fig., fam. Maladresse, incident qui rompt l'harmonie d'un processus.

couard, arde adj. (de *cue,* ancienne forme de *queue*) littér. Qui est lâchement peureux. → **lâche, poltron.** – n. *Un couard.*

couardise n. f. littér. Poltronnerie. → **lâcheté.**

Coubertin (Pierre de Frédy, baron de) Pédagogue français (1863-1937). Promoteur des valeurs éducatives du sport, il créa et dirigea le Comité international olympique et fut à l'initiative de la création des Jeux olympiques modernes.

Pierre de Coubertin (2ᵉ à g.) et les membres du premier Comité international olympique (1896).

couchage n. m. **1.** Action de coucher, de se coucher. *Le couchage des troupes.* **2.** Matériel (literie, linge...) qui sert au coucher. *Sac de couchage.* → **duvet.**

couchailler v. intr. < 1 > fam. et péj. Avoir des relations sexuelles occasionnelles. → **¹coucher** (II, 3).

couchant, ante I. adj. **1.** *Chien couchant.* → **chien. 2.** *Soleil couchant,* près de disparaître sous l'horizon. **II.** n. m. **1.** Le côté de l'horizon où le soleil se couche (opposé à *levant*). → **occident, ouest. 2.** Le moment où le soleil se couche.

couche n. f. (de *coucher*) **I. 1.** vieux Lit. **2.** Linge ou garniture jetable dont on enveloppe les bébés au-dessous de la ceinture. → **lange.** *Changer la couche, les couches d'un bébé.* – *Des couches-culottes.* → **change** (III). **II.** au plur. État de la femme qui accouche ; enfantement. *Être en couches.* → **accoucher.** – au sing. *Fausse couche.* → **fausse couche. III. 1.** Substance étalée sur une surface. → **enduit, pellicule.** *Couche de peinture. Étaler une couche de beurre sur une tartine.* – loc. fam. *En tenir une couche* (de bêtise), être stupide. *En remettre une couche* : surenchérir, insister (→ **en remettre une louche**). **2.** *Champignons de couche,* cultivés sur une couche d'engrais. **3.** Disposition d'éléments en zones superposées. *Couches géologiques.* → **strate.** – *Les couches de l'atmosphère.* **4.** phys. Chacun des niveaux caractérisant l'énergie des divers électrons gravitant autour du noyau d'un atome. **5.** Catégorie, classe. *Les couches sociales.*

couché, ée adj. **1.** Étendu, allongé. *Rester couché.* **2.** Penché ou placé à l'horizontale. *Écriture couchée.* **3.** *Papier couché* : papier enduit d'une fine couche de plâtre, de kaolin. → **glacé.**

couche-culotte voir **couche** (I, 2)

¹coucher v. < 1 > (vient du latin *collocare,* de *cum* et *locare* « placer » → **²louer**) **I.** v. tr. **1.** Mettre (qqn) au lit. *Coucher un enfant.* – *Je ne pourrai pas vous coucher,* vous offrir un lit. – *Coucher un blessé sur un brancard,* l'étendre. **2.** Rapprocher de l'horizontale (ce qui est naturellement vertical). → **courber, incliner, pencher.** *Coucher des bouteilles.* **3.** *Coucher un fusil* **en joue**, l'ajuster à l'épaule et contre la joue pour tirer. → **épauler.** – *Coucher qqn en joue,* le viser. **4.** Mettre par écrit. → **consigner, inscrire.** *Coucher qqn sur son testament.* **II.** v. intr. **1.** S'étendre pour prendre du repos. *Coucher tout habillé.* – loc. *Chambre* à coucher.* – *Allez, va coucher !* (à un chien). **2.** Loger, passer la nuit. → **dormir, gîter.** *Coucher sous les ponts.* – loc. *Un nom* **à coucher dehors**, difficile à prononcer et à retenir. **3.** *Coucher avec qqn,* partager son lit ; avoir des relations sexuelles avec lui, elle (→ **faire l'amour avec**). « *On ne sait jamais avec qui l'on couche* » (Valéry). ■ se **coucher** v. pron. **I. 1.** Se mettre au lit (pour se reposer, dormir). → **s'allonger, s'étendre ;** fam. aller au **dodo,** se **pieuter.** *C'est l'heure de se coucher.* – prov. *Comme on fait son lit on se couche,* il faut subir les conséquences de ses actes. **2.** S'étendre. *Se coucher dans l'herbe.* – *Le mât s'est couché sur le pont.* → **s'abattre, s'affaisser, s'affaler. 3.** Se courber (sur qqch.). *Les rameurs se couchent sur les avirons.* **II.** (Soleil, astre) Descendre vers l'horizon. « *Un vieux sphinx* [...] *dont l'humeur farouche / Ne chante qu'aux rayons du soleil qui se couche* » (Baudelaire).

²coucher n. m. (de *coucher* v.) **I.** Action de coucher (qqn), de se coucher. *L'heure du coucher des enfants.* **II.** Moment où un astre (spécialt le Soleil) descend et se cache sous l'horizon. → **crépuscule ; couchant.** *Un coucher de soleil.*

coucherie n. f. fam. et péj. Rapports sexuels. « *des liaisons sans amitié et des coucheries sans amour* » (Chamfort).

Couches Commune de la Saône-et-Loire. 1 285 habitants. Château de Marguerite de Bourgogne (XVᵉ s.). Vignobles.

couche-tard n. invar. et adj. invar. (Personne) qui se couche souvent tard (→ **noctambule**).

couche-tôt n. invar. et adj. invar. (Personne) qui se couche souvent tôt.

couchette n. f. (de *couche*) **1.** Petit lit. **2.** Lit sommaire (navire, train). *Compartiment à couchettes.*

coucheur, euse n. loc. *Mauvais coucheur, mauvaise coucheuse* : personne de caractère difficile. → **hargneux, querelleur.**

couchis n. m. (de *coucher* « étaler ») techn. Lit de sable et de terre sur lequel on dispose un pavage.

couchitique n. m. (de *Couch,* ancien n. de l'Éthiopie) Groupe de langues parlées en Éthiopie et Somalie. – adj. *Langue couchitique.*

couchoir n. m. techn. Palette du doreur pour coucher l'or.

couci-couça loc. adv. (de *couci-couci,* italien *così così* « ainsi ainsi ») fam. À peu près, ni bien ni mal. *Comment allez-vous ? Couci-couça.* - var. RO **coucicouça.**

coucou n. m. (vient du latin *cuculus,* onomatopée → cocu) **I. 1.** Oiseau grimpeur insectivore, de la taille d'un pigeon, au plumage gris cendré barré de noir, dont la femelle pond ses œufs dans le nid d'autres oiseaux. *Un nid de coucous.* **2.** (de *pendule à coucou*) Pendule qui imite le cri du coucou (en guise de sonnerie). **II.** (la plante fleurit quand le coucou commence à chanter) Primevère sauvage, à fleurs jaunes. **III.** (de la couleur de la fleur, ou du bruit) hist. Avion (guerre de 1914-1918). ■ fam. Vieil avion. **IV.** interj. (du cri de l'oiseau) Cri émis pour annoncer son arrivée.

coucoumelle n. f. (de l'occitan, latin *cucumella,* de *cucuma* « chaudron, marmite ») régional Oronge blanche, champignon comestible.

Coucy (Gui de) Trouvère français (fin XIIᵉ s.). Auteur de chansons, et héros d'une légende selon laquelle son cœur aurait été rapporté à la dame qu'il aimait, contrainte par son mari de le manger.

Coucy-le-Château-Auffrique Commune de l'Aisne. 992 habitants. Ruines d'un château féodal (IXᵉ-XIIIᵉ s.).

coude n. m. (vient du latin *cubitus* → cubitus) **I. 1.** Partie extérieure du bras, à l'endroit où il se plie. *Le coude et la saignée du bras. S'appuyer sur le coude.* → **s'accouder.** *Donner un coup de coude à qqn pour l'avertir.* ■ loc. *Lever le coude,* boire beaucoup. *L'huile de coude,* l'énergie physique (pour frotter, etc.). *Garder un dossier* **sous le coude**, en attente. *Travailler coude à coude,* côte à côte (→ **coudoyer**) ; de manière très proche, solidairement. *Jouer des coudes,* pour se frayer un passage à travers une foule ; fig. manœuvrer aux dépens des autres pour parvenir à ses fins. *Se tenir, se serrer les coudes,* s'entraider. **2.** Partie de la manche d'un vêtement qui recouvre le coude. *Veste trouée aux coudes.* **3.** zool. Articulation entre l'humérus et le radius du membre antérieur des onguligrades. **II.** Angle saillant. *Les coudes d'une rivière.* → **détour, méandre.** ■ Tuyauterie formant un angle.

coudé, ée adj. Qui présente un coude (II). *Tuyau coudé.*

coudée n. f. (de *coude*) Ancienne mesure de longueur (50 cm). – loc. *Dépasser qqn de cent coudées,* lui être bien supérieur. ■ *Avoir ses, les* ***coudées franches,*** la liberté d'agir.

Coudekerque-Branche Commune du Nord, dans la banlieue S. de Dunkerque. 20 708 habitants.

Coudenhove-Kalergi (Richard, comte de) Diplomate autrichien (1894-1972). Il fut l'un des promoteurs de l'unité européenne.

cou-de-pied n. m. Le dessus du pied. *Des cous-de-pied.*

couder v. tr. < 1 > Plier en forme de coude. *Couder une barre de fer.*

coudière n. f. (de *coude*) Dispositif protégeant le coude, dans certains sports. *Mettre des coudières et des genouillères pour faire du roller.*

coudou n. m. Grande antilope d'Afrique, aux longues cornes en spirale chez le mâle. - var. **koudou.**

coudoyer v. tr. < 8 > (de *coude*) **1.** Passer tout près de. *Coudoyer des gens dans la foule.* **2.** fig. Être en contact avec. → **côtoyer.** *« Il n'est idée ni phrase "reçue" où la bêtise ne coudoie la méchanceté »* (Paulhan). □ n. m. **coudoiement**

coudraie n. f. (de *coudre* « coudrier ») Terrain planté de coudriers. → **noiseraie.**

coudre v. tr. < 48 > (vient du latin *cosere,* de *consuere* [→ couture], de *cum* et *suere* « coudre » → suture) Assembler au moyen d'un fil passé dans une aiguille. *Coudre un bouton à un vêtement.* – *Coudre un vêtement,* assembler, coudre ses éléments. → **couture.** ■ absolt *Savoir coudre.* – *Machine à coudre. Dé à coudre.* ■ au p. p. → **cousu.**

coudrier n. m. (vient du latin des Gaules *colurus,* du latin class. *corylus,* d'après le gaulois *collo*) Noisetier. *Baguette de coudrier. Lieu planté de coudriers.* → **coudraie.**

Coué (Émile) Pharmacien et psychologue français (1857-1926). Il s'intéressa à l'hypnotisme et mit au point une méthode de thérapie par l'autosuggestion (la *méthode Coué*).

couenne [kwan ; kwɛn] n. f. (vient du latin *cutina,* de *cutis* « peau » → cutané) Peau de porc, flambée et raclée. □ adj. **couenneux, euse**

Couëron Commune de la Loire-Atlantique, sur l'estuaire de la Loire. 22 680 habitants.

Couesnon n. m. Fleuve côtier du N.-O. de la France, qui se jette dans la baie du Mont-Saint-Michel. 97 km.

[1]couette n. f. (vient du latin *culcita* « coussin ») **1.** anciennt Lit de plumes. **2.** mod. Édredon que l'on met dans une housse amovible.

[2]couette n. f. (diminutif de l'ancien français *coue* → queue) fam. Touffe de cheveux retenue par un lien de chaque côté de la tête.

couffin n. m. (de l'ancien provençal, venant du latin *cophinus* « corbeille », mot grec) **1.** régional Panier souple tressé. → **cabas.** **2.** Corbeille souple de paille, d'osier servant de berceau.

coufique adj. (de l'arabe *al-Kufah,* ville d'Irak) D'une écriture arabe ornementale (calligraphie et inscriptions coraniques). – n. m. *Le coufique.* - var. **kufique.**

cougar n. f. (mot anglais, métaphore de *l'animal* → couguar) anglic. Femme mûre qui recherche et séduit des hommes beaucoup plus jeunes.

couguar [kugaʀ ; kugwaʀ] ou **cougouar** [kugwaʀ] n. m. (du tupi) Puma.

cougnou n. m. (mot wallon) (Belgique) Brioche, traditionnellement consommée à Noël, dont la forme évoque l'enfant Jésus emmailloté. *Cougnou aux raisins secs.* - syn. **cougnole** n. f.

couic interj. Onomatopée imitant un petit cri, un cri étranglé.

Couillard (Philippe) Homme d'État canadien (québécois) [né en 1957]. Chef du Parti libéral du Québec depuis 2013, il a été Premier ministre du Québec de 2014 à 2018.

Philippe Couillard au Forum économique international des Amériques, en 2014.

couille n. f. (vient du latin *colea,* p.-ê. de *culleus* « sac de cuir ») vulg. **1.** Testicule. **2.** *Une couille :* une erreur, un ennui.

couillon, onne n. et adj. fig., très fam. Imbécile.

couillonnade n. f. fam. Bêtise. → **connerie.** *« La couillonnade transcendante qui règne sur les humains »* (Flaubert).

couillonner v. tr. < 1 > fam. Tromper. *On s'est fait couillonner.* → **[1]avoir, duper, gruger.**

couillu, ue adj. fam. Courageux, audacieux. *Une prise de position couillue.*

couiner v. intr. < 1 > (onomatopée → coincoin) fam. **1.** Pousser de petits cris ; pleurer. → **piailler.** **2.** (choses) Grincer. □ n. m. **couinement**

coulabilité n. f. Qualité d'un métal ou d'un alliage qui, à l'état liquide, se coule facilement.

coulage n. m. **1.** Action de couler (I). *Le coulage d'un métal en fusion dans un moule.* **2.** fam. Perte due au gaspillage ou au vol. *Il y a du coulage.*

Coulais (Bruno) Compositeur français (né en 1954). Il s'est consacré aux musiques de films documentaires (*Microcosmos, le peuple de l'herbe ; Le Peuple migrateur*) ou de fiction (*Les Choristes*).

coulant, ante (de *couler* « glisser » → coulisse) **I.** adj. **1.** vieux Qui glisse. – mod. *Nœud coulant,* formant une boucle qui se resserre quand on tire. **2.** Qui coule, est fluide. – *Un munster coulant.* **3.** Qui semble se faire aisément, sans effort. → **aisé, facile.** *Un style coulant.* **4.** fam. (personnes) Accommodant, facile. *Le patron est coulant.* → **indulgent.** **II.** n. m. Pièce qui coulisse le long de qqch. → **anneau.** *Le coulant d'une ceinture.* → **passant.**

[1]coule n. f. (vient du latin *cuculla* → cagoule) didact. Vêtement à capuchon porté par certains religieux.

[2]à la coule loc. adv. (de *couler*) fam. *Être à la coule,* au courant, averti. *« Une femme de chambre à la coule, et qui a de l'œil »* (O. Mirbeau).

coulé n. m. **1.** mus. Passage sans interruption d'une note à l'autre. → **liaison.** **2.** billard Coup par lequel une bille doit en toucher une autre de manière à la suivre sur la même ligne.

coulée n. f. **1.** Écoulement. *Une coulée de lave.* **2.** Masse de matière en fusion que l'on verse dans un moule. *Trou de coulée.* **3.** *Coulée verte :* promenade plantée d'arbres en espace urbain.

coulemelle n. f. (latin *columella* « petite colonne » → colonne) cour. Lépiote* élevée (champignon comestible).

couler v. < 1 > (vient du latin *colare* « filtrer », de *colum* « filtre ») **I.** v. tr. (d'abord « filtrer ») **1.** Faire passer (un liquide) d'un lieu à un autre. → **transvaser, verser.** **2.** Jeter (une matière en fusion) dans le moule. → **coulage.** *Couler du bronze. Couler une cloche.* – *Couler du béton.* ■ *Couler une bielle,* faire fondre l'alliage dont elle est revêtue. **3.** Faire passer, transmettre discrètement. → **glisser.** *Couler un mot à l'oreille de qqn.* **4.** *Couler une vie heureuse, des jours heureux.* → **passer.** – fam. *Se la couler douce.* **II.** v. intr. **1.** (liquides) Se déplacer, se mouvoir naturellement. → **s'écouler.** *Eau qui coule d'une source.* → **jaillir, sourdre.** *« Sous le pont Mirabeau coule la Seine »* (Apollinaire). – *Couler à flots.* → **ruisseler.** – *Laisser couler ses larmes. Le sang coulait de la blessure.* – loc. *Cette histoire a fait couler beaucoup d'encre,* on en a beaucoup parlé. **2.** S'en aller rapidement. → **s'écouler.** *L'argent lui coule des doigts. Le temps coule.* → **passer.** – loc. *Couler de source :* être évident, être une conséquence logique ou naturelle. → **découler.** **3.** Laisser échapper un liquide. → **fuir.** *Le robinet coule. Avoir le nez qui coule.* – Se liquéfier. *La bougie coule. Fromage qui coule.* **III.** **1.** v. intr. S'enfoncer dans l'eau (objet flottant, navire, être vivant). *Le bateau a coulé à pic.* → **sombrer.** – fig. *Son entreprise a coulé.* → **péricliter.** **2.** v. tr. Faire sombrer. ■ fig. Ruiner (qqn, une entreprise), discréditer (qqn). ■ **se couler** v. pron. (personne ; animal) Passer d'un lieu à un autre, sans faire de bruit. → **se glisser.** *Se couler dans son lit.*

couleur n. f. (vient du latin *color*) **I.** **1.** Qualité de la lumière renvoyée par la surface d'un objet (indépendamment de sa forme), selon l'impression visuelle qu'elle produit (*une couleur, des couleurs*) ; propriété que l'on attribue à la lumière, aux objets de produire une telle impression (*la couleur*). → **coloris, nuance, teinte, [2]ton ; chromo-.** *Couleur claire ; foncée. Les couleurs du spectre* (violet, indigo, bleu, vert, jaune, orangé, rouge). *Couleurs fondamentales, primaires* (jaune, rouge et bleu). – adj. *Des bas couleur chair.* – loc. *En voir, en faire voir à qqn* ***de toutes les couleurs,*** subir, faire subir des choses désagréables. **2.** au plur. Les zones colorées d'un drapeau. *Les couleurs nationales.* → **drapeau.** **3.** Chacune des quatre marques, aux cartes (carreau, cœur, pique, trèfle). – Atout. loc. *Annoncer la couleur* (celle qui servira d'atout). fig. Dire ce que l'on a à dire. **4.** Teinte naturelle (de la peau humaine). *La couleur de la peau.* – *Reprendre des couleurs.* – loc. ***Haut en couleur,*** qui a un teint très coloré ; fig. très pittoresque. – *Changer de couleur,* par émotion, colère. ■ *Homme, femme* ***de couleur :*** qui n'est pas blanc (se dit surtout des Noirs). **5.** Teintes, coloris (d'un tableau). *Le fondu des couleurs. « Les couleurs sont encore plus explicatives* [...] *que les lignes par suite de leur puissance sur l'œil »* (Gauguin). ■ en art Caractère, répartition des éléments colorés (par rapport au dessin, au modelé, etc.). *Les arts de la couleur* (peinture, émail, mosaïque, tapisserie...). ■ loc. ***Couleur locale :*** couleur propre à chaque objet, indépendamment des lumières et des ombres. – fig. Ensemble des traits extérieurs caractérisant les personnes et les choses dans un lieu, un temps donné. – adj. invar. *Des scènes de rue très couleur locale.* **6.** phys. Nom donné à une caractéristique des particules formant les baryons (trois quarks) et permettant de différencier les quarks de même type. **II.** Couleur du spectre (excluant le blanc, le noir, le gris) ; couleur vive. *Vêtements de couleur. Film, télévision* ***en couleur*** (opposé à *en noir et blanc*). *Des téléviseurs couleur.* ■ spécialt Tissu, linge de couleur. *Le blanc et la couleur.* **III.** Substance colorante. → **colorant, pigment ; peinture, teinture.** *Couleurs délavées, à l'huile.* – (à Paris) vieilli *Marchand de couleurs.* → **droguiste.** – *Tube, crayon de couleur.* **IV.** **1.** Apparence, aspect particulier que prennent les choses suivant la présentation, les circonstances. *« Voilà* [...] *de quelle couleur sont les pensées que l'on a ici ; j'espère qu'elles s'éclairciront »* (Mme de Sévigné). *La couleur politique d'un journal.* → **tendance.** **2.** ***Sous couleur de*** loc. prép. : avec l'apparence de, sous le prétexte de. *Attaquer sous couleur de se défendre.* **3.** fam. *Ne pas voir la couleur de qqch. :* être privé de quelque chose qui était attendu.

couleuvre n. f. (vient du latin *colobra,* de *colubra* cf. cobra) **1.** Serpent non venimeux commun en Europe. **2.** loc. *Avaler des couleuvres :* subir des affronts sans protester ; croire n'importe quoi.

couleuvreau n. m. Petit de la couleuvre.

couleuvrine n. f. (de *couleuvre*) anciennt Canon à tube long et fin.

coulis (de *couler*) **I.** adj. m. loc. *Vent coulis :* air qui se glisse par les ouvertures ; courant d'air. **II.** n. m. **1.** Sauce résultant de la cuisson concentrée de substances alimentaires passées au tamis. *Un coulis de tomates, de framboises. Coulis d'écrevisses.* → **bisque.** **2.** techn. Produit qu'on fait couler dans les joints pour les garnir.

coulissant, ante adj. Qui glisse sur des coulisses. *Porte coulissante.*

coulisse n. f. (de *couler* « glisser ») **I. 1.** Support ayant une rainure le long de laquelle une pièce mobile peut glisser ; cette pièce. → **glissière.** *Porte à coulisse.* → **coulissant.** *Trombone à coulisse.* **2.** Ourlet que l'on fait à un vêtement, une étoffe, pour y passer un cordon, un lacet de serrage. **3.** (regard) *En coulisse :* en coin, oblique. **II.** (surtout au plur.) **1.** Partie d'un théâtre située sur les côtés et en arrière de la scène, derrière les décors, et qui est cachée aux spectateurs. *Le machiniste, l'électricien sont dans les coulisses.* **2.** fig. Le côté caché, secret. *Les coulisses de la politique.* → **²dessous.**

coulisseau n. m. techn. Pièce mécanique de guidage, qui se déplace dans une coulisse. *Coulisseau d'ascenseur.*

coulisser v. < 1 > **1.** v. intr. Glisser sur des coulisses. *Porte qui coulisse.* **2.** v. tr. Garnir de coulisses (I, 2). *Coulisser des rideaux.* □ n. m. **coulissement**

couloir n. m. (de *se couler*) **1.** Passage étroit et long, pour circuler d'un lieu à l'autre, d'une pièce à l'autre. → **corridor, galerie.** *Le couloir d'un appartement. Les couloirs du métro.* – *Bruits de couloir :* rumeurs. **2.** Passage étroit. *Couloir d'autobus,* partie de la chaussée réservée aux autobus et aux taxis. *Couloir aérien,* itinéraire que doivent suivre les avions. ■ géogr. Passage étroit dans un relief. *Le couloir rhodanien.* – *Couloir d'avalanche :* ravin à flanc de montagne, lieu de passage d'avalanches. **3.** sport Bande matériellement délimitée dans un bassin de natation, sur une piste de course dans laquelle un concurrent doit rester ; une des deux bandes situées de part et d'autre du rectangle formant la partie médiane du court de tennis.

coulomb [kulɔ̃] n. m. (du n. du physicien) phys. Unité de mesure de quantité d'électricité ou de charge électrique égale à la quantité d'électricité transportée en une seconde par un courant de un ampère (symb. C).

Coulomb (Charles Augustin de) Physicien français (1736-1806). Il découvrit les lois de la torsion, et définit les bases du magnétisme et de l'électrostatique.

coulommiers n. m. (du n. de la commune) Fromage de lait de vache à pâte molle et à croûte fleurie.

Coulommiers Commune de la Seine-et-Marne, au S.-E. de Meaux. 14 953 habitants. Fromage (brie, coulommiers).

Coulounieix-Chamiers Commune de la Dordogne, au S. de Périgueux. 7 316 habitants.

coulpe n. f. (vient du latin *culpa* « faute » → **coupable, disculper, inculper**) loc. *Battre sa coulpe,* témoigner son repentir ; s'avouer coupable.

coulure n. f. **1.** Traînée d'une matière qui a coulé. *Coulure de bougie.* **2.** techn. Partie du métal en fusion qui coule à travers les joints du moule. **3.** agric. Accident qui empêche la fécondation de la fleur. *Coulure de la vigne.*

coumarine n. f. (de *coumarou,* n. d'arbre, mot de la Guyane) didact. Substance odorante extraite de la fève tonka*.

Counaxa ou **Cunaxa** Ville de Mésopotamie où se déroula la bataille entre l'armée d'Artaxerxès II et celle de son frère Cyrus le Jeune (–401). Après la défaite de ce dernier, qui y fut tué, ses mercenaires grecs entreprirent la retraite des Dix Mille.

country [kuntʀi] n. f. ou m. (anglais *country music* « musique de la campagne ») anglic. Musique américaine dérivée du folklore du sud des États-Unis. → **folk.** – adj. *Une chanteuse country. Des guitaristes countrys* ou *country* (invar.).

coup n. m. (vient du latin *colpus,* de *colaphus,* du grec *kolaphos* « gifle ») **I. 1.** Mouvement par lequel un corps matériel vient en heurter un autre ; impression produite par ce qui heurte. → **choc, heurt.** *Coup sec, violent. Donner un coup de poing sur la table. Se donner un coup contre un meuble.* → **se cogner.** ■ Choc brutal que l'on fait subir à qqn pour faire mal, blesser. *Donner un coup, des coups à qqn.* → **battre, frapper.** *Rendre coup pour coup. Rouer qqn de coups.* ***Coup de poing. Coup de pied*****.* *Coup bas,* donné plus bas que la ceinture ; fig. procédé déloyal. – (Coups donnés par les animaux) *Coup de bec, de corne, de sabot, de griffe.* – Choc donné à qqn avec un objet, une arme blanche. *Coup de bâton. Coup de couteau.* **2.** Décharge (d'une arme à feu) ; ses effets (action du projectile). *Coup de feu. Le coup est parti. « Le coup passa si près que le chapeau tomba / Et que le cheval fit un écart en arrière »* (Hugo). – ***Coup double :*** coup qui tue deux pièces de gibier. fig. Double résultat par un seul effort. **3.** fig. Acte, action qui attaque, frappe qqn. *Frapper, porter un grand coup.* fam. ***Tenir le coup :*** résister, supporter. *Prendre un coup de vieux*.* – fam. ***Coup dur :*** accident, ennui grave, pénible. ***En prendre un coup :*** subir un dommage. – ***Sous le coup de :*** sous la menace, l'action, l'effet de. *Être sous le coup d'une émotion.* **II.** (souvent *coup de...*) **1.** Mouvement (d'une partie du corps humain ou d'un animal). *Coup d'aile.* → **battement.** *Coup de reins.* – *Coup d'œil :* regard bref. ■ loc. fig. ***Coup de main.*** Aide, appui. *Donner un coup de main à qqn.* – Attaque exécutée à l'improviste, avec hardiesse et promptitude. **2.** Mouvement (d'un objet, d'un instrument). *Coup de balai, de brosse, de torchon,* nettoyage rapide. *Coup de peigne. Coup de marteau. Coup de chapeau* (salut). *Coup de fil, coup de téléphone.* – fam. *En mettre un coup,* travailler dur. – loc. ***À coups de :*** à l'aide de. *Traduire à coups de dictionnaire.* **3.** Fonctionnement, bruit (d'un appareil sonore). *Coup de sifflet. Les douze coups de midi.* – *Sur le coup de midi,* à midi. **4.** Action brusque, soudaine ou violente (d'un élément, du temps) ; impression qu'elle produit. *Coup de chaleur, de froid. Coup de soleil.* **5.** Action humaine subite, plus ou moins irraisonnée. *Un coup de colère, de folie. Un coup de cœur :* enthousiasme soudain. **6.** Acte effectué selon les règles d'un jeu ou d'un sport ; action d'un joueur. *Un coup bien joué. Avoir un coup d'avance* (sur son adversaire) ; fig. devancer un concurrent. loc. *Coup de dé*.* – ***Coup droit :*** fait de frapper la balle avec la face de la raquette, du côté de la main qui tient la raquette, au tennis (opposé à *revers*). – *Coup franc*. Coup d'envoi.* **7.** Façon de faire, d'agir (en général). *Coup d'essai. Coup de maître :* action remarquablement exécutée, réussie. **8.** Quantité absorbée en une fois. *Boire un coup de trop.* fam. *Je te paye un coup, le coup* (de vin). **III. 1.** Action subite et hasardeuse. *Coup de chance :* action réussie par hasard ; hasard heureux. *Mauvais coup. Manigancer, préparer son coup. Tenter le coup. Réussir, manquer son coup.* – loc. *Discuter* le coup.* – *Un coup monté,* préparé à l'avance. – spécialt *Coup de force,* manœuvre politique, intervention militaire soudaine. ***Coup d'État :*** conquête ou tentative de conquête du pouvoir par des moyens illégaux. *Coup d'État militaire* (→ **putsch**). **2.** loc. *Être* ***sous le coup*** *de,* sous l'effet, la menace de. – fam. *Être, mettre* ***dans le coup,*** participer, faire participer à une affaire. *Être hors du coup.* – *Être* ***aux cents coups,*** très inquiet. – *Faire les* ***quatre cents coups :*** commettre des actes dangereux, se livrer à des excès. **3.** (au sens de *fois*) dans des loc. *Du premier coup.* ***Du coup :*** de ce fait. *À tout coup, à tous les coups :* chaque fois. *Du même coup,* par la même action, occasion. *Ce coup-ci, c'est le bon.* **4.** loc. Action rapide, faite en une fois. *D'un seul coup. Coup sur coup,* sans interruption, l'un après l'autre. – *Sur le coup :* immédiatement. – *Après coup :* plus tard, après. – *À coup sûr :* sûrement, infailliblement. – *Tout d'un coup, tout à coup :* brusquement, soudain.

▶ Du XVIe au XVIIIe s., l'expression **coup d'État** (III, 1) désigne l'emploi de moyens extraordinaires par le pouvoir politique (essentiellement le souverain) pour rétablir ou conforter son pouvoir : par exemple, l'exécution de Concini sur l'ordre de Louis XIII en 1617 ou l'arrestation de Fouquet en 1661 à l'instigation de Louis XIV.
Elle prend son sens actuel vers la fin de la Révolution française (coup d'État du 18 Brumaire) : des membres du personnel dirigeant de l'État utilisent la force pour conserver ou s'emparer du pouvoir.
Le coup d'État est souvent le fait de l'armée. Il peut provenir d'une minorité agissante s'appuyant sur sa propre organisation (Lénine et les bolcheviks en Russie en octobre 1917). En Amérique latine, on parle de *pronunciamiento.* Le terme *putsch* est aussi employé (par exemple en France pour désigner la tentative de prise de pouvoir par des généraux en Algérie en avril 1961).
Certains coups d'État sont restés célèbres : celui de Louis Napoléon Bonaparte en France (2 décembre 1851) ou celui du général Pinochet au Chili (1973). Ce moyen de prise du pouvoir est fréquent dans les pays où l'État de droit et la démocratie sont mal assurés, à la suite d'une révolution (France du Directoire) ou d'un accès récent à l'indépendance (Amérique latine jusque dans les années 1980 ; Afrique depuis la décolonisation).
voir aussi **dictature**

coupable adj. (vient du latin, de *culpa* → **coulpe**) **1.** Qui a commis une faute. → **fautif ; culpabilité.** *Être coupable d'un délit* (→ **délinquant**), *d'un crime* (→ **criminel**). *Plaider coupable, non coupable.* – n. *« Il vaut mieux hasarder de sauver un coupable que de condamner un innocent »* (Voltaire). **2.** (choses) Blâmable, condamnable. *Commettre une action coupable. Un amour coupable.* → **illicite.**

coupage n. m. **1.** rare Action de couper. **2.** Action de couper, de mélanger des liquides différents. *Vins de coupage.*

coupailler v. tr. < 1 > Couper (qqch.) irrégulièrement, maladroitement.

coupant, ante adj. **1.** Qui coupe. → **aigu.** *Pince coupante.* **2.** Autoritaire. *Un ton coupant.* → **¹bref, tranchant.**

coup-de-poing [kud(ə)pwɛ̃] n. m. **1.** Arme de main, masse métallique percée pour le passage des doigts. *Des coups-de-poing américains.* ■ fig. en appos. *Opération coup-de-poing :* opération de police soudaine et inattendue. **2.** paléont. Silex taillé pour servir d'arme. → **biface.**

¹coupe n. f. (vient du latin *cuppa,* var. de *cupa* → **cuve** cf. **coupole**) **1.** Verre à pied, plus large que profond. *Coupe de cristal. Coupes et flûtes à champagne.* – prov. *Il y a loin de la coupe aux lèvres,* d'un plaisir projeté à sa réalisation. **2.** Récipient évasé monté sur pied ; son contenu. *Coupe à glace.* ■ *Coupe menstruelle :* protection féminine en forme de coupe destinée à recueillir le flux menstruel. **3.** Prix qui récompense le vainqueur d'une compétition sportive. *Gagner la coupe.* – La compétition. *La Coupe du monde de football.*

²coupe n. f. (de *couper*) **I. 1.** Action de couper, de tailler. *Fromage, beurre vendu* ***à la coupe,*** coupé au moment de l'achat. **2.** Abattage des arbres en forêt ; étendue de forêt à abattre. *Coupe sombre* (où on laisse une partie des arbres), *coupe claire* (où on ne laisse que des arbres clairsemés). ■ loc. fig. ***Coupe sombre,*** suppression importante (mais moins que la *coupe claire*). *On a fait une coupe sombre dans le personnel.* – *Mettre en* ***coupe réglée,*** exploiter systématiquement (une personne, une population). **3.** Manière dont on taille l'étoffe, le cuir, pour en assembler les pièces. **4.** *Coupe de cheveux.* → **¹taille.** *Une coupe au carré.* **II. 1.** Contour, forme de ce qui est coupé ; endroit où une chose a été coupée. **2.** Dessin d'un objet que l'on suppose coupé par un plan. *Coupe d'une fleur. Plan en coupe.* **3.** Légère pause dans une phrase (en poésie). *Coupe d'un vers.* → **césure.** – *Coupe d'un mot en fin de ligne.* **III. 1.** Division d'un jeu de cartes en deux paquets. **2.** loc. *Être sous la coupe de qqn :* être dans la dépendance de qqn.

coupé **n. m.** Voiture à deux portes.

coupe-chou **n. m.** fam. Sabre court. *Des coupe-choux.*

coupe-cigare **n. m.** Instrument pour couper les bouts des cigares. *Des coupe-cigares.*

coupe-circuit **n. m.** Appareil qui interrompt un circuit électrique (→ **fusible**), lorsque le courant est trop important, en cas de court-circuit. → **disjoncteur, plomb.** *Des coupe-circuits.*

coupé-collé voir **couper-coller**

coupe-coupe **n. m. invar.** Sabre pour couper les branches, ouvrir une voie dans la forêt vierge. → **machette.** *Des coupe-coupe.* - var. RO **coupecoupe n. m.**

coupée **n. f.** (de *couper*, fig.) Ouverture dans la muraille d'un navire, qui permet l'entrée ou la sortie du bord. *Échelle de coupée.*

coupe-faim **n. m.** Substance médicamenteuse qui provoque une diminution de l'appétit. *Des coupe-faim* (invar.) ou *des coupe-faims.*

coupe-feu **n. m.** Espace libre ou obstacle artificiel destiné à interrompre la propagation d'un incendie. *Des coupe-feux.* – appos. *Des portes coupe-feux* ou *coupe-feu* (invar.).

coupe-file **n. m.** Carte officielle de passage, de priorité. *Les coupe-files d'un journaliste.*

coupe-gorge **n. m.** Lieu, passage dangereux, fréquenté par des malfaiteurs. *Des coupe-gorges.*

coupe-jarret **n. m.** vieux ou plais. Bandit, assassin. *Une bande de coupe-jarrets.*

coupe-légume **n. m.** Instrument pour couper les légumes en menus morceaux. *Des coupe-légumes.* - var. **coupe-légumes** (invar.).

coupellation **n. f.** techn. Opération par laquelle on isole l'or ou l'argent contenu dans un alliage au moyen de la coupelle.

coupelle **n. f.** (de [1]*coupe*) **1.** Petite coupe. **2.** techn. Creuset fait avec des os calcinés utilisé pour la coupellation.

coupe-ongle **n. m.** Pince spéciale pour couper les ongles. *Des coupe-ongles.*

coupe-papier **n. m.** Instrument (lame de bois, d'os, de corne) pour couper le papier. *Des coupe-papiers.*

couper **v. tr.** < 1 > (de *coup*) **I.** concret **1.** Diviser (un corps solide) avec un instrument tranchant ; séparer en tranchant. *Couper du pain avec un couteau. Couper du bois. Couper qqch. en tranches. Couper en deux, en quatre morceaux.* → **partager.** ■ Préparer des morceaux de tissu à assembler pour en faire un vêtement. *Couper une jupe.* → **tailler.** ■ au p. p. *Veste bien coupée.* → [2]**coupe.** **2.** Enlever une partie de (qqch.) avec un instrument tranchant. *Couper les branches mortes d'un arbre. Couper de l'herbe. Couper les cheveux, les ongles (de, à qqn).* → **tailler.** *Couper la tête, le cou à qqn.* → **décapiter.** – loc. *Un brouillard à couper au couteau,* très épais. **3.** intrans. Être tranchant. *Les éclats de verre coupent. Ce couteau ne coupe plus, il faut l'aiguiser.* **4.** Faire une entaille à la peau. pronom. *Il s'est coupé en se rasant.* **II. 1.** Diviser en plusieurs parties. → **fractionner, partager, scinder.** – (sujet chose) *Cette haie coupe le champ en deux.* → **morceler.** **2.** Passer au milieu, au travers de (qqch.). → **traverser.** *Ce chemin en coupe un autre.* → **croiser.** – pronom. *Les deux routes se coupent à angle droit.* – absolt (sujet personne) *Couper à travers champs.* **3.** Enlever (une partie d'un texte, d'un récit, d'un film, d'une émission...). *Couper qqch. dans un discours.* → **retrancher.** ■ au p. p. *Scènes d'un film coupées au montage.* **4.** Interrompre. *Couper sa journée par une sieste.* → **entrecouper.** *Couper l'appétit à qqn.* ■ Interrompre (un discours). *Couper la parole à qqn.* – fam. *Couper le sifflet*. La couper* (à qqn), l'interloquer. *Ça te la coupe, hein !* **5.** Arrêter, barrer. *Couper les voies ferrées,* les rendre impraticables. fig. *Couper les ponts*.* – *Couper les vivres à qqn,* lui refuser de l'argent. **6.** Interrompre le passage de. *Couper le contact. Couper l'eau, le courant.* absolt *Coupez !,* arrêtez la prise de vues, la prise de son. **III. 1.** Mélanger à un autre liquide. → **coupage.** *Couper son vin,* l'additionner d'eau. **2.** *Couper un jeu de cartes,* le diviser en deux. absolt *Battre et couper.* – Jouer avec l'atout. *Couper le carreau ;* absolt *couper à carreau.* **IV. v. tr. ind. 1.** fam. ***Couper à.*** → **éviter.** *Couper à une corvée,* y échapper. *Il n'y coupera pas.* **2.** loc. fig. *Couper court** (II, 2) *à qqch.* ■ **se couper v. pron.** Se contredire par inadvertance, laisser échapper la vérité. → se **trahir.**

Couper (Archibald Scott) Chimiste britannique (1831-1892). Il fut l'un des fondateurs de la chimie organique moderne.

coupe-racine **n. m.** Instrument servant à trancher les racines. *Des coupe-racines.*

couper-coller **n. m. invar.** inform. Opération consistant à sélectionner un élément d'un document, le déplacer et l'insérer à un autre endroit du document ou dans un autre. → aussi **copier-coller.** - var. **coupé-collé n. m.** *Des coupés-collés.*

couperet **n. m.** (de *couper*) **1.** Couteau à large lame pour trancher ou hacher la viande. → **hachoir.** **2.** *Le couperet de la guillotine,* sa lame tranchante.

Couperin (François) dit **Couperin le Grand** Compositeur français (1668-1733). Neveu de Louis (1626-1661), de François (1630-1701) et fils de Charles Couperin (1638-1679), qui furent tous trois compositeurs, clavecinistes et organistes de Saint-Gervais à Paris. François Couperin succéda à son père à la tribune de cette église, devint organiste de la Chapelle royale, puis obtint en 1717 la charge de claveciniste du roi. Il fut célèbre alors dans toute l'Europe. Il s'affirma d'abord dans le style français (après Lully), puis fut influencé par le goût italien (en particulier Corelli). Ses œuvres de maturité *(Les Goûts réunis ; L'Apothéose de Corelli ; De Lully)* conjuguent ces deux influences. Il composa surtout de la musique de chambre, de la musique religieuse et de la musique pour clavecin. Son œuvre majeure est un ensemble de 240 pièces pour clavecin.

coupole

La coupole centrale, soutenue par quatre demi-coupoles, de la mosquée Chehezade à Istanbul.

C

couperose **n. f.** (latin médiéval, p.-ê. de *cuprum* → **cuivre** et *rosa* → [1]**rose**) Inflammation chronique de la peau du visage, caractérisée par des rougeurs diffuses.

couperosé, ée **adj.** Atteint de couperose. *Teint couperosé.*

Couperus (Louis) Écrivain néerlandais (1863-1923). Il est l'auteur de romans historiques, de récits de voyages, de romans d'inspiration naturaliste peignant la haute bourgeoisie de La Haye et de l'Indonésie, où il vécut une partie de sa jeunesse. *Iskander ; Les Livres des petites âmes.*

coupeur, euse **n. 1.** Personne dont la profession est de couper les vêtements. → **tailleur.** **2.** Personne qui coupe (qqch.). *Les coupeurs de têtes d'Amazonie.* – *Un coupeur de cheveux en quatre.* → **chicanier.**

coupe-vent **n. m. 1.** Dispositif à angle aigu, pour réduire la résistance de l'air. **2.** Blouson qui protège contre le vent. *Des coupe-vents* ou *des coupe-vent* (invar.).

couplage **n. m.** Fait de coupler ; assemblage (de pièces mécaniques, d'éléments électriques). *Couplage d'alternateurs.*

couple **n. m.** (vient du latin *copula* → **copule** ; **accoupler**) **I.** Deux personnes réunies dans une activité. *Un couple de patineurs.* ■ Deux personnes unies par des relations sentimentales, physiques. *Vivre en couple. Ils sont en couple.* ■ (animaux) *Un couple de pigeons,* le mâle et la femelle. **II.** (Ensemble de deux choses) **1.** régional *Un couple d'heures,* deux heures. – vieux ou régional au fém. *Une couple d'heures.* **2.** Élément de la charpente d'un navire, membrure. loc. *S'amarrer à couple,* bord à bord. **3.** sc. Système de deux forces parallèles égales entre elles, de sens contraire. *Moment d'un couple.* → [2]**moment.**

couplé **n. m.** (n. déposé) Mode de pari où l'on parie sur deux chevaux.

coupler **v. tr.** < 1 > (vient du latin *copulare,* de *copula* → **couple**) **1.** Assembler deux à deux. *Coupler des roues de wagon.* – au p. p. *Bielles couplées.* **2.** Relier entre eux (des circuits électriques) → **connecter.** *Coupler deux ordinateurs.*

couplet **n. m.** (de *couple* « groupe de deux vers », par l'espagnol ou le provençal) **1.** Chacune des parties d'une chanson séparées par le refrain. → **stance, strophe.** **2.** fam. Propos répété, ressassé. → **refrain.** *Il nous ressort toujours le même couplet.*

coupleur **n. m.** techn. Dispositif de couplage. *Coupleur magnétique.* ■ inform. Système permettant de transformer un code en un autre.

coupoir **n. m.** techn. Outil servant à couper des corps durs.

coupole **n. f.** (italien, du latin *cupula,* de *cupa* → [1]**coupe, cuve**) Voûte hémisphérique d'un dôme. *La coupole de Saint-Pierre de Rome. Être reçu sous la Coupole,* à l'Académie française. ■ *Coupole d'un observatoire.*

coupon **n. m.** (de *couper*) **1.** Fin d'une pièce d'étoffe. **2.** Feuillet que l'on détache d'un titre financier. *Coupon d'action.* **3.** Élément détachable correspondant à l'acquittement d'un droit. *Coupon d'une carte de transport.* → **ticket.** **4.** ***Coupon-réponse :*** partie détachable d'une annonce publicitaire qu'on renvoie à l'annonceur. *Des coupons-réponses.*

couponnage **n. m.** comm. Technique de vente par correspondance, par coupons-réponses.

coupure n. f. **I.** (Action de couper) **1.** Blessure faite par un instrument tranchant. → **entaille.** *Coupure au visage.* → **balafre, estafilade. 2.** Séparation nette, brutale. → **cassure, fossé.** *Il y a une coupure entre ces deux périodes de sa vie.* **3.** Suppression d'une partie (d'un ouvrage, d'une pièce de théâtre, d'un film). **4.** Interruption (du courant électrique, du gaz, de l'eau). *Coupure d'eau.* **II.** (Chose coupée) **1.** *Coupures de journaux,* articles découpés. **2.** Billet de banque. *Payer en petites coupures.*

couque n. f. (du néerlandais *koek cf.* anglais *cake*) régional (Nord, Belgique) **1.** Pain d'épice. **2.** Pâtisserie briochée ou feuilletée.

cour n. f. (vient du bas latin *curtis,* de *cohors, cohortis* → cohorte) **I.** Espace découvert, clos de murs ou de bâtiments et dépendant d'une habitation. *La cour d'honneur d'un château. La cour intérieure d'une maison.* → **patio ;** Antiq. **atrium.** *Au fond de la cour. Chambre, fenêtre sur cour. Côté cour* (au théâtre) : côté droit de la scène vue de la salle (opposé à *côté jardin*). *Cour d'école, cour de récréation.* loc. *Jouer, passer dans la cour des grands :* accéder à un niveau supérieur, parmi les gens qui comptent. – *Cour de ferme.* **II.** (d'abord *court* « territoire d'un seigneur » → courtisan) **1.** Résidence du souverain et de son entourage. *La noblesse de cour.* **2.** L'entourage du souverain. → **courtisan.** *La cour de Louis XIV.* – loc. fig. *Être bien en cour* (auprès de qqn d'important). **3.** Cercle de personnes empressées autour d'une autre. *Une cour d'admirateurs.* loc. ***Faire la cour à une femme,*** chercher à lui plaire, à obtenir ses faveurs. → **courtiser. III.** Tribunal. – ***Cour d'appel :*** juridiction permanente du second degré, chargée de juger les appels. *Une cour d'assises. La Cour de cassation.* – ***La Cour des comptes.*** *La Haute Cour de justice* ou ***Haute Cour :*** tribunal chargé de juger le président de la République et les ministres en cas de faute très grave. – ***La Cour pénale internationale.***

Cour de cassation Juridiction suprême française. Elle statue sur les pourvois formés par des parties contre les décisions en dernier ressort émanant des juridictions de l'ordre judiciaire.

Cour de justice de la République Organe de justice politique institué en 1993 et chargé de juger les crimes, les délits et les cas de haute trahison des hauts dignitaires de l'État. Elle peut être saisie par tout citoyen.

Cour de justice de l'Union européenne Juridiction européenne communautaire, contrôlant la légalité des actes pris par les institutions européennes, et le respect du droit communautaire de la part des États membres. Elle a été créée en 1952 et siège à Luxembourg.

Cour des comptes Juridiction financière française créée en 1807, qui contrôle les comptes publics, l'observation des règles de la comptabilité publique dans l'exécution des budgets.

Cour internationale de justice Tribunal créé en 1945, jugeant des différends entre États. Elle est composée de 15 juges élus pour 9 ans, et siège à La Haye.

Cour pénale internationale (CPI) Organisation internationale indépendante, installée à La Haye aux Pays-Bas. Elle fut créée en 1998 à l'ONU pour juger les personnes accusées de crimes de génocide, de crimes de guerre ou de crimes contre l'humanité et est entrée en fonction en 2002.

▶ C'est le 17 juillet 1998, à Rome, que la Conférence diplomatique de plénipotentiaires des Nations unies a institué la **Cour pénale internationale**, cette cour de justice indépendante, entrée en vigueur le 1er juillet 2002. La création de la CPI peut être mise en parallèle avec l'émergence dans les années 1990 du droit d'ingérence. Elle prend la suite, sans s'y substituer, du Tribunal pénal international pour l'ex-Yougoslavie, créé en 1992 sous la pression de l'opinion publique mondiale. Le tribunal de Nuremberg (1945) et celui de Tōkyō (1946) avaient constitué les premiers exemples d'une justice internationale appelée à juger les responsables politiques ou militaires accusés de génocide, de crimes contre l'humanité et de crimes de guerre. À cette justice, la CPI donne désormais une forme permanente.
C'est à la requête des gouvernements locaux que trois enquêtes ont déjà été ouvertes à propos de crimes commis en République démocratique du Congo, en Ouganda et en République centrafricaine. En 2007, le Conseil de sécurité des Nations unies a demandé une enquête sur les crimes commis au Darfour (Soudan). Les poursuites peuvent être lancées à la demande d'un État partie, du procureur de la CPI ou du Conseil de sécurité des Nations unies. La compétence de la Cour se limite aux faits survenus depuis le 1er juillet 2002 sur le territoire des États qui l'acceptent. En 2015, 123 d'entre eux avaient ratifié son statut, mais certains grands pays, comme les États-Unis, la Chine, la Russie ou l'Inde refusent encore toute ingérence dans leurs affaires internes. C'est en effet la souveraineté des États, principe très ancien des relations internationales, qui est mise en question avec l'émergence d'une juridiction internationale.
voir aussi **ONU, ingérence, génocide**

Cour suprême des États-Unis Juridiction suprême des États-Unis, créée par la Constitution de 1787. Elle contrôle la constitutionnalité des lois des États et des lois fédérales. Elle se compose de 9 membres nommés à vie par le président des États-Unis, avec l'accord du Sénat.

courage n. m. (ancien français *curage,* de *cuer* → cœur) **1.** Force morale ; fait d'agir malgré les difficultés, énergie dans l'action, dans une entreprise (s'oppose à *paresse, laisser-aller*). *Je n'ai pas le courage de continuer. Entreprendre qqch. avec courage.* – loc. *S'armer de courage. Perdre courage.* → se **décourager.** – *Bon courage !,* formule d'encouragement. **2.** Fait de ne pas avoir peur ; force devant le danger ou la souffrance (s'oppose à *lâcheté, peur*) → **bravoure.** *« Le courage nourrit les guerres, mais c'est la peur qui les fait naître »* (Alain). *Combattre avec courage.* → **héroïsme, vaillance.** *Un courage téméraire.* → **audace, témérité.** – loc. *Prendre son courage à deux mains,* se décider malgré la difficulté, la peur, la timidité. – *Avoir le courage de ses opinions,* les affirmer. **3.** *Le courage de faire qqch.,* la volonté plus ou moins cruelle. *Je n'ai pas le courage de lui refuser cette aide.*

courageusement adv. Avec courage.

courageux, euse adj. **1.** vieilli ou régional Énergique ; travailleur. → **courage** (1). **2.** Qui a du courage (2) ; agit malgré le danger ou la peur. → **brave, vaillant ; héroïque, intrépide, téméraire. 3.** Qui manifeste du courage. *Attitude, réponse courageuse. C'est courageux de sa part.*

courailler v. intr. < 1 > (Canada) fam. **1.** Courir en tous sens. **2.** Courir les femmes. → **cavaler.**

couramment adv. **1.** Sans difficulté, avec aisance. *Parler couramment une langue étrangère.* **2.** D'une façon habituelle, ordinaire. → **communément, habituellement.** *Cela se fait couramment.*

1courant, ante adj. (de *courir*) **I. 1.** *Chien courant.* → **chien. 2.** *Eau courante,* distribuée par tuyaux. **3.** loc. ***Main courante :*** rampe parallèle à celle de l'escalier et fixée au mur. ■ Registre sur lequel on inscrit, au fur et à mesure qu'ils se présentent, des faits, des évènements. ■ *Titre* courant.* **4.** (temps, action) Qui est présent, s'écoule, se fait au moment où l'on parle. → en **cours ; actuel.** *L'année courante. Le dix courant :* le dix de ce mois. *Les affaires courantes* (s'oppose à *affaires extraordinaires*). **II. 1.** Qui a cours d'une manière habituelle. → **commun, habituel, normal, ordinaire.** *Le langage courant. C'est une réaction courante chez les timides. Mot courant,* fréquent, usuel. ■ *C'est monnaie* courante.* **2.** *Compte* courant.*

2courant n. m. (de *courir* [I, 3] « couler ») **1.** Mouvement de l'eau, d'un liquide. → **cours.** *« Un agneau se désaltérait / Dans le courant d'une onde pure »* (La Fontaine). *Un courant rapide. Nager contre le courant,* à contre-courant. – *Les courants marins,* les déplacements de masses d'eau. **2.** Déplacement de masses d'air. *Courant atmosphérique.* ■ ***Courant d'air :*** passage d'air froid. **3.** *Courant (électrique) :* déplacement d'électricité dans un conducteur. *Courant continu ; alternatif. Fréquence, intensité d'un courant. Couper le courant.* → **électricité ;** fam. **jus. 4.** Déplacement orienté. *Les courants de populations* (émigration, immigration). – fig. *Un courant de pensée, d'idées. Les courants de l'opinion.* → **mouvement. 5.** Cours d'une durée. *Dans le courant de la semaine,* pendant. **6.** ***(Être) au courant,*** informé. *Mettre, tenir qqn au courant de qqch.,* avertir. *Se mettre au courant.*

courante n. f. **I.** Ancienne danse à trois temps ; sa musique. **II.** fam. Diarrhée.

courbaril n. m. (mot des Caraïbes, d'origine inconnue) Arbre des régions tropicales, dont le bois est utilisé en ébénisterie et la résine (*courbarine,* n. f.) pour la fabrication des vernis.

courbatu, ue ou **courbattu, ue** adj. (de *court* et *battu*) Qui ressent une lassitude extrême dans tout le corps. → **moulu.**

courbature ou **courbatture** n. f. Sensation de fatigue douloureuse due à un effort prolongé ou à un état fébrile. → **lassitude.**

courbaturer ou **courbatturer** v. tr. < 1 > Donner une courbature à (qqn). *La gymnastique l'a courbaturé.* – au p. p. Qui souffre de courbature. → **courbatu.** *« Il était courbaturé*

courant

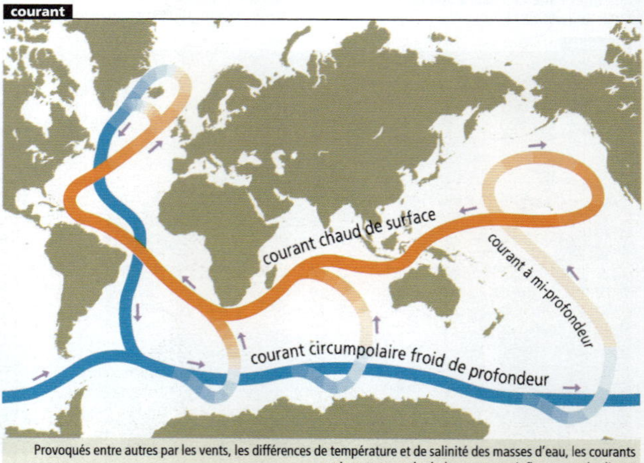

Provoqués entre autres par les vents, les différences de température et de salinité des masses d'eau, les courants marins, vecteurs de chaleur, ont une influence sur le climat.

après ces quelques heures d'insomnie » (Maupassant).

courbe adj. (vient du latin pop., de *curvus* → courber, incurver) **I.** Qui change de direction sans former d'angles ; qui n'est pas droit (surtout des figures géom.). → **arrondi, incurvé, recourbé ; curv(i)-.** *Surface courbe.* → **bombé. II.** n. f. **1.** Ligne courbe. *La route fait une courbe.* → **coude, ²tournant, virage.** – géom. Lieu des positions successives d'un point qui se meut d'après une loi. *Courbes fermées* (cercle, ellipse), *ouvertes.* **2.** Ligne représentant la loi, l'évolution d'un phénomène (→ **graphique**). *Courbe de température. Les courbes des prix.*

courbé, ée adj. Rendu ou devenu courbe. *Un vieillard tout courbé.*

courbement n. m. rare Action de courber, fait de se courber.

courber v. tr. < 1 > (vient du latin pop. *curbare*, de *curvare*, de *curvus* → courbe) **1.** Rendre courbe (ce qui est droit). → **arrondir, incurver.** *Courber une branche.* **2.** Pencher en abaissant. *Courber le front, la tête.* → **incliner.** – loc. fig. *Courber la tête, le front* : obéir. *Courber l'échine*.* **3.** intrans. Devenir courbe. → **ployer.** *Courber sous le poids.* ■ **se courber** v. pron. *La branche se courbe sous le poids des fruits.* – (personnes) Se baisser. *On devait se courber pour entrer.* – fig. « *Ne te courbe que pour aimer* » (René Char).

Courbet (Gustave) Peintre français (1819-1877). D'abord influencé par Delacroix et le romantisme, son style évolua vers le réalisme social. Ses qualités de coloriste, la puissance et l'originalité de ses compositions font de lui l'un des plus grands peintres du XIXᵉ s. *Un enterrement à Ornans ; L'Atelier du peintre ; L'Origine du monde.*

Courbet (Amédée Anatole) Amiral français (1827-1885). Il fut gouverneur de la Nouvelle-Calédonie (1880-1882), puis commandant de la division navale au Tonkin (1883). Il contribua à l'établissement du protectorat français sur l'Annam (1883) et à la conquête du Tonkin.

courbette n. f. surtout au plur. Action de s'incliner exagérément, avec une politesse obséquieuse. → **révérence.** – loc. *Faire des courbettes à, devant qqn,* être servile avec lui.

Courbevoie Commune des Hauts-de-Seine, au N.-O. de Paris, sur la Seine. 82 074 habitants. Elle abrite une partie du quartier de la Défense.

Courbet (Gustave)

Gustave Courbet, *La Rencontre ou Bonjour Monsieur Courbet* (1854), musée Fabre, Montpellier.

courbure n. f. Forme de ce qui est courbe. *Courbure rentrante* (→ **concavité**), *sortante* (→ **convexité**). *Courbure d'un cercle, d'un rayon lumineux.*

courcaillet n. m. (de *courcailler*, var. de *carcailler*) Cri de la caille. – Appeau imitant ce cri.

Courcelles Commune de Belgique (Hainaut), au N.-O. de Charleroi. 31 197 habitants.

Courchevel Commune de la Savoie. 2 358 habitants. Domaine skiable, entre 1 100 et 1 850 m d'altitude, composé de plusieurs stations.

courée n. f. régional (Nord, Flandre) Petite cour commune à plusieurs immeubles, dans les quartiers pauvres.

courette n. f. Petite cour.

coureur, euse n. **I. 1.** Personne qui court. *Un coureur rapide.* – adj. *Oiseaux coureurs* (autruche, casoar, émeu). **2.** Athlète qui participe à une course sportive. *Coureur à pied. Coureuse de 110 mètres haies.* – *Coureur cycliste sur route, sur piste* (routier, pistard). – *Coureur automobile.* → **pilote. II.** Homme, femme constamment à la recherche d'aventures amoureuses. *Un coureur de jupons.* – adj. *Il est très coureur.*

courge n. f. (mot de l'Ouest qui vient du latin, de *cucurbita* → cucurbitacée) **1.** Plante potagère, cultivée pour ses fruits appelés *courges, citrouilles, potirons.* **2.** Le fruit d'une variété de courge. **3.** fam. Imbécile. → fam. **gourde.**

courgette n. f. Fruit d'une variété de courge, vert et de forme oblongue, consommé comme légume.

Courier (Paul-Louis) Pamphlétaire et épistolier français (1772-1825). Il démissionna de sa charge d'officier et écrivit des pamphlets contre l'ordre politique et religieux de la Restauration, en défenseur d'une bourgeoisie libérale et anticléricale. Il traduisit des auteurs grecs (Hérodote, Longus, Xénophon). *Le Pamphlet des pamphlets.*

courir v. < 11 > (ancien français *curir*, de *courre**, vient du latin *currere*, famille de *carrus* → ¹char) **I.** v. intr. (êtres animés) **1.** Se déplacer par une suite d'élans, en reposant alternativement le corps sur l'une puis l'autre jambe, et à une allure, la course*, plus rapide que la marche. → **filer, trotter ;** fam. **se carapater, cavaler, foncer.** *Courir à toutes jambes* (→ **prendre ses jambes à son cou**), *à perdre haleine, à fond de train,* très vite. – prov. « *Rien ne sert de courir, il faut partir à point* » (La Fontaine, *Le Lièvre et la Tortue*). – *Courir après qqn,* pour le rattraper. – *Courir* (+ inf.) : aller en courant (faire qqch.). *Il a couru embrasser sa mère.* **2.** Disputer une épreuve de course. *Pilote qui court en Formule 1.* **3.** Aller vite. → **se dépêcher, se précipiter.** *Ce n'est pas la peine de courir, nous avons le temps. J'y cours. Les gens courent à ce spectacle,* ils y vont avec empressement. – fig. *Courir à sa perte, à sa ruine, à un échec.* – fam. *Courir après qqn,* le rechercher avec assiduité. *Courir après une femme.* → **coureur.** *Courir après le succès,* essayer de l'obtenir. – fam. *Tu peux toujours courir !,* attendre (tu n'auras rien). **4.** (choses) Se mouvoir avec rapidité. *L'eau qui court.* → **couler ; ¹courant, cours. 5.** Être répandu, passer de l'un à l'autre. → **circuler, se propager, se répandre.** *Le bruit court que...* **6.** (temps) Suivre son cours, passer. → **¹courant** (I, 4). – loc. *Par les temps qui courent* : actuellement. – *L'intérêt de cette rente court à partir de tel jour,* sera compté à partir de ce jour. – fam. *Laisser courir* : laisser faire, laisser aller (→ **laisser tomber,** fam. **pisser**). **II.** v. tr. **1.** vieux ou loc. Poursuivre à la course, chercher à attraper. *Courir deux lièvres* à la fois.* **2.** Participer à (une épreuve de course). *Courir le cent mètres.* **3.** Rechercher, aller au-devant de. *Courir les aventures.* – *Courir un danger,* y être exposé. *Courir un risque. Courir sa chance.* → **essayer, tenter. 4.** Parcourir. *Courir la campagne.* → **battre.** – loc. *Ça court les rues* : c'est banal, commun. **5.** (de *courir* « poursuivre » → **courre, courser**) Fréquenter assidûment. → **hanter.** *Courir les magasins.* → **¹faire.** *Courir les filles* (→ **coureur** (II)). ■ fam. *Courir qqn,* l'énerver. *Tu commences à nous courir avec tes histoires.*

Courlande n. f. Région de l'O. de la Lettonie, conquise par les Danois (1347), soumise à la Pologne (1562), annexée par la Russie (1795), puis par la Lettonie (1918).

courlis [kuʀli] n. m. (onomatopée, p.-ê. famille de *cornix* → corneille) Oiseau échassier migrateur, à long bec courbe, qui vit près de l'eau. → **œdicnème.**

Courmayeur Ville d'Italie (Vallée d'Aoste), entre 1 228 et 3 369 m. 2 790 habitants. Centre de tourisme sportif.

Cournand (André Frédéric) Médecin américain d'origine française (1895-1988). Il fit des découvertes en cardiologie et sur le système circulatoire. Prix Nobel 1956, avec W. T. Forssmann et D. W. Richards.

Courneuve (La) Commune de la Seine-Saint-Denis, dans la banlieue nord de Paris. 46 828 habitants. Industries diversifiées.

Cournon-d'Auvergne Commune du Puy-de-Dôme, au S. de Clermont-Ferrand. 20 356 habitants.

Cournot (Antoine-Augustin) Mathématicien, économiste et philosophe français (1801-1877). Il est l'un des précurseurs de l'économétrie moderne, avec l'introduction du calcul des probabilités dans les théories économiques. *Recherches sur les principes mathématiques de la théorie des richesses ; Essai sur les fondements de nos connaissances et sur les caractères de la critique philosophique.*

couronne n. f. (vient du latin *corona*, grec *korônê* « objet courbe ») **I. 1.** Cercle que l'on met autour de la tête comme parure ou marque d'honneur. *Une couronne de lauriers.* **2.** Cercle de métal posé sur la tête comme insigne d'autorité, de dignité. → **diadème.** *Couronne de prince, de roi.* – *La couronne d'épines* du Christ.* **3.** Royauté, souveraineté (→ **couronner**). *La couronne d'Angleterre. Héritier de la Couronne.* **II.** (Forme circulaire) **1.** *En couronne* : en cercle. *Taille en couronne.* **2.** Objet circulaire ; choses disposées en cercle. *Ni fleurs ni couronnes* (se dit d'un enterrement très simple). ■ Pain en forme d'anneau. ■ Partie visible de la dent (opposée à la *racine*). Capsule de métal, de porcelaine, dont on entoure une dent. ■ Cercle lumineux. → **auréole, halo.** *La couronne d'une aurore boréale.* – astron. Région très peu dense de l'atmosphère d'une étoile, qui forme un halo autour de celle-ci. *La cou-*

C

ronne solaire. ■ Ensemble des départements de l'Île-de-France, disposés en cercle autour de Paris. *Les villes de la petite, de la grande couronne.* **III.** Unité monétaire de la République tchèque, du Danemark, de l'Islande, de la Norvège, de la Suède et de la Slovaquie.

Couronne (La) Commune de la Charente, au S.-O. d'Angoulême. 7 742 habitants. Château de l'Oisellerie (XVIe s.).

couronné, ée adj. **1.** Qui porte une couronne. *Les têtes couronnées :* les souverains, les princes et les princesses. **2.** Qui a reçu un prix. *Roman couronné par l'Académie française.* **3.** Qui a une plaie circulaire au genou. *Cheval couronné.* – *Genou couronné,* qui porte les traces d'une chute.

couronnement n. m. **I.** Cérémonie au cours de laquelle on couronne un souverain. → ^{1}**sacre. II. 1.** Ce qui termine et orne le sommet (d'un édifice, d'un meuble). *Le couronnement d'un édifice, d'une colonne.* **2.** Ce qui achève, rend complet. *Le couronnement de sa carrière.*

Le couronnement d'Élisabeth II d'Angleterre, en 1953, fut le premier à être retransmis en direct à la télévision.

couronner v. tr. < 1 > **I. 1.** Coiffer (qqn) d'une couronne. – Décerner un prix, une récompense à (qqn, qqch.). *Couronner le lauréat. Couronner un livre.* **2.** Proclamer (qqn) souverain en ceignant d'une couronne. *Couronner un roi.* → ^{1}**sacrer. II. 1.** littér. Orner, entourer (la tête, le sommet) comme fait une couronne. *Un diadème couronnait son front.* → **ceindre. 2.** Blesser au genou. **III.** littér. Achever en complétant, en rendant parfait. → **accomplir.** – iron. *Et pour couronner le tout, il arrive en retard.*

courre v. tr. < seulement inf. > (ancienne forme de *courir*) vieux Poursuivre une bête. *Courre le chevreuil.* ■ loc. mod. ***Chasse à courre,*** à cheval et avec des chiens courants. → **vènerie.**

Courrèges (André) Couturier français (1923-2016). Il utilisa des matériaux modernes, comme le plastique, dans des tenues colorées aux formes géométriques et lança la minijupe dans les années 1960.

courriel n. m. (mot-valise, de *courrier électronique*) Courrier électronique. → **e-mail,** ^{2}**mail.** *Envoyer un courriel.*

courrier n. m. (italien *corriere,* de *correre* → **courir**) **I.** anciennt Homme qui précédait les voitures de poste (→ **postillon**) ou portait les lettres à cheval. *L'affaire du courrier de Lyon.* **II. 1.** Transport des dépêches, des lettres, des journaux. → ^{1}**poste.** *Courrier maritime, aérien. Je vous réponds par retour du courrier.* – *Courrier électronique,* permettant l'échange d'informations à l'intérieur d'un réseau informatique, télématique ; ce type de message. → **messagerie ; courriel, e-mail. 2.** Ensemble des lettres, dépêches, journaux envoyés ou à envoyer. *Le courrier est arrivé. Lire son courrier. Envoyer, poster le courrier.* **3.** Article, chronique d'un journal. *Courrier des lecteurs.*

Courrier international Hebdomadaire français d'information, créé en 1990. Il présente une sélection d'articles, traduits en français, de la presse étrangère.

Courrières Commune du Pas-de-Calais, sur la Deûle. 10 360 habitants. Ancienne houillère. En 1906, une explosion de grisou provoqua la mort de 1 200 mineurs.

courriériste n. (de *courrier* [II, 3]) Journaliste qui fait une chronique. → **chroniqueur.**

courroie n. f. (vient du latin *corrigia,* p.-ê. gaulois) Bande étroite d'une matière souple et résistante servant à lier, à attacher. *Les courroies d'un harnais.* – *Courroie de transmission ;* fig. moyen ou personne servant d'intermédiaire.

courroucer v. tr. < 3 > (bas latin *corruptiare,* de *corrumpere* → **corrompre**) littér. Mettre en colère, irriter. – au p. p. *Un air courroucé.*

courroux [kuʀu] n. m. littér. Irritation véhémente contre un offenseur. → **colère.**

cours n. m. (vient du latin *cursus,* de *currere* → **courir**) **I.** Écoulement continu (de l'eau des fleuves, rivières, ruisseaux). → ^{2}**courant.** *Descendre le cours d'une rivière. Cours supérieur, inférieur d'un fleuve.* – loc. ***Donner libre cours à sa douleur, sa joie,*** ne plus la contenir. → **manifester.** ■ ***Cours d'eau :*** eau courante s'écoulant dans un chenal. → **fleuve, rivière, ruisseau, torrent.** *Des cours d'eau navigables.* **II. 1.** Suite continue dans le temps. → **déroulement, succession.** *Le cours des saisons. Le cours de la vie.* → **durée.** *Le cours des évènements. Suivre son cours :* évoluer normalement. *Les choses suivent leur cours.* ■ loc. ***Au, en cours (de).*** → **durant,** ^{3}**pendant.** *Au cours de sa carrière. L'année en cours. Les travaux sont en cours. Affaires en cours.* – ***En cours de route :*** pendant. **2.** (« enseignement d'une certaine durée ») Enseignement suivi sur une matière déterminée. → **conférence, leçon.** *Faire un cours. Suivre un cours. Prendre des cours de musique, de danse.* – *Cours du soir,* pour adultes après leurs heures de travail. – *Cours particulier,* donné à un seul élève. *Cours de rattrapage, de soutien.* – Notes prises par un élève et reproduisant un cours. *Un cours polycopié.* ■ Degré des études. (en France) *Cours préparatoire* (CP), *cours élémentaire* (CE1, CE2), *cours moyen* (CM1, CM2). ■ Établissement d'enseignement privé. **III. 1.** Prix auquel sont négociées des marchandises, des valeurs (qui circulent normalement). → **cote, taux.** *Le cours du yen. Acheter, vendre au cours de la Bourse.* **2. *Avoir cours :*** avoir valeur légale. – Être reconnu, utilisé. *Ces usages n'ont plus cours.* → **exister. IV.** (« course maritime ») loc. ***Au long cours :*** à longue distance sur mer (→ **long-courrier**). *Capitaine au long cours.* **V.** Avenue servant de promenade (dans quelques villes). *Le cours Mirabeau, à Aix-en-Provence.*

course n. f. (fém. de *cours*) **I. 1.** Action de courir ; mode de locomotion plus rapide que la marche. *Une course effrénée. Faire la course avec qqn. Rattraper qqn à la course.* – loc. *Au pas de course :* en marchant très vite. – loc. fig. ***À bout de course :*** épuisé. **2.** Épreuve de vitesse (→ **coureur**). *Course à pied. Course de vitesse, de fond. Course de chevaux. Course cycliste. Course automobile.* – au plur. Courses de chevaux. *Champ de courses :* hippodrome. *Jouer aux courses.* – ***De course :*** destiné à la course. *Cheval de course. Voiture de course.* **3.** Progression rapide dans une lutte entre rivaux. *La course au pouvoir.* loc. fam. *Être dans la course :* être au courant, savoir ce qu'il faut faire (→ **dans le coup**). ■ fig. Succession rapide de tâches à accomplir. → **cavalcade. 4. *Course de taureaux.*** → **corrida.** *Course landaise.* **II. 1.** Action de parcourir un espace. → **parcours, trajet ; cours (IV).** *Faire une longue course en montagne.* → **excursion, randonnée.** – Trajet (en taxi). *Le prix de la course.* **2.** hist. Poursuite de navires ennemis. *Faire la course* (→ **corsaire**). **3.** au plur. Déplacement pour porter, aller chercher qqch. *Garçon de courses.* → ^{2}**coursier.** ■ Achats. *Faire des courses.* → **commission. 4.** (choses) littér. Mouvement plus ou moins rapide. → **cours, mouvement.** *La course d'un projectile. La course du temps.* → **fuite, succession.**

courser v. tr. < 1 > fam. Poursuivre (qqn) à la course. *Se faire courser par les flics.*

Courseulles-sur-Mer Commune du Calvados, sur la Manche. 4 185 habitants. Premier port français libéré par les Alliés, le 6 juin 1944.

^{1}**coursier** n. m. (de l'ancien adj. *coursier,* de *cours*) littér. Grand et beau cheval de bataille, de tournoi (palefroi), d'allure rapide. *« J'aimais les fiers coursiers, aux crinières flottantes »* (Hugo).

^{2}**coursier, ière** n. Personne chargée de faire les courses (II, 3) dans une entreprise, une administration, un hôtel. → **chasseur, commissionnaire.**

coursive n. f. (italien *cursia,* du latin *cursivus* « rapide » → **cursif**) Couloir étroit à l'intérieur d'un navire.

courson n. m. et **coursonne** n. f. (de l'ancien v. *acorcier* « raccourcir ») arbor. Branche d'arbre fruitier taillée court pour que la sève s'y concentre.

^{1}**court, courte** (vient du latin *curtus,* d'abord « tronqué, coupé ») **I. adj. 1.** Qui a peu de longueur d'une extrémité à l'autre (relativement à la taille normale ou par comparaison avec une autre chose) (s'oppose à *long*). *Rendre court, plus court,* raccourcir, écourter. *Robe courte. Cheveux courts.* – *Aller par le plus court chemin.* **2.** Qui a peu de durée. → ^{1}**bref, éphémère, fugitif, passager.** *« La vie est courte mais l'ennui l'allonge »* (J. Renard). ■ Peu développé. *Roman très court.* → ^{1}**bref. 3.** Qui est rapproché dans le temps. loc. ***À court terme :*** dans un avenir rapproché. *Crédit à court terme. À courte échéance.* **4.** De fréquence rapide. *Ondes courtes.* – *Avoir l'haleine, la respiration courte, le souffle court,* s'essouffler facilement et très vite. **5.** fam. *Cent euros, c'est un peu court,* insuffisant. **II. adv. 1.** De manière à rendre court. *Couper les cheveux court.* **2.** loc. fig. ***Couper court à un entretien,*** l'interrompre au plus vite. – ***Tourner court :*** ne pas aboutir. *Le projet a tourné court.* – *Rester court :* manquer d'idées. *« — Ha ! — C'est tout ?... — Mais... — Ah ! non ! c'est un peu court, jeune homme ! »* (E. Rostand, *Cyrano de Bergerac*). **3. *Tout court :*** sans rien d'autre. *« — Il faut dire "Monsieur" tout court. — Hé bien ! Monsieur tout court* [...], *j'ai à vous dire* [...] » (Molière). **4. *De court.*** *Prendre qqn de court,* à l'improviste ; ne pas lui laisser de temps pour agir. **5. *À court (de).*** *Être à court d'argent,* en manquer. *À court d'arguments, d'idées.*

^{2}**court** n. m. (mot anglais, de l'ancien français *cort, court* → **cour**) Terrain aménagé pour le tennis. *Court en terre battue.*

Court (Margaret) née **Smith** Joueuse de tennis australienne (née en 1942). Elle détient depuis 1973 le record féminin de 24 victoires en tournois du Grand Chelem.

courtage n. m. (de *courtier*) **1.** Profession de courtier. *Faire du courtage en librairie.* → **démarchage. 2.** Commission de courtier.

courtaud, aude adj. **1.** techn. *Chien courtaud,* à qui on a coupé la queue et les oreilles. *Cheval courtaud,* à qui on a coupé la queue. **2.** (personnes) Dont la taille est courte et épaisse. *Elle est un peu courtaude.*

courtauder v. tr. < 1 > Rendre courtaud (un cheval, un chien).

court-bouillon n. m. (« bouillon rapide ») Bouillon composé d'eau, de vin blanc et d'épices. *Daurade au court-bouillon. Des courts-bouillons.* loc. fam. *Se mettre la rate au court-bouillon :* se faire du souci.

court-circuit n. m. Interruption du courant par fusion des plombs. *Des courts-circuits.*

court-circuitage n. m. fam. Action de court-circuiter. *Des courts-circuitages.*

court-circuiter v. tr. < 1 > **1.** Mettre en court-circuit. **2.** fam. Laisser de côté (un intermédiaire normal) en passant par une voie plus rapide. → anglic. **shunter.** *Court-circuiter son supérieur hiérarchique.*

Courteline (Georges Moinaux, dit **Georges)** Romancier et dramaturge français (1858-1929). Il s'attacha à dépeindre, dans la veine comique, les travers et les ridicules de son temps. Ses thématiques sont diverses : vie militaire (*Les Gaietés de l'escadron*), fonctionnaires (*Messieurs les ronds-de-cuir*), forces de l'ordre (*Le commissaire est bon enfant ; Le gendarme est sans pitié*). Son œuvre, qui connut un grand succès de son vivant, tourne aussi en dérision la bourgeoisie et la vie de couple.

Courtenay (Pierre de) Seigneur français (v. 1167-1219). Il fut nommé empereur latin d'Orient (1216), mais ne put prendre possession de son empire. Ses deux fils, Robert et Baudouin, furent tous deux empereurs latins d'Orient.

courtepointe n. f. (d'une ancienne forme de [1]*couette*, et p. p. fém. de *poindre*) Couverture de lit ouatée et piquée. → **couvre-pied.**

courtier, ière n. (de l'ancien v. *courre*) Agent qui met en rapport vendeurs et acheteurs pour des opérations de Bourse ou de commerce. → **agent, commissionnaire, représentant, VRP.** *Courtier d'assurances, en assurances.*

courtilière n. f. (de l'ancien français *courtil* « petit jardin ») Insecte fouisseur (orthoptère), appelé aussi *taupe-grillon,* qui fait des dégâts dans les potagers.

courtine n. f. (vient du latin *cortina,* de *cors* « cours », de *cohors* → cour) **1.** Mur de fortification rectiligne, compris entre deux bastions. **2.** Tenture de porte.

courtisan n. m. (italien *cortigiano,* de *corte* → cour) **1.** Homme qui est attaché à la cour, qui fréquente la cour d'un souverain. **2.** fig. Personne qui cherche à plaire aux gens influents en leur faisant la cour. → **flatteur.**

courtisane n. f. (italien *cortigiana* → courtisan « dame de la cour », puis sens pris par le français) vieilli Femme entretenue, d'un rang social assez élevé.

courtisanerie n. f. littér. Bassesse de courtisan.

courtiser v. tr. < 1 > (italien *corteggiare,* de *corte* → cour) Faire la cour à (qqn), chercher à plaire. *Courtiser une femme.* ■ Flatter (qqn) en vue d'obtenir une faveur. *Courtiser les puissants.*

court-jointé, ée adj. (animaux) Qui a le paturon court (cheval), les pattes courtes (faucon). *Des juments court-jointées.*

court-jus n. m. fam. Court-circuit. *Des courts-jus.*

court métrage n. m. Film de moins de vingt minutes. *Les courts métrages et les longs métrages.*

courtois, oise adj. (de l'ancien français *court* → cour, II) **1.** Qui est très poli, qui agit avec raffinement. → **aimable.** – Qui manifeste de la courtoisie. *Un refus courtois.* **2.** *Littérature, poésie courtoise* (du Moyen Âge), qui exalte l'amour d'une manière raffinée. – *L'amour courtois,* codifié par cette littérature.

courtoisement adv. D'une manière courtoise (1). → **poliment.**

courtoisie n. f. Politesse raffinée. → **civilité.** *Visite de courtoisie.* – *Miroir* de courtoisie. Véhicule* de courtoisie.*

Courtrai en néerlandais **Kortrijk** Ville de Belgique (Flandre-Occidentale), sur la Lys. 77 109 habitants. Beffroi du XIVe s. Nombreuses églises. Béguinage. Industrie textile (toiles). Ville florissante au Moyen Âge grâce à la fabrication et au commerce drapiers, Courtrai fut le théâtre, le 11 juillet 1302, d'une victoire des milices flamandes sur les troupes de Philippe le Bel.

court-vêtu, ue adj. Dont le vêtement est court. *Des femmes court-vêtues.*

couru, ue adj. (de *courir*) **1.** Recherché. *C'est un spectacle très couru.* **2.** fam. *C'était couru d'avance,* prévu. → **certain, sûr.**

couscous [kuskus] n. m. (mot arabe maghrébin) **1.** Semoule de blé dur. **2.** Plat du Maghreb constitué de cette semoule servie avec de la viande, des légumes et du bouillon.

couscoussier n. m. Marmite en deux parties utilisée pour la cuisson du couscous.

Couserans n. m. Région des Pyrénées centrales (Ariège). Élevage bovin.

cousette n. f. (de *coudre*) vieux Jeune ouvrière de la couture.

couseur, euse n. techn. **1.** Personne qui coud. **2.** n. f. Machine à coudre industrielle. ■ Machine à brocher les livres. → **brocheuse.**

[1]cousin, ine n. (vient du latin *consobrinus* « cousin germain », de *cum* et *sobrinus* « de sœur ») Descendant d'un frère ou d'une sœur par rapport aux descendants d'un frère ou d'une sœur de l'un de ses parents. *Cousins germains*. Des cousins éloignés.*

[2]cousin n. m. (p.-ê. famille du latin *culex*) Moustique.

Cousin (Jean, dit Cousin le Père) Peintre, dessinateur, sculpteur et graveur français (v. 1490-v. 1561). Représentant du maniérisme (école de Fontainebleau), il réalisa des peintures, des cartons de vitraux et de tapisseries, et écrivit un *Traité de perspective.*

Cousin (Victor) Philosophe et homme politique français (1792-1867). Il joua un rôle important comme organisateur de l'enseignement de la philosophie et comme historien de la philosophie. Il fit connaître en France la pensée de Schelling et de Hegel. Se réclamant d'un spiritualisme attribué à Descartes, il défendit un éclectisme inspiré de la pensée hégélienne. *Introduction à l'histoire de la philosophie.*

cousinade n. f. (de [1]*cousin*) Réunion festive de personnes descendant d'un ancêtre commun.

cousinage n. m. fam. Ensemble des parents, des cousins.

cousiner v. intr. < 1 > Bien s'entendre avec qqn.

coussin n. m. (vient du bas latin *coxinus,* du latin *coxa* « hanche » → cuisse) **1.** Pièce d'une matière souple, cousue et remplie d'un rembourrage. → **oreiller.** *Les coussins d'un fauteuil.* **2.** *Coussin d'air* : zone d'air comprimé qui sert de support. *Véhicule sur coussin d'air* (aéroglisseur, etc.). *Coussin gonflable de sécurité.* → **airbag.**

coussinet n. m. **1.** Petit coussin. **2.** techn. Pièce soutenant une extrémité d'un arbre de transmission. **3.** Partie charnue de la patte (d'un chat).

Cousteau (Jacques-Yves) Océanographe et cinéaste français (1910-1997). Il inventa avec Émile Gagnan le scaphandre autonome automatique et une caméra sous-marine et put ainsi faire de nombreuses recherches à bord du navire océanographique la *Calypso.* Par ses ouvrages et surtout ses films et ses documentaires pour la télévision, il contribua à la sensibilisation du public sur le monde sous-marin. Il dirigea le Musée océanographique de Monaco (1957-1980) et milita activement pour la protection de l'environnement, des mers en particulier.

Jacques-Yves Cousteau dans son film documentaire *Le Monde du silence* (1955).

Coustou (Nicolas) (1658-1733). Sculpteur français. Il réalisa de nombreux travaux à Versailles et à Marly, ainsi qu'une *Descente de croix* à Notre-Dame de Paris. ■ **Guillaume Ier Coustou,** sculpteur français (1677-1746). Il fut le collaborateur de son frère Nicolas, à Versailles et à Marly, et est l'auteur des deux *Chevaux de Marly,* aujourd'hui place de la Concorde à Paris (originaux au Louvre). ■ **Guillaume II Coustou,** sculpteur français (1716-1777). Fils de Guillaume Ier, il exécuta des portraits ainsi que le mausolée du Dauphin, dans la cathédrale de Sens.

cousu, ue adj. (de *coudre*) **1.** Joint par une couture. *Feuillets cousus et collés.* – loc. *Être cousu d'or,* très riche. **2.** fam. *Cousu main,* à la main. – fam. *C'est du cousu main* : c'est de première qualité.

coût n. m. (de *coûter*) **1.** Somme que coûte une chose. → **montant, prix.** *Coût de production* : charges liées à la fabrication d'un produit. – *Le coût de la vie augmente.* **2.** fig. Prix. *Le coût d'une imprudence.* - var. RO **cout.**

Coutances Chef-lieu d'arrondissement de la Manche. 8 380 habitants. Cathédrale du XIIIe s. Industries agroalimentaires. La ville fut fortifiée par l'empereur romain Constance Chlore (IVe s.) et devint la capitale du *pagus Constantinus* (le Cotentin).

coûtant adj. m. loc. *Prix coûtant* : prix qu'une chose a coûté. *Revendre qqch. à, au prix coûtant,* sans bénéfice. - var. RO **coutant.**

Couté (Gaston) Poète et chansonnier français (1880-1911). Il dit d'abord ses textes en patois beauceron, puis se fit connaître par des chansons libertaires.

couteau n. m. (d'abord *coutel* ; vient du latin *cultellus,* de *culter* → coutre) **1.** Instrument tranchant servant à couper, composé d'une lame et d'un manche. *Couper qqch. avec un couteau. Manche, lame de couteau.* loc. *Visage en lame de couteau,* très émacié. *Couteau de poche, couteau pliant,* dont la lame rentre dans le manche. → **canif.** *Couteau suisse,* à plusieurs lames et muni de divers outils (tirebouchon, ouvre-bouteille, etc.). *Couteau de cuisine. Couteau électrique.* – (Arme) → **coutelas, poignard.** *Couteau à cran d'arrêt.* ■ *Affûter, aiguiser un couteau,* la lame. ■ loc. *Être à couteaux tirés,* en guerre ouverte. *Jouer du couteau* : se battre au couteau. *Coup de couteau. Mettre le couteau sous la gorge de* (qqn) : contraindre par la menace. *Planter un couteau dans le dos à qqn,* le trahir. ■ (Homme armé de couteau) loc. *Deuxième, second couteau* : personnage de second plan. **2.** Outil, instrument tranchant. *Couteau de vitrier. Couteau de peintre,* à reboucher, à enduire. ■ Petite truelle d'artiste peintre. *Peindre au couteau.* **3.** *Couteau de balance,* arête du prisme triangulaire qui porte le fléau. **4.** Coquillage qui ressemble à un manche de couteau.

couteau-scie n. m. Couteau dont la lame porte des dents. *Des couteaux-scies.*

coutelas [kutlɑ] n. m. (de *coutel* → couteau) Grand couteau à lame large et tranchante utilisé en cuisine ou comme arme.

coutelier, ière n. et adj. **1.** n. Personne qui fabrique ou qui vend des couteaux et autres instruments tranchants. **2.** adj. Relatif à la coutellerie. *L'industrie coutelière.*

coutellerie n. f. (→ couteau) **1.** Industrie, fabrication des couteaux et des instruments tranchants. ■ Produits de cette industrie. **2.** Usine, atelier où l'on fabrique des couteaux.

coûter v. < 1 > (vient du latin *constare* → constat, consister) **I.** v. intr. et tr. ind. *Coûter à qqn.* **1.** Nécessiter le paiement d'une somme pour être obtenu. → **revenir, valoir ; coût, montant, prix.** *Combien cela coûte-t-il ? Combien ça coûte ? Coûter cher.* fam. *Coûter bonbon. Les vingt euros que ce livre m'a coûté.* - REM. p. p. invar. (le p. p. ne s'accorde pas quand il est précédé du compl. de prix). **2.** *Coûter cher* : causer, entraîner des dépenses. *Cette habitude lui coûte cher.* – loc. fig. *Cela pourrait vous coûter cher,* vous attirer des ennuis. – loc. fam. *Coûter un bras, les yeux de la tête, la peau des fesses* (très fam. *du cul*), (Belgique) *un os, un pont* : être hors de prix. **II.** fig. **1.** v. tr. Causer (une peine, un effort) à qqn. *Les efforts que ce travail lui a coûtés.* – Causer (une perte). *Cela lui coûte sa tranquillité. Coûter la vie à qqn,* faire mourir. – impers. *Il sait ce qu'il en coûte.* **2.** v. intr. et tr. ind. *Coûter à.* Être pénible, difficile. *Cet effort lui a beaucoup coûté.* loc. *Il n'y a que le premier pas qui coûte.* **3.** *Coûte que coûte* loc. adv. : à n'importe quel prix. *Il faut réussir coûte que coûte.* - var. RO **couter.**

coûteusement adv. D'une manière coûteuse. - var. RO **couteusement.**

coûteux, euse adj. Qui coûte cher ; cause de grandes dépenses. → **cher, dispendieux, ruineux.** *Un voyage coûteux. Entreprise coûteuse en énergie.* - var. RO **couteux, euse.**

Couthon (Georges) Homme politique français (1755-1794). Membre du Comité de salut public (1793) où il forma un triumvirat avec Robespierre et Saint-Just, il dirigea la répression de l'insurrection lyonnaise. Il contribua à faire adopter par la Convention la loi du 22 prairial (10 juin 1794), qui supprimait les défenseurs, les témoins et l'instruction préalable dans la procédure du Tribunal révolutionnaire. Arrêté en même temps que Robespierre, il fut guillotiné le 10 thermidor (27 juill. 1794).

C

coutil [kuti] n. m. (de *coute*, ancienne forme de [1]*couette*) Toile croisée et serrée, en fil ou coton.

coutre n. m. (vient du latin *culter* → **couteau**) techn. Partie tranchante du soc (d'une charrue).

coutume n. f. (vient du latin *consuetudo*, de *cum* et *suescere* « habituer ») **1.** Manière à laquelle la plupart se conforment, dans un groupe social. *Vieille coutume.* → **tradition, usage.** *Les coutumes d'un peuple.* → **mœurs.** *Les us* et coutumes.* ■ absolt *La coutume et le droit écrit.* **2.** vieux *La coutume* : l'habitude. ■ loc. mod. *Une fois n'est pas coutume* : pour une fois, on peut faire une exception. – littér. ***Avoir coutume de*** : avoir l'habitude de. – ***De coutume*** loc. adv. (surtout employé dans des comparaisons) : d'habitude, d'ordinaire. *Il est moins aimable que de coutume.*

coutumier, ière **I.** adj. **1.** littér. Que l'on fait d'ordinaire. → **habituel.** *Les travaux coutumiers.* **2.** *Droit coutumier* : ensemble de règles juridiques que constituent les coutumes. **3.** loc. *Être **coutumier du fait***, avoir déjà fait la même chose (répréhensible). **4.** Qui suit la loi non écrite ancestrale (par ex. en Afrique). *Mariage coutumier.* **II.** n. m. didact. Recueil des coutumes (d'un pays, d'une province).

Couturat (Louis) Mathématicien et philosophe français (1888-1914). Ses travaux en logique et en mathématique ainsi que son étude de la pensée de Leibniz nourrirent son projet de langage symbolique universel.

couture n. f. (vient du latin pop. *co[n]sutura*, de *consuere* → **coudre** ; *cf.* *suture*) **I. 1.** Action de coudre. *Faire de la couture.* **2.** Confection professionnelle des vêtements. – Profession de couturier. *Une maison de couture. Être dans la couture.* → [1]**mode.** – *La **haute couture*** : la conception et la fabrication de vêtements féminins uniques, qui créent la mode. *La haute couture et le prêt-à-porter.* – appos. invar. *Robes haute couture.* **II. 1.** Assemblage par une suite de points exécutés avec du fil et une aiguille. *Les coutures d'un vêtement, d'une chaussure.* **2.** loc. *Examiner **sous toutes les coutures***, dans tous les sens, très attentivement. – ***Battre à plate couture***, complètement. **3.** Cicatrice laissée par des points chirurgicaux (→ **couturé**).

Couture (Thomas) Peintre français (1815-1879). Il peignit de grandes compositions historiques (*Les Romains de la décadence*), de style académique, et des portraits.

couturé, ée adj. Marqué de cicatrices. → **balafré.**

couturier n. m. et adj. **I.** Personne qui dirige une maison de couture, crée des modèles ; cette maison. *Collection d'un grand couturier. La griffe d'un couturier.* **II.** adj. *Muscle couturier* : muscle antérieur de la cuisse, fléchisseur de la jambe et de la cuisse.

Couturier (Robert) Sculpteur français (1905-2008). D'abord influencé par Maillol (porte en bronze du palais des Nations à Genève, *Léda*), il schématisa par la suite les volumes pour aboutir à des formes très épurées *(Août 96)*.

couturière n. f. **1.** Celle qui coud, qui exécute, à son propre compte, des vêtements (surtout de femme). **2.** Dernière répétition d'une pièce de théâtre avant la répétition générale (où les couturières font les ultimes retouches aux costumes).

couvade n. f. **1.** ethnol. Dans certaines sociétés, Coutume selon laquelle les hommes participent de manière symbolique à la grossesse et à l'accouchement de leurs femmes. **2.** Ensemble de signes évoquant la grossesse (nausées, prise de poids...), présenté par certaines personnes dont la compagne est enceinte.

couvain n. m. (de *couver*) Amas d'œufs (d'abeilles, d'insectes).

couvaison n. f. Temps pendant lequel les oiseaux couvent leurs œufs.

Couve de Murville (Maurice) Diplomate et homme politique français (1907-1999). Il fut ministre des Affaires étrangères (1958-1968) puis Premier ministre (1968-1969).

couvée n. f. **1.** Ensemble des œufs couvés par un oiseau. **2.** Les petits qui viennent d'éclore. → **nichée.** loc. *Ne pas être né de la dernière couvée* : être averti, avoir de l'expérience (→ **ne pas être tombé de la dernière pluie***).

couvent n. m. (latin *conventus* « réunion », de *convenire* → **convenir,** [2]**convention**) Maison dans laquelle des religieux ou des religieuses vivent en commun ; ces religieux. → **communauté, monastère ; conventuel.** – *Entrer au couvent*, dans les ordres (→ **prendre le voile**).

couventine n. f. vieilli Religieuse qui vit dans un couvent.

couver v. < 1 > (vient du latin *cubare* « être couché, alité » → **concubin**) **I.** v. tr. **1.** (oiseaux) Se tenir pendant un certain temps sur des œufs pour les faire éclore. *La poule couve ses œufs* (→ **couvée, couveuse**). **2.** *Couver qqn*, l'entourer de soins attentifs. *Mère qui couve ses enfants.* → **protéger.** – ***Couver des yeux*** : regarder (qqn, qqch.) avec convoitise ou admiration. **3.** Entretenir, nourrir, préparer mystérieusement. *Couver des projets de vengeance.* → **tramer. 4.** *Couver une maladie*, porter en soi les germes (→ **incubation**). **II.** v. intr. Être entretenu sourdement jusqu'au moment de se découvrir, de paraître. *Le feu couve sous la cendre.* – fig. *La révolte couvait depuis longtemps.* → se **préparer.**

couvercle n. m. (vient du latin *cooperculum*, de *cooperire* → **couvrir ; opercule**) Pièce mobile qui s'adapte à l'ouverture (d'un récipient) pour le fermer. *Le couvercle d'une boîte, d'un pot, d'un coffre.*

[1]**couvert** n. m. (de *couvrir*) **I. 1.** vieux Logement (où l'on est couvert). ■ loc. *Le vivre* (la nourriture) *et le couvert* (le logement). **2.** loc. ***À couvert de*** loc. prép. ; ***à couvert*** loc. adv. : dans un lieu où l'on est couvert, protégé. *Se mettre à couvert.* **3.** ***Sous le couvert, sous couvert de*** : sous la responsabilité ou la garantie de (qqn) ; sous l'apparence, le prétexte de (qqch.). **II. 1.** Ce que l'on met sur la table pour le repas. *Mettre le couvert.* **2.** Ustensiles de table pour une personne. *Une table de six couverts.* **3.** Cuillère, fourchette et couteau. *Des couverts en argent.*

[2]**couvert, erte** adj. (de *couvrir*) **I. 1.** Qui a un vêtement. *Bien couvert.* – *Restez couvert* : gardez votre chapeau. **2.** Qui a sur lui (qqch.). *Il est couvert de boue. Sol couvert de détritus.* → **jonché.** – *Ciel couvert*, nuageux. *Piscine couverte*, avec un toit. **3.** ***À mots couverts*** : en termes voilés. **II.** Protégé. *Il est couvert par le directeur. Être couvert contre le vol.* → **assurer.**

couverte n. f. techn. Émail qui recouvre la faïence, la porcelaine, et qui est facilement vitrifiable.

couverture n. f. (de *couvrir* et bas latin *coopertura*) **I.** concret **1.** Pièce de toile, de drap pour recouvrir. *Couverture de voyage.* → [1]**plaid.** – Pièce de laine, etc. qu'on place sur les draps, qu'on borde sous le matelas pour tenir chaud. *Couverture chauffante*, munie d'un dispositif électrique chauffant. – loc. fig. *Tirer la couverture à soi* : s'approprier la meilleure ou la plus grosse part d'une chose. **2.** Ce qui recouvre un livre, un cahier. *Couverture d'un magazine.* – Enveloppe dont on recouvre un livre pour le protéger. → **couvre-livre,** [2]**jaquette. 3.** Toit. *Le couvreur répare la couverture.* **II.** abstrait **1.** Ce qui sert à couvrir (II), à protéger. *Troupes de couverture*, chargées de défendre une zone. ■ *Couverture sociale* : protection dont bénéficie un assuré social. – ancienn *Couverture maladie universelle (CMU)*, permettant l'accès gratuit aux soins pour les personnes aux faibles ressources. **2.** fig. Affaire servant à dissimuler une activité secrète. *Son commerce est une couverture.* **3.** Garantie donnée pour assurer le paiement d'une dette. → **provision. 4.** Fait de couvrir (un évènement). *La couverture médiatique d'un fait divers.*

couveuse n. f. **1.** Poule qui couve. **2.** *Couveuse artificielle* : étuve où l'on fait éclore les œufs. → **couvoir.** ■ Enceinte close maintenue à température constante où l'on place les prématurés fragiles. → **incubateur. 3.** *Couveuse (d'entreprises)* : incubateur (II, 2).

couvoir n. m. Local où se fait l'incubation des œufs.

couvrant, ante adj. Qui couvre, recouvre sans aucune transparence. *Peinture très couvrante.*

couvre- Élément invariable de noms composés, tiré du verbe *couvrir.*

couvre-chaussure n. m. (Canada) Protection imperméable qui se met sur les chaussures. *Des couvre-chaussures.*

couvre-chef n. m. plais. Ce qui couvre la tête. → **chapeau, coiffure.** *Des couvre-chefs.*

couvre-feu n. m. **1.** Signal qui indique l'heure de rentrer chez soi et parfois d'éteindre les lumières. *Des couvre-feux.* → **black-out. 2.** Interdiction de sortir après une heure fixée (mesure de police).

couvre-joint n. m. Ce qui recouvre et cache les joints dans les ouvrages de maçonnerie ou de menuiserie. *Des couvre-joints.*

couvre-lit n. m. Pièce de tissu recouvrant le dessus d'un lit. *Des couvre-lits.* → **dessus-de-lit.**

couvre-livre n. m. Protection souple recouvrant un livre. → **couverture.** *Des couvre-livres.*

couvre-objet n. m. techn. Mince lame de verre servant à recouvrir les objets que l'on observe au microscope. → **lamelle.** *Des couvre-objets.*

couvre-pied n. m. Dessus-de-lit molletonné. *Des couvre-pieds.* → aussi **édredon.** - var. RO **couvrepied.**

couvre-plat n. m. Couvercle ou cloche qui recouvre un plat. → **dessus-de-plat.** *Des couvre-plats.*

couvre-sol adj. et n. m. *Plante couvre-sol*, qui tapisse le sol, qui pousse en largeur en formant un tapis végétal. *Des plantes couvre-sols* ou *couvre-sol* (invar.). – n. m. *La campanule et le millepertuis sont des couvre-sols* ou *des couvre-sol* (invar.).

couvreur, euse n. Ouvrier qui fait ou répare les toitures des maisons.

couvrir v. tr. < 18 > (vient du latin *cooperire*, de *cum* et *operire* → **ouvrir**) Revêtir d'une chose, d'une matière pour cacher, fermer, orner, protéger. **I. 1.** Garnir (un objet) en disposant quelque chose dessus. → **recouvrir.** *Couvrir un plat avec un couvercle. Couvrir un mur d'un enduit.* – (sujet chose) Être disposé sur. *Moquette qui couvre le sol.* **2.** Habiller chaudement. *Couvrir un enfant.* – pronom. *Couvre-toi, il fait froid !* **3.** Parsemer (qqch., qqn) d'une grande quantité de. *Couvrir une tombe de fleurs.* – ***Couvrir qqn de***, lui donner beaucoup de. *On l'a couvert de cadeaux.* → **combler.** *On l'a couvert d'injures.* → **accabler.**

– pronom. *Il s'est couvert de ridicule.* – (choses) Être éparpillé, répandu sur. *Les feuilles couvrent le sol.* → **joncher.** – pronom. *Le ciel, le temps se couvre* (de nuages). → **²couvert.** **4.** Cacher en mettant qqch. par-dessus, autour. *« Couvrez ce sein que je ne saurais voir »* (Molière). *Cela couvre un mystère.* → **receler.** *Couvrir la voix de qqn.* → **dominer, étouffer.** ■ fig., littér. Recouvrir en compensant ; effacer ou réparer. *« Un de ces mots qui couvrent la honte des défaites »* (Courteline). **5.** (animaux) Saillir. *Mâle qui couvre la femelle.* **II. 1.** Interposer (qqch.) comme défense, protection. → **protéger.** *Couvrir qqn de son corps.* **2.** Abriter (qqn) par son autorité, sa protection. *Ce chef couvre toujours ses subordonnés.* – passif *Être couvert par qqn.* → **²couvert (II).** **3.** Donner une garantie, la somme d'argent qu'il faut. → **garantir, approvisionner.** *Cette somme couvrira vos dépenses.* – *Couvrir un emprunt, une souscription,* souscrire la somme demandée. **III. 1.** Parcourir (une distance). *Couvrir les cent kilomètres en deux heures.* **2.** (anglais *to cover*) Assurer l'information concernant un évènement. *Les journalistes qui couvrent l'évènement.*

covalence n. f. (de l'anglais *covalence*) chim. Liaison de deux atomes par mise en commun de deux électrons célibataires, dont l'un provient du premier atome et l'autre du second.

covalent, ente adj. (de l'anglais *covalent*) chim. Relatif à la covalence. *Liaison covalente.*

covariance n. f. math., statist. Valeur qui correspond à la plus ou moins grande corrélation entre deux variables aléatoires.

covariant, ante adj. Relatif à la covariance.

Covarrubias (Alonso de) Architecte et décorateur espagnol (1488-1570). Architecte de Charles Quint, il réalisa de nombreux travaux à Tolède (façade principale de l'Alcazar). Représentant du style plateresque, il fut l'un des premiers à introduire l'italianisme en Espagne.

covelline n. f. (de *Covelli,* n. propre) minér. Sulfure naturel de cuivre (CuS), l'un des principaux minerais de cuivre.

covenant n. m. (mot anglais, de l'ancien français) Pacte, convention (histoire anglaise).

covendeur, euse n. dr. Personne qui vend une chose conjointement avec une autre personne.

Coventry Ville d'Angleterre (Midlands), à l'E. de Birmingham. 326 000 habitants. Cathédrale moderne. Industries (textile, mécanique, chimie). Université. Pendant la Seconde Guerre mondiale (bataille d'Angleterre), elle fut rasée par les bombardements allemands (on parla de « coventrysation »).

cover-girl ou **covergirl** [kɔvœʀgœʀl] n. f. (mot anglais des États-Unis « fille *[girl]* de couverture *[cover]* ») anglic. Jeune femme qui pose pour les photographies des magazines. *Des cover-girls, des covergirls.* → **modèle.**

covid n. m. ou f. (mot anglais, de *Coronavirus Disease* « maladie à coronavirus ») Méd. Maladie infectieuse et contagieuse causée par un coronavirus. *Patients atteints du, de la covid. Covid-19,* à l'origine de la pandémie qui débuta en 2019. *Covid long* ou *longue,* dont les symptômes persistent.

covidé, ée adj. et n. Qui est atteint du covid. *Patients covidés.*

Covilham, Covilhã ou **Covilhão** (Pedro da) Voyageur portugais (mort v. 1545). Envoyé par Jean II de Portugal sur la route des Indes, il visita l'Inde, la Perse et l'Abyssinie.

covoiturage n. m. Utilisation par plusieurs automobilistes et à tour de rôle, d'une seule voiture pour effectuer le même trajet.

covolume n. m. phys. Différence entre le volume molaire et le volume effectivement occupé par les molécules.

Coward (sir Noel) Auteur dramatique, acteur et metteur en scène britannique (1899-1973). Il connut un grand succès jusqu'aux années 1950, et écrivit des pièces à scandale *(Le Vortex).*

cow-boy ou **cowboy** [kobɔj ; kaobɔj] n. m. (anglais « garçon *[boy]* de vaches *[cow]* ») anglic. Gardien de troupeaux à cheval dans l'ouest des États-Unis, personnage essentiel de la légende de l'Ouest américain. *Les cow-boys* (ou *cowboys*) *et les Indiens. Film de cow-boys.* → **western.**

Cowes Ville d'Angleterre, au N. de l'île de Wight. 14 200 habitants. Port de plaisance. Régates internationales *(semaine de Cowes).*

coworking [kowœʀkiŋ] n. m. (mot anglais, de *co-* et *to work* « travailler ») anglic. Fait, pour des professionnels indépendants, de partager un même espace de travail. *Espace de coworking.* - recomm. offic. **cotravail.**

Cowper (William) Poète britannique (1731-1800). Il mena une quête religieuse et spirituelle tout au long de sa vie, marquée par une grande fragilité psychique. Auteur d'une œuvre lyrique et mystique *(Hymnes d'Olney),* il fut l'un des premiers à pratiquer une poésie introspective *(La Tâche).*

cow-pox ou **cowpox** [kaopɔks ; kopɔks] n. m. invar. (de l'anglais *cow* « vache » et *pox* « variole ») Éruption qui se manifeste sur les trayons des vaches et qui contient le virus qui préserve de la variole. → **vaccine.**

cox n. f. (mot anglais) Pomme à couteau, à chair juteuse et acidulée.

coxal, ale, aux adj. (du latin *coxa* → cuisse) didact. De la hanche. → **iliaque.**

coxalgie n. f. (du latin *coxa*) méd. Douleur de la hanche. ■ Tuberculose de l'articulation de la hanche.

coxalgique adj. méd. Relatif à la coxalgie. ■ Atteint de coxalgie. *Un, une coxalgique.*

coxarthrose n. f. (du latin *coxa* « hanche ») méd. Arthrose de la hanche.

Coxyde en néerlandais **Koksijde** Commune de Belgique (Flandre-Occidentale). 21 869 habitants. Station balnéaire.

coyau [kɔjo] n. m. (de *coe,* ancienne forme de *queue*) techn. Petite pièce de bois biseautée placée sur un chevron afin d'adoucir la pente d'une toiture. *Des coyaux.*

coyote [kɔjɔt] n. m. (du nahuatl, langue indienne d'Amérique centrale, par l'espagnol puis l'anglais des États-Unis) Mammifère carnivore d'Amérique, voisin du chacal.

Coypel [kwapɛl] (Antoine) Peintre, graveur et dessinateur français (1661-1722). Fils du peintre Noël **Coypel** (1628-1707), il fut un brillant représentant de la grande peinture ornementale. Il exécuta en particulier les fresques de la voûte de la chapelle de Versailles. Son style se rapproche du baroque, les coloris sont influencés par les peintres flamands comme Rubens. Ses peintures mythologiques annoncent l'esprit rococo et galant *(Persée et Andromède).* Il a publié des *Discours.* Son frère Noël-Nicolas **Coypel** (1680-1734) et son fils Charles-Antoine **Coypel** (1694-1752) furent aussi des peintres renommés.

Coysevox [kwazəvo] (Antoine) Sculpteur et décorateur français (1640-1720). L'abondance et la variété de ses travaux en font l'une des figures majeures de l'art versaillais, élaboré sous la direction de Le Brun pour Louis XIV. Son style est classique, avec des tendances baroques dans ses monuments funéraires (monument de Colbert). Il réalisa une importante série de bustes et est l'auteur des deux chevaux ailés de Marly.

Cozzarelli (Giacomo) Architecte et sculpteur italien (1453-1515). Il réalisa des sculptures en bois et des terres cuites. On lui devrait les plans du Palazzo Magnifico (Sienne).

CPI voir Cour pénale internationale

CQFD Abréviation de *ce qu'il fallait démontrer* (formule finale d'une démonstration mathématique).

crabe n. m. (mot germanique : norrois et ancien néerlandais, idée de « crochet ») **1.** Crustacé marin à corps arrondi, à cinq paires de pattes (araignée de mer, étrille, tourteau, etc.). *Crabe de terre.* → régional **matoutou.** – spécialt Crabe comestible. *Crabe farci.* ■ loc. *Marcher en crabe,* de côté. – *Panier de crabes :* groupe d'individus intriguant les uns contre les autres. **2.** (la constellation du Cancer figurant un crabe) fam. Cancer (II, 1).

crabier n. m. Héron qui se nourrit de crabes.

crabot n. m. (du germanique *krappa* « crampon ») mécan. Dent d'un embrayage à griffes ; accouplement de deux pièces mécaniques par saillies et rainures. - var. **clabot.**

crabotage n. m. Embrayage par crabot. - var. **clabotage.**

crac interj. Mot imitant un bruit sec (choc, rupture), ou évoquant un évènement brusque.

crachat n. m. (de *cracher*) Salive, mucosité rejetée par la bouche.

craché adj. invar. *Tout craché* (après un n., un pron.) : très ressemblant. *C'est sa mère tout craché.*

crachement n. m. **1.** Action de cracher. *Un crachement de sang.* **2.** Projection (de gaz, de vapeurs, de flammes). **3.** Crépitement d'un haut-parleur, d'un vieux disque (→ **crachotement**).

cracher v. < 1 > (latin pop. *craccare,* onomatopée) **I.** v. intr. **1.** Projeter de la salive, des mucosités par la bouche. → **expectorer.** *Cracher par terre.* **2.** fig., fam. *Cracher sur qqch., qqn,* exprimer un violent mépris. – *Il ne crache pas sur l'alcool,* il l'aime bien. – loc. fam. *Cracher dans la soupe :* critiquer, mépriser ce qui procure des moyens d'existence. **3.** *Ce stylo crache,* l'encre en jaillit. → **couler.** **4.** Émettre des crépitements. → **crachoter.** **5.** fam. Donner de l'argent ; payer. → **casquer.** loc. *Cracher au bassinet*.* **II.** v. tr. **1.** Lancer (qqch.) de la bouche. *Cracher un bonbon.* → **rejeter.** **2.** fig. *Cracher des injures.* → **proférer.** **3.** Émettre en lançant. *Le volcan crache de la lave. Cracher du sang.*

cracheur, euse n. Personne qui crache (qqch.). *Cracheur de feu :* bateleur qui s'emplit la bouche d'une matière inflammable qu'il rejette en soufflant sur une torche.

crachin n. m. (mot dialectal de l'Ouest, de *cracher*) Pluie fine et serrée. → **bruine.**

crachiner v. impers. < 1 > Faire du crachin. → **bruiner.**

crachoir n. m. Récipient dans lequel on peut cracher. – loc. fam. *Tenir le crachoir :* parler sans arrêt. *Tenir le crachoir à qqn,* l'écouter sans pouvoir placer un mot.

crachotement n. m. **1.** Action de crachoter. **2.** Bruit de ce qui crachote. - syn. **crachotis.**

crachoter v. intr. < 1 > **1.** Cracher un peu. **2.** Émettre des crépitements. *Vieille radio qui crachote.*

crachouiller v. tr. et intr. < 1 > fam. Cracher souvent en petites quantités. → **crachoter.**

¹crack n. m. (mot anglais, de *to crack up* « faire l'éloge », de l'onomatopée *to crack* cf. craquer) **1.** Poulain préféré, dans une écurie de course. – Cheval qui gagne les courses. **2.** fam. *C'est un crack,* un sujet remarquable. → **as.** *Un crack en informatique. Des cracks.*

²crack n. m. (mot anglais des États-Unis « coup de fouet ») argot Dérivé cristallisé de la cocaïne, fumable et très toxique.

cracker [kʀakœʀ ; kʀakɛʀ] ou **crackeur** [kʀakœʀ] n. m. (mot anglais, de *to crack* « craquer ») anglic. Petit biscuit salé et croustillant.

Cracovie

Cracovie, la Grand-Place du marché avec la Halle aux draps (XIVe-XVIe s.) et la tour de l'hôtel de ville.

crackeur, euse n. ou **cracker** [-œʀ] n. m. (mot anglais, de *to crack* « briser ») anglic. Personne qui force le système de sécurité d'un logiciel, d'un ordinateur ou d'un réseau informatique dans une intention criminelle. *Les crackeurs et les hackeurs.* - recomm. offic. **pirate.**

cracking n. m. (mot anglais, de to *crack* « briser ») anglic. Craquage (du pétrole).

Cracovie en polonais **Kraków** Ville du S. de la Pologne, sur la Vistule. 756 270 habitants. Cathédrale (XIVe s.), château royal, église Notre-Dame (XIIIe-XIVe s.), forteresse La Barbacane (XVe s.). Centre universitaire, culturel et artistique. Administration. Commerce. Industries à Nowa Huta (textile, métallurgie, chimie). Cracovie fut le premier foyer de la religion chrétienne en Pologne, le siège d'un évêché dès le XIe s., et la capitale de 1320 à 1595. Le transfert de la capitale à Varsovie et les invasions suédoises (XVIIe s.) entraînèrent son déclin. Occupée par l'armée hitlérienne en 1939, elle devint le siège du gouvernement sous la tutelle allemande, avant d'être libérée par l'armée soviétique en 1945.

cracra adj. (de *crasseux*) fam. Crasseux, très sale. ➔ **cradingue, crado.** *Des bottes cracras* ou *cracra* (invar.).

cradingue adj. (de *crado*) fam. Très sale. *C'est cradingue, chez eux.*

crado ou **cradoque** adj. (de *crasseux*) fam. Très sale. ➔ **cracra, cradingue.** *Elles sont vraiment crados !* - syn. **crade.**

craie n. f. (vient du latin *creta* « argile » ➔ **crétacé**) **1.** Calcaire naturel. *Falaise de craie* (➔ **crayeux**). *Âge de la craie.* ➔ **crétacé. 2.** Calcaire réduit en poudre et moulé (en bâtons) pour écrire, tracer des signes. *Écrire au tableau à la craie.* – Bâtonnet de craie. *Des craies de couleur.*

Craig (Edward Gordon) Homme de théâtre britannique (1872-1966). Il fut l'un des premiers à formuler la conception moderne de la mise en scène *(De l'art du théâtre).*

craignos [kʀɛɲos] adj. (de *craindre*) fam. Qui craint (II) ; laid, pénible ou désagréable. *Sa famille, elle est craignos !*

crailler v. intr. < 1 > Crier (corneille).

craindre v. < 52 > (vient du latin pop., altération de *tremere* ➔ **trembler**, avec influence du gaulois) **I. v. tr. 1.** Envisager (qqn, qqch.) comme dangereux, nuisible, et en avoir peur. ➔ **redouter.** *Craindre le danger. « Il ne craignait ni les remords, ni la honte, mais il craignait la police »* (Mac Orlan). ■ absolt *Craindre pour sa vie.* ■ ***Craindre que*** (+ subj.). – avec la négation complète *Je crains qu'il ne parte pas,* qu'il reste. – (*ne* explétif) *Je crains qu'il ne parte,* je crains son départ. – *Je ne crains pas qu'il parte.* ■ ***Craindre de*** (+ inf.). *Elle craint d'être découverte. Je ne crains pas d'affirmer que... :* je n'hésite pas à affirmer que. **2.** (plantes, choses) Être sensible à, ne pas supporter. *Ces arbres craignent le froid.* **II. v. intr.** fam. *Ça craint :* c'est désagréable, pénible, laid, dangereux. (➔ **craignos**).

crainte n. f. **1.** Sentiment par lequel on craint (qqn ou qqch.) ; appréhension inquiète. ➔ **angoisse, anxiété, frayeur, peur.** *La crainte de l'avenir. Soyez sans crainte. N'ayez crainte.* ■ au plur. *Cela confirme nos craintes.* **2.** loc. prép. ***Dans la crainte de ; de crainte de ; par crainte de*** (devant un n. de chose ou un inf.). *Dans la crainte, de crainte de l'échec, d'échouer.* – loc. conj. ***De crainte que*** (+ subj., suivi ou non de *ne* explétif). *De crainte qu'on (ne) vous entende.*

craintif, ive adj. Qui est sujet à la crainte. ➔ **inquiet, peureux.** ■ Qui manifeste de la crainte. □ adv. **craintivement**

Craiova Ville du S. de la Roumanie, en Valachie. 269 500 habitants. Université. Industries (automobile, aéronautique, chimie).

Cram (Donald J.) Chimiste américain (1919-2001). Il élabora des molécules complexes rigides à cavité ayant de nombreuses applications, entre autres dans le transport à travers une membrane ou dans la catalyse. Prix Nobel 1987, avec J.-M. Lehn et C. Pedersen.

crambe n. m. (du grec *krambê* « chou ») bot. Plante *(crucifère)* cultivée pour ses pétioles comestibles et appelée aussi *chou marin.*

cramer v. < 1 > (mot dialectal, du latin *cremare* [supin *crematum* ➔ **crémation**]) fam. **1. v. tr.** Brûler (qqch.) légèrement. *Cramer un rôti.* – intrans. *Les nouilles ont cramé.* ■ **n. m.** *Ça sent le cramé.* **2. v. intr.** Brûler. ➔ **flamber.** *Toute la bicoque a cramé.* **3. v. tr.** fig. Démasquer, prendre (qqn) sur le fait. *Je me suis fait cramer.* ➔ [1]**griller.**

Cramer (Gabriel) Mathématicien suisse (1704-1752). Il participa au développement de la géométrie analytique plane *(Introduction à l'analyse des lignes courbes algébriques).*

Cramer (Johann Baptist) Pianiste et compositeur allemand (1771-1858). Élève de Clementi et d'Abel, ami de Haydn et de Beethoven, il composa de nombreuses pièces pour piano. Il est surtout connu pour ses compositions pédagogiques (150 *Études*).

cramine n. f. (famille du latin *cremare* « brûler ») (Suisse) fam. Froid intense, qui brûle la peau.

cramique n. m. (mot flamand, p.-ê. de l'ancien français, de *crème* et de *miche*) Pain brioché aux raisins (Belgique, nord de la France).

cramoisi, ie adj. (arabe *kirmizi,* de *karmiz* ➔ **carmin, kermès**) **1.** D'une couleur rouge foncé, tirant sur le violet. *Soie cramoisie.* **2.** (teint, peau) Très rouge. *Il est devenu cramoisi.*

crampe n. f. (francique *krampa,* de *kramp* « courbé ») Contraction douloureuse, involontaire et passagère des muscles. *Avoir une crampe au mollet.* – *Crampe d'estomac,* douleur gastrique.

crampillon n. m. (de *crampon*) techn. Clou recourbé à deux pointes parallèles. ➔ [1]**cavalier.**

crampon n. m. (francique « crochet » ➔ **crampe**) **I. 1.** Pièce de métal servant à attacher, assembler deux éléments (agrafe, crochet). **2.** *Chaussures à crampons,* munies de clous, de petits cylindres de cuir, caoutchouc, etc., pour empêcher de glisser. **3.** Racine de fixation située le long de la tige (d'une plante grimpante). *Les crampons du lierre.* **II.** fig., fam. Personne importune et tenace. *Quel crampon !* – **adj.** (invar. en genre) *Ils, elles sont crampons.* ➔ **collant.**

cramponnement n. m. Action de cramponner, de se cramponner.

cramponner v. tr. < 1 > **1.** fam. Agir comme un crampon (II) avec (qqn). ➔ **importuner ;** fam. **coller. 2. *Se cramponner à*** v. pron. réfl. : s'accrocher, s'attacher ; se tenir fermement. ➔ **s'agripper,** se **retenir.** *Se cramponner au bras de qqn.* absolt *Cramponne-toi !* – fig. *Se cramponner à un espoir.*

cramponnet n. m. (de *crampon*) techn. Pièce de métal où se déplace le pêne d'une serrure.

Crampton (Thomas Russell) Ingénieur britannique (1816-1888). Il inventa un type de locomotive à centre de gravité bas, plus rapide, participa à la pose du premier câble sous-marin Calais-Douvres et réalisa le premier réseau hydraulique de Berlin en 1855.

cran n. m. (d'abord *cren* ➔ **créneau ;** de l'ancien français *créner* « entamer », qui vient d'un latin pop. d'origine gauloise) **I. 1.** Entaille faite à un corps dur et destinée à accrocher, à arrêter qqch. ➔ **encoche ; créneler** (2). *Les crans d'une crémaillère.* ■ fig. *Monter, baisser d'un cran :* passer à qqch. de supérieur (augmenter), d'inférieur (diminuer). **2.** Entaille où s'engage une pièce mobile. *Couteau à cran d'arrêt.* **3.** Entaille servant de repère. **4.** Trou servant d'arrêt dans une sangle, une courroie. *Serrer sa ceinture de deux crans.* **5.** Ondulation (des cheveux). **II. 1.** fam. Audace, courage. *Il ne manque pas de cran. « Ceux qui ont le cran de dire "non" doivent être peu nombreux »* (Martin du Gard). **2.** ***Être à cran,*** prêt à se mettre en colère. ➔ **exaspéré ;** ➔ **à bout de nerfs.**

Cranach (Lucas) dit **l'Ancien** ou **l'Aîné** Peintre et graveur allemand (1472-1553). Ses thèmes religieux et profanes sont influencés par la Renaissance italienne mais son style expressif relève de la tradition germanique (couleurs, prédominance du caractère graphique, absence de perspective). Il traita de manière originale et sensuelle la beauté féminine *(Adam et Ève ; Vénus et l'Amour).* Il fut aussi l'un des créateurs de l'iconographie protestante (gravures sur bois). ■ **Lucas Cranach le Jeune** (1515-1586). Fils de Lucas. Il reprit l'atelier de son père, en traitant les mêmes sujets, ainsi que des portraits.

Crane (Stephen) Journaliste et écrivain américain (1871-1900). Il écrivit des romans dans un style naturaliste, comme *Maggie, fille des rues,* qui fit scandale. Son récit de la guerre civile américaine, *La Conquête du courage (The Red Badge of Courage),* fut salué pour son réalisme psychologique. Il écrivit aussi des nouvelles *(Le Bateau ouvert)* et des poèmes.

Crane (Harold, dit Hart) Poète américain (1899-1932). Il fut influencé par W. Whitman et par les surréalistes français. Auteur de poèmes jugés difficiles, il est considéré comme l'un des poètes les plus influents de sa génération. *Key West.*

crâne

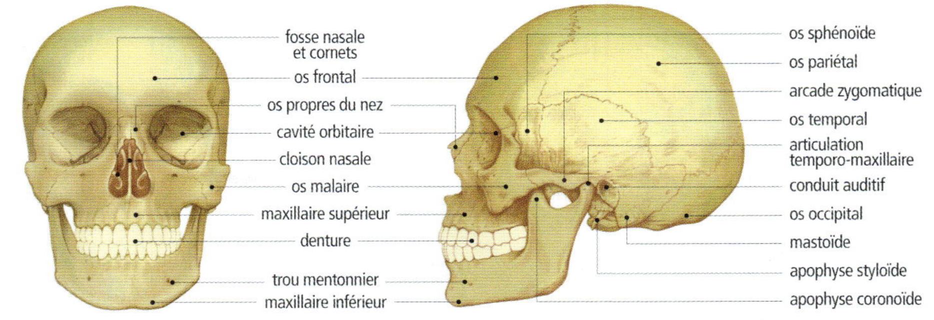

Face et profil du crâne.

¹crâne n. m. (grec *kranion,* famille de *kratos* « force » → -crate) **1.** Boîte osseuse renfermant le cerveau. *Les os du crâne et de la face. Fracture du crâne.* **2.** Tête, sommet de la tête. *Avoir le crâne chauve.* – fam. *Avoir mal au crâne.* – fig. Cerveau.

²crâne adj. (de ¹*crâne,* idée de « front en avant ») vieilli Courageux, décidé. *Un air crâne.* □ adv. **crânement**

crâner v. intr. < 1 > (de ²*crâne*) fam. **1.** Affecter la bravoure, le courage, la décision. **2.** Prendre un air vaniteux. → fam. **frimer.**

crânerie n. f. vieilli Comportement d'une personne qui tient à montrer du courage. → **audace, bravade.**

crâneur, euse n. et adj. fam. → **prétentieux.** *Faire le crâneur.* – adj. *Elle est un peu crâneuse.*

craniectomie n. f. (de *crani[o]-* et *-ectomie*) méd. Détachement d'un volet osseux du crâne. - syn. **craniotomie.**

crânien, ienne adj. Du crâne. *Boîte crânienne.*

crani(o)- Élément, du grec *kranion* « crâne ».

craniologie n. f. Étude du crâne humain sous tous ses aspects.

craniotomie voir **craniectomie**

Cranmer (Thomas) Prélat anglais (1489-1556). Archevêque de Canterbury (1533), gagné à certaines idées de la Réforme, il seconda Henri VIII dans ses affaires religieuses et matrimoniales. Il fut exécuté lors de la réaction catholique de Marie Tudor.

Crans-sur-Sierre Station de sports d'hiver de Suisse (canton du Valais). 1 500 à 3 000 m.

cranter v. tr. < 1 > (de *cran*) Faire des crans à (qqch.). – p. p. adj. *Pignon cranté.* □ n. m. **crantage**

Craon Commune de la Mayenne. 4 456 habitants. Château du XVIIIe s. Élevage porcin.

Craonne Village de l'Aisne. Napoléon Ier y vainquit le Prussien Blücher (1814) sur le plateau de Craonne. De violents combats s'y déroulèrent pendant la Première Guerre mondiale, au Chemin des Dames (avril 1917, mai 1918).

crapahuter v. intr. < 1 > (prononciation comique de *crapaud* [kʀapay] d'après *chahuter*) fam. (d'abord armée) Marcher, progresser en terrain difficile.

crapaud n. m. (d'un mot germanique *krappa* « crochet » → **crampe, crampon**) **I.** Batracien à tête large, au corps trapu recouvert d'une peau verruqueuse. *Crapaud-buffle,* originaire d'Afrique. *Des crapauds-buffles.* **II.** fig. **1.** Défaut dans un diamant, une pierre précieuse. **2.** Le plus petit des pianos à queue. **3.** appos. *Fauteuil crapaud,* bas et ramassé. *Des fauteuils crapauds* ou *crapaud* (invar.).

crapaudine n. f. **1.** Pierre provenant de la pétrification des dents fossiles du loup de mer. **2.** techn. Godet de métal dans lequel rentre le gond d'une porte. **3.** Plaque ou grille qui arrête les déchets à l'entrée d'une gouttière, d'un tuyau de descente, d'un réservoir. **4.** bot. Plante annuelle ou vivace (labiée) de la garrigue, à fleurs roses. **5.** cuis. *Poulet, pigeon à la crapaudine,* ouvert en long et aplati avant d'être grillé.

crapauduc n. m. (de *crapaud* et du latin *ducere* → **conduire**) Petit conduit sous une route, permettant le passage protégé des batraciens.

crapette n. f. (origine obscure) Jeu de cartes qui se joue à deux.

crapoter v. intr. < 1 > (de *crapaud*) fam. Tirer sur une cigarette sans vraiment fumer.

crapoteux, euse adj. (de *crasseux* et élément obscur) fam. Très sale. → **crado.**

crapouillot n. m. (de *crapaud* « canon court ») Mortier de tranchée (en 1914-1918) ; son obus.

crapule n. f. (latin *crapula,* « ivresse ») **1.** Ensemble de débauchés vulgaires et malhonnêtes. **2.** Individu très malhonnête. → **bandit, canaille.** *C'est une crapule.*

crapulerie n. f. Malhonnêteté et bassesse. – Action crapuleuse.

crapuleux, euse adj. Très malhonnête et sordide. → **infâme.** *Crime crapuleux,* accompli pour voler. □ adv. **crapuleusement**

craquage n. m. **I.** Procédé de raffinage du pétrole. → anglic. **cracking. II.** fam. **1.** Défaillance nerveuse. **2.** Fait de céder brusquement.

craquant, ante adj. **1.** Qui craque. **2.** fam. Qui fait craquer ; tentant, séduisant. *Une nana craquante.* → **irrésistible.**

craque n. f. (de *craquer* « mentir ») fam. Mensonge par exagération. *Il nous a raconté des craques.* → ²**blague.**

craquelage n. m. **1.** Fait de se craqueler ; son résultat. - syn. **craquèlement, craquellement. 2.** techn. Opération par laquelle on obtient la porcelaine craquelée.

craqueler v. tr. < 4 ou RO 5 > Fendiller (une surface polie). *Craqueler de la porcelaine.* – pronom. *La terre se craquelle sous l'effet de la sécheresse.* – au p. p. *Émail craquelé.*

craquelin n. m. (du néerlandais, de *cracken* → **craquer**) Biscuit dur et croquant. ■ Pâte faite de farine, de sucre et de beurre. *Des choux (au) craquelin,* recouverts de cette pâte avant cuisson.

craquelure n. f. Fendillement du vernis, de l'émail, etc.

craquement n. m. Bruit sec (d'une chose qui se rompt, éclate, etc.). *On entend des craquements sinistres.*

craquer v. < 1 > (de l'onomatopée *crac*) **I.** v. intr. **1.** Produire un bruit sec, bref. **2.** Se déchirer brusquement. *Les coutures ont craqué.* – Se casser. ■ loc. fig. ***Plein à craquer*** : rempli jusqu'aux limites. *Salle pleine à craquer.* → **bondé. 3.** fig. *Ses nerfs ont craqué,* il a eu une défaillance nerveuse. – (sujet personne) S'effondrer. *Elle va craquer.* ■ fam. Céder à la tentation. *Si tu m'offres un gâteau au chocolat, je craque !* – Être fortement séduit. **4.** fig. Être ébranlé, menacer ruine. *Ses projets ont craqué.* → **échouer ;** fam. ²**capoter. II.** v. tr. **1.** *Craquer une allumette,* l'allumer en la frottant. **2.** (anglais *to crack*) techn. Traiter (un produit pétrolier) par craquage. **3.** inform. Forcer la protection de (un logiciel). → **pirater.**

craqueter v. intr. < 4 > **1.** Produire des craquements répétés. **2.** (cigogne, grue) Crier. – (cigale) Émettre son bruit. → **striduler.** □ n. m. **craquètement** ou **craquettement**

crase n. f. (grec *krasis*) ling. Contraction de syllabes (en grec), d'éléments.

crash n. m. (mot anglais, onomatopée) anglic. **1.** Écrasement au sol (d'un avion). *Des crashs.* **2.** inform. Détérioration du disque dur entraînant la perte de données.

Crashaw (Richard) Poète anglais (1612-1649). On lui doit des *Épigrammes sacrées* en grec et en latin. Converti au catholicisme, il fut obligé d'émigrer en Hollande, où il fut secrétaire du cardinal Palotta. Il composa alors des poèmes mystiques de style baroque *(Le Cœur ardent).*

se **crasher** v. pron. < 1 > anglic. (engins aériens) S'écraser au sol. – par ext. *Le camion s'est crashé dans le virage.*

crash test [kʀaʃtɛst] n. m. (de l'anglais) anglic. Essai de chocs réalisé en laboratoire sur un véhicule, pour en tester la résistance. *Des crash tests.* - recomm. offic. **essai de choc.**

crassane n. f. (origine inconnue) Poire fondante. – appos. *Des poires crassanes.*

crasse (de l'ancien adj. *cras,* qui vient du latin *crassus* → **gras**) **I.** adj. f. *Ignorance (bêtise...) crasse,* totale et grossière. **II.** n. f. **1.** Couche de saleté. *Mains couvertes de crasse. Enlever la crasse :* décrasser. ■ techn. Scorie d'un métal en fusion. **2.** fam. Méchanceté, indélicatesse. → **vacherie.** *Faire une crasse à qqn.*

Crasset (Nathalie, dite Matali) Designer française (née en 1965). Observant les manières évolutives de vivre de ses contem-

Matali Crasset dans son atelier parisien (2003).

porains, elle propose des objets, ludiques et décalés. Hôtels Hi Life.

crasseux, euse adj. Qui est couvert de crasse, très sale. → fam. **cracra, crado.** *Une chemise crasseuse.* - syn. fam. **craspec.**

crassier n. m. (de *crasse* [II]) Amoncellement des scories de hauts-fourneaux. → **terril.**

Crassus en latin **Marcus Licinius Crassus** Homme politique et général romain (114-53 av. J.-C.). Il triompha de Spartacus en –71. Consul en –70, il forma le premier triumvirat avec César et Pompée (–60). Gouverneur de Syrie (–55), il voulut annexer les provinces occidentales de l'Empire parthe, mais fut vaincu à Carrhes et assassiné.

-crate, -cratie [kʀasi], **-cratique** [kʀatik] Éléments (du grec *kratos*) qui signifient « force, pouvoir » (ex. *aristocrate, technocrate, démocratie, théocratie*).

cratère n. m. (grec *kratêr*, de *kerannunai* « verser ») **1.** Vase antique à deux anses. **2.** Dépression d'un volcan par laquelle s'échappent des matières en fusion (laves, cendres). ■ par ext. Vaste trou naturel. *Cratère lunaire. – Des cratères de bombes.*

Des cratères jalonnent une zone de failles sur l'île volcanique de Lanzarote aux Canaries.

craterelle n. f. (du latin, de *crater* → cratère) bot. Champignon comestible en forme d'entonnoir, appelé aussi *trompette-de-la-mort.*

cratériforme adj. didact. En forme de coupe.

Crati n. m. Fleuve côtier d'Italie (Calabre), qui se jette dans le golfe de Tarente. 89 km.

craton n. m. (mot anglais, de *crater* « cratère ») géol. Aire continentale correspondant à une zone anciennement consolidée de la lithosphère.

Crau n. f. Plaine caillouteuse des Bouches-du-Rhône, à l'E. du Grand Rhône. Cultures et prairies dans la *Petite Crau* (au nord), grâce à l'irrigation ; urbanisation et industrialisation près du golfe de Fos, dans la *Grande Crau* (au sud).

Crau (La) Commune du Var, au N. d'Hyères. 19 052 habitants. Viticulture, huile d'olive.

cravache n. f. (de l'allemand, du polonais, lui-même du turc *qurbac* « fouet ») Baguette mince et flexible dont se servent les cavaliers. → **badine, jonc.** *Coup de cravache.* ■ **loc. adv.** fig. *À la cravache* : brutalement. *Mener qqn à la cravache.*

cravacher v. tr. < 1 > **1.** Frapper à coups de cravache. *Cravacher un cheval.* **2.** v. intr. fig. et fam. Aller vite, travailler dur.

cravate n. f. (« bande de tissu portée autour du cou par les cavaliers croates » ; adaptation, par l'allemand, du slave, même mot que *Croate*) **1.** Bande d'étoffe que l'on noue autour du cou et qui passe sous le col de chemise. *Nœud papillon et cravate.* **2.** Bande d'étoffe, insigne de haute décoration. **3.** loc. fam. *S'en jeter un* (un verre) *derrière la cravate.* → **¹boire.**

cravater v. tr. < 1 > **1.** Attaquer (qqn) en le prenant et en le serrant par le cou. **2.** fam. Prendre, attraper (qqn). *Le voleur s'est fait cravater.*

crave n. m. (même radical que *cravan* « oie sauvage », probablt d'origine gauloise) zool. Oiseau des montagnes, voisin du choucas, au plumage noir, au bec et aux pattes rouges.

Crawford (Lucille Fay Le Sueur, dite Joan) Actrice américaine de cinéma (1904-1977). Elle connut de grands succès dans les films muets des années 1930 et obtint un Oscar en 1945 pour *Le Roman de Mildred Pierce.*

Joan Crawford, avec Sterling Hayden, dans *Johnny Guitar*, de Nicholas Ray (1954).

crawl [kʀol] n. m. (mot anglais, de *to crawl* « ramper ») anglic. Nage rapide qui consiste en un battement continu des jambes et une rotation alternative des bras.

crawler [kʀole] v. intr. < 1 > Nager le crawl. – au p. p. *Dos crawlé* : crawl nagé sur le dos.

crawleur, euse [kʀolœʀ, øz] n. Nageur, nageuse de crawl.

Crawley Ville d'Angleterre, au S. de Londres. 100 000 habitants. Elle a été créée en 1947 pour décongestionner Londres. Industries et services.

Craxi (Bettino) Homme d'État italien (1934-2000). Secrétaire général du Parti socialiste italien (1976), il fut président du Conseil de 1983 à 1987. Il quitta la direction du PSI en 1993.

Cray (Seymour R.) Informaticien américain (1925-1996). Il a travaillé sur l'augmentation de la vitesse de traitement des ordinateurs, fondant une société qui produisit des ordinateurs pour la recherche en physique.

crayeux, euse adj. **1.** De la nature de la craie. *Sol crayeux.* **2.** De la couleur de la craie. → **blanchâtre.** *Il a un teint crayeux.*

crayon n. m. (de *craie*, d'abord « petite craie ») **I. 1.** Petite baguette, généralement en bois, servant de gaine à une longue mine. *Écrire au crayon. Crayon noir. Crayons de couleur.* – (pour distinguer des marqueurs, pointes, etc.) *Crayon à papier.* régional *Crayon de bois.* ■ par ext. *Crayon à bille.* → **stylo** à bille. *Crayon feutre.* → **feutre.** – *Crayon optique.* → **photostyle. 2.** Bâtonnet. → **bâton, tube.** – *Crayon à lèvres, à sourcils,* pour le maquillage. **II.** Dessin au crayon.

crayonnage n. m. Action de crayonner. – Griffonnage au crayon.

crayonner v. tr. < 1 > Dessiner, écrire au crayon, de façon sommaire. *Crayonner un croquis.* □ **crayonné** n. m. Esquisse d'une illustration.

cré voir **¹sacré**

créance n. f. (de *croire*, aux anciennes formes en *cré-* ou du latin médiéval *credentia* → crédence, de *credere* → croire) **I.** vieux Croyance, foi. **II.** Droit en vertu duquel une personne (→ **créancier**) peut exiger qqch., une somme d'argent de qqn. *Avoir une créance sur qqn.* → **gage, hypothèque.** *Recouvrer une créance.* ■ Le titre établissant la créance.

créancier, ière n. Titulaire d'une créance ; personne à qui de l'argent est dû. *Rembourser ses créanciers.*

Creangă (Ion) Écrivain roumain (1837-1889). Fils de paysans, il fut prêtre puis instituteur. Il fréquenta le groupe Junimea (La Jeunesse) et fut l'un des créateurs de la prose roumaine moderne. *Contes populaires ; Souvenirs d'enfance.*

créateur, trice (latin *creator*, de *creare* → créer) **I.** n. **1.** n. m. Puissance qui crée, qui tire du néant (opposé à *créature*). *« Âme de l'univers, Dieu, père, créateur* [...] *»* (Lamartine). – absolt *Adorer le Créateur.* **2.** Auteur (d'une chose nouvelle). *La créatrice d'une œuvre artistique.* → **inventeur.** – absolt *« Je relis Corneille ; c'est un créateur ; il n'y a de gloire que pour ces gens-là »* (Voltaire). ■ Premier interprète (d'un rôle). **3.** *Le créateur d'un produit.* → **producteur. II.** adj. Qui crée ou invente. *Industrie créatrice d'emplois. Esprit créateur.* → **créatif, inventif.**

créatif, ive adj. et n. (du latin médiéval, de *creatum* → créer) **1.** adj. Qui est d'esprit inventif. ■ Qui favorise la création. *Loisirs créatifs.* **2.** n. Créateur dans le domaine commercial. → **concepteur ;** régional **idéateur.**

créatine n. f. (grec *kreas, kreatos* « chair ») biochim. Substance azotée qui joue un rôle important dans l'énergétique musculaire.

créatinine n. f. (de *créatine*) biochim. Anhydride de la créatine.

création n. f. (latin *creatio*, de *creare* → créer) **I. 1.** Action de donner l'existence, de créer (I, 1). *La création du monde.* → **genèse. 2.** L'ensemble des choses créées ; le monde considéré comme l'œuvre d'un créateur. *Les merveilles de la création.* – loc. *Toutes les plantes de la* **création**, toutes celles qui existent. **II. 1.** Action de faire, d'organiser (une chose qui n'existait pas encore). → **élaboration, invention.** *La création d'une ville.* → **fondation.** *Ils font partie de l'entreprise depuis sa création.* → **commencement, début, naissance.** – Le fait de créer une œuvre (opposé à *imitation*). **2.** Ce qui est créé. *Les plus belles créations humaines.* → **œuvre.** ■ Nouvelle fabrication ; modèle inédit. *Les dernières créations des grands couturiers.*

▶ Chaque peuple antique a développé ses propres récits de la **Création** (I), depuis la Genèse biblique jusqu'aux mythes grecs recueillis par Hésiode et aux récits des origines de la littérature védique.

Le terme prête à confusion car, dans les cosmogonies, le geste fondateur est moins la création du monde que son organisation. Dans l'Ancien Testament, Yahvé sépare la Terre et le Ciel, puis la Terre et les eaux. Chez Hésiode, la Création est une transformation successive du chaos originel en un cosmos ordonné : les Titans, puis les dieux de l'Olympe donnent forme à ce qui était informe. Dans les Véda, les dieux sacrifient un être cosmique originel dont les parties du corps donnent naissance aux éléments de l'Univers.

Le plus souvent, l'être humain prolonge l'œuvre divine, ce qui lui assure une place à part entre les autres créatures : Adam est ainsi chargé de nommer les plantes du jardin d'Éden. Mais la présence humaine pose la question du mal et interroge le sens et la valeur de la Création. Certaines sagesses ésotériques, comme le gnosticisme, considèrent à la suite du *Poème de la Création* babylonien que la Création n'est pas le fait de Dieu, mais d'un magicien « démiurge » : Dieu ne saurait être responsable de notre monde corrompu.

À l'inverse, certains poèmes modernes comme le *Paradis perdu* de Milton ou l'oratorio de *La Création,* de Haydn, glorifient l'œuvre divine pour exalter l'humanité, présentée comme sa finalité ultime : la Création serait ainsi un cadeau fait à l'être humain et pour l'être humain, « maître et possesseur de la nature » (Descartes).

L'hypothèse moderne du « big bang » rompt avec cette conception anthropocentrique d'inspiration religieuse de la Création.

voir aussi **mythe, Bible, créationnisme, big bang, apocalypse**

création

La Création du monde, enluminure de la Bible de Souvigny (fin XIIe s.), bibliothèque municipale de Moulins, Allier.

créationnisme n. m. didact. Doctrine selon laquelle les espèces vivantes ont été créées telles qu'elles existent aujourd'hui. → **fixisme.** □ adj. et n. **créationniste**

Le terme **créationnisme** désigne un courant de pensée pour lequel l'interprétation littérale des premiers chapitres de la Genèse dans la Bible fournit la seule explication valable de la formation de l'Univers, de l'apparition de la vie et de l'homme. Ce courant, né au cours de la seconde moitié du XIXe s., rejette catégoriquement la théorie de l'évolution de Darwin et postule que l'homme et les espèces vivantes ont été créés par Dieu dès l'origine, tels que nous les observons aujourd'hui.

Les adeptes du « Dessein Intelligent » (ou *créationnisme doux*) admettent les preuves paléontologiques de la succession des espèces. Mais ils prétendent tout de même apporter des arguments scientifiques contre toute évolution qui ne serait pas dirigée par des causes surnaturelles. Ils invoquent à cette fin l'irréductible complexité des phénomènes biologiques, inconcevable sans l'intervention d'une cause intelligente transcendante mue par un dessein, c'est-à-dire d'une planification divine initiale.

Opposées à l'idéologie finaliste de la nature, les réponses de l'évolutionnisme moderne visent au contraire à rendre compte de la complexité du vivant par les affinités développées au hasard des rencontres entre molécules, d'où émergent lentement des organisations plus complexes sous la contrainte de la sélection naturelle.

Les faiblesses des théories créationnistes, outre leur caractère idéologique, résident essentiellement dans la nécessité d'admettre l'existence de la transcendance pour interpréter des faits que la théorie de l'évolution et ses variantes explicitent de manière très performante.

Depuis quelques années, l'opposition entre partisans de l'évolutionnisme et du créationnisme dans l'enseignement de la biologie a dépassé les frontières des États-Unis (où elle avait commencé dans les années 1920), avec l'apparition d'un *néocréationnisme* musulman.

voir aussi **bible, dieu, théorie de l'évolution, Univers, vie**

créativité n. f. Pouvoir de création, d'invention.

créature n. f. (latin chrét. *creatura*, de *creare* → créer) **1.** Être qui a été créé, tiré du néant (opposé à *créateur*). – *Des créatures venues d'une autre planète.* → **extraterrestre. 2.** *Créature humaine.* → **femme, homme, humain.** *Une créature,* un être humain. → **¹personne. 3.** Femme. *Une superbe créature.* ■ vieux, péj. Femme de mœurs légères. **4.** Personne qui tient sa fortune, sa position de qqn à qui elle est dévouée. *Une créature du président.* → **favori, protégé.**

Crébillon (Prosper Jolyot, sieur de Crais-Billon, dit) Auteur dramatique français (1674-1762). Il a écrit neuf tragédies, riches en coups de théâtre. *Zénobie.* ■ Claude Prosper Jolyot de Crébillon, dit **Crébillon fils.** Écrivain français, fils du précédent (1707-1777). Il est l'auteur de contes licencieux *(Le Sopha, conte moral)* et de romans psychologiques de mœurs *(Les Égarements du cœur et de l'esprit ou Mémoires de M. de Meilcour).* Bien que souvent censuré, il fut nommé censeur royal en 1759.

crécelle n. f. (onomatopée ou latin pop., famille de *crepitare* → crépiter) **1.** Moulinet de bois formé d'une planchette mobile qui tourne bruyamment autour d'un axe. *Bruit de crécelle,* sec et aigu. **2.** fig. *Voix de crécelle,* aiguë, désagréable.

crécerelle n. f. (de *crécelle,* à cause du cri) Petit rapace diurne (faucon).

crèche n. f. (francique *krippia*) **I. 1.** La mangeoire où Jésus fut placé à sa naissance, dans l'étable de Bethléem, selon la tradition de Noël. **2.** Représentation de cette étable, de la Nativité. *Les personnages de la crèche* (→ **santon**). **II.** Établissement destiné à recevoir dans la journée les enfants de moins de trois ans. → **garderie, pouponnière.**

crécher v. intr. < 6 > fam. Habiter, loger.

Crecquillon (Thomas) Compositeur flamand (mort en 1557). Maître de chapelle à la cour de Charles Quint à Bruxelles, son œuvre abondante est surtout religieuse.

Crécy-en-Ponthieu Commune de la Somme, près de la *forêt de Crécy.* 1 366 habitants. Église des XVe-XVIe s. Lors de la *bataille de Crécy* (1346), le roi de France Philippe VI y fut battu par Édouard III d'Angleterre.

Crécy-la-Chapelle Commune de la Seine-et-Marne. 4 774 habitants. Collégiale gothique.

crédence n. f. (italien *credenza,* d'un dérivé latin de *credere* → créance) **1.** Buffet dont les tablettes superposées servent à poser les plats, la verrerie. → **²desserte. 2.** relig. cathol. Console où sont déposés les objets du culte. **3.** Revêtement fixé sur une partie d'un mur de cuisine pour le protéger des salissures.

crédibiliser v. tr. < 1 > Rendre crédible.

crédibilité n. f. Caractère de ce qui est croyable. → **vraisemblance.** *La crédibilité d'un témoignage.*

crédible adj. (latin *credibilis,* de *credere* → croire) anglic. Qui est digne de confiance (→ **fiable**), mérite d'être cru.

crédirentier, ière n. et adj. (de *crédit* et *rentier*) dr. Créancier d'une rente constituée en viager (opposé à *débirentier*).

crédit n. m. (p.-ê. de l'italien, du latin *creditum,* de *credere* → croire) **I. 1.** vieux Confiance inspirée par qqn, qqch. (→ **accréditer**). **2.** littér. Influence due à cette confiance. → **autorité, ²pouvoir.** *Jouir d'un grand crédit, de peu de crédit auprès de qqn. Cette opinion acquiert du crédit.* **II.** Situation d'une personne autorisée à ne pas payer immédiatement, à emprunter. **1.** loc. *À crédit :* sans exiger de paiement immédiat (opposé à *au comptant*). *Vendre à crédit.* – *Faire crédit à qqn.* **2.** Opération par laquelle une personne met une somme d'argent à la disposition d'une autre ; cette somme. → **²prêt ; avance.** *Établissement de crédit. Obtenir un crédit. Crédit solidaire.* → **microcrédit.** – *Carte* de crédit.* – Établissement de crédit. → **banque.** *Le Crédit agricole.* **3.** au plur. Sommes allouées sur un budget pour un usage déterminé. → **enveloppe.** *Crédits budgétaires. Vote des crédits.* **4.** Partie d'un compte où sont inscrites les sommes remises ou payées à la personne qui possède le compte. → **²avoir.** *Balance du crédit et du débit.* **5.** Au Canada, en Suisse Unité de valeur dans l'enseignement universitaire.

Le **crédit** (II) désigne soit l'opération qui autorise un agent à différer un paiement (exemple les crédits interentreprises correspondant aux délais accordés aux clients ou consentis par les fournisseurs), soit celle qui permet à un agent (le débiteur) de disposer de fonds prêtés par un autre agent (le créancier). Le plus souvent, le créancier est rémunéré par le versement d'intérêts.

On peut regrouper les crédits en fonction de leur échéance, de leur objet (crédit immobilier, crédit à la consommation...), de l'existence ou non de garantie en cas de défaut de l'emprunteur. L'offre de crédit est assurée par les banques et par des établissements financiers spécifiques. Elle tient compte du rendement et du risque de l'opération, ainsi que d'éventuelles contraintes de politique monétaire. La demande de crédit émane des entreprises, des ménages, des administrations. Elle varie en fonction des taux d'intérêt et de la santé financière des agents. Le taux d'intérêt ajuste l'offre et la demande de crédit, mais il ne doit pas dépasser un plafond (« taux d'usure ») fixé par le régulateur, la Banque de France dans le cas français. Le crédit est une opération fondamentale dans le système monétaire et un moyen essentiel de financement de l'économie.

voir aussi **intérêt, dette, consommation**

crédit-bail n. m. Forme de location portant sur un bien dont le locataire peut, aux termes du contrat, devenir propriétaire. → **leasing.** *Des crédits-bails.*

créditer v. tr. < 1 > **1.** Porter au crédit de (qqn, son compte). *Créditer un compte de cinq mille euros* (opposé à *débiter*). **2.** fig. *Créditer qqn de qqch.,* lui en reconnaître le mérite, porter à son actif.

créditeur, trice n. Personne qui a des sommes portées à son crédit. – adj. *Solde créditeur.*

credo [kʀedo] n. m. invar. (mot latin « je crois », forme du v. *credere* → croire) **1.** (avec maj.) Formule contenant les articles fondamentaux d'une foi religieuse. **2.** Principes sur lesquels on fonde son opinion, sa conduite. → **règle.** *Exposer son credo politique.* - var. **crédo** n. m. *Des crédos.*

crédule adj. (latin *credulus,* de *credere* → croire) Qui a une confiance excessive et naïve. → **¹naïf, simple ;** fam. **²gogo.** *« La haine ainsi que l'amour rend crédule »* (Rousseau). - s'oppose à *incrédule,* à *sceptique.*

crédulité n. f. Grande facilité à croire. → **candeur, confiance, naïveté.**

créer v. tr. < 1 > (latin *creare* [supin *creatum* → créateur, création, créature], même famille que *crescere* → croître) **I.** (sens fort) **1.** relig. Donner l'existence, l'être à ; tirer du néant. *Dieu créa le ciel et la terre.* **2.** Faire, réaliser (qqch. qui n'existait pas encore). → **concevoir, élaborer, inventer, produire.** *Créer une science.* – absolt *L'artiste, le poète créent.* **II.** (sens faible) **1.** Établir ou organiser. *Créer une ville, des emplois.* **2.** *Créer un rôle,* en être le premier interprète. *Créer un spectacle,* le mettre en scène. **3.** Fabriquer ou mettre en vente (un produit nouveau). *La maison X a créé et lancé ce produit* (→ **création**). **4.** (sujet chose) Être la cause de. → **produire, provoquer, susciter.** *La publicité crée des besoins nouveaux.* – (sujet personne) *Sa famille lui crée des ennuis.* **5.** *Se créer qqch.,* susciter pour soi-même. → **imaginer.** *Se créer des besoins.*

Crees voir **Cris**

Creil Commune de l'Oise, sur l'Oise. 35 970 habitants. Centre ferroviaire. Industries (métallurgie, chimie).

C

crémaillère n. f. (vient du bas latin, de *cremasculus,* du grec *kremastêr* « qui suspend ») **1.** anciennt Tige de fer à crans qu'on suspendait dans une cheminée pour y accrocher une marmite. – loc. mod. ***Pendre la crémaillère*** : fêter son installation dans un nouveau logement. ***(Pendaison de) crémaillère*** : fête organisée à cette occasion. **2.** Pièce munie de crans. *Étagère à crémaillère.* – Rail denté. *Funiculaire à crémaillère.*

crémant n. m. (de *crémer*) Vin pétillant à mousse légère. *Crémant d'Alsace.*

crémation n. f. (latin *crematio,* de *crematum,* supin de *cremare* → cramer) littér. Action de brûler le corps des morts. → **incinération.**

crématiste n. et adj. didact. Adepte de la crémation.

crématoire adj. (du latin → crémation) *Four crématoire,* où l'on réduit les corps en cendres. – n. m. *La fumée des crématoires.*

crématorium [kʀematɔʀjɔm] n. m. (du latin mod., de *crematum* → crémation) Lieu où l'on pratique la crémation des défunts. *Des crématoriums.* - var. **crematorium.**

Crémazie (Octave) Écrivain canadien (québécois) francophone (1827-1879). Il fut le chef de file du romantisme canadien et l'un des fondateurs de l'Institut canadien. Ses poèmes expriment l'amour de sa terre natale. Il est aussi l'auteur d'un *Journal du siège de Paris.*

crème n. f. (vient du bas latin *crama,* d'origine gauloise avec influence du latin chrét. *chrisma,* du grec → chrême) **1.** Matière grasse du lait, dont on fait le beurre. *Crème fraîche. Crème fouettée, crème chantilly.* ■ en appos. invar. ***Café crème,*** avec de la crème ou du lait. *Des cafés crème.* – n. m. *Un crème,* un café crème. **2.** fig. et fam. *C'est la crème des hommes,* le meilleur des hommes. **3.** Entremets composé surtout de lait et d'œufs. *Crème pâtissière. Crème renversée.* **4.** Liqueur épaisse (en général sucrée). *Crème de cassis.* **5.** Préparation utilisée dans la toilette et les soins de la peau. *Crème à raser. Crème solaire.* **6.** adj. invar. D'une couleur blanche légèrement teintée de jaune. *Des gants crème.* **7.** loc. fam. *Ça passe crème,* facilement, sans problème.

crémer v. intr. < 6 > rare Se couvrir de crème (lait). – au p. p. cuis. *Crémé, ée,* où il entre un peu de crème fraîche. *Sauce crémée.*

crémerie n. f. Magasin où l'on vend des produits laitiers. → **laiterie.** ■ loc. fam. ***Changer de crémerie*** : aller ailleurs. - var. RO **crèmerie.**

crémeux, euse adj. et n. m. **1.** Qui contient beaucoup de crème (I, 1). *Du lait bien crémeux.* **2.** Qui a la consistance, l'aspect de la crème. ■ n. m. Préparation culinaire qui a la consistance de la crème. *Un crémeux au chocolat.*

crémier, ière n. Commerçant, commerçante qui vend des produits laitiers, des œufs, etc.

Crémieux (Isaac Moïse, dit Adolphe) Homme politique français (1796-1880). Ministre de la Justice dans le gouvernement provisoire après la révolution de 1848 puis dans le gouvernement de Défense nationale en 1870, il fit adopter le décret (dit *décret Crémieux*) attribuant la citoyenneté française aux Juifs d'Algérie.

Crémieux (Gaston) Homme politique français (1836-1871). Il fut condamné à mort et fusillé après l'écrasement de la Commune de Marseille dont il présidait la commission (1871).

Cremona (Luigi) Mathématicien et homme politique italien (1830-1903). Il participa à la guerre de l'Indépendance italienne (1848) et fut ministre de l'Instruction publique (1898). Il fonda l'école géométrique italienne.

crémone n. f. (p.-ê. du radical de *crémaillère*) Espagnolette servant à fermer les fenêtres.

Crémone Ville d'Italie (Lombardie), sur le Pô. 70 890 habitants. Cathédrale romane et gothique (XIIe-XIVe s.). Nombreux palais Renaissance. Industries (alimentaire, mécanique). Centrale nucléaire. La ville fut célèbre, à partir du XVIe s., pour sa lutherie (Amati, Guarneri, Malpighi, Stradivarius).

Cremonini (Leonardo) Peintre italien (1925-2010). Installé à Paris en 1951, représentant de la Nouvelle Figuration, il évoqua la torture lors de la guerre d'Algérie et a peint des scènes de vie quotidienne, avec des procédés de stylisation géométrique.

créneau n. m. (de *cren* → cran ; d'abord *crenel*) **I.** Ouverture pratiquée au sommet d'un rempart et qui servait à la défense. *Des créneaux.* – loc. fig. *Monter au créneau* : s'engager personnellement dans une lutte (politique, etc.). **II.** (Espace disponible) **1.** Manœuvre pour se garer, en marche arrière. **2.** Place disponible sur un marché ; domaine de commercialisation. *C'est un nouveau créneau à prendre.* **3.** Temps disponible. *Trouver un créneau dans son emploi du temps.* – aéron. *Créneau de lancement* : temps pendant lequel on peut lancer un engin dans de bonnes conditions. → **fenêtre.**

crénelé, ée adj. **1.** Garni de créneaux. *Mur crénelé.* ■ blason Garni de créneaux tournés vers le haut (opposé à *bastillé*). **2.** sc. nat. Dont le bord est découpé. *Feuille crénelée.* - var. RO **crènelé, ée.**

créneler v. tr. < 4 ou RO 5 > (→ créneau) **1.** Munir de créneaux. **2.** Entailler par des crans (→ **dentelé**). - var. RO **crèneler** < 5 >.

crénelure n. f. Découpure en forme de créneaux. → **dentelure.** - var. RO **crènelure.**

Crenne (Marguerite Briet, dite Hélisenne de) Écrivaine française du XVIe s., redécouverte au XIXe s. Humaniste de la Renaissance, elle fut précurseur du roman d'inspiration personnelle *(Les Angoisses douloureuses qui procèdent d'amours)* et du roman épistolaire.

crénothérapie n. f. (du grec *krênê* « source » et de *-thérapie*) méd. Traitement par les eaux de source.

créole (portugais *crioulo,* de *criar* « élever », du latin *creare* → créer, des métis brésiliens étant élevés dans la maison comme serviteurs) **1.** n. Personne d'ascendance européenne née dans une des anciennes colonies intertropicales (en particulier aux Antilles). ■ par ext. Toute personne née dans ces territoires. **2.** adj. et n. m. *Les parlers créoles, les créoles* : langues provenant du contact des langues de colonisation avec des langues indigènes ou importées (africaines). *Les créoles français des Caraïbes.* **3.** adj. Relatif aux pays tropicaux à colonisation blanche et esclavage noir. *La culture créole.* **4.** n. f. Grand anneau d'oreille.

créoliser v. tr. < 1 > Donner à (un usage de la langue) des caractères d'un créole. – pronom. *Langue qui se créolise.* □ n. f. **créolisation**

créolité n. f. didact. Appartenance à la communauté créole.

Créon Roi de Thèbes dans la mythologie grecque, frère de Jocaste. Il règne après l'exil d'Œdipe et fait enterrer vive Antigone.

créosote n. f. (grec *kreus* « chair » et *sozein* « conserver ») Liquide huileux, désinfectant, qui protège le bois contre la pourriture (→ **crésyl**).

crêpage n. m. Action de crêper (les cheveux). ■ loc. fig. et fam. ***Crêpage de chignon*** : violente dispute.

Crepax (Guido) Dessinateur italien (1933-2003). Il est l'auteur de bandes dessinées et d'illustrations où se mêlent érotisme et politique, freudisme et marxisme dans des mises en page originales. *Neutron.*

¹crêpe n. f. (de l'ancien adj. f. *crespe* « frisé, ondulé » [→ ²crêpe], à propos de la pâte qui cuit) Fine galette faite d'une pâte liquide composée de lait, de farine et d'œufs, frite à la poêle. *Crêpe de sarrasin* (→ **galette**), *de froment.* – loc. fam. *Retourner qqn comme une crêpe,* le faire complètement changer d'avis.

²crêpe n. m. (de l'ancien adj. m. *cresp* « frisé » [*cf.* ¹crêpe, crêper], du latin *crispus* [*cf.* crisper], mot d'une famille celtique) **I.** Tissu léger de soie, de laine fine, ayant un aspect granuleux. *Crêpe de Chine.* – Morceau de crêpe noir, porté en signe de deuil. **II.** Caoutchouc laminé en feuilles. *Chaussures à semelles de crêpe.*

crêpelé, ée adj. (cheveux) Frisé à très petites ondulations. → **crépu.**

crêpelure n. f. rare Frisures à très petites ondulations.

crêper v. tr. < 1 > (de l'ancien adj. *cresp* → ¹ et ²crêpe) **I. 1.** Peigner (les cheveux) de la pointe vers la racine pour leur donner du volume. – au p. p. *Cheveux crêpés.* **2.** loc. fig. et fam. ***Se crêper le chignon****. **II.** Préparer (un tissu) comme le crêpe en faisant subir une torsion à la chaîne.

crêperie n. f. Lieu où l'on vend, où l'on consomme des crêpes. *Crêperie bretonne.*

crépi n. m. Couche de plâtre, de ciment d'aspect raboteux, dont on revêt une muraille. *Le crépi d'une maison.*

crêpier, ière **I.** n. Personne qui fait des crêpes pour les vendre. **II.** n. f. Appareil (à plaques) ou poêle pour faire des crêpes.

Crépin et **Crépinien** (saints) Frères d'origine romaine, martyrisés à Soissons (fin du IIIe s.), dont le culte est attesté au VIe s. Patrons des cordonniers.

crépine n. f. (de *cresp* « frisé » → ²crêpe) **1.** boucherie Membrane graisseuse qui entoure les viscères de certains animaux. **2.** techn. Tôle perforée servant à arrêter les corps étrangers à l'ouverture d'un tuyau.

crépinette n. f. Saucisse plate entourée de crépine.

crépir v. tr. < 2 > (de l'adj. *cresp* → ¹crêpe) Garnir (une muraille) d'un crépi. – au p. p. *Des murs crépis.*

crépissage n. m. Action de crépir (un mur). – État d'une surface crépie.

crépitation n. f. **1.** Fait de crépiter ; bruit de ce qui crépite. - syn. **crépitement** n. m. **2.** méd. *Crépitation osseuse* : bruit produit par les fragments d'un os fracturé qui frottent l'un contre l'autre.

crépiter v. intr. < 1 > (latin *crepitare,* de *crepare* « craquer » → crever) Faire entendre une succession de bruits secs. *Le feu crépite.* → **²grésiller, pétiller.**

crépon n. m. (de *²crêpe*) Crêpe épais. ■ *Papier crépon* : papier gaufré décoratif.

crépu, ue adj. (de l'adj. *cresp* → ²crêpe) (cheveux) Dont la frisure est très serrée.

crépusculaire adj. littér. Du crépuscule.

crépuscule n. m. (latin *crepusculum,* de *creper* « obscur ») **1.** Lumière incertaine qui succède immédiatement au coucher du soleil. *Au crépuscule* : à la nuit tombante. ■ littér. *Le crépuscule du matin* : l'aube. **2.** fig., littér. Déclin, fin. *« Le Crépuscule des dieux »* (opéra de Wagner).

Crépy (traité de) Traité de paix conclu par François Ier et Charles Quint à Crépy (dans l'Aisne), le 18 septembre 1544.

Crépy-en-Valois Commune de l'Oise. 14 365 habitants. Église des XIe et XVe s. Vestiges de l'abbaye de Saint-Arnauld. Musée.

Cres Île de Croatie (archipel dalmate), dans le golfe du Kvarner. 399 km².

crescendo [kʀeʃɛndo ; kʀeʃẽdo] (mot italien, de *crescere,* du latin *crescere* → croître) mus. **1.** adv. En augmentant progressivement l'intensité sonore. *Jouer crescendo.* ■ par analogie *Sa mauvaise humeur allait crescendo,* en augmentant. **2.** n. m. Son d'intensité croissante ; amplification (d'un son). *Des crescendos.*

crésol n. m. (de *créosote*) chim. Chacun des phénols dérivés du toluène et utilisés comme désinfectants.

Crespi (Giuseppe Maria) dit **lo Spagnolo** Peintre et dessinateur italien (1665-1747). Tenant de la tradition picturale bolognaise de tendance maniériste, il exécuta de nombreuses compositions religieuses *(Les Sept Sacrements),* de grandes décorations mythologiques et allégoriques *(Les Dieux et les Saisons),* et de nombreuses scènes de genre *(La Chercheuse de puces).*

Crespin (Régine) Soprano française (1927-2007). Elle a interprété des opéras de Mozart, de Wagner et de R. Strauss, et a créé le *Dialogue des carmélites* de F. Poulenc.

Cressent (Charles) Ébéniste, sculpteur, collectionneur français (1685-1768). Ébéniste du duc d'Orléans, il conçut et réalisa une grande variété de meubles, en accordant une importance particulière au placage et à la marqueterie, passant du classicisme au style rocaille.

cresson n. m. (francique *kresso,* d'un v. germanique « ramper » et « grimper ») Plante herbacée à tige rampante et à petites feuilles rondes ; ces feuilles comestibles.

Cresson (Édith) Femme politique française (née en 1934). Ministre sous la présidence de F. Mitterrand, elle est la première femme placée à la tête d'un gouvernement en France (1991-1992).

cressonnette n. f. Cardamine des prés, dite aussi *cresson des prés.*

cressonnière n. f. Lieu baigné d'eau où l'on cultive le cresson.

Crest Commune de la Drôme. 8 707 habitants. Donjon du XIIe siècle.

crésus [kRezys] n. m. (du n. du roi Crésus) Homme extrêmement riche (→ **riche*** comme **Crésus**).

Crésus Roi de Lydie (v. 561-546 av. J.-C.). Il est connu pour ses richesses fabuleuses, qu'il devait aux sables aurifères du Pactole. Il fut vaincu par Cyrus le Grand.

crésyl n. m. (marque déposée ; de *crésol* et *-yle*) Désinfectant formé par le mélange de phénols.

crêt n. m. (→ **crête** [II]) régional Escarpement rocheux qui borde une combe.

crétacé, ée adj. (du latin, de *creta* → craie) géol. Qui correspond à une période de la fin du secondaire, au cours de laquelle se sont formés (notamment) les terrains à craie. ■ **n. m.** *Le crétacé inférieur,* le plus ancien.

Crète n. f. Île de l'E. de la Méditerranée formant une région de Grèce. Elle est composée de quatre districts régionaux : La Canée, Rethymnon, Héraklion, Lassithi. 8 331 km^2. Environ 600 000 habitants. L'île est très montagneuse. L'agriculture (vigne, olivier, cultures irriguées dans les plaines littorales), l'élevage ovin et le tourisme (Cnossos, Phaïstos, Héraklion) sont les activités principales. La Crète, habitée dès le néolithique, fut envahie par un peuple venu d'Anatolie (v. –2700). L'âge du bronze, ou minoen, est caractérisé par la construction de palais. Au –XVe s., la Crète entra dans la mouvance de Mycènes. En –1100, la conquête dorienne mit fin à la civilisation mycéno-crétoise et au rôle prépondérant de la Crète dans le monde grec. L'île fut ensuite soumise à Rome (–63), à Byzance, puis aux Arabes (823). Elle fut reprise par Byzance, puis vendue en 1204 à Venise, à qui elle servit de base commerciale et militaire. À la fin de la domination vénitienne, elle connut un important développement culturel (architecture, peinture avec celui qui allait devenir le Greco). Conquise par les Turcs, l'île se révolta et devint autonome en 1898. Elle fut unie à la Grèce en 1913.

crête n. f. (vient du latin *crista,* p.-ê. famille de *crinis* → crin) **I.** Excroissance charnue, rouge, dentelée, sur la tête de certains oiseaux gallinacés. *Crête de coq.* ■ *La crête d'un iguane, d'un caméléon.* ■ par analogie *La crête d'un punk* (coiffure). **II. 1.** Ligne de faîte. *La crête d'un toit.* **2.** Arête supérieure (d'une vague).

crêté, ée adj. zool. Qui a une crête.

crête-de-coq n. f. **1.** Nom courant de plusieurs plantes (amarante, sainfoin) à feuilles dentelées. **2.** méd. Excroissances (papillomes) d'origine vénérienne. → **condylome.** *Des crêtes-de-coq.*

Créteil Chef-lieu du Val-de-Marne, au S.-E. de Paris. 92 566 habitants. Église du XIIe s. dans le centre historique. Administrations, hôpital, technopole, université, base de loisirs.

Créteil, la ville nouvelle et le lac artificiel.

crételle n. f. (de *crête*) Graminée fourragère.

crétin, ine n. (mot des Alpes, venant du latin *christianus* → chrétien, à cause du caractère sacré des simples d'esprit) **1.** méd. Personne atteinte de crétinisme. **2.** cour. Personne stupide. → **idiot, imbécile.** – **adj.** *Il est vraiment crétin.*

crétinerie n. f. **1.** Sottise, bêtise. **2.** Action de crétin. → **bêtise, sottise ;** fam. **connerie.**

crétinisant, ante adj. Qui rend bête, qui crétinise. → **abêtissant.**

crétiniser v. tr. < 1 > Rendre crétin. → **abêtir, abrutir.** □ n. f. **crétinisation**

crétinisme n. m. **1.** méd. Déficience mentale et physique en rapport avec une insuffisance thyroïdienne, souvent accompagnée d'un goitre. **2.** cour. Grande bêtise. → **idiotie, imbécillité.**

crétois, oise adj. et n. (de *Crète*) De l'île de Crète. *Art crétois antique. Régime crétois* (→ **régime méditerranéen***). – **n. m.** *Le crétois :* langue parlée dans la Crète antique.

cretonne n. f. (p.-ê. de *Courtonne,* n. de lieu, ou du n. d'un tisserand, P. Creton) Toile de coton très forte.

cretons n. m. pl. (Canada) Pâté à base de viande de porc assaisonnée avec des oignons.

Creus (cap de) Cap de l'extrémité N.-E. de l'Espagne, en Catalogne.

creusage n. m. Action de creuser ; son résultat. - syn. **creusement.**

Creuse n. f. Rivière du Berry et du Limousin (225 km), affluent de la Vienne. Aménagements hydroélectriques.

Creuse n. f. [23] Département français de la Région Nouvelle-Aquitaine (→ carte). 115 995 habitants. 5 565 km^2. Chef-lieu : Guéret. Chef-lieu d'arrondissement : Aubusson. Le territoire, qui comprend les plateaux du N.-O. du Massif central (Gentioux, Millevaches), aux altitudes modérées, est entaillé par la vallée de la Creuse. Peu urbanisée et industrialisée, dépeuplée, la Creuse est spécialisée dans l'élevage bovin.

Créüse Princesse légendaire d'Athènes, fille d'Érechtée.

creusement voir **creusage**

creuser v. < 1 > (de *creux* adj.) **I.** v. tr. **1.** Rendre creux en enlevant de la matière ; faire un, des trous dans (qqch.). → **évider, trouer.** *Creuser la terre.* – fig. *L'exercice m'a creusé (l'estomac),* donné faim. – ***Se creuser** la tête, la cervelle :* faire un grand effort de réflexion. **2.** Donner une forme concave à. *La maladie lui a creusé les joues.* – au p. p. *Un visage creusé de rides.* **3.** fig. Approfondir. *Creuser une idée.* **II.** v. tr. **1.** Faire (qqch.) en enlevant de la matière. *Creuser un tunnel.* → **excaver. 2.** fig. *Creuser l'écart,* le rendre plus important. → **accentuer. III.** v. intr. Faire, approfondir un trou. *Les sauveteurs ont creusé toute la nuit.* ■ **se creuser** v. pron. **1.** Devenir creux, prendre une forme creuse. *Ses joues se creusent.* **2.** (trou) Se former, devenir plus profond. *Plaie qui se creuse.* – fig. *Un fossé s'est creusé entre eux.*

creuset n. m. (de *croiset* [d'après *creux*], de *croisol,* d'un latin pop. ou du germanique) **1.** Récipient qui sert à faire fondre ou calciner certaines substances (en chimie, dans l'industrie). – Partie inférieure d'un haut-fourneau. **2.** fig. Lieu où diverses choses se mêlent, où une chose s'épure. *« Le théâtre est un creuset de civilisation »* (Hugo).

Creusot (Le) Commune de la Saône-et-Loire. 21 057 habitants. L'extraction houillère (à partir du XVIIIe s.) favorisa l'essor de l'industrie métallurgique (usines Schneider, au XIXe s.). Moteurs d'avions, aciers spéciaux, électronique. Écomusée dans le château de la Verrerie.

Creutz (Gustaf Philip) Poète, diplomate et haut fonctionnaire suédois, né en Finlande (1731-1785). Il fut influencé par l'esthétique classique française dans ses poèmes amoureux *(Une question ; Daphné),* mais composa des descriptions réalistes de la nature nordique *(Un chant d'été).*

Creutzwald Commune de la Moselle, près de la frontière allemande. 12 772 habitants. Mine de charbon fermée en 2004.

creux, creuse (vient p.-ê. du latin pop. *crosus,* du gaulois, remplaçant *cavus* → [2]cave) **I. adj. 1.** Qui est vide à l'intérieur. *Tige creuse. Ventre, estomac creux,* vide. ■ *Son creux,* d'un objet creux sur lequel on frappe. – **adv.** *Sonner creux.* **2.** Vide de sens. *« Les mots sonores sont aussi les plus creux »* (Gide). → **vain. 3.** *Heures creuses,* pendant lesquelles les activités sont ralenties. **4.** Qui présente une courbe rentrante, une concavité (s'oppose à *plat*). *Assiette creuse,* qui peut contenir des liquides. – *Pli creux,* qui forme un creux en s'ouvrant. – *Chemin creux,* en contrebas, entre des haies, des talus. – *Visage creux, joues creuses.* → [1]**maigre. II. n. m. 1.** Vide intérieur dans un corps. → **cavité, enfoncement, trou. 2.** Partie concave. *Présenter des creux et des bosses. Le creux de la main :* la paume. – *Avoir un creux (à l'estomac) :* avoir faim. – *Le creux d'une vague* (opposé à *crête*). loc. *Être dans le creux de la vague,* au plus bas (du succès, de la réussite).

Creuzé de Lesser (Augustin François, baron) Écrivain français (1771-1838). Il est l'auteur de comédies *(Le Secret du ménage),* de traductions de Schiller et de livrets d'opéra, ainsi que de poèmes épiques inspirés des légendes médiévales *(La Table ronde).* Il joua un rôle notable dans l'avènement du romantisme en France.

crevaison n. f. Action de crever (objet gonflé : ballon, pneu) ; son résultat. *Réparer une crevaison.*

crevant, ante adj. fam. **1.** Qui exténue. → **épuisant, fatigant. 2.** Qui fait éclater de rire. → **amusant,** [1]**drôle.**

crevard, arde adj. et n. fam. **1.** (Personne) qui est en mauvaise santé. **2.** (Personne) qui a toujours faim. **3.** (Personne) avide, égoïste.

crevasse n. f. (de *crever*) **1.** Fente profonde à la surface (d'une chose). *Les crevasses d'un mur.* → **fissure, lézarde.** – Cassure étroite et profonde dans un glacier. **2. n. f. pl.** Petites

C

crevasse

Les crevasses sont généralement perpendiculaires à la ligne de pente (crevasse géante dans les Andes boliviennes).

fentes de la peau, généralement provoquées par le froid. → **engelure, gerçure.** *Avoir des crevasses aux mains.*

crevasser v. tr. < 1 > Faire des crevasses sur, à (qqch.). *Le froid lui a crevassé les mains.* → **craqueler, fissurer.** – au p. p. *Sol crevassé.*

Crevaux (Jules) Explorateur français (1847-1882). Il explora les affluents de la rive gauche de l'Amazone, le fleuve Magdalena et le Cassiquiare (Colombie). Il fut tué par les Indiens lors de l'exploration du Pilcomayo.

crève n. f. fam. *Attraper la crève* : prendre froid. – *Avoir la crève* : être enrhumé.

crevé, ée adj. **1.** Qui présente une crevaison. *Pneu crevé.* **2.** (animaux) Mort. *Un chien crevé.* **3.** fam. (personnes) Épuisé, très fatigué. → **claqué. 4.** n. m. Fente pratiquée aux manches de certains habits qui laisse apercevoir la doublure, ornement à la mode sous François Ier.

crève-cœur n. m. Peine profonde mêlée de regret. *Des crève-cœurs.* « *Le Crève-Cœur* » (recueil de poèmes d'Aragon).

Crèvecœur (Philippe de) Homme de guerre français (v. 1418-1494). Il combattit au service de Charles le Téméraire, de Louis XI et de Charles VIII.

Crèvecœur (Michel Jean de) Mémorialiste franco-américain (1735-1813). D'origine française, il s'établit comme fermier dans la colonie de New York, dont il devint citoyen. Ses *Lettres d'un fermier américain* connurent un vif succès. Il fut consul de France à New York.

Crevel (René) Écrivain français (1900-1935). Appartenant au groupe surréaliste, il en critiquait les aspects organisés. Dans ses œuvres, hantées par la mort, la folie apparaît comme la forme suprême de protestation. *Détours ; Mon corps et moi ; La Mort difficile ; Êtes-vous fous ?*

crève-la-faim n. invar. fam. Miséreux qui ne mange pas à sa faim.

crever v. < 5 > (vient du latin *crepare,* v. onomatopéique, exprimant un bruit sec → crépiter) **I.** v. intr. **1.** S'ouvrir en éclatant, par excès de tension. → **craquer.** *Un pneu a crevé.* → **éclater ; crevaison.** – *Nuage de pluie qui crève.* **2.** (personnes) Être trop gros, trop rempli de. – fig. *Crever d'orgueil, de jalousie, de dépit. C'est à crever de rire,* à éclater de rire. → **crevant** (2). **3.** (animaux, plantes) Mourir. ▪ (personnes) fam. → **claquer.** « *Je dois crever, puisque j'existe* » (Audiberti). – par ext. Mettre dans un état pénible. → **mourir, périr.** *Une chaleur à crever. Crever de faim* : avoir extrêmement faim. **II.** v. tr. **1.** Faire éclater (une chose gonflée ou tendue). *Crever un ballon.* **2.** (choses) loc. fig. *Crever les yeux* : être bien en vue ; être évident (→ **sauter aux yeux**). – *Crever le plafond* : dépasser la limite supérieure. **3.** Exténuer (un animal, une personne) par un effort excessif. *Crever un cheval.* ▪ fam. *Ce travail nous crève.* → **épuiser, fatiguer ; claquer ; crevé** (2). *Rien ne le crève* (→ **increvable**). – pronom. *Se crever au travail.*

crevette n. f. (normand et picard pour *chevrette,* de *chèvre,* à cause des petits sauts) **1.** Petit crustacé marin, ou d'eau douce, dont certaines espèces sont comestibles : *crevette rose* (bouquet), *grise. Grosses crevettes des mers chaudes.* → **gamba, scampi. 2.** fig. et fam. Personne menue.

crevettier n. m. **1.** Filet à crevettes. **2.** Bateau qui fait la pêche à la crevette.

Creys-Malville Centrale nucléaire équipée du surgénérateur Superphénix du département de l'Isère, sur le Rhône. Elle fut en service de 1986 à 1997. Son démantèlement commença en 2007.

cri n. m. (de *crier*) **1.** Son perçant émis par la voix. *Pousser des cris.* → **crier.** *Cri aigu, strident* (→ **hurlement**), *étouffé. Des cris de joie, de souffrance.* **2.** Parole(s) prononcée(s) très fort, sur un ton aigu. *Cri d'alarme, de protestation* (→ **clameur**), *d'approbation* (→ **acclamation, hourra**). loc. *Jeter les hauts cris,* protester. ▪ fig., fam. *Le dernier cri* (de la mode), sa toute dernière nouveauté. – appos. *Un blouson dernier cri.* **3.** Opinion manifestée hautement. **4.** Mouvement intérieur (de la conscience). *Le cri du cœur,* l'expression non maîtrisée d'un sentiment sincère. **5.** Son émis par les animaux. *Le cri du chat* (miaulement), *de la chouette* (hululement), *etc.*

criailler v. intr. < 1 > **1.** Crier sans cesse, se plaindre fréquemment. → **brailler, piailler. 2.** Crier (oie, perdrix, faisan, paon, pintade). ▫ n. m. **criaillement**

criaillerie n. f. (surtout au plur.) Plainte criarde et répétée sur des sujets anodins. → **jérémiade.**

criant, criante adj. **1.** Qui fait protester. *Une injustice criante.* → **choquant, révoltant. 2.** Très manifeste. → **évident.** *Une preuve criante.*

criard, criarde adj. **I. 1.** Qui crie désagréablement. **2.** Aigu et désagréable. *Voix criarde.* → **aigu, perçant. II.** Qui choque la vue. *Couleur criarde,* trop vive. → **flashy, hurlant.**

criblage n. m. techn. Action de passer au crible, de trier par grosseur. → **calibrage, triage.** ▪ microbiol. Technique d'identification et de sélection de micro-organismes selon leurs propriétés.

crible n. m. (vient du bas latin, de *cribrum* « tamis » ; famille de *crise, critère, critiquer*) **1.** Instrument percé d'un grand nombre de trous, et qui sert à trier des objets de grosseur inégale. → **passoire, sas, tamis. 2.** fig. *Passer une idée* ***au crible,*** l'examiner avec soin. *Au crible de* : à la lumière de, du point de vue de.

cribler v. tr. < 1 > **1.** Trier avec un crible. → **tamiser. 2.** Percer de nombreux trous. *Cribler une cible de flèches.* – au p. p. *Des corps criblés de balles, de blessures.* – loc. fig. *Être criblé de dettes,* en avoir beaucoup.

cribleur, euse techn. **1.** n. Personne qui crible. **2.** n. f. Machine à cribler. → **crible.**

cric n. m. (ancien allemand *kriec,* n. d'une machine de guerre, onomatopée) Appareil permettant de soulever à une faible hauteur certains fardeaux très lourds. → **vérin.** *Cric de voiture.*

Crick (Francis Harry Compton) Biochimiste britannique (1916-2004). Avec J. D. Watson, il découvrit en 1953 la structure en double hélice de l'ADN des chromosomes et le mécanisme de sa duplication, fondant ainsi la biologie moléculaire. Prix Nobel de médecine 1962.

cricket [krikɛt] n. m. (mot anglais, famille du néerlandais *krick* « bâton ») Sport britannique, qui se pratique avec des battes de bois et une balle. *Le baseball américain vient du cricket.*

cricoïde adj. (du grec, de *krikos* « anneau » et *-eidês* → -oïde) anat. *Cartilage cricoïde,* et n. m. *le cricoïde* : anneau cartilagineux qui occupe la partie inférieure du larynx.

cricri n. m. ou **cri-cri** n. m. invar. (onomatopée) Cri du grillon, de la cigale. ▪ par ext., fam. Grillon. *Des cricris, des cri-cri.*

criée n. f. **1.** *Vente à la criée* ou ellipt *criée* : vente publique aux enchères. **2.** Annonce à voix forte de la marchandise à vendre. *La criée du poisson.* ▪ Lieu où se fait cette vente.

crier v. < 7 > (vient du latin pop. *critare,* de *quiritare*) **I.** v. intr. **1.** Produire (jeter, pousser) un ou plusieurs cris. → **beugler, brailler, gueuler, hurler.** *Enfant qui crie.* → **pleurer.** *Crier très fort,* (loc.) *comme un sourd.* – (animaux, et spécialt, oiseaux) Pousser son cri. **2.** Parler fort, élever la voix. → fam. **gueuler.** *Parler sans crier.* – *Crier contre qqn, après qqn.* → **attraper ;** fam. **engueuler.** – *Crier à qqch.,* dénoncer *(crier à l'injustice, au scandale)* ou proclamer *(crier au miracle).* – Protester, être violent en paroles. « *D'ordinaire, on ne crie que quand on a tort* » (Gide). **3.** (choses) Produire un bruit aigre, désagréable. → **grincer.** *Les essieux crient.* **4.** Avoir un effet brutal et désagréable. *Couleurs qui crient entre elles.* → **jurer. II.** v. tr. **1.** Dire à qqn d'une voix forte. *Crier des slogans dans une manifestation. Il lui criait de se taire, qu'il se taise.* ▪ Faire connaître avec force. *Crier son innocence.* → **affirmer, clamer, proclamer.** *N'allez pas le crier sur les toits.* **2.** loc. *Crier famine, crier misère,* se plaindre de la faim, de la misère. *Crier vengeance.* → **réclamer.** – fam. (Canada) *Faire qqch. en criant ciseau, en criant lapin,* très rapidement.

crieur, euse n. Marchand(e) ambulant(e) qui annonce en criant ce qu'il, elle vend. *Crieur de journaux.* – *Crieur public,* personne qui annonçait à haute voix des proclamations publiques.

Crif (Conseil représentatif des institutions juives de France) Organisme créé en 1943 et représentant une soixantaine d'institutions.

Crillon (Louis de Balbes de Berton de) Homme de guerre français (1541-1615). Il fut un des plus brillants capitaines de son temps. Il servit Henri II, François II, Charles IX, Henri III et Henri IV.

crime n. m. (latin *crimen,* d'abord « décision judiciaire », famille de *cribrum* → crible, au sens de « choisir, décider ») **1.** dr. Infraction grave, que les lois punissent d'une peine afflictive ou infamante (opposé à *contravention* ou à *délit*). *En France, les crimes sont jugés par la cour d'assises.* ▪ *Crime contre l'humanité* : acte criminel à l'encontre d'un groupe humain, violant gravement les droits de la personne. → **génocide.** *Crime de guerre* : violation (notamment entraînant mort d'homme) des lois de la guerre. ▪ loc. *Accuser (qqn, qqch.) de tous les crimes.* → **incriminer. 2.** Assassinat, meurtre. → **²homicide.** *Commettre un crime. L'arme du crime. Un crime parfait,* dont l'auteur ne peut être découvert. « *Le crime avait eu le vol pour mobile* » (Zola). « *Crime et Châtiment* » (roman de

crise des années 1930

1. Le 29 octobre 1929, la Bourse de New York est saisie par la panique : l'Amérique s'enfonce dans la grande dépression. 2. Les milieux sociaux les plus fragiles sont les plus touchés par la crise. 3. La soupe populaire est le dernier recours pour bon nombre d'Américains sans travail.

Dostoïevski). – prov. *Le crime ne paie pas* : on ne profite jamais d'un crime. **3.** par exagér. Action blâmable. *C'est un crime d'avoir abattu de si beaux arbres.* **4.** L'ensemble des crimes et des criminels. *Le milieu du crime. Crime organisé.* → **mafia.**

Crimée Presqu'île d'Ukraine baignée au S. et à l'O. par la mer Noire, au N.-E. par la mer d'Azov. 27 000 km². 2 005 130 habitants. Elle est reliée à la Russie par un pont de 19 km. Ville principale : Sébastopol. Constituée en majorité par une plaine steppique, elle est dominée au S. par les monts de Crimée. Le littoral au climat agréable abrite des stations balnéaires (notamment Yalta). Agriculture (blé, vigne) et élevage ovin au N. Industries (agroalimentaire, sidérurgie). La Crimée fut colonisée par les Grecs (–VIe s.) et par les Romains, puis fut successivement occupée par les Goths, les Huns, les Khazars, les Russes, les Coumans, les Tatars. Indépendante après la guerre russo-turque de 1768-1774, elle fut annexée par la Russie en 1783. République autonome en 1921, elle fut reconquise par les Soviétiques en 1944. Elle fut cédée à l'Ukraine en 1954. En 1992, elle obtint le statut de république autonome au sein de l'Ukraine. Lorsqu'en 2014 la Crimée vota son rattachement à la Russie par voie de référendum, les pays occidentaux accusèrent Vladimir Poutine d'avoir violé la souveraineté de l'Ukraine. Le rattachement fut rejeté par l'Assemblée générale des Nations unies, considérant que la Crimée restait un territoire ukrainien : son statut d'autonomie restreinte ne permettant pas à la Crimée de faire sécession, puisque selon le droit international elle ne peut être accordée à toute minorité désireuse d'indépendance, le référendum fut jugé illégal. ■ **Guerre de Crimée** Conflit qui opposa la Russie à une coalition formée par la Turquie, la Grande-Bretagne, la France et le royaume de Sardaigne (1854-1855). Les ambitions rivales anglo-russes en Orient en constituèrent le point de départ. La défaite de la Russie fut consacrée par le traité de Paris (1856).

criminaliser v. tr. < 1 > (de *criminel*) dr. Faire passer de la juridiction civile ou correctionnelle à la juridiction criminelle. *Criminaliser une affaire.* ■ Ériger (un délit) en crime.

criminaliste n. dr. Juriste spécialisé(e) dans le droit criminel. → **pénaliste.**

criminalistique n. f. et adj. dr. Application des techniques d'investigation policière à la recherche des preuves et à l'identification d'un coupable. – adj. *Enquête criminalistique.*

criminalité n. f. Ensemble des actes criminels dans une période et un milieu donnés. *Criminalité informatique.* → **cybercriminalité.**

criminel, elle I. n. **1.** Personne coupable d'un crime (1). → **malfaiteur, voleur.** *Le criminel et ses complices. Criminel de guerre,* qui commet des atrocités au cours d'une guerre. **2.** Assassin, meurtrier. **II. adj. 1.** Relatif à un crime. *Un incendie criminel.* **2.** Relatif aux actes délictueux et à leur répression (→ **pénal**). *Droit criminel. La brigade criminelle* ou **n. f.** *la criminelle* (fam. *la Crime, la Crim*). **3.** fam. (acte, geste) Très regrettable. *C'est criminel de laisser perdre ce vin !* □ **adv. criminellement**

criminogène adj. (du latin → crime et de *-gène*) Qui contribue à l'extension de la criminalité, à la propagation du crime.

criminologie n. f. Science qui étudie les causes, les manifestations et la prévention de la criminalité.

criminologue n. Spécialiste de criminologie.

Crimp (Martin) Dramaturge britannique (né en 1956). Ses pièces dépeignent l'époque contemporaine et la désolation spirituelle avec ironie, acidité et une certaine violence. *Le Traitement ; La Ville.*

crin n. m. (vient du latin *crinis,* d'abord « tresse [de cheveux] », p.-ê. famille de *crista* → crête) **1.** Poil long et rude qui pousse au cou (→ **crinière**) et à la queue de certains animaux (chevaux, lions, etc.). **2.** Ce poil utilisé à divers usages. *Gant de crin. Les crins d'un archet de violon.* **3.** *Crin végétal,* fibres préparées pour remplacer le crin animal. **4.** loc. *À tous crins* : complet, entier ; ardent, énergique. *Révolutionnaire à tous crins* ou *à tout crin.*

crincrin n. m. (de *crin* [d'un archet]) fam. Mauvais violon.

crinière n. f. **1.** Ensemble des crins qui garnissent le cou (de certains animaux). *La crinière du lion, du cheval.* ■ par ext. *La crinière d'un casque.* **2.** fam. Chevelure abondante.

crinoïde n. m. (grec *krinoeidês,* de *krinon* « lis » et *-eidês* → -oïde) zool. Échinoderme marin vivant généralement attaché au fond de la mer par un pédoncule (classe des *Crinoïdes*).

crinoline n. f. (italien *crinolino,* d'abord « étoffe de crin [*crino*] et de lin [*lino*] ») Armature de baleines et de cercles d'acier flexibles, que les femmes portaient pour faire bouffer les jupes. → aussi **panier.** *Robe à crinoline.*

criocère n. m. (du grec *krios* « bélier » et *kéras* « corne ») zool. Insecte coléoptère, dont la larve est nuisible aux plantes. *Le criocère du lis.*

Cripps (sir Richard Stafford) Homme politique britannique (1888-1952). Chancelier de l'Échiquier (1947-1950), travailliste, il mena une politique économique d'austérité.

C

crique n. f. (mot normand d'origine germanique, *cf.* anglais *creek* « ruisseau ») Enfoncement du rivage, petite baie. → **anse, calanque.**

criquet n. m. (du radical onomatopéique *krikk-* évoquant le bruit d'un grillon → cricri) Insecte volant et sauteur, gris ou brun, très vorace, appelé abusivement *sauterelle. Les criquets pèlerins dévorent les récoltes.*

Cris ou **Crees** n. m. pl. Peuple amérindien établi au Canada et au N. des États-Unis. Leur langue appartient à la même famille que l'algonquin. Nomades, ils vivaient de la chasse et du commerce de la fourrure après l'arrivée des Européens. Ils disposent aujourd'hui de vastes territoires.

crise n. f. (du latin, du grec *krisis* « décision », de *krinein* « juger » ; famille de *crible, critiquer*) **1.** méd. Manifestation brutale d'une maladie ou aggravation brusque d'un état chronique. → **accès, attaque ; ¹critique.** *Crise d'appendicite, d'asthme.* **2.** Manifestation soudaine et violente (d'émotions). *Crise de fou rire, de colère.* – loc. *Crise de nerfs* (provenant des nerfs) : manifestation hystérique. – par ext. *Il passe par des crises de doute.* **3.** (personnes) Malaise profond causé par des transformations psychologiques ou physiologiques. *Traverser une période de crise.* – *Crise d'adolescence.* **4.** Phase grave dans une évolution (évènements, idées). *Pays en crise. Crise économique* (→ **dépression**), *politique, sanitaire. Une société en crise.* – *Crise ministérielle* : période pendant laquelle le ministère démissionnaire n'est pas remplacé par un nouveau.

crise économique de 1929 Crise née de la surproduction industrielle et du développement illimité du crédit et de la spéculation aux États-Unis. Déclenchée le 24 octobre 1929 par un krach boursier de Wall Street, elle se répercuta en Amérique latine et en Europe. Ses conséquences économiques (dirigisme, concentration industrielle), sociales et politiques (notamment la montée du nazisme) en font l'un des évènements majeurs de la première moitié du XXe siècle.

▶ La **crise des années 1930** constitue une rupture majeure de l'histoire du XXe siècle. Elle naît avec le krach d'octobre 1929, qui révèle les graves déséquilibres de l'économie américaine et déclenche une très violente crise économique qui se propage à l'ensemble des économies capitalistes.

Le jeudi 24 octobre 1929, qualifié de « jeudi noir », les cours s'effondrent de près de 30 % à la Bourse de New York. Le mouvement se poursuit le lundi 28. Une panique s'empare du marché : des spéculateurs et des épargnants surendettés se suicident... Certaines entreprises sont acculées à la faillite. L'économie américaine est frappée par une déflation de grande ampleur. Le taux de chômage dépasse 20 % en 1932 et 1933.

Le New Deal (« nouvelle donne »), politique mise en œuvre par Roosevelt en 1932, permet de rompre la spirale déflationniste, mais le PIB de 1929 ne sera pas retrouvé avant 1939. En raison de l'importance des échanges financiers et commerciaux internationaux et du poids de l'économie américaine, la crise économique s'étend. Après le krach de 1929, les banques américaines rapatrient massivement leurs capitaux déposés à l'étranger. Les pays débiteurs (Allemagne, Australie, Argentine, Pologne...), qui dépendent étroitement des capitaux américains, subissent des contrecoups. En juin 1930, les États-Unis durcissent leur politique commerciale. Tous les pays renforcent leur arsenal protectionniste et se replient sur eux-mêmes. Ce phénomène accentue la crise économique et sociale, favorisant la montée des extrémismes.

voir aussi **Bourse, croissance, chômage**

criser v. intr. < 1 > fam. Perdre le contrôle de ses nerfs.

crispant, ante adj. (personnes, actes) Qui crispe (2). → **agaçant.**

crispation n. f. **1.** Contraction involontaire et brusque des muscles. **2.** Tension, conflit larvé (opposé à *décrispation*).

crisper v. tr. < 1 > (latin *crispare* « plisser, rider », de *crispus* « ondulé » → [1] et [2]crêpe) **1.** Contracter les muscles, la peau de. *La douleur crispe le visage.* ■ pronom. ***Se crisper.*** *Ne vous crispez pas, détendez-vous.* → **se contracter.** – (mains) Se refermer, s'agripper convulsivement. **2.** fam. *Crisper qqn,* lui causer une vive impatience. → **agacer, irriter ; crispant.** ■ **crispé, ée** adj. *Poings crispés. Visage crispé.* – *Sourire crispé,* tendu. – *Elle est un peu crispée.*

Crispi (Francesco) Homme politique italien (1819-1901). Défenseur de l'unité italienne, il organisa l'expédition des Mille avec Garibaldi (5 mai 1860). Ministre de l'Intérieur (1877 ; 1887) et Premier ministre (1887-1891 ; 1893-1896), il s'attira, par une politique intérieure autoritaire, l'opposition des socialistes et des anarchistes. Son admiration pour Bismarck lui fit resserrer les liens de la Triple-Alliance. Il échoua dans l'établissement d'un protectorat italien en Éthiopie (défaite d'Adoua, 1896).

crispin n. m. (italien *Crispino,* n. d'un valet de la commedia dell'arte) **1.** anciennt Type de valet de comédie. **2.** Manchette de cuir cousue à certains gants pour protéger le poignet. *Gants à crispin d'escrimeur.*

criss n. m. voir **kriss**

crissement n. m. Fait de crisser ; bruit de ce qui crisse. *Le crissement des pneus.*

crisser v. intr. < 1 > (d'un v. germanique, p.-ê. francique ; famille de *grincer*) (choses) Produire un bruit aigu de frottement. → aussi **grincer.** « *La neige* [...] *crisse sous les clous des semelles* » (Robbe-Grillet).

cristal, aux n. m. (latin *crystallos,* du grec, de *kruos* « froid » → cryo-) **I.** cour. **1.** Minéral naturel transparent et dur. *Cristal de roche :* quartz hyalin. **2.** Substance transparente analogue au verre (verre au plomb), plus limpide. → **cristallerie.** *Cristal de Bohême. Coupes en cristal.* **3.** fig. (symbole de pureté, de limpidité) *Une voix de cristal.* **II. 1.** Forme géométrique définie (→ **cristallin** (I, 2)), prise par certaines substances minérales ou solidifiées. *Cristaux de glace. Les facettes d'un cristal.* ■ *Cristaux liquides* (utilisés pour l'affichage électronique). **2.** au plur. ***Cristaux :*** carbonate de sodium en cristaux, utilisé pour nettoyer.

Cristal (monts de) Massif du Gabon, sur la rive droite de l'Ogooué. 900 m.

cristallerie n. f. **1.** Fabrication, fabrique d'objets en cristal (I, 2). → **verrerie. 2.** Ensemble d'objets en cristal.

cristallin, ine I. adj. **1.** Clair, transparent comme le cristal. → **limpide, pur.** *Des eaux cristallines.* – *Un son cristallin,* pur et clair. **2.** sc. Relatif à un état solide où la disposition des atomes *(réseau cristallin)* produit des formes géométriques définies (opposé à *amorphe*). → **cristal** (II, 1). – *Roche cristalline,* formée de cristaux. **II.** n. m. Partie transparente de l'œil, en arrière de la pupille, en forme de lentille à deux faces convexes. *La courbure du cristallin.*

cristallinien, ienne adj. anat. Du cristallin (II). *Astigmatisme cristallinien.*

cristallisable adj. Susceptible de cristalliser.

cristallisant, ante adj. didact. **1.** Qui est en cours de cristallisation. **2.** Qui provoque la cristallisation.

cristallisation n. f. **1.** sc. Phénomène par lequel un corps passe à l'état de cristal. **2.** Concrétion de cristaux. **3.** littér. (sentiments, idées) Action de se cristalliser, de se fixer. « *Ce mot* [cristallisation] *qui, suivant moi, exprime le principal phénomène de cette folie nommée amour* » (Stendhal).

cristalliser v. < 1 > **I. 1.** v. tr. Faire passer (un corps) à l'état de cristaux (II). *Cristalliser un sel par dissolution.* – au p. p. *Sucre cristallisé,* en petits cristaux. **2.** v. intr. et pron. Passer à l'état cristallin. *Substance qui (se) cristallise lentement.* **II.** fig., littér. **1.** v. tr. Rassembler (des éléments épars) en un tout cohérent ; rendre fixe, stable. → **concrétiser, fixer, stabiliser.** *Cristalliser les énergies.* – pronom. *Souvenirs qui se cristallisent* (→ **cristallisation** 3). **2.** v. intr. (sentiments, idées) Se préciser, prendre corps.

cristallisoir n. m. chim. Récipient en verre, à bords bas, utilisé dans les laboratoires.

cristallite n. f. **1.** minér. Élément microscopique cristallisé que l'on rencontre dans les roches éruptives. **2.** Ensemble des cristaux élémentaires contenus dans la cellulose.

cristallo- Élément (du grec *krystallos*) qui signifie « cristal ».

cristallogenèse n. f. didact. Formation d'un cristal.

cristallographie n. f. Science qui étudie les formes cristallines (minéralogie). □ n. **cristallographe** □ adj. **cristallographique**

cristallophyllien, ienne adj. (→ -phylle) géol. Relatif aux terrains transformés par métamorphisme général.

Cristal rouge voir **Croix-Rouge**

criste-marine n. f. (altération d'après *crête* [latin *crista*] du grec *khrêtmos* « fenouil de mer ») Petite plante à feuilles charnues (ombellifère) qui pousse dans les fentes des rochers littoraux, appelée aussi *fenouil marin* et *perce-pierre.* → **crithme.** *Des cristes-marines.* - var. **christe-marine.**

Cristofori (Bartolomeo) Facteur de clavecins italien (1655-1731). Il contribua à l'invention du pianoforte.

critère n. m. (latin tardif *criterium,* du grec, de *kritêr* « juge », de *krinein* « séparer, juger » → crise, [2]critique) **1.** philos. Caractère, signe qui permet de distinguer une chose, une notion. **2.** cour. Ce qui sert de base à un jugement. *Des critères subjectifs. Recherche selon plusieurs critères.* → **multicritère.** – *Ce n'est pas un critère,* une raison ou une preuve.

critérium [kʀiteʀjɔm] n. m. (du latin → critère) sports Épreuve servant à classer, à éliminer les concurrents. *Critérium cycliste. Des critériums.*

crithme n. m. (latin *crithmum,* du grec *krêthmon*) → **criste-marine.**

Critias Homme politique athénien (450-404 av. J.-C.). Disciple de Socrate, écrivain, il fut le chef du parti oligarchique et l'un des Trente tyrans. Il figure dans les dialogues de Platon, son petit-neveu.

criticailler v. intr. < 1 > fam., péj. Critiquer, blâmer sans raison ou pour le plaisir.

criticisme n. m. philos. Doctrine fondée sur la critique de la valeur de la connaissance. *Le criticisme de Kant.* □ adj. et n. **criticiste**

criticité n. f. phys. État d'un milieu ou d'un système critique.

critiquable adj. Qui mérite d'être critiqué. → **discutable.** *Une attitude très critiquable.*

[1]critique adj. (latin tardif *criticus,* grec *kritikos,* de *krinein* « juger » → crise, critère) **1.** Qui a rapport à une crise (1) ; qui correspond à un seuil. *La phase critique d'une maladie.* **2.** Qui décide du sort de qqn ou de qqch. ; qui amène des changements importants. → **décisif ; crucial.** *L'heure est critique. Se trouver dans une situation critique.* → **dangereux, grave. 3.** phys. Où se produit un changement dans l'état ou les propriétés d'un corps. *Point critique,* limite entre l'état liquide et l'état gazeux. *Pression, température critique. Vitesse critique.* – *Masse critique :* masse de matière fissile nécessaire à une réaction nucléaire en chaîne.

[2]critique (→ [1]critique) **I.** n. f. **1.** Examen en vue de porter un jugement. « *Critique de la raison pure* », (œuvre de Kant). – *Critique de soi-même.* → **autocritique. 2.** spécialt Art de juger les ouvrages de l'esprit, les œuvres littéraires, artistiques. *La critique dramatique.* « *La critique est aisée, et l'art est difficile* » (Destouches). – Analyse, examen d'une œuvre pour la juger. *Faire la critique d'une pièce de théâtre. Ce roman a reçu de bonnes critiques.* **3.** Action de critiquer (II) ; jugement défavorable. *La critique et la louange. Ne pas supporter les critiques.* **II. 1.** n. Professionnel qui juge, commente les ouvrages de l'esprit, les œuvres d'art. → **commentateur.** *Critique littéraire, critique d'art.* « *Qu'est-ce qu'un critique ? Un lecteur qui fait des embarras* » (J. Renard). **2.** *La critique* n. f. : l'ensemble des critiques. *La critique a bien accueilli son livre.* **III.** adj. **1.** Qui décide de la valeur des œuvres ; de la critique (I, 1). *Philosophie critique.* → **criticisme.** *Jugements critiques.* **2.** Qui examine la valeur logique d'une assertion, l'authenticité d'un texte. *Examen critique.* – *Édition critique,* établie soigneusement après critique des textes originaux et variantes. ■ ***Esprit critique,*** qui n'accepte aucune assertion sans s'interroger sur sa valeur. ■ ***D'un œil critique.*** → **curieux, soupçonneux. 3.** Qui critique (II). → **négatif.** *Se montrer très critique.*

critiquement adv. De manière critique (III, 1 et 2).

critiquer v. tr. < 1 > **1.** Examiner (les ouvrages d'art ou d'esprit) par la critique pour en faire ressortir les qualités et les défauts. → **analyser, étudier, juger. 2.** Émettre un jugement négatif sur (qqn, qqch.). → **blâmer, condamner ;** fam. **arranger, éreinter, [1]taper** sur. « *À critiquer l'irrémédiable, on perd son temps* » (P. Louÿs).

critiqueur, euse adj. et n. Qui critique (2) volontiers.

Crivelli (Carlo) Peintre italien (v. 1430-v. 1493). Représentant de la tendance décorative de la fin du XVe s., il allia la sensibilité graphique du gothique international à un sens plastique alors nouveau. *Pietà ; Annonciation.*

Crna Gora n. f. Nom serbe du Monténégro.

Crna Reka n. f. Rivière de Macédoine, affluent du Vardar. Lieu de combats serbo-bulgares durant la Première Guerre mondiale.

Crnjanski (Miloš) Poète et romancier serbe (1893-1977). Représentant de la poésie moderne en langue serbe *(Ithaque),* il est l'auteur d'une vaste fresque historique et métaphysique *(Migrations).*

croasser v. intr. < 1 > (de l'onomatopée *kro-*) (corbeau, corneille) Pousser son cri. □ n. m. **croassement**

croate adj. et n. (de *Croatie*) Relatif à la Croatie. – n. *Les Croates.* – n. m. *Le croate :* langue slave du groupe méridional, langue officielle de Croatie.

Croatie

n. f. ■ offic. république de Croatie État de l'Europe des Balkans, intégré jusqu'en 1991 à la Yougoslavie. 56 542 km^2. 4 284 889 habitants (les *Croates*). **Langue :** croate. **Population :** Croates, 90 % ; Serbes, 4 % (2010). **Religions :** catholiques (88 %), orthodoxes (4,5 %), musulmans (1,3 %). **Monnaie :** euro. **Capitale :** Zagreb.

GÉOGRAPHIE

Le territoire est formé de deux parties distinctes, séparées par les Alpes dinariques : au N., la plaine de Slavonie, au climat continental ; le S., méditerranéen, est occupé par le littoral adriatique et par l'archipel dalmate. L'agriculture est dynamique (céréales, betterave, élevage, vigne et olivier). Les activités industrielles se diversifient (métallurgie de l'acier et de l'aluminium, textile, construction navale). Depuis la fin de la guerre, le littoral attire de nouveau le tourisme de masse.

HISTOIRE

La Croatie appartenait au Ier s. à la province romaine de Pannonie. Les Croates, peuple slave venu des Carpates au VIIe s., fondèrent au Xe s. un royaume incorporé à celui de Hongrie de 1102 à 1918, à l'exception des périodes d'occupation turque (1526-1599) et française (1809-1813).

Croatie

La Croatie yougoslave Englobée dans le Royaume des Serbes, Croates et Slovènes (plus tard nommé Yougoslavie) à partir de 1918, la Croatie fut agitée par des mouvements nationalistes (oustachis). En 1941, elle forma un État indépendant, satellite du Reich. Les Serbes y furent l'objet de massacres. La Croatie fut intégrée par Tito dans la Fédération yougoslave (1945).

L'indépendance Le nationaliste F. Tudjman devint président de la République en 1990 et la Croatie proclama son indépendance en 1991. Les Serbes locaux déclenchèrent en 1992 une guerre qui les laissa maîtres d'une République de Krajina reconquise par l'armée croate en 1995. Après la mort de Tudjman (1999), les Croates élurent Stipe Mesić (ex-communiste et dernier président de l'ex-Yougoslavie), favorable à un rapprochement avec l'Union européenne et l'Otan. La Croatie est entrée dans l'Otan en 2009, dans l'UE en 2013 et dans l'espace Schengen en 2023. Si les nationalistes ont dominé la vie politique, plusieurs scandales de corruption ont fini par mener un président social-démocrate, Zoran Milanović, au pouvoir en 2020.

---

crobard n. m. fam. Croquis.

croc [kʀo] n. m. **(du francique *krok* « crochet » → ¹croche, crochet, crochu ; accrocher, décrocher, raccrocher)** **1.** Instrument, bâton muni d'un crochet. *Croc de boucher.* **2.** Canine de certains carnivores. *Les crocs d'un chien.* – loc. fam. *Avoir les crocs,* extrêmement faim (→ **avoir la dent**). – fig. *Montrer les crocs,* prendre une attitude menaçante.

Croce (Benedetto) Critique littéraire, historien, philosophe et homme politique italien (1866-1952). Sa philosophie est inspirée par Vico et par l'idéalisme hégélien. Il développa une théorie de l'art qui met l'accent sur l'unité du contenu et de la forme *(L'Esthétique comme science de l'expression),* et élabora une théorie de la connaissance *(La Logique comme science du concept pur)* et de la pratique *(Philosophie de la pratique).* Antifasciste, il présida le Parti libéral (1947).

croc-en-jambe [kʀɔkɑ̃ʒɑ̃b] n. m. **(d'abord *croc de la jambe* ; de *croc* « action d'accrocher »)** Manière de faire tomber qqn en accrochant sa jambe à l'aide du pied. → **croche-pied.** *Des crocs-en-jambe.* – fig. Manœuvre déloyale.

¹croche adj. **(de *croc*)** vieux ou régional (Canada, Louisiane) **1.** Recourbé à son extrémité. → **crochu, tordu.** *Doigts croches.* **2.** Tordu, de travers. *Une règle croche.* **3.** fig. Malhonnête, faux. *Un commerçant croche.*

²croche n. f. **(de *note croche* « crochue », forme fém. de *croc*)** Note de musique dont la queue, en position isolée, porte un crochet et qui vaut la moitié d'une noire. *Double, triple croche,* portant deux, trois crochets et valant la moitié, le quart de la croche.

croche-pied n. m. Croc-en-jambe. *Les enfants se font des croche-pieds.* - var. **RO crochepied.** - syn. fam. **croche-patte** ou **RO crochepatte.**

crocher v. < 1 > **(de *croc*)** **I.** v. tr. vieux ou régional Attraper, saisir avec un croc. → **accrocher.** **II.** v. intr. **1.** mar. S'agripper. **2.** (Suisse) Être tenace.

crochet n. m. **(de *croc,* fém. *croche* « petit croc »)** **I. 1.** Pièce de métal recourbée, pour prendre ou retenir qqch. *Un crochet de boucher.* ■ *Pendre un tableau à un crochet.* ■ loc. fig. *Être, vivre aux crochets de qqn,* à ses dépens, à ses frais. **2.** Instrument présentant une extrémité recourbée. *Crochet de serrurier.* ■ spécialt Tige dont l'extrémité recourbée retient le fil qui doit passer dans la maille. – Ouvrage fait avec cet instrument. *Faire du crochet. Napperon au crochet.* **3.** zool. Dent à pointe recourbée. *Crochet à venin des serpents.* **II. 1.** fig. Signe graphique, parenthèse à extrémité en angle droit : [...]. *Mettre un mot entre crochets.* **2.** archit. Ornement en forme de feuille recourbée. **3.** Changement de direction qui allonge l'itinéraire. → **détour.** *Faire un crochet.* **4.** boxe Coup de poing où le bras frappe vers l'intérieur, en se pliant. *Envoyer un crochet du droit.*

crocheter v. tr. < 5 > Ouvrir (une serrure) avec un crochet (I, 2). □ adj. **crochetable** □ n. m. **crochetage**

crocheteur, euse n. **1.** n. m. anciennt Celui qui portait des fardeaux en s'aidant d'un crochet. **2.** Personne qui crochète les serrures.

crochir v. < 2 > **(ancien français *crochir* → crocher) (Canada)** **1.** v. tr. Rendre croche, courbe. → **courber, gauchir.** *L'humidité a crochi la planche.* – pronom. *Les branches se sont crochies.* **2.** v. intr. Se déformer, devenir croche. *Le clou a crochi.*

crochu, ue adj. **(de *croche,* fém. de *croc*)** **1.** Recourbé en forme de crochet. *Nez crochu. « L'Envie aux doigts crochus* [...] *»* (Beaumarchais). **2.** loc. *Avoir les doigts crochus :* être rapace, avare. – *Des atomes* crochus.*

Crockett (David, dit Davy) Pionnier américain (1786-1836). Trappeur, membre du Congrès (1827-1831 ; 1833-1835), il mourut héroïquement en combattant les Mexicains aux côtés des défenseurs texans de Fort Alamo (1836).

crocodile n. m. **(du latin, grec *krokodilos,* p.-ê. de *krokê* « galet » et *drilos* « ver »)** **1.** Grand reptile à fortes mâchoires, à quatre courtes pattes, qui vit dans les fleuves des régions chaudes. *Les crocodiles du Nil.* – Crocodilien. – loc. ***Larmes de crocodile*** : larmes hypocrites. **2.** Peau de crocodile traitée. *Sac en crocodile.* - abrév. fam. **croco.** **3.** techn. Appareil placé entre les rails d'une voie de chemin de fer, qui déclenche une alarme quand le convoi a dépassé un signal d'arrêt.

crocodilien n. m. zool. Grand reptile amphibie (ordre des *Crocodiliens ;* ex. l'alligator, le caïman, le crocodile, le gavial).

crocus [kʀɔkys] n. m. **(du latin, grec *krokos* « safran »)** Plante à bulbe dont une espèce est le safran. – Fleur printanière de cette plante.

croire v. < 44 p. p. *cru, ue* > **(vient du latin *credere* → créance, crédence, crédible, crédit, credo, crédule)** **I.** v. tr. dir. **1.** Penser que (qqch.) est véritable, donner une adhésion de principe à. → **accepter, admettre, ¹penser.** *Il ne croit que ce qu'il voit. Faire croire qqch. à qqn,* convaincre, persuader. **2.** *Croire qqn,* penser que ce qu'il dit est vrai. *Croire qqn sur parole,* sans vérifier. – fam. *Je vous crois !, je te crois !,* je pense ainsi, et aussi c'est évident ! **3.** (dans quelques constructions) ***En croire,*** s'en rapporter à (qqn). *Si vous m'en croyez, vous le fuirez. Si j'en crois ce qu'on raconte.* – loc. *Ne pas en croire ses yeux, ses oreilles,* s'étonner de ce qu'on voit, entend. **4.** ***Croire que*** (+ indic.) : considérer comme vraisemblable ou probable (sans être sûr). → **estimer, juger, ¹penser.** *Je crois qu'il viendra. Je crois que oui. On lui a fait croire que...* – *On croirait qu'il dort* (mais il ne dort pas) [→ **on dirait que**]. *Je vous prie de croire que,* vous pouvez être sûr que. *Je ne crois pas qu'il est venu, qu'il soit venu* (doute plus grand). *Crois-tu qu'il vienne, qu'il viendra ?* **5.** (+ inf.) Sentir, éprouver comme vrai (ce qui ne l'est pas absolument). → **¹penser.** *Je croyais arriver plus tôt.* **6.** (suivi d'un attribut) → **estimer, supposer.** *On l'a cru mort.* – pronom. S'imaginer être. *On se croirait en vacances. Il se croit plus fort qu'il n'est. Elle s'est crue morte.* **II.** v. tr. ind. ***Croire à, en*** **1.** *Croire à une chose,* penser qu'elle est réelle, vraisemblable ou possible. *Croire aux promesses de qqn.* → **compter** sur. *Croire au succès,* le considérer comme très probable. loc. *Croire à qqch. dur comme fer*.* – iron. *Il y croit* (mais il se trompe). **2.** ***Croire en qqn, qqch.*** : avoir confiance en. → **compter** sur, se **fier** à. *Croire en l'avenir.* **3.** Être persuadé de l'existence et de la valeur de (tel dogme, tel être religieux ou mythique). *« Il ne suffit pas de croire aux sirènes pour en rencontrer sur les eaux »* (Paulhan). – ***Croire en Dieu*** : avoir la foi religieuse. **III.** v. intr. (sens fort) **1.** Avoir une attitude d'adhésion intellectuelle. *Il croit sans comprendre.* **2.** Avoir la foi religieuse (→ **credo ; croyant**). *« C'est aux Chrétiens une occasion de croire, de rencontrer une chose incroyable »* (Montaigne).

croisade n. f. **(de l'ancien v. *se croiser,* de *croix*)** **1.** hist. Chacune des expéditions entreprises par les chrétiens coalisés pour déli-

croisades

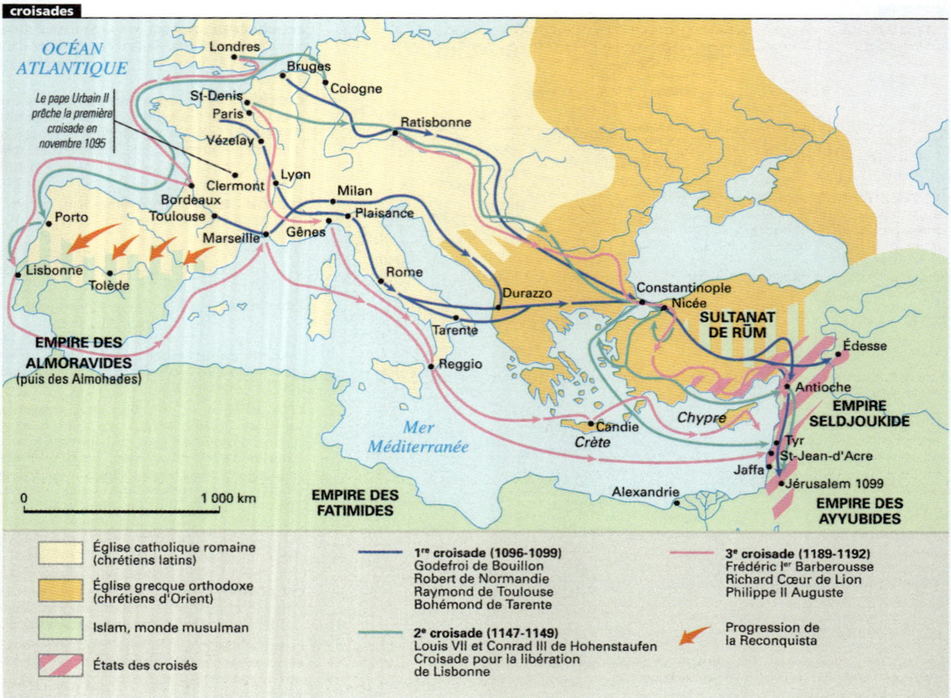

vrer les Lieux saints qu'occupaient les musulmans. **2.** fig. Tentative pour créer un mouvement d'opinion dans une lutte (souvent, au nom d'un principe religieux, moral traditionnel). → **campagne.** – loc. *Partir en croisade contre...*

¹croisé n. m. (de l'ancien v. *se croiser*, de *croix*) Celui qui partait en croisade. *L'armée des croisés.*

²croisé, ée adj. (→ croiser) **I. 1.** Disposé en croix, qui se croisent. *Bâtons croisés.* – *Rester les bras croisés ;* fig. rester à ne rien faire. ■ *Tissu croisé,* n. m. *du croisé :* tissu où le croisement des fils est très serré. – (vêtements) Dont les bords se croisent. *Veste croisée* (s'oppose à *veste droite*). **2.** *Rimes croisées,* qui alternent (en *a, b, a, b ; b, c, b, c*). ■ *Mots* croisés.* ■ *Feux croisés, tirs croisés,* provenant de divers points et convergeant sur la même cible. **3.** sports (balle) Dont la direction est oblique par rapport au terrain. *Revers croisé* (au tennis). **II.** Qui est le résultat d'un croisement, n'est pas de race pure. *Race croisée.* → **hybride.**

croisée n. f. **1.** *La croisée des chemins,* l'endroit où ils se coupent. → **croisement. 2.** Châssis vitré qui ferme une fenêtre ; la fenêtre. *Ouvrir, fermer la croisée.*

croisement n. m. **I. 1.** Action de disposer en croix, de faire se croiser ; disposition croisée. *Le croisement des fils d'un tissu.* – *Le croisement de deux voitures sur une route.* **2.** Point où se coupent deux ou plusieurs voies. → **croisée, intersection.** *Croisement dangereux.* → **carrefour. II.** fig. (de *croiser*, II) Hybridation, métissage.

croiser v. ‹ 1 › (de *croix*) **I.** v. tr. **1.** Disposer (deux choses) l'une sur l'autre, en forme de croix. *Croiser les jambes. Se croiser les bras :* (fig.) rester dans l'inaction. *Croiser les doigts,* pour conjurer le sort. **2.** *Croiser le fer :* se battre à l'épée ; fig. s'affronter. **3.** Passer au travers de (une ligne, une route). → **couper, traverser.** *La voie ferrée croise la route.* – Passer à côté de, en allant en sens contraire. *Croiser qqn dans la rue.* **II.** v. tr. fig. Faire se reproduire (des animaux, des plantes d'espèces différentes). → **métisser.** *Croiser deux races de chevaux.* **III.** v. intr. **1.** (bords d'un vêtement) Passer l'un sur l'autre. **2.** (navire) Aller et venir dans un même parage (→ **croisière, croiseur**). ■ **se croiser** v. pron. **1.** Être ou se mettre en travers l'un de l'autre. *Les deux chemins se croisent à angle droit.* **2.** (personnes, véhicules) Passer l'un près de l'autre en allant dans une direction différente ou opposée. – *Leurs regards se sont croisés,* se sont rencontrés rapidement. – *Nos lettres se sont croisées,* ont été envoyées en même temps.

croisette n. f. (de *croix*) **1.** vieux ou régional Petite croix. **2.** bot. Espèce de gaillet.

Croisette (cap) Cap de la côte de Provence (Bouches du Rhône, au S. de Marseille).

Croisette (la) Boulevard du front de mer à Cannes.

croiseur n. m. (de *croiser* [III, 2]) Navire de guerre rapide, armé de canons, de missiles, destiné à surveiller l'espace maritime, escorter les convois.

Croisic (Le) Commune de la Loire-Atlantique. 4 114 habitants. Port de pêche et de plaisance, station balnéaire. Marais salants.

croisière n. f. (de *croiser* [III, 2]) **1.** Voyage d'agrément effectué par un paquebot, un navire de plaisance. *Faire une croisière.* **2.** loc. *Vitesse de croisière :* (bateau, avion) la meilleure allure moyenne sur une longue distance ; fig. rythme normal d'activité après une période d'adaptation.

Croisière Jaune Traversée de l'Asie centrale en automobile, organisée en 1931 par André Citroën.

croisiériste n. **1.** Touriste qui effectue une croisière. **2.** Organisateur de croisières.

croisillon n. m. (de l'ancien français *croisille*, diminutif de *croix*) **1.** Traverse d'une croix. – archit. Le transept (d'une église) ; chacun de ses deux bras. **2.** Barre qui partage une baie, un châssis de fenêtre. – plur. Boiseries qui se croisent pour maintenir de petits carreaux dans les fenêtres anciennes. **3.** Signe constitué de quatre barres formant une croix (#), auquel on attribue un sens convenu. *Le croisillon des hashtags. Le croisillon est souvent confondu avec le dièse.*

croissance n. f. **1.** (organisme) Fait de croître, de grandir. → **développement.** *La croissance d'une plante, d'un animal.* **2.** (choses) → **accroissement, augmentation, développement, progression.** *La croissance d'une ville. « La croissance de la richesse et l'essor des entreprises »* (Jaurès). – *Croissance économique.*

▶ La **croissance** (2) économique mesure la quantité de biens et de services créés au sein d'une économie au cours d'une période donnée. Elle désigne le plus souvent le rythme de progression du PIB (produit intérieur brut) en volume. Depuis la révolution industrielle anglaise (1760-1830) et les travaux d'Adam Smith (*Recherches sur la nature et les causes de la richesse des nations,* 1776), la croissance apparaît comme l'une des questions essentielles en économie. Elle est un phénomène de long terme, un processus complexe de « destruction créatrice » (Schumpeter). Ses deux grandes forces motrices sont l'évolution du facteur travail (l'augmentation de la population active et de la qualification de la main d'œuvre) et l'innovation. Elle dépend aussi de la composition sectorielle de l'économie (les gains de productivité sont plus importants dans le secteur industriel que dans les services), de la nature du système financier, de la stratégie nationale en matière d'ouverture économique et des décisions de politique économique. Plus largement, la croissance économique relève également de facteurs institutionnels, sociaux et culturels. La stabilité politique, l'efficacité de l'État dans l'exercice de ses missions régaliennes et de fourniture de biens collectifs (infrastructures...), la stratification sociale, le goût pour le « jeu capitaliste » peuvent la favoriser ou la freiner.
La croissance apparaît historiquement comme une condition nécessaire au développement économique, même si, aujourd'hui, certains préconisent une « croissance zéro » (Club de Rome, 1972) ou une décroissance (S. Latouche, Giec) considérée indispensable. Sans doute l'enjeu actuel est-il plus précisément, pour les pays riches comme pour les pays en voie de développement, de réussir à concilier croissance et développement durable.

voir aussi **PIB** et **PNB, développement durable**

¹croissant n. m. (de *croître*) **I. 1.** Forme échancrée de la partie éclairée de la Lune (pendant qu'elle croît et décroît). *Croissant de lune.* **2.** Forme du croissant de lune. – Emblème de l'Empire turc, de l'islam. **II.** (traduction de l'allemand *Hornchen*, de *Horn* « corne », à cause du croissant [I] des Turcs vaincus devant Vienne en 1689) Viennoiserie feuilletée en forme de croissant. *Un croissant au beurre.*

²croissant, ante adj. Qui croît, s'accroît, augmente. *Un nombre croissant. Avec une colère croissante.* → **grandissant.** ■ math. *Fonction croissante,* qui varie dans le même sens que sa variable. – *Suite croissante,* dont chaque terme est supérieur à celui qui le précède.

croissanterie n. f. (marque déposée, de *croissant* n. m.) Boutique qui propose de la viennoiserie, des pâtisseries salées.

Croissant fertile n. m. Région alluviale du Proche-Orient dessinant un arc de cercle depuis la basse vallée du Nil jusqu'au golfe Persique et englobant les bassins du Tigre et de l'Euphrate. La fertilité de cette région permit le développement de puissants empires dès l'Antiquité (Égypte pharaonique, Babylone, Phénicie, Assyrie).

Croissant-Rouge voir **Croix-Rouge et Croissant-Rouge**

Croisset (Frantz Wiener, dit Francis de) Écrivain français d'origine belge (1877-1937). Il est l'auteur de comédies (*Chérubin ; Le Bonheur, Mesdames*), de souvenirs de voyage (*La Féerie cinghalaise*) et d'un roman (*La Dame de Malacca*).

Croissy-sur-Seine Commune des Yvelines, à l'E. de Saint-Germain-en-Laye. 10 324 habitants.

croît n. m. (de *croître*) agric. **1.** Augmentation d'un troupeau par les naissances annuelles. **2.** Gain en poids d'un animal d'élevage. - var. RO **croit.**

croître v. intr. < 55 au p. p. *crû, crue, crus* > (vient du latin *crescere* « pousser » [d'une plante], « grandir » → **croissance, ²croissant, excroissance, recrue, surcroît**) **1.** (êtres organisés) Grandir progressivement jusqu'au terme du développement normal. → se **développer, pousser ; croissance.** *Les végétaux croissent toute leur vie.* ■ littér. (personnes) → **grandir.** – *Il croissait en sagesse,* devenait plus sage, en grandissant. – loc. *Ne faire que croître et embellir,* se dit d'une chose qui augmente en bien, et iron. en mal. **2.** (choses) Devenir plus grand, plus nombreux. → **s'accroître, augmenter,** se **développer ;** s'oppose à *décroître. La chaleur et le bruit ne cessent de croître, vont croissant.*

croix n. f. (vient du latin *crux, crucis,* n. d'instruments de supplice, d'abord « potence », « pal », puis « croix » → **croisade, ²croisé, croiser, croisillon**) **1.** Poteau muni d'une traverse et sur lequel on attachait des condamnés pour les faire mourir ; spécialt celui où Jésus fut cloué et mis à mort. *Le supplice de la croix* (→ **crucifier**). *La sainte Croix.* – loc. *Porter sa croix :* supporter ses épreuves avec résignation. ■ *Le signe* de croix.* **2.** Représentation ou évocation symbolique de la croix de Jésus-Christ. → **calvaire, crucifix.** – loc. fam. *C'est la croix et la bannière,* c'est toute une histoire (comme dans une procession). – (Autres symboles) *Croix de Lorraine,* à double croisillon. *Croix grecque,* à branches égales. *Croix de Saint-André,* en X. – *Croix gammée*.* ■ Bijou en forme de croix. **3.** Décoration, insigne d'un ordre honorifique. – *La croix de la Légion d'honneur* (→ **grand-croix**). *Croix de guerre :* médaille conférée aux soldats qui se sont distingués au cours d'une guerre. **4.** Marque formée par deux traits croisés. *Faire une croix au bas d'un acte* (en guise de signature). – loc. fig. *Faire une croix sur qqch.,* y renoncer définitivement. **5.** *En croix :* à angle droit ou presque droit. *Les bras en croix.*

Croix Commune du Nord, dans la banlieue de Lille. 20 574 habitants. Important centre de vente par correspondance.

croisades

1. En écho à l'appel lancé en 1095 par Urbain II pour secourir les chrétiens d'Orient, Pierre l'Ermite prêche la croisade. 2. Sous la conduite de Godefroy de Bouillon, les croisés s'emparent de Jérusalem en 1099. 3. Louis IX est capturé à la bataille de Mansourah le 11 février 1250.

▶ Entre 1095 et 1270 huit **croisades** se succédèrent, engageant plusieurs centaines de milliers de chrétiens. En 1095, alors qu'il est fait état de mauvais traitements dont auraient été victimes les pèlerins en route vers Jérusalem, le pape Urbain II décide de prêcher la *première croisade* (1095-1099), afin de reprendre le Saint-Sépulcre aux musulmans. Une croisade « populaire » menée par Pierre l'Ermite et Gautier sans Avoir est écrasée par les Turcs en Anatolie. Seules les armées constituées arrivent à Constantinople, en 1096. Les croisés s'emparent de Jérusalem (1099), qu'ils mettent à sac, et conquièrent l'ensemble du pays et les ports du littoral. La croisade aboutit à la création des États latins d'Orient (principauté d'Antioche, comté d'Édesse, royaume de Jérusalem, avec pour premier souverain Godefroi de Bouillon, et comté de Tripoli).
Menacés par les Turcs, les États latins résistent au cours des décennies suivantes, avec l'aide des moines-soldats, dont les ordres (Hospitaliers, Templiers) ont été créés pour la défense des territoires. En 1145, émus par les exactions commises par les croisés, les musulmans s'emparent d'Édesse. Ce revers important conduit à une *deuxième croisade* (1147-1149), qui est impuissante à délivrer le comté d'Édesse. En 1187, Saladin reprend Jérusalem. Dès que la nouvelle du désastre est connue en Occident, le pape Grégoire VIII décide d'appeler à une *troisième croisade* (1189-1192). Elle mobilise les armées de Frédéric Barberousse, Philippe Auguste et Richard Cœur de Lion. Saladin est défait. Les chrétiens conservent la côte, mais n'obtiennent que la liberté de pèlerinage à Jérusalem. Ordonnée par le pape Innocent III, la *quatrième croisade* (1202-1204) est détournée de son objectif (l'Égypte) au profit des Vénitiens. Les croisés prennent Constantinople (1204) et remplacent l'Empire byzantin par un Empire latin.
La *cinquième croisade* (1217-1219), ordonnée par Innocent III, conquiert temporairement Damiette (1219-1221), mais échoue à libérer le mont Thabor. Elle fut précédée par la « croisade des enfants », durant laquelle des milliers de jeunes pèlerins allemands et français trouvèrent la mort bien avant d'arriver en Terre sainte. Jérusalem est l'objet de la *sixième croisade* (1228-1229) ordonnée par Honorius III. Son chef, Frédéric II de Hohenstaufen, négocie avec le sultan d'Égypte la restitution de Jérusalem, de Bethléem et de Nazareth. La prise de Jérusalem par les musulmans en 1244 est à l'origine de la *septième croisade* (1248-1254), ordonnée par Innocent IV. Conduite par Louis IX (Saint Louis), elle se termine par un échec total. Louis IX est fait prisonnier et libéré contre rançon. La *huitième croisade* (1270) est organisée par Louis IX, qui meurt devant Tunis. Les derniers territoires latins d'Orient tombent les uns après les autres. À la fin du XIIIᵉ siècle, l'élan religieux des premières expéditions a totalement disparu.

voir aussi **byzantin (empire)**

Croix (La) Quotidien français fondé en 1880. Appartenant au groupe Bayard-Presse, *La Croix-L'Évènement* est le principal journal catholique français.

Croix-de-Feu n. pl. Association d'anciens combattants, nationaliste et anticommuniste, fondée en 1927 et dissoute en 1936. Présidées par le colonel de La Rocque, les Croix-de-Feu se transformèrent en parti politique, le Parti social français (PSF).

Croix du Sud n. f. Constellation de l'hémisphère austral, dont deux étoiles marquent la direction du pôle Sud.

Croix-Rouge et Croissant-Rouge Organisation internationale à caractère humanitaire et apolitique, fondée en 1863 par le Suisse Henri Dunant pour porter secours aux blessés de guerre. Après la création du premier comité, qui devait devenir le Comité international de la Croix-Rouge (CICR), se constituèrent, à partir de 1864, de nombreuses sociétés nationales de la Croix-Rouge, regroupées dans la Ligue des sociétés de la Croix-Rouge (1919). L'emblème du Croissant rouge fut adopté par la Turquie en 1876 puis par tous les pays musulmans. Reconnu par la conférence de Genève (1949), le Croissant-Rouge a rejoint la Croix-Rouge en 1986 (*Mouvement international de la Croix-Rouge et du Croissant-Rouge*). En 2005, un 3ᵉ emblème, le Cristal rouge, a été adopté pour permettre à l'État d'Israël de rejoindre le CICR. Prix Nobel de la paix (CICR) 1917, 1944, 1963.

Croix-Rousse (la) Quartier de Lyon, situé sur une colline entre le Rhône et la Saône.

crolle n. f. (flamand *krol*) régional (Nord, Belgique) fam. Boucle de cheveux frisés. - var. RO **crole.** □ adj. et n. **crollé, ée** ou RO **crolé, ée**

Crollius (Osvaldus) ou **Croll** (Oswald) Alchimiste et chimiste allemand (1580-1609). Il postula l'analogie entre le microcosme et le macrocosme. *Basilica chymica.*

Cro-Magnon Site préhistorique de la Dordogne. Des ossements fossiles datant de 30 000 av. J.-C. (Paléolithique supérieur) y furent découverts en 1868. Premiers représentants en Europe de l'*Homo sapiens,* les *Hommes de Cro-Magnon,* venus du Proche-Orient, étaient caractérisés par un crâne dolichocéphale allié à une face courte et large.

cromalin n. m. (n. déposé) imprim. Épreuve de contrôle en couleur pour le bon* à tirer.

Crome (John) dit **Old Crome** Peintre britannique (1786-1821). Fondateur de l'école de Norwich, il peignit des paysages et des scènes de genre dans le goût hollandais, mais marqués par une sensibilité personnelle.

cromesquis n. m. (peut-être d'origine polonaise) cuis. Boulette croustillante au cœur fondant, panée et frite. *Cromesquis de brie.*

cromlech [kʀɔmlɛk] n. m. (mot gallois et breton, de *lech* « pierre » et *crom* « courbe ») archéol. Monument mégalithique formé de menhirs placés en cercle.

Crommelynck (Fernand) Auteur dramatique belge (1885-1970). Outre *Le Cocu magnifique,* il est l'auteur de pièces où le burlesque se mêle à l'émotion. *Tripes d'or ; Une femme qu'a le cœur trop petit.*

cromorne n. m. (allemand *Krummhorn,* de *krumm* « courbe » et *Horn* « cor ») mus. Instrument à vent ancien, en bois et à anche double. – Un des jeux à anche de l'orgue.

Crompton (Samuel) Ingénieur britannique (1753-1827). Il mit au point la *mule-jenny,* machine à filer le coton.

Cromwell (Thomas) comte d'Essex Homme politique anglais (1485-1540). Promoteur de la Réforme, partisan de l'absolutisme royal, il inspira la politique religieuse d'Henri VIII et contribua à son alliance avec les princes protestants allemands. Après l'échec du mariage du roi avec Anne de Clèves, il fut condamné à mort et décapité.

Cromwell (Oliver) Homme politique anglais (1599-1658). Gentilhomme puritain, il fut élu député aux Communes et prit la direction de l'opposition à l'absolutisme royal. À la tête de son armée, les « Côtes de fer », il écrasa l'armée royale à Marston Moor (1644), puis à Naseby (1645). Il réduisit le Parlement, devenu « Parlement croupion », qui jugea et condamna à mort Charles Ier (1649). Après l'instauration de la république (Commonwealth), il reconquit l'Irlande puis l'Écosse. Après avoir renvoyé le Parlement, il se fit conférer le pouvoir dictatorial avec le titre de lord-protecteur (1653). À la suite de la guerre contre les Provinces-Unies (1652-1654), il reprit les grands traits de la politique extérieure élisabéthaine, luttant sur mer contre l'Espagne et se rangeant aux côtés des protestants. Il mourut redouté et impopulaire. ■ **Richard Cromwell** (1626-1712). Fils d'Oliver, il succéda à son père mais dut abandonner le pouvoir en 1659.

Cronaca (Simone del Pollaiolo, dit il) Architecte italien (1457-1509). Il est un représentant du style florentin. Son œuvre principale est l'église de San Salvatore al Monte, sur la colline de San Miniato qui domine Florence.

Cronenberg (David) Réalisateur canadien (né en 1943). Il se sert des conventions du film d'horreur et du fantastique pour mettre en scène ses obsessions : transformation du corps, problèmes de personnalité, voyance, mondes virtuels, violence. *La Mouche ; EXistenZ ; A History of Violence ; Maps to the Stars.*

Cronin (Archibald Joseph) Romancier britannique (1896-1981). Ses romans d'inspiration autobiographique sont moralisateurs et sociaux *(La Citadelle ; Les Clefs du royaume ; Le Jardinier espagnol).* Son œuvre habile et populaire fut fréquemment adaptée au cinéma.

Cronin (James Watson) Physicien américain (1931-2016). Spécialiste de la physique des particules, il est l'auteur d'importantes découvertes dans la théorie des interactions. Prix Nobel 1980.

Cronos Un des Titans, dieu du Temps, vénéré surtout dans le monde préhellénique. Fils de Gaïa, la Terre, et d'Ouranos, le Ciel, il les sépare et mutile son père. De son union avec Rhéa, sa sœur, naissent de nombreux enfants qu'il dévore. Zeus, le seul à être épargné, se révolte contre lui et le précipite dans le Tartare. Cronos fut identifié à Saturne par les Romains.

Rhéa et Cronos, le mythe de la naissance de Zeus, relief romain de la période d'Hadrien (100-130 apr. J.-C.), Musées capitolins, Rome.

Cronstedt (Axel Fredrik, baron) Chimiste, minéralogiste et géologue danois (1722-1765). Il découvrit le nickel et élabora une nouvelle classification des minéraux.

Crookes (sir William) Chimiste et physicien britannique (1832-1919). Il découvrit le thallium indépendamment de C. A. Lamy ; il est l'inventeur des tubes à cathode froide qui portent son nom.

crooner [kʀunœʀ] n. m. (mot anglais des États-Unis, de *to croon* « fredonner ») anglic. Chanteur de charme. - var. RO **crooneur, euse n.**

¹croquant n. m. (p.-ê. de *croquer* ou du provençal *croucant,* de *crouca* « arracher » → croc) hist. Paysan révolté, sous Henri IV et Louis XIII. – péj. Paysan, rustre. « *Jacquou le Croquant* » (roman d'Eugène Le Roy).

²croquant, ante 1. adj. Qui croque sous la dent. *Biscuit croquant.* → **croustillant.** 2. n. m. Petit gâteau fait de pâte d'amandes et de blanc d'œuf roulés dans la cassonade. → **¹croquet.**

croque voir **croque-monsieur**

à la **croque au sel** loc. adv. Cru, avec du sel.

croque-madame n. m. invar. Croque-monsieur surmonté d'un œuf sur le plat. - var. RO **croquemadame n. m.**

croquembouche n. m. (de *croquer, en* et *bouche*) Pâtisserie, pièce montée formée de petits choux à la crème caramélisés.

croquemitaine n. m. Personnage imaginaire dont on menace les enfants pour les faire obéir. - var. **croque-mitaine.** *Des croquemitaines.*

croque-monsieur [kʀɔkməsjø] n. m. invar. (impératif de *croquer,* et *monsieur*) Sandwich chaud fait de pain de mie grillé, de jambon et de fromage fondu. - abrév. fam. **croque n. m.** *Des croques.* - var. RO **croquemonsieur n. m.**

croquemort n. m. (de *croquer* « faire disparaître ») fam. Employé des pompes funèbres chargé du transport des morts au cimetière. *Des croquemorts.* - var. **croque-mort.** *Des croque-morts.*

croquenot n. m. (p.-ê. de *croquer* « craquer ») fam. Gros soulier. → **godillot.**

croquer v. < 1 > (de l'onomatopée *krok-* → crac, cric) **I.** v. intr. Faire un bruit sec (en parlant des choses que l'on broie avec les dents). → **craquer.** *Un bonbon qui croque sous la dent.* **II.** v. tr. **1.** Broyer sous la dent (ce qui fait un bruit sec). – intrans. *Chocolat à croquer. Croquer dans une pomme,* mordre. **2.** fig. Dépenser en peu de temps. → **claquer.** *Croquer un héritage.* → **dilapider. III. 1.** Prendre rapidement sur le vif en quelques coups de crayon, de pinceau. → **ébaucher, esquisser ; croquis.** *Croquer une silhouette.* **2.** loc. fam. *Jolie, mignonne à croquer,* très jolie.

¹croquet n. m. (de *croquer*) régional Biscuit mince, sec et croquant, aux amandes. → **²croquant.**

²croquet n. m. (anglais *croquet,* de l'ancien français, de *croquer* « donner un coup sec ») Jeu consistant à faire passer des boules de bois sous des arceaux au moyen d'un maillet, selon un trajet déterminé.

³croquet n. m. (var. de *crochet* → croc) Petit galon décoratif formant des dents.

croquette n. f. (de *croquer*) **1.** Boulette de pâte, de hachis, frite dans l'huile. → aussi **cromesquis.** *Croquettes de poisson.* **2.** au plur. Préparation alimentaire industrielle pour animaux, déshydratée, en forme de petites boulettes.

croqueur, euse n. fam. Personne qui dépense rapidement. *Un croqueur de dot.* – *Croqueuse de diamants :* femme entretenue qui dilapide l'argent de ses amants.

croquignole n. f. (p.-ê. de *croquer* → **¹croquet, croquignolet**) Petit biscuit croquant.

croquignolet, ette adj. (de *croquignol* « bizarre et comique », lui-même de *croquignole* « chiquenaude », famille de *croquer* « donner un coup sec » → **²croquet**) fam. Amusant, mignon et un peu bizarre. - syn. **croquignolesque.**

croquis n. m. (de *croquer* « dessiner ») Dessin, esquisse rapide. → **ébauche.** « *Un bon croquis vaut mieux qu'un long discours* » (attribué à Napoléon).

Cros (Charles) Poète et inventeur français (1842-1888). Il mena de front des travaux scientifiques et une œuvre littéraire. Il décrivit, indépendamment de Th. Edison, un appareil qui précédait la réalisation du phonographe. Son œuvre poétique comprend des textes lyriques et d'autres « tour à tour délicats, barbares, bizarres, riches et simples » (Verlaine). *Le Coffret de santal ; Le Collier de griffes.*

Crosby (Harry Lillis, dit Bing) Acteur et chanteur (crooner) américain (1901-1977). Il interpréta de nombreuses comédies musicales. *La Route semée d'étoiles ; Les Cloches de Sainte-Marie.*

croskill [kʀɔskil] n. m. (du n. de l'inventeur) agric. Rouleau formé de disques dentés qui sert à briser les mottes de terre. → **brise-motte.**

crosne [kʀon] n. m. (n. d'une localité de l'Essonne, où ce légume fut acclimaté) Plante originaire du Japon, aux petits tubercules comestibles dont le goût rappelle le salsifis.

cross [kʀɔs] n. m. (anglais *cross country running* « course à travers *[cross, across]* la campagne *[country]* ») **1.** Course à pied en terrain varié, avec des obstacles. *Faire du cross.* - syn. vieilli **cross-country** ou RO **crosscountry.** **2.** Abréviation de *cyclocross,* de *motocross.*

Cross (Henri Edmond Delacroix, dit à partir de 1876 Henri-Edmond) Peintre français (1856-1910). Son style, d'abord de tendance naturaliste, s'orienta vers le divisionnisme, utilisant la technique pointilliste, avec une touche large et aérée. Il fut, avec Signac et Seurat, l'un des fondateurs de la société du Salon des Indépendants.

crosse n. f. (germanique *kruka* « bâton recourbé » ; a signifié aussi « béquille ») **I. 1.** Bâton pastoral (d'évêque ou d'abbé) dont l'extrémité supérieure se recourbe en volute. **2.** Bâton recourbé utilisé dans certains jeux pour pousser une balle, un palet. *Crosse de hockey.* **3.** Extrémité recourbée. *La crosse de l'aorte.* – *Les crosses des fougères.* **II.** (les premières crosses de fusil

étaient courbes) Partie postérieure (d'une arme à feu portative). *Appuyer la crosse du fusil contre l'épaule pour tirer.* – loc. *Mettre la crosse en l'air,* refuser de combattre.

crossé **adj. m.** (de *crosse*) relig. Qui a le droit de porter la crosse. *Abbé crossé et mitré.*

crosses **n. f. pl.** (probablt de *crosser* « chicaner », puis « malmener ») loc. fam. *Chercher des crosses à qqn,* lui chercher querelle.

crossfit [kʀɔsfit] **n. m.** (*CrossFit,* marque enregistrée ; mot-valise anglais, de *cross training* « entraînement croisé » et *fit* → fitness) anglic. Activité sportive associant gymnastique, haltérophilie et endurance.

crossing-over [kʀɔsiŋɔvœʀ] **n. m. invar.** (mot anglais, de *to cross over* « se croiser en se recouvrant ») anglic., biol. Enjambement* de chromosomes. → **recombinaison.** - recomm. offic. **enjambement**

crossoptérygien **n. m.** (latin sc. *crossopterygii,* du grec *krossos* « frange » et *pterux, pterugos* « aile » [*cf.* -*ptère*]) zool. Poisson osseux très primitif (sous-classe des *Crossoptérygiens,* représentée par des fossiles du primaire et du secondaire et par le cœlacanthe).

crossover [kʀɔsɔvœʀ] **n. m.** (mot anglais « croisement ») anglic. Véhicule de loisir à caisse autoporteuse, conçu sur un châssis de berline, à l'allure sportive. *Crossovers et SUV.* - recomm. offic. **véhicule métis.**

crotale **n. m.** (du latin, grec *krotalon,* de *krotein* « heurter, faire résonner ») **I.** Antiq. Instrument à percussion. **II.** Serpent très venimeux, dont la queue formée d'écailles creuses vibre avec un bruit de crécelle (syn. **serpent à sonnettes**).

croton **n. m.** (grec *kroton* « ricin ») Arbuste tropical (euphorbiacée) à feuilles persistantes bordées de rouge. → **maurelle.** *Huile de croton,* purgative, extraite des graines toxiques.

Crotone Ville d'Italie (Calabre). 60 010 habitants. Port, industrie alimentaire. Station balnéaire. Fondée par les Achéens, elle fut l'une des plus florissantes colonies de la Grande-Grèce.

Crotoy (Le) Commune de la Somme. 1 979 habitants. Port de pêche et de plaisance. Station balnéaire sur la baie de Somme.

crotte **n. f.** (probablt du francique *krotta* « excrément ») **I. 1.** Excrément solide. *Des crottes de lapin.* – fam. ***Crotte de bique :*** chose sans valeur. **2.** fam. *Crotte !,* interjection de dépit. → **flûte, merde, zut. 3.** *Crotte de chocolat,* bonbon de chocolat. **II.** vieux Boue (→ **crotter**).

crotter **v.** < 1 > (de *crotte*) **I. v. tr.** vieilli ou régional Salir de boue. – au p. p. *Des souliers crottés.* **II. v. intr.** fam. Déféquer, faire des crottes (I).

crottin **n. m.** (de *crotte* [I]) **1.** Excrément des équidés et des ovins. *Crottin de cheval* ou absolt *crottin.* **2.** Petit fromage de chèvre sec et de forme cylindrique.

croulant, ante **1. adj.** Qui menace ruine. *Des murs croulants.* **2. n.** fam., péj. Personne âgée ou d'âge mûr.

croule **n. f.** (de *crouler* « crier » [bécasses], de l'allemand *grillen* « crier ») Chasse à la bécasse, au printemps.

crouler **v. intr.** < 1 > (vient p.-ê. du latin pop. *crotalare,* de *crotalum* → crotale ou du latin *corrotulare* « faire rouler », de *rota* → roue) **1.** (construction, édifice) Tomber en s'affaissant. → **s'écrouler, s'effondrer.** *Cette maison menace de crouler.* – fig. *La salle croule sous les applaudissements.* **2.** fig. S'effondrer. « *Si la Société est telle que vous la dépeignez, il faut qu'elle croule !* » (Huysmans).

croup [kʀup] **n. m.** (mot anglais, de *to croup* « crier d'une voix rauque ») méd., vieilli Laryngite diphtérique très grave.

croupade **n. f.** équit. Saut d'école consistant en une ruade avec extension des membres postérieurs dans le prolongement du corps, les antérieurs restant en appui sur le sol.

croupe **n. f.** (francique *kroppa*) **1.** Partie postérieure arrondie qui s'étend des hanches à la queue de certains animaux (cheval, âne...). – ***En croupe :*** à cheval et sur la croupe, derrière la personne en selle. *Prendre qqn en croupe.* ■ (personnes) fam. → **²derrière, fesse(s).** *Une croupe rebondie.* **2.** Sommet arrondi (d'une colline, d'une montagne).

à croupetons **loc. adv.** (de *croupe* → s'accroupir) vieilli Dans une position accroupie.

croupier, ière **n.** (de *[cavalier] croupier* « qui monte en croupe », puis *croupier* au fig. « joueur associé, assis derrière son associé ») Employé(e) d'une maison de jeu qui tient le jeu, paie et ramasse l'argent pour le compte de l'établissement.

croupière **n. f.** (de *croupe*) Longe de cuir qui passe sur la croupe et sous la queue du cheval. – loc. vieilli ***Tailler des croupières à qqn,*** lui créer des difficultés.

croupion **n. m.** (de *croupe*) Extrémité postérieure du corps (de l'oiseau), supportant les plumes de la queue.

croupir **v. intr.** < 2 > (de *croupe,* d'abord « s'asseoir la croupe sur les talons », puis « rester sans bouger, complètement inactif ») **1.** (personnes) Demeurer (dans un état mauvais, pénible) sans pouvoir en sortir. → **moisir.** *Croupir en prison.* **2.** Rester sans couler et se corrompre (liquide) ; demeurer dans l'eau stagnante. → **pourrir.** *Fleurs fanées croupissant dans un vase.* – au p. p. *Eau croupie.* ▫ **n. m. croupissement**

croupissant, ante **adj.** Qui croupit. *Eaux croupissantes.* → **stagnant.**

croupon **n. m.** (ancien français *crepon* « croupe d'un animal ») techn. Partie d'un cuir qui correspond au dos et à la croupe de l'animal (bœuf, vache).

croustade **n. f.** (italien *crostata,* de *crosta* → croûte) Croûte de pâte feuilletée garnie. *Croustade de fruits de mer.*

croustillant, ante **adj. et n. m. 1.** Qui croustille. → **²croquant.** *Pain croustillant.* **2.** Amusant, léger, grivois. *Des détails assez croustillants.* **3. n. m.** Préparation culinaire enveloppée dans une feuille de brick et poêlée ou passée au four.

croustiller **v. intr.** < 1 > (provençal *croustilha,* de *crousta* → croûte) Croquer sous la dent (sans résister autant que ce qui croque). *Du pain frais qui croustille.*

croustilles **n. f. pl.** (de *croustiller*) (Canada) Fines rondelles de pommes de terre frites. → **chips.**

croûte **n. f.** (vient du latin *crusta* « revêtement dur », p.-ê. apparenté au grec *kruos* « froid » → crustacé) **I. 1.** Partie extérieure du pain, durcie par la cuisson. *La croûte et la mie.* **2.** loc. fam. *Casser la croûte,* manger. → **croûter.** – *Gagner sa croûte,* sa nourriture, sa vie. **3.** Pâte cuite qui enveloppe un pâté, un vol-au-vent. *Pâté en croûte.* **4.** Partie superficielle du fromage (qui ne se mange pas). **II. 1.** Couche superficielle durcie. *Croûte de calcaire dans une bouilloire.* – *La croûte terrestre.* → **écorce.** ■ Plaque qui se forme sur une plaie. → **¹escarre. 2.** fam. Mauvais tableau. *Ce peintre ne fait que des croûtes.* **3.** Côté chair d'un cuir (opposé à *fleur*). - var. RO **croute.**

croûter **v. intr.** < 1 > fam. Manger (→ casser la croûte). - var. RO **crouter.**

croûteux, euse **adj.** Qui présente une croûte, des croûtes. - var. RO **crouteux, euse.**

croûton **n. m. I.** Extrémité d'un pain long. loc. *S'ennuyer comme un croûton derrière une malle.* ■ Morceau de pain frit utilisé en cuisine. **II.** fam. Personne bornée et routinière. *Un vieux croûton.* - var. RO **crouton.**

crown-glass [kʀonglas] **n. m. invar.** (mots anglais « verre de couronne ») opt. Verre très transparent et peu dispersif servant à faire des lentilles optiques.

croyable **adj.** (choses) Qui peut ou doit être cru (surtout restrictif, négatif). *C'est à peine croyable.* → **imaginable, pensable, possible ;** s'oppose à *incroyable.*

croyance **n. f.** (vient du latin *credentia* → créance, crédence, de *credere* → croire) **1.** Action, fait de croire une chose vraie, vraisemblable ou possible. → **certitude, conviction, foi.** *La croyance à, en qqch.* « *La croyance qu'on pourra revenir vivant du combat aide à affronter la mort* » (Proust). **2.** Ce que l'on croit (surtout en matière religieuse). *Croyances religieuses.* → **conviction.**

croyant, ante (→ croire) **1. adj.** Qui a une foi religieuse (s'oppose à *incroyant,* à *mécréant*). → **pieux, religieux. 2. n.** *Un croyant, une croyante.* → **fidèle.**

Croydon Faubourg du S. de Londres. 372 700 habitants. Ancien aéroport de Londres.

Crozet (archipel des) Archipel français de l'océan Indien, au S. de Madagascar, composé de cinq îles. 505 km². Découvert en 1772, par J.-M. Crozet et Marion Dufresne, il comprend deux groupes d'îles, classées parc national depuis 1938. Faune très variée. Station météorologique.

Crozier (Michel) Sociologue français (1922-2013). Il a étudié la logique de l'Administration (*Le Phénomène bureaucratique ; La Société bloquée*) et, plus généralement, les relations entre les « acteurs » et le « système ». *L'Acteur et le Système,* avec Erhard Friedberg.

Crozon Commune du Finistère, sur la presqu'île de Crozon. 7 360 habitants.

Crozon (presqu'île de) Péninsule séparant la rade de Brest de la baie de Douarnenez.

CRS **n. (sigle)** en France Membre d'une compagnie républicaine de sécurité. *Des patrouilles de CRS.* – **n. f.** Cette compagnie. *La CRS autoroutière.*

Crozon (presqu'île de)

Crozon : terre de lande et de bruyères, le cap de la Chèvre, au sud de la presqu'île, ferme au nord la baie de Douarnenez.

[1]cru n. m. (de *croître cf.* crue) **I. 1.** Vignoble. *Les grands crus.* → **vin. 2.** loc. *Du cru* : de la région, du terroir. *Les gens du cru.* **II.** loc. *De son cru* : de son invention propre. *Raconter une histoire de son cru.*

[2]cru, crue adj. (vient du latin *crudus*, de *cruor* « chair saignante » ; aussi « violent » → cruel) **1.** (aliment) Qui n'est pas cuit. *Légumes qui se mangent crus.* → **crudité.** *Bifteck presque cru.* → **bleu.** loc. fig. *Vouloir manger qqn tout cru*, être furieux contre lui. – adv. *Manger cru.* – n. m. « *Le Cru et le Cuit* » (ouvrage de Lévi-Strauss). **2.** Non traité. → **naturel.** *Bois cru.* → **brut.** *Lait cru.* **3.** (couleur, lumière) Que rien n'atténue. → **brutal.** *Une lumière crue. Couleur crue*, qui tranche violemment sur le reste. **4.** Exprimé sans ménagement. *Faire une description crue.* – adv. → **crûment.** *Je vous le dis tout cru.* **5.** Osé, qui choque. → **licencieux.** *Des détails crus.* **6.** *À cru. Monter à cru* : monter à cheval sans selle.

Cruas Commune de l'Ardèche. 3 069 habitants. Centrale nucléaire.

cruauté n. f. (vient du latin *crudelitas*, de *crudelis* → cruel) **1.** Propension à faire souffrir. → **férocité, méchanceté, sadisme.** « *La guerre* [...] *développa une cruauté dont les animaux sont incapables* » (G. Bataille). – *Cruauté mentale.* – *La cruauté d'un acte.* **2.** (choses) Caractère de ce qui est très nuisible. → **dureté, rigueur.** *La cruauté du sort.* **3.** Action cruelle. → **atrocité.**

cruche n. f. (du francique *krukka*) **1.** Récipient pansu, à bec et à anse, souvent de grès ou de terre. *Cruche à eau.* – loc. prov. *Tant va la cruche à l'eau (qu'à la fin elle se casse)* : à s'exposer à un danger, on finit par le subir. **2.** fam. Personne stupide et ignorante. → fam. **gourde.** *Quelle cruche !*

cruchon n. m. Petite cruche. → **pichet.**

cruci- Élément savant (du latin *crux, crucis*) qui signifie « croix ».

crucial, ale, aux adj. (du latin *crux, crucis* → croix) **I.** En forme de croix. **II.** (anglais *crucial*, du latin de F. Bacon *instancia crucis* « expérience de la croix, du croisement ») **1.** didact. Qui permet de décider, de choisir entre des hypothèses. **2.** Fondamental, très important. → **[1]capital, décisif.**

crucifère (latin *crucifer* « qui porte [*ferre* → -fère] une croix » → cruci-) **I.** adj. Qui porte une croix. *Colonne crucifère.* **II.** n. f. bot. Plante dont les fleurs ont quatre pétales disposés en croix (famille des *Crucifères* ; ex. le chou, la giroflée, la moutarde).

crucifié, iée adj. **1.** Mis en croix. – subst. *Le Crucifié* : Jésus-Christ. **2.** fig., littér. Qui éprouve une torture morale intense.

crucifiement n. m. Supplice de la croix. → **crucifixion.** *Le crucifiement de saint Pierre.*

crucifier v. tr. < 7 > (latin ecclés. *crucifigere*, de *crux* → croix et *figere* → [1]ficher) **1.** Attacher (un condamné) sur une croix pour l'y faire mourir. *Jésus fut crucifié sur le Calvaire.* **2.** fig., littér. Tourmenter intensément.

crucifix [krysifi] n. m. (latin *crucifixus*, de *crucifigere* → crucifier) Croix sur laquelle est représenté Jésus crucifié.

crucifixion n. f. (du latin ecclés. → crucifier) Crucifiement du Christ. ■ Sa représentation en peinture, en sculpture.

cruciforme adj. (→ -forme) didact. En forme de croix. ■ *Tournevis cruciforme*, à l'extrémité en forme de croix.

cruciverbiste n. (de *cruci-* et latin *verbum* « mot » → verbe) Amateur de mots croisés. → **mots-croisiste.**

crudité n. f. (latin *cruditas*, de *crudus* → [2]cru adj.) **I.** surtout au plur. Légumes consommés crus. *Assiette de crudités.* **II. 1.** Brutalité (d'une sensation). *La crudité de la lumière.* **2.** Caractère cru ([2], 3 et 4). *La crudité d'une description* (→ **réalisme**), *d'un langage.*

crue n. f. (de *croître cf.* cru n. m.) Élévation du niveau dans un cours d'eau, un lac. *La crue des eaux.* → **montée.** *Rivière en crue.*

cruel, elle adj. (vient du latin *crudelis* « qui fait couler le sang », de *crudus* → [2]cru) **1.** Qui prend plaisir à faire, à voir souffrir. → **féroce, inhumain, sadique.** *Personne cruelle.* → **bourreau, monstre.** *Être cruel avec les animaux.* **2.** Qui témoigne de cruauté. *Un acte cruel. Joie cruelle.* → **mauvais.** *Ironie cruelle.* → **féroce.** – *Guerre cruelle.* → **sanglant. 3.** Sévère, indifférent, insensible. **4.** (choses) Qui fait souffrir. *Destin cruel.* → **implacable, inexorable.** *Une perte cruelle.* → **douloureux, pénible.**

cruellement adv. **1.** Avec cruauté. → **férocement, méchamment.** *Traiter qqn cruellement.* **2.** D'une façon douloureuse, pénible. *Souffrir cruellement.* → **affreusement, atrocement.** *Faire cruellement défaut.*

cruenté, ée adj. (latin *cruentus* « sanglant », de *cruor* « sang ») méd. Qui saigne, qui a perdu son revêtement cutané. *Plaie cruentée*, à vif.

Cruikshank (George) Caricaturiste et peintre britannique (1792-1878). Il travailla pour de nombreux magazines *(Punch ; The Satirist)*, dessinant des caricatures politiques et des scènes de mœurs. Il publia des albums *(Comic Almanach)* et illustra de nombreux ouvrages.

Cruise (Tom) Acteur américain (né en 1962). Il s'est surtout illustré dans des films d'action pour lesquels il a exécuté des cascades spectaculaires. Série des *Mission impossible ; Top Gun ; Minority Report.*

cruiser [kruzœr] n. m. (mot anglais « croiseur ») anglic. Petit yacht prévu pour la croisière en mer. - var. RO **cruiseur.**

Crumb (George) Compositeur américain (1929-2022). Sa musique austère fait parfois appel à des instruments populaires ou traditionnels. *Madrigals ; Makrokosmos.*

Crumb (Robert) Auteur américain de bandes dessinées (né en 1943). Son univers de fantasmes sexuels et sa critique sociale et politique des États-Unis sont servis par un dessin, fortement cerné, influencé par Segar. *Fritz the Cat ; Mr Natural.*

crumble [krœmbœl] n. m. (mot anglais, de *to crumble* « émietter ») anglic. Préparation à base de fruits recouverts d'une pâte sablée sucrée émiettée.

crûment ou **crument** adv. **1.** D'une manière crue ([2], 4), sèche et dure, sans ménagement. → **brutalement, durement.** *Il lui a dit crûment qu'il le méprisait.* **2.** *Éclairer crûment*, d'une lumière crue.

crural, ale, aux adj. (du latin, de *crus, cruris* « jambe ») didact. De la cuisse. *Artère crurale.*

crush [krœʃ] n. m. (mot anglais) anglic., fam. Coup de cœur (pour qqn). *Être en crush sur qqn. Avoir un crush pour, sur qqn.* – Personne qui en est l'objet. *Je vois mon crush ce soir.*

crustacé n. m. (du latin, de *crusta* → croûte) **1.** zool. Animal arthropode à carapace, au corps formé de segments munis chacun d'une paire d'appendices (classe des *Crustacés* ; ex. la daphnie, le cloporte). **2.** cour. Ces animaux aquatiques et comestibles (crabe, crevette, écrevisse, homard, langouste, langoustine).

Crutzen (Paul) Chimiste néerlandais (1933-2021). Il a montré le rôle des oxydes d'azote dans la baisse de la concentration de l'ozone stratosphérique. Prix Nobel 1995, avec M. Molina et F. S. Rowland.

Cruveilhier [kryvɛje] **(Jean)** Médecin et anatomiste français (1791-1874). On a donné le nom de *maladie de Cruveilhier* à l'ulcère simple de l'estomac.

Cruyff (Johannes Hendrikus, dit Johan) Footballeur néerlandais (1947-2016). Doté d'une technique rigoureuse et de qualités de meneur de jeu, il contribua à la naissance d'un football « total ».

Cruz (Juana Inès de la) Religieuse et écrivaine mexicaine (1651-1695). Elle a écrit des poèmes lyriques et mystiques, inspirés de Góngora, une autobiographie et des pièces de théâtre *(El Divino Narciso).*

Cruz (Ramón de la) Auteur dramatique espagnol (1731-1794). Il écrivit des tragédies, des comédies, de petites saynètes réalistes décrivant les mœurs madrilènes, en réaction contre l'influence du théâtre classique français.

cryo- Élément (du grec *kruos cf.* cristal) qui signifie « froid ».

cryochimie n. f. Domaine de la chimie relevant des très basses températures. □ adj. **cryochimique**

cryochirurgie n. f. Utilisation du froid (azote liquide) en chirurgie.

cryoclastie n. f. (de *cryo-* et du grec *klastos* « brisé ») géol. Fragmentation des roches due à la succession des gels et dégels.

cryoconducteur, trice adj. électr. Dont on diminue la résistivité à très basse température. *Bobine cryoconductrice.*

cryoconservation n. f. biol. Conservation de tissus ou d'organismes vivants (ovules, sperme, embryons...) à une cryotempérature. → **congélation.**

cryogène adj. (→ -gène) phys. Qui produit du froid. *Mélange cryogène.* → **réfrigérant.**

cryogénie n. f. phys. Production des très basses températures. □ adj. **cryogénique**

cryolithe ou **cryolite** n. f. (→ -lithe) Fluorure naturel d'aluminium et de sodium, très fusible.

cryologie n. f. Domaine de connaissance concernant les très basses températures. □ adj. **cryologique**

cryométrie n. f. phys. Mesure des températures de congélation. □ adj. **cryométrique**

cryophysique n. f. Physique des basses températures.

cryoscopie n. f. (→ -scopie) Partie de la physique qui étudie les lois de la congélation des solutions. ■ Détermination de la masse moléculaire d'une substance dissoute par l'abaissement de la température de congélation de la solution. □ adj. **cryoscopique**

cryosphère n. f. géogr. Ensemble des glaces présentes sur Terre (banquise, glaciers, icebergs, permafrost...).

cryostat n. m. (→ -stat) phys. Récipient thermiquement isolé permettant de maintenir, pour une durée limitée, des produits à basse température.

cryotechnique n. f. didact. Techniques de production et d'utilisation des très basses températures.

cryotempérature n. f. techn. Température inférieure à –153 °C.

cryothérapie n. f. méd. Traitement local par le froid.

cryoturbation n. f. (de *cryo-* et du latin *turbare* « troubler, altérer », d'après l'adj. allemand *kryoturbat*) géol. Modification du sol sous l'effet du gel et du dégel.

cryptage n. m. Opération par laquelle un message est rendu inintelligible à quiconque ne possède pas la clé permettant de retrouver la forme initiale. → **chiffrage.** ■ inform. Opération qui consiste à sécuriser l'accès à des données. → **codage, encodage.** *Algorithme, clé, logiciel de cryptage.*

crypte n. f. (du latin, du grec *kruptê*, de *kruptein* « cacher ») Caveau souterrain servant de sépulcre (dans certaines églises). ■ Chapelle souterraine.

crypter v. tr. < 1 > (du grec *kruptein* → crypto-) Réaliser le cryptage de. *Crypter un message secret* (→ **chiffrer**), *des données informatiques* (→ **coder, encoder**). – au p. p. *Chaîne de télévision cryptée*, nécessitant un décodeur pour être reçue en clair.

cryptique adj. (latin *crypticus*, du grec *kruptos* « caché », de *kruptein* → crypte, grotte) didact. **I.** Qui vit, se trouve dans les grottes. **II. 1.** didact. ou littér. Caché, secret. → **occulte.** *Figure cryptique.* **2.** zool. Dont l'effet est de dissimuler l'animal dans son milieu naturel. *Plumage cryptique.*

crypt(o)- Élément (du grec *kruptein* → crypte) qui signifie « caché ».

Cuba

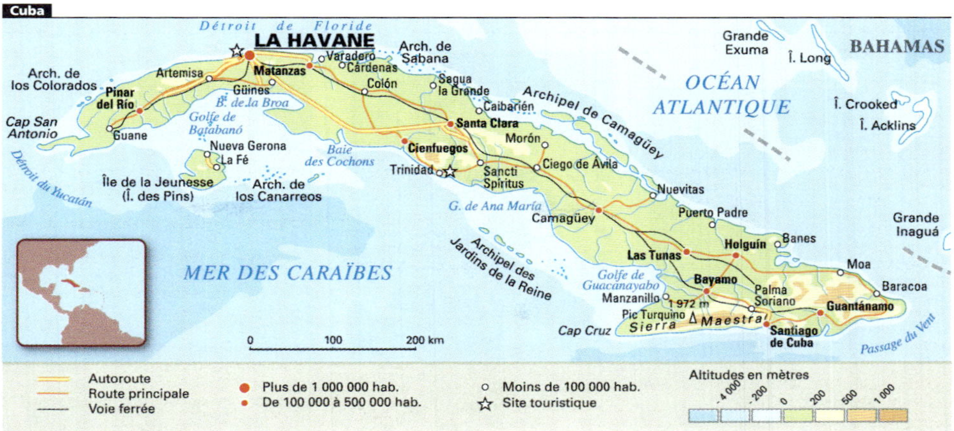

crypto-art ou **crypto art** n. m. **(mot anglais)** anglic. Ensemble des œuvres d'art numériques associées à un NFT. *L'essor du crypto-art.* – Toute œuvre de ce type (rare au sing.). *Le marché des crypto-arts.* □ n. **crypto-artiste**

cryptocommuniste n. et adj. Partisan occulte du communisme. □ n. m. **crypto-communisme**

cryptogame adj. et n. m. **(→ -game)** bot. (plante) Qui a les organes de la fructification peu apparents. *Les champignons, plantes cryptogames.* – n. m. *Les cryptogames* : l'un des deux embranchements du règne végétal. *Cryptogames et phanérogames.* □ n. f. **cryptogamie**

cryptogamique adj. bot. *Maladies cryptogamiques* (des végétaux), provoquées par les champignons.

cryptogénétique adj. méd. Dont on ne connaît pas la cause. *Cirrhose cryptogénétique.* - syn. **cryptogénique.**

cryptogramme n. m. Ce qui est écrit en caractères secrets, en langage chiffré.

cryptographie n. f. Ensemble des procédés visant à crypter des informations pour en assurer la confidentialité entre l'émetteur et le destinataire. □ n. **cryptographe** □ adj. **cryptographique**

cryptologie n. f. didact. Étude, science (conception, analyse) des messages secrets, des cryptogrammes. → **cryptographie.** □ adj. **cryptologique**

cryptomère n. m. **(du latin, du grec *kruptos* → crypto- et *meros* « partie »)** Grand conifère (taxodiacée) à fût élancé, à feuillage d'un beau vert. - var. **cryptomeria.**

cryptomonnaie n. f. Monnaie numérique en usage sur Internet, indépendante des réseaux bancaires et liée à un système de cryptage. *Le bitcoin est une cryptomonnaie.* - syn. **cryptodevise.**

cryptophyte n. f. **(→ -phyte)** Plante enfouie durant l'hiver.

cryptorchidie [kʀiptɔʀkidi] n. f. **(de *crypto-* et du grec *orkhis* « testicule » → orchis, orchite)** méd. Rétention pathologique des testicules dans l'abdomen.

Cs chim. Symbole du césium.

CSA voir **Conseil supérieur de l'audiovisuel** et **Arcom**

Csáky (Jozsef) Sculpteur hongrois (1888-1971). Il s'installa en 1908 à Paris. Adepte du premier cubisme, il fut ensuite influencé par l'art africain et l'art décoratif.

CSCE voir **OSCE**

CSG Sigle de *contribution* sociale généralisée.*

Csiky (Gergely) Auteur dramatique hongrois (1852-1891). Il fut influencé par les auteurs français de l'époque. *Les Prolétaires ; Misère dorée.*

Csokonai Vitéz (Mihály) Écrivain hongrois (1773-1805). Sa comédie *Tempefói le Mélancolique,* vive critique sociale, lui coûta sa place de professeur au collège de Debrecen. Il est l'auteur d'une épopée comique, *Dorothée ou le Triomphe des dames,* et de poèmes philosophiques *(Le Soir ; Constantinople).*

Csoóri (Sándor) Écrivain hongrois (1930-2016). Il est l'auteur de recueils de poèmes *(Fuite de la solitude)* et de scénarios de films *(Jugement).* Il fut la référence spirituelle du Forum démocratique hongrois.

cténaire n. m. **(latin sc. *ctenaria,* du grec *kteis, ktenos* « peigne »)** Animal marin, transparent, à symétrie bilatérale, à organes locomoteurs en forme de palettes (ancien embranchement qui regroupait les *cnidaires* et les *cténaires*). - syn. **cténophore.**

Ctésiphon Orateur athénien (IVe s. av. J.-C.). Il fut accusé par Eschine d'avoir enfreint la loi, et fut défendu par Démosthène dans un célèbre *Discours sur la Couronne.*

Ctésiphon Ancienne ville de Mésopotamie, aujourd'hui en Irak. Capitale des Arsacides et des Sassanides, elle fut ruinée en 637 par Khalid ibn Walid.

Cu chim. Symbole du cuivre.

Cuanza ou **Kwanza** Fleuve d'Angola. Environ 1 000 km.

Cuauhtémoc Dernier empereur aztèque (v. 1497-1524). Il défendit son empire contre les troupes de Cortés. Vaincu, il fut emprisonné et assassiné.

Cuba

■ offic. **république de Cuba** État des Grandes Antilles. 110 860 km². 11 200 000 habitants.

Langue : espagnol. **Religion** : chrétiens. **Monnaie** : peso. **Capitale** : La Havane. **Régime** : république socialiste à parti unique.

GÉOGRAPHIE

Longue de 1 100 km, l'île principale (Cuba) est assez plane, à l'exception de la Sierra Maestra à l'E. (1 974 m). Son climat tropical est marqué par le passage de violents cyclones. Le peuplement, urbain à 76 %, est dense (100 hab./km²).

ÉCONOMIE

La structure économique, étatisée, repose sur des cultures intensives (canne à sucre, tabac, café), l'élevage bovin, la pêche, l'artisanat (cigares) et, de plus en plus, le tourisme international. Toutefois, l'économie pâtit de l'embargo imposé par les États-Unis depuis six décennies et la production agricole vivrière est insuffisante (rationnement) ; 70 % de l'énergie est importée. Cuba se singularise en Amérique latine par le haut niveau d'éducation de sa population et par la qualité de sa médecine.

HISTOIRE

La colonisation La colonisation espagnole débuta peu après la découverte de l'île par C. Colomb (1492). Les peuples amérindiens furent exterminés. Après la prise de La Havane par les Britanniques (1762) et sa restitution l'année suivante, les Espagnols développèrent une économie de plantation fondée sur le travail d'esclaves africains. Une première guerre d'indépendance (1868-1878) échoua.

La deuxième guerre d'indépendance (1895-1898) se conclut par la guerre hispano-américaine et l'occupation militaire par les États-Unis jusqu'en 1902. Cuba resta de fait un protectorat des États-Unis jusqu'à la révolution (1959). Cette période fut marquée par les dictatures de Machado (1925-1933) et de Batista (1940-1944 ; 1952-1958).

La révolution castriste La révolution (1959-1962) qui porta au pouvoir des guérilléros jouit à ses débuts, autour de Fidel Castro et de « Che » Guevara, d'une grande ferveur populaire. Elle fut marquée par la crise des fusées (1962), affrontement diplomatique très grave entre les États-Unis et l'Union soviétique, et par l'adoption du modèle soviétique. De nombreux Cubains s'exilèrent.

L'isolement du régime depuis l'effondrement du communisme entraîna un grave malaise interne que les rares autres soutiens (Venezuela) ne purent enrayer. Les réformes économiques récentes visent à attirer les investisseurs étrangers, les touristes et les devises, mais le pays souffre du blocus économique imposé par les États-Unis. Sans pour autant lever l'embargo, Barack Obama décida fin 2014 de renouer le dialogue avec Cuba. Le Parti communiste reste seul autorisé et les tentatives de contestation sont réprimées. Après l'accident de santé de Fidel Castro, son frère Raúl assura le pouvoir à la tête de l'État (2008) puis à la tête du Parti (2011). Il céda la présidence de la République au vice-président, Miguel Díaz-Canel, en 2018 et celle du Parti en 2021.

cubage n. m. Évaluation d'un volume ; volume évalué. *Le cubage d'air d'une pièce.*

cubature n. f. **(latin sc. *cubatura,* de *cubus* → cube)** géom. Transformation (d'un volume) en un cube de volume égal. *Cubature d'une pyramide.*

cube n. m. **(latin *cubus,* grec *kubos* « dé à jouer »)** **1.** géom. Solide (parallélépipède) à six faces carrées égales (hexaèdre régulier). ■ Objet cubique (ou parallélépipède). *Des cubes de glace. « Ces blocs de ciment, ces cubes hideux »* (N. Sarraute). – *Jeu de cubes,* de construction. **2.** Se dit d'une mesure qui

CUBISME

1

2

3

1. *Nature morte devant la fenêtre ouverte* (place Ravignan), Juan Gris (1915), musée d'Art de Philadelphie.
2. *Le Viaduc à l'Estaque,* Georges Braque (1908), Centre Georges-Pompidou, Paris.
3. *Femme assise dans un fauteuil,* Pablo Picasso (1910), Centre Georges-Pompidou, Paris.
4. *Nature morte à la chaise cannée,* Pablo Picasso, (1912), musée national Picasso, Paris.
5. *Tête de femme,* Henri Laurens (1920), Centre Georges-Pompidou, Paris.
6. *Les Demoiselles d'Avignon,* Pablo Picasso, (1907), musée d'Art moderne, New York.

5

6

4

Vers 1910, Picasso et Braque inaugurent un mouvement pictural montrant les objets vus sous plusieurs angles à la fois, et ramenés à des formes quasi géométriques. Ils veulent l'abandon des règles académiques de la représentation, qui privilégient traditionnellement le point de vue d'un seul individu (apanage désormais de la photographie). Ils reprennent vite à leur compte l'appellation péjorative de « cubistes », en guise de pied de nez à leurs détracteurs.

exprime le volume, la contenance. *Mètre cube* (m^3), *centimètre cube* (cm^3). ■ *Cylindrée de 1 500 cm³.* – fam. *Gros cube* : moto de grosse cylindrée. **3.** math. *Cube d'un nombre* : produit de trois facteurs égaux à ce nombre. → **puissance.** *Le cube de 2 est 8 ; a^3 est le cube de a.* – argot scol. Élève qui redouble la deuxième année préparatoire à une grande école.

cubèbe n. m. (latin *cubeba,* arabe *kubbaba*) Arbuste voisin du poivrier, dont les fruits contiennent un principe médicinal.

cuber v. < 1 > **I.** v. tr. **1.** Évaluer (un volume) en unités cubiques. *Cuber des bois de construction.* **2.** math. Élever (un nombre) au cube. **II.** v. intr. **1.** Avoir un volume de. *Citerne qui cube 500 litres.* **2.** fam. Atteindre un chiffre élevé. *Tous ces frais finissent par cuber.* **3.** argot scol. Redoubler la deuxième année préparatoire à une grande école.

cuberdon n. m. (origine inconnue) (Belgique) Bonbon de forme conique rouge violacé, contenant une gelée sucrée.

cubilot n. m. (p.-ê. de l'anglais *cupilo,* régional, de *cupola* « four à coupole » → coupole) techn. Fourneau pour la préparation de la fonte de seconde fusion.

cubique adj. **1.** Du cube. *Une maison cubique.* **2.** math. ***Racine cubique*** *d'un nombre n* : nombre qui, élevé au cube (à la puissance 3), donne n. – **n. f.** Courbe d'une équation du troisième degré.

cubisme n. m. (de *cube* [Matisse aurait parlé le premier des *petits cubes* chez Braque]) École d'art, qui se proposait de représenter les objets décomposés en éléments géométriques simples.

cubiste adj. Qui appartient au cubisme ou s'y rattache. *Peintre cubiste.* – **n.** *Les cubistes.*

cubitainer [kybitɛnɛʀ] n. m. (marque déposée ; mot-valise, de *cube* et anglais *container*) Récipient en plastique, à peu près cubique, servant au transport des liquides. *Vin en cubitainer.* - abrév. fam. **cubi.**

cubitière n. f. (du latin *cubitus* « coude ») Pièce de l'armure qui protégeait le coude.

cubitus [kybitys] n. m. (latin *cubitus* → coude) Le plus gros des deux os de l'avant-bras, articulé avec l'humérus au niveau du coude. → **ulna** □ adj. **cubital, ale, aux**

cuboïde (du grec *kuboeidês,* de *kubos* → cube et de *eidos* → -oïde) **I.** n. m. anat. Os du tarse, du côté externe du cou-de-pied, en avant du calcanéum. **II.** adj. Qui a la forme d'un cube. → **cubique.**

cuboméduse n. f. (du grec *kubos* → cube et de *méduse*) Méduse de forme plus ou moins cubique, dotée de quatre tentacules, très venimeuse.

cucul [kyky] adj. invar. (de *cul,* redoublé) fam. Niais, un peu ridicule. *Elles sont un peu cucul.* loc. *Cucul la praline*.*

cucurbitacée n. f. (du latin *cucurbita* → courge) Plante dicotylédone des régions chaudes et tempérées, dont la tige, munie de vrilles, est une liane (famille des *Cucurbitacées* ; ex. le concombre, la courge, le melon, etc.).

cucurbitain ou **cucurbitin** n. m. (du latin *cucurbita* « courge » → cucurbitacée) zool., méd. Chacun des derniers anneaux du strobile d'un ténia qui, bourré d'œufs, rappelle par sa forme celle d'un pépin de citrouille et est rejeté hors de l'intestin de l'hôte parasité.

cucurbite n. f. (latin *cucurbita* « courge ») Partie inférieure de l'alambic, à panse renflée.

Cúcuta Ville de Colombie, près de la frontière vénézuélienne. 685 450 habitants. Commerce du café.

cueillaison [kœjɛzɔ̃] n. f. (de *cueillir*) Époque, moment où l'on cueille les fruits. → **cueillette.**

cueillette [kœjɛt] n. f. **1.** Action de cueillir. *La cueillette des pommes.* → **récolte. 2.** Les fleurs ou les fruits cueillis. *Une belle cueillette.* **3.** Exploitation agricole où le consommateur cueille lui-même les produits qu'il achète. **4.** Ramassage des produits végétaux comestibles (dans les groupes humains où la culture n'est pas exclusive ou est inconnue). *Ils vivent de chasse et de cueillette.*

cueilleur, euse [kœjœʀ, øz] n. Personne qui cueille.

cueillir [kœjiʀ] v. tr. < 12 > (vient du latin *colligere,* de *cum* et *legere* « cueillir » → ¹lire) **1.** Détacher (une partie d'un végétal) de la tige. *Cueillir des fleurs.* **2.** littér. Prendre. « *Cueillez, cueillez votre jeunesse* [...] » (Ronsard). **3.** fam. *Cueillir qqn,* le prendre aisément au passage. *Cueillir un voleur.* → fam. **pincer.** – loc. *Être cueilli à froid,* être pris par surprise.

cueilloir [kœjwaʀ] n. m. Instrument consistant en un long bâton armé de cisailles et une petite corbeille pour couper et recueillir les fruits des hautes branches. ▪ Panier de cueillette.

Cuenca Ville d'Équateur, dans les Andes. 330 000 habitants. Centre touristique.

Cuenca Ville d'Espagne (Castilla-La Mancha, dans la serranía de Cuenca). 54 620 habitants. Les fortifications médiévales sont classées au patrimoine mondial de l'Unesco. Musée d'art moderne.

Cuenod (Hugues) Ténor suisse (1902-2010). Au concert comme à la scène lyrique, dans tous les styles, du baroque au XXe s., il chanta avec sensibilité et un grand art pendant plus de 60 ans.

Cuénot (Lucien) Biologiste français (1866-1951). Il est l'auteur de recherches sur l'évolution des espèces et leur adaptation au milieu. *Genèse des espèces animales ; L'Adaptation ; L'Invention et la finalité en biologie.*

Cuernavaca Ville du Mexique, au S. de Mexico. 338 650 habitants. Cathédrale du XVIe s., palais de Cortés. Industrie. Commerce du café et de la canne à sucre.

Cuers Commune du Var, au N. de Toulon. 12 298 habitants. Viticulture.

cuesta [kwɛsta] **n. f.** (mot espagnol « côte ») géogr. Plateau, forme de relief à double pente asymétrique (→ [2]côte).

Cuevas (George de Piedrablanca de Guana, marquis de) Directeur de ballet américain d'origine chilienne (1885-1961). D'abord mécène, il se consacra à la danse à partir de 1944.

Cugnaux Commune de la Haute-Garonne dans la banlieue S.-O. de Toulouse. 20 100 habitants.

Cugnot (Joseph) Ingénieur militaire français (1725-1804). Il construisit la première voiture automobile à vapeur.

Cui (Cesar Antonovitch) Compositeur russe (1835-1918). Membre du groupe des Cinq, il est l'auteur d'opéras (*Le Prisonnier du Caucase*), de symphonies, de pièces de musique de chambre.

Cuiabá Ville du Brésil, capitale de l'État du Mato Grosso. 541 000 habitants. Porte d'accès à l'Amazonie.

cuicui **interj. et n. m.** ou **cui-cui** **interj. et n. m. invar.** (onomatopée) fam. Pépiement d'oiseau. *Des cuicuis, des cui-cui.*

cuillère ou **cuiller** [kɥijɛʀ] **n. f.** (vient du latin *cochlearium*, de *cochlea* « escargot ; sa coquille », du grec *kokhlê* → conque, coquille) **1.** Ustensile formé d'un manche et d'une partie creuse (→ **cuilleron**), qui sert à transvaser ou à porter à la bouche les aliments liquides ou peu consistants. *Cuillère et fourchette.* → [1]**couvert.** *Cuillère à soupe. Cuillère à dessert, à café (petite cuillère).* ▪ loc. *Faire qqch. en deux coups de cuillère à pot*, très vite. – *Être à ramasser à la petite cuillère*, en piteux état. – *Ne pas y aller avec le dos de la cuillère* : agir sans modération. ▪ sport *Servir à la cuillère*, en frappant la balle par en dessous, au tennis. **2.** Petite plaque de métal garnie d'hameçons. *Pêcher à la cuillère.* ▪ Pièce qui maintient la goupille d'une grenade. **3.** loc. fam. *Serrer la cuillère à (qqn)*, lui serrer la main. → **pince.**

cuillérée [kɥijeʀe] ou **cuillerée** [kɥijʀe ; kɥijeʀe] **n. f.** Contenu d'une cuillère. *Une cuillérée à café de sirop.*

cuilleron **n. m.** (de *cuiller*) Partie creuse, ovale ou ronde, au bout du manche d'une cuillère.

cuir **n. m.** (vient du latin *corium* « peau, enveloppe que l'on peut détacher ») **I. 1.** Peau des animaux séparée de la chair, tannée et préparée. *Cuir de bœuf, de veau* (→ [2]**box ; vélin**), *de chèvre* (→ **maroquin**), *de mouton* (→ **basane,** [3]**chagrin**). *Semelles de cuir.* **2.** *Le cuir chevelu* : la peau du crâne. **3.** (animaux ; humains) Peau épaisse et dure. **II.** (p.-ê. de l'idée d'« écorcher » un mot) fam. Faute de langage qui consiste à faire des liaisons incorrectes (ex. il va [t] à Paris).

cuirasse **n. f.** (provençal *coirassa* ou italien, du latin *corium* → cuir) **1.** Partie de l'armure qui recouvre le buste. – *Le **défaut de la cuirasse*** : l'intervalle entre le bord de la cuirasse et les pièces qui s'y joignent ; fig. le point faible, le côté sensible. fig. Défense, protection. *Une cuirasse d'indifférence.* → **carapace. 2.** Revêtement d'acier qui protège les chars, les navires de guerre. → **blindage ; cuirassé. 3.** zool. Tégument protecteur (de certains animaux). → **carapace.**

cuirassé **n. m.** Grand navire de guerre blindé et armé d'artillerie lourde. *Le cuirassé Potemkine.*

cuirasser **v. tr.** < 1 > Armer, revêtir d'une cuirasse. → **blinder.** ▪ **se cuirasser v. pron. 1.** Se revêtir d'une cuirasse. **2.** fig. ***Se cuirasser contre** (qqch.)*, se protéger contre, se rendre insensible à. → **s'aguerrir, s'endurcir.** ▪ **cuirassé, ée p. p.** Endurci. « *Cuirassé contre les humiliations* » (R. Rolland). □ **n. m. cuirassement**

cuirassier **n. m.** anciennt Soldat d'un régiment de grosse cavalerie.

cuire **v.** < 38 (p. p. *cuit, cuite*) > (vient du bas latin *cocere*, de *coquere* → cuisine, cuisson, cuit ; [2]coq, queux) **I. v. tr. 1.** Rendre propre à l'alimentation par l'action de la chaleur, du feu (→ **cuisson**). *Cuire un morceau de viande.* → [1]**griller, rôtir ; frire. 2.** Transformer par l'action du feu. *Cuire une poterie* (→ terre cuite*). **3.** loc. fam. *Être **dur à cuire*** : opposer une grande résistance. – **n.** *Un dur à cuire.* **II. v. intr. 1.** Devenir propre à l'alimentation par l'action du feu. *La soupe cuit à feu doux.* → **mijoter.** *Faire cuire.* **2.** fam. (sujet personne) Avoir très chaud. *Ouvrez les fenêtres, on cuit là-dedans !* → **étouffer. 3.** Produire une sensation d'échauffement, de brûlure. → **brûler ; cuisant.** *Les yeux me cuisent.* → **piquer.** – loc. *Il vous en cuira* : vous vous en repentirez.

cuisant, ante **adj.** Qui provoque une douleur, une peine très vive. *Une déception cuisante.* → **aigu, douloureux, vif.**

cuiseur **n. m.** (de *cuire*) Récipient où l'on fait cuire des aliments en grande quantité. *Cuiseur à vapeur.* → **autocuiseur, cuit-vapeur.**

cuisine **n. f.** (vient du bas latin *cocina*, de *coquina*, de *coquere* → cuire) **I.** Pièce où l'on prépare et fait cuire les aliments. *La cuisine d'un restaurant.* **II. 1.** Préparation des aliments ; art de préparer les aliments. → **art culinaire ;** fam. **cuistance.** « *La cuisine est le plus ancien des arts* » (Brillat-Savarin). *Faire la cuisine. Les recettes de la cuisine chinoise.* **2.** fam. Manœuvre, intrigue. → fam. **magouille, trafic.** *La cuisine électorale.* **III.** Aliments préparés qu'on sert aux repas. → fam. [2]**bouffe, tambouille.** *Être amateur de bonne cuisine,* gourmet.

cuisiné, ée **adj.** Préparé selon les règles de la cuisine. – spécialt *Plats cuisinés*, prêts à être réchauffés ou directement consommés.

cuisiner **v.** < 1 > **1. v. intr.** Faire la cuisine. **2. v. tr.** Préparer, accommoder. *Cuisiner de bons petits plats.* **3. v. tr.** fig., fam. *Cuisiner qqn*, l'interroger, chercher à obtenir de lui des renseignements, des aveux par tous les moyens.

cuisinette **n. f.** Partie de pièce utilisée comme cuisine (recomm. offic. pour l'anglic. **kitchenette**).

cuisinier, ière **n.** Personne qui a pour métier de faire la cuisine. → **chef ;** fam. **cuistot.** *Aide-cuisinier.* → **marmiton.** – Personne qui fait la cuisine. *Elle est très bonne cuisinière.* → **cordon-bleu.**

cuisinière **n. f.** Fourneau de cuisine, composé d'un four et d'une table de cuisson. *Cuisinière électrique.*

cuisiniste **n.** Professionnel(le) qui conçoit, vend ou installe le mobilier de cuisine.

cuissage **n. m.** (de *cuisse*) hist. ***Droit de cuissage*** : droit conféré au seigneur féodal de poser symboliquement sa jambe sur le lit de la nouvelle mariée, voire, parfois, de passer la nuit avec elle.

cuissard, arde **I. n. m. 1.** Garniture de protection de la cuisse d'une armure. **2.** Culotte des coureurs cyclistes, descendant à mi-cuisse. **II. adj.** *Bottes cuissardes*, qui montent jusqu'au milieu des cuisses. – **n. f. pl.** *Des cuissardes.*

cuisse **n. f.** (vient du latin *coxa* « os de la hanche » [→ coxal], qui a remplacé *femur* « cuisse » → fémur, lequel ressemblait à *femus* → fumier) **1.** Partie du membre inférieur qui s'articule à la hanche et va jusqu'au genou (→ **crural**). – (animaux) *Une cuisse de poulet.* → **pilon.** *Cuisse du mouton* (→ **gigot**), *du cochon* (→ **jambon**), *du chevreuil* (→ **cuissot,** [1]**gigue**). **2.** loc. fam. *Se croire sorti de la cuisse de Jupiter* : être très imbu de sa personne.

cuisseau **n. m.** boucherie Partie du veau dépecé, du dessous de la queue au rognon. *Cuisseau de veau et cuissot de gibier.*

cuissettes **n. f. pl.** (Suisse) Short de sport.

cuisson **n. f.** (vient du latin *coctio*, de *coquere* → cuire) **1.** Action de cuire ; préparation des aliments par le feu, la chaleur. *Cuisson au four, à la broche. Temps de cuisson.* **2.** Préparation par le feu. *Cuisson de la porcelaine.* **3.** rare Sensation analogue à une brûlure ; douleur cuisante (→ **cuire** (II, 3)). *La cuisson d'une piqûre de guêpe.*

cuissot ou **cuisseau** **n. m.** Cuisse (du gros gibier). *Cuissot de chevreuil et cuisseau de veau.*

cuistance **n. f.** (de *cuisine* et p.-ê. *bectance*, en argot militaire) fam. Cuisine (II, 1 et III).

cuistax [kɥistaks] **n. m.** (Belgique) Véhicule à pédales utilisé sur les plages, les digues.

cuistot **n. m.** (→ cuistance) fam. Cuisinier professionnel.

cuistre **n. m.** (vient du bas latin *coquistro*, de *coquere* → cuire ; « valet de cuisine », puis « valet de collège, pauvre pédagogue ») littér. Pédant vaniteux et ridicule. – **adj.** *Il est un peu cuistre.* □ **n. f. cuistrerie**

cuit, cuite **adj. 1.** Qui a subi la cuisson afin d'être consommé (opposé à *cru*). *Légumes cuits à la vapeur.* – **n. m.** *Le cru et le cuit.* **2.** Qui a subi la cuisson pour un usage particulier. *Terre cuite.* **3.** fam. *Être cuit*, pris, vaincu. → fam. [1]**fait,** [1]**fichu, refait.** *C'est cuit* : c'est manqué, fini. – *C'est du tout cuit*, c'est réussi d'avance. **4.** fam. et vieilli Ivre. *Il est rentré complètement cuit.* → **cuite.**

cuite **n. f.** (fém. de *cuit*, p. p. de *cuire*) fam. *Prendre une cuite* : s'enivrer. → **biture, murge.** « *Les bons crus provoquent les bonnes cuites* » (Forton, *Les Pieds Nickelés*).

se cuiter **v. pron.** < 1 > fam. S'enivrer. → **se biturer, se murger.**

cuit-vapeur **n. m. invar.** Ustensile permettant de cuire à la vapeur, dans des compartiments superposés, différents aliments.

cuivrage **n. m.** techn. Action de revêtir d'une couche de cuivre ; ce revêtement.

cuivre **n. m.** (vient du latin *cuprum, cyprum*, du grec *Kupros* « Chypre », dans *aes cyprium* « cuivre de Chypre ») **I. 1.** Élément chimique (symb. Cu, n° at. 29, masse at. 63,55). **2.** Métal rouge, très malléable, bon conducteur électrique. *Alliages de cuivre* : airain, bronze, laiton. – vieux *Cuivre rouge* : cuivre pur. *Cuivre jaune* : laiton. – en appos. De la couleur du cuivre. **II.** Planche de cuivre gravée ; gravure sur cuivre. **III.** au plur. Objets en cuivre. **1.** *Les cuivres* : ensemble d'instruments de cuisine, d'objets d'ornement en cuivre ou en laiton. **2.** Ensemble des instruments à vent en cuivre employés dans un orchestre.

cuivré, ée **adj. 1.** Qui a la couleur rougeâtre du cuivre. *Avoir la peau cuivrée.* → **bronzé, hâlé. 2.** Qui a un timbre éclatant (comme un instrument de cuivre). *Voix chaude et cuivrée.*

cuivrer **v. tr.** < 1 > **1.** techn. Recouvrir d'une feuille de cuivre. **2.** Donner une teinte de cuivre à (qqch.). → **cuivré.**

cuivreux, euse **adj.** chim. Se dit d'un composé de cuivre monovalent. *Chlorure cuivreux* (Cu_2Cl_2).

cuivrique adj. chim. Se dit d'un composé de cuivre bivalent. *Chlorure cuivrique* ($CuCl_2$).

Cujas [kyʒɑs] **(Jacques)** Jurisconsulte français (1520-1590). Fin connaisseur du droit romain, il fut une figure de l'humanisme juridique.

C

Cujavie ou **Couïavie** n. f. en polonais **Kujawie** Région historique de la Pologne centrale. Principauté indépendante, elle fut réunie à la Mazovie, et rattachée à la Couronne en 1526.

Cukor (George) Cinéaste américain (1899-1983). Il est l'auteur de comédies musicales ou dramatiques d'un style sûr et élégant. *Les Quatre Filles du docteur March ; Madame porte la culotte ; My Fair Lady.*

cul [ky] n. m. (vient du latin *culus*) **1.** fam. Derrière, postérieur humain. *Tomber sur le cul. « Revenez, mes fesses perdues, / Revenez me donner un cul »* (Scarron). *Donner un coup de pied au cul à qqn.* ■ loc. fig. *Il en est tombé, resté sur le cul* : il a été très étonné. – *Être comme cul et chemise,* inséparables. – *Tirer au cul.* → **flanc.** – *Lécher le cul à qqn,* le flatter bassement. ■ exclam. *Mon cul ! « Napoléon mon cul, répliqua Zazie. Il m'intéresse pas du tout, cet enflé »* (Queneau). ■ Anus. – loc. *En avoir plein le cul,* en avoir assez. **2.** *Faux cul :* anciennt tournure portée par les femmes. – fig. n. et adj. Hypocrite. **3.** L'amour physique. *Une histoire de cul.* **4.** par analogie (emploi non vulgaire) Fond de certains objets. *Cul de bouteille.* → **cul-de-...** (à l'ordre alphabétique). – *Faire cul sec,* (Belgique) *cul blanc (en buvant),* vider son verre d'un trait.

culard n. m. Bœuf, porc qui présente une musculature hypertrophiée (en particulier de l'arrière-train) en raison d'une anomalie génétique.

culasse n. f. (de *cul* au sens de « fond ») **1.** Extrémité postérieure du canon (d'une arme à feu). **2.** dans un moteur à explosion ou à combustion Partie supérieure du bloc moteur qui contient les chambres de combustion, les bougies, les soupapes. *Joint de culasse.* **3.** Partie inférieure (d'un diamant taillé).

cul-blanc n. m. Oiseau à croupion blanc tel que le chevalier, le pétrel. *Des culs-blancs.*

culbute n. f. (→ culbuter) **1.** Tour qu'on fait en mettant la tête en bas et les jambes en haut, de façon à retomber de l'autre côté. → **cabriole, galipette, roulade. 2.** Chute à la renverse. → **dégringolade.** – fig., fam. *Faire la culbute :* faire faillite, être ruiné. **3.** loc. comm. *Faire la culbute,* revendre qqch. au double du prix d'achat.

culbuter v. < 1 > (d'abord *cullebuter,* de *cul* et *buter*) **I.** v. intr. Faire une culbute (2), tomber à la renverse. → **dégringoler.** *La voiture a culbuté dans le fossé.* → **verser. II.** v. tr. **1.** Faire tomber brusquement (qqn). → **renverser.** – spécialt, fam. *Culbuter une femme,* pour la posséder sexuellement. → **sauter. 2.** Bousculer, pousser. *Culbuter l'ennemi.* → **enfoncer, ¹repousser.** – fig. *Culbuter les traditions.* □ n. m. **culbutage**

culbuteur n. m. techn. **1.** Appareil qui sert à faire basculer un récipient, un wagon pour le vider de son contenu. **2.** dans un moteur à explosion Levier oscillant actionné par l'arbre à cames et servant à ouvrir et à fermer les soupapes d'admission et d'échappement.

cul-de-basse-fosse n. m. Cachot souterrain. *Des culs-de-basse-fosse.*

cul-de-four n. m. (de *cul* « fond » et *four*) archit. Voûte formée d'une demi-coupole (quart de sphère). *Des culs-de-four.*

cul-de-jatte adj. et n. (« fond de jatte ») Personne privée de ses membres inférieurs, ou qui ne peut en faire usage. *Des culs-de-jatte.*

cul-de-lampe n. m. **1.** typogr. Ornement imprimé à la fin d'un chapitre. *Des culs-de-lampe.* **2.** archit. Ornement dont la forme rappelle le dessous d'une lampe d'église. *Cul-de-lampe servant de console.*

cul-de-porc n. m. (altération de *cul-de-pot*) mar. Nœud en bout de cordage. *Des culs-de-porc.*

en **cul-de-poule** loc. adj. invar. *Bouche en cul-de-poule,* qui s'arrondit et se resserre en faisant une petite moue.

cul-de-sac n. m. **1.** Rue sans issue. → **impasse.** *« ce dédale inextricable de ruelles, de carrefours et de culs-de-sac »* (Hugo). – fig. Carrière, entreprise sans issue, qui ne mène à rien. **2.** anat. Fond, repli (d'une cavité anatomique). *Cul-de-sac ovarien.*

culée n. f. (de *cul* « fond ») archit. Massif de maçonnerie destiné à contenir la poussée d'un arc, d'une arche, d'une voûte.

culer v. intr. < 1 > mar. Aller en arrière. → **reculer.**

culeron n. m. (de *cul*) techn. Partie de la croupière sur laquelle repose la queue d'un cheval harnaché.

Culiacán Ville de l'O. du Mexique, au pied de la Sierra Madre occidentale. 675 800 habitants. Commerce. Industrie textile.

culinaire adj. (latin *culinarius,* de *culina* « cuisine », syn. de *coquina* → cuisine) Qui a rapport à la cuisine (II, 1). → **gastronomique.** *L'art culinaire.*

Cullberg (Birgit) Danseuse et chorégraphe suédoise (1908-1999). Elle fonda en 1946 le Théâtre suédois de la danse avec son mari Ivo Cramer. Elle travailla pour de nombreuses scènes en Europe du Nord, puis fonda sa propre compagnie, le Ballet Cullberg, en 1967.

Cullen (William) Médecin britannique (écossais) (1710-1790). Il croyait en la prépondérance du système nerveux dans l'origine des maladies. Il enrichit la terminologie des maladies.

Cullen (Countee) Écrivain américain (1903-1946). Il traduisit Baudelaire et fut l'une des figures représentatives de la littérature noire des années 1920. *Chants du crépuscule ; Le Chemin du paradis.*

Cullmann (Oscar) Théologien protestant français (1902-1999). Il est l'auteur de travaux d'exégèse du Nouveau Testament et d'études sur l'Église primitive. *Le Culte dans l'Église primitive ; Christologie du Nouveau Testament.*

culminant, ante adj. Qui atteint sa plus grande hauteur. ■ ***Point culminant,*** qui domine. *Le point culminant d'une chaîne de montagnes.* – fig. *Le point culminant d'une évolution* (→ **apogée**), *d'une crise* (→ **¹comble, maximum**).

culmination n. f. (latin *culminatio,* de *culminare* → culminer) astron. Passage d'un astre à son point culminant.

culminer v. intr. < 1 > (latin *culminare,* de *culmen, culminis* « comble ; sommet », de *columen* → colonne) **1.** astron. Passer par le point le plus élevé au-dessus de l'horizon, en parlant d'un astre. **2.** (relief) Atteindre la plus grande hauteur. *Chaîne de montagnes qui culmine à 4 000 mètres.* **3.** fig., littér. Dominer, atteindre son point culminant.

culot n. m. (de *cul* « fond ») **I. 1.** Partie inférieure (de certains objets). → **fond.** – Fond métallique. *Le culot d'une ampoule.* **2.** Résidu métallique au fond d'un creuset. – Résidu qui se forme au fond d'une pipe. **3.** archit. Ornement d'où partent des volutes, des rinceaux. **II.** Aplomb, audace. *Quel culot !* → **toupet.** *Il a du culot* (→ **culotté**).

culotte n. f. (de *cul*) **1.** Vêtement masculin de dessus formé de deux jambes et d'un haut, couvrant de la ceinture aux genoux (d'abord serré aux genoux, et opposé au pantalon → **sans-culotte**). *Culottes courtes* (→ **short**), *culottes longues* (→ **pantalon**). *User ses fonds de culotte sur les bancs de l'école. Culotte de cheval,* évasée aux hanches ; fig. saillie de cellulite sur le haut des cuisses. – loc. fam. *Trembler, faire dans sa culotte :* avoir très peur. – *Porter la culotte :* commander (dans un ménage). **2.** Sous-vêtement féminin qui couvre les fesses et le bas du ventre, avec deux ouvertures pour les jambes. → **²slip.** – *Culotte de bébé.* **3.** cuis. Partie de la cuisse du bœuf, du veau, de l'échine au filet. **4.** fam. Perte importante au jeu. *Prendre une culotte.*

culotté, ée ou **culoté, ée** adj. fam. Qui a du culot, de l'aplomb. → **gonflé.**

¹culotter ou **culoter** v. tr. < 1 > (de *culot*) **1.** Fumer (une pipe) jusqu'à ce que son fourneau soit couvert d'un dépôt noir. – au p. p. *Pipe culottée.* **2.** Noircir par l'usage, le temps. – au p. p. *Une théière culottée.* □ n. m. **culottage** ou **culotage**

²culotter v. tr. < 1 > (de *culotte*) rare Mettre une culotte à (qqn) (s'oppose à *déculotter*). – passif et p. p. *« Votre Majesté / Est mal culottée »* (chanson du Roi Dagobert).

culottier, ière n. Professionnel de la confection des culottes, des pantalons.

culpabiliser v. < 1 > (→ coupable) **1.** v. tr. Donner un sentiment de culpabilité à (qqn). **2.** v. intr. Éprouver un sentiment de culpabilité. □ adj. **culpabilisant, ante** □ n. f. **culpabilisation**

culpabilité n. f. (du latin *culpabilis* → coupable) État d'une personne qui est coupable. *Prouver la culpabilité d'un accusé.* ■ *Sentiment de culpabilité,* par lequel on se sent coupable.

culte n. m. (latin *cultus* « soin », « éducation », de *colere* « habiter ; cultiver » [→ culture ; agricole, -cole] et « honorer ») **1.** Hommage religieux rendu à la divinité ou à un saint personnage (→ **cultuel**). **2.** Pratiques réglées par une religion, pour rendre hommage à la divinité. → **liturgie ; rite, rituel.** *Ministre du culte,* prêtre. – Religion. *Le culte catholique.* **3.** Service religieux protestant. *Assister au culte.* **4.** Admiration mêlée de vénération (pour qqn ou qqch.). → **adoration, amour, dévouement.** *Vouer un culte à ses parents. Avoir le culte de l'argent.* – *Un film culte,* objet d'admiration.

cul-terreux, euse n. péj. et injurieux Paysan(ne). *Des culs-terreux.*

-culteur, -cultrice Élément (du latin *cultor*) qui signifie « qui cultive, élève » (ex. *agriculteur, apiculteur*).

cultisme n. m. (espagnol *cultismo,* du latin *cultus* « cultivé ») hist. littér. Affectation, préciosité du style, mise à la mode au début du XVIIe s. par certains écrivains espagnols. → **gongorisme.**

cultivable adj. Qui peut être cultivé. *Terre cultivable.*

cultivar n. m. (de *culti[vé]* et *var[iété]*) agric., bot. Variété d'une espèce végétale obtenue artificiellement pour être cultivée.

cultivateur, trice I. n. Personne qui cultive la terre, exploite une terre. → **agriculteur, paysan. II.** n. m. Machine qui fait un labourage superficiel.

cultivé, ée adj. Qui a de la culture (II) (opposé à *inculte*). *Esprit cultivé.*

cultiver v. tr. < 1 > (du latin *cultivus,* de *cultus,* p. p. de *colere* « cultiver » et « honorer » → -cole) **I. 1.** Travailler (la terre) pour lui faire produire des végétaux utiles aux besoins de l'homme. → **défricher, labourer ; agriculture, culture (I).** *Cultiver un champ* (→ **cultivateur**). *« Il faut cultiver notre jardin »* (Voltaire, *Candide*), vivre en paix, dans la tranquillité. – pronom. (passif) *Ce type de terre se cultive facilement.* – au p. p. *Terre cultivée.* **2.** Soumettre (une plante) à divers soins en vue de favoriser sa venue ; faire pousser. *Cultiver la vigne, des céréales.* – au p. p. *Plantes sauvages et plantes cultivées.* **II.** fig. **1.** Former par l'éducation, l'instruction. → **éduquer, former, perfectionner ; culture.** *Cultiver sa mémoire.* **2.** S'intéresser activement à (qqch.). → **s'adonner à, s'intéresser à.** *Cultiver un art. Cultiver le paradoxe.* **3.** Entretenir, conserver, développer des relations amicales avec (qqn). *Cultiver ses relations.* → **soigner.** ■ **se cultiver** v. pron. Cultiver son esprit, son intelligence.

cultuel, elle adj. Du culte.

cultural, ale, aux adj. Relatif à la culture des terres, du sol.

culturalisme n. m. (de *culturel,* d'après l'anglais des États-Unis) didact. Doctrine anthropologique qui considère comme primordiale l'influence du milieu culturel, des formes acquises de comportement sur la formation des individus et de la société. □ **adj. et n. culturaliste**

culture n. f. (latin *cultura,* de *cultum,* de *colere* « habiter », « cultiver » et « honorer » → cultiver ; culte) **I. 1.** Action de cultiver (I, 1) la terre pour la production de végétaux (à l'exception des arbres forestiers). → **agriculture.** *La culture d'un champ, d'un verger. – Culture mécanisée. Culture en terrasses.* **2.** Terres cultivées. *L'étendue des cultures.* → **plantation. 3.** Action de cultiver (un végétal). *Culture de la vigne* (viticulture), *culture fruitière* (arboriculture), etc. *Cultures tropicales. – Culture de la soie* (sériciculture). **4.** biol. Méthode consistant à faire vivre et proliférer des micro-organismes, des cellules en milieu approprié. *Culture microbienne. Bouillon* de culture.* **II. 1.** Développement de certaines facultés de l'esprit par des exercices intellectuels appropriés ; ensemble des connaissances acquises. → **éducation, formation.** *La culture philosophique, scientifique. Culture générale,* dans les domaines considérés comme nécessaires à tous (en dehors des spécialités, des métiers). *Culture de masse. – Avoir une vaste culture* (→ **cultivé**) ; s'oppose à *inculture. « La culture, c'est ce qui reste dans l'esprit quand on a tout oublié »* (cité par É. Herriot). **2.** (allemand *Kultur,* de même origine que le français) Ensemble des aspects intellectuels, artistiques d'une civilisation. *La culture occidentale, orientale. Politique en faveur de la culture.* → **culturel.** allus. *« Quand j'entends le mot culture, je sors mon revolver »* (attribué faussement à Goebbels). ■ didact. (allemand et anglais) Ensemble des formes acquises de comportement dans les sociétés humaines. *Le choc des cultures. – Culture d'entreprise.* **3.** vieilli *Culture physique* : développement méthodique du corps par des exercices appropriés et gradués. → **éducation** physique, **gymnastique.**

culturel, elle adj. Qui est relatif à la culture (II, 2), à la civilisation dans ses aspects intellectuels, artistiques. *Héritage, patrimoine culturel. Relations culturelles. Centre culturel,* lieu public destiné à accueillir des activités culturelles (arts, musique, spectacles). *– Exception culturelle :* statut particulier des produits culturels dans les échanges internationaux. *Exception culturelle (française) :* singularité de la production culturelle française. – **n. m.** *Le culturel et le social.* □ **adv. culturellement**

culturisme n. m. (de *culture [physique]*) Gymnastique permettant de développer certains muscles pour qu'ils se voient. → **musculation.** □ **adj. et n. culturiste**

Cumaná Ville du N. du Venezuela, à l'E. de Caracas. 263 000 habitants. Pêche. Commerce.

Cumberland Rivière des États-Unis, née sur le plateau du Cumberland, affluent de l'Ohio. 1 105 km.

Cumberland n. m. Ancien comté du N. de l'Angleterre, faisant aujourd'hui partie du comté de la Cumbria.

Cumbria Comté du N.-O. de l'Angleterre. 6 809 km². 498 000 habitants. Chef-lieu : Carlisle. Une des principales régions touristiques d'Angleterre. Constructions navales et industries chimiques (Barrow-in-Furness). Élevage bovin.

Cumes Ancienne ville d'Italie (Campanie). Première cité de la Grande-Grèce, elle contribua à la colonisation de Neapolis (Naples) et de Messine, en Sicile. Elle fut détruite par les Napolitains en 1205. Actuellement, elle se situe dans la grande banlieue de Naples. Ruines de temples et de l'antre de la *Sibylle de Cumes.*

cumin n. m. (du latin, grec *kuminon,* mot sémitique) Plante (ombellifère) à graines aromatiques ; ces graines utilisées comme assaisonnement. *Fromage au cumin.*

Cummings (Edward Estlin, dit E. E.) Écrivain américain (1894-1962). Ami de Picasso et d'Aragon, il se fit connaître par *L'Énorme Chambrée,* roman cocasse, et par les singularités typographiques de ses poèmes.

cumul n. m. Action de cumuler. *Cumul de mandats* (électifs).

cumulable adj. Que l'on peut cumuler.

cumulard, arde n. et adj. (→ cumuler) fam., péj. **1.** Personne qui cumule des emplois, des avantages. **2.** Élu(e) qui cumule des mandats. – **adj.** *Députés cumulards.*

cumulatif, ive adj. Qui s'ajoute à, qui ajoute. *Un effet cumulatif.*

cumuler v. tr. ‹ 1 › (latin *cumulare* « amasser » → combler) Avoir à la fois (plusieurs avantages, plusieurs activités ; des caractères, des qualités). *Cumuler deux fonctions.*

cumulonimbus [kymylonɛ̃bys] n. m. (→ cumulus et nimbus) météorol. Nuage épais à la base gris sombre.

cumulostratus [kymylostʀatys] n. m. météorol. → **stratocumulus.**

cumulus [kymylys] n. m. (mot latin « amas, tas » → [1]comble, de *cumulare* → cumuler) **I.** Gros nuage arrondi présentant des parties éclairées. *Des cumulus et des nimbus.* **II.** Chauffe-eau électrique en forme de gros cylindre. → [1]**ballon.**

Cunard (sir Samuel) Armateur britannique (1787-1865). Sa compagnie maritime, inaugurant la ligne régulière Boston-Londres, devint la première du monde *(Cunard Line)* avant de fusionner avec la *White Star* (1934).

Cunégonde (sainte) Impératrice germanique (v. 978-1033 ou 1039). Elle fut l'épouse de l'empereur Henri II.

cunéiforme adj. (du latin *cuneus* → coin, et *-forme*) Qui a la forme d'un coin. *Écriture cunéiforme* (des Assyriens, des Mèdes, des Perses), constituée de signes en forme de clous, de coins.

Tablette cunéiforme, comptabilisant des chèvres et des moutons, règne d'Urukagina, Mésopotamie (2350 av. J.-C.).

Cuneo en français **Coni** Ville d'Italie (Piémont). 52 335 habitants. Industries mécaniques, pneumatiques. Tourisme.

Cunha (Tristão da) Capitaine et navigateur portugais (1460-1540). Il découvrit dans l'Atlantique austral le groupe d'îles qui porte son nom. ■ Nuno da **Cunha** (1487-1539). Fils de Tristão, il fut vice-roi des Indes en 1528.

Cunha (Euclides da) Écrivain brésilien (1866-1909). Dans *Os Sertões,* il décrit la répression d'une révolte de paysans misérables du Nordeste brésilien.

Cunhal (Álvaro) Homme politique portugais (1913-2005). Il joua un rôle décisif dans l'organisation du Parti communiste et dans la lutte contre le régime de Salazar.

cunnilingus [kynilɛ̃gys] n. m. (du latin *cunnus* → con et *lingere* « lécher ») Pratique sexuelle, caresses buccales des parties génitales féminines (→ **buccogénital** et aussi **fellation**). - abrév. fam. **cunni.**

Cunningham (Merce) Danseur et chorégraphe américain (1919-2009). Il fit partie de la troupe de Martha Graham, puis travailla avec le compositeur John Cage. Il fonda sa compagnie, puis une école. Il travailla sur le hasard du geste. *Suite for Five in Space and Time ; Summerspace.*

Merce Cunningham en répétition (1966).

Cuny (Alain) Comédien français (1908-1994). Interprète claudélien *(La Ville ; Tête d'or ; L'Annonce faite à Marie),* il fut révélé au cinéma par *Les Visiteurs du soir,* de Carné, puis tourna pour Antonioni, Fellini, Rosi.

Cupertino Ville des États-Unis (Californie) dans la Silicon Valley. 60 700 habitants. Siège social d'Apple.

cupide adj. (latin *cupidus,* de *cupere* « désirer ») Avide d'argent. → **rapace.** *Un homme d'affaires cupide. – Un regard cupide.* □ **adv. cupidement**

cupidité n. f. (du latin → cupide) Désir immodéré d'argent, de richesses. → **âpreté, avidité.**

Cupidon Dieu de l'Amour dans la mythologie romaine, identifié avec le dieu grec Éros.

Cupidon vendangeur, fragment de mosaïque de sol provenant de Carthage (IVe s.), musée du Louvre, Paris.

cupri-, cupro- Élément (du latin *cuprum* → cuivre) qui signifie « cuivre ».

cuprifère adj. (→ cupri-) didact. Qui renferme du cuivre. *Un terrain, un minerai cuprifère.*

cuprique adj. (du latin *cuprum* « cuivre ») didact. Relatif au cuivre ; qui est de la nature du cuivre.

cuprite n. f. (du latin) minér. Oxyde de cuivre (Cu_2O), de couleur rouge.

cuproalliage n. m. techn. Alliage à base de cuivre.

cuproammoniacal, ale, aux adj. chim. *Liqueur cuproammoniacale :* solution ammoniacale d'oxyde de cuivre, utilisée pour l'imperméabilisation de certains corps (papier, voile…).

cupronickel n. m. techn. Alliage de cuivre et de nickel.

cupule n. f. (latin *cupula* « petit tonneau », de *cupa* « tonneau » → [1]coupe, coupole, cuve) Partie d'un végétal formant une petite coupe couverte d'écailles. *La cupule d'un gland.*

cupulifère n. f. bot. Végétal ligneux qui porte des cupules (ordre des *Cupulifères ;* ex. le chêne, le hêtre, le noisetier).

curable adj. (du latin → curer) Qui peut être guéri (opposé à *incurable*). → **guérissable.** *Malade, maladie curable.* □ n. f. **curabilité**

curaçao [kyʀaso] n. m. (du n. de l'île antillaise) Liqueur faite avec de l'eau-de-vie, de l'écorce d'oranges amères et du sucre.

Curaçao Île principale des Antilles néerlandaises, dans la mer des Caraïbes, au large du Venezuela. 444 km². 150 500 habitants. Capitale : Willemstad. Raffinage du pétrole en provenance du Venezuela. Aéroport. Tourisme. Spécialité de liqueur d'orange.

curare n. m. (mot indien du Brésil ou caraïbe, par l'espagnol) Poison végétal paralysant. – méd. *Anesthésie au curare.*

curarisant, ante adj. méd. (substance) Qui agit sur les nerfs moteurs comme le curare. → paralysant. – n. m. *Un curarisant.*

curarisation n. f. méd. Administration de curare ou de curarisants. ▪ Intoxication par le curare ou les agents curarisants. ▪ **curariser** v. tr. < 1 >

curatelle n. f. (du latin médiéval, de *curare* « soigner » → curer) dr. Charge du curateur.

curateur, trice n. (latin *curator* → curer) 1. dr. Personne chargée d'assister une personne majeure incapable*, de veiller à ses intérêts. 2. anglic. Commissaire* d'exposition. ▪ *Curateur de contenu :* personne chargée de l'édition de contenu. - recomm. offic. **éditeur de contenu.**

curatif, ive adj. (du latin médiéval, de *curare* « soigner » → curer) Propre à guérir. *Traitement curatif.*

curation n. f. (mot anglais, du français → curer) didact. 1. Fait de concevoir et d'organiser une exposition artistique. 2. Sélection et mise en valeur (de données, de contenus) sur Internet.

curcuma n. m. (mot espagnol, de l'arabe *kourkoum* « safran ») bot. Grande herbe vivace dont le rhizome contient une matière colorante jaune (la *curcumine* n. f.) et entre dans la composition du curry.

¹cure n. f. (vient du latin *cura* « soin, souci » → sûr) I. loc. *N'avoir cure de qqch.*, ne pas s'en soucier. *Il n'en a cure.* II. (du latin « soin médical ») 1. Traitement médical d'une certaine durée ; méthode thérapeutique particulière. – Traitement dans une station thermale. *Faire une cure* (→ curiste). 2. Usage abondant (de qqch.) par hygiène ou pour se soigner. → **¹régime.** *Faire une cure de raisin. Cure de repos.*

²cure n. f. (d'un sens médiéval de *cura* → ¹cure) 1. Fonction de curé. ▪ Paroisse. *Une cure de village.* 2. Résidence du curé. → **presbytère.**

curé n. m. (latin chrét. *curatus*, de *curare* « prendre soin de » → curer) 1. Prêtre placé à la tête d'une paroisse. *« Journal d'un curé de campagne »* (roman de Bernanos). 2. fam., souvent péj. Prêtre catholique. → **abbé.** *Les curés,* le clergé.

cure-dent n. m. Petit bâtonnet pointu pour se curer les dents. *Des cure-dents.*

curée n. f. (d'abord *cuiriée*, de *cuir* « peau ») 1. vén. Portion de la bête tuée que l'on donne aux chiens de chasse. 2. fig. Ruée vers les places, le butin. *« La Curée »* (roman de Zola).

cure-ongle n. m. Instrument pour nettoyer le dessous des ongles. *Des cure-ongles.*

cure-oreille n. m. Instrument, petite spatule, pour se nettoyer l'intérieur de l'oreille. *Des cure-oreilles.*

cure-pipe n. m. Instrument servant à nettoyer le fourneau d'une pipe. *Des cure-pipes.*

curer v. tr. < 1 > (latin *curare* « soigner » → curatif, puis « nettoyer », de *cura* « soin » → ¹cure) Nettoyer (qqch.) en raclant. → **racler.** *Curer une citerne. – Se curer les oreilles.* □ n. m. **curage**

curetage n. m. (de *cureter*, moins cour., de *curer*) méd. Opération qui consiste à nettoyer avec une curette une cavité naturelle (utérus, articulation) ou accidentelle (abcès).

cureter v. tr. < 4 ou RO 5 > (de *curette*) méd. Procéder au curetage de.

cureton n. m. (diminutif de *curé*) fam., péj. Prêtre, curé.

curette n. f. (de *curer*) 1. Outil muni d'une partie tranchante, pour racler. → **racloir.** 2. méd. Instrument chirurgical en forme de cuiller servant à effectuer les curetages.

Curiaces voir Horaces

¹curie n. f. (latin *curia*) 1. Antiq. romaine Subdivision de la tribu. ▪ Sénat de Rome. 2. *La curie :* l'ensemble des administrations qui constituent le gouvernement pontifical.

²curie n. m. (du n. de Marie Curie) anciennt Unité de mesure de l'activité d'une substance radioactive (remplacée aujourd'hui par le becquerel).

Curie (Pierre) Physicien français (1859-1906). Il découvrit, avec son frère Paul Jacques, la piézoélectricité et, avec sa femme, Marie Curie, le polonium et le radium. Prix Nobel 1903, avec M. Curie et H. Becquerel.

Curie (Marie), née Skłodowska Physicienne française d'origine polonaise (1867-1934). Elle découvrit la radioactivité du thorium et, avec son mari Pierre Curie, le polonium et le radium. En collaboration avec A. Debierne, elle obtint du radium métallique pur. Prix Nobel (physique) 1903 et (chimie) 1911.

Marie et Pierre Curie dans leur laboratoire de l'École de physique et de chimie à Paris (v. 1902).

curiethérapie n. f. (du n. de Marie Curie et de *-thérapie*) sc. Emploi thérapeutique des éléments radioactifs. → **gammathérapie.**

curieusement adv. Bizarrement, étrangement.

curieux, euse adj. (latin *curiosus*, de *cura* « soin, souci » → ¹cure) I. 1. Qui est désireux (de voir, de savoir). *Je serais curieux de savoir... Elle est curieuse de botanique. – Esprit curieux.* 2. sans compl. Qui cherche à connaître ce qui ne le regarde pas. → **indiscret.** *Vous êtes trop curieux.* – n. *Une petite curieuse.* 3. n. Personne qui s'intéresse à qqch. par simple curiosité. *Un attroupement de curieux.* → **badaud.** ▪ Amateur d'objets, collectionneur. *Chercheurs et curieux.* II. Qui donne de la curiosité ; qui attire et retient l'attention. → **bizarre, ¹drôle, étonnant, étrange, singulier.** *Une habitude curieuse. Par une curieuse coïncidence. C'est un curieux personnage.* loc. *Regarder qqn comme une bête curieuse.*

curiosité n. f. (du latin, de *curiosus* → curieux) I. 1. Tendance qui porte à apprendre, à connaître des choses nouvelles ou cachées. *« Curiosité n'est que vanité. Le plus souvent, on ne veut savoir que pour en parler »* (Pascal). 2. Désir de savoir les secrets, les affaires d'autrui. → **indiscrétion.** II. Chose curieuse (II) ; objet recherché par les curieux, les amateurs. → **nouveauté, rareté.** *Une curiosité de la nature.*

curiste n. Personne qui fait une cure thermale.

Curitiba Ville du Brésil (Paraná), au S.-E. de São Paulo. 1 745 000 habitants (3 124 000 pour l'aire métropolitaine). Université. Musées.

curium [kyʀjɔm] n. m. (du n. de Marie Curie → ²curie) chim. Élément radioactif artificiel (symb. Cm, n° at. 96, masse at. 247), produit par l'uranium.

curling [kœʀliŋ] n. m. (mot anglais, de *to curl* « enrouler ») anglic. Sport qui consiste à faire glisser un palet sur la glace.

Curnonsky (Maurice Edmond Sailland, dit) Gastronome français (1872-1956). Élu « prince des gastronomes » en 1927, il rédigea de nombreux ouvrages gastronomiques.

curriculum vitæ [kyʀikylɔmvite] ou **curriculum** [kyʀikylɔm] n. m. (mots latins « déroulement de la vie » → courir et vie) Ensemble des indications relatives à l'état civil, aux capacités, aux diplômes et aux activités passées (d'une personne). *Des curriculum vitæ* (invar.) ou *des curriculums vitæ. Envoyer des curriculums.* - abrév. **CV** n. m.

curry n. m. (de *cari*, par l'anglais) Mélange d'épices indien, composé de piment et d'autres épices pulvérisées. *Riz au curry.* ▪ Plat préparé au curry. *Un curry de volaille.*

Curry (Haskell Brooks) Logicien et mathématicien américain (1900-1982). Il a construit une logique combinatoire qui ne fait pas appel à la notion de variable.

curseur n. m. (latin *cursor*, de *currere* → courir ; d'abord *courseur*) 1. Petit index qui glisse dans une coulisse graduée pour effectuer un réglage. 2. inform. Marque mobile, sur un écran de visualisation, indiquant l'endroit où va s'effectuer la prochaine opération.

cursif, ive adj. (du latin médiéval, de *cursum*, de *currere* → courir) *Écriture cursive,* tracée rapidement. ▪ fig. Rapide, bref. *Lecture cursive.*

cursus [kyʀsys] n. m. (mot latin, de *currere* → cours ; courir) Ensemble des études à poursuivre dans une matière donnée.

Curtis (Edward Sheriff) Photographe et anthropologue américain (1868-1952). Pendant 35 ans, il photographia les Indiens d'Amérique du Nord.

Curtis (Louis Laffitte, dit Jean-Louis) Romancier et critique français (1917-1995). Il est l'auteur de nombreux romans, d'essais, de pastiches et de traductions. *Les Forêts de la nuit ; Un saint au néon ; L'Horizon dérobé.* Académie française.

Curtis (Richard) Réalisateur et scénariste britannique d'origine néo-zélandaise (né en 1956). Coutumier des comédies romantiques, dont certaines sont devenues cultes, il a tourné *Love Actually, Good Morning England*, et écrit de nombreux scénarios (*Quatre Mariages et un enterrement ; Coup de foudre à Notting Hill ; Bridget Jones*).

Curtius (Ernst) Historien et archéologue allemand (1814-1898). Spécialiste de la Grèce antique, il est l'auteur d'une importante *Histoire de la Grèce.*

Curtius (Georg) Philologue et helléniste (1820-1885). Frère de E. Curtius. Il est l'auteur d'une grammaire et d'un traité d'étymologie grecques.

Curtius (Ernst Robert) Critique littéraire et comparatiste allemand (1886-1956). Il fut un éminent spécialiste de la littérature européenne et notamment française. *Essais sur la littérature européenne ; Essais sur la France.*

Curtiz (Mihály Kertész, dit Michael) Cinéaste américain d'origine hongroise (1888-1962). Son œuvre est prolifique, populaire et diversifiée. *La Charge de la brigade légère ; Robin des Bois ; Casablanca.*

curule adj. (latin *curulis*, de *currus* « char », de *currere* → courir) Antiq. romaine *Chaise curule :* siège d'ivoire réservé aux premiers magistrats de Rome.

curv(i)- Élément (du latin *curvus* « courbe, recourbé ») qui signifie « courbe ».

curviligne adj. didact. Formé par des lignes courbes.

curvimètre n. m. (→ curvi-) Instrument servant à mesurer la longueur des lignes courbes (sur une carte...).

Curzon of Kedleston (George Nathaniel, 1er marquis) Homme politique britannique (1859-1925). Il fut le principal artisan du traité de Lausanne (1923). Il proposa une frontière entre Pologne et URSS, la *ligne Curzon.*

cuscute n. f. (du latin médiéval, de l'arabe, du grec) bot. Plante herbacée parasite de certains végétaux cultivés (blé, luzerne).

cuspide n. f. (latin *cuspis* « pointe ») **1.** bot. Pointe aiguë et allongée. *Valvule à trois cuspides.* **2.** anat. Éminence des molaires et des prémolaires, sur la face qui est en contact avec la dent opposée.

Cussac (grotte de) Grotte de Dordogne (commune du Buisson-de-Cadouin). Gravures pariétales du paléolithique supérieur (–25 000 à –20 000), découvertes en 2000.

Cusset Commune de l'Allier, au N. de Vichy. 12 677 habitants. Tour du XVe s. Station thermale.

Custer (George Armstrong) Général de cavalerie américain (1839-1876). Il fut battu par le chef sioux Sitting Bull à Little Big Horn (1876), où il fut tué.

Custine (Adam Philippe, comte de) Général français (1740-1793). Rallié à la Révolution, il fut commandant de l'armée du Rhin puis général en chef de l'armée du Nord (1793). Après la reddition de Condé et la perte de Mayence, il fut accusé de trahison, condamné à mort par le Tribunal révolutionnaire et guillotiné.

Custine (Astolphe, marquis de) Écrivain français, petit-fils de A. P. de Custine (1790-1857). Il fut l'un des représentants du « dandysme littéraire » et écrivit des romans *(Aloys ou le Religieux du mont Saint-Bernard ; Ethel),* des lettres et un ouvrage qui fit date, *La Russie en 1839.*

custode n. f. (du latin « garde », de *custos, custodis* « gardien ») **1.** relig. Boîte où le prêtre enferme l'hostie. **2.** techn. Panneau latéral arrière d'une carrosserie de voiture.

custom [kœstɔm ; kystɔm] n. m. (d'après l'anglais des États-Unis *custom motorcycle* « moto sur mesure » ; famille de *costume*) anglic. Véhicule de série (voiture, moto) personnalisé selon les goûts de son propriétaire. *Des customs.*

customiser [kœstɔmize ; kystɔmize] v. tr. < 1 > (de l'anglais → custom) anglic. Adapter (un produit du commerce) en le personnalisant. – au p. p. *Voiture customisée.* □ n. f. **customisation** [kœstɔmizasjɔ̃ ; kystɔmizasjɔ̃]

cutané, ée adj. (du latin *cutis* « peau ») De la peau. → **épidermique.** *Lésion cutanée.*

cuticule n. f. (latin *cuticula,* diminutif de *cutis* → cutané) **1.** zool. Membrane externe (insectes, crustacés), qui contient de la chitine. **2.** bot. Pellicule luisante qui recouvre la tige et les feuilles de certaines plantes. **3.** anat. Mince couche de peau, membrane, pellicule qui recouvre. *Repousser la cuticule des ongles.*

curule

Fauteuil curule en acajou, de Jean-Baptiste-Bernard Demay (fin XVIIIe s.).

cutiréaction n. f. (du latin *cutis* → cutané et de *réaction*) Test médical pour déceler certaines maladies (tuberculose). *Des cuti-réactions.* - abrév. **cuti.** *Des cutis positives.* ■ loc. *Virer sa cuti :* réagir positivement pour la première fois ; fig., fam. changer radicalement sa façon de vivre, de penser, spécialt changer d'orientation sexuelle. - var. **cuti-réaction.** *Des cutis-réactions.*

Cuttack voir **Katak**

cutter [kœtœʀ ; kytɛʀ] n. m. (mot anglais, de *to cut* « couper ») anglic. Instrument tranchant à lame coulissante. - var. RO **cutteur.**

cuve n. f. (vient du latin *cupa,* var. de *cuppa* → ^{1}coupe) **1.** Grand récipient utilisé pour la fermentation du raisin. **2.** Grand récipient. – *Cuve à mazout. Cuve de teinturier.* → **baquet, cuvier.** ■ *Cuve d'une machine à laver,* intégrée à l'appareil.

cuvée n. f. **1.** Quantité de vin qui se fait à la fois dans une cuve. *Vin de la première cuvée.* ■ loc. fig. *De la (première, même...) cuvée,* provenance. « *Une Guermantes d'une moins bonne cuvée* » (Proust). **2.** Produit de toute une vigne. *La cuvée 2005.*

cuvelage n. m. techn. Revêtement destiné à rendre étanche ou à consolider un puits (de mine, de pétrole).

cuveler v. tr. < 4 ou RO 5 > (de *cuve*) techn. Revêtir (les parois d'un puits) d'un cuvelage.

cuver v. < 1 > **I.** v. intr. (vin) Séjourner dans la cuve pendant la fermentation. □ n. m. **cuvage,** n. f. **cuvaison II.** v. tr. fam. *Cuver son vin :* dissiper son ivresse en dormant, en se reposant. → **digérer.**

cuvette n. f. (de *cuve*) **1.** Récipient portatif large et peu profond. *Cuvette en plastique.* ■ Partie d'un lavabo, des WC où coule l'eau. **2.** Renflement de la partie inférieure du tube d'un baromètre. **3.** géogr. Dépression de terrain fermée de tous côtés. → **bassin, entonnoir.** *Ville construite dans une cuvette.*

cuvier n. m. anciennt Cuve pour faire la lessive. « *La Farce du cuvier* » (XVe s.).

Cuvier (Georges, baron) Zoologiste et paléontologue français (1769-1832). Il fonda l'anatomie comparée et la paléontologie. Il était partisan de la théorie de la préformation et du fixisme mais fit progresser l'anatomie des espèces animales par sa connaissance des structures fonctionnelles. Il écrivit de nombreux ouvrages. *Leçons d'anatomie comparée ; Recherches sur les ossements fossiles de quadrupèdes ; Histoire naturelle des poissons.*

Cuvilliés (François de) Architecte et décorateur allemand (1695-1768). Architecte de la cour de Bavière, il fut un représentant du rococo. Il décora le palais des Wittelsbach, la Résidence à Munich, le pavillon d'Amalienburg à Nymphenburg.

Cuxhaven Ville du N. de l'Allemagne (Basse-Saxe), près de l'estuaire de l'Elbe. 52 100 habitants. Port de pêche. Constructions navales. Station balnéaire.

Cuyp Famille de peintres hollandais. ■ Jacob Gerritszoon **Cuyp** (v. 1594-1652) fut portraitiste. ■ Benjamin Gerritszoon **Cuyp** (1612-1652), auteur de paysages et de sujets religieux, s'inspira parfois de Rembrandt. ■ Albert **Cuyp** (1620-1691), fils de Benjamin. Il fut un maître du paysage poétique.

Cuza (Alexandre Jean) Premier prince de Roumanie (1820-1873). Il fut élu prince de Moldavie et de Valachie (1859). Son réformisme lui valut nombre d'opposants, qui le contraignirent à abdiquer en 1866.

Cuzco Ville du Pérou, dans la cordillère des Andes, à 3 600 m d'altitude. 101 200 habitants (agglomération 326 400). Ancienne capitale de l'Empire inca (vestiges du temple du Soleil et de la forteresse de Sacsahuamán à proximité). Monuments coloniaux des XVIe et XVIIe s. Industrie. Tourisme.

^{1}**CV** Symbole du cheval* fiscal.

^{2}**CV** n. m. voir **curriculum vitæ**

Cwmbran Ville nouvelle du pays de Galles, au N. de Newport. 45 000 habitants. Industries alimentaires et textiles.

cyan [sjɑ̃] n. m. et adj. invar. (de l'anglais, du grec *kuanos* « bleu sombre ») techn. (photographie, imprimerie) Couleur primaire bleu-vert qui absorbe la couleur rouge. – adj. invar. *Des bottes cyan.*

cyan- [sjan], **cyano-** [sjano] Élément (du grec *kuanos* « émail bleu ») qui signifie « bleu sombre ».

cyanamide n. f. (de *cyan-* + *amide*) chim. Corps dérivant de l'ammoniac par substitution du groupe CN à un atome d'hydrogène. *Cyanamide calcique,* engrais artificiel.

cyanhydrique adj. chim. *Acide cyanhydrique,* acide (HCN), poison violent.

cyanobactérie n. f. biol. Bactérie photosynthétique, appelée autrefois *algue bleu-vert.* → **cyanophycée.**

cyanogène (de *cyano-* + *-gène*) **1.** n. m. chim. Gaz incolore toxique, composé d'azote et de carbone. **2.** adj. méd. Qui provoque une cyanose.

cyanophycée n. f. (de *cyano-* et du grec *phukos* « algue ») bactériologie **1.** hist. sc. Cyanobactérie. **2.** *Les cyanophycées :* classe unique de l'embranchement des cyanobactéries.

cyanose n. f. méd. Coloration bleue ou noirâtre de la peau due à diverses maladies (notamment troubles circulatoires). □ **cyanoser** v. tr. < 1 >

cyanuration n. f. techn. Extraction de l'or par dissolution dans une solution de cyanure de potassium.

cyanure n. m. chim. Sel de l'acide cyanhydrique. – *Cyanure (de potassium),* poison violent.

Cyaxare Roi des Mèdes (653-584 av. J.-C.). Il s'empara d'Assur (–614), de Ninive (–612) et du royaume d'Urartu.

Cybèle Divinité anatolienne, importée de Phrygie dans le monde gréco-romain. Elle personnifie la force reproductrice de la nature. Elle fut assimilée à Rhéa par les Grecs.

cyber- Élément (emprunt à l'anglais des États-Unis, de même origine que *cybernétique*) servant à former des composés en rapport avec le multimédia, Internet, le web (ex. *cyberculture* n. f., *cyberpirate* n.).

cyberattaque n. f. Acte de piratage informatique sur Internet.

cybercafé n. m. Café, et par ext. tout local qui met à la disposition de ses clients des ordinateurs connectés à Internet.

cybercriminalité n. f. inform., dr. Ensemble des activités illégales effectuées par l'intermédiaire d'Internet.

cyberdéfense n. f. Ensemble des moyens informatiques employés pour assurer la défense d'un pays.

cyberdépendance n. f. Dépendance à Internet (jeux en ligne, réseaux sociaux...).

cyberespace n. m. (de l'anglais des États-Unis *cyberspace*) didact. Espace de communication créé par l'interconnexion mondiale des ordinateurs (→ **Internet**) et par les données qui y sont traitées ; espace, milieu dans lequel naviguent les internautes. - syn. **cybermonde.**

cyberespionnage n. m. Espionnage pratiqué en infiltrant les systèmes informatiques pour s'emparer de données stratégiques. □ n. **cyberespion, ionne**

cyberguerre n. f. (de l'anglais des États-Unis *cyberwar*) Attaque électronique contre des systèmes informatiques pour les utiliser comme moyen de propagande et de désinformation, ou pour paralyser les activités vitales d'un pays.

cyberharcèlement **n. m.** didact. Harcèlement pratiqué par voie électronique, notamment sur les réseaux sociaux. *Le cyberharcèlement est puni par la loi.*

cybernaute **n.** Usager des réseaux de communication numériques. **→ internaute.**

cybernéticien, ienne **n.** Spécialiste de la cybernétique.

cybernétique **n. f. (de l'anglais, du grec *kubernêtikê* « art de gouverner », de *kubernan* → gouverner)** Science des communications et de la régulation dans l'être vivant et la machine. *La cybernétique est à l'origine de l'informatique.* **– adj.** De la cybernétique.

cybersécurité **n. f.** Ensemble des moyens utilisés pour assurer la sécurité des systèmes et des données informatiques d'un État, d'une entreprise, etc.

cyborg [sibɔʀg] **n. (mot-valise anglais, de *cyber-* et *organism* « organisme »)** Personnage de science-fiction dont les capacités physiques sont décuplées par des éléments mécaniques, électroniques.

cycas [sikas] **n. m. (latin sc., du grec *koix* « palmier d'Égypte »)** bot. Plante gymnosperme, arbre ou arbuste exotique, à port de palmier.

cyclable **adj.** Réservé aux bicyclettes et aux cyclomoteurs. *Piste cyclable.*

Cyclades **n. f. pl.** Archipel de la mer Égée (Grèce), comprenant une quarantaine d'îles, dont 25 habitées. Environ 300 000 habitants. Pêche, céréales, vins, minerais. Tourisme. La civilisation cycladique, fondée sur la domination maritime, s'est épanouie dès le –IIIe millénaire, avant de céder le pas à l'hégémonie crétoise. L'art des Cyclades (art cycladique) est représenté par l'architecture tombale et surtout par une statuaire stylisée d'idoles à formes géométriques.

Statuette en marbre de l'art cycladique (2700-2300 av. J.-C.), musée du Louvre, Paris.

cyclamen [siklamɛn] **n. m. (mot latin, du grec, de *kuklos* → [1]cycle, à cause des bulbes arrondis)** Plante à tubercule, dont les fleurs roses, mauves ou blanches très décoratives sont portées par un pédoncule recourbé en crosse.

[1]cycle **n. m. (latin *cyclus*, emprunt au grec *kuklos* « roue » et « cercle »)** **1.** Suite de phénomènes se renouvelant sans arrêt dans un ordre immuable. *Le cycle des saisons. Le cycle de l'eau dans la nature.* **–** sc. Série de changements subis par un système, qui le ramène à son état primitif. *Le cycle du carbone. Nombre de cycles par seconde d'un courant alternatif* (fréquence). *Cycle d'un moteur à explosion.* ■ *Cycle (menstruel)* [de la femme] **(→ menstrues, règles). 2.** Série de poèmes se déroulant autour d'un même sujet et où l'on retrouve les mêmes personnages. *Le cycle troyen. Le cycle de la Table ronde.* **→ [2]geste. 3.** *Cycle d'études :* division de l'enseignement regroupant plusieurs années scolaires ou universitaires. *Premier cycle* (de la 6e à la 3e), *second cycle* (jusqu'au baccalauréat), dans l'enseignement secondaire français.

▶ Le terme **cycle** (1) revêt en sciences de multiples définitions. Parce qu'il caractérise une suite d'évènements se renouvelant, il est employé dans toutes les disciplines scientifiques, avec des sens très variables selon les objets ou phénomènes auxquels il s'applique. En thermodynamique, il décrit les systèmes qui reviennent à leur état initial après transformation : le gaz fréon des réfrigérateurs suit par exemple des cycles de compression-décompression et d'échanges de chaleur.
Lorsqu'il est appliqué aux éléments ou aux substances chimiques, il désigne leur circulation dans différents *réservoirs* qui correspondent à des grandes zones de résidence (la lithosphère, l'atmosphère, la biosphère, l'hydrosphère). Les climatologues distinguent ainsi les cycles du carbone, de l'azote, de l'oxygène, de l'eau...
En économie également on parle de cycles pour évoquer des fluctuations de grande amplitude de l'activité économique caractérisées par des phases successives de croissance et de récession.
voir aussi **climatiques (phénomènes), énergie renouvelable, météorologie**

[2]cycle **n. m. (de l'anglais, du grec → [1]cycle)** Véhicule à deux roues, sans moteur **(→ bicyclette)** ou avec un petit moteur **(→ cyclomoteur, motocyclette, vélomoteur).**

cycline **n. f. (de *cycle* et *-ine*)** méd. *Les cyclines :* famille d'antibiotiques utilisés contre diverses maladies **(→ tétracycline).**

cyclique **adj. (latin *cyclicus* → [1]cycle)** **I.** Relatif à un cycle ; qui se produit selon un cycle. □ **adv. cycliquement** **II.** chim. *Composés cycliques*, dont la molécule forme une chaîne fermée (s'oppose à *acyclique*).

cyclisme **n. m. (de *[2]cycle*)** Pratique ou sport de la bicyclette. **→ vélo.**

cycliste **(de *[2]cycle*)** **1. adj.** Qui concerne le cyclisme. *Course cycliste.* **2. n.** Personne qui va à bicyclette. **3. n. m.** Culotte collante qui arrive au genou.

cyclo- Élément **(du grec *kuklos* → [1]cycle)** qui signifie « cercle, circulaire » et (en chimie) « cyclique ».

cyclocross **n. m.** ou **cyclo-cross** [siklokʀɔs] **n. m. invar. (→ cross)** Épreuve de cyclisme en terrain accidenté. - **abrév. → cross.**

cycloïde **n. f. (→ -oïde)** géom. Courbe décrite par un point d'un cercle qui roule (sans glisser) sur une droite fixe. □ **adj. cycloïdal, ale, aux**

cyclomoteur **n. m. (« cycle à moteur »)** Véhicule motorisé à deux ou trois roues, de petite cylindrée (en France, moins de 50 cm^3). **→ scooter ; vélomoteur.**

cyclomotoriste **n.** Personne qui roule à cyclomoteur.

cyclone **n. m. (anglais *cyclone*, du grec *kuklos* → [1]cycle)** **1.** Bourrasque, tempête violente caractérisée par des vents tourbillonnants. **→ ouragan, tornade, typhon.** *L'œil* du cyclone.* **2.** Zone de basse pression (opposé à *anticyclone*). **3.** fig. Personne, évènement qui bouleverse tout. □ **adj. cyclonique**

cyclope **n. m. (du latin, du grec *kuklops*, de *kuklos* « rond » → [1]cycle et *ops* « œil » → optique)** **1.** mythol. grecque Géant monstrueux n'ayant qu'un œil au milieu du front. **–** *Un travail de cyclope :* une œuvre gigantesque. **→ cyclopéen. 2.** Petit crustacé d'eau douce dont l'œil unique est très apparent.

cyclopéen, enne **adj. 1.** mythol. Des cyclopes. **2.** fig., littér. Énorme, gigantesque. **→ colossal, titanesque.**

Cyclopes **n. m. pl.** Personnages de la mythologie grecque. Fils d'Ouranos et de Gaïa, les Cyclopes ont un œil unique au milieu du front. Dans *L'Odyssée*, ce sont des pasteurs anthropophages, et dans la poésie alexandrine, les aides-forgerons d'Héphaïstos.

cyclopousse **n. m.** ou **cyclo-pousse** **n. m. invar. (→ pousse-pousse)** Pousse-pousse tiré par un cycliste. *Des cyclopousses, des cyclo-pousse.*

cyclorameur **n. m.** Tricycle d'enfant, dirigé avec les pieds et mû par la traction que les bras exercent sur le guidon.

cyclosporine voir **ciclosporine**

cyclostome **n. m. (de *cyclo-* et du grec *stoma* « bouche »)** zool. Poisson primitif, à squelette cartilagineux, dont la bouche ronde forme une ventouse (sous-classe des *Cyclostomes ;* ex. la lamproie).

cyclothymie **n. f. (de l'allemand, du grec *thumos* « état d'esprit »)** méd. Trouble psychique faisant alterner des périodes d'excitation et de dépression. □ **adj. et n. cyclothymique**

cyclotourisme **n. m.** Tourisme à bicyclette. □ **adj. et n. cyclotouriste**

cyclotron **n. m. (→ [1]cycle, électron)** phys. Accélérateur circulaire de particules lourdes.

cygne **n. m. (d'abord *cine*, qui vient du latin pop. *cicinus ;* forme *cygne* refaite sur le latin *cycnus*, du grec *kuknos*, p.-ê. « le blanc »)** **1.** Grand oiseau palmipède, à plumage blanc (rarement noir), à long cou flexible. *Une blancheur de cygne*, éclatante. **–** *Un cou de cygne*, long et flexible. **2.** loc. *Le chant du cygne* **(d'après la légende du chant merveilleux du cygne mourant)** : le dernier chef-d'œuvre (de qqn). **3.** Duvet de cygne. **4.** *Bec de cygne :* robinet dont la forme évoque un bec de cygne. ■ **→ col-de-cygne.**

cylindre **n. m. (du latin, du grec *kulindros*, de *kulindein* « rouler » ; famille de *cycle*)** **1.** géom. Solide engendré par une droite mobile tournant autour d'un axe auquel elle

Cyclopes

Ulysse perçant l'œil du Cyclope, peinture sur vase (VIIe s. av. J.-C.), Musée archéologique d'Argos.

cyclone

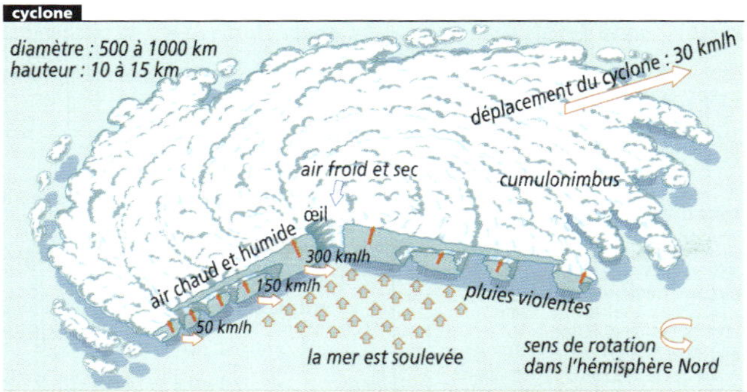

Lors de la formation d'un cyclone, des cumulonimbus s'enroulent autour d'une zone de basse pression, l'œil du cyclone.

est parallèle. *Le diamètre, la hauteur d'un cylindre.* **2.** Rouleau exerçant une pression uniforme. **3.** Enveloppe cylindrique, dans laquelle se meut le piston d'un moteur à explosion. *Une six cylindres,* une voiture à six cylindres.

cylindrée **n. f.** Volume des cylindres (d'un moteur à explosion). *Voiture de 1 500 cm³ de cylindrée. Une grosse cylindrée* (moto ou voiture). ➔ **fam. gros cube.**

cylindrer **v. tr. < 1 > 1.** Faire passer (qqch.) sous un rouleau. □ **n. m. cylindrage** **2.** Donner la forme d'un cylindre à (qqch.).

cylindrique **adj.** Qui a la forme d'un cylindre (bobine, tambour, tube, etc.).

cymbalaire **n. f. (du latin ➔ cymbale) bot.** Linaire à feuilles rondes lobées, à fleurs violettes.

cymbale **n. f. (du latin, du grec *kumbalon,* de *kumbê* « coupe, vase »)** Chacun des deux disques de cuivre ou de bronze, légèrement coniques au centre, qui composent un instrument de musique à percussion. ➔ **aussi charleston.**

cymbalier, ière **n.** Personne qui joue des cymbales. - **syn. cymbaliste**

cymbalum [sɛ̃balɔm] **n. m. (hongrois *czimbalom,* du latin)** Instrument de musique à cordes d'acier tendues, frappées par de petits maillets, utilisé dans la musique populaire hongroise. ➔ **tympanon.**

Cymbalum mundi Dialogues datés de 1537-1538. Œuvre anonyme, généralement attribuée à Bonaventure des Périers, elle demeura inconnue jusqu'en 1711 et passa pour un monument d'impiété.

cyme **n. f. (latin *cyma* « bourgeon, rejeton de chou ») bot.** Inflorescence comportant un axe principal et des ramifications. *La cyme et la grappe.*

cymrique voir **kymrique**

cyn-, cyno- Élément **(du grec ➔ cynégétique)** qui signifie « chien ».

cynégétique **adj. (du grec, de *kunêgetein,* de *kuôn, kunos* [*cf.* chien] et *agein* « mener » ➔ agonie) didact.** Qui se rapporte à la chasse. **– n. f.** *Traité de cynégétique.*

Cynewulf Poète religieux anglo-saxon (v. 750-800). Ses poèmes sont un témoignage du saxon de l'Ouest, ancêtre de l'anglais. Cynewulf est un représentant du courant iconoclaste du début du ɪxᵉ siècle.

cynips **n. m. (du grec *kuôn* « chien » et *ips* « insecte rongeur ») zool.** Insecte hyménoptère parasite qui forme sur les feuilles de chêne des galles sphériques.

cynique **adj. et n. (du latin, du grec *kunikos,* de *kuôn* « chien », aussi « impudent ») 1. hist. philos.** Qui appartient à l'école philosophique de l'Antiquité qui cherchait le retour à la nature en méprisant les conventions sociales, l'opinion publique et la morale commune. **2.** Qui exprime sans ménagement des sentiments, des opinions contraires à la morale reçue. ➔ **impudent.** *« Je me fis cynique et caustique par honte ; j'affectai de mépriser la politesse que je ne savais pas pratiquer »* (Rousseau). **– n.** *Un, une cynique.* □ **adv. cyniquement**

cynisme **n. m. 1.** Doctrine des philosophes cyniques. **2.** Attitude cynique. « *Cynisme, acte de chien* » (P.-L. Courier).

cynocéphale **n. m. (➔ -céphale)** Singe à museau allongé comme celui d'un chien. ➔ **babouin.**

Cynocéphales ou **Cynoscéphales** **n. f. pl.** Montagnes de Thessalie, à l'E. de Pharsale. Le consul romain Flaminius y vainquit Philippe V de Macédoine en –197.

cynodrome **n. m. (de *cyno-* + *-drome*)** Piste aménagée pour les courses de lévriers.

cynoglosse **n. f. (du latin sc., du grec ➔ cyno- et -glosse) bot.** Plante vénéneuse des décombres, aux feuilles rugueuses et aux grappes de fleurs lie-de-vin, appelée aussi *langue-de-chien.*

cynophile **adj. et n. (de *cyno-* + *-phile*) didact.** (Personne) qui aime les chiens. ■ **milit.** *Équipe, brigade cynophile,* qui dresse des chiens.

cynorhodon ou **cynorrhodon** **n. m. (grec *kunorodon* « rose de chien, plante contre les morsures de chien ») bot.** Réceptacle rouge renfermant les fruits **(➔ gratte-cul)** du rosier et de l'églantier. - **var. cynorodon.**

cyphoscoliose **n. f. (➔ cyphose et scoliose) méd.** Déformation de la colonne vertébrale qui associe les traits de la cyphose et de la scoliose.

cyphose **n. f. (grec *kuphôsis,* de *kuphos* « courbe ») méd.** Déviation de la colonne vertébrale qui rend le dos convexe.

cyprès **n. m. (latin *cypressus,* p.-ê. emprunt d'Asie, comme le grec *kuparissos*)** Arbre (conifère) à feuillage vert sombre, à forme droite et élancée.

Cyprien **(saint)** Écrivain latin chrétien et Père de l'Église (début ɪɪɪᵉ-258). Il fut évêque de Carthage. Face aux persécutions, il prêcha l'indulgence en faveur des chrétiens qui avaient abjuré et mourut en martyr. *Des faillis ; De l'unité de l'Église.*

cyprin **n. m. (latin *cyprinus,* grec *kuprinos,* p.-ê. de *kupros* « henné », pour la couleur du poisson)** Poisson d'eau douce. *Cyprin doré* : poisson rouge.

cyprine **n. f. (du latin, du surnom grec d'Aphrodite) didact.** Sécrétion vaginale, signe physique du désir sexuel féminin.

cyprinidé **n. m. zool.** Poisson d'eau douce dépourvu de dents (famille des *Cyprinidés ;* ex. l'ablette, la carpe, le goujon).

Cyrankiewicz **(Józef)** Homme d'État polonais (1911-1989). Il fut secrétaire général du Parti communiste polonais de 1945 à 1948, président du Conseil de 1947 à 1952 et président du Conseil d'État de 1970 à 1972.

Cyrano de Bergerac **(Savinien de)** Écrivain français (1619-1655). Ami de Chapelle, de Tristan l'Hermite et peut-être de Molière, il fut influencé par Gassendi et par Descartes. Censuré pour libertinage, il est surtout connu pour deux romans posthumes, *Histoire comique des États et Empires de la Lune* et *Histoire comique des États et Empires du Soleil.* On lui doit aussi un *Fragment de physique.* Il inspira Edmond Rostand, qui en fit un héros très différent du personnage historique.

Cyrénaïque **n. f.** Région orientale de la Libye. Sites archéologiques (Cyrène, Ptolémaïs). Oliviers, céréales. Exploitation du pétrole. La région, colonisée par les Grecs au –ᴠɪɪᵉ s., fut rattachée à l'Égypte sous Alexandre, puis devint province romaine en –74. Conquise par les Arabes (641), puis sous suzeraineté turque, elle fut annexée à l'Empire ottoman. Elle fut cédée à l'Italie en 1912, puis fut le théâtre de la Campagne de Libye durant la Seconde Guerre mondiale.

cyrénaïsme **n. m. (de *Cyrène*)** École de philosophie fondée par Aristippe de Cyrène au ɪᴠᵉ s. av. J.-C., encore appelée *école cyrénaïque,* d'essence hédoniste.

Cyrène Ville antique, capitale de la *pentapole cyrénaïque.* Fondée probablement par les Doriens en –631, elle passa en –96 sous domination romaine.

Cyrille **(saint)** Évêque de Jérusalem (313 ou 315-386). Il fut chassé à plusieurs reprises par les Ariens.

Cyrille **(saint)** Patriarche d'Alexandrie (376 ou 380-444). Défenseur intransigeant de l'orthodoxie, il est à l'origine de la doctrine de l'incarnation affirmant l'union hypostatique des deux natures du Christ, humaine et divine.

Cyrille **(saint)** dit **le Philosophe** ou **saint Cyrille de Salonique** Évêque (827 ou 828-869). Prénommé Constantin, il adopta le nom de Cyrille lorsqu'il fut sacré évêque. Il fut l'évangélisateur des Slaves. La tradition lui attribue, avec son frère, l'évêque Méthode, l'invention de l'alphabet cyrillique, mais il s'agirait plutôt d'un alphabet glagolitique.

Cyrille Iᵉʳ Lukaris Patriarche d'Alexandrie (1602) puis patriarche œcuménique de Constantinople (1620). Il tenta une alliance entre l'Église orthodoxe et les protestants, fut destitué plusieurs fois et exécuté à la suite d'intrigues.

cyrillique [siʀilik] **adj.** *Alphabet cyrillique,* l'alphabet slave, attribué à saint Cyrille de Salonique. *Caractères cyrilliques.*

Cyrulnik **(Boris)** Neuropsychiatre français (né en 1937). Il a travaillé sur la peur et la résilience ou la capacité à se développer sainement même après avoir vécu des traumatismes. *Un merveilleux malheur ; Les Vilains Petits Canards.*

Boris Cyrulnik en 2006.

Cyrus dit **le Jeune** Prince perse achéménide (424-401 av. J.-C.). Fils de Darios II, il tenta de renverser son frère Artaxerxès II mais fut tué à la bataille de Counaxa.

C

Cyrus II le Grand (mort v. 530). Fondateur de l'Empire perse achéménide (550-530 av. J.-C.). Fils de Cambyse Ier, il déposa Astyage, roi des Mèdes, et substitua à l'Empire mède l'Empire perse. Il vainquit Crésus (–546) et prit Babylone (–539). Il pratiqua la tolérance religieuse, permettant aux Juifs de revenir à Jérusalem.

C

cyst-, cysti-, cysto-, -cyste Éléments (du grec *kustis* « vessie » et « sac ») qui signifient « vessie » ou « vésicule ».

cystectomie n. f. (de *cyst-* + *-ectomie*) chir. Ablation partielle ou totale de la vessie.

cystéine n. f. (→ cyst-) biochim. Acide aminé soufré, présent dans de nombreuses protéines et ayant des utilisations pharmaceutiques.

cystine n. f. (de l'anglais → cystique) biochim. Forme oxydée de la cystéine, présente dans de nombreuses protéines (kératine de la peau, des cheveux...).

cystique adj. (du grec *kustis* « vessie ») anat. Relatif à la vésicule biliaire. *Des calculs cystiques.* – Relatif à la vessie.

cystite n. f. Inflammation de la vessie.

cystographie n. f. (→ cysto-) méd. Radiographie de la vessie.

cystoscope n. m. (→ cysto-) méd. Instrument permettant d'examiner l'intérieur de la vessie.

cystotomie n. f. (de *cysto-* + *-tomie*) chir. Incision de la vessie.

Cythère Île grecque située au S. du Péloponnèse, rattachée à l'Attique. Environ 3 000 habitants. Chef-lieu : Cythère. Sources thermales. Dédiée à la déesse Aphrodite (sanctuaire aujourd'hui disparu), l'île a été associée dans les arts et la littérature aux plaisirs de l'amour.

cytise n. m. (latin *cytisus*, du grec) Arbrisseau vivace aux fleurs en grappes jaunes.

cyt(o)-, -cyte Éléments (du grec *kutos* « cavité ») qui signifient « cavité, cellule » (ex. *leucocyte, lymphocyte*).

cytobactériologique adj. (→ cyto-) méd. Se dit d'une analyse d'urine comportant un examen macroscopique, une recherche d'éléments anormaux et de bactéries. *Examen cytobactériologique des urines* (abrév. ECBU).

cytodiagnostic n. m. méd. Diagnostic établi après examen au microscope de frottis ou de cellules provenant de liquides organiques.

cytogénétique n. f. biol. Partie de la génétique qui étudie les chromosomes. □ n. **cytogénéticien, ienne**

cytokine n. f. (de *cyto-* et du grec *kinein* « bouger ») biochim. Glycoprotéine produite par certaines cellules du système immunitaire et agissant sur d'autres cellules du même système pour en assurer la régulation.

cytokinique adj. Biochim. Relatif à la cytokine. *Choc*, orage cytokinique.*

cytologie n. f. Partie de la biologie qui étudie la cellule vivante. → **histologie.** □ adj. **cytologique** □ n. **cytologiste, cytologue**

cytolyse n. f. (de *cyto-* + *-lyse*) biol. Destruction d'une cellule vivante par dissolution des éléments dont elle est formée.

cytomégalovirus n. m. (de *cyto-*, *mégalo-* et *virus*) biol. Virus pouvant provoquer des affections graves chez des sujets immunodéprimés.

cytoplasme n. m. (→ protoplasme) biol. Partie de la cellule qui entoure le noyau. □ adj. **cytoplasmique**

cytosine n. f. (de *cyt[o]-* et *-ine*) biol. Constituant des acides nucléiques (ADN et ARN).

cytosol n. m. (de *cyto-* + *-ol*) biol. Partie liquide du cytoplasme.

cytosquelette n. m. biol. Squelette filamenteux formé dans le cytoplasme, dont le rôle est de contrôler la forme des cellules.

cytotoxique adj. biol. (substance) Toxique pour une espèce de cellule. – *Action cytotoxique.* □ n. f. **cytotoxicité**

Cyzique Ancienne ville d'Asie Mineure, sur la Propontide. Fondée par des colons de Milet (–756), elle devint un grand centre commercial. Prise par les Arabes en 675, elle fut détruite par un tremblement de terre en 943.

czardas [gzaRdas ; tsaRdas] n. f. (mot hongrois) Danse hongroise formée d'une partie lente et d'une partie rapide ; sa musique.

Czartoryski Famille princière de Pologne, issue des Jagellons. ■ Adam Jerzy **Czartoryski** (1770-1861). Emmené en Russie comme otage, il y devint ministre des Affaires étrangères (1802-1804) et tenta de reconstituer la Pologne. À la suite de la révolution de 1830, il devint président du gouvernement provisoire de Varsovie (1831).

Czerny (Karl) Compositeur et pianiste autrichien (1791-1857). Élève de Beethoven, il est l'auteur d'une œuvre musicale abondante. Il a laissé des ouvrages pédagogiques importants *(L'Art de la vélocité ; L'École du virtuose).*

Częstochowa Ville de Pologne méridionale, en Silésie. 245 030 habitants. Pèlerinage de la Vierge noire depuis le XIVe s. Industrie lourde (métallurgie, chimie).

Cziffra (György devenu Georges) Pianiste français d'origine hongroise (1921-1994). Il a surtout interprété le répertoire romantique, en particulier l'œuvre de Liszt.

D

d [de] **n. m. invar. 1.** Quatrième lettre, troisième consonne de l'alphabet, notant la dentale sonore [d], qui s'assourdit en liaison : *un grand homme* [œgʀɑ̃tɔm]. **2.** fam. *Le système D :* le système débrouille. **3.** *D :* cinq cents, en chiffres romains. **4.** La note *ré*, dans la notation anglo-saxonne et germanique. **5.** *2D, 3D :* deux dimensions, trois dimensions. *Film en 3D.*

d' **prép. élidée ou art. élidé** voir **de**

¹dab ou **dabe** **n. m.** (p.-ê. du latin *dabo* « je donnerai », par l'italien) argot Père. ■ au plur. Parents.

²DAB [dab] **n. m.** (sigle) Distributeur automatique de billets. → **billetterie.**

Dabadie (Jean-Loup) Écrivain, journaliste, parolier et scénariste français (1938-2020). Auteur de sketchs pour Guy Bedos *(Bonne fête Paulette)*, de scénarios pour Claude Sautet *(Les Choses de la vie)*, Claude Pinoteau, Yves Robert, François Truffaut, il a écrit de nombreuses chansons notamment pour Serge Reggiani, Michel Polnareff et surtout Julien Clerc *(Ma préférence ; Femmes, je vous aime)*. Académie française.

Dabit (Eugène) Romancier français (1898-1936). Il est l'auteur d'une œuvre réaliste et poétique, comme en témoigne son roman le plus connu, *L'Hôtel du Nord*, mis en scène par Marcel Carné. Il publia aussi des nouvelles, un essai sur la peinture espagnole et un *Journal intime*.

d'abord **loc. adv.** voir **abord**

Dąbrowa Górnicza Ville de Pologne (Silésie), au N.-O. de Cracovie. 129 560 habitants. Centre minier et métallurgique.

Dąbrowska (Maria) Écrivaine polonaise (1889-1965). Ses romans furent d'abord inspirés par le prolétariat rural, puis par la Pologne contemporaine. On lui doit également des essais littéraires, des impressions de voyages. *Gens de là-bas ; Les Nuits et les Jours* (5 vol.).

Dąbrowski ou **Dombrowski** (Jan Henryk) Général polonais (1755-1818). Il constitua les « légions polonaises » qui, au service de la France, participèrent notamment à la campagne d'Italie (1797-1801), à celle de Russie (1812), et à la bataille de Leipzig (1813).

Dąbrowski ou **Dombrowski** (Jarosław) Officier et révolutionnaire polonais (1838-1871). Il participa à l'insurrection contre le tsarisme et se réfugia en France, où il fut tué lors de la Semaine sanglante.

Dac (André Isaac, dit Pierre) Chansonnier et humoriste français (1893-1975). Il anima des émissions radiophoniques en France puis participa, en 1943, sur Radio-Londres, à *Les Français parlent aux Français*. Humoriste de l'absurde doué d'un sens aigu de l'aphorisme, il est notamment l'auteur de *Du côté d'ailleurs, Le Jour le plus c.*

da capo **loc. adv.** (mots italiens « depuis le commencement ») mus. Locution indiquant qu'il faut reprendre un morceau depuis le début.

Dacca ou **Dhaka** Capitale du Bangladesh, dans le delta du Gange et du Brahmapoutre. 7,3 millions d'habitants. Artisanat traditionnel, industries. Monuments de l'époque moghole.

d'accord ; d'ac voir **accord**

Dach (Simon) Poète baroque allemand (1605-1659). Il est l'auteur de poèmes bucoliques et d'inspiration religieuse.

Dachau Ville d'Allemagne (Bavière). 40 500 habitants. Un camp de concentration allemand y fut établi entre 1933 et 1945. Plus de 200 000 personnes y furent déportées, dont 32 000 furent exterminées.

Dacie **n. f.** Ancienne région d'Europe du Sud-Est, correspondant à la Roumanie actuelle. Soumise par Trajan (*guerres daciques*, 101-102 et 105-107), elle devint une province romaine, puis fut cédée aux Goths par Aurélien (274).

Dacier (Anne Lefebvre, Mme) Femme de lettres française (1647-1720). Traductrice de textes grecs et latins, notamment de *L'Iliade* et de *L'Odyssée*, elle fut à l'origine de la seconde querelle des Anciens et des Modernes, prenant parti pour les premiers dans *Causes de la corruption du goût*.

Dacier (André) Érudit français (1651-1722). Mari d'Anne Dacier, il traduisit des auteurs grecs et latins, dont Horace et Aristote. Il fut nommé bibliothécaire du roi en 1708.

dacron **n. m.** (n. déposé) Fibre de polyester. → **tergal.**

dactyle **n. m.** (du latin, du grec → **dactylo-**) **1.** didact. Pied formé d'une syllabe longue suivie de deux brèves. **2.** Plante fourragère (graminée) des régions tempérées.

dactylo (abrév.) **1. n.** Personne dont la profession est d'écrire ou de transcrire des textes en se servant de la machine à écrire, d'un logiciel de traitement de texte. → aussi **claviste, sténodactylo. 2. n. f.** Dactylographie.

dactylo-, -dactyle Éléments (du grec *daktulos*) qui signifient « doigt ».

dactylogramme **n. m.** (de *dactylo-* + *-gramme*) didact. Empreinte digitale, utilisée comme moyen d'identification.

dactylographe **n.** (→ **-graphe**) vieilli Dactylo (1).

dactylographie **n. f.** (→ **-graphie**) Technique d'écriture à la machine à écrire. □ **adj. dactylographique**

dactylographier **v. tr.** < 7 > Écrire en dactylographie. → **¹taper.** – au p. p. *Texte dactylographié.* → **tapuscrit.**

dactylologie **n. f.** Ensemble de signes faisant correspondre à chaque lettre de l'alphabet une configuration de la main (moyen de communication complémentaire à la langue des signes).

Dacca

La gare fluviale, dans la partie ancienne de Dacca.

dactyloscopie n. f. (→ -scopie) Procédé d'identification par les empreintes digitales.

¹dada n. m. (onomatopée) **1.** lang. enfantin Cheval. *À dada.* **2.** fig., fam. Sujet favori, idée à laquelle on revient sans cesse. → **marotte.** *Enfourcher* son dada.*

²dada n. m. (mot arbitraire) Dénomination adoptée en 1916 par un mouvement artistique et littéraire révolutionnaire. *« Dada ne signifie rien »* (T. Tzara, *Manifeste Dada,* 1918). – **adj. invar.** *Le mouvement dada.* → **dadaïsme.**

Courant artistique et littéraire créé en 1916 par, notamment, Tristan Tzara, Hugo Ball, Hans Arp et Hans Richter. Subversif, nihiliste, le mouvement **Dada** visait à détruire les normes esthétiques, dont celles du langage. Le courant littéraire qui en est issu eut une importance capitale au XXe s., surtout à Paris. Lié aux revues *Sic, Nord-Sud, 391,* puis *Littérature,* il fut notamment représenté par Éluard, Soupault, Picabia, Reverdy, Aragon et Breton. Ce dernier s'en sépara pour fonder le surréalisme. Marcel Duchamp, Picabia et Man Ray sont les artistes dadaïstes les plus connus.

voir aussi **surréalisme**

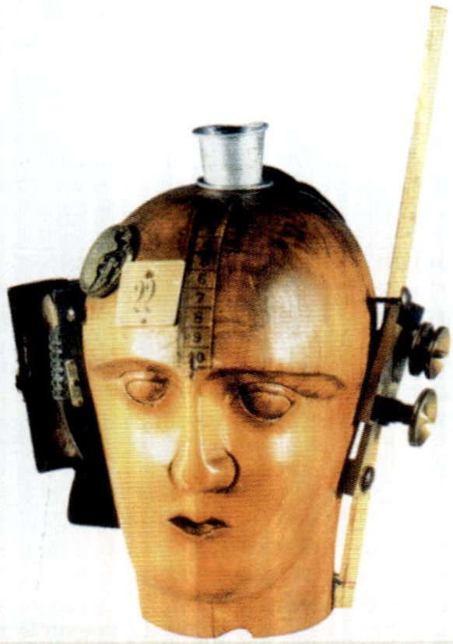

Dada : *L'Esprit du temps (Tête mécanique)* de Raoul Hausmann (v. 1920), Musée national d'art moderne, Paris.

dadais n. m. (onomatopée ; p.-ê. famille de *dandiner*) Garçon niais et de maintien gauche. → **nigaud, sot.** *Un grand dadais.*

dadaïsme n. m. L'école, le mouvement dada. ▫ **n. et adj. dadaïste**

Daddah (Moktar Ould) Homme d'État mauritanien (1924-2003). Il fut le premier président de la République, de 1961 à 1978.

Daddi (Bernardo) Peintre italien (v. 1290 ?-v. 1348). Inspiré par le gothique et les œuvres siennoises des Lorenzetti, il représente la première école florentine.

Dadié (Bernard Binlin) Écrivain et homme politique ivoirien (1916-2019). Auteur de romans, de contes, de pièces de théâtre, de nouvelles et de poésie, il a consacré son œuvre à la rencontre entre les cultures africaine et occidentale. Il a été, en 1970, ministre des Affaires culturelles. *Climbié ; Le Pagne noir ; Béatrice du Congo.*

Dado (Miodrag Djuric, dit) Peintre français d'origine yougoslave (1933-2010). Il quitta le Monténégro pour la France en 1956, où il rencontra Dubuffet, avec qui il partagea la volonté de s'affranchir de la tradition. Il a créé une imagerie fantastique, souvent minérale, au dessin d'une précision obsessionnelle. *Diptyque de Hérouval.*

Dadra-et-nagar-haveli Territoire de l'Inde de 500 km², au N. de Bombay. 220 490 habitants. Capitale : Silvassa.

Daech, Daesh (arabe « État islamique en Irak et au Levant ») ou **État islamique (EI)** Organisation terroriste djihadiste, rivale d'al-Qaida (dont elle est issue) dans le leadership de la croisade islamiste mondiale. Formé en 2006 en Irak, le groupe extrémiste a pris de l'ampleur à partir de 2011 en profitant de la guerre civile en Syrie pour s'assurer le contrôle de larges territoires. Il était dirigé par Abou Bakr al-Baghdadi (abattu par un raid aérien américain en Syrie en 2019) qui proclama en 2014 un « califat » à cheval sur l'Irak et la Syrie. Ses membres (rejoints par des combattants recrutés à l'étranger), qui se réclament d'une branche radicale du sunnisme, pratiquent une politique de terreur sur les populations civiles (y compris les musulmans), contraignant les non-musulmans à l'exil, et mènent une guerre dont les modes opératoires sont la décapitation et les attentats (dont ceux perpétrés en 2015 au Bataclan* et en 2016 à Nice, qui ont été les plus meurtriers en France). Afin de faire disparaître toute trace du passé antérieur à l'islam, ils procèdent à la destruction d'œuvres antiques (Ninive, Palmyre). De nombreux États ont rejoint en 2015 et en 2016 la coalition militaire internationale qui a lancé des frappes aériennes contre Daech et qui, avec l'intervention des forces arabo-kurdes, a permis de reprendre les villes occupées d'Alep (2016) et Raqqa (2017) en Syrie et de Mossoul (2017) en Irak. Si l'organisation islamiste a perdu son califat, elle n'a pas disparu et ses membres se sont relocalisés dans la région et en Afrique. Elle bénéficie de la progression du salafisme dans le monde, conserve une capacité de mobilisation (propagande) et possède de nombreux canaux de financement (pillages, extorsions, trafics, sociétés écrans...).

Daegu voir **Taegu**

Daejon voir **Taech'ŏn**

Daeninckx (Didier) Écrivain français (né en 1949). Ses romans noirs *(Meurtres pour mémoire)* et ses romans historiques *(Itinéraire d'un salaud ordinaire ; Missak ; Cannibale)* s'inscrivent dans la réalité politique et sociale et manifestent son engagement critique.

Daft Punk Groupe français de musique électronique (2000-2021). Formé par Thomas Bangalter et Guy-Manuel de Homem-Christo, il a connu un succès international *(Around the World ; One more Time ; Get Lucky).*

Daft Punk donne un concert au Coachella Festival (Californie) devant 35 000 personnes en 2006.

Dagan Ancien dieu sémitique occidental, protecteur de la Fertilité.

Dagar Famille de musiciens indiens qui se transmettent de génération en génération, depuis le XVIe s., l'art vocal du *dhrupad,* le plus ancien style musical d'Inde du Nord.

Dagerman (Stig) Écrivain suédois (1923-1954). Auteur de romans et d'essais, il représente le mouvement dit « des années 40 » *(40-tal),* comparable, en Suède, à l'existentialisme français. *L'Île des condamnés ; L'Enfant brûlé.*

Daghestan voir **Daguestan**

Dagincourt (François) voir **Agincourt** (François d')

Dagobert Ier (début VIIe s.-639). Roi des Francs (629-639). Fils de Clotaire II, il reconstitua l'unité du royaume franc avec l'aide de saint Éloi et de saint Ouen, mais dut reconnaître l'indépendance de l'Austrasie en 634.

Dagobert II (mort en 679). Roi d'Austrasie (676-679). Petit-fils de Dagobert Ier, il fut assassiné.

Dagobert III (mort en 715). Roi de Neustrie et de Bourgogne (711-715). Fils de Childebert III, il régna sous la tutelle du maire du palais Pépin de Herstal.

dague n. f. (p.-ê. du latin « épée de Dacie ») **1.** Épée courte. **2.** Défense de sanglier. **3.** Premiers bois que portent les cerfs et les daims.

Daguerre (Jacques) Inventeur français (1787-1851). Il découvrit les procédés permettant de développer et de fixer les images, et inventa le *daguerréotype* en 1838.

daguerréotype n. m. (de *Daguerre* et *-type*) Procédé primitif de la photographie par lequel l'image était fixée sur une plaque métallique ; cette image.

Daguestan ou **Daghestan** n. m. République autonome de Russie à l'E. du Caucase, sur la mer Caspienne. 50 300 km². 2,9 millions d'habitants. Capitale : Makhatchkala. La population, composée de nombreuses ethnies, est en majorité musulmane.

daguet n. m. (de *dague*) Jeune cerf ou jeune daim.

dahir n. m. (mot arabe) Décret du roi du Maroc.

Dahl (Johan Christian) Peintre norvégien (1788-1857). Il réalisa des paysages grandioses, marqués par le romantisme. *Éruption du Vésuve ; Maridalen.*

Dahl (Roald) Écrivain britannique (1916-1990). Il est l'auteur de romans et de nouvelles pour enfants et pour adultes, qui développent un univers insolite. *James et la Grosse Pêche ; Charlie et la Chocolaterie.*

dahlia n. m. (de *Dahl,* botaniste suédois) Plante ornementale à tubercules, aux fleurs de couleurs riches et variées ; sa fleur.

Daho (Étienne) Auteur-compositeur-interprète français (né en 1957). Sa voix feutrée accompagne des mélodies agréables et mélancoliques sur la fragilité du sentiment amoureux. *Week-end à Rome ; Des heures hindoues ; Obsession.*

Dahomey voir **Bénin**

dahu n. m. (origine inconnue) Animal imaginaire à l'affût duquel on poste une personne crédule. *Chasse au dahu.*

Daibutsu n. m. Nom donné, au Japon, aux grandes statues de Bouddha. Les plus célèbres sont celles de Kamakura et de Nara.

daigner v. tr. < 1 > (vient du latin, de *dignus* → **digne**) Consentir à (faire qqch.). → **condescendre** à. *Elle n'a pas daigné venir.* – (formule de politesse) *Daignez recevoir mes salutations respectueuses.*

Dai Jin ou **Tai Tsin** Peintre chinois (v. 1388-v. 1462). Artiste de l'Académie impériale sous la dynastie des Ming, il peignit des paysages, des portraits, des animaux.

Daikoku Ten Une des sept divinités de la richesse, du commerce et des échanges, au Japon, souvent représentée avec des balles de riz, des rats, un sac et un maillet.

Daily Express (The) Quotidien britannique fondé en 1900 par A. Pearson.

Daily Mail (The) Quotidien britannique fondé en 1896 par les frères Harmsworth. Il connut dans les années 1920 le tirage le plus important du monde.

Daily Mirror (The) Quotidien britannique fondé en 1903 par A. Harmsworth, l'un des fondateurs du *Daily Mail.*

Daily Telegraph (The) Quotidien britannique fondé en 1855 par A. Sleigh.

daim n. m. (vient du bas latin, p.-ê. du gaulois) **1.** Cervidé d'Europe aux andouillers en palette et à la robe tachetée. → **daine, faon. 2.** Cuir suédé. *Veste de daim.*

daïmio n. m. (mot japonais) hist. Membre de l'aristocratie militaire qui, du IXe s. à la révolution de 1868, domina au Japon. - var. **daimyo.** *Les daimyos.*

Daimler (Gottlieb) Ingénieur allemand (1834-1900). Il est l'inventeur du moteur à essence et s'associa avec les Français Panhard et Levassor.

daine n. f. (de *daim*) Femelle du daim.

daïquiri n. m. (mot anglais des États-Unis, du n. d'un quartier de Cuba) Cocktail fait de rhum blanc, de citron vert et de sucre.

dais **n. m.** **(vient du latin *discus* → disque)** **1.** Ouvrage (de bois, de tissu) qui s'étend au-dessus d'un autel, d'une chaire ou d'un lit. **→ baldaquin.** **2.** Voûte saillante au-dessus d'une statue.

Daisne (Herman Thiery, dit Johan) Écrivain belge d'expression néerlandaise (1912-1978). Poète, romancier et dramaturge, il exprime dans son œuvre les vérités cachées derrière la banale réalité. *L'Homme au crâne rasé.*

Dakar Capitale et port du Sénégal, dans la presqu'île du cap Vert. 3 137 000 habitants. Quartier colonial et constructions modernes. Cathédrale. Grande Mosquée (1964). Mosquée Massalikul Jinaan (2019). Université. Carrefour de communication (aéroport, voies ferrées). Industries (raffineries de pétrole ; agroalimentaire). Tourisme. Construite à partir de 1862, Dakar fut la capitale de l'Afrique-Occidentale française de 1903 à 1958.

Dakhla anciennement **Villa Cisneros** Ville du Sahara-Occidental. 78 855 habitants. Port de pêche.

Dakhleh ou **Dakhla (oasis de)** La plus vaste et la plus peuplée des oasis d'Égypte, dans le désert Libyque (dattes ; gisements de phosphate).

Dakota du Nord **n. m.** État du N. des États-Unis. 183 022 km^2. 779 000 habitants. Capitale : Bismarck. L'agriculture est l'activité dominante (céréales, betterave, pomme de terre ; élevage bovin et ovin). Réserves de pétrole, de sel, de lignite et de gaz naturel. Raffineries.

Dakota du Sud **n. m.** État des États-Unis, situé au S. du Dakota du Nord. 199 552 km^2. 886 660 habitants. Capitale : Pierre. L'agriculture domine (céréales ; élevage bovin et ovin). Richesses minérales : or, béryl, lithium, tantale, lignite, uranium. Tourisme (mont Rushmore).

Dakota(s) **n. m. pl.** voir **Sioux** ou **Dakota(s)**

[1]dal **(que)** voir **[2]dalle** **(que)**

[2]dal ou **dhal** **n. m.** **(mot hindi)** Plat indien de lentilles cuites avec des légumes et des épices.

Daladier (Édouard) Homme d'État français (1884-1970). Député radical-socialiste (1919-1940), président du Conseil en 1933 et en 1934, il dut démissionner après la manifestation du 6 février 1934. Ministre de la Défense nationale du Front populaire (1936-1937), il fut de nouveau président du Conseil (1938-1940). Il signa les accords de Munich (sept. 1938), puis déclara la guerre à l'Allemagne (sept. 1939). Membre du cabinet P. Reynaud, il comparut au procès de Riom (1942) et fut déporté en Allemagne (1943-1945). Il fut réélu député radical après la Libération (1946-1958).

dalaï-lama **n. m.** **(mot tibétain → [2]lama)** Souverain spirituel et temporel du Tibet. *Des dalaï-lamas.*

dalaï-lama

Le dalaï-lama Tenzin Gyatso, en exil depuis 1959.

Dalat Ville du centre du Viêtnam, établie sur le plateau de Lâm Viên, à 1 500 m d'altitude. 184 800 habitants. Cultures maraîchères et florales. Station climatique aux villas coloniales.

Dalberg (Karl Theodor) Homme politique et prélat allemand (1744-1817). Archevêque de Mayence, il se rallia à Napoléon, qui le fit archichancelier de la Confédération du Rhin et grand-duc de Francfort.

Dale (sir Henry Hallett) Médecin britannique (1875-1968). Il obtint le prix Nobel avec O. Loewi en 1936, pour ses découvertes concernant la transmission chimique des impulsions nerveuses.

Dalécarlie **n. f.** en suédois **Dalarna** Région montagneuse de Suède centrale. Ville principale : Falun. Tourisme.

D'Alema (Massimo) Homme d'État italien (né en 1949). Président des Démocrates de gauche, il a été président du Conseil de 1998 à 2000.

Dalgarno (George) Savant écossais (v. 1627-1687). Il travailla à l'élaboration d'une langue conceptuelle universelle, d'une méthode d'instruction et d'un alphabet de signes manuels pour les sourds-muets.

Dalhousie (George Ramsay, comte de) Homme politique britannique (1770-1838). Il fut gouverneur en chef de l'Amérique du Nord britannique de 1820 à 1828. ■ **Jacques Ramsay, marquis de Dalhousie.** Homme politique britannique (1812-1860). Fils de George, gouverneur général des Indes (1847-1856), il annexa le Panjab (1849) et réforma l'administration.

Dali ou **Ta-li** Ville de Chine (Yunnan). 255 270 habitants. Thé ; carrière de marbre à proximité.

Dalí (Salvador) Peintre, graveur et écrivain espagnol (catalan) [1904-1989]. Arrivé à Paris en 1927, il y devint l'un des représentants les plus en vue du surréalisme, mais fut exclu du mouvement après sa prise de position provocatrice en faveur de Franco. Il développa une iconographie fantasmatique, à dominante sexuelle, fondée sur ce qu'il appela la « méthode paranoïaque-critique ». Sa personnalité exubérante, ses moustaches, ses écrits provocants et comiques lui valurent une très grande popularité. *Le Grand Masturbateur ; Persistance de la mémoire ; Le Christ de saint Jean de la Croix.*

Salvador Dalí, *Autoportrait en Mona Lisa* (1954).

Dalian ou **Ta-lien** Ville de Chine (Liaoning). 3 902 500 habitants. Port ; centre industriel (métallurgie, chimie, textile), formant avec Lüshun la conurbation de Lüda.

Dalida (Yolanda Gigliotti, dite) Chanteuse française d'origine italienne (1933-1987). Elle interpréta un répertoire de variété populaire. *Bambino ; Gigi l'amoroso ; J'attendrai.*

Dalida, en meneuse de revue lors d'un show télévisé (1977).

Dalila Personnage biblique. Philistine, elle séduit Samson et le livre aux siens après lui avoir rasé les cheveux, dans lesquels réside sa force.

Dalin (Olof von) Écrivain suédois (1708-1763). Représentant des Lumières, il fonda le premier journal suédois et rédigea une *Histoire du royaume de Suède.*

dallage **n. m.** Action de daller ; ensemble de dalles. *Dallage de marbre.*

Dallapiccola (Luigi) Compositeur et pianiste italien (1904-1975). Il accomplit la synthèse entre la polyphonie de la Renaissance et la musique sérielle. Il est surtout connu pour ses opéras *(Vol de nuit ; Ulisse)* et ses œuvres chorales *(Requiescant).*

Dallas Ville des États-Unis (Texas). 1,3 million d'habitants ; 7,6 millions pour l'agglomération. Universités, musée. Centre commercial, industriel et financier. Siège de nombreuses entreprises pétrolières. Le président J. F. Kennedy y fut assassiné (1963).

Dakar

La ville de Dakar et la baie de Soumbedioume.

Damas

Damas, l'une des plus anciennes villes connues, est inscrite au patrimoine mondial de l'Unesco.

[1]**dalle** **n. f.** (mot normand, probablt origine nordique) **1.** Plaque (de pierre dure, de béton, etc.), destinée au pavement du sol. **2.** fam. Gorge, gosier (dans des loc.). *Se rincer la dalle* : boire. *Avoir la dalle en pente* : aimer boire. – *Avoir la dalle* : avoir faim.

[2]que **dalle** **loc.** (origine obscure) argot Rien. *On n'y comprend que dalle.* - var. que **dal.**

daller **v. tr.** < 1 > Revêtir de dalles. □ **n. dalleur, euse**

Dalloz (Victor Alexis Désiré) Jurisconsulte et homme politique français (1795-1869). Avocat, député conservateur, il fonda en 1824 avec son frère Armand **Dalloz** (1797-1867) la maison d'édition Dalloz, spécialisée dans la publication de codes, d'ouvrages de droit et d'économie politique.

dalmate **adj. et n.** De Dalmatie. – **n.** *Les Dalmates.* ■ **n. m.** *Le dalmate* : langue romane qui était parlée en Dalmatie.

Dalmatie **n. f.** Région historique de l'O. des Balkans, aujourd'hui en Croatie, comprenant quelque 600 îles (archipel dalmate). Intégrée à l'Empire romain, puis à l'Empire byzantin, la Dalmatie fut par la suite possession vénitienne (xve-xviiie s.) puis autrichienne avant d'être cédée au royaume des Serbes et des Croates en 1920.

dalmatien, ienne **n.** (de l'anglais des États-Unis « chien de Dalmatie ») Chien, chienne à poil ras, à robe blanche tachetée de noir ou de brun.

dalmatique **n. f.** (latin ecclés. *dalmatica* « blouse en laine de Dalmatie ») **1.** anciennt Riche tunique à manches amples et courtes des empereurs romains. **2.** relig. Chasuble réservée aux diacres.

Dalmau (Luis) Peintre espagnol (mort en 1466 ?). Au service d'Alphonse V d'Aragon puis de Jean II de Castille, il fut envoyé à Bruges en 1431. Si son œuvre est influencée par le style flamand, notamment par Van Eyck, on y retrouve également la tradition espagnole.

Daloa Ville de Côte d'Ivoire. 245 300 habitants. Cathédrale.

dalot **n. m.** (de *dalle*) Trou dans la paroi d'un navire, pour l'écoulement des eaux.

Dalou (Jules) Sculpteur français (1838-1902). Représentant du naturalisme en sculpture, il est l'auteur de statuettes figurant des travailleurs, du *Triomphe de la République* et d'esquisses pour un ambitieux *Monument au travail.*

Dalrymple (James), 1er vicomte Stair Homme politique et magistrat écossais (1619-1695). Président de la Cour de session, adversaire des catholiques, il s'opposa au duc d'York, futur Jacques II, et prit part à la révolution de 1688. ■ John **Dalrymple**, 1er comte Stair (1648-1707). Fils de James, conseiller de Guillaume III, il fut l'un des artisans de l'acte d'Union avec l'Écosse (1707). ■ John **Dalrymple**, 2e comte Stair (1673-1747). Il combattit sous Marlborough et prit part à la chute de Walpole (1742).

Dalrymple (Alexander) Hydrographe et navigateur britannique (1737-1808). Entré à la Compagnie des Indes orientales, il établit la carte des archipels des mers du Sud et fut nommé hydrographe de l'Amirauté en 1789.

Dalton (les) **n. m. pl.** Personnages de la bande dessinée *Lucky Luke* (de Morris et Goscinny). Ce sont quatre frères criminels, fils de Ma Dalton, inspirés de réels hors-la-loi.

Dalton (John) Chimiste anglais (1766-1844). Il découvrit la loi de la dilatation des gaz et fonda la théorie atomique moderne. Il étudia également sur lui-même les troubles de la perception des couleurs, appelés depuis *daltonisme.*

daltonien, ienne **adj.** (→ daltonisme) Atteint de daltonisme. – **n.** *Un daltonien, une daltonienne.*

daltonisme **n. m.** (du n. de J. Dalton, physicien anglais) Anomalie génétique de la vision, non-perception ou confusion de certaines couleurs (surtout rouge et vert).

dam [dɑ̃ ; dam] **n. m.** (latin *damnum* « dommage » *cf.* damner) littér. *Au grand dam de qqn,* à son préjudice, par ext. en suscitant son mécontentement.

Dam (Henrik Carl Peter) Biochimiste danois (1895-1976). Il découvrit la vitamine K. Prix Nobel de médecine 1943.

damalisque **n. m.** (du latin sc., du grec *damalis* « génisse ») Antilope d'Afrique, voisine du bubale.

daman **n. m.** (mot arabe) Petit mammifère d'Afrique et du Proche-Orient ayant l'apparence d'une marmotte.

Daman-et-Diu Territoire de l'Inde (68 000 habitants), constitué de la ville de Daman (sur la côte du Dekkan) et de la ville de Diu (sur la côte du Kathiawar), toutes deux anciens comptoirs portugais.

Damanhour ou **Damanhūr** Ville de Basse-Égypte, près d'Alexandrie. 318 000 habitants. Ancienne Hermopolis. Évêché copte. Industrie textile. Gazoduc. Tourisme.

damas [dama(s)] **n. m.** (du nom de la ville) **1.** Tissu dont les dessins brillants sur fond mat à l'endroit se retrouvent mats sur fond brillant à l'envers. **2.** Acier d'alliage d'aspect moiré.

Damas (Léon-Gontran) Poète français (1912-1978). Guyanais, il fut l'un des fondateurs, avec A. Césaire et L. S. Senghor, du mouvement de la négritude. Il est l'auteur de textes poétiques et politiques, et d'un recueil de contes populaires d'un style savoureux. *Pigments ; Retour de Guyane ; Veillées noires.*

Damas Capitale de la Syrie, dans le S. du pays, dans une oasis irriguée par le Barada. 1,8 million d'habitants. Grande mosquée des Omeyades ; mausolée de Saladin ; musée national ; palais Azem ; souks. Cultures maraîchères et fruitières dans l'oasis. Artisanat. Industrie (agroalimentaire, textile, mécanique). Commerce, favorisé par un réseau de communication efficace. Capitale d'un puissant royaume araméen (–xe s.), la ville tomba aux mains des Assyriens (–732) puis des Perses. Conquise par Pompée, elle devint une importante cité romaine, puis appartint à l'Empire byzantin, avant d'être prise par les Omeyades (636). Elle devint alors un important foyer artisanal (métallurgie, textile) et artistique, et connut de nouveau une grande prospérité sous les Ayyubides (xiie-xiiie s.). Elle est la capitale de la Syrie indépendante depuis 1946.

Damase Ier (saint) (305 ?-384). Pape de 366 à 384. Il chargea saint Jérôme de la révision de la version latine de la Bible, qui donna la Vulgate.

Damase II [Poppon] (mort en 1048). Pape en 1048. Désigné par l'empereur Henri III, il chassa Benoît IX.

Damasio (Alain) Écrivain français (né en 1969). Il est l'auteur de romans de science-fiction et philosophiques, dans lesquels il dénonce les idéologies et les régimes totalitaires, les sociétés normées et soumises au contrôle des individus. *La Zone du Dehors ; La Horde du Contrevent ; Les Furtifs.*

Damaskinos (Dimitrios Papandréou) Prélat et homme politique grec (1891-1949). Archevêque d'Athènes, il fut régent de 1944 à 1946.

damasquiner **v. tr.** < 1 > (de *damasquin* « de Damas », emprunt à l'italien) Incruster un filet d'or, d'argent formant un dessin. – au p. p. *Poignard damasquiné.* □ **n. m. damasquinage**

damasser **v. tr.** < 1 > Fabriquer à la manière du damas. □ **adj. damassé, ée**

daltonisme

Un étal de fruits et légumes (1) et sa perception par une personne atteinte de daltonisme (2).

damassine n. f. (du latin « prune de Damas ») (Suisse) Petite prune ronde dont on tire une eau-de-vie.

Damāvend voir **Demāvend**

[1]dame n. f. (vient du latin, féminin de *dominus* « maître » → **dominer**, de *domus* « maison ») **I. 1.** hist. Suzeraine ; châtelaine. – *Le chevalier et sa dame* (qui règne sur son cœur). **2.** vieux ou hist. Femme de haute naissance. ▪ mod. *Agir en grande dame,* avec noblesse. – loc. *Dame patronnesse*. Dame de compagnie*.* **3.** vieilli Femme mariée. – pop. *Ma petite dame, ma bonne dame.* → **madame.** ▪ pop. Épouse. *Dites-le à votre dame.* **4.** Femme. *Une vieille dame.* – *Dame pipi*.* **II.** Une des pièces maîtresses, dans certains jeux. **1.** aux échecs La reine. **2.** *Jeu de dames,* qui se joue à deux avec des pions sur un damier. *Jouer aux dames.* – *Dame :* pion doublé qui peut se déplacer en diagonale à toute distance. **3.** cartes Chacune des quatre cartes où est figurée une reine. *Dame de pique.* **III. 1.** Lourde masse de paveur. → **hie ; damer (II). 2.** mar. Creux pratiqué sur le bord d'une embarcation pour y poser l'aviron.

[2]dame interj. (abrév. de *par nostre dame,* ou de *damedieu* « Seigneur Dieu ») fam. et régional Assurément, pardi. *« Ils sont partis ? — Dame oui ! »*

Dame à la licorne (La) Ensemble de six tapisseries réalisées entre 1484 et 1500 d'après les dessins d'un artiste anonyme, conservé au musée de Cluny, à Paris. Chaque panneau représente la même jeune femme, et l'ensemble constitue une allégorie des cinq sens. Sur le sixième panneau est écrit *À mon seul désir.*

damasquiner

Armure damasquinée (détail) du futur Henri II, réalisée entre 1536 et 1547, musée de l'Armée, Paris.

dame-d'onze-heures n. f. Plante en ombelle dont les fleurs s'épanouissent vers onze heures du matin. → **ornithogale.** *Des dames-d'onze-heures.*

dame-jeanne [damʒan] n. f. Bonbonne de grande contenance. *Des dames-jeannes.*

damer v. tr. < 1 > (de *[1]dame*) **I.** (jeu de dames) Transformer (un pion) en dame. – loc. fig. *Damer le pion à qqn,* l'emporter sur lui. **II.** techn. Tasser (avec une dame ou tout autre engin). *Damer une piste de ski.* □ n. m. **damage**

Dames (paix des) voir **Cambrai**

dameuse n. f. Engin qui sert à damer la neige.

Damia (Louise Marie Damien, dite) Chanteuse et comédienne française (1889-1978). Surnommée « la grande tragédienne », elle interpréta des chansons réalistes *(Sombre Dimanche),* et joua au théâtre et dans plusieurs films.

Damien (Jozef De Veuster, le père) Missionnaire catholique belge (1840-1889). Il mourut en soignant des lépreux aux îles Hawaii.

Damien (saint) voir saints **Côme et Damien**

Damien (saint Pierre) voir saint **Pierre Damien**

Damiens (Robert François) (1715-1757). Il frappa Louis XV d'un coup de couteau et fut écartelé en place de Grève.

damier n. m. (de *[1]dame* [II]) Plateau divisé en cent carreaux (→ **case**) alternativement blancs et noirs (au jeu de dames). ▪ Surface divisée en carrés égaux. *Tissu en damier.*

Damiette Port d'Égypte, dans le delta du Nil. 306 000 habitants. Commerce. Industrie (agroalimentaire). La ville fut prise en 1249 par Saint Louis, qui dut la rendre pour payer sa rançon.

Damman Ville d'Arabie saoudite, sur le golfe Arabo-Persique. 744 320 habitants. Oléoduc. Pétrochimie.

Dammarie-les-Lys Commune de la Seine-et-Marne, dans la banlieue de Melun. 22 318 habitants. Ruines d'une abbaye du XIIIe s. fondée par Blanche de Castille.

Dammartin-en-Goële Commune de la Seine-et-Marne, au N.-E. de Roissy-en-France. 10 830 habitants. Église des XIIIe et XVe siècles.

damnable [danabl] adj. (de *damner*) vieux Qui mérite la réprobation. → **condamnable.**

damnation [danasjɔ̃] n. f. (du latin → **damner**) Condamnation aux peines de l'enfer ; ces peines. – vieux ou plais. *Enfer et damnation !* (imprécation de colère ou de désespoir).

damner [dane] v. tr. < 1 > (du latin ecclés., de *damnum* → **dam**) **1.** Condamner aux peines de l'enfer. **2.** Conduire à la damnation. *Damner son âme.* ▪ pronom. fam. *Se damner pour :* être prêt à tout pour. *Il se damnerait pour elle.* ▪ **damné, ée** adj. **1.** (attribut ou après le n.) Condamné aux peines de l'enfer. – n. *Souffrir comme un damné. « Debout, les damnés de la terre »* (E. Pottier, *l'Internationale*), les exclus de la société. → **paria. 2.** (avant le n.) fam. → **maudit, satané.** *Cette damnée voiture est toujours en panne !*

Damoclès Courtisan de Denys l'Ancien (IVe s. av. J.-C.). Selon Cicéron, il fut invité à un festin par Denys l'Ancien, qui, pour lui faire comprendre la fragilité du bonheur, le fit s'asseoir sous une épée suspendue à un crin de cheval.

Damodar n. f. Rivière d'Inde qui se jette dans un bras du delta du Gange, l'Hoogly. Gisements de charbon dans la partie moyenne.

damoiseau n. m. (vient du latin pop., diminutif de *dominus* « maître de maison » → **[1]dame**) anciennt Jeune gentilhomme qui n'était pas encore chevalier.

damoiselle n. f. (→ **damoiseau ;** forme ancienne de *demoiselle*) anciennt Jeune fille noble ou femme d'un damoiseau.

Damour (Thibault) Astrophysicien français (né en 1951). Spécialiste des trous noirs, il a travaillé à la détection directe d'ondes gravitationnelles.

Dampier (William) Navigateur anglais (v. 1652-1715). Capitaine de boucaniers, il pilla les comptoirs espagnols d'Amérique, et explora les mers du Sud et de la Chine. Une nouvelle expédition en Océanie (1699) lui fit découvrir la pointe S.-E. de la Nouvelle-Irlande.

Dampierre (Augustin Marie Picot, marquis de) Général français (1756-1793). Il prit la succession de Dumouriez au commandement en chef de l'armée du Nord et des Ardennes (1793).

Dampierre (Gui de) voir **Gui de Dampierre**

Dampierre-en-Burly Commune du Loiret. 1 424 habitants. Centrale nucléaire sur la Loire.

Dampierre-en-Yvelines Commune des Yvelines. 1 012 habitants. Château du XVIe s. décoré par Duban au XIXe s. Fresque d'Ingres, jardin de Le Nôtre.

Damrau (Diana) Soprano coloratura allemande (née en 1971). Elle a chanté les grands rôles de colorratures des opéras lyriques allemands et italiens *(La Flûte enchantée ; Le Barbier de Séville ; La Traviata).* Sa voix, remarquable dans les aigus, reste souple et puissante dans un registre plus grave.

Damremont ou **Danrémont (Denis, comte de)** Général français (1783-1837). Envoyé en Algérie, il prit la tête de l'armée d'Afrique en 1837 et mourut lors du siège de Constantine.

Damrosch (Walter Johannes) Chef d'orchestre et compositeur américain d'origine allemande (1862-1950). Il composa des opéras, des œuvres chorales, de la musique de chambre et commanda *Tapiola* à Sibelius. Il contribua à la diffusion des œuvres de Wagner.

dan [dan] n. m. (mot japonais) Chacun des grades de la ceinture noire (arts martiaux). – par ext. *Il, elle est troisième dan.*

Dan Personnage biblique, fils de Jacob et de Bilha, servante de Rachel.

Dana (James Dwight) Naturaliste américain (1813-1895). Il étudia les coraux et les atolls et publia l'*American Journal of Science.*

Danaé Princesse d'Argos, dans la mythologie grecque. Enfermée dans une tour d'airain par son père, elle est fécondée par Zeus, métamorphosé en pluie d'or. De cette union naît Persée.

danaïde n. f. (du n. propre) Papillon des tropiques aux couleurs éclatantes.

Danaïdes n. f. pl. Dans la mythologie grecque, nom des cinquante filles de Danaos, roi d'Argos. À l'exception d'Hypermnestre, qui épargne Lyncée, elles égorgent leurs époux et sont condamnées à verser

Danaïdes

Danaïdes, sculptures romaines d'Herculanum (Ier s.), Musée archéologique de Naples.

éternellement de l'eau dans un tonneau sans fond *(le tonneau des Danaïdes)*.

Danang ou **Da Nang** Ville du centre du Viêtnam. 988 560 habitants. Port. Industries. Aéroport. Les Américains y installèrent une base militaire pendant la guerre du Viêtnam.

Danaos Dans la mythologie grecque, roi de Libye puis d'Argos. Père des Danaïdes, il leur conseille d'égorger leurs époux. Il est tué par Lyncée, le seul rescapé.

Danby (Thomas Osborne, comte de) Homme politique anglais (1632-1712). Partisan de Guillaume d'Orange, futur Guillaume III, il contribua à la révolution de 1688. Il fut Premier ministre de 1674 à 1679 et de 1690 à 1695.

dance [dɑ̃ns] **n. f.** (de l'anglais *dance music*) anglic. Style de musique très rythmée, issue du disco.

dancing **n. m.** (mot anglais, de *to dance*, français *danser*) vieilli Établissement public où l'on danse. → **boîte, discothèque.**

Dancourt (Florent Carton, sieur d'Ancourt, dit) Auteur dramatique et acteur français (1661-1725). Sociétaire de la Comédie-Française, il est l'auteur de comédies de mœurs. *Le Chevalier à la mode.*

se **dandiner** **v. pron.** < 1 > (de l'ancien français *dandin* « clochette ») Se balancer gauchement en étant debout. □ **n. m. dandinement**

dandinette **n. f.** (de *dandiner*) Technique de pêche à la ligne où l'on attire le poisson par le va-et-vient d'un leurre. *Pêcher à la dandinette.*

Dandolo Famille noble de Venise. ■ Enrico **Dandolo** (1110-1205). Doge de Venise (1192-1205). L'un des chefs de la quatrième croisade, il inspira la conquête de Constantinople. ■ Andrea **Dandolo** (1307-1354). Doge de Venise (1342-1354). Il combattit Gênes. Protecteur de Pétrarque, il écrivit une histoire de Venise.

Dandong ou **Tan-tong** Ville de Chine (Liaoning), près de la frontière nord-coréenne. 775 800 habitants. Industries textile et forestière ; carrières de marbre ; réserves de bore.

Dandrieu (Jean-François) voir **Andrieu** (Jean-François d')

dandy **n. m.** (mot anglais) Homme d'une grande élégance (type social et moral du XIXe siècle). « *Le Dandy doit aspirer à être sublime, sans interruption* » (Baudelaire). *Des dandys* ou *des dandies* (plur. anglais).

dandysme **n. m.** Attitude raffinée du dandy. « *Baudelaire* [...] *a été le théoricien le plus profond du dandysme* » (Camus).

Danemark

n. m. ■ offic. royaume du Danemark État d'Europe du Nord, formé de la péninsule du Jutland, d'un groupe d'îles situées dans la mer du Nord et dans la Baltique, ainsi que du territoire du Groenland et des îles Féroé, qui ont des statuts particuliers. 43 098 km². 5 837 000 habitants (les *Danois*). **Langue** : danois. **Religion** : luthériens (75 %). **Monnaie** : couronne danoise. **Capitale** : Copenhague. **Régime** : monarchie parlementaire.

GÉOGRAPHIE

Du point de vue linguistique et culturel, le Danemark fait partie de la Scandinavie ; par son climat tempéré et soumis aux influences maritimes, son relief très modéré et ses échanges, il se rattache à l'Europe occidentale. Le morcellement du pays en un grand nombre d'îles contraint les communications mais un réseau de ponts et de ferries a permis d'intégrer l'ensemble du territoire. Un tiers de la population est toutefois concentré dans la région urbaine de Copenhague, alors que de grandes parties du Jutland sont très peu peuplées.

ÉCONOMIE

L'agriculture a été à la base du développement économique du pays (céréales, produits laitiers, viande). Bien qu'elle

Eiði, sur l'île d'Esturoy, dans l'archipel des Féroé.

n'occupe plus aujourd'hui que 1,9 % des actifs, le pays conserve une place importante sur le marché mondial des produits agroalimentaires (porcins). Le système coopératif joue un grand rôle à tous les stades de la production. Les machines agricoles arrivent en tête de la production industrielle, devant l'électronique, la chimie, la plasturgie et les télécommunications. La construction navale, l'électroménager et les jouets sont en déclin. Dépourvu de matières premières, le Danemark a toujours été dépendant de ses échanges, même s'il couvre aujourd'hui la totalité de ses besoins énergétiques grâce à ses parts dans l'extraction des gisements d'hydrocarbures en mer du Nord. Sa balance commerciale est positive, du fait d'une bonne spécialisation sur des activités de recherche et développement (nanotechnologies, énergies renouvelables). Le pays bénéficie de l'un des niveaux de vie les plus élevés du monde et le modèle social danois, solidaire et efficace, est souvent cité en exemple.

HISTOIRE

Peuplée à partir du Ve millénaire avant notre ère, la région connut une civilisation élaborée dès l'âge du bronze. L'influence romaine se fit sentir au Ier siècle. Au IIIe s., les Angles quittèrent la péninsule pour se joindre aux Saxons et envahir la Grande-Bretagne.

Vikings venant du Danemark pour envahir l'Angleterre, enluminure de *Life, Passion and Miracles of St. Edmund* (v. 1130), The Pierpont Morgan Library, New York.

Les Vikings Dès la fin du VIIIe s., les Vikings naviguèrent jusqu'en Méditerranée et leurs chefs de guerre parvinrent souvent à imposer leur autorité outre-mer **(→ Normandie).** Un début d'organisation politique apparut au Xe s. avec le roi Harald à la Dent bleue. Canut (Knut) le Grand reçut en 1017 la couronne d'Angleterre et unifia la grande île britannique, le Danemark et la Norvège ; mais après sa mort (1036), les trois États se reconstituèrent **(→ Royaume-Uni).**

Au XIe s., Sven II Estridsson (1047-1076) fit entrer le Danemark dans le monde occidental et organisa son royaume en s'appuyant sur l'Église. Valdemar le Grand (1157-1182) poursuivit son œuvre. Les traditions nationales étaient exaltées, notamment par Saxo Grammaticus, l'auteur de la *Geste des Danois*.

Une puissance européenne Le Danemark subit au XIVe s. l'influence allemande et celle de la Hanse, mais l'Union de Kalmar (1397) lui permit d'étendre son empire sur la Norvège, les provinces du Sud et le Schleswig. La Suède prit l'avantage au cours des XVIe et XVIIe s., même si Copenhague demeura un centre intellectuel et artistique important **(→ Brahé, Sténon).** Les défaites de Frédéric III (1648-1670) conduisirent à la cession des provinces de Scanie et de Halland à la Suède : le Danemark cessa d'être une grande puissance. Le pays s'enrichit pourtant grâce au commerce. La bourgeoisie fit voter la loi royale de 1665, par laquelle la noblesse perdait ses privilèges fiscaux et tous (sauf les paysans) devenaient égaux devant la loi.

Le modèle danois Au milieu du XVIIIe s., le pays connut une nouvelle phase de prospérité. Allié à Napoléon contre la Grande-Bretagne, il dut céder la Norvège à la Suède (1814) et entama une difficile période de reconstruction. À la suite de la guerre contre la Prusse et l'Autriche **(→ Duchés** [guerre des]**)**, en 1864, le Danemark dut abandonner les duchés du Schleswig et du Holstein. Les conservateurs se maintinrent au pouvoir jusqu'en 1901. En 1915, une importante réforme constitutionnelle accordant le droit de vote aux femmes fit du pays l'une des démocraties parlementaires les plus évoluées du monde. Sous l'influence du parti social-démocrate, il se dota d'une législation sociale avancée. Resté neutre pendant la Première Guerre mondiale, il récupéra une partie du Schleswig. Envahis par l'Allemagne hitlérienne le 9 avr. 1940, les Danois organisèrent une résistance exemplaire à partir de 1943. Après son adhésion à l'ONU (1945) et à l'Otan (1949), le pays rejoignit l'AELE (1959) puis la CEE (1973), mais ne ratifia qu'avec difficulté le traité de Maastricht (1993) et refusa d'adopter l'euro (2000). Le Parti libéral, au pouvoir depuis 2001 avec une brève interruption de 2011 à 2015, a cédé le pouvoir aux sociaux-démocrates après les législatives de 2019.

Dangeau (Philippe de Courcillon, marquis de) Courtisan et mémorialiste français (1638-1720). Il est l'auteur d'un *Journal de la cour de Louis XIV*, qui constitua une source précieuse pour Saint-Simon.

danger **n. m.** (vient du bas latin « pouvoir ; puissance », de *dominus* « maître » → **dom**) Ce qui menace la sûreté, l'existence de qqn ou de qqch. → **péril.** *Danger de mort.* – *Sa vie est en danger. La malade est hors de danger.* – *Les dangers du voyage.* → **risque.** – ***Danger public*** (personnes). *Cet automobiliste est un danger public.* – fam. *Il n'y a pas de danger* : ça n'arrivera sûrement pas.

dangereusement **adv.** D'une manière dangereuse. *Être dangereusement blessé.* → **gravement, grièvement.** – *Vivre dangereusement.*

dangereux, euse **adj. 1.** Qui constitue ou présente un danger. → **périlleux.** *Produit dangereux.* → **nocif.** *Virage dangereux.* – fig. *S'engager sur un terrain dangereux.* – *Entreprise dangereuse.* → **aventureux, hasardeux, téméraire.** *L'abus est dangereux.* → **nuisible. 2.** (personnes) Qui est capable de nuire. *Un dangereux malfaiteur.* – (animaux) *La vipère est dangereuse.*

Danemark

dangerosité n. f. Caractère dangereux. *La dangerosité d'un procédé.*

Danglebert (Jean Henri) voir Jean Henri **d'Anglebert**

Dangrek (monts) Escarpement taillé dans le grès par l'érosion, séparant le N. du Cambodge de la Thaïlande. 761 m.

Daniel Personnage biblique, prophète de Juda déporté à Babylone. Il est le personnage central du *livre de Daniel,* livre biblique composé vers –168. Jeté dans une fosse aux lions à la suite d'une conspiration formée contre lui, il en ressort indemne.

Daniel (Jean) Journaliste français (1920-2020). Il créa, en 1964, *Le Nouvel Observateur.* Il est aussi l'auteur de romans, d'essais et d'*Œuvres autobiographiques.*

Daniele da Volterra (Daniele Ricciarelli, dit) Peintre italien (1509-1566). Maniériste, il subit l'influence de Raphaël et de Michel-Ange. Pour respecter les décisions du concile de Trente, il dut couvrir la nudité des personnages peints par Michel-Ange dans *Le Jugement dernier.*

Daniell (John Frederic) Physicien britannique (1790-1845). Il inventa notamment la pile impolarisable à deux liquides qui porte son nom.

Daniel-Lesur (Daniel Lesur, dit) Compositeur, pianiste et organiste français (1908-2002). Cofondateur du groupe Jeune France, avec Y. Baudrier, A. Jolivet et O. Messiaen, il composa de la musique de chambre, des pièces pour orchestre, un ballet, des opéras. *Suite française ; Andrea del Sarto.*

Daniélou (Jean) Prélat français (1905-1974). Jésuite, il fut fait cardinal en 1969. Il est l'auteur d'essais sur le christianisme ancien et sur les problèmes religieux contemporains. Académie française.

Daniel-Rops (Henri Petiot, dit) Écrivain français (1901-1965). Il est l'auteur d'essais à succès et de romans qui expriment sa foi dans les valeurs humanistes chrétiennes. *L'Épée de feu ; Jésus en son temps.* Académie française.

Daninos [daninɔs] **(Pierre)** Écrivain humoriste français (1913-2005). Il peignit les travers du Français moyen. *Les Carnets du major Thomson ; Un certain M. Blot.*

Danjon (André) Astronome français (1890-1967). Nommé directeur de l'Observatoire de Paris, il contribua au renouveau de l'astronomie et perfectionna l'astrolabe.

D'Annunzio **(Gabriele)** Écrivain italien (1863-1938). Esthète, il mena une vie mondaine et agitée. Nationaliste, il occupa Fiume à la tête de ses corps francs. Il est l'auteur de poèmes virtuoses, d'une œuvre romanesque organisée en cycles, de pièces de théâtre, dont *Le Martyre de saint Sébastien*, écrite en français pour Debussy. *L'Enfant de volupté ; Léda sans cygne ; Nocturne.*

D

danois, oise adj. et n. **(vient du francique, puis latin médiéval *Dani*)** **1.** Du Danemark. – n. *Les Danois.* ■ n. m. *Le danois* : langue nordique parlée au Danemark. **2.** n. m. Grand chien de garde, à poil court.

dans prép. **(vient du bas latin *deintus*, de *intus* « dedans »)** Préposition indiquant la situation d'une personne, d'une chose par rapport à ce qui la contient (→ **intra-**). **1.** (lieu) À l'intérieur de. *Marcher dans les bois, dans la ville. Être dans sa chambre.* – *La clé est dans ma poche.* – *Lire un poème dans un livre. Être assis dans un fauteuil* (mais *sur une chaise*). *Flâner dans la rue* (mais *sur le boulevard*). – *Monter dans une voiture.* → **¹en.** *Apercevoir qqn dans la foule.* → au **milieu.** – fig. *C'est dans ses projets.* → faire **partie.** *Cette idée est dans Descartes.* → **chez.** *Il travaille dans, il est dans l'édition.* **2.** (manière, situation) *Tomber dans le coma.* – *Agir dans les règles.* → **selon.** *Dans l'attente, l'espoir de.* **3.** (temps) Pendant. *Dans son enfance.* – (futur) → **d'ici.** *Je pars dans dix jours. Dans un instant* : bientôt. **4.** ***Dans les*** : approximativement, environ. *Cela coûte dans les cent euros.* – fam. *Il est dans tes âges.*

dansant, ante adj. **1.** Qui danse. *Chœur dansant.* – fig. *Des reflets dansants sur l'eau.* **2.** Qui fait danser. *Une musique très dansante.* **3.** Pendant lequel on danse. *Thé dansant. Soirée dansante.*

danse n. f. **(de *danser*)** **1.** Suite de mouvements rythmés du corps (le plus souvent au son d'une musique) ; art, technique qui règle ces mouvements (→ **chorégraphie**). *Pas, figure de danse. Danse folklorique, classique* (→ **ballet**). *Chaussons de danse*, permettant de faire les pointes. – *Danse sur glace* : patinage artistique. ■ Fait de danser en société (→ **bal, boîte, discothèque**). *Piste, orchestre de danse.* – loc. *Ouvrir la danse* : être le premier, la première à danser. **2.** Musique sur laquelle on danse. **3.** loc. fig. *Entrer dans la danse*, entrer en action, participer à qqch. – péj. ***Mener la danse*** : diriger une action collective. **4.** *Danse de Saint-Guy*, maladie nerveuse de nature épileptique. → **chorée.**

danser v. < 1 > **(p.-ê. origine germanique)** **I.** v. intr. Exécuter une danse. *Faire danser qqn*, danser avec lui. – loc. fam. *Ne pas savoir sur quel pied danser*, ne savoir que faire, hésiter. ■ fig. *Une flamme qui danse.* **II.** v. tr. Exécuter (une danse). *Danser la valse, une valse.* – pronom. *Le menuet ne se danse plus.*

danseur, euse n. **1.** Personne dont la profession est la danse. *Danseuse de ballet.* → **ballerine.** *Danseur, danseuse étoile.* – *Danseur mondain*, qui a les mêmes fonctions que l'entraîneuse. – *Danseur, danseuse de corde.* → **funambule.** ■ fig. *C'est sa danseuse*, ce à quoi il consacre par plaisir beaucoup d'argent. **2.** ***En danseuse*** : en pédalant debout, le corps balancé à droite et à gauche. **3.** Personne qui danse avec un ou une partenaire. → **¹cavalier.**

dansoter ou **dansotter** v. intr. < 1 > Danser à peine, par petits mouvements irréguliers.

Dante **(Durante Alighieri, dit)** Écrivain italien (1265-1321). Il est l'auteur de recueils poétiques (*La Vita nuova*, récit idéalisé de sa rencontre avec Béatrice Portinari), d'un traité philosophique (*Le Banquet*), d'un essai linguistique (*De vulgari eloquentia*) et surtout d'un grand poème allégorique nommé, après sa mort, *La Divine Comédie*, en trois parties : *L'Enfer, Le Purgatoire* et *Le Paradis*. C'est l'un des premiers chefs-d'œuvre de la littérature italienne, fixant la langue à partir des dialectes toscans. Il prit part à la vie politique florentine ; rangé auprès des guelfes blancs, il fut prieur de la ville, ambassadeur auprès du pape, puis dut s'exiler.

Dantec **(Maurice Georges dit Maurice G.)** Écrivain canadien d'origine française (1959-2016). Il contribua à remettre le roman noir à la mode dans les années 1990 (*Les Racines du mal ; Babylone Babies*). Il s'est ensuite de plus en plus consacré à la science-fiction.

dantesque adj. **(de *Dante*)** Qui a le caractère sombre et sublime de l'œuvre de Dante. *Vision dantesque.*

Danton **(Georges Jacques)** Homme politique français (1759-1794). Avocat au Conseil du roi (1787-1791), fondateur du club des Cordeliers (1790), il fut élu ministre de la Justice après la chute de la monarchie (1792). Député montagnard à la Convention, il contribua à la création du Tribunal révolutionnaire et du Comité de salut public (1793). En rupture avec les Hébertistes, il réclama, aux côtés de C. Desmoulins, la fin de la Terreur. Accusé de trahison par les partisans de Robespierre, il fut condamné à mort par le Tribunal révolutionnaire et guillotiné.

Dantzig ou **Danzig** voir **Gdańsk**

Danube n. m. Deuxième fleuve d'Europe (après la Volga) par sa longueur (2 850 km), l'étendue de son bassin et son débit. Né en Allemagne, il traverse ou longe neuf pays : l'Allemagne, l'Autriche, la Slovaquie, la Hongrie, la Croatie, la Serbie, la Roumanie, la Bulgarie et l'Ukraine. Il arrose notamment Vienne, Bratislava, Budapest, Belgrade, et se jette dans la mer Noire par un vaste delta (3 750 km^2) à trois branches. Il joue un rôle économique international important, malgré les obstacles à sa navigation (défilé des Portes de fer). Il est relié au Rhin par le canal Rhin-Main-Danube. Centrales et installations hydroélectriques.

Danube

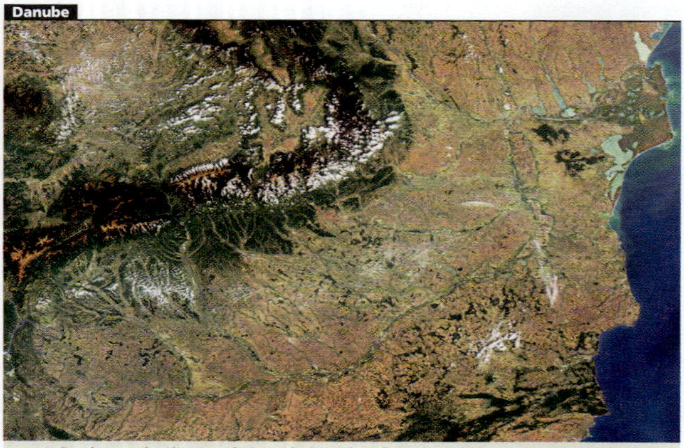

Le Danube, entre les Alpes transylvaines et la chaîne des Balkans, et son delta sur la mer Noire vus par satellite.

Dao **(Nguyen Thien Dao, dit)** Compositeur français d'origine vietnamienne (1940-2015). Son œuvre réunit l'héritage de Messiaen, dont il fut l'élève, et les rythmes orientaux. *Tuyen Lua ; Écouter-Mourir.*

Daoud **(Kamel)** Écrivain et journaliste franco-algérien (né en 1970). Ancien rédacteur en chef du *Quotidien d'Oran* (1994-2015), chroniqueur et romancier, il défend une position critique à l'égard du totalitarisme et de l'islamisme. *Meursault, contre-enquête* (d'après *L'Étranger* de Camus) ; *Mes indépendances ; Zabor ; Le Peintre dévorant la femme.*

Daoulas Commune du Finistère, sur l'estuaire de la Daoulas. 1 833 habitants. Église romane ; cloître.

daphné n. m. **(grec *daphnê* « laurier »)** Arbuste des régions montagneuses, à feuilles persistantes et à fleurs rouges ou blanches.

Daphné Nymphe aimée d'Apollon, dans la mythologie grecque. Elle est transformée en laurier pour échapper aux ardeurs du dieu.

Daphné poursuivie par Apollon, mosaïque romaine (IIIe s.), musée départemental de Rouen (Seine-Maritime).

daphnie n. f. **(du grec)** Petit crustacé d'eau douce, appelé communément *puce d'eau.*

Daphnis Berger de Sicile, fils d'Hermès, dans la mythologie grecque.

Da Ponte **(Emanuele Conegliano, dit Lorenzo)** Poète et librettiste italien (1749-1838). Il écrivit de remarquables livrets d'opéras pour Salieri et Mozart (*Les Noces de Figaro ; Don Giovanni ; Così fan tutte*) et fonda l'opéra de New York. Il a laissé des *Mémoires.*

Dapsang voir **K2**

Daqing ou **Ta-k'ing** Ville de Chine (Heilongjiang). 1 433 700 habitants. À proximité se trouve le plus important champ pétrolifère du pays.

Daquin **(Claude)** Organiste et compositeur français (1694-1772). Organiste de Notre-Dame de Paris, réputé pour la virtuosité de son jeu, il a laissé de nombreuses œuvres vocales (messes, motets, cantates, divertissements) et des pièces pour orgue et clavecin.

daraise n. f. **(origine inconnue)** techn. Déversoir d'un étang.

Darbhanga Ville d'Inde (Bihar). 308 000 habitants. Centre de commerce.

darbouka ou **derbouka** n. f. **(arabe *derbouka*)** Tambour arabe fait d'une peau tendue sur l'extrémité évasée d'un corps cylindrique en terre cuite, bois ou métal.

Darboux **(Gaston)** Mathématicien français (1842-1917). Il est connu pour ses travaux en géométrie infinitésimale.

Darboy **(Georges)** Prélat français (1813-1871). Archevêque de Paris, il fut l'un des premiers otages fusillés par la Commune.

dard n. m. **(vient du francique)** **1.** Ancienne arme de jet. **2.** Organe pointu et creux servant à piquer, à inoculer un venin. →

Depuis l'Antiquité, les hommes dansent pour vénérer leurs dieux, mettre en scène leurs récits mythologiques, leurs épopées, leur histoire. Dans toutes les cultures, la danse accompagne aussi des rites de passage et des fêtes traditionnelles. Elle donne son unité au groupe social qui fait les mêmes mouvements sur un rythme commun. À la Renaissance, certaines danses populaires deviennent des danses de cour qui donnent plus tard naissance au ballet classique avec ses règles précises, ses « danseurs étoiles » et ses chorégraphes. Au début du xxᵉ siècle, la danse moderne et contemporaine libère les corps et dialogue avec des moyens d'expression venus de tous les horizons culturels : théâtre, mime, musique jazz et rock, sport...

Ci-dessus, *Le Sombrero* de Philippe Decouflé (Théâtre national de Chaillot, Paris, 2007), qui a popularisé la danse moderne avec les cérémonies du bicentenaire de la Révolution française et des Jeux olympiques d'Albertville.

Tobari de Ushio Amagatsu (Théâtre de la Ville, Paris, 2008). Appartenant à la 2ᵉ génération des danseurs de butô, le chorégraphe explore les états de la métamorphose.

Le Lac des cygnes, chorégraphie de Derek Deane (château de Versailles, 2007). Avec l'English National Ballet, Sofiane Sylve interprète le ballet le plus populaire du répertoire classique.

Le Spectre de la rose, de Michel Fokine (Théâtre de Monte-Carlo, 1911). Avec les Ballets russes de Diaghilev, Nijinski révolutionne la danse classique.

Ballet de la nuit (Petit-Bourbon, Paris, 1653). Costumé en Apollon à l'âge de 14 ans, Louis XIV y gagna son titre de Roi-Soleil.

Danseurs Intores (Rwanda, 1990). Recréant une forme d'épopée, ces danseurs célèbrent l'excellence et le courage.

Gamaka de Shantala Shivalingappa (Théâtre des Abbesses, Paris, 2007). La mythologie indienne est ici interprétée dans le style Kuchipundi, art chorégraphique né il y a plus de cinq siècles.

Le Laveur de vitres de Pina Bausch (Théâtre de la Ville, Paris, 1998), qui s'est inspirée de l'atmosphère des grandes villes, ici Hong Kong

Tchouraï, chorégraphie de Sophiatou Kossoko (Théâtre de la Croix-Rousse, Lyon, 2006). Germaine Acogny raconte sa vie, mariant les danses traditionnelles africaines et la danse moderne.

EyeSpace de Merce Cunningham (Théâtre de la Ville, Paris, 2007).

Pelléas et Mélisande, chorégraphie de Roland Petit (Covent Garden, Londres, 1969), avec Rudolf Noureïev et Margot Fonteyn, partenaires attitrés au Royal Ballet de Londres.

D

Darjeeling

Darjeeling, sur les contreforts de l'Himalaya, mondialement connue pour ses plantations de thé noir.

aiguillon. *Dard d'abeille, de scorpion.* ■ Langue (inoffensive) des serpents.

Dard **(Frédéric)** Écrivain français (1921-2000). Il publia, notamment sous le nom de son personnage-narrateur, San-Antonio, de très nombreux romans policiers aux accents comiques, reconnus pour leur verve haute en couleur. Il est également l'auteur, sous son nom, de romans plus classiques.

Dardanelles **(détroit des)** Détroit reliant la mer Égée et la mer de Marmara, séparant (avec le détroit du Bosphore) l'Europe de l'Asie Mineure. Longueur : 70 km ; largeur : de 1,3 à 7,4 km. Sa position privilégiée lui a conféré une importance stratégique dès l'Antiquité, et jusqu'au XIXe siècle. En 1915, une expédition franco-britannique dite « des Dardanelles » s'opposa à l'armée turque, tentant en vain de faire sortir la Turquie de la Première Guerre mondiale.

Dardanos Ancêtre mythique des Troyens. Fils de Zeus, il est le fondateur de *Dardania*, une des cités qui constituèrent Troie.

Dardenne **(Jean-Pierre et Luc)** Réalisateurs et producteurs belges (nés en 1951 et 1954). Réalisateurs, conjointement, de films réalistes et socialement engagés, ils furent révélés par *La Promesse*, puis obtinrent deux Palmes d'or du festival de Cannes, pour *Rosetta* et *L'Enfant*, le prix de la mise en scène pour *Le Jeune Ahmed* et le Prix spécial pour *Tori et Lokita*.

darder **v. tr. < 1 > (de *dard*)** Jeter, lancer. *« Le soleil dardait à plomb ses rayons poudreux »* (Nerval). – *Darder sur qqn un regard furibond.*

Dardilly Commune du Rhône. 8 829 habitants. Manoir du XVIe siècle.

dare-dare **adv. (p.-ê. d'une var. régionale de *darder*) fam.** En toute hâte, très vite. *Accourir dare-dare.* - var. RO **daredare.**

Dar el-Beïda Ville d'Algérie, près d'Alger. 73 400 habitants. Aéroport international.

Dar el-Beïda **voir Casablanca**

Daremberg **(Charles Victor)** Médecin et érudit français (1817-1872). Il écrivit, avec Saglio, un *Dictionnaire des antiquités grecques et romaines*, et traduisit des traités médicaux d'Hippocrate et de Galien.

Dar es-Salaam ou **Dar es Salam** Ancienne capitale et port de Tanzanie, sur l'océan Indien. 4,36 millions d'habitants. Industries. Tourisme.

Darfour **n. m.** Région montagneuse du Soudan occidental, voie de passage vers la République centrafricaine et le Tchad. Agriculture ; prospection pétrolière. La région fut dominée par l'Égypte (1874), puis intégrée au Soudan (1956). En 2003, le pouvoir de Khartoum déclencha une répression meurtrière contre les guérillas des tribus fours et zaghawas, d'origine ethnique africaine, dénonçant la tentative de confiscation de leurs terres par des groupes nomades arabes à la suite de vagues de sécheresse. Malgré les accords signés en 2006 et en 2020, les affrontements se poursuivent.

Dargomyjski **(Aleksandr Sergueïevitch)** Compositeur russe (1813-1869). Il est l'auteur d'opéras *(Roussalka)* et contribua fortement, avec Glinka, à la rénovation de la musique russe. *Le Triomphe de Bacchus ; Le Convive de pierre.*

Darien **(Georges Adrien, dit Georges)** Journaliste et romancier français (1862-1921). Anarchiste, il est l'auteur de romans antimilitaristes *(Biribi)* et anticonformistes *(Le Voleur)*.

Darfour

Miliciens dans la zone de conflit de l'ouest du Darfour (2007).

Darién **(golfe de)** Golfe de la mer des Caraïbes (Panamá et Colombie). Parc naturel du Darien, au Panamá.

Darío **(Félix Rubén García Sarmiento, dit Rubén)** Poète nicaraguayen (1867-1916). Il rénova la poésie de langue espagnole en l'affranchissant des contraintes rythmiques et en développant une musicalité qui lui est propre. *Azur ; Chants de vie et d'espérance ; Ode à Roosevelt.*

dariole **n. f. (altération de *doriole*, de *doré*)** Flan léger au beurre et aux œufs.

Darios Ier ou **Darius le Grand** (mort en 486 av. J.-C.). Roi de Perse (522-486 av. J.-C.). Conquérant, il étendit l'Empire achéménide, soumettant le Panjab, la Thrace et la Macédoine. Il réforma l'administration (création de la satrapie) et fit construire Persépolis. L'expédition qu'il lança contre les Grecs échoua à Marathon en –490.

Darios III Codoman (mort en 330 av. J.-C.). Roi de Perse (336-330 av. J.-C.). Il soutint les cités grecques contre Alexandre le Grand. Défait à Gaugamèles (–331), il prit la fuite mais fut assassiné par l'un de ses satrapes.

darique **n. f. (de *Darius*)** Monnaie d'or des anciens Perses.

darjeeling [daʀ(d)ʒiliŋ] **n. m. (du n. de la ville)** Thé indien à l'arôme léger et délicat.

Darjeeling Ville d'Inde (Bengale-Occidental), fondée par les Britanniques en 1816. 73 000 habitants. Située en altitude, elle est entourée de plantations de théiers.

darknet [daʀknɛt] **n. m. (mot anglais, de *dark* « sombre » et *net* → ³Net) anglic.** Partie du réseau Internet non indexée par les moteurs de recherche et accessible par des logiciels qui anonymisent les données des utilisateurs. *Trafic de drogue sur les darknets.* ■ *Le darknet* ou *le Darknet* : l'ensemble des darknets. - recomm. offic. **internet clandestin.**

Dark Vador Personnage de la saga *Star Wars* créée par George Lucas. Chevalier de l'ordre du Jedi, Anakin Skywalker bascule du côté obscur de la force à la mort de sa mère et change d'identité. Devenu un seigneur sith, il porte une armure noire après avoir été brûlé par la lave de la planète Mustafar. Son masque amplifie sa respiration et rend sa voix caverneuse. Il est le père de Luke Skywalker.

Dark Vador dans *Le Retour du Jedi* (1983).

Darlan **(François)** Amiral et homme d'État français (1881-1942). Amiral de la flotte (1939), ministre dans le gouvernement de Vichy, puis vice-président du Conseil, il dirigea aux côtés de Pétain une politique de collaboration avec l'Allemagne, puis signa, en Afrique du Nord, un accord avec les Américains (1942). Il fut assassiné.

Darling **n. m.** Rivière d'Australie, affluent du Murray. 1 545 km.

Darlington Ville d'Angleterre (Durham). 92 300 habitants. Ancienne cité houillère. Matériel ferroviaire.

Darmesteter **(Arsène)** Linguiste français (1846-1888). Spécialiste de la morphologie du français, il incarna la tendance de l'époque à considérer la langue comme un organisme *(La Vie des mots étudiés dans leurs significations)*. Il est le coauteur du *Dictionnaire général* de Hatzfeld.

Darmesteter (James) Linguiste et orientaliste français (1849-1894), frère d'Arsène Darmesteter. Il étudia l'ancien persan et traduisit l'*Avesta*, recueil de textes sacrés.

Darmstadt Ville d'Allemagne (Hesse). 159 170 habitants. Château ducal (XVIe-XIXe s.), palais et parc du prince Georges (XVIIIe s.). Centre industriel. Techniques de pointe.

darmstadtium [daʀmstatjɔm] **n. m.** **(de *Darmstadt*)** **chim.** Élément radioactif artificiel (symb. Ds ; n° at. 110).

Darnand (Joseph) Homme politique français (1897-1945). Fondateur de la Milice française (1943), il fut secrétaire général au Maintien de l'ordre dans le gouvernement de Vichy. Arrêté en Italie, il fut condamné à mort et fusillé.

darne **n. f.** **(breton *darn* « fragment »)** Tranche de gros poisson.

Darnétal Commune de la Seine-Maritime, dans la banlieue de Rouen. 9 780 habitants.

Darnley (Henry Stuart, lord) Gentilhomme écossais (1545-1567). Petit-neveu d'Henri VIII, il épousa Marie Stuart, dont il eut un fils, le futur Jacques Ier d'Angleterre. Il fut assassiné par Bothwell.

daron, onne **n.** **(origine incertaine)** **fam.** Père, mère. – *Les darons :* les parents ; les adultes (pour des jeunes).

Darracq (Alexandre) Industriel français (1855-1931). Il fit fortune avec la manufacture de cycles Gladiator puis fonda une société automobile. Il fut le précurseur de la construction en série.

Darrieussecq (Marie) Romancière française (née en 1969). Dans un style déconstruit et souvent précieux, elle décline ses thèmes récurrents : le vide, les métamorphoses, l'absence et la mémoire. *Truismes ; Naissance des fantômes ; Bref Séjour chez les vivants.*

Marie Darrieussecq lisant un passage de son roman *Tom est mort* au théâtre de la Colline (2007).

Darrieux (Danielle) Comédienne française de cinéma (1917-2017). Elle se fit remarquer à l'âge de 14 ans dans des rôles de jeune première puis joua dans des œuvres plus graves, au théâtre comme au cinéma. Elle tourna dans une centaine de films, dont *Madame de ; Le Plaisir ; Les Demoiselles de Rochefort.*

darse **n. f.** **(arabe *dar-as-sina* → arsenal)** Bassin à l'intérieur d'un port méditerranéen.

Darsonval (Alice Perron, dite Lycette) Danseuse française (1912-1996). Elle participa à la création de plusieurs ballets de Serge Lifar et dirigea l'école de danse de l'Opéra de Paris.

Dartmoor Hautes collines d'Angleterre, dans le Devon, culminant à 621 mètres. Pénitencier. Conan Doyle y a situé l'action du *Chien des Baskerville.*

Dartmouth Ancienne ville du Canada (Nouvelle-Écosse), aujourd'hui fusionnée dans Halifax.

dartre **n. f.** **(vient du bas latin *darbita*, p.-ê. gaulois)** Desquamation de l'épiderme, accompagnée de rougeurs.

dartrose **n. f.** **(de *dartre*)** **didact.** Maladie de la pomme de terre provoquée par un champignon.

Daru (Pierre Bruno, comte) Homme politique français (1767-1829). Il fut intendant général de la Grande Armée en Autriche et en Prusse, secrétaire d'État (1811), puis ministre de la Guerre (1813). Il est l'auteur d'ouvrages d'histoire.

Darwin (Erasmus) Médecin et poète britannique (1731-1802). Il est le précurseur du transformisme.

Darwin (Charles) Naturaliste anglais (1809-1882). Petit-fils d'Erasmus Darwin. Il rapporta d'une expédition en tant que naturaliste le récit de ses observations dans *Voyages d'un naturaliste autour du monde.* Il développa la théorie appelée *darwinisme*, selon laquelle l'évolution des espèces est le fruit de la sélection naturelle. Il fonda la conception moderne de l'évolution, sur des bases différentes de celles de Lamarck. *De l'origine des espèces [...] ; De la descendance de l'homme ; L'Expression des émotions chez l'homme et les animaux.*

Caricature de Charles Darwin par André Gill dans *La Petite Lune* (1878).

Darwin Ville du N. de l'Australie, sur la mer de Timor. 66 290 habitants. Administrations. Commerce portuaire.

darwinien, ienne [daʀwinjɛ̃, jɛn] **adj.** Relatif au darwinisme.

darwinisme [daʀwinism] **n. m.** **(de *Darwin*)** Théorie de Darwin d'après laquelle les espèces évoluent selon les lois de la sélection* naturelle. ■ **par ext.** *Darwinisme social,* appliqué aux sociétés humaines. □ **adj. et n. darwiniste**

Dasāvatāra **n. m. pl.** Les « Dix Avatāra » (avatars) de la divinité hindoue Vishnou, destinés à sauver l'humanité.

Da Silva (Luiz Inácio) voir **Lula**

Dassault (Marcel Bloch, devenu Marcel) Ingénieur et industriel français (1892-1986). Inventeur d'un nouveau type d'hélice, il fonda la société aéronautique Marcel Bloch, nationalisée en 1936. Déporté en 1944, il bâtit à la Libération la puissante firme Dassault, spécialisée dans l'aéronautique.

Dassin (Jules) Cinéaste américain (1911-2008). Réalisateur de *La Cité sans voiles, Les Forbans de la nuit,* il dut s'exiler en Europe sous le maccarthysme, où il tourna entre autres *Du rififi chez les hommes, Jamais le dimanche* et *Topkapi.* ■ **Joe Dassin** (1938-1980), son fils, fut un chanteur de variété américano-français.

Dasté (Jean) Comédien et metteur en scène français (1904-1994). Initié au théâtre par son beau-père Jacques Copeau, il interpréta ses premiers rôles dans des films de Jean Vigo et de Jean Renoir. Il fonda la Comédie de Saint-Étienne, puis pratiqua un théâtre itinérant.

dasyure **n. m.** **(du grec *dasus* « velu » et *oura* « queue »)** Petit mammifère (marsupial) carnivore d'Océanie à queue velue.

DAT [deɑte] **n. m.** **(sigle anglais de *digital audio tape* « enregistrement magnétique audionumérique »)** **anglic.** Procédé d'enregistrement du son sous forme numérique sur un support magnétique. ■ Cassette enregistrée selon ce procédé.

data **n. f.** **(mot anglais « données », plur. du latin *datum*)** **anglic.** *La data :* les données numériques. → **big data.** - On dit aussi *les datas* ou *les data* (invar.). ■ **spécialt** Le volume de données numériques consultable ou téléchargeable sur son téléphone mobile. *Forfait incluant 30 gigas de data.*

datable **adj.** Que l'on peut dater.

datage **n. m.** Action de mettre une date sur un document. → **datation.**

datation **n. f.** **1.** Action de mettre la date. **2.** Attribution d'une date. *La datation d'une fresque préhistorique.*

datcha **n. f.** **(mot russe)** Maison de campagne russe.

date **n. f.** **(latin médiéval « lettre donnée », famille de *dare* « donner »)** **1.** Indication du jour, du mois et de l'année où un acte a été passé, où s'est produit un fait. *Lettre sans date. Date de naissance. À quelle date ?,* quel jour ? *En date du..., à la date du...* – **loc.** *Prendre date :* fixer avec qqn la date d'un rendez-vous. **2.** L'époque, le moment où un évènement s'est produit. ■ **loc.** *Une amitié **de vieille date**,* ancienne. *Ils se connaissent **de longue date**,* depuis longtemps. ***De fraîche date :*** depuis peu (de temps). – ***Faire date :*** marquer un moment important. – *Être le premier en date,* le premier à avoir fait qqch.

dater **v.** **<1>** **1. v. tr.** Mettre la date sur. *Dater une lettre.* **2. v. tr.** Déterminer la date de. *Dater un fossile au carbone 14.* ■ **passif** ***Être daté,*** démodé. **3. v. intr.** ***Dater de :*** avoir commencé d'exister (à telle époque). → **remonter** à. *Dater de loin.* – **loc.** *Cela ne date pas d'hier :* c'est ancien. ■ **loc. prép.** *À dater de :* à partir de, à compter de. *À dater d'aujourd'hui.* **4. v. intr.** Faire date. *Une invention qui datera dans l'histoire.* → **marquer.** ■ Être démodé. *Costume qui date.*

dateur, euse **1. adj.** Qui sert à dater. *Tampon dateur.* **2. n. m.** Dispositif qui indique la date.

datif **n. m.** **(du latin, de *dare* « donner »)** **gramm.** Cas marquant le complément d'attribution, dans les langues à déclinaisons.

dation **n. f.** **(du latin, de *dare* « donner » → datif)** **dr.** Action de donner en paiement. ■ **spécialt** Possibilité d'acquitter un impôt en œuvres d'art ; ces œuvres.

Datong ou **Ta-t'ong** Ville de Chine (Shanxi), à l'O. de Pékin. 1 362 300 habitants. Nœud ferroviaire ; industries ; charbon. Musée d'art (par Norman Foster). À proximité, grottes de Yungang, renfermant des trésors d'art bouddhique.

datte **n. f.** **(ancien provençal *datil*, qui vient du latin *dactylus* « doigt » → dactylo-)** Fruit comestible du dattier. *Régime de dattes.*

dattier **n. m.** Palmier qui porte les dattes.

datura **n. m.** **(mot hindi)** Plante toxique, originaire de l'Inde, utilisée comme narcotique et comme plante ornementale.

daube **n. f.** **(italien *addobbo*, du germanique *daubjan* « apprêter, préparer » → adouber)** **1.** Manière de faire cuire certaines viandes à l'étouffée. *Bœuf en daube.* **2. par ext.** Viande accommodée de cette manière. → **estouffade.** **3. fam.** Réalisation de mauvaise qualité. *Ce film est une daube.*

Daubenton (Louis Jean-Marie d'Aubenton, dit) Naturaliste français (1716-1800). Il contribua notamment à la rédaction de l'*Histoire naturelle* de Buffon (anatomie des mammifères).

dauber **v.** **<1>** **(origine obscure ; influence de *daube* pour le sens « action d'arranger »)** **1. littér. v. tr.** Railler, dénigrer (qqn). ■ **v. intr.** *Dauber sur qqn.* **2. v. intr. fam.** Sentir mauvais.

Dauberval (Jean Bercher, dit) Danseur et chorégraphe français (1742-1806). Élève de Noverre, il fut maître de ballet à l'Opéra de Paris, puis au Grand Théâtre de Bordeaux, où il créa entre autres *La Fille mal gardée.*

daubière **n. f.** **cuis.** Ustensile muni d'un couvercle où l'on faisait cuire des viandes en daube.

Daubigny **(Charles François)** Peintre et graveur français (1817-1878). Il effectua des gravures d'illustration avant de se consacrer au paysage. On retrouve dans son œuvre, de plus en plus libre et aérée, l'influence de l'école de Barbizon et de l'impressionnisme.

Daudet **(Alphonse)** Écrivain français (1840-1897). Il est surtout célèbre pour son recueil de contes, *Lettres de mon moulin.* Il a également laissé des romans réalistes, abordant des thèmes sociaux et politiques *(Le Petit Chose).* Son goût de la Provence le conduisit à situer à Tarascon une célèbre série de récits, créant le personnage de *Tartarin.*

Alphonse Daudet photographié par Étienne Carjat (1870).

Daudet **(Léon)** Journaliste et écrivain français (1868-1942), fils d'Alphonse. Critique spirituel et redouté, ultraréactionnaire, il collabora à *l'Action française* avec Charles Maurras.

Daugavpils Ville de Lettonie, sur la Dvina Occidentale. 81 000 habitants. Industrie (pétrochimie, mécanique).

Daulatabad Ville d'Inde (Maharashtra). Ancienne capitale de l'Inde musulmane (XIVe s.). Tourisme.

Daum Famille de verriers et de cristalliers français. ■ Antonin **Daum** (1864-1930) et Augustin **Daum** (1853-1900) rachetèrent la verrerie Sainte-Catherine, à Nancy, fondée par Jean **Daum** (1825-1885). La production étant devenue artistique à partir de 1890, la verrerie accueillit des créateurs de l'Art nouveau et se fit connaître pour ses pièces en pâte de verre.

Daumal **(René)** Écrivain français (1908-1944). Il fut l'un des fondateurs de la revue *Le Grand Jeu,* proche des surréalistes, puis s'orienta vers l'orientalisme et l'ésotérisme. *Contre-ciel ; La Grande Beuverie.*

Daumesnil **(Pierre)** Général français (1777-1832). Il participa aux campagnes d'Italie et d'Égypte. Il défendit Vincennes contre les troupes alliées en 1814.

Daumier **(Honoré)** Dessinateur, lithographe, peintre et sculpteur français (1808-1879). Il donna ses premiers dessins au journal satirique *La Silhouette,* puis à *La Caricature* et au *Charivari.* Ses dessins politiques (*Gargantua,* en 1831, représentant Louis-Philippe, lui valut six mois de prison) traduisent ses idéaux libéraux. Il laissa également des sculptures et des peintures, dont la liberté de facture et de composition annonce l'expressionnisme.

Daunou **(Pierre Claude François)** Homme politique et historien français (1761-1840). Oratorien rallié à la Révolution, il fut élu député à la Convention (1792). Il fut conservateur des Archives de France (1807-1815 ; apr. 1830) et professeur au Collège de France.

[1]dauphin **n. m. (vient du latin, du grec *delphis*)** Mammifère aquatique (cétacé) carnivore dont la tête se prolonge en forme de bec armé de dents.

[2]dauphin **n. m.** (de ***Dauphiné***) **1.** hist. *Le Dauphin :* le fils aîné du roi de France. **2.** Successeur choisi par un chef d'État, une personnalité importante.

Dauphin **n. m.** Petite constellation boréale.

dauphine **n. f. 1.** Épouse du Dauphin. **2.** appos. invar. *Pommes dauphine :* boulettes de purée de pommes de terre et de pâte à choux, frites dans l'huile. **3.** Candidate qui arrive après la gagnante d'un concours de beauté. *Miss France et ses dauphines.*

Dauphiné **n. m.** Région du S.-E. de la France, correspondant aux départements actuels de l'Isère, des Hautes-Alpes et de la Drôme. Ville principale : Grenoble. Vendu au roi de France en 1349, le Dauphiné devint l'apanage de l'héritier de la Couronne (dès lors appelé Dauphin), mais conserva son autonomie jusqu'au règne de Louis XI (XVe s.).

dauphinelle **n. f. (du latin bot., du grec)** Plante herbacée aux hampes florales décoratives. → **delphinium, pied-d'alouette.**

dauphinois, oise **adj. et n.** Du Dauphiné. *Gratin dauphinois,* à base de pommes de terre et de lait.

daurade voir **dorade**

David (Jacques Louis)

Jacques Louis David, *Les Sabines* (1799), musée du Louvre, Paris.

Daurat **(Didier)** Aviateur français (1891-1969). Il fut directeur de l'exploitation aux Lignes aériennes Latécoère, à la Compagnie aérienne aéropostale, puis à Air France.

Dausset **(Jean)** Médecin et généticien français (1916-2009). Il découvrit le système d'antigènes HLA *(Human Leucocyte Antigene),* qui gouverne la compatibilité des tissus lors de la transplantation. Prix Nobel 1980.

Dautry **(Raoul)** Ingénieur et homme politique français (1880-1951). Il contribua à la formation de la SNCF. Ministre de l'Armement puis de la Reconstruction et de l'Urbanisme, il fut administrateur du CEA.

Dauzat **(Albert)** Linguiste français (1877-1955). Journaliste, essayiste, il se consacra à l'exposé de nombreux sujets de linguistique pour un large public.

Davangere Ville du S. de l'Inde (Karnataka). 435 000 habitants. Textiles et huileries.

davantage **adv. (de *de* et *avantage*) 1.** Plus. *En vouloir davantage. Bien davantage. – Sa sœur est belle, mais elle l'est davantage.* **2.** Plus longtemps. « [...] *obéissez sans tarder davantage* » (Racine). **3.** vieilli ou littér. Le plus. « *Je ne sais qui de nous deux cette conversation oppressait davantage* » (Gide). **4.** *Davantage de :* plus de. – *Davantage que* (+ n. ou pron.) : plus que.

Davao Ville des Philippines (Mindanao), sur le golfe de Davao. 1 147 120 habitants. Textiles et huileries.

Davel **(Jean Daniel Abraham)** Patriote vaudois (1670-1723). Il tenta de libérer le pays de Vaud de la domination bernoise. Condamné à mort, il fut décapité.

Daventry Ville du centre de l'Angleterre (Northamptonshire). 23 880 habitants.

Davičo **(Oskar)** Poète et romancier serbe (1909-1989). Il rompit avec le réalisme socialiste et se tourna vers une écriture lyrique et humaniste. *Flora ; Le Béton.*

David Dans la Bible, roi de Juda puis d'Israël (v. 1010-v. 970 av. J.-C.). Il vainc le géant philistin Goliath et succède à Saül sur le trône de Juda. Élu roi d'Israël, il conquiert Jérusalem, dont il fait sa capitale, et bat les Philistins. On lui attribue les Psaumes.

David Nom de plusieurs rois d'Écosse. ■ **David Ier** (v. 1084-1153). Roi d'Écosse (1124-1153). Fils de Malcom III, il soutint Mathilde contre Étienne de Blois. ■ **David II Bruce** (1324-1371). Roi d'Écosse (1329-1371). Fils de Robert Ier Bruce, il envahit l'Angleterre en 1346, mais fut capturé.

David **(Gérard)** Peintre flamand d'origine néerlandaise (v. 1460-1523). Peintre officiel de la ville de Bruges, l'un des derniers représentants des primitifs, il est l'auteur de peintures où dominent le calme et la douceur. *La Vierge entre les vierges ; Le Baptême du Christ.*

David **(Jacques Louis)** Peintre et dessinateur français (1748-1825). Il se forma auprès de Vien, obtint le prix de Rome et séjourna en Italie. De retour à Paris, il réalisa des portraits et des œuvres aux sujets antiques, et s'imposa comme le chef de la nouvelle école. Député à la Convention, puis partisan de Napoléon, il obtint la charge de premier peintre et glorifia l'Empire. *Le Serment des Horaces ; La Mort de Socrate ; Les Sabines ; Le Sacre de Napoléon Ier.*

David **(Félicien)** Compositeur français (1810-1876). Il est l'auteur d'une œuvre teintée d'exotisme, comprenant une symphonie *(Le Désert),* deux opéras, des oratorios, de la musique de chambre.

David Ville de l'O. du Panamá, dans une région volcanique. 82 000 habitants.

David d'Angers **(Pierre-Jean David, dit)** Sculpteur français (1788-1856). Il est l'auteur de nombreux bustes et médaillons, et réalisa, pour le fronton du Panthéon, une allégorie historique. Malgré ses effets romantiques, son œuvre reste ancrée dans l'académisme.

David-Néel **(Alexandra)** Exploratrice et écrivaine française (1868-1969). Elle fut la première Européenne à entrer à Lhassa (1924). Elle écrivit des ouvrages sur ses voyages en Asie et fit connaître le bouddhisme en France. *Le Modernisme bouddhiste.*

Alexandra David-Néel en 1939, avec son fils adoptif et compagnon de voyage, le lama Aphur Yongden.

Davidson **(Donald)** Philosophe américain (1917-2003). Inspirée par la philosophie analytique, son œuvre porte sur le rapport du langage à la réalité et sur l'action morale. *Essays on Actions and Events.*

davier **n. m. (de l'ancien français *david* « outil de menuisier », du n. propre *David*)** Pince servant notamment à l'extraction des dents.

Davies **(Robertson William)** Écrivain canadien d'expression anglaise (1913-1995). Journaliste au Canada, puis dramaturge et comédien en Angleterre, il est l'auteur de comédies de mœurs et de romans plus intimistes influencés par Carl Jung. *Le Manticore ; Un homme remarquable ; Le Maître des ruses.*

Davies **(sir Peter Maxwell)** Compositeur britannique (1934-2016). Son œuvre s'attache à réaliser la synthèse des techniques médiévales et sérielles. *Missa super l'Homme armé ; The Doctor of Myddfall.*

Daviler ou **d'Aviler** **(Charles Augustin)** Architecte français (1653-1701). Son *Cours d'architecture* en fit l'un des théoriciens du classicisme français. Il a réalisé le palais archiépiscopal de Toulouse.

Davis **(John)** Navigateur anglais (1550-1605). Il découvrit, en 1587, le détroit reliant l'Atlantique à la mer de Baffin *(détroit de Davis).*

Davis **(Jefferson)** Homme politique américain (1808-1889). Lors de la guerre de Sécession, il fut à la tête des États confédérés du Sud.

Davis **(William Morris)** Géographe américain (1850-1934). Il contribua à imposer la géomorphologie comme une discipline à part entière. On lui doit notamment les notions d'érosion et de pénéplaine.

Davis **(Stuart)** Peintre et dessinateur américain (1894-1964). Influencé par l'Ashcan School (« école de la poubelle »), il développa une peinture empreinte de préoccupations sociales. Après la découverte des cubistes et des précurseurs du dadaïsme, il livra des œuvres plus abstraites, inspirées par les objets de la vie quotidienne. Série des *Batteurs à œufs ; Lucky Strike.*

Davis **(Ruth Elizabeth, dite Bette)** Comédienne américaine (1908-1989). Peu conforme aux canons esthétiques hollywoodiens, dotée d'un fort caractère, elle incarna au cinéma des femmes insoumises et violentes. *La Garce ; Ève ; Qu'est-il arrivé à Baby Jane ?*

Davis **(Raymond)** Astrophysicien américain (1914-2006). Il confirma la théorie de Bethe, selon laquelle l'énergie solaire provient de la fusion thermonucléaire. Prix Nobel 2002.

Davis **(Miles)** Trompettiste de jazz américain (1926-1991). Il joua dans le quintette de Charlie Parker, participa à l'épanouissement du be-bop et aux débuts du jazz cool. Il s'orienta ensuite vers un free-jazz abrupt puis vers le jazz-rock. Improvisateur de grand talent reconnu pour sa sonorité, artiste en perpétuelle évolution, il acquit une renommée qui dépassa largement le cercle des amateurs de jazz. *Birth of the Cool ; Miles at Fillmore.*

Miles Davis en 1954, lors d'un enregistrement.

Davis **(sir Colin)** Chef d'orchestre britannique (1927-2013). Clarinettiste avant d'être chef d'orchestre, il fut notamment premier chef puis directeur artistique de l'opéra de Covent Garden de 1971 à 1986. Il se consacra principalement à Berlioz, sur lequel il poursuivit des recherches musicologiques et dont il enregistra les œuvres principales.

Davis **(Angela)** Femme politique et professeur de philosophie américaine (née en 1944). Militante du mouvement des droits civiques aux États-Unis, proche des Panthères noires, féministe et membre du parti communiste, elle lutta activement contre la discrimination raciale. En 1970, elle fut condamnée et emprisonnée pour avoir orchestré une prise d'otages meurtrière visant à libérer trois prisonniers politiques noirs. Grâce aux nombreuses manifestations organisées à travers le monde pour obtenir sa libération, elle fut acquittée en 1972.

Davis **(détroit de)** Détroit large d'environ 350 km qui sépare le Groenland de la terre de Baffin.

Davis **(coupe)** Épreuve de tennis, créée par Dwight F. Davis en 1900, qui oppose des équipes nationales.

Davis (Bette)

Bette Davis (avec Joan Crawford) dans *Qu'est-il arrivé à Baby Jane ?* de Robert Aldrich (1962).

Davisson **(Clinton Joseph)** Physicien américain (1881-1958). Il découvrit en 1927 la diffraction des électrons par les cristaux, confirmant la mécanique ondulatoire de L. de Broglie. Prix Nobel 1937.

Davos Ville de Suisse, dans les Grisons. 11 060 habitants. Station d'été et d'hiver. Le Forum économique mondial s'y tient tous les ans.

Davout **(Louis Nicolas) duc d'Auerstedt, prince d'Eckmühl** Maréchal de France (1770-1823). Il se distingua contre les Prussiens à la bataille d'Auerstedt (1806) et contre les Autrichiens à celle d'Eckmühl (1809). Il fut ministre de la Guerre durant les Cent-Jours (1815).

Davy **(sir Humphry)** Chimiste et physicien britannique (1778-1829). Il permit une remise en question de la théorie de Lavoisier sur les acides, identifia le chlore, découvrit l'arc électrique, les propriétés catalytiques du platine divisé et mit au point la lampe de sûreté des mineurs.

Dawes **(Charles Gates)** Financier et homme politique américain (1865-1951). Président de la commission chargée de la question des réparations (1923), il préconisa le plan qui porte son nom. Prix Nobel de la paix 1925. ■ Plan **Dawes.** Plan établi afin de préciser les modalités de paiement par l'Allemagne des réparations exigées par le traité de Versailles (1919). Il fut remplacé en 1930 par le plan Young.

Dawson Village du Canada, dans le Yukon. 1 250 habitants. Il fut le centre de la ruée vers l'or du Klondike, à la fin du XIXe siècle.

Dax Chef-lieu d'arrondissement des Landes. 21 044 habitants. Cathédrale. Musée. Station thermale.

Dayaks **n. m. pl.** Terme générique utilisé pour désigner les populations non malaises et en général non islamisées de Bornéo. Environ 3 millions. Les Dayaks vivent de l'agriculture, de la chasse et de la cueillette.

Dayan **(Moshe)** Général et homme politique israélien (1915-1981). Chef d'état-major, il dirigea la campagne du Sinaï contre l'Égypte (1956). Il fut successivement ministre de l'Agriculture, ministre de la Défense nationale et ministre des Affaires étrangères (1977-1979).

Day Lewis **(Cecil)** Poète et critique britannique (1904-1972). Lié à l'Auden Group, il se fit connaître par son essai *A Hope for Poetry*. D'abord marquée par le communisme, son œuvre prit ensuite des accents lyriques. Traducteur de Virgile, il a aussi écrit des histoires policières sous le pseudonyme de Nicholas Blake.

Day-Lewis **(sir Daniel)** Acteur britannique (né en 1957). Fils de Cecil Day Lewis. Acteur de composition, il a incarné des personnages à forte personnalité. *My Left Foot ; Au nom du père ; There will be blood.*

Daniel Day-Lewis dans *The Boxer* de Jim Sheridan (1998).

Dayton Ville des États-Unis (Ohio). 137 640 habitants. Centre commercial et industriel. Les accords de Dayton, signés en novembre 1995, mirent un terme au conflit serbo-bosniaque.

Dazai **Osamu (Tsushima Shūji, dit)** Écrivain japonais (1909-1948). Il est l'auteur de récits autobiographiques montrant le désarroi de la jeunesse après la guerre. *La Déchéance d'un homme.*

dazibao [da(d)zibao] **n. m. (mot chinois)** polit. Journal mural affiché dans les lieux publics. *Des dazibaos.*

DCA n. f. (sigle de *défense contre avions*) Défense antiaérienne. *Canon de DCA.*

DCRI voir Direction générale de la sécurité intérieure

DDT n. m. (sigle de *dichloro-diphényl-trichloréthane*) Insecticide organique, toxique pour les animaux à sang chaud.

[1]de, du (pour *de le*), **des** (pour *de les*) prép. (vient du latin *de*, utilisé à la place du génitif) *de* s'élide en *d'* devant une voyelle ou un *h* muet **I.** après un v. ou un n. (Marque l'origine) **1.** (lieu, provenance) *Sortir de chez soi. Vase de Chine.* – *Se tirer d'embarras.* ■ Particule nobiliaire. *Pierre de Ronsard.* **2.** (temps) À partir de (tel moment). *Du 15 mars au 15 mai.* ■ Pendant. *Travailler de nuit.* **3.** (métaphore de l'origine) À cause de. *Être puni de ses fautes.* → **pour.** *Fou de joie. Mourir de faim. Être contrarié de ce qu'il pleut* (ou *de ce qu'il pleuve*). → **parce que.** *Être heureux de sortir.* **4.** (moyen) → **avec.** *Être armé d'un bâton.* **5.** (manière) *Citer de mémoire. De l'avis de tous.* → **selon.** **6.** (mesure) *Avancer d'un pas. Retarder de cinq minutes. Gagner vingt euros de l'heure.* ■ *De... en* (marque l'intervalle) *D'heure en heure. De loin en loin.* – *De... à. D'une minute à l'autre.* → **incessamment.** **7.** (agent, auteur) *Les œuvres de Bossuet.* – *Être aimé de tous.* → **par.** **II.** (Relations d'appartenance, de détermination) **1.** (appartenance) *Le fils d'Henri. Le style de Proust.* **2.** (qualité, détermination) *La couleur du ciel.* **3.** (matière) *Sac de papier.* → **[2]en.** *Tas de sable.* **4.** (genre, espèce) *Robe de bal.* – *Un regard de pitié.* **5.** (contenu) *Un verre d'eau.* – *Troupeau de moutons.* **6.** (Totalité ou partie d'un ensemble) *Les membres du jury. L'un de nous.* → **entre, parmi.** *La meilleure de tous.* – (entre deux noms répétés pour marquer l'excellence) *Le Cantique des cantiques. Le fin du fin.* – (après un adj.) En ce qui concerne. *Être large d'épaules.* **III.** fonctions grammaticales **1.** (complément, objet d'une action) – construction des v. tr. ind. *Se souvenir de qqn.* – construction du nom *La pensée de la mort.* – construction de l'adj., de l'adv. *Être avide de richesses. Beaucoup de courage.* **2.** (appos.) *La ville de Lausanne.* **3.** attribut (avec les v. *traiter, qualifier*) *Qualifier un journal de tendancieux.* – (emphatique) *C'est d'un mauvais !, d'un bête !* **4.** devant un inf. *Cesser de parler.* – littér. « *Et grenouilles de se plaindre* » (La Fontaine). **5.** devant adj., pron., adv. – (facultatif) *Avoir trois jours (de) libres.* – (obligatoire) *Cinq minutes de plus. Quoi de neuf ? Il y en a trois de plus, deux de cassés.*

[2]de, du (pour *de le*), **de la, des** (pour *de les*) art. partitif (de *[1]de*) REM. article précédant les noms de choses qu'on ne peut compter **1.** devant un nom concret *Boire du vin.* – *Manger des épinards.* **2.** devant un nom concret nombrable qui a la valeur d'une espèce *Manger du lapin.* **3.** devant un nom abstrait *Plus de peur que de mal. Jouer de la musique.* – *C'est du Mozart, du Gide.*

[3]de art. indéf. voir **[2]des**

[1]dé n. m. (p.-ê. du latin *dare* « donner ») **1.** Petit cube dont chaque face est marquée de un à six points. *Jeux de dés.* ■ loc. *Coup de dé(s)* : affaire qu'on laisse au hasard. – « *Un coup de dés jamais n'abolira le hasard* » (Mallarmé). – *Les dés (en) sont jetés,* la résolution est prise quoi qu'il advienne. **2.** Petit cube. *Couper du lard en dés.*

[2]dé n. m. (vient du bas latin, de *digitus* → **doigt**) *Dé* ou *dé à coudre* : petit étui rigide destiné à protéger le doigt qui pousse l'aiguille. – fig. et fam. *Dé à coudre* : verre à boire très petit ; son contenu.

[1]dé-, des-, dés- Élément (du latin *dis-*) qui indique la négation, la privation, la séparation (ex. *décaféiné, démonter*).

[2]dé-, des-, dés- Élément (du latin *de-*) à valeur intensive (ex. *découper*).

DEA [deəa] n. m. (sigle de *diplôme d'études approfondies*) anciennt Diplôme de troisième cycle, remplacé par le master.

dead-heat [dɛd(h)it] n. m. (mot anglais, de *dead* « morte » et *heat* « course ») anglic. Arrivée simultanée de plusieurs concurrents dans une course de chevaux. *Des dead-heats.* - var. RO **deadheat.** - recomm. offic. **ex æquo.**

Deák (Ferenc) Homme politique hongrois (1803-1876). Il fut l'un des principaux artisans du compromis austro-hongrois de 1867.

deal [dil] n. m. (mot anglais « marché, contrat ») anglic., fam. Marché, arrangement entre deux personnes, deux parties. *Passer un deal.*

dealer [dile] v. tr. < 1 > (anglais *to deal* « fournir ») anglic., fam. Trafiquer, revendre (de la drogue), à petite échelle.

dealeur, euse [dilœʀ, øz] n. ou **dealer** [dilœʀ] n. m. (anglais *[drug] dealer, de to deal* → **[2]dealer**) anglic. Revendeur, revendeuse de drogue.

déambulateur n. m. Cadre à pieds qui sert d'appui aux malades ayant des difficultés à marcher.

déambulatoire n. m. (du bas latin → **déambuler**) didact. Galerie entourant le chœur d'une église.

déambuler v. intr. < 1 > (du latin, de *ambulare* → **ambulant**) Marcher sans but précis, selon sa fantaisie. → **errer, flâner,** se **promener.** □ n. f. **déambulation**

De Amicis (Edmondo) Écrivain italien (1846-1908). Il est l'auteur de romans sentimentaux et moraux, et de récits de voyage. *La Vie militaire ; Les Grands Cœurs ; Les Amis ; Amour et Gymnastique.*

Dean (forêt de) Forêt du S.-O. de l'Angleterre. Parc national.

Dean (James Byron, dit James) Acteur de cinéma américain (1931-1955). Il fut le plus célèbre représentant d'une jeunesse rebelle, et sa mort précoce fit de lui un mythe populaire. *À l'est d'Éden ; La Fureur de vivre.*

Dearborn Ville des États-Unis (Michigan), dans l'agglomération de Detroit. 109 970 habitants. Industrie automobile.

Déat (Marcel) Homme politique français (1894-1955). Fondateur du Parti socialiste de France (1933) puis du Rassemblement national populaire (1941), parti collaborateur et fascisant, il participa au gouvernement de Vichy (1944) et se réfugia en Italie après la Libération.

Deauville Commune du Calvados. 3 567 habitants. Station balnéaire ; port de plaisance ; courses hippiques ; casino. Festival du cinéma américain.

Les célèbres « planches » de Deauville, promenade créée sur la plage en 1923.

débâcle n. f. (de *débâcler*) **1.** Rupture subite de la couche de glace (d'un cours d'eau) dont les morceaux sont emportés par le courant. **2.** fig. Fuite soudaine (d'une armée). *Retraite qui s'achève en débâcle.* → **débandade, déroute.** ■ Effondrement soudain. *C'est la débâcle pour son entreprise.* → **faillite, ruine.**

débâcler v. intr. < 1 > (→ **bâcler**) Dégeler brusquement, en parlant d'un cours d'eau.

débagouler v. < 1 > (de l'ancien français *bagouler* → **bagou**) **1.** v. intr. pop. et vieux Vomir. **2.** v. tr. fam. Proférer (une suite de paroles, souvent désagréables).

débâillonner v. tr. < 1 > **1.** Ôter le bâillon de (qqn). **2.** fig. Rendre la liberté de parole à.

déballastage n. m. mar. Vidange des ballasts.

déballer v. tr. < 1 > (de **[2]balle**) **1.** Sortir et étaler (ce qui était dans un contenant) (s'oppose à *emballer*). *Déballer des marchandises. Déballer ses affaires.* **2.** fig. et fam. Exposer sans retenue (ce qui était caché). *Déballer sa vie privée.* □ n. m. **déballage**

se **déballonner** v. pron. < 1 > (→ **[1]ballon**) fam. et péj. Reculer, par manque de courage, devant une action. → se **dégonfler.**

débandade n. f. (de *[2]débander*) **1.** Fait de se disperser rapidement et en tous sens. → **débâcle, déroute, fuite.** *Ce fut la débandade générale.* **2.** *À la débandade* loc. adv. : dans la confusion. *Tout va à la débandade* (→ **à vau-l'eau**).

[1]débander v. < 1 > **1.** v. tr. Ôter la bande de. *On lui débanda les yeux.* **2.** v. tr. Détendre (ce qui est bandé). **3.** v. intr. fam. Cesser d'être en érection.

[2]se débander v. pron. < 1 > (de **[2]bande**) Rompre les rangs et se disperser.

débaptiser [debatize] v. tr. < 1 > Changer le nom de. *Débaptiser une rue.*

débarbouiller v. tr. < 1 > Débarrasser la figure de (qqn) de ce qui l'a salie, barbouillée. → **laver.** *Débarbouiller un enfant.* – pronom. *Se débarbouiller à la hâte.* □ n. m. **débarbouillage**

débarbouillette n. f. (Canada) Petit carré en tissu éponge, qui sert à se laver.

débarcadère n. m. (de *débarquer*) Lieu aménagé pour l'embarquement et le débarquement des navires. → **appontement, embarcadère, ponton, quai.**

débarder v. tr. < 1 > (de *bard*) **1.** mar. Décharger (du bois, des marchandises) à quai. **2.** techn. Transporter (du bois) hors du lieu de la coupe. □ n. m. **débardage**

débardeur, euse n. (de *débarder*) **I. 1.** Personne qui décharge et charge un navire, un véhicule. → **docker.** **2.** techn. Personne qui débarde (2). **II.** n. m. Maillot sans manches, très échancré. → fam. **marcel.**

débarquement n. m. **1.** Action de débarquer. *Formalités de débarquement.* **2.** Opération militaire consistant à débarquer un corps expéditionnaire en territoire ennemi. → **descente.** – spécialt *Le débarquement*, celui des Alliés en Normandie en 1944.

débarquer v. < 1 > (de *barque*) **I.** v. tr. **1.** Faire sortir d'un navire, mettre à terre. *Débarquer des passagers.* – au p. p. *Mar-*

déambulatoire

Le déambulatoire de la cathédrale de Chartres est un vaste couloir semi-circulaire desservant des chapelles.

débarquement

1. Le général Eisenhower s'adresse à des parachutistes américains à la veille du débarquement de Normandie. 2. La première vague des barges de débarquement s'approche des côtes françaises (6 juin 1944). 3. Soldat à Omaha Beach (photo de Robert Capa).

chandises débarquées. **2.** fig. et fam. Se débarrasser de (qqn). **II. v. intr. 1.** Quitter un navire, descendre à terre. *Tous les passagers ont débarqué.* – par ext. *Débarquer du train, de l'avion. Il vient juste de débarquer.* → **arriver.** – *L'ennemi n'a pas pu débarquer* (→ **débarquement (2)**). **2.** fam. *Débarquer chez qqn* : arriver à l'improviste. **3.** fig. et fam. Ne pas être au courant (de faits récents). *Tu débarques !*

débarras n. m. (de *débarrasser*) **1.** fam. Délivrance de ce qui embarrassait. *Ouf, bon débarras !* **2.** Endroit où l'on remise les objets qui encombrent.

débarrasser v. tr. < 1 > (de l'espagnol → **embarrasser**) Dégager de ce qui embarrasse. *Débarrasser la voie. Débarrasser une pièce.* – *Débarrasser (la table),* enlever le couvert. ■ *Débarrasser qqn de son manteau.* – *Débarrasser qqn d'un souci, d'une charge.* ■ **se débarrasser v. pron.** *Se débarrasser d'un objet inutile* (→ **jeter**), *d'une affaire* (→ **liquider, vendre**). – *Se débarrasser de qqn,* l'éloigner, et par euphémisme, le faire mourir. → **éliminer.**

débarrer v. tr. < 1 > **1.** techn. ou régional Ôter la barre de. *Débarrer une porte.* **2.** régional (Ouest ; Canada) Déverrouiller.

débat n. m. (de *débattre*) **I. 1.** Action de débattre une question. → **discussion.** *Soulever un débat.* **2.** Discussion organisée et dirigée. *Débat télévisé.* **3.** fig. *Débat de conscience.* → **dilemme. II.** au plur. **1.** Discussion des assemblées politiques. *Débats parlementaires.* **2.** dr. Phase d'un procès qui comprend les plaidoiries. *La clôture des débats.*

débâter v. tr. < 1 > Débarrasser (une bête de somme) de son bât.

débâtir v. tr. < 2 > cout. Découdre le bâti de. *Débâtir une jupe.*

débattement n. m. (de *battement*) mécan. Amplitude maximale des mouvements d'un ensemble suspendu (châssis d'automobile, wagon...) par rapport à son train de roulement.

débatteur, euse n. (anglais *debater,* de to *debate* « débattre ») Orateur, oratrice qui excelle aux débats, aux discussions publiques.

débattre v. tr. < 41 > (de *battre*) Examiner contradictoirement avec un ou plusieurs interlocuteurs. → **délibérer de, discuter.** *Débattre un projet. Prix à débattre.* → **marchander, négocier.** – trans. ind. *Débattre d'une affaire.* ■ **se débattre v. pron.** Lutter, en faisant beaucoup d'efforts pour résister, se dégager. → **se démener.** *Se débattre comme un beau diable.* – fig. *« Je me débattais contre mon impuissance »* (Loti).

débauchage n. m. Fait de débaucher (I) des employés.

débauche n. f. (de *débaucher*) **1.** Usage excessif des plaisirs sensuels. → **dépravation, dévergondage, luxure.** *Vivre dans la débauche.* – dr. *Incitation des mineurs à la débauche.* **2.** fig. Usage excessif. ■ Profusion. *Une débauche de couleurs.*

débaucher v. tr. < 1 > (origine germanique, p.-ê. de *balk* « poutre » → **balcon**) **I. 1.** Détourner (qqn) d'un travail, de ses occupations. **2.** Renvoyer (qqn) faute de travail. → **congédier, licencier** ; opposé à *embaucher. Débaucher du personnel.* **II.** Entraîner (qqn) à l'inconduite, notamment sexuelle. → **corrompre, dépraver.** ■ **débauché, ée adj.** Qui vit dans la débauche. – **n.** → **coureur, dévergondé, libertin, noceur.**

Debbouze (Jamel) Acteur et humoriste français (né en 1975). Il mène une carrière au cinéma, à la télévision et sur scène où il se produit dans des stand-up. Il a créé un festival du rire à Marrakech et une émission pour promouvoir de jeunes humoristes : le *Jamel Comedy Club.*

débecter v. tr. < 1 > (→ **bec**) fam. Dégoûter. *Votre comportement me débecte.*

débet n. m. (du latin *debet* « il doit ») fin. Ce qui reste dû après l'arrêté d'un compte.

Debierne (André) Chimiste français (1874-1949). Il réussit, en collaboration avec Marie Curie, à préparer le radium métallique. Il découvrit en outre l'actinium et détermina les masses atomiques des « émanations ».

débile (latin *debilis* « faible ») **1. adj.** Qui manque de force physique. → **faible, fragile, malingre.** *Un vieillard débile.* **2. n.** vieilli *Un, une débile mental(e),* personne atteinte de débilité (2). **3. adj. et n.** fam. Imbécile, idiot. → fam. **demeuré.** – *Un raisonnement débile.* → **inepte, nul.** *Un film débile.* → **stupide.** □ **adv. débilement**

débilité n. f. (du latin → **débile**) **1.** vieilli État d'une personne débile (1). **2.** vieilli *Débilité mentale :* déficience intellectuelle moyenne (âge mental de 7 à 10 ans). → **arriération. 3.** fam. Idiotie, ineptie. *Ce film est d'une rare débilité !*

D

débiliter v. tr. < 1 > (du latin → **débile**) **1.** didact. vieilli Rendre débile (1), faible. → **affaiblir. 2.** fig. Démoraliser. □ **adj. débilitant, ante**

débillarder v. tr. < 1 > (de *dé-* et *billard* « pièce de bois ») techn. Couper (une pièce de bois) diagonalement.

débine n. f. (de [1]*débiner*) fam. et vieilli Pauvreté, gêne matérielle.

[1]débiner v. tr. < 1 > (p.-ê. de *biner,* ancien v. régional « s'accoupler », d'abord « avouer ») Dénigrer, médire de.

[2]se débiner v. pron. < 1 > (mot dialectal) fam. Se sauver, s'enfuir.

débirentier, ière n. (de *débit* et *rentier*) dr. Débiteur d'une rente.

[1]débit n. m. (de [1]*débiter*) **1.** Écoulement continu des marchandises par la vente au détail. *Article d'un bon débit.* **2.** (dans des loc.) Magasin, boutique. *Débit de tabac.* – *Débit de boissons,* bar, café. **3.** Manière d'énoncer, de réciter. → **élocution.** *Un débit monotone, précipité.* **4.** Volume (de fluide, etc.) écoulé par unité de temps. *Débit d'un fleuve, d'un robinet. Débit horaire.* **5.** inform. Quantité d'informations transmises par unité de temps. *Connexion (à) haut débit.* → **ADSL.**

[2]débit n. m. (latin *debitum* → **dette**) Compte des sommes dues par une personne à une autre (s'oppose à *crédit*). *Nous mettons ces frais à votre débit.* – Enregistrement immédiat d'une vente. ■ Partie d'une comptabilité où figurent les sommes déboursées. *Inscrire, porter une somme au débit.*

débitant, ante n. Personne qui tient un débit (2). *Débitant de boissons, de tabac* (→ **buraliste**).

[1]débiter v. tr. < 1 > (de *bitte* « billot de bois ») **I.** Découper (du bois, etc.) en morceaux. *Débiter un arbre.* – *Débiter un bœuf.* □ **n. m. débitage** □ **adj. débitable II. 1.** Écouler (une marchandise) par la vente au détail (→ [1]**débit**). **2.** Dire à la suite (des choses incertaines ou sans intérêt). → fam. **dégoiser.** *Débiter des fadaises.* – Dire en public (un texte étudié) ; spécialt réciter mécaniquement. *Débiter un compliment.* **3.** Faire s'écouler en un temps donné. – au p. p. *Le courant débité par une dynamo.*

[2]débiter v. tr. < 1 > (de [2]*débit*) Porter au débit de (qqn). *Débiter qqn d'une somme.* ■ par ext. *Débiter un compte de telle somme.* □ **adj. débitable**

débiteur, trice n. (du latin → [2]**débit**) **1.** Personne qui doit (spécialt de l'argent) à qqn. *Créancier et débiteur.* – **adj.** *Solde débiteur d'un compte* (dont le débit est supérieur au crédit). **2.** fig. Personne qui a une dette morale (→ **redevable**). *Je reste votre débiteur.*

débitmètre n. m. techn. Instrument pour mesurer le débit (d'un fluide).

déblai n. m. **1.** Action de déblayer. **2.** au plur. Terres, décombres déblayés.

déblaiement n. m. Opération par laquelle on déblaie (un lieu, un passage). - syn. **déblayage.**

déblatérer v. intr. < 6 > (du latin → **blatérer**) Parler longuement et avec violence (contre qqn, qqch.). → **médire de, vitupérer.** *Déblatérer contre qqn, qqch.* – trans. *Déblatérer des injures.*

déblayer v. tr. < 8 > (d'abord « enlever le blé » ; de *blé*) **1.** Débarrasser (un lieu) de ce qui encombre, obstrue. → **dégager.** ■ spécialt Aplanir par des travaux de terrassement. **2.** fig. loc. *Déblayer le terrain :* faire disparaître les premiers obstacles avant d'entreprendre. → **aplanir, préparer.**

déblocage n. m. Action de débloquer.

débloquer v. < 1 > **I. v. tr. 1.** Remettre (une chose bloquée) en marche. **2.** Remettre en circulation, en exercice. *Débloquer des crédits.* ■ Libérer. *Débloquer les prix.* **II. v. intr.** fam. Divaguer, déraisonner. ■ **se débloquer v. pron.** Se dégager d'un blocage. – fig. *La situation se débloque.*

débobiner v. tr. < 1 > Dérouler (ce qui était en bobine). ■ pronom. Se dérouler.

déboguer v. tr. < 1 > (anglais *to debug*) inform. Éliminer les anomalies de fonctionnement de (un programme). □ n. m. **débogage**

déboire n. m. (d'abord « arrière-goût désagréable laissé par une boisson » ; de *boire*) **1.** littér. Impression pénible laissée par un évènement dont on avait espéré mieux. → **déception, déconvenue, désillusion. 2.** surtout au plur. Évènement décevant, fâcheux. *Il a eu bien des déboires.*

déboiser v. tr. < 1 > Dégarnir (un terrain) des bois qui le recouvrent. □ n. m. **déboisement**

déboîter v. < 1 > (de *boîte*) **I. v. tr. 1.** Faire sortir de ce qui emboîte. *Déboîter une porte.* → **démonter. 2.** Sortir (un os) de l'articulation. → **¹démettre, luxer.** – *Elle s'est déboîté l'épaule.* **II. v. intr.** (véhicule) Sortir d'une file. *Déboîter pour doubler.* - var. RO **déboiter.** □ n. m. **déboîtement** ou RO **déboitement**

débonder v. tr. < 1 > (de *bonde*) Ouvrir en retirant la bonde. ■ fig., vieilli *Débonder son cœur.* – pronom. *Se débonder.* → **s'épancher.**

débonnaire adj. (de *de bonne aire*, vieux, « de bonne race ») D'une bonté extrême, un peu faible. – *Air débonnaire.* → **bonasse, inoffensif.** □ adv. **débonnairement** □ n. f. **débonnaireté**

Déborah Prophétesse et juge d'Israël. Dans la Bible, elle chante dans un cantique la victoire de l'Israélite Baraq sur le Cananéen Sisera.

Debord (Guy) Essayiste français (1931-1994). Il fut l'un des fondateurs du mouvement situationniste, dénonçant la primauté de la représentation sur la réalité dans la société contemporaine, qui conduit à l'aliénation par la consommation. *La Société du spectacle ; Commentaires sur la société du spectacle.*

débord n. m. **1.** régional Action de déborder, crue. **2.** Liseré qui dépasse le bord dans la doublure d'un vêtement.

débordant, ante adj. **1.** Qui déborde. **2.** fig. *Joie débordante.* → **exubérant.** *Être débordant de vie.* → **pétulant.**

débordé, ée adj. **1.** Submergé. *Être complètement débordé* (de travail). **2.** Dépassé. *Être débordé par les évènements.*

débordement n. m. **1.** Action de déborder ; son résultat. **2.** fig. Fait de se répandre en abondance. *Débordement d'injures* (→ **déluge, flot, torrent**), *de joie* (→ **effusion, explosion**), *de vie* (→ **exubérance**). ■ au plur. Excès, débauche. – Actes qui dépassent la mesure permise.

déborder v. < 1 > (de *bord*) **I. v. intr. 1.** Répandre une partie de son contenu liquide par-dessus bord. *Le fleuve risque de déborder. Verre plein à déborder.* – loc. *C'est la goutte d'eau qui fait déborder le vase*, la petite chose pénible qui s'ajoute à tout le reste et fait que l'ensemble devient insupportable. ■ *Déborder de* : être rempli de. *Déborder de vie, de joie.* **2.** Se répandre par-dessus bord (contenu). *Le lait monte et déborde.* – fig. *Son enthousiasme déborde* (→ **débordant**). **II. v. tr. 1.** Dépasser (le bord), aller au-delà de. absolt *Déborder en coloriant. Cette maison déborde les autres.* – *Déborder le front ennemi.* – fig. *Déborder le cadre du débat.* **2.** Défaire (ce qui était bordé). – par ext. *Déborder un malade.* – pronom. *Se déborder en dormant.*

débosseler v. tr. < 4 ou RO 5 > techn. Supprimer les bosses de. □ n. m. **débosselage**

débotté n. m. (de *débotter*) loc. *Au débotté* : au moment où l'on arrive, sans préparation.

débotter v. tr. < 1 > Retirer les bottes de (qqn). ■ **v. pron.** *Se débotter* : quitter ses bottes.

débouchage n. m. Action de déboucher. *Le débouchage d'un évier.*

débouché n. m. **1.** Issue, passage vers un lieu plus ouvert. *Débouché d'une vallée. Au débouché de la forêt.* **2.** Moyen d'écouler un produit. ■ Lieu où une industrie, un pays trouve la vente de ses produits. → **marché. 3.** fig. Perspective professionnelle. *Les débouchés offerts à un ingénieur.*

¹déboucher v. tr. < 1 > (de *boucher*, v.) **1.** Débarrasser de ce qui bouche. *Déboucher un lavabo.* **2.** Débarrasser de son bouchon. → **ouvrir.** *Déboucher une bouteille.*

²déboucher v. intr. < 1 > (de *bouche*) (personnes) Passer d'un lieu resserré dans un lieu plus ouvert. *Nous débouchâmes sur une clairière.* ■ (voie, passage) *Cette rue débouche sur la place de l'église.* → **aboutir à, donner sur.** – fig. *Des discussions qui ne débouchent sur rien.* → **mener à.**

déboucheur n. m. Produit utilisé pour déboucher un conduit.

débouchoir n. m. Instrument qui sert à déboucher.

déboucler v. tr. < 1 > **1.** Ouvrir la boucle de. **2.** Défaire les boucles de cheveux de (qqn).

déboulé n. m. (de *débouler*) **1.** chasse loc. adv. *Au déboulé* : à la sortie du gîte, du terrier. *Tirer un lapin au déboulé.* **2.** sports Course, charge rapide et puissante.

débouler v. intr. < 1 > (de *boule*) **1.** Tomber en roulant. *Le car a déboulé dans le ravin.* **2.** fam. Faire irruption. *Débouler chez qqn en pleine nuit.* → **débarquer. 3.** chasse Fuir après avoir surgi soudainement (gibier).

déboulonner v. tr. < 1 > **1.** Démonter (ce qui était boulonné). **2.** fig. et fam. Détruire le prestige de (qqn) ; déposséder de sa place. *Déboulonner un homme politique.* □ n. m. **déboulonnage** et **déboulonnement**

débouquer v. intr. < 1 > (de *dé-* et *bouque*, du provençal *bouca* « bouche, ouverture » → **bouche**) mar. Sortir de l'embouchure d'un canal. □ n. m. **débouquement**

débourber v. tr. < 1 > **1.** techn. Débarrasser de sa bourbe. *Débourber un étang.* **2.** vieux → **désembourber.** □ n. m. **débourbage**

débourbeur n. m. techn. Appareil qui enlève la bourbe d'un minerai, la boue d'une racine.

débourrer v. < 1 > **I. v. tr. 1.** Ôter la bourre de. **2.** *Débourrer une pipe*, en ôter le tabac. **3.** équit. Habituer (un cheval) à être monté. □ n. m. **débourrage II. v. intr.** arbor. Sortir de la bourre, éclore (bourgeons). □ n. m. **débourrement**

débours n. m. (de *débourser*) souvent au plur. Somme déboursée.

débourser v. tr. < 1 > (de *bourse*) Tirer de son avoir (une certaine somme). → **dépenser, payer.** *Sans rien débourser, sans débourser un sou.* □ n. m. **déboursement**

déboussoler v. tr. < 1 > (de *boussole*) fam. Désorienter (qqn), faire qu'il ne sache plus où il en est. – au p. p. *Se sentir déboussolé.* → **désemparé.**

debout adv. (de *de bout*) **1.** (choses) Verticalement ; sur l'un des bouts. *Mettre des livres debout.* **2.** (personnes) Sur ses pieds (opposé à *assis, couché*). *Se tenir debout. Se mettre debout.* → **se lever.** – interj. *Debout !* ■ Pas couché, levé. *Être debout dès l'aube, après trois heures du matin. Il va mieux, il est déjà debout*, guéri, rétabli. **3.** *Être (encore) debout*, être en bon état (mur, construction). ■ ***Tenir debout*** : être solide. – ***Ne pas tenir debout*** : être malade, épuisé ou ivre. ■ fig. *« Ça ne tient pas debout, cette histoire, c'est rocambolesque »* (N. Sarraute). → **incohérent, invraisemblable. 4.** mar. *Vent debout*, de face. ■ fig. *Être vent debout contre (qqch., qqn)* : s'y opposer vivement.

débouté, ée dr. **1. n. m.** Rejet d'une demande en justice. **2. n.** Personne qui en fait l'objet.

débouter v. tr. < 1 > (de *bouter*) dr. Rejeter par jugement, par arrêt, la demande en justice de (qqn). *Le tribunal l'a débouté de sa demande* (→ **débouté**). □ n. m. **déboutement**

déboutonner v. tr. < 1 > Ouvrir en dégageant les boutons de la boutonnière. → **défaire.** *Déboutonner son gilet.* ■ **se déboutonner v. pron.** Déboutonner ses vêtements. – *Mon col s'est déboutonné.* ■ fig. Se confier avec une sincérité complète. □ n. m. **déboutonnage**

débraillé, ée adj. (de *braie*) **1.** Dont les vêtements sont en désordre, ouverts. *Être tout débraillé.* – *Une tenue débraillée.* → **négligé.** ■ **n. m.** *Le débraillé de sa tenue.* → **laisser-aller. 2.** fig. *Une conversation débraillée*, libre, sans retenue.

se débrailler v. pron. < 1 > (→ **débraillé**) Se découvrir d'une manière indécente. ■ fig. Perdre toute retenue, toute décence.

débrancher v. tr. < 1 > **1.** Séparer et trier (les wagons). **2.** Arrêter (un appareil électrique) en supprimant son branchement. *Débrancher une prise.* □ n. m. **débranchement**

Debray (Régis) Écrivain politique et essayiste français (né en 1940). Compagnon de Che Guevara, il prit part à la guérilla en Amérique latine. Chargé de mission auprès du président François Mitterrand dans les années 1980, il est le fondateur de la médiologie, science des communications dans la société, et l'auteur de nombreux essais, notamment sur les religions. *La Révolution dans la révolution ; Dieu, un itinéraire ; Cours de médiologie générale.*

débrayage n. m. **1.** Fait de débrayer. **2.** Cessation du travail ; mouvement de grève.

débrayer v. < 8 > (→ **embrayer**) **1. v. tr.** mécan. Séparer (une pièce mobile) de l'arbre moteur. – absolt (entre le moteur et les roues) *Débrayer, passer les vitesses et embrayer.* **2. v. intr.** fam. Cesser le travail, se mettre en grève. *Les ouvriers ont débrayé.*

Debré (Robert) Médecin français (1882-1978). Il œuvra à la modernisation de la pédiatrie et fut à l'origine de l'Unicef et de la réforme hospitalo-universitaire, qui permit la création des CHU.

Debré (Michel) Homme d'État français (1912-1996). Fils de Robert Debré. Garde des Sceaux (1958), il contribua à l'élaboration de la Constitution de la Vᵉ République. Il fut Premier ministre (1959-1962), ministre de l'Économie et des Finances (1966-1968), des Affaires étrangères (1968-1969) et de la Défense nationale (1969-1973). ■ **Jean-Louis Debré** (né en 1944). Fils de Michel Debré, il fut ministre de l'Intérieur (1995-1997) et président de l'Assemblée nationale (2002-2007) puis du Conseil constitutionnel (2007-2016).

Debré (Olivier) Peintre français (1920-1999), fils de Robert Debré. Influencé par N. de Staël, il se consacra à l'abstraction pure dès 1942 *(Signes-paysages).* Il a peint des toiles de très grand format exprimant son émotion face à la nature *(Ocre de Loire, coulé aux taches rouges)* et a laissé des œuvres monumentales (rideau de scène de la Comédie-Française).

Debrecen Ville de Hongrie. 211 050 habitants. Industrie de précision et pharmaceutique. Elle fut le centre du mouvement protestant en Hongrie. Kossuth y proclama l'indépendance de la Hongrie en 1849.

Debreu (Gérard) Économiste américain d'origine française (1921-2004). Ses recherches en économie mathématique et en économétrie visaient à montrer l'existence d'un équilibre général en économie de marché. *Théorie de la valeur.*

débridement n. m. Action de débrider. *Le débridement d'un cheval.* – fig. *Le débridement des mœurs.*

débrider v. tr. < 1 > **1.** Ôter la bride à (une bête de somme). **2.** chir. Dégager en incisant. *Débrider un abcès.* **3.** cuis. *Débrider une volaille* : couper les fils dont on l'a entourée. ■ **débridé, ée adj.** Sans retenue. → **déchaîné, effréné.** *Imagination débridée.*

débriefer [debʀife] v. tr. < 1 > (anglais *to debrief* « faire un compte rendu ») anglic. **1.** Interroger (qqn) pour faire le point sur une opération. *Débriefer les commerciaux.* **2.** Faire le bilan de. *Débriefer un match.*

débriefing [debʀifiŋ] n. m. (de l'anglais → **débriefer**) anglic. Réunion pour faire le point sur une opération collective. - abrév. **débrief** [debʀif]. *Des débriefs.*

débris n. m. (de *briser*) **1.** rare au sing. Reste (d'un objet brisé, d'une chose en partie détruite). → **fragment, morceau.** *Des débris de bouteille.* → **tesson. 2.** au plur. fig., littér. → **reste.** *Les débris d'une armée*, ce qui en reste après la défaite. **3.** fam. et péj. *Un vieux débris* : une personne âgée, décrépite.

débrocher v. tr. < 1 > **1.** Retirer (une volaille, une viande) de la broche. **2.** Défaire la brochure de (un livre). □ n. m. **débrochage**

De Brouckère (Charles) Homme politique belge (1796-1860). Membre des États généraux sous le régime hollandais, il prit part à la révolution de 1830. ■ **Henri De Brouckère** (1801-1891). Frère de Charles, il fut l'un des chefs du parti libéral et dirigea le gouvernement de 1852 à 1855.

De Brouckère (Louis) Homme politique belge (1870-1951). Militant pacifiste, il présida l'Internationale ouvrière socialiste.

débrouillage n. m. Action de se débrouiller ; son résultat.

débrouillard, arde adj. et n. fam. Qui sait se débrouiller. → **adroit, habile, malin ;** fam. **roublard.**

débrouillardise n. f. Qualité d'une personne débrouillarde.

débrouille n. f. (de *débrouiller*) fam. Art de se tirer d'affaire.

débrouillement n. m. Action de débrouiller, de démêler.

débrouiller v. tr. < 1 > **1.** Démêler (ce qui est embrouillé). *Débrouiller les fils d'un écheveau.* **2.** fig. Tirer de la confusion. → **éclaircir, élucider.** *Débrouiller une affaire.* ■ **se débrouiller** v. pron. Se comporter habilement, se tirer d'affaire. *Se débrouiller tout seul. Se débrouiller avec ce qu'on a.* → s'**arranger.**

débroussaillant, ante n. m. et adj. Agent chimique utilisé pour débroussailler. – adj. *Un produit débroussaillant.*

débroussailler v. tr. < 1 > **1.** Débarrasser (un terrain) des broussailles. → **défricher.** **2.** fig. Éclairer (ce qui est confus). *Débroussailler un problème.* → **débrouiller.** □ n. m. **débroussaillage** et **débroussaillement**

débroussailleuse n. f. Machine à débroussailler.

débrousser v. tr. < 1 > (Afrique) Défricher (un terrain de brousse) pour le cultiver.

débuché ou **débucher** n. m. Moment où la bête débuche.

débucher v. < 1 > (de *bûche*) chasse **1.** v. intr. Sortir du bois, du refuge (gibier). **2.** v. tr. Faire sortir (une bête) du bois. → **débusquer.**

Debucourt (Philibert Louis) Peintre, dessinateur et graveur français (1755-1832). Habile technicien, il peignit des scènes de genre qui constituent une chronique animée du Directoire. *La Promenade de la galerie du Palais-Royal ; Louis XVI.*

débudgétiser v. tr. < 1 > écon. Transférer des charges normalement supportées par le budget de l'État à un organisme disposant de ressources propres. □ n. f. **débudgétisation**

Deburau (Jean-Gaspard, dit Jean-Baptiste) Mime français (1796-1846). Il créa le personnage de Pierrot au théâtre des Funambules. Son personnage est interprété par J.-L. Barrault dans *Les Enfants du paradis.* ■ **Jean-Charles Deburau** (1829-1873). Fils de Jean-Baptiste, il fut également mime.

débureaucratiser v. tr. < 1 > Faire disparaître la bureaucratie de. *Débureaucratiser une administration.* □ n. f. **débureaucratisation**

débusquer v. < 1 > (de *bûche* → **embusquer**) **I.** v. tr. **1.** Chasser (le gibier) du bois. → **débucher.** *Débusquer un lièvre.* **2.** fig. Faire sortir (qqn) de sa position, de son refuge. → **chasser, déloger.** **II.** v. intr. Sortir du bois (gibier).

Debussy (Achille-Claude, dit Claude) Compositeur français (1862-1918). Il s'affranchit de l'influence de Wagner, notamment en étudiant le théâtre d'Extrême-Orient et *Boris Godounov,* de Moussorgski. Il créa un langage musical caractérisé par la fermeté de la mélodie, la richesse de l'harmonie, la grande variété rythmique et une sensibilité inspirée par l'impressionnisme. Il composa des opéras, de la musique de chambre, des œuvres pour piano, de la musique symphonique. *Prélude à l'après-midi d'un faune ; Pelléas et Mélisande ; La Mer.*

début n. m. (de *débuter*) **1.** Commencement. *Le début d'un livre. Du début.* → **initial.** – *En début de mois. Début mai.* – ***Au début.*** *Tout au début, au tout début.* – *Un début d'angine.* **2.** *Les débuts de qqn,* ses premières apparitions (à la scène, dans le monde, etc.). *Faire ses débuts au théâtre.*

débutant, ante **1.** adj. Qui débute. – n. → **apprenti, novice.** *Cours pour débutants.* **2.** (par l'anglais des États-Unis) n. f. Jeune fille qui sort pour la première fois dans la haute société.

débuter v. intr. < 1 > (de *but*) **1.** Faire ses premiers pas dans une carrière, une activité. – *Un comédien qui débute* (→ **début (2)**). **2.** (choses) Commencer. *Le livre débute par une longue préface.*

Déby (Idriss) Homme politique tchadien (1952-2021). Il fut président de la République de 1991 à sa mort.

Debye (Petrus Josephus Wilhelmus) Physicien néerlandais (1884-1966). Ses recherches couvrent un champ très vaste de la chimie physique. Il fixa la base de la détermination des structures moléculaires. Prix Nobel de chimie 1936.

déca n. m. (abrév.) fam. Café décaféiné.

déca- Élément (du grec *deka cf.* **dodéca-**) qui signifie « dix » (ex. *décalitre, décamètre*).

deçà adv. (d'abord *de ça*) ***En deçà de*** loc. prép. : de ce côté-ci de (opposé à *au-delà de*). – fig. *Rester en deçà de la vérité,* ne pas l'atteindre. ■ ***En deçà*** loc. adv. *La flèche tomba en deçà,* avant d'avoir atteint la cible.

décacheter v. tr. < 4 ou RO 5 > Ouvrir (ce qui est cacheté). *Décacheter une lettre.* □ n. m. **décachetage**

décadaire adj. Qui se rapporte aux décades du calendrier républicain.

décade n. f. (du bas latin, du grec → **déca-**) **1.** Période de dix jours. – spécialt Espace de dix jours qui remplaçait la semaine, dans le calendrier républicain. **2.** (anglic. critiqué) Période de dix ans. → **décennie.**

décadence n. f. (du latin médiéval, de *decadere* → **déchoir**) Acheminement vers la ruine. → **chute, déclin.** *Tomber en décadence. La décadence des mœurs.* « *Grandeur et décadence de César Birotteau* » (roman de Balzac). – hist. *La décadence :* les derniers siècles de l'Empire romain. *Les poètes de la décadence.*

décadent, ente adj. Qui est en décadence. *Civilisation décadente. Art décadent.* ■ n. m. *Les décadents,* écrivains d'une école pessimiste, avant les symbolistes.

décaèdre adj. et n. m. (→ **-èdre**) géom. Qui a dix faces. – n. m. *Un décaèdre.*

décaféiné, ée adj. Dont on a enlevé la caféine. *Café décaféiné.* – n. m. *Une tasse de décaféiné.* → abrév. fam. **déca.**

décagone n. m. (→ **¹-gone**) géom. Polygone à dix côtés. □ adj. **décagonal, ale, aux**

décaisser v. tr. < 1 > Tirer (une somme d'argent) d'une caisse. □ n. m. **décaissement**

décalage n. m. **1.** Fait de décaler ; écart temporel ou spatial. *Décalage horaire* (entre deux pays). *Souffrir du décalage (horaire) après un voyage en avion.* **2.** fig. Défaut de concordance. → **écart.** *Le décalage entre le rêve et la réalité.*

décalaminer v. tr. < 1 > Ôter la calamine de (une surface mécanique). □ n. m. **décalaminage**

Debussy (Claude)

Claude Debussy au piano chez Ernest Chausson (v. 1893).

décalcifier v. tr. < 7 > (du radical de *calcium*) Priver d'une partie de son calcium. – pronom. *Organisme qui se décalcifie.* □ **décalcifiant, ante** adj. *Régime décalcifiant.* □ n. f. **décalcification**

décalcomanie n. f. (de *décalquer* et *-manie*) Procédé par lequel on transfère des images colorées sur un support ; ces images.

décalé, ée adj. (de *décaler*) Qui n'est pas conforme au contexte, aux attentes. *Un ton décalé.*

décaler v. tr. < 1 > (de *caler*) Déplacer un peu de la position normale. → **avancer, reculer.** (espace) *Décaler qqch. d'une rangée.* – pronom. *Se décaler d'un rang.* ■ (temps) *Décaler un rendez-vous.*

décalitre n. m. Mesure de capacité qui vaut dix litres.

décalogue n. m. (du latin, du grec → **déca-** et **-logue**) relig. Les dix commandements reçus de Dieu par Moïse sur le Sinaï.

décalotter v. tr. < 1 > **1.** Enlever la calotte de. ■ fam. Déboucher (une bouteille). **2.** *Décalotter le gland,* le découvrir en dégageant le prépuce.

décalque n. m. Reproduction par décalquage. – fig. → **imitation.**

décalqué, ée adj. fam. **1.** Qui est sous l'effet d'une drogue. → **défoncé.** **2.** par ext. Très fatigué, épuisé.

décalquer v. tr. < 1 > (→ **calque**) Reporter le calque de (un dessin, etc.) sur un support. *Décalquer une carte de géographie.* □ n. m. **décalquage**

décalvant, ante adj. (de *dé-* et du latin *calvus* « chauve ») didact. Qui rend chauve.

décamètre n. m. Mesure de longueur valant dix mètres. □ adj. **décamétrique**

décamper v. intr. < 1 > (de *camper*) S'en aller précipitamment. → **déguerpir,** s'**enfuir, fuir,** se **sauver.**

Decamps (Alexandre Gabriel) Peintre, dessinateur et graveur français (1803-1860). Brillant représentant de l'orientalisme romantique, il se fit connaître par ses peintures de scènes turques. *La Sortie de l'école turque ; Le Supplice des crochets.*

décan n. m. (du bas latin, de *decem* → **dix**) Chacune des trois dizaines de degrés comptées par chaque signe du zodiaque. *Le premier décan du Lion.*

décanal, ale, aux adj. didact. Relatif au doyen, au décanat.

décanat n. m. (du latin ecclés., de *decanus* → **doyen**) didact. Dignité, fonction de doyen. ■ Durée de cette fonction.

décaniller v. intr. < 1 > (probablt famille de *canne* « jambe » → **²caner**) fam. Partir, s'en aller ; s'enfuir.

décanter v. < 1 > (probablt emprunt au latin) Séparer (un liquide) des matières en suspension en les laissant se déposer. → **clarifier, épurer.** *Décanter du vin.* – fig. *Décanter ses idées,* se donner un temps de réflexion afin d'y voir plus clair. ■ **se décanter** v. pron. Devenir plus clair. – fig. « *Peu à peu ses réflexions se décantaient* » (J. Romains). □ n. f. **décantation** et n. m. **décantage**

décanteur n. m. Appareil qui sert à décanter.

décapant, ante adj. **1.** Qui décape. *Produit décapant* ou n. m. *un décapant.* **2.** fig. *Un humour décapant.* → **corrosif.**

décapeler v. tr. < 4 ou RO 5 > (→ **capeler**) mar. Dépouiller (les mâts, les vergues) de leur gréement.

décaper v. tr. < 1 > (de *cape*) Débarrasser (une surface) des dépôts, des matières qui y adhèrent fortement. *Décaper un mur avant de le repeindre.* → **gratter ; décapant.** – absolt, fig. *Une satire qui décape.* □ n. m. **décapage**

décapeuse n. f. (de *décaper*) Engin de terrassement qui racle les surfaces.

décapitaliser v. tr. < 1 > écon. **1.** Retirer la valeur de capital à (des intérêts, des valeurs). **2.** Retirer tout ou partie du capital investi dans (une entreprise).

décapitation n. f. Action de décapiter. → **décollation.** ■ fig. *La décapitation d'un réseau terroriste.*

D

décapiter v. tr. < 1 > (du bas latin, de *caput* « tête » → chef) **1.** Trancher la tête de (qqn). → **couper** la tête, **guillotiner. 2.** *Décapiter un arbre,* en enlever la partie supérieure. → **étêter. 3.** fig. Éliminer (ce qui est à la tête de qqch., ce qui est essentiel). → **abattre.** *Décapiter l'état-major.*

décapode (→ -pode) **1.** adj. Qui a cinq paires de pattes. **2.** n. m. Crustacé à cinq paires de pattes (ordre des *Décapodes ;* ex. la crevette, le crabe).

Décapole n. f. Ensemble de dix cités hellénistiques de Syrie-Palestine qui formèrent une confédération (Ier s. av. J.-C.-IIe s. apr. J.-C.).

Décapole n. f. Ligue de dix villes alsaciennes, reconnue en 1354 par l'empereur Charles IV. Elle fut intégrée à la France en 1789.

décapotable adj. Qui peut être décapoté. *Voiture décapotable,* ou n. f. *une décapotable.*

décapoter v. tr. < 1 > Enlever ou ouvrir la capote, le toit mobile de. – au p. p. *Voiture décapotée.*

décapsuler v. tr. < 1 > Enlever la capsule de. → **ouvrir.** *Décapsuler une bouteille.* □ n. m. **décapsulage**

décapsuleur n. m. Ustensile qui fait levier, pour enlever les capsules de bouteilles. → **ouvre-bouteille.**

décapuchonner v. tr. < 1 > Ôter le capuchon de. *Décapuchonner un stylo.*

décarboner v. tr. < 1 > didact. Réduire l'émission de carbone relative à (une activité). *Décarboner la production énergétique.* – p. p. adj. *Économie décarbonée.* □ n. f. **décarbonation**

décarboxylation n. f. (→ carboxyle) chim. Perte d'un ou de plusieurs groupes carboxyliques provenant d'un composé organique.

décarburer v. tr. < 1 > (→ carbure) techn. Enlever à (un métal) le carbone qu'il contient. □ n. f. **décarburation**

se **décarcasser** v. pron. < 1 > (de *carcasse*) fam. Se donner beaucoup de peine pour parvenir à un résultat. → se **démener.**

décartellisation n. f. (→ cartel) écon. Dissolution de cartels de producteurs.

décasyllabe [dekasi(l)lab] adj. et n. m. Se dit d'un vers qui a dix syllabes. □ adj. **décasyllabique**

décathlon n. m. (de *déca-,* d'après *pentathlon*) Compétition d'athlétisme regroupant dix épreuves disputées par les mêmes athlètes. □ n. **décathlonien, ienne**

décatir v. tr. < 2 > (de *catir* « lustrer », qui vient du latin pop. *coactire,* de *cogere ;* famille de *cailler, coaguler*) techn. Débarrasser (une étoffe) du lustre que lui ont donné les apprêts. → **délustrer.** ■ se **décatir** v. pron. Perdre sa fraîcheur ; vieillir. ■ **décati, ie** [dekati] adj. **1.** *Tissu décati.* **2.** fig. *Vieillard décati.*

decauville n. m. (du n. de l'inventeur) Chemin de fer à voie étroite employé dans les mines, les carrières.

Decauville (Paul) Industriel français (1846-1922). Il construisit du matériel de chantier sur rail. Des wagonnets portent son nom.

Decaux (Alain) Historien français (1925-2016). Auteur d'émissions de vulgarisation, à la radio et à la télévision, consacrées à l'histoire, il a été ministre délégué chargé de la Francophonie de 1988 à 1991. Académie française.

décavaillonner v. tr. < 1 > agric. Labourer (les cavaillons). □ n. m. **décavaillonnage**

décavaillonneuse n. f. agric. Petite charrue pour le décavaillonnage.

décavé, ée adj. (de *cave*) Qui a perdu sa cave, au jeu. – n. *Un décavé.* ■ par ext. Ruiné. – *Un air décavé,* défait, abattu.

décaver v. tr. < 1 > jeux Gagner toute la cave de (un joueur).

Decazes et de Glücksberg (Élie, duc) Homme politique français (1780-1860). Ministre libéral de Louis XVIII, il dut démissionner après l'assassinat du duc de Berry (1820) et se rallia à Louis-Philippe (1830). ■ **Louis Decazes** (1819-1886). Fils d'Élie, il fut ministre des Affaires étrangères de 1873 à 1877.

Decazeville Commune de l'Aveyron. 5 196 habitants. Ancienne mine de charbon.

Deccan voir **Dekkan**

Dèce (v. 200-251). Empereur romain (249-251). Il persécuta les chrétiens. Il fut vaincu et tué par les Goths.

Décébale Roi des Daces (mort en 106). Il combattit les Romains ; vaincu par Trajan, il se suicida.

décéder v. intr. < 6 > (du latin « quitter » → céder) (personnes) Mourir. *Il est décédé depuis peu.* ■ **décédé, ée** adj. *Un parent décédé.*

déceler v. tr. < 5 > **1.** Découvrir (ce qui était celé, caché). *Déceler une intrigue.* – *Déceler une fuite de gaz.* → **détecter. 2.** (choses) Laisser voir. « *Ses pieds nus, ses genoux que la robe décèle* » (Vigny). ■ fig. Être l'indice de. → **manifester, révéler, trahir.** *Sa voix décèle de l'inquiétude.* □ adj. **décelable**

décélération n. f. Réduction de la vitesse (accélération* négative). → **ralentissement.** *La décélération d'une fusée.*

décélérer v. intr. < 6 > (du radical de *accélérer*) Ralentir (véhicule ; conducteur).

décembre n. m. (latin *decembris [mensis],* de *decem* → dix, dixième mois de l'ancienne année romaine) Le douzième et dernier mois de l'année.

décembre 1851 (coup d'État du 2) Coup d'État par lequel Louis Napoléon Bonaparte, président de la République, élimina l'Assemblée législative et renforça, à son profit, le pouvoir exécutif, préparant ainsi le rétablissement de l'Empire.

décembriste n. m. hist. Membre de la conspiration fomentée à Saint-Pétersbourg contre Nicolas Ier, en décembre 1825.

décemment [desamɑ̃] adv. **1.** D'une manière décente. → **convenablement.** *S'exprimer décemment.* **2.** Raisonnablement. *Décemment, il ne pouvait pas s'absenter.*

décemvir n. m. (du latin, de *decem* « dix » et *vir* « homme ») Antiq. romaine Membre d'un collège composé de dix personnes. ■ Magistrat chargé d'administrer la justice en l'absence du préteur.

décemvirat n. m. Antiq. romaine Dignité de décemvir. ■ Période pendant laquelle Rome fut soumise au gouvernement des décemvirs. *Le décemvirat dura deux ans.*

décence n. f. (du latin → décent) **1.** Respect de ce qui touche les bonnes mœurs, les convenances. → **bienséance, pudeur. 2.** Discrétion, retenue dans les relations humaines. **3.** Correction morale. *Ayez la décence de vous taire.*

décennal, ale, aux adj. (du bas latin, de *decem* → dix et *annus* → an) **1.** Qui dure dix ans. **2.** Qui a lieu tous les dix ans.

décennie n. f. (de *décennal*) Période de dix ans.

décent, ente adj. (latin *decens,* de *decere* « convenir ») **1.** Qui est conforme à la décence. → **bienséant, convenable.** *Tenue décente.* **2.** Acceptable. → **correct.** « *L'agrégation lui assurerait une situation décente* » (S. de Beauvoir).

décentralisation n. f. Action de décentraliser ; son résultat. → **régionalisation ; délocalisation.**

▶ Après plusieurs siècles d'une centralisation du pouvoir politique et administratif dont la période napoléonienne fut une étape décisive, la France s'est engagée en 1982 dans un processus de **décentralisation** (lois Defferre). Là où, auparavant, de très nombreuses décisions étaient prises à Paris, il s'agissait de redonner aux exécutifs des communes, des départements et des Régions un plus grand pouvoir de gestion, sur des sujets comme la fiscalité locale, l'équipement, les établissements scolaires, les services sociaux, la culture. La décentralisation a trouvé un nouvel élan avec la réforme constitutionnelle de 2003, les lois Raffarin de 2004 et un ensemble de lois adoptées entre 2010 et 2015.
L'idée de la décentralisation n'est pas très éloignée du principe de subsidiarité appliqué dans l'Union européenne : l'échelon supérieur est chargé de ce que l'échelon inférieur ne peut mettre en œuvre lui-même. L'enjeu est de rapprocher les décisions du citoyen, pour donner plus d'efficacité à l'action publique et développer une démocratie de proximité. Il s'agit aussi de favoriser l'émulation entre Régions en laissant s'exprimer le « génie » propre des territoires.
La décentralisation représente une évolution politique majeure, dans une France de tradition jacobine où la prépondérance du pouvoir central était justifiée par l'indivisibilité de la République, par une représentation de l'État comme garant exclusif de l'intérêt général, puis comme stratège et maître d'œuvre du développement économique.
voir aussi **État, régionalisme**

décentraliser v. tr. < 1 > **1.** Rendre plus autonome (ce qui dépend d'un pouvoir central). **2.** Déplacer (une activité située dans la capitale) en banlieue ou en province. → **délocaliser.** □ **décentralisateur, trice** adj. et n. *Politique décentralisatrice.*

décentrement n. m. **1.** opt. Défaut d'alignement des centres des lentilles d'un appareil optique. **2.** photogr. Action de décentrer un objectif.

décentrer v. tr. < 1 > (de *centre*) Déplacer le centre de. → **excentrer.** *Décentrer un objectif,* pour que son axe ne soit pas au centre du cliché. □ n. m. **décentrage**

déception n. f. (du bas latin → décevoir) **1.** Fait d'être déçu. → **déconvenue, désappointement, désillusion. 2.** Ce qui déçoit. *Ce fut une amère, une cruelle déception.*

décercler v. tr. < 1 > techn. Enlever les cercles de (un tonneau, une cuve).

décérébrer v. tr. < 6 > (de *dé-* et du latin *cerebrum* « cerveau ») **1.** sc. Enlever l'encéphale de (un animal). **2.** fig. Priver d'intelligence, de raison. □ n. f. **décérébration**

décerner v. tr. < 1 > (vient du latin, de *de-* et *cernere* « passer au crible » → concerner, discerner) **1.** dr. Ordonner juridiquement. *Décerner un mandat d'arrêt.* **2.** Accorder à qqn (une récompense, une distinction). → **attribuer, donner.**

décerveler v. tr. < 4 ou RO 5 > fam. **1.** Faire sauter la cervelle de (qqn). **2.** fig. Priver de ses facultés intellectuelles. □ n. m. **décervelage**

décès n. m. (du latin → décéder) Mort d'une personne. *Acte, faire-part de décès. Magasin fermé pour cause de décès.*

décevant, ante adj. **1.** vieux Qui trompe en séduisant. « *La séduisante créature* [...] *accoudée dans une pose décevante* » (Balzac). **2.** mod. Qui déçoit. *Un film décevant.*

décevoir v. tr. < 28 > (vient du latin *decipere,* de *capere* → capter) Tromper (qqn) dans ses espoirs, son attente. → **désappointer.** *Ce garçon, son comportement m'a déçu* (→ **décevant**). – littér. *Décevoir la confiance de qqn.*

déchaînement n. m. Action de (se) déchaîner ; son résultat. *Le déchaînement des éléments.* → **fureur.** – *Le déchaînement de la violence.* - var. RO **déchainement.**

déchaîner v. tr. < 1 > (de *chaîne*) Donner libre cours à (une force). *Déchaîner les passions.* → **provoquer, soulever.** « *On déchaîne contre lui l'opinion publique* » (Balzac). - var. RO **déchainer.** ■ se **déchaîner** v. pron. **1.** Se déclencher avec violence. *La tempête se déchaîne.* **2.** Se mettre en colère, s'emporter (contre qqn, qqch.). *La presse se déchaîna contre lui.* - var. RO se **déchainer.** ■ **déchaîné, ée** adj. **1.** Qui s'agite avec violence. *Mer déchaînée.* → **démonté. 2.** Très excité, qu'on ne peut arrêter. *Cet enfant est déchaîné.* – *Instincts déchaînés.* - var. RO **déchainé, ée.**

déchant n. m. (→ 1chant) mus. Mélodie en contrepoint écrite au-dessus du plain-chant.

déchanter v. intr. < 1 > (de *chanter*) Rabattre de ses prétentions, de ses espérances, perdre ses illusions. *Il a vite déchanté.*

déchaperonner v. tr. < 1 > Enlever le chaperon de (un oiseau de proie).

décharge n. f. (de *décharger*) **I.** Lieu où l'on jette les ordures, les décombres. *Décharge publique.* **II. 1.** Libération d'une obligation, d'une dette ; acte qui atteste cette libération. *Signer une décharge.* **2.** *À décharge :* qui lève les charges pesant sur un accusé. *Témoin à décharge,* qui dépose à l'appui de la défense. – *Il faut dire, à sa décharge...,* pour l'excuser. **III. 1.** Fait de décharger une ou des armes à feu. → **fusillade, salve. 2.** fam. Éjaculation. **3.** Brusque perte d'une charge électrique. *Décharge atmosphérique.* → 1**foudre.** *Recevoir une décharge (électrique) en touchant un fil électrifié.*

déchargement n. m. Action de décharger (I, 1, 2, 3).

décharger v. tr. < 3 > I. 1. Débarrasser de sa charge (une personne, un navire, etc.). 2. Enlever (un chargement). → **débarquer.** *Décharger une cargaison.* 3. *Décharger une arme*, en enlever la charge. – au p. p. *Pistolet déchargé.* – *Décharger son arme sur qqch., qqn, dans qqch.* → **tirer.** 4. Débarrasser d'un excès. *Décharger un réservoir.* – absolt *Étoffe qui décharge*, qui perd sa couleur. ■ fig. *Décharger sa colère sur qqn.* 5. absolt fam. Éjaculer. 6. Diminuer la charge électrique de. – au p. p. *Pile déchargée.* II. fig. 1. Débarrasser ou libérer (qqn) d'une charge, d'une obligation, d'une responsabilité. → **dispenser.** *Décharger qqn d'une corvée.* ■ Dispenser (qqn) d'un travail en le faisant soi-même. 2. Libérer d'une accusation. *Décharger un accusé.* → **disculper, innocenter.** 3. *Décharger sa conscience*, avouer, se confesser. → **soulager.** ■ se **décharger** v. pron. *Se décharger d'un poids.* – *Se décharger d'un travail sur ses collaborateurs.*

décharné, ée adj. (de *chair*) 1. Qui n'a plus de chair. 2. Très maigre. *Visage décharné.* → **émacié.** 3. fig. *Style décharné*, dépouillé, sec. □ n. m. **décharnement**

décharner v. tr. < 1 > (→ chair) vieux 1. Dépouiller de la chair. *Décharner un cadavre.* 2. Rendre maigre.

déchaumer v. tr. < 1 > agric. Débarrasser (le sol) du chaume par un labour superficiel. □ n. m. **déchaumage**

déchaumeuse n. f. agric. Charrue légère pour déchaumer.

déchaussage n. m. techn. Action de déchausser un arbre, une plante.

déchaussé, ée adj. 1. Qui n'a plus de chaussure. 2. Qui s'est déchaussé (2). *Une dent déchaussée.*

déchausser v. tr. < 1 > 1. Enlever les chaussures de (qqn). *Déchausser un enfant.* ■ absolt *Déchausser*, enlever ou perdre ses skis. 2. techn. Dénuder, dégarnir à la base. *Déchausser un arbre.* – *Déchausser un mur* : enlever la terre autour des fondations. ■ se **déchausser** v. pron. 1. Enlever ses chaussures. 2. *Dent qui se déchausse*, qui n'est plus bien maintenue par la gencive dans l'alvéole dentaire, et bouge (n. m. *déchaussement*).

déchausseuse n. f. agric. Petite charrue pour déchausser les pieds de vigne.

déchaux adj. m. (du latin → chausses) relig. Se dit de religieux qui ont les pieds nus dans des sandales. *Carmes déchaux.*

dèche n. f. (probablt famille de *déchoir*) fam. Manque d'argent, grande gêne. → **misère, pauvreté.** *Être dans la dèche.*

déchéance n. f. (de *déchoir*) 1. Fait de déchoir ; état d'une personne déchue. → **chute, disgrâce.** *La déchéance d'un souverain.* → **destitution.** – *Déchéance physique.* → **décrépitude, vieillissement.** – « *La déchéance des mœurs* » (Péguy). 2. Perte d'un droit. *Déchéance de l'autorité parentale.*

déchet n. m. (de *déchoir*) 1. Perte qu'une chose subit dans l'emploi qui en est fait. *Il y a du déchet*, une partie à jeter. 2. surtout au plur. Résidu inutilisable. → **détritus.** *Recyclage des déchets. Déchets biodégradables.* → **biodéchet.** – *Le zéro déchet*, mode de vie visant à réduire ses déchets. 3. fig. Personne déchue, méprisable. → **loque.** « *Regardez-moi cette loque*, [...] *ce déchet* » (Beckett).

▶ Est appelé **déchet** (2) tout produit usé ou résiduel, naturel ou synthétique, considéré comme inutile, encombrant ou dangereux et dont on cherche à se débarrasser. On peut classer les déchets en fonction de leur origine ou de leur dangerosité, mais également en fonction de leur devenir. Ainsi, les déchets biodégradables (résidus verts, restes alimentaires) peuvent se dégrader naturellement et être valorisés par différentes filières. Les déchets recyclables (carton, plastiques, verre, métaux, matériaux de construction) sont réutilisables après traitement. Les déchets ultimes ne sont plus susceptibles d'être traités et sont destinés à la décharge. Les déchets spéciaux enfin (hospitaliers, radioactifs, toxiques...) doivent faire l'objet de traitements industriels spécifiques.
L'augmentation colossale des déchets produits durant les dernières décennies a conduit les gouvernements des pays occidentaux à instaurer des réglementations qui les acheminent progressivement vers une gestion à la fois individuelle (*via* le tri et la récupération), collective et internationale, fondée de plus en plus sur le principe *pollueur-payeur*. En 1975, une première loi instaura ainsi l'obligation pour les communes de collecter et d'éliminer les déchets des ménages en France ; la législation intégra ensuite la valorisation des déchets dans les années 1990. La production de déchets ménagers a néanmoins doublé en France entre 1980 et 2005, pour dépasser 452 kg/habitant/an (source ADEME).
La limitation de la consommation, la standardisation des appareillages (accessoires des équipements électroniques par exemple), la réutilisation et l'écoconception, qui vise à réduire le volume, la toxicité des déchets et à faciliter leur réutilisation ou recyclage, restent des voies à privilégier pour préserver l'environnement et diminuer notre dépendance en énergie et en matières premières.
voir aussi **biodégradable, écologie, plastique, pollution, recyclage**

déchèterie ou **déchetterie** n. f. (*déchetterie* n. déposé) Lieu aménagé pour recueillir et traiter les déchets. → régional **écocentre.**

déchiffonner v. tr. < 1 > Remettre en état (ce qui était chiffonné). → **défroisser.**

déchiffrable adj. Qui peut être déchiffré (s'oppose à *indéchiffrable*).

déchiffrage n. m. Action de déchiffrer (de la musique, un texte).

déchiffrement n. m. Action de déchiffrer (une écriture, un message chiffré). *Déchiffrement d'un code.*

déchiffrer v. tr. < 1 > (de *chiffre* « code ») 1. Lire (ce qui est chiffré), traduire en clair. *Déchiffrer un message codé.* → **décoder, décrypter.** 2. Parvenir à lire, à comprendre. *Déchiffrer des hiéroglyphes.* – *Une écriture difficile à déchiffrer.* → ¹**lire.** 3. *Déchiffrer de la musique, une partition*, la lire à première vue. – absolt *Savoir déchiffrer.*

déchiffreur, euse n. Personne qui déchiffre (un texte, un message codé, un morceau de musique).

déchiqueté adj. En lambeaux, arraché, en pièces. *Corps déchiquetés après une explosion.*

déchiqueter v. tr. < 4 ou RO 5 > (famille de *échiquier*) 1. Déchirer irrégulièrement en petits morceaux. → **déchirer.** *Le chien déchiquette la viande à belles dents.* 2. Mettre en pièces, en lambeaux. □ n. m. **déchiquetage**

déchiqueteur n. m. et **déchiqueteuse** n. f. techn. Appareil, machine à déchiqueter. *Déchiqueteuse de bureau pour la destruction de documents.* → **broyeur.**

déchiqueture n. f. Partie déchiquetée de qqch.

déchirant, ante adj. Qui déchire le cœur, émeut fortement. *Des cris, des adieux déchirants.*

déchirement n. m. 1. Action de déchirer ; son résultat. *Déchirement d'un muscle.* → **claquage.** 2. fig. Grande douleur morale avec impression de rupture intérieure. « *Le déchirement d'une première séparation* » (Rousseau). 3. au plur. Divisions brutales au sein d'une communauté. *Parti politique en proie aux déchirements.* → **désunion, discorde.**

déchirer v. tr. < 1 > (ancien français *escirer*, qui vient du francique *skerian* « partager ») 1. Séparer en morceaux par des tractions opposées. *Déchirer une feuille en petits morceaux.* – loc. fig. *Déchirer le voile* : découvrir la vérité. *Se déchirer un muscle*, se rompre des fibres musculaires. 2. Faire un accroc à. *Déchirer sa robe.* 3. Rompre violemment par un son éclatant. *Un cri déchira le silence.* 4. Causer une vive douleur à. *Toux qui déchire la poitrine.* – fig. *Déchirer le cœur.* → **fendre.** ■ fig. et fam. *Se déchirer (la tête)* : se mettre dans un état second (drogue, alcool). – au p. p. *Il est complètement déchiré.* → **défoncé, pété.** – *Ça déchire !* (→ ça décoiffe). 5. Troubler par de tragiques divisions. → **diviser.** *La guerre civile déchire le pays.* – au p. p. *Être déchiré* (entre deux sentiments contraires). ■ se **déchirer** v. pron. 1. *L'emballage s'est déchiré.* 2. (récipr.) fig. Se faire du mal, de la peine avec violence. *Des amants qui se déchirent.* → **s'entredéchirer.**

De Chirico (Giorgio) Peintre italien (1888-1978). Il est l'un des principaux représentants de la peinture métaphysique. Il resta fidèle à la scénographie de la Renaissance tout en contredisant l'ordre habituel des choses et en y insérant des éléments illogiques. Considéré comme un précurseur du surréalisme, il eut une grande influence sur l'art de son temps.

déchirure n. f. 1. Fente faite en déchirant. → **accroc.** 2. Rupture ou ouverture irrégulière dans les tissus, les chairs. *Une déchirure musculaire.* → **claquage.**

déchlorurer [deklɔʀyʀe] v. tr. < 1 > Débarrasser des chlorures. – *Régime déchloruré*, sans chlorure de sodium (cour. *régime sans sel*).

déchoir v. < 25 pas d'imp. ni de p. prés. > (vient du bas latin *decadere* « tomber » → **décadence** ; famille de *choir* ; → **déchéance**) 1. v. intr. Tomber dans un état inférieur à celui où l'on était. *Déchoir dans l'estime de qqn.* → **baisser.** *Vous pouvez accepter sans déchoir.* → **s'abaisser.** 2. v. tr. *Déchoir qqn de* (un droit...), l'en priver à titre de sanction. – au p. p. *Être déchu de ses droits civiques, parentaux.*

déchoquage n. m. méd. Traitement d'urgence de l'état de choc (réanimation, assistance respiratoire, stimulation cardiaque, etc.).

déchristianiser [dekʀistjanize] v. tr. < 1 > Éloigner du christianisme (un pays, un groupe humain). □ n. f. **déchristianisation**

déchronologie [dekʀɔnɔlɔʒi] n. f. didact. Présentation d'évènements qui ne tient pas compte de l'ordre chronologique. *Déchronologie dans le découpage d'un film.* → **flash-back.**

déchu, ue adj. (p. p. de *déchoir*) Qui n'a plus (une position supérieure, un avantage). *Prince déchu* (→ **déchéance**). ■ Privé de l'état de grâce. *Ange déchu.*

déci n. m. (abrév. de *décilitre*) (Suisse) Décilitre (de vin) pour la consommation.

déci- Préfixe (du latin *decimus*, de *decem* → **dix**) qui signifie « dixième partie » (ex. *décigramme, décilitre, décimètre*).

décibel n. m. (de *bel*, autre unité, du n. de G. Bell) Unité de puissance sonore (symb. dB). – fam. *Être agressé par l'excès de décibels.*

décidable adj. log. Qui est démontrable ou réfutable dans un système hypothéticodéductif (opposé à *indécidable*). □ n. f. **décidabilité**

décidé, ée adj. 1. Qui n'hésite pas pour prendre un parti. → **déterminé, résolu.** *Un homme décidé.* – *Un air décidé.* 2. Arrêté par décision. *C'est (une) chose décidée.* → **réglé, résolu.**

décidément adv. D'une manière décisive, définitive. *Décidément, j'ai de la chance.* → **manifestement.**

décider v. < 1 > (latin *decidere* « trancher », de *caedere* → **césure**) I. v. tr. dir. 1. Prendre la décision (2) de. *Décider une opération.* – absolt *C'est moi qui décide. Il décide qu'il ira ; il a décidé qu'il irait.* 2. Amener (qqn à agir). *Décider qqn à faire qqch.* → **convaincre, persuader.** *Je l'ai décidé à rester.* ■ passif *Je suis décidé à y aller.* → **déterminé.** – absolt *Quand vous serez décidé.* II. v. tr. ind. **Décider de qqch.** Disposer en maître par son action ou son jugement. *Le chef de l'État décide de la paix et de la guerre.* – (+ inf.) *Décider de partir.* – (choses) Déterminer, être la cause principale. « *Le hasard décide seul du sort des batailles* » (A. France). ■ se **décider** v. pron. 1. Être tranché, résolu. *Ça s'est décidé hier.* 2. *Se décider à* : prendre la décision de. → **se résoudre** à. *Elle s'est enfin décidée à travailler.* – absolt *Il n'arrive pas à se décider* (→ **indécis**). 3. *Se décider pour* : donner la préférence à, opter pour. *Elle s'est décidée pour la deuxième solution.*

décideur, euse n. Personne ayant le pouvoir de décision. → **décisionnaire.**

décidu, ue adj. (du latin *deciduus* « qui tombe » → **décidual**) bot. Qui se détache et tombe selon un rythme saisonnier. *Feuilles décidues.* → **caduc.**

décidual, ale, aux adj. (du latin *decidua* « qui tombe ») anat. *Membrane déciduale*, ou n. f. *déciduale* : partie de la muqueuse utérine qui est expulsée avec le placenta à la fin de l'accouchement.

décigramme n. m. Dixième partie d'un gramme.

décilage n. m. (de *décile*) statist. Division d'un ensemble ordonné de données statistiques en dix classes égales. – Calcul des déciles.

décile n. m. (du latin *decem* « dix », par l'anglais) statist. Chacune des dix parties, d'effectif égal, d'un ensemble statistique ordonné. *Déciles, centiles et quartiles.*

décilitre n. m. Dixième partie d'un litre (symbole dl).

D

décimal, ale, aux adj. (du latin → déci-) Qui procède par dix ; qui a pour base le nombre dix. *Système décimal.* → **²métrique.** *Nombre décimal,* pouvant s'écrire sous la forme d'une fraction dont le dénominateur est une puissance de 10. *3,25 est un nombre décimal* (il peut aussi s'écrire $\frac{325}{100}$). – n. f. Chiffre placé après la virgule, dans un nombre décimal. *3,25 a deux décimales.*

décimaliser v. tr. < 1 > (de *décimal* ; d'après l'anglais *decimalize*) didact. Appliquer le système décimal à (une mesure). □ n. f. **décimalisation**

décimalité n. f. didact. Caractère décimal.

décimation n. f. **1.** Dans l'Antiquité romaine, Action de faire périr une personne sur dix ; son résultat. **2.** Fait de tuer un grand nombre de personnes.

décime **1.** n. f. hist. Sous l'Ancien Régime, Taxe perçue par le roi sur les revenus du clergé. **2.** n. m. Majoration d'un dixième sur un impôt, une amende.

décimer v. tr. < 1 > (latin *decimare* « punir de mort une personne sur dix tirée au sort », famille de *decem* → dix) Faire périr un grand nombre de personnes dans (un ensemble, un lieu). *Épidémie qui décime un pays.*

décimètre n. m. Dixième partie d'un mètre (symb. dm). – Règle graduée mesurant un ou deux décimètres. *Un double décimètre.*

décimétrique adj. Dont la longueur est d'environ un décimètre.

Děčín Ville du N. de la République tchèque, sur l'Elbe. 46 330 habitants. Port fluvial ; centre industriel.

Décines-Charpieu Commune du Rhône, dans la banlieue E. de Lyon. 28 913 habitants.

décintrer v. tr. < 1 > **1.** techn. Ôter les cintres qui ont servi à une construction. *Décintrer une voûte.* **2.** Défaire les pinces ou les coutures d'un vêtement pour le rendre plus ample. □ n. m. **décintrage** et **décintrement**

décisif, ive adj. (latin médiéval *decisivus* → décider) **1.** (choses) Qui résout une difficulté, tranche un débat. → **concluant, péremptoire.** *Un argument décisif.* – Qui conduit à un résultat définitif, capital. *Moment décisif.* **2.** rare *Prendre un ton décisif.* → **péremptoire, tranchant.**

décision n. f. (latin *decisio* → décider) **1.** Jugement qui apporte une solution. → **arrêt, décret, sentence, verdict.** *Décision judiciaire. Décision administrative, ministérielle.* **2.** Fin de la délibération dans l'acte volontaire de faire ou ne pas faire (une chose). → **détermination, ¹parti, résolution.** *Prendre une décision irrévocable. « Tout geste est une décision. Respirer, c'est opter »* (Duhamel). *Elle a pris la décision de refuser. Sa décision est prise. Revenir sur une, sur sa décision,* l'annuler. **3.** Qualité qui consiste à ne pas atermoyer ou changer sans motif ce qu'on a décidé. → **caractère, fermeté, volonté.** *Agir avec décision. Esprit de décision.*

décisionnaire **1.** n. Personne qui exerce un pouvoir de décision. → **décideur.** **2.** adj. Qui concerne la prise de décision. *Instances décisionnaires.*

décisionnel, elle adj. didact. Relatif à la décision. *Pouvoir décisionnel.*

décisoire adj. (du latin *decisorius* → décider) dr. Qui entraîne la décision dans un procès. *Serment décisoire :* serment déféré par l'une des parties à l'adversaire pour en faire dépendre la solution du litige.

décitex n. m. (de *déci-* et *tex*) techn. Unité de mesure du titre d'un fil indiquant la masse en grammes de 10 000 mètres de fil.

Decize Commune de la Nièvre, sur la Loire. 5 193 habitants. Crypte du VIIe s. ; vestiges du château des comtes de Nevers.

déclamateur, trice n. Personne qui déclame. – Orateur emphatique.

déclamation n. f. (du latin → déclamer) **1.** Art de déclamer. → **éloquence.** **2.** péj. Emploi de phrases emphatiques ; ces phrases. → **emphase, enflure.**

déclamatoire adj. (du latin → déclamer) Emphatique. *Ton, style déclamatoire.* → **pompeux.**

déclamer v. tr. < 1 > (du latin → clamer) **1.** Dire en rythmant fortement ou avec emphase. *Déclamer des vers.* **2.** vieilli *Déclamer contre* (qqn, qqch.), attaquer en paroles, invectiver. → **vitupérer.**

déclarant, ante n. dr. Personne qui fait une déclaration à un agent de l'administration.

déclaratif, ive adj. (bas latin *declarativus* « qui manifeste » → déclarer) **1.** Qui donne déclaration de qqch. *Acte déclaratif.* **2.** gramm. *Verbe déclaratif,* qui énonce une simple communication (ex. *dire, expliquer*).

déclaration n. f. (du latin → déclarer) **1.** Action de déclarer ; discours ou écrit par lequel on déclare. *Déclaration sous serment. Déclaration de principes.* → **proclamation, profession de foi.** *Selon les déclarations du témoin.* – *La Déclaration des droits de l'homme et du citoyen* (1789). **2.** Aveu qu'on fait à une personne de l'amour qu'on éprouve pour elle. *Déclaration d'amour. Faire sa* (ou *une*) *déclaration.* **3.** Affirmation orale ou écrite par laquelle on déclare l'existence d'une situation de fait ou de droit. *Déclaration de vol.* – *Déclaration de revenus,* ou abusivt *déclaration d'impôts.* **4.** *Déclaration de guerre :* action de déclarer la guerre.

Déclaration des droits voir droits (Déclaration des).

Déclaration des droits de l'homme et du citoyen voir droits de l'homme et du citoyen (Déclaration des).

déclaration d'Indépendance voir Indépendance (déclaration d').

Déclaration universelle des droits de l'homme voir droits de l'homme (Déclaration universelle des).

déclaratoire adj. dr. Qui déclare juridiquement. *Acte déclaratoire.* → **déclaration.**

déclarer v. tr. < 1 > (latin *declarare,* famille de *clarus* → clair) **1.** Faire connaître d'une façon claire, manifeste. → **affirmer, annoncer, proclamer.** *Déclarer ses intentions, ses sentiments.* – *Déclarer la guerre à un pays,* lui faire savoir qu'on ouvre les hostilités contre lui. ■ (avec attribut) *Déclarer la session ouverte. On l'a déclaré coupable.* ■ *Déclarer que* (+ indic.). → **assurer, prétendre.** *Elle a déclaré que c'était faux.* **2.** Faire connaître (à une autorité) l'existence de (une chose, une personne, un fait). *Avez-vous quelque chose à déclarer ?* (à la douane). *Déclarer ses revenus* (au fisc). – *Déclarer un enfant à la mairie.* ■ **se déclarer** v. pron. **1.** Donner son avis. *Il ne veut pas se déclarer sur ce point.* → **se prononcer.** *Se déclarer pour, contre.* – (avec attribut) Se dire (tel). *Elle s'est déclarée lésée.* – Déclarer son amour. *Ne pas oser se déclarer.* **2.** (phénomène dangereux) Commencer à se manifester. *La fièvre, la tempête se déclara brusquement.* ■ **déclaré, ée** adj. *Être l'ennemi déclaré de qqn.* → **juré.**

déclasser v. tr. < 1 > **I. 1.** Faire passer dans une classe, une catégorie inférieure. *Déclasser un hôtel trop vétuste.* **2.** *Déclasser un voyageur,* le faire changer de classe (pour une classe inférieure). **II.** Déranger (des objets classés). *Déclasser des livres.* ■ **déclassé, ée** adj. **1.** Qui n'appartient plus à sa classe sociale, mais à une classe inférieure. – n. *Les déclassés.* **2.** Qu'on a déclassé (I, 1). *Athlète déclassé.* □ n. m. **déclassement**

déclassifier v. tr. Rendre accessible ce qui était classé secret. *Déclassifier un document confidentiel.*

déclaveter v. tr. < 4 ou RO 5 > (de *clavette*) techn. Défaire en enlevant les clavettes.

déclenchement n. m. Fait de déclencher, de se déclencher. *Le déclenchement d'un processus, d'un conflit.*

déclencher v. tr. < 1 > (de *clenche*) **1.** Déterminer le fonctionnement de (un système) par un mécanisme. *Déclencher une alarme,* la faire sonner. – pronom. *L'alarme s'est déclenchée par erreur.* **2.** Déterminer brusquement (une action, un phénomène). → **entraîner, provoquer.** *Déclencher une crise. Déclencher un accouchement,* le provoquer. – pronom. *Le processus se déclenche.*

déclencheur, euse n. m. et adj. **1.** Pièce qui déclenche un mécanisme. *Le déclencheur d'un appareil photographique.* → **déclic.** **2.** Ce qui déclenche (qqch.). – adj. *Élément déclencheur.*

décléricaliser v. tr. < 1 > (de *clérical*) relig. Confier (une paroisse, un organisme) à des laïcs, en ce qui concerne les services qui ne relèvent pas du clergé.

déclic n. m. (onomatopée → clic) **1.** Mécanisme qui déclenche. *Faire jouer un déclic.* – fig. et fam. *Avoir un déclic :* comprendre soudainement. **2.** Bruit sec produit par ce qui se déclenche.

déclin n. m. (de *décliner*) État de ce qui diminue, commence à régresser. *Le déclin du jour.* → **crépuscule.** *Être sur le, sur son déclin.* – *Le déclin de la vie.* → **vieillesse.** *Une civilisation en déclin.* → **décadence.**

déclinable adj. Susceptible d'être décliné.

déclinaison n. f. (latin → décliner) **1.** astron. Distance angulaire d'un astre au plan équatorial. **2.** gramm. Ensemble des formes (→ **désinence**) que prennent les noms, pronoms et adjectifs des langues à flexion, suivant les nombres, les genres et les cas. *Les cinq déclinaisons du latin.* **3.** comm. Variante d'un produit de référence. *Les déclinaisons d'un parfum.*

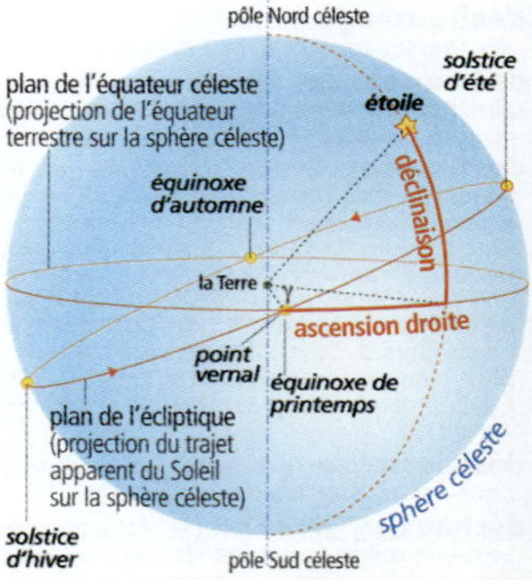

Le point vernal (γ) est défini par la projection du Soleil à midi, à l'équinoxe de printemps, *sur la sphère céleste.*

La déclinaison, angle formé par le plan de l'équateur céleste et la projection d'un objet sur la sphère céleste, est exprimée en degré, minute et seconde d'arc ; par convention, elle est positive au nord et négative au sud.

déclinant, ante adj. Qui est sur son déclin. *Lumière déclinante du soir. Forces déclinantes.*

déclinatoire **1.** adj. dr. Qui tend à faire déclarer incompétente la juridiction saisie par le demandeur. *Moyens déclinatoires.* – n. m. *Faire signifier un déclinatoire.* **2.** n. m. Boussole d'arpenteur qui sert à orienter un plan par rapport à la direction nord-sud.

décliner v. < 1 > (latin *declinare,* de *clinare* « pencher » → incliner) **I.** v. tr. **1.** Repousser (ce qui est proposé, attribué). *Décliner une invitation, un honneur.* → **refuser.** – *Décliner toute responsabilité.* → **rejeter.** **2.** gramm. Donner toutes ses désinences à (→ **déclinaison**). **3.** comm. Donner plusieurs formes à (un produit). *Décliner un tissu en plusieurs couleurs.* **4.** Dire à la suite. *Décliner ses nom, prénoms, titres et qualités.* → **énoncer.** **II.** v. intr. **1.** astron. Approcher de l'horizon (astre). **2.** Être dans son déclin. → **baisser, diminuer, tomber.** *« Le jour, si bref en cette saison, commença à décliner »* (Barrès). – *La malade décline.* → **s'affaiblir, baisser.**

déclinisme n. m. didact. Théorie selon laquelle un pays serait en déclin (économique, culturel, etc.). □ adj. et n. **décliniste**

décliqueter v. tr. < 4 ou RO 5 > (de *cliquet*) techn. Dégager le cliquet de. *Décliqueter un engrenage.*

déclive adj. (du latin, de *clivus* « pente ») Qui est incliné, en pente.

déclivité n. f. (du latin → déclive) État de ce qui est en pente. *La déclivité d'un terrain.* → **inclinaison.** *Une forte déclivité.*

décloisonner v. tr. < 1 > Ôter les cloisons (4) administratives, économiques, psychologiques de (qqch.) pour faciliter la communication. ▫ n. m. **décloisonnement**

déclore v. tr. < 45 > **1.** vieilli Enlever la clôture de. **2.** vieux ou littér. Ouvrir.

déclouer v. tr. < 1 > Défaire (ce qui est cloué). *Déclouer une caisse.*

¹décocher v. tr. < 1 > (de ¹*coche*) **1.** Lancer par une brusque détente. *Décocher une flèche. Décocher un coup à qqn.* **2.** fig. *Décocher une œillade, une méchanceté.*

²décocher v. tr. < 1 > (de ¹*cocher*) *Décocher une case,* enlever le signe qui figure dans cette case.

décoction n. f. (du bas latin, de *coctio,* de *coquere* → cuire) Action de faire bouillir dans l'eau une substance pour en extraire les principes solubles ; liquide ainsi obtenu. → **tisane.**

décoder v. tr. < 1 > **1.** Analyser le contenu de (un message) selon un code. → **décrypter.** **2.** fig. Comprendre. *Comportement facile à décoder.* ▫ n. m. **décodage**

décodeur n. m. Dispositif de décodage, spécialt destiné à restituer en clair un signal de télévision crypté à l'émission. ■ ling. Sujet parlant en tant que destinataire du langage. *Le décodeur et l'encodeur d'un message.*

décoffrage n. m. techn. Action de décoffrer. – loc. *Brut* de décoffrage.*

décoffrer v. tr. < 1 > techn. Enlever le coffrage de (un ouvrage en béton).

décoiffer v. tr. < 1 > **1.** Déranger la coiffure de (qqn). → **dépeigner.** *Le vent l'a décoiffé.* – au p. p. *Être décoiffé.* **2.** fig. et fam. absolt Déranger, surprendre. *Une pub qui décoiffe.* → **déchirer.**

Decoin (Henri) Cinéaste français (1890-1969). Il est surtout connu pour les comédies divertissantes qu'il réalisa dans les années 1930, dans lesquelles jouait son épouse Danielle Darrieux. *Premier Rendez-vous ; La Vérité sur Bébé Donge.*

décoincer v. tr. < 3 > **1.** Dégager (ce qui est coincé, bloqué). → **débloquer.** **2.** fig., fam. Détendre, mettre à l'aise. *Elle est difficile à décoincer.* ▫ n. m. **décoinçage**

décolérer v. intr. < 6 > *Ne pas décolérer :* ne pas cesser d'être en colère.

décollage n. m. Action de décoller, de quitter le sol. *Décollage et atterrissage.* – fig. Démarrage économique. *Le décollage des pays émergents.*

décollation n. f. (du bas latin, de *collum* → cou) Action de couper la tête (d'une personne). → **décapitation.** *La décollation de saint Jean-Baptiste.*

décollement n. m. Action de décoller ; état de ce qui est décollé, n'adhère plus. *Décollement de la rétine.*

décoller v. < 1 > **I.** v. tr. dir. Détacher (ce qui est collé). *Décoller un timbre.* – pronom. *Affiche qui se décolle.* – au p. p. *Oreilles décollées,* écartées de la tête. **II.** v. tr. ind. (avec *de*) **1.** fam. S'en aller, partir. *Il ne décolle pas d'ici.* **2.** Se détacher de. *Skieur qui décolle du tremplin.* – fig. *Décoller de la réalité.* **III.** v. intr. Quitter le sol (avion). → **s'envoler.** ■ fig. Prendre son essor. *Économie, discipline scientifique qui décolle.*

décolletage n. m. **1.** agric. Action de décolleter. **2.** techn. Fabrication de pièces métalliques tournées à partir de barres ou de fils de métal. → **boulonnerie.**

décolleté, ée **1.** adj. Qui laisse voir le cou et une partie de la gorge, du dos. *Robe décolletée.* – par ext. *Femme très décolletée.* **2.** n. m. Bords d'un vêtement décolleté. *Décolleté plongeant.* – Partie laissée nue par le décolleté. *Elle a un beau décolleté.*

décolleter v. tr. < 4 ou RO 5 > (de *collet*) **1.** Couper (un vêtement) de sorte qu'il dégage le cou. → **échancrer.** *Décolleter un corsage.* – par ext. *Cette robe la décollette trop.* – pronom. *Se décolleter :* porter un vêtement décolleté. **2.** agric. Couper la partie supérieure de (racines alimentaires) pour empêcher le développement du bourgeon. *Décolleter des betteraves.* **3.** techn. Travailler par décolletage. *Décolleter une vis.*

décolleteur, euse n. **1.** Ouvrier, ouvrière qui fait du décolletage. **2.** n. f. Machine servant au décolletage.

décolonisation n. f. Cessation, pour un pays, de l'état de colonie ; processus par lequel une colonie devient indépendante. → **indépendance.**

décoloniser v. tr. < 1 > Permettre, effectuer la décolonisation de (un pays, un peuple colonisé).

décolorant, ante adj. Qui décolore. – n. m. *L'eau de Javel est un décolorant.*

décoloration n. f. (du latin → décolorer) Action de décolorer. *Décoloration des cheveux.* ■ Perte de la couleur. *Décoloration d'un tissu sous l'effet du soleil.*

décolorer v. tr. < 1 > (du latin → colorer) Altérer, effacer la couleur de. *Ce produit décolore le linge.* – *Décolorer les cheveux,* leur ôter leur couleur naturelle. ■ **se décolorer** v. pron. **1.** Perdre sa couleur. *L'affiche s'est décolorée.* **2.** Décolorer ses cheveux. *Elle s'est décolorée en blond platine.* ■ **décoloré, ée** adj. *Étoffe décolorée.* – *Cheveux décolorés.*

décombres n. m. pl. (de l'ancien v. *décombrer* → encombrer) Amas de matériaux provenant d'un édifice détruit. → **gravats, ruine.** *Blessés ensevelis sous les décombres.*

décommander v. tr. < 1 > Annuler la commande de (une marchandise). – Annuler (une invitation). *Décommander une soirée,* par ext. *des invités.* – pronom. *Se décommander :* annuler un rendez-vous.

décommettre v. tr. < 56 > mar. Détordre (un cordage) pour en séparer les torons. → **décorder.**

décommuniser v. tr. < 1 > (→ communisme) Faire cesser d'être communiste. – *Pays d'Europe de l'Est décommunisés.*

décompacter v. tr. < 1 > inform. Décompresser. *Décompacter des fichiers.*

décompensation n. f. **1.** méd. Ensemble de graves perturbations dans un organisme souffrant d'une maladie ou d'une malforma-

décolonisation

1. Le roi Baudouin Ier et Joseph Kasavubu, devenu président de la République, parcourent les rues de Léopoldville, la veille de l'indépendance du Congo belge (29 juin 1960). 2. Des slogans antifrançais sur les murs de Djibouti (1967). 3. La conférence de Bandung (avril 1955) est à l'origine du mouvement des pays non-alignés.

▶ Au sens strict, la **décolonisation** est l'accession d'une région à l'indépendance politique vis-à-vis du pays dont elle était une colonie. Au sens large, elle constitue un processus plus global d'émancipation dont les enjeux sont aussi culturels et économiques.

C'est souvent l'implication des populations et des territoires colonisés dans les deux guerres mondiales qui ont favorisé les mouvements indépendantistes. C'est aussi la prise de conscience et l'action de leaders charismatiques, tel Gandhi en Inde (1947). Ces mouvements se sont souvent traduits par un conflit armé contre l'ancien pays colonisateur : dans le cas de la France la guerre d'Indochine (1946-1954) et la guerre d'Algérie (1954-1962). Moins sanglantes, les indépendances du Maroc et de la Tunisie ont lieu en 1956. À partir de 1957, c'est au tour des colonies anglaises d'Afrique ; en 1960, le Congo s'affranchit de la tutelle belge tout comme les États d'Afrique Occidentale de la France ; les colonies portugaises accèdent à l'indépendance en 1975. Sur le plan culturel, on retiendra le courant de la négritude, créé par Aimé Césaire et Léopold Sédar Senghor, qui traduit la complexité des questions d'identité que soulèvent la colonisation et la décolonisation.

En tant que processus, la décolonisation perdure bien au-delà des dates historiques à partir desquelles les ex-colonies deviennent des États souverains. Les conséquences de la gestion et de l'exploitation par les Occidentaux des territoires colonisés ou des protectorats se font en effet sentir aujourd'hui encore dans la géopolitique mondiale. Qu'il s'agisse de sphères d'influence, de relations privilégiées de type économique, ou plus tragiquement d'importants conflits civils (ou militaires), bien des réalités du monde contemporain peuvent être comprises à la lumière des anciens rapports de force du temps de la colonisation, certains allant jusqu'à parler de « néocolonialisme ».

voir aussi **colonisation**

tion par suite de la faillite des mécanismes régulateurs qui normalement compensent ces perturbations. *Décompensation d'un diabète.* **2.** Fait de décompenser.

décompensé, ée adj. méd. Qui a subi une décompensation. *Affection cardiaque décompensée.*

décompenser v. intr. < 1 > (→ **compenser**) fam. Agir de façon inattendue, inhabituelle, après avoir éprouvé une grande tension nerveuse.

décomplexer v. tr. < 1 > fam. Libérer (qqn) de ses inhibitions, de ses complexes. → fam. **décoincer.** *Décomplexer un timide.* □ **décomplexé, ée adj.** *Adolescents décomplexés.* – par ext. → **décontracté.** – fig. Qui assume pleinement ses opinions. *La droite décomplexée.*

décomposable adj. Qui peut être décomposé.

décomposer v. tr. < 1 > (de ***composer***) **I.** Diviser, séparer en éléments constitutifs. → **désagréger, dissocier.** *Décomposer de l'eau par électrolyse. Décomposer un nombre en facteurs premiers.* – *Décomposer un mot.* ■ Effectuer lentement pour montrer les éléments. *Décomposer un pas de danse.* **II. 1.** Altérer chimiquement (une substance organique). → **putréfier.** – pronom. *Cadavre qui se décompose.* → **pourrir. 2.** Altérer passagèrement (les traits du visage). *La peur décomposait ses traits.* – pronom. *Son visage se décomposa.* ■ au p. p. *Visage décomposé.* – *Être décomposé,* pâle et défait.

décomposeur n. m. Organisme (bactérie, ver, insecte...) qui se nourrit de matières organiques (cadavres, excréments, etc.), les transformant en humus. → **détritivore.**

décomposition n. f. **I.** Action de décomposer (I). **II.** Altération (d'une substance organique, chimique) suivie de putréfaction. → **pourriture.** *Cadavre en décomposition.* – fig. *La décomposition de la société.* → **désagrégation, désorganisation.**

décompresser v. < 1 > (de ***compresser***) **I. v. tr. 1.** Réduire la pression de (un gaz). → **décomprimer. 2.** inform. Rendre à (un fichier compressé) sa taille normale. → **décompacter, dézipper. II. v. intr.** fam. Relâcher sa tension nerveuse, à la suite d'un effort intense.

décompresseur n. m. techn. **1.** Appareil servant à réduire la pression d'un gaz. **2.** Dans un moteur à explosion, Soupape diminuant la compression dans les cylindres.

décompression n. f. Action de décomprimer. *Robinet, soupape de décompression.* – *Accident de décompression,* provoqué chez les plongeurs par un retour brutal à la pression atmosphérique (cf. maladie des caissons*).

décomprimer v. tr. < 1 > Faire cesser ou diminuer la compression de (un gaz). → **décompresser.**

décompte [dekɔ̃t] n. m. (de ***décompter***) **1.** Ce qu'il y a à déduire sur une somme qu'on paie. → **déduction, réduction.** *Faire le décompte :* calculer ce qu'il y a à retrancher. **2.** Décomposition d'une somme, d'un ensemble en ses éléments.

décompter [dekɔ̃te] v. tr. < 1 > (de ***compter***) Déduire, retrancher. → **soustraire.** *Décompter les arrhes.*

déconcentrer v. tr. < 1 > **1.** Diminuer la concentration de. **2.** Cesser de concentrer (son attention). – *Cette pause l'a déconcentrée.* □ **n. f. déconcentration**

déconcertant, ante adj. Qui déconcerte. → **déroutant.** *Attitude déconcertante.*

déconcerter v. tr. < 1 > (de ***concerter***) Faire perdre contenance à (qqn) ; jeter dans l'incertitude. → **décontenancer, dérouter, surprendre.** *Son attitude déconcerte.* – pronom. *Il se déconcerta et rougit.* – au p. p. → **décontenancé.**

décondensé, ée adj. biol. Qui s'est décondensé, qui a décondensé. *ADN décondensé.*

décondenser v. tr. < 1 > biol. Donner une structure moins compacte à. *Décondenser les nucléosomes.* – pronom. *Les chromosomes se décondensent au cours de l'interphase.* ■ **décondensation n. f.** biol. *Décondensation de la chromatine.*

déconditionnement n. m. **1.** méd. Défaillance des mécanismes de régulation de l'organisme. *Déconditionnement cardiorespiratoire.* **2.** Extinction d'une habitude ou d'un automatisme.

déconfinement n. m. Levée du confinement.

déconfiner v. tr. < 1 > Mettre fin au confinement de (qqn). – pronom. *Région qui se déconfine.*

déconfit, ite adj. (de l'ancien v. ***déconfire*** « défaire, battre », de ***confire*** « préparer ») Penaud, dépité. *Air déconfit, mine déconfite.*

déconfiture n. f. (→ **déconfit**) **1.** fam. Échec, défaite morale. *La déconfiture d'un parti.* **2.** Ruine financière. → **banqueroute, faillite.** *L'entreprise est en pleine déconfiture.*

décongeler v. tr. < 5 > Ramener (ce qui est congelé) à une température supérieure à 0 °C. □ **n. f. décongélation**

décongestif, ive adj. méd. Qui atténue ou fait disparaître une congestion. – n. m. *Un décongestif.*

décongestionner v. tr. < 1 > **1.** Faire cesser la congestion de. **2.** fig. « *Un agent qui s'efforçait de décongestionner l'avenue en attendant l'ambulance* » (Simenon). □ **n. f. décongestion**

déconnade n. f. fam. Fait de déconner (1). *L'ambiance est à la déconnade.*

déconnecter v. tr. < 1 > (de ***connecter***) Supprimer la connexion électrique de. → **débrancher.** ■ fig. Séparer. – au p. p. *Être déconnecté :* ne plus être intéressé, concerné.

déconner v. intr. < 1 > (de ***con***) fam. **1.** (personnes) Dire, faire des absurdités, des bêtises. ■ Plaisanter. – *Sans déconner :* sérieusement. **2.** (choses) Mal fonctionner. *Ma montre déconne.*

déconneur, euse n. fam. Personne qui aime plaisanter, s'amuser. *C'est une sacrée déconneuse.*

déconnexion n. f. Action de (se) déconnecter ; son résultat. – *Droit à la déconnexion,* de se déconnecter des outils numériques professionnels en dehors des heures de travail.

déconseiller v. tr. < 1 > Conseiller de ne pas faire. → **dissuader.** *Il lui a déconseillé de partir. Je vous déconseille cette solution.* – au p. p. *C'est tout à fait déconseillé,* contre-indiqué.

déconsidérer v. tr. < 6 > Priver (qqn) de la considération, de l'estime d'autrui. → **discréditer.** *Ce scandale l'a déconsidéré.* – pronom. *Elle se déconsidère par sa conduite.* □ **déconsidération n. f.** littér. → **discrédit.**

déconsigner v. tr. < 1 > **1.** Affranchir de la consigne. *Déconsigner des troupes.* **2.** Retirer (qqch.) de la consigne. *Déconsigner sa valise.* **3.** Rembourser le prix de la consigne de (un emballage). *Déconsigner des bouteilles.*

déconsommation n. f. didact. Tendance à consommer moins, à réduire sa consommation.

déconstruire v. tr. < 38 > Défaire complètement ce qui a été construit. □ **n. f. déconstruction**

décontaminer v. tr. < 1 > Éliminer ou réduire les effets d'une contamination sur (qqn, qqch.). *Décontaminer une rivière polluée.* □ **n. f. décontamination**

décontenancer v. tr. < 3 > Faire perdre contenance à. → **déconcerter, démonter.** « *Un rire éclatant [...] décontenança le pauvre garçon* » (Flaubert). – pronom. *Se décontenancer facilement.* – au p. p. *Être tout décontenancé.*

décontracter v. tr. < 1 > **1.** Faire cesser la contraction musculaire de. → **relâcher.** *Décontracter ses muscles.* **2.** fig., fam. *Décontracter qqn,* l'aider à se détendre. ■ **se décontracter v. pron.** Se détendre, se relaxer. ■ **décontracté, ée adj. 1.** (muscle) Relâché. – Détendu. **2.** fig. Insouciant, sans crainte ni angoisse. *Elle est très décontractée.* – *Une allure très décontractée.* → anglic. **cool.**

décontraction n. f. **1.** Relâchement du muscle. **2.** Détente du corps. → **relaxation. 3.** fig. Désinvolture. → **décontracté** (2).

déconvenue n. f. (de ***convenu*** → **convenir**) Désappointement causé par un insuccès, une mésaventure, une erreur. → **déception.** *Amère déconvenue.*

décor n. m. (du latin → **décorer, décorum**) **1.** Ce qui sert à décorer (un édifice, un intérieur). *Décor Louis XV.* ■ Dessin, motif. *Tissu à décor floral.* **2.** Représentation figurée du lieu où se passe l'action (théâtre, cinéma, télévision ; images en général). « *Ce costume de la pièce qu'est le décor* » (Louis Jouvet). – loc. fig. ***Changement de décor :*** modification brusque d'une situation. *Faire partie du décor :* passer inaperçu. **3.** Cadre, environnement. *Un décor champêtre.* – loc. fam. *Foncer, partir* ***dans le(s) décor(s) :*** quitter accidentellement la route.

décorateur, trice n. Personne qui conçoit des décors pour un spectacle ; qui conçoit ou exécute des travaux de décoration.

décoratif, ive adj. **1.** Destiné à décorer. *Motif décoratif.* → **ornemental.** – ***Arts décoratifs,*** appliqués aux choses utilitaires. → **design.** – spécialt → **art** déco. ■ *Une plante très décorative.* **2.** Agréable, mais accessoire. *Un rôle purement décoratif.*

décoration n. f. **I. 1.** Action, art de décorer. *Décoration intérieure.* - abrév. fam. **déco. 2.** Ce qui décore. *Décoration florale.* – au plur. *Les décorations de Noël.* **II.** Insigne d'un ordre honorifique. → **cordon, croix, médaille, palme, rosette, ruban.** « *Je porte ma décoration. Il faut avoir le courage de ses faiblesses* » (J. Renard).

Décorations (affaire des) Scandale qui éclata en novembre 1887, relatif à un trafic de décorations. Il impliquait Daniel Wilson, le gendre du président de la République Jules Grévy, qui dut démissionner.

décorder v. tr. < 1 > techn. **1.** Défaire (une corde) en séparant les brins tordus. → **décommettre. 2.** Détacher la corde de. *Décorder une raquette de tennis.* **3.** *Se décorder* **v. pron.** (alpiniste) Se détacher de la cordée (opposé à *s'encorder*).

décorer v. tr. < 1 > (du latin → **décor, décorum**) **I.** Pourvoir d'accessoires destinés à embellir. → **orner.** *Décorer une vitrine, un appartement* (→ **décorateur**). **II.** (Décorer qqn) Remettre à (qqn) une décoration. *Décorer un soldat. Elle va être décorée de la Légion d'honneur.*

décorner v. tr. < 1 > **1.** Priver (un animal) de ses cornes. loc. *Un vent à décorner les bœufs,* très violent. **2.** Redresser ce qui est corné. *Décorner la page d'un livre.*

décorréler v. tr. < 6 > (de ***corréler***) Supprimer une corrélation établie entre (deux phénomènes) ; ne pas être en corrélation avec (qqch.).

décortication n. f. **1.** Action de décortiquer, de dépouiller (un arbre) de son écorce. **2.** méd. Ablation de l'enveloppe fibreuse d'un organe. *Décortication du rein.*

décortiquer v. tr. < 1 > (latin impérial ***decorticare,*** de ***cortex*** « écorce » → **cortex, écorcher**) **1.** Dépouiller de son écorce ; séparer de son enveloppe. *Décortiquer des arachides.* – par ext. *Décortiquer un crabe.* **2.** fig. Analyser à fond. → **éplucher.** *Décortiquer un texte.* □ **décortiqué, ée adj.** *Crevettes décortiquées.* □ **décorticage n. m.** *Le décorticage du riz.*

décorum [dekɔʀɔm] n. m. sing. (latin ***decorum*** → **décorer,** famille de ***decere*** « convenir » → **décent**) Ensemble des règles à observer pour tenir son rang dans une bonne société. → **bienséance, protocole.**

Décosse (Lucie) Judoka française (née en 1981). Triple championne du monde entre 2005 et 2011, elle a remporté la médaille d'or aux Jeux olympiques de Londres en 2012.

Lucie Décosse remporte la finale de la catégorie des –70 kg et devient championne olympique aux Jeux de Londres, en 2012.

De Coster (Charles) Écrivain belge d'expression française (1827-1879). Inspiré par les fabliaux du Moyen Âge, son chef-d'œuvre, *Les Aventures d'Ulenspiegel et de Lamme Goedzak au pays de Flandres et ailleurs,*

Découvertes (Grandes)

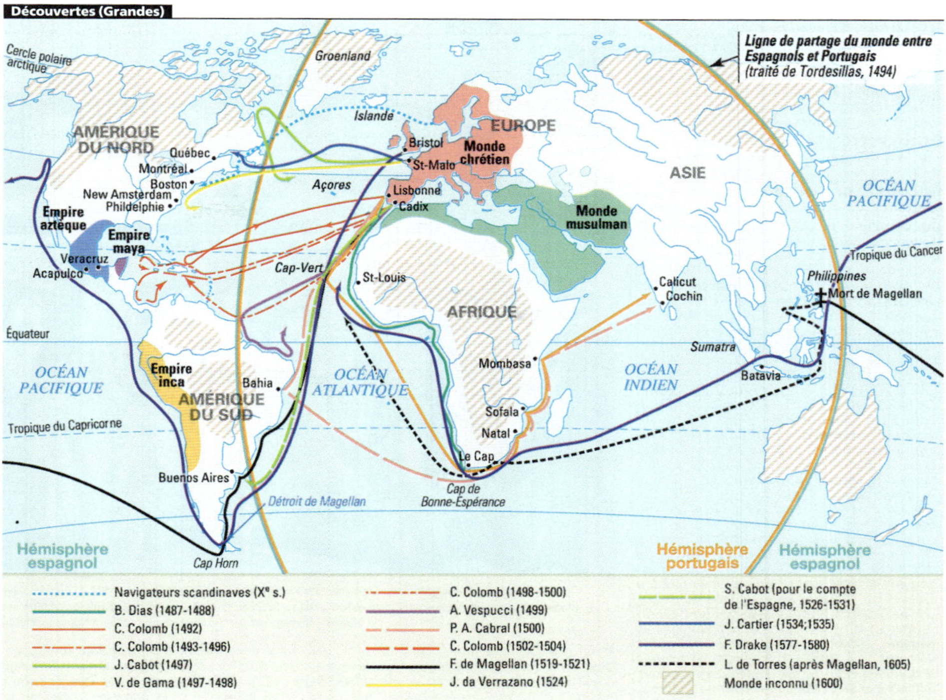

reprend un personnage de farceur légendaire et en fait le symbole de la résistance flamande à l'oppression de Philippe II et du duc d'Albe.

décote n. f. 1. Abattement d'impôt. 2. Baisse du cours, de la valeur (d'un titre, d'une monnaie). → **dévaluation.** ■ fig. *La décote d'un homme politique.* □ **décoter** v. tr. < 1 >

découcher v. intr. < 1 > Coucher hors de chez soi. *Il « se marie le matin [...] et découche la nuit de ses noces »* (La Bruyère).

découdre v. tr. < 48 > 1. Défaire (ce qui est cousu). – pronom. *Le bouton s'est décousu.* 2. *En découdre* : se battre. *Il va falloir en découdre.*

Decouflé (Philippe) Danseur, chorégraphe, mime et artiste de cirque français (né en 1961). Il réalise, à travers ses spectacles, une fusion de la danse contemporaine avec le théâtre et le cirque. *Codex ; Decodex ; Shazam.*

Panorama, une chorégraphie de Philippe Decouflé à Vaison-la-Romaine en juillet 2012.

découler v. intr. < 1 > (de *couler*) S'ensuivre par développement naturel. → **émaner, provenir, résulter.** *Les conséquences qui découlent de son acte, qui en découlent.*

découpage n. m. 1. Action de découper. 2. Image à découper. – *Enfant qui fait des découpages.* 3. cinéma Division du scénario en séquences et plans. 4. *Découpage électoral* : division en circonscriptions électorales.

découpe n. f. (de *découper*) 1. Action de découper ; son résultat. 2. Morceau d'étoffe rapporté sur un vêtement à des fins décoratives. 3. *Vente à la découpe* : vente par appartements d'un immeuble par un investisseur.

découper v. tr. < 1 > (de *couper*) 1. Diviser en morceaux, en coupant ou en détachant. *Découper un gâteau, un gigot.* – *Couteau à découper.* 2. Couper régulièrement suivant un contour, un tracé. *Découper un patron. Découper un article de presse.* – absolt *Découpez suivant le pointillé.* ■ **se découper** v. pron. *Se découper sur* : se détacher avec des contours nets de. *« Les feuillages immobiles se découpaient nettement sur le fond bleu du ciel »* (Balzac). ■ **découpé, ée** adj. Qu'on a découpé. ■ Dont les bords présentent des entailles aiguës. *Rivage découpé.*

découpeur, euse n. techn. 1. Ouvrier, ouvrière qui découpe. 2. Technicien, technicienne qui effectue le découpage des scénarios. 3. n. f. Machine à découper (le bois, le tissu).

découplage n. m. 1. électron. Élimination des perturbations produites par le couplage parasite de systèmes électroniques. *Découplage de deux amplificateurs.* 2. polit. Suppression du lien (politique, stratégique, économique) entre deux pays.

découplé, ée adj. (de *découpler* « ôter la *couple* [le lien ; sens ancien] » → **couple**) *Bien découplé, ée* : qui a un corps souple, agile ; bien bâti(e), de belle taille. *Athlète bien découplé.*

découpler v. tr. < 1 > 1. vén. Détacher (des chiens couplés) pour qu'ils courent après la bête. 2. électron. Réaliser le découplage de (deux systèmes électroniques).

découpoir n. m. techn. 1. Instrument servant à faire des découpures. → **emporte-pièce.** 2. Lame d'une machine à découper.

découpure n. f. État, forme de ce qui est découpé ; bord découpé.

décourageant, ante adj. Propre à décourager (opposé à *encourageant*). – *Vous êtes décourageant.*

découragement n. m. État d'une personne découragée. → **abattement, écœurement.** *Ne pas se laisser aller au découragement.*

décourager v. tr. < 3 > (de *courage*) 1. Rendre (qqn) sans courage, sans énergie ni envie d'action. → **abattre, accabler, démoraliser.** *Cet échec l'a découragé.* – pronom. *Se décourager* : perdre courage. – au p. p. *Être découragé.* 2. *Décourager qqn de (+ inf.)*, lui ôter l'envie, le désir de. *Il m'a découragé de partir.* → **dissuader.** 3. Diminuer, arrêter l'élan de. *« Il découragea successivement la patience de trois précepteurs »* (Jules Sandeau).

découronner v. tr. < 1 > Priver de la couronne. *La révolution découronna le roi.* → **détrôner.** □ n. m. **découronnement**

décours n. m. (du latin *decursus* « descente rapide ») 1. astron. Période de décroissement (de la Lune). → **décroît.** *La Lune est en décours.* 2. méd. Période de déclin (d'une maladie).

Decoust (Michel) Compositeur français (né en 1936). Responsable du département pédagogique de l'IRCAM de 1975 à 1979, opposé à la musique sérielle et à tout esprit de chapelle, il a notamment écrit *5 sonnets de Louise Labé* et *Concerto pour violon et orchestre.*

décousu, ue adj. (de *découdre*) 1. Dont la couture a été défaite. *Ourlet décousu.* 2. fig. Qui est sans suite, sans liaison. → **incohérent.** *Conversation décousue* (→ **à bâtons rompus**).

décousure n. f. vén. Blessure faite à un chien par un sanglier, un cerf.

[1]**découvert, erte** adj. Qui n'est pas couvert. *Avoir les épaules découvertes.* – loc. fig. *À visage découvert* : sans masque, sans détour. → **ouvertement.** – *Progresser en terrain découvert.*

[2]**découvert** n. m. Avance à court terme consentie par une banque. *Le découvert d'une caisse, d'un compte. Couvrir un découvert.*

à découvert loc. adv. 1. Dans une position qui n'est pas couverte, protégée. *Se trouver à découvert dans la campagne.* – fig. Franchement, ouvertement. *Agir à découvert.* 2. *Compte bancaire à découvert*, dont le solde est débiteur. – par ext. *Vous êtes à découvert.* → **être dans le rouge*.** ■ Bourse *Vendre à découvert* : vendre des valeurs sans les posséder.

découverte n. f. 1. Action de découvrir ce qui était ignoré, inconnu, caché. *La découverte d'un trésor, d'un secret.* – ***À la découverte*** loc. adv. : afin d'explorer, de découvrir. *Partir à la découverte.* ■ spécialt Connaissances nouvelles (sur qqch.) en sciences. *Découvertes scientifiques, archéologiques. Les applications d'une découverte.* ■ Voyage de découverte ; terres nouvelles qu'on découvre. *Les* *grandes découvertes aux* xve *et* xvie *siècles.* **2.** Ce qu'on a découvert. *Montrez-moi votre découverte.* → **trouvaille.** – *Cette romancière, cet acteur est la découverte de la saison.* → **révélation. 3.** techn. Élément de décor (scénique, cinématographique) placé derrière une ouverture et simulant l'arrière-plan.

Découverte (palais de la) Établissement dédié à la vulgarisation scientifique et installé dans le Grand Palais depuis 1937.

découvreur, euse n. Personne qui découvre.

découvrir v. tr. < 18 > (vient du bas latin → couvrir) **I.** concret **1.** Dégarnir de ce qui couvre. *Découvrir un plat.* **2.** Laisser voir, montrer. *Robe qui découvre le dos.* → **dénuder. 3.** Priver de ce qui protège. → **exposer.** *Découvrir une frontière.* **II.** (abstrait) **1.** Faire connaître (ce qui est caché). → **divulguer, révéler.** *Découvrir ses projets.* – loc. *Découvrir son jeu* (aux cartes), le montrer ; fig. laisser connaître ses intentions. **2.** Apercevoir. « *Une hauteur d'où l'on découvrait toute la ville* » (A. France). – Apercevoir tout à coup. *Découvrir un ami dans la foule.* **3.** Arriver à connaître (ce qui était resté caché ou ignoré). → **trouver.** *Découvrir un trésor. Découvrir un pays,* être le premier à y aller ; y aller pour la première fois. *On a découvert une tumeur.* → **déceler.** – *Découvrir que* (+ indic.). → **comprendre.** *J'ai découvert qu'il était très compétent.* **4.** Parvenir à connaître (ce qui était délibérément caché ou qqn qui se cachait). → **surprendre.** *Découvrir un complot. Découvrir le coupable.* → **démasquer.** ■ **se découvrir** v. pron. **1.** Ôter ce dont on est couvert. *Le bébé s'est découvert en dormant.* ■ Enlever ou soulever son chapeau. *Se découvrir par respect* (hommes). **2.** (temps) Devenir moins couvert. *Le ciel se découvre.* → **se dégager, s'éclaircir. 3.** S'exposer. *Boxeur qui se découvre trop.* **4.** Être découvert. *La solution se découvrit enfin. La ville se découvrait au loin.* **5.** Déclarer sa pensée. *Se découvrir à un ami.* → **se confier. 6.** Apprendre à se connaître. ■ récipr. *Ils se sont découverts.*

Decoux (Jean) Amiral français (1884-1963). Gouverneur général de l'Indochine (1940) puis haut-commissaire dans le Pacifique (1941), il parvint à maintenir la présence administrative française jusqu'au coup de force japonais (1945).

De Craeyer ou **De Crayer (Gaspar)** Peintre flamand (1584-1669). Nommé peintre du roi par Ferdinand IV, il peignit des tableaux d'autels influencés par Rubens. *La Pêche miraculeuse.*

décrasser v. tr. < 1 > **1.** Débarrasser de la crasse. → **laver, nettoyer.** □ n. m. **décrassage 2.** fam. Débarrasser (qqn) de son ignorance. → **dégrossir.**

décrédibiliser v. tr. < 1 > Rendre moins crédible. *Mesures qui décrédibilisent la politique du gouvernement.*

décrément n. m. (de l'anglais *decrement,* latin *decrementum,* de *decrescere* « décroître ») math, inform. Valeur soustraite à chaque itération d'une boucle. ■ phys. *Décrément logarithmique :* mesure de l'amortissement d'une oscillation.

décrêper v. tr. < 1 > Rendre lisses (des cheveux crêpés ou crépus). □ n. m. **décrêpage**

décrépir v. tr. < 2 > Dégarnir du crépi. – au p. p. *Mur décrépi. Façade décrépie.* □ n. m. **décrépissage**

décrépit, ite adj. (du latin, de *crepitus,* de *crepare* « craquer » → crépiter) **1.** Qui est dans une extrême déchéance physique. → **usé, vieux.** *Vieillard décrépit.* **2.** Qui menace ruine. *Maison décrépite.*

décrépitation n. f. (de *crépitation*) didact. Éclatement ou fendillement de cristaux sous l'effet de la chaleur ; bruit qui en résulte.

décrépitude n. f. (→ décrépit) Déchéance, décadence. *La décrépitude d'une civilisation. Tomber en décrépitude.*

decrescendo [dekʀeʃɛndo ; dekʀeʃɛ̃do] adv. (italien *decrescendo* « en décroissant ») mus. En diminuant progressivement l'intensité d'un son (opposé à *crescendo*). → **diminuendo.** ■ n. m. *Des decrescendos.* - var. **décrescendo**

décret n. m. (latin jurid. *decretum,* famille de *décerner*) **1.** Décision écrite émanant du pouvoir exécutif. → [1]**arrêté, ordonnance.** *Publication des décrets au Journal officiel. Décret-loi.*

Découvertes (Grandes)

1. Carte de la Nouvelle-Angleterre du capitaine John Smith, découvreur de la Virginie en 1607. 2. Des indigènes attaquent le capitaine Samuel Wallis lors de son arrivée à Tahiti en 1767. 3. Christophe Colomb se voit offrir une femme indigène lors de l'un de ses voyages dans le Nouveau Monde.

▶ En quelque trente ans, à partir du xve s., les **Grandes Découvertes** (Amérique, route des Indes, océan Pacifique) ont fait reculer les limites du monde connu des Européens. Ouvrir une route nouvelle pour obtenir à bas prix des produits de l'Orient, qui, depuis les croisades, tiennent une place importante dans la cuisine et la pharmacopée, est le but principal des expéditions maritimes. Dans la mesure où la conquête ottomane a fermé les routes traditionnelles de la Méditerranée orientale, c'est vers l'Océan que l'Europe va regarder. En effet, son dynamisme l'y prépare : essor démographique, soif d'évangélisation, supériorité technique autorisant une navigation de plus en plus lointaine (caravelle, gouvernail d'étambot, boussole, astrolabe) et assurant une supériorité militaire sur les peuples indigènes. À la recherche d'une route maritime vers les Indes, les navigateurs vont sillonner les océans Atlantique et Indien pour se procurer or et épices. Les Portugais (Henri le Navigateur) explorent les côtes de l'Afrique occidentale (Madère, les Açores, Guinée) ; Bartolomeu Dias atteint la pointe sud de l'Afrique ; Vasco de Gama contourne le cap de Bonne-Espérance et atteint l'Inde (1498). Certain de la sphéricité de la Terre, Christophe Colomb cherche à gagner l'Inde par l'ouest pour le compte de l'Espagne : il découvre les Bahamas, Cuba et Saint-Domingue (1492), et accomplit trois autres voyages jusqu'en 1498. Il meurt en 1504, convaincu d'avoir abordé les côtes de l'Inde. À sa suite, d'autres navigateurs (Jean et Sébastien Cabot pour le compte du roi d'Angleterre ; Cabral, qui accoste au Brésil en 1500) explorent les côtes du Nouveau Monde, ouvrant la voie à l'avancée des *conquistadors* (Juan Ponce de León, Hernán Cortés, Francisco Pizarro) à l'intérieur des terres. Le Portugais Magellan entame le premier tour du monde (1520-1522) et traverse l'océan Pacifique, avant d'être tué, aux Philippines, en 1521. Au xvie s., Français, Anglais et Hollandais concurrencent les Portugais et les Espagnols. De nombreux navigateurs, dont le Français Jacques Cartier, qui remonte le Saint-Laurent (1534-1535), le Hollandais Barents (1594) et l'Anglais Hudson (1610), partent à la recherche du fameux passage du nord-ouest entre l'Atlantique et le Pacifique. Les Grandes Découvertes ont débouché sur la création des premiers grands empires coloniaux européens : espagnol et portugais au xvie s., français (Québec et Louisiane), anglais (Virginie) et hollandais (Indonésie) au xviie siècle.

2. littér. Décision, volonté d'une puissance supérieure. *Se soumettre aux décrets du sort.*

décrétale n. f. (latin relig. *decretalis* « ordonné par décret » → décret) Lettre du pape répondant à une consultation de discipline ou d'administration.

Décrétales (Fausses) ou **Décrétales pseudo-isidoriennes** Recueil de règlements ecclésiastiques attribué à Isidore de Séville, en fait rédigé par un groupe de clercs vers 850. Les papes s'en servirent à partir du xie s. pour affirmer leur autorité sur les souverains.

décréter v. tr. < 6 > **1.** Ordonner par un décret. *Décréter la mobilisation.* **2.** Décider avec autorité. *Il a décrété qu'il resterait.*

décreuser v. tr. < 1 > (du provençal *descr[e]usa,* de *dé-* et *cru*) techn. Lessiver (le fil de soie grège) pour le dépouiller de sa gaine de séricine. - syn. **décruer, décruser.** □ n. m. **décreusage** et **décreusement**

décrier v. tr. < 7 > (de *crier*) littér. Attaquer, rabaisser dans sa réputation. ■ **décrié, ée** adj. Contesté et critiqué. *Une mesure décriée.*

décrire v. tr. < 39 > (latin *describere* → écrire) **1.** Représenter dans son ensemble, par écrit ou oralement. → **dépeindre ; description.** *Décrire une plante, un animal.* « *Journée délicieuse. J'en gâterai le plaisir en la décrivant* » (Stendhal). **2.** Tracer ou suivre (une ligne courbe). *La route décrit une courbe.* – au p. p. *L'orbe décrite par une planète.*

décrispation n. f. Fait de détendre (les rapports politiques et sociaux). → **détente.** *La décrispation du climat social* (opposé à *crispation*). □ **décrisper** v. tr. < 1 >

décrochement n. m. État de ce qui est décroché. *Décrochement de la mâchoire.* – Forme de ce qui est en retrait. *En décrochement :* en retrait par rapport à un alignement.

décrocher v. < 1 > (de *croc* → accrocher) **I.** v. tr. **1.** Détacher (ce qui était accroché). *Décrocher un tableau* (opposé à *accrocher*). → [2]**dépendre.** – *Décrocher le téléphone* (opposé à *raccrocher*), ou absolt *décrocher.* – loc. fig. *Bâiller, rire à s'en décrocher la mâchoire,* très fort. **2.** fig. et fam. Obtenir. *Décrocher le premier prix.* **3.** fig. Distancer. *Cycliste qui décroche le peloton dans une échappée.* **II.** v. intr. **1.** milit. Se replier, reculer. ■ fam. Abandonner une activité. *Le film était si long que j'ai décroché.* – *Élève qui décroche,* qui abandonne l'école. ■ Cesser de se droguer. *Il a décroché depuis six mois.* **2.** (avion, engin spatial) Perdre sa portance. *L'avion décroche et descend en vrille.* □ n. m. **décrochage**

décroiser v. tr. < 1 > Faire cesser d'être croisé. *Décroiser les bras, les jambes.*

décroissance n. f. **1.** État de ce qui décroît. → **déclin, diminution.** *La décroissance de la natalité.* **2.** Projet politique remettant en cause la croissance économique.

¹décroissant, ante adj. Qui décroît. *Par ordre décroissant.*

²décroissant, ante adj. et n. Relatif à la décroissance (2). ■ Partisan de la décroissance. – n. *Les décroissants.*

décroissement n. m. Mouvement de ce qui décroît.

décroît n. m. astron. Décroissement de la Lune, qui entre dans son dernier quartier. → **décours.** - var. RO **décroit.**

décroître v. intr. < 55 sauf p. p. : *décru,* sans accent circonflexe > (de *croître*) Diminuer progressivement. → **baisser.** *Les eaux ont décru* (→ **décrue**). *Ses forces décroissent. La lumière, le bruit décroissait.* - var. RO **décroitre.**

Decroly (Ovide) Médecin et psychologue belge (1871-1932). Spécialisé en neuropsychiatrie, il contribua par ses conceptions psychopédagogiques aux réformes de l'enseignement belge et à l'institution d'écoles expérimentales en France. Il préconisa notamment une méthode d'apprentissage globale de la lecture.

décrotter v. tr. < 1 > (de *crotte,* au sens ancien de « boue ») **1.** Nettoyer en ôtant la boue. *Décrotter des chaussures.* **2.** fig. Débarrasser (qqn) de ses manières grossières. → **dégrossir.** □ n. m. **décrottage**

décrotteur n. m. agric. Machine à nettoyer les racines, les tubercules.

décrottoir n. m. Lame de fer ou petite grille servant à décrotter les chaussures.

Decroux (Étienne) Mime français (1898-1991). Il a renouvelé l'art du mime par sa technique du « mime corporel » et de la « pantomime du style ». Il fut notamment le maître de J.-L. Barrault et de M. Marceau.

décrue n. f. (de *décroître*) Baisse du niveau des eaux (après une crue).

décruer voir **décreuser**

décruser voir **décreuser**

décrypter v. tr. < 1 > (de *crypte* → crypto-) **1.** Traduire en clair (un message chiffré dont on ignore la clé). → **déchiffrer, décoder.** **2.** Restituer le sens de (qqch.). *Décrypter l'actualité.* → **analyser.** □ n. m. **décryptage**

déçu, ue adj. (de *décevoir*) **1.** Qui n'est pas réalisé. *Amour, espoir déçu.* **2.** Qui a éprouvé une déception. *Il est déçu du résultat.* – (Suisse) *Être déçu en bien* : être agréablement surpris. – loc. fam. *Ne pas être déçu (du voyage)* : rencontrer les désagréments prévus. – n. *Les déçus de la politique.*

décubitus n. m. (mot latin, de *decumbere* « se mettre au lit ») didact. Position couchée. *Être en décubitus dorsal, ventral, latéral.*

décuivrer v. tr. < 1 > techn. Débarrasser (une surface) d'un dépôt de cuivre (par dissolution, électrolyse).

de cujus [dekyjys ; dekujus] n. m. invar. (abrév. du latin *de cujus successione agitur* « celui dont la succession est en question ») dr. Personne dont la succession est ouverte. *La volonté du de cujus.*

déculasser v. tr. < 1 > techn. Enlever la culasse de (une arme à feu).

déculottée n. f. fam. Défaite humiliante.

déculotter v. tr. < 1 > Enlever la culotte, le pantalon de (qqn). *Déculotter un enfant.* ■ **se déculotter** v. pron. **1.** Enlever sa culotte, son pantalon. **2.** fig. et fam. Avoir une attitude servile ; se soumettre (→ **baisser son froc**). □ n. m. **déculottage**

déculpabiliser v. tr. < 1 > **1.** Libérer (qqn) d'un sentiment de culpabilité. **2.** Ôter à (qqch.) son caractère de faute. □ n. f. **déculpabilisation**

déculturation n. f. (de *culture,* d'après *acculturation*) ethnol. Perte de l'identité culturelle (d'un groupe ethnique). *Déculturation et acculturation.*

Décumates (champs) Ancienne région située entre le Main, le Rhin et le Danube. Annexés par Rome au Iᵉʳ s., ils furent envahis par les Alamans en 261.

décuple adj. (latin *decuplus,* de *decem* → dix) Qui vaut dix fois (la quantité désignée). – n. m. *100 est le décuple de 10.*

décupler v. < 1 > (de *décuple*) **1.** v. tr. Rendre dix fois plus grand. *Décupler la mise.* – fig. Augmenter considérablement. *La colère décuplait ses forces.* **2.** v. intr. Devenir dix fois plus grand. *Les prix ont décuplé en vingt ans.* □ n. m. **décuplement**

décurie n. f. (du latin, de *decem* → dix) Antiq. romaine Groupe de dix soldats ou de dix citoyens.

décurion n. m. Antiq. romaine Chef d'un groupe de dix soldats ou de dix citoyens.

décurrent, ente adj. (du latin *decurrens* « qui court le long de ») bot. Qui se prolonge au-delà du point d'insertion habituel. *Champignons à lamelles décurrentes sur le pied* (ex. la girolle).

décuscuteuse n. f. (de *cuscute*) agric. Appareil qui sert à éliminer les graines de cuscute des semences.

décussé, ée adj. (du latin *decussatus* « en croix ») bot. *Feuilles décussées* : feuilles opposées dont les paires se croisent à angle droit.

décuver v. tr. < 1 > (de *cuve*) techn. Mettre (le raisin, le vin) hors de la cuve. □ n. m. **décuvage**

dédaignable adj. (surtout en tournure négative) Qu'on peut négliger. *Avantage non dédaignable,* dont on peut tenir compte. → **négligeable.**

dédaigner v. < 1 > (de *daigner*) **1.** v. tr. dir. Considérer avec dédain. → **mépriser.** – Négliger. *Ce n'est pas à dédaigner* (→ **dédaignable**). **2.** v. tr. ind. littér. ***Dédaigner de*** (+ inf.). *Il dédaigne de répondre* : il ne daigne pas répondre.

dédaigneusement adv. D'une manière dédaigneuse. *Regarder dédaigneusement qqn, qqch.*

dédaigneux, euse adj. **1.** Qui a ou exprime du dédain. → **altier, arrogant, ¹hautain.** *« Dédaigneux et fiers, ils n'abordent plus leurs pareils »* (La Bruyère). – *Moue dédaigneuse.* ■ n. *Faire le dédaigneux.* **2.** littér. ***Dédaigneux de*** : qui dédaigne de. *Être dédaigneux de plaire.*

dédain n. m. (de *dédaigner*) Le fait de dédaigner. → **arrogance, mépris.** *Regarder qqn avec dédain.* → **hauteur.** *N'avoir que du dédain pour qqn, qqch.*

dédale n. m. (du latin, du grec *Daidalos* ; de *Dédale*) **1.** Lieu où l'on risque de s'égarer à cause de la complication des détours. → **labyrinthe.** **2.** fig. Ensemble de choses embrouillées. *Se perdre dans un dédale de contradictions. « Un dédale enivrant de conjectures »* (Baudelaire). □ adj. **dédaléen, enne**

Dédale Dans la mythologie grecque, architecte du Labyrinthe de Crète, dans lequel est enfermé le Minotaure. Il y est lui-même emprisonné, mais réussit à s'en échapper, avec son fils Icare, en se faisant des ailes de cire et de plumes.

dedans (*de* + *dans*) **I.** adv. de lieu **1.** À l'intérieur. *Vous attendrai-je dehors ou dedans ? Le tube est vide, il n'y a rien dedans.* ■ fam. *Mettre, ficher qqn dedans* : le tromper. ■ *Attention au poteau, vous allez rentrer dedans,* le heurter. – *Il va lui rentrer dedans,* l'attaquer violemment. **2.** loc. ***Là-dedans*** : à l'intérieur de ce lieu, en cet endroit. – fig. *Il y a du vrai là-dedans.* ■ ***De dedans*** : de l'intérieur. *Le froid saisit lorsqu'on vient de dedans.* – ***En dedans*** : à l'intérieur. *Rire en dedans.* – *Marcher les pieds en dedans,* les pointes tournées vers l'intérieur. **II. 1.** n. m. *Le dedans.* → **intérieur.** *Ce bruit vient du dedans.* **2.** ***Au(-)dedans*** loc. adv. : à l'intérieur. « [...] *je sens un feu qui me brûle au dedans* » (La Fontaine). – *Au(-)dedans de* loc. prép. : à l'intérieur de. *Au-dedans de nous* : dans notre for* intérieur.

Dedekind (Richard) Mathématicien allemand (1831-1916). Auteur de la théorie des idéaux, il développa un raisonnement novateur reposant sur la théorie des ensembles. Il effectua des recherches sur les fondements des mathématiques.

dédicace n. f. (du latin, de *dedicare* → dédier) **1.** relig. Consécration (d'une église, d'une chapelle) au culte divin. **2.** Hommage qu'un auteur fait de son œuvre à qqn, par une inscription imprimée en tête de l'ouvrage (→ **dédier**). – Formule manuscrite sur un livre, etc. pour en faire hommage à qqn. → **envoi ; dédicacer.**

dédicacer v. tr. < 3 > Mettre une dédicace sur. – au p. p. *Disque dédicacé à un fan.*

dédicataire n. (du latin → dédier) Personne à qui est adressée une dédicace.

dédicatoire adj. (du latin → dédier) didact. Qui contient la dédicace imprimée d'un livre, d'un ouvrage d'art. *Épître dédicatoire.*

dédié, iée adj. (anglais des États-Unis *dedicated*) anglic., inform. Affecté à un usage particulier. *Serveur dédié.*

dédier v. tr. < 7 > (du latin *dedicare,* famille de *dicere* → ¹dire) **1.** Mettre (un ouvrage) sous le patronage de qqn, par une inscription imprimée ou gravée, une dédicace. *Elle a dédié son roman à sa mère.* **2.** littér. Consacrer, vouer. *Dédier ses efforts à l'intérêt public.*

dédifférenciation n. f. didact. Évolution du plus complexe vers le plus simple ; retour à un état antérieur. ■ biol. Perte totale ou partielle, par une cellule ou un tissu, de ses caractères particuliers.

se **dédifférencier** v. pron. < 7 > biol. (cellule, tissu) Perdre tout ou partie de ses caractères spécifiques.

dédire v. < 37 > (de *dire*) vieux Démentir, désavouer. *« Je n'ai pas osé l'en dédire »* (Marivaux). ■ **se dédire** v. pron. Se rétracter, ne pas tenir sa parole. *Se dédire d'une promesse.* – loc. fam. *Cochon qui s'en dédit* (formule qui accompagne un serment).

dédit n. m. (de *dédire*) **1.** Action de se dédire. **2.** dr. Faculté de ne pas exécuter ou d'interrompre son engagement (le plus souvent contre une indemnité). *En cas de dédit.* ■ Cette indemnité. *Payer son dédit.*

dédommagement n. m. **1.** Réparation d'un dommage. → **indemnisation.** *Argent versé à titre de dédommagement.* **2.** Ce qui compense un dommage. → **consolation.** *C'est un dédommagement à ses peines.*

dédommager v. tr. < 3 > (de *dommage*) **1.** Indemniser (qqn) d'un dommage subi. → **payer.** *Dédommager qqn d'une perte.* **2.** Donner une compensation à (qqn). *Je ne sais comment vous dédommager de vos efforts.*

dédorer v. tr. < 1 > Ôter la dorure de. – au p. p. *Cadre dédoré.* □ n. m. **dédorage**

dédouanement n. m. **1.** Action de dédouaner (1) ; son résultat. **2.** fig. Justification, réhabilitation. - syn. **dédouanage.**

dédouaner v. tr. < 1 > **1.** Faire sortir (une marchandise) en acquittant les droits de douane. – au p. p. *Voiture dédouanée.* **2.** fig. *Dédouaner qqn,* le relever du discrédit dans lequel il était tombé. → **blanchir, disculper.** – pronom. *Il cherche à se dédouaner.*

dédoublage n. m. techn. Action d'enlever une doublure.

dédoublement n. m. **1.** Action de dédoubler ; son résultat. **2.** psych. *Dédoublement de la personnalité* : trouble d'un sujet qui présente deux types de comportement (l'un normal, l'autre pathologique).

dédoubler v. tr. < 1 > (de *doubler*) **1.** Enlever la doublure de. **2.** Partager en deux. → **diviser.** *Dédoubler un fil de laine.* – *Dédoubler un train,* faire partir deux trains au lieu d'un. ■ **se dédoubler** v. pron. Se séparer en deux. – *Je ne peux pas me dédoubler,* être à deux endroits à la fois (→ **ubiquité**).

dédramatiser v. tr. < 1 > Ôter à (qqch.) son caractère dramatique. → **dépassionner.** *Dédramatiser le divorce.* □ n. f. **dédramatisation**

déductible adj. Que l'on peut déduire (d'un revenu, d'un bénéfice). *Frais déductibles.* □ n. f. **déductibilité**

déductif, ive adj. (du latin → déduire) philos. Qui procède par déduction. → **démonstratif, discursif.**

déduction n. f. (du latin → déduire) **I.** Fait de déduire (I). → **décompte, soustraction.** *Déduction faite des arrhes.* **II.** Raisonnement par lequel on déduit, on conclut. → **démonstration ; conclusion.** - souvent employé à tort pour *induction**.

déduire v. tr. < 38 > (latin *deducere,* d'après *conduire*) **I.** Retrancher (une certaine somme) d'un total à payer. → **défalquer, retenir.** – au p. p. *Tous frais déduits.*

D

II. Conclure, décider ou trouver (qqch.) par un raisonnement, à titre de conséquence (opposé à *induire*). – pronom. *La solution se déduit naturellement de l'hypothèse.* → **découler.**

Dee n. f. Fleuve côtier de Grande-Bretagne (pays de Galles, Angleterre), qui se jette dans la mer d'Irlande. 113 km.

déesse n. f. (du latin *dea*, fém. de *deus* → **dieu**, et suffixe *-esse*) **1.** Divinité féminine. *Vénus, Aphrodite, déesses de l'Amour.* **2.** loc. *Un corps de déesse. Un port de déesse*, majestueux.

de facto [defakto] loc. adv. (mots latins) dr. De fait (par oppos. à *de jure*). *Gouvernement reconnu de facto.* ■ cour. Par voie de conséquence. → **ipso facto.**

défaillance n. f. **1.** Diminution importante et momentanée des forces physiques. → **faiblesse, malaise.** *Tomber en défaillance* : se trouver mal. – par ext. *Défaillance de la volonté.* ■ méd. Insuffisance fonctionnelle d'un organe. **2.** Faiblesse, incapacité. *Devant la défaillance des pouvoirs publics.* ■ loc. *Sans défaillance* : sans défaut, qui fonctionne parfaitement. **3.** dr. Défaut d'exécution d'une clause contractuelle, au terme fixé. – par ext. Faillite.

défaillant, ante adj. (de *défaillir*) **1.** Qui fait défaut, qui manque. – dr. *Accusé défaillant.* → **contumax.** **2.** (forces physiques ou morales) Qui défaille, décline. → **chancelant, faible.** *Mémoire défaillante.*

défaillir v. intr. < 13 > (de *faillir*) **1.** Tomber en défaillance. → **s'évanouir** ; se trouver **mal.** *Être sur le point de défaillir. Elle défaillait de faim.* **2.** S'affaiblir, décliner. *Ses forces défaillent de jour en jour.*

défaire v. tr. < 60 > (de *faire*) **1.** Réduire à l'état d'éléments (ce qui était construit, assemblé). *Défaire un paquet, un nœud.* **2.** Supprimer l'ordre, l'arrangement de (qqch.). *Défaire sa valise*, en sortir le contenu. *Défaire son lit.* – *Défaire sa cravate, sa ceinture.* → **dénouer, [1]détacher.** **3.** littér. Mettre en déroute. *Défaire une armée.* → **vaincre ; défaite.** ■ **se défaire** v. pron. **1.** Cesser d'être fait, arrangé. *Le nœud se défait.* – *Les destinées se font et se défont.* **2.** *Se défaire de* : se débarrasser de. *Se défaire d'un importun. Se défaire d'une mauvaise habitude.* ■ Se débarrasser de (qqch.) en vendant. *Se défaire d'un vieux meuble.* ■ **défait, aite** adj. **1.** Qui n'est plus fait, arrangé. *Lit défait.* **2.** Qui semble épuisé. *Visage défait*, pâle, décomposé. **3.** Vaincu, battu. *Armée défaite.*

défaite n. f. (de *défaire*) **1.** Perte d'une bataille. *Subir une défaite.* → **revers.** – Perte d'une guerre. *La défaite française de 1871.* – *La défaite d'une équipe sportive.* **2.** Échec. *Défaite électorale.*

défaitisme n. m. Attitude de ceux qui ne croient pas à une victoire et préconisent l'abandon de la lutte. → **aquoibonisme.** ■ par ext. Pessimisme, manque de confiance. □ **défaitiste** adj. et n. *Propos défaitistes.*

défalquer v. tr. < 1 > (du latin médiéval, de *falcare* → **faucher**) Retrancher d'une somme, d'une quantité. → **déduire.** *Défalquer ses frais d'une somme à payer.* □ n. f. **défalcation**

défanant n. m. (→ **fane**) agric. Produit chimique destiné à la destruction des fanes de pommes de terre (opération du *défanage* n. m.).

défatiguer v. tr. < 1 > Dissiper la fatigue de. *Massage qui défatigue le dos.* → **délasser, détendre.**

défaufiler v. tr. < 1 > cout. Défaire (ce qui était faufilé).

[1]défausser v. tr. < 1 > techn. Redresser (ce qui a été faussé). *Défausser une clé.*

[2]se défausser v. pron. < 1 > (de *faux* ou de *fausser* « tromper ») **1.** jeux Se débarrasser d'une carte inutile ou dangereuse à conserver. **2.** fig. Se décharger (d'une responsabilité, d'une corvée). □ n. f. **défausse**

défaut n. m. (de *défaillir*) **I. 1.** Absence de ce qui serait nécessaire ou désirable. → **carence, [1]manque.** *Défaut d'organisation, d'attention.* ■ *Faire défaut* : manquer. *Le temps nous fait défaut.* ■ math. *Approximation (d'un nombre) par défaut*, inférieure à ce nombre (opposé à *excès*). ■ dr. *Jugement par défaut*, rendu par le tribunal contre une personne qui n'a pas comparu. → par **contumace.** **2.** Endroit où qqch. se termine. *Le défaut de l'épaule.* **3.** *En défaut. Être en défaut* : manquer à ses engagements ou commettre une erreur. *Prendre, trouver qqn en défaut.* ■ vén. *Mettre les chiens en défaut*, leur faire perdre la piste. **4.** *À défaut de* loc. prép. : en l'absence de, faute de. *À défaut d'une victoire, l'équipe s'est contentée d'un match nul.* **II. 1.** Imperfection physique. → **anomalie.** *Défaut congénital.* – *Défaut de prononciation.* **2.** Détail irrégulier, partie imparfaite, défectueuse. *Ce diamant a un léger défaut.* **3.** Imperfection morale. → **faiblesse, travers.** *Les qualités et les défauts de qqn. « Nous n'avouons de petits défauts que pour persuader que nous n'en avons pas de grands »* (La Rochefoucauld). **4.** Ce qui est imparfait, insuffisant dans une œuvre, une activité. *Les défauts d'un film.* – *Les défauts d'une théorie.* → **faiblesse, [1]faille.**

défaveur n. f. Perte de la faveur, de l'estime. → **discrédit.** *S'attirer la défaveur du public. Être en défaveur auprès de qqn*, en disgrâce. ■ Disposition défavorable. *Le temps joue en notre défaveur.*

défavorable adj. Qui n'est pas favorable. *Être défavorable à un projet. Avis défavorable.* – *Circonstances défavorables.* → **contraire, désavantageux.** □ adv. **défavorablement**

défavoriser v. tr. < 1 > (de *favoriser*) Priver (qqn) d'un avantage. → **désavantager, frustrer.** *Cette loi nous défavorise par rapport à nos concurrents.* ■ **défavorisé, ée** adj. *Les classes sociales les plus défavorisées.* – n. *Les défavorisés.*

défécation n. f. (du latin → **déféquer**) didact. Expulsion des matières fécales.

défectif, ive adj. (du bas latin, de *deficere* « faire défaut » → **déficit**) gramm. (verbe) Dont certaines formes de conjugaison sont inusitées (ex. *choir, clore, quérir*).

défection n. f. (du latin, de *deficere* « faire défaut » → **déficit**) **1.** Abandon (par qqn) d'une cause, d'un parti. *Faire défection* : abandonner. **2.** Fait de ne pas venir là où l'on était attendu. *Malgré la défection de plusieurs exposants, le salon aura lieu.*

défectueux, euse adj. (du latin médiéval, de *deficere* « faire défaut » → **déficit**) Qui présente des imperfections, des défauts. → **imparfait, insuffisant, mauvais.** *Marchandise, installation défectueuse.* – *Ce raisonnement est défectueux par un point.* □ adv. **défectueusement**

défectuosité n. f. **1.** État de ce qui est défectueux. **2.** Défaut, malfaçon.

défendable adj. **1.** Qui peut être défendu (militairement). **2.** fig. *La thèse qu'il soutient n'est pas défendable.*

défendeur, deresse n. (de *défendre* ; cf. *défenseur*) dr. Personne contre laquelle est intentée une action judiciaire.

défendre v. tr. < 41 > (latin *defendere*, de *fendere* « frapper » → **offense**) **I. 1.** Protéger (qqn, qqch.) contre une attaque en se battant. *Défendre qqn au péril de sa vie.* – *Défendre chèrement sa vie.* ■ loc. *À son corps défendant* : à contrecœur, malgré soi. « [...] *elle est prude à son corps défendant* » (Molière). **2.** Protéger, interdire (un lieu) par la force, par les armes. → **garder.** *Division qui défend la frontière.* **3.** fig. Soutenir (qqn, qqch.) contre des accusations, des attaques. *L'avocat défend son client.* → **plaider** pour. ■ Justifier. *Défendre une opinion.* → **soutenir.** **4.** (choses) *Défendre de* : garantir, préserver, protéger de. *Vêtement qui défend du froid.* **II.** *Défendre qqch. à qqn ; défendre à qqn de* (+ inf.), interdire, proscrire. *Le médecin lui défend l'alcool, de boire de l'alcool.* – *Défendre que* (+ subj.). *Il défend qu'on sorte.* ■ passif *Le sel lui est défendu.* – impers. *Il est strictement défendu de fumer ; c'est défendu.* → **[1]défense** de. ■ **se défendre** v. pron. **1.** Résister à une attaque. → se **battre, lutter.** *Se défendre comme un lion.* – fig. et fam. Être apte à faire qqch. *Elle se défend bien en affaires.* **2.** Se justifier. *Se défendre contre une accusation.* ■ littér. Nier. *Il se défend d'être avantagé.* ■ passif (choses) Être défendable. *Votre point de vue se défend.* – fam. *Ça se défend.* **3.** *Se défendre de, contre*, se protéger, se préserver. *Se défendre contre la maladie.* – *Se défendre de* (+ inf.) → **s'interdire.** *Elle se défend de conclure.* → se **garder.**

défends voir **défens**

défendu voir **défendre**

Défenestration de Prague Évènement du 23 mai 1618 qui ouvrit la guerre de Trente Ans. Le culte protestant ayant été interdit dans la ville, le palais royal fut envahi et deux gouverneurs impériaux précipités d'une fenêtre.

défenestrer v. tr. < 1 > (→ **fenêtre**) rare Précipiter (qqn) d'une fenêtre. – pronom. *Se défenestrer du 8e étage.* □ n. f. **défenestration**

défens ou **défends** [defɑ̃] n. m. (du latin → **défendre**) dr. *Bois en défens*, interdit au pâturage, les arbres étant trop jeunes.

[1]défense n. f. (du bas latin → **défendre**) **I. 1.** Action de défendre (un lieu) contre des ennemis. *La défense du pays.* – *Ligne, position de défense. Défense contre avions.* → **DCA.** – *Défense nationale* : ensemble des moyens visant à assurer l'intégrité matérielle d'un territoire contre les agressions de l'étranger. – *Défense passive* : moyens de protection de la population civile contre les bombardements aériens. – *Défense informatique.* → **cyberdéfense.** ■ (jeux de ballon) Action, manière de défendre son camp. *Jouer la défense.* **2.** Fait de se défendre, de résister (au moral et au physique). *Elle est sans défense.* – dr. *Légitime défense*, fait enlevant son caractère illégal à un homicide, etc. lorsqu'il a été commandé par la nécessité de se défendre ou de défendre autrui. ■ (de *se défendre*, 3) *La défense de l'organisme contre les microbes.* – *Défenses psychologiques.* **3.** Action de défendre qqn ou de se défendre contre une accusation. *N'avoir rien à dire pour sa défense.* ■ Représentation en justice des intérêts des parties. → **[1]avocat, défenseur.** *La parole est à la défense* (opposé à *accusation*). **4.** fig. Action de défendre, de protéger, de soutenir (qqn, qqch.). *Prendre la défense des opprimés. La défense d'un idéal.* **5.** Ce qui sert à défendre, à se défendre. *Ouvrages de défense.* → **fortification.** **II.** Fait de défendre (II), d'interdire. → **interdiction.** « *On chargea le poète de chaînes. On l'accabla de défenses bizarres* » (Valéry). – *Défense de* (+ inf.). *Défense d'afficher.* loc. littér. *Faire défense* (à qqn) *de*, interdire.

[2]défense n. f. (de [1]*défense*) Longue dent saillante de certains mammifères. *Les défenses du sanglier, du morse. Défenses d'éléphant*, ou absolt *défenses. L'ivoire des défenses.*

Défense (quartier de la) Quartier d'affaires de la banlieue ouest de Paris. La Grande Arche de la Défense y fut inaugurée en 1989.

Défense nationale (gouvernement de la) Gouvernement qui succéda au second Empire le 4 sept. 1870 (proclamation de la république). Il céda la place à l'Assemblée nationale le 12 février 1871, après la signature de l'armistice avec l'Allemagne.

défenseur n. (du latin → **défendre** ; cf. *défendeur*) au féminin *défenseur, défenseure* ou *défenseuse* **1.** Personne qui défend qqn ou qqch. contre des agresseurs. *Les défenseurs d'une ville assiégée.* ■ sports Joueur chargé de la défense. **2.** fig. Personne qui soutient une cause, une doctrine. → **[1]avocat, champion.** *Elle fut le défenseur des droits des femmes.* **3.** Personne chargée de soutenir les intérêts d'une partie, devant le tribunal. → **[1]avocat ; [1]défense** (I, 3).

défensif, ive adj. (du latin médiéval → **défendre**) Qui est fait pour la défense. *Armes défensives. Politique défensive.*

défensive n. f. (de *défensif*) Disposition à se défendre sans attaquer. *Être, se tenir, rester sur la défensive*, prêt à répondre à toute attaque (→ **être sur ses gardes, sur le qui-vive**).

déféquer v. intr. < 6 > (latin *defaecare*, de *faex, faecis* → fèces ; défécation) didact. Expulser les matières fécales. → fam. faire caca.

défèrement n. m. dr. Présentation (d'une personne) devant l'autorité judiciaire ou administrative compétente. *Défèrement au parquet.*

déférence n. f. (de *déférer*) Considération très respectueuse que l'on témoigne à qqn. *Traiter qqn avec déférence.*

déférent, ente adj. I. didact. Qui conduit vers l'extérieur. – anat. *Canal déférent* : canal excréteur des testicules. II. Qui a, témoigne de la déférence. → respectueux. *Ton déférent.*

déférer v. < 6 > (latin *deferre*, proprt « porter de haut en bas » [supin *delatum* cf. délation], de *ferre* → -fère) 1. v. tr. Porter (une affaire), traduire (un accusé) devant l'autorité judiciaire compétente. *Déférer une affaire à un tribunal* (→ saisir), *un coupable à la justice* (→ citer, traduire). 2. v. tr. ind. littér. *Déférer à*, accorder qqch. à qqn, lui céder par respect. *Être obligé de déférer à ses parents.*

déferlant, ante 1. adj. Qui déferle. *Vague déferlante,* ou n. f. *une déferlante.* 2. n. f. fig. *La déferlante des téléphones portables.*

déferlement n. m. Action de déferler ; son résultat. – fig. *Un déferlement de haine.*

déferler v. intr. < 1 > (de *ferler*) Se briser en écume en roulant sur le rivage (vagues). – fig. Se répandre comme une vague. *Les manifestants déferlèrent sur la place.*

déferrer v. tr. < 1 > (de *fer* [à cheval]) Ôter les fers, les ferrures de (ce qui était ferré). *Déferrer un cheval,* lui retirer le ou les fers qu'il a aux sabots. □ n. m. **déferrage**

défervescence n. f. (du latin, de *fervescere*, de *fervere* « bouillonner », d'après *effervescence*) 1. chim. Diminution de l'effervescence. 2. méd. Chute progressive de la température, au cours d'une maladie aiguë, qui annonce la convalescence.

défet n. m. (du latin, de *deficere* → déficient) Feuille superflue et dépareillée d'un ouvrage imprimé.

défeuiller v. tr. < 1 > littér. Dépouiller de ses feuilles. → défolier. – pronom. *Arbres qui se défeuillent.* □ n. f. **défeuillaison**

défeutrer v. tr. < 1 > techn. Travailler (la laine cardée) par doublage et étirage afin d'obtenir un ruban régulier. □ n. m. **défeutrage**

Deffand [defɑ̃] (Marie, marquise du) Femme de lettres française (1697-1780). Elle reçut dans son salon Fontenelle, Marivaux, Montesquieu et les Encyclopédistes, et laissa une importante correspondance.

Defferre (Gaston) Homme politique français (1910-1984). Socialiste, il fut maire de Marseille (1944-1945 ; 1953-1984) et plusieurs fois ministre, notamment de l'Intérieur et de la Décentralisation (1981-1984).

défi n. m. (de *défier*) 1. Fait de défier (1) ; invitation au combat (d'abord, combat singulier, tournoi ; aussi fig.). – loc. *Relever le défi* (→ relever le gant*). 2. Fait de provoquer qqn en le déclarant incapable de faire qqch. loc. *Mettre qqn au défi de* (+ inf.). 3. Refus de s'incliner, de se soumettre. → bravade, provocation. « *Cette attitude de défi agressif, cette expression de provocante ironie* » (Loti). *Regard de défi. C'est un défi au bon sens.* → insulte. 4. Obstacle qu'une civilisation, un groupe, une personne doit surmonter. → challenge (anglic.).

défiance n. f. (de *se défier*) Sentiment d'une personne qui se défie. → méfiance, suspicion. *Inspirer la défiance, mettre (qqn) en défiance.* – *Vote de défiance,* de désapprobation.

défiant, ante adj. Qui est porté à se défier d'autrui. → méfiant, soupçonneux.

défibrer v. tr. < 1 > techn. Dépouiller de ses fibres. *Défibrer le bois pour faire de la pâte à papier.* □ n. m. **défibrage**

défibreur, euse n. techn. 1. Ouvrier, ouvrière qui défibre le bois. 2. n. m. Machine à défibrer le bois.

défibrillateur n. m. méd. Appareil électrique servant à réaliser une défibrillation.

défibrillation n. f. méd. Intervention visant à rétablir un rythme cardiaque normal chez un patient atteint de fibrillation.

déficeler v. tr. < 4 ou RO 5 > Enlever la ficelle qui attache, entoure (un objet). *Déficeler un paquet.* → déballer, défaire.

déficience [defisjɑ̃s] n. f. Insuffisance physique, physiologique ou mentale. *La déficience est une cause de handicap.*

déficient, ente [defisjɑ̃, ɑ̃t] adj. (du latin, de *deficere* « manquer » → déficit) Qui présente une déficience. *Organisme déficient.* – fig. *Une argumentation déficiente.*

déficit [defisit] n. m. (latin *deficit*, de *deficere*, de *de* et *facere* cf. défection, défectueux) 1. Ce qui manque pour équilibrer les recettes avec les dépenses. *Combler le déficit budgétaire.* – *L'État est en déficit.* 2. Manque, insuffisance. *Déficit en main-d'œuvre.* → pénurie. – méd. *Déficit immunitaire.* → immunodéficience.

déficitaire adj. Qui se solde par un déficit. *Budget, entreprise déficitaire* (→ en déficit). – Insuffisant. *Récolte déficitaire.*

[1]défier v. tr. < 7 > (de [1]*fier*) 1. Inviter (qqn) à venir se mesurer comme adversaire. *Défier qqn en combat singulier. Défier qqn aux échecs.* 2. Mettre (qqn) au défi (de faire qqch.). 3. (choses) N'être aucunement menacé par. *Des prix défiant toute concurrence.* 4. fig. Refuser de se soumettre à. → affronter, braver. *Défier la mort.*

[2]se défier v. pron. < 7 > (de *se fier*) littér. Avoir peu de confiance en ; être, se mettre en garde contre. → se méfier. *Se défier de soi-même.* → douter. *Se défier de qqn, de ses promesses.*

défigurer v. tr. < 1 > (de *figure*) 1. Altérer l'aspect de (qqch.). « *Les usines défigurent la campagne* » (P. Morand). ■ Abîmer le visage de. *Des brûlures l'ont défiguré.* – au passif *Être défiguré par la lèpre.* 2. fig. Dénaturer, travestir. *Défigurer les faits.* → déformer. *Défigurer la pensée de qqn.* → fausser, trahir. □ n. f. **défiguration**

défilé n. m. (de [1]*défiler*) I. Couloir naturel encaissé et si étroit qu'on n'y peut passer qu'à la file. → passage. *Le défilé des Thermopyles.* II. Manœuvre des troupes qui défilent. *Le défilé du 14 Juillet.* ■ Marche de personnes, de voitures disposées en file, en rang. *Défilé de manifestants. Un défilé de mode.* – Succession. *Un défilé de visiteurs.*

[1]défilement n. m. milit. Art d'utiliser les accidents de terrain pour se cacher de l'ennemi ; protection, mise à couvert.

[2]défilement n. m. techn. Passage, déroulement continu à l'intérieur d'un appareil. *Défilement d'une bande magnétique.* ■ inform. Fait de faire défiler (des informations) dans une fenêtre. *Barre de défilement.*

[1]défiler v. intr. < 1 > (de *file*) 1. Marcher en file, en colonne. *Les troupes, les manifestants défilent.* 2. Se succéder sans interruption. *Les visiteurs ont défilé toute la journée.* 3. Passer de manière continue. *Texte qui défile sur un écran.*

[2]se défiler v. pron. < 1 > (de *fil*) fam. S'esquiver ou se récuser au moment critique. → se dérober.

De Filippo (Eduardo) Acteur et auteur italien de comédies (1900-1984). Ses farces, enrichies par un sentiment de souffrance puisé dans le monde populaire, transcendent la comédie napolitaine traditionnelle. Son œuvre est rassemblée dans *Il Teatro di Eduardo.*

défini, ie adj. 1. Qui est défini (→ définir (1)). *Concept bien défini.* 2. Déterminé, précis. *Avoir une tâche définie à remplir.* 3. *Article défini*, qui se rapporte (en principe) à un objet particulier, déterminé (→ [1]le).

définir v. tr. < 2 > (latin *definire* « déterminer ; délimiter », de *finire* → finir) 1. Déterminer par une formule précise (→ définition) les caractères de (un concept, une idée générale). *On définit un concept et on décrit un objet. Définir un mot,* en donner le, les sens. 2. Caractériser. *Une sensation difficile à définir* (→ indéfinissable). – pronom. *Il, elle se définit comme (un, une) artiste.* 3. Préciser l'idée de. → déterminer. *Conditions qui restent à définir.*

définissable adj. Que l'on peut définir.

définissant n. m. didact. Second membre d'une définition ; énoncé servant à définir.

définitif, ive adj. (du latin → définir) 1. Qui est défini, fixé une fois pour toutes. *Résultats définitifs. Leur séparation est définitive.* 2. *En définitive* loc. adv. : après tout, tout bien considéré, en dernière analyse. → finalement. *Que choisissez-vous en définitive ?*

définition n. f. (latin *definitio*, de *definitum* → définir) I. 1. Opération par laquelle on détermine le contenu d'un concept en énumérant ses caractères. 2. Formule qui donne le ou les sens d'un mot, d'une expression et qui vise à être synonyme de ce qui est défini. *Définitions et exemples d'un dictionnaire.* – *Par définition* loc. adv. : en vertu d'une définition donnée. *Par définition, l'inconscient est inconnaissable.* ■ par ext. Formule qui permet de trouver un mot. *Définitions de mots croisés.* II. Nombre de lignes, formées de pixels, qui constitue l'image reproduite par un écran. → linéature.

définitionnel, elle adj. didact. Qui constitue une définition. *Périphrase définitionnelle.* - syn. définitoire.

définitivement adv. D'une manière définitive. → irrémédiablement, irrévocablement.

défiscaliser v. tr. < 1 > (→ fisc) admin. Libérer de tout impôt. □ n. f. **défiscalisation**

déflagrateur n. m. techn. Appareil destiné à mettre le feu à des matières déflagrantes. → détonateur.

déflagration n. f. (du latin, de *flagrare* « flamber » → flagrant) 1. chim. Combustion vive d'un corps. 2. Explosion. *Une terrible, violente déflagration.* – par ext. Bruit d'une explosion.

déflagrer v. intr. < 1 > (du latin, de *flagrare* « flamber ») chim., techn. S'enflammer en explosant. □ adj. **déflagrant, ante**

[1]déflation n. f. (du latin *deflare* « enlever en soufflant », par l'allemand) géol. Érosion éolienne qui enlève du sol les matériaux meubles et secs.

[2]déflation n. f. (d'après *inflation*) écon. Diminution durable et importante des prix (opposé à *inflation*). *Politique de déflation.*

déflationniste 1. n. Partisan d'une politique de déflation. 2. adj. Qui se rapporte à la déflation. *Mesures déflationnistes.*

déflecteur n. m. (du latin *deflectere*, de *flectere* → fléchir) Petit volet orientable d'une vitre de portière d'automobile, servant à aérer.

défleuraison voir défloraison

défleurir v. < 2 > littér. 1. v. intr. Perdre ses fleurs. → se faner. 2. v. tr. Enlever, faire tomber les fleurs de (un végétal).

déflexion n. f. (du bas latin, de *deflectere* « détourner ») 1. phys. Déviation de la trajectoire d'un rayonnement lumineux, d'une particule chargée. → diffraction, dispersion. 2. méd. Position du fœtus en extension, durant l'accouchement.

défloquer v. tr. < 1 > (→ flocage) techn. Débarrasser (un bâtiment) des substances fibreuses, notamment l'amiante, appliquées par flocage. □ n. m. **déflocage**

défloraison n. f. bot. Chute des fleurs. → défoliation. - syn. défleuraison.

déflorer v. tr. < 1 > (du latin, de *flos, floris* → fleur) 1. Faire perdre sa virginité à (une fille). → fam. dépuceler. □ n. f. **défloration** 2. fig. Enlever la fraîcheur, l'originalité de. → gâter. *Déflorer des souvenirs en les décrivant.*

défluent n. m. (du v. *défluer* « couler vers le bas », du latin *defluere*, d'après *affluent, confluent*) géogr. Bras formé par division d'un cours d'eau. *Les défluents d'un delta.*

D

défluviation n. f. (du latin *fluvius* « fleuve ») géogr. Changement de lit d'un fleuve, d'un défluent.

De Foe ou **Defoe** (Daniel Foe, dit) Écrivain anglais (1660-1731). Poète satirique (*L'Hymne au pilori*), journaliste, il doit sa gloire à *Robinson Crusoé*, l'un des récits les plus influents d'Europe, sur le plan psychologique, social, narratif et politique. Il est également l'auteur de *Moll Flanders* et d'un *Journal de l'année de la peste*.

Robinson Crusoé, gravure sur bois illustrant le roman de Daniel Defoe (édition du début du XVIIIe s.).

défoliant, ante adj. Qui provoque la défoliation. *Produit chimique défoliant* ou n. m. *un défoliant*.

défoliation n. f. 1. bot. Chute naturelle des feuilles. 2. Destruction artificielle massive de la végétation, des feuilles d'arbres au moyen de défoliants.

défolier v. tr. < 7 > (du latin → **feuille**) Provoquer la défoliation (2) de.

défonce n. f. (de *défoncer*) fam. Perte de conscience ou délire éprouvé après l'absorption de drogue. → **trip**.

défoncé, ée adj. 1. Brisé, abîmé par enfoncement. *Un vieux fauteuil défoncé*. 2. Qui présente de grandes inégalités, de larges trous. *Route, chaussée défoncée*. 3. fam. Qui est sous l'effet d'une drogue.

défoncement n. m. Action de défoncer ; son résultat. - syn. **défonçage**.

défoncer v. tr. < 3 > (de *foncer*) 1. techn. Enlever le fond de. *Défoncer un tonneau*. 2. Briser, abîmer par enfoncement. *Défoncer une porte*. → **enfoncer**. 3. *Défoncer un terrain*, le labourer profondément. – *L'averse a défoncé la route*. 4. fam. Provoquer chez (qqn) un état hallucinatoire (en parlant d'une drogue) (→ **défonce**). ■ se **défoncer** v. pron. fam. 1. Atteindre par la drogue ou autre un état d'ivresse hallucinatoire. 2. Se donner à une activité avec intensité.

défonceuse n. f. 1. agric. Puissante charrue employée pour le défoncement des terres. 2. techn. *Défonceuse portée* : engin de terrassement destiné à défoncer profondément le sol. → **rippeur**.

déforcer v. tr. < 3 > (de *force*) (Belgique) Ébranler, affaiblir (qqn, qqch.).

De Forest (Lee) Ingénieur américain (1873-1961). Il est l'inventeur de la lampe triode, qui permit le développement de la radiophonie.

déforestation n. f. (de l'anglais des États-Unis → **forêt**) Action de détruire une forêt ; son résultat.

déformant, ante adj. Qui déforme. *Glaces déformantes*.

déformation n. f. (du latin → **déformer**) 1. Action de déformer, de se déformer. 2. fig. Altération, falsification. – loc. *Déformation professionnelle* : manières de penser, d'agir prises dans l'exercice d'une profession, et abusivement appliquées à la vie courante.

déformer v. tr. < 1 > (latin *deformare* → **former**) 1. Altérer la forme de. *L'usage a déformé ses chaussures*. 2. Altérer en changeant. *Vous déformez ma pensée*. → **dénaturer, travestir**. ■ se **déformer** v. pron. Perdre sa forme. *L'étagère s'est déformée*. ■ **déformé, ée** adj. *Une veste toute déformée*.

défoulement n. m. Fait de se défouler.

défouler v. tr. < 1 > (de *fouler*) fam. (choses) Permettre, favoriser l'extériorisation des pulsions. *Sors, va danser, ça te défoulera*. ■ se **défouler** v. pron. (personnes) Se libérer des contraintes, des tensions ; faire une dépense d'énergie vitale. *Se défouler en jouant au tennis. Se défouler sur qqn, qqch*.

défouloir n. m. Lieu, activité où l'on se défoule. → **exutoire**.

défourailler v. intr. < 1 > (p.-ê. de *défourner*, croisé avec *fourreau*) argot Sortir une arme à feu. → **dégainer**.

défourner v. tr. < 1 > (de *four*) techn. Retirer du four. □ n. m. **défournage** et **défournement**

défragmenter v. tr. < 1 > inform. Réorganiser les fichiers dispersés sur (un support de données) pour en optimiser l'exploitation. *Défragmenter le disque dur*. □ n. f. **défragmentation**

défraîchir v. tr. < 2 > Dépouiller de sa fraîcheur. - var. RO **défraichir**. ■ se **défraîchir** v. pron. (couleur, étoffe, vêtement) Perdre sa fraîcheur, son aspect initial. - var. RO se **défraichir**. ■ **défraîchi, ie** adj. Qui n'a plus l'éclat du neuf. *Un chapeau défraîchi*. - var. RO **défraichi, ie**.

défrayer v. tr. < 8 > (de l'ancien français *frayer* « faire des frais » → ²**frais**, n. m. pl.) 1. Décharger (qqn) de ses frais. → **indemniser, payer, rembourser**. *Sa société ne l'a pas défrayé*. □ n. m. **défraiement** 2. fig. loc. *Défrayer la chronique*, faire parler de soi (surtout en mal).

défricher v. tr. < 1 > Rendre propre à la culture (une terre en friche) en détruisant la végétation spontanée. – fig. *Défricher un sujet, une science*. → **déblayer, préparer**. □ n. m. **défrichement** ou **défrichage**

défricheur, euse n. Personne qui défriche. – fig. *Les défricheurs de l'inconnu*. → **pionnier**.

défriper v. tr. < 1 > Remettre en état (ce qui est fripé). → **défroisser**.

défriser v. tr. < 1 > 1. Défaire la frisure de. *Défriser des cheveux crépus*. □ n. m. **défrisage** 2. fig., fam. Déplaire à, contrarier (en parlant d'un fait). *Ça te défrise ?*

défroisser v. tr. < 1 > Remettre en état (ce qui est froissé). *Défroisser un billet*. □ adj. **défroissable**

défroncer v. tr. < 3 > Défaire (ce qui est froncé).

défroque n. f. (de *froc*) Vieux vêtements qu'on abandonne. – Habillement démodé ou bizarre.

défroqué, ée adj. (de *froc*) Qui a abandonné l'état ecclésiastique. *Un prêtre, un moine défroqué*. – n. *Un défroqué*.

défruiter v. tr. < 1 > techn. Enlever le goût de fruit à. *Défruiter de l'huile d'olive*.

défunt, unte adj. (latin *defunctus*, de *defungi*, de *fungi* « accomplir [sa vie] ») littér. 1. Qui est mort. → **décédé**. *Sa défunte mère*. – n. *Les enfants de la défunte*. 2. fig. → ²**passé, révolu**. « [Ils] *Causent sinistrement de leurs amours défunts* » (Baudelaire).

dégagement n. m. 1. Action de dégager, de libérer. 2. Passage ; espace libre. *Il y a un grand dégagement devant la maison*. – *Itinéraire de dégagement*. → **délestage**. 3. (choses) Action de sortir, de se dégager. *Dégagement de vapeur*.

dégager v. tr. < 3 > (de *gage*) I. 1. Retirer (ce qui était en gage). – fig. *Dégager sa parole*, la reprendre ; *sa responsabilité* (→ **décliner**). 2. Libérer de ce qui enveloppe, retient. *Dégager un blessé des décombres*. – Donner de l'aisance à. *Encolure qui dégage le cou*. 3. Rendre disponible (une somme d'argent). → **débloquer**. *Dégager des crédits*. – *Entreprise qui dégage des bénéfices*, qui est bénéficiaire. 4. Laisser échapper (un fluide, une émanation). → **exhaler, répandre**. *Les plantes dégagent du gaz carbonique*. 5. Isoler (un élément, un aspect) d'un ensemble. → **extraire, tirer**. *Dégager l'idée principale, une tendance, une conclusion*. II. 1. *Dégager (qqn) de*, soustraire à. *Dégager qqn de sa promesse*. → **affranchir, libérer**. 2. Débarrasser de ce qui encombre. *Dégager la voie publique*. – fam. *Allons, dégagez !*, partez, circulez ! – spécialt *Sirop qui dégage les bronches*. 3. sports Envoyer la balle le plus loin possible des buts. *Dégager de la tête*. 4. intrans. fam. Faire de l'effet. ■ se **dégager** v. pron. 1. Libérer son corps (de ce qui l'enveloppe, le retient). *Se dégager d'une étreinte*. ■ fig. Se libérer (d'une obligation, d'une contrainte). 2. Devenir libre de ce qui encombre. *Le ciel se dégage*. → **s'éclaircir**. 3. Sortir d'un corps. → **émaner, s'exhaler**. *Odeur qui se dégage*. 4. Se faire jour, émerger. *La vérité se dégage peu à peu*. ■ **dégagé, ée** adj. 1. Qui n'est pas recouvert, encombré. *Ciel dégagé*, sans nuages. *Nuque, front dégagé*. *Vue dégagée*, large et libre. 2. Qui a de la liberté, de l'aisance. *Démarche dégagée*. – *Un air, un ton dégagé*. → ²**cavalier, désinvolte**.

dégagisme n. m. (de *dégager*) fam. Rejet de la classe politique en place, notamment lors d'une élection.

dégaine n. f. (de *dégainer*) fam. Tournure ridicule, bizarre. → **allure**. *Drôle de dégaine !*

dégainer v. tr. < 1 > (de *gaine*) Tirer (une arme) de son étui. – absolt *Il dégaina le premier*. → **défourailler**.

se **déganter** v. pron. < 1 > Ôter ses gants.

dégarnir v. tr. < 2 > Dépouiller de ce qui garnit. → **vider**. *Dégarnir une vitrine*. ■ se **dégarnir** v. pron. Perdre une partie de ce qui garnit. – spécialt Perdre ses cheveux. *Ses tempes se dégarnissent. Il se dégarnit*. – au p. p. *Un front dégarni*.

Degas (Hilaire Germain Edgar de Gas, dit Edgar) Peintre, graveur et sculpteur français (1834-1917). Élève d'Ingres, il fut influencé par le naturalisme, la photographie et les estampes japonaises. Habitué du cercle du café Guerbois, il fréquenta Monet, Renoir et Manet. Il s'orienta vers la représentation de scènes familières et s'imposa comme un observateur impitoyable du quotidien, fixant un geste précis, parfois involontaire, dans des compositions innovantes. Ses thèmes de prédilection furent aussi les courses hippiques et le monde de la danse. Célébré pour sa rigueur, ce fut sans doute avec Cézanne le peintre de cette époque qui influença le plus l'art du XXe s. *Danseuses saluant ; Les Repasseuses ; Les Modistes ; Femmes à leur toilette*.

De Gasperi (Alcide) Homme d'État italien (1881-1954). Chef de la Démocratie chrétienne, il fut président du Conseil et ministre des Affaires étrangères (1945-1953). Il contribua à la construction européenne.

dégât n. m. (de l'ancien v. *degaster* « ravager » → **gâter**) Dommage résultant d'une cause violente. → ¹**dégradation, détérioration ; ravage**. 1. sing. *Dégât des eaux* : sinistre domestique dû à l'eau (fuite, infiltration...). 2. plur. cour. *Constater les dégâts occasionnés par un incendie*. – fam. au sing. *Il y a du dégât*. – loc. *Limiter les dégâts* : éviter le pire (→ **limiter la casse***).

dégauchir v. tr. < 2 > techn. Redresser (une pièce gauchie). – Rendre plane la surface de (une pierre, une pièce). □ n. m. **dégauchissage**

dégauchisseuse n. f. Machine servant à dégauchir.

De Gaulle (Charles) voir **Gaulle** (Charles de)

De Gaulle-Anthonioz (Geneviève) voir Gaulle-Anthonioz (Geneviève de)

dégazer v. < 1 > **1. v. tr.** chim. Expulser les gaz contenus dans (un liquide, un solide). **2. v. intr.** techn. Procéder au nettoyage des citernes et des soutes d'un pétrolier, pour en ôter les résidus d'hydrocarbures. □ **n. m. dégazage**

dégazoliner v. tr. < 1 > techn. Traiter en extrayant de (un gaz naturel humide) les hydrocarbures condensables. □ **n. m. dégazolinage**

dégazonner v. tr. < 1 > Enlever le gazon de. *Dégazonner une pelouse.* □ **n. m. dégazonnage** et **dégazonnement**

dégel n. m. (de *dégeler*) **1.** Fonte naturelle de la glace et de la neige, lorsque la température s'élève. **2.** fig. Reprise de l'activité ; remise en circulation, déblocage.

dégelée n. f. fam. Volée (de coups). *Une dégelée de coups de bâton.*

dégeler v. < 5 > **I. v. tr. 1.** Faire fondre (ce qui était gelé). **2.** fam. Faire perdre à (qqn) sa froideur, sa réserve. → **dérider.** – pronom. *Elle se dégelait peu à peu.* – *Dégeler l'atmosphère,* la détendre. **3.** Débloquer. *Dégeler des crédits.* **II. v. intr.** Cesser d'être gelé. *Le lac a dégelé.*

dégêner v. tr. < 1 > (Canada) Mettre (qqn) à l'aise.

dégénératif, ive adj. didact. Qui se rapporte à la dégénérescence. *La maladie d'Alzheimer est une affection neurologique dégénérative.*

dégénérer v. intr. < 6 > (latin *degenerare,* de *genus, generis* → **genre** ; **génération**) **1.** vieux Perdre les qualités naturelles de son espèce, de sa lignée. → **s'abâtardir.** *Espèce animale qui dégénère.* **2.** Perdre ses qualités. *« Tout dégénère entre les mains de l'homme »* (Rousseau). **3.** *Dégénérer en :* se transformer en (ce qui est pis). → **tourner.** *Son rhume dégénère en bronchite.* – absolt *La situation dégénère.* ■ **dégénéré, ée** adj. vieux *Espèce dégénérée.* – mod., fam. *Il est un peu dégénéré.* → **taré.**

dégénérescence n. f. Fait de dégénérer. – méd. → **détérioration.** *Dégénérescence du tissu nerveux.*

dégenrer v. tr. < 1 > (de *dé-* et *genre*) didact. Supprimer toute distinction en fonction du genre pour favoriser la mixité et l'égalité. *Dégenrer les métiers, l'urbanisme.* – **p. p. adj.** *Éducation dégenrée.*

dégermer v. tr. < 1 > Enlever le germe de. *Dégermer des pommes de terre, de l'orge.*

Degeyter (Pierre) Ouvrier belge (1848-1932). Il mit en musique *L'Internationale* d'Eugène Pottier.

dégingandé, ée [deʒɛ̃gɑ̃de] adj. (de l'ancien v. *dehingander* « disloquer », d'origine germanique ; *g-* d'après la famille de *gigue*) Qui est disproportionné dans sa haute taille et déséquilibré dans sa démarche.

dégivrer v. tr. < 1 > Enlever le givre de. *Dégivrer un réfrigérateur. Dégivrer une vitre de voiture.* □ **n. m. dégivrage**

dégivreur n. m. Appareil pour enlever le givre.

déglacer v. tr. < 3 > (de *glace*) cuis. Mouiller et réchauffer les sucs de cuisson adhérant au fond de (un récipient) pour préparer une sauce. □ **n. m. déglaçage** et **déglacement**

déglaciation n. f. géogr. Phase de récession des glaciers.

déglingue n. f. fam. État de ce qui est déglingué, et par ext. mal entretenu, en mauvais état. – par ext. Folie, loufoquerie.

déglinguer v. tr. < 1 > (famille de *cligner, clin* ou origine germanique) fam. Disloquer, détraquer. – pronom. *Le réveil s'est déglingué.* – au p. p. *Vélo tout déglingué.*

dégluer v. tr. < 1 > littér. ou techn. Ôter de la glu, ôter la glu de. → **désengluer.**

déglutir v. tr. < 2 > (du bas latin, de *glutus* « gosier » → **engloutir, glouton**) Avaler (la salive, les aliments). – absolt *Déglutir avec effort.* □ **n. f. déglutition**

déforestation

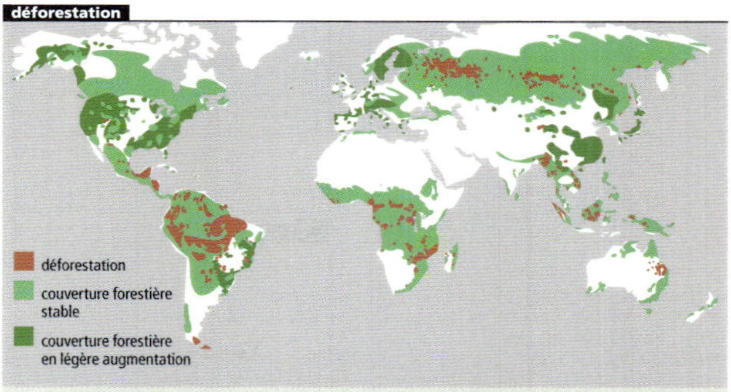

La déforestation correspond à une destruction ou à une récolte des forêts par l'homme. Selon la FAO (Food and Agriculture Organization, Organisation des Nations unies pour l'alimentation et l'agriculture), environ 13 millions d'hectares de forêts disparaissent annuellement sur Terre. C'est en Amérique latine que la forêt recule le plus.

▶ La **déforestation** consiste en une diminution notable de la surface d'une forêt résultant des activités humaines. Elle a commencé avec la sédentarisation de l'homme et le défrichement nécessaire à l'implantation de zones de cultures et d'élevage, avant de se poursuivre avec la création des villages et des villes, puis avec le développement des réseaux ferroviaire et routier.
Aujourd'hui, les pressions démographique et économique sont à l'origine d'une déforestation massive, qui conduit à des modifications climatiques sensibles ainsi qu'à la désertification de régions entières. En effet, la forêt participe à la régulation de la pluviosité et de la température, tout en préservant les sols : les racines des arbres, qui puisent l'eau en profondeur, maintiennent en outre la terre et l'humus, empêchant ainsi l'érosion et le « lessivage » des sols par les pluies. Lorsqu'un espace est déboisé, les arbres abattus sont brûlés ou décomposés, ce qui se traduit par la libération de carbone ; la déforestation participe à environ 20 % de l'augmentation de l'effet de serre.
La déforestation contribue également à la disparition de certains peuples de chasseurs-cueilleurs et à la diminution de la biodiversité animale et végétale. Ses conséquences sont donc dramatiques pour l'humanité tout entière puisque, avec la destruction de ces écosystèmes si particuliers et si anciens, ce sont de riches sources de connaissances et d'innovations potentielles qui disparaissent.
Sont touchées par la déforestation, non seulement les forêts tropicales (comme celles d'Amazonie et d'Indonésie) mais également les forêts boréales (du Canada, par exemple), ainsi que certaines forêts tempérées. Selon la FAO *(Food and Agriculture Organization)* 420 millions d'hectares de forêts ont été perdus entre 1990 et 2020. Le boycott par les pays riches des bois tropicaux de provenance non certifiée par des labels écologiques (PEFC, FSC...), allié à une meilleure gestion des forêts et à l'accompagnement d'alternatives de développement, pourrait grandement améliorer la situation actuelle dans les pays concernés.
voir aussi **CO_2, développement durable, écosystème, effet de serre, énergie renouvelable**

dégobiller v. tr. et intr. < 1 > (de *gober*) fam. Vomir.

dégoiser v. < 1 > (de *gosier*) fam., péj. **1. v. tr.** Débiter, dire. *Dégoiser des insanités.* **2. v. intr.** Parler.

dégommer v. tr. < 1 > (de *gommer*) fam. **1.** Faire tomber, atteindre. *Dégommer trois pipes au stand de tir.* **2.** Destituer d'un emploi ; faire perdre une place à. *Il s'est fait dégommer.* □ **n. m. dégommage**

dégonflard, arde n. fam. Personne dégonflée, lâche.

dégonfler v. tr. < 1 > **1.** Faire cesser d'être gonflé. *Dégonfler un ballon.* ■ intrans. *Sa paupière a dégonflé.* → **désenfler. 2.** fig. Minimiser (la portée de qqch.). *Dégonfler l'importance d'une nouvelle.* – *Dégonfler les prix.* → **diminuer.** ■ **se dégonfler** v. pron. **1.** *Pneu qui se dégonfle.* **2.** fig. Perdre de son importance. *L'affaire s'est dégonflée comme un soufflé.* **3.** fam. Manquer de courage, d'énergie au moment d'agir. → **flancher.** ■ **dégonflé, ée** adj. **1.** *Bouée dégonflée.* **2.** fam. Sans courage, lâche. – n. *Bande de dégonflés !* □ **n. m. dégonflage** et **dégonflement**

dégorgeoir n. m. Issue par laquelle un trop-plein se dégorge. → **gargouille.** *Le dégorgeoir d'un étang.*

dégorger v. < 3 > (de *gorge*) **I. v. tr. 1.** Faire sortir de soi, déverser. *Égout qui dégorge de l'eau sale.* **2.** Vider, déboucher. *Dégorger un évier.* **II. v. intr.** Rendre un liquide. *Faire dégorger des escargots, des concombres,* leur faire rendre leur eau. □ **n. m. dégorgement**

dégoter v. tr. < 1 > (d'un radical *go, got* « trou », ou du gaulois, famille de *galet*) fam. → **découvrir, dénicher, trouver.** *Où as-tu dégoté ça ?* - var. **dégotter.**

Degottex (Jean) Peintre français (1919-1988). Il peignit des tableaux naturalistes proches du fauvisme, puis développa son propre style, inspiré par la calligraphie orientale et rattaché à l'abstraction lyrique. *Métasignes ; Débris.*

dégoulinade n. f. fam. Trace de liquide qui a coulé.

dégouliner v. intr. < 1 > (de *goule,* forme ancienne de *gueule*) Couler lentement, goutte à goutte ou en filet. *La pluie dégouline du toit.* □ **n. m. dégoulinement**

dégoupiller v. tr. < 1 > Enlever la goupille de. *Dégoupiller une grenade.*

dégourdir v. tr. < 2 > (de *gourd* → **engourdir**) **1.** Faire sortir de l'engourdissement. *Se dégourdir les jambes en marchant.* □ **n. m. dégourdissement 2.** fig. Débarrasser (qqn) de sa timidité, de sa gêne. ■ **se dégourdir** v. pron. (sens propre et fig.) ■ **dégourdi, ie** adj. Qui n'est pas gêné pour agir ; habile et actif. → **débrouillard, malin.** – n. *C'est une dégourdie.*

dégoût n. m. (de *dégoûter*) **1.** Manque de goût, d'appétit, entraînant de la répugnance. → **inappétence.** *Avoir du dégoût pour la viande.* **2.** Aversion (pour qqch., qqn). → **répugnance, répulsion.** *Le dégoût du travail. Il m'inspire un profond dégoût.* **3.** Fait de se désintéresser par lassitude (de...). *« Un dégoût profond de la vie »* (Gautier). - var. RO **dégout.**

dégoûtant, ante adj. **1.** Qui inspire du dégoût, de la répugnance. → **écœurant, répugnant.** *C'est dégoûtant ici !* → **sale.** – fam. *Tu es dégoûtant.* **2.** (moral) *C'est un type dégoûtant.* → **abject, ignoble.** ■ fam. Grossier, obscène. *Des histoires dégoûtantes.* → **cochon.** – n. *Ce vieux dégoûtant !* - var. RO **dégoutant.** □ **dégoûtamment** adv. *Il mange dégoûtamment.* → **salement.** - var. RO **dégoutamment.**

dégoûtation n. f. fam. Dégoût. – Ce qui dégoûte. - var. RO **dégoutation.**

dégoûter v. tr. < 1 > (de *goût*) **1.** Inspirer du dégoût, une répugnance (physique, morale) à. *Les escargots le dégoûtent.* – *Sa lâcheté me dégoûte.* → **répugner, révolter. 2.** *Dégoûter de :* ôter l'envie de. *« C'était des travaux à* *dégoûter du travail* » (Balzac). *C'est à vous dégoûter de rendre service.* - var. RO **dégouter.** ■ **se dégoûter v. pron.** Prendre en dégoût. *Se dégoûter de qqch., de qqn.* → **se lasser.** - var. RO **se dégouter.** ■ **dégoûté, ée adj. 1.** Qui éprouve facilement du dégoût (pour la nourriture). → **délicat, difficile.** – **n.** *Faire le dégoûté* : se montrer difficile (sans raison). **2.** *Dégoûté de.* → **¹las de, lassé de.** *Être dégoûté de vivre, de tout.* - var. RO **dégouté, ée.**

D

dégoutter v. intr. < 1 > (de *goutte*) **1.** Couler goutte à goutte. *La sueur lui dégoutte du front.* → **dégouliner. 2.** *Dégoutter de* : laisser tomber goutte à goutte. *Son front dégoutte de sueur.*

dégradant, ante adj. Qui abaisse moralement. → **avilissant.** *Une conduite dégradante.*

¹dégradation n. f. (du bas latin → **¹dégrader**) **1.** Destitution infamante d'un grade, d'une dignité. *Dégradation militaire.* **2.** Fait de se dégrader, de s'avilir. **3.** Détérioration (d'un édifice, d'une propriété, d'un site). → **délabrement. 4.** Détérioration graduelle (d'une situation politique, économique ou sociale). *La dégradation du climat international.*

²dégradation n. f. (de l'italien → **²dégrader**) Affaiblissement graduel, continu (de la lumière, des couleurs). → **dégradé.**

dégradé n. m. (de *²dégrader*) **1.** Affaiblissement ou modification progressive (d'une couleur, d'une lumière). *Effets de dégradé dans un tableau.* **2.** Technique de coupe consistant à diminuer progressivement l'épaisseur des cheveux.

¹dégrader v. tr. < 1 > (vient du latin chrét., de *gradus* → **grade**) **1.** Destituer (qqn) d'une manière infamante de sa dignité, de son grade. **2.** fig., littér. Faire perdre sa dignité, son honneur à (qqn). → **avilir. 3.** Rabaisser (qqch.). → **ridiculiser. 4.** Détériorer (un édifice, un objet). *Dégrader une statue.* ■ **se dégrader v. pron. 1.** Déchoir, s'avilir. **2.** Perdre sa valeur, ses qualités. « *En acceptant tu t'abaisses et, tranchons le mot, tu te dégrades* » (Flaubert). **3.** Se détériorer, devenir mauvais. *La situation se dégrade.*

²dégrader v. tr. < 1 > (de l'italien, de *grado* « degré ») **1.** Affaiblir progressivement (un ton, une couleur). – au p. p. *Tons dégradés.* **2.** Couper (les cheveux) en dégradé.

dégrafer v. tr. < 1 > Défaire, détacher (ce qui est agrafé). ■ **se dégrafer v. pron.** *Sa jupe s'est dégrafée.* – « *Elle se dégrafa un peu à cause de la chaleur* » (Aragon).

dégrafeur n. m. Instrument de bureau pour dégrafer des feuilles.

dégraffiter v. tr. < 1 > (→ **graffiti**) Faire disparaître les graffitis de (un mur...). □ **n. m. dégraffitage**

dégraissant, ante adj. et n. m. Qui dégraisse. – spécialt Qui enlève les taches de graisse. → **détachant.** – **n. m.** Produit dégraissant.

dégraisser v. tr. < 1 > **1.** Enlever la graisse de. *Dégraisser une sauce.* **2.** vieilli Nettoyer de ses taches de graisse. **3.** fam. Alléger les frais de, effectuer des économies sur. *Dégraisser les effectifs d'une entreprise* (par des licenciements). □ **n. m. dégraissage**

dégras n. m. (de *dégraisser*, avec influence de *gras*) techn. Mélange de corps gras et d'acide servant au traitement des cuirs et peaux.

dégravoyer v. tr. < 8 > (de l'ancien français *gravois* → **gravats**) techn. (sujet eau courante) Déchausser (un mur, une construction). → **¹saper.** □ **n. m. dégravoiement**

degré n. m. (famille de *grade*) **I.** littér. Marche (d'un escalier). *Les degrés d'un perron.* – *Les degrés d'une échelle.* **II. 1.** Niveau, position dans un ensemble hiérarchisé. → **échelon.** *Les degrés de l'échelle sociale. Le degré de perfection d'une machine.* – *Enseignement du second degré* (→ **secondaire**). **2.** État, dans une évolution. → **stade.** *Le premier, le dernier degré de qqch.*, son état de développement. ■ loc. *À, jusqu'à un certain degré.* – ***Au plus haut degré.*** → **au plus haut point.** *Être avare au plus haut degré.* → **extrêmement.** ■ ***Par degré(s)*** **loc. adv.** → **graduellement, progressivement.** *Augmenter par degrés.* **3.** État intermédiaire. → **gradation.** « *Ainsi que la vertu le crime a ses degrés* » (Racine). **4.** ***Au premier degré*** : à la lettre. *Prendre une plaisanterie au premier degré.* – ***Au second (troisième...) degré*** : à un autre niveau d'interprétation (avec une distanciation). **III.** (dans un système organisé, et sans idée de hiérarchie, de valeur) **1.** Proximité relative dans la parenté. *Degrés de parenté. Le père et le fils sont parents au premier degré.* **2.** gramm. *Degrés de comparaison* (de l'adjectif qualificatif, de l'adverbe). → **comparatif, superlatif. 3.** math. *Équation du premier, du second degré*, dont l'inconnue est à la première, à la seconde puissance. **IV.** (Unité) **1.** La 360e partie du cercle (symb. °). *Arc de cercle de 40 degrés.* – *Angle de 180 degrés* (angle plat). *Angle de 90 degrés* (angle droit). *Degrés, minutes et secondes.* **2.** Division d'une échelle de mesure. → **graduation.** – Unité de mesure de la température. *Degré centigrade* ou *Celsius* (symb. °C). *Il fait trente degrés à l'ombre. Degré Fahrenheit* (symb. °F). ■ *Degré alcoolique d'une solution*, la proportion d'alcool qu'elle contient. *Alcool à 90 degrés. Vin de 11 degrés.*

dégréer v. tr. < 1 > (→ **gréer**) mar. Dégarnir (un navire...) de son gréement.

Degrelle (Léon) Homme politique belge (1906-1994). Fondateur de la revue *Rex* (1932), organe du rexisme, il prit la tête de la collaboration wallonne avec l'Allemagne (1940). Condamné à mort après la guerre, il s'exila en Espagne.

dégressif, ive adj. (du latin *degressus*, de *degredi* « descendre ») Qui va en diminuant. *Tarif dégressif.* – *Impôt dégressif*, dont le taux diminue à mesure que le revenu est plus faible. □ **n. f. dégressivité**

dégrèvement n. m. Action de dégrever. *Accorder un dégrèvement d'impôt.* → **réduction.**

dégrever [degʀəve] v. tr. < 5 > (de *grever*) Alléger, atténuer la charge fiscale de. *Dégrever un contribuable.*

dégriffé, ée adj. Qui est vendu moins cher parce qu'il n'a plus sa griffe d'origine (vêtement, accessoire, etc.). → **démarqué.**

dégringolade n. f. fam. Action de dégringoler ; son résultat. → **chute.**

dégringoler v. < 1 > (p.-ê. de l'ancien néerlandais *crinkelen* « friser », d'un radical germanique *krink* « tourner ») **1. v. intr.** Descendre précipitamment. → **tomber.** *Dégringoler d'un toit. Dégringoler dans l'escalier.* – fam. *Le baromètre dégringole.* ■ fig. *La Bourse dégringole.* **2. v. tr.** Descendre très rapidement. *Dégringoler l'escalier.* → **dévaler.**

dégrippant n. m. Produit pour débloquer des pièces grippées.

dégripper v. tr. < 1 > (→ **gripper**) Faire cesser le grippage de (un mécanisme).

dégrisement n. m. Action de dégriser (qqn). *Cellule de dégrisement* (dans un commissariat). – État d'une personne dégrisée.

dégriser v. tr. < 1 > (de *gris*) **1.** Tirer (qqn) de l'état d'ivresse. *L'air frais l'a dégrisé.* **2.** fig. Détruire les illusions, l'enthousiasme, l'exaltation de (qqn). → **désillusionner.** *Cet échec l'a dégrisé.*

dégrossir v. tr. < 2 > (de *gros*) **1.** Donner une première forme à (qqch. que l'on façonne) en enlevant le plus gros. *Dégrossir un bloc de marbre.* – fig. *Dégrossir un manuscrit, un projet.* **2.** fam. *Dégrossir qqn*, lui donner des rudiments de formation, de savoir-vivre. – pronom. Devenir moins grossier, se civiliser. – au p. p. loc. ***Mal dégrossi*** : grossier. □ **n. m. dégrossissage**

dégroupage n. m. télécomm. Opération qui met la boucle* locale détenue par l'opérateur historique à la disposition de l'ensemble des opérateurs de télécommunications. *Zone de dégroupage total, partiel.*

dégrouper v. tr. < 1 > (→ **grouper**) **1.** didact. Répartir (des choses, des personnes groupées) en plusieurs groupes. □ **n. m. dégroupement 2.** télécomm. Effectuer le dégroupage de (une zone). – au p. p. *Une région dégroupée.*

déguenillé, ée adj. Vêtu de guenilles. → **dépenaillé, loqueteux.** – **n.** *Des déguenillés.*

déguerpir v. intr. < 2 > (de l'ancien français *guerpir* « abandonner », qui vient du francique *werpjan* « jeter ») S'en aller précipitamment. → **décamper, s'enfuir.**

dégueulasse adj. (de *dégueuler*) fam. Sale, répugnant (au physique ou au moral). → **dégoûtant, infect.** *Les vitres sont dégueulasses. Un procédé dégueulasse.* - abrév. fam. **dégueu.** – **n.** *Quel dégueulasse !* → **salaud.**

dégueulasser v. tr. < 1 > fam. Salir énormément. → **saloper.**

dégueulatoire adj. fam. Qui donne envie de vomir.

dégueuler v. tr. < 1 > (de *gueule*) fam. Vomir. *Dégueuler son repas.* □ **dégueulis n. m.** → **vomissure.**

déguisement n. m. Vêtement qui déguise. *Un déguisement de carnaval.*

déguiser v. tr. < 1 > (de *guise* « manière d'être ») **1.** Vêtir (qqn) de manière à rendre méconnaissable. ■ ***Se déguiser*** **v. pron.** *Se déguiser en mousquetaire.* – loc. *Se déguiser en courant d'air* : s'esquiver sans être vu. **2.** Modifier pour tromper. *Déguiser sa voix, son écriture.* → **contrefaire. 3.** fig., littér. Cacher sous des apparences trompeuses. *Déguiser sa pensée.* → **dissimuler.** ■ **déguisé, ée adj. 1.** *Homme déguisé en femme* (→ **travesti**). **2.** ***Fruits déguisés*** : fruits enrobés de sucre et fourrés de pâte d'amandes.

dégurgiter v. tr. < 1 > (→ **ingurgiter**) Restituer intact (ce qu'on avait avalé). → **régurgiter.** – fig. *Il dégurgite bêtement sa leçon.* □ **n. f. dégurgitation**

dégustateur, trice n. Spécialiste qui goûte les vins.

dégustation n. f. (du bas latin → **déguster**) Action de déguster (1 et 2).

déguster v. tr. < 1 > (latin *degustare*, de *gustare* → **¹goûter**) **1.** Goûter (un vin, une liqueur) pour juger de la qualité. **2.** Boire ou manger avec grand plaisir ; savourer. *Déguster un vieil alcool.* **3.** fam. absolt Subir un mauvais traitement. *Qu'est-ce qu'on a dégusté !*

Deguy (Michel) Poète français (1930-2022). Président, de 1989 à 1992, du Collège international de philosophie, il a construit une œuvre qui mêle poésie et philosophie. *Poèmes de la presqu'île ; Aux heures d'affluence ; Soulèvement.*

Dehaene (Jean-Luc) Homme d'État belge (1940-2014). Membre du Parti social-chrétien flamand, il fut Premier ministre de 1992 à 1999 et député européen (2004-2014).

déhaler v. tr. < 1 > (→ **haler**) mar. Déplacer (un navire) au moyen de ses amarres. *Déhaler un navire hors d'une passe.* □ **n. m. déhalage**

déhanchement n. m. **1.** Mouvement d'une personne qui se déhanche (1). **2.** Position d'un corps qui se déhanche (2).

se déhancher v. pron. < 1 > (de *hanche*) **1.** Se balancer sur ses hanches en marchant. → **se dandiner. 2.** Faire reposer le poids du corps sur une hanche, en étant debout. ■ **déhanché, ée adj.** Qui se déhanche.

déharnacher v. tr. < 1 > (→ **harnacher**) Ôter le harnais de (un cheval).

déhiscent, ente adj. (du latin, famille de *hiare* « s'ouvrir » → **hiatus**) bot. Se dit des organes clos qui s'ouvrent d'eux-mêmes. □ **n. f. déhiscence**

Dehmel (Richard) Poète lyrique allemand (1863-1920). Hostile au naturalisme, il est l'auteur de poèmes érotiques et sociaux, célébrant l'intensité de l'existence et dont le style violent lui valut parfois d'être considéré comme un précurseur de l'expressionnisme. *Rédemptions ; L'Ouvrier.*

Dehmelt **(Hans G.)** Physicien américain d'origine allemande (1922-2017). Il parvint à effectuer des mesures très précises concernant l'électron et le positron, et effectua les premières mesures expérimentales du « saut quantique » des électrons. Prix Nobel 1989.

De Hooch ou **De Hoogh** **(Pieter)** Peintre hollandais (1629-1683). Membre de la guilde de Delft, il peignit des scènes de la vie extérieure et de la vie domestique qui présentent des affinités avec l'œuvre de Vermeer.

dehors **adv.** **(vient du bas latin *deforis*, de *foris* « dehors » → fors)** **I. 1.** À l'extérieur. *Aller dehors :* sortir. *Je serai dehors toute la journée,* hors de chez moi. – *Mettre, jeter qqn dehors,* le chasser, congédier, renvoyer. – *Dehors !,* sortez ! **2. loc. adv.** ***De dehors, par-dehors :*** de, par l'extérieur. – ***En dehors :*** vers l'extérieur. *Marcher les pieds en dehors.* – ***Au(-)dehors :*** à l'extérieur. *Ne pas se pencher au dehors.* **3. *En dehors de*** **loc. prép. :** hors de, à l'extérieur de. *En dehors de vous, personne n'est au courant.* **→ excepté, hormis. II. n. m. 1.** *Le dehors :* l'extérieur. *Le dehors et le dedans. Les ennemis du dehors,* extérieurs. **2.** ***Les dehors :*** l'aspect, l'apparence extérieure. *Elle qui « dissimulait tant de bonté sous des dehors austères »* (Mauriac).

déhouiller **v. tr.** **< 1 >** **(→ houille)** techn. Enlever la houille de. *Déhouiller un filon.*

déhoussable **adj.** Dont on peut enlever la housse. *Fauteuil déhoussable.*

Dehradun ou **Dehradoon** Ville d'Inde, capitale de l'Uttaranchal. 706 100 habitants. Station climatique.

déicide **(du latin chrét., de *deus* → dieu et *caedere* « tuer » → -cide)** didact. **1. n. m.** Meurtre de Dieu (spécialt, du Christ). **2. n. et adj.** Meurtrier de Dieu.

déictique **adj. et n. m.** **(grec *deiktikos* « démonstratif », de *deiknunai* « montrer »)** ling. Qui désigne un objet (locuteur, lieu, date...) dont le référent dépend de la situation d'énonciation. *« Ceci », « hier » sont des mots déictiques.* – **n. m.** *Les déictiques.*

Déidamie Personnage de la mythologie grecque, fille de Lycomède. Séduite par Achille, elle enfante Pyrrhos.

déifier **v. tr.** **< 7 >** **(du latin chrét., de *deus* → dieu et *facere* → ¹faire)** Considérer (qqn, qqch.) comme un dieu ; adorer comme un être inaccessible. **→ diviniser.** *Les empereurs romains étaient déifiés.* – *Déifier l'argent.* □ **n. f. déification**

Deinze Ville de Belgique, dans la province de Flandre-Orientale. 43 580 habitants. Églises gothique et romane ; industrie textile.

Deir el-Bahari Site archéologique d'Égypte, sur la rive gauche du Nil. Temple funéraire de la reine Hatchepsout (v. –1500) ; chapelles d'Anubis et d'Hathor ; temples de Mentouhotep Ier et de Thoutmôsis III à proximité.

Deir el-Medineh Site archéologique d'Égypte, sur la rive gauche du Nil. Ruines du village et des tombes d'ouvriers de la Vallée des Rois.

Deir ez-Zor Ville de Syrie, sur l'Euphrate. 223 000 habitants. Gisements de pétrole.

déisme **n. m.** **(du latin *deus* → dieu)** Position philosophique de ceux qui admettent l'existence d'une divinité, sans accepter de religion. **→ théisme.** □ **n. et adj. déiste**

déité **n. f.** **(du latin chrét., de *deus* → dieu)** littér. Divinité mythique ; dieu ou déesse. *Les déités grecques.*

déjà **adv. de temps** **(de *dès*, et de l'ancien français *ja* « tout de suite », qui vient du latin *jam* → jadis, jamais)** **1.** Dès maintenant. *Elle a déjà fini. Il est déjà midi.* – Dès ce moment-là. *Quand il arriva, son ami était déjà parti.* – **loc. adv.** *D'ores* et déjà.* **2.** Auparavant, avant. *Tu l'as déjà dit.* **3.** fam. (renforçant une constatation) *C'est déjà beau. Ce n'est déjà pas si mal.* – (en fin de phrase, pour réitérer une question) *Comment vous appelez-vous, déjà ?*

Déjanire Princesse légendaire de Calydon, femme d'Héraclès. Jalouse de Iole, elle tue Héraclès en lui donnant une tunique empoisonnée, imprégnée du sang du centaure Nessos.

déjanté, ée **adj.** fam. Qui déjante, qui est un peu fou. **→ cinglé, fêlé.** – *Une comédie déjantée.*

déjanter **v.** **< 1 >** **I. v. tr.** Faire sortir (un pneu) de la jante. – **pronom.** *Le pneu s'est déjanté.* **II. v. intr. 1.** *Le pneu a déjanté.* **2.** fam. Devenir un peu fou. *Il a déjanté.*

déjauger **v. intr.** **< 3 >** **(→ jauge)** mar. (navire, hydravion) S'élever sur l'eau sous l'effet de la vitesse.

déjà-vu voir **vu**

Déjazet **(Virginie)** Actrice française (1798-1875). Elle se distingua par des rôles de travestis masculins, de soubrettes et de séductrices, et acquit un théâtre parisien qui porte toujours son nom.

déjection **n. f.** **(du latin → déjeter)** **1.** Évacuation d'excréments ; au plur. excréments. **2.** Matières rejetées par les volcans.

déjeter **v. tr.** **< 4 >** **(de *jeter*)** Écarter de sa direction naturelle, de sa position normale. **→ dévier.** ■ **déjeté, ée adj. 1.** *Mur déjeté.* **2.** (personnes) Déformé, diminué physiquement. *Je l'ai trouvé bien déjeté.*

¹déjeuner **v. intr.** **< 1 >** **(vient du bas latin *dis[je]junare*, de *jejunare* → jeûner)** **1.** Prendre le petit-déjeuner. **→ ²petit-déjeuner. 2.** Prendre le repas du milieu de la journée (repas de midi). *Déjeuner d'un sandwich.*

²déjeuner **n. m.** **1.** vieux ou régional Premier repas du matin (qui rompt le jeûne). **→ ¹petit-déjeuner. 2.** Repas pris au milieu du jour. *Un déjeuner d'affaires.* - REM. En France, *déjeuner* a remplacé *dîner,* comme *dîner* a remplacé *souper.* **3.** Mets qui composent ce repas. *Faire un bon déjeuner.* **4.** fig. ***Déjeuner de soleil :*** ce qui ne dure pas longtemps (objet, sentiment, résolution, entreprise).

déjouer **v. tr.** **< 1 >** **(de *jouer*)** Faire échouer (les manœuvres de qqn). *Déjouer un complot.* – *Déjouer la surveillance de l'ennemi.* **→ tromper.**

déjucher **v.** **< 1 >** **(→ jucher)** agric. **1. v. intr.** (volailles) Quitter le juchoir. **2. v. tr.** Faire quitter le juchoir à (une volaille). *Déjucher une poule.*

se déjuger **v. pron.** **< 3 >** **(de *juger*)** Revenir sur un jugement exprimé, un parti pris. **→ changer** d'avis.

de jure [deʒyʀe] **loc. adv.** **(mots latins)** De droit, selon le droit. *Reconnaître un gouvernement de jure* (opposé à *de facto*).

Deir el-Bahari

Dans la nécropole de Deir el-Bahari, le temple de Hatchepsout est en partie creusé dans le roc.

De Kooning (Willem)

Willem De Kooning, *Femme et bicyclette* (1952-1953), Whitney Museum, New York.

De Keersmaeker **(Ann Teresa)** Danseuse et chorégraphe belge (née en 1960). Formée à l'école de Maurice Béjart, elle a développé le rapport entre la musique et la danse et a fait évoluer ses chorégraphies vers le théâtre. Elle a fondé sa propre compagnie (Rosas) et son école de danse. *Ash ; Just Before ; Rain ; D'un soir un jour.*

Dekkan ou **Deccan** **n. m.** Partie centrale de la péninsule indienne formée de plateaux aux bords relevés, tels les Ghâts de l'Ouest, le long de la mer d'Oman, qui culminent à 2 500 mètres. Le terme s'applique parfois à la péninsule entière.

Dekker **(Thomas)** Écrivain et dramaturge anglais (v. 1572-1632). Son œuvre décrit avec saveur les bas-fonds de Londres, qu'il fréquenta lui-même. Il est également l'auteur d'une trentaine de comédies. *Le Veilleur de nuit de Londres ; La Fête du cordonnier.*

De Klerk **(Frederik Willem)** Homme d'État sud-africain (1936-2021). Président de la République de 1989 à 1994, il fit libérer Nelson Mandela de prison et signa avec lui un accord ouvrant la voie à l'abandon de l'apartheid. Prix Nobel de la paix 1993, avec N. Mandela.

De Kooning **(Willem)** Peintre américain d'origine néerlandaise (1904-1997). Il pratiqua une peinture de tendance symboliste et surréaliste, dont le style violemment expressionniste appréhende la réalité avec cruauté. Ses recherches dynamiques l'apparentent à l'action painting. Série des *Femmes.*

delà **prép. et adv. de lieu** **(de *de* et *là*)** **1. *Par-delà*** **loc. prép. :** plus loin que, de l'autre côté de. *Par-delà les mers.* – fig. *Par-delà les apparences.* **2. *Au-delà*** ou ***au delà*** **loc. adv. :** plus loin. *La maison est un petit peu au-delà.* – ***Au-delà (ou au delà) de*** **loc. prép.** *C'est au-delà de tout ce qu'on peut imaginer.* **3. *L'au-delà*** **n. m. → au-delà.**

délabrement **n. m.** État de ce qui est délabré. **→ ruine.**

délabrer **v. tr.** **< 1 >** **(origine obscure ; p.-ê. famille de *lambeau*)** Mettre en mauvais état. **→ abîmer, ¹dégrader, détériorer.** ■ **se délabrer v. pron.** Devenir en mauvais état, menacer ruine. *La tour se délabre.* – fig. *Sa santé se délabre.* □ **adj. délabré, ée**

délabyrinther **v. tr.** **< 1 >** littér. Démêler, éclaircir. *Délabyrinther ses pensées.*

délacer **v. tr.** **< 3 >** Desserrer ou retirer (une chose lacée). *Délacer ses chaussures.*

D

Delacroix (Eugène) Peintre français (1798-1863). Auteur d'allégories inspirées des évènements contemporains, il rapporta d'un voyage en Afrique du Nord de nombreux croquis et peignit des scènes d'intérieur, de chasse et de fantasias, contribuant à la mode de l'exotisme oriental. Par la force du dessin et de la couleur, la perfection dans la composition, il atteignit le sommet de la peinture romantique, dont il fut le chef de file. Il est également l'auteur de dessins, d'aquarelles, de fresques et de lithographies. Il a laissé son *Journal* et des *Notes. La Mort de Sardanapale ; La Liberté guidant le peuple ; Le Sultan du Maroc.*

Delage (Louis) Ingénieur français (1874-1947). Il inventa plusieurs types de moteurs et fabriqua des voitures de course et de luxe.

Delage (Maurice) Compositeur français (1879-1961). Il fut l'ami et le disciple de Maurice Ravel. Son œuvre, peu abondante, est teintée d'un raffinement formel inspiré par un séjour en Extrême-Orient. *Conté par la mer ; Quatre poèmes hindous.*

Delagoa (baie) Baie du Mozambique, sur l'océan Indien. Les Portugais y fondèrent en 1544 le comptoir de Delagoa, qui devint la capitale de la colonie portugaise du Mozambique, puis reprit son nom local de Maputo.

Delahaye (Émile) Ingénieur français (1843-1906). Il fonda en 1898 une firme automobile qui porta son nom jusqu'à sa fermeture en 1954.

délai n. m. (de l'ancien v. *delaier* « différer », p.-ê. famille de *laisser*) **1.** Temps accordé pour faire qqch. *Travail exécuté dans le délai fixé. Être dans les délais* (→ **dans les temps**). **2.** Prolongation de temps accordée pour faire qqch. *Se donner un délai d'un mois pour réfléchir.* – ***Sans délai*** : sur-le-champ. **3.** Temps à l'expiration duquel on sera tenu de faire une certaine chose. *Accorder un délai de paiement.* – *Expiration du délai* (→ **échéance,** [1]**terme**). – *Délai de préavis.* – ***À bref délai,*** *dans les plus brefs délais* : très bientôt.

délainer v. tr. < 1 > (→ laine) techn. Enlever la laine de (une peau de mouton, de chèvre). □ n. m. **délainage**

délaissement n. m. littér. **1.** Abandon. – dr. *Délaissement d'un héritage.* **2.** État d'une personne abandonnée, délaissée. → **isolement.**

délaisser v. tr. < 1 > (de *laisser*) **1.** Laisser (qqn) sans secours ou sans affection. → **abandonner.** *Elle délaisse ses amis.* **2.** Abandonner (une activité). *Délaisser un travail ennuyeux.* ■ **délaissé, ée** adj. **1.** Laissé sans secours, sans affection. *Enfant délaissé.* **2.** (choses) Abandonné. *Un métier un peu délaissé.*

délaiter v. tr. < 1 > (→ lait) techn. Débarrasser (le beurre) du petit-lait. □ n. m. **délaitage**

délaiteuse n. f. techn. Machine qui sert à délaiter le beurre.

Delalande (Michel Richard) Compositeur et organiste français (1657-1726). Sous-maître de la chapelle de Versailles, il devint le musicien préféré de Louis XIV après la mort de Lully. Son œuvre, outre des compositions religieuses, comprend des divertissements, des ballets et des motets. *Les Fontaines de Versailles ; Symphonie pour les soupers du Roy.*

De La Mare (Walter John) Poète et romancier britannique (1873-1956). Ses poésies, romans et nouvelles laissent apparaître un monde aux frontières du rêve et de la réalité. Considéré comme l'un des principaux poètes de l'époque géorgienne, il fut, pour son symbolisme, comparé à Maeterlinck. *Chansons d'enfance ; The Burning Glass ; Le Retour.*

Delamare-Deboutteville (Édouard) Industriel français (1856-1901). Il fut un pionnier du moteur à explosion à quatre temps et de ses applications automobiles et industrielles.

Delacroix (Eugène)

Eugène Delacroix, *Femmes d'Alger dans leur appartement* (1834), musée du Louvre, Paris.

Delambre (Jean-Baptiste Joseph, chevalier) Astronome français (1749-1822). Il mesura, avec P. Méchain, l'arc de méridien compris entre Dunkerque et Barcelone, et laissa une *Histoire de l'astronomie.*

Delannoy (Marcel) Compositeur français (1898-1962). Autodidacte, influencé par la chanson française et le jazz, il a laissé une œuvre considérable dans des genres très divers. *Le Poirier de misère* (opéra-comique) ; *La Pantoufle de vair* (ballet).

Delannoy (Jean) Cinéaste français (1908-2008). Il est l'auteur de films dramatiques, dont l'académisme lui valut les critiques de la Nouvelle Vague. *L'Éternel Retour ; La Symphonie pastorale ; Chiens perdus sans collier.*

Delanoë (Pierre Leroyer, dit Pierre) Parolier français (1918-2006). Doué d'un grand sens de la formule, il collabora notamment avec G. Bécaud *(Et maintenant),* J. Dassin, Cl. François, M. Polnareff ou M. Sardou *(Le France).*

Delanoë (Bertrand) Homme politique français (né en 1950). Socialiste, il fut le maire de Paris de 2001 à 2014.

Bertrand Delanoë lors de son investiture à la mairie de Paris (mars 2001).

Delany (Samuel Ray) Romancier américain (né en 1942). Il s'est affirmé, dès *La Chute des Tours,* cycle écrit à 19 ans, comme un grand talent de la nouvelle science-fiction américaine. *La Fosse aux étoiles ; Nova.*

délarder v. tr. < 1 > (→ lard) **1.** Enlever le lard de (un porc). **2.** techn. Diminuer l'épaisseur de ; enlever l'arête vive de. *Délarder une pierre, une pièce de bois.* □ n. m. **délardement**

Delaroche (Hippolyte de La Roche, dit Paul) Peintre français (1797-1856). Spécialisé dans la peinture d'histoire, il s'inscrit dans le courant romantique du « style troubadour ». *L'Assassinat du duc de Guise.*

De La Roche (Mazo) Romancière canadienne (ontarienne) d'expression anglaise (1879-1961). Sa série *Jalna* fit d'elle l'écrivain le plus populaire du Canada. Ses romans et ses contes relatent une vie rurale mise en péril par le modernisme venu des États-Unis.

délassant, ante adj. Qui délasse.

délassement n. m. **1.** Fait de se délasser, physiquement ou intellectuellement. → **détente, loisir, repos. 2.** Ce qui délasse. → **distraction, divertissement.** *La lecture lui est un délassement.*

délasser v. tr. < 1 > (de *las* → lasser) Tirer (qqn) de l'état de lassitude, de fatigue. → **détendre,** [1]**reposer.** *« La rêverie me délasse et m'amuse, la réflexion me fatigue et m'attriste »* (Rousseau). – absolt *La musique délasse.* ■ **se délasser** v. pron. Se reposer en se distrayant.

délateur, trice n. (du latin → délation) Personne qui dénonce pour des motifs méprisables. → **dénonciateur.**

délation n. f. (du latin, de *delatum,* supin de *deferre* → déférer) Dénonciation inspirée par des motifs méprisables. *Faire une délation.* → **dénoncer, trahir, vendre.**

Delaunay (Louis) Ingénieur et industriel français (1843-1912). Il se spécialisa dans la production d'automobiles de luxe. Sa société disparut après la Première Guerre mondiale.

Delaunay (Robert) Peintre français (1885-1941). Influencé par le cubisme, il s'en distingua en donnant une grande importance à la lumière et à la couleur. Plus lyrique qu'intellectuel, « orphiste », selon la formule d'Apollinaire, il a évolué vers l'art abstrait souvent avec des formes annulaires et des couleurs fortes. *Saint-Séverin ; La Tour Eiffel ; Coureurs ; Rythmes sans fin.*

Delaunay (Sonia) née Terk Peintre française d'origine ukrainienne (1885-1979). Épouse de Robert Delaunay, influencée par Cézanne et le cubisme, elle a collaboré aux recherches picturales de son mari et a développé l'expressivité d'une couleur pure. Elle s'est aussi consacrée aux arts décoratifs. *Bal Bullier ; Marché à Minho.*

De Laval (Gustaf) Ingénieur suédois (1845-1913). Il est connu pour son invention de la turbine à vapeur à action, qui porte son nom.

délavé, ée adj. Dont la couleur est, ou semble trop étendue d'eau. → **décoloré, pâle.** *Bleu délavé.* – *Ciel délavé.* ■ Éclairci, notamment à l'eau de Javel. *Un jean délavé.*

délaver v. tr. < 1 > (de *laver*) **1.** Enlever ou éclaircir avec de l'eau (une couleur). □ n. m. **délavage 2.** Imbiber, détremper.

Delavigne (Casimir) Poète et auteur dramatique français (1793-1843). Son théâtre allie le goût pour la couleur historique à une psychologie toute classique. *Les Vêpres siciliennes ; L'École des vieillards.*

Delaware n. f. Fleuve du N.-E. des États-Unis, long de 400 km, qui arrose Philadelphie et se jette dans la baie de la Delaware.

Delaware n. m. État du N.-E. des États-Unis. 6 138 km². 989 940 habitants. Capitale : Dover. Agriculture ; élevage ; industrie dans le N. (pétrochimie, automobile).

Delay (Jean) Psychiatre et écrivain français (1907-1987). Il fit des recherches en électro-encéphalographie sur les maladies de la mémoire et sur les méthodes biologiques en clinique psychiatrique. Il est l'auteur d'une étude sur *La Jeunesse d'André Gide.* Académie française.

délayage n. m. Action de délayer. – fig. → **remplissage, verbiage.**

délayer v. tr. < 8 > (vient du latin *de* et *liquare ;* famille de *liqueur*) **1.** Mélanger (une substance) à un liquide. → **diluer, dissoudre.** *Délayer de la farine dans de l'eau.* **2.** fig. Exposer trop longuement, de manière diffuse. *Délayer une idée.* – au p. p. *Récit délayé.*

Delbrück (Max) Physicien et biologiste américain d'origine allemande (1906-1981). Ses travaux portèrent sur la génétique moléculaire. Il fonda le groupe de réflexion et de recherche du Phage. Prix Nobel de médecine 1969.

Delcassé (Théophile) Homme politique français (1852-1923). Ministre des Affaires étrangères (1898-1905), il contribua à resserrer les liens de la France avec l'Italie (1898), la Russie (1900) et la Grande-Bretagne (Entente cordiale, 1904).

delco n. m. (de l'anglais des États-Unis, sigle de *Dayton Engineering Laboratories Company ;* marque déposée) Système d'allumage d'un moteur à explosion (bobine).

déléatur n. m. ou **deleatur** [deleatyʀ] n. m. invar. (latin *deleatur* « qu'il soit effacé », famille de *abolere* → **abolir**) Signe de correction typographique indiquant qu'il faut supprimer qqch. *Des déléaturs, des deleatur.*

délébile adj. (du latin, de *delere* « détruire ») rare Qui peut s'effacer. *De l'encre délébile.*

délectable adj. littér. Qui est très agréable. → **délicieux, exquis.** *Mets délectable.* – « *La délectable mélancolie des souvenirs de ma première enfance* » (Chateaubriand).

délectation n. f. (du latin → **se délecter**) Plaisir que l'on savoure. → **délice.** *Écouter avec délectation.* → **ravissement.**

se **délecter** v. pron. < 1 > (latin *delectare,* de *delicere* → **délice**) Prendre un plaisir délicieux (à qqch.). → se **régaler, savourer.** *Se délecter de qqch., à faire qqch.*

Deledda (Grazia) Romancière italienne (1871-1936). Elle est l'autrice de romans dans lesquels dominent les thèmes de la faute, de l'amour et de la mort. *Elias Portolu ; Des roseaux sous le vent.* Prix Nobel 1926.

délégant, ante n. (du latin, de *delegare* « déléguer ») dr. Personne qui délègue qqch. (opposé à *délégataire*).

délégataire n. dr. Personne à qui l'on délègue qqch. (opposé à *délégant*).

délégation n. f. (du latin → **déléguer**) **1.** Acte par lequel on délègue ; attribution, transmission pour un objet déterminé. *Donner une délégation de pouvoir à qqn.* **2.** Ensemble des personnes déléguées. *Recevoir une délégation de grévistes.*

délégitimer v. tr. < 1 > (→ **légitime**) Rendre illégitime. *Délégitimer un parti.* □ n. f. **délégitimation**

délégué, ée n. **1.** Personne chargée de représenter les intérêts d'une personne, d'un groupe. → **mandataire, représentant.** *Délégué(e) syndical(e).* **2.** Personne chargée d'exercer une fonction administrative à la place d'un titulaire. – adj. *Ministre délégué auprès du ministre de la Défense.*

déléguer v. tr. < 6 > (latin *delegare,* de *legare* → **léguer, légat**) **1.** Charger (qqn) d'une fonction, d'une mission, en transmettant son pouvoir. *Déléguer un représentant à une assemblée.* **2.** Transmettre, confier (une autorité, un pouvoir). *Déléguer sa compétence à qqn.* – absolt *Savoir déléguer.*

Delémont en allemand **Delsberg** Ville de Suisse, chef-lieu du canton du Jura. 12 620 habitants. Église du XVIIIe s. ; horlogerie.

Delerm (Philippe) Romancier français (né en 1950). Il aime à décrire la vie ordinaire et ses petits bonheurs. *La Première Gorgée de bière et autres plaisirs minuscules ; L'Extase du selfie.*

Delerm (Vincent) Auteur-compositeur, interprète et pianiste français (né en 1976). Fils de Philippe Delerm. Ses chansons, comme un aperçu photographique du quotidien, puisent dans son autobiographie et dans les symboles d'une identité culturelle collective. *Fanny Ardant et moi.*

Delerue (Georges) Compositeur français (1925-1992). Auteur de quatuors, d'opéras et de musique symphonique, il est surtout connu pour ses musiques de film, notamment pour F. Truffaut (*Jules et Jim ; Le Dernier Métro*), J.-L. Godard (*Le Mépris*), A. Resnais, Ph. de Broca, J.-P. Melville.

Delescluze (Louis Charles) Journaliste et homme politique français (1809-1871). Il participa aux révolutions de 1830 et 1848. Membre de la Commune, il fut tué sur les barricades lors de la Semaine sanglante.

délestage n. m. Action de délester (1 et 3). *Itinéraire de délestage.* → **déviation.**

délester v. tr. < 1 > (de *lest*) **1.** Décharger de son lest. → **alléger.** *Délester un navire.* **2.** fig. et iron. Voler. *Il s'est fait délester de son portefeuille.* **3.** Décongestionner (une route principale), par des déviations.

Delestraint (Charles Antoine) Général français (1879-1945). Résistant, chef de l'Armée secrète (1942), il fut arrêté par les Allemands (1943) et mourut en déportation.

délétère adj. (du grec, d'un v. signifiant « blesser ») Qui met la santé, la vie en danger. *Gaz délétère.* → **nocif, toxique.** – fig., littér. Nuisible, pernicieux. *Doctrine délétère.*

délétion n. f. (de l'anglais, du latin *deletio* « destruction ») biol. Perte d'un fragment plus ou moins important d'ADN, constituant une cause de mutation. *La délétion d'un gène.*

Deleuze (Gilles) Philosophe français (1925-1995). Ses études sur l'histoire de la philosophie (Hume, Kant, Nietzsche, Bergson) et sur des écrivains (Proust, Kafka, Beckett) l'ont amené à développer une définition originale de la philosophie comme « création » de concepts (*Qu'est-ce que la philosophie ?*). Sa critique radicale de la transcendance l'a conduit à dénoncer toutes les formes de pouvoir et à promouvoir une philosophie de la différence et de la mobilité, défendant le nomadisme et la « déterritorialisation » contre l'enracinement identitaire.

Delft Ville des Pays-Bas (Hollande-Méridionale). 104 570 habitants. Ville d'art. Faïences (bleu de Delft). La ville fut très prospère au Moyen Âge et jusqu'au XVIIe s. ; Vermeer y vécut.

Assiette en faïence de Delft (fin XVIIe s.), musée du Louvre, Paris.

Delgado (cap) Cap du N. du Mozambique, sur l'océan Indien.

Delhi Ville d'Inde, capitale du territoire de Delhi, englobant la ville nouvelle de New Delhi, capitale fédérale de l'Inde. 16,3 millions d'habitants. Nombreux monuments datant des périodes du sultanat et de l'Empire moghol (Grande Mosquée ou Jama Masjid, Fort Rouge, tombes monumentales). Delhi est entourée de banlieues industrielles et résidentielles. Aéroport international Indira Gandhi.

délibérant, ante adj. Qui délibère (opposé à *consultatif*). *Assemblée délibérante.*

délibératif, ive adj. (du latin → **délibérer**) Qui a qualité pour voter, décider dans une délibération (opposé à *consultatif*). *Avoir voix délibérative dans une assemblée.*

délibération n. f. (du latin → **délibérer**) **1.** Action de délibérer avec d'autres personnes. → **débat, discussion.** *Mettre une question en délibération.* – *Les délibérations du jury.* **2.** Examen réfléchi. → **réflexion.** *Après mûre délibération.*

délibératoire adj. didact. Relatif à la délibération. *Examen délibératoire.*

délibérément adv. De manière délibérée.

délibérer v. intr. < 6 > (latin *deliberare,* de *libra* « balance » → ¹**livre** ou *liber* → **libre**) **1.** Discuter avec d'autres personnes en vue d'une décision à prendre. → se **consulter.** *Le*

Delhi

Au cœur du Vieux Delhi, la Jama Masjid est la plus grande mosquée d'Inde.

D

jury délibère. – trans. indir. *Délibérer de, sur qqch.* 2. littér. (Avec soi-même) → **réfléchir.** *Après avoir longuement délibéré, il accepta.* ■ **délibéré, ée** I. adj. 1. Qui a été délibéré et décidé. → **intentionnel, réfléchi, voulu.** – *De propos délibéré* : exprès, volontairement. 2. Assuré, décidé. *D'un air délibéré.* II. n. m. dr. Délibération des magistrats avant de rendre leur décision. *Le secret du délibéré.*

Delibes (Léo) Compositeur français (1836-1891). Il composa une quinzaine d'opérettes, des opéras-comiques *(Le roi l'a dit ; Lakmé)*, puis des ballets d'inspiration romantique *(Coppélia ; Sylvia)*.

Delibes (Miguel) Romancier espagnol (1920-2010). Son œuvre décrit, à partir de thèmes ruraux et de la vie en Castille, une humanité universelle. *L'ombre du cyprès est allongée ; Le Chemin ; Les Rats.*

délicat, ate adj. (latin *delicatus*, influence de *deliciae* → **délice**) 1. littér. Qui plaît par la qualité, la finesse. *Parfum délicat.* → **subtil.** *Des mets délicats.* → **raffiné.** ■ Qui plaît par la finesse de l'exécution. → **élégant, gracieux, soigné.** *Travail délicat*, fini avec soin. 2. Que sa finesse rend sensible aux moindres influences extérieures. → **fragile.** *Peau, fleur délicate.* – *Santé délicate.* 3. Dont la subtilité, la complexité rend la compréhension ou l'exécution difficile. → **difficile, épineux.** *Question, situation délicate.* 4. Qui est doué d'une grande sensibilité. → **subtil.** ■ (dans les relations avec autrui) *Un ami délicat.* – *Attention, pensée délicate*, pleine de sensibilité, de tact. 5. Que sa grande sensibilité rend difficile à contenter. → **exigeant.** – n. *Faire le délicat, la délicate.*

délicatement adv. Avec délicatesse. *Bijou délicatement ciselé.* → **finement.** – *Prendre délicatement qqch.* – *Agir délicatement.*

délicatesse n. f. 1. littér. Qualité de ce qui est fin, délicat (1). *La délicatesse d'un coloris.* 2. Finesse et précision dans l'exécution, le toucher. *Faire, prendre qqch. avec délicatesse* (→ **délicatement**). 3. Caractère de ce qui est fragile à cause de sa finesse. *La délicatesse de sa peau.* 4. Aptitude à sentir, à juger, à exprimer finement. → **sensibilité.** *Délicatesse de goût, du jugement, de l'expression.* 5. Sensibilité morale dans les relations avec autrui. → **discrétion, tact.** *Se taire par délicatesse.* « *Une espèce de délicatesse morale qui empêche d'exprimer les sentiments trop profonds* » (Proust).

délice (latin *deliciae*, de *delicere* « attirer », de *lacere*, de *lax* « appât » ; famille de *allécher, délecter, dilettante*) I. n. f. pl. littér. *Délices* : plaisir qui ravit, transporte. *Lieu de délices* (→ **paradis**). « *L'imagination m'apportait des délices infinies* » (Nerval). – loc. *Faire ses délices de qqch.*, y prendre un grand plaisir. → **se délecter.** II. n. m. Plaisir vif et délicat. → **félicité, joie.** *C'est un délice de l'écouter chanter. Quel délice !* – *Ce rôti est un délice.* → **régal.**

délicieux, euse adj. (du bas latin → **délice**) Qui est extrêmement agréable, procure des délices. → **exquis.** *Sensation délicieuse. Mets délicieux.* – *Femme délicieuse.* → **charmant.** □ **délicieusement** adv. *Il fait délicieusement bon.*

délictuel, elle adj. (→ [1]**délit**) didact. Qui se rapporte à un fait illicite causant un dommage à autrui. *Un acte de nature délictuelle.* → **délictueux.**

délictueux, euse adj. (du latin *delictum* → [1]**délit**) dr. Qui a le caractère d'un délit. *Fait délictueux.*

[1]**délié, ée** adj. (du latin *delicatus* → **délicat**) 1. littér. Fin, mince. *Taille déliée.* → **élancé.** ■ n. m. *Un délié* : la partie fine, déliée d'une lettre (opposé à *plein*). *Les pleins et les déliés d'une écriture à la plume.* 2. fig. *Un esprit délié.* → [2]**fin, pénétrant, subtil.**

délier v. tr. < 7 > (de *lier*) 1. Dégager de ce qui lie. → [1]**détacher.** *Délier les mains d'un prisonnier.* → **libérer.** 2. Défaire le nœud de. → **dénouer.** *Délier une corde.* – loc. *Sans bourse délier* : sans rien payer. → **gratis.** – fig. *Délier la langue de qqn*, le faire parler. – pronom. « *Les langues se délient étrangement* » (Proust). 3. fig. Libérer (d'un engagement, d'une obligation). → **dégager, relever.** *Délier qqn d'une promesse.* ■ [2]**délié, ée** adj. *Cordons déliés.* – loc. *Avoir la langue déliée* : être bavard.

Deligne (Pierre) Mathématicien belge (né en 1944). Ses recherches portent sur l'interpénétration de la géométrie algébrique et de l'arithmétique. Il est surtout connu pour avoir démontré la conjecture dite « de Weil ». Médaille Fields en 1978 et prix Abel en 2013.

délignifier v. tr. < 7 > techn. Traiter (le bois, les fibres végétales lignifiées) en supprimant la lignine. □ n. f. **délignification**

Deligny (Fernand) Pédagogue français (1913-1996). Influencé par C. Freinet, il développa des expériences pédagogiques originales et créa en 1948 la « Grande Cordée », qui proposait une réinsertion « transitionnelle » pour les jeunes en difficulté.

Delille (Jacques, dit l'abbé) Poète français (1738-1813). Traducteur de Virgile, il développa une poésie didactique de la nature, qui connut un immense succès. *Les Jardins.*

DeLillo (Donald, dit Don) Écrivain américain (né en 1936). Ses romans traitent des différentes facettes de la société américaine, dont il est un observateur critique. *Libra ; Outremonde ; Cosmopolis ; L'Homme qui tombe.*

délimitation n. f. (du latin → **délimiter**) Action de délimiter ; son résultat. *La délimitation des frontières.* → **démarcation.**

délimiter v. tr. < 1 > (du latin → **limiter**) Déterminer les limites de. *Délimiter la frontière entre deux États.* – Former la limite de. *Haies qui délimitent un pré.* ■ fig. *Délimiter les attributions de qqn.* → **définir, fixer.** *Délimiter son sujet, une notion.* → **définir.** – au p. p. *Une fonction bien délimitée.*

délimiteur n. m. inform. Caractère, symbole qui limite une suite de caractères, sans en faire partie.

délinéament n. m. (de *délinéer*, d'après *linéament*) didact. Contour, ligne, tracé.

délinéarisé, ée adj. *Télévision, radio délinéarisée* : ensemble des contenus accessibles en dehors des grilles établies par les diffuseurs (par oppos. à *linéaire*).

délinéer v. tr. < 1 > (du latin, de *linea* « ligne ») didact. Tracer d'un trait le contour de.

délinquance n. f. Ensemble des délits considérés sur le plan social. → **criminalité.** *Délinquance juvénile.*

délinquant, ante n. (de l'ancien v. *délinquer* « commettre un délit », latin *delinquere*, de *linquere* « laisser » → **relique**) Personne qui commet un délit. *Délinquant primaire*, qui commet un premier délit (opposé à *récidiviste*). – adj. *L'enfance délinquante.*

déliquescence n. f. 1. didact. Propriété qu'ont certains corps de se liquéfier en absorbant l'humidité de l'air. 2. fig. Décadence complète ; perte de la force, de la cohésion. → **décomposition, ruine.** *Civilisation en déliquescence.*

déliquescent, ente adj. (du latin, famille de *liqui* « s'écouler » → [1]**liquide**) 1. didact. Qui peut fondre par déliquescence. 2. fig. En complète décadence.

délirant, ante adj. 1. didact. Qui présente les caractères du délire. *Bouffée délirante.* 2. fig. Qui manque de mesure, exubérant. *Imagination, joie délirante.* ■ fam. Totalement déraisonnable. *C'est délirant !* → **démentiel,** [1]**fou.**

délire n. m. (latin *delirium* → **délirer**) 1. Trouble psychique d'une personne qui a perdu le contact avec la réalité, qui perçoit et dit des choses qui ne concordent pas avec la réalité ou l'évidence, quelle que soit leur cohérence interne. *Être en plein délire. Délire alcoolique.* → **delirium tremens.** *Délire de persécution.* → **paranoïa.** 2. fig. Exaltation, enthousiasme exubérant. *Foule en délire.* ■ fam. Chose excessive, déraisonnable. *C'est du délire !*

délirer v. intr. < 1 > (latin *delirare*, de *de-* et *lira* « sillon » ; d'abord « sortir du sillon ») 1. Avoir le délire. → **divaguer.** *Le malade délirait de fièvre.* – fig. et fam. *Tu délires !* → **dérailler.** 2. Être en proie à une émotion qui trouble l'esprit. *Délirer de joie.*

delirium tremens [deliʀjɔmtʀemɛ̃s] n. m. invar., **délirium** n. m. ou **delirium** [deliʀjɔm] n. m. invar. (emprunté à l'anglais, des mots latins « délire tremblant ») didact. Délire (1) aigu accompagné d'agitation et de tremblement, et qui est particulier aux alcooliques. *Des delirium tremens. Des déliriums, des delirium.*

[1]**délit** n. m. (latin *delictum* → **délictueux**, de *delinquere* → **délinquant**) 1. (sens large) Fait prohibé ou dont la loi prévoit la sanction par une peine. → **contravention, crime, infraction ; délictueux ; délinquant.** – *Le corps du délit* (latin *corpus delicti*) : le fait, l'élément matériel qui constitue le délit. – ***Flagrant délit*** : infraction qui est en train ou qui vient de se commettre. *Flagrant délit de vol. Prendre qqn en flagrant délit.* 2. (sens restreint) *Délit (correctionnel)*, infraction punie de peines correctionnelles (opposé à *contravention* ; à *crime*).

[2]**délit** n. m. (de *déliter*) techn. Fente, joint, veine dans une pierre qui suit le sens de ses couches de stratification.

délitement n. m. Fait de se déliter. ■ fig. *Le délitement de la démocratie.*

déliter v. tr. < 1 > (de *lit*) techn. 1. Poser (une pierre) en délit. 2. Diviser (une pierre) dans le sens des couches de stratification. → **cliver.** □ n. m. **délitage** ■ **se déliter** v. pron. 1. didact. Se désagréger en absorbant l'humi-

Delphes

Delphes, le théâtre antique (IVe s. av. J.-C.), qui pouvait accueillir 5 000 spectateurs et était le lieu, tous les cinq ans, des jeux Pythiques.

dité. *La chaux se délite.* **2.** fig. Perdre sa cohésion, son unité.

délitescent, ente adj. didact. Qui a la propriété de se déliter. □ **n. f. délitescence**

Delius (Frederick) Compositeur britannique d'origine allemande (1862-1934). Influencé par R. Strauss, Mahler et Debussy, il composa dans différents genres : opéra, musique symphonique, musique chorale et musique de chambre.

délivrance n. f. **I. 1.** vieilli Action de délivrer (I, 1). ➔ **libération. 2.** fig. Fin d'une gêne, d'un mal, d'un tourment ; impression agréable qui en résulte. ➔ **soulagement.** *Sa mort a été une délivrance.* **3.** méd. Fin de l'accouchement. **II.** Action de délivrer (II), de remettre qqch. à qqn. ➔ **livraison.**

délivre n. m. (de *délivrer*) méd., vieilli Le placenta et les membranes fœtales expulsés après la sortie du fœtus.

délivrer v. tr. < 1 > (vient du latin chrét. *deliberare*, de *liberare* ➔ libérer, livrer) **I. 1.** Rendre libre. ➔ **libérer.** *Délivrer un prisonnier.* **2.** *Délivrer qqn de,* rendre libre en écartant, en supprimant. ➔ **débarrasser, libérer.** *Délivrer qqn d'un importun. Délivrer qqn d'une crainte.* **II.** Remettre (qqch.) à qqn. *Délivrer un certificat, un reçu.* ■ **se délivrer** v. pron. **1.** Se libérer, se dégager. *Se délivrer d'une obsession.* **2.** Être délivré (II). *Le bureau où se délivrent les passeports.*

della Francesca (Piero) voir **Piero della Francesca**

Della Porta (Giambattista) Physicien, naturaliste et écrivain italien (v. 1535-1615). Il est l'auteur du premier traité systématique sur les lentilles — qui serait à l'origine de la première lunette, en 1590 —, ainsi que de la description de la chambre noire et de la lanterne magique.

Della Porta (Giacomo) Architecte italien (v. 1540-1602). Artiste officiel de la papauté, il succéda à Michel-Ange, dont il acheva les édifices. Sa façade de l'église des Jésuites est un modèle de l'architecture de la Contre-Réforme.

Della Quercia voir **Jacopo della Quercia**

Della Robbia Sculpteurs florentins des XVe-XVIe s. ■ **Luca Della Robbia** (v. 1400-1482). Fondateur de l'atelier familial, il fut l'un des premiers sculpteurs sur marbre de la Renaissance et, surtout, inventa la terre cuite vernissée, qu'il produisit en quantité quasi industrielle. ■ **Andrea Della Robbia** (1435-1525). Neveu de Luca, il lui succéda. Sa renommée atteignit toute l'Italie. ■ **Giovanni Della Robbia** (1469-1529) et **Girolamo Della Robbia** (1488-1566). Fils d'Andrea, ils reprirent l'atelier ; Girolamo s'installa en France, où il décora les châteaux de Madrid (aujourd'hui disparu), près de Paris, et de Fontainebleau.

Andrea Della Robbia, *Sainte Marie avec l'Enfant et des anges,* dite *La Madone des architectes,* terre cuite vernissée (1475), musée du Bargello, Florence.

Della Rovere Famille italienne originaire de Savone, qui donna deux papes (Sixte IV, Jules II) et régna sur Urbino de 1508 à 1631.

Delle Commune du Territoire de Belfort, à la frontière suisse. 5 689 habitants.

Deller (Alfred) Chanteur britannique (1912-1979). Fondateur du *Deller Consort* consacré à la musique anglaise des XVIe et XVIIe s., il fut l'interprète privilégié de Purcell. Par sa voix d'une pureté exceptionnelle, il contribua à la renaissance de l'art vocal de haute-contre.

Delluc (Louis) Cinéaste et théoricien français du cinéma (1890-1924). Considéré comme l'inventeur de la critique indépendante et des cinéclubs français, il exerça une grande influence sur le premier cinéma d'avant-garde. Il a notamment réalisé *Fièvre* et *La Femme de nulle part.* Le prix *Louis-Delluc,* décerné par des critiques, récompense, chaque année depuis 1937 un film d'auteur français.

Louis Delluc tournant *L'Inondation* (1924).

Delly Pseudonyme de deux écrivains français, Marie (1875-1947) et Frédéric (1876-1949) Petitjean de la Rozière, frère et sœur, auteurs de romans sentimentaux très populaires.

Dellys Ville et port d'Algérie, en Grande Kabylie. 33 000 habitants. Tourisme.

Delmenhorst Ville d'Allemagne, en Basse-Saxe. 77 500 habitants. Textile (jute) ; industries mécanique, chimique et alimentaire.

Del Monaco (Mario) Ténor italien (1915-1982). Interprète de Verdi, Mascagni, Puccini, il mena une carrière internationale et incarna le mythe du ténor moderne.

délocaliser v. tr. < 1 > (de *localiser*) Changer l'emplacement, le lieu d'implantation de (une activité). ➔ **décentraliser.** ■ spécialt Implanter (une unité de production) à l'étranger. □ **n. f. délocalisation**

La **délocalisation**, au sens le plus strict, consiste à changer d'espace national une unité de production, l'ouverture d'une unité de production à l'étranger étant concomitante à la fermeture de l'unité locale. La destination des biens et services produits reste la même (le marché), ce qui engendre un flux nouveau d'importations dans la balance des paiements.

Les délocalisations sont motivées par la recherche d'une meilleure compétitivité. L'entreprise souhaite déplacer la production sur un site où les coûts de production sont plus faibles (coût du travail, fiscalité...). Les modalités des délocalisations peuvent donc être un redéploiement de l'activité au sein d'un réseau de filiales existant ou l'implantation de l'unité nationale à l'étranger. Sur ces bases, le phénomène reste difficile à mesurer. Quels que soient les critères retenus, les économistes indiquent que les délocalisations sont actuellement un phénomène statistique moins important qu'il ne semble. En France, les secteurs concernés sont surtout le textile, la métallurgie, l'équipement automobile, l'électronique, l'informatique... Les sociétés françaises qui se sont délocalisées entre 2009 et 2011 se sont installées dans les pays de l'UE, surtout d'Europe centrale et de l'Est (60 %), en Afrique du Nord (24 %), en Chine et en Inde.

voir aussi **mondialisation, multinationale**

déloger v. < 3 > (de *loger*) **1.** v. intr. vieux Quitter brusquement son logement, sa place. *Déloger de chez soi.* **2.** v. tr. Faire sortir (qqn) du lieu qu'il occupe. ➔ **chasser, expulser.** *Déloger un locataire.* □ **n. m. délogement**

Delon (Alain) Comédien français, naturalisé suisse (né en 1935). Il accéda à la célébrité en 1960, avec *Plein Soleil,* de René Clément. Il a également tourné sous la direction de Visconti *(Rocco et ses frères ; Le Guépard),* Melville *(Le Samouraï),* Losey *(Monsieur Klein)* et joué au théâtre.

Alain Delon (avec Claudia Cardinale) dans *Le Guépard* de Luchino Visconti (1963).

Delorme ou **de l'Orme (Philibert)** Architecte français (v. 1510-v. 1570). Il éleva pour Diane de Poitiers le château d'Anet, puis fut chargé par Catherine de Médicis de construire le palais des Tuileries. Auteur d'ouvrages théoriques, il chercha à adapter le style de la Renaissance italienne à l'esprit français.

Delorme (Marion) voir **Lorme (Marion de)**

Delors (Jacques) Homme politique français (né en 1925). Socialiste, il fut ministre de l'Économie et des Finances de 1981 à 1984, puis président de la Commission européenne de 1985 à 1995.

Délos Île des Cyclades, en Grèce, au S.-O. de Mykonos. Centre de la *Ligue de Délos,* première confédération maritime dirigée par Athènes, au Ve s. av. J.-C. Site archéologique majeur (sanctuaire d'Apollon).

Délos, la terrasse des lions, sculptés en marbre de Naxos (VIIe s. av. J.-C.).

délot n. m. (diminutif de *dé*) techn. Doigtier de cuir de calfat ou de dentellière.

déloyal, ale, aux adj. Qui n'est pas loyal. ➔ **¹faux, trompeur.** « *Un ami déloyal peut trahir ton dessein* » (Corneille). – *Procédé déloyal. Concurrence déloyale.* □ **adv. déloyalement**

déloyauté n. f. **1.** Manque de loyauté. ➔ **fausseté,** mauvaise **foi, fourberie, malhonnêteté, traîtrise. 2.** Action déloyale. ➔ **trahison.**

Delphes Ville de l'ancienne Grèce, centre du culte d'Apollon et du plus célèbre de ses oracles auquel on demandait conseil par l'intermédiaire de la pythie. Les jeux Pythiques y étaient organisés tous les quatre ans. La ville joua un rôle important dans les affaires grecques. Aujourd'hui, site touristique. Importants vestiges archéologiques : temples d'Apollon et d'Athéna, trésors, théâtre, stade, portiques.

delphinarium [dɛlfinaʀjɔm] n. m. Aquarium à dauphins.

delphinidé n. m. (latin *delphinidus* « dauphin ») zool. Mammifère carnivore (cétacé) dépourvu de fanon (famille des *Delphinidés ;* ex. le dauphin, l'orque).

delphinium [dɛlfinjɔm] n. m. (mot du latin bot., du grec) Plante herbacée (renonculacée) dont une espèce (dauphinelle) est cultivée pour ses fleurs.

Del Ponte (Carla) Magistrate suisse (née en 1947). Elle a été procureure des Tribunaux pénaux internationaux pour le Rwanda et pour l'ex-Yougoslavie entre 1999 et 2007.

delta n. m. (mot grec) **I.** invar. Quatrième lettre de l'alphabet grec : Δ (majuscule), δ (minuscule). ■ *Aile (en) delta.* → **deltaplane.** **II.** Dépôt d'alluvions émergeant à l'embouchure d'un fleuve et la divisant en bras de plus en plus ramifiés. *Le delta du Nil. Des deltas.* □ adj. **deltaïque**

Delta (plan) Plan d'aménagement entrepris aux Pays-Bas après les inondations de 1953, destiné à fermer quatre bras de mer (Zélande et Hollande-Méridionale). L'opération s'est achevée en 1986.

deltaplane n. m. (de *aile delta* et *planer*) Aile triangulaire utilisée pour le vol libre ; sport pratiqué avec cet engin.

Delteil (Joseph) Écrivain français (1894-1978). Compagnon des surréalistes à ses débuts, anticonformiste, il a laissé une œuvre au style savoureux, empreinte d'érotisme et de spiritualité. *Sur le fleuve Amour ; Choléra ; Le Sacré Corps.*

deltiste n. Personne qui pratique le deltaplane. → **libériste.**

deltoïde n. m. (du grec → delta) anat. Muscle triangulaire de l'épaule. □ adj. **deltoïdien, ienne**

De Luca (Erri) Écrivain italien (né en 1950). Proche des mouvements engagés dans la révolte ouvrière puis de l'altermondialisme, il ne se consacre à l'écriture qu'à partir des années 1990 et aborde dans ses romans les problèmes de l'injustice sociale, de la solitude, des migrations *(Montedidio).* Lecteur de l'hébreu ancien, il publie également des réflexions sur la Bible *(Un nuage comme tapis).*

déluge n. m. (du latin *diluvium* → diluvien, de *diluere* → diluer) **1.** Cataclysme consistant en précipitations continues submergeant la Terre. – spécialt *Le Déluge* (dans la Bible). – loc. *Remonter au déluge :* être très ancien (→ **antédiluvien**) ; parler des causes les plus éloignées. – *Après moi (nous) le déluge !,* profitons du présent sans souci des catastrophes à venir. **2.** Pluie très abondante, torrentielle. → **cataracte, trombe ; diluvien.** – fig. *Un déluge de larmes, de paroles.* → **flot, torrent.**

▶ Le **déluge** (1) est un thème commun à de nombreuses religions et mythologies (traditions biblique, mésopotamienne, aztèque, chinoise ou hindoue, mythe grec de Deucalion, etc.). Dans la Bible, le récit du Déluge occupe une part importante de la Genèse. Dieu, irrité par la méchanceté et la violence des hommes, décide de les punir en submergeant la Terre. Distingué pour sa droiture, Noé échappe seul au châtiment divin : avant de faire tomber la pluie pendant quarante jours et quarante nuits, Dieu lui ordonne de bâtir une arche, d'y abriter sa famille ainsi qu'un mâle et une femelle de chaque espèce animale. Noé obéit. Après la décrue, Dieu conclut avec lui une alliance, promettant de ne plus provoquer aucun déluge — l'arc-en-ciel en est le signe. Le récit biblique a été influencé par des mythes mésopotamiens. Ainsi la tablette 11 de l'*Épopée de Gilgamesh* raconte-t-elle l'histoire d'Utnapishtim, que le dieu Ea sauva du déluge déclenché par les autres dieux en lui suggérant de construire un bateau. Selon un autre texte mésopotamien, *le poème d'Atrahasis,* le dieu Enlil aurait anéanti les hommes trop nombreux parce que leur tapage l'empêchait de dormir. Des catastrophes naturelles sont-elles à l'origine de ces récits ? On avance généralement l'hypothèse d'inondations d'une violence inhabituelle dans les vallées du Tigre et de l'Euphrate au IVe ou au début du IIIe millénaire av. J.-C., ou celle d'une inondation des rivages de la mer Noire plus ancienne encore.
voir aussi **Bible, Gilgamesh**

Les victimes du Déluge, vitrail de la cathédrale de Chartres (XIIIe s.).

Delumeau (Jean) Historien français (1923-2020). Il a publié de nombreux ouvrages sur l'évolution de la conscience religieuse. *La Peur en Occident, XIVe-XVIIIe s. ; L'Aveu et le Pardon, XIIIe-XVIIIe s. ; Une histoire du paradis.*

déluré, ée adj. (mot dialectal ; famille de *leurre*) **1.** Qui a l'esprit vif et avisé, qui est habile à se tirer d'embarras. → **dégourdi, futé, malin.** *Un enfant déluré.* – *Air déluré.* → **éveillé, vif. 2.** péj. Qui a un comportement provocant. → **effronté.**

délurer v. tr. < 1 > Rendre déluré.

délustrer v. tr. < 1 > techn. Enlever le lustre, le brillant de (un tissu). → **décatir.** □ **délustrage**

Delvaux (Paul) Peintre, dessinateur et graveur belge (1897-1994). Proche du surréalisme, il a réalisé des tableaux de grand format qui représentent souvent des nus féminins dans des situations oniriques. *La Ville endormie ; Train de nuit.*

Delvaux (André) Cinéaste belge (1926-2002). Il a créé un univers onirique et envoûtant. *L'Homme au crâne rasé ; Rendez-vous à Bray ; Femme entre chien et loup.*

Delvincourt (Claude) Compositeur français (1888-1954). Premier grand prix de Rome, directeur du Conservatoire de Paris, il est l'auteur d'une œuvre élégante, proche de celle de Chabrier et de Ravel. *Quatre chansons de Clément Marot* (mélodies) ; *Le Bal vénitien* (ballet) ; *La Femme à barbe* (opéra-bouffe).

démagnétiser v. tr. < 1 > Supprimer le caractère magnétique, l'aimantation de. → **désaimanter.** – au p. p. *Sa carte de crédit est démagnétisée.* □ n. f. **démagnétisation**

démagogie n. f. (du grec → démagogue) Politique par laquelle on flatte les masses pour gagner et exploiter leur adhésion. *Il fait de la démagogie pour se faire élire.* □ **démagogique** adj. *Discours démagogique.*

démagogue n. et adj. (du grec, de *dêmos* « peuple » et *-agôgos* → -agogue) (Personne) qui fait de la démagogie. *Le démagogue est le pire ennemi de la démocratie.* - abrév. fam. **démago.**

démaigrir v. tr. < 2 > (→ maigrir) techn. Rendre moins épais. → **dégrossir.** *Démaigrir une poutre.* □ n. m. **démaigrissement**

démailler v. tr. < 1 > Défaire en rompant les mailles. – pronom. *Son bas s'est démaillé.* → **filer.** □ n. m. **démaillage**

démailloter v. tr. < 1 > vieilli Débarrasser (un bébé) du maillot (II) (s'oppose à *emmailloter*).

demain adv. et n. m. (vient du latin *de mane* « tôt le matin » ; cf. espagnol *mañana* « demain ; matinée ») **I.** Le jour suivant celui où s'exprime la personne qui parle. **1.** adv. *Je le vois, je le verrai demain.* ■ loc. *Demain il fera jour :* rien ne presse d'agir aujourd'hui. – *Demain on rase gratis* (souligne l'inanité d'un espoir, d'une promesse). – fam. *C'est pas demain la veille :* ce n'est pas pour bientôt. **2.** n. m. *Demain est jour férié.* – prov. (trad. de l'anglais) *Demain est un autre jour.* – loc. *À demain :* nous nous reverrons demain. *À demain, à demain soir.* – *À partir de demain. C'est pour demain. Demain en huit*.* **II. 1.** adv. Dans un avenir plus ou moins proche. **2.** n. m. L'avenir. *Le monde de demain.* → **futur.** *« Vivez, si m'en croyez, n'attendez à demain »* (Ronsard). *« Oh ! demain, c'est la grande chose ! / De quoi demain sera-t-il fait ? »* (Hugo).

De Man (Henri) Théoricien et homme politique belge (1885-1953). Vice-président du Parti ouvrier belge, favorable à la collaboration avec l'Allemagne après la défaite (1940), il s'exila en Suisse.

démancher v. tr. < 1 > (de *manche* n. m.) **I.** v. tr. **1.** Séparer de son manche. *Démancher une hache.* **2.** fam. Démettre, disloquer. *Se démancher le cou pour voir qqch.* **II.** v. intr. mus. Déplacer la main le long du manche d'un instrument à cordes. □ n. m. **démanchement**

demande n. f. **I. 1.** Action de demander (I). *Demande pressante, insistante.* → **réclamation, revendication ; sollicitation.** *Humble demande.* → **requête.** *Demande d'emploi.* → **candidature.** – *Faire, adresser, formuler, présenter une demande.* – *Satisfaire une demande. Faire qqch. sur, à la demande de qqn, à la demande générale.* **2.** *Demande en mariage,* démarche par laquelle on demande qqn en mariage. – absolt *Faire sa demande.* **3.** Ensemble des biens ou des services demandés par les acheteurs (s'oppose à *offre*). *Faire face à la demande. La loi de l'offre et de la demande.* **4.** dr. Action intentée en justice pour faire reconnaître un droit. *Former une demande en divorce.* **5.** Annonce par laquelle on s'engage à réaliser un contrat, au bridge. **II.** Question. *Faire les demandes et les réponses.*

demander v. tr. < 1 > (vient du latin, de *mandare* → mander) **I. 1.** Faire connaître à qqn (ce qu'on désire obtenir de lui) ; exprimer (un souhait). *Demander du feu à qqn. Demander une faveur.* → **solliciter.** *Demander son dû avec insistance.* → **réclamer, revendiquer.** – *Demander aide, assistance, secours.* – Indiquer (ce que l'on veut gagner). *Demander tant, X euros de l'heure.* – *Demander la tête d'un coupable,* réclamer la peine capitale. *Ne pas demander son reste*.* ■ ***Demander à*** (+ inf. ; les deux v. ont le même sujet). *Demander à s'asseoir. Je demande à voir,* exprime l'incrédulité. – ***Ne demander qu'à,*** désirer uniquement. *Il « ne demandait qu'à se laisser convaincre »* (Martin du Gard). fam. *Il ne demande que ça.* – ***Demander de*** (+ inf. ; les deux v. n'ont pas le même sujet). → **enjoindre, ordonner, prier.** *« Je ne t'ai pas demandé de venir »* (Sartre). ■ ***Demander que*** (+ subj.). *« Tel qu'il est, tous les Grecs demandent qu'il périsse »* (Racine). ***Ne pas demander mieux que,*** consentir volontiers ; être content, ravi. *Je ne demande pas mieux que d'y aller.* **2.** dr. Réclamer par une demande (4) en justice. → **requérir.** *Demander des dommages-intérêts.* **3.** Prier de donner, d'apporter (qqch.). → **réclamer.** *Demander la note, l'addition au serveur.* **4.** Faire venir, faire chercher (qqn). *Demander un médecin. Descendez, on vous demande.* – Rechercher pour un travail. *On demande un coursier.* ■ *Demander la main de qqn, demander qqn en mariage.* **5.** Requérir (un effort) de qqn. → **attendre, exiger.** *C'est beaucoup lui demander.* – fam. *Il ne faut pas trop lui en demander.* **6.** (choses) Avoir pour condition de succès, de réalisation. → **exiger, nécessiter, réclamer, requérir.** *Votre proposition demande réflexion. Un travail qui demande du soin.* – ***Demander à*** (+ inf.). *Cette toile demande à être regardée de loin.* **II.** Essayer de savoir (en interrogeant qqn). *Demander son chemin, son nom à qqn. Je lui ai demandé quand, comment, s'il irait.* – fam. *Je vous (le) demande ; je vous demande un peu !,* marque la réprobation. ■ se **demander** v. pron. Se poser une question à soi-même. *Je me demande ce qu'il va faire. « Perplexe, il se demandait s'il allait les accompagner »* (Alain-Fournier). ■ **demandé, ée** adj. Qui fait l'objet d'une forte demande. *Un article très demandé,* en vogue. – *Un décorateur très demandé.*

demandeur, euse n. **1.** Personne qui demande qqch. *Demandeur d'emploi.* → **chômeur.** *Demandeur d'asile* (politique). **2.** dr. (fém. *demanderesse*) Personne qui a l'initiative du procès. → **plaignant.**

démangeaison n. f. **1.** Sensation d'irritation au niveau de la peau, qui incite à se gratter. **2.** fig. et fam. Désir irrépressible. *« Un rire sceptique qui donnait des démangeaisons de la gifler »* (Flaubert).

delta

Le delta de la Lena (Russie), lors du dégel (photo satellite).

Demangeon (Albert) Géographe français (1872-1940). Il collabora à la *Géographie universelle* de Vidal de la Blache et contribua à définir les méthodes de la géographie humaine. *Problèmes de la géographie humaine.*

démanger v. intr. < 3 > (d'abord « ronger » ; de *manger*) **1.** Faire ressentir une démangeaison (à qqn). *Le bras lui démange.* – trans. *Ma plaie me démange.* → **gratter.** **2.** fig. loc. *La main lui démange* : il a grande envie de frapper. *La langue lui démange* : il a grande envie de parler. ■ trans. *Ça me démange de lui dire son fait.*

démanteler v. tr. < 5 > (famille de *manteau*) **1.** Démolir les murailles, les fortifications de. → **raser.** *Démanteler un fort.* ■ Déconstruire méthodiquement. *Démanteler une centrale nucléaire.* **2.** fig. Abattre, détruire, désorganiser. *Démanteler un empire, une institution.* □ **démantèlement** n. m. *Le démantèlement d'un réseau de trafiquants.*

démantibuler v. tr. < 1 > (famille de *mandibule*) fam. Démolir de manière à rendre inutilisable ; mettre en pièces. → **casser, démonter, disloquer.** *Démantibuler un meuble.* – au p. p. *Voiture démantibulée.*

démaquillant, ante adj. Qui sert à démaquiller. *Lait démaquillant.* – n. m. *Un démaquillant.*

démaquiller v. tr. < 1 > Enlever le maquillage, le fard de. faux pronom. *Se démaquiller les yeux.* – pronom. *Acteur qui se démaquille.* □ n. m. **démaquillage**

démarcatif, ive adj. didact. Qui sert de démarcation. *Un signe démarcatif.*

démarcation n. f. (de l'espagnol → démarquer) **1.** Action de limiter ; ce qui limite. → **délimitation, frontière, séparation.** *Ligne de démarcation* : frontière. **2.** fig. *La démarcation entre la philosophie et la psychologie.* → **limite.**

La ligne de démarcation (ici à Moulins, en 1943) marquait, pendant la Seconde Guerre mondiale, la limite entre la zone libre et la zone occupée.

démarchage n. m. Activité commerciale qui consiste à solliciter la clientèle à son domicile. → **porte-à-porte ; courtage.** *Démarchage par téléphone.* → **téléprospection.**

démarche n. f. (de l'ancien v. *démarcher*, de *marcher*) **I. 1.** Manière de marcher. → **allure, [1]marche, [1]pas.** *Démarche assurée, élastique, incertaine.* **2.** fig. Manière dont l'esprit progresse dans son activité. → **cheminement.** *Démarche intellectuelle.* **II.** Tentative auprès de qqn pour réussir une entreprise. *Tenter une démarche auprès de qqn. Faire des démarches à la préfecture.*

démarcher v. tr. < 1 > (de *démarche*) Effectuer le démarchage pour un produit auprès de (qqn). *Démarcher un client.*

démarcheur, euse n. Personne qui fait du démarchage. → **téléprospecteur.**

démarier v. tr. < 7 > (→ marier) agric. Éclaircir (un semis) en arrachant certains plants.

démarque n. f. (de *démarquer*) Fait de démarquer des marchandises, de les mettre en solde. – *Démarque inconnue* : différence entre le stock théorique et le stock réel.

démarquer v. tr. < 1 > **1.** Priver de la marque indiquant le possesseur. *Démarquer du linge.* **2.** fig. Copier, plagier (une œuvre, un auteur) de manière à dissimuler l'emprunt. □ n. m. **démarcage** ou **démarquage** **3.** Baisser le prix de (un article) ; priver (un article) de sa marque d'origine et le vendre moins cher. → **solder.** – au p. p. *Robe démarquée.* → **dégriffé.** **4.** sports Libérer (un joueur) du marquage adverse. ■ **se démarquer** v. pron. *Se démarquer de qqn*, prendre ses distances par rapport à lui, tenter de s'en distinguer avantageusement.

démarqueur, euse n. Copiste, plagiaire.

démarrage n. m. Fait de démarrer, de partir (véhicule). *Démarrage en côte.* ■ fig. *Démarrage économique.* → **décollage.**

démarrer v. < 1 > (de *dé-* et ancien français *marrer* → amarrer) **I.** v. tr. **1.** mar. Larguer les amarres de. *Démarrer un canot.* **2.** Mettre en marche (un moteur, un véhicule). **3.** fam. Commencer, entreprendre. *Démarrer un projet.* **II.** v. intr. **1.** Partir (navire). *« Le paquebot venait de démarrer, le paquebot s'élançait dans la nuit »* (Martin du Gard). **2.** Commencer à fonctionner, à rouler. → **[1]partir.** *La moto démarra en trombe. Faire démarrer une voiture.* **3.** fig. Se mettre à marcher, réussir. *Son affaire commence à démarrer.*

démarreur n. m. Appareil servant à mettre en marche un moteur (spécialt, d'automobile).

démascler v. tr. < 1 > (provençal *demascla* « émasculer ») techn. Retirer (du chêne-liège) la première écorce, de peu de valeur. □ n. m. **démasclage**

démasquer v. tr. < 1 > **1.** Enlever le masque de (qqn). **2.** fig. Faire connaître (qqn) pour ce qu'il est sous des apparences trompeuses. → **confondre.** *Démasquer un imposteur.* – pronom. *Elle s'est enfin démasquée.*

démastiquer v. tr. < 1 > techn. Débarrasser (qqch.) du mastic. □ n. m. **démasticage** ou **démastiquage**

démâter v. < 1 > mar. **1.** v. tr. Priver (un navire) de ses mâts. **2.** v. intr. Perdre ses mâts. *Le navire a démâté.* □ n. m. **démâtage**

dématérialiser v. tr. < 1 > **1.** Rendre immatériel. **2.** Priver de support matériel tangible (une valeur). – au p. p. *Valeurs mobilières dématérialisées.* **3.** inform. Traiter (des données) sous forme numérique. *Dématérialiser des factures.* □ n. f. **dématérialisation**

Demāvend ou **Damāvend** n. m. Volcan éteint formant le point culminant de l'Elbourz, en Iran. 5 671 m.

d'emblée voir **emblée**

dème n. m. (du grec *dêmos* « peuple » *cf.* démocratie) Division territoriale et unité administrative de la Grèce antique.

démédicaliser v. tr. < 1 > Ôter à (qqch.) son caractère médical. *Démédicaliser l'accouchement.* □ n. f. **démédicalisation**

démêlant n. m. Produit que l'on applique sur les cheveux pour en faciliter le démêlage.

démêlé n. m. (de *démêler*) Conflit né d'une opposition entre deux parties. → **différend, dispute.** *Ils ont eu un démêlé à propos de l'héritage.* ■ au plur. Difficultés qui en résultent. *Avoir des démêlés avec qqn, avec la justice.*

démêler v. tr. < 1 > **1.** Séparer (ce qui était emmêlé). – faux pronom. *Se démêler les cheveux.* □ n. m. **démêlage** **2.** fig. Débrouiller, éclaircir (une chose compliquée). → **dénouer.** *Démêler une intrigue.* □ n. m. **démêlement** **3.** littér. *Avoir qqch. à démêler avec qqn*, à discuter, à débattre (→ **démêlé**).

démêloir n. m. vieux Peigne à dents espacées servant à démêler les cheveux.

démêlure n. f. Petite touffe de cheveux enlevée par le peigne.

démembrer v. tr. < 1 > (de *membre*) **1.** rare Arracher les membres de. **2.** fig. Diviser en parties (ce qui forme un tout, devrait rester entier). → **découper, morceler, partager.** *Démembrer un domaine, un empire.* □ n. m. **démembrement**

déménagement n. m. Action de déménager ; son résultat. *Entreprise, camion de déménagement.*

déménager v. < 3 > (de *ménage*, sens vieux « maison ») **I.** v. tr. Transporter (des objets) d'un logement à un autre. *Déménager ses meubles, ses livres.* **II.** v. intr. **1.** Changer de logement. *Nous déménageons fin mai.* ■ fam. *Faire déménager qqn*, le faire sortir du lieu où il est. **2.** fam. → **déraisonner.** *Tu déménages !* **3.** fam. Susciter l'intérêt en excitant, en bousculant. *Ça déménage !* → **décoiffer.**

déménageur, euse n. **1.** Personne dont le métier est de faire des déménagements. **2.** n. f. (Suisse) Camion de déménagement.

démence n. f. **1.** vieilli Ensemble des troubles mentaux graves. → **aliénation, [1]folie.** *Sombrer dans la démence.* **2.** psych. Déchéance irréversible des activités psychiques, mentales. *Démence sénile.* **3.** Conduite extravagante. *C'est de la démence d'agir ainsi.* → **[1]folie, inconscience.**

se **démener** v. pron. < 5 > (de *mener*) **1.** S'agiter violemment. → se **débattre.** loc. *Se démener comme un beau diable.* **2.** fig. Se donner beaucoup de peine pour arriver à un résultat. → se **remuer** ; fam. se **décarcasser.** *Elle se démène pour finir son travail à temps.*

dément, ente adj. (latin *demens*, de *mens* « esprit » → mental) **1.** vieilli Qui est atteint de démence. → **aliéné, [1]fou.** – n. *Un regard de dément.* **2.** Déraisonnable, insensé. ■ fam. Extraordinaire. *Un film dément.*

démenti n. m. (de *démentir*) Action de démentir ; ce qui dément qqch. → **dénégation, désaveu.** *Opposer un démenti formel à une accusation.*

démentiel, ielle adj. **1.** vieilli De la démence. *État démentiel.* **2.** Absurde, fou. *Un projet démentiel.* ■ fam. Extraordinaire.

démentir v. tr. < 16 > (de *mentir*) **1.** Contredire (qqn) en prétendant qu'il n'a pas dit la vérité. *Démentir formellement un témoin.* **2.** Prétendre (qqch.) contraire à la vérité. → **nier ; démenti.** *Démentir une nouvelle.* **3.** (choses) Aller à l'encontre de. → **contredire, infirmer.** *Ses actes démentent ses paroles.* ■ **se**

D

démentir **v. pron.** **1.** Se contredire. **2.** *Ne pas se démentir :* ne pas cesser de se manifester. *Son succès ne se dément pas* (**→ persister ; constant**).

Démer **n. m.** Rivière de Belgique, affluent de la Dyle. 95 km.

démerdard, arde **n. et adj.** fam. (Personne) qui sait se tirer habilement d'affaire. **→ débrouillard.**

démerde **n. f.** (de *se démerder*) fam. Habileté à se tirer d'affaire. **→ débrouillardise.**

se **démerder** **v. pron.** < 1 > (de *dé-* et *merde* « ennui ») fam. Se débrouiller. *« Il était temps qu'il se démerde pour gagner sa croûte »* (Queneau).

démérite **n. m.** (de *démériter*) littér. Ce qui fait que l'on démérite, que l'on attire sur soi la désapprobation, le blâme. **→ faute, tort.**

démériter **v. intr.** < 1 > (de *mérite*) Agir de manière à encourir le blâme, la désapprobation (de qqn). *Démériter aux yeux de qqn. En quoi a-t-il démérité ?*

démesure **n. f.** (de *mesure*) Manque de mesure dans les sentiments, les attitudes. **→ excès, outrance.**

démesuré, ée **adj.** **1.** Qui dépasse la mesure ordinaire. **→ colossal, gigantesque, immense.** *Un homme d'une taille démesurée.* **2.** D'une très grande importance, intensité. **→ énorme, excessif, immense.** *Avoir une ambition démesurée.*

démesurément **adv.** D'une manière démesurée. **→ énormément, excessivement.**

Déméter Déesse grecque de la Fertilité, identifiée avec Cérès par les Romains. Mère de Perséphone, elle apporte le blé et assure l'abondance des récoltes.

Démétrios Ier Poliorcète (v. 336-283 av. J.-C.). Roi de Macédoine (294-288 av. J.-C.). Fils d'Antigonos Monophthalmos, il connut de nombreuses victoires avant d'être défait à Ipsos en –301. Il fut vaincu et fait prisonnier par Séleucos Ier en –285.

Démétrios Ier Sôter (mort en 149 av. J.-C.). Roi séleucide de Syrie (162-149 av. J.-C.). Il combattit les Maccabées en Judée, et fut tué par Alexandre Ier Balas.

Démétrios de Phalère Homme d'État et orateur athénien (v. 350-v. 283 av. J.-C.). Il gouverna Athènes au nom de Cassandre. Réfugié en Égypte, il fut à l'origine de la fondation de la bibliothèque d'Alexandrie par Ptolémée Sôter.

1démettre **v. tr.** < 56 > (de *mettre*) Déplacer (un os, une articulation). **→ disloquer, luxer.** – faux pronom. *Elle s'est démis le pied.*

2démettre **v. tr.** < 56 > (vient du latin, de *mittere* → mettre) Retirer (qqn) d'un emploi, d'un poste, etc. **→ destituer, relever, révoquer.** *On l'a démis de ses fonctions.* ■ **se démettre** **v. pron.** Quitter ses fonctions (volontairement ou sous une contrainte). **→ abandonner, abdiquer, démissionner.** *Se démettre d'une charge.*

démeubler **v. tr.** < 1 > Dégarnir (une pièce, une maison) de ses meubles.

au **demeurant** **loc. adv.** littér. D'ailleurs, au fond ; tout bien considéré. *Au demeurant, je ne suis pas concerné.*

demeure **n. f.** (de *demeurer*) **I.** dans des loc. (Fait de demeurer, de rester) **1.** ***Mise en demeure*** : sommation, ultimatum. – ***Mettre qqn en demeure de*** (+ inf.). **→ enjoindre, ordonner, 1sommer.** ■ *Il y a **péril en la demeure*** : il peut être dangereux de tarder, il faut agir vite. *Il n'y a pas péril en la demeure :* rien ne presse. **2.** ***À demeure*** **loc. adv.** : en permanence. *S'installer à demeure à la campagne.* **II.** **1.** vieilli **→ domicile, habitation.** *Il a fait ici sa demeure.* ■ mod. Maison (belle ou importante, souvent ancienne). *Une demeure seigneuriale.* **2.** fig., littér. *La dernière demeure :* le tombeau. *Accompagner qqn à sa dernière demeure.*

demeuré, ée **adj.** fam. Intellectuellement retardé. **→ attardé, simple** d'esprit. *Il est un peu demeuré.* – **n.** *Des demeurés.*

demeurer **v. intr.** < 1 > (du latin *demorari* « tarder » *cf.* moratoire) **I.** (auxiliaire *être*) **1.** (personnes) Rester (en un lieu). *Elle ne peut pas demeurer en place.* **→ tenir.** ■ ***En demeurer là*** : ne pas donner suite à une affaire, en rester là. – *Les choses en demeurèrent là,* n'allèrent pas plus loin. **2.** littér. Passer du temps (à). *Demeurer longtemps à rêver.* **→ s'attarder à.** **3.** Continuer à être (dans une situation). **→ rester.** *Demeurer sans secours. Il préfère demeurer inconnu. « Les hommes naissent et demeurent libres et égaux en droits »* (« Déclaration des droits de l'homme »). **4.** Continuer d'exister. *« Ces heures divines qui demeurent au fond de notre mémoire* [...] *»* (Barrès). – impers. *Il n'en demeure pas moins que* (+ indic.) : il reste que. **II.** (auxiliaire *avoir*) Habiter, résider. *Nous avons demeuré à Paris pendant cinq ans.*

demi, ie (vient du latin tardif *dimedius,* de *medius* « qui est au milieu » → médius) **I.** **adj.** Qui est la moitié d'un tout (*demi* reste invar. et se rattache au nom qu'il qualifie par un trait d'union **→ demi-** et composés). ***Et demi(e)*** (après un nom) : et la moitié. *Cinq heures et demie. Il a un an et demi.* – fig. Plus grand encore. *À malin*, malin et demi.* **II.** **adv.** À moitié, pas entièrement. **→ mi-.** *« La volatile malheureuse* [...] *Demi-morte et demi-boiteuse »* (La Fontaine). *Lait demi-écrémé.* **III.** ***À demi*** **loc. adv.** : à moitié. **→ partiellement, à moitié.** ■ après un verbe *Faire qqch. à demi.* **→ imparfaitement.** ■ devant un adj. ou un p. p. *Elle est à demi sourde. Ils sont à demi morts.* **→ presque.** **IV.** **n.** **1.** Moitié d'une unité. *Un demi* ou *0,5* ou *1/2.* **2.** **n. m.** Verre de bière (qui contenait à l'origine un demi-litre, un quart aujourd'hui). *Garçon, trois demis pression !* **3.** **n. f.** ***La demie*** : la fin de la demi-heure (qui suit une heure quelconque). *La demie de cinq heures. Il est la demie passée.* **4.** **n.** sports Joueur, joueuse placé(e) entre les avants et les arrières. – *Demi(e) de mêlée,* qui lance le ballon dans la mêlée (au rugby).

demi- Élément invariable (de l'adj. *demi*) qui désigne la division par deux (*demi-litre*) ou le caractère incomplet, imparfait (*demi-jour*). **→ semi-.**

demi-bas **n. m. invar.** vieilli Mi-bas.

demi-bouteille **n. f.** Petite bouteille contenant environ 37 cl. *Deux demi-bouteilles.* - abrév. **Une demie Vichy.**

demi-brigade **n. f.** Réunion de deux ou trois bataillons sous les ordres d'un colonel. *Des demi-brigades.*

demi-cercle **n. m.** Moitié d'un cercle limitée par un diamètre. *Des demi-cercles.* □ **adj. demi-circulaire**

demi-clé ou **demi-clef** **n. f.** mar. Nœud d'un cordage qui consiste à faire passer le brin libre sous le brin tendu autour de l'objet attaché. *Des demi-clés, des demi-clefs.*

demi-colonne **n. f.** archit. Colonne engagée de la moitié de son diamètre. *Des demi-colonnes.*

demi-deuil **n. m.** **1.** Deuil moins sévère que le grand deuil. *Des demi-deuils.* **2.** cuis. *Poularde demi-deuil,* servie avec une sauce blanche aux truffes noires.

demi-dieu **n. m.** Personnage mythologique issu d'une mortelle et d'un dieu, d'une déesse et d'un mortel, ou divinisé pour ses exploits. **→ héros.** *Hercule était un demi-dieu. Des demi-dieux.* ■ fig. Personne que l'on traite presque comme un dieu.

demi-douzaine **n. f.** Moitié d'une douzaine ou six unités. *Trois demi-douzaines d'huîtres.* ■ Approximativement six. *Une demi-douzaine d'amis.*

demi-droite **n. f.** géom. Portion de droite limitée par un point appelé *origine. Deux demi-droites.*

demie voir **demi**

démieller **v. tr.** < 1 > apic. Enlever le miel de (la cire).

demi-entier, ière **adj.** math. Se dit d'un nombre égal à la moitié d'un nombre impair. – **n. m.** *Des demi-entiers.*

demi-espace **n. m.** géom. Partie d'un espace divisé en deux. *Des demi-espaces.*

demi-finale **n. f.** Avant-dernière épreuve d'une coupe, d'une compétition. *Aller en demi-finale. Des demi-finales.* □ **n. demi-finaliste**

demi-fond **n. m.** sports *Course de demi-fond,* de moyenne distance (entre 800 et 3 000 mètres).

demi-frère **n. m.** Frère par le père (*frère consanguin*) ou la mère (*frère utérin*) seulement. *Ses demi-frères.*

demi-gros **n. m. invar.** Commerce intermédiaire entre la vente en gros et la vente au détail. *Vente en demi-gros.*

demi-heure **n. f.** Moitié d'une heure, soit trente minutes. *Toutes les demi-heures.*

demi-jour **n. m.** Clarté faible comme celle de l'aube ou du crépuscule. *Des demi-jours* ou *des demi-jour* (invar.).

demi-journée **n. f.** Moitié d'une journée (matinée ou après-midi). *Des demi-journées de travail.*

démilitariser **v. tr.** < 1 > Priver (une zone, un pays) de sa force militaire. **→ désarmer.** □ **n. f. démilitarisation**

demi-litre **n. m.** Moitié d'un litre. *Des demi-litres.*

DeMille (Cecil Blount, dit Cecil B.) Cinéaste américain (1881-1959). Fondateur de la société qui allait devenir la Paramount, il réalisa plus de 150 films à grand spectacle, souvent d'inspiration biblique. *Les Dix Commandements ; Samson et Dalila.*

Cecil B. DeMille dirigeant Charlton Heston dans *Les Dix Commandements* (1956).

DeMille (Agnes) Danseuse et chorégraphe américaine (1905-1993). Nièce de Cecil B. DeMille. Elle connut le succès avec *Rodéo,* produit aux Ballets russes de Monte-Carlo, puis s'illustra notamment dans les œuvres de Tudor (*Dark Elegies*), ainsi que dans *Black Ritual* et *Fall River Legend,* au Ballet Theater.

demi-longueur **n. f.** sports *Gagner d'une demi-longueur,* de la moitié de la longueur du cheval, du bateau, dans une course. *Deux demi-longueurs.*

demi-lune **n. f.** Espace en demi-cercle. ■ spécialt Fortification autrefois demi-circulaire, aujourd'hui triangulaire. *Des demi-lunes.*

demi-mal, maux **n. m.** Inconvénient moins grave que celui qu'on prévoyait. *C'est un demi-mal. Des demi-maux.*

demi-mesure **n. f.** **1.** Moitié d'une mesure. *Une demi-mesure de graines.* **2.** Moyen insuffisant et provisoire. **→ compromis.** *Avec elle, c'est tout ou rien : elle a horreur des demi-mesures.* **3.** Confection de costumes d'homme d'après les mesures principales.

demi-mondaine **n. f.** anciennt Femme légère qui fréquentait les milieux mondains. **→ 1cocotte, courtisane.** *Des demi-mondaines.*

demi-monde **n. m.** anciennt Société de femmes légères et de ceux qui les fréquentent. *Les demi-mondes de la Belle Époque.*

demi-mort, morte **adj.** littér. À moitié mort, très mal en point.

demi-mot n. m. *À demi-mot* loc. adv. : sans qu'il soit nécessaire de tout exprimer. *Ils se comprennent à demi-mot.*

déminer v. tr. < 1 > Débarrasser (un lieu) des mines qui en interdisent l'accès. □ n. m. **déminage**

déminéraliser v. tr. < 1 > 1. méd. Faire perdre les sels minéraux à (l'organisme). – pronom. *Son organisme se déminéralise.* 2. Éliminer les sels minéraux de (l'eau). – au p. p. *Eau déminéralisée.* □ n. f. **déminéralisation**

démineur, euse n. Technicien, technicienne du déminage.

demi-pause n. f. mus. Silence qui équivaut à la moitié d'une pause (égal à une blanche) ; signe qui sert à le noter. *Des demi-pauses.*

demi-pension n. f. 1. Pension partielle, dans laquelle on ne prend qu'un repas. *Prendre la demi-pension dans un hôtel. Des demi-pensions.* 2. Régime scolaire où l'élève prend son repas de midi sur place (opposé à *externat, internat*).

demi-pensionnaire n. Élève qui suit le régime de la demi-pension (opposé à *externe, interne*). *Des demi-pensionnaires.*

demi-pièce n. f. Fût de vin d'environ 110 litres. *Des demi-pièces.*

demi-place n. f. Place à demi-tarif (transports, spectacles). *Deux demi-places.*

demi-plan n. m. géom. Portion de plan limitée par une droite de ce plan. *Des demi-plans.*

demi-pointe n. f. 1. danse Position du pied soulevé reposant sur les phalanges à plat. 2. *Des demi-pointes* : chaussons de danse souples.

demi-portion n. f. fam., péj. Personne petite, insignifiante. *Ces demi-portions ne lui font pas peur.*

demi-produit n. m. Produit semi-fini. *Des demi-produits.*

demi-queue adj. *Piano demi-queue*, plus petit que le piano à queue. – n. m. *Des demi-queues.*

Demirel (Süleyman) Homme d'État turc (1924-2015). Premier ministre à quatre reprises entre 1965 et 1993, il fut président de la République de 1993 à 2000.

demi-reliure n. f. Reliure où seul le dos du livre est en peau. *Des demi-reliures.*

demi-ronde adj. f. et n. f. *Lime demi-ronde*, dont une face est plate et l'autre arrondie. – n. f. *Des demi-rondes.*

démis, ise adj. (de [1]*démettre*) (os, articulation) Déplacé, luxé. *Épaule démise.*

demi-saison n. f. L'automne ou le printemps. *Vêtement de demi-saison*, ni trop léger, ni trop chaud. *Pendant les demi-saisons.*

demi-sang n. m. Cheval issu de reproducteurs dont un seul est de pur sang. *Des demi-sang(s).*

demi-sec adj. m. et n. m. Se dit d'un vin plus sucré qu'un vin sec, mais moins qu'un vin doux. *Des demi-secs.*

demi-sel 1. adj. invar. Qui n'est que légèrement salé. *Du beurre demi-sel.* – *Fromage demi-sel* : fromage frais de vache légèrement salé. 2. fig. (de *beurre demi-sel*) n. m. argot Homme qui affecte d'appartenir au milieu ; faux proxénète. *Des demi-sel* (invar.) ou *des demi-sels.* « *Je l'ai pris longtemps pour un gars d'aventure, mais c'est rien qu'un demi-sel* » (Céline).

demi-sœur n. f. Sœur par le père *(sœur consanguine)* ou la mère *(sœur utérine)* seulement. *Elle a deux demi-sœurs.*

demi-solde 1. n. f. Solde réduite d'un militaire en non-activité. *Des demi-soldes.* 2. n. m. invar. Militaire qui touche une demi-solde (spécialt soldat de l'Empire, sous la Restauration).

demi-sommeil n. m. État intermédiaire entre le sommeil et l'état de veille. → **somnolence.** *Être dans un demi-sommeil. Des demi-sommeils.*

demi-soupir n. m. mus. Silence dont la durée est égale à la moitié d'un soupir (équivalent à une croche). *Des demi-soupirs.*

démission n. f. (latin *demissio* → [2]démettre) 1. Acte par lequel on se démet d'une fonction, d'une charge, d'un emploi. *Donner sa démission.* 2. fig. Acte par lequel on renonce à qqch. ; attitude de fuite devant les difficultés. → **abandon, abdication, résignation.**

démissionnaire 1. n. Personne qui vient de donner sa démission. – adj. *Ministre démissionnaire.* 2. adj. fig. Qui a une attitude de démission (2).

démissionner v. intr. < 1 > 1. Donner sa démission. ■ v. tr. fam. Forcer à démissionner. *On l'a démissionné.* 2. fig., fam. Renoncer à qqch. → **abandonner.**

De Mita (Ciriaco) Homme d'État italien (1928-2022). Membre de la Démocratie chrétienne, il fut président du Conseil de 1988 à 1989. Il a rejoint l'Union des démocrates et du Centre en 2008.

demi-tarif n. m. Tarif réduit de moitié. *Billet à demi-tarif.* – adj. *Places demi-tarifs* ou *demi-tarif* (invar.). ■ Billet à demi-tarif. *Deux demi-tarifs.*

demi-teinte n. f. Teinte qui n'est ni claire ni foncée. *Des demi-teintes.* ■ fig. ***En demi-teinte*** : nuancé, peu affirmé. *Bilan en demi-teinte*, ni bon, ni mauvais.

demi-ton n. m. mus. Le plus petit intervalle entre deux degrés conjoints. *Demi-ton diatonique*, formé par deux notes de noms différents (ex. mi-fa). *Demi-ton chromatique*, formé par deux notes de même nom (ex. mi bémol-mi). *Des demi-tons.*

demi-tour n. m. 1. Moitié d'un tour que l'on fait sur soi-même. *Des demi-tours.* 2. loc. *Faire demi-tour* : retourner sur ses pas.

démiurge n. m. (grec *dêmiourgos* « artisan », de *dêmos* « peuple » → démocratie et *ergon* « travail » → énergie) philos. Le dieu créateur de l'univers, pour les platoniciens. ■ par ext., littér. Créateur, animateur d'un monde. □ adj. **démiurgique**

demi-vie n. f. phys. Temps au bout duquel une grandeur atteint la moitié de sa valeur initiale. *Des demi-vies.*

demi-vierge n. f. vieilli Jeune fille encore vierge de mœurs très libres. *Des demi-vierges.*

démixtion n. f. (→ mixtion) sc. Séparation des phases d'un mélange.

démo n. f. (abrév. de *démonstration*) fam. Démonstration.

démobilisable adj. Qui doit être officiellement démobilisé.

démobilisateur, trice adj. Propre à démobiliser (2).

démobiliser v. tr. < 1 > 1. Rendre à la vie civile (des troupes mobilisées). – au p. p. *Soldats démobilisés.* 2. fig. Priver (les militants, les masses) de toute combativité. → **démotiver.** □ n. f. **démobilisation**

démocrate n. et adj. 1. Partisan de la démocratie. *Une démocrate convaincue.* 2. *Le parti démocrate* : l'un des deux grands partis politiques américains. – n. *Les démocrates et les républicains.*

démocrate (Parti) L'un des deux grands partis politiques des États-Unis. Né en 1830 sous l'influence d'A. Jackson, il ne devint un véritable mouvement réformateur qu'avec la présidence de T. W. Wilson. F. D. Roosevelt et J. F. Kennedy contribuèrent à son ascension. Après eux, les démocrates furent au pouvoir avec les présidents L. Johnson, J. Carter, B. Clinton, B. Obama et J. Biden.

démocrate-chrétien, ienne n. polit. Membre, partisan de la démocratie* chrétienne. *Des démocrates-chrétiens.* – adj. *Les partis démocrates-chrétiens.*

démocratie n. f. (du grec, de *dêmos* « peuple » et *kratein* « commander » → -crate) Forme de gouvernement dans laquelle la souveraineté appartient au peuple ; État ainsi gouverné. « *Le suffrage universel est donc la démocratie elle-même* » (Lamartine). *Être en démocratie.* – *Démocratie directe*, où le peuple exerce directement sa souveraineté. *Démocratie participative*, où le peuple participe à la concertation et aux décisions. *Démocratie représentative*, où le peuple élit des représentants. – *Démocratie chrétienne*, inspirée par la morale sociale chrétienne et spécialt définie par la papauté (1901-1967). – *Les démocraties populaires* : régimes à parti unique, d'inspiration marxiste (supprimées pour la plupart en 1990).

▶ Gouvernement par le peuple, la **démocratie** est née à Athènes au VIe siècle av. J.-C. Femmes, esclaves, métèques (étrangers) sont alors exclus de l'*agora* où les citoyens délibèrent et décident des affaires de la cité (*polis*, en grec ; *res publica*, « les affaires publiques », en latin). Platon et Aristote distinguent la démocratie de l'aristocratie (gouvernement par les meilleurs) et de la monarchie (gouvernement par un seul). Dans les démocraties antiques, la décision politique est prise directement par l'assemblée des citoyens. C'est encore le cas, aujourd'hui, dans les cantons suisses, par exemple ; mais dès la République romaine (509-27 av. J.-C.), des mécanismes de délégation de pouvoir sont créés : on passe ainsi de la démocratie directe à la démocratie représentative, caractérisée par l'élection de représentants. Tel est le cas dans les grandes démocraties modernes qui émergent avec la seconde révolution d'Angleterre (1688), la Constitution américaine (1787) et la Révolution française (Constitutions de 1791, 1793, etc.). La représentation est rendue nécessaire par l'importance numérique du corps électoral, mais elle apparaît aussi comme une garantie d'équilibre et de sagesse par rapport à l'emportement parfois irrationnel de la démocratie directe.
La démocratie représentative a ses défauts : le contrôle des élus, le respect des procédures sont des mécanismes essentiels pour la bonne marche démocratique, de même que la séparation des pouvoirs (exécutif, judiciaire et législatif), théorisée par Montesquieu qui y voit un gage d'équilibre des institutions et une garantie contre les abus. Les démocraties modernes recourent encore parfois à la démocratie directe. On peut penser à la pratique du référendum, par exemple, mais aussi aux affaires locales, de plus en plus souvent traitées en faisant précéder les décisions par des délibérations publiques, avec des panels de citoyens : on parle alors de démocratie participative.
voir aussi **cité, monarchie, élection, référendum**

démocratie chrétienne (DC) Mouvement politique apparu en France dans la première moitié du XIXe s. La démocratie chrétienne aspirait à instaurer un régime démocratique fondé sur les valeurs de l'Évangile, en particulier dans le domaine social. Le Parti populaire italien (PPI), l'Union chrétienne-démocrate (CDU) allemande et le Parti social-chrétien (PSC) belge en sont issus.

Démocratie libérale (DL) Parti politique français qui succéda au Parti républicain en 1997 et se fondit dans l'UMP en 2002. Il était dirigé par A. Madelin.

démocratique adj. (du grec, de *dêmokratia* → démocratie) 1. Qui appartient à la démocratie. *Principes démocratiques. Régime démocratique.* 2. Conforme à la démocratie. *Loi démocratique.* ■ Respectueux de la volonté, de la liberté de chacun. *Vote démocratique.* 3. (Belgique) *Prix démocratique*, à la portée de tous. □ adv. **démocratiquement**

démocratiser v. tr. < 1 > 1. Introduire la démocratie dans. *Démocratiser un pays.* 2. Rendre démocratique, populaire. → **populariser.** – pronom. *Ce sport se démocratise*, devient accessible à tous. □ n. f. **démocratisation**

Démocrite Philosophe grec (v. 460-v. 370 av. J.-C.), principal représentant avec Leucippe de l'atomisme antique. Sa doctrine repose sur deux principes matériels — les atomes et le vide —, et exclut tout finalisme et toute providence. Sa morale vise à la sérénité de l'âme par la modération des désirs.

se démoder v. pron. < 1 > Passer de mode, n'être plus à la mode. ■ **démodé, ée adj.** *Vêtement, prénom démodé.* → **suranné, vieillot.** – *Procédé démodé.* → **dépassé, désuet, périmé.**

démodex ou **demodex** [demɔdɛks] n. m. (du latin sc., grec *dêmos* « graisse » et *dex* « ver ») zool. Petit acarien parasite du système pileux du visage.

démoduler v. tr. < 1 > (de *moduler*) électron. Extraire l'information contenue dans (un signal modulé). □ n. m. **démodulateur** □ n. f. **démodulation**

démographie n. f. (du grec *dêmos* « peuple » → démocratie et de *-graphie*) **1.** Étude statistique des populations humaines. **2.** État quantitatif d'une population. *Démographie galopante.* □ n. **démographe**

▶ La **démographie** (1) est une discipline des sciences humaines visant à caractériser une population en en donnant une représentation quantitative : son volume global, la proportion d'hommes et de femmes, les différentes classes d'âge (pyramide des âges), la répartition des populations, les flux migratoires, les taux de mortalité et de natalité, l'âge moyen de la maternité, le taux d'emploi, etc. Ses données peuvent être très précises et spécialisées (criminologie, épidémiologie).
La démographie ne se contente pas de donner une représentation statique de la population, mais envisage aussi son évolution historique, ce qui permet de faire des estimations prospectives.
L'usage de certaines statistiques démographiques telles que les statistiques ethniques fait l'objet de débat : en effet, elles peuvent servir à la lutte contre les discriminations, mais présentent également le risque de construire des catégories qui enferment les personnes dans une identité parfois hasardeuse. La question est d'autant plus sensible que la démographie n'est pas une science comme une autre : elle sert de plus en plus à informer et à orienter la décision publique. C'est ainsi à partir des travaux des démographes sur le vieillissement des populations européennes que la plupart des pays d'Europe ont réformé leurs systèmes de retraites.
voir aussi **recensement, statistique**

démographique adj. **1.** Relatif à la démographie. *Bilan démographique.* **2.** De la population (du point de vue du nombre). *Poussée démographique.*

demoiselle n. f. (vient du latin *domnicella*, de *domina* → ¹dame cf. damoiselle) **I. 1.** Femme célibataire (→ **mademoiselle**). ■ courtois ou iron. Jeune fille. **2.** *Demoiselle d'honneur* : jeune fille ou fillette qui accompagne la mariée. *Les demoiselles et les garçons d'honneur.* **II. 1.** Insecte proche de la libellule. **2.** géol. Pilier naturel formé par l'érosion. *Demoiselle coiffée.*

Demoiselles (grotte des) Grotte de l'Hérault qui servit de refuge, au XVIIe s., à des protestants révoltés (camisards).

Demolder (Eugène) Écrivain belge d'expression française (1862-1919). Son grand intérêt pour la peinture orienta ses romans, inspirés notamment par J. Ensor, les peintres du XVIIe s. ou Rembrandt. *La Légende d'Yperdamme ; Sous la robe ; Le Jardinier de la Pompadour.*

démolir v. tr. < 2 > (latin *demoliri*, de *de-* et *moliri*, de *moles* « masse » → ²môle) **I.** *Démolir qqch.* (opposé à *construire*). **1.** Défaire (une construction) en abattant pièce à pièce. → **abattre, détruire, raser.** *Démolir un mur, un vieux quartier.* – au p. p. *Ville démolie par la guerre.* **2.** fig. Détruire entièrement. → **anéantir, ruiner.** *Démolir un raisonnement, une théorie, un projet.* **3.** Mettre (qqch.) en pièces. → **casser** ; fam. **bousiller.** *Démolir une voiture. Les vandales ont tout démoli.* – Mettre en mauvais état. → fam. **esquinter.** **II.** *Démolir qqn.* **1.** fam. Mettre hors de combat, en frappant. → **battre.** « *Je vais te démolir, numérote tes os* » (Zola). ■ Fatiguer, épuiser. *Ses problèmes le démolissent.* **2.** Ruiner le crédit, la réputation de (qqn, qqch.). *La critique a démoli ce film.* □ n. m. **démolissage**

démolisseur, euse n. **1.** Personne, entreprise qui démolit un bâtiment. *Une équipe de démolisseurs.* **2.** fig. Destructeur.

démolition n. f. (du latin → démolir) **I. 1.** Action de démolir (une construction). *Maison en démolition. Chantier de démolition.* **2.** fig. Destruction. **II.** au plur. Matériaux des constructions démolies. → **décombres, gravats, ruine(s).**

démon n. m. (du latin, emprunt au grec *daimôn* « puissance divine », de *daiesthai* « partager » : « celui qui distribue ») **I.** mythol. Être surnaturel, bon ou mauvais, attaché à la destinée d'une personne, d'une collectivité. → **génie.** *Le démon* (en grec *daimôn*) *de Socrate.* **II. 1.** relig. Ange déchu, révolté contre Dieu, et dans lequel réside l'esprit du mal. → **diable, satan.** – *Le démon* : Satan, prince des démons. *Le démon, appelé aussi Belzébuth, Lucifer.* **2.** Personne méchante, malfaisante. – *Cet enfant est un petit démon*, il est très espiègle, très turbulent. → **diable.** **3.** *Le démon de*, personnification d'une mauvaise tentation, d'un défaut. *Le démon du jeu, de la curiosité.* – loc. *Le démon de midi* : tentation d'ordre sexuel qui s'empare des humains vers le milieu de leur vie. **4.** loc. fig. *Les vieux démons* : les tentations qu'on croyait disparues ; les sujets anciens de discorde.

démondialisation n. f. didact. Réorganisation de l'économie internationale s'opposant à la mondialisation libérale.

démonétiser v. tr. < 1 > (famille de *monnaie* → monétaire) **1.** Retirer (une monnaie) de la circulation. **2.** fig. Déprécier, discréditer. **3.** Supprimer les publicités associées à (un contenu). *Démonétiser une vidéo.* □ n. f. **démonétisation**

démoniaque (du latin ecclés., du grec → démon) **1.** adj. et n. littér. Possédé du démon. *La guérison d'un démoniaque.* **2.** adj. Digne du démon. → **diabolique, satanique.** *Un rire pervers, démoniaque.* « *L'art moderne a une tendance essentiellement démoniaque* » (Baudelaire).

démonologie n. f. (de *démon* et *-logie*) didact. (sc. occultes, mythol. et relig.) Étude du démon, des démons.

démonstrateur, trice n. (→ démontrer) Personne qui montre un produit, en explique le fonctionnement afin de le vendre.

démonstratif, ive adj. **I. 1.** Qui démontre. *Preuve démonstrative.* **2.** gramm. Qui sert à montrer, à désigner. *Adjectif démonstratif.* → ¹**ce.** – *Pronom démonstratif.* → ²**ce ; celui ; ceci, cela ;** ¹**ça.** – n. m. *Les démonstratifs.* **II.** Qui manifeste vivement ses sentiments (éprouvés ou simulés). → **communicatif, expansif.** *Une personne peu démonstrative.*

démonstration n. f. (latin *demonstratio* → démontrer) **1.** Opération mentale, raisonnement par lequel on établit la vérité d'une proposition. *La démonstration d'un théorème.* « *Au lieu de nous faire trouver les démonstrations, on nous les dicte* » (Rousseau). **2.** Action de montrer par des expériences les principes d'une science, le fonctionnement d'un appareil. *Le professeur de chimie a fait une démonstration.* ■ *Démonstration faite par un vendeur* (→ **démonstrateur**). **3.** souvent au plur. Signes extérieurs volontaires qui manifestent les intentions, les sentiments. → **manifestation, marque.** *Des démonstrations de joie, d'amitié.* **4.** Manœuvre de forces armées pour donner le change à l'ennemi ou pour l'intimider.

démontable adj. Qui peut être démonté (3). *Tribune démontable.*

démonte-pneu n. m. Levier destiné à retirer un pneu de sa jante. *Des démonte-pneus.*

démonter v. tr. < 1 > (de *monter*) **1.** Jeter (qqn) à bas de sa monture. → **désarçonner.** **2.** fig. Étonner au point de faire perdre l'assurance. → **déconcerter, interloquer.** « *L'aplomb de ce petit me démontait* » (Gide). **3.** Défaire (un tout, un assemblage) en séparant les éléments. *Démonter un échafaudage.* □ n. m. **démontage** ■ **se démonter** v. pron. **1.** Perdre son sang-froid. → **s'affoler** ; → **perdre contenance.** *Il ne s'est pas démonté pour si peu.* **2.** passif *Ce lit se démonte* (→ **démontable**). ■ **démonté, ée adj. 1.** Dont on a démonté les éléments. *Un moteur démonté.* **2.** *Mer démontée*, très agitée par la tempête. → **déchaîné, houleux.**

démontrer v. tr. < 1 > (vient du latin *demonstrare*, de *monstrare* → montrer) **1.** Établir la vérité de (qqch.) d'une manière évidente et rigoureuse. → **établir, prouver ; démonstration.** *Démontrer un théorème.* – *Ce n'est plus à démontrer* : on le sait, c'est admis. – → aussi **CQFD.** **2.** (sujet chose) Fournir une preuve de. → **montrer, prouver.** *Cela démontre la nécessité d'une réforme.* □ adj. **démontrable**

démoralisant, ante adj. Qui démoralise, qui est de nature à décourager. *Un échec démoralisant.* → **décourageant, déprimant.**

démoralisateur, trice adj. littér. Qui tend à décourager.

démoralisation n. f. Fait de démoraliser, d'être démoralisé. → **découragement, démotivation.**

démoraliser v. tr. < 1 > Affaiblir le moral, le courage de (qqn). → **abattre, décourager.** *Son échec l'a démoralisé.* – au p. p. « *Tout démoralisé de fatigue et de tristesse* » (Gide).

démordre v. tr. ind. < 41 > (de *mordre*) *Démordre de* (surtout négatif) : renoncer à. → **abandonner, renoncer.** *Elle ne veut pas en démordre.*

De Morgan (Augustus) Mathématicien et logicien britannique (1806-1871). Il fut l'un des premiers à présenter la logique sous une forme mathématique tout en analysant les symboles, les opérations et les lois mathématiques sous l'angle logique. On lui doit les *lois de Morgan.*

Démosthène Homme politique et orateur athénien (384-322 av. J.-C.). Grand orateur, apologiste de la démocratie, il s'illustra à l'assemblée en dénonçant les ambitions de Sparte puis la politique d'expansion de Philippe de Macédoine (*Philippiques*). Chef du parti patriotique, il obtint la confiance des Athéniens malgré la défaite de Chéronée (–338) face aux Macédoniens. Chassé par Antipatros après l'échec de la révolte d'Athènes (–322) contre la Macédoine, il s'empoisonna.

démotique adj. (grec *dêmotikos*, de *dêmos* « peuple ») didact. **1.** Se dit de la langue parlée et de l'écriture cursive vulgaire des anciens Égyptiens (simplification de l'écriture hiératique). – n. m. *Le démotique.* **2.** Relatif au grec moderne courant, parlé.

démotiver v. tr. < 1 > Faire perdre à (qqn) toute motivation, toute envie ou raison de continuer un travail, une action. ■ **démotivé, ée adj.** Découragé, démoralisé. □ adj. **démotivant, ante** □ n. f. **démotivation**

démoucheter v. tr. < 4 ou RO 5 > Dégarnir (un fleuret) de sa mouche. – au p. p. *Fleuret démoucheté.*

démouler v. tr. < 1 > Retirer (qqch.) du moule. *Démouler une statue en plâtre. Démouler un gâteau.* □ n. m. **démoulage**

démouleur n. m. Mécanisme permettant de démouler.

démoustiquer v. tr. < 1 > Débarrasser (un lieu) des moustiques. □ n. f. **démoustication**

Dempsey (William Harrison, dit Jack) Boxeur américain (1895-1983). Il a été champion du monde des poids lourds de 1919 à 1926.

démultiplexage n. m. télécomm., inform. Opération consistant à distribuer sur plusieurs voies des signaux ayant auparavant été regroupés par multiplexage*.

démultiplicateur, trice adj. et n. m. techn. Qui démultiplie. *Organe démultiplicateur.* – n. m. mécan. Système de transmission qui assure une réduction de vitesse avec une augmentation de force.

démultiplication n. f. Action, fait de démultiplier. – mécan. Rapport de réduction de vitesse.

démultiplier v. tr. < 7 > (de *multiplier*) **1.** Réduire la vitesse de (un mouvement transmis). – au p. p. *Pignons démultipliés.* **2.** Augmenter l'effet de (qqch.) en multipliant les moyens employés.

démunir v. tr. < 2 > (de *munir*) Priver (qqn, qqch. d'une chose essentielle). – pronom. *Refuser de se démunir de son passeport.* → se **dessaisir.** ■ au p. p. *Être démuni d'argent, être complètement démuni :* ne plus avoir d'argent.

démuseler v. tr. < 4 ou RO 5 > (de *museler*) Dégager, libérer (un animal) de sa muselière. *Démuseler un chien de garde.* – fig. Libérer, spécialt la parole. *Démuseler l'information.*

démutiser v. tr. < 1 > (de ¹*dé-* et latin *mutus* « muet ») didact. Amener qqn à produire et maîtriser ses émissions vocales. *Démutiser un sourd.* □ n. f. **démutisation**

Demy (Jacques) Cinéaste français (1931-1990). Inventeur du « film chanté », comédie musicale à la française, il a créé un univers original, entre onirisme et réalisme. *Lola ; Les Parapluies de Cherbourg ; Les Demoiselles de Rochefort ; Peau d'âne.*

démystificateur, trice n. Personne qui démystifie. – adj. *Action démystificatrice.*

démystifier v. tr. < 7 > **1.** Détromper (les victimes d'une mystification collective, d'un mythe). – passif *« Peuple, tu es mystifié. Tu seras démystifié »* (Ionesco). **2.** Priver (qqch.) de son pouvoir mystificateur. → **démythifier.** □ adj. **démystifiant, ante** □ n. f. **démystification**

démythifier v. tr. < 7 > didact. Supprimer en tant que mythe. *Démythifier un acteur célèbre.* □ n. f. **démythification**

Denain Commune du Nord, dans l'arrondissement de Valenciennes. 20 415 habitants. Ancien centre houiller.

Denali (mont) anciennement **mont McKinley** Mont de la chaîne d'Alaska aux États-Unis. Point culminant de l'Amérique du Nord. 6 190 m.

dénasaliser v. tr. < 1 > (de *nasal*) Rendre (un phonème nasal) oral. – pronom. ***Se dénasaliser*** : perdre son caractère nasal. □ n. f. **dénasalisation**

dénatalité n. f. didact. Diminution du nombre des naissances.

dénationaliser v. tr. < 1 > Restituer à la propriété privée (une entreprise nationalisée). → **privatiser.** □ n. f. **dénationalisation**

dénatter v. tr. < 1 > (de *natter*) Défaire les nattes de. *Dénatter ses cheveux.*

dénaturaliser v. tr. < 1 > dr. Priver (qqn) des droits acquis par naturalisation. □ n. f. **dénaturalisation**

dénaturant, ante adj. Qui dénature. *Produit dénaturant.*

Denali (mont)

Le mont Denali en Alaska.

dénaturé, ée adj. (de *nature*) **1.** techn. *Alcool dénaturé* (→ **dénaturer 1**). **2.** Altéré jusqu'à perdre les caractères considérés comme naturels, chez l'homme. *Goûts dénaturés.* → **dépravé, pervers.** ■ *Parents dénaturés*, qui négligent de remplir leurs devoirs envers leurs enfants.

dénaturer v. tr. < 1 > (de *nature*) **1.** Changer, altérer la nature de (qqch.). *Dénaturer du vin.* → **frelater.** ■ techn. Rendre impropre à la consommation, par ajout de substances. **2.** abstrait Changer la nature de, donner une fausse apparence à. *Dénaturer un fait.* → **déformer.** *Dénaturer la pensée, les paroles, les écrits de qqn*, par une fausse interprétation. → **défigurer, déformer, travestir.** □ n. f. **dénaturation**

dénazifier v. tr. < 7 > (de *nazi*) Débarrasser des influences nazies. □ n. f. **dénazification**

Dendérah Site archéologique de Haute-Égypte, au S. de Louxor. Temple de l'époque ptolémaïque, consacré à la déesse Hathor.

Denderleeuw Commune de Belgique (Flandre-Orientale). 20 551 habitants. Réserve naturelle.

Dendermonde en français **Termonde** Ville de Belgique (Flandre-Orientale), sur l'Escaut. 45 870 habitants. Églises des XVIe et XVIIIe s. ; hôtel de ville du XIVe s. ; réserve naturelle à proximité.

Dendre n. f. Rivière de Belgique, affluent de l'Escaut. 65 km.

dendrite [dɑ̃dʀit ; dɛ̃dʀit] n. f. (du grec, de *dendron* « arbre ») **1.** minér. Arborisation formée par de fins cristaux à la surface de certaines roches. **2.** anat. Prolongement ramifié du neurone. □ adj. **dendritique**

dendro- Élément (du grec *dendron* « arbre ») entrant dans la composition de termes scientifiques.

dendrochronologie [dɛ̃dʀokʀɔnɔlɔʒi ; dɑ̃dʀo-] n. f. (→ **chronologie**) didact. Méthode de datation par l'étude des anneaux de croissance des troncs d'arbres. □ adj. **dendrochronologique**

dénébuler v. tr. < 1 > (de ¹*dé-* et du radical latin *nebula* « brouillard », cf. *nébuleux*) techn. Dissiper artificiellement le brouillard de (un lieu). *Dénébuler les pistes d'un aéroport.* - syn. **dénébuliser.** □ n. f. **dénébulation ; dénébulisation**

dénégation n. f. (du latin, de *denegare* → **dénier**) **1.** Action de dénier, de nier (qqch.). → **démenti, désaveu.** *Malgré ses dénégations, on le crut coupable. Signe, geste de dénégation.* **2.** psych. Procédé de défense par lequel un sujet formule un désir, un sentiment tout en niant qu'il lui appartienne.

déneiger v. tr. < 3 > Débarrasser (un lieu, une voie de communication) de la neige. □ n. m. **déneigement**

déneigeuse n. f. Chasse-neige.

dénervation n. f. chir. Énervation (2).

dénerver v. tr. < 1 > (de ¹*dé-* et *nerf*) techn. Enlever les nerfs de (une pièce de viande). – par ext. (impropre) *Foie gras dénervé*, dont on a ôté le réseau veineux.

Deneuve (Catherine Dorléac, dite Catherine) Actrice française (née en 1943). Elle se fit connaître dans *Les Parapluies de Cherbourg* et *Les Demoiselles de Rochefort* de J. Demy, puis tourna une centaine de films avec de nombreux réalisateurs, dont L. Buñuel *(Belle de jour)*, F. Truffaut *(Le Dernier Métro)*, A. Téchiné *(Ma saison préférée)*, F. Ozon *(Huit femmes)*, A. Desplechin *(Un conte de Noël)*.

Catherine Deneuve dans *Indochine* de Régis Wargnier (1992).

Denfert-Rochereau (Pierre Philippe) Officier français (1823-1878). Gouverneur de Belfort, il résista aux Prussiens de novembre 1870 à février 1871, ce qui permit à la France de conserver la ville.

dengue [dɛ̃g] n. f. (mot anglais, du swahili *dinga* « attaque, crampe ») Maladie infectieuse virale des régions tropicales et subtropicales, transmise par un moustique, caractérisée notamment par un état fébrile soudain.

Deng Xiaoping ou **Teng** Siao-p'ing Homme d'État chinois (1904-1997). Membre du PCC, vice-Premier ministre en 1952, il resta fidèle à Mao Zedong jusqu'au « Grand Bond en avant » dont l'échec l'orienta vers le réformisme économique. Évincé pendant la Révolution culturelle (1966-1976), il revint au pouvoir en 1978. Il s'effaça à partir de 1987 mais conserva un rôle prépondérant jusqu'à sa mort.

Dengzhou ou **Teng-tcheou** Ville de Chine, dans la province du Henan. 415 000 habitants. Blé, tabac, coton, sésame.

déni n. m. (de *dénier*) **1.** littér. Action de dénier. → **dénégation. 2.** *Déni (de justice)* : refus de rendre justice à qqn, d'être équitable envers lui. → **injustice.** *« Je souffre du déni de certains »* (Gide). **3.** psych. *Déni (de la réalité)* : refus de reconnaître une réalité traumatisante. ■ *Déni de grossesse :* fait, pour une femme enceinte, de ne pas avoir conscience de son état.

déniaiser v. tr. < 1 > **1.** Rendre (qqn) moins niais, moins gauche. → **dégourdir. 2.** Faire perdre son innocence, sa virginité à (qqn). □ n. m. **déniaisement**

dénicher v. tr. < 1 > (de *nicher*) **1.** Enlever (un oiseau) du nid. ■ fig. Faire sortir (qqn) de sa cachette. *On finira bien par le dénicher.* **2.** Découvrir à force de recherches. → **trouver.** *Dénicher un appartement.* □ n. m. **dénichage** □ n. **dénicheur, euse**

dénicotiniser v. tr. < 1 > Retirer la nicotine de. – au p. p. *Cigarettes dénicotinisées.* □ n. f. **dénicotinisation**

denier n. m. (vient du latin *denarius*, de *deni* « dix par dix » ; famille de *dix*) **1.** Ancienne monnaie romaine d'argent. *Les trente deniers de Judas.* **2.** Ancienne monnaie française, valant le douzième d'un sou. **3.** loc. *Denier du culte :* somme d'argent versée par les catholiques pour subvenir aux besoins du culte. **4.** au plur. loc. ***De ses deniers*** : avec son propre argent. *Je l'ai payé de mes deniers.* – *Les* ***deniers publics*** : les revenus de l'État.

dénier v. tr. < 7 > (vient du latin *denegare* → **dénégation**, de *negare* → **nier**) **1.** Refuser de reconnaître comme sien. → **nier.** *Je dénie toute responsabilité.* **2.** Refuser injustement d'accorder. *Dénier à qqn le droit de...*

dénigrement n. m. Action de dénigrer. *Une campagne de dénigrement.* – ***Par dénigrement.*** *Ce mot ne s'emploie plus que par dénigrement,* péjorativement.

dénigrer v. tr. < 1 > (latin *denigrare* « noircir », famille de *niger* → noir) S'efforcer de faire mépriser (qqn, qqch.) en disant du mal, en niant les qualités. → **critiquer, décrier, discréditer, noircir, rabaisser** ; fam. **[1]débiner.** *Dénigrer ses collègues.* « *J'ai loué des sots, j'ai dénigré les talents* » (Voltaire). □ adj. et n. **dénigreur, euse**

Denikine (Anton Ivanovitch) Général russe (1872-1947). Il organisa l'« Armée volontaire » anticommuniste avec Kornilov et combattit l'Armée rouge (1919-1920).

denim [dənim] n. m. (mot anglais des États-Unis, du n. de la ville de Nîmes) anglic. Toile de coton servant à fabriquer les jeans. → **jean.**

De Niro (Robert) Acteur américain (né en 1943). Comédien exigeant et perfectionniste, il s'est imposé dans des rôles de composition. Il a joué notamment dans *Mean Streets* ; *Taxi Driver* ; *Les Affranchis* de Scorsese ; *Le Parrain II* de F. F. Coppola ; *Le Dernier Nabab* de Kazan ; *Voyage au bout de l'enfer* de Cimino ; *Il était une fois en Amérique* de S. Leone.

Robert De Niro dans *Taxi Driver* de Martin Scorsese (1976).

Denis ou **Denys (saint)** Premier évêque de Paris (v. 250). Martyr, il est représenté décapité, tenant sa tête entre ses mains.

Denis Ier (1261-1325). Roi de Portugal (1279-1325). Fils d'Alphonse III, il développa l'agriculture, le commerce et l'industrie, et fonda l'université de Coimbra (1307).

Denis (Maurice) Peintre et graveur français (1870-1943). Théoricien des nabis, il se consacra d'abord à l'esthétique de l'Art nouveau et du japonisme, avant de s'orienter vers la peinture religieuse. Il exécuta de grandes décorations murales (plafond du théâtre des Champs-Élysées).

Maurice Denis, Autoportrait (1916), galerie des Offices, Florence.

dénitratation n. f. Action d'ôter les nitrates d'un sol, d'une eau.

dénitrifier v. tr. < 7 > sc. Retirer l'azote de (une substance, un sol). □ n. f. **dénitrification**

dénivelé n. m. ou **dénivelée** n. f. (famille de *niveau*) Différence de niveau, d'altitude entre deux points. → **dénivellation.**

déniveler v. tr. < 4 ou RO 5 > Faire cesser d'être de niveau. *Déniveler un terrain, un jardin.*

dénivellation n. f. (famille de *niveau*) Différence de niveau. *Une dénivellation de cent mètres.* → **dénivelé.** - syn. **dénivellement** ou RO **dénivèlement** n. m.

Denizli Ville du S.-O. de la Turquie, au pied du Baba Dağ. 643 000 habitants. Centre commercial et industriel.

Dennery (Adolphe Philippe, dit) Auteur dramatique français (1811-1899). Écrivain prolifique, il mit son habileté narrative au service de mélodrames (*Les Deux Orphelines*) et de livrets d'opéra (*Le Cid*, de Massenet).

dénombrable adj. Que l'on peut dénombrer, compter.

dénombrement n. m. Action de dénombrer (des personnes, des choses). → **compte, recensement.**

dénombrer v. tr. < 1 > (de *nombre*) Faire le compte de ; énoncer (chaque élément) en comptant. → **compter, énumérer, inventorier, recenser.** *Dénombrer les habitants d'une ville.*

dénominateur n. m. (du latin → dénommer) math. Terme situé sous la barre d'une fraction, qui indique le diviseur. *Numérateur et dénominateur.* ■ ***Dénominateur commun,*** obtenu en réduisant plusieurs fractions au même dénominateur. *12 et 24 sont des dénominateurs communs de 1/6 et 3/4.* – fig. Élément commun (à des choses ou des personnes).

dénominatif, ive adj. (latin *denominativus* « dérivé », de *denominare* → dénommer) ling. **1.** Qui sert à nommer, à désigner. *Terme dénominatif.* – n. m. *Les dénominatifs.* **2.** Qui est formé à partir d'un nom, en parlant d'un mot. *Verbe dénominatif.*

dénomination n. f. (du latin → dénommer) Désignation d'une personne ou d'une chose par un nom ; nom affecté (à une chose, une notion). → **appellation.**

dénommer v. tr. < 1 > (vient du latin, de *nominare* → nommer) **1.** dr. Nommer (une personne) dans un acte. **2.** Donner un nom à (une personne, une chose). → **appeler, désigner, nommer.** – au p. p. *C'est un dénommé Dupont qui a gagné.* → **certain.**

Denon (Dominique Vivant, baron) Écrivain, administrateur et graveur français (1747-1825). Spécialiste de l'art égyptien, il organisa le musée du Louvre. Aquafortiste et lithographe, il effectua des copies des grands maîtres italiens et des portraits. Il écrivit dans sa jeunesse un bref récit libertin d'une grande perfection formelle, *Point de lendemain.*

dénoncer v. tr. < 3 > (du latin *denuntiare* « faire savoir » → annoncer ; nonce) **1.** Annoncer la rupture de. → **annuler.** *Dénoncer un contrat.* **2.** Faire connaître (une chose répréhensible). *Dénoncer des abus.* ■ Signaler (qqn) comme coupable. *Dénoncer qqn à la police.* → **livrer, trahir, vendre.** *Dénoncer ses complices.* – pronom. *Se dénoncer à la police.* **3.** littér. Indiquer, révéler. *Un décor qui dénonce la richesse.*

dénonciateur, trice n. (du latin → dénoncer) Personne qui dénonce à une autorité. → **indicateur, mouchard.** – adj. *Lettre dénonciatrice.*

dénonciation n. f. (du latin → dénoncer) **1.** Annonce de la fin d'un accord. → **annulation, rupture.** *La dénonciation d'un traité.* **2.** dr. Signification extrajudiciaire (d'un acte) aux personnes intéressées. **3.** Action de dénoncer (2). → **accusation, délation, trahison.** *Être arrêté sur dénonciation. Dénonciation calomnieuse.*

dénotation n. f. (du latin → dénoter) Le fait de dénoter ; ce qui dénote. □ adj. ling. **dénotatif, ive**

dénoter v. tr. < 1 > (du latin → noter) (sujet chose) Indiquer, désigner par une caractéristique. → **marquer, révéler, signifier.** *Un acte qui dénote un certain courage.* « *Il parle avec cet accent qui dénote l'intégrité morale* » (Sainte-Beuve).

dénouement n. m. **1.** Ce qui termine, dénoue une action au théâtre, au cinéma. *Un dénouement imprévu.* **2.** Fait de trouver une issue ; manière dont se résout une affaire difficile. → **issue.** *L'affaire a eu un heureux dénouement. Brusquer le dénouement.*

dénouer v. tr. < 1 > (de *nouer*) **1.** Défaire (un nœud, une chose nouée). → **délier, [1]détacher.** *Dénouer ses cheveux.* ■ loc. fig. ***Dénouer la langue*** : faire parler. **2.** fig. Démêler, résoudre (une difficulté, une intrigue). ■ **se dénouer** v. pron. **1.** Se défaire. *Lacet qui se dénoue.* **2.** fig. « *La passion, comme le drame, vit de combat et se dénoue par la mort* » (A. Suarès).

dénoyauter v. tr. < 1 > (de *noyau*) Séparer (un fruit) de son noyau. – au p. p. *Olives dénoyautées.* □ n. m. **dénoyautage**

dénoyauteur n. m. Appareil, ustensile servant à dénoyauter.

dénoyer v. tr. < 8 > (de *noyer*) techn. Dégager (une galerie, une mine noyée). *Dénoyer une mine.* □ n. m. **dénoyage**

Denpasar Ville d'Indonésie, capitale de la province de Bali. 788 589 habitants. Université ; aéroport international ; tourisme.

denrée n. f. (ancien français *denerée* « ce qu'on a pour un denier » → denier) **1.** Produit comestible servant à l'alimentation de l'homme (*denrées alimentaires*) ou du bétail. → **aliment.** *Denrées périssables.* **2.** fig. *Une denrée rare* : une chose, une qualité rare.

dense adj. (latin *densus* « épais, touffu » → condenser) **1.** Qui est compact, épais. *Brouillard dense. Feuillage dense.* → **touffu.** – *Une foule dense,* nombreuse et rassemblée. *Circulation dense.* **2.** (paroles, écrits) Qui renferme beaucoup d'éléments en peu de place. *Un récit dense. Style dense.* → **concis, ramassé. 3.** phys. Qui a une certaine densité (2). *Le plomb, métal très dense.* □ adv. **densément**

densifier v. tr. < 7 > Augmenter la densité de. – pronom. *La population se densifie.* □ n. f. **densification**

densimètre n. m. techn. Instrument de mesure des densités des liquides. → **aréomètre.** □ n. f. **densimétrie** □ adj. **densimétrique**

densité n. f. (du latin → dense) **1.** Qualité de ce qui est dense. – *Densité de population* : nombre moyen d'habitants au km^2. **2.** phys. Rapport entre la masse d'un corps et celle d'un même volume d'eau (ou d'air, pour les gaz). *La densité du fer est 7,8.* **3.** fig. Qualité de ce qui est dense (2).

dent n. f. (vient du latin *dens, dentis*) **I. 1.** Chacun des organes annexes de la bouche, durs et calcaires, implantés sur le bord libre des deux maxillaires et servant à mâcher. *Les 32 dents de l'homme.* → **dentition ; canine, incisive, [1]molaire, prémolaire ; odonto-.** *Les dents du haut, du bas. Dents de lait,* premières dents destinées à tomber vers l'âge de six ans. *Enfant qui fait ses dents,* dont les premières dents percent. *Dents de sagesse,* les quatre troisièmes molaires qui poussent plus tardivement. *Des petites dents.* → **quenotte.** *De belles dents blanches.* « *Dents dignes d'habiter le palais de sa bouche* » (J. Renard). *Se laver les dents. Brosse à dents.* – *Dent cariée, gâtée, creuse. Se curer les dents* (→ **cure-dent**). *N'avoir plus de dents* (→ **édenté**). *Mal, rage de dents.* – *Fausses dents.* → **appareil, prothèse ; [2]bridge, dentier.** ■ (animaux) *Les dents d'un chien.* → **croc.** *Dents de requin.* « *Les Dents de la mer* » (film de S. Spielberg). **2.** loc. (dents humaines) *Serrer les dents* (de douleur, de colère) ; fig. s'apprêter à un dur effort, à supporter une chose désagréable. *Claquer* des dents. Grincer* des dents.* – *Ne pas desserrer* les dents. Parler entre ses dents,* peu distinctement. – *Montrer les dents* (comme pour mordre) : menacer. – *Avoir, garder une dent contre qqn,* de l'animosité, du ressentiment. *Avoir la dent dure* : être sévère dans la critique. – fam. *Avoir la dent* : avoir faim. – *Coup de dent* : morsure ; fig. critique acerbe. ■ *Mordre à* ***belles dents, à pleines dents,*** vigoureusement. *Avoir les dents longues,* être ambitieux. *Se casser les dents* : échouer. *Être armé jusqu'aux dents. Être* ***sur les dents,*** très occupé ; impatient et fébrile. *Quand les poules auront des dents* : jamais. – *Manger* ***du bout des dents.*** → **chipoter.** *N'avoir rien à se mettre sous la dent,* rien à manger. **II.** (Objet ou forme pointue)

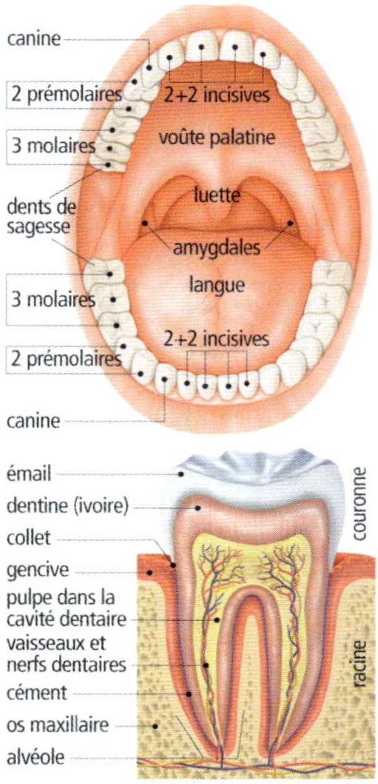

Dentition chez l'adulte et coupe frontale d'une molaire.

1. Découpure pointue (→ dentelé, dentelle). *Les dents de la feuille de bouleau.* 2. Élément allongé et pointu. *Les dents d'un peigne, d'un râteau, d'une fourchette.* – *Les dents d'une scie, d'une roue d'engrenage* (→ denté). – loc. *En dents de scie* : qui présente des pointes et des creux aigus ; avec irrégularité. 3. géogr. Sommet (d'une montagne) formant une découpure aiguë. → aiguille, ³pic.

¹dentaire adj. (latin *dentarius* → dent) Relatif aux dents. *Abcès dentaire. Plaque dentaire,* pellicule acide qui attaque l'émail des dents, causant parfois la *carie dentaire. Fil,* (Canada) *soie dentaire.* – *École dentaire,* où l'on forme les dentistes.

²dentaire n. f. (latin *dentaria* « jusquiame », remède contre le mal de dents) Plante herbacée, vivace, à tige souterraine, qui croît dans les bois des régions montagneuses.

dental, ale, aux adj. phonét. *Consonnes dentales,* qui se prononcent en appliquant la langue sur les dents. – n. f. *Les consonnes d* [d] *et t* [t] *sont des dentales.*

dentale n. m. (du latin → dent, en raison de la forme de la coquille de ce mollusque) zool. Mollusque à coquille en forme de cornet vivant dans la vase ou le sable des bords de mer. - syn. dentalium [dɑ̃taljɔm].

dent-de-lion n. f. (calque du latin *dens leonis,* à cause des feuilles dentées) Pissenlit. *Des dents-de-lion.*

denté, ée adj. Dont le bord présente des saillies pointues, aiguës. *Roue dentée.*

dentelaire n. f. (du latin sc. → dent) bot. Plante de rocaille à fleurs bleues, dont la racine était utilisée contre le mal de dents.

dentelé, ée adj. Qui présente des pointes et des creux aigus. *Côte dentelée.* – bot. *Feuille dentelée.* – anat. *Muscle dentelé,* ou n. m. *dentelé,* muscle qui s'attache aux côtes.

denteler v. tr. < 4 ou RO 5 > (de *dentele* « petite dent » → dentelle) Découper le bord de (qqch.) en forme de petites dents. → créneler. *Machine à denteler.*

dentelle n. f. (d'abord *dentele ;* diminutif de *dent*) 1. Tissu fin à motifs ajourés et qui présente généralement un bord dentelé. *Col de dentelle. Dentelle à l'aiguille, au fuseau, à la machine.* ■ Technique, art de la dentelle. – loc. fam. *Ne pas faire dans la dentelle :* travailler, agir sans délicatesse. 2. Ce qui rappelle la dentelle par l'aspect ajouré, la finesse. appos. invar. *Crêpes dentelle,* très fines.

dentellier, ière ou **dentelier, ière** [dɑ̃təlje, jɛʀ] 1. n. Ouvrier, ouvrière qui fabrique de la dentelle. « *La Dentellière* » (tableau de Vermeer). ■ n. f. Machine à confectionner la dentelle. 2. adj. *Industrie dentellière,* de la dentelle.

dentelure n. f. Découpure de ce qui est dentelé.

denticule n. m. (du latin « petite dent » → dent) 1. archit. Ornement en forme de dent. *Les denticules d'une corniche ionique, corinthienne.* 2. méd. Petite dent surnuméraire. □ adj. **denticulé, ée**

dentier [dɑ̃tje] n. m. Prothèse amovible remplaçant tout ou partie des dents. → appareil ; fam. râtelier.

dentifrice n. m. (du latin, de *dens* → dent et *fricare* « frotter » → friction) Préparation pour nettoyer les dents. *Tube de dentifrice.* – appos. invar. *Pâte dentifrice.*

dentine n. f. (de *dent*) anat. Ivoire des dents. □ adj. **dentinaire**

dentiste n. Praticien diplômé spécialiste des soins dentaires. → aussi orthodontiste, stomatologiste. *Chirurgien-dentiste.*

dentisterie n. f. didact. Étude et pratique des soins dentaires. → odontologie.

dentition n. f. (du latin → dent) 1. didact. Formation et apparition des dents. *Première dentition.* 2. cour. Ensemble des dents. → denture. *Avoir une bonne dentition.*

dento- Élément (de *dent*) de mots didactiques (ex. *dentofacial* « de l'appareil dentaire et de la face »).

denture n. f. 1. Ensemble des dents (d'une personne, d'un animal). → dentition. « *Une denture qui eût fait honneur à un jeune loup* » (Gautier). 2. techn. Ensemble des dents (d'une roue dentée, d'une scie).

denturologie n. f. (de *denture*) (Canada) Domaine de l'odontologie qui traite des prothèses dentaires. □ adj. **denturologique** □ n. **denturologiste** ou **denturologue**

dénucléariser v. tr. < 1 > didact. Diminuer ou interdire la fabrication, le stockage des armes nucléaires dans (un pays, une région). □ n. f. **dénucléarisation**

dénudation n. f. (du latin → dénuder) Action de dénuder. – méd. Action de mettre à nu un organe, une dent, un nerf, etc. ; état qui en résulte. ■ cour. État d'un arbre dépouillé de son écorce, de son feuillage.

dénuder v. tr. < 1 > (latin *denudare* → se dénuer, de *nudus* → ²nu) Mettre à nu ; dépouiller (qqch.) de ce qui recouvre. → découvrir. *Une robe qui dénude le dos.* – *Dénuder un fil électrique.* ■ **se dénuder** v. pron. 1. *Cet arbre se dénude,* perd ses feuilles. 2. (personnes) Se déshabiller, se dévêtir. ■ **dénudé, ée** adj. 1. Mis à nu. *Bras dénudés.* 2. Dégarni. *Crâne dénudé,* chauve. *Sol dénudé,* sans végétation.

dénué, ée adj. *Dénué de :* démuni, dépourvu de. *Être dénué de tout.* → manquer. – *Être dénué de tact.* → sans. *Paroles dénuées de sens, de fondement.*

dénuement ou **dénûment** n. m. (de *se dénuer*) État d'une personne qui est dénuée du nécessaire. → indigence, misère, pauvreté. *Être dans un grand dénuement.* - var. RO **dénument.**

se dénuer v. pron. < 1 > (vient du latin *denudare* → dénuder) littér. Se priver. *Il s'est dénué de tout pour nourrir sa famille.*

dénutri, ie adj. (de *dénutrition*) méd. Atteint de dénutrition. *Malades dénutris.*

dénutrition n. f. didact. Ensemble des troubles provoqués par une alimentation ou une assimilation déficitaire. → malnutrition.

Denver Ville des États-Unis, capitale du Colorado, à 1 500 m d'altitude. 715 520 habitants. Centre urbain le plus important des Rocheuses ; industrie légère ; aéroport international ; tourisme.

Denys l'Ancien (430-367 av. J.-C.). Tyran de Syracuse (405-367 av. J.-C.). Porté au pouvoir par le peuple, il restaura la tyrannie. Il repoussa les Carthaginois et fit de Syracuse une grande puissance maritime. ■ **Denys le Jeune** (v. 397-344 av. J.-C.). Tyran de Syracuse (367-344 av. J.-C.). Fils et successeur de Denys l'Ancien, il dut céder Syracuse à Timoléon (–344) et se retira à Corinthe.

Denys l'Aréopagite (saint) Athénien, converti au christianisme par saint Paul, il fut, selon la Tradition, le premier évêque d'Athènes.

Denys le Petit Canoniste et écrivain ecclésiastique scythe, en activité à Rome v. 500-545. Il fixa la naissance de Jésus quatre ou cinq ans après la date supposée réelle.

Denys d'Halicarnasse Historien et critique grec (Iᵉʳ s. av. J.-C.). Il enseigna la rhétorique à Rome. Son *Archéologie romaine* constitue une source précieuse pour l'histoire de la Rome antique.

déodorant n. m. et adj. (de l'anglais → odorant) anglic. Désodorisant contre les odeurs corporelles.

Déols Commune de l'Indre, dans la banlieue de Châteauroux. 7 659 habitants. Vestiges d'une église romane ; sarcophages de saints du XIVᵉ siècle.

Déon (Michel) Écrivain français (1919-2016). Membre des « hussards », avec Roger Nimier. Son œuvre nourrit une nostalgie du passé et des pays dans lesquels il a vécu (notamment la Grèce, l'Irlande), et développe une vision aristocratique de l'existence. *Je vous écris d'Italie ; Un taxi mauve.* Académie française.

déontique adj. (anglais *deontic,* du grec → déontologie) didact. Qui constitue une obligation, une nécessité, un devoir.

déontologie n. f. (de l'anglais [J. Bentham], du grec *deon, deontos* « devoir ») didact. Ensemble des règles et des devoirs régissant une profession. *Code de déontologie des médecins.* □ adj. **déontologique**

dépailler v. tr. < 1 > (de *paille*) Dégarnir de sa paille. – pronom. *Cette chaise se dépaille.* – au p. p. *Siège dépaillé.* □ n. m. **dépaillage**

dépalisser v. tr. < 1 > techn. Défaire le palissage de. □ n. m. **dépalissage**

De Palma (Brian) Réalisateur américain (né en 1940). Caractérisée par une mise en scène virtuose, son œuvre traite du péché, de l'enfermement, de la manipulation, dans la lignée de Hitchcock. *Phantom of the Paradise ; Carrie au bal du diable ; Scarface ; Les Incorruptibles ; Mission : impossible.*

Brian De Palma (avec Kevin Costner), sur le tournage des *Incorruptibles* (1987).

dépannage n. m. 1. Réparation de ce qui était en panne. – *Voiture de dépannage.* 2. fig. Action de dépanner (2).

De Panne voir Panne (La)

dépanner v. tr. < 1 > (de ¹*panne* [2]) 1. Réparer (un mécanisme en panne). *Dépanner une voiture.* – *Un mécanicien est venu nous dépanner.* 2. Remorquer un véhicule en panne. 3. fig., fam. Tirer (qqn) d'embarras en rendant service, notamment en prêtant de l'argent. *Peux-tu me dépanner jusqu'à demain ?*

dépanneur, euse **I. 1. n.** Professionnel(le) (mécanicien, électricien, etc.) chargé(e) de dépanner. ▪ **adj.** Qui dépanne. **2. n. f.** Voiture de dépannage qui peut remorquer les automobiles en panne. **II. n. m. (de *dépanner,* 2)** au Québec Magasin, épicerie ouvert(e) tard le soir.

dépaqueter **v. tr. < 4 ou RO 5 >** Défaire (un paquet) ; retirer (le contenu) d'un paquet. ➔ **ouvrir, déballer.** ▫ **n. m. dépaquetage**

déparasiter **v. tr. < 1 > (de *parasiter*)** Éliminer les parasites radioélectriques de. ▫ **n. m. déparasitage**

Depardieu (Gérard) Acteur français (né en 1948). Depuis *Les Valseuses,* de B. Blier, il s'est hissé au rang de star en incarnant des personnages virils et fougueux. Il a tourné environ 200 films *(Le Dernier Métro ; Sous le soleil de Satan ; Cyrano de Bergerac ; Astérix et Obélix)* et joué au théâtre.

Gérard Depardieu sur le tournage (1982) de *Danton* d'Andrzej Wajda.

Depardon (Raymond) Photographe et cinéaste français (né en 1942). Photographe de personnalités politiques et de la France rurale et provinciale *(La France de Raymond Depardon).* Il réalisa également des reportages sur la presse *(Reporters),* la justice *(10e Chambre),* la police *(Faits divers),* l'univers psychiatrique *(Urgences)* et l'Afrique, qui lui inspira notamment une fiction, *La Captive du désert.*

dépareiller **v. tr. < 1 > (de *pareil*)** Rendre incomplet (un ensemble de choses assorties ou semblables). ➔ **désassortir.** ▪ **dépareillé, ée adj. 1.** Qui n'est pas complet (collection, série) ; qui est composé d'éléments qui ne sont pas assortis. *Service de table dépareillé.* **2.** Qui est séparé d'un ensemble. *Gant dépareillé.*

déparer **v. tr. < 1 > (de ¹*parer*)** Nuire à la beauté, au bon effet de. ➔ **enlaidir.** *Cette tour dépare le quartier.*

déparier **v. tr. < 7 > (de *parier* « apparier »)** **1.** rare Séparer (deux choses qui forment une paire). ➔ **dépareiller.** *Déparier des gants, des souliers.* **2.** Séparer (un couple d'animaux). ➔ **désapparier.**

déparler **v. intr. < 1 > (de *parler*)** vieilli ou régional Parler à tort et à travers, sans discernement ; divaguer. *« Allons, tu déparles, tu dis des bêtises ! »* (Pagnol).

¹départ **n. m. (de *départir,* au sens ancien de « s'en aller »)** **1.** Action de partir. *Départ en voyage. Fixer son départ, le jour du départ. Préparatifs de départ. Être sur le départ,* prêt à partir. ▪ sports *Ligne de départ. Signal de départ.* ➔ **²go.** *Starter qui donne le départ. Prendre le départ.* ➔ **démarrer.** ▪ fig. *Prendre un bon, un mauvais départ dans la vie.* ▪ spécialt Séparation. *« Les départs sont des morts. Quand on se quitte, l'espérance de se revoir n'est rien »* (Delacroix). **2.** Lieu d'où l'on part. *Quai de départ.* **3.** Fait de quitter un lieu, une situation. *Exiger le départ d'un employé.* ➔ **démission, licenciement, renvoi.** – *Départ à la (ou en) retraite.* **4.** fig. Commencement d'une action, d'une série, d'un mouvement. *Nous n'avions pas prévu cela **au départ,*** au début. – ***De départ*** : initial. *L'idée de départ. Le point de départ d'une discussion.* ➔ **commencement, origine.**

²départ **n. m. (de *départir* « partager »)** loc. ***Faire le départ entre*** *(deux choses abstraites),* les séparer, les distinguer nettement. ➔ **départager.** *Faire le départ entre deux points de vue.*

départager **v. tr. < 3 > (de *partager*)** **1.** Séparer (un groupe) en deux parties inégales. *Départager les votes,* de manière à établir une majorité. **2.** Choisir entre (des opinions, des camps). ➔ **arbitrer.** *Venez nous départager.* – Faire cesser d'être à égalité. *Question subsidiaire pour départager les gagnants.*

département **n. m. (de *départir* « partager »)** **1.** Division administrative du territoire français placée sous l'autorité d'un préfet et administrée par un Conseil général. *Le département du Var. Chef-lieu du département* (➔ **préfecture**). *Départements d'outre-mer* (DOM). **2.** Secteur administratif dont s'occupe un ministre. *Le département de l'Intérieur.* ▪ Branche spécialisée d'une administration. *Le département des antiquités au musée du Louvre.*

départemental, ale, aux **adj.** Qui appartient au département. *Élections départementales.* – *Route départementale* ou **n. f.** *une départementale.*

départementaliser **v. tr. < 1 > (de *départ*tement, d'après *étatiser, nationaliser*)** admin. **1.** Donner à (une ancienne colonie, un territoire) le statut de département (1). **2.** Attribuer aux départements une compétence qui relevait antérieurement de l'État ou d'une autre collectivité publique. ▫ **n. f. départementalisation**

départir **v. tr. < 16 > (de *partir* v. tr.)** **I.** littér. Attribuer en partage. ➔ **accorder, impartir.** – au passif *« Ce privilège est départi à très peu de gens »* (Cioran). **II. *Se départir de*** **v. pron.** Se séparer de ; abandonner (une attitude). *Sans se départir de son calme* : en gardant son calme.

départiteur, trice **n.** dr. Juriste chargé(e) de compléter un tribunal lorsqu'il n'est pas possible d'avoir une majorité. – appos. *Juge départiteur.*

dépassant **n. m.** cout. Ornement en biais qui dépasse la partie du vêtement à laquelle il est adapté.

dépassement **n. m. 1.** Action de dépasser. *Dépassement dangereux* (véhicule). ▪ écol. *Le jour du dépassement* : le jour de l'année où sont épuisées les ressources naturelles produites annuellement par la Terre. **2.** Fait de dépasser (un budget). *Dépassement d'honoraires.* **3.** Action de se dépasser soi-même.

dépasser **v. tr. < 1 > (de *passer*)** **1.** Laisser derrière soi en allant plus vite. *Il nous a dépassés à mi-côte.* ➔ **distancer.** *Dépasser un cycliste.* ➔ **doubler. 2.** Aller plus loin que (qqch.). *Dépasser la ligne d'arrivée.* **3.** Aller plus loin en quantité, dimensions, importance. *Dépasser qqn d'une tête,* être plus grand d'une tête. – *Dépasser le temps imparti.* – intrans. *Sa jupe dépasse de son manteau ; elle dépasse un peu.* **4.** Être plus, faire plus que (un autre) dans un domaine. ➔ **surpasser.** *Dépasser qqn en cruauté.* **5.** Aller au-delà de (certaines limites, de ce qui est attendu, normal, de ce qui est possible). ➔ **excéder, outrepasser.** *Dépasser la mesure, les bornes, les limites* : exagérer. *Cela dépasse mes forces. Cela me dépasse* : c'est trop difficile pour moi ; ou bien je ne peux l'imaginer, l'admettre. ▪ **se dépasser v. pron. 1.** *Les coureurs cherchent à se dépasser,* à passer l'un devant l'autre. **2.** Se surpasser. *Cette fois, il va tâcher de se dépasser.* ▪ **dépassé, ée adj. 1.** Dont le but a été mieux réalisé par un autre. *Vous êtes dépassé dans ce domaine.* **2.** Qui n'a plus cours, parce qu'on a trouvé mieux depuis. *Théorie dépassée.* ➔ **caduc, périmé. 3.** Qui ne peut plus maîtriser la situation. *Être dépassé par les évènements. Il est complètement dépassé !*

dépassionner **v. tr. < 1 >** Rendre moins passionné, plus objectif (une discussion, un sujet). *Dépassionner le débat.* ➔ **dédramatiser.**

se **dépatouiller** **v. pron. < 1 > (de *patouiller* « patauger », famille de *patte*)** fam. Se débrouiller, se tirer d'une situation embarrassante.

dépaver **v. tr. < 1 >** Ôter, enlever les pavés. *Dépaver une rue.* ▫ **n. m. dépavage**

dépaysant, ante [depeizɑ̃, ɑ̃t] **adj.** Qui procure un dépaysement (2).

dépaysement [depeizmɑ̃] **n. m. 1.** État d'une personne dépaysée. **2.** Changement agréable d'habitudes. *Rechercher le dépaysement.*

dépayser [depeize] **v. tr. < 1 > I. 1.** vieux Faire changer de pays, de lieu, de milieu. **2.** Troubler, désorienter par un changement de décor, de milieu, d'habitudes. ▪ *Ce voyage nous a complètement dépaysés* (➔ **dépaysant**). **II.** dr. Dessaisir un tribunal de (une affaire) et la renvoyer devant une autre cour.

dépecer **v. tr. < 5 et 3 > (de *pièce*)** **1.** Mettre en pièces, en morceaux (un animal). ➔ **¹débiter, découper.** *Le lion dépeçait sa proie.* **2.** fig. Morceler, démembrer. *Dépecer un empire.* ▫ **n. m. dépeçage, dépècement**

dépeceur, euse **n.** Personne qui dépèce.

dépêche **n. f. (de *dépêcher*)** **1.** Lettre concernant les affaires publiques. *Dépêche diplomatique.* **2.** Communication transmise par voie rapide. *Dépêche de presse, d'agence.*

dépêcher **v. tr. < 1 > (du radical de *empêcher*)** Envoyer (qqn) en hâte pour exécuter une mission. *Il m'a dépêché auprès de vous pour avoir votre réponse.* ▪ **se dépêcher v. pron.** Se hâter, faire vite. ➔ **se presser.** *« En se dépêchant trop, on ne fait rien qui vaille »* (Voltaire). *Se dépêcher de finir.*

dépeigner **v. tr. < 1 > (de *peigner*)** Déranger l'arrangement des cheveux de (qqn). ➔ **décoiffer.** – au p. p. *Être dépeigné.*

dépeindre **v. tr. < 52 > (du latin ➔ peindre)** Décrire et représenter par le discours. *Il est bien tel qu'on me l'a dépeint.*

Depardon (Raymond)

Enfants s'amusant à construire une réplique du mur de Berlin, photo de Raymond Depardon prise à Berlin-Ouest en 1962.

dépenaillé, ée adj. **(de l'ancien français *penaille* « tas de loques », famille de [1]*pan* « morceau d'étoffe »)** fam. Qui est en lambeaux, en loques. *Des vêtements dépenaillés.* – Dont la mise est négligée, en désordre. → **débraillé.**

dépénaliser v. tr. < 1 > **(de *pénal*)** dr. Soustraire (une infraction, une action) à la sanction du droit pénal. □ **dépénalisation** n. f. dr. *La dépénalisation de l'avortement.*

dépendance n. f. **(de [1]*dépendre*)** **I. 1.** Rapport qui fait qu'une chose dépend d'une autre. → **corrélation, enchaînement, interdépendance. 2.** Terre, bâtiment dépendant d'un domaine, d'un bien immeuble (surtout plur.). *Les dépendances d'un château.* **II. 1.** Fait pour une personne de dépendre de qqn ou de qqch. → **assujettissement, servitude, sujétion.** *« L'indépendance fut toujours mon désir et la dépendance ma destinée »* (Vigny). *Être dans, sous la dépendance de qqn.* → [1]**coupe, joug. 2.** État d'une personne qui ne peut accomplir sans aide les tâches normales de la vie quotidienne. **3.** Asservissement à une drogue. → **accoutumance.** *Dépendance à la morphine.*

dépendant, ante adj. Qui dépend de qqn ou de qqch. – *Personne dépendante* (vieillard, handicapé), qui nécessite une assistance constante, n'a pas son autonomie.

dépendeur n. m. **(de [2]*dépendre*)** loc. fam., vieilli *Un grand dépendeur d'andouilles* : un homme très grand et un peu niais.

[1]**dépendre** v. tr. ind. < 41 > **(latin *dependere* « être suspendu », fig. « rattaché à » → pendre)** *Dépendre de* **1.** Ne pouvoir se réaliser sans l'action ou l'intervention de (une personne, une chose), être fonction de. → **résulter** de. *L'effet dépend de la cause.* ■ impers. *Si cela ne dépendait que de moi !* → **tenir** à. *Cela dépend des circonstances. Ça dépend qui, comment, pourquoi, si...* – (en réponse) *Ça dépend* : peut-être, selon les circonstances. *Il dépend de qqn de* (+ inf.) *ou que* (+ subj.). *Il dépend de vous de réussir, que vous réussissiez.* **2.** Faire partie de (qqch.). → **appartenir** à. *Ce parc dépend de la propriété. Dépendre d'une juridiction.* → **relever** de. **3.** Être sous l'autorité de. *Ne dépendre de personne, ne dépendre que de soi.*

[2]**dépendre** v. tr. < 41 > **(de *pendre*)** Faire cesser d'être pendu. → **décrocher,** [1]**détacher.** *Dépendre un tableau.*

dépens n. m. pl. **(vient du latin *dispensum* → dépense, dispenser)** **1.** *Aux dépens de (qqn)* : en faisant supporter la dépense par. *Il vit à mes dépens.* → à la **charge,** aux **crochets** de. ■ fig. En causant du dommage à (qqn ou qqch.). → au **détriment** de. *Rire aux dépens de qqn. Apprendre qqch. à ses dépens,* par une expérience désagréable, cuisante. *« Tout ce que je sais, je l'ai appris à mes dépens »* (Loti). **2.** dr. Frais judiciaires à la charge de la personne condamnée. *Être condamné aux dépens. Payer les dépens.*

dépense n. f. **(vient du latin *dispensa* cf. dispendieux)** **1.** Action de dépenser ; somme à payer. *Le montant d'une dépense. S'engager dans des dépenses.* → [2]**frais.** *Dépense imprévue. Faire face à une dépense* (→ **payer**). – loc. *Regarder à la dépense* : être économe, regardant. *Il ne regarde pas à la dépense.* ■ comptab. Sortie d'argent ; compte sur lequel est portée la dépense. *Colonne des dépenses.* → [2]**débit.** ■ *Dépenses publiques,* faites par l'État, les collectivités publiques. **2.** fig. Usage, emploi (de qqch.). *Dépense physique ; dépense de forces ; dépense nerveuse.* – *Dépense de chaleur, de combustible.* → **consommation.**

dépenser v. tr. < 1 > **(de *dépense*)** **1.** Employer (de l'argent). *Ne pas dépenser un sou.* → **débourser.** – absolt *Dépenser sans compter.* **2.** Consommer (une certaine quantité). *Voiture qui dépense peu d'essence.* **3.** fig. Employer (son temps, ses efforts). *Dépenser en vain son éloquence.* ■ **se dépenser** v. pron. **1.** (passif) *Cent euros, cela se dépense vite.* **2.** Faire des efforts. → se **démener.** *Se dépenser sans compter* : se donner beaucoup de mal.

dépensier, ière adj. Qui aime dépenser (1), qui dépense excessivement. *« À parent économe, enfant dépensier »* (Musset).

déperdition n. f. **(de l'ancien français *déperdre,* de *perdre,* d'après *perdition*)** Diminution, perte. *Déperdition de chaleur, de lumière, d'énergie, des forces.*

dépérir v. intr. < 2 > **(du latin, de *perire* → périr)** **1.** S'affaiblir par consomption graduelle. *Cet enfant dépérit faute de soins. Plante qui dépérit.* → **s'étioler.** – *Ses forces dépérissent.* → **décliner. 2.** S'acheminer vers la ruine, la destruction. *Cette affaire dépérit.* → **péricliter.**

dépérissement n. m. Fait de dépérir (1 et 2). → **affaiblissement.**

déperlant, ante adj. **(de *déperler* « couler en formant de petites gouttes arrondies », famille de *perle*)** *Tissu déperlant,* sur lequel l'eau glisse sans pénétrer. □ n. f. **déperlance**

dépersonnaliser v. tr. < 1 > didact. Ôter sa personnalité à ; rendre impersonnel. ■ Rendre banal, anonyme. – pronom. *Se dépersonnaliser.* □ n. f. **dépersonnalisation**

Depestre (René) Écrivain haïtien d'expression française (né en 1926). Influencé par les surréalistes et la littérature haïtienne, il a écrit des poèmes, des nouvelles et des romans d'une grande richesse stylistique. *Hadriana dans tous mes rêves ; Popa Singer.*

dépêtrer v. tr. < 1 > **(de *dé-* et *empêtrer*)** Dégager de ce qui empêche les mouvements. – fig. Dégager d'un embarras, d'une difficulté. ■ **se dépêtrer** v. pron. → se **libérer,** se **débarrasser.** *Se dépêtrer d'une situation épineuse.* – Se dégager (de quelqu'un). *Je n'ai pas pu m'en dépêtrer.*

dépeuplement n. m. Fait de dépeupler, de se dépeupler. *Le dépeuplement des campagnes.*

dépeupler v. tr. < 1 > **(de *peupler*)** **1.** Dégarnir d'habitants (une région, une agglomération). *La famine a dépeuplé le pays.* – pronom. *Région qui se dépeuple.* **2.** Dégarnir (un lieu) d'animaux. *Dépeupler un étang.* ■ **dépeuplé, ée** adj. *Village dépeuplé.* → **abandonné,** [1]**désert.** *« Un seul être vous manque, et tout est dépeuplé ! »* (Lamartine).

déphaser v. tr. < 1 > **(de *phase*)** **1.** phys. Produire une différence de phase entre (deux phénomènes alternatifs de même fréquence). **2.** fig. Provoquer chez (qqn) un décalage par rapport à l'évolution d'un milieu, d'une situation. *Un long séjour à l'étranger risquerait de le déphaser.* ■ **déphasé, ée** adj. **1.** phys. *Courant déphasé.* **2.** fam. *Je me sens un peu déphasé.* → **désorienté.** □ n. m. **déphasage**

déphosphater v. tr. < 1 > **(de *phosphate*)** Retirer les phosphates de (une eau, un sol). □ n. f. **déphosphatation**

déphosphorer v. tr. < 1 > **(de *phosphore*)** techn. Éliminer le phosphore présent dans (une matière). *Déphosphorer la fonte, l'acier.* □ n. f. **déphosphoration**

dépiauter v. tr. < 1 > **(famille de *peau*)** fam. **1.** Dépouiller (un animal) de sa peau. → **écorcher.** *Dépiauter un lapin.* **2.** Débarrasser de ce qui recouvre comme une peau. *Dépiauter des bonbons.* **3.** fig. Analyser finement. → fam. **éplucher.** *Dépiauter un texte.*

dépigeonnage n. m. **(de *pigeon*)** Opération destinée à débarrasser une ville des pigeons. *Le dépigeonnage de Paris.*

dépigmentation n. f. **(de *pigment*)** biol., méd. Perte ou suppression du pigment d'un tissu, notamment de la peau. *Dépigmentation totale.* → **albinisme.**

dépilage n. m. techn. Action de dépiler les peaux.

dépilation n. f. **(de *dépiler*)** didact. Action de dépiler (→ **épilation**). ■ Chute des poils. *Dépilation saisonnière chez les mammifères.*

dépilatoire adj. Qui fait tomber les poils. → **épilatoire.** *Crème dépilatoire* et n. m. *un dépilatoire.*

dépiler v. tr. < 1 > **(du latin, de *pilus* → poil)** **1.** Provoquer la chute des poils, des cheveux de (qqn). → **épiler. 2.** techn. *Dépiler les peaux* : enlever les poils des peaux avant de les tanner. → **débourrer.**

[1]**dépiquer** v. tr. < 1 > **(de *dé-* et *piquer*)** **1.** cout. Défaire les piqûres de (une étoffe). → **découdre.** *Dépiquer une jupe.* **2.** agric. Ôter (un plant) d'une couche pour le repiquer en pleine terre. *Dépiquer des plants de laitue.*

[2]**dépiquer** v. tr. < 1 > **(provençal mod. *depica,* de *espigo* « épi »)** agric. Égrener les épis de (une céréale). → **battre.** *Dépiquer le blé, le riz.* □ n. m. **dépiquage**

dépistage n. m. Action de dépister [1]. *Centre de dépistage du sida.*

D

[1]**dépister** v. tr. < 1 > **(de *piste*)** **1.** Découvrir (le gibier) en suivant sa trace. ■ Retrouver (qqn) en suivant sa trace. *Dépister un fuyard.* **2.** fig. Découvrir (ce qui est peu apparent, ce qu'on dissimule). → **déceler.** *Dépister une maladie* (→ **dépistage**).

[2]**dépister** v. tr. < 1 > **(de *piste*)** Détourner (qqn) de la piste. *Dépister la police.* – *Dépister les soupçons.* → **déjouer.**

dépit n. m. **(latin *despectus,* de *despicere* « mépriser », de *de-* et *spicere* « considérer » → spectacle)** **1.** Chagrin mêlé de colère, dû à une déception, à un froissement d'amour-propre. → **amertume, rancœur, ressentiment.** *La réussite de son disciple lui cause du dépit* (→ **dépiter**). *Faire qqch. par dépit. Pleurer de dépit.* **2.** *En dépit de* loc. prép. : sans tenir compte de. → **malgré.** *Il a agi en dépit de mes conseils. Travail fait en dépit du bon sens,* mal fait.

dépiter v. tr. < 1 > Causer du dépit à (qqn). *Ce refus l'a dépité.* → **vexer.** ■ **dépité, ée** adj. Qui éprouve du dépit. *Elle est toute dépitée.* – *Avoir l'air dépité.*

déplacement n. m. **1.** Action de déplacer, de se déplacer. *Moyens de déplacement.* → **locomotion.** – loc. fam. *Ça vaut le déplacement.* → **détour. 2.** Voyage auquel oblige un métier, une charge. *Être en déplacement.*

déplacer v. tr. < 3 > **(de *place*)** **1.** Changer (qqch.) de place. *Déplacer un objet, un meuble.* → **bouger, déménager.** *« Je hais le mouvement qui déplace les lignes »* (Baudelaire). – *Se déplacer une vertèbre.* – (temps) *Déplacer un rendez-vous.* ■ fig. *Déplacer la question, le problème* : changer le point sur lequel porte la difficulté. **2.** Faire changer (qqn) de poste. *Déplacer un fonctionnaire.* → [1]**détacher,** [2]**muter.** ■ **se déplacer** v. pron. **1.** (choses) Changer de place. *Masses d'air qui se déplacent.* **2.** (êtres vivants) Quitter sa place. → **bouger, circuler.** *Sans se déplacer.* – Avancer, marcher, se mouvoir. *Avoir de la difficulté à se déplacer.* – Voyager. ■ **déplacé, ée** adj. **1.** Qui n'est pas dans le lieu, la situation appropriée. *« Un scrupule honorable, mais déplacé »* (Chardonne). **2.** Qui manque aux convenances, est de mauvais goût. → **choquant, incongru, inconvenant.** *Des propos déplacés.* **3.** *Personne déplacée,* qui a dû quitter son pays lors d'une guerre, d'un changement de régime politique.

déplafonnement n. m. Suppression du plafond, de la limite supérieure (d'un crédit, d'une cotisation).

déplafonner v. tr. < 1 > Opérer le déplafonnement de.

déplaire v. tr. ind. < 54 > *Déplaire à* **1.** Ne pas plaire ; causer du désagrément, de l'aversion. *Un travail qui déplaît (ou* RO *déplait) à tout le monde. Cet homme me déplaît souverainement.* – absolt *« Ce qui plaît aujourd'hui déplaît en peu de jours »* (Saint-Évremond). *Personne qui déplaît.* → **antipathique, déplaisant.** – impers. *Il me déplaît d'agir ainsi,* il m'est désagréable, pénible... → **coûter. 2.** Causer une irritation passagère. → **contrarier, fâcher, indisposer.** *Votre attitude a déplu au directeur.* **3.** loc. *Ne vous (en) déplaise* : que cela ne vous fâche pas. *« Je chantais, ne vous déplaise »* (La Fontaine). – iron. *Ne vous en déplaise* : que cela vous plaise ou non. ■ **se déplaire** v. pron. Ne pas se trouver bien (là où l'on est). *Elle s'est toujours déplu à Paris.*

déplaisant, ante adj. **1.** Qui ne plaît pas. *Une personne déplaisante.* → **antipathique. 2.** Qui contrarie, agace. → **désagréable, pénible.** *Bruit déplaisant. Visage déplaisant. Réflexion déplaisante.* → **désobligeant.**

déportation

Déportation de femmes et d'enfants juifs vers le camp de concentration nazi d'Auschwitz-Birkenau en 1943.

déplaisir n. m. (de *plaisir*) Impression désagréable (surtout en compl. de manière). → **contrariété, mécontentement.** *Je le constate à mon grand déplaisir ; c'est avec déplaisir que je le constate. Faire un travail sans déplaisir.*

déplanter v. tr. < 1 > Ôter de terre, spécialt pour planter ailleurs. *Déplanter un arbre.*

déplantoir n. m. agric. Outil en forme de truelle avec lequel on déplante les végétaux de petite taille.

déplâtrer v. tr. < 1 > techn. Enlever le plâtre de. *Déplâtrer un mur.* – chir. *Déplâtrer un bras, une jambe.* □ n. m. **déplâtrage**

déplétion n. f. (du latin, famille de *plere* « emplir » → plein) didact. **1.** Diminution de la quantité de (qqch.). **2.** méd. Diminution ou disparition d'un liquide, spécialt de sang, accumulé dans un organe ; état qui en résulte.

dépliant, ante 1. n. m. Imprimé, prospectus que l'on déplie pour le consulter. *Un dépliant publicitaire.* **2.** adj. Qui se déplie. → **pliant.**

déplier v. tr. < 7 > Étendre ce qui était plié. → **déployer.** *Déplier une serviette, une carte routière. Déplier ses jambes.* ■ se **déplier** v. pron. Se défaire, s'étendre. *Le parachute se déplie pendant le saut.* → **s'ouvrir.** □ n. m. **dépliage, dépliement**

déplisser v. tr. < 1 > Défaire les plis de (une étoffe, un vêtement, un papier...). → **défroisser.** □ n. m. **déplissage**

déploiement n. m. **1.** Action de déployer. *Le déploiement des forces de l'ordre.* **2.** fig. Étalage, démonstration. *Un déploiement de richesses.*

déplomber v. tr. < 1 > (de *plomber*) **1.** Ôter le plombage de. *Déplomber une dent.* **2.** inform. Décoder et annuler les sécurités de (un système informatique protégé). □ n. m. **déplombage**

déplorable adj. **1.** Qui mérite d'être déploré. → **attristant, navrant.** *Il est dans un état déplorable.* → **lamentable. 2.** Très regrettable. → **fâcheux.** *Incident, erreur déplorable.* **3.** Très mauvais. → **détestable, exécrable.** *Goût, conduite, tenue déplorable.* □ adv. **déplorablement**

déploration n. f. (du latin, de *deplorare* → déplorer) didact. ou littér. **1.** Fait de manifester de la douleur, de pousser des lamentations. **2.** Œuvre d'art qui manifeste la douleur.

déplorer v. tr. < 1 > (latin *deplorare*, de *plorare* → pleurer) **1.** Pleurer sur, s'affliger à propos de (qqch.). *Déplorer les malheurs de qqn.* → **compatir** à. *Déplorer la perte d'un ami.* → **pleurer. 2.** Regretter beaucoup. *Nous avons déploré votre absence.* – (+ *que* et le subj.) *Je déplore qu'elle ait échoué.*

déployer v. tr. < 8 > (de *ployer*, qui vient du latin *plicare* → plier) **1.** Développer dans toute son extension (une chose qui était pliée). *L'oiseau déploie ses ailes.* → **étendre.** *Déployer une étoffe.* → **déplier.** ■ loc. ***Rire à gorge déployée*** : rire aux éclats, d'un rire qui gonfle la gorge. **2.** Disposer sur une plus grande étendue. *Déployer des troupes, une armée.* – pronom. *Le cortège se déploie.* **3.** fig. Montrer dans toute son étendue. *Déployer un grand courage, toute sa séduction, des trésors d'ingéniosité.* → **employer, prodiguer.**

se **déplumer** v. pron. < 1 > Perdre ses plumes naturellement. ■ fam. Perdre ses cheveux. – au p. p. *Crâne déplumé.* → **chauve.**

de Podiébrad (Georges) voir **Georges de Podiébrad**

dépoétiser v. tr. < 1 > (de *poétiser*) Priver de tout caractère poétique. « *Une technicité qui n'est pas sans dépoétiser le sujet* » (R. Pinget).

dépoitraillé, ée adj. (de *poitrail*) fam. Qui porte un vêtement largement ouvert sur la poitrine. → **débraillé.**

dépolariser v. tr. < 1 > sc. Faire cesser la polarisation de. □ adj. **dépolarisant, ante** □ n. f. **dépolarisation**

dépolir v. tr. < 2 > Enlever le poli, l'éclat de. ■ **dépoli, ie** adj. *Verre dépoli,* qui laisse passer la lumière mais non les images. □ n. m. **dépolissage, dépolissement**

dépolitiser v. tr. < 1 > Ôter tout caractère politique à. *Dépolitiser le débat. Dépolitiser les masses.* – au p. p. *Jeunesse dépolitisée,* qui ne s'intéresse pas à la chose politique. □ n. f. **dépolitisation**

dépolluer v. tr. < 1 > Diminuer ou supprimer la pollution de (un lieu). □ adj. **dépolluant, ante** □ n. f. **dépollution**

dépolymériser v. tr. < 1 > (de *polymériser*) chim. Transformer (un polymère) en un composé chimique plus simple. □ n. f. **dépolymérisation**

déponent, ente adj. (du latin, du p. prés. de *deponere* « déposer ») Se dit d'un verbe latin à forme passive et sens actif. « *Nous allons nous régaler d'un joli petit verbe déponent* » (Labiche).

dépopulation n. f. (latin *depopulatio*) Action de se dépeupler ; état d'un pays dépeuplé. → **dépeuplement.**

déport n. m. (d'après *report*) Bourse Commission que paie à un prêteur de titres un spéculateur qui vend à découvert.

déportation n. f. (du latin → déporter) **1.** dr., anciennt Exil définitif d'un condamné. → **relégation. 2.** Internement dans un camp de concentration à l'étranger. *La déportation des Juifs par les nazis. Il est mort en déportation.*

déporté, ée n. Personne qui a subi la déportation (spécialt, dans un camp nazi). *Camp de déportés.* « *La faim a été la compagne quotidienne des déportés, jusqu'à la limite de la mort* » (Malraux). *La plupart des déportés furent exterminés.*

déportement n. m. (de *déporter*) **1.** au plur. littér. Écarts de conduite, excès. → **débauche.** « *Des femmes que leurs passions et leurs déportements ont rendues illustres : Médée, Didon, Phèdre* » (Larbaud). **2.** Fait d'être déporté (véhicule). → **écart, embardée.**

déporter v. tr. < 1 > (vient du latin *deportare*, de *portare* → [1]porter) **I. 1.** Infliger la peine de déportation à. **2.** Envoyer dans un camp de concentration à l'étranger. **II.** Dévier de sa direction, entraîner hors de sa route, de sa trajectoire. *Le vent l'a déporté sur le bas-côté.*

déposant, ante n. **1.** dr. Personne qui fait une déposition en justice. **2.** Personne qui fait un dépôt d'argent.

dépose [depoz] n. f. (de [2]*déposer*) techn. Action de déposer, de défaire ce qui a été fixé. *Effectuer, faire la dépose d'un châssis, d'une serrure.*

[1]**déposer** v. tr. < 1 > (latin *deponere*, d'après *poser*) **I.** Dépouiller (qqn) de l'autorité souveraine. → **destituer.** *Déposer un roi, un pape.* **II. 1.** Poser (une chose que l'on portait). *Déposer une gerbe sur une tombe.* – loc. *Déposer les armes*.* **2.** Laisser (qqn) quelque part, après l'y avoir conduit. *Déposez-moi ici.* **3.** (liquide) Laisser (un dépôt). ■ pronom. *Laisser reposer du vin pour que la lie se dépose.* – par ext. *La poussière se dépose sur les meubles.* **4.** Mettre (qqch.) en lieu sûr, en dépôt. *Déposer ses bagages à la consigne. Déposer de l'argent à la banque.* → **verser.** ■ Faire enregistrer. *Déposer un projet de loi. Déposer une marque de fabrique.* – au p. p. ***Marque déposée ; nom déposé.*** ■ dr. *Déposer une plainte en justice.* – *Déposer son bilan :* se déclarer en faillite. **5.** intrans. Déclarer ce que l'on sait d'une affaire. → **témoigner ; déposition.** *Déposer contre, en faveur de qqn.*

[2]**déposer** v. tr. < 1 > (de *dé-* et *poser*) Ôter (ce qui a été posé, fixé à une place déterminée). → **enlever, ôter.**

dépositaire n. (du latin → [1]déposer) **1.** Personne à qui l'on confie un dépôt. *Le, la dépositaire d'une lettre.* ■ Commerçant(e) qui a des marchandises en dépôt. *Liste des dépositaires.* **2.** fig., littér. *Dépositaire de :* personne qui reçoit, garde (qqch.). *La dépositaire d'un secret.*

déposition n. f. (du latin → [1]déposer) **1.** Déclaration que fait sous la foi du serment la personne qui témoigne en justice. → **témoignage.** *Faire, signer sa déposition.* **2.** Action de déposer un souverain. **3.** arts *Déposition de croix,* se dit de représentations de Jésus Christ après la descente de croix.

Déposition de croix Scène de la Passion, en peinture. Elle montre le Christ étendu au pied de la Croix, sur la pierre de l'onction.

dépositoire n. m. (latin *depositorium*, de *deponere* → [1]déposer) Chambre funéraire destinée à recevoir le corps mis en bière avant l'inhumation ou la crémation.

déposséder v. tr. < 6 > Priver (qqn) de la possession (d'une chose). → **dépouiller.** *Déposséder qqn de ses biens.* □ n. f. **dépossession**

dépôt n. m. (du latin → [1]déposer) **I. 1.** Action de déposer ; spécialt de placer en lieu sûr. *Le dépôt d'un testament chez un notaire.* – spécialt Fait de déposer de l'argent à la banque. *Dépôts et retraits. Laisser qqch. en dépôt.* ■ ***Dépôt légal*** : remise à l'Administration d'exemplaires de toute publication. **2.** Ce qui est confié au dépositaire. **3.** Lieu où l'on dépose certaines choses, où l'on gare du matériel. *Dépôt d'ordures.* → **dépotoir.** *Dépôt* *de marchandises.* → **entrepôt, magasin.** – *Autobus qui retourne au dépôt.* ■ Prison où sont gardés les prisonniers de passage. *Conduire un prévenu au dépôt.* **II. 1.** Particules solides qui tombent au fond d'un liquide trouble au repos (→ **¹déposer** (II, 3)). **2.** Couche de matières minérales laissée à la surface du globe par les eaux, l'érosion. *Dépôt sédimentaire.*

dépoter **v. tr.** < 1 > **1.** Transvaser (un liquide). **2.** Enlever (une plante) d'un pot pour la replanter. → **transplanter. 3.** intrans. fig., fam. Être efficace. – impers. *Ça dépote !* □ **n. m. dépotage, dépotement**

dépotoir **n. m.** (de *dépoter,* d'abord « récipient pour mesurer les liquides » ; influence de *dépôt*) Lieu public où l'on dépose des ordures. → **décharge.** – fig., fam. *Ce bureau est un dépotoir !*

Dépôts et consignations (Caisse des) Établissement financier public créé en 1816. Chargée de missions d'intérêt général au service de l'État et des collectivités locales, elle assure la gestion des fonds d'épargne, de caisses de retraite, des consignations, des mandats publics, ainsi que le financement du logement social. Dotée de plusieurs filiales, elle exerce également des activités concurrentielles.

dépôt-vente **n. m.** Magasin dans lequel des particuliers déposent ce qu'ils veulent vendre. *Des dépôts-ventes.*

dépouille **n. f.** (de *dépouiller*) **I. 1.** Peau enlevée à un animal. *La dépouille d'un lion.* – Peau perdue lors de la mue. *La dépouille d'un serpent.* **2.** fig., littér. *Dépouille (mortelle) :* le corps humain après la mort. → **cadavre. II.** au plur. *Dépouilles :* ce qu'on enlève à l'ennemi sur le champ de bataille. → **butin, trophée.**

dépouillement **n. m. 1.** Action de priver qqn de ses biens ; état d'une personne privée de tout. **2.** (choses) Fait d'être débarrassé du superflu, des ornements. → **simplicité, sobriété ; dépouillé. 3.** Examen minutieux (de documents). *Le dépouillement d'un dossier, d'une correspondance.* – *Dépouillement des votes, du scrutin* (→ **dépouiller** (I, 4)).

dépouiller **v. tr.** < 1 > (vient du latin *despoliare,* de *spoliare* → **spolier**) **I. 1.** Enlever la peau de (un animal). *Dépouiller un lièvre.* **2.** Dégarnir de ce qui couvre. *Dépouiller qqn de ses vêtements.* – au p. p. *Arbre dépouillé de ses feuilles.* **3.** Déposséder (qqn) en lui enlevant ce qu'il a. *Des voleurs l'ont dépouillé.* → **dévaliser.** *Dépouiller qqn,* le priver de ses biens, de ses revenus. → **spolier. 4.** Analyser minutieusement (un document) pour y prélever des informations. *Dépouiller les journaux économiques.* – *Dépouiller un scrutin (dépouillement) :* compter les suffrages. **II.** littér. **1.** Abandonner, ôter (ce qui couvre). → **enlever, quitter, retirer.** *Dépouiller ses vêtements.* **2.** fig. Renoncer à. *Dépouiller tout orgueil.* « *Dépouiller de plus en plus la matière, revêtir de plus en plus l'esprit* » (Hugo). ■ **se dépouiller v. pron. 1.** Ôter. *Se dépouiller de ses vêtements.* ■ Perdre. *Les arbres se dépouillent de leurs feuilles.* **2.** Se défaire (de), abandonner. *Se dépouiller de ses biens en faveur de qqn.* ■ **dépouillé, ée adj.** Sans ornement. → **sobre.** *Style dépouillé.*

Déposition de croix

La Déposition de croix de Pietro da Rimini (v. 1325-1330), musée du Louvre, Paris.

dépourvu, ue **adj.** (de *pourvu*) **1.** *Dépourvu de :* qui n'a pas de. → **sans ; dénué.** *Elle n'est pas dépourvue de charme, de talent.* – absolt *Être dépourvu,* démuni, dans le besoin. « *La cigale* [...] *Se trouva fort dépourvue / Quand la bise fut venue* » (La Fontaine). **2.** *Au dépourvu* **loc. adv.** *Prendre qqn au dépourvu,* sans qu'il soit préparé, averti. → **à l'improviste.**

dépoussiérer **v. tr.** < 6 > **1.** Débarrasser de sa poussière par des moyens mécaniques. *Dépoussiérer un tapis.* **2.** fig. Rajeunir, rénover. *Dépoussiérer une administration.* □ **n. m. dépoussiérage**

dépoussiéreur **n. m.** techn. Appareil ou dispositif qui absorbe les poussières, notamment à l'intérieur des machines.

Depp (Johnny) Acteur américain (né en 1963). Figure de rebelle, il a joué sous la direction de T. Burton *(Edward aux mains d'argent ; Dark Shadows),* E. Kusturica *(Arizona Dream),* J. Jarmush *(Dead Man).* Il a incarné le capitaine Jack Sparrow dans les cinq volets de *Pirates des Caraïbes.*

Johnny Depp, alias capitaine Jack Sparrow, dans *Pirates des Caraïbes, le Secret du coffre maudit* de Gore Verbinski (2006).

dépravation **n. f.** (du latin → **dépraver**) État d'une personne dépravée, de ce qui est dépravé. *Dépravation des mœurs.* → **débauche.** *Dépravation (sexuelle).* → **perversion.**

dépraver **v. tr.** < 1 > (latin *depravare,* de *pravus* « de travers ») **1.** Amener (qqn) à désirer le mal, à s'y complaire. → **corrompre, pervertir.** *Dépraver un adolescent.* – « *Le maître et l'esclave se dépravent mutuellement* » (Rousseau). **2.** littér. Altérer, faire dévier de la norme. *Dépraver le jugement.* ■ **dépravé, ée adj. 1.** vieilli Corrompu moralement. *Mœurs dépravées.* – **n.** *Un, une dépravée.* → **pervers, vicieux. 2.** Altéré, faussé. *Goût dépravé.* □ **adj. dépravant, ante**

déprécation **n. f.** (du latin, de *precari* → **prier**) relig. Prière faite pour obtenir le pardon d'une faute, pour détourner un malheur.

dépréciateur, trice **n.** Personne qui déprécie (2). → **contempteur, détracteur.** – **adj.** *Critique dépréciatrice.*

dépréciatif, ive **adj.** didact. Qui déprécie, tend à déprécier. → **péjoratif.**

dépréciation **n. f.** Action de déprécier ; état de ce qui est déprécié. *L'inflation entraîne la dépréciation de la monnaie.*

déprécier **v. tr.** < 7 > (latin *depretiare,* de *pretium* → **prix**) **1.** Diminuer la valeur, le prix de. **2.** fig. Ne pas apprécier à sa valeur réelle ; chercher à déconsidérer. → **critiquer, décrier, dénigrer, rabaisser.** *Déprécier qqn. Déprécier un ouvrage.* ■ **se déprécier v. pron.** Perdre de sa valeur. *Monnaie qui se déprécie,* dont le pouvoir d'achat baisse. – fig. *Il a la manie de se déprécier.* → **se dévaloriser.**

déprédateur, trice **adj. et n.** (du latin → **déprédation, prédateur**) littér. (Personne) qui commet des déprédations.

déprédation **n. f.** (latin *depraedatio,* famille de *praeda* « butin » → **proie**) **1.** Vol ou pillage accompagné de dégât. **2.** Dommage matériel causé aux biens d'autrui, aux biens publics. → **¹dégradation, détérioration.** *Les déprédations causées par des vandales.*

se déprendre **v. pron.** < 58 > littér. (abstrait) Se dégager (de ce qui retient ou immobilise). *Se déprendre d'une habitude.*

dépressif, ive **adj.** Relatif à la dépression (II). *État dépressif.* ■ Sujet à la dépression. *Tempérament dépressif.* – **n.** *Un, une dépressive.*

dépression **n. f.** (latin *depressio* → **déprimer**) **I. 1.** Enfoncement, concavité. → **affaissement, creux.** *Dépression de terrain.* **2.** Baisse de la pression atmosphérique ; zone de basse pression. **II.** État mental caractérisé par de la lassitude, du découragement, de la faiblesse, de l'anxiété. → **neurasthénie ;** fam. **déprime.** *Faire une dépression.* – *Dépression nerveuse :* crise d'abattement. **III.** anglic. Crise économique. → **récession.**

dépressionnaire **adj.** didact. Qui est le siège d'une dépression atmosphérique. *Zone dépressionnaire.*

dépressuriser **v. tr.** < 1 > Faire perdre à (un avion, un véhicule spatial) sa pressurisation. □ **n. f. dépressurisation**

Depretis (Agostino) Homme politique italien (1813-1887). Chef de l'extrême gauche (1873), président du Conseil (1876-1878 ; 1878-1879 ; 1881-1887), il fit adhérer son pays à la Triplice (1882) et inaugura la politique coloniale de l'Italie.

déprimant, ante **adj.** Qui déprime. *Une atmosphère déprimante.* → **démoralisant.**

déprime **n. f.** fam. État de dépression (II, III).

déprimer **v.** < 1 > (latin *deprimere,* famille de *pressare* → **presser**) **I. v. tr. 1.** (concret) Abaisser, enfoncer par la pression. **2.** Affaiblir (qqn) au physique ou (surtout) moralement. *Son licenciement l'a complètement déprimé.* **II. v. intr.** fam. Être abattu, démoralisé. *Elle déprime depuis quelques jours.* ■ **déprimé, ée adj. 1.** *Sol déprimé.* **2.** *Se sentir très déprimé.*

déprise **n. f.** (de *se déprendre*) didact. Action de se déprendre, cessation de l'emprise (de qqn, d'un lien).

dépriser **v. tr.** < 1 > (de *priser*) littér. Apprécier au-dessous de son prix, de sa valeur. → **déprécier, mésestimer, sous-estimer.** *Dépriser l'œuvre de qqn, dépriser un auteur.*

De profundis [depʀɔfɔ̃dis] **n. m. invar.** (mots latins « des profondeurs » → **profond**) Psaume récité ou chanté dans les prières pour les morts.

déprogrammer **v. tr.** < 1 > Supprimer d'un programme (ce qui était prévu). *Déprogrammer une émission.* □ **n. f. déprogrammation**

dépuceler **v. tr.** < 4 ou RO 5 > (→ **pucelle**) fam. Faire perdre sa virginité, son pucelage à (qqn). → **déflorer.** □ **n. m. dépucelage**

depuis **prép.** (de *de* et *puis*) À partir de. **I.** (temps) **1.** À partir de (un moment passé). → **dès.** *Depuis le 15 mai. Depuis le matin jusqu'au soir :* du matin au soir. *Depuis quand ? Depuis jeudi.* – **adv.** *Nous ne l'avons plus vu depuis.* ■ *Depuis sa mort. Depuis la Révolution.* ■ ***Depuis que*** loc. conj. (+ indic.). *Depuis qu'il est parti.* **2.** Pendant la durée passée qui s'est écoulée avant le moment dont on parle. *On vous cherche depuis une heure.* → **voilà.** *Depuis longtemps. Depuis peu :* récemment. – *Depuis le temps que...,* il y a si longtemps. *Depuis le temps que je te le répète !* **II.** (espace) **1.** ***Depuis... jusqu'à :*** de tel endroit à tel autre. → **¹de.** *Depuis Bruxelles jusqu'à Liège.* **2.** *Depuis* employé seul, marque la provenance avec une idée de continuité. « *La famille, depuis le perron, nous observait* » (Mauriac). **III.** ***Depuis... jusqu'à :*** exprime une succession ininterrompue dans une série. « *La forêt varie depuis le vert de l'émeraude jusqu'à la pourpre de la cornaline* » (Gautier).

dépulper **v. tr.** < 1 > (de *pulpe*) Ôter la pulpe de. – spécialt Enlever la pulpe de (une dent). → **dévitaliser.**

dépuratif, ive adj. (de *dépurer*) Qui purifie l'organisme, en favorisant l'élimination des toxines, des déchets organiques. *Plante dépurative.* – n. m. *Prendre un dépuratif.*

dépurer v. tr. < 1 > (du bas latin, de *purus* → pur) didact. Rendre plus pur. → **épurer, purifier.** *Dépurer le sang.* □ n. f. **dépuration**

députation n. f. **1.** Envoi de personnes chargées d'une mission ; ces personnes. → **délégation. 2.** Fonction de député.

député, ée n. (bas latin *deputatus* → députer) **1.** Personne envoyée en mission. → **ambassadeur, envoyé, légat. 2.** Personne qui fait partie d'une assemblée délibérante. → **représentant.** *Les députés du clergé aux états généraux.* – Personne élue pour faire partie d'une chambre législative. → **élu, [1]parlementaire.** *La Chambre des députés ou Assemblée nationale. Elle est députée socialiste. Députémaire.*

députer v. tr. < 1 > (latin *deputare*, de *putare* → putatif) Envoyer (qqn) comme député (1). → **déléguer, mandater.**

déqualifier v. tr. < 7 > Employer (une personne) à un niveau de qualification inférieur à celui qu'elle possède. → **sous-employer.** ■ au p. p. *Main-d'œuvre déqualifiée.* – *Travail déqualifié.* □ n. f. **déqualification**

De Quincey (Thomas) Écrivain britannique (1785-1859). Grand consommateur d'opium, il est célèbre pour *Les Confessions d'un opiomane anglais*, qui inspirèrent à Baudelaire ses *Paradis artificiels*. On lui doit aussi deux chefs-d'œuvre d'ironie, *De l'assassinat considéré comme un des beaux-arts* et *Les Derniers Jours d'Emmanuel Kant*.

der n. (abrév. de *dernier*) fam. *La der des ders* : la dernière des guerres (après laquelle il n'y en aura plus). – *Dix de der* : les dix points que donne la dernière levée, à la belote.

déraciner v. tr. < 1 > **1.** Arracher (ce qui tient au sol par des racines). *L'orage a déraciné plusieurs arbres.* – fig. *Déraciner un vice, un abus.* **2.** *Déraciner qqn*, l'arracher de son pays, de son milieu. – n. « *Les Déracinés* » (de Barrès). □ n. m. **déracinement**

dérader v. intr. < 1 > (de *rade*) mar. (navire) Quitter une rade mal protégée du gros temps.

déradicaliser v. tr. < 1 > Rendre moins radical. ■ Faire abandonner à (qqn) une doctrine radicale. – pronom. *Se déradicaliser.* □ n. f. **déradicalisation**

dérager v. intr. < 3 > (de *rage*) rare Sortir de sa colère. → **décolérer.**

déraidir v. tr. < 2 > Faire perdre sa raideur à. *Déraidir ses membres.*

dérailler v. intr. < 1 > **1.** (wagons, trains) Sortir des rails. *Le train a déraillé.* **2.** fig. et fam. Aller de travers. ■ S'écarter du bon sens. → **déraisonner, divaguer.** □ n. m. **déraillement**

dérailleur n. m. Mécanisme qui fait passer la chaîne d'une bicyclette d'un pignon à un autre (→ **changement de vitesse**). *Dérailleur à trois vitesses.* → **braquet.**

Derain (André) Peintre et sculpteur français (1880-1954). Influencé par Seurat et Van Gogh, il fut l'un des peintres les plus audacieux du fauvisme, avant de se tourner vers le cubisme puis d'évoluer vers une peinture plus éclectique. Il réalisa des portraits, des natures mortes, des illustrations, des décors de théâtre et des costumes. *London Bridge ; Baigneuse.*

déraison n. f. littér. Manque de raison dans les paroles, la conduite.

déraisonnable adj. Qui n'est pas raisonnable. → **absurde, insensé.** *Conduite déraisonnable.* □ adv. **déraisonnablement**

déraisonner v. intr. < 1 > (de *raison*) littér. Tenir des propos dépourvus de raison, de bon sens. → **divaguer ;** fam. **débloquer.**

[1]déramer v. tr. < 1 > Manipuler (une rame de papier) pour l'aérer.

[2]déramer v. intr. < 1 > régional, mar. Manœuvrer les rames à contresens, en poussant au lieu de tirer.

dérangeant, ante adj. Qui dérange, provoque un malaise, une remise en cause. *Texte dérangeant.*

dérangement n. m. **1.** Mise en désordre. **2.** Action de déranger qqn. → **gêne, [2]trouble.** *Excusez-nous du dérangement* (que nous causons). **3.** *En dérangement* : qui ne fonctionne pas. *La ligne* (téléphonique) *est en dérangement.*

déranger v. tr. < 3 > **1.** Déplacer, mettre en désordre (ce qui était rangé). → **bouleverser ;** fam. **chambarder.** *Déranger des papiers.* **2.** Troubler le fonctionnement, l'action normale de (qqch.). ■ au p. p. → **détraqué.** *Il a le cerveau, l'esprit dérangé. Elle est un peu dérangée.* – *Avoir l'estomac dérangé.* **3.** Gêner (qqn) dans son travail, ses occupations. → **importuner.** *Excusez-moi de vous déranger.* ■ **se déranger** v. pron. Modifier ses occupations, son travail. *Ne vous dérangez pas pour moi.*

dérapage n. m. **1.** Fait de déraper. *Un dérapage contrôlé.* **2.** fig. Changement imprévu et incontrôlé. *Le dérapage des prix.* ■ *Dérapages verbaux* : propos incontrôlés.

déraper v. intr. < 1 > (du provençal, de l'ancien provençal *rapar*, d'origine germanique ; famille de *râper*) **1.** Glisser latéralement sur le sol (automobile, bicyclette). **2.** fig. Effectuer un mouvement imprévu, incontrôlé. *La conversation a dérapé.*

déraser v. tr. < 1 > (de *ras*) techn. Abaisser le niveau de. *Déraser un mur.*

dératé n. m. (de *rate* ; les chiens privés de rate étaient supposés courir plus vite) loc. *Courir comme un dératé*, très vite.

dératiser v. tr. < 1 > Débarrasser (un lieu) des rats. □ n. f. **dératisation**

Deray (Jacques) Cinéaste français (1929-2003). D'abord assistant de Buñuel, il s'affirma comme un des maîtres du film policier, dirigeant A. Delon et J.-P. Belmondo. *La Piscine ; Flic Story ; Borsalino.*

dérayer v. < 8 > agric. **1.** v. tr. Tracer le dernier sillon (d'un champ) formant la séparation. **2.** v. intr. S'arrêter de labourer.

dérayure n. f. agric. Sillon qui sépare deux champs labourés.

Derbent Ville de Russie (Daguestan). 119 200 habitants. Port ; conserveries ; tourisme.

derbouka voir **darbouka**

derby n. m. (mot anglais, n. du comte de Derby) **1.** Grande course de chevaux qui a lieu chaque année à Epsom, en Angleterre. **2.** sports Rencontre entre deux équipes voisines. **3.** Chaussure dont les quartiers sont lacés. *Des derbys blancs.*

Derby Famille d'hommes politiques britanniques. ■ **James Stanley, 7e comte de Derby** (1607-1651). Fervent royaliste, il combattit au service du prince Rupert (neveu de Charles Ier) puis de Charles II. ■ **Edward Stanley, 14e comte de Derby** (1799-1869). Secrétaire aux Colonies, il obtint l'abolition de l'esclavage (1833). Conservateur, protectionniste, il fut Premier ministre en 1852, de 1858 à 1859 et de 1866 à 1868. ■ **Edward Stanley, 15e comte de Derby** (1826-1893). Fils du précédent, secrétaire aux Affaires étrangères (1866-1868 ; 1874-1878), il s'opposa à la politique orientale de Disraeli. Il fut secrétaire aux Colonies de 1882 à 1885. ■ **Edward Stanley, 17e comte de Derby** (1865-1948). Neveu du précédent, il fut ministre de la Guerre de 1916 à 1918 et de 1922 à 1924.

Derby Ville d'Angleterre, dans le Derbyshire. 255 400 habitants. Constructions mécaniques et aéronautiques ; industries textiles (les fibres artificielles ont remplacé les anciennes cotonnades et soieries).

Derbyshire Comté du centre de l'Angleterre. 2 631 km^2. 776 160 habitants. Région agricole, sauf autour de Derby et de Chesterfield.

derche n. m. (de *derrière*) argot Derrière. → fam. **cul.** – loc. *Faux derche* : hypocrite. → faux **cul.**

déréaliser v. tr. < 1 > didact. Faire perdre le caractère réel, les rapports normaux avec le réel. □ adj. **déréalisant, ante** □ n. f. **déréalisation**

derechef [dəʀəʃɛf] adv. (de *chef*) littér. Une seconde fois ; encore une fois.

déréel, elle adj. didact. Qui est détaché du réel, qui n'est plus en prise avec lui.

déréférencer v. tr. < 3 > **1.** Supprimer (un produit, une marque) de l'assortiment d'un magasin, d'une enseigne. *Hypermarché qui déréférence une ligne de produits.* **2.** Supprimer (un contenu) dans les résultats d'un moteur de recherche. *Déréférencer un site.* □ n. m. **déréférencement**

dérèglement n. m. Fait de se dérégler, d'être déréglé. *Le dérèglement climatique.* « *Le Poëte se fait voyant par un long, immense et raisonné* dérèglement *de tous les sens* » (Rimbaud).

déréglementer v. tr. < 1 > Soustraire à la réglementation. - var. RO **dérèglementer.** □ n. f. **déréglementation** ou RO **dérèglementation**

dérégler v. tr. < 6 > **1.** Faire que (qqch.) ne soit plus réglé ; mettre en désordre. → **bouleverser, déranger, détraquer, troubler.** *Dérégler un mécanisme délicat.* **2.** fig. Troubler l'ordre moral de. *Cette liaison a déréglé sa vie.* ■ **déréglé, ée** adj. **1.** Dont l'ordre, le fonctionnement a été troublé. *Estomac déréglé. Pendule déréglée.* **2.** fig. *Vie déréglée.* → **désordonné.** ■ Excessif, démesuré. *Une imagination déréglée.*

dérégulation n. f. admin. Fait de supprimer certains des règlements qui encadrent une activité. → **déréglementation.**

déréistique adj. (du latin *de re* « en s'éloignant de la chose réelle ») psych. Se dit du mode de pensée dominé par l'imagination, fréquent chez les schizophrènes. → **déréel.**

déréliction n. f. (du latin, de *relinquere* « abandonner » → relique) littér. État de la personne qui se sent abandonnée, privée de tout secours.

déremboursement n. m. Arrêt du remboursement (d'un médicament, d'un traitement) par la Sécurité sociale.

dérembourser v. tr. < 1 > Faire payer par le patient (un médicament, un traitement médical) qui était remboursé par la Sécurité sociale. – au p. p. *Liste des médicaments déremboursés.*

déresponsabiliser v. tr. < 1 > Ôter toute responsabilité à (qqn). – au p. p. *Personnel déresponsabilisé.* □ n. f. **déresponsabilisation**

déridage n. m. (de *ride*) Opération de chirurgie esthétique visant à retendre la peau du visage pour faire disparaître les rides (équivalent de l'anglic. *lifting*).

dérider v. tr. < 1 > (de *ride*) Rendre moins soucieux, moins triste, comme si on enlevait les rides du front. *Rien ne le déride.* → **égayer.** ■ **se dérider** v. pron. Sourire ; rire. *Elle ne s'est pas déridée de la soirée.*

dérision n. f. (latin *derisio*, de *deridere* « se moquer », de *ridere* → [1]rire) Mépris qui incite à rire, à se moquer de (qqn, qqch.). → **ironie, moquerie, raillerie.** *Dire qqch. par dérision. Parler de qqch. avec dérision.* – *Tourner en dérision* : se moquer d'une manière méprisante de (qqn, qqch.).

dérisoire adj. (du bas latin → dérision) **1.** Qui est si insuffisant que cela semble une moquerie. → **insignifiant, ridicule.** *Salaire, prix dérisoire.* **2.** Qui mérite d'être tourné en ridicule. *Un adversaire dérisoire.* □ adv. **dérisoirement**

dérivable adj. math. *Fonction dérivable en un point*, qui admet une dérivée en ce point.

dérivant, ante adj. *Filet dérivant* : filet de pêche maintenu par des flotteurs, qui dérive sans toucher le fond.

dérivatif n. m. Ce qui permet de détourner l'esprit de ses préoccupations. → **distraction, divertissement.** *Chercher un dérivatif à ses ennuis.*

dérivation n. f. (du latin → [1]dériver) **1.** Action de dériver (les eaux). *Canal de dérivation.* **2.** Formation de mots à partir d'une base et d'affixes*. *« Saison » donne « saisonnier » par dérivation.* **3.** électr. Communication entre deux points d'un circuit, au moyen d'un second conducteur. *Circuit en dérivation.*

dérive n. f. (de [2]*dériver*) **I. 1.** Déviation d'un navire, d'un avion, sous l'effet des vents ou des courants. *Angle de dérive.* ■ loc. ***À la dérive*** : en dérivant. – fig. *Entreprise qui va à la dérive.* → **à vau-l'eau.** – *Être, aller à la dérive* : se laisser conduire par les évènements. ■ *Dérive des continents* : théorie selon laquelle les continents flotteraient à la surface d'une masse visqueuse. **2.** fig. Déviation progressive et incontrôlée. *Dérive politique.* → **dérapage. II.** Dispositif qui empêche un navire, un avion de dériver.

dérivé n. m. **1.** Mot qui provient d'une dérivation. *Les dérivés d'un verbe.* **2.** Produit dérivé. *Les dérivés du pétrole.*

dérivée n. f. math. Limite du rapport de l'accroissement d'une fonction à l'accroissement de la variable lorsque celui-ci tend vers zéro.

[1]dériver v. < 1 > (latin *derivare*, de *rivus* « ruisseau » → ru) **I. v. tr.** Détourner (des eaux) de leur cours pour leur donner une nouvelle direction. *Dériver un cours d'eau.* **II. v. tr. ind.** ***Dériver de*** : avoir son origine dans. → **provenir** de. *Mot qui dérive du latin* (→ **dérivation**). – au p. p. *Produit dérivé*, qui utilise une marque connue et protégée.

[2]dériver v. intr. < 1 > (anglais *to drive* « pousser ; être poussé », avec influence de [1]*dériver*) **1.** S'écarter de sa direction (navire, avion). – fig. *Sa politique dérive dangereusement.* **2.** Être sans volonté, sans énergie, aller à la dérive.

dériveur n. m. Voilier muni d'une dérive.

Derjavine (Gavriil Romanovitch) Écrivain russe (1743-1816). Il écrivit surtout des poésies lyriques, dont une ode célèbre dédiée à Catherine II, *Felitsa.*

dermatite ou **dermite** n. f. méd. Inflammation de la peau.

dermato-, derm(o)-, -derme, -dermie Éléments savants (du grec *derma, dermatos* « peau » *cf.* derme) qui signifient « peau ».

dermatoglyphes n. m. pl. (grec *gluphê* « entaille ») rare au sing. didact. Sillons de la pulpe des doigts et de la paume des mains qui donnent les empreintes digitales et palmaires.

dermatologie n. f. Partie de la médecine qui étudie et soigne les maladies de la peau. - abrév. fam. **dermato.**

dermatologique adj. **1.** Relatif à la dermatologie. **2.** Relatif à la peau, aux soins courants de la peau. *Problèmes dermatologiques. Soins dermatologiques.* - abrév. fam. **dermato.**

dermatologue n. Spécialiste de dermatologie. - abrév. fam. **dermato.**

dermatose n. f. (→ [2]-ose) méd. Affection de la peau.

derme n. m. (→ -derme) Couche profonde de la peau, recouverte par l'épiderme. □ **dermique** adj. *Tissu dermique.*

dermeste n. m. (du grec *derma* « peau » et *esthein* « manger ») zool. Insecte coléoptère dont les larves se nourrissent de matières animales desséchées.

dermite voir **dermatite**

dermographe n. m. (marque déposée) Appareil électrique servant à réaliser des tatouages.

dermographisme n. m. méd. Réaction de la peau qui rougit à l'endroit où l'on exerce un léger frottement ou une griffure.

dermopharmacie n. f. Ensemble des produits d'hygiène corporelle et de cosmétologie vendus en pharmacie.

dermotrope adj. (→ -trope) didact. Se dit de substances, de microbes, etc. se fixant sur la peau et les muqueuses.

dernier, ière adj. (vient du latin tardif *deretranus*, de *deretro* → [1]derrière) **I. 1. adj.** (avant le n.) Qui vient après tous les autres, après lequel il n'y en a pas d'autre (s'oppose à *premier*). *Le dernier mois de l'année. Le dernier train* (de la journée). *À la dernière minute. Aux dernières nouvelles. Être à sa dernière heure.* – *Dépenser jusqu'à son dernier sou. Faire un dernier effort.* → **suprême, ultime.** *Avoir le dernier mot*.* – *Arriver au dernier moment.* ■ (après le n.) *Jugement* dernier.* ■ (attribut) *Il est arrivé bon dernier,* nettement derrière les autres. **2. n.** *Le dernier de la classe. Le dernier de la famille, le petit dernier.* → **benjamin.** *« Une guerre est toujours la dernière des guerres »* (Giraudoux). **3. *En dernier* loc. adv. :** à la fin, après tous les autres. *J'irai le voir en dernier.* **II.** Extrême. **1.** Le plus haut, le plus grand. *Au dernier degré. Protester avec la dernière énergie.* – littér. ou plais. *Être du dernier bien avec qqn,* très intime, très lié. **2.** Le plus bas, le pire, le moindre. *Une marchandise de dernier ordre. C'est mon dernier prix* (dans un marchandage). – **n.** *« On la traite comme la dernière des dernières »* (J. Renard). **III.** Qui est le plus proche du moment présent. → **récent.** *L'an dernier.* → [2]**passé.** *La dernière guerre. Être habillé à la dernière mode.* – fam. *Tu ne connais pas la dernière ?,* l'évènement qui vient de se produire.

dernièrement adv. Ces derniers temps. → **récemment.** *Il est venu nous voir tout dernièrement.*

dernier-né, dernière-née n. **1.** Enfant qui, dans une famille, est né(e) en dernier. → **benjamin.** *Les derniers-nés, les dernières-nées.* **2.** (choses) *La dernière-née d'une marque de voitures.*

dérobade n. f. Action de se dérober. *« Un geste qui peut paraître une dérobade »* (Gide). → **échappatoire, faux-fuyant.**

à la dérobée loc. adv. En cachette *(faire qqch. à la dérobée)* ; furtivement *(regarder qqn à la dérobée).*

dérober v. tr. < 1 > (de l'ancien v. *rober* « piller », origine germanique ; *cf.* anglais *to rob* « voler ») **1.** littér. Prendre furtivement (ce qui appartient à autrui). → **subtiliser,** [2]**voler.** *Dérober une montre.* **2.** fig. Obtenir (qqch.) par des moyens peu honnêtes. *Dérober un secret.* → **surprendre.** – *Dérober un baiser,* embrasser (qqn) par surprise. **3.** (sujet chose) Masquer, dissimuler. *« Une noire tempête déroba le ciel à nos yeux »* (Fénelon). **4.** littér. Cacher ou éloigner de qqn. *Dérober son regard.* ■ **se dérober v. pron. 1.** *Se dérober à* : éviter d'être vu, pris par (qqn). → **échapper,** se **soustraire.** *Se dérober aux regards.* – fig. *Se dérober à son devoir.* → **manquer** à. **2.** Éviter de répondre, d'agir. *Elle cherche à se dérober.* **3.** S'éloigner, s'écarter de qqn. *Il lui prit le bras ; elle ne se déroba pas.* ■ spécialt (cheval) Faire un écart pour éviter l'obstacle à franchir. **4.** (choses) *Se dérober sous,* s'effondrer. → **manquer.** *Le sol se dérobe sous ses pas.* ■ **dérobé, ée adj.** *Escalier dérobé, porte dérobée,* qui permet de sortir d'une maison ou d'y entrer sans être vu. → [1]**secret.**

dérocher v. < 1 > **I. v. intr.** alpin. Lâcher prise et tomber d'une paroi rocheuse. → **dévisser. II. v. tr.** techn. **1.** Nettoyer la surface d'un métal avec un corps gras, des oxydes. → **décaper.** □ **n. m. dérochage 2.** Dégager (un chenal, le lit d'une rivière, un terrain) des rochers qui encombrent. □ **n. m. dérochement**

déroctage n. m. (du radical bas latin *rocc-* « pierre », d'après le français régional *rocter*) techn. Action de briser de gros blocs de pierre.

déroder v. tr. < 1 > (du latin *rodere* « ronger ») arbor. Éclaircir (une forêt) en abattant des arbres qui dépérissent. *Déroder une coupe.*

dérogation n. f. (du latin → déroger) **1.** Fait de déroger (à une loi, une règle...). → **infraction. 2.** Autorisation spéciale, dispense. *Demander une dérogation.* → **dispense.**

dérogatoire adj. (du latin → déroger) Qui contient, qui constitue une dérogation.

déroger v. tr. ind. < 3 > (latin *derogare*, de *rogare* « demander » → rogatoire) ***Déroger à*** **1.** dr. Ne pas observer, ne pas appliquer (une loi, une règle, une convention). *Déroger à la loi.* **2.** littér. Manquer à (sa situation sociale, ses principes). *Déroger à son rang, à ses convictions.* ■ absolt S'abaisser, déchoir. *Il croirait déroger en faisant ce métier.*

De Rossi (Giovanni Battista) Archéologue italien (1822-1894). Spécialiste des catacombes de Rome, il fonda l'archéologie et l'épigraphie chrétiennes modernes.

dérougir v. intr. < 2 > **1.** Perdre sa couleur rouge, devenir moins rouge (personne, partie du corps, chose). **2.** (Canada) *Ça ne dérougit pas* : l'activité, le travail ne diminue pas.

dérouillée n. f. (de *dérouiller,* 2) fam. Volée de coups. *Prendre une dérouillée.*

dérouiller v. tr. < 1 > (de *rouille*) fam. **1.** Redonner de l'exercice à (ce qui était « rouillé »). *Se dérouiller les jambes en marchant.* → se **dégourdir. 2.** Battre. *Il s'est fait dérouiller.* ■ intrans. Être battu, attraper des coups. *Qu'est-ce qu'il a dérouillé* (→ **dérouillée**). → fam. **déguster.**

déroulage n. m. **1.** Déroulement. **2.** techn. Détachement (d'une feuille de bois) à la surface d'une pièce cylindrique. *Le déroulage d'une bille.*

déroulant, ante adj. inform. *Menu* déroulant,* qui s'affiche à l'écran quand on clique dessus.

déroulé n. m. Succession des étapes (d'un évènement, d'un processus). → **déroulement, enchaînement.** *Le déroulé des opérations.*

Déroulède (Paul) Homme politique et écrivain français (1846-1914). Il fonda et présida la ligue des Patriotes (1882). Partisan du général Boulanger, député, il fut condamné au bannissement après avoir tenté de soulever l'armée contre la République parlementaire (1899). Il fut amnistié en 1905. Son œuvre est marquée par un nationalisme revanchard *(Marches et sonneries ; Chants patriotiques).*

déroulement n. m. **1.** Action de dérouler ; fait de se dérouler. **2.** fig. *Le déroulement de l'action dans un film.*

dérouler v. tr. < 1 > **1.** Défaire, étendre (ce qui était roulé). → **déployer.** *Dérouler une bobine de fil.* → **dévider.** ■ *Dérouler un fil de discussion,* en faire apparaître l'ensemble des messages. **2.** fig. Montrer, développer successivement. *« Je déroule toutes nos paroles, tous nos silences »* (Colette). ■ **se dérouler v. pron. 1.** *Serpent qui se déroule.* **2.** Prendre place dans le temps, en parlant d'une suite ininterrompue d'évènements, de pensées. → **se passer.** *L'accident s'est déroulé sous nos yeux.*

dérouleur n. m. Dispositif permettant l'enroulement et le déroulement d'une bande.

dérouleuse n. f. techn. **1.** Grosse bobine sur laquelle on enroule et déroule un câble. **2.** Machine à dérouler le bois.

déroutant, ante adj. Qui déroute (2). → **déconcertant.** *Son attitude est déroutante ; il est déroutant.*

déroute n. f. (de l'ancien français *route* « bande d'hommes » → [2]routier, qui vient du latin *ruptus*, de *rumpere* → rompre) **1.** Fuite désordonnée de troupes battues ou prises de panique. → **débâcle, débandade.** *C'est la déroute.* – *Mettre l'ennemi en déroute.* **2.** fig. Échec, situation catastrophique. *Déroute électorale.*

déroutement n. m. **1.** Changement de la route (d'un navire, d'un avion). - syn. **déroutage. 2.** inform. Rupture du déroulement normal d'un programme déclenchée par un évènement interne.

dérouter v. tr. < 1 > (de *route*) **1.** Faire changer d'itinéraire, de destination (un navire, un avion). *Dérouter un avion sur un autre aéroport.* **2.** fig. Rendre (qqn) incapable de réagir, de se conduire comme il faudrait. → **déconcerter.**

derrick n. m. (mot anglais, d'abord « potence ») anglic. Bâti métallique qui supporte le trépan servant à forer les puits de pétrole. *Des derricks.* - recomm. offic. **tour de forage.**

D

Derrida (Jacques) Philosophe français (1930-2004). Il a développé une méthode de lecture critique fondée sur la « déconstruction » des textes et des pensées qui eut un grand impact notamment aux États-Unis *(L'Écriture et la Différence)*.

[1]derrière (vient du bas latin *deretro*, de *retro* → **rétro-**) Du côté opposé au visage, à la face, au côté visible. **I. prép. 1.** En arrière, au dos de. *Derrière le mur. Se cacher derrière qqn.* – fig. *Derrière les apparences* : au-delà, sous. ■ ***De derrière, par-derrière*** **loc. prép.** *Elle sortit de derrière la haie. Passez par-derrière la maison.* – fig. *Idée de derrière la tête* : arrière-pensée. **2.** À la suite de. *Marcher l'un derrière l'autre.* → **après.** – *Laisser qqn loin derrière soi* ; fig. dépasser, surpasser. – *Il faut toujours être derrière lui*, le surveiller. **II. adv. 1.** Du côté opposé à la face, à l'endroit ; en arrière. *Il est resté derrière, loin derrière.* **2.** ***Par-derrière*** **loc. adv.** *Attaquer qqn par-derrière*, dans le dos. – *Dire du mal de qqn par-derrière*, derrière son dos, en son absence.

[2]derrière **n. m.** (de *[1]derrière*) **1.** Le côté opposé au *devant*, la partie postérieure. → **[2]arrière.** *Les roues de derrière. Porte de derrière.* **2.** Partie du corps qui comprend les fesses et le fondement. → **arrière-train, postérieur ;** fam. **cul.** « *Le baron* [...] *chasse Candide du château à grands coups de pied dans le derrière* » (Voltaire).

déruralisation **n. f.** didact. Dépeuplement progressif des campagnes.

derviche **n. m.** (du persan) Religieux musulman appartenant à une confrérie mystique. *Les derviches tourneurs* (turcs), qui pratiquent une danse rituelle où ils tournent sur eux-mêmes.

Déry (Tibor) Écrivain hongrois (1894-1977). Communiste puis réformateur, il fut emprisonné à partir de 1956. Représentant de la littérature hongroise d'avant-garde, il écrivit des romans *(La Phrase inachevée)* et des drames *(Le Bébé géant)*.

[1]des voir **[1]** et **[2]de**

[2]des **art. indéf.** Pluriel de *un, une.* **1.** Devant un nom commun. *Un livre, des livres.* - *Des* est remplacé par *de* devant un adjectif *(il a de bonnes idées ;* [élidé] *il m'a fait d'amers reproches)* sauf si l'adjectif fait corps avec le nom *(il mange des petits fours).* **2.** fam. Devant un nom de nombre, avec une valeur emphatique. *Il soulève des cinquante kilos comme un rien.*

des- ou **dés-** voir **[1]dé-**

dès **prép.** (vient probablt du latin tardif *de ex* → **[1]de**, et **[1]ex-**) **I.** (temps) **1.** Immédiatement, à partir de. → **depuis.** *Se lever dès l'aube. Dès maintenant, dès à présent.* → **désormais.** *Vous viendrez me voir dès mon retour.* **2.** ***Dès lors*** **loc. adv.** : dès ce moment, aussitôt. – fig. En conséquence. *Il a fourni un alibi, dès lors il est hors de cause.* ■ ***Dès lors que*** loc. conj. (+ indic.) : dès l'instant où ; fig. étant donné que, puisque. **3.** ***Dès que*** loc. conj. (+ indic.) : aussitôt que. *Dès qu'elle sera là.* **II.** (lieu) À partir de, depuis. *Dès la porte, dès le seuil.*

désabonnement **n. m.** Action de désabonner, de se désabonner.

désabonner **v. tr.** < 1 > Faire cesser d'être abonné. – pronom. *Se désabonner.*

désabuser **v. tr.** < 1 > littér. Tirer (qqn) de l'erreur, de l'illusion qui l'abuse. ■ **désabusé, ée adj.** cour. Qui a perdu ses illusions. *Il est désabusé.* – *Sourire désabusé.* → **désenchanté.** □ **désabusement n. m.** littér.

désacclimater **v. tr.** < 1 > Faire cesser d'être acclimaté.

désaccord **n. m. 1.** Fait de n'être pas d'accord ; état de personnes qui s'opposent. → **désunion, différend, mésentente.** *Un léger désaccord.* – *Être en désaccord avec qqn sur qqch.* **2.** Fait de ne pas s'accorder, de ne pas aller ensemble. → **contradiction, opposition.** *Désaccord entre une théorie et les faits.*

désaccorder **v. tr.** < 1 > **1.** Détruire l'accord de (un instrument de musique). *L'humidité désaccorde les pianos.* – au p. p. *Piano désaccordé* (→ **[1]faux**). **2.** Rompre l'accord, l'harmonie de (un ensemble).

derviche

Derviches tourneurs à Konya, en Turquie, où l'ordre a été fondé.

désaccoupler **v. tr.** < 1 > **1.** Séparer ce qui était mis par couples, par paires. *Désaccoupler des chiens de chasse.* **2.** techn. Supprimer une liaison mécanique, électrique entre (des éléments).

désaccoutumer **v. tr.** < 1 > littér. Faire perdre une coutume, une habitude (à qqn). → **déshabituer.** – pronom. *Se désaccoutumer de fumer du tabac.* □ **n. f. désaccoutumance**

désacidifier **v. tr.** < 7 > Supprimer l'acidité de (qqch.). □ **n. f. désacidification**

désacraliser [desakʀalize] **v. tr.** < 1 > didact. Retirer son caractère sacré à (qqch., qqn). □ **n. f. désacralisation**

désactiver **v. tr.** < 1 > **1.** Supprimer l'activité d'une substance. – spécialt Débarrasser (un corps, un lieu) des éléments radioactifs qu'il renferme. *Désactiver un réacteur nucléaire.* **2.** Faire cesser le fonctionnement de. *Désactiver une carte électronique.* □ **n. f. désactivation**

désadaptation **n. f.** didact. Perte d'adaptation.

désadapter **v. tr.** < 1 > didact. Faire cesser l'adaptation de. – pronom. *Se désadapter d'un milieu.* – au p. p. *Un homme désadapté* (→ **inadapté**).

désaérer **v. tr.** < 6 > techn. Enlever l'air (d'une substance). *Désaérer du béton.*

désaffectation **n. f.** Action de désaffecter (un immeuble). *Désaffectation d'une caserne.*

désaffecter **v. tr.** < 1 > Faire cesser, changer l'affectation de (un édifice). *Désaffecter une école.* ■ **désaffecté, ée adj.** Qui a perdu sa destination première. *Église désaffectée.*

désaffection **n. f.** (de *affection*) Perte de l'attachement que l'on éprouvait. → **détachement.** *La désaffection du public pour la presse écrite.*

désaffilier **v. tr.** < 7 > Faire cesser l'affiliation de. – pronom. ***Se désaffilier*** : se retirer d'une affiliation. □ **n. f. désaffiliation**

désagrafer **v. tr.** < 1 > Enlever les agrafes de ; ouvrir en défaisant les agrafes. → **dégrafer.**

désagréable **adj.** (de *agréable*) **1.** Qui se conduit de manière à choquer, blesser. *Il est désagréable au possible.* → **détestable, insupportable, odieux. 2.** (choses) Qui déplaît, donne du déplaisir. → **déplaisant, pénible.** *Odeur, impression désagréable. Chose désagréable à voir, à entendre. Cela m'est désagréable.* – impers. *Il est, c'est désagréable de...* □ **désagréablement adv.** *Être désagréablement surpris.*

désagrégation **n. f.** Fait de (se) désagréger. *La désagrégation d'une pierre friable.*

désagréger **v. tr.** < 3 et 6 > **1.** Décomposer (qqch.) en séparant les parties liées, agrégées. → **dissoudre, pulvériser.** *La pluie désagrège les roches tendres.* **2.** fig. Décomposer en détruisant l'unité. ■ **se désagréger v. pron. 1.** Se décomposer. *Le sucre se désagrège dans l'eau.* **2.** fig. *Son système de défense s'est désagrégé.* → **s'écrouler.**

désagrément **n. m.** (de *agrément*) Déplaisir causé par une chose désagréable ; sujet de contrariété. → **difficulté, ennui, [1]souci.** *Elle n'en a retiré que du désagrément. Cela nous a attiré bien des désagréments.*

Desai (Anita, née Mazumdar) Romancière indienne d'expression anglaise (née en 1937). Elle dépeint dans son œuvre les désordres psychiques provoqués par l'immensité des villes comme Calcutta ou Bombay, et la condition de la femme indienne. *Un village près de la mer ; Le Jeûne et le Festin.*

désaimanter **v. tr.** < 1 > Supprimer l'aimantation, le champ magnétique de. → **démagnétiser.** □ **n. f. désaimantation**

désaisonnaliser **v. tr.** < 1 > statist. Éliminer les distorsions (d'une courbe statistique) dues aux variations saisonnières.

Desaix de Veygoux [dəsɛ] **(Louis Charles Antoine des Aix, dit)** Général français (1768-1800). Il se distingua dans l'armée du Rhin et en Égypte (1798). Il fut à l'origine de la victoire de Marengo, où il mourut.

désajuster **v. tr.** < 1 > Défaire ce qui était ajusté. *Désajuster un mécanisme.* → **dérégler.**

désaliéner **v. tr.** < 6 > Faire cesser l'aliénation de. *Vouloir désaliéner l'homme.* → **libérer.**

désalignement **n. m. 1.** Action de désaligner ; perte ou absence d'alignement. *Désalignement des maisons d'une rue.* **2.** polit. Fait de ne plus se conformer à une orientation politique (opposé à *alignement*).

désaligner **v. tr.** < 1 > Détruire l'alignement de. – au p. p. *Maisons désalignées.*

désalpe **n. f.** (Suisse) Retour des troupeaux qui ont passé l'été dans les pâturages de haute montagne.

désalper **v. intr.** < 1 > (de *alper* « conduire le troupeau à l'alpage ») (Suisse) Descendre les troupeaux de l'alpage à la fin de l'été.

désaltérant, ante **adj.** Qui désaltère. *Le thé est très désaltérant.*

désaltérer **v. tr.** < 6 > (de *altérer*) Apaiser la soif de (qqn). – absolt *Boisson qui désaltère.* – pronom. « *Un agneau se désaltérait / Dans le courant d'une onde pure* » (La Fontaine). → **[1]boire.**

désambiguïser **v. tr.** < 1 > didact. Faire disparaître l'ambiguïté de (un énoncé). - var. **RO** **désambigüiser.**

se **désâmer** **v. pron.** < 1 > (de *dés-* et *âme*) (Canada) fam. Se donner beaucoup de peine pour faire qqch. → **se démener.**

désamianter **v. tr.** < 1 > Débarrasser (un bâtiment) de l'amiante qu'il contient. □ **n. m. désamiantage**

désamidonner **v. tr.** < 1 > Enlever l'amidon de (un tissu, un vêtement).

désaminase **n. f.** biochim. Enzyme qui catalyse une réaction de désamination.

désamination n. f. biochim. Décomposition d'une amine sous l'influence d'enzymes (→ **désaminase**).

désaminer v. tr. < 1 > (de *[acide] aminé*) biochim. Enlever le groupe amine d'une molécule, par hydrolyse, oxydation ou réduction chimique ou enzymatique (→ **désaminase**) avec production d'ammoniac.

désamorcer v. tr. < 3 > **1.** Enlever l'amorce de. *Désamorcer une bombe.* **2.** Interrompre le fonctionnement de (ce qui devait être amorcé). *Désamorcer un siphon.* **3.** fig. Empêcher le déclenchement de. *Tenter de désamorcer un conflit.* □ n. m. **désamorçage**

désamour n. m. littér. Cessation de l'amour.

De Sanctis (Francesco) Homme de lettres italien (1817-1883). Il fut l'un des promoteurs du mouvement culturel et politique du Risorgimento. Inspiré par Hegel et par Vico, il défendit l'autonomie de l'œuvre d'art. *Essais critiques ; Histoire de la littérature italienne.*

désannoncer v. tr. < 3 > radio Commenter à l'antenne la fin de la diffusion de (qqch.). *Désannoncer une chanson,* en citer le titre et l'interprète.

Desanti (Jean-Toussaint) Philosophe français (1914-2002). Historien de la philosophie, il fut spécialiste de l'épistémologie des mathématiques et de la phénoménologie de Husserl. *Les Idéalités mathématiques.*

De Santis (Giuseppe) Cinéaste italien (1917-1997). Représentant de la tradition vériste italienne, il se distingua par la violence de sa critique sociale. *Riz amer ; Pâques sanglantes ; Onze heures sonnaient.*

désaper [desape] v. tr. < 1 > fam. Déshabiller. – pronom. *Se désaper.*

désapparier v. tr. < 7 > Séparer (des animaux appariés, des éléments d'une paire). → **déparier.**

désappointement n. m. État, sensation d'une personne désappointée. → **déception, déconvenue.** *Cacher son désappointement.*

désappointer v. tr. < 1 > (de l'anglais, emprunt à l'ancien français) Tromper (qqn) dans son attente, dans ses espérances. → **décevoir.** ■ **désappointé, ée** adj. *Il partit tout désappointé. – D'un air désappointé.* → **déçu, dépité.**

désapprendre v. tr. < 58 > littér. Oublier (ce qu'on a appris). *Il a désappris tout ce qu'il savait.*

désapprobateur, trice adj. Qui désapprouve, marque la désapprobation. *Air, ton, regard désapprobateur.*

désapprobation n. f. Action de désapprouver. → **réprobation.** *Un murmure de désapprobation s'éleva dans la salle.*

désapprouver v. tr. < 1 > Juger d'une manière défavorable ; trouver mauvais. → **blâmer, critiquer, réprouver.** *Désapprouver un projet. Désapprouver qqn, la conduite de qqn.*

désapprovisionner v. tr. < 1 > **1.** Priver d'approvisionnement. **2.** Vider (une arme à feu) de ses cartouches.

désarçonner v. tr. < 1 > (de *arçon*) **1.** Mettre (qqn) hors des arçons, jeter à bas de la selle. *Le cheval a désarçonné son cavalier.* → **démonter. 2.** fig. Faire perdre son assurance à (qqn). → **déconcerter, démonter.** – au p. p. *Elle est restée désarçonnée.*

désargenté, ée adj. (de *argent*) fam. Qui n'a plus d'argent. *Je suis plutôt désargenté en ce moment.*

désargenter v. tr. < 1 > Enlever la couche d'argent qui recouvre la surface de (un objet argenté). – pronom. *L'argenterie se désargente à l'air.*

Desargues (Gérard ou **Gaspard)** Ingénieur et mathématicien français (1593-1662). Il fut le premier à comprendre le rôle de la perspective, et participa à l'établissement des bases de la géométrie projective des coniques.

désarmant, ante adj. Qui enlève toute sévérité ou laisse sans défense. *Une naïveté désarmante.* → **²touchant.**

désarmement n. m. **1.** Action de désarmer ; réduction ou suppression des armements. *Conférences pour le désarmement nucléaire.* **2.** mar. *Le désarmement d'un navire* (→ **désarmer** (I, 3)).

La Conférence du **désarmement** (1) instituée en 1978 sous l'égide des Nations unies s'inscrit dans la continuité de structures et d'accords internationaux antérieurs. Le protocole de Genève (1925) prohiba ainsi l'emploi militaire de gaz et les armes bactériologiques. Soixante-dix ans plus tard, le traité d'Ottawa (1997) proscrira les mines antipersonnel. Toutefois, la question du désarmement s'est surtout posée, depuis 1945, pour l'arme nucléaire. Après avoir manqué de déclencher un conflit mondial lors de la crise des fusées de Cuba en 1962, l'URSS et les États-Unis adoptèrent une stratégie de dissuasion plutôt que d'affrontement ; dans un premier temps, ce rapport de force se traduisit par une accélération des efforts d'armement de l'URSS qui voulait faire jeu égal avec son rival.
Soucieux de ne pas se ruiner dans cette « course aux armements », inquiets de la prolifération des programmes nucléaires dans le reste du monde, l'URSS, les États-Unis et le Royaume-Uni signèrent en 1968 un traité de non-prolifération, dont l'Agence internationale de l'énergie atomique (AIEA) fut chargée de contrôler la mise en œuvre. L'accord était symbolique car les deux autres puissances nucléaires de l'époque, la France et la Chine, ne le signèrent pas. Dès 1969, Moscou et Washington ouvrirent des négociations bilatérales qui débouchèrent en 1972 sur les accords Salt (*Strategic Arms Limitation Talks*), limitant le nombre de sous-marins et de missiles nucléaires. Les accords Salt II (1979) restèrent lettre morte car, sous la présidence de Ronald Reagan, les États-Unis reprirent la course aux armements. Après l'effondrement de l'URSS (1991), la Russie et les États-Unis signèrent les accords Start I et II (*Strategic Arms Reduction Treaty*, 1991 et 1993) qui prévoyaient la destruction d'une partie de leur arsenal. Mais dans le même temps, certains pays commencèrent à développer des programmes nucléaires militaires ; parmi eux, l'Inde, le Pakistan, la Corée du Nord et Israël. Par la suite, la question se posera aussi pour l'Irak et pour l'Iran. Le Traité d'interdiction complète des essais nucléaires (1996) rend ces programmes illégaux aux yeux des Nations unies, mais les contrôles de l'AIEA et la menace d'une intervention sous mandat de l'ONU n'ont pas empêché l'Inde et le Pakistan de faire des essais en 1998. La Corée du Nord est sortie du traité de non-prolifération en 2003 et a procédé à six essais nucléaires entre 2003 et 2017. Le New Start, signé en 2010 par Poutine et Obama a remplacé Start I.
voir aussi **Guerre froide, nucléaire**

désarmer v. tr. < 1 > (de *armer*) **I. 1.** Enlever ses armes à (qqn). *Désarmer un malfaiteur.* **2.** Limiter ou supprimer les armements militaires de. *Désarmer un pays.* → **démilitariser ;** aussi **dénucléariser. 3.** mar. *Désarmer un navire,* en retirer le matériel et l'équipage. **II.** fig. **1.** Rendre moins sévère, pousser à l'indulgence. *Son inconscience me désarme.* – absolt « *La gaieté désarme* » (Voltaire). **2.** intrans. (en tournure négative) Céder, cesser (sentiment hostile, violent). *Sa colère ne désarme pas.* ■ **désarmé, ée** adj. **1.** *Soldats désarmés. – Pays désarmé.* **2.** (personnes) Sans défense. *Elle se sentait désarmée devant lui.*

désarrimer v. tr. < 1 > **1.** Déranger (des marchandises arrimées). **2.** Séparer (deux éléments fixés l'un à l'autre). □ n. m. **désarrimage**

désarroi n. m. (de *arroi* « arrangement », de l'ancien français *arroier* « disposer », d'origine germanique) Trouble moral profond. *Être en plein désarroi.* → **angoisse, détresse.**

Desarthe (Agnès, née **Naouri)** Écrivaine française (née en 1966). Elle fut d'abord traductrice de l'anglais et a écrit dans un style enlevé une trentaine de romans pour la jeunesse (*La Plus Belle Fille du monde*) et pour adultes (*Un secret sans importance ; Ce cœur changeant*).

désarticulation n. f. Action de désarticuler ; son résultat.

désarticuler v. tr. < 1 > **1.** Faire sortir (un os) de son articulation. **2.** Démonter, disloquer. *Désarticuler un jouet.* ■ **se désarticuler** v. pron. **1.** Se déboîter. **2.** (personnes) Plier ses membres en tous sens en assouplissant ses articulations à l'excès. *Acrobate qui se désarticule.* – au p. p. *Pantin désarticulé.*

désassembler v. tr. < 1 > Défaire (des pièces qui étaient assemblées). → **désunir, disjoindre.** □ n. m. **désassemblage**

désassimilation n. f. physiol. Phénomène par lequel les substances organiques complexes assimilées par les cellules d'un organisme vivant se transforment en produits plus simples qui en sont éliminés. → **catabolisme.**

désassimiler v. tr. didact. Produire la désassimilation de. ■ Priver de ses parties assimilables.

désassortir v. tr. < 2 > Priver (un ensemble de choses assorties) d'une partie de ses éléments. ■ **désassorti, ie** adj. *Service de table désassorti.* → **dépareillé.** □ n. m. **désassortiment**

désastre n. m. (italien *disastro* « mauvais astre ») **1.** Malheur très grave ; ruine qui en résulte. → **calamité, cataclysme, catastrophe.** *Un désastre irréparable. Mesurer l'étendue du désastre.* – par exagér. *Le concert fut un désastre.* **2.** Échec entraînant de graves conséquences. *Désastre financier, commercial.* → **banqueroute, déconfiture, faillite.** *Nous courons au désastre.*

désastreux, euse adj. (de l'italien → **désastre**) Malheureux, mauvais ; fâcheux. → **déplorable, lamentable, épouvantable.** *Temps, résultat désastreux.* □ adv. **désastreusement**

désatomiser v. < 1 > didact. Priver (un pays) de tout armement atomique. → **dénucléariser.**

Désaugiers (Marc Antoine) Compositeur français (1742-1793). Outre des œuvres classiques, il composa des opéras-comiques, des romances et des chansons.

Des Autels (Guillaume) Poète français (1529-1581). Proche de la Pléiade, il écrivit des sonnets pétrarquisants (*Amoureux repos*). Partisan des Guises, il défendit le catholicisme (*Remontrance au peuple français*).

désavantage n. m. (de *avantage*) Condition d'infériorité ; élément négatif. → **inconvénient.** *Cette solution n'offre que des désavantages. Se montrer à son désavantage,* sous un jour défavorable. *Tourner au désavantage de qqn.* → **détriment, préjudice ; désavantager.**

désavantager v. tr. < 3 > Faire subir un désavantage à (qqn), mettre en désavantage, en état d'infériorité. → **léser, pénaliser.** – au p. p. *Être désavantagé.*

désavantageux, euse adj. Qui cause ou peut causer un désavantage. → **défavorable.** *Une affaire désavantageuse.* – « *Toute association inégale est toujours désavantageuse au parti faible* » (Rousseau). □ adv. **désavantageusement**

désaveu n. m. (de *désavouer,* d'après *aveu*) Fait de désavouer. « *L'éclatant désaveu d'une telle action* » (Corneille). *Encourir le désaveu de l'opinion.*

désavouer v. tr. < 1 > (de *avouer*) **1.** Refuser de reconnaître pour sien. *Il a désavoué ses premiers livres.* → **renier. 2.** Déclarer qu'on n'a pas autorisé (qqn) à agir comme il l'a fait. *Son parti l'a désavoué.* **3.** Désapprouver. *Désavouer qqn, sa conduite.* → **blâmer, condamner, réprouver.**

désaxer v. tr. < 1 > **1.** Faire sortir de l'axe. **2.** fig. Faire sortir (qqn) de l'état normal, habituel. ■ **désaxé, ée** adj. **1.** *Roue désaxée.* **2.** fig. Qui n'est pas dans son état normal. → **déséquilibré.** *Être un peu désaxé.* – n. *Un, une désaxé(e).*

Desbordes-Valmore (Marceline) Poète française (1786-1859). Elle écrivit des contes pour enfants et des poèmes dans lesquels elle exprima sa tristesse et ses élans mystiques (*Poésies*).

Descartes (René) Philosophe et homme de science français (1596-1650). S'opposant à la scolastique, il forma le projet d'une science qui n'admettrait que des vérités absolument certaines et connues par les seuls moyens de la raison. Sa méthode

Portrait de René Descartes, copie d'un original de 1649 de Frans Hals l'Ancien, musée du Louvre, Paris.

repose sur deux opérations fondamentales de l'esprit : l'intuition intellectuelle et la déduction qui permet d'enchaîner les vérités entre elles. En métaphysique, il établit le *cogito* (« je pense donc je suis ») comme première certitude et premier principe de sa philosophie, permettant de distinguer entre substance pensante et substance étendue, de démontrer l'existence de Dieu et de déduire l'existence du monde (*Méditations métaphysiques*). De ces principes métaphysiques, il tire une morale fondée sur la maîtrise des passions et la résolution dans les actions (*Les Passions de l'âme*). En mathématiques, Descartes inventa la géométrie analytique et introduisit la notion de coordonnées. En physique, il formula le principe de la conservation de la quantité de mouvement. En optique, il découvrit la loi de réfraction. En médecine, sa théorie des animaux-machines fut à l'origine d'une tradition mécaniste qui analyse les corps vivants en les comparant à des automates. Son influence sur la philosophie occidentale fut considérable. → **cartésianisme.**

Descartes Commune de l'Indre-et-Loire. 3 331 habitants. Musée (maison natale de Descartes).

desceller [desele] **v. tr.** < 1 > Détacher, arracher (ce qui est scellé). *Desceller une grille.* □ **n. m. descellement**

descendance **n. f.** Ensemble des descendants de qqn. → **lignée, postérité, progéniture.** *Ils ont une nombreuse descendance.*

descendant, ante **I. n.** Personne qui est issue d'un ancêtre (→ **descendance**). *Descendants en ligne directe* (enfants, petits-enfants...). **II. adj.** Qui descend. *Marée descendante* (opposé à *montante*).

descenderie **n. f.** techn. Galerie de mine creusée en pente.

[1]**descendeur** **n. m.** techn. Dispositif servant à faire descendre des objets.

[2]**descendeur, euse** **n.** sports (cyclisme, ski) Spécialiste de la descente.

descendre **v.** < 41 > (du latin, de *de-* et *scandere* « monter » → **scander**) **I. v. intr.** (auxiliaire *être*) **1.** Aller du haut vers le bas. *Descendre d'une montagne. Elle est descendue par l'ascenseur, par l'escalier. Descendre à pied, en courant.* ■ loc. *Descendre dans la rue* : aller manifester. *Descendre en ville* : aller en ville. **2.** Aller vers le sud. *De Paris, nous descendrons à Arles.* **3.** Loger, au cours d'un voyage. *Descendre chez des amis, à l'hôtel.* **4.** *Descendre de* : cesser d'être sur, dans ; sortir de. *Descendre de cheval, de train, de voiture.* ■ *Descendre à terre* (d'un navire). → **débarquer.** **5.** Faire irruption (→ **descente** (I, 2)). *La police est descendue dans cet hôtel.* **6.** fig. Aller vers ce qui est considéré comme plus bas. *Il est descendu bien bas !* → **tomber.** **7.** *Descendre dans le détail, jusqu'au moindre détail* : examiner successivement des choses de moins en moins importantes ou générales. **8.** (Afrique) Terminer sa journée de travail. *Ils descendent à cinq heures.* **II.** (choses) **1.** Aller de haut en bas. *Les cours d'eau descendent vers la mer.* → **couler.** *Le soleil descend sur l'horizon.* → se **coucher.** ■ *La nuit ; le soir descend.* → **tomber.** **2.** S'étendre de haut en bas. *Robe qui descend à la cheville, jusqu'aux chevilles.* **3.** Aller en pente. *La rue descend à pic.* **4.** Diminuer de niveau. → **baisser.** *La marée descend. Le thermomètre est descendu d'un degré.* – *Les prix descendent.* → **diminuer.** **III.** fig. (personnes) Tenir son origine, être issu de (→ **descendance**). « *On dit souvent que l'homme descend du singe. Cette assertion n'a pas de sens précis* » (J. Rostand). **IV. v. tr.** (auxiliaire *avoir*) **1.** Aller en bas, vers le bas de. *Il a descendu l'escalier quatre à quatre.* – *Descendre une rivière* (de l'amont vers l'aval). **2.** Porter de haut en bas. *Descendre un vieux lit à la cave.* ■ fam. Avaler, boire. *Il a descendu son demi cul sec.* **3.** fam. Faire tomber ; abattre. *Se faire descendre.* → **tuer.** – loc. *Descendre* (qqn, qqch.) *en flammes* : critiquer, attaquer violemment. → **éreinter.**

descente **n. f.** (de *descendre*) **I. 1.** Action de descendre, d'aller d'un lieu élevé vers un autre plus bas. *Descente dans, à, vers* (un lieu). *Descente en parachute, à ski.* – *À la descente* : au moment de descendre. *Accueillir qqn à sa descente d'avion.* ■ spécialt *Épreuves de descente* (ski). **2.** Vive attaque dans le camp adverse (milit., sports). ■ Irruption soudaine (en vue d'un contrôle, d'une perquisition). *La police a fait une descente.* **3.** (Afrique) Fin de la journée de travail. **4.** (choses) *L'avion amorce sa descente* (avant d'atterrir). ■ méd. Déplacement de haut en bas (d'un organe). *Descente de l'utérus.* **II.** Action de déposer une chose, de la porter en bas. – ***Descente de croix*** : représentation de Jésus-Christ qu'on détache de la croix. **III.** Ce qui descend, va vers le bas. **1.** Chemin, pente par laquelle on descend. *Freiner dans les descentes. Au bas de la descente.* **2.** ***Descente de lit*** : petit tapis sur lequel on pose les pieds en descendant du lit. → **carpette.** **3.** fig., fam. *Avoir une bonne descente* : boire ou manger beaucoup.

Deschamps (Jean) Architecte français (seconde moitié du XIIIe s.). Il contribua à introduire le gothique venu du Nord dans le sud de la France.

Deschamps (Eustache) dit aussi **Eustache Morel** Poète français (1344-1406). Disciple de Guillaume de Machaut, il écrivit dans un style réaliste des poésies historiques et des ballades, ainsi qu'un traité, *l'Art de dictier et de fere chançons.*

Deschamps (Yvon) Humoriste canadien (québécois) [né en 1935]. Ses monologues dans une langue populaire sont engagés et satiriques.

Deschamps (Jérôme) Metteur en scène et comédien français (né en 1947). Il fonda la compagnie des Deschiens, célèbre au théâtre et à la télévision pour son univers burlesque et l'interprétation décalée de ses acteurs et dirigea l'Opéra-Comique de 2007 à 2015.

Deschamps (Didier) Footballeur français (né en 1968). Capitaine de l'équipe de France championne du monde en 1998 et d'Europe en 2000. En 2012, il a été nommé sélectionneur de l'équipe de France sacrée championne du monde en 2018.

Didier Deschamps lors de l'Euro 2000.

Deschanel (Paul) Homme d'État français (1855-1922). Il fut président de la Chambre des députés de 1898 à 1902 et de 1912 à 1920. Président de la République (1920), il dut démissionner la même année pour des raisons de santé.

Descola (Philippe) Anthropologue français (né en 1949). Il travaille sur les usages et les connaissances de la nature dans les sociétés tribales. Professeur au Collège de France.

déscolarisé, ée **adj. et n.** Qui n'est pas scolarisé(e) ; qui a interrompu sa scolarité (pendant l'époque de l'obligation scolaire). *Des jeunes déscolarisés.* □ **n. f. déscolarisation**

descripteur, trice **n. I. n.** sc., inform. Personne qui décrit. **II. n. m.** didact. Ensemble de signes, de format codifié, servant à décrire un fichier, un lexique. *Descripteurs servant à l'analyse d'un document.* → **mot-clé.**

descriptible **adj.** rare Qui peut être décrit. *Une émotion difficilement descriptible.*

descriptif, ive **adj.** (du latin → **décrire**) **1.** Qui décrit, s'attache à décrire. *Style descriptif.* **2.** *Géométrie descriptive*, technique de représentation plane des figures de l'espace. **3. n. m.** Document qui décrit précisément qqch. au moyen de plans, schémas et légendes.

description **n. f.** (du latin → **décrire**) **1.** Action de décrire. *Faire, donner la description de qqch., qqn.* **2.** dans une œuvre littéraire Passage qui évoque la réalité concrète. *Description vivante.*

descriptivisme **n. m.** didact. Linguistique descriptive.

Desdémone Héroïne de la tragédie de W. Shakespeare *Othello.* Victime innocente de la jalousie de son mari, elle a inspiré de nombreux peintres, dont Delacroix.

desdits voir **dit**

déséchouer **v. tr.** < 1 > Remettre à flot (un navire échoué). → **renflouer.**

désectoriser [desɛktɔʀize] **v. tr.** < 1 > admin. Cesser de diviser, de répartir en secteurs géographiques. *Désectoriser les écoles d'une ville.* □ **n. f. désectorisation**

déségrégation [desegʀegasjɔ̃] **n. f.** Suppression de la ségrégation raciale.

désembobiner **v. tr.** < 1 > Dérouler (une bobine) ; défaire (ce qui était enroulé sur une bobine).

désembourber **v. tr.** < 1 > Faire sortir de la boue. *Désembourber une voiture.*

désembourgeoiser **v. tr.** < 1 > Faire perdre son caractère bourgeois à. – pronom. *Elle s'est désembourgeoisée.*

désembouteiller **v. tr.** < 1 > Faire cesser d'être embouteillé (une voie, une ligne téléphonique). → **décongestionner, désencombrer.**

désembuer **v. tr.** < 1 > Débarrasser (une vitre, etc.) de la buée. □ **n. m. désembuage**

désemparé, ée **adj.** Qui ne sait plus où il en est, qui ne sait plus que dire, que faire. → **déconcerté, décontenancé.** *Se sentir tout désemparé.*

désemparer **v. intr.** < 1 > (de *emparer* « fortifier » → **s'emparer**) loc. littér. ***Sans désemparer*** : sans faiblir, sans s'interrompre. *Travailler sans désemparer.*

désemplir **v. intr.** < 2 > (de *emplir*) (forme négative) *Ne pas désemplir* : être constamment plein. *La salle d'attente ne désemplit pas.*

désencadrer **v. tr.** < 1 > Enlever le cadre de (un tableau). ■ fig. *Désencadrer le crédit.*

désencerclement **n. m.** *Grenade de désencerclement* : grenade à main, arme non létale utilisée par les forces de l'ordre pour disperser des manifestants qui les encerclent.

désenchaîner **v. tr.** < 1 > Délivrer de ses chaînes. - var. RO **désenchainer.**

désenchantement **n. m.** État d'une personne qui a perdu ses illusions. → **déception, dégoût, désillusion.**

désenchanter v. tr. < 1 > (de *enchanter*) **1.** rare Faire cesser l'enchantement de. *« Le péché [...] désenchante le monde spirituel »* (J. Green). **2.** Faire revenir (qqn) de ses illusions. ■ **désenchanté, ée adj.** → **blasé, déçu, désillusionné.** *Il est revenu désenchanté.* – *Sourire désenchanté.*

désenclaver v. tr. < 1 > Faire cesser d'être enclavé, d'être une enclave. – Rompre l'isolement de (une région, une ville) par l'amélioration des communications.

désencombrer v. tr. < 1 > Faire cesser d'être encombré. *Désencombrer la voie publique.* → **désembouteiller.** □ **n. m. désencombrement**

désencrage n. m. techn. Élimination de l'encre d'imprimerie sur du papier recyclable.

désencrasser v. tr. < 1 > Enlever la crasse de. *Désencrasser un conduit.*

se **désendetter** v. pron. < 1 > Réduire sa dette. *Pays qui se désendette.* □ **n. m. désendettement**

désénerver v. tr. < 1 > Faire cesser (qqn) d'être énervé. – pronom. *Il commence à se désénerver.*

désenfler v. intr. < 1 > Cesser d'être enflé. *Sa joue a désenflé.* – pronom. *Sa bosse s'est désenflée.* – passif *Sa cheville est désenflée.*

désenfumer v. tr. < 1 > Chasser la fumée de (un lieu).

désengager v. tr. < 3 > Faire cesser d'être engagé ; libérer d'un engagement. – pronom. *Se désengager d'une obligation.* □ **n. m. désengagement**

désengluer v. tr. < 1 > rare Faire cesser d'être englué. – pronom. fig. Se dégager de. *Se désengluer de ses vieilles habitudes.* → **se dépêtrer.**

désengorger v. tr. < 3 > Faire cesser d'être engorgé. *Désengorger un tuyau.*

désengourdir v. tr. < 2 > Faire cesser l'engourdissement de (un membre, le corps). → **dégourdir.** – pronom. *Changer de position pour se désengourdir.*

désengrener v. tr. < 5 > mécan. Séparer les éléments d'un engrenage, pour qu'ils ne soient plus en prise. *Désengrener des pignons.*

désenivrer [dezɑ̃nivʀe] v. tr. < 1 > littér. Mettre fin à l'ivresse de (qqn). → **dégriser, dessoûler.** ■ intrans. *Il n'a pas désenivré depuis la veille :* il est ivre depuis la veille.

désennuyer [dezɑ̃nɥije] v. tr. < 8 > littér. Faire cesser l'ennui de (qqn). – pronom. *« Cet homme [...] qui avait parcouru [...] la terre entière sans se désennuyer »* (A. France).

désenrayer v. tr. < 8 > techn. Remettre en état (un mécanisme enrayé). *Désenrayer une arme.*

désensabler v. tr. < 1 > Dégager (ce qui était ensablé). *Désensabler une route.*

désensibiliser [desɑ̃sibilize] v. tr. < 1 > **1.** méd. Diminuer la sensibilité à l'égard de certaines substances. – spécialt *Désensibiliser une dent.* → **dévitaliser. 2.** fig. *Désensibiliser l'opinion publique à, sur un problème.* □ **n. f. désensibilisation**

désensorceler v. tr. < 4 ou RO 5 > Délivrer d'un ensorcellement. → **désenvoûter.**

désentoiler v. tr. < 1 > Ôter la toile (d'un tableau). *Désentoiler un tableau pour le restaurer.* □ **n. m. désentoilage**

désentortiller v. tr. < 1 > Démêler ce qui était entortillé.

désentraver v. tr. < 1 > Libérer (qqn, un animal) de ses entraves.

désenvaser v. tr. < 1 > Enlever la vase de. *On a désenvasé le port.*

désenvenimer v. tr. < 1 > **1.** Enlever le venin de. **2.** Rendre moins virulent, moins violent. *Désenvenimer une querelle.*

désenverguer v. tr. < 1 > Enlever les vergues à (un navire). → **déverguer.**

désenvoûter v. tr. < 1 > Délivrer d'un envoûtement. → **désensorceler.** - var. RO **désenvouter.**

désépaissir v. tr. < 2 > Rendre moins épais. *Désépaissir les cheveux.*

désépargne n. f. écon. Transformation d'une épargne en consommation.

déséquilibrant, ante adj. Qui déséquilibre, déstabilise. *Facteurs déséquilibrants.*

déséquilibre n. m. **1.** Absence d'équilibre. → **instabilité.** *Pile de livres en déséquilibre.* – méd. Trouble de la régulation. *Déséquilibre hormonal.* **2.** fig. *Il y a déséquilibre entre l'offre et la demande.* → **disproportion, inégalité. 3.** État psychique qui se manifeste par des difficultés d'adaptation, des changements d'attitude immotivés, des réactions asociales. *Déséquilibre mental.*

déséquilibré, ée adj. Qui n'a pas ou n'a plus son équilibre mental. *Elle est un peu déséquilibrée.* – **n.** *C'est un déséquilibré.* → **détraqué, instable.**

déséquilibrer v. tr. < 1 > **1.** Faire perdre l'équilibre à (qqch., qqn). **2.** Causer un déséquilibre chez (qqn). → **déstabiliser.** *Son divorce l'a complètement déséquilibré.* – spécialt Rendre déséquilibré.

déséquiper v. tr. < 1 > **1.** mar. Désarmer (un navire). **2.** Enlever l'équipement de.

¹désert, erte adj. (latin *desertus* « abandonné » → **déserter**) **1.** Sans habitants. *Île déserte.* → **inhabité.** – Peu fréquenté. *Plage déserte.* **2.** Privé provisoirement de ses occupants. → **vide.** *Maison déserte.*

²désert n. m. (latin *desertum* « endroit vide » → **¹désert**) Zone aride et peu habitée. *Désert de sable. Le désert de Gobi.* – *Désert médical :* région qui manque de médecins. ■ loc. *Prêcher (parler, crier...) dans le désert,* sans être entendu. – *Traversée du désert,* période d'éloignement du pouvoir, d'absence médiatique ou d'insuccès.

déserter v. tr. < 1 > (du bas latin → **¹** et **²désert**) **1.** Abandonner (un lieu où l'on devrait rester). → **quitter.** *Déserter son poste.* – au p. p. *Village déserté par ses habitants.* **2.** absolt Abandonner l'armée sans permission. *Soldat qui déserte.* **3.** fig. Renier, trahir. *Déserter une cause.*

déserteur, euse n. Membre de l'armée qui déserte ou qui a déserté.

se **désertifier** v. pron. < 7 > **1.** Se transformer en désert sous l'action de facteurs climatiques ou humains. **2.** fig. Se dépeupler. □ **désertification n. f.** *La désertification des campagnes.*

désertion n. f. (du latin jurid. → **déserter**) **1.** Action de déserter, de quitter l'armée sans autorisation. **2.** Fait d'abandonner (un lieu). **3.** fig. Action d'abandonner une cause, un parti. → **abandon, reniement.**

désertique adj. **1.** Relatif au désert. *Climat désertique.* – *Région désertique.* → **aride, inculte. 2.** Vide. *Ce quartier semble désertique.*

désescalade n. f. Retour au calme après une escalade*, dans le domaine militaire, diplomatique, social, etc.

désespérance n. f. littér. État d'une personne qui n'a aucune espérance, qui a perdu foi, confiance. → **désespoir.**

désespérant, ante adj. **1.** Qui fait perdre espoir, qui lasse. → **décourageant.** *Il ne comprend rien, il est désespérant.* **2.** Désagréable, fâcheux. *Il fait un temps désespérant.*

désespéré, ée adj. **1.** Qui est réduit au désespoir. *C'est un homme désespéré.* – **n.** *Un désespéré.* **2.** par exagér. Désolé, navré (→ **au désespoir**). *Je suis désespéré de vous avoir fait attendre.* **3.** Qui exprime le désespoir. *Regard désespéré.* **4.** Extrême ; dicté par le danger. *Tentative désespérée.* **5.** Qui ne laisse aucune espérance. *La situation est désespérée.* – *Le malade est dans un état désespéré.*

désespérément adv. **1.** Avec désespoir. *Pleurer désespérément.* ■ Absolument, dans la tristesse ou sans espoir de changement. *Être désespérément seul. La salle restait désespérément vide.* **2.** Avec acharnement. *Lutter désespérément.*

désespérer v. < 6 > **I. 1. v. tr. ind.** (avec *de*) Perdre l'espoir en. *Désespérer du succès de son entreprise. Désespérer de qqn. Je désespère de pouvoir jamais y arriver.* – littér. *Désespérer que* (+ subj.). *Nous désespérons qu'il aille mieux. Je ne désespère pas qu'il (ne) réussisse, je l'espère encore.* **2. v. intr.** Cesser d'espérer. *Il ne faut pas désespérer, tout s'arrangera.* **II. v. tr.** Réduire au désespoir, affliger cruellement. *La mort de son ami l'a désespéré.* ■ Désoler, navrer. *Cet enfant me désespère.* ■ **se désespérer v. pron.** S'abandonner au désespoir. *Il ne faut pas se désespérer pour si peu.* – **p. p.** → **désespéré.**

désespoir n. m. **1.** Perte de tout espoir (→ **désespérance**). *« Souvent le désespoir a gagné des batailles »* (Voltaire). – loc. *L'énergie du désespoir :* la force déployée lorsque tout est perdu. **2.** Affliction extrême et sans remède. → **désolation, détresse.** *« La vérité sur la vie, c'est le désespoir »* (Vigny). – *S'abandonner au désespoir. Mettre, réduire qqn au désespoir.* **3.** par exagér. Ce qui cause une grande contrariété. *Elle fait le désespoir de ses parents.* – *Être au désespoir :* regretter vivement. *Je suis au désespoir de n'avoir pu vous rendre service.* → **désespéré. 4.** *En désespoir de cause* **loc. adv. :** comme dernière tentative et sans grand espoir de succès.

De Seta (Vittorio) Cinéaste italien (1923-2011). Représentant du néoréalisme italien, il a exploré, dans ses documentaires et ses fictions, les structures sociales de l'Italie du Sud *(Bandits à Orgosolo ; L'Invitée).*

désétatiser v. tr. < 1 > écon. Réduire la part de gestion et de financement de l'État dans (une entreprise).

désexciter v. tr. < 1 > phys. Faire cesser d'être excité (un noyau atomique). □ **n. f. désexcitation**

désexualiser [desɛksɥalize] v. tr. < 1 > Enlever tout caractère sexuel à.

Desèze ou **De Sèze (Romain, comte)** Avocat français (1748-1828). Il participa, avec Malesherbes et Tronchet, à la défense de Louis XVI devant la Convention (déc. 1792-janv. 1793).

Desgrange (Henri) Cycliste et journaliste français (1865-1940). Il établit le premier record officiel de l'heure (1893), fonda en 1900 *L'Auto,* l'un des premiers quotidiens sportifs. Il créa le Tour de France cycliste (1903).

Des Groseilliers (Médard Chouart) Explorateur français (1618-v. 1710). Il explora la région des Grands Lacs au Canada et fut l'un des créateurs de la Compagnie de la baie d'Hudson.

déshabillé n. m. Vêtement d'intérieur féminin d'étoffe légère.

déshabiller v. tr. < 1 > Dépouiller (qqn) de ses vêtements. → **dévêtir.** *Déshabiller un enfant.* – *Déshabiller qqn du regard,* par la pensée. ■ **se déshabiller v. pron.** Enlever ses habits. *Se déshabiller pour se coucher.* ■ Ôter les vêtements destinés à être portés au-dehors (chapeau, manteau, gants, etc.). *Se déshabiller au vestiaire.* □ **n. m. déshabillage**

déshabituer v. tr. < 1 > Faire perdre une habitude à (qqn). → **désaccoutumer.** *Déshabituer qqn de l'alcool.* → **désintoxiquer.** ■ **se déshabituer v. pron.** Se défaire d'une habitude. *Se déshabituer de fumer.*

désherbant, ante adj. et n. m. (Produit) qui détruit les mauvaises herbes.

désherber v. tr. < 1 > Enlever les mauvaises herbes de. → **sarcler.** *Désherber un potager.* □ **n. m. désherbage**

déshérence n. f. (famille de *héritier*) dr. Absence d'héritiers pour recueillir une succession qui est en conséquence dévolue à l'État. *Succession en déshérence.*

déshériter v. tr. < 1 > **1.** Priver (qqn) de l'héritage auquel il a droit. *Menacer un parent de le déshériter.* **2.** fig. Priver (qqn) des avantages naturels. → **désavantager.** *La nature l'a déshérité.* ■ **déshérité, ée adj. 1.** Privé d'héritage. *Enfant déshérité.* **2.** fig. Désavantagé, défavorisé. *Les populations les plus déshéritées.* – **n.** *Les déshérités.*

déshonnête adj. littér. Contraire à la pudeur, aux bienséances. → **inconvenant, indécent.**

déshonneur n. m. Perte de l'honneur. *« Mourant sans déshonneur, je mourrai sans regret »* (Corneille). *Il n'y a pas de déshonneur à avouer son échec.* → **honte.**

Le fort ensoleillement, des précipitations rares et irrégulières, et des températures pouvant atteindre jusqu'à 78 °C font du désert chaud un milieu peu propice à la vie. Une faune et une flore éparses sont pourtant parvenues à subsister. Le climat et le sol infertile, à l'exception des oasis, interdisent toute culture. Les populations humaines ont adopté le nomadisme afin d'assurer leur survie et celle de leurs troupeaux. Les déserts renferment néanmoins de précieux gisements (pétrole, minerais, uranium, gaz naturel...). Bien que le désert reste un milieu quasiment vierge, son exploitation intensive menace des espèces aux conditions de vie déjà rudes.

Lors des parades nuptiales, le sirli du désert mâle ouvre ses ailes, dévoilant un plumage noir et blanc éclatant.

La tige de la cistanche se fixe sur la racine d'un hôte pour se nourrir de sa sève

Le faucon pèlerin est considéré comme l'oiseau le plus rapide du monde en piqué.

Le fennec, le plus petit des canidés, peut rester plusieurs années sans boire.

Insecte vorace, le criquet migrateur avale quotidiennement la moitié de son poids en végétaux.

La morsure de la vipère à cornes provoque un empoisonnement aigu du sang.

Son squelette externe, véritable armure, évite au scorpion les pertes d'eau.

Tel un poisson dans l'eau, le scinque « nage » dans le sable.

Grâce à un pied adapté, l'addax peut faire de longues marches dans le sable.

Oiseau sédentaire, le ganga attend le crépuscule pour se nourrir.

Grâce à ses pattes arrière allongées, la gerbille progresse par bonds sans difficulté.

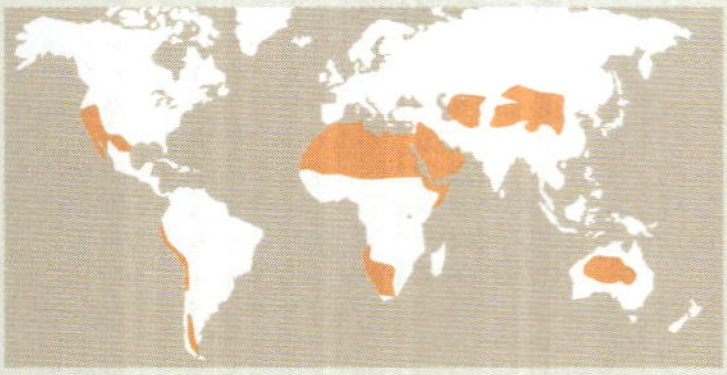

Les déserts se situent dans les zones intertropicales (Sahara) mais aussi dans des zones chaudes côtières ou continentales.

La bosse du dromadaire représente une réserve d'énergie sous forme de graisse qui peut être transformée en eau.

Même au plus chaud de l'été, le calotropis défie le soleil de ses grandes feuilles vertes.

déshonorant, ante adj. Qui déshonore. *Conduite déshonorante.* → **avilissant.**

déshonorer v. tr. < 1 > **1.** Porter atteinte à l'honneur de (qqn). → **salir ; discréditer.** – au p. p. *Il se croirait déshonoré de travailler de ses mains.* **2.** vieilli *Déshonorer une femme, une jeune fille,* la séduire, abuser d'elle. **3.** littér. Défigurer, dégrader (qqch.). ■ se **déshonorer** v. pron. Perdre l'honneur, se couvrir d'opprobre.

Deshoulières (Antoinette du Ligier de La Garde, Mme) Femme de lettres française (1637-1694). Elle tint un salon qui recevait entre autres les frères Corneille, Quinault, Conrart. Elle fut célèbre pour ses *Poésies.*

déshuiler v. tr. < 1 > Enlever l'huile contenue dans (une matière). *Déshuiler la laine.*

déshumaniser v. tr. < 1 > Faire perdre le caractère humain, la dignité humaine à (qqn, un milieu). – p. p. adj. « *Je mourrai* [...] *étouffé par ce monde déshumanisé* » (Mauriac).

déshumidificateur n. m. Appareil destiné à réduire l'humidité de l'air d'une pièce.

déshumidifier v. tr. < 7 > Rendre moins humide.

déshydratant, ante adj. Qui déshydrate.

déshydratation n. f. **1.** Action de déshydrater. **2.** Fait d'être déshydraté. *Souffrir de déshydratation.*

déshydrater v. tr. < 1 > Enlever l'eau de. → **dessécher, sécher.** *Déshydrater des légumes.* → **lyophiliser.** ■ se **déshydrater** v. pron. Perdre l'eau nécessaire à l'organisme. *Les bébés se déshydratent rapidement.* ■ **déshydraté, ée** adj. Privé de son eau ou d'une partie de son eau. *Purée déshydratée en flocons.* – *Peau déshydratée.* ■ fam. Assoiffé. *Je suis complètement déshydraté.*

déshydrogéner v. tr. < 6 > chim. Enlever l'hydrogène de. *Déshydrogéner un corps.* □ n. f. **déshydrogénation**

déshypothéquer v. tr. < 6 > dr. Faire tomber l'hypothèque sur (un bien). *Déshypothéquer une maison.*

De Sica (Vittorio) Cinéaste et acteur français d'origine italienne (1902-1974). L'un des créateurs de l'école néoréaliste, il a dépeint la société italienne au lendemain de la Seconde Guerre mondiale *(Sciuscià ; Le Voleur de bicyclette),* poussant le réalisme du quotidien jusqu'à l'ascétisme *(Umberto D)* et la critique sociale vers la fable poétique et comique *(Miracle à Milan).*

Vittorio de Sica dirigeant Enzo Staiola lors du tournage du *Voleur de bicyclette* (1948).

désidérabilité n. f. (du latin, de *desiderare* → désirer) écon. Utilité économique.

desiderata ou **désidératas** [dezideʀata] n. m. pl. (latin *desiderata,* de *desiderare* → désirer) Choses souhaitées. → **désir, souhait, vœu.** *Veuillez nous faire connaître vos desiderata ou désidératas.* - var. RO **désidérata** n. m.

design [dizajn ; dezajn] n. m. (mot anglais, du français *dessein* qui signifiait « dessin ») anglic. Esthétique industrielle appliquée à la recherche de formes nouvelles et adaptées à leur fonction. « *Ce chef-d'œuvre insurpassable de* design, *la coquille de l'œuf* » (M. Tournier). ■ adj. invar. D'une esthétique moderne et fonctionnelle. *Des meubles design.*

désignation n. f. (du latin → désigner) **1.** Action de désigner ; appellation, dénomination. **2.** Action de choisir, d'élire (qqn). → **choix, élection, nomination.**

designer [dizajnœʀ ; dezajnœʀ] n. (→ design) anglic. Spécialiste du design.

désigner v. tr. < 1 > (latin *designare* → dessiner, de *signum* → signe) **I. 1.** Indiquer (qqn, qqch.) de manière à faire distinguer de tous les autres par un geste, une marque, un signe. *Désigner qqn, qqch. du doigt.* → **montrer.** *Désigner qqn par son nom.* → **appeler, nommer.** **2.** *Désigner qqn à,* le signaler à. *Son talent l'a désigné à l'attention du jury.* **3.** Être le signe linguistique de. → **représenter.** *Tout ce que peut désigner le mot « amour ».* **II. 1.** Choisir (qqn) pour une activité, un rôle, une dignité. *Désigner son successeur.* → **nommer.** **2.** (sujet chose) → **destiner à, qualifier.** *Ses qualités le désignent pour ce rôle.* – passif *Il est tout désigné pour être le chef,* nul n'est plus qualifié que lui.

désillusion n. f. Perte d'une illusion. *Quelle désillusion !* → **déception.**

désillusionnement n. m. littér. Action de faire perdre ses illusions à qqn ; fait d'être désillusionné, d'éprouver une désillusion.

désillusionner v. tr. < 1 > Faire perdre une illusion à (qqn). → **décevoir, désappointer.**

désimlocker v. tr. < 1 > (de [1]*dé-, SIM* et de l'anglais *to unlock* « déverrouiller ») Débloquer (un téléphone mobile verrouillé par un opérateur) afin de pouvoir l'utiliser sur le réseau d'un autre opérateur. □ n. m. **désimlockage**

désincarcérer v. tr. < 6 > Dégager une personne prisonnière d'un véhicule accidenté. *Les pompiers ont désincarcéré les victimes.* □ n. f. **désincarcération**

désincarné, ée adj. (de *incarné*) **1.** Privé de son corps, de son enveloppe charnelle. *Âme désincarnée.* **2.** Qui néglige ou méprise les choses matérielles (souvent iron.). *Amour désincarné.* → **platonique.**

désincarner v. tr. < 1 > **1.** littér., rare Faire cesser d'être incarné. **2.** pronom. *Se désincarner :* se dégager de son enveloppe charnelle. – fig. S'éloigner de la réalité.

désincrustant, ante 1. n. m. techn. Mélange chimique destiné à empêcher la formation des incrustations dans les chaudières (→ **détartrant**). **2.** adj. *Gommage désincrustant,* qui nettoie les pores de la peau.

désincruster v. tr. < 1 > **1.** techn. Nettoyer en débarrassant des incrustations, des dépôts. → **détartrer.** ■ Nettoyer (la peau) en profondeur. **2.** Ôter un objet du support où il est incrusté. □ n. f. **désincrustation**

désindexer v. tr. < 1 > écon. Supprimer la relation entre la variation de (une valeur) et un indice déterminé. *Désindexer les salaires par rapport à l'inflation.* □ n. f. **désindexation**

désindustrialiser v. tr. < 1 > écon. Réduire les activités industrielles de (un secteur économique, une région). – pronom. *Région qui se désindustrialise.* □ n. f. **désindustrialisation**

désinence n. f. (du latin *desinens,* de *desinere,* de *sinere* « placer » → site, situer) ling. Élément variable qui s'ajoute au radical d'un mot pour produire les formes des conjugaisons, des déclinaisons. → **flexion, terminaison.** □ adj. **désinentiel, elle**

désinfectant, ante adj. Qui sert à désinfecter. *Produit désinfectant.* – n. m. *Un désinfectant.*

désinfecter v. tr. < 1 > Procéder à la désinfection de. → **assainir, purifier.** *Désinfecter la chambre d'un malade. Désinfecter une plaie.*

désinfection n. f. Destruction des germes infectieux se trouvant hors de l'organisme, à la surface du corps. → **antisepsie, asepsie, stérilisation.**

désinflation n. f. Réduction de l'inflation (→ aussi [2]**déflation**). *Mener une politique de désinflation.*

désinformation n. f. Utilisation des techniques de l'information de masse pour induire en erreur, cacher ou travestir les faits.

désinformer v. tr. < 1 > Informer de manière à cacher ou falsifier certains faits.

désinhiber v. tr. < 1 > Lever l'inhibition de (qqn). → **décomplexer ;** fam. **décoincer.** *Une conduite désinhibée.* □ n. f. **désinhibition** □ **désinhibiteur, trice** adj. *L'effet désinhibiteur de l'alcool.*

se **désinscrire** v. pron. < 39 > Résilier son abonnement, son inscription à un service, une activité en ligne (forum de discussion, lettre d'information...). □ n. f. **désinscription**

désinsectisation n. f. didact. Destruction systématique des insectes. *Agents de désinsectisation* (gaz sulfureux, pétrole, DDT). □ **désinsectiser** v. tr. < 1 >

désinsertion n. f. Fait de cesser d'être inséré, intégré dans un groupe. *Désinsertion sociale, professionnelle.*

désinstaller v. tr. < 1 > inform. Supprimer (un logiciel) du disque dur où il était installé. □ n. f. **désinstallation**

désintégration n. f. **1.** phys. Transformation spontanée d'un noyau atomique par perte de masse. → **fission.** **2.** fig. Destruction complète.

désintégrer v. tr. < 6 > **1.** phys. Transformer (la matière) en énergie, partiellement ou totalement. – pronom. *Corps radioactifs qui se désintègrent.* **2.** fig. Détruire complètement. – pronom. *Se désintégrer :* perdre sa cohésion.

désintéressé, ée adj. Qui n'agit pas par intérêt personnel. → **altruiste, généreux.** *C'est une femme parfaitement désintéressée.* ■ Qui s'accomplit sans être inspiré par l'intérêt personnel. *Avis, conseil désintéressé.*

désintéressement n. m. **1.** Détachement de tout intérêt personnel. → **altruisme, générosité.** **2.** Compensation, dédommagement. *Le désintéressement des créanciers.*

désintéresser v. tr. < 1 > Rendre (qqn) étranger à une affaire en l'indemnisant ou en lui payant ce qui lui est dû. ■ se **désintéresser** v. pron. *Se désintéresser de :* ne plus porter intérêt à. → **négliger.** – *Il s'est complètement désintéressé de son fils.*

désintérêt n. m. littér. État de l'esprit qui se désintéresse de qqch. → **indifférence.**

désintermédiation n. f. écon. Diminution du rôle des intermédiaires au profit des transactions directes entre clients et fournisseurs, entre investisseurs et débiteurs.

désintoxication n. f. méd. Traitement qui a pour but de désintoxiquer. *Cure de désintoxication,* appliquée à un alcoolique ou à un toxicomane. → **sevrage.**

désintoxiquer v. tr. < 1 > **1.** Guérir (qqn) d'une intoxication. – spécialt Faire subir (à qqn) une cure de désintoxication. **2.** Débarrasser de ses toxines. *Le bon air nous désintoxiquera.* **3.** fig. *Désintoxiquer l'opinion.* ■ se **désintoxiquer** v. pron. **1.** Suivre une cure de désintoxication. **2.** Se débarrasser de ses toxines.

désinvestir v. tr. < 2 > **1.** milit. Cesser d'investir. *Désinvestir une place.* **2.** écon. Réduire ou supprimer les investissements dans (une entreprise, un secteur, une région). **3.** intrans. Cesser d'être motivé par. □ n. m. **désinvestissement**

désinvolte adj. (de l'italien, de l'espagnol, de *desenvolver* « développer » d'où « mettre à l'aise » ; famille du latin *volvere* « tourner » → volte) Qui fait montre d'une liberté un peu insolente, d'une légèreté excessive. *Manières désinvoltes.* → [2]**cavalier.** *Elle est un peu trop désinvolte.* → **léger ; sans-gêne.**

désinvolture n. f. (de l'italien → désinvolte) Attitude, tenue, tournure désinvolte. → **laisser-aller, légèreté ; sans-gêne.**

désir n. m. (de *désirer*) **1.** Tendance qui porte à vouloir obtenir un objet connu ou imaginé. → **aspiration, attirance, envie.** *Exprimer, formuler un désir.* → **souhait, vœu.** *Vos désirs sont (pour nous) des ordres. Satisfaire les*

Le mot anglais *design* a mis longtemps à s'imposer parmi diverses appellations comme *arts appliqués* ou *création industrielle*. Il a en effet le mérite de proposer une synthèse entre les actions de signifier et de dessiner, qui sont les deux piliers de cette discipline. Le designer a pour fonction de donner une forme sociale à un objet inventé par un ingénieur. Il crée les conditions de sa perception directe (une chaise n'est pas une table, ni un tabouret) et imagée (un trône est statique, un repose-fesses dynamique). Il intervient également sur son dessin, et donc sur sa beauté (organisation des lignes, couleurs, etc.). Le design est une discipline fondamentalement industrielle. L'artisanat ou l'artisanat d'art évoluent dans d'autres sphères.

Ci-dessus, aménagement intérieur du TGV par Christian Lacroix (2002), projet MBD Design-Compin-Sofanor.

Machine à écrire Underwood Model 5 par Franz Wagner (1927).

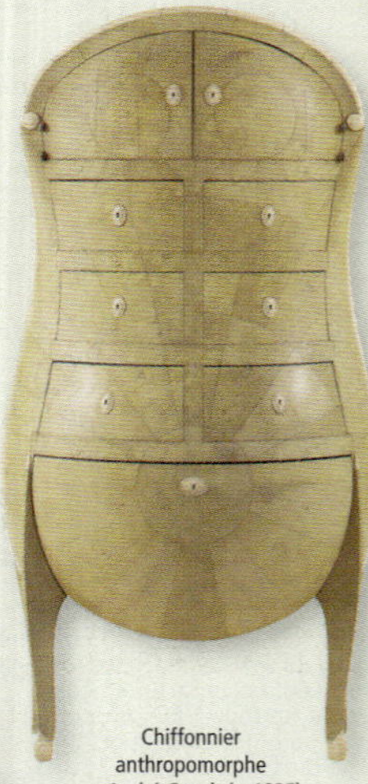

Chiffonnier anthropomorphe par André Groult (v. 1925), musée des Arts décoratifs, Paris.

Appareil photo Leica M3 (1954).

Voiture modèle Isetta par Renzo Rivolta pour BMW (1959).

Fauteuil boule par Eero Aarnio (1966).

Bouilloire « Il conico » par Aldo Rossi pour la maison Alessi (1984).

Horloge en chêne par Charles Rennie Mackintosh (1919), British Museum, Londres.

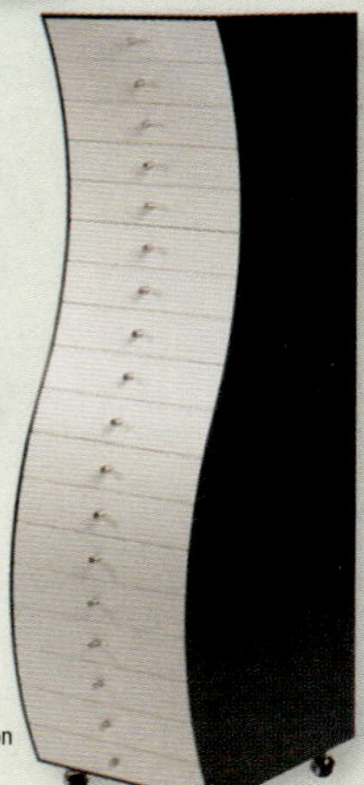

Side 2, meuble en frêne par Kuramata Shiro pour la maison Cappellini (1970), Centre G. Pompidou, Paris.

Fauteuil en aluminium « EA 124 et EA 125 » par Charles et Ray Eames (1958).

moindres désirs de qqn. Prendre ses désirs pour des réalités.* ■ **Désir de.** *Un grand désir de changement.* – (+ inf.) *Le désir de plaire, de vivre.* ■ *Le désir :* la force qui pousse à désirer. *« Même l'intelligence ne fonctionne pleinement que sous l'impulsion du désir »* (Claudel). **2.** Tendance consciente et suscitée par qqn aux plaisirs sexuels. *Éprouver du désir pour qqn.*

Désir (Harlem) Homme politique français (né en 1959). Président de SOS Racisme de 1984 à 1992, il a été le premier secrétaire du Parti socialiste de 2012 à 2014.

désirable adj. **1.** Qui mérite d'être désiré. → **souhaitable.** *Prendre toutes les précautions désirables.* **2.** Qui inspire un désir charnel. *Homme, femme désirable.*

Désirade (La) Petite île de l'archipel de la Guadeloupe. 20 km^2. 1 406 habitants. Ville principale : Grande-Anse.

désirer v. tr. < 1 > (vient du latin *desiderare* « regretter l'absence de », famille de *sidus, sideris* « astre » → considérer, sidérer) **1.** Tendre consciemment vers (ce que l'on aimerait posséder) ; éprouver le désir de. → **aspirer à, convoiter, souhaiter, [1]vouloir.** *Si vous le désirez, si vous voulez.* – loc. *N'avoir plus rien à désirer,* être comblé. ■ par courtoisie, dans le commerce *Vous désirez ? Monsieur désire ?* ■ **Désirer que** (+ subj.). *Je désire que vous partiez.* ■ **Désirer** (+ inf.). *Je désire m'entretenir avec vous.* → **[1]vouloir. 2.** *Laisser à désirer :* être incomplet, imparfait. *Ce travail laisse à désirer.* **3.** *Se faire désirer :* se montrer peu pressé de satisfaire le désir que les autres ont de nous voir (souvent iron.). *« Au revoir* [...], *et ne te fais pas trop désirer »* (Queneau). **4.** Éprouver du désir (2) pour (qqn). *Elle l'aime bien, mais elle ne le désire pas.*

désireux, euse adj. *Désireux de* (+ inf.), qui veut, a envie de. *Elle est si désireuse de plaire.*

désistement n. m. Action de se désister.

se **désister** v. pron. < 1 > (du latin, de *de* et *sistere* « s'arrêter », de *stare* → station) **1.** dr. Renoncer à (une poursuite, une action en justice). **2.** Renoncer à une candidature ; se retirer d'une élection. *Se désister en faveur de qqn.*

De Sitter (Willem) Astronome et mathématicien néerlandais (1872-1934). Il fut l'un des premiers à appliquer la théorie de la relativité en astronomie.

Desjardins (Alphonse) Journaliste canadien (1854-1920). Il fonda au Québec les caisses populaires qui donnèrent naissance au Mouvement Desjardins, l'un des groupes financiers les plus importants au Canada.

Desjardins (Richard) Chanteur, auteur-compositeur et réalisateur canadien (québécois) [né en 1948]. Auteur de chansons provocatrices et originales *(Tu m'aimes-tu),* et de documentaires qui ont permis de dénoncer le danger de l'exploitation à outrance de la forêt boréale *(L'Erreur boréale)* et la misère des Algonquins *(Le Peuple invisible).*

Desjoyeaux (Michel) Navigateur français (né en 1965). Le Vendée Globe (2001 et 2009), la Route du Rhum pour les multicoques (2002) et la Transatlantique en solitaire (2004) figurent parmi ses nombreuses victoires.

desman n. m. (suédois *desmanratta* « rat musqué ») zool. Taupe aquatique d'eau douce au pelage court et velouté. *Desman des Pyrénées, de Russie.*

Desmarest (Henry) Compositeur français (1662-1741). Élève de Lully, il fut surintendant de la musique à la cour de Philippe V d'Espagne, puis à la cour de Lorraine. Il composa des opéras-ballets *(Didon ; Iphigénie en Tauride)* et de la musique religieuse *(Te Deum).*

Desmarets ou **Desmaretz (Nicolas), seigneur de Maillebois** Homme politique français (1648-1721). Neveu de Colbert, il fut contrôleur général des Finances de 1708 à 1715.

Desmarets de Saint-Sorlin (Jean) Écrivain français (1595-1676). Protégé par Richelieu, devenu chancelier de l'Académie

Desmoulins (Camille)

Camille Desmoulins appelant à la révolte contre le gouvernement, gouache des frères Lesueur (1789), musée Carnavalet, Paris.

française, il fut un adversaire des jansénistes. Il est l'auteur d'un roman, *Ariane,* d'œuvres dramatiques *(Les Visionnaires),* d'un poème héroïque d'inspiration religieuse sur Clovis. Son *Traité pour juger des poèmes grecs, latins et français* déclencha la querelle des Anciens et des Modernes.

De Smet (Gustave) Peintre belge (1877-1943). Il peignit des paysages impressionnistes, puis évolua vers une peinture plus violente sous l'influence des expressionnistes allemands.

Desmichels (Louis Alexis, baron) Général français (1779-1845). Il participa à la conquête de l'Algérie sous la monarchie de Juillet (1830) et fut nommé gouverneur d'Oran.

Desmoulins (Camille) Publiciste et homme politique français (1760-1794). Il publia des pamphlets contre l'Ancien Régime *(La France libre)* et fonda le journal *Les Révolutions de France et de Brabant.* Membre du club des Cordeliers, député montagnard à la Convention, il s'opposa, aux côtés de Danton, au développement de la Terreur (journal *Le Vieux Cordelier*). Condamné à mort par le Tribunal révolutionnaire, il fut guillotiné.

Desmoulins (Anne-Louise Duplessis-Laridon, dite Lucile) (1771-1794). Épouse de Camille Desmoulins, elle fut guillotinée pour avoir protesté auprès de Robespierre contre l'arrestation de son mari.

Desnos (Robert) Poète français (1900-1945). Il participa au mouvement surréaliste, notamment aux séances de sommeil hypnotique. Dans la lignée de Nerval, il pratiqua une poésie onirique, maniant les jeux de langage et l'humour, et s'inspirant de son expérience dans la Résistance *(La Liberté ou l'Amour ; Corps et Biens ; Fortunes).*

désobéir v. tr. ind. < 2 > *Désobéir à* **1.** Ne pas obéir à (qqn), en refusant de faire ce qu'il commande ou en faisant ce qu'il défend. *Désobéir à ses parents, à ses chefs.* – absolt *Il a désobéi.* **2.** *Désobéir à un ordre, aux ordres, à la loi.* → **contrevenir ; enfreindre, transgresser.**

désobéissance n. f. Action de désobéir. → **indiscipline, insoumission, rébellion.** *Désobéissance civile.*

désobéissant, ante adj. Qui désobéit (se dit surtout des enfants). → **indiscipliné, indocile, insubordonné.**

désobligeance n. f. littér. Disposition à désobliger (qqn).

désobligeant, ante adj. Qui désoblige ; peu aimable. → **désagréable.** *Être désobligeant envers qqn. Remarque désobligeante.*

désobliger v. tr. < 3 > littér. Indisposer (qqn) par des actions ou des paroles qui froissent l'amour-propre. → **froisser, peiner, vexer.** *Vous me désobligeriez beaucoup en refusant.*

désobstruer v. tr. < 1 > techn. Débarrasser (qqch.) de ce qui obstrue, de ce qui bouche. → **[1]déboucher, dégager, désengorger.** – méd. *Désobstruer l'intestin en le purgeant.* □ n. f. **désobstruction**

désocialisation [desɔsjalizasjɔ̃] n. f. **1.** Le fait de supprimer la socialisation ; son résultat. *La désocialisation et la dénationalisation.* **2.** Le fait de ne plus vivre en société. *La désocialisation des détenus.*

désocialiser [desɔsjalize] v. tr. < 1 > **1.** Supprimer la socialisation de. **2.** Réduire ou supprimer les relations sociales de (qqn). – au p. p. *Un SDF désocialisé.*

désodé, ée [desɔde] adj. *Régime désodé,* sans sel.

désodorisant, ante adj. Qui désodorise. – n. m. *Désodorisant contre les odeurs domestiques.* → aussi **déodorant.**

désodoriser v. tr. < 1 > Débarrasser des mauvaises odeurs au moyen d'une substance chimique, d'un produit parfumé. *Désodoriser une cuisine.*

désœuvré, ée adj. **1.** Qui n'exerce pas d'activité précise, par impossibilité matérielle ou psychologique. → **inactif, oisif.** *Un enfant désœuvré.* – n. *Des désœuvrés.* **2.** littér. Où aucune activité ne s'exerce. *Des après-midis désœuvrés.*

désœuvrement n. m. État d'une personne désœuvrée. *« Son désœuvrement renforçait sa tristesse »* (Flaubert). *Faire qqch. par désœuvrement,* pour passer le temps.

désolant, ante adj. **1.** littér. Qui désole. → **affligeant.** *Spectacle désolant.* **2.** cour. Qui contrarie.

Desnos (Robert)

Robert Desnos photographié en 1923, dans sa période surréaliste.

désolation n. f. (du bas latin → désoler) 1. État de ce qui est désolé (1). → **dévastation, ruine.** 2. Extrême affliction. → **consternation, détresse.**

désoler v. tr. < 1 > (latin *desolare*, de *solare*, de *solus* → seul) 1. littér. Ruiner, transformer en solitude par des ravages. → **détruire, ravager.** 2. Causer une affliction extrême à (qqn). → **affliger, attrister, consterner, navrer.** *Cet échec me désole.* – pronom. *Ne vous désolez pas !* ■ **désolé, ée** adj. 1. Désert et triste. « *Un endroit désolé, consumé de soleil* » (Fromentin). 2. Affligé, éploré. *Avoir l'air désolé.* 3. par exagér. *Être désolé* : regretter. *Je suis désolée de vous avoir dérangé.* – ellipt *Désolé, je ne puis vous renseigner*, excusez-moi.

désolidariser [desɔlidaʀize] v. tr. < 1 > (→ solidaire) 1. techn. Faire cesser d'être solidaire. → **disjoindre, dissocier.** *Désolidariser le moteur de la transmission, d'avec la transmission.* 2. pronom. *Se désolidariser* : cesser d'être solidaire. *Se désolidariser de, d'avec qqch., qqn.* → **abandonner.**

désoperculer v. tr. < 1 > apic. Ouvrir les alvéoles de (en enlevant l'opercule avec le couteau spécial dit *désoperculateur* n. m.). – au p. p. *Rayon de miel désoperculé.*

désopilant, ante adj. (de *désopiler la rate* « chasser la bile ; faire rire », de l'ancien français *opiler*, emprunt au latin, de *ob* et *pilare*, de *pilus* → poil) Qui fait rire de bon cœur. *Histoire désopilante.* → **tordant.** – *Cet acteur est désopilant.*

désorbiter v. tr. < 1 > didact. Faire sortir de son orbite.

désordonné, ée adj. 1. Mal réglé, sans ordre. *Des gestes, des mouvements désordonnés.* 2. Qui manque d'ordre, ne range pas ses affaires. 3. littér. Qui n'est pas conforme à la règle, à la morale. *Vie désordonnée.* → **déréglé, dissolu.**

désordre n. m. 1. Absence d'ordre. *Quel désordre !* → **fatras, fouillis, pagaille** ; fam. **bordel, boxon, foutoir** ; régional **brol.** – *Mettre qqch. en désordre.* → **bouleverser** ; fam. **chambarder.** *Pièce en désordre.* – loc. fam. *Ça fait désordre* : ce n'est pas conforme aux normes, aux convenances. ■ fig. « *Le désordre de ma pensée reflète le désordre de ma maison* » (Gide). *Désordre dans les affaires publiques.* → **désorganisation, gabegie.** 2. Trouble dans un fonctionnement. → **perturbation.** *Désordre hormonal.* 3. littér. Fait de ne pas respecter les règles, la morale ; conduite déréglée, débauche. 4. Absence d'ordre ou rupture de l'ordre dans un groupe, une communauté. → **anarchie.** *Semer le désordre.* 5. au plur. Troubles qui interrompent la tranquillité publique, l'ordre social. → **agitation, émeute.** *De graves désordres ont éclaté.*

désorganisateur, trice adj. et n. Qui désorganise. *Principe désorganisateur.*

désorganisation n. f. Action de désorganiser ; son résultat. → **désordre, déstructuration.**

désorganiser v. tr. < 1 > Détruire l'organisation de. → **déranger, troubler.** – au p. p. *Le parti est désorganisé.*

désorienter v. tr. < 1 > 1. Faire perdre la bonne direction à. *Le brouillard nous a désorientés.* 2. Rendre (qqn) hésitant sur ce qu'il faut faire, sur le comportement à avoir. → **déconcerter, embarrasser, troubler.** ■ **désorienté, ée** adj. *Être tout désorienté.* → **déconcerté, embarrassé, perdu.** □ n. f. **désorientation**

désormais adv. (de *dès*, *or* « maintenant » et *mais* « plus ») À partir du moment actuel. → **à l'avenir, dorénavant.** « *C'est un mauvais métier. Désormais, j'y renonce* » (Molière).

Desormière (Roger) Chef d'orchestre et compositeur français (1898-1963). Il fut un grand interprète de la musique contemporaine.

désorption [desɔʀpsjɔ̃] n. f. (de *dé-* et *absorption*) sc. Émission de molécules de gaz ou de liquide préalablement adsorbées par la surface d'un solide (s'oppose à *absorption* et à *adsorption*).

désosser v. tr. < 1 > (de *os*) 1. Ôter l'os, les os de. *Désosser un gigot.* – au p. p. *Viande désossée.* 2. fig. Décomposer, analyser en détail. → **décortiquer, éplucher.** 3. Mettre en pièces détachées. *Désosser une voiture.* □ n. m. **désossage** □ n. m. **désossement**

désoxydant, ante adj. Qui désoxyde. – n. m. *Un désoxydant.*

désoxyder v. tr. < 1 > chim. Ôter l'oxyde de. → **réduire.** □ n. f. **désoxydation**

désoxygéner v. tr. < 6 > didact. Priver (une substance) de tout ou partie de l'oxygène contenu. *Désoxygéner le sang.* □ n. f. **désoxygénation**

désoxyribonucléase n. f. biol. Enzyme catalysant les acides désoxyribonucléiques en nucléotides.

désoxyribonucléique adj. (de *ribonucléique*) biol. *Acide désoxyribonucléique.* → **ADN.**

désoxyribose n. m. (de *dés-*, *oxy-* et *ribose*) biochim. Glucide (ose) dérivé du ribose, constituant de l'ADN.

Despentes (Virginie Daget dite) Écrivaine française (née en 1969). Elle a écrit des romans à l'érotisme cru dont certains autobiographiques et dans lesquels elle fait le récit de la violence sexuelle. Plusieurs ont été adaptés au cinéma : *Baise-moi* ; *Bye Bye Blondie* ; *King Kong Théorie* ; *Vernon Subutex* (trilogie) ; *Cher connard.*

Virginie Despentes aux rencontres du 23e prix Goncourt des lycéens, en 2010.

despérado [dɛspeʀado] n. m. (espagnol *desperado* « désespéré », par l'anglais) Hors-la-loi prêt à tout, qui n'a plus rien à perdre. *Des despérados.* - var. **desperado.** *Des desperados.*

Des Périers (Bonaventure) Écrivain français (1510-1543). Élève et ami de Marot, il participa à la traduction de la Bible d'Olivétan. Il est l'auteur des *Nouvelles Récréations et Joyeux Devis*, une peinture des mœurs de son temps, et l'auteur présumé du *Cymbalum mundi*, une satire du catholicisme.

Despiau (Charles) Sculpteur et dessinateur français (1874-1946). S'inscrivant dans une tradition classique, il réalisa des statues et des bas-reliefs sur des thèmes mythologiques *(Léda)*, des nus, des monuments commémoratifs et s'imposa surtout comme portraitiste *(Mme Agnès Meyer).*

Desplat (Alexandre) Compositeur français (né en 1961). Il est l'auteur de plus d'une centaine de musiques de films, notamment pour Roman Polanski *(Carnage)*, Jacques Audiard *(De rouille et d'os)*, George Clooney ou encore Stephen Frears. Il a reçu deux Oscars (*The Grand Budapest Hotel*, de Wes Anderson ; *La Forme de l'eau*, de Guillermo del Toro).

Desplechin (Marie) Journaliste et écrivaine française (née en 1959). Autrice de livres pour enfants *(Rude samedi pour Angèle)* et de romans *(Sans moi)*, elle est coautrice avec Lydie Violet d'un essai, *La Vie sauve*, témoignage drôle et courageux sur la maladie.

Desplechin (Arnaud) Réalisateur et scénariste français (né en 1960). Héritier de la nouvelle vague et cinéaste de l'intime, il en a modernisé le genre avec une nouvelle génération d'acteurs (dont Emmanuelle Devos et Mathieu Amalric). Il a consacré la plupart de ses films aux portraits de groupe, que ce soit dans le cercle des amis ou de la famille *(Comment je me suis disputé... (ma vie sexuelle)* ; *Rois et Reine* ; *Un conte de Noël* ; *Trois souvenirs de ma jeunesse).*

Desportes (Philippe) Poète français (1546-1606). Poète officiel d'Henri III, il est l'auteur d'*Élégies*, de poésies profanes, d'une traduction des Psaumes. Ses qualités poétiques furent éclipsées par la gloire de Malherbe.

Desportes (François) Peintre et dessinateur français (1661-1743). Il fut portraitiste à la cour du roi de Pologne, puis fut nommé peintre de la vénerie du roi Louis XIV. Il réalisa les décorations des châteaux de la Muette et de Chantilly.

despote n. (du grec, des radicaux *pot-* « pouvoir » et *dem-* « maison » ; cf. le latin *domus* → domestique) 1. Souverain qui gouverne avec une autorité arbitraire et absolue. → **tyran ; dictateur.** « *J'appelle* despote *l'usurpateur du pouvoir souverain* » (Rousseau). – *Despote éclairé* (→ **despotisme** éclairé). 2. fig. *Cet enfant est un despote.* – adj. *Un mari despote*, despotique.

despotique adj. (du grec → despote) Propre au despote. → **tyrannique.** *Souverain despotique.* ■ *Caractère despotique*, très autoritaire. □ adv. **despotiquement**

despotisme n. m. 1. Pouvoir absolu du despote. – Dictature, tyrannie. « *Le pire de tous les despotismes, c'est le gouvernement militaire* » (Robespierre). ■ hist. *Despotisme éclairé* : doctrine politique des philosophes du XVIIIe siècle, selon laquelle le souverain doit gouverner selon les lumières de la raison. 2. fig., littér. Autorité tyrannique.

Desproges (Pierre) Humoriste français (1939-1988). Anticonformiste célèbre pour son humour noir et son goût de l'absurde, chroniqueur à la télévision *(Le Petit Rapporteur* ; *La Minute nécessaire de monsieur Cyclopède)*, il participa à de nombreuses émissions de radio *(Le Tribunal des flagrants délires)* et interpréta ses sketchs sur scène. *Vivons heureux en attendant la mort* ; *Dictionnaire superflu à l'usage de l'élite et des bien nantis* ; *Les Chroniques de la haine ordinaire.*

desquamation [dɛskwamasjɔ̃] n. f. Élimination des couches superficielles de l'épiderme sous forme de petites lamelles (squames). → **exfoliation.**

desquamer [dɛskwame] v. < 1 > (du latin, de *squama* → squame) 1. v. intr. méd. (peau) Se détacher par petites lamelles. 2. v. tr. Débarrasser (l'épiderme) des cellules mortes. – pronom. *La peau se desquame après la scarlatine.* → **peler.**

desquels, desquelles voir lequel

Desrochers (Alfred) Poète canadien (québécois) [1901-1978]. Marquée par l'esthétique parnassienne, sa poésie chante la nature nord-américaine et la vie des paysans et des ouvriers. *L'Offrande aux vierges folles* ; *L'Hymne au vent du nord.*

Desroches Noblecourt (Christiane) Égyptologue française (1913-2011). Conservatrice en chef du département des Antiquités égyptiennes au musée du Louvre, elle a dirigé des fouilles en Haute Égypte et contribué à la sauvegarde des temples de Nubie lors de la construction du barrage d'Assouan. *Vie et Mort d'un pharaon* ; *Toutankhamon* ; *Le Secret des temples de Nubie.*

Desrosiers (Léo-Paul) Romancier et historien canadien (québécois) [1896-1967]. Il écrivit des études historiques *(Iroquoisie)* et des romans historiques *(Nord-Sud* ; *Les Engagés du Grand Portage).*

DESS [deøɛsɛs] n. m. (sigle de *diplôme d'études supérieures spécialisées*) anciennt Diplôme de troisième cycle, remplacé par le master professionnel.

dessablement n. m. techn. 1. Action de dessabler ; son résultat. - syn. **dessablage.** 2. Traitement des eaux usées consistant à en éliminer les matières minérales en suspension.

dessabler v. tr. < 1 > Ôter le sable de. → **désensabler.**

dessaisir v. tr. < 2 > (de *saisir*) Enlever à (qqn) son bien, ses responsabilités. → **déposséder.** – dr. *Dessaisir un tribunal d'une affaire.*

■ se **dessaisir** v. pron. *Se dessaisir de :* se déposséder volontairement de. → se **défaire** de, **donner.**

dessaisissement n. m. dr. Action de (se) dessaisir.

dessaler v. < 1 > **I.** v. tr. **1.** Rendre moins salé ou faire cesser d'être salé. *Dessaler de la morue en la faisant tremper.* – intrans. *Mettre des harengs à dessaler.* **2.** fig., fam. Rendre moins niais, plus déluré. → **déniaiser.** – pronom. *Elle commence à se dessaler.* **II.** v. intr. fam. Se renverser, chavirer (bateau). □ n. m. **dessalage** et **dessalement**

Dessalines (Jean-Jacques) Militaire et empereur haïtien (1758-1806). Esclave, il prit la tête des insurgés après le départ de Toussaint-Louverture et proclama l'indépendance de la république d'Haïti (1804). Il se fit nommer empereur sous le nom de Jacques Ier mais fut assassiné.

dessangler v. tr. < 1 > Enlever ou détendre les sangles de. *Dessangler un cheval.*

Dessau (Paul) Compositeur et chef d'orchestre allemand (1894-1979). Inspiré par l'esthétique du réalisme socialiste, il composa des musiques de scène et des opéras, et mit en musique des textes de B. Brecht *(Mère Courage ; Le Cercle de craie caucasien).*

Dessau-Rosslau Ville d'Allemagne (Saxe-Anhalt), sur la Mulde. 79 350 habitants. Bâtiment du Bauhaus (1925). Industries.

Dessay (Natalie) Soprano française (née en 1965). Ses aigus remarquables lui ont permis d'interpréter Mozart (la reine de la Nuit dans *La Flûte enchantée*), R. Strauss ou L. Delibes. En 2013, elle mit fin à sa carrière de chanteuse lyrique pour se tourner vers le théâtre et la chanson.

Natalie Dessay, avec Juan Diego Florez, dans *La Fille du régiment* de Donizetti (2007).

dessèchement n. m. Action de dessécher ; son résultat. → **déshydratation, dessiccation.**

dessécher v. tr. < 6 > (de *dé-* et *sécher*, ou latin médiéval *dessicare* → **dessiccation**) **1.** Rendre sec (ce qui contient naturellement de l'eau). → **sécher.** *Vent qui dessèche la végétation. Le froid dessèche les lèvres.* **2.** Rendre maigre. *La maladie l'a desséché.* – au p. p. *Vieillard desséché.* → **décharné.** **3.** Rendre insensible, faire perdre à (qqn) la faculté de s'émouvoir. → **endurcir.** *Dessécher le cœur.* ■ se **dessécher** v. pron. **1.** *La peau se dessèche au soleil.* **2.** Maigrir. **3.** Devenir insensible. *Se dessécher à force d'étudier.* □ adj. **desséchant, ante**

dessein n. m. (de *desseigner*, ancienne forme du v. *dessiner* ; d'abord « dessin ; projet ») littér. Idée que l'on forme d'exécuter qqch. → **but, intention, projet.** *De grands desseins. Nourrir de noirs desseins.* – *Former le dessein de* (+ inf.). ■ *Dans le dessein de :* dans l'intention de, en vue de. *Faire qqch. dans le dessein de nuire.* ■ *À dessein* loc. adv. : intentionnellement, délibérément. → [2]**exprès.** *Il l'a fait à dessein.*

desseller v. tr. < 1 > Ôter la selle de. *Desseller un cheval.*

desserrer v. tr. < 1 > **1.** Relâcher (ce qui était serré). → **défaire.** *Desserrer sa ceinture d'un cran. Desserrer une vis* (→ **dévisser**). – *Desserrer son étreinte.* – pronom. fig. *L'étau se desserre :* les contraintes diminuent. **2.** loc. *Ne pas desserrer les dents :* ne rien dire. □ n. m. **desserrage** et **desserrement**

dessert n. m. (de [2]*desservir*) **1.** Mets sucré, fruits, pâtisserie servis après le fromage (en France). *Enfant privé de dessert.* **2.** Moment du dessert. *Ils en sont au dessert.*

[1]**desserte** n. f. (de [1]*desservir*) Fait de desservir ([1], 2) une localité. *Un service de cars assure la desserte du village.*

[2]**desserte** n. f. (de [2]*desservir*) Meuble où l'on pose les plats, les couverts qui ont été desservis.

dessertir v. tr. < 2 > techn. Enlever (une pierre précieuse) de sa monture. *Dessertir un brillant de son chaton.* □ n. m. **dessertissage**

desservant n. m. Ecclésiastique qui dessert une cure, une chapelle, une paroisse (→ **curé**).

[1]**desservir** v. tr. < 14 > (vient du latin, de *servire* → **servir**) **1.** Assurer le service religieux de (une cure, une chapelle, une paroisse). **2.** Faire le service de (un lieu). *Aucun train ne dessert ce village.* → **passer** par ; [1]**desserte.** – au p. p. *Quartier mal desservi.* **3.** Donner dans, faire communiquer. *Couloir qui dessert plusieurs pièces.*

[2]**desservir** v. tr. < 14 > (de *servir*) **I.** Débarrasser (une table) après un repas. *Desservir la table.* – absolt *Je vais desservir.* **II.** Rendre un mauvais service à (qqn). → **nuire.** *Desservir qqn auprès de ses amis.* – Faire mal juger. *Son air bourru l'a desservi.* – Faire obstacle à. *Cela desservirait mes projets.* → **contrecarrer, gêner.**

dessiccateur n. m. techn. Appareil servant à déshydrater une substance ou à tenir divers produits à l'abri de l'humidité.

dessiccatif, ive adj. (du latin → **dessiccation**) Qui a la propriété de dessécher. – méd. Qui, appliqué sur une plaie, en absorbe le pus, les sérosités.

dessiccation n. f. (du bas latin, famille de *siccare* → **sécher**) Élimination de l'humidité d'un corps. → **déshydratation, lyophilisation.** *Dessiccation du lait* (lait en poudre).

dessiller ou **déciller** v. tr. < 1 > (de *ciller*) *Dessiller les yeux de, à qqn,* l'amener à voir, à connaître ce qu'il ignorait ou voulait ignorer.

dessin n. m. (de *dessiner*) **1.** Représentation ou suggestion des objets sur une surface, à l'aide de moyens graphiques. *Faire un dessin. Dessin rapide.* → **croquis, ébauche.** *Dessin humoristique.* – loc. fam. *Faire un dessin à qqn,* faire comprendre à force d'explications. ■ *Dessin animé :* film composé d'une suite de dessins (film d'animation*). **2.** L'art, la technique du dessin. *« Le dessin n'est pas la forme, il est la manière de voir la forme »* (Degas). *Atelier de dessin. Table à dessin.* **3.** Représentation linéaire précise des objets dans un but scientifique, industriel. *Dessin industriel.* → **épure.** **4.** Grands traits (d'un ouvrage). → **canevas,** [3]**plan.** *Le dessin général d'un ouvrage littéraire.* **5.** Aspect linéaire et décoratif des formes naturelles. → **contour, ligne.** *Le dessin d'un visage.*

dessinateur, trice n. Personne qui pratique l'art du dessin ; personne qui fait métier de dessiner. *Dessinateur humoristique.* → **caricaturiste.** – *Dessinateur de meubles.* → anglic. **designer.** – *Dessinateur-cartographe :* spécialiste du dessin en cartographie.

dessiner v. tr. < 1 > (italien *disegnare*, emprunt au latin *designare* → **désigner**) **1.** Représenter ou suggérer par le dessin. *Dessiner qqch. sur le vif.* → **croquer.** – absolt *Dessiner au crayon, à la plume. « Il* [Constantin Guys] *dessine de mémoire, et non d'après le modèle »* (Baudelaire). *Bien, mal dessiner.* **2.** (sujet chose) Faire ressortir les contours, le dessin de. *Vêtement qui dessine les formes du corps.* – Former (un dessin). *La côte dessine une suite de courbes.* ■ se **dessiner** v. pron. Paraître avec un contour net. *Arbre qui se dessine sur le ciel. Un sourire se dessina sur ses lèvres.* – fig. Prendre forme, se préciser. *Son projet commence à se dessiner.* ■ **dessiné, ée** adj. **1.** Représenté par le dessin. – *Bien dessiné :* dont la forme est nette et harmonieuse. *Bouche bien dessinée.* **2.** loc. *Bande dessinée.* → [1]**bande.**

dessouder v. tr. < 1 > Ôter la soudure de. – pronom. *Les tuyaux se sont dessoudés.*

dessoûler v. < 1 > fam. **1.** v. tr. Tirer (qqn) de l'ivresse. → **dégriser.** *Le grand air l'a dessoûlé.* **2.** v. intr. Cesser d'être soûl. *Ne pas dessoûler :* être toujours ivre. - var. RO **dessouler.**

[1]**dessous** [d(ə)su] adv. (vient du bas latin *desubtus*, de *subtus* → **sous**) Indique la position d'une chose sous une autre (opposé à *dessus*). **I. 1.** À la face inférieure, dans la partie inférieure. *Le prix du vase est marqué dessous.* **2.** loc. *Par-dessous. Baissez-vous et passez par-dessous.* ■ *En dessous :* contre la face inférieure. *Soulevez ce livre, le billet est en dessous.* – fig. *Rire en dessous,* en dissimulant son rire. → sous **cape.** *Regarder en dessous,* sournoisement. *Agir en dessous,* hypocritement. – loc. prép. *En dessous de :* inférieur à. *Des résultats en dessous des prévisions.* ■ *Ci-dessous :* sous ce qu'on vient d'écrire, plus bas. → **infra.** ■ *Là-dessous :* sous cet objet, cette chose. *Le chat s'est caché là-dessous.* – fig. *Il y a qqch. là-dessous :* cela cache, dissimule qqch. **II.** *Par-dessous* loc. prép. → **sous.** *Passer par-dessous la clôture.* ■ *De dessous. Elle a tiré un livre de dessous la pile.*

[2]**dessous** [d(ə)su] n. m. (opposé à *dessus*) **1.** Face inférieure (de qqch.) ; ce qui est sous, ou plus bas que qqch. *Le dessous des pieds* (→ [2]**plante**), *des bras* (→ **aisselle**). *L'étage du dessous.* → **inférieur.** *Les gens du dessous.* – *Vêtements de dessous :* sous-vêtements. **2.** Ce qui est caché. *Les dessous de la politique.* → [2]**secret.** **3.** au plur. Vêtements de dessous féminins. *Des dessous de dentelle.* → **lingerie.** **4.** loc. *Être dans le trente-sixième dessous,* dans une très mauvaise situation ; très déprimé. – *Avoir le dessous,* être dans un état d'infériorité (lutte, discussion). **5.** *Au-dessous* loc. adv. : en bas. *Il n'y a personne au-dessous.* – Moins. *On en trouve à cent euros et au-dessous.* ■ *Au-dessous de* loc. prép. : plus bas que. → **sous.** *Jupe au-dessous du genou. Cinq degrés au-dessous de zéro.* → **moins.** – fig. Inférieur à. *Être au-dessous de sa tâche,* n'être pas capable de l'assumer. *Être au-dessous de tout,* n'être capable de rien, n'avoir aucune valeur (personne, œuvre). → **nul.**

dessous-de-bouteille n. m. invar. Support sur lequel on pose une bouteille pour éviter de tacher la nappe, la table.

dessous-de-bras n. m. invar. Cercle de tissu destiné à protéger les vêtements de la transpiration aux aisselles.

dessous-de-plat n. m. invar. Support sur lequel on pose les plats pour éviter de brûler ou de tacher la nappe, la table.

dessous-de-table n. m. invar. Somme d'argent versée secrètement, illégalement, lors d'une transaction. → **pot-de-vin.**

dessuinter v. tr. < 1 > techn. Débarrasser (la laine) du suint. □ n. m. **dessuintage**

[1]**dessus** [d(ə)sy] adv. (vient du latin *desursum*, de *de* et *sursum*, de *sub* et *versum* → [1]**vers**) Mot indiquant la position d'une chose sur une autre (opposé à *dessous*). **I.** À la face supérieure (opposé à *dessous*), extérieure (opposé à *dedans*). *Prenez l'enveloppe, l'adresse est dessus. Il y a un banc, asseyez-vous dessus.* ■ (idée de contact) *Relever sa robe pour ne pas marcher dessus.* fam. *Sauter, taper, tirer, tomber dessus.* – fig. Tout contre. *Vous avez le nez dessus. Mettre le doigt dessus :* deviner. *Mettre la main dessus.* → **saisir ; trouver.** ■ *Par-dessus. Sauter par-dessus.* ■ *Ci-dessus :* au-dessus de ce qu'on vient d'écrire, plus haut. → **supra.** ■ *Là-dessus :* sur cela. *Écrivez là-dessus.* – fig. Sur ce sujet. *Rien à dire là-dessus.* – Alors, sur ce. *Là-dessus, elle nous quitta.* **II.** *Par-dessus* loc. prép. *Sauter par-dessus le mur.* – fig. *Par-dessus tout :* principalement. → [1]**surtout.** *Je vous recommande par-dessus tout d'être prudent.* – loc. fam. *En avoir par-dessus la tête de* (qqch., qqn) : en avoir assez de. – *Par-dessus le marché :* en plus. ■ *De dessus. Ôtez-moi cela de dessus la table.*

[2]**dessus** [d(ə)sy] n. m. **1.** Face, partie supérieure (de qqch.). *Le dessus de la main. L'étage du dessus ; les voisins du dessus.* → d'en **haut.** – loc. fig. *Le dessus du panier :* ce qu'il y a de mieux. **2.** fig. *Avoir le dessus.* → **avantage, supériorité.** *Avoir le dessus dans un combat, une discussion.* – *Prendre, reprendre le dessus :*

réagir, surmonter un état pénible physique ou moral. **3.** ***Au-dessus* loc. adv. :** en haut. *Les chambres sont au-dessus.* – Supérieur. *Donnez-moi la taille au-dessus.* – **fig.** *Il n'y a rien au-dessus,* de mieux. ■ ***Au-dessus de* loc. prép. :** plus haut que. *Accrocher un tableau au-dessus du lit.* – **fig.** *Être au-dessus de* (qqch.), dominer une situation ; mépriser. *Être au-dessus de tout soupçon. Il est au-dessus de cela :* cela ne l'atteint pas.

dessus-de-lit **n. m. invar.** Grand morceau d'étoffe qui recouvre la literie. → **couvre-lit.**

D

dessus-de-plat **n. m. invar.** Couvercle dont on recouvre un plat.

dessus-de-porte **n. m. invar.** Décoration sculptée ou peinte au-dessus du chambranle d'une porte.

déstabiliser **v. tr.** < 1 > **1.** Rendre moins stable (un pays, une politique, une situation). **2.** Rendre instable sur le plan psychique (qqn). □ **adj. déstabilisant, ante** ou **déstabilisateur, trice** □ **n. f. déstabilisation**

déstalinisation **n. f.** (**de *Staline***) **hist.** Opération de politique intérieure du parti communiste de l'URSS qui rejetait les méthodes staliniennes. □ **déstaliniser v. tr.** < 1 >

De Stijl Revue et tendance créées aux Pays-Bas par P. Mondrian et T. Van Doesburg en 1917. Mondrian a publié dans la revue des essais théoriques *(Réalité naturelle et réalité abstraite).* Le mouvement se définit par un strict géométrisme abstrait dans les compositions et par l'usage des couleurs fondamentales en aplat. La parution a cessé en 1928.

destin **n. m.** (**de *destiner***) **1.** Puissance qui, selon certaines croyances, fixerait de façon irrévocable le cours des évènements. → **destinée, fatalité.** *« Je me livre en aveugle au destin qui m'entraîne »* (Racine). **2.** Ensemble des évènements qui composent la vie d'un être humain (souvent considérés comme résultant de causes distinctes de sa volonté). → **destinée, sort.** *Elle a eu un destin tragique. « Nous tissons notre destin, nous le tirons de nous comme l'araignée sa toile »* (Mauriac). **3.** Ce qu'il adviendra (de qqch.). → **avenir.** *Le destin d'une civilisation.*

destinataire **n. 1.** Personne à qui s'adresse un envoi. *L'expéditeur et le destinataire d'une lettre.* **2. ling.** Personne à qui s'adresse le message linguistique émis par un destinateur.

destinateur **n. m. ling.** Auteur du message linguistique adressé à un destinataire.

destination **n. f.** (**latin *destinatio* → destiner**) **1.** Ce pour quoi une chose est faite, ce à quoi elle est destinée. *Cet appareil n'a pas d'autre destination.* → **usage, utilisation. 2.** Lieu où l'on doit se rendre ; lieu où une chose est adressée. → **but.** *Partir pour une destination lointaine. Destination inconnue.* – ***À destination.*** *Arriver à destination. Avion à destination de Montréal.*

destinée **n. f. 1.** Puissance souveraine considérée comme réglant d'avance le cours des choses. → **destin, fatalité. 2.** Destin particulier d'un être. *Tenir entre ses mains la destinée de qqn.* ■ Avenir, sort (de qqch.). *La destinée réservée à cette œuvre.* **3. littér.** Vie, existence. *Finir sa destinée :* mourir. *Unir sa destinée à qqn,* l'épouser.

destiner **v. tr.** < 1 > (**latin *destinare,* de *de-* et *stanare,* de *stare* → station ; s'obstiner**) ***Destiner à* 1.** Fixer d'avance (pour être donné à qqn). → **assigner, attribuer, réserver.** *Je vous destine ce poste.* – **passif** *Cette remarque vous était destinée,* vous concernait. **2.** Fixer d'avance (qqch.) pour être employé à un usage. → **[2]affecter.** *Je destine cette somme à l'achat d'un costume.* – **au p. p.** *Édifice destiné au culte.* **3.** Préparer (qqn) à un emploi, une occupation. *Son père le destine à la magistrature.* – **pronom.** *Elle se destine à la diplomatie.*

destituer **v. tr.** < 1 > (**latin *destituere,* de *statuere* « établir, poser » → statuer**) Priver qqn de sa charge, de sa fonction, de son emploi. → **[2]démettre, limoger, renvoyer, révoquer.** *Destituer un officier, un magistrat, un souverain.*

destitution **n. f.** (**du latin → destituer**) Révocation disciplinaire ou pénale. → **renvoi.** *La destitution d'un officier.*

De Stijl

Le mouvement De Stijl : la maison Schröder à Utrecht, construite par Gerrit Rietveld (1924).

déstocker **v. tr.** < 1 > **écon.** Faire diminuer les stocks de (qqch.) par leur mise en vente. □ **n. m. déstockage**

Destouches (**Philippe Néricault, dit**) Auteur dramatique français (1680-1754). Il fut comédien, et écrivit une trentaine de pièces comiques à visée moralisatrice *(Le Philosophe marié ; Le Glorieux).*

Destouches (**André Cardinal**) Compositeur français (1692-1749). Élève de Campra, il fut surintendant de la musique royale et directeur de l'Opéra. Son style proche de celui de Lully et de Campra utilise des combinaisons harmoniques audacieuses. Il écrivit de nombreux opéras, des cantates, des motets. *Omphale ; Télémaque ; Le Carnaval et la Folie.*

Destour **n. m.** **en arabe Dustūr, « Constitution »** Parti politique tunisien fondé en 1920. En 1934, il se scinda en *Néo-Destour,* favorable à un État laïque, et *Vieux Destour,* partisan de la tradition islamique. Le Néo-Destour contribua à l'instauration de la République tunisienne (1957) sous la direction d'Habib Bourguiba. En 1964, il prit le nom de Parti socialiste destourien (PSD), sous la direction de Ben Ali, puis, en 1988, de Rassemblement constitutionnel démocratique (RCD). Il fut dissous en 2011.

Destrée (**Jules**) Écrivain et homme politique belge (1863-1936). Ministre des Sciences et des Arts (1920), il fonda l'Académie de langue et de littérature françaises. Il fut un ardent défenseur du mouvement intellectuel wallon *(Lettre au roi ; Wallons et Flamands).*

déstresser **v.** < 1 > **1. v. tr.** Supprimer le stress de (qqn). – **pronom.** *Elle fait du yoga pour se déstresser.* **2. v. intr.** Perdre son stress, se calmer.

destrier **n. m.** (**de l'ancien français *destre* « main droite » → dextre**) Cheval de bataille, au Moyen Âge (**opposé à *palefroi***).

destroy [dɛstʀɔj] **adj.** (**mot anglais → destroyer**) **fam.** Se dit d'une attitude, d'un style provocateur proche du punk, qui manifeste une volonté de destruction. *Des looks destroys* ou *destroy* (**invar.**).

destroyer [dɛstʀwaje ; dɛstʀɔjœʀ] **n. m.** (**mot anglais, de *to destroy* « détruire », emprunt à l'ancien français**) **mar.** Navire de guerre de moyen tonnage.

destructeur, trice (**du bas latin → détruire**) **1. n.** Personne qui détruit. → **dévastateur. 2. adj.** Qui détruit. *Guerre destructrice.* → **meurtrier.** – **fig.** *Idée destructrice.* → **subversif.**

destructible **adj.** (**du latin savant → détruire**) Qui peut être détruit.

destructif, ive **adj.** (**du latin tardif → détruire**) Qui a le pouvoir de détruire. → **destructeur.** *La puissance destructive d'un explosif.*

destruction **n. f.** (**latin *destructio* → détruire**) Action de détruire. **1.** Action de jeter bas, de faire disparaître (une construction). → **démolition.** *La destruction d'une ville par un incendie.* → **dévastation.** *Moyens, engins de destruction,* les armes. **2.** Action d'altérer profondément (une substance). *La destruction des tissus organiques.* → **décomposition. 3.** Action de tuer (des êtres vivants). *Destruction d'un peuple.* → **extermination, génocide, massacre.** ■ *Destruction des rats.* **4.** Action de faire disparaître en démolissant, en mettant au rebut, etc. *Destruction de papiers compromettants.* **5.** Fait de se dégrader jusqu'à disparaître. *La destruction d'un empire.* → **effondrement.**

destructivité **n. f. psych.** Tendance pathologique à la destruction.

déstructurer **v. tr.** < 1 > **didact.** Faire perdre la structure de. ■ **se déstructurer v. pron.** Perdre sa structure. □ **n. f. déstructuration**

Destutt de Tracy (**Antoine Louis Claude, comte**) Philosophe français (1754-1836). Chef de file et fondateur de la société des idéologues, dont le but était d'instaurer une science des idées, il défendit un matérialisme psychologique *(Éléments d'idéologie)* selon lequel la sensation (sentir, se souvenir, juger et vouloir) nous renseigne sur notre existence et sur celle du monde extérieur.

désuet, ète [dezɥɛ ; desɥɛ, ɛt] **adj.** (**latin *desuetus,* de *desuescere,* de *suescere* « s'accoutumer » → désuétude**) Archaïque, sorti des habitudes, du goût moderne. → **démodé, suranné.** *Un charme désuet.* → **vieillot.**

désuétude [desɥetyd ; dezɥetyd] **n. f.** (**latin *desuetudo* « perte d'une habitude » → désuet**) ***Tomber en désuétude*** : être abandonné, n'être plus en usage. *Cette expression est tombée en désuétude.* → **obsolescence.**

désulfurer **v. tr.** < 1 > (**→ sulfure**) **techn.** Débarrasser (une substance) du soufre qu'elle contient. □ **n. f. désulfuration**

désunion **n. f.** Désaccord entre personnes qui devraient être unies. → **mésentente.** *La désunion d'un parti.*

désunir **v. tr.** < 2 > **1.** Séparer (des choses, des personnes unies). **2.** Jeter le désaccord entre. *Désunir les membres d'une famille.* → **brouiller.** ■ **désuni, ie adj.** Séparé par un désaccord. *Famille désunie. Couple désuni.*

désynchroniser **v. tr.** < 1 > **techn.** Faire que plusieurs éléments ne soient plus synchrones. □ **n. f. désynchronisation**

désyndicalisation **n. f.** Baisse du taux de syndicalisation chez les salariés.

détachable **adj.** Qu'on peut détacher. *Coupons détachables.*

détachage **n. m.** (**de *[2]détacher***) Action d'enlever les taches. → **nettoyage.**

détachant, ante **adj.** (**de *[2]détacher***) Qui enlève les taches. – **n. m.** *Un détachant.*

détaché, ée **adj. 1.** Qui n'est plus attaché. – Séparé d'un tout. ***Pièces détachées,*** servant au remplacement des pièces usagées d'un mécanisme. ■ mus. *Notes détachées,* non liées les unes aux autres. **2.** Froid, insensible, indifférent **(→ détachement (I, 1)).** *Un ton, un air détaché.* **3.** *Fonctionnaire détaché,* affecté à d'autres fonctions que les siennes. – *Travailleur détaché,* affecté dans un autre pays de l'Union européenne.

détachement n. m. **I. 1.** État d'une personne détachée (2). → **désintérêt, indifférence, insensibilité.** *Répondre avec détachement, en affectant le détachement.* → **désinvolture, insouciance.** – vieilli *Le détachement de qqch.* → **abandon, renoncement.** ■ Fait de se détacher. *« Un détachement intérieur se faisait qui la déliait de lui »* (Flaubert). **2.** Situation d'un fonctionnaire, d'un militaire provisoirement affecté à d'autres fonctions. *Être en détachement.* **II.** Petit groupe de soldats détachés du gros de la troupe pour un service spécial. *Commander un détachement.*

1détacher v. tr. < 1 > (de *dé-* et *attacher*) **1.** Dégager (qqn, qqch.) qui était attaché. *Détacher un chien. Détacher sa ceinture.* → **défaire, dégrafer ;** s'oppose à *attacher.* **2.** Éloigner (qqn, qqch.) de ce avec quoi il était en contact. *Détacher les bras du corps.* → **1écarter. 3.** Enlever (un élément) d'un ensemble. *Détacher un wagon d'un convoi. Détacher un timbre suivant le pointillé.* **4.** loc. fig. *Ne pouvoir détacher ses regards, sa pensée, son attention de...* → **détourner.** *« Je ne pouvais détacher mes yeux de son visage »* (Proust). **5.** Faire partir (qqn) loin d'autres personnes pour faire qqch. *Détacher qqn au-devant d'un hôte.* → **dépêcher, envoyer.** ■ Affecter provisoirement à un autre service **(→ détachement (I, 2)). 6.** Ne pas lier. *Détacher nettement les syllabes.* → **articuler.** ■ **se détacher** v. pron. **1.** (concret) Cesser d'être attaché. *Le chien s'est détaché.* ■ Se séparer. *Fruits qui se détachent de l'arbre. Coureur qui se détache du peloton* (en allant plus vite). **2.** Apparaître nettement comme en sortant d'un fond. → **se découper, 1ressortir.** *Titre qui se détache en grosses lettres.* **3.** Ne plus être attaché par le sentiment, l'intelligence, à. *Ils se détachent l'un de l'autre,* ils s'aiment de moins en moins. *Se détacher des plaisirs,* y renoncer. → **délaisser, se désintéresser.**

2détacher v. tr. < 1 > (de *tache*) Débarrasser des taches. → **dégraisser, nettoyer.** *Donner au teinturier un costume à détacher.*

détacheur n. m. Substance qui nettoie, détache. – appos. *Flacon détacheur,* contenant un détachant.

détail, ails n. m. (de *détailler*) **1.** *Le détail :* fait de livrer, de vendre ou d'acheter des marchandises par petites quantités (opposé à *gros, demi-gros*). *Commerce de détail* **(→ détaillant).** *Vente au détail.* **2.** *Le détail de...,* action de considérer un ensemble dans ses éléments, un évènement dans ses particularités. → **énumération.** *Faire le détail d'un inventaire, d'un compte.* – Les éléments constitutifs. *Se perdre dans le détail. Sans entrer dans le détail.* – **En détail** loc. adv. : dans toutes ses parties, toutes ses particularités. *Racontez-nous cela en détail* (→ **par le menu**). **3.** *Un, des détails,* élément non essentiel d'un ensemble ; circonstance particulière. *Donnez-moi des détails sur leur rencontre. Soigner les détails* (dans une œuvre). → **fignoler.** – *C'est un détail,* une chose sans importance.

détaillant, ante n. Vendeur au détail. → **commerçant, débitant.** *Le grossiste approvisionne le détaillant.*

détailler v. tr. < 1 > (de *tailler ;* a d'abord signifié « mettre en pièces ») **1.** Couper les morceaux. *Détaillez les carottes en rondelles.* **2.** Vendre (une marchandise) par petites quantités, au détail. *Nous ne détaillons pas ce produit.* **3.** littér. Considérer, exposer (qqch.) avec toutes ses particularités. *L'histoire est trop longue à détailler.* **4.** Examiner (qqn) en détail. *Il s'arrêta pour la détailler.* ■ **détaillé, ée** adj. Qui contient beaucoup de détails. *Récit détaillé.* → **circonstancié.**

détaler v. intr. < 1 > (de *dé-* et *étal*) fam. S'en aller au plus vite. → **décamper, déguerpir, s'enfuir.**

détartrage n. m. Élimination du tartre (d'un radiateur, d'un conduit). ■ Action de détartrer les dents.

détartrant, ante adj. Qui empêche ou diminue la formation de tartre dans les conduits. – n. m. *Un détartrant.*

détartrer v. tr. < 1 > (de *tartre*) Débarrasser du tartre. *Détartrer une chaudière.* – *Se faire détartrer les dents par le dentiste.*

détartreur n. m. techn. Appareil qui sert à détartrer.

détaxation n. f. **1.** Action de détaxer ; son résultat. **2.** Déduction appliquée au revenu imposable.

détaxe n. f. Réduction ou suppression de taxes. *Détaxe à l'exportation.*

détaxer v. tr. < 1 > Réduire ou supprimer la taxe sur. – au p. p. *Acheter des produits détaxés dans un aéroport.*

détecter v. tr. < 1 > (anglais *to detect,* du latin *detectus,* de *detegere* « découvrir », de *tegere, tectus* → **toit**) Découvrir l'existence de (un objet, un phénomène caché). → **déceler.** *Détecter une fuite de gaz.* □ adj. **détectable**

détecteur, trice n. m. et adj. (de l'anglais → **détecter**) Appareil servant à détecter. *Détecteur d'ondes, de mines, d'incendie. Détecteur de mouvements.* – adj. *Lampe détectrice.*

détection n. f. (de l'anglais → **détecter**) Action de détecter. *Détection électromagnétique par radar.*

détective n. (de l'anglais → **détecter**) **1.** en Grande-Bretagne Policier chargé des enquêtes, des investigations. **2.** *Détective (privé) :* personne chargée d'enquêtes policières privées. → **privé.**

déteindre v. < 52 > (de *teindre*) **1.** v. tr. Faire perdre sa couleur, sa teinture à. – au p. p. *Étoffe déteinte.* **2.** v. intr. Perdre sa couleur. → **se décolorer.** *Pull qui déteint au lavage.* ■ *Déteindre sur. Le foulard a déteint sur le linge.* – fig. Avoir de l'influence sur. → **influencer, marquer.** *« Les époques déteignent sur les hommes qui les traversent »* (Balzac).

dételer v. < 4 ou RO 5 > (de *dé-* et *atteler*) **1.** v. tr. Détacher (une bête attelée ou l'attelage). *Le cocher dételle son cheval.* – absolt *Faire deux étapes sans dételer.* □ n. m. **dételage 2.** v. intr. fig. Cesser de faire qqch. *Sans dételer :* sans s'arrêter.

détendeur n. m. techn. Appareil servant à détendre un gaz conservé sous pression, avant sa sortie.

détendre v. tr. < 41 > **1.** Relâcher (ce qui était tendu, contracté). *Détendre la jambe.* **2.** fig. Faire cesser l'état de tension de (qqn, qqch.). – *Ce bain m'a détendu. Ses plaisanteries ont détendu l'atmosphère.* **3.** phys. *Détendre un gaz,* en diminuer la pression. ■ **se détendre** v. pron. **1.** Se relâcher. *Ressort qui se détend.* **2.** fig. Se laisser aller, se décontracter. *Cet enfant a besoin de se détendre.* – *La situation s'est détendue.* ■ **détendu, ue** adj. **1.** *Ressort détendu.* **2.** fig. *« Ces visages détendus, abandonnés dans le sommeil »* (A. Daudet). – *Climat détendu.*

détenir v. tr. < 22 > (du latin, de *tenere* → **tenir**) **1.** Garder, tenir en sa possession. → **posséder ; détenteur.** *Détenir un objet volé.* → **receler.** – fig. *Détenir un secret. Détenir le pouvoir. Détenir le record du monde.* **2.** Garder, retenir (qqn) en captivité (→ **détention ; détenu**). *Détenir un délinquant en prison.*

détente n. f. (de *détendre*) **1.** Relâchement de ce qui est tendu. *La détente d'un ressort.* ■ sports Capacité pour un athlète d'effectuer un mouvement rapide, puissant (au saut, au lancer, etc.). *Il a une belle détente.* **2.** (armes à feu) Pièce qui sert à faire partir le coup. *Appuyer sur la détente.* – loc. fam. *Être dur à la détente,* avare ; difficile à décider, à persuader ; lent à comprendre, à réagir. **3.** Expansion d'un fluide. *Le froid provoqué par la détente de l'air.* **4.** fig. Relâchement d'une tension intellectuelle, morale, nerveuse ; état agréable qui en résulte. *Se ménager des moments de détente.* → **délassement, répit, repos.** ■ Diminution de la tension au cours d'un conflit. *Politique de détente.*

détenteur, trice n. (du bas latin → **détenir**) Personne qui détient qqch. *Le détenteur d'un objet volé.* → **receleur.** *Le détenteur, la détentrice d'un titre* (→ **tenant**), *d'un record.*

détention n. f. (du bas latin → **détenir**) **1.** Fait de détenir, d'avoir à sa disposition (qqch.). *Détention d'armes.* **2.** Action de détenir qqn ; état d'une personne détenue. → **captivité, emprisonnement, incarcération, réclusion.** *Être en détention* (→ **détenu**). *Détention arbitraire.*

détenu, ue adj. et n. Qui est maintenu en captivité. – n. → **prisonnier.** *Détenu politique ; de droit commun.*

détergent, ente adj. (→ **déterger**) Qui nettoie en entraînant par dissolution les impuretés. → **détersif.** – n. m. *Un détergent.*

déterger v. tr. < 3 > (latin *detergere,* de *tergere* « essuyer ») techn. Nettoyer avec un détergent. □ n. f. **détergence**

détérioration n. f. (du bas latin → **détériorer**) Action de (se) détériorer ; son résultat. → **1dégradation.** *Détérioration volontaire.* → **sabotage, vandalisme.** – fig. *La détérioration des conditions de vie.*

détériorer v. tr. < 1 > (du bas latin, de *deterior* « inférieur ») Mettre (une chose) en mauvais état, de sorte qu'elle ne puisse plus servir. → **abîmer, casser, 1dégrader, endommager.** *Détériorer un appareil, une machine. L'humidité détériore les fresques.* – au p. p. *Matériel détérioré.* ■ fig. *Détériorer sa santé par des excès.* → **détruire, nuire à.** ■ **se détériorer** v. pron. **1.** S'altérer. **2.** fig. Dégénérer, se dégrader. *Leurs relations se détériorent.*

déterminable adj. Qui peut être déterminé.

déterminant, ante 1. adj. Qui détermine, qui décide d'une chose ou d'une action. → **décisif, essentiel, prépondérant.** *Son rôle a été déterminant dans la négociation.* **2.** n. m. gramm. Mot qui en détermine un autre. *Les articles, les adjectifs possessifs, démonstratifs, sont des déterminants du substantif.*

déterminatif, ive adj. et n. m. Qui détermine, précise le sens d'un mot. *Complément déterminatif* (ex. *d'hiver* dans *un manteau d'hiver*). ■ *Adjectif déterminatif* (opposé à *qualificatif*), qui introduit le nom qu'il précède. – n. *Un déterminatif.*

détermination n. f. (du latin → **déterminer**) **1.** Action de déterminer, de délimiter avec précision ; état de ce qui est déterminé. → **caractérisation, définition, délimitation.** *La détermination de la latitude d'un lieu.* **2.** Résultat psychologique de la décision. → **résolution. 3.** Attitude d'une personne qui agit sans hésitation, selon les décisions qu'elle a prises. → **décision, fermeté, ténacité.** *Agir avec détermination. Faire preuve de détermination.*

déterminer v. tr. < 1 > (du latin, de *terminare* → **terminer**) **1.** Indiquer, délimiter avec précision. → **caractériser, définir, fixer, préciser, spécifier.** *Déterminer le sens d'un mot. L'heure du crime est difficile à déterminer.* → **évaluer.** *Déterminer la cause de la panne.* → **détecter.** ■ gramm. Rapporter (un terme, un concept) à une situation précise (→ **déterminant, déterminatif**). **2.** Fixer par un choix. → **arrêter.** *La date de la réunion reste à déterminer.* **3.** Entraîner la décision de (qqn). → **décider ; conduire, inciter.** *Ses amis l'ont déterminé à partir.* ■ passif *Être déterminé à agir.* → **résolu. 4.** (choses) Être la cause de ; être à l'origine de (un phénomène, un effet). → **1causer, entraîner, provoquer.** *Les causes qui ont déterminé l'insurrection.* ■ **se déterminer** v. pron. *Se déterminer à* (+ inf.) : prendre la décision de. ■ **déterminé, ée** adj. **1.** Qui a été précisé, défini. → **2arrêté, certain, 1précis.** *Pour une durée déterminée.* **2.** → **décidé, résolu.** *C'est une femme déterminée.* - abrév. fam. invar. **déter** [detɛʀ]. **3.** philos. Soumis au déterminisme. *Phénomènes entièrement déterminés.*

déterminisme n. m. Doctrine philosophique suivant laquelle tous les évènements, et en particulier les actions humaines, sont liés et déterminés par la chaîne des évènements antérieurs. □ adj. et n. **déterministe**

déterrage n. m. **1.** agric. Action de soulever de terre le soc d'une charrue. **2.** Action de chasser certaines bêtes dans leur terrier à l'aide d'un chien.

déterrement n. m. Action de déterrer (un objet, un cadavre). → **exhumation.**

D

déterrer v. tr. < 1 > (de *terre*) **1.** Retirer de terre (ce qui s'y trouvait enfoui). *Déterrer un mort.* → **exhumer. 2.** fig. Découvrir (ce qui était caché, oublié). → **dénicher.** ■ **déterré, ée** n. fam. *Avoir une mine, une gueule de déterré* : être pâle comme un cadavre.

déterreur, euse n. **1.** Personne qui déterre. **2.** Chasseur qui pratique le déterrage.

D

détersif, ive adj. et n. (du latin *detersus* → *déterger*) Qui nettoie, en dissolvant les impuretés. *Produit détersif* (savon, lessive, etc.). – n. m. *Un détersif.* → **détergent.**

détersion n. f. Action de nettoyer avec un détersif.

détestable adj. **1.** vieux Qui mérite d'être détesté. « *Les plus détestables mensonges* [...] » (Gide). **2.** Très désagréable ou très mauvais. *Quel temps détestable !* → **affreux.** *Être d'une humeur détestable.* → **exécrable.** □ **détestablement** adv. *Il joue détestablement*, très mal.

détestation n. f. littér. Fait de détester. « *J'ai d'abord eu une réaction violente, une détestation passionnée* » (Queneau).

détester v. tr. < 1 > (latin *detestari*, de *de* et *testari* « prendre à témoin » → [1]tester ; attester) **1.** Avoir de l'aversion pour. → **abhorrer, exécrer.** *Détester le mensonge.* ■ *Détester qqn.* → **haïr.** – pronom. récipr. *Ils se détestent.* **2.** Ne pas pouvoir supporter (qqch.). *Elle détestait l'oil. Il déteste attendre. Détester que* (+ subj.). *Ne pas détester qqch.* : aimer assez. *Il ne déteste pas le bon vin.*

déthéiné, ée adj. Dont on a enlevé la théine. *Thé déthéiné.*

Detienne (Marcel) Helléniste et anthropologue français d'origine belge (1935-2019). Il étudia dans une perspective comparatiste les mythes et les sociétés de la Grèce ancienne. *Les Maîtres de vérité dans la Grèce archaïque.*

Detmold Ville d'Allemagne (Rhénanie-du-Nord-Westphalie). 74 000 habitants. Château Renaissance.

détonant, ante adj. Qui est susceptible de détoner. *Mélange détonant* : mélange de gaz capables de s'enflammer et de détoner ; fig. ce qui peut entraîner de vives réactions.

détonateur n. m. Dispositif qui provoque la détonation d'un explosif. ■ fig. Fait, évènement qui déclenche une action violente.

détonation n. f. Bruit soudain et violent de ce qui détone. → **déflagration, explosion.** *La détonation d'une bombe.*

détoner v. intr. < 1 > (latin *detonare*, de *tonare* → tonner) Exploser avec bruit.

détonique n. f. (de *détoner*, d'après l'anglais) Science qui étudie les explosifs.

détonner v. intr. < 1 > (de [2]ton) **1.** mus. Sortir du ton ; chanter faux. *Détonner en jouant, en chantant.* **2.** fig. Ne pas être dans le ton, ne pas être en harmonie avec le reste. *Ce fauteuil Empire détonne dans un salon moderne.*

détordre v. tr. < 41 > Remettre dans son premier état (une chose qui était tordue). □ n. f. **détorsion**

détors, orse adj. techn. Qui n'est plus tors. *Fil détors.*

détortiller v. tr. < 1 > Défaire (ce qui est tortillé).

détour n. m. (de *détourner*) **1.** Tracé qui s'écarte du chemin direct (voie, cours d'eau). → **lacet, méandre.** *La route fait des détours.* – *Au détour du chemin*, à l'endroit où il tourne. → [2]**tournant.** – fig. *Au détour de la conversation.* **2.** Action de parcourir un chemin plus long que le chemin direct ; ce chemin. *J'ai fait un détour pour vous dire bonjour.* → **crochet.** – fig. et fam. *Ça vaut le détour* : c'est intéressant. **3.** fig. Moyen indirect de dire, de faire ou d'éluder qqch. → **biais, faux-fuyant, ruse, subterfuge.** – *Sans détour* : simplement, sans ambages. *Je lui ai parlé sans détour.*

détourer v. tr. < 1 > (→ [2]tour) **1.** techn. Donner son contour à (une pièce en cours d'usinage). **2.** photogr. Délimiter le contour de (un sujet) sur un cliché. □ n. m. **détourage**

détourné, ée adj. **1.** Qui n'est pas direct, qui fait un détour. *Chemin détourné.* ■ fig. *User de moyens détournés pour parvenir à ses fins.* → **détour. 2.** Qui n'est pas exprimé directement. *Un reproche, un compliment détourné.* → **indirect.**

détournement n. m. **1.** Action de changer le cours, la direction. *Le détournement d'une rivière.* → **dérivation.** – *Détournement d'avion* : action de contraindre l'équipage d'un avion de ligne à changer de destination. **2.** (Belgique) Déviation de la circulation routière. **3.** Action de détourner à son profit (ce qui a été confié). *Détournement de fonds.* → [2]**vol. 4.** *Détournement de mineur* : séduction (punie par la loi) d'une personne mineure par une personne majeure.

détourner v. tr. < 1 > (de *dé-* et *tourner*) **I. 1.** Changer la direction de (qqch.). *Détourner un cours d'eau.* → [2]**dériver.** – spécialt *Détourner un avion* (→ **détournement**). **2.** fig. Changer le cours de. « *Il eut l'air de ne pas comprendre et détourna la conversation* » (Flaubert). *Détourner l'attention de qqn. Détourner les soupçons.* – *Détourner le sens d'un texte*, en donner une mauvaise interprétation. **3.** Écarter (qqn) du chemin à suivre. *Détourner qqn de sa route.* – fig. *Détourner qqn du droit chemin, du devoir.* → **dévoyer.** *Détourner qqn d'un projet*, l'y faire renoncer. → **dissuader. II.** Tourner d'un autre côté, pour éviter de voir ou d'être vu. *Détourner la tête, les yeux, ses regards.* – pronom. *Se détourner pour pleurer.* **III.** Soustraire (qqch.) à son profit. *Détourner des fonds.* → [2]**voler.**

détox n. f. et adj. Détoxication. – adj. *Régime détox*, qui vise à détoxifier l'organisme.

détoxifier v. tr. < 7 > (de [1]*dé-* et du radical de *toxique*) Supprimer les toxines de (l'organisme).

détoxiquer v. tr. < 1 > physiol. Supprimer les effets nocifs, toxiques de (une substance). □ n. f. **détoxication**

détracteur, trice n. (du latin → détraction) Personne qui cherche à rabaisser le mérite de qqn, la valeur de qqch. (→ **détraction**). *Les détracteurs d'un homme politique, d'une doctrine.*

détraction n. f. (latin *detractio*, du supin de *detrahere* « retrancher ; ravaler », de *trahere* « tirer » → traire) littér. Action de rabaisser le mérite de (qqn), la valeur de (qqch.). → **dénigrement.**

détraquer v. tr. < 1 > (de *dé-* et moyen français *trac* « piste, trace » → traquer) **1.** Déranger dans son mécanisme, dans son fonctionnement. → **dérégler, détériorer.** *Détraquer un moteur.* **2.** fig., fam. *Se détraquer l'estomac, les nerfs.* ■ **se détraquer** v. pron. **1.** *Ma montre s'est détraquée.* **2.** fig., fam. *Le temps se détraque*, se gâte. ■ **détraqué, ée** adj. **1.** Dérangé dans son fonctionnement. *Horloge détraquée.* **2.** fig., fam. *Santé détraquée.* ■ *Avoir le cerveau détraqué.* → **dérangé.** – n. *C'est un détraqué.* → **déséquilibré.** □ n. m. **détraquement**

[1]**détrempe** n. f. (de [1]*détremper*) Couleur broyée à l'eau puis délayée avec de la colle ou de la gomme. *Peinture à la détrempe.* ■ Ouvrage, tableau fait avec cette couleur. *Une détrempe de Raphaël.*

[2]**détrempe** n. f. (de [2]*détremper*) techn. Opération par laquelle on enlève la trempe de l'acier.

[1]**détremper** v. tr. < 1 > (vient du latin *distemperare*, de *temperare* → tremper) Amollir ou délayer en mélangeant avec un liquide. → **délayer.** *Détremper des couleurs.* – au p. p. *Terrain, chemin détrempé*, très mouillé, imbibé d'eau.

[2]**détremper** v. tr. < 1 > (de *tremper*) techn. Faire perdre sa trempe à (l'acier). – au p. p. *Acier détrempé.* ■ fig., littér. Rendre plus faible.

détresse n. f. (vient du latin pop. « étroitesse », de *districtus* → détroit) **1.** Sentiment d'abandon, de solitude, d'impuissance que l'on éprouve dans une situation difficile (besoin, danger, souffrance). → **désarroi.** *Cris de détresse. Une âme en détresse.* **2.** Situation très pénible et angoissante ; spécialt, manque dramatique de moyens matériels. → **dénuement, indigence, misère.** *La détresse des populations sinistrées.* **3.** Situation périlleuse (d'un navire, d'un avion). → **perdition.** *Navire en détresse.* ■ *Feux de détresse* : feux clignotants prévus pour signaler un arrêt forcé d'un véhicule automobile. **4.** méd. Insuffisance grave. *Détresse respiratoire.*

détricoter v. tr. < 1 > Défaire (ce qui est tricoté). – fig. *Détricoter un projet.* □ n. m. **détricotage**

détriment n. m. (du latin, de *deterere* → détritus) *À (mon, son...) détriment ; au détriment de* : au désavantage, au préjudice de. *Favoriser un employé au détriment de ses collègues.*

détritique adj. (de *détritus*) géol. Qui est formé au moins partiellement de débris. *Roche sédimentaire détritique.*

détritivore adj. et n. m. (de *détritus* et *-vore*) zool. Qui se nourrit de détritus, de débris organiques.

détritus [detʀitys)] n. m. (latin *detritus*, de *deterere* « user par frottement » → détriment) Matériaux réduits à l'état de débris inutilisables ; ordures, déchets.

Detroit Ville des États-Unis (Michigan), sur la rivière de Detroit. 639 100 habitants. Universités. Sidérurgie, industries chimiques. Elle a été la capitale de l'industrie automobile.

Le quartier des affaires de Detroit, capitale de l'automobile américaine.

détroit n. m. (vient du latin *districtus* → détresse) Bras de mer entre deux terres rapprochées et qui fait communiquer deux mers. *Le détroit de Gibraltar.*

Le détroit de Gibraltar et la Méditerranée depuis la navette spatiale *Endeavour*.

Détroits (les) Ensemble formé par les détroits du Bosphore et des Dardanelles, seul passage maritime entre la mer Noire et la Méditerranée.

détromper v. tr. < 1 > (de *tromper*) Tirer (qqn) d'erreur. → **désabuser.** *Il s'entête et je ne parviens pas à le détromper.* ■ **se détromper** v. pron. Revenir de son erreur. *Détrompez-vous* : n'en croyez rien.

détrompeur n. m. techn. Appareil permettant d'éviter une fausse manœuvre.

détrôner v. tr. < 1 > **1.** Déposséder de la souveraineté, du trône. → [1]**déposer, destituer.** – au p. p. *Roi détrôné.* **2.** fig. *Détrôner son concurrent.* → **éclipser, supplanter.**

détroquer v. tr. < 1 > (origine régionale, de *dé-* et de *troque*, du grec *trokhos* « coquille ronde ») techn. Séparer (les jeunes huîtres) les unes des autres en les décollant au couteau. □ n. m. **détroquage**

détrousser v. tr. < 1 > (de *trousser*) vieux ou plais. Dépouiller (qqn) de ce qu'il porte, en usant de violence. → **dévaliser,** [2]**voler.** *Détrousser un voyageur.*

détrousseur, euse n. vieux ou plais. Personne qui détrousse. → voleur. *Détrousseur de cadavres.*

De Troy (François) Peintre et dessinateur français (1645-1730). Portraitiste de l'aristocratie et des artistes parisiens *(La Duchesse d'Orléans)*, il inventa le genre du portrait travesti ou allégorique *(Mme de Blois et le comte de Toulouse en Vénus et Adonis)*. ■ Jean-François **De Troy** (1679-1752). Fils de François, peintre et dessinateur apprécié sous Louis XV, il est l'auteur notamment de cartons de tapisserie.

détruire v. tr. < 38 > (vient du latin *destruere*, de *struere* « bâtir » → structure) **1.** Jeter bas, démolir (une construction). → abattre, raser ; destruction. *Détruire un édifice.* ■ *Détruire une ville, un empire, une civilisation.* – au passif *Ville détruite par un bombardement.* **2.** Altérer jusqu'à faire disparaître. → anéantir, supprimer. *Détruire par le feu.* → brûler, incendier. *Détruire une lettre, un document. « Le temps qui détruit tout »* (La Fontaine). **3.** Supprimer (un être vivant) en ôtant la vie. → tuer. *L'épidémie a détruit la population du village.* → exterminer. *Détruire les parasites. Produit qui détruit les insectes.* **4.** fig. Défaire entièrement (ce qui est établi, organisé, élaboré). → anéantir, supprimer. *Détruire un régime politique, un usage, une institution, une théorie. Détruire les illusions, les espoirs de qqn.* → dissiper. **5.** absolt (opposé à *créer, construire, faire*) *Le besoin de détruire.* ■ **se détruire** v. pron. **1.** Se tuer, se suicider. *Il a tenté de se détruire.* **2.** récipr. S'annuler, avoir une action contraire. *« Leurs discours sont contraires et se détruisent »* (Pascal).

dette n. f. (vient du latin *debita*, de *debitum* → [2]débit, de *debere* → [1]devoir) **1.** Argent qu'une personne (→ débiteur) doit à une autre (→ créancier). *Faire des dettes.* → s'endetter. *Être en dette avec qqn. Être criblé de dettes. Payer, rembourser une dette :* s'acquitter. ■ ***Dette publique :*** ensemble des engagements financiers contractés par l'État. → emprunt. **2.** fig. Devoir qu'impose une obligation contractée envers qqn. → engagement, obligation. *Avoir une dette envers qqn. Acquitter une dette de reconnaissance. Payer sa dette à la justice, à la société :* purger sa peine.

▶ La **dette** (1) d'un agent économique désigne un engagement à rembourser une somme d'argent empruntée à un autre agent et le plus souvent à lui servir également des intérêts qui rémunèrent l'opération. La dette a pour contrepartie une créance détenue par le prêteur sur le débiteur, qui figure au passif du bilan pour une entreprise. L'endettement peut être classé suivant sa durée et le statut du débiteur. Par convention, on distingue une dette à court terme (moins d'un an), à moyen terme et à long terme (au-delà de dix ans). Un ménage s'endette à court terme pour consommer, à plus long terme pour financer un achat immobilier ; il doit veiller à ne pas tomber dans le surendettement. Les entreprises s'endettent à court terme auprès de fournisseurs, à plus long terme auprès d'établissements de crédits pour financer des projets d'investissement. La dette publique désigne l'ensemble des emprunts contractés par les administrations publiques (État, collectivités territoriales, Sécurité sociale) année après année et non encore remboursés. L'État doit contrôler son niveau d'endettement (dette publique/PIB) afin d'éviter la faillite. Les détenteurs de la dette publique sont essentiellement des banques et des investisseurs institutionnels (sociétés d'assurance, fonds de pension).
voir aussi FMI

détumescence n. f. méd. Diminution de volume (d'un organe enflé, d'une tumeur).

Deucalion Personnage de la mythologie grecque, fils de Prométhée. Il est, avec sa femme Pyrrha, sauvé du déluge qui détruit la race humaine. Ils repeuplent la Terre en jetant derrière eux des pierres qui se transforment en hommes et en femmes.

DEUG [dœg ; døg] n. m. (sigle de *diplôme d'études universitaires générales*) Diplôme qui couronnait le premier cycle de l'enseignement supérieur (deux années d'études).

deuil n. m. (vient du bas latin *dolus* « douleur », de *dolere* « souffrir » → dolent) **1.** Douleur, affliction que l'on éprouve de la mort de qqn. *Sa mort fut un deuil cruel. Frapper qqn d'un deuil.* → endeuiller. – psych. *Le travail du (ou de) deuil,* par lequel on se détache de l'objet d'attachement disparu. **2.** Mort d'un proche. → perte. *Il vient d'avoir plusieurs deuils dans sa famille.* **3.** Signes extérieurs du deuil, consacrés par l'usage. *Vêtements de deuil,* noirs ou sombres. *Le grand deuil,* le plus strict. – loc. *Porter, prendre le deuil. Être en deuil.* – fam. *Avoir les ongles en deuil,* noirs, sales. **4.** fam. ***Faire son deuil** de qqch.,* se résigner à en être privé. *J'en ai fait mon deuil, de ce projet.*

Deuil-la-Barre Commune du Val-d'Oise. 22 050 habitants. Église du XIIe siècle.

Deûle n. f. Rivière du N. de la France, affluent de la Lys. 85 km.

deus ex machina [deusɛksmakina ; deys-] n. m. invar. (mots latins « un dieu descendu au moyen d'une machine », au théâtre) au théâtre, et fig. dans la vie Personnage, évènement dont l'intervention peu vraisemblable apporte un dénouement inespéré à une situation sans issue ou tragique.

DEUST [dœst] n. m. (sigle de *diplôme d'études universitaires scientifiques et techniques*) Diplôme du premier cycle court professionnalisé, qui s'obtient en deux années de formation après le bac.

deutérium n. m. (du grec *deuteros* « deuxième ») chim. Élément atomique (symb. D, n° at. 1, masse at. 2), isotope de l'hydrogène, appelé aussi *hydrogène lourd.*

deutérocanonique adj. (du grec *deuteros* « deuxième » et de *canonique*) relig. Se dit des livres saints qui n'ont été considérés comme canoniques qu'après les autres.

Deutéronome n. m. Cinquième livre du Pentateuque. Il reprend les lois énoncées dans l'Exode, le Lévitique et les Nombres.

deuton n. m. (de *deutérium,* d'après *neutron*) phys. Noyau de l'atome de deutérium (un proton et un neutron). - var. deutéron.

Deutsch (Simon) Révolutionnaire autrichien (1824-1877). Il prit part à l'insurrection révolutionnaire de Vienne (1848) et à la Commune de Paris (1871). Il contribua à fonder le parti de la Jeune-Turquie.

Deutsch de la Meurthe (Henry) Industriel français (1846-1919). Il fut l'un des fondateurs de l'Aéro-Club de France.

deux (vient du latin *duos,* de *duo* → duo) **I.** adj. numéral cardinal **1.** Un plus un. *Les deux yeux.* – *Deux cents.* – *Deux fois plus.* → double. – loc. *De deux choses l'une :* il n'y a que deux possibilités. ■ (Pour indiquer la différence, la distance) loc. fam. ***Cela fait deux.*** *L'algèbre et moi, cela fait deux.* ■ mus. *Mesure à deux temps.* ellipt *Mesure à deux-quatre :* mesure à deux temps ayant une noire par temps. **2.** (Pour indiquer un petit nombre, opposé à *beaucoup de, nombreux*) *C'est à deux pas,* tout près. *Vous y serez en deux minutes.* **3.** (en fonction de pron.) *Tous (les) deux. Vivre à deux.* **II.** adj. numéral ordinal → deuxième, second. *Numéro deux. Tome deux.* **III.** n. m. **1.** *Un et un, deux.* – loc. *Deux à deux ; deux par deux.* – *Couper qqch. en deux.* **2.** (avec un déterminant) *Un deux arabe* (2), *un deux romain* (II). ■ Carte, face d'un dé, etc., marquée de deux signes. *Le deux de pique.* ■ *Nous sommes le deux* (du mois). – *Habiter au deux* (d'une voie). **3.** loc. fam. *C'est clair comme deux et deux font quatre :* c'est évident. *« Quand ce qui est incroyable sera regardé comme une vérité de l'ordre de "2 et 2 font 4" »* (H. Michaux). *En moins de deux :* très vite. *Ne faire ni une ni deux :* se décider rapidement, sans tergiverser. *Entre les deux :* ni ceci ni cela ; à moitié. – prov. *Jamais deux sans trois :* ce qui arrive deux fois a toute chance d'arriver une troisième fois.

Deux Alpes (Les) Commune de l'Isère. 1 942 habitants. Station de ski.

deuxième adj. numéral ordinal Qui succède au premier. → second. *La deuxième fois. Le deuxième étage,* et ellipt *habiter au deuxième.* – n. *Le, la deuxième d'un classement.*

deuxièmement adv. En deuxième lieu. → secundo. - syn. fam. deuzio.

deux-mâts n. m. Voilier à deux mâts.

Deux-Montagnes Ville du Canada (Québec), au N.-E. du *lac des Deux Montagnes.* 17 496 habitants.

deux-pièces n. m. **I. 1.** Ensemble féminin comprenant une jupe et une veste du même tissu. **2.** Maillot de bain formé d'un slip et d'un soutien-gorge. → bikini. **II.** Appartement de deux pièces. *Un deux-pièces cuisine.*

deux-points n. m. Signe de ponctuation, formé de deux points superposés (:), placé avant une explication, une énumération, une citation.

deux-ponts n. m. Avion gros-porteur possédant deux étages intérieurs.

Deux-Ponts en allemand **Zweibrücken** Ville d'Allemagne (Rhénanie-Palatinat). 34 200 habitants. Monuments baroques. Industries mécaniques, textiles. Elle fut annexée par la France en 1797 puis cédée à la Bavière en 1815.

Deux-Roses (guerre des) Guerre qui opposa, de 1455 à 1485, la maison d'York (dont l'emblème était une rose blanche) à la maison de Lancastre (représentée par une rose rouge) pour l'accession au trône d'Angleterre. Elle prit fin avec le mariage d'Henri VII, descendant des Lancastre, et d'Élisabeth d'York.

deux-roues n. m. Véhicule à deux roues (bicyclette, cyclomoteur, moto, motocyclette, scooter, vélomoteur).

Deux-Sèvres voir Sèvres (Deux-)

deux-temps n. m. Moteur à deux temps ; véhicule ayant ce moteur.

deuzio voir deuxièmement

Deva Ville de Roumanie (Transylvanie), sur le Mureş. 61 000 habitants. Monuments historiques.

dévaler v. < 1 > (de *val*) **1.** v. intr. Descendre brutalement ou très rapidement. *Rochers qui dévalent de la montagne.* – Être en pente raide (chemin, terrain). **2.** v. tr. Descendre rapidement. *Elle dévalait l'escalier quatre à quatre.*

De Valera (Eamon) Homme d'État irlandais (1882-1975). Leader du Sinn Féin, il fonda en 1926 le Fianna Fáil. En 1937, il fit voter une nouvelle Constitution qui consacra le rôle primordial de l'Église catholique dans l'État. Premier ministre (1937-1948 ; 1951-1954 ; 1957-1959), il fut président de la République de 1959 à 1973.

dévaliser v. tr. < 1 > (de *valise*) **1.** Dépouiller (qqn) de tout ce qu'il a sur lui, avec lui. *Des cambrioleurs l'ont dévalisé.* **2.** Vider (un lieu) des biens qui s'y trouvent. *Dévaliser un appartement.* → cambrioler, piller. – par exagér. *Dévaliser un magasin,* y faire de nombreux achats.

dévaloir n. m. (Suisse) Passage ménagé en montagne pour descendre le bois. → châble.

De Valois (Edris Stannus, dite Ninette) Danseuse et chorégraphe britannique (1898-2001). Première danseuse à Covent Garden, elle fit partie des Ballets russes, puis fonda la compagnie du théâtre Sadler's Wells qui devint le Royal Ballet. Elle composa de nombreux ballets.

dévalorisant, ante adj. Qui dévalorise, déprécie. *Appellation dévalorisante.*

dévalorisation n. f. Action de (se) dévaloriser. *L'inflation entraîne la dévalorisation de la monnaie et conduit à la dévaluation.*

dévaloriser v. tr. < 1 > **1.** Diminuer la valeur de (spécialt de la monnaie). → déprécier, dévaluer. **2.** fig. Déprécier (qqn, qqch.). *Dévaloriser le talent.* ■ **se dévaloriser** v. pron. **1.** Perdre de sa valeur. *Monnaie qui se dévalorise.* **2.** Se déprécier soi-même. *Elle ne cesse de se dévaloriser.*

dévaluation n. f. **1.** Diminution volontaire de la valeur d'une monnaie nationale par rapport à l'or, aux monnaies étrangères. **2.** fig. Perte de valeur, de crédit.

dévaluer v. tr. < 1 > (de *évaluer*) **1.** Effectuer la dévaluation de. *Dévaluer l'euro.* **2.** fig. Dévaloriser.

devanagari [devanagaʀi] ou **nagari** n. f. et adj. invar. (mot sanskrit et hindi, de *deva* « dieu » et *nâgari* « de la ville ») didact. Forme d'écriture du sanskrit demeurée usuelle. – **adj. invar.** *Alphabet devanagari.* - var. **RO** **dévanagari n. f. et adj.**

devancer v. tr. < 3 > (de *devant,* d'après *avancer*) **1.** Être devant (d'autres qui avancent), laisser derrière soi. → **dépasser, distancer.** *Cycliste qui devance le peloton.* **2.** Être avant, quant au rang, au mérite, dans la recherche commune du même but. → **surpasser.** *Devancer tous ses rivaux.* **3.** Arriver avant (qqn) dans le temps. → **précéder.** *Nous vous avons devancés au rendez-vous.* – *J'allais le dire, mais vous m'avez devancé.* ■ Être en avance sur (son temps). **4.** *Devancer l'appel :* s'engager dans l'armée avant d'avoir l'âge d'y être appelé. ■ Aller au-devant de. *Devancer une objection.* → **prévenir.** □ **devancement** n. m. anciennt (milit.) *Devancement d'appel.*

devancier, ière n. Personne qui en a précédé une autre dans ce qu'elle fait. → **prédécesseur.** *Perfectionner l'œuvre de ses devanciers.*

¹devant (de *de* et *avant*) **I. prép. 1.** Du même côté que le visage d'une personne, que le côté visible ou accessible d'une chose. → **en face de, vis-à-vis.** *Je vous attendrai devant la porte.* **2.** En présence de (qqn). *Pleurer devant tout le monde.* – À l'égard de, face à. *Tous les hommes sont égaux devant la loi. Reculer devant le danger.* **3.** Dans la direction qui est en face de qqn, qqch. ; à l'avant de. *Aller droit devant soi.* – loc. *Avoir du temps, de l'argent devant soi,* en réserve. **II. adv. 1.** adv. de lieu Du côté du visage d'une personne, de la face d'une chose ; en avant. *Passez devant :* passez le premier. – ***Par-devant*** : du côté qui est devant. *Blouse boutonnée par-devant.* **2.** adv. de temps vieux Auparavant. – loc. *Être Gros-Jean comme devant :* se retrouver tel que l'on était auparavant, avoir été dupé.

²devant n. m. **1.** La partie qui est placée devant. *Les pattes de devant* (d'un animal). → **antérieur.** – *Le devant d'une maison.* → **façade.** *Le devant d'un bateau.* → **proue. 2.** loc. *Prendre les devants :* devancer qqn ou qqch. pour agir avant ou l'empêcher d'agir. **3.** ***Au-devant de*** **loc. prép. :** à la rencontre de. *Nous irons au-devant de vous.* – fig. *Aller au-devant du danger :* s'exposer témérairement. *Aller au-devant des désirs de qqn.* → **devancer, prévenir.**

devanture n. f. (de ²*devant*) **1.** Façade, revêtement du devant d'une boutique. **2.** Étalage des marchandises soit à la vitrine, soit dehors. → **étalage, vitrine.**

dévastateur, trice adj. et n. (du bas latin → **dévaster**) Qui dévaste, détruit tout sur son passage. *Guerre dévastatrice.*

dévastation n. f. (du bas latin → **dévaster**) Action de dévaster ; son résultat. → **ravage.**

dévaster v. tr. < 1 > (latin *devastare,* de *vastare* « ravager », de *vastus* « vide, désert » → **vaste**) Ruiner (un pays...) en détruisant systématiquement. → **ravager.** *Les guerres, les envahisseurs ont dévasté le pays.* – fig. *« L'amour passionné dévaste les âmes où il règne »* (Chateaubriand).

déveine n. f. (de *veine*) fam. Malchance. *Quelle déveine !* → fam. **²guigne, poisse.**

développable adj. Qui peut être développé.

développante n. f. géom. *Développante d'une courbe :* courbe qui admet cette courbe comme développée.

développé n. m. sports Mouvement par lequel l'athlète soulève en deux temps l'haltère qu'il doit tenir à bout de bras. → **épaulé-jeté.**

développée n. f. géom. Courbe tangente à toutes les normales à une courbe plane. *La développée d'un cercle est réduite au centre du cercle.*

développement n. m. **I. 1.** Action de développer, de donner toute son étendue à (qqch.). ■ Distance développée par un tour de pédale de bicyclette. **2.** Action de développer (une pellicule photographique). *Développement et tirage.* **II. 1.** (organisme, organe) Fait de se développer ; évolution de ce qui se développe. → **croissance.** *Développement d'un embryon, d'un germe.* – *Développement intellectuel. « La première condition du développement de l'esprit, c'est sa liberté »* (Renan). **2.** Progrès, en extension ou en qualité. *Le développement d'une maladie. Le développement d'une entreprise.* → **essor, extension.** ■ loc. *Pays **en voie de développement**,* dont l'économie n'a pas atteint le niveau des pays industrialisés. – ***Développement durable**,* qui correspond aux besoins présents et ne compromet pas la satisfaction de ceux des générations futures. **3.** plur. Suite, prolongement. *Les développements d'un scandale.* **4.** Exposition détaillée d'un sujet. → **tirade. 5.** (de l'anglais des États-Unis) anglic. Phase de l'élaboration (d'un produit, d'un matériel) qui précède sa commercialisation.

▶ Comme son nom l'indique, le **développement** (II, 2) **durable** est un développement qui s'inscrit dans la durée. La définition officielle donnée par l'ONU le qualifie de développement « qui satisfait les besoins des générations présentes sans compromettre la possibilité pour les générations à venir de satisfaire leurs propres besoins ».
Contrairement à la croissance économique, le développement durable vise le « mieux » et non le « plus ». Il se pense en termes de régulation et d'équilibre optimum entre plusieurs composantes majeures. La première, écologique, doit permettre à la nature d'avoir le temps de renouveler les matières premières que nous lui soustrayons (pour nous nourrir, nous chauffer, assurer nos transports et produire les services et les biens que nous consommons). La deuxième, sociale, doit permettre à tous les humains de vivre décemment. Dans ce sens, le développement durable implique une meilleure répartition des richesses. La troisième, économique, doit permettre aux entreprises d'assurer leur continuité et de développer leurs potentialités, dans le respect de l'homme et de son environnement.
Véritable processus d'amélioration de la « qualité de vie » de l'humanité, le développement durable nécessite d'accompagner toute décision et action d'une réflexion éthique, en tenant compte de chaque contexte culturel. Cette recherche d'équilibre concerne tout le monde, quels que soient son statut et son niveau d'intervention. Chacun est acteur : à l'échelle internationale, en tentant de limiter les conflits, à l'échelle nationale en développant des stratégies économiques et politiques nouvelles, à l'échelle individuelle enfin, en se questionnant sur ses réels besoins. Des valeurs telles que le respect, la solidarité, l'empathie sont à la base de cette recherche.
voir aussi **pollution, pesticide, écologie, déforestation, énergie renouvelable, pétrole, biodégradable, complexité**

développer v. tr. < 1 > (de *dé-* et de l'ancien français *voloper,* qui vient du bas latin *faluppa* « balle de blé », avec influence de *volvere* et de *envelopper*) **I. 1.** Étendre (ce qui était plié) ; donner toute son étendue à. → **déployer, étendre.** ■ math. *Développer une expression algébrique :* effectuer les opérations indiquées. ■ *Vélo qui développe 7 mètres,* qui parcourt 7 mètres lorsque les pédales font un tour complet (→ **développement**). **2.** photogr. *Développer un cliché, une pellicule,* faire apparaître les images fixées sur la pellicule, au moyen de procédés chimiques. **II. 1.** Faire croître ; donner de l'ampleur à. → **accroître.** *Exercices qui développent la musculature.* – *Développer son entreprise.* – *Personne qui développe une maladie,* chez qui cette maladie s'installe et progresse. **2.** Exposer en détail, étendre en donnant plus de détails. *Développer son argumentation.* **3.** Assurer la conception et la fabrication de (un nouveau produit). – inform. *Développer un logiciel.* ■ **se développer** v. pron. **1.** Se déployer. *Armée qui se développe en ordre de bataille.* **2.** (êtres vivants) Croître, s'épanouir. *Plante qui se développe mal.* **3.** Prendre de l'extension, de l'importance. *L'affaire s'est développée.* ■ **développé, ée** adj. *Musculature bien développée.* – *Cet enfant est très développé pour son âge.*

développeur, euse n. inform. Personne qui écrit des logiciels ou fabrique des cartes électroniques. → **concepteur.**

¹devenir v. intr. < 22 > (latin *devenire* → **venir**) **1.** Passer d'un état à (un autre), commencer à être (ce qu'on n'était pas). *Devenir grand, riche, célèbre. Il est devenu fou. Devenir ministre. Elle est devenue sa femme.* – *La situation devient difficile.* – (Par l'imagination) *« Je me croyais Grec ou Romain ; je devenais le personnage dont je lisais la vie »* (Rousseau). **2.** Être dans un état, avoir un sort, un résultat nouveau (dans les phrases interrogatives ou dubitatives). *Qu'allons-nous devenir ?* – *Qu'est devenu mon chapeau ?,* où est-il passé ? – fam. *Que devenez-vous ?,* se dit pour demander des nouvelles d'une personne qu'on n'a pas vue depuis quelque temps.

²devenir n. m. littér. Passage d'un état à un autre ; suite des changements. *La conscience est en perpétuel devenir.* → **évolution.**

Deventer Ville des Pays-Bas (Overijssel), sur l'IJssel. 101 440 habitants. Musées, centre touristique et commercial. Industrie (métallurgie, chimie, agroalimentaire).

déverbal, aux n. m. ling. Nom formé à partir du radical d'un verbe (ex. *pliage* de *plier*), et plus particulièrement nom dérivé qui est formé sans suffixe (ex. *pli* de *plier*).

Devereux (Georges) Psychanalyste et ethnologue américain d'origine hongroise (1908-1985). Représentant de l'anthropologie culturelle, il fut un pionnier de l'ethnopsychiatrie, étudiant les facteurs socioculturels des névroses. *Essais d'ethnopsychiatrie générale.*

dévergondage n. m. Conduite dévergondée, relâchée. → **débauche, immoralité, licence.** – fig. *Un dévergondage d'imagination.*

dévergondé, ée adj. (de *vergonde,* forme ancienne de *vergogne* « honte ») **1.** Qui ne respecte pas les règles de la morale sexuelle admise (traditionnellement, s'est surtout dit des femmes). → **débauché, libertin.** – n. *Une dévergondée.* ■ *Allure, vie dévergondée.* **2.** littér. Excessif, exubérant.

se dévergonder v. pron. < 1 > (→ **dévergondé**) Devenir dévergondé.

déverguer v. tr. < 1 > (de *vergue*) Enlever les vergues à (un navire).

Devéria (Achille) Dessinateur, peintre et lithographe français (1800-1857). Il réalisa de nombreux portraits *(Victor Hugo ; Liszt),* des scènes de la vie mondaine et des dessins de costumes.

Devéria (Eugène) Peintre français (1805-1865), frère d'Achille. Sa *Naissance d'Henri IV* le fit apparaître comme le chef de file de l'école romantique. Il évolua vers les styles troubadour et orientaliste.

dévernir v. tr. < 2 > Enlever le vernis de. *Dévernir une table, un tableau.* □ n. m. **dévernissage**

déverrouiller v. tr. < 1 > **1.** Ouvrir en tirant le verrou. *Déverrouiller une porte.* **2.** Libérer (une partie mobile) d'un dispositif de sécurité. *Déverrouiller le train d'atterrissage d'un avion.* □ n. m. **déverrouillage**

devers prép. (de *de* et *vers*) loc. prép. *Par-devers.* dr. En présence de. – littér. En la possession de. *Garder des papiers par-devers soi.*

dévers n. m. (du latin, de *vertere* « tourner » → **verser**) Inclinaison, pente. – Relèvement du bord extérieur d'une route dans un virage.

déversement n. m. Action de (se) déverser.

déverser v. tr. < 1 > (de *verser*) **1.** Faire couler (un liquide) d'un lieu dans un autre. – ***Se déverser*** **v. pron.** *L'eau se déverse dans le bassin.* → **s'écouler, se jeter, se vider. 2.** Déposer, laisser tomber en versant. *Déverser du sable.* **3.** fig. Laisser sortir, répandre en grandes quantités. *Chaque train déverse des flots de voyageurs.* – *Déverser sa bile, sa rancune.*

déversoir n. m. Orifice par lequel s'écoule le trop-plein d'un canal, d'un réservoir. → **¹vanne.** *Le déversoir d'un barrage.*

dévêtir v. tr. < 20 > (de *vêtir*) Dépouiller (qqn) de ses vêtements. → **déshabiller.** ■ **se dévêtir** v. pron. Enlever ses vêtements (en totalité ou en partie).

déviance n. f. didact. Caractère de ce qui est déviant.

déviant, ante adj. Qui s'écarte de la règle commune, de la norme sociale admise. *Comportement déviant.*

déviateur, trice adj. didact. Qui produit une déviation. *Forces déviatrices s'exerçant sur un projectile.*

déviation n. f. (bas latin *deviatio* → dévier) **I. 1.** Action de sortir de la direction normale ; son résultat. **2.** Changement anormal de position dans le corps. *Déviation de la colonne vertébrale.* → **déformation. 3.** fig. Changement (considéré comme mauvais) dans une ligne de conduite, une doctrine. **II. 1.** Action de dévier (un véhicule). **2.** Chemin que doivent prendre les véhicules déviés. *Emprunter une déviation.*

déviationnisme n. m. Attitude qui s'écarte de la doctrine, chez les membres d'un parti politique (s'oppose à *orthodoxie*). □ **déviationniste** n. et adj. *Les déviationnistes de droite, de gauche.*

dévider v. tr. < 1 > (de *vider*) **1.** Mettre en écheveau (du fil). – absolt « *Assise auprès du feu, dévidant et filant* » (Ronsard). – Dérouler. *Dévider un cordage.* **2.** Faire passer entre ses doigts. – fig. *Dévider son chapelet, son écheveau,* raconter, débiter tout ce qu'on a à dire. □ n. m. **dévidage**

dévidoir n. m. **1.** Instrument pour dévider. **2.** pêche Grand moulinet à manivelle.

dévier v. < 7 > (bas latin *deviare,* de *via* → voie) **1.** v. intr. Se détourner, être détourné de sa direction, de sa voie. *La balle a dévié.* – fig. *La doctrine a dévié.* ■ *Dévier de qqch.,* s'en écarter. *Dévier de son chemin.* – fig. *Dévier de ses principes.* **2.** v. tr. Écarter de la direction normale. *Dévier la circulation.*

Deville (Michel) Cinéaste français (1931-2023). Il commença par des comédies brillantes puis explora des thématiques plus sombres *(Dossier 51 ; Péril en la demeure ; La Lectrice).*

devin, devineresse n. (vient du latin *divinus* → divin) Personne qui prétend découvrir ce qui est caché, prédire l'avenir par des moyens qui ne relèvent pas d'une connaissance naturelle ou ordinaire (→ **divination**). *Consulter un devin.* → [1]**voyant.**

devinable adj. Qui peut être deviné. → **prévisible.**

deviner v. tr. < 1 > (vient du latin *divinare* → divination) **1.** Parvenir à connaître par conjecture, supposition, intuition. → **découvrir, pressentir, trouver.** *Deviner un secret. Je devine où il veut en venir.* → **voir.** – « *On aime à deviner les autres, mais l'on n'aime pas à être deviné* » (La Rochefoucauld). – *Deviner un obstacle dans le brouillard.* **2.** Trouver la solution de (une énigme). *Deviner une charade.*

devineresse voir **devin**

devinette n. f. (de *deviner*) Question dont il faut deviner la réponse. → **énigme.** *Poser une devinette.* – au plur. *Jouer aux devinettes.*

dévirer v. tr. < 1 > mar. Tourner en sens contraire. *Dévirer le cabestan.*

dévirginiser v. tr. < 1 > littér. ou plais. Faire perdre sa virginité à (une fille ; un garçon). → **déflorer, dépuceler.**

déviriliser v. tr. < 1 > psych. Ôter au caractère et au comportement de (un homme) sa virilité. → **efféminer.** □ n. f. **dévirilisation**

devis n. m. (de *deviser* « établir un plan ») État détaillé des travaux à exécuter avec l'estimation des prix. *Demander à un peintre d'établir un devis.*

dévisager v. tr. < 3 > (de *visage*) Regarder (qqn) avec attention, avec insistance. → **fixer.** *Dévisager un nouveau venu.*

devise n. f. (de *deviser*) **I. 1.** Formule qui accompagne l'écu dans les armoiries. **2.** Paroles exprimant une pensée, un sentiment, un mot d'ordre. « *Liberté, Égalité, Fraternité* », *devise de la République française.* – Règle de vie, d'action. *Rester libre, telle est ma devise.* **II.** Monnaie d'un pays considérée par rapport aux monnaies d'autres pays. *Prix des devises étrangères.* → **change, parité.** *Le cours officiel des devises.*

[1]**deviser** v. intr. < 1 > (vient du bas latin, de *dividere* → diviser) littér. S'entretenir familièrement. → **converser,** [1]**parler.** *Nous devisions gaiement. Deviser de choses et d'autres.*

[2]**deviser** v. tr. < 1 > (de *devis*) Établir le devis de. – au p. p. *Prestations devisées.*

dévisser v. < 1 > **1.** v. tr. Défaire (ce qui est vissé). *Dévisser le bouchon d'un tube. Dévisser un tube.* **2.** v. intr. alpin. Lâcher prise et tomber. ■ fig. Chuter brutalement. *Le taux de satisfaction a dévissé de 50 %.* □ adj. **dévissable** □ n. m. **dévissage**

de visu [devizy] loc. adv. (mots latins) Après l'avoir vu, pour l'avoir vu. *S'assurer de qqch. de visu.*

dévitaliser v. tr. < 1 > (de *vital*) Priver (une dent) de son tissu vital (pulpe dentaire). → **dépulper.** □ n. f. **dévitalisation**

dévitaminé, ée adj. (→ vitamine) didact. Dont on a enlevé les vitamines. *Substance dévitaminée.* – Qui a perdu ses vitamines. *Légumes dévitaminés par la cuisson.*

dévitrifier v. tr. < 7 > techn. Ôter à (une substance, le verre) sa transparence par l'action prolongée de la chaleur. – au p. p. *Verre dévitrifié.* □ n. f. **dévitrification**

dévoiement n. m. (de *dévoyer*) Action de détourner (qqn) du droit chemin. → **dérive, égarement.**

dévoilement n. m. Action de (se) dévoiler.

dévoiler v. tr. < 1 > **1.** Enlever le voile de (qqn), ce qui cache (qqch.). → **découvrir.** *Dévoiler une statue que l'on inaugure.* **2.** fig. Découvrir (ce qui était secret). → **révéler.** *Dévoiler ses intentions.* ■ **se dévoiler** v. pron. **1.** Enlever, relever son voile. **2.** fig. → **apparaître.** *Le mystère se dévoile peu à peu.*

[1]**devoir** v. tr. < 28 p. p. *dû, due, dus, dues* > (vient du latin *debere*) **I.** *Devoir à* **1.** Avoir à payer (une somme d'argent), à fournir (qqch. en nature) à qqn. *Devoir de l'argent à qqn* (→ **dette ; débiteur**). – *L'argent qui m'est dû.* – loc. *Je lui (te, vous...) dois bien ça :* il mérite bien ça en retour. **2.** Être redevable (à qqn ou à qqch.) de ce qu'on possède. → **tenir** de. « *Je ne dois qu'à moi seul toute ma renommée* » (Corneille). – *Devoir la vie à qqn,* avoir été sauvé par lui. – (avec *de* + inf.) *Je lui dois d'être en vie.* – *Être dû à :* avoir pour cause. *Sa réussite est due au hasard.* **3.** Être tenu à (qqch.) par la loi, les convenances, la morale. *Vous lui devez le respect. Je vous dois des excuses.* **II.** (+ inf.) **1.** Être dans l'obligation de (faire qqch.). → [1]**avoir** à. *Il doit terminer ce travail ce soir.* ■ (obligation morale) *Tu as agi comme tu le devais.* – (au conditionnel) *Tu devrais aller la voir à l'hôpital.* ■ (obligation atténuée) *Je dois avouer que je me suis trompé.* **2.** (exprimant la nécessité) *Cela devait arriver. Il devait mourir deux jours plus tard :* il est mort deux jours après le jour dont je parle. **3.** Avoir l'intention de. → [1]**penser.** *Nous devions l'emmener, mais elle est tombée malade.* **4.** (exprimant la vraisemblance, la probabilité, l'hypothèse) *On doit avoir froid là-bas* (→ **probablement**). *Vous devez vous tromper :* il me semble que vous vous trompez. *En principe, elle devrait réussir.* ■ **se devoir** v. pron. **1.** réfl. Être obligé de se consacrer à. *Se devoir à ses enfants.* – ***Se devoir de*** (+ inf.). *Je me dois de le prévenir,* c'est mon devoir. **2.** passif (impers.) *Comme il se doit :* comme il le faut ou fam. comme c'était prévu.

[2]**devoir** n. m. (de [1]*devoir*) **1.** *Le devoir :* obligation morale générale. *Le sentiment du devoir. Agir par devoir.* **2.** (Un, des devoirs) Ce que l'on doit faire, défini par le système moral que l'on accepte, par la loi, les convenances, les circonstances. → **charge, obligation, responsabilité, tâche.** *Accomplir, remplir son devoir.* « *Faites votre devoir, et laissez faire aux dieux* » (Corneille). *Droits et devoirs.* ■ loc. *Il est de mon devoir de ; se faire un devoir de* (+ inf.). *Manquer à son devoir, à tous ses devoirs.* – *Se mettre en devoir de... :* se disposer à, se préparer à. ■ *Devoir de mémoire.* – *Faire son devoir de citoyen :* voter. **3.** au plur. *Présenter ses devoirs à qqn.* → **hommage, respect.** – loc. *Rendre à qqn **les derniers devoirs**,* aller à son enterrement. **4.** Exercice scolaire qu'un professeur fait faire à ses élèves. *Un devoir d'histoire.*

Devoir (Le) Quotidien canadien de langue française, publié à Montréal. Il fut fondé en 1910 par Henri Bourassa.

dévoisé, ée adj. (de *voisé*) phonét. *Consonne dévoisée,* qui a perdu sa sonorité. → **assourdi.**

dévolter v. tr. < 1 > techn. Diminuer le voltage de. *Dévolter un circuit.* □ n. m. **dévoltage**

dévolteur n. m. techn. Appareil destiné à dévolter.

dévolu, ue (latin *devolutus,* de *devolvere,* de *volvere* « faire rouler » ; famille de *révolution, évoluer...*) **1.** adj. Acquis, échu par droit. *Succession dévolue à l'État, faute d'héritiers.* – par ext. Attribué, réservé. **2.** n. m. loc. ***Jeter son dévolu sur*** *(qqn, qqch.),* fixer son choix sur, manifester la prétention de l'obtenir.

dévolutif, ive adj. (du latin → dévolu) didact. Qui fait qu'une chose est dévolue à qqn.

dévolution n. f. (du latin → dévolu) dr. Passage de droits héréditaires au degré subséquent par renonciation du degré précédent, ou à une ligne par extinction de l'autre. *Dévolution successorale.*

Dévolution (guerre de) Guerre qui opposa la France à l'Espagne de 1667 à 1668. À la mort de Philippe IV d'Espagne, Louis XIV fit valoir les droits de sa femme Marie-Thérèse d'Autriche sur les Pays-Bas. Le conflit prit fin au traité d'Aix-la-Chapelle (1668) : l'Espagne céda à la France douze places sur la frontière du Nord, dont Lille.

Dévoluy n. m. Massif des Préalpes du Sud (Hautes-Alpes et Isère) au S. de la vallée du Drac. Sommet 2 789 m.

dévon ou **devon** [devɔ̃] n. m. (anglais *devon,* du n. du comté) pêche Appât articulé muni de plusieurs hameçons, ayant l'aspect d'un poisson, d'un insecte, etc.

Devon (île) Île de l'Arctique canadien, au N. de l'île de Baffin. 54 030 km^2.

Devon ou **Devonshire** n. m. Comté du S.-O. de l'Angleterre, dominé par les landes de Dartmoor. 6 715 km^2. 758 000 habitants. Chef-lieu : Exeter. Élevage bovin, cultures maraîchères. Tourisme.

dévonien, ienne adj. (anglais *devonian,* du n. du comté) géol. Qui appartient à la période géologique de l'ère primaire* allant du silurien au carbonifère. *Terrain dévonien.* – n. m. *Le dévonien,* cette période.

dévorant, ante adj. **1.** *Une faim dévorante,* qui pousse à manger beaucoup. – fig. *Curiosité dévorante.* → **insatiable. 2.** Qui consume, détruit ; fig. ardent, brûlant, dévastateur. *Une passion dévorante.*

dévorateur, trice adj. littér. Qui dévore. *Passion dévoratrice.* → **dévorant.**

dévorer v. tr. < 1 > (latin *devorare,* de *vorare* « engloutir » → vorace) **1.** Manger en déchirant avec les dents. *Le tigre dévore sa proie.* – Manger entièrement. par exagér. *Être dévoré par les moustiques.* **2.** (personnes) Manger avidement, gloutonnement. → **engloutir, engouffrer.** *Dévorer un poulet entier.* **3.** fig. Lire avec avidité. **4.** *Dévorer qqn, qqch. des yeux :* regarder avec avidité. « *Je dévorais d'un œil ardent les belles personnes* » (Rousseau). **5.** Faire disparaître rapidement. *L'incendie a dévoré une partie de la forêt.* → **consumer.** – fig. *Cela dévore tout mon temps.* → **absorber. 6.** Faire éprouver une sensation pénible, un trouble violent à (qqn). → **tourmenter.** *La soif, le mal qui le dévore.* – au passif *Être dévoré de remords.*

dévoreur, euse n. *Dévoreur, dévoreuse de...,* personne qui dévore (sens propre et fig.).

De Vos (Cornelis ou Corneille) Peintre et dessinateur flamand (1585-1651). Formé à Anvers, il fut l'un des collaborateurs de Rubens et un représentant de la tradition du portrait flamand. ■ **Paul De Vos** (1596-1678). Frère de Cornelis. Lui aussi collaborateur de Rubens, il peignit surtout des natures mortes, des scènes de chasse et des tableaux d'armes.

Devos (Raymond) Comédien et auteur français (1922-2006). Servis par une présence physique et un sens du rythme exceptionnels, ses monologues, où le comique se teinte d'angoisse, reposent sur des jeux subtils avec le langage qu'il poussa jusqu'à l'absurde.

dévot, ote adj. (latin *devotus*, p. p. de *devovere* → se dévouer) **1.** Qui est sincèrement attaché à une religion et à ses pratiques. → **pieux.** « *Ah ! pour être dévot, je n'en suis pas moins homme* » (Molière, *Tartuffe*). *Des musulmans dévots.* ■ **n.** (souvent péj.) → **bigot.** – loc. *Faux dévot,* qui affecte la dévotion. **2.** Qui a le caractère de la dévotion. *Livre dévot.* → **pieux.** □ adv. **dévotement**

dévotion n. f. (du latin → dévot) **1.** Attachement sincère et fervent à une religion (en général monothéiste ; souvent la religion chrétienne) et à ses pratiques. → **piété.** *Être plein de dévotion.* – péj. *Être confit* en dévotion.* **2.** *Faire ses dévotions :* remplir ses devoirs religieux. **3.** Culte. *La dévotion à la Vierge.* **4.** fig. Attachement, dévouement. *Il a une véritable dévotion pour sa sœur.* → **adoration, vénération.** – *Être à la dévotion de qqn,* lui être tout dévoué.

dévouement n. m. (de *se dévouer*) **1.** Action de sacrifier sa vie, ses intérêts (à qqn, à une cause). → **abnégation, sacrifice.** *Le dévouement d'un savant à son œuvre.* **2.** Disposition à servir, à se dévouer pour qqn. → **bonté.** *Soigner qqn avec dévouement.*

se dévouer v. pron. < 1 > (de *vouer*, d'après le latin *devovere*) **1.** *Se dévouer à :* se consacrer entièrement à. *Se dévouer à une cause.* ■ trans. *Il a dévoué sa vie à la science.* ■ absolt Faire une chose pénible (effort, privation) au profit d'une personne, d'une cause. → **se sacrifier.** *Ils sont toujours prêts à se dévouer.* « *Toute sa vie n'était qu'amour. Elle se dévouait sans cesse* » (R. Rolland). – fam. *Qui se dévoue pour débarrasser la table ?* **2.** au passif *Être dévoué, tout dévoué à qqn,* être prêt à le servir, lui être acquis. ■ **dévoué, ée** adj. Qui consacre ses efforts à servir qqn, à lui être agréable. *C'est l'amie la plus dévouée.* → **fidèle, serviable.** – (formule de politesse, à la fin d'une lettre) *Veuillez croire à mes sentiments dévoués.*

dévoyer v. tr. < 8 > (de *voie*) littér. Détourner (qqn) du droit chemin, de la morale. → **pervertir.** – pronom. *Se dévoyer.* ■ **dévoyé, ée** adj. et n. Qui est sorti du droit chemin, s'est dévoyé.

De Vries (Hugo) Botaniste néerlandais (1848-1935). À partir d'études sur des plantes, il découvrit le phénomène des « mutations », qu'il considéra comme le moteur de l'évolution (mutationnisme), conjointement à la sélection naturelle de Darwin.

Dewaere (Patrick Bourdeau, dit Patrick) Acteur français (1947-1982). Sa sensibilité et son talent ont marqué le cinéma français des années 1970. *Les Valseuses* (B. Blier), *Série noire* (A. Corneau), *Un mauvais fils* (C. Sautet).

Dewasne (Jean) Peintre français (1921-1999). L'un des maîtres de l'abstraction constructive, il conférait à l'art une fonction sociale. Il réalisa des tableaux sur supports rigides, des « anti-sculptures », des œuvres monumentales (les deux murs intérieurs de la Grande Arche de La Défense, à Paris).

Dewey (Melvil) Bibliographe américain (1851-1931). Bibliothécaire, il est l'inventeur du système décimal de classification des livres, dit « de Dewey ».

Dewey (John) Philosophe américain (1859-1952). Influencé par le pragmatisme et le fonctionnalisme, spécialisé dans la psychologie appliquée, il est à l'origine de la pédagogie de projet.

dextérité n. f. (du latin, de *dexter* → dextre) Adresse manuelle ; délicatesse, aisance dans l'exécution de qqch. → **agilité, légèreté.** *Manier le pinceau avec dextérité.* ■ fig. *Elle a négocié l'affaire avec dextérité.* → **art, habileté.**

dextre n. f. (du latin, de *dexter* « ²droit » cf. ambidextre) vieux ou plais. Main droite (opposé à *sénestre*).

dextrine n. f. (de *dextr[o]-* et *-ine* → dextrogyre) chim. Sucre complexe extrait de l'amidon. *Colle de dextrine.*

dextr(o)- Élément (du latin *dexter*) qui signifie « à droite, vers la droite » ou représentant *dextrogyre* dans des noms de composés chimiques.

dextrocardie n. f. (de *dextro-* et *-cardie*) méd. Position, déplacement anormal du cœur vers la droite.

dextrogyre adj. (de *dextro-* et *-gyre*) chim. Qui dévie à droite le plan de la lumière polarisée. *Cristal dextrogyre.*

dextrorsum [dɛkstʀɔʀsɔm] adj. invar. et adv. ou RO adj. et adv. (mot latin) didact. Qui va dans le sens des aiguilles d'une montre (contr. **sénestrorsum**). *Fil enroulé dextrorsum.*

dey n. m. (du turc, d'abord « oncle maternel ») hist. Titre porté par le chef du gouvernement d'Alger (de 1671 à 1830). *Des deys.*

Dezfoul Ville d'Iran (Khouzistan). 235 820 habitants. Hydrocarbures. Carrefour de communications. Base aérienne.

dézinguer v. tr. < 1 > (de *zinc* « avion ») fam. **1.** Démolir, mettre hors service. *Ils ont dézingué l'alarme !* **2.** Critiquer sévèrement, mettre à mal. **3.** Tuer (qqn). *Il s'est fait dézinguer.* □ n. m. **dézingage**

dézipper v. tr. < 1 > (de *dé-* et *zipper*) **1.** Ouvrir la fermeture à glissière de (qqch.). *Dézipper son blouson.* **2.** inform. Décompresser (un fichier).

DGSE voir **Direction générale de la sécurité extérieure**

Dhahran Ville d'Arabie saoudite, dans le Hassa. 97 450 habitants.

dhal voir **²dal**

Dhanā n. m. Désert de sable d'Arabie saoudite, au N. de Riyad.

Dhanbad Ville d'Inde (Jharkhand). 1 196 200 habitants. Centre minier et industriel.

Dharamsala Ville du N. de l'Inde (Himachal Pradesh), 19 124 habitants. Lieu d'exil du dalaï-lama et du gouvernement tibétain depuis 1960.

dharma n. m. (mot sanskrit « droit, justice, ordre établi, usage ») didact., relig. Loi régissant l'ordre, la disposition générale des choses (cosmiques, sociales, religieuses) dans le bouddhisme et l'hindouisme.

Dhaulagiri n. m. Un des plus hauts sommets de l'Himalaya, au Népal. 8 167 m.

Le Dhaulagiri, septième sommet du monde.

DHEA [deaʃøa] n. f. (sigle de *déhydroépiandrostérone*) biochim. Hormone stéroïde sécrétée par les glandes surrénales, précurseur des hormones sexuelles. *Le taux de DHEA dans le sang décroît avec l'âge.*

Dhofar n. m. Région du S.-O. du sultanat d'Oman. Ville principale : Salaalah.

Dhorme (Édouard) Orientaliste français (1881-1966). Il étudia les religions orientales et traduisit l'Ancien Testament.

Dhôtel (André) Écrivain français (1900-1991). Il a écrit une trentaine de romans, qui s'inscrivent dans la tradition du mystère et du fantastique onirique. *Le Pays où l'on n'arrive jamais ; Le Soleil du désert ; Des trottoirs et des fleurs.*

di- Élément (du grec *di-*) signifiant « deux fois ». → **bi-.** – REM. L'élément *di-* sert à former de nombreux composés en chimie.

dia interj. (onomatopée) Cri pour faire aller un cheval à gauche. – loc. *Tirer à hue* et à dia.*

dia- Élément (du grec *dia-*) qui signifie « à travers » (ex. *diamètre*), ou « en séparant, en distinguant » (ex. *dialyse*).

Diabelli (Anton) Musicien et éditeur de musique autrichien (1781-1858). Pianiste et professeur réputé, il composa dans tous les genres, en particulier pour le piano, et édita les œuvres de ses contemporains (Mozart, Haydn, Schubert).

diabète n. m. (du latin, du grec *diabêtês* « qui traverse ») Maladie métabolique caractérisée par une hyperglycémie liée à une absence de sécrétion d'insuline ou à une mauvaise utilisation de l'insuline par l'organisme.

▶ Le **diabète sucré** est défini par l'existence permanente d'un taux anormalement élevé du glucose sanguin (hyperglycémie) et de sucre dans les urines (glycosurie). Il existe deux sortes de diabètes sucrés dont les modalités sont bien différentes.

Le **diabète insulino-dépendant** (DID ou de type I) est une maladie auto-immune due à la destruction progressive des cellules pancréatiques sécrétrices d'insuline, l'insuffisance de sécrétion d'insuline étant responsable de l'hyperglycémie. La maladie débute avant l'âge de 40 ans et atteint 0,2 à 0,3 % de la population. Elle se révèle par une soif intense avec élimination excessive d'urine et un amaigrissement rapide malgré une augmentation des apports alimentaires. Le traitement consiste en l'administration quotidienne, à vie, d'insuline injectable avec un contrôle sanguin régulier pour éviter les hypoglycémies. La complication majeure, parfois révélatrice, est le coma acido-cétosique ; les complications à long terme sont identiques à celles du diabète de type II.

Le **diabète non insulino-dépendant** (DNID ou de type II) est défini par l'existence d'une glycémie à jeun égale ou supérieure à 1,26 g (7 mmol) par litre de sang. Il est dû à une anomalie de la sécrétion d'insuline avec résistance à l'insuline des cellules cibles impliquant des facteurs génétiques. L'obésité est un facteur favorisant mais non nécessaire. La maladie survient généralement après 40 ans et touche 2 à 3 % de la population. Le diabète favorise les infections et la survenue de complications notamment vasculaires. Le traitement repose avant tout sur une diététique adaptée à chaque patient, associée à une activité physique suffisante et à l'élimination des facteurs aggravants qui peuvent exister : obésité, tabagisme, hypertension artérielle, hypercholestérolémie. Les médicaments antidiabétiques oraux sont utilisés en cas de résultat insuffisant du régime. L'enseignement dès l'école des bonnes règles hygiéno-diététiques est la meilleure façon d'enrayer la forte progression actuelle de l'incidence de la maladie.

voir aussi **obésité**

diabétique adj. Du diabète. *Coma diabétique.* ■ Qui est atteint de diabète. – n. *Un(e) diabétique.*

diabétologie n. f. (de *diabète*) didact. Étude du diabète et de ses traitements. □ adj. **diabétologique** □ n. **diabétologue**

diable n. m. (du latin ecclés., emprunt au grec *diabolos* « qui désunit ») **I. 1.** Démon, personnage représentant le mal, dans la tradition populaire chrétienne. *Un diable à pieds fourchus.* **2.** *Le diable :* le prince des démons ou des diables. → **démon, satan ; diabolique.** « *C'est le Diable qui tient les fils qui nous remuent !* » (Baudelaire). ■ loc. *Ne craindre ni Dieu ni diable. Donner, vendre son âme au diable.* – *Avoir le diable au corps :* avoir de l'énergie pour faire le mal ; avoir une vitalité incontrôlable. « *Le Diable au corps* » (roman de Radiguet). – *S'agiter, se démener comme un (beau) diable,* avec une énergie extrême. – *Tirer le diable par la queue :* avoir peine à vivre avec de maigres ressources. – *C'est, ce serait bien le diable si... :* ce serait bien étonnant si. – *Que le diable l'emporte,* se dit de qqn dont on veut se débarrasser. – *La beauté* du diable.* – (Canada) *Ça parle au diable :* c'est incroyable. **3.** fig. *Au diable :* très loin. *Habiter au diable, au diable vauvert.* – *Envoyer qqn au diable,* le renvoyer, le rabrouer avec colère ou impatience. *Allez au*

Le diable appuyant sur le plateau des péchés, détail du *Jugement dernier* (cathédrale Saint-Lazare d'Autun).

diable ! ■ *À la diable :* sans soin, de façon désordonnée. *Travail fait à la diable.* ■ *Du diable :* extrême, excessif. *Un vacarme du diable.* ■ *En diable :* très, terriblement. *Il est paresseux en diable.* **4.** interj. (exprimant la surprise, l'étonnement admiratif ou indigné) → vieux **diantre.** *Diable ! C'est cher. Réagissez, que diable !* **II.** fig. **1.** Enfant vif, turbulent, insupportable. **2.** *Un **pauvre diable** :* un homme malheureux, pauvre, pitoyable. – *Un bon diable :* un brave homme. → **bougre. 3.** ***Diable*** de (valeur d'adj.) : bizarre, singulier ou mauvais. → **[1]drôle.** *Un diable d'homme.* – avec un fém. « *Je n'en voyais pas une seule qui valût cette diable de fille-là* » (Mérimée). **III. 1.** Petit chariot à deux roues basses qui sert à transporter des caisses, des objets lourds. **2.** Ustensile de cuisson formé de deux poêlons en terre poreuse.

diablement adv. fam. Très. → **rudement, terriblement.** *Il est diablement fort sur ce sujet.*

Diablerets (Les) Massif des Alpes suisses. 3 210 m. Station d'été et de sports d'hiver.

diablerie n. f. **1.** Parole, action pleine de turbulence, de malice. → **espièglerie. 2.** au Moyen Âge Mystère* dans lequel des diables étaient en scène.

diablesse n. f. **1.** Diable femelle. **2.** fig. Femme, jeune fille très active, remuante, pétulante.

diablotin n. m. **I. 1.** Petit diable. **2.** fig. Jeune enfant très espiègle. **II.** Larve de l'empuse*.

diabolique adj. (du latin ecclés., du grec → diable) **1.** Qui tient du diable. *Pouvoir diabolique.* → **démoniaque.** – *Il était diabolique d'habileté.* **2.** Extrêmement méchant. *Rictus diabolique.* – *Invention, machination diabolique,* pleine de ruse et de méchanceté. → **infernal, satanique.** □ adv. **diaboliquement**

diaboliser v. tr. < 1 > (du radical de *diabolique*) Faire passer pour diabolique, présenter sous un jour très négatif. *Diaboliser une idéologie.* □ n. f. **diabolisation**

diabolo n. m. (de *diable*) **I.** Jouet composé d'une bobine et de deux baguettes reliées par une ficelle que l'on tend sous la bobine pour la lancer et la rattraper. **II.** Boisson faite de limonade et d'un sirop. *Des diabolos menthe.*

diacétylmorphine [diasetilmɔʀfin] n. f. (de *di-*, *acétyl[e]* et *morphine*) chim. Dérivé de la morphine. → **[2]héroïne.** - syn. **diamorphine.**

diachronie [djakʀɔni] n. f. (de *dia-* + *-chronie*) ling. Évolution des faits linguistiques dans le temps (opposé à *synchronie*). □ **diachronique** [djakʀɔnik] adj. *Étude diachronique d'un mot.*

diachylon [djakilɔ̃] n. m. (du latin, grec *dia khulôn* « au moyen de sucs » → chyle) pharm. Emplâtre employé pour calmer une inflammation. *Toile enduite de diachylon.* → **sparadrap.**

diacide n. m. et adj. (de *di-* et *acide*) chim. Corps ayant deux fonctions acide.

diaclase n. f. (grec *diaklasis* « brisure *[clase]* en deux ») géol. Fissure d'une roche ou d'un terrain sans déplacement des deux blocs.

diaconat n. m. (du latin ecclés. → diacre) relig. Le premier des ordres majeurs dans l'Église catholique et orthodoxe (→ **diacre**).

diaconesse n. f. (du latin → diacre) relig. **1.** Fille ou veuve qui, dans l'Église primitive, était chargée de certaines fonctions ecclésiastiques. **2.** Religieuse protestante qui se consacre à des œuvres de charité.

diacoustique n. f. (de *dia-* et *acoustique*) Partie de l'acoustique qui traite de la réfraction des sons.

diacre n. m. (du latin *diaconus*, grec *diakonos* « serviteur ») **1.** Clerc qui a reçu le diaconat. → aussi **sous-diacre. 2.** Dans les églises réformées, bénévole laïque chargé d'œuvres charitables.

diacritique adj. (du grec → dia- et [2]critique) gramm. *Signe diacritique :* signe graphique (point, accent...) qui empêche la confusion entre homographes*. *Les accents des mots* à, dû, où *sont des signes diacritiques.*

diadème n. m. (du latin, du grec, de *dein* « lier ») **1.** Riche bandeau qui, dans l'Antiquité, était l'insigne du pouvoir monarchique. **2.** Bijou féminin qui ceint le haut du front.

diadoque n. m. (grec *diadokhos* « successeur ») hist. Nom donné aux généraux d'Alexandre qui se disputèrent son empire à sa mort. ■ mod. Titre porté par le prince héritier de Grèce.

Diagana (Stéphane) Athlète français (né en 1969). Premier athlète français masculin champion du monde du 400 m haies (1997), il fut champion d'Europe en 2002.

Stéphane Diagana en demi-finale du 400 m haies des Championnats du monde d'athlétisme à Paris (2003).

diagenèse n. f. (de *dia-* + *-genèse*) géol. Ensemble des phénomènes de consolidation et de durcissement d'un dépôt sédimentaire.

Diaghilev (Serge de) Critique d'art et imprésario russe (1872-1929). Il révéla au public russe de très nombreux peintres et musiciens français (les expressionnistes, Ravel, Debussy). Sa troupe des Ballets russes, qu'il fit découvrir au public français, eut une grande influence sur la vie culturelle et sur l'avant-garde de l'époque.

Couverture d'un programme des Ballets russes de Diaghilev (costume de Chinois dessiné par Picasso, 1917, bibliothèque-musée de l'Opéra, Paris).

diagnose [djagnoz] n. f. (latin *diagnosis* « discernement » → diagnostic) **1.** méd., vieilli Connaissance d'une maladie par l'observation des symptômes. **2.** biol. Détermination des caractéristiques (d'une espèce animale ou végétale).

diagnostic [djagnɔstik] n. m. (du grec, de *diagignôskein* « discerner », famille de *gnose*) **1.** Identification (d'une maladie, d'un état) d'après ses symptômes. *Poser, établir un diagnostic. Erreur de diagnostic.* **2.** fig. Hypothèse tirée de l'analyse de signes. *Un diagnostic de crise.*

diagnostique [djagnɔstik] adj. (du grec → diagnostic) méd. Qui permet d'identifier une maladie. *Signes diagnostiques du cancer.*

diagnostiquer [djagnɔstike] v. tr. < 1 > (de *diagnostic*) **1.** Reconnaître en faisant le diagnostic. *Diagnostiquer une typhoïde.* **2.** fig. *Diagnostiquer une crise économique.*

diagonal, ale, aux adj. (du latin, du grec → dia-, de *gônia* « angle » → [1]-gone) géom. Qui joint deux sommets non consécutifs d'une figure (→ **diagonale**).

diagonale n. f. **1.** Ligne diagonale. *Les deux diagonales d'un carré.* **2.** ***En diagonale*** loc. adv. : en biais, obliquement. *Traverser une rue en diagonale.* – fig., fam. *Lire en diagonale :* lire très rapidement, parcourir.

diagramme n. m. (latin *diagramma*, mot grec → dia- et -gramme) **1.** Tracé géométrique sommaire des parties d'un ensemble et de leur disposition les unes par rapport aux autres. **2.** Représentation graphique du déroulement et des variations (d'un phénomène). → **courbe, graphique.** *Diagramme de natalité.*

diagraphie n. f. géol. Mesure et enregistrement d'un des paramètres géophysiques des formations géologiques traversées lors d'un sondage. *Diagraphies de porosité.*

dialcool [dialkɔl] n. m. (de *di-* et *alcool*) chim. Composé possédant deux fonctions alcool. → **glycol.**

dialectalisme n. m. ling. Particularité dialectale, par rapport à une langue centrale ou « standard ».

dialecte n. m. (du latin, du grec, de *dialegein* « parler » → dialogue) Forme régionale, nettement distincte, d'une langue. *Dialecte rural.* → **patois.** *Le wallon, dialecte français de Belgique. Les dialectes d'oc.* □ adj. **dialectal, ale, aux**

dialecticien, ienne n. Personne qui emploie les procédés de la dialectique dans ses raisonnements.

dialectique (du latin, du grec, de *dialegein* « parler, raisonner ») **I.** n. f. **1.** Ensemble des moyens mis en œuvre dans la discussion en vue de démontrer, réfuter (→ **argumentation, raisonnement**). *Une dialectique rigoureuse.* **2.** philos. Marche de la pensée reconnaissant le caractère inséparable des propositions contradictoires (thèse, antithèse), que l'on peut unir dans une synthèse. *La dialectique de Hegel est spiritualiste.* **II.** adj. Qui opère par la dialectique (2). *Le matérialisme historique et dialectique de Marx.* □ adv. **dialectiquement**

▶ La notion de **dialectique** (I, 2) a évolué au cours de l'histoire de la philosophie. Dans le *Cratyle,* Platon la définit comme l'art du dialogue, celui de savoir interroger et répondre si bien maîtrisé par Socrate. Dans la *République,* il en fait la science la plus haute, celle qui connaît les choses dans leur essence, en s'élevant pas à pas par la raison jusqu'à l'Un, au Bien, d'où elle a une vue d'ensemble sur les Idées. Elle diffère à la fois de l'opinion et des sciences qui reposent sur des hypothèses. Aristote a une conception différente de la dialectique : elle est une méthode consistant à examiner différents sujets en pesant le pour et le contre à partir de prémisses probables, d'opinions communément admises, contrairement aux démonstrations scientifiques qui partent de prémisses certaines. Chez les stoïciens et les scolastiques, la dialectique est synonyme de logique.
Hegel a repensé la dialectique comme mouvement intrinsèque de la pensée et du réel travaillé par le négatif, qui dépasse les dualités, les oppositions et s'élève vers une unité plus haute, qui

D

sera par la suite elle aussi surmontée. Marx reprend cette notion en l'appliquant à l'histoire « réelle » mue par les contradictions du système capitaliste et les conflits de classes.
voir aussi **logique, platonisme, aristotélisme**

dialectiser v. tr. < 1 > didact. Faire évoluer par un processus dialectique. *Dialectiser des contradictions.* □ n. f. **dialectisation**

dialectologie n. f. Étude des dialectes. □ adj. **dialectologique** □ n. **dialectologue**

dialectophone adj. et n. (de *dialecte* et *-phone*) Qui parle un dialecte.

dialogique adj. (du grec, de *dialogos* → **dialogue**) didact. Qui est en forme de dialogue. *Écrits dialogiques de Platon.*

dialogue n. m. (du latin, du grec, de *dialegein* « discuter » → **dialecte, dialectique**) **1.** Entretien entre deux (ou plusieurs) personnes. → **conversation ;** s'oppose à *monologue.* – Contact, discussions entre deux groupes. *Le dialogue entre le patronat et les partenaires sociaux est rompu.* → **négociation, pourparlers. 2.** Ensemble des paroles qu'échangent les personnages d'une pièce de théâtre, d'un film, d'un récit. *Un film de Marcel Carné avec des dialogues de Prévert.* **3.** Ouvrage littéraire, philosophique, en forme de conversation. *Les dialogues de Platon.* **4.** inform. Échange d'informations entre deux éléments d'un système informatique.

dialoguer v. < 1 > **1.** v. intr. Avoir un dialogue (avec qqn). → **s'entretenir.** *Dialoguer avec qqn.* **2.** v. tr. Mettre en dialogue. *Dialoguer un roman pour le porter à l'écran.*

dialoguiste n. Auteur des dialogues (d'un film, d'une émission).

dialypétale adj. (du grec *dialuein* « séparer » et de *pétale*) bot. Dont la corolle est faite de pétales séparés (opposé à *gamopétale*). *Fleur dialypétale.*

dialyse n. f. (du grec → **dia-** et **-lyse**) **1.** chim. Séparation, par diffusion au travers d'une membrane poreuse, de substances en dissolution. **2.** méd. Méthode d'épuration du sang lors d'une insuffisance rénale. → **rein artificiel.**

dialysépale adj. (du grec *dialuein* « séparer » et de *sépale*) bot. Dont les sépales sont séparés (opposé à *gamosépale*). *Fleur dialysépale.*

dialyser v. tr. < 1 > (de *dialyse*) sc. Opérer la dialyse de (une substance). ■ par ext., méd. *Dialyser un malade.* – au p. p. *Malade dialysé.*

dialyseur n. m. sc. Dispositif pour effectuer la dialyse.

diamant n. m. (vient du latin *diamas,* de *adimas* → ²**aimant** *cf.* **adamantin**) **1.** Pierre précieuse (carbone pur cristallisé), la plus brillante et la plus dure de toutes, le plus souvent incolore. *La pureté, l'eau* d'un diamant* (→ **adamantin**). *Diamant taillé en brillant. Diamant monté seul.* → **solitaire. 2.** techn. Instrument à pointe de diamant, qui sert à couper le verre, les glaces. *Diamant de vitrier.* **3.** Pointe de lecture des disques microsillons.

Diamant (Le) Commune de la Martinique. 5 447 habitants. Tourisme. Le *rocher du Diamant,* au large, fut disputé entre la France et l'Angleterre.

diamantaire n. Personne qui taille ou vend des diamants. → **joaillier.**

diamanté, ée adj. Garni de diamants.

diamanter v. tr. < 1 > (de *diamanté*) **1.** Orner, couvrir (qqn) de diamants. **2.** Faire briller comme un diamant.

diamantifère adj. (→ **-fère**) Qui contient du diamant. *Sable diamantifère.*

diamantin, ine adj. didact. Qui a l'éclat ou la dureté du diamant. → **adamantin.**

diamétral, ale, aux adj. Relatif au diamètre. – fig. *Opposition diamétrale,* absolue, totale.

diamétralement adv. Selon le diamètre. – fig. *Opinions diamétralement opposées.* → **absolument, radicalement.**

diamètre n. m. (du latin, du grec → **dia-** et **-mètre**) **1.** Ligne droite qui passe par le centre d'un cercle, d'une sphère. **2.** La plus grande largeur ou grosseur d'un objet cylindrique ou arrondi. *Diamètre d'un tube.* → **calibre.**

diamide [diamid ; djamid] n. m. (de *di-* et *amide*) chim. Corps ayant deux fonctions amide*.

diamine [diamin ; djamin] n. f. (de *di-* et *amine*) chim. Corps ayant deux fonctions amine*.

diamorphine voir **diacétylmorphine**

Diana (Diana Frances Spencer, lady) Princesse de Galles (1961-1997). Elle épousa en 1981 le prince Charles, héritier de la couronne d'Angleterre, dont elle eut deux fils. Son divorce en 1996 ainsi que son engagement auprès d'organisations humanitaires, rompant avec les traditions de la monarchie anglaise, la rendirent très populaire. Elle mourut dans un accident de voiture.

Lady Diana Spencer en Angola, dans le cadre de son engagement contre les mines terrestres, en 1997.

diane n. f. (italien *diana* ; du radical *dies* « jour ») vieux ou littér. Batterie de tambour, sonnerie de clairon ou de trompette pour réveiller les soldats, les marins. → ¹**réveil.** *Battre, sonner la diane.*

Diane Déesse romaine de la Chasse, identifiée à l'Artémis grecque.

Diane chasseresse, fresque de Stabia (Ier s. av. J.-C.), Musée archéologique national, Naples.

Diane de Poitiers, duchesse de Valentinois (1499-1566). Veuve de Louis de Brézé, elle fut la maîtresse d'Henri II, lequel fit construire pour elle le château d'Anet.

Diane de Valois ou **Diane de France** (1538-1619). Fille naturelle d'Henri II, légitimée, elle épousa Orazio Farnèse puis François de Montmorency.

diantre interj. (de *diable*) vieux Juron qui marque l'étonnement, la perplexité ou l'admiration. → **diable.**

diapason n. m. (du latin, du grec, de *dia pasôn* « de toutes [les notes] », de *pas, pantos* « tout » → **pan-**) **1.** Son de référence utilisé pour l'accord des voix et des instruments. *« Mon oreille exercée, comme le diapason d'un accordeur »* (Proust). **2.** fig. *Être, se mettre au diapason,* en harmonie avec les idées, les dispositions (de qqn, d'un groupe). **3.** Petit instrument métallique qui donne le la lorsqu'on le fait vibrer.

diapause n. f. (→ **pause**) zool. Arrêt temporaire du développement (des œufs, larves...).

diapédèse n. f. (du grec, de *pêdân* « jaillir ») méd. Migration des leucocytes à travers la paroi des capillaires, lors d'un processus inflammatoire.

diaphane adj. (du grec, de *phanein* « faire briller, montrer » → **-phane**) **1.** Qui laisse passer à travers soi les rayons lumineux sans laisser distinguer la forme des objets. → **translucide. 2.** fig., littér. Très pâle et qui donne une impression de fragilité. *Teint, peau diaphane.* □ n. f. **diaphanéité**

diaphanoscopie n. f. (de *dia-,* du grec *phainein* « briller » [*cf.* *diaphane*] et de *-scopie*) méd. Procédé qui consiste à éclairer certaines parties du corps (spécialt les sinus de la face) pour les examiner par transparence. → **diascopie.**

diaphonie n. f. (du grec *diaphônia* « discordance » → **-phonie**) techn. Défaut dans la transmission ou la restitution d'un signal, dû à un transfert d'énergie d'un signal sur un autre. *Le taux de diaphonie s'évalue en décibels.*

diaphragmatique adj. anat. Qui a rapport au diaphragme. → **phrénique.**

diaphragme n. m. (grec *diaphragma* « cloison », de *phrattein* « enclore ») **1.** anat. Muscle large et mince qui sépare le thorax de l'abdomen. **2.** Contraceptif féminin. **3.** Membrane vibrante (d'appareils acoustiques). *Diaphragme de haut-parleur.* **4.** Disque opaque percé d'une ouverture réglable, pour faire entrer plus ou moins de lumière. *Régler l'ouverture du diaphragme* (d'un appareil photographique), ou *diaphragmer* v. tr. < 1. >

diaphyse n. f. (grec *diaphusis* « séparation naturelle, interstice ») anat. Tronçon moyen (d'un os long). *Diaphyse du fémur.* □ adj. **diaphysaire**

diapir n. m. (du grec *diappeirein* « transpercer ») géol. Structure plissée résultant de la montée de roches au travers de formations plus denses.

diaporama n. m. (de *diapositive* et *-orama*) **1.** Spectacle de projection sonorisée de diapositives. **2.** Déroulement séquentiel d'images numérisées, géré par un logiciel.

diapositive n. f. (de l'adj. *diapositif,* de *dia-* et *positif*) **1.** Tirage photographique positif sur support transparent destiné à la projection. *Film pour diapositives couleur.* **2.** Chacune des pages d'un diaporama numérique. - abrév. fam. **diapo.**

diapré, ée adj. De couleur variée et changeante. *Étoffe diaprée.* → **chatoyant.**

diaprer v. tr. < 1 > (de l'ancien français *diaspre* « drap à ramages », du latin *diasprum,* altération de *jaspis* → **jaspe**) littér. Nuancer, parer de couleurs variées. – fig. Orner de façon brillante.

diaprure n. f. littér. Aspect de ce qui est diapré, de ce qui chatoie.

diariste n. (anglais *diarist*) anglic. Auteur d'un journal intime.

diarrhée n. f. (du latin, du grec → **dia-** et **-rrhée**) Évacuation fréquente de selles liquides. → **colique.** *Avoir la diarrhée.* □ adj. **diarrhéique**

diarthrose n. f. (du grec, de *arthron* « articulation ») anat. Articulation très mobile, permettant aux os des mouvements amples (ex. le genou, le coude).

Dias (Bartolomeu) ou **Barthélemy Diaz** Navigateur portugais (v. 1450-1500). Il fut le premier Européen à contourner l'Afrique, et découvrit le cap de Bonne-Espérance (1487-1488).

diascope n. m. (de *dia-* + *-scope*) Instrument d'optique utilisé dans les engins blindés. → **périscope.**

diascopie n. f. (de *dia-* + *-scopie*) **1.** didact. Projection de documents transparents. **2.** méd. → **diaphanoscopie.**

diaspora n. f. (du grec, de *speirein* « semer » → **spore**) hist. Dispersion des Juifs exilés de leur pays. ■ Dispersion (d'une communauté) à travers le monde ; la population ainsi dispersée. *La diaspora arménienne. Des diasporas.* □ adj. **diasporique**

diastase n. f. (du grec, de *diistanai* « séparer ») chim. anc. Enzyme provoquant l'hydrolyse de l'amidon. → **amylase.**

diastole n. f. (du grec, de *diastellein* « séparer en deux ») physiol. Mouvement de dilatation du cœur qui alterne avec la systole*. □ adj. **diastolique**

diathermane adj. (de *dia-* et du grec *thermainein* « chauffer » → **thermo-**) phys. Qui transmet les radiations calorifiques. *Le mica est diathermane.* - syn. **diatherme** et **diathermique.**

diathermie n. f. (allemand *Diathermie* ; cf. *dia-* et *-thermie*) méd. Méthode thérapeutique qui utilise des courants électriques alternatifs de haute fréquence pour échauffer ou détruire les tissus. → **électrocautère, électrocoagulation.** □ adj. **diathermique**

diathèse n. f. (du grec « disposition », de *thesis* → **thèse**) méd. Disposition générale d'une personne à être atteinte par des affections présumées de même origine, mais avec des manifestations différentes. → **prédisposition, terrain.** □ adj. **diathésique**

diatomée n. f. (grec *diatomos* « coupé en deux » → **-tome**) Algue brune unicellulaire microscopique dont la membrane est entourée d'une coque siliceuse.

diatomique [diatɔmik] adj. (de *di-* et *atomique*) chim. Dont la molécule est formée de deux atomes.

diatomite n. f. (de *diatomée*) minér. Roche constituée par des débris de diatomées, employée industriellement pour ses propriétés absorbantes et abrasives.

diatonique adj. (du latin, du grec, de *tonos* → ^{2}**ton**) mus. Qui procède par tons et demi-tons consécutifs (opposé à *chromatique*). *Gamme diatonique.* □ adv. **diatoniquement** □ n. m. **diatonisme**

diatribe n. f. (du bas latin, du grec, de *tribein* « frotter ») Critique violente. « *Il mêle à la violence de ses diatribes une pitié indulgente* » (Proust).

Díaz (Porfirio) Homme politique mexicain (1830-1915). Président de la République (1876-1880 ; 1884-1911), il instaura un régime autoritaire et contribua à la modernisation de l'économie mexicaine.

Díaz-Canel (Miguel) Homme d'État cubain (né en 1960). Successeur de Raúl Castro, il est président de la République depuis 2018 et premier secrétaire du Parti communiste depuis 2021.

Diaz de La Peña (Narcisse Virgile) Peintre et lithographe français d'origine espagnole (1807-1876). Avec des couleurs vives et une touche apparente, il peignit des sujets exotiques, des paysages et des figures allégoriques. Après avoir rejoint l'école de Barbizon, il privilégia la forêt de Fontainebleau.

diazoïque [diazɔik ; djazɔik] adj. et n. m. (de *di-* et radical de *azote*) chim. Se dit de composés doublement azotés utilisés dans la fabrication des colorants.

Díaz Ordaz (Gustavo) Homme d'État mexicain (1911-1979). Président de la République de 1964 à 1970, il réprima violemment la révolte estudiantine du 2 octobre 1968.

Dib (Mohammed) Poète et romancier algérien d'expression française (1920-2003). Installé en France en 1959, il a publié de la poésie, du théâtre, des essais, des contes et de nombreux romans qui traitent du drame de la colonisation (*La Grande Maison ; L'Incendie*) ou s'inspirent de ses séjours en Finlande (*Le Sommeil d'Ève*) et aux États-Unis (*L. A. Trip*).

Dibango (Emmanuel, dit Manu) Saxophoniste, chanteur et compositeur camerounais (1933-2020). Il est à l'origine de l'essor de la world music (*Soul Makossa*) dans les années 1970.

Manu Dibango au festival de jazz de Marciac (2007).

dibasique adj. (→ ^{1}**basique**) chim. Qui possède deux fonctions base.

DiCaprio (Leonardo) Acteur américain (né en 1974). Remarqué jeune (*Gilbert Grape*) et rendu célèbre par *Titanic* de James Cameron, il est devenu l'acteur fétiche de Scorsese (*Aviator ; Les Infiltrés ; Shutter Island ; Le Loup de Wallstreet*).

Leonardo DiCaprio dans *Blood Diamond* d'Edward Zwick (2006).

dicaryon n. m. Cellule où persistent deux noyaux, chez les champignons supérieurs.

dicastère n. m. (grec *dikasterion* « cour de justice ») **1.** relig. Subdivision de la curie romaine. **2.** En Suisse, Subdivision d'une administration communale.

dicentra n. f. (grec *dikentron* « à deux aiguillons ») Plante cultivée pour la forme en cœur de ses fleurs.

dicho- Élément (du grec *dikho-*, de *dikha* « en deux », de *dis* « deux fois »). → **di-**.

dichotome [dikɔtɔm] adj. (du grec → **dicho-** et **-tome**) bot. Qui se divise en deux par bifurcation. *Tige dichotome du gui.*

dichotomie [dikɔtɔmi] n. f. (du grec, de *temnein* « couper » → **-tomie**) **1.** didact. Division, opposition (entre deux éléments, deux idées). **2.** bot. Mode de ramification par divisions successives en deux branches. **3.** Partage illicite d'honoraires entre un médecin et un de ses confrères. □ adj. **dichotomique**

dichroïsme [dikʀɔism] n. m. (anglais *dichroism*, grec *dikhroos* « de deux couleurs ») phys. Propriété de certaines substances de présenter une coloration différente selon les conditions d'observation. □ adj. **dichroïque**

dicible adj. (du latin ecclés. → ^{1}**dire**) Qui peut être dit, exprimé. « *Rien de dicible, rien que le jour mourant jusqu'au noir total* » (Beckett). □ n. f. **dicibilité**

Dick (Philip Kindred) Écrivain américain (1928-1982). Romancier, nouvelliste, il introduisit dans la science-fiction son expérience de la drogue et de l'instabilité mentale. Les thèmes principaux de son œuvre sont les passages d'un monde à l'autre, les changements de personnalité, les fractures temporelles. *Le Temps désarticulé ; Le Maître du Haut-Château ; Ubik.*

Dickens (Charles) Romancier britannique (1812-1870). Marqué par une enfance malheureuse, il mit sa sensibilité et son imagination au service des humbles et des opprimés, dénonçant dans ses romans les abus sociaux de son époque, le capitalisme, l'exploitation sous ses différentes formes. *Les Aventures de M. Pickwick ; Oliver Twist ; Contes de Noël ; David Copperfield ; Les Grandes Espérances.*

Dicker (Joël) Écrivain suisse d'expression française (né en 1985). La construction narrative et le suspense de ses romans en ont fait des succès. *La Vérité sur l'affaire Harry Quebert ; Le Livre des Baltimore ; L'Affaire Alaska Sanders.*

Dickinson (Emily) Poète américaine (1830-1886). Recluse volontaire, elle écrivit de courts poèmes lyriques sur l'amour, le moi, la mort, l'éternité, publiés pour la plupart après sa mort.

dicline [diklin] adj. (du grec *di-* « deux » et *klinê* « lit ») bot. Dont les fleurs ne sont pas toutes bisexuées. *Le saule, le noisetier sont des plantes diclines.*

dico voir **dictionnaire**

dicotylédone adj. et n. f. bot. Dont la graine a deux cotylédons* (classe des *Dicotylédones* ; ex. les légumineuses, les rosacées).

dictame n. m. (latin *dictamnum*, du grec) **1.** bot. Plante aromatique, variété d'origan. → **fraxinelle. 2.** fig., littér. Adoucissement. → **baume, consolation.** « *Tous les dictames saints qui calment la souffrance* » (Hugo).

dictaphone n. m. (marque déposée ; de *dicter* et *-phone*) Magnétophone destiné à la dictée du courrier.

dictateur, trice n. (du latin, de *dictare* → **dicter**) **1.** n. m. hist. (Antiq. romaine) Magistrat nommé en cas de crise grave, investi, pour un temps déterminé, d'un pouvoir illimité. **2.** n. Personne qui, après s'être emparée du pouvoir, l'exerce sans contrôle. → **autocrate, despote, tyran.** *Dictateur fasciste, communiste.*

dictatorial, iale, iaux adj. (de *dictateur*, d'après *sénatorial*) Qui appartient au dictateur, qui a rapport à la dictature. *Pouvoirs dictatoriaux. Régime dictatorial.* → **autoritaire.** – fig. *Ton dictatorial.* → **impérieux.** □ adv. **dictatorialement**

dictature n. f. (du latin → **dictateur**) **1.** hist. (Antiq. romaine) Magistrature extraordinaire, la plus élevée de toutes, chez les Romains. **2.** Concentration de tous les pouvoirs entre les mains d'un individu, d'une assemblée, d'un parti, d'une classe. *Dictature militaire.* ■ *Dictature du prolétariat* : prise et exercice du pouvoir total par les représentants du prolétariat (ancienne doctrine léniniste). **3.** fig. Pouvoir absolu, suprême. → **tyrannie.** *La dictature des lobbys.*

▶ Étymologiquement, la **dictature** est l'attitude de celui qui donne des ordres. À Rome, quand la République affrontait un danger grave, le Sénat pouvait remettre tous les pouvoirs à un dictateur. La délibération démocratique était alors suspendue au profit d'une voix unique. Les dictatures de Sylla puis de César ont montré les dérives possibles de cette institution. Comme le note Aristote dans sa *Politique*, le gouvernement par un seul dégénère vite en tyrannie, et ceci d'autant plus facilement que le monarque n'a pas reçu son pouvoir en héritage. De ce risque de dérive, Cromwell ou Robespierre sont des exemples plus proches. À la différence de leurs prédécesseurs, les dictateurs du XXe siècle n'ont pas reçu expressément le droit d'exercer une dictature : ils ont le plus souvent conquis ce pouvoir par la force et par la

D

ruse. Quelques-uns l'ont acquis par des voies légales, comme Hitler, Mussolini, ou Staline ; d'autres, comme Pinochet ou Franco, grâce à un coup d'État ou au terme d'une guerre civile. La plupart se maintiennent en modifiant la Constitution et en violant le principe de séparation des pouvoirs au moyen de lois d'exception. La liberté de la presse et l'opposition politique disparaissent ou sont sévèrement contrôlées. S'il peut donner l'impression d'exercer un pouvoir autocratique, arbitraire et solitaire, le dictateur s'appuie toujours sur des groupes ou des factions qui le soutiennent : militaires, grands propriétaires, hiérarchie administrative ou religieuse. Dans tous les cas, le régime use des mêmes armes : contrôle de l'information, surveillance policière, violence politique, délation.
voir aussi **démocratie, monarchie, totalitarisme**

dictée n. f. **1.** Action de dicter. *Écrire une lettre sous la dictée (de qqn).* – fig., littér. *Faire qqch. sous la dictée des circonstances.* **2.** Exercice consistant en un texte lu à haute voix qui doit être transcrit selon les règles de l'orthographe.

dicter v. tr. < 1 > (latin *dictare*, de *dicere* → [1]dire) **1.** Dire (qqch.) à haute voix en détachant les mots ou les membres de phrases, pour qu'une autre personne les écrive. *Dicter son courrier à sa secrétaire. Dicter au dictaphone.* **2.** Indiquer en secret, à l'avance, à qqn (ce qu'il doit dire ou faire). *Dicter à qqn sa conduite.* – passif *Ses réponses lui ont été dictées*, on lui a fait la leçon. – *Leur attitude dictera la nôtre.* → **commander. 3.** Stipuler et imposer. → **prescrire.** *Dicter ses conditions.*

diction [diksjɔ̃] n. f. (latin *dictio*, de *dicere* → [1]dire) Manière de dire, de réciter un texte, des vers, etc. → **élocution.** *« La diction, mère de la Poésie »* (Valéry). *Il a une diction très nette.*

dictionnaire [diksjɔnɛʀ] n. m. (du latin, de *dictio* « action de dire ; mot, expression » → diction) **1.** Recueil contenant des mots, des expressions d'une langue, présentés dans un ordre convenu, et qui donne des définitions, des informations sur eux. *« Le dictionnaire est le livre par excellence. Tous les autres livres sont dedans »* (A. France). *Dictionnaire alphabétique. Chercher un mot, le sens d'un mot dans le dictionnaire. Consulter un dictionnaire. Entrée, article de dictionnaire.* – *Dictionnaire de langue*, donnant des renseignements sur les mots de la langue commune et leurs emplois. – *Dictionnaire encyclopédique*, donnant des informations sur les choses désignées par les mots, et traitant les noms propres. – *Dictionnaire des synonymes.* – *Dictionnaire d'argot.* – *Dictionnaire bilingue*, qui donne la traduction des mots d'une langue dans une autre en tenant compte des sens, des emplois. – *Dictionnaire électronique.* – *Dictionnaire en ligne**. **2.** Ensemble des mots différents (d'un groupe...). → **lexique, vocabulaire. 3.** fam. Personne qui sait tout. *C'est un dictionnaire vivant !* → **encyclopédie.** - abrév. fam. **dico.**

▶ L'idée du **dictionnaire** (1) comme recueil d'un ensemble ordonné de mots est une idée moderne. C'est avec les dictionnaires plurilingues, comme le *Dictionnaire polyglotte* de l'Italien Ambrogio Calepino (1502), qu'apparaissent des listes alphabétiques de mots avec leur traduction ponctuelle. Le *Dictionarium latinogallicum* (1531) de Robert Estienne et le *Trésor de la langue française* de Jean Nicot (1606) développent le procédé en introduisant des définitions.
Le dictionnaire unilingue n'apparaît en France qu'au XVIIe siècle, avec le *Dictionnaire de l'Académie royale*, institution créée par le cardinal de Richelieu et dont l'une des fonctions est de fixer la langue française. Ses travaux commencent en 1637, la première édition paraît en 1694. Entre-temps, César-Pierre Richelet (1680) et Antoine Furetière (1690) publient leurs propres dictionnaires. Le *Dictionnaire historique et critique* de Pierre Bayle (1697) a une portée encyclopédique et met les ressources de la forme dictionnairique au service de la diffusion des idées, ouvrant la voie à l'*Encyclopédie* de Diderot et d'Alembert (1751-1772), au *Dictionnaire philosophique* de Voltaire (1764), à l'*Encyclopaedia Britannica* (depuis 1771) ou au *Grand Dictionnaire universel du XIXe siècle* de Pierre Larousse (1866-1890). Émile Littré, au XIXe siècle, et Paul Robert, au XXe, renouvellent le genre en tablant sur la rigueur et la précision.
Les élargissements successifs des domaines du savoir ont rendu de plus en plus nécessaires les dictionnaires spécialisés, s'attachant à un champ de connaissance spécifique (droit, biologie, informatique...) ; d'où l'apparition de la terminologie, discipline visant à traiter et définir, avec la plus grande exactitude, les termes scientifiques et techniques dont ils sont nourris.
voir aussi **encyclopédie**

dictionnairique [diksjɔnɛʀik] adj. didact. Qui concerne le dictionnaire. → **lexicographique.**

dicton n. m. (du latin *dictum*, de *dicere* → [1]dire) Sentence passée en proverbe. → [1]**adage, maxime.** *Vieux dicton populaire.*

dictyoptère n. m. (du grec *diktuon* « filet, réseau » et de *-ptère*) zool. Insecte dont les ailes présentent des nervures disposées en réseau (ordre des *Dictyoptères* ; ex. la blatte, la mante).

-didacte Élément (du grec *didaskein*) qui signifie « enseigner » (ex. *autodidacte*).

didacthèque n. f. (du radical de *didacticiel* et *-thèque*) Bibliothèque, collection de didacticiels.

didacticiel n. m. (de *didactique* et *logiciel*) inform. Logiciel à fonction pédagogique.

didactique (du grec, de *didaskein* « enseigner » → autodidacte) **I.** adj. **1.** Qui vise à instruire. *Dans un souci didactique.* → **pédagogique.** *Ouvrage didactique.* **2.** Qui appartient à la langue des sciences et des techniques. *Terme didactique.* □ adv. **didactiquement II.** n. f. Théorie de l'enseignement. *Didactique des langues.* → **pédagogie.** □ n. **didacticien, ienne**

didactisme n. m. Caractère didactique (souvent péj.).

didactyle adj. (de *di-* + *-dactyle*) zool. Qui a deux doigts. *Le paresseux est didactyle.*

didascalie n. f. (du grec « enseignement » → didactique) didact. Indication de jeu, dans une œuvre théâtrale, un scénario.

Didelot (Charles) Danseur et chorégraphe français (1767-1837). Maître de ballet au Théâtre-Impérial de Saint-Pétersbourg, il participa à l'établissement de la grande école russe de danse *Flore et Zéphire ; Athis et Galathée ; Le Calife de Bagdad.*

Diderot (Denis) Écrivain et philosophe français (1713-1784). Son œuvre, abondante et variée, témoigne de l'évolution de sa pensée, d'abord déiste *(Pensées philosophiques)*, puis proche du matérialisme athée *(Lettre sur les aveugles à l'usage de ceux qui voient).* Persuadé que l'homme éprouve du plaisir à être bon, Diderot prône une morale de la nature *(Le Rêve de d'Alembert ; Le Supplément au voyage de Bougainville).* Il s'intéressa aux sciences expérimentales *(De l'interprétation de la nature)*, aux questions d'esthétique *(Salons)*, au théâtre *(Paradoxe sur le comédien).* Il est l'auteur de « drames bourgeois » *(Le Fils naturel)* et de dialogues d'une vivacité et d'une liberté extrêmes *(Le Neveu de Rameau ; Jacques le Fataliste).* Il fut le maître d'œuvre, secondé par d'Alembert, de l'*Encyclopédie.*

Didier (saint) (mort en 606 ou 607). Évêque de Vienne (596), il protesta contre les mœurs de Thierry II et de Brunehaut, qui le fit lapider.

Didier ou **Dizier** (saint) (mort v. 407). Évêque de Langres, il s'opposa aux Vandales et fut décapité.

didjéridoo ou **didjeridoo** [didʒeʀidu] n. m. (origine incertaine, p.-ê. d'une langue d'Australie) Instrument à vent des aborigènes australiens fait d'un long tuyau de bois évidé, à l'embouchure façonnée dans de la cire d'abeille. *Le son profond du didjéridoo.* - var. **didgeridoo.**

Didon ou **Elissa** Princesse de Tyr (IXe s. av. J.-C.). D'après la légende, après le meurtre de son mari Sicharbas par son frère Pygmalion, elle fuit la Phénicie et fonde Carthage. Dans l'*Énéide* de Virgile, elle s'éprend d'Énée, lequel l'abandonne, et se poignarde. L'épisode a inspiré un opéra à Purcell.

DiDonato (Joyce) Mezzo-soprano américaine (née en 1969). Ses œuvres de prédilection restent celles de Mozart et de Haendel ainsi que le bel canto de Rossini et de Donizetti. Elle a interprété plus d'une trentaine de rôles d'opéras.

Didot Famille de libraires et d'imprimeurs français (XVIIIe-XIXe s.). ■ **François-Ambroise Didot** (1730-1804). Il créa le caractère nommé *didot*, et instaura la mesure typographique en points *didot.* ■ **Firmin Didot** (1764-1836), fils du précédent. Il renouvela la gravure et la fonderie de caractères.

didyme n. m. (grec *didumos* « jumeau ») chim. Mélange de deux éléments chimiques de la série des lanthanides*.

Die Chef-lieu d'arrondissement de la Drôme, dans le Diois. 4 770 habitants. Vestiges gallo-romains, cathédrale romane. Vins blancs mousseux. La ville fut évêché du IIe au XVIIe siècle.

dièdre adj. (de *di-* et *-èdre*) géom. *Angle dièdre*, déterminé par l'intersection de deux plans. – n. m. *Un dièdre :* figure formée par deux demi-plans ayant une arête commune.

Diefenbaker (John George) Homme d'État canadien (1895-1979). Chef du Parti conservateur, il fut Premier ministre de 1957 à 1963.

dieffenbachia [difɛnbakja] n. m. (de *Dieffenbach*, n. propre) Plante d'ornement, à grandes feuilles tachées de blanc, toxique.

diégèse n. f. (grec *diêgêsis* « récit, narration ») didact. Espace-temps dans lequel se déroule l'histoire proposée par la fiction d'un récit, d'un film. □ **diégétique** adj. *Durée réelle et durée diégétique d'un film.*

Diego Garcia Île de l'archipel des Chagos (sous administration britannique), dans l'océan Indien. 44 km². Base militaire américaine.

diélectrique adj. (de *dia-* et *électrique*) phys. Qui ne conduit pas (ou peu) l'électricité mais laisse s'exercer les forces électrostatiques. – n. m. *Diélectrique polarisé.* → **électret.**

Diels (Otto Paul Hermann) Chimiste allemand (1876-1954). Avec son élève Kurt Alder, il inventa en 1928 la synthèse « diénique », qui permet de condenser certains composés organiques possédant des doubles liaisons, et qui connaît de nombreuses applications dans l'industrie (fabrication des caoutchoucs artificiels). Prix Nobel 1950.

Điện Biên Phủ Site du N. du Viêtnam. Pendant la guerre d'Indochine, une bataille décisive y opposa les forces françaises à celles du Viêt-minh (13 mars-7 mai 1954). Elle se conclut par la défaite française et marqua la fin de la première guerre d'Indochine.

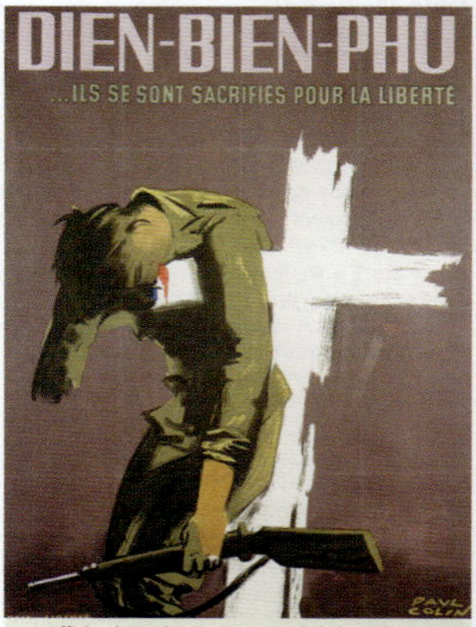

Affiche de Paul Colin à propos de la bataille de Điện Biên Phủ.

diencéphale [diɑ̃sefal ; djɑ̃sefal] **n. m.** (→ **encéphale**) anat. Partie du cerveau située entre les hémisphères cérébraux, qui est formée principalement du thalamus, de l'épiphyse et de l'hypothalamus. □ **adj. diencéphalique**

diène n. m. Hydrocarbure dont la molécule présente deux doubles liaisons carbone-carbone.

Dieppe Chef-lieu d'arrondissement de la Seine-Maritime, sur la Manche. 28 091 habitants. Église (XVIe s.) ; château (XVe s.). Port de voyageurs vers l'Angleterre, port de pêche et de commerce. Industrie automobile. Station balnéaire. La ville fut gravement endommagée pendant la Seconde Guerre mondiale.

diérèse n. f. (du latin, du grec, de *diairein* « séparer », de *hairein* « saisir, choisir » → **hérétique**) phonét. Prononciation dissociant un groupe vocalique en deux syllabes (opposé à *synérèse*). *« Plier » se prononce avec une diérèse.*

diergol n. m. (→ **ergol**) Propergol* composé de deux ergols. - syn. **biergol.**

Dierx [djɛʀks] **(Léon)** Poète français (1838-1912). Parnassien, influencé par le symbolisme, il est l'auteur de poèmes mélancoliques à la sensibilité élégiaque. *Les Lèvres closes.*

dièse n. m. (du latin, grec *diesis* « séparation », de *hienai* « lancer ») **1.** mus. Signe (♯) élevant d'un demi-ton chromatique la note devant laquelle il est placé. *Dièses et bémols.* – appos. invar. *Des do dièse.* **2.** (impropre) Croisillon (3). *La touche dièse des téléphones.* – *Mot-dièse.* → anglic. **hashtag.** *Des mots-dièse.*

diesel ou **diésel** [djezɛl] **n. m.** (de R. *Diesel*) **1.** Moteur à combustion interne, dans lequel l'allumage est obtenu par un fort taux de compression. – appos. *Un moteur diesel.* **2.** Véhicule à moteur diesel. *Des diesels.*

Diesel (Rudolf) Ingénieur allemand (1858-1913). Il conçut et réalisa un moteur à combustion interne, utilisant les sous-produits lourds du pétrole. Le premier *moteur diesel* fonctionna en 1897.

diéséliser v. tr. < 1 > Équiper de moteurs diesels, de diesels. □ **n. f. diésélisation**

diéséliste n. techn. Mécanicien(ne) spécialisé(e) dans l'étude, l'entretien, etc., des diesels.

diéser v. tr. < 6 > mus. Marquer (une note) d'un dièse.

Dies irae [djɛsiʀe] **n. m. invar.** (mots latins « jour de colère ») relig. chrét. Séquence de la messe des morts, qui commence par les mots *Dies irae.* – mus. Composition musicale sur ce thème.

diester [djɛstɛʀ] **n. m.** (n. déposé) Biocarburant élaboré à partir d'huile végétale.

¹diète n. f. (latin *diaeta*, du grec, de *aitan* « répartir ») **1.** méd. Régime alimentaire particulier (→ **diététique**). **2.** cour. Privation totale ou partielle de nourriture pour raison médicale ou hygiénique. → **abstinence.** *Être à la diète.*

²diète n. f. (latin *dieta*, de *dies* « jour* ») hist. Assemblée politique (en Allemagne, Suède, Pologne, Suisse, Hongrie). *Luther comparut devant la diète de Worms.*

Dieterlen (Germaine) Ethnologue française (1903-1999). Elle étudia les systèmes religieux des Bambaras et des Dogons. Avec M. Griaule, elle écrivit *Renard pâle, ethnologie des Dogons.*

diététicien, ienne n. Spécialiste de la diététique.

diététique (du latin → **¹diète**) **1. n. f.** Science de l'hygiène alimentaire ; ensemble des règles à suivre pour une alimentation équilibrée. **2. adj.** Relatif à la diététique ; préparé selon les règles de la diététique. *Aliment diététique.* □ **adv. diététiquement**

diététiste n. (Canada) Spécialiste de la nutrition, de l'alimentation et de la diététique. → **diététicien.**

diéthylénique [dietilenik] **adj.** (→ **éthylénique**) chim. Qui présente deux doubles liaisons carbone-carbone. *Composé diéthylénique.*

Dietrich (Philippe Frédéric, baron de) Homme politique français (1748-1793). Il fut maire de Strasbourg. C'est chez lui que Rouget de Lisle chanta pour la première fois *La Marseillaise.*

Dietrich (Maria Magdalena, dite Marlène) Actrice américaine d'origine allemande (1901-1992). Elle incarna la « vamp », femme fatale et mystérieuse, dans les films de J. von Sternberg : *L'Ange bleu ; Shanghai Express ; L'Impératrice rouge.*

Marlène Dietrich dans *Shanghai Express* de Josef von Sternberg (1932).

dieu n. m. (vient du latin *deus*, même racine que *dies* « jour* ») Principe d'explication de l'existence du monde conçu comme un être personnel, selon des modalités particulières aux croyances, aux religions. **I.** (dans le monothéisme) **1.** Être éternel, unique, créateur et juge. *« Si l'homme n'est* [pas] *fait pour Dieu, pourquoi n'est-il heureux qu'en Dieu ? si l'homme est fait pour Dieu, pourquoi est-il si contraire à Dieu ? »* (Pascal). *« Si Dieu n'existait pas, il faudrait l'inventer »* (Voltaire). *Croire en Dieu. Ne pas croire en Dieu* (→ **athée**). – *« Ni Dieu ni maître »*, maxime anarchiste (titre du journal de A. Blanqui). – avec article *Le Dieu des juifs* (Yahvé, Jéhovah), *des chrétiens* (Dieu), *des musulmans* (Allah). ■ (dans la tradition judéo-chrétienne) *« Au commencement, Dieu créa le ciel et la terre »* (Bible). *L'envoyé de Dieu.* → **messie.** ■ (dans la doctrine chrétienne) *Dieu en trois personnes* (le Père, le Fils et le Saint-Esprit ; → **trinité**). *Le Fils de Dieu* : le Christ. *La mère de Dieu* : la Vierge. – loc. *Recommander* son âme à Dieu.* – prov. *L'homme propose, Dieu dispose*, les projets sont souvent contrariés par les circonstances. ■ avec article ***Le bon Dieu*** *(expression familière et affective). Prier le bon Dieu.* loc. *On lui donnerait le bon Dieu sans confession*.* **2.** dans des loc. ***Dieu sait...*** (pour appuyer une affirmation ou une négation) *Dieu sait si j'avais pris des précautions.* – (pour exprimer l'incertitude) *Dieu seul le sait.* ■ *À la grâce de Dieu. Avec l'aide de Dieu. Dieu vous entende !* **3. interj.** *Ah, mon Dieu ! Grand Dieu !* – (jurons) *Nom de Dieu ! Bon Dieu !* **II.** (dans le polythéisme) ***Un dieu, les dieux.*** **1.** Être supérieur doué d'un pouvoir sur l'homme et d'attributs particuliers. → **divinité ; idole.** *Histoire des dieux.* → **mythologie.** *Les dieux égyptiens. Dieux, déesses et demi-dieux de la Grèce. Les dieux et les génies de l'animisme.* **2.** loc. *Être aimé, béni des dieux*, avoir des atouts, de la chance. *Jurer ses grands dieux* : jurer solennellement. – *Faire de qqn, de qqch. son dieu*, en faire l'objet d'un culte. *C'est son dieu.*

Dieudonné (Jean) Mathématicien français (1906-1992). Auteur de travaux portant sur la topologie, la géométrie, membre fondateur du groupe « Bourbaki », il supervisa la rédaction du traité *Éléments de mathématiques.*

Diez (Friedrich) Philologue allemand (1794-1876). Il fut un spécialiste de la langue d'oc et de l'ensemble des langues romanes (grammaire et étymologie).

diffa n. f. (mot arabe) Réception des hôtes de marque, accompagnée d'un repas, au Maghreb.

diffamateur, trice n. Personne qui diffame. → **calomniateur.**

diffamation n. f. (du latin → **diffamer**) **1.** Action de diffamer. → **calomnie, médisance.** *Poursuite judiciaire pour diffamation.* **2.** Écrit, parole qui diffame.

diffamatoire adj. Qui a pour but la diffamation. *Article diffamatoire.*

diffamer v. tr. < 1 > (latin *diffamare*, de *fama* « renommée » → **fameux**) Chercher à porter atteinte à la réputation, à l'honneur de (qqn). → **attaquer, calomnier, décrier, discréditer, médire de.** *Diffamer un adversaire.* □ **adj. diffamant, ante**

différé n. m. Fait d'émettre, de diffuser (une émission) après l'enregistrement. – ***En différé*** (opposé à *en direct*). *Match retransmis en différé.*

différemment [difeʀamɑ̃] **adv.** D'une manière autre, différente. *« Nous jugeons la chose différemment vous et moi »* (G. Sand).

différence n. f. (latin *differentia*, de *differre* → **différer**) **1.** Caractère *(une différence)* ou ensemble de caractères *(la différence)* qui distingue une chose d'une autre, un être d'un autre. → **dissemblance, distinction, écart ; dis-, hétér(o)-.** *Une légère différence. Différence d'altitude. Différence de prix. Différence d'âge. Différence d'opinions.* → **divergence.** *« J'ai assez vécu pour voir que différence engendre haine »* (Stendhal). – *Faire la différence entre deux choses*, la percevoir, la sentir (→ **distinction**). – anglic. *Faire la différence* : se démarquer favorablement des autres. – ***À la différence de*** loc. prép. : contrairement à. *À la différence de son frère, elle est très sportive.* – ***À la différence que*** loc. conj. (+ indic.) : avec cette différence que. ■ *Le droit à la différence* (de culture, de religion, de mœurs...). **2.** Quantité qui, ajoutée à une quantité, donne une somme égale à une autre. *La différence entre 100 et 25 est 75.*

différenciateur, trice adj. didact. Qui différencie.

différenciation n. f. **1.** Action de se différencier. *La différenciation des cellules au cours de la croissance embryonnaire.* **2.** Action de différencier (2). → **distinction, séparation.**

différencier v. tr. < 7 > (latin scolastique *differentiare* → **différence**) **1.** (sujet chose) Rendre différent. → **distinguer.** *Ce qui différencie le singe de l'homme.* **2.** (sujet personne) Établir, reconnaître une différence. *Différencier deux espèces végétales auparavant confondues.* → **distinguer, séparer. 3.** math. → **différentier.** ■ **se différencier v. pron. 1.** Être caractérisé par telle ou telle différence. → **différer.** *Arbre qui se différencie des autres par la taille.* **2.** Devenir différent, de plus en plus différent. → **se distinguer.** *Les cellules se différencient.* **3.** Se rendre différent. *Ils portent un maillot bleu pour se différencier de leurs adversaires.* ■ **différencié, ée adj. 1.** *Tissus, organes différenciés.* **2.** Qui tient compte des différences. *Gestion différenciée. Pédagogie différenciée.*

différend n. m. (var. de *différent*) Désaccord résultant d'une opposition d'opinions, d'intérêts entre des personnes. → **conflit, dispute, querelle.** *Avoir un différend avec qqn. Être en différend.*

différent, ente adj. (latin *differens* → **différer**) **1.** Qui diffère, présente une différence par rapport à une autre personne, une autre chose. → **autre, dissemblable, distinct.** *Deux modèles de qualité différente.* – *Opinions différentes.* → **divergent.** – *Les deux frères sont très différents.* – *Depuis qu'il est veuf, il est différent.* **2.** au plur. (avant le nom) Plusieurs et distincts. → **divers.** *Différentes personnes me l'ont dit. Différents cas se présentent.*

différentiation n. f. math. Opération destinée à obtenir la différentielle d'une fonction.

différentiel, elle (du latin → **différence**) didact. **I. adj. 1.** Qui concerne les différences. *Psychologie différentielle.* ■ Qui établit des différences. *Tarif* (de transport) *différentiel,*

digestion

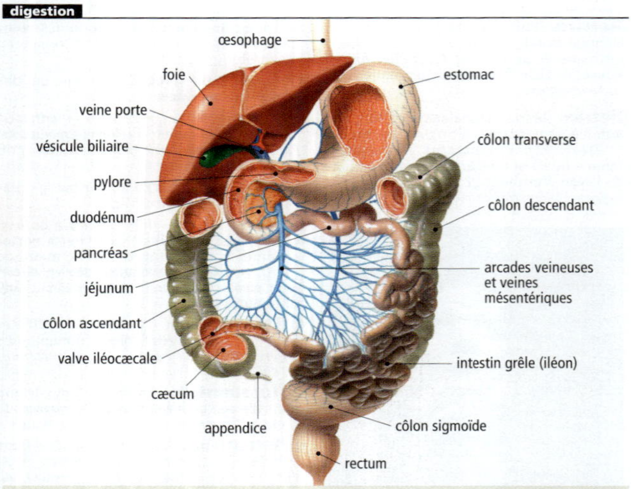

Appareil digestif.

non proportionnel aux distances. **2.** math. *Calcul différentiel :* partie des mathématiques qui a pour objet l'étude des variations infiniment petites des fonctions. – *Équation différentielle.* **II.** **n. m.** Combinaison d'engrenages qui permet une différence de vitesse de rotation entre les roues d'un même essieu.

différentielle n. f. **(de *différentiel* [I, 2])** math. Partie principale de l'accroissement d'une fonction pour un accroissement infiniment petit de la variable.

différentier [difeʀɑ̃sje] **v. tr.** < 7 > math. Calculer la différentielle de (une fonction). → **différencier.**

différer **v.** < 6 > **(latin *differre* [*cf.* dilatoire], de *dis-* et *ferre* « porter » → -fère)** **I.** **v. tr.** Remettre à un autre temps ; éloigner la réalisation de (qqch.). → **remettre, reporter,** [1]**repousser, retarder.** *Différer un paiement, une réponse.* – littér. *Différer d'agir.* – *Partez sans différer.* → **attendre, tarder.** – au p. p. *Rencontre différée.* **II.** **v. intr.** Être différent, dissemblable. → se **différencier,** se **distinguer.** ***Différer de.*** *« C'est parce que tu diffères de moi que je t'aime »* (Gide). – *Leurs goûts diffèrent entièrement.*

difficile adj. **(latin *difficilis*, de *dis-* → [1]dé- et *facilis* → facile)** **1.** Qui n'est pas facile ; qui ne se fait qu'avec effort, avec peine. → **dur, laborieux, pénible, malaisé.** *Manœuvre, opération, travail difficile.* – *Difficile à* (+ inf.). *C'est difficile à dire. Un nom difficile à prononcer.* – impers. *Il m'est difficile d'en parler.* – *Le plus difficile reste à faire.* ■ **n. m.** *« L'homme ne désire vivement que le difficile »* (Michelet). **2.** Qui demande un effort intellectuel, des capacités (pour être compris, résolu). *Texte difficile. Problème difficile.* → **ardu, compliqué.** *Morceau de musique difficile* (à jouer). **3.** (accès, passage) Qui présente un danger, une incommodité. *Route, virage difficile.* **4.** Qui donne du souci, du mal. *Situation difficile. Avoir des débuts difficiles.* – *Un quartier difficile,* qui connaît des difficultés d'ordre public, sociales. **5.** (personnes) Avec qui les relations ne sont pas aisées. *Enfant difficile.* – *Il est difficile à vivre.* **6.** Qui n'est pas facilement satisfait. → **exigeant.** *Être difficile sur la nourriture.* – **n.** *Faire le, la difficile.* ■ **difficilement** **adv.** *Écriture difficilement lisible.* – *On peut difficilement le lui reprocher.*

difficulté n. f. **(latin *difficultas* → difficile)** **1.** Caractère de ce qui est difficile ; ce qui rend qqch. difficile. *La difficulté d'un problème.* → **complexité.** – absolt *Aimer la difficulté.* **2.** Mal, peine que l'on éprouve pour faire qqch. → **peine.** *Se déplacer avec difficulté. Réussir sans difficulté.* – *Difficulté à* (+ inf.). *Avoir de la difficulté à s'exprimer.* **3.** Ce qu'il y a de difficile en qqch. ; chose difficile. → **embarras, ennui, obstacle ;** fam. **accroc, os.** *Difficultés matérielles, financières, sentimentales. Il a des difficultés avec son associé.* – *Cela ne fait aucune difficulté :* c'est facile. *Éluder, tourner la difficulté.* **4.** Raison alléguée, opposition soulevée contre qqch. → **objection.** *Il n'a pas fait de difficultés pour venir.* **5.** ***En difficulté :*** dans une situation difficile. *Être en difficulté. Mettre qqn en difficulté.*

difficultueux, euse adj. **(de *difficulté*)** littér. Difficile, qui pose de gros problèmes.

diffluent, ente adj. **(latin *diffluens*, p. prés. de *diffluere* « s'écouler en divers sens » → affluent)** didact. Qui s'écoule, se répand. – géogr. Dont les ramifications s'écartent et se développent (cours d'eau, glacier). □ **n. f.** **diffluence**

difforme adj. **(du latin → forme)** Qui n'a pas la forme et les proportions naturelles (se dit surtout du corps humain). → **contrefait, déformé.** *« La nature* [...] *le fit naître difforme* [Ésope] *»* (La Fontaine).

difformité n. f. **(du latin → difforme)** Défaut grave de la forme physique, anomalie dans les proportions. → **déformation.** – fig., littér. Anomalie.

diffracter v. tr. < 1 > **(de *diffraction*)** phys. Produire la diffraction de.

diffraction n. f. **(du latin *diffractum*, famille de *frangere* « briser » → fraction, d'après *réfraction*)** phys. Phénomène de déviation des rayons lumineux au voisinage des corps opaques ; par ext., phénomène analogue pour d'autres rayonnements.

diffus, use adj. **(latin *diffusus*, de *diffundere*, de *fundere, fusum* → fondre)** **1.** Qui est répandu dans toutes les directions. *Douleur diffuse. Lumière diffuse.* **2.** littér. Qui délaye sa pensée. → **verbeux.** *Écrivain diffus.* – *Style diffus.* □ **adv. diffusément**

diffusant, ante adj. **1.** Qui diffuse. *Panneaux diffusants.* **2.** Qui génère du progrès économique, crée des emplois.

diffuser v. tr. < 1 > **(de *diffus*)** **1.** Répandre dans toutes les directions. → **propager.** *Le poêle diffusait une douce chaleur.* **2.** Émettre, transmettre par ondes hertziennes (→ **radiodiffusion**). – au p. p. *Concert diffusé en direct.* **3.** fig. Répandre dans le public. → **propager.** *Diffuser une nouvelle.* ■ Distribuer (un ouvrage de librairie). *Éditeur parisien qui diffuse des ouvrages belges.* □ **adj. diffusable**

diffuseur, euse n. **1.** **n. m.** Appareil qui sert à diffuser qqch. *Diffuseur de parfum.* **2.** **n.** Personne, entreprise qui se charge de diffuser des livres.

diffusion n. f. **(latin *diffusio* → diffuser)** **1.** Action de se répandre, de se diffuser. *La diffusion de la lumière, de la chaleur, du son.* **2.** Action de diffuser des ondes hertziennes. *Émetteur qui assure la diffusion d'un programme.* → **émission, transmission ; radiodiffusion.** **3.** Fait de se répandre. → **expansion, propagation.** *La diffusion des connaissances humaines, de l'instruction.* → **vulgarisation.** ■ *La diffusion d'un ouvrage en librairie* (→ **diffuser ; diffuseur**). ■ inform. *Liste* de diffusion.*

diffusionnisme n. m. **(de *diffusion*)** didact. Théorie ethnologique selon laquelle une culture majeure se répand au détriment des autres. □ **adj. diffusionniste**

digamma n. m. invar. **(mot grec)** didact. Lettre de l'alphabet grec archaïque (F), qui correspond au son [w].

digérer v. tr. < 6 > **(du latin, de *dis-* et *gerere* [→ gérer] « porter de divers côtés »)** **1.** Faire la digestion de. *Digérer son repas.* – absolt *Il digère mal.* **2.** fig. Mûrir par un travail intellectuel comparé à la digestion. → **assimiler.** *« Je vous laisse digérer ces réflexions »* (Mme de Sévigné). **3.** fam. Supporter patiemment (qqch. de fâcheux). → **endurer ;** fam. **avaler.** *C'est dur à digérer. Je ne peux pas digérer cet échec.*

digest [dajʒɛst ; diʒɛst] n. m. **(mot anglais des États-Unis)** anglic. Résumé, condensé d'un livre ; publication formée de tels condensés.

digeste adj. **(latin *digestus* → digérer)** (critiqué) Qui se digère facilement. → **digestible.**

digesteur [diʒɛstœʀ] n. m. **(du latin *digestus*)** Installation d'assainissement dans laquelle les boues des eaux usées et les déjections animales fermentent en produisant du méthane.

digestible adj. **(du latin → digérer)** Qui peut être facilement digéré. *Aliment très digestible.* → **assimilable, digeste, léger.** □ **n. f. digestibilité**

digestif, ive adj. **(latin *digestivus* → digérer)** **1.** Qui contribue à la digestion. *L'appareil, le tube* digestif.* **2.** Relatif à la digestion. *Trouble digestif.* **3.** Qui facilite la digestion. *Promenade digestive.* ■ **n. m.** Alcool, liqueur pris après le repas.

digestion n. f. **(latin *digestio* → digérer)** **1.** Ensemble des transformations que subissent les aliments dans le tube digestif avant d'être assimilés. ■ Moment où l'on digère. **2.** fig. *« C'est dans la digestion des connaissances que réside le talent »* (Max Jacob).

digicode n. m. **(de l'anglais *digit* « nombre » → [2]digital et de *code* ; marque déposée)** anglic. Appareil à clavier sur lequel on tape un code alphanumérique qui commande l'ouverture d'une porte.

digit-, digiti-, digito- Élément **(du latin *digitus*)** qui signifie « doigt ».

[1]digital, ale, aux adj. **(du latin, de *digitus* → doigt)** Qui appartient, se rapporte aux doigts. *Empreintes digitales.*

[2]digital, ale, aux adj. **(de l'anglais des États-Unis, de l'anglais *digit* « nombre », du latin *digitus* → doigt)** anglic. **1.** *Calcul, code digital,* dans lequel on utilise des nombres. - recomm. offic. **numérique.** **2.** Qui opère sur des données numériques. *Affichage digital* (opposé à *analogique*). → **numérique.**

digitale n. f. **(latin *digitale*, de *digitus* → doigt)** Plante herbacée vénéneuse (→ **digitaline**) portant une longue grappe de fleurs pendantes à corolle en forme de doigtier.

digitaline n. f. **(de *digitale*)** Principe actif, très toxique à haute dose, extrait de la digitale, utilisé en cardiologie.

digitaliser v. tr. < 1 > **(de l'anglais → [2]digital)** anglic., inform. Numériser. □ **n. f. digitalisation**

digité, ée adj. **(du radical du latin *digitus* « doigt »)** didact. Qui est découpé en forme de doigts. *Feuille digitée.*

digitiforme adj. **(de *digiti-* + *-forme*)** didact. Qui a la forme d'un doigt.

digitigrade adj. **(de *digiti-* + *-grade*)** zool. Qui marche en appuyant sur les doigts (la plante du pied ne pose pas sur le sol) [ex. le chat, le chien]. – **n. m. pl.** *Digitigrades et plantigrades.*

digitoponcture ou **digitopuncture** [diʒitopɔ̃ktyʀ] n. f. **(de *digito-* et *[acu]puncture*)** Méthode de soins des maladies par pression des doigts sur les points d'acuponcture.

diglossie n. f. (anglais *diglossia,* du grec *di-* « deux » et *glôssa* « langue ») didact. Situation linguistique d'un groupe humain qui pratique deux langues en leur accordant des statuts hiérarchiquement différents. *La diglossie français-créole aux Antilles. Bilinguisme et diglossie.*

Dignāga Penseur indien bouddhiste (Ve s.). Ses écrits ont contribué à la formation de la théorie dite en sanskrit du *pramana* ou réflexion sur les moyens de la connaissance valide.

digne adj. (latin *dignus,* de *decet* « il convient » → décent) **I.** *Digne de.* **1.** Qui mérite (qqch.). *Un témoin digne de foi. Action digne d'une sanction. Objet digne d'intérêt.* **2.** Qui est en accord, en conformité avec (qqn ou qqch.). *Ce roman est digne d'un grand écrivain. Avoir un adversaire digne de soi.* **II.** Qui a de la dignité. *Rester digne.* – *Un air, un maintien très digne.* □ adv. **dignement**

Digne-les-Bains Chef-lieu des Alpes-de-Haute-Provence, au pied des Préalpes de Digne. 16 864 habitants. Ancienne cathédrale romane. Musée. Commerce (lavande). Tourisme.

dignitaire n. m. (de *dignité*) Personne revêtue d'une dignité (I). *Les hauts dignitaires de l'État.*

dignité n. f. (latin *dignitas* → digne) **I.** Fonction, titre ou charge qui donne à qqn un rang éminent. *La dignité de comte, d'évêque, de magistrat.* **II. 1.** Respect que mérite qqn, qqch. *Atteinte à la dignité de la personne. « Toute la dignité de l'homme est en la pensée »* (Pascal). → **grandeur, noblesse. 2.** Respect de soi. → **amour-propre, fierté, honneur.** *Avoir sa dignité.* – *Répondre avec dignité.*

Digoin Commune de la Saône-et-Loire. 7 616 habitants. Musée de la céramique.

digramme n. m. ling. Groupe de deux lettres représentant un seul son (comme *ch* [ʃ], ou *in* [ɛ̃] dans *matin*).

digraphie n. f. comptab. Comptabilité en partie double.

digression n. f. (latin *digressio,* de *digredi,* de *gradi* « marcher » ; famille de *progrès, régression*) Développement oral ou écrit qui s'écarte du sujet. *Faire une digression. Se perdre dans des digressions.* □ **digresser** v. intr. < 1 >

digue n. f. (de l'ancien néerlandais) Longue construction destinée à contenir les eaux. → **chaussée, jetée, ²môle ; endiguer.** *Digue fluviale. Digue portuaire.* ▪ fig. Barrière, frein, obstacle.

diholoside [diolozid] n. m. (→ holoside) biochim. Disaccharide.

Dihua voir **Urumqi**

Dijon Chef-lieu de la Côte-d'Or et de la Région Bourgogne-Franche-Comté. 159 106 habitants. Maisons Renaissance, hôtels des

Digne-les-Bains

Digne-les-Bains, en bordure des Préalpes du Sud.

XVIe, XVIIe et XVIIIe s. Cathédrale Saint-Benigne, reconstruite au XIVe s. (crypte du XIe s.). Églises Saint-Michel (XVIe s.) et Notre-Dame (XIIIe s.). Ancien palais ducal, rebâti vers 1680. Musée des Beaux-Arts. Industries agroalimentaires (vin, chocolat, pain d'épice, moutarde). Université. Résidence des ducs de Bourgogne, la ville connut un grand essor pendant les règnes de Philippe le Hardi, Jean sans Peur, Philippe le Bon et Charles le Téméraire, ainsi qu'au XVIIIe siècle.

diktat [diktat] n. m. (mot allemand, du latin *dictare* → dicter) Chose imposée, décision unilatérale contre laquelle on ne peut rien. → **oukase.** – *Les diktats de la mode.* - var. RO **dictat.**

Diktonius (Elmer Rafael) Poète et écrivain finlandais d'expressions suédoise et finnoise (1896-1961). L'un des pionniers du modernisme, il écrivit des poèmes d'inspiration expressionniste *(Ma poésie ; Flammes épineuses)* et des nouvelles traitant de l'oppression *(Citoyens de la République finlandaise).*

dilacérer v. tr. < 6 > (du latin → lacérer) didact. Mettre en pièces. → **déchirer.** *Dilacérer un acte.* – par ext. Détruire avec violence. □ n. f. **dilacération**

dilapidateur, trice adj. Qui dilapide. – n. *Un dilapidateur des finances publiques.*

dilapidation n. f. (du latin → dilapider) Action de dilapider. *La dilapidation d'un héritage. La dilapidation des richesses naturelles.* → **gaspillage.**

dilapider v. tr. < 1 > (du latin, de *lapidare* → lapider) Dépenser (des biens) de manière excessive et désordonnée. *Dilapider sa fortune.* → **dissiper, gaspiller.**

dilatable adj. Qui peut se dilater. → **expansible.** □ n. f. **dilatabilité**

digue

Digue fermant le Zuiderzee, dans le nord des Pays-Bas, longue de 32 km et large de 90 m.

dilatant, ante adj. didact. Qui dilate. *Résine dilatante.*

dilatateur, trice 1. adj. anat. Qui a pour fonction de dilater. *Muscles dilatateurs* (opposé à *constricteur*). **2.** n. m. chir. Instrument servant à élargir un canal, un orifice.

dilatation n. f. (du latin → dilater) Action de dilater ; fait de se dilater. *Dilatation de la pupille.* ▪ méd. Augmentation pathologique du volume (d'un organe creux). *Dilatation gastrique.*

dilater v. tr. < 1 > (latin *dilatare,* de *latus* « large » → lé) Augmenter le volume de (qqch.). *Dilater ses narines.* – au p. p. *Pupilles dilatées,* agrandies. ▪ fig. *Joie qui dilate le cœur.* – loc. fam. *Se dilater la rate :* rire beaucoup. ▪ **se dilater** v. pron. *Métal qui se dilate à la chaleur.*

dilatoire adj. (du latin, de *dilatus,* p. p. de *differre* → différer) dr. Qui tend à retarder par des délais, à prolonger un procès. *Appel dilatoire.* ▪ *Réponse, procédé dilatoire,* qui vise à gagner du temps.

dilatomètre n. m. (de *dilater*) sc. Appareil mesurant la dilatation thermique des corps. *Dilatomètre à tige.*

Dilbeek Commune de Belgique (Brabant flamand). 43 423 habitants. Constructions mécaniques.

dilection n. f. (latin ecclés. *dilectio,* de *diligere* « choisir » → diligent) relig. ou littér. Amour pur et spirituel.

dilemme n. m. (du latin, grec *dilêmma,* de *di-* « deux » et *lêmma* « ce que l'on prend ») **1.** philos. Raisonnement présentant deux prémisses contradictoires menant à une seule et même conclusion qui, de ce fait, s'impose. **2.** Alternative contenant deux propositions contraires ou contradictoires et toutes deux insatisfaisantes entre lesquelles on est mis en demeure de choisir. *Cruel dilemme. Comment sortir de ce dilemme ?*

dilettante n. (mot italien, du latin *delectare* → se délecter) Personne qui s'occupe d'une chose pour le seul plaisir, en amateur. *Peindre en dilettante.*

dilettantisme n. m. Caractère du dilettante. → **amateurisme.** *Faire qqch. par, avec dilettantisme.*

Dili Capitale du Timor oriental. 222 000 habitants.

diligemment [diliʒamɑ̃] adv. D'une manière diligente, avec diligence (I).

diligence n. f. (latin *diligentia* → diligent) **I. 1.** Rapidité dans l'exécution d'une chose. → **célérité, empressement, zèle ; diligent.** – loc. *Faire diligence :* se dépêcher. **2.** dr. *À la diligence de qqn,* sur sa demande. → **requête. II.** (de *carrosse de diligence*) Voiture fermée tirée par des chevaux qui servait à transporter des voyageurs. *Conducteur de diligence.* → **postillon.**

diligent, ente adj. (latin *diligens,* p. prés. de *diligere,* de *legere* → [1]lire) littér. Qui montre de la diligence. *Employé diligent.* → **assidu,** [1]**efficace, zélé.** – *Soins diligents,* attentionnés et empressés.

diligenter v. tr. < 1 > Hâter (qqch.) ; apporter ses soins et son zèle à (qqch.). *Diligenter une enquête. Diligenter les secours.*

Dillon (John) Homme politique irlandais (1851-1927). Il prit la tête de la Fédération nationale irlandaise en 1896 puis du Parti national irlandais en 1918.

Dilthey (Wilhelm) Philosophe allemand (1833-1911). S'inspirant de l'herméneutique de Schleiermacher, il forgea la distinction entre explication objective et compréhension subjective pour étayer la différence entre les sciences de la nature et les sciences de l'esprit. Par son souci d'intégrer les conceptions du monde à la réalité sociale et historique, il est considéré comme l'un des pères de l'historicisme. *Introduction aux sciences de l'esprit.*

diluant n. m. Liquide qui sert à diluer (une peinture, un vernis).

diluer v. tr. < 1 > (latin *diluere,* de *dis-* et *luere* « laver », famille de *lavare* → laver) **1.** Délayer, étendre (une substance) dans un liquide. *Diluer du sirop dans de l'eau.* – au p. p. *Alcool dilué,* étendu d'eau. **2.** fig. Affaiblir, atténuer. *Un système qui dilue les responsabilités.*

dilution n. f. (latin *dilutio* « lavage », de *diluere* → diluer) Action de diluer, de se diluer ; son résultat.

diluvien, ienne adj. (du radical du latin *diluvium* → déluge) **1.** Qui a rapport au déluge (1). « *La mer diluvienne qui a baigné les flancs de l'antique montagne* [Montmartre] » (Nerval). **2.** *Pluie diluvienne,* très abondante.

dimanche n. m. (vient du latin ecclés. *dies dominicus* « jour du Seigneur », de *dies* « jour* » et *dominus* → dom, dominer) Septième jour de la semaine*, qui succède au samedi ; jour consacré à Dieu, au repos, dans les civilisations chrétiennes (→ **dominical**). *Mettre ses habits du dimanche* (→ **s'endimancher**). – loc. péj. *Du dimanche,* se dit de personnes qui agissent en amateurs, sans expérience. *Peintre du dimanche. Conducteur du dimanche.*

dîme n. f. (vient du latin *decima* → décimal) Ancien impôt sur les récoltes, prélevé par l'Église. *La dîme fut abolie en 1789.* - var. RO **dime.**

dimension n. f. (du latin, de *metiri* « mesurer ») **I. 1.** Grandeur réelle, mesurable, qui détermine la portion d'espace occupée par un corps. → **étendue, grandeur, grosseur ;** [3]**taille.** *Un objet de petite dimension.* **2.** Grandeur qui mesure un corps dans une direction. → **mesure ; largeur, longueur ; épaisseur, hauteur, profondeur.** *Noter, prendre, relever les dimensions de qqch.* **3.** géom. Grandeur réelle qui détermine la position d'un point. *Espace à une dimension* (ligne droite), *à deux dimensions* (plan), *à trois dimensions* (géométrie dans l'espace). – *La troisième dimension,* perspective d'un tableau. – *La quatrième dimension* (dans la théorie de la relativité) : le temps. **II.** fig. **1.** Importance. *Le scandale a pris une dimension nationale.* **2.** Aspect significatif d'une chose. → **composante.** *La dimension politique d'un problème.* □ adj. **dimensionnel, elle**

dimensionner v. tr. < 1 > (critiqué) techn. Calculer les dimensions de (un objet) en fonction d'un usage. – au p. p. *Pièce bien dimensionnée.* □ n. m. **dimensionnement**

dimère n. m. (grec *dimerês* « composé de deux parties » → di- et -mère) biochim. Composé formé par la liaison de deux molécules, identiques ou non.

diminué, ée adj. **1.** Rendu moins grand. *Intervalle (musical) diminué.* **2.** (personnes) Amoindri, affaibli. *Je le trouve bien diminué depuis son opération.*

diminuendo [diminɥɛndo ; diminɥẽdo] adv. (mot italien « en diminuant », du latin *diminuere*) mus. En diminuant progressivement l'intensité des sons. → **décrescendo.** – n. m. *Des diminuendos.*

diminuer v. < 1 > (du latin, de *minus* → moins) **I.** v. tr. **1.** Rendre plus petit (une grandeur). → **réduire ;** - contr. **augmenter.** *Diminuer la longueur* (→ **raccourcir**), *la largeur* (→ **rétrécir**) *de qqch. Diminuer le prix d'un objet.* → **baisser. 2.** (de ce qui n'est pas mesurable) Rendre moins grand, moins fort. *Diminuer les risques d'incendie. Diminuer l'ardeur de qqn.* → **modérer. 3.** Réduire les mérites, la valeur de (qqn). *Prendre plaisir à diminuer qqn.* → **déprécier, rabaisser.** – pronom. « *Qui se défend se diminue* » (Jaurès). → **s'abaisser, déchoir. II.** v. intr. Devenir moins grand, moins considérable. → **baisser, décroître.** *La chaleur diminue en soirée. Les prix ont diminué.* – *Ses forces diminuent.* → **décliner.**

diminutif, ive (du latin → diminuer) **1.** adj. Qui ajoute une idée de petitesse. *Suffixe diminutif.* **2.** n. m. Mot formé d'une racine et d'un suffixe diminutif. « *Tablette* » *est le diminutif de* « *table* ». ■ Nom propre formé par abrègement, suffixation, etc., ayant une valeur affective. *Caro est le diminutif de Caroline.*

diminution n. f. (du latin → diminuer) **1.** Action de diminuer ; son résultat. → **baisse, réduction.** *La diminution de prix. Une diminution d'activité. Effectifs en diminution.* **2.** Action de réduire le nombre de mailles (au crochet, au tricot). *Faire des diminutions aux emmanchures.*

Dimitri ou **Dmitri** Nom de plusieurs grands-princes de Russie. ■ **Dimitri IV Donskoï** (1350-1389). Prince de Moscou (1362-1389), il vainquit les Mongols à Koulikovo (1380). ■ **Dimitri V Ivanovitch** (1583-1591). Il aurait été assassiné sur l'ordre de Boris Godounov. Plusieurs imposteurs, les **faux Dimitri,** se firent passer pour lui.

Dimitrov (Gueorgui) Homme politique bulgare (1882-1949). L'un des principaux dirigeants du communisme international, il fut président du Conseil de 1946 à 1949.

Dimitrova (Blaga) Poète et femme politique bulgare (1922-2003). Son œuvre littéraire se compose de poèmes à la gloire du régime socialiste (*Vers les jours à venir*). Elle fut vice-présidente de la république de Bulgarie de 1992 à 1993.

dimorphe adj. (→ -morphe) didact. Qui peut prendre deux formes différentes. – *Les fourmis femelles sont dimorphes.*

dimorphisme n. m. (de *dimorphe*) didact. Caractère de ce qui est dimorphe. *Dimorphisme sexuel* : différence d'aspect du mâle et de la femelle d'une même espèce (par ex., chez les lions, seuls les mâles ont une crinière). *Dimorphisme foliaire, floral.*

dim sum [dimsum] n. m. (mot cantonais) Petite bouchée de pâte farcie, cuite à la vapeur ou frite (cuisine cantonaise). *Des dim sums.*

Dinan Chef-lieu d'arrondissement des Côtes-d'Armor, sur la Rance. 14 682 habitants. Remparts et château médiévaux. Église Saint-Malo (gothique flamboyant). Prieuré du XIIe siècle. Château de Léhon. Port de plaisance.

dinanderie n. f. (→ dinandier) Fabrication d'objets en cuivre jaune, en laiton ; ensemble de ces objets.

dinandier, ière n. (de *Dinant,* ville de Belgique) Personne qui fabrique, vend de la dinanderie.

Dinant Ville de Belgique (province de Namur). 13 374 habitants. Châteaux, abbaye de Leffe, citadelle. Anciennes industries de cuivre et laiton coulé (« dinanderies »).

dinar n. m. (mot arabe, du latin *denarius* → denier) Unité monétaire de l'Algérie, de la Tunisie, de l'Irak, etc. *Cent dinars.*

Dinara n. f. Massif montagneux situé à la frontière de la Croatie et de la Bosnie-Herzégovine. Mont Troglav (1 913 m).

Dinard Commune de l'Ille-et-Vilaine, face à Saint-Malo, sur l'estuaire de la Rance. 10 235 habitants. Station balnéaire.

dînatoire adj. Où l'on dîne ; qui sert de dîner. *Cocktail dînatoire.* - var. RO **dinatoire.**

dinde n. f. (de *poule d'Inde*) **1.** Femelle du dindon. *Dinde aux marrons.* **2.** fig. Femme stupide. *Petite dinde !* → **bécasse.**

Dindigul Ville d'Inde (Tamil Nadu). 293 000 habitants. Industries (tabac, coton, cuir).

dindon n. m. (de *dinde*) **1.** Grand oiseau de bassecour, dont la tête et le cou sont recouverts d'une membrane granuleuse, rouge violacé ; spécialt le mâle. *Le dindon glougloute.* **2.** loc. *Être le dindon de la farce,* la victime, la dupe, dans une affaire. → **pigeon.** « *Le Dindon* » (pièce de Feydeau).

dindonneau n. m. Jeune dindon.

Dine (Jim) Peintre et sculpteur américain (né en 1935). Proche des happenings, il est un des représentants du pop art américain. Écritures, crânes, oiseaux et dessins peuplent son univers proche du rêve éveillé. *Nancy and I at Ithaca ; Wheatfields.*

Diniz (Yohann)

Yohann Diniz remporte le 50 km marche aux championnats d'Europe d'athlétisme de Zurich, en 2014.

[1]**dîner** v. intr. < 1 > (vient du latin *disjejunare* → [1]déjeuner) **1.** Prendre le repas du soir. → [1]**souper.** *Nous dînons à huit heures. Inviter, garder qqn à dîner.* **2.** vieux ou régional Prendre le repas du milieu du jour. → [1]**déjeuner. 3.** prov. *Qui dort dîne* : le sommeil fait oublier la faim. - var. RO **diner.**

[2]**dîner** n. m. (de [1]*dîner*) **1.** Repas du soir. → [2]**souper.** *L'heure du dîner.* – *Un dîner-débat,* accompagné d'un débat. **2.** Plats composant ce repas. *Le dîner n'est pas prêt.* **3.** vieux ou régional Repas de la mi-journée. « *À onze heures et demie, on sonnait le dîner que l'on servait à midi* » (Chateaubriand). - var. RO **diner.**

dînette n. f. **1.** Petit repas, vrai ou simulé, que les enfants s'amusent à faire entre eux. *Jouer à la dînette.* **2.** *Dînette (de poupée)* : service de table miniature, jouet d'enfant. - var. RO **dinette.**

dîneur, euse n. Personne qui prend part à un dîner. - var. RO **dineur, euse.**

ding [diŋ] interj. (onomatopée) Onomatopée évoquant un tintement, un coup de sonnette. → **drelin, dring.** – *Ding, ding, dong* [diŋdɛ̃gdɔ̃(g)], évoquant la sonnerie d'un carillon.

dinghy [diŋgi] n. m. (mot anglais, de l'hindi) anglic. Canot pneumatique. *Des dinghys* ou *des dinghies* (plur. anglais).

Dingle Ville d'Irlande (Kerry), sur la presqu'île de Dingle. 2 000 habitants. Tourisme.

[1]**dingo** n. m. (mot anglais, d'une langue d'Australie) Chien sauvage d'Australie.

[2]**dingo** adj. et n. fam. et vieilli Fou. → **dingue.**

dingue adj. (probablt de *dinguer*) fam. **1.** Fou. *Il est complètement dingue. C'est dingue !* – n. *Mener une vie de dingue.* **2.** Extraordinaire. → **dément, déraisonnable, extravagant.** *Une soirée dingue.*

dinguer v. intr. < 1 > (onomatopée → ding) fam. (surtout à l'inf., après un verbe) Tomber, être projeté. → **valser.** « *J'eus un éblouissement et m'en allai dinguer au pied d'un marronnier* » (Gide). ■ *Envoyer dinguer* (qqn) : repousser violemment ; fig. éconduire sans ménagement. → paître.

dinguerie n. f. fam. Caractère d'une personne, d'un comportement dingue. → [1]folie. ■ Action de dingue. → **loufoquerie.** *Encore une de ses dingueries !*

Dingzhou ou **Ting-tcheou** Ville de Chine (Hebei). 482 100 habitants. Industrie mécanique, chimique. Coton, arachide.

Đinh Bộ Lĩnh de son vrai nom **Đinh Hòan** (925-979). Empereur du Viêtnam (968-979). Il fonda la dynastie des Đinh, qui s'éteignit un an après sa mort.

dinitrotoluène n. m. (de *nitrotoluène*) Dérivé du toluène entrant dans la composition d'explosifs, de colorants, de polymères.

Diniz (Yohann) Athlète français (né en 1978). Trois fois champion d'Europe du 50 kilomètres marche, médaille d'argent des championnats du monde (2007), il a détenu à deux reprises (2011, 2014) le record du monde.

Dinka(s) n. m. pl. Peuple du S. du Soudan (environ 2 millions). Les Dinka parlent une langue nilotique et pratiquent l'élevage de bovins.

dinoflagellé n. m. (du grec *dinos* « tournoiement » et du latin *flagellum* « fouet ») zool. Organisme unicellulaire, souvent marin, ayant une coque cellulosique, parfois luminescent.

dinornis [dinɔʀnis] n. m. (du latin, du grec *deinos* « terrible » → **dinosaure** et *ornis* « oiseau » → **ornitho-**) paléont. Oiseau fossile de la fin du tertiaire, coureur de très grande taille (plus grand que l'autruche) qui vivait en Australie.

dinosaure [dinɔzɔʀ] n. m. (du latin sc., du grec *deinos* « terrible » et *sauros* « lézard » → **-saure**) **1.** Très grand reptile fossile quadrupède de l'ère secondaire. → **dinosaurien. 2.** fig. Personne, chose importante mais archaïque.

dinosaurien n. m. (anglais *dinosaurian*, de *dinausaurus* → **dinosaure**) paléont. Reptile fossile terrestre, parfois de taille gigantesque, caractéristique de la période secondaire (ordre des *Dinosauriens* ; ex. le brontosaure, le diplodocus). – **adj.** *Les reptiles dinosauriens.*

dinothérium [dinɔteʀjɔm] n. m. (du latin, grec *deinos* « terrible » et *thêrion* « bête sauvage ») paléont. Mammifère fossile du miocène, sorte d'éléphant à grandes défenses, localisé en Europe et en Asie.

Dinslaken Ville d'Allemagne (Rhénanie-du-Nord-Westphalie). 66 330 habitants. Industrie lourde.

diocésain, aine adj. (du latin ecclés. → **diocèse**) Relatif à un diocèse. – **n.** Personne qui fait partie d'un diocèse.

diocèse n. m. (du latin, du grec, de *oikein* « gérer », famille de *oikos* « maison » → **éco-**) Circonscription ecclésiastique placée sous la juridiction d'un évêque ou d'un archevêque.

Dioclétien en latin **Caius Aurelius Valerius Diocletianus** (245-v. 313). Empereur romain (284-305). Proclamé empereur par ses soldats, il partagea le pouvoir avec Maximien. En 293, il établit une tétrarchie dans laquelle deux césars furent adjoints aux deux augustes, Constance Chlore pour Maximien et Galère pour Dioclétien. Maître de l'Orient (Maximien régnant sur l'Occident), Dioclétien, premier auguste, restait le souverain suprême. Il entreprit des réformes administratives, fiscales et économiques, étendant l'impôt à tous les habitants. En 303, il déclencha une persécution contre les chrétiens, qui dura dix ans. Dioclétien et Maximien abdiquèrent, laissant la place à Galère et à Constance Chlore (305).

diode n. f. (de *di-* et *-ode* → **cathode**) phys. Composant électronique à deux électrodes, utilisé par exemple pour transformer un courant alternatif en courant de sens constant. *Diode électroluminescente.* → **LED** (anglic.).

diodon n. m. (du grec *di-* « deux » et *odous, odontos* « dent ») zool. Poisson au corps armé d'épines érectiles, qui se gonfle d'air ou d'eau en cas d'alerte.

Diodore Cronos Philosophe grec (mort v. 296 av. J.-C.). Il fut l'un des principaux représentants de l'école de Mégare. Son nom est attaché à une réfutation dialectique de la possibilité du mouvement et à l'argument dit « du dominateur », paradoxe logique qui sape les fondements de la liberté humaine.

Diodore de Sicile Historien grec (v. 90-v. 20 av. J.-C.). Il séjourna à Rome, voyagea en Égypte. On n'a conservé qu'une partie des 40 livres de sa *Bibliothèque historique*, vaste compilation relatant l'histoire universelle des origines jusqu'à la conquête de la Gaule par César.

Diogène le Cynique Philosophe grec de l'école cynique (v. 413-v. 327 av. J.-C.). La tradition relate de nombreuses anecdotes illustrant son mépris des richesses, des conventions sociales, et sa recherche d'une vie simple et naturelle. Il aurait vécu dans un tonneau.

Diogène Laërce Écrivain grec (IIIe s.). Les dix livres de ses *Vies, doctrines et sentences des philosophes illustres* sont une compilation d'anecdotes et de résumés doctrinaux sur les philosophes grecs de l'Antiquité des origines de la philosophie jusqu'au IIe s. apr. J.-C.

dioïque [djɔik] adj. (latin *dioecia*, du grec *di-* « deux » et *oikia* « maison ») bot. Dont les individus ne portent qu'un type de gamète mâle ou femelle (opposé à *monoïque*). *Les palmiers sont dioïques.*

Diois n. m. Massif des Préalpes du Sud drainé par la Drôme. Il culmine à 2 051 m.

Diola(s) n. m. pl. Peuple du Sénégal (Casamance du Sud) de langue mandé. Animistes, influencés par l'islam, ils sont dirigés par des rois-prêtres. Depuis les années 1990, ils revendiquent l'indépendance de la région (Mouvement des forces démocratiques de Casamance, MFDC).

Diome (Fatou) Écrivaine franco-sénégalaise (née en 1968). Installée en Alsace, elle écrit des fictions inspirées de son propre parcours sur l'immigration, les relations avec la famille restée dans le pays d'origine et la vie en France. *Le Ventre de l'Atlantique ; Celles qui attendent.*

Diomède Personnage de la mythologie grecque. Roi d'Argos, il est dans *L'Iliade* un compagnon d'Ulysse et l'un des plus vaillants guerriers.

Diomède Roi de Thrace, dans la mythologie grecque. Héraclès le fait dévorer par ses propres chevaux.

Dion Chrysostome Rhéteur et philosophe grec ayant exercé à Rome (v. 30 ou 40-117). Il nous reste 80 de ses discours d'inspiration stoïcienne.

Dion (Albert, marquis de) Industriel français (1856-1946). Il fut l'un des pionniers de l'automobile (firme *De Dion-Bouton*). Il breveta un moteur à explosion, conçut la voiture militaire blindée, et fonda l'Automobile-Club de France.

Dion (Céline) Chanteuse canadienne (québécoise) [née en 1968]. Chantant en français et en anglais, elle connaît un succès international depuis les années 1990 grâce à ses prouesses vocales. *Pour que tu m'aimes encore ; My Heart Will Go On* (thème du film *Titanic*).

Céline Dion en concert au Stade de Genève (2008).

Dion Cassius Historien grec (v. 155-v. 235). On a conservé 25 des 80 livres de son *Histoire romaine*, depuis les origines jusqu'en 229.

Dion de Syracuse Homme politique grec (409-354 av. J.-C.). Tyran de Syracuse (357-354 av. J.-C.). Il fut assassiné par les démocrates.

dionée n. f. (latin *dionaea* « [plante] de *Dioné* ») Plante carnivore d'Amérique, dont la feuille emprisonne les insectes.

dionysiaque adj. (de *Dionysos*) **1.** Relatif à Dionysos, dieu du vin. *Le culte dionysiaque, dans l'Antiquité grecque.* **2.** Caractérisé par l'inspiration, l'enthousiasme exubérant et non par l'ordre, la mesure (opposé à *apollinien*).

dionysien, ienne adj. (de *Dionysos*) didact. Relatif à Dionysos. → **dionysiaque.** *Fêtes dionysiennes.* → **dionysies.**

dionysies n. f. pl. (grec *Dionusia*) hist. Fêtes en l'honneur de Dionysos, dans l'Antiquité grecque. → **bacchanale.**

Dionysos Dieu grec du Vin et de la Vigne, appelé aussi *Bacchos* (–Ve s.), d'où *Bacchus* en latin. Il est le fils de Zeus et de Sémélé. Son culte donna lieu à des fêtes, les *Dionysies*, berceau de la tragédie, de la comédie et du drame satyrique.

▶ Incarnation de la croissance végétale, de la vigne et du vin, **Dionysos** est issu de l'union du roi de l'Olympe et de la mortelle Sémélé. Sur le perfide conseil de la déesse Héra, Sémélé implore Zeus de se montrer à elle sous son apparence réelle... et succombe aussitôt à la vision du dieu armé de son foudre. Délivré du ventre de sa mère, Dionysos achève sa gestation dans la cuisse de son père. Mais Héra pourchasse l'enfant, puis le frappe de folie alors qu'il erre de pays en pays. Guéri par Rhéa, la Titanide mère de Zeus, Dionysos soumet le peuple de l'Inde et revient triomphalement en Grèce. Il offre la vigne aux hommes, multiplie les prodiges qui lui ouvrent les portes de l'Olympe et punit les rois qui ne voient en lui qu'un étranger perturbateur de l'ordre établi. Son cortège exotique impressionne : Dionysos, thyrse et coupe en main, est accompagné de Pan et de Priape, de fauves et de femmes possédées (les Ménades, également appelées *Bacchantes*), de satyres et de silènes.
Le culte, importé de Thrace ou de Phrygie, est introduit à Athènes au VIe siècle av. J.-C., puis adopté par les Romains qui donnent au dieu le nom de Bacchus. Les festivités en son honneur (Dionysies pour les Grecs, Bacchanales pour les Romains) donnent lieu aux premières représentations théâtrales et à des processions où se mêlent transe extatique, chants et danses. Dans la pensée de Nietzsche, Dionysos personnifie la sincérité de l'instinct, le rire et la démesure, tandis qu'Apollon incarne l'harmonie.

Dionysos jouant de la lyre, peinture sur coupe (490 av. J.-C.), Bibliothèque nationale de France.

Diop (Birago) Conteur et poète sénégalais d'expression française (1906-1989). Militant de la négritude, il recueillit des contes au Sénégal et au Mali, qu'il adapta en français *(Les Contes d'Amadou Koumba)*. Il écrivit aussi des poèmes *(Leurres et Lueurs)*, et ses Mémoires *(La Plume raboutée)*.

Diop (Cheikh Anta) Historien, écrivain d'expression française et homme politique sénégalais (1923-1986). Collaborateur de la revue *Présence africaine*, il chercha à montrer la part primordiale de la culture noire dans la civilisation égyptienne *(L'Unité culturelle de l'Afrique noire ; Nations nègres et culture)*. En politique, il milita pour le fédéralisme, fonda le Rassemblement national démocratique en 1976.

Diophante Mathématicien grec (IIIe ou IVe s.). Représentant de l'école d'Alexandrie, il a écrit une *Arithmétique*, qui influença les

DINOSAURES (classification des)

Auparavant considérés comme des squelettes de dragons ou de créatures tuées pendant le déluge, les fossiles de dinosaures n'ont été reconnus comme tels qu'au début du XIXe siècle. Des hypothèses sur leur comportement et leur mode de vie sont émises à partir de la répartition des fossiles, et de la comparaison avec des animaux actuels. La chute d'un astéroïde, une éruption volcanique, un changement climatique sont autant de causes envisagées pour expliquer la disparition de certains dinosaures il y a 65 millions d'années.

penseurs arabes et les mathématiciens de la Renaissance. Précurseur de l'algèbre, il exposa le problème qui sera explicitement posé au XVIIe s. par Fermat.

dioptre n. m. (du radical de *dioptrique*) phys. Surface optique séparant deux milieux de réfringence inégale.

dioptrie n. f. (de *dioptrique*) didact. Unité de convergence ou de divergence d'un système optique. *La myopie s'évalue en dioptries.*

dioptrique n. f. (grec *dioptrikê*, de *dioran*, de *oran* « voir ») didact. Partie de l'optique qui traite de la réfraction. *La « Dioptrique » de Descartes.* **– adj.** *Le système dioptrique de l'œil.*

Dior (Christian) Couturier français (1905-1957). Il créa sa maison en 1946 et connut un succès immédiat avec sa collection « new-look » (vestes cintrées, jupes longues et amples).

Modèle de Christian Dior, photo de W. Maywald (v. 1948-1949), Musée national d'art moderne, Centre Georges-Pompidou, Paris.

diorama n. m. (du grec *dia* « à travers », d'après *panorama*) Grande peinture que l'on soumet à des jeux d'éclairage (à la mode au XIXe siècle).

Diori (Hamani) Homme d'État nigérien (1916-1989). Président de la république du Niger (1960), il fut renversé par un coup d'État militaire (1974) et exilé.

diorite n. f. (du grec *diorizein* « séparer, distinguer ») géol. Roche plutonique grenue, proche de l'andésite.

dioscoréacée n. f. (latin *dioscoreaceae*, p.-ê. du n. de Dioscoride, botaniste grec) bot. Plante monocotylédone des régions tropicales, à tige volubile (famille des *Dioscoréacées* ; ex. l'igname).

Diouf (Abdou) Homme d'État sénégalais (né en 1935). Collaborateur de Senghor, Premier ministre (1970-1980), il fut président de la République de 1981 à 2000. Il fut secrétaire général de l'Organisation internationale de la francophonie de 2002 à 2014.

dioula n. m. (d'un n. propre) Colporteur, commerçant en Afrique de l'Ouest.

Dioula(s) ou **Dyula** n. m. pl. Peuple islamisé du N. de la Côte d'Ivoire et du Burkina Faso, de langue mandé. À l'époque de l'empire du Mali (XIIIe-XIVe s.), ils organisèrent des circuits commerciaux pour échanger les produits de la forêt et de la savane contre du sel.

dioxine n. f. (de *di-*, *benzo*, *di-* et *oxinne* [*oxinne* est le n. déposé d'un autre corps]) chim. Sous-produit d'un dérivé chloré du phénol, très toxique (polluant de l'atmosphère).

dioxyde n. m. chim. Oxyde contenant deux atomes d'oxygène. *Dioxyde de carbone* (CO_2). → gaz **carbonique**. - syn. **bioxyde**.

dioxygène n. m. chim. Gaz incolore et inodore dont la molécule est formée de deux atomes d'oxygène (O_2). *Les végétaux produisent du dioxygène.*

diphasé, ée adj. Relatif à deux courants électriques présentant un déphasage de 90°. *Courant diphasé.*

diphénol n. m. chim. Corps possédant deux fois la fonction phénol.

diphényle n. m. chim. Hydrocarbure aromatique utilisé pour la conservation alimentaire (agrumes).

diphtérie n. f. (du grec *diphthera* « membrane ») Maladie contagieuse due à un bacille, caractérisée par la formation de pseudo-membranes sur le larynx, le pharynx, provoquant des étouffements. *Diphtérie laryngienne.* → **croup.**

diphtérique adj. Relatif à la diphtérie. ■ Atteint de diphtérie. **– n.** *Un(e) diphtérique.*

diphtongue n. f. (du latin, du grec *diphthongos* « double son ») Voyelle qui change de timbre en cours d'émission. *Les diphtongues n'existent plus en français moderne. Diphtongues de l'anglais.*

diphtonguer v. tr. < 1 > (de *diphtongue*) Faire devenir diphtongue ; donner la valeur d'une diphtongue à. **–** au p. p. *Voyelle diphtonguée.* □ n. f. **diphtongaison**

dipl(o)- Élément (du grec *diploos*) qui signifie « double ».

diploblastique adj. (de *diplo-* et grec *blastos* « germe ») embryol. Se dit d'un organisme animal qui possède deux (et non trois) feuillets embryonnaires.

diplocoque n. m. (de *diplo-* et grec *kokkos* « graine ») biol. Bactérie sphérique groupée en paire avec une autre identique. → **gonocoque, méningocoque.**

diplodocus [diplɔdɔkys] n. m. (de *diplo-* et grec *dokos* « poutre ») Reptile dinosaurien herbivore qui atteignait 25 à 30 m de long.

diploïde adj. (latin *diplois, diploidis*, du grec) biol. Se dit d'une cellule qui possède un jeu double de chromosomes semblables (opposé à *haploïde*).

diplômant, ante adj. Qui mène à l'obtention d'un diplôme. *Formation diplômante.*

diplomate n. (de *diplomatique*) **I. 1.** Personne qui est chargée par un gouvernement de fonctions diplomatiques. *L'ambassadeur est un diplomate. Une femme diplomate ; une diplomate.* **2.** fig. Personne qui sait mener une affaire avec tact. **– adj.** *Elle n'est pas assez diplomate pour les réconcilier.* **II.** n. m. Gâteau fait de biscuits à la cuiller, de fruits confits et d'une crème anglaise.

diplomatie n. f. (de *diplomatique*) **1.** Partie de la politique qui concerne les relations entre les États : représentation des intérêts d'un gouvernement à l'étranger, administration des affaires internationales, direction et exécution des négociations entre États (→ **ambassade, légation ; consulat**). *C'est à la diplomatie de résoudre ce différend.* ■ Carrière diplomatique ; ensemble des diplomates. *Entrer dans la diplomatie.* **2.** fig. Habileté, tact dans la conduite d'une affaire. → **doigté.** *User de diplomatie.*

diplomatique adj. (du latin, de *diploma* → **diplôme**) **1.** Relatif à la diplomatie. *Rupture des relations diplomatiques entre deux pays. Incident diplomatique. Le corps diplomatique.* ■ *Maladie diplomatique*, prétendue maladie invoquée pour se dérober à une obligation. **2.** fig. (actions, manières) → **adroit, habile.** *Ce n'est pas diplomatique.*

diplomatiquement adv. **1.** Par la diplomatie. *Le litige a été résolu diplomatiquement.* **2.** Avec diplomatie (2).

diplôme n. m. (latin *diploma*, mot grec « papier plié en deux », de *diploun* « doubler ») **1.** Acte qui confère et atteste un titre, un grade. *Décerner, obtenir un diplôme. Diplôme de bachelier. Diplôme d'infirmière.* **2.** Examen, concours que l'on passe pour obtenir un diplôme. *Se présenter à un diplôme.*

diplômé, ée adj. et n. (Personne) qui a obtenu un diplôme. *Architecte diplômé par le gouvernement* (DPLG).

diplômer v. tr. < 1 > (de *diplôme*) Décerner un diplôme à.

diplopie n. f. (du grec *diploos* « double » et du radical de *ops, opos* « œil ») méd. Trouble de la vue, consistant dans la perception de deux images pour un seul objet.

dipneuste n. m. (latin *dipneusta*, de *di-* et grec *pneuein* « respirer ») zool. Poisson d'eau douce, à branchies et poumons (sous-classe des *Dipneustes*).

dipôle n. m. **1.** phys. Ensemble formé par deux charges électriques égales et de signes opposés, situées à faible distance. **2.** électron. Circuit électrique possédant seulement deux bornes. □ adj. **dipolaire**

Diponegoro Héros indonésien, prince de Yogyakarta (1785-1855). Il lutta pour l'indépendance de Java contre la colonisation hollandaise mais fut vaincu en 1830.

dipsacacée n. f. (latin *dipsacus* « cardère ») bot. Plante dicotylédone gamopétale (famille des *Dipsacacées* ; ex. la cardère, la scabieuse).

dipsomanie n. f. (grec *dipsa* « soif » et *mania* « folie ») méd. Impulsion morbide à boire des liquides alcooliques avec excès et par période (→ **potomanie**).

1diptère adj. (grec *dipteros*, de *dis-* et *pteron* « aile ») archit. Se dit d'un édifice antique présentant une double rangée de colonnes autour du naos. *Temple diptère.*

2diptère (du latin, du grec « à deux ailes » → -ptère) **1.** n. m. Insecte à métamorphoses complètes, à deux ailes, dont la tête porte une trompe (ordre des *Diptères* ; ex. la mouche, le moustique). **2.** adj. Qui a deux ailes (insecte).

diptyque n. m. (du latin, du grec, de *ptussein* « replier ») **1.** archéol. Tablettes doubles enduites de cire, sur lesquelles on écrivait avec un stylet. **2.** arts Tableau pliant formé de deux volets pouvant se rabattre l'un sur l'autre. **3.** Œuvre littéraire ou artistique en deux parties.

Dirac (Paul Adrien Maurice) Physicien britannique (1902-1984). Spécialiste de mécanique quantique. L'équation qui porte son nom, et qui décrit l'électron, permit de poser l'hypothèse de l'antimatière (1927). Prix Nobel 1933.

1dire v. tr. < 37 > (vient du latin *dicere*) **I.** Émettre (les sons, les éléments signifiants d'une langue). *Dire quelques paroles.* → **articuler, énoncer, prononcer.** *Dire qqch. tout bas.* **–** loc. *Il ne dit mot :* il se tait (→ **ne pas souffler* mot**). *Sans mot dire :* sans parler, en silence. **II.** Exprimer (la pensée, les sentiments, les intentions) par la parole. **1.** Exprimer, communiquer ; formuler. *Dites-moi vos projets. Dire la vérité, des mensonges. « Les outils dont j'avais dit avoir besoin »* (Rousseau). *Dire bonjour. Il dit être malade, qu'il est malade. Dites-moi où vous allez. J'ai quelque chose à vous dire. Je vous l'ai dit cent fois.* → **répéter.** *Elle ne sait plus que dire, plus quoi dire. Dire ce que l'on pense.* ■ loc. *À ce qu'il dit :* selon ses paroles. **–** *Il sait ce qu'il dit*, il parle en connaissance de cause. *Il ne sait pas ce qu'il dit*, il dit n'importe quoi. **–** *Dire son fait*, ses quatre vérités* à qqn. À vrai dire :* véritablement. **–** *C'est beaucoup dire :* c'est exagéré. **–** *C'est tout dire :* il n'y a rien à ajouter. **–** *Pour tout dire :* en résumé. **–** *Ce n'est pas une chose à dire :* il vaudrait mieux ne pas en parler. **–** *Cela va sans dire :* la chose est évidente. **–** *Ce disant :* en disant cela. *Ceci dit :* ayant dit ces mots. *Ceci dit, elle s'en alla.* ***Ceci dit*** ou ***cela dit*** : malgré tout. **–** *Entre nous soit dit :* confidentiellement. **–** *Je vous l'avais dit, je l'avais bien dit :* je l'avais prévu. **–** *À qui le dis-tu, le dites-vous !*, je connais, j'ai éprouvé ce dont tu parles, vous parlez. **–** *Je ne vous le fais pas dire :* vous le dites vous-même spontanément. **–** *C'est vous qui le dites :* je ne suis pas de votre avis. ■ (en incise) *Oui, dit-il.* ■ à l'impér., comme interj. *Dites donc, vous. Ah, dis donc !* ■ pronom. ***Se dire*** : dire à soi-même, penser. *Je me disais : il faut partir ; je me suis dit qu'il fallait partir.* **2.** Décider, convenir de (qqch.). *Venez, disons demain.* **–** *Tenez-vous le pour dit :* considérez que c'est un ordre. **–** *Aussitôt* dit, aussitôt fait.* **–** *Tout est dit :* la chose est réglée. **3.** Exprimer (une opinion). *« Vous dites trop de bien de mes lettres »* (Mme de Sévigné). *Il en a dit du mal.* → **médire.**

Que vont en dire les gens ? → **qu'en-dira-t-on.** *Avoir son mot à dire sur qqch.* **4.** ***Dire qqch. de..., en dire.*** → **juger, [1]penser.** *Que diriez-vous d'une promenade ? Il ne sera pas dit que je l'ai abandonné,* je ne l'abandonnerai pas. ▪ ***Dire que*** **(en tête de phrase),** exprime l'étonnement, l'indignation. *Dire qu'il n'a pas encore vingt ans ! – Qui l'eût dit ?,* qui aurait pu le croire ? ▪ ***On dirait que*** **(+ indic.)** : on croirait, il semble que. *On dirait qu'elle vient par ici.* – **(+ n.)** *On dirait un fou. On dirait de la viande. On dirait son frère.* → **prendre** pour. **5.** Raconter (un fait, une nouvelle). *Je vais vous dire la nouvelle. Qui vous dit qu'il est mort ? – Je me suis laissé dire que :* j'ai entendu, mais sans y ajouter entièrement foi, que. – *Qu'on se le dise,* formule d'avertissement ou invitant à répandre une information. – *Dire la bonne aventure.* → **prédire ; diseur.** – ***On dit*** : le bruit court. *On dit qu'elle est morte. Il est réélu, dit-on* (→ **on-dit**) ; *à ce qu'on dit.* **6.** ***Dire à qqn de*** **(+ inf.),** ***que*** **(+ subj.)** : exprimer (sa volonté). → **commander, ordonner.** *Dites-lui de venir, qu'il vienne. Je vous avais dit d'essayer.* → **[2]conseiller, recommander.** – *Ne pas se le faire dire deux fois,* faire qqch. avec empressement. **7.** **(dans des loc.)** Énoncer une objection. → **objecter.** *Qu'avez-vous à dire à cela ? Il y aurait beaucoup à dire là-dessus.* → **redire.** – *Vous avez beau dire, c'est elle qui a raison.* → **protester.** – **prov.** *Qui ne dit mot consent. Bien faire et laisser dire :* il faut faire ce qu'on croit bien sans se soucier des critiques. **8.** Lire, réciter. *Dire un poème. Dire la messe.* **9.** **absolt** Parler, annoncer, dans un jeu de cartes. *C'est à vous de dire.* **10.** **pronom.** ***Se dire*** : être employé **(tournure, expression).** *Cela ne se dit plus.* **II.** Exprimer par le langage (écrit ou oral). *Avoir beaucoup de choses à dire. « On parle toujours mal quand on n'a rien à dire »* (Voltaire). **1.** Exprimer par écrit. → **écrire.** *Je vous ai dit dans ma lettre que... Platon dit que... – La loi dit que.* → **stipuler.** **2.** **(avec un adv. ou une loc. adv.)** Rendre plus ou moins bien la pensée ; faire entendre plus ou moins clairement (qqch.), par la parole ou l'écrit. → **exprimer.** *Dire qqch. en peu de mots ; dire carrément, crûment qqch.* – **loc.** *Il ne croit pas si bien dire :* il ne sait pas que ce qu'il dit correspond tout à fait à la réalité. – *Pour ainsi dire ;* **fam.** *comme qui dirait :* approximativement, à peu près. – *Autrement dit :* en d'autres termes. **3.** Employer (telles formes linguistiques) pour exprimer qqch. *Il faut dire « se souvenir de qqch. » et non pas « se rappeler de qqch. » Comment dit-on « chien » en anglais ?* – **pronom.** *« Chien » se dit « dog » en anglais.* **4.** Exprimer, révéler (qqch. de nouveau, de personnel). **IV.** **fig.** **(sujet chose) 1.** Faire connaître, exprimer par un signe, une manifestation quelconque. → **exprimer, manifester, marquer, montrer.** *Son silence en dit long. – Que dit le baromètre ?* → **indiquer.** **2.** **fam.** Avoir tel aspect. *Qu'est-ce que ça dit ?* : quelle allure, quelle valeur cela a-t-il ? **3.** ***Cela me dit, ne me dit rien,*** me tente, ne me tente pas. – **loc.** *Si le cœur* vous en dit. Cela ne me dit rien qui vaille*.* **4.** ***Vouloir dire.*** → **signifier.** *Que veut dire cette inscription en latin ? « [...] ce mais, que veut-il dire ? »* (Corneille). *Que veut dire son retard ? Cela veut dire qu'il ne viendra pas.* ▪ *Qu'est-ce à dire ?,* que signifient vos paroles, vos actes ? **5.** **loc.** ***C'est dire*** : cela montre. *Elle est partie, c'est dire qu'elle en avait assez.*

[2]dire **n. m.** **(de [1]*dire*) 1. (dans des loc.)** Ce qu'une personne dit, déclare, rapporte. *Vérifier les dires de qqn.* ***Au dire de, selon le(s) dire(s) de*** : d'après, selon. *Selon ses dires. Au dire des témoins.* **2.** **dr.** Déclaration juridique.

direct, ecte [diʀɛkt] **(latin *directus,* de *dirigere* → diriger) I. adj. 1.** Qui est en ligne droite, sans détour. *Le chemin le plus direct. En ligne directe.* **2.** **fig.** Sans détour. *Accusation directe.* ▪ *Être franc et direct. – Regard direct.* **3.** Qui se fait sans intermédiaire. *Vente directe. Son chef direct. – Impôts directs.* ▪ **gramm.** *Complément direct,* construit sans préposition. *Verbe transitif direct. Complément d'objet direct. – Discours direct,* rapporté dans sa forme originale, après un verbe de parole (ex. *Il m'a dit : « J'étais là hier »*). *Discours rapporté au style direct.* **4.** Qui ne s'arrête pas (ou peu). *Train direct* **(opposé à *omnibus*).** *Vol direct pour Tōkyō.* **II. n. m. 1. boxe** Coup droit. *Un direct du gauche.* **2.** ***En direct*** **(radio, télévision)** : transmis sans enregistrement, au moment même **(opposé à *en différé*).** *Émission en direct.*

directement **adv. 1.** En droite ligne, sans détour. *Vous rentrez directement chez vous, ou vous faites des courses ?* – **fig.** *Cela ne vous regarde pas directement.* **2.** Sans intermédiaire. → **immédiatement.** *Directement du producteur au consommateur.*

directeur, trice **(du bas latin → diriger) I. n. 1.** Personne qui dirige, est à la tête (d'une entreprise, d'un établissement, d'une administration). → **chef, [1]patron, président ; directorial.** *Président-directeur général.* → **PDG.** *Directeur d'école,* d'une école primaire. *Madame la Directrice.* **2.** *Directeur de conscience :* prêtre qui dirige qqn en matière de morale et de religion. → **confesseur. 3.** Membre d'un directoire ; **(hist.)** du Directoire. **II. adj.** Qui dirige. → **dirigeant.** *Comité directeur.* – **fig.** *L'idée directrice d'un ouvrage.*

directif, ive **adj. I. 1.** Qui décide seul du programme d'action d'un groupe. *Il est très directif. – Méthode directive.* → **autoritaire. 2.** Conduit de façon prédéterminée. *Entretien directif.* ◻ **n. f. directivité II. techn.** → **directionnel.**

direction **n. f. (du latin → diriger) I. 1.** Action de diriger (I), de conduire. *On lui a confié la direction de l'entreprise.* → **gestion.** *Je travaille sous sa direction. – Direction d'acteurs. Direction d'orchestre* (→ **chef**). **2.** Fonction, poste de directeur. *Être nommé à la direction du personnel.* ▪ L'équipe qui dirige une entreprise. → **management.** *Demander à rencontrer la direction.* – Bâtiments, bureaux du ou des directeurs. *Aller à la direction.* **3.** Services confiés à un directeur. *La direction des Douanes.* **II. 1. sc.** Ligne suivant laquelle un corps se meut, une force s'exerce. *Chaque direction comprend deux sens opposés.* **2.** Orientation ; voie à suivre pour aller à un endroit. *La direction du vent. « Ils prirent la direction de la jetée »* (Camus). *Changer de direction :* tourner. – **loc. prép.** *Dans la direction de. En direction de.* → **[1]vers.** ▪ **fig.** *La direction que prennent les évènements.* → **[2]tour. 3.** Ensemble des mécanismes qui permettent de guider les roues d'un véhicule (volant, levier de commande...). *Direction assistée*.*

Direction générale de la sécurité intérieure **(DGSI) n. f.** Service de renseignement intérieur dépendant du ministère de l'Intérieur, créé en 2014, reprenant les missions de la Direction centrale du renseignement intérieur (DCRI) elle-même créée en 2008 à l'issue du rapprochement des Renseignements généraux et de la Direction de la surveillance du territoire.

Direction générale de la sécurité extérieure **(DGSE) n. f.** Service de renseignement extérieur français. La DGSE a remplacé en 1982 le Service de documentation extérieure et de contre-espionnage (SDECE).

directionnel, elle **adj. techn.** Qui émet ou reçoit dans une seule direction. *Micro directionnel.* - **recomm. offic. directif.**

directive **n. f. (de *directif*) surtout au plur.** Indication, ligne de conduite donnée par une autorité. → **consigne, instruction, ordre.** *Donner des directives à qqn. Recevoir des directives de ses chefs. Les directives d'un parti politique.* ▪ *Directive (européenne) :* texte communautaire fixant les objectifs à atteindre par les États membres.

directivisme **n. m. didact.** Direction autoritaire imposée par un mouvement, un organisme d'expression collective.

directoire **n. m. (du latin *directum,* supin de *dirigere* → diriger) 1. hist.** *Le Directoire :* dans la Constitution de l'an III, Conseil de cinq membres chargé du pouvoir exécutif ; le régime politique durant cette période. – *Mobilier de style Directoire.* **2.** Organe chargé de la gestion d'une société anonyme.

Directoire **n. m.** Pouvoir exécutif institué par la Constitution de l'an III (août 1795). Composé de cinq membres (les *directeurs*) choisis par les Conseils des Cinq-Cents et des Anciens, il nommait les ministres et les généraux en chef. Le terme désigne, par extension, le régime qui succéda à la Convention (1795) et qui prit fin avec le coup d'État du 18 brumaire (1799).

directorat **n. m.** Fonction de directeur ; durée de cette fonction.

directorial, iale, iaux **adj. 1. hist.** Du Directoire. *Le régime directorial.* **2.** D'un directeur. *Les fonctions directoriales.*

directrice **n. f. géom. 1.** Courbe sur laquelle s'appuient les génératrices du cylindre, du cône. **2.** Droite perpendiculaire à l'axe d'une conique et associée à un point de cet axe (foyer).

dirham [diʀam] **n. m. (de l'arabe, du grec *drachmê* → drachme)** Unité monétaire du Maroc et des Émirats arabes unis. *Vingt dirhams.*

Dirichlet **(Peter Gustav Lejeune-)** Mathématicien allemand (1805-1859). Il inaugura l'étude analytique des nombres, en formulant les conditions générales pour qu'une fonction soit exprimable par des séries trigonométriques. Il ouvrit la voie à l'étude de l'« analyse harmonique ».

dirigeable **adj. et n. m.** *Ballon dirigeable* **ou n. m.** *un dirigeable :* ballon (aérostat) qu'on peut diriger **(opposé à *libre*).** → **zeppelin.**

Directoire

Directoire : quatre directeurs, gravure anonyme (XVIIIe s.), Bibliothèque nationale, Paris.

dirigeant, ante 1. adj. Qui dirige. *Les classes dirigeantes.* 2. n. Personne qui dirige. *Les dirigeants d'une entreprise* (→ **directeur**), *d'un parti* (→ **chef, responsable**). *Les dirigeants politiques* (→ **gouvernement**).

diriger v. tr. < 3 > (latin *dirigere*, de *regere* → **régir**, famille de *rex* → **roi**) **I.** 1. Conduire, mener (une entreprise, une opération, des affaires) comme maître ou chef responsable. → **administrer, gérer, organiser ; direction.** *Diriger une usine, un théâtre, une revue. Diriger un pays.* → **gouverner.** – *Diriger une discussion, un débat.* 2. Conduire l'activité de (qqn). *Diriger une équipe, un orchestre.* ■ *Diriger les études de qqn.* **II.** 1. Guider (qqch.) dans une certaine direction (avec une idée de déplacement, de mouvement). *Diriger une voiture.* → **conduire.** ■ ***Diriger sur, vers.*** *Diriger un colis sur Paris.* → **envoyer, expédier.** *Il dirigea ses pas vers le parc.* → **¹aller.** 2. Orienter de manière à envoyer. *Diriger une lumière,* par ext. *une lampe de poche sur qqn, qqch.* → **braquer.** *Diriger son regard vers qqch.* – *Diriger un revolver contre qqn.* – fig. (passif) *Cet article est dirigé contre vous.* ■ **se diriger** v. pron. 1. Se guider. *Se diriger dans le brouillard.* 2. *Se diriger vers.* → **¹aller.** ■ fig. *Elle se dirige vers la médecine.* → **s'orienter.** ■ **dirigé, ée** adj. *Économie dirigée* (opposé à *libéral*). → **dirigisme.** ■ *Travaux dirigés*, en application d'un cours magistral.

dirigisme n. m. Système dans lequel l'État assume provisoirement la direction des mécanismes économiques, en conservant les cadres de la société capitaliste (opposé à *libéralisme*). □ adj. et n. **dirigiste**

dirimant, ante adj. (du latin *dirimere*, de *emere* « acheter ») dr. *Empêchement dirimant*, qui annule un mariage.

Di Rosa (Hervé) Peintre français (né en 1959). Promoteur de l'« art modeste », il défend un art populaire, influencé par des traditions décoratives. Il a créé le musée international des Arts modestes à Sète.

Di Rupo (Elio) Homme politique belge (né en 1951). Francophone, président du parti socialiste de 2014 à 2019, il a été Premier ministre de 2011 à 2014. Il est ministre-président de Wallonie depuis 2019.

dis- Élément (du latin *dis*) indiquant la séparation, la différence, le défaut (ex. *discontinu, disconvenir, disqualifier*).

dirigeable

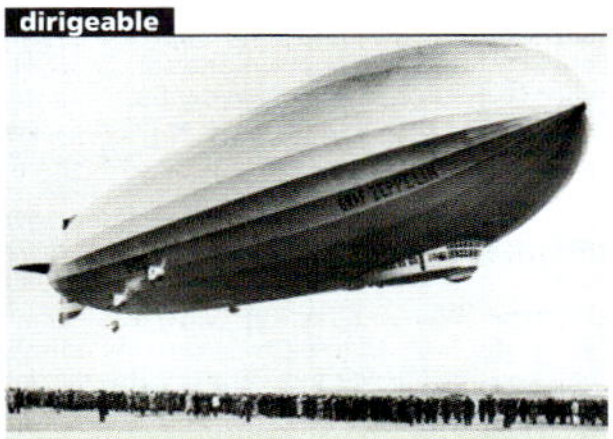

Le dirigeable *Graf Zeppelin* fit, en 1929, le tour du monde en 21 jours.

disaccharide [disakaʀid] n. m. (→ **sac-char(o)-**) biochim. Sucre formé par condensation de deux monosaccharides. → **diholoside.** - var. RO **disaccaride.**

discal, ale, aux adj. (du latin *discus* → **disque**) anat. Relatif à un disque intervertébral. *Hernie discale.*

discarthrose n. f. (de *disque* et *arthrose*) méd. Usure d'un ou de plusieurs disques intervertébraux.

discernable adj. Qui peut être discerné, perçu, senti. → **perceptible.** *Un accent nettement discernable.*

discernement n. m. 1. littér. Opération de l'esprit par laquelle on distingue des objets de pensée. → **distinction.** *Le discernement des nuances.* 2. Capacité de l'esprit à juger clairement et sainement des choses. → **jugement,** bon **sens.** *Agir avec discernement.*

discerner v. tr. < 1 > (latin *discernare*, de *cernere* → **certain**) 1. Percevoir (un objet) par rapport à ce qui l'entoure. → **distinguer, identifier, reconnaître.** *Discerner la présence de qqn dans l'ombre. Mal discerner les couleurs.* 2. Se rendre compte de la nature, de la valeur de (qqch.) ; faire la distinction entre (des choses mêlées, confondues). → **distinguer.** *Je discernais de l'ironie dans son regard.* – *Discerner le vrai du faux, d'avec le faux.* → **démêler.**

disciple n. (latin *discipulus*, de *discere* « apprendre ») 1. Personne qui reçoit l'enseignement d'un maître. *Aristote, disciple de Platon. Les disciples de Jésus-Christ*, qui l'ont accompagné dans sa vie publique. → **apôtre.** 2. Personne qui adhère aux doctrines d'un maître. → **adepte, partisan.** *C'est une disciple fervente de...*

disciplinaire adj. et n. Qui se rapporte à la discipline, et spécialt aux sanctions. *Mesures disciplinaires. Les locaux disciplinaires d'une caserne.* □ adv. **disciplinairement**

discipline n. f. (latin *disciplina*, de *discipulus* → **disciple**) 1. vieux Punition destinée à faire respecter une règle. spécialt Fouet dont on se frappait par mortification. 2. Règle de conduite commune aux membres d'un corps, d'une collectivité ; obéissance à cette règle. *Faire régner la discipline dans une classe. Discipline militaire.* – *Conseil de discipline*, faisant respecter la discipline dans certains corps constitués. 3. Règle de conduite que l'on s'impose. *S'astreindre à une discipline sévère.* 4. Branche de la connaissance, des études. → **domaine, matière, science.** *Enseigner une discipline scientifique, artistique.* ■ *Discipline olympique.* → **sport.**

discipliner v. tr. < 1 > 1. Accoutumer à la discipline. *Discipliner une classe.* 2. Plier à une discipline. *Discipliner ses instincts.* ■ fig. *Discipliner les cheveux*, les maintenir bien coiffés. □ adj. **disciplinable** ■ **discipliné, ée** adj. → **obéissant, soumis.** – loc. *Bête et discipliné* : qui exécute les ordres sans comprendre.

disc-jockey voir **disque-jockey**

disco n. m. (mot anglais des États-Unis, du français *discothèque*) anglic. Musique de danse inspirée du jazz et du rock. – adj. invar. *Albums disco.*

disco- Élément tiré de *disque.*

discobole n. (du latin, du grec, de *diskos* → **disque** et d'un dérivé de *ballein* « jeter » → **bal**) Athlète lanceur de disque.

discographie n. f. Répertoire de disques. *Discographie de Mozart, de Glenn Gould.* □ adj. **discographique**

discoïde adj. (→ **-oïde**) sc. Qui a la forme d'un disque. - syn. **discoïdal, ale, aux.**

discomycète n. m. (du grec *diskos* « disque » et de *-mycète*) bot. Champignon ascomycète au périthèce en forme de disque ou de coupe (ex. la truffe, la morille).

discontinu, ue adj. (du latin médiéval → **continu**) 1. Qui n'est pas continu, qui offre des solutions de continuité. – math. *Quantité discontinue.* → **²discret** ■ n. m. *La physique du discontinu.* 2. Qui n'est pas continuel. → **intermittent.** *Un bruit discontinu.* – n. m. loc. *En discontinu* : de façon intermittente.

discontinuer v. < 1 > (du latin médiéval → **continuer**) 1. v. tr. littér. Ne pas continuer (une chose commencée). 2. v. intr. loc. ***Sans discontinuer*** : sans arrêt. *Il pleut sans discontinuer depuis hier. Elle a parlé une heure sans discontinuer.*

discontinuité n. f. Absence de continuité.

disconvenance n. f. (de *disconvenir*) littér. Défaut de convenance, de rapport, de proportion.

disconvenir v. tr. ind. < 22 > (du latin → **convenir**) littér. ***Ne pas disconvenir de qqch.***, ne pas le nier. *Je n'en disconviens pas* : je l'admets.

discopathie n. f. (de *disco-* + *-pathie*) méd. Affection d'un disque intervertébral.

discophile adj. et n. Amateur de musique enregistrée ; collectionneur de disques. □ n. f. **discophilie**

discordance n. f. Défaut d'accord, d'harmonie. → **disharmonie, dissonance.**

discordant, ante adj. (de *discorder* « être dissonant », du latin → **discorde**) 1. Qui manque d'harmonie, qui ne s'accorde pas. → **incompatible, opposé.** *Caractères discordants.* – *Couleurs discordantes.* → **criard.** ■ Qui sonne faux ; dissonant. *Cri discordant.* 2. géol. *Couches discordantes*, irrégulières.

discorde n. f. (latin *discordia*, de *discors*, de *cor* → **cœur**) littér. Dissentiment violent et durable qui oppose des personnes. → **désaccord, dissension ;** s'oppose à *concorde. Entretenir, semer la discorde.* → **zizanie.** – loc. *Pomme de discorde* : sujet de discussion et de division.

discorder v. intr. < 1 > (de l'ancien français, d'après le latin *discordare*) 1. vieux Être en désaccord. 2. mus. Être discordant.

discothécaire n. Personne chargée du fonctionnement d'une discothèque de prêt.

discothèque n. f. (de *disco-* + *-thèque*) 1. Collection de disques (II, 1). ■ Organisme de prêt de disques. 2. Lieu de réunion où l'on peut danser au son d'une musique enregistrée. → **boîte, club.**

discount [diskunt ; diskaunt] n. m. (mot anglais, du français → **décompte**) anglic. 1. Rabais sur un prix. *Vente en discount.* - recomm. offic. **ristourne.** 2. Magasin où l'on pratique des prix bas. – appos. *Magasin discount.*

discounter [diskunte] v. tr. < 1 > (de *discount*) Vendre avec un rabais.

discounteur, euse [diskuntœʀ, øz ; dis kauntœʀ, øz] n. (mot anglais, de *to discount* « faire une remise » → **discount**) anglic. Commerçant(e) ou magasin qui pratique des prix bas. - var. (au masc.) **discounter.**

discoureur, euse n. péj. Personne qui aime à discourir. → **phraseur.**

discourir v. intr. < 11 > (ancien français *descorre*, latin *discurrere* « se répandre », de *currere* → **courir**) souvent péj. Parler sur un sujet en le développant longuement. → **disserter, pérorer.**

discobole

Le *Discobole* de Myron (Ve s. av. J.-C.). Copie romaine, British Museum, Londres.

discours n. m. (latin *discursus* → **discourir**, d'après *cours*) 1. vieilli Propos que l'on tient. *« C'est à vous, s'il vous plaît, que ce discours s'adresse »* (Molière). – mod., péj. *Assez de discours, des actes !* → **bavardage.** 2. Développement oratoire fait devant une réunion de personnes. → **allocution, causerie, conférence, harangue.** *Prononcer un discours. Les discours d'une campagne électorale.* 3. Écrit littéraire didactique développant un sujet. → **traité.** *« Discours de la méthode »* (de Descartes). 4. *Le discours* : l'expression verbale de la pensée. → **parole ; langage.** *Les parties du discours* : les catégories grammaticales traditionnelles (nom, article, adjectif, verbe, etc.). ■ ling. Ensemble des énoncés, des messages parlés ou écrits (par opposition au système abstrait que constitue la langue). → **parole.** – *Discours direct*, indirect*. Discours rapporté.*

discourtois, oise adj. (de l'italien → courtois) littér. Qui n'est pas courtois. → **impoli, indélicat.** *Se montrer discourtois.* – *Manières discourtoises.* □ adv. **discourtoisement** □ n. f. **discourtoisie**

discrédit n. m. (de *discréditer*) Perte du crédit, de l'estime, de la considération. → **défaveur.** *Jeter le discrédit sur qqn. Être en discrédit auprès de qqn.*

discréditer v. tr. < 1 > **1.** Diminuer fortement la valeur, le crédit de (qqch.). **2.** Porter atteinte à la réputation de (qqn). → **déconsidérer, dénigrer.** *Discréditer un rival.* – pronom. *Elle s'est discréditée auprès de ses collègues.*

1discret, ète adj. (latin *discretus* « capable de discerner » → discerner) **1.** Qui témoigne de retenue, se manifeste peu dans les relations sociales, n'intervient pas dans les affaires d'autrui. → **réservé.** *Elle est trop discrète pour abuser de votre hospitalité.* ■ (choses) Qui n'attire pas l'attention, ne se fait guère remarquer. *Compliment discret. Vêtements, bijoux discrets.* → **sobre.** – *Endroit discret,* retiré et tranquille. **2.** Qui garde les secrets qu'on lui confie. « [...] *veuillez être discret, / Et n'allez pas, de grâce, éventer mon secret* » (Molière).

2discret, ète adj. (latin *discretus* « séparé ») didact. *Grandeur, quantité discrète,* qui ne peut prendre qu'un ensemble fini ou dénombrable de valeurs. → **discontinu.**

discrètement adv. (de 1*discret*) D'une manière discrète, qui n'attire pas l'attention. *Partir discrètement. S'habiller discrètement.* → **sobrement.**

discrétion n. f. (du bas latin → 1discret) **I. 1.** Qualité d'une personne discrète. → **délicatesse, réserve, tact.** *Se détourner par discrétion.* – *S'habiller avec discrétion.* → **sobriété. 2.** Qualité consistant à savoir garder les secrets. *Vous pouvez compter sur sa discrétion. Discrétion assurée.* **II.** vieux Discernement ; pouvoir de décider (→ **discrétionnaire**). ■ mod. (dans des loc.) ***Être à la discrétion de qqn,*** dépendre entièrement de lui. → à la **merci** de. *La décision est à son entière discrétion.* – ***À discrétion*** loc. adv. : comme on le veut, autant qu'on le veut. → à **volonté.** *Vin à discrétion.*

discrétionnaire adj. (de *discrétion* [II]) Qui est laissé à la discrétion (II) de qqn, qui confère à qqn le pouvoir de décider. *Pouvoir discrétionnaire.*

discriminant, ante adj. didact. Qui établit une discrimination, une distinction. *Un critère discriminant.*

discriminatif, ive adj. didact. Relatif à la discrimination (1).

discrimination n. f. (du latin → discriminer) **1.** littér. Action de discerner, de distinguer les choses les unes des autres avec précision. → **distinction.** *La discrimination de deux choses, entre deux choses.* **2.** Fait de séparer un groupe humain des autres en le traitant plus mal. *Cette loi s'applique à tous sans discrimination. Discrimination raciale.* → **ségrégation.** – loc. *Discrimination positive :* réaction contre une discrimination, qui favorise le groupe qui la subit (en établissant des quotas, etc.).

▶ Le handicap, le sexe, le patronyme, la couleur de la peau, le lieu de résidence sont les principaux facteurs de **discrimination** (2) ; les sociologues insistent sur le caractère cumulatif de certains facteurs. Les sociétés démocratiques modernes affirment l'égalité de tous devant la loi. Mais entre l'égalité de droit et l'égalité de fait, des écarts subsistent, dans des domaines comme l'accès au marché du travail, au crédit, au logement, ou l'entrée dans certains lieux publics ou privés.
Certains pays, comme les États-Unis, pratiquent la discrimination positive *(affirmative action),* avec une politique de quotas et des droits spécifiques accordés aux minorités pour les aider à corriger les inégalités. Jusqu'à présent, la France a écarté cette option mais la législation a évolué afin de permettre aux victimes de discriminations de faire valoir leurs droits et d'obtenir réparation. La loi du 30 décembre 2004 a créé la Haute Autorité de lutte contre les discriminations et pour l'égalité (HALDE), remplacée en 2011 par le Défenseur des droits. Celui-ci est habilité à mener des auditions, des enquêtes et même des perquisitions, pour ensuite si nécessaire transmettre le dossier au procureur de la République. Outre l'assistance aux victimes, le Défenseur des droits mène également une action de communication destinée à faire évoluer les mentalités.
voir aussi **handicap, racisme**

discriminatoire adj. Qui tend à distinguer un groupe humain des autres, à son détriment.

discriminer v. tr. < 1 > (latin *discriminare,* de *discrimen, discriminis,* du supin de *discernere* → discerner) littér. Faire la discrimination entre. → **distinguer, séparer.**

disculper v. tr. < 1 > (latin médiéval *disculpare,* de *culpa* « faute » → coulpe) Prouver l'innocence de (qqn). *Disculper qqn à qui on impute une faute à tort.* → **blanchir, innocenter, justifier.** *Document qui disculpe un accusé.* ■ **se disculper** v. pron. Se justifier, s'excuser. *Se disculper auprès de qqn, aux yeux de qqn.* □ n. f. **disculpation**

discursif, ive adj. (du latin *discursum* → discours) **1.** didact. Qui procède par raisonnements successifs (opposé à *intuitif*). *Méthode discursive. Intelligence discursive.* **2.** ling. Relatif au discours.

discussion n. f. (latin *discussio* → discuter) **1.** Action de discuter, d'examiner (qqch.), seul ou avec d'autres. → **examen.** *La discussion d'un projet de loi.* **2.** Fait de discuter (une décision), de s'y opposer par des arguments. *Obéissez, et pas de discussion !* **3.** Échange d'idées, d'arguments sur un sujet. → **débat, échange** de vues. « *La discussion est impossible, avec qui prétend* [...] *posséder la vérité* » (R. Rolland). – *Forum* de discussion* (sur Internet).

discutable adj. **1.** Qu'on peut discuter, dont la valeur n'est pas certaine. → **contestable.** *Opinion discutable. C'est discutable.* **2.** Plutôt mauvais. → **douteux.** *C'est d'un goût discutable.*

discutailler v. intr. < 1 > péj. Discuter de façon oiseuse et interminable. → **ergoter.**

discuté, ée adj. Qui soulève des discussions. → **contesté, controversé, critiqué.** *Théorie discutée.* ■ *Un homme très discuté,* dont la valeur est mise en cause.

discuter v. < 1 > (latin *discutere* « faire tomber en cassant », puis « écarter ; fouiller » [en latin chrét. trad. du grec : « inspecter »], de *quatere* « secouer » → casser) **I.** v. tr. **1.** Examiner (qqch.) par un débat, en étudiant le pour et le contre. → **débattre ; critiquer.** *Discuter un point litigieux.* **2.** Mettre en question, considérer comme peu certain, peu fondé. *Une autorité que personne ne discute.* → **contester.** ■ spécialt Opposer des arguments à (une décision), refuser d'exécuter. *Ne discutez pas les ordres.* – absolt *Obéir sans discuter.* **3.** loc. *Discuter le coup :* discuter (II). **II.** v. intr. Parler avec d'autres en échangeant des idées, des arguments sur un sujet. *Discuter avec qqn.* → **bavarder.** – *Discuter de politique, discuter politique.* ■ **se discuter** v. pron. *Cela se discute,* on peut en faire l'objet d'une discussion.

discuteur, euse adj. Qui aime la discussion. – n. *Un discuteur acharné.*

Disdéri (André Adolphe-Eugène) Photographe français (1819-1889). Portraitiste, il ouvrit à Paris l'un des plus importants studios de photographie. Il a écrit *L'Art de la photographie.*

disert, erte adj. (latin *disertus*) littér. Qui parle avec facilité et élégance. → **éloquent.** *Un orateur disert.* □ adv. **disertement**

disette n. f. (origine incertaine) Manque de vivres. → **famine** (plus fort). *Année de disette.*

diseur, diseuse n. **1.** *Diseur de :* personne qui dit habituellement (telles choses). *Un diseur de bons mots. Diseur de riens :* bavard. **2.** *Diseur, diseuse de bonne aventure :* personne qui prédit l'avenir. → **devin, 1voyant.**

disgrâce n. f. (de l'italien → grâce) **1.** Perte des bonnes grâces, de la faveur d'une personne dont on dépend ; état qui en découle. → **défaveur.** *La disgrâce d'un courtisan. Tomber, être en disgrâce.* **2.** vieux Évènement malheureux. → **infortune, malheur.** *Pour comble de disgrâce.* **3.** littér. Manque de grâce.

disgracié, ée adj. (de l'italien → disgrâce) **1.** Qui est tombé en disgrâce. *Ministre disgracié.* **2.** fig. Peu favorisé. → **défavorisé.** *Être disgracié de la nature, par la nature.* – absolt *Visage disgracié.* → **disgracieux.**

disgracier v. tr. < 7 > littér. Priver (qqn) de la faveur qu'on lui accordait. *Disgracier un ministre.* → **destituer, renvoyer.**

disgracieux, euse adj. Qui n'a aucune grâce. *Geste disgracieux. Visage disgracieux.* → **ingrat, laid.** □ adv. **disgracieusement**

disharmonie n. f. didact. Absence d'harmonie (entre des parties, des éléments). → **discordance.**

disjoindre v. tr. < 49 > (vient du latin *disjungere,* de *jungere* → joindre) **1.** Écarter les unes des autres (des parties jointes entre elles). → **désunir, séparer.** *Disjoindre les pierres d'un mur.* – pronom. *Planches qui se disjoignent.* **2.** fig. Séparer. *Disjoindre deux questions, deux accusations,* les traiter isolément. ■ **disjoint, ointe** adj. **1.** Qui n'est plus joint. *Marches disjointes.* **2.** fig. *Questions disjointes.* → **distinct. 3.** math. *Ensembles disjoints,* dont l'intersection est vide.

disjoncter v. < 1 > **I.** v. tr. Interrompre (le courant). *Disjoncter la ligne.* **II.** v. intr. fam. **1.** (disjoncteur) Se mettre en position d'interruption du courant. – *Ça a disjoncté.* → **sauter. 2.** (personnes) Perdre le contact avec la réalité.

disjoncteur n. m. Interrupteur automatique de courant électrique.

disjonctif, ive adj. didact. Qui disjoint, isole deux éléments.

disjonction n. f. **1.** didact. Action de disjoindre (des idées) ; son résultat (s'oppose à *conjonction*). **2.** dr. Mesure prise par le juge pour faire instruire séparément deux instances.

dislocation n. f. (du latin médiéval → disloquer) **1.** Fait de se disloquer. *Dislocation d'une articulation.* → **déboîtement, entorse, foulure, luxation. 2.** Séparation violente. – fig. *La dislocation d'un empire.* → **démembrement. 3.** Séparation des membres (d'un groupe). *La dislocation du cortège s'opéra au rond-point.* → **dispersion.**

disloquer v. tr. < 1 > (latin médiéval *dislocare,* de *locare* « placer » → 2louer ; famille de *lieu*) **1.** Déplacer violemment (les parties d'une articulation). → **1démettre, désarticuler.** *Le coup lui a disloqué la mâchoire. Elle s'est disloqué l'épaule.* **2.** Séparer violemment, sortir de leur place normale (les parties d'un ensemble) ; séparer les éléments de. *Disloquer les rouages d'une machine. Disloquer une machine.* → **casser, démolir.** ■ **se disloquer** v. pron. **1.** *Acrobate qui se disloque.* → se **contorsionner,** se **tordre. 2.** *Le cortège se disloque.* → se **disperser,** se **séparer.** – fig. → se **désagréger.** ■ **disloqué, ée** adj. *Un vieux fauteuil tout disloqué.*

Disney (Walter Elias, dit Walt) Réalisateur et producteur américain de dessins animés (1901-1966). Il mit au point la caméra multiplane, qui donne au plan la profondeur de champ, et appliqua à ses dessins animés musique, son et couleur. De 1929 à 1937, sa firme créa plus de 350 films de court-métrage avec des personnages comme Mickey Mouse, Minnie, Donald Duck. Le succès de son premier long métrage, *Blanche-Neige et les sept nains,* fut le début d'une immense réussite commerciale. En 1955, il créa le premier parc d'attractions à thème, Disneyland, en Californie, dont le succès incita ses successeurs à en construire trois autres, en Floride, au Japon et en France.

Disneyland Paris Parc d'attractions créé en 1992 par The Walt Disney Company, à l'est de Paris à Chessy. Le premier parc a ouvert en Californie en 1955 ; depuis d'autres ont vu le jour en Amérique et en Asie (Tōkyō, Hong Kong). La France accueille le seul parc d'Europe.

disparaître v. intr. < 57 > (de *dis-* et *paraître*) **I.** Ne plus être vu ou visible. **1.** Cesser de paraître, d'être visible. → s'en **aller,** s'**évanouir.** *Le soleil disparaît derrière un nuage. Il a disparu dans la foule.* ■ Être dissimulé. *La maison disparaissait sous la verdure.* **2.** S'en aller. → **fuir, 1partir.** *Elle a disparu sans laisser de traces. Disparaître furtivement.* → s'**éclipser,** s'**esquiver.**

■ Être, devenir introuvable. *Mes gants ont disparu :* ils sont égarés, perdus. **3.** ***Faire disparaître qqch.***, le soustraire à la vue ; enlever, cacher. **II.** Cesser d'être, d'exister. **1.** (êtres vivants) → **s'éteindre, mourir.** *Elle a disparu dans la fleur de l'âge.* **2.** (choses) *Navire qui disparaît en mer.* → **périr, sombrer.** – *Le brouillard a disparu vers dix heures.* → **se dissiper. 3.** abstrait *Ses soucis ont disparu en un clin d'œil.* → **s'évanouir.** « *Tout ! Tout a disparu, sans échos et sans traces* » (Leconte de Lisle). **4.** ***Faire disparaître*** *qqch.* → **détruire, effacer.** *Le temps a fait disparaître cette inscription.* – ***Faire disparaître*** *qqn.* → **supprimer, tuer.** - var. RO **disparaitre.**

disparate (latin *disparatus*, de *disparare*, de *par, paris* → ¹pair) **1. adj.** Qui n'est pas en accord, en harmonie avec ce qui l'entoure ; dont la diversité est choquante. → **discordant, hétéroclite, hétérogène.** *Des ornements disparates. Un mobilier disparate.* **2. n. f.** vieux ou littér. Disparité.

disparité n. f. (du latin *dispar*, d'après *parité*) Caractère disparate. → **différence, dissemblance, hétérogénéité.** *Disparité d'âge.* – *Disparité des salaires.* → **inégalité.**

disparition n. f. (de *disparaître*) **1.** Fait de n'être plus visible. *La disparition du soleil à l'horizon.* **2.** Action de partir d'un lieu, de ne plus se manifester (→ ¹**départ**) ; absence inexplicable. *La disparition de l'enfant remonte à huit jours. Constater la disparition d'une somme d'argent.* **3.** Fait de disparaître en cessant d'exister. → ¹**mort** ; ¹**fin.** *Pleurer la disparition d'un ami. Espèce en voie de disparition.* → **extinction.**

disparu, ue adj. **1.** Qui a cessé d'être visible. → **évanoui.** *Lueur aussitôt disparue.* **2.** Qui a cessé d'exister. *Civilisation disparue.* ■ **n.** Mort, défunt. *À notre cher disparu.* **3.** Qu'on ne retrouve pas ; considéré comme perdu, mort. *Marin disparu en mer.* – **n.** *Être porté disparu,* considéré comme mort.

dispatcheur, euse n. anglic. Personne qui s'occupe d'un dispatching. → **régulateur.** - var. **dispatcher** [-tʃœʀ] **n. m.** - recomm. offic. **régulateur.**

dispatcher v. tr. < 1 > (anglais *to dispatch* « répartir ») anglic. Répartir, distribuer.

dispatching [dispatʃiŋ] n. m. (mot anglais → dispatcher) anglic. **1.** Organisme central qui assure la régulation du trafic. **2.** Répartition, distribution.

dispendieux, ieuse adj. (latin *dispendiosus* → dépense, dispenser) Qui exige une grande dépense. → **cher, coûteux, onéreux.** *Avoir des goûts dispendieux.* □ **adv. dispendieusement**

dispensable adj. (de *dispenser*) **1.** Dont on peut se passer. **2.** dr. *Cas dispensable,* pour lequel on peut obtenir une dispense.

dispensaire n. m. (de l'anglais, de l'anc. français, de *dispenser*) Établissement où l'on donne gratuitement des consultations, des soins médicaux.

dispensateur, trice n. (du latin → dispenser) Personne qui dispense, qui distribue.

Disney (Walt)

Walt Disney (v. 1948), aux côtés de Mickey Mouse.

dispense n. f. (de *dispenser*) Autorisation spéciale donnée par une autorité qui décharge d'une obligation. *Dispense d'âge* (→ **dérogation**), *du service militaire* (→ **exemption**), *de droits, d'impôts* (→ **exonération**). ■ (autorité ecclésiastique) *Dispense de Rome, du pape.*

dispenser v. tr. < 1 > (latin *dispensare*, de *dispensum*, de *dispendere*, de *pendere* « peser » → pendre) **I.** littér. Distribuer (en parlant de personnes, de puissances supérieures). → **accorder, donner, prodiguer, répandre.** *Dispenser des soins.* **II.** ***Dispenser*** *(qqn)* ***de*** **1.** Libérer (qqn d'une obligation, de faire qqch.). → **exempter.** *Dispenser qqn d'une taxe.* → **exonérer.** *Je vous dispense d'y aller.* – au p. p. *Élève dispensé de sport.* ■ (sujet chose) *Ton succès ne te dispense pas de travailler.* **2.** iron. *Dispensez-moi de vos réflexions.* → **épargner.** *Je vous dispense à l'avenir de vos visites :* je vous défends de revenir me voir. ■ **se dispenser** v. pron. *Se dispenser de :* s'exempter de ; se permettre de ne pas faire (qqch.). *Se dispenser de ses devoirs. Se dispenser de travailler.*

dispersant, ante n. m. et adj. (de *disperser*) Produit qui accélère la biodégradation des hydrocarbures. – **adj.** *Produit dispersant.*

dispersement n. m. rare État de ce qui est dispersé, action de (se) disperser. → **dispersion.**

disperser v. tr. < 1 > (latin *dispergere, dispersus*, de *spargere* → asperger) **1.** Jeter, répandre çà et là. → **disséminer, éparpiller, répandre.** *Disperser au vent les morceaux d'une lettre déchirée.* **2.** Répartir çà et là, en divers endroits, de divers côtés. *Disperser une collection. Disperser le tir*.* – fig. *Disperser ses efforts, ses forces, son attention,* les faire porter sur plusieurs points, ne pas les concentrer. **3.** Faire se séparer (des personnes). *La police a dispersé les manifestants.* ■ **se disperser** v. pron. **1.** Partir en se séparant. *La foule se dispersa après le spectacle.* → **s'égailler. 2.** fig. S'occuper à des activités trop diverses. *Son attention se disperse. Ne vous dispersez pas trop.* ■ **dispersé, ée** adj. *Habitat dispersé.* → **clairsemé.**

dispersif, ive adj. sc. Qui provoque la dispersion d'une radiation.

dispersion n. f. (latin *dispersio* → disperser) **1.** Action de (se) disperser ; état de ce qui est dispersé. → **dissémination.** *La dispersion des feuilles par le vent. Donner l'ordre de dispersion à la fin d'une manifestation.* ■ fig. *Dispersion de l'attention, des efforts.* → **dissipation, éparpillement. 2.** phys. *Dispersion de la lumière,* décomposition d'une lumière formée de radiations de différentes longueurs d'onde en spectre. **3.** chim. État d'une solution colloïdale en suspension dans un milieu où elle est insoluble.

disponibilité n. f. **1.** État d'une chose, d'une personne disponible. *La disponibilité d'un produit.* – *Disponibilité d'esprit.* **2.** Situation des fonctionnaires disponibles (2). *Être en disponibilité.* **3.** *Les disponibilités :* les fonds dont on peut immédiatement disposer.

disponible adj. (latin médiéval *disponibilis*, de *disponere* → disposer) **1.** Dont on peut disposer. → **libre.** *Nous avons deux places disponibles. Appartement disponible.* – *Ce livre n'est pas disponible, il est épuisé.* **2.** *Officier, fonctionnaire disponible,* qui n'est pas en activité, mais demeure à la disposition de l'armée, de l'Administration. **3.** Qui n'est lié ou engagé par rien. → **libre.** *Si vous êtes disponible lundi, venez nous voir.* – *Il est toujours disponible pour ses enfants.*

dispos, ose adj. (italien *disposo*, d'après *disposer*) Qui est en bonne disposition pour agir. → **en forme,** ¹**gaillard.** – loc. *Frais et dispos :* reposé et en bonne forme pour agir.

disposant, ante n. dr. Personne qui fait une disposition par donation entre vifs (→ **donateur**), ou par testament (→ **testateur**).

disposer v. < 1 > (latin *disponere*, d'après *poser*) **I. v. tr. 1.** Arranger, mettre dans un certain ordre. *Disposer les couverts sur la table.* – *Disposer ses troupes avant la bataille.* **2.** ***Disposer*** *(qqn)* ***à***, préparer psychologiquement (qqn à qqch.). *Disposer un malade à mourir, à la mort.* ■ Engager (qqn à faire qqch.). → **inciter.** *Nous l'avons disposé à vous recevoir.* **II. v. tr. ind.** ***Disposer de* 1.** Avoir à sa disposition, avoir la possession, l'usage de. → ¹**avoir.** *Vous pouvez en disposer, je n'en ai plus besoin.* → **prendre.** *Je ne dispose que de quelques minutes. Les renseignements dont nous disposons.* – dr. *Les personnes mineures ne peuvent disposer de leurs biens.* **2.** *Disposer de qqn,* s'en servir comme on le veut. *On ne dispose pas de moi ainsi.* ■ *Disposer de soi-même :* être libre, indépendant. *Le droit des peuples à disposer d'eux-mêmes.* – absolt *Vous pouvez disposer :* je ne vous retiens pas, partez (se dit à un inférieur). **III. v. intr.** Décider, décréter. prov. *L'homme propose, Dieu dispose.* ■ **se disposer** v. pron. *Se disposer à :* être sur le point de ; se préparer à. « *Votre tuteur se dispose à vous épouser demain* » (Beaumarchais). ■ **disposé, ée** adj. **1.** Arrangé, placé. *Fleurs disposées avec goût.* **2.** (de I, 2 et de *se disposer*) *Être disposé à :* être préparé à, avoir l'intention de. → ¹**prêt** à. *Je suis tout disposé à vous aider.* **3.** *Être bien, mal disposé envers qqn,* lui vouloir du bien, du mal. – absolt *Être bien disposé, mal disposé,* de bonne, de mauvaise humeur.

dispositif n. m. **1.** dr. Énoncé final d'un jugement, d'un arrêt. **2.** Manière dont sont disposées les pièces d'un appareil ; le mécanisme lui-même. → **machine, mécanisme.** *Dispositif de sûreté, de commande.* **3.** Ensemble de moyens disposés conformément à un plan. *Dispositif d'attaque, de défense.*

disposition n. f. (latin *dispositio* → disposer) **I. 1.** Action de disposer, de mettre dans un certain ordre ; son résultat. *La disposition des pièces d'un appartement.* → **agencement, distribution. 2.** au plur. Moyens, précautions par lesquels on se dispose à qqch. → **mesure, préparatifs.** *Prendre ses dispositions pour partir en voyage.* **II. 1.** ***Disposition à*** : tendance à. *Avoir une disposition à attraper des rhumes.* → **prédisposition. 2.** État d'esprit passager. *Elle est dans une disposition à rire de tout.* ■ au plur. Intentions envers qqn. *Être dans de bonnes dispositions à l'égard de qqn.* **3.** Aptitude à faire qqch. (en bien ou en mal). → ¹**don, inclination, penchant, prédisposition, tendance.** *Avoir des dispositions pour les mathématiques.* **4.** ***(à... disposition).*** Faculté de disposer, pouvoir de faire ce que l'on veut (de qqn, de qqch.). *Je mets ma voiture à votre disposition.* – *Je suis à votre entière disposition pour vous faire visiter la ville.* ■ dr. « *Les particuliers ont la libre disposition des biens qui leur appartiennent* » (Code civil). **5.** Clause d'un acte juridique (contrat, testament, donation). *Dispositions testamentaires. Dispositions entre vifs*.* ■ Point réglé par une loi, un arrêté, un jugement. *La disposition que renferme cet article.* → **prescription.**

disproportion n. f. Défaut de proportion, différence excessive entre deux ou plusieurs choses. → **disparité, inégalité.** *Disproportion d'âge entre deux personnes. La disproportion d'une punition avec la faute.*

disproportionné, ée adj. Qui n'est pas proportionné (à qqch.). → **inégal.** *Une récompense disproportionnée au mérite.* – absolt *Taille disproportionnée.* → **démesuré.**

dispute n. f. (de *disputer*) Échange violent de paroles (arguments, reproches, insultes) entre personnes qui s'opposent. → **altercation, chamaillerie, discussion, querelle.** *Une dispute d'amoureux. Sujet de dispute.*

disputer v. < 1 > (latin *disputare* « discuter », de *putare* « estimer, penser » → putatif) **I. v. tr. ind.** ***Disputer de* 1.** vieux ou littér. Discuter de. → **débattre. 2.** littér. Rivaliser de. *Les deux collègues disputent de zèle.* **II. v. tr. 1.** littér. *Le disputer en :* rivaliser de. **2.** Lutter pour la possession ou la conservation de (une chose à laquelle un autre prétend). *Disputer un poste, une femme à un rival.* – *Animaux qui se disputent une proie.* – *Disputer le terrain,* le défendre avec acharnement. **3.** *Disputer un match, un combat,* le faire en vue de remporter la victoire. **4.** fam. Réprimander (qqn). *Il a peur de se faire disputer.* → **attraper, gronder.** ■ **se disputer** v. pron. **1.** (récipr.) Avoir une querelle. → **se chamailler, se quereller.** *Se disputer avec un ami. Ils se disputent sans arrêt.* **2.** (passif) *Le match s'est disputé hier à Lyon.*

disquaire n. Marchand(e) de disques (II, 1).

disqualifier v. tr. < 7 > (anglais *to disqualify*, du français *qualifier*) **1.** Exclure d'une épreuve, en raison d'une infraction au règlement. *Disqualifier un boxeur pour coup bas.* – au p. p. *Concurrent disqualifié.* **2.** fig., littér.

Discréditer. ■ se **disqualifier** v. pron. Perdre son crédit ; perdre le droit à une position en faisant preuve d'indignité, d'incapacité. *Elle s'est disqualifiée en tenant de pareils propos.* □ n. f. **disqualification**

disque n. m. (latin *discus* → dais, grec *diskos*) I. 1. Palet que des athlètes *(discoboles)* lancent en pivotant sur eux-mêmes. *Lancer le disque.* 2. Surface visible (de certains astres). *Le disque du Soleil, de la Lune.* 3. Objet de forme ronde et plate. – *Freins à disques*, à mâchoires serrant un disque collé sur l'axe de la roue. 4. géom. Ensemble de points intérieurs à un cercle. 5. anat. *Disque intervertébral* : cartilage élastique séparant deux vertèbres. II. 1. Plaque circulaire sur laquelle sont enregistrés des sons dans la gravure d'un sillon spiralé. *Disque 78 tours, 33 tours, 45 tours.* → **microsillon, vinyle.** *Mettre, passer un disque.* – loc. fam. *Changer de disque*, parler d'autre chose. 2. *Disque (optique)* : disque de petite taille sur lequel les informations sont lues par un système optique (rayon laser). – *Disque compact* : disque optique permettant la reproduction des sons. → anglic. **CD, compact-disc.** – *Disque compact vidéo.* → **vidéodisque.** – *Disque compact informatique.* → anglic. **CD-ROM.** – *Disque numérique polyvalent.* → **DVD.** 3. inform. Support magnétique de stockage d'information. *Disque souple.* → **disquette.** *Disque dur*, de grande capacité, généralement intégré dans les micro-ordinateurs.

▶ L'enregistrement du son sur un **disque** (II, 1) est une invention récente. Les premières recherches concernant l'enregistrement du son datent de 1857 (*phonautographe* de Léon Scott de Martinville). Mais il faut attendre 1877 pour que, presque simultanément, Charles Cros dépose l'idée du *paléophone* et Thomas Edison le brevet du *phonographe*, fondés sur le principe de la gravure d'un sillon sur un cylindre de cire qui, parcouru par une pointe, restitue les sons enregistrés au préalable.
Le disque, mis au point par Emil Berliner en 1887, présente le double avantage de prendre moins de place et d'offrir plus de surface d'enregistrement, mais il ne supplante véritablement le cylindre que vers 1910. L'invention en 1940 du polychlorure de vinyle permet d'augmenter le temps et la qualité d'enregistrement. Dès 1948, deux formats de disques coexistent : le 45 tours de 17 centimètres, et le 33 tours 1/3 de 30 centimètres.
La stéréophonie, gravure de deux canaux séparés sur chaque face du sillon, est mise au point en 1959.
Les recherches menées parallèlement dans le domaine de la lecture optique, et dans celle de l'enregistrement numérique (par opposition à l'enregistrement analogique) conduisent en 1979 à la mise au point des disques compacts (compact-discs, ou CD), qui sonnent le glas des disques vinyle.
La généralisation du CD pose la question du patrimoine musical enregistré : les maisons de disques ne rééditent pas nécessairement l'intégralité de leur catalogue vinyle, ce qui risque de condamner de nombreuses productions à l'oubli. D'autre part, les facilités offertes par l'informatique dans le domaine de la copie privée avec la dématérialisation des supports, compromettent l'économie du disque.
voir aussi **acoustique, chanson**

disque-jockey n. (anglais des États-Unis *disc jockey*) anglic. Personne qui passe de la musique dans une discothèque, une soirée. → **DJ.** *Des disques-jockeys.* - var. **disc-jockey.** *Des disc-jockeys.* - recomm. offic. **animateur.**

disquette n. f. 1. Disque (II, 3) de petite taille destiné à s'insérer dans le lecteur d'un ordinateur. *Sauvegarder un fichier sur disquette.* 2. fam. Phrase, formule flatteuse, souvent lourde, destinée à séduire qqn. – par ext. Mensonge. *Mettre une disquette à qqn.*

disqueuse n. f. Outil électrique muni d'un disque rotatif servant à meuler, tronçonner. → **meuleuse, tronçonneuse.**

Disraeli (Benjamin), 1er comte Beaconsfield Homme politique et écrivain britannique (1804-1881). Député conservateur (1837), il dénonça la politique de libre-échange de Peel et contribua à la chute de ce dernier. Chancelier de l'Échiquier, il prit la tête du Parti conservateur et fut Premier ministre (1867-1868 ; 1874-1880). Il mena une brillante politique d'expansion (acquisition des îles Fidji, des actions égyptiennes du canal de Suez et de Chypre) tout en luttant contre l'expansion russe dans les Balkans. Il fit proclamer la reine Victoria impératrice des Indes.

disruptif, ive adj. (du latin) électr. *Décharge disruptive*, produisant une étincelle qui dissipe une grande partie de l'énergie accumulée.

disruption n. f. (du latin → rompre) électr. Ouverture brusque d'un circuit électrique.

dissection n. f. (latin *dissectio* → section) Action de disséquer. – fig. *La dissection d'un problème.*

dissemblable adj. Se dit de deux ou plusieurs personnes ou choses qui ne sont pas semblables, bien qu'ayant entre elles des caractères communs. → **différent.** *« Comme les feuilles dans une forêt, toutes dissemblables en leur ressemblance »* (Flaubert). *Ils sont trop dissemblables pour s'entendre.*

dissemblance n. f. Manque de ressemblance entre des êtres, des choses ; caractère de ce qui est dissemblable. → **différence, disparité.**

dissémination n. f. (du bas latin → disséminer) Action de disséminer ; son résultat. ■ Éparpillement. *La dissémination des habitants en pays de montagne.* – fig. *La dissémination des idées.* → **diffusion, propagation.**

disséminer v. tr. < 1 > (latin *disseminare*, de *seminare* → semer) 1. Répandre en de nombreux points assez écartés. → **éparpiller, semer.** – au p. p. *Graines disséminées par le vent.* 2. Disperser. *Disséminer les troupes.* – pronom. *Les hommes se sont disséminés.*

dissension n. f. (du latin, de *dissentire* « être en désaccord ») Division profonde de sentiments, d'intérêts, de convictions. → **désaccord, discorde, dissentiment.** *Dissensions politiques, familiales.*

dissensus [disɛ̃sys] n. m. (mot latin) Désaccord profond entre les membres d'un groupe.

dissentiment n. m. (de l'ancien v. *dissentir*, du latin *dissentire* → dissension) Différence dans la manière de juger, de voir, qui crée des heurts. → **conflit, désaccord.** *Il y a un dissentiment entre nous sur ce point.*

disséquer v. tr. < 6 > (latin *dissecare*, de *secare* « couper » → scier) 1. Diviser méthodiquement les parties de (un organisme vivant [→ **vivisection**] ou qui l'a été) en vue d'en étudier la structure (→ **dissection**). *Disséquer une grenouille.* 2. fig. Analyser minutieusement et méthodiquement. → **éplucher.** *Disséquer un texte ; un auteur.*

dissertation n. f. (du latin → disserter) 1. Texte où l'on disserte. → **discours, traité.** 2. Exercice scolaire écrit portant sur des sujets littéraires, philosophiques, historiques. *Sujet de dissertation.* - abrév. fam. **dissert.**

disserter v. intr. < 1 > (latin *dissertare*, de *disserere*, de *serere* « tresser » ; famille de *série*) Faire un développement écrit, ou le plus souvent oral (sur une question, un sujet). → **discourir, traiter** de. *Disserter sur la politique, de politique.*

dissidence n. f. (du latin → dissident) Action ou état de ceux qui se séparent d'une communauté religieuse, politique, sociale, d'une école philosophique. → **schisme, scission, sécession, séparation.** *Entrer, être en dissidence.* ■ Groupe de dissidents. *Rejoindre la dissidence.*

dissident, ente adj. (du latin, p. prés. de *dissidere*, de *sedere* → seoir) Qui est en dissidence, qui fait partie d'une dissidence. *Parti dissident.* – n. *Dissidents emprisonnés.*

dissimilation n. f. (de *dis-* et *assimilation*) ling. Différenciation de deux phonèmes identiques d'un mot (ex. *lossignol* qui a donné *rossignol*).

dissimilitude n. f. didact. Absence de similitude, de ressemblance. → **différence, dissemblance.**

dissimulateur, trice n. et adj. (du latin → dissimuler) (Personne) qui dissimule, sait dissimuler.

dissimulation n. f. (du latin → dissimuler) 1. Action de dissimuler. *La dissimulation d'un secret.* – *Dissimulation de bénéfices.* 2. Comportement d'une personne qui dissimule. ■ péj. Duplicité, hypocrisie.

dissimuler v. tr. < 1 > (latin *dissimulare*, de *simulare* → simuler) 1. Ne pas laisser paraître (ce qu'on pense, ce qu'on éprouve, ce qu'on sait), ou chercher à en donner une idée fausse. → **cacher, taire ; déguiser.** *Dissimuler une nouvelle à qqn.* – *Se dissimuler les dangers d'une entreprise*, refuser de les voir. – *Dissimuler que* (+ indic.) : cacher que. 2. Empêcher de voir (une chose concrète). → **masquer, ¹voiler.** *Une tenture dissimule la porte.* ■ Rendre moins apparent, camoufler. *Dissimuler un bouton en se maquillant.* – *Dissimuler une partie de ses bénéfices dans sa déclaration fiscale.* ■ se **dissimuler** v. pron. Cacher sa présence ou la rendre très discrète. *Se dissimuler derrière un pilier.* ■ **dissimulé, ée** adj. 1. Caché. *Avec une joie non dissimulée.* 2. Qui dissimule. → **¹faux, hypocrite, dissimulateur, sournois.** *C'est un homme très dissimulé.*

dissipateur, trice n. et adj. (du bas latin → dissiper) (Personne) qui dissipe son bien. → **dépensier.**

dissipatif, ive adj. sc. Qui dissipe de l'énergie. *Mécanisme dissipatif.*

dissipation n. f. (latin *dissipatio* → dissiper) I. 1. Fait de se dissiper (1). *La dissipation de la brume.* 2. Action de dissiper en dépensant avec prodigalité. → **dilapidation ; gaspillage.** II. 1. Manque d'attention ; agitation, mauvaise conduite (spécialt d'un écolier). → **indiscipline.** 2. littér. Débauche.

dissipé, ée adj. (→ dissiper, II) 1. Qui manque d'application, est réfractaire à la discipline. *Élève dissipé.* → **indiscipliné, turbulent.** 2. littér. Frivole, déréglé. *Mener une vie dissipée.* → **dissolu.**

dissiper v. tr. < 1 > (latin *dissipare* « disperser ; détruire », de *supare* « jeter ») I. 1. Faire cesser, faire disparaître. → **chasser.** *« [...] et l'aurore / Va dissiper la nuit »* (Lamartine). – fig. *Dissiper un trouble, un malaise, un malentendu. Dissiper les craintes, les soupçons de qqn.* → **ôter.** 2. Dépenser follement. → **gaspiller.** *Dissiper une fortune.* → **dilapider.** 3. sc. Produire (de la puissance, de la chaleur). II. littér. *Dissiper qqn*, le distraire de ses occupations sérieuses ; le détourner du devoir. ■ se **dissiper** v. pron. 1. *La brume se dissipe.* → **disparaître.** – fig. *Le malaise s'est dissipé.* 2. Devenir dissipé.

dissociable adj. Qui peut être dissocié. □ n. f. **dissociabilité**

dissociation n. f. 1. Action de dissocier ; son résultat. *Dissociation par électrolyse.* 2. (abstrait) Séparation. *La dissociation de deux problèmes.* 3. psych. *Dissociation mentale* : rupture de l'unité psychique, notamment chez les schizophrènes.

dissocier v. tr. < 7 > (du latin, de *sociare*, de *socius* « qui va avec » → social) 1. Séparer (des éléments qui étaient associés). *Dissocier les molécules d'un corps, dissocier un corps.* → **désagréger, désintégrer.** 2. (abstrait) Distinguer, séparer. *Dissocier deux questions.* → **disjoindre.**

dissolu, ue adj. (du latin, de *dissolvere* → dissoudre) Qui vit dans la débauche. – *Vie dissolue, mœurs dissolues.* → **dépravé, déréglé.**

dissolution n. f. (du latin, de *dissolvere* → dissoudre) I. 1. Décomposition, désagrégation (d'un organisme). ■ fig. *La dissolution d'un empire, d'un système.* → **anéantissement.** ■ dr. Action de mettre fin légalement. → **rupture ; dissoudre.** *Dissolution du mariage*, annulation, divorce. *Dissolution d'une assemblée.* 2. vieilli Corruption, débauche (→ **dissolu**). II. 1. sc. Passage à l'état de solution. *Dissolution du sel dans l'eau.* ■ Liquide résultant de la dissolution. → **solution.** 2. Colle au caoutchouc, utilisée pour la réparation des chambres à air.

dissolvant, ante (du p. prés. de *dissoudre*) 1. adj. Qui dissout (1), forme une solution avec un corps. 2. n. m. Liquide qui dissout (un corps). → **solvant.** ■ spécialt Produit pour ôter le vernis à ongles.

dissonance n. f. (du bas latin → dissoner) 1. Réunion de sons dont la simultanéité ou la succession est désagréable. ■ mus. Intervalle, accord qui, dans la musique tonale, appelle une consonance*. 2. fig. Manque d'harmonie, discordance.

dissonant, ante adj. Qui fait dissonance. → **discordant.**

dissoner v. intr. < 1 > (latin *dissonare*, de *dis-* et *sonare* → sonner) Faire une dissonance ; produire des dissonances.

dissoudre v. tr. < 51 > (latin *dissolvere*, de *solvere* → solvant) **1.** Désagréger (un corps solide ou gazeux) au moyen d'un liquide dans lequel ses molécules se dispersent (→ **dissolution, dissolvant**). *On peut dissoudre le sucre dans l'eau* (→ **soluble**) ; *l'eau dissout le sucre.* – pronom. *Le sel se dissout dans l'eau.* **2.** Mettre légalement fin à (une association). *Dissoudre un parti. Le parti a été dissous* (ou RO *dissout*). – au p. p. *Assemblée dissoute. Comité dissous.*

dissuader v. tr. < 1 > (latin *dissuadere*, de *suadere* « persuader ») *Dissuader qqn de* : amener (qqn) à renoncer à un projet, à faire qqch. → **décourager.** *Il m'a dissuadé de partir.*

dissuasif, ive adj. Propre à dissuader. *Argument dissuasif.* ■ spécialt Propre à dissuader l'ennemi d'attaquer. *Armement dissuasif.*

dissuasion n. f. (latin *dissuasio* → dissuader) Action de dissuader ; son résultat. – *Force de dissuasion* : force de frappe destinée à dissuader l'adversaire d'attaquer (→ **dissuasif**).

dissyllabique adj. Qui a deux syllabes. – n. m. *Un dissyllabique.* - syn. **dissyllabe.**

dissymétrie n. f. Absence ou défaut de symétrie. → **asymétrie.** □ **dissymétrique** adj. *Édifice, visage dissymétrique.*

distal, ale, aux adj. (de l'anglais, du latin *distans* « éloigné » → distant) didact. Le plus éloigné d'un point de référence (dans un organisme, une structure).

distance n. f. (latin *distantia* → distant) **1.** Longueur qui sépare une chose d'une autre. → **écart, éloignement, [1]espace, étendue, intervalle.** *Parcourir de grandes distances. La distance entre deux villes. Distance de la Terre à la Lune.* – *Arbres plantés à égale distance les uns des autres.* – *À distance* loc. adv. : de loin. *Commande d'un appareil à distance.* **2.** Espace qui sépare deux personnes. ■ loc. *Prendre ses distances* : s'aligner en étendant le bras horizontalement. – *Tenir qqn à distance (respectueuse)*, l'empêcher d'approcher ; fig. tenir à l'écart ; repousser la familiarité en se tenant dans la réserve. *Garder ses distances* (même sens → **distant**, 2). **3.** Écart entre deux moments du temps. → **intervalle.** *À quelques mois de distance.* **4.** fig. Différence notable séparant des personnes ou des choses. → **abîme.** *La distance entre le désir et la réalité.*

distancer v. tr. < 3 > (anglais *to distance* → distant) Dépasser (ce qui avance) d'une certaine distance. → **devancer** ; fam. **semer.** *Le champion les a tous distancés.* ■ fig. → **surpasser.** *Élève qui distance ses camarades.*

distanciation n. f. (de *distance*) **1.** (pour traduire l'allemand *Verfremdungs [Effekt]*) Recul, détachement pris par rapport à qqn, qqch. ; spécialt, au théâtre, par rapport à la situation représentée. *La distanciation dans l'œuvre de Brecht.* **2.** (pour traduire l'anglais *social distancing*) *Distanciation sociale* : fait de maintenir une distance de sécurité entre les personnes pour des motifs sanitaires.

distanciel, ielle adj. et n. m. Qui se déroule sans présence physique des personnes concernées (par oppos. à *présentiel*). *Formation distancielle.* – n. m. *Réunion en distanciel*, à distance.

se **distancier** v. pron. < 7 > Mettre une distance (fig.) entre soi et qqn, qqch. *Se distancier d'un maître.* – p. p. adj. « *Il adopte une attitude respectueuse et distanciée* » (Queneau).

distant, ante adj. (latin *distans*, p. prés. de *distare*, de *stare* → station) **1.** Qui est à une certaine distance. → **éloigné, loin.** *Villes distantes (l'une de l'autre) d'environ dix kilomètres.* **2.** Qui garde ses distances, reste sur la réserve. → **froid, réservé.** – *Un air distant.*

distendre v. tr. < 41 > (du latin → [1]tendre) Augmenter les dimensions de (qqch.) par la tension. → **étirer, [1]tendre.** *Distendre un ressort.* ■ se **distendre** v. pron. Se relâcher, être moins tendu, serré. – fig. *Leurs liens d'amitié se sont distendus.*

distension n. f. (du latin → distendre) Action de se distendre ; augmentation de volume sous l'effet d'une tension.

disthène n. m. (de *di-* et du grec *sthenos* « force ») Minéral, silicate anhydre d'alumine ($Al_2O_2SiO_2$).

distillat [distila] n. m. sc. Produit d'une distillation.

distillateur, trice [distilatœʀ, tʀis] n. Personne qui distille des produits et les vend ; spécialt, fabricant(e) d'eau-de-vie. *Un distillateur de cognac. Des distillateurs illégaux* (→ **bouilleur de cru**).

distillation [distilasjɔ̃] n. f. (du latin médiéval → distiller) Procédé de purification par ébullition suivie d'une condensation de la vapeur dans un autre récipient. *Distillation des fruits, des grains*, qui donne de l'eau-de-vie. – *Distillation du pétrole, des hydrocarbures.*

distiller [distile] v. < 1 > (latin *distillare*, de *stillare*, de *stilla* « goutte » → instiller) **I.** v. tr. **1.** Laisser couler goutte à goutte. → **sécréter.** *Le pin distille la résine.* ■ fig. « *Son enseignement distillait l'ennui le plus pur* » (Gide). → **répandre.** – *Distiller des informations*, les donner petit à petit. **2.** Soumettre (qqch.) à la distillation. *Distiller un mélange dans un alambic. Purifier de l'eau en la distillant.* – au p. p. *Eau distillée*, absolument pure. **3.** littér. Élaborer (un suc). *L'abeille distille le miel.* **II.** v. intr. Se séparer (d'un mélange) par distillation. *Le gazole commence à distiller vers 230 °C.*

distillerie [distilʀi] n. f. Lieu où l'on fabrique les produits de la distillation.

distinct, incte [distɛ̃(kt), ɛ̃kt] adj. (latin *distinctus*, p. p. de *distinguere* → distinguer) **1.** Qui ne se confond pas avec qqch. d'analogue, de voisin. → **différent, indépendant, séparé.** *Problèmes distincts.* **2.** Qui se perçoit nettement. *Parler d'une voix distincte.* → **clair, [1]net.**

distinctement adv. D'une manière distincte (2). *Parler distinctement*, en articulant bien.

distinctif, ive adj. Qui permet de distinguer. → **caractéristique, typique.** *Les caractères distinctifs d'une espèce. Signe distinctif.*

distinction n. f. (du latin, de *distinctum* → distinguer) **I. 1.** Action de distinguer, de reconnaître pour différent. → **différenciation, discrimination, séparation.** *Faire la distinction entre deux choses.* → **[2]départ.** – *Sans distinction. Recevoir tout le monde sans distinction.* → **indistinctement.** *Sans distinction d'âge, de race.* **2.** Fait d'être distinct, séparé. *La distinction des pouvoirs.* **3.** vieilli Supériorité qui place au-dessus du commun. → **rang. 4.** Élégance, délicatesse et réserve dans la tenue et les manières (→ **distingué**). **II.** (Une, des distinctions) **1.** vieux Marque d'estime, d'honneur. **2.** Dignité, décoration. *Distinction honorifique.*

distinguable adj. Que l'on peut distinguer (2 ou 4).

distingué, ée adj. **1.** littér. Remarquable par son rang, son mérite. → **éminent, supérieur. 2.** (formule de politesse) *Recevez l'assurance de mes sentiments distingués.* **3.** Qui a de la distinction (I, 4). *Un homme très distingué.* – *Un air distingué.*

distinguer v. tr. < 1 > (latin *distinguere*, de *dis* et radical de *instigare* → instigation) **1.** (le sujet désigne une différence, un trait caractéristique) Permettre de reconnaître (une personne ou une chose d'une autre). → **différencier.** *Le langage distingue l'homme des animaux.* **2.** Reconnaître (une personne ou une chose) pour distincte (d'une autre). → **différencier, isoler, séparer.** *On ne peut distinguer ces jumeaux l'un de l'autre.* – *Distinguer le vrai du faux.* → **démêler, discerner. 3.** Mettre (qqn) à part des autres, en le remarquant comme supérieur (→ **distinction** ; **distingué**). *On l'a distinguée, elle a été distinguée pour ce poste.* **4.** Percevoir d'une manière distincte, sans confusion. *On commence à distinguer les montagnes.* – *Distinguer un son, une odeur, un goût.* – *Distinguer qqn au milieu d'une foule.* ■ fig. → **discerner.** *Une douceur où l'on distingue de l'amertume.* ■ se **distinguer** v. pron. **1.** Être ou se rendre distinct, différent. → se **différencier, différer.** *Elle se distingue de son frère par la taille.* **2.** S'élever au-dessus des autres, se faire connaître, remarquer. → **s'illustrer.** *Se distinguer par son talent. Il se distingua pendant la guerre.* **3.** Être perçu, discerné.

distinguo n. m. (latin scolastique *distinguo* « je distingue ») Distinction subtile, compliquée. *Se lancer dans des distinguos trop subtils.*

distique n. m. (du grec, de *stikhos* « rangée ; [2]vers » ; cf. *hémistiche*) Groupe de deux vers renfermant un énoncé complet.

distomatose n. f. (de *distome*) méd. Maladie parasitaire provoquée par des distomes pouvant infecter le foie, l'intestin, la bouche et le pharynx.

distome n. m. (grec *distomos* « qui a deux bouches ») biol. Ver parasite, responsable de la distomatose. → **[2]douve.**

distordre v. tr. < 41 > (du latin → tordre) Déformer par une torsion. – au p. p. *Traits distordus par la douleur.*

distorsion n. f. (du latin → torsion) **1.** méd. État d'une partie du corps qui se tourne d'un seul côté. **2.** Défaut d'un système qui déforme les images, les signaux qu'il doit reproduire. **3.** fig. Déséquilibre (entre plusieurs facteurs), entraînant une tension. → **décalage, disparité.** *Une distorsion entre l'offre et la demande.*

distractif, ive adj. (du latin → distraire) didact. Avec quoi l'on peut se distraire. → **récréatif.**

distraction n. f. (latin *distractio* → distraire) **I.** Action de distraire (I) ; son résultat. → **prélèvement ; détournement. II. 1.** Manque d'attention habituel ou momentané aux choses dont on devrait normalement s'occuper, l'esprit étant absorbé par un autre objet. → **inattention ; distrait.** *Oublier qqch. par distraction.* – *Une distraction.* → **bévue, étourderie, oubli.** « *Les distractions des amoureux et celles des savants n'ont pas fini de faire rire* » (Aragon). **2.** Diversion apportée par une occupation propre à délasser l'esprit en l'amusant. *Il vous faut un peu de distraction.* → **détente.** ■ Occupation qui apporte la distraction. → **divertissement, loisir.** *Le cinéma est sa seule distraction.*

distraire v. tr. < 50 > (latin *distrahere*, de *trahere* « tirer », d'après *traire*) **I.** littér. Séparer d'un ensemble. *Distraire une somme d'argent d'un dépôt.* → **détourner. II. 1.** Détourner (qqn) de l'objet auquel il s'applique, de ce dont il est occupé. *Distraire qqn de ses soucis.* – *Élève qui distrait ses camarades.* → **dissiper.** ■ *Distraire l'attention*, la détourner de son objet. **2.** Faire passer le temps agréablement à (qqn). → **amuser, divertir ; distraction.** ■ se **distraire** v. pron. S'amuser, se détendre. *Avoir besoin de se distraire.*

distrait, aite adj. **1.** Absorbé par autre chose. *Il m'a paru distrait.* → **absent.** – *Écouter d'une oreille distraite.* **2.** Qui est, par caractère, occupé d'autre chose que de ce qu'il fait, ou de ce qu'on lui dit. *Il est si distrait qu'il perd tout.* → **étourdi.** – n. *C'est une grande distraite.*

distraitement adv. De façon distraite. *Feuilleter distraitement une revue.*

distrayant, ante adj. Avec quoi l'on peut se distraire, se détendre l'esprit. → **amusant, délassant, divertissant.** *Un film distrayant.*

distribuer v. tr. < 1 > (latin *distribuere*, de *tribuere*, de *tribus* → tribut) **1.** Donner à plusieurs personnes prises séparément (une partie d'une chose ou d'un ensemble de choses). → **donner, partager, [1]répartir.** « *J'ai distribué aux pauvres et à ma famille tout mon bien* » (Flaubert). *Distribuer des uniformes aux soldats.* – *Distribuer des tracts.* **2.** Donner à diverses personnes, au hasard. *Distribuer des poignées de main.* **3.** (sujet chose) Répartir dans plusieurs endroits. → **amener, conduire.** *Les conduites qui distribuent l'eau dans une ville.* **4.** Répartir d'une manière particulière, selon un certain ordre. *Distribuer les joueurs sur le terrain.* **5.** Assurer la distribution de (une pièce, un film ; un produit). □ adj. **distribuable** ■ **distribué, ée** p. p. *Appartement bien, mal distribué*, où la disposition des pièces est rationnelle et agréable, ou non. → **agencé.**

distributaire adj. et n. dr. (Personne) qui a reçu qqch. en distribution.

distributeur, trice n. (du latin → distribuer) **1.** Personne qui distribue (qqch.). ■ spécialt Commerçant(e) chargé(e) de la distribution d'un produit. → **concessionnaire.** – Personne chargée de la distribution des films aux salles de cinéma. *Distributeur agréé, exclusif* (d'un produit). **2. n. m.** Appareil servant à distribuer. ▪ (automobiles) Mécanisme qui répartit entre les cylindres les étincelles fournies par l'allumage. ▪ Appareil qui distribue qqch. au public. *Distributeur d'essence.* → **²pompe.** *Distributeur automatique,* qui distribue des objets en échange d'un paiement. *Distributeur de billets de banque.* → **billetterie.**

distributif, ive adj. (du bas latin → distribuer) **1.** dr. *Justice distributive,* qui donne à chacun la part qui lui revient (opposé à *justice commutative*). **2.** gramm. Qui sert à désigner en particulier (opposé à *collectif*). « *Chaque* » *est un adjectif distributif.* **3.** math. *La multiplication est distributive par rapport à l'addition :* a × (b + c) = (a × b) + (a × c).

distribution n. f. (du latin → distribuer) **1.** Répartition à des personnes. *La distribution du courrier.* – *Distribution des prix.* – *Distribution des richesses.* → **répartition.** « *Par bonne distribution, il faut entendre non distribution égale, mais distribution équitable* » (Hugo). ▪ *La distribution d'une pièce, d'un film,* l'ensemble des acteurs qui l'interprètent. *Une bonne distribution.* → anglic. **casting. 2.** Ensemble d'opérations et de circuits qui mettent un produit à la disposition des acheteurs. *Société de distribution.* **3.** Répartition à des endroits différents. *Distribution des eaux,* permettant d'approvisionner une ville en eau potable. **4.** Arrangement selon un certain ordre ; division selon une certaine destination. → **agencement.** *La distribution d'un appartement* (→ **distribué**).

distributionnalisme n. m. ling. Étude des langues par analyse distributionnelle*. □ adj. **distributionnaliste**

distributionnel, elle adj. (anglais *distributional*) ling. *Analyse distributionnelle,* qui étudie la structure hiérarchique des énoncés.

distributivité n. f. math. Caractère d'une opération distributive.

district [distʀikt] n. m. (bas latin *districtus* « territoire » → détroit) Subdivision administrative territoriale. – *District urbain :* groupement administratif de communes formant une même agglomération.

distyle adj. (de *di-* et du grec *stulos* « colonne ») archit. À deux colonnes. *Porte distyle.*

dit, dite I. adj. **1.** Surnommé. *Louis XV, dit le Bien-Aimé.* **2.** dr. (joint à l'article défini) *Ledit, ladite, lesdits, lesdites,* ce dont on vient de parler. *Ledit acheteur. Ladite maison. Lesdits plaignants.* **3.** Fixé, convenu. *À l'heure dite.* **II.** n. m. Petite pièce de vers, au Moyen Âge. *Le dit de la rose.*

dithyrambe n. m. (du latin, du grec *dithurambos ;* famille de *iambe*) littér. Éloge enthousiaste. → **panégyrique.**

dithyrambique adj. (du latin, du grec → dithyrambe) Très élogieux. *Un article dithyrambique.*

dito adv. (de l'italien *detto,* p. p. de *dire*) comm. (dans un devis) Déjà dit, de même (abrév. d°).

diurèse n. f. (du latin médical, du grec, de *ourein* « uriner » *cf.* énurésie) méd. Excrétion de l'urine.

diurétique adj. (→ diurèse) Qui augmente la sécrétion urinaire. – n. m. *Le fenouil est un diurétique.*

diurnal, aux n. m. (du latin *diurnalis*) relig. Livre de prières qui renferme l'office du jour.

diurne adj. (latin *diurnus,* de *dies* → jour) **1.** didact. Qui dure vingt-quatre heures. **2.** (opposé à *nocturne*) Qui a lieu, se produit le jour. ▪ Qui se montre le jour. *Rapaces, papillons diurnes. Fleur diurne,* qui se ferme pendant la nuit.

diva n. f. (mot italien, du latin *diva* « déesse ») **1.** Cantatrice célèbre. *Des divas.* **2.** péj. Personne très exigeante, capricieuse.

divagateur, trice adj. rare Qui divague.

divagation n. f. Action de divaguer. – fig. au plur. Propos incohérents. *Les divagations d'un malade.* → **délire.**

divaguer v. intr. < 1 > (du bas latin, de *vagus* → ¹vague) **1.** Errer çà et là. **2.** fig. Dire n'importe quoi, ne pas raisonner correctement. → **déraisonner.** *Tu divagues !*

divalent, ente voir bivalent

divan n. m. (arabe *diwān,* du persan, d'abord « registre, liste » → douane) **I. 1.** hist. Conseil du sultan. **2.** vieux Recueil de poésies orientales. **II.** Long siège sans dossier ni bras qui peut servir de lit (le *canapé* a un dossier). « *Des divans profonds comme des tombeaux* » (Baudelaire).

dive adj. f. (latin *diva* « divine ») loc. *La dive bouteille :* le vin. « *En vin est vérité cachée. La Dive Bouteille vous y envoie* » (Rabelais).

divergence n. f. (du latin sc. → divergent) Situation de ce qui diverge, de ce qui va en s'écartant. ▪ fig. Grande différence. *Divergence d'opinions, de vues.* → **désaccord.**

divergent, ente adj. (du latin mod. → diverger) **1.** Qui diverge, qui va en s'écartant. *Rayons divergents.* – *Strabisme divergent.* – *Lentille divergente,* qui fait diverger un rayon lumineux. **2.** fig. Qui ne s'accorde pas. → **différent, opposé.** *Points de vue, témoignages divergents.*

diverger v. intr. < 3 > (bas latin *divergere,* de *vergere* « pencher » → converger) - contr. **converger. 1.** Aller en s'écartant de plus en plus (en parlant d'éléments rapprochés à leur point de départ). *Les côtés d'un angle divergent.* **2.** fig. S'écarter de plus en plus (d'une origine commune, d'un type commun). ▪ Être en désaccord. → **s'opposer.** *Leurs interprétations divergent sur ce point.*

divers, erse adj. (latin *diversus* « opposé » ; p. p. de *divertere* → divertir) **1.** littér. au sing. Qui présente plusieurs aspects. → **varié.** *Une clientèle très diverse.* **2.** au plur. Qui présentent des différences intrinsèques et qualitatives (en parlant de choses que l'on compare). → **différent, dissemblable, varié.** *Les divers sens d'un mot.* ▪ *Frais divers,* qui ne sont pas classés dans une rubrique précise. **3.** *Faits divers,* les incidents du jour (accidents, crimes, etc.) ; la rubrique sous laquelle on les groupe. – au sing. *Un fait divers.* **4.** adj. indéf. au plur. (devant un n.) → **plusieurs.** *Diverses personnes m'en ont parlé. À diverses reprises.* → **différent.**

diversement adv. D'une manière diverse, de plusieurs manières différentes. → **différemment.** *Un fait diversement interprété. Un film diversement apprécié.*

diversification n. f. Action de (se) diversifier ; son résultat. *La diversification de la production d'une entreprise.*

diversifier v. tr. < 7 > (du latin médiéval, de *diversus* → divers et *facere* → ¹faire) Rendre divers. → **varier.** *Diversifier ses activités.* – pronom. *Une production qui se diversifie.*

diversiforme adj. didact. Dont la forme est variable. → **multiforme, polymorphe.**

diversion n. f. (bas latin *divertio,* de *divertere* → divertir) **1.** Opération militaire destinée à détourner l'ennemi d'un point. *Manœuvre de diversion.* **2.** fig., littér. Action qui détourne qqn de ce qui le préoccupe, le chagrine, l'ennuie. → **dérivatif, distraction.** – *Faire diversion à (qqch.) :* détourner, distraire de. absolt *Son arrivée a fait diversion.*

diversité n. f. (latin *diversitas* → divers) Caractère, état de ce qui est divers (1 et 2). → **variété.** *La diversité de la vie. La diversité des goûts.* « *Diversité, c'est ma devise* » (La Fontaine).

diverticule n. m. méd. Cavité pathologique, en forme de poche, communiquant avec un organe creux ou un conduit. *Diverticule du côlon.*

divertimento [divɛʀtimɛnto ; -mɛto] n. m. (mot italien) mus. Petite pièce musicale pour orchestre. → **divertissement.** *Des divertimentos ou des divertimenti* (plur. italien).

divertir v. tr. < 2 > (bas latin *divertere,* de *vertere* → verser) **1.** vieux ou dr. Détourner. *Divertir de l'argent.* **2.** vieilli Détourner (qqn) d'une préoccupation, etc. *Divertir qqn de ses ennuis.* – absolt « *Le monde* [...] *nous détourne de nous-même, nous divertit* » (Mauriac). → **divertissement** (2). **3.** mod. Distraire en amusant. → **amuser, récréer.** ▪ se **divertir** v. pron. Se distraire, se récréer. *Vous devriez vous divertir un peu. Se divertir à jouer aux échecs.* – vieilli *Se divertir de qqn, qqch.,* s'en moquer.

divertissant, ante adj. Qui divertit (3). → **distrayant ; amusant, récréatif.** *Spectacle divertissant.*

divertissement n. m. **1.** vieux Action de détourner à son profit. **2.** vieilli Ce qui détourne l'être humain des problèmes essentiels (chez Pascal, de Dieu), de ses soucis. **3.** Action de (se) divertir ; moyen de se divertir. → **amusement, délassement, distraction, plaisir.** *La musique est son divertissement favori.* **4.** Petit opéra, pièce musicale. → **divertimento.**

Dives n. f. Fleuve côtier de Normandie, qui se jette dans la Manche en aval de Dives-sur-Mer. 100 km.

Dives-sur-Mer Commune du Calvados. 5 234 habitants. Port de pêche et de plaisance.

divette n. f. (diminutif de *diva*) vieilli Chanteuse d'opérette.

dividende n. m. (bas latin *dividendus* « qui doit être divisé », de *dividere* → diviser) **1.** math. Nombre à diviser par un autre (appelé *diviseur*). **2.** Part des bénéfices attribuée à chaque actionnaire. *Toucher des dividendes.*

divin, ine adj. (latin *divinus* → devin) **1.** Qui appartient à Dieu, aux dieux. *Justice divine. Droit divin,* considéré comme révélé par Dieu aux hommes. *Monarchie de droit divin.* – *Le divin enfant* [lədivinɑ̃fɑ̃] : l'enfant Jésus. – « *La Divine Comédie* » (de Dante). **2.** Qui est dû à Dieu, à un dieu. *L'office divin. L'amour divin* (opposé à *profane*). **3.** Excellent, parfait. → **céleste, sublime, suprême.** *Une musique divine.* – *Le divin marquis :* Sade. ▪ Très agréable. *Il fait un temps divin.* → **délicieux.**

divinateur, trice adj. (bas latin *divinator* → deviner) Qui devine, prévoit ce qui doit arriver.

divination n. f. (latin *divinatio,* de *divinare* → deviner) **1.** Art de découvrir ce qui est caché par des moyens qui ne relèvent pas d'une connaissance naturelle. → **devin ; -mancie.** *La divination chez les anciens* (→ **augure**). *Divination de l'avenir.* → **voyance. 2.** Faculté, action de deviner, de prévoir. → **clairvoyance, intuition, prescience.** *Comment le sait-il ? C'est de la divination.*

divinatoire adj. Relatif à la divination. *Art divinatoire. Cartes divinatoires.* → **oracle, tarot.**

divinement adv. D'une manière divine (3), à la perfection. → **merveilleusement, parfaitement.** *Elle chante divinement. Il fait divinement beau.*

diviniser v. tr. < 1 > **1.** Mettre au rang des dieux. → **déifier.** *Les Romains divinisaient leurs empereurs.* **2.** Donner une valeur sacrée ou une grande valeur à (qqn, qqch.). → **exalter, glorifier.** *Diviniser l'amour.* □ n. f. **divinisation**

divinité n. f. (latin *divinitas* → divin) **1.** Nature divine. *La divinité de Jésus,* dans la religion chrétienne. **2.** *Une divinité :* un être divin. → **déesse, dieu.** *Les divinités antiques.*

divis, ise [divi, iz] adj. (vient du latin → diviser) dr. Partagé, divisé (opposé à *indivis*). *Propriétés divises.*

diviser v. tr. < 1 > (du latin *dividere*) **I. 1.** Séparer (une chose ou un ensemble de choses) en plusieurs parties. → **fractionner, fragmenter ; morceler, partager.** *Diviser une somme en plusieurs parts. Diviser un terrain.* ▪ Partager en quantités égales. *Diviser un gâteau en six.* (passif) *Le jour est divisé en 24 heures.* – Chercher, calculer combien de fois une quantité est contenue dans une autre (→ **division ; dividende, diviseur**). *Diviser un nombre par quatre* (opposé à *multiplier*). **2.** abstrait Séparer en éléments. *On divise le règne animal en classes.* **II.** Séparer, semer la discorde, la désunion entre (des personnes, des groupes). → **brouiller, désunir, opposer.** *L'affaire Dreyfus divisa la France.* – au p. p. *Une opinion publique divisée.* ▪ absolt, loc. prov. *Diviser pour régner.* ▪ se **diviser** v. pron. Se séparer en parties. *L'œuf se divise en cellules.* → se **scinder,** se **segmenter.** – Être séparé en parties. *Exposé qui se divise en trois parties.* – Être divisible.

diviseur, euse n. 1. Ce qui divise (personne, force). 2. n. m. math. Nombre par lequel on en divise un autre (appelé *dividende*).

divisible adj. (du bas latin → diviser) Qui peut être divisé. – *Les nombres pairs sont divisibles par 2* (le quotient de la division est un nombre entier). □ n. f. **divisibilité**

division n. f. (latin *divisio* → diviser) 1. Action de diviser ; état de ce qui est divisé (rare en emploi concret). → **fragmentation, morcellement, séparation.** ■ Opération par laquelle on divise une quantité (le dividende) par une autre (le diviseur), pour obtenir le quotient. *Division qui tombe juste*, dont le reste est nul. ■ ***Division du travail*** : organisation économique consistant dans la décomposition et la répartition des tâches. → **taylorisme.** 2. Fait de se diviser. *Division cellulaire*, par laquelle une cellule donne deux cellules filles. → **mitose.** 3. Trait qui divise. *Les divisions d'un thermomètre.* → **graduation.** – typogr. Tiret. *Grande division. Petite division.* 4. Partie d'un tout divisé. *Les divisions administratives d'un territoire. Les grandes divisions du règne animal* (embranchement, classe, ordre...). *Divisions et subdivisions.* 5. Grande unité militaire réunissant des formations d'armes différentes et divers services. *Division blindée. Général de division.* → **divisionnaire.** ■ Réunion de plusieurs services (dans une administration). *Chef de division.* ■ sports *Première, deuxième division*, dans laquelle un club est admis pour disputer un championnat. 6. fig. Séparation, opposition d'intérêts, de sentiments entre plusieurs personnes. → **désaccord, discorde, dissension.** *Mettre, semer la division dans une famille, dans les esprits.*

divisionnaire adj. D'une division (5). *Général divisionnaire*, qui commande une division. *Commissaire divisionnaire.* – n. m. *Un divisionnaire.*

divisionnisme n. m. didact. Procédé pictural qui consiste à juxtaposer les touches de ton sur la toile au lieu de les mélanger sur la palette. → **pointillisme.**

divorce n. m. (latin *divortium* « séparation », de *divortere, divertere* → divertir) 1. Séparation d'intérêts, de sentiments, etc. → **divergence, rupture, séparation.** *« L'âme et le corps désunis par un divorce essentiel »* (Bernanos). 2. Rupture légale du mariage civil, du vivant des époux. *Être en instance de divorce. Son divorce (d')avec son mari.*

▶ Le **divorce** (2) n'est pas une invention moderne — il existait déjà en droit romain. Mais c'est à partir des années 1950 qu'il devient en Occident un véritable phénomène de société : aujourd'hui, en France, environ un mariage sur deux se conclut par un divorce.
Considérant le mariage comme un sacrement indissoluble, l'Église catholique interdit le divorce (concile de Trente, 1539). Défendu par les philosophes des Lumières (Montesquieu, Voltaire, Rousseau, Diderot), le droit au divorce, en France, est la résultante de l'évolution des idées et de la laïcisation de la vie sociale. Légalisé une première fois sous la Révolution (1792), ce « poison révolutionnaire » n'a plus droit de cité sous la Restauration (1816), avant d'être rétabli en 1884 (loi Naquet) sous forme du « divorce pour faute » qui exige le plus souvent un constat d'adultère.
Dans les sociétés modernes et urbanisées, la montée du divorce tient à l'émancipation de la société par rapport aux croyances et interdits religieux ainsi qu'à la promotion des valeurs de liberté, d'authenticité et d'individualisme. Le divorce sanctionne alors un mariage qui n'aurait pas tenu sa promesse d'amour et d'épanouissement personnel. L'institution du divorce par consentement mutuel en 1975 a profondément simplifié la procédure ; depuis 2017 il peut même se faire sans l'intervention du juge.
voir aussi **mariage**

divorcer v. intr. <3> Se séparer par le divorce (de l'autre époux). *Elle a divorcé avec (d'avec, de) lui.* – absolt *Il a décidé de divorcer. Ils ont divorcé.* ■ **divorcé, ée** adj. Séparé par le divorce. *Parents divorcés.* – n. *Il a épousé une divorcée.*

divortialité [divɔrsjalite] n. f. didact. *Taux de divortialité* : taux annuel de divorces par rapport à l'effectif de la population mariée. *Nuptialité et divortialité.*

divulgateur, trice n. (du latin → divulguer) Personne qui divulgue. → **propagateur.**

divulgation n. f. (du latin → divulguer) Action de divulguer ; son résultat. → **propagation, révélation.** *Divulgation de secrets d'État.*

divulguer v. tr. <1> (latin *divulgare*, de *vulgus* « foule » → vulgaire) Porter à la connaissance du public. → **dévoiler, ébruiter, proclamer, publier, répandre.** *Les journaux ont divulgué l'affaire.*

divulsion n. f. (du latin *divulsio*, de *divellere* « arracher ») méd. Arrachement ou rupture des tissus.

Dīwāniya Ville du centre de l'Irak, à proximité de l'Euphrate. 403 800 habitants.

dix [dis] (d'abord *diz* ; vient du latin *decem* → décimal) 1. adj. numéral cardinal Nombre égal à neuf plus un (10). → **déca- ; dizaine.** *Dix euros. Les dix doigts des deux mains. Dix mille* (10 000). – *Neuf fois sur dix* loc. adv. : presque toujours. ■ Un grand nombre de. *Répéter dix fois la même chose.* 2. adj. numéral ordinal Dixième. *Charles X. Page dix. Il est dix heures.* 3. n. m. Le nombre 10. *Deux fois cinq, dix.* – *Soixante-dix* (70) [→ **septante**] ; *quatre-vingt-dix* (90) [→ **nonante**]. *Cent dix* (ou RO *cent-dix*), *dix mille* (ou RO *dix-mille*). *Noter sur dix. Dix sur dix.* – *Le dix*, spécialt, le dixième jour *(le dix du mois)*, le numéro dix *(elle habite au dix).* – Carte, domino, etc. marqué de dix signes. *Dix de pique. Dix de der**.

Dix (Otto) Peintre, dessinateur et graveur allemand (1891-1969). Influencé d'abord par les courants novateurs du début du XXe s., en particulier les expressionnistes, il adopta une technique réaliste avec des déformations expressives à des fins caricaturales (portraits) et participa aux expositions dada (1920 et 1922). Il fut l'un des représentants de la *Neue Sachlichkeit* (« nouvelle objectivité »), concevant sa peinture comme un moyen de critique sociale et politique. Incarcéré à Dresde par les nazis, il se réfugia en Suisse.

Dix (Conseil des) Tribunal secret créé à Venise en 1310 et composé de dix membres choisis dans le Grand Conseil. C'était un organisme de sûreté de l'État aux pouvoirs illimités.

dix-huit [dizɥit] adj. numéral invar. (cardinal) Dix plus huit (18). *Il a dix-huit ans. Dix-huit cents* ou *mille huit cents* (1 800). – (ordinal) Dix-huitième. *Louis XVIII.* – n. m. invar. *Aujourd'hui, nous sommes le 18. Ils habitent au 18.* □ **dix-huitième** adj. et n. *Les grands écrivains du dix-huitième (XVIIIe) siècle.*

dixième [dizjɛm] adj. 1. Qui suit le neuvième. *Habiter au dixième (étage).* 2. Se dit d'une partie d'un tout divisé également en dix. – n. m. *Les neuf dixièmes.* 3. n. *Être le, la dixième à passer.* □ adv. **dixièmement**

dixit [diksit] (mot latin « il a dit ») didact. ou iron. S'emploie devant ou après le nom de qqn dont on rapporte les paroles, pour souligner que ce sont ses propres mots.

Dix Mille (retraite des) Retraite des 10 000 mercenaires grecs à la suite de leur défaite à Counaxa (–401) et de la mort de Cyrus le Jeune. Xénophon en fit le récit dans l'*Anabase.*

Dixmude Ville de Belgique (Flandre-Occidentale). 16 843 habitants. Rasée pendant la Première Guerre mondiale, elle fut reconstruite dans un style flamand. Musée. Industrie textile.

dix-neuf [diznœf] adj. numéral invar. (cardinal) Dix plus neuf (19). *Dix-neuf ans. Dix-neuf cents* ou *mille neuf cents.* – (ordinal) *Page dix-neuf.* – n. m. invar. *Dix-neuf est un nombre premier.* □ **dix-neuvième** adj. et n. *Il habite au dix-neuvième (étage). Le dix-neuvième siècle.*

dix-sept [di(s)sɛt] adj. numéral invar. (cardinal) Dix plus sept (17). *Dix-sept ans. « On n'est pas sérieux, quand on a dix-sept ans »* (Rimbaud). *Dix-sept cents* ou *mille sept cents.* – (ordinal) *Louis XVII.* – n. m. invar. *Neuf et huit, dix-sept.* □ **dix-septième** adj. et n. *Arriver dix-septième sur cent. Le dix-septième siècle* (en France : le siècle de Louis XIV).

DIY [diajwaj] n. m. (mot anglais, abrév. de *Do It Yourself* « faites-le vous-même ») anglic. Pratique qui consiste à créer, fabriquer et réparer soi-même des objets, des produits du quotidien. – adj. *La culture DIY.*

Diyālā n. f. Rivière d'Irak, affluent du Tigre. 386 km.

Diyarbakir Ville de Turquie, au S. du Taurus oriental, sur le Tigre. 843 460 habitants, en majorité kurdes. Remparts, citadelle, mosquée. Centre industriel (textile, agroalimentaire).

dizain n. m. Pièce de poésie de dix vers.

dizaine n. f. 1. Groupe de dix unités (nombre). *Une dizaine de mille. Le chiffre des dizaines* (ex. 9 dans 298). 2. Réunion de dix personnes, de dix choses ; quantité voisine de dix. *Il y a une dizaine d'années.*

dizygote adj. et n. m. (de *zygote*) biol. *Jumeaux dizygotes*, provenant de deux ovules fécondés différents (cour. *faux jumeaux*). – n. m. *Dizygotes et monozygotes.*

DJ [didʒɛ ; didʒi] n. invar. (abrév. anglaise de *disc jockey*) anglic. 1. Disque-jockey. *Des DJ.* 2. Personne qui crée des effets musicaux en manipulant des sons enregistrés. *La DJ d'une soirée électro.* - recomm. offic. **platiniste.**

Djaghataï ou **Čagatai** (mort en 1242). Khan mongol (1227-1242). Fils de Gengis Khān, il hérita de l'empire des Khara-Khitaï et de la Transoxiane. Il est le fondateur du groupe turco-mongol des Djaghataïdes de Transoxiane.

djaïn ou **jaïn** adj. et n. (mot hindi, de *Djina* « conquérant », titre désignant le fondateur du jaïnisme) Qui appartient au djaïnisme. – n. *Les djaïns.* - var. **djaïna** ou **jaïna.**

djaïnisme ou **jaïnisme** n. m. (de *djaïn*) Religion hindoue qui prône la non-violence envers tout ce qui vit.

Djamal Pacha ou **Cemal Paşa (Ahmed)** Général et homme politique turc (1873-1922). L'un des chefs des Jeunes-Turcs, il contribua à entraîner l'Empire ottoman dans la Première Guerre mondiale aux côtés des Empires centraux.

Djebar (Fatima-Zohra Imalayène, dite Assia) Romancière algérienne d'expression française (1935-2015). Son œuvre est féministe et traite de sujets historiques *(La Soif ; Femmes d'Alger dans leur appartement ; La Femme sans sépulture).* Elle a été la première personnalité du Maghreb élue à l'Académie française.

Assia Djebar prononçant son discours de réception à l'Académie française (22 juin 2006).

djebel ou **djébel** [dʒebɛl] n. m. (mot arabe « montagne ») Montagne, terrain montagneux, en Afrique du Nord. *Des djebels, des djébels.*

Le djebel Saghro (point culminant 2 712 m), au Maroc, séparant la vallée du Draa de celle du Dades.

Djeddah ou **Djedda** Ville d'Arabie saoudite, sur la mer Rouge, à l'O. de La Mecque. 2 801 500 habitants. Son port, le plus important du pays, et son aéroport accueillent les pèlerins qui se rendent à La Mecque ainsi qu'à Médine. Centre diplomatique. Raffinerie de pétrole.

Djelal-Abad ou **Djalal-Abad** Ville du Kirghizstan. 74 000 habitants.

Djelfa Ville d'Algérie, dans les monts Ouled Naïl, au S. d'Alger. 265 800 habitants.

djellaba [dʒɛ(l)laba] **n. f. (arabe du Maroc)** Longue robe à manches longues et à capuchon, portée par les hommes et les femmes, en Afrique du Nord.

djembé **n. m.** Tambour d'Afrique de l'Ouest, creusé dans une bille de bois et recouvert d'une peau de chèvre.

Djemdet Nasr Site de Mésopotamie, près de la ville de Kish. La *civilisation de Djemet Nasr* (v. 3100-2900 av. J.-C.) est la 3e des périodes protohistoriques sumériennes.

Djerba ou **Jerba** Île de Tunisie, au S. du golfe de Gabès. 175 000 habitants. Ville principale : Houmt Souk. Elle est reliée par une route au continent. Artisanat, pêche, tourisme très actif. Aéroport.

Djerid ou **Jerid (chott el-)** Dépression fermée du sud de la Tunisie, lac salé long de près de 200 km.

Djésireh ou **Djézireh** **n. f.** Plateau du Proche-Orient (Syrie et Irak), entre le Tigre et l'Euphrate. Agriculture (céréales, riz, coton), élevage ovin.

djeune ou **djeun** **n. m.** fam. Jeune. *Une bande de djeunes.*

Djian (Philippe) Écrivain français (né en 1949). Avec un sens égal de la musicalité de la phrase, du ton et de l'histoire, il a écrit une trentaine de romans dont *37°2 le matin*, adapté par J.-J. Beineix au cinéma, et *Oh.*

Djibouti Capitale de la république de Djibouti, sur le golfe de Tadjoura. 475 300 habitants. Créée en 1884, Djibouti devint la capitale de la côte française des Somalis. À l'ouverture du canal de Suez, son port devint une escale maritime importante.

Djibouti

■ offic. république de Djibouti
État d'Afrique orientale. → Somalie (carte). 23 200 km². 1 million d'habitants (les *Djiboutiens*). **Langues :** français et arabe (offic.). **Population :** Issas (60 %), Afars (35 %). **Monnaie :** franc djiboutien. **Capitale :** Djibouti. **Régime :** présidentiel.

Territoire désertique, Djibouti est situé à l'entrée de la mer Rouge et séparé de l'Arabie par le détroit de Bab el-Mandeb. Il présente un relief volcanique. Outre l'élevage, le trafic portuaire de la capitale (débouché du commerce éthiopien) est la seule activité économique. Voie d'échange entre l'Arabie et l'Afrique depuis le IIe millénaire av. J.-C., la région fut occupée par les Français (1888) qui en firent la capitale de la Côte française des Somalis (1896). La colonie devint un territoire français d'outre-mer (1946), prit le nom de *Territoire français des Afars et des Issas* (1967), puis accéda à l'indépendance (1977). Les tensions entre Afars et Issas s'accrurent (1992). Au président Hassan Gouled Aptidon (1977-1999) succéda Ismaïl Omar Guelleh (réélu en 2021).

Djibouti

La ville de Djibouti, sur le golfe de Tadjoura.

Djidjelli voir **Jijel**

djihad [dʒi(j)ad] **n. m. (mot arabe « effort suprême » *cf.* moudjahid) 1.** relig. Effort que doivent fournir les musulmans pour rester dans le droit chemin et combattre les ennemis de l'islam. **2.** cour. Guerre sainte menée pour propager ou défendre l'islam. → aussi **djihadisme.** - var. **jihad**

Djihad islamique ou **Jihad islamique** **n. m.** Organisation d'extrémistes musulmans chiites pro-iraniens, apparue au Liban en 1983 puis en Syrie, en Jordanie et en Palestine. Le Djihad revendique de nombreux attentats (ambassade américaine à Beyrouth en 1983) et prises d'otages.

djihadisme ou **jihadisme** [dʒi(j)adism] **n. m.** Forme radicale du djihad (2), qui prône le recours au combat armé ; terrorisme islamiste.

djihadiste ou **jihadiste** [dʒi(j)adist] **n. et adj.** Partisan, combattant du djihad. → **moudjahid.** – **adj.** *Mouvance djihadiste.*

djinn [dʒin] **n. m. (mot arabe)** Génie (bon ou mauvais), dans le Coran et les légendes musulmanes. *« C'est l'essaim des Djinns qui passe, / Et tourbillonne en sifflant »* (Hugo, *Les Djinns*).

Djokovic (Novak) Joueur de tennis serbe (né en 1987). Entre 2008 et 2021, il remporta vingt titres du Grand Chelem et gagna la coupe Davis en 2010.

Djouba **n. m.** Fleuve d'Éthiopie et de Somalie qui se jette dans l'océan Indien. 880 km.

Djouba Capitale du Soudan du Sud, port sur le Nil Blanc. 250 000 habitants. Aéroport.

Djoungarie ou **Dzoungarie** **n. f.** Région semi-désertique de la Chine (N. du Xinjiang), à la frontière avec le Kazakhstan et la Mongolie. Elle forma le centre d'un royaume mongol (XIe-XIVe s.).

Djurdjura ou **Jurjura** **n. m.** Chaîne montagneuse d'Algérie, sur la bordure méridionale de la Grande Kabylie. Elle culmine à 2 309 m (pic Lalla-Khadidja).

Dmytryk (Edward) Réalisateur américain (1908-1999). Fils d'immigrés ukrainiens, d'abord militant communiste, il trahit ses amis devant la Commission des activités anti-américaines. Il réalisa notamment des films noirs *(Feux croisés ; L'Homme à l'affût).*

Dniepr ou **Dnipro** **n. m.** Fleuve d'Europe orientale (2 200 km). Il prend sa source dans le plateau des Valdaï (Russie), traverse la Biélorussie et l'Ukraine, et se jette dans la mer Noire à l'E. d'Odessa. Il alimente des centrales hydroélectriques et un réseau d'irrigation.

Dniestr ou **Dnister** **n. m.** Fleuve d'Europe orientale (1 352 km). Né dans les Carpates, il traverse l'Ukraine et la Moldavie, se jette dans la mer Noire à l'O. d'Odessa.

Dniprodzerjynsk Ville d'Ukraine, sur le Dniepr. 249 530 habitants. Centrale hydroélectrique. Constructions mécaniques. Industries chimiques.

Dnipro Dnipropetrovsk jusqu'en 2016 Ville d'Ukraine. Port fluvial sur le Dniepr. 1 056 500 habitants. Université. Centrale thermique. Centre industriel : sidérurgie, constructions mécaniques, cimenterie, pneumatiques.

do **n. m. invar. (de l'italien, inventé pour remplacer *ut**)** Note de musique, premier son de la gamme naturelle. → **ut.** *Do dièse, do bémol.*

doberman [dɔbɛʀman] **n. m. (allemand, de *Dober,* n. de l'éleveur)** Chien de garde haut et svelte, à poil ras. *Des dobermans.*

Döblin (Alfred) Romancier français d'origine et de langue allemandes (1878-1957). D'origine juive, il se réfugia à Paris de 1933 à 1940, puis aux États-Unis pendant la Seconde Guerre mondiale. Il est l'auteur notamment de *Berlin Alexanderplatz,* roman dans lequel il utilise la technique du monologue intérieur. Ses derniers romans sont inspirés par ses convictions catholiques *(L'Homme immortel ; Hamlet).*

Dobrič Ville du N.-E. de la Bulgarie. 73 800 habitants. Centre commercial et industriel.

Dobrolioubov (Nikolaï Aleksandrovitch) Critique littéraire et publiciste russe (1836-1861). Tenu pour un représentant typique des nihilistes russes, il étudia les intentions et les effets des œuvres plus que leur forme littéraire.

Dobropol ou **Dobropolié** Village de Serbie, au N.-E. de Niš. Le 19 septembre 1918, les troupes bulgares y furent vaincues par les troupes serbes et françaises, ce qui entraîna la capitulation bulgare (29 septembre 1918).

Dobroudja **n. f.** Région d'Europe partagée entre la Roumanie qui en possède la majeure partie et la Bulgarie, entre le Danube et la mer Noire. Aujourd'hui irriguée, la Dobroudja est productrice de vin, de céréales, de cultures maraîchères. Région touristique, pêche.

Doce **n. m.** Fleuve du Brésil, qui se jette dans l'Atlantique au N. de Vitória. 980 km.

docile **adj. (latin *docilis,* de *docere* « enseigner » → docte)** Qui obéit facilement. → **obéissant.** *Caractère docile.* → **facile, maniable.** – *Animal docile.* – *Cheveux dociles,* qui se coiffent facilement. □ **adv. docilement**

docilité **n. f. (du latin → docile)** Comportement soumis ; tendance à obéir. → **obéissance.**

docimasie **n. f. (du grec *dokimasia* « épreuve ») 1.** Dans la Grèce antique, Enquête à laquelle étaient soumis les fonctionnaires. **2.** En médecine légale, Épreuves pratiquées sur les organes d'un cadavre pour déterminer les circonstances de la mort.

docimologie **n. f. (du grec *dokimê* « épreuve »)** didact. Science qui étudie les différents moyens de contrôle de connaissances.

dock **n. m. (mot anglais, emprunt au néerlandais) 1.** Vaste bassin entouré de quais et destiné au chargement et au déchargement des navires. ■ Bassin de radoub établi au bord des docks. *Dock de carénage, dock flottant.* **2.** souvent au plur. Hangar, magasin situé en bordure de ce bassin. → **entrepôt.**

docker [dɔkɛʀ] **n. m. (mot anglais)** anglic. Ouvrier qui travaille au chargement et au déchargement des navires. → **arrimeur, débardeur.**

docte **adj. (latin *doctus,* de *docere* « enseigner » → docteur)** Érudit, savant. – *Un ton docte.* → **doctoral.** □ **doctement** **adv.** *Parler doctement.* → **savamment.**

docteur n. (latin *doctor*, de *docere* « enseigner » → docte) **I.** n. m. relig. Celui qui enseignait des points de doctrine. *Les docteurs de la Loi* (dans le judaïsme). *Les docteurs de l'Église* (→ les Pères de l'Église). **II.** n. au féminin *docteur, docteure* **1.** Personne promue au plus haut grade universitaire d'une faculté (→ **doctorat**). *Docteur ès lettres. Docteur en droit, en médecine. Elle est docteur ès sciences.* **2.** (sans compl.) Personne qui possède le titre de docteur en médecine et qui exerce la médecine ou la chirurgie. → **médecin** ; fam. **toubib.** *Aller chez le docteur. Le ou la docteur Marie Dupont.* → **doctoresse.** – (appellatif) *Bonjour, docteur.* - abrév. graphique **Dr.** *Dr Dupont.*

doctoral, ale, aux adj. (bas latin *doctoralis* → **docteur**) **1.** didact. Qui a rapport aux docteurs. **2.** péj. Grave, solennel, pontifiant. *Air, ton doctoral.* → **docte, pédant.**

doctorant, ante n. (de l'allemand *Doktorand*) Personne qui prépare un doctorat. → **thésard.**

doctorat n. m. (du latin médiéval → **docteur**) Grade de docteur (I, 2). *Thèse de doctorat.*

doctoresse n. f. vieilli Femme médecin.

doctrinaire (de *doctrine*) **1.** n. Personne qui se montre étroitement attachée à une doctrine, à une opinion. **2.** adj. Doctoral, sentencieux. *Un ton doctrinaire.*

doctrinal, ale, aux adj. (du bas latin → **doctrine**) Relatif à une doctrine. → **théorique.** *Querelles doctrinales.*

doctrine n. f. (latin *doctrina*, famille de *docere* « enseigner » → **docile, docte, docteur, document**) **1.** Ensemble de notions qu'on affirme être vraies et par lesquelles on prétend fournir une interprétation des faits, orienter ou diriger l'action. → **dogme, idéologie, système,** [1]**théorie.** *Discuter un point de doctrine. Doctrine politique, religieuse, morale, philosophique, artistique.* **2.** dr. Ensemble des travaux juridiques destinés à exposer ou à interpréter le droit (opposé à *législation* et à *jurisprudence*).

docudrame n. m. (de *document* et *drame*) Téléfilm dont le scénario intègre des événements réels dans une trame romanesque.

document n. m. (latin *documentum* « ce qui sert à instruire », de *docere* → **doctrine**) **1.** Écrit servant de preuve ou de renseignement. *L'histoire est fondée sur des documents. Archiver un document.* – par ext. *Document sonore. Documents d'archives* : images filmées provenant d'archives. **2.** Ce qui sert de preuve, de témoignage. → **pièce** à conviction.

documentaire adj. **1.** Qui a le caractère d'un document, repose sur des documents. *Cette gravure présente un réel intérêt documentaire.* – loc. *À titre documentaire*, d'information. **2.** *Film documentaire* ou n. m. *un documentaire* : film didactique, présentant des faits authentiques non élaborés pour l'occasion (opposé à *film de fiction*). *Un documentaire sur le Sahara.* **3.** Qui a trait à la documentation. *Stock documentaire. Recherche documentaire.*

documentaliste n. Personne qui collecte, gère et diffuse des documents. *La documentaliste d'un lycée.*

documentariste n. Auteur de films documentaires.

documentation n. f. **1.** Recherche de documents. *Travail, fiches de documentation.* **2.** Ensemble de documents. *Réunir de la documentation sur un sujet.* **3.** Activité de documentaliste. - abrév. fam. **doc** n. f.

documenter v. tr. < 1 > **1.** Fournir des documents à (qqn). → **informer.** **2.** Appuyer (un travail) sur des documents. ■ **se documenter** v. pron. *Elle s'est bien documentée sur la question.* → **s'informer.** ■ **documenté, ée** adj. *Journaliste bien documenté.* – *Thèse solidement documentée.*

Dodds (Alfred Amédée) Général français (1842-1922). Il conquit le Dahomey (Bénin) contre le roi Behanzin (1892-1894).

Dodds (Johnny) Clarinettiste de jazz américain (1892-1940). Il est l'un des musiciens les plus représentatifs du style de La Nouvelle-Orléans et a enregistré avec Louis Armstrong et Jelly Roll Morton. ■ Warren, dit Baby Dodds (1898-1959). Frère de Johnny. Batteur, il fut aussi l'un des représentants du style de La Nouvelle-Orléans.

dodéca- Élément (du grec *dôdeka*, de *duo* « deux » et *deka* « dix » → **déca** ; cf. *douze*) signifiant « douze ».

dodécaèdre n. m. (→ **-èdre**) Polyèdre à douze faces.

dodécagone n. m. (→ [1]**-gone**) Polygone à douze côtés.

Dodécanèse n. m. Archipel grec de la mer Égée, au S.-O. de l'Asie Mineure. Îles principales : Rhodes, Kos, Kalymnos, Patmos.

dodécaphonique adj. (→ **phonique**) mus. Qui utilise la série de douze sons de la gamme chromatique (→ **sériel**) en dehors des modes et des tons (→ **atonal**). □ **dodécaphonisme** n. m. mus. *Arnold Schoenberg, fondateur du dodécaphonisme.*

▶ Au sens large, on peut appeler **dodécaphonisme** toute musique utilisant les douze sons de l'échelle chromatique tempérée, à la base de la musique d'Occident depuis le milieu du XVIIIe siècle. Au sens étroit, introduit au XXe siècle par Arnold Schoenberg et ses disciples, on qualifie de *dodécaphonique* une musique utilisant ces douze sons suivant le principe de la série (sérialisme), définie comme l'énoncé, dans un ordre quelconque, des douze sons de l'échelle chromatique tempérée, chacun étant énoncé et ne l'étant qu'une fois. (Le nombre des séries possibles s'élève ainsi à plus de 400 000 000 !). À partir de son *Opus 23* (1923), toutes les œuvres de Schoenberg relèvent de ce qu'il nomme « une méthode de composition avec douze sons n'ayant de rapports qu'entre eux », qui se veut avant tout « un outil de compositeur et non une simple théorie ».
voir aussi **composition, sérialisme, solfège**

dodécastyle adj. archit. Qui a douze colonnes sur la façade. *Temple dodécastyle.*

dodécasyllabe [dɔdekasi(l)lab] adj. Qui a douze syllabes. *Vers dodécasyllabes.* → [2]**alexandrin.** – n. m. *Un dodécasyllabe.*

dodeliner v. intr. < 1 > (onomatopée) Se balancer doucement. « *[Pantagruel] dodelinait de la tête et barytonait du cul* » (Rabelais). □ n. m. **dodelinement**

Doderer (Heimito von) Écrivain autrichien (1896-1967). Ses romans traitent de la crise des valeurs de la société austro-hongroise. *L'Escalier de Strudelhof* ; *Les Démons.*

dodine n. f. (de *dodiner*, ancienne forme de *dodeliner*) cuis. **1.** Sauce au blanc dans laquelle on incorpore le jus d'une volaille rôtie. *Dodine de canard.* **2.** Ballottine.

[1]**dodo** n. m. (onomatopée) lang. enfantin **1.** Sommeil. *Faire dodo* : dormir. **2.** Lit. *Aller au dodo.*

[2]**dodo** n. m. (de l'anglais, du néerlandais *dod-aers*) anglic. Oiseau disparu d'Afrique australe (le *dronte*).

Dodoma Capitale de la Tanzanie. 410 000 habitants.

Dodone Ancienne ville de Grèce (Épire), célèbre pour son oracle de Zeus.

dodu, ue adj. (probablt onomatopée → **dondon**) Bien en chair. → **gras, potelé, replet.** *Bébé dodu. Derrière dodu.*

dogaresse n. f. (mot vénitien → **doge**) hist. Femme d'un doge.

dog-cart ou **dogcart** n. m. (mot anglais « charrette à chiens ») anglic. Véhicule aménagé pour transporter des chiens de chasse. *Des dog-carts, des dogcarts.*

doge n. m. (mot italien, du latin *dux, ducis* → **duc**) Chef élu de l'ancienne république de Venise (ou de Gênes). *Le palais des Doges.*

Dōgen Penseur bouddhiste japonais (1200-1253). Fondateur de la secte Sōtō, il contribua à la propagation du bouddhisme zen.

dogger [dɔgœʀ] n. m. (mot anglais) géol. Jurassique moyen.

dogmatique adj. (du latin, du grec → **dogme**) **1.** didact. Relatif au dogme. *Querelles dogmatiques.* ■ Qui admet certaines vérités ; qui affirme des principes (opposé à *sceptique*). *Philosophe dogmatique.* **2.** Qui exprime ses opinions d'une manière péremptoire. → **doctrinaire, systématique.** *Il est très dogmatique.* – *Ton dogmatique.* → **doctoral, sentencieux.**

dogmatiser v. intr. < 1 > (du latin chrét. → **dogme**) **1.** relig. Traiter du dogme. **2.** fig. Exprimer son opinion d'une manière sentencieuse et tranchante.

dogmatisme n. m. (du latin chrét. → **dogme**) **1.** Caractère d'une philosophie, d'une religion qui s'appuie sur un dogme. **2.** Caractère dogmatique (2) ; rejet du doute, de la critique.

dogme n. m. (latin *dogma*, mot grec) **1.** Point de doctrine établi ou regardé comme une vérité fondamentale, incontestable (dans une religion, une école philosophique). *Les dogmes du christianisme.* ■ Opinion émise comme une vérité indiscutable. *Admettre qqch. comme un dogme.* → [1]**loi.** **2.** *Le dogme* : l'ensemble des dogmes d'une religion. *Enseigner le dogme.*

Dogons n. m. pl. Peuple du Mali, qui serait originaire de la région du Mandé. Ils parlent le dogon, langue voltaïque. Cultivateurs de mil, forgerons, éleveurs de petit bétail, ils sont établis dans une zone de falaises à Bandiagara. Leur cosmogonie et leur production artistique, notamment de masques, furent étudiées par Marcel Griaule et Germaine Dieterlen.

dogue n. m. (anglais *dog* « chien ») Chien de garde trapu, à grosse tête, à fortes mâchoires, au museau écrasé. → **bouledogue.** *Dogue allemand.* – loc. *Être d'une humeur de dogue*, de très mauvaise humeur.

Doha Capitale du Qatar, sur le golfe Persique. 872 000 habitants. Port de pêche et de commerce. Musée national du Qatar (par Jean Nouvel), musée d'Art islamique (par Ieoh Ming Pei). Aéroport international.

À Doha, les tours modernes côtoient l'architecture traditionnelle.

Dohnányi (Ernö ou Ernst von) Pianiste, chef d'orchestre et compositeur hongrois (1877-1960). Avec Bartók et Kodály, il contribua au renouveau de la musique hongroise.

Doig (Peter) Peintre britannique (né en 1959). L'architecture *(The Architect's Home in the Ravine)*, les paysages enneigés, les plans d'eau *(White Canoe)* font partie des thèmes qu'il privilégie. Sa peinture, aux couleurs lumineuses et à l'atmosphère magique, oscille entre représentation et abstraction.

doigt [dwa] n. m. (vient du latin *digitus* → [1]**digital**) **I. 1.** Chacun des cinq prolongements qui terminent la main de l'homme. → **-dactyle.** *Les cinq doigts de la main.* → **pouce, index,** [1]**majeur** (ou **médius**), [1]**annulaire, auriculaire** (ou petit doigt). « *La demoiselle avait des doigts fins et blancs avec des ongles faits* » (Sartre). – *Manger avec les doigts. Lever le doigt* (pour demander la parole, etc.). *Compter sur ses doigts.* ■ loc. *On peut les compter sur les doigts (d'une main)*, il y en a peu. *Vous avez mis le doigt sur la difficulté*, vous l'avez trouvée. *Faire toucher une chose du doigt*, convaincre qqn par des preuves palpables. – *Montrer qqn du doigt*, le désigner ; le railler, le ridiculiser. – *Se mordre les doigts de qqch.*, regretter, se repentir. *Se faire taper sur les doigts* : se faire réprimander. – *Ne rien faire, ne rien savoir faire de ses dix doigts*, être paresseux, incapable. *Ils sont comme les deux doigts de la main*, très unis. – fam. *Se mettre, se fourrer* le doigt dans l'œil. Être obéi, servi au doigt et à l'œil*, exactement, ponctuellement. – *Savoir qqch. sur le bout des doigts*, parfaitement. – *Ne pas lever* le petit doigt. Sans bouger* le petit doigt. Mon petit doigt me l'a dit* : je l'ai appris (se dit à un enfant). **2.** Extrémité articulée des pieds, des pattes de certains animaux (et de la main du singe). *Doigts munis de griffes.* ■ fam. Doigt de pied.

→ **orteil.** *Les dix doigts de pied.* **3.** *Les doigts d'un gant.* **II.** Mesure approximative, équivalant à un travers de doigt. *Jupe trop courte d'un doigt. Boire un doigt de vin.* → **[1]goutte.** – loc. *À un doigt, à deux doigts de*, très près. *Être à deux doigts de la mort.*

doigté [dwate] **n. m. 1.** Choix et jeu des doigts dans l'exécution d'un morceau de musique. *Indiquer, chiffrer le doigté sur une partition.* ▪ Adresse des doigts. *Le doigté d'un graveur.* **2.** fig. → **diplomatie, savoir-faire, tact.** *Ce genre d'affaire demande du doigté.*

D

doigter **v. tr.** < 1 > mus. Exécuter (un morceau) en posant les doigts comme il faut. *Doigter un passage.* ▪ Indiquer le doigté sur une partition.

doigtier [dwatje] **n. m.** Fourreau pour protéger un doigt.

Doillon (Jacques) Cinéaste français (né en 1944). Héritier de la Nouvelle Vague, il traite dans ses films de conflits passionnels en vase clos. *La Femme qui pleure ; Le Petit Criminel ; Amoureuse.*

Jacques Doillon sur le tournage de *La Vie de famille*, avec Mara Goyet et Juliette Binoche (1985).

Doire **n. f.** Nom de deux rivières d'Italie nées dans les Alpes et affluents du Pô. La *Doire Baltée* (160 km) emprunte la vallée d'Aoste. La *Doire Ripaire* (125 km) draine le val de Suse.

Doisneau (Robert) Photographe français (1912-1994). Chef de file de la photographie humaniste française, il a privilégié l'expression de la vie populaire et des sentiments quotidiens. Il a réalisé plusieurs ouvrages de photographies sur Paris et sa banlieue.

Doisy (Edward) Biochimiste américain (1893-1986). Il est l'auteur de travaux sur les hormones, en particulier les hormones sexuelles féminines, sur les vitamines et les antibiotiques. Prix Nobel de médecine 1943.

doit **n. m.** Partie d'un compte établissant ce que doit le titulaire (→ **[2]débit**). *Le doit et l'avoir.*

dojo **n. m. (mot japonais, de *do* « art » et *jo* « sol »)** Salle où l'on pratique les arts martiaux.

Dōkyō Moine bouddhiste et homme politique japonais (mort en 772). Premier ministre, il tenta de s'approprier le trône et fut exilé.

dol **n. m. (latin *dolus* « ruse, tromperie »)** dr. Manœuvres frauduleuses destinées à tromper (→ **dolosif**).

Dolan (Xavier) Réalisateur, scénariste et acteur canadien (québécois) [né en 1989]. Artiste précoce et surdoué, il s'approprie sans complexe les codes de la téléréalité, des clips et d'Internet. Il a obtenu en 2014 le prix du jury du Festival de Cannes pour *Mommy*, puis, en 2016, le grand prix pour *Juste la fin du monde*. Autres films : *Tom à la ferme ; Matthias et Maxime*. Série : *La nuit où Laurier Gaudreault s'est réveillé.*

Dolby (Ray) Ingénieur américain (1933-2013). Il améliora le son utilisé pour la musique, le cinéma et la télévision, en inventant plusieurs procédés, tels que le Dolby Stereo, le Dolby Noise Reduction (système de réduction des bruits de fond), et le « son multicanal » ou « surround ».

dolby **n. m. (n. déposé)** Procédé de réduction du bruit de fond des enregistrements magnétiques. – appos. invar. *Son dolby stéréo.*

dolce [dɔltʃe] **adv. (mot italien « doux »)** mus. Mot indiquant qu'un passage doit être joué avec douceur.

dolce vita [dɔltʃevita] **n. f. (loc. italienne « la vie douce », d'après le titre du film de Fellini)** Forme de vie facile et oisive.

dolcissimo [dɔltʃisimo] **adv. (mot italien « très doux »)** mus. D'une manière très douce (dans l'exécution d'un morceau). → **pianissimo.**

Dol-de-Bretagne Commune de l'Ille-et-Vilaine, au bord du *marais de Dol*. 5 761 habitants. Cathédrale Saint-Samson, de style gothique. Musée (CathédralOscope).

Doisneau (Robert)

Robert Doisneau, *Les Jeux des garçons* (1956).

Dole Chef-lieu d'arrondissement du Jura, sur le Doubs et le canal du Rhône au Rhin. 23 611 habitants. Collégiale gothique, ancien Hôtel-Dieu, musée des Beaux-Arts, maison natale de Louis Pasteur. Nœud ferroviaire et routier.

doléances **n. f. pl. (du latin *dolere* « souffrir » → dolent ; condoléances)** Plaintes pour réclamer au sujet d'un grief ou pour déplorer des malheurs personnels. *Les cahiers de doléances des États généraux de 1789.*

doleau **n. m. (de *doler*)** techn. Hachette pour équarrir les ardoises.

dolent, ente **adj. (du latin *dolere* « souffrir » → douleur)** Qui se sent malheureux et cherche à se faire plaindre. *Un ton dolent.* → **plaintif.**

doler **v. tr.** < 1 > **(du latin *dolare* « façonner »)** techn. Amincir ou aplanir avec un instrument tranchant (→ **doleau, doloire**).

Dolet (Étienne) Humaniste et imprimeur français (1509-1546). Il écrivit des commentaires sur les auteurs antiques, édita les œuvres de Marot et de Rabelais. Sa liberté d'esprit et sa défense de la tolérance religieuse entraînèrent sa condamnation au bûcher pour hérésie et athéisme.

Dolganes **n. m. pl.** Peuple de Russie, vivant dans la république de Sakha. Ils parlent un dialecte iakoute. Ils sont éleveurs de rennes, chasseurs, pêcheurs.

Dolgoroukov Famille princière russe qui eut une grande influence sous les règnes de Pierre le Grand et Pierre II.

dolic ou **dolique** **n. m. (du grec *dolikhos* « haricot »)** bot. Légumineuse papilionacée d'Amérique du Sud et d'Afrique. *Dolic d'Égypte.*

dolichocéphale [dɔlikosefal] **adj. et n. (du grec *dolikhos* « long » et de *-céphale*)** (Personne) qui a le crâne long (opposé à *brachycéphale*).

Dolin (Patrick Healey-Kay, dit Anton) Danseur et chorégraphe britannique (1904-1983). Il fut danseur pour Diaghilev, puis chorégraphe à New York et à Londres. Il fonda la compagnie Markova-Dolin avec A. Markova, et le Festival Ballet qui devint l'English National Ballet.

doline **n. f. (du serbe *dolina* « cuvette »)** didact. Dans les régions de relief calcaire, dépression fermée de forme circulaire.

dolique voir **dolic**

dollar **n. m. (mot anglais des États-Unis, de l'allemand *daler, thaler*)** Unité monétaire des États-Unis d'Amérique et de quelques autres pays, divisée en 100 cents.

▶ Le **dollar** est l'unité monétaire officielle des États-Unis depuis 1792. Son histoire se confond avec la montée en puissance des États-Unis. Au XIXe siècle, le refus de mettre en place une véritable organisation monétaire retarde l'émergence du dollar comme monnaie internationale. Après la création en 1913 du Federal Reserve System (FED), en charge de la politique monétaire des États-Unis, le dollar s'impose comme une monnaie forte et menace la primauté internationale de la livre sterling. En 1944, son installation au centre du système de Bretton Woods consacre la domination des États-Unis. Dans ce régime de changes fixes, le dollar est la monnaie étalon, seule convertible en or (à 35 $ l'once). Dès 1960 cependant, l'économiste Robert Triffin attire l'attention sur le dilemme qui menace le système : le dollar doit être assez abondant pour approvisionner l'économie mondiale en liquidités (d'où de nécessaires déficits courants des États-Unis), mais assez rare pour préserver sa convertibilité-or. En août 1971, le président Nixon proclame l'inconvertibilité du dollar en or au prix convenu, précipitant ainsi le basculement vers des changes flottants. Depuis, le dollar conserve son statut de monnaie internationale. Il reste une monnaie forte indépendamment des mouvements importants de ses cours de change avec le yen, les dollars australien et canadien, la livre, le franc suisse ou l'euro. Il est une monnaie de réserve pour les banques centrales, de facturation dans le commerce mondial, un refuge pour les capitaux...
voir aussi **euro, monnaie**

Dollard des Ormeaux (Adam) Officier français (1635-1660). Il fut massacré par les Iroquois à Long-Sault.

Dollard-des-Ormeaux Ville du Canada (Québec), sur l'île de Montréal. 48 899 habitants.

Dollfus Famille d'industriels alsaciens. ■ Jean **Dollfus** (1800-1887) permit l'essor de l'industrie textile alsacienne. ■ Charles Émile **Dollfus** (1805-1858), son frère, fonda la Société industrielle de Mulhouse.

Dollfuss (Engelbert) Homme d'État autrichien (1892-1934). Chancelier (1932), il promulgua en 1934 une nouvelle Constitution qui établit un État autoritaire, corporatif et chrétien. Il fut assassiné par les nazis.

Döllinger (Johann von) Prêtre allemand (1799-1890). Adversaire de l'ultramontanisme, il s'opposa à Pie IX et fonda l'Église schismatique des « vieux-catholiques ».

dolman n. m. (du turc *dolaman,* par l'allemand et le hongrois) anciennt Veste ajustée à brandebourgs que portaient les hussards, les chasseurs à cheval.

dolmen [dɔlmɛn] n. m. (du gaélique) Monument mégalithique fait de pierres brutes agencées en forme de table gigantesque. *Dolmens et menhirs.*

Dolni Vestonice Site préhistorique de la République tchèque. Campement de chasseurs du paléolithique supérieur (v. –25 000). On y a découvert de nombreuses statuettes (ivoire, céramique, terre) et des sépultures.

doloire n. f. (du latin pop. *doloriata* → doler) techn. Petite hache de tonnelier.

dolomie n. f. (de *Dolomieu,* n. propre) géol. Roche sédimentaire, formée de dolomite et de calcaire et qui peut constituer des massifs montagneux.

Dolomieu (Dieudonné ou **Déodat de Gratet de)** Géologue et minéralogiste français (1750-1801). Il étudia les séismes et les phénomènes volcaniques, identifia et décrivit de nombreux minéraux et roches, dont les basaltes et calcaires qui furent appelés *dolomies.*

dolomite n. f. minér. Carbonate de calcium et de magnésium entrant dans la composition de la dolomie. □ adj. **dolomitique**

Dolomites n. f. pl. ou **Alpes dolomitiques** Massif italien des Alpes orientales, situé entre l'Adige et la Piave. Les Dolomites culminent à 3 343 m (pic de la Marmolada). Elles sont constituées de dolomie. Stations de ski et alpinisme.

dolorisme n. m. (du latin *dolor, -oris* → douleur) didact. Doctrine de la valeur morale de la douleur.

dolosif, ive adj. (du latin → dol) dr. Qui tient du dol. *Manœuvres dolosives.*

Dolphy (Eric) Saxophoniste, flûtiste et clarinettiste de jazz américain (1928-1964). Il fut membre du Workshop (atelier) de Charlie Mingus et l'un des initiateurs du free jazz.

Dolto (Françoise) Psychanalyste et pédiatre française (1908-1988). Pionnière de la psychanalyse des enfants en France *(Psychanalyse et Pédiatrie),* elle participa à la création de l'École freudienne de Paris avec Jacques Lacan. Elle s'intéressa à la psychose et contribua à la théorie de la sexualité féminine.

dom n. m. (du latin *dominus* « seigneur » → [1]dame) **1.** Titre donné à certains religieux (bénédictins, chartreux, trappistes). **2.** Titre donné aux nobles espagnols et portugais. → **[2]don.** *Le « Dom Juan » de Molière.*

DOM [dɔm] n. m. invar. (sigle) Département français d'outre-mer.

domaine n. m. (du bas latin *dominium,* famille de *dominus* « maître » → dom, dominer) **1.** Terre possédée par un propriétaire. → **propriété, terre.** *Bois, chasses, prairies, fermes composant un domaine.* ■ *Domaine de l'État,* ou absolt *le Domaine :* les biens de l'État. *Domaine public :* les biens qui sont affectés à l'usage direct du public ou à un service public. → **domanial. 2.** loc. *Tomber dans le* ***domaine public,*** se dit des œuvres littéraires, musicales, artistiques qui, après un temps déterminé par les lois, cessent d'être la propriété des auteurs ou de leurs héritiers. **3.** fig. Ce qui appartient à qqn, à qqch. *C'est le domaine du hasard.* ■ Ce qu'embrasse un art, une science, un sujet, une idée. → **champ, discipline, secteur, sphère.** *Ce domaine est encore fermé aux savants. Dans tous les domaines :* en toutes matières, dans tous les ordres d'idée. ■ *Être du domaine de qqn, de qqch.* → **relever** de. *C'est du domaine de la médecine. Ce n'est pas de mon domaine.* → **compétence, [2]ressort.** – *L'art médiéval est son domaine.* → **spécialité.** *« Heureux le spécialiste ! Il n'a pas trop de tout son temps pour son domaine limité »* (Gide). **4.** inform. Ensemble d'adresses électroniques faisant l'objet d'une gestion commune. *Nom de domaine,* figurant sous forme abrégée à la fin d'une adresse électronique.

Dolomites

Le massif des Odles, dans les Dolomites.

domanial, iale, iaux adj. (du latin médiéval → domaine) Qui appartient à un domaine ; spécialt, au domaine public. *Forêts domaniales.* □ n. f. **domanialité**

Domat (Jean) Jurisconsulte français (1625-1696). Ses travaux contribuèrent à rationaliser le droit français en lui donnant une forme déductive et logique. Son traité *Les Lois civiles dans leur ordre naturel* inspira Montesquieu et les rédacteurs du Code civil.

Dombasle [dɔ̃bal] **(Christophe Joseph Alexandre Mathieu de)** Agronome français (1777-1843). Il apporta de nombreux perfectionnements à l'agriculture, inventant une charrue, améliorant les cultures, et contribua au développement de l'enseignement agricole.

Dombasle-sur-Meurthe Commune de la Meurthe-et-Moselle. 9 733 habitants. Gisements de sel, industries chimiques.

Dombes n. f. ou n. f. pl. Région du département de l'Ain. C'est un plateau de faible altitude, parsemé d'étangs poissonneux. Agriculture, élevage de vaches laitières. Après avoir fait partie de la Bourgogne, la Dombes devint une principauté, avec un parlement à Trévoux. Elle fut réunie à la couronne de France en 1762.

Dombrovski (Iouri Ossipovitch) Écrivain soviétique (1909-1978). Ses romans traitent de la condition de l'artiste, de l'occupation nazie et du totalitarisme *(La Faculté de l'inutile).*

Dombrowska, Dombrowski voir **Dąbrowska, Dąbrowski**

[1]dôme n. m. (du provençal, du grec *dôma* « maison ») **1.** Sommet arrondi de certains grands édifices. → **coupole.** *Le dôme du Panthéon.* **2.** fig., littér. *Un dôme de feuillages, de verdure.* → **voûte.** ■ géogr. Montagne peu élevée et arrondie. *Dôme volcanique.* **3.** météorol. *Dôme de chaleur :* système fermé de haute pression (anticyclone) sous lequel se crée une zone stationnaire de forte chaleur.

[2]dôme n. m. (italien *duomo,* du latin *domus* « maison » → domestique) Église principale de certaines villes d'Italie et d'Allemagne. *Le dôme de Milan.*

Dôme (monts) ou **chaîne des Puys** Volcans d'Auvergne culminant à 1 465 m, au sommet du *puy de Dôme.* Ils font partie du parc naturel d'Auvergne.

Domenico Veneziano Peintre italien (1400-1461). Il voulut, par la luminosité de ses couleurs, aérer l'espace construit selon les règles de la perspective linéaire. Il fut le maître de Piero della Francesca. *Adoration des mages.*

domestication n. f. Action de domestiquer ; son résultat.

domesticité n. f. (du latin → domestique) Ensemble des domestiques. *La domesticité d'un château.* → **personnel.**

dôme

Le dôme à pans de la cathédrale Santa Maria del Fiore (XIVe-XVe s.), à Florence.

D

DOMESTICATION

1 600 ap. J.-C.	lapin
1er siècle	avoine
300 av. J.-C.	poisson rouge
500 av. J.-C.	furet
	dinde
600 av. J.-C.	abricot
750 av. J.-C.	cobaye
1 000 av. J.-C.	renne
	canard (*Anas platyrhynchos*)
	Citrus
1 500 av. J.-C.	oie de Guinée (Anser cygnoides)
	oie cendrée
	alpaga
2 500 av. J.-C.	yack
	dromadaire
	poireau
3 000 av. J.-C.	ver à soie
	pigeon
	chameau de Bactriane
3 500 av. J.-C.	pêche
	lama
4 000 av. J.-C.	aubergine
	figue
	abeille
	cheval
	chat
	buffle d'eau
5 000 av. J.-C.	âne
	raisin
6 000 av. J.-C.	poule
7 000 av. J.-C.	porc
8 000 av. J.-C.	olivier
	zébu
	bœuf
8 500 av. J.-C.	mouton
	mil et chou
10 000 av. J.-C.	chèvre
11 000 av. J.-C.	blé
14 000 av. J.-C. (paléolithique sup.)	chien

abricot (Asie, Chine)

renne (Sibérie)

Citrus (mandarine, citron, orange, pamplemousse (Asie du Sud-Est)

oie cendrée (Europe)

abeille (Europe et Égypte)

chameau de Bactriane (Asie centrale)

chat (Égypte)

lama (Pérou)

cheval (Asie centrale)

olivier (Bassin méditerranéen)

raisin (Anatolie)

blé (Proche-Orient)

bœuf (Moyen-Orient et Inde)

chien (Asie de l'Est)

chèvre (Moyen-Orient)

Basée sur la sélection et l'hybridation, la domestication a accompagné les débuts de l'agriculture. Facteur essentiel du développement des sociétés humaines, elle en a bouleversé l'organisation. Les cultures et les élevages de plus en plus étendus, intensifs et standardisés participent cependant à l'érosion de la biodiversité et peuvent être source de pollution. La fabrication d'OGM, degré supérieur de la manipulation du vivant, suscite inquiétudes et critiques.

domestique (latin *domesticus*, de *domus* « maison » → ²dôme, domicile) **I. adj. 1.** vieux Qui concerne la vie à la maison, en famille. ■ mod. *Travaux domestiques. Querelles domestiques.* → **familial.** *Accidents domestiques.* – Antiq. *Les dieux domestiques,* protecteurs du foyer (lares, pénates). **2.** (animaux) Qui vit auprès de l'homme pour l'aider ou le distraire, et dont l'espèce est depuis longtemps apprivoisée. *Le chien, le chat, le cheval sont des animaux domestiques.* **II. n.** Personne employée pour le service d'une maison, d'un particulier. → **bonne, femme** de chambre, de ménage, **servante, serviteur, valet.** - REM. On dit à présent *employé(e) de maison, gens de maison.*

domestiquer v. tr. < 1 > **1.** Rendre domestique (une espèce animale sauvage). → **apprivoiser.** *En Asie, on domestique l'éléphant.* **2.** fig., littér. Amener à une soumission totale, mettre dans la dépendance. → **asservir, assujettir.** *Domestiquer un peuple.* **3.** Maîtriser (qqch.) pour utiliser. → **dompter.** *Domestiquer un fleuve.*

domicile n. m. (latin *domicilium*, de *domus* « maison » → domestique) Lieu ordinaire d'habitation, demeure légale et habituelle. → **logement, résidence.** *Regagner son domicile. Personne sans domicile fixe* (sigle **SDF**). – *Abandonner le domicile conjugal* (en parlant d'un des conjoints). *Élire domicile (quelque part),* s'y fixer pour y habiter. ■ ***À domicile*** **loc. adv.** : dans la demeure même de qqn. *Livraison à domicile. Travailler à domicile,* chez soi. ■ *Domicile d'une société.* → **siège.**

domiciliaire adj. dr. *Visite, perquisition domiciliaire,* faite dans le domicile de qqn par autorité de justice.

domiciliataire n. dr., fin. Personne, généralement un banquier, au domicile de qui un chèque ou une lettre de change est payable.

domiciliation n. f. dr. **1.** Désignation du domicile où un effet est payable. *Domiciliation bancaire.* **2.** Lieu où est assuré le service financier d'une société.

domicilier v. tr. < 7 > **1.** Assigner, fixer un domicile à (qqn). – passif et p. p. *Être domicilié à Lyon ; chez ses parents.* **2.** *Domicilier une traite, un chèque.* → **domiciliation (1).**

dominance n. f. biol. Prépondérance d'un gène ou d'un caractère dominant.

dominant, ante adj. **1.** Qui exerce l'autorité, domine sur d'autres. *Nation dominante.* ■ biol. *Gène dominant,* qui se manifeste seul (même s'il y a présence du gène opposé, dit *récessif*). – (animaux) *Mâle dominant,* soumis à aucun autre. **2.** Qui est le plus important, l'emporte parmi d'autres. → **prédominant, prépondérant, principal.** « *La vanité est la passion dominante de l'homme* » (Montherlant). *L'opinion dominante,* générale. **3.** Qui domine, surplombe, surmonte. → **culminant, élevé.** – fig. *Elle occupe une position dominante dans le milieu intellectuel.*

dominante n. f. **1.** Ce qui est dominant (2), essentiel, caractéristique parmi plusieurs choses. *La dominante de son œuvre est l'ironie.* **2.** mus. Cinquième degré de la gamme diatonique ascendante. *Le sol est la dominante dans la gamme de do* (le fa est la *sous-dominante*).

dominateur, trice (du latin → dominer) **1. n.** littér. Personne ou puissance qui domine sur d'autres. *L'Angleterre fut la dominatrice des mers.* **2. adj.** Qui aime à dominer. *Tempérament dominateur.* → **autoritaire.** spécialt *Femme dominatrice,* qui domine sexuellement les hommes.

domination n. f. (du latin → dominer) **1.** Action, fait de dominer ; autorité souveraine. → **empire, suprématie.** *Établir sa domination sur qqn. Vivre sous une domination étrangère.* **2.** Fait d'exercer une influence déterminante. *Il exerce sur tous une domination irrésistible.* → ²**ascendant.**

dominer v. < 1 > (latin *dominari*, de *dominus* « maître » → dom) **I. v. tr. 1.** Avoir, tenir sous sa suprématie, sous sa domination. *Les Romains dominèrent tout le bassin méditerranéen.* → **régir, soumettre.** – *Dominer ses concurrents.* → **surpasser.** ■ *L'esprit domine la matière.* **2.** fig. Être plus fort que. *Dominer son trouble.* → **maîtriser.** *Se laisser dominer par ses passions.* – *Dominer la situation.* ■ *Sa voix dominait le tumulte.* **3.** Avoir au-dessous de soi, dans l'espace environnant. → **surplomber.** *La colline, la tour qui domine la ville. De sa terrasse, on domine toute la vallée. Il domine ses voisins de la tête.* → **dépasser.** – fig. *Dominer la question, dominer son sujet,* être capable de l'embrasser dans son ensemble. **II. v. intr. 1.** littér. Avoir la suprématie sur. → **commander.** « *Les hommes veulent être esclaves quelque part, et puiser là de quoi dominer ailleurs* » (La Bruyère). – *Notre équipe a dominé pendant la première mi-temps.* → **mener. 2.** Être le plus apparent, le plus important, parmi plusieurs éléments. → l'**emporter, prédominer.** *Les femmes dominent dans cette assemblée,* il y a surtout des femmes. *Un tableau où le bleu domine.* ■ **se dominer v. pron.** Se maîtriser, se contenir. *Elle n'arrive plus à se dominer.*

Domingo (Plácido) Ténor espagnol (né en 1941). Son répertoire s'étend de l'opéra italien (Verdi, Puccini) et français (Bizet, Massenet) à l'opéra allemand (Wagner). Il est aussi chef d'orchestre.

Plácido Domingo dans *Le Cid* de Massenet (1999).

dominicain, aine n. (du n. de saint Dominique) Religieux, religieuse de l'ordre des *Frères prêcheurs,* fondé par saint Dominique au XIIIe siècle. – **adj.** *L'ordre dominicain.*

dominicaine (République)

n. f. État des Grandes Antilles qui occupe la partie orientale de l'île d'Haïti. 48 730 km². 10 300 000 habitants. **Langue :** espagnol. **Religion :** catholiques. **Monnaie :** peso. **Capitale :** Saint-Domingue. **Régime :** présidentiel.

GÉOGRAPHIE

La partie orientale de cette île tropicale est partagée entre montagnes au centre et au S., et plaines au N. et à l'E. Le secteur au vent (N.-E.) est très arrosé alors que celui sous le vent (S.-O.) est sec. Le pays est largement agricole (canne à sucre, cacao). Les industries manufacturières (textile, électronique) se développent grâce à une politique de zones franches et à une main-d'œuvre bon marché. Le tourisme connaît un essor rapide.

HISTOIRE

La période coloniale Le peuplement amérindien (Taïnos) fut rapidement décimé par la colonisation espagnole (1493). L'économie de plantation impliqua un recours massif aux esclaves africains. En 1697, l'île fut partagée entre les Français, établis dans la partie occidentale (baptisée *Saint-Domingue*), et les Espagnols, qui cédèrent à la France la partie orientale de l'île en 1795. En 1804, la partie O. proclama son indépendance sous le nom d'*Haïti,* puis un conflit (1808-1844) opposa les colons d'origine espagnole et les tutelles politiques, française à l'E. et haïtienne à l'O.

La République En 1844, une insurrection aboutit à la proclamation de la République dominicaine dans la partie orientale de l'île. L'indépendance dominicaine resta fragile (annexion espagnole 1861-1865, occupation par les États-Unis 1916-1924). Le dictateur Rafael LeónidasTrujillo, issu de la Garde nationale mise en place par les États-Unis, régna sans partage de 1924 à 1961. Le président Juan Bosch (PRD, gauche), élu en 1962, fut renversé par un coup d'État en 1963, lui-même suivi d'une intervention militaire des États-Unis en 1965. La droite de Joaquín Balaguer s'installa au pouvoir (1966-1978, 1986-1996). Depuis lors, l'alternance politique est respectée.

dominical, ale, aux adj. (du bas latin, de *dominicus* → dimanche) Qui a rapport au dimanche. *Repos dominical. Promenade dominicale.*

dominion [dɔminjɔn] n. m. (mot anglais, emprunt au latin *dominium* → domaine) Ancienne colonie britannique de peuplement européen, aujourd'hui État indépendant membre du Commonwealth.

Dominique (saint) [Domingo de Guzmán] Religieux castillan (v. 1170-1221). Il prêcha les albigeois sur l'ordre d'Innocent III (1205) et fonda l'ordre des Prêcheurs ou Dominicains, approuvé par Honorius III en 1216.

dominicaine (République)

Dominique n. f. ■ offic. Commonwealth of Dominica État insulaire des Petites Antilles (→ carte) situé entre la Guadeloupe et la Martinique. 751 km^2. 72 000 habitants. **Langue :** anglais. **Religion :** catholiques. **Monnaie :** dollar des Caraïbes. **Capitale :** Roseau. **Régime :** parlementaire. L'île, montagneuse, est soumise à un climat tropical humide favorable à l'agriculture (bananes, cacao).

Peuplée d'Amérindiens caribes avant d'être colonisée par les Français, la Dominique fut cédée à l'Angleterre (1763), puis accéda à l'indépendance (1978).

Dominiquin (Domenico Zampieri, dit il Domenichino, en français le) Peintre italien (1581-1641). Élève de Calvaert et de Ludovic Carrache, il assista Annibale Carrache au palais Farnèse, à Rome. Son style, tributaire de l'idéalisme classique, est imprégné de Raphaël *(Vie de sainte Cécile)*. Il réalisa les fresques de la Villa Aldobrandini à Frascati, la *Chasse de Diane*, les *Quatre Évangélistes* à San Andrea della Valle. Ses paysages influencèrent Poussin et Le Lorrain.

domino n. m. (du latin, ablatif de *dominus* « maître, seigneur », probablt dans une prière) **I. 1.** vieux Camail noir de prêtre. **2.** Costume de bal masqué, robe flottante à capuchon. – Personne portant ce costume (→ **masque**). **II. 1.** Petite plaque dont le dessus est divisé en deux parties portant chacune de zéro à six points noirs. ■ *Les dominos* : jeu qui se joue avec ces plaques. **2.** techn. Dispositif de raccordement électrique pour fils de petite section.

Domino (Antoine, dit Fats) Pianiste et chanteur de rhythm and blues américain (1928-2017). Héritier du jazz Nouvelle-Orléans, il fut un pionnier de la transition vers le rock-and-roll. *The Fat Man ; Blueberry Hill.*

dominoterie n. f. (de *domino* « papier imprimé de figures coloriées ») Fabrication de papiers marbrés, coloriés (papier *dominoté*) utilisés pour certains jeux de société.

dominotier, ière n. **1.** anciennt Fabricant de dominoterie. **2.** mod. Spécialiste de la confection des plaques d'os ou d'ivoire qui recouvrent les dominos.

domisme n. m. (du latin *domus* « maison ») didact. Science de la construction et de l'aménagement de l'habitation.

Domitien en latin Titus Flavius Domitianus (51-96). Empereur romain (81-96). Second fils de Vespasien, il succéda à son frère Titus et fut le dernier des Flaviens. Il reconstruisit Rome dévastée par les incendies de 64 et 80 et s'aliéna l'aristocratie, réprimant avec violence les différents complots organisés contre lui. Il proscrivit les intellectuels (Épictète, Dion Chrysostome) et persécuta les chrétiens. Une dernière conspiration conduisit à son assassinat.

dommage n. m. (d'abord *damage* ; de *dam*) **1.** Préjudice subi par qqn. → **détriment, tort.** *Dommage matériel, moral. Réparer un dommage.* → **dédommager.** – DOMMAGES-INTÉRÊTS (ou *dommages et intérêts*) : indemnité due à qqn en réparation d'un préjudice. **2.** Dégâts matériels causés aux choses (→ **endommager).** *Les dommages causés par un incendie.* – ***Dommages de guerre***, causés par une guerre ; indemnité due pour ces dommages. **3.** Chose fâcheuse (dans quelques emplois). *Quel dommage ! C'est (bien) dommage ! C'est dommage de, quel dommage de* (+ inf.), *que* (+ subj.). – ellipt *Dommage qu'il fasse mauvais. Dommage !*, tant pis !

dommageable adj. Qui cause du dommage. → **fâcheux, nuisible, préjudiciable.** « *Les erreurs de la royauté* [...] *sont dommageables à la nation entière* » (Chateaubriand).

Domme Village de la Dordogne, situé sur un promontoire dominant la vallée de la Dordogne. Ancienne bastide (XIIIe s.).

Domodossola Ville d'Italie (Piémont), au débouché du tunnel du Simplon. 18 470 habitants.

Domont Commune du Val-d'Oise, à l'E. de la forêt de Montmorency. 15 685 habitants.

domotique n. f. (du latin *domus* « maison », d'après *informatique*) techn. Ensemble des techniques de gestion automatisée appliquées à l'habitation (confort, sécurité, communication).

domptage [dɔ̃(p)taʒ] n. m. Action de dompter ; son résultat. → **dressage.** *Le domptage d'un cheval.*

dompter [dɔ̃(p)te] v. tr. < 1 > (vient du latin *domitare*) **1.** Réduire à l'obéissance (un animal sauvage, dangereux). → ^{2}**dresser.** *Dompter des fauves.* **2.** Soumettre à son autorité. → **maîtriser,** ^{1}**mater, vaincre.** *Dompter des rebelles.* – fig., littér. *Dompter ses passions.* □ **adj. domptable**

dompteur, euse [dɔ̃(p)tœʀ] n. Personne qui dompte des animaux. *Un dompteur de tigres.*

Domrémy-la-Pucelle Village des Vosges. Patrie de Jeanne d'Arc.

^{1}**don** n. m. (vient du latin *donum*, de *dare* → donner) **1.** Action d'abandonner gratuitement (→ **donner)** à qqn la propriété ou la jouissance de qqch. ***Faire don de qqch. à qqn.*** – fig. *Le don de soi.* → **dévouement, sacrifice.** **2.** Ce qu'on abandonne à qqn sans rien recevoir de lui en retour. → **cadeau, donation,** ^{3}**présent.** *Don d'argent. Don anonyme.* **3.** Avantage naturel, considéré comme donné (par la nature, le sort, Dieu). *Le ciel l'a comblé de ses dons.* → **bienfait, faveur.** **4.** Disposition innée pour qqch. → **aptitude, génie,** ^{2}**talent.** *Avoir le don de la répartie. Avoir un don pour les maths*, être doué pour (→ ^{1}**bosse).** – iron. *Elle a le don de m'agacer.*

^{2}**don** n. m., **doña** [dɔnja] n. f. (mot espagnol, du latin *dominus* → dom) Titre d'honneur des nobles d'Espagne, qui se place ordinairement devant le prénom (ex. *don Quichotte*). → **dom.**

Don n. m. anciennement Tanaïs Fleuve de Russie (1 870 km) qui se jette dans la mer d'Azov en formant un grand delta. Il est relié à la Volga par un canal. Importante voie fluviale dès la période de la Russie de Kiev. Les Cosaques du Don étaient établis sur le cours inférieur du fleuve depuis le XVe s. et jusqu'à la révolution d'octobre 1917.

donacie n. f. (du latin sc., du grec *donax* « roseau ») zool. Insecte coléoptère qui vit sur les plantes aquatiques.

Donaldson (sir Simon K.) Mathématicien britannique (né en 1957). Il est spécialiste de géométrie différentielle. Médaille Fields 1986.

Donat Évêque de Casae Nigrae en Numidie (mort v. 355). Contre l'évêque de Carthage, qu'il accusait d'avoir livré les livres saints lors des persécutions sous Dioclétien, il dirigea une Église schismatique, le *donatisme*, que combattit saint Augustin.

Donat Grammairien latin (IVe s.). Il fut précepteur de saint Jérôme. Sa grammaire latine, *Ars minor*, servit de base à l'étude de la langue jusqu'à la fin du Moyen Âge.

donataire n. (du latin *donatum*, supin de *donare* → donner) Personne à qui une donation est faite.

Donatello (Donato di Niccolò di Betto Bardi, dit) Sculpteur italien (v. 1386-1466). Formé dans l'atelier de Ghiberti, il s'inspira tout d'abord des leçons tirées de l'art antique (série des prophètes du campanile de Florence) et emprunta au gothique international (*David*, 1408, marbre, Bargello, Florence). Le bas-relief qui anime le socle de son *Saint Georges* (marbre, Bargello) innove par un traitement pictural et une première application des récentes lois de la perspective. Après son voyage à Rome, l'influence du classicisme antique se retrouve dans le *David* (entre 1433 et 1453, bronze, Bargello) aux lignes sensuelles. À Padoue, il inaugura la thématique du monument équestre par la statue du condottiere *Cattamelata*. Donatello fut le plus grand sculpteur italien du Quattrocento et une source d'inspiration tant pour les artistes florentins que pour les maîtres de l'Italie du Nord.

donateur, trice n. (latin *donator* → donner) **1.** Personne qui fait un don, des dons à une œuvre. **2.** Personne qui fait une donation.

donation n. f. (latin *donatio* → donner) Contrat par lequel le *donateur* abandonne un bien en faveur du *donataire* qui l'accepte. → ^{1}**don, libéralité.** *Donation entre époux.* ■ *Donation-partage*, par laquelle un ascendant partage ses biens entre ses descendants.

Donation de Constantin Faux inséré dans les Fausses Décrétales, selon lequel Constantin aurait donné Rome et son territoire au pape Sylvestre Ier et à ses successeurs.

donatisme n. m. (du n. de Donat, évêque en Numidie) hist. relig. Hérésie qui entraîna un schisme dans l'Église chrétienne d'Afrique au IVe siècle. □ **n. et adj. donatiste**

Donatoni (Franco) Compositeur italien (1927-2000). D'abord influencé par Bartók, il mêla au sérialisme le recours à l'aléatoire.

Donaueschingen Ville d'Allemagne (Bade-Wurtemberg). 22 200 habitants. Château des Fürstenberg (musée) et fontaine marquant le début du Danube (*Donau* en allemand). Festival de musique contemporaine depuis 1921.

Donbass n. m. Bassin houiller de la vallée du Donets, partagé entre l'Ukraine et la Russie. Le Donbass ukrainien, constitué des régions de Donetsk et de Lougansk, est l'une des plus grandes régions minières et métallurgiques d'Europe. L'indépendance autoproclamée du territoire, contrôlé par des séparatistes pro-russes à partir de 2014, fut reconnue par la Russie en 2022.

donc [dɔ̃k] conj. (du latin, vient p.-ê. de *dum que* ou *dunc*, de *dum* « alors ») **1.** Amenant la conséquence, la conclusion de ce qui précède. → par **conséquent.** *Il vient de partir, il n'est donc pas bien loin.* « *Si ce n'est toi, c'est donc ton frère* » (La Fontaine). – Pour revenir à un sujet, après une digression. *Je disais donc que...* **2.** Exprimant la surprise causée par ce qui précède ou ce que l'on constate. → **ainsi.** *Vous habitez donc là ? Qui donc ?* – (doute, incrédulité) *Allons donc !* ■ Pour renforcer une injonction. *Taisez-vous donc !* – fam. *Dites donc, vous là-bas !*

Don Carlos Drame de Schiller (1787), dont Verdi tira un opéra inspiré de la vie de l'infant d'Espagne, Don Carlos, jugé inapte au trône par son père Philippe II, et qui mourut emprisonné.

Doncaster Ville d'Angleterre (South Yorkshire), au S.-E. de Leeds. 109 800 habitants. Centre industriel.

dondon n. f. (onomatopée → dodu) fam., péj. Grosse femme.

Donegal Comté de la république d'Irlande, en Ulster. 4 830 km^2. 166 320 habitants.

Donen (Stanley) Cinéaste américain (1924-2019). Formé par la chorégraphie, il réalisa de célèbres comédies musicales, dont *Chantons sous la pluie* et *Les Sept Femmes de Barberousse*, des comédies brillantes *(Charade)* et des films plus personnels empreints de gravité *(Voyage à deux)*.

Donatello

Donatello, *David avec la tête de Goliath* (v. 1435), musée du Bargello, Florence.

Donets n. m. Rivière de Russie et d'Ukraine (1 053 km) qui borde le Donbass et se jette dans le Don.

Donetsk Région et chef-lieu d'oblast d'Ukraine, dans le S. du Donbass. 999 980 habitants. ■ **République populaire de Donetsk** Région sécessionniste de l'Ukraine qui proclama son indépendance par référendum, à la suite du conflit russo-ukrainien en 2014. Occupée par des séparatistes prorusses, elle demanda son rattachement à la Russie qui la reconnut en 2022.

à donf loc. adv. (verlan de *fond* dans *à fond*) fam. À fond (concret ou abstrait). *Rouler à donf sur l'autoroute. Stresser à donf.*

dong n. m. (mot vietnamien) Unité monétaire du Viêtnam.

Donges Commune de la Loire-Atlantique, sur l'estuaire de la Loire. 8 109 habitants. Raffinage. Pétrochimie.

Dongguan Ville de Chine du S. (Guangdong), sur le delta de la rivière des Perles, entre Canton et Hong Kong. 7 271 000 habitants.

Don Giovanni voir Don Juan

Dong Qichang ou **Tong K'i-Tch'ang** Peintre et calligraphe chinois (1555-1636). Théoricien influent de la peinture lettrée, il imposa la distinction entre paysagistes de l'école du Nord et de l'école du Sud.

Đông Sơn Village du Viêtnam (Nord). Site éponyme de l'apogée (Vᵉ s.-IIᵉ s. av. J.-C.) d'une culture du bronze du Sud-Est asiatique, connue pour ses tambours.

Dongting hu ou **Tong-t'ing hou** Lac de Chine (Hunan), au S. du Chang jiang qu'il contribue à régulariser.

Dong Yuan ou **Tong Yuan** Peintre chinois (Xᵉ s.). Grand paysagiste, spécialiste de l'encre monochrome, il fut considéré comme un maître de l'école du Sud.

Dong Zhongsu ou **Tong Tchong-sou** Philosophe chinois (IIᵉ s. av. J.-C.). Fonctionnaire impérial, il consolida le confucianisme en en faisant l'idéologie officielle du régime impérial.

Doniambo (pointe) Centre industriel (nickel) de Nouvelle-Calédonie, près de Nouméa.

Dönitz (Karl) Amiral allemand (1891-1980). Il organisa la guerre sous-marine contre la Grande-Bretagne et, à partir de 1943, commanda en chef la marine allemande. Successeur d'Hitler, il négocia la capitulation (7-9 mai 1945). Il fut condamné à dix ans de prison au procès de Nuremberg (1946).

Donizetti (Gaetano) Compositeur italien (1797-1848). Auteur romantique prolifique inspiré par Rossini, il doit surtout sa renommée à *Lucia di Lammermoor*, et, dans sa période parisienne, à *La Favorite* et *Don Pasquale*.

donjon n. m. (vient du latin *dominio* → domination, de *dominus* « maître » → dom) Tour principale qui dominait le château fort.

Le donjon de Pons (Charente-Maritime), du XIIᵉ s.

don juan n. m. ou **don Juan** n. m. invar. (du nom du personnage ; *don** s'écrit *dom** en français) Séducteur sans scrupule. *Jouer les dons juans, les don Juan.* □ adj. **donjuanesque**

Don Juan ou **Dom Juan** Personnage légendaire de séducteur libertin, jouisseur cynique et impie. Apparu pour la première fois au théâtre dans une comédie de l'Espagnol Tirso de Molina, *Le Trompeur de Séville et le Convive de pierre* (v. 1625), il devint un mythe universel et inspira une comédie à Molière *(Dom Juan ou le Festin de pierre)*, un opéra à Mozart *(Don Giovanni)* sur un livret de L. Da Ponte et un poème symphonique à Richard Strauss *(Dom Juan)*.

donjuanisme n. m. Caractère, comportement d'un don juan.

Donleavy (James Patrick) Écrivain irlandais d'origine américaine (1926-2017). Il s'est imposé par sa verve et sa truculence dès son premier roman, *L'Homme de gingembre*.

Donn (Jorge) Danseur argentin (1947-1992). D'abord soliste, il fut directeur artistique du Ballet du XXᵉ siècle de Maurice Béjart.

Jorge Donn dans le *Boléro* de Ravel à Paris (1988).

donnant, ante adj. **1.** vieux Qui aime donner. **2.** mod. loc. *Donnant(,) donnant* : en ne donnant qu'à la condition de recevoir en échange.

donne n. f. (de *donner*) **1.** Action de distribuer les cartes au jeu. *À vous la donne. Mauvaise donne.* → **maldonne. 2.** fig. Distribution, répartition (des chances, des forces). *Une nouvelle donne politique.*

Donne (John) Poète et prédicateur anglais (1573-1631). Il mena d'abord une vie mondaine et célébra l'amour charnel dans ses *Satires* et ses *Élégies*. Catholique converti à l'anglicanisme, il devint doyen de la cathédrale Saint-Paul. Ses poèmes religieux et ses méditations sur la mort *(Anniversaires ; Biathanatos)* contribuèrent à faire de lui le plus grand des « poètes métaphysiques » de l'âge élisabéthain.

donné, ée adj. **1.** Qui a été donné. ■ *C'est donné* : c'est vendu bon marché. *Ce n'est pas donné* : c'est cher. **2.** Connu, déterminé. *À une distance donnée.* – loc. *À un moment donné* : soudain. **3.** *Étant donné* loc. prép. → **vu.** *Étant donné l'heure, il faut partir.* – REM. littér., avec accord *Étant donnée la situation.* – *Étant donné que* loc. conj. (+ indic.) : en considérant que, puisque. *Étant donné que tout le monde est là, nous pouvons commencer.*

Donneau de Visé (Jean) Écrivain et auteur dramatique français (1638-1710). Il fonda le journal *Le Mercure galant* en 1672.

donnée n. f. **1.** Ce qui est donné, connu, déterminé dans l'énoncé d'un problème. *Les données du problème.* **2.** Élément qui sert de base à un raisonnement, de point de départ pour une recherche. *Données statistiques.* **3.** inform. (trad. de l'anglais *data*, du latin, de *dare* → donner) Représentation conventionnelle d'une information permettant d'en faire le traitement automatique. *Données alphanumériques. Banque, base de données.* – Ces informations. → anglic. **data.**

donner v. < 1 > (vient du latin *donare* « faire don, donner » [→ donataire, donateur, donation], de *donum* → ¹don, de *dare* « donner » → datif, dation) **I.** v. tr. Mettre (qqch.) en la possession de qqn (DONNER qqch. À qqn). **1.** Abandonner à qqn sans rien demander en retour (une chose que l'on possède ou dont on jouit). → **offrir.** *Donner qqch. par testament.* → **léguer.** *Donner de l'argent à qqn.* – absolt *Donner sans compter.* **2.** fig. Faire don de. *Donner sa vie, son sang pour la patrie* : faire le sacrifice de sa vie. – *Je n'ai pas un instant à vous donner.* → **consacrer. 3.** *Donner qqch. pour, contre qqch.* : céder en échange d'autre chose. → **céder, échanger, fournir.** ■ dans le commerce Vendre. *Donnez-moi un quart de beurre, une laitue.* – *Donner (une somme) de qqch.* : acheter (tant). *Je vous donne cinq euros de ce livre ; je vous en donne cinq euros.* → **offrir.** – Payer (une certaine somme) à qqn. *Combien donne-t-il de l'heure ?* ■ fig. *Donner qqch. pour* (+ verbe). *Je donnerais cher pour le savoir.* **4.** Confier (une chose) à qqn, pour un service. → **remettre.** *Donner ses clés au gardien.* – *Donner sa montre à réparer.* **II.** v. tr. Mettre à la disposition de qqn (DONNER À). **1.** Mettre à la disposition, à la portée de. → **fournir, offrir, procurer.** *Voulez-vous donner des sièges aux invités ? Donner du travail à un chômeur.* – (+ inf.) *« Donne-lui tout de même à boire, dit mon père »* (Hugo). ■ *Donner les cartes* (aux joueurs). → **distribuer ; donne.** – absolt *C'est à vous de donner.* **2.** Organiser et offrir à des invités, à un public. *Donner une réception.* – *Qu'est-ce qu'on donne cette semaine au cinéma ?* **3.** Communiquer, exposer (qqch.) à qqn. *Donnez-moi votre adresse. Pouvez-vous me donner l'heure ? Donner de ses nouvelles à qqn. Donner son avis. Donner un conseil à qqn.* ■ *Donner un cours* (à des élèves). **4.** Transmettre, provoquer (une maladie). → **passer ;** fam. **²ficher, refiler. 5.** Accepter de mettre (qqch.) à la disposition, à la portée de qqn. → **accorder, concéder, octroyer.** *Donnez-moi un peu de répit.* → **laisser.** *Donner sa parole**, jurer, promettre. – (sans article) *Donner libre cours à sa colère. Donner prise*.* **6.** (avec deux compl. de personne) *Donner sa fille (en mariage) à un jeune homme.* **7.** fam. Dénoncer à la police. *Son complice l'a donné.* → **livrer ; donneur. 8.** littér. passif *Être donné à* : être possible pour... *Si cela m'est donné...* – *Ce n'est pas donné à tout le monde* : tout le monde n'en a pas la capacité. **9.** Assigner à qqn, à qqch. (une marque, un signe, etc.). *Quel nom a-t-elle donné à sa fille ? L'artiste n'a pas donné de titre à son tableau.* **10.** *Donner à* (+ inf.) Confier. *On m'a donné cela à faire. Les livres que l'on m'a donné à lire* (ou *donnés à lire*). – *Cela me donne à penser*, me fait penser. **III.** v. tr. Être l'auteur, la cause de. **1.** *Donner l'alarme. Donner des soins à qqn.* ■ Produire (une œuvre). *Cet écrivain donne un roman par an.* → **publier. 2.** (le compl. exprime un sentiment, un fait psychologique) → **¹causer, susciter.** *Cela me donne une idée. Cela vous donnera l'occasion de...* → **fournir, procurer.** – *Cela me donne envie de dormir, me donne soif. Marcher donne de l'appétit.* – loc. *Donner lieu, matière, sujet à...* : provoquer. – *Donner à rire, à penser.* → **prêter. 3.** (choses concrètes) sans compl. indir. Produire. *Les fruits que donne un arbre. Placement qui donne 10 % d'intérêts.* → **rapporter.** ■ fam. Avoir pour conséquence, pour résultat. *Je me demande ce que ça va donner.* **4.** Appliquer, mettre. *Donner un baiser, une gifle à qqn.* ■ *Donner un coup de peigne, de balai.* **5.** Conférer (un caractère nouveau) à (qqn, qqch.) en modifiant. *Cet argument donne de la valeur à sa thèse.* – loc. *Donner le jour, la vie à un enfant* : engendrer. *Donner la mort* : tuer. *Se donner la mort* : se suicider. **6.** Considérer (une qualité, un caractère) comme propre à qqn, à qqch. → **accorder, attribuer, prêter, supposer.** *Quel âge lui donnez-vous ?* – *Les médecins lui donnent deux mois à vivre*, estiment qu'il n'a plus que... **7.** *Donner pour* : présenter comme étant. *Donner une chose pour certaine, pour vraie* (→ **affirmer**). **IV.** v. intr. **1.** Porter un coup (contre, sur). → **cogner, heurter.** *Le navire alla donner sur les écueils.* – *Il alla donner de la tête contre le mur.* – loc. *Ne plus savoir où donner de la tête*.* **2.** Se porter (dans, vers). → **se jeter, tomber.** *Donner dans un piège.* – Se laisser aller à. *Donner dans le ridicule.* **3.** Attaquer, charger, combattre. *« Faites donner la garde ! »* (Hugo). **4.** *Donner sur* : être exposé, situé ; avoir vue, accès sur. *Fenêtres qui donnent sur la mer.* ■ **se donner** v. pron. **1.** réfl. Faire don de soi-même. → **se consacrer, se vouer.** *Se donner à ses enfants. Se donner à l'étude.* → **s'adonner.** – absolt Se montrer. *Se donner en spectacle.* **Se donner pour** *progressiste*, faire croire que l'on est. ■ vieux Céder au désir sexuel d'un homme. *Elle s'est* *donnée à un inconnu.* **2.** passif Être donné ; avoir lieu, être représenté. *La pièce se donne à la Comédie-Française.* **3.** faux pron. Donner à soi-même. *Se donner du mal, de la peine. Donnez-vous la peine d'entrer.* – *S'en donner à cœur joie.* **4.** récipr. → **échanger.** *Se donner des baisers.* – loc. ***Se donner le mot*** : s'entendre à l'avance. *Elles s'étaient donné le mot.* – *Se donner la main.*

donneur, euse n. **1.** *Donneur, donneuse de* : personne qui donne (qqch. d'abstrait). *Donneur de conseils.* **2.** Personne qui donne (un tissu vivant, un organe, etc.). *Donneur de sang* (en vue d'une transfusion). *Donneur universel,* dont le sang est toléré par tout type de receveur. *Le donneur et le receveur.* **3.** fam. Personne qui donne, dénonce qqn à la police. → **dénonciateur, indicateur, mouchard.**

Donon n. m. Plateau (1 000 m) et col (732 m) des Vosges (Bas-Rhin). Sports d'hiver.

don quichotte n. m. ou **don Quichotte** n. m. invar. (n. du héros de Cervantès → ^{2}don) Homme généreux et naïf qui se pose en redresseur de torts, en défenseur des opprimés. *Jouer les dons quichottes, les don Quichotte.* □ n. m. **donquichottisme**

Don Quichotte Roman espagnol de Cervantès (1605-1615). Parodie des récits de chevalerie, il raconte les aventures de « l'ingénieux hidalgo », redresseur de torts, idéaliste au grand cœur, épris de Dulcinée, et de son écuyer Sancho Pança, qui lui oppose son bon sens commun. Ce chef-d'œuvre marque la naissance du roman moderne.

Don Quichotte, par Honoré Daumier (1870), Neue Pinakothek, Munich.

dont pron. (vient du latin pop. *de unde* « d'où ») Pronom relatif des deux genres et des deux nombres servant à relier une proposition correspondant à un complément introduit par *de.* → **duquel,** de **qui. I.** Exprimant le complément du verbe **1.** Avec le sens adverbial de *d'où,* marquant la provenance. *La chambre dont je sors.* – fig. « *La famille distinguée dont il sortait* » (Proust). **2.** (moyen, instrument, manière) *La manière dont elle est habillée.* – (agent) *La femme dont il est aimé.* **3.** (objet) *L'homme, la maison dont je parle.* – *Ce dont je me souviens.* **4.** Au sujet de, de quoi. *Cet homme dont je sais qu'il a été marié.* **II.** Exprimant le complément de l'adjectif. *Le malheur dont vous êtes responsable.* – *C'est ce dont je suis fier.* **III.** Exprimant le complément de nom (qui ne doit plus être suivi d'un compl. en *de : dont le X de...* est fautif). **1.** Possession, qualité, matière (compl. d'un nom ou d'un pronom). *Un pays dont le climat est doux.* **2.** Partie d'un tout. *Des livres dont trois sont reliés ; dont j'ai gardé une dizaine.* – Amenant une proposition sans verbe. *C'est un long texte dont voici l'essentiel. Quelques-uns étaient là, dont votre père,* parmi lesquels.

donzelle n. f. (vient du latin pop. *domnicella,* pour *dominicella* → **demoiselle**) vieilli ou plais. Jeune fille ou femme prétentieuse et ridicule.

Donzère Commune de la Drôme, à la sortie du défilé de Donzère, taillé par le Rhône. 5 963 habitants. Église de style roman provençal. Le canal de dérivation du Rhône de *Donzère-Mondragon,* avec barrage et centrale hydroélectrique, est situé à Bollène.

Doolittle (Hilda) dite **H. D.** Écrivaine américaine (1886-1961). Elle fut membre du groupe des imagistes. *Jardin près de la mer ; Hélène en Égypte.*

Doors (The) Groupe américain de rock formé en 1965. Figure mythique, son chanteur Jim Morrison (1943-1971) en incarnait l'érotisme provocateur et la poésie psychédélique.

dopa n. f. (abrév. de *dihydroxyphénylalanine*) biochim. Acide aminé converti dans le sang en dopamine et dont un isomère est utilisé dans le traitement du parkinson.

dopage n. m. Action de (se) doper. - syn. **doping** n. m. (anglic.).

▶ Généralement associé à une tricherie dans la pratique du sport de compétition, le **dopage** peut avoir pour objectif d'augmenter le taux de globules rouges dans le sang (et donc le transport de l'oxygène vers les muscles), de développer la masse musculaire, la résistance à la douleur ou la concentration, de vaincre la sensation de fatigue, de perdre du poids ou de maîtriser le sommeil.
La plupart des substances dopantes de synthèse utilisées actuellement sont de nature hormonale, telles que l'EPO (détectée depuis 2000) et l'hormone de croissance, encore indétectable en 2007 par les tests antidopage. Ces tests, instaurés progressivement depuis les années 1960, sont désormais encadrés par l'Agence mondiale antidopage (AMA), fondée en 1999, et le Code mondial antidopage, entré en vigueur en 2004 et révisé en 2009, 2015 et 2021.
Mais la définition du dopage est compliquée ; bien des substances et des pratiques licites, telles que la prise de café ou les séjours en altitude, ont sur l'organisme les effets décrits ci-dessus. La législation antidopage a donc dû élaborer des critères précis pour définir la liste des substances et des pratiques licites, parmi lesquels on trouve leur innocuité pour le sportif.
Les produits dopants peuvent en effet avoir de graves effets secondaires. Plusieurs décès de sportifs par arrêt cardiaque ont ainsi été rapportés, notamment depuis la mort du cycliste danois Knut Jensen lors des Jeux olympiques de Rome en 1960.
Aujourd'hui, les innovations des biotechnologies ouvrent des perspectives inédites d'accroissement des capacités fonctionnelles, mais également structurelles (en modifiant le patrimoine cellulaire pour que le corps lui-même sécrète la substance recherchée), qui repoussent encore davantage les limites du dopage.
voir aussi **bioéthique, biotechnologies, hormone, drogue**

dopamine n. f. (de *dopa* et *amine*) biochim. Neuromédiateur précurseur de la noradrénaline, et indispensable à l'activité normale du cerveau.

dopaminergique adj. (de *dopamine* et *-ergie*) biochim. Relatif à l'action de la dopamine. *Les neurones dopaminergiques.*

dopant, ante adj. Qui dope. *Produit dopant.* – n. m. *Un dopant.*

dope n. f. (mot anglais → doper) anglic., fam. Drogue, stupéfiant.

doper v. tr. < 1 > (anglais des États-Unis *to dope, de dope* « drogue », du néerlandais *doop* « sauce ») **1.** Administrer un stimulant à. *Doper un cheval de course, un sportif.* **2.** fig. *Doper la production.* ■ **se doper** v. pron. Prendre un excitant. *Se doper avant un examen.*

dopeur, euse n. Personne qui fournit des produits dopants (à des sportifs).

doping voir **dopage**

doppler [dɔplɛʀ] n. m. (de *Doppler*) méd. Examen basé sur l'*effet Doppler* (modification de la fréquence d'ondes quand la source de ces ondes et l'observateur sont en mouvement relatif), permettant notamment de déceler des anomalies dans la circulation sanguine. *Se faire faire un doppler.*

Doppler (Christian) Physicien autrichien (1803-1853). Il découvrit la variation apparente de la fréquence d'une onde lorsque la source de la vibration est en mouvement par rapport à l'observateur (*effet Doppler-Fizeau,* 1842).

dorade ou **daurade** n. f. (de l'espagnol et de l'ancien provençal, du latin *aurata* → **doré**) Poisson marin à reflets dorés ou argentés.

Dorat (Jean Dinemandi, dit) Humaniste français (1508-1588). Maître de Baïf, Ronsard et du Bellay, il constitua la Brigade, qui allait devenir la Pléiade.

Dorat (Le) Commune de la Haute-Vienne, au N. de Bellac. 1 535 habitants. Collégiale romane du XIIe siècle.

Doráti (Antal) Chef d'orchestre hongrois (1906-1988). Élève de Bartók et de Kodály, il dirigea de nombreux orchestres à Londres et aux États-Unis, et enregistra notamment l'intégrale des symphonies de Haydn.

Dorchester (Guy Carleton, lord) voir **Carleton**

Dorchester Ville d'Angleterre, chef-lieu du Dorset, au N. de Weymouth. 19 000 habitants.

Dordogne n. f. Rivière du Massif central et du Bassin aquitain (483 km). Née au puy de Sancy, elle passe à Souillac et Bergerac et se jette dans la Garonne au bec d'Ambès. Aménagements hydrauliques sur son cours supérieur.

Dordogne n. f. [24] Département français de la Région Nouvelle-Aquitaine (→ carte). 9 222 km^2. 412 807 habitants. Chef-lieu : Périgueux. Chefs-lieux d'arrondissement : Bergerac, Nontron, Sarlat-la-Canéda. Le territoire, qui correspond approximativement au Périgord, est drainé par la Dordogne et par l'Isle. Rural et agricole (céréales, fruits et légumes, vin ; élevage), il bénéficie de l'essor du tourisme vert et culturel (Sarlat, Les Eyzies, Lascaux).

Dordrecht Ville des Pays-Bas (Hollande-Méridionale), dans le delta de la Meuse et du Rhin. 119 530 habitants. « Grande Église » gothique, musées. Port. Nombreuses industries. C'est dans cette ville, la plus ancienne de Hollande, que se tint la première assemblée des États de Hollande (1572) et le synode qui organisa l'Église réformée de Hollande (1618-1619).

Dore n. f. Rivière d'Auvergne (140 km), affluent de l'Allier.

Dore (monts) voir **Mont-Dore** (massif du)

doré, ée adj. et n. **I. 1.** Recouvert d'une mince couche d'or (ou d'un métal jaune). *Bijou doré à l'or fin. Argent doré,* le vermeil. – n. m. Couleur dorée. **2.** Qui a l'éclat, la couleur jaune cuivré de l'or. *Cheveux dorés.* **3.** *La **jeunesse dorée*** : jeunes gens riches, élégants et oisifs. **II. 1.** n. f. *Dorée* : poisson osseux des mers d'Europe. **2.** n. m. Au Canada, Poisson d'eau douce à chair estimée.

Doré (Gustave) Dessinateur, graveur et peintre français (1832-1883). Caricaturiste précoce, il se rendit célèbre comme illustrateur de livres par son dessin fouillé, sa fantaisie truculente (le *Pantagruel* de Rabelais) et son romantisme visionnaire (*L'Enfer* de Dante ; la Bible).

dorénavant adv. (*d'or en avant,* de *or* « maintenant » → **ores**) À partir du moment présent, à l'avenir. → **désormais.** *Dorénavant, la séance se tiendra ici.*

dorer v. tr. < 1 > (vient du bas latin *deaurare,* de *aurum* → ^{1}or) **1.** Revêtir (qqch.) d'une mince couche d'or. *Dorer la tranche d'un livre.* □ n. m. **dorage 2.** loc. ***Dorer la pilule à qqn,*** lui faire accepter une chose désagréable au moyen de paroles aimables, flatteuses. → **tromper. 3.** Donner une teinte dorée à. *Dorer un gâteau.* ■ pronom. *Se dorer au soleil.* – loc. fam. *Se (faire) dorer la pilule.* → **bronzer.**

d'ores et déjà voir **ores**

doreur, euse n. Personne dont le métier est de dorer. *Doreur sur bois.*

Dorgelès (Roland Lécavelé, dit Roland) Romancier français (1885-1973). Devenu célèbre avec *Les Croix de bois,* témoignage de la vie des tranchées durant la Première Guerre mondiale, il resta marqué par la bohème montmartroise (*Le Château des* *brouillards).* Il est aussi l'auteur de récits exotiques *(Partir)* et d'ouvrages polémiques *(À bas l'argent).*

Doria (Andrea) Homme de guerre italien (1466-1560). Issu d'une famille patricienne de Gênes, il servit en condottiere le pape Innocent VIII, François Ier puis Charles Quint. Il imposa à sa ville une constitution aristocratique.

Doride n. f. Contrée montagneuse de la Grèce centrale qui tient son nom des Doriens.

dorien, enne adj. et n. (du grec *Dôris* → dorique) Antiq. De Doride, canton d'Asie Mineure. – n. *Les Doriens.* – ling. *Le dialecte dorien* ou *le dorien* n. m. : dialecte du grec ancien.

Doriens n. m. pl. Peuple indo-européen qui émigra en Grèce et envahit successivement, à partir du –XIIe s., la Thessalie, le Péloponnèse, les Cyclades, la Crète et le S.-O. de l'Asie Mineure.

Doriot (Jacques) Homme politique français (1898-1945). Exclu du Parti communiste français (1934), il évolua vers le fascisme et fonda le Parti populaire français (1936). Partisan de la collaboration avec l'Allemagne (1940), il combattit sous l'uniforme allemand.

dorique adj. et n. m. (du latin, du grec *dôrikos,* de *Dôris* [province de Grèce]) *Ordre dorique* ou n. m. *le dorique :* le premier et le plus simple des trois ordres d'architecture grecque (→ aussi **corinthien, ¹ionique**). *Colonne dorique.*

¹doris [dɔʀis] n. f. (latin savant, du grec, n. de la mère des Néréides) zool. Mollusque gastéropode sans coquille, caractérisé par la disposition des branchies en étoile.

²doris [dɔʀis] n. m. (de l'anglais d'Amérique du Nord, p.-ê. de *dory,* n. d'un poisson) Embarcation que les terre-neuvas utilisent pour aller mouiller les lignes de fond.

Doris Une des Océanides. Elle épouse Nérée, dont elle a cinquante filles, les Néréides.

dorloter v. tr. < 1 > (de l'ancien français *dorelot* « favori, chéri ») Entourer de soins, de tendresse ; traiter délicatement (qqn). → **cajoler, choyer.** *Se faire dorloter.* □ n. m. **dorlotement**

dormance n. f. bot. Repos, arrêt temporaire de la croissance d'un végétal, dû à de mauvaises conditions climatiques (froid...). *Période de dormance.*

Dormans Commune de la Marne, sur la Marne. 2 916 habitants. Destructions lors des batailles de la Marne (1914 et 1918).

dormant, ante adj. 1. rare Qui dort. – n. *Les dormants des contes :* personnages qui dorment. 2. Qui n'est agité par aucun mouvement. *Eau dormante.* → **immobile, stagnant.** 3. techn. Qui ne bouge pas. → **¹fixe.** *Ligne dormante,* qui reste fixée dans l'eau sans que le pêcheur la tienne. *Vitrage dormant,* qui ne s'ouvre pas. ■ n. m. Partie fixe (d'une fenêtre, d'un châssis, d'une porte). 4. Infiltré dans un milieu et attendant un ordre pour passer à l'action. *Agent dormant d'un groupe terroriste.*

dormeur, euse n. 1. Personne en train de dormir. 2. Personne qui dort beaucoup, aime à dormir. 3. n. m. Tourteau (crabe).

dormir v. intr. < 16 > (vient du latin *dormire*) 1. Être dans l'état de sommeil. *Commencer à dormir.* → **s'assoupir, s'endormir.** *Dormir d'un sommeil léger.* → **sommeiller, somnoler.** *Dormir très tard,* se lever tard. ■ loc. *Ne dormir que d'un œil,* en restant vigilant. *Dormir à poings fermés, comme un loir,* profondément. *Dormir debout,* avoir sommeil. *Une histoire à dormir debout,* invraisemblable. – *Vous pouvez dormir sur vos deux oreilles,* soyez rassuré. ■ (choses) Être calme. *« Les bois dorment sans bruit »* (Ronsard). 2. poét. Reposer (en parlant des morts). *Dormir du dernier sommeil.* 3. fig. Être dans l'inactivité. *Dormir sur son travail,* le faire lentement, sans courage. → **traîner.** ■ *Laisser dormir qqch.,* ne pas s'en occuper. *Projet qui dort dans un tiroir.* – *Capitaux qui dorment,* ne rapportent pas d'intérêts. 4. *Eau qui dort.* → **dormant** (2). 5. littér. Rester caché. *Les souvenirs qui dorment au fond de nous.*

dormitif, ive adj. vieux ou plais. Qui fait dormir. → **soporifique.**

dormition n. f. (latin *dormitio* → dormir) relig. Mort de la Vierge Marie, accompagnée, chez les orthodoxes, de son assomption.

Dormition de la Vierge, icône médiévale russe, galerie Tretiakov, Moscou.

Dormoy (Marx) Homme politique français (1888-1941). Élu socialiste, ministre de l'Intérieur (1937-1938), il fut assassiné par des membres de la Cagoule.

Dornier (Claude, dit Claudius) Industriel allemand (1884-1969). Constructeur d'avions, il a fondé la firme qui porte son nom.

dorsal, ale, aux (du latin médiéval, de *dorsum* → dos) 1. adj. Du dos (d'une personne, d'un animal). *L'épine* dorsale.* 2. n. f. Crête d'une chaîne de montagnes. – Chaîne sous-marine. *La dorsale océanique.*

Dorsale guinéenne n. f. Plateaux d'Afrique occidentale qui comprennent les monts Loma (1 948 m) et les monts Nimba (1 752 m). Gisements de fer.

Dorsale tunisienne n. f. Chaîne de montagnes du N. de la Tunisie, qui culmine au djebel Chambi (1 554 m). Mines de fer et de plomb.

dorsalgie n. f. (de *dors-* + *-algie*) Douleur localisée au dos.

Dorset Comté du S.-O. de l'Angleterre. 2 654 km². 412 900 habitants. Chef-lieu : Dorchester. Principale agglomération : Weymouth. Région agricole.

Dorsey (Tommy) Trombone et chef d'orchestre de jazz américain (1905-1956). Il est surtout connu comme trombone au jeu proche de la tradition Nouvelle-Orléans.

dors(o)- Élément (du latin *dorsum* → dorsal) qui signifie « dos ».

dorsolombaire adj. (de *dorso-* et *lombaire*) anat. Qui concerne le dos et la région lombaire. *Arthrose dorsolombaire.*

Dortmund Ville d'Allemagne (Rhénanie-du-Nord-Westphalie), dans la Ruhr. 588 000 habitants. Université. Églises médiévales. Ancien centre houiller et métallurgique reconverti (informatique). Port fluvial sur le canal *Dortmund-Ems,* qui relie la Ruhr à la mer du Nord (269 km).

dortoir n. m. (vient du latin *dormitorium* → dormir) 1. Grande salle commune où dorment les membres d'une communauté. 2. appos. Qui n'est habité que la nuit, la population travaillant ailleurs dans la journée. *Cité-dortoir. Des banlieues-dortoirs.*

dorure n. f. 1. Mince couche d'or appliquée à un objet. *La dorure d'un cadre.* ■ Ornement doré. *Uniforme couvert de dorures.* 2. techn. Action de recouvrir d'une couche d'or. *Dorure sur cuir, sur bois, sur métal.*

Dorval Ville du Canada (Québec), sur l'île de Montréal. 18 980 habitants. Aéroport international.

Dorval (Marie Delaunay, dite Marie) Actrice française (1798-1849). Elle fut une grande interprète du drame romantique. Elle entretint une liaison avec Alfred de Vigny.

Dorval (Anne) Comédienne canadienne (québécoise) [née en 1960]. Elle a interprété une centaine de rôles au théâtre, au cinéma et pour la télévision. Sa notoriété a acquis une dimension internationale avec le film de Xavier Dolan *Mommy.*

Anne Dorval en 2014 dans le film *Mommy* de Xavier Dolan.

doryphore n. m. (du grec « porte-lance », de *doru* « lance » et → -phore) Insecte coléoptère aux élytres rayés de noir, parasite des feuilles de pommes de terre qu'il dévore.

Doryphore (Le) Sculpture de Polyclète (v. –440) représentant un guerrier tenant une lance. Elle illustre le canon du corps humain d'après le classicisme grec.

Le *Doryphore* de Pompéi, copie grecque de l'original de Polyclète (v. 440 av. J.-C.), Musée archéologique de Naples.

dos n. m. (vient du latin pop. *dossum,* du class. *dorsum* → dorsal) I. 1. Partie du corps de l'homme qui s'étend des épaules jusqu'aux reins, de chaque côté de la colonne vertébrale. *Dos droit, dos voûté.* ■ loc. ***Avoir bon dos :*** supporter injustement la responsabilité d'une faute ; servir de prétexte. *Sa femme ; son travail a bon dos.* – fam. ***En avoir plein le dos :*** en avoir assez. ■ ***Tourner le dos :*** se présenter de dos. *Le dos tourné à la porte :* le dos faisant face à la porte. *Dès qu'il a le dos tourné :* dès qu'il s'absente ou ne regarde pas. *Tourner le dos à qqn,* fig. cesser de le fréquenter en marquant de la réprobation ou du dédain. *La gare n'est pas dans cette direction, vous lui tournez le dos,* vous marchez dans la direction opposée. ■ ***À dos.*** *Sac à dos. Se mettre qqn à dos,* s'en faire un ennemi. ■ ***Au dos :*** dans le dos, sur le dos. *Partir sac au dos.* ■ ***Dans le dos.*** *Robe décolletée dans le dos. Passer la main dans le dos de qqn,* le flatter. *Faire, donner froid dans le dos :* effrayer. *Agir dans le dos de qqn,* par-derrière, sans qu'il le sache. ■ ***De dos*** (opposé à *de face*). *Je le reconnais même de dos. Vu de dos.* ■ ***Derrière le dos.*** *Cacher qqch. derrière son dos.* fig. *Faire qqch. derrière le dos de qqn,* sans qu'il en soit averti, sans son consentement. ■ ***Dos à dos*** (opposé à *face à face*). *Renvoyer deux adversaires dos à dos :* refuser de donner raison à l'un plus qu'à l'autre. ■ ***Sur le dos.*** *Se coucher sur le dos. N'avoir rien à se mettre sur le dos :* n'avoir rien pour s'habiller. – fig. *Mettre qqch. sur le dos de qqn,* l'en accuser, l'en rendre responsable. *Cela vous retombera sur le dos :* vous en supporterez les conséquences. – *Être toujours sur (derrière) le dos de qqn,* surveiller ce qu'il fait. **2.** Face supérieure du corps des animaux. ***Faire le gros dos :*** bomber le dos en raidissant les pattes postérieures (chat). – *Transport à dos de chameau.* **II. 1.** Partie (d'un vêtement) qui couvre le dos. *Le dos d'une robe.* – **n. m.** *Un dos-nu :* vêtement de femme dégageant largement le dos. **2.** Dossier. *Le dos d'une chaise.* **3.** Partie supérieure et convexe. *Dos et paume de la main.* → **revers. 4.** Côté opposé au tranchant. *Le dos d'une lame, d'un couteau.* **5.** Partie d'un livre qui unit les deux plats (opposé à *tranche*). *Titre au dos d'un livre.* **6.** Envers d'un papier écrit. → **verso.** *Signer au dos d'un chèque* (→ **endosser**). *Voyez au dos.*

D

dosage n. m. Action de doser ; son résultat.

dos d'âne n. m. invar. Bombement transversal d'une chaussée.

dose n. f. (latin médiéval *dosis,* mot grec « action de donner ») **1.** Quantité d'un médicament qui doit être administrée en une fois. *Ne pas dépasser la dose prescrite. Forcer* la dose.* ■ (drogue, stupéfiant) *Dose excessive.* → **overdose. 2.** Quantité quelconque. *Boire sa dose de vin.* – fam. *Avoir sa dose :* être ivre ; fig. en avoir assez. – *Une bonne dose d'ironie.*

doser v. tr. < 1 > **1.** Déterminer la dose de (un médicament). *Compte-gouttes pour doser un remède.* **2.** Déterminer la proportion des éléments (d'un mélange). → **mesurer, proportionner.** – fig. *Il faut savoir doser l'ironie.* □ **adj. dosable** ■ **dosé, ée adj.** *Mélange savamment dosé.*

dosette n. f. Conditionnement contenant la quantité (d'un produit) nécessaire à une utilisation. *Des dosettes de café.* → **unidose.**

doseur n. m. Instrument donnant la mesure d'une dose. – appos. *Bouchon doseur d'un flacon.*

dosimètre n. m. (→ dose) phys. Appareil permettant de mesurer des doses, notamment radioactives. *Dosimètre à neutrons.* □ **n. f. dosimétrie**

Dos Passos (John Roderigo) Écrivain américain (1896-1970). Fils de la « Génération perdue », il fit de son expérience militaire le matériau de ses premières œuvres *(Trois Soldats),* avant de s'imposer, avec *Manhattan Transfer,* comme le romancier de New York. Fresque des trente premières années du XXe s. américain, sa trilogie *USA (Le 42e Parallèle ; 1919 ; La Grosse Galette)* confirma son talent de critique de la vie sociale, maître d'une narration complexe qui emprunte à la presse et au cinéma les procédés les plus originaux.

Dos Santos (José Eduardo) Homme d'État angolais (1942-2022). Il fut président de la République de 1979 à 2017.

dossard n. m. (de *dos*) Carré d'étoffe que les concurrents d'une épreuve sportive portent sur le dos et qui indique leur numéro d'ordre.

dosse n. f. (forme fém. de *dos*) techn. Première ou dernière planche sciée dans un tronc d'arbre, et dont la face non équarrie est recouverte d'écorce.

dosseret n. m. (diminutif de *dossier*) **1.** archit. Contrefort maintenant un mur ou un élément architectural. **2.** Tête ou pied de lit indépendants, adaptables à un sommier.

Dossi (Carlo Alberto Pisani Dossi, dit Carlo) Écrivain italien (1849-1910). Auteur de brefs récits aux formes inventives, il devint diplomate et laissa un riche journal tenu pendant quarante ans, *Note azzurre.*

dossier n. m. **I.** Partie d'un siège sur laquelle on appuie le dos. **II.** (de *dos,* II, 5) **1.** Ensemble des pièces relatives à une affaire ; la chemise, le carton les contenant. *Constituer un dossier. Dossier médical. Dossier de presse.* – *Admission sur dossier.* ■ Le contenu, les informations du dossier. *Étudier, analyser les dossiers sociaux.* – *Avoir un dossier sur qqn,* des informations compromettantes ou cocasses. **2.** inform. Élément de l'arborescence d'un disque dur permettant de classer des fichiers. → **répertoire.**

dossière n. f. **1.** techn. Partie du harnais (d'un cheval) posée sur le dos, qui sert à soutenir les brancards. **2.** zool. Partie supérieure de la carapace (d'une tortue...).

Dosso Dossi (Giovanni di Luteri, dit) Peintre italien (v. 1490-1542). L'un des principaux représentants de l'école de Ferrare, il s'inspira de l'art des Vénitiens, les paysages de Giorgione et la manière de Titien. Il peignit à la fin de sa vie des figures mélancoliques proches de Raphaël.

Dostoïevski (Fedor Mikhaïlovitch) Romancier russe (1821-1881). Fils d'un médecin tyrannique qui mourut assassiné par ses paysans serfs, il connut son premier succès avec *Les Pauvres Gens.* Après ses premiers échecs littéraires *(Le Double),* il fréquenta un groupe libéral dont tous les membres furent condamnés à mort. Gracié et déporté en Sibérie, il traversa une crise religieuse dont il témoigna, de retour à Saint-Pétersbourg, dans *Souvenirs de la maison des morts.* Il écrivit ensuite son grand roman, *Crime et Châtiment.* Affaibli par l'épilepsie et pris par la passion du jeu *(Le Joueur),* qui le poursuivit dans ses voyages en Europe, il publia encore trois œuvres majeures : *L'Idiot, Les Démons* et *Les Frères Karamazov,* qu'il tenait pour son chef-d'œuvre. Plus que l'exaltation du peuple russe *(Journal d'un écrivain),* c'est l'individu déchiré entre la présence du mal et la recherche de Dieu qui fait la puissance de l'univers dostoïevskien.

dot [dɔt] n. f. (latin jurid. *dos, dotis*) Bien qu'une femme apporte en se mariant. *Coureur* de dot.*

dotal, ale, aux adj. (du latin → dot) dr. Qui a rapport à la dot.

dotation n. f. (du latin médiéval → doter) **1.** Ensemble des revenus assignés à un établissement d'utilité publique. *La dotation d'un hôpital.* – *Fonds de dotation :* organisme privé chargé de gérer des biens en vue de la réalisation d'œuvres d'intérêt public. **2.** Action de doter d'un équipement, de matériel.

doter v. tr. < 1 > (latin impérial *dotare* → douer) **1.** Pourvoir d'une dot. *Doter richement sa fille.* **2.** Assigner un revenu à (un service, un établissement). **3.** Fournir en équipement, en matériel. → **équiper, munir.** – au p. p. *Régiment doté d'armes modernes.* **4.** fig. Pourvoir de certains avantages. → **favoriser.** – passif et p. p. *Être doté d'une excellente mémoire.* → **doué.**

Dotremont (Christian) Écrivain et dessinateur belge de langue française (1922-1979). Il fonda le mouvement Cobra (1948) et inventa les « logogrammes », caractères abstraits glosés par une phrase poétique.

Dou (Gérard) Peintre et graveur hollandais (1613-1675). Élève de Rembrandt, il représenta des scènes de genre méticuleuses, de facture lisse, aux habiles effets de clair-obscur.

Douai Chef-lieu d'arrondissement du Nord, sur la Scarpe. 39 842 habitants. Beffroi (1390-1410), églises, musée dans l'ancienne chartreuse. Ancien centre houiller. Industries (métallurgie, automobile). En 1667, Louis XIV prit Douai qui fut fortifiée par Vauban ; par le traité d'Utrecht (1713), la ville revint définitivement à la France.

douaire n. m. (du latin médiéval *dotarium,* de *dos* → dot) anciennt Droit de l'épouse survivante sur les biens de son mari. – fig. Pension.

douairière n. f. (de *douaire*) **1.** anciennt Veuve qui jouissait d'un douaire. **2.** péj. Vieille dame de la haute société.

Douala Ville du Cameroun, sur le golfe de Guinée. 3 millions d'habitants. Port de pêche et de commerce. Industrie (agroalimentaire, textile). Capitale économique du pays.

douane n. f. (de l'ancien italien, de l'arabe *diwān,* mot persan → divan) **1.** Administration chargée d'établir et de percevoir les droits imposés sur les marchandises, à la sortie ou à l'entrée d'un pays. *Payer des droits de douane.* **2.** Siège de l'administration des douanes. *Passer, franchir la douane.* **3.** Droits de douane. *Payer la douane.*

douanier, ière I. adj. Relatif à la douane. *Tarif douanier. Union douanière.* **II. n.** Membre du service actif de l'administration des douanes. *Douanier qui fouille une valise.*

douar n. m. (arabe maghrébin « village de tentes ») Division administrative rurale, en Afrique du Nord.

Douarnenez Commune et port du Finistère, sur la baie de Douarnenez. 13 956 habitants. Musée du Bateau. Port de pêche.

Douaumont-Vaux Village de la Meuse. Le fort de Douaumont fut l'enjeu de combats meurtriers, en 1916, pendant la bataille de Verdun. Ossuaire.

doubeurre n. m. (de *doux* et *beurre*) Butternut.

doublage n. m. **1.** Action de doubler, de mettre en double. **2.** Remplacement d'un acteur par une doublure (2). **3.** Remplacement de la bande sonore originale d'un film par une bande provenant de l'adaptation des dialogues en une langue différente.

double (vient du latin *duplus* → duplex, duplicata, duplicité ; famille du latin *duo* → deux) **I. adj. 1.** Qui est répété deux fois, qui vaut deux fois (la chose désignée), ou qui est formé de deux choses identiques. *Double nœud. Consonne double* (ex. nn). *Rue à double sens. Fermer à double tour* (de clé). *En double exemplaire.* – loc. *Mettre les bouchées* doubles.* **2.** fig. Qui a deux aspects dont un est caché. *Phrase à double sens.* – loc. *Double jeu*. Mener une* ***double vie*** *:* mener, en marge de sa vie normale, habituelle, une existence que l'on tient cachée. ■ *« Je suis double ; quelquefois une partie de moi rit quand l'autre pleure »* (Renan). **3.** Pour deux personnes (opposé à *individuel*). *Chambre double.* **II. n. m. 1.** Quantité qui équivaut à deux fois une autre. *Dix est le double de cinq. La vie a augmenté du double.* **2.** Chose semblable à une autre. *Faire faire un double de ses clés. L'original et le double d'une facture.* → **copie, duplicata, reproduction.** – ***En double*** **loc. adv.** : en deux exemplaires. *J'ai ce timbre en double.* ■ (personnes) Personne qui ressemble beaucoup à qqn, le reflète. → **alter ego. 3.** Partie de tennis entre deux équipes de deux joueurs. *Un double dames.*

doubleau n. m. **1.** techn. Solive d'un plancher qui soutient les chevêtres. **2.** archit. Arc en saillie qui double l'intérieur d'une voûte. → **arcdoubleau.** *Les doubleaux et les formerets.*

double-clic n. m. anglic. Succession très rapprochée de deux clics (sur la souris d'un ordinateur). *Des doubles-clics.* □ **double-cliquer v. intr.** < 1 >

double-crème n. m. Fromage blanc additionné de crème après l'égouttage. *Des doubles-crèmes.*

¹doublement adv. De deux manières ; pour une double raison. *Elle est doublement fautive.*

²doublement n. m. Action de rendre double.

doubler v. < 1 > (vient du bas latin *duplare,* de *duplus* → double) **I. v. tr. 1.** Rendre double. *Il faut doubler la dose.* – *Doubler le pas :* marcher deux fois plus vite, accélérer le pas. – fig. *« Le sang-froid qui double les moyens et les forces »* (Mme de Staël). **2.** Mettre (qqch.) en double. *Doubler les fils de tissage.* **3.** Garnir intérieurement de qqch. qui recouvre, augmente l'épaisseur. *Doubler un manteau avec de la fourrure.* **4.** Dépasser en contournant. *Voiture qui double un camion.* – absolt *Défense de doubler en côte.* **5.** Remplacer (un comédien qui ne peut jouer). → **doublure** (2). *Il se fait doubler par un cascadeur.* **6.** Faire le doublage (3) de (un film, un acteur). **II. v. intr.** Devenir double. *Le chiffre des importations a doublé.* – *Doubler de poids.* ■ **se doubler v. pron.** *Se doubler de :* s'accompagner de. *C'est un menteur qui se double d'un lâche.* ■ **doublé, ée I. adj. 1.** Rendu ou devenu double. **2.** Garni d'une doublure. *Jupe doublée.* **3.** ***Doublé de :*** qui est aussi. *Un ivrogne doublé d'un moralisateur.* **4.** Qui a subi le doublage (3). *Film doublé.* – *Acteur mal doublé.* **II. n. m.** Deux réussites successives (sport, jeu). *Un beau doublé.*

doublet n. m. Chacun des deux mots de même origine, ayant le même étymon latin, et de forme et de signification différentes. *« Frêle » et « fragile » sont des doublets* (étymon latin commun : *fragilis*).

doublette n. f. Équipe de deux joueurs, aux boules ou à la pétanque.

Douchanbé

Douchanbé. Au loin la chaîne de l'Altaï.

doubleur n. m. photogr. Bague qui permet de doubler la distance focale d'un objectif.

doubleur, euse n. 1. (Belgique) Élève qui redouble une classe. 2. Professionnel(le) du doublage (3).

1doublon n. m. (de l'espagnol *doble* « double ») Ancienne monnaie d'or espagnole. → pistole.

2doublon n. m. Faute typographique, répétition d'un élément de manuscrit (mot, phrase...). – Chose en double exemplaire, qui doublonne.

doublonner v. intr. < 1 > souvent péj. Faire double emploi.

doublure n. f. 1. Étoffe, matière qui sert à garnir la surface intérieure de qqch. *Jupe à doublure de soie.* 2. Personne qui remplace, en cas de besoin, l'acteur, l'actrice qui devait jouer.

Doubna Ville de Russie, au N.-E. de Moscou, sur la Volga. 67 100 habitants. Centre de recherche international en physique nucléaire.

Doubs n. m. Rivière de la France et de la Suisse (430 km). Né dans le Jura français, le Doubs alimente les lacs de Saint-Point et de Chaillexon (d'où il sort par le *saut du Doubs*), passe par la Suisse, arrose Besançon et Dôle et rejoint la Saône à Verdun-sur-le-Doubs.

Doubs n. m. [25] Département français de la Région Bourgogne-Franche-Comté (→ carte). 5 228 km^2. 545 209 habitants. Chef-lieu : Besançon. Chefs-lieux d'arrondissement : Montbéliard, Pontarlier. Alors que la montagne jurassienne, au S.-E., est le domaine de l'élevage laitier et de la forêt, la vallée du Doubs, au N., concentre la population et les activités industrielles (mécanique, automobile à Besançon et Sochaux-Montbéliard).

douçain voir doucin

douçâtre voir douceâtre

en **douce** loc. adv. voir doux

douce-amère n. f. Plante à fleurs violettes et à baies rouges. → morelle. *Des douces-amères.*

douceâtre ou **douçâtre** adj. Qui est d'une douceur fade. *Un goût douceâtre.* – *D'un air douceâtre.* → doucereux.

doucement adv. 1. Sans grande énergie, sans hâte, sans violence. *Frapper doucement à la porte.* → légèrement. *Rouler doucement.* → lentement. *Parler doucement* (opposé à *fort*). *La température baisse doucement.* → graduellement. 2. Avec douceur (4). *Reprendre qqn doucement,* avec bonté, sans sévérité. 3. Médiocrement ; assez mal. → couci-couça. *« Comment va le malade ? — Tout doucement. »* 4. Interjection pour calmer, modérer. *Doucement, ne nous emballons pas !* – loc. fam. *Doucement les basses !* (métaphore de l'orchestre) : n'exagérez pas.

doucereux, euse adj. 1. D'une douceur fade. 2. fig. D'une douceur affectée. *Ton doucereux.* → mielleux, sucré. ▫ adv. **doucereusement**

Doucet (Jacques) Couturier, collectionneur et mécène français (1853-1929). Il fit don à plusieurs institutions françaises d'œuvres d'art des XVIIIe et XXe s. et de sa bibliothèque.

doucette n. f. régional Mâche, plante dont les feuilles se mangent en salade ; ces feuilles.

doucettement adv. (du diminutif *doucet*) fam. Très doucement.

douceur n. f. (bas latin *dulcor* « saveur douce » → édulcorer, de *dulcis* → doux) 1. Qualité de ce qui procure aux sens un plaisir délicat. *La douceur d'un parfum, d'un coloris, d'une peau. La douceur du climat.* 2. Qualité d'un mouvement progressif et aisé, de ce qui fonctionne sans heurt ni bruit. – *En douceur* loc. adv. *Démarrage en douceur.* 3. Impression douce, plaisir modéré et calme. *La douceur de* (+ inf.) : l'agrément qu'il y a à... *La douceur de vivre.* → bien-être, bonheur. – « [...] *la douceur angevine* » (du Bellay). 4. Qualité morale qui porte à ne pas heurter autrui de front, à être patient, conciliant, affectueux. → bienveillance, bonté, gentillesse, indulgence. *Douceur de caractère.* – *Employer la douceur. Prendre qqn par la douceur,* l'amener à faire ce que l'on veut sans le brusquer. 5. Chose douce ; petit plaisir, petit agrément. – Friandise, sucrerie. *S'offrir une petite douceur. Je vous ai apporté quelques douceurs.*

Douchan voir Étienne IX Douchan

Douchanbé Capitale du Tadjikistan. 846 400 habitants. Université. Industrie (agroalimentaire, textile, mécanique).

douche n. f. (italien *doccia,* famille du latin *ductio* « conduite [d'eau] », de *ducere* → conduire) 1. Projection d'eau en jet ou en pluie qui arrose le corps et produit une action hygiénique. *Prendre une douche. Passer, être sous la douche.* ■ *Douche écossaise,* alternativement chaude et froide ; fig. paroles, évènements très désagréables qui en suivent immédiatement d'autres très agréables. – *Douche (à l')italienne,* à fleur de sol. 2. Installation pour prendre une douche. *Les douches d'un gymnase.* 3. Averse que l'on essuie ; liquide qui asperge. *L'orage l'a surprise, elle a reçu une bonne douche.* 4. fig. Ce qui détruit un espoir, une illusion (→ déception, désappointement), rabat les prétentions, ramène au sens des réalités. *Cet échec inattendu, quelle douche !*

doucher v. tr. < 1 > 1. Arroser au moyen d'une douche. *Doucher un enfant.* – pronom. *Se doucher à l'eau froide.* 2. Mouiller abondamment (pluie). *Se faire doucher :* recevoir une averse. 3. fig. et fam., vieilli Réprimander. ■ Rabattre l'exaltation de (qqn). *Cet accueil l'a douché.*

douchette n. f. 1. Petite pomme de douche (pour un évier...). 2. par analogie de forme Appareil servant à la lecture des codes-barres.

doucheur, euse n. Personne qui administre des douches. *Les doucheurs d'un centre de thalassothérapie.*

Douchy-les-Mines Commune du Nord, au S.-O. de Valenciennes. 10 144 habitants. Ancienne houillère.

doucin n. m. (de *doux*) arbor. Variété de pommier utilisé comme porte-greffe. - var. douçain.

doucine n. f. (de *doux*) archit. Moulure à deux courbures de mouvement contraire, l'un convexe, l'autre concave.

doucir v. tr. < 2 > (de *doux*) techn. Polir (une glace brute, un métal). ▫ n. m. **doucissage**

D

Doudna (Jennifer) Biochimiste américaine (née en 1964). Prix Nobel de chimie 2020 avec Emmanuelle Charpentier pour la mise au point de « ciseaux moléculaires ».

1doudou n. f. (de *doux*) (aux Antilles) Jeune femme ; compagne.

2doudou n. m. (redoublement enfantin de *doux*) fam. Objet, généralement souple et doux (tissu, etc.), qu'un jeune enfant choisit pour « compagnon » (pour jouer, pour dormir...).

doudoune n. f. (probablt de *doux*) Vêtement (veste ou manteau) matelassé.

doudounes n. f. pl. (probablt redoublement enfantin de *doux*) fam. Seins. *Elle a de grosses doudounes.* – spécialt Gros seins.

doué, ée adj. (de *douer*) 1. *Doué de :* qui possède naturellement. *Elle est douée d'une bonne mémoire.* 2. Qui a un don, des dons. *Un enfant doué pour les mathématiques. Elle est très douée en dessin.* – absolt *Un enfant très doué.* → surdoué.

Doué-en-Anjou Commune du Maine-et-Loire, au S.-O. de Saumur. 11 224 habitants. Anciennes carrières transformées en arènes. Parc zoologique. Culture de la rose.

douer v. tr. < 1 > (vient du latin *dotare* → doter, de *dos, dotis* → dot) (le sujet désigne Dieu, la nature, etc.) Pourvoir (qqn) de qualités, d'avantages. → doter. *La nature l'a doué de beaucoup de sensibilité.*

Dougga Village de Tunisie, proche de Téboursouk. Vestiges de la cité numide *Thugga.* Ville romaine bien conservée. Vestiges préromains.

Douglas Famille d'Écosse qui joua un rôle important du XIIIe au XVe s., notamment dans la lutte contre les Anglais et la révolte seigneuriale contre Jacques II d'Écosse.

Douglas (Donald Wills) Ingénieur et industriel américain (1892-1981). Son entreprise de construction aéronautique, créée en 1920, produisit notamment les avions de marque DC.

Douglas (Issur Danielovitch Demsky, dit Kirk) Acteur et producteur américain (1916-2020). Venu du théâtre, il devint dans les années 1950 un monstre sacré d'Hollywood, incarnant des héros farouchement indépendants. *Les Ensorcelés ; Les Sentiers de la gloire ; Spartacus.*

Kirk Douglas dans *Spartacus* de Stanley Kubrick (1960).

Douglas Ville de Grande-Bretagne, chef-lieu de l'île de Man. 21 000 habitants.

Douglas-Home (sir Alexander Frederick) Homme d'État britannique (1903-1995). Député conservateur, il fut ministre des Affaires étrangères à deux reprises (1960-1963 et 1970-1974) et Premier ministre (1963-1964).

Douglass (Frederick Augustus Washington Bailey, dit) Journaliste et réformateur américain (1817-1895). Grand orateur, abolitionniste, il fut le premier Noir américain à devenir haut fonctionnaire.

douille n. f. (vient p.-ê. du francique, ou du latin *dolium* « cuve ») **1.** Pièce cylindrique creuse qui sert à adapter un instrument à un manche. **2.** Pièce métallique dans laquelle on fixe le culot d'une ampoule électrique. *Douille à vis, à baïonnette.* **3.** Cylindre qui contient l'amorce et la charge de la cartouche. *Douilles en carton des fusils de chasse.*

douiller v. intr. < 1 > (de l'argot *douille* « monnaie ») fam. Payer. *C'est encore moi qui vais douiller !* → **casquer, raquer.** – *Ça douille* : ça coûte cher. ■ par ext. Subir un désagrément ; souffrir. → **morfler.** *Elle a douillé pendant l'opération.*

douillet, ette adj. (vient du latin *ductilis* « malléable » → ductile) **1.** Qui est délicatement moelleux. → **confortable, doux.** *Lit douillet.* ■ Confortable et protecteur. – loc. *Un petit nid douillet.* **2.** (personnes) Exagérément sensible aux petites douleurs physiques. □ **douilletterie** n. f. *Il est d'une douilletterie incroyable.*

Douillet (David) Judoka français (né en 1969). Triple champion du monde, double champion olympique, il est l'un des judokas les plus titrés de l'histoire du judo après Teddy Riner. Il a été ministre des Sports (2011-2012).

David Douillet aux Jeux olympiques de Sydney (2000).

douillette n. f. Manteau, vêtement ouaté.

douillettement adv. D'une manière douillette (1). *Élever un enfant trop douillettement.*

Doukas Famille byzantine qui fournit trois empereurs : Constantin X, Michel VII et Alexis V.

doula n. f. (du grec *doulê* « femme esclave ») Personne qui, en complément du suivi médical, accompagne une femme, des futurs parents durant la grossesse, l'accouchement et la période postnatale. – par ext. *Doula de fin de vie.*

douleur n. f. (d'abord *dolur, doulour* ; vient du latin *dolor*, de *dolere* « souffrir » → doléances, dolent) **1.** Sensation physique pénible. → **-algie.** *Avoir une douleur à la tête.* → **[1]mal ; souffrir.** *Cri de douleur. Se tordre de douleur. Douleur aiguë, sourde.* ■ au plur. *Les douleurs de l'accouchement.* → **[1]travail. 2.** Sentiment ou émotion pénible résultant d'un manque, d'une peine, d'un évènement malheureux. → **affliction, peine, souffrance.** *« Sois sage, ô ma Douleur, et tiens-toi plus tranquille »* (Baudelaire). *Partager la douleur de qqn.* → **compatir.** – prov. *Les grandes douleurs sont muettes*, on ne peut les exprimer.

Doullens Commune de la Somme, sur l'Authie. 5 870 habitants. Église du XIIIe s., citadelle des XVIe-XVIIe s. Une conférence franco-britannique y fut réunie le 26 mars 1918 et nomma Foch général en chef des armées alliées.

douloureux, euse adj. (vient du bas latin *dolorosus* → indolore) **1.** Qui cause une douleur, s'accompagne de douleur physique. *Sensation douloureuse. Maladie douloureuse* (s'oppose à *indolore*). **2.** Qui est le siège d'une douleur physique. *Avoir les pieds douloureux.* → **endolori. 3.** Qui cause une douleur morale. *Perte douloureuse. Un moment douloureux.* → **pénible, triste. 4.** Qui exprime la douleur. *Cri douloureux.* **5.** n. f. fam. *La douloureuse* : la note à payer, l'addition. □ adv. **douloureusement**

doum n. m. (mot arabe) Palmier d'Égypte et d'Arabie qui reste nain en France méditerranéenne.

douma n. f. (mot russe) hist. Assemblée législative, dans la Russie tsariste. ■ mod. Chambre basse du Parlement russe.

Doumer (Paul) Homme d'État français (1857-1932). Gouverneur général de l'Indochine (1897-1902), ministre des Finances (1895-1896 ; 1921-1922), il fut élu président de la République en 1931 mais fut assassiné l'année suivante.

Doumergue (Gaston) Homme d'État français (1863-1937). Député radical, plusieurs fois ministre, il fut président du Conseil (1913-1914) et président de la République (1924-1931) après la victoire du Cartel des gauches. Rappelé après le 6 février 1934, il forma un gouvernement d'Union nationale mais dut se retirer en novembre.

Dour Commune de Belgique (Hainaut). 16 512 habitants.

Doura-Europos Ancienne colonie grecque, sur l'Euphrate (Syrie). Fondée par Séleucos Ier au IIIe s. av. J.-C., elle fut détruite par les Perses v. 260. Importants vestiges (synagogue et fresques).

Dourbie n. f. Rivière du Massif central (80 km), affluent du Tarn.

Dourdan Commune de l'Essonne, sur l'Orge. 10 733 habitants. Château et halles du XIIIe s.

dourine n. f. (p.-ê. de l'arabe *darin* « croûteux ») vétér. Maladie parasitaire contagieuse des équidés.

Douro n. m. en espagnol **Duero** Fleuve de la péninsule Ibérique. 850 km. Né dans la sierra d'Urbión, il arrose la Castille et le N. du Portugal, puis se jette dans l'Atlantique à Porto. Aménagements hydroélectriques.

doute n. m. (de *douter*) **1.** État de l'esprit qui est incertain de la réalité d'un fait, de la vérité de paroles, de la conduite à adopter dans une circonstance. → **hésitation, incertitude, perplexité.** *Laisser qqn dans le doute.* prov. *Dans le doute, abstiens-toi.* – ***Hors de doute*** : certain, incontestable. – ***Mettre qqch. en doute*** : contester la valeur de. *Je ne mets pas en doute votre sincérité.* ■ Position philosophique qui consiste à ne rien affirmer d'aucune chose. → **scepticisme.** *Doute métaphysique.* **2.** (Un, des doutes) Jugement par lequel on doute de qqch. *J'ai un doute, des doutes à ce sujet. Il n'y a pas de doute, pas l'ombre d'un doute* : la chose est certaine. *Cela ne fait aucun doute.* **3.** Inquiétude, soupçon, manque de confiance en qqn. *« La jalousie se nourrit dans les doutes »* (La Rochefoucauld). **4.** ***Sans doute*** loc. adv. : selon toutes les apparences, mais sans certitude. → **apparemment, peut-être, probablement.** *Elle a sans doute oublié. Sans doute arrivera-t-elle demain.* – (concession) *C'est sans doute vrai, mais...* ■ ***Sans nul doute, sans aucun doute*** : certainement, assurément.

douter v. tr. ind. < 1 > (vient du latin *dubitare* → dubitatif, indubitable) **1.** ***Douter de*** : être dans l'incertitude de (la réalité d'un fait, la vérité d'une assertion). *Je doute de son succès. « Nous croyons à la vie immortelle, et nous en doutons »* (Proust). *N'en doutez pas* : soyez-en certain. – trans. dir. ***Douter que*** (+ subj.). *Je doute fort qu'il vous reçoive.* **2.** ***Douter de*** : mettre en doute (des croyances reçues). *Les sceptiques doutent de tout.* – absolt *« Douter, c'est examiner, c'est démontrer et remonter les idées »* (Alain). **3.** ***Ne douter de rien*** : aller de l'avant sans s'inquiéter des difficultés. **4.** ***Douter de*** : ne pas avoir confiance en. → se **défier,** se **méfier.** *Douter de qqn, de sa parole. Douter de soi.* ■ se **douter** v. pron. ***Se douter de*** : considérer comme tout à fait probable (ce dont on n'a pas connaissance). → **croire, deviner, imaginer, pressentir, soupçonner.** *Je ne me doutais de rien. Je ne m'en serais jamais douté. Je m'en doutais* : je l'avais prévu. – ***Se douter que*** (+ indic. ou cond.). → **supposer.** *Se doute-t-il qu'il vous fait souffrir ? Elle se doutait bien que je n'irais pas.*

douteur, euse adj. et n. littér. Qui doute. *Un esprit douteur.* – n. → **sceptique.**

douteusement adv. D'une manière douteuse, suspecte.

douteux, euse adj. (de *doute*) **1.** Dont l'existence ou la réalisation n'est pas certaine. → **incertain.** *Son succès est douteux.* ■ impers. ***Il est douteux que*** (+ subj.). – (négatif ; + indic. ou subj.) *Il n'est pas douteux qu'il va venir, qu'il vienne.* **2.** Dont la nature, la valeur n'est pas certaine ; sur quoi l'on s'interroge. *Étymologie douteuse.* → **incertain, obscur.** – *Efficacité douteuse.* **3.** Dont la qualité est mise en cause. *Un jour douteux* : une clarté faible. *« L'heure douteuse et pâle qui précède le point du jour »* (Aloysius Bertrand). *Viande douteuse, champignon douteux.* ■ *D'une propreté douteuse* : plutôt sale. – *Vêtement douteux*, guère propre. ■ *D'un goût douteux*, plutôt mauvais. *Plaisanterie douteuse*, de mauvais goût. **4.** (personnes, qualités) Suspect. *Individu douteux.* → **[1]louche.**

douvain n. m. (→ [1]douve) techn. Bois (de chêne...) pour faire des douves (II).

[1]douve n. f. (vient du bas latin *doga*, emprunt au grec) **I.** Fossé, originellement rempli d'eau, autour d'un château. *« Douve profonde et noire / Eau basse irréductible »* (Y. Bonnefoy). *Les douves d'un château.* **II.** Planche servant à la fabrication des tonneaux.

Les douves du château de Médavy, dans l'Orne.

[2]douve n. f. (vient du bas latin *dolva*, probablt d'origine gauloise) Ver parasite du foie.

douvelle n. f. techn. Petite douve de tonneau.

Douvres en anglais **Dover** Ville d'Angleterre (Kent), sur le pas de Calais, dominée par de hautes falaises. 104 000 habitants. Grand port de voyageurs, en relation avec Calais.

Douvres-la-Délivrande Commune du Calvados. 5 076 habitants. Pèlerinage.

Douvrin Commune du Pas-de-Calais, arrondissement de Béthune. 5 733 habitants.

doux, douce adj. (vient du latin *dulcis* → dulcinée ; adoucir) **I. 1.** Qui a un goût faible ou sucré (opposé à *acide, amer, fort, piquant, salé, etc.*). *Amandes douces. Vin doux*, sucré (opposé à *sec, brut*). ■ Non salé. *Eau douce.* **2.** Agréable au toucher par son caractère lisse, souple (opposé à *dur, rugueux*). *Peau douce.* – *Lit, matelas très doux.* → **moelleux. 3.** Qui épargne les sensations violentes, désagréables. *Climat doux.* → **tempéré.** *L'hiver a été doux.* → **clément.** – adv. *Il fait doux.* – *Voix douce.* → **caressant.** *Lumière douce.* → **tamisé. 4.** fig. Qui procure une jouissance calme et délicate. → **agréable.** *Avoir la vie douce.* → **facile.** *« C'est doux, la nuit, de regarder le ciel »* (Saint-Exupéry). **5.** Qui n'a rien d'extrême, d'excessif. → **faible, modéré.** *Pente douce. Cuire à feu doux.* – *Châtiment trop doux.* ■ Qui agit sans effets secondaires néfastes, en utilisant les ressources de la nature. *Énergies douces*, peu polluantes. *Mobilité, circulation douce* : mode de déplacement actif (marche, vélo, roller...). *Médecines douces.* → **alternatif, parallèle. 6.** (personnes) Qui ne heurte, ne blesse personne, n'impose rien, ne se met pas en colère. → **bienveillant, [2]gentil, indulgent, patient.** *Être doux comme un agneau.* → **inoffensif.** – littér. *Doux à... « Ceux-là seuls sont doux à autrui qui sont doux à eux-mêmes »* (A. France). – **n.** *C'est un doux.* ■ Qui exprime des sentiments tendres, amoureux. *Doux regard.* – loc. *Faire les yeux doux* : regarder amoureusement. **II. adv. 1.** loc. *Filer doux* : obéir humblement sans opposer de résistance. **2.** fam. *En douce* **loc. adv.** : sans bruit, avec discrétion. *Partir en douce. Prendre qqch. en douce.* → **furtivement.**

doux-amer, douce-amère adj. littér. Qui est à la fois plaisant et amer. *Réflexions douces-amères.*

douzain n. m. 1. anciennt Monnaie française qui valait douze deniers ou un sou. **2.** Poème de douze vers.

douzaine n. f. 1. Réunion de douze choses de même nature. *Une douzaine d'œufs, d'huîtres. Treize à la douzaine.* **2.** Nombre d'environ douze. *Un garçon d'une douzaine d'années.*

douze adj. numéral invar. (vient du latin *duodecim*, de *duo* « deux* » et *decem* « dix* » → duodécimal ; *cf.* grec *dôdeka* → dodéca-) 1. (cardinal) Nombre équivalant à dix plus deux (12). → **dodéca-.** *Les douze mois de l'année. Soixante-douze* (72). *Douze cents* ou *mille deux cents* (1 200). **2. (ordinal)** Douzième. *Page douze. Pie XII.* – *12 heures* : midi. **3. n. m. invar.** Le nombre douze. *Trois fois quatre douze.* – *Le douze* (numéro). *Habiter au douze. Nous sommes le douze.*

Douze n. f. Rivière du S.-O. de la France qui s'unit au Midou pour former la Midouze, affluent de l'Adour. 123 km.

Douze Tables (loi des) Premier recueil de lois écrites, rédigé à Rome, selon la tradition, par les décemvirs (v. –450) sur douze tables de bronze affichées au forum.

douzième adj. 1. (ordinal) Qui suit le onzième. *Le douzième étage.* ■ **n.** *Arriver le, la douzième.* **2.** Se dit d'une fraction d'un tout divisé également en douze. – **n. m.** *Un douzième des candidats a été reçu.*

douzièmement adv. En douzième lieu.

Dove (Arthur G.) Peintre et dessinateur américain (1880-1946). Influencé par l'impressionnisme et Cézanne, il fut ensuite l'un des pionniers de l'art non figuratif, parfois considéré comme un précurseur de l'expressionnisme abstrait *(Abstraction II).*

Dover Ville des États-Unis, capitale du Delaware. 39 400 habitants.

Dovjenko (Aleksandr Petrovitch) Cinéaste soviétique (1894-1956). Il a réalisé des films lyriques à la gloire de la nature *(La Terre)* et des fresques épiques qui célèbrent le triomphe du socialisme *(L'Arsenal)* et son Ukraine natale *(Zvenigora).*

Dowding (sir Hugh) Maréchal de l'air britannique (1882-1970). Grand stratège, il commanda la chasse britannique pendant la bataille d'Angleterre (1940).

Dow Jones Indice de la Bourse de New York établi à partir des trente plus grandes valeurs industrielles.

Dowland (John) Compositeur et luthiste anglais (1563-1626). Ses chansons au luth *(Airs)* et ses pavanes pour cinq violes et luth *(Lachrimae)*, au lyrisme retenu, en font un des meilleurs représentants de la musique élisabéthaine.

Down Comté d'Irlande du Nord. 2 465 km^2. 285 000 habitants.

Downing Street Rue de Londres où se trouvent la résidence du Premier ministre et le ministère britannique des Affaires étrangères (Foreign Office).

Downs n. f. pl. Alignements calcaires entourant la dépression humide du Weald au S.-E. de Londres.

doxa [dɔksa] **n. f. (mot grec « opinion »)** didact. Ensemble des opinions reçues sans discussion, comme évidentes, dans une civilisation donnée.

dox(o)-, -doxe, -doxie Éléments **(du grec *doxa* « opinion »)** qui signifient « opinion, doctrine » (ex. *paradoxe, orthodoxe*).

doxologie [dɔksɔlɔʒi] **n. f. (du grec ecclés.) 1.** relig. cathol. Prière à la gloire de la Trinité. **2. (→ doxo-)** didact. Parole, discours qui correspond à l'opinion dominante **(→ doxa).**

doyen, enne n. (vient du bas latin *decanus* « chef de dix hommes » → décan) 1. Titre de dignité ecclésiastique ou universitaire. **2.** Personne qui est le plus ancien des membres d'un corps, par ordre de réception. *Le doyen de l'Académie française.* **3.** Personne la plus âgée **(on dit aussi *doyen d'âge*).** *La doyenne du village.*

doyenné n. m. Circonscription ecclésiastique ayant à sa tête un doyen.

Doyle (sir Arthur Conan) Écrivain britannique (1859-1930). Médecin d'origine écossaise, il doit sa célébrité à ses romans policiers qui mettent en scène son héros récurrent, Sherlock Holmes *(Les Aventures de Sherlock Holmes ; Le Chien des Baskerville).*

Dr Abréviation graphique de *docteur.*

Draa ou **Dra (oued) n. m.** Fleuve saharien du Maroc (1 000 km), jalonné d'oasis, qui forme la frontière avec l'Algérie et se jette dans l'Atlantique.

Drac n. m. Torrent alpestre, affluent de l'Isère. 150 km. Centrales hydroélectriques.

dracéna n. m. (du latin bot., du grec *drakaina* « dragon femelle ») Arbuste ou arbre tropical à fleurs en grappes. – **spécialt → dragonnier.**

drache n. f. (du flamand *draschen* « pleuvoir à verse », du bas allemand) régional (Nord ; Belgique) Pluie battante, averse. □ **dracher v. impers. < 1 >**

Drachmann (Holger) Écrivain danois (1846-1908). Après des *Poèmes* inspirés par ses sympathies socialistes, il publia des romans et surtout des recueils de poésie lyrique marqués par un romantisme fougueux *(Chants au bord de la mer ; Livre des chants).*

drachme [dʀakm] **n. f. (du latin, grec *drakhmê*, unité de poids et monnaie) 1.** dans la Grèce antique Monnaie d'argent divisée en six oboles. *La parabole de la drachme perdue* (Évangile). **2.** Unité monétaire de la Grèce moderne (avant l'euro).

Dracon Législateur athénien (fin du –VIIe s.). Il donna à Athènes ses premières lois écrites, d'une rigueur restée proverbiale (lois *draconiennes*).

draconien, ienne adj. (de *Dracon*, législateur d'Athènes → aussi dragon) D'une excessive sévérité. → **rigoureux.** *Mesures draconiennes.* → anglic. **drastique.**

Dracula Personnage de vampire inspiré d'un prince roumain tyrannique. Il apparut pour la première fois en 1897 dans le roman anglais de Bram Stoker *(Dracula)*, qui s'appuie sur une tradition antérieure. Le comte Dracula, parfois sous le nom de Nosferatu, fut l'objet de multiples adaptations cinématographiques, de F. W. Murnau à F. F. Coppola.

D

dragage n. m. Action de draguer (I ou rare II).

[1]dragée n. f. (p.-ê. du grec *tragêma*, de *trôgein* « croquer ») 1. Confiserie, amande ou noisette recouverte de sucre durci. **2.** Préparation pharmaceutique formée d'un médicament recouvert de sucre. **3.** loc. *Tenir la dragée haute à qqn*, lui faire sentir son pouvoir, lui faire payer cher **(fig.)** ce qu'il demande.

[2]dragée n. f. (vient du latin pop. *dravocata*, de *dravoca* « ivraie », mot gaulois) agric. Fourrage mélangé (légumineuses et graminées).

dragéifier v. tr. < 7 > Présenter sous forme de dragée. – **au p. p.** *Comprimé dragéifié.*

drageoir n. m. Coupe, vase où l'on mettait des dragées, des sucreries, des épices. *Un drageoir Louis XV.*

drageon n. m. (p.-ê. du francique *draibjô* « pousse ») arbor. Pousse aérienne, née sur une racine, et qui produit des racines adventives. → **rejet, surgeon.**

drageonnage n. m. arbor. Reproduction des plantes par drageons.

drageonner v. intr. < 1 > arbor. **(plante)** Produire des drageons. *Les lilas, les pruniers drageonnent.* □ **n. m. drageonnement**

dragline [dʀaglin ; dʀaglajn] **n. f. (mot anglais, de *drag* « herse » et *line* « câble »)** anglic., techn. Engin de terrassement qui racle le terrain.

dragon n. m. (du latin, du grec *drakôn* [aussi n. propre → draconien]) I. 1. Animal fabuleux que l'on représente généralement avec des ailes, des griffes et une queue de serpent. *« Pour ravir un trésor, il a toujours fallu tuer le dragon qui le garde »* (Giraudoux). **2.** Gardien vigilant et intraitable. – plais. loc. *Un dragon de vertu* : une femme affectant une vertu farouche. ■ vieux Femme acariâtre et

dragon

On retrouve la figure du dragon dans de nombreuses mythologies : 1. Sculpture en bois dans un temple bouddhiste en Corée. 2. Le héros perse Rustam combattant un dragon, aquarelle (XVIIe s.). 3. *Saint Georges et le dragon* par Vitale Da Bologna (XIVe s.), Pinacoteca nazionale, Bologne.

brutale (aussi fém. *dragonne*). **3.** dans l'iconographie chrétienne Figure du démon. *Saint Michel terrassant le dragon.* **II.** (de l'étendard portant un dragon) **1.** hist. Soldat de cavalerie. *Expédition brutale des dragons contre les huguenots* (protestants), *sous Louis XIV* (appelée *dragonnade* **n. f.**). **2.** Soldat d'une unité blindée.

Dragon n. m. Constellation boréale.

D

dragonne n. f. (de *dragon* [II]) Cordon, galon qui garnit la poignée d'un sabre, d'une épée. – Courroie attachée à un objet, qu'on passe au bras ou au poignet. *Dragonne d'un bâton de ski.*

dragonnier n. m. (de *dragon* « étendard ») Arbre tropical qui exsude une gomme rouge (appelée *sang-dragon*).

drag-queen [dʀagkwin] ou **drag** n. f. (de l'anglais *to drag* « traîner » et *queen* « reine ») anglic. Travesti masculin très maquillé et vêtu de manière recherchée et exubérante, généralement dans le cadre d'un spectacle. *Des drag-queens. Des drags.*

dragster [dʀagstɛʀ] n. m. (mot anglais) anglic. Véhicule doté d'un moteur très puissant, destiné aux compétitions de vitesse sur très courte distance.

drague n. f. (anglais *drag*, de *to drag* « tirer ») **I. 1.** Filet de pêche en forme de poche et dont la partie inférieure racle le fond. *Pêcheur à la drague.* **2.** Engin mécanique destiné à curer les fonds des fleuves, canaux, estuaires. **3.** Dispositif pour enlever ou détruire les mines sous-marines. **II.** fam. Fait de draguer (II).

draguer v. tr. < 1 > **I. 1.** Curer, nettoyer le fond de (une rivière, un port) à la drague. *Draguer un bassin.* **2.** Enlever les mines sous-marines de (un lieu). **II.** fam. Chercher à lier connaissance avec (qqn) en vue d'une aventure ; faire la cour à (qqn). *Se faire draguer. Draguer une nana.*

dragueur, euse **I.** n. m. Bateau muni d'une drague. *Dragueur de mines.* **II.** n. fam. Personne qui drague (II).

Draguignan Chef-lieu d'arrondissement du Var. 39 434 habitants. Monuments anciens et musée.

draille n. f. (mot dialectal, qui vient du latin pop. *tragulare*, de *trahere* « tirer » → traire) régional Piste empruntée par les troupeaux transhumants.

drain n. m. (mot anglais, famille de *dry* « sec ») **1.** Tuyau servant à faire écouler l'eau des sols trop humides. **2.** méd. Tube destiné à favoriser l'écoulement des liquides (pus, etc.). *Placer un drain dans une plaie.*

draine n. f. (origine obscure, p.-ê. du gaulois) Grande grive.

drainer v. tr. < 1 > **1.** Débarrasser (un terrain) de l'excès d'eau par le drainage. → **assécher.** *Drainer un marais.* **2.** méd. *Drainer une plaie, un organe* : favoriser l'écoulement des liquides (pus, etc.) en plaçant un drain. **3.** fig. Faire affluer en attirant à soi. *Drainer des capitaux.* □ n. m. **drainage**

draineuse n. f. techn. Machine servant aux travaux de drainage.

Drais (Karl Friedrich), baron von Sauerbronn Ingénieur et sylviculteur allemand (1785-1851). Il inventa la *draisienne*, l'ancêtre de la bicyclette.

draisienne n. f. (de *Drais*) **1.** anciennt Véhicule à deux roues (ancêtre de la bicyclette) que l'on faisait avancer par l'action alternative des pieds sur le sol. **2.** Petit véhicule au fonctionnement identique, destiné aux jeunes enfants.

draisine n. f. (de *draisienne*) Wagonnet léger pour la surveillance de la voie ferrée, le transport du matériel.

Drake (sir Francis) Navigateur et corsaire anglais (v. 1540-1596). Il effectua la première circumnavigation anglaise du globe (1577-1580) et contribua à la défaite de l'Invicible Armada (1588).

Drake (Edwin Laurentine, dit le Colonel) Industriel américain (1819-1880). Il réalisa la première exploitation industrielle de pétrole en 1859, à Titusville (Pennsylvanie).

Drake (détroit de) Détroit séparant la Terre de Feu (Amérique du Sud) de la terre de Graham (continent Antarctique).

Drakensberg n. m. Grand escarpement d'Afrique du Sud et du Lesotho, culminant à 3 482 m au Thabana-Ntlenyana (Lesotho).

drakkar n. m. (du suédois, plur. de *drake* « dragon ») hist. Navire des Vikings, à voile carrée et à rames.

Drama Ville de Grèce (Macédoine orientale). 44 800 habitants.

dramatique adj. (bas latin *dramaticus*, du grec → drame) **1.** Destiné au théâtre (ouvrage littéraire) ; relatif aux ouvrages de théâtre. → **théâtral.** *Art dramatique* : ensemble des activités théâtrales. *« Le nom de poème dramatique vient d'un mot grec qui signifie "agir" »* (Molière). *Musique dramatique* (→ **opéra**). ■ Qui s'occupe de théâtre. *Auteur dramatique.* → **dramaturge.** *Critique dramatique.* **2.** *Comédie dramatique*, qui tient du drame (2). **3.** Susceptible d'émouvoir vivement le spectateur, au théâtre. → **émouvant, poignant. 4.** fig. (évènements réels) Très grave et dangereux ou pénible. → **terrible, tragique.** *La situation est dramatique. Ce n'est pas dramatique.* → **grave. 5.** n. f. Création pour la télévision ou la radio d'après une œuvre littéraire. *La dramatique de la soirée.*

dramatiquement adv. D'une manière dramatique (4), tragique. → **tragiquement.**

dramatiser v. tr. < 1 > Présenter (qqch.) sous un aspect dramatique, tragique ; accorder une gravité excessive à. → **exagérer.** *Ne dramatisons pas la situation.* □ **dramatisant, ante** adj. *Un ton dramatisant.* □ **dramatisation** n. f. *La dramatisation d'un incident.*

dramaturge n. (du grec, de *drâma* → drame et *ergon*) Auteur d'ouvrages destinés au théâtre.

dramaturgie n. f. (du grec → dramaturge) didact. Art de la composition théâtrale. □ adj. **dramaturgique**

drame n. m. (du latin, du grec *drâma* « action », de *drân* « agir, faire » → drastique) **1.** didact. Genre littéraire comprenant tous les ouvrages composés pour le théâtre. → **théâtre. 2.** Genre théâtral comportant des pièces dont l'action généralement tragique, pathétique, s'accompagne d'éléments réalistes, familiers, comiques ; pièce de théâtre appartenant à ce genre. *Le drame bourgeois* (au XVIIIe siècle), *le drame romantique* (défini par Hugo, en référence à Shakespeare). *Drame populaire.* → **mélodrame.** ■ Pièce d'un caractère grave, pathétique (opposé à *comédie*). **3.** fig. Évènement ou suite d'évènements tragiques, terribles. → **catastrophe, tragédie.** *Un drame affreux. Il ne faut pas en faire un drame* (→ **dramatiser**).

Drammen Ville de Norvège, au S.-O. d'Oslo. 67 000 habitants. Centre commercial et industriel. Port de commerce. Brasserie.

Drance n. f. Rivière de Suisse (Alpes du Valais), affluent du Rhône.

Drancy Commune de la Seine-Saint-Denis, au N. de Bobigny. 71 276 habitants. Un camp d'internement et de transit pour les Juifs y fut établi en 1941 sous l'occupation allemande.

Dranem (Armand Ménard, dit) Chanteur de café-concert français (1869-1935), célèbre pour son jeu cocasse et la niaiserie délibérée de son répertoire. *Les P'tits Pois ; Pétronille.*

Dranse n. f. Rivière de Haute-Savoie, tributaire du lac Léman.

drap n. m. (vient du bas latin *drappus*, p.-ê. d'origine gauloise) **1.** Tissu de laine dont les fibres sont feutrées par le foulage. *Du drap ; un drap fin, grossier.* ■ *Drap d'or*, tissé d'or. **2.** *Drap de lit* ou cour. *drap* : pièce de toile rectangulaire servant à isoler le corps du matelas *(drap de dessous)* ou des couvertures *(drap de dessus). Une paire de draps.* ■ loc. fig. ***Dans de beaux draps*** : dans une situation critique. ■ *Drap de bain* : grande serviette éponge.

drapé n. m. Ensemble des plis formés par l'étoffe d'un vêtement.

drapeau n. m. (de *drap*, d'abord « pièce de drap » et « lange ») **1.** Étoffe attachée à une hampe et portant les couleurs, les emblèmes d'une nation, d'un groupement, d'un chef, pour servir de signe de ralliement, de symbole. → **étendard, pavillon.** *Hisser un drapeau. Garnir un édifice de drapeaux.* → **pavoiser.** – *Drapeau rouge* : emblème révolutionnaire. *Drapeau blanc*, qui indique à l'ennemi qu'on veut parlementer ou se rendre. *Drapeau noir*, des pirates, des anarchistes. **2.** fig. Symbole de l'armée, de la patrie. – ***Être sous les drapeaux*** : appartenir à l'armée ; faire son service militaire. **3.** Drapeau servant de signal. *Drapeau rouge de chef de gare.*

Drapeau (Jean) Homme politique canadien [québécois] (1916-1999). Issu du Parti civique, il fut maire de Montréal de 1954 à 1957 et de 1960 à 1986. Il y fit construire le métro.

draper v. tr. < 1 > (de *drap*) **1.** Habiller (qqn) de vêtements amples, formant des plis harmonieux. *Couturier qui drape un mannequin.* – au p. p. *Indienne drapée dans un sari.* **2.** Disposer (une étoffe) en plis harmonieux. *Draper une tenture.* ■ **se draper** v. pron. Arranger ses vêtements de manière à former d'amples plis. – loc. *Se draper dans sa dignité* : affecter une attitude de dignité offensée, orgueilleuse. □ n. m. **drapement**

Draper (Henry) Médecin et astronome américain (1837-1882). Il photographia le premier le spectre lumineux d'une étoile et donna son nom au catalogue des spectres stellaires.

[1]draperie n. f. (de *drap*) **1.** vieux Tissu de laine. → **[1]lainage. 2.** Étoffe, vêtement ample formant de grands plis ; étoffe de tenture drapée. **3.** (peinture, sculpture) Représentation d'un drapé.

[2]draperie n. f. (de *drapier*) Industrie du drap.

drap-housse [dʀaus] n. m. Drap de dessous dont les coins emboîtent le matelas. *Des draps-housses.*

drapier, ière n. Personne qui fabrique, vend le drap (1).

drastique adj. (du grec, de *drastos*, p. p. de *dran* « agir » → drame) **1.** Qui exerce une action très énergique. *Purgatif drastique.* **2.** (anglais *drastic*) anglic. Énergique, contraignant. *Mesures drastiques.* → **draconien.** □ adv. (anglic.) **drastiquement**

[1]drave n. f. (du grec *drabê*) bot. Plante herbacée à fleurs blanches ou jaunes.

[2]drave n. f. (de *draver*) anglic. (Canada) Flottage du bois. *Faire la drave.* → **draver.**

Drave n. f. Rivière d'Europe centrale, affluent du Danube. 707 km. Issue des Alpes italiennes, elle traverse l'Autriche, la Slovénie et la Croatie (qu'elle sépare de la Hongrie).

Draveil Commune de l'Essonne située entre la Seine et la forêt de Sénart. 28 595 habitants.

draver v. tr. < 1 > (adaptation de l'anglais *to drive*) (Canada) Diriger le flottage (du bois). □ n. **draveur, euse**

dravidien, ienne adj. (anglais *dravidian*, du sanskrit *Dravida*, n. d'une région cf. tamoul) didact. Des populations du sud de l'Inde. – *Langues dravidiennes* : langues non indo-européennes (à la différence du sanskrit et de sa descendance) de ces populations (ex. le tamoul, le malayalam, le télougou).

Dravidiens n. m. pl. Groupe de peuples du S. de l'Inde comprenant plus de 100 millions de personnes parlant des langues dravidiennes (tamoul, telougou, malayalam et kannara). Ils ont essaimé dans le Sud-Est asiatique et au Sri Lanka (Tamouls).

drawback [dʀobak] **n. m.** (mot anglais « remise », de *to draw* « tirer » et *back* « en arrière ») anglic., comm. Remboursement des droits de douane payés à l'entrée de matières premières, lorsque les produits manufacturés qu'elles ont servi à fabriquer sont exportés.

drayer **v. tr.** < 8 > (du néerlandais *draien* « tordre ») techn. Égaliser une peau lors du corroyage.

drayoir **n. m.**, **drayoire** **n. f.** techn. Couteau à drayer.

Drayton (Michael) Poète anglais (1563-1631). Il chanta la fille de son protecteur *(Le Miroir d'Idée)*, puis se fit le champion du patriotisme *(Épîtres héroïques d'Angleterre)* et des traditions d'Angleterre *(Poly-Olbion)*.

Dr. Dre (Andre Romelle Young, dit) Auteur-compositeur de rap américain (né en 1965). Il a formé le NWA, un groupe de « gangsta rap », genre issu du hip-hop des gangs de la côte ouest des États-Unis *(Straight Outta Compton)*. Il a lancé Snoop Dogg, Eminem, 50 Cent.

dreadlocks [dʀɛdlɔks] **n. f. pl.** (mot anglais) anglic. Mèches de cheveux cordés autour de la tête, à la façon des rastas.

drêche **n. f.** (p.-ê. d'origine gauloise) techn. Résidu de l'orge après soutirage du moût, en brasserie.

Drees (Willem) Homme d'État néerlandais (1886-1988). Leader du Parti socialiste, résistant pendant l'Occupation, il fut Premier ministre de 1948 à 1958.

¹drège **n. f.** (mot d'origine inconnue) Grand filet pour pêcher au fond de la mer.

²drège **n. f.** (de l'allemand *Dresche*, de *dreschen* « battre au fléau ») agric. Peigne de métal servant à séparer la graine de lin des tiges.

Dreifuss (Ruth) Femme politique suisse (née en 1940). Membre du parti socialiste, conseillère fédérale de 1993 à 2002, elle fut en 1999 la première femme présidente de la Confédération.

Dreiser (Theodore) Romancier américain (1871-1945). Marqué par une enfance misérable, il inaugura le naturalisme en Amérique du Nord avec *Sister Carrie*, qui fit scandale, et, influencé par Zola, déclina ce réalisme social du monde des affaires (*Le Financier* et *Le Titan*) au portrait d'un criminel *(Une tragédie américaine)*.

drelin **interj.** vieilli Onomatopée évoquant le bruit d'une clochette, d'une sonnette. → **ding, dring.** *Drelin drelin !*

Drenthe **n. f.** Province du N.-E. des Pays-Bas. 2 654 km². 497 740 habitants. Chef-lieu : Assen.

drépanocytose **n. f.** (de *drépanocyte* « globule en forme de faucille ») méd. Maladie héréditaire du sang, provoquant l'arrêt de la circulation dans les capillaires, due à une anomalie de l'hémoglobine.

Dresde Ville d'Allemagne, capitale de la Saxe, sur l'Elbe. 556 300 habitants. La ville a été largement détruite par les bombardements anglo-américains de février 1945. Ses monuments baroques, restaurés (palais du Zwinger) ou reconstruits (Frauenkirche ; opéra Semper), et son musée de peinture en font une célèbre ville d'art. Centre industriel et économique important.

dressage **n. m.** **1.** Action de dresser, d'installer, de faire tenir droit. **2.** Action de dresser un animal. **3.** Manière de présenter les aliments dans un plat, une assiette. *Un dressage original.*

¹dresser **v. tr.** < 1 > (vient du latin pop. *directiare*, de *directus* « direct » → ¹droit) **1.** Tenir droit et verticalement. → **¹lever, redresser.** *Dresser la tête.* – loc. *Dresser l'oreille :* écouter attentivement, diriger son attention. **2.** Faire tenir droit. *Dresser un mât.* – Installer, ériger. *Dresser une statue. Dresser un lit, une tente.* → **monter. 3.** littér. Disposer comme il le faut. *Dresser la table, le couvert.* → **mettre.** *Dresser un plat,* le présenter. **4.** Faire, établir avec soin ou dans la forme prescrite. *Dresser un plan, un inventaire, une liste. Dresser un procès-verbal.* **5.** fig. *Dresser une personne contre une autre,* mettre en opposition. → **braquer, monter.** ■ **se dresser** **v. pron.** **1.** Se mettre droit. *Se dresser sur la pointe des pieds pour mieux voir.* ■ Être droit, vertical. – *Obstacles qui se dressent sur la route.* **2.** fig. *Se dresser contre qqn.* → **s'opposer** à.

Dreyfus (affaire)

1. Le 13 janvier 1895, *Le Petit Journal* consacre sa « une » à la dégradation du « traître » Dreyfus. 2. Vingt-quatre ans plus tard, Dreyfus, réhabilité, reçoit la Légion d'honneur.

▶ Le capitaine Alfred **Dreyfus** (1859-1935) fut au cœur d'une affaire qui déchaîna les passions et déchira la société française entre 1894 et 1906. Dans un contexte de montée du nationalisme et de l'antisémitisme, cet officier alsacien d'origine juive fut accusé de livrer des renseignements militaires à l'Allemagne ; il fut dégradé et condamné à la déportation à vie en Guyane (déc. 1894). Son frère et le journaliste Bernard Lazare luttèrent pour obtenir la révision du procès. Le nouveau chef des renseignements, le commandant Picquart, découvrit le vide du dossier d'accusation et identifia le véritable traître, le commandant Ferdinand Esterházy. Mais l'armée, ignorant ces nouveaux éléments, éloigna Picquart et acquitta Esterházy. La presse *(La Croix)* se fit l'écho du scandale judiciaire et des propos haineux portés contre Dreyfus de la part de la droite nationaliste, antisémite et cléricale. Face aux antidreyfusards (Barrès, Déroulède) groupés dans la Ligue de la patrie française, s'éleva la voix des dreyfusards. Ces intellectuels antimilitaristes (Clemenceau, Zola, Jaurès), convaincus de l'erreur judiciaire, créèrent la Ligue des droits de l'homme. La lettre ouverte de Zola (« J'accuse »), publiée dans *L'Aurore* (janv. 1898), accéléra les évènements. Le colonel Henry avoua avoir fabriqué des faux inculpant Dreyfus et la révision du procès fut acceptée. À nouveau condamné (sept. 1899), Dreyfus fut gracié par le président Loubet. Il ne fut réhabilité et réintégré dans l'armée qu'en 1906. Cette crise qui secoua la IIIᵉ République accentua le clivage des forces politiques de droite et de gauche.
voir aussi **antisémitisme**

²dresser **v. tr.** < 1 > (de ¹*dresser* « faire aller droit ») **1.** Habituer (un animal) à faire docilement et régulièrement qqch. *Dresser un chien à rapporter le gibier. Dresser des fauves.* → **dompter.** – pronom. *« Les araignées s'apprivoisent, mais ne se dressent pas »* (Queneau). – au p. p. *Chien bien dressé.* **2.** fam. Faire céder, plier (qqn). → **¹mater.** *Je vais te dresser.*

dresseur, euse **n.** Personne qui dresse des animaux. *Dresseur de chiens.* → **maître-chien.**

dressing-room ou **dressing** **n. m.** (mot anglais, « pièce *[room]* pour s'habiller *[dressing]* ») anglic. Petite pièce installée pour ranger les vêtements. *Des dressing-rooms, des dressings.*

dressoir **n. m.** Étagère, buffet où l'on dresse, dispose de la vaisselle.

Dreux Chef-lieu d'arrondissement de l'Eure-et-Loir. 30 744 habitants. Chapelle royale Saint-Louis (XIXᵉ s.) ; beffroi (XVIᵉ s.).

drève **n. f.** (du moyen néerlandais *dreve*, de *driven* « conduire ») régional (Nord ; Belgique) Allée bordée d'arbres.

Drewermann (Eugen) Théologien et psychothérapeute allemand (né en 1940). Sa libre relecture de l'Écriture, fondée sur la psychanalyse, et sa critique radicale des Églises *(Fonctionnaires de Dieu)* lui ont valu d'être suspendu par l'Église catholique de ses fonctions de prêtre et d'enseignant en théologie.

Dreyer (Carl Theodor) Cinéaste danois (1889-1968). Ses films dépouillés traduisent par l'expressivité des visages une recherche rigoureuse du mystère des âmes. *La Passion de Jeanne d'Arc ; Ordet.*

Dreyfus (Alfred) Officier français (1859-1935). Issu d'une famille juive alsacienne, accusé, à tort, d'espionnage au profit de l'Allemagne, il fut condamné en 1894 à la dégradation militaire et déporté en Guyane. En 1896, le commandant Picquart, chef de service des renseignements, exigea la révision de son procès. L'*affaire Dreyfus* divisa alors les Français entre dreyfusards, antimilitaristes, et antidreyfusards, nationalistes ou antisémites. Malgré l'engagement de Zola en faveur de Dreyfus (« J'accuse », 1898) et la découverte de faux dans son dossier, Dreyfus fut de nouveau condamné en 1899. Ce n'est qu'en 1906 qu'il fut réhabilité.

dreyfusard, arde **adj. et n.** hist. Partisan de Dreyfus.

dreyfusisme **n. m.** polit. Position des partisans de Dreyfus.

dribble ou **drible** **n. m.** anglic. Action de dribbler.

dribbler ou **dribler** **v.** < 1 > (anglais *to dribble* « faire couler », famille de *to drip* « égoutter », d'origine scandinave) anglic. **1. v. intr.** Courir en poussant devant soi la balle à petits coups de pied (football) ou de la main (basket) sans en perdre le contrôle. **2. v. tr.** *Dribbler un joueur,* l'éviter en dribblant.

dribbleur, euse ou **dribleur, euse** **n.** anglic. Joueur, joueuse qui dribble bien.

D

Driesch (Hans) Biologiste et philosophe allemand (1867-1941). Il s'appuya sur ses expériences en embryologie pour promouvoir un renouveau du vitalisme *(Histoire du vitalisme)*.

Drieu la Rochelle (Pierre) Écrivain français (1893-1945). Influencé par Barrès et Maurras, ce poète et romancier *(Le Feu follet ; Gilles)* se rallia au fascisme, dirigea *La Nouvelle Revue française* sous l'Occupation et collabora avec les nazis. Il se suicida en 1945.

drift n. m. (mot anglais) anglic., géol. Dépôt laissé par le recul d'un glacier.

drifter [dʀiftœʀ] n. m. (mot anglais, de *to drift* « dériver ») anglic., mar. Bateau de pêche qui utilise des filets dérivants. - var. RO **drifteur.**

¹drill n. m. (abrév. de *mandrill*) Grand singe cynocéphale d'Afrique occidentale, aux callosités fessières rouge vif.

²drill n. m. (mot anglais « exercice, entraînement ») anglic. Méthode d'enseignement programmé fondée sur la répétition d'automatismes.

drille n. m. (p.-ê. de l'ancien français *drille* « guenille », d'origine allemande, ou de *driller* « courir çà et là », d'origine néerlandaise) *Un joyeux drille* : un joyeux compagnon, un homme jovial. → **luron.**

Drina n. f. Rivière qui marque la frontière entre la Bosnie-Herzégovine et la Serbie (346 km), et qui se jette dans la Save.

Drinfeld (Vladimir) Mathématicien ukrainien (né en 1954). Il découvrit de nouvelles fonctions arithmétiques et développa la théorie des groupes quantiques. Médaille Fields 1990.

dring [dʀiŋ] interj. Onomatopée évoquant le bruit d'une sonnette (surtout électrique). → **ding, drelin.**

dringuelle n. f. (de l'allemand *Tringeld*) (Belgique) Pourboire ; argent de poche.

drink n. m. (mot anglais « boisson ») anglic. vieilli Boisson alcoolisée. *Prendre un drink.* – *Long drink* [lɔ̃gdʀink] : alcool, cocktail allongé d'eau, de jus de fruit. *Des long drinks.*

drisse n. f. (italien *drizza*, de *drizzare* « dresser ») mar. Cordage servant à hisser (une voile, un pavillon...).

¹drive [dʀajv] n. m. (de l'anglais, de *to drive* « conduire ») anglic. Coup droit, au tennis. ■ Coup de longue distance donné au départ d'un trou, au golf.

²drive [dʀajv] n. m. (abrév. de *drive-in*) anglic. Service permettant de retirer une commande tout en restant à bord de son véhicule. ■ Point de retrait d'une telle commande. *Le drive d'un supermarché.*

drive-in [dʀajvin] n. m. invar. (mot anglais des États-Unis, de *to drive in* « conduire dedans ») anglic. Lieu public ou service aménagé de telle sorte que les usagers puissent en bénéficier sans sortir de leur voiture. → **²drive.** ■ spécialt Cinéma en plein air, où l'on peut voir un film dans sa voiture. → **cinéparc.**

driver [dʀajve ; dʀive] v. ‹1› anglic. **1.** v. intr. Au golf, Jouer le coup du départ avec un drive. **2.** v. tr. Conduire un cheval attelé à un sulky, dans une course de trot. **3.** [dʀive] fam. Diriger (qqn).

driveur, euse [dʀajvœʀ, øz] n. ou **driver** [dʀajvœʀ] n. m. (anglais *driver* « instrument pour conduire [le jeu, la partie] ») anglic. **1.** n. m. Au golf, Club de départ, avec lequel on exécute un drive. **2.** [dʀivœʀ] Jockey d'un sulky, en trot attelé. **3.** n. m. inform. Petit programme de gestion automatique entre un ordinateur et un périphérique.

Drobeta-Turnu Severin Ville du S. de la Roumanie, sur le Danube, à la frontière serbe. 77 200 habitants. Port fluvial. Commerce.

Drogheda Ville d'Irlande (comté de Louth), sur l'estuaire de la Boyne. 30 700 habitants. Cromwell s'empara de ce foyer nationaliste et massacra garnison et population en 1649.

drogman [dʀɔgmɑ̃] n. m. (du grec byzantin *dragoumanos* « interprète », par l'italien → **truchement**) vieux Interprète, dans les pays du Levant.

drogue n. f. (origine incertaine) **1.** Médicament confectionné par des non-spécialistes (→ **remède*** de bonne femme). ■ péj. Médicament dont on conteste l'efficacité. **2.** Substance toxique, stupéfiant. *Drogues dures* (entraînant une dépendance) *et drogues douces.* ■ Stupéfiant interdit par la loi. *Trafic, trafiquant de drogue* (→ anglic. **dealeur**). ■ Consommation de stupéfiants. *Les ravages de la drogue. Lutter contre la drogue.*

▶ La **drogue** (2) est une substance naturelle ou de synthèse dont les effets psychotropes suscitent des sensations apparentées au plaisir, incitant à un usage répétitif pour chercher à maintenir l'effet euphorique et à éviter les troubles psychiques ou physiques survenant à l'arrêt de sa consommation.

La recherche de plaisir euphorique se transforme en besoin impérieux, qui peut à un certain degré devenir une dépendance (une addiction) à la substance ; le drogué ou toxicomane concentre alors sur elle ses préoccupations, en négligeant les conséquences sanitaires, familiales et sociales de sa consommation. Selon la gravité de la dépendance — seulement psychique ou psychique et physique — on a parfois distingué des « drogues douces » et des « drogues dures ». Mais les addictologues considèrent qu'il n'y a pas de drogue douce. Ils distinguent les drogues licites (alcool, tabac) et les drogues illicites (dont le trafic génère des profits difficiles à chiffrer, mais certainement énormes : les narcodollars).

Selon l'Office des Nations unies contre la drogue et le crime, environ 5,6 % de la population mondiale (275 millions de personnes) avaient consommé des drogues illicites en 2016. L'abus d'opiacés (héroïne, morphine et opium) concerne 19 millions de personnes, celui de cocaïne 18 millions. Le cannabis est de loin la substance la plus consommée (plus de 192 millions de personnes) suivi des stimulants de type amphétamine. L'Organisation mondiale de la santé estime qu'environ 450 000 personnes sont mortes en 2015 à cause de l'abus de drogues illicites. Dans une optique de santé publique, ces chiffres, pour considérables qu'ils soient, sont limités, si on les compare au bilan des drogues licites. Le tabac, par exemple, consommé par 20 % de la population mondiale, entraîne 15 fois plus de décès que les drogues illicites. En revanche, ces dernières ont des conséquences sociales importantes en termes de délinquance et de criminalité dues en particulier à leur prix élevé et à la violence des syndromes de manque chez certains toxicomanes. (Compte tenu de l'évolution du langage, l'Académie nationale de médecine recommande de ne plus utiliser le mot « drogue » au sens de médicament ou de substance pharmacologiquement active).

voir aussi **tabagisme, dopage**

droguer v. tr. ‹1› **1.** Faire prendre à (un malade) beaucoup de drogues. **2.** Administrer un somnifère à. *Les voleurs avaient drogué le chien.* ■ **se droguer** v. pron. **1.** Prendre de nombreux médicaments. **2.** Prendre de la drogue, des stupéfiants. ■ **drogué, ée** adj. et n. (Personne) intoxiqué(e) par l'usage des stupéfiants (→ **toxicomane**). – n. *Des drogués.*

droguerie n. f. (de *drogue* [1] « pharmacopée ») Commerce des produits chimiques les plus courants, des produits d'hygiène, d'entretien ; magasin où on les vend.

droguet n. m. (de *drogue* « chose de mauvaise qualité ») Tissu orné d'un dessin produit par un fil de chaîne supplémentaire. *Droguet de soie.* → **lustrine.**

droguiste n. Personne qui tient une droguerie (syn. à Paris : **marchand de couleurs**).

¹droit, droite (vient du latin *directus* → **direct** ; famille de *regere* → **régir, roi**) I. adj. **1.** Qui est sans déviation, d'un bout à l'autre. *Tige droite. Se tenir droit.* loc. *Être droit comme un I, un piquet. Être droit dans ses bottes* : être inébranlable, n'avoir rien à se reprocher. ■ Dont la direction est constante. → **direct, rectiligne.** *Ligne droite,* dont la direction est constante et la longueur entre deux points la plus petite possible. *Il y a deux kilomètres* ***en ligne droite*** (→ à vol d'oiseau). – fig. *Ramener qqn dans le droit chemin,* dans la voie de l'honnêteté, de la vertu. **2.** Vertical. *Remettre droit ce qui est tombé.* → **debout ; ¹dresser, redresser.** *Écriture droite* (opposé à *penché*). ■ *Veston droit,* bord à bord (opposé à *croisé*). *Manteau droit,* non cintré. *Jupe droite,* sans ampleur. **3.** *Angle droit,* de 90°. *Les deux rues se coupent à angle droit.* → **perpendiculaire.** **4.** fig. Qui ne s'écarte pas d'une règle morale (→ **droiture**). *Un homme simple et droit.* → **²franc, honnête, juste, loyal.** ■ Qui dénote la franchise, la rigueur morale. *Un regard droit.* II. adv. Selon une ligne droite. *« Mère écrevisse un jour à sa fille disait* [...] *ne peux-tu marcher droit ? »* (La Fontaine). *C'est droit devant vous, tout droit. Aller droit devant soi.* ■ fig. La voie la plus courte, la plus rapide. → **directement.** ***Aller droit** au but. Cela me va droit au cœur.* – ***Marcher droit*** : bien se conduire, être obéissant.

²droit, droite (de ¹*droit* ; remplace l'ancien français *destre* → **dextre**) I. adj. Qui est du côté opposé à celui du cœur de l'observateur (opposé à *gauche*). *Le côté droit* (→ **²droite**). *La main droite.* → **dextre.** *La rive droite d'une rivière* (dans le sens du courant). II. n. m. Le poing droit du boxeur. *Direct, crochet du droit.*

³droit n. m. (vient du bas latin *directum,* de *directus* → ¹**droit**) I. *Un droit, des droits* **1.** Ce que chacun peut exiger, ce qui est permis, selon une règle morale, sociale. ■ ***Droits de l'homme,*** définis par la Constitution de 1789 et considérés comme droits naturels. – *Le droit des peuples à disposer d'eux-mêmes.* ■ ***Avoir le droit de*** (+ inf.). *« Tu n'as pas le droit de me juger »* (Sartre). *Avoir le droit de sortir le soir.* → **permission.** ■ ***Avoir droit à*** (+ n.). *Vous avez droit à des excuses, à un livre gratuit.* fam. *Avoir droit à* (qqch. de fâcheux) : devoir subir, ne pouvoir éviter. *Il a eu droit à des reproches.* ■ ***Être en droit de*** (+ inf.) : avoir le droit de. *Vous êtes en droit de protester.* – *De quel droit ?,* en vertu de quel pouvoir, de quelle autorisation ? *Être dans son (bon) droit.* **2.** Ce qui est exigible ou permis par conformité à une loi, un règlement. → **faculté, prérogative, privilège.** *Droits civiques, droits du citoyen, droits politiques* : électorat, éligibilité, etc. – *Droits civils, privés. Défendre ses droits devant la justice* (→ **procédure, procès**). – *Droit de grève. Droits d'auteur*.* **3.** Ce qui donne une autorité morale, une influence considérée comme légitime. → **prérogative, privilège.** *La nature ne perd jamais ses droits.* **4.** Somme d'argent, redevance exigée. → **contribution, impôt, taxe.** *Acquitter un droit. Droit d'inscription.* II. ***Le droit*** **1.** Ce qui constitue le fondement des droits de l'homme vivant en société. → **légalité, légitimité ; justice, morale ; juridique.** *Le droit et la force. « Si le droit n'est pas l'armurier des innocents, à quoi sert-il ? »* (Giraudoux). ■ loc. vieilli ***Faire droit à une demande,*** la satisfaire. – ***À bon droit*** loc. adv. : d'une façon juste et légitime ; à juste titre. *Il s'insurge à bon droit.* **2.** Pouvoir de faire ce que l'on veut. *Le droit du plus fort.* **3.** ***Droit divin*** : doctrine du XVIIe siècle d'après laquelle le roi est directement investi par Dieu. *Monarchie de droit divin.* **4.** Règles juridiques en vigueur dans un État correspondant à la coutume, à des lois (→ **code**), à des jurisprudences. *Le droit romain.* – ***Droit commun,*** règles générales, lorsqu'il n'y a aucune dérogation particulière. *Les prisonniers de droit commun* (opposé à *prisonnier politique*). ■ loc. adv. ***De droit*** : légal, prévu par les textes juridiques. *Un État de droit,* légitime. – ***De plein droit*** : sans qu'il soit nécessaire de manifester de volonté, d'accomplir de formalité. *Cette somme lui revient de plein droit.* – ***Qui de droit*** : personne ayant un droit sur..., personne compétente. *Adressez-vous à qui de droit.* ■ *Droit public et droit privé.* ***Droit***

civil, traitant des personnes (capacité, famille, mariage), des biens, de leur transmission non commerciale. ***Droit constitutionnel*** : partie du droit public relative à l'organisation de l'État (pouvoir ; souveraineté ; constitution, régime). – ***Droit pénal*** ou ***criminel,*** qui a trait aux infractions et aux peines, à la procédure criminelle. **5.** La science juridique. *Étudiant en droit.*

¹droite n. f. (de *[ligne] droite**) Ligne dont l'image est celle d'un fil parfaitement tendu ; géom. notion de base de la géométrie élémentaire. *Droites parallèles.*

²droite n. f. (de ***²droit***) (opposé à *gauche*) **I. 1.** Le côté droit, la partie droite. *C'est à* (ou *sur*) *votre droite.* **loc. adv.** *À droite* : du côté droit. *Tourner à droite. De droite et de gauche* : de tous côtés. **2.** Le côté droit d'une voie. *Tenir, garder sa droite.* **3.** Main droite. (boxe, escrime) *Soigner sa droite.* – (De Dieu) *« Seigneur, votre droite est terrible »* (Hugo). **II.** (de la place des députés conservateurs à la droite du président, en 1791) Représentants des partis conservateurs. *« Ce qui s'appelle aujourd'hui la droite : expression parlementaire, non d'une doctrine, mais de l'argent »* (Mauriac). – Fraction de l'opinion publique, conservatrice, réformiste ou réactionnaire. *La droite modérée et le centre*. Il est de droite. Journal d'extrême droite.* ■ ***À droite.*** *Voter à droite.* – **adj.** *Elle est très à droite.*

droitement adv. rare D'une manière droite, loyale.

droitier, ière adj. et n. (de ***²droit***) (Personne) qui se sert mieux de la main droite que de la main gauche.

droitisme n. m. Attitude des partisans de la droite politique. □ **n. et adj. droitiste**

droits (Déclaration des) en anglais **Bill of Rights** Texte constitutionnel anglais rédigé en 1689 par le Parlement. Après l'abdication de Jacques II, la Déclaration des droits limitait la prérogative royale en rappelant les libertés et les droits fondamentaux du royaume.

droits de l'enfant (Convention internationale des) Convention adoptée par l'Assemblée générale des Nations unies en 1989. Elle énonce les droits des enfants du monde entier de moins de 18 ans (non-discrimination, droit de vivre, de recevoir des soins et une éducation, droit au respect de ses opinions).

droits de l'homme (Déclaration universelle des) Déclaration adoptée le 10 décembre 1948 par l'Assemblée générale des Nations unies, affirmant les droits individuels fondamentaux. Elle fut complétée par le Pacte international relatif aux droits économiques, sociaux et culturels et le Pacte international relatif aux droits civils et politiques (1966).

droits de l'homme et des libertés fondamentales (Convention européenne de sauvegarde des) Convention adoptée par le Conseil de l'Europe en 1950 et entrée en vigueur en 1953. Elle vise à assurer par un contrôle judiciaire le respect des droits individuels fondamentaux.

droits de l'homme et du citoyen (Déclaration des) Déclaration votée par l'Assemblée nationale constituante le 26 août 1789 et placée en tête de la Constitution de 1791. Composée d'un préambule et de 17 articles, elle énonce les « droits naturels et imprescriptibles » de l'homme et de la nation, inspirés par la philosophie des Lumières : liberté, égalité devant la loi, propriété, souveraineté nationale, séparation des pouvoirs.

droiture n. f. Qualité d'une personne droite, loyale. → **franchise, honnêteté, loyauté, rectitude.**

drolatique adj. (de ***drôle***) littér. Qui a de la drôlerie, qui est récréatif et pittoresque. → **cocasse.** *Les « Contes drolatiques » de Balzac.*

droits de l'homme

La Déclaration des droits de l'homme et du citoyen, peinture sur bois (fin XIXᵉ s.), musée Carnavalet, Paris.

▶ Du monde antique, marqué par la différence entre esclaves et hommes libres, à l'Occident prémoderne, structuré par un système d'ordres et de castes, la réalité sociale a exclu longtemps toute universalité des **droits de l'homme**. L'idée des droits humains est d'origine religieuse : elle apparaît avec le christianisme, qui affirme la valeur absolue de chaque âme et l'égalité devant Dieu de chaque créature. Mais cette conception précède de plus de quinze siècles l'émergence d'une pensée juridique et politique des droits de l'homme.
Il faut attendre le XVIIᵉ siècle pour que des penseurs politiques abandonnent le modèle des castes. Vivant dans des États en pleine crise de légitimité, Grotius, Locke et Pufendorf sont confrontés à la relativité et à la fragilité du « droit positif », c'est-à-dire de l'édifice des lois écrites. Pour le reconstruire sur une base plus solide, ils imaginent un « droit naturel », préexistant à toute société : c'est à partir de ce droit qu'est noué entre les hommes le « contrat social » qui fonde la société politique. Ce droit naturel est nécessairement universel : les droits de l'homme sont nés.
L'idée gagne en vigueur avec la philosophie des Lumières et trouve sa première traduction juridique en 1789, avec la Déclaration des droits de l'homme et du citoyen. La fin de l'esclavage au siècle suivant marque une étape décisive, avant que la Déclaration universelle des Nations unies ne signe en 1948 la pleine reconnaissance juridique des droits de l'homme.
Depuis lors, le combat militant face aux exactions des régimes totalitaires va de pair avec une institutionnalisation qui se caractérise par la création de différentes cours de justice internationales : Cour européenne des droits de l'homme, Cour pénale internationale, même si certains États refusent de leur reconnaître une quelconque autorité.

voir aussi **esclavage, loi, ONU, Cour pénale internationale (CPI)**

¹drôle adj. (probablt du néerlandais *drol* « lutin », p.-ê. apparenté au scandinave *troll*) **I.** Comique. **1.** Qui prête à rire, fait rire. → **amusant, comique, plaisant ;** fam. **marrant, rigolo.** *Il est drôle avec ce petit chapeau. Une histoire drôle.* **2.** (personnes) Qui sait faire rire. → **amusant, gai.** *« Je ne vous invite pas à dîner chez eux : ils ne sont pas drôles »* (Sartre). **II.** Bizarre. **1.** Qui est anormal, étonnant. → **bizarre, curieux, étrange, singulier.** *La porte était ouverte, ça m'a semblé drôle.* – *C'est drôle qu'elle ait oublié.* – ***Se sentir tout drôle*** : ne pas se sentir comme d'habitude. **2.** ***Drôle de...*** *Une drôle d'odeur. Quelle drôle d'idée ! Avoir un drôle d'air. Faire une drôle de tête. Un drôle de type,* qui étonne, ou dont il convient de se méfier. **3.** fam. (intensif) *Il a une drôle de poigne.* → **rude, ¹sacré.** *Il faut une drôle de patience pour supporter cela,* il en faut beaucoup. **4.** ***En voir de drôles*** : voir des choses curieuses ou désagréables. *En faire voir de drôles à qqn,* lui créer des soucis.

²drôle, drôlesse n. **1.** vieux Coquin(e). **2.** régional (Sud-Ouest) Gamin, gamine.

drôlement adv. **1.** Bizarrement. *Il est drôlement accoutré.* **2.** fam. (intensif) → **rudement, sacrément.** *Les prix ont drôlement augmenté. Elle est drôlement bien.* → **très.**

drôlerie n. f. **1.** Parole, action drôle. → **bouffonnerie.** *Dire des drôleries.* **2.** Caractère de ce qui est drôle. *Son imitation est d'une drôlerie !*

drôlet, ette adj. littér. Assez drôle.

dromadaire n. m. (du bas latin, du grec *dromas* « coureur » → **-drome**) Mammifère voisin du chameau, à une seule bosse.

D

drome n. f. (probablt de l'allemand *Drom* « poutre » ou du néerlandais *drom* « foule [de personnes, de choses] ») mar. Ensemble des espars de rechange disposés sur le pont d'un navire.

-drome, -dromie Éléments (du grec *dromos* « course ») qui signifient « course » ou « piste » (ex. *hippodrome*).

Drôme n. f. Rivière du S.-E. de la France, affluent du Rhône. 110 km. Elle traverse Die.

Drôme n. f. [26] Département français de la Région Auvergne-Rhône-Alpes (→ carte). 6 576 km². 517 709 habitants. Chef-lieu : Valence. Chefs-lieux d'arrondissement : Die, Nyons. L'Isère, la Drôme, l'Aygues et l'Ouvèzes descendent des Préalpes, à l'E. (Vercors, Diois, Baronnies), pour rejoindre le Rhône, limite occidentale du département. Outre l'élevage, c'est dans la vallée du fleuve que se concentrent les activités (polyculture, industrie mécanique, production d'électricité hydraulique et nucléaire).

drone n. m. (mot anglais, proprt « faux bourdon ») Petit avion sans équipage embarqué, télécommandé ou programmé. *Drone de surveillance,* équipé d'une caméra.

Drone de la compagnie Dassault, au salon de l'Aéronautique du Bourget (2007).

droniste n. Personne qui dirige un drone.

dronte n. m. (mot d'un parler de l'océan Indien, par le néerlandais) Grand oiseau coureur de l'île Maurice, incapable de voler, exterminé par l'homme au XVIIIe siècle. → ²dodo.

¹droper v. intr. < 1 > (aphérèse de *adroper*, argot des soldats d'Afrique, de l'arabe) fam., vieilli Filer, courir très vite.

²droper v. tr. < 1 > (de l'anglais *to drop* « lâcher, abandonner ») **1.** milit. Larguer (des soldats, du matériel). □ **droppage 2.** fam. Abandonner, délaisser (qqn) ou (qqch.). **3.** Au golf, Laisser tomber (la balle déplacée derrière soi) par-dessus son épaule. - var. **dropper.**

drop-goal [dʀɔpgol] n. m. (mot anglais, de *to drop* « tomber » et *goal* « but ») anglic. Au rugby, coup de pied donné dans le ballon juste après le rebond. *Des drop-goals.* - abrév. **drop.** *Des drops.*

dropper voir **²droper**

droséra n. m. (du grec *droseros* « humide de rosée ») Plante carnivore des tourbières.

drosophile n. f. (du grec *drosos* « rosée ») Insecte diptère, à corps souvent rouge, dont une variété est utilisée dans les expériences de génétique (syn. cour. **mouche du vinaigre**).

drosse n. f. (de l'italien *drossa*) mar. Filin, câble ou chaîne servant à faire bouger la barre du gouvernail à partir de la roue ou du servomoteur.

drosser v. tr. < 1 > (néerlandais *drossen*, ou de *drosse*) mar. Entraîner vers la côte.

Droste-Hülshoff (Annette Elizabeth von) Poète allemande (1797-1848). Ses poèmes lyriques et religieux *(Poésies ; L'Année liturgique)* reflètent les contradictions d'une femme passionnée élevée dans une morale rigoureuse.

Drouais (François-Hubert) Peintre et dessinateur français (1727-1775). Il est connu pour ses portraits d'enfants. ■ **Jean-Germain Drouais** (1763-1788). Fils de François-Hubert. Élève de David, il se consacra à la peinture d'histoire.

Drouet (Jean-Baptiste) Homme politique français (1763-1824). Il fit arrêter Louis XVI en fuite à Varennes (21 juin 1791). Député de la Convention et membre du Conseil des Cinq-Cents, il participa à la conjuration de Babeuf (1796).

Drouet (Julienne Gauvain, dite Juliette) Actrice française (1806-1883). Elle lia sa vie à celle de Victor Hugo de 1833 à sa mort. Le poète l'évoque dans *Tristesse d'Olympio* et *Les Contemplations.*

Drouet d'Erlon (Jean-Baptiste, comte) Maréchal de France (1765-1844). Il participa aux campagnes de la Révolution et de l'Empire et à la bataille de Waterloo. Il fut gouverneur de l'Algérie (1834-1835).

Drouot (Antoine, comte) Général français (1774-1847). Colonel d'artillerie sous l'Empire, surnommé le « Sage de la Grande Armée », il accompagna Napoléon Iᵉʳ à l'île d'Elbe comme gouverneur de l'île.

Drouot (hôtel) Principal hôtel des ventes aux enchères de Paris (IXe arrondissement), inauguré en 1852.

Droysen (Johann Gustav) Historien et homme politique allemand (1808-1884). Il est l'auteur d'une *Histoire de la politique prussienne* et d'importants travaux sur la Grèce ancienne.

dru, ue (du gaulois °*druto* « fort, vigoureux ») **1. adj.** Qui pousse vigoureusement et en épaisseur. → **épais, touffu.** *Herbe drue. Barbe drue.* **2. adv.** *La pluie, la neige tombe dru.*

Dru (aiguille du) Montagne du massif du Mont-Blanc, formée de deux sommets, le *Grand Dru* (3 754 m) et le *Petit Dru* (3 730 m).

L'aiguille Verte (à g.) et l'aiguille du Dru (à dr.), typiques du relief alpin.

drugstore [dʀœgstɔʀ] n. m. (mot anglais des États-Unis, de *drug* « médicament », emprunt au français *drogue,* et *store* « magasin ») anglic. Ensemble formé d'un bar, d'un café-restaurant, de magasins divers (pharmacie, journaux, etc.).

druide n. m. (latin *druida,* d'origine gauloise) Prêtre gaulois ou celtique. *Chaque année, les druides cueillaient le gui sacré sur les chênes.* □ adj. **druidique**

druidesse n. f. Prêtresse gauloise ou celtique.

druidisme n. m. didact. Religion, culte des druides.

Druillet (Philippe) Dessinateur et illustrateur français (né en 1944). Il est l'auteur de bandes dessinées d'anticipation à la composition complexe, au graphisme fouillé et élégant *(Les Aventures de Lone Sloane).*

Drumev (Vasil) Prélat et écrivain bulgare (1841-1901). Russophile influent, il écrivit des nouvelles et un drame patriotique, *Ivanko.*

drumlin [dʀœmlin] n. m. (du gaélique *druim* « bord d'une colline ») géol. Éminence de forme allongée formée par les éléments d'une moraine, dans les pays de relief glaciaire.

drummeur, euse [dʀœmœʀ, øz] n. ou **drummer** [dʀœmœʀ] n. m. (mot anglais, de *drum* « tambour ») anglic. Batteur, batteuse, dans une formation de jazz ou de rock.

Drummondville Ville du Canada (Québec), au N.-E. de Montréal. 75 423 habitants. Centre industriel et commercial.

Drumont (Édouard) Publiciste et homme politique français (1844-1917). Nationaliste et antisémite, il publia *La France juive, essai d'histoire contemporaine,* et fonda le journal *La Libre Parole* en 1892. Antidreyfusard notoire, il fut élu député (1898-1902).

drums [dʀœms] n. m. pl. (mot anglais) anglic. Batterie, dans un orchestre de jazz ou de rock.

Druon (Maurice) Romancier français (1918-2009). Engagé dans la France libre, il écrivit avec son oncle Joseph Kessel les paroles du *Chant des partisans* (1943). Auteur d'un vaste tableau de la bourgeoisie d'affaires d'avant-guerre *(La Fin des hommes)* et de la série historique à succès des *Rois maudits,* il fut ministre des Affaires culturelles (1973-1974) et secrétaire perpétuel de l'Académie française (1986-1999).

drupe n. f. (latin *drupa* « pulpe ») bot. Fruit indéhiscent, charnu, à noyau (ex. amande, pêche, cerise...).

Drusus Général romain (38-9 av. J.-C.). Frère de Tibère, il mena des campagnes victorieuses en Germanie. Il était le père de Germanicus et de l'empereur Claude.

Drut (Guy) Athlète français (né en 1950). Il fut champion d'Europe en 1974 puis olympique en 1976 du 110 m haies.

Druze (djebel) n. m. Massif volcanique du S.-O. de la Syrie, qui culmine à 2 000 m. Agriculture, élevage ovin.

Druzes ou **Druses** n. m. pl. Population du Proche-Orient comptant plus d'un million de personnes vivant en Syrie, au Liban et en Israël. Les Druzes pratiquent une religion issue de la secte chiite des ismaéliens. Ils défendirent leur indépendance contre les croisés, les Turcs ottomans, les maronites et les Français.

dry [dʀaj] adj. invar. (mot anglais « sec ») anglic. *Champagne dry,* sec ; *extradry,* très sec.

dryade n. f. (du latin, du grec *druas, druados,* de *drus* « arbre, chêne ») mythol. Nymphe protectrice des forêts. → aussi **hamadryade.**

Dryden (John) Auteur dramatique et essayiste anglais (1631-1700). Écrivain classique, père de la critique anglaise *(Essai sur le poème dramatique)* et poète satirique influent *(Absalon et Achitophel),* il sut se concilier la faveur des grands. Son théâtre s'inspire d'un Shakespeare épuré *(La Conquête de Grenade).*

dry farming [dʀajfaʀmiŋ] n. m. (mots anglais « culture à sec ») anglic. Méthode de culture des régions sèches, qui consiste à emmagasiner dans le sol l'eau tombée pendant deux années consécutives. *Des dry farmings.* - var. RO **dryfarming.**

DST (Direction de la surveillance du territoire) Service de la Police nationale française. Créée en 1944, la DST est chargée du contre-espionnage, de la protection du patrimoine économique et scientifique ainsi que de la lutte contre le terrorisme. Depuis le 1ᵉʳ juillet 2008, elle a fusionné avec les RG pour former la Direction centrale du renseignement intérieur (DCRI).

du (contraction de *de le*) **1.** Article défini contracté. *Venir du Portugal.* → **¹de. 2.** Article partitif. *Manger du pain.* → **²de.**

Dublin

La ville de Dublin traversée par la Liffey.

dû, due adj. (p. p. de *devoir*) **1.** Que l'on doit. *Somme due.* **loc. prov.** *Chose promise, chose due.* **2.** *Dû à :* causé par. *Accident dû à la maladresse.* **3.** dr. *Acte en* **bonne et due forme**, rédigé conformément à la loi et revêtu des formalités nécessaires. **4. n. m.** Ce qui est dû ; ce que l'on peut légitimement réclamer. *Réclamer son dû. Ce n'est pas un dû.*

dual, ale, als adj. (de l'anglais, du bas latin *dualis*) didact. Double et réciproque. *Propriétés duales.* ■ Caractérisé par le dualisme. *Société duale.*

dualisation n. f. (de *dual*) écon. *Dualisation d'une société :* sa division en deux groupes, à caractéristiques économiques et sociales différentes.

dualisme n. m. (latin mod. *dualis*, de *dualis* → ²duel) **1.** Doctrine ou système qui admet la coexistence de deux principes irréductibles. □ **adj. et n. dualiste 2.** Coexistence de deux éléments différents. → **dualité.**

dualité n. f. (du bas latin, de *dualis* → ²duel) Caractère ou état de ce qui est double en soi ; coexistence de deux éléments de nature différente (s'oppose à *unité*). → **dualisme.**

Duarte (José Napoleón) Homme d'État salvadorien (1925-1990). Il fut président de la République de 1980 à 1982 et de 1984 à 1989.

duathlon n. m. (du latin *duo* → deux, d'après *pentathlon*) **1.** Épreuve sportive associant une course à pied et une course cycliste. **2.** vieilli *Duathlon des neiges.* → **skiathlon.**

Dubaï ou **Dubay** Un des Émirats arabes unis, au N.-E. d'Abou Dhabi. 3 840 km². 3 millions d'habitants. Capitale : Dubaï. Musée du Futur. Pétrole off shore. Place financière. Commerce et tourisme de luxe (îles artificielles). Port à conteneurs. Premier aéroport mondial en nombre de passagers. Exposition universelle de 2020 (tenue en 2021 et 2022).

du Barry voir du Barry

du Bartas voir du Bartas

Dubček (Alexander) Homme politique tchécoslovaque (1921-1992). Premier secrétaire du Parti communiste (1968-1969), il fut démis de ses fonctions après avoir soutenu le « printemps de Prague », qui orientait le pays dans une voie de libéralisation (1968). Il présida le Parlement de 1989 à 1992.

Dubé (Marcel) Auteur dramatique canadien (québécois) [1930-2016]. Il dresse le portrait du père insuffisant et d'une société bourgeoise décadente *(Zone ; Bilan).*

du Bellay voir du Bellay

Dübendorf Ville de Suisse (canton de Zurich), à l'E. de Zurich. 28 140 habitants. Aéroport militaire.

Dubillard (Roland) Auteur dramatique et acteur français (1923-2011). Ses sketches *(Grégoire et Amédée)* et son théâtre *(Naïves Hirondelles ; Diablogues)* composent un univers absurde et insolite fondé sur le comique de mots.

dubitatif, ive adj. (bas latin *dubitativus*, de *dubitare* → douter) Qui exprime le doute. *Réponse dubitative. « Albertine employait toujours le ton dubitatif pour les résolutions irrévocables »* (Proust). – *Je suis dubitatif.* □ **adv. dubitativement**

dubitation n. f. (du latin *dubitatio*) didact. En rhétorique, Figure par laquelle l'orateur feint d'hésiter sur la manière dont il dit interpréter ou juger qqch., afin de prévenir les objections.

Dublin Capitale de la république d'Irlande, sur l'estuaire de la Liffey. 588 233 habitants (1,4 million dans le comté). Située face à l'Angleterre, Dublin dut à la colonisation britannique son essor économique (XVIIIe s.) avant de devenir le foyer du nationalisme irlandais (insurrection de Pâques 1916). La ville connaît une croissance urbaine rapide, qui gagne l'ensemble du *comté de Dublin* (922 km²). Alors que la rive N. de la Liffey est plus populaire, la rive S. abrite les quartiers d'affaires et les principaux monuments : cathédrale Saint-Patrick, Christ Church, le château et les bâtiments géorgiens de Trinity College et de l'ancien parlement. Centre politique, culturel (universités, musées) et industriel (agroalimentaire, mécanique et informatique).

dubnium n. m. (de *Dubna*, ville de Russie) chim. Élément atomique, fortement radioactif (symb. Db ; n° at. 105).

Dubochet (Jacques) Biochimiste suisse (né en 1942). Il contribua à développer la cryomicroscopie électronique en mettant au point un procédé de refroidissement brutal de l'échantillon à observer. Prix Nobel de chimie 2017.

Dubois (Ambrosius Bosschaert, dit Ambroise) Peintre et décorateur français d'origine flamande (v. 1542-1614). Peintre d'Henri IV et brillant décorateur (Fontainebleau, le Louvre), il fut l'un des plus importants représentants du maniérisme de la 2e école de Fontainebleau.

Dubois (Guillaume) Cardinal et homme politique français (1656-1723). Nommé ministre des Affaires étrangères par le Régent, il conclut la Quadruple-Alliance contre l'Espagne (1718). Archevêque de Cambrai et cardinal, il fut Premier ministre (1722).

Du Bois (William Edward Burghart) Écrivain ghanéen d'origine américaine (1868-1963). Journaliste et militant de la cause des Noirs aux États-Unis *(Les Âmes du peuple noir)*, il fonda la National Association for the Advancement of Colored People et défendit le panafricanisme. À la fin de sa vie, il adhéra au parti communiste et émigra au Ghana.

Dubois (Claude) Auteur-compositeur-interprète canadien (québécois) [né en 1947]. Il est devenu célèbre en France avec *Le Blues du businessman* tiré de la comédie musicale *Starmania.*

Dubois (Jean-Paul) Écrivain français (né en 1950). Ses romans et ses nouvelles, à l'humour noir, décrivent, dans un style plaisant et sur un ton mélancolique, des personnages décalés. *Kennedy et moi ; Une vie française ; Tous les hommes n'habitent pas le monde de la même façon* (prix Goncourt).

Dubois-Crancé ou **Dubois de Crancé** (Edmond Louis Alexis) Général et homme politique français (1747-1814). Député montagnard à la Convention, il contribua à l'unification de l'armée républicaine (loi de l'amalgame, 1793). Il fut ministre de la Guerre sous le Directoire.

Du Bois-Reymond (Emil) Physiologiste allemand (1818-1896). Il fut un des fondateurs de la physiologie expérimentale. Ses recherches portèrent sur l'électricité animale. ■ Paul **Du Bois-Reymond** (1851-1889). Frère d'Emil. Mathématicien, il étudia les séries de Fourier.

Du Bos ou **Dubos** [dybɔs] (Jean-Baptiste, abbé) Historien, critique et diplomate français (1670-1742). Ses *Réflexions critiques sur la poésie et la peinture* renouvellent la pensée esthétique en affirmant que l'art ne doit pas seulement être beau, mais aussi remuer les cœurs.

Dubaï

Dubaï, le Jumeirah Palm, complexe résidentiel et hôtelier de luxe.

D

Du Bos (Charles) Essayiste français (1882-1939). Acteur de la vie littéraire, lié notamment avec Proust et Gide, il s'attacha à l'étude critique d'auteurs du XIXe s. *(Goethe)* et livra dans ses *Approximations* de pénétrants commentaires. Son *Journal* témoigne de l'inquiétude spirituelle qui le conduira au catholicisme.

Dubos (René) Médecin et biologiste américain d'origine française (1901-1982). Ses travaux sur les bactéries contribuèrent au développement des antibiotiques.

Du Bourg ou **Dubourg (Anne)** Magistrat français (v. 1520-1559). Ayant protesté contre les persécutions infligées aux protestants, il fut pendu et brûlé.

Dubout (Albert) Dessinateur français (1905-1976). Personnages grotesques et foules bigarrées font la force comique de ses dessins. Il a illustré Rabelais, Villon et Pagnol.

Dubout, illustration de *Tartarin de Tarascon* (1939), coll. Dubout.

Dubreuil (Toussaint) Peintre, décorateur et dessinateur français (v. 1561-1602). Premier peintre d'Henri IV, il décora Fontainebleau, le Louvre et Saint-Germain-en-Laye. Le style brillant de ses cartons de tapisserie est caractéristique du maniérisme de la 2e école de Fontainebleau, mais une certaine sobriété annonce le classicisme.

Dubrovnik anciennement **Raguse** Ville du S. de la Croatie, sur la côte dalmate. 27 000 habitants. Port. Site pittoresque, la ville doit à son passé byzantin, vénitien, hongrois, serbe, ses nombreux monuments anciens, du préroman au baroque. La guerre de 1991 endommagea la vieille ville.

Dubuffet (Jean) Peintre et sculpteur français (1901-1985). Théoricien de l'art brut, il a situé son œuvre en marge de la culture traditionnelle *(Asphyxiante Culture)* et exposé les productions d'amateurs, asociaux ou malades mentaux. Son œuvre picturale, organisée en séries *(Mirobolus, Macadam et Cie)*, explore le monde physique à l'aide de matériaux de récupération et de techniques originales : « empreintes », graffiti, frottage *(Assemblages)*. Il a prolongé sa recherche d'une figuration sommaire dans le cycle de *L'Hourloupe*, puzzles colorés de bleu et de rouge vif.

Duby (Georges) Historien français (1919-1996). Médiéviste influencé par l'école des Annales, il analysa les structures matérielles et mentales de la civilisation médiévale *(Les Trois Ordres ou l'Imaginaire du féodalisme)*, l'évènement singulier *(Le Dimanche de Bouvines)* et l'art du *Temps des cathédrales*.

duc n. m. (latin *dux, ducis* → doge, duce) **I. 1.** hist. Souverain d'un duché. **2.** Celui qui porte le titre de noblesse le plus élevé après celui de prince. **II.** Rapace nocturne, variété de hibou. *Grand-duc.*

ducal, ale, aux adj. Qui appartient à un duc, à une duchesse. *Palais ducal.*

Du Camp (Maxime) Écrivain français (1822-1894). Ami de Flaubert, il écrivit avec lui *Par les champs et par les grèves*. Il est l'auteur de plusieurs ouvrages sur Paris et de *Souvenirs littéraires*.

du Cange (Charles du Fresne, seigneur) Grand érudit du XVIIe s. (1610-1688). Il a laissé d'importants dictionnaires de latin et de grec médiéval, et des ouvrages historiques sur Byzance et l'Orient latin.

ducasse n. f. (forme régionale de l'ancien français *dicasse* → dédicace) Fête publique, en Belgique et dans le nord de la France. → kermesse.

Ducasse (Isidore) voir **Lautréamont**

Ducasse (Roger) ou **Roger-Ducasse** Compositeur français (1874-1954). Disciple de Fauré, il composa de la musique symphonique, de la musique de chambre et un opéra-comique.

Ducasse (Alain) Chef cuisinier monégasque d'origine française (né en 1956). Fort de la réputation de ses restaurants (Monte-Carlo, Paris et Londres), il est à la tête d'un groupe d'hôtellerie et de restauration international.

ducat [dyka] n. m. (de l'italien, de *duco* « duc [de Ravenne] » → doge, duc) Ancienne monnaie d'or.

Du Caurroy (Eustache) Compositeur français (1549-1609). Compositeur de la Chambre du roi, il exerça une grande influence par ses œuvres instrumentales (fantaisies, messes) et religieuses. *Mes-langes.*

Duccio di Buoninsegna Peintre italien (v. 1225-v. 1319). Avec son chef-d'œuvre, la *Maestà* de Sienne (Opera del Duomo), il s'est éloigné de la sévérité byzantine au profit d'une sensibilité qui marquera l'école siennoise au XIVe s. On lui attribue aujourd'hui la *Madone Rucellai* des Offices (Florence).

duc-d'albe n. m. Faisceau de pieux auxquels peuvent s'amarrer les bateaux. *Les ducs-d'albe de Venise.*

duce [dutʃe] n. m. (mot italien « guide, conducteur » [*cf.* l'allemand *Führer*], du latin *dux* → duc) *Le Duce*, titre pris par Mussolini.

du Cerceau voir **Androuet du Cerceau**

Duchamp (Marcel) Peintre et dessinateur français naturalisé américain (1887-1968). D'abord influencé par Cézanne et le cubisme, il se rapprocha du futurisme avec le mouvement décomposé du sulfureux *Nu descendant un escalier*. Son intérêt pour les objets et les formes mécaniques culmine dans l'énigmatique *Mariée mise à nu par ses célibataires, même* (ou *Le Grand Verre*). Pionnier, avec Picabia et Man Ray, de l'esprit dada, décidé à désacraliser l'art, il réalisa plusieurs *ready-made*, des « objets manufacturés promus à la dignité d'objets d'art par le choix de l'artiste » (A. Breton). Il exposa ainsi une roue de bicyclette, un porte-bouteille ou un urinoir *(Fontaine)*. La même ironie destructrice s'exerce dans *L. H. O. O. Q*, une Joconde avec moustache et barbiche. Sa remise en question radicale de l'art lui valut un immense prestige et inspira notamment les représentants du pop art et du nouveau réalisme.

Duchamp-Villon (Pierre Maurice Raymond Duchamp, dit Raymond) Sculpteur français (1876-1918). Frère de Jacques Villon et de Marcel Duchamp. Pionnier de la sculpture cubiste, il simplifia les formes et anima les volumes des personnages *(Tête de Baudelaire)* et des animaux *(Le Cheval)* qu'il représenta.

Ducharme (Réjean) Écrivain canadien (québécois) [1941-2017]. Sa virtuosité linguistique mêlant poésie et jeux de mots est au service d'une peinture tragi-comique de la société québécoise *(Le Nez qui voque ; L'Hiver de force)*.

duché n. m. (de *duc*) Seigneurie, principauté à laquelle le titre de duc était attaché. *Ériger une terre en duché.*

Duchenne de Boulogne (Guillaume Benjamin) Médecin français (1806-1875). Pionnier de la neurologie, il décrivit une forme de myopathie et étudia les effets de l'électrisation localisée pour le diagnostic et la thérapeutique.

Duchés (guerre des) Conflit qui opposa, en 1864, l'Autriche et la Prusse au Danemark pour la possession des duchés du Schleswig, du Holstein et du Lauenburg. Victorieuses, l'Autriche et la Prusse se partagèrent l'administration des territoires.

Duchesnay (Paul et Isabelle) Patineurs artistiques français et canadiens. Paul (né en 1961) et sa sœur Isabelle (née en 1963) furent champions du monde de danse sur glace en 1991 et remportèrent pour la France la médaille d'argent aux Jeux olympiques d'Albertville en 1992.

Duchesne ou **Duchêne (le père)** Personnage de farce créé en 1789. Il donna son nom au journal d'Hébert (1790-1794).

duchesse n. f. **I.** anciennt Femme possédant un duché ; épouse d'un duc. **II.** Variété de poire fondante. – appos. invar. *Des poires duchesse.*

Ducis (Jean-François) Poète tragique français (1733-1816). Il est le premier à avoir révélé l'œuvre de Shakespeare au public français.

Duclaux (Émile) Biochimiste français (1840-1904). Successeur de Pasteur à la direction de son Institut, il étudia les fermentations et les maladies microbiennes.

Duclos (Charles Pinot) Romancier et moraliste français (1704-1772). Historien, ami des philosophes et des libertins, il écrivit d'intéressantes *Considérations sur les mœurs de ce siècle.*

Duclos (Jacques) Homme politique français (1896-1975). Dirigeant du Parti communiste français, il fut député et sénateur (1959).

Ducommun (Élie) Journaliste, écrivain et homme politique suisse (1833-1906). Rédacteur de la revue *Les États-Unis d'Europe*, il organisa le Bureau international de la paix qui en est issu (1891). Prix Nobel de la paix 1902.

Ducos (Roger) Homme politique français (1747-1816). Il fut député montagnard à la Convention, membre du Directoire et 3e consul après le 18 Brumaire.

Dubrovnik

Dubrovnik, la vieille ville.

Ducos Commune de la Martinique, au S. du Lamentin. 17 504 habitants.

Ducos du Hauron **(Louis)** Physicien français (1837-1920). Il participa à l'invention de la photographie des couleurs selon le principe de la trichromie (1869) et imagina la stéréoscopie par anaglyphes (1891).

Ducournau **(Julia)** Réalisatrice et scénariste française (née en 1983). Ses réalisations à l'univers dérangeant et violent, proches du film gore et de science-fiction, bouleversent les stéréotypes de genre (*Grave ; Titane,* Palme d'or à Cannes en 2021).

Ducretet **(Eugène)** Industriel français (1844-1915). Concepteur du premier appareil de télégraphie sans fil français (1897), il réalisa la première liaison morse sans fil entre la tour Eiffel et le Panthéon.

ducroire **n. m. (de *du* et *croire,* au sens ancien de « vendre à crédit ») comm.** Engagement par lequel un commissionnaire garantit son commettant contre les risques d'insolvabilité de l'acheteur. ■ Prime accordée à ce commissionnaire.

ductile **adj. (latin *ductilis,* de *ducere* → conduire)** Qui peut être allongé, étendu, étiré sans se rompre. *Métaux ductiles.* □ **n. f. ductilité**

du Deffand voir **Deffand** (Marie, marquise du)

Dudelange Ville du Luxembourg (canton d'Esch-sur-Alzette). 17 320 habitants. Sidérurgie.

dudit voir **dit**

Dudley **(John)** Homme politique anglais (1502-1553). L'un des chefs du parti protestant, il incita Édouard VI à désigner comme héritière Jeanne Grey, sa belle-fille, arrière-petite-fille d'Henri VII. Marie Tudor le fit exécuter.

Dudley Ville d'Angleterre (West Midlands), dans l'agglomération de Birmingham. 305 000 habitants. Ancien bassin houiller, métallurgie.

Dudok **(Willem Marinus)** Architecte et ingénieur néerlandais (1884-1974). Architecte de la ville d'Hilversum et d'un pavillon de la Cité universitaire à Paris, il fut influencé par F. L. Wright et associa un large usage de la brique à des choix modernistes.

duègne **n. f. (espagnol *dueña,* qui vient du latin *domina* → ¹dame) anciennt** Femme âgée chargée de veiller sur la conduite d'une jeune fille ou d'une jeune femme. **→ chaperon.**

¹duel **n. m. (latin *duellum,* forme ancienne de *bellum* « guerre » → belliqueux) 1.** Combat entre deux personnes dont l'une exige de l'autre la réparation d'une offense par les armes. *Se battre en duel.* **2. fig.** Assaut, compétition. **loc.** *Duel oratoire :* échange de répliques entre deux orateurs. **→ joute.**

Duel d'honneur, gravure de Jacques Callot (1600-1635).

²duel **n. m. (latin impérial *dualis* « de deux » → dualisme) gramm.** Nombre des déclinaisons et conjugaisons de certaines langues (arabe, grec...) qui sert à désigner deux personnes, deux choses. *Singulier, duel et pluriel.*

duelliste **n. (de l'italien → ¹duel)** Personne qui se bat en duel.

Duero voir **Douro**

duettiste **n. (de l'italien, de *duetto* « petit duo »)** Personne qui joue ou qui chante une partie dans un duo. ■ Personne qui exécute un numéro de cirque, de music-hall avec une autre.

duetto **n. m. (mot italien, diminutif de *duo*) mus.** Petit duo. *Des duettos ou des duetti* **(plur. italien).**

du Fail **(Noël)** voir **Fail** (Noël du)

Dufay **(Guillaume)** Compositeur franco-flamand (v. 1400-1474). Chanoine de Cambrai, il écrivit des messes, des motets et des chansons *(Rondeaux français).* Son œuvre considérable fait la synthèse de la polyphonie française, de la mélodie italienne et de l'harmonie anglaise.

Du Fay **(Charles François de Cisternay)** Chimiste et physicien français (1698-1739). Après avoir construit deux magnétomètres, il étudia l'électrisation par frottement et découvrit l'existence de deux types d'électricité (1733), qu'il appela « vitrée » et « résineuse ».

Duffel Commune de Belgique (province d'Anvers). 17 664 habitants. Industries.

duffel-coat ou **duffelcoat** [dœfœlkot] **n. m. (de l'anglais, de *Duffel,* ville drapière de Flandres, et *coat* « manteau ») anglic.** Manteau trois-quarts avec capuchon, en gros tissu de laine. *Des duffel-coats, des duffelcoats.* - **var. duffle-coat.** *Des duffle-coats.*

Dufilho **(Jacques)** Comédien français (1914-2005). Il se distingua au théâtre dans le répertoire contemporain (Audiberti, Pinter) et interpréta au cinéma des personnages souvent pittoresques *(Zazie dans le métro ; Le Crabe-tambour).*

Duflo **(Esther)** Économiste française (née en 1972). Elle mène des travaux sur le mode de vie des populations pauvres et sur les actions mises en place pour améliorer leur condition *(Repenser la pauvreté).* Prix Nobel 2019.

Dufour **(Guillaume Henri)** Général suisse (1787-1875). À la tête de l'armée de la Confédération helvétique, il commanda les opérations de la guerre du Sonderbund (1847). Il présida la conférence de Genève au cours de laquelle fut fondée la Croix-Rouge (1864).

Dufourspitze **n. m.** Point culminant de la Suisse (4 634 m), dans le massif du Mont-Rose, à la frontière italienne.

Dufourt **(Hugues)** Compositeur français (né en 1943). Théoricien de la musique, il s'intéresse à la lutherie électronique et a notamment composé *Erewhon* pour 150 percussions, *Antiphysis* pour flûte et orchestre de chambre et *Surgir* pour orchestre.

Dufresne **(Diane)** Chanteuse canadienne (québécoise) [née en 1944]. Depuis *Tiens toé ben, j'arrive !* et *J'ai rencontré l'homme de ma vie,* elle a conquis les publics québécois et français.

Diane Dufresne en concert à Montréal (1993).

Du Fu ou **Tou Fou** Poète et fonctionnaire impérial chinois (712-770). Considéré comme le plus grand poète de la Chine avec son ami Li Bai, il s'en distingua par son adhésion à la tradition lettrée confucéenne, dont témoigne la perfection formelle de ses œuvres.

Dufy **(Raoul)** Peintre, graveur et décorateur français (1877-1953). Influencé par Matisse et le fauvisme, il peignit par larges aplats des scènes nautiques et des foules animées *(14 juillet),* puis opta pour une palette plus sobre et des compositions plus structurées, avant de s'orienter vers la gravure (*Bestiaire* d'Apollinaire). À partir de 1919, il se forgea un style léger, avec un trait libre et rapide et des couleurs lumineuses. Il réalisa de nombreuses illustrations au graphisme élégant, et l'immense panneau de *La Fée Électricité.*

D

Dugain **(Marc)** Écrivain et réalisateur français (né en 1957). Ses fictions s'inspirent d'évènements et de personnages historiques *(L'Insomnie des étoiles ; Avenue des géants).* Son roman *La Chambre des officiers* sur l'histoire de son grand-père, « gueule cassée » de la Première Guerre mondiale, a reçu de nombreux prix.

Dugas **(Marcel)** Écrivain canadien (québécois) [1883-1947]. Auteur d'essais critiques *(Psyché au cinéma)* et de poèmes en prose.

Dughet **(Gaspard), dit le Guaspre** ou **Gaspard Poussin** Peintre et dessinateur français (1615-1675). Beau-frère de Poussin, il adopta sa conception classique du paysage, favorisant des vues et des contrastes dramatiques *(Fuite en Égypte).* Il décora le palais Pitti à Florence et la villa Borghèse à Rome.

Dugommier **(Jacques François Coquille, dit)** Général français (1738-1794). Député à la Convention, il servit en Italie et dirigea le siège de Toulon (1793-1794).

dugong [dygɔ̃g] **n. m. (du malais)** Mammifère marin herbivore qui vit dans l'océan Indien.

Duguay-Trouin **(René)** Corsaire français (1673-1736). Il s'illustra pendant les guerres de Louis XIV contre les Hollandais et les Anglais, et prit d'assaut Rio de Janeiro (1711).

Duguay-Trouin racontant ses exploits à Louis XIV, gravure de Mme de Cernel (1789), coll. privée.

Du Guesclin **(Bertrand)** Homme de guerre français (v. 1320-1380). Breton passé au service du roi de France, il vainquit Charles II le Mauvais à Cocherel (1364) et participa à la bataille d'Auray où il fut fait prisonnier. Charles V paya sa rançon et le

Charles V remettant l'épée de connétable à Bertrand Du Guesclin, école française (xve s.), bibliothèque Sainte-Geneviève, Paris.

chargea de conduire les Grandes Compagnies en Castille pour soutenir le futur Henri II le Magnifique contre Pierre le Cruel. Devenu connétable de France en 1370, il chassa les Anglais du Poitou, de la Normandie, de la Guyenne et de la Saintonge.

Duguit (Léon) Juriste français (1859-1928). Son important *Traité de droit constitutionnel* (1911-1925) a favorisé une approche sociologique du droit.

Duhā voir **Doha**

Duhamel (Georges) Écrivain français (1884-1966). Médecin au front, bouleversé par la Première Guerre mondiale *(Récits des temps de guerre)*, il s'est fait le critique humaniste et traditionaliste de la civilisation moderne. Deux cycles romanesques de facture classique dominent son œuvre : *Vie et aventures de Salavin*, portrait complexe d'un petit employé, et *Chronique des Pasquier*, histoire d'une famille de bourgeois intellectuels sous la IIIe République.

Duhem (Pierre) Physicien et philosophe français (1861-1916). L'épistémologie originale qu'il développa dans *La Théorie physique, son objet, sa structure* sous-tend sa monumentale histoire de la cosmologie, *Le Système du monde*.

Dühring (Karl Eugen) Philosophe et économiste allemand (1833-1921). Son matérialisme positiviste et son socialisme réformiste furent la cible de la critique d'Engels.

Duisbourg Ville d'Allemagne (Rhénanie-du-Nord-Westphalie), au confluent du Rhin et de la Ruhr. 495 800 habitants. Église gothique du XIIIe s. Duisbourg-Ruhrort est le plus grand port fluvial du monde. Important centre sidérurgique et chimique.

duit [dɥi] **n. m. (ancien français** ***duire*****, du latin** ***ducere*** **« conduire ») 1. pêche** Digue située en travers d'un cours d'eau, destinée à retenir le poisson au moment du reflux. **2. techn.** Lit artificiel pour régulariser un cours d'eau.

duite n. f. (ancien français ***duire*** **« conduire ») techn.** Longueur du fil de trame inséré par la navette d'une lisière à l'autre, dans une pièce de tissu.

Dujardin (Karel) Peintre et graveur hollandais (1622-1678). Il exécuta des pastorales et des scènes populaires inspirées par l'Italie *(Charlatans italiens)*.

Dujardin (Félix) Naturaliste français (1801-1860). Il fit des recherches sur les protistes et décrivit le protoplasme cellulaire (1835).

Dujardin (Édouard) Écrivain français (1861-1949). Ami de Mallarmé, poète, essayiste et historien des religions, il mit en place dans le roman *Les lauriers sont coupés* la technique littéraire du monologue intérieur.

Dujardin (Jean) Comédien français (né en 1972). Révélé par une série télévisée et l'adaptation au cinéma du personnage de ses sketchs, Brice de Nice, il a élargi son répertoire comique *(OSS 117)* et a abordé des rôles plus dramatiques *(Les Petits Mouchoirs ; The Artist)*.

Dujun ou **Tou-kiun** ou **Tou-tsiun n. m. pl.** Gouverneurs militaires des provinces chinoises. Leurs rivalités dominèrent l'« ère des Seigneurs de la guerre » jusqu'aux années 1930.

Dukas (Paul) Compositeur français (1865-1935). Il est l'auteur du célèbre scherzo symphonique *L'Apprenti sorcier*, mais aussi d'une *Symphonie en ut majeur*, de l'opéra *Ariane et Barbe-Bleue* et du poème chorégraphique *La Péri*.

Dulac (Germaine) Cinéaste française (1882-1942). Pionnière de l'avant-garde dans les années 1920 *(La Fête espagnole ; La Coquille et le Clergyman)*, elle fonda la Fédération française des ciné-clubs.

dulçaquicole adj. (du latin ***dulcis*** **« doux » et de** ***aquicole*****) biol.** Qui vit en eau douce. *Poisson dulçaquicole* (opposé à *marin*).

dulcinée n. f. (n. de la femme aimée de don Quichotte chez Cervantès ; cf. latin ***dulcis*** **« doux* ») plais.** Femme inspirant une passion romanesque. *Il est fidèle à sa dulcinée.* → **bien-aimée.**

Dulcinée Personnage de servante, dans le *Don Quichotte* de Cervantès, idéalisée par le héros qui en est amoureux.

dulie n. f. (du grec ***douleia*** **« servitude ») théol.** Respect et honneur que l'on rend aux anges, aux saints. *Culte de dulie.*

Dulles (John Foster) Homme politique américain (1888-1959). Secrétaire d'État aux Affaires étrangères (1952-1959), il mena la politique de *containment* (« endiguement ») du communisme durant la guerre froide.

Dullin (Charles) Acteur et metteur en scène français (1885-1949). Fondateur de L'Atelier en 1922, il participa, avec J. Copeau et L. Jouvet, au renouvellement du théâtre français. Metteur en scène inspiré par le théâtre élisabéthain et acteur remarqué au cinéma dans *Les Misérables* et *Volpone*, il fut un pédagogue incomparable.

Dulong (Pierre Louis) Physicien et chimiste français (1785-1838). Avec A. Petit, il perfectionna les techniques calorimétriques et détermina la formule qui relie la chaleur spécifique d'un solide à son poids atomique (loi de Dulong et Petit, 1819).

Duluth Ville des États-Unis (Minnesota), sur le lac Supérieur. 86 690 habitants. Grand port industriel.

Dulwich Quartier résidentiel de Londres, au S. de la Tamise.

Dumas (Jean-Baptiste) Chimiste et homme politique français (1800-1884). Pionnier de la chimie organique, il étudia notamment les alcools et leurs dérivés et prépara avec Peligot l'alcool méthylique. Il élabora une théorie des types pour la classification des composés.

Dumas (Alexandre Dumas Davy de La Pailleterie, dit Alexandre) Écrivain français (1802-1870). Auteur de drames romantiques *(Henri III et sa cour ; Kean)*, il fut surtout le romancier le plus populaire de son temps. L'Histoire fournit la trame des aventures mouvementées de personnages inoubliables, publiées sous la forme de romans-feuilletons avec l'aide de collaborateurs (notamment Auguste Maquet) : *Le Comte de Monte-Cristo ; Les Trois Mousquetaires* ou *La Reine Margot*. Sa vigueur et sa fécondité se retrouvent dans ses *Mémoires* et ses *Impressions de voyage*.

Alexandre Dumas père par Charles-Alphonse Bellay (fin XIXe s.), portrait posthume, musée du château, Versailles.

Dumas Fils (Alexandre Dumas, dit) Auteur dramatique (1824-1895). Fils naturel d'Alexandre Dumas. Après le succès de *La Dame aux camélias*, il s'orienta vers un « théâtre utile », mettant en scène le quotidien social et familial dans des pièces à thèse *(La Question d'argent ; Le Fils naturel)*.

Dumas (Georges) Philosophe, médecin et psychologue français (1866-1946). Il contribua au développement de la psychologie expérimentale et dirigea un important *Traité de psychologie*.

Du Maurier (Louis Palmella Busson, dit George) Caricaturiste et romancier britannique (1834-1896). Ses gravures de *Punch* illustrent la vie quotidienne de l'Angleterre victorienne. Il écrivit trois romans, dont *Peter Ibbetson* et *Trilby*.

Du Maurier (Daphné) lady Browning Romancière britannique (1907-1989). Elle écrivit l'histoire de son père, l'acteur Gerald Du Maurier, et de son grand-père. Elle connut un grand succès avec des romans dont l'atmosphère de mystère inspira A. Hitchcock *(L'Auberge de la Jamaïque ; Rebecca ; Les Oiseaux)*.

Dumbarton Ville d'Écosse (West Dunbartonshire), sur l'estuaire de la Clyde, à l'O. de Glasgow. 19 960 habitants. Centre industriel.

Dumbarton Oaks (plan de) Plan prévoyant la création d'une Organisation des Nations unies, élaboré à Dumbarton Oaks (États-Unis) en 1944 par les États-Unis, la Grande-Bretagne, l'URSS et la Chine. Il servit de base à la charte de San Francisco.

Dumbéa Commune française de Nouvelle-Calédonie, dans le Grand Nouméa, dominée au nord par le mont Dzumac. 35 873 habitants.

dum-dum adj. invar. ou **dumdum** [dumdum] **adj. (du nom de la ville)** *Balle dum-dum* : balle de fusil dont l'enveloppe est entaillée en croix de manière à provoquer une large déchirure (emploi interdit en 1899). **– n. f.** *Des dum-dum, des dumdums.*

Dum Dum Ville d'Inde, intégrée à l'agglomération de Calcutta. 117 000 habitants. Aéroport de Calcutta.

dûment ou **dument adv. (de** ***dû, due*****)** Selon les formes prescrites. *Dûment autorisé.* **– iron.** Comme il faut. *Elle a dûment sermonné son fils.*

Dumerc (Céline) Basketteuse française (née en 1982). Capitaine de l'équipe de France, elle remporta avec ses coéquipières la médaille d'or au championnat d'Europe en 2009 et la médaille d'argent aux Jeux olympiques de 2012.

Céline Dumerc en demi-finale des Jeux olympiques de Londres face à l'équipe de Russie, en 2012.

Dumesnil (Marie-Françoise Marchand, dite Mlle) Tragédienne française (1711-1803). Rivale de la Clairon à la Comédie-Française, elle bouscula le jeu classique par une tendance au « naturel ».

Dumézil (Georges) Historien français (1898-1986). Spécialiste de l'histoire des religions, il étudia les mythologies indo-européennes. *L'Idéologie tripartite des Indo-Européens.* Professeur au Collège de France.

Dumfries Ville d'Écosse (Dumfries and Galloway), sur le Nith. 32 910 habitants.

Dumfries and Galloway District du S.-O. de l'Écosse. 6 426 km². 151 000 habitants. Chef-lieu : Dumfries.

Duminil-Copin (Hugo) Mathématicien français (né en 1985). Ses travaux en physique statistique sur les transitions de phase, ou transformations provoquées par la variation d'un paramètre, lui ont valu la médaille Fields 2022.

Dumonstier Famille de peintres et dessinateurs français des XVIe et XVIIe s. Ils contribuèrent à la vogue des portraits minutieux dessinés aux trois crayons.

Du Mont (Henry de Thier, dit) Compositeur wallon (1610-1684). Organiste et claveciniste, compositeur de la Chapelle royale, il est l'auteur d'une œuvre religieuse (cinq messes en plain-chant, motets) qui généralisa l'emploi de la basse continue.

Dumont (René) Agronome français (1904-2001). Spécialiste du développement économique, il dénonça l'attitude des pays riches face au tiers-monde *(L'Afrique noire est mal partie)* et fut le premier candidat écologiste à l'élection présidentielle (1974).

Dumont (Louis) Anthropologue français (1911-1998). Spécialiste de l'Inde, il a montré la spécificité du régime des castes *(Homo hierarchicus)* et se fit aussi l'analyste de l'idéologie contemporaine *(Homo aequalis ; Essais sur l'individualisme)*.

Dumont d'Urville (Jules Sébastien César) Navigateur français (1790-1842). À bord de *L'Astrolabe*, il retrouva l'épave du navire de Lapérouse au cours d'une mission en Océanie (1826-1829). Il découvrit la terre Adélie en explorant l'Antarctique (1840).

Dumoulin (Charles) Jurisconsulte français (1500-1566). Avocat au parlement de Paris, il travailla par d'importants commentaires à l'unification du droit civil.

Dumouriez (Charles François du Périer, dit) Général français (1739-1823). Ministre des Affaires étrangères (1792), il commanda ensuite les armées du Nord, remporta les victoires de Valmy et de Jemappes et occupa la Belgique. Vaincu à Neerwinden (1793), il fut relevé de son commandement, puis rejoignit le camp autrichien.

dumper [dœmpœʀ] **n. m. (mot anglais, de *to dump* « décharger ») anglic.** Engin de terrassement équipé d'une benne automotrice basculante. - **var.** RO **dumpeur.** - **recomm. offic. motobasculeur, tombereau.**

dumping [dœmpiŋ] **n. m. (mot anglais, de *to dump* « décharger ») anglic., écon.** Pratique qui consiste à vendre sur les marchés extérieurs à des prix inférieurs à ceux du marché national, ou même inférieurs au prix de revient. *Faire du dumping.* ■ *Dumping social :* pratique visant à abaisser les coûts de production en abaissant le coût de la main-d'œuvre.

Dunant (Henri) Philanthrope suisse (1828-1910). Il prit l'initiative de la conférence de Genève, qui adopta une première convention sur les blessés de guerre (1863-1864), et fonda la Croix-Rouge. Prix Nobel de la paix 1901.

Dunaújváros Ville de Hongrie, au centre du pays, sur le Danube. 48 480 habitants. Centre industriel.

Dunaway (Faye) Actrice américaine (née en 1941). Révélée par *Bonnie and Clyde* d'Arthur Penn, elle a tourné près d'une centaine de films : *Chinatown ; Les Yeux de Laura Mars ; Arizona Dream.*

Dunbar (William) Poète écossais (v. 1460-1513 ?). Pensionné par Jacques IV, il est l'auteur de poèmes allégoriques ou satiriques et de fabliaux. *Le Chardon et la Rose.*

Duncan Ier (mort en 1040 ?). Roi d'Écosse (1034-1040 ?). Il fut assassiné par Macbeth.

Duncan (Isadora) Danseuse américaine (1877-1927). Elle prôna une danse d'une grande liberté d'expression, qu'elle pratiquait vêtue d'une simple tunique grecque. Elle connut le succès en Europe et fonda plusieurs écoles.

Isadora Duncan, vers 1903.

Dundalk Ville de la république d'Irlande (comté de Louth), au N. de Dublin. 35 300 habitants.

dundee [dœndi] **n. m. (de l'anglais *dandy*, altération de *Dundee*, port d'Écosse) ancienn** Bateau de pêche à deux mâts.

Dundee Ville d'Écosse (Tayside), sur la mer du Nord et l'estuaire de la Tay. 147 200 habitants. Important port de pêche.

dune n. f. (de l'ancien néerlandais, du gaulois *duno* « hauteur » ; *cf. Lugdunum* « Lyon ») Butte, colline de sable fin formée par le vent sur le bord des mers ou dans l'intérieur des déserts.

Dunedin Ville de Nouvelle-Zélande, sur la côte S.-E. de l'île du Sud. 107 100 habitants. Université d'Otago. Port. Grand centre industriel.

Dumont d'Urville

Dumont d'Urville aux îles Tonga, eau-forte (XIXe s.), Bibliothèque nationale de France, Paris.

Dunes (bataille des) Victoire décisive que les Français, commandés par Turenne, remportèrent sur les Espagnols menés par Condé et don Juan d'Autriche, entre Dunkerque et Nieuport (1658).

Le maréchal de Turenne à la bataille des Dunes, Ch. Larivière (1837), huile sur toile, musée du château, Versailles.

dunette n. f. (de *dune*, d'abord « levée de terre ») Superstructure élevée sur le pont arrière d'un navire et s'étendant sur toute sa largeur.

Dunfermline Ville d'Écosse (Fife), au N. du Firth of Forth. 40 500 habitants. Ancienne résidence des rois d'Écosse (XIe-XIVe s.).

Dungeness (cap) Pointe de la côte S.-E. de l'Angleterre (Kent). Centrale nucléaire.

Dunham (Katherine) Danseuse et chorégraphe américaine (1909-2006). Pionnière de la danse afro-américaine, elle mêla avec succès, dans sa troupe et à travers son enseignement, les techniques d'Afrique et des Caraïbes à celles du ballet traditionnel.

Dunhuang ou **Touen-huang** Ville de Chine (Gansu). 115 530 habitants. Ancienne étape importante sur la route de la Soie. À Mogao, à 25 km, les grottes des Mille Bouddhas recèlent un ensemble exceptionnel de fresques, de statues et de manuscrits (IVe-Xe s.).

Duni (Egidio Romualdo) Compositeur italien (1709-1775). Il composa une vingtaine d'opéras-comiques. *Le Peintre amoureux de son modèle.*

Dunkerque Chef-lieu d'arrondissement du Nord, sur la mer du Nord. 86 545 habitants. 3e Grand port maritime français et centre industriel (sidérurgie). Terminal méthanier (2016). Centrale nucléaire de Gravelines. Musées. Important carnaval. Du 27 mai au 4 juin 1940, 360 000 soldats britanniques et français encerclés par les Allemands y furent rembarqués vers l'Angleterre. La ville a dû être reconstruite après les bombardements de 1945.

Dun Laoghaire Ville de la république d'Irlande. 30 000 habitants. Port et station balnéaire. Banlieue résidentielle de Dublin.

Dunlop (John Boyd) Vétérinaire et inventeur britannique (1840-1921). Créateur du pneumatique (1888), il fonda en 1889 la firme qui porte son nom.

Dunois (Jean) comte de Longueville, dit le Bâtard d'Orléans Homme de guerre français (1402-1468). Fils naturel de Louis, duc d'Orléans, il fut le compagnon d'armes de Jeanne d'Arc et contribua à la reconquête de la Normandie et de la Guyenne (1448-1453).

Dunoyer de Segonzac (André) Peintre et graveur français (1884-1974). Membre de la Bande noire (hostile au fauvisme), il utilisa des teintes sombres dans ses toiles d'inspiration naturaliste, avant de subir l'influence de Cézanne et du cubisme *(Les Canotiers)*. Il peignit de nombreux paysages du Midi et de l'Île-de-France.

Duns Scot (John) Théologien et philosophe écossais (v. 1266-1308). Franciscain, surnommé « Docteur subtil » pour son habileté dialectique, il critiqua le thomisme en affirmant le primat de la volonté libre sur l'intellect.

D

Dunstable (John) Compositeur anglais (v. 1400-1453). Il a laissé des œuvres polyphoniques (motets et fragments de messe).

Dunstan (saint) Bénédictin anglais (924-988). Archevêque de Canterbury, il fut un réformateur de la vie monastique.

Dun-sur-Auron Commune du Cher, sur l'Auron et le canal du Berry. 3 616 habitants. Collégiale, beffroi, remparts (XIIe-XVIe s.).

duo n. m. (mot italien, latin *duo* → deux) **1.** Composition musicale pour deux voix ou deux instruments. *Chanter en duo.* ■ *Duo comique* (chansonniers, music-hall). **2.** fig., fam. *Un duo d'injures* : échange d'injures. **3.** fam. Couple ; deux personnes. *Ils font un curieux duo.* → **paire.**

duodécimal, ale, aux adj. (du latin *duodecimus*, de *duodecim* → douze) Qui a pour base le nombre douze. *Numération duodécimale.*

duodénal, ale, aux adj. Du duodénum. *Ulcère duodénal.*

duodénite n. f. méd. Inflammation du duodénum.

duodénum [dɥɔdenɔm] n. m. (latin médiéval *duodenum digitorum* « de douze doigts », de *duodecim* → douze) Partie initiale de l'intestin grêle, qui commence au pylore.

duodi n. m. (du latin *duo* « deux » et finale *-di* des jours de la semaine) hist. Deuxième jour de la décade, dans le calendrier républicain.

duopole n. m. (de *duo*, d'après *monopole*) écon. Se dit d'un marché où deux vendeurs se partagent toute la production.

Dupanloup (Félix) Prélat français (1802-1878). Évêque d'Orléans, il fut l'un des chefs du catholicisme libéral et combattit pour la liberté de l'enseignement (loi Falloux, 1850).

Du Parc (Marie-Thérèse de Gorle, dite la) Comédienne française (1633-1668). Elle appartint à la troupe de Molière, et créa le rôle d'Andromaque, que Racine avait écrit pour elle.

Duparc (Henri Fouques-Duparc, dit Henri) Compositeur français (1848-1933). Élève de César Franck, il a laissé des mélodies d'inspiration poétique. *L'Invitation au voyage ; La Vie antérieure.*

dupe (du sens ancien de « huppe » → huppe) **1.** n. f. Personne que l'on trompe sans qu'elle en ait le moindre soupçon. → **pigeon.** *Être la dupe de qqn, de ses flatteries.* – loc. *Marché, jeu de dupes*, où l'on est abusé. **2.** adj. (seulement attribut) *Il me ment, mais je ne suis pas dupe*, je le sais. → **crédule, ¹naïf.** – « *Les hommes sont facilement dupes de ce qui flatte leur orgueil* » (R. Rolland).

duper v. tr. < 1 > littér. Prendre (qqn) pour dupe. → **abuser, flouer, mystifier, tromper.** *Se laisser duper.*

duperie n. f. littér. Action de duper (qqn), tromperie. → **leurre, supercherie.**

Du Perron (Jacques Davy) Homme d'Église et écrivain français (1556-1618). Calviniste converti, il fit reconnaître par Rome la conversion d'Henri IV. Cardinal et membre du Conseil de régence, il est notamment l'auteur d'ouvrages de polémique contre les protestants.

Dupes (journée des) Journée du 11 novembre 1630 où les adversaires de Richelieu, groupés autour de Marie de Médicis, crurent à tort avoir obtenu le renvoi du cardinal par Louis XIII.

Dupetit-Thouars (Abel) Amiral français (1793-1864). Il contribua à organiser l'expédition d'Alger (1830) et fit passer sous protectorat français les îles Marquises et Tahiti (1842).

Dupieux (Quentin) Réalisateur et musicien français (né en 1974). Maître de la mise en abyme, il prise l'humour décalé, l'absurde, et invente un univers déconcertant *(Réalité ; Au poste ! ; Mandibules).*

Dupin (André Marie Jean Jacques) dit **Dupin Aîné** Magistrat et homme politique français (1783-1865). Président de la Chambre des députés (1832-1837) et de l'Assemblée législative (1848), il se rallia progressivement au second Empire.

Dupin (Charles, baron) Mathématicien et homme politique français (1784-1873). Frère de Dupin Aîné, il fut ministre de la Marine (1833). Il appliqua les résultats de ses travaux mathématiques à la construction des routes et des vaisseaux ainsi qu'à l'optique.

Dupin (Jacques) Poète français (1927-2012). Cofondateur de la revue *L'Éphémère*, il lie dans ses recueils son expérience du monde, la réalité de la langue et la confrontation avec la mort *(Gravir ; De nul lieu et du Japon ; Coudrier)*. On lui doit également des essais sur l'art moderne.

Duplantis (Armand) Perchiste suédois et américain (né en 1999). Il battit deux records du monde de saut à la perche en plein air en franchissant la barre à 6,15 m en 2020 et à 6,21 m en 2022. Médaille d'or aux Jeux olympiques de 2021.

Dupleix (Joseph François) Administrateur français (1697-1763). Gouverneur des établissements français de l'Inde (1742-1754), il y mena contre les Britanniques une politique d'expansion territoriale et parvint à contrôler la moitié du Dekkan. Rappelé en France, il fut désavoué. La guerre de Sept Ans provoqua la perte de ses acquisitions en Inde.

Duplessis (Maurice Le Noblet) Homme d'État canadien (québécois) [1890-1959]. Fondateur du parti de l'Union nationale, il fut Premier ministre du Québec de 1936 à 1939 et de 1944 à 1959.

Duplessis-Mornay (Philippe de Mornay, seigneur du Plessis-Marly, dit) Chef protestant français (1549-1623). Conseiller et ambassadeur d'Henri de Navarre (futur Henri IV), il fonda à Saumur la première académie protestante (1599).

duplex [dyplɛks] n. m. (mot latin → double) **1.** Système de télécommunications qui permet de transmettre des programmes émis simultanément de deux ou plusieurs stations (→ **multiplex**). *Émission en duplex.* **2.** Appartement sur deux étages reliés par un escalier intérieur.

duplexer v. tr. < 1 > Transmettre en duplex.

duplicata n. m. (mot latin médiéval → double) Second exemplaire d'une pièce ou d'un acte ayant même validité. *Le duplicata d'une quittance.* → **double.** *Des duplicatas* ou *des duplicata* (plur. latin).

duplicateur n. m. Appareil servant à reproduire un document en plusieurs exemplaires.

duplication n. f. (du latin, de *duplicare*, de *duplex* → double) **1.** Fait de (se) reproduire en double. ■ Copie d'un enregistrement. **2.** biol. *Duplication chromosomique* : présence d'un segment de chromosome supplémentaire à côté d'une paire de chromosomes normaux. – *Duplication de l'ADN.*

Duplice n. f. Alliance défensive signée à Vienne, le 7 octobre 1879, par l'Allemagne et l'Autriche-Hongrie.

duplicité n. f. (bas latin *duplicitas*, de *duplex* « double ») Caractère d'une personne qui feint, qui a deux attitudes, joue double jeu. → **fausseté, hypocrisie.**

dupliquer v. tr. < 1 > (de l'anglais, du latin *duplicare* → double, duplicata) Faire une ou plusieurs copies de. *Dupliquer un logiciel.* → **copier.**

Dupond (Patrick) Danseur français (1959-2021). Il fut à vingt ans le plus jeune danseur étoile de l'Opéra de Paris et commença une carrière internationale, travaillant notamment avec M. Béjart *(Giselle ; Salomé).* Il fut directeur de la danse à l'Opéra de Paris de 1990 à 1995.

Dupont (Pierre) Poète et chansonnier français (1821-1870). Il acquit une popularité considérable avec des *Chansons politiques* d'inspiration républicaine et socialiste. Inquiété après le coup d'État de 1851, il composa sa *Légende du Juif errant* (illustrée par Gustave Doré) et se consacra à la chanson rustique.

Dupont (Aurélie) Danseuse et chorégraphe française (née en 1973). Danseuse étoile, elle fit ses adieux à la scène en 2015 et prit la direction de la danse de l'Opéra de Paris (2016-2022). Cédric Klapisch lui a consacré un documentaire : *Aurélie Dupont, l'espace d'un instant.*

Dupont de l'Étang (Pierre Antoine) Général français (1765-1838). Défait à Bailén, il dut capituler et fut emprisonné (1808). Il devint ministre de la Guerre sous la première Restauration (1814).

Dupont de l'Eure (Jacques Charles Dupont, dit) Homme d'État français (1767-1855). Membre du Conseil des Cinq-Cents sous le Directoire, il fut député de l'opposition sous la Restauration, ministre de la Justice sous la monarchie de Juillet et président du gouvernement provisoire en 1848.

Dupont de Nemours (Pierre Samuel) Économiste français (1739-1817). Disciple de Quesnay et auteur de nombreux ouvrages d'économie politique *(Physiocratie)*, il fut le collaborateur de Turgot. ■ Éleuthère Irénée **Dupont de Nemours.** Chimiste français (1771-1834). Fils de Pierre Samuel, émigré aux États-Unis, il fonda une poudrerie (1802), à l'origine de la firme DuPont de Nemours. ■ Pierre Samuel **Dupont de Nemours.** Industriel américain (1870-1954). Petit-fils d'Éleuthère Irénée, il organisa le complexe industriel DuPont de Nemours.

Dupont-Sommer (André) Orientaliste français (1900-1983). Philologue et historien de l'Orient ancien, il fut l'un des premiers à traduire et à étudier les manuscrits de la mer Morte.

Duport ou **du Port** (Adrien Jean François) Homme politique français (1759-1798). Député à l'Assemblée constituante, il fut l'auteur d'un rapport sur l'organisation de la justice (1790). Il forma avec Barnave et A. de Lameth le triumvirat qui tenta de concilier les principes révolutionnaires et la monarchie.

Dupouy (Gaston) Physicien français (1900-1985). Il construisit le premier microscope électronique à lentilles magnétiques français (1944) et un microscope à rayons X (1960).

Duprat (Antoine) Prélat et homme politique français (1463-1535). Précepteur du futur François Ier, il fut fait chancelier (1515), négocia le concordat de Bologne (1516) et devint archevêque de Sens et cardinal.

Dupré (Louis) Danseur français (1697-1774). Illustre à travers l'Europe, il créa à l'Opéra de Paris les ballets de Rameau.

Dupré (Jules) Peintre français (1811-1889). Marqué par les paysages anglais de Constable, il fut l'un des principaux paysagistes de l'école de Barbizon. Observateur scrupuleux de la nature, il en relevait surtout les aspects tragiques et recherchait les effets de relief. *Le Grand Chêne.*

Dupré (Marcel) Organiste et compositeur français (1886-1971). Improvisateur et organiste virtuose à Saint-Sulpice, il fut un théoricien et un pédagogue influent au Conservatoire de Paris.

Dupuy de Lôme (Henri) Ingénieur du génie maritime français (1816-1885). Il construisit le premier bâtiment de ligne à

Dupond (Patrick)

Patrick Dupond dans *Les Mirages* de Serge Lifar à l'Opéra Garnier à Paris (1990).

hélice (le *Napoléon*) et le premier cuirassé français (la *Gloire*).

Dupuytren [dypɥitʀɛ̃] **(baron Guillaume)** Chirurgien français (1777-1835). Chirurgien de Louis XVIII et de Charles X, il a notamment décrit et traité la rétraction permanente des doigts *(maladie de Dupuytren)*.

Duque de Caxias Ville du Brésil (État de Rio de Janeiro), banlieue N. de Rio de Janeiro, sur la baie de Guanabara. 852 100 habitants. Raffinerie de pétrole.

duquel voir **lequel**

Duquesne (Abraham, marquis) Marin français (1610-1688). Il se distingua en Méditerranée contre les Hollandais (1675-1676) et contre les Barbaresques (1681-1682). Il fut l'un des rares protestants épargnés par la révocation de l'édit de Nantes.

Duquesnoy (François) dit **Francesco Fiammingo** ou **François Flamand** Sculpteur flamand (1597-1643). Fils et élève de **Henrich Duquesnoy**, auteur du célèbre *Manneken-Pis* (1619) à Bruxelles. Établi à Rome, il travailla pour le Bernin à la basilique Saint-Pierre (putti et statue de saint André) et réalisa une sainte Suzanne inspirée de la statuaire antique. ■ **Jérôme Duquesnoy** (1602-1654). Frère de François. Architecte, sculpteur et graveur, il réalisa le tombeau de l'évêque Triest à Saint-Bavon de Gand.

dur, dure (vient du latin *durus*) **I. adj. 1.** Qui résiste à la pression, au toucher ; qui ne se laisse pas entamer facilement. ➔ **résistant, rigide, solide ; dureté.** *Matières dures. Dur comme du bois. Roches dures et roches tendres.* – loc. fig. *Avoir la peau dure* : résister à tout. *Avoir la tête dure* : être obtus ou entêté. ■ *Du pain dur*, sec. ➔ **rassis.** *Œuf* dur.* – *Crayon dur et crayon gras. Brosse dure et brosse souple.* – *Disque* dur.* **2.** Qui résiste à l'effort, à une action. *Cette porte est dure*, elle résiste quand on l'ouvre ou la ferme. – fig. *Un enfant dur.* ➔ **difficile, turbulent.** ■ loc. *Être **dur d'oreille*** : être un peu sourd. *Avoir la vie dure* : résister longtemps à la mort. fig. *Les préjugés ont la vie dure.* ➔ **tenace.** ■ ***Dur à*** (+ n.) : résistant à. *Être dur à la tâche* (➔ **courageux, endurant**) ; *dur à la détente*.* – (+ inf.) ➔ **difficile.** *Aliment dur à digérer.* fig. *Affront dur à digérer, à avaler.* ■ Difficile, qui résiste à l'effort intellectuel. *Ce problème est dur.* ➔ **ardu.** *C'est trop dur pour moi.* **3.** Pénible à supporter. ➔ **âpre, rigoureux, rude.** *Un climat très dur.* ➔ **rigoureux, rude.** *Une dure leçon.* ➔ **sévère.** *Dure épreuve. De durs combats.* ➔ **acharné.** *Être à dure école.* – *Mener, rendre la vie dure à qqn*, le tourmenter. ■ *Avoir les traits* (du visage) *durs*, accusés et sans grâce. **4.** Qui manque de cœur, d'humanité, d'indulgence. ➔ **inflexible, inhumain, insensible, sévère, strict.** « *Il lui arrive d'être très dur* [...] *Il vous brise l'esprit d'un mot* » (Valéry). *Elle est dure pour, envers, avec ses enfants. Être dur en affaires.* – *Visage dur et fermé. Un ton dur.* ■ *La critique a été dure.* **5.** Intransigeant (surtout dans : *pur et dur*). **6.** Rigoureux. *Technologies dures* (microélectronique, robotique). *Sciences* dures.* **II. adv.** Avec violence. *Frapper, cogner dur.* ➔ **²fort.** – *Travailler dur.* ■ fam. *Dur, dur !* : c'est pénible ! **III. n. 1. n. m.** Ce qui est dur. *Bâtiment **en dur***, construit en matériau dur (opposé à *préfabriqué*). **2. n. f.** *La dure. Coucher sur la dure*, par terre, sur la terre nue. ■ ***À la dure*** : de manière rude, dure à supporter. **3.** *En voir de dures* : subir des épreuves pénibles. **4. n.** Personne qui n'a peur de rien, ne recule devant rien. *Jouer les durs. C'est une dure.* loc. fam. *Un dur de dur.* – *Un dur, une dure à cuire* : une personne qui ne se laisse ni émouvoir ni mener. ■ *Les durs d'un parti*, les intransigeants.

durabilité **n. f. 1.** didact. Caractère de ce qui est durable. **2.** dr. Temps d'utilisation (d'un bien) ou de validité (d'un droit).

durable **adj.** (latin *durabilis*, de *durare* ➔ **durer**) De nature à durer longtemps. *Une construction durable. Faire œuvre durable.* – *Développement* durable.*

durablement **adv.** D'une façon durable.

duraille **adj.** fam. Très dur, résistant à la pression. ■ Difficile à faire, à supporter. *Il est duraille, ton copain !*

dural, ale, aux **adj.** (de *dure-mère*) anat. Relatif à la dure-mère. *Membrane durale.*

duralumin **n. m.** (n. déposé, de *Düren*, ville d'Allemagne où cet alliage fut créé, et *aluminium*) Alliage léger d'aluminium, de cuivre, de magnésium et de manganèse.

duramen [dyʀamɛn] **n. m.** (mot latin, de *durus* ➔ **dur**) bot. Partie la plus ancienne, tout à fait lignifiée d'un tronc d'arbre. ➔ **cœur.**

Duran (Charles Durand, dit Carolus-) voir **Carolus-Duran**

Durance **n. f.** Rivière des Alpes du S. 323 km. Elle prend sa source au mont Genèvre et arrose Briançon, Embrun et Sisteron avant de se jeter dans le Rhône. À partir de Mallemort, la plus grande partie de ses eaux a été déviée vers l'étang de Berre et la Méditerranée. Aménagements hydroélectriques.

Durand (Jean Nicolas Louis) Architecte et théoricien français (1760-1834). Les doctrines rationalistes du *Précis des leçons d'architecture données à l'École polytechnique* eurent une influence décisive sur l'académisme.

Durandal ou **Durendal** Nom de l'épée légendaire de Roland dans *La Chanson de Roland*.

Durand-Ruel (Paul) Marchand de tableaux et collectionneur français (1831-1922). Défenseur des peintres de Barbizon dans sa galerie parisienne, il soutint les impressionnistes et assura leur succès aux États-Unis grâce à sa galerie de New York.

Durango Ville du Mexique dans la Sierra Madre occidentale, capitale de l'État du même nom. 518 700 habitants. Industrie textile et métallurgie.

durant **prép.** (p. prés. de *durer*) **1.** (avant le n.) Pendant la durée de. ➔ **³pendant.** *Durant la nuit. Durant tout l'été.* **2.** (après le n., dans des loc.) *Parler une heure durant*, pendant une heure entière. *Vous toucherez cette rente votre vie durant.*

Durante (Francesco) Compositeur italien (1684-1755). Professeur réputé à Naples, il composa de nombreuses œuvres religieuses (motets, messes) et quelques œuvres instrumentales.

Duranty (Louis Edmond) Écrivain français (1833-1880). Romancier réaliste, soucieux d'objectivité et d'analyse psychologique *(Le Malheur d'Henriette Gérard ; La Cause du beau Guillaume)*, il fut, comme critique d'art, l'un des premiers défenseurs des impressionnistes.

Duras (Marguerite Donnadieu, dite Marguerite) Romancière et cinéaste française (1914-1996). Après avoir évoqué sa jeunesse en Indochine *(Un barrage contre le Pacifique)*, elle s'orienta vers des récits d'apparence statique, vivifiés par la passion de l'écriture, l'exigence de l'amour absolu *(Le Ravissement de Lol V. Stein)* et la fascination de la folie ou du crime *(Moderato cantabile)*. On retrouve ses héroïnes habitées par l'attente, entre silence et logorrhée, dans son théâtre *(Savannah Bay)*, ses scénarios de film (*Hiroshima mon amour*, d'Alain Resnais) et ses propres films *(India Song)*. Elle est revenue à l'Indochine des années 1930 avec *L'Amant* (prix Goncourt 1984) et *L'Amant de la Chine du Nord*.

duratif, ive **adj.** ling. *Aspect duratif* : aspect d'une action considérée dans son développement, sa durée. ➔ **imperfectif.**

Durban ■ offic. **Durban-Pinetown** Ville d'Afrique du Sud, sur l'océan Indien. 536 600 habitants (agglomération : 3 090 100). Port, centre industriel et touristique.

Durbuy Commune de Belgique (province du Luxembourg). 11 458 habitants. Ville ancienne.

durcir **v.** < 2 > (de *dur*) **I. v. tr. 1.** Rendre dur, ferme. *La sécheresse durcit le sol.* **2.** fig. Rendre plus ferme, plus intransigeant. *Durcir son attitude.* **3.** Faire paraître dur, plus dur. *Cette coiffure lui durcit les traits.* **II. v. intr.** Devenir dur, ferme. *La neige a durci.* ■ **se durcir v. pron.** *Ses traits se sont durcis.* – *La grève s'est durcie.* ■ **durci, ie p. p.** *Un regard durci par la colère.*

durcissement **n. m. 1.** Fait de durcir ; son résultat. *Durcissement du ciment.* **2.** fig. *Durcissement d'une position politique.*

durcisseur **n. m.** Produit qui, ajouté à un autre, provoque son durcissement. – *Durcisseur pour les ongles.*

durée **n. f.** (de *durer*) **1.** Espace de temps qui s'écoule entre le début et la fin (d'un phénomène). *Pendant toute la durée du spectacle. Pour une durée de dix jours.* – « *Tout ce qu'elle aimait devait être de peu de durée* » (Bossuet). ➔ **éphémère.** *Piles longue durée.* **2.** Sentiment du temps qui passe. *Perdre la notion de la durée.* ➔ **temps.**

durement **adv. 1.** D'une manière pénible à supporter. *Il a été durement éprouvé par cette perte. Enfant élevé durement.* ➔ à la **dure. 2.** Sans bonté, sans humanité. *Répondre durement.*

dure-mère **n. f.** (latin *dura mater*) La plus superficielle et la plus résistante des trois méninges. *Des dures-mères.*

Düren Ville d'Allemagne (Rhénanie-du-Nord-Westphalie). 91 100 habitants. Industries.

durer **v. intr.** < 1 > (vient du latin *durare*) **I. 1.** Avoir une durée de. *Leur entretien a duré deux heures, dure encore, dure depuis midi. Cela n'a que trop duré.* ■ absolt *Durer* : durer longtemps. *Le beau temps dure.* ➔ **se maintenir.** *Faire durer le plaisir* : prolonger, entretenir qqch. qui plaît. ■ Sembler long (temps). **2.** Résister contre les causes de destruction, d'usure. ➔ **se conserver, tenir.** *Ce costume a duré deux ans.* – *C'est un matériau qui dure.* – fam. *Ça durera ce que ça durera* : cela ne durera pas longtemps, mais peu importe. **II.** (personnes) **1.** Vivre, exister longtemps. « *Qui veut durer, doit endurer* » (R. Rolland). « *Le Dur Désir de durer* » (poèmes d'Éluard). **2.** vieilli ou régional Demeurer, rester.

Dürer (Albrecht) Peintre et graveur allemand (1471-1528). Initié à l'orfèvrerie dans l'atelier de son père, il entreprit de nombreux voyages d'étude, au cours desquels il apprit la gravure, séjourna à Venise puis s'installa à Nuremberg après avoir assimilé la manière flamande et compris l'art italien. Artiste de génie, il témoigna, dans ses illustrations de l'Apocalypse et ses gravures sur bois de la Grande Passion, une maîtrise complète de son art. Sa peinture présente alors une grande variété de styles, italianisant dans *Hercule et les oiseaux du lac Stymphale*, germanique dans son *Christ de douleur*. À partir de 1500, il chercha à résoudre les problèmes de l'anatomie et de la perspective et posa les fondements de la technique moderne du burin. Après un second voyage à Venise, sa production picturale diminua au profit de recherches théoriques *(Traité des proportions du corps humain)* et de la gravure. Il se limita ensuite à graver des portraits et peignit le chef-d'œuvre des *Quatre Apôtres*. Dürer a exercé une influence durable sur tous les peintres de la Renaissance germanique (Cranach, Baldung, Altdorfer), et sur le romantisme allemand.

dureté **n. f.** (de *dur*) **1.** Propriété de ce qui est dur (1). *La dureté du marbre.* **2.** fig. *Dureté d'une eau*, qualité de l'eau qui renferme certains sels (de calcium, etc.) et ne produit pas de mousse avec le savon. **3.** Défaut d'harmonie, de douceur. *Dureté des traits du visage.* **4.** Caractère de ce qui est pénible à supporter. *La dureté d'un châtiment.* ➔ **sévérité. 5.** Manque de sensibilité, de cœur. ➔ **insensibilité, rudesse.** *Traiter qqn avec dureté.* – *Dureté d'âme, de cœur.*

Durey (Louis) Compositeur français (1888-1979). Membre du groupe des Six, il écrivit notamment de la musique de chambre (trois quatuors à cordes), des mélodies *(Bestiaire d'Apollinaire)* et des cantates (*La Longue Marche*, sur un texte de Mao Zedong).

Durgā Divinité hindoue, femme de Shiva. Elle est souvent représentée chevauchant un lion et combattant un démon sous forme de buffle.

Durg-Bhilainagar Ville d'Inde (Chhattisgarh). 1,06 million d'habitants. Centre sidérurgique.

durham [dyʀam] **n. et adj. (n. d'un comté anglais)** Race de bovins.

Durham (John George Lambton, 1er comte de) Homme politique britannique (1792-1840). Gouverneur en chef des colonies de l'Amérique du Nord britannique, il préconisa la réunion du Haut-Canada et du Bas-Canada.

Durham Comté du N. de l'Angleterre. 2 436 km^2. 493 500 habitants. Chef-lieu : Durham. Ancienne région houillère et sidérurgique.

Durham Ville du N. de l'Angleterre, chef-lieu du comté de Durham, au S. de Newcastle. 38 000 habitants. Université. La cathédrale de style anglo-normand (XIe-XIIe s.) est l'un des premiers exemples de voûtes d'ogives surmontant la nef.

Durham Ville des États-Unis (Caroline du Nord). 283 500 habitants. Universités (Duke University).

durian n. m. (mot malais, par l'espagnol) Grand arbre d'Asie et du sud-est de l'Afrique, dont le fruit ovoïde est comestible et savoureux, malgré sa mauvaise odeur.

durillon n. m. (de *dur*) Callosité qui se forme aux pieds, aux mains. → **^{2}cal, ^{2}cor.**

durit ou **durite** [dyʀit] **n. f. (n. déposé, prabablt de *dur*)** Tuyau en caoutchouc traité pour les raccords de canalisations des moteurs à explosion. *Changer une durit.* – **loc. fam.** *Péter* une durit.*

Durkheim (Émile) Sociologue français (1858-1917). Agrégé de philosophie, il occupa la première chaire de sociologie à la Sorbonne et voulut faire de cette discipline une science ayant son objet et sa méthode propres. Il affirma l'indépendance des faits sociaux et la nécessité de les traiter « comme des choses », tout en attribuant une importance croissante aux représentations collectives. *Les Règles de la méthode sociologique ; Le Suicide.*

Duroc (Géraud Christophe Michel), duc de Frioul Général français (1772-1813). Nommé grand maréchal du palais par Napoléon Ier (1805), il fut chargé de missions diplomatiques. Il se distingua à Austerlitz, Aspern et Wagram.

Duroselle (Jean-Baptiste) Historien français (1917-1994). Il fut un spécialiste de la France contemporaine et des relations internationales. *Histoire diplomatique de 1919 à nos jours.*

Duroy (Lionel Duroy de Suduiraut, dit Lionel) Écrivain français (né en 1949). Journaliste à *Libération,* il a ensuite écrit une quinzaine de romans qui pour la plupart revisitent sa tumultueuse histoire personnelle, familiale et amoureuse, avec une sincérité absolue. *Le Chagrin.*

Durrell (Lawrence George) Poète et romancier britannique (1912-1990). Grand voyageur marqué par le Proche-Orient, il fit d'Alexandrie le sujet central d'une tétralogie foisonnante qui célèbre la puissance de l'érotisme et raconte les mêmes évènements selon différents points de vue *(Le Quatuor d'Alexandrie).* Auteur de nombreux récits de voyage, il fit preuve du même pouvoir d'évocation dans sa poésie *(Villes, Plaines et Peuples).*

Dürrenmatt (Friedrich) Écrivain suisse de langue allemande (1921-1991). Ses tragicomédies expressionnistes, influencées par Brecht, développent une satire de l'actualité et empruntent souvent l'aspect de la fable ou de la parabole. *Le Mariage de Monsieur Mississippi ; La Visite de la vieille dame.*

Durrës Ville et port d'Albanie, sur l'Adriatique. 115 550 habitants. Centre industriel.

Durruti (Buenaventura Domingo) Syndicaliste et anarchiste espagnol (1896-1936). Il dirigea le front libertaire de l'Aragon *(colonne Durruti)* pendant la guerre civile et fut tué en défendant Madrid contre les franquistes.

Dur-Sharrukīn voir **Khorsabad**

Durtal Commune du Maine-et-Loire, sur le Loir. 3 343 habitants. Vestiges de fortifications (XVe-XVIe s.).

Duruflé (Maurice) Compositeur et organiste français (1902-1986). Organiste de Saint-Étienne-du-Mont et professeur au Conservatoire, il a composé de nombreuses pièces pour orgue et un *Requiem* inspiré du chant grégorien.

Duruy (Victor) Historien et homme politique français (1811-1894). Ministre de l'Instruction publique (1863-1869), il fit adopter d'importantes réformes libéralisant l'enseignement (création de cours pour les jeunes filles).

Durych (Jaroslav) Romancier tchèque (1886-1962). Écrivain catholique majeur, il renouvela le roman historique avec *Errances,* fresque complexe inspirée du personnage de Wallenstein.

Du Ryer (Pierre) Auteur dramatique français (1605-1658). Ses tragédies « irrégulières » à l'action complexe *(Saül ; Scévola)* lui valurent une place privilégiée, en marge du classicisme.

Dusapin (Pascal) Compositeur français (né en 1955). Élève de Xenakis, il en a retenu une écriture discontinue, progressivement épurée dans une œuvre abondante que distinguent ses recherches lyriques. Opéras : *Roméo et Juliette ; Medeamaterial ; Faustus, The Last Night.*

Duse (Eleonora) Actrice italienne (1858-1924). Ses interprétations d'Ibsen et de D'Annunzio, dont elle fut l'inspiratrice, la firent triompher en France et en Italie.

Du Sommerard (Alexandre) Archéologue français (1779-1842). Sa collection d'objets du Moyen Âge constitua le premier fonds du musée de Cluny, à Paris, dans les années 1840.

Dussek (Jan Ladislav Dusík, dit) Compositeur tchèque (1760-1812). Pianiste virtuose et pédagogue réputé, il est connu pour sa musique pour piano et sa musique de chambre.

Düsseldorf Ville d'Allemagne, capitale de la Rhénanie-du-Nord-Westphalie, sur le Rhin. 620 500 habitants. Vieille ville et musées d'art. Centre industriel, administratif et financier. Institut Max-Planck de sidérurgie. Aéroport international.

Dussollier (André) Acteur français (né en 1946). Il a cultivé, notamment dans le cinéma d'Alain Resnais, un personnage de séducteur subtil et rêveur *(Mélo ; On connaît la chanson ; Tanguy).*

André Dussollier (avec Sabine Azéma), sur le tournage de *Mélo* d'Alain Resnais (1985).

DUT [deyte] **n. m. (sigle de *diplôme universitaire de technologie*)** Diplôme national de technicien supérieur qui s'obtenait dans un IUT.

Dutert (Ferdinand Charles Louis) Architecte français (1845-1906). Pionnier de l'architecture métallique moderne, il a construit la Galerie des machines à l'Exposition universelle de 1889.

Dutilleux (Henri) Compositeur français (1916-2013). Il est connu pour ses compositions à l'écriture pure, sonate, ballet *(Le Loup),* musique pour orchestre *(Métaboles ; Timbres, espace, mouvement).*

Dutoit (Charles) Chef d'orchestre et violoniste suisse (né en 1936). Il dirigea notamment l'Orchestre symphonique de Montréal (1977-2002), l'Orchestre national de France (1991-2001), l'Orchestre de Philadelphie (2008-2012) et l'Orchestre philharmonique royal à Londres (2009-2018).

Dutourd (Jean) Romancier français (1920-2011). Ses récits et chroniques dénoncent avec verve la médiocrité suffisante qu'il décelait dans le progressisme, et témoignent de son expérience de la guerre *(Au bon beurre ; Jeannot, mémoires d'un enfant).*

Dutrochet (René Joachim Henri) Physiologiste français (1776-1847). Il découvrit le phénomène de l'osmose et son rôle dans la vie des plantes.

Dutronc (Jacques) Chanteur et comédien français (né en 1943). Chanteur à l'ironie désinvolte *(Et moi, et moi, et moi ; Il est cinq heures, Paris s'éveille),* il a enrichi son personnage au cinéma *(Van Gogh).*

Jacques Dutronc au Printemps de Bourges (1993).

duumvir n. m. (mot latin, de *duo* « deux » et *vir* « homme ») Dans la Rome antique, Membre d'un collège de deux magistrats.

duumvirat n. m. hist. Dignité, fonction de duumvir.

Duun (Olav) Écrivain norvégien (1876-1939). Instituteur issu d'un milieu paysan, il évoqua la vie des hommes du Nord aux prises avec les forces de la nature, en particulier dans la fresque épique *Les Gens de Juvik.*

Duval (Alexandre Pineux-Duval, dit Alexandre) Auteur dramatique français (1767-1842). Il écrivit de nombreuses comédies. C'est dans l'une d'elles, *Les Héritiers,* qu'apparaît la phrase devenue proverbiale « Cela fera du bruit dans Landerneau ».

Duval (Émile-Victor, dit le général) Chef militaire de la Commune de Paris (1841-1871). Ouvrier fondeur, membre de la Ire Internationale, il fut général de la Garde nationale durant la Commune. Il mourut fusillé par les versaillais.

Duvalier (François) Homme d'État haïtien (1909-1971). Élu président de la République en 1957, il régna en dictateur jusqu'à sa mort. ■ **Jean-Claude Duvalier** (1951-2014). Fils de François, il lui succéda en 1971 et fut renversé en 1986.

Duve (Christian de) Biologiste belge (1917-2013). Ses recherches biochimiques le conduisirent à la découverte du lysosome. Prix Nobel 1974.

Duverger (Maurice) Juriste et politologue français (1917-2014). Spécialiste du droit constitutionnel, il est l'auteur d'une étude sur *Les Partis politiques* qui est devenue un classique de la sociologie politique.

Duvergier de Hauranne (Jean) abbé de Saint-Cyran Théologien français (1581-1643). Il forma avec Jansénius des projets de réforme de l'Église catholique et fut le confesseur des religieuses de Port-Royal. Richelieu le fit emprisonner à Vincennes (1638).

duvet n. m. (altération de l'ancien français *dumet*, de *dum*, *dunn*, ancien nordique *dunn*) **I. 1.** Petites plumes molles et très légères des oisillons, et que l'on trouve chez les oiseaux adultes sur le ventre et le dessous des ailes. *Le duvet des poussins. Duvet de cygne. Couette de duvet.* – « *La neige en cette nuit flottait comme un duvet* » (Hugo). **2.** Sac de couchage bourré de duvet ou d'une matière analogue. **II.** Poils fins et doux (chez certains animaux et certaines plantes). *Tiges couvertes de duvet.* ▪ (chez l'être humain) *Avoir un léger duvet sur la lèvre supérieure.*

Duvet (Jean) Graveur et orfèvre français (v. 1485-v. 1570). Graveur visionnaire, il emprunta beaucoup à Dürer. *Histoire de la Licorne ; Apocalypse figurée.*

duveté, ée adj. Couvert de duvet. *Pêche duvetée. Lèvre duvetée.*

se **duveter** v. pron. < 5 > Se couvrir de duvet.

duveteux, euse adj. Qui a beaucoup de duvet.

Duveyrier (Henri) Explorateur français du Sahara (1840-1892). Il étudia les Touaregs du Nord.

Duvignaud (Jean) Sociologue et anthropologue français (1921-2007). Ses travaux portent principalement sur la sociologie de l'art et de la culture. *Sociologie du théâtre ; Fêtes et Civilisations.*

Du Vigneaud (Vincent) Biochimiste américain (1901-1978). Ses travaux sur les hormones (ocytocine et vasopressine) ont rendu possibles de nouveaux procédés de synthèse. Prix Nobel 1955.

Duvivier (Julien) Cinéaste français (1896-1967). L'un des maîtres du réalisme poétique des années 1930, il est l'auteur d'une œuvre abondante et variée, à l'atmosphère souvent très sombre. *La Bandera* d'après Mac Orlan ; *La Belle Équipe ; Pépé le Moko.*

duxelles n. f. (de *à la d'Uxelles*) cuis. Hachis de champignons cuits à l'étuvée, avec de l'ail et des échalotes, servant de farce.

Dvarka ou **Dwaraka** Ville d'Inde (Gujarat), dans le Kathiawar. 38 900 habitants. Port. L'une des sept villes sacrées de l'hindouisme ; centre de pèlerinage.

DVD n. m. (sigle de l'anglais *Digital Versatile Disc*) Disque optique numérique de grande capacité, à usages divers. *DVD audio, vidéo. Lecteur de DVD.*

DVD-cam n. m. ou f. Caméscope qui stocke les informations sur DVD.

DVD-ROM n. m. invar. DVD à haute capacité de stockage.

Dvina Occidentale n. f. en letton **Daugava** Fleuve d'Europe orientale (1 020 km). Issue des hauteurs du Valdaï (Russie), elle traverse le N. de la Biélorussie, pénètre en Lettonie et se jette dans la Baltique, près de Riga.

Dvina Septentrionale n. f. Fleuve de Russie (744 km). Elle se jette dans la mer Blanche à Arkhangelsk.

Dvořák (Antonín) [dvɔʀʒak] Compositeur tchèque (1841-1904). Il dirigea les conservatoires de New York et de Prague. Son œuvre, très abondante, s'inspire du folklore tchèque, de Liszt et de Brahms, et du langage harmonique de Wagner. *Symphonie « Du nouveau monde » ;* opéras *(Rusalka) ;* musique religieuse *(Stabat Mater) ; Danses slaves* (pour orchestre).

Dwan (Joseph Aloysius, dit Alan) Cinéaste américain (1885-1981). Il a réalisé plusieurs centaines de films, depuis l'époque du muet *(Robin des bois)* jusqu'aux westerns des années 1950 *(La Reine de la prairie ; Le mariage est pour demain).*

dyade n. f. (bas latin *dys, dyadis* « nombre de deux », du grec) didact. Ensemble de deux éléments. ▫ adj. **dyadique**

dyarchie n. f. (du grec *duo* « deux » et *-archie*) polit. Gouvernement simultané de deux rois, deux chefs, deux pouvoirs.

Dyck (Antoine Van) voir **Van Dyck**

dyke [dik ; dajk] n. m. (mot anglais « digue ») géol. Roche éruptive qui affecte la forme d'une muraille ou d'une colonne.

Dylan (Robert Zimmerman, dit Bob) Chanteur et compositeur américain (né en 1941). Chanteur folk, il devint rapidement, avec *Blowin' in the Wind*, le porte-parole de la jeune contestation américaine, puis se tourna vers le rock'n'roll avec des textes poétiques. *Highway 61 Revisited ; Blonde on Blonde.* Prix Nobel de littérature 2016.

Dyle n. f. Rivière de Belgique. 86 km. Elle arrose Louvain et Malines avant de se jeter dans le Rupel.

dynamicien, ienne n. didact. Spécialiste de la dynamique sociale et la dynamique de groupe.

-dynamie Élément (du grec *dunamis* « force »). → **dynamo-**.

dynamique (grec *dunamikos* « puissant, efficace », de *dunamis* « force ») **I.** adj. **1.** phys. Relatif aux forces, à la notion de force (s'oppose à *statique*). **2.** didact. Qui considère les choses dans leur mouvement, leur devenir. *Une morale dynamique.* **3.** cour. Qui manifeste une grande vitalité, de la décision et de l'entrain. *Une femme dynamique.* → [1]**actif, énergique, entreprenant.** *Un jeune cadre dynamique.* – *Une allure dynamique.* **II.** n. f. **1.** *La dynamique :* partie de la mécanique qui étudie le mouvement dans ses rapports avec les forces qui le produisent. **2.** Ensemble de forces orientées vers un développement, une expansion. *Créer une dynamique. La dynamique de l'idée européenne.* **3.** *Dynamique de(s) groupe(s) :* ensemble des règles qui président à la conduite des groupes sociaux dans le cadre de leur activité propre. **4.** Rapport, écart entre les niveaux extrêmes d'une grandeur physique. *La dynamique d'un signal exprimée en décibels.*

dynamiquement adv. Avec dynamisme.

dynamisant, ante adj. Qui dynamise. *Atmosphère dynamisante.*

dynamiser v. tr. < 1 > (de l'anglais, du grec *dunamis* → **dynam[o]-**) anglic. Donner, communiquer du dynamisme à. *Dynamiser une équipe.* ▫ n. f. **dynamisation**

dynamisme n. m. (du grec *dunamis* « force » → **dynam[o]-**) **1.** philos. Système qui reconnaît dans les choses l'existence de forces irréductibles à la masse et au mouvement (opposé à *mécanisme*). *Le dynamisme de Leibniz.* ▫ n. et adj. **dynamiste 2.** cour. Énergie, vitalité. *Il manque de dynamisme.*

dynamite n. f. (de l'anglais, du grec *dunamis* → **dynam[o]-**) Substance explosive, composée d'un mélange de nitroglycérine et de matières solides. *Attentat à la dynamite.* ▪ fig., fam. *C'est de la dynamite :* se dit de qqn ou de qqch. qui semble avoir un pouvoir explosif.

dynamiter v. tr. < 1 > Faire sauter à la dynamite. *Dynamiter un pont.* ▫ n. m. **dynamitage**

dynamiterie n. f. Fabrique de dynamite.

dynamiteur, euse n. Auteur d'attentats à la dynamite.

dynamo n. f. (abrév. de *[machine] dynamoélectrique*) Machine transformant l'énergie mécanique en énergie électrique. *La dynamo d'une automobile charge les accumulateurs.*

dynam(o)- Élément (du grec *dunamis*) signifiant « force ». → **-dynamie.**

dynamoélectrique adj. électr. Qui transforme l'énergie mécanique en énergie électrique. *Machine dynamoélectrique.* → **dynamo.**

dynamogène adj. physiol. Qui crée de l'énergie, de la force. *Sensation dynamogène,* qui augmente le tonus.

dynamogénie n. f. physiol. Accroissement de la fonction d'un organe sous l'influence d'une excitation.

dynamographe n. m. physiol. Instrument servant à enregistrer la force musculaire.

dynamomètre n. m. Instrument servant à mesurer l'intensité des forces.

dynastie n. f. (grec *dunasteia*, de *dunastês* « chef politique », famille de *dunamis* → **dynamique**) **1.** Succession de souverains d'une même famille. *La dynastie capétienne.* **2.** fig. Succession d'hommes célèbres, dans une même famille. *La dynastie des Bach.* ▫ adj. **dynastique**

dyne n. f. (du grec *dunamis* → **dynam[o]-**) Ancienne unité de mesure de force du système CGS, valant 10^{-5} newton.

-dyne Élément (du grec *dunamos* « force »).

D

dys [dis] (de *dys-*) n. m. *Les dys* ou appos. *les troubles dys :* l'ensemble des troubles cognitifs et d'apprentissage (dyslexie, dyspraxie, dyscalculie, etc.). *Les troubles de l'attention font aussi partie des dys.* ▪ n. Personne atteinte d'un dys. *La scolarité des dys.* – appos. *Les enfants dys.*

dys- [dis] Élément (du grec *dus-*) exprimant l'idée de difficulté, de trouble, de manque (ex. *dyslexie*).

dysacromélie n. f. (de *dys-*, du grec *akron* « bout » et *mélos* « membre ») méd. Difformité des extrémités des membres. → **dysmélie, dysmorphie.**

dysarthrie n. f. (de *dys-* et du grec *arthron* « articulation ») méd. Difficulté d'élocution due à une lésion des centres moteurs du langage. → **anarthrie.**

dysbarisme n. m. (de *dys-* et du grec *baros* « pesanteur ») méd. Ensemble de troubles dus à la baisse brutale de la pression atmosphérique ambiante, lors de voyages en haute altitude.

dysbasie n. f. (de *dys-* et du grec *basis* « action de marcher ») méd. Trouble de la marche.

dysboulie n. f. (de *dys-* et du grec *boulê* « volonté » → **aboulie**) rare Trouble de la volonté.

dyscalculie n. f. didact. Trouble de l'apprentissage du calcul.

dyschromatopsie n. f. (de *dys-*, du grec *krôma* « couleur » et de *-opsie*) méd. Trouble de la perception des couleurs. → **achromatopsie, daltonisme.**

dyscrasie n. f. (de *dys-* et du grec *krasis* « humeur ») méd. Trouble de la coagulation sanguine.

dysendocrinie n. f. méd. Trouble des glandes endocrines.

dysenterie [disɑ̃tʀi] n. f. (du latin, du grec, de *entera* « intestins » → **entéro-**) Maladie infectieuse provoquant des diarrhées graves. ▫ adj. et n. **dysentérique** [disɑ̃teʀik]

dysesthésie n. f. (de *dys-* et *esthésie*) méd. Trouble de la sensibilité (exaspérée ou affaiblie).

dysfonctionnel, elle adj. didact. Qui présente un dysfonctionnement. *Rein dysfonctionnel.* – *Couple dysfonctionnel.*

dysfonctionnement n. m. Trouble dans le fonctionnement. *Dysfonctionnement rénal.*

dysgénique adj. (anglais *dysgenic*) didact. Qui s'oppose à l'amélioration de la race (opposé à *eugénique*).

dysgraphie n. f. didact. Difficulté dans l'apprentissage de l'écriture. *Dysgraphie et dyslexie.*

dysharmonie n. f. **1.** Absence d'harmonie. → **disharmonie. 2.** psych. Dissociation schizophrénique. *Dysharmonie psychotique évolutive.*

dyshidrose ou **dysidrose** n. f. méd. Trouble de la sécrétion de la sueur. ▪ Sorte d'eczéma siégeant aux mains et aux pieds.

dyskinésie n. f. (de *dys-* et du grec *kinêsis* « mouvement ») méd. Trouble dans l'accomplissement des mouvements ou dans l'activité d'un viscère. *Dyskinésie cardiaque. Dyskinésie fonctionnelle :* crampe professionnelle.

dyslexie n. f. (de *dys-* et du grec *lexis* « mot » → **lexique**) didact. Trouble de la capacité à lire, ou difficulté à reconnaître et à reproduire le langage écrit. *Dyslexie et dysgraphie.* ▫ **dyslexique** adj. *Enfant dyslexique.* – n. *Un, une dyslexique.*

D

dyslogie n. f. méd. Trouble du langage lié à une altération des fonctions intellectuelles.

dysmélie n. f. (de *dys-* et du grec *mêlos* « membre ») méd. Développement anormal d'un ou de plusieurs membres, dû à un trouble de l'embryogenèse.

dysménorrhée n. f. (de *dys-* + grec *mên, mênos* « mois » + *-rrhée* ; *cf. aménorrhée*) méd. Menstruation difficile et douloureuse.

dysmnésie n. f. (d'après *amnésie*) méd. Altération de la mémoire des faits récents.

dysmorphie n. f. méd. Difformité d'une partie du corps.

dysorexie n. f. (du grec *dusorexia* « inappétence ») méd. Trouble de l'appétit.

dysorthographie n. f. didact. Trouble dans l'acquisition et la maîtrise de l'orthographe.

dysosmie n. f. (de *dys-* et du grec *osmê* « odeur ») méd. Trouble de l'olfaction.

dyspareunie n. f. (de *dys-* et du grec *pareunos* « compagne ou compagnon de lit ») méd. Douleur éprouvée par certaines femmes lors d'un rapport sexuel.

dyspepsie n. f. (du grec *duspepsia,* famille de *pepsis* « digestion » → pepsine) méd. Digestion difficile et douloureuse. □ adj. et n. **dyspeptique**

dysphagie n. f. (de *dys-* et *-phagie*) méd. Difficulté à avaler.

dysphasie n. f. (de *dys-* et du grec *phanai* « parler » → aphasie) méd. Trouble du développement du langage.

dysphonie n. f. méd. Trouble de la voix, souvent dû au dysfonctionnement des cordes vocales.

dysphorie n. f. (du grec *dysphoria* « angoisse ») didact. État de malaise douloureux (opposé à *euphorie*). ■ psychol. *Dysphorie de genre :* détresse ressentie par une personne dont l'identité de genre ne correspond pas au sexe attribué à la naissance.

dysplasie n. f. (de *dys-* et *-plasie*) méd., biol. Anomalie dans le développement des tissus, des organes, se traduisant par des malformations (avant ou après la naissance). *Dysplasie du col de l'utérus.*

dyspnée n. f. (de *dys-* et du grec *pnein* « respirer » → apnée, orthopnée) méd. Difficulté de la respiration.

dyspraxie n. f. (de *dys-* et du grec *praxis* « action » → apraxie) méd. Difficulté à effectuer des mouvements coordonnés, en dehors de toute lésion organique.

dysprosium [dispʀozjɔm] n. m. (du grec *dusprositos* « difficile à atteindre ») chim. Métal du groupe des terres rares, ressemblant à l'argent (symb. Dy ; n° at. 66 ; masse at. 2,5).

dystasie n. f. (de *dys-* et du grec *stasis* « action de se tenir debout ») méd. Difficulté à se tenir debout.

dystocie n. f. (du grec *dustokia* « accouchement difficile ») méd. Accouchement laborieux, difficile (opposé à *eutocie*).

dystomie n. f. (de *dy[s]-* et du grec *stoma* « bouche ») méd. Ensemble des différents troubles de la prononciation (zézaiement, chuintement...).

dystonie n. f. (de *dys-* et du grec *tonos* « énergie ») méd. Perturbation du tonus musculaire, trouble de la tonicité (d'un organe). ■ *Dystonie neurovégétative :* ensemble des troubles du système sympathique.

dystopie n. f. (de *dys-* et *utopie,* d'après l'anglais) Récit de fiction qui décrit un monde utopique sombre. 1984, *de George Orwell, est une dystopie.* □ adj. **dystopique**

dystrophie n. f. (du grec *trophê* « nourriture ») méd. Trouble de la nutrition ou du développement. □ adj. **dystrophique**

dysurie n. f. (du grec *dusouria*) méd. Difficulté à uriner.

dytique n. m. (du grec *dutikos* « plongeur ») zool. Insecte coléoptère à la carapace aplatie, très carnassier, qui vit dans l'eau.

dzaquillon n. m. (d'une forme dialectale du latin *Jacobus* et *-illon*) (Suisse) Costume féminin traditionnel du canton de Fribourg.

Dzerjinsk Ville de Russie, dans la région de Nijni-Novgorod, sur l'Oka. 261 300 habitants. Industries.

Dzerjinski (Feliks Edmoundovitch) Homme politique soviétique (1877-1926). Membre du Comité central du parti bolchevik (1917), il dirigea la Tcheka, puis la Guépéou.

Dzoungarie voir Djoungarie

E

e [ø] **n. m. invar. I.** Cinquième lettre, deuxième voyelle de l'alphabet. *É, è, ê, ë. Le e dit muet est souvent prononcé dans le sud de la France.* **II. 1.** La note *mi*, dans la notation anglo-saxonne et germanique. **2.** *E* : abréviation de *Est.* **3.** phys. Symbole de l'électron.

e- [i] Élément **(de l'anglais *electronic* « électronique »)** qui entre dans la composition de mots qui désignent des activités ou des produits liés aux réseaux informatiques (ex. e-commerce).

é- Élément **(du latin *e, ex* → [1]ex-)** marquant la privation, le changement d'état ou l'achèvement (ex. *éborgner, équeuter*). - var. **ef-** devant *f* (ex. *effeuiller*) ; **es-** devant *s* (ex. *esseulé*).

Éacides n. m. pl. Descendants d'Éaque, les Éacides, Pélée, Achille et Ajax, participent à la guerre de Troie décrite dans *L'Iliade.*

Eames (Charles Ormand) Architecte et designer américain (1907-1978). Ses pièces de mobilier sont devenues des classiques du design des années 1940 et 1950.

Eanes (Antonio Dos Santos Ramalho) Général et homme d'État portugais (né en 1935). Il prit part à la révolution des Œillets (1974). Il a été président de 1976 à 1986.

EAO [øao] **(sigle)** Abréviation de *enseignement assisté par ordinateur.*

Éaque Héros de la mythologie grecque, fils de Zeus et d'une nymphe, roi des Myrmidons.

Earhart (Amelia) Aviatrice américaine (1897-1937). Première femme pilote à traverser le Pacifique (1935), elle disparut en tentant un tour du monde.

earl grey [œʀlgʀɛ] **n. m. invar. (mot anglais, du n. du comte *[earl]* Grey)** Thé noir parfumé à la bergamote.

East Anglia n. f. Région d'Angleterre, au N.-E. de Londres. L'un des sept royaumes anglo-saxons (l'Heptarchie) du VIe au IXe s. Plaines céréalières.

Eastbourne Ville d'Angleterre (East Sussex), sur la Manche, au S. de Londres. 106 500 habitants. Station balnéaire.

East End Nom donné aux quartiers de Londres qui s'étendent à l'E. de la City, autour des docks de la Tamise. Zone industrielle et populaire au XIXe s. (décrite par Ch. Dickens), aujourd'hui rénovée.

East Kilbride Ville nouvelle d'Écosse, fondée en 1951 au S. de Glasgow. 73 800 habitants.

East London Ville et port d'Afrique du Sud, sur l'océan Indien. 300 000 habitants. Exportation de produits agricoles. Industries.

Eastman (George) Industriel américain (1854-1932). Il perfectionna les techniques photographiques (négatif papier, film transparent) et commercialisa, à travers sa firme Kodak, un boîtier portable (1888) qui permit la démocratisation de la photographie.

East River n. f. Chenal qui relie le détroit de Long Island à la baie de New York, en bordant à l'E. l'île de Manhattan. Plusieurs ponts le franchissent.

Eastwood (Clint) Acteur et cinéaste américain (né en 1930). Il joua les héros inflexibles dans les westerns de Sergio Leone et dans de nombreux films policiers *(L'Inspecteur Harry)*, avant de réaliser des films d'aventures et des drames empreints de pudeur et d'humanisme *(Pale Rider ; Honkytonk Man ; Sur la route de Madison).*

Eastwood (Clint)

Clint Eastwood dans *L'Homme des hautes plaines*, le premier western qu'il réalise, en 1973.

eau n. f. (vient du latin *aqua*) I. 1. Liquide naturel, inodore, incolore et transparent quand il est pur. → **aqua-, [1]hydr(o)-.** *L'eau est formée d'hydrogène et d'oxygène* (H_2O). *Eau lourde* (composée d'hydrogène lourd). *Eau de pluie. Eau de source. Eau douce ; eau de mer. L'eau gèle à 0 °C* (→ **glace**), *s'évapore à 100 °C* (→ **vapeur**). **2.** Ce liquide, utilisé par l'être humain. *Robinet d'eau froide, d'eau chaude. Laver qqch. à grande eau*, en faisant couler l'eau. *Boire de l'eau. Eau minérale gazeuse, non*

eau (cycle de l')

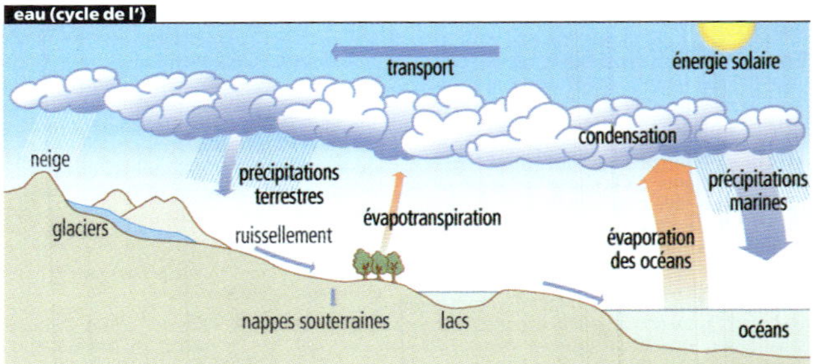

L'eau est stockée dans différents réservoirs : l'atmosphère, les mers et les océans, les eaux continentales et la matière organique. Toute perte d'eau dans un réservoir est compensée par le gain dans un autre. L'énergie solaire est le principal moteur de ces échanges permanents.

▶ Substance essentielle à la vie, l'**eau** (I) est présente en quantité constante sur la planète, mais les changements d'état entre ses diverses formes s'accompagnent dans certains cas de sa circulation. Le moteur du *cycle de l'eau* est l'énergie solaire, qui provoque l'évaporation de l'eau des lacs, des rivières et des mers. Elle engendre également la transpiration des êtres vivants (animaux, végétaux), qui constitue une source importante de vapeur (un chêne peut transpirer jusqu'à 500 litres d'eau par jour). Cette eau, après condensation dans l'atmosphère, est transportée par les vents avant de retomber en pluies à toutes les latitudes, de ruisseler vers les mers ou de s'infiltrer dans les sols pour alimenter les nappes phréatiques.
Le cycle de l'eau, déterminant pour les phénomènes climatiques, risque d'être bouleversé par l'augmentation de l'effet de serre. Il entraîne en outre une circulation des pollutions qu'elle peut contenir, comme c'est le cas pour les pluies acides originaires des bassins industriels (entre autres français et allemands), et que l'on retrouve jusqu'en Scandinavie.
voir aussi **serre (effet de), pollution**

gazeuse (plate). – loc. fig. *Mettre de l'eau dans son vin :* modérer ses prétentions. – au plur. *Eaux usées. Eaux polluées.* ■ ***Prendre l'eau*** : (vêtement) être perméable. ***Faire eau*** : (bateau) laisser entrer l'eau par une brèche. **3.** au plur. ***Les eaux*** : les eaux minérales d'une station thermale. *Aller aux eaux, prendre les eaux,* faire une cure thermale. *Une ville d'eaux.* **4.** Étendue ou masse plus ou moins considérable de ce liquide. *La surface, le fond de l'eau. Aller sur l'eau.* → **naviguer.** *Mettre un navire à l'eau,* le lancer. *Tomber à l'eau ;* fig. échouer, être oublié. – loc. fig. et fam. *Être sous l'eau, avoir la tête sous l'eau :* être débordé ; ne pas s'en sortir financièrement. ■ au plur. *Basses eaux,* niveau le plus bas d'un fleuve. *Le partage des eaux. Les grandes eaux,* jets d'eau et cascades d'un parc. – *Eaux territoriales,* zone de mer s'étendant des côtes d'un pays jusqu'à sa frontière maritime. **5.** Solution aqueuse. *Eau oxygénée.* **6.** Préparation alcoolisée parfumée avec des essences de fleurs, etc. → **lotion, parfum.** *Eau de Cologne. Eau de toilette. Eau de rose*.* **7.** *Les Eaux et Forêts*.* **II.** dans des loc. Sécrétion liquide incolore du corps humain. *Être (tout) en eau,* en sueur. *Avoir l'eau à la bouche,* saliver devant un mets appétissant ; fig. être attiré, tenté par qqch. de désirable. ■ au plur. Liquide amniotique. *Perdre les eaux.* **III.** Transparence, pureté (des pierres précieuses). *Un diamant de la plus belle eau.* – fig. *De la plus belle eau :* remarquable (dans son genre).

Eaubonne Commune du Val-d'Oise, au S. de la forêt de Montmorency. 25 498 habitants.

eau-de-vie n. f. Liquide alcoolique provenant de la distillation du jus fermenté des fruits *(eau-de-vie naturelle)* ou de la distillation de céréales, tubercules. → **alcool ;** fam. **gnole.** *Cerises à l'eau-de-vie. Des eaux-de-vie.*

eau-forte n. f. **1.** Acide nitrique dont les graveurs se servent pour attaquer le cuivre, là où le vernis a été enlevé par la pointe. *Graveur à l'eau-forte.* → **aquafortiste. 2.** Gravure utilisant ce procédé. *Des eaux-fortes.*

Eaux-Bonnes Village du S.-E. des Pyrénées-Atlantiques. Station thermale. Domaine skiable de Gourette.

Eaux-Chaudes (Les) Station thermale des Pyrénées-Atlantiques (commune de Laruns), sur le gave d'Ossau.

eaux-vannes n. f. pl. techn. Eaux usées provenant des toilettes, des bassins de vidange.

Eauze Commune du Gers, sur la Gélise. 3 998 habitants. Vestiges de la métropole gallo-romaine d'*Elusa*. Cathédrale Saint-Luperc (XVe-XVIe s.).

Ebadi (Shirin) Avocate iranienne (née en 1947). Militante de la cause des femmes et des enfants, elle défend un islam moderne, libéré de la culture patriarcale, et a dû s'exiler à Londres. Prix Nobel de la paix 2003.

ébahir v. tr. < 2 > (de l'ancien français *baer* → **bayer**) Frapper d'un grand étonnement. → **abasourdir, stupéfier.** *Voilà une nouvelle qui m'ébahit.* ■ **ébahi, ie** p. p. adj. → **ahuri, éberlué, stupéfait.** « *Je tombais des nues, j'étais ébahi* » (Rousseau).

ébahissement n. m. Étonnement extrême. → **stupéfaction, surprise.**

ébarber v. tr. < 1 > (de ***barbe***) **1.** techn. Débarrasser des aspérités, bavures (une surface ou une pièce mécanique, des feuilles de papier, etc.). → **limer.** □ n. m. **ébarbage 2.** Couper les barbes, les nageoires de (un poisson).

ébarboir n. m. techn. Outil qui sert à ébarber le métal.

ébarbure n. f. techn. Partie enlevée par l'ébarbage.

ébats n. m. pl. littér. ou plais. Jeux, mouvements d'un être qui s'ébat. – *Ébats amoureux,* activités érotiques.

s'ébattre v. pron. < 41 > (de ***battre***) littér. Se donner du mouvement pour s'amuser. → **batifoler, folâtrer.**

ébaubi, ie adj. (de l'ancien français ***baube***, famille de ***balbutier***) vieux Ébahi, ahuri. « *Je suis tout ébaubie et je tombe des nues* » (Molière).

ébauche n. f. **1.** Première forme, encore imparfaite, que l'on donne à une œuvre. → **esquisse. 2.** Première manifestation, commencement. *L'ébauche d'un sourire.*

ébaucher v. tr. < 1 > (de l'ancien français ***balc, bauch*** « poutre », du francique ***bosk*** → **bois**) **1.** Donner la première forme à (une matière). → **dégrossir.** □ n. m. **ébauchage 2.** Donner la première forme à (un ouvrage). **3.** Préparer dans les grandes lignes (une idée, un projet). → **esquisser. 4.** Commencer sans exécuter jusqu'au bout. *Ébaucher un geste.* – pronom. *Un rapprochement s'ébauche entre les deux pays.*

ébauchoir n. m. Outil (de sculpteur, d'artisan) pour ébaucher (1).

s'ébaudir v. pron. < 2 > (de l'ancien français ***bald*** « joyeux » → **baudet**) vieux Se réjouir.

ébavurer v. tr. < 1 > techn. Débarrasser (une pièce de métal) de ses bavures. □ n. m. **ébavurage**

Ebbinghaus (Hermann) Psychologue allemand (1850-1909). Ses travaux sur la mémoire en psychologie expérimentale lui permirent de mesurer le taux de rétention d'une information en fonction du temps écoulé depuis la dernière répétition. *Sur la mémoire.*

Ebbon Archevêque de Reims (775-851). Il prit le parti de Lothaire contre Louis le Pieux et Charles le Chauve, qui le déposa en 841 au profit d'Hincmar.

ébène n. f. (du latin, du grec ***ebenos***, mot égyptien) Bois de l'ébénier, très noir, d'un grain uni et d'une grande dureté. – loc. *Noir comme l'ébène.*

ébénier n. m. Arbre tropical qui fournit l'ébène. → **plaqueminier.**

ébéniste n. Artisan spécialisé dans la fabrication des meubles de luxe.

ébénisterie n. f. Fabrication des meubles de luxe, ou décoratifs. *Bois d'ébénisterie.*

Eberhardt (Isabelle) Écrivaine française (1877-1904). Elle mena une vie de nomade, notamment en Algérie et au Sahara. Elle se convertit à l'islam, devint journaliste et mourut accidentellement dans une inondation en Algérie. Ses récits témoignent de sa lutte en faveur des pauvres et de son attachement pour le Maghreb *(Dans l'ombre chaude de l'Islam ; Notes de routes ; Contes et Paysages).*

éberlué, ée adj. fam. Ébahi, stupéfait.

éberluer v. tr. < 1 > (de ***berlue***) fam. Étonner vivement. → **ébahir.**

Ebert (Friedrich) Homme d'État allemand (1871-1925). Dirigeant du parti social-démocrate, il devint chancelier du gouvernement provisoire après l'abdication de Guillaume II (1918) et fut le premier président de la République d'Allemagne (1919-1925).

Eberth (Karl Joseph) Médecin allemand (1835-1926). Il isola l'agent de la fièvre typhoïde *(bacille d'Eberth).*

Ebla Ville et royaume antiques de Mésopotamie, au S. d'Alep, dans l'actuelle Syrie. Le site a livré de nombreuses tablettes en écriture cunéiforme.

Éblé (Jean-Baptiste, comte) Général français (1758-1812). Lors de la retraite de Russie, il organisa le passage de la Bérézina par la Grande Armée (1812).

éblouir v. tr. < 2 > (vient du bas latin, du francique) **1.** Frapper et spécialt troubler (la vue ou une personne dans sa vision) par un éclat insoutenable. → **aveugler.** « *Trop de bruit nous assourdit, trop de lumière éblouit* » (Pascal). **2.** Frapper d'admiration. → **émerveiller.** *Nous étions éblouis par ce spectacle.* ■ Impressionner, séduire. *Il veut nous éblouir.*

éblouissant, ante adj. **1.** Qui frappe la vue par son éclat. → **aveuglant, éclatant. 2.** D'une beauté merveilleuse, d'une qualité brillante. → **fascinant.** *L'interprétation éblouissante d'un comédien.*

éblouissement n. m. **1.** État de la vue frappée par l'éclat trop brutal de la lumière. **2.** Trouble de la vue provoqué par une cause interne (faiblesse, congestion), ou externe (lumière trop forte, choc), souvent accompagné de vertige. **3.** Émerveillement, enchantement. *Ce spectacle était un éblouissement.*

Ebola [ebɔla] n. m. (n. d'une rivière de la République démocratique du Congo) Fièvre hémorragique causée par un virus à ARN *(virus Ebola). Cas suspects d'Ebola.*

ébonite n. f. (de l'anglais, de ***ebony*** → **ébène**) Matière plastique dure et noire, isolante, obtenue par la vulcanisation du caoutchouc.

e-book [ibuk] n. m. (mot anglais « livre [***book***] électronique » [→ **e-**]) anglic. **1.** Livre* numérique (recomm. offic.). *Télécharger des e-books.* **2.** Liseuse (IV) (recomm. offic.).

éborgner v. tr. < 1 > **1.** Rendre borgne. □ n. m. **éborgnement 2.** arbor. Débarrasser (un arbre fruitier) des jeunes bourgeons (yeux) inutiles. → **ébourgeonner.** □ n. m. **éborgnage**

Éboué (Félix) Administrateur français (1884-1944). Premier gouverneur noir d'une colonie (Guadeloupe, 1936), il rallia la France libre en 1940. Gouverneur de l'Afrique-Équatoriale française, il joua un rôle majeur à la conférence de Brazzaville.

éboueur, euse n. (de ***boue***) Personne chargée du ramassage des ordures. → fam. **[2]boueux.**

ébouillanter v. tr. < 1 > (de ***bouillant*** → **bouillir**) Passer à l'eau bouillante. *Ébouillanter des légumes.* → **blanchir.** ■ **s'ébouillanter** v. pron. Se brûler avec un liquide bouillant ou très chaud.

éboulement n. m. **1.** Chute de terre, de rochers, matériaux, constructions qui s'éboulent. → **affaissement, effondrement. 2.** Amas de terre ou de matériaux éboulés. → **éboulis.**

s'ébouler v. pron. < 1 > (d'abord « éventrer » ; de l'ancien français ***boel, boiel*** → **boyau**) Tomber par morceaux, en s'affaissant. *Le tas de bois s'est éboulé.* → **crouler, s'effondrer.**

éboulis n. m. Amas lentement constitué de matériaux éboulés.

ébourgeonner v. tr. < 1 > arbor. Débarrasser (un arbre fruitier) des bourgeons superflus. → **éborgner.** □ n. m. **ébourgeonnage**

ébouriffant, ante adj. fam. Qui paraît extraordinaire au point de choquer. *Une histoire ébouriffante.* → **renversant, stupéfiant.**

ébouriffé, ée adj. Dont les cheveux sont en désordre. → **échevelé.**

ébouriffer v. tr. < 1 > (famille du latin ***burra*** → **[1]bourre**) **1.** Mettre (les cheveux) en désordre. □ n. m. **ébouriffage 2.** fam. Surprendre au point de choquer.

ébouter v. tr. < 1 > Raccourcir (qqch.) en coupant le bout.

ébrancher v. tr. < 1 > Dépouiller (un arbre) de ses branches. → **élaguer, émonder, tailler.** □ n. m. **ébranchage**

ébranchoir n. m. agric. Serpe à long manche, servant à ébrancher les arbres.

ébranlement n. m. **1.** Oscillation ou vibration produite par un choc ou une secousse. → **commotion.** *L'ébranlement du sol.* → **tremblement. 2.** État de ce qui est affaibli, menacé. *L'ébranlement des institutions.* **3.** Choc nerveux qui a des répercussions sur l'équilibre mental. → **traumatisme.**

ébranler v. tr. < 1 > (de *branler* « trembler ») **1.** Faire trembler, vibrer par un choc. → **secouer.** *La détonation a ébranlé les vitres.* **2.** fig. Mettre en danger de crise ou de ruine. → **compromettre, déstabiliser.** *Les évènements ont ébranlé le régime.* **3.** Rendre peu ferme, incertain (la santé, la volonté, les opinions, le moral de qqn). – (compl. personne) Troubler, faire chanceler dans ses convictions. ■ **s'ébranler** v. pron. Se mettre en branle, en marche. *Le cortège s'ébranla.*

ébraser v. tr. < 1 > (origine obscure, p.-ê. de *embraser*) archit. Élargir (une baie) en ligne biaise. □ n. m. **ébrasement**

Èbre n. m. Fleuve d'Espagne (950 km). Il naît dans les monts Cantabriques, traverse la Navarre puis l'Aragon et se jette dans la Méditerranée en formant un delta, au S. de la Catalogne. La péninsule Ibérique lui doit son nom.

ébrécher v. tr. < 6 > (de *brèche*) **1.** Endommager en entamant le bord de. – au p. p. *Assiettes ébréchées.* **2.** fig. Diminuer, entamer. *Il a bien ébréché sa fortune.* → **écorner.**

ébréchure n. f. Partie ébréchée, petit morceau cassé du bord d'un objet.

ébriété n. f. (du latin, de *ebrius* « ivre ») (surtout style admin.) Ivresse. *Être en état d'ébriété,* ivre.

Ébroïn (mort v. 681). Maire du palais de Neustrie sous Clotaire III et Thierry III, il vainquit Pépin de Herstal, maire du palais d'Austrasie, à Leucofao (680). Il fit assassiner saint Léger.

s'ébrouer v. pron. < 1 > (du v. régional *brouer* « écumer » → **brouet**) **1.** (cheval) Souffler bruyamment en secouant la tête. **2.** Souffler en s'agitant. *Le chien s'ébroue en sortant de l'eau.* □ n. m. **ébrouement**

ébruiter v. tr. < 1 > (de *bruit*) Faire circuler (une nouvelle qui aurait dû rester secrète). → **divulguer.** – pronom. *Toute l'affaire s'est ébruitée.* → **se répandre.** □ n. m. **ébruitement**

ébulliomètre n. m. (de *ébullition* et *-mètre*) sc. Appareil servant à mesurer les températures d'ébullition des corps. - syn. **ébullioscope.**

ébulliométrie n. f. (de *ébullition* et *-métrie*) sc. Mesure des températures d'ébullition des corps. - syn. **ébullioscopie.**

ébullition n. f. (du latin, de *ebullire,* de *ex-* et *bullire* → **bouillir**) **1.** État d'un liquide qui bout. *Point d'ébullition,* température à laquelle un liquide se met à bouillir et passe à l'état gazeux. **2.** fig. État de vive agitation, de surexcitation. → **effervescence.** *Ébullition sociale. Tout le quartier est en ébullition.*

éburné, ée adj. (du latin, de *ebur* « ivoire ») didact. Qui a l'aspect, la consistance de l'ivoire. → **ivoirin.** - syn. **éburnéen, enne.**

Éburons n. m. pl. Peuple de la Gaule Belgique, établi entre le Rhin et l'Escaut. Sous la conduite d'Ambiorix, ils furent soumis par César en –53.

écaille n. f. (vient du francique *skalja,* famille de l'anglais *shell*) **1.** Petite plaque qui recouvre la peau (de poissons, de reptiles). → **squame.** *Les écailles du serpent.* **2.** Matière qui recouvre la carapace des tortues de mer. *Lunettes à monture d'écaille.* – Résine synthétique imitant cette matière. → **bakélite. 3.** Chacune des valves d'un mollusque bivalve. *Des écailles d'huîtres.* **4.** bot. Petite lame coriace imbriquée enveloppant certains organes de végétaux (bourgeons, bulbes). **5.** Petite parcelle se détachant d'une chose qui s'exfolie. ■ fig. *Les écailles lui sont tombées des yeux :* il vit clair, revint de ses erreurs (allus. à saint Paul recouvrant la vue).

écaillé, ée adj. Qui s'écaille. *Peinture écaillée.*

1écailler v. tr. < 1 > **1.** Enlever, racler les écailles de (un poisson). *Écailler une carpe.* **2.** Ouvrir (une huître). → **2écailler. 3.** Faire tomber en écailles (un enduit). – pronom. *La peinture s'écaille.* □ n. m. **écaillage**

2écailler, ère n. Personne qui ouvre et vend des huîtres, des fruits de mer.

écailleur n. m. techn. Instrument qui sert à écailler le poisson.

écailleux, euse adj. **1.** Qui a des écailles. **2.** Qui se détache par écailles.

écaillure n. f. (de *écailler*) Pellicule détachée d'une surface.

écale n. f. (vient du francique *skala ;* famille de *écaille*) bot. Enveloppe recouvrant la coque des noix, noisettes, amandes, châtaignes.

écaler v. tr. < 1 > Enlever l'écale de (noix, amandes...). → **décortiquer.** – *Écaler des œufs durs,* les dépouiller de leur coquille.

écalure n. f. (de *écale*) techn. Pellicule dure de certaines graines.

écarlate (latin médiéval *scarlata cf.* **scarlatine,** de l'arabe ou du persan) **1.** n. f. Couleur d'un rouge éclatant obtenue par un colorant tiré de la cochenille. **2.** adj. D'un rouge très vif. *Une fleur écarlate. Devenir écarlate* (de honte, de confusion). → **cramoisi.**

écarquiller v. tr. < 1 > (de *équartiller,* de *quart*) Ouvrir démesurément (les yeux).

écart n. m. (de *écarter*) **1.** Distance qui sépare deux choses qu'on écarte ou qui s'écartent. → **écartement.** – *Grand écart :* position où les jambes forment un angle de 180°. **2.** Différence entre deux grandeurs ou valeurs (dont l'une est une moyenne ou une grandeur de référence). *L'écart entre le prix de revient et le prix de vente.* → **variation.** ■ statist. *Écart type :* racine carrée de la variance. **3.** Action de s'écarter, de s'éloigner d'une direction ou d'une position. **4.** Fait de s'écarter d'une norme, des convenances. *Un écart de langage.* → **erreur, faute. 5.** Lieu écarté ; hameau. **6.** *À l'écart* loc. adv. : dans un endroit écarté, à une certaine distance (de la foule, d'un groupe). *Se tenir à l'écart.* – *Tenir qqn à l'écart,* ne pas le faire participer à une activité. – *À l'écart de* loc. prép. : écarté(e) de.

1écarté, ée adj. Assez éloigné des centres, des lieux de passage. → **isolé.** *Un chemin écarté* (→ **à l'écart**).

2écarté n. m. Jeu de cartes où chaque joueur peut, si l'adversaire l'accorde, écarter (→ **2écarter**) des cartes.

écartelé, ée adj. blason *Écu écartelé,* partagé en quatre quartiers égaux.

écartèlement n. m. Supplice consistant à écarteler (un condamné).

écarteler v. tr. < 5 > (de l'ancien français *esquarterer,* de *quartier ; cf.* **écarter**) **1.** anciennt Déchirer en quatre (un condamné) en faisant tirer ses membres par quatre chevaux. **2.** fig. Tirailler. – *« J'étais partagé et comme écartelé entre des forces contraires »* (Renan).

écartement n. m. Espace qui sépare une chose d'une ou plusieurs autres. → **écart, distance.** *L'écartement des essieux.*

1écarter v. tr. < 1 > (vient du latin pop. *exquartare,* de *quartus* → **2quart ;** *cf.* **écarteler**) **1.** Mettre (plusieurs choses ou plusieurs parties d'une chose) à quelque distance les unes des autres (s'oppose à *rapprocher*). → **séparer.** *Écarter les doigts.* **2.** Mettre à une certaine distance (d'une chose, d'une personne). → **éloigner.** *Écarter une table du mur.* ■ Repousser (qqch., qqn qui barre le passage). *Écarter les badauds.* **3.** fig. Éloigner (de qqn). *Écarter un danger.* → **1lever.** ■ Ne pas tenir compte de. *Écarter toute idée préconçue.* ■ Exclure (qqn). *On l'a écarté de l'équipe.* **4.** Éloigner d'une direction. *Écarter une rivière de son lit.* → **détourner.** ■ **s'écarter** v. pron. **1.** Se disperser. *Les nuages s'écartent.* **2.** S'éloigner (d'un lieu, d'une direction). *Nous nous écartons de la bonne route.* **3.** fig. Se détourner de, ne pas suivre (une ligne).

2écarter v. tr. < 1 > (de *é-* et *carte*) aux cartes Rejeter de son jeu (une ou plusieurs cartes). → **2écarté.**

écarteur, euse n. **1.** Personne qui provoque la bête et l'évite au dernier moment en faisant un écart, dans les courses landaises. **2.** n. m. chir. Instrument qui sert à écarter les lèvres d'une plaie, les parois d'une cavité.

E

ecballium [ɛkbaljɔm] n. m. (mot latin, du grec *ekballein* « lancer au-dehors », de *ballein* « lancer » → **bal**) Plante rampante du Midi *(Cucurbitacées),* aux fleurs jaunes, dont les fruits éclatent à maturité en projetant les graines.

Ecbatane Capitale de l'Empire mède (612-550 av. J.-C.). Elle fut sous Cyrus II le Grand l'une des capitales de l'Empire perse. Ses vestiges sont situés sous la ville actuelle d'Hamadān (Iran).

ECBU [øsebey] n. m. Examen cytobactériologique des urines.

ecce homo [ɛksеɔmo] n. m. invar. (mots latins « voici l'homme », prononcés par Ponce Pilate présentant le Christ au peuple juif) arts Tableau, sculpture représentant Jésus-Christ portant la couronne d'épines.

eccéité [ɛkseite] n. f. (du latin scolastique, de *ecce* « voici » → **ecce homo**) **1.** hist. philos. Principe qui fait qu'une essence est rendue individuelle. **2.** philos. (pour traduire l'allemand *Daisen*) Dans l'existentialisme, caractère de ce qui se trouve concrètement et particulièrement situé dans l'espace.

ecchymose [ekimoz] n. f. (du grec, de *khumos* « liquide, suc », de *khein* « verser ») Tache (noire, jaunâtre) produite par l'épanchement du sang sous la peau. → **bleu, contusion, hématome.**

ecclésial, iale, iaux adj. (du latin → **église**) didact. Qui concerne l'Église en tant que communauté.

Ecclésiaste (L') Livre de la Bible (–IIIe s.). Parfois attribué à Salomon, le texte exprime une philosophie désenchantée : « Vanité, tout est vanité ».

ecclésiastique (du latin, du grec, de *ekklêsia* → **église**) **1.** adj. Relatif à une Église, à son clergé. *L'état ecclésiastique.* **2.** n. m. Membre d'un clergé (→ **ministre, pasteur, prêtre, religieux**).

Ecclésiastique (L') Livre deutérocanonique de la Bible (–IIe s.). Il est composé de sentences et de louanges à la gloire de Dieu.

ecdysone n. f. (de l'allemand, du grec *ekdusis* « action de se dépouiller ») Hormone qui stimule la mue des larves d'insectes.

écervelé, ée adj. et n. Qui est sans cervelle, sans jugement. → **étourdi, 1fou.** *Une petite écervelée.*

Ecevit (Bülent) Homme d'État turc (1925-2006). Leader de centre-gauche, il fut Premier ministre à plusieurs reprises dans les années 1970 et de 1999 à 2002.

ECG voir **électrocardiogramme**

échafaud n. m. (de l'ancien français *chafaud,* venant du latin *catafalcum* → **catafalque**) **1.** vieux Plateforme sur une charpente. → **tréteau. 2.** Plateforme en charpente destinée à l'exécution des condamnés. ■ par ext. Peine de mort par décapitation. → aussi **guillotine.**

échafaudage n. m. (de *échafauder*) **1.** Construction temporaire, passerelles, plates-formes soutenues par une charpente (sur la façade d'un bâtiment à édifier ou à réparer). **2.** Assemblage de choses posées les unes sur les autres. → **pyramide.** *Un écha-*

faudage de livres. **3.** Élaboration progressive. *L'échafaudage d'un système.*

échafauder v. < 1 > **(de *échafaud* [1]) I. v. intr.** Construire un échafaudage. *Échafauder pour bâtir un mur.* **II. v. tr. fig. 1.** Former par des combinaisons hâtives et fragiles. *Échafauder des hypothèses.* **2.** Élaborer progressivement. *Échafauder un projet.*

échalas n. m. **(de l'ancien français *charas*, venant du latin pop., du grec *kharax* « pieu », d'après *échelle*) 1.** Pieu en bois que l'on enfonce dans le sol au pied d'un arbuste, d'un cep de vigne pour le soutenir. **2. fig. péj.** *Un grand échalas,* une personne grande et maigre. → **[2]perche.**

échalasser v. tr. < 1 > agric. Garnir (une vigne, une plante) d'échalas, de supports.

échalier n. m. **(vient du latin *scalarium*, de *scalaris* → escalier) 1.** Échelle rudimentaire permettant de franchir une haie. **2.** Clôture mobile barrant l'entrée d'un champ.

échalote n. f. **(de l'ancien français *échalogne*, du latin *ascalonia* « d'Ascalon » [ville])** Variété d'ail dont les bulbes sont utilisés comme condiment. *Onglet à l'échalote.* – *Course à l'échalote,* où l'on force qqn à courir en le tenant par le col et par le fond de culotte **(d'après *oignon* « cul »).**

échancrer v. tr. < 1 > **(de *chancre* [qui entame])** Creuser ou découper en creux (arrondi ou angle). *Échancrer une encolure.* ■ **échancré, ée adj.** *Un corsage échancré.* → **décolleté.** – *Côte échancrée.* → **découpé.**

échancrure n. f. Partie échancrée. *L'échancrure d'une robe.* → **décolleté.** *L'échancrure d'un rivage.* → **[1]baie, golfe.**

échange n. m. **1.** Opération par laquelle on échange (des biens, des personnes). *Un échange de prisonniers. Échange standard*.* ■ Fait de donner une chose contre une autre. → **troc.** *Monnaie d'échange.* **2.** au plur. Commerce, opérations commerciales. *Les échanges internationaux.* **3.** Communication réciproque (de documents, renseignements, etc.). *Un échange de lettres. Un échange de vues*.* – *Un échange culturel entre deux pays.* **4.** biol. Passage de substances entre la cellule et le milieu extérieur. *Échanges gazeux.* **5.** sports Fait d'échanger (des coups, des balles). ***En échange* loc. adv. :** de manière qu'il y ait échange. → **en contrepartie, en retour.** – ***En échange de* loc. prép. :** pour compenser, remplacer, payer.

échangeable adj. Qui peut être échangé.

échanger v. tr. < 3 > **(de *é-*, *es-* et *changer*) 1.** *Échanger qqch. contre qqch.,* laisser (qqch.) à qqn en recevant une autre chose en contrepartie. – **(sujet au plur.)** Donner et recevoir (des choses équivalentes). *Ils échangent des timbres.* **2.** Adresser et recevoir en retour. *Échanger un regard avec qqn.* – **(sujet au plur.)** Se faire des envois, des communications réciproques de (choses du même genre). *Échanger ses impressions.*

échangeur n. m. **1.** Appareil destiné à réchauffer ou refroidir un fluide au moyen d'un autre fluide. **2.** Intersection routière à plusieurs niveaux.

échangisme n. m. Pratique qui consiste à échanger ses partenaires sexuels entre couples.

échangiste n. et adj. **1.** dr., comm. Personne qui est partie dans un échange. **2.** Personne qui pratique l'échangisme. – adj. *Un club échangiste.*

échanson n. m. **(vient du francique)** Officier d'une cour, dont la fonction était de servir à boire à la table du prince.

échantillon n. m. **(de l'ancien français *eschandil*, venant du latin pop., de *scandere* → scander) 1.** Petite quantité (d'une marchandise) qu'on montre pour donner une idée de l'ensemble. *Un échantillon de parfum.* ■ **fig.** → **aperçu. 2.** Spécimen remarquable (d'une espèce, d'un genre). → **exemple, représentant. 3.** Fraction représentative d'une population, choisie en vue d'un sondage. → **panel. 4.** inform. Élément obtenu par échantillonnage. *Un échantillon musical.* → **sample.**

échantillonnage n. m. **1.** Action d'échantillonner. **2.** Collection d'échantillons. **3.** inform. Procédé qui consiste à prélever et à numériser différentes valeurs d'un signal. ■ spécialt Ce procédé, utilisé dans la création musicale. → **sampling.**

échantillonner v. tr. < 1 > **1.** Prélever, choisir des échantillons de (tissus, produits, etc.). **2.** Choisir comme échantillon en vue d'un sondage. **3.** inform. Opérer l'échantillonnage de. *Échantillonner des sons.* → **sampler.**

échantillonneur, euse n. **1.** Personne chargée de prélever des échantillons. **2. n. m.** inform. Dispositif qui permet d'échantillonner des données. *Échantillonneur de sons.* → **sampleur.**

échappatoire n. f. Moyen détourné par lequel on cherche à se tirer d'embarras. → **dérobade, faux-fuyant, subterfuge.**

échappé, ée n. vieilli Personne qui s'est enfuie d'un lieu où elle était gardée. → **évadé.**

échappée n. f. **1.** vieux Action de s'échapper, fuite. **2.** sports Action menée par un ou plusieurs coureurs cyclistes qui lâchent le peloton. **3.** Espace libre mais resserré (ouvert à la vue, à la lumière). → **vue. 4.** littér. Bref moment, intervalle. **5.** Espace ménagé pour un passage. → **dégagement.**

échappement n. m. **(d'abord « action d'échapper ») 1.** Mécanisme d'horlogerie qui règle le mouvement. **2.** Dernière phase de la distribution et de la circulation de la vapeur dans les cylindres. – Dernier temps du cycle d'un moteur pendant lequel les gaz brûlés sont évacués. *Pot d'échappement.* **3.** méd. *Échappement thérapeutique :* diminution progressive de l'effet thérapeutique. *Échappement immunitaire :* diminution de la réponse immunitaire.

échapper v. < 1 > **(vient du latin pop. *excappare*, de *ex-* et *cappa* → chape, au sens de « manteau ») I. v. tr. ind. *Échapper à* 1.** Cesser d'être prisonnier de (un lieu, une personne). *Ils ont échappé à leur gardien.* → **s'évader, s'enfuir. 2.** Cesser de subir l'influence de, ne pas pouvoir être retenu par. *« Le temps m'échappe et fuit »* (Lamartine). **3.** Être prononcé par inadvertance par (qqn). *Ça m'a échappé.* **4.** Éviter (qqn, qqch. de désagréable ou de menaçant). *Il a échappé à la police. Vous ne pourrez pas y échapper.* → **couper.** ■ Se tirer de (un danger). *Échapper à un accident.* → **réchapper. 5. (choses)** N'être pas touché, contrôlé, compris par. *Rien ne lui échappe,* il remarque tout. *Le sens de cette phrase m'échappe.* – *Son nom m'échappe,* je ne m'en souviens pas. **II. v. tr. ind. *Échapper de* (choses)** Cesser d'être tenu, retenu par. *La tasse lui a échappé des mains.* → **glisser, tomber. III. (v. tr.) loc. (d'abord « manquer une balle facile ») *L'échapper belle,*** échapper de justesse à un danger. ■ **s'échapper (de) v. pron. 1.** S'enfuir, se sauver. *Les prisonniers se sont échappés.* → **s'évader.** ■ S'en aller, partir discrètement. *Elle s'est échappée de la réunion.* → **s'esquiver. 2. (choses)** Sortir. *Le gaz s'échappe du tuyau.*

écharde n. f. **(vient du francique *skarda*)** Petit fragment pointu de bois ou épine qui a pénétré sous la peau par accident.

écharner v. tr. < 1 > techn. Débarrasser (une peau) de la chair qui y adhère. □ **n. m. écharnage** ou **écharnement**

écharpe n. f. **(vient p.-ê. du francique *skirpa* ou du latin pop. *excarpere* « déchirer ») 1.** Large bande d'étoffe servant d'insigne. *L'écharpe tricolore des maires.* **2.** Bandage qui sert à soutenir l'avant-bras. – **loc.** *Avoir un bras **en écharpe**,* soutenu par un bandage passé par-dessus une épaule. ■ ***En écharpe* loc. adv. :** en oblique. *Le camion a été pris en*

échauguette

Échauguette de la citadelle de Vauban, à Belle-Île.

écharpe, accroché sur le côté. **3.** Bande de tissu, de tricot qu'on porte autour du cou. → **cache-col, cache-nez, foulard. 4.** techn. Pièce de menuiserie disposée en diagonale.

écharper v. tr. < 1 > **(de l'ancien français *charpir* « déchirer » → charpie)** Déchiqueter, massacrer. *Se faire écharper par la foule.* → **lyncher.** ■ **fig.** *La critique l'a écharpé.*

échasse n. f. **(vient du francique *skakkja*, de *skakan* « courir vite », famille de l'anglais *to shake*) 1.** Chacun des deux longs bâtons munis d'un étrier pour le pied, permettant de se déplacer dans des terrains difficiles. **2.** zool. Oiseau migrateur à hautes pattes fines, au plumage blanc et noir.

échassier n. m. zool. Oiseau des marais à longues pattes fines. *Le héron et la cigogne sont des échassiers.*

échaudage n. m. **1.** Action de passer à l'eau chaude. **2.** agric. Accident qui frappe les céréales, les vignes échaudées.

échaudé, ée 1. adj. agric. Flétri, desséché par un excès de chaleur. *Du blé échaudé.* **2. n. m.** Gâteau léger de pâte trempée dans l'eau très chaude puis passée au four.

échauder v. tr. < 1 > **(vient du latin *excaldare*, de *caldare*, de *caldus* → chaud) 1.** Passer, laver à l'eau chaude. **2.** Plonger, tremper dans l'eau bouillante. *Échauder des tomates.* → **ébouillanter.** ■ vieux ou régional Brûler avec un liquide chaud. – prov. *Chat* échaudé craint l'eau froide.* **3. (personnes) fig.** *Se faire échauder, être échaudé,* être victime d'une mésaventure, éprouver un dommage, une déception.

échaudoir n. m. techn. Grande cuve où l'on échaude les bêtes abattues. – Local réservé à cette opération.

échauffement n. m. **1.** Fait de s'échauffer. *L'échauffement d'une pièce mécanique.* **2.** Action d'échauffer le corps (par des mouvements appropriés). *Exercices d'échauffement.* **3.** techn. Altération, fermentation due à la chaleur. *L'échauffement des céréales.* **4.** vieilli État inflammatoire, irritation.

échauffer v. tr. < 1 > **(vient du latin pop., de *calere*, de *caldus* → chaud)** Rendre chaud par degrés. ■ **fig.** *Échauffer les esprits.* → **enflammer.** – **loc.** *Échauffer la bile,* exciter la colère. *Échauffer les oreilles à qqn,* l'irriter. ■ **s'échauffer v. pron. 1.** Entraîner ses muscles avant l'effort. **2.** S'animer, se passionner en parlant. *Elle s'échauffe dès qu'on aborde ce sujet.*

échauffourée n. f. **(de *chaufour* ou *eschauffe* → échauffer, et *fourrer*)** Courte bataille. → **accrochage, bagarre.**

échauguette n. f. (vient du francique « troupe *[skâra]* de garde, de guet *[wahta]* ») Guérite en pierre aux angles des châteaux forts, des bastions, pour surveiller. → **poivrière.**

èche voir **esche**

échéance n. f. (de *échoir*) **1.** Date à laquelle expire un délai ; fin d'une période de temps. → **expiration, ¹terme.** *L'échéance d'un loyer.* **2.** Obligations, paiement dont l'échéance tombe à une date donnée. *Une lourde échéance.* **3.** Date à laquelle une chose doit arriver. *L'échéance électorale.* **4.** *À longue, à brève échéance* loc. adv. : à long, à court terme.

échéancier n. m. **1.** Registre des paiements à effectuer ou à recevoir inscrits à la date de leur échéance. **2.** par ext. Ensemble de délais à respecter. → **calendrier, planning.**

échéant, ante adj. (du p. prés. de *échoir*) **1.** dr. Qui arrive à échéance. *Terme échéant.* **2.** *Le cas échéant* loc. adv. : si l'occasion se présente.

échec n. m. (de l'arabe, du persan *šāh* [« le roi » → schah] *mat* [« est mort » → ²mat]) **I.** *Les échecs* : jeu dans lequel deux joueurs font manœuvrer l'une contre l'autre deux séries de 16 pièces (pion, fou, cavalier, tour, roi, reine), sur une tablette divisée en 64 cases (→ **échiquier**). *Un jeu d'échecs. Championnat d'échecs.* **II.** au sing. (aux échecs) Situation du roi ou de la reine qui se trouve sur une case battue par une pièce de l'adversaire. – adj. *Être échec et mat,* avoir perdu la partie. **III.** fig. **1.** Fait de ne pas réussir, de ne pas obtenir qqch. → **échouer ; défaite, revers.** *Subir un échec. L'échec scolaire.* ■ Insuccès, faillite (d'un projet, d'une entreprise). *Tentative vouée à l'échec.* **2.** *En échec* loc. adv. *Tenir qqn en échec,* le mettre en difficulté, entraver son action.

Echegaray y Eyzaguirre (José) Poète et auteur dramatique espagnol (1832-1916). Ingénieur puis politicien, il fut ministre du Commerce et des Finances. Il excella dans le mélodrame *(Le Grand Galérien ; Vie joyeuse et Mort triste).* Prix Nobel 1904.

échelette n. f. (de *échelle*) Oiseau grimpeur du genre passereau. → **grimpereau.**

échelier n. m. Échelle à un seul montant central.

échelle n. f. (vient du latin *scala,* de *scandere* « monter » → scander ; échalier, escale, escalier ; scandale) **1.** Objet formé de deux montants réunis de distance en distance par des barreaux transversaux (→ **échelon**) servant de marches. *Monter sur une échelle, à l'échelle. Échelle double,* formée de deux échelles réunies par leur sommet. *Échelle d'incendie. La grande échelle des pompiers.* – *Échelle de corde,* dont les montants sont en corde. – *Échelle de meunier* : escalier droit sans contremarches. – (bateau) *Échelle de coupée,* servant à monter à bord. – loc. *Faire la courte échelle à qqn* : l'aider à s'élever en lui offrant comme points d'appui les mains puis les épaules. **2.** Suite continue ou progressive. → **hiérarchie, série.** *Échelle (sociale),* hiérarchie des conditions, des situations. *Être en haut, en bas de l'échelle. L'échelle des valeurs.* – *L'échelle des salaires. Échelle mobile,* prix, salaires variant selon le coût de la vie. ■ mus. *Échelle des sons.* → **gamme.** **3.** Rapport existant entre une longueur et sa représentation sur la carte ; proportion (d'un modèle réduit, d'un plan). *1 mm représente 100 m à l'échelle de 1/100 000. Carte à grande échelle,* détaillée. – fig. *Faire qqch. à grande échelle, sur une grande échelle,* en grand, largement. **4.** Série de divisions (sur un instrument de mesure, un tableau, etc.). → **graduation.** *L'échelle d'un thermomètre. Échelle de Beaufort,* pour mesurer la force du vent (graduée de 0 à 12). *Séisme de magnitude 6 sur l'échelle de Richter.* – fig. *À l'échelle (de)* : selon un ordre de grandeur, à la mesure (de). *À l'échelle mondiale.* **5.** Série de mailles filées sur la longueur d'un bas, d'un collant.

échelon n. m. (du radical de *échelle*) **1.** Traverse d'une échelle. → **barreau, degré.** **2.** Ce par quoi on monte, on descend d'un rang à un autre. *Gravir les échelons du pouvoir.* ■ spécialt Position d'un fonctionnaire à l'intérieur d'un grade, d'une classe. **3.** *À l'échelon (de)* : selon le niveau (d'une administration, etc.). *À l'échelon départemental.* **4.** milit. Élément d'une troupe fractionnée en profondeur.

échelonner v. tr. < 1 > **1.** Disposer (plusieurs choses) à une certaine distance les unes des autres, ou par degrés. → **graduer.** **2.** Distribuer dans le temps, exécuter à intervalles réguliers. *Échelonner les paiements.* → **¹étaler.** – pronom. *Les travaux s'échelonneront sur un an.* → se **répartir.** □ n. m. **échelonnement**

écheniller v. tr. < 1 > Débarrasser (un arbre, une haie) des nids de chenilles qui s'y trouvent. □ n. m. **échenillage**

échenilloir n. m. Cisaille fixée à l'extrémité d'une perche et qui sert à écheniller les arbres ou à couper les hautes branches.

Echenoz (Jean) Écrivain français (né en 1947). Ses romans portent l'art d'écrire au premier plan à travers une langue inventive et minutieuse, mêlée d'ironie et de légèreté. *Cherokee ; L'Équipée malaise ; Je m'en vais ; Courir.*

écher voir **escher**

écheveau n. m. (vient p.-ê. du latin *scabellum* → escabeau, pour « dévidoir ») **1.** Assemblage de fils repliés et réunis par un fil de liage. *Un écheveau de laine.* **2.** fig. Situation compliquée.

échevelé, ée adj. **1.** Dont les cheveux sont en désordre. → **décoiffé, ébouriffé.** **2.** Désordonné, effréné.

écheveler v. tr. < 4 ou RO 5 > (de *chevel* → cheveu) littér. Mettre en désordre les cheveux de (qqn). □ n. m. **échevellement** ou RO **échevèlement**

Echeverría Álvarez (Luis) Homme d'État mexicain (1922-2022). Dirigeant du Parti révolutionnaire institutionnel, il fut président de la République de 1970 à 1976.

échevin, ine n. (vient du francique *skapin* « juge ») **1.** n. m. hist. Magistrat municipal (jusqu'à la Révolution). **2.** Adjoint(e) au bourgmestre, aux Pays-Bas, en Belgique et au Luxembourg. □ adj. **échevinal, ale, aux**

échevinage n. m. **1.** Fonction d'échevin. → **échevinat.** – Durée de cette fonction. **2.** Corps des échevins d'une ville.

échevinat n. m. Charge d'échevin. → **échevinage.**

Échidna Monstre de la mythologie grecque. Mi-femme mi-serpent, elle enfante Cerbère, la Chimère, l'Hydre de Lerne et le lion de Némée.

échidné [ekidne] n. m. (grec *ekhidna* « vipère » [à cause du bec], p.-ê. confusion avec *ekhinos* → échinoderme) zool. Mammifère australien, ovipare, à bec corné, hérissé de piquants.

échiffre n. m. (ancien français *eschif* « abrupt », d'origine germanique ; famille de *esquiver*) techn. *Mur d'échiffre* ou *échiffre* : mur qui supporte les marches d'un escalier.

échine n. f. (vient du francique *skina* « baguette, aiguille ») **1.** Colonne vertébrale de l'homme et de certains animaux ; région correspondante du dos. – loc. *Courber, plier l'échine,* se soumettre. **2.** Viande de porc correspondant à une partie de la longe.

s'échiner v. pron. < 1 > Se donner beaucoup de peine, s'éreinter. *Je m'échine à le lui répéter.*

échinocactus [ekinokaktys] n. m. (grec *ekhinos* « hérisson, oursin » et *cactus*) bot. Cactus à tige trapue arrondie en globe (ressemblant à un oursin).

échinococcose [ekinɔkɔkoz] n. f. (→ ²-ose) méd. Affection provoquée par les échinocoques ou leurs larves qui se développent dans les viscères.

échinocoque [ekinɔkɔk] n. m. (du latin savant, du grec *ekhinos* « oursin » et *kokkos* « grain » et « insecte ») zool. Ver plat parasite des chiens et des herbivores, parfois des hommes (→ **échinococcose**).

échinoderme [ekinɔdɛʀm] n. m. (du grec *ekhinos* « hérisson » et « oursin », et → -derme) Invertébré marin à symétrie radiale (embranchement des *Échinodermes* : étoiles de mer, oursins, etc.).

échiquéen, enne adj. Relatif au jeu d'échecs.

échiqueté, ée adj. (de *échiquier*) blason Dont les émaux sont répartis en cases alternées (comme celles d'un échiquier).

échiquier n. m. (→ échec) **1.** Tableau divisé en 64 cases alternativement blanches et noires et sur lequel on joue aux échecs. – Damier, quadrillage. *Disposition d'objets en échiquier.* **2.** Lieu où se joue une partie serrée, où s'opposent plusieurs intérêts. *L'échiquier international.* **3.** (anglais *exchequer,* du normand, à cause des tapis à cases des banquiers) en Grande-Bretagne Administration financière centrale. *Le chancelier de l'Échiquier* (ministre des Finances).

Échirolles Commune de l'Isère, dans la banlieue S. de Grenoble. 36 970 habitants.

écho [eko] n. m. (du latin, du grec *êkhô*) **1.** Réflexion du son par un obstacle qui le répercute ; le son répété. ■ sc. Réémission d'un signal vers l'émetteur. *L'écho d'une onde électromagnétique* (→ **radar**), *d'une onde ultrasonore* (→ **échographie, sonar**). **2.** Ce qui est répété par qqn. → **bruit, ¹nouvelle.** *J'ai eu des échos de leur discussion.* – loc. *Se faire l'écho de certains bruits,* les répandre. – *Les échos d'un journal,* nouvelles mondaines ou locales. → **échotier.** **3.** littér. Ce qui reflète, répète (qqch.). – loc. *Faire écho à* : répondre à, correspondre à. *Cet article fait écho au discours du ministre.* **4.** Accueil et réaction favorable. → **réponse.** *Sa protestation est restée sans écho.* **5.** mus. Effet obtenu par une reprise ou un prolongement du son.

Écho Nymphe de la mythologie grecque, personnifiant l'écho. Dévoilant par ses bavardages les infidélités de Zeus, elle est condamnée par Héra à ne jamais parler la première.

écho- Élément (du grec *êkhô* → écho) qui signifie « son répercuté ».

échocardiographie n. f. (→ cardiographie) méd. Échographie du cœur (pour enregistrer un *échocardiogramme*).

échographie [ekoɡʀafi] n. f. (grec *êkhô* → écho, et *-graphie*) Méthode d'exploration médicale, au moyen d'ultrasons, de divers organes du corps. *Échographie cardiaque.* ■ Image ainsi obtenue. - abrév. fam. **écho** n. f. □ adj. **échographique** □ n. **échographiste**

échographier [ekoɡʀafje] v. tr. < 1 > méd. Pratiquer l'échographie de. *Échographier un patient. Échographier un organe.*

échoir v. intr. < défectif : *il échoit, ils échoient, il échut, il échoira* (vieux *écherra*), *il échoirait* (vieux *écherrait*), *échéant*, échu** > (vient du latin pop. *excadere,* de *excidere* « tomber ; se produire » → échéance, échéant, échu) **1.** littér. Être dévolu par le sort ou par un hasard. *Le rôle, le sort qui m'échoit.* **2.** Arriver à échéance. → **échu.**

écholalie n. f. (du grec *êkhô* et *lalia* « bavardage ») didact. Répétition automatique des paroles (ou chutes de phrases) de l'interlocuteur, observée dans certaines aphasies. □ adj. **écholalique**

écholocation n. f. anglic., phys. Méthode utilisée par certains animaux (marsouins, chauve-souris) pour localiser des proies ou des obstacles, consistant en une émission

E

de sons ou d'ultrasons qui produisent un écho (→ aussi sonar). - syn. échologalisation.

¹échoppe n. f. (néerlandais *schoppe* ; cf. anglais *shop*) Petite boutique.

²échoppe n. f. (vient du latin *scalprum* « burin, ciseau » → scalpel, sculpter) techn. Outil à pointe taillée en biseau qu'emploient les ciseleurs, graveurs, orfèvres. → **burin.** □ **échopper** v. tr. < 1 >

Échos (Les) Quotidien économique français fondé en 1908 par les frères Schreiber.

E

échosondeur n. m. techn. Appareil de sondage (*échosondage* n. m.) utilisant la propagation des ondes sonores dans l'eau.

échotier, ière [ekɔtje] n. Journaliste chargé(e) des échos.

échouage n. m. Situation d'un navire qui touche accidentellement ou intentionnellement le fond et cesse de flotter. – *Port d'échouage*, dans lequel les navires doivent échouer à marée basse. ▪ (par analogie) *Échouage de cétacés.*

échouement n. m. Arrêt accidentel (d'un navire) par contact avec le fond.

échouer v. < 1 > (p.-ê. famille de *échoir*) **I. v. intr. 1.** (navire) Toucher le fond par accident et se trouver arrêté dans sa marche. – Être poussé, jeté sur la côte. *Le navire a échoué.* **2.** S'arrêter par lassitude, ou comme poussé par le hasard. *Ils ont échoué dans un restaurant bondé.* **3.** Ne pas réussir (dans une entreprise, un examen...). → **échec.** *Elle a échoué au concours.* – (choses) → **manquer, rater.** *Toutes ses tentatives avaient échoué.* **II. v. tr.** Pousser (une embarcation) jusqu'au contact avec la côte. **III.** *S'échouer* **v. pron.** (même sens que I, 1). – *Des baleines se sont échouées sur la plage.* – au p. p. *Navires échoués sur les rochers.*

échouerie n. f. (mot acadien, de *échouer*) (Canada) Zone du littoral propice au rassemblement des pinnipèdes. *Une échouerie de phoques gris.*

Echternach Ville du Luxembourg, à la frontière allemande. 4 600 habitants. Procession dansante du mardi de Pentecôte.

échu, ue adj. (→ échoir) Arrivé à échéance. *Terme échu. Délai échu,* expiré.

Écija Ville d'Espagne, à l'E. de Séville. 39 800 habitants. Palais et fortifications de style mauresque (XIIᵉ-XIVᵉ s.), palais et églises baroques (XVIᵉ-XVIIIᵉ s.).

écimer v. tr. < 1 > Couper la cime de (un arbre, une plante). → **étêter.** □ n. m. **écimage**

Eck (Johann Maier, dit Johann) Théologien allemand (1486-1543). Défenseur du catholicisme, il s'opposa dans ses *Obelisci* à la Réforme prônée par Luther.

Eckersberg (Christoffer Wilhelm) Peintre danois (1783-1853). Il peignit des œuvres d'inspiration néoclassique portées par un rendu minutieux.

Eckert (John Presper) Électronicien américain (1919-1995). Avec J. W. Mauchly, il créa les premiers ordinateurs électroniques (l'ENIAC).

Eckhart ou **Eckart (Johannes, dit Maître)** Dominicain et théologien mystique allemand (v. 1260-v. 1327). Maître du mouvement mystique rhénan, il exalta la transcendance absolue de Dieu. Ses considérations sur l'être en font un philosophe influent dans le domaine de l'ontologie. Jean XXII condamna une partie de ses thèses. *Livre de la consolation divine.*

Eckmühl (phare d') Phare situé à la pointe de Penmarch, dans le Finistère. Il fut construit en 1892 sur l'ordre de la fille de Davout, prince d'Eckmühl.

Eckmühl (bataille d') Bataille qui se déroula le 22 avril 1809 à Eckmühl (près de Ratisbonne) et qui vit la victoire de Napoléon Iᵉʳ et de Davout sur les Autrichiens.

éclaboussement n. m. Jaillissement.

éclabousser v. tr. < 1 > (p.-ê. de *éclater* et *bouter*) **1.** Couvrir d'un liquide salissant qu'on a fait rejaillir. → **arroser, asperger. 2.** abstrait Salir par contrecoup. *Ce scandale a éclaboussé beaucoup de personnalités.* ▪ Humilier par un étalage de luxe (→ **écraser**).

éclaboussure n. f. **1.** Goutte d'un liquide salissant qui a rejailli. → **tache. 2.** littér. au plur. *Les éclaboussures d'un scandale.*

¹éclair n. m. (de *éclairer*) **1.** Lumière intense et brève, formant une ligne sinueuse, ramifiée, provoquée par une décharge électrique pendant un orage. *La lueur des éclairs.* – *Éclair de chaleur* : éclair trop éloigné pour qu'on entende le tonnerre. – loc. *Comme un éclair, comme l'éclair,* très rapidement. → **flèche. 2.** appos. (invar.) Très rapide. *Une visite éclair.* **3.** Lumière vive, de courte durée. *Un éclair de magnésium.* – Lueur dans le regard. *Un éclair de malice.* **4.** Manifestation soudaine et passagère ; bref moment. *Un éclair de lucidité.*

²éclair n. m. (origine inconnue) Petit gâteau allongé, fourré d'une crème pâtissière parfumée et glacé par-dessus. *Éclair au chocolat, à la framboise.*

éclairage n. m. **1.** Action, manière d'éclairer artificiellement. *Éclairage public. Un éclairage éblouissant.* – *Éclairage indirect,* par réflexion. ▪ (spectacles) Effet de lumière. *Régler les éclairages.* **2.** Distribution de la lumière (naturelle ou artificielle). *Mauvais éclairage.* **3.** fig. Manière de décrire, d'envisager ; point de vue. *Sous cet éclairage.* → **angle, aspect.**

éclairagisme n. m. techn. Ensemble de techniques employées pour obtenir un éclairage rationnel.

éclairagiste n. (théâtre, cinéma) Personne qui s'occupe de l'éclairage.

éclairant, ante adj. Qui a la propriété d'éclairer. – fig. Susceptible d'éclaircir, d'expliquer. *Un exemple éclairant.*

éclaircie n. f. Endroit clair qui apparaît dans un ciel nuageux, brève interruption du temps pluvieux. → **embellie.** ▪ fig. Brève amélioration, brève détente.

éclaircir v. tr. < 2 > (vient du latin pop., de *ex-* et *claricare,* de *clarus* → clair ; éclairer) **1.** Rendre plus clair, moins sombre. *Éclaircir une couleur.* – pronom. Devenir plus clair. *Le ciel s'est éclairci.* fig. *L'horizon s'éclaircit* : les choses s'arrangent. – *S'éclaircir la voix, la gorge,* se racler la gorge pour que la voix soit plus nette. **2.** Rendre moins épais, moins dense. *Éclaircir un champ de carottes.* – pronom. *Les gens partent, la foule s'éclaircit.* **3.** fig. Rendre clair pour l'esprit. → **débrouiller, élucider.** *Éclaircir un mystère.*

éclaircissage n. m. hortic. Action d'éclaircir un semis, une plantation en enlevant un certain nombre de plants.

éclaircissant, ante adj. (produit) Qu'on utilise pour éclaircir la peau ou la couleur des cheveux.

éclaircissement n. m. **1.** Fait d'éclaircir (1 et 2). **2.** Explication (d'une chose obscure ou douteuse) ; note explicative, renseignement. – Explication tendant à une mise au point, à une justification. *Obtenir des éclaircissements.*

éclairé, ée adj. Qui a de l'instruction, de l'esprit critique. *Un public éclairé,* capable d'apprécier ce qu'on lui présente. – *Le despotisme éclairé,* libéralisme intelligent dans l'absolutisme (au XVIIIᵉ siècle).

éclairement n. m. Durée ou intensité de la lumière ; rapport de cette intensité à la surface éclairée. *Unité d'éclairement.* → **lux.**

éclairer v. tr. < 1 > (vient du latin *exclarare,* de *clarus* → clair ; éclaircir) **I. 1.** Répandre de la lumière sur (qqch. ou qqn) [s'oppose à *obscurcir*]. *La lampe éclaire la chambre.* – Pourvoir de la lumière nécessaire. *Éclairer une salle au néon.* – pronom. *Prendre une bougie pour s'éclairer dans la cave.* **2.** Répandre une sorte de lumière sur (le visage) ; rendre plus clair. → **illuminer.** *Un sourire éclaira son visage.* **3.** intrans. *Cette lampe n'éclaire plus, éclaire mal.* **II.** fig. **1.** Mettre (qqn) en état de voir clair, de discerner le vrai du faux. → **instruire.** *Éclairez-nous sur ce sujet.* → **informer. 2.** Rendre clair, intelligible. → **expliquer.** *Ce commentaire éclaire la pensée de l'auteur.*

éclaireur, euse n. (de *éclairer* « surveiller, observer ») **1.** Soldat envoyé en reconnaissance. – *Envoyer qqn en éclaireur,* en avant. **2.** Adolescent(e) membre de certaines associations du scoutisme français.

éclampsie n. f. (du latin sc., pris au grec, de *eklampein* « briller soudainement, éclater ») méd. *Éclampsie puerpérale* : syndrome atteignant des femmes enceintes à la fin de la grossesse, caractérisé par des convulsions accompagnées de coma. □ **adj. et n. f. éclamptique**

éclat n. m. (de *éclater*) **I. 1.** Fragment d'un corps qui éclate, qu'on brise. *Éclat de verre, d'obus.* ▪ loc. *En éclats. La vitre vole en éclats,* se brise. – fig. *Une argumentation qui vole en éclats.* **2.** Bruit violent et soudain. *Des éclats de voix.* → **cri.** *Éclat de rire*.* **3.** loc. *Faire un éclat* : provoquer un scandale en manifestant son opinion. **II. 1.** Lumière vive. *L'éclat de la neige. L'éclat de son regard.* ▪ Lumière reflétée. *L'éclat de l'acier.* **2.** (couleur) Vivacité et fraîcheur. *L'éclat des coloris.* **3.** Caractère de ce qui est brillant, magnifique. *L'éclat de sa gloire.* – *D'éclat* : remarquable, éclatant. *Coup d'éclat.*

éclatant, ante adj. **1.** Qui fait un grand bruit. *Le son éclatant de la trompette.* **2.** Qui brille avec éclat, dont la couleur a de l'éclat. → **brillant, éblouissant.** – *Linge d'une blancheur éclatante.* **3.** Qui se manifeste de la façon la plus frappante. → **remarquable.** *Des dons éclatants.*

éclaté n. m. Représentation graphique d'un objet complexe (machine, ouvrage d'art), qui en montre les éléments invisibles par séparation de ces éléments représentés en perspective. *L'éclaté d'une machine.*

éclatement n. m. **1.** Fait d'éclater. → **explosion. 2.** *L'éclatement d'un parti,* sa division brutale en groupes nouveaux. → **scission.**

éclater v. intr. < 1 > (vient p.-ê. du francique *slaitan* « fendre » ou vient du latin pop., onomatopée *clacc-* « coup », pour *éclaquer*) **1.** Se rompre avec violence et généralement avec bruit, en projetant des fragments, ou en s'ouvrant. → **exploser, sauter.** *L'obus a éclaté.* ▪ par exagér. *Taisez-vous, ma tête va éclater !* ▪ Se diviser en plusieurs éléments. *La coalition menace d'éclater.* **2.** Retentir avec un bruit violent et soudain. *Des applaudissements éclatent.* – loc. (personnes) *Éclater de rire. Éclater en sanglots.* **3.** (choses) Se manifester tout à coup en un début brutal. → **commencer,** se **déclarer.** *La guerre a éclaté.* – *Sa colère éclata brusquement.* **4.** littér. Apparaître de façon manifeste, évidente. *La vérité éclatera.* ▪ **s'éclater** v. pron. fam. Éprouver un violent plaisir (dans une activité).

éclateur n. m. électr. Appareil dont les deux électrodes sont disposées de telle sorte qu'une étincelle jaillisse entre elles quand la tension atteint une certaine valeur (pour limiter les surtensions).

éclectique adj. (du grec, de *eklegein* « choisir », de *legein* → ¹lire) **1.** philos. Qui emprunte des éléments à plusieurs systèmes. **2.** (personnes) Qui n'a pas de goût exclusif, ne se limite pas à une catégorie d'objets. *Elle est éclectique dans ses lectures.* – *Goûts éclectiques.*

éclectisme n. m. **1.** Philosophie éclectique. **2.** Disposition d'esprit éclectique.

éclimètre n. m. (grec *ekkli[nês]* « incliné » et *-mètre*) techn. Instrument d'arpenteur pour mesurer la différence de niveau entre deux points.

éclipse n. f. (du latin, grec *ekleipsis*, de *ek* « hors de » et *leipein* « laisser » *cf.* ellipse) **1.** Disparition passagère d'un astre, quand un autre corps céleste passe entre cet astre et la source de lumière ou entre cet astre et le point d'observation. *Une éclipse de Soleil, de Lune. Éclipse totale, partielle.* **2.** fig. Période de fléchissement, de défaillance. **3.** *À éclipses* : qui apparaît et disparaît de façon intermittente. *Phare à éclipses.* – *Une activité à éclipses.*

Les phases décomposées d'une éclipse totale du Soleil, enregistrées au Zimbabwe en juin 2001.

éclipser v. tr. < 1 > **1.** Provoquer l'éclipse de (un autre astre). – Rendre momentanément invisible. → **cacher,** [1]**voiler. 2.** Empêcher de paraître, de plaire, en brillant soi-même davantage. → **surpasser.** ■ **s'éclipser** v. pron. S'en aller à la dérobée. → **s'esquiver.** *Je me suis éclipsé avant la fin* (→ **filer à l'anglaise**).

écliptique n. m. (du latin, du grec → éclipse) Grand cercle d'intersection du plan de l'orbite terrestre avec la sphère céleste ; ce plan.

Les trajectoires des planètes du système solaire, autres que la Terre, et de la Lune sont proches du plan de l'écliptique. Le zodiaque est également sur le plan écliptique.

éclisse n. f. (de *éclisser*) **1.** Éclat de bois. – Plaque de bois mince utilisée en lutherie. – Plaque de bois qui maintient les os d'un membre fracturé. **2.** Rond d'osier sur lequel on fait égoutter le lait caillé, le fromage. → **claie. 3.** Pièce d'acier reliant les rails de chemin de fer.

éclisser v. tr. < 1 > (du francique *slitan* « fendre » ; *cf. slaitan* → éclater) chir. Assujettir (un membre) par des éclisses. ■ techn. Fixer à l'aide d'éclisses (un rail, un aiguillage). □ n. m. **éclissage**

éclopé, ée adj. (de l'ancien v. *écloper*, de *cloper* « boiter ») Qui marche péniblement en raison d'un accident ou d'une blessure. → **boiteux, estropié.** ■ n. *Des éclopés.* – fig. *Les éclopés de la vie.*

éclore v. intr. < 45 > (vient du latin pop., de *excludere* → exclure et *claudere* → clore) **1.** Sortir de l'œuf. *Les poussins sont éclos.* – par ext. (œuf) S'ouvrir. *Les œufs ont éclos.* **2.** (fleur) S'ouvrir en bouton. – au p. p. *Une fleur à peine éclose.* **3.** fig. Naître, paraître. *Faire éclore* : révéler, susciter.

écloserie n. f. techn. Bassin d'un établissement d'aquaculture, destiné à la reproduction et à l'éclosion des œufs.

éclosion n. f. **1.** Fait d'éclore. *L'éclosion d'une couvée.* **2.** (fleur) Épanouissement. **3.** littér. Naissance, apparition. « *L'éclosion lente et suprême de la liberté* » (Hugo).

écluse n. f. (vient du latin *exclusa [aqua]* « [eau] séparée », de *excludere* → exclure) Espace limité par des portes munies de vannes, et destiné à retenir ou à lâcher l'eau. *Les écluses d'un canal* (destinées à faire passer les bateaux aux changements de niveau). *Ouvrir, fermer les écluses,* les portes de l'écluse.

Écluse (bataille de L') Bataille de la guerre de Cent Ans (1340), menée au large du port de L'Écluse (Pays-Bas). Détruisant la flotte française, les Anglais s'assurèrent le contrôle de la mer du Nord et des marchés flamands.

éclusée n. f. techn. Quantité d'eau qui coule entre l'ouverture et la fermeture d'une écluse.

écluser v. tr. < 1 > **1.** Faire passer (un bateau par une écluse). *Écluser une péniche.* □ n. m. **éclusage 2.** fam. Boire.

éclusier, ière n. Personne chargée de la manœuvre d'une écluse.

Eco (Umberto) Écrivain et sémioticien italien (1932-2016). Il est l'auteur d'essais sur l'esthétique, la sociologie, la littérature, et de romans inventifs et érudits qui l'ont rendu célèbre *(Le Nom de la rose ; L'Île du jour d'avant).*

Umberto Eco chez lui, à Milan (2003).

éco- Élément (du grec *oikos* → écologie, économe) qui signifie « maison » ou « habitat ».

écoanxiété n. f. Anxiété provoquée par les menaces environnementales qui pèsent sur notre planète.

écobilan n. m. (de *éco-* et *bilan*) didact. Bilan d'évaluation des effets sur l'environnement, depuis la production jusqu'à l'élimination (d'un objet fabriqué).

écoblanchiment n. m. (de *éco-* et *blanchiment*) didact. Fait, pour une entreprise ou un organisme, de se donner une image responsable à l'égard de l'environnement.

écobuer v. tr. < 1 > (mot régional, p.-ê. du gaulois *gobbo* « gueule » → gober) techn. Enlever les mottes, la terre, les racines de (une terre) et les brûler. □ n. m. **écobuage**

écocentre n. m. (Canada) Déchetterie.

écocide n. m. (de *éco-* + *-cide*) didact. Crime contre l'environnement, destruction totale ou partielle d'un écosystème.

écocité n. f. (de *éco-* et *cité*) Agglomération urbaine ou quartier dont le développement est respectueux de l'environnement.

écocitoyen, enne adj. Inspiré par le respect de l'environnement. *Trier ses déchets est un geste écocitoyen.* – n. *Les écocitoyens.*

écocitoyenneté n. f. Comportement des écocitoyens.

écoconduite n. f. (de *éco-* ou *éco(nomique)* et *conduite*) didact. Ensemble de pratiques qui rendent la conduite d'un véhicule à la fois plus économique et plus respectueuse de l'environnement.

écœurant, ante adj. **1.** Qui écœure, soulève le cœur. → **dégoûtant.** *Des odeurs écœurantes.* – Fade, trop gras ou trop sucré. *Un gâteau écœurant.* **2.** Moralement répugnant, révoltant. **3.** Qui crée du découragement. → **décourageant, démoralisant.** *Elle a une chance ! C'en est écœurant.*

écœurement n. m. **1.** État d'une personne qui est écœurée. → **nausée. 2.** Dégoût profond, répugnance. **3.** Découragement, malaise.

écœurer v. tr. < 1 > (de *cœur*) **1.** Dégoûter au point de donner envie de vomir. *Ces odeurs l'écœuraient.* **2.** Dégoûter, en inspirant l'indignation ou le mépris. **3.** Décourager, démoraliser profondément.

écogarde n. Garde chargé(e) de la gestion et de la surveillance des espaces naturels, de la protection du patrimoine naturel et de la préservation de la biodiversité.

écoinçon n. m. (de *coin*) techn. Pièce, pierre en coin, en encoignure.

éco-industrie n. f. Industrie spécialiste de la protection de l'environnement, de la dépollution. *Les éco-industries.*

écolabel n. m. comm. Label européen attribué à un produit dont la production et l'utilisation ne nuisent pas à l'environnement.

écolage n. m. (Suisse) Frais de scolarité.

école n. f. (latin *schola*, pris au grec *skholê* « loisir », « activité intellectuelle libre », puis « étude philosophique ») **1.** Établissement dans lequel est donné un enseignement collectif (général ou spécialisé). *École maternelle, primaire. École de danse, de dessin.* → **cours.** *Les grandes écoles,* appartenant à l'enseignement supérieur. (en France) *L'École normale supérieure. L'École nationale d'administration* (ENA). ■ spécialt Établissement d'enseignement maternel et primaire. *École publique, laïque. École privée. Les élèves d'une école.* → **écolier ; scolaire.** – L'ensemble des élèves et des enseignants d'une école. *La fête de l'école.* – L'enseignement qu'on y donne. → **classe. 2.** Instruction, exercice militaire. *L'école du soldat.* – loc. *Haute école,* équitation savante. **3.** Ce qui est propre à instruire et à former ; source d'enseignement. *Une école de courage.* – loc. *Être à bonne école,* avec des gens capables de former. *À l'école de...,* en recevant l'enseignement qu'apporte... *Il a été à rude école,* les difficultés l'ont instruit. **4.** Groupe ou suite de personnes, d'écrivains, d'artistes qui se réclament d'un maître ou professent les mêmes doctrines. → **mouvement.** *L'école classique, romantique. Écoles de peinture. L'école flamande.* – loc. *Faire école* : avoir des disciples, des adeptes. – *Être de la vieille école,* traditionaliste dans ses principes. – *Il y a deux écoles,* deux façons de faire. *Un cas d'école,* un exemple type.

École des mines École d'ingénieurs fondée en 1783 et liée, à l'origine, à l'industrie des mines. Elle est spécialisée aujourd'hui dans le secteur industriel des hautes technologies.

École française d'Athènes voir **Athènes** (École française d')

École militaire Monument de Paris, situé dans la perspective du Champ-de-Mars. Construit par J.-A. Gabriel de 1751 à 1769, il abrite des établissements supérieurs d'enseignement militaire.

E

École nationale d'administration (ENA) Établissement public créé en 1945 afin d'assurer la formation des hauts fonctionnaires de l'administration française. D'abord installée à Paris, elle fut transférée à Strasbourg en 1991 puis remplacée par l'Institut national du service public (INSP) en 2022.

École nationale des chartes Établissement d'enseignement supérieur fondé en 1921 et situé à Paris. Elle forme les conservateurs du patrimoine et des bibliothèques.

écolier, ière n. Enfant qui fréquente l'école primaire, suit les petites classes d'un collège. → **élève.** – loc. *Le chemin des écoliers,* le plus long, qui permet de flâner (→ **école buissonnière**). – en appos. *Cahier format écolier.*

écolo voir **écologiste**

écologie n. f. (de l'allemand, du grec *oikos* « maison, habitat ») **1.** sc. Étude des milieux où vivent les êtres vivants, ainsi que des rapports de ces êtres avec le milieu (→ **écologue**). **2.** cour. Doctrine visant à un meilleur équilibre entre l'homme et son environnement naturel ainsi qu'à la protection de ce dernier. ■ Courant politique défendant ce mouvement.

▶ L'**écologie** scientifique, globaliste et interdisciplinaire, consiste en l'étude des écosystèmes et de leurs évolutions (c'est-à-dire des interactions entre les êtres vivants et leur milieu de vie), mais également des flux d'énergie et de matière. En 1866, dans *Morphologie générale des organismes,* le biologiste darwinien Ernst Haeckel la décrivait comme « la science des relations des organismes avec le monde environnant, c'est-à-dire la science des conditions d'existence ».
L'écologie est également une doctrine et un mouvement de « défense de la nature », que l'ouvrage de Rachel Carson *Silent Spring* contribua à lancer, en 1962, en accusant certains pesticides d'être dangereux pour les oiseaux (et pour l'homme). Par la suite, diverses crises environnementales et la prise de conscience des pays riches conduisirent à l'émergence de l'écologie politique et à la naissance de nombreux partis « verts », dont le premier vit le jour en 1972 en Tasmanie.
Avec l'avènement de l'altermondialisme et de la notion de développement durable, l'écologie politique s'est démocratisée. Ses partisans militent au sein d'ONG, de groupes d'experts ou d'associations et certaines de leurs idées ont été adoptées par différents courants politiques.
Dès lors, les écologies scientifique et politique semblent appelées à se rejoindre. En collaborant, écologues et écologistes devraient réussir à mettre au jour les problèmes environnementaux, à organiser des groupes de pression, à élaborer des solutions économiquement viables et à participer à la définition de normes et de réglementations objectives.
voir aussi **biodiversité, bioéthique, développement durable, déforestation, Kyōto** (protocole de), **OGM, pollution, vie**

écologique adj. Relatif à l'écologie. – cour. Qui respecte l'environnement. → **vert.** □ adv. **écologiquement**

écologisme n. m. Doctrine, action des écologistes (2).

écologiste n. **1.** sc. Spécialiste de l'écologie. → **écologue. 2.** cour. Partisan de la défense de la nature, de la qualité de l'environnement. → **vert.** – **adj.** *Militant écologiste.* - abrév. fam. **écolo adj. et n.**

écologue n. didact. Scientifique spécialiste d'écologie.

écomatériau n. m. Matériau de construction dont l'utilisation respecte l'environnement.

e-commerce [i-] n. m. (de *e-* et *commerce*) anglic. Commerce électronique, pratiqué par l'intermédiaire du réseau Internet.

écomusée n. m. (→ **éco-** et **musée** ; créé par G.-H. Rivière) Musée présentant une collectivité, une activité humaine dans son contexte géographique, social et culturel.

éconduire v. tr. < 38 > (ancien français *escondire* « refuser, repousser », qui vient du latin *excondicere* [de *dicere* → [1]**dire**], d'après *conduire*) **1.** Repousser (un solliciteur), ne pas accéder à la demande de (qqn). → **refuser.** *Un des soupirants qu'elle a éconduits.* **2.** Congédier, renvoyer.

économat n. m. Fonction d'économe ; bureaux d'un économe.

économe (latin *oeconomus,* du grec, de *oikos* → **éco-** et *nomos* « loi ») **I.** n. Personne chargée de l'administration matérielle, des recettes et dépenses dans une communauté religieuse, un établissement hospitalier, un collège. → **intendant. II.** adj. **1.** Qui dépense avec mesure, sait éviter toute dépense inutile. *Il est trop économe.* – fig. *Être économe de son temps.* **2.** (de *l'Économe,* marque déposée) *Couteau économe* ou **n. m.** *un économe.* → **épluche-légume.**

économétrie n. f. (→ **-métrie**) Étude statistique des données économiques. □ n. **économètre** □ adj. **économétrique**

économie n. f. (du latin, du grec → **économe**) **I. 1.** vieux Bonne administration des richesses matérielles (d'une maison, d'un État). **2.** didact. Organisation des éléments, des parties (d'un ensemble) ; manière dont sont distribuées les parties. *L'économie d'un système.* → **structure.** – *L'économie générale d'un récit.* **3.** (d'abord *économie politique*) Science des phénomènes concernant la production, la distribution et la consommation des ressources, des biens matériels, dans un groupe humain. **4.** Activité, vie économique. *L'économie française* (agriculture, industrie, commerce, etc.). *Économie libérale, dirigée, socialiste.* – *Économie circulaire,* basée sur une meilleure gestion des ressources, le réemploi des objets et le recyclage (opposé à *économie linéaire*). – *Nouvelle économie :* ensemble des activités économiques liées à Internet et à son expansion mondiale. ■ On emploie aussi l'anglicisme *net économie.* – *Économie souterraine, parallèle.* → **contrebande, marché** noir, [1]**travail** au noir. **II. 1.** littér. *L'économie :* gestion où l'on évite toute dépense inutile. *Pratiquer l'économie,* être économe (II). → **épargne. 2.** *Une, des économies :* ce que l'on épargne, ce que l'on évite de dépenser. *Faire des économies d'énergie.* loc. *Des économies de bouts de chandelle,* insignifiantes. – *Une économie de temps.* → **gain.** – *Faire l'économie de,* éviter. *Il a fait l'économie d'une explication difficile.* **3.** *Des économies :* somme d'argent conservée, économisée. *Faire, avoir des économies, de petites économies.*

économique adj. (du latin, du grec → **économie**) **I.** Qui concerne l'économie (I, 3 et 4). *La vie économique et sociale.* – **n. m.** *L'économique, le politique et le social.* **II.** Qui réduit la dépense, les frais. *Une voiture économique,* qui consomme peu. – *Voyager en classe économique* (en avion, en bateau).

économiquement adv. **I.** Par rapport à la vie ou à la science économique. – loc. *Les économiquement faibles,* personnes qui ont des ressources insuffisantes. → **pauvre. II.** En dépensant peu.

économiser v. tr. < 1 > (de *économie,* II) **1.** Dépenser, utiliser avec mesure. *Économiser l'électricité.* – *Savoir économiser ses forces.* → [2]**ménager. 2.** Mettre de côté en épargnant. *Économiser un peu d'argent tous les mois.* – absolt *Économiser pour ses vieux jours.*

économiseur n. m. **1.** techn. Dispositif permettant d'économiser (un produit, une énergie). *Économiseur de carburant.* **2.** inform. *Économiseur d'écran :* programme qui modifie l'affichage de l'écran (d'un ordinateur ou d'un téléphone portable allumé) en cas d'inactivité prolongée.

économisme n. m. didact. Tendance à interpréter les comportements politiques, sociaux et culturels par une approche uniquement économique.

économiste n. **1.** Spécialiste de l'économie (I, 3). **2.** Relatif à l'économisme.

écoparticipation n. f. Taxe prélevée sur un appareil électrique ou électronique et destinée à financer la collecte et le recyclage du produit.

écopâturage n. m. (marque déposée) écol. Entretien écologique d'espaces verts par le pâturage d'animaux herbivores. - syn. **écopastoralisme** (marque déposée).

écope n. f. (du francique *skopa*) Pelle munie d'un manche, récipient servant à écoper (surtout mar.).

écoper v. tr. < 1 > **I.** mar. Vider (un bateau) avec l'écope. **II.** v. tr. ind. fam. Recevoir (une punition, un coup). *Il a écopé de deux mois de prison.* – Subir (un désagrément). – absolt → **trinquer.** *C'est encore lui qui a écopé.*

écoperche n. f. (probablt de *écot* « tronc d'arbre, rameau » et [2]*perche*) techn. Grande perche verticale d'échafaudage. → **étamperche.** ■ Grande pièce de bois verticale munie d'une poulie et servant à élever des matériaux de construction.

écopont n. m. Pont enjambant une voie de communication, spécialement aménagé pour le passage des animaux.

écoproduit n. m. Produit dont le cycle de vie (production, consommation et élimination) se déroule dans le respect de l'environnement (→ **écolabel**).

écorçage n. m. Action d'écorcer (un arbre).

écorce n. f. (vient du latin *scortea,* de *scortum* « cuir », famille de *corium* → **cuir**) **1.** Enveloppe d'un tronc d'arbre et de ses branches, qu'on peut détacher du bois. – bot. Enveloppe des végétaux ligneux. – loc. fig. *Il ne faut pas juger l'arbre par l'écorce :* il ne faut pas juger d'après les apparences. → **l'habit ne fait pas le moine. 2.** Enveloppe coriace (de certains fruits : melon, orange...). → **peau, pelure, zeste. 3.** *Écorce terrestre,* partie superficielle du globe. → **croûte.**

écorcer v. tr. < 3 > Dépouiller de son écorce (un arbre, un fruit). → **peler.**

écorceur, euse n. **1.** agric. Ouvrier, ouvrière procédant à l'écorçage des arbres. **2.** n. f. techn. Machine à écorcer les troncs d'arbres coupés.

écorché, ée n. **1.** Bête, personne écorchée. → **écorcher.** *Un écorché vif, une écorchée vive ;* fig. personne d'une sensibilité et d'une susceptibilité extrêmes. **2.** n. m. Statue représentant une personne, un animal comme dépouillé(e) de sa peau. ■ techn. Dessin d'une installation, d'une machine, sans son enveloppe extérieure. *Dessiner l'écorché et l'éclaté d'un moteur.*

écorcher v. tr. < 1 > (vient du latin *excorticare,* de *cortex* « écorce » → **cortex,** famille de *corium, scortum* → **écorce ; cuir**) **1.** Dépouiller de sa peau (un corps). *Écorcher un lapin.* **2.** Blesser en entamant superficiellement la peau. *Des ronces lui ont écorché les mains.* → **égratigner, griffer.** – pronom. *Elle s'est écorchée.* – par exagér. *Ces hurlements écorchent les oreilles.* **3.** Déformer, prononcer de travers.

→ **estropier.** *Il écorche tous les noms propres.* □ **n. m. écorchage, écorchement** □ **n. et adj. écorcheur, euse**

écorchure n. f. Déchirure légère de la peau. → **égratignure, griffure.**

écorecharge n. f. Recharge (d'un produit ménager) vendue en emballage réduit, produisant peu de déchets.

écoresponsable adj. Qui fait preuve de responsabilité à l'égard de l'environnement. □ **n. f. écoresponsabilité**

écorner v. tr. < 1 > (de *corne*) **1.** Casser, endommager un angle de. – au p. p. *Des livres écornés.* **2.** fig. Entamer, réduire. *Écorner sa fortune.* → **ébrécher.**

écornure n. f. Éclat d'une pierre, d'un meuble écorné ; brèche occasionnée par la cassure.

écossais, aise adj. et n. **1.** De l'Écosse. *Les lacs écossais.* → **²loch.** – n. *Les Écossais.* **2.** adj. et n. m. (De) la langue celtique parlée en Écosse. → **²erse.** ■ (Du) dialecte anglais de l'Écosse. **3.** *Tissu écossais* ou **n. m.** *écossais* : tissu de laine peignée à bandes de couleurs différentes se croisant à angle droit. – *Cravate écossaise.*

Écosse n. f. Partie septentrionale de l'île de Grande-Bretagne, séparée de l'Angleterre par les monts Cheviot. L'Écosse est l'une des quatre nations constituantes du Royaume-Uni de Grande-Bretagne et d'Irlande du Nord. 78 772 km². 5 327 700 habitants. Ville principale : Édimbourg. L'essentiel des activités et de la population est concentré dans les Lowlands, dépression située entre l'estuaire de la Clyde et le Firth of Forth. Édimbourg, à l'E., est la capitale administrative et culturelle, Glasgow le principal pôle économique. Au S. (Southern Uplands) et surtout au N. (Highlands), se trouvent de hautes terres aux paysages travaillés par l'érosion (nombreux lacs, les lochs), domaine des landes et des tourbières dépeuplées. Occupée par des tribus celtes (Pictes), la région connut plusieurs tentatives d'invasion romaine, qui demeurèrent vaines. À partir du Vᵉ s., les Brittons, les Angles puis les Scots s'établirent sur le territoire, qui fut évangélisé, notamment par saint Colomba. Au IXᵉ s., Kenneth MacAlpin, roi des Scots, réalisa l'unité par l'assimilation des différents peuples, les envahisseurs scandinaves étant également assimilés. Le règne de Malcom III (1058-1093) fut marqué par la lutte contre Guillaume le Conquérant et la réorganisation de l'Église. Vaincue par les Anglais en 1296, l'Écosse se souleva sous la conduite de W. Wallace puis de Robert Iᵉʳ Bruce, infligea une défaite décisive à l'Angleterre à Bannockburn (1314) et obtint son indépendance (1328). L'introduction du presbytérianisme par John Knox (1559) divisa l'Écosse et opposa l'aristocratie (adepte de la Réforme) à la monarchie, restée catholique. Marie Stuart abdiqua en faveur de son fils, Jacques VI, qui devint roi d'Écosse puis, à la mort d'Élisabeth Iʳᵉ (1603), roi de Grande-Bretagne (sous le nom de Jacques Iᵉʳ). Toutefois, l'Écosse conserva son indépendance jusqu'à la signature de l'Acte d'union (1707), qui créa le Royaume-Uni de Grande-Bretagne. En 1997, la Grande-Bretagne accorda à l'Écosse la création d'un Parlement régional qui fut élu en 1999. En 2014, les Écossais rejetèrent l'indépendance par référendum mais la sortie du Royaume-Uni de l'Union européenne a remis la question à l'ordre du jour par la voix de la Première ministre, Nicola Sturgeon, leader du Parti national écossais.

écosser v. tr. < 1 > (de *cosse*) Dépouiller (des pois, des haricots) de la cosse. *Des haricots à écosser* (opposé à *haricots verts*).

écosystème n. m. (→ éco-) **1.** Unité écologique de base formée par le milieu (→ **biotope**) et les organismes qui y vivent (→ **biocénose**). *La montagne, la forêt sont des écosystèmes.* **2.** fig. Milieu organisé. *L'écosystème du tourisme.*

▶ Les liens complexes qui unissent les êtres vivants entre eux, à un moment et en un lieu particuliers, caractérisent un **écosystème**. En s'associant, ces êtres forment des communautés spécifiques, condition de leur survie et de leur développement. Toute perturbation est susceptible de modifier durablement les équilibres instaurés par ces communautés : elle transforme les écosystèmes concernés en modifiant la chaîne alimentaire, moteur du maintien des systèmes du vivant. Ces perturbations peuvent être externes, de nature géologique comme les éruptions volcaniques ou anthropique comme l'élévation de la température moyenne du globe ; elles peuvent être également internes et liées à l'influence d'une espèce au détriment, ou en faveur, d'autres espèces. La vie se développe à ce prix, par le jeu instable de l'évolution. Périodiquement, il peut se produire une rupture majeure, parce que brutale ou rapide, de l'environnement en place.
Pourtant les milieux naturels demeurent relativement stables. Cette propriété leur vient de ce que l'on nomme la « résilience écologique ». Cette dernière peut s'établir dès lors que l'écosystème contient suffisamment d'espèces pour que seules certaines d'entre elles soient affectées en cas de déstabilisation importante. Les espèces restantes pourront alors progressivement s'adapter aux nouvelles conditions et créer un nouvel équilibre. Cette variété d'espèces, indispensables à la survie des écosystèmes, est nommée *biodiversité*.
Quel rôle joue aujourd'hui l'homme dans l'équilibre des écosystèmes ? Profondément perturbateur, il semble bouleverser durablement l'ensemble de l'édifice par les prélèvements, les modifications et les apports qu'il impose aux ressources naturelles. Parmi les impacts de ces modifications, la dégradation de la biodiversité n'est pas le moindre.
voir aussi **évolution, biodiversité**

écot n. m. (du francique *skot* « pousse », fig. « contribution ») Quote-part (d'un convive) pour un repas à frais communs. *Payer son écot.*

écotaxe n. f. Taxe fiscale appliquée à certains produits, services ou activités portant atteinte à l'environnement.

écotone n. m. (d'après l'anglais, de *eco-* [→ éco-] et grec *tonos* « tension ») didact. Zone de transition entre deux écosystèmes, où les conditions d'environnement sont intermédiaires.

écotourisme n. m. Tourisme centré sur la découverte de la nature, dans le respect de l'environnement et de la culture locale.

écotoxicologie n. f. Étude des substances toxiques (pour l'environnement et les humains) et de leurs effets. □ **adj. écotoxicologique**

écotoxique adj. Qui est toxique pour l'environnement. □ **n. f. écotoxicité**

écotype n. m. (de l'anglais → éco-) biol. Type héréditaire à l'intérieur d'une espèce.

Écouen Commune du Val-d'Oise. 7 099 habitants. Le château d'Écouen, construit par J. Bullant (1538-1555), abrite le musée national de la Renaissance.

écoulement n. m. **1.** Fait de s'écouler, mouvement d'un liquide qui s'écoule. → **déversement, évacuation.** *Conduit d'écoulement.* ■ *L'écoulement des voitures.* ■ *L'écoulement du temps.* **2.** Possibilité d'écouler (des marchandises). → **¹débit.** *L'écoulement des stocks.*

écouler v. < 1 > (de *couler*) **I.** S'ÉCOULER v. pron. **1.** Couler hors d'un endroit. → **se déverser.** *L'eau s'écoule par le trop-plein.* ■ Se retirer en groupe. *La foule s'écoulait lentement.* **2.** Disparaître progressivement ; se passer (temps). *La semaine s'est écoulée bien vite.* – au p. p. *Les années écoulées,* passées. **II.** v. tr. Vendre de façon continue jusqu'à épuisement. *Des produits faciles à écouler.* – *Écouler de faux billets,* les mettre en circulation.

écoumène ou **œkoumène** [ekumɛn] n. m. (du grec *[gê] oikoumenê* « [la terre] habitée » → œcuménique) géogr. Espace habitable de la surface terrestre ; ensemble des milieux habités par l'être humain.

écourter v. tr. < 1 > (de *court*) **1.** Rendre plus court en durée. *J'ai dû écourter mon séjour.* **2.** Rendre anormalement court. → **tronquer.** *Fausser la pensée d'un auteur en écourtant les citations.*

écoutable adj. Qui peut être écouté ; que l'on peut supporter d'écouter.

écoutant, ante n. Personne qui écoute (à la radio ; au téléphone) et conseille les personnes en détresse ou en danger.

¹écoute n. f. (de *écouter*) **1.** vieux ou littér. Action d'écouter. ■ Fait de prêter attention (à la parole, à des sons). – loc. *Être à l'écoute de qqn,* prêter attention à ce qu'il dit, fait. **2.** spécialt, milit. Détection par le son. *Poste d'écoute.* ■ Action d'écouter (une émission radiophonique). *Les heures de grande écoute.* ■ Action d'écouter (une communication téléphonique) à l'insu des personnes qui communiquent. *Table d'écoute,* permettant la surveillance des communications. **3.** loc. *Aux écoutes de,* en écoutant avec attention, vigilance. – fig. *Être aux écoutes de l'actualité.*

²écoute n. f. (ancien nordique *skaut* « bord, angle [d'une voile] » → écoutille) Manœuvre, cordage servant à orienter une voile.

écouter v. tr. < 1 > (vient du latin pop. *ascultare,* de *auscultare* → ausculter) **1.** S'appliquer à entendre, prêter son attention à (des bruits, des paroles). *Vous n'écoutez pas ce que je dis. Il entendait la conversation mais ne l'écoutait pas. Il l'écoutait chanter.* – au p. p. *Un orateur, un conseiller très écouté.* – absolt Prêter une oreille attentive. *Allô, j'écoute !* – loc. *N'écouter que d'une oreille,* distraitement. *Écouter aux portes,* écouter indiscrètement derrière une porte. fig. Être indiscret. *Écoute, écoutez !* (pour attirer l'attention). **2.** Recevoir, accepter. *Écouter les conseils d'un ami.* → **suivre.** – *N'écouter que son courage,* se laisser uniquement guider par lui. ■ **s'écouter** v. pron. **1.** Entendre sa propre voix. *S'écouter parler :* parler en se complaisant à ses paroles. **2.** Suivre son inspiration. *Si je m'écoutais, je n'irais pas.* **3.** Prêter une trop grande attention à sa santé. → **s'observer.**

écouteur n. m. Appareil récepteur d'un signal acoustique qu'on applique à l'oreille. *Les écouteurs d'un baladeur* (→ **oreillette**), *d'un casque.* ■ Partie du récepteur téléphonique qu'on applique sur l'oreille pour écouter. *Prendre l'écouteur.*

écoutille n. f. (de l'espagnol, du v. *escotar* « échancrer un col », ancien nordique *skaut* « bord d'un vêtement, d'une voile » → ²écoute) Ouverture rectangulaire pratiquée dans le pont d'un navire et qui permet l'accès aux étages inférieurs.

Écouves (forêt d') Massif forestier de l'Orne, s'étendant sur 15 000 hectares, au N. d'Alençon. Il est dominé par le *signal d'Écouves,* l'un des points culminants du Massif armoricain (413 m).

écouvillon n. m. (ancien français *escouve,* qui vient du latin *scopa* « balai ») **1.** Brosse cylindrique pour nettoyer un objet creux. *Un écouvillon de canon.* – *Nettoyer une bouteille avec un écouvillon.* → **goupillon. 2.** méd. Bâtonnet muni d'une petite brosse ou d'une matière absorbante, pour nettoyer les cavités naturelles ou y effectuer des prélèvements.

écouvillonner v. tr. < 1 > **1.** techn. Nettoyer avec un écouvillon. **2.** méd. Prélever un échantillon (dans une cavité naturelle) à l'aide d'un écouvillon. *Écouvillonner le nez, la gorge.* □ **n. m. écouvillonnage**

E

Écrins (barre des)

La barre des Écrins vue du Pont-du-Ban.

écrabouiller v. tr. < 1 > (de *écraser* et ancien français *esboillier* « éventrer », de *boiel* → boyau) fam. Écraser, réduire en bouillie (un être vivant, un membre, une chose). → **broyer.** – fig. Détruire, écraser. □ n. m. **écrabouillage, écrabouillement**

écran n. m. (ancien néerlandais *scherm*, famille de l'anglais *screen*) **1.** Panneau, enveloppe ou paroi destiné(e) à protéger de la chaleur, d'un rayonnement. **2.** Objet interposé qui dissimule ou protège. *Un écran de fumée.* → **rideau.** – *Les arbres font écran entre la mer et la maison.* ■ *Écran solaire, total* : crème de protection contre le soleil. ■ *Société-écran,* qui en cache une autre. **3.** Surface sur laquelle se reproduit l'image d'un objet. ■ spécialt Surface blanche sur laquelle sont projetées des images photographiques ou cinématographiques. *Écran géant.* – loc. (acteur) *Crever l'écran,* avoir beaucoup de présence. ■ Surface fluorescente sur laquelle se forme l'image dans les tubes cathodiques. *L'écran d'un téléviseur, d'un ordinateur* (→ **2moniteur**). *Un écran à cristaux liquides* (→ **LCD**), *(à) plasma.* – *Écran tactile,* équipé de capteurs permettant de déclencher une commande en touchant une zone de l'écran. – *Fond d'écran* : image qui recouvre le bureau d'un ordinateur. ■ Ce qui est affiché sur l'écran. *Une capture* d'écran.* – *Écran publicitaire* : temps de télévision consacré à une publicité et acheté par un annonceur. → anglic. **spot** (3). **4.** *L'écran,* l'art cinématographique. *Porter un roman à l'écran,* en tirer un film. – *Le **petit écran*** : la télévision. *Une vedette du petit écran.*

écrasant, ante adj. **1.** Extrêmement lourd. *Une responsabilité écrasante. Une chaleur écrasante.* → **accablant. 2.** Qui entraîne l'écrasement de l'adversaire. *Une supériorité écrasante.*

écrasé, ée adj. et n. **1.** Très aplati, court et ramassé. *Un nez écrasé.* → **camard. 2.** n. m. ou n. f. cuis. Préparation composée d'un aliment écrasé. *Un(e) écrasé(e) de pommes de terre.*

écrasement n. m. **1.** Action d'écraser, fait d'être écrasé. **2.** Destruction complète (des forces d'un adversaire). → **anéantissement.**

écrase-merde n. m. fam. Grosse chaussure. → **godillot.** *Des écrase-merdes.*

écraser v. tr. < 1 > (ancien anglais *to crasen* « briser, broyer », p.-ê. scandinave) **1.** Aplatir et déformer (un corps) par une forte compression, par un choc violent. → fam. **écrabouiller.** *La porte en se refermant lui a écrasé le doigt. Écraser du poivre, de l'ail.* → **concasser, 1piler.** – pronom. *L'avion s'est écrasé au sol.* ■ fam. Appuyer fortement sur. *Écraser la pédale de frein.* ■ Détruire (un fichier informatique) en copiant un autre fichier à la place qu'il occupait. **2.** Renverser et passer sur le corps de. *Se faire écraser* (par un véhicule). – *Les chiens* écrasés.* **3.** Dominer par sa masse, faire paraître bas ou petit. **4.** (personnes) Dominer, humilier. *Il nous écrase de son luxe.* **5.** *Écraser qqn de...* → **accabler, surcharger.** – passif *Être écrasé de travail.* **6.** Vaincre, réduire totalement (un ennemi, une résistance). → **anéantir.** *L'armée a écrasé l'insurrection.* **7.** fam. ***En écraser*** : dormir profondément. **8.** fam. *Écrase !,* n'insiste pas, laisse tomber ! ■ **s'écraser** v. pron. **1.** Se faire petit. *Je m'écrasais contre le mur pour le laisser passer.* **2.** fam. *S'écraser devant qqn,* ne pas protester, ne rien dire.

écraseur, euse n. Personne qui écrase.

écrémage n. m. **1.** Action d'écrémer (1). *L'écrémage du lait.* **2.** fig. Prélèvement des meilleurs éléments (d'un groupe).

écrémer v. tr. < 6 > (de *crème*) **1.** Dépouiller (le lait) de la crème, de la matière grasse. – au p. p. *Lait écrémé, demi-écrémé.* → **1maigre. 2.** Dépouiller des meilleurs éléments (un ensemble, un groupe).

écrémeuse n. f. Machine à écrémer le lait.

écrêter v. tr. < 1 > (de *crête*) **1.** techn. Abattre la crête, les crêtes, les éléments qui dépassent de (qqch.). *Écrêter une route.* – *Écrêter du maïs.* **2.** électron. Maintenir à un niveau constant (un signal électronique qui pourrait dépasser un seuil). □ n. m. **écrêtage 3.** fig. Égaliser en supprimant les éléments supérieurs à une moyenne. *Écrêter les salaires.* □ **écrêtement** n. m. *L'écrêtement des horaires de travail.*

écrevisse n. f. (du francique *krebitja* ; cf. allemand *Krebs*) Crustacé d'eau douce, de taille moyenne, aux pattes antérieures armées de fortes pinces. *Bisque d'écrevisses.* – loc. *Rouge comme une écrevisse,* comme l'écrevisse après cuisson.

s'écrier v. pron. < 7 > (→ crier) Dire d'une voix forte et émue.

écrin n. m. (vient du latin *scrinium*) Boîte ou coffret où l'on range des bijoux, des objets précieux. – fig. *Un écrin de verdure.*

Écrins (barre des) Point culminant des Alpes du Dauphiné dans le massif du Pelvoux (4 102 m). Parc national de 92 000 hectares, créé en 1973.

écrire v. tr. < 39 > (vient du latin *scribere* → scribe) **I. 1.** Tracer (des signes d'écriture, un ensemble organisé de ces signes). *Écrire quelques mots. « Sur mon cahier d'écolier* [...] */ Sur le sable sur la neige / J'écris ton nom* [liberté] » (Éluard). – absolt *Apprendre à écrire. Il ne sait ni lire ni écrire. Écrire mal. Écrire en majuscules.* ■ Orthographier. *Je ne sais pas écrire son nom.* – pronom. *« Appeler » s'écrit avec deux p.* **2.** Consigner, noter par écrit. → **inscrire, marquer.** *Écrire une adresse sur un carnet.* **3.** Rédiger (un message destiné à être envoyé à qqn). *Écrire une lettre à qqn.* – absolt Faire de la correspondance. *Il n'aime pas écrire.* **4.** Annoncer par lettre. *Je lui ai écrit que j'étais malade.* **5.** Remplir de signes d'écriture. *Écrire plusieurs pages.* **II. 1.** Composer (un ouvrage scientifique, littéraire). *Écrire un roman.* → **publier.** ■ spécialt Faire métier d'écrivain. **2.** Exprimer par l'écriture (littéraire). *« J'écrivais des silences, des nuits, je notais l'inexprimable »* (Rimbaud). – absolt *« Plus on écrit, moins on pense »* (Valéry). *Il écrit bien, mal.* – *Écrire sur qqch., un sujet.* **3.** ***Écrire que,*** exposer dans un texte, un ouvrage. → **1dire. 4.** Composer (une œuvre musicale). *Écrire une sonate.* **III.** (passif et p. p.) *C'est, c'était écrit,* voulu par la Providence ou le destin, fixé et arrêté d'avance. → **fatal.**

1écrit n. m. **1.** Document écrit. *Un écrit anonyme.* **2.** Composition littéraire, scientifique. → **1livre, œuvre.** – *Un écrit satirique.* **3.** Épreuves écrites d'un examen ou d'un concours. *L'écrit et l'oral.* ■ Expression, langue écrite. *Améliorer la pratique de l'écrit.* **4.** loc. adv. ***Par écrit*** : par un document écrit. *Donner un ordre par écrit.*

2écrit, ite adj. **1.** Tracé par l'écriture. *Des notes très mal écrites.* – Couvert de signes d'écriture. *Deux pages écrites et une page blanche.* **2.** Exprimé par l'écriture, par des textes. *La langue écrite et la langue parlée.*

écriteau n. m. (d'abord « petit écrit ») Surface plane portant une inscription en grosses lettres, destinée à faire connaître qqch. au public. → **pancarte.**

écritoire n. f. (vient du latin *scriptorium,* de *scriptum,* de *scribere* → écrire) Petit coffret contenant tout ce qu'il faut pour écrire.

écriture n. f. (vient du latin *scriptura,* de *scriptum* → écrire) **1.** Système de signes visibles, tracés, représentant le langage parlé. → **grapho-.** *Écriture idéographique* (ex. *hiéroglyphes*), *phonétique, syllabique, alphabétique.* **2.** Type de caractères adopté dans un tel système. *Écriture gothique, romaine, arabe, russe (cyrillique).* **3.** Manière personnelle dont on trace les caractères en écrivant ; ces caractères. → **graphologie.** *J'ai reconnu votre écriture.* **4.** littér. Manière de s'exprimer par écrit. → **manière, 1style.** *Écriture automatique* : technique des surréalistes visant à traduire « aussi exactement que possible la *pensée parlée* » (A. Breton). **5.** Acte d'écrire. *L'écriture d'une œuvre.* – Activité de l'écrivain. *Se consacrer à l'écriture.* **6.** dr. Écrit. *Faux en écriture.* – au plur. Actes de procédure nécessaires à la soutenance d'un procès. ■ Inscription d'une opération comptable. *Passer une écriture. Tenir les écritures,* la comptabilité. **7.** inform. Copie de données dans une mémoire, sur un support. *Lecture et écriture* (dans un répertoire). **8.** (avec maj.) *L'Écriture, les Écritures,* les livres saints. → **Bible.**

▶ L'invention de l'**écriture** (1) signe le passage progressif de la préhistoire à l'histoire. Cette représentation de la pensée et de la parole existe depuis environ 5 000 ans. Elle est apparue au sein de grandes civilisations dont l'essor urbain, administratif et commercial a entraîné la nécessité d'établir des listes comptables, des répertoires de biens et de marchandises, sur pierre, terre cuite ou papyrus.
Les premières formes d'écriture utilisent des signes symboliques dont le dessin traduit une phrase (l'écriture synthétique), un mot ou une idée (l'écriture idéographique). L'**écriture synthétique** ne permet qu'une communication rudimentaire. Si ce procédé est déjà décelable 50 000 ans av. J.-C. (sur les parois des grottes préhistoriques), les Esquimaux et les Indiens d'Amérique du Nord ont utilisé un système équivalent de pictogrammes. Les **écritures idéographiques** apparaissent comme une forme plus évoluée de la figuration du sens : un mot, un signe. Ainsi, les écritures hiéroglyphiques (égyptienne, maya, hittite), cunéiformes (sumérienne, akkadienne) et chinoises comportent un grand nombre de signes (idéogrammes) afin d'améliorer leur capacité à consigner des messages. Leur apprentissage en est rendu difficile. Toutefois, elles empruntent des

L'écriture apparaît dans les cultures urbaines de Mésopotamie vers 3500-3400 av. J.-C., et en Égypte vers 3300 av. J.-C. Son évolution semble avoir suivi une voie qui va du pictogramme (dessin stylisé représentant une chose), souvent d'origine religieuse, à l'idéogramme (signe abstrait faisant simplement référence à cette chose), puis à la lettre (signe abstrait codant, non plus une chose, mais un son de la langue parlée). L'écriture se caractérise par un rapport très étroit à l'outil qui lui donne corps (calame, pinceau, plume, tampon, caractère d'imprimerie, etc.), et, dans le cas de l'écriture manuelle, du geste du scripteur. L'un et l'autre sont les éléments majeurs à l'origine de la forme de chaque écriture, aussi bien dans sa version calligraphiée que typographiée.

Ci-dessus, portrait de Denis Diderot (détail) par Louis-Michel Van Loo (1767), musée du Louvre, Paris.

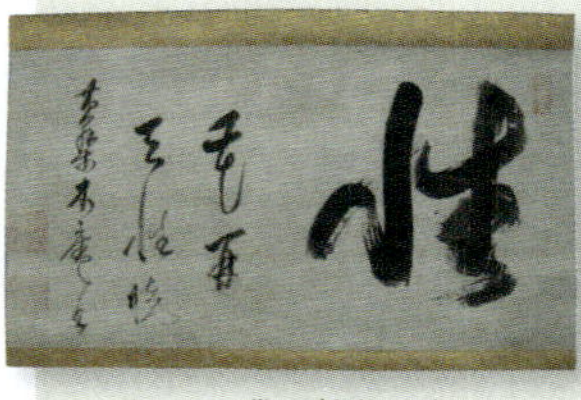

Essence, calligraphie japonaise sur papier par Mokuan Shôtô (XVIIe s.), British Museum, Londres.

Miniature d'un livre de prière juif polonais (XVIe-XVIIe s.), collection Isaac Einhorn, Tel Aviv.

Page du Coran en écriture maghribi (XIIIe s.), BNF, Paris.

Contrat de vente d'un champ et d'une maison, tablette cunéiforme de Sumer (v. 2550 av. J.-C.), musée du Louvre, Paris.

Génies se réunissant au-dessus de la mer, calligraphie chinoise sur soie par Ma Lin (XIIIe s.), musée Guimet, Paris.

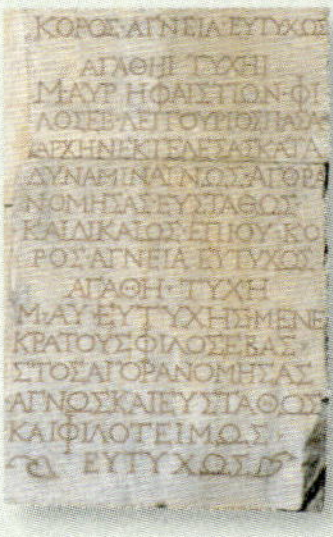

Inscription grecque, porte de Mazeus et Mithridate (Ier s.), porte du marché, Éphèse.

Détail d'une pierre runique (Xe s.), Karlevi, Suède.

Durga et le lion combattant les Asura, miniature en devanagari du Markandeya Purana (XIXe s.), musée Guimet, Paris.

Inscription en chinois, tibétain et mongol (XIIIe-XIVe s.), temple Guanghua, Pékin.

Hiéroglyphes mayas indiquant la date du 11 février 526, linteau trouvé à Yaxchilan, musée national d'Anthropologie, Mexico.

Testament en hiéroglyphes, tombe de l'administrateur Kaiemnefert à Gizeh (v. 2400 av. J.-C.), Musée égyptien, Le Caire.

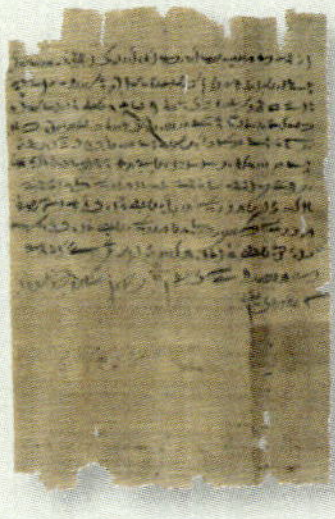

Contrat de location de champs, papyrus en démotique (533 av. J.-C.), musée du Louvre, Paris.

éléments à la troisième famille, celle de l'**écriture phonétique.** Cette dernière traduit encore des progrès dans l'habileté de la notation. En représentant des sons, lettres et syllabes transcrivent la parole. Quelques dizaines de signes suffisent alors, grâce à leurs multiples combinaisons, à transcrire une langue. Les alphabets syllabiques (cypriote, linéaire B, éthiopien) précèdent les alphabets consonantiques (arabe, hébraïque, indien) et ceux qui notent voyelles et consonnes (grec, latin et cyrillique).

voir aussi **alphabet, phonétique**

E

écrivailler v. intr. < 1 > péj. Composer rapidement sur divers sujets et en divers genres des écrits sans valeur. - syn. **écrivasser v. intr. < 1. >**

écrivailleur, euse n. péj. Homme ou femme de lettres médiocre. - syn. **écrivassier, ière.**

écrivaillon, onne n. péj. Écrivain, écrivaine médiocre. → **écrivailleur.**

écrivain, aine n. (vient du latin pop. *scribanem*, de *scriba* → **scribe**, de *scribere* → **écrire**) **1.** Personne qui compose, écrit des ouvrages littéraires. → **auteur.** *Elle est écrivaine ou écrivain. Mauvais écrivain.* → **écrivailleur, écrivaillon, plumitif. 2.** *Écrivain public* : personne qui écrit (des lettres, etc.) pour ceux qui ne savent pas ou savent mal écrire. ▪ *Écrivain fantôme*.*

¹écrou n. m. (du francique *skroda* « lambeau ») dr. Procès-verbal constatant qu'un individu a été remis à un directeur de prison, et mentionnant la date et la cause de l'emprisonnement (→ **écrouer**). *Levée d'écrou*, remise en liberté d'un détenu.

²écrou n. m. (vient du latin *scrofa* « truie » [→ **écrouelles**], par allusion à la vulve) Pièce de métal, de bois, etc., percée d'un trou fileté pour le logement d'une vis ou d'un boulon. *Serrer des écrous.*

écrouelles n. f. pl. (vient du latin pop. *scrofulae* → **scrofule**, de *scrofa* → **²écrou**) Abcès ganglionnaire.

écrouer v. tr. < 1 > (de *¹écrou*) Inscrire sur le registre d'écrou, emprisonner. *Il a été écroué à la prison de la Santé.* → **incarcérer.**

écrouir v. tr. < 2 > (mot wallon, de *é-* et *crou*, var. de *cru* adj.) techn. Travailler (un métal) à une température inférieure à sa température de recuit afin d'améliorer sa résistance à la déformation. – au p. p. *Acier écroui.* □ **n. m. écrouissage**

écroulement n. m. **1.** Fait de s'écrouler, chute soudaine. → **effondrement, ruine.** *L'écroulement d'un mur.* **2.** fig. Destruction soudaine et complète. → **anéantissement.** *L'écroulement de l'URSS.* **3.** Fait de s'écrouler physiquement, de s'effondrer.

s'écrouler v. pron. < 1 > (de *crouler*) **1.** Tomber soudainement de toute sa masse. → **s'abattre, s'affaisser, crouler, s'ébouler, s'effondrer.** – au p. p. *Une maison écroulée.* **2.** fig. Subir une destruction, une fin brutale. → **sombrer.** *« Et les choses qu'on croit éternelles s'écroulent »* (Hugo). **3.** fam. (personnes) Se laisser tomber lourdement. → **s'affaler.** *Elle s'écroula dans un fauteuil.* **4.** fig. Être accablé de. *Le soir, il s'écroulait de fatigue.* – au p. p. *On était tous écroulés (de rire)*, on n'en pouvait plus à force de rire.

écroûter v. tr. < 1 > (→ **croûte**) **1.** Dégarnir de sa croûte. *Écroûter le pain.* **2.** agric. Labourer superficiellement (une terre). - var. RO **écrouter.**

écru, ue adj. (→ **²cru**) **1.** Qui n'est pas blanchi, lessivé (chanvre, soie...). *Toile écrue.* **2.** De la couleur beige du textile non blanchi. *Une chemise écrue.*

ecstasy [ɛkstazi] n. f. (mot anglais « extase ») anglic. Stupéfiant hallucinogène dérivé de l'amphétamine, à effet désinhibiteur. - abrév. fam. **ecsta n. f.**

ectasie n. f. (grec *ektasis* → **extase**) méd. Dilatation anormale d'un organe creux.

ecthyma n. m. (grec *ekthuma*) méd. Affection cutanée microbienne, caractérisée par des pustules dont le centre se recouvre d'une croûte masquant une ulcération.

ecto- Élément (du grec *ektos* « au-dehors ») qui signifie « à l'extérieur ».

ectoderme n. m. (de *ecto-* + *-derme*) biol. Feuillet externe de l'embryon dont dérivent l'épiderme et le système nerveux chez les animaux (à l'exception des protozoaires et des éponges). *L'ectoderme, le mésoderme et l'endoderme.* - syn. **ectoblaste.** □ **adj. ectodermique**

-ectomie Élément (du grec *ektomê* « amputation », de *ektemnein* → **-tome**) qui signifie « ablation ». → **-tomie.**

ectoparasite n. m. (→ **parasite**) zool. Parasite externe (opposé à *endoparasite*).

ectopie n. f. (grec *ektopos* « éloigné de sa place ») anat. Situation (d'un organe) hors de sa place habituelle.

ectopique adj. anat. (organe) Qui n'est pas à sa place habituelle. – *Grossesse ectopique*, extra-utérine.

ectoplasme n. m. (de l'anglais → **ecto-** et **plasma**) **1.** biol. Couche superficielle de la cellule animale. **2.** Émanation visible du corps du médium. ▪ Personne faible, molle, silencieuse qu'on ne remarque pas. → **zombie.**

ectoprocte n. m. (de *ecto-* et grec *prôktos* « anus ») Animal marin invertébré vivant en colonies sur les rochers ou sur les algues (embranchement des *Ectoproctes*). → **bryozoaire.**

ectotherme adj. (de *ecto-* + *-therme*) didact. (animal) Qui, ne produisant pas de chaleur interne, dépend des sources extérieures de chaleur pour augmenter sa température (opposé à *endotherme*). → **poïkilotherme.**

ectropion n. m. (grec *ektropion*, de *ektrepein* « détourner ») méd. Renversement des paupières en dehors (opposé à *entropion*). ▪ Saillie anormale, éversion de la muqueuse du col utérin.

¹écu n. m. (vient du latin *scutum*, grec *skutos* « cuir, peau ») **1.** Bouclier des hommes d'armes au Moyen Âge. **2.** Champ en forme de bouclier où sont représentées les pièces des armoiries ; ces armoiries. → **écusson. 3.** Ancienne monnaie française. – Ancienne pièce de cinq francs en argent.

²écu n. m. (de l'anglais, sigle de *European Currency Unit*) anglic. Ancienne monnaie de compte de la Communauté européenne. → aussi **euro.** *Des écus.*

écubier n. m. (de *escumier* [d'après *écume*], d'abord *esquenbieu*, p.-ê. du portugais) Ouverture ménagée à l'avant d'un navire, sur le côté de l'étrave, pour le passage des câbles ou des chaînes.

écueil [ekœj] n. m. (de l'ancien provençal qui vient du latin pop., de *scopulus*, grec *skopelos* « lieu pour guetter ») **1.** Rocher, banc de sable à fleur d'eau contre lequel un navire risque de se briser ou de s'échouer. → **brisant, récif. 2.** Obstacle dangereux, cause d'échec. → **danger.** *La vie est pleine d'écueils.*

écuelle n. f. (vient du latin *scutella* « petite coupe ») Assiette large et creuse sans rebord ; son contenu. *Une écuelle en bois, en terre.* – *L'écuelle d'un chien.* → **gamelle.**

éculé, ée adj. (de *cul*) **1.** Dont le talon est usé, déformé. *Savates éculées.* **2.** Usé, défraîchi à force d'être ressassé. *Des plaisanteries éculées.* → **rebattu.**

Écully Commune du Rhône, dans la banlieue O. de Lyon. 18 789 habitants.

écumant, ante adj. **1.** Qui écume (I, 1). *Une mer écumante.* → **écumeux. 2.** *Chien écumant.* – (personnes) *Être écumant de rage.*

écume n. f. (vient du latin pop., germanique *skum* « savon liquide » ; influence du latin *spuma* « écume ») **I. 1.** Mousse blanchâtre qui se forme à la surface des liquides agités, chauffés ou en fermentation. *Enlever l'écume d'un bouillon* (→ **écumer (II)**). *L'écume de la mer.* **2.** Bave de certains animaux. – Bave mousseuse qui vient aux lèvres d'une personne en colère ou en proie à une attaque (épilepsie, etc.). – Sueur blanchâtre qui s'amasse sur le corps d'un cheval, d'un taureau. **3.** Impuretés, scories qui flottent à la surface des métaux en fusion. **II.** (allusion à la couleur, à la légèreté) *Écume (de mer)* : silicate naturel de magnésium. *Une pipe en écume, d'écume.*

écumer v. < 1 > **I.** v. intr. **1.** (mer) Se couvrir d'écume. → **moutonner. 2.** Baver. – fig. *Écumer (de rage)*, être au comble de la fureur. **II.** v. tr. **1.** Débarrasser (qqch. qui cuit) de son écume, des impuretés (→ **écumoire**). *Écumer un pot-au-feu.* □ **n. m. écumage 2.** fig. *Écumer les mers, les côtes*, y exercer la piraterie. – Prendre ce qui est le plus profitable ou intéressant dans. *Les antiquaires ont écumé la région.*

écumeur, euse n. *Écumeur (de mer)* : corsaire, pirate.

écumeux, euse adj. Qui forme de l'écume, se couvre d'écume. → **écumant.**

écumoire n. f. Ustensile de cuisine composé d'un disque aplati, percé de trous, monté sur un manche, servant à écumer. → aussi **passoire.**

écurer v. tr. < 1 > (de *curer*) techn. ou régional Curer complètement.

écureuil n. m. (vient du latin pop. *scuriolus*, de *sciurus*, du grec *skiouros*, de *skia* « ombre » et *oura* « queue » : « qui fait de l'ombre avec sa queue ») Petit mammifère rongeur au pelage généralement roux, à la queue longue et en panache. *Écureuil volant.* → **polatouche.** – *Fourrure de l'écureuil.* → **petit-gris, vair.**

écurie n. f. (ancien français *esqüierrie*, de *escüier, escuyer* → **écuyer**) **1.** Bâtiment destiné à loger des chevaux, ânes, mulets. *Garçon d'écurie.* → **lad, palefrenier.** mythol. *Les écuries d'Augias* (nettoyées par Hercule). **2.** Ensemble des bêtes logées dans une écurie. ▪ *Écurie (de courses)* : ensemble des chevaux qu'un propriétaire fait courir. – Voitures de course, coureurs, cyclistes courant pour une même marque. – Ensemble des auteurs travaillant pour un même éditeur.

écusson n. m. (→ **¹écu**) **1.** Petit écu (¹, 2). **2.** Plaque armoriée servant d'enseigne, de panonceau. **3.** Petit morceau d'étoffe portant une marque distinctive, cousu sur un vêtement. **4.** arbor. Fragment d'écorce portant un bourgeon, qu'on introduit sous l'écorce d'un sujet pour le greffer.

écussonner v. tr. < 1 > **1.** arbor. Greffer en écusson. □ **n. m. écussonnage 2.** Orner d'un écusson.

écuyer, yère n. (vient du latin *scutarius*, de *scutum* « bouclier » → **¹écu**) **1.** n. m. Gentilhomme qui était au service d'un chevalier, d'un prince. – Personne qui était préposée aux écuries d'un prince. **2.** Personne sachant bien monter à cheval. → **amazone, ¹cavalier.** *Une bonne écuyère.* – Personne qui fait des numéros d'équitation dans un cirque.

eczéma ou **exéma** [ɛgzema] n. m. (grec *ekzema*, de *ekzein*, de *ek* « hors de » et *zein* « bouillir ») Affection cutanée caractérisée par des vésicules, des rougeurs et la formation de squames.

eczémateux, euse ou **exémateux, euse** [ɛgzematø, øz] adj. De l'eczéma. – Atteint d'eczéma.

édam [edam] n. m. (n. de lieu) Fromage de Hollande à pâte cuite et à croûte rouge.

édaphique adj. (grec *edaphos* « sol ») didact. Relatif au sol en tant que milieu biologique.

Edda Nom de deux poèmes épiques islandais du XIIIe s. Le premier, anonyme, s'inspire d'anciens mythes scandinaves

(*Ancienne Edda* ou *Edda poétique*) ; le second, dû à Snorri Sturluson, comporte un art poétique.

Eddington (sir Arthur Stanley) Astrophysicien britannique (1882-1944). Il contribua à confirmer la théorie de la relativité d'Einstein en observant la courbure des rayons lumineux au voisinage des corps de grande masse. Il mit en évidence la relation entre la masse et la luminosité des étoiles *(Les Mouvements stellaires et la structure de l'univers).*

Eddy (Mary) née **Baker** Réformatrice américaine (1821-1910). Elle fonda en 1879 l'organisation appelée la Science chrétienne *(Christian Science).*

Ede Ville de l'O. du Nigeria. 248 400 habitants. Coton. Cacao.

Ede Ville des Pays-Bas (Gueldre). 120 000 habitants. Centre industriel et touristique. Musée Van Gogh.

Édéa Ville du S.-O. du Cameroun, sur la Sanaga. 66 600 habitants. Centrales hydroélectriques aux chutes de la Sanaga ; usine d'aluminium.

Edegem Ville de Belgique, dans la banlieue S. d'Anvers. 22 261 habitants. Industrie. Taille du diamant.

édelweiss ou **edelweiss** [edɛlvɛs ; edɛlvajs] **n. m. (de l'allemand, de *edel* « noble » et *weiss* « blanc »)** Plante alpine, couverte d'un duvet blanc et laineux. *L'édelweiss est aussi appelé* immortelle des neiges *ou* étoile d'argent.

edelzwicker [edɛltsvikɛʀ] **n. m. (de l'allemand, de *edel* « noble » et *Zwicker* « assemblage »)** Vin blanc alsacien constitué d'un mélange de plusieurs cépages.

Eden (Robert Anthony), 1er comte d'Avon Homme politique britannique (1897-1977). Membre du Parti conservateur, il fut ministre des Affaires étrangères à plusieurs reprises et succéda à Churchill au poste de Premier ministre (1955-1957).

éden [edɛn] **n. m. (mot hébreu) littér.** Lieu de délices. *Des édens.* □ **édénique adj. → paradisiaque.**

Éden Dans la Bible (Genèse), lieu situé « à l'orient », où Dieu plante un jardin, le paradis terrestre, pour Adam et Ève.

édenté, ée adj. et n. 1. Qui a perdu une partie ou la totalité de ses dents. **2. n. m.** Mammifère sans incisives ou pourvu d'une seule sorte de dents (ordre des *Édentés* : paresseux, fourmiliers, etc.).

édenter v. tr. < 1 > Casser les dents de (un objet). *Édenter un peigne.*

Édesse Ancienne ville de haute Mésopotamie (aujourd'hui Urfa, en Turquie). À partir du IVe s., elle fut le centre du développement du syriaque et un foyer de culture chrétienne (Bible syriaque ; école d'Édesse). Elle fut la capitale d'une principauté latine, le *comté d'Édesse* (1098-1144).

Edfou Ville de Haute-Égypte, sur le Nil. 84 400 habitants. Grand temple d'Horus, édifié à la période ptolémaïque (entre –237 et –57).

Edgar le Pacifique (v. 943-975). Roi des Anglo-Saxons (959-975). Fils d'Edmond Ier, il affermit le pouvoir royal et contint l'opposition entre Danois et Saxons.

Edgar Atheling Prince anglais (v. 1050-v. 1125). Petit-neveu d'Édouard le Confesseur, il tenta en vain de s'arroger le trône d'Angleterre contre Guillaume le Conquérant et s'exila en Écosse.

EDI n. m. (sigle de *electronic data interchange*) Outil informatique permettant l'échange de données concernant des transactions, par le biais de réseaux et de formats normalisés.

édicter v. tr. < 1 > (→ édit) 1. Établir, prescrire par une loi, par un règlement. **→ décréter, promulguer.** – *Édicter une loi.* □ **n. f.**

Le temple d'Horus, le dieu-faucon, à Edfou.

édiction 2. littér. Exprimer, prononcer d'une manière péremptoire. *Édicter sa volonté.*

édicule n. m. (latin *aedicula*, diminutif de *aedes* « foyer ; maison » [*cf.* édile], famille de *aestas* → ²été ; influence de *édifice*) 1. Chapelle ou dépendance d'un édifice religieux. **2.** Petite construction édifiée sur la voie publique (kiosque, urinoir...).

édifiant, ante adj. 1. Qui édifie, porte à la vertu, à la piété. **2. iron.** Particulièrement instructif. *Voilà un témoignage édifiant.*

édification n. f. I. 1. Action d'édifier, de construire (un édifice). **→ construction. 2. fig.** Création (de ce qui se construit). *L'édification d'une théorie.* **II.** Action de porter à la vertu, à la piété. *Pour l'édification des fidèles.* – Action d'instruire. *Je vous le dis pour votre édification.*

édifice n. m. (latin *aedificium*, de *aedificare* → édifier) 1. Bâtiment important. **→ construction, monument.** *Les édifices publics.* **2. fig.** Ensemble vaste et organisé. *L'édifice social.* – **loc.** *Apporter sa pierre à l'édifice*, contribuer à une entreprise.

édifier v. tr. < 7 > (latin *aedificare*, de *aedes* → édicule, édile et *facere* « faire* ») I. 1. Bâtir (un édifice, un ensemble architectural). **→ construire. 2. abstrait** Établir, créer (un vaste ensemble). *Édifier une théorie.* **II. 1.** Porter (qqn) à la vertu, à la piété, par l'exemple ou par le discours. **2. iron.** Mettre à même d'apprécier, de juger sans illusion. *« Vous allez être bien édifié : ils* [les médecins] *vous diront en latin que votre fille est malade »* (Molière).

édile n. (latin *aedilis*, de *aedes* → édicule) 1. n. m. Magistrat romain qui était chargé de l'inspection des édifices, de l'approvisionnement de la ville. **2.** Magistrat(e) municipal(e) d'une grande ville (en style officiel ou de journal).

édilité n. f. Magistrature municipale.

Édimbourg Capitale de l'Écosse, à l'E. des Lowlands. 459 400 habitants. Centre administratif (Parlement d'Écosse), universitaire

Édimbourg, la vieille ville avec le château médiéval et le clocher de Tollbooth Kirk.

et financier. Ville médiévale au pied du château de Holyrood. « Ville neuve » du XVIIIe s., ouverte sur l'estuaire du Forth, bel exemple d'urbanisme géorgien. National Gallery of Scotland, Museum of Scotland. Festival de musique, théâtre et danse créé en 1947. La ville, qui se développa aux XIIe et XIIIe s. autour du château, devint la capitale du royaume d'Écosse au XVe s. Elle fut le théâtre de nombreux troubles au XVIIe s., puis au XVIIIe s., après la signature de l'Acte d'union de l'Écosse avec l'Angleterre (1707).

Edirne anciennement **Andrinople** Ville de Turquie d'Europe, à la frontière avec la Grèce. Centre de commerce et d'industrie. 174 600 habitants. Fondée par l'empereur Hadrien, elle fut le théâtre de la première victoire des Goths contre les Romains (378). Annexée par l'Empire ottoman en 1361, elle en demeura la capitale jusqu'en 1458. Elle fut rattachée à la Grèce de 1920 à 1923.

Edison (Thomas Alva) Inventeur américain (1847-1931). Ingénieur autodidacte brillant, il déposa plus de 1 000 brevets, dont ceux du phonographe, du microphone et de la lampe électrique à incandescence.

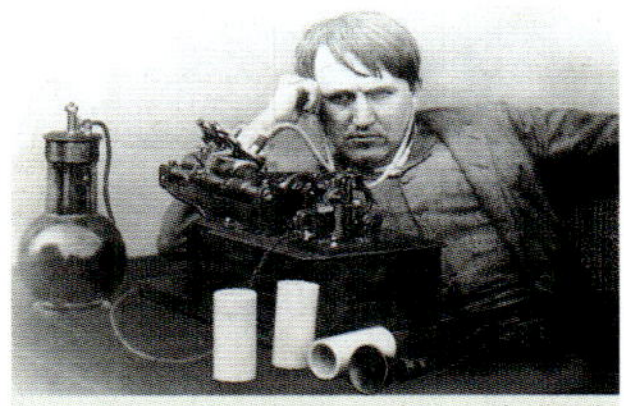
Thomas Edison devant son phonographe (1888).

édit n. m. (latin *edictum*, de *edicere*, de *ex-* et *dicere* → ¹dire) 1. Acte législatif émanant des anciens rois de France. *L'édit de Nantes.* **2.** Règlement publié par un magistrat romain. – Constitution impériale, à Rome. *L'édit de Dioclétien* (contre les chrétiens).

éditer v. tr. < 1 > (de *édité*, latin *editus*, de *edere* « produire, montrer », p.-ê. famille de *dare* « donner ») I. 1. Publier et mettre en vente (un livre). *Éditer des romans.* – **par ext.** *Éditer un jeu vidéo. Éditer une chaise, un parfum.* – *Éditer un auteur.* **2. littér.** Faire paraître (un texte qu'on présente, annote, etc.). *Ce professeur édite des textes du Moyen Âge.* **II. (anglais) anglic., inform.** Afficher (une information) et en permettre la lecture sur écran. ■ Préparer (un ensemble d'informations) pour le traitement.

éditeur, trice n. (latin *editor* → éditer) 1. Personne, société qui assure la publication et la mise en vente des ouvrages d'un auteur, d'un musicien, etc. *Libraire-éditeur.* – *Éditeur de musique, de logiciels.* – **adj.** *Société éditrice de films.* ■ Personne qui travaille dans l'édition à la conception et la publication d'ouvrages. ■ **par ext.** *Éditeur de logiciels, d'objets design.* **2. littér.** Érudit qui établit et fait paraître un texte. **3. n. m. inform.** Programme permettant d'éditer (II) des informations enregistrées dans un fichier.

édition n. f. (latin *editio* → éditer) I. 1. Reproduction et diffusion (d'une œuvre intellectuelle ou artistique) par un éditeur (1). **→ publication.** *Maison, société d'édition.* – *Édition électronique, multimédia.* ■ **par ext.** *Édition d'un jeu vidéo, d'un parfum.* **2.** Ensemble des exemplaires d'un ouvrage publié ; série des exemplaires édités en une fois. *La nouvelle édition d'un livre.* **→ réédition.** *Édition originale.* **→ ²original.** *Édition revue, corrigée. Édition reliée, brochée. L'édition et le tirage d'un ouvrage.* – Ensemble des exemplaires (d'un journal) imprimés en une fois. *Édition spéciale.* **3.** Métier, activité d'éditeur. **II.** Action d'éditer (un texte qu'on présente, annote, etc.). ■ Texte ainsi édité. *Édition critique.* **III. anglic., inform.** Opération consistant à éditer (II) des données.

éditionner v. tr. < 1 > techn. Marquer (les exemplaires d'une édition) d'une mention de tirage.

¹éditorial, aux n. m. (anglais, de *editor* → éditeur) Article qui provient de la direction d'un journal, d'une revue et qui correspond à une orientation générale. - abrév. **édito.**

²éditorial, ale, aux adj. (→ éditeur) Qui concerne l'activité d'édition, dans ses aspects économique et technique. *La politique éditoriale d'une maison.*

éditorialiste n. Personne qui écrit l'éditorial d'un journal, d'une revue.

E

Edmond Iᵉʳ (v. 922-946). Roi des Anglo-Saxons. Il réprima la révolte du Northumberland et soumit la Mercie. ■ **Edmond II** (v. 981-1017). Roi des Anglo-Saxons (1016-1017). Il perdit la Mercie et la Northumbrie face à Canut le Grand, roi de Danemark et de Norvège.

Edmond Rich (saint), en Bourgogne **saint Edme** Archevêque de Canterbury (v. 1170-1240). Il s'opposa à Henri III sur la question des privilèges ecclésiastiques et dut s'exiler en France.

Edmonton Ville de l'O. du Canada, capitale de l'Alberta, à l'E. des montagnes Rocheuses. 932 546 habitants (zone urbaine : 1 321 426). Université. Industrie pétrochimique.

Edo voir Tōkyō

Édom (pays d') Région au S. de la mer Morte. Selon la Genèse, Ésaü, « père d'Édom », s'y est établi avec sa descendance.

Édomites n. m. pl. Peuple sémitique de l'Antiquité, établi au S. de la mer Morte vers le –XIIIᵉ s., soumis à Israël par David. Après la conquête babylonienne (–587), les Édomites émigrèrent en Idumée.

Édouard l'Ancien (mort en 924). Roi de Wessex (899-924). Fils d'Alfred le Grand, il lutta contre les Danois.

Édouard le Martyr (saint) [962-978]. Roi des Anglo-Saxons (975-978). Fils d'Edgar le Pacifique. Sa belle-mère Elfrida le fit assassiner au profit de son demi-frère.

Édouard le Confesseur (saint) [v. 1002-1066]. Roi des Anglo-Saxons (1042-1066). Dernier roi de la lignée anglo-saxonne. Il dut léguer le trône à Guillaume le Conquérant.

Édouard Iᵉʳ (1239-1307). Roi d'Angleterre (1272-1307). Fils d'Henri III. Il annexa le pays de Galles (1277-1283) et entreprit la conquête de l'Écosse, réprimant la révolte de William Wallace (1298). ■ **Édouard II** (1284-1327). Roi d'Angleterre (1307-1327). Fils d'Édouard Iᵉʳ. Il fut vaincu en Écosse (1314 et 1321) par Robert Bruce, qu'il reconnut comme roi d'Écosse. Sa femme, Isabelle de France, aidée de son amant Roger de Mortimer, le fit assassiner. ■ **Édouard III** (1312-1377). Roi d'Angleterre (1327-1377). Fils d'Édouard II et d'Isabelle de France. Il revendiqua l'héritage de son grand-père maternel Philippe IV le Bel et entreprit contre la France la guerre de Cent Ans (1337). Il créa l'ordre de la Jarretière. ■ **Édouard IV** (1442-1483). Roi d'Angleterre (1461-1470 et 1471-1483). Fils de Richard d'York, il disputa le pouvoir à Henri IV de Lancastre lors de la guerre des Deux-Roses. Il mit fin à la guerre de Cent Ans (traité de Picquigny, 1475). ■ **Édouard V** (1470-1483). Roi d'Angleterre (1483). Fils d'Édouard IV. Il fut assassiné, ainsi que son frère Richard d'York, par son oncle Richard III. ■ **Édouard VI** (1537-1553). Roi d'Angleterre et d'Irlande (1547-1553). Fils d'Henri VIII et de Jeanne Seymour. Il subit la régence de son oncle, Edward Seymour, puis de John Dudley. ■ **Édouard VII** (1841-1910). Roi de Grande-Bretagne et d'Irlande (1901-1910). Prince dandy, il fut écarté du pouvoir par sa mère Victoria. Il conclut avec la France l'Entente cordiale (1904). ■ **Édouard VIII** (1894-1972). Roi de Grande-Bretagne et d'Irlande du Nord (1936). Fils de George V. Il abdiqua en faveur de son frère George VI, afin d'épouser une Américaine divorcée, Wallis Simpson.

Édouard, prince de Galles, dit le Prince Noir (1330-1376). Prince anglais. Fils d'Édouard III, il remporta de brillantes victoires lors de la guerre de Cent Ans. Il fit prisonnier Jean le Bon à Poitiers (1356) et vainquit Henri II le Magnifique et Du Guesclin à Najera (1367).

Édouard (1391-1438). Roi de Portugal (1433-1438). Fils de Jean Iᵉʳ, il combattit sans succès les Maures.

Édouard (lac) Lac d'Afrique équatoriale, situé au S. du lac Albert dont il est tributaire, à la frontière de la République démocratique du Congo et de l'Ouganda. 2 150 km².

-èdre Élément (du grec *hedra* « siège, place, base ») qui entre dans la composition de termes de géométrie (ex. *polyèdre, tétraèdre*).

édredon n. m. (danois *ederduun* « duvet [*duun*] de l'eider* ») Couvre-pied de duvet de plume ou de fibres synthétiques. → aussi **¹couette.**

éducable adj. Apte à être éduqué.

éducateur, trice (latin → éduquer) **1.** n. Personne qui s'occupe d'éducation, qui donne l'éducation. ■ Personne qui a reçu une formation spécifique et qui est chargée de l'éducation de certains groupes (jeunes, handicapés...). *Éducateur de rue.* **2.** adj. Éducatif. *La fonction éducatrice du jeu.* → **pédagogique.**

éducatif, ive adj. (de *éduquer*) Qui a l'éducation pour but ; qui éduque, forme efficacement. *Jeux éducatifs. Des méthodes éducatives.* → **didactique, pédagogique.**

éducation n. f. **1.** Mise en œuvre des moyens propres à assurer la formation et le développement d'un être humain ; moyens pour y parvenir. → **instruction.** *Les sciences de l'éducation.* → **didactique, pédagogie.** *Faire l'éducation d'un enfant. Le ministère de l'Éducation nationale* (en France). ■ loc. ***Éducation physique et sportive (EPS)*** : exercices physiques, sports propres à favoriser le développement harmonieux du corps. → **gymnastique, sport.** *Éducation sexuelle. Éducation civique,* destinée à former le citoyen. → **instruction. 2.** Développement méthodique (d'une faculté, d'un organe). → **exercice.** *L'éducation de la mémoire.* **3.** Connaissance et pratique des usages de la société. → **politesse, savoir-vivre.** *Manquer d'éducation.*

éducationnel, elle adj. Relatif à l'éducation.

Éduens n. m. pl. Peuple de la Gaule celtique (Bourgogne, Morvan, Mâconnais), le plus puissant avec les Arvernes. Leur capitale était Bibracte (sur l'actuel mont Beuvray, dans le Morvan).

édulcorant n. m. Substance qui donne une saveur douce. – *Édulcorant de synthèse* : produit sucrant sans sucre. → **aspartame, saccharine.**

édulcoration n. f. Action d'édulcorer. – Action de rendre plus doux au goût (un médicament).

édulcorer v. tr. < 1 > (latin médiéval, de *edulcare*, de *dulcis* → doux) **1.** Adoucir par addition de sucre, de sirop (un médicament). **2.** Rendre plus faible dans son expression. → **adoucir, atténuer.** – au p. p. *Donner une version édulcorée des faits.*

éduquer v. tr. < 1 > (latin *educare*, de *ducere* « conduire, mener », de *dux, ducis* → duc) Former par l'éducation. → **élever.** *Ils ont bien éduqué leurs enfants.*

Edwards (William Blake McEdwards, dit Blake) Cinéaste américain (1922-2010). Il a réalisé des comédies burlesques et jubilatoires (*Diamants sur canapé ; Victor Victoria*). *La Panthère rose* fut son plus grand succès.

Edwards (Robert Geoffrey) Physiologiste britannique (1925-2013). Il mit au point, avec P. C. Steptoe, la technique de fécondation *in vitro* chez l'être humain. Prix Nobel 2010.

Edwards (Jorge) Romancier et journaliste chilien (1931-2023). Diplomate sous la présidence d'Allende, il s'exila en Espagne après le coup d'État de Pinochet, en 1973, et se consacra à la littérature. *Les Invités de pierre ; L'Origine du Monde.*

Edwards (Gareth Owen) Rugbyman britannique (né en 1947). Demi de mêlée, il a gagné, avec son jeu puissant et ses passes exceptionnellement longues, sept fois le Tournoi des cinq nations et trois fois le Grand Chelem dans l'équipe du pays de Galles.

Edwin ou **Eadwin** (saint) (585-632). Roi de Northumbrie (617-632). Il favorisa l'évangélisation des Anglo-Saxons.

Eekhoud (Georges) Écrivain belge d'expression française (1854-1927). Il a dépeint les déshérités de sa Campine natale, offrant du monde social une image brutale mais bienveillante (*Kees Doorik ; Magrice en Flandre*). Il est également l'auteur de recueils de poésie (*Myrtes et Cyprès*).

Eeklo Ville de Belgique (Flandre-Orientale), à l'E. de Bruges. 21 285 habitants. Monuments anciens. Centre agricole.

Eemsdelta Ville et port des Pays-Bas (Groningue). 45 380 habitants.

Éetion Roi légendaire de Thèbes. Père d'Andromaque, il est tué, ainsi que ses fils, par Achille lors du sac de Troie.

ef- voir é-

Efaté voir Vaté

éfaufiler v. tr. < 1 > (de *é-* et *faufiler*) techn. Défaire (un tissu) en tirant les fils. → **effiler, effilocher.**

éfendi ou **effendi** [efɛdi] n. m. (mot turc, du grec ancien *authentês*) Ancien titre des dignitaires civils ou militaires, dans l'Empire turc.

effaçable adj. Que l'on peut effacer. *Encre effaçable. Impression difficilement effaçable.* – inform. *Mémoire effaçable.* → **EPROM.**

effacé, ée adj. **1.** Qui a disparu ou presque disparu. *Une inscription effacée.* **2.** Qui a peu d'éclat, qui a passé. *Des teintes effacées.* **3.** Qui ne se fait pas voir, reste dans l'ombre. → **modeste.** *Jouer un rôle effacé.*

effacement n. m. **1.** Action d'effacer ; son résultat. ■ fig. *L'effacement d'un souvenir. Culture de l'effacement,* visant à bannir de l'espace public ou de la mémoire collective des personnalités, des œuvres, au nom de certaines valeurs (recomm. offic. pour remplacer l'anglic. **cancel culture**). **2.** Attitude effacée, modeste. *Vivre dans l'effacement.*

effacer v. tr. < 3 > (de *é-, es-* et *face*) **1.** Faire disparaître sans laisser de trace (ce qui était marqué, écrit). → **gommer, gratter.** *Le voleur a effacé ses empreintes.* – (choses) Rendre moins net, moins visible. *Le temps a effacé l'inscription.* **2.** Faire disparaître, faire oublier. *« La nuit voluptueuse monte* [...] / *Effaçant tout, même la honte »* (Baudelaire). **3.** Empêcher de paraître, de briller (en brillant davantage). → **éclipser.** *Sa réussite efface toutes les autres.* **4.** Tenir de côté ou en retrait, de manière à présenter le moins de surface ou de saillie. *Alignez-vous, effacez l'épaule droite.* ■ **s'effacer** v. pron. **1.** (choses) Disparaître plus ou moins. → **s'estomper.** – fig. *Son souvenir ne s'effacera jamais.* **2.** (personnes) Se tenir de façon à paraître ou à gêner le moins possible. *S'effacer pour laisser passer qqn.*

effaceur n. m. Feutre servant à effacer l'encre.

effarant, ante adj. Qui effare ou étonne en indignant. *Il est d'une inconscience effarante.* – par exagér. *Il roule à une vitesse effarante. Mais c'est effarant !*, incroyable.

effaré, ée adj. (ancien français *esferes*, p.-ê. famille de *effrayer*, ou du latin *ferus* « sauvage » → ²fier) Qui éprouve un effroi mêlé de surprise. → **effrayé, égaré.** *Un regard effaré.* – n. « *Les Effarés* » (poème de Rimbaud).

effarement n. m. État d'une personne effarée. → **effroi, stupeur, ²trouble.**

effarer v. tr. < 1 > (→ effaré) Troubler en provoquant un effroi, mêlé de stupeur. → **affoler, effrayer, stupéfier.** – *L'audace de ses projets nous a effarés.*

effarouchement n. m. littér. État d'une personne effarouchée.

effaroucher v. tr. < 1 > (de *farouche*) 1. Effrayer (un animal) de sorte qu'on le fait fuir. *Attention, vous allez effaroucher le gibier.* 2. Mettre (qqn) dans un état de crainte ou de défiance. *Un rien suffit à l'effaroucher.* → **choquer, offusquer.**

effarvatte n. f. (forme dialectale de *fauvette*) Petit passereau qui vit dans les roseaux. → **rousserolle.**

effecteur, trice adj. et n. m. physiol. (organe, tissu) Qui répond aux stimulations qu'il reçoit. *Cellules effectrices et cellules réceptrices.* – n. m. *Un effecteur*, gène qui code pour une protéine activant ou réprimant la transcription.

¹effectif, ive adj. (latin *effectivus*, de *effectum*, de *efficere* → effet) Qui se traduit par un effet, par des actes réels. → **concret, positif, réel, tangible.** *Apporter une aide effective.*

²effectif n. m. (d'abord « soldats effectivement présents ») 1. Nombre réglementaire des hommes qui constituent une formation militaire. *L'effectif d'un bataillon.* – au plur. Troupes. 2. Nombre des membres (d'un groupe). *Les effectifs d'une entreprise.* → **personnel (III).**

effectivement adv. 1. D'une manière effective. → **réellement.** *C'est effectivement arrivé.* 2. adv. de phrase S'emploie pour confirmer une affirmation. → **en effet.** *Effectivement, il s'est trompé.*

effectuer v. tr. < 1 > (latin médiéval *effectuare*, de *effectus* « réalisation » → effet) Faire, exécuter (une opération complexe ou délicate, technique). *Effectuer des réformes.* – pronom. *Un mouvement qui s'effectue en deux temps.*

Effel (François Lejeune, dit Jean) Dessinateur humoriste français (1908-1982). Il a raillé, avec tendresse, les travers de la république dans la presse quotidienne d'après-guerre.

efféminé, ée adj. Dont l'allure, le comportement évoquent ceux qu'on prête traditionnellement aux femmes (s'oppose à *viril*). *Des manières efféminées.* → **féminin.**

efféminement n. m. Caractère d'un homme efféminé.

efféminer v. tr. (latin *effeminare*, de *ex-* et *femina* → femme) Faire ressembler (un homme) à une femme. → **efféminé.**

effendi voir éfendi

efférent, ente adj. (latin *efferens*, de *efferre* « porter hors ») anat. (vaisseau, nerf) Qui sort d'un organe (opposé à *²afférent*).

effervescence n. f. (du latin *effervescens*, de *effervescere* « bouillonner », de *fervere* « bouillir » → ferment, ferveur) 1. Bouillonnement produit par un dégagement de gaz lorsque certaines substances entrent en contact. 2. fig. Agitation, émotion vive mais passagère. → **fermentation, mouvement.** *Cet évènement a mis tout le pays en effervescence.* → **agitation, émoi.**

effervescent, ente adj. 1. En effervescence. *Comprimé effervescent.* 2. fig. Agité. *Une foule effervescente.* → **tumultueux.**

effet n. m. (latin *effectus*, de *effectum*, supin de *efficere*, de *ex-* et *facere* → ¹faire) I. 1. Ce qui est produit par une cause. → **conséquence, résultat, suite.** *Rapport de cause à effet. Un effet du hasard. Mesures restées sans effet.* – Puissance transmise (par une force, une machine). 2. Phénomène (acoustique, électrique...) apparaissant dans certaines conditions. 3. (Exécution) loc. *Prendre effet* : devenir applicable, exécutoire à telle date (loi, décision). – *En effet* loc. adv. : s'emploie pour introduire un argument, une explication. → **¹car.** *En effet, je lui ai demandé de venir.* → **effectivement.** – *À cet effet* : en vue de cela, pour cet usage. 4. Impression produite (sur qqn). *Un effet de surprise. Son intervention a fait mauvais effet sur l'auditoire.* – *Faire effet, faire de l'effet* : produire une forte impression. → **faire sensation.** *On dirait que ça lui fait de l'effet.* – *Faire l'effet de* : donner l'impression de. *Il nous a fait l'effet d'un revenant* (→ avoir l'air de). 5. Impression esthétique recherchée par l'emploi d'un argument, de certaines techniques. *Rater son effet.* – *Effets spéciaux* : trucages visuels ou sonores (cinéma, télévision). 6. au plur. Impression recherchée par des gestes, des attitudes. *Faire des effets de jambes.* II. *Effet (de commerce)* : titre donnant droit au paiement d'une somme d'argent à une échéance (billet, chèque, traite). *Encaisser un effet.* – *Effets publics*, rentes, obligations, bons du Trésor, émis et garantis par l'État, les collectivités publiques. III. au plur. Le linge et les vêtements. *Prendre quelques effets personnels.*

effeuillaison n. f. Chute naturelle des feuilles, des pétales. - var. **effeuillement.**

effeuiller v. tr. < 1 > (de *feuille*) 1. Dépouiller de ses feuilles. *Effeuiller des artichauts.* 2. Dépouiller de ses pétales. – *Effeuiller la marguerite*, pour savoir si on est aimé, en disant, à chaque pétale qu'on enlève : « il (elle) m'aime, un peu, beaucoup, etc. ». □ n. m. **effeuillage**

effeuilleur, euse n. Professionnel(le) du striptease.

Effiat (Antoine Coëffier de Ruzé, marquis d') Maréchal de France (1581-1632). Il s'illustra lors du siège de La Rochelle. Il était le père de Cinq-Mars.

¹efficace adj. (latin *efficax*, *efficacis* de *efficere* → effet) 1. (choses) Qui produit l'effet qu'on en attend. → **¹actif, puissant, ¹souverain.** *Un remède efficace. Elle m'a apporté une aide efficace.* 2. (personnes) Dont la volonté, l'activité produisent leur effet (opposé à *inefficace*). *Un collaborateur efficace.*

²efficace n. f. (latin *efficacia*, de *efficax* → ¹efficace) didact. Vertu active. → **efficacité.**

efficacement adv. D'une manière efficace.

efficacité n. f. (latin → ¹efficace) 1. Caractère de ce qui est efficace. → **¹action.** 2. Capacité de produire le maximum de résultats avec le minimum d'effort, de dépense. → **rendement.** *Manquer d'efficacité.*

efficience n. f. (de l'anglais *efficiency*) anglic. Efficacité, capacité de rendement.

efficient, ente adj. (latin *efficiens*, de *efficere* → ¹efficace) philos. *Cause efficiente*, qui produit un effet (opposé à *cause finale*).

effigie n. f. (latin *effigies*, de *effingere*, de *ex-* et *fingere* « modeler » → feindre) 1. (peinture, sculpture) Représentation d'une personne. → **image, portrait.** – loc. *En effigie* : sur un mannequin représentant qqn. *Il a été brûlé en effigie.* 2. Représentation du visage (d'une personne), sur une monnaie, une médaille.

effilage n. m. Action d'effiler ; état de ce qui est effilé.

¹effilé n. m. Frange d'une étoffe, formée en effilant la chaîne du tissu.

²effilé, ée adj. Qui va en s'amincissant ; mince et allongé. *Des doigts effilés.*

effiler v. tr. < 1 > (de *fil*) I. Défaire (un tissu) fil à fil. → **effilocher.** *Effiler un tissu. Effiler des haricots verts*, en enlever les fils. – pronom. *Le bord de son écharpe s'effile.* II. Rendre allongé et fin ou pointu. → **allonger, amincir.** *Effiler les cheveux*, en amincissant les mèches à leur extrémité.

effiloche n. f. Fil sur la lisière d'une étoffe.

effilocher v. tr. < 1 > (de *fil*) Effiler (des tissus, des chiffons) pour réduire en bourre, en ouate. – au p. p. Qui laisse échapper des fils. *Un pull effiloché aux poignets.* – pronom. (tissu) *S'effilocher*, devenir effiloché. □ n. m. **effilochage**

effilochure n. f. Partie effilochée d'un tissu.

efflanqué, ée adj. (de *flanc*) (surtout du cheval) Trop maigre. *Un vieux cheval efflanqué.* → **¹maigre, squelettique.** – (personnes) *Une adolescente efflanquée.*

effleurage n. m. Massage léger.

effleurement n. m. Caresse ou atteinte légère. → **frôlement.**

effleurer v. tr. < 1 > (de *fleur*, fig.) 1. Toucher légèrement, du bout des doigts, des lèvres. → **frôler.** 2. fig. Toucher à peine à (un sujet), examiner superficiellement. *Elle n'a fait qu'effleurer le problème.* – (choses) Faire une impression légère et fugitive sur (qqn). *Cette idée ne m'avait jamais effleuré.*

effleurir v. intr. (de *fleurir* → efflorescence) (minéraux) Devenir efflorescent.

efflorescence n. f. (du latin *efflorescere*, de *florere*, de *flos*, *floris* → fleur) 1. chim. Transformation de sels qui perdent une partie de leur eau au contact de l'air et deviennent pulvérulents. 2. Lésion de la peau. 3. littér. Floraison, épanouissement (d'un art, d'idées...).

efflorescent, ente adj. (latin → efflorescence) 1. chim. En efflorescence ; couvert de sels en efflorescence. 2. littér. En pleine floraison. *Une végétation efflorescente.* → **luxuriant.**

effluence n. f. littér. Émanation, effluve.

effluent n. m. (d'abord adj. ; latin, de *effluere*, de *fluere* « couler » → fleuve) 1. géogr. Cours d'eau issu d'un lac, d'un glacier. 2. *Effluent urbain* : ensemble des eaux à évacuer par les égouts. ■ *Effluents radioactifs* : déchets radioactifs produits par la production d'énergie nucléaire.

effluve n. m. (latin *effluvium*, de *effluere*, de *fluere* → fleuve) 1. littér. (surtout au plur.) Émanation qui se dégage d'un corps vivant, ou de certaines substances. → **effluence, exhalaison.** *Les effluves légers des tilleuls en fleur.* 2. *Effluve électrique*, décharge électrique à faible luminescence.

effondré, ée adj. Très abattu, sans réaction (après un malheur, un échec).

effondrement n. m. 1. Fait de s'effondrer. → **éboulement, écroulement.** *L'effondrement d'un mur.* 2. fig. Chute, fin brutale. → **ruine.** *L'effondrement de l'Empire romain. L'effondrement du prix des matières premières.* 3. (personnes) État d'abattement extrême.

s'effondrer v. pron. < 1 > (vient du latin pop., de *fundus* → fond) 1. Tomber sous le poids ou faute d'appui. → **s'affaisser, s'écrouler.** 2. fig. S'écrouler, ne plus tenir. « *Toute son histoire, péniblement reconstruite, s'effondre* » (Mauriac). – *Le cours de l'or s'est effondré.* 3. (personnes) Tomber comme une masse. *Il s'est effondré dans le fauteuil.* – fig. Céder brusquement. *Interrogé pendant des heures, le suspect a fini par s'effondrer.* → **craquer.**

s'efforcer v. pron. < 3 > (de *force*) *S'efforcer de* (+ inf.) : faire tous ses efforts, employer toute sa force, son adresse, son intelligence en vue de (faire, comprendre, etc.). *Il s'efforce de me convaincre.* → **s'appliquer (à), s'évertuer (à), tâcher.**

E

effort n. m. (de *s'efforcer*) 1. Activité d'un être conscient qui emploie ses forces pour vaincre une résistance. *Effort physique. Effort intellectuel. Un effort d'imagination. Un effort soutenu, constant. Faire un effort, des efforts, tous ses efforts pour...* → **s'efforcer**. – loc. *Je veux bien faire un effort,* faire preuve de bonne volonté, envisager une aide financière. → **sacrifice**. – *Un partisan du moindre effort,* un paresseux. – *Sans effort* loc. adv. : facilement. 2. sc. Force exercée. *Effort de traction, de torsion.* – Résistance aux forces extérieures. *L'effort des arches d'un pont.*

effraction n. f. (du latin *effractus,* de *effringere,* de *ex-* et *frangere* → **enfreindre, fraction**) Bris de clôture ou de serrures. *Vol avec effraction.*

E

effraie n. f. (p.-ê. de *orfraie,* influence de *effrayer*) Chouette au plumage clair, qui se nourrit de rongeurs.

effranger v. tr. < 3 > (de *frange*) Effiler sur les bords de manière que les fils pendent. – pronom. S'effilocher. – *Un jean tout effrangé.*

effrayant, ante adj. 1. Qui inspire ou peut inspirer de la frayeur. → **effroyable, épouvantable, glaçant, terrible**. « *Elle était inquiétante à voir* [...] *et si effrayée qu'elle était effrayante* » (Hugo). 2. fam. Extrême. *Une chaleur effrayante.*

effrayé, ée adj. Qui éprouve une grande peur. → **apeuré, terrifié**.

effrayer v. tr. < 8 > (d'abord *esfreder* ; vient du latin pop. *exfridare,* du francique *fridu* « paix » ; *cf.* allemand *Friede*) 1. Frapper de frayeur, faire peur à. → **épouvanter, terrifier**. « *Le silence éternel de ces espaces infinis m'effraie* » (Pascal). – pronom. Avoir peur. *Il s'effraie pour rien.* → **s'affoler**. 2. Inquiéter. *Le prix de ce voyage m'effraie un peu.*

effréné, ée adj. (latin, de *ex-* et *frenare* → **freiner**) littér. Qui est sans retenue, sans mesure. → **démesuré, immodéré**. *Une course effrénée. Une ambition effrénée.*

effritement n. m. Fait de s'effriter, état de ce qui est effrité. → **désagrégation**.

effriter v. tr. < 1 > (de l'ancien français *effruiter,* de *fruit* : « dépouiller [la terre] de ses produits ; rendre stérile ») Rendre friable, réduire en poussière. ■ **s'effriter** v. pron. 1. Se désagréger progressivement, tomber en poussière. *Le bois vermoulu s'effritait.* 2. fig. S'affaiblir en perdant des éléments. → **s'amenuiser**. *La majorité gouvernementale s'effrite à chaque vote.*

effroi n. m. (*esfrei,* de *esfreder* → **effrayer**) littér. Grande frayeur, souvent mêlée d'horreur. → **épouvante, terreur**. *Un cri d'effroi. Qui remplit d'effroi.* → **effroyable**.

effronté, ée adj. (de *front,* fig.) Qui est d'une grande insolence, qui n'a honte de rien. – n. *Taisez-vous, petite effrontée !* → **insolent**.

effrontément adv. D'une manière effrontée.

effronterie n. f. Caractère, attitude d'une personne effrontée. → **impudence, insolence**.

effroyable adj. (de *effroi*) 1. Très effrayant. *Une effroyable catastrophe.* → **effrayant, terrible**. 2. fig. Extrême, excessif. → **effrayant** (2).

effroyablement adv. fam. Extrêmement, terriblement.

effusion n. f. (latin *effusio,* de *effundere,* de *ex-* et *fundere* « répandre » → **fondre**) 1. rare Fait de répandre (un liquide). ■ loc. cour. *Effusion de sang* : action de faire couler le sang (dans une action violente). 2. littér. Manifestation sincère d'un sentiment. *Il n'aime pas les effusions.*

éfrit [efʀit] n. m. (de l'arabe) Génie malfaisant, dans la mythologie arabe.

égagropile ou **ægagropile** [egagʀɔpil] n. m. (du grec *aigagros* « chèvre sauvage » et *pilos* « balle de laine foulée ») didact. Concrétion de poils (bézoard).

égaiement [egɛmɑ̃] ou **égayement** [egɛjmɑ̃] n. m. rare Action d'égayer ; fait de s'égayer.

s'égailler [egaje ; egeje] v. pron. < 1 > (mot de l'Ouest, vient du latin pop. *aegualiare,* de *aequalis* → **égal** ; influence de *gai*) Se disperser, s'éparpiller.

égal, ale, aux adj. et n. (latin *aequalis,* de *aequus* « uni, égal » → **équi-**) 1. (personnes, choses) Qui est de même quantité, dimension, nature, qualité ou valeur. → **identique, même ; équivalent**. *Diviser un tout en parts égales. Deux quantités égales à une même troisième sont égales entre elles. Ils sont de force égale.* – loc. (sc.) *Toutes choses égales d'ailleurs,* en supposant que tous les autres éléments de la situation restent les mêmes. – *N'avoir d'égal que,* n'être égalé que par. *Sa sottise n'a d'égale que sa méchanceté.* 2. Qui met à égalité. *La partie n'est pas égale.* – loc. *Faire jeu égal* : être à égalité. 3. (personnes) Qui est sur le même rang ; qui a les mêmes droits ou charges. → **pareil**. *Tous les citoyens sont égaux devant la loi.* – *Être, rester égal à soi-même,* garder le même caractère. ■ n. Personne égale par le mérite ou par la condition. *La femme est l'égale de l'homme. Elle n'a pas son égale.* loc. *Traiter d'égal à égal avec qqn,* sur un pied d'égalité. – *Sans égal,* inégalable. (invar. au masc. plur.) *Des élans sans égal.* – *À l'égal de,* autant que. 4. Qui est toujours le même ; qui ne varie pas. → **constant, régulier**. *Une humeur toujours égale.* 5. loc. *Ça m'est* (*bien, complètement, parfaitement, tout à fait*) *égal,* ça ne m'intéresse pas. *Faites ce que vous voulez, ça m'est bien égal.* – littér. *C'est égal,* quoi qu'il en soit, malgré tout.

égalable adj. Qui peut être égalé (opposé à *inégalable*).

également adv. 1. D'une manière égale. 2. De même, aussi. *Je le lui ai dit, mais je tiens à vous le dire également.*

égaler v. tr. < 1 > 1. Être égal à. *Une œuvre que rien n'égale en beauté.* – Avoir la même qualité, le même intérêt que. *La réalité égale et souvent dépasse la fiction.* 2. Être égal en quantité à. *Deux plus trois égalent cinq* (2 + 3 = 5). 3. Faire une performance égale à... *Égaler un record.*

égalisateur, trice adj. Qui égalise. *Action égalisatrice.*

égalisation n. f. Action d'égaliser.

égaliser v. tr. < 1 > 1. Rendre égal quant à la quantité ou aux dimensions. *Se faire égaliser les cheveux.* – Aplanir, niveler (un terrain, une surface...). 2. intrans. Obtenir le même nombre de points, de buts que l'adversaire. *À la mi-temps, l'équipe adverse avait égalisé.*

égaliseur n. m. (anglais *equalizer*) techn. Dispositif permettant de régler le spectre d'un signal sonore pour pallier les défauts de reproduction ou créer des effets.

égalitaire adj. Qui vise à l'égalité (2) entre les hommes.

égalitarisme n. m. Doctrine, système égalitaire.

égalitariste adj. et n. Partisan de l'égalitarisme.

égalité n. f. (latin *aequalitas* → **égal**) 1. Caractère de ce qui est égal. *L'égalité des forces en présence. Les joueurs sont à égalité (de points).* → **ex æquo**. – gramm. *Comparatif d'égalité* (*aussi, autant... que*). 2. Rapport entre individus égaux. *L'égalité devant la loi. Liberté, égalité, fraternité. L'égalité des chances.* 3. Rapport entre des grandeurs égales ; formule qui exprime ce rapport. *L'égalité de deux nombres.* 4. Qualité de ce qui est constant, régulier. *L'égalité de son humeur ; son égalité d'humeur.*

égard n. m. (de l'ancien français *esguarder* « veiller sur », de *garder*) 1. loc. prép. *Eu égard à* : en considération de, en tenant compte de. *Il a été dispensé eu égard à son âge.* – *À l'égard de* prép. : pour ce qui concerne (qqn). → ¹**envers**. – *À cet égard* adv. : sous ce rapport, de ce point de vue. *Ne craignez rien à cet égard.* – *À tous égards* adv. : sous tous les rapports. *Un appartement agréable à tous égards.* 2. Considération d'ordre moral, déférence, respect. *Agir par égard, sans égard pour* (qqn, qqch.). – au plur. Marques de considération, d'estime. *Il a été reçu avec les égards dus à son rang. Avoir des égards pour qqn.* → **gentillesse**.

égaré, ée adj. 1. Qui a perdu son chemin. *Un voyageur égaré.* ■ Qui a été égaré. *Un objet égaré.* 2. Qui est comme fou ; trahit le désordre mental. *Un regard égaré.*

égarement n. m. littér. État d'une personne qui s'écarte du bon sens. → **dérèglement, désordre**. *Un moment d'égarement.*

égarer v. tr. < 1 > (d'abord « avoir l'esprit absorbé, troublé » ; vient du germanique *warôn* « faire attention à » ; *cf.* allemand *wahren*) 1. Mettre hors du bon chemin. → **fourvoyer**. *Le guide nous a égarés.* – Mettre (une chose) à une place qu'on oublie ; perdre momentanément. *Égarer ses clés.* 2. (compl. personne) Mettre hors du droit chemin, écarter de la vérité, du bien. → **tromper**. *La colère t'égare.* ■ **s'égarer** v. pron. 1. (choses, personnes) Se perdre. *La lettre a dû s'égarer.* 2. fig. Faire fausse route, sortir du sujet. *La discussion s'égare.* ■ Sortir du bon sens, divaguer. *Sa raison s'égarait.*

Egas (Enrique de) Architecte espagnol (v. 1455-v. 1534). Représentant du style plateresque inspiré par le répertoire décoratif de la Renaissance, il édifia l'hôpital royal de Saint-Jacques-de-Compostelle et la chapelle funéraire de Grenade.

Égates, Égades, Aégates ou **Éguses** (îles) Ancien nom d'un groupe d'îles situé à l'O. de la Sicile. En –241, une bataille navale mit fin à la première guerre punique par la victoire des Romains sur les Carthaginois.

Égaux (conjuration des) Conspiration révolutionnaire dirigée par Babeuf en 1796, visant à renverser le Directoire. Ses acteurs furent arrêtés, Babeuf exécuté (mai 1797).

égayement voir **égaiement**

égayer v. tr. < 8 > (→ **gai**) 1. littér. Rendre gai, amuser. → **divertir, réjouir**. *Il savait nous égayer par ses plaisanteries.* 2. (choses) Rendre agréable, colorer d'une certaine gaieté. *Des rideaux qui égaient une pièce.* ■ **s'égayer** v. pron. S'amuser. *S'égayer aux dépens de qqn,* s'en moquer.

Egbert le Grand (mort en 839). Roi du Wessex (802-839). Il soumit les sept royaumes de l'heptarchie anglo-saxonne.

Egede (Hans) Missionnaire protestant norvégien (1686-1758). Il entreprit l'évangélisation des Inuits, au Groenland.

Égée Roi légendaire d'Athènes, l'un des époux de Médée. Croyant son fils Thésée dévoré par le Minotaure, il se jette dans la mer qui porte son nom.

Égée (mer) Partie de la Méditerranée située entre la péninsule des Balkans, l'Asie Mineure et la Crète. Elle compte de nombreuses îles (Cyclades, Dodécanèse, Crète) qui furent le berceau des civilisations préhelléniques dites *égéennes*.

égéen, enne adj. (de *[mer] Égée*) Qui concerne les pays baignés par la mer Égée.

Eger Ville du N.-E. de la Hongrie, sur l'Ohře, au pied des monts de Bükk. 52 800 habitants. Vestiges défensifs médiévaux, édifices ottomans et baroques. Vin (*Egri Bikavér*).

Eger voir **Ohře**

égérie n. f. (du n. de la nymphe) Conseillère, inspiratrice (d'un homme politique, d'un artiste).

Égérie Nymphe de la mythologie romaine. Elle passait pour être la conseillère du roi sabin Numa Pompilius.

Eggleston **(William)** Photographe américain (né en 1939). Il ouvrit la voie à une nouvelle esthétique, celle de la photographie en couleurs, jusque-là décriée en raison du caractère populaire qu'on lui prêtait. Il choisit des sujets banals, sans exclusion (personnes, animaux, objets, paysages), mais d'autant plus représentatifs de l'Amérique de la deuxième moitié du xxe siècle.

égide **n. f. (latin « bouclier [de Jupiter, d'Athéna] », du grec *aigis*, de *aix, aigos* « chèvre » : « bouclier en peau de chèvre »)** **1.** didact. Bouclier de Zeus, d'Athéna. **2.** loc. *Sous l'égide de :* sous la protection de (une autorité, une loi). *Prendre qqn sous son égide.*

Égine Île de Grèce, entre Athènes et le Péloponnèse, dans le golfe Saronique ou golfe d'Égine. 11 100 habitants. Chef-lieu : Égine. Rivale d'Athènes au –vie s., Égine lui fut soumise entre –455 et –404, puis déclina. Temple d'Athéna Aphaia (–480). Statues dites *marbres d'Égine,* des –vie et –ve s. (glyptothèque de Munich, musées d'Athènes et d'Égine).

Éginhard ou **Einhard** Chroniqueur franc (v. 770-840). Il est l'auteur d'une *Vie de Charlemagne.*

Égisthe Dans la mythologie grecque, roi de Mycènes, de la famille des Atrides. Meurtrier d'Atrée et d'Agamemnon, dont il a séduit la femme, Clytemnestre, il est tué par Oreste.

églantier **n. m. (de l'ancien français *aiglant*, vient du latin *aculentum*, de *aculeus* « aiguillon », de *acus* « aiguille », famille de *acer* → âcre, acerbe)** Rosier sauvage.

églantine **n. f. (ancien français *aiglantin*, de *aiglant* → églantier)** Fleur de l'églantier.

églefin **n. m. (ancien néerlandais *schelvisch*, de *visch* « poisson »)** Poisson de mer, proche de la morue. *Églefin fumé.* → **haddock.** - var. **aiglefin.**

église **n. f. (vient du latin pop. *eclesia*, pour *ecclesia* « assemblée », grec, d'une racine « appeler » → ecclésiastique)** **I.** (L'Église) **1.** Ensemble des chrétiens. → **chrétienté.** **2.** Ensemble de fidèles (chrétiens) unis dans une communion particulière. → **confession, religion.** *L'Église catholique, orthodoxe. Les Églises réformées.* **3.** absolt L'Église catholique. *L'Église et l'État.* **4.** L'état ecclésiastique, l'ensemble des ecclésiastiques. → **clergé.** *Un homme d'Église.* **II.** (Une, des églises) Édifice consacré au culte de la religion chrétienne, surtout catholique. → **basilique, cathédrale, chapelle ; abbatiale.** *Église paroissiale. Église romane, gothique.* – *Se marier à l'église,* religieusement. – loc. fig. *Remettre l'église au milieu du village :* trouver un arrangement, régler un conflit.

Église (États de l') ou **États pontificaux** Territoires de l'Italie centrale dépendant de la papauté à partir de 756, annexés au royaume d'Italie en 1870. Les accords du Latran (1929) permirent la constitution de l'État de la cité du Vatican.

églogue **n. f. (latin, du grec *eklogê* « choix », de *ekleigen*, de *legein* « rassembler » et « dire »)** Petit poème pastoral ou champêtre. → **bucolique, idylle, pastorale.**

Egmont ou **Egmond** **(Lamoral, comte d')** Homme de guerre des Pays-Bas (1522-1568). Il assura la victoire de Philippe II à Saint-Quentin (1557) et à Gravelines (1558). Il mena, avec le comte de Hoorne et le prince d'Orange, l'opposition à la politique de Granvelle, et fut exécuté.

ego [ego] **n. m. invar. (mot latin « moi » [*cf.* je, moi], d'après l'allemand *das Ich* « le je » [Kant])** **1.** philos. Sujet pensant. **2.** psych. Le moi. ■ cour. → **amour-propre, orgueil.** *Avoir un ego surdimensionné.*

égocentrique **adj.** Qui manifeste de l'égocentrisme. *Une attitude égocentrique.* – **adj. et n.** (personnes) → **égocentriste.**

égocentrisme **n. m.** Tendance à tout rapporter à soi, à ne s'intéresser vraiment qu'à soi.

égocentriste **adj. et n.** (Personne) qui a un comportement égocentrique. → **égoïste.**

égoïne **n. f. (de *escohine*, vient du latin pop. *scofina*, de *scabere* « gratter », d'après *ego*)** Petite scie à main, composée d'une lame terminée par une poignée. – appos. *Une scie égoïne.*

égoïsme **n. m. (du latin *ego* → ego)** Attachement excessif à soi-même qui fait que l'on recherche exclusivement son plaisir et son intérêt personnels. → **individualisme.** *« Chacun pour soi dans ce désert d'égoïsme qu'on appelle la vie »* (Stendhal).

égoïste **adj. (du latin *ego* → ego)** Qui fait preuve d'égoïsme, est caractérisé par l'égoïsme. *Une attitude égoïste.* – **n.** *Se conduire en égoïste.*

égoïstement **adv.** D'une manière égoïste.

égorger **v. tr. < 3 > (de *gorge*)** Tuer (un animal, un être humain) en lui coupant la gorge. *Égorger un cochon.* → **saigner.** □ **n. m. égorgement**

égorgeur, euse **n.** Assassin qui égorge ses victimes.

s'égosiller **v. pron. < 1 > (de *gosier*)** **1.** Se fatiguer la gorge à force de parler, de crier. → **s'époumoner.** **2.** (oiseaux) Chanter longtemps, le plus fort possible.

égosome ou **ægosome** [egozom] **n. m. (du grec *aix, aigos* « chèvre » et *sôma* « corps »)** zool. Insecte coléoptère à antennes rugueuses, dont la larve vit dans le bois des arbres non résineux.

égotisme **n. m. (anglais *egotism* → égoïsme)** littér. Disposition à analyser en détail sa propre personnalité physique et morale. ■ Culte du moi. → **narcissisme.** □ **adj. et n. égotiste**

égout **n. m. (de *égoutter*)** Canalisation, généralement souterraine, servant à l'écoulement et à l'évacuation des eaux ménagères et industrielles. *Le réseau des égouts d'une ville. Bouche d'égout.*

égoutier, ière **n.** Personne qui travaille à l'entretien des égouts.

égoutter **v. tr. < 1 > (de 1*goutte*)** Débarrasser (une chose) d'un liquide qu'on fait écouler goutte à goutte. *Égoutter des légumes.* – pronom. Perdre son eau goutte à goutte. *Laisser la vaisselle s'égoutter.* □ **n. m. égouttage** ou **égouttement**

égouttoir **n. m.** Ustensile qui sert à faire égoutter qqch.

égoutture **n. f.** Liquide provenant de ce qui s'égoutte.

Egoyan **(Atom)** Cinéaste canadien d'origine arménienne (né en 1960). Ses films sont une quête du souvenir, de l'identité, de l'image de soi, où l'individu cherche à se réaliser et où le spectateur est appelé à s'identifier aux personnages. *Exotica ; De beaux lendemains ; Remember.*

égrainage ; égrainement ; égrainer voir **égrenage ; égrènement ; égrener**

égrapper **v. tr. < 1 > (de *grappe*)** Détacher (les fruits) de la grappe. *Égrapper des groseilles.* – au p. p. *Marc égrappé,* fait de raisins égrappés. □ **n. m. égrappage**

égrappoir **n. m.** Appareil servant à égrapper les raisins.

égratigner **v. tr. < 1 > (de *esgratiner*, de *gratiner*, diminutif de *gratter*)** **1.** Écorcher, en déchirant superficiellement la peau. → **érafler, griffer.** *Le chat lui a égratigné la main.* – pronom. *Elle s'est égratignée en cueillant des mûres.* ■ Entamer superficiellement (une matière quelconque). → **érailler.** *Le vernis a été égratigné.* **2.** fig. Blesser légèrement par un mot, un trait ironique.

égratignure **n. f.** **1.** Blessure superficielle et sans gravité. → **écorchure, éraflure.** – *Se tirer d'un accident sans une égratignure,* sans la moindre blessure. ■ Dégradation légère. *Les égratignures de la carrosserie.* **2.** fig. Légère blessure d'amour-propre.

égravillonner **v. tr. < 1 >** Débarrasser (les racines d'un arbre qu'on veut transplanter) d'une partie de la terre qui se trouve autour.

égrenage [egʀənaʒ ; egʀenaʒ] **n. m.** Action d'égrener. *L'égrenage du maïs.* - var. **égrainage.**

égrènement **n. m.** Fait de s'égrener. – *L'égrènement des heures.* - var. **égrainement.**

égrener [egʀəne ; egʀene] **v. tr. < 5 > (de *grain*)** **1.** Dégarnir de ses grains (un épi, une cosse, une grappe). *Égrener du blé.* **2.** *Égrener un chapelet,* en faire passer chaque grain successivement entre ses doigts. **3.** Faire entendre un à un, de façon détachée. *L'horloge égrène les heures.* - var. **égrainer.** ■ **s'égrener** **v. pron.** Se décomposer ou se présenter en une série d'éléments semblables et distincts.

égreneuse **n. f.** Machine à égrener (le maïs, les plantes textiles).

égrillard, arde **adj. (de l'ancien français *escriller*, p.-ê. ancien scandinave *skridla* « glisser »)** Qui se complaît dans des propos ou des sous-entendus licencieux. → **grivois.** *À la fin du repas, il devenait égrillard.* – *Une chanson égrillarde.* → **osé, paillard, 1salé.**

égrisée **n. f.** ou **égrisé** **n. m.** Mélange de poudre de diamant et d'huile végétale servant à la taille des pierres précieuses.

Égée (mer)

La mer Égée, constellée d'îles (au sud, la Crète).

Égypte

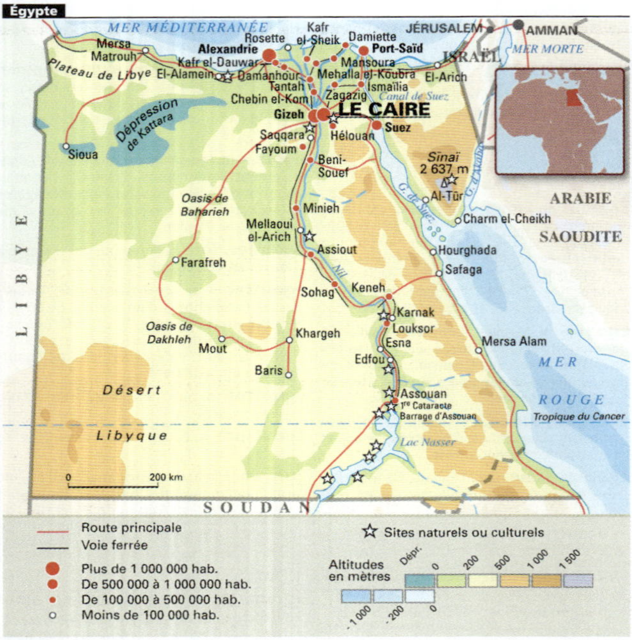

égriser v. tr. techn. Polir par frottement (une gemme, une glace) avec un abrasif en poudre (égrisé, émeri, etc.). □ **égrisage** n. m.

égrotant, ante adj. (latin, de *aegrotus*, de *aeger, aegra* « malade ») littér. Souffreteux, maladif. *Un vieillard égrotant.* ➔ **cacochyme.**

égrugeoir [egʀyʒwaʀ] n. m. Mortier ou moulin à égruger.

égruger v. tr. < 3 > (de *é-* et *gruger*) Réduire en poudre. ➔ **broyer, concasser, écraser.** *Égruger du poivre.*

égueuler v. tr. < 1 > (de *é-* et *gueule*) rare Déformer à l'ouverture (un récipient). ➔ **ébrécher.** *Égueuler un pot.* – au p. p. *Cratère égueulé,* dont une partie manque.

égypan voir ægypan

Égypte

n. f. ■ offic. république arabe d'Égypte (depuis 1971) État du N.-E. de l'Afrique. 1 001 449 km². 102 millions d'habitants (les *Égyptiens*). **Langue :** arabe. **Religions :** musulmans sunnites, 90 % ; chrétiens coptes, 9 à 10 % ; environ 20 000 juifs. **Monnaie :** livre égyptienne. **Capitale :** Le Caire. **Régime :** présidentiel.

GÉOGRAPHIE

Le pays est formé de deux déserts séparés par la vallée du Nil, où se concentre la majorité de la population. À l'O., le désert Libyque, prolongement du Sahara, couvre les 2/3 du pays. Très aride, il est cependant ponctué d'oasis. Il s'achève le long de la mer Méditerranée par une côte inhospitalière. À l'E., le désert Arabique s'étend jusqu'à Suez et la mer Rouge et se prolonge sur la péninsule du Sinaï, où une chaîne de montagnes culmine à plus de 2 000 m. La vallée du Nil, d'une largeur de 1 à 20 km, draine le pays du S. au N., de la deuxième cataracte jusqu'au Caire (Haute-Égypte). Au N. du Caire, le Nil forme un vaste delta marécageux bordé de lacs, appelé Basse-Égypte. Méditerranéen sur la côte et dans le delta, le climat est chaud et aride dans les déserts. Depuis la construction du haut barrage d'Assouan, la pluviosité a augmenté.

ÉCONOMIE

L'agriculture Elle occupe 29 % de la population active (2022). Le coton et la canne à sucre sont destinés à l'exportation. Des céréales sont cultivées dans la vallée du Nil (blé, maïs, orge, sorgo) ou dans le delta (riz). La production de légumes et de fruits est en expansion. Plus de 95 % des cultures sont irriguées (barrage d'Assouan, modernisation du système d'irrigation mis en place dans les années 2020), et permettent à l'Égypte de tendre vers l'autosuffisance alimentaire.

Les rives du Nil, ici près d'Assouan, sont des terres fertiles cultivées depuis l'Antiquité.

Ressources minières et industrie Le sous-sol égyptien est riche (pétrole, gaz naturel, phosphates, manganèse, fer, zinc). Le secteur industriel, concentré principalement au Caire et à Alexandrie, s'est développé grâce à l'énergie hydraulique fournie par le haut barrage d'Assouan (textile, chimie, sidérurgie dans les complexes d'Helouan et de Nag Hamadi). Bien que le gouvernement encourage les investissements privés, le secteur public réalise encore environ la moitié du PIB. Les transferts de revenus des travailleurs émigrés, les droits de passage dans le canal de Suez (son doublement a été réalisé en 2015) et les revenus du tourisme (en diminution après le printemps arabe de 2011 et à l'arrêt durant la crise sanitaire de 2020) constituent les principales ressources en devises du pays. Très endettée, l'économie égyptienne est largement tributaire de l'aide internationale, notamment américaine.

L'industrie textile emploie 12 % de la main-d'œuvre en Égypte, grande exportatrice de vêtements.

HISTOIRE

L'Égypte pharaonique Deux royaumes distincts, au N. et au S., furent constitués v. 4000 av. J.-C. Ménès, fondateur de la Ire dynastie, les unifia vers 3300 av. J.-C. L'Ancien Empire (2720-2300 av. J.-C.) atteignit son apogée avec les pharaons Khéops, Khéphren et Mykérinos, qui firent construire les grandes pyramides de Gizeh. La capitale fut alors transférée à Memphis. La première période intermédiaire (2300-2065 av. J.-C.) s'acheva par la fondation du Moyen Empire (2065-1785 av. J.-C.). La XIIe dynastie (les Amménémès et les Sésostris) étendit l'influence de l'Égypte en Phénicie et en Palestine. Pendant la Deuxième Période intermédiaire (1785-1580 av. J.-C.), le pays fut occupé par les Hyksos venus d'Asie. Puis Amôsis fonda le Nouvel Empire (1580-1085 av. J.-C.). La XVIIIe dynastie thébaine (les Aménophis et les Thoutmôsis) entreprit une grande politique de conquêtes (Nubie, Syrie). Désorganisé par la révolution amarnienne, durant laquelle Akhenaton imposa le culte du dieu Aton, l'empire faillit être submergé par les Hittites. Mais la XIXe dynastie vit renaître l'impérialisme égyptien. Ramsès II écarta la menace hittite, restaura le culte d'Amon et construisit les temples de Louksor et de Karnak. Après la XXIe dynastie (1085-950 av. J.-C.), l'Égypte entra en décadence. À la conquête assyrienne (664 av. J.-C.) succéda une courte

Égypte ancienne

L'art de l'Égypte antique est un art funéraire et sacré. Le monde des morts étant, dans leur religion, à l'image de celui des vivants, cet art nous renseigne précisément sur le quotidien des anciens Égyptiens. Il se caractérise tout d'abord par sa valeur narrative, racontant des histoires par des images toujours accompagnées d'un texte lui-même très imagé (les hiéroglyphes). C'est également un art graphique, où le dessin (colorié ou non) représente chaque objet selon l'angle le plus caractéristique de ses parties (d'où les célèbres « faces-profils » de la représentation humaine). Dans la plupart de ses domaines (architecture, sculpture, etc.), cet art sera la source d'inspiration majeure de l'art grec antique, et le fondement de tout l'art occidental.

Ci-dessus, page du Livre des morts d'Hunefer: le jugement des morts en présence d'Osiris (v. 1275 av. J.-C.), British Museum, Londres.

Peigne en forme d'ibex agenouillé (1408-1372 av. J.-C.), musée du Louvre, Paris.

Statuette de femme pilant le grain (2450-2290 av. J.-C.), Musée archéologique, Florence.

Pectoral en forme de scarabée ailé du trésor de Toutankhamon (v. 1347-1337 av. J.-C.), Musée égyptien, Le Caire.

Relief: cuisson du pain et fabrication des gâteaux (v. 2500-2350 av. J.-C.), musée du Louvre, Paris.

Statues du prince Rahotep et de son épouse Nefret (v.2575-2465 av. J.-C.), Musée égyptien, Le Caire.

Momie de chat (664-332 av. J.-C.), musée du Louvre, Paris.

Cercueil miniature pour les viscères de Toutankhamon (v. 1332-1323 av. J.-C.), Musée égyptien, Le Caire.

Statuette de femme porteuse d'offrandes (v. 2000-1500 av. J.-C.), Musée égyptien, Le Caire.

Page du Livre des morts d'Hunefer : les rites avant ensevelissement (v. 1300 av. J.-C.), British Museum, Londres.

Peinture murale d'une tombe de Thèbes (v. 1400 av. J.-C.), British Museum, Londres.

Vase décoré (v. 3000-2650 av. J.-C.), Musée égyptien, Le Caire.

Bracelet, décoré de l'œil « oudjat », de la momie de Chéchonq II (v. 930 av. J.-C.), Musée égyptien, Le Caire.

Maquette de barque en bois (v. 1991-1783 av. J.-C.), British Museum, Londres.

Statuette d'hippopotame (v. 1981-1885 av. J.-C.), The Metropolitan Museum of Art, New York.

période de renaissance (XXVIe dynastie saïte, 663-525 av. J.-C.), mais l'Égypte s'effondra devant les Perses (525 av. J.-C.). Hormis une brève période d'indépendance, le pays resta sous leur domination jusqu'à l'arrivée d'Alexandre le Grand (332 av. J.-C.).

L'Égypte ptolémaïque, romaine et byzantine À la mort d'Alexandre (323 av. J.-C.), le pays revint à Ptolémée Ier, fondateur de la dynastie des Lagides (323-31 av. J.-C.). Alexandrie (fondée en 331 av. J.-C.) devint un centre de la culture hellénistique et le plus grand port de la Méditerranée. Après la défaite de la reine Cléopâtre à Actium (31 av. J.-C.), l'Égypte passa sous domination romaine. Alexandrie demeura une ville cosmopolite, où voisinaient toutes les croyances : cultes à mystères (Isis), judaïsme, hermétisme, christianisme. C'est de là que partit l'hérésie arienne, tandis que dans les déserts naissait le monachisme chrétien. Après 395, l'Égypte fut une province de l'Empire byzantin. Les patriarches d'Alexandrie (Cyrille, Nestorius) rivalisèrent avec ceux de Constantinople. Le pays tomba aux mains des Perses, puis des Arabes (639-640) accueillis en libérateurs par les monophysites.

L'Égypte musulmane Vite arabisée et islamisée, l'Égypte fut soumise au califat omeyade de Damas avant de passer aux mains de dynasties locales : les Tulunides (879-905) et les Ikhchidites (934-960). Les chiites fatimides (969-1171) firent de la nouvelle ville du Caire un centre urbain brillant et le siège d'un califat. Saladin restaura le sunnisme et fonda la dynastie des Ayyubides (1170-1250). Ses successeurs furent renversés par les mamelouks, issus de leur garde privée. Sous les dynasties mameloukes des Bahrites (1250-1382) et des Burdjites (1382-1517), l'Égypte connut une nouvelle période de prospérité. L'invasion ottomane (1517) fit du pays une province turque. La campagne d'Égypte de Bonaparte en 1798 donna le coup d'envoi à un mouvement de renaissance culturel, la *Nahdha*, dans tout l'Orient arabe.

De Méhémet Ali à la république Le vice-roi Méhémet Ali (1805-1849) s'émancipa de Constantinople et modernisa le pays. Les puissances occidentales s'efforcèrent de limiter ses ambitions territoriales. Ses successeurs s'appuyèrent de plus en plus sur la France et la Grande-Bretagne, qui creusèrent le canal de Suez. Les Britanniques occupèrent le pays (1882), devenu protectorat en 1914, mais durent affronter une agitation nationaliste dirigée par Mustapha Kemal qui aboutit à l'indépendance du royaume d'Égypte (1922). La Grande-Bretagne, restée maîtresse de la défense et des affaires étrangères, forte de sa mainmise sur l'économie, pratiqua, sous les règnes de Fouad Ier (1917-1936) et de Farouk (1936-1952) une politique de soutien tantôt en faveur du roi, tantôt en faveur du parti nationaliste Wafd. Après la guerre, au cours de laquelle les forces de l'Axe menacèrent Alexandrie (1942), la monarchie fut fragilisée par la défaite contre Israël en 1948 et les troubles antibritanniques. En 1952, un groupe d'officiers, dont Gamal Abdel Nasser et Anouar al-Sadate, proclama la république. Nasser se substitua au général Néguib à la tête de l'État en 1954.

L'Égypte nassérienne Promoteur d'un nationalisme arabe (panarabisme) et socialisant, Nasser engagea le pays dans un vaste processus de modernisation. N'ayant pu obtenir l'aide des États-Unis pour la construction du barrage d'Assouan, il nationalisa le canal de Suez (1956), déclenchant une riposte militaire de la France, de la Grande-Bretagne et d'Israël. Sorti politiquement victorieux de cette crise, Nasser proclama l'unification de la Syrie et de l'Égypte (République arabe unie, 1958-1961) et apporta son soutien aux mouvements nationalistes arabes (en particulier au FLN algérien). Mais la défaite face à Israël lors de la Guerre des Six jours (1967) aboutit à la perte du Sinaï. Nasser accepta alors le soutien soviétique pour faire face à la menace israélienne.

Les généraux Néguib et Nasser défilent pour le premier anniversaire de l'instauration de la république, en 1953.

De Sadate au « printemps arabe » Anouar al-Sadate, qui succéda à Nasser en 1970, expulsa en 1972 les conseillers militaires soviétiques et ouvrit son pays à l'Ouest (*Infitah*). L'échec de la guerre du Kippour en 1973 l'engagea à signer avec Israël une paix séparée (accords de Camp David, 1979), suscitant la colère des pays arabes. Sadate fut assassiné en 1981 par des militaires islamistes. Hosni Moubarak poursuivit sa politique tout en renouant avec les pays arabes. Le pays soutint activement l'Irak dans sa guerre contre l'Iran, puis participa à la coalition contre l'Irak après l'invasion du Koweït (1990-1991). Dès 1992, la crise économique fut largement exploitée par les mouvements islamistes qui entreprirent de déstabiliser l'État et l'économie en s'attaquant notamment au tourisme. Le président Moubarak démissionna en février 2011 sous la pression du peuple qui bénéficia de la neutralité de l'armée à qui fut alors remis le pouvoir. Les législatives de décembre 2011 virent la victoire des islamistes. Mohamed Morsi, candidat des Frères musulmans, élu président en juin 2012, fut cependant destitué en juillet 2013.

L'après « printemps arabe » Cette destitution, ayant occasionné les pires violences qu'ait connues le pays dans son histoire récente, fut suivie d'affrontements sanglants entre les Frères musulmans et l'armée. Le pouvoir déclara les Frères musulmans « organisation terroriste ». En 2014, un référendum sur la Constitution consacra la défaite des islamistes et une élection présidentielle porta à la tête du pays le maréchal Abdel Fattah al-Sissi. Les affrontements avec les groupes armés islamistes dont certains affiliés à Daech (nombreux attentats) perdurèrent, ainsi que des manifestations, interdites par la loi, dénonçant les promesses de démocratie non tenues par le pouvoir. Après une révision constitutionnelle, le mandat d'al-Sissi fut prolongé jusqu'en 2024, doublé de la possibilité d'une troisième candidature. Le président décida de la construction d'une nouvelle capitale administrative, Al Masa, à cinquante kilomètres à l'est du Caire.

Égypte (campagne d') Expédition militaire française menée par Bonaparte sur l'ordre du Directoire, afin de combattre la Grande-Bretagne en Méditerranée et sur la route des Indes (1798-1801). Bonaparte conquit le pays contre les Mamelouks à la bataille des Pyramides (juillet 1798), mais en août Nelson détruisit l'escadre française dans la baie d'Aboukir. Pressentant un coup d'État en France, Bonaparte laissa le commandement à Kléber, puis à Menou, qui négocia avec les Anglais le rapatriement du corps expéditionnaire. Cette campagne fut accompagnée d'activités archéologiques où s'illustra Vivant Denon.

égyptien, ienne **1. adj. et n.** De l'Égypte (ancienne ou moderne). – **n.** *Les Égyptiens.* **2. n. m.** *L'égyptien ancien :* la langue des anciens Égyptiens, écrite en hiéroglyphes. ▪ *L'égyptien moderne :* l'arabe d'Égypte.

égyptologie **n. f.** Connaissance de l'ancienne Égypte, de son histoire, de sa langue, de sa civilisation.

égyptologue **n.** Spécialiste d'égyptologie ; archéologue qui s'occupe des antiquités égyptiennes.

Égyptos Roi mythique d'Égypte. Ses cinquante fils épousent les cinquante filles de son frère Danaos, et sont massacrés par elles, à l'exception de Lyncée.

***eh** **interj.** Exclamation, variante de *hé. Eh ! Fais attention !* – **renforce le mot suivant** *Eh oui ! c'est comme ça !*

éhonté, ée **adj.** **(de *honte*)** Qui n'a pas honte en commettant des actes répréhensibles. → **cynique, impudent.** *Un tricheur éhonté.* – *C'est un mensonge éhonté.*

EHPAD [epad] **n. m.** **(sigle)** Établissement d'hébergement pour personnes âgées dépendantes.

Ehrenbourg **(Ilya Grigorievitch)** Écrivain soviétique (1891-1967). À travers ses œuvres puissantes et engagées, il exalta le socialisme (*Sans reprendre haleine*), puis dénonça le régime stalinien (*Le Dégel*). Il publia également ses Mémoires (*Les Années et les Hommes*).

Ehrenfels **(Christian, baron von)** Philosophe et psychologue autrichien (1859-1932). Ses travaux sur la perception en font un précurseur de la psychologie de la forme.

Ehrlich **(Paul)** Médecin allemand (1854-1915). Spécialiste de l'immunologie, il mit au point le premier traitement contre la syphilis et contribua à la découverte de la chimiothérapie. Prix Nobel 1908.

Eichendorff **(Joseph, baron von)** Poète et romancier allemand (1788-1857). À travers une œuvre lyrique, il tempéra les tourments de son âme romantique en célébrant la foi chrétienne. *Pressentiment et temps présent ; Chansons de route.*

Eichmann **(Karl Adolf)** Officier allemand (1906-1962). Chef du Service de la question juive, il proposa à Hitler la « solution finale » et organisa la déportation de millions de Juifs. Réfugié en Argentine en 1945, il fut enlevé par les services secrets israéliens en 1960, jugé à Jérusalem et condamné à mort pour crimes contre l'humanité.

eider [ɛdɛʀ] **n. m.** **(islandais *aedur*, ancien scandinave *aedr* « duvet » *cf.* édredon)** Genre de grand canard des pays du Nord, fournissant un duvet apprécié.

eidétique [ɛjdetik] **adj.** **(allemand, du grec *eidos* « essence »)** **philos.** Qui concerne les essences (abstraction faite de l'existence).

Égypte (campagne d')

La campagne d'Égypte fut, pour G. Monge, l'occasion d'observer le phénomène du mirage (gravure d'après Meunier).

– psych. *Image eidétique,* d'une netteté hallucinatoire.

Eifel **n. m.** Massif montagneux boisé d'Allemagne (Rhénanie-Palatinat), à l'O. du Rhin et au N. de la Moselle. 746 m au Hohe Acht.

Eiffel [ɛfɛl] **(Gustave Bönickhausen dit)** Ingénieur français (1832-1923). Pionnier de l'architecture métallique, il réalisa de nombreux ponts et viaducs (viaduc de Garabit), des gares et des marchés, ainsi que la tour qui porte son nom.

Le viaduc de Garabit, ouvrage ferroviaire conçu par Gustave Eiffel.

Eiffel **(tour)** Tour métallique élevée sur le Champ-de-Mars à Paris. Elle fut construite entre 1887 et 1889 à l'occasion de l'Exposition universelle de Paris. Sommet d'ingénierie dû à G. Eiffel, elle culmine à 330 m de hauteur.

La tour Eiffel sert, dès 1921, de support d'antennes de radio puis de télévision.

Eigen **(Manfred)** Chimiste allemand (1927-2019). Il est l'auteur de travaux sur la mesure de la vitesse des réactions chimiques ultra-rapides. Prix Nobel 1967.

Eiger **n. m.** Sommet des Alpes bernoises, en Suisse. 3 970 m.

Eigtved **(Niels Eigtwedt, dit Nicolai)** Architecte danois (1701-1754). Représentant du classicisme, il signa de nombreux monuments de Copenhague, dont la place octogonale d'Amalienborg.

Eijkman **(Christiaan)** Médecin et physiologiste néerlandais (1858-1930). Il détermina les causes du béribéri, ce qui permit la découverte de la vitamine B1. Prix Nobel 1929.

Eilat ou **Elat** Ville d'Israël, à la pointe S. du pays, sur le golfe d'Akaba (ou golfe d'Eilat). 52 300 habitants. Station balnéaire.

Einaudi **(Luigi)** Homme d'État et économiste italien (1874-1961). Il fut président de la République de 1948 à 1955. Il a publié de nombreux ouvrages d'économie politique.

Eindhoven Ville des Pays-Bas (Brabant-Septentrional). 238 300 habitants (405 200 pour l'agglomération). Centre industriel (la firme Philips y fut créée en 1891), universitaire, commercial et culturel (musée d'Art moderne).

Einhard voir **Éginhard**

Einsiedeln Ville de Suisse (canton de Schwyz), au S. du lac de Zurich. 13 550 habitants. Abbaye bénédictine reconstruite au XVIIIe s. (style baroque).

Einstein **(Albert)** Physicien allemand, naturalisé suisse, puis américain (1879-1955). Ses théories de la relativité restreinte, puis de la relativité générale révolutionnèrent la physique en démontrant le caractère relatif du temps et de l'espace, et l'équivalence de la masse et de l'énergie ($E = mc^2$). Ses travaux contribuèrent au fondement de la mécanique quantique. Exilé aux États-Unis, il encouragea le président Roosevelt à devancer les Allemands dans l'invention de l'arme atomique. Effrayé par ses effets, il fut un pacifiste convaincu et milita pour le contrôle de l'énergie nucléaire.

Albert Einstein en 1930.

einsteinium [ɛnstɛnjɔm] **n. m. (de *Einstein,* n. propre)** chim. Élément atomique (symb. Es ; n° at. 99), de la série des actinides.

Einthoven **(Willem)** Physiologiste néerlandais (1860-1927). Il découvrit le principe de l'électrocardiographie. Prix Nobel 1924.

Éire Nom gaélique de l'Irlande appliqué officiellement à l'État libre d'Irlande de 1937 à 1949.

Eisenach Ville d'Allemagne (Thuringe). 41 900 habitants. Château de la Wartburg, où Luther trouva refuge auprès de Frédéric le Sage en 1521. Ville natale de J.-S. Bach.

Eisenhower **(Dwight David)** Général et homme d'État américain (1890-1969). Commandant en chef des forces alliées à partir de 1943, il dirigea les opérations du débarquement. Le 9 mai 1945, il reçut la capitulation allemande à Berlin. Il fut président des États-Unis (34e) de 1953 à 1961.

Le président Eisenhower, avec Tchang Kaï-Chek, à Taiwan (1960).

Eisenhüttenstadt Ville d'Allemagne, créée en 1960 au S.-E. de Berlin (Brandebourg). 23 300 habitants. Sidérurgie.

Eisenstadt Ville d'Autriche, capitale du Burgenland, au S. de Vienne. 13 165 habitants. Château des princes Esterházy (XVIIe-XVIIIe s.). Maison de Haydn (musée). Centre viticole.

Eisenstein **(Sergueï Mikhaïlovitch Aïzenchtaïn,** en français **Serge)** Cinéaste soviétique (1898-1948). Ses œuvres puissantes, au service de la mystique révolutionnaire, sont des chefs-d'œuvre de l'art cinématographique tant par leurs qualités formelles que par la puissance du montage. *La Grève ; Le Cuirassé Potemkine ; Octobre ; Alexandre Nevski ; Ivan le Terrible.*

En 1927, Eisenstein tourne *Octobre,* commandé pour le dixième anniversaire de la révolution russe.

Eisler **(Hanns)** Compositeur allemand (1898-1962). Il est l'auteur de chœurs, de cantates et de musiques de film dans la veine du réalisme socialiste, ainsi que de l'hymne national de la RDA.

éjaculateur **adj. m.** Qui sert à l'éjaculation. *Canal éjaculateur.* – **n. m.** *Éjaculateur précoce :* homme qui éjacule prématurément.

éjaculation **n. f.** Fait d'éjaculer. – absolt, cour. Émission du sperme par la verge.

éjaculatoire **adj.** didact. Qui se rapporte à l'éjaculation.

éjaculer **v. intr. < 1 > (latin *ejaculari* « lancer », de *jaculari,* de *jaculum* « javelot », de *jacere* « lancer » → jeter)** rare Projeter avec force (un liquide organique). – absolt, cour. Émettre le sperme.

éjectable **adj.** *Siège éjectable,* qui peut être éjecté hors de l'avion, avec son occupant, en cas de perdition. – loc. fig. *Être sur un siège éjectable,* dans une situation précaire.

éjecter **v. tr. < 1 > (latin *ejectare,* de *ex-* et *jactare,* de *jacere* « jeter » → jeter)** **1.** Rejeter en dehors. *La douille est éjectée quand le tireur réarme.* – pronom. *Le pilote a pu s'éjecter.* **2.** fam. Expulser, renvoyer (qqn). → **jeter.**

éjecteur **n. m.** Appareil, mécanisme servant à éjecter une pièce, à évacuer un fluide.

éjection **n. f. (latin → éjecter)** Action d'éjecter, fait d'être éjecté. *L'éjection d'une douille.* – fam. *L'éjection d'un indésirable.*

éjointer **v. tr. < 1 > (de *é-* et ancien français *jointe* « articulation » → joindre)** rare *Éjointer un oiseau,* lui casser l'articulation de l'aile (pour l'empêcher de voler). □ **n. m. éjointage**

Ekelöf **(Gunnar)** Poète suédois (1907-1968). Son œuvre lyrique et puissante est en prise avec le sentiment de l'absurdité de la vie. *Diwan sur le prince d'Emgion ; Guide pour les Enfers ; La Légende de Fatumeh.*

Ekelund **(Vilhelm)** Poète suédois (1880-1949). Il fut le représentant du courant symboliste. *Mélodies au crépuscule ; Élégies.*

Ekofisk Gisement d'hydrocarbures de la mer du Nord, dans les eaux de la Norvège, qui l'exploite depuis les années 1970.

ektachrome **n. m. (n. déposé ; → -chrome)** Film en couleurs inversible pour la photographie en trichromie ; photographie faite avec ce film. - abrév. **ekta.** plur. *Des ektas.*

El Dieu du Ciel chez les anciens Sémites occidentaux.

Ela Quatrième roi d'Israël (mort en 885 av. J.-C.). Il fut assassiné, avec sa famille, par le général Zimri, qui usurpa le trône.

élaboration n. f. (latin → élaborer) 1. Action d'élaborer par un travail intellectuel. 2. Production (d'une substance organique) par une transformation physiologique.

élaborer v. tr. < 1 > (latin *elaborare*, de *ex-* et *laborare* « travailler », de *labor* « travail » → labour) 1. Préparer mûrement, par un lent travail de l'esprit. → combiner, former. *Élaborer un plan.* 2. Produire (une substance organique) par une transformation physiologique. *Les globules blancs élaborent des antitoxines.*

elæis voir **éléis**

E

Élagabal ou **Héliogabale** (Sextus Varius Avitius Bassianus, dit) (204-222). Empereur romain (218-222). Cousin de Caracalla, il fut proclamé empereur par l'armée. Il tenta d'imposer le culte du Baal solaire à Rome.

élaguer v. tr. < 1 > (ancien français *alaguer*, de l'ancien scandinave *laga* « arranger ») 1. Dépouiller (un arbre) des branches superflues. → ébrancher, tailler. ■ Supprimer, couper. *Élaguer des branches mortes.* 2. fig. Débarrasser des détails ou développements inutiles. *Élaguer un exposé.* – Retrancher. → couper. *Il y a beaucoup à élaguer dans cet article.* □ n. m. **élagage**

élagueur, euse n. Personne qui élague les arbres.

élaiomètre voir **oléomètre**

Élam n. m. Région située dans le S.-O. de l'Iran, la *Susiane* des Grecs. La civilisation *élamite* s'épanouit au –V[e] millénaire et connut son apogée aux –XIIIe et –XIIe s., étendant sa domination politique et culturelle à toute la Babylonie. Le royaume fut vaincu par Nabuchodonosor Ier vers –1135 et Suse, la capitale, fut mise à sac par Assurbanipal en –640. Devenu satrapie de l'Empire achéménide, l'Élam fut ensuite une province de l'Empire séleucide.

[1]élan n. m. (de *s'élancer*) 1. Mouvement par lequel on s'élance. *Le sauteur prend son élan.* ■ Mouvement d'une chose lancée. → lancée. *Camion emporté par son élan.* 2. fig. Mouvement subit, qu'un vif sentiment inspire. → transport. *« Même élan de foi, d'espérance et d'enthousiasme »* (Taine). – sans compl. Mouvement affectueux, moment d'expansion. *Il n'a jamais un élan vers elle.*

[2]élan n. m. (ancien français *helle, hellent*, d'une langue balte, puis ancien allemand *elend*) Grand cerf des pays du Nord, à grosse tête, aux bois aplatis en éventail. *Élan du Canada.* → orignal.

élancé, ée adj. Mince et svelte.

élancement n. m. Douleur brusque, aiguë, lancinante.

élancer v. intr. < 3 > (d'abord *s'élancer*, puis intrans. « palpiter », trans. « lancer avec force » ; de *lancer*) Causer des élancements. *Mon doigt m'élance.* ■ **s'élancer** v. pron. Se lancer en avant avec force et vitesse. → se précipiter, se ruer ; [1]élan. *S'élancer à la poursuite de qqn.*

Élancourt Commune des Yvelines. 25 857 habitants.

élargir v. tr. < 2 > (de *large*) I. 1. Rendre plus large. *On a élargi la route.* → agrandir. – pronom. Devenir plus large. *Le sentier s'élargissait.* ■ intrans. Devenir plus large. *Ce pull a élargi.* 2. fig. Rendre plus ample, plus général. → étendre. *Il faut élargir le débat.* – au p. p. *Une majorité élargie.* II. dr. Mettre en liberté (un détenu). → libérer, relâcher.

élargissement n. m. 1. Action d'élargir, fait de s'élargir. *Les travaux d'élargissement d'une rue.* 2. Action de rendre plus ample. → développement, extension. 3. dr. Mise en liberté (d'un détenu). → libération.

élasthane n. m. (de *élast[ique]* et *[polyuré]thane*) Fibre synthétique (élastomère) très élastique. → lycra, stretch.

élasticimétrie n. f. (de *élasti[cité]* et *-métrie*) sc. Mesure des contraintes subies par un corps et des déformations qui en résultent.

élasticité n. f. 1. Propriété qu'ont certains corps de reprendre (au moins partiellement) leur forme et leur volume primitifs quand la force qui s'exerçait sur eux cesse d'agir. *L'élasticité du caoutchouc.* 2. Souplesse (de l'allure, des mouvements). *L'élasticité de la démarche du chat.* 3. fig. Possibilité de s'adapter, de s'interpréter, de s'appliquer de façons diverses. *L'élasticité de l'offre et de la demande.*

élastine n. f. (mot anglais, de la famille de *élastique*) Protéine présente dans les tissus élastiques de l'organisme (peau, ligaments, parois artérielles).

élastique (latin mod., du grec *elastos*, de *elatos* « étiré ») I. adj. 1. Qui a de l'élasticité. → compressible, extensible, flexible. *Les gaz sont très élastiques.* – Fait d'une matière douée d'élasticité. 2. Souple. *Une foulée élastique.* 3. fig. Dont on peut étendre le sens, l'application. *Horaires élastiques.* – péj. *Une morale élastique*, sans rigueur, très accommodante. II. n. m. Tissu souple contenant des fils de caoutchouc. *Des bretelles en élastique.* – Ruban d'une matière élastique. *Saut à l'élastique.*

élastiqué, ée adj. Muni d'un élastique.

élastomère n. m. (de *élasto-* → élastique, et *[poly]mère*) Caoutchouc synthétique.

Elat voir **Eilat**

Élatée Ancienne ville de Grèce (Phocide). Ruines d'un temple d'Athéna.

Elazığ Ville de l'E. de la Turquie, dans la vallée de l'Euphrate. 381 000 habitants. Centre administratif, commercial et industriel.

Elbasan ou **Elbasani** Ville d'Albanie, au S. de Tirana. 79 810 habitants. Sidérurgie.

Elbe n. f. Fleuve d'Europe centrale. 1 091 km. Née en République tchèque, elle traverse le N.-E. de l'Allemagne, arrosant Magdebourg et Hambourg, et se jette dans la mer du Nord par un long estuaire. Importante voie navigable, reliée par des canaux à l'Oder, à la Weser et au Rhin.

Elbe (île d') Île italienne de la mer Tyrrhénienne, à l'E. de la Corse, séparée du continent par le détroit de Piombino. C'est la plus grande des îles de l'archipel toscan (224 km²). 32 000 habitants. Napoléon Ier y séjourna en exil de mai 1814 à février 1815.

Elbée (Maurice Gigost d') Général vendéen (1752-1794). L'un des chefs de l'insurrection vendéenne, il fut nommé généralissime de « l'armée catholique et royale » après la mort de Cathelineau. Capturé par les républicains, il fut fusillé.

Elbeuf Commune de la Seine-Maritime, au S. de Rouen, sur la Seine. 16 087 habitants. Ancienne ville drapière. Industries (automobile, mécanique, électrique, chimique).

Elbląg Ville du N. de la Pologne, proche de la mer Baltique. 127 000 habitants. Port fluvial. Industries.

elbot n. m. (du néerlandais *heilbot*) (Belgique) Flétan.

Elbourz ou **Alborz** n. m. Chaîne de montagnes du N. de l'Iran qui domine la mer Caspienne. 5 671 m au Demāvend.

Elbrouz n. m. Volcan éteint de Russie, point culminant de la chaîne du Caucase (5 642 m).

El Cano (Juan Sebastián) Navigateur espagnol (v. 1476-1526). Il prit part au premier voyage de circumnavigation entrepris par Magellan en 1519 et ramena en Espagne le dernier navire de l'expédition (1522), achevant ainsi le tour du monde.

Elche Ville d'Espagne (Communauté autonome de Valence), au S.-O. d'Alicante. 234 700 habitants. Palmeraie. On y découvrit en 1897 la *Dame d'Elche*, chef-d'œuvre de sculpture antique (–Ve s.).

Elchingen (bataille d') Victoire remportée en Bavière, le 14 octobre 1805, par le maréchal Ney sur les Autrichiens.

eldorado n. m. (espagnol *el dorado* « le doré ») Pays merveilleux d'abondance et de délices (→ pays de cocagne).

Eldorado n. m. Contrée mythique d'Amérique, « pays » de l'or situé par les conquérants espagnols entre l'Amazone et l'Orénoque.

Eldridge (Roy) dit Little Jazz Trompettiste de jazz américain (1911-1989). Il fut, par son style percutant, un précurseur du bop.

e-learning [ilœʀniŋ] n. m. (mot anglais, de *e-* et *learning* « apprentissage ») anglic. Apprentissage, formation par le moyen d'Internet. - recomm. offic. **formation en ligne.**

Éléates n. m. pl. Philosophes de l'école d'Élée (Parménide, Xénophane, Zénon d'Élée).

éléatique adj. didact. Propre aux Éléates.

électeur, trice n. (latin *elector*, de *eligere* → élire) 1. Personne qui a le droit de vote. *Solliciter le suffrage des électeurs.* – *Grands électeurs* : en France, ceux qui élisent les sénateurs (députés, conseillers généraux, etc.). 2. hist. Prince, évêque de l'Empire germanique ayant le droit d'élire l'empereur. *L'électeur palatin.*

électif, ive adj. (latin *electivus* → électeur, élire) 1. littér. Qui choisit, élit. *Les affinités* électives.* 2. Désigné ou conféré par élection. *Une charge élective.*

élection n. f. (latin *electio*, de *eligere* → élire) 1. vieux Choix. – loc. mod. ***D'élection*** : qu'on a choisi. *C'est sa patrie d'élection.* 2. Choix, désignation d'une ou plusieurs personnes par un vote. *Procéder à l'élection du président.* – *Les élections législatives, municipales, cantonales.*

▶ Depuis le XIXe siècle, l'**élection** (2) est devenue un moment clé de la vie sociale.
En élisant ses représentants, le peuple exprime sa souveraineté, tout en déléguant ses pouvoirs : exécutif (à un président, des élus locaux), législatif (à des parlementaires), parfois judiciaires (élection des juges aux États-Unis).
Quand on parle d'élections, on pense d'abord à la représentation politique, mais on y a aussi recours pour les récompenses culturelles, dans les entreprises...
Le *collège électoral* rassemble l'ensemble des électeurs qui participent à un scrutin donné. Certains collèges sont réduits, d'autres intègrent l'ensemble des citoyens. Les mineurs et les étrangers en sont souvent exclus, et les femmes n'ont pas encore obtenu partout le droit de vote (Brunei, Émirats arabes unis...). On distingue les *scrutins de liste* et le *scrutin uninominal*, les *scrutins majoritaire* ou *proportionnel* ; un ou plusieurs *tours* peuvent être prévus. Des conditions d'*éligibilité* précisent par exemple un âge minimum.
Certaines démocraties limitent le recours à l'élection. Dans les monarchies constitutionnelles, le pouvoir exécutif est partagé avec un souverain non élu. Quelques pays comme la Suisse font une large place à la démocratie directe : les citoyens prennent eux-mêmes un certain nombre de décisions. Enfin, dans nombre de pays, les juges ne sont pas élus mais nommés par l'administration.
Avec l'émergence d'une démocratie d'opinion, les sondages tendent à concurrencer les urnes comme expression de la volonté collective. L'élection est en effet soumise à des procédures assez lourdes et coûteuses et des élections trop fréquentes contribuent à élever le taux d'abstention. L'élection ne suffit pas à garantir la démocratie réelle ; elle peut parfois même permettre l'arrivée au pouvoir de démagogues et de dictateurs (comme ce fut le cas en Allemagne avec Hitler).

Elle est cependant un fondement des démocraties modernes.
voir aussi **démocratie, constitution, citoyenneté, parlement, référendum**

électivement adv. **1.** Par voie d'élection. **2.** chim. Par affinité naturelle. *L'éosine colore électivement certains leucocytes.*

électivité n. f. **1.** Fait d'être désigné par voie d'élection. **2.** chim. Propriété qu'ont certaines substances de se fixer de préférence sur un élément particulier.

électoral, ale, aux adj. (du latin *elector* → **électeur**) Relatif aux élections. *Réunion électorale. Liste électorale,* des électeurs.

électoralisme n. m. polit. Tendance d'un parti à subordonner sa politique à la recherche des succès électoraux. □ **adj. et n. électoraliste**

électorat n. m. (du latin *elector* → **électeur**) **1.** Qualité d'électeur, usage du droit d'électeur. **2.** Ensemble des électeurs. *L'électorat féminin.*

Électre Fille d'Agamemnon et de Clytemnestre dans la mythologie grecque. Afin de venger le meurtre de son père, elle assiste son frère Oreste dans l'assassinat de leur mère et de l'amant de celle-ci, Égisthe. Elle inspira des tragédies à Eschyle *(Les Choéphores),* Sophocle et Euripide *(Électre).*

Électre sur la tombe d'Agamemnon, détail d'une peinture sur amphore (v. 350 av. J.-C.), musée du Louvre, Paris.

électret n. m. Diélectrique qui reste électrisé d'une façon permanente après avoir été soumis à un champ électrique temporaire.

électricien, ienne n. **1.** Personne (technicien, ouvrier) spécialisée dans le matériel et les installations électriques. **2.** Producteur, fournisseur d'électricité.

électricité n. f. (anglais *electricity* → **électrique**) **1.** phys. et cour. Une des formes de l'énergie, mise en évidence par la structure de la matière ; ensemble des phénomènes causés par une charge électrique. *Électricité statique,* en équilibre (phénomènes d'électrisation par frottement, par contact). → **électrostatique.** *Électricité dynamique,* courant électrique (→ **électrodynamique**). – loc. *Il y a de l'électricité dans l'air :* les gens sont nerveux, excités. **2.** cour. Cette énergie dans ses usages domestiques, industriels, techniques. *Se chauffer à l'électricité. Payer une note d'électricité. Panne, coupure d'électricité.* – fam. *Allumer, éteindre l'électricité,* l'éclairage électrique.

électrification n. f. Action d'électrifier.

électrifier v. tr. < 7 > **1.** Faire fonctionner en utilisant l'énergie électrique. *Électrifier une ligne de chemin de fer.* – au p. p. *Ligne électrifiée.* **2.** Pourvoir d'énergie électrique. *Électrifier un village.*

électrique adj. (latin mod. *electricus,* à propos des propriétés de l'ambre, du latin *electrum* « ambre », grec *êlektron,* d'abord « alliage d'or et d'argent », de *êlektôr* « brillant ») **1.** Propre ou relatif à l'électricité. *L'énergie électrique. Charge, courant électrique. Pile* électrique.* – *Centrales électriques* (hydrauliques, thermiques, nucléaires), qui produisent l'électricité. ■ Qui utilise l'électricité. *L'éclairage électrique.* **2.** Qui fonctionne à l'électricité. *Four, rasoir électriques.* – *La chaise* électrique.* **3.** fig. Qui évoque les effets de l'électricité (tension, choc). *Atmosphère électrique,* tendue. – *Bleu électrique,* très vif.

électriquement adv. **1.** Quant à l'électricité. *Atome électriquement neutre.* **2.** Par l'énergie électrique. *Horloge mue électriquement.*

électrisable adj. Qui peut être électrisé.

électrisant, ante adj. Qui électrise et (fig.) provoque un grand enthousiasme.

électriser v. tr. < 1 > (de **électrique**) **1.** Communiquer à (un corps) des propriétés, des charges électriques. – au p. p. *Corps électrisé par frottement.* **2.** fig. Animer, pousser à l'action, en produisant une impression vive, exaltante. → **enflammer, galvaniser.** *Orateur qui électrise la foule.* □ **n. f. électrisation**

électro ou **electro** [elɛktʀo] n. f. et adj. (abrév. de *électronique,* d'après l'anglais) Ensemble des courants de musique électronique. → **house music, techno.** – **adj.** *Des morceaux électros.*

électro- Élément (→ **électrique**) qui signifie « électrique ».

électroacoustique n. f. Technique de production, d'enregistrement et de reproduction des sons par des moyens électriques. – **adj.** *Musique électroacoustique.* □ **adj. et n. électroacousticien, ienne**

électroaimant n. m. Dispositif produisant un champ magnétique grâce à deux bobines parcourues par un courant électrique et reliées par un barreau de fer doux.

électrobiologie n. f. **1.** Étude des phénomènes électriques observés chez les êtres vivants → **électrophysiologie. 2.** Emploi de l'électricité dans les études biologiques.

électrocardiogramme n. m. Tracé obtenu par enregistrement des phénomènes électriques du cœur vivant (abrév. **ECG**). → **électrocardiographie.**

électrocardiographe n. m. méd. Appareil utilisé pour l'électrocardiographie.

électrocardiographie n. f. méd. Enregistrement de l'activité électrique du cœur.

électrocautère n. m. méd. Cautère formé d'un fil conducteur porté au rouge par le passage d'un courant électrique.

électrochimie n. f. Étude et technique des applications industrielles de l'électricité. □ **électrochimique adj.**

électrochoc n. m. méd. Procédé de traitement psychiatrique consistant à faire passer un courant alternatif à travers la boîte crânienne. – fig. Violente secousse psychologique.

électrocinétique n. f. et adj. **I.** n. f. Partie de la physique qui étudie les effets des charges électriques en mouvement (par opposition à l'*électrostatique*). **II.** adj. Qui est dû au mouvement de particules solides dans un liquide ou un gel conducteur.

électrocoagulation n. f. méd. Destruction des tissus vivants par la chaleur, obtenue au moyen de courants électriques. → **électrocautère, électroponcture.**

électrocuter v. tr. < 1 > (anglais, de *electro-* et *execute* « exécuter ») **1.** Tuer par une décharge électrique. *Électrocuter un condamné à mort* (aux États-Unis → chaise* électrique). **2.** Commotionner par une décharge électrique. – pronom. *Elle a failli s'électrocuter.*

électrocution n. f. (anglais, de *execution* → **exécution**) Action d'électrocuter, de s'électrocuter.

électrode n. f. (anglais [Faraday], de *electro-* → **électro-** et *cathode*) phys. Conducteur par lequel le courant arrive ou sort. → **anode, cathode.** – Chacune des tiges (de graphite, de métal) entre lesquelles on fait jaillir un arc électrique.

électrodéposition n. f. Technique permettant d'obtenir un dépôt de métal, de peinture par électrolyse.

électrodiagnostic n. m. méd. Méthode de diagnostic de certaines affections nerveuses ou musculaires par l'action stimulante de courants électriques. → **électrocardiographie, électroencéphalographie.**

électrodynamique **1.** n. f. Partie de la physique qui traite de l'électricité dynamique (courants électriques). – *Électrodynamique quantique :* théorie selon laquelle l'interaction électromagnétique se fait par échange de photons. **2.** adj. Qui appartient au domaine de cette science.

électrodynamomètre n. m. Appareil qui servait à mesurer l'intensité du courant électrique.

électroencéphalogramme n. m. méd. Tracé obtenu par enregistrement de l'activité électrique du cerveau (abrév. EEG). → **électroencéphalographie.** - var. **électro-encéphalogramme.**

électroencéphalographie n. f. méd. Enregistrement de l'activité électrique du cerveau. - var. **électro-encéphalographie.**

électrofaible adj. phys. *Théorie électrofaible :* théorie des interactions électromagnétiques et des interactions faibles.

électrogène adj. Qui produit de l'électricité. – *Groupe électrogène,* formé par un moteur et une dynamo. → **génératrice.**

électrologie n. f. Partie de la physique qui étudie tout ce qui se rapporte à l'électricité.

électroluminescence [elɛktʀolyminesɑ̃s] n. f. Propriété qu'ont certains corps d'émettre de la lumière sous l'action d'un champ électrique. □ **adj. électroluminescent, ente**

électrolyse n. f. (anglais [Faraday] → **-lyse**) Décomposition chimique (de substances en fusion ou en solution) obtenue par le passage d'un courant électrique. □ **v. tr. électrolyser**

électrolyseur n. m. techn. Appareil destiné à effectuer des électrolyses.

électrolyte n. m. chim. Corps qui peut être décomposé par électrolyse.

électrolytique adj. chim. **1.** Qui se rapporte à un électrolyte. **2.** Relatif à l'électrolyse.

électromagnétique adj. De l'électromagnétisme. *Ondes* électromagnétiques.*

électromagnétisme n. m. didact. Partie de la physique qui étudie les interactions entre courants électriques et champs magnétiques.

électromécanicien, ienne n. Spécialiste de l'électromécanique.

électromécanique adj. et n. f. **1.** adj. Se dit d'un dispositif mécanique de commande ou de contrôle, en liaison avec des organes électriques. **2.** Application de l'électricité à la mécanique.

électroménager adj. m. *Appareils électroménagers :* appareils électriques à usage domestique (fers, aspirateurs, réfrigérateurs, etc.). – **n. m.** Ensemble de ces appareils ; industrie qui les produit.

électrométallurgie n. f. Préparation et affinage des métaux grâce à des procédés électriques.

électromètre n. m. Appareil servant à mesurer les charges électriques et les différences de potentiel.

éléments chimiques

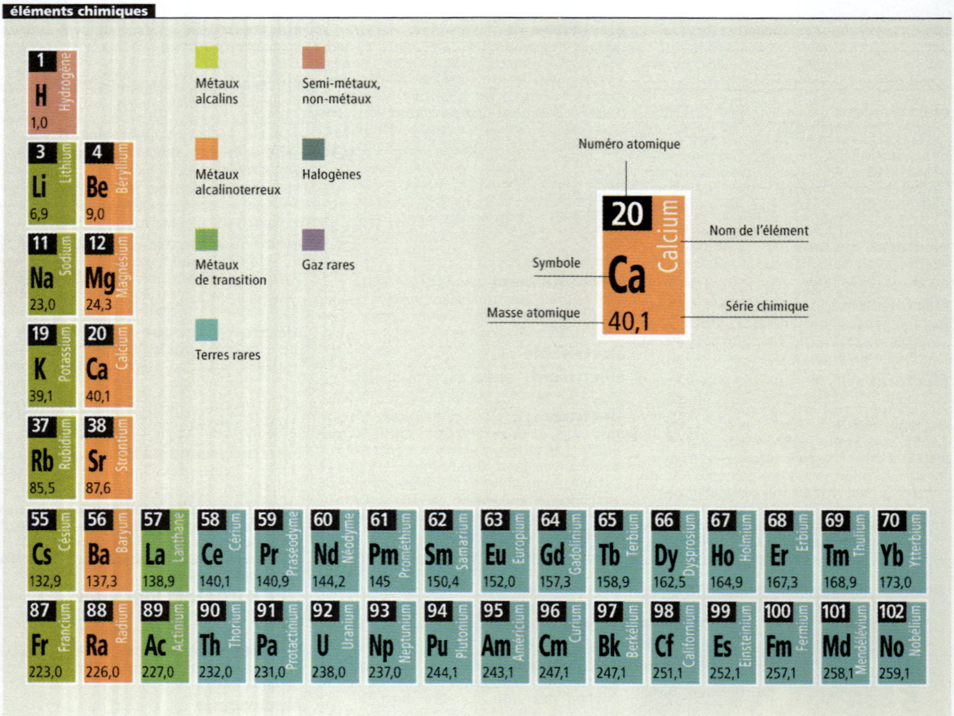

E

électrométrie n. f. Ensemble des méthodes de mesure des tensions, charges et courants électriques.

électromoteur, trice adj. Qui développe de l'électricité sous l'action d'un agent mécanique ou chimique. – *Force électromotrice* (abrév. f. é. m.), exprimée par le quotient de la puissance électrique par l'intensité du courant (unité : le volt).

électron n. m. (anglais [C. J. Stoney], de *electric* et *ion*) phys. Particule élémentaire extrêmement légère, gravitant normalement autour du noyau atomique, et chargée d'électricité négative.

électronarcose n. f. méd. Court sommeil provoqué par le passage d'un courant électrique à travers le cerveau.

électronégatif, ive adj. chim. Se dit d'un élément qui, dans l'électrolyse, capte facilement les électrons (opposé à *électropositif*).

électronicien, ienne n. Spécialiste de l'électronique.

électronique (anglais, de *electron* → électron) **I.** adj. **1.** Propre ou relatif aux électrons. *Émission, flux électronique.* **2.** Qui appartient à l'électronique (II), fonctionne suivant ses lois. *Microscope électronique. Montre électronique.* → **quartz.** – Qui est fait ou fonctionne par des procédés électroniques. *Adresse, courrier électronique.* → **e-mail.** *Musique électronique.* → **électro. II.** n. f. (anglais *electronics*) **1.** Partie de la physique étudiant les phénomènes où sont mis en jeu des électrons à l'état libre. **2.** cour. Technique dérivant de cette science (utilisation des tubes électroniques, des transistors). ▫ adv. **électroniquement**

électronucléaire adj. et n. m. didact. Relatif à la production d'électricité à partir de la fission nucléaire. *Centrale électronucléaire.* – n. m. → **nucléaire.**

électronvolt [elɛktʀɔ̃vɔlt] n. m. phys. Unité de mesure d'énergie (symb. eV) utilisée en physique des particules et en électronique. *Des électronvolts.*

électrophile adj. (de électron et *-phile*) chim. Se dit d'une molécule, d'un ion, d'un radical ayant une forte affinité pour les électrons (opposé à *nucléophile*).

électrophone n. m. vieilli Appareil de reproduction sonore des enregistrements phonographiques sur disque vinyle. → **pickup.**

électrophorèse n. f. chim. Migration de particules chargées électriquement sous l'effet d'un champ électrique. → **électrodéposition.**

électrophysiologie n. f. Partie de la physiologie qui étudie les propriétés électriques des tissus vivants. → **électrobiologie.**

électroplaque n. f. physiol. Colonne de cellules de l'organe électrique de certains poissons, dont seule une face est innervée et excitable électriquement.

électropneumatique adj. techn. Qui fonctionne à l'air comprimé, à l'aide d'électroaimants.

électropositif, ive adj. chim. Se dit d'un élément dont les atomes peuvent céder des électrons, au cours de l'électrolyse (opposé à *électronégatif*).

électroponcture ou **électropuncture** [elɛktʀopɔ̃ktyʀ] n. f. méd. Emploi thérapeutique d'aiguilles soumises à un courant électrique. → **électrocautère, électrocoagulation.**

électroradiologie n. f. méd. Ensemble des applications médicales de l'électricité et de la radiologie (diagnostic et traitement).

électroscope n. m. techn. Instrument permettant de détecter les charges électriques et d'en déterminer le signe.

électrosensibilité n. f. (de l'anglais *electrohypersensitivity*) Forte sensibilité aux ondes électromagnétiques, notamment celles de la téléphonie mobile ; ensemble de troubles attribués à l'exposition à des champs électromagnétiques (syn. **hypersensibilité électromagnétique**).

électrosensible adj. Qui souffre d'électrosensibilité. *Les personnes électrosensibles peuvent souffrir de symptômes variés* (vertiges, troubles cardiaques...). – n. *Les électrosensibles.*

électrostatique **I.** adj. Propre ou relatif à l'électricité statique. *Machines électrostatiques.* **II.** n. f. Partie de la physique traitant des phénomènes d'électricité statique (opposé à l'*électrocinétique*).

électrostriction n. f. (de l'anglais) phys. Déformation d'un diélectrique sous l'influence d'un champ électrique.

électrotechnique [elɛktʀotɛknik] **1.** adj. Relatif aux applications techniques de l'électricité. **2.** n. f. Étude de ces applications. ▫ **électrotechnicien, ienne** n.

électrothérapie n. f. Emploi thérapeutique des courants électriques.

électrothermie n. f. techn. Étude des transformations de l'énergie électrique en chaleur et de leurs applications.

électrovalence n. f. chim. Liaison formée entre deux ions de charge opposée quand un atome transfère ses électrons à un autre atome. – Nombre d'électrons qu'un atome gagne ou perd lors de la formation d'un composé par réaction chimique.

électrovanne n. f. techn. Vanne commandée par un électroaimant.

électrum [elɛktʀɔm] n. m. (latin, grec *elektrôn* → électrique) didact. Alliage d'or et d'argent utilisé dans l'Antiquité.

électuaire n. m. (latin, du grec *ekleikton*, de *ekleikhein* « lécher ») didact. et vieilli Préparation pharmaceutique molle (poudres incorporées à du miel, à un sirop).

Élée Ancienne ville d'Italie, en Lucanie, fondée par des colons grecs au –VIe s. Ses philosophes (les Éléates) la rendirent célèbre.

élégamment adv. Avec élégance.

La classification périodique des éléments a permis de comprendre les similitudes entre les éléments chimiques et de mettre à jour l'existence et les propriétés d'éléments encore inconnus. Le «tableau de Mendeleïev» a ensuite été remodelé, complété au gré des découvertes et explicité par la chimie théorique, sur la base de la physique atomique.
Au sein de l'atome, les électrons occupent différentes couches électroniques.
Les éléments d'une même ligne (ou période) possèdent le même nombre de couches.
Les éléments d'une même colonne ont des propriétés chimiques proches.
En effet, ils possèdent le même nombre d'électrons périphériques qui sont ceux mis en jeu lors de réactions chimiques.

															2 He Hélium 4,0
										5 B Bore 10,8	6 C Carbone 12,0	7 N Azote 14,0	8 O Oxygène 16,0	9 F Fluor 19,0	10 Ne Néon 20,2
										13 Al Aluminium 27,0	14 Si Silicium 28,1	15 P Phosphore 31,0	16 S Soufre 32,1	17 Cl Chlore 35,5	18 Ar Argon 39,9
21 Sc Scandium 45,0	22 Ti Titane 47,9	23 V Vanadium 50,9	24 Cr Chrome 52,0	25 Mn Manganèse 54,9	26 Fe Fer 55,8	27 Co Cobalt 58,9	28 Ni Nickel 58,7	29 Cu Cuivre 63,5	30 Zn Zinc 65,4	31 Ga Gallium 69,7	32 Ge Germanium 72,6	33 As Arsenic 74,9	34 Se Sélénium 79,0	35 Br Brome 79,9	36 Kr Krypton 83,8
39 Y Yttrium 88,9	40 Zr Zirconium 91,2	41 Nb Niobium 92,9	42 Mo Molybdène 95,9	43 Tc Technétium 98	44 Ru Ruthénium 101,1	45 Rh Rhodium 102,9	46 Pd Palladium 106,4	47 Ag Argent 107,9	48 Cd Cadmium 112,4	49 In Indium 114,8	50 Sn Étain 118,7	51 Sb Antimoine 121,7	52 Te Tellure 127,6	53 I Iode 126,9	54 Xe Xénon 131,3
71 Lu Lutécium 175,0	72 Hf Hafnium 178,5	73 Ta Tantale 180,9	74 W Tungstène 183,8	75 Re Rhénium 186,2	76 Os Osmium 190,2	77 Ir Iridium 192,2	78 Pt Platine 195,1	79 Au Or 197,0	80 Hg Mercure 200,6	81 Tl Thallium 204,4	82 Pb Plomb 207,2	83 Bi Bismuth 209,0	84 Po Polonium 209,0	85 At Astate 210,0	86 Rn Radon 222,0
103 Lr Lawrencium 262,1	104 Rf Rutherfordium 261	105 Db Dubnium 262	106 Sg Seaborgium 263	107 Bh Bohrium 262	108 Hs Hassium 265	109 Mt Meitnerium 265	110 Uun Ununnilium 269	111 Uuu Unununium 272	112 Uub Ununbium 277						

élégance n. f. **1.** Qualité esthétique de ce qui est harmonieux, gracieux dans la simplicité. *L'élégance des proportions.* **2.** Choix heureux des expressions, style harmonieux. *S'exprimer avec élégance.* **3.** Bon goût manifestant un style personnel dans l'habillement, la parure, les manières. → **chic, distinction.** *« J'aimais ma mère pour son élégance. J'étais donc un dandy précoce »* (Baudelaire). **4.** Bon goût, distinction morale ou intellectuelle accompagnés d'aisance. *Ses façons de faire manquent d'élégance.* → **délicatesse.**

élégant, ante adj. (latin *elegans,* d'un v. *legare* apparenté à *legere* → [1]lire, élire) **1.** Qui a de la grâce et de la simplicité. → **gracieux.** *La forme élégante d'une colonnade. Un costume très élégant.* **2.** (personnes, lieux fréquentés) Qui a de l'élégance, du chic. → **chic, distingué.** *Une femme élégante. Un restaurant élégant,* fréquenté par une clientèle élégante. **3.** Qui a de la pureté dans l'expression. *Un style élégant.* **4.** Qui a de l'élégance morale, intellectuelle. *Un procédé peu élégant.*

élégiaque adj. et n. Propre à l'élégie, ou dans son style.

élégie n. f. (latin, grec *elegeia* → éloge, de *elegos* « chant funèbre ») Poème lyrique exprimant une plainte douloureuse, des sentiments mélancoliques. *Les élégies de Ronsard.*

élégir v. tr. < 2 > (du latin *leviare* → alléger) techn. Réduire les dimensions de (une pièce de bois).

éléis [eleis] n. m. (grec, de *elaia* « olivier ; olive ») bot. Palmier à huile. - var. **elæis.**

élément n. m. (latin *elementum*) **I. 1.** Chacune des choses dont la combinaison, la réunion forme une autre chose, un tout. → **composant(e), morceau, partie.** *Les éléments d'un assemblage. Meuble vendu en éléments prêts pour le montage* (→ **kit**). *Éléments préfabriqués* (construction). – *Vous avez là tous les éléments du problème.* – math., log. Un des « objets » qui constituent un ensemble. *« L'élément a appartient à l'ensemble A » s'écrit « a ∈ A ».* – Partie (d'un mécanisme, d'un appareil composé de séries semblables). – *Élément de langage :* mot ou formule employé de manière récurrente et concertée par les membres d'un parti, d'un mouvement, etc. **2.** au plur. Premiers principes sur lesquels on fonde une science, une technique. *Apprendre les éléments de la physique.* → **rudiment ; élémentaire. 3.** Personne appartenant à un groupe. *Recruter de nouveaux éléments. Les bons éléments d'une classe.* – sing. collectif *L'élément féminin était fortement représenté.* **4.** Formation militaire appartenant à un ensemble plus important. *Des éléments blindés.* **II. 1.** vieux Principe constitutif des corps matériels. *Les quatre éléments* (terre, eau, air, feu). **2.** *Les éléments :* ensemble des forces naturelles qui agitent la terre, la mer, l'atmosphère. *Lutter contre les éléments déchaînés.* **3.** *L'élément de qqn,* le milieu, l'entourage habituel ou favorable, où il est à l'aise. *Être dans son élément.* **4.** sc. Corps chimique simple. *Les éléments hydrogène* (H) *et oxygène* (O) *de l'eau* (H_2O). *Des éléments radioactifs.* – *Classification périodique des éléments* (proposée par Mendeleïev), qui répartit les éléments chimiques en lignes et en colonnes faisant apparaître des propriétés analogues, variant selon le numéro atomique.

▶ Les propriétés physicochimiques d'un atome dépendent principalement du nombre de ses électrons, et donc du nombre de protons présents dans son noyau.
C'est ce qui a légitimé la notion d'**élément chimique**, qui désigne les familles d'atomes possédant le même nombre de protons. Le nombre de leurs neutrons peut en effet varier, d'un isotope à l'autre, comme c'est le cas par exemple pour le carbone 12 et le carbone 14. Une centaine d'éléments sont présents naturellement sur la Terre et une dizaine, dont la durée de vie est très courte, ont été produits artificiellement dans les accélérateurs de particules.
Tous sont rangés dans la classification périodique des éléments, dont le principe et la construction furent initiés par le chimiste russe Mendeleïev en 1869. Chaque élément est représenté par un symbole chimique, composé d'une ou deux lettres, qui sert à désigner les différents atomes qui en relèvent et, par suite, les formules des molécules qu'ils constituent.
voir aussi **atome, carbone, fission, fusion, oxygène, matière, molécule, nucléaire**

élémentaire adj. (latin *elementarius* → élément) **I. 1.** didact. Qui concerne les éléments (I, 1). **2.** Qui contient, qui concerne les premiers éléments d'une science, d'un art. *Traité de géométrie élémentaire.* – *Cours élémentaire,* entre le cours préparatoire et le cours moyen, dans les écoles primaires, en France (CE : CE1, CE2). **3.** Très simple, réduit à l'essentiel, au minimum. → **rudimentaire.** *La plus élémentaire des politesses. Des précautions élémentaires. C'est élémentaire,* c'est évident, c'est le minimum. allus. *« Élémentaire, mon cher Watson ! »* (Sherlock Holmes, après une induction brillante, à son ami Watson). **II.** sc. D'un élément (II, 4). *Particule élémentaire.*

éléomètre voir **oléomètre**

Éléonore de Guyenne voir **Aliénor d'Aquitaine**

Éléonore de Habsbourg Archiduchesse d'Autriche (1498-1558). Reine de Portugal (1519-1521) puis de France (1530-1547). Sœur de Charles Quint, elle épousa Manuel Ier le Grand en 1519, puis François Ier en 1530.

éléphant n. m. (d'abord *olifant* → olifant ; latin *elephantus,* du grec *elephas, elephantos*) **1.** Très grand mammifère herbivore, à corps massif, à peau rugueuse, à grandes oreilles plates, au nez allongé en trompe et à défenses d'ivoire. *Éléphant mâle, femelle* (parfois *une éléphante* **n. f.**). *L'éléphant barrit.* – *Une mémoire d'éléphant,* exceptionnelle. **2.** fig. Personne très grosse, à la démarche pesante. loc. *Un éléphant dans un magasin de porcelaine,* un lourdaud qui intervient dans une affaire délicate. ▪ Personnage important et installé (dans un parti politique). **3.** loc. ***Pattes d'éléphant :*** bas de pantalon évasé. **4.** ***Éléphant de mer*** : phoque à trompe, de grande taille.

Elephanta Île indienne de la baie de Bombay, célèbre pour ses grottes décorées de statues colossales (VIIIe s.).

éléphanteau **n. m.** Jeune éléphant.

éléphantesque **adj.** Énorme, d'une grosseur monstrueuse.

éléphantiasis [elefɑ̃tjazis] **n. m.** **(latin, du grec « lèpre » → éléphant)** méd. Maladie chronique de la peau, caractérisée par une augmentation de volume considérable de certaines parties du corps (jambes, organes génitaux...). → **filariose.** ▫ **adj. et n. éléphantiasique**

éléphantin, ine **adj.** rare Propre à l'éléphant ou qui lui ressemble.

Éléphantine (île) Île du Nil, en Haute-Égypte, en face d'Assouan. Vestiges de nombreux temples (temple de Khnoum) édifiés sous l'Ancien ou le Nouvel Empire.

Éleusis Ville de Grèce, au N.-E. d'Athènes. 24 900 habitants. On y célébrait dans l'Antiquité les *mystères d'Éleusis,* liés au culte de Déméter. Ruines du sanctuaire de Déméter et de Perséphone.

élevage **n. m.** **1.** Action d'élever (les animaux domestiques ou utiles) ; ensemble des techniques permettant de les faire naître, de veiller à leur développement, leur entretien, leur reproduction. *L'élevage du bétail. L'élevage des abeilles* (apiculture), *des vers à soie* (sériciculture). → **culture.** – absolt Élevage du bétail. *Une région d'élevage.* **2.** Ensemble des animaux élevés ensemble. *Un élevage de truites.*

élévateur, trice **adj. et n.** **(latin *elevator* → élever, I)** **1. adj.** Se dit de muscles qui élèvent, relèvent (certaines parties du corps). *Le muscle élévateur de la paupière.* **2.** *Appareil élévateur* ou **n. m.** *élévateur,* appareil capable d'élever qqch. à un niveau supérieur. *Chariot élévateur.*

élévation **n. f.** **(latin *elevatio* → élever, I)** **1.** Action de lever, d'élever ; position élevée. *Mouvement d'élévation du bras.* **2.** relig. cathol. Moment de la messe où le prêtre élève l'hostie. **3.** Fait de s'élever. → **montée.** *L'élévation du niveau des eaux.* – fig. *Une forte élévation de température.* → **augmentation, hausse. 4.** *(Une, des élévations)* Terrain élevé. → **éminence, hauteur. 5.** fig. **(→ élever, II)** Action d'élever, de s'élever (à un rang éminent, supérieur). *Son élévation au grade de colonel.* → **accession. 6.** Caractère noble, élevé (de l'esprit). → **noblesse.** *Une grande élévation de pensée.*

élévatoire **adj.** **(latin *elevare* → élever)** techn. Qui sert à élever, au levage. *Pompe élévatoire.*

élève **n.** **(de *élever,* III)** **1.** Personne qui reçoit ou suit l'enseignement d'un maître (dans un art, une science) ou d'un précepteur. → **disciple ; étudiant.** *Ce tableau est d'un élève de Rembrandt.* **2.** Enfant, adolescent(e) qui reçoit l'enseignement donné dans une école, un collège, un lycée. → **écolier, collégien, lycéen.** *Mauvais élève.* → **cancre.** – *Anciens élèves des grandes écoles.* **3.** Candidat(e) à un grade militaire. *Élève officier.*

élevé, ée **adj.** **I.** **(de *élever,* I et II)** **1.** Situé à une certaine hauteur. → **¹haut.** *Une colline peu élevée. Le point le plus élevé de la région.* **2.** Qui atteint une grande importance. *Une température élevée* (opposé à *basse*). **3.** littér. Supérieur moralement ou intellectuellement. → **noble. II.** **(de *élever,* III)** ***Bien, mal élevé, ée*** : qui a reçu une bonne, une mauvaise éducation, est poli, impoli. *Un enfant bien élevé.* – **n.** *Un, une mal élevé, ée.* → **malappris, malotru.** – fam. *C'est très mal élevé de dire ça,* c'est une preuve de mauvaise éducation, d'impolitesse. → **grossier, impoli, incorrect.**

élever **v. tr.** **< 5 >** **(de *é-* et *lever,* et latin *elevare*)** **I. 1.** Mettre ou porter plus haut. → **hisser, ¹lever, soulever.** – Dresser. *Élever les*

Ellesmere (île d')

L'île d'Ellesmere, la plus septentrionale de l'archipel arctique canadien.

bras au-dessus de sa tête. **2.** Faire monter à un niveau supérieur. → **hausser.** *Les pluies d'été ont élevé le niveau de la rivière. Élever la maison d'un étage.* → **surélever. 3.** Construire (en hauteur). *Élever un mur.* → **bâtir.** *Élever une statue.* → **²dresser, ériger.** ▪ géom. *Élever une perpendiculaire à une droite,* la tracer en partant d'un point de cette droite. **II.** fig. **1.** Porter à un rang supérieur. *Il a été élevé au grade de colonel.* → **promouvoir. 2.** Porter à un degré supérieur. → **augmenter, relever.** ▪ math. *Élever un nombre au carré, au cube.* ▪ *Élever le ton, la voix,* parler plus haut ; parler avec autorité. **3.** Rendre moralement ou intellectuellement supérieur. *Lecture qui élève l'esprit.* **III. 1.** Amener (un enfant) à son plein développement physique et moral. → **entretenir, nourrir, soigner ; élève.** *Ils ont eu beaucoup de mal à élever cet enfant.* **2.** Faire l'éducation de (un être humain). → **éduquer ; élevé (II).** *Ses parents l'ont bien élevé.* **3.** Faire l'élevage de (un animal). *Élever des lapins.* ▪ **s'élever** **v. pron. 1.** Aller plus haut, monter. *Le cerf-volant s'élève dans le ciel.* **2.** (hauteur, édifice) Se dresser jusqu'à une certaine hauteur. *La falaise s'élève à pic.* **3.** (personnes) ***S'élever contre*** : intervenir pour combattre. *Je m'élève contre son attitude.* **4.** (personnes) Arriver à un rang supérieur. *Elle s'est élevée par son seul travail.* → **réussir. 5.** (choses mesurables) Augmenter, devenir plus haut. *La température s'élève.* – *Le prix s'élève à deux mille euros.*

éleveur, euse **n.** Personne qui pratique l'élevage. *Propriétaire et éleveur de chevaux de course.*

elfe **n. m.** **(ancien scandinave)** Génie de l'air, dans la mythologie scandinave. → **sylphe.** ▫ **adj. elfique**

Elgar (sir Edward) Compositeur britannique (1857-1934). Au service de la cour d'Angleterre, il composa des oratorios, des concertos et des symphonies de style postromantique.

Elgin (Thomas Bruce, 11e comte de Kincardine, 7e comte d') Diplomate britannique (1766-1841). Ambassadeur de Turquie, il fit transporter au British Museum une partie de la frise du Parthénon d'Athènes.

Elgin (James Bruce, 12e comte de Kincardine, 8e comte d') Homme politique britannique (1811-1863). Gouverneur en chef du Canada-Uni, il fut ensuite vice-roi de l'Inde.

Eliade (Mircea) Historien des religions et romancier roumain (1907-1986). Il chercha à dégager le caractère irréductible du fait religieux à travers l'étude comparée de diverses religions. *Histoire des croyances et des idées religieuses ; Mythes, rêves et mystères.*

Elias (Norbert) Sociologue allemand (1897-1990). Il mit en évidence l'influence de la constitution de l'État sur l'évolution des mœurs européennes à l'époque moderne. *La Dynamique de l'Occident.*

Élide **n. m.** Région de la Grèce, au N.-O. du Péloponnèse. 180 000 habitants. Chef-lieu : Pyrgos (23 300 habitants). Le sanctuaire d'Olympie se trouve sur son territoire.

élider **v. tr.** **< 1 >** **(latin *elidere,* de *ex-* et *laedere* « frapper, blesser »)** Effacer (une voyelle) par l'élision. – au p. p. *Article élidé* (ex. *l'* pour *le, la*).

Élie Prophète biblique (IXe s. av. J.-C.). Il prophétise sous le règne d'Achab, roi d'Israël, contre le culte des Baals.

Élie de Beaumont (Léonce) Géologue français (1798-1874). Il établit, avec Dufrénoy, la première carte géologique de la France.

éligibilité **n. f.** **1.** Capacité à être candidat aux élections. **2.** Possibilité de bénéficier d'un service, d'un produit, etc. *L'éligibilité d'un patient à un traitement.*

éligible **adj.** **1.** Qui est dans les conditions requises pour pouvoir être élu. **2.** *Être éligible à* : remplir les conditions requises pour bénéficier de (un service, un produit, etc.). *Les foyers éligibles à la fibre optique.*

élimer **v. tr.** **< 1 >** **(→ ¹lime)** User (une étoffe) par le frottement, à force de s'en servir. – au p. p. *Chemise élimée aux poignets.*

élimination **n. f.** **1.** Action d'éliminer, fait d'être éliminé. *L'élimination d'une équipe au second tour.* – *Procéder par élimination,* écarter toutes les hypothèses que le raisonnement ou l'expérience empêchent d'admettre. **2.** physiol. Évacuation des substances nuisibles et inutiles, de déchets résultant du métabolisme. → **excrétion. 3.** math. Opération qui consiste à faire disparaître une inconnue d'un système d'équations.

éliminatoire **1. adj.** Qui sert à éliminer (1). *Note éliminatoire.* **2. n. f.** Épreuve sportive dont l'objet est de sélectionner les sujets les plus qualifiés en éliminant les autres.

éliminer **v. tr.** **< 1 >** **(latin *eliminare,* de *ex-* et *limen, liminis* « seuil » → liminaire)** **1.** Écarter à la suite d'un choix, d'une sélection. → **exclure, rejeter.** *Le jury a éliminé la moitié des candidats.* **2.** Supprimer, faire disparaître (ce qui est considéré comme gênant ou inutile). *Éliminer une difficulté.* **3.** Faire disparaître en supprimant l'existence. *La dictature élimine les opposants.* → **tuer ;** fam. **liquider. 4.** math. Faire disparaître (une inconnue) d'un système d'équations. **5.** Évacuer (les déchets, toxines, etc.). – sans compl. *Il élimine mal.* ▫ **adj. éliminateur, trice**

élingue **n. f.** **(de *eslinge,* venant du francique *slinga* « fronde »)** mar. Cordage, câble dont on entoure les fardeaux pour les soulever. ▫ **élinguer** **v. tr.** **< 1 >**

Eliot (John) Prédicateur anglais (1604-1690). Missionnaire puritain, il consacra sa vie à l'évangélisation des Indiens de Nouvelle-Angleterre.

Eliot (Mary Ann Evans, dite George) Écrivaine et journaliste britannique (1819-1880). Ses « romans d'idées » généreux et humanistes dépeignent la société victorienne. *Le Moulin sur la Floss ; Silas Marner ; Middlemarch, étude de la vie de province.*

Eliot (Thomas Stearns, dit T. S.) Poète et auteur dramatique britannique, d'origine américaine (1888-1965). Il fut l'une des figures majeures de la poésie anglaise du xxe s. Son œuvre est dominée par les thèmes de la spiritualité, de la pénitence et de la rédemption chrétiennes. *La Terre vaine ; Le Roc ; Meurtre dans la cathédrale* (à propos de Thomas Becket). Prix Nobel 1948.

élire v. tr. < 43 > (vient du latin pop. *exlegere*, de *eligere* « choisir », de *ex-* et *legere* → [1]lire) **1.** vieux Choisir comme meilleur. **2.** Nommer (qqn) à une dignité, à une fonction par voie de suffrages. → **élection, élu.** *Élire un candidat à l'unanimité.* **3.** loc. *Élire domicile,* se fixer (dans un lieu) pour y habiter.

Élisabeth (sainte) Épouse de Zacharie et parente de Marie, elle est la mère de Jean-Baptiste.

Élisabeth Ire (1533-1603). Reine d'Angleterre (1558-1603). Fille d'Henri VIII et d'Anne Boleyn, elle succéda à sa demi-sœur Marie Tudor. Son règne fut marqué par le rétablissement de l'Église anglicane (Acte d'uniformité, 1559 ; Trente-Neuf Articles, 1563). Après son excommunication (1570), elle persécuta les catholiques, regroupés autour de sa cousine Marie Stuart, prétendante au trône, qu'elle fit exécuter (1587). À l'extérieur, la victoire sur l'*Invincible Armada* de Philippe II d'Espagne fut suivie d'une remarquable expansion maritime accompagnée d'un essor commercial (création de la Bourse de Londres et de la compagnie des Indes orientales). L'ère élisabéthaine vit également l'épanouissement des arts, notamment de la littérature (Shakespeare). La fin du règne d'Élisabeth Ire fut marquée par l'effacement du Parlement devant un exercice de plus en plus personnel du pouvoir.

Élisabeth II (1926-2022). Reine du Royaume-Uni de Grande-Bretagne et d'Irlande du Nord et chef du Commonwealth à partir de 1952. Fille de George VI, elle fut nominalement chef de l'État d'une quinzaine de pays du Commonwealth, dont le Canada, l'Australie et la Nouvelle-Zélande.

La reine Élisabeth II lors de la cérémonie d'ouverture du Parlement britannique (2006).

élisabéthain, aine adj. Qui appartient au règne d'Élisabeth Ire d'Angleterre. *Le théâtre élisabéthain* (époque de Shakespeare).

Élisabeth d'Autriche Reine de France (1554-1592). Fille de Maximilien II, elle épousa Charles IX.

Élisabeth de Bavière Reine des Belges (1876-1965). Fille de Charles-Théodore, duc de Bavière, elle épousa en 1900 le futur Albert Ier.

Élisabeth de France Reine d'Espagne (1545-1568). Fille d'Henri II et de Catherine de Médicis, elle épousa Philippe II mais mourut en couches.

Élisabeth de France (Philippine Marie Hélène, Madame) Princesse française (1764-1794). Sœur de Louis XVI. Elle fut emprisonnée par les révolutionnaires, puis guillotinée.

Élisabeth de Hongrie (sainte) (1207-1231). Elle était la fille du roi André II de Hongrie et l'épouse de Louis IV de Thuringe.

Élisabeth de Wied Reine de Roumanie (1843-1916). Épouse de Carol de Hohenzollern. Elle publia des œuvres littéraires sous le pseudonyme de Carmen Sylva.

Élisabeth de Wittelsbach dite Sissi Impératrice d'Autriche (1837-1898). Petite-fille du roi de Bavière Maximilien Ier, elle épousa en 1854 l'empereur François-Joseph. Elle fut assassinée par un anarchiste italien.

Élisabeth Farnèse Reine d'Espagne (1692-1766). Fille du duc de Parme, elle devint la seconde femme de Philippe V. Influente et autoritaire, elle motiva la politique impérialiste de l'Espagne en Italie.

Élisabeth Petrovna (1709-1762). Impératrice de Russie (1741-1762). Fille de Pierre le Grand et de Catherine Ire. Elle succéda à Ivan VI, destitué par un coup d'État nationaliste. Son règne fut marqué par un développement économique et culturel remarquable.

Élisabethville voir **Lubumbashi**

Élisée Prophète biblique. Il succède à Élie, dont il est le disciple.

élision n. f. (du latin, de *elidere* → élider) Effacement d'une voyelle finale devant une voyelle initiale ou un h muet. *L'apostrophe est le signe de l'élision* (ex. l'art, s'il).

Elista Ville de Russie, capitale de la Kalmoukie, au N.-O. de la mer Caspienne. 104 250 habitants. Industrie alimentaire.

élite n. f. (de l'ancien français *eslit* « choisi », ancien p. p. de *élire*) **1.** Ensemble des personnes les plus remarquables (d'un groupe, une communauté). → fam. **crème, gratin.** *L'élite de l'université.* – loc. adj. invar. *D'élite :* hors du commun ; éminent, supérieur. *Un tireur d'élite.* **2.** *Les élites :* les personnes qui, par leur valeur, occupent le premier rang. □ adj. **élitaire**

élitisme n. m. Le fait de favoriser une élite aux dépens de la masse.

élitiste adj. Qui favorise l'élite (sans se soucier du niveau moyen).

élixir n. m. (du latin médiéval, arabe *al-iksir* « pierre philosophale », du grec *xêrion*, de *xêros* « sec ») **1.** Médicament liquide, mélange de sirops, d'alcool et de substances aromatiques. **2.** Boisson aux vertus magiques. → **philtre.** *Un élixir de jouvence.*

Elizabeth Ville des États-Unis, dans le New Jersey. 137 290 habitants. Industries.

elle, elles pron. pers. f. (vient du latin *illa*, fém. de *ille* « celui-là ») Pronom personnel féminin sujet (→ **il**) ou complément de la troisième personne. *Elle arrive. Je l'ai vue, elle. Adressez-vous à elles. C'est pour elle. Elle-même l'a dit,* elle en personne. → **même.**

Elle Hebdomadaire féminin spécialisé dans la mode, la beauté et les sujets de société traitant des femmes, créé en 1945 et dont Françoise Giroud fut rédactrice en chef jusqu'en 1953.

ellébore n. m. (du latin, du grec *helleboros*, de *bora* « nourriture ») Herbe dont la racine a des propriétés purgatives, vermifuges, et qui passait autrefois pour guérir la folie. - var. **hellébore.**

Ellesmere (île ou terre d') La plus septentrionale des îles de l'archipel arctique canadien. 196 236 km².

Ellice voir **Gilbert et Ellice**

Ellington (Edward Kennedy, dit Duke) Pianiste, compositeur et chef d'orchestre de jazz américain (1899-1974). Ses thèmes et

Duke Ellington, dans les années 1940.

ses orchestrations en font une figure majeure du jazz entre 1925 et les années 1960.

[1]ellipse n. f. (latin *ellipsis*, du grec, de *elleipein*, de *en* « dans » et *leipein* « laisser » → éclipse) **1.** Omission de un ou plusieurs mots dans une phrase qui reste cependant compréhensible. *Ellipse du verbe dans « chacun pour soi »* (« *chacun* agit *pour soi* »). ■ Art du raccourci, du sous-entendu. **2.** Omission dans une suite logique, une narration. *Les ellipses d'un récit.*

[2]ellipse n. f. (latin mod. [Kepler], du grec *elleipsis* « manque [cercle imparfait] » → [1]ellipse) géom. Courbe plane fermée dont chaque point est tel que la somme de ses distances à deux points fixes (appelés *foyers*) est constante. *Les ellipses que décrivent les planètes.* ■ cour. Ovale.

ellipsoïde géom. **1.** n. m. *Ellipsoïde de révolution,* solide engendré par une ellipse tournant autour d'un de ses axes. □ adj. **ellipsoïdal, ale, aux** **2.** adj. Qui a la forme d'une ellipse.

[1]elliptique adj. (grec *elleiptikos* → [1]ellipse) **1.** Qui présente une ellipse ([1]), des ellipses. *Une proposition elliptique.* **2.** Qui ne développe pas toute sa pensée. *Une façon elliptique de s'exprimer.* □ adv. **elliptiquement**

[2]elliptique adj. (du latin, du grec → [2]ellipse) Qui appartient à l'ellipse ([2]), est en ellipse. *Orbite elliptique.*

Ellis (Bret Easton) Romancier américain (né en 1964). Il décrit avec une plume acérée la société actuelle des États-Unis, ses excès et ses doutes. *American Psycho ; Lunar Park ; The Shards.*

Bret Easton Ellis.

Ellison **(Ralph Waldo)** Écrivain américain (1914-1994). Il dénonça l'exclusion des Noirs dans la société américaine. *Invisible Man.*

Ellora Ville d'Inde (Maharashtra), au N. d'Aurangabad. 212 000 habitants. Haut lieu du bouddhisme, du brahmanisme et du djaïnisme. Grottes et temples sculptés dans le roc et ornés de hauts-reliefs (IVe-XIIIe s.), lieux de pèlerinages.

Ellroy **(Lee Earle, dit James)** Écrivain américain (né en 1948). Ses romans noirs sont nourris par la violence des bas-fonds de Los Angeles, avec référence à l'assassinat de sa mère, et décrivent les coulisses du pouvoir. *Le Dahlia noir ; L. A. Confidential ; American Tabloïd ; Perfidia.*

Elne Commune des Pyrénées-Orientales, au S. de Perpignan. 9 402 habitants. Ancienne cathédrale de style roman provençal (XIe s.). Les chapiteaux du cloître roman sont exemplaires du style roussillonnais (XIIe-XIVe s.).

élocution **n. f.** **(du latin, de *eloqui* → éloquent, de *ex-* et *loqui* « parler » → loquace)** Manière de s'exprimer oralement, d'articuler et d'enchaîner les phrases. → **articulation, diction.** *Défaut d'élocution.* → **prononciation.**

élocutoire **adj.** didact. De l'élocution.

élodée **n. f.** **(du latin, du grec *helôdês* « de marais », de *helos* « marais »)** bot. Plante aquatique originaire d'Amérique, qui se développe très rapidement. - var. **hélodée.**

éloge **n. m.** **(latin *elogium*, grec *elegeion* → élégie)** **1.** Discours pour célébrer qqn ou qqch. → **panégyrique.** *Éloge funèbre.* **2.** Jugement favorable (qu'on exprime au sujet de qqn). → **compliment, félicitation, louange.** *Elle a été couverte d'éloges.* – *Faire l'éloge de qqn, qqch.* **(→ 1louer).**

élogieux, ieuse **adj.** Qui fait l'éloge de qqn, qqch. → **épidictique, flatteur, louangeur.** *Termes élogieux. Elle a été très élogieuse à son sujet.* □ **adv. élogieusement**

Éloi **(saint)** (v. 588-660). Évêque de Noyon-Tournai (641-660). Orfèvre, il fut maître de la Monnaie de Clotaire II, puis trésorier de Dagobert Ier. Il est le patron des orfèvres et des forgerons.

éloigné, ée **adj.** **1.** Qui est à une certaine distance, à une assez grande distance (dans l'espace ou dans le temps). *Un pays éloigné. Un passé peu éloigné.* – ***Éloigné, ée de.*** → **loin.** *Il vit éloigné de sa famille. Une maison éloignée de la ville.* → **distant.** ■ fig., littér. *Je ne suis pas éloigné de croire que,* je le crois presque. **2.** Qui a des liens de parenté indirects avec (qqn). *Une cousine éloignée.* **3.** fig. Différent, divergent. *Récit très éloigné de la vérité.*

éloignement **n. m.** **1.** Mesure par laquelle on éloigne (qqn). **2.** Fait d'être éloigné dans l'espace ou le temps. → **distance.** *Avec l'éloignement, cela prend un autre sens.* → **recul. 3.** fig. Fait de se tenir à l'écart. *Son éloignement de la vie publique.*

éloigner **v. tr.** **< 1 >** **(de *é-* et *loin, loing*)** **1.** Mettre ou faire aller à une certaine distance, loin. → **1écarter, reculer, 1repousser ;** s'oppose à *rapprocher. Éloignez les enfants du feu. Cet incident éloigne la date de mon départ.* → **retarder. 2.** fig. Écarter, détourner qqn. *Ce scandale l'a éloigné de la politique.* ■ **s'éloigner v. pron. 1.** Se mettre loin. → **s'en aller, 1partir.** *Ne t'éloigne pas d'ici.* – absolt *« La tempête s'éloigne et les vents sont calmés »* (Musset). **2.** fig. S'écarter, se détourner. *Elle s'éloigne de lui,* elle l'aime moins, s'en détache. – *Nous nous éloignons du sujet.*

élongation **n. f.** **(→ long)** **1.** astron. Distance angulaire d'un astre au Soleil, par rapport à la Terre. **2.** phys. Écart par rapport à une position d'équilibre. → **amplitude. 3.** méd. Lésion produite par étirement ou rupture d'un muscle, d'un tendon.

élonger **v. tr.** **< 3 >** mar. Étendre tout au long (un câble, une chaîne, un cordage).

éloquemment [elɔkamɑ̃] **adv.** Avec éloquence. *Plaider éloquemment.*

éloquence **n. f.** **(du latin → éloquent)** **1.** Don de la parole, facilité pour bien s'exprimer. → **verve.** *Parler avec éloquence.* **2.** Art de toucher et de persuader par le discours. → **rhétorique.** *L'éloquence politique.* **3.** Qualité de ce qui (sans parole) est expressif, éloquent. *L'éloquence d'une mimique.* ■ Caractère probant. *L'éloquence d'un bilan.*

éloquent, ente **adj.** **(latin *eloquens*, de *ex-* et *loqui* « parler » → loquace)** **1.** Qui a, qui montre de l'éloquence. *Un orateur éloquent.* → **disert.** ■ Qui convainc (paroles). *S'exprimer en termes éloquents.* → **convaincant, persuasif. 2.** Qui, sans discours, est expressif, révélateur. *Un geste éloquent.* ■ Qui parle de lui-même. → **probant.** *Ces chiffres sont éloquents.*

El Paso Ville des États-Unis (Texas), sur le Rio Grande. 678 800 habitants. Centre agricole, industriel et touristique, à la frontière mexicaine.

Elseneur en danois **Helsingør** Ville et port du Danemark, au N. de Copenhague, sur le Sund. 35 080 habitants. Château de Kronborg (XVIe s.) où Shakespeare situa l'action de *Hamlet.*

Elskamp **(Max)** Poète belge d'expression française (1862-1931). D'abord d'une naïveté étudiée évoquant Verlaine, sa poésie, d'inspiration populaire et mystique, devint plus sombre *(Chansons désabusées ; Aegri Somnia).*

Elssler **(Franziska, dite Fanny)** Danseuse autrichienne (1810-1881). Elle fut l'une des plus célèbres ballerines romantiques.

Elster **n. f.** Nom de deux rivières d'Allemagne. L'*Elster Blanche* (195 km) naît dans les monts de l'Elster et se jette dans la Saale. L'*Elster Noire* (188 km) naît dans les monts de Lusace et conflue avec l'Elbe.

Eltsine **(Boris Nikolaïevitch)** Homme d'État russe (1931-2007). Leader du mouvement démocratique russe (1989), président du Soviet suprême de Russie (1990), il fut le premier président de Russie élu au suffrage universel (1991). En décembre 1991, il contribua à l'éclatement de l'URSS, contraignant Gorbatchev à démissionner. Il mit en œuvre une politique libérale malgré l'opposition du Parlement et obtint par référendum l'adoption d'une nouvelle Constitution renforçant les pouvoirs présidentiels. Affaibli par la crise économique et une santé fragile, il démissionna en décembre 1999.

Boris Eltsine au sommet Otan-Russie, à Paris (1997).

élu, ue **adj.** **(→ élire)** **I. 1.** Choisi par Dieu. – loc. *Le peuple élu,* le peuple juif. ■ **n.** *Les élus,* les personnes destinées à la vie éternelle. – loc. *Beaucoup d'appelés* mais peu d'élus.* **2. n.** Personne choisie (sentimentalement). *Il va se marier. — Quelle est l'heureuse élue ?* **II.** Désigné par élection **(→ élire).** – **n.** *Les élus locaux.*

Éluard **(Eugène Grindel, dit Paul)** Poète français (1895-1952). Tenant du surréalisme, il célébra les rapports que l'homme entretient avec l'univers sensible *(La Vie immédiate ; L'Amour, la poésie).* Il rallia le parti communiste en 1943 et publia des poèmes empreints de fraternité et d'amour *(Le Dur Désir de durer ; Tout dire).*

Paul Éluard photographié par Robert Doisneau (1945).

élucidation **n. f.** Action d'élucider. → **éclaircissement, explication.**

élucider **v. tr.** **< 1 >** **(latin *elucidare*, de *lucidus* « lumineux » → lucide)** Rendre clair (ce qui présente à l'esprit des difficultés). → **clarifier, éclaircir, expliquer.** *Élucider une affaire.*

élucubration **n. f.** **(du latin, de *elucubrare*, de *ex-* et *lucubrare* « travailler sous la lampe », de *lucubrum*, famille de *lux* → luire)** (surtout au plur.) péj. Pensée, théorie laborieusement édifiée et peu sensée, peu réaliste.

élucubrer **v. tr.** **< 1 >** **(du latin → élucubration)** littér., péj. Produire (des idées) de manière compliquée et peu claire.

éluder **v. tr.** **< 1 >** **(latin *eludere*, de *ludere* « jouer » → ludique)** Éviter avec adresse, par un artifice, un faux-fuyant. → **escamoter.** *Éluder un problème.*

éluer **v. tr.** **< 1 >** **(latin *eluere* « rincer », de *luere* « laver »)** chim. Détacher (un constituant, une molécule, une macromolécule complexe) de la substance qui les a absorbés.

élusif, ive **adj.** **(latin *elusus*, supin de *eludere* [→ éluder] ou calque de l'anglais *elusive* « fuyant, insaisissable »)** Qui élude, esquive. → **évasif.**

élution **n. f.** **(du latin → éluer)** chim. Remise en solution d'une substance précédemment concentrée par adsorption.

éluvion **n. f.** **(latin sc. *eluvium*, d'après *alluvion*)** géol. Produit de la désagrégation des roches resté en place. *Éluvions et alluvions.* □ **adj. éluvial, ale, aux**

Ely Ville d'Angleterre, sur l'Ouse, au N.-E. de Cambridge. 19 000 habitants. Cathédrale romano-gothique.

Élysée **(palais de l')** Hôtel particulier parisien, situé au N. des Champs-Élysées. Construit en 1718 pour le comte d'Évreux, il fut ensuite la propriété de Mme de Pompadour. C'est la résidence officielle du président de la République depuis 1873.

élyséen, enne **adj. 1.** mythol. De l'Élysée, séjour des bienheureux aux enfers. **2.** De l'Élysée, résidence du président de la République française.

Élysées **(champs)** **n. m. pl.** Séjour des âmes des héros et des sages aux Enfers, dans la mythologie gréco-latine.

Elytis **(Odysseus Alepoudhelis, dit Odysseus)** Poète grec (1911-1996). Son œuvre engagée est inspirée du surréalisme. *To Axion Esti ; L'Arbre de Lumière.* Prix Nobel 1979.

élytre n. m. **(grec *elutron* « étui », de *eluen* « rouler »)** Aile dure et cornée des insectes coléoptères, qui recouvre l'aile inférieure à la façon d'un étui.

elzévir n. m. **(du n. propre)** **1.** Livre imprimé en Hollande par les Elzévir* ou par leurs imitateurs. **2.** Caractère d'imprimerie à empattements triangulaires. □ adj. **elzévirien, ienne**

Elzévir, Elzevier ou **Elsevier** Famille de libraires et d'imprimeurs hollandais (XVIe-XVIIe s.). Leurs ouvrages sont célèbres pour leur qualité typographique.

em- voir en-

émacié, ée adj. **(latin *emaciatus*, de *ex-* et *macies* « maigreur », de *macer* → ^{1}maigre)** Très amaigri. → **^{1}maigre, squelettique.** *Un visage émacié.*

émacier v. tr. < 7 > **(latin *emaciare* → émacié)** littér. Rendre très maigre. – pron. *Son visage s'est émacié.* □ n. f. **émaciation**

e-mail [imɛl] n. m. **(mot de l'anglais des États-Unis « courrier *[mail]* électronique [→ e-] »)** anglic. Courrier* électronique. → **courriel, ^{2}mail.** *Envoyer un document par e-mail.*

émail, aux n. m. **(vient du francique *smalt* ; p.-ê. influence du latin *maltha* « bitume »)** **1.** Vernis constitué par un produit vitreux, coloré, fondu, puis solidifié, dont on recouvre certains objets pour les protéger ou les rendre brillants. **2.** au plur. Ouvrages d'orfèvrerie émaillés. – *« Émaux et Camées »* (poèmes de Gautier). **3.** Tôle, fonte émaillée. *Fourneau à gaz en émail.* **4.** Substance transparente extrêmement dure, qui recouvre l'ivoire de la couronne des dents.

Émail peint représentant la sibylle Agrippa, réalisé par Léonard Limosin (v. 1535), musée municipal, Limoges.

émaillage n. m. Action d'émailler ; son résultat.

émailler v. tr. < 1 > **1.** Recouvrir d'émail. – au p. p. *Fonte émaillée.* **2.** littér. (sujet chose) Orner de points de couleur vive. **3.** fig. Semer (un ouvrage) d'ornements divers. → **enrichir.** ■ iron. *Lettre émaillée de fautes.* – *Manifestation émaillée d'incidents.*

émaillerie n. f. Art de fabriquer des émaux.

émailleur, euse n. Personne qui fabrique des émaux ; ouvrier spécialisé dans l'émaillage des métaux.

émaillure n. f. techn. Travail, ouvrage d'émailleur.

émanation n. f. **(du latin → émaner)** **1.** Ce qui émane, procède d'autre chose. → **expression.** *Le pouvoir, dans une démocratie, doit être l'émanation de la volonté populaire.* **2.** Émission ou exhalaison de particules, de corpuscules. *Des émanations gazeuses.* ■ Odeur. *Les émanations d'un égout.* **3.** phys. Gaz radioactif produit par la désagrégation de substances contenant du radium, du thorium ou de l'actinium.

émancipateur, trice n. Personne, principe qui émancipe (2). – **adj.** *Un projet émancipateur.*

émancipation n. f. **(du latin → émanciper)** **1.** dr. Acte par lequel un mineur est émancipé. **2.** Action d'affranchir ou de s'affranchir d'une autorité, de servitudes ou de préjugés. → **libération.** *Mouvement d'émancipation des colonies.* → **décolonisation.** *L'émancipation de la femme.*

émanciper v. tr. < 1 > **(du latin, de *ex-* et *mancipare* « vendre », de *manus* → main et *capere* « prendre »)** **1.** dr. Affranchir (un mineur) de l'autorité parentale ou de la tutelle. **2.** Affranchir (qqn), libérer (→ **émancipation (2)**). ■ **s'émanciper** v. pron. **1.** S'affranchir (d'une dépendance, de contraintes). **2.** fam. Prendre des libertés, rompre avec les contraintes morales et sociales. – au p. p. *Une femme émancipée.*

émaner v. intr. < 1 > **(du latin, de *ex-* et *manare* « couler »)** **1.** Provenir comme de sa source naturelle. → **découler, ^{1}dériver.** *Ce décret émane du gouvernement.* **2.** Provenir (d'une source physique). *La lumière émane du soleil.* ■ phys. (gaz, radiations) S'échapper d'un corps. **3.** Provenir comme par rayonnement. *« Le charme particulier et douloureux qui émanait de la vie de Gilberte »* (Proust).

émargement n. m. Action d'émarger. *Feuille d'émargement,* feuille de présence.

émarger v. tr. < 3 > **(de *é-* et *marge*)** **1.** Signer dans la marge (un compte, un état). ■ sans compl. Toucher le traitement affecté à un emploi. **2.** techn. Priver de sa marge ou d'une partie de sa marge (une feuille, un livre). → **rogner.**

émasculer v. tr. < 1 > **(du latin, de *ex-* et *masculus* → mâle)** **1.** Priver (un mâle) des organes de la reproduction. → **castrer, châtrer.** **2.** fig. Dépouiller de sa force originelle. □ n. f. **émasculation**

émaux voir émail

Emba n. m. Fleuve du Kazakhstan (712 km). Il naît dans les monts Oural et se jette dans la mer Caspienne.

embâcle n. m. **(→ bâcler « fermer »)** Obstruction du lit d'un cours d'eau, d'un détroit par un amas de glace flottante.

emballage n. m. **1.** Action d'emballer. → **conditionnement.** *Emballage sous vide.* **2.** Ce qui sert à emballer. *Un emballage en carton.*

emballant, ante adj. fam. Enthousiasmant.

emballement n. m. **(→ s'emballer, 2)** **1.** Fait de s'emballer ; enthousiasme irréfléchi. **2.** Régime d'un moteur, d'une machine qui tourne trop vite.

emballer v. tr. < 1 > **(→ ^{2}balle)** **I. 1.** Mettre (un objet, une marchandise) dans une enveloppe qui protège, sert au transport, à la présentation. → **empaqueter, envelopper.** *Emballer des verres.* **2.** fam. Arrêter (qqn). *La police l'a emballé.* **3.** fam. Faire la conquête de (qqn). **II.** **(« emporter rapidement »)** **1.** *Emballer un moteur,* le faire tourner trop vite. **2.** fam. Enchanter, enthousiasmer. *Ce film ne m'emballe pas.* ■ **s'emballer** v. pron. **1.** (cheval) Prendre le mors aux dents, échapper à la main du cavalier. ■ (moteur, machine) Prendre un régime de marche trop rapide. **2.** (personnes) Se laisser emporter par un mouvement irréfléchi, céder à l'impatience, à la colère, à l'enthousiasme. *Ne nous emballons pas !* → se **précipiter.**

emballeur, euse n. **(de *emballer* [I])** Personne spécialisée dans l'emballage.

embarbouiller v. tr. < 1 > **(de *em-* et *barbouiller*)** fam., vieilli Embarrasser, troubler (qqn) dans ses idées. – pron. → **s'emberlificoter, s'empêtrer.**

embarcadère n. m. **(espagnol, de *embarcar* → embarquer)** Emplacement aménagé (dans un port, sur une rivière) pour permettre l'embarquement des voyageurs et des marchandises. → **appontement, débarcadère.**

embarcation n. f. **(espagnol, de *embarcar* → embarquer)** Bateau de petite dimension, ou canot. → **barque.**

embardée n. f. **(de *embarder*, provençal *embarda*, de *bart*, venant du latin pop. *barrum* « boue », mot prélatin)** **1.** mar. Brusque changement de direction d'un bateau. **2.** Écart brusque et dangereux fait par un véhicule.

embargo n. m. **(mot espagnol, de *embargar* « embarrasser », venant du latin pop., de *barra* → barre)** **1.** Interdiction faite par un gouvernement de laisser partir les navires étrangers mouillés dans ses ports. *Lever l'embargo.* **2.** Mesure de contrainte prise à l'encontre d'un pays, interdisant l'exportation de certaines marchandises. *Un embargo pétrolier.*

embarquement n. m. Action d'embarquer, de s'embarquer. *Les formalités d'embarquement* (des passagers).

embarquer v. < 1 > **(de *barque*)** **I.** v. tr. **1.** Mettre, faire monter dans un navire (s'oppose à *débarquer*). *Embarquer des passagers, du matériel* (→ **charger**). ■ Recevoir par-dessus bord (de l'eau de mer). **2.** Charger (dans un véhicule). *Embarquer des marchandises dans un camion.* ■ fam. *Des agents l'ont embarqué,* arrêté et emmené. **3.** fam. Emporter (qqch.) avec soi, avec ou sans l'intention de voler. *Il a embarqué tous mes romans policiers.* **4.** Engager (qqn) dans une affaire difficile dont on ne peut sortir facilement. *Elle s'est laissé embarquer dans une drôle d'histoire.* **II.** v. intr. **1.** Monter à bord d'un bateau pour un voyage. **2.** Passer et se répandre par-dessus bord. *La mer embarque.* ■ **s'embarquer** v. pron. **1.** Monter à bord d'un bateau. **2.** fig. S'engager, s'aventurer (dans une affaire difficile ou dangereuse). → **s'embringuer.**

embarras n. m. **(de *embarrasser*)** **I. 1.** vieux Encombrement, embouteillage. *Les embarras de Paris.* **2.** ***Embarras gastrique*** : troubles digestifs provoqués par une infection, une intoxication. → **indigestion.** **II. 1.** Position gênante, situation difficile et ennuyeuse. *Être dans l'embarras.* → **ennui(s), difficulté(s)** ; fam. **pétrin.** ■ ***Un embarras*** : un obstacle, une gêne. *Je ne voudrais pas être un embarras pour vous.* **2.** Incertitude de l'esprit. → **perplexité.** *Votre offre me met dans l'embarras. Vous n'avez que **l'embarras du choix**,* la seule difficulté est de choisir. **3.** Malaise pour agir ou parler. → **confusion, gêne, ^{2}trouble.** *Elle ne pouvait dissimuler son embarras.* **4.** loc. *Faire des embarras :* faire des manières, manquer de naturel. → **façon, histoire.**

embarrassant, ante adj. **1.** Qui met dans l'embarras. → **difficile, gênant.** *Une situation embarrassante.* **2.** Qui encombre. → **encombrant.**

embarrasser v. tr. < 1 > **(espagnol *embarazar*, du galicien et portugais, de *baraço* « courroie »)** **1.** Gêner dans les mouvements. → **encombrer.** *Posez donc votre manteau, il vous embarrasse.* **2.** Encombrer (qqn) de sa présence. → **déranger, importuner.** **3.** Mettre dans une position difficile. → **gêner.** *Cette initiative va embarrasser le gouvernement.* **4.** Rendre hésitant, perplexe. → **déconcerter, troubler.** *Sa question m'embarrasse* (→ **embarrassant**). ■ **s'embarrasser** v. pron. **1.** S'encombrer. *Je me suis embarrassé inutilement d'un parapluie.* **2.** Se soucier, tenir compte exagérément (de). → **s'inquiéter,** se **préoccuper.** *Il ne s'embarrasse pas de scrupules.* **3.** S'empêtrer. *Elle finit par s'embarrasser dans ses mensonges.* → **s'embrouiller.** ■ **embarrassé, ée** adj. **1.** Gêné dans ses mouvements. – *Avoir l'estomac embarrassé,* avoir une digestion difficile. **2.** Qui est dans l'incertitude de. → **indécis, perplexe.** **3.** Qui montre de la gêne.

E

→ **gauche, timide.** *Un air embarrassé.* **4.** Qui manque d'aisance ou de clarté. → **confus, obscur.** *Des explications embarrassées.*

embase n. f. (de *bas*) techn. Partie renflée (d'un objet) servant d'appui, de support.

embastiller v. tr. < 1 > (de *Bastille*, n. propre → **bastide**) hist. Emprisonner à la Bastille. ■ plais. Mettre en prison.

embauche n. f. (de *embaucher*) **1.** Action d'embaucher. *Une offre d'embauche.* - syn. **embauchage** n. m. **2.** Possibilité d'embaucher. *Il n'y a pas d'embauche sur le chantier.*

embaucher v. < 1 > (de *em- [en-]* et *débaucher*) **1. v. tr.** Engager (qqn) en vue d'un travail (s'oppose à *débaucher*). – absolt *Ici, on embauche.* ■ fam. Entraîner (qqn) dans une activité. *Elle nous a embauchés pour son déménagement.* **2. v. intr.** régional Commencer son travail. *J'embauche à 8 heures.*

embauchoir n. m. (pour *embouchoir*, de *[1]emboucher*, au fig.) Instrument que l'on place dans les chaussures pour en conserver la forme et éviter les plis du cuir.

embaumement n. m. Action d'embaumer (un cadavre).

embaumer v. tr. < 1 > (de *em- [en-]* et *baume*) **1.** Remplir (un cadavre) de substances qui permettent de le dessécher et de le conserver. *Les anciens Égyptiens embaumaient les morts.* **2.** Remplir d'une odeur agréable. → **parfumer.** *Des roses embaumaient la chambre.* – sans compl. *Ça embaume.*

embaumeur, euse n. Personne dont le métier est d'embaumer les morts.

embellie n. f. **1.** Accalmie (sur mer). **2.** Brève amélioration du temps. → **éclaircie. 3.** fig. Amélioration momentanée (d'une situation).

embellir v. < 2 > (de *em- [en-]* et *bel* → *[1]beau*) **I. v. tr. 1.** Rendre beau ou plus beau (une personne, un visage). *Cette coiffure l'embellit.* → **flatter.** – Rendre plus agréable à l'œil, orner (un lieu, une maison...). *Des cyprès embellissaient le parc.* **2.** Faire apparaître sous un plus bel aspect. → **idéaliser, poétiser.** *Embellir une situation,* la dépeindre sous un beau jour. → **enjoliver. II. v. intr.** Devenir beau, plus beau.

embellissement n. m. **1.** Action ou manière d'embellir, de rendre plus agréable à l'œil (une ville, une maison). *Les récents embellissements de notre ville.* **2.** Modification tendant à embellir la réalité. → **enjolivement.**

emberlificoter v. tr. < 1 > (de *emberlucoquer*, d'origine incertaine, d'après *mirifique*) Entortiller, embrouiller (qqn, notamment pour le tromper). → **embobiner.** – pronom. *Il s'emberlificotait dans ses explications.* → **s'empêtrer.**

embêtant, ante adj. fam. Qui embête. → **ennuyeux.** *Qu'est-ce qu'il peut être embêtant !* → **importun.** ■ Qui contrarie. *C'est une histoire bien embêtante.* → **contrariant, fâcheux.** – n. m. *L'embêtant, c'est qu'il n'est pas prévenu.* → **ennui.**

embêtement n. m. fam. Chose qui donne du souci. → **contrariété, ennui.**

embêter v. tr. < 1 > (→ **bête**) fam. **1.** Ennuyer. *Ce spectacle m'embête.* → **raser** ; fam. **emmerder. 2.** Contrarier. *Ça m'embête d'être en retard.* – *Ne l'embête pas !* → **importuner.** ■ **s'embêter** v. pron. S'ennuyer. ■ *Elle ne s'embête pas !*, elle n'est pas à plaindre.

embiellage n. m. techn. **1.** Assemblage des bielles (d'un moteur). **2.** Ensemble des bielles.

Embiez (archipel des) Archipel constitué de cinq petites îles de la côte varoise, au large de Sanary-sur-Mer. Tourisme.

emblaver v. tr. < 1 > (de l'ancien français *blef* → **blé**) agric. Ensemencer (une terre) en blé, ou toute autre céréale. □ n. m. **emblavage**

emblavure n. f. agric. Terre ensemencée de blé ou d'une autre céréale.

d'emblée loc. adv. (d'abord *en emblee* « en cachette ; par surprise », de l'ancien français *embler*, venant du latin *involare*, de *in-* et *volare* → *[1]voler*) Du premier coup, au premier effort fait. → **aussitôt.**

emblématique adj. (du latin → **emblème**) **1.** didact. Qui présente un emblème, se rapporte à un emblème. → **allégorique, symbolique.** *La colombe, figure emblématique de la paix.* **2.** Qui représente qqch. de manière forte. *Un groupe emblématique du rock français.* → **iconique.**

emblème n. m. (du latin, du grec *emblêma*, de *emballein* [*cf.* **embolie**], de *ballein* « jeter ») **1.** Figure, ornement symbolique. **2.** Attribut destiné à représenter une personne, une autorité, un métier, un parti. → **[2]insigne. 3.** Être ou objet concret représentant une chose abstraite. → **symbole.**

embobeliner v. tr. < 1 > (régional, de l'ancien français *bobelin* « grosse chaussure », de *bob-* → **bobine** *cf.* **empêtrer**) fam. Duper. → **embobiner.**

embobiner v. tr. < 1 > (de *embobeliner*, d'après *bobine*) **1.** Enrouler sur une bobine. → **bobiner, rembobiner. 2.** fam. Tromper en embrouillant. → **emberlificoter, entortiller.**

emboire v. tr. < 53 > (vient du latin *imbibere* → **imbiber**, de *bibere* → *[1]boire*) arts Imprégner. – pronom. *S'emboire,* s'imprégner d'huile (couleurs, tableau). → aussi **embu.**

emboîtage n. m. **1.** Action d'emboîter. **2.** Enveloppe d'un livre de luxe (chemise et étui). - var. RO **emboitage.**

emboîtement n. m. Assemblage de deux pièces qui s'emboîtent l'une dans l'autre. → **encastrement.** - var. RO **emboitement.**

emboîter v. tr. < 1 > (de *boîte*) **1.** Faire entrer (une chose dans une autre ; plusieurs choses l'une dans l'autre). → **ajuster, encastrer, enchâsser.** *Emboîter des tuyaux.* – pronom. *Des tables qui s'emboîtent* (→ **gigogne**). **2.** Envelopper exactement. *Ces chaussures emboîtent bien le pied.* **3.** loc. ***Emboîter le pas à qqn*** : marcher juste derrière, suivre pas à pas. – fig. Suivre docilement, imiter. *Dès qu'elle propose quelque chose, ses camarades lui emboîtent le pas.* - var. RO **emboiter.** □ adj. **emboîtable** ou RO **emboitable**

emboîture n. f. techn. Manière d'insérer une chose dans une autre ; endroit où se fait cette insertion. - var. RO **emboiture.**

embole n. m. (latin *embolus*, du grec → **embolie**) méd. Corps étranger, caillot qui obstrue un vaisseau sanguin (→ **embolie**).

embolie n. f. (grec *embolê* « attaque, choc », de *emballein* « jeter » → **emblème**) méd. Obstruction brusque d'un vaisseau sanguin par un corps étranger, un caillot (→ **embole**). □ adj. **embolique**

embonpoint n. m. (de *en bon point* « état ») État d'un corps bien en chair, un peu gras. → **corpulence.** *Prendre de l'embonpoint :* grossir.

embosser v. tr. < 1 > **I.** (de *[2]bosse*) mar. Amarrer (un navire) de façon à le maintenir dans une direction déterminée. □ n. m. **embossage II.** (de *[1]bosse*) techn. Imprimer en relief sur une carte de paiement.

embouche n. f. (de *[2]emboucher*) agric. Engraissement (du bétail) au pré. – *Pré d'embouche* ou *embouche* : prairie où l'on engraisse le bétail.

mal embouché, ée adj. (des paroles à la *bouche* → *[1]emboucher*) Qui dit des grossièretés.

[1]emboucher v. tr. < 1 > (de *bouche*) **1.** Mettre à sa bouche (un instrument à vent). **2.** *Emboucher un cheval :* lui mettre le mors.

[2]emboucher v. tr. < 1 > (de *embaucher*, v. dialectal, de *en-* et ancien français *bauc, bauche* « poutre » ; d'après *bouche*) agric. Engraisser (le bétail) au pré.

embouchoir n. m. (de *emboucher*) techn. **1.** Partie mobile d'un instrument à vent qui porte l'embouchure. **2.** Douille qui joint le canon d'un fusil au fût.

embouchure n. f. **I. 1.** Bout de l'embouchoir ou trou latéral (d'un instrument à vent), qu'on met contre les lèvres pour jouer. **2.** Partie du mors placée dans la bouche du cheval. **II.** géogr. Ouverture par laquelle un cours d'eau se jette dans une mer ou un lac. → **bouche, delta, estuaire.** *L'embouchure d'un fleuve.*

embouquement n. m. (de *embouquer*) mar. Entrée d'un passage étroit.

embouquer v. intr. < 1 > (de *bouque* « passe étroite », de l'ancien provençal *bouca*, venant du latin *bucca* → **bouche**) mar. S'engager dans un passage étroit. – v. tr. *Embouquer un canal.*

embourber v. tr. < 1 > (de *bourbe*) Engager dans un bourbier. ■ **s'embourber** v. pron. **1.** S'enfoncer dans la boue. → **s'enliser.** *La voiture s'est embourbée.* **2.** fig. S'engager dans une situation difficile. *Le gouvernement s'embourbe dans la crise.*

embourgeoisement n. m. Fait de s'embourgeoiser.

s'embourgeoiser v. pron. < 1 > Prendre les habitudes, l'esprit de la classe bourgeoise (goût de l'ordre, du confort, du respect des conventions). – au p. p. *Un révolutionnaire embourgeoisé.*

embout n. m. (de *bout*) Garniture qui se place au bout (d'une canne, d'un parapluie, etc.). → **bout.**

embouteillage n. m. **1.** Mise en bouteilles. **2.** Encombrement de véhicules qui arrête la circulation. → **bouchon.**

embouteiller v. tr. < 1 > (de *bouteille*) **1.** Mettre en bouteilles. **2.** fig. Obstruer (une voie de communication) en provoquant un encombrement.

emboutir v. tr. < 2 > (de *bout*) **1.** techn. Travailler (un métal) avec un instrument (marteau, repoussoir), pour y former le relief d'une empreinte ; travailler (une plaque de métal) pour lui donner une forme. **2.** Enfoncer en heurtant violemment. *Un camion a embouti l'arrière de la voiture.*

emboutissage n. m. techn. Action d'emboutir (les métaux).

emboutisseur, euse n. techn. **1.** Ouvrier, ouvrière chargé(e) de l'emboutissage des métaux. **2. n. f.** Machine-outil qui sert à emboutir les métaux.

embranchement n. m. **1.** Division d'un tronc d'arbre en branches. **2.** Subdivision d'une voie principale (route, canalisation) en une ou plusieurs autres secondaires. → **ramification.** ■ Point de jonction de ces voies. → **carrefour, croisement, intersection.** *À l'embranchement des deux routes.* **3.** sc. Chacune des grandes divisions du monde animal ou végétal. *L'embranchement des vertébrés.*

embrancher v. tr. < 1 > (de *branche*) Raccorder (une voie, une canalisation) à une ligne déjà existante.

embraquer v. tr. < 1 > (p.-ê. de l'italien *imbracare* « attacher, lier », de *braca* « bande ») mar. Tendre, raidir (un cordage).

embrasement n. m. littér. **1.** Incendie. **2.** Illumination ; clarté ardente. *L'embrasement de l'horizon par le couchant.* **3.** fig. Agitation, troubles sociaux.

embraser v. tr. < 1 > (de l'ancien français *brase* → **braise**) **1.** Enflammer, incendier. **2.** Rendre très chaud. **3.** Éclairer vivement, illuminer. **4.** fig. Emplir d'une passion ardente. *L'amour embrasait son cœur.* → **enflammer.**

embrassade n. f. Action de deux personnes qui s'embrassent amicalement. → **accolade.**

embrasse n. f. (de *embrasser*) Cordon ou pièce d'étoffe servant à retenir un rideau.

embrassé, ée adj. **1.** blason Écu embrassé, dont la partition présente un triangle sur un axe horizontal. **2.** *Rimes embrassées* : rimes masculines et féminines se succédant dans l'ordre *abba, cddc...*

embrassement n. m. littér. Action, fait d'embrasser (I).

embrasser v. tr. < 1 > (de *bras*) **I. 1.** Prendre et serrer entre ses bras (souvent pour marquer son amour ou son affection). *« J'embrasse mon rival, mais c'est pour l'étouffer »* (Racine). – prov. *Qui trop embrasse mal étreint* : qui veut trop entreprendre risque de ne rien réussir. **2.** fig., littér. Adopter (une opinion, un parti). *Embrasser la cause de la paix.* ▪ Choisir (une carrière). **3.** fig. Saisir par la vue dans toute son étendue. *Embrasser le paysage du regard.* **4.** Appréhender par la pensée de façon globale (un ensemble de faits, de problèmes). → **comprendre, concevoir. 5.** Contenir entièrement. → **englober.** *L'exposition embrasse toute la carrière de l'artiste.* **II.** (à cause de l'évolution du sens de *baiser*) Donner un, des baiser(s) à (qqn, un animal). *Embrasser qqn sur la joue.* – pronom. *Ils s'embrassent sur la bouche.*

embrasseur, euse n. Personne qui embrasse volontiers.

embrasure n. f. (de *embraser* ; d'abord « action de mettre le feu ») **1.** Ouverture pratiquée dans un parapet pour tirer le canon. **2.** Ouverture pratiquée dans l'épaisseur d'un mur pour recevoir une porte, une fenêtre. ▪ Espace vide compris entre les parois du mur. *L'embrasure de la porte.*

embrayage n. m. Mécanisme permettant d'établir la communication entre un moteur et une machine ou de l'interrompre (embrayer et débrayer) sans arrêter le moteur. *Une pédale d'embrayage.*

embrayer v. < 8 > (de *braie* « pièce mobile d'un moulin à vent ») **1.** v. tr. Mettre en communication (une pièce mobile) avec l'arbre moteur. *Embrayer une courroie.* – absolt Établir la communication entre un moteur et les mécanismes qu'il entraîne (s'oppose à *débrayer*). **2.** v. intr. fig. (personnes) *Embrayer sur qqch., qqn* : commencer à discourir sur ; avoir une action, de l'influence sur.

embrayeur n. m. ling. Classe de mots dont l'interprétation dépend de la situation de communication (ex. je, hier).

embrever v. tr. < 5 > (latin pop. *imbiberare* ; famille de *abreuver*) techn. Assembler obliquement deux pièces de bois. ▫ n. m. **embrèvement**

embrigader v. tr. < 1 > (de *brigade*) péj. Rassembler, réunir sous une même autorité en vue d'une action commune, souvent au détriment des libertés individuelles. → **enrégimenter, enrôler, recruter.** ▫ n. m. **embrigadement**

embringuer v. tr. < 1 > (du mot régional *bringue* « morceau ») fam. Engager de façon embarrassante, risquée. → **embarquer.** – pronom. *Il s'est embringué dans une sale histoire.*

embrocation n. f. (du latin, du grec *embrokhê*, de *embreikein* « mouiller ») **1.** Application sur le corps d'un liquide huileux et calmant produisant de la chaleur. **2.** Ce liquide. - abrév. fam. **embroc.**

embrocher v. tr. < 1 > (de *broche*) **1.** Enfiler (une viande, des morceaux de viande) sur une broche, sur des brochettes. **2.** fam. Transpercer (qqn) d'un coup d'épée. ▫ n. m. **embrochement**

embrouillamini n. m. (de *brouillamini* et *embrouiller*) fam. Désordre ou confusion extrême. → **imbroglio.**

embrouille n. f. (de *embrouiller* et italien *imbroglio* → **imbroglio**) fam. **1.** Action de tromper ; paroles trompeuses. **2.** Élément de confusion. *Un sac d'embrouilles* (→ sac de nœuds). **3.** Dispute, querelle.

embrouillé, ée adj. Extrêmement compliqué et confus.

embrouiller v. tr. < 1 > (de *brouiller*) **1.** Emmêler (des fils). → **enchevêtrer ;** s'oppose à *débrouiller*. **2.** fig. Compliquer, rendre obscur (qqch.). → **brouiller.** *Embrouiller la situation au lieu de l'éclaircir.* **3.** Troubler (qqn), lui faire perdre le fil de ses idées. *Vous m'avez embrouillé.* – pronom. Se perdre (dans qqch.). *Elle s'embrouille dans ses explications.* → **s'emberlificoter, s'empêtrer. 4.** v. pron. fam. Se disputer. ▫ n. m. **embrouillage, embrouillement**

embroussaillé, ée adj. Couvert de broussailles. → **broussailleux.** ▪ fig. *Cheveux embroussaillés,* emmêlés.

embroussailler v. tr. < 1 > (de *broussaille*) Couvrir de broussailles. ▪ fig. Emmêler ; embarrasser d'éléments disparates. → **encombrer.** ▫ n. m. **embroussaillement**

embrumer v. tr. < 1 > (de *brume*) **1.** Couvrir de brume. – au p. p. *Un horizon embrumé.* **2.** fig. *Embrumer les idées,* y mettre de la confusion. **3.** fig. Assombrir, rendre triste.

embrun n. m. (mot provençal, de *embruma* « bruiner » → **brume**) surtout plur. Poussière de gouttelettes formée par les vagues qui se brisent, et emportée par le vent.

Embrun Commune des Hautes-Alpes, sur la Durance. 6 435 habitants. Église de style roman provençal. Tour Brune (XIIe s.). Station climatique.

embryo- Élément (du grec → **embryon**) qui signifie « embryon ».

embryogenèse n. f. sc. Ensemble des transformations d'un organisme végétal ou animal de la fécondation à la germination, à l'éclosion (ovipares) ou à la naissance (vivipares). ▫ adj. **embryogénique**

embryologie n. f. Science du développement (ontogenèse) des organismes, des embryons. → **génétique.** ▫ adj. **embryologique** ▫ n. **embryologiste**

embryon n. m. (grec *embruon* « qui croît à l'intérieur », de *bruein* « se gonfler, croître ») **1.** Organisme en voie de développement dans l'œuf des ovipares, et chez l'animal vivipare ou l'homme, avant d'être un fœtus. *Pour l'espèce humaine, on parle d'embryon pour les huit premières semaines, puis de fœtus.* ▪ bot. Ensemble de cellules donnant naissance à la jeune tige issue d'une graine. → **germe. 2.** fig., littér. Ce qui commence d'être, mais qui n'est pas achevé. → **commencement, ébauche, germe.**

▶ Le mot **embryon** désigne un organisme pluricellulaire en développement, à partir de la première division de la cellule-œuf, après fécondation, jusqu'à la formation des principaux organes. Chez l'homme, on a fixé la durée de développement d'un embryon à 8 semaines ; on parle ensuite de fœtus.
La formation de l'embryon (ou *embryogenèse*) se fait d'abord par divisions successives (ou *mitoses*) de la cellule-œuf issue de la fécondation. Jusqu'à la troisième division, les cellules embryonnaires sont dites totipotentes : chacune pourrait conduire à un organisme entier. Elles restent pluripotentes jusqu'au stade de 40 cellules ; ce qui signifie que, bien qu'incapables de reformer un animal complet, elles peuvent encore donner plusieurs types cellulaires (nerfs, foie, peau...) avant de s'organiser en feuillets (au 7e jour chez l'être humain). Le système nerveux entame ensuite sa formation ainsi que les différents tissus (muscles, os, sang...). Les différents organes seront constitués au cours de l'*organogenèse,* puis modelés lors de la *morphogenèse,* au deuxième mois de la grossesse. Chez les plantes, un embryon dénommé *plantule* est maintenu en vie latente dans la graine ; si la graine rencontre des conditions favorables à son développement, elle germe et la plantule croît pour donner une plante.
Parce qu'il s'agit du début de la vie d'un être, des problématiques éthiques, juridiques, morales et religieuses entourent la notion et le statut de l'embryon. Autorisée en 1975 en France par la loi Veil, l'interruption volontaire de grossesse est possible jusqu'à 10 ou 12 semaines dans la plupart des pays européens. Les recherches pratiquées sur l'embryon et sur les cellules souches qui le composent aux premiers stades de l'embryogenèse sont également soumises à une réglementation très stricte. Le droit médical français — lois bioéthiques de 1994 — précise que si l'embryon n'est pas une personne juridique, il ne peut être considéré comme une chose car c'est un être humain en devenir, et, qu'en tant que tel, il a droit à des protections juridiques.
voir aussi **bioéthique, cellule souche, eugénisme, gène, jumeau, vie**

embryonnaire adj. **1.** Relatif ou propre à l'embryon. **2.** fig. Qui n'est qu'en germe, à l'état rudimentaire. *Un plan à l'état embryonnaire.*

embryopathie n. f. (→ -pathie) méd. Maladie qui atteint l'embryon et aboutit à des malformations.

embryoscopie n. f. (→ -scopie) Examen de l'embryon dans l'utérus à l'aide d'un endoscope.

embu, ue adj. et n. m. (de *emboire*) peint. Devenu mat, le support ayant accidentellement absorbé l'huile de la peinture. *Couleurs embues.* – n. m. Ton, aspect terne d'une peinture à l'huile après séchage.

embûche n. f. (de l'ancien français *embuschier* « poster, embusquer », de *busche* « bois » → **bûche ; embuscade**) surtout plur. Difficulté se présentant comme un piège, un traquenard. → **obstacle.** - var. RO **embuche.**

embuer v. tr. < 1 > (de *buée* et provençal *embugar*) Couvrir d'une buée, d'une sorte de buée. → [1]**voiler.** *Les larmes embuent ses yeux.* – pronom. *Les vitres s'embuent.* – au p. p. *Pare-brise embué.*

embuscade n. f. (italien *imboscata*, de *imboscare* → **embusquer**) Manœuvre par laquelle on dissimule une troupe en un endroit propice, pour surprendre et attaquer l'ennemi. → **guet-apens, traquenard.** *Être en embuscade.*

embusquer v. tr. < 1 > (ancien français *embuschier* → **embûche**, et italien *imboscare* « cacher dans un bois », de *bosco* « bois ») **1.** Mettre en embuscade, poster en vue d'une agression. – pronom. *La troupe s'était embusquée derrière un talus.* **2.** Affecter par faveur (un mobilisé) à un poste non exposé, à une unité de l'arrière. *Se faire embusquer* ou pronom. *s'embusquer.* → se **planquer.** ▪ **embusqué, ée** p. p. **1.** *Des hommes embusqués dans un fourré.* **2.** n. (de *embusquer,* 2) péj. *Les combattants et les embusqués.*

Emden Ville d'Allemagne, à l'embouchure de l'Ems, sur la mer du Nord. 49 700 habitants. Port. Industrie automobile.

éméché, ée adj. (de *mèche*) fam. Un peu ivre. → **gai ; pompette.**

émeraude n. f. (latin *smaragdus*, du grec *smaragdos*, mot sémitique) **1.** Pierre précieuse verte, variété de béryl (ou de corindon). **2.** adj. invar. D'un vert qui rappelle celui de l'émeraude. *Une mer émeraude.*

émergence n. f. didact. **1.** Sortie (d'un rayon, d'un fluide, d'un nerf). **2.** Apparition (d'un organe biologique nouveau ou de propriétés nouvelles). **3.** fig. Apparition soudaine (dans une suite d'évènements, d'idées). *L'émergence d'un fait nouveau.*

émergent, ente adj. (de l'anglais, du latin *emergens*, de *emergere* → **émerger**) **1.** phys. *Rayon émergent* : rayon lumineux qui sort d'un milieu après l'avoir traversé. **2.** *Pays émergent,* dont l'économie prend une importance internationale, qui sort du sous-développement. – *Métier émergent.*

émerger v. intr. < 3 > (du latin, de *ex-* et *mergere* « plonger ») **1.** Sortir d'un milieu liquide, apparaître à la surface. *L'îlot émerge à marée basse.* – au p. p. *Les terres émergées.* ■ Sortir d'un milieu quelconque. → **apparaître.** *Une silhouette émerge de l'ombre.* **2.** fig. Se manifester, commencer à apparaître, apparaître plus clairement. *Une idée de solution commence à émerger.* → se **dégager** ; → se faire jour. **3.** Se distinguer par sa qualité parmi d'autres. *Émerger du lot.* **4.** fam. Sortir du sommeil, devenir actif, attentif. **5.** fam. Sortir d'une situation difficile.

émeri n. m. (grec *smerilion,* de *smeri, smuris*) **1.** Abrasif fait d'une roche (corindon) réduite en poudre. *Papier d'émeri,* enduit de colle forte et saupoudré de poudre d'émeri, servant à poncer. appos. invar. *Toile émeri.* – *Boucher un flacon à l'émeri* (avec un bouchon poli à l'émeri pour une meilleure étanchéité). **2.** loc. *(Être) bouché à l'émeri :* complètement borné, incapable de comprendre.

émerillon n. m. (ancien français *esmeril,* venant du francique) Petit faucon dressé pour la chasse.

émerillonné, ée adj. vieux (regard) Vif (comme celui d'un rapace).

émeriser v. tr. < 1 > (de *émeri*) techn. **1.** Couvrir de poudre d'émeri. **2.** Adoucir le toucher d'un tissu par grattage à l'aide d'émeri.

émérite adj. (latin *emeritus,* de *emereri* « achever le service militaire ») **1.** Qui, par une longue pratique, a acquis une compétence, une habileté remarquable. → **éminent.** *Une cavalière émérite.* **2.** Honoraire. *Professeur émérite.*

émersion n. f. (latin *emersio,* de *emergere* → **émerger**) **1.** astron. Brusque réapparition d'un astre qui était éclipsé ou occulté. **2.** (opposé à *immersion*) Action ou état d'un corps qui émerge d'un fluide, d'un milieu.

Emerson (Ralph Waldo) Essayiste, poète et philosophe américain (1803-1882). Son œuvre, d'un humanisme optimiste et d'un panthéisme mystique, a marqué l'idéologie démocratique des États-Unis. *Nature* ; *Représentants de l'Humanité.*

émerveillement n. m. Fait d'être émerveillé. → **enchantement.** ■ Ce qui émerveille.

émerveiller v. tr. < 1 > (de *merveille*) Frapper d'étonnement et d'admiration. → **éblouir.** *Cette exposition nous a émerveillés.* – pronom. *S'émerveiller (de) :* éprouver un étonnement agréable (devant qqch. qu'on juge merveilleux). *S'émerveiller devant le paysage.* – au p. p. *Un regard émerveillé.*

Émery (Jacques André) Prélat français (1732-1811). Prêtre réfractaire, il s'opposa à la Révolution puis défendit les intérêts de l'Église romaine contre Napoléon Ier.

Émèse Ville ancienne de Syrie, célèbre pour son temple du Soleil dont Élagabal fut le grand prêtre.

émétique adj. (latin *emeticus,* grec *emetikos,* de *emein* « vomir ») Vomitif. – n. m. *Prendre un émétique.*

émetteur, trice **1.** n. Personne, organisme qui émet (des billets, des effets). *L'émetteur d'un chèque.* **2.** n. m. *Poste émetteur* (appos.) ou *émetteur :* ensemble de dispositifs et appareils destinés à produire des ondes électromagnétiques capables de transmettre des sons et des images. *Émetteurs de télévision. Émetteur récepteur.* ■ Station qui effectue des émissions de radio, de télévision (opposé à *récepteur*).

émettre v. tr. < 56 > (latin *emittere,* de *ex-* et *mittere* « envoyer » → **mettre, message**) **1.** Mettre en circulation, offrir au public (des billets, des chèques, des emprunts...). – au p. p. *Emprunt émis par l'État.* **2.** Exprimer (un vœu, une opinion...). *Émettre un doute.* **3.** Projeter spontanément hors de soi, par rayonnement (des radiations, des ondes). *Les étoiles émettent des radiations.* ■ spécialt Envoyer (des signaux, des images) sur ondes électromagnétiques. → **diffuser.** – absolt Faire des émissions.

Eminem en 2009 lors d'un concert à Los Angeles.

émeu n. m. (mot des îles Moluques) Grand oiseau coureur d'Australie. *Des émeus.*

émeute n. f. (de *émeu,* ancien p. p. de *émouvoir,* d'après *meute* « soulèvement ») Soulèvement populaire, généralement spontané et non organisé. → **agitation, ²trouble.**

émeutier, ière n. Personne qui excite à une émeute ou qui y prend part.

-émie Élément de mots savants (du grec *haima* « sang » → **héma-**) qui signifie « teneur dans le sang (de la substance désignée par le premier terme ou élément) » (ex. *alcoolémie, anémie, leucémie*).

émiettement n. m. Action d'émietter ; fait d'être émietté, morcelé à l'excès.

émietter v. tr. < 1 > (de *miette*) **1.** Réduire en miettes ; désagréger en petits morceaux. *Émietter du pain.* – au p. p. *Roche émiettée par l'érosion.* **2.** Morceler à l'excès. *Émietter une propriété en parcelles.* **3.** fig. Éparpiller, disperser (une activité, un effort...).

émigrant, ante n. Personne qui émigre.

émigration n. f. **1.** Action, fait d'émigrer. **2.** Ensemble des émigrés.

émigré, ée n. **1.** hist. *Les émigrés,* partisans de l'Ancien Régime réfugiés à l'étranger pendant la Révolution française. **2.** Personne qui s'est expatriée (pour des raisons politiques, économiques, etc.). *Un émigré politique.* – adj. *Travailleurs émigrés.* → **immigré.**

émigrer v. intr. < 1 > (latin *emigrare,* de *ex-* et *migrare* → **migration**) **1.** Quitter son pays pour aller s'établir dans un autre, momentanément ou définitivement. → **s'expatrier ; émigré.** **2.** (animaux) Quitter périodiquement et par troupes une contrée pour aller séjourner ailleurs. → **migration.**

Émilien (v. 206-253). Empereur romain (253). Il fut proclamé empereur après sa victoire sur les Parthes, mais fut tué par ses soldats.

Émilie-Romagne n. f. Région du N. de l'Italie. 22 123 km². 3 983 350 habitants. Chef-lieu : Bologne. Elle comprend le versant N.-E. de l'Apennin, la rive droite du Pô et une partie du littoral adriatique. Productions agricoles variées (blé, fruits, betterave à sucre, riz, chanvre). Industries alimentaires. Importante voie de passage empruntée par la via Emilia, l'Émilie connut la domination byzantine avant d'être rattachée à la Lombardie. La Romagne fut incorporée aux États pontificaux. L'Émilie et la Romagne, réunies en 1859, furent rattachées au royaume d'Italie en 1860.

émincé, ée **1.** adj. Coupé en tranches minces. **2.** n. m. Plat à base de viande émincée.

émincer v. tr. < 3 > (de *mince*) Couper en tranches minces (une viande, du lard, des oignons...).

Eminem (Marshall Bruce Mathers III, dit) connu aussi sous le nom de **Slim Shady** Auteur-compositeur-interprète de rap américain (né en 1972). Célèbre pour son débit rapide, souvent dénoncé pour la violence de ses textes *(The Slim Shady LP ; Relapse ; Godzilla),* il a remporté un Oscar pour la chanson *Lose Yourself* dans le film *8 Mile.*

éminemment [eminamɑ̃] adv. Au plus haut degré. → **extrêmement.**

éminence n. f. (latin *eminentia* → **éminent**) **I.** Élévation de terrain relativement isolée. → **hauteur, monticule, tertre.** *Observatoire établi sur une éminence.* **II.** fig. Titre honorifique qu'on donne aux cardinaux. *Oui, Éminence* (ou *votre Éminence*). *L'Éminence grise :* le père Joseph du Tremblay, confident de Richelieu et son ministre occulte. *L'éminence grise d'un chef politique,* son conseiller secret.

éminent, ente adj. (latin *eminens,* p. prés. de *eminere,* de *ex-* et *minere* « s'élever au-dessus ») Qui est au-dessus du niveau commun ; tout à fait supérieur. *Il a rendu d'éminents services.* ■ (personnes) Très distingué, remarquable.

Eminescu (Mihaïl Eminovici, dit Mihai) Poète romantique roumain (1850-1889). Pessimiste, mêlant le réel à l'imaginaire, son œuvre exprime une personnalité tourmentée, imprégnée du romantisme allemand et du folklore national. *Poésies ; Le Pauvre Denis.*

émir n. m. (arabe *'amir* « chef, prince » → **amiral**) **1.** Titre honorifique donné autrefois au chef du monde musulman, aux descendants du Prophète, puis à des princes, des gouverneurs, des chefs militaires de l'Islam. **2.** Chef d'État héréditaire d'un émirat de la péninsule Arabique.

émirat n. m. Territoire musulman gouverné par un émir.

Émirats arabes unis

(ÉAU) ■ offic. fédération des Émirats arabes unis État du golfe Arabo-Persique composé de 7 émirats (Abou Dhabi, Dubaï, Sharjah, Ajman, Umm al-Qaïwain, Ras al-Khaima et Fujaïrah). → Arabie (carte). 83 657 km². 4 380 000 habitants (les *Émiriens* ou *Émiratis*) ; nombreux étrangers. **Langue :** arabe. **Religion :** musulmans. **Monnaie :** dirham. **Capitale :** Abou Dhabi. **Régime :** 7 monarchies absolues.

GÉOGRAPHIE

Le territoire est un vaste désert aride. Le pétrole est la ressource principale (env. 3 millions de barils par jour en 2022). Place financière importante, la fédération investit dans de titanesques infrastructures touristiques et industrielles.

HISTOIRE

Carrefour économique islamisé au VIIe s., contrôlé par les Portugais du XVIe au XVIIe s., le territoire passa au XIXe s. sous la coupe de la Grande-Bretagne, qui le rebaptisa « côte de la Trêve » (1920). Les différents États se constituèrent en fédération en 1971, rejoints par l'émirat de Ras al-Khaima en 1972. Des tensions territoriales avec l'Iran, l'Arabie saoudite et le Qatar menacèrent la fédération ; elles culminèrent avec sa participation à la coalition contre l'Irak lors de la guerre du Golfe de 1991. En 2004, Cheikh Khalifa ben Zayed al Nahyan succéda à son père à la présidence de la fédération. Lors de la guerre au Yémen, les Émirats rejoignirent la coalition dirigée par l'Arabie saoudite en soutien au régime (2015). Un accord de paix historique avec Israël fut signé en août 2020, faisant des Émirats le premier pays du Golfe à reconnaître Israël.

Mohammed ben Zayed, frère du président et qui exerça de facto le pouvoir depuis 2014, lui succéda à sa mort en 2022.

[1]émissaire n. (latin *emissarius* « envoyé », de *emittere* → émettre) Agent chargé d'une mission, parfois officieuse.

[2]émissaire n. m. (latin *emissarium* « déversoir », de *emittere* → émettre) Canal, cours d'eau évacuant des eaux.

[3]émissaire adj. m. (du latin, pour traduire un mot hébreu) voir **bouc** émissaire.

émissif, ive adj. phys. D'une émission (3), qui a la faculté d'émettre. □ n. f. **émissivité**

émission n. f. (du latin, de *emittere* → émettre) **1.** Fait d'émettre*, de projeter au-dehors (un liquide physiologique, un gaz sous pression). *Émission de vapeur.* **2.** Production (de sons vocaux). *Lire une phrase d'une seule émission de voix.* **3.** Production en un point donné et rayonnement dans l'espace (d'ondes électromagnétiques, de particules élémentaires, de vibrations, etc.). *Émission lumineuse.* ▪ spécialt Transmission, à l'aide d'ondes électromagnétiques, de signaux, de sons et d'images. → **émettre (3)** ; **radiodiffusion, télévision.** *Émission en direct, en différé.* – Ce qui est ainsi transmis. *Le programme des émissions de la soirée.* **4.** Mise en circulation (de monnaies, titres, effets, etc.). – Action d'offrir au public (des emprunts, des actions).

émissole n. f. (italien *mussolo*, qui vient du latin *mustela* → mustélidé) Petit squale comestible, commun en Méditerranée, appelé aussi *chien de mer.*

emmagasiner [ɑ̃magazine] v. tr. < 1 > (de *magasin*) **1.** Mettre en magasin, entreposer (des marchandises). → **stocker. 2.** fig. Mettre en réserve, accumuler. *Emmagasiner de la chaleur.* □ n. m. **emmagasinage**

emmailloter [ɑ̃majɔte] v. tr. < 1 > (de *maillot*) anciennt Envelopper (un bébé) dans un maillot, des langes. ▪ Envelopper complètement (un corps, un membre, un objet). *S'emmailloter les pieds dans une couverture.* □ n. m. **emmaillotement**

emmancher [ɑ̃mɑ̃ʃe] v. tr. < 1 > (de *manche*) **1.** Ajuster sur un manche, engager et fixer dans un support. *Emmancher un balai.* **2.** fig. et fam. (surtout pronom.) Engager, mettre en train (une activité, un processus). – au p. p. *Une affaire mal emmanchée.* □ n. m. **emmanchement**

emmanchure [ɑ̃mɑ̃ʃyʀ] n. f. Chacune des ouvertures d'un vêtement, faites pour adapter une manche ou laisser passer le bras. → **entournure.**

Emmanuel (Noël Mathieu, devenu Pierre) Poète français (1916-1984). Il exprima son angoisse de chrétien confronté à la société moderne dans une vaste « épopée spirituelle » d'un style poétique très pur. *Sodome ; Babel ; La Nouvelle Naissance ; Duel.*

Emmanuelle (Madeleine Cinquin, dite sœur) Religieuse franco-belge (1908-2008). Après avoir enseigné en Turquie, en Tunisie et en Égypte, elle vécut pendant plus de 20 ans dans les bidonvilles du Caire. Elle continua ensuite ses combats incessants pour les défavorisés, n'hésitant pas à médiatiser son action.

Emmanuel-Philibert dit Tête de Fer (1528-1580). Duc de Savoie (1553-1580). Il servit Charles Quint puis Philippe II d'Espagne et défit les Français à Saint-Quentin (1557).

emmarchement n. m. (de [1]*marche*) **1.** Disposition ou ensemble des marches d'un escalier. **2.** Largeur d'un escalier. **3.** Escalier de quelques marches le long d'une terrasse, d'une rue, d'un soubassement.

Emmaüs Bourg de Palestine, au N. de Jérusalem. Selon l'Évangile de Luc, Jésus y apparaît à deux disciples après sa résurrection.

Emmaüs Association créée par l'abbé Pierre, en région parisienne, pendant l'hiver 1954 pour venir en aide aux sans-abris par le secours immédiat et la construction de logements.

emmêlement [ɑ̃mɛlmɑ̃] n. m. Action d'emmêler ; fait d'être emmêlé. → **enchevêtrement, fouillis.**

emmêler [ɑ̃mele] v. tr. < 1 > (de *mêler*) **1.** Mêler l'un à l'autre, d'une manière désordonnée (s'oppose à *démêler*). → **embrouiller, enchevêtrer.** *Emmêler les fils d'un écheveau.* – pronom. *Les fils se sont emmêlés.* – au p. p. *Cheveux emmêlés.* **2.** fig. *Emmêler une affaire*, la rendre confuse, difficile à comprendre. fam. *Elle s'emmêle les pieds, les pinceaux, les pédales*, elle s'embrouille (dans une explication).

Emmen Ville du N.-E. des Pays-Bas (Drenthe). 107 850 habitants. Industries (textile, électrotechnique).

Emmen Ville de Suisse, dans la banlieue N. de Lucerne. 27 020 habitants. Industrie textile.

emménagement [ɑ̃menaʒmɑ̃] n. m. Action d'emménager. → **installation.**

emménager [ɑ̃menaʒe] v. intr. < 3 > (de *ménage*) S'installer dans un nouveau logement.

emménagogue [ɑ̃menagɔg ; emenagɔg] adj. et n. m. (grec *emmêna* « menstrues » et *agôgos* « qui amène ») méd. Qui provoque ou régularise le cycle menstruel.

emmener [ɑ̃m(ə)ne] v. tr. < 5 > (de *mener*) **1.** Mener avec soi (qqn, un animal) en allant d'un lieu à un autre. – REM. Avec un compl. désignant un objet, on emploie *emporter*. *Emporte les valises, j'emmène le chien.* – Mener avec soi en allant quelque part. *Je vous emmène à la gare.* → **accompagner, conduire.** *Il nous a emmenés dîner.* **2.** Conduire, entraîner en avant avec élan (des soldats, les membres d'une équipe...). **3.** (sujet chose) Conduire, transporter. *Un taxi vous y emmènera en dix minutes.*

emmental [emɛ̃tal ; emɛntal] n. m. (allemand *Emmentaler* « de la vallée *[Tal]* de l'*Emme* ») Fromage à pâte cuite, à croûte jaune, présentant de grands trous, originaire de Suisse. → **gruyère.** - var. **emmenthal.**

Emmental ou **Emmenthal** n. m. Vallée de Suisse (canton de Berne), drainée par la Grande Emme. Élevage laitier.

emmerdant, ante [ɑ̃mɛʀdɑ̃, ɑ̃t] adj. fam. Qui contrarie, dérange fortement. – Qui fait naître l'ennui. → **embêtant, ennuyeux** ; fam. **chiant.**

emmerde voir **emmerdement**

emmerdement [ɑ̃mɛʀdəmɑ̃] n. m. fam. **1.** Gros ennui. → **difficulté, embêtement, ennui.** *Il a toujours des emmerdements.* - syn. fam. **emmerde** n. f. **2.** Action d'emmerder ; fait d'être emmerdé.

emmerder [ɑ̃mɛʀde] v. tr. < 1 > (de *merde*) **1.** fam. (personne) Causer de l'embarras à (qqn) ; (chose) représenter une gêne pour (qqn). → **agacer, embêter, empoisonner, ennuyer, importuner.** *Elle ne sait pas quoi inventer pour emmerder le monde !* – au p. p. *Il est bien emmerdé maintenant.* – pronom. Se donner du mal. *Ne t'emmerde pas à le réparer.* fam. *Eh bien, tu t'emmerdes pas, toi !* : tu ne te prives pas, tu as de la chance. **2.** fam. Faire naître l'ennui. – pronom. *On s'emmerde ferme.* **3.** Tenir pour négligeable (par défi). *Je t'emmerde !*

emmerdeur, euse [ɑ̃mɛʀdœʀ, øz] n. fam. Personne particulièrement ennuyeuse, ou agaçante et tatillonne. → **gêneur, importun** ; très fam. **chieur.** *C'est une emmerdeuse, je vous préviens.*

emmétrope [ɑ̃metʀɔp ; emetʀɔp] adj. et n. (grec *emmetros* « proportionné » et *-ôpos* « qui voit ») physiol. Se dit de l'œil dont la vision est normale (opposé à *amétrope*). □ n. f. **emmétropie**

emmieller [ɑ̃mjele] v. tr. < 1 > (de *miel*) fam. (par euphémisme) Emmerder (qqn).

emmitoufler [ɑ̃mitufle] v. tr. < 1 > (de *mitoufle*, croisement de *mitaine* et *moufle*) Envelopper dans des fourrures, des vêtements chauds et moelleux. – pronom. Se couvrir chaudement, des pieds à la tête. – au p. p. « *Emmitouflée jusqu'aux oreilles dans un châle fané* » (A. Daudet).

emmotté, ée [ɑ̃mɔte] adj. (de *motte*) agric. Dont les racines sont entourées d'une motte de terre pour le transport.

emmurer [ɑ̃myʀe] v. tr. < 1 > (de *mur*) Enfermer (qqn) dans un cachot muré. – (sujet chose) *L'éboulement a emmuré une équipe de spéléologues.* → **emprisonner.** ▪ fig. (surtout pronom. et p. p.) *S'emmurer, être emmuré dans le silence* : se couper, être coupé des autres. □ n. m. **emmurement**

émoi n. m. (de l'ancien français *esmaier*, du latin) littér. **1.** Agitation, effervescence. – *En émoi. Tout le quartier était en émoi.* **2.** Trouble qui naît de l'appréhension, d'une émotion sensuelle. → **émotion, excitation.**

émoji n. m. (marque déposée ; mot japonais) Petite image utilisée dans un message électronique pour exprimer une émotion, représenter un personnage, une action. *Émoticones et émojis.*

émollient, ente [emɔljɑ̃, ɑ̃t] adj. (du latin, de *emollire* « amollir », de *mollis* → [1]mou) **1.** méd. Qui relâche les tissus. *Soin émollient.* – par ext. Qui calme. *Tisane émolliente.* **2.** fig. Adoucissant, doux. *Paroles émollientes.*

émolument n. m. (du latin, de *emolere*, de *ex-* et *molere* → moudre ; émoulu) **I.** dr. Actif, part que recueille qqn dans un partage, une succession. **II.** au plur. **1.** Honoraires d'un officier ministériel. **2.** Rétribution représentant un traitement fixe ou variable. → **appointements, rémunération.**

émonctoire n. m. (du latin, de *emungere* « moucher ») physiol. Organe d'élimination, d'excrétion des déchets organiques (pore, anus, narine...).

émonder v. tr. < 1 > (latin *emundare* « nettoyer », de *mundere*, de *mundus* « propre, soigné » → monde, immonde ; monder) **1.** Débarrasser (un arbre) des branches mortes ou inutiles, des plantes parasites. → **élaguer, tailler.** □ n. m. **émondage** □ n. **émondeur, euse 2.** Débarrasser un fruit, une graine de son enveloppe. → **monder.**

émondes n. f. pl. (de *émonder*) sylvic. Branches inutiles ou nuisibles retranchées d'un arbre.

émondoir n. m. Outil servant à émonder les arbres.

émoticone n. m. (anglais *emoticon*, de *emoti[on] icon* « icône d'émotion ») anglic. Suite de caractères alphanumériques utilisée dans un message électronique pour former un visage stylisé exprimant une émotion. → **smiley** ; aussi **émoji.** - syn. **émoticône** n. f.

émotif, ive adj. (du latin *emotum*, de *emovere* → émouvoir) **1.** Relatif à l'émotion. → **émotionnel.** *Choc émotif.* **2.** (personnes) Qui réagit par des émotions fortes ; qui est facilement ému. → **impressionnable, sensible** ; **émotivité.** – n. *Un émotif, une émotive.*

émotion n. f. (de *émouvoir*, d'après *motion* « mouvement » → motion) **1.** État affectif intense, caractérisé par des troubles divers (pâleur, accélération du pouls, etc.). → **émouvoir.** *Être paralysé par l'émotion.* ▪ fam. *Tu nous as donné des émotions*, tu nous as fait peur. **2.** État affectif, plaisir ou douleur, nettement prononcé. → **sentiment. 3.** Sensibilité. *Interpréter une œuvre avec émotion.*

émotionnel, elle adj. psych. Propre à l'émotion, qui a le caractère de l'émotion.

E

émotionner v. tr. < 1 > fam. Toucher par une émotion. → **émouvoir.**

émotivité n. f. (de *émotif*) Caractère d'une personne émotive.

émotter v. tr. < 1 > (de *motte*) Débarrasser (un champ) des mottes de terre restées entières après labour, en les brisant. → **ameublir.** □ n. m. **émottage**

émotteur, euse 1. n. f. Herse servant à émotter. 2. adj. *Rouleau émotteur* : rouleau à double rangée d'étoiles obliques, pour briser les mottes.

émouchet n. m. (de *mouche*) Petit rapace diurne.

émoulu, ue adj. (de l'ancien français *émoudre* « aiguiser sur une meule », venant du latin *emolere*, de *molere* → moudre ; émolument) 1. vieux Aiguisé, affilé. *Se battre à fer émoulu.* 2. mod. loc. *Frais émoulu* : récemment sorti, diplômé (d'une école). fém. *Frais* ou *fraîche émoulue.*

émousser v. tr. < 1 > (de *mousse*, adj.) 1. Rendre moins coupant, moins aigu. 2. littér. Rendre moins vif, moins pénétrant, moins incisif. → **affaiblir, amortir.** – pronom. *Son chagrin s'est émoussé avec le temps.* ■ **émoussé, ée** adj. 1. *Couteau émoussé.* 2. littér. *Sentiments émoussés.* □ n. m. **émoussement**

émoustiller v. tr. < 1 > (de *moustille* « vin nouveau », de *moust* → moût) 1. Mettre de bonne humeur, en gaieté. 2. Susciter une excitation sensuelle. – au p. p. *Tout émoustillé.* □ adj. **émoustillant, ante**

émouvant, ante adj. Qui émeut, qui fait naître une émotion désintéressée (compassion, admiration). → **pathétique, poignant,** ²**touchant.**

émouvoir v. tr. < 27 p. p. *ému, ue* > (vient du latin pop. *exmovere*, de *emovere* « remuer », de *ex-* et *movere* → mouvoir ; émotion) 1. Agiter (qqn) par une émotion. → **émotionner, remuer.** *Cette nouvelle m'a beaucoup ému.* → **bouleverser ; ému.** – pronom. Se troubler. « *Jeune présomptueux ! — Parle sans t'émouvoir* » (Corneille, *Le Cid*). 2. Toucher (qqn, un groupe) en éveillant un intérêt puissant, une sympathie profonde. *Ce roman a ému toute une génération.*

empaffé, ée n. (de *paf*, vulg., « pénis ») injure Imbécile, maladroit ; salaud. → **enculé, enfoiré.**

empaillage n. m. Action d'empailler. → **taxidermie.**

empailler v. tr. < 1 > (de *paille*) 1. Bourrer de paille (la peau d'animaux morts qu'on veut conserver). → **naturaliser.** – au p. p. *Un oiseau empaillé.* fam. *Avoir l'air empaillé,* peu dégourdi. → **empoté, gauche.** 2. Garnir, couvrir de paille (un siège). *Empailler des chaises.* 3. Mettre de la paille autour de (qqch.) pour protéger. → ²**pailler.**

empailleur, euse n. 1. Taxidermiste. 2. Rempailleur.

empaler v. tr. < 1 > (de *pal*) 1. Soumettre au supplice du pal. 2. *S'empaler* v. pron. : tomber sur un objet pointu qui s'enfonce à travers le corps. □ n. m. **empalement**

empan n. m. (ancien français *espan*, du francique *spanna* ou d'un dérivé du latin *pannus* → ¹pan n. m.) 1. anciennt Mesure de longueur, espace maximum entre l'extrémité du pouce et du petit doigt de la main ouverte. 2. fig. Ampleur, envergure.

empanaché, ée adj. (de *panache*) Orné d'un panache. *Un casque empanaché.*

empanacher v. tr. < 1 > (de *panache*) Orner d'un panache.

empanner v. intr. < 1 > (de *panne* « vergue ») mar. Virer de bord en passant par vent arrière. □ n. m. **empannage**

empaqueter v. tr. < 4 ou RO 5 > (de *paquet*) Faire un paquet de (linge, marchandises, etc.). → **emballer.** □ n. m. **empaquetage**

s'emparer v. pron. < 1 > (ancien provençal *emparar*, venant du latin pop. *imparare*, de *parare* → ¹parer) 1. Prendre par la violence ou indûment possession (de). → **conquérir, enlever,** se **saisir** de. *Les terroristes se sont emparés de plusieurs otages.* 2. Se rendre maître (d'un esprit, d'une personne) au point de dominer. – (sujet chose) Envahir la conscience (de qqn). *L'émotion, le sommeil qui s'emparait de moi.* 3. Se saisir vivement (de qqch.), parvenir à prendre.

empâté, ée adj. Devenu épais. → **bouffi.** *Des traits empâtés.*

empâtement n. m. 1. Embonpoint, épaississement produisant un effacement des traits, des lignes du corps. 2. peint. Couche épaisse de pâte colorée, produisant un relief.

empâter v. tr. < 1 > (de *pâte*) 1. Couvrir, enduire de pâte. ■ peint. Poser les couleurs en couche épaisse sur un tableau. 2. Rendre épais, pâteux. *L'excès d'alcool empâte la langue.* □ **s'empâter** v. pron. Épaissir, grossir. *Son visage s'est empâté.*

empathie n. f. (anglais *empathy*, de *em-* et *sympathy*, du grec *pathos* → -pathie, sympathie) didact. Capacité de s'identifier à autrui dans ce qu'il ressent. □ adj. **empathique**

empattement n. m. 1. techn. Maçonnerie en saillie à la base d'un mur. 2. typogr. Trait horizontal ou épaississement triangulaire au pied et à la tête d'un jambage. 3. Base élargie d'un tronc ou d'une branche d'arbre. 4. Distance séparant les essieux d'une voiture.

empatter v. tr. < 1 > (de *patte*) techn. Joindre, maintenir, soutenir avec des pattes de fixation, de renfort. → **étayer, renforcer.**

empaumer v. tr. < 1 > (de *paume*, d'où le sens de « tenir dans sa main ») fam. et vieilli Duper (qqn) en trompant, en enjôlant. → **rouler.**

empaumure n. f. (de *paume*) 1. Partie supérieure de la tête du cerf, qui s'élargit comme la paume de la main et porte des andouillers. 2. Partie du gant qui couvre la paume.

empêchement n. m. Ce qui empêche d'agir, de faire ce qu'on voudrait. → **contretemps, difficulté, obstacle.**

empêcher v. tr. < 1 > (vient du latin *impedicare*, de *pedica* → piège) 1. *Empêcher qqch.,* faire en sorte que cela ne se produise pas ; rendre impossible en s'opposant (→ **interdire**). – *Empêcher que* (+ subj.). *Vous n'empêcherez pas que la vérité (ne) soit connue.* ■ loc. *Il n'empêche que, cela n'empêche pas que* : cependant, malgré cela. – fam. *N'empêche qu'elle a raison,* elle a quand même raison. – fam. *N'empêche,* ce n'est pas une raison. 2. *Empêcher qqn de faire qqch.,* faire en sorte qu'il ne puisse pas. *Elle nous empêche de travailler.* – (sujet chose) *Rien ne m'empêchera de faire ce que j'ai décidé.* ■ **s'empêcher** v. pron. Se défendre, se retenir de. *Il n'a pas pu s'empêcher de rire.* ■ **empêché, ée** p. p. *Être empêché,* retenu par des occupations. *Le ministre, empêché, a envoyé son chef de cabinet.* – par euphémisme *Les publics empêchés* : l'ensemble des personnes qui ne peuvent pas accéder à certains services, se rendre sur certains lieux, notamment les lieux de culture (détenus, personnes âgées, hospitalisées, en situation de handicap...).

empêcheur, euse n. loc. *Empêcheur de tourner en rond* : ennemi de la gaieté. → **rabat-joie, trouble-fête.**

Empédocle Philosophe, thaumaturge et poète grec (v. 490-435 av. J.-C.). Il a le premier soutenu que les corps étaient composés de quatre éléments (air, terre, eau, feu) et régis par des cycles d'union (Amour) et de désunion (Haine). La légende prétend qu'il se serait suicidé en se jetant dans l'Etna et en laissant une de ses sandales comme preuve de sa mort.

empeigne n. f. (de *em-* et *peigne* « dessus du pied, métatarse ») Dessus (d'une chaussure), du cou-de-pied jusqu'à la pointe.

empennage n. m. Surfaces placées à l'arrière des ailes ou de la queue d'un avion, et destinées à lui donner de la stabilité. – Ailettes d'un projectile. - syn. **empenne.**

empenne n. f. (de *empenner*) Partie du talon d'une flèche munie de plumes ou d'ailerons destinés à régulariser sa direction.

empenner v. tr. < 1 > (de *penne* « plume ») Garnir (une flèche) de plumes ou d'ailerons stabilisateurs.

empereur n. m. (vient du latin *imperator[em]*, de *imperare* « commander », de *in-* et *parare* « apprêter » → ¹parer) I. 1. hist. Détenteur du pouvoir suprême, dans l'Empire romain (→ **auguste, césar**), le Saint Empire germanique (→ **kaiser**). 2. Chef souverain de certains États (appelés *empire**). → **mikado, tsar.** *L'empereur et l'impératrice.* – en France *L'Empereur* : Napoléon Ier, puis Napoléon III. II. Grand poisson comestible des mers occidentales.

emperler v. tr. < 1 > (de *perle*) littér. Couvrir de gouttelettes.

empeser v. tr. < 5 > (de l'ancien français *empoise* « empois », venant du latin *impensa*, de *impendere*, de *pendere* « peser » → pendre) Apprêter (un tissu) en amidonnant. → **amidonner ; empois.** *Empeser un col de chemise.* ■ **empesé, ée** adj. 1. Qu'on a empesé. *Col empesé.* → **dur.** 2. fig. Apprêté, dépourvu de naturel. → **guindé.** □ n. m. **empesage**

empester v. < 1 > (de *peste*) 1. v. tr. Infester de mauvaises odeurs. → **empuantir, puer.** 2. v. intr. Sentir très mauvais.

empêtrer v. tr. < 1 > (vient du latin pop., de *[chorda] pastoria* « [corde] d'entrave », de *pastus* « pâture » → paître) 1. Entraver, engager (les pieds, les jambes) dans qqch. qui retient ou embarrasse. – pronom. « *Dans la neige et la boue il allait s'empêtrant* » (Baudelaire). 2. fig. Engager dans une situation difficile, embarrassante. → **embringuer.** surtout passif et pronom. *Elle est encore empêtrée dans des difficultés financières.* – pronom. *Il s'empêtrait dans ses explications.* → **s'embrouiller.** ■ **empêtré, ée** adj. Maladroit, qui manque d'aisance. → **gauche.**

emphase n. f. (latin *emphasis*, mot grec « apparence », de *phainein* « faire briller, faire paraître » → phénomène) Ton, style déclamatoire abusif ou déplacé. → **déclamation, grandiloquence.**

emphatique adj. Plein d'emphase. → **déclamatoire, grandiloquent, pompeux.** □ adv. **emphatiquement**

emphysème n. m. (du grec, de *phusan* « gonfler ») méd. Gonflement produit par une infiltration gazeuse dans le tissu cellulaire. *Emphysème pulmonaire* : maladie des poumons dont certaines alvéoles restent toujours gonflées. □ adj. et n. **emphysémateux, euse**

emphytéose n. f. (du latin, pris au grec *emphyteusis*, de *phuteuein* « planter » → phyto-) Droit réel de jouissance sur le bien d'autrui, accordé par un bail de longue durée (18 à 99 ans) moyennant paiement d'une redevance modique. □ adj. **emphytéotique**

empiècement n. m. (de *pièce*) Pièce rapportée qui constitue le haut d'un vêtement (robe, jupe, pantalon, etc.).

empierrement n. m. Action d'empierrer ; couche de pierres cassées faisant l'assise d'une chaussée.

empierrer v. tr. < 1 > (de *pierre*) Couvrir d'une couche de pierres, de caillasse. – au p. p. *Chemin empierré.*

empiètement n. m. Action, fait d'empiéter. - var. **empiétement.**

empiéter v. intr. < 6 > (de *pied*) **1.** ***Empiéter sur*** : s'emparer de biens, d'avantages au détriment de (ceux des autres). *Empiéter sur les droits de quoi.* **2.** (choses) Déborder sur. *Un baraquement qui empiète sur le trottoir.*

s'empiffrer v. pron. < 1 > (de l'ancien français *piffre* « homme ventru ») Manger gloutonnement. → se **bourrer,** se **gaver.**

empile n. f. (de *pile* « petites cordes *en pile* sur la ligne ») pêche Petit fil ou crin auquel on attache l'hameçon.

empilement n. m. Action d'empiler (des choses) ; choses empilées. - syn. **empilage.**

empiler v. tr. < 1 > (de *pile* « amas ») **1.** Mettre en pile. *Empiler des verres.* ▫ adj. **empilable 2.** pronom. S'entasser dans un petit espace. *Ils se sont empilés dans un minibus.* **3.** fam. Tromper (qqn) en le volant. → **rouler.**

empire n. m. (latin *imperium* « pouvoir », de *imperare* « commander en maître » → **empereur**) **1.** Autorité, domination absolue. – fig. *Être **sous l'empire** de* : sous l'influence, la domination de. **2.** Autorité souveraine d'un chef d'État qui porte le titre d'empereur* ; État ou ensemble d'États soumis à cette autorité. *L'Empire romain.* – Période où la France fut gouvernée par un empereur. – *Style Empire,* du Premier Empire. **3.** Ensemble de territoires colonisés par une puissance. *Les anciens empires coloniaux.* **4.** loc. *Pas pour un empire !,* pour rien au monde. **5.** Groupe très puissant, étendu. *Un empire industriel.*

Empire (Premier) Gouvernement de la France de mai 1804 à avril 1814 puis de mars à juin 1815. Il fut instauré par Napoléon Bonaparte, Premier consul, devenu Napoléon Ier, empereur des Français. Le Premier Empire fut marqué par un renforcement de l'absolutisme à l'intérieur et par une politique expansionniste à l'extérieur. Le régime prit fin avec la seconde abdication de Napoléon Ier (22 juin 1815).

Empire (Second) Gouvernement de la France de décembre 1852 à septembre 1870. Il fut instauré à la suite du coup d'État de Louis Napoléon Bonaparte (2 déc. 1851), alors président de la République, qui lui avait permis, en renforçant l'exécutif au détriment du législatif, de préparer le rétablissement de l'Empire. Le Second Empire fut marqué par un grand essor économique et une libéralisation du régime à l'intérieur, et par une politique belliqueuse à l'extérieur. Il prit fin avec la déchéance de Napoléon III après la capitulation de Sedan lors de la guerre franco-allemande (4 sept. 1870).

Empire State Building Gratte-ciel situé sur la Cinquième avenue à New York (Manhattan), construit en 1931 dans un style Art déco. Il a été jusqu'en 1967 le plus haut du monde (102 étages, 443 mètres).

L'Empire State Building depuis l'East Side de Manhattan à New York.

empirer v. < 1 > (de *pire*) **1.** v. intr. (situation, état) Devenir pire. *La situation économique a empiré.* **2.** v. tr. littér. Rendre pire (une situation, les choses). *Votre intervention n'a fait qu'empirer les choses.* → **aggraver.**

empiriocriticisme n. m. (de l'allemand, de *Empirismus* « empirisme » et *Kritizismus* « criticisme ») philos. Doctrine fondée sur la critique de la valeur objective de la science. « *Matérialisme et Empiriocriticisme* », *ouvrage de Lénine.*

Empire (Second)

1. L'expédition du Mexique — ici, l'entrée du corps expéditionnaire à Mexico le 10 juin 1863 — fut un des échecs de la politique extérieure de Napoléon III. 2. La défaite de Sedan, le 2 septembre 1870, sonna le glas du Second Empire. 3. Grand protecteur des arts, Napoléon III visite les travaux de l'Opéra.

empirique adj. (du latin, grec *empeirikos,* de *empeiros,* de *peira* « expérience », famille du latin *experiencia, expertus*) Qui ne s'appuie que sur l'expérience, l'observation, non sur une théorie ou le raisonnement. *Procédé empirique.* ▫ adv. **empiriquement**

empirisme n. m. **1.** Esprit, caractère empirique. *L'empirisme d'une méthode de travail.* **2.** philos. Théorie d'après laquelle toutes nos connaissances viennent de l'expérience. ▫ n. et adj. **empiriste**

emplacement n. m. (de l'ancien v. *emplacer,* de *place*) **1.** Lieu choisi et aménagé par l'homme (pour une construction, une installation). → **endroit.** *Déterminer l'emplacement d'un barrage.* ■ Place effectivement occupée. *L'emplacement des meubles dans une pièce.* **2.** Lieu de stationnement. *Emplacement réservé aux livraisons.*

emplafonner v. tr. < 1 > (de *plafond*) fam. (en parlant de véhicules) Heurter violemment (un autre véhicule ou un obstacle). → **emboutir.**

emplanture n. f. (de *planter*) **1.** mar. Encaissement destiné à supporter le pied d'un mât. **2.** aviat. Ligne de raccordement de l'aile au fuselage.

emplâtre n. m. (du latin, grec *emplastron,* de *plassein* « modeler » → **plasma, plastique**) **1.** Médicament externe se ramollissant légèrement à la chaleur et devenant alors adhérent. **2.** fam. Individu sans énergie, bon à rien. → **empoté.**

emplette n. f. (de l'ancien français *emploite,* venant du latin pop. *implicta,* de *implicare* « plier dans » → **employer, impliquer**) **1.** Achat. *Faire l'emplette d'un chapeau.* → **acquisition.** – au plur. *Faire des emplettes.* → **course. 2.** Objet acheté. *Montrez-moi vos emplettes.*

emplir v. tr. < 2 > (vient du latin pop. *implire,* de *implere* « rendre plein » ; famille de *plein*) **1.** littér. Rendre plein. → **remplir** (plus cour.). ■ fig. *Cette pensée l'emplit d'amertume.* **2.** Occuper par soi-même (un espace vide). *La foule emplissait les rues.*

emploi n. m. (de *employer*) **1.** Action ou manière d'employer (qqch.) ; ce à quoi sert (qqch.). → **usage, utilisation.** *Mot susceptible de divers emplois.* – ***Mode d'emploi*** : notice expliquant la manière de se servir d'un objet. – ***Emploi du temps*** : répartition dans le temps de tâches à effectuer. → **programme ;** anglic. **planning.** *Avoir un emploi du temps très chargé,* être très occupé. – loc. *Faire **double emploi*** : répondre à un besoin déjà satisfait par autre chose. **2.** Ce à quoi s'applique une activité rétribuée. → **place, situation.** *Offres, demandes d'emploi* (par annonces). loc. *Demandeur d'emploi* (→ **chômeur**). ■ *(L'emploi)* Somme du travail humain effectivement employé et rémunéré, dans un système économique. *Le marché de l'emploi.* **3.** Genre de rôle dont est chargé un acteur. *L'emploi de jeune premier.* – loc. *Avoir le physique* (*la tête,* fam. *la gueule*) *de l'emploi,* l'aspect correspondant à ce qu'on fait.

employabilité n. f. (anglais *employability*) Capacité individuelle à acquérir et à maintenir les compétences nécessaires pour trouver ou conserver un emploi, s'adapter à de nouvelles formes de travail.

employable adj. (de *employer*) rare Qu'on peut employer. → **utilisable.**

employé, ée n. Salarié qui effectue un travail non manuel mais n'a pas un rôle d'encadrement. → **agent, commis.** *Ouvriers, employés et cadres. Employé de banque. Employée de maison.* → **domestique.**

employer v. tr. < 8 > (vient du latin *implicare,* de *plicare* → **impliquer ; plier, ployer**) **1.** Faire servir à une fin (un instrument, un moyen, une force...). *Vous avez bien employé votre temps, votre argent. Employer un terme*

Le Premier Empire est par excellence l'œuvre de Napoléon Ier à tel point que l'on a pu parler de « système napoléonien ». Rien, en effet, n'échappe au contrôle de l'Empereur : réformes institutionnelles, organisation territoriale, relations avec les alliés et les confédérés. Mais le Premier Empire est aussi marqué par une succession de guerres, à la fois instruments de son rayonnement extérieur mais également de sa chute, amorcée par l'échec de la campagne de France.

- 9 nov. 1799 Coup d'État de Bonaparte
- 18 mai 1804 Constitution de l'an XII : naissance du Ier Empire
- 5 déc. 1804 Sacre de Napoléon Ier
- 4 avril 1806 Publication du Code civil
- Fév. 1810 Promulgation du Code pénal
- 16-19 oct. 1813 Défaite de Napoléon à Leipzig
- 6 avril 1814 Abdication de Napoléon
- 20 mars 1815 Retour de Napoléon à Paris
- 5 mai 1821 Napoléon meurt à Sainte-Hélène

1799 Consulat 1804 — 1809 Empire 1813 — 1815 Les 100 jours 1821

- 2 déc. 1805 Victoire d'Austerlitz
- 14 juin 1807 Victoire de Friedland
- 6 juil. 1809 Victoire de Wagram
- juin-nov. 1812 Campagne et retraite de Russie
- 20 avril 1814 Les adieux de Fontainebleau
- 22 juin 1815 2e abdication

Ci-dessus, Napoléon à la bataille de Wagram en 1809 (Horace Vernet).
1. Le Code Napoléon couronné par le Temps. 2. Napoléon reçoit les clés de Vienne (1805).
3. Veillée d'armes à Austerlitz (1805). 4. Napoléon en visite au salon du Louvre de 1808 (Antoine-Jean Gros). 5. Murat et les mamelouks, Espagne, 1808 (Le Dos de Mayo, Goya).
6. La retraite de Russie (1812). 7. Les adieux de Fontainebleau (1814).
8. La bataille de Waterloo (1815). 9. Napoléon Ier à Sainte-Hélène.

impropre. → se **servir** de, **utiliser.** – au p. p. *Une somme d'argent bien employée.* – pronom. (passif) *Ce mot ne s'emploie plus.* **2.** Faire travailler (qqn) pour son compte en échange d'une rémunération. *L'entreprise emploie plusieurs milliers d'ouvriers.* **3.** ***S'employer à*** **v. pron.** : s'occuper avec constance à. *Elle s'emploie à trouver une solution ; elle s'y emploie.* → se **consacrer.**

employeur, euse n. Personne employant du personnel salarié. → **¹patron.**

emplumé, ée adj. (de *plume*) Couvert, orné de plumes.

empocher v. tr. < 1 > (de *poche*) Toucher, recevoir (de l'argent).

empoignade n. f. Altercation, discussion violente.

empoigne n. f. (de *empoigner*) loc. ***Foire d'empoigne*** : mêlée, affrontement où chacun cherche à obtenir la meilleure part par tous les moyens.

empoigner v. tr. < 1 > (de *poing, poigne*) **1.** Prendre en serrant dans la main. – pronom. (récipr.) En venir aux mains. → se **colleter.** fig. Se quereller. **2.** fig. Émouvoir profondément (→ **poignant).**

empois n. m. (de formes anciennes de *empeser*) Colle à base d'amidon employée à l'apprêt du linge (→ **empeser).**

empoisonnant, ante adj. fam. Très ennuyeux, agaçant.

empoisonnement n. m. **1.** Introduction dans l'organisme d'une substance toxique, capable d'altérer la santé ou d'entraîner la mort. → **intoxication.** ▪ Meurtre par le poison. **2.** fam. Contrariété, tracas.

empoisonner v. tr. < 1 > (de *poison*) **1.** (sujet personne) Faire mourir, ou mettre en danger de mort (qqn, un animal) en faisant absorber du poison. – pronom. Se tuer en absorbant du poison. **2.** surtout au p. p. Mêler, infecter de poison. *Flèches empoisonnées au curare.* – fig., littér. *Des propos empoisonnés.* → **venimeux. 3.** Remplir d'une odeur infecte. → **empester, empuantir. 4.** Altérer dans sa qualité, son agrément. → **gâter.** *Des soucis qui empoisonnent la vie.* **5.** fam. Rendre la vie impossible à (qqn). → **embêter.** *Il m'a empoisonné pendant des heures.*

empoisonneur, euse n. **1.** Criminel(le) qui use du poison. **2.** vieilli Personne qui ennuie tout le monde. → fam. **emmerdeur.**

empoissonner v. tr. < 1 > (de *poisson*) Peupler de poissons. → **aleviner.** □ **n. m. empoissonnement**

emporium [ɑ̃pɔʀjɔm] n. m. (mot latin « place de commerce », d'origine grecque) Antiq. romaine Comptoir commercial en pays étranger. *Des emporiums* ou plur. latin *des emporia.*

emport n. m. (de *emporter*) aéron. *Capacité d'emport* : charge susceptible d'être emportée par un avion, un vaisseau spatial.

emporté, ée adj. Qui s'emporte facilement. → **coléreux, irritable ; fougueux.**

emportement n. m. **1.** littér. Élan, ardeur. → **fougue. 2.** Violent mouvement de colère.

emporte-pièce n. m. **1.** Outil servant à découper et à enlever d'un seul coup des pièces de forme déterminée (dans des feuilles de métal, de cuir...). *Des emporte-pièces.* **2.** ***À l'emporte-pièce*** **loc. adj. invar.** : (paroles) mordant, catégorique. *Des jugements à l'emporte-pièce.*

emporter v. tr. < 1 > (de *en-* et *porter*) **1.** Prendre avec soi et porter hors d'un lieu (qqch. ou qqn qui ne se déplace pas par soi-même ; s'oppose à *emmener*). *J'emporte mes livres.* – fig. *Elle a emporté son secret dans la tombe.* – loc. *Il ne l'emportera pas au paradis,* il n'en profitera pas longtemps ; je me vengerai tôt ou tard. **2.** (sujet chose) Enlever avec rapidité, violence. → **arracher, balayer.** *Le cyclone a tout emporté sur son passage.* loc. *Autant en emporte le vent* : il n'en restera rien (titre français d'un roman de Margaret Mitchell). ▪ (maladie soudaine) Faire mourir. → **tuer.** *Le mal qui l'a emporté.* **3.** S'emparer de (qqch.) par la force. → **enlever.** *Les troupes ont emporté la position.* – loc. *Emporter le morceau,* réussir, avoir gain de cause. **4.** (sujet chose abstraite) Entraîner, pousser avec force. **5.** ***L'emporter*** : avoir le dessus, se montrer supérieur. → **triompher.** *La raison a fini par l'emporter sur le fanatisme.* → **prévaloir.** ▪ **s'emporter v. pron.** Se laisser aller à des mouvements de colère, à des actes de violence. *Parler calmement, sans s'emporter.*

emportiérage n. m. (de *portière*) (Canada) Collision d'un véhicule en mouvement (spécialt d'une bicyclette) avec la portière ouverte d'un véhicule à l'arrêt.

emposieu n. m. (p.-ê. du latin *puteus* « puits ») régional (Jura) Puits naturel en entonnoir par où s'enfouissent les eaux. → **aven.** *Des emposieux.*

empoté, ée adj. (de *[main] pote* « gauche, gourde », de l'ancien français *pote* « patte », mot préceltique) fam. Maladroit et lent. – n. *Quel empoté !*

empoter v. tr. < 1 > (de *pot*) Mettre (une plante) en pot (s'oppose à *dépoter*). □ **n. m. empotage**

empourprer v. tr. < 1 > (de *pourpre*) littér. Colorer de pourpre, de rouge, par l'effet de phénomènes naturels. – pronom. *Son visage s'empourpra,* rougit (de colère, de honte...). – au p. p. *Des joues empourprées.* → **cramoisi.**

empoussiérer v. tr. < 6 > (de *poussière*) Recouvrir de poussière. □ **n. m. empoussièrement**

empreindre v. tr. < 52 > (vient du latin pop. *impremere,* de *imprimere* → **imprimer**) Marquer (une forme) par pression (sur une surface). ▪ **empreint, einte p. p.** fig., littér. Marqué profondément (par). *Un poème empreint de nostalgie.*

empreinte n. f. (p. p. fém. de *empreindre*) **1.** Marque en creux ou en relief laissée par un corps qu'on presse sur une surface. → **impression.** *L'empreinte d'une clé.* → **moulage.** ▪ Trace naturelle. *Reconnaître les empreintes d'un animal sur le sol.* – ***Empreintes (digitales)*** : traces laissées par les sillons de la peau des doigts et qui permettent d'identifier qqn. ▪ ***Empreinte génétique*** : patrimoine génétique inscrit dans l'ADN des cellules, et qui permet l'identification d'un individu à partir d'un échantillon organique. **2.** fig. Marque profonde, durable. *Il garde l'empreinte de son milieu familial.*

empressé, ée adj. Plein d'un zèle et d'un dévouement marqués, très visibles.

empressement n. m. **1.** Action de s'empresser auprès de qqn. **2.** Hâte qu'inspire le zèle. → **ardeur.**

s'empresser v. pron. < 1 > (de *presser*) **1.** Mettre de l'ardeur, du zèle à servir qqn ou à lui plaire. **2.** ***S'empresser de*** (+ inf.) : se hâter de. *Je m'empresse d'ajouter que...*

emprésurer v. tr. < 1 > (de *présure*) Additionner (le lait) de présure, pour le faire cailler. □ **n. m. emprésurage**

emprise n. f. (de l'ancien v. *emprendre* « entreprendre », venant du latin pop. *imprendere,* de *prehendere* → **prendre**) **1.** Domination intellectuelle ou morale. → **²ascendant, influence. 2.** dr. Mainmise de l'Administration sur une propriété privée. **3.** Espace occupé par une voie routière ou ferrée et ses dépendances.

emprisonnement n. m. Action d'emprisonner ; état, peine d'une personne emprisonnée. → **détention, incarcération.**

emprisonner v. tr. < 1 > (de *prison*) **1.** Mettre en prison. → **incarcérer. 2.** Tenir à l'étroit, serrer. → **contenir.**

emprunt n. m. (de *emprunter*) **1.** Action d'obtenir une somme d'argent, à titre de prêt ; cet argent. *Contracter un emprunt.* → **emprunter.** – spécialt Mesure par laquelle l'État, une collectivité publique, demande des fonds ; sommes ainsi recueillies. **2.** fig. Action d'emprunter à un auteur un thème, des expressions pour les utiliser dans son œuvre ; ce qui est ainsi pris. *Les emprunts que Molière a faits à Plaute.* **3.** ling. Processus par lequel une langue accueille directement un élément d'une autre langue ; élément (mot, tour) ainsi incorporé. *Les mots hérités et les emprunts.* **4.** ***D'emprunt*** **loc. adj.** : qui n'appartient pas en propre au sujet, vient d'ailleurs. *Sous un nom d'emprunt.* → **pseudonyme.**

E

emprunté, ée adj. Qui manque d'aisance ou de naturel. → **embarrassé, gauche.**

emprunter v. tr. < 1 > (vient du latin pop., de *promutuum,* de *mutuum* « argent emprunté sans intérêts » → **mutuel**) **1.** Obtenir (de l'argent, un objet...) à titre de prêt ou pour un usage momentané (→ **emprunt).** *Emprunter de l'argent à une banque. Je vous emprunte votre stylo.* **2.** fig. Prendre ailleurs et faire sien (un bien d'ordre intellectuel, esthétique...). – au p. p. spécialt *Un mot emprunté à l'anglais* (→ **emprunt (3)). 3.** Prendre (une voie). *Emprunter un sens interdit.*

emprunteur, euse n. Personne qui emprunte (1) de l'argent. → **débiteur.**

empuantir v. tr. < 2 > (de *puant*) Remplir (un lieu), gêner (qqn) par une odeur infecte. → **empester.** □ **n. m. empuantissement**

empuse n. f. (latin *empusa,* appellation mythologique, du grec *Empousa,* n. d'un spectre) **1.** zool. Insecte orthoptère marcheur, voisin de la mante. *Larve de l'empuse.* → **diablotin. 2.** bot. Champignon siphomycète, parasite de certains insectes.

empyème n. m. (grec *empuêma,* de *puon* « pus ») méd. Amas de pus dans une cavité naturelle. – spécialt Pleurésie purulente.

empyrée n. m. (du latin ecclés., grec *empurios,* de *pur, puros* « feu » → **pyr[o]-**) **1.** mythol. Partie la plus élevée du ciel, où séjournent les dieux. **2.** littér. Ciel ; monde supraterrestre, séjour des bienheureux.

Ems n. m. Fleuve de l'O. de l'Allemagne qui se jette dans la mer du Nord (golfe de Dollart). 320 km.

Ems ou **Bad Ems** Ville d'Allemagne (Rhénanie-Palatinat), sur la Lahn, à l'E. de Coblence. 9 300 habitants. Station thermale.

Ems (dépêche de) Réponse du roi de Prusse au gouvernement français, qui exigeait des garanties contre la candidature d'un prince de Hohenzollern au trône d'Espagne ; cette dépêche provoqua la guerre franco-allemande de 1870 après que Bismarck en eut modifié le texte dans un sens injurieux.

ému, ue adj. (p. p. de *émouvoir*) **1.** En proie à une émotion plus ou moins vive. **2.** Qui est marqué d'une émotion. *J'en ai gardé un souvenir ému.*

émulateur n. m. (latin *æmulator* « celui qui cherche à imiter, égaler », par l'anglais) inform. Ordinateur équipé pour émuler un autre ordinateur.

émulation n. f. (latin *aemulatio* « rivalité », de *aemulus* → **émule**) **1.** Sentiment qui porte à égaler ou à surpasser qqn. **2.** inform. Action d'émuler (un programme, un périphérique, un système d'exploitation).

émule n. (latin *aemulus* « rival ») littér. Personne qui cherche à égaler ou à surpasser qqn en qqch. de louable. → **concurrent.**

émuler v. tr. < 1 > (anglais *to emulate,* du latin *æmulari* « chercher à égaler ») inform. Simuler, sur un ordinateur, le fonctionnement de (un terminal, un système d'exploitation, une autre machine). → **virtualiser.**

émulseur n. m. (du radical de *émulsion*) techn. Appareil servant à préparer des émulsions.

émulsif, ive adj. (du radical de *émulsion*) chim. Qui facilite la formation d'une émulsion ; qui stabilise une émulsion. → **émulsifiant.** – n. m. *Un émulsif.*

émulsifiant n. m. (de *émulsifier* → émulsion) chim. Produit qui favorise la formation et la stabilité d'une émulsion.

émulsifier v. tr. < 7 > (du radical de *émulsion*) Émulsionner. □ adj. **émulsifiable**

E

émulsion n. f. (du latin *emulsum*, de *emulgere* « traire, extraire ») **1.** Préparation liquide tenant en suspension une substance huileuse ou résineuse. **2.** chim. Milieu hétérogène constitué par la dispersion, à l'état de particules très fines, d'un liquide dans un autre liquide. **3.** *Émulsion photographique* : couche sensible à la lumière (sur la plaque ou le film).

émulsionner v. tr. < 1 > Mettre à l'état d'émulsion (2) (une substance dans un milieu où elle n'est pas soluble). □ adj. et n. m. **émulsionnant, ante**

¹en prép. (vient du latin *in* « dans » et « sur ») **I.** (devant un n. sans art. déf.) Préposition marquant en général la position à l'intérieur d'un espace, d'un temps, d'un état. **1.** Dans. *Monter en voiture. Passer ses vacances en Bretagne.* → **à.** littér. *En un lieu.* → **dans.** – (lieu abstrait ; n. sans déterminant) *Avoir en mémoire. Docteur en droit. En théorie.* **2.** Sur. *Mettre un genou en terre.* **3.** (matière) *Un buste en marbre.* → **¹de.** – *Écrire en anglais.* **4.** Pendant (un temps). → **à, dans.** *Il viendra en février. En été, en automne, en hiver* (mais *au printemps*). *En quelle année ?* ■ (espace de temps) *En dix mois.* **5.** (état, manière) *Se mettre en colère. Être en danger. Les arbres sont en fleurs. Répondez en quelques mots. Transformer l'eau en vin.* ■ (introduisant un n. qui fait fonction d'attribut) → **comme.** *Il parle en connaisseur.* **6.** *De... en...* (marque la progression) *De plus en plus.* ■ (périodicité) *De temps* en temps ; d'heure en heure, de deux heures en deux heures.* **II.** (formant des loc. adv. ou prép.) *En général,* généralement. *En dépit du bon sens. En avant ou en arrière. En vain. En face de.* **III.** (devant un v. au p. prés.) *L'appétit vient en mangeant. Il est parti en courant.*

²en pron. et adv. (vient du latin *inde* « à partir de ») De ce..., de ces..., de cette..., de cela (représente une chose, un énoncé, et quelquefois une personne). **I.** (compl. d'un v.) **1.** Indique le lieu d'où l'on vient, la provenance, l'origine. *J'en viens,* de cet endroit. *Il en tirera un joli bénéfice.* – (cause, agent) *J'ai trop de soucis, je n'en dors plus,* je ne dors plus à cause de... **2.** (compl. d'un v. construit avec *de*) *Je m'en souviendrai ! J'en veux. Donne-m'en un peu. S'en ficher, s'en foutre.* **3.** (dans diverses loc. verbales) *Ça n'en finit pas. On s'en va. Je m'en tiens là.* **II.** (compl. de n. ou servant d'appui à des quantitatifs et des indéf.) De (cela). *J'en connais tous les avantages. Tenez, en voilà un. Il y en a plusieurs. Je n'en sais rien !* **III.** (compl. d'adj.) *Elle en est bien capable.*

en- ou **em-** (devant *b, m, p*) Élément (du latin *in-* [im-], de *in* → ¹en) servant à former des verbes à partir d'un substantif (ex. *emboîter, emmancher, emprisonner, enterrer*).

ENA n. f. voir **École nationale d'administration**

s'enamourer ou **s'énamourer** [ɑ̃namuʀe ; enamuʀe] v. pron. < 1 > (de *amour*) vieilli ou plais. S'éprendre, tomber amoureux (de). – au p. p. *Des regards énamourés.*

énanthème [enɑ̃tɛm] n. m. (de *exanthème*, par substitution du préfixe [grec *en-* « dans »]) méd. Taches rouges que l'on observe sur les muqueuses dans certaines maladies infectieuses. → **exanthème.**

énantiomère [enɑ̃tjɔmɛʀ] n. m. (du grec *enantios* « opposé » et *-mère*) chim. Chacun des deux composés chimiques formant une paire, la configuration moléculaire de l'un étant l'image de l'autre dans un miroir.

énantiomorphe [enɑ̃tjɔmɔʀf] adj. (du grec *enantios* « opposé » et *-morphe*) didact. Formé de parties identiques disposées dans un ordre inverse par rapport à un point, un axe ou un plan de symétrie. *Le pied droit et le pied gauche sont énantiomorphes.*

énarchie n. f. (de *énarque*, d'après *monarchie*) par plais. péj. Pouvoir des énarques de la haute fonction publique. □ adj. **énarchique**

Enard (Mathias) Écrivain et traducteur français (né en 1972). Ses romans traitent de la civilisation orientale, de ses rapports avec l'Occident comme de l'importance de ses apports dans la culture européenne (*Zone ; Parle-leur de batailles, de rois et d'éléphants ; Boussole*).

énarque n. (de *ENA*) Ancien(ne) élève de l'École nationale d'administration.

énarthrose n. f. (grec *enarthrôsis* « action d'articuler ») anat. Articulation mobile à surfaces sphériques, l'une convexe et l'autre concave, qui permet aux os des mouvements dans trois directions.

en-avant [ɑ̃navɑ̃] n. m. invar. au rugby Faute commise par un joueur qui lâche ou envoie le ballon à la main face au but adverse, ou passe à un joueur en avant de lui.

en-but [ɑ̃by(t)] n. m. sport Partie du terrain de rugby située derrière la ligne des buts. *Ballon posé dans l'en-but.* → **essai.** *Des en-buts.*

encabaner v. tr. < 1 > (provençal *encabana*, de *cabano* « cabane ») techn. Garnir (les claies d'élevage des vers à soie) de petites cabanes de branchage où les vers feront leurs cocons. □ n. m. **encabanage**

encablure ou **encâblure** n. f. (de *câble*) Ancienne mesure marine de longueur (de 180 à 200 m).

encadré n. m. Texte mis en valeur dans une page par un filet qui l'entoure (journal, livre).

encadrement n. m. **1.** Action d'entourer d'un cadre ; ornement servant de cadre. *Faire l'encadrement d'un tableau.* ■ Ce qui entoure comme un cadre. *Dans l'encadrement de la porte.* **2.** Action d'encadrer (un objectif de tir). **3.** Action d'encadrer (des troupes, un personnel). *Le personnel d'encadrement.* ■ Personnes qui encadrent. → **cadre.** **4.** écon. Mesures prises par les pouvoirs publics pour réguler un phénomène économique. *L'encadrement du crédit,* la limitation des crédits accordés par les banques.

encadrer v. tr. < 1 > (de *cadre*) **1.** Mettre dans un cadre, entourer d'un cadre. *Faire encadrer une gravure.* – loc. *Ne pas pouvoir encadrer qqn,* le détester. → **encaisser** (3), **sentir.** **2.** Entourer à la manière d'un cadre qui orne ou limite. *De longs cheveux encadrent son visage.* ■ (sujet personne) – *« Je me suis assis et les gendarmes m'ont encadré »* (Camus). ■ pronom. Apparaître comme dans un cadre. *Sa silhouette s'encadrait dans la porte.* **3.** Contrôler, diriger. – Pourvoir de cadres (une troupe, un personnel...).

encadreur, euse n. Artisan qui exécute et pose des cadres (de tableaux, gravures, photos, etc.).

encager v. tr. < 3 > (de *cage*) Mettre en cage. □ n. m. **encagement**

encagoulé, ée adj. (de *cagoule*) Qui porte une cagoule, dont le visage est masqué par une cagoule.

encaissant, ante adj. géol. Qui enserre, forme un encaissement. *Vallée encaissante.*

encaisse n. f. (de *encaisser*) Sommes, valeurs qui sont dans la caisse ou en portefeuille.

encaissé, ée adj. Resserré entre deux pentes escarpées. *Vallée encaissée.*

encaissement n. m. **1.** Action d'encaisser (de l'argent, des valeurs). *Remettre un chèque à l'encaissement.* **2.** État de ce qui est encaissé, resserré. *L'encaissement d'une rivière.*

encaisser v. tr. < 1 > (de *caisse*) **1.** Mettre dans une caisse. □ n. m. **encaissage** **2.** Recevoir, toucher (de l'argent, le montant d'une facture). □ adj. **encaissable** **3.** fam. Recevoir (des coups). *Encaisser un direct.* – absolt *Boxeur qui encaisse bien,* qui supporte bien les coups. **4.** fam. (surtout dans un contexte négatif) Supporter (qqch., qqn). *Ne pas pouvoir encaisser qqn.* → fam. **encadrer** (1), **sentir.**

encaisseur, euse n. Personne, employé(e) qui va à domicile encaisser des sommes, recouvrer des effets.

encalminé, ée adj. (de *calme*) mar. Se dit d'un navire à voiles immobilisé par un temps calme, sans vent, ou à l'abri du vent.

à l'encan loc. adv. et loc. adj. invar. (de l'ancien français *enchant*, venant du latin *incantus* pour *in quantum* « pour combien ») littér. Aux enchères publiques. *Vendre à l'encan.* – fig. Au plus offrant. *La justice était à l'encan.*

s'encanailler v. pron. < 1 > (de *canaille*) Fréquenter un lieu, un milieu pour s'amuser, éprouver des sensations fortes. □ n. m. **encanaillement**

encanteur, euse n. (de *encan*) vieux ou régional (Canada) Personne qui effectue une vente à l'encan. → **commissaire-priseur.**

encapsuler v. tr. < 1 > (de *capsule*) Enfermer dans une capsule, un revêtement protecteur. □ n. m. **encapsulage**

encapuchonner v. tr. < 1 > (de *capuchon*) Couvrir d'un capuchon, comme d'un capuchon. – au p. p. *La tête encapuchonnée dans un grand châle.*

encaquer v. tr. < 1 > (de *caque*) Mettre (des harengs) en caque. □ n. m. **encaquement**

encart n. m. (de *encarter*) Feuille volante ou petit cahier que l'on insère dans un ouvrage imprimé.

encarter v. tr. < 1 > (de *carte*) **1.** Insérer (un dépliant, un prospectus, un cahier tiré à part) dans une revue, un livre. **2.** Fixer sur des cartons. *Encarter des boutons.* **3.** Faire adhérer, inscrire à un parti politique, un syndicat.

encarteuse n. f. techn. Machine qui fixe des objets sur des cartons de présentation.

encas n. m. (de la loc. *en cas...*) Repas léger qui peut être consommé immédiatement. → fam. **casse-croûte.** - var. **en-cas** (invar.).

encaserner v. tr. < 1 > (de *caserne*) Mettre, loger dans une caserne.

encastelure n. f. (italien *incastellatura*, de *incastellare* « fortifier ») vétér. Maladie du pied du cheval caractérisée par un rétrécissement du sabot qui comprime la base de la fourchette. ■ **s'encasteler** v. pron. < 5 > *Cheval qui commence à s'encasteler.*

encastrement n. m. Action, manière d'encastrer.

encastrer v. tr. < 1 > (italien *incastrare* « enchâsser ») Insérer, loger (dans une surface ou dans un objet exactement taillés ou creusés à cet effet). → **emboîter, enchâsser.** *Encastrer des éléments de cuisine.* – au p. p. *Baignoire encastrée.* – pronom. *La balle s'est encastrée dans le mur.* □ adj. **encastrable**

encaustique n. f. (du latin, grec *enkaustikê*, de *kaiein* « brûler » → ¹caustique) Préparation à base de cire et d'essence qu'on utilise pour entretenir et faire briller les meubles, les parquets.

encaustiquer v. tr. < 1 > Passer à l'encaustique. → **cirer.** – au p. p. *Des parquets encaustiqués.* □ n. m. **encaustiquage**

encaver v. tr. < 1 > (de *cave* n. f.) Mettre en cave (du vin, des fromages). □ n. m. **encavement** □ n. **encaveur, euse**

enceindre v. tr. < 52 > (de *ceindre* ou de l'ancien français *aceindre,* d'après le latin *incingere* « entourer » → ceindre) littér. Entourer (un espace) en en défendant l'accès (→ [1]enceinte n. f.).

[1]enceinte n. f. (p. p. fém. de *enceindre*) **1.** Ce qui entoure un espace à la manière d'une clôture et en défend l'accès. *Mur d'enceinte.* → **rempart. 2.** Espace ainsi entouré. *L'enceinte du tribunal.* **3.** *Enceinte (acoustique),* élément d'une chaîne haute-fidélité, ensemble de plusieurs haut-parleurs. → anglic. **baffle.**

[2]enceinte adj. f. (vient du latin *incincta* « ceinturée », de *incingere* → enceindre) (femme) Qui est en état de grossesse.

enceinter v. tr. < 1 > (de *enceinte* adj.) (Afrique) Rendre (une femme) enceinte.

Encelade L'un des Géants de la mythologie grecque, enseveli sous la Sicile par Athéna.

encens n. m. (latin ecclés. *incensum,* de *incendere* → incendier, de la famille de *candela* → chandelle) Substance résineuse aromatique, qui brûle en répandant une odeur pénétrante.

encenser v. tr. < 1 > **1.** Honorer en brûlant de l'encens, en agitant l'encensoir. **2.** fig. Honorer d'hommages excessifs, combler de louanges et de flatteries. → **flatter. 3.** intrans. (cheval) Remuer la tête de haut en bas. □ n. m. **encensement** □ n. **encenseur, euse**

encensoir n. m. Cassolette suspendue à des chaînettes dans laquelle on brûle l'encens lors des cérémonies chrétiennes. – fig., fam. *Manier l'encensoir, donner des coups d'encensoir,* louer, flatter avec excès. → **encenser** (2).

encépagement n. m. (de *cépage*) vitic. Cépages qui composent une vigne, un vignoble.

encéphale n. m. (grec *enkephalos muellos* « [moelle] dans la tête », de *en-* et *kephalê* → céphal[o]-) anat. Ensemble des centres nerveux contenus dans le crâne (le cerveau et ses annexes). □ adj. **encéphalique**

encéphaline voir **enképhaline**

encéphalite n. f. méd. Inflammation de l'encéphale.

encéphal(o)- Élément (du grec → encéphale) qui signifie « cerveau ».

encéphalogramme n. m. méd. Cliché radiologique de l'encéphale. → **électroencéphalogramme.**

encéphalographie n. f. méd. Exploration radiographique de l'encéphale.

encéphalomyélite n. f. (→ myélite) **1.** méd. Inflammation du cerveau et de la moelle épinière. **2.** vétér. Maladie virale du cheval et d'autres animaux, parfois contagieuse pour l'homme.

encéphalopathie n. f. (→ -pathie) Affection du cerveau, d'origine toxique ou liée à une dégénérescence. *Encéphalopathie spongiforme bovine* (ESB) (syn. cour. *maladie de la vache* folle*).

encerclement n. m. Action d'encercler ; fait d'être encerclé.

encercler v. tr. < 1 > (de *cercle*) Entourer de toutes parts, de façon menaçante. → **cerner.**

enchaînement n. m. **1.** Série de choses en rapport de dépendance. *Un fatal enchaînement de circonstances.* ■ spécialt Suite de pas de danse. – mus. Juxtaposition d'accords musicaux selon les lois harmoniques. **2.** Caractère lié, rapport entre les éléments. → **liaison, suite.** *L'enchaînement des causes et des effets.* **3.** Action d'enchaîner (II). - var. RO **enchainement.**

enchaîner v. < 1 > (de *chaîne*) **I.** v. tr. **1.** Attacher avec une chaîne. *Enchaîner un chien.* – au p. p. *Esclaves enchaînés.* **2.** fig., littér. Mettre sous une dépendance. → **asservir, assujettir.** *Enchaîner la presse.* ■ Retenir en un lieu. **3.** Unir par l'effet d'une succession naturelle ou le rapport de liens logiques. → **coordonner, lier.** *Enchaîner des mots (entre eux).* – pronom. *Tout s'enchaîne.* **II.** v. intr. Reprendre la suite des répliques, au théâtre, après une interruption. – Passer d'une séquence à une autre (cinéma). – dans un discours Continuer. - var. RO **enchainer.**

enchanté, ée adj. **1.** Qui détient un pouvoir d'enchantement (1). *« La Flûte enchantée »* (opéra de Mozart). – Soumis à un enchantement. → **magique.** *Un château enchanté.* **2.** (personnes) Très content, ravi. *Enchanté de faire votre connaissance.* par ellipse *Enchanté.*

enchantement n. m. **1.** Opération magique consistant à enchanter (1) ; son effet. → **[1]charme, ensorcellement, incantation, magie.** – *Comme par enchantement* : d'une manière inattendue. *La douleur a disparu comme par enchantement.* **2.** État d'une personne enchantée (2), joie extrêmement vive. → **ravissement.** ■ Sujet de joie, chose qui fait un immense plaisir. *Ce spectacle est un enchantement.*

enchanter v. tr. < 1 > (latin *incantare* → incantation, de *in-* et *cantare,* d'après *chanter*) **1.** Soumettre à une action surnaturelle par magie. → **ensorceler, envoûter.** – fig. Soumettre à un charme irrésistible et inexplicable. **2.** Remplir d'un vif plaisir, satisfaire au plus haut point. → **ravir.** *Cette histoire m'enchante.*

enchanteur, teresse **I.** n. **1.** Personne qui pratique des enchantements (1). → **magicien, sorcier.** *Merlin l'Enchanteur.* – littér. *L'enchanteresse Circé.* **2.** fig. Personne douée d'un charme irrésistible. → **charmeur. II.** adj. Qui enchante (2), est extrêmement séduisant. → **charmant, ravissant.** *Un spectacle enchanteur.*

enchâssement n. m. Action d'enchâsser ; manière dont une chose est enchâssée.

enchâsser v. tr. < 1 > (de *châsse*) **1.** Mettre (une pierre précieuse) dans une monture. → **monter, sertir.** ■ Encastrer, fixer (dans une entaille, un châssis). **2.** fig. Insérer, inclure. *Enchâsser une citation dans un article.*

enchâssure n. f. Ce dans quoi une chose est enchâssée.

enchatonner v. tr. (→ [2]chaton) Enchâsser (une pierre) dans un chaton. → **sertir.** □ n. m. **enchatonnement**

enchausser v. tr. (→ chausser) hortic. Couvrir (des légumes) de paille, de fumier, en vue de les faire blanchir ou de les garantir de la gelée. → **[2]pailler.**

enchemiser v. tr. < 1 > (→ chemise) techn. **1.** Chemiser (un projectile). **2.** Garnir (un livre) d'une chemise, d'une enveloppe protectrice. □ n. m. **enchemisage**

enchère n. f. (de *enchérir*) **1.** Offre d'une somme supérieure à la mise à prix ou aux offres précédentes, dans une vente au plus offrant. *Couvrir une enchère* : faire une enchère supérieure. – ***Aux enchères.*** *Sa collection a été vendue aux enchères* (→ à l'**encan**). – fig. *Faire monter les enchères* : utiliser différents procédés (temporisation, mise en concurrence...) pour obtenir des avantages. **2.** jeux de cartes Demande supérieure à celle de l'adversaire. *Le système des enchères au bridge.*

enchérir v. intr. < 2 > (de *chérir ;* d'abord « élever en dignité » → cher) **1.** Mettre une enchère. *Enchérir sur qqn,* faire une enchère plus élevée que lui. **2.** fig., littér. Aller au-delà de ce qu'un autre a dit, fait. → **renchérir, surenchérir.**

enchérisseur, euse n. Personne qui fait une enchère.

enchevaucher v. tr. < 1 > techn. Faire joindre par recouvrement (des planches, des ardoises, des tuiles).

enchevauchure n. f. (de *chevaucher*) techn. Disposition de planches, de tuiles qui se recouvrent partiellement.

enchevêtrement n. m. **1.** Disposition ou amas de choses enchevêtrées. **2.** (abstrait) Extrême complication, désordre. *Un enchevêtrement de mensonges.* → **embrouillamini, imbroglio.**

enchevêtrer v. tr. < 1 > (vient du latin *incapistrare,* de *capistrum* « muselière ; licou ») **1.** Engager l'une dans l'autre (diverses choses) de façon désordonnée, ou particulièrement complexe. *Enchevêtrer des fils.* → **embrouiller.** – pronom. *Les branches s'enchevêtrent.* **2.** fig. Embrouiller. – pronom. *Toutes ces idées s'enchevêtrent dans sa tête.*

enchevêtrure n. f. **1.** techn. Assemblage de solives disposées de façon à laisser entre elles un vide. **2.** vétér. Blessure du cheval au pli du paturon.

enchifrené, ée adj. (p.-ê. de *chanfrener* « dompter », de *chanfrein,* ou de *chef* « tête » et *freiner*) Qui a le nez embarrassé par un rhume de cerveau. □ n. m. **enchifrènement**

enchilada [ɛn(t)ʃi-] n. f. (mot hispano-américain, de l'espagnol *chile* « piment ») Plat mexicain fait d'une crêpe de maïs (→ **tortilla**) fourrée de viande hachée et nappée de sauce tomate pimentée.

Encina (Juan del) Compositeur et poète dramatique espagnol (1469-v. 1529). Ses *Églogues,* comiques et tragiques, qui s'achevaient par des chants polyphoniques, sont considérées comme les œuvres les plus anciennes du théâtre profane espagnol.

enclave n. f. **1.** Terrain, territoire complètement entouré par un autre. **2.** géol. Fragment de roche étranger à la masse où il est englobé.

enclavement n. m. Fait d'être enclavé.

enclaver v. tr. < 1 > (vient du latin pop. *inclavare,* de *in-* et *clavis* → clé) **1.** Contenir, entourer en formant une enclave. **2.** Engager (une pièce dans une autre pièce). ■ **enclavé, ée** adj. *Région enclavée,* isolée du reste du pays, sans voies de communication (→ **désenclaver**).

enclenche n. f. techn. Entaille ménagée dans une pièce en mouvement, et dans laquelle pénètre un élément d'une autre pièce que la première doit entraîner.

enclenchement n. m. **1.** Action d'enclencher, de s'enclencher. fig. *Le processus d'enclenchement de la crise.* **2.** Dispositif destiné à rendre solidaires les pièces d'un mécanisme, d'un appareil.

enclencher v. tr. < 1 > (de *clenche ; cf.* déclencher) **1.** Faire fonctionner (un mécanisme) en rendant plusieurs pièces solidaires. *Enclencher une vitesse.* → **passer. 2.** fig. *L'affaire est enclenchée,* bien engagée.

enclin, ine adj. (de l'ancien v. *encliner,* qui vient du latin *inclinare* → incliner) littér. Porté, par un penchant naturel et permanent, à. *Il est enclin à la méfiance, à se méfier.*

encliquetage n. m. techn. Dispositif mécanique destiné à entraîner dans un sens un organe de rotation et à empêcher la rétrogradation du mouvement.

encliqueter v. tr. < 4 ou RO 5 > (de *cliquet*) techn. Bloquer (un mécanisme) en faisant jouer l'encliquetage.

enclitique adj. et n. m. (du latin, pris au grec, de *klinein* « incliner », famille de *enclin, incliner*) ling. (Mot) qui s'appuie sur le mot précédent et s'y intègre du point de vue phonétique (ex. *ce* dans *est-ce*).

enclore v. tr. < 45 surtout au prés. de l'indic. et au p. p. > (vient du latin pop. *includere,* de *includere* « enfermer » → inclure ; clore) littér.

E

1. Entourer d'une clôture. → **clôturer.** – au p. p. *Ville enclose de murailles.* **2.** (choses) Entourer comme une clôture continue.

enclos **n. m.** (du p. p. de *enclore*) **1.** Espace de terrain entouré d'une clôture. **2.** Clôture.

enclouage **n. m.** chir. Enfoncement d'un clou dans les fragments d'un os fracturé, afin de les maintenir en bonne position.

enclouer **v. tr.** < 1 > (de *clou*) **1.** Blesser avec un clou (un animal qu'on ferre). **2.** chir. Maintenir (des os fracturés) par le procédé de l'enclouage.

enclouure **n. f.** vétér. Blessure d'un cheval encloué.

E

enclume **n. f.** (vient du latin pop. *incudinem*, de *incus, incudis* « enclume », de *cudere* « battre [le métal, les grains] ») **1.** Masse métallique sur laquelle on forge les métaux. – Outil ou pièce d'un instrument destiné à recevoir des chocs. *Enclume de cordonnier.* – loc. *Être entre le marteau et l'enclume,* pris entre deux partis opposés et exposé à recevoir des coups des deux côtés. **2.** anat. L'un des osselets de l'oreille interne.

encoche **n. f.** (de *encocher*) Petite entaille ou découpure. *Faire une encoche sur, dans un morceau de bois.* ■ Découpe servant au repérage. *Les encoches d'un répertoire.*

encochement **n. m.** Action d'encocher ; son résultat.

encocher **v. tr.** < 1 > (de *en-* et ^{2}*cocher*) **1.** Faire une encoche à (une pièce métallique, une clé, etc.). **2.** *Encocher une flèche :* l'appliquer par la coche du talon à la corde de l'arc.

encoder **v. tr.** < 1 > (de *code*) didact. Produire (un message) selon un code. – inform. Coder* (une information). □ **n. m. encodage**

encodeur, euse **n.** didact. Système fonctionnel (machine ou personne) effectuant une opération d'encodage (opposé à *décodeur*).

encoignure [ɑ̃kɔɲyʁ ; ɑ̃kwaɲyʁ] **n. f.** (de l'ancien v. *encoigner* « pousser dans un coin », de *coin*) **1.** Angle intérieur formé par la rencontre de deux murs. → **coin.** **2.** Petit meuble de coin.

encollage **n. m.** Action d'encoller ; son résultat.

encoller **v. tr.** < 1 > (de *colle*) Enduire (du papier, des tissus, du bois) de colle, de gomme, d'apprêt.

encolleur, euse **n.** techn. Personne travaillant à l'encollage des tissus. ■ **n. f.** Machine à encoller les tissus.

encolure **n. f.** (de *col* → col, cou) **1.** Partie du corps (du cheval et de certains animaux) qui s'étend entre la tête et les épaules ou le poitrail. – Longueur de cette partie du corps. *Le cheval gagnant l'a emporté d'une encolure.* **2.** Dimension du col d'un vêtement. *Une chemise d'encolure 39.* **3.** Partie (du vêtement) par où passe la tête.

encombrant, ante **adj.** **1.** Qui encombre. *Un colis encombrant.* → **volumineux.** – **n. m. pl.** *Les encombrants :* les objets volumineux dont on se débarrasse en faisant intervenir un service spécialisé. → **monstre.** **2.** fig. Importun, pesant.

sans encombre [sɑ̃zɑ̃kɔ̃bʁ] **loc. adv.** Sans rencontrer d'obstacle, sans ennui, sans incident.

encombrement **n. m.** **1.** État de ce qui est encombré ou rempli à l'excès. *L'encombrement d'un magasin.* **2.** Amas de choses qui encombrent. *Un encombrement de livres et de papiers.* → **amas.** ■ Voitures qui encombrent une voie. → **bouchon, embouteillage.** *Essayer d'éviter les encombrements.* **3.** Dimensions qui font qu'un objet encombre plus ou moins. *L'encombrement d'un meuble.*

encombrer **v. tr.** < 1 > (de l'ancien français *combre* « barrage sur une rivière », du gaulois *kombero*) **1.** Remplir en s'entassant, en faisant obstacle à la circulation, au libre usage. → **gêner, obstruer.** *Les voitures encombrent la place.* → **embouteiller.** *La foule encombrait les trottoirs.* **2.** Gêner (qqn) en le privant de sa liberté de mouvements. *Les paquets qui l'encombrent. Il m'encombre plus qu'il ne m'aide.* **3.** fig. Remplir ou occuper à l'excès, en gênant. *Encombrer sa mémoire de détails inutiles.* → **surcharger.** – pronom. *Elle ne s'est jamais encombrée de scrupules.* → **s'embarrasser.** ■ **encombré, ée adj.** *Une rue encombrée.*

à l'encontre (latin *incontra*, de *in-* et *contra* → contre) littér. **1.** **loc. adv.** Contre cela, en s'opposant à la chose. *Je n'irai pas à l'encontre.* **2.** **loc. prép.** *À l'encontre de :* contre, à l'opposé de. *Cette mesure ira à l'encontre du but recherché.*

encorbellement **n. m.** (de *en-* et *corbel* « pierre saillante » → corbeau) archit. Position d'une construction (balcon, corniche, fenêtre) en saillie sur un mur et soutenue par des corbeaux ; cette construction. *Tourelle en encorbellement.*

s'encorder **v. pron.** < 1 > (de *corde*, d'après *cordée*) alpin. S'attacher avec une même corde pour constituer une cordée*.

encore **adv.** (vient du latin pop. *hinc ad horam* « d'ici jusqu'à l'heure ») var. (vieux ou poét.) **encor.** **1.** adv. de temps Marque la persistance d'une action ou d'un état au moment considéré. *Vous êtes encore là ?* → **toujours.** – *Pas encore :* pas au moment présent (de ce qui doit se produire, arriver). *Il ne fait pas encore jour.* **2.** Marquant une idée de répétition ou de supplément. → à, de **nouveau ; re-.** *Il a encore manqué la cible. Encore un peu ? – Mais encore ?* (pour demander des précisions supplémentaires). – (avec un mot marquant l'accroissement ou la diminution) *Le coût de la vie a encore augmenté. Ses affaires vont encore plus mal.* – (avec un comparatif) *Il est encore plus naïf que moi.* **3.** introduisant une restriction *Encore faut-il avoir le temps. Si encore elle faisait un effort...* → si **seulement.** *Et encore !,* se dit pour restreindre ce qui vient d'être dit, comme dépassant la réalité. *On vous en donnera cinq euros, et encore !,* tout au plus. **4.** **loc. conj.** littér. *Encore que :* quoique. *Nous l'aiderons, encore qu'il ne le mérite pas.*

enclos

L'enclos paroissial, en Bretagne (Guimiliau, XVIe s.), comprend église, cimetière, calvaire, porte triomphale, ossuaire, entourés d'un mur d'enceinte.

encorbellement

Encorbellement sur la tour de Belem (XVIe s.) à Lisbonne.

encorné, ée **adj.** (de *corne*) Qui a des cornes (plus ou moins grandes).

encorner **v. tr.** < 1 > (de *corne*) **1.** Frapper, blesser à coups de cornes. *Le matador a été encorné.* **2.** fig. Rendre cocu. → **tromper.**

encornet **n. m.** (de *cornet*) Calmar (comestible).

encourageant, ante **adj.** Qui encourage, est propre à encourager. → **stimulant.** *Résultats encourageants.*

encouragement **n. m.** **1.** Action d'encourager. → **incitation.** *Des cris d'encouragement.* **2.** Acte, parole qui encourage. → **appui, soutien.** *Il a reçu peu d'encouragements.*

encourager **v. tr.** < 3 > (de *courage*) **1.** Donner du courage, de l'assurance à (qqn). → **réconforter, stimuler ;** opposé à *décourager. Les spectateurs encourageaient les concurrents.* – (avec *à* + inf.) *Encourager qqn à persévérer.* → **inciter.** **2.** Aider ou favoriser par une protection spéciale, par des récompenses, des subventions. *Encourager les plus doués.* – *Encourager un projet,* l'approuver et l'aider à se réaliser (opposé à *contrarier, contrecarrer*). – *Encourager les mauvais instincts.* → **flatter.**

encourir **v. tr.** < 11 > (de l'ancien français *encorre*, qui vient du latin *incurrere* « se jeter dans », de *in-* et *currere* → courir [et courre]) littér. Se mettre dans le cas de subir (qqch. de fâcheux). → **s'exposer** à, **mériter.** *Vous allez encourir des reproches.* – au p. p. *Les peines encourues.*

encours **n. m.** **1.** fin. Montant des effets escomptés par une banque, non arrivés encore à échéance. **2.** comptab. Ensemble de biens qui sont en cours de production et font partie du stock. - var. **en-cours** (invar.).

encrage **n. m.** **1.** Opération consistant à encrer (un rouleau de presse, une planche gravée, une photocopieuse). **2.** Manière dont la planche, etc., est encrée.

encrassement **n. m.** Action d'encrasser, fait de s'encrasser.

encrasser v. tr. < 1 > (de *crasse*) **1.** Couvrir de crasse, de saleté. **2.** Couvrir d'un dépôt (suie, rouille, saletés diverses) qui empêche le bon fonctionnement. **–** pronom. *La chaudière s'est encrassée.* **–** au p. p. *Des bougies encrassées.*

encre n. f. (d'abord *enca,* qui vient du latin *encaustum,* du grec *enkauston* → encaustique) **1.** Liquide coloré, utilisé pour écrire. *Encre violette. Écrire à l'encre. Encre sympathique,* dont la trace invisible apparaît sous l'action d'un réactif ou de la chaleur. *Encre de Chine,* très noire, employée pour le dessin. **–** *Encre d'imprimerie. Imprimante à jet d'encre.* ■ (idée de noirceur) *Une nuit d'encre,* très noire. **–** fam. *Se faire un sang d'encre,* du souci. **2.** Liquide noir émis par certains céphalopodes (seiche, calmar) pour se protéger.

encrer v. tr. < 1 > Enduire d'encre (typographique, lithographique). → **encrage.**

encreur adj. m. Qui sert à encrer. *Tampon encreur.*

encrier n. m. (de *encre*) **1.** Petit récipient où l'on met de l'encre. *Tremper la plume dans l'encrier.* **2.** techn. Réservoir alimentant les rouleaux encreurs (d'une presse, d'une rotative).

encrine n. m. (du latin sc., du grec *krinon* « lis », à cause de sa forme) paléont. Échinoderme (crinoïde) que l'on rencontre surtout à l'état de fossile, dans le trias.

encroûter v. tr. < 1 > (de *croûte*) **1.** Couvrir d'une croûte. **2.** fig. Enfermer (qqn) dans ses habitudes. → **scléroser.** **–** pronom. *S'encroûter dans la routine.* - var. RO **encrouter.** □ n. m. **encroûtement** ou RO **encroutement**

enculé, ée n. **1.** vulg. Personne qui se fait sodomiser. **2.** (terme injurieux) *Espèce d'enculé !*

enculer v. tr. < 1 > (de *cul*) vulg. Sodomiser. **–** fig. *Enculer les mouches :* faire preuve d'une minutie excessive. □ **enculage** n. m. fig. *Enculage de mouches.*

enculeur, euse n. vulg. **1.** n. m. Celui qui sodomise. **2.** n. fig. *Enculeur, enculeuse de mouches.* → **pinailleur.**

encuver v. tr. < 1 > (de *cuve*) Mettre dans une cuve. □ n. m. **encuvage**

encyclique n. f. (du latin chrét., de *encyclios* « circulaire », du grec *enkuklios* → encyclopédie) Lettre envoyée par le pape à tous les évêques.

encyclopédie n. f. (du latin mod. [XVIe s.], pris au grec, de *enkuklios* « circulaire » [de *kuklos* → 1cycle] et *paideia* « éducation » [de *pais, paidos* « enfant » → pédiatre]) **1.** Ouvrage où l'on expose méthodiquement (dans un ordre logique ou formel, par ex. alphabétique) les connaissances dans tous les domaines. **–** Ouvrage analogue qui traite d'un domaine précis (science, art, etc.). *Une encyclopédie de l'architecture.* **2.** fig. *Une encyclopédie vivante,* une personne aux connaissances très étendues et variées.

Encyclopédie ou Dictionnaire raisonné des sciences, des arts et des métiers Ouvrage de vulgarisation scientifique et philosophique, dirigé par Diderot et d'Alembert, dans l'esprit des Lumières (1752-1772). Montesquieu, Voltaire, Rousseau, Condorcet, Condillac y collaborèrent.

encyclopédie

L'*Encyclopédie* de Diderot et d'Alembert, édition originale provenant de la collection de Louis XVI, Bibliothèque nationale de France, Paris.

► Le terme d'**encyclopédie** (1) vient de l'écrivain grec Plutarque, évoquant le « cercle des connaissances ». Outil pédagogique, l'encyclopédie poursuit en effet l'ambition de faire un « tour complet » des savoirs. Elle se distingue en cela du dictionnaire qui définit les mots d'une langue et leurs usages.
En Occident, il faut attendre la fin du Moyen Âge pour voir apparaître les premiers projets encyclopédiques tels que celui du dominicain Vincent de Beauvais (XIIIe siècle), qui collectionnent les connaissances sans grand souci de hiérarchisation. La Sorbonne s'en méfie : pour un bon chrétien, la foi est plus importante que l'érudition. Si la *Somme théologique* de saint Thomas d'Aquin est déjà animée d'une intention encyclopédique, elle reste centrée sur la connaissance de Dieu. C'est dans le contexte de l'humanisme de la Renaissance que la question d'un savoir profane se pose, à la faveur de la redécouverte de la culture antique, du développement des sciences et de l'émergence de la liberté de penser. Ce savoir qui s'ouvre à l'infini, il va falloir l'organiser : la tentative de Moreri et Bayle (fin du XVIIe siècle) amorce le projet encyclopédique moderne : ambition totalisante, organisation alphabétique et thématique mais aussi esprit critique porteur d'un message de tolérance.
L'*Encyclopédie* de Diderot et d'Alembert poursuit dans cette voie en réunissant plus d'une centaine d'auteurs qui font de cette œuvre une défense et illustration de la philosophie des Lumières. Condamnée par Rome, concurrencée dès 1768 par la conservatrice *Encyclopaedia Britannica,* relayée par des épigones scientistes ou catholiques au siècle suivant, elle inaugure une nouvelle forme de diffusion du savoir.
voir aussi **dictionnaire, Lumières**

encyclopédique adj. **1.** Qui embrasse l'ensemble des connaissances. **2.** De l'encyclopédie. *Un dictionnaire encyclopédique,* qui fait connaître les choses, les concepts (opposé à *dictionnaire de langue*). ■ fig. D'un savoir très étendu. *Une culture encyclopédique.* → **universel.**

encyclopédisme n. m. Tendance à l'accumulation systématique des connaissances dans diverses branches du savoir.

encyclopédiste n. **1.** Auteur d'une encyclopédie. **2.** hist. Auteur, penseur français du XVIIIe siècle qui partageait les idées de l'*Encyclopédie* de Diderot.

endémie n. f. (grec *endêmon* « indigène », de *dêmos* « territoire » et « peuple » [→ démocratie], d'après *épidémie*) didact. Présence habituelle d'une maladie dans une région déterminée.

endémique adj. **1.** Qui a un caractère d'endémie. *Maladie endémique.* ■ biol. *Espèce endémique :* espèce (animale ou végétale) localisée sur une aire restreinte. **2.** fig. Qui sévit constamment dans un pays, un milieu. *Un chômage endémique.*

endémisme n. m. didact. **1.** Caractère d'une maladie endémique (syn. **endémicité**). **2.** biol. Présence d'une espèce animale ou végétale dans une aire de répartition limitée et qui en est caractéristique.

endenté, ée adj. (de *dent*) blason Composé de triangles de couleurs alternées.

endettement n. m. Fait de s'endetter, d'être endetté.

endetter v. tr. < 1 > (de *dette*) Engager dans des dettes. *L'achat de son appartement l'a endetté.* **–** pronom. Contracter des dettes. *S'endetter en achetant à crédit.* **–** au p. p. *Elle est très endettée.*

endeuiller v. tr. < 1 > (de *deuil*) Plonger dans le deuil, remplir de tristesse.

endiablé, ée adj. (de *diable*) **1.** Très turbulent. ■ *Enfants endiablés.* → **infernal. 2.** D'une vivacité extrême. → **fougueux, impétueux.** *Un rythme endiablé.*

endiamanté, ée adj. Orné, paré de diamants.

endiguement n. m. Action d'endiguer ; son résultat. *Travaux d'endiguement d'un port.* ■ fig. *L'endiguement de la violence.*

endiguer v. tr. < 1 > (de *digue*) **1.** Contenir au moyen de digues. *Endiguer un fleuve.* **2.** par métaphore Retenir, contenir ; canaliser. *Les agents s'efforçaient d'endiguer le flot des manifestants.* ■ *Endiguer une maladie, un virus,* limiter sa propagation.

s'endimancher v. pron. < 1 > (de *dimanche*) Mettre des habits du dimanche, s'habiller de manière plus soignée que d'habitude, avec une certaine gêne. **–** au p. p. *Avoir l'air endimanché.* □ n. m. **endimanchement**

endive n. f. (latin médiéval *endivia,* grec byzantin, p.-ê. mot sémitique) Pousse blanche comestible de la chicorée de Bruxelles *(witloof)* obtenue par forçage et étiolement. → régional **chicon.**

endo- Élément (du grec *endon*) qui signifie « en dedans » (contr. **exo-**).

endoblaste n. m. (→ -blaste) biol. Ébauche préliminaire de l'endoderme. □ adj. **endoblastique**

endocarde n. m. anat. Tunique interne du cœur.

endocardite n. f. méd. Inflammation de l'endocarde.

endocarpe n. m. (→ -carpe) bot. Partie interne du fruit la plus proche de la graine.

endocrânien, ienne adj. (→ 1crâne) méd. Qui concerne l'intérieur du crâne.

endocrine adj. f. (de *endo-* et du grec *krinein* « sécréter ») Se dit des glandes à sécrétion interne, dont les produits (hormones) sont déversés directement dans le sang (ex. le foie, la thyroïde) [opposé à *exocrine*]. □ **adj. endocrinien, ienne**

endocrinologie n. f. sc. Partie de la médecine qui étudie les glandes endocrines et soigne leurs troubles.

endocrinologue n. Spécialiste de l'endocrinologie.

endoctrinement n. m. Action d'endoctriner.

endoctriner v. tr. < 1 > (de *doctrine*) péj. Faire la leçon à (qqn) pour convaincre, faire adhérer à une doctrine, à un point de vue. – au p. p. *Des militants endoctrinés.*

endoderme n. m. (→ -derme) **1.** bot. Couche la plus interne de l'écorce. **2.** biol. Feuillet* interne de l'embryon (→ **gastrula**) dont le développement donne l'intestin primitif et la vésicule ombilicale. □ **adj. endodermique**

endogame adj. et n. Qui pratique l'endogamie. – n. *Les endogames.*

endogamie n. f. (de l'anglais, du grec *gamos* « mariage ») sociol. Obligation, pour les membres de certaines tribus, de se marier dans leur propre tribu (opposé à *exogamie*).

endogamique adj. Relatif à l'endogamie.

endogène adj. (→ -gène) didact. Qui prend naissance à l'intérieur, est dû à une cause interne. *Intoxication endogène.* ■ bot. *Organes endogènes,* venant de cellules situées dans les profondeurs des tissus. ■ géol. *Roche endogène,* dont la matière vient des profondeurs de l'écorce terrestre.

endolorir v. tr. < 2 > (de l'ancien v. *endoulourir,* de *doulour,* forme ancienne de *douleur,* d'après le latin *dolor* → **douleur**) Rendre douloureux. ■ **endolori, ie** p. p. Envahi par une douleur diffuse. □ n. m. **endolorissement**

endomètre n. m. (grec *mêtra* « utérus, matrice ») anat. Tissu qui tapisse l'intérieur de l'utérus.

endométriose n. f. (→ ²-ose) méd. Prolifération anormale de l'endomètre en dehors de la cavité utérine.

endométrite n. f. méd. Inflammation de l'endomètre.

endommager v. tr. < 3 > (de *dommage*) Causer des dommages, des dégâts à (qqch.), mettre en mauvais état. → **abîmer, détériorer.** – au p. p. *Toiture endommagée par la tempête.* □ n. m. **endommagement**

endomorphine voir **endorphine**

endoparasite n. m. biol. Parasite végétal ou animal vivant dans l'intérieur de l'organisme : tube digestif, appareil circulatoire, etc. (opposé à *ectoparasite*).

endoplasme n. m. (→ **plasma**) biol. Partie interne du cytoplasme cellulaire. □ **adj. endoplasmique**

endoréique adj. géogr. *Région endoréique,* où le réseau hydrographique ne se raccorde pas au niveau de la mer et où les eaux se perdent dans les terres (plaine d'épandage, lac intérieur) ; s'oppose à *exoréique.*

endoréisme n. m. (grec *rhein* « couler ») géogr. Caractère d'une région endoréique (s'oppose à *exoréisme*).

endormant, ante adj. Qui donne envie de dormir à force d'ennui. → **ennuyeux, soporifique.**

endormi, ie adj. **1.** Qui est en train de dormir. – Où tout semble en sommeil. *Dans la ville endormie.* **2.** fig. Dont l'activité est en sommeil. *Volcan endormi.* **3.** Indolent, inerte. *Un élève endormi.*

endormir v. tr. < 16 > (vient du latin *indormire,* de *in-* et *dormire* → **dormir**) **1.** Faire dormir, amener au sommeil. *Bercer un bébé pour l'endormir.* – (Sommeil artificiel) *Endormir qqn avant de l'opérer.* → **anesthésier.** **2.** Donner envie de dormir à (qqn) par ennui. → **assommer, ennuyer.** *Il endort son auditoire.* **3.** fig., littér. Atténuer jusqu'à faire disparaître (une sensation, un sentiment pénible). *Endormir la douleur.* → **calmer.** – Rendre moins vif, moins agissant (un sentiment, une disposition d'esprit). *Endormir les soupçons.* – *Endormir qqn,* diminuer sa vigilance. ■ **s'endormir** v. pron. **1.** Commencer à dormir ; glisser dans le sommeil. → **s'assoupir.** – loc. fig. *S'endormir sur ses lauriers*.* **2.** fig., littér. Perdre de sa vivacité, de sa force. → **s'apaiser, s'estomper.**

endormissement n. m. Fait de s'endormir ; début du sommeil.

endorphine n. f. (de l'anglais, de *endo-* et *morphin* → **morphine**) sc. Substance sécrétée par l'hypophyse, qui lutte contre la douleur. - syn. **endomorphine.**

endos n. m. (de *endosser*) comm. Mention au dos (d'une traite) pour ordonner son paiement à une autre personne.

endoscope n. m. méd. Instrument servant à examiner les cavités profondes du corps en les éclairant.

endoscopie n. f. méd. Examen à l'endoscope. □ **adj. endoscopique**

endossable adj. Qui peut être endossé. *Chèque barré non endossable.*

endosser v. tr. < 1 > (de *dos*) **1.** Mettre sur son dos (un vêtement). → **revêtir.** *Endosser son pardessus avant de sortir.* **2.** Prendre ou accepter la responsabilité de. → **assumer.** *Je suis prêt à endosser les conséquences.* **3.** Mettre un endos sur (un chèque, une traite, etc.). **4.** techn. Cambrer le dos de (un livre), après couture des cahiers. □ n. m. **endossement**

endothélial, iale, iaux adj. anat. Relatif à l'endothélium ; qui en a la structure.

endothélium [ɑ̃dɔteljɔm] n. m. (de *[épi]thélium*) anat. Couche de cellules épithéliales qui tapisse l'intérieur des parois du cœur et des vaisseaux.

endotherme adj. et n. (→ **therm-**) didact. Se dit des animaux capables de produire de la chaleur interne (opposé à *ectotherme*).

endothermique adj. chim. Accompagné d'une absorption de chaleur.

endotoxine n. f. physiol. Toxine contenue dans un germe (bactérie) qui reste à l'intérieur du cytoplasme au lieu de diffuser à l'extérieur (opposé à *exotoxine*).

endroit n. m. (de l'ancien français *endreit,* adv., de *en-* et *droit*) **I. 1.** Partie déterminée d'un espace. → **¹lieu, place.** *Un endroit tranquille. À quel endroit ?* → **où.** – loc. fam. *Le petit endroit :* les toilettes (→ **petit coin**). ■ Localité. → **coin.** *Un endroit perdu.* **2.** Place déterminée, partie localisée (d'une chose, du corps). *Montre l'endroit où tu as mal.* – abstrait Partie de la personne (morale). *Trouver l'endroit sensible.* → **¹point.** **3.** Passage déterminé (d'un ouvrage). *Cet endroit n'est pas très clair.* **4.** *Par endroits* loc. adv. : çà et là. *On a planté des rosiers par endroits.* – littér. *À l'endroit de (qqn)* loc. prép. : envers (qqn). *Il a mal agi à ton endroit.* **II.** Côté destiné à être vu, dans un objet à deux faces (opposé à *envers*). *L'endroit d'un tapis.* → **²dessus.** *L'endroit d'un feuillet.* → **recto.** – *À l'endroit* loc. adv. : du bon côté. *Remets tes chaussettes à l'endroit.*

enduction n. f. (de *enduire*) techn. Action d'enduire la surface d'un textile d'une couche protectrice pour en modifier l'aspect ou lui conférer des qualités particulières.

enduire v. tr. < 38 > (vient du latin *inducere,* de *in-* et *ducere* → **conduire, déduire...**) Recouvrir (une surface) d'une matière qui l'imprègne. *Enduire son visage de crème.* – pronom. Enduire son corps. *Elle s'est enduite de crème solaire.* – absolt *Couteau à enduire.*

enduit n. m. **1.** Préparation molle ou fluide qu'on applique sur une surface pour protéger. → **revêtement.** – Préparation préalable à la peinture. **2.** physiol. Sécrétion visqueuse à la surface de certains organes.

endurable adj. Qu'on peut endurer. → **supportable.**

endurance n. f. (de *endurer*) Aptitude à résister à la fatigue, à la souffrance. → **résistance.** *L'endurance d'un coureur de fond.* – *Épreuve d'endurance,* compétition sur une longue distance.

endurant, ante adj. Qui a de l'endurance. → **résistant.**

endurci, ie adj. **1.** Devenu dur, insensible ou résistant. *Un cœur endurci.* **2.** Qui avec le temps s'est fortifié, figé dans son opinion, son occupation. → **invétéré.** *Un célibataire endurci.*

endurcir v. tr. < 2 > (de *dur*) **1.** Rendre (qqn) plus dur au mal, plus résistant. → **aguerrir.** *Ce climat l'a endurci au froid.* **2.** Rendre moins sensible moralement. *Les malheurs l'ont endurci.* – pronom. *Elle s'est endurcie à son contact.*

endurcissement n. m. Le fait de s'endurcir (2). → **insensibilité.**

endurer v. tr. < 1 > (latin *indurare,* de *durare* « durcir », de *durus* → **dur**) Supporter avec patience (ce qui est dur, pénible). → **subir.** *Je n'en endurerai pas plus.* → **supporter, tolérer.**

enduro n. m. et f. (de l'anglais, de *endurance*) anglic. **1.** n. m. Épreuve d'endurance et de régularité tout-terrain, en moto. *L'enduro et le trial.* **2.** n. f. *Une enduro :* une moto conçue pour l'enduro.

endymion n. m. (du n. du personnage mythologique) bot. Jacinthe des bois.

Endymion Dans la mythologie grecque, berger aimé de Séléné (la Lune). Celle-ci obtient de Zeus que son amant soit plongé dans un sommeil éternel afin de pouvoir le rejoindre chaque nuit.

-ène Élément de mots de chimie servant à former des noms d'hydrocarbures non saturés (opposé à *-ane*).

Énée Prince troyen légendaire, fils d'Aphrodite et d'Anchise. Il est le héros de l'*Énéide* de Virgile.

Énée portant Anchise, coupe à figures noires par Nicosthénès (520 av. J.-C.), musée du Louvre, Paris.

Énéide Poème épique de Virgile (29-19 av. J.-C.) consacré à l'histoire d'Énée.

▶ Chef-d'œuvre de la poésie latine, l'**Énéide** de Virgile est à Rome ce que les poèmes d'Homère sont à la Grèce. Proches de *L'Odyssée,* les six premiers livres chantent l'errance d'Énée après la chute de Troie. Après avoir sauvé les Pénates, celui-ci fuit la ville en feu avec son fils Ascagne, en portant son père, Anchise, sur ses épaules. Diverses prédictions lui commandent de retourner sur la terre de ses ancêtres, l'Italie. Jouet docile des dieux, le prince troyen voyage sept ans durant, jusqu'à ce que sa flotte, décimée par une tempête lancée par Junon, échoue en Libye. Là, il est accueilli par Didon, qui s'éprend de lui. Mais sur les injonctions de Jupiter, Énée reprend la mer au désespoir de la reine de Carthage qui se tue en le maudissant. Après une escale en Sicile, il aborde en Italie ; guidé par la sibylle de Cumes, il descend aux Enfers où lui est confirmé le destin exceptionnel de la race qu'il doit fonder. La seconde partie de l'*Énéide,* qui évoque *L'Iliade,* relate les combats livrés dans le Latium : avant de pouvoir bâtir Lavinium, Énée affronte Turnus, le chef des Rutules, et finit par triompher grâce à l'aide du roi Latinus. Son fils Ascagne (ou Iule), dont la famille de Jules César prétend descendre, édifie la ville d'Albe la Longue.

L'*Énéide* est une épopée nationale : elle raconte les origines troyennes de Rome et annonce l'avenir de la nation romaine. À travers ce poème, Virgile célèbre l'œuvre d'Auguste qui a porté Rome à son apogée et a rétabli la paix, tout comme Énée, après bien des épreuves, parvient à réconcilier Troyens et Latins, Orient et Occident. Cette œuvre a exercé une immense influence sur la culture européenne (Dante, Purcell, Berlioz).

voir aussi **Rome, épopée, Iliade, Odyssée**

énergéticien, ienne n. 1. sc., techn. Spécialiste de l'énergétique. 2. Fournisseur d'énergie.

énergétique (anglais *energetic,* du grec → énergie) **1. adj.** phys. Relatif à l'énergie. *Les ressources énergétiques d'un pays.* ▪ physiol. *Aliments énergétiques,* qui fournissent beaucoup d'énergie à l'organisme. → **calorique.** *Besoins, apports énergétiques.* **2. n. f.** Science des manifestations de l'énergie.

énergie n. f. (latin, du grec *energeia,* de *ergon* « travail » [→ ergothérapie], famille de *organon* → organe, orgue) **I.** Force et fermeté dans l'action, qui rend efficace. → **détermination, dynamisme, volonté.** *Protester avec énergie.* ▪ Vitalité physique. → **vigueur.** *Se sentir plein d'énergie.* **II.** (du latin et de l'italien *energia* [Galilée]) sc. **1.** Caractère d'un système matériel capable de produire du travail. *Les formes de l'énergie : énergie mécanique, électrique, thermique, chimique, nucléaire. Énergies renouvelables,* provenant de sources naturelles non épuisables (soleil, vent, marée...). *Énergies non renouvelables (ENR). Énergie verte :* transformation de l'énergie solaire par les plantes. *Énergies fossiles* (charbon, gaz naturel, pétrole). *Transport de l'énergie.*

énergies renouvelables

L'épuisement des ressources d'énergies fossiles et les conséquences de l'émission de gaz à effet de serre dans l'atmosphère ont révélé les limites des énergies non-renouvelables (pétrole, charbon...). L'utilisation de diverses sources d'énergie propre (1. géothermie ; 2. éolienne ; 3. solaire) ainsi que la diminution de la consommation apparaissent aujourd'hui comme indispensables pour tenter de résoudre la crise énergétique.

▶ Une **énergie** (II, 1) — ou une source d'énergie — **renouvelable** se caractérise par sa capacité de renouvellement au sein d'un cycle naturel dont l'échelle de temps est courte par rapport à l'espérance de vie humaine. Par extension, on associe aux énergies renouvelables les énergies « durables », qui présentent de faibles impacts sur les ressources naturelles lors de leur production, de leur transport et de leur utilisation.

La biomasse (bois ou tourbe) ou le biogaz (méthane issu de la décomposition de la matière organique) sont renouvelables parce que leur déchet n'est autre que le CO_2 capté antérieurement dans l'atmosphère par les plantes lors de la photosynthèse. De même, les énergies hydraulique, solaire, éolienne et marémotrice sont renouvelables, même si leurs impacts environnementaux sont parfois importants. Bien que soutirant de la terre une énergie qui ne se renouvellera pas, la géothermie est en revanche une énergie durable : son exploitation restera inoffensive tant qu'elle sera limitée.

À l'inverse, les énergies fossiles carbonées (pétrole, gaz naturel, charbon...), pourtant elles aussi issues de matières organiques, recyclent en les libérant dans l'atmosphère d'énormes quantités de CO_2 : outre la limitation des ressources disponibles, leur contribution à l'augmentation de l'effet de serre naturel les rend donc « non renouvelables ». Le nucléaire est également considéré comme durable, mais non renouvelable.

L'utilisation des énergies renouvelables n'est pas neutre : déplacements de populations lors de la construction de barrages, déforestations liées à la culture des biocarburants, mort de rapaces et pollutions sonores par les éoliennes, sont autant de paramètres qui doivent être comptabilisés dans les écobilans, seuls indicateurs fiables du caractère renouvelable des sources d'énergie.

voir aussi **déforestation, développement durable, écologie, effet de serre, pétrole, photovoltaïque, pollution**

2. Énergie chimique potentielle de l'organisme vivant. *Une dépense d'énergie.*

énergique adj. (→ énergie) **1.** Actif, efficace. *Un remède énergique.* ▪ Plein d'énergie (dans l'expression). *Une énergique protestation.* → **vigoureux. 2.** (personnes ; actions) Qui a ou marque de l'énergie, de la volonté. → ¹**ferme, résolu.** *Une femme énergique.* ▪ Fort (dans l'ordre physique). *Une poignée de main énergique.*

énergiquement adv. Avec énergie. → **fermement.**

énergisant, ante (anglais *energizing,* de *to energize,* de *energy* → énergie) méd. **1. adj.** Stimulant, tonique. *Une boisson énergisante pour les sportifs.* **2. n. m.** Médicament qui stimule l'activité psychique.

énergivore adj. Qui consomme de l'énergie. *Ampoule peu énergivore.* ▪ Qui consomme beaucoup d'énergie. *Véhicule énergivore.*

énergumène n. (du latin chrét. « possédé », pris au grec *energoumenos,* de *energein* « agir » → énergie) Personne exaltée qui se livre à des cris, à des gestes excessifs dans l'enthousiasme ou la fureur. → **agité, excité, forcené.**

énervant, ante adj. Qui excite désagréablement. → **agaçant, irritant.** *Un bruit énervant.*

énervation n. f. **1.** anciennt Supplice qui consistait à brûler les tendons (nerfs) des jarrets et des genoux. **2.** chir. Ablation ou section d'un nerf, d'un groupe de nerfs (syn. **dénervation**).

énervé, ée adj. **I.** vieux **1.** Dont les tendons ont été coupés. **2.** Abattu, privé de réaction. *« Je parais énervé, sans vigueur, sans courage »* (A. Chénier). **II.** (d'après *nerveux*) Qui se trouve dans un état de nervosité, de tension inhabituel. ▪ Qui marque l'énervement. *Un rire énervé.*

énervement n. m. **I.** vieux Fait d'énerver (I). → **énervation. II.** État d'une personne énervée (II). → **agacement, nervosité.**

énerver v. tr. < 1 > (latin *enervare,* de *ex-* et *nervus* → nerf) **I.** vieux Couper les tendons (nerfs) de (qqn, un animal). → **énervé. II.** Agacer, exciter, en provoquant de la nervosité. → **exaspérer, horripiler.** *Ses manies nous énervent* (→ **énervant**). **–** pronom. Devenir de plus en plus nerveux, agité. *Du calme ! Ne nous énervons pas !*

Enesco (Georges) ou **Enescu** (George) Compositeur et violoniste roumain (1881-1955). Son œuvre comprend de la musique de chambre, de la musique orchestrale et un opéra *(Œdipe).*

enfaîteau n. m. techn. Tuile faîtière. - var. RO **enfaiteau.**

enfaîtement n. m. techn. Feuille de plomb repliée sur le faîte d'un toit. - var. RO **enfaitement.**

enfaîter v. tr. < 1 > (de *faîte*) techn. Couvrir le faîte de (un toit) avec du plomb, des enfaîteaux. - var. RO **enfaiter.**

enfance n. f. (latin *infantia,* de *infans* → enfant) **1.** Première période de la vie humaine, de la naissance à l'adolescence. *La petite enfance :* les toutes premières années. *Il a eu une enfance heureuse. Souvenirs d'enfance.* **2.** (sing. collectif) Les enfants. *Le fonds d'aide à l'enfance des Nations unies* (→ **Unicef**). **3.** loc. *Tomber, retomber en enfance,* se dit d'un vieillard dont les facultés mentales s'affaiblissent (→ **gâtisme, sénilité**). **4.** fig. Première période d'existence (d'une chose). → **commencement, début.** *Une science encore dans l'enfance.* **–** loc. *C'est l'enfance de l'art,* c'est élémentaire.

enfant n. (latin *infans* « qui ne parle pas [encore] », de *in-* négatif et *fari* « parler » ; famille de *emphase, fable*) **I. 1.** Être humain dans l'âge de l'enfance. → **bambin, fille, garçon, petit** ; fam. **¹gosse, mioche, môme.** *Un enfant au berceau.* → **bébé, nourrisson, nouveau-né.** *Des enfants de dix ans. Un enfant déjà grand.* → **préadolescent.** *Enfant martyr*. Livres d'enfants,* pour les enfants. *Les maladies des enfants.* → **infantile.** ■ loc. *Il n'y a plus d'enfants,* se dit quand un enfant fait ou dit des choses qui ne sont pas de son âge. *Ne faites pas l'enfant* : soyez sérieux. ■ ***Enfant de chœur*** : enfant qui se tient dans le chœur pendant les offices pour servir le prêtre ; fig. personne naïve. ■ (sing. collectif) L'ensemble des enfants. *La psychologie de l'enfant.* **2.** Personne qui a conservé dans l'âge adulte des sentiments, des traits propres à l'enfance. – **adj.** *Il est resté très enfant.* → **enfantin, puéril.** ■ (appliqué à des adultes) *L'enfant terrible* (d'un groupe), un membre qui aime manifester son indépendance d'esprit. *Enfant gâté* : personne qui a l'habitude de voir satisfaire tous ses caprices. *Bon enfant.* → **bon enfant. II. 1.** Être humain à l'égard de sa filiation. → **fils, fille** ; fam. **lardon, môme** ; opposé à *parents. Ils veulent deux enfants. Elle attend un enfant* : elle est enceinte. → **bébé.** *Enfant unique. Enfant adoptif. Enfant naturel,* né hors mariage. *Enfant du premier, du second lit*. Enfant trouvé,* qu'on a trouvé abandonné par ses parents. – *L'enfant* (ou *le fils*) *prodigue**. **2.** *Mon (cher) enfant, mes enfants,* se dit à des êtres plus jeunes. **3.** Descendant (→ **postérité**). ■ Personne originaire de (un pays, un milieu). *Un enfant du peuple.* – ***Enfants de Marie*** : congrégation catholique des jeunes filles vouées à Marie. fig. *Une enfant de Marie* : une jeune fille chaste et naïve. – ***Enfant de troupe*** : nom donné autrefois à un fils de militaire élevé dans une école militaire. **4.** fig. Ce qui est produit par qqch. *« Ce livre est enfant de la hâte »* (Valéry).

enfantement n. m. Fait d'enfanter. → **accouchement.**

enfanter v. tr. < 1 > (de *enfant*) **1.** littér. Mettre au monde (un enfant). **2.** fig. Créer, produire (une œuvre).

enfantillage n. m. (de l'ancien français *enfantil* « enfantin », de *enfant*) Manière d'agir, de s'exprimer, peu sérieuse, qui ne convient qu'à un enfant. → **puérilité.** *Perdre son temps à des enfantillages.*

enfantin, ine adj. (de *enfant*) **1.** Qui est propre à l'enfant, a le caractère de l'enfance. *Le langage enfantin. « Mais le vert paradis des amours enfantines* [...] *»* (Baudelaire). – *Littérature enfantine.* **2.** péj. Qui ne convient qu'à un enfant. → **infantile, puéril.** *Des remarques enfantines.* **3.** Très simple, très facile. *Un problème enfantin.* → **élémentaire.**

Enfantin (Prosper Barthélemy) dit le Père **Enfantin** Ingénieur et socialiste français (1796-1864). Il fut le principal propagateur du saint-simonisme.

enfarger v. tr. < 3 > (latin ferrea « fers ») (Canada) fam. **1.** Faire tomber (qqn). **2. v. pron.** (plus cour.) Trébucher. *Elle s'est enfargée dans l'escalier.* – loc. *S'enfarger dans les fleurs du tapis* : se laisser arrêter par la moindre difficulté.

enfariné, ée adj. Couvert de farine, de poudre blanche. *La figure enfarinée d'un clown.* – loc. fam. *Venir la gueule enfarinée, le bec enfariné,* avec la naïve certitude d'obtenir ce qu'on demande.

enfer [ɑ̃fɛʀ] n. m. (vient du latin *infernus*, n. m., d'abord *inferna*, plur., de l'adj. *infernus* [→ **infernal**], de *inferus* → **inférieur**) **I. 1.** relig. Lieu destiné au supplice des damnés. *Les démons de l'enfer* (→ **infernal**). – prov. *L'enfer est pavé de bonnes intentions* : beaucoup de bonnes résolutions n'aboutissent qu'à un résultat déplorable ou nul. – allus. *« Ah ! quelle plaisanterie. Pas besoin de gril, l'enfer, c'est les Autres »* (Sartre, *Huis clos*). ■ ***D'enfer*** loc. adj. invar. : qui évoque l'enfer. *Une vision d'enfer.* – Très intense. → **infernal.** *Rouler à un train d'enfer,* très vite. – fam. Extraordinaire, fabuleux. *Elle a un look d'enfer.* **2.** fig. Lieu, occasion de cruelles souffrances. *L'enfer de la drogue.* **3.** *L'enfer d'une bibliothèque* : le département, l'endroit où sont regroupés les livres interdits au public. **II.** ***Les Enfers*** : lieu souterrain habité par les morts, séjour des ombres, des morts (mythol. grecque, romaine et diverses religions). – fig. *La perte de son emploi a marqué le début de sa descente aux enfers.*

▶ Pour les Anciens, les **Enfers** (II) sont le séjour des morts. C'est un lieu froid et souterrain. Les Grecs en font le royaume du dieu Hadès, qui est aussi une figure de l'hiver. Seuls quelques héros connaissent la gloire des champs Élysées ; les autres hommes errent dans l'Érèbe, les plus méchants sont isolés dans une troisième région des enfers, où coule le Tartare. Les Hébreux le nomment *schéol* et le représentent comme un lieu sombre, vide, poussiéreux.
C'est le christianisme qui fait de l'**enfer** (I, 1), réservé aux damnés, un lieu de torture et de chaleur, par opposition au paradis qui accueille les âmes sauvées. L'enfer chrétien est le territoire de créatures diaboliques qui sont, à l'image de leur maître Satan (ou Lucifer), des anges déchus, punis pour s'être rebellés contre leur créateur. Dante en propose une description saisissante dans *La Divine Comédie* : ses neuf cercles concentriques définissent autant de degrés dans la damnation. La crainte de l'enfer est un ressort de la foi et l'Église en a longtemps fait un élément de sa morale. L'imaginaire qui lui est associé, après avoir nourri la peinture médiévale (Bosch) et classique (Michel-Ange, le Tintoret), a inspiré les poètes (A. Rimbaud). Lorsqu'on parle d'enfer aujourd'hui, ce n'est plus pour désigner l'au-delà des damnés, mais pour évoquer les horreurs de la guerre ou des conditions de vie insoutenables.
voir aussi **paradis**

Un des cercles des Enfers : les damnés dans l'eau froide, miniature de Cristoforo de Predis (XVe s.), Biblioteca Reale, Turin.

enfermement n. m. Fait d'enfermer ou d'être enfermé. → **emprisonnement, internement.**

enfermer v. tr. < 1 > (de *en* et *fermer*) **1.** Mettre en un lieu d'où il est impossible de sortir. *Enfermer un oiseau dans une cage. Enfermer qqn dans une pièce* (→ **cloîtrer, séquestrer**) ; *un malfaiteur dans une prison* (→ **incarcérer, interner**). – *Il est bon à enfermer* : il est fou. – fig. *Enfermer qqn dans un rôle,* ne pas l'en laisser sortir. ■ pronom. ***S'enfermer.*** *Elle s'était enfermée dans son bureau.* → se **barricader.** – fig. *S'enfermer dans son silence.* **2.** Mettre (qqch.) dans un lieu clos. **3.** Entourer complètement (un terrain, un espace). → **enclore. 4.** dans une course Serrer (un concurrent) à la corde, ou à l'intérieur du peloton, de façon à briser son élan.

s'enferrer v. pron. < 1 > (de *fer*) **1.** Tomber sur l'épée de son adversaire. **2.** fig. Se prendre à ses propres mensonges, ses propres pièges.

enfeu n. m. (de *enfouir*) archéol. Niche funéraire à fond plat. *Des enfeus.*

enfichable adj. techn. Qui peut être enfiché.

enficher v. tr. < 1 > (de *¹fiche*) techn. Introduire (une fiche) dans une douille. – Introduire (un composant électronique) dans un support.

enfiévrer v. tr. < 6 > (de *fièvre*) littér. Animer d'une sorte de fièvre, d'une vive ardeur. → **surexciter.** – pronom. *S'enfiévrer pour une idée.* → se **passionner.** – au p. p. *Une atmosphère enfiévrée.* □ n. m. **enfièvrement**

enfilade n. f. **1.** Suite de choses disposées en file. – *Des chambres en enfilade.* **2.** milit. *Tir d'enfilade,* dirigé dans le sens de la plus grande dimension de l'objectif. **3.** Meuble large et bas, composé d'au moins trois éléments de même hauteur.

enfilage n. m. Action d'enfiler.

enfiler v. tr. < 1 > (de *fil*) **1.** Passer un fil, un lien, à l'intérieur de (un objet percé). *Enfiler une aiguille.* – loc. fam. *Enfiler des perles* : perdre son temps à des futilités. **2.** Mettre, passer (un vêtement). *Enfiler sa veste.* **3.** S'engager tout droit dans (un chemin, un passage étroit). → **prendre. 4.** fam. ***S'enfiler*** *qqch.,* l'avaler. → **s'envoyer.** *Elle s'est enfilé tout le chocolat.* ■ Avoir à supporter (une corvée). *Il s'est enfilé tout le nettoyage.*

enfileur, euse n. techn. Personne chargée d'enfiler (des perles, etc.).

enfin adv. (de *en* et *¹fin*) **1.** Au terme d'une longue attente. *Je vous ai enfin retrouvé.* **2.** En dernier lieu (dans une succession). *On vit arriver un coureur, puis le peloton, enfin quelques isolés.* **3.** En conclusion. *Enfin bref.* – (Conclusion résignée). *Enfin, on verra bien !* **4.** marquant l'impatience *Mais enfin, ça suffit !* – fam. *M'enfin !* **5.** Plutôt (pour corriger ce qu'on a dit). *Elle est blonde, enfin rousse.*

enfirouaper v. tr. < 1 > (mot-valise, de *enfifrer* « sodomiser » et *rouâper*, variante de *râper*) (Canada) fam. Tromper, duper.

enflammé, ée adj. **1.** En flammes. *Une torche enflammée.* **2.** Dans un état inflammatoire. **3.** Rempli d'ardeur, de passion. → **ardent, passionné.** – *Une déclaration* (d'amour) *enflammée.*

enflammer v. tr. < 1 > (de *flamme*) **1.** Mettre en flammes. → **allumer.** *Enflammer une allumette.* – pronom. Prendre feu. *L'essence s'enflamme brusquement.* ■ fig. Colorer vivement. *Une rougeur enflammait ses joues.* **2.** Mettre dans un état inflammatoire. → **irriter. 3.** Remplir (qqn) d'ardeur, de passion. → **électriser, embraser.** – pronom. S'enthousiasmer, s'exalter. *Elle s'enflamme facilement.*

enflé, ée 1. adj. Atteint d'enflure. → **bouffi, boursouflé.** *Jambes enflées.* **2. n.** fam. Gros lourdaud, imbécile. *Quel enflé !* → **enflure.**

enfler v. < 1 > (vient du latin *inflare*, de *flare* « souffler ») **I. v. tr. 1.** Faire augmenter de volume. → **gonfler.** ■ Provoquer l'enflure de (une partie du corps). → **tuméfier. 2.** Augmenter la force de (la voix, un son...). **3.** fig. Exagérer, grossir. *Enfler ses prétentions.* **II. v. intr.** Augmenter anormalement de volume (→ **enflure**). *Sa cheville a enflé.*

enfleurer v. tr. < 1 > (de *fleur*) techn. Charger (un corps gras, une huile de toilette) du parfum de certaines fleurs par macération. □ n. m. **enfleurage**

enflure n. f. **1.** État d'un organe, d'une partie du corps qui enfle par suite d'une maladie, d'un coup, d'un accident musculaire, etc. → **ballonnement, gonflement, tuméfaction. 2.** fig. Exagération, emphase.

L'enflure d'un style. **3.** (injure) Imbécile, crétin. → **enflé.**

enfoiré, ée (**de** ***enfoirer,*** **de** ^{2}***foire***) vulg. **1. adj.** Souillé d'excréments. **2. n.** Imbécile, maladroit ; personne méprisable. (injure) *Bande d'enfoirés !*

enfoncé, ée adj. Qui rentre dans le visage, dans le corps. *Des yeux très enfoncés.* → **creux.**

enfoncement n. m. 1. Action d'enfoncer ; fait de s'enfoncer. **2.** Partie située vers le fond de qqch. ou en retrait. → **creux, renfoncement. 3.** méd. Fracture incomplète (du crâne, des côtes, du bassin).

enfoncer v. < 3 > (**de** ***en-*** **et** ***fond, fonds*** **à la forme ancienne** ***fons***) **I. v. tr. 1.** Faire aller vers le fond, faire pénétrer profondément. → **planter.** *Enfoncer des pieux de clôture. Il enfonça les mains dans ses poches.* – au p. p. *Avoir une épine enfoncée dans le doigt.* ■ loc. *Enfoncer le clou* : recommencer inlassablement une explication afin de se faire bien comprendre ou de persuader. – *Enfoncer qqch. dans la tête de qqn,* le lui faire comprendre, l'en persuader. *Enfonce-toi ça dans le crâne.* ■ Mettre (un chapeau) de telle façon que la tête y entre profondément. **2.** fig. Entraîner, pousser (dans une situation comparable à un fond, un abîme). *Enfoncer qqn dans l'erreur.* – Dénigrer, ravaler (qqn) auprès d'autrui. *Il cherchait à l'enfoncer.* **3.** Briser, faire plier (une porte, une barrière) en poussant, en pesant sur. → **défoncer, forcer.** *Le camion a enfoncé le mur.* → **emboutir.** – loc. *Enfoncer une porte ouverte* : démontrer une chose évidente ou admise depuis longtemps. **4.** Forcer (une troupe) à plier sur toute la ligne. ■ fam. Battre, surpasser. *Enfoncés, les soi-disant champions !* **II. v. intr.** Aller vers le fond, pénétrer jusqu'au fond. *Les roues enfonçaient dans le sable.* ■ **s'enfoncer v. pron. 1.** Aller vers le fond, vers le bas. *Le navire s'enfonçait lentement.* → **couler, sombrer. 2.** Pénétrer profondément. *Le pieu s'enfonce dans le sol.* **3.** S'installer tout au fond. *S'enfoncer dans son fauteuil.* **4.** fig. Être entraîné de plus en plus bas. *Il s'enfonce dans ses préjugés.* → **s'enferrer.** ■ Se ruiner. **5.** Pénétrer, s'engager bien avant dans. *Les chasseurs s'enfoncent dans le bois.* ■ fig. S'abandonner à (qqch. qui absorbe entièrement). → se **plonger.** *Elle s'enfonçait dans sa rêverie.*

enfonceur, euse n. loc. *Enfonceur de porte(s) ouverte(s)* : personne qui a l'habitude de démontrer des évidences.

enfonçure n. f. rare Creux, dépression.

enfouir v. tr. < 2 > (**vient du latin pop.** ***infodire,*** **de** ***infodere,*** **de** ***fodere*** **« fouiller »** → **fouir**) **1.** Mettre en terre, sous terre, après avoir creusé le sol. → **enterrer.** – au p. p. *Trésor enfoui.* **2.** *Enfouir sous, dans qqch.* : enfoncer, cacher. – pronom. *S'enfouir sous ses draps.* □ **n. m. enfouissement**

enfourchement n. m. 1. menuiserie Angle formé par l'assemblage à tenon et mortaise de deux pièces. **2.** sports Prise de lutte où l'adversaire est maintenu entre les jambes.

enfourcher v. tr. < 1 > (**de** ***fourche***) Se mettre à califourchon sur (un cheval, une bicyclette). – fig., fam. *Enfourcher son dada,* reprendre son sujet favori.

enfourchure n. f. Couture qui va du bas de la braguette au milieu de la ceinture dans le dos.

enfournement n. m. techn. **1.** Action, manière d'enfourner (le pain, des poteries). **2.** Opération de verrerie précédant l'affinage. - syn. **enfournage.**

enfourner v. tr. < 1 > (**de** ***four***) **1.** Mettre dans un four (du pain, un aliment, des poteries). **2.** fam. Avaler rapidement (qqch.). → **engloutir** ; fam. **s'enfiler. 3.** Introduire dans une ouverture, un lieu réservé. – pronom. *S'enfourner dans le métro.*

enfreindre v. tr. < 52 > (**vient du latin pop.** ***infrangere,*** **pour** ***infringere,*** **de** ***frangere*** **« briser »** → **fraction**) littér. Ne pas respecter (un engagement, une loi). → **contrevenir, transgresser, violer.**

s'enfuir v. pron. < 17 > (**de** ***fuir***) **1.** S'éloigner en fuyant, ou en hâte. → s'en **aller, déguerpir,** s'**échapper, filer, fuir,** se **sauver.** *Elle s'est enfuie à toutes jambes.* **2.** poét. S'écouler rapidement. → **disparaître.** *Le temps s'enfuit.* → **passer.**

enfumer v. tr. < 1 > (**de** ***fumer***) **1.** Remplir ou environner de fumée. *Enfumer une ruche, des abeilles,* pour les neutraliser. – au p. p. *Atmosphère enfumée.* **2.** fam. Tromper par des mensonges. □ **n. m. enfumage**

enfûter v. tr. < 1 > (**de** ***fût***) techn. Mettre en fût (du vin). - syn. **enfutailler.** - var. RO **enfuter.** □ **n. m. enfûtage** ou RO **enfutage**

Engadine n. f. Partie suisse de la haute vallée de l'Inn (Grisons). Altitude de 1 000 à 1 900 m. Stations de sports d'hiver et stations thermales. Parc naturel.

engagé, ée adj. 1. archit. Partiellement intégré dans un mur ou un pilier. **2.** Qui s'est engagé dans l'armée. – subst. *Les engagés et les appelés.* **3.** Mis par son engagement au service d'une cause (**opposé à** ***non-engagé***). *Un chanteur engagé.* **4.** mar. Entravé.

engageant, ante adj. Attirant, séduisant. *Ce restaurant n'est pas bien engageant.*

engagement n. m. I. 1. Action de se lier par une promesse ou une convention. *Respecter ses engagements. Il a pris l'engagement de venir.* – dr. *Sans engagement de votre part.* → **obligation. 2.** Contrat par lequel un individu s'engage à servir dans l'armée. *Un engagement de deux ans.* ■ Contrat par lequel qqn loue ses services. → **embauche.** *Un acteur sans engagement.* **II. 1.** Fait d'être engagé (dans qqch.). *L'engagement d'une roue dentée dans un pignon.* ■ méd. Descente de la tête du fœtus dans l'excavation pelvienne. **2.** milit. Introduction d'une unité dans la bataille ; combat localisé et de courte durée. **3.** Action d'engager, de commencer (une action). *L'engagement des pourparlers.* → **ouverture.** ■ sports Coup d'envoi (d'une partie, d'un match). **4.** Acte ou attitude (d'un intellectuel, d'un artiste) qui s'engage. – par ext. Fait de se mettre au service d'une cause.

engager v. tr. < 3 > (**de** ***gage***) **I. 1.** Mettre, donner (qqch.) en gage. *Engager ses bijoux.* **2.** Lier (qqn) par une promesse ou une convention. *Elle ne veut rien dire qui puisse l'engager.* – *Cela n'engage à rien* : on peut le faire en restant libre de ses décisions. – *Vous engagez votre responsabilité.* **3.** Recruter par engagement (un soldat). – Attacher à son service. *L'hôtel a engagé un nouveau cuisinier.* **II. 1.** Faire entrer (dans qqch. qui retient, dans un lieu resserré). → **introduire, mettre.** *Engager la clé dans la serrure.* **2.** Mettre en train, commencer (une partie, une bataille, une discussion...). *On engagea des négociations. Engager des poursuites. Engager la conversation.* → **entamer. 3.** Faire entrer (dans une entreprise, une situation qui ne laisse pas libre). *Engager des capitaux dans une affaire.* ■ Mettre (qqn) dans une situation qui crée des responsabilités et implique certains choix. *Ses écrits l'engagent.* **III.** *Engager qqn à,* tenter d'amener à (quelque décision ou action). → **exhorter, inciter.** *Il nous engage à résister, à la résistance.* ■ **s'engager v. pron. 1.** Se lier par une promesse, une convention. **2.** Contracter un engagement dans l'armée. ■ Entrer au service de qqn. **3.** Entrer ou commencer à entrer (dans qqch. qui retient, contraint). – Avancer en pénétrant. *Elle s'engagea sur une petite route.* **4.** (choses) Commencer. *La discussion s'est mal engagée.* **5.** Se lancer (dans). *S'engager dans des entreprises hasardeuses.* → **s'aventurer. 6.** Se mettre au service d'une cause politique, sociale. → **engagé.**

engainer v. tr. < 1 > (**de** ***gaine***) **1.** Mettre dans une gaine. → **rengainer. 2.** Tenir serré comme une gaine. *Robe qui engaine la taille.* – au p. p. bot. *Tiges, bourgeons engainés* (par des feuilles dites *engainantes*).

engane n. f. (**du provençal « salicorne »**) régional Peuplement de salicornes, au bord de la Méditerranée.

engazonner v. tr. < 1 > Semer, couvrir de gazon. □ **n. m. engazonnement**

engeance n. f. (**d'abord « race [d'animaux domestiques] » ; de l'ancien français** ***engier*** **« augmenter [la force] », qui vient p.-ê. du latin** ***indicare*** → **indiquer**) Catégorie de personnes méprisables ou détestables.

Engels (**Friedrich**) Théoricien socialiste et homme politique allemand (1820-1895). Sa critique de l'économie capitaliste contribua à l'élaboration et à la diffusion du matérialisme dialectique et historique *(L'Origine de la famille, de la propriété privée et de l'État).* Avec Karl Marx, il écrivit plusieurs ouvrages fondateurs *(L'Idéologie allemande ; Manifeste du parti communiste)* et acheva la rédaction des deux derniers tomes du *Capital.*

Friedrich Engels poursuit le travail de Marx, peinture de Hans Mocznay (1953-1954), Deutsches Historisches Museum, Berlin.

engelure n. f. (**de** ***geler***) Lésion et enflure douloureuse (des mains, des pieds, etc.) dues au froid.

engendrer v. tr. < 1 > (**vient du latin** ***ingenerare,*** **de** ***generare,*** **de** ***genus, generis*** → **génération, genre, génie**) **1.** littér. (**sujet personne**) Donner la vie à (un enfant). **2.** Faire naître, avoir pour effet (qqch.). → ^{1}**causer, produire,** anglic. **générer.** *Il n'engendre pas la mélancolie :* il est gai, il répand la bonne humeur. **3.** géom. Décrire ou produire (une figure géométrique) en se déplaçant. □ **n. m. engendrement**

Enghien [ɑ̃gɛ̃] (**Louis Antoine Henri de Bourbon, prince de Condé, duc d'**) Prince français (1772-1804). Dernier représentant des Condés, il émigra en Allemagne en 1789. Bonaparte, craignant une restauration des Bourbons, le fit enlever et fusiller.

Enghien Ville de Belgique (Hainaut). 14 061 habitants. Parc et château. Églises des XIVe et XVIIe s. Musée de la Tapisserie.

Enghien-les-Bains Commune du Val-d'Oise, sur le *lac d'Enghien.* 11 416 habitants. Station thermale. Hippodrome. Casino.

Engilbert voir **Angilbert**

engin n. m. (**latin** ***ingenium,*** **de** ***genius*** **« génie » ; famille de** ***engendrer***) **1.** Objet caractérisé par sa grosseur, sa complexité ou son caractère dangereux. → **appareil, instrument, machine.** – (armes) *Engins à tir courbe* (mortiers, obusiers). *Engins sol-sol, sol-air...,* projectiles autopropulsés, nommés d'après leur point de départ et leur objectif. – *Engin spatial.* → **navette.** – (véhicules) *Engins blindés.*

– (instruments) *Engins de pêche, de chasse.* – (machines) *Engins de levage, de manutention.* 2. fam. Objet fabriqué. → machin. *C'est un drôle d'engin.* ■ fig. (d'une personne) *Quel engin !* ■ fam. Sexe de l'homme. → outil. 3. sports Appareil (→ agrès), accessoire (ballon, massue, ruban...) utilisé pour les exercices de gymnastique.

engineering [ɛn(d)ʒiniʀiŋ ; in(d)ʒiniʀiŋ] n. m. (mot anglais « art de l'ingénieur ») anglic. voir ingénierie (recommandation offic.).

Englert (François) Physicien belge (né en 1932). Il a travaillé en collaboration avec R. Brout et a proposé en 1964, au même moment que Peter Higgs mais indépendamment de lui, l'existence du boson de Higgs. Prix Nobel 2013, avec P. Higgs.

E

englober v. tr. < 1 > (de *globe*) 1. *Englober (qqch.) dans :* faire entrer dans (un ensemble déjà existant). → enclaver, réunir. *Englober des terrains dans un domaine.* 2. Réunir en un tout (plusieurs choses ou personnes du même ordre). *La classe des mammifères englobe des animaux terrestres, aériens et aquatiques.*

engloutir v. tr. < 2 > (vient du latin *inglutire*, de *gluttire* « avaler » → déglutir, glouton) 1. Avaler gloutonnement. → dévorer, engouffrer. 2. fig. Dépenser rapidement. → dissiper. *Il a englouti beaucoup d'argent dans son affaire.* – (sujet chose) Absorber, épuiser (une fortune, des biens). *Les réparations ont englouti ses économies.* 3. (sujet chose) Faire disparaître brusquement en noyant ou en submergeant. – pronom. *Un navire qui s'engloutit.* → s'abîmer, couler.

engloutissement n. m. Action d'engloutir ; fait d'être englouti.

engluer v. tr. < 1 > (de *glu*) 1. Prendre à la glu (un oiseau). ■ Prendre, retenir dans une matière gluante. – au p. p. *Chaussures engluées dans la boue.* ■ fig. *Se laisser engluer* (pronom. *s'engluer*) *dans des complications.* 2. Enduire de glu, d'une matière gluante. □ n. m. engluage, engluement

engobe n. m. techn. Enduit de couleur appliqué sur la pâte céramique, avant cuisson, pour en masquer la couleur naturelle.

engober v. tr. < 1 > (du mot régional *gobe* « motte de terre » → écobuer) techn. Revêtir d'un engobe. □ n. m. engobage

engommer v. tr. < 1 > (de *gomme*) techn. Enduire de gomme (un tissu, le support d'une poterie mise au four). □ n. m. engommage

engoncer v. tr. < 3 > (de *gond*) (vêtement) Habiller d'une façon disgracieuse, en faisant paraître le cou enfoncé dans les épaules. ■ au p. p. *Être engoncé dans son pardessus.* – fig. *Avoir l'air engoncé,* gauche, guindé.

engorgement n. m. 1. État d'un conduit, d'un passage engorgé. *L'engorgement d'un tuyau.* – méd. Enflure et durcissement (d'un organe) dus à une accumulation de sang, de sérosité, etc. 2. fig. *L'engorgement d'une autoroute* (→ embouteillage). – Encombrement du marché (par surproduction, fermeture des débouchés, etc.). *L'engorgement des capitaux.*

engorger v. tr. < 3 > (de *gorge*) 1. Obstruer (un conduit, un passage) par l'accumulation de matières. → ¹boucher. – pronom. *L'égout s'est engorgé.* 2. Obstruer (une voie de communication).

engouement n. m. 1. méd. Obstruction d'un conduit, d'un organe. 2. Fait de s'engouer. → emballement, tocade.

s'engouer v. pron. < 1 > (mot de l'Ouest, famille prélatine de *gaver* → joue) *S'engouer de :* se prendre d'une passion ou d'une admiration excessive et passagère pour (qqn ou qqch.). *Le public s'était engoué de ce chanteur.* → s'emballer, s'enticher.

engouffrement n. m. rare Fait de s'engouffrer.

engouffrer v. tr. < 1 > (→ gouffre) 1. littér. Faire disparaître, entraîner comme dans un gouffre. 2. fam. Manger avidement et en grande quantité. → engloutir. – fig. Engloutir (une fortune). ■ **s'engouffrer** v. pron. Se précipiter avec violence (dans une ouverture, un passage). *Le vent s'engouffrait dans la ruelle.*

engoulevent n. m. (de *engouler*, de *goule* [→ gueule] et *vent*) Oiseau passereau brun-roux, au bec largement fendu.

engourdir v. tr. < 2 > (de *gourd*) 1. Priver en grande partie (un membre, le corps) de mobilité et de sensibilité. → paralyser. *Le froid engourdit ses mains.* – pronom. *Membres qui s'engourdissent.* 2. Mettre dans un état général de ralentissement des fonctions vitales, de moindre réaction. – pronom. *La nature s'engourdit l'hiver.* → s'endormir. ■ **engourdi, ie** adj. *Avoir les jambes engourdies.* – *Esprit engourdi.*

engourdissement n. m. État de ce qui est engourdi (corps, facultés...). → léthargie, torpeur.

engrais n. m. (de *engraisser*) I. *À l'engrais* loc. adv. et loc. adj. invar. : (animaux) dans des conditions telles qu'ils engraissent. *Mettre des bœufs à l'engrais.* II. Substance que l'on mêle au sol pour le fertiliser. *Engrais chimiques.*

engraissement n. m. Action d'engraisser (les animaux) ; son résultat.

engraisser v. < 1 > (vient du latin pop. *ingrassiare*, de *incrassare*, de *crassus* → gras) I. v. tr. 1. Rendre gras, faire grossir (des animaux). *Engraisser des volailles.* 2. fig. Rendre prospère. – pronom. S'enrichir. 3. Enrichir (une terre) par un apport d'engrais. → fertiliser, ²fumer. II. v. intr. Devenir gras, prendre de l'embonpoint. → forcir, grossir.

engraisseur, euse n. Personne dont le métier est de finir d'élever les bestiaux destinés à être abattus. → nourrisseur.

engramme n. m. (allemand *Engramm*, du grec *en* « dans » et *gramma* « caractère » → -gramme) psych. Trace mémorielle enregistrée par le cerveau.

engranger v. tr. < 3 > 1. Mettre (une récolte) en grange. 2. fig., littér. Mettre en réserve. *Engranger des souvenirs.* → emmagasiner. □ n. m. engrangement

engraver v. tr. < 1 > (ancien français *grave* « sable », var. de *grève*) Échouer (une embarcation) sur un fond de sable, de gravier. → ensabler.

engrêlé, ée adj. (de ¹*grêle*) blason Qui est bordé de petites dents.

engrenage n. m. (de ²*engrener*) 1. Système de roues dentées, de pignons qui s'engrènent. *L'engrenage de direction d'une voiture.* 2. fig. Enchaînement de circonstances ou d'actes, qui prend un caractère mécanique et irréversible. *L'engrenage de la violence.* – loc. *Mettre le doigt dans l'engrenage :* s'engager dans un processus irréversible.

¹engrener v. tr. < 5 > (de *grain*) Emplir de grains. – Engraisser avec du grain. □ n. m. engrènement

²engrener v. tr. < 5 > (p.-ê. de *encrener* [→ cran] et de ¹*engrener*, dans *engrener* [une machine agricole]) Faire entrer (les dents d'une roue) dans les espaces correspondants d'une autre roue (pour transmettre le mouvement). → engrenage. – pronom. *Les pignons s'engrènent.* □ n. m. engrènement

engrosser v. tr. < 1 > (de *grosse*) vulg. Rendre (une femme) grosse, enceinte.

engueulade n. f. fam. 1. Vive réprimande. → savon. 2. Dispute, querelle.

engueuler v. tr. < 1 > (de *gueule*) fam. Invectiver grossièrement qqn (→ injurier) ; réprimander vivement qqn (→ enguirlander, gronder). *Engueuler qqn comme du poisson pourri,* violemment. – pronom. Se disputer violemment. *Ils se sont engueulés dans la rue.*

enguirlander v. tr. < 1 > (de *guirlande*) I. Orner de guirlandes. *Enguirlander un sapin de Noël.* II. fam. Réprimander (qqn). *Se faire enguirlander.* → engueuler.

enhardir [ɑ̃aʀdiʀ] v. tr. < 2 > (de *hardi*) Rendre hardi, plus hardi. → encourager. – pronom. Devenir plus hardi, prendre de l'assurance. *Elle s'enhardit jusqu'à refuser d'obéir.*

enharmonie [ɑ̃naʀmɔni] n. f. (de *enharmonique*, d'après *harmonie*) Rapport entre deux notes, deux tonalités enharmoniques.

enharmonique [ɑ̃naʀmɔnik] adj. (du latin, du grec → harmonie) mus. Se dit des notes de noms distincts représentées par un son unique intermédiaire dans les instruments à son fixe (ex. *do dièse* et *ré bémol*).

enherber v. tr. < 1 > agric., rare Planter (un terrain) en herbe. – au p. p. *Terres enherbées qui servent de pâturage.*

énième [ɛnjɛm] adj. et n. (de *n*, désignant un nombre quelconque en math. + suffixe des adj. ordinaux) Qui occupe un rang non précisé (mais élevé). → ixième. *Pour la énième fois.* - var. nième, $n^{ième}$.

Enigma Machine du chiffrement militaire allemand à partir de 1932. Le modèle utilisé par la marine fut décrypté par les Anglais en 1942.

énigmatique adj. (du latin, de *aenigma* → énigme) 1. Qui renferme une énigme, tient de l'énigme. → ambigu, équivoque, mystérieux, obscur. *Un sourire énigmatique.* 2. (personnes) Dont le comportement, le caractère est mystérieux. → étrange, inexplicable. □ adv. énigmatiquement

énigme n. f. (latin *aenigma*, pris au grec, de *ainissesthai* « dire à mots couverts ») 1. Jeu d'esprit où l'on donne à deviner une chose définie ou écrite en termes obscurs. → devinette. *L'énigme proposée à Œdipe par le Sphinx.* – *Le mot de l'énigme,* l'explication de ce qu'on ne comprenait pas. 2. Chose difficile à comprendre, à expliquer, à connaître. → ¹mystère, problème. *Sa disparition reste une énigme.*

enivrant, ante [ɑ̃nivʀɑ̃ ; enivʀɑ̃, ɑ̃t] adj. Qui remplit d'une sorte d'ivresse. → grisant. *Un parfum enivrant.*

enivrement [ɑ̃nivʀəmɑ̃ ; enivʀəmɑ̃] n. m. littér. Exaltation agréable, voluptueuse. → griserie, ivresse.

enivrer [ɑ̃nivʀe ; enivʀe] v. tr. < 1 > (de *ivre*) 1. littér. Rendre ivre. → griser, soûler. *Ces vins m'ont enivré.* ■ pronom. Se mettre en état d'ivresse. 2. fig. Remplir d'une ivresse des sens, d'une excitation ou d'une émotion très vive. → exalter, transporter, troubler. *Sa beauté l'enivrait.* – pronom. « *Pour n'être pas les esclaves martyrisés du Temps, enivrez-vous sans cesse ! De vin, de poésie ou de vertu, à votre guise* » (Baudelaire).

s'enjailler v. pron. < 1 > (mot de Côte d'Ivoire, déformation de l'anglais *to enjoy* « s'amuser ») fam. S'amuser, faire la fête.

enjambée n. f. (de *enjamber*) Grand pas. → foulée. *À grandes enjambées.*

enjambement n. m. 1. Procédé rythmique consistant à reporter sur le vers suivant un ou plusieurs mots nécessaires au sens du vers précédent. → rejet. 2. (calque de l'anglais *crossing-over*) biol. *Enjambement des chromosomes,* leur entrecroisement lors de la méiose, qui contribue au brassage génétique. → crossing-over (anglic.), recombinaison.

enjamber v. tr. < 1 > (de *jambe*) 1. Franchir (un obstacle) en étendant la jambe. *Enjamber un fossé.* 2. (choses) *Pont qui enjambe une rivière.*

enjeu n. m. (de [mettre] *en jeu*) **1.** Argent que l'on met en jeu au début d'une partie et qui doit revenir au gagnant. → **mise.** *Les enjeux sont sur la table* (→ les jeux sont faits). **2.** Ce que l'on peut gagner ou perdre, dans une compétition, une entreprise. *L'enjeu du conflit.*

enjoindre v. tr. < 49 > (latin *injungere*, de *jungere* → joindre) littér. *Enjoindre à qqn de* (+ inf.), ordonner expressément. → **prescrire ; injonction.** – *Ce que l'honneur nous enjoint de faire.*

enjôler v. tr. < 1 > (d'abord « emprisonner », de *jaole* → geôle) littér. Abuser par de belles paroles, séduire par des cajoleries, des flatteries. → **embobiner, séduire.**

enjôleur, euse **1.** n. Personne habile à enjôler les autres. **2.** adj. Charmeur, séduisant. *Un sourire enjôleur.*

enjolivement n. m. Ornement ou ajout destiné à enjoliver. → **enjolivure.**

enjoliver v. tr. < 1 > (de l'ancien français *joliver*, de *jolif* → joli) **1.** Orner de façon à rendre plus joli, plus agréable. *Un grand bouquet de fleurs enjolivait la table.* → **embellir.** **2.** Agrémenter, embellir de détails ajoutés plus ou moins exacts. *Il a enjolivé son récit.* → **broder.**

enjoliveur n. **1.** Personne qui aime enjoliver (le discours). **2.** n. m. Garniture métallique pour enjoliver des roues de voiture.

enjolivure n. f. Ornement qui enjolive.

enjoué, ée adj. (de *jou*, forme ancienne de *jeu*) Qui a ou marque de l'enjouement. → **aimable, gai.**

enjouement n. m. littér. Disposition à la bonne humeur, à une gaieté aimable et souriante. → **entrain.**

enképhaline n. f. (de l'anglais, du grec, de *kephalê* « tête ») biochim. Substance abondante dans certaines terminaisons nerveuses participant à l'intégration des informations sensorielles relatives à la douleur. - syn. **encéphaline.**

enkysté, ée adj. **1.** Qui reste isolé dans l'organisme par suite d'un enkystement. **2.** fig. → **tenace.** *Un conflit enkysté.*

enkystement n. m. physiol. Formation d'une couche de tissu conjonctif dense autour d'un corps étranger (ou d'une tumeur) qui se trouve ainsi isolé du tissu environnant.

s'enkyster v. pron. < 1 > (de *kyste*) **1.** méd. Devenir enkysté. **2.** fig. Demeurer indéfiniment, durer trop longtemps. *Ne laissons pas le conflit s'enkyster.* « *Les mots qui nous ont humiliés* [...] *restent enfoncés en nous, s'enkystent* » (N. Sarraute).

enlacement n. m. littér. Fait d'enlacer, d'être enlacé. – Étreinte de personnes qui s'enlacent.

enlacer v. tr. < 3 > (de *lacer*) **1.** Entourer plusieurs fois en serrant. **2.** Serrer (qqn) dans ses bras, ou en passant un bras autour de la taille. → **embrasser** (I, 1), **étreindre.** *Danseur qui enlace sa cavalière.* – pronom. *Les amoureux s'enlaçaient.* – au p. p. « *Elles dormaient, enlacées comme des initiales* » (Cocteau). **3.** (compl. au plur.) Passer l'un autour de l'autre, l'un dans l'autre. → **entrecroiser, entrelacer.** *Enlacer des rubans.*

enlaçure n. f. techn. Assemblage d'une mortaise et d'un tenon avec des chevilles.

enlaidir v. < 2 > (de *laid*) **1.** v. tr. Rendre ou faire paraître laid. → **défigurer, déparer.** *Cette coiffure l'enlaidit.* **2.** v. intr. Devenir laid. *Il a enlaidi avec l'âge.*

enlaidissement n. m. Action d'enlaidir. – Ce qui enlaidit.

enlevage n. m. techn. Opération de teinturerie qui consiste à détruire le colorant.

enlevé, ée adj. Exécuté avec brio.

enlèvement n. m. **1.** Action d'enlever (une personne). → **kidnapping, rapt.** **2.** Action d'enlever (une position militaire). **3.** Action d'enlever (des objets). *L'enlèvement des ordures ménagères.*

enlever v. tr. < 5 > (de *en* et *lever*) **I. 1.** littér. Porter vers le haut. → [1]**lever, soulever.** **2.** fig. Exécuter brillamment avec aisance et rapidité (→ **enlevé).** *Enlever un morceau de musique.* **II. 1.** Faire qu'une chose ne soit plus là où elle était (en déplaçant, en séparant, en supprimant). → **ôter.** *Enlever un meuble d'une pièce. Elle a enlevé ses gants.* → **retirer.** *Ce produit enlève les taches,* les fait disparaître. *Enlevez cette phrase de votre texte.* → **supprimer.** – pronom. (passif) *La housse s'enlève facilement.* **2.** Priver (qqn) de (qqch.). *Vous m'enlevez tout espoir.* **III. 1.** Prendre avec soi. → **emporter.** *Les déménageurs viennent enlever les meubles.* **2.** Prendre d'assaut. → **s'emparer de.** *L'armée a enlevé la place forte.* **3.** Obtenir facilement (ce qui fait l'objet d'une compétition). *Enlever un marché.* **4.** Emmener (qqn) de force. → **kidnapper.** *Enlever qqn pour obtenir une rançon.* – fam. *Je vous enlève pour la soirée,* je vous emmène avec moi. **5.** littér. (le sujet désigne la mort, une maladie, etc.) *La mort l'a enlevé,* emporté de ce monde.

enlier v. tr. < 7 > (de *en-* et *lier*) techn. Lier (des pierres, des briques) en les engageant les unes dans les autres.

enliser v. tr. < 1 > (mot régional [Normandie], de *lise, lize* « sable mouvant ») Enfoncer (qqn, qqch.) dans du sable mouvant, en terrain marécageux. ■ **s'enliser** v. pron. **1.** S'enfoncer dans le sable, la vase et s'immobiliser. → **s'embourber.** *La voiture s'est enlisée.* **2.** fig. S'enfoncer, sombrer. *S'enliser dans la médiocrité.* □ n. m. **enlisement**

enluminer v. tr. < 1 > (de *en-* et *illuminare* → illuminer) **1.** Orner d'enluminures. *Enluminer un manuscrit.* **2.** Colorer vivement. → **enflammer.** – au p. p. « *La trogne enluminée du gros buveur* » (Taine).

enlumineur, euse n. Artiste spécialisé(e) dans l'enluminure. → **miniaturiste.**

enluminure n. f. **1.** Art des enlumineurs. **2.** Lettre peinte ou miniature ornant d'anciens manuscrits, des livres religieux.

Enluminure de Térence des Ducs, vue médiévale du théâtre romain (v. 1400), bibliothèque de l'Arsenal, Paris.

En Marche ! voir **République En Marche ! (La)**

Enna Ville du centre de la Sicile, à 942 m d'altitude. 28 980 habitants. Château médiéval. Monuments des XIVe et XVIe siècles.

ennéade n. f. (du grec, de *ennea* « neuf ») didact. Groupe de neuf personnes, de neuf choses semblables.

ennéagone n. m. (du grec *ennea* « neuf » et de [1]*-gone*) géom. Polygone à neuf angles et neuf côtés. □ adj. **ennéagonal, ale, aux**

enneigé, ée [ɑ̃neʒe] adj. (de *neige*) Couvert de neige.

enneigement [ɑ̃nɛʒmɑ̃] n. m. État d'une surface enneigée ; hauteur de la neige sur un terrain.

ennemi, ie n. (d'abord *inimi* ; latin *inimicus*, de *in-* et *amicus* → ami) **I. 1.** Personne qui est hostile et cherche à nuire (à qqn). *C'est son ennemi juré*. Se faire des ennemis.* – *Les ennemis du régime,* l'opposition. → **adversaire.** – *Ennemi public* : personne qui présente un danger pour la communauté. ■ adj. *Des familles ennemies.* **2.** Personne qui a de l'aversion, de l'éloignement (pour qqch.). *Les ennemis du progrès.* **3.** (choses) Ce qu'un homme ou un groupe juge contraire à son bien. *Le bruit est notre ennemi.* ■ Chose qui s'oppose à une autre et lui nuit. – prov. *Le mieux est l'ennemi du bien.* **II.** au plur. ou sing. collectif Ceux contre lesquels on est en guerre, leur nation ou leur armée. *Tomber entre les mains de l'ennemi,* être fait prisonnier. *Passer à l'ennemi* : trahir son camp. – adj. *En territoire ennemi.*

Ennius (Quintus) Poète latin (239-169 av. J.-C.). Il est l'auteur d'*Annales* consacrées à l'histoire de Rome et de tragédies inspirées d'Euripide et d'Eschyle *(Médée en exil ; La Rançon d'Hector).*

ennoblir [ɑ̃nɔbliʀ] v. tr. < 2 > (de *noble*) Donner de la noblesse, de la grandeur morale à (qqn, qqch.). □ n. m. **ennoblissement**

Enns n. m. Rivière d'Autriche, affluent du Danube. 260 km.

ennuager v. tr. < 3 > Couvrir de nuages. – pronom. *Le ciel s'ennuage.*

ennui [ɑ̃nɥi] n. m. (de *ennuyer*) **1.** (Un, des ennuis) Peine qu'on éprouve d'une contrariété ; cette contrariété. → **désagrément,** [1]**souci, tracas ;** fam. **embêtement.** *Avoir des ennuis de santé.* → **problème.** *Faire des ennuis à qqn.* – *L'ennui, c'est que...,* ce qu'il y a d'ennuyeux, c'est que. ■ Mauvais fonctionnement (d'un objet nécessaire). *Des ennuis mécaniques.* **2.** au sing. Impression de vide, de lassitude causée par le désœuvrement, par une occupation monotone ou sans intérêt. *Mourir, bâiller d'ennui.* « *L'ennui naquit un jour de l'uniformité* » (Houdar de La Motte). **3.** littér. Mélancolie vague, lassitude morale qui fait qu'on ne prend d'intérêt, de plaisir à rien. → **cafard, neurasthénie, spleen.** « *L'ennui, ce fléau de la solitude* » (Rousseau).

ennuyant, ante adj. (Canada, Louisiane, Belgique, Burundi, Algérie) Ennuyeux.

ennuyer [ɑ̃nɥije] v. tr. < 8 > (vient du latin *inodiare*, de *in odio esse* « être en haine », de *odium* → odieux) **1.** (sujet chose) Causer du souci, de la contrariété à (qqn). → **contrarier, préoccuper.** *Cela m'ennuierait d'arriver en retard.* **2.** (sujet personne) Importuner (qqn). → **agacer, assommer, embêter ;** fam. **emmerder.** *Il nous ennuie avec ses histoires !* **3.** Remplir d'ennui, lasser l'intérêt de (qqn). → fam. **barber, raser.** *Ce livre m'ennuie.* ■ **s'ennuyer** v. pron. **1.** Éprouver de la lassitude, du désintérêt. → **s'embêter.** *Je ne m'ennuie jamais avec vous.* **2.** *S'ennuyer de qqn,* ressentir désagréablement son absence. ■ **ennuyé, ée** p. p. Préoccupé, contrarié. *Il a l'air ennuyé.*

ennuyeux, euse [ɑ̃nɥijø, øz] adj. **1.** Qui cause de la contrariété, du souci ; de la gêne. → **contrariant, désagréable, embêtant.** *C'est très ennuyeux !* **2.** Qui cause de la lassitude, du désintérêt. → **assommant, embêtant, fastidieux, monotone ;** fam. **barbant, emmerdant, rasant.** *Un film ennuyeux.* – loc. *Ennuyeux comme la pluie.* □ adv. **ennuyeusement**

Énoch voir **Hénoch**

E

énoncé n. m. **1.** Action d'énoncer. → **énonciation.** *L'énoncé des faits.* **2.** Formule, ensemble de formules exprimant (qqch.) de façon précise. *L'énoncé d'un problème.* → **texte. 3.** ling. Résultat de l'énonciation ; segment de discours (oral ou écrit). → **discours, parole, texte.**

énoncer v. tr. < 3 > (latin *enuntiare,* de *ex-* et *nuntiare,* de *nuntius* « messager » → nonce) Exprimer (ce qu'on veut dire) en termes nets, sous une forme précise. → **exposer, formuler.** *Énoncer les données d'un problème.*

énonciatif, ive adj. didact. Qui sert à énoncer. – gramm. *Proposition énonciative,* qui exprime un fait, un jugement, sans implication affective.

E

énonciation n. f. **1.** Action, manière d'énoncer. → **énoncé. 2.** ling. Acte de production individuelle du discours dans des circonstances données.

enorgueillir [ɑ̃nɔʀgœjiʀ] v. tr. < 2 > (de *orgueil*) littér. Rendre orgueilleux, flatter (qqn) dans sa vanité. ■ **s'enorgueillir** v. pron. Tirer vanité (de qqch.). → se **glorifier.** *Il s'enorgueillit de sa réussite.*

énorme adj. (latin *enormis* « irrégulier », de *ex-* et *norma* → norme) **1.** Qui dépasse ce que l'on a l'habitude d'observer et de juger. → **anormal, démesuré.** *Un succès énorme.* → **extraordinaire, incroyable. 2.** Dont les dimensions sont considérables. → **colossal, gigantesque, immense.** *Une différence énorme. Ce n'est pas énorme,* c'est peu. *Un homme énorme,* très gros. → **obèse.**

énormément adv. D'une manière énorme (sert de superlatif à *beaucoup*). *Il lit énormément.* – *Elle a énormément à faire,* beaucoup de choses.

énormité n. f. (latin *enormitas* → énorme) **1.** Importance anormale ou très considérable. *L'énormité de ses prétentions.* **2.** (Une, des énormités) Très grosse faute ou maladresse. → **impair.** *Dire des énormités,* d'énormes sottises.

énouer v. tr. < 1 > (de *é-* et *nouer*) techn. Débarrasser (une étoffe) des nœuds, des fils qui apparaissent à la surface. → **épincer.**

s'enquérir v. pron. < 21 > (de l'ancien français *enquerre,* qui vient du latin *inquirere,* de *quaerere* « chercher » → quérir) littér. Chercher à savoir (en examinant, en interrogeant). → s'**informer.** *S'enquérir du prix du voyage.* → **demander,** se **renseigner.**

à enquerre loc. adj. invar. (de l'ancien v. *enquerre* → s'enquérir) blason *Armes à enquerre :* armes qui présentent une anomalie, une singularité qui appelle une explication.

enquête n. f. (vient du latin pop. *inquaesita,* de *inquae[inqui]rere* → s'enquérir) **1.** Recherche de la vérité par l'audition de témoins et l'accumulation d'informations. *Faire, ouvrir une enquête.* ■ spécialt Phase de l'instruction criminelle comportant les interrogatoires. *L'inspecteur mène l'enquête.* **2.** Recherche méthodique reposant sur des questions et des témoignages. → **examen, investigation.** ■ spécialt Étude d'une question (sociale, économique, politique) par le rassemblement des avis, des témoignages des intéressés. → **sondage.**

enquêter v. intr. < 1 > Faire, conduire une enquête. *La police enquête sur ce crime.*

¹enquêteur, euse n. Personne qui mène une enquête (1). *Enquêteur de police.*

²enquêteur, trice n. Personne chargée d'effectuer des sondages, des enquêtes.

enquiquinant, ante adj. fam. Qui enquiquine, qui agace. → **ennuyeux ;** fam. **emmerdant.**

enquiquinement n. m. fam. Ce qui ennuie, donne du souci. → fam. **embêtement, emmerdement.**

enquiquiner v. tr. < 1 > (de *quiqui, kiki* « gorge, cou » : « prendre à la gorge ») fam. Agacer, ennuyer. → fam. **emmerder.**

enquiquineur, euse n. fam. Personne qui enquiquine, qui agace. → fam. **casse-pied, emmerdeur.**

ENR voir **énergie**

enraciné, ée adj. **1.** Fixé par des racines. *Arbuste enraciné dans la muraille.* **2.** fig. *Des préjugés bien enracinés.* → **tenace.**

enracinement n. m. Fait d'enraciner ou de s'enraciner.

enraciner v. tr. < 1 > (de *racine*) **1.** Faire prendre racine à (un arbre, une plante). – pronom. Prendre racine. *Plantes qui s'enracinent dans les rochers.* **2.** fig. Fixer profondément, solidement (dans l'esprit, le cœur). → **ancrer, implanter.** *Enraciner des préjugés.* ■ Établir de façon durable (dans un pays). – pronom. *Sa famille s'est enracinée en Auvergne.*

enragé, ée adj. **1.** Atteint de la rage. *Chien enragé.* – loc. *Manger de la vache* enragée.* **2.** Furieux, fou de colère. **3.** Passionné au plus haut point. – n. *C'est une enragée de rock.* → **fanatique.**

enrageant, ante adj. Qui fait enrager. → **rageant.**

enrager v. intr. < 3 > (de *rage*) Éprouver de la colère, un violent dépit. → **rager.** *« J'enrageais d'avoir laissé perdre les dernières heures »* (Radiguet). – *Faire enrager qqn,* l'exaspérer en le taquinant. → **bisquer.**

enraiement ou **enrayement** n. m. Fait d'arrêter (une progression dangereuse). *L'enraiement d'une épidémie.*

enrayage n. m. **1.** Arrêt accidentel et momentané du fonctionnement (d'une arme à feu). **2.** techn. Opération par laquelle on monte les rayons d'une roue.

¹enrayer v. tr. < 8 > (de *en-* et *raie* « sillon ») Ouvrir le premier sillon dans (un champ).

²enrayer v. tr. < 8 > (de *en* et *rai* « rayon ») **1.** Empêcher accidentellement de fonctionner (une arme à feu, un mécanisme). → **¹bloquer.** – pronom. *Sa carabine s'est enrayée.* → se **coincer,** se **gripper. 2.** Arrêter dans son cours (une progression dangereuse, un mal), juguler. **3.** techn. Équiper (une roue) de rayons.

¹enrayure n. f. (de *¹enrayer*) agric. Premier sillon ouvert par la charrue.

²enrayure n. f. (de *²enrayer*) techn. Assemblage de pièces de bois rayonnant autour d'un centre.

enrégimenter v. tr. < 1 > (de *régiment*) Faire entrer dans un groupe qui impose une discipline, une obéissance quasi militaire. → **embrigader.**

enregistrable adj. Sur lequel on peut enregistrer des données. *Un DVD enregistrable.* → **inscriptible.**

enregistrement n. m. **1.** Fait d'inscrire qqch. sur un registre. ■ dr. Transcription sur un registre public, moyennant le paiement d'un droit fiscal, d'actes ou de déclarations. *Droits d'enregistrement.* – en France *L'Enregistrement :* l'administration chargée de ce service. ■ *Enregistrement des bagages :* opération par laquelle un voyageur confie l'acheminement de ses bagages à un transporteur. **2.** Action de noter par écrit comme réel ou authentique. **3.** Action ou manière d'enregistrer (des informations, des signaux) sur support matériel. *Les enregistrements d'un cardiographe :* cardiogrammes (→ **-gramme**). *L'enregistrement des images, du son* (permettant de les conserver et de les reproduire). *Enregistrement analogique, numérique.* ■ Ce qui est enregistré. *Un enregistrement de mauvaise qualité.* **4.** inform. Mise en mémoire (de données, d'un fichier). → **sauvegarde.**

enregistrer v. tr. < 1 > **1.** dr. et cour. Inscrire sur un registre public ou privé. *Enregistrer un record.* ■ Inscrire (les bagages à transporter qui ne restent pas avec le voyageur). **2.** Consigner par écrit, noter. *Enregistrer une déclaration.* ■ Constater avec l'intention de se rappeler. *J'enregistre ta promesse.* **3.** Transcrire et fixer sur un support matériel (des informations, des signaux). *Enregistrer les battements du cœur. Enregistrer des images, du son. Enregistrer sur CD, sur DVD.* – par ext. *Le groupe a enregistré un nouvel album.* **4.** inform. Stocker (des données) en mémoire. → **sauvegarder.** *Enregistrer un fichier sur le disque dur.* ■ **enregistré, ée** p. p. adj. *Une émission enregistrée* (opposé à *en direct*). – *Un CD enregistré* (opposé à *vierge*).

enregistreur, euse adj. Se dit d'un appareil destiné à enregistrer (3) des informations. → **-graphe.** *Thermomètre enregistreur. Un répondeur* enregistreur.* – n. m. *Un enregistreur de pression.*

enrésiner v. tr. < 1 > (de *en-* et *résine*) techn. Reboiser (un terrain) avec des arbres résineux. □ n. m. **enrésinement**

enrhumer v. tr. < 1 > (de *rhume*) Causer le rhume de (qqn). – au p. p. *Il est très enrhumé.* ■ **s'enrhumer** v. pron. Attraper un rhume.

enrichi, ie adj. **1.** Qui est devenu riche. *Un commerçant enrichi.* **2.** (substance) Dont la proportion de l'un des composants a été augmentée. *Uranium enrichi,* dont on a augmenté la teneur en un isotope fissile. **3.** Auquel on a ajouté des éléments (spécialt multimédias) supplémentaires. *Livre numérique enrichi.*

enrichir v. tr. < 2 > (de *riche*) **1.** Rendre riche ou plus riche. ■ pronom. Devenir riche. *Il s'est enrichi dans les affaires.* – prov. *Qui paie ses dettes s'enrichit.* **2.** par ext. Rendre plus riche ou plus précieux en ajoutant un ornement ou un élément de valeur. *Enrichir une collection.* – fig. *Lectures qui enrichissent l'esprit.* **3.** Traiter (une substance) en augmentant l'un de ses constituants ou sa teneur. *Enrichir une terre par des engrais.*

enrichissant, ante adj. Qui enrichit (2, fig.) l'esprit.

enrichissement n. m. **1.** Fait d'augmenter ses biens, de faire fortune. **2.** Action, manière d'enrichir (une collection, un ouvrage, l'esprit, etc.). **3.** Procédé qui consiste à augmenter la teneur de (une substance, un élément chimique).

enrobé, ée I. adj. fam. Qui a de l'embonpoint, des formes arrondies. → **enveloppé, rondelet.** II. n. m. techn. Revêtement de chaussée constitué de granulats enrobés de bitume.

enrober v. tr. < 1 > (de *en* et *robe* « vêtement ») **1.** Entourer (une marchandise, un produit) d'une enveloppe ou d'une couche protectrice. – au p. p. *Biscuit enrobé de chocolat.* **2.** fig. Envelopper de manière à masquer ou adoucir. *Elle a enrobé son refus de quelques compliments.* □ n. m. **enrobage** ou **enrobement**

enrobeuse n. f. techn. Machine servant à enrober les confiseries d'une couche de chocolat ou de caramel.

enrochement n. m. (de *en-* et *roche*) techn. Ensemble de morceaux de roche, de blocs de béton que l'on entasse pour servir de fondations ou de protection à des constructions immergées.

enrocher v. tr. < 1 > techn. Établir sur un enrochement.

enrôlement n. m. Action d'enrôler, de s'enrôler.

enrôler v. tr. < 1 > (de *rôle*) **1.** Inscrire sur les rôles (I) de l'armée. → **recruter.** – pronom. → s'**engager. 2.** fig. Amener (qqn) à entrer dans un groupe, un parti. □ adj. et n. **enrôlé, ée**

enrôleur n. m. anciennt Celui qui enrôlait les soldats.

enroué, ée adj. Devenu rauque. *Voix enrouée.* → **éraillé.** ▪ Atteint d'enrouement. *Il est très enroué.*

enrouement n. m. Altération de la voix due à une inflammation ou à une atteinte du larynx.

enrouer v. tr. < 1 > (de *en* et ancien français *ro, roi,* qui vient du latin *raucus* → rauque) Rendre (la voix) moins nette, voilée, rauque. → **érailler.** – pronom. *Elle s'est enrouée à force de crier.*

enroulement n. m. **1.** Ornement en spirale ; objet présentant des spires. ▪ techn. Ensemble de fils conducteurs. → **bobinage.** **2.** Disposition de ce qui est enroulé sur soi-même ou autour de qqch.

enrouler v. tr. < 1 > (de *rouler*) **1.** Rouler (une chose) sur elle-même. *Enrouler du papier d'emballage.* – pronom. *S'enrouler autour d'un axe.* **2.** Rouler (une chose) sur, autour de qqch. *Enrouler du fil sur une bobine.* – pronom. S'envelopper dans (qqch. qui entoure). *S'enrouler dans une couverture.*

enrouleur, euse adj. Qui sert à enrouler. – n. m. *Ceinture de sécurité à enrouleur.*

enrubanner v. tr. < 1 > (de *ruban*) Garnir, orner de rubans.

ensablement n. m. **1.** Dépôt de sable formé par l'eau ou par le vent ; état d'un lieu rempli de sable. *L'ensablement d'un port.* **2.** Fait d'être immobilisé dans le sable.

ensabler v. tr. < 1 > (de *sable*) **1.** Enfoncer dans le sable. – pronom. *La barque s'est ensablée.* **2.** Remplir (un lieu naturel) de sable. – pronom. *L'estuaire s'ensable lentement.* – au p. p. *Un port ensablé.*

ensacher v. tr. < 1 > (de *sac*) Mettre en sac, en sachet. ▫ n. m. **ensachage**

ensacheur, euse n. **1.** Personne chargée de l'ensachage à la main ou à la machine. **2.** n. f. techn. Machine à ensacher des matières pulvérulentes.

ensanglanter v. tr. < 1 > (de *sanglant*) **1.** Tacher de sang. – au p. p. *Un linge ensanglanté.* **2.** (meurtre, guerre, etc.) Couvrir, souiller de sang. *Des troubles ont ensanglanté le pays.*

Enschede Ville de l'E. des Pays-Bas (Overijssel). 160 640 habitants. Centre de commerce et d'industrie. Université. Musée.

enseignant, ante adj. Qui enseigne, est chargé de l'enseignement. *Le corps enseignant,* l'ensemble des professeurs et instituteurs. – n. *Les enseignants :* les membres du corps enseignant. *Enseignant-chercheur.*

enseigne (vient du latin *insigna* « décoration », de *insignis* « remarquable » → ²insigne, famille de *signum* → signe) **I.** n. f. **1.** vieux Marque, indice. – *À telle enseigne que* loc. adv. : d'une manière telle, si vraie que (→ **tellement**). **2.** Symbole de commandement qui servait de signe de ralliement pour les troupes. ▪ par ext., littér. Drapeau, étendard. **3.** Panneau portant un emblème, une inscription, un objet symbolique qui signale un établissement. *L'enseigne lumineuse d'une pharmacie.* – loc. *Être logé à la même enseigne que qqn,* être dans la même situation désagréable. **4.** Raison sociale dont dépendent plusieurs établissements. *Les enseignes de la distribution.* **II.** n. **1.** n. m. ancienn Officier qui portait le drapeau. **2.** *Enseigne de vaisseau :* officier de la marine de guerre.

enseignement n. m. **1.** Action, art d'enseigner, de transmettre des connaissances. → **éducation, instruction, pédagogie.** *L'enseignement du français. Enseignement assisté par ordinateur.* → **EAO.** – *Enseignement public* (organisé par l'État) ; *privé, libre* (dans des établissements privés). *Enseignement laïque ; religieux, confessionnel. Enseignement primaire, secondaire, supérieur. Enseignement technique.* ▪ Profession, carrière des enseignants. *Entrer dans l'enseignement.* **2.** surtout plur. littér. Précepte, leçon. *Les enseignements de l'expérience.*

enseigner v. tr. < 1 > (vient du latin pop. *insignare,* de *insignire,* de *insignis* → enseigne, de *signum* → signe) **1.** Transmettre à un élève de façon qu'il comprenne et assimile (des connaissances, des techniques). → **apprendre.** *Enseigner les mathématiques à des enfants.* **2.** Apprendre à qqn, par une leçon ou par l'exemple. *Enseigner la patience à qqn.* – (sujet chose) *L'expérience nous enseigne la prudence.*

ensellé, ée adj. (de *selle*) *Cheval ensellé,* dont le dos se creuse exagérément au niveau des reins.

ensellure n. f. Courbure très prononcée de la région lombaire (cheval) ; cambrure au niveau des reins (corps humain).

ensemble (vient du latin *insimul,* de *simul,* de *similis* → simuler ; sembler) **I.** adv. **1.** L'un avec l'autre, les uns avec les autres. → **collectivement.** *Vivre ensemble. Faire qqch. ensemble.* → en **commun.** *Couleurs qui vont bien ensemble* (→ s'**assortir,** s'**harmoniser**). **2.** L'un avec l'autre et en même temps. → **simultanément.** *Ne parlez pas tous ensemble.* **II.** (d'abord un *tout-ensemble,* en art) n. m. **1.** Unité (par le synchronisme des mouvements, l'harmonie des éléments...). iron. *Ils mentent avec un ensemble touchant.* **2.** Totalité des éléments d'un tout. *Étudier les détails sans perdre de vue l'ensemble.* → **globalité.** « *Tout est là : faire rentrer le détail dans l'ensemble* » (Flaubert). *L'ensemble des habitants. J'ai lu l'ensemble de son œuvre.* → **intégralité.** – loc. *Une vue d'ensemble,* globale. – *Dans son ensemble :* totalement. – ***Dans l'ensemble*** loc. adv. : en considérant l'effet général. → en **gros.** **3.** Groupe de plusieurs personnes ou choses réunies. *Un ensemble vocal, instrumental,* groupe de chanteurs, de musiciens. *Réunir un ensemble de conditions.* ▪ Groupe d'habitations ou de monuments. loc. ***Grand ensemble*** : groupe important d'habitations collectives présentant une unité architecturale. ▪ Pièces d'habillement assorties, faites pour être portées ensemble. *Un ensemble de plage.* ▪ math. (trad. de l'allemand *Menge*) Collection d'éléments ayant en commun certaines propriétés qui les caractérisent, et susceptibles d'avoir entre eux, ou avec certains éléments d'autres ensembles, des relations (ex. inclusion, disjonction, etc.). → **sous-ensemble.** *La théorie des ensembles.*

ensemblier, ière n. **1.** Professionnel(le) qui crée des ensembles décoratifs. **2.** Assistant(e) du décorateur, au cinéma et à la télévision.

ensembliste adj. math. Relatif à la théorie des ensembles.

ensemencement n. m. Action d'ensemencer.

ensemencer v. tr. < 3 > (de *semence*) **1.** Pourvoir de semences (une terre). → **semer.** **2.** *Ensemencer une rivière,* la peupler de petits poissons. → **aleviner.** **3.** biol. Introduire des germes, des bactéries dans (un bouillon de culture, un milieu).

Ensenada Ville du Mexique, sur le Pacifique, à proximité de la frontière des États-Unis. 280 000 habitants. Station balnéaire.

enserrer v. tr. < 1 > (de *serrer*) littér. (choses) Entourer en serrant étroitement, de près.

Ensérune (montagne d') Plateau calcaire du bas Languedoc délimité par l'Orb et l'Aude. On y découvrit en 1915 les vestiges d'un oppidum préromain (influences ibères, grecques et celtes ; VIIe-VIe s. av. J.-C.).

ensevelir v. tr. < 2 > (de *en* et ancien français *sevelir,* qui vient du latin *sepelire* → sépulture) **1.** littér. Mettre (un mort) au tombeau. → **enterrer.** ▪ Envelopper dans un linceul. **2.** (sujet chose) Faire disparaître sous un amoncellement. *L'avalanche a enseveli plusieurs villages.* **3.** fig., littér. Enfouir en cachant. *Ensevelir un trésor.*

ensevelissement n. m. littér. Action d'ensevelir ; fait d'être enseveli.

ensiforme adj. (du latin *ensis* « épée » et de *-forme*) didact. En forme d'épée. *Des feuilles ensiformes.*

ensilage n. m. Méthode de conservation des produits agricoles en silo. ▪ par ext. Fourrage conservé en silo.

ensiler v. tr. < 1 > (de *en* et *silo*) Mettre en silo (des produits agricoles) pour conserver.

Ensisheim Commune du Haut-Rhin, sur l'Ill. 7 475 habitants. Palais de la Régence (XVIe s.). Musée.

en-soi n. m. invar. philos. Mode d'être de ce qui est sans conscience (et ne peut se modifier volontairement) (opposé à *pour-soi*).

ensoleillement n. m. **1.** État d'un lieu ensoleillé. **2.** Temps pendant lequel un lieu est ensoleillé.

ensoleiller v. tr. < 1 > (de *soleil*) **1.** Remplir de la lumière du soleil. – au p. p. *Une façade ensoleillée,* exposée au soleil. **2.** fig., littér. Illuminer, éclairer. *L'amour qui a ensoleillé sa vie.*

ensommeillé, ée adj. Mal réveillé, encore sous l'influence du sommeil. → **somnolent.**

ensommeiller v. tr. < 1 > (de *sommeil*) Donner sommeil à (qqn). ▫ n. m. **ensommeillement**

Ensor (James) Peintre et graveur belge (1860-1949). D'abord naturaliste mais avec l'intrusion d'éléments insolites, son style évolua vers l'expressionnisme, se tournant vers un fantastique grotesque, satirique et mystique. *L'Entrée du Christ à Bruxelles ; Squelettes se chauffant autour d'un poêle.*

ensorcelant, ante adj. Qui ensorcelle, séduit irrésistiblement. → **fascinant, séduisant.**

ensorceler v. tr. < 4ou RO 5 > (de *en* et *sorcer* → sorcier) **1.** Soumettre (qqn) à l'action d'un sortilège, jeter un sort sur (qqn). → **envoûter.** **2.** Captiver entièrement, comme par un sortilège irrésistible. → **charmer, fasciner, séduire.**

ensorceleur, euse adj. et n. littér. (Personne) qui ensorcelle.

ensorcellement n. m. **1.** Action d'ensorceler (1). ▪ Pratique de sorcellerie ; état d'un être ensorcelé. → **enchantement, envoûtement, sortilège.** **2.** fig. Séduction irrésistible. → **fascination.** *L'ensorcellement de la musique.* - var. RO **ensorcèlement.**

ensouple n. f. (du latin) techn. Cylindre d'un métier à tisser, sur lequel on monte les fils de chaîne.

ensuite adv. (*en suite*) **1.** Après cela, plus tard. → **puis.** *Terminons d'abord, nous sortirons ensuite.* **2.** Derrière en suivant. *Arrivait ensuite le peloton.* ▪ fig. En second lieu. *D'abord, je ne veux pas ; ensuite, je ne peux pas.*

s'ensuivre v. pron. < 40 inf. et 3e pers. seulement > (de *en* et *suivre*) **1.** loc. *Et tout ce qui s'ensuit,* et tout ce qui vient après, accompagne la chose. **2.** littér. Survenir en tant qu'effet naturel ou conséquence logique. → **découler, résulter.** *Certains résultats s'ensuivent nécessairement.* – loc. *Jusqu'à ce que mort s'ensuive :* jusqu'à ce que le supplice entraîne la mort. – aux temps composés *Ce qui s'en est ensuivi* (vieux), *ce qui s'en est suivi.* – impers. *Il s'ensuit que :* il en résulte que.

ensuqué, ée adj. (du provençal) régional (Provence), fam. Assommé (de chaleur, de fatigue...).

ENT n. m. invar. (sigle) « Espace numérique de travail », permettant aux élèves et aux enseignants de consulter et d'échanger des contenus. *L'ENT d'une université.*

entablement n. m. (de *table*) **1.** archit. Saillie au sommet des murs, qui supporte la charpente de la toiture. **2.** Partie qui surmonte une colonnade et comprend l'architrave, la frise et la corniche. **3.** Moulure ou saillie formant la corniche d'un meuble.

Un entablement imité de l'antique, empruntant à l'ordre ionique.

entabler v. tr. < 1 > (de *en-* et *table*) techn. Ajuster (deux pièces) à demi-épaisseur.

entablure n. f. techn. Endroit où se réunissent deux pièces entablées.

entacher v. tr. < 1 > (de *tache*) **1.** littér. Marquer d'une tache morale. → **salir, souiller, ternir.** *Cette condamnation entache son honneur.* **2.** *Entaché, ée de* : gâté par (un défaut). – dr. *Un acte entaché de nullité.*

entaille n. f. (de *entailler*) **1.** Coupure qui enlève une partie, laisse une marque allongée ; cette marque. → **encoche, fente.** *L'entaille d'une greffe* (sur un arbre). **2.** Incision profonde faite dans les chairs. → **balafre, coupure, estafilade.** « *Je me ferai des entailles par tout le corps, je me tatouerai, je veux devenir hideux* » (Rimbaud).

entailler v. tr. < 1 > (de *tailler*) Couper en faisant une entaille. *Entailler une pièce de bois. S'entailler le doigt.* □ n. m. **entaillage**

entame n. f. **1.** Premier morceau coupé (d'une chose à manger). → **bout.** *L'entame d'un jambon.* **2.** Première carte jouée. *Une entame à pique.*

entamer v. tr. < 1 > (vient du bas latin *intaminare*, d'un v. *taminare* « souiller » [→ contaminer], de *tangere* « toucher ») **I. 1.** Enlever en coupant une partie à (qqch. dont on n'a encore rien pris). **2.** Diminuer (un tout encore intact) en utilisant une partie. *Entamer son capital.* – au p. p. *La journée est déjà bien entamée.* **3.** Couper en incisant. *Il s'est entamé la joue en se rasant.* ■ (sujet chose) Couper, pénétrer (la matière). → **attaquer, ronger.** *La rouille entame le fer.* ■ fig. *Rien ne peut entamer sa détermination.* **4.** Commencer à convaincre, à ébranler (qqn). **5.** (aux cartes) *Entamer une couleur* : commencer à jouer dans cette couleur. **II.** Commencer à faire (qqch.). → **entreprendre.** *Entamer des négociations.* → **engager.**

entarter v. tr. < 1 > Écraser une tarte à la crème sur le visage de (qqn) pour le ridiculiser. □ n. m. **entartage** □ n. **entarteur, euse**

entartrage n. m. État de ce qui est entartré.

entartrer v. tr. < 1 > (de *tartre*) Recouvrir de tartre incrusté. – au p. p. *Dents entartrées.* – pronom. *Tuyaux qui s'entartrent.*

entassement n. m. **1.** Action d'entasser ou de s'entasser. **2.** Choses entassées. → **amoncellement, tas.**

entasser v. tr. < 1 > (de *en* et *tas*) **1.** Mettre (des choses) en tas, généralement sans ordre. → **amonceler.** – pronom. *Son courrier s'entasse dans un tiroir.* **2.** Réunir (des personnes) dans un espace trop étroit. → **serrer, tasser.** – pronom. *Les spectateurs s'entassaient dans la salle.* **3.** Accumuler, amasser. « *Que de mensonges entassés pour cacher un seul fait !* » (Beaumarchais).

ente n. f. (de *enter*) **1.** techn. Jeune branche, scion qu'on prend à un arbre pour le greffer sur un autre. ■ Greffe ainsi opérée. **2.** *Prune d'ente* : variété de prune dont on fait des pruneaux.

Entebbe Ville d'Ouganda, sur la rive N. du lac Victoria. 102 000 habitants. Capitale du pays jusqu'à l'indépendance. Aéroport.

entéléchie n. f. (grec, de *telos* « achèvement ») philos. **1.** Chez Aristote, État de parfait accomplissement de l'être. **2.** Principe métaphysique qui détermine un être à une existence définie.

entendant, ante n. Personne qui jouit de ses facultés auditives, par opposition aux sourds et aux malentendants.

entendement n. m. **1.** philos. Faculté de comprendre. **2.** Ensemble des facultés intellectuelles. → **intelligence, raison.** loc. *Cela dépasse l'entendement* : c'est incompréhensible.

entendeur n. m. loc. *À bon entendeur, salut* : que celui qui comprend bien en fasse son profit (souligne une menace).

entendre v. tr. < 41 > (vient du latin *intendere* « tendre vers », « porter son attention vers », de *tendere* → ¹tendre) **I.** (idée d'intention) littér. *Entendre que* (+ subj.), *entendre* (+ inf.) : avoir l'intention, le dessein de. → ¹**vouloir.** *J'entends qu'on m'obéisse ; j'entends être obéi.* – *Faites comme vous l'entendez.* **II. 1.** littér. Percevoir, saisir par l'intelligence. → **comprendre.** *J'entends bien*, je comprends bien ce que vous voulez dire. – loc. *Laisser entendre*, laisser deviner. → **insinuer, sous-entendre. 2.** (personnes) Vouloir dire. *Qu'entendez-vous par là ?*, quel sens donnez-vous à ce que vous dites ? **III. 1.** Percevoir par le sens de l'ouïe. → **ouïr.** *J'ai entendu un cri.* « *Écoute ce qu'on entend lorsque rien ne se fait entendre* » (Valéry). – loc. *Il ne l'entend pas de cette oreille*, il n'est pas d'accord. ■ *Entendre parler de qqch., qqn*, apprendre qqch. à ce sujet. *J'en ai entendu parler. Ne pas vouloir entendre parler d'une chose*, la rejeter sans examen. – *J'ai entendu dire que*, j'ai appris que. ■ *Faire entendre* : émettre (un son, une parole). **2.** absolt Percevoir (plus ou moins bien) par l'ouïe. *Parlez plus fort, il entend mal.* **3.** littér. Écouter, prêter attention à. *Elle ne veut rien entendre* : rien de ce qu'on peut lui dire ne l'influencera. – loc. *Entendre raison*, accepter les conseils raisonnables. – loc. *À l'entendre* : si on l'en croit, si on l'écoute. ■ *Entendre un témoin* : recueillir ses dépositions. ■ **s'entendre** v. pron. **1.** Être compris. *Ce mot peut s'entendre de diverses manières.* – *S'entend* : c'est évident. **2.** Être entendu, perçu par l'ouïe. *Cette expression s'entend encore*, est encore employée. **3.** *S'entendre à* (+ inf.), *en* (+ n.) : être habile (dans un domaine). – *S'y entendre* : être expert en la matière. → **s'y connaître. 4.** Se mettre d'accord. *Ils n'ont pas réussi à s'entendre. Entendons-nous bien !* : mettons-nous bien d'accord ! **5.** Avoir des rapports (bons ou mauvais). *Les deux sœurs s'entendent à merveille. Je m'entends mal avec lui.*

entendu, ue adj. **1.** *Un air, un sourire entendu*, malin, complice. **2.** Accepté ou décidé après accord. → **convenu.** *C'est une affaire entendue. C'est entendu.* – ellipt *Entendu !* → **d'accord.** ■ **Bien entendu loc. adv.** : la chose est évidente, naturelle. → **évidemment, naturellement.** *Vous nous accompagnez ?* — *Bien entendu !* – fam. *Comme de bien entendu* : comme il se doit. **3.** littér. ***Bien (mal)*** *entendu, ue* : bien (mal) compris, mis en œuvre. *Un intérêt bien entendu.*

enténébrer v. tr. < 6 > littér. Plonger dans les ténèbres. → **assombrir, obscurcir.**

entente n. f. (vient du latin pop. *intendita*, de *intenta*, de *intendere* → entendre) **I.** vieux Connaissance approfondie (par l'entendement). – loc. *Une phrase **à double entente**,* qui a deux significations (→ **ambigu**). **II. 1.** Fait de s'entendre, de s'accorder ; état qui en résulte. → **accord.** *Parvenir à une entente. Trouver un terrain d'entente.* – *Entente entre producteurs.* → **cartel, trust.** ■ Collaboration politique entre États. → **alliance. 2.** *Entente, bonne entente*, relations amicales, bonne intelligence entre plusieurs personnes. → **amitié, union.**

Entente (Petite-) Alliance de défense mutuelle signée, entre 1920 et 1922, par le royaume des Serbes, des Croates et des Slovènes (devenu royaume de Yougoslavie en 1929), la Roumanie et la Tchécoslovaquie, avec l'appui de la France, pour faire face à la menace hongroise. Elle se révéla impuissante et s'effondra en 1938.

Entente (Triple-) Alliance tacite entre la France, la Grande-Bretagne et la Russie résultant d'un rapprochement anglo-russe (1907), qui s'ajouta à l'alliance franco-russe (1893) et à l'Entente cordiale entre la France et la Grande-Bretagne (1904).

Entente cordiale Politique de rapprochement entre la France et la Grande-Bretagne, inaugurée par Guizot sous la monarchie de Juillet. L'expression fut reprise en 1904 pour désigner les accords signés par les deux pays afin de régler les litiges relatifs à leur politique coloniale.

enter v. tr. < 1 > (vient du latin pop. *imputare* « greffer », de *impotus, imputos*, grec *emphuton* « greffe », de *phuton* → phyto-) **1.** Greffer. *Enter la vigne.* **2.** techn. Assembler (deux pièces de bois) bout à bout.

entéral, ale, aux adj. (du grec *enteron* « intestin ») méd. Qui s'administre par le tube digestif. *Alimentation entérale.* - contr. **parentéral.**

entériner v. tr. < 1 > (de l'ancien français *enterin*, de *entier*) **1.** dr. Rendre définitif, valide (un acte) en l'approuvant juridiquement. → **homologuer, ratifier, valider.** *Le tribunal a entériné les rapports d'experts.* **2.** Admettre ou consacrer. → **approuver.** *Entériner un usage.* □ n. m. **entérinement**

entérique adj. (→ entér[o]-) méd. Relatif aux intestins.

entérite n. f. (→ entér[o]-) Inflammation de la muqueuse intestinale, généralement accompagnée de colique, de diarrhée.

entér(o)-, -entère Éléments (du grec *enteron*) qui signifient « intestin » (ex. *entéralgie* **n. f.** « douleur intestinale »).

entérocolite n. f. (→ colite) méd. Inflammation des muqueuses de l'intestin grêle et du côlon.

entérocoque n. m. (→ -coque) méd. Bactérie (streptocoque) qui se développe naturellement dans l'intestin mais qui peut être à l'origine d'infections graves.

entérokinase n. f. (→ kinase) biochim. Enzyme des glandes de la muqueuse intestinale, qui joue un rôle dans la digestion des protéines.

enterrement n. m. **1.** Action d'enterrer un mort, de lui donner une sépulture. → **inhumation.** ■ Cérémonies qui s'y rattachent. → **funérailles, obsèques.** *Enterrement religieux, civil.* – loc. *Avoir une tête, une mine d'enterrement*, un visage triste. **2.** Cortège funèbre. → **convoi, obsèques. 3.** fig. Abandon (de qqch. qu'on considère comme mort). *L'enterrement d'un projet.* ■ *Enterrement de vie de garçon (EVG), de vie de jeune fille (EVJF)* : moment festif passé avec ses amis avant de se marier.

enterrer v. tr. < 1 > (de *terre*) **I. 1.** Déposer le corps de (qqn) dans la terre, dans une sépulture. → **ensevelir, inhumer.** *On l'a enterré dans le caveau de famille.* ■ loc. (p. p.) *Il est mort et enterré,* bien mort. – *Vous nous enterrerez tous :* vous vivrez plus longtemps que nous. **2.** Abandonner ou faire disparaître (comme une chose finie, morte). surtout au passif *Le scandale a été enterré.* – au p. p. *C'est une histoire enterrée,* oubliée. **II. 1.** Enfouir dans la terre. *Enterrer une canalisation.* **2.** surtout passif et p. p. Recouvrir d'un amoncellement. → **ensevelir.** *Enterré sous des décombres.* **3.** pronom. fig. Se retirer. *S'enterrer à la campagne.*

entêtant, ante adj. Qui entête. *Un parfum entêtant.*

entête n. m. **1.** Inscription en tête d'un papier officiel, commercial. *Papier à lettres à entête.* **2.** inform. Partie initiale d'un message, contenant des informations extérieures au texte. *Entête et pied de page d'un document* (traitement de texte). - var. **en-tête.** *Des en-têtes.*

entêté, ée adj. et n. (Personne) qui s'entête. → **obstiné, têtu.**

entêtement n. m. Fait de persister dans un comportement volontaire sans tenir compte des circonstances. → **obstination, opiniâtreté.** *Son entêtement finira par lui coûter cher.* ■ Caractère d'une personne têtue.

entêter v. < 1 > (de *en* et *tête*) **I.** v. tr. littér. Incommoder par des vapeurs, des émanations qui montent à la tête. *Parfum qui entête.* **II.** v. pron. ***S'entêter à*** *(faire qqch.),* ***dans*** *(une opinion, etc.) :* persister avec obstination. *Il s'entêtait à leur écrire. Plus vous insisterez, plus il s'entêtera.*

enthalpie [ɑ̃talpi] n. f. (grec *enthalpein* « réchauffer dans ») phys. En thermodynamique, Fonction définie par la somme de l'énergie interne d'un système et du produit de sa pression par son volume.

enthousiasmant, ante adj. Qui enthousiasme. → **exaltant.**

enthousiasme n. m. (grec *enthousiasmos* « transport divin ») **1.** littér., dans l'Antiquité Délire sacré, inspiration divine ou extraordinaire. – État d'inspiration exaltée. *L'enthousiasme poétique.* **2.** Émotion vive portant à admirer. *Il a parlé du film avec enthousiasme.* **3.** Émotion se traduisant par une excitation joyeuse. → **allégresse, joie.** *J'accepte avec enthousiasme.*

enthousiasmer v. tr. < 1 > Remplir d'enthousiasme. *Son interprétation a enthousiasmé l'auditoire.* – au passif *Être enthousiasmé,* ravi, transporté (de joie, etc.). – au p. p. *Un regard enthousiasmé.* – pronom. *S'enthousiasmer pour qqn, qqch.* → **s'emballer, s'enflammer.**

enthousiaste adj. (grec *enthousiastes* → **enthousiasme**) Qui ressent de l'enthousiasme, marque de l'enthousiasme. *Un partisan enthousiaste.* → **fervent.** *Un accueil enthousiaste.* → **chaleureux.**

enthymème [ɑ̃timɛm] n. m. (latin d'origine grecque *enthymema* « ce qu'on a dans la pensée ») log. Syllogisme dans lequel une partie des prémisses ou la conclusion est sous-entendue.

s'enticher v. pron. < 1 > (de l'ancien français *entechier,* de *teche,* var. de *tache*) Se prendre d'un goût extrême et irraisonné pour. → **s'engouer,** se **toquer.** *S'enticher d'un chanteur, d'une actrice.* → **s'amouracher.** □ n. m. **entichement**

entier, ière adj. (vient du latin *integer* → **intègre,** de *in-* et *tangere* « toucher » → **tangible, tact**) **1.** Dans toute son étendue. → [1]**tout.** *Dans le monde entier,* partout. *Une heure entière. Payer place entière,* sans réduction. – ***Tout entier :*** absolument entier. *La ville tout entière. Se donner tout entier à :* consacrer tout son temps à, se dévouer à. ■ n. m. ***En, dans son entier :*** dans sa totalité. – ***En entier*** loc. adv. : complètement, entièrement. *Voir un film en entier.* **2.** À quoi il ne manque rien. → **complet, intact, intégral.** *La liasse est entière,* on n'en a retiré aucun billet. *Lait entier,* non écrémé. ■ *Nombre entier* ou **n. m.** *un entier,* composé d'une ou plusieurs unités (opposé à *nombre fractionnaire*). **3.** (chose abstraite) Qui n'a subi aucune altération. → **absolu, parfait, total.** *Ma confiance reste entière.* → **intact.** *La question demeure entière,* le problème n'a pas reçu un commencement de solution. **4.** littér. Qui n'admet aucune restriction, aucune demi-mesure. *Un caractère entier et obstiné. Être entier dans ses opinions.*

entièrement adv. D'une manière entière. → **complètement, intégralement, totalement.** *Nous sommes entièrement d'accord.* → **parfaitement.**

entièreté n. f. Intégralité, totalité. *Envisager une question dans son entièreté.*

entité n. f. (latin médiéval, de *ens, entis,* p. prés. de *esse* → [2]**être**) Idée générale, abstraction que l'on considère comme une réalité.

entoilage n. m. Action d'entoiler. – Toile dont on s'est servi pour entoiler.

entoiler v. tr. < 1 > (de *toile*) Fixer sur une toile. ■ Renforcer (une étoffe) d'une toile fine. *Entoiler une cravate.*

entoir n. m. techn. Couteau à enter, à greffer.

entôler v. tr. < 1 > (de *tôle, taule* « chambre ») argot Voler un client (prostituée). – fam. Voler en trompant. □ n. m. **entôlage** □ n. **entôleur, euse**

entolome n. m. (du grec *entos* « à l'intérieur » et *lôma* « bordure ») bot. Champignon des bois, à lames roses (classe des *Basidiomycètes*).

entomo- Élément (du grec *entomon* « insecte », de *entomos* « coupé » [→ -tome]).

entomologie n. f. Partie de la zoologie qui traite des insectes.

entomologique adj. Relatif à l'entomologie.

entomologiste n. Spécialiste de l'entomologie.

entomophage adj. (→ -phage) zool. Qui se nourrit d'insectes. *Oiseau entomophage.* → **insectivore.**

entomophile adj. (→ -phile) bot. (plante) Dont la fécondation se fait par l'intermédiaire d'insectes qui transportent le pollen.

[1]**entonner** v. tr. < 1 > (de *tonne*) Verser dans une tonne, un tonneau. □ n. m. **entonnage**

[2]**entonner** v. tr. < 1 > (de *ton*) Commencer à chanter (un air). *Entonner une chanson.*

entonnoir n. m. (de [1]*entonner*) **1.** Instrument de forme conique, terminé par un tube et servant à verser un liquide dans un récipient de petite ouverture. ■ *En entonnoir,* en forme d'entonnoir. *Fleurs, champignons en entonnoir.* **2.** Cavité naturelle qui va en se rétrécissant. → **cratère, cuvette.** – Excavation produite par une explosion.

entorse n. f. (de l'ancien adj. *entors, entorse,* p. p. de l'ancien français *entordre ;* vient du latin pop. *intorsa,* de *in-* et *torquere* → **tordre**) **1.** Lésion douloureuse d'une articulation, provenant d'une distension violente. → **foulure, luxation.** *Se faire une entorse au poignet.* **2.** fig. *Faire une entorse à... :* ne pas respecter. *Une sérieuse entorse au règlement.* → **infraction.**

entortiller v. tr. < 1 > (p.-ê. latin pop. *intortiliare,* de *tortum,* supin de *torquere* → **tordre ; tortiller**) **1.** Envelopper (un objet) dans qqch. que l'on tortille ; tortiller (qqch.), notamment autour d'un objet. *Entortiller un bonbon dans du papier.* – pronom. *S'entortiller dans ses draps.* **2.** fig. Persuader (qqn) en le trompant. → **circonvenir ;** fam. **rouler.** *Tu t'es laissé entortiller par ses promesses.* **3.** fig. Compliquer (des phrases, des propos) par des circonlocutions. → **embrouiller.** – au p. p. *Des phrases entortillées.* □ n. m. **entortillage** ou **entortillement**

entour n. m. (de *entorn,* de *en* et *torn, tour* ;* d'abord adv. et prép., pour « autour [de] ») **1.** littér. au plur. Les environs, le voisinage. *Les entours de la ville.* → **abords, alentours. 2.** loc. *À l'entour de..., à son entour* (littér.). → **alentour.**

entourage n. m. (de *entourer*) **1.** Personnes qui entourent habituellement qqn, et vivent dans sa familiarité. → **compagnie.** *Une personne de son entourage.* **2.** Ornement disposé autour (de certains objets). *Un entourage de fenêtre.*

entouré, ée adj. Recherché, admiré ou soutenu par de nombreuses personnes. *Elle a toujours été très entourée.*

entourer v. tr. < 1 > (de *entour*) **1.** Garnir de qqch. qu'on met tout autour ; mettre autour de. *Entourer un enfant de ses bras.* – fig. *Entourer qqn d'égards. Entourer ses actions de mystère.* **2.** (choses) Être autour de (qqch., qqn) de manière à enfermer. *Une clôture entoure le jardin.* – au p. p. *Un jardin entouré de haies.* **3.** (personnes ou choses) Être habituellement ou momentanément autour de (qqn). *Les gens qui nous entourent.* → **entourage, milieu. 4.** S'occuper de (qqn), aider ou soutenir. *Ses amis l'entourent beaucoup, depuis son deuil.* → **entouré.**

entourloupe n. f. (p.-ê. de [2]*tour*) fam. Mauvais tour joué à qqn.

entournure n. f. (de l'ancien français *entourner,* de *en* et *tourner*) Partie du vêtement qui fait le tour du bras, là où s'ajuste la manche. → **emmanchure.** – loc. *Être gêné aux entournures,* mal à l'aise, en difficulté.

entr- voir **entre-**

s'entraccuser v. pron. < 1 > (de *entre-* et *accuser*) S'accuser réciproquement.

entracte n. m. (de *entre* et *acte*) **1.** Intervalle entre les parties d'un spectacle, d'un concert, d'une pièce de théâtre. **2.** fig. Temps d'arrêt, de repos, au cours d'une action. → **interruption.**

s'entradmirer v. pron. < 1 > (de *entre-* et *admirer*) S'admirer réciproquement.

Entragues ou **Entraygues** (**Catherine Henriette de Balzac d'**) (1583-1633). Favorite d'Henri IV, elle conspira sans succès contre Marie de Médicis.

entraide n. f. (de *s'entraider*) Aide mutuelle. *Un comité d'entraide.* → **solidarité.**

s'entraider v. pron. < 1 > (de *entre-* et *aider*) S'aider mutuellement. → **s'aider.**

entrailles n. f. pl. (vient du latin *intralia,* de *interaneus* « intérieur », de *inter* → **entre**) **1.** Ensemble des organes enfermés dans l'abdomen (hommes, animaux). → **boyau,** [2]**intestin, tripe, viscère. 2.** littér. Les organes de la femme qui portent l'enfant. → **sein** (littér.) ; **matrice, utérus.** *« Le fruit de vos entrailles est béni »* (prière du « Je vous salue, Marie »). **3.** littér. La partie profonde (d'une chose). *« Ils ont creusé jusque dans les entrailles du sol »* (Taine). – La partie profonde et émotive (de l'être humain). → **tripe(s).**

entrain n. m. (de [être] *en train*) **1.** Vivacité et bonne humeur communicatives. → **ardeur, enthousiasme, fougue, vivacité.** *Avoir de l'entrain ; être plein d'entrain* (→ **boute-en-train**). **2.** (actes, paroles) Animation gaie. *La conversation manque d'entrain.*

entraînable adj. rare Qui peut être entraîné, influencé. *Foule entraînable.* - var. RO **entrainable.**

entraînant, ante adj. Qui entraîne à la gaieté, donne de l'entrain. - var. RO **entrainant, ante.**

entraînement n. m. **I. 1.** Communication d'un mouvement. *Un entraînement par courroies.* **2.** Mouvement par lequel une personne se trouve déterminée à agir, indépendamment de sa volonté. *« Les entraînements* *les plus passionnés de sa nature véhémente »* (Jaurès). → **impulsion.** **II. 1.** Action d'entraîner qqn, de s'entraîner (II). *Entraînement d'un athlète. Terrain d'entraînement. À l'entraînement : pendant les séances d'entraînement.* **2.** Préparation méthodique, apprentissage par l'habitude. *Vous y arriverez avec un peu d'entraînement.* - var. RO **entrainement.**

entraîner v. tr. < 1 > (de *en* et *traîner*) **I. 1.** Emmener de force avec soi. *Le courant entraîne le navire vers la côte.* → **drosser.** – Communiquer son mouvement à. *« Une pression sans machine n'entraîne rien »* (Valéry). **2.** Conduire, mener (qqn) avec soi. → **emmener, mener.** – Conduire (qqn) en exerçant une pression morale. *Il se laisse entraîner par ses camarades.* **3.** (sujet chose) Pousser (qqn) par un enchaînement psychologique ou matériel. *Son enthousiasme l'entraîne trop loin.* → **emporter, pousser.** *Entraîner qqn avec soi, derrière soi, à faire qqch.* **4.** (sujet chose) Avoir pour conséquence nécessaire, inévitable. → **amener, produire, provoquer.** *Cela risque d'entraîner de graves conséquences.* → **déclencher.** **II.** (anglais *to train*) **1.** Préparer (un animal, une personne, une équipe) à une performance sportive au moyen d'exercices appropriés (→ **entraînement (II)**). *Entraîner un cheval, un athlète.* – pronom. *Il s'entraîne tous les jours.* – au p. p. *Un athlète bien entraîné.* **2.** Faire l'apprentissage de (qqn). *Entraîner qqn à un exercice.* → **endurcir, former.** – pronom. *S'entraîner à prendre la parole en public.* - var. RO **entrainer.**

entraîneur, euse n. **I.** Personne qui entraîne les autres à sa suite. → **chef, meneur.** **II. 1.** Personne qui entraîne les chevaux pour la course. **2.** Personne qui entraîne des sportifs. → anglic. **coach** ; aussi **préparateur.** - var. RO **entraineur, euse.**

entraîneuse n. f. (de *entraîner*) Jeune femme employée dans les bars, les dancings pour engager les clients à danser, à consommer. - var. RO **entraineuse.**

entrait n. m. (de l'ancien français *entraire* « attirer ») techn. Dans une charpente, Poutre horizontale qui relie la base des arbalétriers * dont elle maintient l'écartement.

entrant, ante adj. et n. Qui entre (dans un groupe). – n. *Les entrants et les sortants.*

entrapercevoir v. tr. < 28 > (de *entre-* et *apercevoir*) Apercevoir à peine, de manière fugitive.

entrave n. f. (de *entraver*) **1.** Ce qu'on met aux jambes d'un animal pour gêner sa marche. *Mettre des entraves à un cheval.* **2.** fig. Ce qui retient, gêne. *Cette loi est une entrave à la liberté de la presse.* → **empêchement, obstacle.**

entravé, ée adj. Qui a des entraves. *Un animal entravé.* ■ *Jupe entravée,* très resserrée dans le bas.

[1]**entraver** v. tr. < 1 > (de *en*, et ancien français *tref, trav* « poutre », vient du latin *trabs, trabis* → **travée**) **1.** Retenir, attacher (un animal) au moyen d'une entrave. **2.** fig. Empêcher de se faire, de se développer. → [2]**enrayer, freiner, gêner.** *Entraver les projets de qqn.*

[2]**entraver** v. tr. < 1 > (pour *enterver*, vient du latin *interrogare* → **interroger**) argot fam. Comprendre. *J'y entrave que dalle :* je n'y comprends rien.

entraxe n. m. (de *entre-* et *axe*) techn. Distance séparant les axes de deux voies de chemin de fer voisines, de deux essieux.

entre prép. (vient du latin *inter* → **inter-**) **I. 1.** Dans l'espace qui sépare (des choses, des personnes). *Les Pyrénées s'étendent entre la France et l'Espagne. Distance entre deux points.* → **intervalle.** *Des mots entre parenthèses, entre guillemets.* – (dans une série, une suite) *C est entre B et D.* **2.** Dans le temps qui sépare (deux dates, deux époques, deux faits). *Nous passerons chez vous entre 10 et 11 heures.* – loc. *Entre deux âges,* ni jeune ni vieux. **3.** fig. Dans l'espace qui sépare (deux choses, deux éléments). *Être entre la vie et la mort.* **II.** (Au milieu de) **1.** (En tirant d'un ensemble) *Choisir entre plusieurs solutions.* → **parmi.** – *Entre autres.* → **autre.** **2.** suivi d'un pron. pers. En ne sortant pas d'un groupe (de personnes). *Ils veulent rester entre eux. Entre nous,* dans le secret, de vous à moi. **III.** (Exprimant un rapport entre personnes ou choses) **1.** L'un l'autre, l'un à l'autre, avec l'autre. → aussi **entre-.** *Les loups se dévorent entre eux. Match entre deux équipes.* **2.** (comparaison) *Voir le rapport de deux choses entre elles. Il n'y a rien de commun entre lui et moi.*

entre- ou **entr-** Élément (du latin *inter* → **entre**) formant des noms et des verbes, avec l'idée d'intervalle *(entracte),* d'action réciproque *(entraide, s'entraider, s'entredéchirer),* d'une action partielle *(entrouvrir)* ou interrompue *(entrecouper).*

entrebâillement n. m. Intervalle formé par ce qui est entrebâillé. *L'entrebâillement de la porte.* → **ouverture.**

entrebâiller v. tr. < 1 > (de *entre-* et *bâiller,* fig.) Ouvrir très peu (une porte, une fenêtre). → **entrouvrir.**

entrebâilleur n. m. Dispositif permettant d'entrebâiller une porte sans l'ouvrir complètement.

Entrecasteaux (Antoine Raymond Joseph de Bruni, chevalier d') Navigateur français (1737-1793). Il poursuivit une brillante carrière dans la marine et périt en mer lors d'une expédition à la recherche de Lapérouse.

entrechat n. m. (italien [*capriola* → **cabriole**] *intrecciata* « [saut] entrelacé », de *intrecciare,* de *treccia* « tresse ») **1.** danse Saut pendant lequel les pieds battent rapidement l'un contre l'autre. **2.** Saut, gambade.

entrechoquement n. m. Choc réciproque (de choses, de personnes).

entrechoquer v. tr. < 1 > Choquer, heurter l'un contre l'autre. – pronom. *Verres qui s'entrechoquent.*

entrecolonnement n. m. Intervalle entre deux colonnes consécutives.

entrecôte n. f. (→ [1]**côte**) Morceau de viande de bœuf coupé entre les côtes. *Une entrecôte persillée.*

entrecoupé, ée adj. Interrompu à plusieurs reprises. → **intermittent, saccadé.** *Des paroles entrecoupées.*

entrecouper v. tr. < 1 > Interrompre par intervalles. *Entrecouper un récit de rires.* → **entremêler.**

entrecroisement n. m. État de ce qui est entrecroisé.

entrecroiser v. tr. < 1 > Croiser ensemble, à plusieurs reprises. → **entrelacer.** *Entrecroiser des rubans.* – au p. p. *Des lignes entrecroisées.*

entrecuisse n. m. Partie interne du haut des cuisses. – fam. Sexe.

s'entredéchirer v. pron. < 1 > Se déchirer mutuellement. - var. **s'entre-déchirer.**

entredeux ou **entre-deux** n. m. invar. **1.** Espace, état entre deux choses, deux extrêmes. *« Tout un entre-deux de sentiments »* (Proust). **2.** Bande (de dentelle, broderie) qui coupe un tissu.

entre-deux-guerres n. m. invar. Période entre deux guerres (spécialt, en France, entre 1918 et 1939).

Entre-Deux-Mers n. m. Région du Bordelais, située entre la Garonne et la Dordogne. Collines couvertes de vignobles (23 000 ha).

s'entredévorer v. pron. < 1 > Se dévorer, se détruire mutuellement. → **s'entremanger.** - var. **s'entre-dévorer.**

entrée n. f. (de *entrer*) **I. 1.** Passage de l'extérieur à l'intérieur (opposé à *sortie*). *L'entrée d'un visiteur dans le salon. À son entrée, le silence se fit.* → **arrivée.** *Entrée soudaine.* → **irruption.** – *Acteur qui fait son entrée (en scène).* – ***Entrée dans, à.*** *L'entrée d'un enfant au collège. Depuis son entrée dans cette société.* – ***Entrée en.*** *Entrée en fonctions. Entrée en action.* **2.** Possibilité d'entrer, de pénétrer dans un lieu. → **accès.** *Une porte d'entrée. Refuser l'entrée à quelqu'un. Entrée interdite. Passer un examen d'entrée dans une école.* – Accès (à un spectacle, une réunion, etc.). *Carte, billet d'entrée. Entrée gratuite.* ■ Le titre pour entrer. *J'ai pu obtenir deux entrées.* → **billet, place.** – loc. ***Avoir ses entrées chez qqn,*** y être reçu. **3.** (marchandises, biens) Fait d'entrer (dans un pays). *Droit d'entrée.* **4.** *Les entrées,* l'argent qui entre dans un avoir. **5.** techn. Passage vers l'intérieur (substance, processus...). ■ inform. Passage (des informations) dans la machine, le système. *Entrée des données dans un ordinateur.* – *Entrée-sortie :* échange d'informations entre l'unité de traitement d'un ordinateur et un périphérique. **II. 1.** Ce qui donne accès ; endroit par où l'on entre. *Les entrées d'une maison.* → [1]**porte.** *Entrée de service. L'entrée d'un tunnel.* → **orifice, ouverture.** **2.** Pièce à l'entrée d'un appartement. → **hall, vestibule.** **3.** ***Entrée de :*** ce qui donne accès à. *Entrée d'air,* cheminée, puits d'aération. **4.** (anglais *entry*) anglic. Forme mise en vedette (dans une liste : glossaire, dictionnaire) et qui donne accès aux informations. → **article, vedette.** *Les entrées d'un dictionnaire.* → [1]**adresse.** **III.** temporel loc. ***À l'entrée de :*** au début de. *À l'entrée de l'hiver.* – ***D'entrée de jeu*** loc. adv. : dès le commencement, dès l'abord. **IV.** Plat qui est servi entre les hors-d'œuvre et le plat principal. *Entrée froide, chaude.*

s'entre-égorger voir s'entrégorger

sur ces **entrefaites** loc. adv. (de l'ancien français *entrefaire,* de *entre* et *faire*) À ce moment. → **alors.** *Il est arrivé sur ces entrefaites.*

entrefer n. m. électr. Partie d'un circuit magnétique où le flux d'induction ne circule pas dans le fer.

entrefilet n. m. (de *filet* [typographique]) Court article inséré dans un journal.

entregent n. m. (de *entre-* et *gent* → **gens**) Adresse à se conduire en société, à lier d'utiles relations. → **habileté, savoir-faire.** *Avoir de l'entregent.*

s'entrégorger v. pron. < 3 > S'égorger mutuellement. - var. **s'entre-égorger, s'entr'égorger.**

entrejambe n. m. **1.** Espace compris entre les jambes. *Des entrejambes.* – fam. Sexe. → **entrecuisse.** **2.** Partie d'un pantalon, d'une culotte, entre les jambes. *Slip à entrejambe renforcé.*

entrelacement n. m. Action d'entrelacer ; choses entrelacées. *Un entrelacement de lignes.* → **entrecroisement, entrelacs.**

entrelacer v. tr. < 3 > (de *lacer*) Enlacer l'un dans l'autre. → **entrecroiser, tisser, tresser.** ■ **s'entrelacer** v. pron. *« Deux rangs d'arceaux superposés, dont quelques-uns se croisent et s'entrelacent comme des rubans »* (Gautier). → **s'enchevêtrer, s'entremêler.** – au p. p. *Lettres entrelacées d'un monogramme.*

entrelacs [ɑ̃tʀəla] n. m. (de *entrelacer*) Ornement composé de motifs entrelacés, dont les lignes s'entrecroisent. *Les entrelacs de l'art arabe.* → **arabesque.**

entrelarder v. tr. < 1 > (de *larder*) **1.** Piquer (une viande) de lardons. → **larder.** **2.** fig. *Entrelarder son discours de citations.* → **farcir, truffer.**

s'entremanger v. pron. < 3 > Se manger, se dévorer l'un l'autre. → **s'entredévorer.** - var. **s'entre-manger.**

entrelacs

Entrelacs décorant une girouette en bronze (VIe s.), musée des Antiquités nationales, Stockholm.

entremêler v. tr. < 1 > (de *mêler*) **1.** Mêler (des choses différentes) les unes aux autres. *Entremêler des fleurs rouges et des fleurs blanches.* – fig. *Entremêler des banalités et des traits d'esprit.* – pronom. *Récits qui s'entremêlent.* **2.** *Entremêler de :* insérer. *Il entremêle son discours de citations latines.* – au p. p. *Paroles entremêlées de sanglots.* → **entrecoupé.**

entremets n. m. (de *entre* et *mets*) **1.** anciennt Plat servi entre le rôti et le dessert. **2.** Entremets sucré (aujourd'hui confondu avec le dessert, mais excluant la pâtisserie).

entremetteur, euse n. **1.** vieux Personne qui s'entremet. → **intermédiaire. 2.** péj. Personne qui sert d'intermédiaire dans les intrigues amoureuses.

s'entremettre v. pron. < 56 > (de *mettre*) Intervenir entre des personnes pour les rapprocher, pour faciliter la conclusion d'une affaire. → **s'interposer.** *S'entremettre dans un conflit.*

entremise n. f. (de *entremettre* et *mise*) Action d'une personne qui s'entremet. *Offrir son entremise dans une affaire.* → **arbitrage, intervention.** *Apprendre qqch. par l'entremise de qqn.* → **canal, intermédiaire, [2]moyen.**

Entremont Plateau situé au N. d'Aix-en-Provence, où fut découvert en 1946 un oppidum celte du -IVe siècle.

Entremont (val d') Vallée du S.-O. de la Suisse (Valais) qui mène au col du Grand-Saint-Bernard.

entrenerf n. m. Intervalle entre deux nerfs au dos d'un livre. *Des entrenerfs.* - var. **entre-nerf.** *Des entre-nerfs.*

entrenœud ou **entre-nœud** n. m. bot. Partie de la tige comprise entre deux nœuds. *Des entrenœuds, des entre-nœuds.*

s'entrenuire v. pron. < 38 > littér. Se nuire réciproquement. - var. **s'entre-nuire.**

entrepont n. m. Espace, étage compris entre deux ponts d'un navire, entre le faux pont et le premier pont.

entreposage n. m. Action d'entreposer.

entreposer v. tr. < 1 > (de *poser*) **1.** Déposer dans un entrepôt. **2.** Déposer, laisser en garde.

entreposeur, euse n. Personne responsable de la gestion d'un entrepôt.

entrepositaire n. dr. Personne qui entrepose des marchandises pour le compte d'autrui. *Entrepositaire agréé par l'administration des douanes.*

entrepôt n. m. (de *entreposer,* d'après *dépôt*) Bâtiment, emplacement servant d'abri, de lieu de dépôt pour les marchandises. → **dock, magasin.**

entreprenant, ante adj. **1.** Qui entreprend avec audace, hardiesse. → **audacieux, hardi. 2.** Qui montre de l'audace pour séduire. *Un jeune homme entreprenant.*

entreprenaute n. (de *entrepren[eur]* et *[inter]naute*) Créateur d'entreprise sur Internet.

entreprendre v. tr. < 58 > (de *entre-* et *prendre ;* d'abord « interpeler » et « attaquer » [qqn]) **I.** Se mettre à faire (qqch.). → **commencer.** *Entreprendre des études. Entreprendre un procès contre qqn.* → **intenter.** – *Entreprendre de faire qqch.* → **essayer, tenter.** ■ absolt *« Il n'est pas nécessaire d'espérer pour entreprendre, ni de réussir pour persévérer »* (attribué à Guillaume d'Orange). – spécialt Créer une entreprise. **II. 1.** Tâcher de convaincre, de séduire (qqn). *Entreprendre une femme,* tenter de la conquérir. **2.** *Entreprendre qqn sur un sujet,* commencer à l'entretenir de ce sujet.

entrepreneur, euse n. (de *entreprendre,* I) **1.** Personne qui se charge de l'exécution d'un travail par un contrat d'entreprise*. *Un entrepreneur de menuiserie.* **2.** absolt Personne, société qui est chargée d'exécuter des travaux de construction. *Le promoteur et l'entrepreneur.* **3.** Personne qui dirige une entreprise* pour son compte. → **[1]patron.** *Un petit entrepreneur.* ■ Créateur d'entreprise ; industriel doué de l'esprit d'entreprise.

entrepreneurial, iale, iaux adj. (pris à l'anglais, du français *entrepreneur*) Relatif à l'entreprise, à l'entrepreneur.

entrepreneuriat n. m. (→ entrepreneurial) Activité, fonction de l'entrepreneur.

entreprise n. f. (du p. p. de *entreprendre*) **I. 1.** Ce qu'on se propose d'entreprendre, de faire (→ **dessein, projet**) ; mise à exécution d'un projet. → **affaire, opération.** *« Un amour, une carrière, une révolution : autant d'entreprises que l'on commence, en ignorant leur issue »* (Sartre). *Une entreprise difficile.* ■ *Libre entreprise :* liberté de créer et de gérer des entreprises privées, en régime capitaliste libéral. **2.** dr. Le fait, pour un entrepreneur, de s'engager à fournir son travail pour un ouvrage, dans des conditions données. *Contrat d'entreprise.* **3.** Organisation de production de biens ou de services à caractère commercial. → **affaire, commerce, établissement, exploitation, industrie ; firme, société.** *Entreprise privée, publique. Les petites et moyennes entreprises.* → **PME.** *Les grandes entreprises. Association d'entreprises.* → **cartel, combinat, groupe, holding, trust.** – *Chef d'entreprise.* → **entrepreneur** (3). – *Comité* d'entreprise.* **II.** (de *entreprendre,* II) littér. Action par laquelle on attaque qqn, on tente de porter atteinte à ses droits, à sa liberté. *C'est une entreprise contre le droit des gens.*

entrer v. intr. (auxiliaire *être*) et tr. (auxiliaire *avoir*) < 1 > (vient du latin *intrare,* de *intra* « à l'intérieur de », de *inter* → entre) **I. 1.** (êtres vivants) Passer du dehors au dedans (opposé à *sortir*). *« [...] dans cet antre / Je vois fort bien comme l'on entre, / Et ne vois pas comme on en sort »* (La Fontaine). → **[1]aller, pénétrer.** *Entrer chez un commerçant.* – loc. *Entrer en scène.* **2.** Commencer à être dans (un lieu), à (un endroit). *Entrer dans un pays.* **3.** absolt Passer à l'intérieur, dedans. *Entrer par la fenêtre. Entrez ! Défense d'entrer.* **4.** (choses) Aller à l'intérieur. → **pénétrer.** *L'eau entre de toutes parts.* loc. *Cela entre comme dans du beurre*.* – fig. *Le soupçon est entré dans son esprit.* → **s'insinuer, pénétrer. 5.** (personnes) Commencer à faire partie de (un groupe, un ensemble). *Entrer au lycée. Entrer dans l'armée.* → **s'engager.** *Entrer dans un parti politique.* → **adhérer.** – *Entrer dans l'histoire.* ■ fig. Commencer à prendre part à. → **participer.** *Entrer dans une affaire. Entrer dans le jeu.* **6.** fig. *Entrer dans :* comprendre, saisir (ce que l'esprit pénètre). *Entrer dans les sentiments de qqn,* le comprendre, se mettre à sa place. → **partager.** *Entrer dans la peau de son personnage.* **II.** (temporel) **1.** Aborder (une période), commencer à être (dans une période). *On entre dans les mauvais jours de l'hiver.* **2.** *Entrer en :* commencer à être dans (un état). *Entrer en convalescence. Entrer en action,* se mettre à agir. *Ce pays est entré en guerre.* **III. 1.** Être compris dans. *Entrer dans une catégorie. Faire entrer en (ligne de) compte :* prendre en considération. *Ce travail entre dans ses compétences.* **2.** Être pour qqch., être un élément de. *De la colère entre dans sa décision.* **3.** (sujet chose) Être employé dans la composition ou dans la fabrication de qqch. *Les éléments qui entrent dans un mélange.* **IV.** v. tr. (auxiliaire *avoir*) **1.** Faire entrer. → **introduire.** *Entrer un meuble par la fenêtre.* ■ *Entrer des données dans un ordinateur.* **2.** Enfoncer. *Il lui entrait ses ongles dans la main.*

entrerail ou **entre-rail** n. m. Espace, écartement entre les rails d'une voie ferrée. *Des entrerails, des entre-rails.*

s'entreregarder v. pron. < 1 > rare Se regarder mutuellement. - var. **s'entre-regarder.**

Entre Ríos Région d'Argentine, entre les cours inférieurs du Paraná et de l'Uruguay. Agriculture (céréales, fruits) et élevage.

entresol [ɑ̃tʀəsɔl] n. m. (espagnol *entresuelo,* de *suelo* « sol », du latin *solum* → [1]sol) Espace d'un bâtiment entre le rez-de-chaussée et le premier étage.

entretaille n. f. (de *entre-* et *[1]taille*) Taille légère faite entre des tailles plus profondes (gravure).

s'entretailler v. pron. < 1 > (cheval) Se heurter et se blesser les jambes en marchant.

entre-temps ou **entretemps** [ɑ̃tʀətɑ̃] (de *entretant,* de *tant,* d'après *temps*) **I.** adv. Dans cet intervalle de temps. *Entre-temps, il s'est marié.* **II.** n. m. Intervalle de temps.

entretenir v. tr. < 22 > (de *entre-* et *tenir*) **I. 1.** Faire durer, faire persévérer. → **maintenir, prolonger.** *Entretenir un feu.* → **alimenter.** *Entretenir de bons rapports avec ses voisins.* – prov. *Les petits cadeaux entretiennent l'amitié.* **2.** *Entretenir qqn dans* (un état affectif ou psychologique). *Entretenir qqn dans l'erreur.* **3.** Faire durer en soi (un état moral). *Entretenir un espoir.* **4.** Maintenir en bon état. *Entretenir une route. Entretenir sa mémoire. Entretenir sa forme physique.* – au p. p. *Une voiture bien entretenue.* **5.** Fournir ce qui est nécessaire à la dépense, à la subsistance de (qqn). → **se charger de, nourrir.** *Entretenir un enfant.* → **élever ; entretenu. II.** *Entretenir qqn de qqch.,* lui en parler. *Je voudrais vous entretenir de cette affaire.* – pronom. Converser (avec qqn). → **[2]causer, [1]parler.** *S'entretenir avec qqn de vive voix.*

entretenu, ue adj. **1.** Maintenu dans le même état. *Oscillation entretenue.* **2.** (personnes) Qui reçoit de l'argent pour ses besoins. *« Une femme que nous entretenons ne nous semble pas une femme entretenue [...] »* (Proust). **3.** Tenu en bon état. *Appartement bien entretenu.*

entretien [ɑ̃tʀətjɛ̃] n. m. (de *entretenir*) **I. 1.** Soins, réparations, dépenses qu'exige le maintien en bon état. *Notice d'entretien. Produits d'entretien.* **2.** vieilli Ce qui est nécessaire à l'existence matérielle (d'un individu, d'une collectivité). *Ses parents assurent son entretien.* **3.** Fait de maintenir (qqch.) dans l'état actuel. *L'entretien de ses connaissances.* **II.** (→ **entretenir,** II) Action d'échanger des paroles avec une ou plusieurs personnes ; sujet dont on s'entretient. → **conversation, discussion.** *Avoir un entretien avec qqn.* → **audience, entrevue.** – Réunion de spécialistes. *Les entretiens de* (l'hôpital) *Bichat.*

entretoise n. f. (p.-ê. de *toise* « pièce de bois ») Pièce qui sert à relier dans un écartement fixe des poutres, des pièces de machine.

entretoiser v. tr. < 1 > Maintenir l'écartement (de deux pièces) avec des entretoises.

s'entretuer v. pron. < 1 > Se tuer mutuellement ; se battre jusqu'à la mort. - var. **s'entre-tuer.**

entrevoie n. f. Espace entre deux voies de chemin de fer. → **entraxe.** *Des entrevoies.*

entrevoir v. tr. < 30 > **1.** Voir à demi (indistinctement ou trop rapidement). → **apercevoir.** *Il passait en voiture, je ne l'ai qu'entrevu.* → **distinguer. 2.** Avoir une idée imprécise, une lueur soudaine de (qqch. d'actuel ou de futur). → **deviner, soupçonner.** *Entrevoir les difficultés d'une entreprise.* → **pressentir.**

entrevous [ɑ̃tʀəvu] n. m. (de l'ancien français *vous* « voûté » → voûte) techn. Intervalle entre deux solives, deux poteaux d'une cloison. – Espace garni de plâtre ou de maçonnerie entre ces poteaux.

entrevoûter v. tr. < 1 > techn. Garnir de plâtre (les entrevous). - var. RO **entrevouter.**

entrevue n. f. (de *s'entrevoir*) Rencontre concertée entre personnes qui ont à parler, à traiter une affaire. *Avoir une entrevue avec qqn* (→ **entretien**), *avec un journaliste* (→ **interview**).

entrisme n. m. (de *entrer*) polit. Technique d'influence dans (un groupe ou parti) en utilisant des éléments qu'on y fait entrer. → **noyautage.**

entropie n. f. (formé en allemand [Clausius], du grec *entropia* « retour en arrière » → entropion) 1. phys. Fonction exprimant le principe de la dégradation de l'énergie ; processus exprimé par cette fonction. 2. Augmentation du désordre ; affaiblissement de l'ordre. *Entropie négative* (*néguentropie* n. f.).

entropion n. m. méd. Renversement du bord des paupières vers l'intérieur (opposé à *ectropion*).

entroque n. m. (du grec *trokhos* « disque ») didact. Formation fossile en forme de disque, striée, provenant des tiges des encrines*.

entrouvert, erte adj. Qui est à peine ouvert.

entrouvrir v. tr. < 18 > Ouvrir à demi, très peu. → **entrebâiller.** *Entrouvrir les yeux.* – pronom. *La porte s'entrouvrit doucement.*

entuber v. tr. < 1 > (de *tube*) fam. Duper, escroquer. → [1]**avoir, rouler.**

enturbanné, ée adj. Coiffé d'un turban.

enture n. f. (de *enter*) techn. 1. Fente où l'on place une greffe. 2. Assemblage bout à bout de deux pièces de bois par entaille.

Entzheim Commune du Bas-Rhin, site de l'aéroport de Strasbourg. 2 485 habitants.

énucléation n. f. (→ énucléer) 1. Extraction du noyau (d'un fruit). 2. chir. Extirpation (d'une tumeur). 3. Ablation du globe oculaire. 4. biol. Ablation du noyau (d'une cellule).

énucléer v. tr. < 1 > (latin *enucleare*, de *ex* et *nucleus* « noyau ») 1. Extirper par énucléation. *Énucléer un kyste.* 2. Priver de son noyau. – au p. p. *Ovocyte énucléé.*

Enugu Ville du Nigeria, capitale de l'État d'Enugu, au N. de Port-Harcourt. 950 000 habitants. Commerce. Industrie.

énumératif, ive adj. Qui énumère.

énumération n. f. (latin → énumérer) Action d'énumérer. → **compte, dénombrement, recensement.** *L'énumération des objets d'une collection.* → **inventaire,** [2]**liste, répertoire.**

énumérer v. tr. < 6 > Énoncer une à une (les parties d'un tout). → **compter, détailler.** *Énumérer les risques d'une opération.*

énurésie n. f. (du grec *enaurein*, de *en* « dans » et *ourein* « uriner » → diurétique) méd. Émission involontaire et inconsciente d'urine. → **incontinence.** *Énurésie nocturne des enfants.* □ adj. **énurétique**

envahir v. tr. < 2 > (vient du latin pop. *invadire*, de *in-* et *vadere* « aller » → [1]aller [je vais, tu vas...]) 1. Occuper (un territoire) brusquement et par la force. → **conquérir, prendre.** *Envahir un pays.* 2. Occuper, s'étendre dans (un espace) d'une manière abusive, ou excessive, intense. *La foule envahit les rues.* – (sujet animal, plante, chose...) *Les sauterelles ont envahi la région.* → **infester.** « *On dut laisser la gangrène l'envahir comme le lierre une statue* » (Cocteau). – *Les produits étrangers envahissent le marché.* → **empiéter,** se **répandre.** 3. (sujet sentiment, idée...) Occuper en entier. → **couvrir, remplir.** *Le sommeil l'envahissait doucement.* → **gagner.**

envahissant, ante adj. 1. Qui a tendance à envahir. *Un soupçon envahissant.* 2. (personnes) Qui s'introduit dans l'intimité d'autrui. → **importun, indiscret.** *Des voisins envahissants. Un enfant envahissant.* → **accaparant.**

envahissement n. m. 1. Action d'envahir ; son résultat. *L'envahissement d'un pays.* → **invasion, occupation.** 2. Fait d'envahir (2 et 3). *L'envahissement du jardin par les mauvaises herbes.*

envahisseur, euse 1. n. m. Ennemi qui envahit. *Chasser les envahisseurs* (ou *l'envahisseur*). 2. adj. Qui envahit. *Armées envahisseuses.* ■ par ext. *Des virus envahisseurs.*

Envalira (col ou port d') Col des Pyrénées, dans la principauté d'Andorre (2 407 m).

envasement n. m. Fait d'envaser, de s'envaser ; état de ce qui est envasé.

envaser v. tr. < 1 > (de [2]*vase*) 1. Enfoncer dans la vase. 2. Remplir de vase. ■ **s'envaser** v. pron. 1. Se remplir de vase. *Le port s'est envasé.* 2. S'enfoncer dans la vase. → **s'embourber, s'enliser.** *L'embarcation s'est envasée.*

enveloppant, ante adj. 1. Qui enveloppe. *La cornée, membrane enveloppante de l'œil.* 2. abstrait Qui séduit progressivement. → **captivant, enjôleur, séduisant.** *Une voix enveloppante.*

enveloppe n. f. (de *envelopper*) I. 1. Chose qui enveloppe, entoure. ■ Étui, gaine. *Une enveloppe protectrice.* 2. Feuille de papier pliée et collée en forme de poche. → **pli.** *Mettre une lettre sous enveloppe.* 3. Montant des crédits inscrits à un budget. *L'enveloppe budgétaire pour l'année à venir.* – Commission illicite. *Recevoir une enveloppe.* → **dessous-de-table, pot-de-vin.** 4. Ce qui entoure un organe, un organisme. *L'enveloppe des fruits.* → **peau.** *L'enveloppe calcaire des œufs d'oiseaux.* → **coque.** II. littér. 1. Ce qui constitue l'apparence extérieure d'une chose. *L'enveloppe mortelle* : le corps. 2. Air, apparence, aspect extérieur (qui cache la réalité). *Cacher son agressivité sous une enveloppe de douceur.* → **dehors.**

enveloppé, ée adj. (personnes) Qui a un peu d'embonpoint, qui est bien en chair. → **enrobé.**

enveloppement n. m. Action d'envelopper ; état de ce qui est enveloppé.

envelopper v. tr. < 1 > (de l'ancien français *voloper*, vient du latin *volvere* « rouler » → voûte et latin médiéval *faluppa* « copeau ») 1. Entourer d'une chose souple qui couvre de tous côtés. → **entourer, recouvrir.** *Envelopper un enfant dans une couverture. Envelopper un objet dans du papier.* → **emballer, empaqueter.** ■ Constituer l'enveloppe de. 2. littér. Entourer complètement. « *Une atmosphère obscure enveloppe la ville* » (Baudelaire). – *Envelopper ses proches de son affection.* 3. littér. *Envelopper de* : entourer de qqch. qui cache. → **cacher, dissimuler.** *Envelopper ses intentions de mystère.*

envenimation n. f. Pénétration d'un venin dans l'organisme. → **envenimement.**

envenimé, ée adj. Qui s'est infecté.

envenimement n. m. 1. Action d'envenimer ; son résultat. *L'envenimement d'une plaie.* – fig. *L'envenimement de la situation.* → **détérioration.** 2. Envenimation.

envenimer v. tr. < 1 > (de *venin*) 1. Infecter (une blessure), rendre plus difficile à guérir. → **enflammer, infecter, irriter.** – pronom. *La blessure s'est envenimée.* 2. Rendre plus virulent, plus pénible. *Envenimer un conflit.* → **aggraver, attiser, aviver.** – pronom. *La querelle s'est envenimée.*

enverguer v. tr. < 1 > mar. Fixer une voile à une vergue.

envergure n. f. (de *enverguer*, de *vergue*) 1. *L'envergure d'un oiseau*, l'étendue des ailes déployées. – La plus grande largeur (d'un avion). 2. (personnes) Ampleur, ouverture (de l'intelligence). *Son prédécesseur était d'une autre envergure.* → **calibre, classe, valeur.** – (choses) Étendue, ampleur. *Une action de grande envergure.*

Enver Pacha Général et homme politique turc (1881-1922). Il fut l'un des meneurs des coups d'État de 1908 et de 1909, qui contraignirent le sultan Abdülhamid à l'abdication. Ministre de la Guerre en 1914, il engagea l'Empire ottoman aux côtés de l'Allemagne dans la Première Guerre mondiale. Il soutint le mouvement insurrectionnel panislamique au Turkestan et fut tué au cours d'une bataille contre les troupes soviétiques.

[1]**envers** prép. (de *en* et *vers*) 1. À l'égard* de (qqn) (après un mot désignant un sentiment, une action). « *Lynx envers nos pareils, et taupes envers nous* » (La Fontaine). → **pour.** – À l'égard de (une chose morale). *Traître envers sa patrie.* 2. loc. ***Envers et contre tous*** : en dépit de l'opposition générale. – ***Envers et contre tout*** : en dépit de tout, malgré tout.

[2]**envers** n. m. (ancien français *enver, erse*, adj., vient du latin *inversum*, de *invertere* « retourner », de *vertere* → [1]vers, verser) I. 1. Le côté (d'une chose) opposé à celui qui doit être vu ou qui est vu d'ordinaire. → [1]**derrière** (opposé à *endroit*). *L'envers d'une médaille.* → **revers.** loc. *L'envers du décor*, les inconvénients cachés. 2. Aspect opposé, mais inséparable. → **contraire, inverse.** II. ***À l'envers*** loc. adv. 1. Du mauvais côté, du côté qui n'est pas fait pour être vu. *Le roi Dagobert « qui a mis sa culotte à l'envers »* (chanson). 2. Sens dessus dessous. *Mes locataires ont laissé ma maison à l'envers !* → en **désordre,** en **pagaille.** *Avoir la tête à l'envers*, l'esprit agité, troublé. 3. Dans un sens inhabituel, dans le mauvais sens. *Vous comprenez tout à l'envers. C'est le monde à l'envers !*, c'est une chose aberrante.

à l'envi loc. adv. (ancien français *envi*, de *envier* « inviter à », « provoquer », vient du latin *invitare* → inviter) littér. À qui mieux mieux ; en rivalisant.

enviable adj. Digne d'envie ; que l'on peut envier. → **désirable, souhaitable, tentant.** *Un sort peu enviable.*

envider v. tr. < 1 > (formé sur *dévider*) techn. Tourner (le fil de la trame) autour d'un fuseau, d'une bobine. → **enrouler.**

envie n. f. (vient du latin *invidia* « jalousie », de *invidere* « envier », de *videre* → voir) I. 1. Sentiment de désir mêlé d'irritation, de dépit qu'éprouve qqn contre ceux qui possèdent ce qu'il n'a pas. → [2]**jalousie.** *Éprouver de l'envie pour, à l'égard d'un rival heureux.* 2. Désir de jouir d'un avantage, d'un plaisir égal à celui d'autrui. *Exciter l'envie de ses voisins. Digne d'envie.* → **enviable.** 3. ***Envie de*** : désir (d'avoir, de posséder, de faire qqch.). → **besoin, désir, goût.** *Éprouver l'envie, une grande envie de faire qqch. Cela ne donne pas envie d'y aller.* – Besoin organique. *L'envie de manger* (faim), *de boire* (soif), *de dormir* (sommeil). fam. *Avoir envie de faire pipi.* loc. *Ça l'a pris comme une envie de pisser*, brusquement. 4. ***Avoir envie de*** : convoiter, vouloir. – (+ subst.) *J'ai envie de cette voiture.* – (+ inf.) *Elle a envie de voyager.* – *Avoir envie que* (+ subj.). → **souhaiter,** [1]**vouloir.** *Il a envie que vous restiez.* – fam. *J'en ai très envie.* – loc. *Il en meurt, il en crève d'envie.* – *Avoir envie de (qqn)*, le désirer sexuellement. – ***Faire envie*** : exciter l'envie, le désir. → **tenter.** *Ce voyage me fait envie.* – *Je vais vous en faire passer l'envie*, vous en ôter le désir. → **dégoûter.** 5. loc. fam. *Des envies de femme enceinte*, désir vif et subit. II. 1. Tache de naissance (considérée comme la trace d'une envie de la mère). 2. au plur. Petits filets de peau autour des ongles.

envier v. tr. < 7 > (de *envie*) **1.** Éprouver envers (qqn) un sentiment d'envie (I, 1 et 2), soit qu'on désire ses biens, soit qu'on souhaite être à sa place. → **jalouser.** *Il envie tout le monde.* – *Je vous envie d'être si peu frileux !* **2.** Éprouver un sentiment d'envie envers (qqch.). → **convoiter, désirer.** *Envier qqch. à qqn,* désirer posséder ce qu'il possède. ▪ loc. *N'avoir rien à envier à personne,* n'avoir rien à désirer, être comblé.

envieusement adv. Avec envie.

envieux, euse adj. et n. (de *envie,* d'après le latin *invidiosus*) **1.** Qui éprouve de l'envie. → **jaloux.** *Il a un caractère envieux. Être envieux du bien d'autrui.* → **avide, cupide. 2.** n. *C'est un jaloux et un envieux. « Les envieux mourront mais non jamais l'envie »* (Molière). – loc. *Faire des envieux,* provoquer l'envie des autres. **3.** Qui a le caractère de l'envie. *Un regard envieux.*

enviné, ée adj. (récipient) Qui a pris l'odeur du vin.

environ (de *en* et ancien français *viron* « tour », de *virer*) **I. 1.** prép. vieux Vers. *« Environ cette époque, à la tombée d'un beau jour d'été »* (A. France). **2.** adv. À peu près ; un peu plus, un peu moins (devant un nom de nombre). → **approximativement.** *Il y a environ deux ans ; il y a deux ans environ.* – *Sa propriété vaut environ huit cent mille euros.* → **dans** les. **II.** n. m. → **environs.**

environnant, ante adj. Qui environne, qui est dans les environs. → **proche, voisin.**

environnement n. m. **1.** Entourage habituel (de qqn). *L'environnement familial.* **2.** Ensemble des conditions naturelles et culturelles qui peuvent agir sur les organismes vivants et les activités humaines. *Protection de l'environnement.* → **écologie. 3.** inform. Configuration matérielle et logicielle propre à un ordinateur.

environnemental, ale, aux adj. Relatif à l'environnement.

environnementaliste n. didact. Spécialiste de l'étude de l'environnement. → **écologiste.**

environner v. < 1 > **1.** v. tr. Être autour de, dans les environs de. *Des montagnes environnent la ville.* **2.** *S'environner* v. pron. (personnes) *Il s'environne d'amis.*

environs n. m. pl. (de *environ*) Les alentours (d'un lieu). *Les environs de la ville. Aux environs,* à proximité, dans le voisinage. ▪ temporel *Aux environs de Noël,* un peu avant ou après.

envisageable adj. Qu'on peut envisager, imaginer. → **concevable, possible.**

envisager v. tr. < 3 > (de *en* et *visage*) **1.** vieux Dévisager. **2.** Considérer sous un certain aspect. → **regarder, voir.** *Envisager la situation sous un certain angle.* **3.** Prendre en considération. → **considérer.** *Hypothèse à envisager. Il n'envisage que l'intérêt général.* → **¹penser** à. **4.** Prévoir, imaginer comme possible. *Envisager le pire.* **5.** *Envisager de* (+ inf.) : faire le projet de. → **¹penser, projeter.** *Ils envisagent de vendre leur maison.*

envoi n. m. (de *envoyer*) **I. 1.** Action, fait d'envoyer. *L'envoi d'une lettre par la poste.* → **expédition.** – *Coup d'envoi* : au football envoi du ballon par l'avant qui ouvre le jeu ; fig. début, déclenchement d'une opération. **2.** Ce qui est envoyé. *J'ai reçu votre envoi hier.* **II.** Dernière strophe de quatre vers qui dédie une ballade à qqn. *« À la fin de l'envoi, je touche ! »* (E. Rostand, *Cyrano de Bergerac*).

s'envoiler v. pron. < 1 > (de *²voile* → *²voiler* [se]) (fer, acier) Se courber, se gauchir au moment de la trempe.

envol n. m. (de *s'envoler*) **1.** Action de s'envoler, de prendre son vol. *L'envol d'un oiseau.* **2.** (avion, engin aérien) Fait de quitter le sol. → **décollage.** *Une piste d'envol.*

envolée n. f. **1.** Action de s'envoler. ▪ (Québec) Vol (d'un avion). **2.** Élan dans l'inspiration (en poésie et dans le discours). *De grandes envolées lyriques.*

s'envoler v. pron. < 1 > (de *voler*) **1.** Prendre son vol ; partir en volant. *Les oiseaux se sont envolés. L'avion vient de s'envoler.* → **décoller ;** s'oppose à *atterrir. Elle s'est envolée pour le Japon,* elle est partie par avion. **2.** fam. Disparaître subitement. → **¹partir.** *Personne ! Ils se sont envolés !* **3.** Être emporté par le vent, par un souffle. *Son chapeau s'est envolé.* **4.** (bruit) S'élever, monter. **5.** (temps, sentiments) Passer rapidement, disparaître. → **s'enfuir, ¹partir, passer.** *Le temps s'envole. Tous ses espoirs se sont envolés.* **6.** fam. Augmenter rapidement et de manière incontrôlée. *Les prix s'envolent.*

envoûtant, ante adj. Qui envoûte, séduit irrésistiblement. → **captivant, ensorcelant.** - var. RO **envoutant, ante.**

envoûtement n. m. **1.** Action d'envoûter ; son résultat. *Formules d'envoûtement.* → **sortilège. 2.** abstrait Fascination, séduction. - var. RO **envoutement.**

envoûter v. tr. < 1 > (de *en* et ancien français *volt, vout* « visage » et « figure de cire », vient du latin *vultus*) **1.** Représenter (une personne) par une figurine pour lui faire subir l'effet magique de ce qui est fait à cette image (incantations, violences...). *« Je suppose* [...] *qu'on n'envoûte plus les personnes avec des images de cire et des épingles* [...] *»* (Huysmans). **2.** fig. Exercer sur (qqn) un attrait, une domination irrésistible. → **captiver, ensorceler, fasciner.** *Cette femme l'a envoûté.* - var. RO **envouter.**

envoûteur, euse n. Personne qui pratique l'envoûtement. → **sorcier, magicien.** - var. RO **envouteur, euse.**

envoyé, ée n. Personne qu'on a envoyée quelque part pour accomplir une mission. – loc. *Envoyé(e) spécial(e),* journaliste envoyé(e) spécialement pour un évènement précis.

envoyer v. tr. < 8 > (vient du latin *inviare,* de *in-* et *via* → voie) **I.** *Envoyer qqn.* **1.** Faire aller, partir (qqn quelque part). *Envoyer un enfant à la montagne, en vacances. Envoyer une délégation auprès de qqn.* – *Envoyer qqn à qqn* (pour le rencontrer). *Envoyez-moi les gens que cela intéresse.* **2.** Faire aller (qqn) quelque part (afin de faire qqch.). *Envoyer une personne en course.* → **envoyé.** – (+ inf.) *Elle a envoyé son fils acheter le pain.* loc. fam. *Envoyer qqn balader, promener, paître,* s'en débarrasser, le rejeter brutalement. vulg. *Il l'a envoyé chier.* **3.** Pousser, jeter (qqn quelque part). *Le boxeur a envoyé son adversaire au tapis.* **II.** *Envoyer qqch.* **1.** Faire partir, faire parvenir (qqch. à qqn) ; spécialt, par la poste. → **adresser, expédier.** *Envoyer un mandat à qqn. Envoyer des excuses.* **2.** Faire parvenir (qqch.) à, jusqu'à (qqn ou qqch.), par une impulsion matérielle. *Envoyer une balle à un joueur.* → **jeter, ¹lancer.** *Envoyer des pierres dans une vitre.* – au p. p. *Balle bien envoyée.* – *Envoyer une gifle à qqn.* → **allonger, donner, ²flanquer.** – Adresser à distance (à une personne). *Il nous envoie des baisers.* **3.** (sujet chose) Faire aller jusqu'à. *Le cœur envoie le sang dans les artères.* **4.** fam. *S'envoyer qqch.* : prendre pour soi. → **s'enfiler,** se **farcir,** se **taper.** *Elle s'est envoyé tout le travail,* elle l'a fait péniblement. – *S'envoyer un verre de vin, un bon repas,* le boire, le manger. – Posséder sexuellement (qqn).

envoyeur, euse n. Personne qui envoie. *Retour à l'envoyeur.* → **expéditeur ;** s'oppose à *destinataire.*

Enzensberger (Hans Magnus) Journaliste, poète lyrique et essayiste allemand (1929-2022). Son œuvre, contestataire et féroce, dénonce le conformisme moral et économique de la société allemande. *Défense des loups* (poèmes) ; *Europe, Europe !* (essai).

Enzio ou **Enzo** (1224-1272). Roi de Sardaigne (1242-1272). Fils naturel de l'empereur germanique Frédéric II, il soutint la guerre menée par son père contre les Italiens, conquit le Milanais mais fut vaincu et fait prisonnier (1249).

enzootie n. f. (formé sur *épizootie*) Maladie épidémique qui frappe une ou plusieurs espèces animales dans une région. → **épizootie.**

enzyme n. f. ou m. (allemand *Enzym* [W. Kühne], du grec *en* « dans » et *zumê* « levain ») Substance organique produite par des cellules vivantes, qui agit comme catalyseur dans les changements chimiques. → **ferment.** *Les enzymes favorisent les réactions chimiques de la digestion.* □ adj. **enzymatique**

enzymologie n. f. didact. Étude des enzymes, de leur structure, de leurs propriétés et de leur rôle catalyseur lors des réactions.

éocène n. m. (anglais [sir Charles Lyell], du grec *eôs* « aurore » et *kainos* « récent ») géol. Période du début de l'ère tertiaire.

Éole Dieu des Vents, dans la mythologie grecque.

Éolide ou **Éolie** n. f. Ancienne région du N.-O. de l'Asie Mineure, entre l'Hellespont et l'Ionie.

éolien, ienne adj. (latin, grec *Aiolos* « Éole, dieu des Vents », de *aiolos* « vif, rapide ») **1.** Dû à l'action du vent. *Érosion éolienne.* **2.** Mû par le vent. *Pompe éolienne.* → **éolienne. 3.** Du vent. *L'énergie éolienne.*

éolienne n. f. Machine qui capte l'énergie du vent. *Le mât, les pales d'une éolienne. Champ d'éoliennes.*

Champ d'éoliennes dans le Finistère.

Éoliennes ou **Lipari** (îles) Archipel italien de la mer Tyrrhénienne, au N. de la Sicile. Il est constitué de 7 îles volcaniques, dont Stromboli, Vulcano et Lipari.

éolithe n. m. (du grec *eôs* « aurore » et *-lithe*) didact. Silex du quaternaire qui a l'apparence d'un objet taillé par l'homme.

éon n. m. **I.** philos. Chez les gnostiques, Puissance éternelle émanant de l'Être suprême et par laquelle s'exerce son action sur le monde. **II.** géol. Plus grande division des temps géologiques, regroupant plusieurs ères.

Éon (Charles de Beaumont, chevalier d') Agent secret français (1728-1810). Il accomplit des missions en Russie et en Grande-Bretagne pour Louis XV puis pour Louis XVI. Souvent vêtu d'habits féminins, il entretint sur son identité une confusion qui le rendit célèbre.

Éos Divinité personnifiant l'aurore dans la mythologie grecque.

E

éosine n. f. (allemand, du grec *eôs* « rougeur de l'aube ; aurore ») chim. Matière colorante rouge.

éosinophile adj. Qui a une affinité pour l'éosine. *Leucocytes éosinophiles.* □ n. f. **éosinophilie**

Eötvös (József, baron) Écrivain et homme politique hongrois (1813-1871). Il est l'auteur de romans décrivant la vie rurale en Hongrie. Son voyage en France lui inspira *Le Chartreux.*

Eötvös (Peter) Compositeur et chef d'orchestre hongrois (né en 1944). Proche de Stockhausen puis de Boulez, il compose de la musique orchestrale et des opéras. *The Sirens Cycle.*

E

EP [øpe] n. m. invar. (mot anglais, sigle de *extended play* « durée étendue ») **1.** Disque d'une durée plus longue que celle d'un single et plus courte que celle d'un album. **2.** Ensemble de quatre à six morceaux de musique formant un tout. *Télécharger des EP.*

épacte n. f. (du grec *epaktai [hêmerai]* « [jours] intercalaires ») didact. Nombre qui exprime l'âge de la lune au 31 décembre de chaque année et qui indique le nombre de jours à ajouter à l'année lunaire pour qu'elle soit égale à l'année solaire.

épagneul, eule n. (vient du latin pop. *hispaniolus* → espagnol) Chien, chienne de chasse, à longs poils soyeux et à oreilles pendantes. → **barbet, cocker, setter.**

épair n. m. (origine inconnue) techn. Qualité du papier que l'on observe par transparence.

épais, épaisse adj. (*espes* vient du latin *spissus* « dense, compact ») **I. 1.** Qui est de grande dimension, en épaisseur (2) (opposé à *mince*). *Un mur épais. Une épaisse tranche de pain. Papier épais.* → [1]**fort.** – Qui mesure (telle dimension), en épaisseur. *Une couche épaisse d'un centimètre.* **2.** Dont la grosseur rend les formes lourdes (opposé à *mince, fin, svelte*). *Une taille épaisse.* – fam. *Il n'est pas épais,* il est très mince. **3.** Qui manque de finesse (au moral). → **grossier, lourd.** « *Des personnes simples, d'entendement épais et d'esprit peu compliqué* » (Nerval). **4.** Dont les constituants sont nombreux et serrés. → **fourni.** *Feuillage épais.* – n. m. *Au plus épais de (la foule, etc.),* à l'endroit le plus dense. **5.** (liquide) Qui a de la consistance. → **consistant, pâteux, visqueux.** *Sauce trop épaisse.* ■ (gaz, vapeur) Dense. *Un brouillard épais. Une épaisse fumée.* – Obscur. *Nuit épaisse.* → **profond. II.** adv. **1.** D'une manière serrée. *Semer épais.* **2.** fam. Beaucoup. *Il n'y en a pas épais !* → **lourd.**

épaisseur n. f. **1.** Caractère de ce qui est épais (I, 1), gros. *L'épaisseur de la peau de l'éléphant.* **2.** Troisième dimension (d'un corps solide), les deux autres étant la longueur (ou la hauteur) et la largeur ; écart entre les deux surfaces parallèles (d'un corps). *Creuser une niche dans l'épaisseur d'un mur.* – Mesure de cette dimension. → **grosseur.** *Deux centimètres d'épaisseur.* – (avec un numéral) *Papier en double épaisseur.* **3.** fig. Grossièreté. *L'épaisseur de son esprit.* → **lourdeur. 4.** Caractère de ce qui est épais (I, 4), serré. *L'épaisseur d'une chevelure.* **5.** Consistance, densité. *L'épaisseur du brouillard nous cachait le paysage.*

épaissir v. < 2 > **I.** v. intr. **1.** Devenir épais (I, 4 et 5), consistant, dense. *Dès que la crème épaissit, ôtez-la du feu.* – au p. p. *Une sauce épaissie.* **2.** (→ épais, I, 2) Perdre sa minceur, sa sveltesse. → **grossir.** *Il épaissit en vieillissant.* **II.** v. tr. **1.** Rendre plus épais, plus consistant. *Épaissir un sirop.* **2.** Rendre plus important, plus solide. ■ **s'épaissir** v. pron. Devenir plus serré, plus compact, plus dense, plus consistant. *Le brouillard s'est épaissi.* – fig. *Le mystère s'épaissit autour de cette affaire.* – Perdre sa sveltesse. *Sa taille s'est épaissie.*

épaississant, ante adj. et n. m. (substance) Qui a pour effet d'épaissir, d'augmenter la viscosité. – n. m. *Un épaississant :* substance capable de rendre plus épais un fluide (amidon, farine...).

épaississement n. m. Fait de devenir plus épais. **1.** (en consistance, densité) *L'épaississement du brouillard.* **2.** (en dimension) Perte de la minceur. *Épaississement de la taille.*

épaississeur n. m. techn. Appareil qui sert à concentrer un corps solide en solution dans un liquide.

Épaminondas Général et homme d'État béotien (v. 418-362 av. J.-C.). À la tête des armées thébaines, il remporta de brillantes victoires contre Sparte (bataille de Leuctres, –371).

épamprer v. tr. < 1 > (de *é-* et de *pampre*) techn. Débarrasser (la vigne) des pampres, des feuilles inutiles.

épanchement n. m. **I. 1.** vieux Action d'épancher (un liquide). **2.** méd. Écoulement anormal, accumulation dans les tissus ou dans une cavité, d'un liquide ou d'un gaz organique. → **écoulement, infiltration.** *Épanchement de synovie.* **II.** Communication libre et confiante de sentiments, de pensées intimes. → **abandon, effusion, expansion.** *Doux, tendres épanchements.*

épancher v. tr. < 1 > (vient du latin pop. *expandicare,* de *expandere* « étendre ; ouvrir » → épandre) **I. 1.** vieux Verser, faire couler. **2.** Répandre. **II.** littér. Communiquer librement, avec confiance et sincérité. → **confier, livrer.** – *Épancher son cœur.* ■ **s'épancher** v. pron. **1.** Couler ; se répandre. **2.** Communiquer librement, avec abandon, ses sentiments, ses opinions. → **s'abandonner, se confier.** *Il a besoin de s'épancher.*

épandage n. m. Action de répandre (un engrais, une semence, un produit) sur un sol, une culture. – *Champ d'épandage,* où l'on verse les ordures (→ **décharge**).

épandeur n. m. Machine pour l'épandage (de l'engrais, du fumier, de l'asphalte...).

épandre v. tr. < 41 > (vient du latin *expandere,* de *pandere* « étendre » → expansion) **1.** Étendre en étalant. *Épandre de l'engrais.* **2.** littér. Donner en abondance. → **répandre, verser.**

épanneler v. tr. < 4 ou RO 5 > (de *é-* + forme ancienne de *panneau*) techn., didact. Dégrossir (un bloc de pierre, de marbre) par une taille en plans qui dégage la forme du sujet. → **tailler.**

épanouir v. tr. < 2 > (vient du francique *spannjan* → empan) **1.** Ouvrir, faire ouvrir (une fleur) en déployant les pétales. *La plante épanouit ses fleurs au printemps.* → **déployer,** [1]**étaler, étendre. 2.** Détendre, en rendant joyeux. *La joie épanouit leurs visages.* → **dérider, réjouir.** ■ **s'épanouir** v. pron. **1.** Éclore. – S'ouvrir comme une fleur. **2.** Se détendre, devenir radieux. *Son visage s'épanouit de joie.* – (personnes) Devenir joyeux, radieux. *À cette nouvelle, elle s'est épanouie.* **3.** Se développer librement dans toutes ses possibilités. « *Elle* [madame Bovary] *s'épanouissait enfin dans la plénitude de sa nature* » (Flaubert). ■ **épanoui, ie** adj. *Fleur épanouie.* – *Visage épanoui.* → **radieux.** *Des formes épanouies.* → **généreux, opulent.**

épanouissant, ante adj. Qui permet (à qqn) de s'épanouir.

épanouissement n. m. **1.** Déploiement de la corolle. *L'épanouissement des roses.* → **éclosion. 2.** Fait de s'épanouir. *L'épanouissement du visage.* **3.** Entier développement. *L'épanouissement d'un talent. Dans tout l'épanouissement de sa beauté.* → **éclat, plénitude.**

épar n. m. (germanique *sparro* « poutre ») Pièce de bois servant à maintenir deux pièces écartées. → **entretoise.** – Barre servant à fermer une porte. - var. **épart.**

éparchie n. f. (grec *eparkhia* « province ») Circonscription civile et territoriale correspondant au diocèse, dans les Églises d'Orient.

épargnant, ante n. Personne qui épargne (II, 2), met de l'argent de côté. *Les petits épargnants.*

épargne n. f. (de *épargner* [II]) **1.** Fait de dépenser moins que ce qu'on gagne. → **économie.** – Part du revenu qui n'est pas consacré à la consommation. *Compte d'épargne.* – loc. ***Caisse d'épargne :*** établissement qui reçoit en dépôt les économies des particuliers et leur sert un intérêt. *Plan d'épargne-logement,* pour financer l'acquisition d'un bien immobilier. **2.** Ensemble des sommes mises en réserve ou employées à créer du capital. *Rémunération de l'épargne.* → **intérêt.** *La petite épargne,* celle des petits épargnants.

▶ L'**épargne** (2) représente la partie non consommée du revenu. C'est un flux qui alimente le patrimoine des agents économiques. Pour le ménage, l'épargne est motivée soit par le souhait d'accroître sa consommation future, soit par un besoin de précaution (pour faire face au risque de dépenses imprévues), soit par la volonté de se constituer un patrimoine. L'épargne nationale inclut l'épargne des ménages, des entreprises (qui peuvent l'utiliser pour l'autofinancement) et des administrations (éventuel excédent budgétaire). L'épargne peut être de nature non financière (logements, terrains...) ou financière. Celle-ci peut être classée suivant son degré de liquidité (pièces et billets, comptes sur livret, obligations, fonds communs de placement, actions, assurance vie...). L'agent doit opérer un arbitrage entre la liquidité et le rendement de son placement. Pour les néoclassiques, l'épargne est surtout fonction du taux d'intérêt. Elle est un moteur de la croissance car elle finance l'investissement. Pour les keynésiens, la propension à épargner augmente avec le revenu, elle est seulement un résidu.
voir aussi **intérêt, revenu**

épargner v. tr. < 1 > (vient de l'ancien germanique *sparanjan,* de *sparôn* « ne pas tuer », influence du francique *waidanjan* → gagner) **I.** (compl. personne) **1.** Ne pas tuer (un ennemi vaincu), laisser vivre. – *Épargner un condamné.* → **gracier.** – fig. *La mort n'épargne personne.* **2.** Traiter avec ménagement, indulgence. « *Si tu veux qu'on t'épargne, épargne aussi les autres* » (La Fontaine). – *Épargner l'amour-propre de qqn.* → [2]**ménager, respecter.** – (sujet chose) *La guerre a épargné ces populations.* **3.** Ménager (en paroles, dans un écrit). *Il n'épargne personne dans ses critiques.* **II.** (compl. chose) **1.** Consommer, dépenser avec mesure, de façon à garder une réserve. → **économiser,** [2]**ménager.** *On n'a pas épargné le beurre, dans ce gâteau.* **2.** Conserver, accumuler par épargne. *Épargner une somme d'argent.* → **économiser, thésauriser. 3.** Employer avec mesure. → **compter,** [2]**ménager.** *Épargner sa peine. Je n'épargnerai rien pour vous donner satisfaction.* → **négliger. 4.** ***Épargner une chose à qqn :*** ne pas la lui imposer, faire en sorte qu'il ne la subisse pas. → **éviter.** *Épargnez-moi vos explications.*

éparpillement n. m. Action d'éparpiller, fait de s'éparpiller.

éparpiller v. tr. < 1 > (vient p.-ê. du latin pop., de *dispare* [« inégalement »] *palare* [« répartir »], ou vient du latin pop. *expaleare,* de *spargere* « répandre » et *palea* « paille » ; influence de *épars*) **1.** Jeter, laisser tomber çà et là (plusieurs choses légères ou plusieurs parties d'une chose légère). → **disperser, disséminer, répandre, semer.** – au p. p. *Papiers éparpillés.* → **épars. 2.** Disposer, distribuer irrégulièrement. → **disperser.** – pronom. *La foule s'éparpilla en petits groupes.* **3.** *Éparpiller ses forces, son attention,* les disperser inefficacement. – pronom. Passer d'une idée, d'une occupation à l'autre. *Il s'éparpille trop pour réussir.*

éparque n. m. (grec *eparkhos* « commandant » → éparchie) Préfet de Constantinople, dans l'Empire byzantin.

épars, arse adj. (de l'ancien français *espardre*, vient du latin *spargere* « répandre ») **1.** au plur. Placé dans des lieux, des positions séparées et au hasard. → **dispersé, éparpillé.** *Maisons éparses autour d'un village.* ■ fig. *Rassembler des idées éparses.* **2.** au sing. Dispersé ; dont les éléments sont dispersés. *Une végétation éparse.*

épart voir **épar**

éparvin ou **épervin** n. m. (p.-ê. francique *sparwun*, de *sparo* « passereau ») vétér. Tumeur osseuse du jarret du cheval. → **exostose.**

épatamment adv. fam., vieilli D'une manière épatante, très bien. → **admirablement, merveilleusement.**

épatant, ante adj. (de *épater* [II]) fam. Qui provoque l'admiration, donne un grand plaisir. → ^{2}**chouette, formidable.**

épate n. f. fam. Action d'épater, de chercher à impressionner. → **bluff, chiqué.**

épaté, ée adj. (de *épater* [I]) Élargi à la base. *Nez épaté*, court et large. → **aplati, camus.** □ n. m. ^{1}**épatement**

épater v. tr. ‹ 1 › (de *é-* et *patte*) **I.** vieux Écraser, aplatir. **II.** (de *s'épater* « tomber de tout son long ») fam. Provoquer un étonnement admiratif chez (qqn). → **ébahir, impressionner, stupéfier.** *Il veut épater la galerie. Rien ne l'épate.* – au p. p. Très surpris. *Un air épaté.* □ n. m. ^{2}**épatement**

épaufrer v. tr. ‹ 1 › (p.-ê. de l'ancien français *espautrer* « briser ») techn. Érafler, écorner (une pierre de taille, une brique, une sculpture...) d'un coup mal appliqué. □ n. f. **épaufrure**

épaulard n. m. (de *épaule*) Mammifère marin à nageoire dorsale haute et pointue. → **orque.**

épaule n. f. (vient du latin *spathula* → spatule, d'abord « épée », du grec *spathê* → épée, espadon, spathe) **1.** Partie supérieure du bras à l'endroit où il s'attache au tronc. *Largeur d'épaules*, d'une épaule à l'autre (→ **carrure**). – loc. *Lever, hausser les épaules*, pour manifester son indifférence, son mécontentement. – *Par-dessus l'épaule*, avec désinvolture. – *Avoir la tête sur les épaules*, être sensé, savoir ce qu'on fait. ■ *Les épaules*, symbole de ce qui supporte une charge (→ **dos**). *Toute la responsabilité repose sur ses épaules.* **2.** La partie de la jambe de devant qui se rattache au corps (d'un quadrupède). ■ Cette partie découpée pour la consommation. *Une épaule d'agneau, de mouton.*

épaulé, ée adj. Se dit d'un vêtement dont la ligne d'épaules est accentuée par des épaulettes.

épaulé-jeté n. m. aux poids et haltères Mouvement consistant à amener la barre au niveau des épaules *(épaulé)*, puis à la soulever d'une seule détente à bout de bras *(jeté)*. *Des épaulés-jetés.*

épaulement n. m. **1.** Mur de soutènement. **2.** milit. Rempart de protection contre le feu de l'ennemi. **3.** Replat entre deux pentes. **4.** techn. Côté le plus large d'un tenon. – Saillie sur une pièce qui sert d'appui ou de butée.

épauler v. tr. ‹ 1 › (de *épaule*) **I.** *Épauler qqn*, l'aider à réussir. → **assister, soutenir.** – pronom. S'entraider. *Ils se sont épaulés mutuellement.* **II.** *Épauler qqch.* **1.** (sujet personne) Appuyer contre l'épaule. *Épauler un fusil*, pour viser et tirer (→ **mettre en joue***). **2.** (sujet chose) Amortir la poussée de (un mur, une voûte...) par une maçonnerie pleine.

épaulette n. f. **1.** Ornement militaire fait d'une patte placée sur l'épaule. *Épaulettes d'officier.* **2.** Fine bretelle qui passe sur l'épaule pour soutenir un vêtement féminin. **3.** Rembourrage en demi-cercle cousu à l'épaule d'un vêtement. *Veste à épaulettes.*

épave n. f. (de l'ancien adj. *épave* « égaré », venant du latin *expavidus*, de *pavidus* → impavide, de *pavere* « avoir peur » → peur, épouvanter) **I. 1.** Coque d'un navire naufragé ; objet abandonné en mer ou rejeté sur le rivage. ■ Véhicule irréparable. *Mettre une épave à la casse.* **2.** Personne désemparée qui ne trouve plus sa place dans la société. → fam. **paumé. II.** dr. Objet mobilier égaré par son propriétaire sur la voie publique.

épaviste n. Personne qui fait le commerce des épaves d'automobiles, en revend les pièces détachées. → **casseur.**

épeautre n. m. (de *espelte*, qui vient du latin *spelta*) Blé dur d'une variété dont l'enveloppe adhère fortement au grain. ■ *Petit épeautre* : blé d'une variété proche du blé sauvage.

épée n. f. (vient du latin *spatha*, du grec *spathê* → épaule, espadon, spathe) **1.** Arme blanche faite d'une lame aiguë et droite, emmanchée dans une poignée munie d'une garde. → **fleuret, rapière.** *La lame, la pointe d'une épée. Dégainer l'épée. Se battre à l'épée ; duel à l'épée.* ■ loc. *Passer au fil de l'épée* : tuer à l'arme blanche. – *Un coup d'épée dans l'eau*, un effort inutile, vain. – *Épée de Damoclès*, danger qui peut s'abattre sur qqn d'un moment à l'autre. **2.** Personne qui manie (bien) l'épée. *Une fine épée.* **3.** Escrime* à l'épée.

Épée (Charles-Michel de l'Épée, dit abbé de l') Pédagogue français (1712-1789). Il mit au point un système de communication pour les sourds-muets et fonda la première école française pour les recevoir.

épeiche n. f. (de l'ancien français *espec*, d'origine germanique) Variété de pic (oiseau) d'Europe et d'Asie.

épeichette n. f. (de *épeiche*) Petit pic à plumage noir et blanc d'Eurasie tempérée.

épeire n. f. (latin *epeira*) Araignée très commune (dite *araignée des jardins*), à l'abdomen très développé, qui tisse une toile à réseau concentrique pour attraper ses proies.

épéiste n. Personne qui pratique l'escrime à l'épée.

épeler v. tr. ‹ 4 ou RO 5 › (de l'ancien français *espelir*, venant du francique *spellôn* « expliquer », d'après *appeler*) Nommer successivement chacune des lettres de (un mot). *Pouvez-vous épeler votre nom ?* □ n. f. **épellation**

épendyme [epɑ̃dim] n. m. (grec *ependuma* « vêtement *[enduma]* de dessus *[ep[i]]* ») anat. Membrane qui tapisse les ventricules cérébraux et le canal central de la moelle épinière.

épenthèse [epɑ̃tɛz] n. f. (latin *epenthesis*, mot grec « action de surajouter ») ling. Apparition à l'intérieur d'un mot d'un phonème non étymologique. *L'épenthèse du* b *dans* nombre *qui vient du latin* numerus. □ adj. **épenthétique**

épépiner v. tr. ‹ 1 › (de ^{1}*pépin*) Ôter les pépins de (un fruit).

éperdu, ue adj. (de l'ancien v. *s'esperdre* « se perdre » et « se troubler ») **1.** Qui a l'esprit profondément troublé par une émotion violente. → **affolé, agité.** *Être éperdu de douleur*, fou de douleur. **2.** (sentiments) Très violent. → **passionné.** *Des regards éperdus*, désespérés. **3.** Extrêmement rapide. *Une fuite éperdue.*

éperdument adv. D'une manière éperdue. *Être éperdument amoureux.* → **follement.** *Je m'en moque éperdument*, complètement. → **totalement.**

éperlan n. m. (ancien néerlandais *spierlinc*) Petit poisson marin comestible qui pond dans les embouchures des fleuves.

Épernay Chef-lieu d'arrondissement de la Marne, sur la Marne. 22 362 habitants. L'un des centres principaux, avec Reims et Châlons-en-Champagne, de commerce de vins de Champagne. Musée du vin de Champagne et d'archéologie régionale.

Épernon (Jean Louis de Nogaret de La Valette, duc d') Homme politique français (1554-1642). Il fut l'un des « mignons » d'Henri III, et contribua à établir la régence de Marie de Médicis.

Épernon Commune de l'Eure-et-Loir, au N.-E. de Chartres. 5 601 habitants. Celliers du XIIIe siècle.

éperon n. m. (vient du francique *sporo*) **1.** Pièce de métal fixée au talon du cavalier et terminée par une roue à pointes ou un ergot, pour piquer les flancs du cheval. **2.** Ergot du coq, du chien. **3.** bot. Prolongement en cornet effilé du calice, de la corolle d'une fleur. **4.** Pointe renforcée de la proue (de certains navires). **5.** Relief en pointe. *Un éperon rocheux.* **6.** Ouvrage en saillie. *Éperons d'un pont.* → **arrière-bec, avant-bec.**

éperonner v. tr. ‹ 1 › **1.** Piquer avec des éperons (1). *Éperonner son cheval.* **2.** fig., littér. Aiguillonner, stimuler. *La peur l'éperonnait.* – au passif *Être éperonné par l'ambition.* **3.** mar. Aborder (un navire) en défonçant sa coque avec l'étrave.

épervier n. m. (vient du francique *sparwâri*) **I.** Oiseau rapace diurne de la taille d'un pigeon. **II.** (idée de « prise soudaine ») Filet de pêche conique, garni de plomb. *Pêche à l'épervier.*

épervière n. f. (de *épervier*, les Anciens pensant que cette plante fortifiait la vue de l'oiseau) Plante herbacée très commune, à fleurs jaunes.

épervin voir **éparvin**

épeurant, ante adj. (de *épeurer* « faire peur ») (Canada) Qui fait peur. → **effrayant.**

éphèbe n. m. (du latin, grec *ephêbos*, de *hêbê* « jeunesse, vigueur ») dans la Grèce antique Jeune garçon arrivé à l'âge de la puberté. – iron. Très beau jeune homme. → **adonis, apollon.**

L'éphèbe de Marathon, sculpté par Praxitèle (IVe s. av. J.-C.), Musée archéologique d'Athènes.

éphébie n. f. (de *éphèbe*) Antiq. grecque Temps d'instruction civique et militaire d'une durée de deux ans destiné aux jeunes gens de dix-huit à vingt ans, à Athènes.

éphédra n. m. (mot latin « prêle », du grec) Arbrisseau à fleurs jaunes et à baies rouges, appelé aussi *uvette*, dont on tire l'éphédrine.

éphédrine n. f. (du latin → éphédra) Alcaloïde extrait des rameaux d'éphédra, employé pour décongestionner les narines, dilater les pupilles ou les bronches (asthme).

éphélide n. f. didact. Tache de rousseur.

E

éphémère (grec *ephêmeros,* de *epi* « pendant » et *hêmera* « jour ») **I. adj. 1.** vieux Qui ne vit qu'un jour. **2.** Qui est de courte durée, cesse vite. → **momentané, passager, temporaire.** *Gloire éphémère. Un plaisir éphémère.* → **fragile, précaire. II. n. m.** Insecte ressemblant à une petite libellule, dont l'adulte vit de quelques heures à quelques jours.

éphéméride n. f. (du latin, grec *ephêmeris, ephêmeridos* « quotidien », de *epi* et *hêmera* → **éphémère**) **1.** Calendrier dont on détache chaque jour une feuille. **2.** Liste groupant les évènements qui se sont produits le même jour. *L'éphéméride du 5 mars.* **3.** Ouvrage indiquant pour l'année à venir les faits astronomiques ou météorologiques. **4.** au plur. Tables astronomiques donnant pour chaque jour la position des astres.

Éphèse Ancienne ville d'Asie Mineure, sur la mer Égée (aujourd'hui en Turquie). Fondée par les Ioniens, elle devint au –VIIIe s. une grande puissance commerciale. Elle abritait le temple d'Artémis, l'une des Sept Merveilles du monde. Elle fut évangélisée par saint Paul.

Éphèse (concile d') Concile œcuménique réuni en 431 par Théodose II. Il vit la condamnation de Nestorius.

Éphialte Homme politique athénien (mort v. 461 av. J.-C.). Chef du parti démocratique, il combattit le pouvoir aristocratique et mourut assassiné. Périclès lui succéda.

éphod [efɔd] **n. m. (hébreu** *efod* **« vêtement du grand prêtre », par le latin biblique)** Antiq. Ornement du culte en forme de scapulaire que portaient les prêtres hébreux.

éphorat n. m. (de *éphore*) Antiq. grecque Charge, dignité d'éphore.

éphore n. m. (grec *ephoros,* de *horân* « surveiller ») Antiq. grecque Chacun des cinq magistrats de Sparte, dont les pouvoirs de justice et de police s'exerçaient sur tous les citoyens, y compris les rois et le sénat.

Éphraïm Personnage biblique. Descendant de Jacob et fils de Joseph, il est l'ancêtre éponyme d'une tribu d'Israël.

Éphrem (saint) Docteur de l'Église (306-373). Il donna son essor à l'école d'Édesse. Il rédigea des *Commentaires sur l'Écriture.*

Ephrussi (Boris) Biologiste français d'origine russe (1901-1979). Il fut l'un des pionniers de la biologie moléculaire et de l'étude des gènes.

épi n. m. (vient du latin *spicum,* de *spica* « pointe », p.-ê. famille de *spina* → **épine**) **I. 1.** Partie terminale de la tige de certaines graminées (graines serrées). *Un épi de maïs. Égrener des épis.* ■ Fleurs disposées le long d'un axe allongé. *Épi simple, composé, ramifié.* **2.** Mèche de cheveux dont la direction est contraire à celle des autres. **II. 1.** Ornement décorant la crête d'un toit. *L'épi d'un faîtage.* **2.** Ouvrage perpendiculaire, ramification latérale. **3.** *En épi :* selon une disposition oblique. *Stationnement en épi.* – bâtiment *Appareil en épi.* → **opus spicatum.**

épi- Élément (du grec *epi* « sur ») qui signifie « au-dessus de ; en plus ».

épiage n. m. (de *épier* « monter en épi ») agric. Développement de l'épi dans la tige des céréales ; époque de ce développement.

épiaire n. m. (de *épi*) Plante dicotylédone des bois et des marais.

épicanthus [epikɑ̃tys] n. m. (du latin, du grec *épi* « sur » et *kanthos* « coin de l'œil ») anat. Repli cutané de l'angle interne des yeux, particulièrement développé chez certains Asiatiques (yeux bridés).

épicarpe n. m. (de *épi-* + *-carpe*) bot. Enveloppe extérieure du fruit. → **peau.**

épice n. f. (d'abord *espiece ;* latin *species* → **espèce**) Substance végétale, aromatique ou piquante, servant à l'assaisonnement des mets. → **aromate, condiment.** *La cannelle, le cumin, la noix muscade, le paprika, le poivre sont des épices.* – *Pain* d'épice.*

épicéa n. m. (latin *picea* « sapin blanc », de *pix, picis* → **poix**) Conifère à tronc conique qui croît en altitude. → **²épinette.**

épicène adj. (du latin, grec *epikoinos,* de *epi* et *koinos* « en commun ») didact. **1.** (terme) Qui désigne aussi bien le mâle que la femelle d'une espèce (ex. le rat). **2.** Dont la forme ne varie pas selon le genre. *« Habile » est un adjectif épicène.*

épicentre n. m. (de *épi-* et *centre*) **1.** Foyer apparent des ébranlements au cours d'un tremblement de terre (opposé à *hypocentre*). **2.** fig. Point central d'un phénomène. *L'épicentre d'une pandémie.*

épicer v. tr. <3> **1.** Assaisonner avec des épices. **2.** fig. Pimenter, relever. *« Pour épicer les voluptés »* (Baudelaire). ■ **épicé, ée adj. 1.** *Cuisine épicée. Plat épicé.* **2.** Qui contient des éléments grivois. *Un récit assez épicé.* → **¹salé.**

épicerie n. f. (de *épicier*) **1.** anciennt Commerce des épices ; magasin d'épices. **2.** Vente de nombreux produits d'alimentation de consommation courante ; magasin où se fait cette vente. – loc. (Canada) *Faire son épicerie :* faire ses courses alimentaires. **3.** Produits d'alimentation qui se conservent. *Mettre l'épicerie dans un placard.*

épicier, ière n. (de *épice*) Personne qui tient une épicerie, un commerce d'épicerie.

épicondyle n. m. anat. Éminence à l'extrémité inférieure de l'humérus. □ **adj. épicondylien, ienne**

épicondylite n. f. (de *épicondyle* et *-ite*) méd. Inflammation de la région épicondylienne. *Épicondylite des joueurs de tennis.* → **tennis-elbow.**

épicontinental, ale, aux adj. Qui borde un continent ; qui recouvre le plateau continental.

épicrânien, ienne adj. (de *épicrâne,* vieux, du grec *epi* « sur » et *kranion* « crâne ») anat. *Aponévrose épicrânienne,* qui recouvre la convexité du crâne.

Épictète Philosophe stoïcien (50-v. 130). Esclave phrygien emmené à Rome, il étudia la philosophie et enseigna avant d'être banni par Domitien. Son enseignement a été consigné par Arrien dans les *Entretiens* et le *Manuel.*

Épicure Philosophe grec (341-270 av. J.-C.). Il fonda sa propre école à Athènes et développa une morale hédoniste selon laquelle le dépassement de la crainte des dieux et de la mort ouvre la voie au véritable plaisir, entendu comme absence de trouble (ataraxie). De son œuvre fondatrice d'une philosophie matérialiste et atomiste ne subsistent que des fragments : *Lettre à Hérodote ; Lettre à Pythoclès ; Lettre à Ménécée.*

épicurien, ienne adj. **1.** philos. De la philosophie d'Épicure et de ses disciples ; partisan de cette doctrine philosophique. **2.** Qui recherche le plaisir. → **sensuel.** – **n.** *Un joyeux épicurien.*

épicurisme n. m. (du n. d'Épicure) **1.** philos. Doctrine, système philosophique d'Épicure. **2.** cour. Morale qui se propose la recherche du plaisir. → **hédonisme.**

▶ L'**épicurisme** (1) est une doctrine philosophique à la fois hédoniste et rigoriste, contrairement à l'image que ses détracteurs ont voulu en donner : celle d'une morale dépravée, ne songeant qu'au plaisir. Elle s'intéresse avant tout à l'éthique (« comment l'homme doit-il se comporter ? », « comment bien vivre ? »). Ainsi, Épicure prône la limitation des désirs aux seuls désirs naturels et nécessaires (boire de l'eau, se nourrir et se vêtir simplement, cultiver l'amitié...). Le plaisir lié à l'absence de douleur physique et à la tranquillité de l'âme, voilà ce que l'homme doit rechercher. Le philosophe épicurien prescrit des « remèdes » pour atteindre ce but : ne plus craindre les dieux, ni la mort, ni la douleur ; quant aux biens, ils sont faciles à obtenir lorsqu'on sait se contenter de peu. L'éthique épicurienne se fonde sur une théorie sensualiste de la connaissance et sur une vision matérialiste et mécaniste de la nature, en partie héritée de Démocrite : l'âme (ou l'esprit) est de même nature que le corps. L'épicurisme eut son centre à Athènes, l'école du Jardin fondée en 306 av. J.-C. par Épicure, et se répandit dans le bassin méditerranéen, particulièrement en Italie, jusqu'au début de l'ère chrétienne. Parmi les disciples d'Épicure, on compte Métrodore, Philodème et Lucrèce, principale figure de l'épicurisme latin.

voir aussi **hédonisme**

épicycle n. m. (du latin, grec *epikuklos,* de *epi* et *kuklos* → **¹cycle**) astron. Autrefois, cercle dont le centre décrit lui-même un autre cercle et sur lequel un astre était supposé se déplacer.

épicycloïde n. f. (de *épicycle,* d'après *cycloïde*) géom. Courbe plane décrite par un point fixé sur un cercle roulant à l'extérieur d'un autre cercle (→ **cycloïde**). □ **adj. épicycloïdal, ale, aux**

Épidaure Ancienne ville de Grèce (Argolide), sur le golfe Saronique. Elle abritait le sanctuaire d'Asclépios. Ruines antiques (–IVe s.).

épidémie n. f. (du latin, du grec, de *epidêmios* « qui circule dans le pays », de *epi* → **épi-** et *dêmos* → **démocratie**) **1.** Apparition et propagation d'une maladie infectieuse contagieuse qui frappe en même temps et en un même endroit un grand nombre de personnes, d'animaux (épizootie) ou de plantes (épiphytie). *Épidémie de grippe.*

Épidaure

Le théâtre antique d'Épidaure (IVe s. av. J.-C.), connu pour son acoustique exceptionnelle.

Enrayer une épidémie. → aussi **endémie, pandémie. 2.** fig. Ce qui touche un grand nombre de personnes en se propageant (phénomène nuisible). → **contagion.**

épidémiologie n. f. Étude des rapports entre les maladies et les facteurs susceptibles d'exercer une influence sur leur fréquence, leur distribution, leur évolution. □ **adj. épidémiologique** □ **n. épidémiologiste**

épidémique adj. **1.** Qui a les caractères de l'épidémie. *Maladie épidémique.* **2.** Qui se produit à la façon d'une épidémie. *« Ces horreurs épidémiques* [les guerres, les révolutions...] » (Voltaire).

épiderme n. m. (du latin, du grec *epi-* et *derma* → **derme**) **1.** Couche superficielle de la peau qui recouvre le derme. – loc. *Avoir l'épiderme sensible,* être susceptible. *Chatouiller l'épiderme de qqn,* le flatter. **2.** bot. Couche superficielle des parties aériennes d'une plante.

épidermique adj. **1.** De l'épiderme. → **cutané. 2.** fig. Instinctif et immédiat. *C'est une réaction épidermique.*

épidictique adj. (du grec, de *epideiknunai* « démontrer ») didact. ou littér. Qui fait l'éloge de qqn. → **élogieux, laudatif, louangeur.** *Texte épidictique.*

épididyme n. m. (grec *epididumis,* de *epi* → **épi-** et *didumos* « testicule ») anat. Petit corps en forme d'entonnoir sur le bord supérieur du testicule.

épidote n. f. (du grec, de *epididonai* « s'accroître ») Pierre vert pistache, silicate naturel d'aluminium, de calcium et de fer.

épidural, ale, aux adj. (anglais *epidural space,* de *epi-* → **épi-** et *dural* « relatif à la dure-mère ») Qui se trouve, ou a lieu à l'extérieur de la dure-mère. *Espace épidural :* espace situé entre le canal osseux rachidien et la dure-mère. *Anesthésie épidurale.* → **péridural.**

épier v. tr. < 7 > (vient du francique *spehôn* « observer », famille du latin *specere* → **spectacle, espion**) **1.** Observer attentivement et secrètement (qqn, un animal). *Épier une personne suspecte.* → **espionner.** *Animal qui épie sa proie.* → **guetter. 2.** Observer attentivement pour découvrir (qqch.), avant d'agir. *Épier les réactions de qqn sur son visage.* □ **n. épieur, euse**

épierrer v. tr. < 1 > (de *pierre*) Débarrasser (un lieu) des pierres. *Épierrer un champ.* □ **n. m. épierrage, épierrement**

épierreuse n. f. agric. Machine pour séparer les pierres des grains, des racines.

épieu n. m. (vient du francique *speot*) Gros et long bâton terminé par un fer plat, large et pointu. *Des épieux.*

épigastre n. m. (grec *epigastrion,* de *epi* et *gastêr* « ventre » → **gastr[o]-**) Creux de l'estomac, partie de l'abdomen entre l'ombilic et le sternum. □ **adj. épigastrique**

épigé, ée adj. (du latin d'origine grecque, de *epi* « sur » et *gaia* « terre ») bot. Qui se développe au-dessus du sol. *Cotylédons épigés du haricot* (opposé à *hypogé*). – *Germination épigée.*

épigenèse ou **épigénèse** n. f. (de *épi-* + *-genèse, -génèse*) hist. sc. Théorie (abandonnée) selon laquelle un embryon se développe par différenciation successive de parties nouvelles.

épigénétique adj. (de *épigenèse*) biol. Relatif à l'hérédité de caractères, de modifications, d'informations qui ne sont pas portés par les gènes.

épigénie n. f. (de *épi-* + *-génie*) **1.** minér. Remplacement lent, au sein d'une roche, d'un minéral par un autre. **2.** (de l'allemand) géol. Mode de creusement des vallées indépendant de la nature des reliefs. □ **adj. épigénique**

épiglotte n. f. (latin d'origine grecque *epiglottis,* de *glôtta* « langue » → **glotte, glossaire**) anat. Lame cartilagineuse, en forme de triangle, qui fait saillie dans la glotte et ferme le larynx au moment de la déglutition. □ **adj. épiglottique**

épigone n. (du grec, de *epi* et *gonos* « descendant » ; famille de *genre*) littér. Successeur, imitateur.

¹épigramme n. f. (latin *epigramma,* du grec, de *epi* et *gramma* → **gramme**) **1.** Petit poème satirique. **2.** Trait satirique, mot spirituel contre qqn. → **raillerie.** □ **adj. épigrammatique**

²épigramme n. m. (origine incertaine) *Épigramme d'agneau :* mince tranche de poitrine.

épigraphe n. f. (grec *epigraphê,* de *epi* et *graphein* « écrire » → **-graphe**) didact. **1.** Inscription placée sur un édifice pour en indiquer la date, la destination. **2.** Courte citation en tête d'un livre, d'un chapitre.

épigraphie n. f. didact. Étude scientifique des inscriptions gravées. □ **adj. épigraphique** □ **n. épigraphiste**

épigyne [epiʒin] adj. (du latin, grec *epi* → **épi-** et *gunê* « femelle » → **-gyne**) bot. Qui vient s'insérer au-dessus de l'ovaire (en parlant d'une pièce florale).

épilateur n. m. Appareil utilisé pour l'épilation.

épilation n. f. Action d'épiler.

épilatoire adj. Qui sert à épiler. → **dépilatoire.**

épilepsie n. f. (du latin, grec *epilêpsia,* de *epilambanein* « saisir, surprendre ») Affection neurologique chronique caractérisée par des crises d'absence ou de convulsions avec perte de connaissance (syn. anc. **le haut mal, le mal sacré**). *Crise d'épilepsie.*

épileptique adj. **1.** Relatif à l'épilepsie. *Convulsions épileptiques.* **2.** Atteint d'épilepsie. – n. *Un, une épileptique.*

épiler v. tr. < 1 > (de *é-,* et radical du latin *pilus* → **poil**) Arracher les poils de (une partie du corps). → **épilation.** *S'épiler les jambes. Pince à épiler.* – au p. p. *Des sourcils épilés.* □ **n. épileur, euse**

épillet n. m. (de *épi*) bot. Chacun des petits épis secondaires régulièrement groupés sur l'axe central d'un épi composé. *Épillets d'orge.*

épilobe n. m. (du latin, du grec *epi* et *lobos* → **lobe**) bot. Plante vivace des montagnes et des régions froides, à fleurs roses ou mauves.

épilogue n. m. (du latin, grec *epilogos* « péroraison », de *epi* et *logos* → **-logue**) **1.** Résumé à la fin d'un discours, d'un poème (opposé à *prologue*). → **conclusion.** – Partie qui termine (un ouvrage littéraire). *L'épilogue d'un roman.* **2.** fig. Dénouement (d'une affaire longue, embrouillée).

épiloguer v. tr. ind. < 1 > *Épiloguer sur :* faire de longs commentaires sur.

Épiméthée Dans la mythologie grecque, l'un des Titans. Oubliant les conseils de son frère Prométhée, il épouse Pandore.

Épinal Chef-lieu des Vosges, sur la Moselle. 31 832 habitants. Basilique (XIe-XIVe s.). Musée de l'Imagerie populaire, dont Épinal fut, à partir du XVIIIe s., un centre de production renommé. Industrie du bois et du textile, en déclin.

épinard n. m. (arabe d'Espagne *'isbinâh,* du persan *ispanâğ ; cf.* ancien français *espinasche,* anglais *spinach*) **1.** Plante potagère (chénopodiacée) aux feuilles épaisses et molles d'un vert soutenu. **2.** au plur. Feuilles comestibles de cette plante. *Des épinards en branches.* – loc. fig. *Mettre du beurre* dans les épinards.* **3.** appos. (invar.) *Vert épinard,* sombre et soutenu.

Épinay (Louise Tardieu d'Esclavelles, marquise d') Femme de lettres française (1726-1783). Elle reçut Voltaire, Diderot, Grimm et Rousseau, qu'elle protégea. Elle a laissé un récit autobiographique inachevé écrit en collaboration avec Diderot *(Histoire de Mme de Montbrillant),* des ouvrages pédagogiques et une correspondance.

Épinay-sous-Sénart Commune de l'Essonne, sur l'Yerres. 12 197 habitants.

Épinay-sur-Orge Commune de l'Essonne. 11 102 habitants. Église en partie du XIVe siècle (verrières du XVIe siècle).

Épinay-sur-Seine Commune de la Seine-Saint-Denis, au N. de Paris. 54 419 habitants.

épincer v. tr. < 3 > (de *pince*) **1.** arbor. Supprimer, entre deux sèves, les bourgeons qui ont poussé sur le tronc. **2.** techn. Débarrasser (le drap) des nœuds, des impuretés avec de petites pinces (syn. **épinceter** < 4 ou RO 5 >). → **énouer.**

épine n. f. (vient du latin *spina,* p.-ê. famille de *spica* → **épi**) **1.** vieux Arbre ou arbrisseau aux branches armées de piquants (aubépine, prunellier, etc.). – loc. *La couronne d'épines* (faite de branches épineuses) *du Christ.* **2.** Piquant (d'une plante). → **aiguille.** *Les épines du rosier.* – loc. *Enlever, ôter à qqn une épine du pied,* le tirer d'embarras. – prov. *Il n'y a pas de rose sans épines,* tout plaisir, toute joie comporte une peine. **3.** Partie piquante de certains animaux. *Les épines du hérisson.* **4.** *Épine dorsale.* Saillie longitudinale que déterminent les vertèbres au milieu du dos. – Colonne vertébrale (→ **spinal**), qui

Épinal, traversée par la Moselle.

contient la moelle* épinière. ■ fig. Élément essentiel, sur lequel tout repose.

[1]épinette n. f. (italien *spineta*, de *spina* « épine », à cause du bec de plume qui pince les cordes) Instrument de musique à clavier et à cordes pincées, plus petit qu'un clavecin.

[2]épinette n. f. (de *pin*, d'après *épine*) (Canada) Épicéa. *Épinette rouge* : mélèze d'Amérique.

épineux, euse adj. (vient du latin *spinosus*, de *spina* → épine) **1.** Hérissé d'épines ou de piquants. *Arbuste épineux.* – **n. m.** *Les épineux.* **2.** fig. Qui est plein de difficultés. → **délicat, difficile, embarrassant.** *Question épineuse.*

épine-vinette n. f. (de *épine* « arbrisseau épineux » et *vinette* « petite vigne ») Arbrisseau à fleurs jaunes en grappes pendantes, dont les fruits sont des baies rouges et comestibles. *Une haie d'épines-vinettes.*

épingle n. f. (vient du latin *spingula*, de *spinula*, de *spina* → épine et *spicula*, de *spica* → épi) **1.** Petite tige de métal, pointue d'un bout, garnie d'une boule (tête) de l'autre, servant à attacher, fixer des choses souples (tissu, papier, etc.). – loc. *Être tiré à quatre épingles* : être vêtu avec un soin méticuleux. – *Tirer son épingle du jeu*, se dégager adroitement d'une situation délicate. **2.** Objet pointu, servant à attacher, à fixer. *Épingle à chapeau, de cravate.* – loc. *Monter en épingle*, mettre en relief ; donner une importance excessive. – ***Épingle à cheveux***, à deux branches, pour maintenir les chignons. fig. *Virage en épingle à cheveux*, très serré. – *Épingle de sûreté* ou *épingle double* ou *épingle à nourrice* (ou *de nourrice*), munie d'une fermeture. ■ *Épingle à linge.* → **pince.**

épinglé, ée adj. Se dit d'une étoffe légèrement côtelée. *Taffetas épinglé.* – **n. m.** *De l'épinglé.*

épingler v. tr. < 1 > **1.** Attacher, fixer avec des épingles. *Épingler un ourlet.* ■ inform. Fixer, attacher (une application, un fichier, etc.) pour en faciliter l'accès ou en augmenter la visibilité. *Épingler un programme à la barre de menus. Épingler un post sur un réseau social.* – **p. p. adj.** *Tweet épinglé.* **2.** fam. *Épingler qqn*, l'arrêter, le faire prisonnier. *Se faire épingler*, se faire prendre. → fam. **pincer.** **3.** fam. Critiquer, dénoncer. *Un article qui épingle des grands noms de la finance.*

épinglette n. f. Insigne fixé au moyen d'une épingle (recommandation offic. pour l'anglic. *pin's*).

épinier n. m. (de *épine*) vén. Fourré d'épines.

épinière adj. f. (de *épine*) *Moelle épinière.* → **moelle.**

épinoche n. f. (de *épine*) Poisson qui porte de deux à quatre épines dorsales indépendantes.

épinochette n. f. (de *épinoche*) Poisson de très petite taille, semblable à l'épinoche*, mais dont les épines sont plus nombreuses.

épipaléolithique n. m. (→ **paléolithique**) Période préhistorique (vers –9000), intermédiaire entre le paléolithique et le néolithique.

épipélagique adj. (→ **pélagique**) Se dit de la couche sous-marine la plus superficielle et des organismes qui y vivent.

Épiphane (saint) (v. 315-403). Évêque de Salamine (367). Il défendit l'orthodoxie contre les hérésies d'Arius et d'Origène.

épiphanie n. f. (du latin ecclés., du grec, de *epiphanios* « qui apparaît », de *epi-* et *phainein* → phénomène) **1.** Fête catholique qui commémore la manifestation de Jésus enfant aux Rois mages venus l'adorer. *On mange la galette des Rois le jour de l'Épiphanie (jour des Rois).* **2.** didact. ou littér. Manifestation d'une réalité cachée. *Des épiphanies.*

épiphénomène n. m. didact. Phénomène accessoire qui accompagne un phénomène essentiel sans être pour rien dans son apparition.

épiphyse n. f. (du grec, de *epiphuein* « croître sur », de *epi-* → épi- et *phuein* « pousser ») anat. **1.** Extrémité renflée (d'un os long). **2.** Glande située dans le cerveau qui sécrète la mélatonine. □ adj. **épiphysaire**

épiphyte adj. (du grec *epi* → épi- et *phuton* « plante » → -phyte) bot. Qui croît sur d'autres plantes sans en tirer sa nourriture. *Plantes épiphytes et plantes parasites.*

épiphytie [epifiti] n. f. (du grec *epi* → épi- et *phuton* « plante » → -phyte) bot. Épidémie qui frappe les plantes de même espèce.

épiploon [epiplɔɔ̃] n. m. (du grec, de *epiploos* « qui navigue ») anat. Repli du péritoine.

épique adj. (latin *epicus*, du grec *epikos*, de *epos* → épopée) **1.** Qui raconte en vers une action héroïque (→ **épopée**). *L'« Iliade », la « Chanson de Roland » sont des poèmes épiques.* – Relatif à l'épopée. *Style épique.* **2.** Digne de figurer dans une épopée. – iron. *Il y eut des discussions épiques.*

Épire n. f. Région montagneuse partagée entre la Grèce (9 302 km^2 ; 360 000 habitants) et l'Albanie. L'Épire atteignit son apogée sous le règne de Pyrrhus (–IIIe s.). Elle devint possession romaine (–148) puis un *despotat d'Épire* dans l'Empire byzantin. Conquise par les Turcs en 1430, elle fut en partie annexée par la Grèce en 1881, sa partie septentrionale étant donnée à l'Albanie.

épiscopal, ale, aux adj. (→ **épiscopat ; archiépiscopal**) D'un évêque. *Les ornements épiscopaux.*

épiscopalien, ienne adj. (anglais *episcopalian* → épiscopat) relig. *Église épiscopalienne* : église de rite anglican pour laquelle l'assemblée des évêques est supérieure au pape. → **épiscopalisme.**

épiscopalisme n. m. (de *épiscopal*, d'après l'anglais *episcopalian*) Théorie de l'église épiscopalienne.

épiscopat n. m. (du latin ecclés., de *episcopus* → évêque) **1.** Dignité, fonction d'évêque ; sa durée. **2.** Ensemble des évêques. *L'épiscopat français.*

épiscope n. m. (de *épi-* + *-scope*) Appareil d'optique à miroirs utilisé à l'intérieur des chars de combat pour observer le terrain. → **périscope.**

épisiotomie n. f. (du grec *epision* « pubis » et *-tomie*) Incision du périnée pratiquée lors de l'accouchement pour éviter les déchirures. - abrév. fam. **épisio.**

épisode n. m. (grec *epeisodion* [Aristote], de *epi* et *eisodos* « entrée », de *eis* « vers » et *hodos* « voie ») **1.** Action secondaire (dans une œuvre d'imagination, pièce, roman, film). *Un épisode comique dans une histoire tragique.* **2.** Fait particulier qui se rattache à un ensemble. → **circonstance.** *Ce n'est qu'un épisode dans sa vie.* → **péripétie.** **3.** Division (d'un roman, d'un film...). *Feuilleton à épisodes* (→ **série**).

épisodique adj. **1.** littér. De l'épisode (1), au théâtre. **2.** rare Qui a un caractère secondaire. *C'est un évènement épisodique.* **3.** Qui se produit de temps en temps, irrégulièrement. → **intermittent.** *On ne le voit que de façon épisodique.* □ adv. **épisodiquement**

épisser v. tr. < 1 > (du néerlandais *splissen*) mar. Assembler (deux cordages) en entrelaçant les torons. → **épissure.**

épissoir n. m. (de *épisser*) mar. Poinçon qui sert à écarter les torons d'un cordage à épisser.

épissure n. f. mar. Jonction, nœud de deux cordages dont on entrelace les éléments.

épistaxis [epistaksis] n. f. (du latin, grec *epi* → épi- et *staxis* « écoulement ») méd. Saignement de nez.

épistémè ou **épistêmê** n. f. (mot grec *epistêmê* « science ») didact. Ensemble des connaissances réglées (conception du monde, sciences, philosophies...) propres à un groupe social, à une époque. - var. **épistémè.** □ adj. **épistémique**

épistémologie n. f. (de l'anglais, du grec *epistêmê* « science », de *epistanai* « se tenir [*stanai*] au-dessus [*epi*] » et « savoir ») didact. **1.** Étude critique des sciences, destinée à déterminer leur origine logique, leur valeur et leur portée (théorie de la connaissance). **2.** Théorie de la connaissance ; « étude de la constitution des connaissances valables » (Piaget). *Épistémologie génétique.* □ adj. **épistémologique**

▶ Si, depuis sa naissance, la philosophie s'est intéressée au problème de la connaissance, l'**épistémologie** s'affirme comme discipline au début du XXe siècle, suite aux profonds bouleversements des sciences depuis le XIXe (thermodynamique, théorie de l'évolution biologique, géométries non euclidiennes, théorie des quanta, théorie de la relativité, etc.).
Les Anglo-Saxons entendent par épistémologie une théorie générale de la connaissance tandis que la tradition française accorde à ce terme un sens plus restreint, celui de réflexion critique et historique sur les sciences. Qu'est-ce qui distingue la science des autres discours ? Comment se forment les concepts scientifiques ? Sur quoi fonder le savoir ? Comment vérifier une hypothèse ? Qu'est-ce qu'une expérience ?
En France, un courant d'épistémologie historique s'est développé avec G. Bachelard, J. Cavaillès, G. Canguilhem, A. Koyré. Pour Bachelard, les sciences n'avancent pas par progression continue mais par rupture, en dépassant des obstacles épistémologiques (l'opinion, l'expérience première, la substantialisation...). Le physicien américain T. Kuhn a aussi montré comment la « science normale » est dominée par un paradigme, un ensemble de règles, de problèmes, de concepts reconnu par la communauté scientifique, jusqu'au jour où des anomalies apparaissent et où ce paradigme est remplacé par un autre.
Le courant logiciste est représenté par R. Carnap et le Cercle de Vienne, dont l'influence fut considérable aux États-Unis. L'autre figure majeure de la philosophie des sciences au XXe siècle est K. Popper, qui prend comme critère de démarcation entre énoncés scientifiques et non scientifiques, la « falsifiabilité » : est scientifique un système qui peut être testé et réfuté.
voir aussi **logique, science**

épistémologiste n. Spécialiste de l'épistémologie (1 et 2). - syn. **épistémologue.**

épistolaire adj. (du latin, de *epistola* → épître) Qui a rapport à la correspondance par lettres. *Roman épistolaire.*

épistolier, ière n. (du latin → épistolaire) littér. Écrivain, personne qui excelle à écrire des lettres.

épitaphe n. f. (du latin, grec *epitaphion*, de *taphos* « tombeau » → cénotaphe) Inscription funéraire.

épitaxie n. f. (du grec, de *epi-* → épi- et *taxis* « ordre ») phys. Phénomène d'enchevêtrement orienté des molécules de deux corps présentant des analogies de structure.

épithalame n. m. (du latin, du grec *epithalamios* « nuptial », de *thalamos* « lit nuptial » → thalamus) littér. Poème, chant composé à l'occasion d'un mariage.

épithélioma n. m. (du latin, de *épithélium*) méd. Tumeur formée par la prolifération désordonnée d'un épithélium. → **cancer.**

épithélium [epiteljɔm] n. m. (du latin, du grec *epi* → épi- et *thêlê* « mamelon », d'abord « tissu recouvrant le mamelon ») biol. Tissu formé de cellules juxtaposées qui recouvre la surface du corps ou qui tapisse l'intérieur de tous les organes creux. □ adj. **épithélial, ale, aux**

épithète n. f. (du latin, du grec *epithetos* « ajouté », de *thetos*, de *tithenai* « placer ») **1.** Ce qu'on adjoint à un nom, à un pronom pour le qualifier (adjectif qualificatif, nom, expression en apposition). **2.** Qualification (louangeuse ou injurieuse) donnée à qqn. *« Amas d'épithètes, mauvaise louange »* (La Bruyère). **3.** n. f. et adj. gramm. Se dit d'un adjectif qualificatif qui n'est pas relié au nom par un verbe (opposé à *attribut*). *Dans « une grande maison », « grande » est épithète de « maison ».*

épitoge n. f. (→ toge) 1. Antiq. romaine Vêtement porté sur la toge. 2. Bande d'étoffe garnie d'hermine, fixée à l'épaule gauche de la robe de cérémonie des magistrats, de certains professeurs.

épitomé n. m. (grec « abrégé ») didact. Abrégé d'histoire antique.

épître n. f. (vient du latin *epistola*, du grec, de *epi* → épi- et *stellein* « envoyer » → épistolaire) 1. Lettre écrite par un auteur ancien. *Épître de Cicéron.* – iron. Lettre. → **missive.** ■ *Les épîtres des Apôtres :* lettres des Apôtres insérées dans le Nouveau Testament. 2. littér. Lettre en vers. *Les épîtres de Boileau.* - var. RO **épitre.**

épizootie [epizɔɔti ; epizooti] n. f. (du grec *zôotês*, de *zôon* → zoo-) didact. Épidémie qui frappe les animaux. □ adj. **épizootique** [epizɔɔtik ; epizootik]

éploré, ée adj. (de *é-* et *plor*, ancienne forme de *pleur*) littér. Qui est tout en pleurs. – *Air éploré.* → **affligé, désolé, triste.**

éployer v. tr. < 8 > (de *é-* et *ployer*) littér. Étendre, étaler.

épluche-légume n. m. Couteau à éplucher les fruits, les légumes dont la lame comporte des fentes tranchantes. → **économe.** *Des épluche-légumes.* - var. **épluche-légumes** (invar.).

éplucher v. tr. < 1 > (de *espeluchier*, de *peluchier*, venant du latin pop. *piluccare*, de *pilare* → peler, de *pilus* → poil) 1. Nettoyer en enlevant les parties inutiles ou mauvaises, en coupant, grattant. → **décortiquer, peler.** *Éplucher de la salade.* – Enlever la peau de. → **peler.** *Éplucher des pommes de terre.* 2. fig. Examiner avec un soin minutieux afin de découvrir ce qu'il peut y avoir à reprendre, à critiquer. *Éplucher un compte.* □ n. m. **épluchage**

épluchette n. f. (de *éplucher*, calque de l'anglais des États-Unis *husking*) Au Canada, Fête au cours de laquelle on épluche des épis de maïs qu'on mange après les avoir fait cuire.

éplucheur, euse n. Personne ou instrument qui épluche. *Un éplucheur électrique.* – en appos. *Couteau éplucheur.* → **épluche-légume.** – n. f. Machine à éplucher les légumes.

épluchure n. f. Ce qu'on enlève à une chose en l'épluchant. *Épluchures d'oranges.* → **pelure.**

EPO [øpeo] n. f. (sigle anglais, de *erythropoietin* → érythropoïétine) Érythropoïétine.

épode n. f. (du latin, grec *epôdos*, de *epi* et *ôdê* → ode) 1. Troisième partie d'une ode. *Une ode se divise en strophe, antistrophe et épode.* 2. Couplet lyrique formé de deux vers inégaux. → **distique.** – par ext. Poème satirique formé de tels distiques.

épointer v. tr. < 1 > (de *pointe*) Émousser en ôtant, en cassant ou en usant la pointe. □ n. m. **épointement**

époisses n. m. (du n. de la commune) Fromage de lait de vache, à pâte molle, à croûte lavée au marc de Bourgogne, à saveur relevée.

Époisses Village de Bourgogne (Côte-d'Or). Château du XVIe s. sur l'emplacement d'un château féodal. Fromage réputé (l'*époisses*).

éponge n. f. (vient du latin pop. *sponga*, de *spongia*, du grec, de *spongos*, emprunt méditerranéen) I. 1. Substance légère et poreuse (d'abord faite d'une *éponge*, II), qui peut absorber les liquides et les rejeter à la pression ; objet fait de cette substance (→ spongieux). *Nettoyer avec une éponge.* → **éponger.** 2. loc. *Presser l'éponge,* soutirer de qqn tout ce que l'on peut. – *Passer l'éponge sur une faute,* la pardonner, n'en plus parler. – *Jeter l'éponge,* abandonner un combat (d'abord en boxe), une lutte. 3. appos. (invar.) *Tissu éponge,* dont les fils dressés absorbent l'eau. *Des tissus éponge. Serviette éponge,* en un tel tissu. II. Animal marin, fixé, de forme irrégulière et dont le squelette léger et poreux fournit la matière appelée *éponge* (I, 1). *Pêcheur d'éponges.*

éponger v. tr. < 3 > 1. Étancher, sécher (un liquide) avec une éponge, un chiffon. 2. Essuyer, sécher. *S'éponger le front avec un mouchoir.* 3. fig. Résorber (un excédent financier) ; absorber (ce qui est en trop). → **supprimer.** *Éponger une dette.* □ n. m. **épongeage**

éponte n. f. (ancien français *esponde*) techn. Chacune des parois (supérieure, inférieure) d'un filon de minerai.

épontille n. f. (italien *puntello* « étai ») mar. Colonne verticale (en bois, en fer, en acier) soutenant un pont, ou une partie à consolider. □ **épontiller** v. tr. < 1 >

éponyme adj. (du grec, de *epi* → épi- et *onoma* « nom » → -onyme) didact., Antiq. grecque Qui donne son nom à (qqn, qqch.). *Archonte éponyme,* qui donnait son nom à l'année. *Athéna, déesse éponyme d'Athènes.* – *Rôle éponyme d'une pièce* (ex. celui de Hamlet dans *Hamlet*).

éponymie n. f. Antiq. grecque Fonction d'un magistrat éponyme, durée de cette fonction ; liste des magistrats éponymes.

épopée n. f. (grec *epopoiia*, de *epos* « parole » et *poiein* « faire » → poème) 1. Long poème ou récit de style élevé où la légende se mêle à l'histoire pour célébrer un héros ou un grand fait (→ épique). *Les épopées du Moyen Âge* (chansons de geste). 2. Suite d'évènements historiques de caractère héroïque et sublime. *L'épopée napoléonienne.*

▶ L'**épopée** (1) est un genre littéraire très ancien présent dans presque toutes les cultures : des fragments de *Gilgamesh* en Mésopotamie à *L'Iliade* attribuée à Homère et à l'*Énéide* de Virgile, du *Mahābhārata* indien au *Kalevala* finnois ou, plus près de nous, aux chansons de geste du Moyen Âge *(Chanson de Roland)* ou aux œuvres de l'Arioste et du Tasse. Le thème de l'épopée, c'est l'homme envisagé non pas comme une victime du destin, mais comme un combattant héroïque. Soutenu par des forces divines, le héros épique incarne les vertus de son peuple. Le plus souvent, son combat a pour enjeu la fondation ou la défense d'un royaume. Même si elle prend appui sur des éléments historiques, l'épopée a toujours lieu dans un temps mythique. Elle commémore les exploits d'un héros qui a connu l'échec avant de triompher. Les premières épopées étaient chantées par des conteurs, qui se transmettaient des textes anonymes dont la forme versifiée permettait la mémorisation. De cette forme orale et poétique ont émergé tardivement des textes plus subtils, destinés à la lecture. Les romans sont parfois présentés comme les épopées d'un monde sans dieu. L'épopée survit dans la culture populaire et réapparaît au XXe siècle avec les films de guerre ou d'aventures.
voir aussi **Gilgamesh, Mahābhārata, Iliade, Odyssée, Énéide**

époque n. f. (grec *epokhê* « point d'arrêt », de *epi* et *okhê* « soutien », de *ekhein* « tenir » et « avoir ») 1. vieilli Point déterminé dans le temps, marquant le début d'une ère ; moment important. ■ loc. *Faire époque :* faire date*. 2. mod. Période historique déterminée par des évènements importants ou caractérisée par un état de choses. *L'époque des grandes invasions.* → **période.** *L'époque d'Henri IV.* → **règne.** *Quelle époque !* – loc. *La Belle Époque,* les premières années du XXe siècle. 3. Période caractérisée par un style artistique. *Le théâtre de l'époque classique.* – *D'époque. Une commode Louis XVI d'époque,* authentique, vraiment ancienne. *Costume d'époque,* dans le style des costumes d'une époque. 4. Période marquée par un fait déterminé. *L'époque d'une rencontre.* → **date,** ¹**moment.** *L'époque des semailles.* – *À la même, à pareille époque* (moment de l'année). 5. Division d'une période géologique. *L'époque carbonifère.*

épouiller v. tr. < 1 > (de *pouil*, ancienne forme de *pou*) Débarrasser (un être vivant) de ses poux. – pronom. *Un singe qui s'épouille.* □ n. m. **épouillage**

s'époumoner v. pron. < 1 > (de *poumon*) Parler, crier très fort au point de s'essouffler. *Inutile de t'époumoner !* → **hurler.**

épousailles n. f. pl. (→ épouser) vieux ou plais. Célébration d'un mariage. → **noce.**

épouse voir **époux**

épouser v. tr. < 1 > (vient du latin *sponsare* « fiancer », de *spondere* « promettre » → sponsor) 1. Prendre pour époux, épouse ; se marier avec. *Épouser qqn par amour.* – pronom. *Ils se sont épousés trop jeunes.* 2. fig. S'attacher de propos délibéré et avec ardeur à (qqch.). *Épouser les opinions de qqn.* → **partager.** *Elle épouse nos intérêts.* → **soutenir.** 3. S'adapter exactement à (une forme, un mouvement). *Cette robe épouse les formes du corps.* → **mouler.**

épouseur n. m. vieilli ou littér. Celui qui cherche à se marier et fait savoir ses intentions. → **prétendant.** – allus. (Molière) *L'épouseur du genre humain :* Dom Juan.

épousseter v. tr. < 4 ou RO 5 > (de *é-* et radical de *poussière*) Nettoyer, en ôtant la poussière avec un chiffon, un plumeau, etc. □ n. m. **époussetage**

époussette n. f. (de *épousseter*) vieux ou régional Petit balai.

époustouflant, ante adj. fam. Extraordinaire, prodigieux.

époustoufler v. tr. < 1 > (p.-ê. de l'ancien français *espousser*, venant du latin *pulsare* → pousser) fam. Jeter (qqn) dans l'étonnement, la surprise admirative. → **épater, étonner.**

épouvantable adj. (de *épouvanter*) 1. Qui cause ou est de nature à causer de l'épouvante. → **effroyable, horrible, terrifiant.** *Un crime épouvantable.* → **atroce, monstrueux.** 2. Inquiétant. *Il a une mine épouvantable.* – Très mauvais. *Il fait un temps épouvantable.* → **affreux.** *Elle a un caractère épouvantable.* 3. Excessif. *Un bruit épouvantable.* → **violent.** □ adv. **épouvantablement**

épouvantail n. m. (de *épouvanter*) 1. Objet (mannequin vêtu de haillons, etc.) qu'on met dans les champs, les jardins, les arbres pour effrayer les oiseaux. *Des épouvantails à moineaux.* – *Être habillé comme un épouvantail.* 2. fig. Chose, personne qui fait peur. *Brandir l'épouvantail de la guerre.*

épouvante n. f. (de *épouvanter*) 1. Peur violente et soudaine causée par qqch. d'extraordinaire, de menaçant. → **effroi, frayeur, horreur, terreur.** *« J'étais paralysé par la terreur, j'étais ivre d'épouvante »* (Maupassant). *Film d'épouvante.* – loc. (Canada) *À l'épouvante :* précipitamment, à toute vitesse. *Partir à l'épouvante.* 2. Vive inquiétude. → **appréhension.**

épouvanter v. tr. < 1 > (de l'ancien français *s'espoer*, venant du latin pop., de *expavere*, de *pavere* → peur ; épave) 1. Remplir d'épouvante. → **effrayer, terrifier.** *La puissance des armes modernes épouvante le monde.* 2. Causer de vives appréhensions à. → **effrayer, inquiéter.** *L'idée de partir à l'étranger l'épouvante.*

époux, ouse n. (vient du latin *sponsus*, *sponsa*, de *spondere* → épouser) Personne unie à une autre par le mariage. *Prendre qqn pour époux, pour épouse.* → **femme, mari.** *Les époux :* le couple marié. *Elle est plus mère qu'épouse.*

époxy adj. invar. (anglais *epoxy*, de *ép[i]-* et radical de *oxyde*) chim. Se dit d'un composé formé à partir de molécules contenant des époxydes. *Résine époxy.*

époxyde n. m. (de *ép[i]-* et *oxyde*) chim. Groupement fonctionnel de deux atomes de carbone reliés par un atome d'oxygène.

épreintes n. f. pl. (de l'ancien v. *épreindre* « presser ») méd. Contraction douloureuse dans les inflammations du gros intestin.

E

s'éprendre v. pron. < 58 > (de *é-* et *prendre* ; d'abord « prendre » [en parlant du feu], « s'emparer de ») littér. **1.** Être saisi, entraîné (par un sentiment, une passion). *« Il s'était épris d'un grand amour pour la liberté »* (Jaurès). **2.** Devenir amoureux (de qqn). → **épris.**

épreuve n. f. (d'abord *esprove* ; de *esprover* → **éprouver**) **I. 1.** Ce qui permet de juger la valeur de (une idée, une qualité, une personne, une œuvre...). → **critère, pierre de touche, test.** *Le danger, épreuve du courage.* **2.** *À l'épreuve.* *Mettre à l'épreuve,* éprouver (1). *Mettre la patience de qqn à rude épreuve,* abuser de sa patience. – *À toute épreuve :* résistant à tout. *Une patience à toute épreuve.* **3.** Essai qui permet de juger les qualités de qqch. *Épreuve de résistance.* – *À l'épreuve de :* capable de résister à. *Vêtement à l'épreuve des balles.* **4.** Acte imposé à qqn et destiné à lui conférer une qualité, une dignité, à le classer. *Des épreuves initiatiques. Les épreuves d'un examen. Épreuves écrites, orales. Épreuves éliminatoires.* ■ Compétition. *Les épreuves d'un championnat. Épreuve contre la montre.* **II. 1.** Texte imprimé d'un manuscrit tel qu'il sort de la composition. *Corriger les épreuves.* **2.** Exemplaire d'une estampe. *Une épreuve numérotée.* ■ Photographie. *Épreuve négative.* → **négatif. 3.** cinéma, télév. Film brut après développement et avant montage, synchronisé avec la bande-son. *Épreuve de tournage.* → **rush. III.** Souffrance, malheur, difficulté qui atteint directement qqn. *Vie remplie d'épreuves.* → **malheur, peine.**

épris, ise adj. (p. p. de *s'éprendre*) **1.** *Épris de qqch.,* pris de passion pour (qqch.). *Être épris de justice.* **2.** *Épris de qqn,* amoureux de qqn. *Il semble très épris de cette femme.* – *Elle paraît très éprise.*

EPROM [epʀɔm] n. f. (sigle de l'anglais *erasable programmable read only memory* « mémoire à lecture seule programmable et effaçable ») inform. Mémoire qui peut être effacée par un rayonnement ultraviolet pour être programmée à nouveau.

éprouvant, ante adj. Difficile à supporter. *Une journée très éprouvante,* épuisante.

éprouvé, ée adj. **1.** Dont la valeur est confirmée. → **sûr.** *Une technique éprouvée.* **2.** Frappé par des épreuves, des malheurs. *Une famille éprouvée.* → **atteint, touché.**

éprouver v. tr. < 1 > (de *esprover,* de *es* [*é-*] et *prover* → **prouver**) **I. 1.** Essayer (qqch.) pour vérifier la valeur, la qualité. → **expérimenter ; épreuve (I).** *Éprouver la valeur de qqn, de qqch.,* mettre à l'épreuve. **2.** Apprécier, connaître par une expérience personnelle. → **constater, reconnaître.** *Il a éprouvé à ses dépens qu'on ne pouvait se fier à eux.* → **découvrir. 3.** Ressentir (une sensation, un sentiment). *Éprouver un désir. Éprouver de la joie.* **II. 1.** (sujet chose) Faire subir une épreuve (III), des souffrances à (qqn). *La perte de son père l'a bien éprouvé.* → **frapper.** *La guerre a durement éprouvé ce pays.* **2.** Subir. *Elle a éprouvé des difficultés.*

éprouvette n. f. (de *esprove* → **épreuve,** ou de *esprover* → **éprouver**) **1.** Tube allongé fermé à un bout, employé dans les expériences de laboratoire pour recueillir ou manipuler les gaz et les liquides. → **tube** à essai. – fam. *Bébé*-éprouvette.* **2.** techn. Échantillon d'un matériau dont on éprouve les qualités.

epsilon [ɛpsilɔn] n. m. invar. (mot grec) Nom du *e* bref (Ε, ε), cinquième lettre de l'alphabet grec.

Epsom Ville d'Angleterre (Surrey), au S.-O. de Londres. 75 000 habitants. Courses de chevaux *(Derby d'Epsom).*

Epstein (sir Jacob) Sculpteur britannique (1880-1959). Ses œuvres monumentales sont dominées par des figures raides et déformées, dans une veine expressionniste.

Epstein (Jean) Cinéaste français (1897-1953). Théoricien influent, il fut aussi un réalisateur inventif et poétique *(La Chute de la maison Usher ; Le Bestiaire ; Finis Terrae).*

Epte n. f. Rivière de Normandie, dans le Vexin, affluent de la Seine. 101 km.

ePub [ipœb] n. m. (mot anglais, de *electronic publication* « publication électronique ») anglic. inform. Format standardisé de livres numériques. – appos. *Fichiers ePub.* ■ Livre numérique de ce format. *Lire des ePubs.*

épucer v. tr. < 3 > (de *puce*) Débarrasser des puces. pronom. *Un singe qui s'épuce.*

épuisant, ante adj. Qui fatigue beaucoup. → **éprouvant, harassant.**

épuisé, ée adj. **1.** Qui n'est pas disponible pour la vente. *Livre épuisé.* **2.** À bout de forces. → **exténué, harassé.** *Tomber épuisé.*

épuisement n. m. **1.** Action d'épuiser (I) ; état de ce qui est épuisé. *L'épuisement du sol.* → **appauvrissement.** *L'épuisement des stocks.* **2.** Absence de forces, grande faiblesse (physique ou morale). → **abattement, faiblesse, fatigue.** *Il est dans un état d'épuisement extrême.* – *Syndrome d'épuisement professionnel.* → **burn-out.**

épuiser v. tr. < 1 > (de *é-, ex-* et *puiser*) **I. 1.** Utiliser (qqch.) jusqu'à ce qu'il ne reste plus rien. → **consommer, dépenser, user.** *Épuiser toutes les réserves. Épuiser un stock* (en le vendant). → **écouler ; épuisé (1). 2.** fig. User jusqu'au bout. → **lasser.** *Ce travail a épuisé toute son énergie.* – *Épuiser un sujet,* le traiter à fond. **II.** Réduire (qqn, ses forces, sa santé) à un affaiblissement complet. → **affaiblir, exténuer, fatiguer, user ;** fam. **vider.** *Cette maladie l'épuise.* – Excéder, lasser. *Son bavardage m'épuise.* ■ **s'épuiser** v. pron. Perdre ses forces. *S'épuiser à faire qqch.* → **s'éreinter.** *Elle s'épuise au travail ; à travailler.* → se **tuer.** – par exagér. *Je m'épuise à vous le répéter.* → **s'évertuer.** □ adj. **épuisable**

épuisette n. f. (de *épuiser* [l'eau]) **1.** Petit filet de pêche en forme de poche monté sur un cerceau et fixé à un long manche. *Sortir un poisson de l'eau avec une épuisette.* **2.** Pelle creuse pour vider l'eau d'une barque. → **écope.**

épulon n. m. (du latin, de *epulum* « repas ») Prêtre qui présidait aux festins donnés en l'honneur des dieux de l'Antiquité romaine.

épulpeur n. m. (de *pulpe*) techn. Appareil qui sert, dans la distillation des betteraves sucrières, à séparer le jus des pulpes.

épurateur, trice n. m. et adj. Appareil pour épurer (les liquides, les gaz). – adj. *Station épuratrice.*

épuratif, ive adj. (de *épurer*) Qui sert à épurer (un liquide, un gaz). - var. **épuratoire.**

épuration n. f. **1.** Action d'épurer. → **purification.** *Épuration des eaux naturelles. Station d'épuration.* – méd. *Épuration extrarénale :* procédé permettant de débarrasser le sang des substances toxiques accumulées en raison d'une défaillance de la fonction rénale. **2.** Assainissement, purification. *L'épuration des mœurs.* **3.** Élimination (des membres qu'on juge indésirables) dans une association, un parti. → **exclusion, purge.** – hist. *L'épuration* (des collaborateurs, en 1944).

épure n. f. (de *épurer*) **1.** Dessin au trait qui donne l'élévation, le plan et le profil d'une figure (projetée avec les cotes précisant ses dimensions). → **[3]plan.** *L'épure d'une voûte.* **2.** fig. Schéma, cadre simplifié. *L'épure d'un roman.*

épurer v. tr. < 1 > (de *é-* et *pur*) **1.** Rendre pur, plus pur, en éliminant les éléments étrangers. → **purifier ; épuration.** *Épurer un minerai.* **2.** fig. Rendre meilleur, plus correct ou plus fin. → **améliorer, perfectionner.** *Épurer les mœurs.* – au p. p. *« Cette langue, je la voulus plus pauvre encore, plus stricte, plus épurée »* (Gide). **3.** Éliminer certains éléments de (un groupe, une société). *Épurer une administration.* □ n. m. **épurement**

épurge n. f. (de l'ancien v. *espurgier* → **expurger**) Euphorbe dont les semences donnent une huile purgative.

épyornis ou **æpyornis** [epjɔʀnis] n. m. (du grec *aipus* « escarpé, haut » et *ornis* « oiseau ») zool. Oiseau fossile de très grande taille, incapable de voler, découvert à Madagascar.

équanimité [ekwanimite] n. f. (du latin, de *aequus* → **égal**) littér. Égalité d'âme, d'humeur. → **indifférence, sérénité.**

équarrir v. tr. < 2 > (var. de l'ancien français *escarrer* « disloquer », venant du latin pop., de *ex-* et *quadrare* « couper au carré » [→ **équerre**], de *quadrus,* de *quattuor* → **quatre**) **I.** Tailler pour rendre carré, régulier. *Équarrir une poutre* (→ **charpenter**). – au p. p. *Une pièce de bois équarrie.* fig. *Mal équarri,* grossier. **II.** Couper en quartiers, dépecer (un animal mort).

équarrissage n. m. **I.** Action d'équarrir (I). *L'équarrissage d'une poutre.* **II.** Abattage et dépeçage d'animaux impropres à la consommation alimentaire (chevaux, etc.).

équarrisseur, euse n. Personne dont le métier est d'équarrir les animaux.

équateur [ekwatœʀ] n. m. (latin médiéval *aequator,* de *aequare* « rendre égal », de *aequus* → **égal**) **1.** Grand cercle imaginaire de la sphère terrestre, perpendiculaire à son axe de rotation. *L'équateur est situé à égale distance des pôles.* **2.** Régions comprises dans la zone équatoriale (jusqu'aux tropiques). **3.** *Équateur céleste,* grand cercle de la sphère céleste (dans le même plan que l'équateur terrestre).

Équateur

n. m. ■ offic. république de l'Équateur État d'Amérique du Sud. 283 561 km² avec les îles Galápagos. 17 500 000 habitants (les *Équatoriens*). **Langues :** espagnol, quéchua. **Religion :** catholique. **Monnaie :** dollar américain. **Capitale :** Quito. **Régime :** présidentiel.

GÉOGRAPHIE

Le territoire se divise en trois parties. Au centre, **la Sierra,** région andine culminant à 6 310 m, concentre la moitié de la population dans des bassins d'altitude agricoles (céréales, pommes de terre, bovins) ou urbains (Quito). **La Costa,** région littorale au climat tropical, est le domaine des grandes plantations (bananes, cacao, palmier à huile) et, depuis peu, de l'aquaculture (crevettes). **L'Amazonie,** à l'E., accueille quelques fronts pionniers et des sites d'exploitation pétrolière. Les activités industrielles du pays sont diversifiées (agroalimentaire, textile, automobile, électricité), mais demeurent fragiles. L'étroitesse du marché intérieur ne peut être compensée que par le commerce international (le pétrole représente plus de la moitié des exportations mais son exploitation pose de graves problèmes environnementaux) et par l'intégration avec les pays voisins (Pacte andin).

HISTOIRE

La région faisait partie de l'empire des Incas, conquis par Pizarro au début du XVIe siècle. Elle devint une république indépendante (1830) en se séparant de la Grande-Colombie. Des conflits frontaliers (1904, 1916, 1942) firent perdre à l'Équateur les deux tiers de son territoire initial et les contentieux avec le Pérou demeurent importants (accord de paix en 1998). L'instabilité politique perdure depuis le XIXe siècle. La stabilisation monétaire par l'adoption du dollar (2000) et la hausse des revenus du pétrole ont permis une consolidation économique. Le président R. Correa Delgado, arrivé au pouvoir en 2007, tenta de réformer les institutions et de s'émanciper de la tutelle économique des États-Unis en se rapprochant du Venezuela et de la Bolivie. Son dauphin, Lenín Moreno, lui succéda en 2017 et effectua un virage à droite. Privé de souveraineté monétaire, confronté aux fluctuations des prix du

Équateur

pétrole et à la pandémie de 2020-2021, le pays a traversé une crise économique et politique que n'a pu enrayer l'élection du libéral Guillermo Lasso à la présidence. La criminalité liée au trafic de drogue a conduit à instaurer l'état d'urgence en 2022.

équation [ekwasjɔ̃] **n. f.** **(latin *aequatio* « égalisation », de *aequare* → équateur)** **1.** math. Relation d'égalité qui n'est vérifiée que pour certaines valeurs de la variable, appelée inconnue. *Résoudre une équation,* déterminer ces valeurs (appelées *solutions* ou *racines de l'équation*). *Système d'équations à deux inconnues.* **2.** sc. Formule d'égalité ou formule rendant deux quantités égales. – *Équation chimique :* formules à deux termes symbolisant une réaction chimique. – *Équation du temps :* différence entre le temps solaire apparent et le temps solaire moyen. **3.** psych. *Équation personnelle :* caractéristiques propres à chaque individu, qui affectent son comportement.

équatorial, iale, iaux [ekwatɔʀjal, jo] **(du latin médiéval *aequator* → équateur)** **I. adj. 1.** Relatif à l'équateur terrestre. *La zone équatoriale,* comprise entre les deux tropiques. *Climat équatorial.* **2.** De l'équateur céleste. *Coordonnées équatoriales d'un astre* (ascension droite et déclinaison). **II. n. m.** astron. **1.** Appareil qui sert à mesurer la position d'une étoile par son ascension droite et sa déclinaison. **2.** Télescope, lunette capable de suivre le mouvement apparent de la voûte céleste (appareil dit *à monture équatoriale*).

équerrage **n. m.** techn. Mise d'équerre ou vérification de la perpendicularité de divers éléments.

équerre **n. f.** **(vient du latin pop. *exquadra,* de *ex-* et *quadrare* « dessiner des carrés, rendre carré » → équarrir)** **1.** Instrument destiné à tracer des angles droits ou à élever des perpendiculaires. *Équerre à dessiner,* en forme de triangle rectangle. *Équerre en T.* → **té.** *Fausse équerre,* à branches mobiles qui permet de mesurer, de tracer un angle quelconque. **2.** *À l'équerre, en équerre :* à angle droit. *Monter à la corde lisse, les jambes en équerre,* faisant un angle droit avec le tronc. ■ *D'équerre* **loc. adv. :** à angle droit. *Mettre une pièce de bois d'équerre.* – loc. fig. *Remettre (qqch.) d'équerre,* droit, comme il faut. (personnes) fam. *Être d'équerre,* en pleine forme. **3.** techn. Pièce en forme de T ou de L, destinée à consolider les assemblages.

équestre **adj.** **(latin *equestris,* de *equus* « cheval »)** **I. 1.** Qui représente une personne à cheval. *Statue équestre.* **2.** Relatif à l'équitation. *Exercices équestres.* **II.** didact. Relatif aux chevaliers de l'ancienne Rome. *Ordre équestre.*

équeuter **v. tr.** < 1 > **(de *queue*)** Dépouiller (un fruit) de sa queue. □ **n. m. équeutage**

équi- [ekɥi ; eki] Élément **(du latin *aequi,* de *aequus* → égal)** qui signifie « égal ».

équidé **n. m.** **(du latin *equus* et *-idé*)** Mammifère à pattes terminées par un seul doigt (famille des équidés ; ex. le cheval, l'âne).

équidistant, ante [ekɥidistɑ̃, ɑ̃t] **adj.** **(du latin, de *aequi-* → équi- et *distans*)** Qui est à égale distance de points (de droites, de plans) déterminés. *Tous les points d'un cercle sont équidistants du centre.* □ **n. f. équidistance**

équilatéral, ale, aux [ekɥilateʀal, o] **adj.** **(du latin, de *aequus* → équi- et *latus, lateris* « côté » → latéral)** Dont tous les côtés sont égaux. *Triangle équilatéral.*

équilatère [ekɥilatɛʀ] **adj.** **(du latin, de *aequus* → équi- et *latus, lateris* « côté » → latéral)** géom. *Hyperbole équilatère,* à asymptotes perpendiculaires.

Equilbey (Laurence) Cheffe d'orchestre et de chœur française (née en 1962). Parallèlement à une carrière symphonique internationale, elle a créé l'ensemble Accentus (1991), dédié à l'interprétation d'un répertoire vocal, et Insula orchestra (2012), orchestre jouant sur instruments d'époque des œuvres de la période classique et préromantique.

Laurence Equilbey dirige l'Insula orchestra à la Cité de la musique à Paris (2014).

équilibrage **n. m.** **1.** Action d'équilibrer ; son résultat. *L'équilibrage des roues d'une voiture.* **2.** techn. Fait de répartir les masses d'un organe tournant afin d'en réguler la rotation.

équilibrant, ante **adj.** **1.** Qui fait équilibre. *Poids équilibrant.* → **contrepoids. 2.** fig. Qui rend équilibré (2).

équilibration **n. f.** **1.** didact. Mise en équilibre. **2.** méd. Ensemble des moyens permettant à un organisme vivant de trouver ou de maintenir son équilibre physique et physiologique.

équilibre **n. m.** **(latin *aequilibrium,* de *aequus* → égal, et *libra* « balance » → ²livre, n. f.)** **I.** État de ce qui est soumis à des forces qui se compensent (opposé à *déséquilibre*). **1.** sc. *Équilibre des plateaux d'une balance. Équilibre stable, instable.* – *Équilibre chimique.* **2.** Attitude ou position verticale stable. *L'équilibre du corps.* → **aplomb.** *Garder, perdre l'équilibre. Faire un exercice d'équilibre* (→ **équilibriste).** – *En équilibre. Être, mettre en équilibre* (→ **équilibrer).** *Marcher en équilibre sur une poutre.* **II. 1.** Juste proportion entre des choses opposées ; état de stabilité ou d'harmonie qui en résulte. *Faire, rétablir l'équilibre,* rendre les choses égales. *L'équilibre politique, économique du monde. Équilibre budgétaire.* **2.** Harmonie entre les tendances psychiques qui se traduit par une activité, une adaptation considérées comme normales. *C'est un homme très intelligent, mais il manque d'équilibre.* **3.** Répartition des lignes, des masses, des pleins et des vides ; agencement harmonieux. → **proportion, symétrie.** *L'équilibre des volumes dans un groupe sculpté.*

équilibré, ée **adj.** **1.** En équilibre. → **stable.** *Balance équilibrée.* **2.** *Esprit, caractère (bien) équilibré,* sain, ne présentant pas de troubles. *Il n'est pas très équilibré* (→ **déséquilibré).**

équilibrer **v. tr.** < 1 > **(de *équilibre*)** **1.** Opposer une force à (une autre), de manière à créer l'équilibre. → **compenser.** *Équilibrer un poids par un contrepoids.* **2.** Mettre en équilibre ; rendre stable. *Équilibrer une balançoire.* → **stabiliser.** *Équilibrer les masses dans un tableau. Équilibrer son budget.* ■ **s'équilibrer v. pron.** *Ses qualités et ses défauts s'équilibrent.*

équilibriste **n.** Personne dont le métier est de faire des tours d'adresse, d'équilibre. → **acrobate.**

équille **n. f.** **(p.-ê. var. de *esquille*)** Poisson osseux long et mince qui s'enfouit dans le sable. → **lançon.**

équimolaire [ekɥimɔlɛʀ] **adj.** **(de *équi-* et *mole* ; *cf.* anglais *equimolar*)** chim. Qui contient le même nombre de moles de ses différents constituants.

équin, ine [ekɛ̃, in] **adj.** **(latin *equinus,* de *equus* « cheval » → équidé)** didact. **1.** Relatif au cheval. *Sérum équin.* **2.** *Pied bot équin,* qui ne peut s'appuyer que sur la pointe, du fait de sa position fixée en extension maximale par rapport à la jambe.

équinoxe **n. m.** **(latin *aequinoctium,* de *aequus* → équi- et *nox, noctis* → nuit)** Chacune des deux périodes de l'année où le jour a

E

une durée égale à celle de la nuit (parce que le Soleil traverse l'équateur céleste) d'un cercle polaire à l'autre. *Équinoxe de printemps* (vers le 20 mars), *d'automne* (vers le 23 septembre). *Les équinoxes et les solstices.* – *Marées d'équinoxe*, les plus hautes de l'année.

équinoxial, iale, iaux adj. (→ équinoxe) **1.** Qui a rapport à l'équinoxe. *Ligne équinoxiale.* → **équateur.** *Pays équinoxiaux*, voisins de l'équateur. **2.** bot. *Fleurs équinoxiales*, qui demeurent chaque jour ouvertes puis fermées pendant un même nombre d'heures.

E

équipage n. m. (de *équiper*) **I. 1.** Personnel navigant, marins assurant la manœuvre et le service sur un navire. *Les hommes d'équipage.* **2.** Ensemble des personnes qui assurent la manœuvre d'un avion et du personnel attaché au service. **II. 1.** anciennt Voitures, chevaux et le personnel qui en a la charge. *L'équipage d'un prince.* **2.** loc. *Train des équipages* : organisation militaire qui s'occupe du matériel, de son transport. → **équipement.**

équipartition [ekɥipaʀtisjɔ̃] n. f. (de *équi-* et *partition* « partage ») didact. Répartition, partage égal.

équipe n. f. (de *équiper*, d'abord « groupe de bateaux ») **1.** Groupe de personnes devant accomplir une tâche commune. *Former une équipe soudée. Une équipe de chercheurs.* – loc. *Travailler en équipe. Faire équipe avec qqn. Chef d'équipe.* – ***Esprit d'équipe***, animant une équipe dont les membres collaborent en parfait accord. **2.** Groupe de personnes qui agissent, se distraient ensemble. *Quelle équipe !* **3.** Groupe de personnes, de joueurs pratiquant un même sport, disputant ensemble des compétitions, des matchs. *Jouer en équipe, par équipe* (→ **équipier**). *Sport d'équipe. Une équipe de rugby. L'équipe de France d'escrime.*

Équipe (L') Quotidien sportif français, fondé en 1946 par J. Goddet.

équipée n. f. (« expédition où l'on part *équipé* » ; de *équiper*) **1.** Sortie, promenade en toute liberté. *Une équipée à vélo.* **2.** Action entreprise à la légère. → **aventure.** *Une joyeuse équipée.*

équipement n. m. **1.** Objets nécessaires à l'armement, à l'entretien (d'une armée, d'un soldat). → **²matériel. 2.** Action d'équiper ; ce qui sert à équiper une personne, un animal, une chose en vue d'une activité déterminée (objets, vêtements, appareils, accessoires). *Équipement informatique d'une entreprise. Équipement de ski. L'équipement d'une usine.* → **²matériel, outillage.** *L'équipement hôtelier d'une région.*

équipementier, ière n. techn. Fabricant(e) d'équipements électriques, électroniques pour l'industrie (aéronautique, automobile...). ■ *Équipementier sportif.*

équiper v. tr. < 1 > (ancien français *eschiper*, venant de l'anglo-saxon *scipian* « naviguer » ou de l'ancien nordique *skipa* « arranger [pour la navigation] », de *skip* « bateau » ; *cf.* anglais *ship*) Pourvoir des choses nécessaires à une activité. *Équiper une armée ; un navire.* → **armer, fréter.** – *Équiper une voiture d'une boîte de vitesses automatique.* → **munir.** *Équiper une école en matériel informatique.* – *Équiper un local.* → **aménager, installer.** – pronom. *S'équiper pour faire de la plongée.* – au p. p. *Une cuisine équipée.*

équipier, ière n. Membre d'une équipe, notamment sportive. → **coéquipier.**

équipollent, ente [ekɥipɔlɑ̃, ɑ̃t] adj. (du latin, de *aequus* → égal et p. prés. de *pollere* « être fort ») math. Se dit de vecteurs parallèles, de même sens et de même grandeur. *Bipoints équipollents*, définissant un parallélogramme. □ n. f. **équipollence**

équipotent, ente [ekɥipɔtɑ̃, ɑ̃t] adj. (de *équi-* et du latin *potens* « qui a du pouvoir, puissant ») math. Se dit de deux ensembles entre lesquels on peut construire une bijection. □ n. f. **équipotence**

équipotentiel, ielle [ekɥipɔtɑ̃sjɛl] adj. phys. Qui a le même potentiel électrique.

équiprobable [ekɥipʀɔbabl] adj. math. Se dit d'évènements qui ont les mêmes probabilités.

équitable adj. (de *équité*) **1.** littér. Qui a de l'équité. *Un arbitre équitable.* → **impartial, intègre. 2.** (choses) Conforme à l'équité, qui ne lèse personne. *Un partage équitable. Commerce équitable* : échange économique où la partie la plus puissante s'engage à respecter les intérêts de la partie la plus défavorisée. □ adv. **équitablement**

équitation n. f. (du latin, de *equitare*, de *equus* « cheval » → équestre, équidé) Action et art de monter à cheval. *École d'équitation.* → **hippisme.**

équité n. f. (latin *aequitas*, de *aequus* → égal) **1.** Vertu qui consiste à régler sa conduite sur le sentiment naturel du juste et de l'injuste (s'oppose à *iniquité*). → **justice.** « *Qu'y a-t-il donc au-dessus de la justice ? — L'équité* » (Hugo). *Conforme à l'équité* (→ **équitable**). – *En toute équité, je reconnais qu'il a raison.* → **impartialité. 2.** dr. Justice spontanée, qui n'est pas inspirée par les règles du droit en vigueur (opposé à *droit positif*, à *loi*).

équivalence n. f. (→ équivalent) **1.** Qualité de ce qui est équivalent. → **égalité, identité.** – Assimilation d'un titre, d'un diplôme à un autre. *Accorder une équivalence à qqn.* **2.** math. *Relation d'équivalence* : relation binaire définie sur un ensemble, qui est à la fois réflexive, symétrique et transitive.

équivalent, ente (bas latin *aequivalens* [→ équivaloir], de *aequus* → égal et p. prés. de *valere* → valoir) **I.** adj. **1.** Dont la valeur en quantité est la même. → **égal.** *Ces deux sommes sont équivalentes.* **2.** Qui a la même valeur ou fonction. → **comparable, semblable.** *Ces deux expressions sont équivalentes, l'une est équivalente à l'autre.* → **synonyme. 3.** math. *Équations équivalentes*, qui ont le même ensemble de solutions. *Éléments équivalents* (dans un ensemble) : éléments liés par une relation d'équivalence. **II.** n. m. Ce qui équivaut, la chose équivalente (en quantité ou en qualité). *On lui a proposé des équivalents. Une qualité sans équivalent*, unique. – *Mot anglais qui n'a pas d'équivalent en français.*

équivaloir v. tr. ind. < 29 rare à l'inf. > (latin *aequivalere*, de *aequus* → égal et *valere* → valoir, d'après *valoir* *cf.* équivalence, équivalent) *Équivaloir à* : valoir autant, être de même valeur que. → **égaler. 1.** Avoir la même valeur en quantité que. *En valeur nutritive, deux cents grammes de poisson équivalent à cent grammes de viande.* **2.** Avoir la même valeur ou fonction que. *Cette réponse équivaut à un refus.*

équivoque (du latin, de *aequus* et *vocus*, de *vox, vocis* → voix) **I.** adj. **1.** Qui peut s'interpréter de plusieurs manières, et n'est pas clair. → **ambigu.** *Réponse équivoque.* **2.** Qui peut s'expliquer de diverses façons. *Position équivoque.* **3.** péj. Qui n'inspire pas confiance. *Réputation équivoque.* → **douteux, *louche.** *Allure équivoque.* → **inquiétant. II.** (d'abord n. m.) n. f. **1.** Caractère de ce qui prête à des interprétations diverses. → **ambiguïté.** *Une déclaration sans équivoque.* **2.** Incertitude laissant le jugement hésitant. *Qu'il n'y ait aucune équivoque entre nous.* → **malentendu.** □ adv. **équivoquement**

Er Symbole chimique de l'erbium.

érable n. m. (vient du latin médiéval *acerabulus*, de *acer, aceris* « érable » et de *-abulus*, p.-ê. gaulois *abulos*) Grand arbre (acéracée) dont le fruit est muni d'une longue aile membraneuse. *Érable faux platane.* → **sycomore.** – *Érable du Canada ou érable à sucre*, dont la sève donne un sucre comestible. *Sirop, sucre d'érable.*

érablière n. f. Plantation d'érables. *Exploitation d'une érablière* (→ **acériculture**).

éradication n. f. (du latin, de *eradicare* « déraciner », de *ex-* et *radix, radicis* → racine, raifort) didact. Action d'arracher, d'extirper, de supprimer totalement.

éradiquer v. tr. < 1 > (de *éradication*) Extirper, supprimer. □ adj. **éradicable** □ n. **éradicateur, trice**

érafler v. tr. < 1 > (de *é-* et *rafler*) **1.** Entamer légèrement la peau de. *La branche l'a éraflé. Elle s'est éraflé la main avec un clou.* → **écorcher, égratigner. 2.** *Érafler le plâtre d'un mur, le bois d'un meuble.* → **rayer.** □ n. m. **éraflement**

éraflure n. f. Entaille superficielle, écorchure légère. → **égratignure.**

Éragny Commune du Val-d'Oise. 18 317 habitants.

éraillé, ée adj. **1.** Qui présente des rayures, des déchirures superficielles. *Un cuir éraillé par l'usure.* **2.** *Une voix éraillée*, rauque.

éraillement n. m. Fait de s'érailler, d'être éraillé.

érailler v. tr. < 1 > (de l'ancien français *esroeiller*, du latin *rotare* « rouler, faire tourner » ; influence de l'ancien v. *raillier* « crier ») **1.** Déchirer superficiellement. → **érafler, rayer.** *Érailler du cuir.* **2.** Rendre rauque (la voix). *Le tabac et l'alcool éraillent la voix.*

éraillure n. f. Marque, rayure sur ce qui est éraillé. → **éraflure.**

Érard (Sébastien) Facteur de pianos français (1749-1826). Il perfectionna la harpe et le piano, leur donnant leur forme moderne.

Érasme (Didier) Humaniste hollandais, d'expression latine (v. 1469-1536). Il se livra à l'étude des langues anciennes afin d'apporter un éclairage nouveau sur la Bible.

Érechthéion

L'Érechthéion, au centre de l'Acropole primitive à Athènes.

Il s'opposa à la thèse de la prédestination défendue par Luther *(Essai du libre arbitre)*. Son œuvre, qui cherche à concilier la sagesse antique et une foi chrétienne ouverte, fut comme un ferment de tolérance entre catholiques et réformés dans l'Europe du XVIe s. *Éloge de la folie ; Manuel du chevalier chrétien ; Institution du prince chrétien.*

érathème n. m. **(du latin *aera* « durée, époque ») géol.** Ensemble de couches géologiques formant une division correspondant à la durée d'une ère.

Érato Muse de la Poésie lyrique dans la mythologie grecque.

Ératosthène Astronome, mathématicien et géographe grec d'Alexandrie (v. 276-v. 194 av. J.-C.). Il réalisa la première mesure correcte de la circonférence de la Terre.

Erbil ou **Arbil** Ville du N. de l'Irak, dans le Kurdistan. 1 100 000 habitants. Centre agricole.

erbium [ɛʀbjɔm] **n. m. (de *Ytterby*, ville de Suède où l'oxyde terreux d'erbium fut découvert → ytterbium) chim.** Élément atomique (symb. Er, n° at. 68, masse at. 167,26), métal du groupe des terres rares dont on ne connaît qu'un oxyde terreux, l'*erbine*.

Ercilla y Zúñiga (Alonso de) Poète espagnol (1533-1594). Il prit part à la lutte des Espagnols contre les Indiens Araucans du Chili, qu'il relata dans son poème épique *La Araucana*.

Erckmann-Chatrian Nom de plume adopté par Émile **Erckmann** (1822-1899) et Alexandre **Chatrian** (1826-1899), écrivains français. Ils sont les auteurs de nombreux contes, romans et pièces de théâtre. *L'Ami Fritz ; Histoire d'un homme du peuple ; Histoire d'un paysan ; Le Juif polonais.*

Erdoğan (Recep Tayyip) Homme d'État turc (né en 1954). Partisan d'un islamisme modéré, fondateur du parti Justice et Développement (AKP), il a été Premier ministre de 2003 à 2014 et a été élu président de la République en 2014. Il pratique une politique de répression contre ses opposants et contre la population kurde.

Erdre **n. f.** Rivière française qui naît en Anjou et se jette dans la Loire à Nantes. 105 km.

ère **n. f. (latin *aera*, « monnaie », puis « nombre » et « époque », de *aes, aeris* « cuivre » → airain) 1.** Espace de temps de longue durée, qui commence à un point fixe et déterminé **(→ époque (1))**. *L'ère chrétienne débute avec la naissance du Christ, l'ère musulmane avec l'hégire.* **2.** Époque qui commence avec un nouvel ordre de choses. **→ âge, époque, période.** *L'ère industrielle. L'ère commune,* après Jésus-Christ. *L'an 840 de l'ère commune.* **3.** La plus grande division des temps géologiques. *Ère primaire, secondaire, tertiaire, quaternaire.*

Erebus (mont) Volcan actif de l'Antarctique, sur l'île de Ross (3 794 m).

Le mont Erebus, en éruption continue depuis 1972.

Érechthéion **n. m.** Temple sur l'Acropole à Athènes, dédié à Athéna et Poséidon et orné du célèbre portique des Caryatides (421-395 av. J.-C.).

érecteur, trice **adj. (de *érection*) physiol.** Qui produit l'érection (II). *Muscles érecteurs.*

érectile **adj. (du latin *erectum*, de *erigere* → ériger ; érection)** Susceptible d'érection (II) ; capable de se dresser. *Poils érectiles.*

érection **n. f. (latin *erectio*, de *erectum*, de *erigere* « dresser » → ériger) I. littér.** Action d'ériger, d'élever (un monument). **→ construction ; ériger.** *L'érection d'une statue.* **II.** Fait, pour certains tissus ou organes (**spécialt** le pénis), de se redresser en devenant raides, durs et gonflés, par afflux de sang. *Avoir une érection. Être en érection* (hommes). **→ fam. bander.**

éreintage **n. m.** Critique très sévère et malveillante.

éreintant, ante **adj.** Qui éreinte (1). **→ fatigant.**

éreintement **n. m. 1.** Fatigue intense. **2.** Critique malveillante, systématiquement sévère. **→ éreintage.**

éreinter **v. tr. < 1 > (de *rein*) 1.** Accabler de fatigue. **→ épuiser, harasser.** *Cette longue promenade nous a éreintés.* **– pronom.** *Elle s'est éreintée à préparer le concours.* **– au p. p.** *Je l'ai trouvé éreinté.* **→ flapi, fourbu, moulu. 2. fig.** Critiquer de manière à détruire la réputation de (qqn, qqch.). **→ démolir, maltraiter.** *La critique a éreinté son dernier film.* □ **éreinteur, euse n. et adj.** Personne qui critique violemment.

***érémiste** **n.** Bénéficiaire du RMI. - **var. RMiste, RMIste.**

érémitique **adj. (du latin, de *eremita* → ermite)** Propre aux ermites. □ **érémitisme n. m.** Mode de vie des ermites.

-érèse Élément **(du grec *hairein* « enlever »).**

érésipèle voir **érysipèle**

éréthisme **n. m. (grec *erethismos*, de *erethein* « exciter ») méd.** État d'excitabilité accrue d'un organe.

éreuthophobie **n. f. (du grec *ereuthô* « je rougis » → aussi érythro- et de *-phobie*) didact.** Crainte excessive, pathologique, de rougir.

Erevan ou **Erivan** Capitale de l'Arménie. 1 million d'habitants. Centre universitaire, scientifique et industriel au cœur d'une riche région agricole.

Erfurt Ville d'Allemagne, capitale du Land de Thuringe. 213 600 habitants. Cathédrale gothique (XIVe-XVIe s.). Centre administratif, industriel et commercial. Napoléon Ier y rencontra en 1808 *(entrevue d'Erfurt)* le tsar Alexandre Ier afin de renforcer l'alliance franco-russe conclue à Tilsit.

1erg [ɛʀg] **n. m. (mot arabe, plur. *areg* ; cf. *touareg*)** Région du Sahara couverte de dunes. *Des ergs ou des areg* (plur. arabe).

2erg [ɛʀg] **n. m. (grec *ergon* « travail » → énergie)** Ancienne unité de mesure de travail et d'énergie du système CGS, valant 10^{-7} joule.

Erevan

Erevan, dominée par le mont Ararat.

ergastoplasme **n. m. (du grec *ergastês* « celui qui travaille » et de *-plasme*) biol.** Tissu cytoplasmique fortement basophile, où s'effectue la synthèse des protéines.

ergastule **n. m. (du latin, du grec *ergastêrion* « atelier », de *ergon* « travail ») Antiq. romaine** Prison souterraine, cachot.

-ergie, ergo- Éléments **(du grec *ergon* « travail, force »)** qui signifient « travail, effort ».

ergographe **n. m. (de *ergo-* + *-graphe*) sc.** Appareil pour l'étude et la mesure du travail musculaire.

ergol **n. m. (grec *ergon* « énergie », d'après *propergol*) sc.** Substance employée seule **(→ monergol)** ou comme composant d'un mélange **(→ propergol)**, pour fournir de l'énergie. **→ hydrazine.** *Fusée à ergol liquide.*

ergologie **n. f. (→ ergo-) didact. 1.** Partie de la physiologie qui étudie l'activité musculaire. **2.** Science qui analyse le travail (en tant qu'activité humaine).

ergométrie **n. f. (→ ergo-) didact.** Mesure du travail fourni par certains muscles ou par l'organisme en général.

ergométrique **adj. sc.** Relatif à l'ergométrie. *Bicyclette ergométrique* (ou *ergomètre* **n. m.**) : bicyclette d'exercice, sans roues, munie d'un pédalier dont on peut régler le couple résistant.

ergonome **n. didact.** Spécialiste de l'ergonomie. - **syn. ergonomiste.**

ergonomie **n. f. (de l'anglais, du grec *ergon* « travail ») 1. didact.** Étude scientifique des conditions de travail et des relations entre l'être humain et la machine. **2.** Adaptation

erg

Les ergs couvrent 20 % du Sahara.

d'un environnement de travail (outils, matériel, organisation...) aux besoins de l'utilisateur. – *L'ergonomie d'un siège.*

ergonomique adj. Relatif, conforme à l'ergonomie.

ergostérol n. m. **(de *ergot* [de seigle] et *stérol*, le stérol étant autrefois préparé avec de l'ergot)** biochim. Stérol (préparé à partir de la levure) qui se transforme en vitamine D sous l'effet des rayons ultraviolets.

ergot n. m. **(origine obscure ; p.-ê. radical *erg-* « chose pointue », préroman)** **I.** chez les gallinacés mâles Pointe recourbée du tarse (talon) servant d'arme offensive. *Les ergots du coq.* – loc. fig. *Monter, se dresser sur ses ergots* : prendre une attitude agressive, menaçante. **II.** Petit corps oblong et vénéneux formé par un champignon parasite des céréales. *L'ergot du seigle.*

ergotamine n. f. **(de *ergot* [de seigle])** biochim. Alcaloïde toxique extrait de l'ergot de seigle, parfois utilisé dans le traitement des migraines.

ergoté, ée adj. didact. **1.** (oiseaux) Pourvu d'ergots. **2.** Atteint d'ergot. *Blé ergoté.*

ergoter v. intr. < 1 > **(latin *ergo* « donc », utilisé en logique)** Trouver à redire sur des points de détail, des choses insignifiantes. → **chicaner, discuter, pinailler.** *Vous n'allez pas ergoter pour un euro !* □ n. m. **ergotage**

ergoteur, euse n. Personne qui ergote. → **chicanier.** – adj. *Il est ergoteur.*

ergothérapeute n. didact. Spécialiste d'ergothérapie.

ergothérapie n. f. **(du grec *ergon* « travail » et *thérapie*)** didact. Traitement de rééducation et de réadaptation pour aider des personnes handicapées à préserver leur autonomie.

ergotisme n. m. méd. Forme dangereuse d'empoisonnement due à la consommation de seigle ergoté. - syn. **mal des ardents.**

Erhard (Ludwig) Homme d'État allemand (1897-1977). Chrétien-démocrate, il fut ministre de l'Économie de la RFA en 1951 et succéda à Adenauer en tant que chancelier de 1963 à 1966. Il fut l'un des artisans du « miracle allemand ».

Éric ou **Erik** Nom de plusieurs rois du Danemark et de Suède. ■ **Éric XIII de Poméranie** (v. 1382-1459). Roi de Norvège (1389-1442), roi de Danemark et de Suède (1396-1439). Il fut couronné roi des trois pays à la diète de Kalmar (1397). Il mena en vain la guerre contre les villes hanséatiques et le Holstein, et fut déposé par ses sujets. ■ **Éric XIV** (1533-1577), roi de Suède (1560-1568). Fils de Gustave Ier Vasa, il dut lutter contre une coalition du Danemark, de la Pologne et de Lübeck (1563-1570). Il fut déposé en faveur de son frère Jean III.

éricacée n. f. **(latin sc. *erica* « bruyère »)** bot. Plante dicotylédone gamopétale, arbrisseau à fleurs régulières en forme de cloches (famille des *Éricacées* ; ex. l'azalée, la myrtille, le rhododendron).

Erice Ville d'Italie, dans l'O. de la Sicile, dominant la côte de Trapani. 29 340 habitants. Ville médiévale. Port. Viticulture. Tourisme.

Eridu Ancienne cité de basse Mésopotamie, près d'Ur (aujourd'hui en Irak). La ville fut un important centre religieux sumérien entre le –IVe et le –IIe millénaire.

Érié (lac) Grand lac des États-Unis (25 600 km^2), à la frontière entre le Canada et les États-Unis, entre le lac Huron et le lac Ontario, avec lequel il communique par les chutes du Niagara.

Érié (canal) Canal reliant le lac Érié (Buffalo) à l'Hudson (Albany), qui permet de gagner le port de New York.

Érigène (Jean Scot) voir **Scot Érigène (Jean)**

ériger v. tr. < 3 > **(du latin, de *ex-* et *regere* « diriger » → régie)** **1.** Placer (un monument) en station verticale. → **[1]dresser ; érection.** *On érigea l'obélisque place de la Concorde.* ■ Construire avec solennité. → **élever.** *Ériger un temple.* **2.** littér. ou admin. Établir, créer. *Ériger un tribunal.* **3.** fig. *Ériger qqn, qqch. en* : donner le caractère de ; faire passer à (une condition plus élevée, plus importante). *Ériger ses caprices en règle morale.* – pronom. *S'ériger en* : s'attribuer le rôle de. → se **poser** en. « *Je m'érigerai en censeur des actions d'autrui* » (Molière).

Érié (lac)

Le lac Érié compte de nombreuses îles habitées.

érigéron n. m. **(du latin, du grec *erigerôn* « séneçon », de *gerôn* « vieillard »)** bot. Plante herbacée aux fleurs roses ou blanches, appelée communément *vergerette.*

érigne n. f. **(de l'ancien français *ireigne* → araignée, par analogie de forme avec les pattes de l'araignée)** chir. Crochet pointu monté sur un manche.

Erik le Rouge Chef norvégien (v. 940-v. 1010). Il découvrit le Groenland (982).

Érin Nom poétique de l'Irlande : « *la verte Érin* ».

Érinyes n. f. pl. Dans la mythologie grecque, les trois déesses de la Vengeance (Alecto, Mégère, Tisiphone), correspondant aux Furies des Romains.

éristale n. m. **(latin zool. *eristalis*, du grec *eri* « beaucoup » et *stalan* « couler goutte à goutte »)** zool. Grosse mouche qui ressemble à l'abeille.

éristique adj. et n. **(grec *eristikos* « qui aime la controverse »)** hist. philos. Relatif à la controverse. *Un écrit éristique.* – n. *Un éristique* : un philosophe de l'école de Mégare. ■ n. f. *L'éristique* : l'art de la controverse.

Erlangen Ville d'Allemagne (Bavière), au N. de Nuremberg. 112 300 habitants. Hôtel de ville et château baroques. Université. Construction électrique (usines Siemens).

Erlanger (Joseph) Physiologiste américain (1874-1965). Il fit des recherches sur la différenciation fonctionnelle des fibres nerveuses. Prix Nobel 1944.

erlenmeyer [ɛʀlɛnmejɛʀ] n. m. **(du n. d'un chimiste allemand)** Récipient en verre à fond plat, de forme conique avec un col cylindrique, utilisé en laboratoire. → aussi **bécher.**

Ermenonville Commune de l'Oise, au S. de Senlis. 946 habitants. Château du XVIIIe s., où J.-J. Rousseau passa les dernières semaines de sa vie. En bordure de la *forêt d'Ermenonville* (3 300 ha), site du *désert d'Ermenonville*, constitué de dunes sableuses. Parc d'attractions.

ermitage n. m. **1.** Habitation d'un ermite. **2.** Lieu écarté, solitaire. *Se retirer dans un ermitage.* – Maison de campagne retirée. *L'ermitage* (ou *hermitage*) *de J.-J. Rousseau.*

Ermitage (l') n. m. Palais de Saint-Pétersbourg construit par Catherine II. C'est l'un des musées de peinture les plus riches au monde.

ermite n. m. **(du latin chrét., pris au grec, de *erêmos* « désert »)** Religieux retiré dans un lieu désert (opposé à *cénobite, moine*). → **anachorète.** – *Vivre en ermite*, seul et coupé du monde.

Ermont Commune du Val-d'Oise, près de Pontoise. 29 230 habitants.

Ernaux (Annie) Écrivaine française (née en 1940). Dans un style dépouillé, entre littérature et sociologie, elle écrit essentiellement sur sa propre existence et sur sa famille. *La Femme gelée ; La Place ; Une femme ; Les Années.* Prix Nobel 2022.

Erne n. m. Fleuve du N. de l'Irlande, qui forme les deux lacs d'Erne et se jette dans l'Atlantique. 115 km.

Ernst (Max) Artiste allemand naturalisé français (1891-1976). Peintre et dessinateur, cofondateur du mouvement Dada à Barcelone en 1919, il se lia ensuite aux surréalistes. Il est l'auteur d'une œuvre où l'imaginaire s'allie à l'humour, servi par la perfection technique de ses procédés (collages, assemblages d'objets...).

Ernst (Richard R.) Chimiste suisse (1933-2021). Il mena des recherches sur la résonance magnétique nucléaire. Prix Nobel 1991.

Erode Ville d'Inde (Tamil Nadu). 522 000 habitants. Industrie textile.

éroder v. tr. < 1 > **(du latin, de *ex-* et *rodere* « ronger » → érosion)** didact. **1.** User, détruire par une action lente (→ **érosion).** *L'eau érode le lit des rivières.* – au p. p. *Vallée érodée par les eaux.* **2.** fig. Affaiblir, diminuer progressivement.

Ermitage (l')

Le musée de l'Ermitage (1 000 salles), au bord de la Neva, abrite une collection de plus de 3 millions de pièces.

Ernst (Max)

Max Ernst, *La Femme chancelante* (1923), Kunstsammlung Nordrhein-Westfalen, Düsseldorf.

érogène adj. (du grec *eros* → érotique, et *-gène*) psych. Susceptible de provoquer une excitation sexuelle. *Les zones érogènes du corps humain.*

éros [eʀos] n. m. (grec *Erôs*, n. du dieu) didact. Principe du désir, dont l'énergie correspond à la libido* (souvent opposé à *thanatos* « principe de mort »).

Éros Dieu grec de l'Amour. Fils d'Aphrodite et d'Arès, amant de Psyché, il fut assimilé au Cupidon des Romains.

érosif, ive adj. géol. **1.** Qui produit l'érosion. *Agents érosifs.* ■ Dû à l'érosion. *Usure érosive.* **2.** Qui s'érode facilement. *Roche érosive.*

érosion n. f. (du latin, de *erodere* → éroder) **1.** Usure et transformation que les eaux et les actions atmosphériques font subir à l'écorce terrestre. *Érosion glaciaire.* **2.** fig. Usure, dégradation graduelle. *Érosion monétaire :* perte du pouvoir d'achat de la monnaie, due à la hausse des prix.

Érostrate Citoyen d'Éphèse qui incendia, en –356, le temple d'Artémis afin de rendre son nom immortel. Il fut brûlé vif et toute mention de son nom fut interdite.

érotique adj. (du bas latin, du grec *erôtikos*, de *erôs, erôtos* → éros) **1.** didact. Qui a rapport à l'amour. *Poésie érotique.* **2.** Qui a rapport à l'amour physique (→ **sexuel**) avec une dimension symbolique. *Des désirs érotiques. Un film érotique.* – Qui provoque le désir amoureux, le plaisir sexuel. *Des dessous érotiques.* → **excitant, sexy.** □ adv. **érotiquement**

érotiser v. tr. < 1 > (→ érotique) Donner un caractère érotique à. □ n. f. **érotisation**

érotisme n. m. (de *érotique*) **1.** Ce qui a trait à l'amour physique, au désir et au plaisir sexuels. **2.** Caractère érotique (d'une situation, d'une personne). **3.** Caractère de ce qui a les activités érotiques pour thème. *Érotisme et pornographie. L'érotisme dans l'œuvre de Verlaine.*

érotologie n. f. (du grec *erôs, erôtos* « amour » et de *-logie*) didact. Étude de l'amour physique, des ouvrages érotiques. → aussi **sexologie.** □ adj. **érotologique**

érotologue n. didact. Spécialiste de l'érotologie.

érotomane n. didact. Personne obsédée par la sexualité, atteinte d'érotomanie. → **nymphomane, obsédé** (sexuel). – adj. *Quand il a bu, il devient érotomane.*

érotomanie n. f. (grec *erôtomania* → éros et manie) **1.** Obsession caractérisée par des préoccupations d'ordre sexuel. *Érotomanie féminine.* → **nymphomanie.** *Érotomanie masculine.* → **satyriasis.** □ adj. **érotomaniaque** **2.** psych. Illusion délirante d'être aimé.

erpétologie n. f. (grec *herpeton* « serpent ») didact. Partie de la zoologie qui traite des reptiles. - var. **herpétologie.**

Erquy Commune des Côtes-d'Armor, sur la baie de Saint-Brieuc. 3 916 habitants. Port de pêche, station balnéaire.

errance n. f. (de [1]*errant*) littér. Action d'errer çà et là. → **vagabondage.**

[1]errant, ante adj. (de *errer*) **1.** Qui va de côté et d'autre, qui n'est pas fixé. → **vagabond.** *Chien errant.* **2.** littér. (expression, sourire, regard, etc.) Flottant, incertain.

[2]errant, ante adj. (ancien français *errer* « voyager », qui vient du latin *iterare* → itinéraire) vieux Qui voyage sans cesse. – loc. mod. *Chevalier errant. Le Juif errant* (légende).

errata n. m. (→ erratum) **1.** n. m. pl. → **erratum.** **2.** Liste des fautes d'un ouvrage imprimé. *Des errata* (ou RO *erratas*).

erratique adj. (du latin, de *errare* → errer) didact. Qui n'est pas fixe. – méd. *Douleur erratique.* – astron. *Astre erratique,* dont le mouvement apparent est irrégulier. – géol. *Blocs erratiques,* qui ont été transportés par les glaciers. ■ (personnes) Errant, instable.

erratum, plur. **errata** [eʀatɔm, eʀata] n. m. (du latin, de *errare* → errer) Faute signalée dans un ouvrage imprimé. *Liste des errata* (ou RO *erratums*).

erre n. f. (ancien français *errer,* qui vient du latin *iterare* → [2]errant) loc. *Navire qui court, continue sur son erre,* sur sa lancée, par la vitesse acquise.

errements n. m. pl. (de l'ancien v. *errer* → [2]errant, erre) littér. **1.** vieux Manière d'agir habituelle. **2.** mod., péj. (influence de *errer, erreur*) Habitude invétérée et mauvaise ; manière d'agir blâmable.

errer v. intr. < 1 > (latin *errare* « aller à l'aventure » et « se tromper ») **I. 1.** Aller au hasard, à l'aventure (→ **errance**). *Vagabond qui erre sur les chemins.* → **rôder, vagabonder.** **2.** (choses) Se manifester çà et là, ou fugitivement. → [1]**flotter, passer.** *Un sourire errait sur ses lèvres.* **II.** fig., littér. Se tromper (→ **erreur ; aberrant**).

erreur n. f. (latin *error,* de *errare* → errer, II) **I. 1.** Acte de l'esprit qui tient pour vrai ce qui est faux et inversement. *Erreur des sens.* → **illusion ; confusion, méprise.** *Erreur de raisonnement.* → **aberration, absurdité, non-sens.** *Erreur grossière, choquante.* → **ânerie, bêtise.** *Faire, commettre une erreur,* se tromper. – *Faire erreur.* → se **méprendre,** se **tromper.** – *Il y a erreur.* → **malentendu, quiproquo.** – fam. *(Il n'y a) pas d'erreur,* c'est bien cela. – *Sauf erreur :* excepté si l'on se trompe. – *Par erreur :* à la suite d'une confusion ; par mégarde ou inadvertance. **2.** État d'une personne qui se trompe. *Être, tomber dans l'erreur. Induire qqn en erreur.* → **tromper.** **3.** (Une, des erreurs) Assertion, opinion fausse. *Il reconnaît ses erreurs.* **4.** Action regrettable, maladroite, déraisonnable. → **faute ; bévue,** [2]**gaffe, maladresse.** ■ Action blâmable (et jugée telle par la personne qui l'a commise). *Des erreurs de jeunesse.* **II.** (sens objectif) **1.** Chose fausse, par rapport à une norme (différence par rapport à un modèle ou au réel). → **faute, inexactitude.** *Erreur d'impression.* → **coquille.** *Raccrochez, c'est une erreur !* (au téléphone). **2.** Chose fausse, élément inexact, dans une opération (→ **erroné**). *Erreur de calcul, de mesure.* – *Erreur judiciaire :* condamnation injustement prononcée. ■ inform. Dysfonctionnement (matériel ou logiciel) survenant sur un ordinateur. *Erreur système,* qui affecte le système d'exploitation.

Erró (Gudmundur Gudmundsson, dit) Peintre islandais (né en 1932). Ses œuvres figuratives sont caractérisées par une grande verve narrative et une dénonciation de la société contemporaine saturée d'images. Peintures-collages.

erroné, ée adj. (latin *erroneus,* de *errare*) Qui contient des erreurs ; qui constitue une erreur. → [1]**faux, inexact.** *Citation erronée.* → **fautif.** *Vos conclusions sont erronées.* □ adv. **erronément**

ers [ɛʀ] n. m. (du provençal, qui vient du latin *ervus,* de *ervum* « lentille ») agric. Plante herbacée annuelle (appelée aussi *lentille bâtarde*), cultivée comme fourrage.

ersatz [ɛʀzats] n. m. (mot allemand « remplacement ») **1.** Produit alimentaire qui en remplace un autre de qualité supérieure, devenu rare. → **succédané.** *Un ersatz de café.* **2.** fig. Ce qui remplace (qqch., qqn) sans le valoir. *Un ersatz de littérature.* → **substitut.**

[1]erse n. f. (var. de *herse*) mar. Anneau en cordage. *Petite erse* ou *erseau* **n. m.**

[2]erse adj. (ancienne var. écossaise de *irish* « irlandais ») De haute Écosse. – n. m. *L'erse :* dialecte celtique parlé dans les Highlands. → **gaélique.**

Ershad (Husain Muhammad) Officier et homme d'État du Bangladesh (1930-2019). Président de la République de 1983 à 1990, il établit un régime autoritaire et répressif.

Erté (Romain de Tirtoff, dit) Peintre, dessinateur et décorateur russe (1892-1990). Il collabora avec les Folies-Bergère, à Paris, puis avec la Metro Goldwyn Mayer, à Hollywood.

érubescence n. f. (du bas latin, de *erubescere* « devenir rouge » → rouge) didact. Action de rougir ; son résultat. → **rougeur.**

érubescent, ente adj. (du latin, de *ex-* et *rubescere,* de *ruber* → rouge) didact. Qui devient rouge. – méd. *Une tumeur érubescente.*

éruciforme adj. (du latin sc., de *eruca* « chenille » et *forma* « forme ») zool. Qui a la forme d'une chenille.

érucique adj. (latin *eruca* « chenille » → [2]roquette) chim. *Acide érucique :* acide éthylénique (de formule brute $C_{22}H_{42}O_2$) présent dans les huiles de moutarde, de pépins de raisin et de certaines variétés de colza.

éructation n. f. littér. Renvoi. → [1]**rot.** ■ fig. Manifestation grossière (d'idées, de sentiments).

éructer v. < 1 > (latin *eructare,* de *ex-* et *ructus* → [1]rot) **1.** v. intr. littér. Renvoyer par la bouche les gaz contenus dans l'estomac. → **roter.** **2.** v. tr. fig. Proférer grossièrement. *Éructer des injures.* → [1]**lancer.**

érudit, ite (du latin, p. p. de *erudire,* de *ex-* et *rudis* → rude : « sorti de la grossièreté ») **1.** adj. Qui a de l'érudition. → **savant.** *Un historien érudit.* – (choses) Qui demande de l'érudition. *Des recherches érudites.* – Produit par l'érudition. *Ouvrage érudit.* **2.** n. Personne érudite. → **lettré.**

érudition n. f. (du latin, de *erudire* → érudit) Savoir approfondi fondé sur l'étude des sources historiques, des documents, des textes.

érugineux, euse adj. (du latin, de *aerugo, aeruginis* « rouille ») didact. Qui a l'aspect, la couleur du vert-de-gris (appelé autrefois *rouille du cuivre*).

éruptif, ive adj. (latin *eruptus* → éruption) **1.** méd. Qui s'accompagne d'éruption (1). *Fièvre éruptive.* **2.** Qui a rapport aux éruptions (2). *Roches éruptives,* provenant du refroidissement du magma volcanique. **3.** fig. Agité, tumultueux. *Un tempérament éruptif,* coléreux. → **explosif, volcanique.**

éruption n. f. (latin *eruptio,* de *erumpere,* de *ex-* et *rumpere* → rompre) **1.** Apparition soudaine (de taches, de boutons, etc.) sur la peau. *Une éruption de furoncles.* **2.** Jaillissement des matières volcaniques ; état d'un volcan qui émet ces matières. *Volcan en éruption.* **3.** *Éruption solaire :* accroissement de l'activité solaire. **4.** fig. Production soudaine et abondante. → **explosion, jaillissement.**

Erwin dit von Steinbach Architecte allemand (mort en 1318). Il est considéré comme l'architecte principal de la cathédrale de Strasbourg.

Érymanthe ou **Olonos** **n. m.** Montagne de Grèce (Péloponnèse). 2 224 m. Dans la mythologie grecque, Héraclès accomplit l'un des Douze Travaux en y capturant le *sanglier d'Érymanthe.*

érysipèle **n. m.** **(du latin, grec *erysipelas*, famille de *eruthros* « rouge »)** Maladie infectieuse et contagieuse où la peau est enflammée, gonflée. - var. **érésipèle.**

érythème **n. m.** **(de l'anglais, du grec *eruthêma*, de *eruthros* « rouge » → érythro-)** Maladie de peau caractérisée par une rougeur superficielle. □ **adj. érythémateux, euse**

E

érythrasma **n. m.** **(→ érythr-)** méd. Infection cutanée fréquente, bactérienne, qui touche les plis du corps (aisselles, aines...) en formant des taches.

Érythrée **(mer)** Nom donné par les Anciens à la mer Rouge, au golfe d'Aden et à la mer d'Oman.

Érythrée

n. f. ■ offic. république d'Érythrée État d'Afrique de l'Est. 117 600 km^2. 5 224 000 habitants (les *Érythréens*). **Langues :** tigrigna, arabe, anglais. **Population :** Érythréens, Afars. **Religions :** musulmans sunnites, chrétiens. **Monnaie :** nakfa. **Capitale :** Asmara. **Régime :** présidentiel.

GÉOGRAPHIE

Le territoire est bordé le long de la mer Rouge par une étroite plaine. De type méditerranéen en altitude (culture du blé et de la vigne), le climat est aride dans la plaine côtière (désert Danakil). L'industrie (textile, alimentaire) se concentre à Asmara et dans le port de Massaoua. L'Érythrée est l'un des pays les plus pauvres de la planète et connaît régulièrement de terribles famines.

HISTOIRE

Escale sur la route des épices (IIe-Ier millénaires av. J.-C.), le territoire fut occupé par des Arabes qui fondèrent le royaume d'Aksoum (Ier-Xe siècles). La création du canal de Suez (1856) en fit une région stratégique. Occupée par les Italiens (1885), conquise par les Britanniques et les Français (1941), elle fut incorporée à l'Éthiopie (1952) et accéda à l'indépendance (1993) sous la présidence d'Issayas Afewerki. Le conflit frontalier avec l'Éthiopie dégénéra en guerre ouverte (1998-2000) et ne fut résolu qu'en 2018 avec la signature d'un accord de paix. La réconciliation des deux pays déboucha sur une coopération militaire dans une guerre tribale contre la minorité éthiopienne du Tigré (2020-2022). La pauvreté, le régime répressif de parti unique et la militarisation de la société musèlent l'opposition et conduisent un nombre croissant d'Érythréens à émigrer.

Village à flanc de montagne en Érythrée.

érythrine **n. f.** **(→ érythr[o]-)** bot. Arbre ou arbrisseau exotique (famille des *Légumineuses*) à bois blanc et à belles fleurs rouges, appelé aussi *arbre immortel.*

érythr(o)- Élément **(du grec *eruthros*)** qui signifie « rouge ».

érythroblaste **n. m.** **(de l'allemand → érythro- et -blaste)** biol. Cellule mère à noyau des érythrocytes. *Présence d'érythroblastes dans le sang (érythroblastose* **n. f.***).*

érythrocyte **n. m.** **(de *érythro-* + *-cyte*)** biol. Globule rouge du sang. **→ hématie.** □ **adj. érythrocytaire**

érythrodermie **n. f.** **(de *érythro-* + *-dermie*)** méd. Maladie de la peau dont le caractère essentiel est la rougeur, en général compliquée de desquamation.

érythromycine **n. f.** **(→ érythro- et -myce)** biochim., méd. Antibiotique utilisé dans le traitement de certaines maladies bactériennes.

érythropoïèse **n. f.** **(de *érythro-* et du grec *poiêsis* « création, formation » [→ poésie])** physiol. Formation des globules rouges. **→ hématopoïèse.**

érythropoïétine **n. f.** **(de l'anglais → érythropoïèse)** biochim. Hormone (produite naturellement ou par synthèse) qui stimule la formation des érythrocytes en réponse à une carence en oxygène. **→ EPO.**

érythrose **n. f.** **(de *érythro-* + ²*-ose*)** méd. Coloration rouge de la peau (en particulier du visage). **→ aussi couperose.** – (personnes) Tendance à rougir facilement.

érythrosine **n. f.** **(de l'allemand → érythro-)** chim. Matière colorante rouge en solution aqueuse, employée comme colorant alimentaire.

Erzberger **(Matthias)** Homme politique allemand (1875-1921). Chef de la délégation allemande lors de l'armistice du 11 novembre 1918, il se montra favorable au traité de Versailles. Ministre des Affaires étrangères, il fut assassiné par des nationalistes.

Erzgebirge en français **monts Métallifères,** en tchèque **Krušné Hory** **n. m.** Massif montagneux à la frontière de l'Allemagne et de la République tchèque. Point culminant 1 244 m. Gisements métallifères (zinc, cuivre, uranium).

Erzincan Ville de l'E. de la Turquie, au N. des monts Taurus. 102 200 habitants. Centre commercial et industriel.

Erzurum Ville de l'E. de la Turquie, sur l'Euphrate occidental. 417 000 habitants. Centre commercial et universitaire. Mausolée de l'émir Sultan (XIIe s.).

Es Symbole chimique de l'einsteinium.

es- voir **é-**

ès [ɛs] **prép.** **(contraction de *en les*)** (devant un nom pluriel) *Docteur ès lettres,* dans le domaine des lettres. *Licence ès sciences.*

Ésaïe voir **Isaïe**

Esaki **(Reona, dit Leo)** Physicien américain d'origine japonaise (né en 1925). Il réalisa des études expérimentales sur l'effet tunnel. Prix Nobel 1973.

Ésaü Personnage biblique. Fils d'Isaac et de Rébecca, frère aîné de Jacob, il vend à celui-ci son droit d'aînesse pour un plat de lentilles. Surnommé Édom, il est l'ancêtre éponyme des Édomites.

ESB [øɛsbe] **n. f.** **(sigle)** didact. Encéphalopathie* spongiforme bovine **(→ maladie de la vache folle).**

s'esbigner **v. pron.** **< 1 >** **(argot italien *sbignare* « s'enfuir [de la vigne, comme un voleur] »)** fam. vieilli Se sauver, s'enfuir. **→ décamper.**

Esbjerg Ville du Danemark, sur la côte O. du Jutland. 71 900 habitants. Plus important port de pêche du pays.

esbroufe **n. f.** **(du provençal → esbroufer)** fam. Étalage de manières prétentieuses et insolentes. **→ bluff, chiqué, embarras.** *Faire de l'esbroufe. Obtenir qqch. à l'esbroufe.*

esbroufer v. tr. < 1 > (provençal *esbroufa* « s'ébrouer », d'un radical onomatopéique) fam. vieilli En imposer à (qqn) en faisant de l'esbroufe. → **bluffer, épater.**

esbroufeur, euse n. fam. vieilli Personne qui fait de l'esbroufe.

escabeau n. m. (latin *scabellum* [*cf.* échevea*u*], de *scamnum*) **1.** Siège peu élevé, sans bras, ni dossier, pour une personne. → **tabouret. 2.** Marchepied à quelques degrés.

escabèche n. f. (de *escabécher*, du provençal, du latin *ex-* et *cabessa* « tête », de *caput* → chef) cuis. Marinade aromatisée de poissons étêtés.

escabelle n. f. (var. fém. de *escabeau*) (Belgique) Grand escabeau, petite échelle double.

escadre n. f. (italien *squadra* « équipe », qui vient du latin pop. *exquadra* → équerre) **1.** Force navale importante. **2.** *Escadre aérienne* : division d'avions de l'armée de l'air. → **escadrille.**

escadrille n. f. (italien *squadriglia*, de *squadra* → escadre) Groupe d'avions de combat. *Escadrille de chasse.*

escadron n. m. (italien *squadrone*, augmentatif de *squadra* → escadre) **1.** Unité de cavalerie, de blindés, du train des équipages, de gendarmerie. *Escadron motorisé.* **2.** plais. Groupe important. → **bataillon, troupe.** *Un escadron de jolies filles.*

escagasser v. tr. < 1 > (provençal *escagassa* « affaisser, écraser », de *cagar* → chier) régional (Sud-Est) **1.** Démolir, abîmer complètement (qqch.). **2.** fig. Fatiguer, ennuyer, agacer. *Tais-toi, tu m'escagasses !* **3.** v. pron. *S'escagasser (à faire qqch.)* : s'évertuer, se fatiguer (à faire qqch.).

Escaich (Thierry) Compositeur et organiste français (né en 1965). Il fait entendre son originalité créatrice entre tradition et modernité dans des œuvres fortes aux accents vocaux et instrumentaux variés, sous le double signe du sacré et du profane (*Le Dernier Évangile* ; *Miroir d'ombres*). Académie des beaux-arts.

escalade n. f. (de l'ancien provençal, de *escalar*, de *escala* → échelle) **1.** Action de passer par-dessus (une clôture) pour pénétrer. *L'escalade d'un portail.* **2.** Action de grimper sur (qqch.) ; ascension. *L'escalade d'une montagne.* – absolt *Faire de l'escalade.* **3.** fig. Stratégie qui consiste à gravir les « échelons » de mesures militaires ou diplomatiques de plus en plus graves. ▪ Intensification (d'un phénomène). *L'escalade de la violence.*

escalader v. tr. < 1 > (de *escalade*) **1.** Passer par-dessus (une clôture). → **franchir.** *Les voleurs ont escaladé le mur du jardin.* **2.** Faire l'ascension de. → **gravir, monter.** *Cordée d'alpinistes qui escaladent un pic.*

escalator n. m. (n. déposé, de l'anglais des États-Unis, de *escalade* et *elevator* « ascenseur ») anglic. Escalier mécanique (recommandation offic.). *Les escalators d'un grand magasin.*

escale n. f. (du latin médiéval, du grec byzantin *skala*, pris au latin *scala* → échelle, par l'italien *far scala*) **1.** Lieu d'arrêt ou de relâche et de ravitaillement (pour un navire, un avion). **2.** *Faire escale* : s'arrêter pour se ravitailler, pour embarquer ou débarquer des passagers, du fret. → **halte, relâche.** *Le bateau fait escale à Venise.* – Durée de l'arrêt. *Visiter une ville pendant l'escale.* – *Vol sans escale*, direct.

escalier n. m. (du provençal qui vient du latin *scalarium*, de *scalaris*, adj., de *scala* → échelle) **1.** Suite de degrés qui servent à monter et à descendre. *Marches, paliers, rampe d'un escalier. Cage d'escalier. Monter, descendre un escalier, les escaliers.* – loc. *L'esprit de l'escalier* : un esprit de répartie qui se manifeste à retardement. **2.** *Escalier roulant, mécanique* : escalier articulé et mobile, qui transporte l'usager. → **escalator. 3.** *En escalier* : par degrés successifs.

escalope n. f. (mot du Nord-Est, de *escale* « coquille » → écale, et *enveloppe* ; p.-ê. « tranche roulée ») Tranche mince (de viande blanche, de poisson). *Escalope de veau.*

escamotable adj. Qui peut être escamoté (3). *Antenne de voiture escamotable.* – *Lit escamotable*, que l'on peut rabattre contre un mur.

escamotage n. m. Action d'escamoter. *Tour d'escamotage d'un prestidigitateur.* → **passe-passe.**

escamoter v. tr. < 1 > (p.-ê. de l'ancien provençal, de *escama*, latin *squama* « écaille ») **1.** Faire disparaître (qqch.) par un tour de main qui échappe à la vue des spectateurs. *Prestidigitateur qui escamote une carte.* **2.** vieilli Faire disparaître habilement ; s'emparer de (qqch.) sans être vu. → **dérober, subtiliser.** *Un voleur a escamoté son portefeuille.* **3.** Rentrer (l'organe saillant d'une machine, le train d'atterrissage d'un avion). **4.** fig. Éviter habilement, de façon peu honnête. → **éluder, esquiver.** *Escamoter les difficultés.* **5.** *Escamoter un mot*, le prononcer très vite ou très bas. → **sauter.** – *Escamoter une note au piano*, ne pas la jouer.

escamoteur, euse n. Personne qui escamote (1 et 2) qqch. → **illusionniste, prestidigitateur.**

escampette n. f. (ancien français *escampe*, de *escamper* « décamper », du provençal, du latin *campus* → camp) *Prendre la poudre d'escampette* : s'enfuir. → **décamper, déguerpir.**

escapade n. f. (de l'espagnol, de *escapar*, équivalent de *échapper*) Le fait d'échapper aux obligations, aux habitudes de la vie quotidienne (fuite, absence physique ou écart de conduite). *Faire une escapade.* → **équipée, fredaine, fugue.**

escape n. f. (latin *scapus* « fût ») archit. **1.** Partie inférieure du fût (d'une colonne), voisine de la base. **2.** Fût d'une colonne (de la base au chapiteau).

escape game voir **évasion (jeu d')**

escarbille n. f. (du wallon, de *èscrabyi* « gratter », ancien néerlandais *schrabben*) Fragment de bois ou de charbon incomplètement brûlé qui s'échappe d'un foyer.

escarbot n. m. (latin *scarabaeus* → scarabée) vieux ou régional Coléoptère (hanneton, bousier).

escarboucle n. f. (de l'ancien français, de *es-* et *carbuncle*, du latin *carbunculus*, de *carbo* → charbon) **1.** vieux Grenat rouge foncé. **2.** blason Pièce héraldique représentant une pierre précieuse d'où partent huit rais terminés par des fleurs de lis.

escarcelle n. f. (de l'italien, de *scarso* « avare » ou du provençal « petit avare », du latin pop., de *excerpere* « mettre de côté », de *ex-* et *carpere* « cueillir » → charpie) **1.** anciennt Grande bourse que l'on portait suspendue à la ceinture. **2.** plais. Bourse, portefeuille. – loc. *Rentrer, tomber dans l'escarcelle de* : être perçu, touché par.

escargot n. m. (de *escargol*, de formes modifiées, p.-ê. latin *conchylium* « coquille » et *scarabaeus* → escarbot ; *cf.* provençal *caragol*, espagnol *caracol* → caracoler) Mollusque gastéropode terrestre, à coquille arrondie en spirale. → **colimaçon, limaçon.** *Manger des escargots.* – *Beurre d'escargot* : beurre additionné d'ail, de persil et d'échalote. ▪ *Avancer comme un escargot*, très lentement (→ comme une tortue). – *Opération escargot*, organisée par des conducteurs de véhicules pour ralentir la circulation. ▪ loc. adv. *En escargot* : en hélice. *Un escalier en escargot* (→ en colimaçon).

escargotière n. f. techn. **1.** Endroit où l'on élève les escargots pour l'alimentation. **2.** Plat muni de petites alvéoles où l'on dispose les escargots avant de les passer au four.

escarmouche n. f. (p.-ê. de l'italien, du francique *skirmjan* « protéger » → escrime et *mucciar*, *mucher* « s'esquiver ») **1.** Petit combat entre des soldats isolés ou des détachements de deux armées. → **accrochage, échauffourée. 2.** fig. Petite lutte ; bref échange de paroles hostiles. *Escarmouches parlementaires.*

¹escarpe n. f. (italien *scarpa*, mot germanique) anciennt Talus d'une fortification, au-dessus d'un fossé.

²escarpe n. m. (de *escarper*, p.-ê. provençal *escarpi* → écharper) vieux Assassin ; voleur dangereux.

escarpé, ée adj. (de l'ancien v. *escarper*, de *¹escarpe*) Qui est en pente raide. → **abrupt ;** à pic. *Rives escarpées.* – *Chemin escarpé.* → **montant, raide.**

escarpement n. m. (→ escarpé) Pente raide.

escarpin n. m. (italien *scarpino*, de *scarpa* « chaussure », famille de *¹escarpe*) Chaussure très fine, qui laisse le cou-de-pied découvert.

escarpolette n. f. (p.-ê. famille de *¹escarpe*, par l'italien) vieilli Siège suspendu par des cordes et sur lequel on se place pour être balancé. → **²balancelle, balançoire.**

¹escarre n. f. (grec *eskhara* « croûte ») Croûte noirâtre formée sur la peau par la nécrose des tissus, après une brûlure, un frottement prolongé, etc.

²escarre ou **esquarre** n. f. (forme populaire de *équerre*) blason Pièce en forme d'équerre.

escarrification n. f. méd. Formation d'escarres. – Ensemble d'escarres.

Escaut n. m. Fleuve de France, de Belgique et des Pays-Bas. 430 km. Il naît dans l'Aisne, arrose Cambrai, Gand et Anvers et se jette dans la mer du Nord en formant un estuaire dont le bras principal (le seul ouvert depuis l'achèvement du plan Delta) est l'Escaut occidental. Importante voie navigable canalisée sur l'essentiel de son cours.

eschatologie [ɛskatɔlɔʒi] n. f. (grec *eskhatos* « dernier ») théol. Étude des fins dernières de l'homme et du monde. ▫ adj. **eschatologique**

esche n. f. (vient du latin *esca* « nourriture », de *edere* « manger » → dent) Appât fixé à l'hameçon. - var. **aiche, èche.**

Eschenbach (Christoph) Chef d'orchestre allemand (né en 1940). D'abord pianiste soliste, il dirigea à partir de 1975 de prestigieux orchestres (San Francisco, Houston, Paris, Philadelphie, Washington) et s'illustra notamment dans les œuvres de Berlioz (*Symphonie fantastique*), de Mozart (*Les Noces de Figaro* ; *Don Giovanni* ; *Così fan tutte*) et de Wagner (*La Tétralogie*).

escher v. tr. < 1 > Munir d'une esche. - var. **aicher, écher.**

Eschine Orateur athénien (v. 390-314 av. J.-C.). Il s'opposa à Démosthène en promouvant la paix entre Athéniens et Macédoniens. Il fut contraint à l'exil.

Esch-sur-Alzette Ville du Luxembourg, à la frontière française. 36 200 habitants. Métallurgie.

Eschyle Poète tragique grec (v. 525-456 av. J.-C.). Auteur de 90 pièces, dont 7 subsistent, il a fondé la tragédie grecque en introduisant dialogue et action et en décrivant les hommes en butte à leur destin. *Les Perses* ; *L'Orestie.*

escient [esjɑ̃] n. m. (latin *me [te...] sciente* « moi [toi...] le sachant », de *scire* « savoir » → science) loc. adv. *À bon escient* : avec discernement. *Parler à bon escient.* – *À mauvais escient* : à tort, sans discernement.

s'esclaffer v. pron. < 1 > (provençal « éclater », onomatopée) Éclater de rire bruyamment. → **pouffer.**

esclandre n. m. (latin *scandalum* → scandale) Manifestation orale, bruyante et scandaleuse, contre qqn ou qqch. → **éclat, scandale.** *Faire un esclandre.* → **scène.**

esclavage n. m. **1.** État, condition d'esclave. → **servitude ; captivité.** « *Il faut dire que l'esclavage est contre la nature* » (Montesquieu). ■ *Esclavage moderne* : situation où une personne est contrainte de servir qqn, en étant privée de ses droits et de sa liberté. **2.** Soumission à une autorité tyrannique. → **asservissement, oppression, servitude.** *Tenir un peuple dans l'esclavage.* **3.** Chose, activité, sentiment qui impose une contrainte ; cette contrainte.

E

esclavagiste adj. et n. Partisan de l'esclavage (notamment, celui des Noirs). *Les esclavagistes et les antiesclavagistes des États du Sud* (pendant la guerre de Sécession aux États-Unis). □ n. m. **esclavagisme**

esclave n. (latin médiéval *sclavus,* var. de *slavus* « slave » [mot slave], à cause des Slaves captifs des Germains et des Byzantins) **1.** Personne qui n'est pas de condition libre, qui est sous la puissance absolue d'un maître. → **captif ; serf.** *Esclaves, affranchis et hommes libres. Esclaves et serfs**. *Le commerce des esclaves noirs* (traite*), *aux* xviie *et* xviiie *siècles.* – *Être traité en esclave.* **2.** Personne qui se soumet complètement (à qqn). *Elle est l'esclave de ses enfants.* **3.** Personne qui se laisse dominer, asservir (par qqch.). « *J'étais devenu un esclave de l'opium* » (Baudelaire). → **dépendant.** ■ **adj.** *Il est complètement esclave de ses besoins.*

Esclaves (côte des) Nom donné par les Européens, à l'époque de la traite des Noirs, à la côte N. du golfe de Guinée.

Esclaves (Grand Lac des) Lac du N. du Canada, alimenté par la rivière des Esclaves. 28 570 km^2. Pêcheries.

esclavon n. m. (« habitant de Slovénie » ; bas latin *sclavonus,* de *sclavus* → esclave) didact. Ensemble des parlers slaves de Serbie et de Croatie (slavon ancien puis serbo-croate).

Escoffier (Auguste) Cuisinier français (1846-1935). Défenseur de la cuisine de tradition, il a écrit un *Guide culinaire* qui demeure une référence.

esclavage

1. L'esclavage ne fut pas le fait des seuls Européens, comme le montre cette miniature arabe du xiiie siècle. 2. Transport des esclaves africains vers le Nouveau Monde. 3. *Proclamation de l'abolition de l'esclavage dans les colonies françaises* (23 avril 1848), par François Auguste Biard.

▶ L'**esclavage** (1), dans l'Antiquité, est le sort des vaincus. Vivant dans une société dont ils ne sont pas membres, les esclaves n'ont ni droits ni liberté. Les Romains définissent précisément cette situation : *cives suis juris, servus non est* (« le citoyen est un sujet de droit, pas l'esclave »). Cette inégalité juridique n'implique pas toujours une exploitation brutale et elle n'apparaît aux contemporains que comme l'une des dimensions d'un monde structurellement inégalitaire, dans lequel seule une faible partie de la population jouit de droits réels. C'est à partir de la Renaissance que l'esclavage apparaît de plus en plus nettement comme une pratique indigne, pour deux raisons : la première est le caractère massif, cruel et destructeur du « commerce triangulaire » et l'exploitation inhumaine des Indiens puis des Noirs dans les Amériques. La seconde est l'émergence en Occident d'une vision universaliste de l'homme, dans le sillage de l'humanisme et des théories du droit naturel. L'esclavage apparaît alors comme l'opposé de la civilisation, niant l'esprit du christianisme pour les uns, la dignité humaine telle qu'elle est définie par la philosophie des Lumières pour les autres.
L'abolition de l'esclavage décrétée lors de la Révolution française amorce un mouvement qui prend toute son ampleur dans les années 1850 (abolition du servage en Russie et de l'esclavage aux États-Unis), avant que le principe ne soit inscrit dans la charte des Nations unies (1945). Des situations d'esclavage demeurent pourtant aujourd'hui : dans les réseaux de prostitution, par exemple, ou dans l'exploitation d'enfants et de personnes « sans papiers » travaillant sans droits ni liberté.

voir aussi **colonisation, droits de l'homme**

escogriffe n. m. (p.-ê. de *griffe*) Homme de grande taille et d'allure dégingandée.

escompte [ɛskɔ̃t] n. m. (italien *sconto* → escompter) **1.** fin. Action d'escompter un effet de commerce. **2.** Réduction du montant d'une dette lorsqu'elle est payée avant son échéance. *Taux d'escompte.* ■ Remise sur le prix de vente. *Accorder un escompte de tant.*

escompter [ɛskɔ̃te] v. tr. < 1 > (italien *scontare,* de *contare* → compter) **I.** Payer (un effet de commerce) avant l'échéance, moyennant une retenue (→ **agio**). *Escompter une lettre de change.* □ adj. **escomptable** **II.** S'attendre à (qqch.), et se comporter en conséquence. → **attendre, compter** sur, **espérer, prévoir.** *Il n'en escomptait pas tant.* – au p. p. *Obtenir le résultat escompté.*

escopette n. f. (de l'italien, de *schioppio,* du latin « bruit produit en frappant sur une joue gonflée », onomatopée) ancienn Arme à feu portative à bouche évasée. → **espingole, tromblon.**

escorte n. f. (italien *scorta,* de *scorgere* « guider », qui vient du latin *excorrigere,* de *corrigere* → corriger) **1.** Action d'escorter (qqn, qqch.) pour protéger, surveiller. *Navire d'escorte,* chargé de protéger les navires de transport (→ **escorteur**). ■ Troupe chargée d'escorter. *Convoi de prisonniers placés sous bonne escorte,* sous bonne garde. **2.** Cortège qui accompagne une personne pour l'honorer. *L'escorte présidentielle.*

escorter v. tr. < 1 > (de *escorte*) **1.** Accompagner pour guider, surveiller, protéger ou honorer pendant la marche. *Escorter un convoi.* **2.** Accompagner. « *L'homme qui escorte une jolie femme se croit toujours coiffé d'une auréole* » (Maupassant).

escorteur n. m. Petit navire de guerre destiné à l'escorte de navires marchands.

escouade n. f. (ancien français *escoidre,* de *escadre*) Petite troupe, groupe de quelques hommes.

escourgeon n. m. (latin *corrigia* « courroie », à cause de la forme des épis) agric. Orge hâtive que l'on sème en automne. – en appos. *Orge escourgeon.*

escrime n. f. (ancien italien *scrima,* du provençal ; cf. ancien français *escremir* « combattre », du francique *skirmjan* « défendre, protéger ») Exercice par lequel on apprend l'art de manier l'arme blanche (épée, fleuret, sabre). *Faire de l'escrime.* → **tirer.** *Salle d'escrime* (salle d'armes). *Moniteur d'escrime* (maître, prévôt d'armes).

s'escrimer v. pron. < 1 > (de *escrime*) **1.** vieilli Se battre (en se servant de qqch. comme d'une épée). **2.** mod. *S'escrimer à* (+ inf.) : faire (qqch.) avec de grands efforts (et assez mal). → **s'évertuer.** *S'escrimer à jouer du violon. Elle s'escrime sur sa version depuis deux heures.*

escrimeur, euse n. Personne qui fait de l'escrime.

Escrivá de Balaguer (saint Josemaría) Prélat espagnol (1902-1975). Fondateur de l'Opus Dei (1928), il fut canonisé en 2002.

escroc [ɛskʀo] n. m. (italien *scrocco,* de *scroccare* → escroquer) Personne qui escroque, qui a l'habitude d'escroquer. → **aigrefin, filou.**

escroquer v. tr. < 1 > (italien *scroccare* « décrocher », de *crocco ;* famille de *croc*) **1.** Obtenir (qqch. de qqn) en trompant, par des manœuvres frauduleuses. → **extorquer, soutirer.** *Il leur a escroqué de l'argent.* **2.** *Escroquer qqn,* obtenir qqch. de lui en le trompant. → **arnaquer, estamper, filouter.**

escroquerie n. f. Le fait d'escroquer. → **fraude.** *Escroquerie à l'assurance.* – *À ce prix-là, c'est de l'escroquerie !*

Escudero (Vicente) Danseur et chorégraphe espagnol (1889-1984). Il fut l'un des plus grands danseurs de flamenco et le créateur de *L'Amour sorcier* de Manuel de Falla.

escudo [ɛskydo ; ɛskudo] **n. m. (du portugais, famille de *écu*)** Ancienne unité monétaire du Portugal (avant l'euro). ■ Unité monétaire du Cap-Vert.

Esculape Dieu romain de la Médecine, correspondant à l'*Asclépios* des Grecs.

Esculape et Hygie, relief sur marbre (Ier-IIe s.), musée du Louvre, Paris.

esculine **n. f. (latin *esculus,* de *esca* « nourriture ») chim.** Glucoside extrait de l'écorce du marronnier d'Inde, à action vitaminique P.

Escurial Palais et monastère édifié près de Madrid par Philippe II, en exécution d'un vœu à saint Laurent. L'édifice fut élevé entre 1563 et 1584 par Juan Bautista de Toledo et Juan de Herrera. De style classique, il présente un plan inspiré du gril sur lequel saint Laurent fut supplicié. Il abrite des collections d'œuvres d'art, une riche bibliothèque et le Panteón de los Reyes, nécropole royale.

Esdras ou **Ezra** Personnage biblique (–Ve s.). Prêtre et scribe juif, il achève la restauration du culte judéen après l'Exil.

ésérine **n. f. (de *éséré,* n. africain de la fève de Calabar [ville du Nigeria]) pharm.** Alcaloïde toxique extrait de la fève de Calabar, utilisé en médecine comme stimulant du système parasympathique. *L'ésérine produit une contraction de la pupille* (action opposée à celle de l'atropine*).

esgourde **n. f. (p.-ê. de *gourde* « courge » et *escoute,* de *escouter* → écouter) argot** Oreille.

Eshkol (Levi) Homme d'État israélien (1895-1969). Il fut Premier ministre de 1963 à 1969.

Eskilstuna Ville de Suède, à l'O. de Stockholm. 92 250 habitants. Métallurgie.

eskimo voir ^{1}**esquimau**

Eskimos ou **Esquimaux** **n. m. pl.** voir **Inuits**

Eskişehir Ville de Turquie, à l'O. d'Ankara, sur le Porsuk. 779 700 habitants. Université. Industrie (agroalimentaire, mécanique).

Esméralda Personnage de gitane dans *Notre-Dame de Paris,* de Victor Hugo.

Esmeraldas Ville du N. de l'Équateur. 154 000 habitants. Port. Industrie pétrolière.

Esnault-Pelterie (Robert) Ingénieur français (1881-1957). Il est l'inventeur du moteur d'avion en étoile à nombre impair de cylindres ainsi que du dispositif de commande appelé « manche à balai ».

Éson Roi mythique d'Iolcos (Thessalie), père de Jason.

Ésope Fabuliste grec (VIe s. av. J.-C.) dont la personnalité reste légendaire. Il aurait été esclave affranchi, en Phrygie ou en Thrace. Les fables qu'on lui attribue ont inspiré toute la littérature européenne, et notamment La Fontaine.

ésotérique **adj. (grec *esôterikos,* de *eis* « dans », opposé à *ex-*)** **1.** (doctrine, connaissance) Qui se transmet seulement à des adeptes qualifiés. → **initiatique, occulte.** *Philosophies ésotériques.* **2.** Obscur, incompréhensible pour qui n'appartient pas au petit groupe des initiés. *Une poésie ésotérique.*

ésotérisme **n. m. (→ ésotérique)** **1.** Doctrine ésotérique (ex. alchimie, hermétisme, occultisme). **2.** Caractère d'une œuvre impénétrable, énigmatique.

▶ L'**ésotérisme** (1) se définit par une distinction entre « ceux qui savent » et les autres. Le cercle des initiés, unis par un secret, une connaissance et des pratiques qu'ils conservent jalousement, forme une communauté à laquelle n'ont accès que quelques élus, en général soumis à une initiation complexe.
Des réseaux aussi différents que la franc-maçonnerie et le Ku Klux Klan ont une dimension ésotérique, mais on s'accorde généralement à réserver ce nom à des mouvements dont la quête est essentiellement spirituelle. La kabbale juive, le soufisme musulman, l'hermétisme des alchimistes de la Renaissance en sont de bons exemples. Étude, exercices spirituels (méditation, récitation), rituels, mortification ou jeûne sont les voies d'un long apprentissage, qui est envisagé comme la clé du Salut.
La pensée ésotérique a souvent constitué un contrepoint au développement des grands monothéismes, christianisme et islam en particulier, même si elle peut puiser aux mêmes sources (la Bible et le Coran par exemple). Mais, alors que les grandes religions cherchent à s'adresser à des fidèles toujours plus nombreux, l'ésotérisme est une voie secrète, élitiste, vers le divin.
voir aussi **kabbale, franc-maçonnerie**

^{1}**espace** **n. m. (du latin *spatium,* d'abord « champ de course, arène pour les jeux »)** **I.** (Milieu où peut se situer qqch.) **1.** (espace physique) *L'espace :* étendue qui ne fait pas obstacle au mouvement. *L'espace qui nous environne. Avoir besoin d'espace. La peur de l'espace* (→ **agoraphobie**), *du manque d'espace* (→ **claustrophobie**). ■ didact. Milieu idéal dans lequel sont localisées les perceptions. *L'espace visuel, tactile. « Il ne peut y avoir aucun espace entièrement vide »* (Descartes). *L'espace, forme a priori de la sensibilité, catégorie de la connaissance* (selon Kant). **2.** (Un, des espaces) Portion de ce milieu. *L'espace occupé par un meuble.* → **emplacement, place.** *Un espace libre, vide.* → **creux, interstice, trou, vide.** ■ spécialt *Les espaces et les pleins.* ■ inform. Capacité, volume de mémoire d'un support de stockage. *Disposer de 60 gigaoctets d'espace disque.* **3.** Milieu géographique où vit l'espèce humaine. *La conquête des espaces vierges. Aménager l'espace urbain. Espace public :* ensemble des lieux ouverts à tous, sans restriction d'accès. – ***Espace vert :*** espace planté d'arbres, entre les espaces construits. – ***Espace vital* (trad. de l'allemand)** : espace revendiqué par un pays (pour des raisons économiques, démographiques) ; espace nécessaire au bien-être d'un individu. **4.** Étendue des airs. → ^{1}**air, ciel.** *L'espace aérien d'un pays,* la zone de circulation aérienne qu'il contrôle. ■ seulement sing. Le milieu extraterrestre. → **cosmos.** *La conquête de l'espace* (→ **spatial ; astronaute, cosmonaute**). ■ au plur. *Les espaces interstellaires, intersidéraux.* **II.** (Milieu abstrait) **1.** Système de référence d'une géométrie. *L'espace à trois dimensions de la géométrie euclidienne. Géométrie dans l'espace* (opposé à *géométrie plane*). – *Espace à n dimensions des géométries non euclidiennes. Espace courbe.* – phys. (relativité) ***Espace-temps :*** milieu à quatre dimensions (les trois de l'espace euclidien, et le temps) où quatre variables sont nécessaires pour déterminer un phénomène. **2.** Distance qui sépare deux points, deux lignes, deux objets. → **espacement, intervalle.** *L'espace entre deux lignes.* → **interligne.** *Espace parcouru.* → **chemin, distance.** *Espace parcouru par unité de temps.* → **vitesse.** ■ *Espace publicitaire :* surface ou portion de temps réservée à la publicité (dans un journal, à la télévision…). **3.** Durée. *« Et rose elle a vécu ce que vivent les roses, / L'espace d'un matin »* (Malherbe). *En l'espace de quelques minutes.* → ^{1}**en.**

Escurial

L'Escurial, inscrit au patrimoine mondial de l'Unesco.

^{2}**espace** **n. f. (de *espace* « tige de plomb pour espacer les mots », en typogr.) typogr.** Blanc qui sépare deux mots.

espacement **n. m.** **1.** Disposition de choses espacées. **2.** Distance entre deux choses.

espacer **v. tr.** < 3 > **(de *espace*)** **1.** Disposer (des choses) en laissant entre elles un intervalle. *Espacer deux jalons.* – au p. p. *Arbres régulièrement espacés.* **2.** Séparer par un intervalle de temps. *Espacer ses paiements* (→ **échelonner**). – pronom. *Ses lettres s'espacèrent au fil des mois,* devinrent plus rares.

espada **n. f. (mot espagnol « épée »)** Torero chargé de la mise à mort du taureau. → **matador.**

espadon **n. m. (italien *spadone,* augmentatif de *spada ;* famille de *épée*)** **I.** vieux Grande épée. **II.** Grand poisson comestible dont la mâchoire supérieure se prolonge en forme d'épée.

espadrille **n. f. (de *espardille,* provençal ; famille du latin *spartum,* grec *sparton* → sparterie)** **1.** Chaussure dont l'empeigne est en toile et la semelle en corde. **2.** (Canada) Chaussure de sport.

Commencée dans le cadre de la guerre froide, la conquête de l'espace est d'abord monopolisée par les États-Unis et l'URSS qui en font un enjeu militaire et le champ clos d'un combat idéologique. L'entrée en scène des Européens et la chute de l'URSS en pacifient les objectifs tandis que les « frontières » spatiales reculent à l'infini dans le cadre de programmes internationaux de plus en plus ambitieux.

4 oct.1957	31 janv.1961	21 juill. 1969	31 mai 1975	17 juill. 1975	26 juill.1976	24 déc. 1979	12 avril 1981	20 févr. 1986	20 nov. 1998	14 janv. 2005	25 mai 2008
Spoutnik	Gagarine en orbite	Les Américains sur la Lune	Création de l'ESA	Mission Apollo-Soyouz	Sonde Viking-1 sur Mars	Lancement d'Ariane	Navette Columbia	Station orbitale Mir	Station spatiale internationale	Sonde Huygens sur Titan	Sonde Phoenix sur Mars

1960 1970 1980 1990 2000

Ci-dessus, la station spatiale internationale ISS (1998).
1. Spoutnik 1, premier satellite artificiel et première victoire soviétique (1957).
2. Sigle de la Nasa, fer de lance des États-Unis dans la conquête de l'espace (1959).
3. Le Soviétique Iouri Gagarine, premier homme dans l'espace (1961).
4. Alan Shepard, premier Américain dans l'espace (1961).
5. La Soviétique Valentina Terechkova, première femme cosmonaute (1963). 6. La capsule Gemini, du nom du programme américain de vols habités (1965).
7. Les Américains gagnent la course à la Lune (1969).
8. Rencontre Apollo-Soyouz, symbole de la coopération américano-soviétique (1975). 9. Avec le lanceur Ariane, la France s'invite dans la conquête spatiale (1979).
10. Columbia, la première navette spatiale américaine (1981).
11. La station spatiale russe Mir (1995).
12. Cliché de Mars en couleurs pris par la sonde MRO (2006).

7

8

6

9
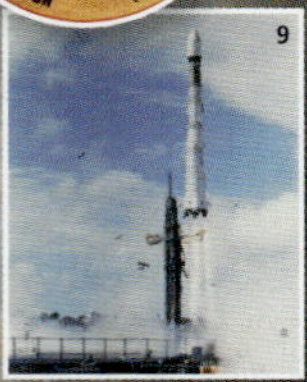

5

4

10

3
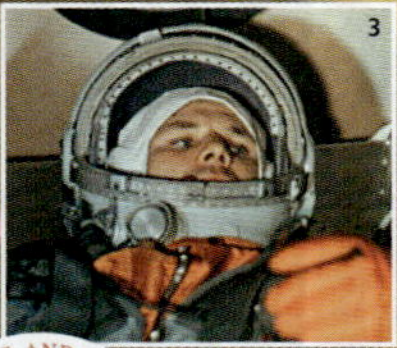

11

2

1
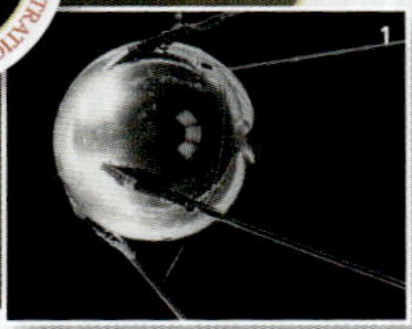

12

Espagne

Espagne

n. f. ■ offic. royaume d'Espagne Pays du S.-O. de l'Europe comprenant la majeure partie de la péninsule Ibérique, les îles Baléares et les Canaries. 504 782 km². 47,45 millions d'habitants (les *Espagnols*). **Langues :** castillan (offic.), aranais, basque, catalan, galicien, valencien. **Religion :** catholique. **Monnaie :** euro. **Capitale :** Madrid. **Régime :** monarchie parlementaire. Le pays est divisé en 17 communautés autonomes, 2 villes autonomes et 50 provinces.

GÉOGRAPHIE

Le plateau de la Meseta (660 m) occupe le centre de la péninsule. Délimitée par les monts Cantabriques, les monts Ibériques au N., la serranía de Cuenca à l'E. et la sierra Morena au S., la Meseta est rehaussée par les sierras de Gredos et de Guadarrama. Au N. de cet ensemble montagneux s'étend la dépression de l'Èbre (Aragon), au S. celle du Guadalquivir (Andalousie). Au-delà s'élèvent deux grandes chaînes alpines : les Pyrénées (mont Perdu, 3 352 m) et la chaîne Bétique (Mulhacén, 3 482 m). Le littoral espagnol est contrasté : élevé et échancré en Galice, marécageux du S. du Portugal à Tarifa, peu élevé et rectiligne de Tarifa au delta de l'Èbre, puis escarpé jusqu'à la frontière française (Costa Brava). Océanique au N.-O., méditerranéen au S. et à l'E., le climat est continental à l'intérieur des terres. L'Espagne connaît depuis plusieurs décennies une baisse rapide de la fécondité, compensée par une immigration importante. 14 % de la population sont constitués d'étrangers.

ÉCONOMIE

Le pays a présenté à partir des années 1990 une croissance vigoureuse qui a permis une baisse du chômage et a assaini les finances publiques. Toutefois, l'inflation est restée élevée. L'agriculture (huile d'olive, vin, agrumes, légumes) occupe encore 3,2 % de la population active. La pêche fournit un appoint important et l'agroalimentaire est un secteur en bonne santé. Soutenue par le faible coût du crédit, la construction a nourri l'essentiel de la croissance mais a subi le retentissement de la crise économique mondiale dès avril 2008. Après six années de récession l'économie a connu une reprise mais elle est restée fragilisée par un fort chômage structurel. Des mesures sociales ont dû être adoptées en 2020 pour parer aux conséquences de la crise sanitaire, le pays étant parmi les plus touchés d'Europe par la pandémie. Malgré le vieillissement des infrastructures, l'Espagne demeure l'un des pays les plus visités au monde. 13 % de la population active travaille dans l'hôtellerie et le tourisme réalise plus de 10 % du PIB.

Culture intensive de fraises sous serres dans la province de Málaga.

Vignoble de Rioja entourant le village d'Elciego et la structure moderne de Frank Gehry.

HISTOIRE

La péninsule Ibérique fut habitée dès le Néolithique par des Ibères, auxquels se mêlèrent des Celtes (VIe s. av. J.-C.). Les Cartha-

Espagne vers 1000 et vers 1200

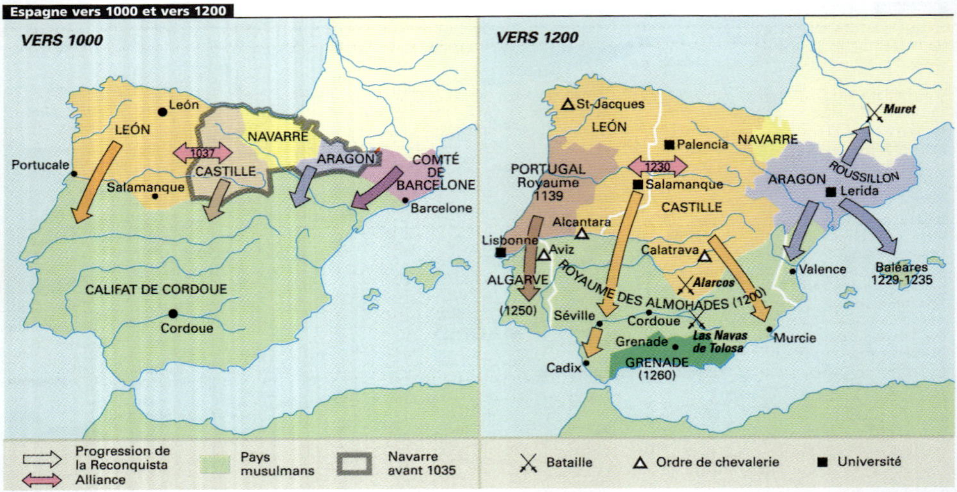

ginois s'y établirent au ve s. av. J.-C. puis furent remplacés par les Romains. La « paix romaine » (Ier-Ve s.) apporta la prospérité. Les Vandales, les Suèves et les Wisigoths envahirent la péninsule au ve s. et se convertirent au christianisme.

L'islam et la Reconquête En 711, les Maures passèrent le détroit de Gibraltar et conquirent presque toute la péninsule. Les chrétiens se réfugièrent dans des royaumes indépendants, au N. et à l'O. La civilisation musulmane s'implanta dans le reste du pays. Au xe s., le califat de Cordoue était un centre culturel brillant. L'art hispano-mauresque y atteignit son apogée. Cordoue était un haut lieu de la philosophie arabe et juive. Les chrétiens développèrent le style mozarabe. Au XIe s., l'Espagne musulmane se

Espagne de Charles Quint

divisa en royaumes indépendants, facilitant la Reconquête. Le règne de Ferdinand d'Aragon et Isabelle de Castille (les Rois Catholiques) acheva la Reconquête et prépara l'unité nationale, sur fond d'intransigeance religieuse mais aussi de grandes découvertes.

Le Siècle d'or Avec Charles Quint s'ouvrit une période de prestige et de puissance appelée « Siècle d'or » (XVIe s.-XVIIe s.). La peinture atteignit son apogée (le Greco, Zurbarán, Vélasquez), la littérature s'épanouit (Quevedo, Góngora, Lope de Vega, Calderón de la Barca) et prit avec Cervantès une dimension universelle. Ignace de Loyola fonda la Compagnie de Jésus, instrument de la Contre-Réforme. Les conquêtes américaines de Cortés et de Pizarro firent affluer l'or. L'Espagne s'en servit pour faire la guerre et construire une flotte impressionnante, l'Invincible Armada, pourtant vaincue par les Anglais en 1588. Le Portugal, associé à l'Espagne en 1580, reprit son indépendance en 1640, suivi par les Pays-Bas (traités de Westphalie, 1648). Le traité des Pyrénées (1659) céda l'Artois et le Roussillon à la France.

L'influence française Avec le mariage de Louis XIV et de l'infante Marie-Thérèse (1660), l'Espagne passa sous influence française. Naples et la Sicile furent perdues au cours de la guerre de Succession d'Espagne (1701-1714), puis récupérées en 1733. Charles III (1759-1788) tenta de stimuler l'économie, expulsa les jésuites (1767) et favorisa les artistes comme Goya. En 1808, Napoléon Ier installa sur le trône son frère Joseph Bonaparte. Le peuple de Madrid se souleva et subit une terrible répression. L'insurrection gagna l'Andalousie, mais les Français ne furent vaincus que grâce à l'alliance anglo-espagnole. En 1813, les Bourbons furent restaurés ; dans l'intervalle presque toutes les colonies d'Amérique conquirent leur indépendance.

Entrevue de Louis XIV et de Philippe IV d'Espagne, par Laumosnier (XVIIe s.), musée de Tessé, Le Mans.

Les deux Espagne Le XIXe s. fut marqué par les luttes entre les partisans de don Carlos et les libéraux. La perte des dernières colonies (Cuba, Porto Rico, les Philippines) accompagna une grave crise économique. La « génération de 1898 », guidée par Unamuno, prit position pour une modernisation culturelle et politique, mais les conservateurs se radicalisèrent. Le coup d'État de Primo de Rivera instaura une dictature (1923-1930) qui se solda par un échec. En 1931, le roi Alphonse XIII quitta l'Espagne. Le pays resta divisé. L'avènement de la République (1931) éveilla les espoirs du peuple. Après un retour de la droite (1933), la gauche unie dans le *Frente Popular* remporta les élections de février 1936. Mais la Phalange regroupa les opposants au régime et favorisa le *pronunciamiento* du général Franco (juil. 1936) et le soulèvement des garnisons. La guerre civile s'acheva en 1939 par la victoire des franquistes et l'instauration d'une dictature militaire soutenue par l'Église et l'armée.

La démocratisation Dans les années 1960, l'Espagne connut grâce au tourisme un renouveau économique. À la mort de Franco (1975), Juan Carlos devint roi et ménagea une transition démocratique. Le régime parlementaire (1976) se dota d'une Constitution (1978), couronnant un système semi-fédéral qui reposait sur les communautés autonomes ; au Pays basque, un mouvement armé revendiquant l'indépendance perdura jusqu'en 2011. Les élections de 1982 furent remportées par le Parti socialiste ouvrier espagnol de Felipe González. Membre de l'Otan depuis 1982, l'Espagne entra dans la CEE en 1986. La modernisation du pays fut poursuivie entre 1996 et 2004 par le Parti populaire de José Maria Aznar, qui fit entrer l'Espagne dans la zone euro. Dirigé de 2004 à 2011 par le socialiste du PSOE José Luis Zapatero qui mena une politique de rigueur lors de la crise financière, le pays vota majoritairement pour le Parti populaire aux législatives de 2011 et Mariano Rajoy devint Premier ministre. En 2014, Juan Carlos abdiqua en faveur de son fils qui devint le roi Felipe VI. Ainsi que la plupart des pays ouest-européens, l'Espagne fut la cible d'attentats de Daech en août 2017 (à Barcelone et Cambrils). La fin de l'année fut marquée par la tenue en Catalogne d'un référendum sur l'indépendance à l'initiative du gouvernement régional, mais ses résultats ne furent pas reconnus par le gouvernement central. Le règlement de la crise catalane fut l'une des priorités du Premier ministre socialiste élu en 2018, Pedro Sánchez. L'épidémie mondiale de coronavirus toucha durement le pays à partir de février 2020. L'Espagne bénéficia du plan de relance européen 2021-2022 pour sortir de la crise économique.

Espagne **(guerre civile d')** Guerre civile qui, de 1936 à 1939, opposa les républicains, derrière le gouvernement du Front populaire, aux nationalistes menés par le général Franco. Les troupes républicaines furent vaincues par les nationalistes, soutenus par les armées de l'Allemagne nazie et de l'Italie fasciste.

espagnol, ole adj. et n. (du languedocien, qui vient du latin pop. *Hispaniolus*, de *Hispania* « Espagne » *cf.* épagneul) **1.** De l'Espagne. → **hispanique, ibérique.** – n. *Les Espagnols.* – n. m. Langue romane parlée en Espagne, en Amérique latine… → **castillan. 2.** loc. *Auberge* espagnole. Parler français comme une vache* espagnole.*

espagnolette n. f. (de *espagnol*, d'abord « danse » et « tissu ») Ferrure à poignée tournante servant à fermer et à ouvrir les châssis d'une fenêtre. → **crémone.** *Fenêtre fermée à l'espagnolette,* laissée entrouverte.

espalier n. m. (italien *spalliera*, de *spalla* ; famille de *épaule*) **1.** Mur le long duquel on plante des arbres fruitiers. – ***En espalier*** : appuyé contre un espalier. *Poiriers en espalier.* – Rangée d'arbres fruitiers plantée contre un mur. **2.** sports *Les espaliers* : large échelle fixée à un mur, dont les barreaux servent de support pour des exercices de gymnastique.

Espalion Commune de l'Aveyron, sur le Lot. 4 643 habitants. Pont du XIIIe s. Vieux-Palais Renaissance. Musées.

espar n. m. (germanique *sparro* « poutre ») Longue pièce de bois, de métal…, sur un navire.

Espartero **(Baldomero), duc de la Victoire** Général et homme d'État espagnol (1793-1879). Vainqueur des carlistes (1838), il fut régent de 1841 à 1843. Renversé par Narváez, il revint au pouvoir de 1854 à 1856.

espèce n. f. (latin *species* « apparence », traduisant le grec *eidos,* aussi « denrée » → **épice**) **I.** plur., vieux Apparences sensibles des choses. **1.** relig. *Communier sous les deux espèces,* le pain et le vin représentant le corps et le sang de Jésus-Christ. **2.** littér. ***Sous les espèces de*** : sous la forme de. **II. 1.** Nature propre à plusieurs personnes ou choses, qui permet de les considérer comme appartenant à une catégorie distincte. → **genre, qualité, sorte, type.** *Plusieurs espèces de fruits* (concret, au plur.), *de plaisir* (abstrait, au sing.). *De la même espèce,* comparable, semblable. → **nature, ordre.** *De toute espèce* (ou *de toutes espèces*), variés, très différents. – loc. *Cela n'a aucune espèce d'importance,* aucune importance. **2.** ***Une espèce de*** : personne ou chose qu'on ne peut définir précisément et qu'on assimile à une autre par approximation. → **sorte ; manière.** *Une espèce de clou.* ■ (personnes, pour renforcer un terme péj.) *Espèces d'imbéciles !* – fam. (fautif) *Un* (pour *une*) *espèce d'idiot.* **3.** loc. *C'est un **cas d'espèce**,* qui ne rentre pas dans la règle générale, qui doit être étudié spécialement (→ **particulier**). – *En l'espèce,* en ce cas particulier. **III. 1.** dans une classification Division du genre. *Les caractères d'une espèce* (→ **spécifique**). **2.** Ensemble des êtres vivants d'un même genre ayant en commun des caractères distinctifs et pouvant se reproduire. *Espèces animales, végétales. Espèces en voie de disparition. Les variétés d'une espèce.* ■ ***L'espèce humaine*** : les humains (→ **femme, homme**). **IV.** au plur.

Espagne (guerre civile d')

1. Affiche anonyme espagnole popularisant le mot d'ordre républicain *No pasarán* (« Ils ne passeront pas »). 2. Le général Franco passe ses troupes en revue dans les années 1930. 3. Des habitants de Barcelone fuient vers la France après la prise de la ville par les franquistes, le 26 janvier 1939 (photo de Robert Capa).

ancienn Monnaie métallique (opposé à *billet*). – loc. *Espèces sonnantes et trébuchantes* : pièces ayant le poids légal. ■ mod. *Payer en espèces* : en argent liquide (opposé à *en nature, par chèque, par carte de crédit*).

L'**espèce** (III, 2) est l'unité de base de la systématique, c'est-à-dire de la classification des êtres vivants. Les espèces sont regroupées en « genres » et divisées en sous-ensembles portant diverses dénominations, plus ou moins bien définies : « variétés », « races », « souches » ou « populations ». Cette classification permet de regrouper les êtres vivants qui présentent des ressemblances sur les plans morphologique, anatomique, physiologique, biochimique et génétique. Aujourd'hui, ce dernier paramètre est mis en avant à la fois pour classer et pour rapprocher les espèces.
Les espèces sont communément présentées comme des « groupes de populations naturelles, effectivement ou potentiellement interfécondes, qui sont génétiquement isolées d'autres groupes similaires ». Cette définition de Buffon complétée par Ernst Mayr en 1942 s'applique assez bien au règne animal, mais elle ne convient pas parfaitement au règne végétal où de nombreuses espèces hybrides fécondes existent. Elle est en outre mise en cause par l'existence d'un mode de reproduction asexué (la parthénogenèse) chez les végétaux et dans de nombreux groupes animaux.
Le concept d'espèce ne peut être associé à la seule *interfécondité* et les frontières entre certaines espèces restent floues. Il convient donc d'utiliser avec précaution l'idée qu'elles seraient des classes logiques répondant à des lois universelles ; et les races (qui sont définies de manière relativement subjective pour distinguer les variations fines à l'intérieur des espèces domestiques d'animaux ou de végétaux) obéissent moins encore que les espèces à des lois universelles.
On estime à 13 ou 14 millions le nombre d'espèces vivant sur Terre, dont moins de 15 % ont été décrites scientifiquement. Leur *recensement* et leur *nomenclature* (ou désignation de chaque espèce par deux noms latins correspondant au genre et à l'espèce, initiée par le naturaliste Carl Von Linné au XVIIIe siècle) relèvent respectivement de la systématique et de la taxinomie. Ces études, longues et complexes, ont notamment permis d'établir des liens de parenté entre les espèces et de contribuer à l'élaboration de la théorie de l'évolution.
voir aussi **biodiversité, classification, écosystème, évolution (théorie de l')**

espérance n. f. (de *espérer*) **1.** Sentiment qui fait entrevoir comme probable la réalisation de ce que l'on désire. → **confiance, croyance ; espoir** (plus cour.). *Le vert, couleur de l'espérance.* **2.** Ce sentiment, appliqué à un objet déterminé. *Une espérance de guérison.* – *En espérance, dans l'espérance de... Contre toute espérance,* alors qu'il semblait impossible d'espérer. → **attente. 3.** *Espérance de vie* : durée moyenne de la vie humaine dans une société donnée. **4.** au plur. vieilli Biens qu'on attend d'un héritage. *Ils ont des espérances.*

Espérandieu (Jacques Henri) Architecte français (1829-1874). Tenant du style néo-roman (ou néo-byzantin), il signa la basilique Notre-Dame-de-la-Garde à Marseille.

espéranto n. m. (« celui qui espère », dans cette langue) Langue internationale conventionnelle, créée par Zamenhof vers 1887. □ **adj. et n. espérantiste**

espérer v. < 6 > (vient du latin *sperare,* de *spes* « attente d'un évènement heureux ») **1. v. tr.** Considérer (ce qu'on désire) comme devant se réaliser (s'oppose à *désespérer*). → **compter sur, escompter ; espérance, espoir.** *Espérer une récompense. Qu'espérait-il de plus ?* → **souhaiter.** *Je n'en espérais pas tant.* → **attendre.** – *J'espère réussir, que je réussirai.* – en incise *Il viendra, j'espère, dès demain.* – absolt *J'espère bien !* ■ *Espérer qqn,* espérer sa venue, sa présence. *Enfin vous voilà ! Je ne vous espérais plus.* ■ (appliqué au passé) Aimer croire, penser. *J'espère avoir bien réagi, que j'ai bien réagi.* ■ (formule de souhait) *Espérons qu'il n'a rien entendu.* **2. v. intr.** Avoir confiance. *Elle espère encore.* – *Espérer en* : mettre sa confiance en (qqch.). *Il espère en des temps meilleurs.*

esperluette n. f. (p.-ê. du latin *perna* « perle » et *sphaerula* → **sphère**) Signe typographique représentant le mot « et » (&). - syn. **et commercial.**

Espérou ou **Lespérou** n. m. Crête des Cévennes (1 417 m), près du mont Aigoual.

espiègle adj. (néerlandais *[Till] Uylenspiegel [Eulenspiegel],* personnage populaire d'un roman allemand) (enfant) Vif et malicieux, sans méchanceté. → **coquin, turbulent.** *Un enfant espiègle.* → **polisson.** – *Une réflexion espiègle,* malicieuse. – **n.** *C'est une petite espiègle.* → **diablotin.**

espièglerie n. f. **1.** Caractère espiègle. **2.** Tour d'espiègle. → **²farce, gaminerie.**

Espinasse (Charles Esprit) Général français (1815-1859). Il assista Louis Napoléon Bonaparte dans le coup d'État du 2 décembre 1851.

Espinel (Vicente) Poète et musicien espagnol (1550-1624). Il est l'auteur du roman picaresque *Vie de l'écuyer Marcos de Obregón.*

espingole n. f. (ancien français *espringale* « arbalète », de *espringuer* « sauter », du francique *springan*) ancienn Fusil court à canon évasé (utilisé au XVIe siècle). → **escopette, tromblon.**

Espinouse n. m. Massif granitique qui prolonge les Cévennes au S.-O., entre le causse du Larzac et la montagne Noire. 1 124 m.

espion, onne n. (italien *spione,* de *spiare* ; famille de *épier*) **1.** Personne chargée d'épier qqn pour rapporter ses actes, ses paroles. **2.** Personne chargée de recueillir clandestinement des documents, des renseignements secrets sur une puissance étrangère. → **agent** secret ; fam. **barbouze.** *Surveillance des espions.* → **contre-espionnage.** – appos. (masc.) *Avion espion, satellite espion.* **3. n. m.** Petit miroir incliné qui sert à regarder sans être vu.

espionnage n. m. Activité des espions (2) ; organisation des renseignements secrets. *Romans d'espionnage.* – *Espionnage industriel* : moyens utilisés pour connaître les secrets de fabrication d'un produit.

espionner v. tr. < 1 > **1.** Surveiller secrètement. *Espionner ses voisins.* **2.** Faire de l'espionnage*. *Espionner un pays au profit d'un autre.*

espionnite ou **espionite** n. f. Manie de voir des espions (2) partout.

Espírito Santo État du Brésil, sur l'Atlantique. 45 733 km². 3 512 700 habitants. Capitale : Vitória. Agriculture, minerais.

esplanade n. f. (italien *spianata,* de *spianare* « aplanir », du latin *explanare,* de *planus* → **plain, ²plan**) Terrain plat, aménagé en vue de dégager les abords d'un édifice, de ménager une perspective.

espoir n. m. (d'abord *espeir,* de *espérer*) **1.** Fait d'espérer, d'attendre (qqch.) avec confiance. → **espérance.** *J'ai le ferme espoir, j'ai bon espoir qu'il réussira.* → **certitude, conviction.** *J'étais venu dans (avec) l'espoir de vous voir. C'est sans espoir,* c'est désespéré. « *L'Espoir* » (roman de Malraux). – loc. (souvent iron.) *L'espoir fait vivre.* ■ *Ses espoirs se sont réalisés,* ce qu'il espérait. ■ Personne sur laquelle on fonde un espoir. *Vous êtes notre seul espoir.* – *C'est un espoir du ski.* **2.** (s'oppose à *désespoir*) Sentiment qui porte à espérer. *Être plein d'espoir. Aimer sans espoir.*

Espoo Ville du S. de la Finlande, dans la banlieue d'Helsinki. 238 050 habitants.

e-sport [ispɔʀ] n. m. (→ e-) anglic. Sport* électronique. *Tournoi d'e-sport.*

con espressione [kɔnɛspʀesjɔne] loc. adv. (mots italiens « avec expression ») mus. D'une manière expressive. → **espressivo.**

espressivo [ɛspʀesivo] adj. (mot italien) mus. Expressif. – **adv.** *Jouer espressivo.*

esprit n. m. (latin *spiritus* « souffle » → **spirituel,** de *spirare* « souffler » → **aspirer, respirer...**) **I. 1.** Souffle de Dieu. ■ relig. chrét. *Saint-Esprit* ou *Esprit saint* : la troisième personne de la Trinité, qui procède du Père et du Fils. – *L'opération* du Saint-Esprit.* **2.** Inspiration provenant de Dieu. **3.** Principe de la vie de l'homme. → **âme, vie.** – littér. *Rendre l'esprit.* → **mourir. II. 1.** Émanation des corps. – *Reprendre ses esprits* : reprendre connaissance. **2.** chim., anc. Produit liquide volatil ; produit d'une distillation. – mod. *Esprit-de-sel* : acide chlorhydrique étendu d'eau. *Des esprits-de-sel. Esprit-de-bois* : alcool méthylique. → **méthylène.** *Des esprits-de-bois. Esprit-de-vin* : alcool éthylique (→ **spiritueux**). *Des esprits-de-vin.* **III. 1.** Être immatériel, sans corps (→ **spirituel**). *Dieu est un pur esprit. L'esprit du mal* : le démon. **2.** Être actif dans les mythes, les légendes (elfe, fée, génie, lutin...). **3.** Âme d'un mort. → **fantôme, revenant ; spiritisme.** *Esprit, es-tu là ?* **IV.** (La réalité pensante) **1.** Le principe pensant en général (opposé à l'objet de pensée, à la matière). → **intellect ; ¹pensée.** *L'esprit humain. Doctrines philosophiques sur l'esprit et la matière* (idéalisme, spiritualisme, matérialisme). – *Vue de l'esprit* : position abstraite, théorique (par oppos. à la réalité). *Jeu de l'esprit.* **2.** Principe de la vie psychique, affective et intellectuelle (chez une personne). → **âme, conscience, moi.** *L'esprit et le corps. Ce problème occupe mon esprit. Disposition, état* d'esprit.* – loc. *Avoir l'esprit ailleurs* : être distrait. *En esprit* : par la pensée. *Perdre l'esprit* : devenir fou. ■ par ext. La personne elle-même. *Un esprit romanesque. Calmer les esprits.* **3.** Ensemble des dispositions, des façons d'agir habituelles. → **caractère.** *Avoir l'esprit étroit, large.* – ***Avoir bon, mauvais esprit*** : être bienveillant, confiant ; malveillant, rebelle, méfiant. – ***Avoir l'esprit à*** : être d'humeur à. → **tête.** *Je n'ai pas l'esprit au jeu, l'esprit à m'amuser.* **4.** Principe de la vie intellectuelle (opposé à la sensibilité). → **entendement, intelligence, ¹pensée, raison.** « *L'esprit est toujours la dupe du cœur* » (La Rochefoucauld). *Clarté, vivacité ; paresse d'esprit. Il a eu la présence d'esprit de fermer la porte. Elle a un esprit logique. Avoir l'esprit mal tourné. Une idée me vient à l'esprit. Cela m'est sorti de l'esprit,* je l'ai oublié. *Dans mon esprit,* selon moi. ■ La personne qui pense. *C'est un esprit supérieur.* prov. *Les grands esprits se rencontrent,* se dit lorsque deux personnes ont la même idée en même temps. **5.** Aptitude à l'intelligence, à une activité intellectuelle. *Avoir l'esprit de synthèse, d'à-propos, d'observation,* être doué pour... **6.** Vivacité, ingéniosité dans la façon de concevoir et d'exposer qqch. (→ **finesse, humour**). *Avoir de l'esprit, beaucoup d'esprit* (→ **spirituel**). *Homme, femme d'esprit.* péj. *Faire de l'esprit.* **7.** Attitude, idée qui détermine (un comportement, une action). → **intention, volonté.** *Esprit de révolte. Il a parlé dans un esprit d'apaisement,* dans cette intention. *C'est dans cet esprit qu'il faut considérer les choses,* de ce point de vue. ■ Fonds d'idées, de sentiments (qui oriente l'action d'une collectivité). *L'esprit d'une époque.* → **génie.** – loc. *Esprit d'équipe. Esprit de corps,* de dévouement au groupe auquel on appartient. **8.** Sens profond (d'un texte). « *L'Esprit des lois* » (de Montesquieu). *L'esprit et la lettre.*

Esprit Revue française fondée en 1932 par Emmanuel Mounier. Inspirée par le personnalisme chrétien, la revue s'efforça de renouveler la pensée catholique.

esprit-de-bois, esprit-de-sel, esprit-de-vin voir **esprit** (II, 2)

Espronceda (José de) Poète romantique espagnol (1808-1842). Son œuvre lyrique célèbre la liberté et le sentiment. *El Diablo Mundo.*

esquarre voir **²escarre**

esquicher v. tr. < 1 > (provençal *esquicha* « presser », d'une onomatopée exprimant le bruit de giclement d'un liquide → **esquisse**) régional (Sud-Est) Comprimer, serrer, tasser.

esquif n. m. (italien *schifo,* du germanique lombard °*skif* → **équiper**) littér. Petite embarcation légère.

Esquilin n. m. Une des sept collines de Rome, à l'E. du Colisée. Vestiges de la Maison dorée *(Domus aurea)* et des thermes de Trajan.

La disparition des espèces est un processus naturel. 99 % des espèces qui ont existé sur Terre seraient aujourd'hui éteintes. L'homme, en chassant, en détruisant l'habitat des espèces animales a contribué à l'accélération de ce phénomène de même que le changement climatique. Afin d'endiguer la disparition des espèces, des réglementations strictes, des espaces protégés ont été mis en place. Une espèce est considérée officiellement comme éteinte lorsqu'elle n'a pas été vue pendant 50 ans. Il est toutefois difficile d'estimer l'érosion du vivant dans les branches méconnues (micro-organismes...).
Créée en 1948, l'UICN (Union internationale de conservation de la nature) soutient le développement durable par des actions scientifiques, notamment en établissant une liste rouge annuelle des espèces, classées selon 9 critères : éteinte (1), éteinte à l'état sauvage (2), en danger critique d'extinction (3), en danger (4), vulnérable (5), quasi menacée (6), préoccupation mineure (7), données insuffisantes (8), non évaluée (9).

■ 1 ; ■ 3 ; ■ 4 ; ■ 5

■ Ci-dessus : gorille de plaine de l'Ouest.

■ Panda géant (Sichuan, Tibet).

■ Orang-outan (Bornéo, Sumatra).

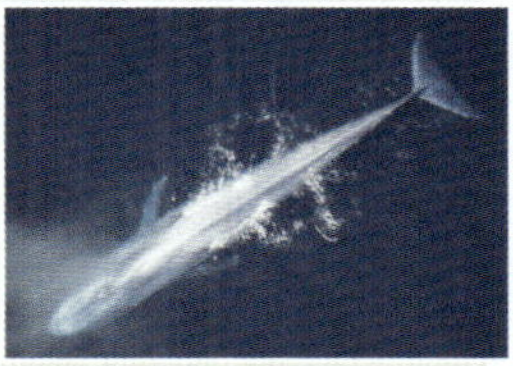

■ Baleine bleue (tous les océans).

■ Lamantin d'Amérique du Sud (bassin de l'Amazone).

■ Éléphant d'Asie (Inde, Sri Lanka, Sumatra, Bornéo).

■ Dauphin de Chine (fleuve Chang Jiang) : éteint en 2007.

■ Tortue luth (océans Atlantique, Pacifique).

■ Mérou de Méditerranée ou mérou brun (Méditerranée, Brésil).

■ Paresseux à crinière (Brésil : États de Bahia, Espirito Santo, Rio de Janeiro).

■ Zèbre de Grévy (Kenya, Éthiopie).

■ Hippopotame pygmée (Liberia, Guinée, Sierra Leone).

■ Tigre de Sibérie (Chine, Sibérie, Corée du Nord).

■ Sabot de Vénus (Europe, Asie) : très rare, protégée.

■ Cigogne orientale (Asie).

■ Échidné à long nez (Nouvelle-Guinée).

■ Dendrobate de Lehmann (Colombie).

esquille n. f. (latin *schidia* « copeau », du grec *skhiza*, de *skhizein* « fendre » → schisme) Petit fragment qui se détache d'un os fracturé ou carié.

[1]esquimau, aude adj. et n. (mot appliqué par les Amérindiens aux Inuits) Relatif aux peuples appelés *Esquimaux*. → **inuit.** – n. *Un Esquimau, une Esquimaude.* – n. m. Ensemble des langues parlées par les Inuits. - var. **eskimo.** ■ adj. Relatif à cette ethnie. *Une femme esquimau, esquimaude.*

[2]esquimau n. m. (n. déposé, de [1]*esquimau*) Glace enrobée de chocolat qu'on tient par un bâtonnet plat. *Des esquimaux.*

esquimautage n. m. (de *esquimau*) sports Manœuvre effectuée par un pagayeur pour retourner ou redresser son embarcation, par un mouvement du corps (avec appui de la pale sur l'eau).

Esquimaux voir **Inuits**

esquintant, ante adj. fam. Très fatigant, éreintant.

esquinter v. tr. < 1 > (provençal *esquinta* « déchirer », qui vient du latin pop. *exquintare*, de *quintus*, de *quinque* → cinq) fam. **1.** Abîmer (qqch.) ; blesser (qqn). *Esquinter sa voiture.* → **abîmer.** *Il s'est fait esquinter.* → **amocher.** ■ fig. Critiquer très sévèrement. *Esquinter un auteur, un film.* → **éreinter. 2.** Fatiguer extrêmement. → **épuiser, éreinter ;** fam. **claquer, crever.** – pronom. *Je ne vais pas m'esquinter pour rien.*

esquire [ɛskwajœʀ] n. m. (mot anglais « page, chevalier », de l'ancien français *esquier* « écuyer ») (En Angleterre) Terme honorifique qu'on applique aux personnes non titrées, d'un certain rang social, et qui suit le nom de famille sur l'enveloppe des lettres (abrév. *Esq.*).

Esquirol (Jean-Étienne Dominique) Médecin et psychiatre français (1772-1840). Il poursuivit les travaux et l'action de Pinel et fut l'un des fondateurs de la psychiatrie moderne.

esquisse n. f. (italien *schizzo*, de *schizzare* « jaillir » [→ esquicher], p.-ê. d'origine germanique) **1.** Première forme (d'un dessin, d'une statue, d'une œuvre d'architecture), qui sert de guide à l'artiste quand il passe à l'exécution. → **croquis, ébauche, maquette.** *Une esquisse au crayon, à la plume.* **2.** Plan sommaire, notes indiquant l'essentiel (d'un travail, d'une œuvre). → **canevas, idée, [3]plan, projet.** *Esquisse d'un roman.* **3.** Action d'esquisser (3). → **ébauche.** *L'esquisse d'un sourire.*

esquisser v. tr. < 1 > **1.** Représenter, faire en esquisse. → **ébaucher.** *Esquisser un portrait.* **2.** Fixer le plan, les grands traits de (une œuvre littéraire). – Décrire à grands traits. *Esquisser l'action d'une comédie.* **3.** Commencer à faire. → **amorcer, ébaucher.** *Esquisser un geste.*

esquive n. f. Action d'esquiver un coup. *Jeu d'esquive d'un boxeur.*

esquiver v. tr. < 1 > (italien *schivare*, de *schivo* « fier, dédaigneux », d'origine germanique) Éviter adroitement. → **échapper** à. *Esquiver un coup de poing.* ■ fig. *Esquiver une difficulté.* → **éluder.** ■ **s'esquiver** v. pron. Se retirer, s'en aller en évitant d'être vu (→ brûler la politesse, filer à l'anglaise).

essai n. m. (vient du latin *exagium*, de *exigere* « expulser », « régler » → exiger) **I. 1.** Opération par laquelle on s'assure des qualités, des propriétés (de qqch.) ou de la manière d'utiliser. *Faire l'essai d'un produit* (→ **essayer**). *Essai des monnaies.* → **vérification.** *Essais en laboratoire.* → **test.** *Banc* d'essai.* – *Vol, pilote d'essai*, pour essayer les prototypes d'avions. – *Bout d'essai*, bout de film tourné pour évaluer un acteur avant de l'engager. – *Cinéma d'essai*, hors du réseau commercial habituel. (en France) *Cinéma d'art et d'essai*, qui programme des films présentant un intérêt artistique reconnu. ■ (dr. du travail) *Période d'essai*, pendant laquelle employeur et salarié peuvent librement rompre le contrat qui les lie. ■ *À l'essai. Prendre un collaborateur à l'essai*, avec la possibilité de ne pas le garder si l'épreuve n'est pas satisfaisante. – *Mettre à l'essai* : éprouver. **2.** Action faite sans être sûr du résultat. → **tentative.** *Un essai de conciliation.* – *Premiers essais d'un jeune acteur.* – Chacune des tentatives d'un athlète, dont on retient la meilleure. *Premier, second essai.* ■ (Fait d'essayer) *Coup d'essai.* **3.** (au rugby) Avantage obtenu quand un joueur parvient à poser ou à toucher le ballon le premier derrière la ligne de but adverse. *Transformer un essai* (en but). **II. 1.** Résultat d'un essai, premières productions. *Ce ne sont que de modestes essais.* **2.** (de *essai* I, 2 : *« toute cette fricassée que je barbouille ici n'est qu'un registre des essais de ma vie »* [Montaigne, *Essais*]) Ouvrage littéraire en prose, de facture libre (→ **essayiste**). *Essai philosophique.*

essaim n. m. (vient du latin *examen* → examen, de *exigere* « expulser » → essai, exiger) **1.** Groupe d'abeilles, d'insectes en vol ou posés. *Un essaim de moucherons.* **2.** Groupe nombreux qui se déplace.

essaimage n. m. Action d'essaimer.

essaimer v. intr. < 1 > (abeilles) Quitter la ruche en essaim pour aller s'établir ailleurs. ■ fig. (collectivité) *Sa famille a essaimé dans toute l'Europe.* → se **disperser.** *Cette société a essaimé sur tout le territoire*, y a établi des succursales.

Essaouira anciennement **Mogador** Ville du Maroc, sur l'Atlantique. 78 000 habitants. Port de pêche. Tourisme. Remparts de l'ancien fort corsaire.

essart n. m. (vient du latin *exsartum*, de *exsarire* « sarcler* ») agric. Terre essartée.

essarter v. tr. < 1 > agric. Débroussailler (un terrain boisé) par arrachage ou brûlage. □ n. m. **essartage**

essayage n. m. Action d'essayer (un vêtement). *Cabine d'essayage.*

essayer v. tr. < 8 > (vient du latin pop. *exagiare* ou de *essai* → essai) **1.** Soumettre (une chose) à une ou des opérations pour voir si elle répond aux caractères qu'elle doit avoir. → **contrôler, examiner, [1]tester ; essai.** *Essayer un moteur.* – *Essayer sa force.* **2.** Mettre (un vêtement, etc.) pour voir s'il va. *Essayer une robe dans un magasin* (→ **essayage**). **3.** Employer, utiliser (une chose) pour la première fois, pour voir si elle convient. *Essayer un vin* (→ **[1]goûter**), *une nouvelle marque de lessive.* **4.** Employer (qqch.) pour atteindre un but particulier, sans être sûr du résultat. *Essayer une méthode.* → **expérimenter.** *« J'essaierai tour à tour la force et la douceur »* (Racine). – *Essayer de* (+ inf.) : faire des efforts dans le dessein de. → **chercher** à ; **s'efforcer, tenter** de. *Essayer de dormir.* – absolt *Cela ne vous coûtera rien d'essayer.* – (menace) *Essaie un peu* (de faire qqch.), tu verras ce qu'il t'en coûtera. ■ **s'essayer** (à) v. pron. Faire l'essai de ses capacités pour (une activité). *S'essayer à la course.* – (+ inf.) Faire une tentative en vue de. *S'essayer à parler en public.*

essayeur, euse n. **1.** Personne qui essaie les vêtements aux clients. **2.** Personne qui essaie un matériel, qui contrôle la qualité de produits commerciaux.

essayiste n. (de *essai* [II]) Auteur d'essais littéraires.

esse n. f. (du n. de la lettre *s*) Crochet en forme de S.

Essen Ville d'Allemagne (Rhénanie-du-Nord-Westphalie). 582 400 habitants. Centre métallurgique de la Ruhr, siège des usines Krupp. Cathédrale des XIIe-XIIIe s. Musée.

essence n. f. (latin *essentia*, de *esse* → [2]être) **I.** philos. **1.** Fond de l'être, nature des choses. → **nature, substance.** – (opposé à *existence*) *Pour Platon, l'essence précède l'existence ; pour l'existentialisme, l'existence précède l'essence.* **2.** Ce qui fait qu'une chose est ce qu'elle est ; ensemble des caractères constitutifs et invariables (→ **essentiel**). *L'essence de l'être humain réside en la pensée.* – *Par essence* loc. adv. : par sa nature même. → par **définition.** **II.** Espèce (d'un arbre). *Une forêt d'essences variées.* **III. 1.** Liquide volatil très odorant qu'on extrait des végétaux, utilisé en parfumerie, en confiserie. *Essence de lavande. Essences synthétiques.* **2.** Extrait concentré (d'aliments). *Essence de café.* **3.** Produit liquide, volatil, inflammable, de la distillation du pétrole. *Pompe à essence. Essence sans plomb. L'indice d'octane de l'essence.*

essénien, ienne adj. (latin impérial *Esseni*, du grec, probablt de l'araméen *hasēn* « pieux ») hist. relig. Relatif à une secte juive formée de communautés dont les membres menaient une vie ascétique. – n. *Les Esséniens.*

Essenine ou **Iessenine (Sergueï Aleksandrovitch)** Poète soviétique (1895-1925). Ses œuvres lyriques et pétries d'images paysannes sont portées par l'exaltation de la révolution *(Inonia)*, puis rongées de doutes *(L'Homme noir)*. Il se suicida.

essentialisme n. m. didact. **1.** Philosophie pour laquelle les essences (I) précèdent toute existence. **2.** Courant de pensée selon lequel les individus sont entièrement définissables par leurs caractères dits essentiels (sexe, origine ethnique...). □ adj. et n. **essentialiste**

essentiel, elle (latin *essentialis* → essence) **I.** adj. **1.** littér. Qui est ce qu'il est par son essence (I) et non par accident (opposé à *accidentel, relatif*). – Qui appartient à l'essence (I). *Un caractère essentiel.* → **fondamental. 2.** *Essentiel à, pour*, qui est absolument nécessaire. → **indispensable, nécessaire.** *La nutrition est essentielle à la vie.* **3.** Le plus important, très important (opposé à *secondaire*). → **principal.** *Nous arrivons au point essentiel.* → **[1]capital.** *C'est un livre essentiel* (→

Essaouira

Essaouira et ses fortifications, construites par l'architecte français Théodore Cornut au XVIIIe siècle.

incontournable). *Il est essentiel de* (+ inf.) ; *c'est essentiel.* **II.** n. m. **1.** Ce qui est le plus important. *Vous oubliez l'essentiel !* → **principal.** *Aller à l'essentiel.* **2.** *L'essentiel de,* ce qu'il y a de plus important dans. *Je vous résume l'essentiel de son discours.* **III.** (de *essence,* III, 1) adj. *Huile* essentielle :* essence végétale.

essentiellement adv. **1.** Par essence. *Être essentiellement différents.* **2.** Avant tout, au plus haut point. → **absolument.**

Essequibo n. m. Fleuve du Guyana qui se jette dans l'Atlantique. 750 km.

esseulé, ée adj. (de *seul*) littér. Qu'on laisse seul, sans compagnie. → **délaissé, isolé, seul, solitaire.**

Essex (Robert Devereux, 2e comte d') Homme politique anglais (1567-1601). Favori d'Élisabeth Ire, puis banni, il conspira contre elle et fut condamné à mort. ■ **Robert Devereux, 3e comte d'Essex** (1591-1646). Fils du précédent, il prit la tête de l'armée parlementaire contre Charles Ier.

Essex n. m. Comté de l'Angleterre, au N.-E. de Londres. 3 674 km^2. 1 416 400 habitants. Chef-lieu : Chelmsford. Riche région agricole. Stations balnéaires sur la côte.

Essey-lès-Nancy Commune de la Meurthe-et-Moselle, dans la banlieue de Nancy. 8 841 habitants. Aéroport.

essieu n. m. (vient du latin pop. *axile,* de *axis* → **axe**) Pièce transversale d'un véhicule, dont les extrémités entrent dans les moyeux des roues. *Les essieux porteurs d'une locomotive. L'essieu avant* (→ **train**), *arrière* (→ **pont**) *d'une voiture.*

Essling (bataille d') Combat sanglant ayant opposé, le 22 mai 1809, les troupes napoléoniennes aux Autrichiens, près de Vienne. Il se solda par un repli de Napoléon.

Esslingen Ville d'Allemagne (Bade-Wurtemberg), sur le Neckar. 91 500 habitants. Église gothique. Hôtel de ville Renaissance. Industrie.

Essonne n. f. Rivière du Bassin parisien, affluent de la Seine. 90 km.

Essonne n. f. [91] Département français de la Région Île-de-France (→ carte). 1 804 km^2. 1 306 118 habitants. Chef-lieu : Évry-Courcouronnes. Chefs-lieux d'arrondissement : Étampes, Palaiseau. Alors que le S. du territoire demeure rural et agricole (céréales dans la Beauce, fruits et légumes dans le Hurepoix), le N. appartient à la Grande Couronne parisienne urbanisée et industrialisée (vallées de la Seine et de l'Orge). Recherche (Saclay). Université d'Évry. Loisirs (forêts de Dourdan, Sénart, Milly).

essor n. m. (de *essorer* [I]) (rare au plur.) **1.** Élan d'un oiseau qui s'envole. → **envol, envolée.** *L'aigle prend son essor.* **2.** littér. Élan, impulsion. *L'essor de son imagination.* **3.** Développement hardi et fécond. → **croissance.** *Industrie en plein essor.*

essorage n. m. (de *essorer* [II]) Action d'essorer (le linge).

essorer v. tr. < 1 > (vient du latin pop. *exaurare,* de *ex-* et *aura* « vent, air » → **orage**) Débarrasser (une chose mouillée) d'une grande partie de l'eau qu'elle contient. *Essorer du linge.*

essoreuse n. f. (de *essorer*) Machine servant à essorer.

essoriller v. tr. < 1 > (de *es-* et *oreille*) Couper les oreilles de (un animal).

essoucher v. tr. < 1 > (→ **souche**) techn. Débarrasser (un terrain) des souches restées dans le sol après avoir abattu les arbres. □ n. m. **essouchage** ou n. m. **essouchement**

essoufflement n. m. État d'une personne essoufflée ; respiration courte et gênée. → **suffocation.** ■ fig. Fait de perdre son dynamisme. *L'essoufflement de l'économie.*

essouffler v. tr. < 1 > (de *é-* et *souffle*) Mettre presque hors d'haleine, à bout de souffle. *La montée m'a essoufflé.* – au p. p. *« Elle se mettait à courir ; elle arrivait essoufflée »* (Flaubert). ■ **s'essouffler** v. pron. **1.** Perdre son souffle. *Il s'essouffle facilement.* → **haleter, souffler, suffoquer.** **2.** fig. Perdre l'inspiration. *Cet écrivain s'essouffle.* ■ Ne plus pouvoir suivre un rythme de croissance. *L'industrie textile s'essouffle.*

essuie n. m. (de *essuyer*) régional (Champagne ; Belgique) **1.** Serviette de toilette. **2.** Torchon.

essuie-glace n. m. Tige de métal articulée, munie d'une lame souple (balai) qui essuie automatiquement le parebrise (ou la vitre arrière) d'un véhicule. *Des essuie-glaces.*

essuie-main n. m. ou **essuie-mains** n. m. invar. Serviette pour s'essuyer les mains. *Des essuie-mains.*

essuie-pied n. m. ou **essuie-pieds** n. m. invar. Paillasson (2). *Des essuie-pieds.*

essuie-tout n. m. invar. Papier absorbant assez résistant, à usages multiples (surtout domestiques), présenté généralement en rouleaux. - var. RO **essuietout** n. m.

essuie-verre n. m. Torchon fin qui sert à essuyer les verres. *Des essuie-verres.*

essuyage n. m. Action d'essuyer.

essuyer v. tr. < 8 > (latin *exsucare,* de *ex-* et *sucus* → **suc**) **I. 1.** Sécher (ce qui est mouillé) en frottant avec un linge sec, sur une chose sèche. *Laver et essuyer la vaisselle. S'essuyer les pieds,* frotter ses semelles sur un paillasson. – pronom. *S'essuyer en sortant du bain.* – loc. fam. *Essuyer les plâtres :* occuper une habitation qui vient d'être achevée ; fig. subir le premier les conséquences d'une situation fâcheuse. ■ Ôter (ce qui mouille qqch.). *Essuyer l'eau répandue.* → **éponger.** *Essuyer ses larmes.* **2.** Ôter la poussière de (qqch.) en frottant. → **épousseter.** *Essuyer les meubles avec un chiffon.* ■ Enlever (ce qui salit). *Essuyer la poussière.* **II.** fig. Avoir à supporter (qqch. de fâcheux). → **éprouver, subir.** *Le navire a essuyé une tempête. Essuyer un refus.*

est [ɛst] n. m. invar. (ancien anglais *east*) **I.** Celui des quatre points cardinaux qui est au soleil levant (abrév. E). → **orient.** *Mosquée orientée à l'est.* ■ Lieu situé du côté de l'est. *Le vent souffle de l'est.* – adj. invar. *La côte est.* → **oriental.** **II.** *L'Est* **1.** (en France) L'Alsace et la Lorraine. *Habiter dans l'Est.* **2.** hist. Les pays à l'est de l'Europe, qui appartenaient à la zone d'influence soviétique. *Relations entre l'Est et l'Ouest. Les pays de l'Est.*

Est (canal de l') Canal reliant la Meuse et la Moselle à la Saône. 439 km.

establishment [ɛstabliʃmɛnt] n. m. (anglais *to establish* → **établir**) anglic. Ensemble des gens en place, attachés à l'ordre établi.

estacade n. f. (de l'italien, de *stacca* « pieu », mot germanique [gotique]) Barrage fait par l'assemblage de pieux, de pilotis, de radeaux. *Une estacade ferme l'entrée du port.* → **digue, jetée.**

estafette n. f. (italien *staffetta,* de *staffa* « étrier ») **1.** anciennt Courrier, messager chargé d'une dépêche. *Estafette à cheval.* **2.** Militaire agent de liaison. *Dépêcher une estafette.*

estafier n. m. (italien *staffiere* « valet d'armes », de *staffa* « étrier » → **estafette**) anciennt Laquais armé qui portait le manteau et les armes de son maître. ■ péj. Homme de main.

estafilade n. f. (de l'italien, de *staffile* « courroie d'étrier », de *staffa* → **estafette**) Entaille faite avec une arme tranchante (sabre, rasoir), surtout au visage. → **balafre, coupure.**

estagnon n. m. (provençal moderne *estagnoun,* de *estanh* « étain ») régional (sud de la France ; Afrique) Récipient en fer étamé destiné à contenir de l'huile, des essences.

Estaing [ɛstɛ̃] **(Jean-Baptiste, comte d')** Amiral français (1729-1794). Il prit part à la guerre de l'Indépendance américaine, puis commanda la garde nationale en 1789. Arrêté sous la Terreur, il fut guillotiné.

est-allemand, ande adj. et n. hist. De la République démocratique allemande (RDA), dite *Allemagne* de l'Est. Les sportifs est-allemands.* - syn. (mieux formé) **allemand de l'Est, allemande de l'Est.**

estaminet n. m. (du wallon, de *stamon* « piquet », mot germanique) vieilli ou régional (Nord, Belgique) Petit café populaire.

^{1}estampe n. f. (de *estamper*) techn. **1.** Pièce servant à produire une empreinte. **2.** Outil, machine qui sert à estamper.

^{2}estampe n. f. (italien *stampa,* de *stampare,* d'origine germanique → **estamper**) Image imprimée au moyen d'une planche gravée ou par lithographie. → **gravure.**

Estampe japonaise : *L'Averse,* par Hiroshige (1831-1834), Bibliothèque nationale de France, Paris.

estamper v. tr. < 1 > (vient du francique *stampôn,* influence de *estampe* → **estampille**) **1.** Marquer d'une impression en relief ou en creux (une surface) à l'aide d'une empreinte gravée sur un moule, une matrice. *Estamper une feuille de métal.* **2.** fig., fam. Faire payer trop cher (qqn). → **escroquer, ^{2}voler.** *Se faire estamper.* □ n. m. **estampage**

estampeur, euse n. Personne qui estampe.

estampille n. f. (espagnol *estampilla,* de *estampar,* emprunt au français *estamper*) Empreinte (cachet, poinçon, signature) qui atteste l'authenticité d'un produit, d'un document, en indique l'origine ou constate le paiement d'un droit fiscal. *L'estampille d'un produit industriel* (marque de fabrique ; label).

estampiller v. tr. < 1 > Marquer d'une estampille. → **poinçonner, timbrer.** – au p. p. *Briquet estampillé.* □ n. m. **estampillage**

estancia n. f. (mot espagnol, de *estar* « être », qui vient du latin *stare* → **^{1}ester, station**) Grande exploitation agricole, d'élevage, en Amérique latine.

Estanguet (Tony) Kayakiste français (né en 1978). Il a remporté de nombreuses descentes en équipe ou en individuel. Il compte à son palmarès trois championnats du monde en canoë slalom monoplace (2006, 2009, 2010) et trois médailles d'or aux Jeux olympiques (2000, 2004, 2012).

Tony Estanguet remporte la médaille d'or de l'épreuve canoë slalom monoplace aux Jeux olympiques de Londres en 2012.

Estaque n. f. Chaînon des Alpes de Provence, allant du S. de l'étang de Berre au N.-O. de Marseille.

estarie voir **starie**

Estaunié (Édouard) Écrivain français (1862-1942). Romancier social et psychologique, il mena également une carrière de scientifique. *L'Infirme aux mains de lumière.* Académie française.

E

este voir estonien

Este (famille d') Famille noble d'Italie, qui régna sur Ferrare (1240-1597) et sur Modène (1288-1796).

Este Ville d'Italie (Vénétie). 16 700 habitants. Centre agricole et industriel. Ancienne cité vénète *(Ateste).*

Este (villa d') voir **Tivoli**

¹ester [ɛste] **v. intr.** [seulement à l'inf.] **(vient du latin médiéval *stare* « soutenir une action en justice », du latin class. *stare* → station)** dr. *Ester en justice :* intenter un procès, poursuivre devant un tribunal.

E

²ester [ɛstɛʀ] **n. m. (de l'allemand, de *Essig* [« vinaigre »] *Äther* [« éther »] → ²éther)** chim. Corps résultant de l'action d'un acide sur un alcool ou un phénol avec élimination d'eau **(→ polyester).**

estérase n. f. (de ²*ester*) biochim. Enzyme qui catalyse l'hydrolyse et parfois la synthèse des esters.

Esterel ou **Estérel n. m.** Massif de Provence, qui domine la Méditerranée entre Cannes et Saint-Raphaël, formé de roches éruptives de couleur rougeâtre. 616 m au mont Vinaigre.

Esterházy ou **Eszterházy** Famille noble de Hongrie dont certains membres jouèrent un rôle de premier plan du XVIIᵉ s. au XIXᵉ siècle.

Esterházy (Marie Charles Ferdinand Walsin) Officier français d'origine hongroise (1847-1923). Il est l'auteur du bordereau falsifié qui entraîna la condamnation d'Alfred Dreyfus pour espionnage.

estérifier v. tr. < 7 > chim. Transformer en ester. □ **n. f. estérification**

esterlin n. m. (vient du latin *sterlingus* « denier d'argent » → sterling) Ancienne monnaie qui avait cours en Europe au Moyen Âge.

Estève (Maurice) Peintre français (1904-2001). Ses œuvres abstraites sont équilibrées et fortement rythmées par les couleurs.

Esther Personnage biblique. Dans le livre d'Esther, elle épouse le roi de Perse et obtient la grâce des Juifs.

esthésie n. f. (grec *aisthêsis* « sensation, sensibilité ») physiol. Aptitude à percevoir des sensations.

esthète n. Personne qui affecte le culte raffiné de la beauté formelle. *Un œil d'esthète.* **– adj.** *Elle est assez esthète.*

esthéticien, ienne n. 1. didact. Spécialiste d'esthétique (I, 1). **2.** Personne dont le métier consiste à donner des soins de beauté (maquillage, etc.).

esthétique (du latin mod. [Baumgarten], du grec *aisthêtikos* « perceptible, sensible », de *aisthanesthai* « percevoir, sentir » : l'art est l'expression sensible d'une vérité, d'un idéal [selon Hegel]) I. n. f. 1. Science du beau dans la nature et dans l'art. ■ Conception particulière du beau. *Une esthétique minimaliste.* **2.** Beauté. *Sacrifier l'utilité à l'esthétique.* **3.** Techniques de conception et de réalisation d'objets satisfaisants pour le sens esthétique. **→ design.** *L'esthétique industrielle.* **II. adj. 1.** Relatif à la beauté, à l'esthétique (I, 1). *Jugement esthétique. « Le sens de l'idéalité, le sens esthétique par excellence »* (Baudelaire). **2.** Qui participe de l'art. **→ artistique. 3.** Qui a un certain caractère de beauté. **→ ¹beau, harmonieux. 4.** ***Chirurgie esthétique,*** qui change les formes du corps, du visage dans un but esthétique.

▶ Dans la philosophie de Kant, l'**esthétique** (I, 1) décrit notre appréciation du monde extérieur par l'intermédiaire de nos sens. Comment percevons-nous les couleurs, les sons, les goûts, les odeurs ? Comment notre esprit les organise et leur attribue une valeur ? Sur ce vaste champ s'est développée une définition plus spécialisée, où l'esthétique est la philosophie de la beauté. Jusqu'au XVIIIᵉ siècle, les définitions du beau font une large place à la morale : comme l'écrit Diderot, « le beau, le bon, le bien se tiennent de bien près ». La beauté classique est associée à une visée morale à valeur universelle. L'artiste-artisan doit respecter des codes précis qui sont transmis de maître à élève. Libérant le beau de son asservissement à la vertu et à ses normes, la modernité célèbre l'originalité de l'artiste qui s'écarte des usages pour partir en quête de nouveauté. Un siècle après Diderot, Baudelaire écrit ainsi : « Le beau est toujours bizarre ». L'esthétique reste affaire d'universalité, mais son territoire n'est plus le passé, le respect de l'enseignement des maîtres ; dans un monde qui s'intéresse à la différence, qui joue avec les conventions et avec les tabous, l'artiste est celui qui, dans ses recherches esthétiques, explore l'inconnu et brise les conventions.

esthétiquement adv. Du point de vue esthétique ; d'une manière esthétique.

esthétisant, ante adj. (de *esthétiser*) péj. Qui donne une place excessive à la beauté formelle.

esthétiser v. < 1 > **(de *esthète*) 1. v. intr.** péj. Accorder une place excessive à la beauté formelle. **2. v. tr.** Rendre esthétique, conforme à un idéal de beauté. □ **n. f. esthétisation**

esthétisme n. m. 1. Doctrine, école des esthètes. **2.** Attitude artistique qui recherche la beauté formelle.

Estienne Imprimeurs et humanistes français du XVIᵉ s. ■ **Robert Estienne** (1498-1559). Il est l'auteur d'un *Trésor de la langue latine,* et d'un *Dictionnaire latin-français puis français-latin,* à l'origine des dictionnaires du XVIIᵉ s. ■ **Henri Estienne** (1531-1598). Fils de Robert, il est l'auteur d'un *Trésor de la langue grecque* et de textes sur la langue française.

Estienne (Jean-Baptiste) Général français (1860-1936). Il créa, au cours de la Première Guerre mondiale, le char de combat.

Estienne d'Orves (Honoré d') Officier de marine français (1901-1941). Engagé dans la Résistance à partir de 1940, il fut arrêté par la Gestapo et fusillé.

estimable adj. 1. vieilli Dont on peut faire l'estimation. **→ évaluable. 2.** Digne d'estime. *Une personne très estimable.* **→ honorable. 3.** Qui a du mérite, sans être remarquable. *Un ouvrage estimable et sérieux.* **→ honnête.**

estimatif, ive adj. Qui contient une estimation. *Un devis estimatif.*

estimation n. f. 1. Action d'estimer, de déterminer la valeur, le prix qu'on attribue à une chose. **→ appréciation, évaluation.** *L'estimation d'une œuvre d'art par un expert.* **→ expertise.** *Estimation du prix de travaux.* **→ devis. 2.** Action d'évaluer (une grandeur). **→ ²calcul, évaluation.** *Estimation statistique. Selon mes estimations.*

estime n. f. (de *estimer*) I. 1. vieux Estimation. **2.** mar. Calcul approximatif de la position d'un navire en estimant le chemin parcouru. ■ ***À l'estime* loc. adv.** *Naviguer à l'estime,* en utilisant les instruments de navigation. **–** fig. En estimant rapidement, approximativement **(→ au jugé). II. 1.** Sentiment favorable né de la bonne opinion qu'on a du mérite, de la valeur (de qqn). **→ considération, respect.** *Avoir de l'estime pour qqn. Tenir qqn en grande estime. Il a baissé dans mon estime.* **2.** Sentiment qui attache du prix à qqch. *Succès d'estime* (d'une œuvre accueillie avec estime par la critique mais qui n'obtient pas la faveur du grand public).

estimer v. tr. < 1 > **(latin *aestimare* « évaluer le prix ») I. 1.** Déterminer le prix, la valeur de (qqch.) par une appréciation. **→ apprécier ; estimation.** *Faire estimer un objet d'art par un expert.* **→ expertiser.** *Estimer qqch. au-dessous* **(→ sous-estimer),** *au-dessus* **(→ surestimer)** *de sa valeur. Estimer qqch., qqn à sa juste valeur.* **2.** Calculer approximativement. *Le nombre de morts est difficile à estimer.* **II. 1.** Avoir une opinion sur (une personne, une chose). **→ considérer, croire, tenir** pour, **trouver. –** (+ adj. attribut) *Estimer indispensable de faire qqch.* **–** (+ inf. ou subordonnée) *J'estime avoir fait mon devoir. J'estime que cela suffit.* **2.** Avoir bonne opinion de, reconnaître la valeur de (qqn ou, moins souvent, qqch.). **→ apprécier, considérer.** *« Et c'est n'estimer rien qu'estimer tout le monde »* (Molière). *On l'estime pour son sérieux.* **–** au p. p. *Un vin très estimé.* ■ **s'estimer v. pron.** (+ adj. attribut) Se considérer, se trouver. *S'estimer satisfait. Estimons-nous heureux.*

estival, ale, aux adj. (latin *aestivalis,* de *aestivus,* de *aestas* → ²été) Propre à l'été, d'été.

estivalier, ière n. (de *estival*) Estivant.

estivant, ante n. (p. prés. de *estiver,* latin *aestivare* → estiver) Personne qui passe les vacances d'été dans une station de villégiature. **→ estivalier, vacancier.**

estivation n. f. (de *estiver*) zool. État d'engourdissement de certains animaux pendant l'été (opposé à *hibernation*).

estive n. f. (de *estiver*) agric. Pâturage d'été en montagne.

estiver v. intr. < 1 > **(latin *aestivare,* de *aestivus* → estival) 1.** agric. Passer l'été (opposé à *hiverner*). *Des troupeaux qui estivent sur les alpages.* **– v. tr.** *Estiver des troupeaux* **(→ transhumance).** □ **n. m. estivage 2.** zool. Vivre au ralenti, être en estivation (opposé à *hiberner*).

estoc n. m. (ancien français *estochier* → estoquer ; étau) anciennt Épée longue et droite. ■ par ext. Pointe de l'épée. **–** loc. ***D'estoc et de taille,*** avec la pointe et le tranchant de l'épée.

estocade n. f. (de *estoquer* [2]) Coup d'épée, dans la mise à mort du taureau. *Le matador porte l'estocade.* ■ fig. *Donner l'estocade à qqn,* le réduire à merci, l'achever.

estomac [ɛstɔma] **n. m. (latin *stomachus,* grec *stomakhos* « gosier », de *stoma* « bouche » → stomat[o]-) I.** Viscère creux, organe de l'appareil digestif. **1.** (personnes) Poche musculeuse, située dans la partie supérieure de la cavité abdominale. **→ gastéro- ; stomacal.** *Avoir l'estomac creux, vide, plein.* **→ ventre.** *Ulcère à l'estomac.* ■ *S'en mettre plein l'estomac* **(→** fam. **la lampe, la panse...).** **–** loc. *Avoir l'estomac dans les talons :* avoir faim. **–** fig. *Cela me reste sur l'estomac :* je ne peux pas l'accepter. **2.** (animaux) Partie renflée du tube digestif, qui reçoit les aliments. *L'estomac des ruminants* (panse, bonnet, feuillet, caillette). *L'estomac des oiseaux* (gésier). **II. (au XVIIᵉ s., remplace *poitrine,* mot jugé vulgaire)** Partie du torse située sous les côtes, le diaphragme. *Boxeur qui frappe à l'estomac. Le creux de l'estomac* **(→ épigastre).** **–** loc. *Avoir de l'estomac,* faire preuve de hardiesse, d'audace. **→ aplomb, cran, culot. –** fam. ***À l'estomac* loc. adv.** : au culot.

estomaquer v. tr. < 1 > **(d'abord « s'irriter, avoir de la bile » → estomac)** fam. Étonner, surprendre (par qqch. de choquant, d'offensant). *Sa conduite a estomaqué tout le monde.* **→ scandaliser.** □ **estomaqué, ée adj.** Ahuri, stupéfait. *J'en suis encore estomaqué.*

estompage n. m. Action d'estomper ; son résultat.

estompe n. f. (néerlandais *stomp* « bout ») Petit rouleau de peau ou de papier cotonneux, terminé en pointe, servant à étendre le crayon, le fusain, le pastel sur un dessin. ■ par ext. Dessin à l'estompe.

estomper v. tr. < 1 > **(de *estompe*) 1.** Dessiner, ombrer avec l'estompe. **2.** Rendre moins net, rendre flou. **→ ¹voiler.** *La brume estompait le paysage.* **–** pronom. *Les contours s'estompent.* **3.** fig. Enlever de son relief à (un souvenir, un caractère...). **→ adoucir, atténuer, ¹voiler.** *Le temps estompe les douleurs.* **–** pronom. *Les rancœurs finissent par s'estomper.*

Estonie

n. f. ■ offic. république d'Estonie État du N.-E. de l'Europe, le plus septentrional des pays baltes. 45 100 km². 1 332 000 habitants (les *Estoniens*). **Langues :** estonien, russe. **Population :** Estoniens, 68 % ; Russes, 26 % ; Ukrainiens, 2 % ; Biélorusses, 1 % ; Finlandais, 1 %. **Religions :** protestants, orthodoxes. **Monnaie :** euro. **Capitale :** Tallinn. **Régime :** démocratie parlementaire.

GÉOGRAPHIE

Pays de plaines et de collines, l'Estonie est couverte de forêts. L'élevage, la pêche et la sylviculture occupent 6 % de la population, contre 20 % pour les industries (chimie, électronique, informatique). Ses principaux partenaires économiques sont la Finlande, l'Allemagne, la Suède et la Russie. Des contentieux subsistent avec Moscou concernant les frontières et la minorité russe.

HISTOIRE

Du xᵉ au xiiᵉ s., le S.-E. de l'Estonie était intégré à l'État russe. Le reste du territoire fut soumis par les chevaliers Porte-Glaive, puis par les Danois, avant d'être acheté par les chevaliers Teutoniques (1346). Sous Ivan IV le Terrible, les Russes occupèrent Narva et Dorpat [auj. Tartu] (1558-1581). Après la dissolution de l'ordre Teutonique (1561), l'Estonie fut occupée par la Suède, le Danemark et la Pologne. Au xviiᵉ s., les Suédois y introduisirent le luthéranisme. Conquise par Pierre le Grand (1710), l'Estonie fut cédée aux Russes par le traité de Nystad (1721).

La Première Guerre mondiale et la révolution russe de 1917 aboutirent à l'indépendance, reconnue par les bolcheviks en février 1920 (traité de Dorpat). Mais, dès le 1er août 1940, l'occupation par l'Armée rouge fit du pays une République socialiste soviétique. En 1988, le parlement estonien proclama la primauté de ses lois sur celles de l'Union soviétique. Le 20 août 1991, l'Estonie devint une république indépendante. Engagée dans la voie des réformes économiques, elle rejoignit l'UE et l'Otan en 2004. La droite libérale dirigea le pays de 2002 à 2016 et revint au pouvoir en 2021.

estonien, ienne adj. et n. Relatif à l'Estonie, à ses habitants. – n. *Les Estoniens.* ■ n. m. *L'estonien :* langue finno-ougrienne parlée en Estonie. - syn. **este** [ɛst].

estoquer v. tr. < 1 > (ancien néerlandais *stoken* « piquer, pousser », de l'ancien germanique *stukkaz*) **1.** vieux Frapper de la pointe, d'estoc. **2.** (espagnol *estoquear*, du français) Mettre à mort (le taureau) par l'estocade.

Estrella (Miguel Angel)

Miguel Angel Estrella en 1988.

Estoril Station balnéaire du Portugal, rattachée à Cascais, à l'O. de Lisbonne. Circuit automobile.

estouffade n. f. (italien *stufata* « étuvée » → étuve) Plat de viande cuite à l'étouffée. - syn. **étouffade.**

estourbir v. tr. < 2 > (allemand *sterben* « mourir », au p. p., par l'alémanique de Suisse) fam. Assommer.

1estrade n. f. (italien *strada* « route », du latin *strata,* de *sternere* « coucher à terre » [*via* « voie* » *strata*]) vieux loc. *Battre l'estrade :* courir les chemins, aller à la découverte.

2estrade n. f. (espagnol *estrado,* qui vient du latin *stratum* « assise », de *sternere* « étendre au sol » → **1estrade**) Plancher élevé de quelques marches au-dessus du sol ou du parquet. *Estrade dressée pour un match de boxe.* → **ring.**

estradiol voir œstradiol

estradiot n. m. (italien *stradiotto,* du grec *stratiôtês* « soldat ») hist. Soldat de cavalerie légère, originaire de Grèce ou d'Albanie (xvᵉ-xviᵉ s.). - syn. **stradiot, stradiote.**

estragon n. m. (de l'ancien subst. *targon,* arabe *tarhūn,* du grec *drachontion* → dragon) Plante (armoise) dont la tige et les feuilles aromatiques sont employées comme condiment. ■ Ce condiment.

estramaçon n. m. (de l'italien, de *stramazzare* « renverser violemment », de *mazza* « masse d'armes ») Longue et lourde épée à deux tranchants, en usage du Moyen Âge au xviiiᵉ s.

estran n. m. (mot normand, ancien anglais ou allemand *strand*) géogr. Partie du littoral périodiquement recouverte par la marée.

estrapade n. f. (italien *strappata,* de *strappare* « arracher », germanique [gotique] *strappan* « attacher fortement ») anciennt Supplice qui consistait à faire tomber le condamné plusieurs fois au bout d'une corde.

Estrées (maison d') Famille d'Artois, dont les membres jouèrent un rôle important aux xviᵉ-xviiᵉ siècles. ■ **Gabrielle d'Estrées** (1573-1599). Elle fut la favorite d'Henri IV, dont elle eut trois enfants légitimés.

Estrela (serra da) Massif montagneux du centre du Portugal. 1 993 m.

Estrella (Miguel Angel) Pianiste argentin (1940-2022). Musicien éclectique et soucieux de rendre la musique accessible à tous, il a fondé Musique Espérance, une ONG dont la vocation est de défendre la dignité humaine, les droits des musiciens et d'œuvrer pour la paix.

Estrémadure n. f. Communauté autonome du S.-O. de l'Espagne. 41 602 km². 1 million d'habitants. Capitale : Mérida. Deux provinces : Cáceres et Badajoz. Région au climat aride, l'Estrémadure vit essentiellement de l'agriculture, grâce à l'irrigation (eaux du Tage et du Guadiana). Exode rural important.

Estrémadure portugaise n. f. Région côtière du Portugal, au N. de Lisbonne.

Est Républicain (L') Quotidien régional français, créé à Nancy en 1889.

Estrie n. f. ou anciennement **Cantons de l'Est** n. m. pl. Région administrative du Québec (Canada) située à l'E. du Richelieu. Ville principale : Sherbrooke. 10 209 km². 327 000 habitants. Agriculture. Tourisme.

estrogène voir œstrogène

estrone voir œstrone

estrope n. f. (du latin médiéval, de *struppus, stroppus,* « lien d'aviron, courroie », du grec *strophos* « courroie, cordon ») mar. Anneau formé par une bande de fer ou par un cordage, entourant une poulie et servant à la suspendre, à la fixer.

estropié, ée adj. vieilli Qu'on a estropié ; qui s'est estropié. → **éclopé, mutilé.** – n. *Un estropié.* ■ fig. *Un mot estropié,* déformé.

estropier v. tr. < 7 > (de l'italien, qui vient du latin pop. *exturpiare,* de *turpis* « difforme » → turpitude) **1.** Priver d'un membre, mutiler par blessure ou maladie. – pronom. *Elle s'est estropiée en tombant d'une échelle.* **2.** fig. Modifier ou tronquer (un mot, un texte, etc.). *Estropier un nom étranger.* → **écorcher.**

estuaire n. m. (latin *aestuarium,* de *aestus* « chaleur » [→ **2été**] et « marée montante ») Embouchure (d'un cours d'eau) dessinant un golfe évasé et profond. *La Gironde, estuaire de la Garonne.* □ adj. **estuarien, ienne**

estudiantin, ine adj. (de *étudiant,* p.-ê. d'après l'espagnol) Relatif à l'étudiant, aux étudiants.

estuaire

L'estuaire de la Loire, dont le flux des masses d'eau douce et d'eau salée peut s'observer sur 100 km (photo satellite).

esturgeon n. m. (vient du francique *sturjo*) Grand poisson qui vit en mer et va pondre dans les grands fleuves. *Œufs d'esturgeon* (→ **caviar**).

Eswatini

n. m. anciennement **Swaziland** ■ offic. royaume d'Eswatini Pays d'Afrique australe enclavé entre l'Afrique du Sud et le Mozambique. 17 363 km². 1 202 000 habitants (les *Swazis*). **Langues :** anglais et siswati (offic.). **Population :** Swazis, d'origine bantoue. **Religions :** christianisme, religions traditionnelles. **Monnaie :** lilangeni (ou rand sud-africain). **Capitale :** Mbabane. **Régime :** monarchie absolue.

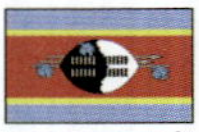

GÉOGRAPHIE

L'Eswatini est formé de plateaux boisés à l'ouest qui s'abaissent vers l'océan Indien. Le climat tropical est tempéré en altitude.

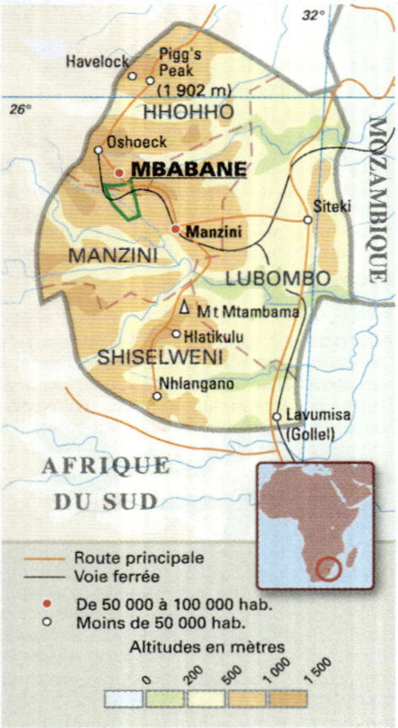

ÉCONOMIE

Pays agricole (agrumes, maïs, coton, canne à sucre, élevage, sylviculture), l'Eswatini est riche en produits miniers (amiante, charbon, fer, or, étain, argent, mica, diamant) ; mais sa situation économique est gravement détériorée par la sécheresse et le pourcentage élevé de la population touchée par le sida (35 %), la tuberculose et depuis 2020 par le Covid-19. Difficilement accessible à partir du Mozambique, l'Eswatini est dépendant de l'Afrique du Sud pour son commerce et l'emploi de ses travailleurs.

HISTOIRE

Les Swazis trouvèrent refuge dans les plateaux de l'Eswatini à l'issue des migrations bantoues et sous la pression des Boers en lutte contre les Zoulous. En 1902, les Britanniques établirent un protectorat sur le pays alors baptisé Swaziland. En 1968, celui-ci proclama son indépendance dans le cadre du Commonwealth. Depuis 1986, Mswati III règne en monarque absolu et a décrété en 2018, lors du cinquantième anniversaire de l'indépendance, que le pays reprenait le nom d'Eswatini qui était le sien avant la colonisation.

Esztergom Ville de Hongrie, sur le Danube, à la frontière slovaque. 29 450 habitants. Siège du primat de Hongrie. Patrimoine religieux des XVIe-XIXe siècles.

et conj. (vient du latin *et*, mot indo-européen ; *cf.* grec *eti*, gaulois *etic*) **I.** Conjonction de coordination qui sert à lier les mots, les syntagmes, les propositions ayant même fonction ou même rôle et à exprimer une addition, une liaison. **1.** reliant deux parties de même nature *Toi et moi. Deux et deux font quatre.* → **¹plus.** *Taisez-vous et écoutez. Il n'ira pas et moi non plus.* → **ni.** *J'ai accepté ; et vous ?* – *Il y a parfum et parfum,* tous les parfums ne sont pas pareils. – précédant le dernier terme d'une énumération *Ajouter du thym, du laurier et du romarin.* – littér., devant chaque terme de l'énumération, pour insister sur l'importance des éléments « *Cette mince et pâle et fine Juliette* » (A. France). **2.** reliant deux parties de nature différente et de même fonction « *La nouveauté, qui est un mal, et fort dangereux* » (La Bruyère). **3.** dans les nombres composés (joignant *un* aux dizaines) *Vingt et un* (mais *quatre-vingt-un*). – devant la fraction *Deux heures et quart* (ou *un quart*), *et demie.* **II.** (En début de phrase, avec une valeur emphatique) *Et voici que tout à coup il se met à courir.* → **alors.** *Et alors ?* « *Et je pleurais ! et je me trouvais à plaindre* » (Rousseau). – fam. *Et d'un(e), et de deux,* etc., pour mettre en évidence un processus. **III. n. m. 1.** Le mot *et. Signe représentant « et » ; et commercial.* → **esperluette. 2.** math. et log. Symbole ou opérateur représentant l'intersection, le produit logique.

ETA (Euzkadi Ta Azkatasuna, « le Pays basque et sa liberté ») Mouvement indépendantiste basque, fondé en 1959, auteur de nombreux attentats. Il a annoncé en 2011 abandonner la violence mais son désarmement n'intervint qu'en 2017 et sa dissolution en 2018.

êta n. m. invar. Septième lettre de l'alphabet grec (Η, η).

étable n. f. (vient du latin pop. *stabula,* de *stabulum,* de *stare* → **¹ester, station**) Bâtiment où on loge le bétail, les bovidés. *Élever des veaux à l'étable* (→ **stabulation**).

établi n. m. (du p. p. de *établir*) Table massive sur laquelle on dispose ou fixe la pièce à travailler. *L'établi d'un menuisier.*

établir v. tr. < 2 > (vient du latin *stabilire,* de *stabilis* → **stable,** de *stare* « se tenir debout » → **station**) **I.** Mettre, faire tenir (une chose) dans un lieu et d'une manière stable. → **construire, installer.** *Établir une usine dans une ville.* → **implanter ; établissement. II.** fig. **1.** Mettre en vigueur, en application. → **fonder, instituer.** *Établir un impôt.* ■ Fonder de manière stable. *Établir sa fortune sur des bases solides.* → **asseoir, bâtir, édifier. 2.** vieilli Placer (qqn) dans une situation, pourvoir d'un emploi. *Établir qqn dans une charge.* **3.** Fonder sur des arguments solides, sur des preuves. *Établir sa démonstration sur des faits.* → **appuyer, baser.** ■ Faire apparaître comme vrai. *Établir la réalité d'un fait.* → **démontrer, prouver.** *Nous établirons que c'est vrai.* **4.** Faire commencer (des relations). *Établir des liens d'amitié avec qqn.* → **nouer.** ■ **s'établir** v. pron. **1.** Fixer sa demeure (en un lieu). *Il est allé s'établir à Toulouse.* → **habiter, s'installer.** ■ Se fixer pour exercer sa profession. *S'établir comme restaurateur dans une ville.* – (+ attribut) Prendre la profession de. – fig. S'instituer, se constituer, se poser en. *S'établir juge des actes d'autrui.* **2.** Prendre naissance, s'instaurer. – impers. *Il s'est établi entre eux de bonnes relations.* ■ **établi, ie** adj. **1.** *L'ordre établi,* en vigueur, solidement installé. **2.** *Une réputation établie,* solide, assise. **3.** *Un fait établi,* prouvé, certain. → **avéré.**

établissement n. m. **I. 1.** Action de fonder, d'établir. *L'établissement d'une usine ; d'un impôt.* → **création, fondation, instauration, institution. 2.** Fait d'établir (II, 3), de prouver. *L'établissement d'un fait.* → **démonstration, preuve. 3.** Fait de s'établir (quelque part). **II.** Ensemble des installations établies pour l'exploitation, le fonctionnement d'une entreprise ; cette entreprise. *Établissement agricole, commercial, industriel* (→ **atelier, bureau, exploitation, magasin, maison, usine**). *Les établissements X.* → **entreprise, société.** – *Établissement public,* chargé de gérer un service public. – *Établissement scolaire. Chef d'établissement. Établissement thermal.*

établissement (Acte d') [en anglais Act of Settlement] Loi anglaise promulguée en 1701, interdisant la couronne d'Angleterre à un prince non protestant.

étage n. m. (d'abord *estage ;* de l'ancien français *ester* « se tenir debout » [→ **¹ester**], du latin *stare* → **station**) **I. 1.** Espace compris entre deux planchers successifs d'un édifice. *Immeuble de quatre étages ; tour de cinquante étages. Habiter au troisième (étage).* ■ *Grimper, escalader les étages,* l'escalier. **2.** Chacun des plans (d'une chose ou d'un ensemble formé de parties superposées). → **niveau.** *Le terrain descend par étages.* → **gradin. 3.** géol. Ensemble des terrains de même âge (subdivision de l'époque). **4.** géogr. *Étages de végétation :* zones de végétation différenciées selon l'altitude. **5.** techn. Niveau d'énergie ou de renforcement (correspondant ou non à un dispositif matériel en *étages*). **6.** Élément propulseur détachable (d'une fusée). *Fusée à trois étages.* **II.** loc. *De bas étage :* de condition médiocre.

étagement n. m. Disposition étagée.

étager v. tr. < 3 > Disposer par étages, par rangs superposés. → **échelonner, superposer.** *Étager des cultures.* – pronom. Être disposé par étage. *Les vergers s'étageaient sur la colline.* – au p. p. *Maisons étagées sur une pente.*

étagère n. f. (ancien provençal *estagiera,* de *estatge* → **étage**) **1.** Planche, tablette d'un meuble ou fixée sur un mur. **2.** Meuble formé de montants qui supportent des tablettes horizontales.

¹étai n. m. (ancien anglais *staeg,* avec influence de *²étai*) mar. Cordage tendu de l'avant du navire à la tête d'un mât et destiné à consolider ce mât contre les efforts qui s'exercent de l'avant à l'arrière.

²étai n. m. (francique *staka* « soutien », de *stak* « pieu, piquet ») Pièce de charpente destinée à soutenir provisoirement (→ **étayer**).

étaiement voir **étayage**

étain n. m. (latin *stagnum, stannum,* p.-ê. gaulois) **1.** Élément chimique (symb. Sn, n° at. 50, masse at. 118,7) ; métal blanc grisâtre, très malléable (→ **étamage, tain**). *Pot en étain.* **2.** Objet d'étain. *Des étains du XVIe siècle.*

étal, étals n. m. (francique *stal* « position » et « table d'exposition » → **stalle**) **1.** Table où l'on expose les marchandises dans les marchés publics. → **éventaire. 2.** Table de bois épais sur laquelle les bouchers débitent la viande.

étalage n. m. (latin médiéval *stallagium ;* famille de *étal, étaler*) **1.** admin. Exposition de marchandises qu'on veut vendre. *Réglementation de l'étalage.* **2.** Lieu où l'on expose des marchandises ; ensemble des marchandises exposées. → **devanture, vitrine.** *Les étalages d'un grand magasin. Décoration d'un étalage* (→ **étalagiste**). **3.** Action d'exposer, de déployer aux regards avec ostentation. → **démonstration.** *Étalage de luxe.* → **déploiement.** – *Faire étalage de :* exhiber. → **afficher.** *Faire étalage de sa fortune.*

étalager v. tr. < 3 > Mettre (des marchandises) en vitrine, dans l'étalage.

étalagiste n. Personne dont le métier est de composer, de disposer les étalages aux devantures des magasins.

étale (de *¹étaler*) **1.** adj. Sans mouvement, immobile. *Un navire étale.* – *Mer étale,* qui a cessé de monter et qui ne descend pas encore. **2.** n. f. ou m. mar. Moment où le niveau de la mer est stable.

étalement n. m. **1.** (dans l'espace) Action d'étaler. **2.** (dans le temps) Action d'étaler, de répartir. *Étalement des paiements.* → **échelonnement.**

1étaler v. tr. < 1 > (de *étal*) I. concret 1. Exposer (des marchandises à vendre). 2. Disposer de façon à faire occuper une grande surface, notamment pour montrer. *Il étalait tous ses papiers sur la table.* → **éparpiller.** *Étaler un journal,* l'ouvrir largement. → **déplier, déployer.** – *Étaler son jeu, ses cartes.* → **abattre.** 3. Étendre sur une grande surface en couche fine. *Étaler du beurre sur du pain.* → **tartiner.** 4. fam. (personnes) Faire tomber. – fig. *Il s'est fait étaler à l'examen,* il a échoué. II. abstrait 1. Faire voir, montrer avec excès, prétention. → **déployer, exhiber, exposer.** « *On les voyait étaler un luxe insolent* » (Flaubert). → **afficher.** 2. Montrer, rendre évident (ce qui était caché). *Étaler un scandale.* → **révéler.** III. Répartir dans le temps (→ **étalement**). *Étaler des travaux sur plusieurs années. Étaler ses paiements.* → **échelonner.** ■ **s'étaler** v. pron. 1. Être étendu sur une surface. *Peinture qui s'étale bien.* 2. S'étendre (dans le temps) ; durer. *Les vacances devraient s'étaler sur trois mois.* 3. fam. (personnes) Prendre de la place. → **s'avachir.** 4. fam. Tomber. *Elle a trébuché et s'est étalée de tout son long.*

2étaler v. tr. < 1 > (de *étale*) mar. Résister à. *Étaler le vent, le courant.* ■ *Étaler la marée :* mouiller sur place en attendant la marée contraire.

étalinguer v. tr. < 1 > (du néerlandais) mar. Amarrer (un câble, une chaîne) à une ancre.

étalingure n. f. mar. Fixation d'un câble sur une ancre.

1étalon n. m. (francique *stallo,* de *stal* « écurie » → **étal, stalle** ; famille du latin *stabulum* → **étable**) Cheval entier destiné à la reproduction (opposé à *hongre*). ■ par ext. Reproducteur mâle (d'une espèce domestique). *Un taureau étalon.*

2étalon n. m. (d'abord « poteau », « cheville » ; de l'ancien français *estal* « pieu », qui vient du francique *stalo*) 1. Modèle légal de définition d'une unité de mesure ; représentation matérielle d'une unité de mesure. *Étalon de longueur.* – appos. *Mètre étalon.* ■ fig. → **mesure, modèle, référence, type.** 2. écon. Métal sur lequel est fondée la valeur d'une unité monétaire. *Système d'étalon-or.*

étalonnage n. m. 1. Action d'étalonner (une mesure, un appareil). - syn. **étalonnement.** 2. techn. Opération qui consiste à déterminer les conditions d'exposition du tirage des copies d'un film.

étalonner v. tr. < 1 > 1. Vérifier (une mesure) par comparaison avec un étalon. 2. Graduer (un instrument) conformément à l'étalon. 3. statist. *Étalonner un test,* l'appliquer à un groupe de référence, afin de définir des normes. 4. techn. Procéder à l'étalonnage de (un film).

étamage n. m. Action d'étamer.

étambot n. m. (ancien nordique *stafn* [→ **étrave**] *bord* « bord de l'étrave ») Partie du navire qui continue la quille à l'arrière et où se trouve le gouvernail.

étambrai n. m. (p.-ê. norrois *timbr* « [pièce de] bois de construction ») mar. Renfort servant de soubassement à un appareil ou destiné à étayer un mât.

étamer v. tr. < 1 > (*estamer,* de *estam* → **étain**) 1. Recouvrir (un métal) d'une couche d'étain. *Faire étamer une casserole.* – au p. p. *Tôle étamée,* fer-blanc. 2. Recouvrir (la face interne d'une glace) d'un amalgame d'étain et de mercure (→ **tain**).

étameur, euse n. Personne dont le métier est d'étamer. – appos. *Ouvrier étameur.*

1étamine n. f. (du latin médiéval, de *stamen, staminis* « fil » et « chaîne du métier à tisser », du grec *stêmôn,* du radical *ste-* « être debout », famille du latin *stare* → **1ester, station**) 1. Étoffe mince, légère. *Étamine de laine.* 2. Tissu lâche qui sert à cribler ou à filtrer. *Passer un liquide à l'étamine.*

2étamine n. f. (du latin sc., de *stamen, staminis* « fil, filament » → **1étamine**) Organe mâle producteur du pollen, chez les plantes à fleurs, formé d'une partie allongée supportant une partie renflée. *Étamines et pistil.*

étampe n. f. techn. Poinçon, outil pour étamper.

étamper v. tr. < 1 > (var. de *estamper*) techn. Imprimer une marque, percer un trou sur, dans (une surface dure). □ n. m. **étampage**

étamperche n. f. (de *ester,* du latin *stare* « se tenir debout », et de *perche*) techn. Longue perche servant à soutenir un échafaudage. → **écoperche.** - var. **étemperche.**

Étampes (Anne de Pisseleu, duchesse d') (1508-1580). Elle fut la favorite de François Ier.

Étampes Chef-lieu d'arrondissement de l'Essonne, sur la Juine. 26 251 habitants. Églises romanes et gothiques. Tour du xiie siècle.

étampure n. f. (de *étamper*) techn. 1. Chacun des trous d'un fer à cheval. 2. Évasement d'un trou percé dans une plaque de métal.

étamure n. f. techn. 1. Matière qui sert à étamer. 2. Couche d'alliage qui couvre un vase étamé.

étanche adj. (de *étancher*) Qui ne laisse pas passer les fluides, ne fuit pas. *Toiture étanche.* → **imperméable.** *Montre étanche* (pour la plongée). → **waterproof.** – fig. *Cloison étanche :* séparation absolue. *Cloisons étanches entre des classes sociales.*

étanchéité n. f. Caractère de ce qui est étanche.

étancher v. tr. < 1 > (du latin pop., p.-ê. famille de *stare* → **station,** ou de *stannum* → **étain**) 1. Arrêter (un liquide) dans son écoulement. → **éponger.** ■ *Étancher sa soif,* l'apaiser en buvant. → **se désaltérer.** □ n. m. **étanchement** 2. techn. Rendre étanche.

étançon n. m. (ancien français *estance,* de *ester* → **1ester**) techn. Grosse pièce de bois dressée pour soutenir qqch. → **béquille, contrefort, 2étai.** *Placer des étançons contre un mur.*

étançonner v. tr. < 1 > techn. Soutenir à l'aide d'étançons. → **étayer.** □ n. m. **étançonnement**

étang [etɑ̃] n. m. (de *estanc,* de *estanchier* → **étancher**) Étendue d'eau naturelle ou artificielle, moins vaste et moins profonde qu'un lac.

Étang-Salé (L') Commune du S.-E. de l'île de la Réunion. 13 645 habitants.

étant n. m. (de *être*) philos. L'être, en tant que phénomène.

étape n. f. (ancien français *estaple,* ancien néerlandais *stapel* « entrepôt » ; d'abord « marché » et « ravitaillement ») 1. Lieu où l'on s'arrête au cours d'un déplacement, d'un voyage. → **halte.** *Les étapes du Tour de France cycliste,* où les coureurs se reposent entre deux courses. – loc. *Faire étape quelque part,* s'y arrêter. – *Brûler l'étape :* ne pas s'arrêter à l'étape prévue (troupes, voyageurs). fig. *Brûler les étapes :* aller plus vite que prévu. 2. Distance à parcourir pour arriver à une étape (1). *Voyager par petites étapes. Parcourir une longue étape.* → **route.** – (dans une course) *Classement par étapes. Étape contre la montre.* 3. fig. Période dans une progression, une évolution. → **état, 1moment, phase.** *Les réformes se font par étapes.* → **degré.**

Étaples Commune du Pas-de-Calais, sur l'estuaire de la Canche. 10 813 habitants. Port de pêche. En 1492, Charles VIII de France et Henri VII d'Angleterre y signèrent la paix.

étarquer v. tr. < 1 > (moyen néerlandais *sterken* « raidir », de *sterk* « fort, rigide ») mar. Hisser et tendre le plus possible (une voile).

étasunien, enne voir **états-unien**

état n. m. (latin *status,* de *stare* « se tenir debout » → **stable, station** ; **1ester**) I. Manière d'être (d'une personne ou d'une chose), considérée dans ce qu'elle a de durable (opposé à *devenir*). *État permanent ; momentané. Les états successifs d'une évolution.* → **degré, étape.** 1. Manière d'être physique, intellectuelle, morale (d'une personne). *État de santé. Son état s'aggrave.* – *État général :* état de santé considéré indépendamment de toute affection particulière. – *Dans, en... état. Dans un triste état. Conduite en état d'ivresse.* – dr. *Être en état d'arrestation.* – loc. *Être dans tous ses états,* très agité, affolé. – *État d'esprit :* disposition particulière de l'esprit. *Il a un curieux état d'esprit.* → **mentalité.** – *État d'âme :* disposition des sentiments. → **humeur.** *Avoir des états d'âme,* des attitudes irrationnelles, des réactions affectives incontrôlées. – *État de conscience :* fait psychique conscient (sensation, sentiment, volition). ■ *En, hors d'état de* (+ inf.) : capable ou non de. *Je ne suis pas en état de le recevoir.* → **décidé, disposé, 1prêt.** *Être hors d'état de répondre.* → **incapable.** *Mettre qqn hors d'état de nuire.* 2. Manière d'être (d'une chose). *L'état de ses finances.* ■ loc. *En (bon, mauvais) état ; dans (tel ou tel) état. Livres d'occasion en bon état. Véhicule en état de marche.* – *En état :* dans son état normal ou dans l'état antérieur. *Remettre une vieille voiture en état* (→ **réparer**). – *En l'état. Tout doit rester en l'état,* tel quel. *État de choses :* circonstance, situation. *Cet état de choses ne peut pas durer.* ■ *À l'état* (+ adj.) : sous la forme. *Jardin à l'état sauvage.* ■ loc. *En tout état de cause :* dans tous les cas, n'importe comment (→ **toujours**). 3. Ensemble des caractères (d'un objet de pensée). *L'état de la science. L'état de la question.* 4. sc. Manière d'être (d'un corps) résultant de la plus ou moins grande cohésion de ses molécules. *État solide, liquide, gazeux. Un corps à l'état pur.* 5. *Faire état de* loc. verbale : tenir compte de ; mettre en avant. *Faire état d'un document.* → **citer ; mention.** *Ne faites pas état de ce qu'il a dit,* n'en parlez pas. 6. Écrit constatant ou décrivant un fait, une situation à un moment donné. *État des lieux :* description de l'état d'un logement, d'un local. *États de service d'un fonctionnaire.* II. Situation (d'une personne) dans la société. 1. littér. Fonction sociale. *L'état religieux. Il est satisfait de son état.* – *De son état :* de son métier. *Elle est avocate de son état.* 2. Ensemble de qualités inhérentes à la personne, auxquelles la loi civile attache des effets juridiques. *État de sujet britannique. État d'époux.* ■ *État civil :* mode de constatation des principaux faits relatifs à l'état des personnes (naissance, mariage, décès...) ; service public chargé de dresser les actes constatant ces faits. 3. anciennt Groupe social (clergé, noblesse...). → **ordre.** « *Il y a en France trois sortes d'états : l'église, l'épée et la robe* » (Montesquieu). *Tiers état :* sous l'Ancien Régime, Troisième état comprenant ceux qui n'appartenaient ni à la noblesse ni au clergé (bourgeois, artisans et paysans). – au plur. *États généraux :* assemblée des députés des trois états, convoquée par le roi pour donner des avis. *Les états généraux de 1789.* III. (avec une maj.) 1. Autorité souveraine s'exerçant sur un peuple et un territoire déterminés. *L'État et la nation. Les affaires de l'État* (administration, politique) (→ **public**). *L'individu et l'État.* – *Chef d'État :* personne qui exerce l'autorité souveraine dans un pays. *Le chef de l'État* (même sens). – *Homme, femme d'État :* personne qui a un rôle très important dans l'État, le gouvernement ; personne qui a des aptitudes particulières pour diriger le gouvernement. – *Coup* d'État. Coup d'État militaire* (→ **putsch**). – *Raison d'État :* considération d'intérêt public que l'on invoque pour justifier une action illégale, injuste, en matière politique. – (groupement, parti) *Former un État dans l'État :* acquérir une certaine autonomie au sein d'un État, échapper en partie à l'autorité du gouvernement. ■ anciennt au plur. *Les États d'un monarque.* → **royaume.** 2. (opposé aux pouvoirs et services locaux) Ensemble des services généraux d'une nation. – Pouvoir central. *L'État et les collectivités locales. État*

États-Unis d'Amérique

centralisé, décentralisé. Impôt d'État (opposé à *impôts locaux*). *Industrie, monopole d'État.* **3.** ***Un État, des États :*** groupement humain fixé sur un territoire déterminé, soumis à une même autorité. → **empire, nation, ¹pays, puissance, royaume.** *Relations entre États. État fédéral, fédératif. L'État de Californie.*

▶ Les cités-États de l'Antiquité ne sont pas des **États** au sens actuel (III) : elles se définissent moins par un territoire ou par un appareil administratif que par une communauté politique régie par des lois et des coutumes, gouvernée par un roi ou une assemblée de citoyens. La république de Venise jusqu'en 1797, Singapour aujourd'hui en sont quasiment des équivalents ; pourtant, depuis la fin du Moyen Âge se sont imposées d'autres figures de l'État.

L'**État-nation** insiste sur le territoire et ses frontières, l'homogénéité de la population, l'importance de la citoyenneté face aux identités régionales ou religieuses. La République française en est l'exemple classique, avec l'héritage napoléonien d'un État puissant et centralisé visant à incarner « l'intérêt général ». Les **États fédéraux** (États-Unis), les **confédérations** (Suisse) et les **États impériaux** (Autriche-Hongrie jusqu'en 1918) définissent un autre modèle. L'appareil d'État arbitre entre des communautés aux intérêts souvent divergents. L'échelon local a plus d'importance, le multiculturalisme est la règle. L'État central et son administration conservent les principales fonctions « régaliennes » (diplomatie, monnaie), mais ils en partagent d'autres (police, justice) avec des instances locales.

L'État moderne est conçu comme une construction humaine, tirant sa légitimité du consentement des citoyens. Désacralisé, il voit désormais sa puissance mise en question. L'économie mondialisée impose en effet une logique de flux migratoires, commerciaux ou financiers, qui interroge l'idée même de contrôler un territoire. Les États sont bousculés par l'émergence du droit interna-

tional, mais aussi d'acteurs transfrontaliers (entreprises multinationales, ONG ou même mafias et groupes terroristes). Les associations d'États au niveau mondial (ONU) ou régional (Union européenne) apparaissent alors pour les États souverains comme un moyen de conserver une prise sur le monde, quitte à renoncer à leurs prérogatives traditionnelles, comme l'émission de la monnaie.

voir aussi **nation, fédéralisme, décentralisation**

État français voir **Vichy**

étatique adj. Qui concerne l'État.

étatisation n. f. Action d'étatiser. ■ Gestion par l'État d'un secteur d'activité (industrie, agriculture, commerce). → **nationalisation**. *L'étatisation des manufactures de tabac en France.*

étatiser v. tr. < 1 > (de *état*, d'après *étatisme*) Transformer en administration d'État ; faire gérer par l'État. *Étatiser une entreprise.* → **nationaliser.**

État islamique voir **Daech**

étatisme n. m. Doctrine politique préconisant l'extension du rôle de l'État dans la vie économique et sociale.

étatiste adj. Relatif à l'étatisme. – **adj. et n.** Partisan de l'étatisme.

État Libre anciennement **État libre d'Orange** Province d'Afrique du Sud, au centre du pays. 2 706 800 habitants. Chef-lieu : Bloemfontein. Mines d'or et de diamant. Le territoire fut fondé en 1836 par des réfugiés Boers et son indépendance reconnue par les Britanniques en 1854.

état-major n. m. (de *major* « principal ») **1.** Officiers et personnel attachés à un officier supérieur ou général pour élaborer et transmettre les ordres. → **commandement.** *L'état-major de division, d'armée. Des états-majors.* – (en France) *Carte d'état-major,* carte au 1/80 000. **2.** Ensemble des collaborateurs immédiats d'un chef, des dirigeants d'un groupe. *L'état-major d'un parti.* → **direction, tête.**

États de l'Église voir **Église** (États de l')

états-unien, ienne ou **étasunien, ienne** adj. et n. Des États-Unis d'Amérique. → **américain, nord-américain.** – **n.** *Les États-Uniens, les Étasuniens.*

États-Unis d'Amérique

n. m. pl. ■ en anglais United States of America (USA) État d'Amérique du Nord, incluant l'Alaska et les îles Hawaii. 9 809 630 km². 331,44 millions d'habitants (les *Américains*). **Langue :** anglais (offic.). **Population :** Blancs, 76 %, dont 30 % d'Hispaniques ; Noirs, 13,5 % ; Asiatiques, 6 % ; Indiens 1 %. **Religions :** protestants, 57 % ; catholiques, 28 % ; juifs, 1,4 % ; musulmans, 0,6 %. **Monnaie :** dollar. **Capitale :** Washington. **Régime :** démocratie parlementaire. L'Union est formée de 50 États et d'un district fédéral (Washington DC).

GÉOGRAPHIE

Relief D'E. en O., on distingue trois grands ensembles, l'Alaska et Hawaii étant des entités géographiques distinctes. **Les plaines côtières de l'Est**, bordées par les Appalaches, s'élargissent progressivement vers le S. jusqu'à la Floride. **La plaine centrale**, située entre les Appalaches, les Rocheuses et les Grands Lacs, est drainée par le Mississippi et ses affluents. Un relief doux au N. (région des Grands Lacs) fait place vers le S. à un relief plus vigoureux (pays de l'Ohio), puis à la région des monts Ozark (Arkansas). Au S., de la Floride au rio Grande, les plaines du golfe du Mexique, bordées de cordons littoraux, abritent des zones marécageuses. Plus à l'O. s'étendent les hauts plateaux des Grandes Plaines. **L'Ouest** est un vaste ensemble montagneux qui s'élève avec les Rocheuses, s'étirant du Canada au Mexique. Sur leur flanc O. se trouvent de hauts plateaux désertiques (Columbia, Grand Bassin, Colorado). On y trouve des dépressions fermées comme le lac Salé (Utah) ou la vallée de la Mort (Californie) et des canyons (Colorado). Plus à l'O., le relief redevient montagneux avec la chaîne des Cascades (altitude supérieure à 4 000 m) et la sierra Nevada (4 418 m au mont Whitney). Enfin d'étroites chaînes côtières (Coast Range) surplombent le Pacifique.

Climat La plus grande partie du territoire est soumise à un climat continental. Pourtant, du fait de la latitude, du relief et des influences océaniques, les variations sont importantes : océanique au N.-E., méditerranéen à désertique au S.-O. et quasi tropical au S.-E. Le méridien 100° O. marque une « frontière climatique » entre l'E., suffisamment arrosé, et l'O., où les précipitations sont faibles.

POPULATION

La population des États-Unis, multiethnique, résulte des vagues successives d'immigra-

États-Unis d'Amérique (nord-est)

tion depuis le XVIIe s. (Européens, puis Africains avec la Traite des Noirs, et plus récemment Hispaniques et Asiatiques). Les tribus d'Amérindiens, vivant aujourd'hui dans des réserves, ne représentent plus qu'une infime minorité.

Démographie La croissance démographique vigoureuse enregistrée depuis 1990 est encore largement liée à l'immigration. Elle profite surtout aux minorités asiatique et hispanique. Depuis 2000, l'O. (Nevada, Arizona) et le S. (Floride, Géorgie) connaissent la plus forte hausse alors que, du Midwest au N.-E., la croissance est inférieure à la moyenne. En glissant progressivement vers un croissant périphérique S. et O. (la Sun Belt, au fort dynamisme migratoire), la nouvelle répartition de la population se répercute sur la composition de la Chambre des représentants — Californie, Texas et Floride détenant désormais à eux seuls le quart des sièges. Le taux d'urbanisation atteint 83 %. Les métropoles, dont 50 de plus d'un million d'habitants (aux premiers rangs desquelles figurent New York, Los Angeles et Chicago), structurent le pays. Elles concentrent les activités tertiaires de haut niveau, les sièges sociaux et les pôles de décisions. La mégalopole du N.-E. du pays (de Boston à Washington) constitue, avec plus de 60 millions d'habitants, la plus grande concentration urbaine du monde.

Urbanisme Trois types de territoires composent la métropole. La ville principale, organisée selon un plan en damier *(grid)*, oppose le *Central Business District* (quartier des affaires avec ses gratte-ciels) aux quartiers dégradés où vivent les populations défavorisées. La périphérie, avec ses banlieues résidentielles accueillant l'essentiel des classes moyennes, est structurée par les *edge cities* qui concentrent les emplois. Depuis les années 1960, les banlieues, autrefois exclusivement résidentielles, diversifient leurs activités économiques et s'étendent. La fragmentation de la métropole en quartiers plus ou moins privilégiés et ghettos stigmatisés par les problèmes de gangs pose un véritable défi. Depuis le début du XXIe siècle, de nouveaux modèles d'aménagement urbain, tels le centre commercial *(mall)* et les quartiers fermés *(gated communities)*, se développent et tendent à se diffuser dans le monde.

INSTITUTIONS

La Constitution repose sur le fédéralisme et la séparation des pouvoirs. L'exécutif revient au président, élu pour 4 ans au suffrage universel indirect, assisté par un vice-président et par des secrétaires d'État. Le pouvoir législatif appartient au Congrès composé du Sénat, représentant les États, et de la Chambre des représentants, élus au *pro rata* de la population de chaque État. La Cour suprême détient le pouvoir judiciaire. Chaque État, dirigé par un gouverneur, a sa propre Constitution. Les États sont compétents dans les domaines de l'éducation, de la police, de la justice, de l'environnement.

ÉCONOMIE

Les États-Unis comptent 4,2 % de la population du globe, mais produisent 25 % des richesses mondiales. Puissance commerciale et financière, ils sont également le pays le plus endetté du monde. L'économie américaine est caractérisée par le dynamisme du secteur tertiaire (80 % de la population active, 75 % des richesses produites), par la baisse de l'emploi industriel (19 % de la population active, dont 10 % liés aux technologies de l'information) et par un secteur primaire qui emploie moins de 2 % des

L'immeuble Nasdaq sur Times Square, à New York, symbole du capitalisme américain et international.

actifs. Cependant, l'évolution vers un régime de plus en plus libéral et un marché dopé par le crédit accordé notamment aux ménages à faible revenu avec des prêts immobiliers à risque (dits « subprimes ») aboutit à une économie d'endettement. En 2006, la récession du marché immobilier eut un effet immédiat sur le système bancaire et financier. En 2008 et 2009, les États-Unis furent confrontés à une crise sans précédent depuis celle de 1929 : face à la faillite de plusieurs banques, l'État dut recourir à plusieurs plans de sauvetage et, pour la première fois, entra dans le capital de plusieurs banques. Grâce à un rebond des exportations et des dépenses de consommation ainsi qu'à un revirement des dépenses publiques, la croissance repartit à partir de 2014 et resta stable malgré l'épidémie de coronavirus.

Agriculture Première au monde avec celle de la Chine, l'agriculture américaine est fortement exportatrice (1er rang mondial pour le maïs et le soja ; 2e rang pour les céréales, les agrumes et la viande ; 3e rang pour le lait) ; elle joue un rôle majeur dans la fixation des cours mondiaux. Cette puissance tient à l'organisation industrielle de l'agriculture américaine (l'*agrobusiness*) et à l'implication forte de l'État fédéral, par le biais de subventions.

Autrefois structuré en différentes « ceintures » (les *belts*) de cultures spécialisées, l'espace agricole se compose aujourd'hui de quatre grandes régions. **Au Sud**, de la Californie à la Floride, se situent des grandes exploitations aux cultures intensives. Le climat méditerranéen et l'irrigation permettent la culture de fruits et de légumes, de la vigne, du coton et de la canne à sucre. L'élevage hors-sol *(feed lots)* y est également pratiqué. **Les grandes plaines de l'Ouest** sont le domaine de l'élevage extensif *(ranching)*, tandis que du **Midwest jusqu'aux Grands Lacs**, on trouve des exploitations de tailles variées consacrées aux céréales (blé, maïs, soja) et à l'élevage (bovin et porcin), ainsi qu'au maraîchage et à l'aviculture près des villes. Dans le « **Vieux Sud** » (Alabama, Géorgie), des exploitations plus modestes, pour certaines en difficulté, pratiquent la polyculture et l'élevage. La pêche et la sylviculture (notamment dans les Appalaches, les montagnes Rocheuses et la région des Grands Lacs) procurent des revenus non négligeables.

Ressources minières et énergétiques Immense, le territoire des États-Unis possède d'importantes richesses minières (hydrocarbures et charbon, phosphates, cuivre, uranium, or, fer...). Les énergies fossiles (pétrole, gaz, charbon, uranium) sont les principales productions en valeur. Le pétrole non-conventionnel (pétrole de schiste) est exploité depuis 2010.

Industrie Les industries, concentrées au N.-E. et dans la Sun Belt, sont diversifiées (agroalimentaire, bois et papier, textile, métallurgie, pétrochimie, construction mécanique, électronique, aérospatiale). Certaines d'entre elles sont de dimension mondiale : en 2021, 10 des 15 premières firmes mondiales étaient américaines. Soutenues par la forte demande intérieure, les entreprises subissent néanmoins la concurrence internationale et les délocalisations (par exemple, les *maquiladoras*, usines de montage employant une main-d'œuvre mexicaine à bon marché situées à proximité de la frontière américaine). Pourtant, seuls le textile et la sidérurgie connaissent un déclin sensible, compensé par l'essor d'activités de haute technologie. Grâce aux investissements de recherche-développement (activité concentrée dans des parcs technologiques sur le modèle de la *Silicon Valley*), le pays est à la pointe de l'innovation technologique. Enfin, depuis 1940, le complexe militaro-industriel est l'une des composantes de base de l'économie du pays. Il emploie entre 8 et 10 millions d'individus (centres spatiaux, missiles, bases navales).

Transports et communications Le réseau routier, très dense, est le premier du monde tant par sa longueur que par son aménagement ; les autoroutes arrivent au cœur des centres-villes. Pourtant, c'est aujourd'hui le transport aérien qui assure l'essentiel des liaisons interurbaines, avec de nombreuses lignes intérieures et plusieurs grands aéroports internationaux. Le réseau de télécommunications est également le premier du monde par son importance et sa densité.

Commerce À la fois premiers importateurs et premiers exportateurs mondiaux, les États-Unis réalisent deux tiers de leurs échanges avec les pays développés (Union européenne, Japon). Le commerce avec les nouveaux pays industrialisés (NPI) et la Chine connaît un essor rapide. L'Alena, signé en 1994 entre les États-Unis, le Canada et le Mexique, a été remplacé par un nouvel accord de libre-échange, l'AEUMC, en 2020.

Los Angeles : immeubles et fresque murale évoquant l'époque des pionniers.

HISTOIRE

La colonisation Les premiers explorateurs européens (XVIe s.) rencontrèrent une population autochtone peu nombreuse qu'ils nommèrent « indienne ». Aux XVIIe et XVIIIe siècles, la région fut partagée entre Espagnols (Floride, Texas et côte pacifique), Français (des Grands Lacs à la Louisiane) et Britanniques (côte atlantique). La côte atlantique se peupla rapidement d'émigrants ayant fui pour des motifs religieux ou politiques et se constitua en 13 colonies anglaises (Virginie, Massachusetts, 1620 ; New York, Delaware, New Jersey, New Hampshire, Maryland, les deux Carolines, 1663 ; Pennsylvanie, 1681 ; Géorgie, Connecticut, 1662 ; Rhode Island, 1663), dirigées au nom du roi par un gouverneur. Mais, en se dotant d'assemblées politiques élues, elles s'habituèrent à une certaine indépendance qui les conduisit à refuser peu à peu les impôts imposés par Londres.

L'Indépendance Thomas Jefferson et Benjamin Franklin proclamèrent l'Indépendance (4 juillet 1776). Aidés par des Français comme La Fayette, les « Insurgents » remportèrent la guerre de l'Indépendance américaine (1775-1782) contre la Grande-Bretagne. La Constitution fut adoptée en 1787. Les Américains élurent leur premier président, George Washington, et se lancèrent à la conquête de l'Ouest (riche en or), en exterminant les Indiens. La colonisation progressive des terres, par

Arrivée d'immigrants dans le port de New York, gravure du XIXe siècle.

l'achat (Louisiane) ou par la force (Californie), déplaça la « frontière » vers l'Ouest.

La guerre de Sécession De 1861 à 1865, la guerre de Sécession opposa le Sud (qui recourait à la main-d'œuvre servile dans les plantations) au Nord qui réclamait l'abolition de l'esclavage au nom de la démocratie. Après la victoire des nordistes, l'arrivée de nombreux immigrés favorisa le développement de l'agriculture et de l'industrie. Les présidents Theodore Roosevelt et Thomas Woodrow Wilson créèrent des zones d'influence en Amérique latine et dans le Pacifique, qui devinrent parfois de véritables protectorats (Cuba et Haïti).

D'une guerre mondiale à l'autre En 1917, le pays entra en guerre aux côtés des Alliés **(→ Guerre mondiale** [Première]**)**. Dans les années 1920, les États-Unis connurent une remarquable prospérité qui s'effondra lors du krach boursier de Wall Street (24 octobre 1929), plongeant le pays dans la crise des années 1930. Franklin Delano Roosevelt redressa l'économie grâce à la politique du New Deal, qui associait grands travaux d'aménagement financés par l'État et redistribution destinée à relancer la consommation. Préoccupés par les difficultés intérieures, les États-Unis n'entrèrent en guerre contre l'Axe qu'après l'attaque de Pearl Harbor, le 7 décembre 1941 **(→ Guerre mondiale** [Seconde]**)**.

L'après-guerre Au lendemain de la Seconde Guerre mondiale, les États-Unis adhérèrent à la Charte des Nations unies (juin 1945), aidèrent l'Europe à se reconstruire (plan Marshall, 1947) et se posèrent en défenseur de la démocratie libérale face au communisme (Organisation du traité de l'Atlantique Nord, 1949). Dans ce climat de guerre froide, les États-Unis intervinrent directement ou indirectement dans de nombreux conflits internationaux (Corée, Cuba, Viêtnam, conflit israélo-arabe, Afghanistan, Amérique latine). Les décennies de l'après-guerre furent marquées par la lutte, violente (*black power* **→ Panthères noires**) ou non-violente **(→ King [Martin Luther])**, contre la ségrégation raciale.

Du Watergate à la détente Après la crise du Watergate (juin 1972) qui accula Richard Nixon à la démission, le démocrate Jimmy Carter fut élu président (novembre 1976). Les États-Unis poursuivirent leur rapprochement avec la Chine et favorisèrent le traité de paix entre l'Égypte et Israël (accords de Camp David, 1978). Toutefois, le président connut une série d'échecs qui entamèrent le prestige du pays, favorisant ainsi l'élection à la présidence des républicains Ronald Reagan (1980 et 1984), puis George Bush (1988). Les années 1980 furent marquées par la détente des relations avec l'URSS, avec une volonté de dialogue sur la limitation des armements qui aboutit à la signature des accords START.

La première guerre du Golfe En 1990, les États-Unis se placèrent à la tête d'une coalition internationale contre l'Irak lors de la guerre du Golfe et poursuivirent leur politique de négociations au Proche-Orient. Après l'effondrement du bloc communiste, les États-Unis développèrent leurs relations avec les pays d'Europe de l'Est. La récession économique des années 1989-1992 favo-

États-Unis d'Amérique en 1898

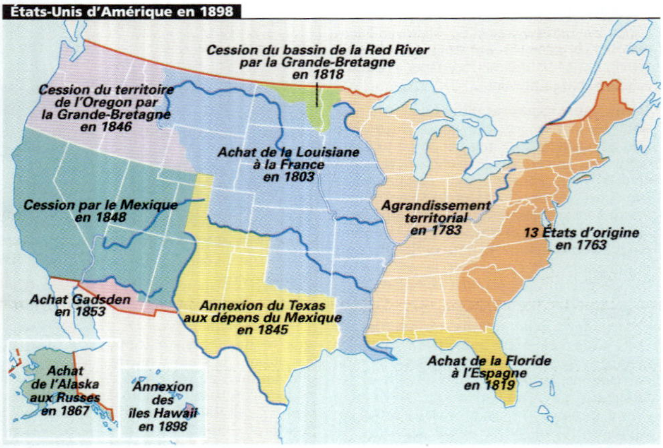

risa la victoire du démocrate Bill Clinton à l'élection présidentielle de 1992.

La présidence de Bill Clinton Ce dernier concentra ses efforts sur la politique intérieure (réduction du déficit budgétaire) et sur la libéralisation des échanges commerciaux (Alena, Gatt). Réélu en 1996, il dut cependant faire face à un procès en destitution, à l'issue duquel il fut acquitté (1999). Le républicain George Walker Bush lui succéda en 2001.

L'après-11 septembre 2001 Les attentats du 11 septembre 2001 contre New York et Washington entraînèrent l'intervention militaire des États-Unis en Afghanistan puis, malgré l'opposition de plusieurs membres du Conseil de sécurité de l'ONU, en Irak (2003) au prétexte de sa possession d'armes de destruction massive. La politique extérieure de G. W. Bush, assimilée par certains à une « croisade » contre le terrorisme doublée de la défense d'intérêts économiques (pétrole), contribua à aggraver la récession économique américaine et compliqua les relations du pays avec les pays musulmans. La large victoire des démocrates lors des élections législatives de novembre 2006 apparut comme une sanction de la guerre en Irak (poids du budget militaire, perte de soldats).

La présidence de Barack Obama Le démocrate Barack Obama fut élu en 2008. Sur le plan intérieur, il empêcha la faillite du système financier grâce à un plan de recapitalisation des banques, et mena à bien une réforme structurelle de la santé (Obamacare). Sur le plan militaire, il décida du retrait de l'armée américaine en Irak (2011) et en Afghanistan (à partir de 2012), et lança des frappes aériennes contre les djihadistes de Daech dans le nord de l'Irak puis en Syrie, prenant la tête d'une coalition internationale contre le terrorisme (une soixantaine de pays fin 2015). Mettant fin à une guerre froide de 53 ans, il renoua des relations diplomatiques avec Cuba fin 2014 malgré les réticences du Congrès passé aux mains des républicains depuis les élections de mi-mandat (nov. 2014).

La rupture Trump Le camp républicain se retrouva à la tête de toutes les institutions en 2017 avec l'accession à la présidence de l'homme d'affaires et milliardaire Donald Trump, fervent défenseur du protectionnisme. Il s'attacha à abroger la plupart des réformes et mesures mises en place par Obama dans les domaines de la santé, de l'environnement, de la diplomatie (sortie de l'accord sur le nucléaire iranien). Il mit rapidement en place des mesures anti-immigration et des taxes à l'importation (acier, aluminium). Ses négociations avec le président Kim Jong-un sur la dénucléarisation de la Corée du Nord ne purent aboutir à une entente. À l'approche de l'élection de 2020, les positions populistes de Donald Trump et sa gestion de la pandémie (absence de mesures sanitaires, désinformation) divisèrent les Américains. À l'annonce de sa défaite à la présidentielle, il conforta auprès de son électorat l'idée d'une théorie du complot et engagea en vain de nombreux recours. Le 6 janvier 2021, un groupe de partisans envahit le Capitole afin d'empêcher la certification de la victoire de Joe Biden par le Congrès.

La présidence de Joe Biden Dès son élection, Joe Biden se présenta comme le président du rassemblement, la pandémie et la mort de l'Afro-américain George Floyd, lors de son arrestation l'année précédente, ayant continué de creuser la fracture politique et ethnique. Il s'attaqua à la question sanitaire (protection, vaccination) et revint sur de nombreuses décisions de son prédécesseur avec le maintien des États-Unis dans l'OMS et dans l'accord de Paris et la reprise de la politique de santé (Obamacare). Il ne put cependant empêcher la Cour suprême de mettre fin au droit à l'avortement. Les troupes militaires américaines se retirèrent d'Afghanistan en août 2021. Les relations avec la Russie se dégradèrent considérablement avec l'attaque de l'Ukraine par V. Poutine en 2022.

étau n. m. (d'abord *estau ; plur. de estoc*) **1.** Presse formée de deux tiges terminées par des mâchoires qu'on rapproche à volonté, de manière à tenir solidement les objets que l'on veut travailler. *Étau d'établi. Des étaux.* **2.** fig. Ce qui opprime. – loc. *Être pris, serré dans un étau,* dans une situation dangereuse, pénible. *L'étau se resserre.*

étayage n. m. Action d'étayer ; opération par laquelle on étaie. - syn. **étaiement.**

étayer v. tr. < 8 > (de *étai*) **1.** Soutenir à l'aide d'étais*. → **[1]caler, renforcer.** *Étayer une voûte.* **2.** fig. Appuyer, soutenir. *Étayer une affirmation.* – au p. p. *Une démonstration bien étayée.*

et cetera [ɛtsetera] loc. (latin *et* → et, et *cetera,* neutre plur. de *ceterus* « restant ») Et le reste. - var. **et cætera,** RO **et cétéra.** - abrév. graphique **etc.**

Etchmiadzine Ville d'Arménie, dans la banlieue d'Erevan. 56 700 habitants. Siège du chef de l'Église autocéphale arménienne. Cathédrale édifiée sur les fondations d'une basilique paléochrétienne du IVe siècle.

[1]été Participe passé (invar.) du verbe *être.*

[2]été n. m. (latin *aestas, aestatis,* d'un radical signifiant « brûler » ; famille de *édifier, estival, estuaire, éther*) Saison la plus chaude de l'année, qui succède au printemps et précède l'automne, et qui, dans l'hémisphère Nord, commence au solstice de juin (vers le 21) et s'achève à l'équinoxe de septembre (vers le 23). *Vacances d'été* (→ **estivant).** *Tenue d'été* (→ **estival).** ■ *L'été de la Saint-Martin :* derniers beaux jours, vers le 11 novembre. *L'été indien* ou *des Indiens* (Canada) : période de beaux jours en automne, en Amérique du Nord.

éteignoir n. m. **1.** Ustensile creux en forme de cône qu'on pose sur une chandelle, une bougie, un cierge, pour l'éteindre. **2.** Ce qui arrête l'élan de l'esprit, de la gaieté. – (personnes) → **rabat-joie. 3.** Cendrier de rue.

éteindre v. tr. < 52 > (du latin pop., de *exstinguere, extinguere* « éteindre » et « faire cesser » → **extinction ; inextinguible) 1.** Faire cesser de brûler. *Éteindre le feu* (→ **extinction).** *Les pompiers ont éteint l'incendie. La chaudière est éteinte.* ■ Faire cesser d'éclairer (s'oppose à *allumer*). *Éteindre la lumière, l'électricité.* → **fermer.** ■ Faire cesser de fonctionner (un appareil électrique). *Éteindre la radio.* **2.** fig., littér. Diminuer l'ardeur, l'intensité de ; faire cesser d'exister. → **apaiser, calmer, diminuer.** *Soif qu'on ne peut éteindre* (→ **inextinguible).** ■ par métaphore et fig. *Éteindre le feu des passions.* **3.** dr. Faire terminer les effets de. *Éteindre une dette.* → **acquitter, annuler.** ■ **s'éteindre** v. pron. **1.** Cesser de brûler. *Le feu s'éteint.* → **mourir.** ■ Cesser d'éclairer. *Les lumières se sont éteintes.* **2.** littér. (sons) Perdre son éclat, sa vivacité, disparaître. **3.** fig. Cesser progressivement. → **disparaître, finir.** *« Et puis mon souvenir s'éteindrait comme meurt / Un obus éclatant sur le front de l'armée »* (Apollinaire). ■ (personnes) Mourir. *Elle s'est éteinte paisiblement.* – *Famille qui s'éteint,* qui ne laisse pas de descendance.

éteint, einte adj. **1.** Qui ne brûle plus, n'éclaire plus. *Un volcan éteint* (opposé à *en activité*). *Circuler tous feux éteints.* **2.** (choses) Qui a perdu son éclat, sa vivacité. *Une couleur éteinte,* pâle. *Un regard éteint,* morne. ■ (sons) Assourdi. *« Une voix lente et éteinte »* (Laclos). **3.** fig. Qui est affaibli ou qui a disparu. *Une passion éteinte.* **4.** (personnes) Sans force, sans expression (par fatigue, maladie). → **apathique, atone. 5.** *Espèce (animale) éteinte,* qui a disparu.

Étel Commune du Morbihan, sur la rivière d'Étel. 2 053 habitants. Port de pêche. Station balnéaire.

étemperche voir **étamperche**

étendage n. m. **1.** Action d'étendre pour faire sécher. **2.** Dispositif sur lequel on étend les objets à sécher. → **corde** (à linge), **étendoir, séchoir.**

étendard n. m. (francique *standhard,* de *stand* « action de se tenir debout », v. *standan* et *hard* [ou adv. *hardo*] « ferme, dur ») **1.** Enseigne de guerre, drapeau. **2.** par métaphore et fig. Signe de ralliement ; symbole (d'un parti, d'une cause). *Lever l'étendard de la révolte.* **3.** bot. Pétale supérieur des fleurs de certaines plantes *(Papilionacées).*

étendoir n. m. Dispositif, endroit pour étendre le linge. → **séchoir ;** régional **tancarville.**

étendre v. tr. < 41 > (latin *extendere,* de *ex-* et *tendere* → **[1]tendre) 1.** Déployer (un membre, une partie du corps) dans sa longueur (en l'écartant du corps...). *Étendre les bras, les jambes.* → **allonger, étirer.** – *L'oiseau étendait les ailes.* → **déployer ; essor. 2.** Placer à plat ou dans sa grande dimension (ce qui était plié). *Étendre du linge,* pour qu'il sèche. *Étendre un tapis sur le parquet.* **3.** Coucher (qqn) de tout son long. *Étendre un blessé sur un lit.* ■ fam. Faire tomber. *Le boxeur a étendu son adversaire.* – fig. *Se faire étendre à un examen.* → **refuser ;** fam. **coller, [1]étaler. 4.** Rendre (qqch.) plus long, plus large ; faire couvrir une surface plus grande à. *Étendre une couche de peinture.* **5.** Diluer. *Étendre une sauce,* y ajouter de l'eau. **6.** fig. Rendre plus grand. → **accroître, agrandir, augmenter.** *Étendre son influence. Étendre ses connaissances.* ■ **s'étendre** v. pron. **1.** Augmenter en surface ou en longueur. → **s'allonger, grandir.** *L'incendie s'est étendu rapidement.* → se **pro-**

pager. **2.** (personnes) → s'**allonger**, se **coucher**. *Aller s'étendre après le repas. S'étendre sur un canapé, par terre.* **3.** Couvrir, occuper un certain espace. *La forêt s'étend à perte de vue.* **4.** (choses) Prendre de l'extension, de l'ampleur. → **augmenter, croître.** *Le mal s'est étendu.* – *S'étendre à, jusqu'à, sur...* → s'**exercer**, se **répandre ; régner.** *L'épidémie s'étend sur tout le territoire.* **5.** (personnes) *S'étendre sur un sujet,* le développer longuement. ■ **étendu, ue adj. 1.** Qu'on a étendu ou qui s'est étendu. *Les jambes étendues. Un homme étendu sur le lit.* → **couché. 2.** Qui a une grande étendue. → **spacieux, vaste.** *Vue étendue. Vocabulaire étendu.*

étendue n. f. **1.** philos. Propriété des corps d'être situés dans l'espace et d'en occuper une partie. **2.** Espace perceptible, visible ; espace occupé par qqch. *L'étendue d'un champ.* → **surface.** *Dans l'étendue de la circonscription.* **3.** math. Écart entre la plus grande et la plus petite des valeurs d'une série. **4.** *L'étendue d'une voix, d'un instrument :* l'écart entre le son le plus grave et le son le plus aigu. → **registre. 5.** Espace de temps. → **durée.** *L'étendue de la vie.* **6.** fig. Importance, développement. *Mesurer toute l'étendue d'une catastrophe. Accroître l'étendue de ses connaissances.* → **champ, domaine.**

Étéocle Fils d'Œdipe et de Jocaste, frère d'Antigone et de Polynice, auquel il dispute le trône de Thèbes. Les deux frères s'entretuent lors de la guerre des Sept Chefs.

éternel, elle adj. (latin chrét. *aeternalis,* de *aeternus,* de *aevus* « temps » → âge) **I. 1.** Qui est hors du temps, qui n'a pas eu de commencement et n'aura pas de fin. *Dieu est conçu comme éternel.* ■ **n. m.** *L'Éternel :* Dieu. *Louer l'Éternel.* – Ce qui a une valeur d'éternité*. *« Cette folie qui nous porte à sacrifier l'éternel au périssable »* (Mauriac). **2.** Qui est de tous les temps ou qui doit durer toujours. → **infini, perpétuel. loc. prov.** *La vie est un éternel recommencement.* – relig. *La vie éternelle,* après la mort. – *Le repos éternel :* la mort. – loc. *L'éternel féminin,* caractères psychologiques supposés immuables, attribués à la femme. **3.** Qui dure très longtemps, dont on ne peut imaginer la fin. → **durable, impérissable.** *Serments, regrets éternels. Rome, la Ville éternelle. Les neiges éternelles,* qui ne fondent pas. **II.** (avant le nom) **1.** Qui ne semble pas devoir finir ; qui ennuie, fatigue par la répétition. → **continuel, interminable, sempiternel.** *Ses éternelles récriminations.* – (personnes ; actes) Qui est toujours dans le même état. *C'est un éternel mécontent.* **2.** (avec un poss.) Qui se trouve continuellement associé à qqch., à qqn. → **inséparable.** *Avec son éternel parapluie.*

éternellement adv. **1.** De tout temps, toujours ou sans fin. → **indéfiniment. 2.** Sans cesse, continuellement. → **toujours.**

éterniser v. tr. < 1 > (latin *aeternus*) **1.** littér. Rendre éternel, faire durer sans fin. → **immortaliser, perpétuer. 2.** Prolonger indéfiniment. → faire **durer.** *Je ne veux pas éterniser la discussion.* ■ **s'éterniser v. pron. 1.** (choses) Se perpétuer, se prolonger. *La guerre s'éternise.* **2.** (personnes) fam. Demeurer indéfiniment, s'attarder trop longtemps. *Ne nous éternisons pas sur ce sujet.*

éternité n. f. (latin *aeternitas,* de *aeternus* → éternel) **I.** sans compl. **1.** Durée qui n'a ni commencement ni fin, qui échappe à toute détermination chronologique (surtout dans un contexte religieux). *« Elle est retrouvée. / Quoi ? — L'Éternité. / C'est la mer allée / Avec le soleil »* (Rimbaud). **2.** Durée ayant un commencement, mais pas de fin ; relig. la vie future. *« Bientôt mes yeux aussi se fermeront pour l'éternité »* (A. France). **3.** Temps qui semble extrêmement long. *Il y a une éternité qu'on ne t'a vu.* **4.** *De toute éternité :* depuis toujours. **II.** (L'éternité de...) Caractère de ce qui est éternel. → **pérennité.** *L'éternité de la matière.*

éternuement n. m. Expulsion brusque et bruyante d'air par le nez et la bouche, provoquée par l'irritation des muqueuses nasales. *Bruit de l'éternuement.* → **atchoum.**

éternuer v. intr. < 1 > (latin *sternutare,* de *sternuere,* d'origine onomatopéique) Faire un éternuement. *Poudre à éternuer.*

étésien adj. m. (du latin, du grec *etêsioi [anemoi]* « [vents] périodiques, annuels », de *etos* « année ») didact. *Vents étésiens :* vents du nord qui soufflent en Méditerranée orientale chaque année pendant la canicule.

étêtage n. m. Action d'étêter. - syn. **étêtement.**

étêter v. tr. < 1 > (de *é-* et *tête*) Couper la tête de (un arbre). *Étêter de jeunes arbres avant de les transplanter.* – *Étêter des sardines* (pour les mettre en conserve).

éteule n. f. (de *estoble, stuble,* qui vient du latin pop. *stupula,* de *stipula* « chaume, tige de céréales » → étioler) agric. Chaume laissé sur place après la moisson.

éthane n. m. (de *éthyle* et *-ane*) Gaz combustible (C_2H_6), hydrocarbure saturé.

éthanol n. m. (de *éthane*) Alcool éthylique d'origine végétale (blé, betterave, topinambour) utilisé comme carburant.

Ethelred II (v. 965-1016). Roi des Anglo-Saxons (978-1016). Fils d'Edgar le Pacifique, il contint l'avancée des Danois en Angleterre. Il était le père d'Edmond II et d'Édouard le Confesseur.

[1]éther [etɛʀ] n. m. (latin *aether,* grec *aithêr,* p.-ê. de *aithein* « brûler » ; famille de *été*) **1.** littér. L'air le plus pur ; les espaces célestes. → **[1]air, ciel. 2.** anc. sc. Fluide subtil emplissant tout l'espace (notion abandonnée).

[2]éther [etɛʀ] n. m. (latin mod. *[spiritus] aethereus* « [esprit] éthéré », de *aether* → [1]éther) **1.** chim., anc. Tout composé volatil résultant de la combinaison d'acides avec des alcools. *Éthers-sels.* → **[2]ester. 2.** Oxyde d'éthyle, liquide incolore d'une odeur forte, très volatil, inflammable et pouvant anesthésier.

éthéré, ée adj. (de [1]*éther*) **1.** Qui est de la nature de l'éther. *La voûte éthérée :* le ciel. **2.** littér. Qui est de la nature céleste, pure de l'éther. → **aérien, irréel, léger.** *Créature éthérée.* – *Sentiments éthérés,* qui s'élèvent au-dessus des choses terrestres. → **pur, sublime.**

éthérifier v. tr. < 7 > chim., vieux Convertir, transformer en éther. □ **n. f. éthérification**

éthéromane adj. et n. (de [2]*éther*) Toxicomane qui se drogue à l'éther ([2], 2). □ **n. f. éthéromanie**

éthicien, ienne n. Spécialiste des problèmes d'éthique.

Éthiopie

n. f. ■ offic. république d'Éthiopie, anciennement Abyssinie État d'Afrique de l'Est. 1 104 294 km^2. 105 000 000 habitants (les *Éthiopiens*). **Langues :** amharique (offic.), italien, tigréen, somali, etc. **Population :** Tigréens, Amharas, Somalis, Oromos, Sidamos. **Religions :** orthodoxes (coptes), 45 % ; musulmans, 40 % ; animistes, catholiques et protestants. Les juifs (Falachas) ont émigré en Israël. **Monnaie :** birr. **Capitale :** Addis-Abeba. **Régime :** démocratie parlementaire.

GÉOGRAPHIE

Pays enclavé de la Corne de l'Afrique, l'Éthiopie est formée d'un massif montagneux traversé par la vallée du Rift : la dépression de l'Aouach sépare les montagnes à l'O., des plateaux, qui s'abaissent doucement à l'E. Outre le Nil bleu, plusieurs cours d'eau prennent leur source dans la région. Le climat, tropical, est soumis à la mousson. Face à la sécheresse, qui provoque famines et maladies, une campagne a été lancée pour la reforestation et la construction de barrages hydroélectriques dont le plus haut d'Afrique a été inauguré en 2016.

Éthiopie

L'église Saint-Georges, creusée dans le roc, à Lalibela, première ville sainte des chrétiens en Éthiopie.

L'économie repose essentiellement sur l'agriculture (céréales, café, coton, élevage). La plupart des industries (textiles, cuir, agroalimentaire) sont localisées à Addis-Abeba. L'enclavement et le manque d'infrastructures constituent un frein au développement.

HISTOIRE

Les restes de très anciens hominidés ont été découverts sur le territoire (Lucy, 3 millions d'années). Carrefour commercial pour les Égyptiens (IIe-Ier millénaires av. J.-C.), la région accueillit des Arabes qui fondèrent le royaume d'Aksoum (ve s. av. J.-C.). Les habitants se convertirent au christianisme monophysite (ive s.), avant d'être isolés par l'expansion de l'islam (viie s.). Le pouvoir se replia aux xviie et xviiie s. dans la région de Gondar.

Hailé Sélassié face aux ambitions italiennes Profitant d'une période de déclin, Britanniques et Italiens convoitèrent le pays. Au négus Ménélik II (1889-1913) succéda sa fille Zaoditou (1916-1930), puis Hailé Sélassié Ier (1930). L'Italie fasciste envahit l'Éthiopie (1935), qui fut réunie à l'Érythrée et à la Somalie pour former l'Afrique-Orientale italienne (1936). Rétabli sur son trône par les Britanniques (1941), Hailé Sélassié modernisa le pays, mais la rébellion de l'Érythrée (1962) et une terrible famine (1973) entraînèrent sa chute (1974).

L'Éthiopie contemporaine Le colonel H. M. Mengistu instaura un régime marxiste-léniniste. L'effondrement du bloc soviétique provoqua la destitution de Mengistu (1991), la constitution du Front démocratique révolutionnaire des peuples éthiopiens (EPRDF) dirigé par le Tigréen M. Zenawi et l'indépendance de l'Érythrée (1993). Contestant la concentration des pouvoirs aux mains des Tigréens, les Oromos reprirent la guérilla. Le traité d'Alger mit fin au conflit armé avec l'Érythrée (1998-2000), sans que la question frontalière soit résolue, malgré l'arbitrage de la Cour internationale de justice (2002). La politique libérale de Zenawi, Premier ministre de 1995 à sa mort en 2012, suscita un fort mécontentement et les manifestations qui suivirent les élections législatives de 2005 furent violemment réprimées. À partir de 2007, l'Éthiopie est intervenue fréquemment pour aider militairement la Somalie et s'est trouvée confrontée à l'afflux de réfugiés somaliens ainsi que de Soudanais fuyant les combats du Soudan du Sud. Elle dut aussi faire face à la sécheresse qui a de nouveau frappé la Corne de l'Afrique en 2011, en 2017 et en 2019. H. Desalegn, Premier ministre depuis 2012 et issu du Front démocratique révolutionnaire au pouvoir depuis 1991, fut contraint de démissionner en 2018 après de violentes manifestations. Abiy Ahmed, de l'Organisation démocratique des Oromo fut élu Premier ministre et œuvra immédiatement à un accord avec l'Érythrée, ce qui lui valut le prix Nobel de la paix l'année suivante. Néanmoins les conflits interethniques persistèrent, déclenchant en 2020 une nouvelle guerre au Tigré après le retrait du Front démocratique révolutionnaire de la coalition au pouvoir. Les destructions qui s'ensuivirent, le déplacement de millions de personnes, une sécheresse dévastatrice et la pression internationale pour mettre fin au conflit aboutirent à un fragile accord de paix en nov. 2022.

éthique (latin *ethica*, emprunt au grec *êthikon*, de *êthikos* « moral », de *êthos* → étho-logie) **I.** n. f. **1.** Science de la morale. ■ Ouvrage de morale. *L'« Éthique » de Spinoza.* **2.** Ensemble des conceptions morales de qqn, d'un milieu. → **morale.** *« L'éthique, c'est l'esthétique du dedans »* (Reverdy). *Éthique médicale.* → **bioéthique. II.** adj. (latin *ethicus*) **1.** Qui concerne la morale. *Des jugements éthiques.* → **¹moral. 2.** Qui intègre des critères moraux dans son fonctionnement. *Le commerce éthique.*

▶ L'**éthique** (I, 1) est une des branches de la philosophie. Il est difficile de la distinguer de la morale : cette dernière désigne traditionnellement un ensemble de règles, de valeurs propres à une société, qui dit ce qui est bien, ce qui est mal, alors que l'éthique est souvent considérée comme une réflexion sur la morale, sur ses fondements, sur la façon personnelle et concrète de se comporter et d'agir.
Comment bien mener sa vie ? Comment être heureux et vertueux à la fois ? s'interrogent les philosophes grecs. Socrate, le maître de Platon, pousse ses interlocuteurs à mieux se connaître et à découvrir par eux-mêmes ce que sont réellement le Bien, le Juste, la Vertu. Dans l'*Éthique à Nicomaque*, Aristote fait du bonheur le souverain bien à conquérir : il prône alors la recherche du juste milieu, de la mesure, de la prudence et valorise l'amitié. Kant révolutionne la morale en la fondant non plus sur les idées de bonheur, de satisfaction, mais de raison, de devoir et de volonté : « Agis uniquement d'après la maxime qui fait que tu peux vouloir en même temps qu'elle devienne une loi universelle » *(Fondements de la métaphysique des mœurs)*. Au xxe siècle, Lévinas repense la relation éthique comme l'expérience de la vraie rencontre de l'Autre (du « visage » d'Autrui).
Ces dernières décennies, face à l'explosion des progrès techniques et scientifiques, l'éthique s'est vue appliquée à différents domaines, dont la biologie et la médecine, pour chercher des réponses à des problèmes humains qui ne peuvent être confiés aux seuls spécialistes (euthanasie, clonage...).
voir aussi **bioéthique**

ethmoïde n. m. (grec *êthmoeidês*, de *êthmos* « crible » et *-eidês* [→ -oïde]) anat. Os de la base du crâne, criblé de petits trous par lesquels passent les nerfs olfactifs, et qui forme la partie supérieure des fosses nasales. □ adj. **ethmoïdal, ale, aux**

ethnarchie n. f. (de *ethnarque*) Antiq. **1.** Dignité d'ethnarque. **2.** Territoire administré par un ethnarque.

ethnarque n. m. (grec *ethnarkhês*, de *ethnos* « peuple » [→ ethno-] et *arkhein* « commander » [→ -archie]) Antiq. Gouverneur d'une province dans l'Empire romain.

ethniciser v. tr. < 1 > Donner un caractère ethnique à (qqch.). *Ethniciser un problème social.* □ n. f. **ethnicisation**

ethnicité n. f. didact. Identité ethnique (d'un groupe humain).

ethnie n. f. (grec *ethnos* → ethnique, ethno-) Ensemble de personnes que rapprochent un certain nombre de caractères de civilisation, notamment la langue et la culture.

ethnique adj. (latin chrét. *ethnicus* « païen », grec *ethnikos*, de *ethnos* → ethno-) **1.** Relatif à l'ethnie, à une ethnie. *Caractères ethniques. Groupes ethniques.* – loc. *Nettoyage, purification ethnique* : politique consistant à persécuter les minorités ethniques jugées indésirables. **2.** Qui s'inspire des civilisations traditionnelles. *Des bijoux ethniques.*

ethno- Élément (du grec *ethnos* « groupe, peuple ») qui signifie « peuple », entrant dans la formation de termes didactiques, notamment de noms de sciences ethnologiques (ex. *ethnobotanique, ethnolinguistique, ethnomusicologie*).

ethnocentrisme n. m. (de l'anglais → ethno- et centre) didact. Tendance à privilégier le groupe ethnique auquel on appartient et à en faire le seul modèle de référence. □ adj. **ethnocentrique**

ethnocide n. m. (→ -cide) Destruction de la civilisation d'un groupe ethnique par un autre groupe plus puissant.

ethnographe n. Spécialiste d'ethnographie.

ethnographie n. f. Étude descriptive des groupes humains (ethnies), de leurs caractères anthropologiques, sociaux (l'ethnologie* étant théorique). □ adj. **ethnographique**

ethnolinguistique n. f. Étude du langage en tant qu'expression de la culture des peuples. – adj. *Une analyse ethnolinguistique.*

ethnologie n. f. Étude théorique des groupes humains décrits par l'ethnographie (l'ethnographie* étant descriptive). → **anthropologie.** □ adj. **ethnologique**

ethnologue n. Spécialiste d'ethnologie. → **anthropologue.**

ethnométhodologie n. f. Courant de la sociologie qui étudie les normes et les pratiques sociales.

ethnomusicologie n. f. Étude des faits musicaux de caractère traditionnel des différents groupes ethniques.

ethnopsychiatrie n. f. Étude de l'influence des facteurs ethniques sur l'origine et les manifestations des maladies mentales.

ethnopsychologie n. f. Étude des caractéristiques psychiques des collectivités et des groupes ethniques.

éthogramme n. m. (de *éthologie* et *-gramme*) didact. Description d'une série de comportements propres à une espèce animale, en vue de la distinguer des espèces voisines.

éthologie n. f. (grec *êthos* « les mœurs », cf. éthique) didact. Science des comportements des espèces animales dans leur milieu naturel. □ adj. **éthologique**

éthologue n. Spécialiste d'éthologie. - syn. **éthologiste.**

éthuse ou **æthuse** [etyz] n. f. (du latin, du grec *aithousa* « ardente ») bot. Plante âpre et toxique, appelée aussi *petite ciguë*.

éthyle n. m. (de *éther* et grec *hulê* « bois » → -yle) chim. Radical monovalent formé de carbone et d'hydrogène (C_2H_5).

éthylène n. m. (de *éthyle* et *-ène*) Gaz incolore (C_2H_4), hydrocarbure peu soluble dans l'eau. *Matières plastiques fabriquées à partir de dérivés de l'éthylène* (→ **polyéthylène).**

éthylénique adj. *Carbures éthyléniques* : hydrocarbures à chaîne ouverte contenant une liaison double, et dont l'éthylène est le plus simple.

éthylique adj. **1.** chim. *Alcool éthylique* : l'alcool ordinaire. **2.** Dû à l'ingestion exagérée d'alcool. *Coma éthylique.* – n. didact. Alcoolique, ivrogne.

éthylisme n. m. méd. Alcoolisme.

éthylotest n. m. (de *éthylisme* et *test*) Appareil servant à mesurer le taux d'alcool dans l'air expiré. → **alcootest.** - syn. **éthylomètre.**

étiage [etjaʒ] **n. m.** Baisse périodique des eaux (d'un cours d'eau) ; le plus bas niveau des eaux. *Les crues et les étiages d'un fleuve.*

Étiemble (René) Écrivain français (1909-2002). Auteur de romans *(L'Enfant de chœur)*, de Mémoires *(Lignes d'une vie)*, il se fit surtout connaître comme essayiste littéraire *(Le Mythe de Rimbaud)*, spécialiste de la littérature française du XVIIe s. et polémiste critiquant l'influence de l'anglais sur la langue française *(Parlez-vous franglais ?)*.

Étienne

SAINT

■ **Étienne (saint)** Diacre de la première communauté chrétienne de Jérusalem (Ier s.). Juif helléniste converti au christianisme, il est accusé de blasphèmes par le Sanhédrin et lapidé.

PAPES

■ **Étienne Ier (saint)** [mort en 257] Pape de 254 à 257. Contre saint Cyprien, il affirma la validité du baptême des hérétiques.

■ **Étienne II** (mort en 757) Pape de 752 à 757. Menacé par les Lombards, il fit appel à Pépin le Bref. Ce dernier, vainqueur, lui donna l'exarchat de Ravenne et la Pentapole, origine des États de l'Église.

ANGLETERRE

■ **Étienne de Blois** (v. 1097-1154) Roi d'Angleterre de 1135 à sa mort. Neveu d'Henri Ier Beauclerc, il usurpa le trône à sa fille et héritière légitime Mathilde, entraînant une guerre civile qui se solda en 1152 par un compromis : la Couronne revint à sa mort au fils de Mathilde, Henri II Plantagenêt.

HONGRIE

■ **Étienne Ier (saint)** (v. 969-1038) Premier roi de Hongrie, de 997 à sa mort. Il imposa le christianisme.

MOLDAVIE

■ **Étienne III le Grand** (1433-1504) Prince de Moldavie de 1457 à sa mort. Il affermit la prépondérance du pays en vainquant les Turcs, les Polonais et les Hongrois.

POLOGNE

■ **Étienne Ier Báthory** (1533-1586) Roi de Pologne de 1576 à sa mort. Il vainquit Ivan IV le Terrible et assura la prééminence de la Pologne sur la Baltique.

SERBIE

■ **Étienne Nemanja** (mort v. 1200) Prince de Serbie (v. 1170-1196). Il réalisa l'unité des pays serbes (sauf la Croatie) contre Byzance. Il se retira au mont Athos.

■ **Étienne Ier Nemanjić** (mort en 1228) Roi de Serbie de 1217 à sa mort. Fils d'Étienne Nemanja, il proclama l'Église serbe « autocéphale » et se fit couronner pour la première fois selon les rites orthodoxes.

■ **Étienne IX Douchan** ou **Dušan** (v. 1308-1355) Roi puis empereur des Serbes de 1331 à sa mort. Il soumit les Bulgares et annexa l'Épire, la Thessalie et la Macédoine. Il créa le patriarcat de Serbie.

Étienne (Jean-Louis) Médecin et explorateur français (né en 1946). Il a mené de nombreuses expéditions scientifiques au pôle Nord et dans l'Antarctique, attirant ainsi l'attention du monde sur l'environnement, la biodiversité et le réchauffement climatique.

Étienne-Martin (Étienne Martin, dit) Sculpteur français (1913-1995). Il a employé les matériaux les plus divers, créant des enchevêtrements et des structures labyrinthiques poétiques.

étier **n. m.** **(latin *æstuarium* « lagune maritime » [→ estuaire], de *æstus* « agitation de la mer »)** Petit canal par lequel un marais salant communique avec la mer.

étincelage **n. m.** **(de *étinceler*)** techn. Procédé d'abrasion par l'étincelle électrique.

Étienne (Jean-Louis)

Jean-Louis Étienne en 1997 lors de l'expédition Erebus en Antarctique.

étincelant, ante **adj.** **1.** littér. Qui étincelle. *Des yeux étincelants de colère.* ■ Qui brille, scintille. *Des bagues étincelantes.* **2.** fig. Qui se distingue par sa finesse et sa vivacité. *Une « ardente et étincelante érudition »* (Baudelaire). – *Un conférencier étincelant.* → **brillant.**

étinceler **v. intr.** **< 4 ou RO 5 >** **1.** Briller au contact d'un rayon lumineux. *La mer étincelle au clair de lune.* **2.** littér. Produire un éclat vif. **3.** littér. **(choses abstraites)** Avoir de l'éclat. *Sa conversation étincelle d'esprit.*

étincelle **n. f.** **(latin pop. *stincilla*, de *scintilla* « étincelle » → scintiller)** **1.** Parcelle incandescente qui se détache d'un corps qui brûle, ou qui jaillit au contact ou sous le choc de deux corps. *Jeter des étincelles.* – loc. *C'est l'étincelle qui a mis le feu aux poudres*, le petit incident qui a déclenché la catastrophe (→ **c'est la goutte d'eau qui fait déborder le vase**). **2.** Point brillant ; reflet. – fam. *Elle a fait des étincelles* : elle a réussi brillamment. **3.** fig. Petite lueur. *« D'espoir une seule étincelle »* (Villon).

étincellement **n. m.** Fait d'étinceler ; éclat, lueur de ce qui étincelle. → **scintillation.** - var. RO **étincèlement.**

étiolement [etjɔlmɑ̃] **n. m.** Fait de s'étioler ; état de ce qui est étiolé. → **affaiblissement.**

étioler [etjɔle] **v. tr.** **< 1 >** **(p.-ê. de *étiole* pour *éteule*)** **1.** Rendre (une plante) grêle et décolorée, par manque d'air, de lumière. *L'obscurité étiole les plantes.* – pronom. *Cet arbuste s'étiole.* → **se rabougrir.** ■ hortic. *Étioler des endives*, les faire pousser à l'abri de l'air pour qu'elles restent blanches. **2.** Rendre (qqn) chétif, pâle. → **affaiblir, anémier.** *Le manque de grand air étiole les enfants* ; pronom. *ils s'étiolent.* **3.** fig. Affaiblir, atrophier. – pronom. *« Ayant besoin de joie comme les plantes de soleil, je m'étiolais dans cette tristesse »* (A. France).

Étiolles Commune de l'Essonne, près d'Évry. 3 114 habitants. Site préhistorique magdalénien (v. -11 000).

étiologie [etjɔlɔʒi] **n. f.** **(grec *aitiologia*, de *aitia* « cause »)** biol., méd. Étude des causes des maladies. ■ par ext. Ensemble des causes d'une maladie. *L'étiologie du diabète.* □ **adj. étiologique**

étiopathie **n. f.** **(du grec *aitia* « cause » et de *-pathie*)** Méthode thérapeutique qui cherche à retrouver le point de départ d'un état pathologique et à le traiter par manipulation. □ **n. étiopathe**

étique **adj.** **(bas latin *hecticus*, grec *hektikos* « continuel » [de la fièvre], de *ekhein* « avoir »)** littér. D'une extrême maigreur. → **décharné, squelettique.** *Un cheval étique.*

étiquetage **n. m.** Action d'étiqueter.

étiqueter **v. tr.** **< 4 ou RO 5 >** **(de *étiquette*)** **1.** Marquer d'une étiquette. *Étiqueter des marchandises.* – au p. p. *Des bocaux étiquetés.* **2.** Classer (qqn) d'après son origine, son comportement. → **cataloguer.** *On l'étiquette comme anarchiste.*

étiqueteuse **n. f.** **(de *étiqueter*)** Machine servant à coller les étiquettes.

étiquette **n. f.** **(l'ancien français *estichier*, *estiquier* en picard « ficher en terre », qui vient du francique *stikkjan*, *stikkan*, apparenté au latin *stilus* → ¹style ; d'abord « poteau fiché en terre »)** **I.** **1.** Petit morceau de papier, de carton, fixé à un objet (pour en indiquer la nature, le contenu, le prix, la destination, le possesseur). → **marque.** *Attacher une étiquette sur un colis. Étiquettes autocollantes. Étiquette de qualité.* → **label.** ■ argot **(à cause des « oreilles » d'un ballot)** au plur. Oreilles. **2.** fig. Ce qui marque qqn et le classe (dans un parti, une école, etc.). *Mettre une étiquette à qqn. Il s'est présenté aux élections sans étiquette.* **3.** inform. Groupe de caractères placés devant une instruction d'un programme afin de la repérer. **II.** **(d'abord « formulaire, emploi du temps », à la Cour)** Ordre de préséances ; cérémonial en usage auprès d'un chef d'État, d'un grand personnage. → **protocole.**

étirable **adj.** Qui peut être étiré sans se rompre.

étirage **n. m.** Opération par laquelle on étire. *Étirage du verre à chaud.*

étirement **n. m.** Action de s'étirer. *Faire des exercices d'étirement* (→ **stretching**).

étirer **v. tr.** **< 1 >** **(de *é-* et *tirer*)** Allonger ou étendre par traction. *Étirer les métaux.* ■ **s'étirer v. pron.** **1.** S'allonger. *Ce tissu s'est étiré.* **2.** **(êtres vivants)** Étendre ses membres. → **se détendre.** *S'étirer en bâillant.* **3.** S'étendre dans le temps. *La journée s'étire*, n'en finit pas.

Etna **n. m.** Volcan d'Italie, au N.-E. de la Sicile, le plus haut des volcans actifs d'Europe (3 329 m). Très nombreuses éruptions, depuis l'Antiquité jusqu'à aujourd'hui. La mythologie y plaçait les forges de Vulcain.

L'Etna surplombe la ville de Taormina.

étoc **n. m.** **(de *estoc*)** mar. Tête de rocher voisine des côtes et dangereuse pour la navigation.

étoffe **n. f.** **(de *étoffer*)** **1.** Tissu dont on fait des habits, des garnitures d'ameublement. *Étoffes de laine, de coton, de soie. Étoffe imprimée. Pièce, rouleau d'étoffe.* **2.** fig. Ce qui constitue la nature, les qualités, les aptitudes (de qqn ou qqch.). – ***Avoir l'étoffe de***, les qualités, les capacités de. *Il n'a pas l'étoffe d'un homme d'État.* → **envergure.** – absolt *Avoir de l'étoffe*, une forte personnalité. ■ Matière, sujet. *Ce roman manque un peu d'étoffe.* **3.** techn. Morceau d'acier commun dont on fait les parties non tranchantes de certains instruments.

étoffé, ée **adj.** **1.** Dont le style a de la force et de l'ampleur. → **riche.** *Une description étoffée.* **2.** Qui a des formes amples **(corps des hommes et des animaux)**.

étoffer **v. tr.** **< 1 >** **(vient du francique *stopfôn* « mettre dans, enfoncer »)** **1.** vieux Confectionner en employant toute l'étoffe. **2.** fig. Rendre plus abondant, plus riche. → **enrichir.** *Étoffer un ouvrage*, lui fournir une matière plus abondante. → **nourrir.** – au p. p. *Un récit très étoffé.* ■ **s'étoffer v. pron.** **(personnes)** S'élargir, prendre de la carrure. *Elle s'est étoffée depuis qu'elle fait du sport.*

E

étoile

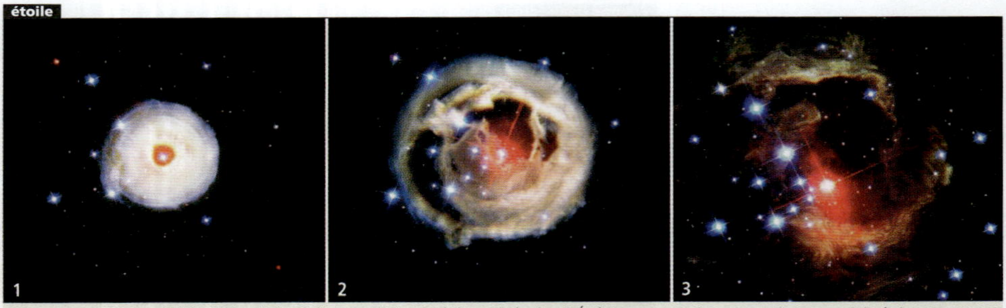

Collision de deux étoiles : 1. Fusion nucléaire entre hélium et hydrogène. 2. Évolution, par expansion, en supergéante rouge. 3. Explosion en supernova.

étoile n. f. (vient du latin pop. *stela,* latin class. *stella* → [1]**stellaire,** du radical indo-européen *stel-, ster-* de *aster* → **astre**) **I. 1.** cour. Tout astre visible, excepté le Soleil et la Lune ; point brillant dans le ciel, la nuit. *Un ciel semé, constellé d'étoiles. « Les étoiles, comme de petits yeux qui ne s'habituent pas à l'obscurité »* (Jules Renard). – *L'étoile Polaire,* située approximativement dans la direction du pôle Nord. *L'étoile du matin, du soir ; l'étoile du berger :* la planète Vénus. – loc. fig. *Avoir des étoiles plein les yeux :* être émerveillé. – fam. *À la belle étoile,* en plein air, la nuit. **2.** astron. Astre producteur et émetteur d'énergie. *Relatif aux étoiles.* → [1]**stellaire.** *Le Soleil est une étoile. Étoiles géantes, naines.* → aussi **nova, supernova.** *Quasi-étoiles.* → **quasar.** *Amas d'étoiles. Les étoiles de la Voie lactée et les autres galaxies**. **3.** *Étoile filante :* météorite dont le passage dans l'atmosphère terrestre se signale par un trait de lumière. → **aérolithe, météorite. II.** (dans des expr.) Astre, considéré comme exerçant une influence sur la destinée de qqn. *Être né sous une bonne, une mauvaise étoile. Être confiant dans, en son étoile.* → **chance, destin. III. 1.** Objet, ornement disposé en rayons (forme sous laquelle on représente traditionnellement les étoiles). *Étoile à cinq branches. Général à trois étoiles.* – *Étoile de David,* symbole du judaïsme. *L'étoile jaune,* insigne que les nazis obligeaient les Juifs à porter. ■ Signe remplaçant les lettres manquantes d'un mot. *Monsieur *** (trois étoiles).* → **astérisque.** ■ Signe en étoile, dont le nombre symbolise une catégorie (hôtellerie, restauration). *Un hôtel trois-étoiles.* – *Descendre dans un trois-étoiles.* ■ sports Insigne attribué aux enfants skieurs, en fonction de leur niveau. ■ techn. Unité de froid valant –6°, utilisé pour classer les appareils producteurs de froid (réfrigérateurs...). **2.** Rond-point où aboutissent plusieurs voies. → **carrefour. 3.** *En étoile :* dans une disposition rayonnante, présentant des lignes divergentes. *Branches, routes en étoile.* – *Moteurs en étoile* ou *en V* (disposition des cylindres). **4.** Fêlure rayonnante. **5.** *Étoile de mer :* animal marin, invertébré en forme d'étoile à cinq branches. → **astérie. 6.** bot. *Étoile d'argent.* → **édelweiss.** – *Étoile de Bethléem.* → **ornithogale. IV.** (anglais *star*) Personne qui a une très grande réputation (dans le monde du spectacle). *Une étoile du cinéma.* → **star.** – appos. *Danseur, danseuse étoile,* ayant atteint le plus haut degré dans la hiérarchie du corps de ballet de l'Opéra.

Étoile (place de l') Place de Paris où s'élève l'Arc de triomphe, vers laquelle convergent 12 avenues, dont celle des Champs-Élysées. La place a été baptisée place Charles-de-Gaulle en 1970.

Étoile (ordre de l') Ordre de chevalerie français créé par Jean II le Bon en 1351.

étoilé, ée adj. **1.** Semé, parsemé d'étoiles. → **constellé.** *Nuit étoilée.* **2.** Qui porte des étoiles (III) dessinées. *La bannière étoilée,* le drapeau des États-Unis d'Amérique. **3.** En forme d'étoile. *Cristaux étoilés.* **4.** Fêlé en étoile. *Vitre étoilée.*

étoilement n. m. **1.** Action d'étoiler, de s'étoiler. **2.** Disposition en étoile.

étoiler v. tr. < 1 > (de *étoile*) **1.** Parsemer d'étoiles. – pronom. *Le ciel s'étoile.* **2.** Former une étoile (III) sur. **3.** Fêler en forme d'étoile. *Étoiler une glace.*

étole n. f. (du latin *stola,* emprunt au grec *stolê* « habillement », de *stellein* « préparer, vêtir ») **1.** Bande d'étoffe que l'évêque, le prêtre et le diacre portent au cou dans l'exercice de fonctions liturgiques. **2.** Fourrure rappelant la forme de l'étole. *Une étole de vison.*

Étolie n. f. Région de la Grèce centrale, au N. du golfe de Corinthe. Au IVe s. av. J.-C., ses habitants se constituèrent en une *ligue étolienne* pour s'opposer à la Macédoine et à la ligue achéenne. Elle fut soumise par les Romains (–189) et démantelée (–167).

Eton Ville d'Angleterre, à l'O. de Londres, sur la Tamise face à Windsor. 2 000 habitants. Célèbre collège fondé en 1440.

étonnamment adv. D'une manière étonnante.

étonnant, ante adj. **1.** vieux Qui ébranle, étonne (1). **2.** Qui surprend, déconcerte par qqch. d'extraordinaire, d'inattendu. → **ahurissant, effarant, renversant, stupéfiant, surprenant ; incroyable.** *Je trouve étonnant, il est étonnant qu'il ne m'ait pas prévenu. Cela n'a rien d'étonnant.* **3.** Qui frappe par un caractère remarquable, réussi. → **épatant, fantastique, remarquable ;** fam. **formidable, terrible.** *Un film étonnant.* – (personnes) *Une femme étonnante.*

étonnement n. m. **1.** vieux Commotion ; ébranlement moral. **2.** Surprise causée par qqch. d'extraordinaire, d'inattendu. → **ahurissement, ébahissement, stupéfaction.** *À mon grand étonnement.*

étonner v. tr. < 1 > (vient du latin pop. *extonare,* de *adtonare* « foudroyer », de *tonare* « faire de la foudre » → **tonner**) **1.** vieux Ébranler. – techn. *Étonner une voûte* (→ **fêler,** [2]**lézarder**). ■ Causer une commotion morale à (qqn). *« Trop de bruit nous assourdit* [...] *trop de vérité nous étonne »* (Pascal). **2.** Causer de la surprise à (qqn). → **abasourdir, ébahir, surprendre.** *Étonner par sa beauté.* → **éblouir, émerveiller, épater, impressionner.** *Cela m'a bien étonné. Ça m'étonnerait,* je considère cela comme peu probable, peu vraisemblable. – *Être étonné de, par* (+ n.). *Il a été étonné de la réponse, par la réponse.* – au p. p. *Un air, un regard étonné.* ■ **s'étonner** v. pron. Trouver étrange, être surpris. *S'étonner à l'annonce d'une nouvelle. S'étonner de tout.* – *... de ce que* (+ indic. ou subj.). *Je m'étonne, je suis étonné de ce qu'il est venu, de ce qu'il soit venu.* – *... de* (+ inf.). *Il s'étonna de le rencontrer à pareille heure.* – *... que* (+ subj.). *Je m'étonne, je suis étonné qu'il soit venu.*

étouffade voir **estouffade**

étouffage n. m. **1.** techn. Action d'étouffer les chrysalides des vers à soie. **2.** apic. Action d'asphyxier passagèrement les abeilles.

étouffant, ante adj. Qui fait qu'on étouffe, qu'on respire mal. → **asphyxiant, suffocant.** *Atmosphère étouffante.*

étouffe-chrétien [etufkʀetjɛ̃] n. m. plais. Aliment, mets qui étouffe, est épais. *Des étouffe-chrétiens.*

à l'étouffée loc. adj. invar. et loc. adv. (de *étouffer*) Se dit d'aliments cuits dans un récipient clos, à la vapeur (syn. **à l'étuvée**). *Viande à l'étouffée.* → **estouffade.**

étouffement n. m. **1.** Difficulté à respirer. *Sensation d'étouffement.* → **suffocation. 2.** Action d'étouffer (un être vivant) ; fait d'être étouffé. → **asphyxie.** *Étouffement par pendaison.* **3.** fig. Action d'étouffer, d'empêcher d'éclater, de se développer. *L'étouffement d'une révolte.* → **répression.** *L'étouffement d'un scandale.*

étouffer v. < 1 > (ancien français *estoper* « boucher, obstruer » → **étoupe,** d'après *estofer,* mot germanique → **étoffer**) **I. v. tr. 1.** Asphyxier ou suffoquer (qqn) en empêchant de respirer. *Étouffer qqn avec un oreiller.* **2.** (sujet chose) Gêner (qqn) en rendant la respiration difficile. *Cette chaleur m'étouffe.* – fam. *Les scrupules ne l'étouffent pas :* il n'a aucun scrupule. **3.** Gêner la croissance de (une plante). *Le lierre va étouffer cet arbre.* **4.** Priver de l'oxygène nécessaire à la combustion de. → **éteindre.** *Étouffer un foyer d'incendie.* **5.** Empêcher (un son) de se faire entendre, de se propager. → **amortir, assourdir.** *Des tentures étouffent les bruits.* ■ Faire taire. *Étouffer l'opposition.* → **bâillonner, garrotter. 6.** Réprimer. *Étouffer un cri.* ■ fig. Supprimer ou affaiblir (un sentiment, une opinion) ; empêcher de se développer en soi. → **contenir, refouler, réprimer.** *Étouffer ses sentiments.* **7.** Empêcher d'éclater, de se développer. → **arrêter,** [2]**enrayer.** *Étouffer un scandale.* **II. v. intr. 1.** Respirer avec peine, difficulté ; ne plus pouvoir respirer. → **suffoquer.** – *Étouffer de rire.* → **s'étrangler.** ■ Avoir très chaud. *On étouffe, ici.* **2.** Être mal à l'aise, ressentir une impression d'oppression, d'ennui. ■ **s'étouffer** v. pron. **1.** Perdre la respiration. *S'étouffer en avalant de travers.* **2.** Se serrer les uns les autres dans la foule. → **s'écraser,** se **presser.** ■ **étouffé, ée** adj. **1.** Asphyxié par étouffement. *Il est mort étouffé.* **2.** (son) Affaibli. *Des bruits étouffés.*

étouffoir n. m. **1.** Lieu où l'on étouffe. **2.** mus. Petite pièce de bois garnie d'étoffe, qui sert à interrompre la vibration des cordes d'un piano.

étoupe n. f. (latin *stuppa,* grec *stuppê*) Partie la plus grossière de la filasse. *Paquet, tampon d'étoupe.*

étouper v. tr. < 1 > techn. Garnir d'étoupe pour boucher, rendre étanche.

étoupille n. f. Amorce qui s'enflamme par la friction d'un dispositif à frottement ou par percussion.

étourderie n. f. (de *étourdir*) **1.** Acte d'étourdi. *Faire une étourderie.* **2.** Caractère d'une personne étourdie. → **distraction, inattention, irréflexion.**

étourdi, ie 1. adj. Qui agit sans réflexion, ne porte pas attention à ce qu'il fait. → **distrait, irréfléchi, léger.** *C'est un enfant étourdi.* ■ spécialt Qui oublie, égare facilement ; qui manque de mémoire et d'organisation. *Vous êtes trop étourdi pour faire ce travail.* **2. n.** *Un* *étourdi, une étourdie. Vous vous conduisez comme un étourdi.* → **distrait, écervelé, étourneau (2).**

étourdiment adv. À la manière d'un étourdi. → **inconsidérément.**

étourdir v. tr. < 2 > **(d'abord *esturdir*, qui vient p.-ê. du latin pop. *exturdire*, de *ex-* et *turdus* « grive », à cause de l'agitation de l'oiseau, ou famille de *torpidus* « engourdi » → torpeur)** **1.** Faire perdre à demi connaissance à (qqn), affecter subitement la vue, l'ouïe de (qqn). → **abrutir, assommer.** *Le coup de poing l'a étourdi.* → fam. **sonner. 2.** Causer une ivresse, un vertige à (qqn). *Le vin l'étourdit.* → **griser. 3.** Fatiguer, lasser par le bruit, les paroles. → **assourdir.** *Le bruit des voitures l'étourdissait. Tu m'étourdis de tes bavardages.* ■ **s'étourdir** v. pron. Perdre une claire conscience. *« L'on s'étourdissait au lieu de s'amuser »* (Rousseau). *S'étourdir de paroles.* → **s'enivrer, se griser.** *Chercher à s'étourdir pour oublier son chagrin.*

étourdissant, ante adj. **I.** Qui étourdit par son bruit. → **assourdissant, fatigant.** *Un vacarme étourdissant.* **II.** Qui fait sensation, cause une stupéfaction admirative. → **étonnant, sensationnel.** *Un succès étourdissant.* → **éblouissant, éclatant.**

étourdissement n. m. **1.** Trouble caractérisé par une sensation de tournoiement, d'engourdissement. → **faiblesse, vertige.** *Avoir un étourdissement.* **2.** État d'une personne étourdie, grisée. → **griserie, ivresse. 3.** Action de s'étourdir.

étourneau n. m. **(bas latin *sturnellus*, de *sturnus*, n. d'oiseau ; influence de *étourdir*)** **1.** Petit oiseau à plumage sombre, à reflets métalliques, moucheté de taches blanches. → **sansonnet. 2.** Personne légère, inconsidérée. → **étourdi.** *Quel étourneau !* → **tête de linotte.**

étrange adj. **(latin *extraneus* « du dehors », de *extra*, de *ex-*)** **I.** vieux **1.** Hors du commun. **2.** Épouvantable, terrible. *« Ô Dieu, l'étrange peine ! »* (Corneille). **II.** mod. **1.** Très différent de ce qu'on a l'habitude de voir, d'apprendre ; qui étonne, surprend. → **bizarre, curieux, 1drôle, extraordinaire, singulier.** *Une étrange aventure. Un air, un sourire étrange.* → **indéfinissable.** *C'est un étrange garçon.* → **incompréhensible, 2original.** *Une conduite étrange.* **2.** n. m. *L'étrange*, le caractère étrange (de...). → **étrangeté.** *L'étrange est qu'ils se voient encore.* ■ Ce qui est étrange. *Le goût de l'étrange.* – Genre littéraire dans lequel des éléments étranges sont intégrés au récit. *L'étrange et le fantastique.*

étrangement adv. **1.** vieux Extraordinairement. **2.** mod. D'une manière étrange, étonnante. → **bizarrement, curieusement.**

étranger, ère **(de *étrange*)** **I.** adj. **1.** Qui est d'une autre nation ; qui est autre (en parlant d'une nation). *Les nations, les puissances étrangères. Les travailleurs étrangers en France* (→ **immigré**). *Langues étrangères.* **2.** Relatif aux rapports avec les autres nations. *Politique étrangère.* → **1extérieur.** *Le ministre des Affaires étrangères.* **3.** Qui n'appartient pas à un groupe (familial, social). *Se sentir étranger dans une réunion.* ■ (personnes) Sans rapports affectifs suivis avec. *« En six semaines d'absence, ils m'étaient devenus à peu près étrangers »* (A. France). **4.** (choses) ***Étranger à qqn*** : qui n'est pas propre ou naturel à qqn. *Ces préoccupations lui sont étrangères.* ■ Qui n'est pas connu ou familier (de qqn). *Ce visage ne m'est pas étranger.* → **inconnu. 5.** (personnes) ***Étranger à qqch.*** : qui n'a pas de part à qqch., se tient à l'écart de qqch. *Être étranger à tout sentiment de pitié*, être incapable d'éprouver ce sentiment. ■ Non concerné. *Se sentir étranger à tout.* → **imperméable. 6.** (choses) ***Étranger à*** : qui ne fait pas partie de ; qui n'a aucun rapport avec. → **distinct, 1extérieur.** *Des digressions étrangères à un sujet.* **7.** ***Corps étranger*** : chose qui se trouve contre nature dans l'organisme. *Extraire un corps étranger d'une plaie.* **II.** n. **1.** Personne dont la nationalité n'est pas celle d'un pays donné (par rapport aux nationaux, aux citoyens de ce même pays). – n. m. (collectif) *L'étranger*, les étrangers et, plus souvent, l'ennemi. **2.** Personne qui ne fait pas partie d'un groupe ; personne avec laquelle on n'a rien de commun. *Ils se vouvoient devant les étrangers.* → **inconnu. 3.** n. m. Pays étranger. *Partir pour l'étranger.* ■ Ensemble de pays étrangers. *Produit destiné à la France et à l'étranger.*

▶ Les Grecs de l'Antiquité distinguaient deux types d'**étranger** (II, 1) : le *xenos*, celui qui n'appartient pas à la cité, et le barbare, celui qui ne parle pas grec. Aujourd'hui, on définit un étranger par son statut juridique et plus précisément par sa nationalité. Qu'il soit voyageur ou résident, il est avant tout, légalement, citoyen d'un autre pays. Cette conception apparaît en Europe avec l'avènement de l'État moderne, entre le XVIIe et le XVIIIe siècle. Jusqu'alors, il suffisait de faire quelques dizaines de kilomètres pour être considéré comme un étranger. Le terme signalait simplement que vous n'étiez « pas d'ici » et que l'on ne vous connaissait pas.
À partir du XVIIIe siècle et en particulier de la Révolution française, étape décisive dans la formation des identités nationales, l'ancienne identité de terroir s'élargit à un espace plus vaste. L'image de l'étranger se redéfinit. Elle s'identifie de plus en plus étroitement à une nationalité dont l'espace de référence est un État. On commence alors à se sentir français plutôt que bourguignon, et c'est par exemple l'Allemand ou l'Anglais qu'on perçoit comme étranger et non plus le provincial. Mais depuis quelques années l'accroissement des mouvements de populations ou le développement de sociétés multiculturelles ont parfois remis en question la définition « nationale » de l'étranger à la fois sur le plan juridique (avec la question du vote des résidents étrangers) et sur le plan sociologique (avec des identités et donc des identifications plus complexes).
voir aussi **nation, citoyenneté, frontière, mondialisation**

étrangeté n. f. **1.** Caractère étrange. → **singularité.** *« L'étrangeté, qui est comme le condiment indispensable de toute beauté »* (Baudelaire). **2.** littér. Action, chose étrange. → **bizarrerie.**

étranglé, ée adj. **1.** Privé de respiration par forte compression du cou. – *Voix étranglée*, gênée (par l'émotion, un resserrement de la gorge). **2.** Très serré. *La taille étranglée.*

étranglement n. m. **1.** vieux Étouffement, suffocation. – Fait d'étrangler (2). ■ mod. État d'une voix étranglée. **2.** méd. Resserrement d'un organe. → **constriction. 3.** État de ce qui est très rétréci en un point. *Étranglement entre le thorax et l'abdomen des insectes. L'étranglement d'une vallée.* ■ Endroit très resserré. **4.** fig., littér. Action d'entraver dans son expression, de freiner dans son développement. *L'étranglement des libertés, de la presse.* → **étouffement.**

étrangler v. tr. < 1 > **(latin *strangulare*, du grec « cordon, lacet », de *stranx, strangos* « goutte, liquide pressé »)** **1.** Priver de respiration (jusqu'à ce que mort s'ensuive, ou non) par une forte compression du cou. → **asphyxier, étouffer ; strangulation.** *Étrangler qqn de ses mains.* – pronom. *S'étrangler en avalant de travers.* → **s'étouffer. 2.** Gêner la respiration, serrer la gorge de (qqn). *L'émotion l'étranglait.* – pronom. *S'étrangler à force de crier.* **3.** fig. Gêner ou supprimer par une contrainte insupportable. *Étrangler la liberté.* **4.** Resserrer, comprimer. *Une ceinture qui étrangle la taille.* → **serrer.**

étrangleur, euse **1.** n. Personne qui étrangle. *La police a arrêté l'étrangleur.* **2.** adj. *Collier étrangleur*, destiné à contenir un chien.

étrave n. f. **(ancien nordique *stafn*)** mar. Pièce saillante qui forme la proue d'un navire.

1être v. intr. **< 61 aux temps composés, se conjugue avec *avoir* > (latin pop. *essere*, de *esse* ; ancien français *ester*, d'où *étant, étais...*, du latin *stare* → station ; je *fus* du latin *fui*, je *serai* de *essere* + *avoir* au présent)** **I. 1.** Avoir une réalité. → **exister.** – (personnes) *« Je pense, donc je suis »* (Descartes). *« Être ou ne pas être, voilà la question »* (trad. de Shakespeare, *Hamlet*). ■ littér. Vivre. *Il n'est plus* : il est mort. ■ (choses) *Ne changeons pas ce qui est. Cela peut être* (→ **peut-être**). – *Soient deux droites parallèles*, si l'on pose... **2.** impers. (surtout littér.) ***Il est, est-il, il n'est pas...*** : il y a, y a-t-il, etc. → **1avoir.** *Il était une fois...* (début de contes). *Il n'est rien d'aussi beau.* – *Toujours est-il que*, en tout cas. – ***S'il en est.*** *Un menteur s'il en est, s'il en fut*, un parfait menteur. **3.** (moment dans le temps) *Quelle heure est-il ? Il est midi. Il est temps de partir.* **II.** verbe reliant l'attribut au sujet *La Terre est ronde. Soyez poli. Le vol est un délit.* → **constituer.** *Qui êtes-vous ? Il est comme il est*, il faut l'admettre tel qu'il est ; il ne change pas. – ***Être*** *(qqch.)*, ***n'être rien pour*** *(qqn). Il n'est rien pour moi.* → **représenter. III.** + prép. ou adv. ou loc. adv. **1.** (état) *Être bien, être mal* (relativement au confort, à la santé). → **1aller, se porter.** *Comment êtes-vous ce matin ?* **2.** (lieu) Se trouver (quelque part). *Je suis à l'hôtel, chez des amis.* → **demeurer, loger.** *La voiture est au garage.* ■ fig. *Être à côté de la vérité.* – loc. *Être ailleurs**. – *Être à ce que l'on fait*, y être attentif. – ***Y être*** : comprendre. *Ah ! J'y suis !* **3.** (au passé + compl. de lieu ou inf.) Aller. *J'ai été à Rome l'an dernier*, j'y suis allé. *J'ai été la voir.* **4.** (temps) *Nous sommes en mars. Quel jour sommes-nous ?* **5. *Être à.*** *Ceci est à moi*, m'appartient. *Je suis à vous dans un instant*, à votre disposition. *Être à son travail, à travailler*, occupé à, en train de. *Le temps est à la pluie.* ■ ***Être de*** : être né à, en ; venir, provenir de. *Cette comédie est de Molière.* – Faire partie de, participer à. *Être de la fête. Vous êtes des nôtres.* – ***Comme si de rien* n'était.*** – ***En être*** : faire partie de. *Nous organisons une réception, en serez-vous ? En être pour son argent*, avoir perdu son argent. ■ ***Être en*** (manière d'être). *Être en jupe.* → **1porter.** *Être en alerte.* ■ ***Être pour, contre*** *qqch.* : être partisan, adversaire de qqch. – *Être pour qqch. dans* : être en partie responsable de. ■ ***Être sans*** : n'avoir pas. *Être sans abri, sans le sou.* ■ ***Être dans*** : travailler dans. *Il est dans les affaires.* **IV. *C'est, ce sera, c'était***, etc. **1.** Présentant une personne, une chose ; rappelant ce dont il a été question. *C'est mon frère. Ce sont* (fam. *c'est*) *mes collègues.* **2.** Annonçant ce qui suit (mise en relief). *C'est moi qui l'ai dit. C'est à vous d'agir.* – *Si ce n'était* ; littér. *n'eût été* : sans (cette circonstance). – ***Fût-ce, ne fût-ce que, ne serait-ce que*** : pour cette raison seulement. *Acceptez mon aide, ne fût-ce que pour me faire plaisir. Je lui répondrai, ne serait-ce que pour le faire enrager.* ■ ***Est-ce que ?***, formule interrogative qui s'emploie concurremment avec l'inversion du sujet (rétablit l'ordre sujet-verbe inversé dans *est-il... ?*). *Est-ce qu'il est arrivé ?* – fam. (après un adv., un pron. interrog.) *Quand est-ce qu'il est venu ? Comment est-ce que tu fais ?* ■ ***C'est-à-dire.*** → **c'est-à-dire.** – ***N'est-ce pas.*** → **n'est-ce pas. V.** verbe auxiliaire **1.** passif des v. tr. *Être aimé. Je suis accompagnée.* **2.** temps composés de v. intr. *Elle était tombée. Nous étions partis. Que fussé-je* (ou RO *fussè-je*) *devenu sans toi ?* **3.** temps composés des v. pron. *Ils se sont aimés.* - REM. Accord du p. p. : invar. si l'objet direct n'est pas le pronom réfl. : *ils se sont trouvé des prétextes pour partir* (mais : *ils se sont trouvés ensemble*) ; — s'il est suivi d'un inf. ayant un sujet autre que celui du verbe : *elle s'est laissé insulter* ; mais *elle s'est laissée aller* (ou RO *s'est laissé aller*) ; — si le verbe ne peut avoir de compl. d'objet direct : *ils se sont convenu, nui, parlé, souri, succédé.*

2être n. m. **I.** Fait d'être (→ **existence**), qualité de ce qui est. *« C'est donc la raison qui fait l'être de l'homme »* (Pascal). *Étude de l'être.* →

ontologie. *L'être et le paraître.* *« L'Être et le Néant »* (de Sartre). **II. 1.** Ce qui est vivant et animé. *Les êtres vivants. Les êtres humains.* **–** *L'Être suprême, l'Être éternel,* Dieu. **2.** Personne, être humain. **→ individu.** *Un être cher. « Un seul être vous manque, et tout est dépeuplé ! »* (Lamartine). *Un être d'exception,* une personne qui n'a pas son semblable. **3.** *L'être de qqn, mon, son être.* **→ âme, conscience, [1]personne.** *Désirer qqch. de tout son être.* **4.** philos. *Être de raison :* objet qui n'existe que dans la pensée (opposé à *réalité*). **→ abstraction, entité.**

étrécir **v. tr. < 2 > (de l'ancien français, du latin pop. *strictiare,* de *strictus* → strict)** vieux ou littér. Rendre étroit, plus étroit. **→ rétrécir.**

étreindre **v. tr. < 52 > (latin *stringere* → strict ; étroit) 1.** Entourer avec les membres, avec le corps, en serrant étroitement. **→ embrasser, enlacer, serrer.** *Étreindre qqn sur son cœur. Une main lui étreignait le bras.* **→ empoigner. –** pronom. *Ils s'étreignirent longtemps.* **2.** (sentiments) **→ oppresser, serrer.** *Angoisse qui étreint le cœur.*

étreinte **n. f. (de *étreindre*) 1.** Action d'étreindre ; pression exercée par ce qui étreint. *L'armée resserre son étreinte autour de l'ennemi.* **2.** Action d'embrasser, de presser dans ses bras. **→ embrassement, enlacement.** *S'arracher à l'étreinte de qqn.* **–** spécialt *Une étreinte (amoureuse).* **→ accouplement.**

étrenne **n. f. (latin *strena* « présage ») I.** vieilli Premier usage qu'on fait d'une chose. *Avoir l'étrenne de qqch.,* être le premier, la première à l'utiliser. **→ primeur. II.** (Présent, cadeau) surtout au plur. **1.** Présent à l'occasion du premier jour de l'année. **2.** Gratification de fin d'année. *Les éboueurs sont venus chercher leurs étrennes.*

étrenner **v. < 1 > 1. v. tr.** Être le premier à employer. ■ Utiliser pour la première fois. *Étrenner une robe neuve.* **2. v. intr.** Être le premier à souffrir d'un inconvénient (coup, disgrâce, reproche). *C'est lui qui a étrenné.*

êtres **n. m. pl. (vient du latin *atrium*)** littér. Disposition des parties (d'une habitation).

étrésillon **n. m. (de l'ancien français, du latin pop. *tensare,* de *tendere* → [1]tendre)** techn. Pièce de bois qui sert à soutenir une paroi, un mur qui menace de s'effondrer. □ **étrésillonner v. tr. < 1 >**

Étretat Commune de la Seine-Maritime, au N. du Havre. 1 238 habitants. Station balnéaire d'architecture anglo-normande (XIXe s.), enchâssée entre des falaises de craie (aiguille de 70 m).

Étretat

L'arche et l'aiguille de la falaise d'Aval, à Étretat.

étrier **n. m. (francique *streup* « courroie d'étrier » ; d'abord *estreu, estrif* → étrivière) 1.** Anneau métallique triangulaire qui pend de chaque côté de la selle et soutient le pied du cavalier. *Se dresser sur ses étriers.* **–** loc. *Avoir le pied à l'étrier :* être bien placé pour réussir. **–** *Le coup de l'étrier :* le dernier verre avant de partir. **2.** techn. Pièce métallique coudée, destinée à supporter, réunir ou consolider d'autres pièces. **3.** anat. Osselet de l'oreille en forme d'étrier.

étrillage **n. m.** Action d'étriller. *L'étrillage d'un cheval.*

étrille **n. f. (latin *strigila,* famille de *stringere* « serrer » → étroit, étreindre ; rétrécir) I.** Instrument en fer garni de petites lames dentelées, utilisé pour nettoyer la peau de certains animaux (cheval, mulet, etc.). **II.** Crabe à pattes postérieures aplaties en palettes.

étriller **v. tr. < 1 > (latin pop. *strigilare,* de *strigila* → étrille) 1.** Frotter, nettoyer (un animal) avec une étrille. **2.** fig., vieux Battre. ■ Critiquer violemment.

étripage **n. m. 1.** Action d'étriper. **2.** fam. Tuerie.

étriper **v. tr. < 1 > (de *é-* et *tripe*) 1.** Ôter les tripes à. **→ vider.** ■ fig. et fam. Battre violemment, tuer. *Étriper un ennemi.* **–** Attaquer, critiquer violemment (qqn). **2.** fam. ***S'étriper* v. pron. :** se battre en se blessant, s'entretuer. *Ils se sont étripés.*

étriqué, ée **adj. (ancien français *étriquer* « allonger, étendre », ancien néerlandais *striken,* francique *strikan*) 1.** (vêtements) Qui est trop étroit, n'a pas l'ampleur suffisante. **2.** Minuscule. *Un appartement étriqué.* **→ exigu. 3.** fig. Sans ampleur, trop limité. *Un esprit étriqué.* **→ étroit, mesquin.** *Une vie étriquée.* **→ médiocre.**

étriquer **v. tr. < 1 >** rare Rendre trop étroit ; faire paraître étroit.

étrivière **n. f. (ancien français *estreu, estrif* → étrier)** Courroie par laquelle l'étrier est suspendu à la selle.

étroit, oite **adj. (de *estreit,* qui vient du latin *strictus* → strict ; étrille) 1.** Qui a peu de largeur (opposé à *large*). *Rue étroite. Épaules étroites. Vêtements trop étroits.* **→ étriqué, serré. –** métaphore (Évangile) *La porte étroite* (qui mène au salut). **2.** (espace) De peu d'étendue, petit. **→ exigu.** *D'étroites limites.* ■ (sens) De peu d'extension. *Mot pris dans son sens étroit* (opposé à *sens large*). **→ restreint. 3.** fig. Insuffisant par l'étendue, l'ampleur. *Esprit étroit,* sans largeur de vues, sans compréhension ni tolérance. **→ borné, mesquin.** *Des idées étroites.* **4.** Qui tient serré. *Un nœud étroit.* ■ fig. Qui unit de près. *Rester en rapports étroits avec qqn.* **5.** ***À l'étroit* loc. adv. :** dans un espace trop petit. *Ils sont logés bien à l'étroit.*

étroitement **adv. 1.** Par un lien étroit ; en serrant très près. *Tenir qqn étroitement embrassé.* **–** fig. *Problèmes étroitement liés.* **2.** De près. *Surveiller qqn étroitement.* **3.** vieilli De manière rigoureuse, stricte. *Observer étroitement la règle.*

étroitesse **n. f. 1.** Caractère de ce qui est étroit (1 et 2). *L'étroitesse d'une rue. L'étroitesse d'un logement.* **→ exiguïté. 2.** Caractère de ce qui est étroit (3), borné (s'oppose à *largeur*). *L'étroitesse de ses idées.*

étron **n. m. (francique *strunt*)** Excrément moulé (de l'être humain et de certains animaux). **→ crotte.**

Étrurie **n. f.** Ancienne région d'Italie, correspondant à une partie de l'actuelle Toscane. Berceau de la civilisation étrusque, elle fut soumise par Rome au début du –IIIe s. Le royaume d'Étrurie, créé par Bonaparte en 1801, fut réuni à l'Empire français en 1808, puis érigé en grand-duché de Toscane pour Élisa, sœur de Napoléon Ier.

étrusque **adj. et n.** De l'Étrurie. *L'art étrusque.* **– n.** *Les Étrusques.* ■ **n. m.** *L'étrusque :* langue des Étrusques, d'origine obscure.

Étrusques **n. m. pl.** Peuple établi à partir du –VIIIe s. dans la péninsule italique, dont les origines demeurent incertaines. Peuple de marins attirés en Toscane par les gisements métallifères, les Étrusques dominèrent le Latium à partir du –VIIe s. et fondèrent Rome, qui fut gouvernée de 616 à 509 av. J.-C. par les rois étrusques (Tarquin l'Ancien, Tarquin le Superbe, Servius Tullius). Ils étendirent leurs territoires à la plaine du Pô et à la Campanie. Après l'apogée de leur civilisation (–VIe s.), ils se heurtèrent aux Grecs puis aux Samnites (–Ve s.), et furent vaincus par les Romains en –350. La civilisation étrusque était caractérisée par le régime de la cité-État *(lucumonie)* gouvernée par un roi *(lucumon)* puis par l'aristocratie. Parmi les vestiges de l'art étrusque, on peut citer les tombes de Cerveteri, de Tarquinia et de Chiusi, décorées de fresques remarquables. **→** Étrusques (planche).

Ets Abréviation graphique de *Établissements.*

Etterbeek Commune de Belgique, dans l'agglomération bruxelloise. 48 473 habitants. Faubourg résidentiel. Musées et parc du Cinquantenaire.

étude **n. f. (latin *studia,* de *studium* « application, zèle » → studieux) I.** Application méthodique de l'esprit cherchant à apprendre et à comprendre. *Aimer l'étude* **(→ studieux). 1.** Effort pour acquérir des connaissances. *Se consacrer à l'étude du droit.* **–** *Les études :* série ordonnée de travaux et d'exercices nécessaires à l'instruction. *Faire, poursuivre, achever ses études. Études obligatoires.* **→ scolarité.** *Études primaires, secondaires, supérieures* **(→ enseignement). –** loc. iron. *Les chères études (de qqn),* ses activités antérieures et privées. *Renvoyer un homme politique à ses chères études.* **2.** Effort intellectuel orienté vers l'observation et la compréhension (de qqch.). **→ science.** *L'étude de la nature.* **3.** Examen. *L'étude d'une question, d'un dossier. Mettre un projet de loi à l'étude. Bureau d'études.* **–** comm. *Étude de marché*.* **II.** Ouvrage. **→ essai, [1]travail. 1.** Ouvrage littéraire étudiant un sujet. *Publier une étude sur un peintre.* **2.** Représentation graphique (dessin, peinture) constituant un essai ou un exercice. **→ esquisse. 3.** Composition musicale écrite pour servir (en principe) à exercer l'habileté de l'exécutant. *Les études de Chopin.* **III.** Lieu **1.** Cabinet de travail. **2.** Salle où les élèves travaillent en dehors des heures de cours. **–** Temps passé à ce

ÉTRUSQUES (art et civilisation)

Antefixe en forme de tête de femme, Cerveteri (VIe s. av. J.-C.), Musée national d'archéologie étrusque de la villa Giulia, Rome.

Ciste Ficoroni par Novius Plautius de Palestrina, corbeille de bronze illustrant la légende des Argonautes (v. 325 av. J.-C.), Musée national étrusque de la villa Giulia, Rome.

Vase avec tête de bœuf et cavalier (Ier s. av. J.-C.), Museo Civico Archeologico, Bologne.

Bas-relief d'une tombe de Chiusi (v. 500 av. J.-C.), Musée national archéologique, Palerme.

Vase en forme de canard, Chiusi (IVe s. av. J.-C.), musée du Louvre, Paris.

Jatte en or, Palestrina (VIIe s. av. J.-C.), musée Victoria et Albert, Londres.

Peinture murale de la tombe des Lionnes (v. 520 av. J.-C.), Tarquinia.

Sarcophage des époux, Cerveteri (520-510 av. J.-C.), musée du Louvre, Paris.

L'art étrusque a subi les influences des grandes civilisations grecque et orientales de la Méditerranée. La synthèse qu'il en a opérée, notamment à travers sa maîtrise du bronze et de la céramique de grand luxe, a formé l'une des bases de la culture romaine. Son évolution stylistique va d'un art décoratif et abstrait à une expression narrative au réalisme très poussé.

travail. *L'étude du soir.* **3.** Local où travaille un officier ministériel. – Charge du notaire.

étudiant, ante **1.** n. Personne qui fait des études supérieures et suit les cours d'une université, d'une grande école. *Élèves et étudiants. Étudiant en lettres.* **2.** adj. Propre aux étudiants. ➔ **estudiantin.** *Le monde étudiant.*

étudier v. tr. < 7 > (latin *studere* « étudier ») **1.** Chercher à acquérir la connaissance de. *Étudier l'histoire. Étudier le piano,* apprendre à en jouer. – intrans. *Aimer étudier.* – Apprendre par cœur. *Élève qui étudie sa leçon.* **2.** Chercher à comprendre par un examen. ➔ **analyser, observer.** *Étudier une réaction chimique. Étudier un texte.* – *Étudier qqn,* observer attentivement son comportement. **3.** Examiner afin de décider, d'agir. *Étudier un projet, un dossier. Il faut étudier la question.* ■ **s'étudier** v. pron. **1.** Se prendre pour objet de son étude. **2.** Se composer une attitude lorsqu'on se sent observé, jugé. ➔ **s'observer,** se **surveiller.** ■ **étudié, ée** adj. **1.** Médité et préparé. *Une réponse étudiée.* – *Des prix très étudiés,* calculés au plus juste. **2.** Produit, exécuté de manière voulue (s'oppose à *naturel, spontané*). *Des gestes étudiés.*

étui n. m. (ancien français *estuier* « enfermer, conserver », p.-ê. du latin *studiare* « prendre soin de » ➔ **étude**) Enveloppe, le plus souvent rigide, adaptée à l'objet qu'elle doit contenir. ➔ **gaine, porte-.** *L'étui d'une arme blanche.* ➔ **fourreau.** *Étui à lunettes ; à violon.*

étuvage n. m. Action d'étuver.

étuve n. f. (latin pop. *extupa,* de *tupare,* du grec *tuphein* « fumer ») **1.** Endroit clos dont on élève la température pour provoquer la sudation (➔ **bain de vapeur**). *Une chaleur d'étuve,* humide, pénible à supporter. – Lieu où il fait très chaud. ➔ **fournaise. 2.** Appareil clos destiné à obtenir une température déterminée. *Étuve à désinfection, à stérilisation.* ➔ **autoclave.**

à l'étuvée loc. adj. invar. et loc. adv. (de *étuver*) Cuit en vase clos, à la vapeur. *Petits légumes à l'étuvée.* ➔ à l'**étouffée.**

étuver v. tr. < 1 > **1.** Faire passer à l'étuve (2). ➔ **stériliser. 2.** Cuire à l'étuvée.

étuveur n. m. et **étuveuse** n. f. Appareil (chaudière, four) à étuver.

étymologie n. f. (du latin, du grec, de *etumos* « vrai » et *logos* ➔ **-logie** : « vérité des mots ») **1.** Science de l'origine des mots, reconstitution de leur évolution en remontant à l'état le plus anciennement accessible. **2.** Origine ou filiation (d'un mot). *Rechercher l'étymologie d'un mot.* ➔ **étymon.** ■ *Étymologie populaire :* rapprochement entre un mot et son origine supposée, par analogie de forme ou de sens.

La réflexion sur l'**étymologie** (1), l'origine des mots pour mieux comprendre leur sens et leur orthographe, est très ancienne. Quand Isidore de Séville publie au VIIe siècle ses *Etymologiae,* la langue latine n'est plus employée que par les lettrés. Son ouvrage s'apparente à un dictionnaire : classé par familles de mots, il vise à retrouver le sens authentique des termes latins. Redécouvert à la fin du Moyen Âge, le classement d'Isidore de Séville inspire la première édition du *Dictionnaire de l'Académie française* (1694).
Ce dictionnaire tranche une question culturelle et politique posée depuis la Renaissance : l'orthographe des langues modernes. En français, le respect de l'étymologie (surtout latine) s'impose pour inscrire dans la langue la mémoire des temps glorieux de l'Antiquité. On se met ainsi au XVIe siècle à écrire *terre* et non plus *tere* comme au Moyen Âge. Les autres langues romanes adoptent une orthographe phonétique, plus commode.
Mais le choix d'une orthographe étymologique n'est pas qu'une question de forme, il est également lié à la vision du temps qui prédomine jusqu'au Siècle des lumières : la vérité se situe dans le passé.
À partir du XIXe siècle, l'intérêt pour l'origine des mots prend une dimension scientifique avec l'apparition de la linguistique historique. Mais, dans un contexte culturel marqué par la pensée du progrès, il n'est plus question de confondre sens originel et sens actuel. L'origine latine mentionnée par É. Littré dans son célèbre dictionnaire a surtout une valeur indicative. Il est toutefois très utile, quand on étudie un texte littéraire, de connaître la mémoire des mots — leur histoire, leurs « déplacements » géographique et culturel — pour faire surgir toute la richesse de leurs valeurs sémantiques.
voir aussi **dictionnaire, linguistique, sémantique**

étymologique adj. **1.** Relatif à l'étymologie. **2.** Conforme à l'étymologie. *Sens étymologique,* le sens originel, le plus proche de celui de l'étymon.

étymologiquement adv. Conformément à l'étymologie.

étymologiste n. Linguiste qui s'occupe d'étymologie.

étymon n. m. Mot, racine qui donne l'étymologie (2) d'un autre mot. *Le latin « pater » est l'étymon de « père ».*

eu, eue [y] Participe passé du verbe *avoir.*

Eu Commune de la Seine-Maritime, sur la Bresle. 6 653 habitants. Église gothique. Château du XVIe siècle.

E

eu- Préfixe **(grec « bien, agréablement »)** entrant dans la formation de termes didactiques.

eubactérie n. f. hist. sc. Groupe de procaryotes comprenant l'ensemble des bactéries à l'exclusion des archéobactéries.

eubage n. m. **(du bas latin, du grec *euagês* « pur, saint », transcription du gaulois *vatis* « divin » → vaticiner)** Prêtre celte, d'une classe intermédiaire entre les druides et les bardes.

Eubée Île grecque de la mer Égée. Longue de 180 km, elle est séparée de la Grèce occidentale par le détroit de l'Europe. 209 130 habitants. Affaiblie par la guerre entre ses cités les plus importantes, Chalcis et Érétrie, l'Eubée fut colonisée par les Athéniens en −506.

eucalyptol n. m. **(de *eucalyptus*)** pharm. Principe actif extrait de l'essence d'eucalyptus.

eucalyptus [økaliptys] n. m. **(du latin mod., pris au grec *eu* « bien » et *kaluptos* « couvert »)** Arbre (myrtacée) originaire d'Australie à feuilles odorantes. – Ces feuilles. *Inhalation d'eucalyptus.*

eucaryote adj. **(du grec *eu* « bien » et *karuon* « noyau », *cf.* caryotype)** biol. Dont les cellules possèdent un noyau structuré (s'oppose à *procaryote*). – **n. m. pl.** *Les eucaryotes.*

eucharistie [økaʀisti] n. f. **(latin chrét. « action de grâces », du grec, famille de *kharis* « grâce ; gratitude » → charisme)** **1.** (avec maj.) Sacrement essentiel du christianisme qui commémore et perpétue le sacrifice du Christ. → **communion.** *Le mystère de l'Eucharistie.* **2.** Le pain et le vin consacrés. *Donner, recevoir l'eucharistie.*

eucharistique [økaʀistik] adj. Relatif à l'Eucharistie. *Congrès eucharistique.*

Euclide Mathématicien grec d'Alexandrie (IIIe s. av. J.-C.). Il est le créateur de la géométrie classique (dite *euclidienne*), dont ses *Éléments* établirent les fondements. Il a posé le *postulat d'Euclide* (« par un point du plan, on ne peut mener qu'une parallèle à une droite »), contredit à partir du XIXe s. par les géométries non-euclidiennes.

euclidien, ienne adj. Relatif à Euclide. – *Géométrie euclidienne,* qui repose sur les cinq postulats d'Euclide (opposé à *non-euclidien*).

eucologe n. m. **(du latin chrét. pris au grec, de *eukhê* « prière » et *logos* « livre »)** Livre liturgique contenant l'office des dimanches et fêtes. - var. **euchologe.**

eudémis n. m. **(mot latin)** Papillon dont la chenille attaque la vigne.

eudémonisme n. m. **(grec *eudaimonismos*, de *eudaimôn* « heureux »)** philos. Doctrine morale selon laquelle le but de l'action est le bonheur. → **hédonisme.**

Eudes (v. 860-898). Comte de Paris et de Troyes, roi de France de 888 à sa mort. Fils de Robert le Fort, il défendit Paris contre les Normands (885-887). Il combattit Charles III le Simple, qu'il reconnut finalement comme successeur.

Eudes (saint Jean) voir **Jean Eudes** (saint)

eudiomètre n. m. **(grec *eudia* « beau temps »)** phys. Appareil servant à l'analyse quantitative des mélanges gazeux et à leur synthèse.

eudiométrie n. f. phys. Analyse des mélanges gazeux avec un eudiomètre. □ **adj. eudiométrique**

eudiste n. m. **(de saint Jean *Eudes*)** Membre de la congrégation religieuse fondée en 1643 par saint Jean Eudes.

Eudoxe de Cnide Astronome et philosophe grec (v. 406-v. 355 av. J.-C.). Il tenta de définir un système astronomique conforme aux principes de Platon. Il précisa la durée d'une année (365 jours 1/4).

Eudoxie Impératrice d'Orient (morte en 404). Femme d'Arcadius, elle exerça sur lui une grande influence. Elle fit exiler saint Jean Chrysostome.

Eudoxie Impératrice d'Orient (morte en 460). Femme de Théodose II, elle prit une part active au gouvernement de l'empire.

eugénate n. m. **(de *eugénol*)** méd. Pâte obtenue par malaxage d'eugénol et d'oxyde de zinc, utilisée en chirurgie dentaire.

Eugene Ville des États-Unis (Oregon). 176 650 habitants. Industries alimentaires et du bois.

Eugène Nom de plusieurs papes. ■ **Eugène II** (mort en 827). Pape de 824 à 827. Il négocia la Constitution de 824, réglant les prérogatives respectives de l'empereur et du pape à Rome. Il réforma la discipline ecclésiastique (concile de Rome, 826). ■ **Eugène III** (bienheureux) [Bernardo Paganelli di Montemagno] (mort en 1153). Pape de 1145 à 1153. Disciple de saint Bernard, il encouragea la 2e croisade et continua la réforme de Grégoire VII. ■ **Eugène IV** [Gabriele Condulmer] [1383-1447]. Pape de 1431 à 1447. Il l'emporta sur une faction qui prétendait le déposer et le remplacer par Félix V.

Eugène de Savoie-Carignan dit **le Prince Eugène** Homme de guerre au service de l'Autriche (1663-1736). Il joua un rôle capital dans la guerre de Succession d'Espagne. Il fut cependant défait par Villars à Denain (1712).

Eugénie (Eugenia María de Montijo de Guzmán, comtesse de Téba, impératrice) Impératrice des Français (1826-1920). Épouse de Napoléon III, elle influença la politique du Second Empire.

eugénique **(anglais, du grec *eu* « bien » et *genos* « naissance » → génétique)** **I. n. f.** Étude et mise en œuvre de méthodes censées améliorer l'espèce humaine, fondées sur la génétique. **II. adj.** Relatif à l'eugénique.

eugénisme n. m. Eugénique (I). □ **n. eugéniste**

Le terme **eugénisme** dérive du grec *eu* « bien » et *genos* « né ». Il fut forgé par le physiologiste anglais Francis Galton en 1883 pour désigner « la science des conditions favorables à la reproduction humaine ». Si l'on peut estimer qu'il existe un eugénisme positif (réglementation des unions consanguines, par exemple), l'histoire du XXe siècle a fourni de sinistres exemples de dérives associées à l'eugénisme, en tant que méthode de sélection ou de contrôle de la reproduction.
Repris dans le cadre de théories racistes, de programmes démographiques ou dans une perspective d'amélioration de l'espèce humaine, l'eugénisme d'État a ainsi existé dans des contextes très divers jusqu'à la Seconde Guerre mondiale. Dans l'Allemagne nazie, il fut institué à partir de 1934, avant même les politiques d'extermination (création par Himmler en 1935 des Lebensborn, maternités destinées à « produire » des enfants de race aryenne pure ; choix pour les homosexuels entre la castration volontaire ou la déportation ; stérilisation des individus considérés comme malades, arriérés ou criminels). Pendant l'entre-deux-guerres, des programmes de stérilisation contrainte, notamment des handicapés mentaux, furent mis en place en Suède, en Suisse, au Canada et aux États-Unis. Des formes d'eugénisme subsistent encore à l'heure actuelle, notamment en Inde où l'avortement destiné à éviter la naissance des filles est une pratique fréquente.
Par ailleurs, les progrès actuels de la science et de la médecine — génétique, en particulier — conduisent à définir un second type d'eugénisme, dit « individuel » ou « libéral » qui n'est pas sans poser de problèmes éthiques. Le diagnostic prénatal rendant possible une interruption médicale de grossesse et la sélection des embryons avant implantation dans l'utérus maternel n'en sont que les premières illustrations.
voir aussi **bioéthique**

eugénol n. m. **(de *eugenia*, n. savant du giroflier)** chim. Dérivé du phénol utilisé en parfumerie et comme antiseptique en médecine dentaire.

euglène n. f. **(grec *euglênos* « aux beaux yeux »)** bot. Algue unicellulaire d'eau douce, de couleur verte.

***euh** interj. **(onomatopée)** Marque l'embarras, le doute, l'étonnement, l'hésitation.

Eulalie (sainte) Vierge et martyre espagnole (IVe s. ?).

Euler (Leonhard) Mathématicien suisse (1707-1783). Ses travaux sur les fonctions et les intégrales, qu'il appliqua notamment à la mécanique des corps, en font l'un des fondateurs de l'analyse moderne.

Eumène Ier (mort en 241 av. J.-C.). Roi de Pergame de −263 à sa mort. Il assura l'indépendance de son royaume en vainquant Antiochos Ier.

Eumène II (mort v. 159 av. J.-C.). Roi de Pergame de −197 à sa mort. Allié de Rome, il étendit l'autorité de son royaume à une grande partie de l'Asie Mineure (paix d'Apamée, −188).

Euménides (Les) Tragédie d'Eschyle, troisième partie de l'*Orestie.* Le nom d'*Euménides* (« les Bienveillantes ») est attribué aux Érinyes lorsqu'elles renoncent à poursuivre Oreste de leur haine.

eunecte n. m. zool. Grand serpent aquatique. → **anaconda.**

eunuque n. m. **(du latin, du grec *eunoukhos* « qui garde *[ekhein]* le lit *[eunê]* des femmes »)** **1.** Homme châtré qui gardait les femmes dans les harems. ■ Homme castré. → **castrat.** **2.** fam. Homme sans virilité (physique ou morale).

eupatoire n. f. **(latin *eupatoria [herba]*, pris au grec, de *Eupator*, n. d'un roi)** bot. Plante herbacée des lieux humides (famille des *Composées*), dont une variété à fleurs roses est appelée *chanvre d'eau.*

Eupen Ville de Belgique (province de Liège), chef-lieu de la Communauté germanophone de Belgique. 19 762 habitants.

eupepsie n. f. **(de *eu-* et grec *pepsis* « digestion » → dyspepsie, pepsine)** didact. Bonne digestion (opposé à *dyspepsie*). ■ **adj. eupeptique**

euphémique adj. De l'euphémisme. *Expression euphémique.* □ **adv. euphémiquement**

euphémisme n. m. **(grec *euphêmismos*, de *eu* « bien » et *phêmê* « parole »)** Expression atténuée d'une notion dont l'expression directe aurait quelque chose de déplaisant, de choquant. *« Disparu » pour « mort » est un euphémisme.*

euphonie n. f. **(grec *euphonia*, de *eu* et *phônê* « son » → -phone)** Harmonie de sons agréablement combinés (spécialt de sons qui se succèdent dans le mot ou la phrase). *Le « t » de « a-t-il » est ajouté pour l'euphonie.*

euphonique adj. **1.** Relatif à l'euphonie. **2.** Qui a de l'euphonie. **3.** Qui produit l'euphonie. *Le* t *euphonique.*

euphorbe n. f. (latin *euphorbia [herba]*, de *Euphorbus*, médecin du prince de Mauritanie Juba) Plante vivace renfermant un suc laiteux, dont il existe de nombreuses espèces.

euphorie n. f. (grec *euphoria*, de *eu* « bien » et *pherein* « porter » → -phore) Sentiment de bien-être général. *Dans l'euphorie générale.* → allégresse.

euphorique adj. **1.** Qui provoque l'euphorie. *Médicament euphorique* ou n. m. *un euphorique.* → euphorisant. **2.** De l'euphorie. *Être dans un état euphorique.* – (personnes) Qui éprouve de l'euphorie. *Se sentir euphorique.*

euphorisant, ante adj. Qui suscite l'euphorie. *Médicament euphorisant* ou n. m. *un euphorisant.*

euphoriser v. tr. < 1 > Rendre euphorique (qqn).

Euphrate n. m. Fleuve d'Asie occidentale (2 230 km). Il naît en Arménie turque, pénètre en Syrie et traverse l'Irak où il conflue avec le Tigre pour former le Chatt al-Arab qui se jette dans le golfe Arabo-Persique. Des barrages régularisent le cours du fleuve et permettent l'irrigation. Ses rives, comme celles du Tigre, constituèrent un foyer de civilisation précoce, au cœur de la Mésopotamie.

Le barrage Atatürk, construit sur l'Euphrate, en Turquie.

euphuisme [øfɥism] n. m. (anglais *euphuism*, de *Euphues*, n. d'un personnage d'un roman précieux du XVIe siècle) didact. Style précieux et maniéré, à la mode en Angleterre, au XVIe siècle.

eurafricain, aine adj. et n. Qui concerne à la fois l'Europe et l'Afrique. – n. *Les Eurafricains.*

eurasiatique adj. et n. (de *Eurasie*) Relatif à l'Eurasie. *Le continent eurasiatique.* – n. *Une Eurasiatique.* → eurasien.

Eurasie n. f. Nom parfois donné à l'ensemble continental formé par l'Asie et l'Europe.

eurasien, enne adj. et n. (anglais *eurasian*, de *Eur[ope]* et *Asian*) **1.** D'Eurasie. *Les Eurasiens.* → eurasiatique. **2.** Métis d'Européen ou d'Européenne et d'Asiatique.

Euratom n. m. ou **Communauté européenne de l'énergie atomique** (CEEA) Organisation instituée par le traité de Rome (1957) pour coordonner les recherches et programmes européens en matière d'industrie nucléaire.

Eure n. f. Rivière du Bassin parisien qui naît dans le Perche, arrose Chartres et se jette dans la Seine. 225 km.

Eure n. f. [27] Département français de la Région Normandie (→ carte). 6 037 km². 599 668 habitants. Chef-lieu : Évreux. Chefs-lieux d'arrondissement : Les Andelys, Bernay. Située pour l'essentiel au S. de la Seine, l'Eure est encore largement agricole (élevage dans le bocage, à l'O. ; céréaliculture à l'E.). De petits centres urbains et industriels se sont développés grâce à la proximité de Rouen, Le Havre et Paris : Évreux, Bernay, Gisors, Vernon.

Eure-et-Loir n. m. [28] Département français de la Région Centre-Val de Loire (→ carte). 5 939 km². 431 443 habitants. Chef-lieu : Chartres. Chefs-lieux d'arrondissement : Châteaudun, Dreux, Nogent-le-Rotrou. Au S.-O. de l'agglomération parisienne, l'Eure-et-Loir demeure rurale et agricole (élevage dans le Perche, à l'O. ; céréaliculture dans la Beauce et le Thymerais), à l'exception des centres de la vallée de l'Eure (Dreux, Maintenon, Chartres) et de Châteaudun. Tourisme.

eurêka interj. (grec *heurêka* « j'ai trouvé » → heuristique ; mot d'Archimède découvrant le principe qui porte son nom) S'emploie lorsqu'on trouve subitement une solution, un moyen, une bonne idée.

Euripe (canal de l') Détroit qui sépare l'île d'Eubée du continent grec. Il se prolonge au N.-O. par le golfe d'Eubée.

Euripide Poète tragique grec (480-406 av. J.-C.). Il fit évoluer le genre de la tragédie en dépeignant la violence des passions humaines plutôt que l'héroïsme des hommes aux prises avec la fatalité. *Iphigénie à Aulis ; Les Bacchantes ; Électre ; Les Troyennes.*

euristique voir heuristique

euro n. m. Monnaie unique européenne. *Billet de dix euros.* – *La zone euro* : les pays de l'Union européenne où l'euro a cours.

Depuis son instauration le 1er janvier 1999, l'**euro** est l'unité monétaire d'un nombre croissant de pays de l'Union européenne. Sa mise en place est un évènement historique majeur : jamais jusqu'alors des pays aussi puissants n'avaient rassemblé leur souveraineté monétaire. La constitution d'une monnaie unique couronne un processus d'intégration engagé dès les années 1950. Le rapport Delors (1989) trace la voie vers la monnaie unique ; il sert de base au traité de Maastricht (1992) qui définit des critères de convergence à respecter par les économies nationales candidates. En 1995, au sommet européen de Madrid, le nom *euro* est retenu pour désigner la monnaie européenne, se substituant à *écu*. Le 3 mai 1998, 11 pays membres de l'Union européenne sont qualifiés : l'Allemagne, la Belgique, l'Espagne, la France, l'Irlande, l'Italie, le Luxembourg, les Pays-Bas, le Portugal ainsi que l'Autriche et la Finlande. Le 1er janvier 1999, des taux de conversion irrévocables sont établis entre les 11 monnaies, rejointes par la monnaie grecque en 2001, la monnaie slovène en 2007, les monnaies de Chypre et de Malte en 2008, de Slovaquie en 2009, d'Estonie en 2011, de Lettonie en 2014, de Lituanie en 2015 et de Croatie en 2023. 20 pays font donc partie de la zone euro depuis 2023. Par ailleurs, 4 micro-États (Andorre, Monaco, Saint-Marin, Vatican) et 2 pays européens non membres (Monténégro et Kosovo) ont également l'euro pour monnaie. Les billets et les pièces sont mis en circulation à partir du 1er janvier 2002 et, le 1er juillet 2002, les monnaies nationales disparaissent totalement de la circulation (un euro équivaut à 6,559 francs). L'Eurosystème dont fait partie la Banque centrale européenne, instituée en juin 1998, définit et met en place la politique monétaire de la zone euro.
voir aussi **Union européenne, monnaie, dollar**

Euro Championnat d'Europe de football. Il a lieu tous les quatre ans.

eur(o)- Élément tiré de *Europe, européen.*

eurocrate n. (*euro-* + *-crate*) Fonctionnaire des institutions européennes.

eurocrédit n. m. Prêt en eurodevises.

eurodéputé, ée n. Député(e) au Parlement européen.

eurodevise n. f. Avoir en monnaie convertible déposé hors du pays émetteur.

eurodollar n. m. Avoir en dollars déposé dans des banques européennes.

euromarché n. m. Marché financier européen des eurodollars et des eurodevises.

euromissile n. m. Missile nucléaire de moyenne portée basé en Europe.

euro-obligation n. f. fin. **1.** Obligation libellée dans une monnaie autre que celle du pays dans lequel elle est émise. **2.** Obligation émise par l'ensemble des pays de la zone euro. - var. RO **euroobligation.**

Europe Fille d'Agénor, roi légendaire de Phénicie (région correspondant à l'actuel Liban). Zeus, épris d'elle, se transforme en taureau blanc, l'enlève et la transporte en Crète, où elle devient mère de Minos.

E

Europe et le taureau, peinture sur amphore (v. 450 av. J.-C.), Antikensammlung, Berlin.

Europe n. f. Le plus petit (environ 10 000 000 km²) et le plus mal délimité des continents, formant une péninsule à l'O. de l'Asie entre l'océan Arctique au N., l'océan Atlantique à l'O. et la Méditerranée au S. L'Europe est traditionnellement délimitée à l'E. par le Caucase, la mer Caspienne et l'Oural. 747,74 millions d'habitants (les *Européens*), soit près de 10 % de la population mondiale.

GÉOGRAPHIE

Ce continent aux contours très découpés est partagé entre une Europe septentrionale, celle des vieux socles (Scandinavie) et des plaines ou plateaux, et une Europe méridionale où se trouvent les hautes montagnes d'âge alpin. Il bénéficie dans sa majeure partie d'un climat tempéré, aux nuances toutefois assez marquées : océanique à l'O., continental à l'E., méditerranéen au S. et montagnard dans les massifs élevés.

L'Europe se distingue des autres continents par la densité de son peuplement (76 hab./km²), par son haut niveau de développement, mais aussi par son morcellement politique (50 États dont 5 ont une partie de leur territoire en Asie) et linguistique (35 langues officielles). Son unité se trouve dans les héritages culturels et politiques de l'Antiquité grecque et romaine, ainsi que dans une longue histoire commune faite tant de conflits que d'échanges pacifiques. Aujourd'hui, l'Union européenne tend à être assimilée au continent européen, bien qu'elle soit encore loin de le recouvrir intégralement. Le plus vaste des pays d'Europe, la Russie, s'étend également à l'E. de l'Oural, en Asie.

ÉCONOMIE

Les économies européennes, à l'O. du continent surtout, sont parmi les plus développées du monde. Elles se caractérisent par une tertiarisation très avancée qui fait suite à l'extraordinaire essor industriel des XIXe et XXe siècles, initié par l'Europe du N.-O. Leur désindustrialisation est relative, car les entreprises conservent en Europe leurs fonctions de conception, de commandement et les productions à très forte concentration technologique, lorsqu'elles délocali-

Europe

OCÉAN GLACIAL ARCTIQUE
Cap Horn
ISLANDE
REYKJAVÍK
Vatnajökull
Cercle polaire arctique
Îles Lofoten
Îles Vesterålen
MER DE NORVÈGE
Îles Féroé (Dan.)
Trondheim
Scandinavie
SUÈDE
NORVÈGE
Golfe de Botnie
Îles Shetland
Sogne fjord
Bergen
Îles Åland
Îles Hébrides
Îles Orcades
OSLO
Uppsala
STOCKHOLM
Canal du Nord
Glasgow
Dundee
Cap Lindesnes
L. Vänern
L. Vättern
Skagerrak
Kattegat
MER BALTIQUE
Belfast
Édimbourg
Göteborg
Gotland
OCÉAN
IRLANDE
DANEMARK
MER D'IRLANDE
MER DU NORD
Århus
Öland
Jutland
DUBLIN
Manchester
Leeds
COPENHAGUE
Malmö
Cork
Liverpool
Sheffield
Bornholm
RUSSIE
Canal St. George
ROYAUME-UNI
PAYS-BAS
Swansea
Birmingham
Hambourg
Gdańsk
Kaliningrad
Cardiff
LONDRES
AMSTERDAM
Brême
Plaine Germano-Polonaise
La Haye
Cap Land's End
Pas de Calais
Rotterdam
Hanovre
Poznań
VARSOVIE
MANCHE
BELGIQUE
Anvers
Essen
BERLIN
Îles Anglo-Normandes
Lille
Düsseldorf
Leipzig
Douai-Lens
Cologne
Wrocław
Łódź
MER D'IROISE
Brest
BRUXELLES
Bonn
Dresde
POLOGNE
Bretagne
Rouen
LUXEMBOURG
LUX.
Francfort
PRAGUE
Rennes
Metz
ALLEMAGNE
Cracovie
ATLANTIQUE
PARIS
RÉP. TCHÈQUE
Nantes
Ostrava
Orléans
Stuttgart
Strasbourg
Brno
Tours
Munich
SLOVAQUIE
FRANCE
Linz
BRATISLAVA
Limoges
Clermont-Ferrand
Bâle
Zurich
Cap Finisterre
BERNE
LIE.
VIENNE
Miskolc
Jura
Debrecen
Golfe de Gascogne
Bordeaux
Genève
SUISSE
VADUZ
AUTRICHE
Lyon
Graz
BUDAPEST
St. Étienne
Mt Blanc 4 807 m
LJUBLJANA
HONGRIE
Mts Cantabriques
Bilbao
Massif central
Grenoble
Milan
Plaine Hongroise
SLOV.
Alpes
Venise
ZAGREB
Porto
Turin
CROATIE
BELGRADE
Toulouse
Pyrénées
Avignon
Bologne
BOSNIE-HERZÉGOVINE
PORTUGAL
P. d'Aneto 3 408 m
Montpellier
Gênes
SERBIE
Mts Ibériques
MONACO
Florence
LISBONNE
Cordillère Centrale
ANDORRE
G. du Lion
Marseille
Nice
MER LIGURIENNE
ST-MARIN
Alpes dinariques
SARAJEVO
Saragosse
Elbe
MADRID
MONT.
MER ADRIATIQUE
PRIŠTINA
Barcelone
CORSE
VATICAN
Apennin
KOS.
ESPAGNE
Ajaccio
ROME
PODGORICA
Sierra Morena
Valence
SKOPJE
Îles Baléares
Sassari
Naples
Cap St-Vincent
Séville
Minorque
Bari
TIRANA
Cordillère Bétique
Palma
SARDAIGNE
MER TYRRHÉNIENNE
Ibiza
Majorque
ITALIE
ALBANIE
Málaga
Sa Mulhacén 3 478 m
Formentera
Cagliari
Pinde
Nevada
Gibraltar (G.-B.)
D. de Gibraltar
MER IONIENNE
Corfou
Ceuta (Esp.)
Îles Éoliennes
Tanger
Palerme
Etna 3 295 m
Messine
Îles Ioniennes
RABAT
Melilla (Esp.)
ALGER
Oran
Annaba
TUNIS
Catane
SICILE
Détroit de Messine
Meknès
Fès
Constantine
Cap Bon
Cap Ténare
LA VALETTE
MÉDITERRANÉE
MAROC
TUNISIE
MALTE
ALGÉRIE
0 250 500 km
Principales unités urbaines
Plus de 10 000 000 hab.
De 1 000 000 à 10 000 000 hab.
De 500 000 à 1 000 000 hab.
Moins de 1 000 000 hab.
Moins de 100 000 hab.

Cap Nord
Varanger Fjord
MER DE BARENTS
Cap Kanin
Mourmansk
L. Inari
Laponie
Presqu'île de Kola
Cercle polaire arctique
Petchora
Ob
Sourgout
MER BLANCHE
Kemi
Arkhangelsk
Dvina septentr.
Oulu
Monts Oural
RUSSIE
FINLANDE
Iekaterinbourg
Perm
Tcheliabinsk
L. Onega
Tampere
L. Ladoga
RUSSIE
Ijevsk
Oufa
Turku
HELSINKI
St-Pétersbourg
L. de Rybinsk
Golfe de Finlande
Kama
Magnitogorsk
TALLINN
ESTONIE
Volga
Kazan
Nijni-Novgorod
Oural
Lac Peïpous
G. de Riga
Oulianovsk
Togliatti
Samara
Orenbourg
Volga
Oka
RIGA
LETTONIE
MOSCOU
Penza
Plateau de Russie centrale
LITUANIE
Dvina occ.
Saratov
VILNIUS
MINSK
Dniepr
KAZAKHSTAN
Voronej
BIÉLORUSSIE
Pripiat
Oural
Desna
Kharkiv
Volgograd
KIEV
Donets
Volga
Astrakhan
Plateau de Podolie
UKRAINE
Donetsk
Don
Dniestr
Dnipropetrovsk
Rostov-sur-le-Don
Carpates
Prut
Boug
Dniepr
CHISINAU
MER D'AZOV
Krasnodar
MER CASPIENNE
Odessa
Cluj-Napoca
MOLDAVIE
ROUMANIE
Caucase
Alpes de Transylvanie
Brașov
TBILISSI
BAKOU
Olt
BUCAREST
Constantza
NOIRE
GÉORGIE
AZERBAÏDJAN
Valachie
ARMÉNIE
Varna
MER
Danube
Balkan
EREVAN
SOFIA
BULGARIE
Bosphore
Plovdiv
Rhodope
Istanbul
MACÉDOINE
MER DE MARMARA
ANKARA
Bursa
Salonique
TURQUIE
GRÈCE
Dardanelles
Anatolie
IRAN
ATHÈNES
Izmir
Patras
MER ÉGÉE
Sporades
Cyclades
PÉLOPONNÈSE
RHODES
SYRIE
Héraklion
DAMAS
CRÊTE
CHYPRE
LIBAN
IRAK
40°
50°
60°
70°
Altitudes en mètres
Dépr.
0
200
400
1 000
2 000
-2 000
-200
LIE. : Liechtenstein
LUX. : Luxembourg
SLOV. : Slovénie
MONT. : Monténégro
KOS. : Kosovo

Europe de 1815

sent dans des pays tiers les activités d'exécution. L'Europe produit chaque année environ 35 % des richesses mondiales. Les pays d'Europe centrale et orientale, qui achèvent une phase de transition postcommuniste, conservent un retard de développement relativement à ceux de l'Ouest. Si les inégalités de richesse, dans un même pays ou d'un pays à l'autre, se creusent, elles restent néanmoins moins importantes en Europe que sur les autres continents.

HISTOIRE

L'Antiquité L'Europe ne s'individualisa que fort tard et fut d'abord dominée par les peuples méditerranéens. Le centre économique et culturel du monde se fixa en Méditerranée centrale avec les Grecs, puis se déplaça vers l'O. avec les Romains pour devenir plus européen. L'héritage grec fut transmis par Rome, qui unifia le monde antique et introduisit le christianisme. Le IVe siècle vit l'entrée des Germains dans l'Empire romain, dont la partie occidentale se disloqua, tandis que la partie orientale devait se maintenir jusqu'au Moyen Âge (Empire byzantin).

Le Moyen Âge Le christianisme tenta de rétablir, face à l'Empire romain d'Orient et face aux Arabes, arrivés jusqu'à Poitiers en 732, l'Empire romain d'Occident avec Charlemagne (800). Ce fut alors que le mot *Europe* se chargea d'une signification politique et culturelle. Othon Ier le Grand créa en 962 le Saint Empire romain germanique, qui se maintint longtemps, mais sans grande cohésion. Les empereurs se heurtèrent à la domination spirituelle des papes, tandis que les rois des pays du nord-ouest du continent (Capétiens et Plantagenêts) adoptèrent des politiques nationalistes qui aboutirent notamment à la guerre de Cent Ans (1337-1453).

Les Temps modernes Au XVe s., les Turcs entrèrent à Constantinople et, au XVIe s., l'Empire ottoman atteignit son apogée. L'Europe, alors déchirée par les querelles religieuses (Réforme), était entrée dans une ère de révolution intellectuelle (la Renaissance) et économique favorisée par les grandes découvertes maritimes. Au XVIIIe s., après l'Espagne et la France, la Grande-Bretagne et les Provinces-Unies exercèrent la prépondérance européenne en dominant le commerce maritime et en créant la première industrie moderne.

De la Révolution française à 1914 Avec la Révolution française, puis l'Empire de Napoléon, l'idée de l'Europe se fit de nouveau jour, mais la tentative impériale s'acheva par l'éclatement d'un continent sous domination française tandis que le mouvement des nationalités, doublé d'un mouvement libéral, se répandit durant tout le XIXe s. L'Europe connut l'essor des mouvements ouvriers et des socialismes en même temps que la naissance de vastes empires coloniaux, déjà ébauchés au XVIIIe s. L'Amérique s'émancipa, mais l'Europe étendit son influence en Afrique.

Les deux guerres mondiales La prépondérance européenne fut ébranlée par la Première Guerre mondiale. De ce conflit naquit pourtant, avec la création de la Société des nations (SDN), l'idée d'un lien fédéral. La crise économique mondiale favorisa l'avènement des fascismes ; le régime nazi d'Hitler tenta d'instaurer une Europe raciste et totalitaire, déclenchant la Seconde Guerre mondiale. À l'issue de ce conflit, remporté par les démocraties, l'Europe orientale libérée des forces de l'Axe par l'URSS se trouva séparée de l'Europe occidentale par le « rideau de fer » (1947-1989).

La « construction européenne » Ce fut Winston Churchill qui, en 1946, lança l'idée des « États-Unis d'Europe ». En 1947, les États-Unis proposèrent le plan Marshall auquel répondit la création de l'Organisation européenne de coopération économique (OECE) groupant 18 pays (devenue en 1961 l'OCDE). L'effort d'unification économique fut prolongé sur le plan politique par la création du Conseil de l'Europe (1949) : il est la principale organisation de défense des droits de l'homme sur le continent et regroupe 46 États.

Puis, la France, la RFA, l'Italie et le Benelux construisirent une unité économique en créant la Communauté européenne du charbon et de l'acier (CECA, 1951), puis la Communauté économique européenne (CEE, 1957, traité de Rome).

Par des élargissements successifs, la CEE devint l'Union européenne en 1993.

Europe 1 Station de radiodiffusion privée française, lancée en 1954.

européaniser v. tr. < 1 > **1.** Donner un caractère européen à. – pronom. *Le Japon s'est européanisé et américanisé.* **2.** Envisager à l'échelle européenne. – pronom. *Marché qui s'européanise.* □ **n. f. européanisation**

européanisme ; européaniste voir **européisme ; européiste**

Europe Écologie-Les Verts (EELV) Parti politique écologiste français né en 2010 du rassemblement du parti des Verts et du mouvement Europe Écologie, créé en 2010.

européen, éenne adj. et n. **1.** De l'Europe. *Les pays européens.* – n. *Les Européens.* **2.** Qui concerne le projet d'une Europe économiquement et politiquement unifiée ; qui en est partisan. *Le marché européen. L'Union européenne. Unité monétaire européenne.* → **euro.** *Les (élections) européennes.* – n. Partisan de la construction de l'Europe. *Une européenne convaincue.*

européisme n. m. **1.** Caractère européen, goût de ce qui est européen. **2.** Position politique favorable à l'unification de l'Europe. - var. **européanisme.**

européiste adj. et n. Favorable à l'unification de l'Europe. – n. *Les européistes et les europhobes.* - var. **européaniste.**

europhobe adj. et n. (de *Europe* et *-phobe*) Hostile à l'unification de l'Europe. → aussi **eurosceptique.** – n. *Les europhobes et les européistes.* □ n. f. **europhobie**

europium [øʀɔpjɔm] n. m. chim. Élément atomique (symb. Eu, n° atomique 63, masse atomique 151,96) de la série des lanthanides, se présentant sous la forme d'un métal argenté, très ductile.

Europol n. m. Office européen de police, créé en 1992. Il travaille en liaison avec les polices des pays de l'UE afin de les aider à lutter contre le terrorisme et la criminalité internationale et avec Interpol.

Europoort Avant-port de Rotterdam (Pays-Bas), qui s'est développé à partir des années 1960 sur le canal Nieuwe Waterweg. Pétrole, chimie.

eurosceptique adj. et n. Qui doute de l'avenir politique et économique de l'Europe. – n. *Un, une eurosceptique.* □ n. m. **euroscepticisme**

Eurotas n. m. Fleuve de Grèce (82 km), dans le Péloponnèse. Il arrose Sparte.

Eurovision n. f. Organisme international créé en 1954 afin de coordonner, à l'échelle européenne, les échanges et la coproduction d'émissions télévisuelles et radiodiffusées.

Eurydice Dans la mythologie grecque, l'une des dryades, épouse d'Orphée. Celui-ci tente en vain de la ramener des Enfers.

Eurydice, Hermès et Orphée, relief romain sur marbre (IIe s.), musée du Louvre, Paris.

euryhalin, ine [øʀialɛ̃, in] adj. (du grec *eurus* « large » et *hals, halos* « sel ») didact. (animaux marins) Qui peut vivre dans des eaux de salinité variable.

Eurymédon n. m. Petit fleuve côtier d'Asie Mineure (Pamphylie). L'Athénien Cimon vainquit, à son embouchure, les Perses en –468, mettant fin aux guerres médiques.

Eurysthée Roi légendaire de Mycènes et de Tirynthe. Cousin d'Héraclès, il l'éloigne du trône en lui imposant les « douze travaux ».

eurythmie n. f. (du grec *eu* « bien » et *ruthmos* → rythme) didact. Harmonie des proportions, des lignes ou des sons (arts). □ adj. **eurythmique**

Eusèbe de Césarée Écrivain grec chrétien (v. 265-340). Évêque de Césarée (303), il est le père de l'histoire religieuse. *Chronique ; Histoire ecclésiastique.*

euskarien, ienne adj. et n. (basque *euskara* « langue basque ») didact. Du Pays basque. → **²basque.** - var. **euscarien, ienne.**

eustache n. m. (de *Eustache* [Dubois], coutelier) vieux, fam. Couteau de poche, servant d'arme. → **surin.**

Eustache (saint) Martyr du IIe s. Il aurait été converti par la rencontre d'un cerf portant entre ses bois une croix miraculeuse. Patron des chasseurs.

Eustache (Jean) Cinéaste français (1938-1981). Il a laissé des films exigeants et engagés. *La Maman et la Putain ; Une sale histoire.*

Eustache de Saint-Pierre (v. 1287-1371). L'un des six bourgeois de Calais. Il était le chef de cette délégation qui se livra en otage à Édouard III d'Angleterre pour sauver la ville en 1347.

eustatique adj. (de l'allemand, pris au grec → eu- et statique) didact. Qui concerne le niveau des mers.

eustatisme n. m. (de *eustatique*) géol. Variation du niveau des mers (due à la fonte des glaces et à la glaciation).

eutectique adj. (de l'anglais, pris au grec *eutêktos* « qui fond facilement ») didact. *Mélange eutectique* : mélange en solution binaire qui fond, se solidifie à température constante.

Euterpe Muse de la Musique, dans la mythologie grecque.

eutexie n. f. (de l'anglais, pris au grec *eutêxia* → eutectique) didact. *Point d'eutexie* : température de fusion d'un mélange eutectique.

euthanasie n. f. (du grec *eu* « bien » et *thanatos* « mort ») Usage des procédés qui permettent de hâter ou de provoquer la mort de malades incurables qui souffrent et souhaitent mourir. □ adj. **euthanasique**

euthanasier v. tr. < 7 > Faire mourir par euthanasie.

euthérien n. m. (de *eu-* et du grec *thêrion* « bête sauvage ») zool. Mammifère placentaire. *La sous-classe des Euthériens.*

eutocie n. f. (du grec *eu* « bien » et *tokos* « accouchement ») méd. Accouchement qui se déroule normalement (opposé à *dystocie*).

eutrophisation n. f. (de *eu-* et du grec *trophê* « nourriture ») écol. Apport excessif d'éléments nutritifs dans les eaux, entraînant une prolifération végétale, un appauvrissement en oxygène et un déséquilibre de l'écosystème.

Eutychès Hérésiarque byzantin (av. 378-v. 454). Tenant du monophysisme, qui nie la nature humaine du Christ, il fut condamné au concile de Chalcédoine (451).

eux pron. pers. (3e pers. masc. plur.) (latin *illos*) Pronom complément après une préposition, forme tonique correspondant à *ils* (→ il), pluriel de *lui* (→ lui). *C'est à eux de parler. L'un d'eux. Eux-mêmes.* ▪ (forme d'insistance) *Ils n'oublient pas, eux.* – (comme sujet) *Si vous acceptez, eux refuseront.*

s'évacher v. pron. < 1 > (de *vache*) (Canada) fam. **1.** Rester à ne rien faire. *S'évacher au soleil.* **2.** S'installer de travers, n'importe comment. *Elle s'est évachée sur son lit.* → **s'avachir.**

évacuant, ante adj. Qui agit contre la constipation.

évacuateur, trice adj. et n. m. Qui sert à évacuer les eaux. *Conduit évacuateur.* – n. m. Déversoir d'un barrage en cas de crue.

évacuation n. f. **1.** Rejet, expulsion (de matière) hors de l'organisme. → **élimination, expulsion.** *Évacuation des excréments.* → **défécation.** **2.** Écoulement (d'un liquide) hors d'un lieu. → **déversement.** *L'évacuation des eaux d'égout.* **3.** Fait d'abandonner en masse (un lieu). → **abandon, ¹départ, retrait.** *L'évacuation d'un territoire.* **4.** Action d'évacuer (des personnes). *Évacuation de blessés.*

évacuer v. tr. < 1 > (latin *evacuare* « vider », de *vacuus* « vide » → vaquer) **1.** Rejeter, expulser de l'organisme. → **éliminer.** *Évacuer l'urine.* → **uriner.** **2.** Faire sortir (un liquide) d'un lieu. *Conduite qui évacue l'eau d'un réservoir.* → **déverser, vider.** **3.** Cesser d'occuper militairement (un lieu, un pays). → **abandonner, se retirer.** *Évacuer une position.* ▪ Quitter (un lieu) en masse, par nécessité ou par ordre. *Le juge fit évacuer la salle.* **4.** Faire partir en masse, hors d'un lieu où il est dangereux, interdit de demeurer. *Évacuer la population d'une ville bombardée.* – au p. p. *Population évacuée.* n. *Les évacués.* **5.** fig. Se débarrasser de (un souci, une préoccupation). *Question embarrassante, difficile à évacuer.*

évadé, ée adj. et n. Qui s'est échappé. *Prisonniers évadés.* ▪ n. Personne qui s'est échappée. → **fugitif.** *Capturer un évadé.* – *Évadé fiscal* : personne qui soustrait au fisc des revenus imposables sans transgresser la loi.

s'évader v. pron. < 1 > (latin *evadere*, de *ex-* et *vadere* « s'avancer » → ¹aller [*il va*, etc.]) **1.** S'échapper (d'un lieu où l'on était retenu, enfermé). → **s'enfuir, se sauver ; évasion.** *S'évader d'une prison.* **2.** Échapper volontairement (à une réalité). → **fuir.** *S'évader du réel par le rêve.*

évagination n. f. (latin *vagina* → gaine, vagin) didact. Sortie anormale d'un organe hors de sa cavité naturelle. → **hernie.** (S'oppose à *invagination*).

évaluable adj. Dont on peut faire l'évaluation, l'estimation. → **estimable.**

évaluateur, trice n. (Canada, Québec) Personne dont le métier est d'évaluer les biens d'une personne (notamment immobiliers).

évaluation n. f. **1.** Action d'évaluer. → **²calcul, détermination, estimation.** *L'évaluation d'une distance. Évaluation des connaissances.* **2.** Valeur, quantité évaluée. *Évaluation insuffisante, trop faible* (mesure, prix, valeur) (→ **sous-évaluation**), *trop forte* (→ **surévaluation**).

évaluer v. tr. < 1 > (de *é-* et ancien français *value* → plus-value, de *valoir*) **1.** Porter un jugement sur la valeur, le prix de. → **estimer, ¹priser.** *Faire évaluer un tableau par un expert.* → **expertiser.** *Évaluer un bien au-dessus* (→ **surévaluer**), *au-dessous* (→ **sous-évaluer**) *de sa valeur.* ▪ Déterminer (une quantité) par le calcul sans recourir à la mesure directe. *Évaluer le débit d'une rivière.* → **jauger.** **2.** Fixer approximativement. → **apprécier, estimer, juger.** *Évaluer un risque.*

évanescent, ente adj. (du latin, p. prés. de *evanescere* « disparaître » → s'évanouir ; vain) **1.** littér. Qui s'amoindrit et disparaît graduellement. *Image évanescente.* → **fugitif.** *Impression évanescente,* qui s'efface, s'évanouit. **2.** (personnes, comportements) Délicat et insaisissable. *Un air évanescent.* □ n. f. **évanescence**

évangéliaire n. m. (latin *evangeliarium* → évangile) Livre contenant les passages des Évangiles lus à la messe. → **missel.**

évangélique adj. (latin *evangelicus* → évangile) **1.** Relatif ou conforme à l'Évangile. → **chrétien.** *La morale évangélique.* **2.** Qui est de la religion protestante, fondée sur les Évangiles. *Église luthérienne évangélique.* – n. *Les évangéliques* : les protestants.

évangélisateur, trice adj. Qui évangélise. – n. *Une évangélisatrice.*

évangélisation n. f. Action d'évangéliser. → **christianisation.**

évangéliser v. tr. < 1 > (latin *evangeliarium* → évangile) Prêcher l'Évangile à. → **christianiser.**

évangélisme n. m. **1.** Pratique religieuse conforme à l'Évangile. **2.** Doctrines des églises évangéliques (protestantes).

évangéliste n. **(latin d'origine grecque *evangelista* → évangile) 1.** Auteur de l'un des Évangiles. **2.** Prédicateur itinérant de l'Église réformée.

évangile n. m. **(latin chrét. d'origine grecque « bonne nouvelle [de la parole du Christ] ») 1. (avec maj.)** Enseignement de Jésus-Christ. *Répandre l'Évangile.* → **évangéliser. 2. (avec maj.)** Chacun des livres de la Bible où la vie et la doctrine de Jésus-Christ ont été consignées (→ **évangéliste).** *L'Évangile selon saint Luc.* – *L'Évangile* : les quatre Évangiles. – loc. ***Parole d'évangile*** : chose sûre, indiscutable. *Tout ce qu'elle dit est pour lui parole d'évangile.* **3. (avec maj.)** Texte des évangiles, lu chaque jour à la messe. *L'Évangile du jour.* **4.** Document essentiel (d'une croyance, d'une doctrine). → **bible.**

Évangiles n. m. pl. Récits du Nouveau Testament contenant la révélation chrétienne. La vie et l'enseignement de Jésus sont rapportés dans les quatre Évangiles canoniques de Matthieu, Marc, Luc (Évangiles dits synoptiques, rédigés entre 64 et 80) et Jean (fin du Ier s.). On compte également des évangiles apocryphes.

évanoui, ie adj. **1.** Disparu. *Rêves évanouis.* **2. (personnes)** Sans connaissance. *Tomber évanoui.*

s'évanouir v. pron. **< 2 > (latin pop. *exvanire*, altération de *evanescere*, de *ex-* et *vanus* → évanescent ; vain) 1.** Disparaître sans laisser de traces. → **s'effacer.** *Il avait aperçu une ombre qui s'évanouit aussitôt.* → se **dissiper.** – **(personnes)** Disparaître. *« Mais il ne poussa qu'un soupir, / Et s'évanouit comme un rêve »* (Musset). **2. (personnes)** Perdre connaissance ; tomber en syncope. → **défaillir** ; → se trouver mal ; fam. tourner de l'œil, tomber dans les pommes.

évanouissement n. m. **1.** littér. Disparition complète. *L'évanouissement de ses espérances.* → **anéantissement.** – *Évanouissement d'un son.* → **fading. 2.** Fait de perdre connaissance. → **syncope.**

Evans (Oliver) Ingénieur américain (1755-1819). Il inventa des machines industrielles (cardage mécanique du textile, utilisation de chaudières à vapeur à haute pression).

Evans (sir Arthur John) Archéologue et géologue britannique (1851-1941). Il réalisa à Cnossos des fouilles qui renouvelèrent la connaissance de la civilisation crétoise.

Evans (Walker) Photographe américain (1903-1975). Il réalisa une œuvre documentaire de style épuré. *Louons maintenant les grands hommes* (reportage sur des métayers de l'Alabama).

Evans (William John, dit **Bill)** Pianiste et compositeur de jazz américain (1929-1980). Ses créations inventives et raffinées sont exemplaires du jazz new-yorkais des années 1950 et 1960.

Evans (Mary Ann) voir **Eliot (George)**

Evans-Pritchard (Edward) Ethnologue britannique (1902-1973). Il fut un spécialiste des peuples africains, notamment d'un groupe nilotique, les Nuers. *Système politique de l'Afrique ; Anthropologie sociale.*

Evansville Ville des États-Unis (Indiana), sur l'Ohio. 117 290 habitants. Industrie.

évaporable adj. Qui peut s'évaporer.

évaporateur n. m. **1.** Appareil employé pour la dessiccation, le séchage de divers produits (fruits, légumes...). **2.** Appareil servant à distiller de l'eau de mer. **3.** Organe des machines frigorifiques à compression où se produit l'évaporation.

évaporation n. f. **(latin *evaporatio* → évaporer)** Transformation (d'un liquide) en vapeur par sa surface libre. *L'évaporation de l'eau salée* (pour obtenir le sel marin).

évaporatoire adj. techn. Qui sert à l'évaporation des liquides.

évaporé, ée adj. Qui a un caractère étourdi, léger ; qui se dissipe en choses vaines. → **écervelé, étourdi.** *Une jeune fille évaporée. Air évaporé.* – n. *Une évaporée.*

évaporer v. tr. **< 1 > (latin *evaporare*, de *ex-* et *vapor* → vapeur) vieux ou littér.** Transformer en vapeur (→ **vaporiser). ■ s'évaporer** v. pron. **1.** Se transformer lentement en vapeur par sa surface libre. *La rosée s'évapore à la chaleur du soleil.* **2.** fig. Disparaître, cesser d'exister. *« La pensée [...] est sujette à s'évaporer en rêverie »* (Hugo). **3.** fam. Disparaître brusquement. → **s'éclipser, s'évanouir.** *Cet argent ne s'est tout de même pas évaporé !*

évapotranspiration n. f. didact. Quantité d'eau qui s'évapore par le sol, les nappes liquides et la transpiration des végétaux.

évasement n. m. Forme évasée. *L'évasement d'un col de carafe.*

évaser v. tr. **< 1 > (de *é-* et *vase*)** Élargir à l'orifice, à l'extrémité. *Évaser un tuyau.* – pronom. *Les manches de sa robe s'évasent au poignet.* **■ évasé, ée** adj. Qui va en s'élargissant. *Jupe évasée.*

évasif, ive adj. **(de *évasion*, au fig.)** Qui cherche à éluder en restant dans l'imprécision. *Il est resté très évasif. Réponse évasive.* → **ambigu, [3]vague.** □ adv. **évasivement**

évasion n. f. **(bas latin, de *evadere* → s'évader) 1.** Action de s'évader, de s'échapper d'un lieu où l'on était enfermé. *Une tentative d'évasion.* – *Jeu d'évasion*, qui consiste à sortir d'un espace clos en cherchant des indices et en résolvant des énigmes (recomm. offic. pour **escape game**). **2.** fig. Fait de se distraire. *Besoin d'évasion.* → **changement, distraction. 3.** Fuite (de valeurs). *L'évasion de capitaux à l'étranger.* – *Évasion fiscale* : fait de soustraire au fisc des revenus imposables sans transgresser la loi.

évasure n. f. Ouverture évasée. *L'évasure d'un entonnoir.*

Ève Nom donné dans la Bible à la première femme, créée à partir de la côte d'Adam. Elle engendra Caïn, Abel et Seth et est la mère de l'humanité.

évêché n. m. **(latin chrét. *episcopatus*, de *evesque* → évêque) 1.** Juridiction d'un évêque, territoire soumis à son autorité. → **diocèse.** *L'évêché et l'archevêché.* **2.** vieux Dignité épiscopale. → **épiscopat. 3.** Palais épiscopal.

évection n. f. **(latin *evectio* « action de s'élever »)** Inégalité périodique dans le mouvement de la Lune, due à l'attraction solaire.

éveil n. m. **(de *éveiller*) 1.** Action d'éveiller. ***Donner l'éveil*** : donner l'alarme, mettre en alerte en éveillant l'attention. – ***Être en éveil*** : être attentif, sur ses gardes. *Un esprit toujours en éveil.* **2. (facultés, sentiments)** Action de se révéler, de se manifester. *L'éveil de l'intelligence. Jeu, activité d'éveil* (pour les enfants), qui stimule leur intelligence, leur curiosité. **3. (nature)** Fait de sortir du sommeil. *L'éveil de la nature au printemps.* → **[1]réveil.**

éveillé, ée adj. **1.** Qui ne dort pas. *Rester éveillé. Un rêve éveillé*, que l'on a sans dormir. **2. (personnes)** Plein de vie, de vivacité. *Une fillette éveillée.* → **[1]alerte, dégourdi, déluré, malicieux, vif.** *Avoir l'œil, l'air éveillé.* → **futé.**

éveiller v. tr. **< 1 > (latin pop. *exvigilare*, de *ex-* et *vigilare* → veille, vigilant, [1]vigile, de *vigere* → vigueur) 1.** littér. Tirer (qqn, un animal) du sommeil. → **réveiller (plus cour.). 2.** Rendre effectif, manifester (une disposition, etc.). *La lecture éveille l'imagination.* – Éveiller l'esprit de (qqn). *« Aucune éducation ne transforme un être : elle l'éveille »* (Barrès). **■** Faire naître, apparaître (un sentiment, une idée). → **provoquer, révéler, susciter.** *Éveiller les soupçons. Éveiller la curiosité.* → **exciter, piquer. ■ s'éveiller** v. pron. **1.** Sortir du sommeil. → se **réveiller.** *« La nature s'éveille et de rayons s'enivre »* (Rimbaud). – ***S'éveiller à*** *(un sentiment)*, l'éprouver pour la première fois. *S'éveiller à l'amour.* **2. (sentiments, idées)** Naître, se manifester. *Sa curiosité s'éveilla.*

éveilleur, euse n. littér. Personne qui éveille les esprits. *Éveilleur de conscience.*

évènement ou **événement** n. m. **(latin *evenire*, d'après *avènement*)** Ce qui arrive et qui a de l'importance pour l'homme. → **[2]fait.** *L'évènement a eu lieu, s'est passé, s'est produit il y a huit jours. Évènement heureux*, bonheur, chance. *Un heureux évènement* : une naissance. *Être dépassé par les évènements.* – loc. *Créer l'évènement.* – par euphémisme *Les évènements d'Algérie* : la guerre d'Algérie. *Les évènements de mai 68.* – fam. *Lorsqu'il part en voyage, c'est un évènement*, cela prend une importance démesurée. → **affaire, histoire.**

évènementiel, elle ou **événementiel, elle** adj. **1.** *Histoire évènementielle*, qui ne fait que décrire les évènements. **2.** Relatif à un évènement particulier. *Opération évènementielle.* – n. m. *L'évènementiel* : secteur d'activité autour des évènements de communication (foires, salons...).

évent n. m. **(de *éventer*)** Ce qui laisse passer l'air **1.** Narines des cétacés. *Colonne de vapeur rejetée par les évents de la baleine.* **2.** Conduit pour l'échappement des gaz. Canal d'aération.

Evans (Walker)

Famille américaine pendant la Grande Dépression, par Walker Evans (1935-1936).

Everest (mont)

Le mont Everest, appelé en tibétain Chomolungma (« déesse de l'univers »).

éventail n. m. (de *éventer,* d'après *vantail*) **1.** Accessoire qu'on agite avec un mouvement de va-et-vient pour produire un courant d'air (→ **s'éventer**). *« Manœuvrer l'éventail est un art totalement inconnu en France. Les Espagnoles y excellent »* (Gautier). **2.** *En éventail :* en forme d'éventail ouvert (lignes qui partent d'un point et s'en écartent). *Plis, plissé en éventail.* fam. *(Être, rester) les doigts de pied en éventail :* rester inactif, se prélasser. **3.** Ensemble de choses diverses d'une même catégorie qui peut augmenter ou diminuer (comme on ouvre ou ferme un éventail). *Éventail d'articles offerts à l'acheteur.* → **choix, gamme.** *L'éventail des salaires.* → **échelle.**

éventailliste n. Fabricant d'éventails.

éventaire n. m. (p.-ê. de *inventaire,* ou famille de *vent ; cf. en plein vent* « en plein air ») Étalage en plein air, à l'extérieur d'une boutique, sur la voie publique, sur un marché. → **devanture, étal.** *L'éventaire d'un marchand de journaux.*

éventé, ée adj. **I.** Exposé au vent. *Une terrasse très éventée* (opposé à *abrité*). **II. 1.** Altéré, corrompu par l'air. *Parfum éventé.* **2.** Découvert, connu. *Un secret éventé.*

éventer v. tr. < 1 > (de *é-* et *vent* « air » et « odeur ») **I.** Rafraîchir en agitant l'air. *Éventer qqn avec un éventail.* – pronom. *S'éventer avec un journal.* **II. 1.** vieux Exposer à l'air. – spécialt *Éventer une mèche, une mine.* – loc. fig. *Éventer la mèche**. – pronom. Perdre son parfum, son goût, au contact de l'air. *Le vin s'est éventé.* → **éventé. 2.** Rendre public, faire connaître. *Éventer un complot.*

éventration n. f. **1.** Action d'éventrer. **2.** Fait d'être éventré. ▪ Hernie ventrale.

éventrement n. m. Action d'éventrer.

éventrer v. tr. < 1 > (de *é-* et *ventre*) **1.** Déchirer en ouvrant le ventre. → **étriper. 2.** Fendre largement (un objet) pour atteindre le contenu. → **ouvrir.** *Éventrer un matelas.* – Défoncer (qqch.). *Éventrer un mur.*

éventreur, euse n. Meurtrier, meurtrière qui éventre sa victime. *Jack l'Éventreur* (en anglais Jack the Ripper), *célèbre meurtrier londonien.*

éventualité n. f. **1.** Caractère de ce qui est éventuel. → **incertitude.** *Envisager l'éventualité d'une guerre.* → **possibilité. 2.** (Une, des éventualités) Circonstance, évènement pouvant survenir à l'occasion d'une action. *Être prêt, parer à toute éventualité,* prévoir tous les évènements qui peuvent s'opposer à un projet.

éventuel, elle adj. (latin *eventus* → **évènement ;** d'abord mot jurid.) Qui peut ou non se produire. → **possible.** *Les conséquences éventuelles.* → **hypothétique.** – (personnes) *Son successeur éventuel.*

éventuellement adv. Selon les circonstances (→ **le cas échéant***).

évêque n. m. (latin pop. *episcum,* latin chrét. *espiscopum,* grec *episkopos* « gardien ») Dignitaire de l'ordre le plus élevé de la prêtrise chrétienne (→ **prélat**) qui, dans l'Église catholique, est chargé de la conduite d'un diocèse. → **évêché ; épiscopal.** *La crosse, la mitre, l'anneau de l'évêque. Les évêques et l'archevêque. L'assemblée des évêques.* → **concile.** *Monseigneur X, évêque de...*

Evere Ville de Belgique, dans l'agglomération de Bruxelles. 42 656 habitants.

Everest (mont) Nom anglais du Chomolungma, point culminant de la Terre dans l'Himalaya, à la frontière du Népal et du Tibet. 8 848 m. Il fut gravi par le Néo-Zélandais Edmund Hillary et le sherpa Tenzing Norgay en 1953.

Evergem Ville de Belgique (Flandre-Orientale), banlieue industrielle de Gand. 35 628 habitants.

évergète n. m. (grec *euergetês* « bienfaiteur ») Dans la Grèce antique, Riche notable qui finançait par ses dons les dépenses publiques. *Évergètes et mécènes.*

Everglades n. m. pl. Région marécageuse du S. de la Floride (États-Unis). Parc naturel. Tourisme.

Le parc national des Everglades, patrimoine mondial de l'Unesco et réserve de biosphère.

éversion n. f. (latin *eversio,* de *evertere* « retourner » → **verser**) méd. Saillie anormale d'une muqueuse au niveau d'un orifice naturel (→ **ectropion**).

Evert (Chris) Joueuse de tennis américaine (née en 1954). Réputée pour son revers à deux mains, elle remporta 18 victoires en Grand Chelem.

s'évertuer v. pron. < 1 > (de *é-* et *vertu* « courage ») Faire tous ses efforts, se donner beaucoup de peine. → **s'appliquer, s'escrimer.** *S'évertuer à expliquer qqch.*

EVG voir **enterrement**

Évhémère Mythographe grec (v. 340-v. 260 av. J.-C.). Il considérait les dieux comme des hommes supérieurs, divinisés après leur mort. Cette conception fut reprise par les penseurs rationalistes au XIXe s. (évhémérisme).

évhémérisme [evemerism] n. m. (de *Evhémère*) didact. Doctrine selon laquelle les dieux de la mythologie étaient des personnages humains divinisés après leur mort.

Évian-les-Bains Commune de la Haute-Savoie, sur le lac Léman. 9 117 habitants. Station thermale réputée. Eaux minérales. Les *accords d'Évian,* signés en 1962, mirent fin à la guerre d'Algérie.

éviction n. f. (du latin, de *evincere* → **évincer**) Action d'évincer, de priver d'un droit. → **évincement, exclusion, expulsion, rejet.** *« La société nous évince ; eh bien, je prends acte de cette éviction »* (Proudhon).

évidage n. m. Action d'évider. → **évidement.**

évidement n. m. **1.** Évidage. **2.** Ce qui est évidé.

évidemment [evidamɑ̃] adv. **1.** vieilli Avec évidence. **2.** mod. → **assurément, certainement.** *Vous acceptez ? — Évidemment !* → **naturellement.** *Évidemment, il se trompe. Évidemment qu'il se trompe* (→ **bien sûr***).

évidence n. f. (latin *evidencia* → **évident**) **1.** Caractère de ce qui s'impose à l'esprit avec une telle force qu'on n'a besoin d'aucune autre preuve pour en connaître la vérité, la réalité. → **certitude.** *C'est l'évidence même.* loc. *Se rendre à l'évidence :* finir par admettre ce qui est incontestable. ▪ (Une, des évidences) Chose évidente. *C'est une évidence !* – péj. Truisme, lapalissade. **2.** *En évidence :* en se présentant de façon à être vu, remarqué immédiatement. *Être en évidence :* apparaître, se montrer très nettement. *Mettre qqch. bien en évidence.* **3.** *À l'évidence* loc. adv. → **certainement, sûrement.** *Démontrer à l'évidence que...* – *De toute évidence, il ne reviendra plus.*

évident, ente adj. (latin *evidens,* de *e-* [ex-] et *videre* → **voir**) Qui s'impose à l'esprit par son caractère d'évidence. → **certain, flagrant, incontestable, indiscutable, sûr.** *Une preuve évidente. Il fait preuve d'une évidente bonne volonté. Il est évident qu'il a menti.*

évider v. tr. < 1 > (de *é-* et *vide*) Creuser en enlevant une partie de la matière, à la surface ou à l'intérieur. *Évider des tomates.* – p. p. adj. *Pommes évidées.*

évidoir n. m. Outil servant à évider. *Évidoir de luthier.*

évidure n. f. Creux, trou d'un objet évidé.

évier n. m. (latin pop. *aquarium* → **aquarium,** de *aqua* → **eau**) Élément d'une cuisine formant un bassin, muni d'une alimentation en eau et d'une vidange. *Évier à deux bacs.*

évincement n. m. Action d'évincer. → **éviction.**

évincer v. tr. < 3 > (latin *evincere,* de *e-* et *vincere* → **vaincre**) Déposséder (qqn) par intrigue d'une affaire, d'une place. → **chasser, ¹écarter, éliminer, exclure ; éviction.** *Se faire évincer.*

éviscérer [evisere] v. tr. < 6 > (latin *eviscerare* → **viscère**) Enlever les viscères de. – au p. p. *Poissons éviscérés.* □ n. f. **éviscération**

évitable adj. Qui peut être évité. « *Un danger semble très évitable quand il est conjuré* » (Proust).

évitage n. m. mar. Mouvement que fait un navire pour éviter (I).

évitement n. m. **1.** Action d'éviter. « *Cet évitement de vous-même* » (M. Butor). ■ techn. ***D'évitement*** : où l'on gare les trains, les wagons, pour laisser libre une voie. *Gare, voie d'évitement.* **2.** biol., psych. *Réaction d'évitement,* mouvement de recul des micro-organismes contre un agent d'excitation.

éviter v. tr. < 1 > **(latin *evitare*, de *e-* *[ex-]* et *vitare* « se garder de ») I. v. tr. ind.** mar. (navire) *Éviter au vent :* changer de cap sous l'action du vent ou du courant **(→ évitage). II. v. tr. 1.** Faire en sorte de ne pas heurter en rencontrant (qqn, qqch.). *Il a fait une embardée pour éviter l'obstacle.* – Faire en sorte de ne pas subir (une chose nuisible, désagréable). *Éviter un coup.* **→ esquiver, [2]parer.** – *Éviter le regard de qqn.* **2.** Faire en sorte de ne pas rencontrer (qqn). – pronom. *Ils s'évitent depuis des années.* **3.** Écarter, ne pas subir (ce qui menace). *Éviter un accident. On a réussi à éviter le pire.* – *S'éviter des ennuis.* **4. *Éviter de*** (+ inf.) : faire en sorte de ne pas. *Évitez de lui parler.* **→** s'**abstenir,** se **dispenser,** se **garder.** – ***Éviter que*** (+ subj.). *J'évitais qu'il (ne) m'en parlât.* **5. *Éviter** qqch. **à** qqn. Éviter une corvée à qqn.* **→ épargner.** *Je voulais vous éviter cette fatigue.* – (sujet chose) *Cela lui évitera d'avoir des ennuis.* – *S'éviter qqch. Évitez-vous des ennuis inutiles.*

EVJF voir **enterrement**

évocable adj. Qui peut être évoqué. – dr. *Cause évocable,* qui peut être évoquée devant un tribunal.

évocateur, trice adj. Qui évoque (4 et 5). *Image évocatrice, mot évocateur,* qui crée des associations d'idées.

évocation n. f. **(du latin, en droit, de *evoquare* → évoquer) 1.** Fait de porter une cause au tribunal. **2.** Action d'évoquer (les esprits, les démons) par la magie, l'occultisme. **→ incantation, sortilège. 3.** Action de rappeler (une chose oubliée), de rendre présent à l'esprit. *L'évocation du passé.* **→ rappel.** *Le pouvoir d'évocation d'un mot.*

évocatoire adj. Qui a un pouvoir d'évocation (2).

évolué, ée adj. Qui a subi une évolution, un développement, un progrès. *Pays évolué. Une personne évoluée,* indépendante, cultivée ou qui a les idées larges.

évoluer v. intr. < 1 > **(de *évolution*) I. 1.** Changer de position par une suite de mouvements réglés. *L'escadre évolue en approchant du port.* **→ manœuvrer.** – *Danseuse qui évolue sur scène.* **2.** Vivre (dans un milieu). *Évoluer dans le monde.* **II.** Passer par une série de transformations. **→ changer, [1]devenir,** se **modifier,** se **transformer.** *Ses idées ont évolué. La chirurgie a beaucoup évolué depuis le siècle dernier.* **→ progresser.** *La situation évolue.* – *Maladie qui évolue,* qui suit son cours.

évolutif, ive adj. **(de *évolution*)** Qui est susceptible d'évolution (II). *Poste évolutif. Maladie évolutive* (généralement en s'aggravant).

évolution n. f. **(latin *evolutio* « action de dérouler », de *volvere* « rouler » → volute, voûte ; révolution) I. 1.** Mouvement réglé de troupes. **2.** au plur. Suite de mouvements variés. *Les évolutions d'un avion, d'une danseuse.* **II. 1.** Suite de transformations dans un même sens ; transformation graduelle assez lente. **→ changement.** *Considérer les choses dans leur évolution.* **→ [2]devenir, mouvement.** *L'évolution des mœurs. Évolution économique, sociale par des réformes* (opposé à *révolution*). *Métier en (pleine) évolution.* – Changement dans le caractère, les conceptions (d'une personne, d'un groupe). *Une lente évolution.* – *L'évolution d'une maladie.* **→ cours, processus. 2. (anglais *evolution* : Lyell, Darwin)** Transformation progressive d'une espèce vivante en une autre. *Évolution continue par hérédité des caractères acquis. Théories de l'évolution.* **→ évolutionnisme, transformisme ; darwinisme.** *Évolution discontinue par mutations*.* « *Comme toute autre espèce vivante, l'espèce humaine [...] représente l'aboutissement d'une longue série de transformations, autrement dit d'une évolution* » (J. Rostand).

▶ Le terme **évolution** (II, 2), longtemps utilisé par les naturalistes pour désigner « l'emboîtement des germes » (doctrine selon laquelle toutes les générations futures sont contenues dans les organes reproducteurs d'un individu), prend un sens nouveau au XVIIIe siècle avec les travaux de Charles Darwin.
Avant lui, Lamarck avançait que les organes se développaient en fonction de leur usage et que les caractéristiques ainsi acquises étaient transmises aux générations suivantes. Darwin affirme au contraire que la nature opère une sélection des individus les plus aptes : le cou des girafes s'allonge non pas pour leur permettre de mieux atteindre le feuillage des arbres, mais parce que celles qui, par hasard, naissent avec un cou plus long que les autres se nourrissent (et donc subsistent et se reproduisent) plus facilement.
La reproduction sexuée n'est pas un processus de copie conforme, car les caractéristiques de la descendance d'un être vivant subissent des variations par mutations qui, lorsqu'elles sont avantageuses pour les individus, garantissent leur survie et favorisent leur reproduction et, par conséquent, également la perpétuation des caractéristiques ainsi « sélectionnées ».
Cette théorie de l'évolution permet d'expliciter la structuration actuelle du vivant. Elle fédère en effet toutes les branches de la biologie puisqu'elle donne du sens à la systématique, dont le but est de décrire et de classer les espèces vivantes.
voir aussi **créationnisme, vie, homme (évolution de l')**

évolutionnisme n. m. Théorie biologique opposée au fixisme et qui défend l'idée d'évolution. **→ transformisme.**

évolutionniste n. Partisan de l'évolutionnisme. – adj. Relatif à l'évolution. *Doctrine évolutionniste.*

évolutivité n. f. **1.** Caractère évolutif (d'une maladie). **2.** inform. Capacité d'évolution (d'un système).

évoquer v. tr. < 1 > **(latin *evocare*, de *e-* *[ex-]* et *vocare* « appeler » → voix) 1.** dr. Se saisir de (une cause). *Le tribunal qui doit évoquer l'affaire.* **→ examiner. 2.** Appeler, faire apparaître par la magie. *Évoquer les âmes des morts.* **→ invoquer. 3.** littér. Apostropher, interpeler dans un discours (les mânes d'un héros, les choses inanimées, en leur prêtant l'existence, la parole). **4.** Rappeler à la mémoire. **→ remémorer.** *Évoquer le souvenir de qqn.* **→ éveiller, réveiller, susciter.** *Évoquer un ami disparu.* **5.** Faire apparaître à l'esprit par des images et des associations d'idées. **→ représenter.** « *Il évoquait en larges gestes la majesté des forêts inconquises [...]* » (Céline). **→ décrire, montrer.** *Nous n'avons fait qu'évoquer le problème.* **→ aborder, poser.** – (sujet chose) Faire penser à. *Ce mot ne m'évoque rien, n'évoque rien pour moi.*

Evora (Cesaria) Chanteuse capverdienne (1941-2011). Surnommée la « Diva aux pieds nus », elle révéla au grand public du monde entier la *morna,* musique nostalgique au rythme lent *(Sodade ; Cize ; Sangue de beirona).*

Evora Ville du Portugal, capitale de l'Alentejo. 40 300 habitants. Université. Vestiges romains (temple de Diane, IIe s.). Patrimoine religieux (cathédrale gothique, couvent Renaissance).

Évreux Chef-lieu de l'Eure, sur l'Iton. 46 869 habitants. Églises. Beffroi du XVe s. Ancien évêché abritant un musée. Industrie (électrique, électronique, automobile, pharmaceutique).

Évreux

Évreux, la cathédrale Notre-Dame et sa tour lanterne, alliant gothique rayonnant et gothique flamboyant.

Évron Commune de la Mayenne, à l'E. de Laval. 8 667 habitants. Églises du XIe au XIVe s. Industries alimentaires.

Évry-Courcouronnes Chef-lieu de l'Essonne, sur la Seine, au S. de Paris. 66 106 habitants. Cathédrale. Centre administratif et de commerce. Industrie (aéronautique) et recherche scientifique (Génopole).

Évry-Courcouronnes, la cathédrale de la Résurrection, construite par Mario Botta entre 1992 et 1995.

Evtouchenko (Eugène) ou **Ievtouchenko (Ievgueni Aleksandrovitch)** Poète russe (1932-2017). Ses poèmes lyriques et sociaux condamnent le stalinisme et exaltent la liberté. *Les Héritiers de Staline ; La Station Zima.*

évulsion n. f. **(du latin, de *evulsum*, de *evellere*, de *e-* et *vellere* « arracher »)** didact. et vieux Arrachement, extraction.

evzone n. m. **(du grec, de *eu* « bien » et *zônê* « ceinture » → [1]zone, zona)** Soldat de l'infanterie grecque.

Éwé(s), Evhé(s) ou **Éoué(s)** n. m. pl. Peuple du Togo et du Ghana, de langue kwa.

Ewing (sir James Alfred) Ingénieur britannique (1855-1935). Il consacra ses recherches aux machines thermiques, à l'aimantation et découvrit le phénomène d'hystérésis magnétique (1882).

[1]ex- Préfixe **(du latin *ex-*, de *ex* « hors de » → é-, correspondant au grec *ex*)** qui signifie « hors de ». **→ é-.**

[2]ex- **(→ [1]ex-)** (devant un nom, joint par un trait d'union) Antérieurement. *M. X, ex-député.* **→ ancien.** *Des ex-ministres. Son ex-mari, son ex-femme,* fam. *son ex.*

exa- Préfixe **(grec *hexa-*)** (symb. E) qui, placé devant une unité, la multiplie par 10^{18}.

ex abrupto [ɛksabʀypto] **loc. adv. (mots latins, de *abruptus* → abrupt)** De manière brusque, sans préambule.

exacerber v. tr. < 1 > **(latin *exacerbare* « irriter » → acerbe) 1.** Rendre (un mal) plus aigu, porter à son paroxysme. *Ce traitement n'a fait qu'exacerber la douleur.* **2.** Rendre plus violent. *Exacerber la colère.* **→ exaspérer.** – au p. p. *Sensibilité exacerbée.* □ **n. f. exacerbation**

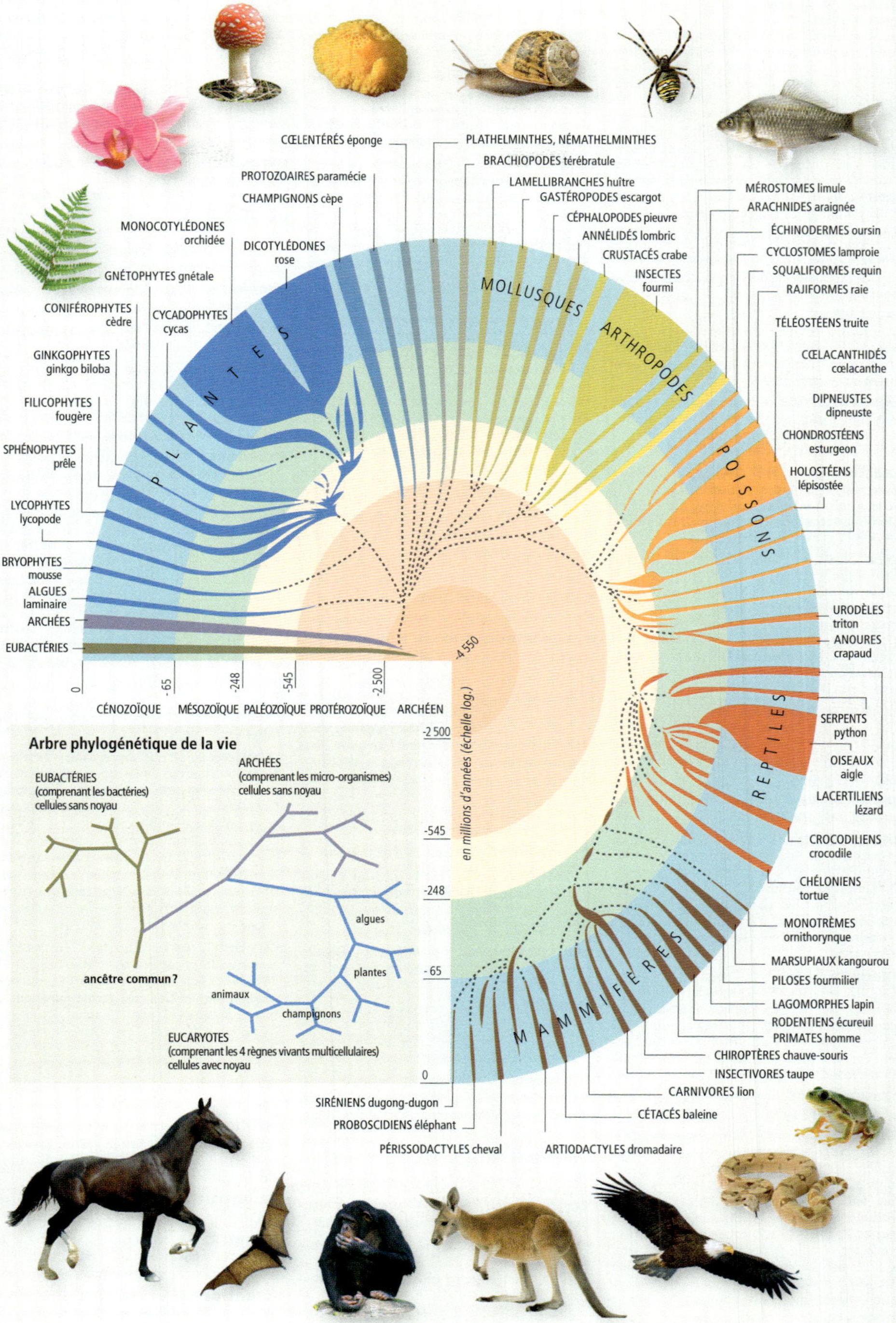

Les espèces vivantes sont le produit d'un processus d'évolution initié il y a 4,5 milliards d'années. La comparaison des séquences d'ADN ou d'ARN a permis de déterminer la distance entre les différentes espèces et ainsi de reconstruire des arbres phylogénétiques où chaque nœud représente l'ancêtre commun de ses descendants.

E

exact, exacte [ɛgza(kt), ɛgzakt] **adj. (latin** ***exactus,*** **p. p. de** ***exigere*** **« achever », de** ***ex-*** **et** ***agere*** **→ exiger ; agir) 1.** vieux Soigneux, minutieux. ■ (personnes) Scrupuleux, soigneux. → **assidu, consciencieux. 2.** (choses) Entièrement conforme à la réalité, à la vérité (s'oppose à *inexact*). → **correct, juste, vrai.** *C'est la vérité exacte, l'exacte vérité, c'est exact. Les circonstances exactes de l'accident.* → **¹précis.** – Qui reproduit fidèlement la réalité, l'original, le modèle. → **conforme. 3.** (après le nom) Adéquat à son objet. → **juste.** *Un raisonnement exact. Se faire une idée exacte de qqch. Au sens exact du terme.* → **strict. 4.** (après le nom) Égal à la grandeur mesurée. → **¹précis.** *Nombre exact. Valeur exacte.* – *Sciences exactes,* celles qui sont constituées par des propositions déterminées quantitativement. **5.** (personnes) Qui arrive à l'heure convenue. → **ponctuel.** *Il n'était pas exact au rendez-vous.*

exactement adv. D'une manière exacte. *Que vous a-t-il dit exactement ?* (→ **au juste**). *Reproduire exactement un texte.* → **fidèlement.** *Il est arrivé exactement à 3 heures.* → **précisément.** – (dans une réponse) Tout à fait.

exacteur, trice n. (latin *exactor*) **1.** n. m. anciennt Celui qui percevait les impôts. **2.** vieilli, littér. Personne qui commet une exaction, extorque de l'argent.

exaction n. f. (latin *exactio,* de *exigere* → **exact, exiger**) didact. **1.** Action d'exiger ce qui n'est pas dû ou plus qu'il n'est dû. → **extorsion, malversation. 2.** Mauvais traitements, sévices. *Les exactions d'un régime.*

exactitude n. f. (de *exact* [1er emploi chez Vaugelas]) **1.** vieux Soin scrupuleux. **2.** Conformité avec la réalité, la vérité. → **correction, fidélité, rigueur.** *Une exactitude rigoureuse.* **3.** Égalité avec ce qui est mesuré. *L'exactitude d'un compte.* → **précision. 4.** Précision (d'un instrument de mesure). *L'exactitude d'un chronomètre.* **5.** Ponctualité. *Il est d'une exactitude scrupuleuse.*

ex æquo [ɛgzeko] loc. adv. (latin « à égalité », de *ex* → **¹ex-** et *aequus* « égal » → **égal, équi-**) Sur le même rang. *Élèves classés ex æquo. Premier ex æquo.* – n. m. invar. *Départager les ex æquo.*

exagérateur, trice adj. et n. (latin *exaggerator*) rare Qui exagère.

exagération n. f. (du latin, de *exaggerare* → **exagérer**) **1.** Action d'exagérer. *Il y a beaucoup d'exagération dans ce qu'il raconte.* → **amplification, enflure.** *Sans exagération, on peut dire que...* **2.** (Une, des exagérations) Propos exagéré. **3.** Caractère de ce qui est exagéré. *Il est économe, sans exagération,* sans l'être trop.

exagéré, ée adj. **1.** Qui dépasse la mesure. *Une sévérité exagérée.* → **excessif.** *Luxe exagéré.* → **outrancier. 2.** Qui amplifie la réalité. *Des compliments exagérés.* → **extrême, outré.** *Prix, chiffres exagérés.* → **astronomique, exorbitant.** – *« Tout ce qui est exagéré est insignifiant »* (Talleyrand).

exagérément adv. D'une manière exagérée. → **trop.**

exagérer v. tr. < 6 > (latin *exaggerare,* de *ex* et *aggerare* « amonceler ») **1.** Parler de (qqch.) en présentant comme plus grand, plus important que dans la réalité. → **amplifier, enfler, grossir.** *Exagérer ses exploits en les racontant.* → **ajouter, broder.** *Il ne faut rien exagérer !* **2.** Grossir, accentuer en donnant un caractère (taille, proportion, intensité, etc.) qui dépasse la normale. → **amplifier, grandir.** *Exagérer une attitude.* – ***S'exagérer qqch.*** : se représenter une chose comme plus importante qu'elle n'est. *Elle s'est exagéré l'importance de son travail.* **3.** absolt Dépasser la mesure. *Vous pouvez manger de tout, mais sans exagérer.* – En prendre trop à son aise. → **abuser ;** fam. **charrier.** *Vraiment, elle exagère !*

exaltant, ante adj. Qui exalte. *Ce projet n'a rien de très exaltant.*

exaltation n. f. (latin chrét. *exaltatio* « élévation » → **exalter**) **1.** littér. Fait d'exalter (1), de célébrer. → **glorification. 2.** Grande excitation de l'esprit. → **ardeur, enthousiasme, fièvre, ivresse.** *État d'exaltation.*

exalté, ée adj. **1.** Très intense, très actif. *Sentiments exaltés.* **2.** (personnes) Qui est dans un état d'exaltation. → **enthousiaste, passionné.** *Un patriote exalté.* – n. *Cet attentat est l'œuvre d'un exalté.* → **fanatique.**

exalter v. tr. < 1 > (latin *exaltare* « élever », de *ex* et *altus* « haut ») **1.** littér. Glorifier, magnifier. **2.** Rendre plus fort, plus actif. *Conditions climatiques qui exaltent la virulence d'un microbe.* **3.** Élever (qqn) au-dessus de l'état d'esprit ordinaire. → **enthousiasmer, passionner, soulever, transporter.** *La perspective du succès, les encouragements l'exaltent.*

examen [ɛgzamɛ̃] n. m. (latin *examen* « aiguille de balance », de *exigere* « peser » → **exiger**) **1.** Action de considérer, d'observer avec attention. → **étude, investigation, observation, recherche.** *Examen destiné à apprécier* (→ **²critique, estimation**), *constater* (→ **constatation**), *vérifier* (→ **contrôle, vérification**). *Examen minutieux. Cette thèse ne résiste pas à l'examen.* – *Libre examen :* fait de n'accepter comme vrai que ce qu'admet la raison ou l'expérience. – *Examen médical.* **2.** ***Examen de conscience :*** réflexion sur sa propre conduite, du point de vue moral. **3.** Série d'épreuves destinées à déterminer l'aptitude d'un candidat et où l'admission dépend d'une note à atteindre. *Examens et concours. Examen écrit, oral. Se présenter, être reçu, collé, recalé à un examen.* – abrév. fam. **exam. 4.** dr. *Mise en examen :* procédure pénale qui a remplacé l'inculpation. *Mettre un suspect en examen.*

examinateur, trice n. (du latin → **examiner**) Personne qui fait passer un examen (3).

examiner v. tr. < 1 > (latin *examinare* → **examen**) **1.** Considérer avec attention, avec réflexion. → **observer ; analyser, regarder.** *Examiner les qualités et les défauts de qqch. Examiner une affaire en conférence.* → **délibérer, discuter de.** – *Examiner un malade.* **2.** Regarder très attentivement. *Examiner un objet, une personne.* **3.** vieilli Faire subir un examen (3) à (qqn). → **interroger.**

exanthématique adj. De l'exanthème.

exanthème n. m. (du latin médical, du grec « efflorescence », de *ex* et *anthos* « fleur » → **anthologie**) Rougeur cutanée qui accompagne certaines maladies.

exarchat [ɛgzaʀka] n. m. didact. Dignité d'exarque ; province gouvernée par un exarque.

exarque n. m. (grec *exarkhos*) **1.** hist. Dans l'empire d'Orient, Haut dignitaire. **2.** Dans l'Église orthodoxe, Délégué du patriarche chargé d'une province.

exaspérant, ante adj. Qui exaspère (2), est de nature à exaspérer (qqn). → **agaçant, crispant, énervant, irritant.** *Elle est exaspérante. C'est exaspérant, ce bruit !*

exaspération n. f. (du latin → **exaspérer**) **1.** vieux Aggravation, augmentation (d'un mal). – littér. *L'exaspération d'un désir.* **2.** cour. État de violente irritation. → **agacement, énervement.** *Il était au comble de l'exaspération.*

exaspérer v. tr. < 6 > (latin *exasperare* « rendre rude », de *ex* et *asper* « rugueux » → **âpre**) **1.** littér. Rendre plus intense (un mal physique ou moral), un sentiment. → **aggraver, aviver, exacerber, exciter. 2.** Irriter (qqn) excessivement. → **agacer, crisper, énerver, excéder, impatienter.** *Elle m'exaspère avec ses plaintes.* – p. p. adj. Très irrité. *Il était exaspéré.* → **furieux.** *Un air exaspéré.*

exaucer v. tr. < 3 > (var. de *exhausser,* p.-ê. au sens d'« exalter » ; influence du latin *exaudire* « entendre *[audire]* la prière ») **1.** (en parlant de Dieu, d'une puissance supérieure) Satisfaire (qqn) en lui accordant ce qu'il demande. *Dieu, le ciel l'a exaucé.* → **écouter. 2.** Accueillir favorablement (un vœu, une demande). → **accomplir, réaliser.** *Mes vœux ont été exaucés.*

ex cathedra [ɛkskatedʀa] loc. adv. (mots latins « de la chaire » → **cathédrale**) *Parler ex cathedra,* du haut de la chaire. – D'un ton doctoral, dogmatique.

excavateur n. m. et **excavatrice** n. f. Machine destinée à creuser le sol, à faire des déblais. → **bulldozer, pelle, pelleteuse.**

excavation n. f. **1.** Action de creuser dans le sol. **2.** Creux dans un terrain. → **cavité.** *Excavation naturelle,* caverne, grotte. *Excavation creusée par une explosion.* → **trou.**

excaver v. tr. < 1 > didact. Creuser sous terre. *Excaver un tunnel.*

excédant, ante adj. (→ **excéder**) Qui excède (II). → **exaspérant.**

excédent n. m. (latin *excedens* → **excéder**) Ce qui est en plus du nombre fixé. → **excès, surplus.** *L'excédent des exportations sur les importations. Excédent de bagages.* – *En excédent :* en plus, en surnombre.

excédentaire adj. Qui est en excédent. *Un budget excédentaire,* avec un excédent de recettes (opposé à *déficitaire*).

excéder v. tr. < 6 > (du latin, de *ex* et *cedere* « aller [au-delà] » → **excès**) **I.** ***Excéder qqch.*** **1.** Dépasser en nombre, en quantité, en durée. *Le prix de cette robe n'excède pas cent euros.* **2.** Aller au-delà de (certaines limites) ; être plus fort que (une force, une capacité). *« Mon travail quotidien n'excède ni mes forces, ni mon intelligence »* (A. France). → **outrepasser. II.** ***Excéder qqn.*** Fatiguer en irritant. *Sa présence m'excède.* → **énerver, exaspérer.** *Je suis excédé par ses enfantillages.* – au p. p. *Un air excédé.*

excellemment [ɛkselamɑ̃] adv. littér. Parfaitement bien.

excellence n. f. (latin *excellentia* → **excellent**) **1.** littér. Caractère de ce qui est excellent, ne peut être meilleur. → **perfection, supériorité.** *L'excellence d'un remède.* – ***Prix d'excellence,*** décerné au meilleur élève d'une classe dans l'ensemble des matières. **2.** (avec maj.) Titre honorifique donné aux ambassadeurs, ministres, archevêques, évêques. *Son Excellence* (abrév. **SE**). **3.** loc. ***Par excellence :*** représentatif, caractéristique. *« L'argot véritable, l'argot par excellence* [...] » (Hugo).

excellent, ente adj. (latin *excellens,* de *excellere,* de *ex-* et *cellere,* v. disparu, famille de *culmen* « sommet » → **culminer**) **1.** Très bon. → **admirable, merveilleux, parfait, supérieur.** *Le sport est excellent pour la santé. Excellent !,* très bien, parfait. *Il a une excellente mémoire. Un excellent professeur.* **2.** (personnes) Qui a une grande bonté, une nature généreuse.

excellentissime adj. (italien *eccellentissimo*) rare Plus qu'excellent.

exceller v. intr. < 1 > (latin *excellere* → **excellent**) Être supérieur, excellent. – ***Exceller à*** (+ n. ou inf.). *Il excelle à ce travail, à dessiner des caricatures.*

excentration n. f. Action de mettre (qqch.) hors du centre ; fait d'être excentré.

excentré, ée adj. *Quartier excentré :* qui n'est pas au centre, au cœur de la ville (opposé à *central*) → **excentrique, périphérique.**

excentrer v. tr. < 1 > (de *ex-* et *centre*) didact. Déplacer le centre de ; mettre hors du centre. *Excentrer une roue.*

excentricité n. f. (du latin médiéval, de *excentricus* → **excentrique**) **I. 1.** sc. Position écartée par rapport à un centre, à un axe de référence. *L'excentricité d'une ellipse.* **2.** Caractère de ce qui est loin du centre. *L'excentricité d'un quartier.* **II. 1.** (anglais)

Manière d'être, de penser, d'agir, qui s'éloigne de celle du commun des hommes. → **bizarrerie, extravagance, originalité, singularité.** *L'excentricité de son caractère.* **2.** Acte qui révèle cette manière d'être. *Faire des excentricités.*

excentrique adj. (latin médiéval *excentricus,* terme d'astron., de *eccentros,* du grec *ekkentros,* de *ek-* → [1]ex- et *kentron* → centre) **I. 1.** Dont le centre s'éloigne d'un point donné. ▪ **n. m.** Mécanisme conçu de telle sorte que l'axe de rotation de la pièce motrice n'en occupe pas le centre. **2.** Éloigné du centre. *Les quartiers excentriques d'une ville.* → **excentré, périphérique. II.** (anglais *eccentric,* sens fig. du latin) **1.** (personnes) Dont l'apparence, le comportement, s'écarte (volontairement) des habitudes sociales. → **extravagant, [2]original.** *Un personnage excentrique.* – **n.** *Un, une excentrique.* **2.** *Robe un peu excentrique. Des idées excentriques.* □ **adv. excentriquement**

excepté prép. À l'exception de, en excluant (placé devant le n.). → **hormis, hors,** à **part, sauf, sinon.** *Tous les jours excepté les dimanches. J'y vais à pied, excepté quand je suis malade.* – **loc. conj.** ***Excepté que*** (et l'indic.) : si ce n'est que. *Il est bon élève, excepté qu'il est très étourdi.*

excepter v. tr. < 1 > (latin *exceptare,* de *excipere* → exciper, d'après *exception*) Ne pas comprendre dans (un ensemble). → **exclure.** *« Je veux bien vous excepter de la règle générale ; mais je n'excepterai que vous »* (Laclos). *Tous les peuples, sans excepter celui-là.* → **négliger, oublier.** – au p. p. (après le n. et accordé → excepté) *Les Britanniques, les Écossais exceptés.*

exception n. f. (latin *exceptio,* de *excipere* « retirer » → exciper) **1.** Action d'excepter. *Il ne sera fait aucune exception à cette consigne.* → **dérogation, restriction.** *Tout le monde sans (aucune) exception.* – ***D'exception*** : en dehors de ce qui est courant. *Un être d'exception* (→ **exceptionnel).** *Tribunal d'exception* (opposé à *de droit commun*). *Régime d'exception.* – ***À l'exception de*** **loc. prép.** *Ils sont tous reçus, à l'exception d'un seul.* → **excepté, sauf. 2.** Ce qui est en dehors de la norme, du commun. → **anomalie, singularité.** *Les personnes de ce genre sont l'exception, sont rares. À de rares exceptions près, c'est vrai. L'exception confirme la règle* (d'un adage jurid. « la règle s'applique à tous les cas non exceptés »), il n'y aurait pas d'exception s'il n'y avait pas de règle. ▪ Personne, chose qui échappe à la règle, à la norme. *Exception grammaticale.*

exceptionnel, elle adj. **1.** Qui constitue une exception (1). *Congé exceptionnel.* **2.** Qui est hors de l'ordinaire. → **extraordinaire.** *Convoi exceptionnel. Des circonstances exceptionnelles. Cela n'a rien d'exceptionnel,* c'est courant. **3.** Qui sort de l'ordinaire par sa valeur, ses qualités. → **remarquable, supérieur.** *Une occasion exceptionnelle.* → **inattendu.** *Un homme exceptionnel.*

exceptionnellement adv. **1.** Par exception (1). *La réunion aura lieu exceptionnellement ce soir.* **2.** D'une manière exceptionnelle (2 et 3). → **extraordinairement, extrêmement.**

excès n. m. (latin *excessus,* de *excedere* → excéder) **1.** Différence en plus entre deux quantités inégales ; ce qui dépasse une quantité. → **excédent.** *L'excès des dépenses sur les recettes. Total approché par excès,* arrondi au chiffre supérieur (opposé à *défaut*). **2.** Trop grande quantité ; dépassement de la mesure normale. *Un excès de précautions.* → **surabondance.** *« Je n'ai mérité / Ni cet excès d'honneur, ni cette indignité »* (Racine). – *Excès de vitesse*.* – ***Avec excès*** : sans mesure. *Il mange avec excès.* – ***Sans excès*** : modérément. – ***À l'excès*** : excessivement, outre mesure. *Il est prudent à l'excès.* – ***Excès de pouvoir*** : action dépassant le pouvoir légal ; décision d'un juge qui dépasse sa compétence. prov. *L'excès en tout est un défaut.* **3.** Chose, action qui dépasse la mesure ordinaire ou permise. → **abus.** *Des excès de langage* : propos peu courtois. → **écart.** *Excès de table,* abus de nourriture et de boisson. *Faire des excès, un petit excès.*

excessif, ive adj. (de *excès*) **1.** Qui dépasse la mesure souhaitable ou permise ; trop grand, trop important. → **énorme, extrême.** *Prix excessif.* → **exagéré, exorbitant. 2.** (critiqué) Très grand (sans idée d'excès). → **extrême.** *« Cette fille avait des traits d'une excessive douceur »* (Balzac). **3.** (personnes) Qui pousse les choses à l'excès, qui est incapable de modération. → **extrême.** *Elle est excessive en tout.*

excessivement adv. **1.** Qui dépasse la mesure. → **exagérément, trop.** *Denrée excessivement chère.* **2.** (critiqué) Très, tout à fait. → **extrêmement, infiniment.**

exciper v. tr. ind. < 1 > (latin *excipere* « recevoir ; excepter », en dr., de *ex-* et *capere* « prendre » → capture ; excepter) littér. ***Exciper de*** : se servir de (qqch.) pour sa défense. *Exciper de sa bonne foi.* → **s'autoriser.**

excipient [ɛksipjɑ̃] n. m. (du latin, de *excipere* « recevoir » → exciper) Substance qui entre dans la composition d'un médicament et qui sert à incorporer les principes actifs.

excise n. f. (mot anglais) Impôt indirect sur les produits de consommation, en Grande-Bretagne et aux États-Unis.

exciser v. tr. < 1 > Enlever par excision, spécialt le clitoris. – au p. p. *Fillettes excisées.*

excision n. f. (du latin, de *excidere* « couper » → -cide) Ablation d'une partie peu volumineuse (d'organe, de tissu). *Excision d'un cor au pied.* – spécialt Ablation rituelle du clitoris (→ **clitoridectomie)** ou du prépuce (→ **circoncision).** *Combattre l'excision et l'infibulation.*

excitabilité n. f. **I.** Caractère excitable. **II.** physiol. Propriété de toute structure vivante de réagir spécifiquement aux excitations. → **irritabilité, sensibilité.** *Excitabilité musculaire.*

excitable adj. **I.** Qui est facilement excité. → **irritable, nerveux.** *Un homme très excitable.* **II.** physiol. Qui répond à l'excitation (II). *Organe excitable.*

excitant, ante adj. **I.** Qui excite ; qui éveille des sensations, des sentiments. → **émouvant, troublant.** *Lecture excitante pour l'esprit. Femme excitante.* → **provocant, sexy.** – fam. *Ce n'est pas (très) excitant.* → **intéressant. II.** Qui excite, stimule l'organisme (s'oppose à *calmant*). – **n. m.** *Le café est un excitant.*

excitateur, trice (du latin → exciter) **I. n.** littér. Personne qui excite (I). *Un excitateur de troubles.* → **fauteur, instigateur.** – **adj.** Stimulateur. *Une manœuvre excitatrice.* **II. 1. adj.** Qui provoque une excitation (II). *Neurotransmetteur excitateur du cerveau.* **2. n. m.** Appareil formé de deux branches métalliques, qui sert à décharger un appareil électrique.

excitation n. f. (du latin → exciter) **I. 1.** État d'une personne excitée ; accélération des processus psychiques. → **agitation, énervement, surexcitation.** *Il était dans un grand état d'excitation.* → **exaltation. 2.** Action d'exciter (qqn), surtout dans : EXCITATION À *qqch.* → **encouragement, incitation, invitation.** *L'excitation à l'action.* **II. 1.** physiol. Déclenchement de l'activité fonctionnelle (d'un système vivant). *L'excitation d'une extrémité nerveuse.* – Ensemble des modifications locales qui suivent la stimulation* et qui préparent la réponse du système. **2.** phys. Création d'un champ magnétique dans l'inducteur (d'un électroaimant, d'une dynamo). ▪ *Excitation d'un atome.*

excitatrice n. f. Dynamo qui envoie le courant continu à un alternateur.

excité, ée adj. et n. Qui a une activité mentale, psychique anormalement vive. *Être très excité.* – loc. *Excité comme une puce* : très excité. → **agité, énervé, nerveux, surexcité.** – **n.** *Une bande de jeunes excités.* → **exalté, fanatique.**

exciter v. tr. < 1 > (latin *excitare* « mettre en mouvement ») **I. 1.** Faire naître, provoquer (une réaction physique ou, plus cour., morale, mentale). → **[1]causer, éveiller, provoquer, stimuler, susciter.** *Exciter la jalousie. Exciter la passion de qqn. Exciter la curiosité.* **2.** Accroître, rendre plus vif (une sensation, un sentiment). → **aviver, exalter.** *Cela excita encore sa colère.* **3.** ***Exciter à*** (+ n. ou + inf.) : pousser fortement à (une détermination difficile, une action violente). → **entraîner, [1]porter, pousser.** *Exciter qqn à la révolte. Les encouragements l'ont excité à mieux faire.* **4.** Augmenter l'activité psychique, intellectuelle de (qqn). → **agiter, émouvoir, passionner, surexciter.** *« Le crépuscule excite les fous »* (Baudelaire). – fam. (négatif) *Ce travail ne l'excite pas beaucoup,* ne l'intéresse pas. ▪ (sujet personne) Mettre en colère, en fureur. → **irriter.** *On les a excités l'un contre l'autre.* **5.** Éveiller le désir sexuel de (qqn). *« Cette vicieuse qui savait comment on excite les hommes »* (Zola). **II. 1.** physiol. Déclencher l'activité de (un système excitable). → **excitation (II, 1).** *Exciter un nerf, un muscle.* **2.** phys. Envoyer un courant d'excitation* dans. ▪ *Exciter un noyau d'atome* (par passage d'électron(s) à un niveau d'énergie supérieure). ▪ **s'exciter v. pron.** S'irriter. – Ressentir une excitation sensuelle. – fam. *S'exciter sur qqch.,* y prendre un très vif intérêt. → **s'enthousiasmer.** *Il n'y a pas de quoi s'exciter !*

excitomoteur, trice adj. physiol. Qui stimule une fonction motrice ou une activité fonctionnelle. *Courant excitomoteur.*

exciton n. m. (de l'anglais) phys. Excitation élémentaire d'un cristal constitué par l'ensemble d'un électron et d'un trou positif (zone où un électron est manquant et se comporte comme une particule de charge positive) liés par la force électrostatique.

exclamatif, ive adj. (du latin pop. → s'exclamer) ling. Qui marque ou exprime l'exclamation. *Une phrase exclamative,* ou **n. f.** *une exclamative.* – *Adjectifs, adverbes exclamatifs* (ex. Quel homme !, Que de propos inutiles !, Ô combien !).

exclamation n. f. (du latin, de *exclamare* → s'exclamer) Fait de s'exclamer ; paroles, cri par lesquels on s'exclame. → **interjection.** *Pousser des exclamations. Une exclamation de joie.* – *Point d'exclamation,* signe de ponctuation (!) qui suit une phrase exclamative.

s'exclamer v. pron. < 1 > (latin *exclamare,* de *ex-* et *clamare* « crier » → clamer) Proférer des paroles ou des cris (exclamations) en exprimant spontanément une émotion, un sentiment. → **s'écrier,** se **récrier.** *S'exclamer d'admiration.* (en incise) *« Ah non ! » s'exclama-t-il.*

exclu, ue adj. **1.** (personnes) Renvoyé, refusé. *Les membres exclus. Il se sent exclu de la conversation.* – **n.** *Les exclus du parti.* absolt *Les exclus* : les victimes de l'exclusion sociale. **2.** (choses) Qu'on refuse d'envisager. *Cette solution est exclue.* – impers. *Il est, n'est pas exclu que* : il est impossible, possible que. – Non compté (s'oppose à *inclus*). *Jusqu'à mardi exclu.* → **exclusivement.**

exclure v. tr. < 35 > (latin *excludere,* de *ex-* et *claudere* → clore, éclore, écluse, famille de *clavis* → clé) **1.** Renvoyer, chasser (qqn) d'un endroit où il était admis, ou refuser d'admettre. → **chasser, expulser, renvoyer.** *Exclure qqn d'une équipe.* **2.** Ne pas admettre, ne pas employer (qqch.) [s'oppose à *inclure*]. *Exclure les graisses de son alimentation.* **3.** Refuser d'envisager. *J'exclus votre participation à cette affaire ; j'exclus que vous y par-*

E

ticipiez. **4.** (sujet chose) Rendre impossible (qqch.) par son existence même. *« Des pédants étourdis (l'un n'exclut pas l'autre) »* (Hugo). – pronom. *Ces idées s'excluent l'une l'autre.*

exclusif, ive adj. (du latin → exclure) **1.** Qui exclut tout partage. *Droits exclusifs,* qui appartiennent à une seule personne. – *Exclusif de :* qui exclut comme incompatible. *« Un patriotisme non exclusif du droit de critique »* (J. Benda). **2.** Qui est produit, vendu seulement par une firme. *Modèle exclusif.* – *Concessionnaire exclusif,* qui ne vend qu'une marque (→ **exclusivité**). **3.** Qui exclut tout élément étranger. *« Cette préoccupation exclusive et passionnée qu'ils appellent l'amour »* (Stendhal). → **unique.** **4.** (personnes) Absolu dans ses opinions, ses goûts, ses sentiments. → **intolérant.** *Elle est exclusive en amitié.* → **entier ; absolu.**

E

exclusion n. f. (du latin, de *excludere* → exclure) **1.** Action d'exclure (qqn). → **élimination, expulsion, [1]radiation.** *Il a protesté contre son exclusion de la compétition.* – *Exclusion (sociale) :* situation de personnes qui n'ont pas accès au mode de vie, aux services courants dans la société. **2.** Action d'exclure (qqch.) d'un ensemble. – ***À l'exclusion de*** loc. prép. : en excluant, de manière à exclure. → à l'**exception** de.

Le terme d'**exclusion** (1) est surtout compris de nos jours dans sa valeur sociale, faisant allusion à la marginalisation d'un groupe d'individus — touchés par la précarisation, victimes du chômage — écartés des modes de vie et des activités d'une société : santé, logement, travail, éducation...
Dans les sociétés européennes où travail et scolarisation sont souvent juridiquement encadrés, certaines catégories de la population, les pauvres, les handicapés, les jeunes en situation d'échec scolaire, les individus « déracinés », ou stigmatisés par une appartenance sociale défavorable peuvent être victimes de ségrégation et de discrimination lors de l'accès à l'emploi, à la culture et aux modes de consommation, voire de communication. Depuis l'accélération de la crise économique au cours des années 1980 et la dégradation du marché du travail, l'exclusion est devenue un phénomène particulièrement visible dans les grandes villes des pays dits développés. Elle est illustrée notamment par le nombre croissant de sans-abris (identifiés en France par les initiales de « sans domicile fixe », SDF), obligés de vivre dans la rue ou dans des centres d'hébergement d'urgence, privés des droits à la citoyenneté et de protection sociale (car sans logement et donc sans adresse officielle).
Dans de nombreux pays du globe, l'exclusion touche aussi d'autres secteurs de la population : les femmes, exclues souvent de l'éducation, de l'accès aux ressources productives et aux décisions politiques, ou encore des membres de castes ou de groupes sociaux prétendus « inférieurs » et qui sont alors relégués à des tâches dégradantes.
voir aussi **handicap, discrimination, chômage**

exclusive n. f. Décision, action d'exclure. *Prononcer l'exclusive contre qqn* (→ **[1]interdit, veto**). *Agir sans esprit d'exclusive,* sans rien rejeter, ni personne.

exclusivement adv. **I. 1.** En excluant tout le reste. → **seulement, uniquement.** *Il lit exclusivement des romans policiers.* **2.** D'une manière exclusive (3), absolue. *Il se consacre exclusivement à sa famille.* **II.** (en fin de proposition) En ne comprenant pas. *Du mois de janvier au mois d'août exclusivement,* en ne comptant pas le mois d'août. → **exclu ;** s'oppose à *inclusivement.*

exclusivisme n. m. didact. Caractère exclusif (4).

exclusivité n. f. **1.** Propriété exclusive ; droit exclusif (de vendre, de publier). – *En exclusivité :* d'une manière exclusive. *Film en exclusivité,* qui sort pour la première fois. **2.** Produit, film, etc., vendu, exploité par une seule firme. **3.** presse Information importante donnée en exclusivité par un journal, une chaîne de radio, de télévision. → anglic. **scoop.**

excommunication n. f. (du latin ecclés. → excommunier) **1.** Peine ecclésiastique par laquelle qqn est excommunié. **2.** fig. Exclusion d'un groupe constitué, d'un parti politique, etc.

excommunier v. tr. < 7 > (latin ecclés. *excommunicare,* de *ex-* et *communis* → commun) **1.** Retrancher (qqn) de la communion de l'Église catholique. – au p. p. *Hérétique excommunié.* – n. *Un excommunié.* **2.** fig. Exclure (qqn) avec force, définitivement. → **bannir.**

excorier v. tr. < 7 > (bas latin *excoriare,* de *ex* et *corium* « cuir, peau ») didact. Écorcher légèrement. → **égratigner, érafler.** □ n. f. **excoriation**

excrément n. m. (latin *excrementum,* de *excretus* → excrétion, de *excernere* « évacuer », de *cernere* « tamiser ») souvent au plur. Matière évacuée du corps par les voies naturelles ; spécialt matières fécales évacuées par le rectum. *Excréments de l'être humain.* → **déjection, fèces, [2]selle(s) ;** fam. **caca, crotte, merde.** *Excréments des animaux domestiques* (→ **bouse, crotte, crottin**), *des oiseaux* (→ **fiente, guano**). □ adj. **excrémentiel, ielle, iels**

excréter v. tr. < 6 > (de *excrétion*) physiol. Évacuer par excrétion.

excréteur, trice adj. Qui opère l'excrétion. *Le canal excréteur d'une glande.*

excrétion n. f. (latin *excretio* « séparation », de *excernere* → excrément) **1.** Action par laquelle les déchets de l'organisme sont rejetés au-dehors. *Excrétion de l'urine.* → **évacuation, expulsion.** **2.** au plur. Les déchets de la nutrition rejetés hors de l'organisme. → **excrément.** **3.** Processus par lequel le produit des sécrétions d'une glande est écoulé hors de cette glande par des conduits spéciaux. *Excrétion de salive.*

excrétoire adj. didact. Relatif à l'excrétion.

excroissance n. f. (bas latin *excrescencia,* de *excrescere,* de *crescere* → croître, d'après *croissance*) **1.** méd. Petite tumeur proéminente de la peau, d'une muqueuse (verrue, kyste...). **2.** bot. Boursouflure anormale d'un tissu végétal. **3.** fig. Développement, prolongement. *« La phrase est une excroissance de l'idée »* (Gide).

excursion n. f. (latin *excursio,* de *excurrere,* de *currere* « courir ») Action de parcourir une région pour l'explorer, la visiter. → **course, expédition, tournée.**

excursionner v. intr. < 1 > Faire une excursion.

excursionniste n. vieilli Personne qui fait une excursion.

excusable adj. Qui peut être excusé. → **justifiable, pardonnable.** *Une colère bien excusable.*

excuse n. f. (de *excuser*) **1.** Raison alléguée pour se défendre d'une accusation, d'un reproche, pour expliquer ou atténuer une faute. → **justification.** *Fournir une bonne excuse, une excuse valable. C'est sa seule excuse. Chercher de mauvaises excuses. Sa faute est sans excuse.* – fam. *Faites excuse :* acceptez mes excuses. **2.** dr. *Excuses légales :* faits déterminés par la loi et qui entraînent pour le délinquant l'exemption *(excuses absolutoires)* ou une atténuation de la peine *(excuses atténuantes).* **3.** Regret que l'on témoigne à qqn de l'avoir offensé, contrarié, gêné. → **pardon, regret.** *Faire, présenter des excuses, ses excuses à qqn. J'accepte vos excuses.* **4.** Motif allégué pour se dispenser de qqch., ou pour ne pas avoir fait ce qu'on devait. → **[2]prétexte.**

excuser v. tr. < 1 > (latin *excusare,* de *ex-* et *causa* → cause, « mettre hors de cause ») **1.** S'efforcer de justifier (une personne, une action) par des excuses. → **défendre, disculper.** – (choses) Servir d'excuse à (qqn). *Rien ne peut excuser sa conduite.* **2.** Admettre des motifs qui atténuent ou justifient un manquement, une faute. → **absoudre, pardonner.** *Veuillez m'excuser, excuser mon retard. Pour cette fois, je vous excuse.* **3.** Dispenser (qqn) d'une charge, d'une obligation. *Se faire excuser.* **4.** (formules de politesse) *Excusez-moi, vous m'excuserez, je vous prie de m'excuser,* je regrette (de vous gêner, de refuser, de vous contredire, etc.). *Excuse-moi, mais je ne suis pas de ton avis.* ■ **s'excuser** v. pron. Présenter ses excuses, exprimer ses regrets (de qqch.). *Elle s'excuse de ne pouvoir être parmi nous.* – *Je m'excuse* (s'emploie incorrectement pour excusez-moi). ■ **excusé, ée** adj. (actes, personnes) Pardonné par une excuse. – Qui s'est excusé. *Présents et absents excusés.*

exeat [ɛgzeat] n. m. (mot latin « qu'il sorte », subj. de *exire* « sortir ») **1.** vieux ou admin. Permission de sortir, billet de sortie. *Des exeats* ou *des exeat* (invar.). **2.** relig. Autorisation donnée à un ecclésiastique d'exercer les fonctions de son ministère dans un autre diocèse. - var. RO **exéat.**

exécrable [ɛgzekʀabl ; ɛksekʀabl] adj. (du latin → exécrer) **1.** littér. Qu'on doit exécrer, avoir en horreur. → **abominable.** **2.** Extrêmement mauvais. *Nourriture exécrable.* → **dégoûtant, infect.** *Un film exécrable,* très mauvais. *Ce matin, il est d'une humeur exécrable.* → **affreux, épouvantable.** *Il est exécrable avec elle.* → **détestable.** □ adv. **exécrablement**

exécration [ɛgzekʀasjɔ̃ ; ɛksekʀasjɔ̃] n. f. (du latin → exécrer) littér. Haine violente, action d'exécrer. → **aversion, horreur.**

exécrer [ɛgzekʀe ; ɛksekʀe] v. tr. < 6 > (latin *execrari* « maudire », de *ex-* et *sacra,* de *sacer* « sacré » → [1]sacrer v. tr.) **1.** littér. Haïr (qqn) au plus haut point. → **abhorrer, détester.** – au p. p. « [Fouquier-Tinville] *devint de plus en plus exécré et exécrable »* (Michelet). **2.** Avoir de l'aversion, une vive répugnance pour (qqch.).

exécutable adj. Qui peut être exécuté. → **faisable, réalisable.** *Plan aisément exécutable.* ■ inform. *Fichier exécutable,* fichier contenant un programme en code binaire directement exploitable par le processeur.

exécutant, ante n. **1.** Personne qui exécute (un ordre, une tâche, une œuvre). → **agent.** **2.** Interprète d'un ensemble musical (musicien ; instrumentiste, choriste...). *Une chorale de cinquante exécutants.*

exécuter v. tr. < 1 > (de *exécution*) **I.** *Exécuter qqch.* **1.** Mettre à effet, mener à accomplissement (ce qui est conçu par soi [projet], ou par d'autres [ordre]). → **accomplir, effectuer, [1]faire, réaliser.** *Ce plan est difficile à exécuter. Exécuter les ordres de qqn.* **2.** Rendre effectif (un projet, une décision) ; faire (un ouvrage) d'après un plan, un projet. *Exécuter une fresque.* – au p. p. *Broderie exécutée à la main.* **3.** Interpréter, jouer (une œuvre musicale). → **exécutant** (2). **4.** Faire (un mouvement complexe, un ensemble de gestes prévu ou réglé d'avance). *Exécuter un pas de danse.* **5.** inform. *Exécuter un programme,* le mettre en œuvre, effectuer successivement les instructions qu'il contient. **II.** *Exécuter qqn.* **1.** Faire mourir (qqn) conformément à une décision de justice. *Exécuter un condamné.* **2.** Faire mourir sans jugement (pour se venger, etc.). *Exécuter un otage.* → **abattre, tuer.** **3.** fig. Discréditer (qqn), dénigrer. → **éreinter.** **4.** dr. *Exécuter un débiteur :* procéder à la saisie de ses biens. ■ **s'exécuter** v. pron. réfl. Obéir, se décider à faire une chose pénible, désagréable. → se **résoudre.** *Je lui ai demandé de m'aider, elle s'est exécutée.*

exécuteur, trice n. (latin *executor*, de *exsequi* → exécution) I. *Exécuteur, exécutrice testamentaire* : personne qui assure l'exécution des dernières volontés de l'auteur d'un testament. II. Personne qui exécute un condamné. → **bourreau.** *L'exécuteur des hautes œuvres.*

exécutif, ive adj. Relatif à la mise en œuvre des lois. *Le pouvoir exécutif* (gouvernement). – n. m. *L'exécutif* : le pouvoir exécutif.

exécution n. f. (latin *exsecutio*, de *exsequi*, de *sequi* « suivre jusqu'au bout » et « poursuivre » → suivre) I. 1. Action d'exécuter (qqch.), de passer à l'accomplissement. → **réalisation.** *Passer de la conception d'un projet à son exécution. Travail en cours d'exécution,* en train d'être exécuté. – *Mettre à exécution* : commencer à exécuter (ce qui a été prévu, décidé, ordonné). – milit. *Exécution !*, ordre d'avoir à exécuter. 2. Application (d'un jugement, d'un acte juridique). *Exécution forcée,* contrainte, saisie. 3. Action, manière d'exécuter (un ouvrage, un travail) d'après une règle, un plan. *L'exécution d'une manœuvre.* 4. Action, manière d'interpréter (en chantant, en jouant) une œuvre musicale. → **interprétation.** 5. inform. Fait, pour la machine, d'exécuter (un programme). *Lancer l'exécution d'un programme.* II. Mise à mort (d'un condamné à mort). → **exécuter** (II). *Peloton, poteau d'exécution.*

exécutoire adj. Qui peut et doit être mis à exécution. *Formule exécutoire,* qui donne, en droit, ordre et pouvoir de procéder à l'exécution d'un jugement, d'un acte.

exèdre n. f. (grec *exedra*, de *ex* et *hedra* « siège » et « résidence » → cathédrale) Antiq. Salle, souvent semi-circulaire, dotée de sièges, où l'on conversait. ■ archéol. Partie garnie de sièges, au fond d'une basilique romaine ; partie garnie d'un banc en demi-cercle, dans une basilique chrétienne ; ce banc.

exégèse n. f. (grec *exêgêsis*, de *exêgeisthai* « conduire ; expliquer », de *hêgeisthai* « marcher devant » → hégémonie) didact. Interprétation philologique et doctrinale d'un texte dont le sens, la portée sont obscurs. → **commentaire, ²critique.** *Exégèse biblique.* □ adj. **exégétique**

exégète n. m. (du grec → exégèse) Personne qui s'occupe d'exégèse. → **commentateur.**

Exelmans (Remi Isidore, comte) Maréchal de France (1775-1852). Il fit une brillante carrière sous le Premier Empire, de la bataille d'Austerlitz aux Cent-Jours.

¹exemplaire n. m. (bas latin *exemplarium* « copie » → exemple) 1. Chacun des objets (surtout imprimés) reproduisant un type commun. → **copie, épreuve.** *Tirer un livre à dix mille exemplaires.* 2. Chacun des individus (d'une même espèce). *De beaux exemplaires d'une plante.* → **échantillon, spécimen.**

²exemplaire adj. (latin *exemplaris* → exemple) 1. Qui peut servir d'exemple. → **édifiant, parfait.** *Une mère exemplaire. Vie exemplaire.* 2. Dont l'exemple doit servir d'avertissement, de leçon. *Châtiment exemplaire.* → **sévère.** □ adv. **exemplairement**

exemplarité n. f. Caractère de ce qui peut servir d'exemple.

exemple n. m. (latin *exemplum* « échantillon », de *eximere* → exempt) I. 1. Action, manière d'être qu'on peut imiter. *Bon exemple, exemple à suivre.* → **modèle, règle ; ²exemplaire.** *Donner le mauvais exemple. Suivre l'exemple de qqn, prendre exemple sur qqn,* l'imiter. – littér. *À l'exemple de* loc. prép. : pour imiter. *Il agit en tout à l'exemple de son père.* 2. Personne dont les actes sont dignes d'être imités. → **modèle.** 3. Châtiment pouvant servir de leçon (pour les autres). *Il a été fusillé pour l'exemple.* II. 1. Chose semblable ou comparable à celle dont il s'agit. *L'unique exemple que je connaisse, l'exemple le plus connu.* → **¹cas.** 2. Cas particulier qui entre dans une catégorie et sert à illustrer, à préciser l'idée. *Voici un exemple de sa bêtise.* → **aperçu, échantillon, spécimen.** *Donnez-moi un exemple.* – Énoncé ou passage d'un texte (→ **citation**) que l'on cite pour illustrer l'emploi d'un mot, d'une expression. *Les exemples d'un dictionnaire.* 3. *Par exemple* loc. adv. : pour expliquer, illustrer par un cas. *Une invention moderne, par exemple la téléphonie mobile.* → **comme, notamment.** – fam., marquant une restriction *Je ne fume plus ; par exemple, je ne refuserais pas un bon cigare.* → **mais, toutefois.** – *Par exemple !*, marque l'étonnement, l'incrédulité. → **alors.** *Ça par exemple ! Non, par exemple !*

exemplifier v. tr. < 7 > didact. Illustrer d'exemples. *Exemplifier un exposé.* □ n. f. **exemplification**

exempt, empte [ɛgzɑ̃(pt), ɑ̃(p)t] (latin *exemptus*, de *eximere* « tirer hors de », de *ex* et *emere* « prendre » → exemple) I. adj. 1. (personnes) *Exempt de qqch.* : qui n'est pas obligé d'accomplir (une charge, un service). → **exemption.** *Être exempt d'une obligation.* → **dispensé, libéré.** – (choses) *Revenu exempt d'impôts.* 2. (personnes) Préservé (d'un mal, d'un désagrément). *Elle est exempte de tout soupçon,* à l'abri de. 3. Qui n'est pas sujet à (un défaut, une tendance). → **sans.** *Personne n'est exempt de se tromper. Ordinateur, réseau exempt de virus.* II. n. m. Personne exempte, exemptée d'une charge, d'un service.

exempter [ɛgzɑ̃(p)te] v. tr. < 1 > 1. Rendre exempt (d'une charge, d'un service commun). → **dispenser.** *Exempter qqn d'impôts.* – passif *Il a été exempté du service militaire.* → **exempt.** – p. p. subst. *Les exemptés et les réformés.* 2. littér. (sujet chose) Dispenser, mettre à l'abri de. → **garantir, préserver.** ■ **s'exempter** v. pron. → **éviter ;** se **dispenser.** *Vous auriez pu vous en exempter.*

exemption n. f. (latin *exemptio* → exempt) Dispense (d'une charge, d'un service commun). *Exemption d'impôts.*

exequatur [ɛgzekwatyʀ] n. m. invar. (mot latin « qu'il exécute », subjonctif du v. *exsequi* → exécuter) 1. dr. Décision par laquelle un tribunal rend exécutoire sur le territoire national une sentence arbitrale ou un jugement ou un acte étranger. 2. dr. international public Décret par lequel le gouvernement d'un pays autorise un consul étranger à remplir ses fonctions dans ce pays. - var. RO **exéquatur** n. m.

exercer v. tr. < 3 > (latin *exercere* « tenir en mouvement », de *arcere* « écarter », famille du grec *arkein* → autarcie) 1. Soumettre à une activité régulière, en vue d'entretenir ou de développer. *Exercer tous ses sens. Exercer sa mémoire.* → **cultiver.** 2. Soumettre (qqn, un animal) à un entraînement. → **former, habituer ; ²dresser.** *Exercer qqn à faire qqch.* 3. Mettre en usage (un moyen d'action, une disposition à agir) ; faire agir (ce qui est en sa possession, à sa disposition). *Exercer un droit, un pouvoir, son autorité, une influence. Elle a trouvé le métier où elle peut exercer son vrai talent.* → **déployer, employer.** 4. Pratiquer (des activités professionnelles). *Exercer un métier, de hautes fonctions, la médecine.* → **¹faire.** absolt *Il exerce depuis de longues années.* ■ **s'exercer** v. pron. 1. Avoir une activité réglée pour acquérir la pratique. *S'exercer tous les jours.* → **s'entraîner.** – (avec *à* + inf.) *S'exercer à tirer à la carabine.* → **apprendre.** 2. (choses) Agir, se manifester (à l'égard de, sur, contre qqn ou qqch.). *Force qui s'exerce sur un corps. Sa méfiance s'exerce contre tout le monde.* 3. (passif) Être exercé. *Influence qui s'exerce sur qqn.* → se **faire sentir.** ■ **exercé, ée** adj. Devenu habile à force de s'exercer ou d'être exercé. *Un œil exercé.*

exercice n. m. (latin *exercitium*, de *exercere* → exercer) I. 1. Le fait d'exercer son corps par l'activité physique. *Prendre de l'exercice. Faire un peu d'exercice.* 2. Entraînement des soldats au maniement des armes, aux mouvements sur le terrain. → **¹manœuvre.** 3. Activité réglée, ensemble de mouvements, d'actions destinés à exercer qqn dans un domaine particulier. – *Exercices scolaires,* devoirs aux difficultés graduées. *Exercices de grammaire.* « *Exercices de style* » (de Queneau). *Faire des exercices au piano.* 4. Action ou façon de s'exercer. → **apprentissage, étude, ¹travail.** *Acquérir le talent de la parole par un long exercice.* II. 1. *Exercice de* : action d'exercer (3) en employant, en mettant en usage. *L'exercice du pouvoir.* → **¹pratique.** 2. Le fait d'exercer (4) (une activité professionnelle). *L'exercice d'un métier. Exercice illégal de la médecine. Dans l'exercice de sa profession.* – *En exercice* : en activité, en service. *Président en exercice.* 3. Le fait de pratiquer (un culte). III. Période (souvent une année) comprise entre deux inventaires, deux budgets. *Bilan en fin d'exercice.*

exerciseur n. m. (anglais *exerciser*, de *to exercise* « s'exercer ») Appareil de gymnastique destiné à faire travailler les muscles. → **extenseur.**

exérèse n. f. (grec *exairêsis*, de *exairein* « extraire » → -érèse) méd. Ablation, extraction.

exergue n. m. (du latin, du grec *ex-* « hors de » → ¹ex- et *ergon* « action, travail » → énergie) 1. didact. Inscription placée dans une œuvre d'art (tableau, médaille) ou en tête d'un texte ; espace réservé à l'exergue. 2. *En exergue* : comme présentation, explication. *Mettre un proverbe en exergue à un tableau. Mettre en exergue,* fig. en évidence.

Exeter Ville du S.-O. de l'Angleterre, chef-lieu du Devon. 113 500 habitants. Cathédrale (XIIIe-XIVe s.). Université.

exfiltrer v. tr. < 1 > (anglais *to exfiltrate*, argot des militaires « quitter à la dérobée un lieu hostile ») Assurer le rapatriement de (un agent secret) au terme de sa mission. – Organiser clandestinement la fuite de (qqn qui se trouve en milieu hostile). *Exfiltrer des dissidents.* □ n. f. **exfiltration**

exfoliant, ante adj. et n. m. Qui exfolie, enlève les cellules mortes de la peau. *Crème exfoliante.* – n. m. *Un exfoliant pour le corps.*

exfoliation n. f. Fait d'exfolier, de s'exfolier. *Exfoliation de la peau.* → **gommage ; exfoliant.**

exfolier v. tr. < 7 > (du latin, de *ex-* et *folium* → feuille) Détacher par feuilles, par lamelles. *Exfolier une ardoise.* – spécialt Retirer les cellules mortes (de la peau). – pronom. *L'écorce du platane s'exfolie.*

exhalaison n. f. Ce qui s'exhale d'un corps. → **émanation.** *Exhalaisons odorantes.* → **effluve, odeur.**

exhalation n. f. (latin *exhalatio* → exhaler) 1. didact. Action d'exhaler. 2. physiol. Rejet de l'air chargé de vapeur lors de l'expiration (opposé à *inhalation*). – Évaporation qui se produit continuellement à la surface de la peau. → **transpiration.**

exhaler v. tr. < 1 > (latin *exhalare*, de *halare* « souffler » → haleine, haleter) 1. Dégager et répandre au-dehors (une chose volatile : odeur, vapeur, gaz). *Exhaler une odeur* (agréable ou désagréable). 2. Laisser échapper de sa gorge, de sa bouche (un souffle, un son, un soupir). *Exhaler le dernier soupir.* → **pousser, rendre.** 3. fig., littér. Manifester (un sentiment) de façon audible, par des chants, des pleurs, etc. → **exprimer, manifester.** « *Nos deux cœurs, exhalant leur tendresse paisible* [...] » (Verlaine). ■ **s'exhaler** v. pron. (sens 1, 2 et 3).

exhaure n. f. (latin *exhaurire* « épuiser ») techn. Action d'évacuer les eaux d'infiltration (mines, carrières, etc.). – Installation (pompes) qui assure cette évacuation.

exhaussement n. m. Action d'exhausser ; son résultat. → **surélévation.**

exhausser v. tr. < 1 > (→ **hausser**) Rendre plus élevé (un bâtiment, une construction). → **surélever.** *Exhausser une maison d'un étage.*

exhausteur n. m. **(latin *exhaustum* → exhaustion)** **1.** techn. Appareil qui épuise le liquide d'un réservoir en l'amenant plus haut (dans une nourrice, un conduit, etc.). **2.** chim. *Exhausteur de goût :* additif alimentaire destiné à renforcer une saveur, un goût.

exhaustif, ive adj. **(anglais *exhaustive* [créé par Bentham], de *to exhaust* « épuiser », du latin *exhaurire* → exhaure)** Qui traite complètement, épuise un sujet. *Liste exhaustive.* → **complet.** □ adv. **exhaustivement**

exhaustion n. f. **(latin *exhaustio*, de *exhaurire* « épuiser » → exhaure)** **1.** log. Méthode d'analyse qui consiste à épuiser toutes les hypothèses possibles dans une question. **2.** math. *Méthode d'exhaustion,* permettant de calculer ou de vérifier une grandeur au moyen d'approximations de plus en plus précises. **3.** vieux Action d'épuiser (un fluide). *Pompe d'exhaustion.* → **exhaure.**

exhaustivité n. f. Caractère de ce qui est exhaustif. *L'exhaustivité d'une étude.*

exhéréder v. tr. < 6 > **(latin *exheredare*, de *ex* et *heres, heredis* « héritier »)** anc. dr. Déshériter. □ n. f. **exhérédation**

exhiber v. tr. < 1 > **(latin *exhibere*, de *habere* → ¹avoir)** **1.** Montrer, faire voir (à qqn, au public). *Exhiber son passeport.* **2.** péj. Montrer avec ostentation. → **arborer, déployer, ¹étaler.** – pronom. péj. Se produire, se montrer en public, s'afficher.

exhibition n. f. **(latin *exhibitio* → exhiber)** **1.** Action de montrer (spécialt au public). → **présentation.** **2.** Déploiement, étalage ostentatoire. *Exhibition de luxe.* **3.** dr. *Exhibition (sexuelle) :* délit consistant à montrer une partie du corps à caractère sexuel ou un acte sexuel à une personne non consentante.

exhibitionnisme n. m. **1.** méd. Obsession qui pousse certains sujets à exhiber leurs organes génitaux. ■ par ext. Goût de se montrer nu. **2.** fig. Fait d'afficher sans retenue ses sentiments, sa vie privée, ce qu'on devrait cacher.

exhibitionniste n. Personne qui fait de l'exhibitionnisme. – adj. *Des tendances exhibitionnistes.*

exhortation n. f. **(du latin → exhorter)** Paroles pour exhorter. → **encouragement, incitation.** *Une exhortation au travail.*

exhorter v. tr. < 1 > **(latin *exhortari*, de *hortari* « encourager »)** *Exhorter qqn à :* s'efforcer par des discours persuasifs de lui faire faire qqch. → **encourager, engager, inciter, inviter** à. *Je vous exhorte à la patience, à prendre patience.*

exhumer v. tr. < 1 > **(latin *exhumare*, de *humus* « terre » → humus, d'après *inhumare* → inhumer)** **1.** Retirer (un cadavre) de la terre, de sa sépulture. → **déterrer.** **2.** Retirer (une chose enfouie) du sol, spécialt par des fouilles. *Exhumer les ruines d'une ville antique.* **3.** fig. Tirer de l'oubli. → **rappeler, ressusciter.** *Exhumer des souvenirs.* □ n. f. **exhumation**

exigeant, ante adj. **1.** Qui est habitué à exiger beaucoup, est difficile à contenter. *Un patron exigeant. Caractère exigeant.* → **difficile.** **2.** (disposition, sentiment, activité) Qui impose beaucoup (de conditions, d'efforts, de contraintes…), réclame beaucoup comme nécessaire. *Profession exigeante.* → **prenant.**

exigence n. f. **(bas latin *exigentia* → exiger)** Action d'exiger ; ce qui est exigé. **1.** au plur. Ce qu'une personne, une collectivité, une discipline, réclame d'autrui. *Céder aux exigences de qqn.* ■ Ce qu'on demande en argent (prix, salaire). *Quelles sont vos exigences ?* → **condition, prétention.** **2.** Ce qui est réclamé comme nécessaire. → **nécessité.** *C'est la première exigence à remplir.* → **condition, obligation.** **3.** au sing. Caractère d'une personne exigeante.

exiger v. tr. < 3 > **(latin *exigere*, d'abord « pousser dehors ; peser » → exigu, de *ex-* et *agere* → agir)** **1.** Demander impérativement (ce que l'on pense avoir le droit ou la force d'obtenir). → **réclamer, requérir.** *Exiger le silence.* ■ Requérir comme nécessaire pour remplir une fonction. *Ce métier exige de la diplomatie.* – au p. p. *Diplômes exigés.* ■ *Exiger que* (+ subj.). *Elle exige qu'il revienne.* → **commander, ordonner, ¹sommer.** – *Exiger de* (+ inf.). *Il a exigé de partir le premier.* **2.** (sujet chose) Rendre indispensable, inévitable, obligatoire. *Les circonstances exigent une action immédiate.* → **¹imposer, nécessiter, réclamer.**

exigible adj. Qu'on a le droit d'exiger. *Somme exigible à la commande.* □ n. f. **exigibilité**

exigu, uë [ɛgzigy] adj. **(latin *exiguus* « pesé au plus juste », de *exigere* → exiger, examen)** (choses, espace) D'une dimension insuffisante. → **petit.** *Un appartement exigu.* - var. du fém. **RO** **exigüe.**

exiguïté [ɛgzigɥite] n. f. **(latin *exiguitas* → exigu)** Caractère de ce qui est exigu. → **petitesse.** *L'exiguïté d'une salle.* - var. **RO** **exigüité.**

exil n. m. **(latin *exsilium*, de *exsilire* « sauter hors de », de *salire* « bondir »)** **1.** Expulsion de qqn hors de sa patrie, avec la défense d'y rentrer ; situation de la personne expulsée. → **bannissement, déportation.** *Condamner qqn à l'exil. Vivre en exil.* – *Exil volontaire. Exil fiscal :* fait de résider dans un pays étranger pour bénéficier d'avantages fiscaux. **2.** littér. Obligation de séjourner hors d'un lieu, loin d'une personne qu'on regrette. → **éloignement, séparation.** *La vie loin d'elle est pour lui un exil.*

exiler v. tr. < 1 > **(latin *exsiliare*, de *exsilium* → exil)** **1.** Envoyer (qqn) en exil. → **bannir, déporter, expatrier, expulser, proscrire.** **2.** Contraindre (qqn) à quitter un lieu. → **chasser, éloigner.** ■ **s'exiler** v. pron. Se condamner à l'exil ; s'installer loin de son pays. *Ils se sont exilés pour trouver du travail.* → **émigrer, s'expatrier.** ■ **exilé, ée** adj. *Opposant politique exilé.* → **réfugié.** – n. « *L'exilé partout est seul* » (Lamennais).

exinscrit, ite [ɛgzɛ̃skʀi, it] adj. **(de ¹*ex-* et *inscrit*)** géom. Tangent à un côté d'un triangle et aux prolongements des deux autres (cercle, circonférence).

existant, ante adj. **1.** Qui existe, qui a une réalité. → **positif, réel.** *Les choses existantes et les choses imaginaires.* – n. « *Tout existant naît sans raison, se prolonge par faiblesse et meurt par rencontre* » (Sartre). – n. m. *Tenez compte de l'existant.* **2.** cour. Qui existe actuellement. → **actuel, ¹présent.** *Élargir la clientèle existante.*

existence n. f. **(du latin, de *ex[s]istere* → exister)** **I.** **1.** philos. Fait d'exister. → **²être.** *Discuter de l'existence de Dieu.* ■ (opposé à *essence*) La réalité vivante, vécue (d'un être conscient). **2.** Fait d'exister, d'avoir une réalité (pour un observateur). *J'ignorais l'existence de ce testament.* **II.** **1.** Vie considérée dans sa durée, son contenu. *Conditions, moyens d'existence. Se compliquer l'existence.* – Durée (d'une situation, d'une institution). *Fêter ses dix ans d'existence.* **2.** Mode, type de vie. *Mener une existence indépendante.*

existentialisme n. m. **(de *existentiel*)** philos. Doctrine selon laquelle l'homme n'est pas déterminé d'avance par son essence*, mais libre et responsable de son existence.

▶ Courant philosophique, dont le principal représentant est Jean-Paul Sartre (*L'Être et le Néant ; L'existentialisme est un humanisme*), l'**existentialisme** met au centre de ses réflexions l'existence, la subjectivité, le vécu, le concret. Sartre pose comme point de départ l'idée que « l'existence précède l'essence » : l'homme est ce qu'il fait de lui-même, on ne peut le définir que par ses actes, car il n'y a pas de « nature humaine ». L'existentialisme athée de Sartre implique la liberté absolue de l'homme, donc sa responsabilité, dans le contexte de « la mort de Dieu », et privilégie des expériences comme le sentiment de la gratuité inutile de la vie, la solitude, la honte mais aussi l'engagement. On distingue de cet existentialisme athée l'existentialisme chrétien de Gabriel Marcel et Karl Jaspers qui se réclame de Kierkegaard, et propose une analyse de l'angoisse, du désespoir et de la finitude de l'homme. L'existentialisme a également trouvé des appuis conceptuels dans la phénoménologie de Husserl, dont la théorie de la conscience comme intentionnalité privilégie le rapport à l'autre et au monde. L'existentialisme, qui devient un phénomène à la mode à Paris au lendemain de la Seconde Guerre mondiale, s'exprime alors dans la littérature (Simone de Beauvoir, Camus), nourrit la psychanalyse (Ludwig Binswanger) et se politise (fondation de la revue *Les Temps modernes* en 1945).

voir aussi **liberté, nihilisme**

existentialiste adj. **(de *existentiel*)** **1.** philos. Qui se rapporte à l'existentialisme. *Philosophie existentialiste.* – n. *Les existentialistes chrétiens, athées.* **2.** vieilli Qui fit de l'existentialisme une mode (idées, mœurs, tenue). *Les bars existentialistes de Saint-Germain-des-Prés.*

existentiel, ielle adj. **(de *existence*, d'après le latin *ex[s]istentialis*)** didact. **1.** Relatif à l'existence en tant que réalité vécue. *Angoisse existentielle.* **2.** math., log. *Quantificateur* existentiel.*

exister v. intr. < 1 > **(latin *ex[s]istere*, de *ex-* et *sistere* « être placé », famille de *stare* → station)** **1.** Avoir une réalité. → **¹être.** *Animal légendaire qui n'a jamais existé. Cette coutume existe encore.* → **continuer, durer, persister.** – Se trouver (quelque part). *Cette variété d'oiseau n'existe pas en Europe.* – impers. *Il existe… :* il y a… **2.** (sujet personne) Vivre. « *Il se livrait au plaisir d'exister, si vif à cet âge* » (Stendhal). **3.** (sens fort) Avoir de l'importance, de la valeur. → **compter.** *Le passé n'existe pas pour elle. Et ce que tu as fait pour eux, ça existe !*

exit [ɛgzit] v. et n. m. **(mot latin « il sort », de *exire*)** **1.** *Exit (tel personnage) :* il sort (indication scénique dans une pièce de théâtre). – par ext., fam. *Exit qqn, qqch.,* se dit de qqn, qqch. qui disparaît, à quoi on a mis fin. **2.** n. m. Sortie d'un personnage, au théâtre. *Des exits ou des exit* (invar.).

ex-libris [ɛkslibʀis] n. m. **(mots latins « parmi les livres de »)** Inscription ou vignette apposée sur un livre pour en indiquer le propriétaire. - var. **RO** **exlibris.**

ex nihilo adv. **(latin « [hors] de rien », de *nihil* → nihilisme)** didact. En partant de rien, du néant. – adj. invar. *Création ex nihilo.*

exo- Élément (grec *exô*) qui signifie « au-dehors » (contr. **endo-**).

exobiologie n. f. didact. Science dont l'objet est l'étude des possibilités de vie dans l'univers extraterrestre. □ adj. **exobiologique** □ n. **exobiologiste**

¹exocet [ɛgzɔsɛ] n. m. **(du latin, grec *exôkoitos* « qui sort du lit [de la mer] », de *koitê* « lit, couche »)** Poisson des mers chaudes capable de sauter hors de l'eau et de planer un instant dans l'air (syn. courant *poisson volant*).

²exocet [ɛgzɔsɛt] n. m. invar. **(n. déposé)** Missile français autoguidé utilisé pour la destruction des navires. – adj. invar. *Des missiles exocet.*

exode

Pendant l'exode de juin 1940, dix millions de personnes se retrouvent sur les routes.

exocrine adj. f. (de *exo-* et *endocrine*) physiol. *Glande exocrine,* qui déverse sa sécrétion à la surface de la peau ou d'une muqueuse (opposé à *endocrine*).

exode n. m. (latin ecclés. *Exodus* [livre de la Bible] → Exode (L'), du grec *exodos,* de *exô* → exo- et *hodos* « route » → méthode, période) **1.** (personnes) Émigration, départ en masse. *L'exode des civils français fuyant les troupes allemandes* (mai-juin 1940). – *Exode rural :* dépeuplement des campagnes. – *L'exode des Parisiens au mois d'août.* **2.** (choses) *Exode des capitaux,* leur départ vers l'étranger. → **fuite.**

Exode (L') Sortie d'Égypte des Hébreux sous l'égide de Moïse. L'épisode est relaté dans le livre biblique de l'Exode (Pentateuque).

exogamie n. f. (de l'anglais → exo- et -gamie) ethnol. Coutume suivant laquelle les mariages se font entre les membres de tribus, de clans différents (opposé à *endogamie*). □ **adj. et n. exogame** □ **adj. exogamique**

exogène adj. (de *exo-* + *-gène*) **1.** didact. Qui provient de l'extérieur, se produit à l'extérieur (de l'organisme, d'un système). **2.** géol. Qui affecte la partie superficielle de l'écorce terrestre. – *Roches exogènes,* formées à la surface. - contr. **endogène.**

s'**exonder** v. pron. < 1 > (de [1]*ex-* et *onde*) géogr. Se découvrir (lieu précédemment immergé) ; émerger hors de l'eau. – au p. p. *Terre exondée.*

exonération n. f. (du latin → exonérer) Action d'exonérer ; son résultat. → **abattement, déduction, dégrèvement, exemption.** *Exonération fiscale.*

exonérer v. tr. < 6 > (latin *exonerare,* de *onus, oneris* « charge » → onéreux) Décharger (qqn de qqch. à payer). *Exonérer un contribuable,* le décharger d'une partie ou de la totalité de l'impôt. – par ext. *Marchandises exonérées,* dispensées de droits de douane.

exophtalmie n. f. (du grec → exo- et -ophtalmie) méd. Saillie anormale du globe oculaire hors de l'orbite. □ **adj. exophtalmique**

exoplanète n. f. (anglais *exoplanet,* de *extrasolar planet* « planète extrasolaire » → exo- et planète) astron. Planète orbitant autour d'une étoile autre que le Soleil.

exorbitant, ante adj. (du latin, de *exorbitare,* de *orbita* → orbite, de *orbis* « cercle » → [2]orbe) **1.** Qui dépasse la juste mesure. → **démesuré, excessif.** *Prix exorbitant.* **2.** dr. Qui sort de, fait exception à. *Clause exorbitante du droit commun.*

exorbité, ée adj. *Yeux exorbités,* qui sortent de l'orbite ; tout grand ouverts (d'étonnement, de peur, etc.).

exorciser v. tr. < 1 > (du latin ecclés., grec *exorkizein,* de *orkos* « serment ») **1.** Chasser (les démons) du corps des possédés à l'aide de formules et de cérémonies. ■ fig. *Exorciser ses peurs.* **2.** Délivrer (un possédé) de ses démons. □ **n. f. exorcisation**

exorciseur voir **exorciste**

exorcisme n. m. (du latin ecclés., grec *exorkismos* → exorciser) Pratique religieuse pour exorciser.

exorciste n. (du latin ecclés., du grec → exorciser) Personne qui exorcise. - syn. **exorciseur, euse.**

exorde n. m. (latin *exordium,* de *exordiri* « commencer », de *ordiri* → ourdir) Première partie (d'un discours), entrée en matière. → **introduction, préambule, prologue.**

exoréique adj. (de *exo-* et du grec *rhein* « couler ») géogr. Se dit des régions dont le réseau hydrographique est raccordé au niveau des mers, des océans. - contr. **endoréique.**

exoréisme n. m. (→ exoréique) géogr. Caractère des régions exoréiques*. - contr. **endoréisme.**

exosphère n. f. (de *exo-* et *[atmo]sphère*) didact. Partie la plus élevée de l'atmosphère* (au-dessus de 750 km) où les molécules les plus légères échappent à la pesanteur et sont attirées vers l'espace intersidéral.

exosquelette n. m. **1.** zool. Structure externe et dure, que sécrètent certains invertébrés (carapaces d'insectes, coquilles de mollusques). **2.** techn. Appareil motorisé fixé sur un ou plusieurs membres du corps humain pour lui redonner sa mobilité ou en augmenter les capacités.

exostose n. f. (grec *exostôsis,* de *ostoun* « os ») méd. Production osseuse anormale, circonscrite, à la surface d'un os. → **ostéophyte.** ■ bot. Excroissance sur le tronc ou sur les branches de certains arbres. → **galle.**

exotérique adj. (latin *exotericus,* grec *exôterikos,* de *exôteros* « plus en dehors » → exo-) didact. Qui peut être enseigné en public, qui peut être divulgué (en parlant d'une doctrine philosophique). - contr. **ésotérique** (plus cour.).

exothermique adj. chim. Qui dégage de la chaleur. *Combinaison, réaction chimique exothermique.* - contr. **endothermique.**

exotique adj. (du latin, grec *exôtikos,* de *exô* → exo-) **1.** Qui (dans la perception occidentale) est perçu comme étrange et lointain et stimule l'imagination. *Mœurs exotiques.* **2.** Qui provient de pays lointains, notamment tropicaux. *Plantes exotiques.*

exotisme n. m. **1.** Caractère de ce qui est exotique. *L'exotisme d'un paysage.* **2.** Goût des choses exotiques, du pittoresque attaché à certaines civilisations.

exotoxine n. f. biol., méd. Toxine bactérienne diffusant dans le milieu ambiant (opposé à *endotoxine*).

expansé, ée adj. (de *expansion*) techn. Se dit d'un matériau à structure cellulaire qui a subi une expansion (1). *Polystyrène expansé.*

expansible adj. Qui est susceptible d'expansion, qui peut se dilater. *Les gaz sont expansibles.* □ **n. f. expansibilité**

expansif, ive adj. (latin *expansum* → expansion) **1.** didact. Qui tend à s'étendre, à augmenter de volume. **2.** cour. Qui s'exprime avec effusion. → **communicatif, démonstratif, exubérant.** *Un homme peu expansif.* → **ouvert.** *Une joie expansive,* débordante. □ **n. f. expansivité**

expansion n. f. (latin *expansio,* de *expandere* « étendre » → épandre) **1.** Développement (d'un corps fluide) en volume ou en surface (dilatation, décompression, etc.). *L'expansion des gaz* (→ **expansible**). *Théorie de l'expansion de l'univers* (liée à celle du big bang). **2.** anat., bot. Développement, prolongement (d'un tissu vivant). *Expansion membraneuse.* **3.** Action de s'étendre, de prendre plus de terrain ou de place en se développant. → **extension.** *L'expansion d'un pays hors de ses frontières* (→ **expansionnisme**). *Économie en pleine expansion.* → **croissance.** *L'expansion des idées nouvelles.* → **diffusion, propagation.** **4.** Mouvement par lequel une personne communique ses pensées, ses sentiments. → **effusion, épanchement.** *Besoin d'expansion* (→ **expansif**).

Expansion (L') Bimensuel économique français, créé en 1967.

expansionnisme n. m. Politique (d'une nation) visant à étendre sa souveraineté, son influence sur d'autres pays. → **colonialisme, impérialisme.** *Expansionnisme économique.*

expansionniste n. et adj. Partisan de l'expansion territoriale, économique. – adj. *Une politique expansionniste.*

expatriation n. f. Action d'expatrier ou de s'expatrier ; son résultat. *L'expatriation des capitaux.*

expatrier v. tr. < 7 > (→ patrie) rare Obliger (qqn) à quitter sa patrie. → **exiler, expulser.** – *Expatrier des capitaux,* les placer à l'étranger. ■ **s'expatrier v. pron.** Quitter sa patrie pour s'établir ailleurs. → **émigrer.** *Ouvriers qui s'expatrient pour trouver du travail.* ■ **expatrié, ée adj. et n. 1.** Qui a quitté sa patrie volontairement ou qui en a été chassé. – n. *Des expatriés.* **2.** n. Personne qui travaille à l'étranger pour le compte d'une entreprise de son pays d'origine. - abrév. fam. **expat** [ɛkspat].

expectant, ante adj. (latin *exspectans,* p. prés. de *ex[s]pectare,* de *spectare* « assister » → spectacle) littér. Qui reste dans l'expectative, préfère attendre pour agir. → **attentiste.** *Politique expectante.* → **opportuniste.** *Médecine expectante* (→ **expectation**). - contr. **agissant.**

expectation n. f. (latin *expectatio,* de *ex[s]pectare* → expectant) **1.** méd., vieilli Observation de la maladie sans intervention thérapeutique tant que le diagnostic n'est pas établi. **2.** (de l'anglais) psych. Fait d'attendre qqch.

expectative n. f. (de l'adj. *expectatif, ive,* du latin → expectation) **1.** littér. Attente fondée sur des promesses ou des probabilités. **2.** Attente prudente qui consiste à ne pas prendre parti, en attendant une solution. *Rester dans l'expectative.*

expectorant, ante adj. Qui aide à expectorer. *Sirop expectorant.* → **fluidifiant.** – n. m. *Un expectorant.*

expectoration n. f. méd. Action d'expectorer. ■ Matières expectorées. → **crachat.**

expectorer v. tr. < 1 > (latin *expectorare,* de *ex-* et *pectus, pectoris* « poitrine » → **pectoral**) Rejeter vers la bouche (les mucosités qui obstruent les voies respiratoires, les bronches). → **cracher, tousser.**

[1]expédient, ente [ɛkspedjɑ̃, ɑ̃t] adj. (du latin, p. prés. de *expedire* « dégager », de *ex-* et *pes, pedis* → **pied**) littér. Qui convient pour la circonstance. → **[1]commode, convenable, utile.** *Trouver un moyen expédient.*

[2]expédient [ɛkspedjɑ̃] n. m. (de *[1]expédient*) **1.** Moyen, mesure pour se tirer d'une difficulté, contourner un obstacle sans résoudre les problèmes. → **palliatif. 2.** Moyen de fortune, plus ou moins licite, de se procurer de l'argent. *Vivre d'expédients.*

expédier v. tr. < 7 > (dérivé de *[1]expédient*) **I. 1.** Faire (qqch.) rapidement, sans attendre. *Expédier les affaires courantes.* **2.** Faire (qqch.) sans soin, pour s'en débarrasser. → **bâcler. 3.** *Expédier qqn,* en finir au plus vite avec lui pour s'en débarrasser. **II. 1.** Faire partir pour une destination. → **envoyer.** *Expédier un colis par la poste.* **2.** fam. Envoyer (qqn) au loin pour s'en débarrasser. – *Expédier qqn dans l'autre monde,* le tuer.

expéditeur, trice n. Personne qui expédie qqch. → **envoyeur.** *L'expéditeur et le destinataire d'un colis.* – adj. *Gare expéditrice.*

expéditif, ive adj. **1.** (personnes) Qui expédie ce qui doit être fait. → **[1]actif, rapide, vif.** *Être expéditif en affaires.* **2.** (choses) Qui permet d'expédier les affaires, d'agir vite. *Le moyen le plus expéditif.* → **[1]court.** ■ péj. *Justice expéditive,* rendue trop rapidement pour être sans défaut. → **sommaire.** □ adv. **expéditivement**

expédition n. f. (latin *expeditio,* de *expedire* « préparer » → **[2]expédient**) **I. 1.** Action d'expédier (I) ce qu'on a à faire. *L'expédition des affaires courantes.* **2.** dr. Copie conforme (d'un acte, d'un jugement). **II. 1.** Action de faire partir (qqch.) pour une destination. → **envoi.** *L'expédition du courrier.* **2.** Opération militaire exigeant un déplacement de troupes. → **campagne. 3.** Voyage d'exploration dans un pays difficilement accessible ; personnel et matériel nécessaires à ce voyage. *Organiser une expédition scientifique.* – *C'est une véritable expédition !,* se dit d'un déplacement qui exige tout un matériel.

expéditionnaire I. n. **1.** Employé(e) chargé(e) des expéditions (II, 1), dans une maison de commerce. **2.** Personne qui est employée à la copie d'actes juridiques. *Expéditionnaire au greffe.* – appos. *Commis expéditionnaire.* **II.** adj. Envoyé en expédition (II, 2) militaire. *Corps expéditionnaire.*

expérience n. f. (latin *experientia,* de *experiri,* famille du grec *peira* « expérience » → **empirique ; expert**) **I. 1.** *L'expérience de qqch.* : fait d'éprouver qqch. dans sa réalité, épreuve que l'on en fait personnellement. → **[1]pratique, usage.** *L'expérience du monde, des hommes. Expérience prolongée d'une chose.* → **habitude.** *Faire l'expérience de qqch.,* éprouver, ressentir. → **expérimenter.** – *Savoir qqch. par expérience.* **2.** Évènement vécu ou pratique prolongée de qqch., apportant un enseignement. *Ce sera sa deuxième expérience professionnelle. C'est une expérience qu'il ne renouvellera pas.* **3.** absolt Connaissance de la vie, des choses, acquise par des situations vécues. → **connaissance, [2]savoir.** « *Deux choses instruisent l'homme de toute sa nature : l'instinct et l'expérience* » (Pascal). *Avoir de l'expérience. Un débutant sans expérience* (→ **inexpérimenté**). ■ philos. La connaissance a posteriori. → **empirique. II. 1.** Fait de provoquer un phénomène dans l'intention de l'étudier, de l'observer, de contrôler une hypothèse. → **épreuve, essai, expérimentation.** *Se livrer à des expériences. Faire une expérience de chimie.* – Méthode scientifique utilisant les expériences. → **expérimental.** *L'observation* et l'expérience ; l'expérience et la mesure.* **2.** Essai, tentative. *Tenter une expérience de vie commune.*

expérimental, ale, aux adj. (du latin, de *experimentum* → **expérimenter**) **1.** Fondé sur l'expérience scientifique ; qui emploie systématiquement l'expérience. *Méthode expérimentale,* observation, classification, hypothèse et vérification par des expériences appropriées. *Sciences d'observation et sciences expérimentales.* **2.** Qui constitue une expérience. – Fait, construit pour en éprouver les qualités. *Cultures expérimentales.* – *À titre expérimental,* pour en faire l'expérience.

expérimentalement adv. Par l'expérience scientifique.

expérimentateur, trice n. **1.** Personne qui effectue des expériences scientifiques. **2.** Personne qui tente une expérience, fait qqch. de nouveau.

expérimentation n. f. (de *expérimenter*) **1.** Emploi systématique de l'expérience scientifique. *L'expérimentation en agriculture.* **2.** Action d'expérimenter, d'essayer qqch. *L'expérimentation d'un nouveau médicament.*

expérimenté, ée adj. Qui est instruit par l'expérience (I, 3). → **éprouvé, exercé, expert.** *C'est un homme expérimenté,* averti. *Cherchons vendeuse expérimentée,* non débutante.

expérimenter v. tr. < 1 > (du latin, de *experimentum,* de *experiri* → **expérience,** ou de l'ancien français *experiment,* emprunté au latin) **I.** Éprouver, connaître par expérience. → **éprouver.** *On ne peut pas comprendre cela sans l'avoir expérimenté.* → **vivre. II.** Pratiquer des expériences (II), des opérations destinées à étudier, à juger (qqch.). → **éprouver, essayer, [1]tester, vérifier.** *Expérimenter un vaccin sur un cobaye.* – absolt Pratiquer l'expérimentation.

expert, erte (latin *expertus* « éprouvé », de *experiri* → **expérience**) **I.** adj. **1.** Qui a acquis une grande habileté par l'expérience, par la pratique. → **expérimenté.** *Un technicien expert.* → **éprouvé.** *Elle est experte dans cet art, en la matière.* – Très exercé. *Une oreille experte.* **2.** (de l'anglais) *Système expert* : programme d'intelligence artificielle fondé sur des raisonnements heuristiques à partir de connaissances spécialisées (→ **expertise,** II). **II.** n. Personne choisie pour ses connaissances éprouvées et chargée de faire des examens, constatations ou appréciations de fait (→ **expertise**). *Elle est experte devant les tribunaux civils.* ■ Professionnel(le) qui vérifie l'authenticité et apprécie, estime la valeur des objets d'art.

expert-comptable, experte-comptable [ɛkspɛʀkɔ̃tabl, ɛkspɛʀt(ə)kɔ̃tabl] n. Personne faisant profession, en engageant sa responsabilité, d'organiser, vérifier, apprécier ou redresser les comptabilités. *Cabinet d'experts-comptables.*

expertement adv. rare Avec habileté, d'une manière experte. → **adroitement.**

expertise n. f. **I. 1.** Examen technique par un expert (pendant l'instruction d'un procès) ; rapport issu de cet examen. *Le juge a ordonné une expertise.* **2.** Estimation de la valeur d'un objet d'art, étude de son authenticité par un expert. **II.** (de l'anglais) Compétence dans un domaine précis. *Son expertise dans la gestion de projets est très appréciée.*

expertiser v. tr. < 1 > Soumettre à une expertise. → **estimer, évaluer.** *Faire expertiser un tableau.*

expiation n. f. (du latin, de *expiare* → **expier**) Souffrance imposée ou acceptée à la suite d'une faute et considérée comme un remède ou une purification. → **rachat, réparation, [2]repentir.** – *Châtiment infligé en expiation d'un crime.* → **punition.**

expiatoire adj. (du latin ecclés. → **expier**) Qui est destiné à une expiation. *Victime expiatoire* (d'un sacrifice). → **bouc émissaire.**

expier v. tr. < 7 > (latin *expiare* « purifier », de *pius* → **pieux**) **1.** Réparer, en subissant une expiation. *Expier ses torts.* – (relig. chrét.) *Expier ses péchés par la pénitence.* **2.** *Expier une erreur, ses imprudences,* en être puni (par une conséquence pénible ou un sentiment de culpabilité). → **payer** (fig.). □ **expiable** adj. Qui peut être expié.

expirant, ante adj. **1.** Qui est près d'expirer. → **agonisant, mourant. 2.** Qui finit, qui va cesser d'être. *Une flamme expirante.*

expirateur, trice adj. et n. m. anat. Qui sert à produire l'expiration. *Muscles expirateurs,* ou ellipt *les expirateurs* : muscles qui contractent le thorax. - contr. **inspirateur.**

expiration n. f. (du latin, de *ex[s]pirare* → **expirer**) **I.** Action par laquelle les poumons expulsent l'air (→ **respiration**). *Expiration par le nez, la bouche.* **II.** Moment où se termine (un temps prescrit ou convenu). → **échéance, [1]fin, [1]terme.** *À l'expiration des délais.* – Fin de la validité (d'une convention). *L'expiration d'une trêve.*

expiratoire adj. (→ **expiration**) Qui se rapporte à l'expiration.

expirer v. < 1 > (latin *ex[s]pirare,* de *spirare* → **respirer,** famille de *spiritus* → **esprit**) **I.** v. tr. Expulser des poumons (l'air inspiré). → **souffler. II.** v. intr. **1.** (auxiliaire *avoir* ou *être*) Rendre le dernier soupir. → **s'éteindre, mourir ; expirant.** *Le malade a expiré dans la nuit.* « *Seigneur, le traître est expiré* » (Racine). **2.** (choses) Cesser d'être ; prendre fin. → **disparaître, s'évanouir.** *Le feu expirait lentement.* **3.** (temps prescrit, convention) Arriver à son terme. → **finir.** *Votre abonnement expire le 1er septembre.*

explétif, ive adj. (bas latin « qui emplit », de *expletum,* de *explere,* de *plere* « emplir » ; famille de *plein*) gramm. Qui sert à « remplir » la phrase sans être nécessaire au sens. *Le* ne *explétif* (ex. *il craint que je* ne *sois trop jeune*).

explicable adj. (latin *explicabilis* → **expliquer**) Qui peut être expliqué ; dont on peut donner la cause, la raison. → **compréhensible.** « *La condition même de la science est de croire que tout est explicable naturellement, même l'inexpliqué* » (Renan).

explicatif, ive adj. (→ **explication**) (choses) Qui explique. *Note explicative.* – Qui indique comment se servir de qqch. *Notice explicative jointe à un appareil* (→ **mode d'emploi**).

explication n. f. (latin *explicatio* → **expliquer**) Action d'expliquer ; son résultat. **1.** Développement destiné à éclaircir le sens de qqch. → **commentaire, éclaircissement.** *Fournir une explication à qqch.* – *Explication de texte* : étude littéraire, stylistique d'un texte. **2.** Ce qui rend compte (d'un fait). → **cause, motif, raison.** *L'explication d'un phénomène.* **3.** Éclaircissement sur les intentions, la conduite. → **justification.** *Je ne trouve aucune explication à son attitude.* **4.** Discussion dans laquelle on s'explique (3). *Ils ont eu une explication.*

explicite adj. (latin *explicitus* « clair », de *explicare* → **expliquer, exploiter**) **1.** dr. Exprimé, formulé. **2.** Suffisamment clair et précis dans l'énoncé ; qui ne peut laisser de doute. → **[1]net.** *Sa déclaration est parfaitement explicite.* **3.** (personnes) Qui s'exprime avec clarté, sans équivoque. *Elle n'a pas été très explicite sur ce point.* □ adv. **explicitement**

expliciter v. tr. < 1 > (de *explicite*) **1.** Énoncer formellement. → **formuler.** *Toutes les clauses du contrat ont été explicitées.* **2.** Rendre clair et précis. *Expliciter son point de vue.* □ n. f. **explicitation**

expliquer v. tr. < 1 > (latin *explicare* « dérouler, déployer », de *plicare* → plier, appliquer, de *plexere* « tresser, entrelacer » → complexe) **1.** Faire connaître, faire comprendre nettement en développant. *Expliquer ses projets à qqn.* → **exposer. 2.** Rendre clair, faire comprendre (ce qui est ou paraît obscur). → **commenter, éclaircir, éclairer.** – absolt *« Il ne voulait pas seulement expliquer, mais convaincre »* (Malraux). ■ Donner les indications, la recette (pour faire qqch.). → **apprendre, enseigner.** *Expliquer à qqn la règle du jeu.* → **montrer. 3.** Faire connaître la raison, la cause de (qqch.). *On constate le fait, mais on ne peut l'expliquer.* ■ (choses) Être la cause, la raison visible de ; rendre compte de. *Ceci explique cela.* **4.** ***Expliquer que*** : faire comprendre que. → **¹dire, exposer, montrer que.** *Expliquez-lui que nous comptons sur lui.* – (+ subj.) *Comment expliquez-vous qu'il puisse vivre sans travailler ?* ■ **s'expliquer** v. pron. **1.** Faire connaître sa pensée, sa manière de voir. *Expliquez-vous plus clairement.* **2.** Rendre raison d'un fait, d'une opinion. *Elle s'est expliquée sur son absence.* → **disculper, justifier.** *S'expliquer avec qqn,* se justifier auprès de lui. **3.** récipr. Avoir une discussion. *Après s'être expliqués, ils se sont mis d'accord.* ■ fam. Se battre. *Ils sont partis s'expliquer dehors.* **4.** Comprendre la raison, la cause de (qqch.). *Je m'explique mal ce qu'il fait ; qu'il soit en retard.* **5.** passif Être rendu intelligible. *Cet accident ne peut s'expliquer que par une négligence.*

exploit n. m. (ancien français *espleit*, venant du latin *explicitum* « action menée à bien », de *explicitus* → explicite, de *explicare* → expliquer) **I.** Action remarquable, exceptionnelle. → **prouesse.** *Exploit sportif.* → **performance, record.** – iron. *Quel exploit ! Il n'y a pas de quoi se vanter !* **II.** dr. ***Exploit (d'huissier)*** : acte judiciaire signifié par huissier pour assigner, notifier ou saisir.

exploitable adj. **1.** (choses) Qui peut être exploité avec profit. *Cette forêt n'est pas encore exploitable.* **2.** (personnes) *« Ces pauvres gens sont exploitables à merci »* (Gide).

exploitant, ante 1. adj. Qui tire abusivement profit de qqn, de qqch. *La classe exploitante.* **2.** n. Personne (ou société) qui fait fonctionner une exploitation. *Exploitant agricole. Les petits exploitants.* – appos. *Propriétaire exploitant.* ■ Propriétaire ou directeur d'une salle de cinéma.

exploitation n. f. (de *exploiter*) **1.** Action d'exploiter, de faire valoir (une chose). → **mise en valeur.** *L'exploitation du sol, du sous-sol, d'un domaine.* → **culture.** *L'exploitation d'une ligne aérienne.* ■ inform. *Système d'exploitation* : ensemble de programmes permettant de faire fonctionner et contrôler un appareil informatique. ■ cinéma *Visa d'exploitation d'un film.* **2.** Bien exploité ; lieu où se fait la mise en valeur de ce bien. *Une exploitation agricole* (domaine, ferme, propriété), *industrielle* (industrie, usine), *commerciale* (commerce, entreprise). **3.** abstrait Utilisation méthodique. *L'exploitation d'une idée originale.* **4.** Action d'abuser à son profit. *L'exploitation de la crédulité publique.* ■ (marxisme) *L'exploitation de l'homme par l'homme* : le fait de tirer un profit (plus-value) du travail des autres.

exploité, ée adj. **1.** Mis en exploitation. *Terre, mine exploitée* (opposé à *en friche, à l'abandon*). **2.** Utilisé pour le profit. *Une classe sociale exploitée.* – n. *Les exploiteurs et les exploités.* ■ spécialt Sous-payé. *Un employé exploité.*

exploiter v. tr. < 1 > (ancien français *espleitier*, qui vient du latin pop. *explicitare*, de *explicare* → expliquer) **1.** Faire valoir (une chose) ; tirer parti de. *Exploiter une mine ; un réseau de chemin de fer ; un brevet, une licence.* **2.** fig. Utiliser d'une manière avantageuse, faire rendre les meilleurs résultats. *Exploiter la situation.* → **profiter de. 3.** Se servir de (qqn) en n'ayant en vue que le profit (spécialt le faire travailler en le payant le moins possible). *« Aujourd'hui, le négociant n'a plus qu'un but, exploiter l'ouvrier »* (Huysmans).

exploiteur, euse n. Personne qui tire un profit abusif (d'une situation, d'une personne). → **profiteur, spoliateur.**

explorateur, trice n. (latin *explorator* « observateur » → explorer) **1.** Personne qui explore un pays lointain, peu accessible ou peu connu. – par ext. *Un explorateur des fonds marins. Les explorateurs de l'espace.* **2.** n. m. méd. Instrument servant à accéder à un organe interne en vue de son examen direct. – adj. *Stylet explorateur.*

exploration n. f. (du latin → explorer) **1.** Action d'explorer (un pays). *Partir en exploration.* → **expédition.** – Examen méthodique (d'un lieu). *L'exploration d'une grotte.* **2.** abstrait *L'exploration d'un sujet.* → **approfondissement.** *L'exploration du subconscient.* → **psychanalyse. 3.** méd. Examen minutieux de la structure ou du fonctionnement (des organes internes).

exploratoire adj. (→ explorer) didact. Destiné à explorer. *Techniques exploratoires en médecine.* ■ polit. Préliminaire à une négociation ultérieure. *Entretiens exploratoires.*

explorer v. tr. < 1 > (latin *explorare* « battre le terrain » ; p.-ê. famille de *planus* → ¹plan) **1.** Parcourir (une zone géographique mal connue) en l'étudiant avec soin. *Explorer une île.* – Parcourir en observant, en cherchant. **2.** Faire des recherches sur (qqch.), dans le domaine de la pensée. → **approfondir, étudier.** *Explorer le subconscient.* – au p. p. *Un sujet peu exploré.* **3.** sc., méd. Reconnaître, observer (un organe, etc.) à l'aide d'instruments ou de procédés spéciaux. → **ausculter, examiner, sonder.** *Explorer l'estomac avec un endoscope.*

exploser v. intr. < 1 > (de *explosion*) **1.** Faire explosion. → **éclater, détoner, sauter ;** fam. **péter.** *Bombe qui explose.* **2.** fig. (sentiments) Se manifester brusquement et violemment. → **éclater.** *Sa colère explosa.* – (personnes) *Exploser en injures.* **3.** Se développer largement ou brusquement. *Les prix explosent.* **4.** trans. fam. Casser, démolir accidentellement. *Il a explosé sa voiture.* ■ fig. *Elle a explosé son précédent record.* → **pulvériser.** – *Avoir les yeux explosés,* marqués par la fatigue, l'absorption de drogue.

exploseur n. m. techn. Appareil électrique permettant de faire exploser à distance un explosif.

explosible adj. didact. Qui peut faire explosion. *Gaz explosible.* → **explosif.**

explosif, ive (de *explosion*) **I.** adj. **1.** Relatif à l'explosion. *Onde explosive,* créée par une explosion. **2.** Qui peut faire explosion. → **explosible.** *Mélange explosif.* **3.** fig. *Une situation explosive,* critique, tendue. – *Un document explosif,* qui peut provoquer des réactions brutales. ■ *Un tempérament explosif,* sujet à de brusques colères. **4.** phonét. *Consonne explosive,* à tension croissante au début d'une syllabe (opposé à *implosive*) ; ex. [p] et [t] dans *partir.* **II.** n. m. Composé ou mélange de corps susceptibles de dégager en un temps extrêmement court un grand volume de gaz portés à haute température. – *Explosif nucléaire.* □ n. f. **explosivité**

explosion n. f. (latin *explosio,* du supin de *explodere,* de *plaudere, plodere* « battre des mains » → applaudir) **1.** Fait de se rompre brutalement en projetant des fragments. ■ sc. Phénomène au cours duquel des gaz sous pression sont produits dans un temps très court. → **déflagration, éclatement.** *Faire explosion* : exploser. *L'explosion d'un obus.* – *Explosion nucléaire.* ■ Rupture violente, accidentelle (produite par un excès de pression, une brusque expansion de gaz, etc.). *L'explosion d'une voiture piégée.* **2.** ***Moteur à explosion,*** qui emprunte son énergie à l'expansion d'un gaz, provoquée par la combustion rapide d'un mélange carburé (mélange détonant). **3.** fig. ***Explosion de*** : manifestation soudaine et violente de. *« Ce fut une explosion de cris, de pleurs, de serments »* (Michelet). **4.** Expansion soudaine et spectaculaire. *Explosion démographique.* → anglic. **boom.** – méd. Apparition rapide (d'une épidémie).

expo voir **exposition**

exponentiel, ielle adj. et n. f. (latin *exponens,* de *exponere* → exposer) **1.** math. Dont la variable est en exposant. *Fonction exponentielle* ou n. f. *une exponentielle.* **2.** cour. Qui augmente de manière continue et très rapide. □ adv. **exponentiellement**

export voir **exportation**

exportable adj. Qui peut être exporté.

exportateur, trice n. Personne qui exporte des marchandises, etc. → **expéditeur, vendeur.** – adj. *Les pays exportateurs de pétrole.*

exportation n. f. (latin *exportatio* → exporter) **I. 1.** Action d'exporter ; sortie de marchandises nationales vendues à un pays étranger. - abrév. **export** n. m. *Entreprise d'importation et d'exportation.* → **import-export. 2.** Ce qui est exporté. *Déficit, excédent des exportations.* ■ fig. *L'exportation d'une mode.* **II.** (de l'anglais → exporter) inform. Opération consistant à exporter (II) des données.

exporter v. tr. < 1 > (latin *exportare,* de *portare* → ¹porter, « amener au port ») **I. 1.** Envoyer et vendre hors d'un pays (ses produits). *Exporter des produits finis.* – absolt *Pour exporter, il faut produire.* ■ *Exporter des capitaux,* les placer à l'étranger. **2.** fig. *Exporter une mode,* la transporter à l'étranger. **II.** (de l'anglais *to export*) inform. Convertir (des données) pour les rendre compatibles avec le logiciel dans lequel on veut les introduire.

exposant, ante n. **1.** Personne dont les œuvres, les produits sont présentés dans une exposition (2). *Les exposants d'une foire.* **2.** n. m. math. Expression numérique ou algébrique exprimant la puissance à laquelle une quantité est élevée. *Deux est l'exposant du carré, trois celui du cube.* → **puissance.**

exposé n. m. **1.** Développement par lequel on expose (un ensemble de faits, d'idées). → **analyse, description, énoncé, rapport, récit.** *L'exposé des faits.* – dr. *Exposé des motifs,* qui précède l'énoncé d'un projet, d'une proposition de loi. **2.** Bref discours sur un sujet précis, didactique. → **communication, conférence ;** fam. **laïus.** *Faire un exposé.*

exposer v. tr. < 1 > (latin *exponere,* de *ponere* « poser, placer » → pondre, d'après *poser*) **I. 1.** Disposer de manière à mettre en vue. → **montrer, présenter.** *Exposer des marchandises dans une vitrine.* – *Exposer qqch. aux yeux, aux regards, à la vue de qqn.* **2.** Placer (des œuvres d'art) dans un lieu de présentation publique (→ **exposition**). *Galerie qui expose des Dufy. Catalogue des œuvres exposées.* – *L'artiste expose ses sculptures dans un jardin.* **3.** fig. Présenter en ordre (un ensemble de faits, d'idées). → **décrire, énoncer, raconter.** *Exposer un fait en détail. Exposer son point de vue.* – Laisser voir, montrer. *Exposer ses faiblesses.* **4.** ***Exposer qqch. à*** : disposer, placer dans la direction de. → **orienter.** *Exposer une maison au sud.* – au p. p. *Un bâtiment bien, mal exposé.* **5.** Disposer pour soumettre à une action, une influence.

Exposer un film à la lumière. Exposer une substance à des radiations. – au p. p. *Cliché insuffisamment exposé* (→ **sous-exposé**), *trop exposé* (→ **surexposé**). **II. 1.** *Exposer qqn à :* mettre (qqn) dans une situation dangereuse. *Son métier l'expose à des dangers.* – absolt « *Ce détachement même, loin de vous mettre à l'abri, vous expose* » (Gide). **2.** Risquer de perdre. *Exposer sa vie.* → **compromettre, risquer.** ■ **s'exposer** v. pron. **1.** Se soumettre à l'action de. *S'exposer au soleil.* **2.** Se mettre dans le cas de subir. → **affronter, chercher, risquer.** *Elle s'expose à de graves reproches.* → **encourir.** – absolt Se mettre en danger. *Il a bien trop peur pour s'exposer.*

E

exposition n. f. (latin *expositio*, du supin de *exponere* → exposer) **1.** rare Action d'exposer, de mettre en vue (spécialt des choses à vendre). → **étalage, exhibition, présentation.** **2.** Présentation publique de produits, d'œuvres d'art ; ensemble des objets exposés ; lieu où on les expose (abrév. fam. **expo**). *Visiter une exposition de peinture.* → **salon.** *Fréquenter les musées et les expositions.* – *Exposition industrielle, agricole.* → **[1]foire, salon.** *Exposition universelle. Les participants d'une exposition.* → **exposant.** **3.** Action de faire connaître, d'expliquer. *Exposition des faits.* → **exposé, narration, récit.** ■ Partie initiale (d'une œuvre littéraire, spécialt d'une œuvre dramatique). *L'exposition d'une tragédie.* – mus. Partie où les idées, les thèmes principaux sont présentés. *L'exposition d'un thème dans une fugue.* **4.** Situation (d'un édifice, d'un terrain) par rapport à une direction donnée. → **orientation, situation.** *Exposition d'un bâtiment au sud. Une bonne exposition.* **5.** Action de soumettre à l'action de. *Évitez les longues expositions au soleil. L'exposition du corps aux rayons X.* – photogr. *Exposition du papier à la lumière pour tirer des épreuves.*

▶ C'est à la Grande-Bretagne que l'on doit l'initiative de la première **Exposition universelle** (Londres, 1851). Favorable au libre-échange, la plus grande puissance industrielle et coloniale de l'époque invite les nations étrangères à présenter leurs innovations technologiques et culturelles. Dès lors, les Expositions universelles se succèdent en Europe et aux États-Unis, les pays hôtes rivalisant d'audace et de créativité architecturales. Certaines réalisations construites pour l'occasion deviennent les symboles des villes organisatrices : tour Eiffel pour l'Exposition de 1889, Atomium pour celle de Bruxelles en 1958. Se déroulant dans un climat d'optimisme et de foi dans le progrès industriel, les Expositions universelles attirent des millions de visiteurs et stimulent les grands projets de rénovation urbaine, tels que le métro parisien inauguré en 1900.
À partir des années 1920, les organisateurs ne prennent plus à leur charge toute la construction et la physionomie des Expositions s'en trouve changée : les pavillons se multiplient, signés par les grands architectes des nations exposantes.
Depuis les années 1960, les Expositions privilégient les thèmes humanitaires et environnementaux. Créé en 1928, le Bureau international des Expositions réglemente leur fréquence, veille à leur qualité et sélectionne les candidats.

[1]exprès, esse [ɛkspʀɛs] adj. (latin *expressus*, p. p. de *exprimere* → exprimer) **1.** dr. Qui exprime formellement la volonté de qqn. *Défense expresse* (→ **expressément**). **2.** invar. *Lettre exprès, colis exprès,* remis immédiatement au destinataire avant l'heure de la distribution ordinaire. – n. *Des exprès.*

[2]exprès [ɛkspʀɛ] adv. (→ [1]exprès) Avec intention spéciale ; à dessein. → **délibérément, intentionnellement.** – (avec un verbe) *Une écharpe tricotée exprès pour lui. Elles sont venues tout exprès pour vous voir.* ■ *Faire exprès. Il fait exprès de vous contredire.* – ellipt *Un fait exprès* n. m. : une coïncidence, généralement fâcheuse. *Comme (par) un fait exprès, je me casse la jambe la veille du départ.*

[1]express [ɛkspʀɛs] adj. (anglais *express [train]*, de [1]*exprès*) **1.** Qui assure un déplacement ou un service rapide. *Le réseau express régional* (RER) [région parisienne]. – par ext. *Voies express.* – n. m. vieilli Train express. **2.** Qui a été exécuté à la hâte ; qui se prépare rapidement. *Un repas express.*

[2]express [ɛkspʀɛs] adj. (italien *espresso* « exprimé », ou de [1]*express*) *Café express,* fait à la vapeur, à l'aide d'un percolateur. – n. m. (plus cour.) *Un express serré.* → **expresso.**

Express (L') Hebdomadaire français, fondé en 1953 par Jean-Jacques Servan-Schreiber et Françoise Giroud.

expressément adv. (→ [1]exprès) En termes exprès ([1]), formels ; avec une intention bien définie. → **explicitement, nettement.**

expressif, ive adj. (de *expression*) **1.** Qui exprime bien ce qu'on veut exprimer, faire comprendre. *Un terme particulièrement expressif.* → **démonstratif, éloquent, significatif.** **2.** Qui a beaucoup d'expression, de vivacité. → **animé, mobile, vivant.** *Une physionomie très expressive.* □ adv. **expressivement**

expression n. f. (latin *expressio*, de *expressum*, de *exprimere* → exprimer) **I.** vieux Action de faire sortir (un liquide) en pressant. → **exprimer** (I) ; **pression.** **II.** Action ou manière d'exprimer ou de s'exprimer. **1.** Fait d'exprimer par le langage. *Expression écrite, orale. Liberté d'expression :* liberté pour chacun d'exprimer ses opinions. *D'expression française* (francophone), *espagnole* (hispanophone), etc. – *Au-delà de toute expression :* extrêmement. – *Veuillez agréer l'expression de mes sentiments distingués* (formule de politesse). **2.** Manière de s'exprimer. « *Entre toutes les différentes expressions qui peuvent rendre une seule de nos pensées, il n'y en a qu'une qui soit la bonne* » (La Bruyère). – spécialt Groupe de mots faisant partie de la langue. → **locution, [2]tour, [1]tournure.** *Expression figurée. Expressions toutes faites :* clichés, formules. **3.** math. Formule par laquelle on exprime une valeur, un système. *Expression algébrique.* – loc. *Réduire une équation à sa plus simple expression.* fig. *Réduire qqch. à sa plus simple expression,* à la forme la plus simple, élémentaire. **4.** Fait d'exprimer un contenu psychologique par l'art. → **[1]style.** *L'expression littéraire, musicale, artistique.* – Qualité d'un artiste ou d'une œuvre d'art qui exprime avec force (→ **expressionnisme**). **5.** Fait d'exprimer (les émotions, les sentiments) par le comportement, le visage. *Une expression ironique.* ■ *Expression corporelle :* techniques et pratiques d'expression mettant en jeu le corps. *Expression dramatique :* techniques de développement de l'expression par le théâtre. **6.** absolt Animation, aptitude à manifester vivement ce qui est ressenti. → **caractère, vie.** *Un sourire plein d'expression* (→ **expressif**). *Un regard sans expression.* **III.** Ce par quoi qqn ou qqch. s'exprime, se manifeste. *La faim est l'expression d'un besoin.* → **manifestation.** *La loi est l'expression de la volonté générale.* → **émanation.** **IV.** (de l'anglais) biol. Ensemble des processus par lesquels un gène est transcrit en ARN messager* et ce dernier traduit en protéine. *Taux, vecteur d'expression d'un gène.*

expressionnisme n. m. Forme d'art faisant consister la valeur de la représentation dans l'intensité de l'expression (d'abord en peinture). *L'expressionnisme allemand. L'expressionnisme au théâtre.*

expressionniste adj. De l'expressionnisme. *Peinture expressionniste.* – n. Artiste adepte de l'expressionnisme.

expressivité n. f. Caractère de ce qui est expressif.

expresso n. m. (italien *espresso*, d'après [2]*express*) Café express.

exprimable adj. Qu'on peut exprimer (s'oppose à *inexprimable*). *Un sentiment difficilement exprimable.* → **traduisible.**

exprimer v. tr. < 1 > (latin *exprimere*, de *ex-* → [1]ex- et *premere* « serrer » → comprimer, imprimer...) **I.** littér. Faire sortir par pression (un liquide). → **extraire.** *Exprimer le jus d'un citron.* **II.** Rendre sensible par un signe (→ **expression**). **1.** Faire connaître par le langage. *Exprimer sa pensée. Mots qui expriment une idée.* → **signifier.** **2.** sc. Servir à noter (une quantité, une relation). *Le signe = exprime l'égalité.* **3.** Rendre sensible, faire connaître par le moyen de l'art (→ **expression**, II, 4). *L'artiste exprime son univers intérieur.* **4.** Rendre sensible par le comportement. → **manifester ; expression** (II, 5). « *L'homme désaccordé au point d'exprimer la douleur par le rire* » (Baudelaire). ■ Rendre sensible en tant que symbole. *Les rêves expriment certaines tendances refoulées.* → **traduire.** **III.** (de l'anglais) biol. Procéder à l'expression génétique de. *Une cellule n'exprime pas tous les gènes dont elle dispose.* ■ **s'exprimer** v. pron. **1.** Manifester sa pensée, ses sentiments (par le langage, les gestes, l'art). *S'exprimer en français.* → **[1]parler.** *Empêcher l'opposition de s'exprimer.* loc. *Si j'ose m'exprimer ainsi.* – *S'exprimer par gestes.* **2.** Se manifester librement, agir selon ses tendances profondes. *Il faut laisser cet adolescent s'exprimer.*

expropriation n. f. Action d'exproprier.

exproprier v. tr. < 7 > (de [1]*ex-* et *[ap]proprier*) Déposséder légalement (qqn) de la propriété d'un bien. *Exproprier un débiteur.* → **saisir.** *Exproprier qqn pour cause d'utilité publique.* – au p. p. *Propriétaire, immeuble exproprié.* – n. *Les expropriés.*

expulsable adj. Qui peut être expulsé.

expulsé, ée adj. et n. Chassé d'un lieu par expulsion.

expulser v. tr. < 1 > (latin *expulsare*, de *pulsare* → pousser, pulsion, de *pulsum*, supin de *pellere* « repousser ») **I. 1.** Chasser (qqn) du lieu où il était établi. *Expulser qqn de son pays.* → **bannir, exiler, expatrier.** *Expulser des immigrés clandestins* (→ **chasser**). – (D'un logement) *Expulser des squatters.* **2.** Faire sortir (qqn) avec violence, impérativement. *Il s'est fait expulser du café.* → fam. **éjecter, vider.** **II.** Faire évacuer (qqch.) de l'organisme. → **éliminer, évacuer.** *Expulser les excréments.*

expulsion n. f. **I. 1.** Action d'expulser (qqn). **2.** Exclusion (d'un groupe, d'une assemblée). **II.** Action d'expulser de l'organisme. – Phase de l'accouchement pendant laquelle l'enfant est expulsé du corps maternel.

expurger v. tr. < 3 > (du latin, de *purgare* → purger) **1.** Abréger (un texte) en éliminant ce qui est contraire à une morale, à un dogme. → **épurer.** – au p. p. *Édition expurgée.* **2.** fig. *Expurger un parti politique,* en exclure les membres compromettants. → **épurer.** □ n. f. **expurgation**

exquis, ise adj. (ancien français *esquis*, de l'ancien v. *esquerre* « rechercher », qui vient du latin pop. *exquaerere*, de *quaerere* « chercher » → quérir) **I.** méd. *Douleur exquise,* vive et nettement localisée. **II.** mod. **1.** Qui est d'une délicatesse recherchée, raffinée. *Une politesse exquise ; une exquise politesse.* **2.** Qui produit une impression très agréable par sa délicatesse. → **délicieux.** *Un plat exquis.* – *Une femme exquise.* → **adorable, charmant.** □ **exquisément** adv. littér.

exsangue [ɛksɑ̃g ; ɛgzɑ̃g] adj. (latin *exsanguis*, de *ex* et *sanguis* → sang) **1.** méd. Qui a perdu beaucoup de sang. **2.** (parties colorées du corps) Très pâle. → **blafard, blême, pâle.** *Lèvres exsangues.* **3.** fig. Vidé de sa substance, de sa force. *Une économie exsangue.*

exsanguinotransfusion n. f. méd. Opération par laquelle on remplace le sang d'un sujet par celui d'autres individus du même groupe sanguin. - var. **exsanguino-transfusion.** *Des exsanguino-transfusions.*

exsudat n. m. (de *exsudation*) **1.** méd. Liquide organique qui suinte au niveau d'une surface enflammée. *Exsudat séreux.* **2.** bot. Liquide suintant d'un végétal.

exsudation n. f. (du latin → exsuder, sudation) Suintement (d'un liquide organique, d'une résine).

exsuder v. < 1 > (latin *exsudare,* de *sudare* → suer) didact. **1. v. intr.** Sortir, à la façon de la sueur. → **suinter. 2. v. tr.** Émettre par transpiration, suintement. *Arbre qui exsude de la résine.*

extase n. f. (latin relig. *extasis,* pris au grec, de *existanai* « faire sortir », de *ex* et *histanai* « dresser », famille du latin *stare* → station) **1.** État dans lequel une personne se trouve comme transportée hors de soi et du monde sensible. *Extase mystique.* **2.** Exaltation provoquée par une joie ou une admiration extrême. → **béatitude, ivresse, ravissement ; [2]planer.** *Être en extase devant qqn, qqch.,* dans un état d'admiration éperdue.

s'extasier v. pron. < 7 > (→ extase) Manifester, par des démonstrations d'enthousiasme, son admiration, son émerveillement. → se **pâmer.** *S'extasier devant une œuvre d'art. Il n'y a pas de quoi s'extasier.* – **p. p. adj.** *L'air extasié.*

extatique adj. littér. **1.** Qui a le caractère de l'extase. *Vision extatique.* **2.** Qui est en extase. – *Un air extatique,* extasié.

extemporané, ée adj. (du bas latin, de *temporaneus* « qui se fait à temps », de *tempus, -oris* → temps) **1.** pharm. *Médicament extemporané,* non préparé d'avance. **2.** méd. Qui se fait à l'instant même. *Analyse extemporanée,* qui se fait au cours d'une opération.

extenseur adj. **1.** Qui sert à étendre. *Muscles extenseurs.* **2. n. m.** Appareil composé de tendeurs élastiques, permettant des exercices d'extension musculaire.

extensible adj. **1.** Qui peut s'étendre, s'étirer. *Le caoutchouc, matière extensible.* → **élastique. 2.** fig. Qui peut englober ou s'appliquer à plusieurs choses. → **souple.** *Idées extensibles.* □ **n. f. extensibilité**

extensif, ive adj. **1.** didact. Relatif à l'étendue, à l'extension. **2.** (opposé à *intensif*) ***Culture extensive,*** qui met à profit la fertilité naturelle du sol, sur de grandes surfaces (avec repos périodique de la terre et rendement assez faible). **3.** Qui marque une extension (3) plus grande. *Prendre un mot dans un sens extensif* (opposé à *restrictif*). → **large.**

extension n. f. (latin *extensio,* du supin de *extendere* → étendre, de *tendere* → tenir) **1.** Action de donner à qqch. une plus grande dimension ; fait de s'étendre. → **accroissement, agrandissement, augmentation, élargissement.** *L'extension d'une épidémie.* → **propagation.** – fig. *Cette entreprise a pris de l'extension.* → **expansion. 2.** Mouvement par lequel on étend un membre. → **déploiement.** *Extension, puis flexion du bras.* ■ méd. Traction mécanique opérée sur une partie luxée ou fracturée pour la ramener à sa position naturelle. **3.** fig. Action de donner à qqch. (déclaration, loi, contrat...) une portée plus générale, la possibilité d'englober un plus grand nombre de choses. ■ Propriété d'un terme de s'appliquer à plus d'objets. *Extension du sens propre d'un mot.* ■ inform. *Extension de la mémoire d'un ordinateur.* – *Extension de fichier :* groupe de caractères, dans le nom d'un fichier, indiquant de quel type de fichier il s'agit. **4.** log. Ensemble des objets concrets ou abstraits auxquels s'applique un concept, un mot, une proposition. – math. *Ensemble défini en extension,* en énumérant tous ses éléments (opposé à *en compréhension*).

expressionnisme

Ce mouvement artistique des années 1908 à 1920, né en Allemagne, s'exprime par la violence des couleurs et la déformation des sujets. 1. *Les Joueurs de cartes,* Otto Dix (1920), Nouvelle Galerie nationale, Berlin. 2. *Le Petit Pâtissier,* Chaïm Soutine (1922), musée de l'Orangerie, Paris. 3. *Rue, Dresde,* Ernst Ludwig Kirchner (1908), Museum of Modern Art, New York.

extensionnel, elle adj. log. Qui satisfait à la totalité des propriétés définies à l'intérieur d'un champ conceptuel. □ **n. f. extensionalité**

in **extenso** voir **in extenso**

extensomètre n. m. techn. Instrument qui mesure les déformations produites dans un corps sous l'effet des contraintes mécaniques.

exténuant, ante adj. Qui exténue, fatigue à l'extrême. → **épuisant, harassant.**

exténuation n. f. (du latin → exténuer) littér. Action d'exténuer ; extrême fatigue.

exténuer v. tr. < 1 > (latin *extenuare* « amincir », de *ex* et *tenuis* → ténu) Rendre faible par épuisement des forces. → **affaiblir, épuiser, harasser.** *Cette longue marche l'a exténué.* – au p. p. *Un air exténué.* – pronom. *S'exténuer à crier.*

[1]extérieur, eure adj. (latin *exterior,* de *exter* « étranger », de *ex* « hors de ») **I. 1.** ***Extérieur à :*** qui est situé dans l'espace hors de (qqch.). → en **dehors** de. *Cercle extérieur à un autre.* ■ fig. Qui ne fait pas partie de, ne concerne pas. → **étranger** à. *Des considérations extérieures au sujet.* **2.** (sans compl.) Qui est dehors ou loin du centre. *Éclairage extérieur. Quartiers extérieurs.* → **périphérique.** ■ Qui concerne les pays étrangers. → **étranger.** *Politique extérieure.* ■ Qui vient du dehors. *Jugement extérieur.* **3.** Qui existe en dehors d'un individu. *La réalité extérieure.* → **[1]objectif. II. 1.** Se dit des parties d'une chose en contact avec l'espace que cette chose n'occupe pas. → **externe.** *La surface extérieure d'un récipient. Les poches extérieures et intérieures d'une veste.* **2.** Que l'on peut voir du dehors. → **apparent, visible.** *Aspect extérieur. Signes extérieurs de richesse. La manifestation extérieure d'un sentiment* (→ **extérioriser**).

[2]extérieur n. m. (de [1]*extérieur*) **I. 1.** Partie de l'espace en dehors de qqch. (opposé à *dedans, intérieur*). → **dehors.** *La cuisine communique avec l'extérieur.* ***À l'extérieur.*** *Usine située à l'extérieur d'une ville. Faire exécuter un travail à l'extérieur (d'une entreprise),* le sous-traiter (→ **externaliser**). – *Plantes **d'extérieur**,* qui poussent mieux à l'extérieur. – ***De l'extérieur.*** *Regarder de l'extérieur.* ■ Les pays étrangers. *Relations avec l'extérieur.* → **étranger. 2.** cinéma Prise de vues hors des studios. **3.** Le monde extérieur (opposé à *la conscience*). **II.** Partie (d'une chose) en contact direct avec l'espace qui l'environne, et visible de cet endroit. *L'extérieur de ce coffret est peint à la main.* ■ vieux *L'extérieur de qqn, qqch.,* son apparence.

extérieurement adv. **1.** À l'extérieur. *Extérieurement, la maison est très jolie.* **2.** (dans les comportements...) En apparence. → **apparemment.**

extériorisation n. f. Action d'extérioriser.

extérioriser v. tr. < 1 > (latin *exterior* → [1]extérieur) Donner une réalité extérieure, visible à (ce qui n'existait que dans la conscience). → **exprimer, manifester, montrer.** *Extérioriser ses sentiments.* – pronom. *Sa colère ne s'extériorise pas.*

extériorité n. f. (latin *exterior* → [1]extérieur) didact. Caractère de ce qui est extérieur.

E

exterminateur, trice adj. (du latin chrét. → exterminer) littér. Qui extermine. *L'ange exterminateur. Fureur exterminatrice.* – n. *Un exterminateur.*

extermination n. f. (du latin chrét. → exterminer) Action d'exterminer. → **anéantissement, destruction, massacre.** *Camp* d'extermination.*

exterminer v. tr. < 1 > (latin *exterminare* « chasser des frontières », en latin chrét. « détruire, dévaster », de *terminare* « borner » → terminer) Faire périr en nombre et jusqu'au dernier. → **anéantir, détruire, supprimer, tuer.** *Les nazis voulaient exterminer les Juifs.* – au p. p. *Peuple exterminé par un génocide.*

E

externaliser v. tr. < 1 > (de l'anglais, de *external*) Confier à une entreprise extérieure (une tâche, une activité). → **sous-traiter.** *Externaliser la comptabilité.* □ n. f. **externalisation**

externat n. m. **1.** École où l'on ne reçoit que des élèves externes ; régime de l'externe. *Externat et internat.* **2.** Fonction, statut d'externe dans les hôpitaux.

externe (latin *externus*, de *exter* → [1]extérieur) **I.** adj. Qui est situé en dehors, est tourné vers l'extérieur (s'oppose à *interne*). → [1]**extérieur.** *Parties, faces, bords externes.* – *Médicament à usage externe* (à ne pas avaler). **II.** n. **1.** Élève qui vient suivre les cours d'une école, mais n'y vit pas en pension. **2.** Étudiant(e) en médecine, qui assiste les internes dans le service des hôpitaux.

extéroceptif, ive adj. (de *extéro-* [du latin *exterus* « extérieur »] et de *[ré]ceptif*, par l'anglais) physiol. Qui recueille les excitations venues du milieu extérieur. *Réflexe extéroceptif.*

exterritorialité n. f. (de *territorial*) Privilège par lequel les agents diplomatiques sont censés résider dans le pays qu'ils représentent et ne sont pas soumis à la juridiction du pays où ils exercent leurs fonctions. → **extraterritorialité.**

extincteur, trice (latin *ex[s]tinctor* → extinction) **1.** adj. Qui sert à éteindre le feu. *Mousse extinctrice.* **2.** n. m. Appareil capable d'éteindre un foyer d'incendie (par projection d'une substance sous pression). *Extincteur à mousse carbonique.*

extinction n. f. (latin *ex[s]tinctio*, de *ex[s]tinguere* → éteindre) **1.** Action d'éteindre. *Extinction d'un incendie.* – *Extinction des feux :* moment où les lumières doivent être éteintes. **2.** Action par laquelle qqch. perd son existence ou son efficacité. *Espèce animale en voie d'extinction.* → **disparition,** [1]**fin.** *Lutter contre la maladie jusqu'à l'extinction de ses forces.* → **épuisement.** – loc. *Extinction de voix :* impossibilité momentanée de parler avec une voix claire (→ **aphone**). **3.** Cessation (d'un droit). → **abolition, annulation.** *L'extinction d'une obligation.*

extirpable adj. Qui peut être extirpé. *Tumeur facilement extirpable.*

extirpateur n. m. (du latin → extirper) agric. Sorte de herse destinée à extirper les mauvaises herbes.

extirpation n. f. (du latin → extirper) Action d'extirper (1 et 2). *L'extirpation d'un kyste.*

extirper v. tr. < 1 > (latin *exstirpare*, de *ex* et *stirps, stirpis* « souche ») **1.** littér. Faire disparaître complètement. → **arracher, détruire.** *Extirper les abus.* **2.** Arracher (une plante) avec ses racines, de sorte qu'elle ne puisse pas repousser. *Extirper du chiendent.* ▪ Enlever complètement. → **extraire.** *Extirper une tumeur.* **3.** fam. Faire sortir (qqn, qqch.) avec difficulté. → **arracher, tirer.** *Il est difficile de lui extirper un mot.* – pronom. Sortir de qqch. avec peine. *« Elle s'extirpa de la cabine comme d'un mauvais lieu »* (Aragon). → **s'extraire.**

extorquer v. tr. < 1 > (du latin, de *ex* et *torquere* → tordre) Obtenir (qqch.) sans le libre consentement du détenteur (par la force, la menace ou la ruse). → **escroquer, soutirer,** [2]**voler.** *Extorquer à qqn une promesse, de l'argent.*

extorsion n. f. (du latin → extorquer) didact. Action d'extorquer. *Extorsion de fonds sous la menace.* → **chantage, racket.**

[1]**extra** (→ extra-) **1.** n. m. Ce que l'on fait d'extraordinaire ; chose ajoutée à ce qui est habituel. → **supplément.** *Faire des extras.* **2.** n. Serveur, domestique supplémentaire engagé pour peu de temps. *Faire appel à des extras.* ▪ n. m. Travail occasionnel de courte durée, dans la restauration. *Faire des extras.*

[2]**extra** adj. (de *extraordinaire*) Extraordinaire, supérieur (qualité d'un produit). *Des chocolats extras.* ▪ fam. Très bien, très agréable. *On a vu un film extra.* → [2]**super.**

extra- Élément (du latin *extra* « dehors ; hors de ») qui signifie « en dehors (de), au-delà (de) » (ex. *extraordinaire ; extraterrestre*), « vers l'extérieur » (ex. *extraverti*) et également « plus que, mieux que, tout à fait » (ex. *extralucide*). → **super-, ultra-.**

extracommunautaire adj. Qui ne provient pas, ne fait pas partie de la Communauté, puis de l'Union, européenne. *Ressortissants extracommunautaires.*

extraconjugal, ale, aux adj. Qui a lieu en dehors du mariage. *Aventures extraconjugales* (→ **adultère**).

extracorporel, elle adj. Qui existe à l'extérieur du corps. méd. *Circulation extracorporelle* (au moyen du cœur*-poumon artificiel).

extracourant n. m. phys. Courant électrique d'induction qui se superpose à un courant principal et se produit au moment de l'ouverture ou de la fermeture du circuit. *Des extracourants.* - var. **extra-courant.** *Des extra-courants.*

extracteur n. m. Appareil destiné à l'extraction (de qqch.). *Un extracteur d'air.*

extractible adj. Qui peut être extrait, enlevé.

extractif, ive adj. Relatif à l'extraction. – *Industries extractives,* exploitant les richesses minérales.

extraction n. f. (bas latin *extractio*, du supin de *extrahere* → extraire) **I. 1.** Action d'extraire, de retirer (une chose) du lieu où elle se trouve enfouie ou enfoncée. *L'extraction de la houille.* **2.** Action de retirer de l'organisme (un corps étranger, etc.). → **arrachement, extirpation.** *L'extraction d'une dent, d'une balle.* **3.** Action de séparer (une substance) du composé dont elle fait partie. *L'extraction du sucre de la betterave.* **4.** Calcul (d'une racine carrée...). **5.** inform. *Extraction de données :* opération consistant à rechercher et à récupérer des informations au sein d'une base de données. **6.** inform. Action d'extraire (un fichier, des données) d'une archive (II, 1). **II.** vieilli Origine, lignage. → **naissance.** – loc. *Être de haute, de basse extraction.*

extrader v. tr. < 1 > (de *extradition*) Livrer (qqn) par l'extradition.

extradition n. f. (latin *ex* et *traditio*, de *tradere* « livrer » → trahir) Procédure permettant à un État de se faire livrer un individu poursuivi ou condamné et qui se trouve sur le territoire d'un autre État. *Demander l'extradition d'un criminel.*

extrados n. m. techn. **1.** Surface extérieure d'une voûte, d'un arc. **2.** Surface extérieure (d'une aile d'avion, d'une voile). - contr. **intrados.**

extradry ou **extra-dry** [ɛkstʀadʀaj] adj. invar. (de l'anglais, de *dry* « sec ») anglic. *Champagne, martini extradry,* très sec. – n. m. *Les bruts et les extradrys, les extra-dry* (invar.).

extrafin, fine adj. **1.** Très fin, très petit. *Haricots verts extrafins.* **2.** (aliments, confiserie) Supérieur. - var. **extra-fin, fine.** *Des cornichons extra-fins.*

extrafort, forte **I.** adj. *Moutarde extraforte,* très forte. **II.** n. m. Ruban dont on garnit intérieurement les ourlets, les coutures. - var. **extra-fort, forte.** *Colles extrafortes.*

extragalactique adj. astron. Qui est en dehors de la galaxie à laquelle appartient le Soleil. *Nébuleuses extragalactiques.*

extraire v. tr. < 50 > (latin pop. *extragere*, de *extrahere*, de *trahere* « tirer » → traire) **I. 1.** Tirer (une chose) du lieu dans lequel elle se trouve enfoncée. *Extraire l'ardoise d'une carrière.* ▪ Enlever, retirer (un corps étranger) par une opération. *On lui a extrait une balle de la jambe.* → **extirper, retirer ; extraction.** **2.** Tirer (un passage → **extrait**) d'un livre, d'un écrit. **3.** Faire sortir (qqn) avec difficulté d'un lieu étroit. – pronom. *S'extraire d'une voiture de sport.* **II. 1.** Séparer (une substance) du corps dont elle fait partie. → **exprimer, tirer.** *Extraire le jus d'un fruit. Extraire l'essence des fleurs.* – par métaphore *« Car j'ai de chaque chose extrait la quintessence »* (Baudelaire). ▪ chim. *Extraire un gaz par distillation.* **2.** fig. Dégager (le contenu) d'une œuvre. *Extraire les bases théoriques d'un long traité.* **3.** *Extraire la racine carrée d'un nombre,* la calculer (→ **extraction (I, 4)**). **4.** inform. Redonner à (un fichier, des données archivés) leur taille et leur format d'origine.

extrait n. m. (de *extraire*) **1.** Produit qu'on retire d'une substance par une opération chimique. *Extrait de viande,* concentré de bouillon de bœuf. ▪ Parfum concentré. → **essence.** *Extrait de violette.* **2.** Passage tiré d'un texte. *Lire quelques extraits d'un ouvrage.* → **fragment, morceau.** – au plur. Morceaux choisis (d'un auteur). → **anthologie.** ▪ *Projeter des extraits d'un film.* **3.** Copie conforme (d'un acte officiel). *Extrait (d'acte) de naissance, de casier judiciaire.* – loc. fig. et fam. *Avaler* son extrait de naissance.*

extrajudiciaire adj. dr. Qui ne fait pas partie de la procédure d'une instance judiciaire. *Acte extrajudiciaire,* produisant des effets juridiques en dehors d'une instance (ex. sommation). *Procédure extrajudiciaire,* menée en dehors du cadre juridictionnel.

extralégal, ale, aux adj. didact. En dehors de la légalité. → **illégal.**

extralucide adj. *Voyante extralucide,* réputée voir ce qui est caché et prédire l'avenir.

extra-muros ou **extramuros** [ɛkstʀa myʀos] adv. et adj. (mots latins « hors des murs ») Hors de la ville (s'oppose à *intra-muros*). *Une promenade extra-muros.* – adj. *Les quartiers extra-muros.*

extranéité n. f. (latin *extraneus* « étranger ») didact., dr. Situation juridique d'un étranger dans un pays donné. *Exception d'extranéité.* – Caractère de ce qui est étranger.

extranet n. m. (de *extra-* et *[intra]net*) inform. Intranet dont l'accès est étendu à certaines personnes extérieures (fournisseurs, clients, partenaires...).

extraordinaire adj. (latin *extraordinarius*, de *ordinarius* → ordinaire) **1.** Qui n'est pas selon l'usage ordinaire, selon l'ordre commun. → **anormal, exceptionnel, inhabituel.** *Évènements, mesures extraordinaires. Assemblée, tribunal extraordinaire. Dépenses extraordinaires.* → **imprévu.** – *Par extraordinaire :* par un évènement peu probable. **2.** Qui étonne, suscite la surprise ou l'admiration par sa rareté, sa singularité. → **anormal, bizarre, curieux, étonnant, étrange, insolite, singulier.** *Une aventure extraordinaire.* → **incroyable,**

inouï. *Conte extraordinaire.* → **fantastique, merveilleux.** *Un costume extraordinaire et déplacé.* → **excentrique, extravagant.** *Je trouve extraordinaire qu'il ne nous ait pas prévenus.* → **bizarre, [1]drôle.** *Ça n'a rien d'extraordinaire.* **3.** Très grand ; remarquable dans son genre. → **exceptionnel, extrême.** *Résultats extraordinaires. Avoir des prétentions extraordinaires.* → **exorbitant.** – (personnes) *Un homme extraordinaire,* génie, prodige. ■ Très bon. → **admirable, sublime.** *Ce film n'est pas extraordinaire,* est médiocre. **4.** subst. *« C'est dans l'extraordinaire que je me sens le plus naturel »* (Gide).

extraordinairement adv. **1.** Par l'effet de circonstances extraordinaires. **2.** D'une manière étrange, bizarre. **3.** D'une manière intense, au-delà de la mesure ordinaire. → **extrêmement, très.**

extraparlementaire adj. polit. Qui agit hors du Parlement. *Commission extraparlementaire.*

extrapatrimonial, iale, iaux adj. dr. Qui est en dehors du patrimoine. *Un droit extrapatrimonial.*

extrapolable adj. didact. Qui peut être extrapolé. *Les réactions observées chez l'animal ne sont pas toujours extrapolables à l'homme.*

extrapolation n. f. didact. Action d'extrapoler, de déduire en généralisant.

extrapoler v. intr. < 1 > (de *extra-* et *interpoler*) **1.** sc. Calculer, pour des valeurs de la variable situées en dehors de la série des valeurs observées, les valeurs d'une fonction connue empiriquement. **2.** didact. Appliquer une chose connue à un autre domaine pour en déduire qqch. → **généraliser, transposer.** *À partir de quelques faits connus, il a extrapolé.* – péj. Tirer une conclusion à partir de données insuffisantes.

extrascolaire adj. Qui a lieu en dehors du cadre scolaire. *Activités extrascolaires.*

extrasensible adj. didact. Qui n'est pas perçu par les sens. → **suprasensible.**

extrasensoriel, ielle [ɛkstʀasɑ̃sɔʀjɛl] adj. psych. Qui ne se fait pas par les sens. *Perceptions extrasensorielles.*

extrasolaire adj. astron. Extérieur au système solaire. *Planète extrasolaire.* → **exoplanète.**

extrasystole [ɛkstʀasistɔl] n. f. méd. Contraction anticipée du cœur, suivie d'une pause plus longue que la normale.

extratemporel, elle adj. didact. En dehors du temps.

extraterrestre I. adj. **1.** Extérieur à la Terre ou à l'atmosphère terrestre. *L'espace extraterrestre.* **2.** Qui vient d'une autre planète que la Terre (dans un récit d'anticipation). II. n. *Un, une extraterrestre :* être vivant censé provenir d'une autre planète que la Terre. – fig. et fam. Personne étrange.

extraterritorial, iale, iaux adj. fin. Qui est domicilié dans un territoire étranger offrant des avantages pour l'exercice de son activité internationale (banque, institution financière). → **offshore** (anglic.).

extraterritorialité n. f. dr. Fiction juridique qui permet de considérer une ambassade comme située sur le territoire du pays représenté. → **exterritorialité.**

extra-utérin, ine adj. méd. Qui se fait, se produit anormalement hors de la cavité utérine. *Grossesse extra-utérine.*

extravagance n. f. **1.** Absurdité, bizarrerie déraisonnable. *L'extravagance de ses propos.* **2.** Idée, parole, action extravagante. → **excentricité.** *Je n'ai pas le temps d'écouter ses extravagances.*

extravagant, ante adj. (du latin médiéval, de *extra* → **extra-** et *vagans,* p. prés. de *vagari* « errer », de *vagus* « errant » → [3]vague) **1.** Qui sort des limites du bon sens, bizarre et déraisonnable. *Idées extravagantes.* → **bizarre, grotesque.** *Un costume extravagant.* → **excentrique.** *Dépenses extravagantes.* → **excessif. 2.** (personnes) Très excentrique, qui agit contre le bon sens. *Il est un peu extravagant.* – n. *Un, une extravagant(e).* □ **extravagamment** adv. littér.

extravaguer v. intr. < 1 > (→ **extravagant**) littér. Penser, parler, agir de manière extravagante.

s'extravaser v. pron. < 1 > (de *extra-* et du latin *vas* → [1]**vase**) didact. Se répandre hors de son contenant naturel (liquide organique). □ n. f. **extravasation**

extraversion n. f. (allemand *Extraversion* [C. G. Jung], de *extra-* et *version*) psych. Attitude, comportement d'un individu qui montre une grande facilité à établir des contacts avec ceux qui l'entourent, qui exprime aisément ses sentiments. - syn. **extroversion** (d'après *introversion*).

extraverti, ie adj. et n. (allemand *extravertiert* [C. G. Jung], de *extra* → **extra-** et latin *vertere* « tourner » → **version**) (Personne) qui est tournée vers le monde extérieur. - syn. **extroverti, ie.**

extrême (latin *extremus,* superlatif de *exter* → [1]**extérieur,** « le plus à l'extérieur ») I. adj. **1.** (souvent avant le nom) Qui est tout à fait au bout, qui termine (un espace, une durée). *L'extrême limite.* → **dernier.** *À l'extrême pointe,* tout au bout. *À l'extrême opposé. L'extrême droite, l'extrême gauche d'une assemblée politique.* ■ *L'Extrême-Orient,* la partie la plus lointaine de l'Asie (par rapport à l'Europe occidentale ; opposé à *Proche-, Moyen-Orient*). **2.** (avant ou après le nom) littér. Qui est au plus haut point ou à un très haut degré. → **grand, intense ; extraordinaire.** *Joie extrême. Extrême difficulté.* – loc. *À l'extrême rigueur. D'extrême urgence.* **3.** (après le nom) Qui est le plus éloigné de la moyenne, du juste milieu. → **excessif, immodéré.** *Un climat extrême,* très chaud ou très froid. *Situations extrêmes,* très graves. *Avoir des opinions extrêmes en politique* (→ **extrémiste**). ■ Qui suppose des risques, des mesures violentes. *Employer des moyens extrêmes.* → **radical.** – *Sports extrêmes,* pratiqués dans des conditions extrêmes de danger et de difficulté. ■ (personnes) Dont les sentiments sont extrêmes. *Il est extrême en tout.* → **excessif.** II. n. m. **1.** surtout plur. Situation, décision extrême. *Se porter tout de suite aux extrêmes.* ■ *Les aventuriers de l'extrême.* **2.** *Les extrêmes :* les deux limites extrêmes d'une chose. → **contraire, opposé.** loc. *Les extrêmes se touchent :* il arrive souvent que des choses opposées soient comparables et voisines. – log. *Les extrêmes d'une proportion,* le premier et le dernier terme. – au sing. *Passer d'un extrême à l'autre.* → **extrémité** (4). **3.** *À l'extrême* loc. adv. : à la dernière limite ; au-delà de toute mesure. *Elle pousse son raisonnement à l'extrême.*

extrêmement adv. D'une manière extrême, à un très haut degré. → **exceptionnellement, extraordinairement, infiniment, très.** *« Une personne [...] extrêmement grande, extrêmement forte, extrêmement nulle »* (Proust). *Un été extrêmement pluvieux.* → **terriblement.**

extrême-onction n. f. (→ **onction**) relig. cathol. Sacrement de l'Église destiné aux fidèles en péril de mort (syn. mod. **sacrement des malades**). *Des extrêmes-onctions.*

extrême-oriental, ale, aux [ɛkstʀɛmɔʀjɑ̃tal, o] adj. et n. De l'Extrême-Orient. *Les mœurs extrême-orientales.* – n. *Les Extrême-Orientaux.*

in extremis voir **in extremis**

extrémisme n. m. Attitude de l'extrémiste. → **fondamentalisme, intégrisme.**

extrémiste n. (de *extrême*) Partisan d'une doctrine poussée jusqu'à ses limites, ses conséquences extrêmes ; personne qui a des opinions extrêmes. *Extrémiste catholique, musulman.* → **fondamentaliste, intégriste.** – adj. *Les députés les plus extrémistes.*

extrémité n. f. (latin *extremitas,* de *extremus* → **extrême**) **1.** Partie extrême, qui termine une chose. → **bout, [1]fin, terminaison.** *L'extrémité du doigt.* **2.** au plur. *Les extrémités :* les pieds et les mains. *Avoir les extrémités glacées.* **3.** État très misérable, situation désespérée. – loc. *Être réduit à la dernière extrémité.* – *Le malade est à toute extrémité, à la dernière extrémité,* à l'agonie, près de mourir. **4.** Décision, action extrême ; excès de violence. *Les pires extrémités.*

extremum ou **extrémum** [ɛkstʀemɔm] n. m. (latin *extremum* → **extrême,** d'après *maximum*) sc. Maximum ou minimum (d'une fonction numérique). *Des extremums, des extrémums.*

extrinsèque adj. (latin *extrinsecus,* de *extra* → **extra-** et *secus* adv. « selon ») didact. Qui est extérieur, n'appartient pas à l'essence de qqch. (opposé à *intrinsèque*). *Causes extrinsèques.* – *Valeur extrinsèque d'une monnaie :* valeur qu'elle tient d'une convention. → [1]**conventionnel, nominal.** □ adv. **extrinsèquement**

extrorse adj. (du latin sc., de *extrorsum,* de *extra* et *versus,* de *vertere* « tourner ») bot. *Étamine extrorse,* dont l'anthère est ouverte vers l'extérieur (opposé à *introrse*).

extrospection n. f. (de *extra-* et *introspection*) psych. Observation psychologique extérieure (d'après l'expression, le comportement*, etc.).

extroversion ; extroverti voir **extraversion ; extraverti**

extruder v. tr. < 1 > (latin *extrudere* → **extrusion**) techn. Fabriquer par extrusion. □ **extrudé, ée** adj. *Bouteille en plastique extrudé.*

extrudeuse n. f. techn. Machine de transformation des matières par extrusion. → **boudineuse.**

extrusion n. f. (latin *extrusum,* de *extrudere,* de *ex* et *trudere* « pousser ») **1.** géol. Sortie de lave. **2.** techn. Fabrication de produits par écoulement de matières liquides (spécialt matières plastiques). ■ Procédé de transformation de certains aliments (notamment céréaliers), leur donnant une texture légère.

extuber v. tr. < 1 > (de [1]*ex-* et *(in)tuber,* d'après l'anglais *to extubate*) méd. Retirer la sonde de (un conduit de l'organisme, un patient). *Le malade a été extubé.* □ n. f. **extubation**

exubérance n. f. (bas latin *exuberantia* → **exubérant**) **1.** État de ce qui est très abondant. → [1]**abondance, profusion.** *L'exubérance de la végétation.* – *L'exubérance du style.* → **prolixité. 2.** Vitalité, énergie irrépressible, qui se manifeste dans le comportement, les propos. → **expansivité.** *Manifester sa joie avec exubérance.* – Démonstration exubérante. *« Aucune exubérance, nulle gaieté irresponsable »* (Colette).

exubérant, ante adj. (latin *exuberans,* de *exuberare* « abonder », de *uberare,* de *uber* « fertile ») **1.** Qui a de l'exubérance. *Végétation exubérante.* → **luxuriant.** *Une imagination exubérante.* ■ méd. Qui prolifère, s'accroît de façon excessive et désordonnée. **2.** (personnes, sentiments) Qui se comporte ou se manifeste sans retenue. → **communicatif, débordant, démonstratif, expansif.**

exulcération n. f. (du v. *exulcérer,* du latin, de *ulcus, ulceris* « plaie » → **ulcère**) méd. Ulcération très superficielle d'une muqueuse ou de la peau.

exultation n. f. (du latin → **exulter**) Transport de joie. → **allégresse, gaieté.**

E

exulter v. intr. < 1 > (latin *ex[s]ultare* « bondir », de *ex* et *saltare* → sauter) (personnes) Être transporté d'une joie extrême, qu'on ne peut contenir ni dissimuler. → jubiler. – *Elle exulte d'avoir réussi.* → se réjouir.

exutoire n. m. (latin *exutus*, de *exuere* « dépouiller ») **1.** techn. Ce qui sert à déverser (ce qui gêne, embarrasse). *Égout servant d'exutoire.* **2.** littér. Ce qui permet de se soulager, de se débarrasser (d'un besoin, d'une envie). *La musique est son exutoire.*

exuvie n. f. (latin *exuviae* « dépouille », de *exuere* → exutoire) zool. Peau rejetée par un animal lors de la mue. → dépouille.

E

ex vivo loc. adv. (mots latins) biol., chir. En dehors de l'organisme vivant (opposé à *in vivo*). *Cellules réinjectées après une manipulation ex vivo.*

ex-voto n. m. invar. (mots latins « selon le vœu », de *votum* → vœu) Objet, plaque que l'on place dans une église, une chapelle, en accomplissement d'un vœu ou en remerciement. - var. RO **exvoto** n. m.

Ey (Henri) Psychiatre français (1900-1977). Il développa un modèle organo-dynamique du psychisme, en alternative à la théorie psychanalytique freudienne. *Manuel de psychiatrie.*

Eyadéma (Étienne, puis **Gnassingbé)** Homme d'État togolais (1935-2005). Il fut président de la République et chef du gouvernement de 1967 à sa mort.

eye-liner [ajlajnœʀ] n. m. (de l'anglais des États-Unis, de *eye* « œil » et *liner* « ce qui sert à tracer des lignes ») anglic. Cosmétique liquide, servant à souligner le bord des paupières. → khol. *Des eye-liners.* - var. RO **eyeliner.**

Eylau

La Bataille d'Eylau, par Adolphe Roehn, château de Grosbois, Boissy-Saint-Léger (Val-de-Marne).

Eyjafjallajökull ou **Eyjafjöll** n. m. Volcan du sud de l'Islande (1651 m). L'abondance des cendres qu'il a rejetées lors son éruption en 2010 a perturbé le trafic aérien dans toute l'Europe.

Eylau (bataille d') Victoire remportée, après un conflit sanglant, par Napoléon Ier sur les Russes et les Prussiens les 7 et 8 févr. 1807, dans l'ancienne Prusse-Orientale (auj. en Russie), près de Königsberg.

Eyre (lac) Lagune asséchée du S. de l'Australie. Environ 10 000 km².

Eysines Commune de la Gironde, près de Bordeaux. 24 202 habitants.

Eyskens (Gaston) Homme d'État belge (1905-1988). Premier ministre de 1949 à 1950, de 1958 à 1961 et de 1968 à 1972, il permit l'indépendance du Congo belge (1960) et initia le processus de régionalisation de la Belgique (1970).

Eyzies (Les) Commune de la Dordogne, sur la Vézère. Nombreux sites préhistoriques datant du paléolithique supérieur (grottes du Moustier, de Font-de-Gaume et des Combarelles, abris de Cro-Magnon et Pataud). Musée national de la préhistoire.

Èze Commune des Alpes-Maritimes, surplombant la Méditerranée. 2 222 habitants. Station balnéaire d'Èze-sur-Mer, en contrebas.

Ézéchiel Le troisième des quatre grands prophètes bibliques (VIe s. av. J.-C.). Prêtre judéen déporté à Babylone, il devient prophète durant l'Exil.

F

f [ɛf] **n. m. invar. I.** Sixième lettre et quatrième consonne de l'alphabet. **II. 1. (pour *familial*)** *F1, F2...,* logement de une, deux... pièces principales **(en France)**. *Louer un F4.* **2.** *F :* symbole du *franc.* **3.** *F :* la note fa, dans la notation anglo-saxonne et germanique. **4.** *F :* symbole chimique du fluor.

fa **n. m. invar. (étym. → ut)** Note de musique, quatrième degré de la gamme naturelle. *Fa dièse.*

Faaa Commune de la Polynésie française, près de Papeete (île de Tahiti). Environ 29 506 habitants. Aéroport international.

FAB [ɛfabe] **adj. invar. (sigle de *franco à bord*) comm.** Se dit d'une transaction dans laquelle les coûts et risques sont à la charge du vendeur, jusqu'à l'arrivée au port désigné par l'acheteur. *Le montant FAB d'une marchandise.* - **recomm. offic. pour FOB.**

fabacée **n. f. (du latin *faba* « fève ») bot.** Plante légumineuse dont le fruit est une gousse (famille des *Fabacées ;* ex. le haricot, le trèfle).

Fabbri (Diego) Auteur dramatique italien (1911-1980). Son œuvre reflète l'inquiétude chrétienne face au monde contemporain. *Inquisition ; Procès à Jésus.*

Fabergé (Carl) Orfèvre et joaillier russe (1846-1920). Actif à Saint-Pétersbourg et à Moscou, il créa plus de 150 000 pièces originales, dont les fameux œufs de Pâques en orfèvrerie destinés au tsar et aux cours européennes.

Carl Fabergé, œuf de Pâques en néphrite, or et diamants (1901), coll. Goop, Liechtenstein.

Fabian Society Société socialiste britannique fondée en 1884. Rejetant le marxisme, proche des syndicats, elle fut à l'origine du Parti travailliste.

Fabien (Pierre Georges, dit le colonel) Résistant français (1919-1944). Membre du Parti communiste français, il fut l'auteur, dans le métro parisien, du premier attentat qui coûta la vie à un officier allemand (1941).

Fabiola de Mora y Aragón (1928-2014). Épouse de Baudouin Ier, elle fut reine des Belges de 1960 à 1993.

Fabius en latin **Quintus Maximus Rullianus Fabius** Homme politique romain (fin IVe-IIIe s. av. J.-C.). Cinq fois consul et deux fois dictateur, il remporta des victoires sur les Samnites, les Étrusques et les Gaulois.

Fabius en latin **Quintus Maximus Verrucosus Fabius, dit Cunctator (« le Temporisateur »)** Homme politique romain (275-203 av. J.-C.). Plusieurs fois consul, il fut dictateur en −217 et mena contre Hannibal une guerre d'usure qui lui valut son surnom.

Fabius (Laurent) Homme d'État français (né en 1946). Ministre du Budget (1981-1983) puis de l'Industrie et de la Recherche (1983-1984), il fut Premier ministre de 1984 à 1986. Il présida ensuite le Parti socialiste (1992-1993), l'Assemblée nationale puis fut ministre de l'Économie, des Finances et de l'Industrie (2000-2002) et ministre des Affaires étrangères (2012-2016). Il est président du Conseil constitutionnel depuis 2016.

fablab **n. m. (mot anglais, de *fabrication laboratory* « laboratoire de fabrication ») anglic.** Atelier mettant à la disposition du public des outils de fabrication d'objets assistée par ordinateur. *Des fablabs.*

fable **n. f. (vient du latin *fabula* « récit », du v. *fari* « parler » [→ enfant] → fabuler, faconde ; fatal, fée) I. vieux** Sujet de récit. **– mod. loc.** *Être la fable de,* un sujet de conversation, de moquerie pour. **→ 1risée. II. 1. littér.** Récit de fiction exprimant une vérité générale. **→ conte, fiction, légende, mythe.** *« Toutes les histoires s'approfondissent en fables. Tout commence invariablement par des contes »* (Valéry). **2.** Petit récit en vers ou en prose, destiné à illustrer un précepte. **→ apologue.** *Les « Fables » d'Ésope, de La Fontaine.* **3. littér.** Mensonge élaboré. **→ fabulation.**

▶ Venue de la Grèce archaïque avec les œuvres d'Hésiode et d'Ésope, et de Rome avec Ovide et Phèdre, la **fable** (II, 2) est un genre littéraire très ancien. Proche du mythe, recourant volontiers au merveilleux et mettant souvent en scène des animaux, elle associe un récit et une leçon à valeur morale, implicite ou explicite. Marie de France, au Moyen Âge, fait vivre la mémoire littéraire d'Ésope. Mais c'est, avant Florian au XVIIIe siècle, dans les douze livres publiés entre 1668 et 1693 par Jean de La Fontaine que la fable trouve sa plus belle illustration. La prosodie de ce dernier, inventive, souple et précise à la fois, trouve son expression la plus achevée dans des morales dont certaines sont devenues des proverbes. L'école obligatoire a fait des *Fables* de La Fontaine l'un des fondements les mieux partagés de la culture populaire française.
La fable touche au plus profond de la mémoire collective, dans les racines du folklore indo-européen. En effet, les fables imitées d'Ésope sont aussi familières aux lecteurs russes de Krylov (XIXe s.) qu'à ceux de La Fontaine, qui affirme s'être inspiré du *Pañcatantra,* recueil de contes hindous dont la transcription (VIe s.) est attribuée au mythique Bidpay.
voir aussi **conte, mythe**

fabliau **n. m. (de *fable* [forme picarde])** Petit récit en vers de huit syllabes (XIIIe et XIVe siècles). *Des fabliaux.*

fablier **n. m.** Recueil, ensemble de fables. *Le fablier grec.*

Fabre (François-Xavier Pascal, baron) Peintre français (1766-1837). Élève de David, il a peint des scènes historiques, des paysages de style classique et des portraits.

Fabre (Jean Henri) Entomologiste français (1823-1915). Il est connu pour ses recherches sur l'anatomie et sur le comportement des insectes. *Souvenirs entomologiques.*

Fabre (Henri) Ingénieur français (1882-1984). Il mit au point le premier hydravion.

Fabre d'Églantine (Philippe Nazaire François Fabre, dit) Écrivain et révolutionnaire français (1750-1794). Auteur de chansons *(Il pleut, il pleut, bergère)* et de pièces de théâtre, proche de Danton, il fut député montagnard à la Convention et donna l'appellation des mois du calendrier républicain.

Fabre d'Olivet (Antoine) Poète et auteur dramatique français (1767-1825). Il est l'auteur d'un roman provençal en langue d'oc, *Azalaïs et le gentil Amar.*

fabricant, ante **n.** Personne qui fabrique ou fait fabriquer des produits commerciaux. *Fabricant de jouets.*

fabricateur, trice **n. (latin *fabricator* « ouvrier, artisan ») péj.** Personne qui fabrique, qui invente (qqch. de peu de valeur, de faux...). **– fig.** *Un fabricateur de fausses nouvelles.*

fabrication **n. f.** Art ou action de fabriquer. *Fabrication artisanale, industrielle. Fabrication assistée par ordinateur (FAO).* **–** *Défaut de fabrication.* ■ **fig.** *La fabrication d'un faux alibi.*

Fabricius (Johann Christian) Naturaliste danois (1745-1808). Auteur de travaux d'entomologie, il proposa une nouvelle classification des insectes.

fabrique n. f. (latin *fabrica* « métier d'artisan » → forge, de *faber* « ouvrier », qui a donné l'ancien français *fèvre* « forgeron » → orfèvre) **1.** vieux Manière dont une chose est fabriquée. → **fabrication. 2.** Établissement industriel de moyenne importance produisant des objets finis. → **manufacture ; usine.** *Fabrique de meubles.* – *Marque de fabrique,* apposée par le fabricant. *Prix de fabrique.*

fabriquer v. tr. < 1 > (latin *fabricare* → forger, de *fabrica* → fabrique) **1.** Faire (un objet) grâce à un travail exécuté sur une matière. → **confectionner.** *Il a fabriqué lui-même ces étagères.* **2.** fam. Faire, avoir une occupation. *Qu'est-ce que tu fabriques ?* → fam. **[2]ficher, [1]foutre. 3.** Produire par des procédés mécaniques, à l'aide de matières premières ou semi-finies (des objets destinés au commerce). *Fabriquer des outils.* – au p. p. *Articles fabriqués en série.* **4.** Élaborer (en imitant, en imaginant de manière à tromper). *Fabriquer de la fausse monnaie.* – au p. p. *Une histoire fabriquée.* → **[1]faux ; inventé.**

Fabritius (Carel) Peintre et dessinateur hollandais (v. 1622-1654). Élève de Rembrandt à Amsterdam, il pratiqua une peinture claire et colorée, riche en trompe-l'œil et en jeux de perspective. *Autoportrait ; Le Chardonneret.*

Fabry (Charles) Physicien français (1867-1945). Il est l'inventeur d'un interféromètre qui lui permit d'évaluer la longueur du mètre en fonction de la longueur d'onde d'une raie du cadmium.

fabulateur, trice adj. et n. (→ fabulation) (Personne) qui fabule.

fabulation n. f. (du latin → fabuler) Fait de fabuler, de produire un récit imaginaire présenté comme réel. → **affabulation, fable.**

fabuler v. intr. < 1 > (latin *fabulari,* de *fabula* → fable ; même origine que l'espagnol *hablar* → hâbleur) Présenter comme réels des faits imaginés. → **affabuler.**

fabuleusement adv. D'une manière fabuleuse, incroyable. *Il est fabuleusement riche.*

fabuleux, euse adj. (du latin, de *fabula* → fable) **1.** littér. Qui appartient à la fable, au merveilleux. → **légendaire, mythique, mythologique.** *Animaux fabuleux.* **2.** Qui paraît fabuleux ; incroyable mais vrai. → **extraordinaire, fantastique, invraisemblable, prodigieux.** *Des aventures fabuleuses.* ▪ (intensif) Énorme. *Un prix fabuleux.* – fam. Hors du commun. *Un spectacle fabuleux.*

fabuliste n. (→ fable) Auteur qui compose des fables.

Fabvier [favje] (Charles Nicolas, baron) Général français (1782-1855). Il se distingua lors des dernières campagnes de l'Empire et fut commandant de Paris après la révolution de juillet 1830.

fac n. f. (abrév. de *faculté*) fam. Faculté ou université.

façade n. f. (italien *facciata,* de *faccia,* même origine que *face**) **1.** Face antérieure (d'un bâtiment) où s'ouvre l'entrée principale. **2.** Partie avant, face supérieure (d'un appareil). *Un autoradio à façade détachable* (pour éviter le vol). **3.** fig. Apparence (qui trompe). → **[2]extérieur.** *Sa politesse n'est qu'une façade.* – *Une amabilité de façade.*

façadier, ière n. Personne qui effectue le traitement technique et esthétique des façades.

face n. f. (vient du latin, de *facies* « forme, aspect général » → faciès ; effacer, façade, superficie) **1.** Partie antérieure de la tête humaine. → **figure, visage ; facial.** *« Chaque bouche était un cri, chaque face une grimace »* (Hugo). ▪ loc. *Se voiler* la face.* – ***À la face de qqn, du monde,*** devant, en présence de. – ***Perdre la face*** : perdre tout prestige. – ***Sauver la face*** : sauvegarder sa dignité. **2.** (médaille...) Côté qui porte une figure (opposé à *pile,* à *revers*). → **avers.** *Jouer à pile ou face.* **3.** littér. Surface (d'une chose). **4.** Chacun des côtés (d'une chose). *Les faces d'un prisme.* **5.** fig. Aspect sous lequel une chose se présente. *Changer la face du monde.* **6.** loc. ***Faire face à*** : présenter l'avant vers le côté de. *L'hôtel fait face à la mer.* ▪ fig. Réagir efficacement en présence d'une difficulté. → **[2]parer à, répondre à.** *Faire face à une dépense ; à ses engagements.* – absolt *Il faut faire face.* **7. *Face à*** loc. prép. : en faisant face à. – fig. En étant confronté à. *Face au danger, il recula.* **8. *En face*** loc. adv. : par-devant. *Regarder qqn en face,* soutenir son regard. *Elle le lui a dit en face,* directement. – fig. *Regarder la mort en face. Il faut voir les choses en face.* ▪ ***En face de*** loc. prép. → **vis-à-vis de.** *L'un en face de l'autre.* **9. *Face à face*** loc. adv. : les faces tournées l'une vers l'autre (→ nez à nez, vis-à-vis). **10. *De face*** : le visage s'offrant aux regards. *Un portrait de face* (par oppos. à *de profil*). – De là où l'on voit le devant (par oppos. à *de côté*). *Une loge de face* (au théâtre).

face-à-face n. m. invar. (de la loc. *face* à face*) Débat confrontant des personnalités. *Face-à-face télévisé.* ▪ par ext. *Un face-à-face tendu entre les manifestants et les forces de l'ordre.* → **confrontation.**

face-à-main n. m. Lorgnon à manche que l'on tient à la main. → **binocle.** *Des faces-à-main.*

Facebook Site Internet créé en 2004 par Mark Zuckerberg, destiné à l'origine aux étudiants de Harvard pour partager photos, coordonnées, informations. Étendu à la planète, ce réseau social permet de se construire une communauté d'amis et de relations en ligne.

Facebook. Mark Zuckerberg, à droite, au milieu de ses collaborateurs, en 2010.

facétie n. f. (du latin, de *facetus* « spirituel ») Plaisanterie burlesque. → **[2]farce.**

facétieux, euse adj. et n. (Personne) qui aime à dire ou à faire des facéties. ▫ adv. **facétieusement**

facette n. f. (diminutif de *face*) **1.** Une des petites faces (d'un corps qui en a beaucoup). *Les facettes d'un diamant.* **2.** fig. Chacun des aspects (d'une chose). *Les facettes de sa personnalité.* **3.** zool. Chacun des éléments de l'œil composé des arthropodes. → **ommatidie.**

facetter v. tr. < 1 > techn. Tailler à facettes (une pierre précieuse). – au p. p. *Un diamant facetté.*

fâché, ée adj. **1.** Mécontent. *Vous avez l'air fâché.* – *Fâché de,* qui est désolé de, regrette (qqch.). **2.** *Être fâché contre qqn,* en colère contre lui. ▪ *Être fâché avec qqn,* brouillé avec lui. – *Ils sont fâchés depuis dix ans.* – fig., fam. *Elle est fâchée avec l'orthographe.*

fâcher v. tr. < 1 > (vient du latin, famille de *fastus* « dédain » → [1]faste) **1.** vieux Attrister, peiner (qqn). **2.** Mettre (qqn) dans un état d'irritation. → **mécontenter.** ▪ absolt loc. *Des sujets qui fâchent :* des sources de discorde. ▪ **se fâcher** v. pron. Se mettre en colère. → **s'emporter.** *Se fâcher contre qqn. Se fâcher pour un rien.* ▪ *Se fâcher avec qqn.* → **se brouiller, rompre.** – *Ils se sont fâchés.*

fâcherie n. f. Brouille, désaccord.

Faches-Thumesnil Commune du Nord, dans la banlieue de Lille. 18 160 habitants.

fâcheusement adv. D'une manière fâcheuse.

fâcheux, euse adj. et n. **1.** littér. Qui est cause de déplaisir (→ **ennuyeux**) ou de souffrance (→ **affligeant**). *Une fâcheuse nouvelle* (→ **mauvais**). **2.** Qui comporte des inconvénients ; qui porte préjudice. → **contrariant, regrettable.** *Un contretemps fâcheux.* **3.** n. littér. (personnes) Qui importune, dérange. *« Les Fâcheux », comédie de Molière.*

facho adj. et n. (de *fasciste*) fam. Fasciste (2).

Fachoda (incident de) Incident qui opposa en 1898 les intérêts de la France à ceux de la Grande-Bretagne sur le Nil. La mission Marchand, envoyée à Fachoda (auj. Kodok, au Soudan du Sud) en juillet, dut évacuer la ville en novembre, obtempérant à l'ultimatum de la Grande-Bretagne. Cet échec entraîna le renoncement de la France sur le Nil en échange du Sahara (mars 1899).

fachosphère n. f. (de *facho* et *sphère*) Ensemble des personnes qui diffusent des idées jugées conservatrices et réactionnaires sur Internet et dans les médias.

facial, ale, aux adj. (du latin *facies* → face) **1.** De la face. *Chirurgie faciale.* **2.** didact. *Valeur faciale :* valeur inscrite sur un timbre-poste, une pièce de monnaie.

faciès [fasjɛs] n. m. (d'abord *facies ;* latin *facies* → face) Aspect du visage humain (en médecine, en anthropologie...). – Expression du visage. → **physionomie.** – loc. *Délit de faciès :* accusation contre une personne due à sa seule apparence physique.

facile adj. (latin *facilis,* famille de *facere* → [1]faire) **1.** Qui se réalise, s'accomplit, s'obtient sans effort. → **aisé, [1]commode, élémentaire, enfantin, simple ;** fam. **fastoche.** *C'est facile ; facile comme tout.* – impers. *Il est facile de refuser.* – *Vie facile,* sans souci. ▪ *Avoir la parole facile :* la prendre volontiers et bien s'exprimer. **2.** ***Facile à*** (+ inf.) : qui demande peu d'effort pour être (fait, réussi). *Un plat facile à réussir.* ▪ (personnes) *Une personne facile à contenter,* que l'on contente facilement. – *Facile à vivre,* d'humeur égale. **3.** Qui semble avoir été fait sans effort, sans peine. *Un style facile.* – péj. Sans profondeur, sans recherche. *Une ironie facile.* **4.** vieilli (personnes) Accommodant, complaisant. *« Facile et non pas faible* [...] *»* (Voltaire). **5.** (femme) péj. Qui accepte volontiers des relations sexuelles. **6.** adv. fam. Pour le moins. *Il faut une heure facile.*

facilement adv. **1.** Sans effort, sans peine. → **aisément.** ▪ Pour peu de chose. *Elle se vexe facilement.* **2.** Au moins. → **facile (6).**

facilitant, ante adj. Qui facilite, simplifie (une opération). *Une méthode facilitante.*

facilitateur, trice n. Personne chargée de favoriser l'aboutissement d'une négociation. → **médiateur, négociateur.**

facilitation n. f. didact. Action de faciliter. ▪ techn. Ensemble de mesures destinées à accélérer le transport des marchandises par air et par mer.

facilité n. f. (du latin → facile) **1.** Caractère, qualité de ce qui se fait sans peine, sans effort. *Un travail d'une grande facilité.* ▪ péj. *Une solution* de facilité.* **2.** surtout au plur. Moyen qui permet de réaliser, d'obtenir qqch. sans effort, sans peine. → **[2]moyen, occasion, possibilité.** *Procurer à qqn toutes facilités pour...* ▪ *Facilités de paiement,* délai, échelonnement d'un paiement. – *Facilités de caisse :* tolérance par un banquier d'un solde débiteur. **3.** Disposition à faire qqch. sans peine, sans effort. → **aisance, aptitude, habileté.** *S'exprimer avec facilité.* – Aptitude (pour le travail, etc.). *Cet enfant a de grandes facilités.*

faciliter v. tr. < 1 > (de l'italien, même origine que *facilité*) Rendre facile, moins difficile. → **aider, arranger.** *Son entêtement ne facilite pas les choses.*

façon n. f. (vient du latin *factio* « action et manière de faire » et « groupe de gens » → faction, de *facere* → [1]faire ; cf. anglais *fashionable*) **I.** (Action de donner une forme à qqch.) **1.** *De ma, ta, sa... façon. C'est bien une idée de sa façon.* → **invention.** *Il lui a joué un tour de sa façon,* un mauvais tour. **2.** *La façon :* le travail qui met en œuvre une matière. → **exécution, fabrication.** *Je n'ai payé que la façon.* → **main-d'œuvre.** – *Travail à façon (sans fournir la matière première).* **3.** *La façon de qqch.*, la manière dont une chose est faite ; la forme donnée par l'artiste, l'artisan. → [1]**facture.** *La façon d'une robe.* → [2]**coupe.** ■ appos. *Reliure façon cuir,* qui imite le cuir. **4.** littér. *Une façon de,* une espèce, une sorte de. **II.** (Manière d'agir) **1.** *Façon de* (+ inf.) : manière d'agir, de se comporter (comparée à d'autres). *Façon d'être, de se tenir. Il y a plusieurs façons de procéder.* → **manière, méthode.** – *C'est une façon de parler,* il ne faut pas prendre au pied de la lettre ce qui vient d'être dit. *C'est une façon de voir,* il existe d'autres points de vue. – *Sa façon de parler (la façon dont il parle) m'agace.* **2.** *De... façon :* de (telle) manière. *De cette façon.* → **ainsi.** *De quelle façon... ?* → **comment.** – *De toute façon,* en tout cas, dans tous les cas. – *De façon à, que :* pour (que). *Elle s'est placée de façon à être vue ; de façon qu'on la voie.* – *De telle façon que :* de sorte que. **3.** *À la façon de.* → **comme.** *Il travaille à la façon d'un professionnel.* – *À ma, ta, sa... façon. Elle veut vivre à sa façon,* selon son choix. → à sa **guise.** *Je vais vous raconter son histoire à ma façon,* de mon point de vue. **III.** (Apparence, manière d'être extérieure) **1.** vieux Air, allure (de qqn). *« Bien fait et beau, d'agréable façon »* (La Fontaine). **2.** au plur. *Façons :* manières particulières (de qqn). *Il a de curieuses façons.* ■ spécialt Manières affectées ; politesse excessive. *Ne faites pas tant de façons.* → **cérémonie, chichi, simagrée.** ■ *Sans façon. Une réception sans façon,* très simple. – adv. *J'accepte sans façon,* simplement. *Non merci, sans façon.*

faconde n. f. (latin *facundia,* famille de *fari* « parler » → fable) littér. Élocution facile, abondante (jusqu'à déplaire).

façonnage n. m. Action de façonner. – spécialt, techn. Ensemble des opérations (pliage, etc.) qui terminent la fabrication d'un livre.

façonné, ée adj. Travaillé, ouvré. – *Étoffe façonnée ou un façonné :* étoffe tissée de manière à former des dessins. → **broché, damassé.**

façonnement n. m. Action de façonner, de former (qqn, son esprit) d'une certaine manière.

façonner v. tr. < 1 > **1.** Mettre en œuvre, travailler (une matière...) en vue de donner une forme particulière. → **façon** (I, 2). *Façonner de l'argile pour faire un pot.* → **modeler. 2.** Faire (un ouvrage), fabriquer en travaillant la matière. *Façonner une pièce mécanique.* **3.** Former peu à peu (qqn) par l'éducation, l'habitude. *« On façonne les plantes par la culture, et les hommes par l'éducation »* (Rousseau).

façonnier, ière **1.** n. Personne qui travaille à façon. **2.** adj. littér. Qui fait des façons, des cérémonies.

fac-similé n. m. (de la loc. latine *fac simile* → fax, de *fac,* impér. de *facere* « faire* » et forme de *similis* « semblable » → similaire) Reproduction à l'identique (d'un écrit, d'un dessin...). *Des fac-similés.* - var. RO **facsimilé.**

factage n. m. (de *facteur*) comm. Transport des marchandises au domicile du destinataire ou au dépôt de consignation. – Prix du transport. ■ Distribution par le facteur des lettres, dépêches, imprimés...

[1]**facteur, trice** n. (latin *factor* « fabricant », de *facere* « faire* ») **I.** techn. Fabricant (d'instruments de musique) (→ [1]facture). *Facteur d'orgues.* **II.** cour. Personne qui distribue à leurs destinataires le courrier, les colis... envoyés par la poste. → admin. **préposé.**

[2]**facteur** n. m. (→ [1]facteur) **1.** math. Chacun des éléments constitutifs d'un produit (→ **coefficient**). *Facteur algébrique, numérique.* **2.** biol. Substance qui favorise un processus. *Facteur de croissance.* – *Facteurs sanguins.* **3.** Chacun des éléments contribuant à un résultat. *Les facteurs de la production.* – avec un subst. en appos. *Le facteur chance.*

factice adj. (latin *facticius* « artificiel » cf. fétiche, de *facere* « faire* ») **1.** Qui est faux, imité. *Diamant factice.* **2.** Qui n'est pas naturel. → **artificiel.**

facticité n. f. **1.** didact. Caractère de ce qui est factice, artificiel. **2.** philos. Caractère d'un fait contingent.

factieux, euse (du latin, de *factio* → faction) **1.** adj. Qui exerce contre le pouvoir établi une opposition violente tendant à provoquer des troubles. → **séditieux. 2.** n. → **agitateur, insurgé, rebelle.** *« Une poignée de factieux »* (Péguy).

faction n. f. (latin *factio,* au sens de « groupe » → façon) **I.** Groupe, parti se livrant à une activité factieuse (dans un État, une société). *Pays en proie aux factions.* **II. 1.** Service d'un soldat en armes qui surveille les abords d'un poste. → [2]**garde, guet.** *Être en faction, de faction.* – par ext. Surveillance, attente prolongée. **2.** techn. Chacune des trois tranches de huit heures du travail continu (dans une entreprise, une industrie).

factionnaire n. Soldat en faction.

factitif, ive adj. (du latin ; famille de *faire*) gramm. *Emploi factitif,* dans lequel le sujet du verbe est la cause de l'action, sans agir lui-même (ex. *elle fait construire une maison*).

factoriel, ielle adj. (→ [2]facteur) Relatif à un facteur ([2]). – *Analyse factorielle,* qui cherche les facteurs communs à des variables. ■ n. f. math. Produit des nombres entiers inférieurs ou égaux à (un nombre donné). *La factorielle de 3 est :* $3! = 1 \times 2 \times 3 = 6$.

factoring [faktɔʀiŋ] n. m. (mot anglais) anglic. Affacturage*.

factorisation n. f. math. Écriture (d'une expression, d'un nombre) sous la forme d'un produit de facteurs.

factoriser v. tr. < 1 > (→ [2]facteur) math. Effectuer la factorisation de.

factotum [faktɔtɔm] n. (d'une loc. latine « fais tout », de *fac,* impér. de *facere* « faire* » et forme de *totus* « tout* ») littér. Personne dont les fonctions consistent à s'occuper de tout (dans une maison, auprès de qqn).

factuel, elle adj. (anglais *factual,* de *fact,* du latin *factum* → [2]fait) didact. Qui est de l'ordre du fait. → **observable, réel.** *Preuves factuelles.* □ adv. **factuellement**

factum [faktɔm] n. m. (mot latin → [2]fait) littér. Mémoire dirigé contre un adversaire. → **pamphlet.** *Des factums.*

facturation n. f. **1.** Action d'établir une facture ([2]). **2.** Service (d'une entreprise), locaux où ce travail s'effectue.

[1]**facture** n. f. (latin *factura* « fabrication », de *facere* → [1]faire) didact. **1.** Manière dont est faite (une œuvre), dont est réalisée la mise en œuvre des moyens matériels et techniques. → **façon.** *La facture d'un sonnet.* **2.** Fabrication des instruments de musique (→ [1]facteur). *La facture d'un piano.*

[2]**facture** n. f. (de [1]*facteur*) Écrit (pièce comptable) indiquant la quantité, la nature et le prix de marchandises vendues, de services exécutés. – Note d'une somme à payer. *Régler une facture.*

facturer v. tr. < 1 > Porter (une marchandise) sur une facture ; dresser la facture de. – au p. p. *Un produit facturé cent euros.*

facturette n. f. Reçu de paiement par carte bancaire.

facturier, ière n. **1.** Personne chargée d'établir les factures comptables. **2.** n. m. Livre dans lequel on enregistre les factures d'achat ou de vente. **3.** n. f. Machine informatique destinée aux travaux de facturation.

facule n. f. (latin *facula* « petite torche ») astron. Partie du disque solaire plus brillante que celles qui l'entourent. *Taches et facules de la surface solaire.*

facultaire adj. admin. Relatif à une faculté (II). *L'administration facultaire.*

facultatif, ive adj. (du latin *facultas* → faculté) Qu'on peut faire, employer, observer ou non. *Présence facultative.* □ adv. **facultativement**

faculté n. f. (latin *facultas* « capacité », famille de *facere* → [1]faire) **I. 1.** Possibilité naturelle ou légale (de faire qqch.). *La faculté de choisir.* **2.** Aptitude, capacité. *Facultés intellectuelles.* – *Une grande faculté d'attention.* **II.** Corps des professeurs qui, dans une université, sont chargés d'une même discipline ; partie de l'université où se donne cet enseignement. → fam. **fac.** *La faculté de lettres, de médecine.* – absolt vieilli *La Faculté :* le corps médical, les médecins.

fada adj. (de l'ancien provençal, du latin *fatuus* « insensé » → fadaise, fat) fam. Un peu fou, niais. → **cinglé.** *Elle est fada.* – n. *Quels fadas !* - REM. Au féminin, on rencontre aussi **fadade.**

fadaise n. f. (de l'ancien provençal « sottise », du latin *fatuus* → fada, fat) **1.** Propos plat, sot ou insignifiant. → **baliverne, niaiserie.** *« Personne n'est exempt de dire des fadaises »* (Montaigne). **2.** Chose insignifiante, dépourvue d'intérêt.

fadasse adj. fam. Trop fade. *Une sauce fadasse.* – fig. *« Votre poésie subjective sera toujours horriblement fadasse »* (Rimbaud).

fade adj. (vient du latin pop., p.-ê. croisement de *fatuus* « insipide » → fat et de son contr. *sapidus* → sapide, sage) **1.** Qui manque de saveur. → **insipide.** *Une viande fade.* ■ Sans éclat. *Une couleur fade.* → **délavé, pâle, terne. 2.** Qui est sans caractère, sans intérêt particulier. → **ennuyeux, insignifiant.** – *De fades compliments.* □ adv. **fadement**

fadé, ée adj. (de l'occitan *fadar* « ensorceler, charmer » → fée) fam. et iron. Réussi (dans son genre). *Ses films sont toujours mauvais, mais celui-ci, il est fadé !*

Fadeïev ou **Fadeev** (Aleksandr Aleksandrovitch) Écrivain soviétique (1901-1956). Ses romans et récits (*La Défaite ; La Jeune Garde*) font de lui l'un des principaux représentants du réalisme socialiste. Il contribua avec Jdanov au durcissement de la ligne idéologique du Parti en matière culturelle, après la Seconde Guerre mondiale.

fadeur n. f. Caractère de ce qui est fade.

fading [fadiŋ] ou [fediŋ] n. m. (mot anglais « action de disparaître, de s'effacer ») anglic., télécomm. Évanouissement momentané du son (ou de l'intensité d'un signal).

fado n. m. (mot portugais « malheur », du latin *fatum* → fatal) Poésie et chanson portugaise, mélancolique et nostalgique. *Des fados.*

Faenza Ville d'Italie (Émilie-Romagne). 53 640 habitants. Artisanat de la céramique (faïence), dès le XIIe s. Musée de la céramique.

faf n. (de la première syllabe de *fasciste*) fam. Fasciste. → **facho.**

fafiot n. m. (p.-ê. origine onomatopéique) fam., vieilli Billet de banque.

Fagnano dei Toschi (Giulio Carlo) Mathématicien italien (1682-1766). Il étudia le calcul infinitésimal et le problème de la rectification de l'ellipse et de l'hyperbole.

fagne n. f. (du wallon, d'origine germanique → fange) régional Petit marais, dans les Ardennes.

Fagnes (Hautes) n. f. pl. Haut plateau de l'Ardenne belge (694 m au signal de Botrange). Ses tourbières ont été constituées en réserve naturelle intégrée dans le parc transfrontalier Ardenne-Eifel (72 000 ha).

Fagon (Guy Crescent) Médecin français (1638-1718). D'abord professeur de botanique, il fut le médecin de Louis XIV.

fagot **n. m.** **(origine incertaine)** Faisceau de petit bois, de branchages. *Brûler un fagot.* ■ **loc.** ***De derrière les fagots :*** se dit de qqch. qui présente une qualité remarquable (**spécialt** d'un vin).

fagoter **v. tr.** **< 1 >** **1.** **vieux ou régional** Mettre en fagots. **2.** Habiller mal, sans goût. **→ accoutrer, affubler.** – **au p. p.** *Être mal fagoté,* mal habillé. **→ ficelé.** □ **n. m. fagotage**

Faguet (Émile) Critique littéraire français (1847-1916). Il est l'auteur d'*Études littéraires* sur l'histoire de la littérature française ainsi que d'ouvrages de politique théorique (*L'Anticléricalisme ; Le Socialisme*).

F

Fahd ibn Abd al-Aziz (1922-2005). Il fut roi d'Arabie saoudite de 1982 à sa mort.

Fahlström (Öjvind) Poète et peintre suédois (1928-1976). Proche, à ses débuts, de l'abstraction, il s'intéressa au surréalisme puis au pop art. Militant, il organisa des « happenings politiques » et prit part à des manifestations contre la guerre du Viêtnam. *Sitting ; Planetarium ; Guerre froide.*

Fahrenheit (Daniel Gabriel) Physicien allemand (1686-1736). Il a défini la première échelle thermométrique (*échelle de Fahrenheit*).

faiblard, arde **adj.** **fam.** Un peu faible. *Se sentir faiblard.* – **fig.** *Un raisonnement faiblard.*

faible **(vient du latin pop. *febilis* pour *flebilis,* de *flere* « pleurer »)** **I. adj.** **1.** Qui manque de force, de vigueur physique (**opposé à** *fort*). **→ délicat, fluet, fragile.** *Se sentir faible.* **→ affaibli, fatigué, [1]las.** – *Avoir le cœur faible.* **2.** **(choses)** Qui a peu de résistance, de solidité. **→ fragile.** *Une poutre trop faible.* **3.** Qui n'est pas en état de résister, de lutter. *Un État faible.* ■ **(personnes)** *« Nous naissons faibles, nous avons besoin de forces »* (Rousseau). – **loc.** *Le sexe* faible,* les femmes. *Une faible femme* **(iron.).** **4.** Qui manque de capacités **(facultés intellectuelles).** *Intelligence faible.* – *Être faible en maths.* **5.** Sans force, sans valeur. *Un argument faible.* **6.** Qui manque de force morale, d'énergie, de fermeté. **→ indécis, lâche, [1]mou, velléitaire, veule.** *Un homme faible et influençable.* **7.** **(choses)** Qui a peu d'intensité, qui est suivi de peu d'effet. **→ insuffisant.** *Une faible lumière.* – *Une voix faible.* **8.** Peu considérable. **→ petit.** *Une faible quantité.* – *De faibles revenus.* **9.** *Le côté, le point, la partie faible* (de qqn, qqch.), ce qu'il y a de faible, de défectueux. **→ faiblesse, insuffisance.** **II. n.** **1.** Personne faible. – **spécialt** Personne sans force morale, sans fermeté. **2.** ***Faible d'esprit :*** personne dont les facultés intellectuelles sont peu développées. **→ simple** d'esprit. **3.** **n. m.** **littér.** Défaut, partie faible (de qqn, qqch.). *Le faible d'un raisonnement.* ■ Goût, penchant. *Il a un faible pour le porto.*

faiblement **adv.** **1.** D'une manière faible, avec peine. **2.** À un faible degré. **→ doucement, peu.** *Lampe qui éclaire faiblement.* **→ à peine.**

faiblesse **n. f.** **1.** Manque de force, de vigueur physique. – *Une faiblesse.* **→ défaillance, évanouissement.** **2.** Incapacité à se défendre, à résister. *« [...] la vieillesse et l'enfance / En vain sur leur faiblesse appuyaient leur défense »* (Racine). **3.** Manque de capacité, de valeur intellectuelle. **4.** Défaut de qualité (d'une œuvre...). **→ médiocrité, pauvreté.** **5.** Manque de force morale, d'énergie. **→ apathie, indécision, lâcheté, veulerie.** *Se laisser entraîner par faiblesse. Être d'une grande faiblesse envers qqn.* **→ indulgence.** – *Je n'aurai pas la faiblesse de céder.* ■ Défaut, point faible qui dénote un manque de fermeté. *Chacun a ses faiblesses.* **6.** Manque d'intensité, d'importance. **→ petitesse ; insignifiance.**

faiblir **v. intr.** **< 2 >** **(de *faible*)** **1.** Devenir faible. **→ s'affaiblir.** *Ses forces faiblissent.* **2.** Perdre de sa force, de son ardeur. *Travailler sans faiblir.* – *Son courage faiblit.* **→ s'amollir.** **3.** **(choses)** Perdre de son intensité, de son importance. **→ diminuer.** *Le vent a faibli.* **4.** Ne plus opposer de résistance. **→ céder, fléchir, plier, ployer.** *Branche qui faiblit sous un poids.* **5.** **(productions intellectuelles)** Devenir faible, moins bon.

Faidherbe (Louis Léon César) Général français (1818-1889). Il fut gouverneur du Sénégal de 1854 à 1865. En 1870, il résista aux assauts allemands à la tête de l'armée du Nord.

faïence [fajɑ̃s] **n. f.** **(adaptation du n. de Faenza, ville italienne)** Poterie de terre recouverte de vernis ou d'émail. *Carreaux de faïence.* – **en appos. invar.** *Des yeux bleu faïence.*

Vase bouteille côtelé à décor polychrome, faïence, Delft (début XVIIIe s.).

faïencé, ée **adj.** Qui imite la faïence. *Terre cuite faïencée.*

faïencerie [fajɑ̃sʀi] **n. f.** **1.** Industrie et commerce de la faïence. – Fabrique de faïence. **2.** Objets de faïence.

faïencier, ière **n.** Fabricant(e) ou marchand(e) de faïence. – **adj.** *L'industrie faïencière.*

Fail (Noël du), seigneur de la Hérissaye Jurisconsulte et écrivain français (v. 1520-1591). Il est l'auteur des *Propos rustiques,* contes évoquant la vie champêtre.

[1]faille **n. f.** **(de *faillir*)** **1.** **géol.** Fracture de l'écorce terrestre, accompagnée du glissement des parties séparées. – *Ligne de faille :*

La faille de San Andreas, en Californie, la plus longue faille géologique du monde (près de 1 000 km).

trace de cette fracture à la surface. **2.** **fig.** Point faible, défaut. *Ce raisonnement présente une faille.*

[2]faille **n. f.** **(origine obscure ; p.-ê. famille de *faillir,* comme [1]*faille*)** Tissu de soie à gros grain.

se failler **v. pron.** **< 1 >** **géol.** **(relief)** Se disloquer, être affecté par une faille, des failles.

failli, ie **n. et adj.** **(de l'italien → faillite)** Commerçant(e) qui a fait faillite. – **adj.** *Bijoutière faillie.*

faillibilité **n. f.** **(latin médiéval *fallibilitas*)** **didact.** Possibilité de faillir, de se tromper.

faillible **adj.** **(du latin → faillir)** Qui peut se tromper, commettre une faute.

faillir **v. intr.** **< 2 ou archaïque : *je faux,* etc. (surtout inf., passé simple et temps composés > (vient du latin pop. *fallire* [de même que *falloir**], du latin class. *fallere* « tromper, échapper à » *cf.* [1]faux ; faillite, fallacieux)** **1.** **littér.** ***Faillir à :*** manquer à, négliger. *« Il s'était juré de ne pas faillir à sa promesse. Il n'y faillirait pas »* (Mauriac). **2.** **vieilli** Commettre une faute ; se tromper. **3.** **(+ inf.)** Indique que l'action était sur le point de se produire. *J'ai failli tomber.* **allus.** *J'ai failli attendre*.*

faillite **n. f.** **(italien *fallita,* de *fallire* « manquer », même origine que *faillir*)** **1.** Situation d'un commerçant qui ne peut pas payer ses dettes, tenir ses engagements. **→ déconfiture, ruine ; liquidation.** *Être en faillite ; faire faillite* **(→ failli).** **2.** Échec complet (d'une entreprise, d'une idée...).

faim **n. f.** **(vient du latin *fames* → affamer, famélique, famine, fringale)** **1.** Sensation qui, normalement, accompagne le besoin de manger. *Satisfaire sa faim. Avoir faim,* **fam.** *très faim,* **littér.** *grand-faim. Une faim de loup*. Manger à sa faim. Rester sur sa faim,* avoir encore faim après avoir mangé ; **fig.** ne pas obtenir autant qu'on attendait. *Ils sont morts de faim.* – **fig.** *Mourir, crever de faim :* avoir une faim extrême. – *Grève* de la faim.* ■ **par ext.** Insuffisance de la nutrition (dans une région, un groupe social...). *Lutter contre la faim dans le monde.* **2.** **fig.** Appétit, besoin, aspiration ardente. *Faim intellectuelle.* – *Avoir faim de justice.*

faine **n. f.** **(vient du latin, de *fagus* « hêtre » → fouet)** Fruit du hêtre. - **var. faîne.**

fainéant, ante **n.** **(altération de *feignant** [du p. prés. de *feindre*], d'après *fait* [forme de *faire*] et *néant ; cf.* farniente)** Personne qui ne veut rien faire. **→ paresseux ; fam. feignant, feignasse.** *Au travail, fainéants !* ■ **adj.** *Un élève fainéant.* – **hist.** *Les Rois fainéants :* les derniers Mérovingiens, réduits à l'inaction par les maires du Palais.

fainéanter **v. intr.** **< 1 >** Faire le fainéant, vivre en fainéant. **→ paresser.**

fainéantise **n. f.** Caractère d'une personne fainéante **(→ paresse, flemme)** ; état de fainéant **(→ inaction, oisiveté).**

Fairbanks Ville des États-Unis (Alaska). 32 500 habitants. Université.

Fairbanks (Douglas Ullman, dit Douglas) Acteur américain de cinéma (1883-1939). Il incarna des rôles de jeune premier héroïque dans les grandes années du cinéma muet (*Le Signe de Zorro ; Robin des Bois*).

[1]faire **v. tr.** **< 60 >** **(vient du latin *facere,* supin *factum* → facile, façon, fac-similé, [1] et [2]fait, faisable ; *cf.* 1. les composés en *-faire* et *-fait ;* 2. les mots en *fact-* et, en composition, les mots en *-fect-* [ex. *affecter, réfection* et aussi *effet*] et en *-[i]fi[c]-* [ex. *artifice, bénéfice, sudorifique, suffire* et les v. à finale en *-fier*] ; *cf.* aussi l'italien *fare,* l'espagnol *hacer* [→ hacienda], le portugais *facer* [→ fazenda] et le roumain *face,* de même origine)** **I.** (Réaliser [un être : qqch. ou qqn]) **1.** Réaliser hors de soi (une chose matérielle). **→ construire, fabriquer.** *Faire un outil. Faire le pain.* – **(animaux) prov.** *Petit à petit l'oiseau fait son nid*.* – **absolt** *« Faire est le propre de la main »* (Valéry). **2.** Réaliser (une chose abstraite). **→ élaborer.** *« Comme on fait son rêve, on fait sa vie »* (Hugo). *Faire une loi. Faire un roman.*

3. (emplois spéciaux) Produire de soi, hors de soi. (humains) *Faire un enfant.* → **engendrer, procréer.** (animaux) *La chatte a fait ses petits.* → **mettre** bas. loc. fig. *Faire des petits*.* *Rosier qui fait des boutons.* – (de l'organisme) *Bébé qui fait ses dents.* ■ Évacuer (les déchets de l'organisme, spécialt les excréments). *Faire ses besoins* (euphémisme). fam. *Faire caca, faire pipi.* → **déféquer, uriner** ; fam. **chier, pisser.** – absolt *Il a fait dans son lit.* ■ (choses) *Savon qui fait beaucoup de mousse.* **4.** Se fournir en ; prendre (qqch.). → **s'approvisionner.** *Faire de l'essence. Faire des, ses provisions.* ■ → **obtenir.** *Faire beaucoup d'argent. Faire des bénéfices.* ■ → **fournir, produire.** *Faire du blé,* le cultiver. – *Nous ne faisons pas cet article.* **5.** fam. Voler (qqch.) à qqn. *On lui a fait son portefeuille.* **6.** (choses) Constituer (quant à la quantité, la qualité...). *Deux et deux font quatre.* → **égaler.** *Cela ne fait pas assez,* il n'y en a pas assez. fam. *Ça commence à bien faire :* cela suffit, en voilà assez. – *Couleurs qui font un ensemble harmonieux.* → **former.** – (personnes) *Elle fera une excellente avocate.* – ***Ne faire qu'un.*** → **un.** **II.** (Réaliser [une manière d'être] ; être le sujet de [une activité], la cause de [un effet]) **1.** Effectuer (un mouvement). → **exécuter.** *Faire un pas. Faire des signes.* ■ Prendre (une expression). fam. *Faire la tête, la gueule.* → **bouder.** **2.** Effectuer (une opération, un travail) ; s'occuper à (qqch.). → **effectuer, exécuter.** *Faire le ménage. Faire des recherches. Faire du tennis.* – *Ce n'est ni fait ni à faire,* c'est très mal fait. *Avoir beaucoup à faire,* être très occupé. – (lorsqu'on attend quelqu'un avec impatience) *Qu'est-ce qu'ils font ?* → **fabriquer** ; fam. **fiche, [1]foutre.** – fam. ***(il) faut le faire*** : il faut en être capable, c'est difficile. ■ ***Avoir à faire avec*** *(qqn),* avoir à faire un travail avec lui. – par ext. *Je n'ai rien à faire avec lui,* je ne veux avoir aucune relation. **3.** Exercer (une activité suivie). *Que fait-il dans la vie ? Faire des études.* – *Faire vingt ans de prison.* **4.** Accomplir, exécuter (un acte, une action). *Faire une erreur. Faire des efforts. Faire l'amour*. Quoi qu'il fasse, il n'y parviendra pas.* « *En leur règle* [à l'abbaye de Thélème] *n'était que cette clause : Fais ce que voudras* » (Rabelais). – *Aussitôt dit*, aussitôt fait. Il ne sait plus ce qu'il fait,* il perd la tête. *En faire trop :* exagérer. *C'est bien fait,* c'est mérité. fam. *Rien à faire !,* je refuse. *Ce qui est fait est fait,* ne revenons pas sur ce qui est accompli. ■ intrans. Agir. *Elle a bien fait. Faites comme vous voulez.* – fam. *Il faut faire avec,* s'en contenter. – ***En faire à sa tête, à sa fantaisie,*** faire ce qui plaît. *Il n'en fait qu'à sa tête.* ■ ***Faire bien de, mieux de*** (+ inf.) *Vous feriez bien, vous feriez mieux de partir,* vous devriez partir. ■ ***Ne faire que (de)*** (+ inf.) *Ne faire que,* faire seulement ; ne pas cesser de. *Il ne fait que bâiller.* – *Ne faire que, que de,* venir de (passé récent). *Nous ne faisons que (de) commencer.* ■ ***À tant faire que ; tant qu'à faire.*** → **tant.** ■ ***Faire qqch. pour*** *(qqn),* aider, rendre service. *Puis-je faire quelque chose pour vous ?* – (*pour qqch.* ; résultat, conséquence) *Il n'a rien fait pour cela.* ■ fam. ***Le, la faire à*** : agir d'une certaine manière (généralement pour tromper). *Elle l'a fait au sentiment. Il ne faut pas nous la faire,* essayer de nous tromper. ■ impers. fam. *Ça le fait, ça le fait pas :* ça va, ça marche (ça ne va pas...). **5.** Exécuter (une prescription). *Faire son devoir.* → **s'acquitter** de. – *Faire les quatre volontés* de qqn.* **6.** Être la cause de, l'agent de. → **[1]causer, déterminer, occasionner, provoquer.** *Faites-moi plaisir. Vous lui avez fait mal, du mal.* – (choses) Avoir (un effet). *L'explosion a fait du bruit. Sa tête lui fait mal. Cela ne fait rien,* c'est sans importance. *Qu'est-ce que ça peut bien vous faire ?* ■ ***Faire...*** *(à qqch.),* ***y faire.*** *Cela ne fait rien à la chose, à l'affaire,* cela ne change rien. *Nous ne pouvons rien y faire.* – fam. *Savoir y faire,* être habile, débrouillard. ■ ***Faire que,*** suivi d'une complétive. – (à l'impér. ou au subj. [souhait] ; + subj.) *Fasse le ciel qu'il revienne bientôt. Faites que ce ne soit pas grave.* – (avec l'indic.) Avoir pour conséquence, pour résultat que. *Sa négligence a fait qu'il a perdu beaucoup d'argent.* – *Ne pouvoir faire que :* ne pas pouvoir empêcher que. « *Rien ne peut faire que je ne sois pas lucide* » (Montherlant). ■ *Se laisser faire.* → **laisser.** **7.** Parcourir (un trajet, une distance) ; franchir. *Faire un trajet. Chemin* faisant. Faire dix kilomètres à pied.* ■ fam. Parcourir pour visiter. *Faire la Bretagne.* – *Agent commercial qui fait Paris.* ■ fam. Fouiller dans. *Faire les poches de qqn. Faire les poubelles.* **8.** fam. Durer, quant à l'usage. *Ces chaussures m'ont fait deux ans.* **9.** Exprimer par la parole (surtout en incise). → **[1]dire.** *Chut ! fit-il.* – (geste) *Il fit « non » de la tête.* ■ (choses) *La pendule fait tic-tac.* **10.** (choses ou personnes) Présenter en soi (un aspect physique, matériel). → **[1]avoir.** *Tissu qui fait des plis.* → **former.** ■ Avoir pour variante morphologique. « *Journal* » *fait* « *journaux* » *au pluriel.* ■ fam. Avoir pour mesure, pour valeur. *Mur qui fait six mètres de haut.* – *Quelle taille faites-vous ?* ■ impers. Constituer (un certain temps). *Ça fait huit jours qu'il n'est pas venu.* **11.** Subir (un trouble physique). *Faire de la tension. Elle a fait une angine.* **III.** (Déterminer [qqn, qqch.] dans sa manière d'être) **1.** Arranger, disposer (qqch.) comme il convient. *Faire un lit. Faire sa chambre.* → **nettoyer, [1]ranger.** – *Faire les mains de qqn.* **2.** Former (qqn, qqch.). *École qui fait de bons ingénieurs.* **3.** (Donner une qualité, un caractère, un état à) ***Faire qqn*** (+ subst.), lui donner le titre de. *Il a été fait président du club.* ■ ***Faire qqn*** (+ adj.). → **rendre.** *Il les a faits riches.* – Représenter, donner comme. *Vous le faites plus méchant qu'il n'est.* ■ fam. Donner un prix à (qqch. qu'on vend). *Je vous le fais cent euros, à cent euros.* **4.** ***Faire*** *(qqn ; qqch.)* ***de*** *(qqn ; qqch.).* → **changer, transformer** en. *Je m'en suis fait une amie. On fera quelque chose de lui.* – (caractère...) *Vous en avez fait un enfant heureux.* – (choses) *Il en a fait tout un drame, tout un plat.* ■ *N'avoir que faire de,* n'avoir aucun besoin de. *Il n'a que faire de tous ces costumes.* ■ Disposer (de), mettre en un endroit. « *Qu'avez-vous fait de l'enfant ? – Je l'ai confié à sa tante* ». – fam. *Qu'est-ce que j'ai fait de mes lunettes ?,* où les ai-je mises ? **5.** Jouer un rôle (dans un spectacle...). *Faire Harpagon dans « L'Avare » de Molière.* ■ Agir comme ; avoir, remplir le rôle de. *Faire le pique-assiette. Faire l'imbécile.* – (choses) *Salle à manger qui fait salon.* ■ Imiter intentionnellement, chercher à passer pour. → **contrefaire, imiter, simuler.** *Faire le mort. Faire l'innocent, l'idiot.* – *Faire son, sa* (+ subst.). *Faire son malin, sa maligne.* **6.** (+ adj. ou n. sans article [qui reste généralt invar.]) Avoir l'air de, donner l'impression d'être. → **paraître.** *Elle fait vieux, elle fait vieille pour son âge. Elle fait très dame. Cette cravate fait chic.* – ***Faire bien,*** avoir belle allure (dans un décor...). **IV.** (+ inf.) Être cause que. *Faire tomber un objet. Faire taire qqn. Faire voir qqch. à qqn. Faites-le prévenir. On la fait travailler dur. Faites-le (s')asseoir.* - **Fait** reste invar. *Je les ai fait venir.* – ***Faire faire.*** *Faire faire un costume à (ou par) son tailleur.* (Attribuer, prétendre) *Ne me faites pas dire ce que je n'ai pas dit.* **V.** (avec un sujet impers.) **1.** Pour exprimer les conditions de l'atmosphère ou du milieu. *Il fait jour ; il fait clair. Il fait soleil, du soleil.* – fam. *Il fait soif,* on a soif. **2.** *Il fait bon, beau...* (+ inf.). – loc. *Il ferait beau voir qu'il refuse.* **VI.** (employé comme substitut d'autres verbes) **1.** vieux ou littér. (dans le second terme d'une compar.) « *On n'agit point comme vous faites* » (Molière). **2.** (avec le second terme d'une compar. ; avec *de* ou *pour*) *Il l'embrassa comme il aurait fait d'un ami, pour un ami.* **VII.** ***Se faire*** (emplois spéciaux). **1.** Se former. *Fromage qui se fait.* – *Cet homme s'est fait seul.* **2.** (+ adj.) → **[1]devenir.** *Se faire vieux. Produit qui se fait rare.* – impers. *Il se fait tard,* il commence à être tard. **3.** Devenir volontairement. → **se rendre.** *Elles se sont fait belles* (le p. p. est invariable). *Se faire tout petit.* **4.** ***Se faire à*** : s'habituer à. → **s'accoutumer** à. *Se faire à un lieu, à une idée.* **5.** Se procurer. *Se faire des amis.* **6.** Former en soi, se donner. *Se faire une idée exacte de qqch. Se faire du souci.* ■ fam. ***S'en faire*** : se contrarier, être soucieux. *Ne vous en faites pas pour moi.* – par ext. *Il ne s'en fait pas, celui-là !,* il ne se gêne pas. **7.** fam. *Se faire qqn,* le supporter. *Celle-là, il faut se la faire !* ■ Posséder sexuellement. ■ Attaquer, tuer. *Je vais me le faire !* **8.** (passif) Être fait. prov. *Paris ne s'est pas fait en un jour.* ■ Être pratiqué couramment ; être à la mode. *Cela se fait beaucoup cette année.* ■ Devoir être fait, quant aux usages. *Cela ne se fait pas.* ■ impers. Être, arriver. *Il se fit un grand silence. Comment se fait-il que vous partiez déjà ?* **VIII.** passif **1.** ***Être fait pour,*** destiné à. *Cette voiture n'est pas faite pour transporter six personnes.* **2.** littér. ***C'en est fait de,*** c'est fini (de...). *C'en est fait de la vie facile.* – *C'en est fait de moi,* je suis perdu.

[2]faire n. m. **1.** arts, littér. Manière de faire (une œuvre, un ouvrage). → **façon, [1]facture.** *Le faire d'un artiste, d'un écrivain.* **2.** didact. Fait d'agir. *Il y a loin du dire au faire,* de la parole à l'action, du projet à sa réalisation.

faire-part n. m. invar. Lettre imprimée qui annonce une nouvelle ayant trait à la vie civile (naissance, etc.). - var. RO **fairepart** n. m.

faire-valoir n. invar. Personne qui met en valeur qqn (→ aussi **comparse**).

Fairfax (Thomas, 3e baron) Général anglais (1612-1671). Il partagea le commandement avec Cromwell lors de la bataille de Naseby (1645) contre les royalistes. Il contribua ensuite à la restauration de Charles II.

fair-play n. m. invar. (mot anglais « jeu *[play]* loyal *[fair]* ») anglic. Acceptation loyale des règles (dans la pratique d'un sport, la vie professionnelle...). - var. RO **fairplay** n. m. - recomm. offic. **franc-jeu.** – adj. invar. *Il n'est pas très fair-play* (→ **beau joueur**).

fairway [fɛʀwɛ] n. m. (mot anglais « chenal », littéralt « bon *[fair]* chemin *[way]* ») anglic. Partie du parcours de golf où l'herbe est entretenue. *Des fairways.*

faisabilité [fəzabilite] n. f. (adaptation de l'anglais *feasibility,* du français → **faisable**) techn. Caractère de ce qui est faisable, réalisable. – *Étude de faisabilité* (d'un projet).

faisable [fəzabl] adj. (de *faire*) Qui peut être fait. → **possible, réalisable.**

Faisalabad anciennement **Lyallpur** Ville du Pakistan (Panjab). 3 203 800 habitants. Industrie (textile).

faisan, ane [fəzɑ̃, an] n. (du latin, du grec « [oiseau] du Phase » [n. d'une rivière]) **1.** Oiseau gallinacé, à plumage coloré, à longue queue et dont la chair est estimée. *Le faisan criaille. Chasse au faisan. Faisan d'élevage.* – adj. *Coq faisan, poule faisane.* **2.** n. m. argot Individu qui vit d'affaires louches. → **filou.**

faisandé, ée [fəzɑ̃de] adj. **1.** *Viande faisandée,* un peu gâtée. **2.** fig. → **corrompu, malsain.** *Une aristocratie faisandée.*

faisandeau [fəzɑ̃do] n. m. Jeune faisan. - syn. **faisanneau** [fə-].

faisander [fəzɑ̃de] v. tr. <1> (de *faisan*) Soumettre (le gibier) à un commencement de décomposition, pour lui faire acquérir du fumet. → **mortifier.** □ n. m. **faisandage**

faisanderie [fəzɑ̃dʀi] n. f. (de *faisan*) Élevage de faisans.

faisanneau voir **faisandeau**

Faisans (île des) Île située au milieu de la Bidassoa. En 1659 y fut signé le traité des Pyrénées et conclu le mariage de Louis XIV et de Marie-Thérèse.

faisceau n. m. (vient du latin *fascellus,* de *fascis* → **faix** ; **fascisme**) **1.** Assemblage (de choses semblables, de forme allongée, liées ensemble). *Un faisceau de brindilles.* ■ Antiq. romaine *Les faisceaux :* assemblages de verges liées autour d'une hache, portés par les licteurs (symbole du pouvoir de l'État). – hist. mod. (italien *fascio*) Emblème du fascisme* italien. **2.** par analogie *Faisceau lumineux,* ensemble de rayons lumineux. *Le faisceau d'un phare.* – *Faisceau d'électrons. Faisceau hertzien.* – *Faisceau musculaire* (de fibres musculaires). **3.** fig. Ensemble (d'éléments abstraits assemblés). *Un faisceau de preuves.*

F

faiseur, euse [fəzœʀ, øz] n. **1.** *Faiseur, faiseuse de :* personne qui fait, fabrique (qqch.). *Un faiseur de barrages.* – absolt Spécialiste des métiers de l'habillement. *S'habiller chez un bon faiseur.* → **tailleur.** ■ plais. Personne qui se livre habituellement à (une activité). *Une faiseuse de projets.* – péj. *Un faiseur d'embarras.* ■ loc. vieilli *Faiseuse d'anges :* avorteuse. **2.** péj. Personne qui cherche à se faire valoir (par des vantardises…). → **hâbleur, poseur.** – littér. Homme, femme d'affaires sans scrupules.

faisselle n. f. (vient du latin *fiscella* « petite corbeille », diminutif de *fiscus* → fisc) Récipient percé de trous, pour faire égoutter le fromage. – Fromage blanc ainsi égoutté.

F

¹fait, faite adj. (du p. p. de *faire*) **1.** Qui présente tel aspect. *Il est bien fait (de sa personne).* → bien **bâti.** – (esprit, caractère) *Une tête bien faite.* **2.** Qui est arrivé à son plein développement. *Un homme fait.* → **mûr.** ■ *Un fromage bien fait,* parvenu à maturité. → à **point,** à **cœur. 3.** Fabriqué, composé, exécuté… *Un travail bien fait.* ■ **loc. adv.** *Vite fait bien fait :* vite et bien. ■ ***Tout fait :*** fait à l'avance, tout prêt. – *Idées toutes faites.* → **préjugé. 4.** Qui est fardé, maquillé. *Des yeux faits.* – *Des ongles faits.* **5.** (personnes) fam. *Être fait,* pris. *« On était faits, comme des rats »* (Céline).

²fait n. m. (vient du latin *factum* « action ; travail », du p. p. de *facere* → ¹faire) **I. 1.** *(le) fait de :* action de faire (qqch.). → **¹acte, ¹action.** *Le fait de parler. Pour fait d'insoumission.* – *Il est coutumier du fait,* de cela. *La générosité n'est pas son fait,* n'est pas dans ses habitudes. – *Dire son fait à qqn,* lui dire sans ménagement ce qu'on pense de lui. – *Prendre qqn **sur le fait,*** le surprendre au moment où il agit. → flagrant **délit.** – au plur. *Les **faits et gestes*** de qqn.* **2.** (dans des loc.) Action mémorable, remarquable. → **exploit, prouesse.** *Fait d'armes ; hauts faits.* **3.** dr. Action susceptible de produire un effet juridique. *Responsabilité du fait d'autrui.* – ***Voie de fait :*** coup, violence. – ***Prendre fait et cause** pour qqn,* prendre sa défense, son parti. **II. 1.** Ce qui est arrivé, ce qui a eu lieu. → **affaire, évènement.** *C'est un fait courant. Le déroulement des faits.* – ***Le fait que.*** *Le fait que vous soyez malade ne vous excuse pas.* – ***Du fait de :*** par suite de. – ***Du fait que.*** → **puisque.** *Du seul fait que :* pour cette seule raison que. – loc. *Mettre qqn devant **le fait accompli,*** l'obliger à accepter une chose sur laquelle il n'y a plus à revenir. ■ Information (dans un journal). – ***Faits divers :*** nouvelles ponctuelles, peu importantes (→ **chiens écrasés**). **2.** Ce qui existe réellement (opposé à l'idée, au rêve, etc.). → **réalité, réel.** *S'incliner devant les faits. Juger sur, d'après les faits.* – *C'est un fait,* c'est certain, vrai. – *Le fait est que…,* il faut admettre que… ■ **loc. adv.** ***Par le fait, de fait, en fait :*** en réalité. → **effectivement, réellement.** – ***Tout à fait.*** → **¹tout. 3.** Ce qui est constaté par l'observation (notamment scientifique). *Faits sociaux.* **4.** Cas, sujet particulier dont il est question. *Être sûr de son fait. Aller au fait,* à l'essentiel. *Être au fait de,* au courant de. – ***Au fait*** (en tête de phrase) : à propos. – ***En fait de :*** en ce qui concerne, en matière de. – ***De ce fait.*** → par **suite.**

faîtage n. m. (de *faîte*) Arête supérieure d'un comble. – par ext. Toiture (d'un bâtiment). - var. RO **faitage.**

faîte n. m. (du francique) Partie la plus haute (de qqch. d'élevé). → **cime, ²haut, sommet.** *Le faîte d'un arbre ; d'une montagne.* – fig. *Être au faîte de la gloire.* - var. RO **faite.**

faîteau n. m. techn. Ornement en métal ou en poterie vernissée qui recouvre le faîtage. - var. RO **faiteau.**

Faithfull (Marianne) Chanteuse de rock et actrice britannique (née en 1946). Sa voix âpre et lancinante, sa vie tumultueuse ont fait d'elle une icône des années 1960. *Broken English ; Strange Weather ; Before the Poison.*

faîtier, ière I. 1. adj. techn. Du faîte (d'une toiture). *Lucarne faîtière. Tuile faîtière* et **n. f.** *une faîtière.* **2. n. f.** Barre placée entre les mâts avant et arrière d'une tente, pour soutenir le toit. **II.** (Suisse, Belgique) **1. adj.** Central. *L'organe faîtier de l'économie.* **2. n. f.** Organisation centrale. *La faîtière syndicale.* - var. RO **faitier, ière.**

faitout n. m. Instrument de cuisine, récipient à deux poignées et à couvercle, qui va au feu. *Des faitouts.* - var. **fait-tout** (invar.).

Faivre (Abel) Peintre et caricaturiste français (1867-1945). Il collabora notamment aux journaux satiriques *L'Assiette au beurre* et *Le Rire.*

faix n. m. (vient du latin *fascis* « paquet ; fardeau » → faisceau, fascicule, fascine ; fascisme ; fesser) littér. Lourd fardeau. *Porter son faix. « […] Sous le faix du fagot, aussi bien que des ans »* (La Fontaine).

Faizabad Ville d'Inde (Uttar Pradesh). 257 000 habitants. L'agglomération comprend la ville sainte d'Ayodhya.

fajita [faxita] n. f. (mot espagnol du Mexique, diminutif de *faja* « bande », du latin *fascia*) (cuisine mexicaine) Galette de farine de maïs (→ **tortilla**) garnie d'un mélange de viande et de légumes.

Fakhr al-Dīn II francisé en **Ficardin** (1572-1635). Émir druze du Liban (1585-1633). Il favorisa l'installation des chrétiens et mena une politique d'expansion. Après un séjour auprès des cours d'Europe, il revint au Liban et, vaincu par les Turcs (1633), fut décapité.

fakir n. (arabe *faqîr* « pauvre ») **1. n. m.** didact. Ascète musulman (→ **derviche**). ■ Ascète hindou qui vit d'aumônes, en Inde. **2.** cour. Personne qui donne un spectacle de numéros d'insensibilité à la douleur, d'hypnose, etc.

Falacha(s) ou **Falasha(s)** n. m. pl. Population noire d'Éthiopie de confession juive et dont une grande partie s'est installée en Israël entre 1984 et 1991.

falafel n. m. (mot arabe, plur. de *filfil* « poivre ») (cuisine libanaise) Petit beignet de farine de pois chiches et de fèves.

falaise n. f. (origine incertaine, p.-ê. francique) Escarpement rocheux créé par le travail des eaux (côtes, bords de rivières).

Falaise Commune du Calvados. 7 849 habitants. Enceinte du XIIᵉ s., château des premiers ducs de Normandie. Ville natale de Guillaume le Conquérant.

Falardeau (Pierre) Cinéaste canadien [québécois] (1946-2009). Militant indépendantiste, il réalisa des documentaires et des films engagés *(Continuons le combat),* dénonçant l'assimilation des Québécois *(Le Temps des bouffons ; Elvis Gratton).*

falarique n. f. (du latin, de *falae* « tours de bois pour l'assaut ») archéol. Arme de jet en forme de flèche qui, garnie d'étoupe enflammée, servait d'arme incendiaire.

falbala n. m. (p.-ê. du provençal, ou famille de *baller*) **1.** anciennt Bande d'étoffe plissée qui servait d'ornement au bas d'une robe, d'un rideau. **2.** au plur. Ornements excessifs (d'une toilette).

falciforme adj. (du latin *falx, falcis* « faux ») méd. En forme de croissant ou de faucille. – par ext. *Anémie falciforme.* → **drépanocytose.**

Falconet (Étienne) Sculpteur français (1716-1791). Élève de J.-B. Lemoyne, il eut la faveur de Mᵐᵉ de Pompadour et fut l'auteur d'un *Pygmalion et Galatée* plein d'une grâce sensuelle. Il réalisa à Saint-Pétersbourg un *Monument à Pierre le Grand,* commandé par Catherine II.

Marianne Faithfull en mars 2007.

Falconetti (Renée) Comédienne française (1892-1946). Son rôle dans *La Passion de Jeanne d'Arc* de Dreyer lui valut une renommée internationale.

Renée Falconetti dans *La Passion de Jeanne d'Arc* de Carl Theodor Dreyer (1928).

falconidé n. m. (du latin *falco* → faucon) zool. Rapace diurne aux ailes et à la queue pointues (famille des *Falconidés ;* ex. le faucon).

falconiforme n. m. (du latin *falco, onis* → faucon) zool. Rapace diurne, au bec et aux serres puissants (ordre des *Falconiformes ;* ex. l'aigle, la buse, le faucon, le vautour).

Falémé n. f. Rivière du Sénégal, affluent du fleuve Sénégal. Née dans le Fouta-Djalon, elle trace la frontière du Sénégal et du Mali sur environ 650 km.

Falériès Ville ancienne d'Étrurie (Italie actuelle), près de Véies. Important centre étrusque, elle fut détruite par les Romains en –241. Vestiges de tombes et temple étrusques.

falerne n. m. (du n. d'une ville d'Italie) Vin de Campanie, fort estimé depuis l'Antiquité.

Falguière (Alexandre) Sculpteur et peintre français (1831-1900). Il produisit des sculptures d'inspiration florentine, puis des œuvres monumentales (dont la *République triomphale* qui couronne l'Arc de Triomphe).

Faliero (Marino) Doge de Venise (v. 1274-1355). Élu doge en 1354, il fomenta une insurrection contre le gouvernement des patriciens, fut arrêté et exécuté.

Falkberget (Johan) Romancier norvégien (1879-1967). Ancien ouvrier mineur, il consacra ses romans aux mineurs *(Christianus Sextus)* et aux travailleurs des villes et des campagnes *(Le Pain et la Nuit).*

Falkenhayn (Erich von) Général allemand (1861-1922). Chef du grand état-major général (1914-1916), il commanda ensuite l'armée austro-allemande qui envahit la Roumanie (1916).

Falkirk Ville d'Écosse, entre Glasgow et Édimbourg. 35 400 habitants. Centre industriel (aluminium, électronique).

Falkland (bataille navale des) Victoire remportée le 8 déc. 1914 par les Britanniques de l'amiral Sturdee sur l'escadre allemande de von Spee.

Falkland (îles) voir **Malouines** (îles)

Falla (Manuel de) Compositeur espagnol (1876-1946). Proche de Debussy et de Ravel, il est l'auteur d'opéras, d'œuvres pour piano, de ballets qui exploitent le fonds populaire traditionnel de l'Espagne. *La Vie brève ; L'Amour sorcier.*

fallacieux, euse adj. (du latin « trompeur », famille de *fallere* → faillir) littér. Trompeur ; illusoire. *Des promesses fallacieuses.* □ **adv. fallacieusement**

Fallada (Rudolf Ditzen, dit Hans) Écrivain allemand (1893-1947). D'abord proche de l'expressionnisme, il est l'auteur de romans sociaux de style naturaliste, sur les révoltes paysannes *(Paysans, Bonzes et Bombes)* et sur la vie des petites gens à Berlin *(Et maintenant, mon bonhomme ?).*

Fallet (René) Romancier français (1927-1983). Ses romans décrivent avec une bonhomie souriante un univers populaire et truculent, et ont fait l'objet de nombreuses adaptations cinématographiques (*Le Triporteur ; Les Vieux de la vieille ; La Soupe aux choux*).

Fallières (Armand) Homme d'État français (1841-1931). Député de la gauche républicaine, il fut plusieurs fois ministre, puis président de la République de 1906 à 1913.

falloir v. impers. < 29 > (vient du latin pop. *fallire*, comme *faillir** ; les formes verbales ont été construites au XVe s. sur le modèle de *valoir*) **I.** (Manquer) ***Il s'en faut de***, il manque. *Il s'en est fallu d'une minute qu'ils ne se soient rencontrés. – Il s'en faut de beaucoup.* – ***Tant s'en faut*** : au contraire, bien au contraire. ***Peu s'en faut.*** *Il est perdu ou peu s'en faut.* → **presque.** **II.** (Être l'objet d'un besoin) ***Il faut*** *(qqch.)* ***à*** *(qqn). Combien vous faut-il ? Il lui faut quelqu'un pour l'aider.* **III.** (Être l'objet d'une nécessité ou d'une obligation) **1. *Il faut*** (+ inf.). *Il faut, il faudrait l'avertir tout de suite.* **2. *Il faut que*** (+ subj.). *Il faut qu'il vienne. Il faudra que je vous voie.* – *Il a fallu qu'il vienne en ce moment !* (comme par une fatalité). **3. *Il le faut*** (le remplaçant l'inf. ou la proposition). *Vous irez le voir, il le faut.* **4.** (avec ellipse) *Il a l'art de ne dire que ce qu'il faut*, ce qui est juste, à propos. **5. *Comme il faut*** **loc. adv.** *Se conduire, s'exprimer comme il faut*, convenablement. – loc. adj. invar. fam. *Des gens très comme il faut.* **IV. *Il faut*** (+ inf.), ***il faut que*** (+ subj.) : il est nécessaire, selon la logique du raisonnement (que). *Dire des choses pareilles ! Il faut avoir perdu, que vous ayez perdu l'esprit.* – (sans *il*) fam. *Faudrait que je réfléchisse.*

Fallope (Gabriel) en italien **Falloppia** ou **Falloppio** Chirurgien et anatomiste italien (1523-1562). On lui doit de nombreuses découvertes anatomiques, dont l'*aqueduc de Fallope*, le *ligament de Fallope* et les *trompes de Fallope*.

Fallot (Étienne Louis Arthur) Médecin français (1850-1911). Il donna son nom à des malformations cardiaques (*tétrade* ou *tétralogie de Fallot*).

Falloujah Ville d'Irak, à l'O. de Bagdad, sur l'Euphrate. Environ 300 000 habitants. Carrefour routier et centre religieux sunnite. En 2004, des combats violents y opposèrent des rebelles sunnites aux forces américaines. Daech occupa la ville de 2014 à 2016.

Falloux (Frédéric Albert, comte de) Homme politique français (1811-1886). Député conservateur, puis ministre de l'Instruction publique (1848-1849), il élabora une loi sur la liberté de l'enseignement (*loi Falloux*, votée en 1850) favorisant l'enseignement confessionnel.

Fall River Ville des États-Unis (Massachusetts), dans l'agglomération de Providence. 94 000 habitants. Industries (textile, sidérurgie).

^{1}falot n. m. (italien *falò* « feu de fête » ; famille du grec *phanos* → fanal) **1.** Grande lanterne. → **fanal.** *À la lueur d'un falot.* **2.** argot milit. Conseil de guerre.

^{2}falot, ote adj. (p.-ê. moyen anglais *fal[l]ow* « compagnon » ; cf. anglais mod. *fellow*) Insignifiant, terne, sans personnalité. *Un personnage falot.*

Falret (Jean-Pierre) Médecin français (1794-1870). Il étudia les alternances de manie et de mélancolie, la folie du doute, l'hypocondrie et le suicide.

falsifiable adj. **1.** Qui peut être falsifié. *Billet difficilement falsifiable.* **2.** didact. Qui peut être démontré comme faux.

falsificateur, trice n. (du latin → falsifier) Personne qui falsifie.

falsification n. f. (du latin → falsifier) Action de falsifier. – Ce qui est falsifié.

falsifier v. tr. < 7 > (du latin, de *falsus* → ^{1}faux) Altérer volontairement, dans le dessein de tromper. *Falsifier un vin. Falsifier une date sur un document.* → **contrefaire ; maquiller, truquer.** – *Falsifier la pensée de qqn.* → **défigurer, fausser.**

Falstaff Personnage de Shakespeare (*Henri IV ; Les Joyeuses Commères de Windsor*), vantard, poltron, ivrogne et glouton, mais d'une lucidité cynique, l'un des plus truculents du dramaturge.

Orson Welles avec Jeanne Moreau dans *Falstaff* (1965).

Falster Île du Danemark, dans la mer Baltique. 514 km^2. 44 270 habitants. Chef-lieu : Nykøbing Falster. Céréales, fruits ; élevage.

faluche n. f. (mot lillois « galette, petit pain ») **1.** régional (Nord) Pain blanc traditionnel, plat et rond. **2.** anciennt Grand béret de velours noir traditionnel des étudiants.

falun n. m. (origine inconnue) techn. Dépôt sédimentaire meuble formé de coquilles. *Carrière de falun* (*falunière* **n. f.**).

Falun Ville du centre de la Suède, au N.-O. de Stockholm. 60 000 habitants. Tourisme.

faluner v. tr. < 1 > agric. Couvrir (un sol siliceux) de faluns pour en améliorer les propriétés.

falzar n. m. (origine inconnue) fam. Pantalon.

Fama (Eugène) Économiste américain (né en 1939). En 2013, il obtint le prix Nobel d'économie avec Lars P. Hansen et Robert Shiller pour sa contribution à la meilleure prévision de l'évolution du prix des actifs (ensemble des biens matériels ou immatériels qui constituent un patrimoine).

Famagouste Ville et port de l'E. de Chypre, située en zone turque. 41 000 habitants. Églises gothiques, cathédrale du XIIIe s. Exportation d'agrumes.

famé, ée adj. (de l'ancien français *fame* « réputation », du latin *fama* cf. fameux) (lieu) ***Mal famé*** : qui a mauvaise réputation, est fréquenté par des malfaiteurs. *Une rue mal famée.* - REM. On écrit aussi *malfamé, ée.*

Fameck Commune de la Moselle au S.-O. de Thionville. 14 829 habitants.

famélique adj. (du latin, de *fames* → faim) littér. Qui ne mange pas à sa faim, qui est maigre. *Un chat famélique.* → **étique.** – *Un air famélique.*

fameux, euse adj. (du latin, de *fama* → famé) **1.** Qui a une grande réputation. → **célèbre, renommé.** *Un héros fameux.* – *Région fameuse par* (ou *pour*) *ses crus.* **2.** iron. Dont on a beaucoup parlé. *C'était le fameux jour où nous nous sommes disputés.* **3.** (avant le nom) Remarquable. *Une fameuse canaille.* → **^{1}beau, rude, ^{1}sacré.** – *Un fameux coup de soleil.* **4.** (après le nom) Très bon. → **excellent.** *Un vin fameux. Ce devoir n'est pas fameux.* □ **adv. fameusement**

familial, ale, aux adj. (→ famille) **1.** Relatif à la famille (en général). *Structure familiale.* – *Allocations familiales*, aide financière de l'État aux personnes qui ont des enfants. **2.** Qui concerne une famille (groupe d'individus). *Une petite fête familiale.* **3.** **n. f.** Automobile de tourisme conçue pour transporter six à neuf personnes.

familiariser v. tr. < 1 > (du latin → familier) Rendre familier (avec). → **accoutumer, habituer.** ■ **se familiariser** v. pron. **1.** Devenir familier (avec qqn, avec les gens). → **s'apprivoiser.** **2.** *Se familiariser avec* (qqch.), se rendre (qqch.) familier par l'habitude, la pratique. *Se familiariser avec une langue étrangère.*

familiarité n. f. (du latin → familier) **1.** Relations familières (comme celles des membres d'une même famille). → **intimité.** – fig. *Une longue familiarité avec les œuvres classiques.* **2.** Manière familière de se comporter à l'égard de qqn. → **bonhomie, liberté.** **3.** au plur. péj. Façons trop libres, inconvenantes. → **liberté, privauté.** *Se permettre des familiarités avec qqn.* **4.** littér. Manière de parler ou d'écrire qui a le ton de la conversation familière.

familier, ière (latin *familiaris* « qui fait partie de la maison », de *familia* → famille) **I. n. m.** Personne qui est considérée comme un membre de la famille. → **ami, intime.** *Les familiers du prince.* ■ Personne qui fréquente assidûment (un lieu). *Les familiers d'un club.* → **habitué. II. adj. 1.** Qui est bien connu ; dont on a l'expérience habituelle. *Des visages familiers.* – *Le mensonge lui est familier.* **2.** Qui montre, dans ses rapports avec autrui, une grande simplicité. *« Je suis plus familière que liante »* (Colette). – péj. Trop désinvolte. → **^{2}cavalier.** ■ (animaux) Qui vit au foyer. → **domestique.** **3.** (mot, expression...) Qu'on emploie dans la conversation courante, et même par écrit, mais qu'on évite dans les relations officielles et les ouvrages de style soutenu. *« Emmerdant » est un mot familier.*

familièrement adv. D'une manière familière ; avec simplicité.

famille n. f. (latin *familia* → familier, de *famulus* « serviteur ») **I.** Antiq. (sens étym.) Ensemble des personnes vivant sous le même toit. ■ didact. Ensemble des personnes unies par le sang ou les alliances et composant un groupe. *La famille antique, la famille moderne. Famille patriarcale.* **II. 1.** (sens restreint) Les personnes apparentées vivant sous le même toit et, spécialt, les parents et les enfants. *Fonder une famille. La vie de famille. « Familles, je vous hais ! foyers clos ; portes refermées ; possessions jalouses du bonheur »* (Gide). – ***Des familles*** : propre aux familles, à l'usage des familles. *« La vieille morale des familles »* (Mauriac). fam. Tranquille, sans prétention. *Une petite sieste des familles.* ■ spécialt Les enfants d'un couple, d'un parent. *Père, mère de famille. Une famille de cinq enfants.* **2.** (sens large) L'ensemble des personnes liées entre elles par le mariage ou par la filiation (ou par l'adoption). *Nom de famille.* → **patronyme.** *La famille de qqn, sa famille. Famille recomposée*.* – *Avoir un air de famille*, une ressemblance. – *Être* ***en famille***, réunis entre gens de la même famille. – *Réunion* ***de famille.*** → **familial.** **3.** Succession des individus qui descendent les uns des autres, de génération en génération. → **descendance, lignée, postérité.** *Famille royale. Une famille de musiciens.* – *De bonne famille*, qui appartient à une famille bourgeoise (souvent iron.). – *Fils de famille*, qui profite de la situation privilégiée de ses parents (→ péj. fils à papa). **III.** fig. **1.** (avec un adj., un déterminatif) Ensemble d'êtres ayant des caractères communs. *Famille littéraire.* **2.** *Famille de langues*, groupe de langues ayant une origine commune. – *Famille de mots*, groupe de mots provenant d'une même origine, ou d'un même radical. *Famille étymologique.* **3.** L'une des grandes divisions employées dans la classification des animaux et des végétaux, qui regroupe des genres.

Famille (pacte de) Traité conclu en 1761, pendant la guerre de Sept Ans, par les Bourbons de France, d'Espagne, de Parme et de Naples. Il visait à freiner l'expansion coloniale de la Grande-Bretagne.

famine n. f. (du latin *fames* → faim) Manque d'aliments par lequel une population souffre de la faim. → **aussi disette.** ■ loc. *Crier* famine.*

Famine (pacte de) Contrat conclu en 1765 par Louis XV et Terray avec les négociants de grains. Il fut dénoncé par la rumeur publique comme une tentative de spéculer sur les grains.

fan [fan] **n. et adj.** (mot anglais, abrév. de *fanatic* → fanatique) anglic., fam. Admirateur, admiratrice enthousiaste (d'une vedette). → aussi **groupie.** – par ext. *Elle est fan de musique.* → **fana.**

fana adj. (abrév. de *fanatique*) fam. Amateur passionné (de qqn, de qqch.). *Elles sont fanas de moto.* – **n.** *Des fanas du sport.*

fanage n. m. Action de faner (1) ; son résultat.

fanal, aux n. m. (italien *fanale* « feu » [en marine], du grec *phanos* « lanterne » → [1]falot) Grosse lanterne servant de signal (→ [1]**feu** ; [1]**falot).**

fanatique adj. (latin *fanaticus* « inspiré », de *fanum* « temple » → profane) **1.** Animé envers une religion (et, par ext., envers une doctrine, une personne), d'une foi absolue et d'un zèle aveugle. *Partisan fanatique.* – **n.** *Des fanatiques exaltés.* **2.** Qui a une passion, une admiration intense pour qqn ou qqch. → **passionné ; fan, fana.** – (choses) Marqué par le fanatisme. *Admiration fanatique.* – **n.** *Des fanatiques de musique.* → [1]**fou.**

fanatiquement adv. D'une manière fanatique.

fanatiser v. tr. < 1 > Rendre fanatique. – au p. p. *Des militants fanatisés.*

fanatisme n. m. **1.** Comportement de fanatique (1). *Fanatisme religieux* (→ **intolérance).** « *Le fanatisme n'est pas une erreur, mais une fureur aveugle et stupide que la raison ne retient jamais* » (Rousseau). **2.** Enthousiasme de fanatique (2).

fanchon n. f. (diminutif de *Françoise*) régional ou vieux Fichu posé sur la tête et noué sous le menton.

fan-club [fanklœb] **n. m.** (mot anglais) anglic. Association, club d'admirateurs (d'une vedette). *Des fan-clubs.* - var. RO **fanclub.**

fandango n. m. (mot espagnol) Danse espagnole d'origine andalouse, accompagnée de castagnettes.

fane n. f. (de [1]*faner*) surtout au plur. Tiges et feuilles de certaines plantes. *Fanes de radis.*

fané, ée adj. **1.** (plante, fleur) Qui a perdu sa fraîcheur, s'est fané. *Un bouquet fané.* **2.** Qui est défraîchi, flétri. *Un visage fané.* – *Couleur fanée,* passée, très douce.

[1]**faner** v. tr. < 1 > (de l'ancien v. *fener* → fenaison, qui vient du latin, de *fenum* → [1]foin) Retourner (un végétal fauché) pour faire sécher. *Faner de la luzerne.*

[2]**faner** v. tr. < 1 > (de [1]*faner*) **1.** Faire perdre à (une plante) sa fraîcheur. → [1]**flétrir, sécher.** **2.** littér. Altérer dans sa fraîcheur, son éclat. → **défraîchir.** ■ **se faner** v. pron. **1.** (plante, fleur) Sécher en perdant sa couleur, sa consistance. → **se flétrir. 2.** Perdre sa fraîcheur, son éclat. *Beauté qui se fane.*

faneur, euse n. **1.** Personne qui fane (les foins). **2. n. f.** Machine à faner. *Une faneuse rotative.*

Fanfani (Amintore) Homme d'État italien (1908-1999). Secrétaire général de la Démocratie chrétienne, il fut plusieurs fois ministre et président du Conseil entre 1958 et 1987.

fanfare n. f. (probablt origine onomatopéique) **1.** Air vif et rythmé, dans le mode majeur, généralement exécuté par des cuivres. *Sonner la fanfare. Réveil en fanfare* (et, fig., réveil brutal). – ***En fanfare*** : bruyamment, avec éclat. *Un départ en fanfare.* **2.** Orchestre de cuivres ; musiciens de cet orchestre. → **orphéon.**

fanfaron, onne (espagnol *fanfarrón,* d'origine onomatopéique) **1. adj.** Qui se vante avec exagération d'exploits réels ou imaginaires. – *Attitude fanfaronne.* **2. n.** *C'est un fanfaron.* → **bravache, fier-à-bras,** vieilli **matamore.** *Faire le fanfaron.* → **fanfaronner.**

fanfaronnade n. f. Propos ou acte de fanfaron. → **rodomontade, vantardise.**

fanfaronner v. intr. < 1 > littér. Faire des fanfaronnades.

fanfreluche n. f. (altération de l'ancien français *fanfelue* « bagatelle » [*cf.* farfelu], qui vient du bas latin, du grec *pompholux* « bulle d'air ») (souvent péj.) Ornement léger (nœud, volant...) du vêtement ou de l'ameublement.

Fangataufa voir Tuamotu

fange n. f. (origine germanique ; apparenté à *fagne*) littér. **1.** Boue liquide et sale. **2.** fig. Ce qui souille moralement. *On l'a traîné dans la fange.*

Fangen (Ronald) Romancier, essayiste et auteur dramatique norvégien (1895-1946). Attaché aux valeurs traditionnelles, il s'attaqua dans ses drames à des problèmes moraux (*La Chute dans le péché ; L'Ennemi*), et exalta, dans ses romans d'inspiration chrétienne, la volonté et la responsabilité (*Éric ; Duel*).

fangeux, euse adj. Plein de fange. *Une mare fangeuse.*

Fangio (Juan Manuel) Coureur automobile argentin (1911-1995). Il fut cinq fois champion du monde de formule 1 de 1951 à 1957.

fangothérapie n. f. (de *fange* « boue » et *-thérapie*) didact. Traitement par bains de boue.

Fangs, Fans ou **Pahouins** n. m. pl. Population du Gabon, du S. du Cameroun et de Guinée équatoriale, remarquable par ses sculptures de tête et ses statuettes funéraires en bois dur.

Fa Ngum (1316-1374). Premier souverain du Laos (1353-1373). Il créa le royaume du Lan Xang et installa sa capitale à Luang Prabang.

fantasia

La fantasia, à l'origine un exercice militaire d'assaut de cavalerie, est pratiquée dans tout le Maghreb.

fanion n. m. (forme de *fanon*) Petit drapeau.

fanon n. m. (du francique *fano* « morceau d'étoffe ») **1.** Repli de la peau qui pend sous le cou de certains animaux. *Les fanons d'un taureau.* **2.** Chacune des lames cornées qui garnissent la bouche de certains cétacés. *Fanons de baleine.*

Fanon (Frantz) Psychiatre et théoricien politique français (1925-1961). Médecin en Algérie, il lutta contre la colonisation aux côtés des insurgés algériens. Il est l'auteur d'analyses sociologiques et politiques du colonialisme. *Les Damnés de la terre ; Pour la révolution africaine.*

fantaisie n. f. (latin *fantasia* ou *phantasia* « imagination », emprunt au grec *phantasia* « apparition », famille de *phainein* « apparaître » → fantasme, fantôme, fantastique ; phénomène) **1.** vieux Imagination. ■ mod. ***De fantaisie,*** se dit de produits dont la valeur réside dans la nouveauté, l'originalité. *Uniforme de fantaisie.* – appos. (invar.) *Des bijoux fantaisie.* **2.** Œuvre d'art dans laquelle l'imagination s'est donné libre cours. *Fantaisie littéraire.* (en musique) *Les fantaisies de Mozart.* **3.** Désir, goût passager (qui ne correspond pas à un besoin véritable). → **caprice, désir, envie.** *Il lui a pris la fantaisie de repartir aussitôt.* **4.** Tendance à agir selon son humeur, en dehors des règles. « *La fantaisie et la frivolité sont conjointes* » (Cocteau). *Agir selon sa fantaisie. Elle n'en fait qu'à sa fantaisie* (→ **à son gré, à sa guise).** **5.** Imagination créatrice, faculté de créer librement, sans contrainte. ■ Originalité amusante, imagination dans les initiatives. *Elle est pleine de fantaisie.* – *Existence qui manque de fantaisie,* monotone, terne.

fantaisiste I. adj. 1. vieilli Qui s'abandonne à sa fantaisie, suit son imagination. **2.** Qui agit à sa guise, au mépris de ce qu'il faudrait faire ; qui n'est pas sérieux. → **amateur, dilettante, fantasque, farfelu,** [2]**fumiste.** *Cet élève est un peu fantaisiste.* **3.** (choses) Qui n'est pas sérieux ; qui est sans fondement. *Une hypothèse fantaisiste.* **4.** Qui témoigne de fantaisie. *Un accoutrement fantaisiste.* **II. n. 1.** Personne qui agit par fantaisie, par caprice, sans sérieux. **2.** vieilli Artiste de music-hall, de cabaret qui chante, imite, raconte des histoires.

fantasia n. f. (de l'arabe, probablt emprunt à l'espagnol, même origine que *fantaisie*) Divertissement équestre de cavaliers arabes.

fantasmagorie n. f. (famille de *fantasme*) Vision fantastique, surnaturelle. « *Je suis maître en fantasmagories* » (Rimbaud).

fantasmagorique adj. Qui tient de la fantasmagorie.

fantasmatique adj. Du fantasme ; relatif aux fantasmes.

fantasme n. m. (latin *phantasma* « fantôme* », du grec, famille de *phainein* → fantaisie) Idée, représentation imaginaire suggérée par l'inconscient. → **rêve.** *Des fantasmes de richesse.* – spécialt, psych. Production de l'imaginaire par laquelle le moi cherche à échapper à l'emprise de la réalité. - var. **phantasme.**

fantasmer v. < 1 > **1. v. intr.** Avoir des fantasmes ; se laisser aller à des fantasmes. **2. v. tr.** Imaginer en tant que fantasme. – au p. p. *Une idylle fantasmée.*

fantasque adj. (de *fantaste,* forme abrégée de *fantastique*) **1.** Dont on ne peut prévoir le comportement. → **capricieux, changeant, lunatique.** – *Humeur fantasque.* **2.** (choses) littér. Bizarre, extravagant.

fantassin n. m. (de l'italien, de *fante* [aussi « valet » → fantoche], de *infante* « jeune guerrier », du latin *infans* → enfant) Soldat d'infanterie. « *Voici des fantassins aux pas pesants aux pieds boueux* [...] *Fantassins / Marchantes mottes de terre* » (Apollinaire).

fantastique (du latin « imaginaire, irréel », du grec, famille de *phainein* → fantaisie) **I. adj. 1.** Qui est créé par l'imagination, ou semble tel. → **fabuleux, imaginaire, irréel, surnaturel.**

Une créature fantastique. **2.** (œuvres d'art) Où dominent des éléments surnaturels ou non vraisemblables. *Littérature fantastique.* **3.** Qui paraît surnaturel. *« Des formes jaunes, indécises, fantastiques »* (Lautréamont). **4.** (intensif) Étonnant, extravagant. → **formidable, sensationnel.** *Une réussite fantastique.* – Excellent, remarquable. *Des amis fantastiques.* **II. n. m. 1.** Ce qui est fantastique, irréel. **2.** Le genre fantastique dans l'art ; contenu des œuvres appartenant à ce genre.

▶ La littérature **fantastique** (I, 2) est née à la fin du XVIIIe siècle en Angleterre, avec des auteurs comme H. Walpole, A. Radcliffe, M. G. Lewis et l'Irlandais C. R. Maturin, avant de s'épanouir chez le Polonais J. Potocki, l'Allemand Hoffmann, et les Français Gautier, Nerval et plus tard Maupassant. Dans un contexte marqué par la philosophie des Lumières et l'affirmation des pouvoirs de la science, l'homme croit que tout s'explique par la raison. Mais le fantastique s'interroge : et s'il subsistait quelque chose d'inexplicable ? Souvent ramassé dans le temps bref d'une nouvelle écrite à la première personne, le fantastique est le moment d'une hésitation. Un personnage plutôt rationaliste est confronté à un évènement inquiétant, et qu'il ne s'explique pas. Cet évènement est-il étrange mais explicable, et dans ce cas l'ordre rationnel du monde n'est pas mis en cause, ou merveilleux, et il faut admettre alors l'existence du surnaturel ?
Cette hésitation définit précisément le fantastique et le distingue à la fois des contes de fées traditionnels et de la science-fiction. L'humanité contemporaine croit à la science mais continue à rêver d'un autre monde ou d'une cinquième dimension, souvent effrayante : la littérature fantastique a presque toujours partie liée avec la mort, les fantômes, l'obscurité. Servi par un langage visuel admirablement adapté aux effets du fantastique, le cinéma a pris le relais de la littérature, avec l'expressionnisme allemand et de nombreux films hollywoodiens.
voir aussi **science-fiction**

fantastiquement adv. D'une manière fantastique.

fantasy n. f. (mot anglais, du français *fantaisie*) anglic. Genre littéraire dans lequel l'action se déroule dans un monde imaginaire peuplé d'êtres surnaturels, mythiques ou légendaires. - recomm. offic. **fantasie.**

Fante (John) Romancier américain (1909-1983). Ses romans, d'inspiration souvent autobiographique, constituent un témoignage critique plein d'humour sur l'Amérique contemporaine. *Bardini ; Demande à la poussière ; Mon chien stupide.*

Fantin-Latour (Henri) Peintre et lithographe français (1836-1904). Élève de Courbet, il peignit de délicates natures mortes et des portraits d'artistes de son époque. *Hommage à Delacroix ; Un atelier aux Batignolles.*

fantoche n. m. (italien *fantoccio,* de *fante* « valet » → fantassin) **1.** Marionnette articulée manipulée par des fils. → **pantin, polichinelle. 2.** fig. Personne sans consistance ni volonté. – appos. *Un gouvernement fantoche.*

fantomatique adj. (de *fantôme,* d'après le grec) Relatif aux fantômes ; semblable à un fantôme. *Vision, apparence fantomatique.*

fantôme n. m. (même origine que *fantasme**, par le grec de Marseille) **1.** Apparition surnaturelle d'une personne morte. → **esprit, revenant, spectre. 2.** fig., littér. Ce qui n'a que l'apparence (d'une personne, d'une chose). → **simulacre. 3.** Personnage ou chose qui hante l'esprit, la mémoire. *Les fantômes du passé.* **4.** Idée, être imaginaire. *Les fantômes de l'imagination.* **5.** appos. Qui apparaît et disparaît comme un fantôme. *« Le Vaisseau fantôme »* (opéra de Wagner). ■ fig. Qui n'a guère de réalité. → **inexistant.** *Un pouvoir fantôme.* – méd. *Membre fantôme :* membre amputé qui est perçu comme encore présent. ■ *Écrivain fantôme.* → **prête-plume** ; vieilli **nègre.** ■ (Belgique) *Conducteur fantôme,* qui roule à contresens sur l'autoroute. *Véhicule fantôme.*

fanton voir **fenton**

fanzine [fɑ̃zin] n. m. (mot-valise anglais des États-Unis, de *fanatic* « amateur » et *magazine*) anglic. Petite revue de bandes dessinées, de science-fiction, de musique, etc., rédigée par des amateurs.

FAO voir **fabrication**

Fao Ville d'Irak, à l'embouchure du Chatt al-Arab, sur le golfe Persique. Port d'exportation du pétrole, endommagé à plusieurs reprises depuis le début des années 1980.

FAO (anglais **Food and Agriculture Organization**) Organisation créée en 1945, visant à l'amélioration de la nutrition, des rendements agricoles et du niveau de vie. Institution spécialisée de l'ONU, elle siège à Rome.

faon [fɑ̃] n. m. (vient du latin pop., du latin class. *fetus* → fœtus) Petit du cerf, du daim ou du chevreuil. *Une biche et ses faons.*

Faou (Le) Commune du Finistère, au fond de la rade de Brest. 1 782 habitants. Église du XVIe s. Port de pêche.

Faouët (Le) Commune du Morbihan. 2 800 habitants. Halles du XVIe siècle.

FAQ [fak ; ɛfaky] n. f. invar. (sigle anglais de *frequently asked questions* « questions fréquemment posées ») Rubrique (d'un site Internet...) qui regroupe les réponses aux questions les plus fréquemment posées. - recomm. offic. **foire aux questions.**

faquin n. m. (d'abord « portefaix » ; de l'ancien français *facque* « poche, sac », du néerlandais) vieux ou littér. Individu sans valeur, plat et impertinent (terme d'injure au XVIIe siècle). → **coquin, maraud.**

far n. m. (latin *far* « farine* » ; mot régional de Bretagne) Sorte de flan compact (spécialité du Finistère). *Far breton. Far aux pruneaux.*

Fārābī (Abū Naṣr al-), dit en Europe **Alfarabius** Philosophe et savant originaire de Transoxiane (Turkestan occidental) (872-950). Il fut l'un des premiers philosophes hellénisants du monde musulman. Outre des traités sur la logique, la musique, la politique et la métaphysique, on lui doit des commentaires de Platon et d'Aristote. Il exerça une forte influence sur Avicenne et sur Averroès. *Livre du gouvernement de la cité.*

farad [faʀad] n. m. (de *Faraday*) Unité de mesure de capacité électrique (symb. F).

faraday [faʀadɛ] n. m. (→ farad) Ancienne unité de quantité d'électricité utilisée en électrochimie et valant 96 486,46 coulombs.

Faraday (Michael) Physicien et chimiste britannique (1791-1867). On lui doit la découverte de l'induction électromagnétique.

faramineux, euse adj. (de *faramine* « bête nuisible », famille du latin *fera* « bête sauvage », de *ferus* → ²fier) fam. Qui étonne par son étrangeté ou son importance. → **extraordinaire, prodigieux.** – *Des prix faramineux,* très élevés.

farandole n. f. (du provençal, p.-ê. même origine que *brandir*) **1.** Danse provençale rythmée, exécutée par une file de danseurs se tenant par la main ; cette file de danseurs. **2.** Ensemble, suite (de choses). *Une farandole de couleurs.*

faraud, aude n. (espagnol *faraute* « messager », emprunt au français *héraut*) vieilli Personne qui affecte maladroitement l'élégance, qui cherche à se faire valoir. → **fanfaron, fat.** ■ adj. *Un air faraud.*

FARC (Forces armées révolutionnaires de Colombie) Mouvement de guérilla colombien d'inspiration marxiste, issu d'une insurrection paysanne, créé en 1964. Il mena une guerre idéologique et psychologique (attaques de banques ou d'infrastructures industrielles, assassinats, prises d'otages). Un accord de paix fut signé en 2016 et le mouvement, qui déposa les armes en 2017, se transforma en parti politique. Toutefois, des groupes dissidents, liés au trafic de drogue, sont restés actifs.

¹farce n. f. (fém. de l'ancien français *fars,* qui vient du latin *farsus,* p. p. de *farcire* « farcir* ; garnir ») Hachis d'aliments (viande ou autres) servant à farcir.

²farce n. f. (emploi fig. de ¹*farce*) **1.** Pièce comique où dominent les jeux de scène. *« La Farce de maître Pathelin ».* – Genre littéraire que représentent ces pièces. *Les scènes de farce dans Molière.* ■ fig. *Cela tourne à la farce,* cela devient ridicule. **2.** Tour plaisant qu'on joue à qqn. → **mystification, ²niche.** ■ Objet servant à faire des farces. *Farces et attrapes*.* **3. adj.** vieilli Amusant, comique.

farceur, euse n. Personne qui fait des farces, ou qui plaisante et raconte des histoires pour mystifier. → **blagueur, plaisantin.** *Sacré farceur !* – **adj.** *Elle est très farceuse.*

farci, ie adj. **1.** Rempli de farce. *Tomates farcies.* **2.** fig., péj. *Il est farci de préjugés.*

Farciennes Ville de Belgique (Hainaut), sur la Sambre. 11 255 habitants. Dernier charbonnage wallon à avoir cessé son activité, en 1984.

farcin n. m. (du bas latin, de *farcimen* « boudin, saucisse », de *farcire* → farcir) vétér. Manifestation cutanée de la morve, les fosses nasales n'étant pas atteintes.

farcir v. tr. < 2 > (vient du latin *farcire* → ¹farce) **1.** Remplir de farce. *Farcir une volaille.* **2.** abstrait, péj. Remplir, garnir abondamment (de). → **bourrer.** *Farcir un texte de*

Fantin-Latour (Henri)

Henri Fantin-Latour, *Un coin de table,* tableau réunissant des écrivains dont (à g.) Verlaine et Rimbaud (1872), musée d'Orsay, Paris.

citations. → **truffer. 3.** fam. *Se farcir (qqch.) :* avoir, consommer. – Faire (une corvée). *Se farcir tout le travail.* – Supporter. *Celui-là, il faut se le farcir !*

fard **n. m. (de *farder*) 1.** Produit qu'on applique sur le visage pour en changer l'aspect naturel. → **maquillage.** *Fard à joues.* **2.** vieux Apparence trompeuse. – loc. mod. *Sans fard :* sans artifice. *Parler sans fard.* **3.** loc. fam. (personnes) *Piquer un fard,* rougir brusquement.

¹farde **n. f. (arabe *fardah* « demi-charge d'un chameau » → fardeau)** comm. Balle de café de 185 kg.

²farde **n. f. (probablt de l'ancien français *fardes,* var. de *hardes*)** (Belgique) Chemise, dossier ; liasse de copies. ■ *Farde de cigarettes,* cartouche de cigarettes.

F

fardeau **n. m. (de l'ancien n. f. *farde* « charge », de l'arabe *fardah* → hardes) 1.** Chose pesante qu'il faut lever ou transporter. → **charge.** *De lourds fardeaux.* **2.** fig. Chose pénible (qu'il faut supporter). *« L'horrible fardeau du Temps »* (Baudelaire).

¹farder **v. tr. < 1 > (vient p.-ê. du francique « colorer ») 1.** Mettre du fard à. → **maquiller.** *Farder un acteur.* → **grimer.** – pronom. *Se farder discrètement.* – au p. p. *Des yeux très fardés.* → **¹fait. 2.** fig., littér. Déguiser la véritable nature de (qqch.) sous une apparence trompeuse. *Farder la vérité.* ■ comm. *Farder sa marchandise :* dissimuler les produits médiocres sous de bons produits pour flatter l'œil. □ **n. m. fardage**

²farder **v. intr. < 1 > (d'abord « se charger » ; de ¹*farde*)** mar. *Voile qui farde,* qui se gonfle sous l'effet du vent. □ **n. m. fardage**

fardier **n. m. (→ fardeau)** anciennt Chariot servant à transporter des fardeaux pesants.

fardoches **n. f. pl. (origine inconnue)** (Canada) Broussailles.

faré **n. m. (mot tahitien)** Habitation traditionnelle de Tahiti.

Faré sur pilotis, au toit fait de feuilles tressées, à Huahine, îles Sous-le-Vent.

Fareham Ville du S. de l'Angleterre (Hampshire), entre Portsmouth et Southampton. 42 200 habitants. Centre industriel.

Farel (Guillaume) Réformateur religieux français (1489-1565). Disciple de Lefèvre d'Étaples, il adhéra aux doctrines de la Réforme, qu'il fit adopter à Genève avec Calvin.

Faret (Nicolas) Poète et moraliste français (v. 1596-1646). Protégé par Richelieu, il fut l'un des premiers membres de l'Académie française. *L'Honnête Homme ou l'Art de plaire à la cour.*

farfadet **n. m. (mot provençal ; famille de *fée*)** Esprit follet, lutin d'une grâce vive et légère.

farfalle [farfal(e)] **n. f. (mot italien, plur. de *farfalla* « papillon »)** au plur. Pâtes alimentaires en forme de petits nœuds papillons. *Des farfalles à la mozzarella.*

farfelu, ue **adj. (repris par Malraux ; probablt de l'ancien français *fanfelue* → fanfreluche, avec influence onomatopéique)** fam. Un peu fou, bizarre, extravagant.

farfouiller **v. intr. < 1 > (de *fouiller*)** fam. Fouiller en bouleversant tout. → **fourgonner, fureter, trifouiller.**

Farghānī (Muḥammad al-) ou **Alfraganus** Astronome arabe (IXᵉ s.). Il est l'auteur d'un *Livre de la science des étoiles et des mouvements célestes.*

Fargue (Léon-Paul) Poète et chroniqueur français (1876-1947). Il est l'auteur de poèmes lyriques, pleins de fantaisie, qui mêlent, dans une langue riche en trouvailles, le cocasse et la mélancolie *(Ludions ; Le Piéton de Paris).*

fargues **n. f. pl. (du latin médiéval *falca,* mot d'origine hispano-arabe)** mar. Bordages supérieurs d'une embarcation, dans lesquels sont pratiquées les entailles des dames des avirons.

Farhadi (Asghar) Réalisateur iranien (né en 1972). Dans *Une séparation* (Oscar du meilleur film en langue étrangère en 2011), le récit est construit à la manière d'une intrigue policière et expose les drames, les déchirures à l'intérieur de la famille et de la société iraniennes. Ces problématiques sont reprises dans *Le Client.* Avec *Le Passé,* A. Farhadi explore les névroses et les non-dits d'une famille recomposée.

faribole **n. f. (origine incertaine)** Propos vain et frivole. → **baliverne, bêtise.** *Dire des fariboles.*

Faridabad Ville d'Inde (Haryana), au S. de Delhi. 1,4 million d'habitants. Industrie (métallurgie, verrerie, pétrochimie).

farigoule **n. f. (du latin pop. *fericula* « [plante] sauvage », du latin class. *ferus* « sauvage » → ²fier)** régional (Provence) Thym. – Eau de toilette parfumée au thym.

Farina (Giovanni Maria dit en français **Jean-Marie)** Chimiste et négociant italien (1685-1766). Venu habiter à Cologne, il y fabriqua l'*eau de Cologne.*

farinacé, ée **adj. (bas latin *farinaceus*)** didact. Qui a l'apparence de la farine. *Des substances farinacées.*

farine **n. f. (vient du latin *farina,* même sens, de *far, farris* « blé ; farine » *cf.* far) 1.** Poudre obtenue par la mouture de grains de céréales. *Farine de blé (de froment), de maïs, de riz.* ■ absolt Farine de froment. *Fabrication de la farine.* → **moulin ; meunerie, minoterie.** ■ loc. (latin *ejusdem farinae*) *De la même farine,* qui ne valent pas mieux l'un(e) que l'autre. – *Rouler qqn dans la farine,* le tromper. **2.** Poudre résultant du broyage de certaines denrées (poisson, soja...).

Farinelli (Carlo Broschi, dit) Chanteur italien (1705-1782). Il fut l'un des castrats les plus célèbres.

fariner **v. tr. < 1 >** Saupoudrer, enrober de farine. *Fariner un poisson avant de le frire.*

Farines (guerre des) Nom donné à l'agitation populaire de 1775 qui suivit la promulgation de l'édit de Turgot établissant la liberté du commerce des grains (1774).

farineux, euse **adj. (→ farine) 1.** Qui contient de la farine et, par ext., de la fécule. – **n. m.** *Les haricots sont des farineux.* → **féculent. 2.** Couvert de farine. **3.** Qui donne en bouche l'impression de la farine. *Pomme farineuse.*

fario **n. f. (latin *fario,* mauvaise lecture pour *sario, sarionis* « truite »)** Truite de rivière. *Des farios.* – appos. *Des truites farios* ou *fario* (invar.).

farlouche voir **ferlouche**

farlouse **n. f. (origine inconnue)** Petit oiseau migrateur (passereau) à plumage jaune rayé de brun, appelé aussi *pipit* des prés.*

Farman (les frères) Aviateurs et constructeurs d'avions français. ■ **Henri Farman** (1874-1958). Il effectua le premier vol avec passager en 1908. ■ **Maurice Farman** (1877-1964). Il conçut un avion biplan qui atterrit sur le puy de Dôme en 1910.

Farnborough Ville d'Angleterre (Hampshire), au S.-O. de Londres. 65 000 habitants. Tombeaux de Napoléon III et de l'impératrice Eugénie. Salon aéronautique.

Farnèse Famille princière italienne qui régna sur les duchés de Parme et de Plaisance de 1545 à 1731. Elle établit sa puissance grâce à Alexandre Farnèse (1468-1549), qui fut pape sous le nom de Paul III.

Farnèse (palais) Palais élevé à Rome pour Alexandre Farnèse à partir de 1517, achevé par Michel-Ange. Il est aujourd'hui le siège de l'ambassade de France en Italie.

Farnésine (villa) Villa construite à Rome entre 1508 et 1511 pour le banquier Agostino Chigi, acquise par les Farnèse en 1580, qui abrite notamment des peintures de Raphaël. Elle est aujourd'hui le siège du ministère italien des Affaires étrangères.

farniente [farnjɛ̃t ; farnjɛnte] **n. m. (mots italiens « ne rien *[niente]* faire *[fare]* » ; *cf.* fainéant)** Douce oisiveté.

faro **n. m. (mot wallon, du néerlandais « variété de bière »)** Bière belge faite avec du malt d'orge additionné de froment non germé et de sucre.

Faro Ville et port du Portugal, capitale de l'Algarve. 49 360 habitants. Pêche, conserveries. Tourisme. Aéroport international.

¹farouche **n. m. (provençal *farouch*)** agric. Trèfle incarnat cultivé comme fourrage.

²farouche **adj. (vient du latin *forasticus* « extérieur », de *foras* « dehors » [opposé à *domesticus* → domestique]) 1.** (animaux) Qui n'est pas apprivoisé et s'effarouche facilement. → **sauvage. 2.** (personnes) Qui redoute par tempérament le contact avec d'autres personnes. → **misanthrope, sauvage.** *Un enfant farouche.* → **timide.** – *Elle n'est pas farouche,* elle ne repousse pas les avances. **3.** (personnes) D'une rudesse sauvage. *« Ce farouche ennemi qu'on ne pouvait dompter [...] »* (Racine). → **acharné. 4.** (choses) Qui effraie par son aspect rude et sauvage. *Une côte farouche.* ■ Qui exprime l'hostilité, la violence. *Un air farouche.* – *Une résistance farouche.*

farouchement **adv.** D'une manière farouche. *Il s'y est farouchement opposé.* → **violemment.**

Farouk ou **Fārūq** (1920-1965). Roi d'Égypte (1936-1952). Il dut nommer Naḥḥās Pacha, chef du parti Wafd, comme Premier ministre sous la pression de la Grande-Bretagne. Après le coup d'État militaire mené par Néguib et Nasser, il fut contraint d'abdiquer et de s'exiler.

Farquhar (George) Auteur dramatique anglais (1678-1707). Ses pièces dénoncent l'hypocrisie des conventions et des hiérarchies sociales. *Le Sergent recruteur ; Le Stratagème des roués.*

Farragut (David Glasgow) Amiral américain (1801-1870). Pendant la guerre de Sécession, il prit La Nouvelle-Orléans (1862) et remporta la victoire décisive de Mobile (1864). Le grade d'amiral fut créé aux États-Unis pour le récompenser.

Farrell (James Thomas) Romancier et critique littéraire américain d'origine irlandaise (1904-1979). Son œuvre, d'inspiration autobiographique, est centrée sur la vie des pauvres, notamment des émigrés irlandais venus s'établir dans les villes américaines. *Young Lonigan ; The Young Manhood of Studs Lonigan.*

Farrère (Frédéric Bargone, dit Claude) Officier de marine et écrivain français (1876-1957). Il est l'auteur de plusieurs ouvrages à succès, à la manière de Pierre Loti. *Les Civilisés ; Thomas l'Agnelet.*

Fārs n. m. Région du S.-O. de l'Iran, au S. de Chiraz, qui donna son nom à la Perse et au persan *(fārsi).*

farsi n. m. (mot persan, de *Fars* « la Perse ») Langue parlée en Iran, en Afghanistan. → **persan.**

fart [faʀt] n. m. (mot norvégien) Produit dont on enduit la semelle des skis pour améliorer la glisse.

farter v. tr. < 1 > Enduire de fart. □ n. m. **fartage**

Far West (« Ouest lointain ») Nom donné aux territoires des États-Unis situés à l'O. des Appalaches (XVIIIe s.), puis à l'O. du Mississippi (XIXe s.).

fasce n. f. (latin *fascia* « bandelette ») blason Pièce qui coupe l'écu horizontalement par le milieu.

fascé, ée adj. blason Chargé de bandes horizontales, de même largeur et dont l'émail alterne. *Écu fascé d'argent et d'azur.*

fascia n. m. (mot latin « bande ») anat. Membrane qui enveloppe des groupes de muscles et certains organes dont elle assure le maintien.

fasciation n. f. (→ fascia) bot. Anomalie par laquelle les branches, les rameaux, les pédoncules s'aplatissent au lieu de conserver leur forme cylindrique.

fascicule n. m. (du latin, diminutif de *fascis* → faix) Chaque partie d'un ouvrage publié par fragments. – Petit cahier imprimé. *Fascicule d'exercices.*

fasciculé, ée adj. (du latin *fasciculus* « petit faisceau ») Disposé en faisceau. ■ bot. *Racine fasciculée.* ■ archit. *Colonne fasciculée,* formée d'un faisceau de petites colonnes.

fascié, ée adj. (du latin *fascia* « bandelette ») sc. nat. Marqué de bandes. *Un coquillage fascié.*

fascinant, ante adj. Qui fascine, charme.

fascinateur, trice adj. littér. → **fascinant.** *Des yeux fascinateurs.*

fascination n. f. (→ fasciner) **1.** Action de fasciner (1). **2.** Vive influence, irrésistible séduction. → **attrait, 1charme, envoûtement.** *« Sous l'empire d'une fascination invincible »* (Chateaubriand).

fascine n. f. (du latin *fascina,* de *fascis* → faix) Fagot ; assemblage de branchages.

fasciner v. tr. < 1 > (du latin, de *fascinum* « charme, maléfice ») **1.** Maîtriser, immobiliser par la seule puissance du regard (→ **hypnotiser**). **2.** Éblouir, captiver par la beauté, l'ascendant, le prestige. → **charmer, séduire.**

fascisant, ante [faʃizɑ̃, ɑ̃t] adj. Qui a des tendances fascistes ; qui préconise ou emploie des méthodes fascistes. *Des intellectuels fascisants.*

fasciser [faʃize] v. tr. < 1 > Rendre fasciste. □ n. f. **fascisation**

fascisme [faʃism ; fasism] n. m. (italien *fascismo,* de *fascio* → faisceau, du latin *fascis* → faix) **1.** Doctrine, système politique nationaliste et totalitaire que Mussolini établit en Italie en 1922. **2.** Doctrine ou système politique tendant à instaurer dans un État un régime totalitaire du même type. *« Toute forme de mépris, si elle intervient en politique, prépare ou instaure le fascisme »* (Camus). **3.** par ext. Attitude politique réactionnaire et autoritaire.

fascisme

1. Mussolini, lors de la marche sur Rome (1922), qui devait le conduire au pouvoir. 2. Les Balilla, âgés de 8 à 13 ans, auxquels on enseigne le culte du régime et du chef, sont un des instruments de la fascisation de la société. 3. Une carte postale à l'effigie de Mussolini invite à « croire, obéir, combattre ».

▶ Le terme de **fascisme** désigne aussi bien le régime totalitaire établi en Italie par Mussolini, entre 1922 et 1945, que la doctrine visant à instaurer ce type de régime politique.
Le mouvement des Faisceaux, à l'origine du parti fasciste, est fondé en 1919 par Benito Mussolini. À l'occasion d'une crise ministérielle, Mussolini proclame la marche sur Rome en 1922 : soumis à la pression des industriels et des propriétaires terriens, le roi Victor Emmanuel III le nomme chef du gouvernement.
Antiparlementaire et antidémocratique, le fascisme, fondé sur la dictature d'un parti unique, le renouveau du nationalisme et le corporatisme, refuse l'individualisme libéral issu de la philosophie des Lumières : l'individu doit s'effacer devant l'État centralisateur, le parti et obéir à son chef le Duce. Par ailleurs, le mouvement vise à rénover la « grandeur romaine », humiliée par les traités de 1919-1920 et victime d'un régime parlementaire impuissant. La population est fortement encadrée — des organisations de type militaire prennent en charge les jeunes — et les opposants sont pourchassés. Des corporations regroupant syndicats ouvriers et organisations patronales sont créées. La politique économique, d'abord libérale, s'oriente vers l'autarcie. Enfin, le gouvernement mène une politique d'expansion (Libye, Éthiopie) afin de fonder un puissant empire autour de la « nouvelle Rome ».
Durant la Seconde Guerre mondiale, l'Italie fasciste lie son sort à celui de l'Allemagne nazie. Mais la guerre provoque l'impopularité du régime, qui commence à s'effondrer à partir de 1943.
voir aussi **totalitarisme, Guerre mondiale (Seconde)**

fasciste [faʃist ; fasist] n. (italien *fascista,* de *fascio* → fascisme) **1.** Partisan du fascisme italien et, par ext., d'un régime, d'un parti analogue. – adj. *Régime fasciste.* **2.** Partisan d'un régime autoritaire ; personne conservatrice et réactionnaire. → fam. **facho.** – adj. *Un comportement fasciste. Idées fascistes.*

faseyer [faseje ; fazeje] v. intr. < 1 > (p.-ê. du néerlandais) mar. (voile) Flotter, battre au vent.

fashionista [faʃjɔnista] n. (mot anglais, de *fashion* « mode » et suffixe espagnol *-ista*) anglic. Personne passionnée par la mode, qui suit les nouvelles tendances. *Les fashionistas.*

F

Fāsī (ʿAllāl al-) Homme politique et écrivain marocain (1906-1974). Il fonda en 1937 le parti Istiqlāl, qui joua un rôle important dans l'indépendance du Maroc.

Fassbinder (Rainer Werner) Réalisateur et metteur en scène de théâtre allemand (1945-1982). Son œuvre est une critique virulente contre la société, servie par un sens aigu de l'image et du montage. *Les Larmes amères de Petra von Kant ; Le Mariage de Maria Braun.*

1faste n. m. (latin *fastus* « orgueil » cf. fastueux ; fâcher, fastidieux) Déploiement de magnificence. → **apparat, luxe, 1pompe.**

2faste adj. (latin *fastus,* de *fas* « volonté divine » cf. néfaste) *Jour faste* Antiq. (À Rome) Jour où il était permis de procéder à certains actes publics, les auspices s'étant montrés favorables. – cour. Jour heureux, favorable. - contr. **néfaste.**

fastes n. m. pl. (latin *fasti [dies]* « les jours fastes ») **1.** Antiq. romaine Calendrier des Romains. **2.** didact. Registres qui conservent le souvenir d'évènements mémorables. → **annales.** *Les fastes de la monarchie.*

fast-food ou **fastfood** [fastfud] n. m. (anglais des États-Unis *fast-food,* de *fast* « rapide » et *food* « nourriture ») anglic. Restauration rapide et standardisée de plats à manger sur place ou à emporter (recommandation offic. *restauration rapide*). – Établissement servant ce genre de repas. *Des fast-foods, des fastfoods.*

fastidieux, euse adj. (du latin, de *fastidium* « dégoût », de *fastus* → 1faste) Qui rebute en provoquant l'ennui, la lassitude. → **ennuyeux, fatigant.** *« Un long palmarès fastidieux, fade, niais »* (Léautaud). □ adv. **fastidieusement**

fastigié, ée adj. (du bas latin, du latin class. *fastigatus* « élevé en pointe », de *fastigium* « faîte ») bot. Qui se dresse (au lieu de s'étaler). *Les branches fastigiées du cyprès.*

Fastnet Îlot rocheux situé au large des côtes S.-O. de l'Irlande qui a donné son nom à une course de yachting.

fastoche adj. (de *facile*) fam. Facile.

Fastolf (sir John) Homme de guerre anglais (v. 1378-1459). Il se distingua lors de la guerre de Cent Ans, notamment à Azincourt (1415).

fastueux, euse adj. (du latin → 1faste) Qui aime le faste. – Qui marque le faste. *Un décor fastueux.* → **riche, somptueux.** □ adv. **fastueusement**

fat, fate [fa(t), fat] (ancien provençal *fat* « sot », du latin *fatuus* « fade » et « insensé » → fade ; fada, fadaise) littér. **1.** adj. m. (hommes) Qui montre sa prétention de façon déplaisante et un peu ridicule. → **imbu, infatué, vaniteux ; fatuité.** *Il est un peu fat.* – n. m. *Quel fat !* **2.** adj. (choses) Qui manifeste de la fatuité. *Un air fat.* → **avantageux.**

Fatah (al-) ou **al-Fatḥ** Mouvement de libération de la Palestine, créé en 1959 par Yasser Arafat. Principale composante de l'OLP depuis 1968, il fut à la tête de l'Autorité palestinienne de 1993 à 2006. Depuis, son pouvoir est limité à la Cisjordanie, le Hamas ayant pris la direction de la bande

Fatehpur Sikrī

Fatehpur Sikrī, la Jama Masjid ou Grande Mosquée (XVIe s.), l'une des plus imposantes mosquées de l'Inde avec ses 165 m de long.

de Gaza. Il est présidé par Mahmoud Abbas depuis 2004.

fatal, ale, als adj. **(latin *fatalis*, de *fatum* « destin » [de *fari* « parler » → fable] *cf.* fatalité, fatidique, ^{2}feu ; fée, fado)** **1.** littér. Du destin ; fixé, marqué par le destin. *Le moment, l'instant fatal,* décisif. **2.** Qui doit arriver inévitablement. → **inévitable, obligatoire.** *C'était fatal !* → ^{2}**écrit. 3.** Qui est signe de mort ou accompagne la mort. – Qui donne la mort. *Un coup fatal.* → **mortel. 4.** Qui entraîne la ruine, qui a des effets désastreux. → **funeste.** *Une erreur fatale.* – *Femme fatale,* qui séduit et perd les hommes.

fatalement adv. **1.** littér. D'une manière fatale. **2.** Inévitablement.

fatalisme n. m. Doctrine ou attitude selon laquelle on ne peut modifier le cours des évènements (fixés par le destin). *Fatalisme religieux.* – *Il a pris son échec avec fatalisme,* sans s'émouvoir.

fataliste n. Personne qui professe le fatalisme, ou qui accepte les évènements avec fatalisme. *« Jacques le Fataliste »* (de Diderot). – **adj.** *Attitude fataliste.*

fatalité n. f. **(latin *fatalitas*, de *fatalis* → fatal)** **1.** Caractère de ce qui est fatal (1 et 2). *La fatalité de la mort.* **2.** Force surnaturelle par laquelle, selon certains, tout ce qui arrive est déterminé d'avance. → **destin, destinée.** *Accuser la fatalité. C'est la fatalité !* **3.** Détermination, contrainte irrémédiable. *Une fatalité historique.* **4.** Hasard malheureux. → **malédiction,** mauvais **sort.** *Par quelle fatalité en est-il arrivé là ?*

Fatehpur Sikrī Ville du N. de l'Inde (Uttar Pradesh), à l'O. d'Agra. 32 900 habitants. Fondée en 1569 dans le style indo-moghol par Akbar, qui voulait en faire la capitale de son empire, la cité fut abandonnée en 1605. Tourisme.

Fathy (Hassan) Architecte égyptien (1900-1989). Il a été chargé dans les années 1950 du projet du village de Gournah à Louksor, destiné aux habitants déplacés.

fatidique adj. **(du latin, de *fatum* → fatal et *dicere* « dire* »)** Qui marque un arrêt du destin, une intervention du destin. *« Aujourd'hui, date fatidique, / Vendredi, treize* [...] *»* (Baudelaire).

fatigable adj. **(du latin)** Sujet à la fatigue. *Un convalescent fatigable.* □ **n. f. fatigabilité**

fatigant, ante adj. **1.** Qui cause de la fatigue (physique ou intellectuelle). → **épuisant, pénible, rude ;** fam. **crevant, tuant.** *C'est un travail très fatigant.* **2.** Qui importune, lasse. → **assommant, ennuyeux, lassant.** *Il est fatigant, avec ses manies.*

fatigue n. f. **(de *fatiguer*)** **1.** Affaiblissement physique dû à un effort excessif ; sensation pénible qui l'accompagne. *Légère fatigue* **(→ lassitude),** *grande fatigue* **(→ épuisement).** – *Je tombe, je suis mort de fatigue.* – *Fatigue musculaire. Fatigue nerveuse ; intellectuelle* **(→ surmenage). 2.** surtout au plur. Ce qui est cause de fatigue. *Une vie pleine de fatigues.*

fatigué, ée adj. **1.** Dont l'activité est diminuée par la fatigue. *Muscle fatigué.* – (personnes) Qui ressent de la fatigue. → ^{1}**las, moulu, vanné. 2.** Qui dénote de la fatigue. *Des traits fatigués.* → **tiré. 3.** Qui a beaucoup servi, a perdu sa fraîcheur. → **abîmé, déformé, défraîchi, usagé, usé.** *Des souliers fatigués.* **4.** (personnes) *Fatigué de,* las de. *Je suis fatigué d'attendre.*

fatiguer v. < 1 > **(latin *fatigare*)** **I. v. tr. 1.** Causer de la fatigue à. *Lecture qui fatigue les yeux.* – *Ce travail l'a fatigué.* → **épuiser, éreinter, exténuer, harasser,** ^{1}**vanner.** ■ fig. *Fatiguer la terre* (en la remuant). – *Fatiguer la salade.* → **touiller. 2.** Rebuter par l'ennui. → **dégoûter, lasser, saturer.** – *« Que vous me fatiguez avec un tel caprice ! »* (Molière). → **importuner. II. v. intr. 1.** Se donner de la fatigue ; donner des signes de fatigue. ■ (mécanisme) *Le moteur fatigue.* → **peiner. 2.** (choses) Subir des déformations consécutives à un trop grand effort. → **se déformer, faiblir, plier.** *Poutre qui fatigue.* – *Navire qui fatigue* (sous l'effet d'un vent violent, etc.). ■ **se fatiguer v. pron. 1.** Se donner de la fatigue. *Se fatiguer en travaillant trop.* – *Elle ne s'est pas trop fatiguée,* elle n'a guère fait d'efforts. ■ fam. *Ne vous fatiguez pas* (à mentir), *je sais tout.* **2.** *Se fatiguer de :* se lasser de. *« On se fatigue de vivre toujours seul »* (S. de Beauvoir).

Fatima Fille de Mahomet (v. 606-633). Épouse d'Ali, elle est la mère d'Hassan et d'Hussein.

Fatima Ville du Portugal, située au N. de Santarém. La Vierge y serait apparue à trois jeunes bergers en 1917. Important pèlerinage.

Fatimides n. m. pl. Dynastie musulmane qui régna sur le Maghreb et l'Égypte (X^{e}-XIIe s.). Fondé en 909 par 'Ubayd Allah, imam de la secte chiite ismaïlienne, le califat fatimide établit sa capitale au Caire en 973 et atteignit alors son apogée. Les Fatimides furent déposés par Saladin en 1171.

fatma n. f. **(de l'arabe, de *Fatima*, n. de la fille de Mahomet)** fam. Femme arabe, domestique (dans le français d'Afrique du Nord, au temps de la colonisation). *Des fatmas.* – loc. *Main* de Fatma.*

fatras n. m. **(origine incertaine ; p.-ê. famille de *farcir*)** Ensemble confus, hétéroclite (de choses sans valeur, sans intérêt). *Un fatras de vieux papiers.* – *Un fatras de connaissances mal assimilées.*

fatrasie n. f. **(de *fatras*)** hist. littér. Pièce poétique et satirique du Moyen Âge, d'un caractère volontairement incohérent ou absurde.

fatuité n. f. **(du latin, de *fatuus* → fat)** Satisfaction de soi-même qui s'étale d'une manière insolente, déplaisante ou ridicule. → **prétention, suffisance ; fat.**

fatum [fatɔm] **n. m. (mot latin « prédiction ; destin », famille de *fari* « parler » → fatal, fée)** littér. Fatalité, destin.

fatwa [fatwa] **n. f. (mot arabe)** didact. (dans l'islam) Consultation juridique sur un point de religion (donnant parfois lieu à condamnation). *Lancer une fatwa contre qqn.*

faubert n. m. **(origine inconnue)** mar. Balai de vieux cordages servant à sécher le pont des navires.

faubourg [fobuʀ] **n. m. (altération, par influence de ^{1}*faux*, de l'ancien français *forsborc*, de *fors* « hors de » et ancienne forme de *bourg**)** **1.** hist. Partie d'une ville qui déborde son enceinte, ses limites (à un moment de l'histoire). *Le faubourg Saint-Antoine* (à Paris). **2.** Quartier populaire périphérique. *L'accent des faubourgs* (à Paris). → **faubourien.**

faubourien, ienne adj. Qui appartient aux faubourgs populaires de Paris. *« Une pointe de canaillerie faubourienne »* (Courteline).

faucard n. m. **(du picard *fauquer* « faucher »)** agric. Grande faux pour couper les herbes des rivières et des marais. □ **faucarder v. tr.** < 1 >

fauchage n. m. Action de faucher. *Le fauchage d'un pré.*

fauchaison n. f. Action de faucher. ■ Époque, saison où l'on fauche. → **fenaison, moisson.**

fauchard n. m. **(de ^{2}*faux*)** **1.** archéol. Arme en forme de faux, à double tranchant. **2.** agric. Serpe à deux tranchants munie d'un long manche.

fauche n. f. **(de *faucher*)** fam. **1.** vieilli Fait d'être fauché, sans argent. **2.** Action de faucher (II) ; vol. – Chose volée.

fauché, ée adj. fam. Sans argent. *Je suis fauché, fauché comme les blés.*

faucher v. tr. < 1 > **(vient du latin pop. *falcare cf.* défalquer, de *falx* → ^{2}faux)** **I. 1.** Couper avec une faux, une faucheuse. *Faucher une prairie.* – au p. p. *Un pré fauché.* **2.** par métaphore *La mort fauche tout* **(→ faucheur). 3.** Faire tomber. → **abattre,** ^{1}**coucher.** *La grêle a fauché les blés.* – Faire tomber (qqn) en blessant, en tuant. *Se faire faucher par une voiture.* – sports Faire tomber (un adversaire) par un moyen irrégulier. **II.** fam. Voler. → **barboter, chiper.** *On lui a fauché son portefeuille.*

Faucher (César de) Général français (1760-1815). Avec son frère jumeau Constantin de Faucher (1760-1815), il fit la guerre de Vendée. Accusés tous deux en 1815 de comploter contre le roi, ils furent condamnés à mort et exécutés.

faucheur, euse I. n. Personne qui fauche (des végétaux). – *Faucheur d'OGM :* militant écologiste qui détruit des cultures transgéniques pour s'opposer aux OGM. ■ par métaphore, littér. *La Faucheuse :* la Mort **(→ ^{2}faux). II. n. f.** Machine agricole destinée à faucher. **III. n. m.** Faucheux.

faucheux n. m. **(de *faucher*)** Animal voisin de l'araignée, à quatre paires de pattes longues et fines. → **faucheur.**

fauchon n. m. **(→ ^{2}faux)** agric. Faux armée d'un râteau, pour la coupe des céréales.

Faucigny n. m. Région de Haute-Savoie, à la frontière suisse, drainée par l'Arve et le Giffre. Sports d'hiver.

faucille n. f. **(vient du bas latin, diminutif de *falx* → ^{2}faux)** Instrument fait d'une lame d'acier en demi-cercle fixée à une poignée de bois, dont on se sert pour couper l'herbe. → ^{2}**faux, serpe.** – *La faucille et le marteau,* outils symbolisant les classes paysanne et ouvrière (et emblème communiste).

Faucille (col de la) Col du Jura dominant le pays de Gex. 1 323 m.

faucon **n. m.** **(latin *falco* → falconidé, p.-ê. de *falx* « [2]faux* »)** Oiseau rapace diurne au bec court et crochu. *Faucon dressé pour la chasse.* ■ **(de l'anglais)** fig., polit. Partisan de la force dans le règlement d'un conflit. *Les faucons et les colombes.*

fauconneau **n. m.** Jeune faucon.

fauconnerie **n. f.** Art de dresser les oiseaux de proie. – Chasse pratiquée avec des oiseaux de proie. ■ Lieu où l'on élève les faucons.

fauconnier, ière **n.** Personne qui dresse et fait voler les faucons et autres oiseaux de proie.

faufil **n. m.** **(→ faufiler)** Fil passé en faufilant. → **[1]bâti.**

faufilage **n. m.** Action de faufiler (I).

faufiler **v.** < 1 > **(altération, par influence de [1]*faux*, de l'ancien v. *forfiler*, de *fors* « hors de » et *fil*)** **I. v. tr.** Coudre à grands points pour maintenir provisoirement (les parties d'un ouvrage). → **bâtir.** *Faufiler une manche.* **II.** ***Se faufiler*** **v. pron.** Passer, se glisser adroitement. → se **couler,** se **glisser.** *Se faufiler dans, à travers la cohue.*

Faulkner **(William Falkner, dit William)** Écrivain américain (1897-1962). Hanté par le destin de son Sud natal vaincu lors de la guerre de Sécession *(Absalon ! Absalon !)*, il construisit une œuvre romanesque originale, aussi bien dans ses thèmes (violence de l'existence, rôle ambigu de la religiosité, question de l'identité raciale ou sexuelle) que dans les techniques narratives *(Le Bruit et la Fureur ; Les Palmiers sauvages)*. Sa peinture d'une société décadente et condamnée répond à la thématique du temps et de la fatalité. Prix Nobel 1949.

[1]faune **n. m.** **(latin *Faunus*, n. d'un dieu champêtre)** Divinité champêtre, à l'image du dieu grec Pan (corps velu, oreilles pointues, cornes et pieds de bouc). → **satyre, sylvain.** - fém. **faunesse.** □ **faunesque** **adj.** *Un visage faunesque.*

Faune agenouillé devant une bacchante, relevé d'un vase grec par A. Laborde (1813), musée des Arts décoratifs, Paris.

[2]faune **n. f.** **(du latin *Faunus* → [1]faune, par analogie avec *flore**)** **1.** Ensemble des animaux (d'une région, d'un milieu). *La faune et la flore des Alpes. Passage* à faune.* **2.** péj. Ensemble de gens qui fréquentent un lieu et ont des mœurs caractéristiques. □ **faunique, faunistique** **adj.** *Les grandes régions faunistiques.*

Faure **(Félix)** Homme d'État français (1841-1899). Il fut élu président de la République en 1895. Son mandat fut marqué par le renforcement de l'alliance franco-russe.

Faure **(Sébastien)** Anarchiste français (1858-1942). Fondateur du journal *Le Libertaire* (1895), il dirigea l'*Encyclopédie anarchiste.*

Faure **(Élie)** Critique et historien français de l'art (1873-1937). Sa monumentale *Histoire de l'art*, par le rôle dévolu à l'illustration et par les rapprochements opérés entre des œuvres appartenant à des civilisations différentes, a renouvelé le livre d'art. *L'Esprit des formes.*

Faure **(Edgar)** Homme d'État français (1908-1988). Il fut président du Conseil en 1952 et de 1955 à 1956, ministre de l'Éducation nationale de 1968 à 1969, ministre des Affaires sociales de 1972 à 1973 et président de l'Assemblée nationale de 1973 à 1978.

Fauré **(Gabriel)** Compositeur français (1845-1924). Élève de Niedermayer et de Saint-Saëns, directeur du Conservatoire de Paris, il composa des mélodies, des pièces pour piano *(Nocturnes ; Barcarolles)*, de la musique de chambre, un *Requiem*. Ses œuvres, très construites, expriment par la sinuosité de la ligne mélodique une tendresse pleine de pudeur, souvent teintée de mélancolie.

faussaire **n.** **(du latin, de *falsus* → [1]faux)** Personne qui fait un faux (II, 2).

fausse couche **n. f.** Interruption accidentelle de la grossesse entraînant la mort du fœtus. *Des fausses couches.*

faussement **adv.** **1.** Contre la vérité. → à **tort.** *Être faussement accusé.* **2.** D'une manière fausse. *Raisonner faussement.* **3.** devant un adj. D'une manière affectée, simulée. *Un ton faussement indifférent.*

fausser **v. tr.** < 1 > **(vient du latin, de *falsus* → [1]faux)** **I.** vieux Rendre faux (un serment...) en y manquant. – loc. mod. ***Fausser compagnie à qqn***, le quitter brusquement ou sans se faire remarquer. **II. 1.** Rendre faux, déformer la vérité, l'exactitude de (une chose abstraite). → **altérer, dénaturer, falsifier.** *Erreur qui fausse un calcul. Fausser le sens d'un texte.* **2.** Faire perdre sa justesse à. *Fausser l'esprit de qqn.* → **déformer.** *Ses lectures lui ont faussé le jugement.* **3.** Déformer (un instrument, un objet...) par une pression excessive. *Fausser un mécanisme* **(→ forcer).** **4. v. intr.** **(Canada)** Chanter faux.

[1]fausset **n. m.** *Voix de fausset* ou *fausset* : registre vocal aigu, résonnant dans la tête **(→ voix* de tête).** – Technique vocale reposant sur ce registre. *Baryton chantant en fausset.*

[2]fausset **n. m.** **(de *fausser* « endommager »)** techn. Petite cheville de bois pour boucher le trou fait à un tonneau en vue de goûter le vin. *Tirer du vin au fausset.*

fausseté **n. f.** **I. 1.** Caractère d'une chose fausse, contraire à la vérité. *Démontrer la fausseté d'une accusation.* → **inexactitude.** **2.** Caractère de ce qui manque de justesse. *La fausseté d'un raisonnement.* **II.** Défaut du caractère qui consiste à dissimuler ses pensées véritables, à mentir. → **déloyauté, dissimulation, duplicité, fourberie, hypocrisie.**

Faust Personnage qui vécut en Allemagne au début du XVIe s. et devint un héros de légende dès 1587 dans le *Livre populaire*. Il vend son âme au diable afin d'obtenir la connaissance et le plaisir. La légende de Faust a notamment inspiré Goethe, Berlioz et Gounod.

Faust et, en arrière-plan, Méphistophélès, d'après A. Scheffer (XIXe s.), musée Bonnat, Bayonne.

il faut voir **falloir**

faute **n. f.** **(vient du latin pop., de *falsus* → [1]faux)** **I.** Fait de manquer ; manque **(dans quelques expr.).** ***Faute de*** **loc. prép.** : par manque de. *Le blessé est mort faute de soins.* « *Et le combat cessa faute de combattants* » (Corneille). – **(+ inf.)** *Faute d'aimer, on dépérit.* ■ ***Sans faute*** : à coup sûr. *Venez demain sans faute.* ■ ***Ne pas se faire faute de*** : ne pas manquer de. *Elle ne s'est pas fait faute d'en parler.* **II. 1.** Manquement à la règle morale, au devoir ; mauvaise action. → **méfait.** *Commettre une faute.* – prov. *Faute avouée est à moitié pardonnée.* – *Prendre qqn en faute.* **2.** dr. Acte ou omission constituant un manquement à une obligation. *Faute contractuelle.* **3.** Manquement à une règle, à un principe (dans une discipline intellectuelle, un art...). → **erreur.** *Lourde faute, faute grossière ; faute bénigne.* – *Faute d'étourderie*, commise par étourderie. – *Faute de langage.* → **incorrection.** *Faute de syntaxe.* – *Faute d'impression.* → **coquille.** **4.** Manière d'agir maladroite, fâcheuse, imprudente. → **erreur, maladresse.** **5.** **(dans des expr.)** Responsabilité d'une action. *C'est sa faute, c'est bien sa faute s'il lui est arrivé malheur. C'est la faute de son frère.* – *C'est de sa faute.* – *C'est arrivé par sa faute.* – pop. *C'est la faute à...* loc. « *C'est la faute à Voltaire, c'est la faute à Rousseau* » (formule popularisée par une chanson que chante Gavroche, dans *Les Misérables* de Hugo).

fauter **v. intr.** < 1 > **1.** vieux Faire une faute morale. **2.** vieilli ou plais. **(jeune fille)** Se laisser séduire. **3.** **(Afrique)** Faire une, des fautes (d'orthographe, de français).

fauteuil **n. m.** **(du francique « siège pliant », de *fald* « plier », *cf.* anglais *to fold* et *stôl* « siège » ; d'abord « siège [transportable] des grands personnages »)** **1.** Siège à dossier et à bras, pour une personne. – *Fauteuil roulant pour handicapé moteur.* – au théâtre *Fauteuil d'orchestre.* ■ loc. fam. *Arriver (comme) dans un fauteuil*, arriver premier sans peine (dans une compétition). ■ appos. *Basket fauteuil, rugby fauteuil*, pratiqués par des joueurs en fauteuil roulant (handisport). **2.** Siège, dans une assemblée. *Fauteuil d'académicien.*

fauteur, trice **n.** **(latin *fautor* « partisan, soutien », famille de *favere* → faveur)** littér. **1.** vieux Personne qui favorise, protège. « *On cherche un fauteur de ses goûts* » (Vauvenargues). **2.** **(influence de *faute*)** **(surtout au masc.)** Personne qui favorise, cherche à provoquer (qqch. de blâmable). *Fauteur de troubles.*

fautif, ive **adj.** **1.** vieilli Sujet à faillir. → **faillible.** *Mémoire fautive.* **2.** Qui est en faute. → **coupable** ; - contr. **innocent.** *Il se sent fautif.* – **n.** *C'est lui le fautif dans cette affaire.* → **responsable.** **3.** **(choses)** Qui renferme des fautes, des erreurs, des défauts (contr. **correct, exact**). *Calcul fautif.* → **erroné.** □ **adv. fautivement**

Fautrier **(Jean)** Peintre et sculpteur français (1898-1964). Il s'imposa comme l'un des créateurs de la peinture « informelle », dans laquelle les effets de matière deviennent le sujet de l'œuvre. *Otages ; Objets ; Partisans.*

fauve **(du bas latin, d'origine germanique)** **I. adj. 1.** D'un jaune tirant sur le roux. *Teintes fauves.* – *Plumage fauve.* **2.** Se dit des grands mammifères féroces (félins). *Bêtes fauves.* → **féroce, sauvage.** – ***Un fauve*** **n. m.** : une bête fauve. *Les grands fauves.* → **félin.** *Chasse aux fauves.* **3.** par ext. *Odeur fauve* : odeur forte et animale. **II. n. m.** arts **(d'abord par plais.)** Peintre appartenant au courant du fauvisme. – **adj.** *La période fauve de Matisse.*

fauverie **n. f.** Lieu où vivent les grands fauves, dans un jardin zoologique, une ménagerie.

Fauvet **(Jacques)** Journaliste français (1914-2002). Il fut directeur du journal *Le Monde* de 1969 à 1982.

fauvette **n. f.** **(de *fauve* [I, 1])** Petit oiseau des buissons, au plumage fauve, au chant agréable.

fauvisme

Le fauvisme privilégie la force expressive de la couleur en jouant d'effets de contrastes forts. 1. André Derain, *Trois Personnages assis dans l'herbe* (1906), musée d'Art moderne de la Ville de Paris. 2. Albert Marquet, *Matisse dans l'atelier de Manguin* (1905), Musée national d'art moderne, Centre Georges-Pompidou, Paris.

F

fauvisme **n. m.** (de *fauve* [II]) arts Mouvement pictural français du début du XXe siècle, fondé sur la simplification des formes, l'utilisation de couleurs pures juxtaposées et recherchant l'intensité de l'expression.

^{1}**faux, fausse** (vient du latin *falsus* « falsifié ; trompeur » [p. p. de *fallere* « tromper » → faillir] → falsifier, fausser, faussaire, faute) **I. adj. 1.** Qui n'est pas vrai, qui est contraire à la vérité (pensable, observable). *Avoir des idées fausses sur une question.* → **erroné.** *C'est faux !* (contr. **juste**). – *Une fausse déclaration.* → **inexact, inventé, mensonger.** *Faux témoignage.* – *Il est faux que..., de dire, de croire que...* **2.** (souvent avant le nom) Qui n'est pas vraiment, réellement ce qu'il paraît être (contr. **vrai**). *Une fausse fenêtre. Fausses perles.* – *Un faux maigre,* bien moins maigre qu'il n'en a l'air. – *Fabriquer de la fausse monnaie. Faux papiers. Un faux Vermeer.* – *Un faux air de (qqn),* une vague ressemblance avec (qqn). ■ abstrait *De fausses raisons.* → ^{2}**prétexte.** *Une fausse indifférence.* → **simulé. 3.** Qui n'est pas ce qu'on le nomme. - *Faux* s'emploie devant un grand nombre de noms de choses pour marquer une désignation impropre ou approximative ; ex. *faux acacia, fausse oronge, faux-filet, faux frais.* ■ Qui ne mérite pas son nom. *Un faux champion.* **4.** Qui n'est pas ce qu'il veut paraître (en trompant délibérément). → **imposteur.** *Un faux prophète. C'est un faux frère*.* – *Un faux jeton*.* ■ Hypocrite. *Un homme faux.* → **déloyal, fourbe, sournois. 5.** Qui n'est pas naturel à qqn. *Une fausse barbe.* → **postiche. 6.** Qui n'est pas justifié, fondé. *De fausses espérances. Fausse alerte.* – *Faux problème,* qui n'a pas lieu de se poser. *De faux besoins.* **7.** Qui n'est pas comme il doit être (par rapport à ce qui est correct, normal). *Faire un faux pas.* – *Une situation fausse.* → **équivoque. 8.** Qui marque un écart par rapport à ce qui est correct, juste, exact. *Un calcul faux. Faire un faux sens :* interpréter de manière erronée le sens d'un mot dans un texte. **9.** (esprit, faculté) Qui juge mal. *Avoir le jugement faux.* – **adv.** *Il raisonne faux.* **10.** Qui n'est pas dans le ton juste. *Ce piano est faux. Fausse note.* ■ **adv.** *Il chante faux.* → **détonner.** – fig. *Ses explications sonnent* faux.* **11.** *À faux* **loc. adv.** vieux D'une manière fausse, contraire à la vérité. ■ **mod.** Hors d'aplomb. *Frapper à faux.* (pièce...) *Porter à faux.* → **porte-à-faux. II. n. m. 1.** Ce qui est faux. « *Un extrême désir d'apprendre à distinguer le vrai d'avec le faux* » (Descartes). loc. fam. *Pour de faux :* en faisant semblant. **2.** Contrefaçon ou falsification d'un écrit, d'une œuvre d'art ou d'un objet. *Faire, commettre un faux.* – *Ce Vermeer est un faux.* – *C'est du faux.* → ^{2}**toc.**

^{2}**faux** **n. f.** (d'abord écrit *faulx* ; vient du latin *falx, falcis* → faucher, faucille) Instrument formé d'une lame arquée fixée au bout d'un long manche, dont on se sert pour couper le fourrage, les céréales. ■ par métaphore *La mort et sa faux.* → **faucheur.**

faux-bourdon **n. m.** (→ ^{1}bourdon) mus. Harmonisation à quatre voix de certains psaumes. *Des faux-bourdons.*

faux-filet **n. m.** Morceau de bœuf à rôtir, situé à côté du filet (le long de l'échine). → **contre-filet.** *Des faux-filets.*

faux-fuyant **n. m.** (altération, par influence de ^{1}*faux,* de *forsfuyant,* de *fors* « hors de » et p. prés. de *fuir*) Moyen détourné par lequel on évite de s'expliquer, de se décider, etc. *User de faux-fuyants.* → **échappatoire,** ^{2}**prétexte.**

faux-monnayeur **n. m.** Personne qui fabrique de la fausse monnaie. « *Les Faux-Monnayeurs* » (roman de Gide).

faux-semblant **n. m.** littér. Apparence trompeuse. – Affectation de sentiments que l'on n'éprouve pas. *Des faux-semblants.*

faux-sens voir ^{1}**faux**

Favart (Charles-Simon) Auteur dramatique et librettiste français (1710-1792). Auteur de comédies et d'opéras-comiques *(Les Trois Sultanes ; Les Moissonneurs),* il a été directeur de l'Opéra-Comique, auquel il a laissé son nom.

favéla **n. f.** (mot portugais du Brésil, *favel[l]a*) Bidonville, au Brésil. *Les favélas de São Paulo.* - var. **favela** [favela].

Favéla à Rio de Janeiro.

Faverges-Seythenex Commune de la Haute-Savoie. 7 591 habitants. Travail du bois, mécanique de précision, électroménager.

faverole voir **féverole**

faveur **n. f.** (latin *favor,* de *favere* « favoriser » *cf.* favorable, favori, favoriser ; fauteur) **I. 1.** Disposition à accorder sa protection, son appui à qqn de préférence aux autres. → **bienveillance.** *Il doit sa carrière à la faveur d'un ministre* (→ **favoritisme**). **2.** Considération (de qqn, du public) qui confère une importance sociale à qqn. *Jouir de la faveur d'un souverain. La faveur du public.* – ***En faveur :*** qui a la faveur de qqn, du public. → **en vogue. 3.** Avantage que l'on tire de la préférence de qqn, du pouvoir qu'on a sur qqn. → **bienfait.** – littér. (euphémisme) *Accorder ses faveurs, les dernières faveurs,* se donner (femme). **4.** Bienfait, décision indulgente qui avantage qqn. *Solliciter une faveur. Faites-moi la faveur de (+ inf.).* – ***De faveur :*** obtenu par faveur. *Un traitement de faveur.* **5.** ***En faveur de*** **loc. prép. :** en considération de. « *Vous faites grâce à mon cœur en faveur de mon esprit* » (Mme de Sévigné). – Au profit, au bénéfice de. *Parler en faveur de qqn. Le jugement a été rendu en votre faveur.* ■ ***À la faveur de*** **loc. prép. :** au moyen de, en profitant de. *Elle s'est enfuie à la faveur de la nuit.* → **grâce à. II.** (d'abord « témoignage de faveur d'une dame ») Ruban étroit qui sert d'ornement. *Paquet noué d'une faveur rose.*

Favier (Jean) Historien français (1932-2014). Spécialiste d'histoire médiévale, il fut directeur des Archives nationales de 1975 à 1994 et président de la Bibliothèque nationale de France de 1994 à 1997. *Dictionnaire de la France médiévale.*

favorable **adj.** (du latin → faveur) **1.** vieux Qui attire la faveur. **2.** Qui est animé d'une disposition bienveillante, de bonnes intentions (à l'égard de qqn). *L'opinion lui est favorable.* **3.** Qui aide, est à l'avantage de qqn ou de qqch. → ^{1}**bon, propice.** *Cette plante a trouvé un terrain favorable pour se développer.*

favorablement **adv.** D'une manière favorable. *Requête accueillie favorablement.*

favori, ite (italien *favorito, ita* ; famille du latin *favor* → faveur) **I. adj. 1.** Qui plaît particulièrement (à qqn, au public...). *Son auteur favori. Sa lecture favorite.* **2.** Qui est considéré comme le gagnant probable. *Il part favori.* **II. 1. n.** Personne qui a la faveur, la préférence (de qqn, du public...). *C'est le favori de sa maman.* → ^{2}**chouchou, préféré. 2. n. m.** Celui qui occupe la première place dans les bonnes grâces d'un roi, d'un grand personnage. **3. n. f.** Maîtresse préférée d'un roi. *Madame de Pompadour, favorite de Louis XV.* **4. n. m.** Cheval et, par ext., concurrent considéré comme devant gagner une compétition. **5. n. m.** inform. Adresse d'une page, d'un site web choisie par l'internaute et mémorisée par le navigateur. → **marque-page, signet. III. n. m. pl.** Touffe de poils qu'un homme laisse pousser sur la joue devant chaque oreille.

favorisant, ante **adj.** didact. Qui contribue à l'apparition, au développement de (un phénomène, un processus). *Les facteurs favorisants de l'obésité.*

favoriser **v. tr.** < 1 > (→ faveur) **1.** Agir en faveur de. → **aider, protéger, soutenir.** *Favoriser un candidat.* → **avantager. 2.** (choses) Être favorable à (qqn). *Les évènements l'ont favorisé.* **3.** Aider, contribuer au développement, au succès de (qqch.). *L'obscurité a favorisé sa fuite.* → **faciliter.** ■ **favorisé, ée adj.** *Favorisé par le sort.* – *Les classes* (sociales) *favorisées.*

favoritisme **n. m.** (de *favori*) Attribution de situations, d'avantages par faveur, et non selon la justice ou le mérite. → **népotisme ;** fam. **copinage, piston.**

favouille **n. f.** (mot provençal d'origine inconnue) régional (Provence) Petit crabe gris de la Méditerranée. *Soupe aux favouilles.*

Favras (Thomas de Mahy, marquis de) Homme politique français (1744-1790). Sous la Révolution, il fut chargé de faciliter la sortie de Louis XVI de Paris. Accusé de vouloir assassiner La Fayette, il fut pendu.

Favre (Jules) Homme politique français (1809-1880). Avocat, député républicain sous le second Empire, il fut ministre des Affaires étrangères dans le gouvernement de la Défense nationale (sept. 1870-févr. 1871). Il signa l'armistice de janv. 1871 avec Bismarck et, sous le gouvernement de Thiers, négocia la paix de Francfort (mai 1871).

favus [favys] **n. m.** (mot latin « gâteau de miel ») méd. Maladie parasitaire de la peau caractérisée par des croûtes jaunâtres qui recouvrent des ulcérations suppurantes.

fax [faks] **n. m.** (abrév. de *téléfax,* emprunt à l'anglais, même origine que *fac-similé*) anglic. **1.** Télécopie. **2.** Télécopieur. **3.** Document transmis par fax. *Recevoir des fax.*

faxer v. tr. < 1 > Transmettre (un document) par fax.

fayard [fajaʀ] ou **foyard** [fwajaʀ ; fɔjaʀ] **n. m.** (latin *fageus,* de *fagus* « hêtre ») régional (Centre, Est ; Suisse) Hêtre. – Bois de hêtre.

Fayçal Ier (1883-1933). Roi d'Irak (1921-1933). Il prit, avec l'appui de Lawrence d'Arabie, le commandement de la révolte arabe contre l'Empire ottoman (1916-1918). Il obtint l'indépendance de son pays en 1932.

Fayçal Ier ibn Abd al-Aziz (1906-1975). Roi d'Arabie (1964-1975). Il succéda à son frère Ibn Séoud, qu'il déposa. Il fut assassiné.

Faydherbe ou **Fayd'Herbe** (Luc ou Lucas) Sculpteur et architecte flamand (1617-1697). Marqué par la peinture de Rubens, qu'il tenta d'adapter à la sculpture et à l'architecture, il éleva notamment l'église Notre-Dame d'Hanswijck à Malines.

Faye (Gaël) Auteur compositeur, interprète et écrivain franco-rwandais (né en 1982). Il passe son enfance au Burundi puis rejoint sa mère, réfugiée rwandaise tutsi, en France. À partir de 2009, il mène une carrière de chanteur rappeur *(Je pars ; Respire).* Il raconte la disparition d'une époque heureuse lorsque éclate au Rwanda la guerre civile, dans *Petit Pays.*

Fayence Commune du Var, au N. de l'Esterel. 5 770 habitants. Ancien centre de céramique.

Faylaka (île) Île du golfe Persique, dans la baie de Koweït. Sites archéologiques.

Fayol (Henri) Ingénieur et administrateur français (1841-1925). Il exposa un projet de réforme de l'administration des entreprises affirmant la nécessité d'une organisation hiérarchique des diverses fonctions.

Fayolle (Émile) Maréchal de France (1852-1928). Il participa aux batailles de la Somme (1916) et de la Marne (1918).

fayot, ote [fajo, ɔt] (provençal *fayol,* du latin d'origine grecque *phaseolus cf.* aussi ²flageolet) **I.** **n. m.** fam. Haricot blanc. *Un gigot avec des fayots.* **II.** **1.** **n. m.** argot milit. Marin de carrière ; militaire rengagé. **2.** **n.** fam. Personne qui fait du zèle pour se faire bien voir. – **adj.** *Ce qu'elle peut être fayot* ou *fayote !*

fayoter [fajɔte] **v. intr.** < 1 > fam. Faire du zèle. ▫ **n. m. fayotage**

Fayoum **n. m.** Région d'Égypte située au S. du Caire, sur la rive gauche du Nil. Les *portraits du Fayoum* (Ier-Ve s.) qui y ont été retrouvés sont des peintures funéraires coptes destinées à recouvrir le visage des momies.

Portraits du Fayoum retrouvés sur les momies de colons romains. Deux frères (début IIe s.), Musée égyptien, Le Caire.

fazenda [fazɛnda] **n. f.** (mot portugais du Brésil, de *facer,* correspondant à *faire* cf.* hacienda) Grande propriété terrienne, au Brésil.

FBI (anglais Federal Bureau of Investigation [ɛfbiaj]) Organisme fédéral des États-Unis créé en 1908 par Theodore Roosevelt. Il est chargé d'enquêter sur les violations des lois fédérales et de mener des opérations d'espionnage. Il fut dirigé par J. E. Hoover de 1924 à 1972.

F'derik anciennement **Fort-Gouraud** Ville de Mauritanie, proche de la frontière du Sahara occidental. 3 300 habitants. Minerai de fer. Voie ferrée.

Fe Symbole chimique du fer.

féal, ale, aux (vient du latin *fidelis* → fidèle, de *fides* → foi) **1.** **adj.** vieux Fidèle à la foi jurée. → **loyal.** **2.** **n. m.** littér. Partisan, ami dévoué. *« J'allais sous le ciel, Muse ! et j'étais ton féal »* (Rimbaud).

fébricule **n. f.** (latin *febricula* « petite fièvre ») méd. Petite fièvre, légère augmentation de la température.

fébrifuge **adj.** (du latin → fièvre et -fuge) Qui combat et guérit la fièvre. → **antipyrétique.** – **n. m.** Remède fébrifuge.

fébrile **adj.** (latin *febrilis,* de *febris* → fièvre) **1.** Qui a rapport à la fièvre. *Accès fébrile. État fébrile.* – *Il se sent fébrile.* → **fiévreux.** **2.** Qui manifeste une agitation excessive. *Une attente fébrile.* – *L'assistance était fébrile.* → **excité.**

fébrilement **adv.** D'une manière fébrile.

fébrilité **n. f.** État fébrile, état d'excitation, d'agitation intense. → **fièvre (2), nervosité.**

Febvre [fɛvʀ] (Lucien) Historien français (1878-1956). Il fut avec Marc Bloch le fondateur de l'école des Annales, qui conçoit l'histoire comme une synthèse d'éléments politiques, sociaux, religieux, culturels et mentaux.

fécal, ale, aux **adj.** (du latin *faex, faecis* → fèces) Qui a rapport aux excréments humains. *Matières fécales.* → **excrément,** **²selle ; fèces.**

fécalome **n. m.** méd. Masse pathologique de matières fécales durcies dans le rectum.

Fécamp Commune de la Seine-Maritime, port du pays de Caux. 18 054 habitants. Son abbaye bénédictine (fondée en 658) devint au XVIe s. le centre de fabrication d'une liqueur (Bénédictine).

fèces [fɛs] ou [fɛsɛs] **n. f. pl.** (latin *faeces,* plur. de *faex, faecis* « lie ; résidu » *cf.* fécal, déféquer ; fécule) didact. Excréments solides des humains. *Expulsion des fèces.* → **défécation.**

Fechner (Gustav Theodor) Physiologiste et philosophe allemand (1801-1887). Il tenta d'identifier la relation unissant la sensation (psychique) et l'excitant (physique). *Éléments de psychophysique.*

fécial, aux **n. m.** didact. Dans la Rome antique, Prêtre chargé de faire respecter les règles du droit international. *Le collège des féciaux.*

fécond, onde **adj.** (latin *fecundus* « fertile ; abondant ») **1.** Capable de se reproduire (contr. **stérile**). *Les mulets ne sont pas féconds.* **2.** (animaux) Qui produit beaucoup de petits. → **prolifique.** **3.** littér. (terre, sol) Qui produit beaucoup. → **fertile.** **4.** fig. *Un travail fécond.* → **fructueux.** – *Journée féconde en évènements.* → **riche.** ▪ *Écrivain fécond.* → **productif.** – *Un esprit fécond.*

fécondabilité **n. f.** didact. Probabilité de fécondation selon la période du cycle menstruel.

fécondable **adj.** Qui peut être fécondé. *Femelle, ovule fécondable.*

fécondant, ante **adj.** Qui féconde, rend fécond. *Pollen fécondant.*

fécondateur, trice **1.** **adj.** Capable de féconder. → **fécondant.** **2.** **n. m.** Canule servant à introduire le sperme dans l'utérus, dans une insémination artificielle.

fécondation **n. f.** Action de féconder (1 et 2) ; résultat de cette action. *Fécondation artificielle.* → **insémination.** *Fécondation in vitro.* → **FIV ; fivète.**

fécondation

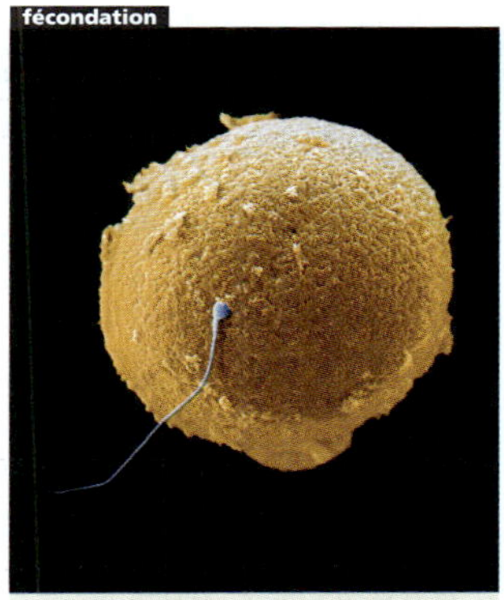

Fécondation. Spermatozoïde (en bleu) fécondant un ovule (en ocre).

féconder v. tr. < 1 > (du latin → fécond) **1.** Transformer (un ovule, un œuf) en embryon, en fruit ou en graine. **2.** Rendre (une femelle) pleine. **3.** Rendre fertile, productif (la terre, le sol). → **fertiliser.** **4.** fig. Développer, faire produire. *« Seules, les passions fécondent l'intelligence du poète »* (A. Suarès).

fécondité **n. f.** (du latin → fécond) **1.** Faculté de se reproduire (contr. **stérilité**). *Fécondité d'une espèce animale.* ▪ *Taux de fécondité :* rapport du nombre de naissances annuelles dans un groupe à l'effectif de ce groupe. **2.** (femme, femelle) Fait de se reproduire fréquemment. **3.** Fertilité (d'un sol). **4.** fig. Richesse, fertilité (d'une idée...). *La fécondité de son imagination.*

fécule **n. f.** (latin *faecula,* diminutif de *faex, faecis* → fèces) Substance composée d'amidon, extraite notamment de tubercules comestibles (pomme de terre, etc.).

féculence **n. f.** État d'un corps qui contient de la fécule.

féculent, ente **adj.** (du latin → fécule) Qui contient beaucoup de fécule. – **n. m.** *Les lentilles sont des féculents.*

féculer **v. tr.** < 1 > techn. Extraire la fécule de. *Féculer du manioc.*

féculerie **n. f.** Industrie de la fécule ; usine où l'on extrait de la fécule.

FED **n. f.** (Federal Reserve System) Banque centrale des États-Unis, fondée en 1913. Elle décide de la politique monétaire du pays et réglemente les institutions bancaires et le crédit.

fedayin **n. m. invar.** ou **fédayin** [fedajin] **n. m.** (mot arabe, plur. de *fedaï* « [celui] qui se sacrifie », de *fida* « rançon ») Combattant palestinien engagé dans des opérations de guérilla. *Un camp de fedayin, de fédayins.*

fédéral, ale, aux **adj.** (du latin → fédérer) **1.** Se dit d'un État composé de collectivités politiques autonomes (États fédérés), dans lequel les compétences constitutionnelles sont partagées entre celles-ci et un gouvernement central. → **fédération.** *L'Allemagne, le Brésil, le Canada, les États-Unis, la Suisse sont des États fédéraux.* – D'un État fédéral. *Armée fédérale.* **2.** Relatif au gouvernement central, dans un État fédéral. *Le gouvernement fédéral et les gouvernements provinciaux* (Canada), *cantonaux* (Suisse). **3.** Relatif à une fédération de sociétés, etc. *Union fédérale de syndicats.*

fédéraliser **v. tr.** < 1 > Organiser en fédération, donner à (un pays) la forme d'un État fédéral.

fédéralisme **n. m.** Système politique d'un État fédéral, régissant les rapports entre le gouvernement central et les gouvernements des collectivités (États fédérés, républiques, cantons, provinces) qui forment cet État.

F

▶ Dans les États centralisés comme la France, l'essentiel de la souveraineté est directement conféré par le peuple au pouvoir central. À l'inverse, le **fédéralisme** limite la souveraineté du pouvoir central, au profit du niveau inférieur : les cantons en Suisse, les *Länder* en Allemagne, les États des États-Unis d'Amérique... La première tentative de mise au point d'un système fédéraliste fut la création de la Confédération des trois cantons (1291), une alliance politique et surtout militaire où chacun des trois cantons suisses associés conservait une large autonomie. Le fédéralisme moderne va plus loin. Théorisé dans les *Federalist Papers* d'Alexander Hamilton et mis en œuvre dans la Constitution des États-Unis d'Amérique (1787), il suppose la création d'un véritable État fédéral, dont les revenus et les pouvoirs sont importants mais limités à certains domaines : il est avant tout en charge des Affaires étrangères, mais a également pour mission d'harmoniser les lois et les règlements édictés au niveau inférieur. Cependant, aux États-Unis, ce sont les États qui légifèrent sur des sujets comme la peine de mort, la Cour suprême n'étant appelée qu'à juger du caractère constitutionnel de leurs décisions. Le principe de subsidiarité appliqué dans l'Union européenne se rapproche du fédéralisme ; pourtant, l'Union européenne est aujourd'hui une confédération d'États indépendants et non un État fédéral.

voir aussi **État, régionalisme**

fédéraliste adj. Du fédéralisme. – **adj. et n.** Partisan du fédéralisme.

fédéraliste (Insurrection) Mouvement insurrectionnel qui suivit l'élimination des Girondins de la Convention (2 juin 1793). L'insurrection, menée dans plusieurs départements par des chefs girondins à la tête de comités révolutionnaires fédéralistes, fut violemment réprimée par les Montagnards. Elle contribua, comme la guerre en Vendée, au développement de la Terreur.

fédéraliste (Parti) Parti américain, datant de l'élaboration de la Constitution des États-Unis (1787). Mené par Washington puis par A. Hamilton et J. Adams, il disparut en 1814, lors de la guerre avec la Grande-Bretagne.

fédérateur, trice adj. Qui tend à fédérer. *Principes fédérateurs.* – **n.** Personne, entité qui favorise une organisation collective d'entreprise.

fédératif, ive adj. Qui constitue une fédération ou un État fédéral.

fédération n. f. (du latin → fédérer) **1.** Groupement, union de plusieurs États en un État fédéral. → aussi **confédération.** **2.** Association de sociétés, syndicats, etc., groupés sous une autorité commune. → **union.** *Fédération sportive.*

Fédération internationale de football association voir FIFA

fédéré, ée (→ fédérer) **1. adj.** Qui fait partie d'une fédération ; qui est membre d'un État fédéral. *Les cantons fédérés de Suisse.* **2. n. m.** hist. Soldat insurgé de la Commune de Paris, en 1871 (→ **communard**).

Federer (Roger) Joueur de tennis suisse (né en 1981). Doté d'un jeu complet, à la fois offensif et spectaculaire, il détenait en 2018 le record masculin de victoires en tournois du Grand Chelem avec vingt titres.

fédérer v. tr. < 6 > (latin *foederare*, de *foedus, foederis* « traité, alliance ») Réunir en une fédération. – pronom. *Se fédérer.*

Fédérés (mur des) Mur du cimetière du Père-Lachaise, à Paris. Les derniers défenseurs de la Commune y furent exécutés (28 mai 1871).

Fedine (Konstantin Aleksandrovitch) Écrivain soviétique (1892-1977). D'abord auteur de romans réalistes et psychologiques (*Le Verger* ; *Les Paysans*), il composa une trilogie célébrant la révolution de 1917 (*Premières Joies* ; *Un été extraordinaire* ; *Les Feux dans la campagne*).

Fedor Nom de plusieurs tsars. ■ **Fedor I**[er] ou **Fiodor I**[er] **Ivanovitch** (1557-1598). Tsar de Russie (1584-1598). Fils d'Ivan IV le Terrible, il laissa le pouvoir à son beau-frère Boris Godounov, qui fut élu tsar à sa mort. ■ **Fedor II Borissovitch** (1589-1605). Tsar de Russie (1605). Fils de Boris Godounov, il fut assassiné sur ordre du premier des faux Dimitri, qui usurpa le trône. ■ **Fedor III Alekseïevitch** (1661-1682). Tsar de Russie (1676-1681). Fils d'Alexis Ier Mikhaïlovitch, il fit abolir le droit des boyards aux préséances.

Fedtchenko (Alekseï Pavlovitch) Explorateur et naturaliste russe (1844-1873). Spécialisé en géologie et en zoologie, il a exploré le Turkestan russe et chinois. *Voyages au Turkestan.*

fée n. f. (vient du latin *Fata* « déesse des Destinées », de *fatum* « destin » → fatal *cf.* farfadet) **1.** Être imaginaire d'apparence féminine auquel la légende attribue un pouvoir surnaturel et une influence sur la destinée des humains. *Bonne fée. La fée Carabosse* (méchante fée). – *Conte de fées* (et, fig., aventure extraordinaire). **2. adj.** vieilli Qui a des pouvoirs magiques. « [Le chat] *Peut-être est-il fée, est-il dieu ?* » (Baudelaire). **3.** loc. *Avoir des doigts de fée* : être d'une adresse qui semble surnaturelle. – *Une fée du logis*, maîtresse de maison très habile.

feedback n. m. ou **feed-back** [fidbak] n. m. invar. (mot anglais de *to feed* « nourrir » et *back* « en retour ») anglic. **1.** sc. Rétroaction de l'information, dans un système cybernétique. – Réaction, action en retour. → **rétroaction.** **2.** Retour d'expérience, réaction à un évènement. *Donner son feedback. Des feedbacks, des feed-back.*

feeder [fidœʀ] n. m. (mot anglais « nourrisseur ») anglic., techn. Ligne d'alimentation électrique. *Feeder d'antenne.* → **coaxial.** - var. RO **feedeur.**

feeling [filiŋ] n. m. (mot anglais, de *to feel* « ressentir ») anglic. **1.** Expressivité musicale (notamment en jazz). **2.** fam. Manière de ressentir une situation ; intuition. *Faire qqch. au feeling*, en suivant son intuition.

féérie [feeʀi] ou **féerie** [fe(e)ʀi] n. f. **1.** littér. Univers fantastique où figurent des fées. **2.** Spectacle splendide, merveilleux. *Une féérie de couleurs.*

féérique [feeʀik] ou **féerique** [fe(e)ʀik] adj. **1.** Qui appartient au monde des fées. **2.** Magnifique, extraordinaire. *Une lumière féérique.*

Fehling (Hermann) Chimiste allemand (1811-1885). Il découvrit une réaction permettant de déceler et de doser le glucose à l'aide de la *liqueur de Fehling.*

Feiffer (Jules) Dessinateur et journaliste américain (né en 1929). Il est l'auteur de dessins satiriques portant sur les personnages de la *middle class* américaine.

feignant, ante n. et adj. (du p. prés. de *feindre* → fainéant) fam. Paresseux. → **fainéant.**

feignasse adj. et n. f. (de *feignant*) fam. Fainéant(e).

feindre v. tr. < 52 > (vient du latin *fingere* « façonner » et « imaginer » → fictif, fiction ; figure) **1.** Simuler (un sentiment que l'on n'a pas). → [1]**affecter.** *Feindre l'étonnement.* – au p. p. *Une émotion feinte.* **2.** *Feindre de* : faire semblant de. *Feindre de ne pas entendre.* **3.** intrans. littér. Cacher à autrui ce qu'on sent, ce qu'on pense, en déguisant ses sentiments. → **dissimuler ; mentir.** « *Ah, que ce cœur est double et sait bien l'art de feindre !* » (Molière).

Federer (Roger)

Roger Federer en 2008 à Wimbledon.

Feininger (Lyonel) Peintre et dessinateur américain (1871-1956). Il exposa au Cavalier bleu puis devint professeur au Bauhaus. Ses tableaux sont surtout des marines et des vues urbaines, découpées selon des formes anguleuses.

feint, feinte adj. Qui n'est pas vrai, pas sincère, est fait pour tromper. *Douleur feinte.*

feinte n. f. (de *feindre*) **1.** vieilli Action, fait de feindre. → **ruse, tromperie.** *Parler sans feinte.* → sans **fard.** **2.** Coup, mouvement simulé par lequel on trompe l'adversaire. *Boxeur qui fait une feinte.* **3.** fam. Attrape, piège ; ruse.

feinter v. < 1 > (de *feinte*) **1. v. intr.** Faire une feinte (2). **2. v. tr.** fam. Tromper (qqn) par une feinte (3). → **rouler, tromper.** ▫ **n. feinteur, euse**

feintise n. f. vieux ou archaïsme Action de feindre ; habitude de feindre.

Feira de Santana Ville du Brésil, au N. de Salvador, dans l'État de Bahia. 510 700 habitants. Commerce et industrie. Foire au bétail.

Fejos (Pál Féjös, dit Paul) Cinéaste hongrois (1898-1963). Après quelques films muets réalisés en Hongrie, il tourna aux États-Unis (*Solitude*), en Autriche (*Gardez le sourire*) et en Asie (le documentaire *Une poignée de riz*).

Fela voir **Kuti (Fela)**

Feldman (Morton) Compositeur américain (1926-1987). Très influencée par John Cage, sa musique se caractérise par une impression de statisme. *Marginal Intersection* ; *The Swallows of Salangan.*

feld-maréchal, aux n. m. (de l'allemand *Feldmarschall*, calque du français « maréchal de camp ») Grade le plus élevé dans les armées allemande et autrichienne. *Des feld-maréchaux.*

feldspath [fɛldspat] n. m. (mot allemand, proprt « spath* des champs *[Feld]* ») Minéral à structure en lamelles, à éclat vitreux. ▫ **adj. feldspathique**

fêlé, ée adj. **1.** Qui est fêlé, présente une fêlure. *Une assiette fêlée.* **2.** (voix) Au timbre peu clair. **3.** *Avoir la tête, le cerveau fêlé*, être un peu fou. – fam. Qui n'a pas tout son bon sens. *Il est complètement fêlé !* → [1]**fou.**

fêler v. tr. < 1 > (vient du latin pop. ; p.-ê. famille de *flageller*) Fendre (un objet cassant) sans que les parties se séparent. – pronom. *La glace s'est fêlée* (→ **fêlure**).

Félibien (André), sieur des Avaux et de Javercy Historiographe, architecte et théoricien français (1619-1695). Proche de Poussin, il fut l'un des théoriciens du classicisme français. *Origine de la peinture* ; *Entretiens sur les vies et les ouvrages des plus excellents peintres anciens et modernes.*

félibre n. (mot provençal d'origine incertaine ; popularisé par F. Mistral) Écrivain(e), poète de langue d'oc.

Félibrige n. m. Mouvement littéraire pour la renaissance de la langue d'oc, fondé en 1854 par sept poètes provençaux dont Aubanel, Roumanille, Mistral.

félicitation n. f. **I.** vieux Action de féliciter. *Compliment de félicitation.* **II.** au plur. **1.** Compliments que l'on adresse à qqn à propos de ce qui lui arrive d'heureux. → **congratulation.** *Adresser des félicitations à qqn. Toutes nos félicitations !* **2.** Chaleureuse approbation (de la conduite, du mérite de qqn). → **éloge.** *Être reçu avec les félicitations du jury.*

félicité n. f. (latin *felicitas*, de *felix* « fécond ; heureux ») **1.** littér. Bonheur calme et durable. → **béatitude.** **2.** littér. souvent au plur. Joie, plaisir.

féliciter v. tr. < 1 > (du latin, de *felix* → félicité) **1.** Assurer (qqn) de la part qu'on prend à ce qui lui arrive d'heureux. → **congratuler.** *Féliciter un couple qui se marie.* **2.** Complimenter (qqn) sur sa conduite. → **applaudir, approuver.** ■ se **féliciter** v. pron. **1.** S'estimer heureux, content. → se **réjouir.** **2.** S'approuver soi-même. *Je me félicite de ce choix, d'avoir choisi cela.*

félidé n. m. Mammifère carnivore digitigrade, à griffes acérées et généralement rétractiles, à canines puissantes (ordre des *Félidés* ; ex. le chat, le tigre, le lion, le léopard). → **félin.**

félin, ine adj. (latin *felinus* « de chat ») **1.** Qui appartient au genre chat. *La race féline.* – **n. m.** *Un félin* : un carnassier du type chat. *Les grands félins* (tigres, lions, panthères...). → **fauve. 2.** Qui a des mouvements souples et gracieux. *Grâce féline.*

félinité n. f. littér. Caractère (de qqn) qui a la souplesse ou le caractère (ruse, hypocrisie) que l'on prête au chat.

Felipe VI ou **Philippe VI** (né en 1968) Roi d'Espagne (depuis 2014). Fils et successeur du roi Juan Carlos Ier qui abdiqua en sa faveur.

Félix d'Urgel Évêque et théologien espagnol (v. 750-818). Avec Élipand, l'archevêque de Tolède, il défendit l'adoptianisme, doctrine selon laquelle Jésus est le fils adoptif de Dieu. Il fut condamné et relégué à Lyon.

Felixstowe Ville d'Angleterre (Suffolk), sur l'estuaire du Stour. 25 000 habitants. Port de commerce. Station balnéaire et port de plaisance.

fellaga n. m. (de l'arabe, plur. de *fellag* « coupeur de routes ») Combattant partisan de l'Algérie indépendante (1954-1962). *Des fellagas.* - var. **fellagha.**

fellah n. m. (de l'arabe « laboureur ») Paysan, petit propriétaire agricole (Égypte, pays du Proche-Orient). *Les fellahs.*

fellation n. f. (du latin *fellare* « téter ») Caresses du sexe masculin avec la bouche. → aussi **cunnilingus.**

Felletin Commune de la Creuse. 1 547 habitants. Églises du XVe s. Ancienne manufacture royale de tapisserie.

Fellini (Federico) Cinéaste italien (1920-1993). D'abord assistant et coscénariste de Rossellini et de Lattuada, il réalisa des films où, dans une société caractérisée par l'aliénation de la femme *(La Strada)*, le mensonge *(Il Bidone)*, l'ennui des jeunes bourgeois *(I Vitelloni)*, la décadence des privilégiés *(La Dolce Vita)*, l'innocence et la volonté de bonheur finissent par triompher. Son univers, devenu de plus en plus onirique *(Huit et demi)* et excessif, naît souvent d'une pathétique recherche du temps perdu *(Fellini Satyricon ; Fellini Roma ; Amarcord)*. Dans ses derniers films, l'élément imaginaire se déploie et la richesse formelle, stimulée par la couleur, devient exubérante *(Et vogue le navire ; Ginger et Fred)*.

félon, onne adj. (vient du bas latin, p.-ê. d'origine francique) **1.** Qui agit contre la parole donnée (féodalité). *Un vassal félon.* **2.** littér. Empreint de déloyauté. *Une âme félonne.* ■ **n.** → **traître.**

félonie n. f. (de *félon*) littér. Déloyauté. – Trahison.

felouque n. f. (de l'espagnol, d'origine arabe) Petit bateau de la Méditerranée, à voile ou à rames. *Felouques sur le Nil.*

fêlure n. f. Fente d'une chose fêlée. → **fissure.**

femelle (latin *femella*, diminutif de *femina* → **femme**) **I. n. f. 1.** Animal du sexe qui reproduit l'espèce en étant fécondé par le mâle. *La chèvre, femelle du bouc.* **2.** injurieux et sexiste Femme. **II. adj. 1.** (animaux, plantes) Qui appartient au sexe des femelles. *Une souris femelle.* **2.** Se dit de pièces destinées à en recevoir une autre, appelée mâle. *Prise femelle.*

Femen Groupe de contestation féministe créé en Ukraine en 2008. Le mouvement, devenu cosmopolite, se bat contre toute forme d'aliénation des femmes, en particulier religieuse et politique, et mène ses actions les seins nus.

Femina (prix) Prix littéraire français, créé en 1904, attribué par un jury féminin.

féminisme

1. Référendum du 21 octobre 1945. Affiche de la SFIO invitant les femmes à exercer le droit de vote obtenu le 21 avril 1944. 2. Des femmes manifestent en 1974 à Paris pour le droit à la contraception et à l'avortement. 3. À Paris en 2003, manifestation pour le 8 mars, « Journée internationale de la femme » depuis 1975.

▶ Le terme de **féminisme** apparaît à la fin du XIXe s., à un moment où est posée réellement la question de la répartition des rôles dans la sphère domestique et de l'émancipation personnelle de la femme. Il ne s'agit pas seulement d'obtenir le droit de vote, mais de « choisir sa vie », et non d'accepter celle qu'exige une société dominée par les hommes. La Déclaration des droits de l'homme et du citoyen (1789) affirme déjà le caractère universel du droit. C'est dans son sillage qu'apparaissent en France (Olympe de Gouges) et au Royaume-Uni (Mary Wollstonecraft) les premières revendications en faveur d'une plus grande égalité juridique entre les hommes et les femmes. Pourtant, il faut attendre le milieu du XIXe siècle pour voir se créer des mouvements organisés en faveur du droit de vote des femmes (« suffragettes » anglaises) et cette revendication n'aboutit en France que dans les années 1940.
L'émancipation doit concerner aussi la vie « privée » : des ouvrages comme *La Femme mystifiée* (1963) de Betty Friedan ou *La Politique du mâle* (1970) de Kate Millet, dénoncent l'assignation à la femme de rôles subordonnés et de tâches domestiques. Le *Women's Lib* aux États-Unis et le Mouvement de libération des femmes (MLF, 1970) en France revendiquent le droit des femmes à disposer de leur corps, avec la libéralisation de la contraception et l'interruption volontaire de grossesse (IVG ; légalisée en 1975).
Parallèlement à ces revendications, certains auteurs se sont interrogés sur l'idée même de féminité. Simone de Beauvoir affirme dans *Le Deuxième Sexe* (1949) qu'« on ne naît pas femme, on le devient » : il n'existe pas une nature des femmes, mais un produit social, résultant de l'éducation et des représentations de la féminité entretenues dans une société.
Aujourd'hui, si le déséquilibre entre hommes et femmes régresse (pour la France : reconnaissance du viol comme un crime en 1980 ; loi sur la parité en 2014), le combat se concentre sur les violences qui persistent et notamment les féminicides. Dans certains pays, notamment ceux où les croyances religieuses sont le fondement de la société, les femmes sont privées d'autonomie et beaucoup d'entre elles dépendent d'un tuteur (Algérie, Émirats arabes unis, Afghanistan, Iran, Yémen...) voire ont le statut de mineure (Arabie saoudite). Il existe dans le monde de nombreuses violences exercées spécifiquement contre les femmes et les filles (violence conjugale ou intrafamiliale, mutilations génitales, mariages forcés, esclavage sexuel dans les zones de conflits, déscolarisation).
voir aussi **discrimination, exclusion**

féminicide n. m. didact. Meurtre d'une femme, d'une fille en raison de son sexe ; spécialt Meurtre d'une femme par son conjoint ou ex-conjoint. *Reconnaissance juridique du féminicide par plusieurs pays d'Amérique latine.*

féminin, ine adj. (latin *femininus*, de *femina* → **femme**) **1.** De la femme ; qui est propre à la femme (contr. **masculin, viril**). *« Corps féminin, qui tant es tendre* [...] *»* (Villon). – loc. *L'éternel* féminin.* **2.** Qui appartient au sexe féminin. *Personnages féminins d'un film.* **3.** Qui a de la féminité. *Elle est très féminine.* – *Il a des traits féminins* (→ **efféminé**). **4.** Qui a rapport aux femmes. *Revendications féminines* (→ **féminisme**). **5.** Qui est composé de femmes. *Équipe féminine.* **6.** (quand il y a deux genres) Qui appartient au genre marqué (opposé à *masculin*). *« Sentinelle » est un nom féminin.* – **n. m.** *Féminin singulier.* ■ *Rime féminine*, terminée par un e muet.

Femen

Des Femen manifestent dans les rues de Kiev, en 2011.

féminisant, ante adj. Qui féminise. *Gènes féminisants.*

féminisation n. f. Action de féminiser. *La féminisation des noms de métiers.*

féminiser v. tr. < 1 > (du latin *femina* → **femme**) **1.** Donner un caractère, un aspect féminin à. **2.** Augmenter la proportion de femmes dans (une profession, etc.). **3.** Faire du genre féminin ; donner un féminin à. *Féminiser « écrivain » en « écrivaine ».*

féminisme n. m. (du latin *femina* → **femme** ; mot créé par Fourier) Doctrine qui préconise l'égalité entre l'homme et la femme, et l'extension du rôle de la femme dans la société.

féministe adj. Relatif au féminisme. *Action féministe.* – **n.** Partisan du féminisme. *Un, une féministe.*

féminité n. f. (du latin *femina* → **femme**) **1.** Caractère féminin. **2.** Ensemble de caractères stéréotypés correspondant à l'image sociale traditionnelle des femmes (contr. **virilité**).

féminitude n. f. (d'après *négritude*) didact. Ensemble des caractères, des manières de penser et de sentir propres aux femmes (terme féministe).

femme [fam] n. f. (vient du latin *femina* « femme ; femelle » → **femelle, féminin**) **I.** Être humain du sexe féminin. **1.** Adulte de sexe féminin. → aussi **fille, [1]fillette,** jeune **fille.** *Les hommes, les femmes et les enfants. Une jeune femme.* – (profession) *Femme d'État, de loi, d'affaires, de lettres. **Femme de chambre**,* attachée au service intérieur d'une maison, d'un hôtel. – ***Femme de ménage**,* qui vient faire le ménage dans une maison. – ***Femme de service**,* chargée du nettoyage. **2.** collectif *La femme :* l'ensemble des femmes (envisagé au plan biologique, au plan de l'image sociale, etc.). *Sexualité de la femme. Émancipation de la femme. « Quand sera brisé l'infini servage de la femme, quand elle vivra pour elle et par elle [...] elle sera poète, elle aussi ! La femme trouvera de l'inconnu ! »* (Rimbaud). – allus. *« On ne naît pas femme, on le devient »* (S. de Beauvoir). *« L'avenir de l'homme est la femme »* (Aragon). **3.** (en attribut) *Être femme :* présenter les caractères considérés comme propres aux femmes. **4.** loc. ***Femme de tête**,* intelligente et efficace. ***Maîtresse femme**,* qui sait se faire obéir. – ***Femme au foyer**,* qui n'exerce pas de profession. – ***Femme fatale****. – ***Femme-objet**,* considérée comme un objet (sexuel) et non comme une personne, un sujet. *Des femmes-objets.* – → **bonne femme.** – → **sage-femme. II.** Femme unie par le mariage. → **conjoint, époux.** *Il est venu avec sa femme. Sa première, sa seconde femme.* – *Prendre pour femme,* épouser (une femme).

femmelette [famlɛt] n. f. fam. et péj. Homme faible, sans force, sans énergie.

fémoral, ale, aux adj. (du latin → **fémur**) De la cuisse ; du fémur. *Artère fémorale.*

femto- Élément (du danois *femten* « quinze ») qui, placé devant le nom d'une unité de mesure, la divise par 10^{15}.

fémur n. m. (latin *femur, femoris* « cuisse ») Os long qui constitue le squelette de la cuisse.

FEN voir **UNSA-Éducation**

fenaison n. f. (de l'ancien v. *fener* → **[1]faner**) Coupe et récolte des foins.

fendage n. m. techn. Action de fendre. *Le fendage du diamant.*

fendant n. m. (de *fendre*) Cépage de chasselas à peau fine. – Vin blanc du Valais issu de ce cépage.

fendard ou **fendart** n. m. (de *fendu*) argot, vieilli Pantalon.

fendiller v. tr. < 1 > Faire de petites fentes superficielles à (qqch.). *Le froid fendille les pierres.* ■ se **fendiller** v. pron. *Peau qui se fendille sous l'effet du froid.* → se **crevasser,** se **gercer.** *La peinture se fendille.* → se **craqueler.** □ n. m. **fendillement**

fendoir n. m. techn. Outil qui sert à fendre. *Fendoir de boucher.*

fendre v. tr. < 41 > (vient du latin *findere* « ouvrir, séparer » → **fente, fesse, fissure**) **1.** Diviser (un corps solide), le plus souvent dans le sens de la longueur. *Fendre du bois avec une hache.* → **couper.** – loc. *Il gèle à pierre fendre,* très fort. ■ faux pronom. *Elle s'est fendu la lèvre en tombant.* – loc. fam. *Se fendre la pipe, la gueule,* rire aux éclats ; s'amuser. **2.** fig. *Fendre le cœur, l'âme* (à qqn), faire éprouver du chagrin, de la pitié... *Des soupirs à fendre l'âme.* **3.** S'ouvrir un chemin à travers. *Le navire fend les flots.* – *Fendre la foule,* l'écarter. ■ **se fendre** v. pron. **1.** S'ouvrir, se couvrir de fentes. → se **crevasser,** se **lézarder. 2.** fig. Être affligé. *Son cœur se fend.* **3.** escrime Porter vivement une jambe loin en avant. **4.** fam. *Se fendre de,* se décider à offrir, à payer. *Il s'est fendu d'une bouteille.* – absolt *Il ne s'est pas fendu,* cela n'a pas dû lui coûter cher. ■ **fendu, ue** adj. **1.** Coupé. *Du bois fendu.* **2.** Qui présente une fente, une entaille, une fêlure. *Jupe fendue derrière.* **3.** Ouvert en longueur, comme une fente. *Bouche fendue jusqu'aux oreilles.*

Fénelon (François de Salignac de La Mothe) Prélat et écrivain français (1651-1715). Protégé par Bossuet, précepteur du duc de Bourgogne, il exposa des idées modernes sur la pédagogie (*Traité de l'éducation des filles*). Son récit le plus célèbre, *Les Aventures de Télémaque,* roman didactique inspiré de *L'Odyssée* d'Homère, dénonce indirectement les excès de l'absolutisme.

Fénéon (Félix) Écrivain et critique français (1861-1944). Lié aux symbolistes, il fit connaître l'œuvre de Rimbaud, puis celle de Joyce, et contribua à la diffusion de l'impressionnisme. *Œuvres plus que complètes.*

fenestrage voir **fenêtrage**

fenestration n. f. **1.** Ouverture percée dans une cloison. **2.** méd. Création d'une ouverture dans une cavité organique (notamment l'oreille).

fenestron n. m. (mot provençal « petite fenêtre » ; n. déposé) Ouverture dans la paroi de la dérive verticale d'un hélicoptère et dans laquelle tourne un rotor destiné à annuler le couple de rotation du fuselage. – Ce rotor.

fenêtrage n. m. Ensemble des fenêtres d'un édifice ; leur disposition sur la façade. - var. **fenestrage.**

fenêtre n. f. (vient du latin *fenestra, cf.* **défenestrer**) **1.** Ouverture (faite dans un mur) pour laisser pénétrer l'air et la lumière ; ensemble formé par cette ouverture et le dispositif qui la ferme ; ce dispositif. → **[2]baie, porte-fenêtre.** *Ouvrir, fermer une fenêtre.* – *Se mettre à la fenêtre. Sauter, jeter par la fenêtre* (→ **défenestrer**). – loc. *Jeter l'argent par les fenêtres,* le dépenser inconsidérément. **2.** par analogie (Ouverture rectangulaire). *Enveloppe à fenêtre,* comportant un rectangle découpé qui laisse voir l'adresse. ■ Zone rectangulaire (d'un écran) sur laquelle apparaissent des informations. **3.** didact. Intervalle de temps à l'intérieur duquel une opération peut être effectuée. *Fenêtre de lancement d'une fusée.*

fenêtrer v. tr. < 1 > **1.** Pourvoir de fenêtres. *Fenêtrer un bâtiment.* **2.** Pratiquer une ouverture dans. *Fenêtrer un plâtre.*

féodalité

Les symboles du lien féodal. 1. Les mains jointes du vassal dans celles de son seigneur (miniature du XIIIe s., Bibliothèque nationale de France, Paris). 2. L'hommage du chevalier à son suzerain (enluminure du XVe s., Bibliothèque nationale de France, Paris). 3. Présence d'un surveillant seigneurial lors de la moisson (miniature du XIVe s., British Library, Londres).

▶ La **féodalité** (1) est un système socio-politique médiéval reposant sur l'attribution d'un fief par un seigneur à son vassal en contrepartie d'une aide militaire et financière ainsi que d'une fidélité politique.

Le système féodal provient de l'affaiblissement du pouvoir carolingien au IXe siècle. Les souverains se révèlent incapables d'assurer la défense des populations face aux invasions. La protection contre ces dernières s'exerce dès lors dans le cadre de principautés territoriales (duchés, comtés) héréditaires, dont les titulaires deviennent détenteurs de la puissance publique (le *ban*). À la fin du Xe siècle, ces principautés se morcellent à leur tour au profit des châtelains et les guerres privées deviennent fréquentes.

Profitant à l'aristocratie foncière, le lien féodal s'exerce dans le cadre de la seigneurie. Les pratiques achèvent de se fixer au XIIe siècle : le vassal prête au seigneur l'hommage, puis reçoit l'investiture du fief (le plus souvent une terre, parfois un fief-rente) ; le vassal doit l'aide (militaire, judiciaire et financière) et le conseil à son seigneur ; en échange, celui-ci doit protection à son vassal. En cas de vassalités multiples, « l'hommage lige » assure en théorie la priorité à l'un des seigneurs. Dominante dans l'Europe occidentale chrétienne au Moyen Âge, la féodalité marque profondément les relations sociales et les mentalités. À partir du XIIIe siècle, en France, le pouvoir royal récupère une partie de ses prérogatives (interdiction des guerres privées par Saint Louis). À la fin du XVe siècle, la plupart des grands fiefs ont été rattachés à la Couronne (Bourgogne, Bretagne) : c'est la fin de l'âge féodal. Le système seigneurial subsiste toutefois jusqu'à la Révolution, concurrencé par les cadres de l'État moderne en gestation. Le mot « féodalité », apparu au XVIIe siècle, a pris un sens péjoratif (triomphe des intérêts privés sur le bien commun). Mais, lorsqu'on la replace dans son contexte historique, il s'avère que « la féodalité [a recousu] le tissu social aussi vite qu'elle a semblé [l'avoir défait] » (Pierre Chaunu).

voir aussi **Moyen Âge**

feng shui [fɛŋʃwi ; fẽgʃɥi] **n. m. invar.** (mot chinois « énergie vitale », de *feng* « vent » et *shui* « eau ») Art de vivre d'inspiration chinoise, qui cherche l'harmonie des rapports entre l'homme et son environnement.

Feng Yuxiang ou **Fong Yu-siang** Général chinois (1880-1948). Commandant au service de Jiang Jieshi (Chiang Kai-shek), il occupa Pékin en 1924 puis se retourna contre lui en 1930.

fenian (mouvement) Société secrète révolutionnaire irlandaise. Fondée en 1858 aux États-Unis, elle visait à obtenir l'indépendance de l'Irlande.

fenil [fəni(l)] **n. m.** (du latin, de *fenum* → [1]foin) Grenier à foin. → **grange.**

Fenn (John B.) Chimiste américain (1917-2010). Il mit au point une méthode de préparation des échantillons permettant d'appliquer aux protéines la spectrométrie de masse. Prix Nobel 2002, avec K. Tanaka et K. Wüthrich.

fennec [fenɛk] **n. m.** (arabe *fanak*) Mammifère d'Afrique du Nord, aussi appelé *renard des sables*, à grandes oreilles pointues.

Fenoglio (Beppe) Écrivain italien (1922-1963). Ses romans, austères et violents, décrivent le monde paysan et la résistance antifasciste pendant la guerre. *Les Vingt-Trois Jours de la ville d'Albe ; Une affaire personnelle.*

fenouil **n. m.** (vient du latin « petit foin », de *fenum* → [1]foin) Plante herbacée à goût anisé, cultivée comme potagère ou aromatique. *Bar grillé au fenouil.*

Fenouillèdes **n. m. pl.** ou **Fenouillet** Dépression allongée du S. de la France, située entre les Corbières et les Pyrénées.

Fens **n. m. pl.** Région marécageuse de l'E. de l'Angleterre, située au fond du golfe de Wash.

Fensch **n. f.** Rivière de Lorraine, affluent de la Moselle. 42 km. Sa vallée est une zone industrielle.

fente **n. f.** (vient du latin, du p. p. de *findere* → fendre) **I. 1.** Ouverture étroite et longue (à la surface d'un solide). → **cassure, fêlure.** *Les fentes de l'écorce terrestre.* – anat. Séparation étroite. *Fente vulvaire.* **2.** Ouverture étroite et allongée (dans l'épaisseur d'une matière). → **interstice.** *Fentes d'une palissade.* – *Fente d'une jupe.* **3.** sports Exercice qui consiste à fléchir une jambe, l'autre étant tendue en arrière. **II.** Action de fendre (dans quelques emplois). *Bois de fente.*

fenton [fɑ̃tɔ̃] **n. m.** (de *fente*) techn. Tige de fer pour soutenir des ouvrages de plâtre. - var. **fanton.**

Fenton (Roger) Photographe britannique (1819-1869). Il fut, lors de la guerre de Crimée, l'un des tout premiers photographes de guerre.

fenugrec **n. m.** (du latin *fenugraecum* « foin grec ») Plante aromatique dont les graines sont utilisées depuis l'Antiquité pour leurs propriétés médicinales.

féodal, ale, aux (latin médiéval *feodalis*, de *feodum* « fief ») **I. adj.** Qui appartient à un fief, à l'ordre politique et social fondé sur l'institution du fief. *Château féodal. La société féodale* (→ **suzerain ; vassal ; serf**). *Droit féodal* (→ **feudiste**). ▪ Qui rappelle la féodalité. *Le Japon féodal.* **II. n. m.** Grand seigneur féodal. ▪ par analogie Riche propriétaire terrien.

féodalisme **n. m.** Caractère féodal (d'une organisation).

féodalité **n. f. 1.** Forme d'organisation politique, économique et sociale du Moyen Âge, caractérisée par l'existence des fiefs. **2.** fig. Grande puissance économique, financière ou sociale.

fer [fɛʀ] **n. m.** (vient du latin *ferrum* → ferrer, ferrugineux) **I. 1.** Métal blanc grisâtre (symb. Fe, n° at. 26, masse at. 55,847), très commun. *L'aimant attire le fer. L'acier, la fonte contiennent du fer. Industries du fer.* → **métallurgie, sidérurgie.** – *Fer forgé*. Fil de fer.* – *Âge du fer*, période qui succède à l'âge du bronze (vers l'an 1000 av. J.-C.). ▪ prov. *Il faut battre* le fer pendant qu'il est chaud.* – loc. *Croire dur comme fer à qqch.*, en être absolument convaincu. *La dame de fer* : la tour Eiffel. **2.** fig. *De fer* **loc. adj. invar.** → **[1]fort, résistant, robuste, rude.** *Une santé de fer.* – *Une volonté de fer.* → **inflexible. II.** (Objet, instrument en fer, en acier) **1.** Partie en fer ou métallique (d'un instrument, d'une arme). *Le fer d'une charrue. Le fer d'une lance.* – fig. *Le fer de lance* (d'une organisation...), l'avant-garde. **2.** Objet, instrument en fer, en métal (servant à donner une forme, à marquer...). *Fers de relieur*, servant à faire des empreintes sur le cuir. – ***Fer à repasser*** et absolt ***fer*** : instrument à semelle métallique qui, une fois chaud, sert à repasser le linge. *Fer à vapeur.* – ***Fer à friser***, pour faire boucler les cheveux. – ***Fer rouge*** : tige de fer que l'on porte au rouge. *Marquage des bœufs au fer rouge.* **3.** (dans des loc.) Épée, fleuret. loc. *Croiser le fer*, se battre à l'épée. **4.** (Bande de métal formant semelle) ***Fer à cheval*** ou ***fer*** : pièce de métal qui sert à garnir les sabots des chevaux, etc. *Des fers à cheval. Table en fer à cheval*, en forme de fer à cheval. fig. *Tomber les quatre fers en l'air*, à la renverse. ▪ Renfort métallique (d'une semelle). *Chaussures munies de fers.* → **ferré. 5.** au plur. ***Les fers*** : barre de fer servant à enchaîner un prisonnier. *Mettre un prisonnier aux fers.* – fig., littér. *Être dans les fers.* → **captif.** « *L'homme est né libre, et partout il est dans les fers* » (Rousseau).

▶ Le fer (I, 1) est un métal dont les propriétés (ténacité, malléabilité, ductilité) ont commencé à être exploitées entre 1100 et 800 avant notre ère selon les régions du monde.
Son plus gros défaut en tant que matériau est certainement son affinité pour l'oxygène, responsable de sa corrosion et de la rouille (un mélange d'oxydes et d'hydroxydes de fer), notamment en milieu humide et salin. Le fer est donc le plus souvent employé mélangé au carbone : plus de 2 % pour la fonte, lourde et cassante ; 0,008 à 2 % pour l'acier, plus facile à forger et plus résistant.
Réaumur est considéré comme le fondateur de la sidérurgie moderne au début du XVIIIe siècle, pour avoir contribué à l'amélioration de la fabrication de l'acier. Dès lors, l'utilisation massive du fer sous forme d'acier a joué un rôle primordial dans la révolution industrielle.
Métal le plus abondant à l'état naturel, le fer est le composant principal du noyau terrestre ; il lui confère ses propriétés magnétiques.
Le fer a un rôle essentiel dans notre organisme : présent dans la molécule d'hémoglobine portée par les globules rouges, c'est lui qui y fixe le dioxygène. Il doit être apporté par l'alimentation ; présent en quantité importante dans le foie et certaines légumineuses, il ne l'est que très peu dans les épinards, contrairement à une idée reçue ! La carence en fer est en cause dans environ 50 % des cas d'anémie.
voir aussi **atome, météorite**

féra **n. f.** (mot de la Suisse romande, d'origine probablt préromane) Poisson (salmonidé) des lacs suisses, du genre corégone.

féralies **n. f. pl.** (du latin *feralis* « qui concerne les dieux ») Fêtes annuelles en l'honneur des morts, chez les Romains.

Feraoun (Mouloud) Écrivain algérien d'expression française (1913-1962). Ses romans décrivent les souffrances et les aspirations du peuple berbère et posent le problème du conflit entre l'islam et le monde occidental. *Le Fils du pauvre ; La Terre et le Sang ; Journal.*

fer-blanc **n. m.** Tôle de fer recouverte d'étain. *Des fers-blancs.*

ferblanterie **n. f.** Ensemble des ustensiles en fer-blanc. – Industrie, commerce des objets en fer-blanc.

ferblantier, ière **n.** (de *fer-blanc*) Personne qui fabrique ou vend des objets en fer-blanc.

Ferdawsī voir **Firdoussi**

Ferdinand

EMPEREURS GERMANIQUES

▪ **Ferdinand Ier** (1503-1564) Roi de Bohême et de Hongrie (1526-1564), roi des Romains (1531-1564), empereur germanique (1556-1564). Frère de Charles Quint, il hérita en 1521 des possessions des Habsbourg en Autriche. Il dut faire face à l'offensive turque (siège de Vienne, 1529) et fit preuve de tolérance à l'égard des protestants en négociant la paix d'Augsbourg (1555).

▪ **Ferdinand II de Habsbourg** (1578-1637) Empereur germanique (1619-1637). Il eut à affronter le soulèvement protestant de la Bohême qui fut à l'origine de la guerre de Trente Ans.

▪ **Ferdinand III de Habsbourg** (1608-1657) Roi de Hongrie (1625-1657) et de Bohême (1627-1657), empereur germanique (1637-1657). Il continua la guerre de Trente Ans contre la Suède et la France, et signa la paix de Westphalie en 1648.

ARAGON

▪ **Ferdinand Ier d'Aragon le Juste** (v. 1380-1416) Roi d'Aragon et de Sicile (1412-1416). Il combattit victorieusement les Maures de Grenade en 1410.

▪ **Ferdinand II d'Aragon le Catholique** (1452-1516) Roi de Castille sous le nom de Ferdinand V (1474-1504), roi d'Aragon et de Sicile (1479-1516), roi de Naples sous le nom de Ferdinand III (1504-1516). Son mariage avec Isabelle de Castille (1469) scella l'unité espagnole. Il introduisit l'Inquisition (1479), expulsa les Juifs (1492) et acheva la Reconquête par la prise de Grenade (1492).

AUTRICHE

▪ **Ferdinand Ier** (1793-1875) Empereur d'Autriche (1835-1848). Faible d'esprit, il laissa le pouvoir aux mains d'un conseil de régence présidé par Metternich. Il dut abdiquer après la révolution de 1848.

BULGARIE

▪ **Ferdinand Ier, prince de Saxe-Cobourg-Gotha** (1861-1948) Prince (1887) puis roi de Bulgarie (1908-1918). Il entreprit des réformes visant à moderniser la Bulgarie. Il dut abdiquer en faveur de son fils Boris.

CASTILLE, LEÓN, ESPAGNE

▪ **Ferdinand Ier le Grand** (v. 1017-1065) Roi de Castille (1035-1065). Il agrandit son royaume du León et de la Navarre et s'illustra dans la lutte contre les Maures.

▪ **Ferdinand III** (saint) (v. 1199-1252) Roi de Castille (1212-1252) et roi de León (1230-1252). Il réunit définitivement les deux royaumes (1230), chassa les Maures de Cordoue (1236) et de Séville (1248), et fonda l'université de Salamanque.

▪ **Ferdinand VI le Sage** (1713-1759) Roi d'Espagne (1746-1759). Fils de Philippe V, il participa à la guerre de Succession d'Autriche et y gagna Parme et Plaisance.

▪ **Ferdinand VII** (1784-1833) Roi d'Espagne (1808 ; 1814-1833). Porté sur le trône par l'insurrection d'Aranjuez, il fut contraint par Napoléon d'abdiquer en faveur de Joseph Bonaparte (1808) et fut interné jusqu'en 1814. Rentré en Espagne, il y rétablit l'absolutisme et dut combattre la révolte du général Riego (1820). Sa décision d'abolir la loi salique en faveur de sa fille Isabelle fut à l'origine des guerres carlistes.

NAPLES

▪ **Ferdinand Ier** ou **Ferrante** (1423-1494) Roi de Naples (1458-1494). Fils naturel d'Alphonse V d'Aragon, il chassa les Turcs d'Otrante (1481).

▪ **Ferdinand Ier de Bourbon** (1751-1825) Roi de Naples sous le nom de Ferdinand IV (1759-1816) puis roi des Deux-Siciles (1816-1825). Il laissa sa femme, Marie-Caroline d'Autriche, gouverner Naples, et fut obligé de s'enfuir par deux fois en Sicile. À son retour à Naples (1815), il fit fusiller Murat et prit le titre de roi des Deux-Siciles.

■ **Ferdinand II de Bourbon** (1810-1859) Roi des Deux-Siciles (1830-1859). Il dut accorder une constitution en 1848, mais rétablit ensuite l'absolutisme.

PORTUGAL

■ **Ferdinand Ier** (1345-1383) Roi de Portugal (1367-1383). Il maria sa fille Béatrice à Jean Ier de Castille, ce qui provoqua l'invasion du Portugal par les Castillans.

ROUMANIE

■ **Ferdinand Ier** (1865-1927) Roi de Roumanie (1914-1927). Il entra en guerre aux côtés des Alliés en août 1916.

-fère Élément (du latin *-fer* « qui porte », de *ferre* « porter » [→ fertile], supin *latum*, très productif en composition : ex. *circonférence, odoriférant, offrir, transférer ; délation, législateur, relation*) qui entre dans la composition de mots savants (ex. *mammifère, somnifère*).

Fère (La) Commune de l'Aisne, au confluent de la Serre et de l'Oise. 2 845 habitants. Musée Jeanne-d'Aboville (archéologie, peinture).

Fère-Champenoise Commune de la Marne. 2 171 habitants. Défaite française en 1814, lors de la campagne de France.

Fère-en-Tardenois Commune de l'Aisne, sur l'Ourcq. 2 970 habitants. Halles du XVIe siècle.

Ferenczi (Sándor) Neurologue et psychiatre hongrois (1873-1933). Disciple et ami de Freud, il fut l'un des principaux promoteurs de la psychanalyse. *Thalassa, psychanalyse des origines de la vie sexuelle.*

Fergana ou **Ferghana** n. m. Région fertile d'Ouzbékistan, du Kirghizstan et du Tadjikistan traversée par le fleuve Syr-Daria. Agriculture irriguée.

Fergana ou **Ferghana** Ville d'Ouzbékistan, dans le S. de la vallée du Fergana. 260 000 habitants. Industries textile et alimentaire.

féria n. f. (espagnol *feria* « jour de fête », du bas latin *feria* → **¹foire**) En Espagne, dans le sud de la France, Fête comportant des courses de taureaux. *La féria de Nîmes.*

férie n. f. (du latin *feriae* « jour de repos » → **¹foire**) **1.** Antiq. romaine Jour pendant lequel le travail était interdit par la religion. **2.** relig. cathol. Jour de la semaine, à l'exception du samedi et du dimanche.

férié, ée adj. (vient du latin, de *feriae* → **¹foire**) (jour) Où il y a cessation de travail (fête religieuse ou civile). → **chômé.** *Les dimanches, Noël sont des jours fériés* (opposé à *ouvrable*).

férir v. tr. < seulement inf. > (vient du latin *ferire* « frapper » → **féru, interférer**) **1.** vieux Frapper. **2.** mod. loc. *Sans coup férir,* sans rencontrer la moindre résistance.

ferler v. tr. < 1 > (origine obscure, p.-ê. famille de *férule*) mar. Serrer (une voile) pli par pli contre un espar.

Ferlinghetti (Lawrence) Poète américain (1919-2021). Figure de la beat génération, il a traduit Prévert. Sa poésie est destinée à être lue à haute voix. *Pictures of the Gone World ; A Coney Island of the Mind.*

Ferlo n. m. Région aride du N.-E. du Sénégal, dans la vallée du Ferlo, affluent au cours intermittent du fleuve Sénégal.

ferlouche ou **farlouche** n. f. (origine inconnue) régional Au Canada, Mélange de raisins secs et de mélasse garnissant une tarte.

fermage n. m. Mode d'exploitation agricole par ferme (I, 1) ; loyer d'une ferme. *Fermage et métayage.*

fermail, aux n. m. vieux ou archéol. Agrafe ; fermoir de livre.

Fermanagh Comté du S.-O. de l'Irlande du Nord. 1 691 km². 57 500 habitants, en majorité catholiques. Capitale : Enniskillen.

fermant, ante adj. Qui peut se fermer. *Meuble fermant.* ■ *Guillemets fermants,* placés en fin d'énoncé.

Fermat (Pierre de) Mathématicien français (1601-1665). Il fut un précurseur de la géométrie analytique, du calcul des probabilités, du calcul différentiel et intégral. Le *théorème de Fermat,* portant sur les nombres complexes (et dont la démonstration par Fermat fut perdue), ne fut démontré qu'en 1994 par A. Wiles.

¹ferme (vient du latin *firmus* « solide, résistant » → **fermer**) **I.** adj. **1.** Qui a de la consistance, sans être très dur. → **compact, consistant.** *Fruit à chair ferme.* – *Sol ferme,* où l'on n'enfonce pas. *La terre ferme* (par oppos. à la mer). **2.** Qui se tient sans fléchir ni chanceler ; qui a de l'assurance. → **solide ; assuré, décidé.** *Marcher d'un pas ferme.* – *De pied ferme :* sans bouger, sans reculer ; fig. sans crainte. *Il attend la critique de pied ferme.* ■ *Une écriture ferme.* – *Un style ferme.* **3.** Qui ne se laisse pas ébranler ou influencer, qui montre une calme autorité. → **déterminé, inflexible.** « *Il est bon d'être ferme par tempérament, et flexible par réflexion* » (Vauvenargues). – *Un ton ferme.* – *Avoir la ferme intention de...* **4.** (règlements, conventions) Qui ne change pas. *Prix fermes et définitifs.* **II.** adv. **1.** Avec force, vigueur. → **dur, ¹fort.** *Frotter ferme.* – *Discuter ferme,* avec ardeur. **2.** Beaucoup, intensément. *Je me suis ennuyé ferme.*

²ferme n. f. (de *fermer,* au sens ancien de « établir solidement ») **I. 1.** Louage d'une exploitation agricole à qqn, moyennant une redevance. → **fermage.** *Donner une terre à ferme.* **2.** hist. Sous l'Ancien Régime, Système de perception des impôts indirects dans lequel le fonctionnaire (→ **fermier**) traitait à forfait pour une somme à remettre d'avance au roi. **II. 1.** Exploitation agricole. → **domaine.** *Les grandes fermes de la Beauce.* **2.** Bâtiments de l'exploitation agricole ; maison de paysans. *Ferme normande.* **3.** Ensemble de machines identiques regroupées en un même lieu. *Ferme éolienne.*

fermement adv. **1.** D'une manière ferme, assurée. *Tenir fermement qqch.* **2.** Avec fermeté, conviction. *Réagir fermement.*

ferment n. m. (latin *fermentum* « levain », famille de *fervere* « bouillir » → **ferveur**) **1.** Substance qui en fait fermenter une autre. → **levure.** *Ferment lactique.* → **bifidus, lactobacille.** **2.** fig. Ce qui fait naître ou détermine (un sentiment, un changement...). *Un ferment de discorde.*

fermentable adj. Qui peut fermenter. → **fermentescible.** *Déchets fermentables.*

fermentation n. f. (→ **fermenter**) **1.** Transformation (d'une substance organique) sous l'influence d'enzymes produites par des micro-organismes. *Fermentation alcoolique,* qui donne de l'alcool à partir du sucre. **2.** fig. Agitation fiévreuse (des esprits). → **effervescence.**

fermenté, ée adj. Qui a subi une fermentation. *Boisson fermentée. Fromages fermentés.*

fermenter v. intr. < 1 > (du latin → **ferment**) **1.** Être en fermentation. *Le raisin fermente dans la cuve.* **2.** par métaphore ou fig. (esprits, sentiments) S'échauffer, s'agiter.

fermentescible [fɛʀmɑ̃tesibl] adj. (du latin ; famille de *ferment*) didact. Qui peut entrer en fermentation. → **fermentable.**

fermenteur n. m. techn. Récipient dans lequel on cultive des micro-organismes en vue de les étudier.

fermer v. < 1 > (vient du latin *firmare* « rendre solide » → **firmament,** de *firmus* → **¹ferme ;** cf. **²ferme**) **I.** v. tr. **1.** Appliquer les éléments mobiles de (une ouverture) de manière à boucher le passage entre l'intérieur et l'extérieur (contr. **ouvrir**). *Fermer une porte, la porte.* **2.** Priver de communication avec l'extérieur, par la mise en place d'un élément mobile. → **clore.** *Fermer une valise.* – absolt *Dépêchez-vous, on ferme !* **3.** Rapprocher, réunir (des éléments mobiles) ; disposer en rapprochant, en réunissant les éléments. *Fermer les paupières ; les yeux. Fermer la bouche.* – fam. *Fermer sa gueule,* se taire. *Fermez-la !,* taisez-vous. – fam. *Fermer une lettre.* → **cacheter.** *Fermer un livre.* **4.** Rendre infranchissable ; empêcher d'utiliser (un passage...). *Fermer une route.* → **¹barrer.** – *L'aéroport est fermé.* **5.** fam. Arrêter (un flux...) par un mécanisme. *Fermer l'eau, l'électricité.* – *Fermer un robinet.* ■ Faire cesser de fonctionner. *Fermer la télévision.* → **éteindre.** **6.** abstrait Rendre inaccessible. *Fermer une carrière à qqn.* « *Un de ces reproches* [...] *qui, pour un temps, ferment le cœur* » (Loti). **7.** Mettre une fin à. *Fermer une liste.* → **arrêter, clore.** – *Fermer la parenthèse.* **II.** v. intr. **1.** Être, rester fermé. *Le magasin va fermer.* **2.** Pouvoir être fermé. *Cette serrure ferme mal.* ■ **se fermer** v. pron. **1.** (réfl.) Devenir fermé. *La porte s'est fermée toute seule.* – *Se fermer à,* refuser l'accès de. **2.** (passif) *Robe qui se ferme dans le dos.* ■ **fermé, ée** adj. **1.** Qui ne communique pas avec l'extérieur. *Mer fermée.* **2.** Qu'on a fermé. *La porte est fermée.* → **¹clos.** *Le magasin est fermé.* **3.** Où l'on s'introduit difficilement. *Un milieu fermé.* **4.** *Courbe fermée,* qui limite une surface (ex. le cercle). **5.** Peu expansif. *Il a l'air fermé.* – *Visage fermé.* **6.** *Fermé à,* inaccessible, insensible à. **7.** (son) Qui comporte l'occlusion ou le resserrement du canal vocal. *É fermé* [e].

fermeté n. f. (du latin → **¹ferme**) **1.** État de ce qui est ferme, consistant. → **consistance, dureté.** *Fermeté des chairs.* **2.** État de ce qui est assuré, décidé. *Une grande fermeté de main.* → **sûreté, vigueur.** – *Fermeté d'exécution* (en peinture...), *du style.* **3.** Qualité d'une personne ferme, déterminée. → **détermination, résolution, sang-froid ; autorité.** *Parler avec fermeté.* **4.** *Fermeté des cours de la Bourse :* stabilité, bonne tenue.

fermette n. f. Petite ferme ou maison rurale.

fermeture n. f. **I.** Dispositif servant à fermer. *La fermeture d'une fenêtre.* ■ *Fermeture à glissière,* formée de deux rubans dentelés qui s'engagent l'un dans l'autre par l'action d'un curseur. – (marque déposée) *Fermeture Éclair* (même sens). **II.** Action de fermer ; état de ce qui est fermé (local, etc.). *Heures de fermeture d'un magasin, d'un musée.*

fermi n. m. (de Fermi → **fermion, fermium**) phys. Unité de longueur valant un milliardième de micron.

Fermi (Enrico) Physicien italien (1901-1954). Il est l'auteur de travaux décisifs sur la physique des particules (statistique de Fermi-Dirac), sur la radioactivité et les réactions nucléaires. Il fut l'un des maîtres d'œuvre de la première bombe atomique américaine et dirigea la construction de la première pile atomique. Prix Nobel 1938.

fermier, ière n. **1.** Personne qui exploite un domaine agricole à ferme*. ■ hist. Personne qui, sous l'Ancien Régime, prenait à ferme le recouvrement des impôts. *Fermier du roi. Les fermiers généraux.* **2.** Personne (propriétaire ou non) qui exploite un domaine agricole. → **agriculteur, cultivateur, paysan.** **3.** en fonction d'adj. Produit dans une ferme, de manière artisanale. *Poulet, beurre fermier.*

fermion n. m. (de Fermi, physicien italien) phys. Particule fondamentale (électron, nucléon) ou atome dont le nombre de spin est demi-entier ou nul.

fermium n. m. (de Fermi, n. propre) phys., chim. Élément radioactif artificiel (symb. Fm ; n° at. 100 ; masse at. 248 à 256), huitième élément transuranien découvert dans la série des actinides.

fermoir n. m. Attache ou dispositif destiné à tenir fermé (un sac, un bijou...).

Fernandel (Fernand Contandin, dit) Acteur français (1903-1971). Après des débuts au café-concert, il connut un immense succès au cinéma dans des rôles d'une grande drôlerie, où il incarne souvent des personnages naïfs et émouvants. *François Ier ; La Fille du puisatier ;* série des *Don Camillo.*

Fernandel

Fernandel dans *La Vache et le Prisonnier* d'Henri Verneuil (1959).

Fernandes (Mateus) Architecte portugais (mort en 1518). Il est l'auteur du portail monumental du monastère de Batalha, l'un des plus brillants exemples du style manuélin.

Fernández (Juan) Navigateur espagnol (v. 1536-v. 1599). Il explora les côtes du Chili, découvrit les îles San-Félix et les îles qui portent son nom.

Fernández (Macedonio) Écrivain argentin (1874-1952). Mentor de J. L. Borges, il fut tour à tour philosophe, poète *(Ellena Bellemort)* et romancier *(Adriana Buenos Aires)*.

Fernández (Emilio) Cinéaste mexicain (1904-1986). Il restitua la réalité mexicaine avec ses couleurs et son folklore. *Maria Candelaria ; Enamoroda.*

Fernandez (Dominique) Écrivain français (né en 1929). Auteur d'une soixantaine de romans, dont l'un des thèmes centraux est l'homosexualité, il obtint le prix Goncourt pour *Dans la main de l'ange* inspiré de la vie de Pasolini. Académie française.

Fernández de Lizardi (José Joaquín) Écrivain mexicain (1776-1827). Son roman *Perruchet le Galeux* constitue un document sociologique sur la société mexicaine du XVIIIe siècle.

Fernando de Noronha Archipel brésilien de l'Atlantique, à 360 km des côtes. Base militaire. Tourisme.

Fernel (Jean) Astronome, mathématicien et médecin français (1497-1558). Il mesura la longueur du degré du méridien. Auteur d'une étude sur la physiologie, il fut le médecin d'Henri II.

Ferney (Cécile Brossollet, dite Alice) Romancière française (née en 1967). Elle décrit avec élégance et sensibilité les liens entre mariage, sentiment et sexualité, et aborde le thème de la différence des sexes. *Grâce et Dénuement. La Conversation amoureuse ; L'Élégance des veuves ; Dans la guerre ; Les Bourgeois.*

Ferneyhough (Brian) Compositeur britannique (né en 1943). Il est l'auteur d'œuvres complexes, proches de la musique sérielle viennoise. *Time and Motion Study ; Funérailles I et II ; Fourth String Quartet.*

Ferney-Voltaire Commune de l'Ain, à la frontière suisse. 10 612 habitants. La ville fut développée par Voltaire autour du château de Ferney, où il vécut à partir de 1760.

féroce adj. **(latin *ferox, ferocis* « impétueux », de *ferus* « sauvage » → [2]fier) 1.** (animaux) Qui est cruel par instinct. → **[1]sanguinaire, sauvage.** *Bêtes féroces.* **2.** (personnes) Cruel et brutal. *« Une société cynique et féroce »* (Huysmans). – *Un sourire féroce.* **3.** Très dur, impitoyable. *Une ironie féroce.* **4.** par exagér. → **terrible.** *Un féroce appétit.* □ adv. **férocement**

férocité n. f. **(du latin → féroce) 1.** (animaux) Naturel féroce. *La férocité des fauves.* **2.** Caractère féroce, brutal, dur.

Féroé (îles) en danois **Færørne** Archipel danois de l'Atlantique nord (statut d'autonomie locale, depuis 1948). 1 400 km². 47 500 habitants. Chef-lieu : Thorshavn. Pêche.

ferrade n. f. **(provençal *ferrado*)** régional (Provence) Action de marquer le bétail au fer rouge.

ferrage n. m. **1.** Action de ferrer (un animal). *Le ferrage d'un cheval.* **2.** Action de ferrer (un poisson).

ferraillage n. m. techn. Ensemble des éléments métalliques d'un ouvrage en béton armé.

ferraille n. f. **1.** Déchets de fer, d'acier ; morceaux de fer inutilisables. *Un tas de ferraille.* – *Cette voiture est bonne à mettre à la ferraille,* à jeter (→ **à la casse**). – *Bruit de ferraille.* → **ferraillement. 2.** fam. Petite monnaie. → **mitraille.**

ferraillement n. m. **1.** Action de ferrailler. **2.** Bruit de ferraille.

ferrailler v. intr. < 1 > Se battre au sabre ou à l'épée. fig. *Ferrailler contre un adversaire* : batailler.

[1]ferrailleur n. m. **(de *ferrailler*)** péj. Celui qui aime à ferrailler, à se battre à l'épée. → **bretteur.**

[2]ferrailleur, euse n. **(de *ferraille*)** Marchand(e) de ferraille.

Ferran (Pascale) Cinéaste française (née en 1960). Elle s'est engagée dans une politique culturelle en faveur du cinéma d'auteur. *Petits Arrangements avec les morts ; L'Âge des possibles ; Lady Chatterley ; Bird People.*

Ferrante (Elena) Écrivaine italienne (née en 1943). C'est sous ce pseudonyme que l'autrice a écrit une saga se déroulant dans un quartier défavorisé de Naples dans les années 1950 et dont l'héroïne est une adolescente : *L'Amie prodigieuse.*

Ferrare Ville d'Italie (Émilie-Romagne), sur le Pô. 131 000 habitants. Université (XIVe s.), cathédrale de style lombard (XIIe-XIIIe s.), château d'Este (XIVe-XVIe s.). Elle fut le centre d'une grande école de peinture aux XVe et XVIe s. (Cosmè Tura, Francesco del Cossa, Ercole de Roberti). Ferrare fut rattachée aux États de l'Église de 1598 à 1796.

Ferrari (Enzo) Pilote et constructeur automobile italien (1898-1988). Coureur automobile, il lança sa propre marque de voitures de sport et de luxe.

Ferrari (Luc) Compositeur français (1929-2005). Élève de Messiaen et de Honegger, il pratiqua la musique concrète électronique, et fonda avec P. Schaeffer le Groupe de recherches musicales. *Visages V ; Und so weiter.*

Ferrari (Enzo)

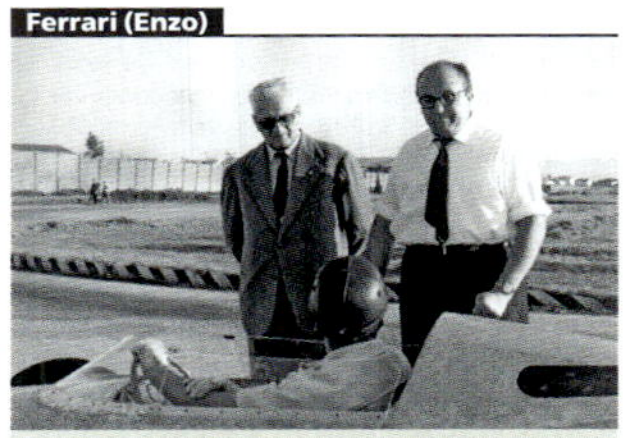

Enzo Ferrari (à g.) et l'ingénieur Chiti discutent avec un pilote.

Ferrassie (La) Site préhistorique de la Dordogne (commune de Savignac-de-Miremont), où l'on découvrit notamment des sépultures datant du paléolithique.

Ferrat (Jean Tenenbaum, dit Jean) Auteur-compositeur et interprète français (1930-2010). Chanteur engagé *(Un air de liberté)*, il a composé des chansons poétiques *(La Montagne)* et mis en musique des poèmes d'Aragon (tirés des *Yeux d'Elsa*).

ferrate n. m. chim. Sel d'un acide ferrique (H_2FeO_4) dérivé de l'oxyde ferrique.

ferratier n. m. techn. Marteau de maréchal-ferrant, servant à forger les fers. - var. **ferretier.**

ferré, ée adj. **1.** De fer ; garni de fer. – *Voie ferrée,* de chemin de fer. *Réseau ferré.* → **ferroviaire. 2.** Qui a des fers. *Cheval ferré.* – *Souliers ferrés.* **3.** fig. *Être ferré sur un sujet, une question.* → **calé, [1]fort, instruit.**

Ferré (Léo) Auteur-compositeur et interprète français (1916-1993). Il est l'auteur de chansons réalistes *(Jolie Môme)* et poétiques (il mit en musique des textes d'Aragon, Apollinaire et Rimbaud), tendres et amères *(Avec le temps)*, souvent d'inspiration libertaire *(Les Anarchistes ; Graine d'ananar)*.

[1]ferrement n. m. **(latin *ferramentum*)** Garniture de fer. → **ferrure.**

[2]ferrement n. m. **(de *ferrer*) 1.** anciennt Action de ferrer (un forçat). **2.** Action de ferrer un cheval. → **ferrage.**

ferrer v. tr. < 1 > **(du latin pop., famille de *ferrum* → fer) 1.** Garnir de fer, de métal. *Ferrer un bâton.* **2.** Munir de fers. *Ferrer un âne.* **3.** Engager le fer d'un hameçon dans les chairs de (un poisson qui a mordu à l'appât).

Ferrer Guardia (Francisco) Anarchiste espagnol (1859-1909). Il ouvrit en 1901 une école laïque et rationaliste à Barcelone, puis une maison d'édition populaire. Jugé responsable d'émeutes anticléricales lors de la guerre du Maroc, il fut condamné à mort et fusillé.

Ferreri (Marco) Cinéaste italien (1928-1997). Il a réalisé des films satiriques en Espagne *(El Cochecito)*, en Italie et en France *(Dillinger est mort ; La Grande Bouffe)*.

Ferrare

Ferrare, le château d'Este, ou château Saint-Michel (XIVe-XVIe s), au cœur de la ville.

F

Ferrero **(Guglielmo)** Historien et écrivain italien (1871-1943). Dans *Grandeur et décadence de Rome,* il insiste sur le rôle des facteurs économiques et sociaux dans le déclin de la civilisation antique.

ferret **n. m. (diminutif de *fer*)** Pièce (de fer, etc.) au bout d'un lacet, d'une aiguillette. – *Des ferrets de diamants,* ornés de diamants.

ferretier voir **ferratier**

ferreur, euse **n.** Ouvrier, ouvrière qui ferre. *Ferreur de chevaux.*

ferreux, euse **adj.** Qui contient du fer. *Minerai ferreux.*

Ferri **(Enrico)** Criminologue et homme politique italien (1856-1929). Il fut l'un des fondateurs de la criminologie moderne *(Sociologie criminelle).* Socialiste, puis marxiste orthodoxe, il adhéra par la suite au fascisme.

ferricyanure **n. m.** chim. Composé de fer, de cyanogène et d'un métal.

Ferrié **(Gustave)** Général et ingénieur français (1868-1932). Il se consacra à la télégraphie sans fil, et utilisa notamment le sommet de la tour Eiffel comme un émetteur de radiotélégraphie militaire.

Ferrier **(Kathleen)** Contralto britannique (1912-1953). Elle interpréta le rôle-titre d'*Orfeo* de Gluck et triompha dans l'oratorio (Haendel, Bach) et le lied (Schumann, Brahms, Mahler).

Ferrière **(Adolphe)** Pédagogue suisse (1879-1960). Il insista sur la nécessité de laisser s'exprimer la spontanéité de l'enfant, de promouvoir un enseignement capable d'éveiller son intérêt et de le préparer à la vie active. *Transformons l'école ; L'École active.*

Ferrières-en-Brie Commune de la Seine-et-Marne, à l'E. de Marne-la-Vallée. 3 796 habitants. En 1870, Jules Favre tenta sans succès d'y négocier un armistice avec Bismarck.

Ferrières-en-Gâtinais Commune du Loiret. 3 712 habitants. Ancienne abbatiale (XIIe-XVe s.).

ferrique **adj.** chim. Se dit de l'oxyde et des sels dans lesquels le fer est trivalent. *Chlorure ferrique.*

ferrite **n. f.** phys. Oxyde de fer et de divers métaux, utilisé pour ses propriétés magnétiques et électromagnétiques.

ferritine **n. f. (de l'anglais *ferritin*)** biochim. Protéine qui assure le stockage du fer dans l'organisme (foie, rate, moelle osseuse).

ferro- Élément **(du latin *ferrum* → fer)** qui signifie « fer ».

ferrociment **n. m.** Matériau obtenu par projection de mortier sur une armature métallique.

ferrocyanure **n. m.** chim. Sel voisin du ferricyanure, où les proportions du fer à l'autre métal sont différentes. *Ferrocyanure de potassium.*

ferroélectricité **n. f.** phys. Phénomène lié à une polarisation spontanée dans les cristaux, sous l'action d'un champ magnétique extérieur.

Ferrol (El) Ville d'Espagne (Galice), dans la ria du Ferrol, face à la Corogne. 65 560 habitants. Port militaire. Constructions navales.

ferromagnétisme **n. m.** phys. Propriété de certaines substances qui sont fortement magnétiques.

Ferron **(Jacques)** Écrivain canadien (québécois) [1921-1985]. Surnommé le « Voltaire des lettres québécoises », il fonda le parti politique Rhinocéros afin de tourner en dérision le pouvoir centralisateur. Son œuvre, ironique et sarcastique, dénonce l'aliénation socioculturelle des Québécois avant la Révolution tranquille. *Contes du pays incertain ; Le Ciel de Québec ; Les Confitures de coings.*

ferronickel **n. m.** Alliage de fer et de nickel contenant plus de 25 % de nickel.

ferronnerie **n. f. (de l'ancien subst. *ferron* « marchand de fer ; forgeron », de *fer*)** **1.** Travail du fer. – spécialt Travail artistique du fer ; art du fer forgé. **2.** Objets, ornements, garnitures artistiques en fer.

ferronnier, ière **n. (de *ferron* → ferronnerie)** Personne qui fabrique ou vend des objets en fer et, spécialt, des objets artistiques. *Ferronnier d'art.*

ferronnière **n. f.** Chaînette ou fin bandeau porté sur le front, orné en son milieu d'un bijou.

ferroprotéine **n. f.** Protéine qui contient du fer dans sa molécule. *L'hémoglobine est une ferroprotéine.*

ferroutage **n. m. (de *fer* et *route, routage*)** Transport associant la route et le chemin de fer.

ferroviaire **adj. (italien, de *ferrovia* « chemin de fer », même origine que *fer* et *voie*)** Relatif aux chemins de fer. *Réseau ferroviaire.*

ferrugineux, euse **adj. (du latin ; famille de *fer*)** Qui contient du fer (le plus souvent à l'état d'oxyde). *Eau ferrugineuse.*

ferrure **n. f.** Garniture de fer, de métal. *Ferrures d'une porte.*

ferry **n. m.** voir **car-ferry ; ferry-boat**

Ferry **(Jules François Camille)** Avocat et homme politique français (1832-1893). Député républicain sous le second Empire, il fut nommé maire de Paris après la chute du régime (4 sept. 1870). Plusieurs fois ministre (de l'Instruction publique et des Beaux-Arts, puis des Affaires étrangères) et président du Conseil (1880-1881 ; 1883-1885), il fit adopter les principales mesures de réforme de l'enseignement public, instituant une école laïque, gratuite et obligatoire, et contribua à établir les libertés de réunion, de presse et des syndicats. Il fut également à l'origine d'une politique coloniale expansionniste en Tunisie, à Madagascar, au Congo et au Tonkin.

Jules Ferry vers 1875.

ferry-boat [feribot] **n. m. (mot anglais, de *to ferry* « transporter » et *boat* « bateau »)** anglic. Navire conçu pour le transport des trains, des véhicules routiers et de leurs passagers. *Des ferry-boats.* - abrév. **ferry.** *Des ferrys* ou *des ferries* (plur. anglais).

Fersen **(Hans Axel, comte de)** Maréchal suédois (1755-1810). Lié avec Marie-Antoinette, il favorisa la fuite de la famille royale en 1791.

Ferté-Alais (La) Commune de l'Essonne, sur l'Essonne. 3 656 habitants. Église romane et gothique (XIe-XIIe s.). Aérodrome.

Ferté-Bernard (La) Commune de la Sarthe, sur l'Huisne. 8 863 habitants. Église de style gothique flamboyant et Renaissance. Halles du XVIe s. Électronique, agroalimentaire.

Ferté-Gaucher (La) Commune de la Seine-et-Marne, sur le Grand Morin. 4 877 habitants.

Ferté-Macé (La) Commune de l'Orne, au N.-O. d'Alençon. 5 138 habitants. Petit centre industriel.

Ferté-Milon (La) Commune de l'Aisne, sur l'Ourcq. 2 055 habitants. Vestiges d'un château du XIVe siècle.

Ferté-Saint-Aubin (La) Commune du Loiret. 7 371 habitants. Industries (scieries, confection). Château du XVIIe s., d'après les plans de F. Mansart.

Ferté-sous-Jouarre (La) Commune de la Seine-et-Marne, au confluent de la Marne et du Petit Morin. 9 672 habitants.

Ferté-Vidame (La) Village de l'Eure-et-Loir. Saint-Simon y rédigea ses *Mémoires.*

fertile **adj. (latin *fertilis,* de *ferre* « porter » → -fère)** **1.** (sol, terre) Qui produit beaucoup de végétation utile. → **productif.** **2.** fig. *Fertile en :* qui fournit beaucoup de. → **fécond, prodigue.** *Période fertile en évènements.* **3.** Inventif. *Imagination fertile.*

fertilisable **adj.** Qui peut être fertilisé.

fertilisant, ante **adj.** Qui fertilise. – **n. m.** Produit fertilisant. → **engrais.**

fertilisation **n. f.** Action de fertiliser.

fertiliser **v. tr. < 1 >** **1.** Rendre fertile (une terre). → **amender.** **2.** fig. Rendre capable de produire. « *L'esprit seul fertilise l'intelligence* » (Saint-Exupéry).

fertilité **n. f. (du latin → fertile)** **1.** Qualité d'un sol, d'une terre fertile. **2.** Capacité d'avoir des enfants. *Fertilité d'un couple.* **3.** Capacité à créer, à inventer. *Fertilité d'imagination.*

Fertö (lac de) voir **Neusiedl (lac de)**

féru, ue **adj. (du p. p. de *férir**)** Qui est très épris, pris d'un vif intérêt. → **entiché, passionné.** *Être féru de poésie.*

férule **n. f. (latin *ferula* « plante à longue tige ; baguette »)** **I.** Plante herbacée aux racines énormes, dont une espèce fournit l'assa-fœtida. **II.** **1.** Petite palette avec laquelle on frappait la main des écoliers en faute. **2.** loc. *Être sous la férule de qqn,* dans l'obligation de lui obéir. → **autorité,** **[2]pouvoir.**

fervent, ente **adj. (du latin, p. prés. de *fervere* → ferveur)** **1.** Qui a de la ferveur. – **n.** *Les fervents de Beethoven.* → **admirateur.** **2.** Où il entre de la ferveur. *Un amour fervent.* → **brûlant.**

ferveur **n. f. (latin *fervor,* de *fervere* « bouillir », *cf.* fervent ; ferment)** Ardeur vive et enthousiaste. *Prier avec ferveur.* – *Travailler avec ferveur.* → **zèle.** – *Ferveur amoureuse.* → **passion.**

Fès ou **Fez** Ville du Maroc, à l'E. de Rabat, sur l'oued Fès. 1 091 500 habitants. Centre religieux musulman. Université. La ville, qui fut la capitale des Mérinides du XIIe au XVe s., abrite de nombreux monuments (mosquées du IXe s., tombeau des Mérinides), et a été inscrite au patrimoine mondial de l'Unesco.

Fesch **(Joseph)** Prélat français (1763-1839). Oncle de Napoléon Ier, archevêque de Lyon (1802) puis cardinal (1803), il décida le pape Pie VII à couronner l'Empereur. Disgracié, il se retira à Rome en 1814.

fesse **n. f. (vient du latin pop., de *fissum* « fente », du p. p. de *findere* → fendre ; *cf.* aussi fesser)** Chacune des deux masses charnues à la partie postérieure du bassin, dans l'espèce humaine et chez certains mammifères. *Les fesses.* → **croupe ; [2]derrière ;** fam. **cul, [1]fessier, pétard, popotin, postérieur.** « *Les belles fesses, disait le comte* [...] *les superbes chairs* » (Sade). – fam. *Botter les fesses de qqn. Poser ses fesses quelque part,* s'asseoir. *Serrer les fesses* (de peur). – *Coûter la peau des fesses,* très cher. – *Histoires de fesses,* de sexualité.

fessée **n. f. (de *fesser*)** **1.** Tape(s) donnée(s) sur les fesses. **2.** fig. Défaite humiliante. → **déculottée.**

fesse-mathieu **n. m. (de *fesser* et n. propre *Mathieu* [saint])** vieux Usurier. – Avare. *Des fesse-mathieux.*

Fessenheim Commune du Haut-Rhin. 2 282 habitants. Centrale hydroélectrique sur le Rhin. La centrale nucléaire (deux réacteurs), mise en service en 1977, fut fermée en 2020.

fesser v. tr. < 1 > **(de l'ancien français *faisse* « bande, lien », du latin *fascia*, famille de *fascis* → faisceau, faix ; d'abord « battre avec des verges », puis rapproché de *fesse*)** Battre en donnant des tapes sur les fesses.

¹fessier n. m. **(de *fesse*)** fam. Les deux fesses. → **²derrière.**

²fessier, ière adj. **(de *fesse*)** Relatif à la région des fesses. *Muscles fessiers.*

fessu, ue adj. **(de *fesse*)** fam. Qui a de grosses fesses.

festif, ive adj. **(latin *festivus*, de *festus* → fête)** didact. De la fête ; qui se rapporte à la fête. *Évènement festif.*

festin n. m. **(italien *festino*, de *festa* « fête », même origine que *fête*)** Repas somptueux, excellent.

Festinger (Leon) Psychosociologue américain (1919-1989). Dans sa théorie de la « dissonance cognitive », il décrit comment, en présence de connaissances ou d'opinions sur soi ou sur le monde incompatibles entre elles, les individus tentent d'y remédier par des stratégies de dénégation ou d'évitement.

festival, als n. m. **(anglais « [période] de fête », même origine que *fête*)** **1.** Grande manifestation musicale. ■ Manifestation consacrée à un type d'expression artistique. *Festival de danse, de cinéma.* **2.** fig., fam. Démonstration remarquable. *Un festival d'âneries.*

festivalier, ière adj. et n. (Personne) qui fréquente les festivals.

festivité n. f. **(du latin → festif)** surtout au plur. souvent iron. Fête, réjouissance.

fest-noz [fɛstnoz] n. m. **(mot breton « fête de nuit »)** régional Fête bretonne traditionnelle, au cours de laquelle on danse. *Des fest-noz* ou (plur. breton) *des festou-noz.* - var. RO **festnoz.**

feston n. m. **(italien *festone* « guirlande », même origine que *fête*)** **1.** Guirlande de fleurs et de feuilles liées en cordon, que l'on suspend en forme d'arc. – Ornement représentant un feston. **2.** Bordure dentelée et brodée. *Lingerie à festons.*

festonner v. tr. < 1 > Orner de festons. – au p. p. *Col festonné.*

festoyer v. intr. < 8 > **(de *feste* → fête)** Prendre part à une fête, à un festin.

feta ou **féta** [feta] n. f. **(mot grec)** Fromage grec au lait de brebis.

fêtard, arde n. fam. Personne qui aime faire la fête. → **noceur.**

fête n. f. **(d'abord *feste* ; vient du latin *festa [dies]* « [jour] de fête », de l'adj. *festus*, apparenté à *feriae* → férié, ¹foire ; même origine que l'italien *festa* et l'espagnol *fiesta* → fiesta)** **I.** (Solennité à caractère commémoratif) **1.** Solennité religieuse célébrée certains jours de l'année. *Jour de fête* (→ **férié**). *Les fêtes de Pâques.* **2.** Jour de la fête du saint dont qqn porte le nom. *Souhaiter sa fête à qqn.* – loc. fam. *Ça va être ta fête,* gare à toi. **3.** Réjouissance publique et périodique (civile) en mémoire d'un évènement, d'un personnage. *La fête nationale. La fête du Travail* (le 1er mai). – *Les fêtes de fin d'année :* Noël, réveillon du Nouvel An. **4.** Ensemble de réjouissances organisées occasionnellement. *Les fêtes de Versailles sous Louis XIV. Fête de village* (→ **kermesse**). *Salle des fêtes.* – *Fête foraine :* ensemble d'attractions foraines. **5.** Ensemble de réjouissances ayant lieu en famille, entre amis. → fam. **fiesta. 6.** loc. *Faire la fête :* s'amuser en compagnie, mener joyeuse vie (→ **fêtard**). **II.** (dans des expr.) Bonheur, joie, plaisir. *Un air de fête.* – *Se faire une fête de* (qqch.), s'en réjouir. – ***Faire fête à*** *(qqn),* lui réserver un accueil chaleureux. – *Avoir le cœur* ***en fête,*** gai. – *Être* ***à la fête,*** heureux, satisfait.

Fête-Dieu n. f. Cérémonie religieuse catholique en l'honneur du saint sacrement, célébrée le deuxième dimanche après la Pentecôte. *Des Fêtes-Dieu.*

fêter v. tr. < 1 > **1.** Consacrer, marquer par une fête. → **célébrer, commémorer.** *Fêter Noël. Fêter un anniversaire.* – intrans. (Canada) Faire la fête. *Fêter toute la nuit.* **2.** Faire fête à. *Fêter un ami retrouvé.*

fétiche n. m. **(du portugais, du latin *facticius* → factice)** **1.** Objet de culte des civilisations animistes. **2.** Objet auquel on attribue un pouvoir magique et bénéfique. → **amulette, porte-bonheur. 3.** Objet à pouvoir symbolique. – appos. *Idée fétiche.*

féticheur, euse n. Prêtre, prêtresse des religions animistes, en Afrique ; initié(e) qui fait agir des fétiches.

fétichiser v. tr. < 1 > Porter à (qqn, qqch.) une valeur, une admiration excessive.

fétichisme n. m. **1.** Culte des fétiches. **2.** Admiration exagérée et sans réserve. → **vénération. 3.** Perversion sexuelle incitant à rechercher la satisfaction sexuelle à travers des objets normalement dénués de signification érotique.

fétichiste adj. **1.** Qui pratique le fétichisme (1) ; qui concerne les fétiches. **2.** Qui admire exagérément qqn ou qqch. **3.** Relatif au fétichisme (3). ■ Qui pratique le fétichisme. – n. *Un, une fétichiste.*

fétide adj. **(latin *foetidus*, de *foetere* « sentir mauvais »)** Qui a une odeur très désagréable. → **nauséabond, puant.** *Une haleine fétide.* □ n. f. **fétidité**

Fès

Fès, la porte Bab Boujeloud (1913), dont les céramiques bleues sont emblématiques de la ville.

Fétis (François Joseph) Musicologue et compositeur belge (1784-1871). Il fut l'un des précurseurs de l'ethnomusicologie. *Biographie universelle des musiciens et bibliographie générale de la musique ; Histoire générale de la musique* (inachevée).

fettucine [fetutʃin(e)] n. f. **(mot italien, plur. de *fettucina* « petite tranche »)** au plur. Pâtes alimentaires en forme d'étroits rubans. *Des fettucines.*

fétu n. m. **(vient du latin, de *festuca* « brin de paille »)** Brin de paille. – *Être emporté, traîné comme un fétu (de paille).*

fétuque n. f. ou m. **(latin *fetusca* « brin de paille » → fétu)** Graminée des prés et des bois.

¹feu n. m. **(vient du latin *focus* « foyer » → focal ; fouace, foyer)** **I. 1.** *Le feu :* combustion dégageant de la chaleur et de la lumière (→ **flamme ; pyr(o)-**). *Allumer, faire du feu,* faire brûler des matières combustibles. *Mettre le feu à qqch.,* faire brûler. → **enflammer.** *Prendre feu. Matière en feu.* – loc. *Faire feu de tout bois,* utiliser tous les moyens, toutes les possibilités. – *Jouer avec le feu,* avec le danger. – ***Feu follet****. **2.** Matières rassemblées et allumées (pour produire de la chaleur, etc.). → **foyer.** *Faire un feu, le feu.* « *Un grand feu pétillait, clair, dans la cheminée* » (Rimbaud). – *Feu de bois. Se chauffer devant le feu.* – prov. *Il n'y a pas de fumée sans feu,* pas d'effet sans cause. – loc. fig. *Feu de paille :* sentiment vif et passager. ■ ***Feu de joie,*** allumé en signe de réjouissance. – ***Feu de camp*** *(dans un camp de scouts, etc.).* **3.** Source de chaleur (à l'origine, foyer enflammé) pour la cuisson des aliments, etc. *Mettre un plat sur le feu. Cuire qqch. à feu doux, à feu vif.* – ***Coup de feu :*** action vive du feu ; fig. moment de presse, de grande activité. **4.** vieilli Foyer, famille. *Un hameau de vingt feux.* – loc. *N'avoir ni feu ni lieu,* ne pas avoir de domicile fixe. **5.** Embrasement ; incendie (→ **brasier**). *Au feu ! Il y a le feu à la maison.* fig. *Ne t'énerve pas, il n'y a pas le feu !* – fam. *Avoir le feu au cul,* agir avec précipitation ; (Canada) être en colère. – loc. *Mettre un pays à feu et à sang,* détruire par la guerre. **6.** Supplice du bûcher. – fig. ***À petit feu,*** lentement et cruellement. **7.** Ce qui sert à allumer le tabac. *Avez-vous du feu ?,* des allumettes, un briquet. **II.** (Combustion amenant une déflagration) **1.** ***Coup de feu.*** → **détonation.** – ***Arme à feu :*** arme lançant un projectile par l'explosion d'une matière fulminante. ■ fig. ***Faire long feu :*** échouer. – ***Ne pas faire long feu :*** ne pas durer. **2.** Tir d'armes à feu. *Ouvrir le feu. Faire feu. Feu !* ■ loc. fig. *Être pris entre deux feux,* entre deux dangers. – *Un feu roulant de questions,* une suite ininterrompue. **3.** ***Feu d'artifice.*** → **artifice. 4.** fam. Pistolet, revolver. *Il a sorti son feu.* **III. 1.** Source de lumière (d'abord flamme d'un feu). → **lumière, flambeau, lampe, torche.** *Les feux de la ville. Les feux de la rampe** (au théâtre). **2.** Signal lumineux (→ **fanal**). *Les feux d'un navire. Feux de détresse, de croisement... d'une voiture.* ■ (Réglant la circulation routière) *Feu tricolore : feu rouge* (passage interdit), *orange* (ralentir), *vert* (voie libre). – fig. *Donner le feu vert à,* autoriser (une action ; qqn à agir). **3.** poét. *Les feux de l'aurore, du couchant.* « *Le soleil, qui se levait, semblait faire sortir de la mer ses feux étincelants* » (Fénelon). **4.** loc. fig. ***N'y voir que du feu,*** ne rien y voir (comme qqn qui est ébloui) et, par ext., n'y rien comprendre. **5.** Éclat. *Les feux d'un diamant.* – *Le feu d'un regard.* **IV. 1.** Sensation de chaleur intense, de brûlure. *Le feu lui monte au visage. Avoir les joues* ***en feu.*** – *Le feu du rasoir* (après s'être rasé). **2.** Ardeur (des sentiments, des passions). → **exaltation.** *Dans le feu de la colère.* loc. *Être* ***tout feu tout flamme,*** ardent, passionné. *Le feu de l'inspiration.* – *Parler avec feu.* → **chaleur, conviction.** – *Dans le feu de l'action.* – littér. Passion amoureuse. *Les feux de la passion.*

²feu, feue adj. **(vient du latin, de *fatum* « destin » → fatal)** littér. Qui est mort depuis peu de temps. → **défunt.** *Feu son père. Feu la* *reine.* (entre le déterminant et le nom) *La feue reine.*

feudataire n. (du latin médiéval, de *feudum* « fief ») hist. Titulaire d'un fief (→ **vassal**).

feudiste n. (du latin médiéval *feudum* « fief ») didact. Spécialiste du droit féodal.

Feuerbach (Ludwig) Philosophe allemand (1804-1872). Chef de file des hégéliens de gauche, il influença le jeune Marx par sa critique matérialiste de l'aliénation religieuse. *L'Essence du christianisme.*

Feuerbach (Anselm) Peintre et dessinateur allemand (1829-1880). Ses tableaux traduisent la nostalgie romantique d'une Antiquité idéale. *Banquet de Platon ; Médée en fuite.*

feuil n. m. (du latin *folia*) techn. Revêtement de très faible épaisseur. → **film.** *Feuil de vernis.*

Feuillade (Louis) Réalisateur français (1873-1925). Directeur des studios Gaumont, il fut le premier, en France, à réaliser des films (muets) d'aventures qui courent sur plusieurs épisodes. *Fantômas ; Judex.*

feuillage n. m. **1.** Ensemble des feuilles (d'un arbre ou d'une plante de grande taille). *Feuillage du chêne, du lierre.* **2.** Rameaux coupés, couverts de feuilles.

feuillagiste n. Personne qui fabrique du feuillage artificiel.

feuillaison n. f. Renouvellement annuel des feuilles (→ **foliation**).

feuillant, antine n. **1.** Religieux, religieuse d'une congrégation réformée de l'ordre de Cîteaux. **2.** n. m. pl. hist. Les constitutionnels modérés, pendant la Révolution, qui siégeaient dans un ancien couvent de feuillants.

Feuillants (club des) Club révolutionnaire rassemblant les monarchistes constitutionnels (1791-1792). Il était animé notamment par La Fayette, Barnave et Sieyès.

feuillard n. m. techn. **1.** Branche flexible fendue en deux qui sert à faire des cerceaux de tonneau. **2.** Bande de fer étroite servant à consolider un emballage.

feuille n. f. (vient du bas latin *folia*, du latin class. *folium* → **exfolier, foliation, folio, foliole**) **I. 1.** Partie des végétaux (siège de la photosynthèse) par laquelle ils respirent. *Feuilles et fleurs. Les nervures d'une feuille de chêne. Feuille découpée, dentelée. Feuilles persistantes. Chute des feuilles. Feuilles mortes.* – loc. (personnes) *Trembler* comme une feuille.* **2.** Représentation d'une feuille. ***Feuille d'acanthe*.*** – ***Feuille de vigne*** : feuille sculptée cachant le sexe des statues nues. **II. 1.** Morceau de papier rectangulaire. → aussi **bristol, feuillet, [1]fiche, [1]page.** *Feuille blanche, vierge. Le recto, le verso d'une feuille.* – *Feuille volante*.* **2.** (documents) *Feuille de paye. Feuille de soins.* **3.** Journal. *Feuille locale* (→ **feuille de chou***). **III. 1.** Plaque mince (d'une matière). *Feuille de métal.* **2.** fam. Oreille. *Être dur de la feuille,* un peu sourd.

feuillée n. f. (de *feuille* cf. **[2]folie**) littér. Abri que forme le feuillage des arbres. → **[1]ramée.**

feuillées n. f. pl. Tranchée destinée à servir de latrines aux troupes en campagne, aux campeurs.

feuille-morte adj. invar. De la couleur des feuilles mortes, brun-roux assez clair. *Des gants feuille-morte.*

Feuillère (Edwige Cunati, dite Edwige) Actrice française (1907-1998). Elle interpréta au théâtre *La Dame aux camélias* de Dumas fils, ainsi que des rôles dans des pièces de Giraudoux et de Cocteau. Au cinéma, elle tourna notamment avec Max Ophuls et Patrice Chéreau.

feuillet n. m. **I.** Chaque partie d'une feuille de papier pliée sur elle-même ; feuille de papier utilisée sur ses deux faces. **II. 1.** anat. Troisième poche de l'estomac des ruminants. **2.** biol. *Feuillets embryonnaires* (ectoderme, endoderme, mésoderme).

Feuillet (Octave) Écrivain français (1821-1890). Il est l'auteur de romans idéalistes, d'inspiration bourgeoise et moralisatrice. *Le Roman d'un jeune homme pauvre ; Julia de Trécoeur.*

feuilletage n. m. **I.** Action de feuilleter de la pâte. – Aspect feuilleté d'une pâte. **II.** Action de feuilleter un livre.

feuilleté, ée adj. **1.** Qui présente des feuilles, des lames superposées. *Roche feuilletée.* **2.** cuis. *Pâte feuilletée,* pâte à base de farine et de beurre, repliée de manière à former de fines feuilles superposées (→ **[2]millefeuille**). – n. m. *Un feuilleté.*

feuilleter v. tr. < 4 ou RO 5 > Tourner les pages de (un livre...), spécialt en regardant rapidement.

feuilletis n. m. techn. Contour tranchant d'un diamant ou d'une pierre de couleur taillés.

feuilleton n. m. Chronique régulière, dans un journal. ■ Épisode d'un roman qui paraît régulièrement dans un journal. – Histoire fragmentée (télévision, radio). → aussi **série.** ■ ***Roman-feuilleton*** : roman qui paraît par fragments dans un journal. *Des romans-feuilletons.* – fig. Histoire invraisemblable. *C'est du roman-feuilleton !*

feuilletonesque adj. Qui a les caractéristiques du feuilleton.

feuilletoniste n. Personne qui écrit des feuilletons ou des romans-feuilletons.

feuillette n. f. Tonneau dont la capacité varie de 114 à 140 litres.

feuillu, ue adj. **1.** Qui a beaucoup de feuilles. → **touffu.** *Chêne feuillu.* **2.** Qui porte des feuilles. *Arbres feuillus,* à feuilles caduques (par oppos. aux résineux). – n. m. *Forêt de feuillus.*

feuillure n. f. (du v. *feuiller,* var. de *fouiller*) techn. Entaille, rainure pratiquée dans un panneau, pour y recevoir une autre pièce.

feuj n. (verlan, avec apocope, de *juif*) fam. Juif. *Les feujs et les beurs.*

feulement n. m. Cri du tigre ou bruit de gorge du chat en colère.

feuler v. intr. < 1 > (origine incertaine, p.-ê. onomatopéique) (tigre) Pousser son cri. – (chat) Grogner.

feuille

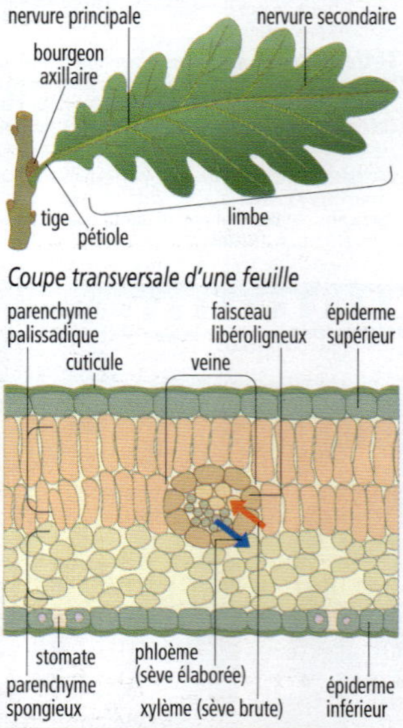

Le parenchyme palissadique, riche en chloroplastes, est le siège de la photosynthèse. Les gaz (O_2 et CO_2) échangés au niveau des stomates sont stockés dans le parenchyme spongieux.

Feydeau (Georges)

Georges Feydeau, par Leonetto Cappiello (1903), bibliothèque des Arts décoratifs, Paris.

Feurs Commune de la Loire, près de la Loire. 8 352 habitants. Musée. Église de style gothique flamboyant. Industrie et commerce.

feutrage n. m. Fait de se feutrer.

feutre n. m. (vient du francique *filtir* → **filtre**) **1.** Étoffe non tissée et épaisse obtenue en pressant et en agglutinant du poil ou de la laine. *Chaussons, chapeau de feutre.* **2.** (Objets de feutre) Chapeau de feutre. *Un feutre marron.* ■ Stylo à pointe en feutre ou en nylon.

feutré, ée adj. **1.** Fait de feutre ; garni de feutre. **2.** Qui a pris l'aspect du feutre. *Lainage feutré* (après lavage). **3.** Étouffé, peu sonore. *Marcher à pas feutrés.* → **[1]discret, silencieux.**

feutrer v. < 1 > **I.** v. tr. **1.** techn. Mettre en feutre (du poil, de la laine). **2.** Garnir de feutre. **3.** Amortir (un bruit). **II.** ***Se feutrer*** v. pron. ou *feutrer.* v. intr. Prendre l'aspect du feutre. *Pull qui feutre.*

feutrine n. f. Feutre mince utilisé en couture et en décoration.

Féval (Paul) Écrivain français (1817-1887). Auteur de romans-feuilletons dans la lignée d'Eugène Sue (*Les Mystères de Londres*), il connut le succès en imaginant les aventures du chevalier de Lagardère (*Le Bossu*).

fève n. f. (vient du latin *faba*) **1.** Plante légumineuse dont les graines se consomment fraîches ou conservées. **2.** Graine de cette plante. *Écosser des fèves.* ■ Figurine que l'on met dans la galette de la fête des Rois. **3.** *Fève de cacao* : graine de cacaoyer. **4.** (Canada) Haricot. *Fèves vertes, jaunes. Fèves au lard.*

féverole n. f. Variété de fève à petit grain utilisée pour l'alimentation du bétail. - var. **faverole, fèverole.**

févier n. m. Arbre épineux dont le fruit est une longue gousse plate renfermant des graines ressemblant aux fèves.

février n. m. (vient du latin, de *februus* « purificateur ») Second mois de l'année, qui a vingt-huit jours dans les années ordinaires et vingt-neuf dans les années bissextiles.

février 1848 (journées des 22, 23 et 24) voir **révolution de février 1848**

février 1934 (manifestation du 6) Manifestation organisée par les ligues de droite et d'extrême droite à la suite de l'affaire Stavisky. Elle provoqua l'intervention de la police et fit une vingtaine de morts et plus de 2 000 blessés. Elle provoqua la démission de Daladier (7 févr.), suivie d'une contre-manifestation de la gauche (9 févr.) et d'une grève générale (12 févr.) préludant à la formation du Front populaire.

Feydeau **(Georges)** Auteur dramatique français (1862-1921). Fin observateur de la société française de la fin du XIXe s., il s'est imposé comme l'un des maîtres du vaudeville, par l'efficacité de ses dialogues, l'habileté et la vivacité des intrigues. *Le Dindon ; Occupe-toi d'Amélie ; Mais n'te promène donc pas toute nue.*

Feyder **(Jacques Frédérix, dit Jacques)** Cinéaste français d'origine belge (1885-1948). Après quelques films muets *(Thérèse Raquin)*, il s'est affirmé comme le fondateur du réalisme poétique. *La Kermesse héroïque* (avec Françoise Rosay, sa femme, dans le rôle principal).

Jacques Feyder dirige Greta Garbo dans *Le Baiser* (1929).

Feyerabend **(Paul K.)** Philosophe des sciences américain d'origine autrichienne (1924-1994). Sa théorie de « l'anarchisme épistémologique » conteste l'existence de règles méthodologiques universelles. *Contre la méthode : esquisse d'une théorie anarchiste de la connaissance.*

Feynman **(Richard Phillips)** Physicien américain (1918-1988). Il étudia les interactions entre électrons et photons (électrodynamique quantique). Prix Nobel 1965.

Feyzin Commune du Rhône, dans la banlieue S. de Lyon. 9 926 habitants. Raffinerie de pétrole. Pétrochimie.

fez [fɛz] **n. m.** **(du n. de la ville)** Coiffure tronconique en laine, parfois ornée d'un gland ou d'une mèche. → **chéchia.**

Fezzan **n. m.** Région désertique du S.-O. de la Libye. 57 000 km^2. Villes principales : Mourzouk, Sebha. Pendant la Seconde Guerre mondiale, la *campagne du Fezzan* aboutit à la jonction des troupes françaises avec la VIIIe armée de Montgomery en 1943.

FFI **n. f. pl.** voir **Forces françaises de l'intérieur**

FFL **n. f. pl.** voir **Forces françaises libres**

fi **interj.** **(onomatopée)** **1.** vieux Interjection exprimant le dédain, le dégoût. → **[2]foin.** *Fi donc !* **2.** loc. *Faire fi de :* dédaigner, mépriser.

fiabiliser **v. tr.** < 1 > Rendre plus fiable.

fiabiliste **adj.** techn. Qui concerne les études de fiabilité. *Analyse fiabiliste.* – **n.** *Un, une fiabiliste.*

fiabilité **n. f.** Caractère de ce qui est fiable **(personne, matériel, méthode...).**

fiable **adj.** **(de [1]fier)** En qui ou en quoi on peut avoir toute confiance, auquel on peut se fier. *Un collaborateur fiable. Cette montre est très fiable.*

fibre

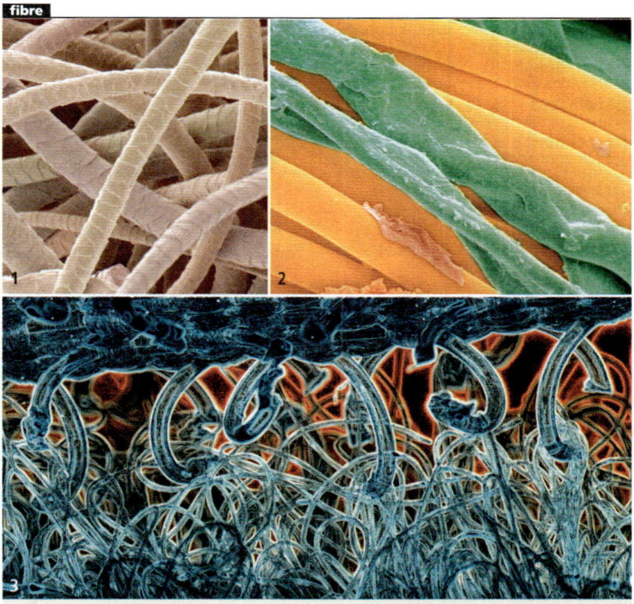

Fibres vues au microscope électronique. 1. Laine de mouton. 2. Mélange de polyester en jaune et de coton en vert. 3. Velcro.

fiacre **n. m.** **(du n. de saint Fiacre)** anciennt Voiture à cheval louée à la course ou à l'heure.

Fianarantsoa Ville de Madagascar. 189 900 habitants. Commerce agricole. Artisanat et industries agroalimentaires.

fiançailles **n. f. pl.** **(de *fiancer*)** **1.** Promesse solennelle de mariage, échangée entre futurs époux. *Bague de fiançailles.* **2.** Temps qui s'écoule entre la promesse et la célébration du mariage.

fiancé, ée **n.** Personne fiancée. *Les deux fiancés.* → **futur.**

fiancer **v. tr.** < 3 > **(de l'ancien subst. *fiance* « serment de fidélité », de [1]*fier*)** Engager par une promesse de mariage. – **pronom.** *Il va se fiancer avec elle. Ils se sont fiancés hier.*

Fianna Fáil Parti politique irlandais fondé en 1926 par Eamon De Valera après sa démission de la présidence du Sinn Féin.

fiasco **n. m.** **(mot italien → fiasque, dans la loc. *far fiasco* « essuyer un échec » ; repris par Stendhal)** **1.** Défaillance sexuelle (chez l'homme). **2.** Échec complet. → fam. **bide.** *Cette pièce est un fiasco.* → **[2]four.** *L'entreprise a fait fiasco.* → **échouer.** *Des fiascos.*

fiasque **n. f.** **(italien *fiasco* ; famille de flacon, de [2]*flasque*)** Bouteille à col long et à large panse garnie de paille. *Une fiasque de chianti.*

fiat **n. m. invar.** **(mot latin « que cela soit »)** philos., psych. Décision volontaire après délibération.

Fibiger **(Johannes)** Médecin danois (1867-1928). Il fut l'un des pionniers des recherches expérimentales sur le cancer. Prix Nobel 1926.

Fibonacci **(Leonardo)** dit **Léonard de Pise** Mathématicien italien (v. 1175-1240). Il introduisit les chiffres arabes, étudia les fractions continues et inventa la *suite* arithmétique dite *de Fibonacci.*

fibranne **n. f.** **(de *fibre*)** Textile artificiel à fibres courtes.

fibre **n. f.** **(latin *fibra*)** **I. 1.** Chacun des filaments qui, groupés en faisceaux, constituent certaines substances. *Les fibres du bois. Fibres musculaires.* ▪ *Fibres alimentaires :* résidus des aliments végétaux non transformés par la digestion. – **absolt** *Aliments riches en fibres.* **2.** *Fibre textile,* substance filamenteuse susceptible d'être filée et tissée. *Fibres synthétiques.* ▪ *Fibres de carbone.* ▪ *Fibre de verre,* utilisée dans l'isolation thermique. ▪ *Fibre optique,* filament conducteur de lumière, utilisé notamment dans la transmission de données. **3.** Matière fabriquée à partir de fibres. *Mallette en fibre.* **II.** **fig., littér.** *Les fibres,* siège de la sensibilité. *Les fibres de l'âme.* – **au sing. (collectif)** Disposition à ressentir certaines émotions. *Avoir la fibre paternelle.*

fibrer **v. tr.** < 1 > Équiper de la fibre optique. *Fibrer un immeuble.* – **p. p. adj.** *Les foyers fibrés.*

fibreux, euse **adj.** Qui a des fibres, est composé de fibres. *Tissu fibreux.*

fibrillaire [fibʀijɛʀ ; fibʀi(l)lɛʀ] **adj.** **(de *fibrille*)** Relatif à une fibrille ; constitué de fibrilles. *Contraction fibrillaire* (d'un muscle).

fibrillation [-ij- ; -il-] **n. f.** méd. Contractions rapides et désordonnées des fibres musculaires, et spécialt de celles du muscle cardiaque.

fibrille [fibʀij ; fibʀil] **n. f.** Petite fibre. *Fibrilles d'une racine.*

fibrine **n. f.** **(de *fibre* et *-ine*)** biol. Protéine du plasma sanguin qui contribue à la formation du caillot, lors de la coagulation.

fibrinogène **n. m.** **(→ -gène)** biol. Protéine du plasma sanguin qui se transforme en fibrine lors de la coagulation.

Fezzan

Fezzan, le lac salé de Mafo, dans l'erg d'Ubari.

fibrinolyse n. f. biol. Dissolution de la fibrine.

fibro- Élément (tiré de *fibre*) servant à former des mots techniques.

fibroblaste n. m. (→ -blaste) biol. Cellule jeune, peu différenciée, du tissu conjonctif.

fibrociment n. m. (marque déposée) Matériau de construction fait de ciment renforcé de fibres naturelles ou synthétiques. → **aggloméré.**

fibroïne n. f. biol. Protéine constituant la partie essentielle de la soie.

fibromatose n. f. méd. Développement de tumeurs fibreuses, de fibromes.

fibrome n. m. (de *fibre* et *-ome*) Tumeur bénigne formée par du tissu fibreux. *Fibrome utérin, ovarien.* □ adj. **fibromateux, euse**

fibromyome n. m. (→ myome) méd. Tumeur bénigne constituée de tissu musculaire et de tissu fibreux.

fibroscope n. m. (→ -scope) méd. Endoscope souple comportant des fibres optiques.

fibroscopie n. f. (→ -scopie) méd. Exploration (d'un organe) au fibroscope.

fibrose n. f. méd. Augmentation anormale de la quantité de tissu conjonctif fibreux dans un tissu ou un organe.

fibula n. f. (mot latin « agrafe, aiguille ») anat. Péroné. □ adj. **fibulaire**

fibule n. f. (latin *fibula*, famille de *figere* → [1]ficher) Antiq. Agrafe, épingle pour retenir les extrémités d'un vêtement.

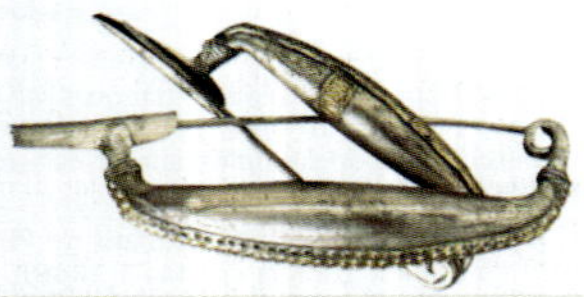

Fibules funéraires étrusques en argent et or (fin VIIe s. av. J.-C.), Museo civico archeologico, Bologne.

fic n. m. (latin *ficus* « verrue ») Verrue des bovins et des chevaux.

ficaire n. f. (latin *ficus* « verrue », cette plante passant pour guérir les verrues → fic, figue) Petite plante à fleurs jaunes.

ficelage n. m. Action de ficeler ; son résultat.

ficeler v. tr. < 4 ou RO 5 > **1.** Attacher, lier avec de la ficelle. *Ficeler un paquet.* – *Ficeler un prisonnier à un poteau.* **2.** fam. Habiller. **3.** fig. Arranger, bâtir (un travail intellectuel). ■ **ficelé, ée** adj. **1.** *Paquet ficelé.* **2.** fam. *Mal ficelé*, mal habillé. → **fagoté. 3.** *Un travail bien ficelé*, bien fait.

ficelle n. f. (probablt d'un diminutif du latin *filum* → fil) **1.** Corde mince. *Défaire la ficelle d'un colis.* – *Vin à la ficelle*, qui n'est facturé au client d'un restaurant qu'en fonction de la quantité consommée. **2.** fig. *Tirer les ficelles*, faire agir les autres sans être vu. ■ *Tirer sur la ficelle* : exagérer, aller trop loin. ■ *Les ficelles d'un métier*, les procédés cachés. → **truc. 3.** Petite baguette (pain).

ficellerie n. f. Fabrique de ficelle.

fichage n. m. Action de ficher (→ [3]ficher) des personnes, de noter des renseignements sur elles.

fichant, ante adj. (de [1]*ficher*) Qui frappe l'obstacle presque à angle droit. *Tir fichant.*

[1]**fiche** n. f. (de [1]*ficher*) **I.** Cheville, tige de bois ou de métal destinée à être fichée, enfoncée. **II. 1.** Feuille cartonnée sur laquelle on inscrit des renseignements en vue d'un classement. *Faire, établir une fiche.* **2.** Feuille de papier, document numérique comportant des renseignements concis.

[2]**fiche** v. tr. voir [2]ficher

[1]**ficher** v. tr. < 1 > (vient du latin pop. *figicare*, puis *ficcare*, du latin class. *figere* « fixer » → [2]ficher ; crucifix, [1]fixe) Faire pénétrer et fixer par la pointe. → **planter.** *Ficher un clou dans un mur.* – au p. p. *Piquets fichés en terre.*

[2]**ficher** ou **fiche** v. tr. < 1 p. p. *fichu, ue* > (→ [1]ficher ; forme de l'inf. : *fiche* et du p. p. : *fichu* par influence de *foutre, foutu*) fam. (équivalent moins fam. de *foutre*) **1.** Faire. *Je n'ai rien fichu aujourd'hui.* **2.** Donner, faire subir. *Je lui ai fichu une gifle.* → [2]**flanquer.** – *Ça me fiche le cafard.* – *Fiche-moi la paix !*, laisse-moi tranquille. – *Se fiche dedans*, se tromper. **3.** Mettre. *Je l'ai fichu à la poubelle.* – pronom. *Se fiche par terre.* → **tomber.** – *Ficher qqn à la porte*, le renvoyer. – *Fiche* (ou *ficher*) *le camp*, décamper, partir. **4.** *Se ficher de* v. pron. : se moquer de. *Elle s'est fichue de moi.* → se **moquer, railler.** – *Je m'en fiche*, ça m'est égal.

[3]**ficher** v. tr. < 1 > (de [1]*fiche*) Mettre sur une fiche, des fiches. *Ficher un renseignement.* – *Ficher qqn*, établir une fiche à son nom. *Être fiché par la police.*

Fiches (affaire des) Scandale qui éclata à propos d'un système instauré par le général André, ministre de la Guerre (1901-1904), qui consistait à faire dépendre l'avancement des officiers de leurs opinions religieuses et politiques (consignées sur des fiches).

Fichet (Guillaume) Théologien et érudit français (1433-v. 1480). Il introduisit à la Sorbonne le premier atelier de typographie.

fichier n. m. **1.** Collection, réunion de fiches. – inform. Ensemble structuré d'informations ; support de ces informations. **2.** Meuble, boîte, classeur contenant des fiches.

Fichte (Johann Gottlieb) Philosophe allemand (1762-1814). Disciple de Kant et de Lessing, il professe dans ses *Principes de la doctrine de la science* un idéalisme absolu qui prétend déduire de la seule idée du moi l'ensemble de la réalité ou « non-moi ». Professeur à Iéna, puis à Berlin, il influença Hegel, Schelling et Schopenhauer. Ses *Discours à la nation allemande* contribuèrent au réveil du sentiment national et furent une des références du pangermanisme.

Fichtelgebirge n. m. Massif ancien de l'Allemagne, au N.-E. de la Bavière. Il culmine à 1 051 m au Schneeberg.

fichtre interj. (croisement des v. *fiche* et *foutre*) fam. Interjection qui exprime l'étonnement, l'admiration.

fichtrement adv. fam. vieilli Extrêmement.

[1]**fichu, ue** adj. (de [2]*ficher*) **1.** Détestable, mauvais. *Un fichu caractère. Fichu métier !* → **maudit. 2.** Dans une fâcheuse situation, un mauvais état. *Il n'en a plus pour longtemps, il est fichu.* → **perdu.** *Mon costume est fichu.* **3.** Arrangé, mis dans un certain état. – *Bien, mal fichu* : bien, mal bâti, fait. – (moins fam.) *Mal fichu* : un peu malade, souffrant. *Je me sens mal fichue.* **4.** *Fichu de* : capable de. *Elle n'est pas fichue de gagner sa vie.*

[2]**fichu** n. m. (probablt du p. p. *fichu*, au sens de « mis à la hâte ») Pièce d'étoffe triangulaire dont les femmes se couvrent la tête, les épaules. → **châle.**

Ficin (Marsilio Ficino, dit en français Marsile) Philosophe et humaniste italien (1433-1499). Il fut le maître de l'école platonicienne de Florence. *Théologie platonicienne ; De christiana religione.*

Fick (August) Linguiste allemand (1833-1916). Il est l'auteur d'un dictionnaire des langues « indo-germaniques », première description de l'ensemble du vocabulaire indo-européen.

fictif, ive adj. (du latin *fictus*, p. p. de *fingere* → feindre) **1.** Créé par l'imagination. *Des personnages fictifs.* → **imaginaire.** – n. m. *Le réel et le fictif.* **2.** Qui n'existe qu'en apparence. → [1]**faux, feint. 3.** Supposé par convention. → [1]**conventionnel.** *Valeur fictive* (→ **fiduciaire**).

fiction n. f. (latin *fictio* « création ; action de feindre », de *fingere* → feindre) **1.** Fait imaginé (opposé à *réalité*) ; construction imaginaire. → **invention.** « *À qui vit de fiction, la vérité est infecte* » (Hugo). – loc. prov. *La réalité dépasse la fiction.* **2.** Création de l'imagination, en littérature ; genre littéraire que représentent ces œuvres. *Livre de fiction* (conte, roman...). – (en valeur d'adj., sur le modèle de *science-fiction*) *Politique-fiction.* **3.** dr. Hypothèse conventionnelle qui permet de déduire des conséquences. → [1]**convention.** □ adj. **fictionnel, elle**

fictivement adv. De manière fictive.

ficus [fikys] n. m. (mot latin « figuier » → figue) **1.** bot. Figuier (au sens large : genre *Ficus*). **2.** cour. Plante d'appartement (du genre *Ficus*), d'origine tropicale.

fidéicommis n. m. (du latin *fidei* « à la foi » et *commissum* « remis ») dr. Disposition par laquelle une personne gratifie quelqu'un d'un bien pour qu'elle le remette à un tiers.

fidéicommissaire n. dr. Personne à qui un bien doit être remis en exécution d'un fidéicommis.

fidéisme n. m. (du latin *fides* → foi) didact. Doctrine selon laquelle la vérité absolue ne peut être fondée que sur la révélation, la foi. □ adj. et n. **fidéiste**

fidéjusseur n. m. (latin *fidejussor*, de *fides* « foi » et *jubere* « ordonner ») dr., vieilli Personne qui se porte garante de la dette d'une autre. → **caution.**

fidéjussion n. f. (latin *fidejussio*) dr., vieilli Caution, garantie donnée par le fidéjusseur.

fidèle (vient du latin *fidelis* « sûr, loyal » → féal, de *fides* « foi ») **I.** adj. **1.** Qui ne manque pas à la foi donnée (à qqn), aux engagements pris (envers qqn). → **dévoué, loyal. 2.** Dont les affections, les sentiments (envers qqn) ne changent pas. → [1]**attaché, constant.** *Un ami fidèle.* **3.** Qui n'a de relations amoureuses qu'avec la personne à laquelle il (elle) a donné sa foi. *Amant fidèle. Femme fidèle.* – (choses) *Un amour fidèle.* **4.** *Fidèle à* (qqch.) : qui ne manque pas à, qui ne trahit pas. *Être fidèle à ses engagements.* – *Être fidèle à un fournisseur.* ■ loc. *Fidèle au poste* : qui ne bouge pas de là où il est ; fig. qui a toujours les mêmes occupations, fonctions. **5.** Qui ne s'écarte pas de la vérité. *Historien fidèle.* – *Récit fidèle. Traduction fidèle*, conforme au texte original. ■ *Mémoire fidèle*, qui retient avec exactitude. → **fiable. 6.** (instrument) Dont les résultats ne changent pas au cours du temps. *Balance fidèle.* **II.** n. **1.** Personne fidèle. *Même ses fidèles l'ont abandonné.* **2.** Personne unie à une Église, à une religion par la foi. → **croyant.**

fidèlement adv. D'une manière fidèle. → **loyalement.** – Avec exactitude. *Traduire fidèlement un texte.*

fidéliser v. tr. < 1 > comm. Rendre fidèle, s'attacher (un client, des consommateurs). *Fidéliser sa clientèle.*

fidélité n. f. (du latin → fidèle) **1.** Qualité d'une personne fidèle (à qqn). *Fidélité à, envers qqn. Jurer fidélité.* **2.** Constance dans les affections, les sentiments, les relations. *Fidélité conjugale.* – *La fidélité du chien.* **3.** *Fidélité à* (qqch.) : fait de ne pas manquer à, de ne pas trahir. *Fidélité à un serment.* **4.** Conformité à la vérité, à un modèle original. → **exactitude, véracité.** *Fidélité d'une reproduction.* **5.** Qualité d'un instrument fidèle (6). **6.** **Haute-fidélité* (adaptation de l'anglais *high-fidelity*) : technique visant à obtenir une restitution très exacte du son enregistré. → anglic. **hifi.** *Chaîne* haute-fidélité.*

Fidènes Ancienne ville d'Italie, dans le pays des Sabins, près de Rome. Colonie étrusque, elle fut conquise par les Romains en –425.

Fidji ou Fiji (îles)

n. f. pl. ■ offic. république des Fidji État insulaire d'Océanie (→ carte), en Mélanésie, formé de 844 îles, îlots et atolls. 18 333 km². 885 000 habitants (les *Fidjiens*). **Population :** Mélanésiens (51 %) ; Indiens (44 %). **Langues :** fidjien, anglais, hindi. **Monnaie :** dollar fidjien. **Capitale :** Suva.

Outre Viti Levu (10 386 km²) et Vanua Levu (5 535 km²), l'archipel compte une multitude d'îles volcaniques entourées de récifs coralliens. Le climat, tropical, est soumis aux cyclones. L'agriculture (canne à sucre, coprah, cacao), l'industrie sucrière et le tourisme sont les principales activités économiques.

Découvertes par A. Tasman (1643), visitées par J. Cook (1773) et Dumont d'Urville (1827), les îles Fidji furent annexées par les Britanniques (1874) qui y développèrent la culture de la canne à sucre en important une main-d'œuvre indienne. Depuis l'indépendance (1970), la rivalité entre Mélanésiens et Indiens rythme la vie politique : coups d'État en faveur des Mélanésiens en 1987 et 2000, provoquant la suspension des Fidji du Commonwealth (levée en 2001) ; coup d'État en faveur des Indiens en décembre 2006. Une nouvelle Constitution a été adoptée en 2013, qui renforce la protection des droits des minorités.

Aux îles Fidji, le multiculturalisme s'affiche dans les rues de Suva.

fiduciaire adj. (du latin, de *fiducia* → fiducie) écon. Se dit de valeurs fictives, fondées sur la confiance à la personne qui les émet. *Monnaie fiduciaire* (billets...). ■ *Société fiduciaire,* qui effectue des travaux de comptabilité, d'organisation, etc. pour le compte d'autres sociétés.

fiducie adj. et n. (latin *fiducia* « confiance », de *fidere* → ^{1}fier v.) Contrat par lequel un bien est cédé comme garantie à un créancier, lequel devra le restituer au débiteur lorsque celui-ci aura rempli ses obligations.

fief n. m. (latin médiéval *feodum, feudum,* probablt d'origine francique *fehu* « bétail » → féodal, feudiste) **1.** Au Moyen Âge, Domaine concédé par le seigneur à son vassal (→ **feudataire**), en contrepartie de certains services. *Le fief est l'institution fondamentale de la féodalité.* **2.** fig. Domaine où qqn est maître. – *Fief électoral,* où l'on est toujours réélu.

fieffé, ée adj. **I.** hist. Qui est pourvu d'un fief. **II.** Qui possède au plus haut degré un défaut, un vice. → **fini, parfait.** *Un fieffé menteur.*

fiel n. m. (vient du latin *fel* « bile ») **1.** Bile des animaux de boucherie, de la volaille. **2.** fig., littér. Amertume qui s'accompagne de méchanceté. → **acrimonie, haine.** « *Un regard plein de fiel, de haine et de défi* » (Balzac).

field voir **fjeld**

Field (John) Compositeur et pianiste irlandais (1782-1837). Ses *Nocturnes* ont exercé, par la nouveauté de leur forme, une influence durable, notamment sur Chopin.

Field (Cyrus West) Industriel américain (1819-1892). Il réalisa le premier câble sous-marin reliant les États-Unis à l'Europe.

Fielding (Henry) Romancier et dramaturge britannique (1707-1754). Il est l'auteur de comédies et de romans satiriques épinglant les personnalités de son époque (*Tom Pouce ; Vie de Jonathan Wild le Grand*). Dans son *Histoire de Tom Jones, enfant trouvé,* il évoque, avec verve et humour, toutes les couches de la société anglaise au XVIIIe siècle.

Fielding (Anthony Vanduck Copley) Aquarelliste britannique (1787-1855). Il a peint des paysages de la région des lacs et de la côte S. de l'Angleterre.

Fields (John Charles) Mathématicien canadien (1863-1932). Il proposa de créer une médaille pour compenser l'absence de prix Nobel de mathématiques. La *médaille Fields* est attribuée depuis 1936.

Fields (William Claude Dukenfield, dit W. C.) Acteur comique américain (1879-1946). Il joua dans des vaudevilles, des mélodrames et des comédies musicales, et excella dans les rôles burlesques, créant un personnage anticonformiste et bouffon.

fielleux, euse adj. Plein de fiel (2). → **haineux, méchant.** *Paroles fielleuses.* – *Un critique fielleux.*

Fiennes (Robert, dit Moreau de) Connétable de France (v. 1308-1385). Il appuya le futur Charles V contre les Anglais, reprit Auxerre en 1360 et lutta contre les Grandes Compagnies.

fiente [fjɑ̃t] n. f. (vient du latin pop. *femita,* famille de *fimus* « fumier* ») Excrément d'oiseau et de certains animaux. *Fiente de pigeon.*

fienter [fjɑ̃te] v. intr. < 1 > Faire de la fiente.

^{1}fier v. tr. < 7 > (vient du latin pop. *fidare,* de *fidere* « avoir confiance » [même racine que *fides* → foi] → fiancer, fiducie) vieux Confier (qqch. à qqn). ■ **se fier** v. pron. Accorder sa confiance (à qqn, à qqch.). *Je me fie entièrement à vous ; à votre jugement.* – *Ne vous y fiez pas,* méfiez-vous.

^{2}fier, fière [fjɛʀ] adj. (vient du latin *ferus* « sauvage » → féroce ; faramineux) **1.** Hautain, d'attitude méprisante. → **arrogant, prétentieux.** loc. *Fier comme un coq, comme un paon.* – n. *Faire le fier.* **2.** littér. Qui a un vif sentiment de sa dignité, de son honneur. *Il est fier et courageux.* **3.** *Fier de* : qui a de la joie, de la satisfaction de (qqn, qqch.). → **content, heureux, satisfait.** *Elle est fière de ses enfants. Elle est fière de son succès ; d'avoir réussi.* **4.** (avant le nom) vieilli → **fameux, rude.** *Un fier culot.* → ^{1}**sacré.** – *C'est une fière canaille !* □ adv. **fièrement**

Fier n. m. Rivière de Haute-Savoie, affluent du Rhône. 66 km.

Fier ou **Fieri** Ville du S. de l'Albanie. 57 198 habitants. Raffinage d'hydrocarbures.

fier-à-bras n. m. (du n. d'un géant sarrasin des chansons de geste) vieilli Fanfaron. *Des fiers-à-bras* [fjɛʀabʀa].

Fieravanti ou **da Bologna (Aristotile)** Architecte et ingénieur italien (v. 1415-1486). Il réalisa des travaux hydrauliques pour les Sforza et collabora à la reconstruction du Kremlin de Moscou.

fiérot, ote adj. et n. (de *fier*) fam. **1.** Prétentieux d'une manière puérile. *Il fait le fiérot.* **2.** Fier (3) de qqch. d'une manière enfantine. *Il est tout fiérot de son succès.*

fierté n. f. (→ ^{2}fier) **1.** Attitude arrogante. → **dédain, hauteur, suffisance. 2.** littér. Sentiment élevé de la dignité, de l'honneur. → **amour-propre, orgueil.** ■ *La marche des fiertés* : manifestation festive et revendicative, à l'initiative de la communauté LGBT. **3.** Fait d'être fier (3) de qqn, de qqch. → **contentement, satisfaction.** *Tirer une juste fierté de sa réussite.* ■ Ce qui fait concevoir de la fierté. *Cette collection est sa fierté.*

Fieschi (Giuseppe) Conspirateur corse (1790-1836). Auteur d'un attentat contre Louis-Philippe (1835), il fut condamné à mort et décapité avec ses complices.

Fiesole Ville d'Italie, en Toscane, sur une colline dominant Florence. 14 100 habitants. Ancien centre étrusque puis romain. Cathédrale (XIe-XIVe s.).

Fiesque en italien **Fieschi** ou **Fiesco** Famille de l'aristocratie génoise, dont sont issus deux papes, Innocent IV et Adrien V. ■ **Gian Luigi Fiesco, comte de Lavagna** (1523-1547). Il tenta de renverser Andrea Doria à Gênes, mais la conjuration échoua. Elle fut racontée par le cardinal de Retz et inspira un drame à Schiller.

fiesta n. f. (mot espagnol « fête ») fam. Partie de plaisir, fête. → ^{1}**java.**

fièvre n. f. (vient du latin *febris* → fébrile) **1.** Élévation anormale de la température du corps. *Avoir de la fièvre* (→ **fébrile ; fiévreux**). *Faire tomber la fièvre* (→ **antipyrétique, fébrifuge**). – *Une fièvre de cheval*.* ■ Maladie fébrile. *Fièvre éruptive. Fièvre aphteuse*. Fièvre jaune* (maladie infectieuse virale). **2.** fig. Vive agitation, état passionné. → **excitation, fébrilité.** *Fièvre créatrice.* ■ *Fièvre de* : désir ardent de. → **amour, passion.** *Fièvre de conquêtes.* – *La fièvre d'écrire.*

fiévreux, euse adj. **1.** Qui a ou dénote la fièvre. → **fébrile (1).** *Se sentir fiévreux.* **2.** Qui a un caractère intense, hâtif. *Activité fiévreuse.* → **fébrile (2).** ■ Qui est dans l'agitation de l'inquiétude. *Une attente fiévreuse.* □ adv. **fiévreusement**

FIFA n. f. Organisation sportive internationale, créée en 1904 à Paris. Elle exerce, sur la plupart des compétitions internationales de football, son autorité en matière d'organisation, d'arbitrage, d'évolution des règles et de mesures disciplinaires.

Fife n. m. District d'Écosse, entre les estuaires de la Tay et du Forth. 1 325 km^2. 350 000 habitants. Chef-lieu : Glenrothes.

fifille n. f. (de *fille*) fam. Fille (I). *La fifille à son papa.*

fifre n. m. (suisse allemand *Pfifer* « joueur de flûte ») **1.** Petite flûte en bois au son aigu. **2.** Joueur de fifre.

fifrelin n. m. (allemand *Pfifferling* « girolle » et « objet sans valeur » → sous-fifre) fam., vieilli Chose, monnaie sans valeur. – *Cela ne vaut pas un fifrelin,* cela n'a aucune valeur.

fifty-fifty adv. (mot anglais, proprt « cinquante cinquante ») anglic., fam. Moitié*-moitié. *Partager fifty-fifty.*

figaro n. m. (n. du personnage principal du *Barbier de Séville,* de Beaumarchais) fam., vieux Coiffeur.

Figaro Personnage de Beaumarchais, héros de la trilogie composée du *Barbier de Séville,* du *Mariage de Figaro* et de *La Mère coupable.* Il apparaît dans les opéras de Mozart (*Les Noces de Figaro*) et de Rossini (*Le Barbier de Séville*).

Figaro (Le) Journal français fondé en 1854 sous la forme d'un hebdomadaire satirique, devenu quotidien en 1866.

Figeac Chef-lieu d'arrondissement du Lot, sur le Célé. 9 784 habitants. Ancienne abbatiale (XIe-XIVe s.). Église romane. Musée Champollion. Aéronautique.

figement n. m. Action de (se) figer ; état de ce qui est figé.

figer v. tr. < 3 > (famille de *foie*) **1.** Coaguler (le sang). – fig. « *La nuit avait figé notre sang dans nos veines* » (Hugo). **2.** Solidifier (un liquide gras) par le froid. – pronom. *La sauce s'est figée.* **3.** Rendre immobile, fixer dans une certaine attitude, un certain état. ■ pronom. *Sourire qui se fige.* – fig. *Se figer dans une attitude,* la garder obstinément. ■ **figé, ée** adj. *Huile figée.* – *Regard figé.* – *Attitude figée.* ■ *Expression, locution figée,* dont on ne peut changer aucun des termes et dont le sens global ne peut pas se déduire de celui de ses constituants.

Figl (Leopold) Homme d'État autrichien (1902-1965). Membre du parti populiste (catholique), opposé à l'Anschluss, il fut déporté en camp de concentration (1938-1945). Cofondateur du nouveau parti populiste (ÖVP), il fut chancelier de 1945 à 1953.

fignoler v. tr. < 1 > (de *fin* adj.) fam. Exécuter avec un soin minutieux jusque dans les détails. → **parfaire.** – au p. p. *Travail fignolé.* → **léché.** □ n. m. **fignolage**

fignoleur, euse n. Personne qui fignole.

figue n. f. (de l'ancien provençal, du latin *ficus* « figue ; figuier » → ficus ; foie) **1.** Fruit charnu et comestible du figuier, vert ou violacé. *Figues fraîches, séchées.* **2.** *Figue de Barbarie* : fruit comestible de l'oponce. ■ zool. *Figue de mer* : ascidie comestible de la Méditerranée. **3.** *Mi-figue, mi-raisin* loc. adj. invar. : qui exprime un mélange de satisfaction et de mécontentement. → **mitigé.** *Un air mi-figue, mi-raisin.*

Figueira da Foz Ville du Portugal (Beira littorale), à l'embouchure du Mondego. 62 100 habitants. Port de pêche. Station balnéaire.

figuier n. m. **1.** Arbre méditerranéen, à feuilles lobées, qui donne les figues. **2.** *Figuier de Barbarie* : oponce.

Figuig Oasis du S.-E. du Maroc. 10 800 habitants. Marché nomade.

figurant, ante n. **1.** Personnage de théâtre, de cinéma, remplissant un rôle secondaire et généralement muet. **2.** Personne ou groupe dont le rôle est effacé, passif, dans une réunion, une société.

F

figuratif, ive adj. (→ figurer) **1.** vieilli Qui représente (qqch.) d'une manière symbolique. **2.** Qui représente la forme de qqch. – *Art figuratif,* qui s'attache à la représentation, inspirée du monde visible, de l'objet (par oppos. à *art abstrait* ou *non figuratif*).

figuration n. f. **1.** Fait de figurer, de représenter (qqch.), notamment par des moyens graphiques, etc. *Une figuration fidèle.* ■ ***La figuration*** : la peinture figurative. **2.** Fait d'être figurant, dans un spectacle. *Faire de la figuration.* ■ Ensemble des figurants. – Emploi, rôle de figurant.

figure n. f. (latin *figura* « forme, aspect ; chose façonnée », de *fingere* → feindre) **I. 1.** vieux Forme extérieure (d'un objet, d'un ensemble). → **aspect.** « *Des outils* [...] *dont il ne connaît ni l'usage, ni le nom, ni la figure* » (La Bruyère). – loc. mod. *Ne plus avoir figure humaine* : être si mal en point que l'apparence humaine n'est plus reconnaissable. **2.** Représentation visuelle (de qqn, qqch.), sous forme graphique ou plastique. → **image.** *Livre orné de figures.* → **[2]estampe, gravure, illustration.** *Figures de caractère technique.* → **croquis, dessin, schéma.** « *La figure en elle-même est un ensemble parfait de lignes et d'effets* » (Delacroix). ■ spécialt Représentation d'un personnage humain. → **effigie, portrait, statue.** *Figure en bronze, en terre cuite.* – *Figure de cire* : représentation en cire d'une personne humaine. – ***Figure de proue*** : buste (d'une personne, d'un animal...) à la proue des anciens navires à voile. fig. Personnalité de premier plan (cf. ci-dessous le sens 4). – Carte à jouer représentant un personnage (roi, dame, cavalier, valet). **3.** loc. ***Faire figure*** : jouer un rôle remarquable, important, se distinguer. – *Faire bonne, piètre, triste figure,* avoir une contenance, une apparence (bonne...). – *Faire figure de* : paraître, passer pour. ■ ***Prendre figure*** : prendre forme. – *Donner figure à qqch.* **4.** Personne remarquable, célèbre. → **personnage.** *Les grandes figures d'une époque.* – Type humain caractéristique. *La figure de l'aventurier.* **5.** (Élément matériel dans l'espace) géom. Représentation des points, droites, courbes, surfaces ou volumes ; ensemble de points constituant ces objets géométriques. ■ danse, sports Chemin suivi par un danseur, un patineur, un plongeur... suivant une ligne déterminée. **II.** (Forme de la face humaine) **1.** Apparence momentanée de la face humaine, exprimant une attitude, des sentiments. → **tête ; [2]air, physionomie.** *Changer de figure.* **2.** Partie antérieure de la tête humaine. → **face, visage.** *Une figure osseuse, ronde. Une figure agréable.* – *Recevoir qqch. en pleine figure, dans la figure.* – *Dire, jeter qqch. à la figure de qqn,* dire sans précautions. – loc. *Casser* la figure à qqn. Se casser la figure* : tomber. ■ (Caractérisant la personne) « *L'évocation des figures aimées en ces jours lointains me charme et m'attendrit* » (H. Bosco). **III.** *Figure de style, figure de rhétorique* et absolt *figure* : mode d'expression linguistique et stylistique de certaines formes de pensée dans le discours ; transfert de sens (→ sens **figuré**). *La métaphore, la métonymie sont des figures.* → **trope.**

figuré, ée adj. **1.** Représenté par une figure, un dessin. *Plan figuré.* **2.** *Sens figuré* (d'un mot, d'une expression), qui résulte d'une figure* de style, d'un transfert sémantique (opposé à *sens propre*). □ adv. **figurément**

figurer v. < 1 > (latin *figurare* « façonner ; imaginer », de *figura* → figure) **I. v. tr. 1.** Représenter (qqn, qqch.) sous une forme qui évoque le monde visible. → **dessiner, peindre, sculpter ; figuratif.** – Représenter d'une manière symbolique ou conventionnelle. → **symboliser. 2.** (sujet chose) Être l'image de. *La scène figure un bord de mer.* **II. v. intr. 1.** Jouer un rôle de figurant. **2.** Apparaître, se trouver (quelque part). *Son nom ne figure pas sur la liste.* ■ **se figurer** v. pron. Se représenter par la pensée, l'imagination. → **s'imaginer, se représenter.** *Figurez-vous que... Elle se figure que je vais céder !*

figurine n. f. (italien *figurina,* diminutif de *figura,* mot latin « statue » → figure) Statuette de petite dimension.

fil n. m. (vient du latin *filum* → ficelle, filament, filon ; [2]défiler) **I. 1.** Brin long et fin des matières textiles ; réunion de ces brins, tordus et filés (→ **filature, filer).** *Des fils. Un fil, du fil de lin, de soie, de nylon. Bobine de fil. Fil de trame, de chaîne* (d'un tissu). – ***Droit fil*** : sens des fils (trame ou chaîne) d'un tissu (opposé à *biais*) ; fig. ligne de pensée, orientation. ■ loc. *Être mince comme un fil,* très mince. – *Ruse cousue de fil blanc,* trop apparente pour tromper quiconque. – *De fil en aiguille,* petit à petit, insensiblement. – *Donner du fil à retordre à qqn,* lui créer des embarras, des difficultés. **2.** Brin de matière textile, de fibre ou de toute matière souple, servant à tenir, à attacher. « *Les perles ne font pas le collier ; c'est le fil* » (Flaubert). – loc. *Ne tenir qu'à un fil,* à très peu de chose, être fragile. – fig. *Le fil d'Ariane,* ce qu'on peut suivre pour se diriger, se guider (allus. au Labyrinthe* : Ariane donne un fil à Thésée pour qu'il puisse en sortir). *Fil conducteur. Fil rouge* : élément qui permet de suivre le déroulement de qqch. ■ ***Fil à plomb*** : instrument formé d'une masse de plomb fixée à un fil, servant à donner la verticale. **3.** Morceau d'une matière qui s'étire en brins longs et minces. *Fils de verre.* **4.** Matière métallique étirée en un long brin mince. *Fil d'acier. Fils de fer barbelés.* – loc. *Il n'a pas inventé le fil à couper le beurre,* il n'est pas malin. **5.** Conducteur électrique, fil de cuivre entouré d'une gaine isolante. *Fil électrique. Fil télégraphique. Fil téléphonique.* – loc. fam. *Avoir les fils qui se touchent* : être fou. – fam. *Donner, passer un* ***coup de fil,*** un coup de téléphone. **6.** Matière produite et filée par quelques animaux (araignée, ver à soie). – loc. *Fils de la Vierge.* → **filandre** (2). **7.** Fibre de certaines matières ; sens des fibres. *Le fil du bois.* **8.** Filament durci de certains légumes (notamment les haricots), que l'on enlève avant de les consommer. **9.** Limite d'arrivée d'une course à pied. ■ loc. fig. *Sur le fil* : de justesse. *La candidate a gagné sur le fil.* **II.** fig. **1.** Sens dans lequel un cours d'eau coule (→ **[2]courant).** – *Au fil de l'eau,* en suivant le courant ; fig. au fur et à mesure. – fig. *Le fil des jours. Au fil des heures.* **2.** Cours, enchaînement. → **suite.** *Le fil de la conversation. Suivre le fil de ses idées.* ■ inform. *Fil RSS* : fichier dynamique produit automatiquement en fonction des mises à jour d'un site web. – *Fil de discussion* : suite de messages traitant d'un même sujet, sur un forum, un réseau social. **III.** Partie coupante (d'une lame). → **tranchant.** *Le fil d'un rasoir.* – loc. *Être sur le fil du rasoir,* dans une situation instable, dangereuse.

filable adj. Qui peut être filé, transformé en fil. *Matières filables.*

fil-à-fil n. m. invar. Tissu de laine ou de coton très solide, en fils de deux couleurs alternées. *Une veste en fil-à-fil.*

filage n. m. **1.** techn. Action de filer (un textile) à la main. **2.** Répétition en continu d'une pièce de théâtre.

[1]filaire n. f. (latin *filaria,* de *filum* « fil ») Ver long et fin (nématode), parasite de divers vertébrés. *Parasitose due à une filaire.* → **filariose, onchocercose.**

[2]filaire adj. (de *fil*) télécomm. Dont la transmission se fait par fil (opposé à *sans fil*). *Téléphone filaire.*

filament n. m. (du latin, de *filum* → fil) **1.** Production organique longue et fine comme un fil. *Filament de la cellule nerveuse.* **2.** Fil conducteur très fin porté à incandescence dans les ampoules électriques.

filamenteux, euse adj. Qui a des filaments (→ **fibreux).**

filandière n. f. (du latin *filanda* « ce qui est à filer », de *filare* → filer) littér. Femme qui file à la main. → **fileuse.**

filandre n. f. (du latin *filanda* → filandière) didact. **1.** Fibre longue et coriace (des viandes, légumes). **2.** Fil d'araignée qui vole dans l'air (→ **fil*** de la Vierge).

filandreux, euse adj. **1.** (viande, légumes) Rempli de filandres. **2.** fig. Enchevêtré, confus, interminable. *Des explications filandreuses.*

filant, ante adj. **1.** Qui coule en s'allongeant en une sorte de fil continu. *Sirop filant.* **2.** *Pouls filant,* très faible. **3.** *Étoile* filante.* **4.** *Balcon filant,* s'étendant sur la façade d'un bâtiment.

filao n. m. (mot créole) Arbre tropical, que l'on cultive pour son bois. → **casuarina.**

Filarete (Antonio di Petro Averlino, dit il Filareti, en français) Sculpteur et architecte italien (v. 1400-v. 1469). Il décora les portes de la basilique Saint-Pierre de Rome puis élabora les plans de l'Ospedale Maggiore à Milan. Son *Traité d'architecture,* qui décrit une ville idéale, est l'un des grands textes de réflexion artistique de la Renaissance.

filariose n. f. (du latin *filaria* → [1]filaire n. f.) méd. Maladie due à la présence de filaires dans l'organisme. → **éléphantiasis.**

filasse n. f. (vient du latin, de *filum* → fil) **1.** Matière textile végétale non encore filée (→ **étoupe). 2.** appos. invar. *Cheveux blond filasse,* et **adj. invar.** *cheveux filasse,* d'un blond fade, sans éclat.

filateur, trice n. (du radical de *filature*) Industriel dirigeant l'exploitation d'une filature.

filature n. f. **I. 1.** Ensemble des opérations industrielles qui transforment les matières textiles en fils. **2.** Usine où est fabriqué le fil. **II.** Action de filer (qqn), de suivre pour surveiller. *Prendre qqn en filature.*

fildefériste n. (de *fil de fer*) Équilibriste qui fait des exercices sur un fil métallique (→ **funambule).** *Des fildeféristes.* - var. **fil-de-fériste.** « *Acrobate ça m'aurait assez plu. Fil-de-fériste : épatant* » (Queneau).

file n. f. (de *filer* cf. d'affilée, [1]défiler) Suite (de personnes, de choses) en rang sur une seule ligne, l'une derrière l'autre. → **ligne ; colonne.** *Des files de CRS. Prendre la file,* se ranger dans une file. – fig. *Chef de file,* personne qui est à la tête (d'un groupe, d'une entreprise). ■ ***File d'attente.*** → **queue.** ■ ***En file, à la file*** loc. adv. : les uns derrière les autres, l'un derrière l'autre. – *En file indienne, à la file indienne,* immédiatement l'un derrière l'autre (→ à la queue* leu leu). ■ ***À la file*** : successivement. *Boire trois verres à la file.* ■ ***En double file*** : à côté d'une première file de voitures.

filé n. m. (de *filer*) **1.** techn. Fil employé pour le tissage. **2.** Fil de métal (or, argent) très fin, entourant un fil de soie, de lin.

filer v. < 1 > (vient du latin *filare* « étirer en fils » → filandre, filou, de *filum* → fil) **I. v. tr. 1.** Transformer en fil (une matière textile). *Filer de la laine* (→ **filage ; filature).** ■ *Filer du verre,* l'étirer en fil. – au p. p. *Verre filé.* **2.** (ver à soie, araignée) Faire en sécrétant son fil. *L'araignée file sa toile.* → **tisser. 3.** (Dérouler de façon égale et continue) mar. *Filer les amarres.* → **dévider ; larguer.** *Filer une ligne.* – *Navire qui file trente nœuds,* qui a une vitesse de trente nœuds. ■ mus. *Filer une note,* la tenir longtemps, sur une seule respiration. ■ littér. *Filer une métaphore,* la développer longuement. ■ fig. *Filer des jours heureux,* les vivre. – *Filer le parfait amour,* vivre un amour partagé. **4.** Marcher derrière (qqn), suivre pour surveiller (→ **filature). 5.** fam. Donner. → **refiler.** *Filer une gifle à qqn.* → **[2]flanquer. II. v. intr. 1.** (liquide, matière) Couler lentement en formant un fil ; former des fils. *Sirop qui file* (→ **filant).** *Le gruyère fondu file.* **2.** Se dérouler, se dévider. *Câble qui file.* – *Maille qui file,* qui se défait, entraînant une rangée de mailles (→ **échelle).** – fig. *Filer doux**. **3.** Aller droit devant soi, en ligne droite et très vite. *Filer comme une flèche ; ventre à terre.* – fam. *Le temps file,* passe vite. **4.** fam. S'en aller, se retirer. → **déguerpir, [1]partir.** *Allons, filez !* → **décamper.** *Filer à l'anglaise*.* → **s'esquiver.** – (choses) S'en aller très vite. → **disparaître, fondre.** « *L'argent file entre mes doigts comme du sable, c'est effrayant* » (Bernanos).

[1]filet n. m. (diminutif de *fil*) **1.** Ce qui ressemble à un fil fin. *Filet nerveux.* – bot. Partie mince et allongée de l'étamine qui porte l'anthère. – Saillie en hélice (d'une vis...). – Petite moulure. *Filets d'un chapiteau.* – Trait fin. **2.** Écoulement fin et continu. *Un filet d'eau ; d'air.* – *Un filet de vinaigre,* une très petite quantité. ▪ fig. *Un filet de voix,* une voix très faible.

2filet n. m. (→ 1filet) **1.** Morceau de viande, partie charnue et tendre le long de l'épine dorsale (de quelques animaux). *Filet de bœuf* (**→ chateaubriand, tournedos**). *Rôti dans le filet. Filet mignon*.* **2.** Morceau de chair levé de part et d'autre de l'arête (d'un poisson). *Filets de sole.*

3filet n. m. (altération de *filé,* n. m., du p. p. de *filer*) Réseau de filet (1), de fil, fait de mailles. **1.** Réseau à larges mailles servant à capturer des animaux. *Filet à papillons.* – fig. *Coup de filet,* arrestation de malfaiteurs. – *Attirer qqn dans ses filets,* le séduire. **2.** Réseau de mailles (pour envelopper, tenir, retenir). *Hamac en filet. Filet à cheveux.* → **résille.** – *Filet à provisions.* ▪ *Filet (de sécurité) :* réseau tendu sous des acrobates, des personnes travaillant en hauteur, par précaution. – loc. fig. *Travailler sans filet,* en prenant des risques. ▪ en sports Réseau qui sépare la table, le terrain en deux parties et au-dessus duquel la balle doit passer (tennis, etc.). – *Les filets des buts, au football.* – fig., fam. *Monter au filet,* s'engager seul, avant son groupe, dans une démarche délicate.

1filetage n. m. **1.** Action de fileter. **2.** Ensemble des filets (d'une vis, etc.).

2filetage n. m. Action de lever les filets (sur un poisson).

fileté n. m. (de *1filet*) Tissu dont un fil de chaîne est plus gros et forme de fines rayures en relief. *Fileté de coton.*

fileter v. tr. < 5 > Pratiquer un filet, des filets (au tour, à la filière) le long de (une tige de métal). → **tarauder.** – au p. p. *Tige filetée.*

fileur, euse I. n. Personne qui file une matière textile, à la main ou à la machine. II. adj. (animal) Qui sécrète un fil. *Insectes fileurs.*

fileyeur n. m. (de *3filet*) Bateau équipé pour pratiquer la pêche au filet. *Fileyeurs, chalutiers et ligneurs.*

filial, ale, aux adj. (latin *filialis,* de *filius* → **fils**) Qui émane d'un enfant à l'égard de ses parents. *Amour filial.* □ adv. **filialement**

filiale n. f. (de *filial*) Société jouissant d'une personnalité juridique (à la différence de la succursale) mais dirigée ou contrôlée par une société mère.

filialiser v. tr. < 1 > écon. Prendre le contrôle de (une entreprise) par le rachat de parts sociales. – Découper (une entreprise) en filiales. □ n. f. **filialisation**

filiation n. f. (bas latin *filiatio,* de *filius* → **fils**) **1.** Lien de parenté unissant l'enfant à son père, à sa mère. ▪ ethnol. Règle déterminant le groupe parental auquel un individu sera intégré. *Filiation matrilinéaire, patrilinéaire.* **2.** fig. Succession (de choses issues les unes des autres). → **enchaînement, liaison.** *La filiation des évènements. La filiation des mots* (→ **étymologie**), *des sens.*

filicinée n. f. (du latin *filis, filicis* « fougère ») bot. Plante cryptogame vasculaire (classe des *Filicinées ;* ex. l'ophioglosse, les fougères).

filière n. f. **1.** mar. Filin servant de garde-corps. **2.** techn. Instrument, outil destiné à produire des fils, à étirer une matière, à pratiquer des filets (1). → **tréfiler. 3.** Succession de degrés à franchir avant de parvenir à un résultat. *Suivre la filière diplomatique.* – Succession d'intermédiaires, d'étapes. **4.** techn. Famille (de réacteurs nucléaires) présentant les mêmes caractéristiques.

filiforme adj. (→ **fil** et **-forme**) Mince, fin comme un fil. *Antennes filiformes.* – (personnes) D'une extrême minceur.

filigrane n. m. (italien *filigrana,* même origine que *fil* et *grain*) **1.** techn. Ouvrage d'orfèvrerie fait de fils de métal (argent, or). **2.** Dessin imprimé dans l'épaisseur d'un papier et qui se voit par transparence. *Filigrane des billets de banque.* – loc. fig. *En filigrane,* en arrière-plan, d'une manière implicite (dans un texte).

filigrané, ée adj. **1.** Façonné en filigrane (1). *Bracelet filigrané.* **2.** Qui présente un filigrane (2). *Papier filigrané.*

Élément de collier filigrané or (Égypte, XIe-XIIe s.), musée du Louvre, Paris.

filigraner v. tr. < 1 > Façonner en filigrane (1).

filin n. m. (de *fil*) mar. Cordage (anciennt, en chanvre). *Filin de nylon, d'acier.*

filioque [filjɔkwe] n. m. (mot latin « et du Fils ») théol. Terme latin ajouté au Credo par l'Église catholique romaine pour signifier que le Saint-Esprit ne procède pas du Père seul, mais du Père et du Fils.

Filitosa Site archéologique de Corse-du-Sud, au N. de Propriano, qui regroupe des statues-menhirs d'une civilisation mégalithique (–IIIe–IIe millénaires).

fillasse [fijas] n. f. (de *fille*) péj. Fille, jeune fille. *Une grande fillasse un peu niaise.*

Fillastre (Guillaume) Prélat et savant français (1348-1428). Cardinal (1411), il lutta contre le schisme d'Occident et défendit au concile de Constance (1414-1418) la supériorité du concile sur le pape.

fille n. f. (vient du latin *filia,* féminin de *filius* → **fils**) I. **1.** (opposé à *fils*) ***La fille de qqn, sa fille :*** personne du sexe féminin considérée par rapport à son père, à sa mère. *C'est sa fille aînée ; sa fille cadette. Fille adoptive.* – fam. *Ma fille* (terme d'affection). **2.** littér. Descendante. *Une fille de rois.* – plais. *Fille d'Ève :* femme. II. **1.** (opposé à *garçon*) Enfant du sexe féminin. **2.** (dans des loc.) ***Petite fille :*** enfant du sexe féminin jusqu'à l'âge nubile. → **1fillette.** – ***Jeune fille :*** fille nubile ou femme jeune non mariée (équivalent plus soutenu de *fille,* ci-dessous). → **demoiselle ; mademoiselle.** *« À l'ombre des jeunes filles en fleurs »* (de Proust). *Une grande, une petite jeune fille* (selon l'âge). *Une jeune fille et un jeune homme ; et des jeunes gens.* **3.** (souvent avec un déterminatif) Jeune fille ; jeune femme. *Une jolie fille.* prov. *La plus belle fille du monde ne peut donner que ce qu'elle a.* – (en fonction d'adj.) *Elle est assez belle fille.* **4.** vieilli Femme non mariée. *Elle est restée fille.* – vieilli ***Fille-mère :*** mère célibataire. – ***Vieille fille :*** femme qui a atteint ou passé l'âge mûr sans se marier (péj. ; implique un jugement social défavorable). **5.** Prostituée. – loc. *Fille publique, fille des rues, fille de joie* (même sens). **6.** Nom donné à certaines religieuses. *Filles du Calvaire.* **7.** vieilli ***Fille de,*** jeune fille ou femme employée à une fonction, un travail. *Fille de ferme, de cuisine. Fille de salle :* femme de ménage (dans certaines collectivités).

1fillette n. f. (diminutif de *fille*) Petite fille. – Jeune fille. *« Si tu t'imagines / fillette fillette* [...] *»* (Queneau).

2fillette n. f. (probablt altération de l'ancien substantif *feuillette,* famille du latin *follis* « outre ») régional Bouteille de vin contenant un tiers de litre.

filleul, eule n. (vient du latin *filiolus* « jeune fils ; fils chéri », diminutif de *filius* → **fils**) Personne qui a été tenue sur les fonts baptismaux, par rapport à ses parrain et marraine.

Fillmore (Millard) Homme d'État américain (1800-1874). Il fut le 13e président des États-Unis de 1850 à 1853.

Fillon (François) Homme politique français (né en 1954). Plusieurs fois député et sénateur (RPR puis UMP), il dirigea plusieurs ministères entre 1993 et 2005 avant d'être nommé Premier ministre par N. Sarkozy en 2007. Il se présenta à l'élection présidentielle de 2017 mais fut éliminé au 1er tour, notamment en raison de sa mise en examen pour détournement de fonds publics (il fut jugé coupable en 2020).

film [film] n. m. (anglais *film* « membrane ») I. **1.** Pellicule photographique. – Pellicule cinématographique. *Film de 35 mm* (format professionnel). **2.** Œuvre cinématographique enregistrée sur film (→ **cinéma**). *Scénario, synopsis d'un film. Tourner un film. Film muet, parlant. Un beau, un grand film. Mauvais film.* → **navet.** – *Film d'animation*.* **3.** fig. Succession, enchaînement d'évènements. *Le film d'une vie.* II. anglic., techn. Couche très mince (d'une matière). *Film alimentaire.*

filmage n. m. Action de filmer. → **tournage.**

filmer v. tr. < 1 > I. Enregistrer (des vues) sur un film cinématographique ; par ext. sur un support magnétique. *Filmer un enfant qui joue.* – absolt *Filmer en studio.* → **tourner.** – au p. p. *Théâtre filmé.* II. Couvrir d'un film (II).

filmique adj. didact. Relatif aux films de cinéma.

filmographie n. f. didact. Liste des films (d'un auteur, d'un acteur, d'un genre...). □ adj. **filmographique**

filmologie n. f. Étude du cinéma, en tant que phénomène esthétique, social, etc. □ adj. **filmologique**

filmothèque n. f. (de *[micro]film* et *-thèque*) Collection de microfilms constituée en dépôt d'archives.

filo n. m. (du grec *phullon* « feuille » → **-phylle**) *Pâte filo* ou *filo :* pâte très fine à base de farine, de sel et d'eau, utilisée dans la cuisine orientale pour des préparations feuilletées (baklavas...). *Pâte filo et feuilles de brick* (→ **2brick**). - var. **phyllo.**

filocher v. < 1 > (de *filer*) fam. **1.** v. intr. Aller vite, filer. **2.** v. tr. Suivre (qqn) pour l'épier.

filoguidé, ée adj. (de *fil* et *guidé*) Dont le guidage se fait par l'intermédiaire d'un fil. *Missile filoguidé.*

filon n. m. (italien *filone,* de *filo* « fil », même origine que *fil*) **1.** Masse allongée (de minéraux) existant dans le sol au milieu de couches de nature différente). *Filon de cuivre.* → **veine.** *Exploiter un filon.* **2.** fig. → **2mine ; veine.** *Un filon comique.* **3.** fam. Moyen, occasion de s'enrichir ou d'améliorer son existence. *Trouver le filon.* ▪ **filonien, ienne** adj. Qui forme, qui contient des filons.

filoselle n. f. (italien dialectal *filosello* « cocon », p.-ê. du latin pop. *°follicellus* « petit sac », d'après *filo* « fil ») anciennt Bourre de soie mélangée à du coton et utilisée en bonneterie. *Bas, gants de filoselle.*

filou n. m. (probablt forme dialectale de *fileur* [de *filer*]) Escroc, voleur, personne malhonnête. *Des filous.*

filouter v. tr. < 1 > Voler adroitement (qqch. ; qqn).

filouterie n. f. vieilli Escroquerie, vol.

fils [fis] n. m. (vient du latin *filius* [féminin *filia* → **fille**] → **filial, filleul ; fiston**) **1.** (opposé à *fille*) Personne du sexe masculin, considérée par rapport à son père, à sa mère. → fam. **fiston.** *Son fils cadet ; son jeune fils. Fils adoptif.* – prov. *Tel père, tel fils. À père avare, fils prodigue.* – loc. péj. ***Fils à papa,*** qui profite de la situation de son père. **2.** relig. chrét. *Fils de Dieu, Fils de l'homme ; le Fils :* Jésus-Christ. **3.** Personne du sexe masculin qui descend (de qqn), est originaire (d'un lieu). *Fils de paysans. Fils du pays.* **4.** fig. *Fils spirituel,* qui a reçu l'héritage spirituel de qqn. → **disciple.**

filtrage n. m. Action de filtrer ; résultat de cette action.

filtrant, ante adj. **1.** Qui sert à filtrer. – *Verre filtrant.* **2.** *Virus filtrant,* qui traverse les filtres les plus fins. **3.** Qui passe faible-

F

ment à travers (un obstacle, etc.). *Lumière filtrante.*

filtrat n. m. didact. Liquide filtré.

filtration n. f. (de *filtrer*) didact. **1.** Action de filtrer (I). → **filtrage.** *Filtration sous vide.* **2.** Passage à travers un filtre, un corps poreux.

filtre n. m. (latin médiéval *filtrum*, du francique *filtir* → feutre) **1.** Dispositif (tissu ou réseau, passoire) à travers lequel on fait passer un liquide pour le débarrasser des particules solides qui s'y trouvent. ▪ spécialt *Filtre à café* : dispositif permettant de faire passer de l'eau à travers le café qu'il contient. – *Café-filtre* ou *filtre*, préparé au moyen d'un filtre. **2.** Appareil servant à débarrasser un fluide ou un aérosol de ses impuretés. *Filtre à air, à huile.* **3.** techn. Dispositif arrêtant tout ou partie d'un signal (acoustique, lumineux, électrique). ▪ photogr. Dispositif qui modifie l'aspect général d'une image. – loc. adj. invar. fig. *Sans filtre* : brut, spontané. *Un témoignage sans filtre.* ▪ inform. Groupe de critères permettant de n'afficher qu'un sous-groupe d'une base de données. **4.** Bout poreux (d'une cigarette) retenant en partie la nicotine et les goudrons. – appos. *Bout filtre.* **5.** fig., littér. → **crible.** *Le filtre de la critique, de la réflexion.*

F

filtre-presse n. m. techn. Appareil pour filtrer les liquides sous pression. *Des filtres-presses.*

filtrer v. < 1 > **I.** v. tr. **1.** Faire passer à travers un filtre. *Filtrer de l'eau* (→ **purifier**). **2.** → **tamiser.** « *Le fin brouillard rose filtre le soleil* » (Colette). **3.** Soumettre à un contrôle, une vérification, un tri. *Censure qui filtre les nouvelles.* **4.** littér. → **épurer.** « *L'artiste regarde le monde pour le filtrer* » (Malraux). **II.** v. intr. **1.** S'écouler lentement. *L'eau filtre à travers le sable.* **2.** (lumière) Passer faiblement. *Lumière qui filtre à travers les volets.* – abstrait *La nouvelle, la vérité a fini par filtrer,* par se répandre. ▫ adj. **filtrable**

[1]fin n. f. (vient du latin *finis* « limite ; terme, but ; degré suprême » → [2]fin, finir ; afin, confins, enfin) **I.** (Point d'arrêt, arrêt) **1.** Moment, instant auquel s'arrête (un phénomène, une période, une action). → **bout, limite, [1]terme.** *À la fin du mois. À la fin de mai ; fin mai. Du début à la fin.* ▪ *À la fin* loc. adv. → en **définitive, enfin, finalement.** « *À la fin tu es las de ce monde ancien* » (Apollinaire). – fam. *Tu m'ennuies, à la fin !* (marque l'impatience). **2.** Point auquel s'arrête qqch. dont on fait usage. *La fin d'une bobine de fil.* **3.** Derniers éléments (d'une durée), dernière partie (d'une action, d'un ouvrage). *La fin de la journée a été belle. La fin du film.* → **dénouement, épilogue.** ▪ loc. *Faire une fin,* prendre une situation stable et sûre. → se **ranger.** **4.** Disparition (d'un être, d'un phénomène, d'un sentiment). *La fin du monde. La fin prématurée d'un héros.* → [1]**mort.** – *C'est la fin de tout !,* il n'y a plus rien à faire. fam. *C'est la fin des haricots !* (même sens). – ***Mettre fin à*** : faire cesser. → **terminer.** *Mettre fin à ses jours,* se suicider. – ***Prendre fin*** : cesser. → se **terminer.** – *Tirer, toucher à sa fin* : être près de se terminer. – ***Sans fin*** loc. adv. et loc. adj. invar. *Discourir sans fin,* sans s'arrêter. *Des développements, des reproches sans fin.* **5.** Cessation par achèvement. → **aboutissement.** *Conduire un projet à sa fin.* « *En toute chose il faut considérer la fin* » (La Fontaine). – *Mener à bonne fin un travail.* **II.** (But, terme) **1.** souvent au plur. Chose qu'on veut réaliser, à laquelle on tend volontairement. → **but,** [2]**objectif.** *Arriver, en venir à ses fins.* → **réussir.** – loc. prov. *Qui veut la fin veut les moyens. La fin justifie les moyens* (thèse du machiavélisme politique). – philos. ***Fin en soi,*** objective et absolue ; cour. Résultat cherché pour lui-même. – loc. ***À cette fin,*** pour arriver à ce but (→ **afin de**). ***À toutes fins utiles,*** pour servir le cas échéant. *À seule fin de,* dans le seul but de. *À des fins de, aux fins de* (+ n.). *À des fins d'information.* **2.** Terme auquel tend un être ou une chose (par instinct ou par nature). → **tendance ; finalité.** « *Oui, l'homme est sa propre fin. Et il est sa seule fin* » (Camus). *Étude des fins de l'homme.* → **eschatologie, téléologie.** **3.** dr. But juridiquement poursuivi. – loc. cour. ***Fin de non-recevoir*** : refus. *Il m'a opposé une fin de non-recevoir.*

[2]fin, fine adj. (du sens « point extrême » du latin *finis* → [1]fin ; affiner ; fignoler) **I. 1.** vieux ou régional (Canada, Belgique) Extrême. ▪ mod. (dans des loc.) *Le fin fond de la forêt.* – *Le fin mot de l'histoire,* le dernier mot, celui qui donne la clé. **2.** adv. Tout à fait. → **complètement.** *Elle est fin prête.* **II. 1.** Qui est d'une très grande pureté. → **affiné, pur.** *Or fin. Pierres fines.* → **précieux.** **2.** Qui est de la meilleure qualité. *Lingerie fine. Vins fins.* – *Eau-de-vie fine* et n. f. *fine* : eau-de-vie naturelle de qualité supérieure. – (odeur, parfum) *Arôme fin et pénétrant. Fines herbes*.* ▪ (n. m.) loc. *Le fin du fin,* ce qu'il y a de mieux dans le genre. **3.** D'une grande acuité. → **sensible.** *Avoir l'oreille fine ; le nez fin.* **4.** Qui marque de la subtilité d'esprit, une sensibilité délicate. *Un esprit fin.* → **subtil ; finesse.** – *Une remarque fine et spirituelle.* **5.** (personnes) Qui excelle dans une activité réclamant de l'adresse et du discernement. → **adroit, habile.** *Un fin connaisseur. Un fin gourmet.* → **raffiné.** **6.** Qui a une habileté proche de la ruse. → **astucieux, finaud, malin, rusé.** *Elle se croit plus fine que les autres.* « *La finesse consiste parfois à ne pas jouer au plus fin* » (Mauriac). – *Une fine manœuvre.* iron. *C'est fin, ce que tu as fait là !* → **malin.** **III. 1.** Dont les éléments sont très petits. *Sable fin. Sel fin* (opposé à *gros*). – *Une pluie fine.* **2.** Délié, mince. *Cheveux fins et soyeux.* – *Taille fine. Traits fins.* **3.** Qui est très mince ou aigu (par oppos. à *épais*). *Tissu fin. Stylo à pointe fine.* **4.** Difficile à percevoir. *Les plus fines nuances de la pensée.* → **ténu.**

finage n. m. (de *fin* n. f.) Étendue d'une paroisse ou d'une juridiction (vieux) ; d'un territoire communal (mod.), dans certaines régions.

final, ale, als ou (rare) **aux** adj. (latin *finalis,* de *finis* → [1]fin) **1.** Qui est à la fin, qui sert de fin (contr. **initial**). *Accords finals* (d'un air). *Point final* (d'un énoncé). – hist. *La solution* finale.* ▪ fam. (critiqué) ***Au final*** loc. adv. : finalement. **2.** philos. Qui marque une fin (II), un but. *Recherche des causes finales.* **3.** gramm. *Proposition finale* et n. f. *finale* : proposition subordonnée de but.

[1]finale n. f. (de *final*) **1.** Son, syllabe, lettre qui termine un mot, une phrase. **2.** Dernière épreuve (d'un championnat, d'une coupe...) qui désigne par élimination le vainqueur.

[2]finale n. m. (mot italien, de *fine* « fin » [n. f.], du latin *finis* → [1]fin) Dernière partie (d'un opéra, d'une symphonie...). → **coda.**

finalement adv. À la fin, en dernier lieu ; en définitive.

finaliser v. tr. < 1 > **1.** didact. Donner une fin, un but à. **2.** (de l'anglais *to finalize*) jargon d'entreprise Mettre au point de manière détaillée (un projet...). *Finaliser le texte d'un accord.* ▫ n. f. **finalisation**

finalisme n. m. (de *final* dans *cause finale*) didact. Doctrine philosophique qui croit à la finalité comme explication de l'Univers.

finaliste n. et adj. Concurrent(e), équipe qualifié(e) pour une finale. – adj. *L'équipe finaliste.*

finalité n. f. Caractère de ce qui tend à un but ; fait de tendre à un but.

finance n. f. (de l'ancien français *finer* « mener à sa fin ; payer », altération de *finir**) **1.** vieux Ressources pécuniaires. ▪ mod. loc. *Moyennant finance,* contre de l'argent. – fam. au plur. *Ses finances vont mal.* **2.** au plur. Activité de l'État dans le domaine de l'argent. → **budget, fisc, Trésor.** *Ministère des Finances.* **3.** Grandes affaires d'argent ; activité bancaire, boursière. → **affaire ; banque,** [2]**Bourse ; capitalisme.** *Être dans la finance.* ▪ Ensemble de ceux qui ont cette activité. → **financier.** *La haute finance internationale.*

financement n. m. Action de procurer des fonds (à une entreprise, à un service public). → **investissement ; autofinancement.** – *Financement participatif* (recomm. offic. pour **crowdfunding**), faisant appel à la participation du public, notamment sur Internet.

financer v. < 3 > **1.** v. intr. vieux ou plais. Payer. « *Le père Goriot a galamment financé pour elle* » (Balzac). **2.** v. tr. Soutenir financièrement (une entreprise) ; procurer les capitaux nécessaires au fonctionnement de. *Financer un projet.*

Fini (Leonor)

Leonor Fini, *Extrême nuit* (1977), coll. privée.

financier, ière **I. 1.** n. m. hist. Celui qui, sous l'Ancien Régime, s'occupait des finances publiques (→ **fermier**). **2.** n. (rare au fém.) Personne qui fait des affaires d'argent, de la finance (3). ▪ Spécialiste de la gestion des finances publiques ou privées. **3.** n. m. Petit gâteau rectangulaire à base de poudre d'amandes. **II.** adj. **1.** Relatif à l'argent. *Équilibre financier.* **2.** Relatif aux finances publiques. *Politique financière.* **3.** Relatif aux affaires d'argent, à la finance (3). *Compagnie financière.*

financièrement adv. **1.** En matière de finances ; au point de vue financier. **2.** fam. En ce qui concerne l'argent. → **matériellement.** *Financièrement, la situation est bonne.*

finasser v. intr. < 1 > (altération de l'ancien v. *finesser,* de *finesse*) Agir avec une finesse excessive. → **ruser.** ▫ n. **finassier, ère** et **finasseur, euse**

finasserie n. f. Procédé d'une personne qui finasse.

finaud, aude adj. Qui cache de la finesse sous un air de simplicité. → **futé, matois.** – n. *Un finaud, une finaude.* ▫ n. f. **finauderie**

Fincher (David) Réalisateur américain (né en 1962). Il a réalisé de nombreux films à l'intrigue complexe et efficace, empreints d'une vision peu optimiste de l'humanité (*Seven ; Fight Club ; The Social Network ; Gone Girl ; House of Cards,* série télé).

Finck (Heinrich) Compositeur allemand (v. 1445-1527). Il fut, avec Josquin des Prés, le plus illustre représentant de la polyphonie au XVIe siècle.

Findley (Timothy) Romancier canadien d'expression anglaise (1930-2002). Il est l'auteur de romans humanistes, servis par une écriture influencée par le cinéma. *Guerres.*

fine n. f. voir [2]**fin** (II, 2).

Fine (Oronce) Mathématicien et cartographe français (1494-1555). Il étudia le calcul sexagésimal et la transformation des figures géométriques.

fine de claire n. f. voir **claire**

Fine Gael Parti politique irlandais fondé en 1923 par William Thomas Cosgrave.

finement adv. **1.** Avec finesse, subtilité. *Comprendre finement.* **2.** Avec habileté. → **adroitement.** *Il a finement calculé son coup.* **3.** D'une manière fine, délicate. *Objet finement ouvragé.*

fines n. f. pl. (de [2]*fin*) techn. Granulat constitué d'éléments de très petites dimensions, utilisé pour augmenter la compacité du béton, d'un sol, etc.

finesse n. f. **I. 1.** Qualité de ce qui est délicat et bien exécuté. *La finesse d'une broderie.* **2.** (sens) Grande acuité. *Finesse de l'ouïe, du goût.* **3.** Aptitude à discerner des choses délicates, subtiles. → **pénétration, subtilité.** *Une grande finesse d'esprit.* **4.** Adresse, habileté. **5.** Extrême délicatesse (de forme ou de matière). *La finesse d'une poudre ; d'une* *aiguille.* → **étroitesse, minceur. II.** surtout au plur. **1.** vieilli Plan ou action marquant la ruse. **2.** Chose difficile à saisir, à manier. *Les finesses d'une langue, d'un art.* → **subtilité.**

finette n. f. (de *finet*, diminutif de [2]*fin*) Étoffe de coton dont l'envers est pelucheux.

Fingal (grotte de) Grotte de l'île de Staffa, en Écosse, qui inspira de nombreux artistes de l'époque romantique (Macpherson, Mendelssohn).

Fini (Leonor) Peintre italienne (1918-1996). De ses tableaux, illustrations, costumes et décors se dégage un univers ambigu et sensuel, plein de résonances psychanalytiques. *Les Fileuses ; La Gardienne du Phénix.*

Finiguerra (Maso ou Tommaso) Orfèvre, graveur et dessinateur italien (1426-1464). Adepte de la gravure au burin sur métal, il est l'auteur d'un remarquable *Couronnement de la Vierge.*

finir v. < 2 > (vient du latin *finire* [de *finis* → [1]fin] → **définir, finance ; infini**) **I. v. tr.** (Mener à sa fin [l]) **1.** Conduire (une occupation) à son terme en faisant ce qui reste à faire. → **achever, terminer.** *Finir un travail.* – spécialt → **parachever.** *Finir une pièce, un ouvrage.* → **fignoler. 2.** Mener (une période) à son terme, en passant le temps qui reste. *Finir ses jours à la campagne.* **3.** Mener (une quantité) à épuisement, en prenant ce qui reste. *Finir son verre, un plat.* – fam. Utiliser jusqu'au bout. *Il finit les vêtements de son frère.* **4.** Mettre un terme à. → **arrêter, cesser,** mettre **fin** à. ■ ***Finir de*** (+ inf.). Cesser de, achever. *Finissez de vous plaindre !* **5.** Être le dernier élément de. → **clore, conclure, terminer.** *Le mot qui finit une phrase.* **6.** absolt *Avez-vous fini ? Finir en beauté.* **II. v. intr.** (Arriver à sa fin [l]) **1.** Arriver à son terme dans le temps. → s'**achever,** se **terminer.** *Le spectacle finira vers minuit. Il est temps que cela finisse.* → **cesser.** *« Les privilèges finiront, mais le peuple est éternel »* (Mirabeau). **2.** Avoir telle fin, tel aboutissement. *Un film qui finit bien.* prov. *Tout est bien* qui finit bien.* – (personnes) *Ce garçon finira mal.* **3.** (personnes) Arriver au terme de sa vie. → **mourir, périr.** *Finir dans un accident.* **4.** Arriver à son terme dans l'espace. *Le sentier finit là.* → s'**arrêter. 5. *Finir par*** (+ inf.) : arriver à tel résultat. *Je finirai bien par trouver. Tout finit par s'arranger.* **III. *En finir* 1.** (personnes) Mettre fin à une chose longue, désagréable. *Il faut en finir. Il n'en finit plus ! – En finir avec* (qqch.), apporter une solution à. → **régler, résoudre.** *En finir avec* (qqn), se débarrasser de lui. – fam. ***En finir de.*** *On n'en finirait pas de raconter ses aventures.* → s'**arrêter. 2.** avec une négation Arriver à son terme. *Un discours qui n'en finit plus. – Des applaudissements à n'en plus finir. – La pluie n'en finit pas de tomber.* ■ **fini, ie adj. 1.** Qui a été mené à son terme. – *Produits finis*, qui peuvent être utilisés dès leur sortie d'usine. **2.** Dont la finition est bonne. *Vêtement bien fini.* – **n. m.** *Le fini*, la qualité de ce qui est soigné. ■ péj. Achevé, parfait en son genre. *Un menteur fini.* → **fieffé. 3.** Qui est arrivé à son terme. *Une époque finie.* → **révolu.** ■ (personnes) *C'est un homme fini*, diminué, usé. **4.** Qui a des limites, des bornes. – **n. m.** *Le fini et l'infini.*

finish n. m. (mot anglais, de *to finish* « terminer », emprunt au français *finir*) anglic., sports Aptitude à finir (dans une course...). *Des finishs. – Gagner au finish.*

finissage n. m. techn. Action de finir (une fabrication, une pièce). → **finition.**

finissant, ante adj. En train de finir. *Le siècle finissant.*

finisseur, euse n. **1.** Personne chargée des travaux de finissage, de finition. **2.** Athlète, coureur, coureuse qui finit bien une épreuve (→ **finish**).

Finistère n. m. [29] Département français de la Région Bretagne (→ carte). 6 785 km^2. 917 179 habitants. Chef-lieu : Quimper. Chefs-lieux d'arrondissement : Brest, Châteaulin, Morlaix. Extrémité occidentale de la Bretagne, le Finistère, dont les côtes sont très découpées, vit essentiellement de la pêche (baie d'Audierne, Concarneau), de l'ostréiculture et du tourisme. L'élevage, le maraîchage et les industries alimentaires dominent à l'intérieur (monts d'Arrée, Léon). Brest est le principal centre industriel.

Finisterre (cap) Promontoire situé à l'extrémité occidentale de l'Espagne, en Galice.

finition n. f. (latin *finitio*, de *finire* → **finir**) **1.** Opération ou ensemble d'opérations (finissage, etc.) qui termine la fabrication d'un objet, d'un produit. **2.** Caractère de ce qui est plus ou moins bien fini. *Une finition impeccable.* **3.** au plur. *Les finitions* : les derniers travaux. *Couturière qui fait les finitions* (ourlets, etc.).

finitude n. f. (de *fini*, p. p. de *finir*) didact. Fait d'être fini, borné.

Fink (Eugen) Philosophe et phénoménologue allemand (1905-1975). Élève puis assistant de Husserl, fondateur des « archives Husserl », il développa une conception originale du jeu comme apprentissage de la vie et du monde. *Le Jeu comme symbole du monde ; La Métaphysique et la Mort.*

Finkielkraut (Alain) Philosophe français (né en 1949). Défenseur d'un modèle républicain intégrateur, il s'attache à l'analyse des signes de la crise identitaire que traverserait selon lui la France, dénonçant notamment, dans une perspective conservatrice, les faillites du système éducatif ou le multiculturalisme. *La Défaite de la pensée ; L'Identité malheureuse.* Académie française.

finlandais, aise adj. (de *Finlande*) De Finlande. – n. *Les Finlandais.*

Finlande

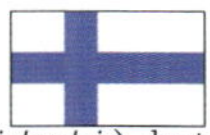

n. f. ■ offic. république de Finlande État d'Europe du Nord, comprenant les îles d'Åland. 337 032 km^2. 5 500 000 habitants (les *Finlandais*) dont 7 000 Samis (Lapons). **Langues :** finnois, suédois (offic.), same. **Religions :** luthériens (70 %), orthodoxes (1,1 %). **Monnaie :** euro. **Capitale :** Helsinki. **Régime :** démocratie parlementaire. La république de Finlande est divisée en 19 régions *(maakunta).*

GÉOGRAPHIE

La Finlande regroupe 35 % de la population mondiale vivant au nord du 60e parallèle. Rigoureux, le climat continental est toutefois tempéré par l'influence du Gulf Stream. Le pays compte 188 000 lacs de plus de 500 m^2, qui occupent environ 10 % de sa superficie. Le littoral découpé est prolongé par plusieurs îles et îlots. Le triangle Helsinki-Turku-Tampere, au S., concentre la majeure partie de la population et des activités économiques, contrastant avec d'immenses espaces presque vides. La Finlande se distingue de ses voisins scandinaves par sa langue (appartenant au groupe finno-ougrien) ainsi que par un système social moins développé, mais elle est reconnue pour l'excellence de son système scolaire.

ÉCONOMIE

L'agriculture (élevage, céréales) emploie encore 5 % des actifs. La forêt (conifères) est à l'origine du développement industriel (papier et dérivés du bois). Ce sont toutefois les nouvelles technologies et la métallurgie qui tirent l'économie, avec des produits finis très compétitifs sur le marché mondial. Aux côtés de grandes multinationales, de nombreuses PME innovantes ont développé l'économie digitale. La principale faiblesse du pays tient à ses importations d'énergie, qui représentent 70 % de sa consommation. Le pétrole provient pour les 3/4 de Russie, demeurée longtemps son premier partenaire commercial. Dans le cadre de la transition énergétique, l'abandon du charbon est programmé pour 2029 au plus tard au profit du nucléaire et de l'éolien. La Finlande a surmonté la crise financière mondiale de 2008 et est sortie de la récession en 2015.

HISTOIRE

À un premier peuplement de Samis, vers la période glaciaire, succéda au cours du IIe millénaire av. J.-C. une population issue d'Europe centrale qui disparut lors de l'ère chrétienne. Des Finnois venus d'Estonie s'y installèrent (Ier s.), pratiquant le commerce de fourrures, avant d'être concurrencés par les Vikings, qui s'établirent dans le S. du pays (XIe s.).

Domination suédoise, domination russe Peu peuplé, le territoire fut soumis en 1150 par les Suédois, qui introduisirent le christianisme et luttèrent contre l'impérialisme russe. La Finlande devint un duché suédois (1284). Le pays fut touché par la Réforme (XVIe s.). À la même époque, Gustave Ier Vasa favorisa son essor économique et fonda Helsinki (1550). Les luttes avec la Russie reprirent ; la Finlande perdit la Carélie et une partie du Sud-Est (1721), puis fut conquise en 1809 par Alexandre Ier. La rupture des relations avec la Suède et la domination russe entraînèrent un regain nationaliste. Le pays, soutenu par l'Allemagne, profita de la révolution russe de 1917 pour obtenir son indépendance.

La Finlande indépendante La république fut proclamée en 1919. Envahie par les Soviétiques en 1939, la Finlande perdit la Carélie et une partie de la Laponie. Elle reprit les hostilités aux côtés de l'Allemagne (1941), ce qui lui valut de devoir verser après-guerre de lourdes réparations. Après 1945, différentes coalitions gouvernementales se succédèrent. Sous les présidences de Paasikivi (1946-1956) et de Kekkonen (1956-1981), la politique étrangère fut fondée sur la neutralité ; la Finlande contracta alors des ententes commerciales avec l'Est comme avec l'Ouest. En 1955, le pays intégra le Conseil nordique et fut admis à l'ONU ; en 1973, il devint membre de l'AELE. La chute de l'URSS (1991) entraîna une crise écono-

Finlande

Les forêts boréales de Laponie, dans l'extrême nord du pays.

F

Finlande

mique et le pays se tourna davantage vers l'Europe, entrant dans l'Union européenne en 1995. Le pays a été présidé de 1982 à 2012 par trois présidents sociaux-démocrates puis par un conservateur, Sauli Niinistö. Les Verts ont fait leur entrée au gouvernement en 2019, peu avant la nomination de la social-démocrate Sanna Marin au poste de Premier ministre. Après l'invasion de l'Ukraine par la Russie, en 2022, la Finlande a demandé son adhésion à l'Otan.

Finlande (golfe de) Golfe formé par la Baltique entre la Finlande, la Russie et l'Estonie.

Finlay (Carlos Juan) Médecin cubain (1833-1915). Il découvrit le mode de transmission de la fièvre jaune par les moustiques.

Finnbogadóttir (Vigdís) Femme politique islandaise (née en 1930). Première femme au monde élue chef d'État, elle fut présidente de la République de 1980 à 1996.

Finnmark n. m. Région du N. de la Norvège, frontalière de la Finlande et de la Russie. 45 789 km². 73 400 habitants. Chef-lieu : Vadsø. Pêche, conserveries. Élevage de rennes.

finnois, oise adj. (du latin, n. de peuple) Du peuple de langue non indo-européenne qui vit en Finlande. – n. m. *Le finnois*, cette langue.

finno-ougrien, ienne adj. (de *finnois* et *ougre*, n. de peuple → hongrois) ling. Se dit d'un groupe de langues comprenant le finnois, l'estonien, le lapon, le hongrois et des langues sibériennes. *Langues finno-ougriennes.*

Finsen (Niels Ryberg) Médecin danois (1860-1904). Il découvrit l'utilisation des rayons lumineux dans le traitement de maladies de la peau. Prix Nobel 1903.

Fiodor Ier voir Fedor

fiole n. f. (latin médiéval *fiola*, du grec) 1. Petite bouteille de verre à col étroit utilisée en pharmacie. → flacon. 2. fig., fam. → tête. – *Se payer la fiole de qqn*, s'en moquer, en rire.

1fion n. m. (origine obscure) fam. 1. Bonne tournure, cachet final. – loc. *Donner le coup de fion*, la dernière main. 2. régional Remarque blessante.

2fion n. m. (var. de *fignon* dans le composé *troufignon*) fam. Derrière, anus. → cul.

Fionie n. f. en danois Fyn Île du Danemark, entre la péninsule du Jutland et l'île de Sjælland. 2 984 km². 449 600 habitants. Chef-lieu : Odense. Agriculture, élevage. Pêche.

fiord voir fjord

fioriture n. f. (mot italien « ornements », de *fiorire* « fleurir » ; famille de *fleur*) 1. mus. Ornement ajouté à la phrase. « *Les fioritures infinies du chant italien* » (Nerval). 2. Ornement complexe. *Les fioritures d'un motif.* – souvent péj. *Fioritures de style.*

fiotte ou **fiote** n. f. (de *fillotte*, var. régionale de *fillette*) vulg. et injurieux Homosexuel efféminé. → tapette.

fioul [fjul] n. m. (forme francisée de *fuel*, de l'anglais *fuel oil*, de *fuel* « combustible », de l'ancien français *fouaille* « bois à brûler », de *fou* → 1feu) Combustible liquide issu de la distillation du pétrole brut. → mazout. - recomm. offic. pour fuel.

Firdoussi ou **Ferdawsī (Abū al-Qāsim Manṣūr ibn Ḥasan)** Poète persan (v. 940-1020). Son « Livre des rois » (*Chāhnāme*) relate l'histoire de l'Iran des temps mythiques.

firewall voir pare-feu

firmament n. m. (latin « soutien, appui », de *firmare* « rendre ferme » → fermer) poét. Voûte céleste. « *Comme une pâle étoile au fond du firmament* » (Musset).

firman n. m. (turc *fermân*, d'origine persane, par l'anglais) hist. Édit, ordre ou permis émanant d'un souverain musulman.

firme n. f. (anglais *firm*) Entreprise industrielle ou commerciale.

Firminy Commune de la Loire, au S.-O. de Saint-Étienne. 16 953 habitants. Ancienne houillère. Ensemble architectural de Le Corbusier.

Firozabad Ville d'Inde (Uttar Pradesh). 604 200 habitants. Artisanat (verrerie).

fission

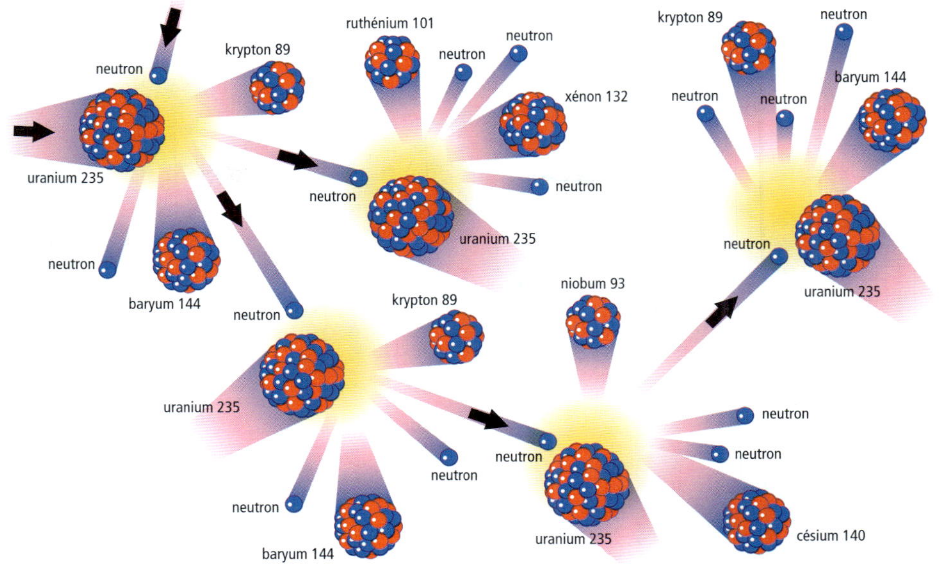

La collision entre un neutron et le noyau d'un atome radioactif (uranium 235) provoque une fission de ce dernier. Des atomes plus légers, de l'énergie — nucléaire — et des neutrons sont alors produits.

Firth (John Rupert) Linguiste britannique (1890-1960). Sa théorie du langage réduit le sens des mots aux usages qui en sont faits. *Speech ; The Tongues of Men.*

Firth of Forth n. m. Estuaire du Forth, en Écosse, dans la mer du Nord.

Fīrūzābādī (Muḥammad ibn Ya'qūb al-) Lexicographe persan (1329-1414). Il est l'auteur d'un dictionnaire arabe, le *Qāmūs*, qui demeure une référence pour la langue arabe contemporaine.

FIS (Front islamique du salut) Parti politique algérien, fondé en 1989 et officiellement dissous en 1992. Il prône l'adoption de la charia (loi islamique) et l'islamisation de la société algérienne.

fisc n. m. (latin *fiscus* « panier pour recevoir l'argent » et fig. « trésor public » → faisselle ; confisquer) L'administration fiscale. → trésor public. *Frauder le fisc. Inspecteur du fisc.* → contribution(s).

fiscal, ale, aux adj. (du latin → fisc) Qui se rapporte à l'impôt, au fisc. *Politique fiscale. Fraude fiscale.* □ adv. **fiscalement**

fiscaliser v. tr. < 1 > **1.** Soumettre à l'impôt. **2.** Financer par l'impôt. □ n. f. **fiscalisation**

fiscaliste n. Spécialiste du droit fiscal.

fiscalité n. f. Système fiscal. *Réforme de la fiscalité.*

Fischart (Johann) surnommé **Mentzer** Humaniste et auteur satirique alsacien (v. 1546-1590). Il attaqua dans ses pamphlets l'Église catholique et les jésuites, et adapta en vers *Till Eulenspiegel* et le premier livre de *Gargantua* de Rabelais.

Fischer (Johann Michael) Architecte et décorateur allemand (1691-1766). Il est l'un des principaux représentants du baroque bavarois en architecture religieuse.

Fischer (Emil Hermann) Chimiste allemand (1852-1919). Il découvrit la famille des purines, réussit la première synthèse du sucre, et mit au jour la structure des protéines. Prix Nobel 1902.

Fischer (Hans) Chimiste allemand (1881-1945). Il précisa la composition de l'hémoglobine et la synthétisa. Il étudia la chlorophylle. Prix Nobel 1930.

Fischer (Edwin) Pianiste suisse (1886-1960). Il créa et dirigea des orchestres de chambre et fut l'un des plus grands interprètes de son époque (J.-S. Bach, Beethoven, Schumann).

Fischer (Ernst Otto) Chimiste allemand (1918-2007). Il est l'auteur de travaux sur les composés organométalliques à « structure sandwich » (un atome de métal placé entre deux molécules organiques). Prix Nobel 1973.

Fischer (Robert James Fischer, dit Bobby) Joueur d'échecs islandais d'origine américaine (1943-2008). Doté d'un jeu combinatoire sans faille et d'une technique irréprochable pour les ouvertures et les finales, excentrique et capricieux, il fut champion du monde en 1972.

Fischer-Dieskau (Dietrich) Baryton allemand (1925-2012). Sa voix exceptionnelle et sa musicalité lui permirent d'aborder de nombreux répertoires, notamment les *lieder* romantiques. Ce fut également un pédagogue du chant.

Fischer von Erlach (Johann Bernhard) Architecte autrichien de style baroque (1656-1723). Il édifia l'église Saint-Charles-Borromée à Vienne.

Fisher (John Arbuthnot), 1er baron Fisher of Kilverstone Amiral britannique (1841-1920). Premier lord de la mer (1904-1910 ; 1914-1915), il contribua à la puissance de la marine britannique pendant la Première Guerre mondiale.

Fisher (Irving) Économiste américain (1890-1962). Il modernisa la théorie quantitative de la monnaie en mettant en relation la quantité et la vitesse de la monnaie en circulation et le niveau des prix.

Fisher (Terence) Cinéaste britannique (1904-1980). Grand spécialiste du film d'horreur, il renouvela le genre fantastique. *Le Cauchemar de Dracula ; La Gorgone.*

fish-eye [fiʃaj] n. m. (mot anglais « œil de poisson ») anglic. Objectif photographique couvrant un angle d'au moins 180°. → grand-angle. *Des fish-eyes.*

Fismes Commune de la Marne, sur la Vesle. 5 721 habitants. Elle fut presque entièrement détruite lors de la bataille de Champagne, en 1918.

fissa adv. (arabe *fis-saea* « à l'heure même ») argot Vite. *Faire fissa.*

fissible adj. (de *fission*) phys. → fissile (2).

fissile adj. (latin *fissilis*, de *findere* → fendre) **1.** didact. Qui tend à se fendre, à se diviser en feuillets minces. *Schiste fissile.* **2.** phys. (de l'anglais) Susceptible de subir la fission (syn. fissible). *Corps fissiles.*

fission n. f. (de l'anglais, du latin *fissio*, de *findere* → fendre) Rupture d'un noyau atomique. *Énergie de fission et énergie de fusion.*

fissure n. f. (latin *fissura*, du p. p. de *findere* « fendre* ») Petite fente. → fêlure, lézarde. ▪ fig. *Il y a une fissure dans leur amitié.* → 1brèche.

fissurer v. tr. < 1 > Diviser par fissures. → crevasser, fendre. – pronom. *Mur qui se fissure.* – au p. p. *Plafond fissuré.* ▪ fig. Rompre l'unité de. □ n. f. **fissuration**

fiston n. m. (de *fils*) fam. Fils.

fistulaire adj. **1.** didact. Qui présente un canal dans toute sa longueur. *Stalactite fistulaire.* **2.** méd. Relatif à une fistule. → fistuleux.

fistule n. f. (latin *fistula*) méd. Canal qui se forme dans l'organisme pour donner passage à un liquide physiologique ou pathologique. □ adj. **fistuleux, euse**

fistuline n. f. (de *fistule*) Champignon comestible rouge à chapeau épais, appelé couramment *foie-de-bœuf* ou *langue-de-bœuf.*

Fitch Ratings Agence de notation financière consacrée à l'origine à l'édition de statistiques financières, fondée à New York en 1913 par John Knowles Fitch.

Fitch (Val Logsdon) Physicien américain (1923-2015). Spécialiste de la physique des particules, il mena des travaux sur la mesure du rayon du noyau de l'atome. Prix Nobel 1980, avec J. Cronin.

fitness n. m. (mot anglais « santé, forme ») anglic. Ensemble d'activités destinées à maintenir la forme physique par des exercices pratiqués à l'aide d'appareils.

Fitzgerald Famille anglo-normande établie en Irlande à partir du XIIe s. Les Fitzgerald, comtes de Kildare et comtes de Desmond, jouèrent un rôle important dans les luttes qui opposèrent l'Angleterre et l'Irlande.

Fitzgerald **(Francis Scott)** Écrivain américain (1896-1940). Écrivain emblématique de la « génération perdue » des années 1920, il est l'auteur de *Gatsby le Magnifique* et de *Tendre est la nuit.*

Francis Scott Fitzgerald en 1928.

Fitzgerald **(Ella)** Chanteuse de jazz américaine (1918-1996). Son registre étendu, sa justesse mélodique et rythmique en firent une des grandes voix du jazz.

Ella Fitzgerald en 1957 au Newport Jazz Festival.

Fitz Roy **n. m.** Massif du S. de la Patagonie argentine, culminant à 3 375 m d'altitude.

fiu [fju] **(mot tahitien) (Polynésie) fam. 1. n. m. invar.** Grande lassitude. **2. adj. invar.** *Être fiu :* être fatigué ; être blasé, en avoir assez. *Elles se sentent fiu.*

Fiume voir **Rijeka**

FIV [ɛfive ; fiv] **n. f. (sigle)** Fécondation in vitro ; méthode de procréation assistée consistant à prélever des ovocytes et à replacer l'œuf dans l'utérus.

fivète **n. f. (abrév. de *fécondation in vitro et transfert d'embryon*)** FIV. *Grossesse obtenue par fivète.*

fixage **n. m. 1.** techn. Action de fixer (des couleurs, etc.). **2.** photogr. Opération par laquelle l'image photographique est rendue inaltérable à la lumière.

fixateur, trice didact. ou techn. **I. adj.** Qui fixe. **II. n. m. 1.** Vaporisateur qui projette un fixatif. **2.** Substance qui fixe l'image photographique. **3.** biol. Substance permettant de maintenir une préparation (de cellules, etc.) en vue d'un examen au microscope.

fixatif **n. m.** techn. Vernis dilué qui sert à fixer un fusain ou un pastel.

fixation **n. f. 1.** Action de fixer, de faire tenir solidement ou d'établir de manière durable. **2.** Attache. *Fixations de sécurité.*

fjord

Le Geirangerfjord, au S.-O. de la Norvège, inscrit au patrimoine mondial de l'Unesco, avec la cascade des Sept Sœurs.

3. biol. Opération par laquelle on soumet une préparation à l'action d'un fixateur. **4.** psych. Attachement intense à une personne, à un objet ou à un stade de développement. *Fixation au père.* **5.** Action de déterminer. *La fixation des prix.*

¹fixe **adj. (latin *fixus*, p. p. de *figere* « enfoncer » → ¹ficher ; ¹affixe, préfixe, suffixe) I. 1.** Qui ne bouge pas, ne change pas de position. → **immobile.** *Un point fixe.* – *Personne sans domicile fixe* (→ SDF). – *Téléphone fixe* (opposé à *mobile, portable*). **2.** *Avoir le regard fixe :* regarder le même point, sans dévier ; regarder dans le vague. **3. interj.** *Fixe ! :* commandement militaire prescrivant de se tenir immobile. → **garde-à-vous. II. 1.** Qui ne change pas, reste en l'état. → **immuable, invariable, permanent.** *Couleur fixe. Feu fixe* (opposé à *clignotant*). *Beau fixe :* beau temps durable (météo). **2.** Réglé d'une façon précise et définitive. → **défini, déterminé.** *Manger à heure fixe. Menu à prix fixe.* **3.** loc. ***Idée fixe*** : idée dominante, dont l'esprit ne peut se détacher. → **obsession. 4.** → **assuré, régulier.** *Revenu fixe.* – **n. m.** *Toucher un fixe mensuel.*

²fixe **n. m. (de l'anglais des États-Unis) anglic.** Injection de drogue. → **shoot.** *Se faire un fixe.*

fixement **adv.** D'un regard fixe. *Regarder qqn fixement.*

fixer **v. tr. < 1 > (de *fixe*) I. 1.** Établir de façon durable à une place déterminée. → **attacher, maintenir.** *Fixer des volets avec des crochets.* ■ **pronom. (personnes)** S'installer durablement. *Il s'est fixé à Paris.* ■ **fig.** *Fixer un souvenir dans sa mémoire.* → **graver. 2.** *Fixer ses yeux, son regard sur...* – *Fixer (qqn) du regard,* le regarder avec insistance. **3.** abstrait *Fixer son attention sur qqch.* – **pronom.** *Mon choix s'est fixé sur cet article.* **II. 1.** techn. Recouvrir de fixatif. *Fixer un fusain.* **2.** Rendre stable et immobile (ce qui évolue, change). *L'usage a fixé le sens de cette expression.* → **figer. 3.** Faire qu'une personne ne soit plus dans l'indécision ou l'incertitude. – *Fixer qqn sur,* le renseigner exactement sur. – **au p. p.** *Je ne suis pas encore fixé.* → **décidé. III.** Régler d'une façon déterminée, définitive. *Fixer une règle. Les limites fixées par la loi.* → **dicter, édicter.** *Fixer un rendez-vous. Elle s'est fixé un objectif.* – **au p. p.** *Au jour fixé,* convenu.

Fitz Roy

Les aiguilles granitiques du Fitz Roy, à la frontière du Chili et de l'Argentine.

fixette **n. f. (de *fixation*) fam.** Fixation sur un objet, une idée ; idée fixe. *Faire une fixette.*

fixeur, euse **n. (anglais *fixer*, de *to fix* « corrompre »)** Personne qui sert d'intermédiaire, d'interprète et de guide à un(e) journaliste dans un pays peu sûr.

fixie **n. m. (mot anglais, de *fixed* « fixé ») anglic.** Bicyclette sans roue libre, au pignon solidaire de la roue arrière. - **recomm. offic. vélo à pignon fixe.**

fixisme **n. m. didact. (hist. des sc.)** Doctrine de la fixité des espèces (opposé à *évolutionnisme, à transformisme*). □ **adj. fixiste**

fixité **n. f. 1.** Caractère de ce qui est fixe, immobile. *Fixité du regard.* **2.** didact. Caractère de ce qui est invariable, définitivement fixé. *Doctrine de la fixité des espèces,* selon laquelle les espèces seraient immuables. → **fixisme.**

Fizeau **(Hippolyte)** Physicien français (1819-1896). Il obtint le premier daguerréotype de la surface solaire, mit au point la première méthode physique pour la mesure de la vitesse de la lumière et étudia la dilatation et les propriétés optiques des corps solides. Il étendit à l'optique l'effet découvert par Doppler pour les ondes sonores.

fjeld ou **field** [fjɛld] **n. m. (mot norvégien)** géogr. Plateau rocheux usé par un glacier continental.

fjord ou **fiord** [fjɔʀ(d)] **n. m. (mot norvégien)** Ancienne vallée glaciaire envahie par les eaux marines (surtout en Scandinavie, en Écosse). *Les fjords de Norvège.*

flac **interj. (onomatopée *cf.* flagada, ²flanquer)** Onomatopée, bruit d'eau (→ **floc**) ou de chute à plat (→ **clac, plaf**).

flaccidité [flaksidite] **n. f. (du latin *flaccidus* « flasque ») didact.** État de ce qui est flasque.

Flachat **(Eugène)** Ingénieur français (1802-1873). Il construisit, avec Stéphane Mony, le premier chemin de fer français à vapeur (Paris-Saint-Germain-en-Laye).

flache **n. f. (latin *flaccus* « flasque ») 1.** techn. Dépression, creux à l'arête d'une poutre, à la surface d'un bois, d'une pierre. **2.** régional Flaque d'eau.

flacherie n. f. (de l'ancien français *flache* « mou ») Maladie mortelle des vers à soie.

flacon n. m. (vient du bas latin, d'origine germanique, comme [2]*flasque** *cf.* fiasque) Petit récipient de verre, fermé par un bouchon. → **fiole.** *Flacon de parfum.* – Bouteille servant au conditionnement des liquides. ■ fig. La forme, l'apparence (par opposition au contenu). *« Qu'importe le flacon pourvu qu'on ait l'ivresse »* (Musset).

flaconnage n. m. **1.** Fabrication des flacons. **2.** Série de flacons.

flafla n. m. (de *fla*, onomatopée « coup sur un tambour ») fam. vieilli Recherche de l'effet. *Faire du flafla, des flaflas.* → **chichi, manière(s).** - var. **fla-fla** (invar.).

flag n. m. (abrév.) fam. Flagrant délit. *Se faire prendre en flag.*

flagada adj. (de *flac*, avec influence de [1]*flasque*) fam. Sans force, fatigué. → **raplapla.** *Se sentir complètement flagada.*

flagellant n. m. Membre d'une secte religieuse (XIIIe-XIVe s.), qui se flagellait en public.

flagellateur, trice n. et adj. Personne qui flagelle. ■ adj. Qui recourt à la flagellation. *Pratiques flagellatrices.*

flagellation n. f. (du latin chrét. → flageller) Action de flageller ; supplice du fouet. *La flagellation du Christ.*

flagelle n. m. (emprunt au latin *flagellum* « fouet » → flageller) biol. Filament mobile, organe locomoteur de certains protozoaires, du spermatozoïde. □ adj. **flagellaire**

flagellé, ée adj. biol. Muni d'un flagelle.

flageller v. tr. < 1 > (latin *flagellare*, de *flagellum* « fouet » → [1]fléau, flagelle) Battre de coups de fouet. → **fouetter.**

flageolant, ante adj. Qui flageole. *Jambes flageolantes.*

flageoler v. intr. < 1 > (p.-ê. de [1]*flageolet*, au sens ancien de « jambe grêle », ou famille de *flageller*) (jambes) Trembler de faiblesse, de fatigue, de peur. *Avoir les jambes qui flageolent.* – (personnes) *Flageoler sur ses jambes.* → **chanceler.**

[1]**flageolet** n. m. (de l'ancien français *flageol* « flûte », famille du latin *flare* « souffler* ») Flûte à bec, généralement percée de six trous.

[2]**flageolet** n. m. (p.-ê. italien *fagiuolo*, famille de *fayot*, ou famille du latin *faba* → fève, avec influence de [1]*flageolet*) Haricot nain très estimé, qui se mange en grains. *Gigot aux flageolets.*

flagorner v. tr. < 1 > (origine incertaine ; p.-ê. famille de *flatter*, ou du latin *flare* « souffler* » + *corner* « jouer du cor ») vieilli ou littér. Flatter bassement, servilement. □ n. et adj. **flagorneur, euse**

flagornerie n. f. vieilli ou littér. Flatterie grossière et basse.

flagrance n. f. dr. État de ce qui est flagrant.

flagrant, ante adj. (latin *flagrans* « enflammé », de *flagrare* « flamber ») **1.** Qui est commis sous les yeux mêmes de la personne qui le constate. loc. *Flagrant délit**. **2.** Qui paraît évident aux yeux de tous. → **criant, évident, patent.** *Une injustice flagrante.*

Flagstad (Kirsten) Cantatrice norvégienne (1895-1962). Soprano d'un éclat exceptionnel, elle fut, à Bayreuth et au Metropolitan Opera de New York, l'une des grandes interprètes de Wagner.

Flahaut de La Billarderie (Auguste, comte de) Général français (1785-1870). Fils naturel de Talleyrand, il fut officier de l'état-major de Bonaparte. De sa liaison avec la reine Hortense naquit le futur duc de Morny.

Flaherty (Robert) Cinéaste américain d'origine irlandaise (1884-1951). Explorateur du Grand Nord canadien, minéralogiste et cartographe, il réalisa des documentaires

Robert Flaherty lança le film documentaire et ethnologique avec *Nanouk l'Esquimau* (1922).

(*Nanouk l'Esquimau* ; *Tabou* ; *Louisiana Story*) qui célèbrent le génie de l'homme et celui de la nature.

Flaine Station de sports d'hiver de la Haute-Savoie (commune d'Arâches), entre 1 600 et 2 500 m d'altitude.

flair n. m. (de *flairer*) **1.** Faculté de discerner par l'odeur. → **odorat.** *Le flair du chien.* **2.** fig. Aptitude instinctive à prévoir, deviner. → **clairvoyance, intuition, perspicacité.** *Il manque de flair.*

flairer v. tr. < 1 > (vient du latin pop. *flagrare*, altération de *fragrare* → fragrance) **1.** (animaux) Discerner, reconnaître ou chercher par l'odeur. *Chien qui flaire son maître.* ■ (personnes) Sentir avec insistance. → **renifler.** **2.** fig. Discerner qqch. par intuition. → **deviner, pressentir, soupçonner, subodorer.** *Flairer un piège.*

Flaman (Eugène) Ingénieur français (1842-1935). Il perfectionna le matériel ferroviaire au moyen d'une chaudière à deux corps et d'un enregistreur de vitesse pour locomotives.

flamand, ande (origine germanique, *cf.* flamenco, flamingant) **1.** adj. De la Flandre. – *L'école flamande* : école de peinture du XVe s. – n. *Les Flamands.* **2.** n. m. Ensemble des parlers néerlandais de Belgique. → **flamingant.**

flamande (Région) Région administrative de la Belgique. 13 522 km^2. 6 629 143 habitants. Capitale : Bruxelles. Provinces : Anvers, Brabant flamand, Flandre-Occidentale, Flandre-Orientale, Limbourg. Née lors de la réforme institutionnelle de 1967-1971, et devenue de plus en plus autonome au fil de réformes successives, la Région comprend le N. du pays, du littoral à la Campine, et regroupe une population néerlandophone (le *flamand* étant une forme de néerlandais), sauf à Bruxelles, en majorité francophone. Son économie, fondée sur des industries diversifiées (alimentaire, textile, pétrochimie, industrie des métaux non ferreux), a moins souffert du déclin de l'industrie lourde que la Région wallonne. La côte, les villes d'art (Anvers, Bruges, Gand) et la Campine attirent de nombreux touristes.

flamant n. m. (du provençal ; famille de *flamme*) Oiseau échassier palmipède, au plumage généralement rose *(flamant rose)*.

Flamanville Commune de la Manche. 1 767 habitants. Centrale nucléaire sur le littoral (3 réacteurs).

flambage n. m. **1.** Action de flamber, de passer à la flamme. *Le flambage d'un poulet.* **2.** techn. Déformation d'une pièce longue sous l'effet de la compression (syn. **flambement**).

flambant, ante adj. **1.** Qui flambe. **2.** fam., vieilli Beau, superbe. – mod. loc. *Flambant neuf* : tout neuf. *Maison flambant neuf* ou *flambant neuve.*

flambard n. m. (de *flambe*) fam. et vieilli Gai luron. *Faire le flambard,* le fanfaron.

flambe n. f. (de l'ancien français, du latin *flammula*, de *flamma* → flamme) techn. Épée à lame ondulée.

flambé, ée adj. **1.** Passé à la flamme. ■ Arrosé d'alcool auquel on met le feu. *Crêpes flambées.* **2.** (personnes) fam. Perdu, ruiné.

flambeau n. m. (de l'ancien français *flambe* → flamber) **1.** Mèche enduite de cire, de résine pour éclairer. → **torche.** *À la lueur des flambeaux.* **2.** fig., littér. Ce qui éclaire (intellectuellement ou moralement). → **lumière.** *Le flambeau de la liberté.* – loc. *Passer, transmettre le flambeau à qqn,* lui laisser le soin de poursuivre une action déjà commencée. **3.** Candélabre, chandelier.

flambée n. f. **1.** Feu vif et assez bref. *Faire une flambée.* **2.** fig. Explosion (d'un sentiment violent, d'une action). *Une flambée de colère. Flambée de terrorisme.* ■ *Flambée des prix.*

flambement voir **flambage**

flamber v. < 1 > (de l'ancien français *flambe* « feu clair » → flambeau, flamboyer, de *flamble* « flamme », qui vient du latin *flammula*, diminutif de *flamma* → flamme) **I.** v. intr. **1.** Brûler avec flammes et production de lumière. *Papier qui flambe.* **2.** Produire une vive lumière, de l'éclat. *Regard qui flambe.* **3.** *Prix qui flambent,* qui augmentent très rapidement. **II.** v. tr. **1.** Passer à la flamme. *Flamber une volaille* (pour brûler le duvet) ; *une aiguille* (pour la stériliser). **2.** Arroser (un mets) d'alcool que l'on brûle. **3.** fig. Dépenser de manière immodérée. – intrans. fam. Jouer gros jeu (→ **flambeur**).

flamberge n. f. (d'un n. propre germanique) vieux Longue épée à lame fine. – loc. *Mettre flamberge au vent* : s'apprêter à se battre.

flambeur, euse n. fam. Personne qui joue gros jeu.

flamboiement n. m. Éclat de ce qui flamboie.

flamboyant, ante **I.** adj. **1.** Qui flamboie. → **flambant.** ■ Qui produit une vive lumière, de l'éclat. → **brillant, étincelant.** *Des yeux flamboyants de haine.* ■ D'un rouge vif. *Une chevelure flamboyante.* **2.** *Gothique flamboyant* : style architectural (XVe s.) où certains ornements ont une forme ondulée. **II.** n. m. Arbre des régions tropicales, à fleurs rouge vif.

Le palais de justice de Rouen (XVIe s.), chef-d'œuvre de style gothique flamboyant.

flamboyer v. intr. < 8 > (de l'ancien français *flambe* → flamber) **1.** Jeter par intervalles des flammes ou des reflets éclatants de lumière. *On voyait flamboyer l'incendie.* **2.** → **briller.** *Des yeux qui flamboient.*

Flamel (Nicolas) Écrivain public et libraire français (v. 1330-1418). On lui attribua au XVIIe s. des textes qui le firent considérer comme le plus grand des alchimistes du Moyen Âge.

flamenco [flamɛnko] n. m. (mot espagnol, autrefois « Flamand », pour désigner les Gitans venus des Flandres) Genre musical traditionnel andalou, caractérisé par son

Danseuse de flamenco.

expressivité, qui associe le chant et la danse. **– adj.** *Musique, danse flamenco.*

flamiche **n. f. (de *flamme*)** régional (nord de la France) Tourte aux poireaux.

flamine **n. m. (du latin, de *flare* « souffler [sur le feu sacré] »)** Antiq. romaine Prêtre attaché au service d'une divinité.

Fläming **n. m.** Région d'Allemagne (S.-O. du Brandebourg), constituée de collines morainiques.

flamingant, ante **adj. (de *flameng*, forme ancienne de *flamand*)** **1.** Qui parle flamand ; où l'on parle flamand. *La Belgique flamingante.* **2.** Partisan de l'autonomie de la Flandre ou de la limitation de l'influence de la langue et de la culture françaises en Flandre belge. **– n.** *Les Flamingants.*

Flamininus en latin **Titus Quinctius Flamininus** Général romain (mort en 175 av. J.-C.). Consul en –197, il mit fin à la deuxième guerre de Macédoine par sa victoire sur Philippe V à Cynocéphales (–197) et proclama à Corinthe la liberté des Grecs (–196).

Flaminius Nepos **(Caius)** Homme politique et général romain (mort en 217 av. J.-C.). Chef du parti démocratique, consul en –233 et en –217, il fut vaincu et tué près du lac Trasimène.

Flammarion **(Camille)** Astronome français (1842-1925). Il fonda l'observatoire de Juvisy et la Société astronomique de France. Ce fut un grand vulgarisateur (*Astronomie populaire*, 1880).

flamme **n. f. (vient du latin *flamma* « flamme ; feu » → flamant, flamber)** **I. 1.** Production lumineuse et mobile de gaz en combustion. *Le feu jette des flammes.* → **flamber ; flamboyer.** *Ranimer les flammes. La flamme d'un briquet.* **–** *En flammes*, qui brûle par incendie (→ **enflammer**). *Maison en flammes.* **–** *La flamme olympique.* **2.** Éclat, vive lumière. *La flamme de son regard.* → ^{1}**feu. 3.** Animation, passion. *Parler avec flamme.* **–** loc. *Être tout feu* tout flamme.* **4.** littér. Passion amoureuse. *« Tu vis naître ma flamme et mes premiers soupirs »* (Racine). *Déclarer sa flamme à qqn.* **II. 1.** Pavillon long et étroit. → **oriflamme. 2.** Marque postale allongée, portant souvent une légende.

flammé, ée **adj.** Qui présente des taches en forme de flamme, des tons variés. *Grès flammé.*

flammèche **n. f. (p.-ê. origine germanique, avec influence du latin *flamma* « flamme* »)** Parcelle enflammée qui se détache d'un brasier, d'un foyer.

flammekueche [flam(ə)kyʃ(ə)] **n. f. ou m. (mot alsacien « tarte *[kueche]* à la flamme »)** Spécialité alsacienne composée de pâte à pain cuite au four, garnie de crème, d'oignons et de lardons, appelée aussi *tarte flambée.*

Flamsteed **(John)** Astronome anglais (1646-1719). Il mit au point une méthode de projection et fut à l'origine de l'observatoire de Greenwich.

flan **n. m. (vient du francique *flado*)** **I. 1.** Crème à base de lait, d'œufs, de farine que l'on fait prendre au four. **2.** techn. Disque destiné à recevoir une empreinte. *Le flan d'une médaille.* **II.** loc. **(origine obscure)** fam. **1.** *En rester comme deux ronds de flan* : être stupéfait, muet d'étonnement. → ^{1}**baba. 2.** *C'est du flan*, de la blague. **–** *À la flan* : sans valeur, mal fait. **–** *Au flan* : au hasard, sans réfléchir.

Flanagan **(Barry)** Artiste britannique (1941-2009). Il réalisa une œuvre éclectique et fantaisiste, à partir de matériaux fragiles tels que le sable, la toile et les chiffons. *Cash 1'67 ; Hanging Canvas.*

flânage **n. m. (de *flâner*)** (Canada) **1.** Fait de rôder, de traîner dans un lieu public. **2.** Flânerie.

flanc [flɑ̃] **n. m. (vient du francique *hlanka*)** **1.** Partie latérale du corps (de l'homme et de certains animaux). *Se coucher sur le flanc.* **–** loc. *Être sur le flanc*, extrêmement fatigué. **–** fam. *Tirer au flanc* : paresser. → **tire-au-flanc. 2.** littér. Côtés du torse, de la poitrine, symbole de la vie. → **entrailles, sein. 3.** littér. (choses) Partie latérale. *Les flancs d'un vaisseau.* **–** *À flanc de* : sur le flanc de. *Une maison à flanc de coteau.* **4.** Côté droit ou gauche (d'une troupe, d'une armée) [opposé à *front*]. → **aile.** ■ loc. *Prêter le flanc* : exposer son flanc. **–** fig. Donner prise (à). → **s'exposer.** *Prêter le flanc à la critique.*

flancher **v. intr. < 1 > (origine incertaine, p.-ê. francique, ou famille de *flanc*)** fam. Céder, faiblir. *Le cœur du malade a flanché. Ce n'est pas le moment de flancher.* → se **dérober.**

flanchet **n. m. (diminutif de *flanc*)** Morceau de bœuf, de veau, entre la poitrine et la tranche grasse.

Flandin **(Pierre-Étienne)** Homme d'État français (1889-1958). Président du Conseil (1934-1935), ministre des Affaires étrangères (1936), il présida le gouvernement de Vichy (1940-1941).

Flandre **n. f.** ou **Flandres** **n. f. pl.** Plaine qui s'étend en bordure de la mer du Nord, au N. de la France, en Belgique et au S. des Pays-Bas. Agriculture. Industrie. Tourisme.

Flandre **n. f.** ou **Flandres** **n. f. pl.** Région historique partagée aujourd'hui entre la France et la Belgique. Intégrée à la province romaine de Belgique (–Ier s.), la Flandre fut occupée, au Ve s., par les Francs Saliens, qui la germanisèrent. Rattachée à la « Francia occidentalis » (843), puis érigée en comté, elle vit le pouvoir des comtes de Flandre et des ducs de Brabant se renforcer, parallèlement à l'essor économique lié à l'industrie du drap : Gand, Bruges et Ypres devinrent des plaques tournantes du commerce entre l'Italie et le nord de l'Europe. La tentative d'annexion de la Flandre par le roi de France Philippe le Bel entraîna le soulèvement des milices communales, qui vainquirent les troupes françaises à Courtrai (1302). Fief de la Bourgogne (1363), elle passa ensuite aux Habsbourg d'Autriche (1477) puis d'Espagne (1515). À l'issue de la Guerre de Succession d'Espagne, elle échut à l'Autriche puis elle fut annexée par la France (1794). Après la bataille de Waterloo, elle devint une province des Pays-Bas (1815) puis de la Belgique (1830).

Flandre-Occidentale **n. f.** en néerlandais **West-Vlaanderen** Province de Belgique (Région flamande). 3 144 km^{2}. 1 200 945 habitants. Langue : néerlandais. Chef-lieu : Bruges.

Flandre-Orientale **n. f.** en néerlandais **Oost-Vlaanderen** Province de Belgique (Région flamande). 2 982 km^{2}. 1 525 255 habitants. Langue : néerlandais. Chef-lieu : Gand.

flandricisme **n. m. (de *Flandre*)** Emprunt au flamand, dans le français en usage en Belgique et dans le nord de la France.

flandrin, ine **(de *Flandre*)** **1. adj.** De la Flandre. *Vache flandrine.* **– n.** *Les Flandrins.* **2. n. m.** Homme grand, d'allure gauche.

Flandrin **(Hippolyte)** Peintre français (1809-1864). Portraitiste attitré de Napoléon III, il est l'auteur de compositions murales (église Saint-Germain-des-Prés à Paris) d'un style conventionnel.

flanelle **n. f. (anglais *flannel*, même racine que *laine* et l'anglais *wool*)** Tissu de laine peu serré, doux et pelucheux. *Pantalon de flanelle.*

flâner **v. intr. < 1 > (mot dialectal d'origine scandinave)** **1.** Se promener sans hâte, en s'abandonnant à l'impression et au spectacle du moment. → se **balader, musarder.** *« Il lui arrivait de flâner, de suivre ses pas au hasard »* (Genevoix). **2.** S'attarder, être dans l'inaction.

flânerie **n. f.** Action de flâner ; habitude de flâner.

flâneur, euse **n.** Personne qui flâne, ou qui aime à flâner. → **badaud, promeneur.** ■ **adj.** *Un esprit flâneur.*

flanquement **n. m. 1.** milit. Action de flanquer. *Tir de flanquement.* **2.** techn. Ouvrage défensif qui en flanque un autre.

^{1}**flanquer** **v. tr. < 1 > (de *flanc*)** **1.** Être sur le côté, sur le flanc de (une construction...). **–** au p. p. *Château flanqué de tourelles.* **2.** milit. Protéger sur le flanc. **3.** (surtout p. p.) Accompagner. *Il était flanqué de ses gardes du corps.*

^{2}**flanquer** **v. tr. < 1 > (probablt de l'ancien v. *flaquer* → flac, avec influence de *flanc*)** fam. **1.** Lancer, jeter brutalement ou brusquement. → ^{2}**ficher,** ^{1}**foutre.** *Il l'a flanqué dehors. Flanquer une gifle à qqn.* pronom. *Se flanquer par terre* : tomber. *Flanquer un employé à la porte.* → **renvoyer. 2.** Provoquer brutalement. → **donner.** *Elle m'a flanqué la frousse*, fait peur.

flapi, ie **adj. (vient du latin pop.)** fam. Épuisé, éreinté. → **flagada.**

flaque **n. f. (famille de l'ancien adj. *flache* « mou », du latin *flaccus* cf.** ^{1}**flasque,** ^{1}**flétrir)** Petite nappe de liquide stagnant. *Une flaque d'eau.* → **mare.**

flash **n. m. (mot anglais « éclair », d'origine onomatopéique)** anglic. **1.** Lampe à émission de lumière brève et intense, qui sert à prendre des instantanés. *Des flashs* ou (plur. anglais) *des flashes.* **–** fig. *Avoir un flash*, une idée soudaine, un souvenir qui revient. **2.** Séquence rapide, de courte durée (d'un film...). **–** (radio, télév.) *Flash publicitaire. Flash d'information.* **3.** État de plaisir obtenu par absorption de drogue. **4.** appos. *Vente flash* : vente promotionnelle de très courte durée.

flashant, ante **adj. 1.** Qui fait l'effet d'un flash. → **éblouissant. 2.** fig. Qui séduit, fait une forte impression.

flash-back **n. m. invar.** ou **flashback** **n. m. (mot anglais « retour en arrière »)** anglic. Retour en arrière, dans un film, un récit. *Des flash-back, des flashbacks.*

flash-ball **n. m. (marque déposée ; faux anglicisme, de l'anglais *flash* « éclair » et de *ball* « balle »)** Arme de défense qui utilise comme projectiles des balles de caoutchouc. *Des flash-balls.* - var. **RO flashball.** - recomm. offic. **(arme) de défense à balles souples** (abrév. **DBS**).

flashcode **n. m. (marque déposée ; faux anglicisme)** Code QR*. *Des flashcodes.*

flasher **v. < 1 > (de *flash*)** anglic. **I. v. intr.** fam. *Flasher sur* : être très intéressé par, avoir le coup de foudre pour. *Flasher sur qqch., qqn.* **II. v. tr. 1.** techn. Produire (des films) à l'aide d'une flasheuse. **2.** Photographier (un véhicule), en parlant d'un radar. *Se faire flasher sur l'autoroute.* **3.** Lire (un code-barres) avec une douchette. → **biper.**

flasheuse **n. f. (de *flash*)** techn. Photocomposeuse à laser.

flashy adj. (mot anglais « voyant, tape-à-l'œil ») anglic. Se dit d'une couleur très vive, criarde. *Un rose flashy. Des tons flashys* ou *flashy* (invar.). – *Un maquillage flashy.*

[1]**flasque** adj. (famille de *flaque*) Qui manque de fermeté. → [1]mou. *Chair flasque.*

[2]**flasque** n. f. (vient du bas latin, d'origine germanique → fiasque, flacon) Petite bouteille plate.

flatter v. tr. < 1 > (vient du francique, de *flat* « plat ») **I. 1.** Louer excessivement ou faussement (qqn), pour plaire, séduire. → **encenser, flagorner. 2.** littér. *Flatter qqn de qqch.*, laisser faussement espérer. *« Ne m'a-t-on point flatté d'une fausse espérance ? »* (Racine). → **bercer, leurrer. 3.** Caresser avec la main. *Flatter un chien.* **II.** (sujet chose) **1.** Être agréable à, faire concevoir de la fierté à. *Cette distinction me flatte.* → [1]**toucher.** – *Cela flatte sa vanité.* **2.** Faire paraître plus beau que la réalité. → **avantager, embellir.** *Ce portrait la flatte.* – par ext. au p. p. *Portrait flatté,* où la personne est embellie. **III.** (compl. chose) **1.** Encourager, favoriser avec complaisance. *Flatter les vices de qqn.* **2.** Affecter agréablement (les sens). *Ce vin flatte le palais.* ■ se **flatter** (de) v. pron. **1.** (+ inf.) Se croire assuré de. *Il se flatte de réussir.* → **espérer, prétendre. 2.** (+ n. ou inf.) Tirer orgueil, vanité de. → se **targuer** de. *Elle se flatte de sa réussite, d'avoir réussi.*

flatterie n. f. Action de flatter ; propos qui flatte.

Flatters (Paul) Officier et explorateur français (1832-1881). Il dirigea deux expéditions en Algérie en vue de la construction du Transsaharien, et fut tué par les Touareg lors de la seconde mission.

flatteur, euse I. n. Personne qui flatte, qui donne des louanges exagérées ou fausses. *« Apprenez que tout flatteur / Vit aux dépens de celui qui l'écoute »* (La Fontaine). **II.** adj. **1.** Qui loue avec exagération ou de façon intéressée. **2.** Qui flatte l'amour-propre, l'orgueil. → **élogieux.** *Une comparaison flatteuse.* **3.** Qui embellit. *Un tableau flatteur de la situation.* □ adv. **flatteusement**

flatulence n. f. Accumulation de gaz dans les intestins (se traduisant par un ballonnement intestinal, des flatuosités). → **météorisme.**

flatulent, ente adj. (du latin *flatus* « souffle, vent », de *flare* « souffler* ») Qui s'accompagne de flatulence. ■ Sujet à la flatulence.

flatuosité n. f. (du latin → flatulent) Gaz accumulé dans les intestins ou expulsé du tube digestif. → **vent ; pet.**

Flaubert (Gustave) Écrivain français (1821-1880). Ses romans *(Madame Bovary ; Salammbô ; L'Éducation sentimentale)* et ses nouvelles *(Trois Contes)* sont traversés par deux tendances : celle du réalisme caricatural, très moqueur à l'égard de la « sottise bourgeoise » *(Dictionnaire des idées reçues ; Bouvard et Pécuchet)* et celle de l'exaltation sentimentale (*Les Mémoires d'un fou*, œuvre de jeunesse). Sa quête de la vérité humaine, de la justesse des termes et de la beauté stylistique (toutes choses dont il testait la musicalité par la lecture à haute voix — le « gueuloir ») fait de son œuvre l'un des sommets de la littérature française. Il entretint avec George Sand, Maupassant, Daudet et les frères Goncourt une volumineuse *Correspondance.*

Gustave Flaubert, par Nadar (1870).

flavescent, ente adj. (du latin, de *flavescere* « jaunir ») littér. Qui tire sur le jaune, le blond.

flaveur n. f. (anglais *flavour*) didact. ou littér. Sensation provoquée conjointement par le goût et l'odeur d'un aliment.

Flaviens Dynastie d'empereurs romains qui régna de 69 à 96 (Vespasien, Titus et Domitien).

Flavigny-sur-Ozerain Commune de la Côte-d'Or. 274 habitants. Vestiges d'une abbaye fondée en 745. Église du XIIIe siècle.

Flavin (Dan) Artiste américain (1933-1996). Il est l'un des principaux représentants du minimalisme. *Diagonale du 25 mai 1983 ; Diagonal of Personal Ecstasy.*

flavine n. f. (du latin *flavus* « jaune ») biochim. Pigment jaune présent dans les organismes vivants combiné à des protéines et qui intervient dans les processus biologiques d'oxydoréduction.

Flavius Josèphe Historien juif (37-v. 100). Il dirigea en Galilée la révolte juive contre Rome (66). Installé à Rome, il rédigea, en grec, le récit du conflit dont il fut témoin. *Guerre des Juifs ; Antiquités judaïques.*

Flaxman (John) Sculpteur, dessinateur et graveur britannique (1755-1826). Il réalisa le tombeau de Nelson à l'abbaye de Westminster et des illustrations pour *L'Iliade* et *L'Odyssée.*

[1]**fléau** n. m. (vient du latin *flagellum* « fouet » → flageller et, fig. « calamité » → [2]fléau) **1.** Instrument à battre les céréales, composé de deux bâtons liés bout à bout par des courroies. *Des fléaux.* **2.** anciennt *Fléau d'armes* : arme formée d'une boule hérissée de clous reliée à un manche par une chaîne. **3.** Pièce rigide (d'une balance), mobile dans un plan vertical.

[2]**fléau** n. m. (→ [1]fléau) **1.** Calamité qui s'abat sur un peuple. → **cataclysme, catastrophe, désastre. 2.** Personne ou chose nuisible. *« La timidité a été le fléau de toute ma vie »* (Montesquieu).

flèche n. f. (vient probablt du francique, d'un v. signifiant « voler », ou p.-ê. de *fléchir* ; a éliminé l'ancien français *saiete*, qui vient du latin *sagitta* → sagittal) **I. 1.** Arme de jet consistant en une tige munie d'une pointe à une extrémité et d'un empennage à l'autre. *Lancer, tirer une flèche avec un arc.* ■ loc. *Partir, filer comme une flèche,* très vite. – *Monter* **en** *flèche,* très vite. – *Faire flèche de tout bois :* utiliser tous les moyens disponibles. **2.** littér. Trait d'esprit, raillerie. → [2]**pique.** ■ loc. (allusion aux Parthes qui lançaient leurs flèches en fuyant) *La flèche du Parthe* : trait piquant qui conclut une conversation. ■ fig., fam. Personne très intelligente et vive. *Ce n'est pas une flèche.* **3.** Épreuve de ski. **II.** par analogie **1.** Signe figurant une flèche (et servant à indiquer une direction). *Suivez les flèches.* **2.** Toit pyramidal ou conique d'un clocher, d'une tour. *La flèche d'une cathédrale.* **3.** Ce qui avance en pointe. *La flèche d'une charrette* (pièce de bois destinée à l'attelage). ■ fig. *Se trouver* **en flèche,** à l'avant-garde. **4.** géom. Segment qui joint le milieu d'une corde à celui de l'arc qu'elle sous-tend.

Flèche (La) Chef-lieu d'arrondissement de la Sarthe, sur le Loir. 15 078 habitants. Henri IV y fonda en 1607 un collège dont la direction fut confiée aux jésuites, jusqu'à leur expulsion en 1764. Il devint, sous l'Empire, le Prytanée national militaire.

fléché, ée adj. **1.** Qui porte une flèche ou une pointe de flèche. *Une croix fléchée.* **2.** Qui est indiqué par des flèches. *Un parcours fléché.*

flécher v. tr. < 6 > Indiquer (une route à suivre) par des flèches (II, 1). *Flécher un itinéraire.* □ n. m. **fléchage**

fléchette n. f. Petite flèche qui se lance à la main contre une cible. *Jeu de fléchettes.*

fléchi, ie adj. (de *fléchir*) ling. Qui a subi une flexion. *Les formes fléchies d'un verbe.*

Fléchier (Esprit) Prédicateur français (1632-1710). Il est connu pour ses *Sermons,* et surtout pour ses *Oraisons funèbres* (dont celles de Turenne et de Marie-Thérèse d'Autriche).

fléchir v. < 2 > (vient du latin pop., du latin class. *flectere* « courber », supin *flexum* → flexible, flexion) **I.** v. tr. **1.** Faire plier progressivement sous un effort, une pression. → **courber, ployer.** *Fléchir le corps en avant.* – *Fléchir le genou :* s'agenouiller. **2.** fig. Faire céder peu à peu (qqn). **II.** v. intr. **1.** Plier, se courber peu à peu sous un effort, une pression. → **s'infléchir ; flexible.** – *Ses jambes fléchissent.* **2.** fig. Céder ; perdre de sa force, de sa rigueur. *Fléchir sous la menace.* – *Sa résolution fléchit.* **3.** Baisser, diminuer. *La courbe de production fléchit.*

F

fléchissement n. m. **1.** Action de fléchir ; état d'un corps qui fléchit. → **flexion. 2.** fig. Fait de céder, de faiblir. **3.** → **baisse, diminution.** *Un léger fléchissement des cours en Bourse.*

fléchisseur adj. et n. m. *Muscle fléchisseur* ou *un fléchisseur* n. m., qui accomplit une flexion (opposé à *extenseur*).

flegmatique adj. (→ flegme) Qui a un caractère calme, qui contrôle facilement ses émotions. □ adv. **flegmatiquement**

flegme n. m. (bas latin *phlegma* « humeur » cf. flemme, du grec *phlegma* → phlegmon) **1.** vieux Lymphe. **2.** techn. Produit de la distillation d'un liquide alcoolique. **3.** Caractère calme, non émotif. → **impassibilité, sang-froid.** *Un flegme imperturbable.* – *Le flegme britannique.*

flegmon voir **phlegmon**

flein n. m. (origine inconnue) techn. Petite corbeille servant au conditionnement des fruits ou légumes fragiles.

Fleischer (Max) Créateur américain de dessins animés (1883-1972). Avec son frère Dave (1894-1979) il créa le personnage de Betty Boop et anima la série des *Popeye.*

Créée par les frères Fleischer en 1930, Betty Boop fut la première héroïne de dessin animé.

Fleischer (Richard) Cinéaste américain (1916-2006). Il réalisa des films policiers *(L'Énigme du Chicago-Express),* un film d'anticipation *(Soleil vert)* et des films d'aventures plus classiquement hollywoodiens *(20 000 Lieues sous les mers).*

Flémalle (le maître de) Nom donné à un peintre flamand anonyme, identifié avec **Robert Campin** (1378-1444). Proche de Van Eyck et de Van der Weyden par le style, il intègre des objets profanes à des compositions religieuses à la symbolique complexe. *Nativité de Dijon ; Retable de Mérode* (Annonciation).

Flémalle Ville de Belgique, dans la banlieue S. de Liège, sur la Meuse. 26 389 habitants. Grotte préhistorique. Église du IXe s. Industrie métallurgique.

Fleming **(sir John Ambrose)** Physicien britannique (1849-1945). Il mit au point la *valve de Fleming* (ou diode) pour détecter les ondes radioélectriques.

Fleming **(sir Alexander)** Médecin britannique (1881-1955). Il découvrit, en 1928, la pénicilline, ouvrant la voie au traitement antibiotique des maladies infectieuses. Prix Nobel 1945.

Fleming **(Victor)** Cinéaste américain (1883-1949). Ses films *(Le Magicien d'Oz ; Autant en emporte le vent)* ont été de grands succès populaires.

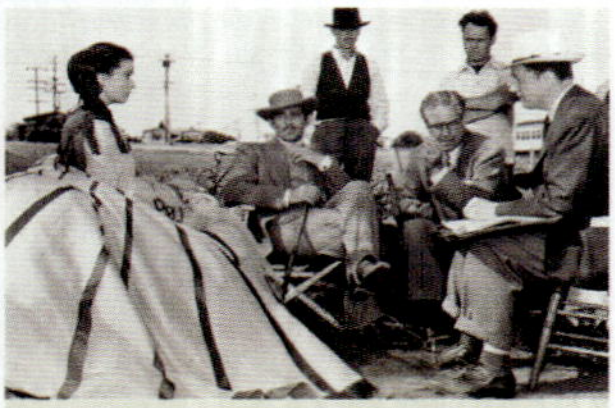

Victor Fleming (à dr.) dirigeant Vivien Leigh et Clark Gable dans *Autant en emporte le vent* (1939).

Fleming **(Ian)** Romancier britannique (1908-1949). Son expérience d'agent des services secrets britanniques lui inspira le personnage de James Bond, l'« agent secret 007 », auquel il consacra treize romans. *Casino Royale.*

Fleming **(Peggy)** Patineuse américaine (née en 1948). Surnommée la « fée de la glace », elle remporta trois fois le championnat du monde (de 1966 à 1968) et les Jeux olympiques de Grenoble (1968).

Fleming **(Renée)** Chanteuse lyrique américaine (née en 1959). Elle s'est illustrée dans des rôles de soprano lyrique ou dramatique d'opéras classiques (Mozart, Verdi, Massenet, Dvořák, Strauss...) et dans l'interprétation du bel canto et d'œuvres contemporaines (jazz, musique originale de films comme *Le Seigneur des anneaux*).

flemmard, arde adj. **(de *flemme*)** fam. Qui n'aime pas faire d'efforts, travailler. → **paresseux ; cossard.** – n. *Quel flemmard !* → **fainéant.**

flemmarder v. intr. < 1 > fam. Avoir la flemme ; ne rien faire. → **paresser.**

flemmardise n. f. fam. Comportement, conduite de flemmard. → **flemme.**

flemme n. f. **(italien *flemma* « lenteur », du bas latin *phlegma* → flegme)** fam. Grande paresse. → **[1]cosse.** *Avoir la flemme. Tirer sa flemme* : paresser. ▪ **adj. et n.** vieilli Paresseux.

Flensburg Ville d'Allemagne (Schleswig-Holstein), sur la Baltique, près de la frontière danoise. 89 930 habitants. Port de pêche et de commerce. Constructions navales.

fléole n. f. **(grec *phleos* « roseau »)** Plante (graminée) herbacée, fourragère. *La fléole des prés.* - var. **phléole.**

Fléron Ville de Belgique, dans la banlieue S. de Liège. 16 370 habitants.

flerovium [flerɔvjɔm] n. m. **(du n. de *Fliorov* ou *Flerov*, physicien russe)** chim. Élément atomique artificiel (symb. Fl. ; n° at. 114).

Flers **(Robert Pellevé de La Motte-Ango, marquis de)** Auteur français de comédies (1872-1927). Avec G. A. de Caillavet, puis avec F. de Croisset, il a écrit des comédies légères, spirituelles et satiriques. *Le Roi ; L'Habit vert ; Les Vignes du Seigneur.*

Flers Commune de l'Orne. 14 589 habitants. Château (XVIe-XVIIe s.). Industries (agroalimentaire, mécanique).

Flers-en-Escrebieux Commune du Nord, dans la banlieue de Douai. 5 751 habitants. Industrie automobile.

Flessel **(Laura)** Épéiste française (née en 1971). En 1996, elle fut la première championne olympique féminine de la discipline à titre individuel et par équipes. Elle fut ministre des Sports de 2017 à 2018.

L'épéiste Laura Flessel en 2006 aux Championnats du monde d'escrime de Turin.

Flesselles **(Jacques de)** Administrateur français (1721-1789). Prévôt des marchands de Paris, il fut tué par les émeutiers révolutionnaires lors de la prise de la Bastille (14 juillet 1789).

Flessingue en néerlandais **Vlissingen** Ville des Pays-Bas (Zélande), à l'embouchure de l'Escaut occidental. 45 030 habitants. Port. Industries (constructions navales, chimie, aluminium).

flet n. m. **(moyen néerlandais *vlete* « raie »)** Poisson plat comestible vivant dans les estuaires.

flétan n. m. **(origine incertaine, p.-ê. néerlandaise)** Grand poisson plat des mers froides, à chair blanche et délicate.

Fletcher **(John)** Auteur dramatique anglais (1579-1625). On lui doit des comédies dans le goût baroque, écrites en collaboration avec Francis Beaumont *(Philaster ; Tragédie de la jeune fille)*, puis avec, notamment, Massinger et Ben Jonson.

[1]flétrir v. tr. < 2 > **(famille du latin *flaccus* → flaque)** **1.** Faire perdre sa forme, son port et ses couleurs à (une plante), en privant d'eau. → **[2]faner, sécher.** – pronom. *Des fleurs qui se flétrissent.* **2.** littér. Dépouiller de son éclat, de sa fraîcheur. → **altérer, ternir.** *L'âge a flétri son visage.* → **rider.** ▪ **p. p. adj.** *Une peau flétrie.* – fig. *Un cœur flétri.* **3.** **(influence de [2]flétrir)** littér. Faire perdre la pureté, l'innocence à. → **avilir, souiller.**

[2]flétrir v. tr. < 2 > **(probablt du francique, de *flat* « plat » → flatter, avec influence de [1]*flétrir*)** **1.** anciennt Marquer (un criminel) au fer rouge. → **stigmatiser (1).** **2.** littér. Vouer à l'opprobre ; exprimer une indignation violente contre (qqn). → **stigmatiser (2).**

flétrissement n. m. **1.** Maladie par laquelle les plantes se flétrissent. **2.** littér. Fait de perdre sa jeunesse. *Le flétrissement de la peau.*

[1]flétrissure n. f. **1.** État d'une plante flétrie. **2.** Altération de la fraîcheur, de l'éclat (du teint, de la beauté...).

[2]flétrissure n. f. **1.** anciennt Marque au fer rouge. **2.** littér. Grave atteinte à la réputation, à l'honneur. → **déshonneur, infamie.**

fleur n. f. **(vient du latin *flos, floris* → fioriture, fleuron et mots en *flor-*)** **I.** **1.** Production délicate, souvent odorante, des plantes à graines, qui porte les organes reproducteurs **(→ flor(i)-).** *Pétales de fleur. Corolle d'une fleur. Fleur en bouton. Fleur qui s'ouvre, s'épanouit, se fane.* – *Un arbre en fleur(s). Bouquet de fleurs.* ▪ par métaphore *« Les Fleurs du mal »* (de Baudelaire). **2.** Plante qui porte des fleurs (belles, grandes). *Cultiver des fleurs. Pot de fleurs.* **3.** Reproduction, imitation de cette partie du végétal. *Tissu à fleurs. Fleur en tissu, en plastique.* – *Fleur de lis.* → **lis. 4.** loc. *Couvrir qqn de fleurs,* de louanges. *Lancer des fleurs à qqn.* → **complimenter.** ▪ *Fleur bleue* loc. adj. invar. : d'une sentimentalité un peu mièvre. ▪ loc. fam. *Comme une fleur* : très facilement. – *Faire une fleur à qqn,* une faveur. **5.** *À la, dans la fleur de* : au moment le plus beau de. *Être dans la fleur de sa jeunesse.* – *Être à fleur de peau,* dans un état de grande sensibilité. **6.** fam., plais. Virginité. *Perdre sa fleur* **(→ déflorer).** **7.** Ce qu'il y a de meilleur. → **crème, élite.** *La fine fleur de la société.* – *Fleur de farine* : farine très fine. **8.** par métaphore (du sens 1) Ornement poétique. *Fleurs de rhétorique.* **II.** par analogie *Fleurs de vin, de vinaigre,* moisissures qui s'y développent. → **mycoderme. III.** **1.** *À fleur de* loc. prép. : presque au niveau de, sur le même plan **(→ affleurer, effleurer).** *Rocher à fleur d'eau.* – *Yeux à fleur de tête,* saillants. – *Sensibilité à fleur de peau,* qui réagit à la plus petite excitation. **2.** Côté du poil (d'une peau tannée).

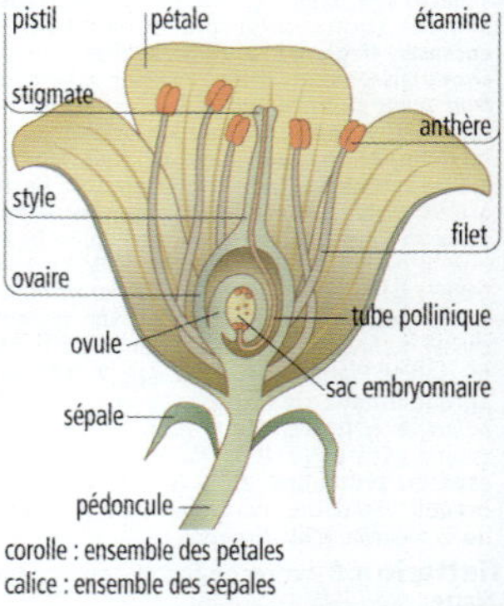

L'ensemble des étamines produit le pollen, le pistil constitue la partie femelle de la fleur. Le périanthe (corolle et calice) a un rôle de protection et attire les espèces pollinisatrices.

fleuraison voir **floraison**

Fleurance Commune du Gers, sur le Gers. 5 890 habitants. Bastide du XIIIe s., église des XIVe et XVe s. Plantes médicinales. Cosmétiques.

fleurdelisé, ée adj. **(de *fleur de lys*)** Orné de fleurs de lys. *Drapeau fleurdelisé.* ▪ **n. m.** *Le fleurdelisé* : le drapeau québécois.

fleurer v. tr. < 1 > **(de l'ancien français *fleur* « odeur », famille du latin *flare* « souffler* »)** littér. Répandre une odeur agréable de. → **embaumer.** *Fleurer le thym et la lavande.* – *Fleurer bon.*

fleuret n. m. **(italien *fioretto* « petite fleur »)** **1.** Épée à lame de section carrée, au bout moucheté, pour s'exercer à l'escrime. **2.** Sport de l'escrime au fleuret. ▫ **n. fleurettiste**

fleurette n. f. **(diminutif de *fleur*)** **I.** **1.** Petite fleur. **2.** **(d'après l'anglais *flirt**)** loc. *Conter fleurette à une femme,* la courtiser. **II.** appos. invar. *Crème fleurette* : crème très fluide.

fleuri, ie adj. **1.** En fleur, couvert de fleurs. *Pommier ; pré fleuri.* **2.** **(ancien français *flori* « blanc de poil », fig.)** *Charlemagne, l'empereur à la barbe fleurie,* blanche. **3.** Garni de fleurs. **4.** Orné de fleurs. *Tissu fleuri.* **5.** Qui a la fraîcheur de la santé. *Un teint fleuri.* **6.** plais. Qui a des boutons. *Un nez fleuri.* **7.** Très orné, précieux. *Un style fleuri.* – iron. *Un langage fleuri,* grossier.

Fleurieu **(Pierre Claret, comte de)** Marin et homme politique français (1738-1810). Inventeur de la montre marine à secondes (1769), il fut ministre de la Marine (1790-1791).

fleurir v. < 2 > **(d'abord *florir* → florissant ; vient du latin pop., de *florere* « être en fleur », de *flos* → fleur)** **I.** v. intr. **1.** (plantes) Produire des fleurs, être en fleur. **2.** plais. Se couvrir de boutons. *Son nez fleurit.* → **bourgeonner.** **3.** fig. S'épanouir ; être dans tout son éclat, dans toute sa splendeur (imparfait *fleurissait* ou littér. *florissait*). → **florissant. II.** v. tr. Orner de fleurs, d'une fleur. *Fleurir une tombe.*

fleurissement n. m. **1.** littér. Floraison. **2.** Ornementation florale. *Le fleurissement d'une terrasse.*

fleuriste n. **1.** vieux Amateur de fleurs. **2.** Personne qui fait le commerce des fleurs.

fleuron n. m. (de *fleur,* d'après l'italien *fiorone,* de même origine) **1.** Ornement en forme de fleur. *Fleurons d'une couronne.* – fig. *Le plus beau fleuron de* (une collection) : l'élément le plus précieux. **2.** bot. Élément floral du capitule de certaines composées.

fleuronné, ée adj. Orné de fleurons. *Une croix fleuronnée.*

Fleurus Ville de Belgique (Hainaut), sur la Sambre. 23 056 habitants. Victoire française sur les Autrichiens (1794).

Fleurus (bataille de) Victoire remportée le 26 juin 1794 à Fleurus (Belgique) par Jourdan sur les Autrichiens. Elle ouvrit la Belgique à la France.

Fleury (Claude) Prêtre et historien français (1640-1723). Confesseur de Louis XV, il est l'auteur d'une *Histoire ecclésiastique.*

Fleury (André Hercule, cardinal de) Prélat et homme politique français (1653-1743). Évêque de Fréjus et précepteur de Louis XV, il devint en 1726 ministre d'État et fut fait cardinal. À l'intérieur, il mena une politique de rétablissement de l'équilibre budgétaire et dut faire face à la reprise de la querelle janséniste. À l'extérieur, il tenta de maintenir la paix mais fut entraîné dans la guerre de Succession de Pologne (1733-1738).

Fleury (Émile Félix, comte de) Général français (1815-1884). Après avoir participé au coup d'État du 2 décembre 1851, il fut aide de camp de Napoléon III, puis ambassadeur en Russie (1867).

Fleury-les-Aubrais Commune du Loiret, dans la banlieue N. d'Orléans. 21 104 habitants. Carrefour ferroviaire.

Fleury-Mérogis Commune de l'Essonne. 13 708 habitants. Établissement pénitentiaire.

fleuve n. m. (latin *fluvius cf.* fluvial, de *fluere* « couler » → flux) **1.** Cours d'eau important (remarquable par le nombre de ses affluents, l'importance de son débit, la longueur de son cours) qui se jette dans la mer. **2.** Ce qui coule. *Un fleuve de sang, de larmes.* → **flot.** ■ appos. *Roman-fleuve :* roman très long comportant de nombreux personnages. – *Un discours-fleuve,* très long.

Flevoland n. m. Province des Pays-Bas créée en 1986, réunissant les polders de l'ancien Zuiderzee. 1 597 km^2. 434 770 habitants. Capitale : Lelystad. Villes résidentielles. Agriculture. Tourisme.

flexibiliser v. tr. < 1 > Rendre flexible. *Flexibiliser les horaires.*

flexibilité n. f. Caractère de ce qui est flexible.

flexible adj. (latin *flexibilis,* de *flectere* → fléchir) **1.** Qui fléchit facilement, se laisse courber, plier. → **élastique, souple.** *Tige flexible. – Cou flexible.* **2.** Qui s'accommode facilement aux circonstances. → **malléable, souple.** *Caractère flexible. – Horaire flexible.*

flexion n. f. (du latin, de *flectere* → fléchir) **1.** Mouvement par lequel une chose fléchit ; état de ce qui est fléchi. → **fléchissement.** *La flexion d'un ressort. – Flexion de la jambe* (opposé à *extension*). **2.** ling. Modification d'un mot à l'aide d'éléments (→ **désinence**) qui expriment certains aspects et rapports grammaticaux (ex. conjugaison, déclinaison).

flexionnel, elle adj. ling. *Langue flexionnelle,* qui exprime les rapports grammaticaux par des flexions. → [2]**casuel.**

flexitarien, ienne adj. et n. (anglais *flexitarian,* mot-valise, de *flexible* et *vegetarian*) Qui limite sa consommation de viande et de poisson, sans être exclusivement végétarien. – n. *Les flexitariens.* □ n. m. **flexitarisme**

Flexner (Simon) Bactériologiste allemand (1863-1946). Il isola le bacille de la dysenterie et fit des recherches sur la diphtérie et la poliomyélite.

flexographie n. f. (de *flexible* et *-graphie*) imprim. Procédé d'impression avec des supports en relief souples.

flexueux, euse adj. (du latin → fléchir) didact. Qui présente des courbures ; qui ondule, serpente. → **sinueux.** □ n. f. **flexuosité**

flexure n. f. (latin *flexura* « courbure ») géol. Mode de plissement dans lequel les couches se raccordent sans chevauchement ni rupture.

flibuste n. f. (de *flibustier*) **1.** anciennt Piraterie des flibustiers. **2.** fig., vieilli Escroquerie, vol.

flibustier n. m. (anglais *flibutor,* d'origine néerlandaise « pillard ») **1.** anciennt Pirate des côtes américaines, du XVIe s. au XVIIIe s. → **corsaire. 2.** fig., vieilli Homme malhonnête ; escroc.

L'équipage du flibustier John Rackham, ou Calico Jack (début du XVIIIe s.), comprenait deux femmes, Anne Bonny et Mary Read (lithographie, v. 1820).

flic n. (origine obscure, p.-ê. argot allemand ou origine onomatopéique) fam. **1.** Agent de police et, par ext., policier. *Une flic* (ou *fliquesse, fliquette*). **2.** péj. Personne qui aime faire régner l'ordre, surveiller (→ **fliquer**).

flicage n. m. (de *fliquer*) fam. **1.** Surveillance exercée par la police. **2.** par ext., péj. Surveillance systématique et répressive.

flicaille n. f. (de *flic*) fam. et péj. *La flicaille :* les agents de police.

flic flac interj. (onomatopée) Exprime un clapotement, un bruit d'eau. – n. m. invar. *Les flic flac de la pluie.*

flingue n. m. (abrév. de *flingot,* d'origine allemande) fam. Fusil, pistolet ou revolver.

flinguer v. tr. < 1 > fam. **1.** Tirer sur (qqn) avec une arme à feu. **2.** Détruire, détériorer (qqch.). → **bousiller. 3.** Critiquer violemment (qqn). → **démolir.**

flingueur, euse adj. et n. fam. Qui use d'armes à feu.

Flint Ville des États-Unis (Michigan). 81 250 habitants. Important centre de l'industrie automobile, en déclin depuis les années 1980.

flint-glass [flintglas] n. m. invar. ou **flint** [flint] n. m. (anglais *flint* « silex » et *glass* « verre ») anglic. Verre optique à base de plomb, très dispersif.

flip n. m. (de [2]*flipper*) fam. **1.** État de dépression consécutif à l'absorption de stupéfiants. **2.** par ext. Déprime ; angoisse.

flipot n. m. (probablt du n. propre *Phelipot,* de *Philippe*) techn. Pièce rapportée dans un ouvrage de menuiserie pour dissimuler une fente.

[1]**flipper** ou **flippeur** [flipœʀ] n. m. (anglais des États-Unis *flipper,* de *to flip* « heurter ») anglic. **1.** Dans un billard électrique, Dispositif qui permet de renvoyer la bille. **2.** Billard électrique. *Jouer au flipper.*

[2]**flipper** [flipe] v. intr. < 1 > (de l'anglais *to flip* « agiter », en anglais des États-Unis « être excité ») anglic., fam. Être déprimé. ■ Être angoissé, avoir peur.

fliquer v. tr. < 1 > (de *flic*) fam. **1.** Exercer une surveillance policière sur (qqn). **2.** par ext., péj. Surveiller, réprimer.

fliquesse ou **fliquette** voir **flic**

flirt [flœʀt] n. m. (anglais *flirt* → flirter ; *cf.* conter fleurette*) anglic. **1.** Relation amoureuse plus ou moins chaste, généralement dénuée de sentiments profonds. ■ fig. Rapprochement momentané (notamment entre adversaires politiques). **2.** vieilli Personne avec laquelle on flirte. → **amoureux.** *C'est son dernier flirt.*

flirter [flœʀte] v. intr. < 1 > (anglais *to flirt* « agiter ; badiner », p.-ê. d'origine onomatopéique) anglic. Avoir un flirt (avec qqn). ■ fig. *Flirter avec :* se rapprocher de (notamment en politique). *Flirter avec l'opposition.*

FLN (Front de libération nationale) Parti nationaliste algérien, né en 1954 de la fusion de divers groupements nationalistes. Il dirigea la lutte pour l'indépendance lors de la guerre d'Algérie et a joué ensuite un rôle de premier plan dans la vie politique algérienne.

floc interj. (onomatopée) Exprime le bruit d'une chute dans l'eau. → **flac.**

flocage n. m. (de *flocon*) techn. Application de fibres courtes sur une surface adhésive, pour obtenir l'aspect du velours (→ **floqué**).

floche adj. (probablt de l'ancien gascon *floche,* d'origine latine) techn. (fil) Dont la torsion est faible. *Soie floche.*

flock-book [flɔkbuk] n. m. (anglais *flock* « troupeau » et *book* « livre ») techn. Livre généalogique pour les moutons, les brebis et les chèvres. *Des flock-books.*

flocon n. m. (de l'ancien français *floc* « houppe de laine », qui vient du latin *floccus cf.* flocage, floculation) **1.** Petite touffe (de laine, de soie, de coton). **2.** Petite masse peu dense (de neige, de vapeur, etc.). *Des flocons d'écume.* ■ spécialt Flocon de neige. *La neige tombe à gros flocons.* **3.** Petite lamelle (de céréales). *Flocons d'avoine.* – par ext. *Purée en flocons.*

floconner v. intr. < 1 > Former des flocons (2). *Brume qui floconne.*

floconneux, euse adj. Qui est en flocons ou ressemble à des flocons.

floculation n. f. (du latin *flocculus,* diminutif de *floccus* → flocon) chim. Rassemblement, sous forme de flocons, des particules d'une solution colloïdale.

floculer v. intr. < 1 > chim. Précipiter par floculation.

Flodoard Chroniqueur et poète franc (894-966). Archiviste et chanoine de la cathédrale de Reims, il est l'auteur d'*Annales* et d'une *Histoire de l'église de Reims.*

Floirac Commune de la Gironde, dans la banlieue de Bordeaux, sur la rive droite de la Garonne. 18 013 habitants.

Flon (Suzanne) Comédienne française (1918-2005). D'abord secrétaire d'Édith Piaf, elle joua Pirandello, Anouilh et O'Neill au théâtre. Au cinéma, elle tourna notamment avec Orson Welles et Joseph Losey.

flonflons n. m. pl. (origine onomatopéique) Accords bruyants de certains morceaux de musique populaire. *Les flonflons d'un bal.*

flop (de l'anglais *to flop* « se laisser tomber ») **1.** interj. Bruit de chute (notamment de choses molles). **2.** n. m. fam. Échec. → **bide,** [2]**four.** *Le film a fait un flop.*

flopée n. f. (du v. *floper* « battre », du latin) fam. Grande quantité. *Une flopée de touristes.*

floqué, ée adj. (→ flocage) techn. Traité par flocage. *Papier floqué.*

Floquet (Charles) Homme politique français (1828-1896). Président de la Chambre des députés (1885-1888 ; 1889-1893), président du Conseil (1888), il blessa le général Boulanger en duel.

Florac-Trois Rivières Chef-lieu d'arrondissement de la Lozère, sur le Tarnon. 2 082 habitants. Château abritant le siège du parc national des Cévennes. Centre d'excursions vers les gorges du Tarn.

floraison n. f. (→ fleur) Épanouissement des fleurs. – Temps de cet épanouissement. ■ fig. *Une floraison de talents.* - syn. **fleuraison.**

F

floral, ale, aux adj. (latin *floralis,* de *flor* → fleur) De la fleur ; de fleurs. *Organes floraux.* – *Exposition florale.*

floralies n. f. pl. (latin *floralia,* du n. de la déesse Flore *[Flora]*) **I.** Antiq. Fêtes de printemps, en l'honneur de la déesse Flore. **II.** Exposition de fleurs.

flore n. f. (latin *Flora* « Flore », déesse des fleurs, de *flos, floris* « fleur* » ; *cf.* aussi ^{2}faune) **1.** Ensemble des plantes (d'une région, d'un milieu). *La faune et la flore de la Bretagne.* **2.** biol. *Flore microbienne, bactérienne :* ensemble des micro-organismes vivant dans les tissus et les organes. → **microflore.**

Flore Déesse italique et romaine des Fleurs, identifiée avec la Chloris des Grecs.

floréal n. m. (du latin *floreus* « fleuri ») hist. Huitième mois du calendrier républicain (20-21 avril au 19-20 mai).

Florence en italien **Firenze** Ville d'Italie, chef-lieu de la Toscane. 356 120 habitants. Bâtie au bord de l'Arno, elle est par excellence la ville de la Renaissance : cathédrale Santa Maria del Fiore, Palazzo Vecchio, couvent San Marco, palais des Médicis. Ses édifices historiques, ses églises et musées (musée des Offices), qui abritent de nombreux chefs-d'œuvre, en font un centre touristique de premier ordre.

▶ Gouvernée par des consuls (XIIe s.) puis, à partir de 1207, par des podestats, **Florence** fonda sa prospérité sur le commerce de la laine et de la soie ainsi que sur l'activité bancaire. De 1239 à 1266, les guelfes, alliés du pape, et les gibelins, partisans de l'Empereur, se disputèrent le pouvoir. Dirigée par une oligarchie, la cité établit, au début du XVe s., sa puissance maritime. Gouvernée de 1434 à 1494 par les Médicis, elle s'imposa comme la première place financière européenne. Après un intermède marqué par la république théocratique de Savonarole (1494-1498), les Médicis revinrent au pouvoir et dirigèrent la ville jusqu'en 1737. La vie artistique et intellectuelle, encouragée par les mécènes florentins, atteignit son apogée au XVe s. (Quattrocento) : les apports de l'humanisme et le bouleversement des valeurs esthétiques révolutionnèrent l'architecture (Brunelleschi), la peinture (Masaccio, Fra Angelico, Botticelli) et la sculpture (Ghiberti, Donatello). Au cours de la seconde Renaissance (XVIe s.), l'art fut dominé par Léonard de Vinci, Michel-Ange ou encore Andrea del Sarto.

florentin, ine adj. et n. (italien *fiorentino,* de *Firenze,* en français *Florence*) De Florence. *L'art florentin.* ■ n. m. *Le florentin :* dialecte italien de la région de Florence. → **toscan.**

Florès Île d'Indonésie, dans l'archipel des petites îles de la Sonde. 14 752 km^2. 1 600 000 habitants. Population majoritairement catholique. L'homme de Florès, vieux d'environ 17 000 ans et découvert en 2003, serait un descendant d'homo erectus atteint de nanisme insulaire.

faire **florès** [flɔʀɛs] loc. verbale (probablt du provençal ; famille de *fleur*) littér. Obtenir des succès. → **briller, réussir.**

Florey (sir Howard Walter) Médecin britannique (1898-1968). Il purifia la pénicilline découverte par Fleming et mit au point sa forme médicamenteuse. Prix Nobel 1945 avec E. B. Chain et A. Fleming.

flor(i)-, -flore Éléments (du latin *flos, floris* → fleur) qui signifient « fleur ».

Florian (Jean-Pierre Claris de) Écrivain français (1755-1794). Petit-neveu de Voltaire, il est l'auteur de *Fables,* de comédies *(Le Bon Ménage),* de romans chevaleresques et pastoraux *(Galatée).*

Florianópolis Ville du S. du Brésil (San Catarina), sur l'Atlantique. 405 200 habitants (1 013 000 pour l'aire métropolitaine). Université. Station balnéaire.

floricole adj. (de *flori-* + *-cole*) didact. Qui vit sur les fleurs. *Insecte floricole.*

floriculture n. f. Branche de l'horticulture qui s'occupe de la culture des fleurs, des plantes d'ornement.

Floridablanca (Don Francisco Antonio Moñino, comte de) Homme politique espagnol (v. 1730-1808). Premier ministre de Charles III (1777), il tenta de réformer l'Espagne selon les principes du despotisme éclairé. La guerre contre la Grande-Bretagne (1779-1783) provoqua sa disgrâce.

Floride n. f. État du S.-E. des États-Unis. 151 940 km^2. 21 538 180 habitants. Capitale : Tallahassee. Ville principale : Miami. Située sur le golfe du Mexique, la Floride s'étend sur une partie de la plaine côtière du golfe et sur une péninsule. Son économie est dynamique : production d'agrumes, industrie (électronique et armement), base spatiale (cap Canaveral), tourisme (Miami, Disneyworld, parc naturel des Everglades). Peuplée à l'origine d'Indiens séminoles, la Floride, colonisée par les Espagnols, fut cédée à la Grande-Bretagne en 1763 et devint en 1845 le 27e État de l'Union. Elle attire aujourd'hui de nombreux retraités américains, ainsi que des réfugiés cubains et des émigrés portoricains et dominicains.

florifère adj. (de *flori-* + *-fère*) bot. Qui porte des fleurs. *Une tige florifère.*

florilège n. m. (du latin, de *flos, floris* « fleur* » et *legere* « choisir ») Recueil de pièces choisies. → **anthologie.**

florin n. m. (italien *fiorino,* de *fiore* « fleur* ») **1.** anciennt Pièce de monnaie en or. **2.** Ancienne unité monétaire des Pays-Bas.

Floris de Vriendt (Cornelis) Architecte, dessinateur et graveur flamand (1514-1575). Il contribua à diffuser les techniques décoratives italiennes dans le N. de l'Europe. Ses réalisations les plus célèbres sont l'hôtel de ville d'Anvers, le jubé de la cathédrale de Tournai, le tombeau de Christian III de Danemark.

Floris de Vriendt (Frans) Peintre et graveur flamand (v. 1515-1570). Très marqué par le *Jugement dernier* de Michel-Ange, il chercha à concilier le répertoire formel italien et certains caractères flamands. *La Chute des anges rebelles.*

florissant, ante adj. (de l'ancien v. *florir* → fleurir) Qui est en plein épanouissement, en pleine prospérité. *Un pays florissant.* → **prospère, riche.** ■ *Une santé florissante,* très bonne. *Un teint florissant.* → **resplendissant.**

Flory (Paul John) Chimiste américain (1910-1985). Il établit les bases théoriques de l'étude des polymères, expliquant le comportement des macromolécules en solution. Prix Nobel 1974.

flot n. m. (vient du francique [comme ^{1}*flotter*]) **I. 1.** au plur. Eaux en mouvement. → **onde,** ^{1}**vague.** *Les flots de la mer, d'un lac.* ■ spécialt, poét. La mer. *Naviguer sur les flots.* **2.** Masse d'eau qui s'écoule. → ^{2}**courant.** *Le flot monte.* ■ spécialt *Le flot :* la marée montante. → **flux. 3.** Ce qui est ondoyant, se déroule en vagues. *Un flot, des flots de rubans.* **4.** Quantité considérable de liquide versé, répandu. → **fleuve, torrent.** *Des flots de larmes.* **5.** Écoulement, mouvement abondant. → **affluence.** *Des flots de lumière. Un flot de voyageurs.* → **foule.** – abstrait *Des flots de paroles.* ■ *À flots* loc. adv. → **abondamment.** *Le soleil entre à flots.* **II.** *À flot* loc. adj. invar. : qui flotte. *Navire à flot.* – fig. *Être à flot,* cesser d'être submergé par les difficultés.

Flote ou **Flotte** (Pierre) Homme politique français (mort en 1302). Chancelier de Philippe IV le Bel (1295), il participa à la lutte contre le pape Boniface VIII. Il fut tué à la bataille de Courtrai.

flottable adj. **1.** techn. (cours d'eau) Sur lequel du bois peut flotter. **2.** Qui peut flotter. □ n. f. **flottabilité**

flottage n. m. Transport par eau de bois flotté. *Train de flottage.*

flottaison n. f. mar. Intersection avec le plan de l'eau de la surface d'un navire à flot. – *Ligne* de flottaison.*

flottant, ante adj. **1.** Qui flotte. *Glaces flottantes.* **2.** Qui flotte au gré du vent. *Brume flottante. Cheveux flottants.* **3.** Qui n'est pas fixe ou assuré. → **variable.** *Cours flottant d'une monnaie.* **4.** Qui change sans cesse, ne s'arrête à rien de précis. *Attention flottante.* – *Caractère, esprit flottant.* → **indécis, irrésolu.**

flottation n. f. (anglais *flotation*) didact. Méthode de séparation des mélanges de particules solides, fondée sur la différence de leurs densités dans un milieu liquide.

^{1}**flotte** n. f. (ancien scandinave *floti* « radeau » *cf.* flottille) **1.** Réunion de navires naviguant ensemble, destinés aux mêmes opérations ou se livrant à la même activité. → **escadre. 2.** Ensemble des forces navales d'un pays. *La flotte de guerre* ou absolt *la Flotte.* → ^{1}**marine.** *Flotte de commerce.* ■ par analogie *Flotte aérienne.*

^{2}**flotte** n. f. (de ^{2}*flotter*) fam. Eau. – Pluie.

flottement n. m. **1.** Action, fait de flotter ; mouvement d'ondulation. → **agitation, balancement. 2.** fig. État incertain dû à des hésitations. → **incertitude.** *« Ce flottement, cette indécision passionnée de tout mon être »* (Gide).

^{1}**flotter** v. < 1 > (vient du francique → flot) **I.** v. intr. **1.** Être porté sur un liquide (notamment l'eau). → **surnager.** *« Sur l'onde calme et noire où dorment les étoiles / La blanche Ophélia flotte comme un grand lys »* (Rimbaud). **2.** Être en suspension dans l'air. → ^{1}**voler, voltiger.** *Une brume qui flotte au-dessus des prés.* **3.** Bouger, remuer au gré du vent ou d'un mouvement. → **ondoyer, onduler.** *Faire flotter un drapeau.* – *Vêtements qui flottent autour du corps.* **4.** Être instable, variable. → **errer.** – *Laisser flotter ses pensées,* renoncer à les diriger, à les contrôler. **5.** fin. (monnaie) Fluctuer selon l'offre et la demande. **II.** v. tr. Lâcher (du bois) dans un cours d'eau pour

Florence

Florence, l'Arno et le Ponte Vecchio avec ses boutiques en surplomb.

qu'il soit transporté **(→ flottage)**. – au p. p. *Bois flotté.*

[2]flotter v. impers. < 1 > (p.-ê. de *[1]flotter*) fam. Pleuvoir.

flotteur n. m. **1.** Objet (généralement creux) capable de flotter à la surface de l'eau. → **bouée.** *Flotteurs en liège.* → **bouchon.** **2.** Organe qui repose sur l'eau et fait flotter un engin. *Les flotteurs d'un hydravion.*

flottille n. f. (espagnol *flotilla,* diminutif de *flota,* emprunt au français *[1]flotte*) **1.** Réunion, flotte de petits bâtiments. *Flottille de pêche.* **2.** Formation aérienne (dans l'aéronavale). → **escadrille.**

flou, floue adj. (vient du latin *flavus* « jaune ; fané ») **1.** Dont les contours sont peu nets. → **fondu, vaporeux.** *Images floues.* ■ n. m. *Effet de flou.* – *Flou artistique ;* fig. imprécision volontaire. **2.** Qui n'a pas de forme nette. *Coiffure floue.* **3.** Incertain, indécis. → **[3]vague.** *Un souvenir flou.*

flouer v. tr. < 1 > (p.-ê. famille de *fraude*) vieilli Voler (qqn) en le trompant. ■ mod. Tromper (moralement).

Flourens (Pierre) Physiologiste français (1794-1867). Il a mené des travaux sur la physiologie du système nerveux, la formation des os et l'utilisation du chloroforme comme anesthésique.

flouse voir **flouze**

flouter v. tr. < 1 > techn. Rendre volontairement flou. *Flouter un visage à l'écran.*

flouve n. f. (origine inconnue) Plante (graminée) qui donne au foin son odeur particulière.

flouze ou **flouse** n. m. (arabe maghrébin *flus*) fam. Argent.

flow [flo] n. m. (mot anglais « flux ») anglic. Débit, style de chant, dans le rap. *Elle a un bon flow. Trouver le flow,* le style qui convient.

Floyd (George) Citoyen américain noir (1973-2020). Son décès par asphyxie lors de son arrestation par un policier blanc remit violemment en lumière la question raciale aux États-Unis. À l'issue d'un procès, le policier fut jugé coupable.

fluage n. m. (→ fluer) techn. Déformation d'un métal soumis à de très fortes pressions (comparée à celle d'un fluide visqueux).

fluate n. m. (du radical de *fluor*) Nom commercial des silicates de fluor.

fluctuant, ante adj. (→ fluctuer) **1.** Qui varie, va d'un objet à un autre et revient au premier. *Opinions fluctuantes.* – *Être fluctuant dans ses goûts.* → **inconstant, instable.** **2.** Qui subit des fluctuations. → **flottant** (3).

fluctuation n. f. (→ fluctuer) surtout au plur. Variations successives en sens contraire. → **changement.** *Fluctuations de l'opinion.* – *Les fluctuations d'un marché.*

fluctuer v. intr. < 1 > (du latin [*cf. Fluctuat nec mergitur,* devise de Paris], de *fluere* → fluer) Être fluctuant, changer.

fluer v. intr. < 1 > (latin *fluere* « couler, s'écouler » → fleuve, fluide, superflu) littér. Couler, s'écouler. ■ méd. (sérosités) S'épancher, couler.

fluet, ette adj. (personnes, parties du corps) Mince et d'apparence frêle. → **délicat, gracile, [1]grêle.** ■ *Une voix fluette.* → **faible.**

fluide (latin *fluidus* « qui coule », de *fluere* « couler » → fluer, flux) **I.** adj. **1.** Qui n'est ni solide ni épais, qui coule aisément. *Huile fluide.* **2.** fig. Coulant, limpide. *Un style fluide.* – *Tissu, vêtement fluide,* souple, ondoyant. **3.** Qu'il est difficile de saisir, de fixer. → **fluctuant, insaisissable.** ■ *Genre fluide,* caractérisé par des fluctuations de l'identité de genre. **4.** (circulation routière) Qui se fait à une vitesse normale, aisément. **II.** n. m. **1.** Tout corps qui épouse la forme de son contenant (les liquides, les gaz) [opposé à *solide*]. **2.** Force, influence subtile, mystérieuse qui émanerait des astres, des êtres ou des choses. → **émanation, influx, onde.**

fluidifiant, ante adj. **1.** didact. Propre à fluidifier. **2.** *Un remède fluidifiant, ou un fluidifiant* n. m. : un remède qui rend plus fluides les sécrétions bronchiques.

fluidifier v. tr. < 7 > didact. Rendre fluide. □ n. f. **fluidification**

fluidique **I.** adj. Qui se rapporte au fluide (magnétique, etc.). **II.** autom. **1.** n. f. *La fluidique :* l'ensemble des techniques permettant de réaliser des opérations logiques à l'aide des fluides. **2.** adj. Relatif à la fluidique.

fluidité n. f. État de ce qui est (plus ou moins) fluide. ■ Caractère de ce qui est changeant, insaisissable. – *Fluidité du genre.* ■ écon. Situation d'un marché où l'offre et la demande s'adaptent l'une à l'autre facilement.

Flumendosa n. m. Fleuve de Sardaigne, qui se jette dans la Méditerranée, au S.-E. de l'île. 650 km.

fluo adj. invar. (abrév. de *fluorescent*) Fluorescent (2). *Vert fluo. Les couleurs fluo.*

fluocompact, e adj. (de *fluo(rescent)* et *compact*) *Ampoule, lampe fluocompacte :* tube fluorescent de taille réduite.

fluor n. m. (latin *fluor* « écoulement », de *fluere* → fluer, flux) Corps simple (symb. F ; n° at. 9 ; masse at. 19), gaz toxique jaune verdâtre. *Dentifrice au fluor.*

fluoration n. f. Adjonction de fluor à l'eau de boisson, pour prévenir les caries dentaires.

fluoré, ée adj. Qui contient du fluor.

fluorescéine n. f. chim. Matière colorante fluorescente en solution (rouge par transparence, verte par réflexion).

fluorescence n. f. (de *fluor,* d'après l'anglais) Propriété de certains corps d'émettre de la lumière sous l'influence d'un rayonnement (→ aussi **phosphorescence**).

fluorescent, ente adj. (→ fluorescence) **1.** Relatif à la fluorescence ; doué de fluorescence. – *Lampe fluorescente.* **2.** Qui évoque la fluorescence. *Un rose fluorescent.* → abrév. fam. **fluo.**

fluorhydrique adj. (de *fluor* et *hydrique*) chim. *Acide fluorhydrique :* acide incolore, fumant et toxique en solution, obtenu à partir de la fluorine, utilisé dans la gravure.

fluorine n. f. chim. Fluorure de calcium naturel (cf. spath* fluor). - syn. **fluorite.**

fluorure n. m. chim. Sel de l'acide fluorhydrique. *Fluorure de sodium.*

fluotournage n. m. (de *fluo-,* du latin *fluere* « couler, glisser », et *tournage*) techn. Usinage par déformation en vue d'obtenir des pièces de révolution.

flush [flœʃ ; flɔʃ] n. m. (de l'anglais, p.-ê. du moyen français → flux) anglic. Au poker, Réunion de cinq cartes de la même couleur. *Des flushs* ou *des flushes* (plur. anglais). *Quinte flush :* quinte dans la même couleur.

flûte n. f. (d'origine probablt onomatopéique ; *cf.* le latin *flare* « souffler ») **I.** **1.** Instrument à vent formé d'un tube percé de plusieurs trous. *Flûte traversière. Flûte à bec. Flûte en bois* (→ **fifre**), *en métal.* « *La Flûte enchantée* » (opéra de Mozart). – *Flûte de Pan,* à plusieurs tuyaux. → **syrinx.** **2.** Pain de forme allongée. → **baguette.** **3.** Verre à pied, haut et étroit. *Flûte à champagne.* **4.** au plur. fam. Les jambes. – loc. *Jouer des flûtes.* → **courir.** **II.** interj. Interjection marquant l'impatience, la déception. → **zut.** - var. RO **flute.**

flûté, ée adj. Semblable au son de la flûte. *Note flûtée.* – *Une voix flûtée.* → **aigu.** - var. RO **fluté, ée.**

flûtiau [flytjo] n. m. Petite flûte rustique. - var. RO **flutiau.**

flûtiste n. Musicien, musicienne qui joue de la flûte. - var. RO **flutiste.**

fluvial, ale, aux adj. (latin *fluvialis,* de *fluvius* → fleuve) Relatif aux fleuves, aux rivières. *Navigation fluviale.*

fluviatile adj. (du latin → fluvial) **1.** didact. Relatif aux fleuves. **2.** sc. nat. Qui vit ou pousse dans les eaux douces, les rivières.

fluvioglaciaire adj. (du latin *fluvius* « fleuve » et de *glaciaire*) géol. Qui provient à la fois de l'action des cours d'eau et des glaciers. *Cône fluvioglaciaire.*

fluviomètre n. m. (du latin *fluvius* « fleuve ») sc. Appareil servant à mesurer les variations du niveau d'un cours d'eau. - syn. **fluviographe.** □ adj. **fluviométrique**

flux n. m. (latin *fluxus* « écoulement », de *fluere* « couler » → fleuve, fluer, fluide, fluor, fluxion) **1.** didact. Écoulement (d'un liquide organique). *Le flux menstruel :* les règles. **2.** Grande quantité. → **flot.** *Un flux de protestations.* – *Flux migratoires.* **3.** Marée montante (opposé à *reflux*). **4.** sc. *Flux lumineux,* débit de lumière. – *Flux électrique, magnétique* (du courant). **5.** écon. Mouvement, déplacement. *Flux monétaires.* – *Flux tendu :* gestion visant la réduction maximale des stocks. **6.** inform. *Flux RSS.* → **fil.**

fluxion n. f. (du latin « écoulement », de *fluere* → fleuve, flux) **1.** Congestion. – *Fluxion de poitrine :* congestion pulmonaire compliquée de congestion des bronches, de la plèvre. → **pneumonie.** **2.** Gonflement inflammatoire des gencives ou des joues, provoqué par une infection dentaire.

fluxmètre n. m. (→ flux) Galvanomètre qui permet de mesurer des flux d'induction magnétique.

flyer [flajœʀ] n. m. (mot anglais « prospectus ») anglic. Tract, prospectus servant à annoncer un spectacle (concert, rave...), un évènement.

Flynn (Errol) Acteur américain (1909-1959). Il incarna souvent des aventuriers et des héros (dont Robin des Bois) dans les films d'aventures de M. Curtiz et R. Walsh.

Errol Flynn dans *Les Aventures de Robin des Bois* de Michael Curtiz et William Keighley (1938).

flysch n. m. (du suisse alémanique) géol. Formation détritique (grès et schistes). *Des flyschs.*

FM n. f. invar. (sigle de l'anglais *frequency modulation*) anglic. Modulation* de fréquence (recomm. offic.). *La bande FM.*

FMI (Fonds monétaire international) Organisme international chargé d'assurer le fonctionnement du système monétaire international.

▶ Le Fonds monétaire international **(FMI)** voit le jour lors de la conférence de Bretton Woods en juillet 1944. Son instauration manifeste la volonté des États-Unis d'imposer un nouvel ordre monétaire international après l'instabilité de l'entre-deux-guerres. À l'origine, le FMI a pour principales missions de faciliter le maintien des parités fixes au sein du système de Bretton Woods et d'assurer la continuité internationale des paiements en portant assistance aux pays ayant des difficultés pour équilibrer leur balance des paiements. Le FMI intervient par l'octroi de crédits et à travers des conseils économiques. Depuis l'effondrement du système de Bretton Woods dans les années 1970,

le FMI s'est engagé dans de nouvelles activités de promotion de la stabilité : gestion de la dette des pays du tiers-monde, plus tard de la transition des économies des pays de l'Europe de l'Est vers le capitalisme, puis des crises dans les pays émergents.
La mise en œuvre de politiques d'ajustement structurel dans les années 1980 lui a attiré de nombreuses critiques : les politiques libérales imposées aux pays en développement par le FMI et la Banque mondiale (privatisation, rigueur monétaire, discipline budgétaire...) ont cristallisé les controverses. Certains spécialistes s'opposent à ces « thérapies de choc », qui accentuent la pauvreté et l'instabilité au Sud. Aujourd'hui, de nombreux défis restent à relever pour le FMI : l'accumulation de déficits courants par les États-Unis, les forts mouvements des cours de change, la création d'une institution qui disposerait de crédits suffisants pour gérer les crises financières internationales. Le siège du FMI se situe à Washington. Il compte 190 États membres en 2023. Chaque pays verse une contribution au prorata de sa part dans le commerce international. Ces sommes peuvent servir à octroyer des crédits aux pays qui en font la demande. Chaque pays dispose d'un droit de tirage proportionnel à sa contribution.
voir aussi **Banque mondiale, dette, Nord, Sud**

F

FNSEA **(Fédération nationale des syndicats d'exploitants agricoles)** Principale organisation syndicale agricole française, créée en 1946.

Fo **(Dario)** Acteur, auteur et metteur en scène italien (1926-2016). Il a écrit des spectacles inspirés de la comédie populaire, inventifs et contestataires. *Mystère Bouffe ; Mort accidentelle d'un anarchiste.* Prix Nobel de littérature 1997.

FO voir **Confédération générale du travail-Force ouvrière**

FOB [ɛfobe] **adj. invar.** **(sigle de l'anglais *free on board*)** anglic., comm. Franco à bord (recomm. offic.). → **FAB.** *Marchandise FOB.* - var. **fob** [fɔb].

foc **n. m.** **(du néerlandais)** Voile triangulaire à l'avant d'un bateau. *Le foc et la trinquette.*

focaccia [fɔkatʃja] **n. f.** **(mot italien, du latin → fouace)** Pain plat cuit au four, parfois garni d'herbes, d'olives, de tomates, etc. (spécialité italienne). *Des focaccias.*

focal, ale, aux **adj.** **(du latin *focus* « foyer » → [1]feu, foyer)** **1.** Qui concerne le foyer, les foyers d'un instrument d'optique. *Axe focal.* **–** *Distance focale* ou **n. f.** *la focale. Objectif à focale variable.* → **zoom. 2.** géom. Relatif aux foyers d'une conique.

focaliser **v. tr.** < 1 > **1.** Concentrer (un rayonnement) en un point (→ **foyer**). **2.** fig. Concentrer, rassembler. *Focaliser des aspirations ; son attention.* **–** pronom. *Se focaliser sur une question.* □ **n. f. focalisation**

Foch **(Ferdinand)** Maréchal de France (1851-1929). Pendant la Première Guerre mondiale, il contribua à la première victoire de la Marne (septembre 1914), remplaça Pétain à l'état-major général de l'armée (1917), et fut nommé généralissime des forces alliées (mars 1918). Maréchal de France (août 1918), il signa l'armistice du 11 novembre 1918. Il a laissé des *Mémoires de guerre.*

Focillon **(Henri)** Historien et théoricien français de l'art (1881-1943). Dans la *Vie des formes,* il s'opposa au déterminisme sociologique et à l'historicisme dans l'approche des œuvres d'art. Ses grandes synthèses historiques, *La Peinture aux* XIXe *et* XXe *siècles* ou l'*Art d'Occident,* tendent à montrer l'autonomie du monde de l'art.

focus [fɔkys] **n. m.** **(mot latin « foyer »)** **1.** photogr. Mise au point (→ **autofocus**). **2.** fig. *Focus sur la formation* (→ **gros plan**).

foehn [føn] **n. m.** **(mot suisse allemand, venant du latin ; famille de *faveur*)** **1.** Vent chaud et sec des Alpes suisses et autrichiennes. **2.** (Suisse) Sèche-cheveux.

foène **n. f.** **(vient du latin *fuscina* « trident »)** Gros harpon à plusieurs dents. *Pêcher la sole à la foène.* - var. **foëne.**

Foenkinos **(David)** Écrivain français (né en 1974). Plusieurs de ses romans, dont *La Délicatesse, Les Souvenirs, Le Mystère Henri Pick* et *Charlotte* (sur l'œuvre de Charlotte Salomon) ont été portés à l'écran. *Numéro deux.*

fœtal, ale, aux [fetal, o] **adj.** Relatif au fœtus. *Posture, attitude fœtale* (par ext. → en chien de fusil). **–** *Médecine fœtale* (→ **prénatal**).

fœtoscopie [fetɔskɔpi] **n. f.** **(de *fœtus* et *-scopie*)** didact. Technique de vision directe du fœtus in utero, par introduction d'un endoscope par la voie abdominale.

fœtus [fetys] **n. m.** **(latin *fetus* « enfantement ; génération », *cf.* faon)** Produit de la conception encore renfermé dans l'utérus, lorsqu'il n'est plus à l'état d'embryon* et commence à présenter les caractères distinctifs de l'espèce. **–** Dans l'espèce humaine, Produit de la conception à partir du troisième mois de développement dans l'utérus. *Position du fœtus* (→ **fœtal**).

fofolle voir **foufou**

Fogazzaro **(Antonio)** Romancier italien (1842-1911). Il est l'auteur de romans marqués par la spiritualité et le mysticisme. *Le Mystère du Poète ; Petit Monde d'autrefois.*

foggara **n. f.** **(mot arabe)** Galerie souterraine servant à l'irrigation, au Sahara.

foi **n. f.** **(vient du latin *fides* « confiance » → féal, fidèle ; [1]fier)** **I. 1.** littér. Assurance donnée d'être fidèle à sa parole, d'accomplir exactement ce que l'on a promis. → **engagement, promesse, serment.** ■ loc. *Ma foi* (en tête de phrase ; en incise) : certes, en effet. *C'est ma foi vrai.* **2.** (Garantie résultant d'une promesse) *Sous la foi du serment.* **–** ***Sur la foi de.*** *Sur la foi des témoins.* **–** ***Faire foi*** (sujet chose) : démontrer la véracité, porter témoignage. *Le cachet de la poste faisant foi.* **3.** loc. ***Bonne foi*** : qualité d'une personne qui parle, agit avec une intention droite, sans ruse. → **franchise, loyauté.** *Abuser de la bonne foi de qqn. En toute bonne foi.* **–** ***Mauvaise foi*** : déloyauté, duplicité. **II. 1.** Fait de croire qqn, d'avoir confiance en qqch. *Un témoin digne de foi. Ajouter foi à* (des paroles...). **2.** Confiance absolue que l'on met (en qqn, en qqch.). *Avoir foi en qqn.* → se **fier.** *Sa foi en l'avenir.* ■ techn. ***Ligne de foi,*** servant de repère pour observer avec exactitude (dans un instrument optique). **3.** Fait de croire en un dieu (spécialt absolt, en la religion dominante), en un dogme par une adhésion profonde de l'esprit et du cœur. → **croyance.** *Avoir, perdre la foi. « Voilà ce que c'est que la foi : Dieu sensible au cœur, non à la raison »* (Pascal). ■ loc. *La foi du charbonnier*.* **–** iron. *Il n'y a que la foi qui sauve,* se dit de ceux qui se forgent des illusions. **–** *N'avoir ni foi ni loi,* ni religion ni morale. **4.** L'objet de sa foi. → **confession, dogme, religion.** *Professer la foi chrétienne, la foi musulmane.*

Foch (Ferdinand)

Le Maréchal Foch et les Alliés par Georges Bertin Scott (1930), musée de l'Armée, Paris.

foie **n. m.** **(vient du bas latin *ficatum,* de *ficus* « figue » *cf.* figer)** **1.** Organe situé dans la partie supérieure droite de l'abdomen, qui filtre et renouvelle le sang (→ **hépatique**). **2.** Cet organe, chez certains animaux, utilisé pour la consommation. *Foie de veau. Pâté de foie.* **–** ***Foie gras*** : foie d'oie ou de canard engraissé(e) par gavage. **3.** loc. fig. *Se manger, se ronger les foies,* se faire beaucoup de souci. **–** fam. *Avoir les foies* : avoir peur.

▶ Le **foie** (1) est le plus gros viscère de l'organisme humain. Irrigué par l'artère hépatique, il filtre le sang qui provient du tube digestif par la veine porte et gagne ensuite la veine cave inférieure par les veines sus-hépatiques.
Glande mixte, à sécrétion externe et interne, le foie assure deux grandes fonctions : l'épuration et la détoxication d'une part, la synthèse et le stockage de l'autre. La bile, sécrétion externe du foie, rejoint le duodénum par le canal cholédoque. Les sécrétions internes sont multiples. Par sa fonction glycogénique, le foie règle et maintient constante la glycémie. Il a une fonction antitoxique et forme l'urée à partir des acides aminés et des sels ammoniacaux. Il contribue à la dégradation et à l'élimination de nombreux toxiques tels que l'alcool et les médicaments. Le foie stocke le fer et le libère pour la formation de nouvelles hématies. Sous l'influence de la vitamine K, il produit la prothrombine et participe ainsi à la coagulation sanguine. Il est le lieu principal de formation des phospholipides et de désaturation des acides gras. Il synthétise une grande partie des protéines plasmatiques, ainsi que des enzymes qui interviennent dans différents métabolismes.
En médecine, le foie peut être exploré dans sa morphologie par l'examen clinique et l'imagerie (échographie, scanographie, IRM...) et dans sa fonction par divers examens biologiques. Indispensable à la vie, il est le seul organe capable, après l'ablation chirurgicale des 9/10 de sa masse, de se régénérer rapidement.
voir aussi **sang**

foil [fɔjl] **n. m.** **(mot anglais « feuille, lame »)** anglic., techn. Aileron incurvé placé sous une coque, pouvant porter un bateau capable de déjauger (→ **hydrofoil**). **–** *Le foil d'une planche de sport nautique* (→ **wingfoil**).

[1]foin **n. m.** **(forme dialectale de l'Est, venant du latin *fenum* → [1]faner, fenaison, fenouil)** **1.** Herbe des prairies fauchée et séchée pour la nourriture du bétail. → **fourrage.** *Botte, meule de foin.* **–** loc. *Bête à manger du foin,* très bête. **2.** Herbe sur pied destinée à être fauchée. *Faire les foins* (→ [1]**faner**). **–** *Rhume des foins* (à l'époque de la floraison des graminées). **3.** Poils soyeux qui garnissent le fond de l'artichaut. **4.** fam. *Faire du foin,* du scandale, du bruit ; protester.

[2]foin **interj.** **(origine incertaine ; p.-ê. de *fi* ou de [1]*foin*)** vieilli Interjection qui marque le mépris, le dédain. → **fi.** *« Foin du plus parfait des mondes, si je n'en suis pas »* (Diderot).

foirade **n. f.** **(de *foirer*)** fam. Le fait de foirer, de rater. → **désastre, échec.**

foirail **n. m.** **(mot du Centre et du Sud, de [1]*foire*)** régional Champ de foire. *Des foirails.*

[1]foire **n. f.** **(vient du bas latin *feria,* du latin class. *feriae* « jours consacrés au repos » → féria, férié, apparenté à *festus* → fête)** **1.** Grand marché public qui a lieu à des dates et en un lieu fixes. *Foire aux bestiaux.* **2.** Grande manifestation commerciale périodique. → **exposition, salon.** *La foire de Bruxelles.* **3.** Fête foraine périodique. **4.** fam. Lieu bruyant où règnent le désordre et la confusion. ■ ***Faire la foire*** : faire la fête. → [2]**bringue, fête. 5.** inform. *Foire aux questions :* → **FAQ.**

[2]foire **n. f.** **(vient du latin *foria* « diarrhée »)** vulg., vieilli Évacuation d'excréments à l'état liquide. → **diarrhée.** *« Sous des habits puant la foire* [...] *»* (Rimbaud).

foirer **v. intr.** < 1 > **(de [2]*foire*)** **1.** vulg., vieilli Évacuer des excréments liquides. **2.** fig., fam. Mal fonctionner ; rater, échouer lamentablement.

Foix

À Foix, le château, haut lieu du catharisme, domine la ville du haut de son rocher.

foireux, euse adj. (de ²*foire*) **1.** vulg., vieilli Qui a la foire, la diarrhée. **2.** fam. Qui échoue ou risque d'échouer ; raté, sans valeur. *Un projet foireux.*

fois n. f. (vient du latin *vix, vicis* « place ; succession » → vice-) **I.** marquant la fréquence, le retour d'un évènement Cas, occasion où un fait se produit, se reproduit. **1.** (sans prép.) *C'est arrivé une fois, une seule fois. Encore une fois.* – *Une bonne fois, une fois pour toutes,* d'une manière définitive. *Plus d'une fois, cent fois,* souvent. – (avec une unité de temps) *Une fois l'an. Deux fois par mois.* – (avec un ordinal) *La première, la dernière fois.* – (avec divers déterminants) *Chaque fois. La prochaine fois. La fois où il est venu. L'autre fois.* – fam. *Des fois* : certaines fois. → **parfois, quelquefois. 2.** (précédé d'une prép.) – (avec *par*) *Par deux fois* : à deux reprises. – (avec *en*) *En plusieurs fois.* – (avec *pour*) *Pour la première fois. Pour une fois.* – (avec *à*) *S'y prendre à deux fois.* **3.** *À la fois* **loc. adv.** : en même temps. *Tous à la fois. Il est à la fois aimable et distant.* **4.** vieux ou régional *Une fois* : un certain jour (→ **autrefois**). *Il était une fois* (commencement traditionnel des contes de fées). ■ (Belgique) Donc. *Venez une fois ici.* **5.** *Une fois que* : dès que, dès l'instant où. ■ ellipt *Une fois en mouvement, il ne s'arrête plus.* – *Une fois la crise passée...* **6.** fam. *Des fois que* (et cond.) : pour le cas où, si jamais. **II. 1.** servant d'élément multiplicateur ou diviseur *Quantité deux fois plus grande, plus petite qu'une autre. Trois fois quatre font douze.* **2.** littér. Équivalent d'un superlatif. *« Ô jour trois fois heureux ! »* (Racine). – cour. *Vous avez mille fois raison. C'est trois fois rien**.

foison n. f. (vient du latin *fusio* « écoulement » → fusion, de *fundere* → fondre) **1.** vieux ou littér. Très grande quantité. → ¹**abondance. 2.** *À foison* **loc. adv.** : en grande quantité. → **abondamment,** à **profusion.** *« Dieu veuille bénir ta maison / De beaux enfants nés à foison »* (Ronsard).

foisonnant, ante adj. Qui foisonne.

foisonnement n. m. Abondance, fourmillement.

foisonner v. intr. < 1 > (de *foison*) **1.** Être en grande abondance, à foison. → **abonder.** *Le gibier foisonne dans ce bois.* **2.** *Foisonner en, de* : être pourvu abondamment de. → **abonder** en, **regorger** de. – *Texte qui foisonne d'anglicismes.*

Foix Chef-lieu de l'Ariège, sur l'Ariège. 9 515 habitants. Centre administratif. Château (XIVe-XVe s.), abritant aujourd'hui le musée départemental de l'Ariège.

Foix (comté de) Ancien comté, correspondant aujourd'hui approximativement au département de l'Ariège. Il fut réuni à la Couronne en 1607 par Henri IV.

Fokine (Michel) Danseur et chorégraphe russe (1880-1942). Il dansa à Saint-Pétersbourg avec les Ballets russes (*Les Sylphides ; L'Oiseau de feu ; Petrouchka*), mais se brouilla avec Diaghilev et se fixa à New York.

Fokker (Anthony) Aviateur et constructeur d'avions néerlandais (1890-1939). Il est le fondateur d'une entreprise aéronautique allemande, qui a réalisé des appareils de chasse et de transport réputés.

fol, folle voir ¹**fou**

folâtre adj. (de *fol* → ¹fou) Qui incite au jeu, à la plaisanterie. *Gaieté folâtre. Humeur folâtre.*

folâtrer v. intr. < 1 > Jouer ou s'agiter de façon folâtre. → **batifoler.**

foldingue n. et adj. (de *fol* et de *dingue*) fam. Fou. – **adj.** *Il est complètement foldingue.* - var. au fém. **folledingue.**

Folengo (Gerolamo, en relig. **Teofilo)** Poète italien (1491-1544). Sous le nom de Merlin Coccaie, il a créé le genre « macaronique », développant les thèmes satiriques dans un latin mêlé d'argot, de patois toscan et de néologismes. Son *Baldus* aurait inspiré Rabelais.

Folgoët (Le) [-gwat] Commune du Finistère, dans le Léon. 3 239 habitants. Église de style gothique flamboyant.

foliacé, ée adj. (du latin, de *folium* → feuille) didact. Qui a l'aspect d'une feuille. – *Lichen foliacé.*

foliaire adj. (→ feuille) bot. Qui appartient à la feuille. *Glande foliaire.*

foliation n. f. (du latin *folium* → feuille) **1.** didact. Disposition des feuilles sur la tige ; développement des feuilles. → **feuillaison. 2.** minér. *Foliation d'une roche,* sa division en feuillets.

folichon, onne adj. (de *fol* → ¹fou) vieilli Léger, gai. – mod. (avec négation) *Pas folichon, onne* : pas gai(e), pas drôle.

¹folie n. f. (de *fol* → ¹fou) **I. 1.** Trouble mental ; égarement de l'esprit. → **aliénation, démence ;** ¹**fou.** *Accès de folie. Folie furieuse. Folie des grandeurs.* → **mégalomanie.** *Folie de la persécution.* → **paranoïa.** *« Jamais la psychologie ne pourra dire sur la folie la vérité, puisque c'est la folie qui détient la vérité de la psychologie »* (M. Foucault). **2.** Manque de jugement ; absence de raison. → **déraison.** *C'est de la folie, de la pure folie.* → **absurdité ; inconscience.** – *Elle l'aime **à la folie**.* → **follement, passionnément. 3.** *Une folie* : idée, parole, action déraisonnable. *Faire une folie, des folies.* → **extravagance, sottise.** *C'est sa nouvelle folie.* → ¹**dada, lubie, marotte.** – Dépense excessive. **II.** (espagnol *folía,* de même origine) Danse voisine de la passacaille (au XVIIe siècle).

▶ Dans l'Antiquité, la **folie** (I, 1) est perçue surtout comme un phénomène sacré, analogue à l'« envoûtement » ou à la « possession ». À la Renaissance encore, le fou et le poète sont considérés comme en contact direct avec le monde des dieux ; leurs paroles sont prophétiques ; on parle de « fureur poétique » (« fureur » prenant ici le sens latin de *furor,* la « folie »). Les crises de démence sont traitées avec des calmants naturels, comme l'ellébore, mais le fou n'est pas considéré comme un malade. On distingue longtemps la « folie douce » de la « folie qu'on enferme », qu'on assimile au Moyen Âge à la « possession diabolique ». La psychiatrie n'existant pas, le traitement de la folie relève de la démonologie. La plupart des fous vivent au sein du village ou du quartier ; les plus gravement atteints sont enchaînés ou gardés dans des cages. À partir de la fin du XVIIe siècle, la distinction entre le normal et l'anormal se fixe et se fige ; des institutions spécialisées apparaissent, où sont internées un nombre croissant de personnes. Parallèlement, on apprend à considérer la folie comme une maladie. Se pose alors la question de son étiologie et de la cure : dès la naissance de la psychiatrie, deux écoles s'opposent, dans une rivalité perceptible encore aujourd'hui. La première insiste sur la dimension biologique de la folie : simple maladie « nerveuse » d'origine physiologique, celle-ci doit être traitée en particulier avec des médicaments. La seconde fait une lecture essentiellement psychologique et sociologique de la folie : la psychanalyse cherche à expliquer et traiter névroses et psychoses à la lumière de l'histoire personnelle du malade.

voir aussi **handicap, norme, psychanalyse**

²folie n. f. (altération, d'après ¹*folie,* de *feuillée*) anciennt Maison, édifice d'agrément.

folié, ée adj. (latin *foliatus,* de *folium* → feuille) didact. Garni de feuilles.

Folies-Bergère Salle de spectacle parisienne, construite en 1867. Haut lieu du music-hall, elle accueillit notamment Mistinguett, Joséphine Baker et Maurice Chevalier durant l'entre-deux-guerres.

Foligno Ville d'Italie, en Ombrie. 51 130 habitants. Cathédrale romane, églises. Musée. Activités tertiaires.

folingue adj. (de *fol*) fam. Un peu fou.

folio n. m. (mot latin, ablatif de *folium* « feuille ») **1.** Feuillet de registre. **2.** Nombre qui numérote chaque page d'un livre.

foliole n. f. (du latin *foliolum,* diminutif de *folium* → feuille) bot. Chacune des petites feuilles qui forment une feuille composée. *Les folioles du trèfle.*

folioter v. tr. < 1 > Numéroter les feuillets, les pages de (un livre, un registre). → **paginer.** □ n. m. **foliotage**

folique adj. (du latin → feuille) biochim. *Acide folique* : vitamine présente dans les feuilles d'épinard, le foie, etc., utilisée dans le traitement de certaines anémies (syn. *vitamine B9*).

folk n. f. ou m. et adj. (abrév. de l'anglais *folk-song,* proprt « chanson du peuple ») anglic. Musique traditionnelle populaire modernisée. → **country.** – **adj.** *Des groupes folks* ou *folk* (invar.).

Folkestone Ville d'Angleterre (Kent), sur le détroit de Douvres. 50 000 habitants. Port de voyageurs. À proximité se trouve le débouché du tunnel sous la Manche.

folklore n. m. (anglais *folk-lore* « science du peuple ») anglic. **1.** Science des traditions, des usages et de l'art populaires (d'un pays, d'un groupe humain). **2.** Ensemble de ces traditions. *Le folklore breton.* **3.** fam. Chose pittoresque, mais sans importance ou sans signification. *Le folklore des prix littéraires.*

folklorique adj. **1.** Relatif au folklore. *Musique folklorique.* **2.** fam. Pittoresque, mais sans sérieux (manifestations, personnes). - abrév. fam. **folklo.**

folkloriste n. didact. Spécialiste du folklore (1).

Follain (Jean) Poète français (1903-1971). Il exprima dans ses textes en vers ou en prose la fusion entre le réel quotidien et le rêve. *Usage du temps ; Exister.*

¹folle n. f. (vient du latin *follis* « enveloppe, outre » → ¹fou, follicule) régional (Normandie) Filet fixe à grandes mailles pour la pêche en mer.

[2]folle voir **[1]fou**

folledingue voir **foldingue**

follement adv. **(de** ***fol*** **→ [1]fou) 1.** D'une manière folle, excessive. *Être follement amoureux.* **2.** Au plus haut point. **→ extrêmement.** *Follement gai.*

Follereau (Raoul) Journaliste français (1903-1977). Il consacra sa vie à la lutte contre la lèpre (création de la Journée mondiale des lépreux en 1954).

follet, ette adj. **(de** ***fol*** **→ [1]fou) 1.** vieux Un peu fou ; déraisonnable. **2.** Qui a quelque chose d'irrégulier. *Cheveux follets. Poil follet :* première barbe légère, ou duvet. **3.** ***Feu follet*** : petite flamme due à une exhalaison de gaz (phosphure d'hydrogène) qui brûle spontanément.

Follett (Ken) Écrivain britannique (né en 1949). Il a écrit des romans d'action et d'espionnage *(Le Code Rebecca ; La Nuit de tous les dangers)* et des romans historiques (*Les Piliers de la terre,* adapté en jeu vidéo).

[1]folliculaire adj. **(de** ***follicule*****)** anat. Relatif à un follicule.

[2]folliculaire n. **(du latin → follicule, avec un jeu de mots sur** ***folium*** **« feuille »)** péj. Mauvais(e) journaliste.

follicule n. m. **(latin** ***folliculus,*** **diminutif de** ***follis*** **« enveloppe, sac » → [1]fou) 1.** bot. Fruit sec, déhiscent, formé par un carpelle imparfaitement soudé. **2.** anat. Petit sac membraneux. *Follicule pileux. Follicule ovarien.*

folliculine n. f. physiol. L'une des hormones produites par le follicule ovarien.

folliculite n. f. méd. Inflammation du follicule pileux. **→ furoncle.**

Folon (Jean-Michel) Peintre et dessinateur belge (1934-2005). Illustrateur et aquarelliste, il fut également sculpteur et peintre de vitraux. Ses personnages schématisés évoluent comme en apesanteur dans des paysages dénudés ou dans des environnements urbains oppressants.

Jean-Michel Folon, *Homme oiseau,* affiche pour Amnesty International.

Folquet dit **Folquet de Marseille** Prélat et poète provençal (v. 1160-1231). Poète de cour puis évêque de Toulouse (1205), il combattit l'hérésie albigeoise.

Folschviller Commune de la Moselle. 3 949 habitants. Ancien centre houiller.

Fombeure (Maurice) Poète français (1906-1981). Il est l'auteur de chansons populaires, de comptines et d'airs à danser. *La Rivière aux oies ; À dos d'oiseau ; Les Godillots sont lourds ; J'ai mal à mon village.*

fomentation n. f. **(du latin → fomenter)** littér. Action de fomenter. *La fomentation d'un complot.*

fomenter v. tr. **< 1 > (du latin, famille de** ***fovere*** **« chauffer »)** Susciter ou entretenir (un sentiment ou une action néfaste). *Fomenter des troubles.* □ n. **fomentateur, trice** et **fomenteur, euse**

foncé, ée adj. (couleur) Qui est d'une nuance sombre. *Un bleu foncé. Une jupe vert foncé.* – *Peau foncée, teint foncé.* **→ [1]brun.**

foncer v. **< 3 > (de** ***fons*** **→ fond) I. v. tr.** techn. **1.** Garnir d'un fond. – cuis. Garnir le fond de (un ustensile) avec de la pâte, des bardes de lard. **2.** Creuser (un puits de mine, etc.). **II. (une teinte sombre paraissant enfoncée) 1. v. tr.** Rendre (une teinte) plus sombre. **2. v. intr.** Devenir plus foncé. *« Le ciel allait bientôt foncer et la pluie tomber »* (Beckett). **III. v. intr. 1.** Se jeter impétueusement (sur). **→ attaquer, charger.** *Foncer sur l'ennemi.* **→ fondre (III).** *Foncer dans le tas.* **2.** fam. Aller très vite et tout droit. **→ filer.** *Il fonce droit devant lui.* – fig. Aller hardiment de l'avant **(→ fonceur).**

fonceur, euse n. fam. Personne qui fonce, qui va de l'avant. **→ [3]battant.** – **adj.** *Un tempérament fonceur.*

foncier, ière adj. **(de** ***fons*** **→ fond) 1.** Qui constitue un bien-fonds ; relatif à un bien-fonds. *Propriété foncière. Impôt foncier.* **2.** Qui est au fond de la nature, du caractère de qqn. **→ inné, naturel.**

foncièrement adv. Essentiellement, profondément. *Être foncièrement bon.*

fonction n. f. **(latin** ***functio,*** **de** ***fungi*** **« accomplir ») I.** (personnes) **1.** Ce que doit accomplir une personne dans son travail, son emploi. **→ activité, [2]devoir, mission, office, rôle, service, tâche, [1]travail.** *Elle s'acquitte très bien de ses fonctions.* **2.** Cet emploi, considéré en rapport avec la collectivité. **→ charge, métier, [2]poste, situation.** *Fonction de juriste. Candidature à une fonction.* – *Être, rester* ***en fonction.*** – ***Faire fonction de*** : jouer le rôle de. *Il fait fonction de directeur.* – *Appartement, voiture* ***de fonction,*** alloué(e) à qqn dans le cadre de sa fonction. ■ *Fonction publique :* ensemble des postes impliquant la gestion des affaires publiques ; situation juridique de l'agent d'un service public **(→ fonctionnaire). II.** (choses) **1.** (sens général) Action particulière (d'une chose dans un ensemble). **→ rôle, utilité ; fonctionner.** *Faire fonction de :* tenir lieu de. **2.** (sens spéciaux) Ensemble des propriétés actives concourant à un but, chez l'être vivant. *La fonction respiratoire. Les fonctions du cœur.* allus. *La fonction crée l'organe* (d'après Lamarck). ■ chim. (suivi d'un nom en appos.) Ensemble de propriétés liées à la présence d'une structure atomique. *Fonction acide, alcool.* ■ ling. Ensemble des propriétés (d'une unité d'un système) ; rôle dans ce système. *La nature et la fonction d'un mot.* ■ inform. Ordre visant à accomplir une tâche particulière sur un ordinateur. *Activer la fonction « rechercher ».* **III. 1.** math. Correspondance qui à tout élément d'un ensemble associe au plus un élément d'un autre ensemble. *Fonctions algébriques.* **2.** loc. ***Être fonction de*** : dépendre de. *Les résultats sont fonction des efforts.* **→** à la **mesure** de. ■ ***En fonction de*** : relativement à. *Nous aviserons en fonction de la situation.*

fonctionnaire n. Personne qui occupe un emploi permanent dans une administration publique. *Nommer, révoquer un fonctionnaire.* □ n. m. **fonctionnariat**

fonctionnalisme n. m. **1.** archit. Théorie d'après laquelle la beauté d'une œuvre dépend de son adaptation à sa fonction. **2.** sc. humaines Théorie qui accorde une place prépondérante à la fonction des éléments d'un système et au fonctionnement du système. *Fonctionnalisme et structuralisme.* □ n. et adj. **fonctionnaliste**

fonctionnalité n. f. Caractère de ce qui est fonctionnel, pratique. ■ (au plur.) Possibilités, fonctions potentielles (d'un système électronique, informatique).

fonctionnariser v. tr. **< 1 > 1.** Assimiler aux fonctionnaires. **2.** Introduire (dans une entreprise) des méthodes de travail propres aux administrations publiques. □ n. f. **fonctionnarisation**

fonctionnarisme n. m. péj. Prépondérance des fonctionnaires dans un État, entravant ou paralysant les activités individuelles.

fonctionnel, elle adj. **1.** didact. Relatif aux fonctions (II, 2). *Troubles fonctionnels,* qui ne semblent pas dus à une lésion. – *Grammaire fonctionnelle.* – chim. *Groupement fonctionnel.* **2.** math. Relatif aux fonctions (III, 1). **3.** cour. (choses) Qui remplit une fonction pratique ; qui est adapté à sa fonction. *Des meubles fonctionnels.* □ adv. **fonctionnellement**

fonctionnement n. m. Action, manière de fonctionner. **→ [1]marche, [1]travail.** *Le fonctionnement d'un mécanisme.*

fonctionner v. intr. **< 1 > (de** ***fonction*****) 1.** (organe, mécanisme...) Accomplir une fonction. **→ [1]aller, marcher.** *Mon ordinateur fonctionne bien. Faire fonctionner.* **→ actionner, manœuvrer. 2.** (abstractions) *Imagination ; institution qui fonctionne bien.* **3.** fam. (personnes) Se comporter, agir. *Je ne comprends pas comment elle fonctionne.* – *Elle fonctionne au café.* **→ carburer, marcher.**

fond n. m. **(d'abord** ***fonz, fons ; fonds*** **est une var. graphique qui s'est détachée au XVII**^e^ **s. ; vient du latin pop.** ***fundus, fundoris,*** **en latin class.** ***fundus, fundi*** **→ foncer, foncier, fonder) I.** Partie la plus basse de qqch. de creux, de profond (contr. **[2]dessus ; surface). 1.** Paroi inférieure (d'un récipient, d'un contenant). *Le fond d'un verre.* – *Le fond d'une poche, d'un sac.* – *« Le ciel a mis l'oubli pour tous au fond d'un verre »* (Musset). **2.** Substance contenue au fond, près du fond. – *Un fond* (de verre, etc.), une petite quantité. **3.** Sol où reposent des eaux. **→ bas-fond, haut-fond.** *Le fond de l'eau, de la mer. Bateau qui touche le fond.* – *Envoyer* (un navire) *par le fond,* le couler. ■ Couche inférieure des eaux, eaux profondes. *Les fonds marins.* ■ Hauteur d'eau. **→ profondeur.** *Il n'y a pas assez de fond pour plonger.* **4.** par métaphore Point le plus bas. *Toucher le fond du désespoir.* – absolt *Toucher le fond.* **5.** Partie basse (d'un paysage). *Le fond de la vallée.* **6.** Intérieur de la mine. *Mineur de fond.* **II.** (Partie la plus reculée) **1.** Partie (d'un lieu) opposée à l'entrée (contr. **bord, entrée**). *Le fond de la salle. Au fond des bois. Au fond de la cour, à droite.* **2.** Partie opposée à l'ouverture. *Le fond d'une armoire.* **3.** Partie (d'un vêtement) éloignée des bords. *Un fond de culotte.* **4.** Partie (d'un organe) opposée à l'orifice. *Le fond de la gorge.* – ellipt *Un fond d'œil :* un examen du fond de l'œil. **III.** (Partie qui sert d'appui) **1.** Ce qui supporte un édifice. – loc. *De fond en comble*.* **2.** Ce que l'on voit ou entend par-derrière, en arrière-plan. *Tissu à fleurs noires sur fond rouge. Fond sonore.* – inform. *Fond d'écran :* image constituant l'arrière-plan du bureau. – fig. *Des élections sur fond de scandale financier.* **3.** ***Fond de teint*** : crème colorée destinée à unifier le teint. **4.** loc. fam. *Le fond de l'air,* ce qui semble être la température de base. *Le fond de l'air est frais.* **5.** cuis. *Fond de sauce :* base d'une sauce, bouillon aromatisé. – *Fond de veau.* **IV.** (abstrait) **1.** (pensées, sentiments) *Le fond de son cœur.* **→ tréfonds. 2.** Réalité profonde. *Aller au fond des choses.* **3. loc. adv.** ***Au fond, dans le fond*** : à considérer le fond des choses. **→** en **réalité.** ■ ***À fond*** : en allant jusqu'au fond, jusqu'à la limite du possible. **→ complètement, entièrement.** *Respirer à fond. Étudier qqch. à fond.* – *À fond de train :* à toute allure. fam. *À fond la caisse, à fond les manettes.* ellipt *Rouler à fond.* **4.** Élément essentiel, permanent. *Un fond d'honnêteté.* – *Le fond historique d'une légende.* **5.** Ce qui appartient au contenu (d'une œuvre...) (opposé à *forme*). *Critiques sur le fond. Je suis d'accord sur le fond.* – *Article* ***de fond,*** essentiel, fondamental. **6.** Qualités physiques essentielles de résistance. *Course de fond, de demi-fond,* disputée sur une longue distance (opposé à *vitesse, sprint*). – *Ski de fond.*

Fonda (Henry) Acteur américain (1905-1982). Il incarna des héros souvent aux prises avec un destin contraire, pour Fritz Lang *(J'ai le droit de vivre),* John Ford *(Les*

Raisins de la colère), Hitchcock *(Le Faux Coupable)*.

Fonda (Jane) Actrice américaine, fille de Henry Fonda (née en 1937). Militante progressiste, elle s'est engagée pour les droits de la femme et contre la guerre du Viêtnam. Deux Oscars ont couronné sa carrière d'actrice, pour *Klute* et *Le Retour*.

fondamental, ale, aux adj. **(du latin → fondement) 1.** Qui sert de fondement ; qui a un caractère essentiel et déterminant. → **important, vital. – n. m. pl.** *Les fondamentaux d'une science*, les connaissances de base. **2.** Qui se manifeste avant toute chose et à fond. *Un pessimisme fondamental.* → **foncier, radical. 3.** *Recherche fondamentale*, théorique, non appliquée. → **pur. 4.** mus. *Note fondamentale* ou **n. f.** *la fondamentale* : note qui sert de base à un accord.

fondamentalement adv. D'une manière fondamentale ; essentiellement.

fondamentalisme n. m. Tendance religieuse conservatrice. – Courant religieux intégriste.

fondamentaliste adj. **1.** didact. Qui se livre à la recherche fondamentale. **2.** Du fondamentalisme religieux. → **intégriste. – n.** *Les fondamentalistes musulmans.*

fondant, ante adj. (de *fondre*) **1.** Qui fond. *Neige fondante.* **2.** Qui se dissout, fond dans la bouche. *Bonbons fondants. – Une poire fondante.* **– n. m.** *Un fondant au chocolat* (pâtisserie). **3.** didact. *Monnaie fondante*, qui perd de sa valeur avec le temps.

fondateur, trice (du latin → fonder) **1. n.** Personne qui fonde (qqch.). → **créateur.** *Le fondateur d'une cité* (→ **bâtisseur).** *Le fondateur d'une science* (→ **père). 2. adj.** (avec n. abstrait) Qui sert de fondement. *Mythe, texte fondateur.*

fondation n. f. (du latin → fonder) **1.** (générait au plur.) Travaux et ouvrages destinés à assurer la stabilité d'une construction. *Les fondations d'un immeuble.* **2.** Action de fonder (une ville, une institution...). → **création.** *La fondation d'un parti, d'une société (par qqn).* **3.** Création par voie de donation ou de legs d'une œuvre d'intérêt public ou d'utilité sociale. – par ext. Établissement créé par une fondation.

fondé, ée de pouvoir n. Personne qui est chargée d'agir au nom d'une autre ou d'une société.

fondement n. m. (latin *fundamentum* « fondation, base », de *fundare* → fonder) **1.** générait au plur. vieux → **fondation (1). –** mod., fig. *Jeter, poser les fondements d'un système.* → **assise, base. 2.** Fait justificatif (d'un discours, d'une croyance). *Vos craintes sont sans fondement.* → **motif, raison. 3.** Point de départ (d'un système d'idées). → **principe.** *Les fondements de la géométrie.* **4.** fam. Derrière ; anus.

fonder v. tr. < 1 > (latin *fundare* « bâtir ; établir », de *fundus* → fond) **1.** Prendre l'initiative d'établir, de construire (une ville), d'édifier (une œuvre). → **créer ; constituer, former.** *Fonder un empire ; un parti. – Fonder une famille, un foyer.* **2.** *Fonder (qqch.) sur* : établir sur (une base déterminée). → **baser. –** pronom. *Sur quoi vous fondez-vous pour affirmer cela ?* **3.** Constituer le fondement de. → **justifier, motiver.** *Voilà ce qui fonde ma réclamation.* ■ passif et p. p. *Une opinion bien, mal fondée. Un reproche fondé.* → **juste, raisonnable. –** (personnes) ***Être fondé à*** (+ inf.) : avoir de bonnes raisons pour. *Être fondé à croire qqch.*

Fonda (Henry)

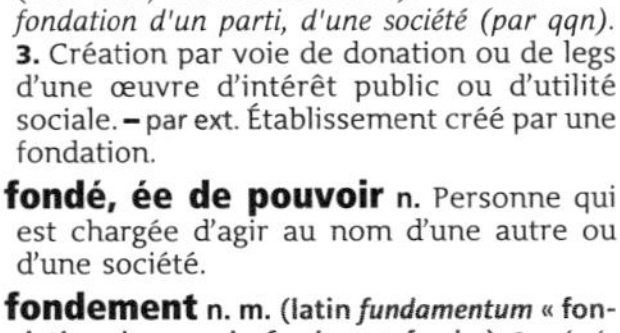

Henry Fonda dans *Les Raisins de la colère* de John Ford (1940).

fonderie n. f. (de *fondre*) **1.** Technique et industrie de la fabrication des objets en métal fondu et coulé dans des moules. → [1]**fonte. 2.** Usine où l'on fond le minerai (→ **aciérie, forge)**, où l'on coule le métal en fusion.

[1]**fondeur, euse** n. (de *fondre*) **1.** Personne qui dirige une fonderie. **2.** Technicien(ne), ouvrier, ouvrière travaillant dans une fonderie.

[2]**fondeur, euse** n. (de *fond*) Personne qui fait du ski de fond.

fondeuse n. f. techn. Machine employée en fonderie.

fondoir n. m. techn. Endroit où l'on fond les suifs, les graisses dans un abattoir.

fondouk n. m. (de l'arabe « magasin, entrepôt, auberge », de l'ancien français) Dans les pays arabes, Emplacement où se tient le marché ; entrepôt ; auberge. → **caravansérail.**

fondre v. < 41 > (vient du latin *fundere* « répandre », supin *fusum* → foison, fusion) **I. v. tr. 1.** Rendre liquide (un corps solide ou pâteux) par l'action de la chaleur. → **liquéfier ; fondu,** [1]**fonte, fusion.** *Le soleil a fondu la neige. – Fondre des métaux.* **2.** Fabriquer avec une matière fondue. → **mouler.** *Fondre une cloche.* **3.** Combiner intimement de manière à former un tout. → **amalgamer, réunir. II. v. intr. 1.** (solide) Passer à l'état liquide par l'effet de la chaleur. → se **liquéfier.** *La neige a fondu. – Le plomb fond aisément* (→ **fusible).** ■ *Fondre en. La glace fond en eau.* – fig. *Fondre en pleurs, en larmes.* ■ fig. S'attendrir. *J'ai fondu devant sa gentillesse.* **2.** Se dissoudre dans un liquide. *Laisser fondre le sucre dans son café.* **3.** Diminuer rapidement. → **disparaître.** *L'argent lui fond dans les mains.* ■ *Il a fondu depuis sa maladie*, il a maigri. **III. v. intr.** ***Fondre sur*** : s'abattre avec violence sur. *L'aigle fond sur sa proie.* → **foncer. –** fig. *Catastrophe qui fond sur un pays.* → **tomber.** ■ **se fondre v. pron. 1.** Se liquéfier. **2.** fig. S'attendrir. *« Le cœur des mères se fond en douces caresses* [...] » (Michelet). **3.** Se réunir, s'unir en un tout. → **fusionner.** – *Se fondre dans la foule.* → **disparaître, s'évanouir.** *Se fondre dans la masse* : passer inaperçu.

fondrière n. f. (du latin, de *fundus* → fond) Trou (souvent plein d'eau ou de boue), dans un chemin défoncé. *« Les chemins étaient affreux, les fondrières profondes »* (G. Sand).

fonds n. m. (étym. : → fond) **I. 1.** Bien immeuble (domaine ou sol à bâtir). → **bien-fonds ; foncier.** *Accroître son fonds.* **2.** ***Fonds de commerce*** ou absolt ***fonds*** : ensemble des biens mobiliers et des droits appartenant à un commerçant ou à un industriel et lui permettant l'exercice de sa profession. → **établissement, exploitation. II.** (souvent au plur.) **1.** Capital. *Dépenser son fonds. Prêter à fonds perdu*, sans espoir d'être remboursé. ■ *Fonds publics* : emprunts d'État ou ressources garanties par l'État. **2.** Capital servant au financement. *Posséder les fonds nécessaires à une entreprise. Lever des fonds. – Bailleur de fonds* : commanditaire. **3.** Capital affecté à une utilisation déterminée. *Fonds de garantie, de prévoyance*, affecté à l'assurance. *Fonds commun de placement* : ensemble de valeurs mobilières et de liquidités détenues en copropriété. → **sicav.** *Fonds de pension* : fonds de placement constitué pour assurer une retraite par capitalisation individuelle. ■ par ext. Organisme chargé de gérer ce capital. **4.** Argent comptant. *Manier des fonds considérables.* → [1]**somme. –** ***Être en fonds*** : disposer d'argent. **III.** Ressources propres à qqch. ou personnelles à qqn. *Fonds de bibliothèque. Fonds documentaire. Il y a là un fonds très riche.* → **filon,** [2]**mine.** – *Le fonds Untel* : les œuvres provenant de la collection de monsieur Untel (→ **fondation, legs).** ■ littér. *Le fonds de connaissances de qqn. « Nul ne trouve tout dans son propre fonds »* (Vauvenargues).

Les **fonds de pension** (II, 3) ou fonds de retraite sont des organismes d'investissement spécifiques à la retraite par capitalisation. Ils collectent et gèrent dans des portefeuilles l'épargne des salariés qui partiront en retraite aussi bien que les cotisations de leurs employeurs, les sommes récoltées étant placées sur les marchés financiers, ou bien immobiliers. Les rentes de ces capitaux servent par la suite à verser des pensions de retraite.
Les fonds de pension ont connu une montée en puissance spectaculaire depuis les années 1970, en particulier aux États-Unis, et ils sont aujourd'hui des acteurs puissants de la finance mondiale : ils gèrent plus de 30 000 milliards de dollars, peuvent influencer les cours des marchés et sont l'une des pièces maîtresses du capitalisme actionnarial contemporain. En 2019, ils étaient majoritaires dans une dizaine d'entreprises du CAC 40.
Les fonds se concurrencent pour attirer l'épargne individuelle et doivent s'engager sur des performances futures. En tant qu'actionnaires très réactifs et mobiles au niveau international, ils peuvent être parfois tentés de privilégier dans les entreprises des stratégies de court terme, au détriment de projets de moyen ou de long terme.
voir aussi **retraite**

Fonds monétaire international voir **FMI**

fondu, ue (de *fondre*) **I. adj. 1.** Amené à l'état liquide. *Neige fondue.* **2.** (couleur, ton) Mélangé, dégradé. *Des tons fondus.* **– n. m.** *Le fondu d'un tableau.* **3.** fam. Un peu fou. → **givré.** *Elle est fondue de jeux vidéo.* → **fana. II. n. m.** cinéma Apparition ou disparition graduelle de l'image. – *Fondu enchaîné*, dans lequel une image se substitue progressivement à une autre.

fondue n. f. **1.** *Fondue (savoyarde)* : mets préparé avec du fromage fondu (gruyère, emmenthal) au vin blanc, dans lequel chaque convive trempe des morceaux de pain. **2.** *Fondue bourguignonne* : plat composé de morceaux de viande crue que chaque convive trempe dans l'huile bouillante. – par analogie *Fondue chinoise.*

fonge n. f. (du latin *fungus* « champignon ») didact. Ensemble des champignons d'un lieu déterminé. *La fonge des tourbières. La flore et la fonge.*

fong(i)- Élément (du latin *fungus*) qui signifie « champignon ».

fongible adj. (latin *fungi* « s'acquitter de, accomplir » → fonction, défunt) dr. Se dit des choses qui se consomment par l'usage et peuvent être remplacées par une chose analogue (denrée, argent comptant). *Biens fongibles.* □ **n. f. fongibilité**

fongicide adj. (→ -cide) didact. (substance) Qui détruit les champignons parasites. → **antifongique. – n. m.** *Un fongicide.*

fongiforme adj. (→ -forme) didact. Qui a la forme d'un champignon.

fongique adj. didact. De la nature des champignons. – Causé par les champignons. *Intoxication fongique.*

fongosité n. f. (de *fongueux*) État de ce qui est fongueux. ■ méd. Excroissance charnue et molle à la surface d'une plaie de la peau ou d'une muqueuse.

fongueux, euse adj. (du bas latin « spongieux, poreux », de *fungus*) méd. Qui présente l'aspect d'une éponge ou d'un champignon. *Ulcère fongueux.*

fongus n. m. (latin *fungus*, apparenté au grec *spongos* → éponge) **1.** bot. Champignon. **2.** méd. Tumeur qui offre l'aspect d'une éponge ou d'un champignon.

fonio n. m. (mot d'une langue africaine) Variété de millet à grains fins.

Fon(s) n. m. pl. Peuple du S. et du centre du Bénin. Estimés à environ 4 millions d'individus, les Fons parlent une langue de la famille nigéro-congolaise.

Fontaine (Brigitte)

Brigitte Fontaine en 2001.

Fonseca (Pedro da) Théologien portugais (1528-1599). Il enseigna la philosophie à Coimbra et fut surnommé l'« Aristote portugais ».

Fonseca (golfe de) Golfe formé par le Pacifique, qui baigne les côtes du Salvador, du Honduras et du Nicaragua.

fontaine n. f. **(vient du bas latin *fontana* « source », de *fontanus* « de source », de *fons, fontis* → fonts) 1.** vieilli Source. – prov. *Il ne faut pas dire « Fontaine, je ne boirai pas de ton eau » :* il ne faut pas jurer qu'on ne fera pas telle chose. **2.** Construction d'où sortent des eaux amenées par canalisation. *Fontaine publique.* **3.** *Fontaine à eau :* appareil distributeur d'eau potable. *Fontaine à bonbonnes.*

Fontaine (Nicolas) Théologien français (1625-1709). Il fut l'un des « solitaires » de l'abbaye de Port-Royal et fut emprisonné à la Bastille pour jansénisme. *Bible de Royaumont ; Mémoires pour servir à l'histoire de Port-Royal.*

Fontaine (Pierre François Léonard) Architecte français (1762-1853). Il travailla, associé à Percier, pour Napoléon Ier, puis pour les Bourbons et Louis-Philippe. Il construisit, notamment, l'arc de triomphe du Carrousel, la chapelle expiatoire et restaura les Tuileries. Il est l'un des principaux représentants du style Empire.

Fontaine (Hippolyte) Ingénieur français (1833-1910). Il découvrit la réversibilité de la dynamo et réalisa le premier transport d'énergie sous forme d'électricité.

Fontaine (André) Journaliste français (1921-2013). Rédacteur en chef puis directeur du *Monde* (1985-1990), il est l'auteur d'ouvrages sur l'histoire contemporaine. *Histoire de la guerre froide.*

Fontaine (Justo, dit Just) Footballeur français (1933-2023). Avant-centre, il fut quatre fois champion de France, deux fois vainqueur de la Coupe de France et le meilleur buteur de la Coupe du monde en 1958.

Fontaine (Brigitte) Auteur, compositrice et interprète française (née en 1940). Extravagante, inclassable, « lunaire », elle a collaboré notamment avec Areski Belkacem et Jacques Higelin, voguant entre pop, folk et world music sur des textes oscillant entre lucidité et imprécation. *Comme à la radio ; Genre humain ; Libido ; Prohibition.*

fontainebleau n. m. **(du n. de la ville)** Fromage frais à base de lait caillé et de crème fouettée. *Des fontainebleaux.*

Fontainebleau Chef-lieu d'arrondissement de la Seine-et-Marne, dans la forêt de Fontainebleau. 15 903 habitants. Château bâti par François Ier (1527) dans l'esprit de la Renaissance, sur le site d'un ancien château fort, puis agrandi par Henri IV. Napoléon Ier y signa sa première abdication (1814).

Fontainebleau (forêt domaniale de) Forêt domaniale située dans le département de Seine-et-Marne. 16 997 ha. Chênes, hêtres, résineux.

Fontainebleau (école de) Courant artistique qui eut pour centre le château de Fontainebleau, à partir de 1526. Dominé par des artistes italiens (le Primatice, Niccolò dell'Abate), il se caractérise par le maniérisme et le goût des sujets mythologiques. Une deuxième école de Fontainebleau, elle aussi d'inspiration maniériste, se développa à la suite des travaux commandés par Henri IV.

Fontaine-de-Vaucluse Commune du Vaucluse, près d'Avignon. 573 habitants. Musée Pétrarque.

Fontaine-de-Vaucluse, la résurgence de la Sorgue, l'une des sources du monde au débit le plus important.

Fontaine-Française Village de la Côte-d'Or. Château du XVIIIe s., où séjournèrent Voltaire, Rousseau et Mme de Staël.

Fontainebleau

Fontainebleau, le château, la cour du Cheval blanc avec son escalier en fer à cheval, les jardins et le parc.

Fontaine-lès-Dijon Commune de la Côte-d'Or, dans la banlieue N. de Dijon. 8 756 habitants. Ville natale de Bernard de Clairvaux.

Fontaine-l'Évêque Commune de Belgique (Hainaut). 17 838 habitants. Ancienne houillère. Sidérurgie. Château de style Renaissance.

fontainier, ière n. Personne qui s'occupe de la pose, de l'entretien des pompes, machines hydrauliques, conduites d'eau, etc.

Fontana (Domenico) Architecte et urbaniste originaire du Tessin (1543-1607). À Rome, il construisit la chapelle Sixtine à Santa Maria Maggiore, éleva la façade du palais du Latran, et dirigea les travaux d'aménagement du quartier Santa Maria Maggiore.

Fontana (Carlo) Architecte, décorateur et sculpteur italien (1634-1714). Cousin de Domenico Fontana, longtemps collaborateur du Bernin, il éleva à Rome de nombreuses églises et chapelles (San Marcello del Corso, chapelle Cibo à Santa Maria del Popolo).

Fontana (Lucio) Peintre et sculpteur italien (1899-1968). Son œuvre, fidèle aux règles du « Spazialismo » présentées en Argentine dans son *Manifesto blanco,* est une réflexion sur la couleur (usage du néon et de la télévision, toiles monochromes) et sur l'espace du tableau (toiles déchirées, entaillées ou trouées).

Fontane (Theodor) Écrivain allemand (1819-1898). Auteur de poèmes et de récits de voyage, il connut surtout le succès avec ses romans, à caractère psychologique et social *(Adultera ; Errements et Tourments).*

fontanelle n. f. **(de l'ancien français *fontenelle,* diminutif de *fontaine*)** Espace membraneux entre les os du crâne des nouveau-nés, qui s'ossifie progressivement au cours de la croissance.

Fontanes (Louis de) Poète, administrateur et critique français (1757-1821). Ami de Chateaubriand, il fut grand maître de l'Université sous l'Empire.

Fontarabie Ville d'Espagne (Pays basque), à la frontière française, sur la Bidassoa. 15 000 habitants. Remparts du XVe siècle.

Font-de-Gaume Grotte préhistorique de la Dordogne, sur la commune des Eyzies-de-Tayac-Sireuil. Peintures et gravures du magdalénien.

[1]fonte n. f. **(→ fondre) I. 1.** Fait de fondre, de se liquéfier. *La fonte des neiges.* **2.** Fabrication par fusion et moulage d'un métal. *La fonte d'une statue.* **II.** Alliage de fer et de carbone obtenu dans les hauts-fourneaux. *Cocotte en fonte. Tuyaux de fonte.* – par ext. *Fonte d'aluminium.* **III.** typogr. Ensemble de caractères d'un même type (à l'origine, fondus ensemble). → **[2]police.**

[2]fonte n. f. **(italien *fonda* « bourse », avec influence de [1]*fonte*)** Fourreau de cuir attaché à une selle (pour y placer des armes, etc.).

Fontenay (abbaye de) Abbaye cistercienne, dans la Côte-d'Or, fondée en 1119 par saint Bernard. Modèle de l'architecture cistercienne.

Fontenay-aux-Roses Commune des Hauts-de-Seine. 25 174 habitants. Laboratoire du Commissariat à l'énergie atomique.

Fontenay-le-Comte Chef-lieu d'arrondissement de la Vendée, sur la Vendée. 13 138 habitants. Église des XVe-XVIe s. Musée vendéen.

Fontenay-le-Fleury Commune des Yvelines, dans la banlieue O. de Versailles. 13 518 habitants.

Fontenay-sous-Bois Commune du Val-de-Marne, à l'E. de Vincennes. 51 386 habitants. Industries (chimie, informatique), services.

Fontenelle (Bernard Le Bovier de) Philosophe et poète français (1657-1757). Il prit parti pour les Modernes dans sa *Digression sur les Anciens et les Modernes,* et s'essaya avec succès à la vulgarisation scientifique dans ses *Entretiens sur la pluralité des mondes.* Son goût pour la diffusion du savoir scientifique en fait un témoin de la philosophie des Lumières.

Fontenoy Village de l'Yonne. Une bataille s'y livra (25 juin 841), au cours de laquelle Lothaire fut battu, et qui s'acheva par le traité de Verdun (843).

Fontenoy (bataille de) Victoire remportée en 1745 à Fontenoy (Belgique, arrondissement de Tournai) par le maréchal de Saxe, à la tête des Français, sur les Anglais et les Hollandais, au cours de la guerre de Succession d'Autriche.

Fontenoy (Maud) Navigatrice française (née en 1977). Elle est la première femme à avoir traversé l'Atlantique Nord (2003) et le Pacifique (2005) à la rame. Elle a également navigué à la voile pour son tour du monde à contre-courant en 2007.

Arrivée de Maud Fontenoy à La Corogne le 9 octobre 2003 après sa traversée de l'Atlantique à la rame.

Fontevraud-l'Abbaye Commune du Maine-et-Loire. 1 515 habitants. Ancienne abbaye romane du XIIe s. (tombeaux des Plantagenêts).

Fontevraud, l'abbaye du XIIe s. vue du cloître (XVIe s.).

Fonteyn (Margaret Hookham, dite Margot) Danseuse britannique (1919-1991). Après avoir triomphé au Royal Ballet dans les rôles du répertoire classique et créé des œuvres contemporaines, elle forma avec Rudolf Noureïev un couple devenu légendaire *(Raymonda ; Le Lac des cygnes).*

Fontfroide (abbaye de) Ancienne abbaye cistercienne fondée au XIe s. dans une gorge des Corbières (Aude). Église, cloître et salle capitulaire.

fontis [fɔ̃ti] n. m. (de *fondre* « s'affaisser ») géol. Effondrement d'une galerie souterraine naturelle ou artificielle.

Font-Romeu-Odeillo-Via Commune des Pyrénées-Orientales. 1 791 habitants. Station climatique. Centrale solaire.

Fontenay (abbaye de)

L'abbaye de Fontenay, près de Montbard, est inscrite au patrimoine mondial de l'Unesco (vue du cloître).

fonts n. m. pl. (vient du latin, plur. de *fons, fontis* → fontaine) ***Fonts baptismaux :*** bassin sur un socle, destiné à l'eau du baptême. → **baptistère.**

Fontvieille Commune des Bouches-du-Rhône. 3 531 habitants. Carrière de « pierre d'Arles ». Moulin qui inspira A. Daudet.

football [futbol] n. m. (mot anglais, de *foot* « pied » et *ball* « ballon ») Sport opposant deux équipes de onze joueurs, où il faut faire pénétrer un ballon rond dans les buts adverses sans utiliser les mains (au Canada, on dit *soccer*). - abrév. fam. **foot.** *Jouer au foot.* ■ *Football américain :* sport voisin du rugby, où les joueurs sont protégés par un lourd équipement (au Canada, on dit *football*). □ adj. **footballistique**

footballeur, euse [futbolœʀ, øz] n. Joueur, joueuse de football.

Foote (Samuel) Comédien et auteur dramatique britannique (1720-1777). Ses imitations d'acteurs célèbres lui valurent le surnom d'« Aristophane anglais ». *L'Anglais à Paris ; Le Nabab.*

footing [futiŋ] n. m. (mot anglais détourné de son sens « fondement ») anglic. Course à pied à allure modérée. → aussi **jogging, running.**

Foottit ou **Footit** (George Tudor Hall, dit) Clown d'origine britannique (1864-1921). Il s'illustra à Paris dans un rôle de bouffon cynique, témoignant de la bêtise et de la méchanceté sociale. Avec le célèbre auguste Chocolat, il est à l'origine du premier duo clownesque de l'histoire du cirque.

Foppa (Vincenzo) Peintre italien (v. 1422-1515). Son œuvre, marquée par l'art flamand, est à l'origine de la tradition lombarde ; fresques à Sant'Eustorgio de Milan, retable Fornari (musée de Savone).

Fonteyn (Margot)

Margot Fonteyn avec Rudolf Noureïev dans *Le Lac des cygnes* au Théâtre des Champs-Élysées, Paris (1963).

for n. m. (latin *forum* « place publique » [→ forum] et « tribunal » [*cf.* forêt]) loc. *En, dans mon (son...)* ***for intérieur :*** dans la conscience, au fond de soi-même.

forage n. m. Action de forer. *Forage des pièces métalliques* (→ **foreuse**). – *Forage d'un puits. Plateforme de forage* (en mer).

forain, aine (vient du bas latin « extérieur ; étranger », de *foris* « dehors » → fors) **1.** adj. Qui a son activité sur les marchés et les foires. *Marchand forain.* ■ ***Fête foraine,*** groupant des entrepreneurs forains. – *Baraque foraine.* **2.** n. Personne qui organise des distractions dans les foires et fêtes foraines (manèges, cirque, attractions diverses).

Forain (Jean-Louis) Peintre, dessinateur et graveur français (1852-1931). Marqué par Daumier et Toulouse-Lautrec, il traita avec un esprit caustique des scènes de la vie parisienne. *Nous, vous, eux.*

foraminé, ée adj. (du latin *foramen* « trou ») didact. Percé de petits trous (coquillages, plantes).

foraminifère n. m. (du latin → foraminé) zool. Protozoaire marin entouré d'une enveloppe calcaire percée de trous par où passent les pseudopodes.

Forbach Chef-lieu d'arrondissement de la Moselle. 21 509 habitants. Ancienne houillère. Industries (carbochimique, mécanique, électrique).

forban n. m. (de l'ancien français *forbannir* « bannir* », d'origine francique) **1.** Pirate qui entreprenait à son profit une expédition armée sur mer sans autorisation. **2.** littér. Individu sans scrupules. → **bandit.**

forçage n. m. hortic. Culture des plantes avant la saison (en châssis, serres...).

Forcalquier Chef-lieu d'arrondissement des Alpes-de-Haute-Provence. 5 115 habitants. Cathédrale de style roman. Musée. Tourisme.

forçat n. m. (italien *forzato* « galérien », de *forzare* « forcer* ») **1.** anciennt Bagnard ou galérien. **2.** Condamné aux travaux forcés. – loc. *Travailler comme un forçat,* très dur. **3.** fig. Personne réduite à une condition pénible.

force n. f. (vient du bas latin *fortia* « actes de force, de courage », de *fortis* → ¹fort) **I.** au sens individuel **1.** Puissance d'action physique. *Force physique ; force musculaire.* → **robustesse, vigueur.** *Être plein de force. Ne plus avoir la force de marcher.* ■ au plur. Énergie personnelle. *Ménager ses forces. Reprendre des forces. De toutes ses forces :* le plus fort possible. ■ ***En force.*** *Passer en force.* – ***De force :*** qui exige de la force. *Tour de force. Épreuve de force :* conflit ouvert. – ***Dans la force de l'âge :*** mûr, adulte (→ **maturité**). **2.** Capacité de l'esprit ; possibilités intellectuelles et morales. *Force morale, force de caractère.* → **courage, énergie, fermeté, volonté.** *Ce sacrifice* *est au-dessus de mes forces. Ils sont de la même force en mathématiques.* ➔ **niveau.** **II.** au sens collectif **1.** Pouvoir, puissance. prov. *L'union fait la force. Force militaire d'un pays.* – *Force de frappe* : ensemble des moyens militaires modernes (missiles, armes nucléaires). *Force de dissuasion**. comm. *Force de vente* : personnel commercial (d'une entreprise). – ***En force.*** *Être en force ; attaquer en force,* avec des effectifs considérables. **2.** au plur. Ensemble des armées. ➔ **armée, troupe.** *Les forces armées françaises. Forces aériennes. Les forces de l'ordre* : la police. **III.** (choses) **1.** Résistance (d'un objet). ➔ **robustesse, solidité.** *La force d'un mur.* **2.** Intensité ou pouvoir d'action ; caractère de ce qui est fort. *La force du vent. Force d'un coup.* – (abstrait) *La force d'un sentiment,* son intensité. *La force d'un argument.* **IV.** (Principe d'action) **1.** sc. Cause capable de déformer un corps, ou d'en modifier le mouvement (la direction, la vitesse). *Résultante de deux forces.* – *Forces de gravitation. Force centrifuge.* ▪ cour. Courant électrique ; spécialt courant triphasé. *Prise de force.* **2.** Principe d'action. *Les forces de l'univers.* – *C'est une force de la nature :* il, elle a une grande vitalité. **V.** (Pouvoir de contrainte) **1.** Contrainte, violence (individuelle ou collective). *Employer la force. « La force sans la justice est tyrannique »* (Pascal). **loc. prov.** *La force prime le droit.* – *Coup de force. Rapports* de force. Être en position de force,* en mesure d'imposer ses vues. **2.** (choses) Caractère irrésistible. *La force de l'habitude.* – loc. *La force des choses :* la nécessité qui résulte d'une situation. – *Avoir force de loi :* avoir le caractère obligatoire d'une loi. – *Cas de force majeure :* évènement imprévisible et inévitable. – ***Force est de*** (+ inf.) : il faut, on ne peut éviter de. **3. loc. adv.** ***De force*** : en faisant effort pour surmonter une résistance. *Enlever de force qqch. à qqn. Il obéira de gré ou de force,* qu'il le veuille ou non. – ***Par force*** : en recourant ou en cédant à la force. – ***À toute force*** : en dépit de tous les obstacles. **VI. adv.** vieux ou littér. Beaucoup de. *Elle nous a reçus avec force sourires.* ▪ mod. ***À force de*** **loc. prép.** : par beaucoup de, grâce à beaucoup de. ➔ **avec.** *À force de patience, il a fini par réussir.* – (+ inf.) *À force d'y réfléchir, elle finira par résoudre le problème.*

▶ En physique, une **force** (IV, 1) est un outil conceptuel qui permet de caractériser l'action d'un objet sur un autre, quelle qu'en soit la nature. Empiriquement, elle correspond à une poussée ou à une traction. Elle est décrite par une direction, un sens d'interaction et une intensité. Mathématiquement, elle est donc représentée par un vecteur. Le concept de force a été introduit explicitement par Isaac Newton dans les *Principes mathématiques de philosophie naturelle* (1687), en même temps que le « principe fondamental de la dynamique », qui permet de définir une force comme étant l'origine de la modification de « l'état de mouvement » d'un objet. Soumis à aucune force ou à un ensemble de forces qui s'annulent les unes les autres, un objet initialement sans mouvement restera immobile, ou conservera un mouvement rectiligne et uniforme s'il était initialement mobile.

Le concept de force n'a pas de réalité concrète et n'est même pas nécessaire à la description du monde physique ; il peut bien souvent être avantageusement remplacé par une approche différente, reposant sur la notion d'énergie. Dans tous les cas, le but est de rendre compte des interactions entre entités matérielles.

Celles-ci se regroupent en quatre grandes familles, de nature et de caractéristiques différentes : gravitationnelle, électromagnétique, nucléaire faible et nucléaire forte. Toutes les autres ne sont que des effets plus ou moins indirects de ces quatre interactions fondamentales. Selon l'échelle considérée, les interactions dominantes ne seront pas les mêmes : les interactions nucléaires sont en général négligeables à des échelles plus grandes que celle du noyau des atomes, tandis que ce n'est qu'à l'échelle des planètes et au-delà que l'interaction gravitationnelle devient prédominante.

voir aussi **gravitation**

Force (la) Ancienne prison de Paris, située dans le Marais, dans l'ancien hôtel des ducs de La Force.

forcé, ée adj. 1. Qui est imposé par la force des hommes ou des choses. *Un mariage forcé. Conséquence forcée.* ➔ **inévitable ; obligatoire.** *Atterrissage forcé.* ▪ fam. (pour marquer le caractère nécessaire d'un évènement) *C'est forcé.* ➔ **évident, fatal. 2.** Qui s'écarte du naturel. *Un sourire forcé.* ➔ **affecté, factice.** – *Une comparaison forcée.*

forcement n. m. Action de forcer (I, 1). *Le forcement d'un coffre.*

forcément adv. D'une manière nécessaire, par une conséquence inévitable. ➔ **inévitablement, obligatoirement.**

forcené, ée (de l'ancien v. *forsener* « être hors de sens », de *fors* et *sen* « raison » ➔ ²sens) **I. adj. 1.** vieux Qui perd la raison. **2.** Qui dépasse toute mesure. *Une envie forcenée.* **3.** Animé d'une rage folle. ➔ **furieux. 4.** Emporté par une folle ardeur. ➔ **acharné.** *Un travailleur forcené.* **II. n.** Personne en proie à une crise furieuse.

forceps [fɔʀsɛps] **n. m.** (mot latin « tenailles ») Instrument en forme de pince à branches séparables, qui sert à faciliter l'expulsion, lors de certains accouchements.

forcer v. < 3 > (vient du latin pop., de *fortia* ➔ force *cf.* forçat) **I. v. tr. 1.** Faire céder (qqch.) par force. *Forcer une porte, un coffre.* ➔ **briser, fracturer ; effraction.** – *Forcer un passage.* – *Forcer la porte de qqn.* **2.** Faire céder (qqn) par la force ou la contrainte. ➔ **contraindre, obliger.** *Personne ne vous force.* – *Forcer la main à qqn,* le faire agir contre son gré. – ***Forcer à*** *(qqch.). Cela me force à des démarches compliquées.* ➔ **obliger, réduire.** *On me force à partir.* – littér. ***Forcer*** *(qqn)* ***de*** (+ inf.). **3.** Obtenir, soit par la contrainte, soit par l'effet d'un ascendant irrésistible. *Forcer l'admiration de tous.* ➔ **emporter.** ▪ S'assurer la maîtrise de (qqch.). *Forcer le destin.* **4.** Imposer un effort excessif à. *Forcer un cheval.* – *Chanteur qui force sa voix. Forcer son talent.* **5.** *Forcer des fleurs, des plantes,* en hâter la maturation (➔ **forçage**). **6.** Dépasser (la mesure normale). ➔ **augmenter.** *Forcer la dose ;* fig. exagérer. **7.** Altérer, déformer par une interprétation abusive. ➔ **dénaturer, solliciter.** *Forcer la vérité.* **II. v. intr.** Fournir un grand effort. – fam. *Forcer sur qqch.,* en abuser. *J'ai un peu forcé sur le whisky.* ▪ **se forcer v. pron.** Faire un effort sur soi-même. ➔ **se contraindre.** *Elle n'aime pas se forcer.* – *Se forcer à.* ➔ **s'obliger** à. *Se forcer à sourire.*

forcerie n. f. hortic. Serre chauffée qui favorise le forçage des légumes et des fruits.

forces n. f. pl. (vient du latin *forfices* « cisailles », plur. de *forfex*) techn. Grands ciseaux destinés à tondre les moutons, à couper le métal, etc.

Forces françaises de l'intérieur (FFI) Forces militaires françaises formées en 1944 par l'unification des groupements militaires clandestins engagés dans la Résistance intérieure.

Forces françaises libres (FFL) Forces militaires françaises qui, après l'armistice de juin 1940, poursuivirent la guerre contre l'Axe aux côtés des Alliés, sous les ordres du général de Gaulle.

forcing n. m. (mot anglais, de *to force* « forcer ») anglic. **1.** Attaque sportive soutenue. ▪ fig. Attaque à outrance, pression. *Faire du forcing.* **2.** Effort ou entraînement intensif.

forcir v. intr. < 2 > (de *fort*) Devenir plus fort ou plus gros. *Il a forci.* ➔ **grossir.** – *Le vent forcit.* ➔ **fraîchir.**

Forclaz (La) Col des Alpes suisses (Valais), entre Martigny et Chamonix, à 1 526 m d'altitude.

forclore v. tr. < 45 > (de *fors* et *clore*) **1.** vieux ou didact. Exclure, rejeter. **2.** dr. Priver du bénéfice d'une faculté ou d'un droit non exercé dans les délais fixés. □ **n. f. forclusion**

Ford (John) Auteur dramatique anglais (1586-1639). Ses tragédies sont d'un baroque exubérant *(Dommage qu'elle soit une putain).*

Ford (Henry) Industriel américain (1863-1947). Pionnier de l'industrie automobile américaine, il est le promoteur de la construction en série et de la standardisation des pièces.

Ford (Sean Aloysius O'Fearna, dit John) Cinéaste américain (1894-1973). Son sens de l'épopée et des relations humaines simples trouve son aboutissement dans le western *(La Chevauchée fantastique ; My Darling Clementine),* mais aussi dans le drame social *(Les Raisins de la colère).*

John Ford entre James Stewart (à g.) et John Wayne (à dr.), sur le tournage de *L'Homme qui tua Liberty Valance* (1962).

Ford (Leslie Lynch King junior, dit Gerald Rudolph) Homme d'État américain (1913-2006). Leader du Parti républicain (1965), vice-président des États-Unis (1973), il fut président de 1974 (démission de Richard Nixon) à 1977.

Ford (Harrison) Acteur américain (né en 1942). Il s'est distingué dans des films d'aventures et de science-fiction *(La Guerre des étoiles ; Indiana Jones ; Blade Runner).*

Harrison Ford dans *Indiana Jones et le Royaume du crâne de cristal* de Steven Spielberg (2008).

Ford (Tom) Couturier et réalisateur américain (né en 1961). Il a habillé les stars du cinéma chez Gucci et Yves Saint Laurent avant de lancer sa propre marque. Il a créé une maison de production cinématographique et réalisé *A Single Man.*

fordisme n. m. (de Henry *Ford*) écon. Mode de développement industriel visant à accroître la productivité par la réorganisation du travail.

Foreign Office **n. m.** Ministère britannique des Affaires étrangères.

forer **v. tr. < 1 > (latin *forare* « percer »)** **1.** Percer un trou dans (une matière dure) par des moyens mécaniques. *Forer une roche.* **2.** Former (un trou, une excavation) en creusant mécaniquement. *Forer un puits.*

Forest (Fernand) Inventeur français (1851-1914). Il perfectionna le moteur à explosion et conçut ou améliora de nombreux éléments de l'automobile.

Forest (Jean-Claude) Dessinateur et scénariste de bandes dessinées français (1930-1998). Il créa les personnages féminins de Barbarella pour *V Magazine* et d'Hypocrite pour *France-Soir* puis *Pilote.*

Forest en néerlandais **Vorst** Ville de Belgique (Région de Bruxelles-Capitale). 48 290 habitants. Église (XIIe-XIIIe s.), ancienne abbaye. Industries. Théâtre.

Forester (Cecil Scott) Romancier britannique (1899-1966). Il s'inscrit dans la tradition des romanciers de la mer. *Le Grain de sable ; Orgueil et Passion.*

foresterie **n. f. (de *forest* → forêt)** Exploitation et aménagement des forêts ; industrie forestière.

forestier, ière **(de *forest* → forêt)** **I. n.** Personne qui exerce une charge dans une forêt du domaine public. – **adj.** *Garde forestier.* **II. adj.** Qui est couvert de forêts ; qui appartient à la forêt. *Chemin forestier. Maison forestière :* habitation du garde forestier.

foret **n. m. (de *forer*)** Instrument servant à forer les bois, les métaux. → **perceuse, vilebrequin, vrille.**

forêt **n. f. (d'abord *forest* ; vient probablt du bas latin *[silva] forestis* « [forêt] relevant de la cour de justice du roi », de *forum* « tribunal » → for, forum)** **1.** Vaste étendue de terrain couverte d'arbres ; ensemble de ces arbres. → **bois, futaie ; sylv(i)-.** *Forêt dense, impénétrable. Forêt vierge. À la lisière, à l'orée de la forêt.* – ***Eaux et Forêts :*** ancien nom de l'administration française chargée des forêts. **2.** Ensemble très dense (d'objets hauts et serrés). *Une forêt de mâts.*

Forêt-Fouesnant (La) Commune du Finistère. 3 459 habitants. Église de style gothique flamboyant. Station balnéaire.

forêt-noire **n. f. (du n. propre)** Gâteau au chocolat fourré de cerises et de crème Chantilly. *Des forêts-noires.*

Forêt-Noire **n. f.** en allemand **Schwarzwald** Massif montagneux d'Allemagne, en bordure du Rhin. 1 493 m au Feldberg.

Forêts (Louis-René Des) Écrivain français (1918-2000). Ses nouvelles et ses romans sont centrés sur les pouvoirs du langage, et en particulier sur sa dimension mensongère. *Les Mendiants ; Le Bavard ; La Chambre des enfants.*

foreur, euse **n.** Spécialiste du forage.

foreuse **n. f.** Machine servant à forer le métal **(→ perceuse)**, les roches **(→ perforatrice, trépan).**

Forez **n. m.** Région du Massif central. Elle comprend les *monts du Forez,* qui culminent à Pierre-sur-Haute (1 634 m), et le *bassin du Forez,* drainé par la Loire. Parc naturel régional du Livradois-Forez.

forfaire **v. intr. < 60 ; seult inf., indic. prés. (au sing.) et temps composés > (de *fors* et *faire*)** vieux ou littér. Agir contrairement à ce qu'on a le devoir de faire. – **trans. ind.** *Forfaire à :* manquer gravement à.

[1]forfait **n. m. (de *forfaire*)** littér. Crime énorme. *Commettre un forfait.*

[2]forfait **n. m. (de l'ancien français *fur* « taux » → fur, et de *faire*)** **1.** Convention fixant par avance le prix d'un service, d'un travail... *Faire un forfait* **(→ devis).** – *Forfait hospitalier :* en France, somme fixe due pour un séjour dans un établissement de santé et restant à la charge du patient. – (avec subst. en appos.) *Forfait vacances.* – ***À forfait.*** *Vendre à forfait. Marché à forfait.* **2.** dr. fiscal Évaluation approximative du revenu des personnes non salariées pour déterminer leur imposition. *Le régime du forfait.*

[3]forfait **n. m. (de l'anglais, lui-même emprunt au français [1]*forfait*)** Indemnité que doit payer le propriétaire d'un cheval engagé dans une course, s'il ne le fait pas courir. – loc. *Déclarer forfait :* annoncer qu'on ne participera pas à une compétition (quelconque) ; fig. abandonner, renoncer.

forfaitaire **adj. (de [2]*forfait*)** Qui a rapport à un forfait ; à forfait. *Prix forfaitaire.* □ **adv. forfaitairement**

forfaiture **n. f. (de *forfaire* → [1]forfait)** **1.** hist. Violation du serment féodal. → **félonie.** **2.** littér. Manque de loyauté. **3.** dr. Crime d'un fonctionnaire qui commet certaines graves infractions aux devoirs de sa charge. → **concussion, prévarication, trahison.**

forfanterie **n. f. (de l'ancien français *forfant* « coquin », de l'italien, d'un emprunt au français *forfaire* → [1]forfait)** **1.** Vantardise impudente (de qqn). **2.** Action, parole de vantard. → **fanfaronnade, vantardise.**

forficule **n. m. (latin *forficula,* diminutif de *forfex* → force)** zool. Nom scientifique du perce-oreille.

forge **n. f. (vient du latin *fabrica* « atelier » → fabrique, de *faber* « artisan »)** **1.** Atelier où l'on travaille les métaux au feu et au marteau. *L'enclume, le soufflet, le marteau de la forge.* **2.** Installation où l'on façonne par traitement mécanique (à froid ou à chaud) les métaux et alliages. **3.** anciennt Fonderie. – (au plur.) *Maître de forges :* industriel possédant une, des fonderies.

forgeable **adj.** techn. Qui peut être forgé.

forgeage **n. m.** Action, manière de forger.

forger **v. tr. < 3 > (vient du latin *fabricare* → fabriquer)** **1.** Travailler (un métal, un alliage) à chaud ou à froid (pour lui donner une forme, etc.). → **battre.** *Forger le fer* **(→ ferronnerie).** – au p. p. *Fer forgé (servant à fabriquer la ferronnerie d'art).* – prov. *C'est en forgeant qu'on devient forgeron :* c'est à force de s'exercer qu'on devient habile. **2.** Façonner (un objet de métal) à la forge. *Forger une pièce de mécanique.* – fig. *Les épreuves forgent le caractère,* le forment. **3.** Élaborer **(→ fabriquer).** *Forger une expression.* → **inventer, trouver.** ▪ Inventer à sa fantaisie. *Se forger un idéal.* ▪ péj. Inventer pour abuser. *Forger une excuse.*

forgeron, onne **n. (de *forger* ; a éliminé l'ancien français *fèvre,* qui vient du latin *faber* → fabrique, forge)** Celui qui travaille le fer au marteau après l'avoir fait chauffer au feu de la forge. *Le forgeron ferrait les chevaux.* → **maréchal-ferrant.**

Forges-les-Eaux Commune de la Seine-Maritime, dans le pays de Bray. 3 750 habitants. Station thermale.

forgeur, euse **n.** **1.** techn. Personne qui façonne un objet, un métal à la forge **(→ forgeron).** **2.** fig. et littér. *Un forgeur de mensonges.*

forint **n. m. (mot hongrois)** Unité monétaire de la Hongrie.

forjeter **v. tr. < 4 > (de *fors* et *jeter*)** archit. Construire en saillie, hors d'un alignement.

forlancer **v. tr. < 3 > (de *fors* et *lancer*)** vén. Faire sortir (une bête) de son gîte.

forlane **n. f. (de l'italien, de *friulano* « du Frioul »)** Ancienne danse italienne à deux temps, vive et animée. ▪ Musique pour cette danse.

Forli Ville d'Italie (Émilie-Romagne). 108 340 habitants. Basilique romane. Pinacothèque. Industries (chimique et textile).

forligner **v. intr. < 1 > (de *fors** et *ligne*)** vieux ou littér. Dégénérer, déchoir. *« Ô Mémoire Combien de races qui forlignent »* (Apollinaire).

forlonger **v. tr. < 3 > (de *fors* et *longer*)** vén. Laisser en arrière, distancer. *Cerf qui forlonge la meute.*

formage **n. m.** techn. Opération de mise en forme (d'un objet manufacturé).

formaldéhyde **n. m.** chim. Aldéhyde formique **(→ formol).**

[1]se formaliser **v. pron. < 1 > (du latin → formel)** Être choqué (d'un manquement au savoir-vivre, à la politesse). → **s'offenser, se vexer.** *Il ne faut pas vous formaliser de cet oubli.*

[2]formaliser **v. tr. < 1 > (de *formel,* d'après l'anglais)** didact. Donner à (un ensemble, un système de connaissances) des caractères formels. *Formaliser un raisonnement.* – au p. p. *Opération formalisée.* □ **n. f. formalisation**

formalisme **n. m. (→ formel)** **1.** littér. Attachement aux formes, aux formalités, dans la vie sociale. **2.** dr. Système dans lequel la validité des actes est soumise à l'observation de formalités. *Formalisme administratif.* **3.** en art Tendance à rechercher la beauté formelle. ▪ Doctrine selon laquelle les formes se suffisent à elles-mêmes (s'oppose à *réalisme, naturalisme*). **4.** philos. Doctrine selon laquelle les vérités sont formelles, reposent sur des conventions. **5.** didact. Emploi de systèmes formels (II, 3).

formaliste **adj. (→ formel)** **1.** Qui observe, où l'on observe les formes, les formalités avec scrupule. *Religion formaliste.* → **rigoriste.** **2.** péj. Trop attaché aux formes, aux règles. **3.** Partisan du formalisme (en art, philosophie, sciences humaines) ; relatif au formalisme. – **n.** *Un, une formaliste.*

formalité **n. f. (du latin *formalis* → formel)** **1.** Opération prescrite par la loi, la règle et sans laquelle un acte n'est pas légal, valide. → **forme, procédure.** *Formalités administratives.* **2.** Acte, geste imposé par le respect des convenances. → **cérémonial.** **3.** Acte que l'on doit accomplir, mais qui ne présente aucune importance ou difficulté. *Une simple formalité.*

Forman (Miloš) Cinéaste américain d'origine tchécoslovaque (1932-2018). *Vol au-dessus d'un nid de coucou* et *Amadeus* lui ont valu une consécration internationale.

Miloš Forman dirigeant Natalie Portman dans *Les Fantômes de Goya* (2006).

formant **n. m.** ling. Élément de formation (de mots). → **[1]affixe ; morphème.**

format **n. m. (probablt italien *formato,* même origine que *former*)** **1.** Dimension caractéristique d'un imprimé (livre, journal), déterminée par le nombre de feuillets d'une feuille (pliée ou non). *Format in-folio* (deux feuillets, quatre pages), *in-quarto, in-octavo.* ▪ Dimensions en hauteur et en largeur. *Livre de petit format.* **2.** Dimension type (d'une feuille de papier, d'une photo, etc.). *Photo de format 9×13. Format A3* (42×29,7 cm), *A4* (21×29,7 cm). **3.** Dimension, taille (d'un objet). **4.** (anglais) inform. Organisation des données sur un support

FORÊT (l'écosystème d'une forêt tempérée)

Les forêts tempérées dites « décidues » se caractérisent par la présence d'arbres à feuilles caduques (chêne, hêtre…). Arbres, arbustes, herbes et mousses composent les différents « paliers » de végétation. Mais c'est l'humus, peuplé de nombreux insectes et de micro-organismes, qui renferme la biodiversité la plus importante. Ces forêts accusent un fort taux de déboisement. Il en résulte un fractionnement de l'habitat, dont souffrent les espèces autochtones.

Fougère aigle.

Pinson des arbres.

Tabac d'Espagne.

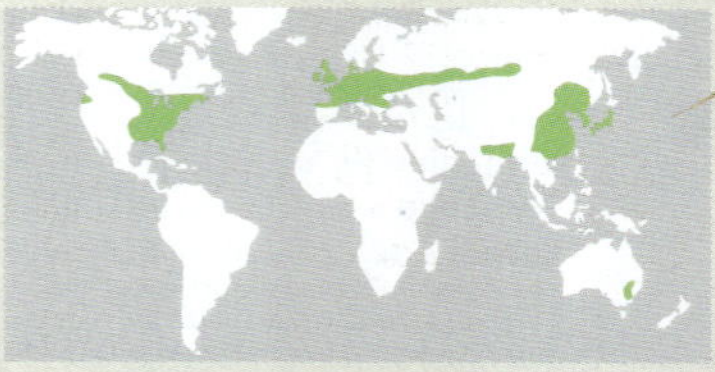

Les forêts tempérées se situent dans des zones de latitude moyenne.

Pardose.

Arum tacheté.

Chouette hulotte.

1. Digitale pourpre. 2. Geai des chênes. 3. Blaireau. 4. Pic-vert. 5. Chevreuil.

6. Écureuil roux.
7. Sanglier.
8. Renard commun.
9. Cerf élaphe.
10. Gui. 11. Lynx d'Europe.

Girolle. Dans le sol, des organismes décomposeurs contribuent au recyclage de la matière organique.

d'information. ▪ Disposition des données. *Format d'impression.*

formater v. tr. < 1 > (de l'anglais, même origine que *former*) **1.** anglic., inform. Préparer (un support informatique) à recevoir des données, selon un format. – au p. p. *Disquette formatée.* **2.** fig. Rendre conforme à un modèle. *Formater les élèves.* □ n. m. **formatage**

formateur, trice (latin *formator* → former) **I.** n. Personne qui forme, éduque, instruit. → **animateur, instructeur. II.** adj. Qui forme. *Expérience formatrice.*

formatif, ive adj. didact. Qui sert à former.

formation n. f. (latin *formatio*, de *formare* → former) **I. 1.** Action de former, de se former ; manière dont une chose est formée. → **composition, constitution, création, élaboration, genèse.** *La formation d'une roche. La formation d'une institution, d'un parti. En cours, en voie de formation.* **2.** spécialt Ensemble des processus physiologiques par lesquels l'organisme arrive à l'état adulte. → **puberté. II.** (Ce qui est formé) **1.** géol. Couche de terrain d'origine définie. *Formations sédimentaires.* **2.** Disposition d'une troupe. *Formation en carré, en ligne.* **3.** Groupement (de personnes). → **groupe, unité.** *Formation aérienne* (militaire). *Les formations politiques, syndicales.* → **organisation, ²parti.** *Formation musicale.* → **ensemble, groupe, orchestre.** *Formation sportive.* → **équipe. III. 1.** Éducation intellectuelle et morale. *La formation du caractère, du goût. Elle a reçu une solide formation.* **2.** Ensemble de connaissances (dans une technique, un métier) ; leur acquisition. *Formation professionnelle. Formation continue.*

forme n. f. (latin *forma* « moule » et « forme » [qui correspond au grec *morphê* → -morphe], *cf.* formule) **I.** (Apparence naturelle) **1.** Ensemble des contours (d'un objet, d'un être), en fonction de ses parties. → **configuration, conformation, contour, figure.** *Forme régulière, irrégulière ; géométrique.* – *Prendre forme :* acquérir une forme. fig. *Le projet prend forme.* **2.** Être ou objet confusément aperçu. *Une forme imprécise disparaît dans la nuit.* → **¹ombre. 3.** Apparence extérieure (d'un objet, d'un être) ; modèle à reproduire. *Donner sa forme à un vase. Une boîte* ***en forme de*** *cœur.* – ***Sous (la) forme de.*** *Médicament administré sous forme de gélules.* **4.** *Les formes :* les contours du corps humain. → **silhouette.** ▪ spécialt Les rondeurs féminines. *Des formes généreuses.* **5.** Contour considéré d'un point de vue esthétique. → **dessin, galbe, ligne, modelé, relief, tracé.** *Les formes et les couleurs. Beauté des formes* (→ **plastique**). *« Quand la couleur est à sa richesse, la forme est à sa plénitude »* (Cézanne). **II.** (Réalisation d'un fait, d'une notion) **1.** Manière dont une notion, un phénomène se présente. *Les différentes formes de la vie.* → **aspect, état, variété.** – *Elle déteste la tyrannie sous toutes ses formes.* – *Une forme de liberté.* **2.** Variante grammaticale ; aspect sous lequel se présente un mot, un énoncé. *Les formes du singulier, du féminin. Étude des formes.* → **morphologie. 3.** Manière dont (une pensée, une idée) s'exprime. → **expression, ¹style.** *Donner une forme nouvelle à une idée. Le fond* et la forme.* **III.** (idée de conformité à une norme) **1.** Manière de procéder, d'agir selon les règles. → **formalité, norme, règle.** *Les formes de l'étiquette.* – *Dans les formes,* en respectant les formes habituelles. ▪ *Pour la forme :* par simple respect des usages. *De pure forme :* sans examen de fond. **2.** Aspect extérieur d'un acte juridique. *Jugement cassé pour vice de forme. Contrat en bonne et due forme.* **IV.** Condition physique (d'un cheval, d'un sportif, etc.). *Être en pleine forme. Une forme médiocre.* ▪ absolt Bonne condition physique et morale. – fam. *Avoir, péter la forme.* **V.** didact. (Principe interne d'unité) **1.** philos. anc. Principe d'unité de chaque être. **2.** Ce qui règle l'exercice de la pensée. *Forme d'un raisonnement.* **3.** Entité organisée considérée dans sa structure*. *« La langue est une forme et non une substance »* (Saussure). – *Théorie de la forme,* selon laquelle les propriétés d'un phénomène ou d'un être ne résultent pas de l'addition des propriétés de ses éléments mais de l'ensemble des relations entre ces éléments. → **gestaltisme. VI. 1.** Ce qui sert à donner une forme déterminée à un produit manufacturé. → **gabarit, modèle, ²patron.** *Forme de modiste.* **2.** Moule creux. → **matrice.** *Forme à fromage.*

-forme Élément tiré de *forme,* qui signifie « qui a la forme, l'aspect de » (ex. *cruciforme, cunéiforme, filiforme*). → **-morphe.**

formé, ée voir **former**

Formé (Nicolas) Compositeur français (1567-1638). Il composa de la musique religieuse (messe à double chœur, motets, magnificat).

formel, elle adj. (latin *formalis,* de *forma* → forme) **I.** Dont la précision et la netteté excluent tout malentendu. → **clair, explicite, ¹précis.** *Déclaration formelle. Refus formel.* → **absolu, catégorique.** – (personnes) *Elle a été formelle sur ce point.* **II. 1.** Qui repose sur la forme, qui privilégie la forme par rapport au contenu. *Classement formel.* – *Politesse formelle,* tout extérieure. **2.** Relatif à la forme (d'une œuvre...). *Beauté formelle.* – *Étude formelle d'un texte.* **3.** (→ forme, V) didact. Qui concerne les formes de la pensée ; qui traite et décrit des structures, des relations entre éléments. → **²formaliser, formalisme (5) ; structural.** *Logique formelle.*

formellement adv. **1.** De façon formelle (I). → **absolument.** *C'est formellement interdit.* **2.** didact. En considérant la forme. *Raisonnement formellement juste.*

Formentera La plus petite des îles Baléares, au S. de l'archipel. 115 km². 11 900 habitants.

former v. tr. < 1 > (latin *formare* « façonner ; régler », de *forma* → forme) **I. 1.** Faire naître dans son esprit. *Former un projet, une idée. Former des vœux.* → **formuler. 2.** Créer (un ensemble, une chose complexe) en arrangeant des éléments. *Former une collection. Former un gouvernement.* → **constituer. 3.** (choses) Être la cause de. *Dépôts qui forment des sédiments.* **II. 1.** Façonner en donnant une forme déterminée. *Bien former ses lettres.* **2.** Développer (une aptitude, une qualité) ; exercer ou façonner (l'esprit, le caractère de qqn). → **cultiver, élever, instruire.** *Former son goût. Former un apprenti.* prov. *Les voyages forment la jeunesse.* **III. 1.** Composer, constituer en tant qu'élément. *Les parties qui forment un tout. Les personnes qui forment une assemblée.* **2.** Prendre la forme, l'aspect, l'apparence de. → **¹faire, présenter.** *La route forme des courbes.* ▪ **se former** v. pron. **1.** Acquérir une forme, naître sous une certaine forme. *La manière dont la Terre s'est formée, dont les êtres se sont formés.* – (sentiments) *« Toutes les grandes passions se forment dans la solitude »* (Rousseau). **2.** Prendre une certaine forme. *Les rangs se forment.* **3.** S'instruire, se cultiver, apprendre son métier. *Se former sur le tas.* ▪ **formé, ée 1.** p. p. *Idée formée par l'esprit.* – *Mot mal formé.* **2.** adj. Qui a achevé son développement. *Un fruit formé.* – *Jeune fille formée.* → **nubile, pubère.**

formeret n. m. (de *forme* « fenêtre d'église » en moyen français) archit. Arc dans l'axe de la voûte recevant sa retombée.

Formia Ville d'Italie, dans le Latium, sur le golfe de Gaète. 34 930 habitants. Station balnéaire. Port de pêche.

formiate n. m. chim. Sel ou ester de l'acide formique.

formica n. m. (n. déposé ; d'après *formique*) Revêtement synthétique, papier imprégné d'une résine dure, utilisé en ameublement.

formidable adj. et n. m. (latin *formidabilis,* famille de *formido* « terreur ») **I.** adj. **1.** vieilli Qui inspire une grande crainte. → **effrayant, redoutable. 2.** Dont la taille, la force, la puissance est très grande. → **énorme, extraordinaire, imposant.** *Des effectifs formidables.* **3.** fam. Excellent. → **sensationnel.** *Un livre formidable.* **II.** n. m. Verre, chope à bière de grande contenance (un litre). – Son contenu. *Des formidables.*

formidablement adv. **1.** vieux D'une manière qui fait peur. **2.** Énormément. **3.** fam. Terriblement. → **très.**

Formigny (bataille de) Victoire remportée le 15 avr. 1450 à Formigny (auj. Formigny-la-Bataille, Calvados) par le connétable de Richemont et le comte de Clermont sur les Anglais. Cette victoire rendit la Normandie à la France.

formique adj. (du latin *formica* « fourmi* » *cf.* formica, formol) *Acide formique :* liquide incolore, piquant et corrosif, présent dans l'organisme des fourmis, les orties, etc. – *Aldéhyde formique.* → **formaldéhyde ; formol.**

formol n. m. (de *formique*) Solution de formaldéhyde employée comme désinfectant.

Formosa Ville d'Argentine, sur le río Paraguay. 210 000 habitants. Fabrique de substances tannantes.

Formose voir **Taiwan**

formulaire n. m. (→ formule) **1.** Recueil de formules. *Formulaire des pharmaciens* (→ **codex**). **2.** Imprimé comportant une série de questions en face desquelles on inscrit ses réponses. → **questionnaire.** *Un formulaire d'inscription.*

formulation n. f. **1.** Action d'exposer avec précision ; manière dont qqch. est formulé. **2.** Action de mettre en formule (II).

formule n. f. (latin *formula,* diminutif de *forma* → forme) **I. 1.** dr. Modèle selon lequel un acte doit être rédigé. **2.** Paroles rituelles qui doivent être prononcées dans certaines circonstances (en religion, en magie). *Formule incantatoire ; formule magique.* **3.** Expression consacrée dont la coutume commande l'emploi dans certaines circonstances. *Formules de politesse.* **II. 1.** Expression concise et générale, souvent symbolique, définissant une relation ou une opération. *H_2O, formule moléculaire de l'eau. Formule algébrique.* – *La formule d'un médicament,* sa composition. **2.** Solution type (d'un problème) ; manière de procéder. *C'est une bonne formule.* → **méthode, procédé.** *Formule de paiement.* → **²mode.** – *Une nouvelle formule de spectacle.* **3.** Expression concise, nette et frappante (d'une idée ou d'un ensemble d'idées). → **aphorisme, proverbe, sentence.** *Formule publicitaire.* → **slogan. 4.** Feuille de papier imprimée contenant des indications et destinée à recevoir un texte court. → **formulaire. 5.** Catégorie de voitures de compétition. *Une voiture de formule 1,* et, ellipt, *une formule 1.*

formuler v. tr. < 1 > **1.** Rédiger en formule ; faire d'après une formule. *Formuler un problème.* **2.** Énoncer avec la précision, la netteté d'une formule. → **exposer, exprimer.** *Formuler une réclamation.* **3.** Exprimer (par des mots). → **émettre.** *Formuler son opinion.* – *Formuler un souhait.* → **former.** □ adj. **formulable**

fornication n. f. (du latin ecclés., de *fornix* « voûte », allusion aux chambres voûtées des prostituées à Rome) relig. Péché de la chair. ▪ plais. Relations sexuelles.

forniquer v. intr. < 1 > (du latin → fornication) relig. Commettre le péché de fornication. ▪ plais. Avoir des relations sexuelles. □ n. **fornicateur, trice**

Forqueray (Antoine) Musicien et virtuose français (1672-1745). Il est l'auteur de plus de 300 pièces pour viole et basse. D'autres membres de la famille Forqueray furent des musiciens réputés au XVIIIe siècle.

fors prép. (vient du latin *foris* « dehors » → dehors, hors ; forain ; a fonctionné comme préfixe, *cf.* faubourg, forcené, fourvoyer) vieux Excepté, sauf. → **hormis, hors.**

Forster (Edward Morgan) Romancier et critique britannique (1879-1970). Auteur de textes théoriques *(Aspects du roman),* il publia des romans inspirés par l'Inde *(La Route des Indes ; Le Plus Long des voyages).* Un autre roman, *Maurice,* dépeint la répression de l'homosexualité.

Forsythe (William) Chorégraphe américain (né en 1949). Il dirigea le Frankfurt Ballet, pour lequel il créa notamment *Artifact,* qui renouvelle le ballet traditionnel (gestes désarticulés, abolition de la symétrie, effets de lumière). Il a fondé la *Forsythe Company.*

William Forsythe en 1985.

forsythia [fɔʀsisja] **n. m. (de *Forsyth,* horticulteur écossais) bot.** Arbuste décoratif à rameaux couverts de fleurs jaunes qui sortent avant les feuilles, très tôt en saison.

[1]fort, forte adj. (vient du latin *fortis* → conforter, fortifier) I. 1. (personnes) Qui a de la force physique. → **robuste, vigoureux ;** opposé à *faible.* *Un homme grand et fort.* – loc. *Fort comme un bœuf :* très fort. – *Le sexe fort :* les hommes. – allus. (prov.) « *La raison du plus fort est toujours la meilleure* » (La Fontaine) : le plus puissant fait prévaloir sa loi. – *La manière forte.* → **force** (V). **2.** Considérable par les dimensions. → **grand, gros.** – (euphémisme pour *gros*) → **corpulent. 3.** Qui a une grande force intellectuelle, de grandes connaissances (dans un domaine). → **capable, doué, habile.** *Elle est très forte sur la question. Être fort à un exercice, à un jeu,* savoir très bien le pratiquer. **II. 1. (choses)** Qui résiste. → **résistant, solide.** *Papier fort.* → **épais.** *Colle forte.* – fig. *Ils sont unis par des liens très forts.* **2. (dans des expr.)** Fortifié. *Une place forte. Un château fort.* → **[3]fort** (II). **3. (sur le plan moral)** Capable de résister au monde extérieur ou à soi-même. → **courageux, énergique, [1]ferme.** « *Un homme est bien fort quand il s'avoue sa faiblesse* » (Balzac). *Être fort dans l'adversité, l'épreuve.* – *Un esprit fort,* incrédule. **III. 1. (mouvement, effort physique)** Intense. *Un coup très fort.* → **énergique, violent.** *Forte poussée. Vent fort.* ■ **(avant le n.)** Qui dépasse la normale. *De fortes chutes de neige.* → **abondant.** *Une forte fièvre. Elle a de fortes chances. Avoir affaire à forte partie.* **2.** Dont l'intensité a une grande action sur les sens. *Voix forte. Lumière forte. Des odeurs fortes. Moutarde forte,* à saveur forte. – *Café fort.* → **serré.** – *Au sens fort du mot.* **3.** Intense. *Douleur trop forte. Faire une forte impression sur qqn. Aimer les sensations fortes.* **4.** Difficile à croire ou à supporter par son caractère excessif. → **exagéré, poussé.** *C'est un peu fort ! ;* fam. *un peu fort de café !* → **inouï.** *Le plus fort, c'est que...* → **extraordinaire. 5. (personnes)** Qui a un grand pouvoir d'action, de l'influence. → **influent, puissant.** – loc. ***Être fort de :*** puiser sa force, sa confiance, son assurance dans. *Fort de son expérience.* ***Se faire fort de*** (*fort* invar.) : se déclarer assez fort pour ; se dire capable* de. → se **targuer.** *Elles se font fort de la convaincre.* **6.** Qui a la force (II) et n'hésite pas à l'employer. *Gouvernement fort. L'homme fort d'un régime.* – subst. *Le droit du plus fort.* **7.** Qui agit efficacement, produit des effets importants (qualités morales ou intellectuelles). *Sentiment plus fort que la raison. C'est plus fort que moi,* se dit d'une habitude, d'un désir, etc., auquel on ne peut résister. **8.** *Devise, monnaie forte,* à cours élevé et stable.

[2]fort adv. (de [1]*fort*) I. 1. Avec de la force physique, en fournissant un gros effort. → **fortement, vigoureusement.** *Frapper fort. Serrer très fort.* **2.** Avec une grande intensité. *Le vent souffle fort. Parler, crier fort.* – mus. *Jouer fort.* → **forte.** – ***Y aller fort*** : exagérer. **II. adv. de quantité (avec un v.) emploi écrit ou régional** → **beaucoup.** *J'en doute fort.* – **(devant un adj. ou un adv.)** → **très.** *Un homme fort occupé. Elle m'a fort mal reçu.* – *Fort bien.*

[3]fort n. m. (de [1]*fort*) I. (personnes) 1. Personne qui a la force, la puissance (matérielle). → **puissant.** *Protéger le faible contre le fort.* – *Les forts des Halles :* les employés de la Halle de Paris qui portaient les marchandises. **2.** Personne qui a de la force morale. **II.** Ouvrage fortifié destiné à protéger un lieu. → **forteresse, fortin. III. (collectif) 1. (après un poss. ; surtout négatif)** Ce en quoi qqn est fort, excelle. *Le calcul n'est pas mon fort.* **2.** ***Au fort de*** *l'été, de l'hiver.* → **cœur, milieu.**

Fort (Paul) Poète français (1872-1960). Sa poésie pleine de fantaisie est influencée par le symbolisme et la chanson populaire. *Ballades françaises.*

Fortaleza Ville du Brésil (Ceará), sur l'Atlantique. 2 447 400 habitants (3 526 000 pour l'aire métropolitaine). Université. Port (industrie et commerce).

Fort-Archambault voir **Sarh**

Fort-de-France Chef-lieu de la Martinique, à l'O. de l'île. 75 286 habitants. Cathédrale du xixe s. Port de commerce et centre touristique. Siège du commandement des forces françaises dans les Antilles.

La baie de Fort-de-France.

forte [fɔʀte] **adv. (mot italien → [2]fort) mus.** Fort (opposé à *piano*). → **fortissimo.** ■ **n. m. invar.** Passage à exécuter fort.

Fortebraccio (Niccolò) Condottiere italien (mort en 1435). Au service du pape Eugène IV, il le trahit, envahit les États du Saint-Siège et réussit à entrer dans Rome en 1434.

fortement adv. 1. Avec force. *Serrer fortement.* → **[2]fort ; vigoureusement.** – *Désirer, espérer fortement.* → **intensément, profondément. 2.** Très. *Elle a été fortement intéressée par votre projet.* → **vivement.**

forteresse n. f. 1. Lieu fortifié pour défendre un territoire, une ville. → **citadelle, [3]fort.** *Forteresse imprenable.* ■ **par métaphore ou fig.** « *Une énorme forteresse de préjugés, de privilèges, de superstitions* » (Hugo). **2. (calque de l'anglais)** ***Forteresse volante*** : bombardier lourd américain (Seconde Guerre mondiale).

Fort-Gouraud voir **F'Derik**

Forth n. m. Fleuve d'Écosse, qui se jette dans la mer du Nord par un large estuaire (le Firth of Forth), près d'Édimbourg. 106 km.

fortiche adj. et n. fam. Fort ; habile, malin.

fortifiant, ante adj. 1. (aliments, boissons) Qui fortifie. → **reconstituant, [1]tonique.** *Une nourriture fortifiante.* – **n. m.** Aliment, médicament qui fortifie. → **remontant. 2.** Qui donne de la force morale. → **réconfortant.**

fortification n. f. (du latin → fortifier) 1. Action de fortifier. **2. souvent plur.** Ensemble d'ouvrages fortifiés destinés à la défense d'une position, d'une place. → **bastion, casemate, citadelle, [1]enceinte, [3]fort (II), forteresse, fortin.** ■ **spécialt** Emplacement des anciennes fortifications de Paris. - **abrév. fam., vieilli Les fortifs.**

fortifier v. tr. < 7 > (bas latin *fortificare,* de *fortis* → [1]fort) 1. Rendre fort, vigoureux ; donner plus de force à. *Nourriture, remède qui fortifie.* ■ **fig.** *Le temps fortifie l'amitié.* → **augmenter, renforcer. 2.** Munir d'ouvrages de défense. – **au p. p.** *Ville fortifiée.*

fortin n. m. Petit fort ([3]II).

Fortini (Franco Lattes, dit Franco) Écrivain italien (1917-1994). Proche de Roland Barthes, avec qui il fonda la revue *Arguments,* il est l'auteur de traductions, de textes poétiques (*Foglio di via ; La Poésie des roses*), d'essais et de récits.

a fortiori voir **a fortiori**

fortissimo adv. mus. Très fort. → **forte.** ■ **n. m.** Passage exécuté très fort. *Des fortissimos.*

Fort-Lamy voir **N'Djamena**

Fort Lauderdale Ville des États-Unis (Floride), sur l'Atlantique. 182 760 habitants. Port pétrolier.

fortification

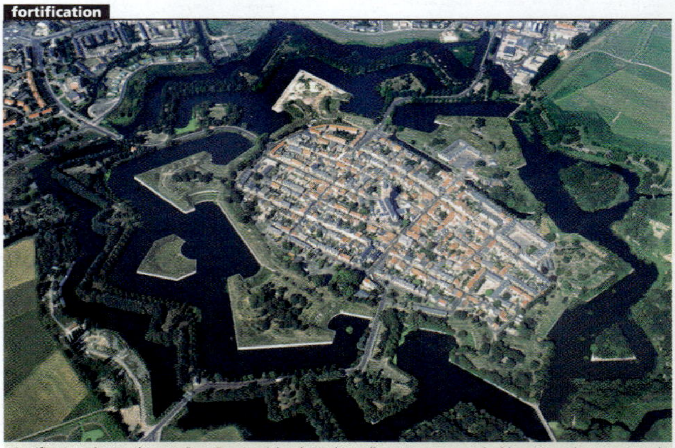

Fortifications de Naarden, aux Pays-Bas. Inspirées de Vauban, elles présentent une double ceinture de remparts et de fossés remplis d'eau.

F

Fort-Mahon-Plage Commune de la Somme, sur la Manche. 1 297 habitants. Station balnéaire.

Forton (Louis) Dessinateur et conteur français (1879-1934). Il créa *Les Pieds nickelés* (repris après lui par d'autres dessinateurs) et *Bibi Fricotin*.

fortran n. m. (mot anglais, de *formular translation*) inform. Langage informatique évolué pour la programmation du calcul scientifique.

Fort Smith Ville des États-Unis (Arkansas). 89 140 habitants. Industrie. Commerce.

fortuit, uite adj. (du latin, de *fors* « hasard » → fortune, p.-ê. de la famille de *ferre* « porter » → -fère) Qui arrive par hasard, d'une manière imprévue. → **accidentel, inopiné.** *Une rencontre fortuite.* □ adv. **fortuitement**

fortune n. f. (latin *Fortuna*, n. de divinité, de *fors* → fortuit) **I. 1.** littér. Puissance censée distribuer le bonheur et le malheur sans règle apparente. → **hasard, sort.** *Les caprices de la fortune.* – prov. (trad. du latin) *La fortune sourit aux audacieux.* **2.** (dans des expr.) Évènement ou suite d'évènements considérés dans ce qu'ils ont d'heureux ou de malheureux. → **chance, heur** (vieux). *Mauvaise fortune* : infortune, malheur. loc. *Faire contre mauvaise fortune bon cœur.* – *Chercher fortune. Revers de fortune.* – ***De fortune*** : improvisé pour parer au plus pressé. *Une installation, des moyens de fortune.* ▪ vieux ***À la fortune du pot*** : sans préparatifs ni façons (→ à la bonne franquette). **II.** vieux Vie, carrière ; situation sociale et matérielle due à la chance. – mod. Carrière, destin. *La fortune d'un livre.* **III.** Ensemble important des biens, des richesses (de qqn). → **argent, ²capital, richesse.** *Les biens qui composent sa fortune. N'avoir aucune fortune personnelle.* – absolt *Avoir, posséder de la fortune.* – ***Faire fortune*** : s'enrichir. ▪ fam. *Ça coûte une fortune*, très cher. ▪ par métonymie *Les plus grandes fortunes de Suisse*, les gens les plus fortunés.

fortuné, ée adj. **1.** vieux Heureux, chanceux. **2.** Qui a de la fortune. → **aisé, riche.**

Fortuny y Madrazo (Mariano) Styliste, peintre et créateur de tissus italien d'origine espagnole (1871-1949). Il s'établit à Venise et se fit connaître par ses créations de tissus décorés de style Art nouveau, d'un grand raffinement.

Fort Wayne Ville des États-Unis (Indiana). 254 000 habitants. Industrie (électricité, radio).

Fort William Ville d'Écosse (Highland), au fond du loch Linnhe. 11 000 habitants. Tourisme.

Fort Worth Ville des États-Unis (Texas), à l'E. de Dallas. 918 910 habitants. Musées. Base aérienne militaire. Industrie aéronautique. Extraction de pétrole.

forum [fɔʀɔm] n. m. (mot latin → for) **1.** Antiq. Place où se tenaient les assemblées du peuple et où se discutaient les affaires publiques à Rome. ▪ Vaste place, dans un ensemble urbain. **2.** Réunion-débat. → **colloque. 3.** inform. Espace virtuel sur Internet qui permet de dialoguer en temps différé par échange de messages écrits lisibles par tous.

forure n. f. techn. Trou fait avec un foret.

Fos (golfe de) Golfe de la côte méditerranéenne, à l'E. du delta du Rhône. Industries et ports pétroliers.

Fosbury (Dick) Athlète américain (1947-2023). Grâce à sa technique « saut en Fosbury » (de dos), il changea profondément l'épreuve de saut en hauteur et remporta les Jeux olympiques de Mexico en 1968.

Foscolo (Ugo) Écrivain italien (1778-1827). Figure du préromantisme, il écrivit des tragédies *(Ajax)*, des poèmes *(Les Tombeaux)*, et des textes critiques (*Sur l'origine et l'office de la littérature*, considéré comme le manifeste du « premier romantisme italien »).

Foshan ou **Fo-chan** Ville de Chine (province du Guandong), à l'O. de Guangzhou (Canton). 4 007 000 habitants. Céramique. Feux d'artifice.

fosse n. f. (vient du latin *fossa*, de *fodere* « creuser » → fouir) **1.** Trou creusé dans le sol et aménagé. → **excavation, fossé.** – *Fosse d'aisances*, destinée à recevoir les matières fécales. *Fosse septique**. ▪ *La fosse d'orchestre* : espace devant la scène, en contrebas. **2.** Trou creusé en terre pour l'inhumation des morts. → **tombe ; fossoyeur.** *Fosse commune*, où sont déposés ensemble plusieurs cadavres ou cercueils. **3.** Cavité naturelle. *Fosses nasales.* – *Fosse géologique* : vaste dépression.

Fosse (Bob) Acteur, danseur, chorégraphe et cinéaste américain (1925-1987). Il s'est rendu célèbre par ses mises en scènes et ses chorégraphies de comédies musicales. *Cabaret ; Que le spectacle commence.*

fossé n. m. (vient du bas latin *fossatum*, de *fossare*, de *fodere* → fosse) **1.** Fosse creusée en long dans le sol. → **tranchée.** *La voiture est tombée dans le fossé.* **2.** géol. Bande de terrains affaissés. *Fossé tectonique.* **3.** fig. Ce qui sépare. *Le fossé s'est élargi entre eux.* → **abîme.**

fossette n. f. (d'abord « petite fosse ») Petit creux dans une partie charnue (joues, menton, etc.).

Fossey (Dian) Éthologue et primatologue américaine (1932-1985). Elle étudia, au Rwanda, le comportement des gorilles de montagne et créa une fondation pour la sauvegarde de ces animaux. Son manuscrit, *Gorilles dans la brume*, servit de base au film qui retrace sa vie. Elle mourut assassinée.

Fossey (Dian)

Dian Fossey en 1985, auprès des gorilles de montagne du Rwanda.

fossile (latin *fossilis* « tiré du sol », de *fossum*, p. p. de *fodere* → fosse, fouir) **1.** adj. et n. m. Se dit des débris ou des empreintes des végétaux et animaux d'espèces disparues, conservés dans les dépôts sédimentaires. *Plantes, végétaux, espèces fossiles.* – *Science, étude des fossiles.* → **paléontologie.** ▪ *Énergies fossiles* : le charbon, le pétrole, le gaz naturel. **2.** adj. fig. Archaïque, témoin d'un monde disparu. *« Le rigorisme presque fossile des préjugés aristocratiques du prince »* (Proust). ▪ n. m. Personne au comportement, aux idées archaïques.

fossilifère adj. géol. Qui contient des fossiles.

fossiliser v. tr. < 1 > Rendre fossile ; amener à l'état de fossile. – au p. p. *Animal fossilisé.* ▪ pronom. Devenir fossile. □ n. f. **fossilisation**

fossoyeur, euse n. (de l'ancien v. *fossoyer*, de *fosse*) **1.** Personne qui creuse les fosses dans un cimetière. **2.** littér. Personne qui anéantit, ruine qqch. → **démolisseur.** *Les fossoyeurs d'une civilisation, d'un régime.*

Fos-sur-Mer Commune des Bouches-du-Rhône, sur le *golfe de Fos*. 15 512 habitants. Port pétrolier et minéralier. Important complexe industriel (pétrochimie, métallurgie).

Foster (sir Norman) Architecte britannique (né en 1935). Il affirme un style *High tech*, presque classique. Il est l'auteur du viaduc de Millau, du dôme du Reichstag à Berlin et d'aéroports (Londres, Pékin, Hong Kong). À Londres, il a conçu le City Hall, le pont du Millenium et le 30 St Mary Axe (appelé « le cornichon »).

Foster (Alicia Christian Foster, dite Jodie) Actrice et réalisatrice américaine (née en 1962). Elle se distingua dès 1976 dans *Taxi Driver* et poursuivit une brillante carrière d'actrice (*Les Accusés ; Le Silence des agneaux ; Anna et le Roi ; Désigné coupable*) et de réalisatrice *(Money Monster)*.

forum

Le forum de Rome, situé entre le Capitole et le mont Palatin, est traversé par la via Sacra, avec le temple de Saturne (à g.) et les trois colonnes du temple des Dioscures (au fond, à dr.).

Jodie Foster, Oscar de la meilleure actrice pour *Le Silence des agneaux* de Jonathan Demme (1991).

¹fou (ou **fol**), **folle** (vient du latin *follis* « outre, soufflet pour le feu » [→ follicule], puis « sot » → affoler, raffoler) **I.** n. **1.** (ne s'emploie plus en psychiatrie) Personne atteinte de troubles, de désordres mentaux. → **aliéné, dément, malade** mental. *« Les Français [...] enferment quelques fous dans une maison, pour persuader que ceux qui sont dehors ne le sont pas »* (Montesquieu). *Fou furieux.* – loc. ***Maison de fous*** : lieu dont les habitants agissent bizarrement. – anciennt *Asile* de fous* (→ mod. **psychiatrique).** – ***Histoire de fous*** (fam.) : anecdote comique dont les personnages sont des aliénés ; histoire invraisemblable. ▪ fig. *« La folle du logis »* (Malebranche) : l'imagination. **2.** Personne qui se comporte d'une manière déraisonnable, extravagante. – *Crier comme un fou.* – *Un fou du volant* : un conducteur dangereux. **3.** Personne d'une gaieté vive et exubérante. *Les enfants ont fait les fous toute la journée.* prov. *Plus on est de fous, plus on rit* : plus on est nombreux, plus on s'amuse. **4.** fam. *Folle* : homosexuel efféminé. **II. adj.** (*fol* devant un n. sing. commençant par une voyelle ou un *h* muet : *fol espoir, fol héroïsme* ; sinon par archaïsme, par plais.) **1.** vieilli Atteint de désordres mentaux. → **déséquilibré, insensé. 2.** Qui est hors de soi. *Sa lenteur me rend fou,* m'énerve, m'impatiente. *Être fou de joie, de colère, d'inquiétude.* **3.** *Fou de* : qui a un goût extrême pour. → **amoureux, passionné.** *Elle est folle de lui. Être fou de musique.* → **fanatique. 4.** Qui agit, se comporte d'une façon peu sensée. → **anormal, bizarre, dérangé, détraqué, malade** ; fam. **cinglé, dingue, maboul, marteau, perché, sonné, toqué.** *Il est complètement fou, fou à lier.* – *Elle n'est pas folle* : elle est maligne, habile. *Pas folle, la guêpe !* ▪ Qui dénote la folie, la bizarrerie. *Regard fou.* → **hagard.** *Fou rire* : rire que l'on ne peut réprimer. **5.** Contraire à la raison. → **absurde, déraisonnable.** *Idée folle. Folle passion. L'amour fou.* **6.** (après le n.) Dont le mouvement est irrégulier, imprévisible. *Roue, poulie folle,* qui tourne à vide. *Voiture folle,* qui semble hors de contrôle. fam. *Patte folle* : jambe qui boite. – *Herbes folles. Mèches folles.* **7.** (après le n.) → **énorme, immense, prodigieux.** *Il y avait un monde fou. Un succès fou. Dépenser un argent fou.* **III. n. m. 1.** anciennt Bouffon (d'un roi, d'un haut personnage). ▪ Personnage parodique qui jouait la déraison. *La fête des fous.* **2.** Pièce du jeu d'échecs qui se déplace en diagonale (a remplacé l'ancien français *alfin,* de l'arabe *al fil* « l'éléphant »).

[2]fou n. m. (p.-ê. à cause de son air niais ou parce qu'il se laisse approcher imprudemment) Oiseau marin palmipède plongeur. *Fou de Bassan.*

fouace n. f. (vient du latin pop. *focacia,* de *focacium [panis]* « [pain] cuit sous la cendre », famille de *focus* → [1]feu) vieux ou régional Galette cuite au four. → **fougasse.**

Fouad Ier (1868-1936). Roi d'Égypte (1922-1936). Fils d'Ismaïl Pacha, il succéda à son frère Hussein Kamal comme sultan (1917) et prit le titre de roi en 1922.

fouage n. m. (de l'ancien français *fou* « feu ») féodalité Redevance qui se payait par foyer.

fouaille n. f. (de l'ancien français *fou* « feu ») vén. Abats de sanglier cuits au feu, que l'on donne aux chiens après la chasse.

fouailler v. tr. < 1 > (de l'ancien français *fou* « hêtre », qui vient du latin *fagus* → fouet) littér. **1.** Frapper de coups de fouet répétés. → **fouetter. 2.** fig. Stimuler ou attaquer. → **[2]cingler.** *« Je fouaillerai les gens, les faits, les noms, les titres »* (Hugo).

foucade n. f. (altération de *fougade* → fougue) littér. Caprice soudain, emportement passager. → **lubie, tocade.**

Foucauld (saint Charles-Eugène, vicomte de), dit le père de Foucauld Explorateur et missionnaire français (1858-1916). Ermite au Sahara (Beni Abbès et Tamanrasset), il est l'auteur de travaux sur les Touareg et leur langue. Il fut assassiné par des rebelles et pillards.

Foucault (Léon) Physicien français (1819-1868). Il réalisa au Panthéon une expérience destinée à mettre en évidence la rotation de la Terre, au moyen d'un pendule (le *pendule de Foucault*) suspendu à un fil d'acier. Il inventa en outre le gyroscope.

Foucault (Michel) Philosophe français (1926-1984). Son œuvre explore, selon une méthode « archéologique », les processus historiques et intellectuels qui ont abouti à la reconfiguration des divers secteurs scientifiques constituant « l'épistémé » d'une époque (*Les Mots et les Choses*). Il s'est intéressé dans cette optique à la délimitation entre la folie et la raison (*Histoire de la folie à l'âge classique*), à la naissance de la médecine contemporaine (*Naissance de la clinique*), aux discours sur la sexualité (*Histoire de la sexualité*), et aux pratiques et dispositifs disciplinaires pénaux (*Surveiller et punir*). L'ampleur du champ couvert par ses travaux et l'originalité de son approche lui ont valu une grande notoriété.

Fouché (Joseph), duc d'Otrante Homme politique français (1759-1820). Député montagnard à la Convention, il fut chargé de réprimer l'insurrection fédéraliste et royaliste de Lyon (1793) et y organisa la Terreur. Ministre de la Police (1799), il contribua au coup d'État du 18 brumaire et conserva sa fonction sous le Consulat et l'Empire. Rallié aux Bourbons, il fut de nouveau ministre de la Police sous Louis XVIII (1815).

fouchtra interj. (de *foutre*) Juron attribué aux Auvergnats.

[1]foudre (de l'ancien français *fuldre,* qui vient du latin *fulgura,* de *fulgur* « éclair », de *fulgere* « briller » → fulgurant) **I. n. f. 1.** Décharge électrique qui se produit par temps d'orage entre deux nuages ou entre un nuage et le sol avec un éclair et une détonation (→ **tonnerre**). *La foudre éclate, tombe. Arbres frappés par la foudre* (→ **foudroyer**). **2.** fig. *Coup de foudre* : manifestation subite de l'amour dès la première rencontre. – par ext. *J'ai eu un coup de foudre pour cet appartement.* **3.** au plur. Condamnation, reproches. *Elle s'est attiré les foudres de son père.* **II. n. m.** vieux Guerrier, capitaine de génie. – mod., iron. *Un foudre de guerre.*

[2]foudre n. m. (allemand *Fuder,* d'abord « charretée ») techn. Grand tonneau (de 5 à $30\ m^3$). → **futaille.** *Un foudre de vin.*

foudroyant, ante adj. Qui a la rapidité, la violence de la foudre. *Une mort foudroyante. Succès foudroyant.* → **fulgurant.**

foudroyer v. tr. < 8 > (de *foudre*) **1.** Frapper, tuer par la foudre, par une décharge électrique. → **électrocuter. 2.** Tuer, anéantir avec soudaineté. *Une crise cardiaque l'a foudroyé.* – par exagér. *Foudroyer qqn du regard.* □ n. m. **foudroiement**

Fouesnant Commune du Finistère, en Cornouaille. 10 060 habitants. Église romane.

fouet n. m. (de l'ancien français *fou* « hêtre », qui vient du latin *fagus* → fouailler) **1.** Instrument formé d'une lanière de cuir ou d'une cordelette au bout d'un manche. → **cravache, knout, [2]martinet.** *Donner des coups de fouet.* → **fouailler, fouetter.** ▪ anciennt *Le fouet* : punition donnée avec un fouet, des verges. → **flagellation.** ▪ loc. fig. *Coup de fouet* : excitation, impulsion vigoureuse. – *De plein fouet* : de face et violemment. *Les deux voitures se sont heurtées de plein fouet.* **2.** Appareil servant à battre les sauces, les blancs d'œufs, etc. *Fouet électrique.* → **batteur.**

fouettard, arde adj. *Père Fouettard,* personnage dont on menaçait les enfants. → **croquemitaine.**

fouetté, ée 1. adj. *Crème fouettée,* battue vivement. → **chantilly. 2.** n. m. danse Pirouette dont l'impulsion est donnée par la jambe libre faisant un rond de jambe.

fouetter v. < 1 > (de *fouet*) **I. v. tr. 1.** Frapper avec un fouet. → **flageller, fouailler.** – loc. *Avoir d'autres chats à fouetter,* autre chose à faire. **2.** Frapper comme avec un fouet. *La pluie lui fouettait le visage.* **3.** Battre vivement, rapidement. *Fouetter des œufs.* fig. Donner un coup de fouet à ; stimuler. *L'exercice fouette le sang.* **II. v. intr. 1.** Frapper, cingler comme le fait un fouet. *La pluie fouette contre les volets.* **2.** vulg. Sentir mauvais. → **chlinguer.** *« Ça fouette dans ton escalier. Pire qu'un terrier »* (Colette). □ n. m. **fouettement**

foufou, fofolle adj. fam. Un peu fou, folle, léger et folâtre. → **[1]fou.** *Ils sont un peu foufous.*

foufoune n. f. (origine inconnue) fam. Sexe de la femme. - diminutif **foufounette.**

fougasse n. f. (de l'ancien provençal → fouace) régional Galette cuite au four (pâte à pain).

fougeraie n. f. Lieu où poussent les fougères.

fougère n. f. (vient du latin pop. *filicaria,* de *filix, filicis* « fougère ») Plante cryptogame à tige rampante souterraine, à grandes feuilles très découpées et souvent enroulées en crosse au début du développement. – *Fougères fossiles arborescentes.*

Fougères Chef-lieu d'arrondissement de l'Ille-et-Vilaine. 20 505 habitants. Église de style gothique flamboyant. Château féodal. Industrie (cuir, en déclin ; électronique).

Fougerolles-Saint-Valbert Commune de la Haute-Saône. 3 784 habitants. Construction mécanique. Distillerie (kirsch).

Fougeron (André) Peintre français (1913-1998). Inspiré par le réalisme socialiste, il dénonça la guerre civile espagnole (*Hommage à Franco ! ! !*), le nazisme (*À mort la bête*) et l'impérialisme américain (*Civilisation atlantique*).

fougue n. f. (p.-ê. du v. provençal *fouga* « s'emporter », famille du latin *focus* → [1]feu) Ardeur impétueuse. → **[1]élan, emportement, enthousiasme, transport.** *La fougue de la jeunesse. La fougue d'un orateur.* → **verve.**

fougueux, euse adj. Qui a de la fougue. → **impétueux.** *Cheval fougueux. Jeunesse fougueuse.* □ adv. **fougueusement**

fouille n. f. (de *fouiller*) **1.** Excavation pratiquée dans la terre pour découvrir et étudier les ruines de civilisations disparues. *L'archéologue qui dirige les fouilles.* **2.** Excavation faite dans la terre (pour les constructions, travaux publics, etc.). **3.** Action d'explorer (un lieu habité, les vêtements d'une personne) en vue de découvrir qqch. de caché. *Fouille des bagages en douane.* → **visite.** *Fouille au corps.* **4.** pop. Poche (d'un vêtement).

fouillé, ée adj. **1.** Ciselé, travaillé avec minutie. **2.** Approfondi dans le détail. *Une étude fouillée.*

fouille-merde n. fam. Personne qui fouine dans les moindres détails de la vie des autres. *Des fouille-merdes.*

fouiller v. < 1 > (vient du latin pop. *fodiculare,* de *fodere* → fouir, cafouiller) **I. v. tr. 1.** Creuser (un sol, un emplacement), notamment pour mettre à découvert ce qui peut être enfoui. **2.** techn. Tailler en évidant. **3.** Explorer avec soin. *La douane a fouillé les bagages, la voiture.* – *Fouiller qqn,* chercher systématiquement ce qu'il peut cacher dans ses vêtements, sur son corps. **4.** Travailler les détails de, aller en profondeur. *Fouiller une description.* **II. v. intr. 1.** Faire un creux dans le sol. *Certains animaux fouillent pour trouver leur nourriture.* → **fouir. 2.** Explorer en déplaçant tout ce qui peut cacher ce que l'on cherche. → fam. **farfouiller, fouiner.** *Fouiller dans les tiroirs.* – *Fouiller dans le passé, dans ses souvenirs,* afin de retrouver ce qui était perdu, oublié. ▪ **se fouiller v. pron.** Chercher dans ses poches. – fam. *Il peut (toujours) se fouiller !* : il ne doit pas compter, espérer obtenir ce qu'il désire.

fouilleur, euse n. Personne qui fouille.

fouillis n. m. (de *fouiller*) fam. Entassement d'objets disparates réunis pêle-mêle. → **désordre, pagaille.** *Quel fouillis ! Sa chambre est en fouillis.*

fouine n. f. (vient du latin pop. *fagina [mustela]* « [martre] du hêtre », de *fagus* « hêtre ») Petit mammifère carnivore à corps mince et museau allongé. *La fouine saigne les volailles.* – *« Ce type à tête de fouine, avec des yeux trop fixes »* (Sartre).

fouiner v. intr. < 1 > (de *fouine*) fam. Fouiller indiscrètement. → **fureter.**

fouineur, euse adj. et n. fam. Qui cherche indiscrètement, fouine partout. → **curieux, fureteur.**

fouir v. tr. < 2 > (vient du latin pop., de *fodere* « creuser » → fosse) (surtout en parlant des animaux) Creuser (la terre, le sol). → **fouiller.**

fouisseur, euse n. m. et adj. (animaux) Qui creuse le sol avec facilité. *La taupe est un animal fouisseur,* et **n. m.** *un fouisseur.*

Foujita (Fujita Tsuguharu, devenu Léonard) Peintre français d'origine japonaise (1886-1968). Il est célèbre pour ses peintures de personnages féminins et de chats, d'un graphisme élégant.

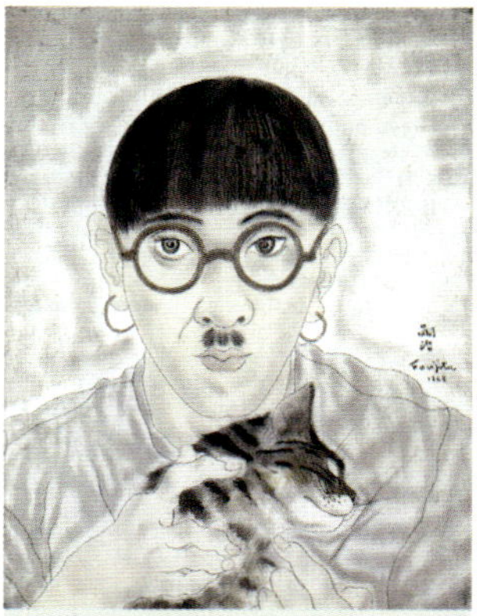

Foujita, *Autoportrait au chat* (1928), Musée national d'art moderne, Centre Georges-Pompidou, Paris.

foulage n. m. techn. Action de fouler (le raisin, le drap).

foulant, ante adj. **I.** Qui élève le niveau d'un liquide par pression. *Pompe aspirante et foulante.* **II.** fam. Fatigant (→ fam. se **fouler).** surtout négatif *Ce n'est pas un travail bien foulant.*

foulard n. m. (p.-ê. famille de *fouler ;* ancien provençal *foulat* « drap foulé ») Écharpe ou carré de soie, de coton que l'on porte autour du cou ou noué autour de la tête. → **carré ; madras.**

Foulbés voir **Peuls**

Fould (Achille) Banquier et homme politique français (1800-1867). Il fut ministre des Finances et ministre d'État. Il fonda les caisses de retraite et de secours à la vieillesse et, avec Pereire, le Crédit mobilier (1852).

foule n. f. (de *fouler* « presser » ; même métaphore que presse) **1.** Multitude de personnes rassemblées en un lieu. → **affluence, monde.** *Se mêler à la foule. Foule grouillante.* → **cohue.** *Il n'y avait pas foule.* **2.** *La foule :* la majorité des humains dans ce qu'ils ont de commun (s'oppose à *élite*). → **[1]masse, multitude. 3.** *Une foule de :* grand nombre de personnes ou de choses de même catégorie. → **armée ;** fam. **tas.** *Une foule de clients, de visiteurs. Une foule de gens pensent que c'est faux.* **4.** *En foule :* en masse, en grand nombre. *Le public est venu en foule.*

foulée n. f. (de *fouler*) **1.** au plur. vén. Trace laissée par la bête. *Les foulées du cerf.* **2.** Appui que le cheval prend sur le sol à chaque temps de sa course ; mouvement effectué à chaque temps de galop. **3.** Enjambée de l'athlète en course. – *Suivre un adversaire dans sa foulée,* de près. ■ loc. fig. *Dans la foulée :* sur son élan, sans interrompre un processus.

fouler v. tr. < 1 > (vient du latin pop. *fullare,* de *fullo* → foulon) **1.** techn. Presser (qqch.) en appuyant à plusieurs reprises, avec les mains, les pieds, un outil. *Fouler des cuirs, du drap. Fouler du raisin.* **2.** littér. Presser (le sol) en marchant dessus. *Fouler le sol de la patrie.* – *Fouler aux pieds.* → **piétiner.** fig. *Fouler aux pieds les convenances.* **3.** Donner une foulure. *Se fouler la cheville.* – fig., fam. *Se fouler la rate :* se donner du mal, de la peine. ■ **se fouler** v. pron. fam. *Ne pas se fouler :* ne pas se fatiguer. *Il a fait ça sans se fouler.*

Foullon (Joseph François) Administrateur français (1717-1789). Contrôleur des Finances à la suite du renvoi de Necker (12 juil. 1789), il fut pendu après la prise de la Bastille.

fouloir n. m. Instrument servant à fouler. *Fouloir à raisin.*

foulon n. m. (latin *fullo, fullonis* « ouvrier qui presse les étoffes » → fouler) techn. **1.** *Terre à foulon :* argile servant au dégraissage du drap destiné au foulage. **2.** Machine servant au foulage (des étoffes de laine, des cuirs).

foulque n. f. (ancien provençal *folca,* qui vient du latin *fulica*) Oiseau échassier au plumage noir, voisin de la poule d'eau.

Foulques Prélat franc (v. 840-900). Archevêque de Reims, il soutint Charles le Simple contre Eudes et le couronna à Reims (893).

Foulques Nom de plusieurs comtes d'Anjou. ■ **Foulques V** (1095-1143). Comte d'Anjou (1109-1131). Il devint roi de Jérusalem (1131-1143) par son mariage avec Mélisende, fille de Baudouin II.

foultitude n. f. (croisement de *foule* et de *multitude*) fam. Foule, grande quantité.

foulure n. f. Légère entorse. *Foulure du poignet.*

Fouqué (Ferdinand André) Géologue et minéralogiste français (1828-1904). Il a mené des recherches sur les éruptions et les roches volcaniques. *Minéralogie micrographique.*

Fouque (Antoinette) Psychanalyste et éditrice française (1936-2014). Elle cofonda le MLF (Mouvement de libération des femmes) en 1968 puis créa les éditions *Des femmes* réservées aux écrivaines.

Fouquet ou **Foucquet** (Jean) Peintre et miniaturiste français (v. 1420-v. 1480). Peintre officiel de Louis XI, il est l'auteur d'une œuvre riche, tant par son acuité psychologique que par son sens de la construction.

Fouquet ou **Foucquet** (Nicolas) Homme d'affaires et homme politique français (1615-1680 ?). Surintendant des Finances de Louis XIV (1653), il acquit une fortune colossale et s'entoura, au château de Vaux qu'il avait fait construire, d'écrivains et d'artistes prestigieux (La Fontaine, Molière, Poussin, Le Brun). Après l'intervention de Colbert, qui dénonça ses malversations au roi, il fut arrêté (1661) et emprisonné.

Nicolas Fouquet, par Charles Le Brun (1660), château de Vaux-le-Vicomte.

Fouquières-lez-Lens Commune du Pas-de-Calais. 6 333 habitants.

Fouquier-Tinville (Antoine Quentin) Magistrat et homme politique français (1746-1795). Accusateur public au Tribunal révolutionnaire, il y incarna la rigueur impitoyable de la Terreur. Il fut condamné à mort sous la Convention thermidorienne, puis exécuté.

[1]four n. m. (vient du latin *furnus,* même origine indo-européenne que le grec *thermos* → thermo- ; d'abord *forn* → fourneau, fournée, fournil) **I. 1.** Ouvrage de maçonnerie souvent voûté, muni d'une ouverture par-devant, et où l'on fait cuire le pain, la pâtisserie. *Four de boulanger.* → **fournil.** ■ loc. *Il fait noir comme dans un four.* **2.** Partie fermée d'une cuisinière ou élément séparé où l'on peut mettre les aliments pour les faire cuire. *Rôti cuit au four.* – *Four à micro-ondes.* **3.** Ouvrage ou appareil dans lequel on soumet des matières à une chaleur intense, pour obtenir des transformations physiques ou chimiques. → **fourneau.** *Four électrique. Four solaire.* – *Four crématoire*.* **4.** fig. Lieu où règne une température très élevée. **II.** (de *pièce de four*) *Petit four :* petit gâteau.

[2]four n. m. (p.-ê. de *[1]four,* allusion à l'extinction des lumières de la salle) (spectacle, réunion, manifestation artistique) Échec, insuccès. → fam. **bide.** *La représentation a été un four complet.*

Fouras Commune de la Charente-Maritime, près de l'embouchure de la Charente. 3 998 habitants. Donjon du XVe s. Enceinte due à Vauban.

Fourastié (Jean) Économiste français (1907-1990). Il étudia les conséquences, qu'il considérait comme positives, du progrès technique sur le progrès économique et social durant les « Trente Glorieuses » (expression dont il est l'inventeur). *Les Trente Glorieuses.*

fourbe adj. et n. (d'un sens ancien de *fourbir* « voler » ; même métaphore que nettoyer) Qui trompe ou agit mal en se cachant, en feignant l'honnêteté. → **[1]faux, hypocrite, perfide, sournois.** *Il est fourbe et menteur. Un air fourbe.* – **n.** « *Les fourbes croient aisément que les autres le sont* » (La Bruyère).

fourberie n. f. **1.** vieilli Caractère du fourbe. → **duplicité, fausseté, hypocrisie. 2.** littér. Tromperie hypocrite. → **ruse, trahison.** « *Les Fourberies de Scapin* » (comédie de Molière).

fourbi n. m. (de *fourbir*) fam. **1.** Toutes les armes, tous les objets que possède un soldat. → **attirail, barda. 2.** Les affaires, les effets que possède qqn. ■ Choses en désordre. *Quel fourbi !* **3.** Objet dont on ne peut dire le nom. → **machin, truc.**

fourbir v. tr. < 2 > (vient du francique *furbjan* « nettoyer » ; influence de l'italien *forbire,* de même origine) Nettoyer (un objet de métal) de façon à le rendre brillant. → **astiquer.** – littér. *Fourbir ses armes :* s'armer, se préparer à la guerre, à un combat. ■ fig. *Fourbir des arguments.* □ n. m. **fourbissage**

fourbu, ue adj. (p. p. de l'ancien v. *forboire* « boire à l'excès », de *fors** et *boire*) **1.** (Cheval) atteint de fourbure. – par ext. *Cheval fourbu,* épuisé de fatigue. **2.** (personnes) Qui est harassé, très fatigué. → **éreinté, moulu, rompu.**

fourbure n. f. (de *fourbu*) vétér. Congestion inflammatoire des tissus du pied du cheval.

Fourcade (Martin) Athlète de biathlon français (né en 1988). Il remporta une médaille d'argent aux Jeux olympiques d'hiver de 2010, deux médailles d'or et une médaille d'argent aux Jeux olympiques d'hiver de 2014 ainsi que trois médailles d'or à ceux de 2018. Il gagna la Coupe du monde sept années consécutives (2012 à 2018).

Fourchambault Commune de la Nièvre, sur la Loire. 4 069 habitants. Ancien centre métallurgique.

fourche n. f. (de l'ancien français *forches,* qui vient du latin *furca*) **1.** Instrument agricole à long manche muni de deux dents (→ **fourchon)** ou plus. **2.** Disposition en forme de fourche. *La fourche d'un arbre,* endroit où les grosses branches se séparent du tronc. – *Fourche de bicyclette,* partie du cadre où est

F

fixée la roue. – Endroit où un chemin se divise en plusieurs directions. → **embranchement.** – Extrémité divisée d'un cheveu fourchu. **3.** hist. *Les fourches caudines* : défilé près de Caudium, où les Romains furent battus et contraints de passer sous le joug. – loc. *Passer sous les fourches caudines* : subir une cuisante humiliation.

fourchée n. f. agric. Quantité (de foin, paille, etc.) qu'on prend à la fois avec une fourche.

fourcher v. intr. < 1 > Se diviser en forme de fourche. – loc. *La langue lui a fourché*, il a prononcé un mot au lieu d'un autre.

fourchet n. m. **(de *fourche*)** vétér. Maladie du pied du mouton et de la vache.

F

fourchette n. f. **(diminutif de *fourche*)** **I. 1.** Ustensile de table, à dents, dont on se sert pour piquer les aliments et les porter à la bouche. *La fourchette et le couteau.* → **[1]couvert.** – loc. *Avoir un bon coup de fourchette*, être gros mangeur. **2.** Pièce ou organe en forme de fourchette. **3.** Partie du sabot d'un cheval formant le milieu de sa face inférieure. **II.** Écart entre deux valeurs extrêmes. *La fourchette des prix.*

fourchon n. m. techn. Dent (d'une fourche, d'une fourchette).

fourchu, ue adj. Qui a la forme, l'aspect d'une fourche ; qui fait une fourche. *Chemin fourchu. Arbre fourchu.* – *Cheveux fourchus.* – *Le pied fourchu des satyres, des démons.*

Fourcroy (Antoine François, comte de) Chimiste et homme politique français (1755-1809). Il participa à l'établissement de la nouvelle nomenclature chimique avec Lavoisier, Guyton de Morveau et Berthollet, et analysa la composition de plusieurs minéraux. Il fut membre suppléant de la Convention.

Foureau (Fernand) Explorateur français (1850-1914). Il entreprit avec Lamy la traversée du Sahara et du Soudan, et établit une carte du N. du Sahara.

Fourest (Caroline Guillemot dite) Journaliste, essayiste et réalisatrice française (née en 1975). Militante féministe et de la cause homosexuelle, elle s'engage contre l'extrême droite *(Tirs croisés : la laïcité à l'épreuve des intégrismes juif, chrétien et musulman ; La Tentation obscurantiste ; Éloge du blasphème)*. Elle réalise des documentaires et un long métrage de fiction : *Sœurs d'armes*.

[1]fourgon n. m. **(vient du latin pop. *furico*, famille de *fur* « voleur » → furet)** Barre métallique servant à attiser le feu (→ **fourgonner**).

[2]fourgon n. m. **(p.-ê. de *[1]fourgon* au sens de « ridelle [d'une charrette] »)** **1.** Long véhicule couvert pour le transport de bagages, de meubles, d'animaux. – *Fourgon blindé.* – *Fourgon funéraire.* → **corbillard. 2.** Wagon servant au transport des bagages. *Fourgon de queue.*

fourgonner v. intr. < 1 > **(de *[1]fourgon*)** **1.** vieux Remuer la braise du four, le combustible d'un feu avec un fourgon. → **tisonner. 2.** fig. Fouiller (dans qqch.) en dérangeant tout. → **[2]fourrager.**

fourgonnette n. f. Petite camionnette.

fourgue n. m. **(de *fourguer*)** argot Marchand receleur.

fourguer v. tr. < 1 > **(italien *frugare*, qui vient du latin pop. *furicare*, de *fur* → [1]fourgon)** **1.** argot Vendre à un receleur (→ **fourgue**). **2.** fam. Vendre, placer (une mauvaise marchandise). → **refiler.**

Fourier (Joseph, baron) Mathématicien français (1768-1830). Il a découvert les séries trigonométriques qui portent son nom.

Fourier (Charles) Philosophe et économiste français (1772-1837). Sa théorie utopique prône la réorganisation de la société par la mise en place de phalanstères, petits groupes de travailleurs associés, afin d'atteindre l'harmonie universelle. *Théorie des quatre mouvements et des destinées générales.*

fouriérisme n. m. Doctrine d'organisation sociale et politique exposée par Charles Fourier. □ **n. et adj. fouriériste**

fourme n. f. **(de *forme* → fromage)** Fromage de lait de vache à pâte ferme, chauffée et pressée. *Fourme d'Ambert, à pâte persillée.*

fourmi n. f. **(vient du latin *formica*, p.-ê. pour *mormica* ; cf. grec *murmêx*)** **1.** Petit insecte hyménoptère qui vit en colonies nombreuses et organisées dans des fourmilières. *Fourmi noire, rouge. Fourmis ailées.* **2.** loc. fig. *Avoir des fourmis dans les membres*, y éprouver une sensation de picotement. → **fourmillement. 3. (symbole de petitesse)** *D'avion, on voyait les gens comme des fourmis.* – (allus. au travail obstiné, à la prévoyance des fourmis ; cf. *« La Cigale et la Fourmi »*, fable de La Fontaine) *C'est une fourmi*, une personne laborieuse, économe. *Un travail de fourmi.* **4.** argot. Petit passeur de drogue.

Fourmies Commune du Nord. 11 403 habitants. Textile. Musée du Textile et de la Vie sociale. Le 1er mai 1891, lors d'une manifestation ouvrière, la troupe tira sur la foule, tuant neuf personnes et en blessant soixante.

fourmilier n. m. Mammifère à langue visqueuse qui se nourrit de fourmis et de termites. *Grand fourmilier.* → **tamanoir.**

fourmilière n. f. **1.** Habitation commune où vivent les fourmis. – loc. fig. *Donner un coup de pied dans la fourmilière* : déclencher volontairement une agitation inquiète. **2.** fig. Lieu où vit et s'agite une multitude de personnes. → **ruche.**

fourmilion n. m. **(adaptation du bas latin *formicaleo* ; cf. grec *myrmecoleôn*)** Insecte dont la larve se nourrit des fourmis qui tombent dans l'entonnoir qu'elle a creusé. *Des fourmilions.* - var. **fourmi-lion.** *Des fourmis-lions.*

fourmillant, ante adj. Qui s'agite, qui grouille. → **grouillant.** *« Fourmillante cité, cité pleine de rêves »* (Baudelaire).

fourmillement n. m. **1.** Agitation désordonnée et continuelle d'une multitude d'êtres. → **grouillement, pullulement.** – fig. *Un fourmillement d'idées.* **2.** Sensation comparable à celle que donnent des fourmis courant sur la peau. → **picotement.**

fourmiller v. intr. < 1 > **(de l'ancien français *formier*, qui vient du latin *formicare*, de *formica* → fourmi)** **1.** S'agiter ou être en grand nombre (comme les fourmis). → **pulluler.** *Les erreurs fourmillent dans ce texte.* – *Fourmiller de* : être rempli d'un grand nombre de. **2.** Être le siège d'une sensation de picotement. → **démanger.**

fournaise n. f. **(fém. de l'ancien français *fornaiz*, du latin *fornax*, de *furnus* → [1]four)** **1.** Grand four où brûle un feu violent. **2.** Endroit très chaud, surchauffé. → **étuve, [1]four. 3.** Foyer, centre d'un combat. *« La garde impériale entra dans la fournaise »* (Hugo).

fourneau n. m. **(diminutif de *forn* → [1]four)** **1.** Four dans lequel on soumet à un feu violent des substances à fondre, à calciner. – *Haut fourneau*, destiné à fondre le minerai de fer et dans lequel le coke est en contact avec le minerai. **2.** Petite cuisinière à bois, à charbon ou à gaz. – au plur. *Le chef est à ses fourneaux*, fait la cuisine. **3.** *Fourneau de mine* : cavité garnie d'explosifs. **4.** Partie évasée (d'une pipe) où brûle le tabac.

Fourneau (Ernest) Pharmacologue français (1872-1949). Il découvrit des anesthésiques locaux et contribua au développement de la chimiothérapie.

fournée n. f. **(de *forn* → [1]four)** **1.** Quantité de pain que l'on fait cuire à la fois dans un four. **2.** fam. Ensemble de personnes nommées à la fois. ■ Groupe de personnes qui font ou subissent qqch. en même temps. *Des fournées de personnes licenciées.*

Fourneyron (Benoît) Ingénieur français (1802-1867). Il est l'inventeur de la turbine hydraulique.

Fournier (Pierre Simon) dit Fournier le Jeune Imprimeur et fondeur de caractères français (1712-1768). Il créa un caractère qui porte son nom, des caractères musicaux et des vignettes.

fournil [fuʀni] n. m. **(de *forn* → [1]four)** Local où est placé le four* du boulanger et où l'on peut pétrir la pâte.

fourniment n. m. **(de *fournir*)** Ensemble des objets composant l'équipement (du soldat, d'une profession). → **[2]matériel.**

fournir v. tr. < 2 > **(vient du francique *frumjan*, ou p.-ê. famille du latin *formare*, au sens de « compléter en garnissant »)** **I. v. tr. dir. 1.** Pourvoir de ce qui est nécessaire. → **alimenter, approvisionner.** *Fournir qqn de, en qqch.* (→ **fournisseur**). – *Fournir une famille, une cantine.* – pronom. *Se fournir chez un marchand.* → **se ravitailler, se servir. 2.** *Fournir qqch. à qqn* : faire avoir qqch. à qqn. *Je vous en fournirai les moyens. Fournir une occasion à qqn.* ■ Présenter. *Fournir des preuves.* ■ Procurer (à un client). → **vendre ; livrer. 3.** Produire. *Ce vignoble fournit un vin estimé.* – *Fournir un effort.* → **[1]faire. II. v. tr. ind.** vieilli *Fournir à* : contribuer, en tout ou en partie, à. → **participer.** *« Attentif comme un père, il fournissait à tous mes besoins »* (Balzac). ■ **fourni, ie adj. 1.** Approvisionné, pourvu, rempli. **2.** Où la matière abonde. *Une barbe, une chevelure fournie.* → **dru, épais.**

fournisseur, euse n. Personne qui fournit des marchandises à des clients, à des marchands. *Changer de fournisseur.* – appos. *Les pays fournisseurs de pétrole*, producteurs et exportateurs. ■ *Fournisseur d'accès (à Internet, FAI)* : société assurant la connexion de ses abonnés au réseau Internet.

fourniture n. f. **1.** Action de fournir. → **approvisionnement. 2.** (surtout plur.) Ce qu'on fournit, ce qu'on livre. → **provision.** *Fournitures scolaires.*

Fourons Ville de Belgique (partie de la province de Limbourg enclavée dans la province de Liège). 4 260 habitants, en majorité francophones. Symbole de la querelle linguistique entre Wallons (francophones) et Flamands.

fourrage n. m. **(vient du francique *fodr*)** Plantes servant à la nourriture du bétail. *Fourrage vert ; sec.*

[1]fourrager, ère adj. Qui fournit du fourrage. *Plantes fourragères.*

[2]fourrager v. < 3 > **(de *fourrage*)** **I. v. intr.** vieux Couper, distribuer le fourrage. **II. (influence de *fourrer*)** **1. v. intr.** Chercher en remuant, en mettant du désordre. → **fouiller, fourgonner.** *Fourrager dans un tiroir, dans des papiers.* **2. v. tr.** Mettre en désordre en manipulant. *Fourrager des papiers.*

[1]fourragère n. f. **1.** Champ consacré à la production du fourrage. **2.** Charrette servant au transport du fourrage.

[2]fourragère n. f. **(p.-ê. de *corde fourragère* [pour lier les fourrages])** Ornement de l'uniforme militaire ou insigne formé d'une tresse agrafée à l'épaule. *La fourragère d'un régiment.*

fourre n. f. (Suisse) **1.** Taie d'oreiller, housse de couette. **2.** Enveloppe qui protège un livre, un disque. → **couvre-livre ; pochette.**

[1]fourré n. m. **(de *fourré* « dense, épais » → fourrer)** Massif épais et touffu de végétaux de taille moyenne, d'arbustes à branches basses. *Les fourrés d'un bois.* → **buisson, taillis.**

[2]fourré, ée adj. voir **fourrer**

fourreau n. m. **(vient du francique *fodr*, p.-ê. même famille que *fourrage*)** **1.** Enveloppe allongée, destinée à recevoir une chose de même forme. → **étui, gaine.** *« Le glaive de la justice n'a pas de fourreau »* (J. de Maistre). *Fourreau de parapluie.* **2.** Robe de femme très moulante. – appos. *Robe, jupe fourreau.* **3.** anat. *Le fourreau de la verge* (du cheval).

fourrer v. tr. < 1 > **(famille de *fourrage* et de *fourreau*)** **I. 1.** vieux Doubler intérieurement ou extérieurement. *Fourrer un cordage.* **2.** Doubler de fourrure, de ce qui tient chaud. *Fourrer un manteau avec du lapin.* **3.** Garnir l'intérieur (d'une confiserie, d'une pâtisserie). **II.** fam. **1.** Faire entrer, mettre (dans une chose creuse). *Fourrer ses mains dans ses poches.* – fig. *Fourrer son nez dans les affaires des autres.* **2.** Faire entrer brutalement ou sans ordre. → **enfourner, mettre.** *Fourrer des objets dans un sac.* → fam. **²flanquer, ²ficher, ¹foutre.** *Fourrer une valise sous un meuble.* – *Fourrer qqch. dans la tête, le crâne de qqn* (pour le faire apprendre ou pour le faire croire, accepter). **3.** Placer sans soin. *Je ne sais plus où j'ai fourré mes lunettes.* ■ **se fourrer** v. pron. fam. **1.** Se mettre, se placer (dans, sous qqch.). – au p. p. *Il est tout le temps fourré chez nous.* **2.** *Se fourrer dans une mauvaise affaire.* → **se jeter.** « *Il les tire du sale pétrin où ils venaient de se fourrer* » (Céline). ■ **²fourré, ée** adj. **1.** Garni extérieurement. ■ *Coup fourré :* en escrime Coup par lequel on touche l'attaquant, qui croit toucher. – fig. Attaque hypocrite, coup en traître. → **traîtrise. 2.** Garni intérieurement de ce qui tient chaud. *Bonnet, manteau fourré.* ■ Garni d'une préparation. *Bonbons fourrés.*

fourre-tout n. m. invar. fam. Pièce, placard, meuble, sac où l'on met, fourre toutes sortes de choses. – appos. invar. *Des armoires fourre-tout.* - var. RO **fourretout** n. m.

fourreur, euse n. Personne qui confectionne et vend des vêtements de fourrure.

fourrier n. m. **(de l'ancien français *fuerre* → fourrage)** Sous-officier chargé du cantonnement des troupes, des distributions de vivres. – fig. **(les fourriers viennent avant l'armée)** Signe avant-coureur. « *Les fourriers d'été sont venus* » (Charles d'Orléans).

fourrière n. f. **(d'abord « écurie, grenier à fourrage » → fourrage, fourrier)** Lieu de dépôt d'animaux, de voitures, saisis et retenus par la police jusqu'au paiement d'une amende. *Mise en fourrière.*

fourrure n. f. **(de *fourrer* « garnir pour tenir chaud »)** **1.** Peau d'animal munie de son poil, préparée pour servir de vêtement, de doublure ou d'ornement. → **pelleterie.** *Chasseur de fourrures.* → **trappeur.** *Manteau de fourrure.* **2.** Pelage épais. *La fourrure du chat angora.*

Fourvière Colline de Lyon, sur la rive droite de la Saône. Basilique.

fourvoiement n. m. littér. Le fait de s'égarer, de se tromper. → **égarement.**

fourvoyer v. tr. < 8 > **(de *fors* « hors » et *voie*)** littér. **1.** Mettre hors de la voie, détourner du bon chemin. → **égarer. 2.** fig. Tromper. *Ces explications confuses l'ont fourvoyé.* ■ **se fourvoyer** v. pron. Faire fausse route, se tromper. *Ici, le traducteur s'est fourvoyé.*

Fouta-Djalon n. m. Massif montagneux de Guinée. 1 538 m.

foutaise n. f. **(du radical de *foutre*)** fam. Chose insignifiante, sans intérêt. « *Foutaises que tout cela : la politique, la guerre, les sports, aucun intérêt* » (Queneau).

foutoir n. m. fam. et vulg. Grand désordre.

¹foutre v. tr. < *je fous, nous foutons ; je foutais ; je foutrai ; je foutrais ; que je foute, que nous foutions ; foutant, foutu ;* **inusité aux passés simple et antérieur de l'indic., aux passé et plus-que-parfait du subj.** > **(vient du latin *futuere* « coïter »)** **I.** vieux, vulg. Posséder sexuellement. – fig. *Va te faire foutre !* **II.** fig., fam. **1.** Faire. *Qu'est-ce que ça peut me foutre ?* – *J'en ai rien à foutre,* ça ne me concerne pas, je m'en moque. **2.** Donner (avec violence). *Tais-toi, ou je te fous une baffe !* → **²flanquer.** – Mettre. *Il a tout foutu par terre.* – pronom. *Elle s'est foutue par terre,* elle est tombée. – *Foutre qqn à la porte.* – loc. **(idée de « planter »)** *Foutre le camp,* s'en aller. « *Fous le camp, quitte vite et plus tôt que cela / Nos honnêtes Ardennes* » (Verlaine). fam. *Ça la fout mal,* ça ne convient pas, c'est choquant. ■ **se foutre (de)** v. pron. Se moquer. → **se contrefoutre, se ficher.** *Elle s'en fout complètement. Se foutre de tout.* → **je-m'en-foutiste.** *On s'en fout* (abrév. **osef**).

²foutre interj. **(de ¹*foutre*)** vulg. → **fichtre.**

³foutre n. m. **(de ¹*foutre*)** vulg. Sperme.

foutrement adv. fam. Beaucoup, très. → **drôlement, vachement.**

foutriquet n. m. **(de *foutre*)** fam., vieilli Personnage insignifiant, incapable.

foutu, ue adj. **(p. p. de *foutre*)** **1.** (avant le n.) Mauvais. *Il a un foutu caractère.* → **¹sacré, sale. 2.** (après le n.) Perdu, ruiné ou condamné. *C'est un type foutu.* **3.** Fait, arrangé, conçu (plus ou moins bien). *Une fille bien foutue.* → **¹fait ;** fam. **roulé.** *Scénario bien foutu.* → **ficelé. 4.** Dans tel ou tel état. *Être mal foutu,* malade, fatigué. – Capable. *Elle n'est pas foutue de réussir.*

fovéa n. f. **(latin sc. *fovea centralis* « fosse centrale »)** anat. Zone centrale de la tache jaune de la rétine, où la vision est la plus nette.

Fowler (William Alfred) Astrophysicien américain (1911-1995). Il fonda la « nucléochronologie », qui permet de dater des évènements astronomiques par l'analyse de l'uranium et du thorium. Il décrivit comment les éléments chimiques sont fabriqués dans les étoiles au cours de l'évolution de celles-ci. Prix Nobel 1983, avec S. Chandrasekhar.

Fowles (John) Romancier britannique (1926-2005). Son œuvre, influencée par l'existentialisme et le Nouveau Roman français, est marquée par les thèmes de la mystification et de l'illusion. *L'Obsédé ; La Créature.*

fox voir **fox-terrier**

Fox (George) Protestant anglais (1624-1691). Il fonda la secte des quakers.

Fox (Charles James) Homme politique britannique (1749-1806). Député whig puis secrétaire d'État aux Affaires étrangères, il prépara l'abolition de la traite des Noirs.

Fox Broadcasting Company Réseau américain de stations de télévision fondé en 1987 par Rupert Murdoch.

Foxe (bassin de) Mer intérieure de l'Arctique canadien, au N. de la baie d'Hudson.

foxé, ée adj. **(de l'anglais *fox* « renard »)** vitic. *Goût foxé, saveur foxée :* saveur particulière de certains cépages américains.

fox-hound [fɔksaund] n. m. **(anglais *foxhound* « chien *[hound]* pour chasser le renard *[fox]* »)** Chien courant de grande taille. *Des fox-hounds.* - var. RO **foxhound.**

fox-terrier ou **foxterrier** [fɔks] n. m. **(anglais *fox terrier,* de *fox* « renard » et *terrier,* du français *chien terrier*)** Chien terrier à poils lisses et durs, blancs avec des taches fauves ou noires. *Des fox-terriers, des foxterriers.* - abrév. **fox.** *Des fox.*

fox-trot n. m. invar. ou **foxtrot** n. m. [fɔkstʀɔt] **(anglais « trot du renard *[fox]* »)** Danse à quatre temps, d'allure saccadée, en vogue vers 1920. *Des fox-trot, des foxtrots.*

Foy (Maximilien Sébastien) Général et homme politique français (1775-1825). Député libéral sous la Restauration, il prit position en faveur de la liberté de la presse et des libertés individuelles.

foyard voir **fayard**

foyer n. m. **(vient du latin pop. *focarium,* de *focus* « foyer » → ¹feu)** **I. 1.** Espace ouvert aménagé dans une maison pour y faire du feu. → **âtre. 2.** Feu qui brûle dans cet espace. – *Foyer d'incendie,* brasier d'où se propage l'incendie. **3.** Partie fermée (d'un appareil de chauffage) où brûle le combustible. *Le foyer d'une chaudière.* **II. 1.** Lieu où habite la famille. → **demeure, maison.** – La famille. « *L'humanité entière comprend la joie du foyer, les affections de famille* » (Chateaubriand). *Le foyer conjugal.* → **domicile.** *Fonder un foyer,* se marier. → **ménage.** *Femme* au foyer. Foyer monoparental. Foyer fiscal.* – au plur. *Soldat qui rentre dans ses foyers,* chez lui. **2.** Local servant de lieu de réunion, d'asile. *Foyer d'étudiants, de jeunes travailleurs.* **3.** Salle d'un théâtre où se réunissent et où peuvent boire les spectateurs pendant l'entracte. **III. 1.** Point d'où rayonne la chaleur, la lumière. *Un puissant foyer lumineux.* → **source.** – Point où convergent des rayons lumineux. *Verres à double foyer.* → **focal. 2.** Point par rapport auquel se définit une courbe. *Les foyers d'une ellipse.* **3.** Lieu d'origine (d'un phénomène). *Le foyer de la révolte.* **4.** Siège principal d'une maladie. *Foyer d'infection.* **5.** Lieu d'où se propage une maladie. *Foyer épidémique.* → **cluster.**

Foyle n. f. Rivière du N. de l'Irlande, qui marque, sur quelques kilomètres, la frontière entre l'Irlande du Nord (Ulster) et la république d'Irlande. 30 km.

Fra Angelico voir **Angelico**

frac n. m. **(anglais *frock,* emprunt au français *froc*)** Habit masculin de cérémonie, noir et à basques.

fracas n. m. **(italien *fracasso* → fracasser)** Bruit violent. « *Il y eut un fracas clair et violent de vitres secouées, de sabots claquant sur le sol* » (Alain-Fournier). – loc. *Avec perte et fracas,* brutalement.

fracassant, ante adj. **1.** Très bruyant. **2.** *Déclaration fracassante,* qui fait un effet violent. → **tonitruant.**

fracasser v. tr. < 1 > **(italien *fracassare,* p.-ê. du latin *frangere* « briser » → fraction et *quassare,* de *quatere* → casser)** Mettre en pièces, briser avec violence. → **briser, casser.** – pronom. *La barque s'est fracassée sur un écueil.*

Fracastor (Girolamo Fracastoro, dit en français **Jérôme)** Médecin, mathématicien et astronome italien (1478-1553). Il donna dans son poème *Syphilis sive de morbo gallico* une description de la maladie appelée depuis lors syphilis.

Frachon (Benoît) Syndicaliste et homme politique français (1892-1975). Membre du comité central du Parti communiste français (1926), il en organisa l'action clandestine sous l'Occupation (1941-1944). Il fut secrétaire général de la CGT de 1944 à 1967.

fractal, ale, als adj. **(du latin *fractus,* p. p. de *frangere* « briser » → fraction)** math. Qui représente des formes découpées, fragmentaires, laissant apparaître des motifs similaires à des échelles d'observation de plus en plus fines (ex. flocons de neige, éponges). – *Objets fractals,* présentant ce type de formes. – n. f. *Une fractale :* un objet fractal.

▶ Dérivé de l'adjectif issu du latin *fractus* (irrégulier, brisé), le terme **fractale** n'est employé comme substantif que depuis 1974, lorsque le mathématicien français Benoît Mandelbrot l'a proposé pour désigner certains objets.
En 1904, l'Allemand von Koch avait décrit la structure d'une courbe très irrégulière, construite en partant d'un segment et en remplaçant le tiers central par deux segments de cette même longueur constituant un triangle, et ainsi de suite à l'infini sur chaque nouveau segment. Cette construction produit une ligne de plus en plus dentelée, de longueur infinie, dont la géométrie est fractale. Mais c'est en 1913 que l'intérêt pour ce type de structure réapparut, à l'occasion d'une question soulevée par Jean Perrin, relative à la longueur des côtes de Grande-Bretagne. L'observation de la structure dentelée de la côte britannique suggérait en effet que la courbe de von Koch pouvait constituer un bon modèle pour évaluer sa longueur.
La spécificité des fractales réside dans le fait qu'elles reproduisent les mêmes structures quelle que soit l'échelle à laquelle on les regarde. On parle d'« auto-similarité » ou d'« homothétie interne ». La nature produit des structures fractales

F

approchées, telles que le *chou romanesco* dont les cônes sont surmontés de petits cônes, eux-mêmes surmontés de cônes plus petits...
Parce qu'elles sont esthétiques, les fractales ont souvent été utilisées dans l'art. Elles fascinent également les scientifiques pour leurs propriétés étonnantes : leurs dimensions non entières par exemple, ou leur métrique infinie. Ainsi après 40 itérations, la courbe de Koch évoquée ci-dessus, construite sur la base d'un segment d'1 cm de long, atteint déjà une longueur d'1 km !
Leurs applications sont variées et touchent aussi bien à la modélisation des structures naturelles (poumons, univers), qu'aux méthodes de codage et de compression d'images, ou encore à la conception de murs antibruits.
voir aussi **infini, modèle**

Le flocon de Koch est l'une des premières courbes fractales à avoir été décrite. Il s'obtient en partant d'un triangle équilatéral que l'on démultiplie vers l'extérieur. Certains phénomènes naturels (comme le chou romanesco) ont une structure de type fractale.

fraction n. f. **(bas latin *fractio*, de *frangere* « briser »)** **I.** vieux ou relig. Action de briser. *« Nous voyons Jésus reconnu à la fraction du pain »* (Renan). **II. 1.** Quantité qui représente une ou plusieurs parties égales de l'unité ; symbole formé d'un dénominateur et d'un numérateur. *Barre de fraction.* **2.** Partie d'une totalité. → **morceau, parcelle, portion.** *Une fraction de la population. Pendant une fraction de seconde.*

fractionnaire adj. Qui est sous forme de fraction. *Nombre fractionnaire.*

fractionnel, elle adj. Qui tend à diviser. *Activité fractionnelle au sein d'un parti.*

fractionnement n. m. Action de fractionner ; fait d'être fractionné. → **division.**

fractionner v. tr. < 1 > Diviser (une totalité) en parties, en fractions. → **partager, rompre, séparer.** – pronom. *L'assemblée s'est fractionnée en trois groupes* (→ **fractionnel**). – au p. p. sports (course) *Entraînement fractionné* ou n. m. *un fractionné*, consistant à alterner de courtes périodes d'effort intense et de récupération.

fractionnisme n. m. polit. Attitude tendant à briser l'unité d'un groupe ou d'un parti politique.

fractionniste n. et adj. polit. Qui tend à briser la cohésion d'un groupement politique.

fracturation n. f. techn. Procédé utilisé dans l'extraction d'hydrocarbures pour augmenter la perméabilité de la couche productrice en y pratiquant des fractures. – *Fracturation hydraulique*, par injection d'un fluide à très haute pression, employée notamment pour l'extraction du gaz de schiste.

fracture n. f. **(du latin, de *frangere* → fraction)** **1.** Rupture d'un os. *Fracture ouverte*, avec plaie. *Fracture incomplète.* → **fêlure.** *Fracture du crâne.* **2.** Cassure (de l'écorce terrestre, etc.). → **¹faille.** – fig. *La fracture sociale* : la scission entre les nantis et les exclus. *Fracture numérique* : inégalité d'accès à l'informatique, à Internet.

fracturer v. tr. < 1 > **1.** Blesser par une fracture. *Elle s'est fracturé une côte.* → **casser, rompre.** **2.** Briser avec effort. *Fracturer une porte, une serrure.*

Fra Diavolo (Michele Pezza, dit), « Frère Diable » Aventurier italien (1771-1806). Brigand en Calabre, il passa au service des Bourbons et des Anglais contre les Français. Il fut pris par trahison et mis à mort sous Joseph Bonaparte.

Fraenkel (Adolf Abraham) Mathématicien israélien d'origine allemande (1891-1965). Il compléta la théorie axiomatique des ensembles de Zermelo.

fragile adj. **(latin *fragilis*, de *frangere* → fraction, fracture)** **1.** Qui se brise, se casse facilement. → **cassant.** *Attention, c'est fragile !* **2.** (personnes) De constitution faible. → **délicat, faible.** *Un enfant fragile.* → **chétif, malingre.** *Il a l'estomac fragile. Une santé fragile.* → **précaire.** ■ Qui manque de résistance morale, psychique. *Personnalité fragile.* **3.** Qui est facile à ébranler, menacé de ruine. *Autorité fragile.* → **changeant, inconstant.**

fragiliser v. tr. < 1 > Rendre plus fragile. *Affection qui fragilise l'organisme.* → **affaiblir.** – fig. Rendre plus précaire. *Gouvernement fragilisé par les scandales.*

fragilité n. f. **(latin *fragilitas* → fragile)** **1.** Caractère de ce qui peut se casser facilement. **2.** Manque de solidité. *La fragilité d'un mécanisme.* **3.** Faiblesse de constitution. – Manque de résistance psychique. **4.** Caractère éphémère. *La fragilité des choses humaines.* → **instabilité.**

fragment n. m. **(latin *fragmentum*, de *frangere* « briser » → fraction, fracture)** **1.** Morceau d'une chose qui a été cassée, brisée. → **bout, débris, éclat, morceau.** *Les fragments d'un vase, d'une statue. « La fraction n'existe pas [...] dans la Nature, où ce que vous nommez un fragment est une chose finie en soi »* (Balzac). **2.** Partie (d'une œuvre). *Fragment d'un texte.* → **citation, extrait, passage.**

fragmentaire adj. Qui existe à l'état de fragments. *Documentation fragmentaire.* → **incomplet, partiel.**

fragmentation n. f. Action de fragmenter ; son résultat. – *Bombe, grenade à fragmentation*, qui se divise en multiples fragments, contenant chacun un projectile.

fragmenter v. tr. < 1 > Partager, séparer en fragments. → **diviser, morceler.** *Fragmenter un ouvrage, un capital.*

fragon n. m. **(du bas latin *frisco* « houx »)** Arbrisseau vivace épineux à baies rouges, appelé aussi *petit houx.*

Fragonard (Jean-Honoré) Peintre et dessinateur français (1732-1806). Ses œuvres, dont les thèmes sont marqués par la galanterie et les scènes libertines *(La Chemise enlevée ; Le Feu aux poudres)*, témoignent d'une grande finesse psychologique dans l'expression du sentiment amoureux *(L'Escalade ; L'Amant couronné)* et d'un grand talent de paysagiste *(La Fête à Saint-Cloud)*. Sa peinture, d'une extrême liberté dans la technique, annonce le XIXe siècle.

fragrance n. f. **(du latin chrét., de *fragrare* « exhaler une odeur » → flairer)** littér. Parfum subtil, odeur agréable. *Des racines « qui mêlaient la fragrance de l'angélique, du cédrat et de la vanille »* (Chateaubriand).

fragrant, ante adj. littér. Qui exhale une odeur subtile et agréable.

frai n. m. **(de *frayer*)** **1.** Ponte des œufs (par la femelle des poissons). **2.** Œufs (de batraciens, de poissons). **3.** Très jeunes poissons dont on peuple un étang, un vivier.

à la fraîche loc. adv. **(du fém. de *frais* adj.)** À l'heure où il fait frais (matin et, surtout, soir) (→ **prendre le frais**). - var. RO **à la fraiche.**

fraîchement adv. **1.** Depuis très peu de temps. → **récemment.** *Il est fraîchement arrivé.* **2.** Avec une froideur marquée. → **froidement.** *« Le compliment fut d'abord fraîchement reçu »* (Saint-Simon). - var. RO **fraichement.**

fraîcheur n. f. **(de *frais* adj.)** **I. 1.** Propriété de ce qui est frais. *La fraîcheur d'une eau de source.* **2.** Température fraîche. *La fraîcheur de l'air.* ■ Sensation de fraîcheur. *« Une fraîcheur, de la mer exhalée* [...] *»* (Valéry). **II. 1.** Qualité d'un produit frais, non altéré. *La fraîcheur d'un œuf, d'un fruit.* **2.** Qualité de ce qui a un aspect sain, vigoureux, de ce qui garde son éclat. *La fraîcheur de son teint.* – *La fraîcheur d'un coloris.* – (sentiments, idées) *« Une jeunesse d'esprit, une fraîcheur d'idées, de sentiments, d'impressions »* (Michelet). → **innocence, jeunesse.** - var. RO **fraicheur.**

fraîchin n. m. **(mot dialectal de l'Ouest, de ¹*frais*)** Odeur de poisson frais, de marée. - var. RO **fraichin.**

fraîchir v. intr. < 2 > Devenir frais, ou plus frais. → **se rafraîchir.** *Le temps fraîchit depuis quelques jours.* – mar. *Le vent fraîchit*, devient plus fort. → **forcir.** - var. RO **fraichir.**

Frain (Irène), née Le Pohon Écrivaine française (née en 1950). Originaire de Bretagne, inspirée par l'Inde, elle en a fait le décor de plusieurs romans *(La Maison de la source ; Le Nabab)*. Elle a également écrit sur la transmission familiale, l'amour, la perte *(Un crime sans importance)* et livré des récits historiques et biographiques *(Marie Curie prend un amant ; Beauvoir in love)*.

¹frais, fraîche adj. **(vient du francique *frisk* « un peu froid » [*cf.* frisquet] et « récent ; qui vient d'être cueilli »)** **I. 1.** Un peu froid. *Un vent frais. Servir un vin frais. Boire de l'eau fraîche.* – adv. *Il fait frais ce matin.* – n. m. *Prendre le frais*, respirer l'air frais (→ **à la fraîche**). – régional Fraîcheur. *« Comme le frais de la nuit tombait »* (Giono). **2.** Sans chaleur, sans cordialité. *Un accueil plutôt frais.* **II. 1.** Qui vient d'arriver, de se produire, d'être fait. → **²neuf, nouveau, récent.** *Découvrir des traces toutes fraîches. Des nouvelles fraîches. De fraîche date*, récent. – *Peinture fraîche*, pas encore sèche. – adv. (devant un p. p.) Depuis très peu de temps. *Un étudiant frais émoulu* de l'université.* **2.** Qui est tout nouvellement produit, n'a rien perdu de ses qualités naturelles. *Des œufs frais. Du pain frais* (opposé à *rassis*). – Consommé sans préparation de conservation. *Légumes, fruits frais* (opposé à *en conserve, sec, surgelé*). *Pâtes fraîches. Produits frais.* **3.** Qui a ou garde des qualités inaltérées d'éclat, de vitalité, de jeunesse. *Une fille jeune et fraîche. Être frais et dispos. Avoir le teint frais.* **4.** fam. Dans une fâcheuse situation. *Nous voilà frais !* → **propre.** **5.** En bon état, dans l'aspect du neuf. *Ce costume n'est pas très frais ; il faudrait le repasser.* **6.** Qui donne une impression vivifiante de pureté, de jeunesse. *« Il est des parfums frais comme des chairs d'enfants »* (Baudelaire). - var. du fém. RO **fraiche.**

²frais n. m. pl. **(plur. de l'ancien français *frait*, qui vient du latin médiéval *fractum*, de *frangere* → fraction ; d'abord « dommage fait en brisant » puis « réparation de ce dommage »)** **1.** Dépenses occasionnées par une opération. → **coût.** *Frais professionnels. Note de frais. Avoir de gros frais.* loc. *Rentrer dans ses frais,* en être remboursé par un gain **(→ défrayer). 2.** loc. – (avec à) *À grands frais,* en dépensant beaucoup, en se donnant beaucoup de peine. *À peu de frais, à moindres frais,* économiquement. *Aux frais de qqn,* les frais étant couverts par lui. *Aux frais de la princesse*.* – *Se mettre **en frais** :* s'engager dans des dépenses inhabituelles ; faire des efforts. – ***Faire les frais de qqch.,*** en être la victime, en subir les conséquences. *Faire les frais de la conversation,* en être le sujet malgré soi. – ***En être pour ses frais*** *:* ne rien obtenir en échange de ses dépenses, de ses efforts. **3.** ***Faux frais*** *:* dépense accidentelle s'ajoutant aux dépenses principales.

1fraise n. f. **(ancien français *fraie,* qui vient du latin pop. *fraga,* de *fragum* « fraise » ; influence de *framboise* pour le *s*) 1.** Fruit du fraisier. *Fraises des bois. Fraises cultivées* (plus grosses). *Tarte aux fraises. Confiture de fraises.* – **adj. invar.** De la nuance de rouge propre à la fraise. *Des rubans fraise écrasée.* **2.** loc. *Aller aux fraises,* aller cueillir des fraises ; fig. aller dans les bois (amants). – fam. *Sucrer les fraises,* être agité d'un tremblement (malades, vieillards). – Être gâteux. **3.** fam. Figure. *Ramener* sa fraise.*

2fraise n. f. **(de *2fraiser*)** Petit outil d'acier, de forme conique ou cylindrique, servant à évaser l'orifice d'un trou **(→ 2fraiser).** – Roulette de dentiste.

3fraise n. f. **(de *1fraiser*) I.** Membrane qui enveloppe les intestins du veau et de l'agneau. **II. (p.-ê. par analogie de forme)** Grand col blanc, plissé et empesé, porté au XVIe siècle.

1fraiser v. tr. < 1 > **(du latin pop., de *fresa* « broyée » [à propos des fèves], de *frendere* « broyer ») 1.** vieux Écosser. **2.** Briser (la pâte).

2fraiser v. tr. < 1 > techn. **1.** Évaser l'orifice d'un trou. **2.** Usiner (un matériau, une pièce) à l'aide d'une fraise. □ **n. m. fraisage**

fraiseraie n. f. Plantation de fraisiers.

fraiseur, euse n. **(de *2fraiser*)** techn. **1.** Ouvrier, ouvrière qui exécute des travaux de fraisage. **2. n. f.** Machine-outil servant à fraiser les métaux.

fraisier n. m. **(de *1fraise*) I.** Plante qui produit les fraises. **II.** Gâteau (génoise) à la crème et aux fraises.

fraisil n. m. **(du latin *fax, facis* « brandon »)** techn. Cendre de charbon de terre incomplètement brûlé.

Fraisse (Paul) Psychologue français (1911-1996). L'un des principaux théoriciens de la psychologie expérimentale, il travailla avec J. Piaget. *Pour une psychologie scientifique ; Traité de psychologie expérimentale.*

Fraisse (Geneviève) Philosophe et historienne française (née en 1948). Fille de Paul Fraisse. Elle étudie les rapports entre l'exclusion et l'émancipation des femmes et la construction de la citoyenneté politique depuis la Révolution française *(Muse de la Raison, Démocratie et exclusion des femmes en France ; Du consentement).*

fraisure n. f. **(de *2fraiser*)** Évasement conique pratiqué avec une fraise **(→ 2fraiser).**

framboise n. f. **(vient p.-ê. du francique *brambasi ; fr-* d'après *fraie* → 1fraise) 1.** Fruit composé, de couleur rouge sombre, très parfumé, produit par le framboisier. *Sirop de framboise.* – en appos. invar. De la couleur de la framboise. *Des écharpes framboise.* **2.** Liqueur, eau-de-vie de framboise.

framboiser v. tr. < 1 > Parfumer à la framboise.

framboisier n. m. Arbrisseau qui produit les framboises.

Frame (Janet Paterson Frame Clutha, dite Janet) Romancière néo-zélandaise (1924-2004). Son œuvre est inspirée par son expérience de la folie et de l'hôpital psychiatrique. *Des jardins parfumés pour les aveugles ; Intensive Care.*

framée n. f. **(latin *framea,* d'origine germanique)** hist. Long javelot dont se servaient les Francs.

Frameries Ville de Belgique (Hainaut). 21 959 habitants. Industrie.

1franc, franque [fʀɑ̃, fʀɑ̃k] **n. et adj. (latin médiéval *francus,* du francique *frank*)** Membre de peuplades germaniques qui occupaient les rives du Rhin et la région maritime de la Belgique et de la Hollande puis envahirent la Gaule. *La langue des Francs.* → **francique.** – **adj.** *La Gaule franque,* conquise par les Francs.

2franc, franche [fʀɑ̃, fʀɑ̃ʃ] **adj. (de *1franc,* au sens de « homme libre et noble ») I. 1.** vieux Libre. → **franc-maçon.** – en loc. Sans entrave, ni gêne, ni obligation. *Avoir les coudées* franches.* – ***Corps francs*** *:* troupes ne faisant pas partie des unités combattantes régulières. → **franc-tireur.** – ***Coup franc*** (football, etc.) : coup tiré sans opposition de l'adversaire, pour sanctionner une faute. **2.** Affranchi, libéré de certaines servitudes ; exempt de charges, taxes **(→ franchise ; affranchir).** *Port franc. Zone franche. Expédition franc de port.* → **franco (1). II. 1.** Qui s'exprime ou se présente ouvertement, sans artifice, ni réticence. → **1droit, honnête, loyal, sincère.** *« Un homme franc est un homme qui a des réactions franches »* (Valéry). *Il est franc comme l'or,* très franc. ■ loc. *Jouer **franc jeu** :* agir loyalement, en respectant les règles. → **fair-play.** ■ **adv.** *Parler franc.* → **franchement. 2.** Qui présente des caractères de pureté, de naturel. → **pur, simple.** *Couleurs franches.* **3.** (précédant le n.) péj. Qui est véritablement tel. → **achevé, fieffé, vrai.** *Une franche canaille.*

3franc [fʀɑ̃] **n. m. (p.-ê. de la devise des monnaies *Francorum rex* « roi des Francs » → 1franc) 1.** Unité monétaire légale de la France (avant l'euro), divisée en cent centimes *(anciens francs). Cinquante mille francs.* **2.** *Franc belge, franc luxembourgeois ; franc suisse,* unité monétaire de la Belgique, du Luxembourg (avant l'euro) ; de la Suisse. *Franc CFA**

▶ Le **franc** (1) n'est devenu l'unité monétaire unique de la France qu'en 1795, même si des pièces portent ce nom depuis 1360. La loi du 17 germinal an XI (7 avril 1803) définit le franc par un poids de métal précieux (« cinq grammes d'argent »). Cette loi marque la naissance du *franc Germinal* et instaure un régime de double étalon argent et or, car des pièces d'or sont également frappées.
Le franc conserve cette définition durant le XIXe siècle et apparaît comme une monnaie forte jouant un rôle international. Le financement de la Grande Guerre et de la reconstruction est à l'origine d'une forte dépréciation du franc, ponctuée par de violentes crises inflationnistes et de change entre 1924 et 1926. En juin 1928, la stabilisation Poincaré rétablit une convertibilité métallique du franc, qui est cependant amputé de près de 80 % de sa valeur : un dollar cote alors 25,45 francs, contre 5,15 francs avant la guerre. Entre 1936 et 1986, l'histoire du franc est celle d'un enchaînement de dépréciations et de dévaluations. Si, à la fin de l'année 1945, un dollar vaut 119 francs, après la dévaluation du 27 décembre 1958, un dollar vaut 473 francs.
Le 1er janvier 1959, un nouveau franc — plus « lourd » — voit le jour (1 nouveau franc = 100 anciens francs). De nouvelles dévaluations interviennent cependant : en 1969 et au début des années 1980 à la suite de dérapages inflationnistes. La politique d'un franc fort ancré sur le mark allemand, à l'œuvre entre 1986 et 1998, est associée à une stabilisation de la valeur du franc, avant qu'il ne soit tout à fait remplacé par l'euro en 2002.

voir aussi **dollar, euro, monnaie**

Françafrique n. f. Terme servant à désigner la stratégie politique et économique de la France dans ses anciennes colonies africaines.

français, aise adj. et n. **(de *France,* du bas latin *Francia* « pays des Francs ») 1. adj.** Qui appartient, est relatif à la France et à ses habitants. *La République française. Littérature française. D'expression française.* → **francophone.** – **n.** Personne de nationalité française. ■ **loc. adv.** *Jardin* à la française.* ■ **adv.** *Acheter français.* **2. n. m.** ***Le français*** *:* langue romane parlée en France, Belgique, Suisse, au Canada (Québec, Nouveau-Brunswick, etc.), et comme seconde langue en Afrique, aux Caraïbes, etc. → **francophonie.** *Ancien français* (IXe-XIIIe siècle) ; *moyen français* (XIVe-XVIe siècle) ; *français classique* (XVIIe-XVIIIe siècle) ; *français moderne.* ■ **adj.** Du français (langue). *La grammaire française.*

Françaix (Jean) Pianiste et compositeur français (1912-1997). Il est l'auteur d'œuvres très variées (opéra, musique de chambre, ballets, musique de film, piano) dans un style indifférent aux mutations de la musique contemporaine.

franc-alleu [fʀɑ̃kalø] **n. m. (de *2franc* « libre » et du francique *al-ôd* « totale propriété »)** hist. À l'époque féodale, Terre de pleine propriété, affranchie de toute obliga-

Fragonard (Jean-Honoré)

Jean-Honoré Fragonard, *Le Verrou* (1774), musée du Louvre, Paris.

tion ou redevance (opposé à *fief*). *Des francs-alleux.*

Francart (Jacques II) Architecte flamand (1582-1651). Il édifia, dans le style baroque, l'église des Jésuites à Bruxelles (aujourd'hui disparue) et l'église du Béguinage de Malines.

Francastel (Pierre) Historien d'art français (1900-1970). Il analysa les œuvres d'art comme des moyens d'expression et de communication à travers lesquels on peut comprendre les traits d'une société. *Art et Technique aux XIXe et XXe siècles.*

franc-bord n. m. **1.** dr. Terrain libre de propriétaire, en bordure d'une rivière ou d'un canal. *Des francs-bords.* **2.** Distance comprise entre le niveau et la partie supérieure d'un navire, mesurée au milieu de la longueur du bateau.

franc-bourgeois n. m. Au Moyen Âge, Habitant d'une ville exempt des charges municipales. *Des francs-bourgeois.*

France (Anatole François Thibault, dit Anatole) Écrivain français (1844-1924). Ses récits sont d'une grande perfection formelle *(Le Crime de Sylvestre Bonnard)* et influencés par la nostalgie du passé, antique *(Thaïs)* ou plus récent *(Le Lys rouge)*. Associé à Zola pendant l'affaire Dreyfus, il prêta son appui au socialisme, puis au communisme naissant, tout en dénonçant dans son roman historique *Les dieux ont soif* le danger des mystiques politiques modernes. Prix Nobel 1921.

France

n. f. ■ offic. République française État d'Europe occidentale. 543 965 km² (France métropolitaine avec ses îles côtières). 67 162 154 habitants (les *Français*). **Langues :** français (offic.), alsacien, basque, breton, catalan, corse, dialectes de langue d'oïl (au N.) et d'oc (au S.). **Monnaie :** euro. **Capitale :** Paris. **Régime :** démocratie parlementaire. La France est découpée en 96 départements métropolitains, regroupés en 13 Régions. Elle comprend également 5 départements d'outre-mer, ou DOM, qui ont aussi le statut de Région (Guadeloupe, Guyane, Martinique, Mayotte, Réunion), des Collectivités d'outre-mer, ou COM (Wallis et Futuna, Saint-Pierre et Miquelon), un Pays d'outre-mer, ou POM (Polynésie française), la Collectivité de Nouvelle-Calédonie et les TAAF (terres Australes et Antarctiques françaises).

GÉOGRAPHIE

La France occupe entre l'Atlantique et la Méditerranée un isthme étroit où se décline une grande variété de paysages. Pays d'altitude moyenne, elle présente pourtant des barrières montagneuses élevées au sud et à l'est.

Paysages morphologiques **Le Nord** Les plaines de Flandre et du Hainaut constituent l'extrémité de la grande plaine nord-européenne. À l'E., les plaines et les plateaux de la Champagne et de la Lorraine sont interrompus par des cuestas. Le Bassin parisien occupe la plus grande partie de la France septentrionale ; les plateaux calcaires (Beauce, Valois, Brie) y prédominent au centre. **Les massifs hercyniens** À l'E., les Vosges sont un massif hercynien peu élevé. Au S., le Massif central, qui couvre 1/8 du territoire, prend souvent l'allure de plateaux aux altitudes modestes (Limousin). Dans sa partie orientale et centrale, des reliefs volcaniques donnent naissance à plusieurs chaînes (Puy de Sancy, 1 885 m). À l'extrême O., le Massif armoricain est constitué de nombreux plateaux. **Le Bassin aquitain et les Pyrénées** Le S.-O. de la France est occupé par le Bassin aquitain, drainé par la Garonne et appuyé sur le Massif central à l'E. Au S., de l'Atlantique à la Méditerranée, s'étire la chaîne-barrière des Pyrénées (410 km de long), formée à l'ère tertiaire. **Les Alpes et le Jura** Les Alpes françaises (culminant au mont Blanc,

France

4 807 m) constituent le versant occidental de l'arc alpin. Elles sont le domaine des hauts reliefs couverts de glaciers et entaillés de vallées profondes (Maurienne, Tarentaise). Au N. du système alpin, le Jura oppose monts (issus du mouvement alpin) et plateaux (à l'O.). **Le couloir rhodanien** Le couloir de la Saône et du Rhône sépare la France hercynienne de la France alpine et constitue le seul passage de la mer du Nord à la Méditerranée. C'est une dépression aux paysages multiples, où se succèdent plaines et défilés étroits. **La Corse** La Corse est constituée en majeure partie par un massif ancien.

Hydrographie La France est arrosée par plusieurs grands fleuves (Seine, Rhin, Loire, Garonne, Rhône) et leurs affluents, ainsi que par des fleuves côtiers (Somme, Charente, Vilaine...). Dans les régions de climat océanique et continental, les inondations, occasionnelles, sont peu dangereuses. En revanche, dans les régions méditerranéennes, les crues peuvent être brutales et dévastatrices (Vaison-la-Romaine, 1992 ; Var, 2010 et 2014).

Climat et végétation Le climat océanique s'étend, sous des formes parfois légèrement atténuées, à tout l'O. de la France (hivers doux, étés frais, précipitations abondantes toute l'année). Le climat à tendance continentale prédomine sur l'ensemble des régions de l'E. (hivers rudes et enneigés, étés chauds avec orages fréquents). Les plaines et les plateaux de l'E. sont souvent boisés. Le climat méditerranéen se caractérise par des étés secs et chauds, des hivers doux et des pluies abondantes sous forme d'averses. Maquis et garrigues se partagent les sols siliceux et les sols calcaires. Les montagnes ont leur climat propre (pluies abondantes ; hivers rigoureux et enneigés).

DÉMOGRAPHIE

L'évolution démographique La France occupe le 22e rang des États du monde pour la population. Elle a entamé précocement (vers 1800) son processus de transition démographique (passage de taux de natalité et de mortalité élevés à des taux faibles). La natalité a repris de 1945 à 1964 *(baby boom)*, puis le taux de natalité a recommencé à baisser. En 2021, il s'est établi à 10,9 ‰ et reste supérieur au taux européen. L'espérance de vie ne cesse de croître pour atteindre, en 2021, 85,4 ans pour les femmes et 79,3 ans pour les hommes. La structure démographique de la population révèle un vieillissement marqué : 22 % de moins de 20 ans et 21 % de plus de 65 ans en 2021.

L'immigration La France compte 7 millions d'immigrés recensés, soit 10 % de la population en 2021 (parmi lesquels 2,5 millions ont acquis la nationalité française) : 33,3 % sont des Européens, 29,1 % des Maghrébins, 17,4 % viennent d'Afrique subsaharienne (part en hausse) et 14,7 % d'Asie (dont près d'un tiers de la Turquie). Les immigrés sont concentrés dans les grandes régions urbaines (Île-de-France, Rhône-Alpes, Provence-Alpes-Côte d'Azur).

Un pays urbanisé La densité du peuplement (117 hab./km^2 pour la métropole) est faible par rapport aux pays comparables. La répartition de la population est très contrastée. Les départements peu peuplés dessinent une large bande des plateaux de l'E. et du S. du Bassin parisien jusqu'aux montagnes pyrénéennes en passant par les hauteurs du Massif central. Les principales concentrations de population, liées au développement urbain, occupent les grandes vallées ou les littoraux. Près de 80 % des Français résident dans les agglomérations urbaines (2019).

ÉCONOMIE

La France est redevenue la 5e puissance économique du monde en 2021 alors qu'elle n'occupait plus que la 7e place depuis 2017. Le poids de l'État dans l'économie y demeure traditionnel, même si plusieurs vagues de privatisation ont, depuis le milieu des années 1980, sensiblement réduit le service public (France Télécom, EDF-GDF, Air France, secteur autoroutier, aéroports de Toulouse, Nice et Lyon, Française des jeux).

Agriculture La France, vieux pays agricole, reste une puissance mondiale dans ce secteur (1re puissance agricole européenne, 2e producteur et exportateur de l'Union européenne, 5e exportateur du monde). On distingue les grandes cultures des plaines du N., les prairies d'élevage de l'O., les cultures permanentes (vigne et arboriculture) des régions méditerranéennes et de certaines vallées. Les principales productions sont le lait (5e rang mondial), le vin, les bovins, le blé, le maïs, les porcins et les primeurs. Depuis les années 1960, d'importants efforts de modernisation ont été entrepris. La taille des exploitations et la productivité ont augmenté. La part de ce secteur dans la population active n'a cessé de décroître depuis 1945 pour atteindre 2,8 % dès 2014 (2,2 % en 2020). La Politique agricole commune (PAC) de l'Union européenne a contribué à soutenir le revenu des agriculteurs, tout en instaurant des quotas de production pour limiter les excédents. La jachère et le gel des terres posent des problèmes d'entretien de l'espace rural et de dépeuplement des campagnes. Depuis 1999, de graves épizooties ont engendré une crise de l'élevage.

Les vignobles couvrent 3 % des zones cultivées.

Énergie La France possède peu de ressources naturelles mais elle a amélioré son niveau d'indépendance énergétique (23,9 % en 1973, 53,4 % en 2021). Le charbon n'est plus exploité. Le gisement de gaz naturel de Lacq s'épuise et couvre moins de 10 % des besoins. La part relative du pétrole dans la consommation globale d'énergie (29 % en 2020) a diminué au profit de l'électricité, point fort du secteur énergétique français (9e rang mondial ; 4e rang pour le nucléaire). En 2019, la production est à 70,6 % d'origine nucléaire, 11,2 % d'origine hydraulique, 6,3 % d'origine éolienne, 2,2 % d'origine solaire et 7,9 % d'origine thermique.

La France est le troisième producteur d'électricité d'origine nucléaire, fournie par 58 réacteurs.

Industrie L'industrie assure 16,4 % du PIB (2020). La France, 3e puissance industrielle européenne, se situe au 5e rang mondial pour sa production. Les gains de productivité ont contribué à réduire la part de la population active travaillant dans l'industrie (11,5 % en 2020). Les industries traditionnelles ont mal résisté à la crise depuis 1974. La sidérurgie (Lorraine, Nord) a dû se restructurer. Le textile (Nord et quelques villes spécialisées), victime de la concurrence, se

L'Airbus 380, l'un des fleurons de l'industrie française.

maintient plus ou moins dans le coton et la fibre synthétique. La construction navale subsiste à Saint-Nazaire, Lorient et Bordeaux. Le secteur automobile reste pourvoyeur d'emplois (groupes Renault et PSA). La France fait partie des leaders mondiaux pour certaines industries de pointe : l'armement, l'industrie spatiale et aéronautique, les moyens de communication (TGV ; télématique). L'industrie agro-alimentaire, 1er secteur pour le chiffre d'affaires, rééquilibre par ses exportations une balance industrielle déficitaire dans d'autres domaines (informatique, machines-outils, hifi, électroménager). Le secteur de la chimie-pharmacie se place au 2e rang européen (2018).

Activités tertiaires Le secteur des services est devenu le 1er domaine d'activité économique (76 % de la population active et plus de 80 % du PIB en 2018). Les assurances et les banques y occupent une place importante. Le pays se place au 2e rang mondial pour les sociétés de services et pour l'ingénierie informatique. La grande distribution, dominée par quatre grands groupes, augmente ses parts de marché aux dépens des commerces indépendants. La vente par correspondance et le commerce par internet se développent. La France est devenue la 1re destination touristique dans le monde (près de 90 millions de visiteurs en 2018). Les sports d'hiver profitent aux zones de montagne. L'aménagement de stations balnéaires littorales se poursuit, non sans nuire, parfois, à l'environnement. Le « tourisme vert » a pris son essor dans les années 1990.

La France est la première destination touristique mondiale.

Transports Le réseau routier est l'un des plus denses du monde (13 379 km d'autoroutes en 2021). La route assure plus de 80 % du transport des marchandises, contre 2 % pour les voies navigables. Le statut de « port autonome » attribué aux quatre premiers sites français (Marseille, Le Havre, Dunkerque, Nantes-Saint-Nazaire) n'a pas suffi à leur assurer un bon rang européen et mondial. L'ouverture du tunnel sous la Manche (1994) entre la France et l'Angleterre a engendré une vive concurrence avec les ports assurant le transport des personnes. Le réseau ferroviaire a terminé sa phase de restructuration (fermeture des

France (régions administratives)

lignes secondaires ; développement des lignes à grande vitesse). Le TGV (Train à grande vitesse), vitrine technologique de la France, s'exporte avec succès. L'hégémonie des aéroports parisiens (Paris-Charles-de-Gaulle et Orly) est incontestable : 108 millions de passagers en 2019 sur un total d'environ 200 millions.

Organisation et aménagement du territoire L'organisation du territoire français est de type centre-périphérie. Le pouvoir de la région parisienne s'est renforcé au cours des siècles pour aboutir à une concentration exceptionnelle des activités, du pouvoir et de la richesse, même si les autorités mettent en œuvre des politiques de rééquilibrage (déconcentration et décentralisation). En outre, depuis la révolution industrielle, une ligne Le Havre-Marseille sépare la France de l'O., plus pauvre, plus agricole, plus rurale, et la France de l'E., plus riche, plus active (pour l'industrie et les services), plus urbaine, même si cette opposition s'atténue depuis une trentaine d'années. Une réforme territoriale a fait passer le nombre des régions de 22 à 13 en 2016.

La France des villes La France est le seul pays européen (avec le Royaume-Uni à un degré moindre) à posséder un réseau urbain dont la capitale domine largement les autres villes. Si Paris peut rivaliser en Europe avec Londres, les métropoles de province ont un poids relativement faible face aux puissantes agglomérations italiennes, allemandes ou espagnoles.

Aménagement Pour corriger les disparités du territoire, une politique d'aménagement a été conduite par la Délégation à l'aménagement du territoire et à l'action régionale (DATAR) créée en 1963. Elle est aujourd'hui relayée au niveau européen par l'UE.

Environnement Les mesures de protection de l'environnement ont été plus tardives que dans d'autres pays européens (11 parcs nationaux dont 3 outre-mer et 58 parcs naturels régionaux dont 2 ultramarins ; Conservatoire du littoral créé en 1975). En 2007, l'organisation par le gouvernement d'une conférence réunissant tous les acteurs concernés (« Grenelle de l'environnement ») a donné lieu à une politique nouvelle en matière d'environnement et de développement durable.

HISTOIRE

Les origines À la fin du ve s., les Francs exercent leur suprématie sur la Gaule (→ **Gaule** pour la période antérieure). **Les Mérovingiens** Le roi Clovis (qui régna de 481 à 511) réunifia la Gaule. En se faisant baptiser à Reims (498 ou 499), il gagna l'appui de l'Église catholique. Le soutien des monarques francs accéléra la diffusion du christianisme, encore très lente au vi^e^ s. Les nombreux partages et les luttes incessantes affaiblirent le royaume franc, dont l'unité ne fut reconstituée que fugitivement sous Clotaire II (613-629) et Dagobert Ier (629-639). La rivalité entre l'Austrasie et la Neustrie, dirigées par des maires du palais au nom des « rois fainéants » occupa toute la fin de l'époque mérovingienne. **Les Carolingiens** La lignée des maires du palais d'Austrasie (dont Charles Martel, vainqueur des Sarrasins à Poitiers en 732) accéda au trône avec Pépin le Bref en 751. Pépin puis Charlemagne (768-814) se firent les champions de la papauté face aux périls lombard et byzantin. Le sacre de Charlemagne à Rome (800) consacra le rétablissement de l'unité du monde occidental. Un renouveau

France de Charles V

culturel s'accomplit durant le règne de Charlemagne. Mais l'unité de l'Empire ne survécut pas à Louis le Pieux (814-840). En 843, Charles le Chauve reçut au traité de Verdun la *Francia Occidentalis*.

Le développement de la féodalité Dès le VIIIe s., les maires et rois francs récompensèrent leurs fidèles par la concession de *bénéfices*, le plus souvent des terres prélevées sur leur domaine propre. À la fin du IXe s., le pouvoir central se révéla incapable de résister aux multiples invasions (Scandinaves, Sarrasins, Hongrois). Ducs et comtes se constituèrent de grandes principautés territoriales, à l'intérieur desquelles ils prirent le relais de l'autorité royale affaiblie : ainsi naquit la féodalité. Entre 888 et 987, une puissante famille princière, les Robertiens, alterna sur le trône avec les derniers Carolingiens.

Les premiers Capétiens **La consolidation de la royauté** En 987, le Robertien Hugues Capet, ancêtre de la dynastie capétienne, fut élu roi. L'autorité politique des premiers Capétiens resta limitée à un étroit domaine royal autour de Paris, mais ils surent jouer de leur prestige reposant sur le sacre royal à Reims et la présence du roi au sommet de la pyramide féodale. Ils consacrèrent le principe de l'hérédité royale en faisant sacrer leur fils de leur vivant. Au XIIe s., la puissance de la royauté s'accrut considérablement. Louis VI inaugura une politique de « justicier », poursuivie avec succès par ses successeurs, malgré la perte de l'Aquitaine lors de la répudiation d'Aliénor par Louis VII. **La vie culturelle** Le monachisme connut un grand épanouissement (Cluny, mouvement cistercien). L'art roman fut abondamment représenté en France. La vie intellectuelle s'intensifia au sein des écoles monastiques (écoles de Chartres et de Saint-Victor de Paris ; Abélard, Bernard de Clairvaux) et des cours princières (littérature courtoise). **L'économie et la société** Les villes s'émancipèrent (création des communes), aux mains d'une bourgeoisie née de l'essor économique. L'évolution des techniques agricoles entraîna une remarquable croissance démographique (on estime que la population passa de 8 millions v. l'an 1000 à 20 millions v. 1300). Le commerce, bénéficiaire des croisades, se développa (foires de Champagne). Le servage disparut progressivement.

Le rayonnement français au XIIIe s. Le XIIIe s. marqua l'apogée de l'hégémonie française en Occident. **L'unité du royaume** Philippe II Auguste (1179-1223) sortit victorieux de la querelle opposant les Capétiens à leurs rivaux Plantagenêts : en 1204, le domaine royal s'accrut de tout le N.-O. de la France. Philippe Auguste remporta à Bouvines (1214) la première victoire « nationale » face à une coalition étrangère. Le premier, il porta le titre de « roi de France ». La croisade contre les albigeois (cathares) aboutit au rattachement du Languedoc au domaine royal (XIIIe s.). **Le rayonnement spirituel et intellectuel** L'université de Paris attira de nombreux étrangers (Albert le Grand, Thomas d'Aquin). Le style gothique, apparu en Île-de-France au XIIe s., se répandit dans l'Europe entière. Avec Louis IX (Saint Louis, 1226-1270), le roi de France bénéficia d'un grand prestige spirituel, renforcé par son rôle dans les croisades. **La constitution d'un État organisé** Les progrès de l'administration aboutirent sous Philippe IV le Bel (1285-1314) au triomphe d'une conception renforcée de l'État royal, portée par une classe de légistes familiarisés avec le droit romain. Philippe le Bel entra en conflit avec l'Église (affaire des Templiers, attentat d'Anagni).

La guerre de Cent Ans **Les causes** La crise de succession qui éclata à la mort des fils de Philippe le Bel et à l'avènement de Philippe V de Valois réveilla le vieux conflit qui opposait la France et l'Angleterre, dont le roi revendiqua la couronne de France. **Les conséquences** Le sentiment national, incarné un temps par Jeanne d'Arc, en sortit renforcé, de même que l'État royal (impôts et armée permanents). Le renouveau économique qui suivit la guerre fut encouragé par Charles VII (1422-1461) et Louis XI (1461-1483). Celui-ci acheva d'éliminer la puissance des grands féodaux. Le domaine royal s'agrandit de la Bourgogne et de l'Anjou.

Apogée et déclin de la monarchie **Les guerres d'Italie** Les droits des souverains français sur le royaume de Naples servirent de prétexte aux expéditions de Charles VIII et de Louis XII, celui-ci y ajoutant des visées sur le Milanais. Celles-ci dégénérèrent sous François Ier (1515-1547) en lutte entre la maison de France et celle d'Autriche. **Les débuts de la monarchie administrative** François Ier et Henri II firent triompher une conception de la monarchie annonciatrice de celle de Louis XIV. Les derniers grands fiefs disparurent (la Bretagne fut définitivement intégrée au domaine royal). L'autorité royale fut renforcée par le développement des « officiers » et celui de la cour. **La Renaissance** Les guerres d'Italie favorisèrent la diffusion de la Renaissance italienne. L'humanisme entraîna l'éclosion des études philologiques qui mirent à la disposition du public français les auteurs classiques et les textes bibliques et permit d'enrichir la langue française. Les grandes découvertes et l'afflux de métaux précieux qui en résulta vinrent donner une nouvelle impulsion à

Franc en or à l'effigie du roi Jean II le Bon à cheval, brandissant l'épée (1360), Bibliothèque nationale de France, Paris.

France de la Révolution

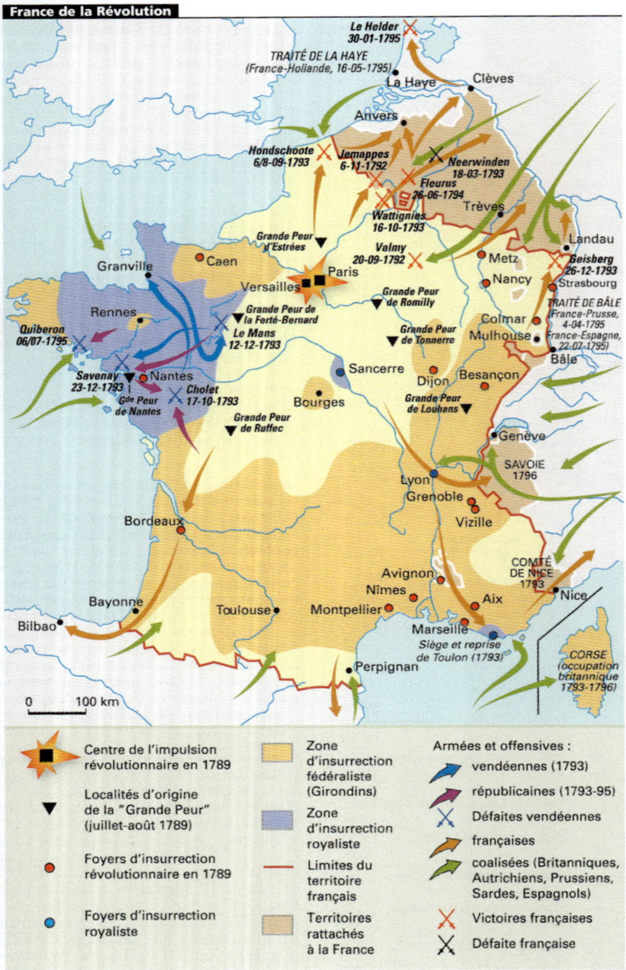

l'expansion économique du XVIe s. **Les guerres de Religion** Les guerres de Religion ébranlèrent l'État royal. La minorité des rois (François II, Charles IX) sous la régence de Catherine de Médicis, favorisa les luttes partisanes et religieuses, dont les protagonistes n'hésitèrent pas à faire appel à l'étranger (Élisabeth Ire d'Angleterre, Philippe II d'Espagne). La continuité monarchique fut assurée par la conversion d'Henri IV au catholicisme. En 1598, celui-ci parvint à rétablir la paix extérieure (traité de Vervins avec l'Espagne) et intérieure (édit de Nantes). **La restauration de l'autorité royale** Malgré les troubles liés à la minorité des rois (Fronde sous Louis XIV), le XVIIe s. vit la mise en place de la monarchie absolue. Esquissée par Louis XIII, Richelieu et Mazarin, celle-ci trouva son achèvement sous Louis XIV (1643-1715), qui établit une véritable mystique du pouvoir de droit divin et acheva l'unité de l'État. Le roi favorisa une économie mercantiliste (Colbert). La révocation de l'édit de Nantes fut une conséquence logique de l'absolutisme. **Le classicisme** L'art du Grand Siècle fut mis au service de la monarchie absolue. Le classicisme s'imposa en littérature (Racine, Corneille, Molière, La Fontaine), en architecture (Mansart, Le Vau), en peinture (Mignard, Poussin). La musique resta étroitement liée à la cour (Lully, Couperin). Seules la philosophie (Descartes, Pascal) et, dans une certaine mesure, la spiritualité (jansénisme) se développèrent en marge de la sphère d'influence royale, voire en opposition à elle. **L'hégémonie française en Europe** Richelieu intervint à la fin de la guerre de Trente Ans (1635), et Mazarin continua la lutte contre les Habsbourg avec succès : le traité de Westphalie puis celui des Pyrénées consacrèrent l'hégémonie française en Europe. Le traité de Nimègue marqua l'apogée du règne de Louis XIV. Cependant, sa politique agressive devait entraîner une suite de coalitions finalement victorieuses. La lutte traditionnelle contre les Habsbourg fit peu à peu place sous Louis XV (1715-1774) à une rivalité économique et coloniale avec l'Angleterre (guerre de Sept Ans). **La société** Les famines et la pression fiscale favorisèrent au XVIIe s. les révoltes contre le fisc royal (Croquants, Nu-Pieds). Dans la seconde moitié du XVIIIe s., la population augmenta, les épidémies reculèrent et les famines disparurent. Mais la fiscalité continua de peser sur la paysannerie. La bourgeoisie poursuivit son ascension durant le XVIIe et le XVIIIe s. La production manufacturière augmenta. Le grand commerce, et notamment le commerce colonial, connut une forte expansion, faisant la richesse de villes comme Nantes ou Bordeaux. **Les arts et la philosophie au XVIIIe s.** La France conserva au XVIIIe s. l'extraordinaire rayonnement culturel du Grand Siècle. Les fêtes galantes inspirèrent la peinture, la sculpture, l'architecture, la musique et la littérature. Les philosophes des Lumières (Montesquieu, Diderot, Voltaire, Rousseau, d'Alembert, Condorcet) ouvrirent la voie à la Révolution. **Les difficultés du règne de Louis XV** Après la Régence (1715-1723) marquée par l'échec du système de Law, le règne de Louis XV fut dominé par l'opposition des parlementaires qui, tout en ralliant l'opinion par une défense théorique de la liberté face au pouvoir royal, défendaient en réalité leurs privilèges. Le roi renoua à la fin de son règne avec une politique autoritaire, qui devait être abandonnée après sa mort.

La fin de l'Ancien Régime et la Révolution (1774-1799) **L'échec des réformes et la crise** Louis XVI (1774-1792) était peu préparé à faire face aux transformations économiques, démographiques et idéologiques que connaissait le pays. La participation victorieuse de la France à la guerre d'Indépendance des États-Unis (1778-1783) aggrava la situation financière. Les politiques réformatrices de Calonne, puis Necker se heurtèrent à la contestation parlementaire (1787-1788), situation aggravée par un contexte de disette et de crise économique. **La chute de la monarchie** Les états généraux réunis en mai 1789 se transformèrent en Assemblée nationale constituante (juillet). La prise de la Bastille (14 juillet), l'abolition des privilèges (nuit du 4 août 1789), la Déclaration des droits de l'homme et du citoyen mirent fin à l'Ancien Régime. Mais la fuite et l'arrestation du roi à Varennes en juin 1791 et les échecs militaires qui suivirent la déclaration de la guerre à l'Autriche (avril 1792) eurent raison de la monarchie (journée du 10 août 1792). **La Ire République** La Ire République fut proclamée le 21 septembre 1792 par la Convention. L'exécution de Louis XVI (21 janvier 1793) fut suivie de la formation de la Ire coalition contre la France révolutionnaire. Les révoltes intérieures (guerre de Vendée, chouannerie) et les menaces extérieures aboutirent à l'instauration d'une dictature révolutionnaire (juin 1793) dont Robespierre devint la figure emblématique. Les excès de la Terreur entraînèrent finalement sa chute le 9 Thermidor an II (1794). La Convention thermidorienne (1794-1795) puis le Directoire (1795-1799) furent marqués par la répression des oppositions, tant jacobine que royaliste. Le coup d'État du 18 Brumaire an VIII (1799) mit fin à l'époque révolutionnaire.

Le Consulat (1799-1804) et l'Empire (1804-1814, 1815) Napoléon Bonaparte (→ Napoléon Ier), qui devait son prestige à ses nombreuses victoires, se fit nommer consul à vie (1802), puis sacrer empereur (décembre 1804). **La réorganisation du pays** Le Consulat et l'Empire furent marqués par une réorganisation administrative (institution des préfets), religieuse (concordat de 1801), juridique (Code civil), financière (Banque de France, franc germinal), universitaire. **Les guerres napoléoniennes et la chute de Napoléon** Sur le plan extérieur, l'Empereur étendit sa domination sur la plus grande partie de l'Europe. Mais bientôt les échecs militaires l'obligèrent à abdiquer (1814). La défaite de Waterloo (1815) mit fin à l'épisode des Cent-Jours, pendant lesquels Napoléon avait tenté de revenir au pouvoir.

La Restauration (1814-1815, 1815-1830) et la monarchie de Juillet (1830-1848) Sous les règnes de Louis XVIII (1814-1824) et de Charles X (1824-1830), la France fit l'expérience d'une monarchie constitutionnelle. La révolution de juillet 1830 porta sur le trône la branche d'Orléans avec Louis-Philippe (1830-1848). La monarchie de Juillet dut faire face à de nombreux mouvements d'opposition politique et sociale. L'essor économique s'accompagna de bouleversements idéologiques (catholicisme libéral, débuts du socialisme) et artistiques (romantisme). À l'extérieur, tout en recherchant la paix, la monarchie mena une politique de conquêtes coloniales (notamment en Algérie). La crise économique et financière (1846-1847) et une politique de plus en plus conservatrice provoquèrent la révolution de février 1848.

La Révolution de 1848 et le Second Empire **La IIe République** La IIe République fut rapidement contrôlée par les républicains modérés puis les conservateurs ; les insurrections de mai et surtout de juin 1848 furent violemment réprimées. **Napoléon III** Le conflit qui opposa le prince-président Louis-Napoléon Bonaparte et l'Assemblée législative aboutit au coup d'État du 2 décembre 1851. En 1852, Louis-Napoléon Bonaparte se fit décerner le titre d'empereur sous le nom de Napoléon III. Le Second Empire (1852-1870) fut pour la France une période d'essor économique (révolution industrielle) et artistique. Le Second Empire s'effondra après la capitulation de Sedan (2 septembre 1870) suivie de la journée révolutionnaire du 4 septembre 1870.

La IIIe République (1870-1940) **De la guerre de 1870 à 1914** La IIIe République, marquée à ses débuts par les conséquences de la guerre franco-allemande (1870-1871) et la Commune de Paris, reçut des lois constitutionnelles de 1875 son visage définitif. Dans les années 1880, un ensemble de réformes relatives aux libertés publiques et à l'enseignement (Jules Ferry) enracinèrent le régime républicain. La conquête coloniale s'amplifia, mais le pays fut secoué par des crises politiques (boulangisme, affaire Dreyfus). La politique anticléricale atteignit son paroxysme au moment de la loi de séparation des Églises et de l'État (1905). **De la Première Guerre mondiale à l'armistice du 22 juin 1940** De la Première Guerre mondiale, la France sortit victorieuse, mais très affaiblie. Modérés et conservateurs constituèrent le Bloc national (1919). Après l'intermède du Cartel des gauches (1924-1926) fut formé un gouvernement d'Union nationale sous la direction de R. Poincaré. La France fut touchée en 1930-1931 par les répercussions de la crise économique de 1929. En 1936, le Front populaire réalisa de profondes réformes économiques et sociales. La Seconde Guerre mondiale, déclarée en septembre 1939, aboutit à l'invasion et à l'occupation allemande. L'Assemblée nationale vota les pleins pouvoirs au maréchal Pétain.

La Seconde Guerre mondiale et l'après-guerre **La guerre et la Libération** Tandis que le gouvernement de Vichy (1940-1944) s'orientait vers une politique de collaboration avec l'Allemagne, le général de Gaulle appelait à continuer la lutte et la Résistance s'organisait. À la Libération, le Gouvernement provisoire de la République française adopta de profondes réformes économiques et sociales. De Gaulle, en désaccord avec les partis, démissionna (janvier 1946). La deuxième Assemblée constituante (1946) fit adopter par référendum la Constitution de la IVe République. **La IVe République** Elle entreprit la reconstruction économique et financière du pays. Mais le régime fut caractérisé par une instabilité ministérielle chronique, aggravée par les problèmes de la décolonisation (guerre d'Indochine, 1946-1954 ; troubles en Algérie).

Depuis 1958 : la Ve République **Les présidences de De Gaulle, Pompidou et Giscard d'Estaing** Le général de Gaulle mit fin à la guerre d'Algérie et mena une politique extérieure de prestige mais, sur le plan intérieur, un certain malaise économique et culturel aboutit aux évènements de mai 1968. Georges Pompidou, élu président de la République en 1969, s'employa à moderniser l'appareil économique du pays. Valéry Giscard d'Estaing (1974-1981) affirma une « volonté de changement ». Sur le plan extérieur, il relança la construction européenne.

Le président François Mitterrand (PS) et (à g.) le Premier ministre Jacques Chirac (président du RPR) en 1986, année de la première cohabitation.

Les septennats de François Mitterrand Sous le septennat de F. Mitterrand (Parti socialiste), le premier gouvernement procéda à des nationalisations et à des réformes sociales (1981-1983). Mais la crise économique entraîna la conversion des socialistes à l'économie de marché (1983). Pendant une première « cohabitation » (1986-1988), le Premier ministre Jacques Chirac (RPR) entama une politique de privatisation des entreprises publiques. F. Mitterrand fut réélu en 1988, mais la gauche subit une déroute aux législatives de 1993. Sur le plan extérieur, F. Mitterrand accéléra la construction européenne (traité de Maastricht, 1992). **Les deux présidences de Jacques Chirac** J. Chirac fut élu président de la République en 1995. Les législatives anticipées de 1997 furent remportées par une coalition de gauche conduite par le PS. Lionel Jospin devint Premier ministre, inaugurant une nouvelle « cohabitation ». L'ancrage européen de la France fut maintenu (entrée en vigueur de l'euro). J. Chirac fut réélu en 2002 face à Jean-Marie Le Pen. Son second mandat fut marqué par la crise du modèle social et politique français (délocalisation des entreprises, système des retraites, déficit public, intégration des immigrés) et le rejet par référendum du projet de Constitution européenne (2005). **Le quinquennat de Nicolas Sarkozy** Nicolas Sarkozy (UMP) succéda à Jacques Chirac en mai 2007 et nomma François Fillon Premier ministre. Son gouvernement pratiqua d'abord une politique d'ouverture et adopta des réformes institutionnelles et sociales (RSA « revenu de solidarité active », service minimum, passage de 60 à 62 ans de l'âge légal du départ à la retraite) et, dans un climat de crise financière internationale, s'engagea dans une politique de rigueur dès 2009. Des initiatives contestées (suppression de la taxe professionnelle, création d'une taxe carbone, lancement d'un débat sur l'identité nationale) et une série d'affaires (Clearstream, Karachi, Bettencourt) ternirent peu à peu l'image de Nicolas Sarkozy. **La présidence de François Hollande** François Hollande (PS) fut élu président de la République en 2012 et nomma Jean-Marc Ayrault Premier ministre. Le début de son mandat fut marqué par l'application d'un programme de rigueur et par l'adoption de la loi autorisant le mariage aux couples de personnes de même sexe. Sur le plan international, il fut ponctué par les interventions militaires de l'armée française au Mali et en République centrafricaine. La récession et la montée continuelle du chômage contribuèrent rapidement à faire chuter la cote de popularité de François Hollande qui avait fait de « l'inversion de la courbe du chômage » son principal objectif. D'où le lourd revers du Parti socialiste aux élections municipales de 2014 et la nomination de Manuel Valls au poste de Premier ministre. Entre le 7 et le 9 janvier 2015, le pays fut frappé par une série d'attentats terroristes et de prises d'otages qui firent dix-sept morts (dont les dessinateurs Cabu, Charb, Honoré et Wolinski au siège du journal *Charlie Hebdo*). Les 10 et 11 janvier, des « marches républicaines » défilèrent à travers tout le territoire contre le terrorisme et pour défendre la liberté d'expression. L'année s'acheva sur de nouveaux attentats extrêmement meurtriers, revendiqués comme les précédents par Daech, à Paris (dans la salle de concert du Bataclan et dans différents bars des environs) et au stade de Saint-Denis. 130 personnes périrent dans les attaques du 13 novembre. Le président Hollande décréta l'état d'urgence (resté en vigueur jusqu'en juillet 2017), et décida d'intensifier les frappes contre l'organisation terroriste en Syrie et en Irak. Les attentats djihadistes se poursuivirent en 2016 : le 14 juillet, 85 personnes furent écrasées par un camion à Nice ; le 26 juillet, un prêtre fut égorgé à Saint-Étienne-du-Rouvray. Sur le plan social, une forte opposition s'éleva contre le projet de loi travail, soutenu par le ministre de l'Économie Emmanuel Macron, et le gouvernement dut recourir à l'article 49-3 de la Constitution pour faire adopter le texte. Dès lors, des divisions apparurent dans le camp socialiste et François Hollande ne se représenta pas à la présidentielle de 2017. Le candidat de droite, François Fillon, éclaboussé par un scandale financier, dut se retirer. **La présidence d'Emmanuel Macron** Les voix se portèrent sur Emmanuel Macron et sa nouvelle formation : En Marche ! Édouard Philippe, Premier ministre issu de la droite, poursuivit les réformes (Code du travail, suppression de l'ISF, hausse de la fiscalité verte), et se heurta à partir de l'automne 2018 à un mécontentement populaire sous la forme d'une mobilisation spontanée, les « gilets jaunes ». Les premières réformes de l'Assurance chômage puis des retraites firent éclater des grèves de longue durée. En février 2020, l'épidémie de Covid-19 arriva en France, paralysant l'économie en raison de confinements. En juillet, Jean Castex, issu des Républicains, remplaça Édouard Philippe. Sur fond d'une nouvelle polémique sur les caricatures de Mahomet, le professeur Samuel Paty, dénoncé sur les réseaux sociaux de mouvance islamiste pour un cours sur la liberté d'expression, fut décapité le 6 octobre. Dès lors, la protection de l'identité des fonctionnaires fut renforcée. L'accès à un vaccin contre le Covid-19 fut progressivement mis en place en 2021. Emmanuel Macron fut réélu en 2022 face à Marine Le Pen dont le parti fit une percée historique à l'Assemblée nationale lors des législatives qui suivirent, passant de 8 à 89 députés et faisant perdre sa majorité au parti présidentiel. Élisabeth Borne (LREM) succéda à J. Castex et poursuivit la réforme des retraites malgré une forte contestation.

France insoumise (La) Parti politique français de gauche créé par J.-L. Mélenchon en 2016.

Francesca (Piero della) voir **Piero della Francesca**

Francesco da Barberino Poète italien (1294-1348). Ami de Dante et de Cavalcanti, il est l'auteur de *Documents d'amour*, au style raffiné et précieux.

France-Soir Quotidien français, fondé en 1941. Mensuel de la Résistance, il devint un quotidien en 1944 et ne proposa plus qu'une édition numérique à partir de 2011.

France Télévisions Société nationale française de télévision, créée en 1992 et regroupant France 2 (lancée en 1964), France 3 (fondée en 1973), France 4, France 5 (fondée en 1994). Fondée en 2005, France Ô, qui s'adressait en particulier aux Français d'Outre-mer, fut supprimée en 2020. Constituée dans le cadre de la rénovation du service public, France Télévisions, héritière de l'ORTF, vise à l'harmonisation des programmes afin d'éviter la concurrence entre ses chaînes et de maintenir les missions de service public. Des programmes spécifiques sont ainsi impartis à chaque chaîne.

franc-fief n. m. hist. **1.** Fief non assujetti à l'hommage. *Des francs-fiefs.* **2.** *Droit de franc-fief,* que devait payer au roi un roturier qui acquérait un fief.

francfort n. f. Saucisse de Francfort.

Francfort (traité de) Traité signé le 10 mai 1871 qui mit fin à la guerre franco-allemande (1870-1871). La France cédait à l'Allemagne l'Alsace (moins Belfort) et le N.-E. de la Lorraine ; elle devait en outre lui verser une indemnité de 5 milliards de francs-or.

Francfort (école de) Nom donné à un groupe de philosophes et de sociologues ayant travaillé dans les années 1920 à l'université de Francfort-sur-le-Main. Influencée par Freud et Marx, l'école de Francfort chercha à unir philosophie et sciences sociales, et fut notamment à l'origine des travaux d'Horkheimer, Adorno, Marcuse, W. Benjamin et plus récemment Habermas.

Francfort-sur-le-Main Ville d'Allemagne (Hesse), sur le Main. 764 100 habitants. Cathédrale et hôtel de ville du XVe s., églises gothiques. Maison natale de Goethe. Musée. La chimie, la métallurgie de transformation (machines, automobiles), l'équipement électrique font de la ville un centre industriel de première importance. Métropole financière, elle est aujourd'hui le siège de la Bundesbank et de la Banque centrale européenne. Foire internationale du livre.

Francfort-sur-l'Oder Ville d'Allemagne (Brandebourg), sur l'Oder, à la frontière polonaise. 57 000 habitants. Centre administratif et industriel.

Franche-Comté n. f. Ancienne province française, correspondant aux actuels départements de Haute-Saône, du Doubs et du Jura. Peuplée à l'origine par les Gaulois Séquanes, elle fit partie, au IXe s., de la Lotharingie, puis du royaume de Bourgogne. Érigée en comté de Bourgogne, elle échut, au XIIe s., à l'Empire, devint comté palatin et accueillit la cour de Frédéric Barberousse à Dole. Au XIVe s., la province, alors disputée entre la France, la Bourgogne et l'Empire, prit le nom de Franche-Comté puis entra dans le domaine des Habsbourg d'Espagne. Carrefour de communication entre l'Espagne et les Pays-Bas, elle fut très prospère au XVIe s. Elle fut rattachée à la France au traité de Nimègue (1678).

Franche-Comté Anc. région administrative de la France (jusqu'en 2015). → **Bourgogne-Franche-Comté.**

Francfort-sur-le-Main

En grande partie détruite lors de la Seconde Guerre mondiale, Francfort-sur-le-Main est l'une des villes d'Europe qui compte le plus de gratte-ciels. Au centre, l'église de Saint-Paul reconstruite.

franchement adv. (de ²*franc*) **1.** Sans hésitation, d'une manière décidée. → **carrément, résolument.** *Allez-y franchement.* **2.** Sans équivoque, nettement. – (devant un adj.) Indiscutablement, vraiment. *C'est franchement mauvais.* **3.** Sans détour, sans dissimulation (dans les rapports humains). → **loyalement, sincèrement.** *Je vous le dis franchement.*

Franchet d'Esperey [dɛspeʀɛ] **(Louis Félix Marie François)** Maréchal de France (1859-1942). Commandant en chef des armées alliées d'Orient (1918), il contraignit les Bulgares à signer l'armistice en septembre 1918.

Francheville Commune du Rhône, dans la banlieue de Lyon. 14 821 habitants.

franchir v. tr. < 2 > (de ²*franc* ; d'abord « affranchir, libérer d'une charge », puis « libérer le passage ») **1.** Passer par-dessus (un obstacle), en sautant, en grimpant. *Franchir un ruisseau, un mur.* – Surmonter, vaincre (une difficulté). **2.** Aller au-delà de (une limite). → **passer.** *Franchir une frontière.* **3.** Traverser (un passage) ; aller d'un bout à l'autre de. → **parcourir.** *Franchir un pont.* – (temps) *Sa réputation a franchi les siècles.*

franchisage n. m. (de l'anglais *franchising*) dr. Contrat par lequel une entreprise concède à une autre le droit d'exploiter sa marque et sa raison sociale moyennant une redevance.

franchise n. f. (de ²*franc* ; d'abord « condition libre ») **I. 1.** Droit qui limitait l'autorité souveraine au profit d'une ville, d'un corps ou d'un individu. **2.** Exemption (d'une taxe). *Franchise postale. Envoi en franchise.* → **franco** (1). **3.** (anglais des États-Unis *franchising*) *Commerce en franchise.* → **franchisé. 4.** Part d'un dommage que l'assuré conserve à sa charge. *La franchise d'un contrat d'assurance.* **II.** Qualité d'une personne franche. → **droiture, loyauté, sincérité.**

franchisé, ée adj. Qui exploite la marque d'une entreprise par un contrat de franchisage. *Magasin franchisé.* – n. *Le franchisé et son franchiseur.*

franchiseur n. m. Entreprise qui met sa marque à la disposition d'une autre entreprise par un contrat de franchisage.

franchissable adj. Qui peut être franchi (s'oppose à *infranchissable*).

franchissement n. m. Action de franchir. → **passage.** *Le franchissement d'un col, d'un obstacle.*

franchouillard, arde adj. (croisement de *français* et *tranchouillard,* argot ancien, famille de *tranche, tronche*) péj. Caractéristique du Français moyen et de ses défauts. → **beauf.**

Francia (Francesco Raibolini, dit il) Peintre italien (v. 1450-1517). Maître de l'école bolonaise, il composa des paysages sereins et des personnages calmes dans une lumière uniforme.

francien n. m. (de *France* « Île de France ») ling. Parler issu des dialectes centraux de langue d'oïl, au Moyen Âge, devenu le noyau de la langue nationale.

francique n. m. (de ¹*franc*) ling. **1.** Langue germanique des anciens Francs (qui apporta de nombreux mots au latin populaire des Gaules). – adj. *Mots français d'origine francique.* **2.** Ensemble des parlers de l'Allemagne centrale, faisant partie du haut allemand.

Francis (James Bicheno) Ingénieur américain d'origine britannique (1815-1892). Il réalisa un type de turbine hydraulique à réaction.

Francis (Sam) Peintre américain (1923-1994). Adepte de la technique du *dripping* (taches, éclaboussures et filets de peinture), il est considéré comme l'un des principaux représentants de l'Abstraction lyrique américaine.

francisation n. f. Fait de franciser.

franciscain, aine n. (du latin médiéval, de *Franciscus* « François ») Religieux, religieuse de l'ordre fondé par saint François d'Assise. – adj. *L'art franciscain.*

franciser v. tr. < 1 > (de *français*) Donner une forme française à (un mot étranger). – au p. p. *« Fioul » et « gazole » sont des anglicismes francisés.*

francisque n. f. (du bas latin, de *securis francisca* « hache des Francs ») **1.** Hache de guerre des Francs à double fer. **2.** Emblème du pétainisme (comparable aux *faisceaux* du fascisme italien).

francité n. f. didact. Ensemble des caractères propres à la culture française, à la communauté de langue française. → **francophonie.**

francium n. m. (de *France,* pays de la chimiste qui découvrit cet élément) chim. Élément alcalin radioactif (symb. Fr ; n° at. 87 ; masse at. 223).

franc-jeu n. m. Recommandation officielle pour *fair-play. Des francs-jeux.*

Franck (César) Organiste et compositeur français d'origine belge (1822-1890). Il composa des œuvres religieuses (l'oratorio *Les Béatitudes*), des poèmes symphoniques (*Rédemption* ; *Le Chasseur maudit*), la *Symphonie en ré*, de la musique de chambre et des œuvres pour orgue. Grand pédagogue et chef d'école, il forma de nombreux compositeurs.

Franck (James) Physicien américain d'origine allemande (1882-1964). Ses travaux sur la cinétique des électrons furent à l'origine de la notion de niveau d'énergie et confirmèrent les idées de N. Bohr sur la structure de l'atome. Prix Nobel 1925, avec G. Hertz.

Francken Famille de peintres flamands d'Anvers des XVIe et XVIIe s. dont **Hieronymus Ier Francken** (1540-1610) qui participa au décor du château de Fontainebleau et réalisa de nombreux portraits et scènes de bal.

franc-maçon, onne [fʀɑ̃masɔ̃, ɔn] n. (adaptation de l'anglais *free mason,* de *free* « libre » → ²franc) Adepte, membre de la franc-maçonnerie. *Des francs-maçons.* → **maçon** (II). – adj. *Les influences franc-maçonnes.*

franc-maçonnerie [fʀɑ̃masɔnʀi] n. f. (adaptation de l'anglais *free-masonry* → franc-maçon) **1.** Association internationale, de caractère mutualiste et philanthropique, de nature initiatique et ésotérique. **2.** péj.

Alliance secrète entre personnes de même profession, de mêmes idées. → **coterie.** *Des franc-maçonneries.*

▶ La **franc-maçonnerie** (1) est une association en partie secrète, professant des principes de fraternité et de progression spirituelle. Ses membres, organisés en loges, sont recrutés par cooptation selon un rituel initiatique hérité en partie des corporations de maçons et de bâtisseurs du Moyen Âge. Celles-ci s'ouvrirent à des nobles et à des bourgeois pour donner naissance au XVIIIe siècle (1717 en Angleterre, 1725 en France) à une nouvelle maçonnerie dite « spéculative ».
Fondée à l'origine sur la croyance en Dieu (« grand Architecte de l'Univers »), mais aussi sur la tolérance religieuse, elle se donna pour but d'enseigner aux initiés répartis en différents grades (apprenti, compagnon, maître, grand maître, etc.) un système de morale au moyen de symboles universels, marqués par un certain ésotérisme. Condamnée par l'Église dès 1738, répandue dans le monde entier, la franc-maçonnerie se divisa en rites multiples.
Au XIXe siècle, la franc-maçonnerie française s'orienta vers le libéralisme et le républicanisme sur le plan politique, vers le rationalisme sur le plan philosophique, ce qui lui valut l'hostilité de la droite catholique et conservatrice. Elle se divise aujourd'hui en deux obédiences principales, le Grand Orient de France (fondé en 1773, rationaliste) et la Grande Loge de France (fondée en 1894, spiritualiste), chaque obédience étant dirigée par un grand maître. Elle conçoit le travail des affiliés dans les loges comme un laboratoire de propositions sur les grands sujets de société : nombre de ses membres militent pour l'évolution de la législation dans le sens de leurs conceptions philosophiques, favorables par exemple à l'IVG ou à l'euthanasie. L'appartenance à la franc-maçonnerie reste très répandue dans certaines institutions (magistrature, organisations politiques, police).

voir aussi **ésotérisme**

franc-maçonnique adj. Maçonnique*. *Symboles franc-maçonniques.*

franco adv. (mot italien, de *franco porto* « port franc » → ²franc) **1.** Sans avoir à payer le transport (opposé à *en port dû*). *Franco de port.* **2.** (de *²franc*) fam. Franchement, carrément. *Allez-y franco.*

franco- Préfixe, tiré du radical de *français*, signifiant « français ». *Les relations franco-américaines.*

franco-allemande (guerre) Conflit qui opposa, en 1870-1871, la Prusse et l'ensemble des États allemands à la France. Souhaitée par Bismarck, qui modifia dans ce but la dépêche d'Ems, la guerre, déclarée par Napoléon III, tourna rapidement à l'avantage des Prussiens. L'armée française fut défaite à Sedan (2 sept. 1870), et, malgré la chute du second Empire et la formation d'un gouvernement de la Défense nationale, Paris et Versailles furent investies par les armées ennemies. L'armistice, signé le 28 janvier 1871, fut suivi par le traité de Francfort, qui consacrait la victoire de l'Allemagne.

Franco Bahamonde (Francisco) Général et homme d'État espagnol (1892-1975). Chef d'état-major de l'armée (1935), il perdit ce poste après la victoire du Front populaire (1936) et prit la tête du mouvement nationaliste. Nommé généralissime par la junte de Burgos, puis chef du gouvernement national, il conduisit la guerre civile (1936-1939). En 1938, il prit le titre de *caudillo* (« guide ») et devint chef de l'État, du gouvernement et des armées. Après la défaite des républicains, il dota l'Espagne d'un régime autoritaire. En 1947, il rétablit la monarchie dont il s'institua régent à vie. Il désigna (1969) Juan Carlos de Bourbon comme successeur.

franco-canadien, ienne vieilli **1. n. m.** Français parlé dans les régions francophones du Canada. **2. adj.** *Expression franco-canadienne.*

franco-allemande (guerre)

Estampe allemande représentant la bataille de Sedan, dernière bataille de la guerre de 1870, dite « guerre franco-allemande », musée Carnavalet, Paris.

franco-français, aise adj. fam. Qui ne concerne que la France et les Français. *Réaction typiquement franco-française.* → **franchouillard.**

François

PAPE

■ **François [Jorge Mario Bergoglio]** (né en 1936) Pape élu en 2013. Nommé archevêque de Buenos Aires (1998) puis cardinal et primat d'Argentine (2001), il fut élu pape après la renonciation de Benoît XVI. Premier pape sud-américain, il est connu pour son engagement aux côtés des populations les plus défavorisées.

Le pape François le dimanche des Rameaux à Rome en 2013.

EMPEREURS GERMANIQUES

■ **François Ier** (1708-1765) Empereur germanique (1745-1765), duc de Lorraine sous le nom de François III (1729-1735) et grand-duc de Toscane sous le nom de François II (1737-1765). Époux de Marie-Thérèse d'Autriche, il fut le fondateur de la branche des Habsbourg-Lorraine.

■ **François II** (1768-1835) Dernier empereur du Saint Empire romain germanique (1792-1806), empereur héréditaire d'Autriche sous le nom de François Ier (1804-1835). Après de nombreuses défaites contre la France, il dut reconnaître la Confédération du Rhin (1806) et abdiquer la couronne du Saint Empire. Il maria sa fille Marie-Louise à Napoléon (1810) et participa à la coalition des Alliés contre ce dernier (1813). Il fut président de la Confédération germanique (1815).

BRETAGNE

■ **François II** (1435-1488) Duc de Bretagne (1458-1488). Il participa à la Guerre folle contre la régente Anne de France mais fut vaincu à Saint-Aubin-du-Cormier en 1485. Il était le père d'Anne de Bretagne.

FRANCE

■ **François Ier** (1494-1547) Roi de France (1515-1547). Fils de Charles de Valois et de Louise de Savoie, il succéda à Louis XII, dont il avait épousé la fille, Claude de France. Sa politique extérieure fut marquée par d'éclatantes victoires en Italie (Marignan, 1515) et par sa rivalité avec Charles Quint, accrue lors de l'élection de ce dernier au trône impérial (1519) qu'il convoitait. Il tenta, sans succès, une alliance avec l'Angleterre d'Henri VIII (Camp du Drap d'or, 1520), puis dut faire face à la défection du connétable de Bourbon et à la défaite de Pavie (1525), où il fut fait prisonnier. Contraint d'accepter le traité de Madrid (1526), il reprit cependant la guerre contre Charles Quint et se rapprocha des princes protestants allemands et des Turcs. Par la paix de Crépy (1544), Charles Quint renonçait au duché de Bourgogne et François Ier à la Flandre et à l'Artois, au Milanais, à Naples et à l'Aragon. À l'intérieur, François Ier montra une certaine tolérance à l'égard des protestants jusqu'à l'affaire des Placards (1534), qui inaugura une période de persécutions. Il s'entoura d'une cour raffinée et favorisa le développement des arts par l'introduction de la Renaissance italienne (Léonard de Vinci à Amboise, Benvenuto Cellini, le Primatice). Il fonda le Collège de France (1530) et, par l'ordonnance de Villers-Cotterêts (1539), imposa de rédiger en français les actes judiciaires et notariés.

François Ier par Jean Clouet (v. 1535), musée du Louvre, Paris.

■ **François II** (1544-1560) Roi de France (1559-1560). Fils aîné de Catherine de Médicis et d'Henri II, il épousa Marie Stuart, nièce des Guises qu'il laissa gouverner. Pour le soustraire à leur influence, le parti protestant organisa la conjuration d'Amboise (1560).

SICILE

■ **François Ier** (1777-1830) Roi des Deux-Siciles (1825-1830). Il laissa gouverner ses favoris et mena une politique réactionnaire.

■ **François II** (1836-1894) Roi des Deux-Siciles (1859-1861). L'expédition des Mille de Garibaldi (1860) l'obligea à se réfugier à Gaète, puis à quitter ses États.

François **(Samson)** Pianiste français (1934-1970). Il interpréta avec fougue, dans un style personnel et inspiré, Debussy, Chopin, Prokofiev.

François **(Claude)** Chanteur et compositeur français (1939-1978). Vedette du mouvement yé-yé des années 1960 *(Belles, belles, belles)*, il est l'auteur de succès disco *(Alexandrie Alexandra)* et de chansons sentimentales *(Comme d'habitude)*.

François (Le) Commune de l'E. de la Martinique. 16 082 habitants. Pêche.

François d'Assise **(saint)** surnommé **il Poverello « le Petit Pauvre »** Religieux italien (v. 1181-1226). Ermite puis prédicateur itinérant, il fonda l'ordre des Franciscains qui connut un succès immédiat. Mystique, il se retira à Assise en 1224 après une activité intense d'organisateur et un voyage en Égypte où il tenta de convertir le sultan. Il écrivit des poèmes en dialecte ombrien *(Cantique des créatures)*.

François de Neufchâteau **(Nicolas, comte François, dit)** Écrivain et homme politique français (1750-1828). Il fut ministre de l'Intérieur en 1797, puis président du Sénat (1804-1806), et se rallia à la Restauration. *Paméla ou la Vertu récompensée.*

François de Paule **(saint) [Francesco Martolilla]** Ascète italien (v. 1416-1507). Il créa et dirigea l'ordre des Frères minimes et fonda les couvents d'Amboise et de Montil-lez-Tours.

François de Sales **(saint)** Prélat et écrivain savoyard (1567-1622). Évêque de Genève en 1602, il fonda l'ordre de la Visitation. Auteur de l'*Introduction à la vie dévote* et du *Traité de l'amour de Dieu*, écrits dans une prose française très pure, il enseigna une piété de la vie quotidienne qui conquit la bonne société du XVIIe siècle.

François-Ferdinand de Habsbourg (1863-1914). Archiduc d'Autriche, neveu de François-Joseph Ier, il fut assassiné le 28 juin 1914 par un Serbe, ce qui, par le système des alliances, fut l'une des causes directes de la Première Guerre mondiale.

François-Joseph Ier (1830-1916). Empereur d'Autriche (1848-1916) et roi de Hongrie (1867-1916). Neveu et successeur de Ferdinand Ier, il chercha à restaurer l'hégémonie des Habsbourg en Europe et à l'intérieur de l'Empire : il rétablit la domination autrichienne sur la Lombardie (1849) et, avec l'appui du tsar Nicolas Ier, sur la Hongrie. Il dut cependant faire face à la perte de la Lombardie (1859) et à la défaite de Sadowa contre la Prusse (1866), et se résoudre à signer avec la Hongrie un compromis (1867) qui associait l'empire et le royaume sur un pied d'égalité. À l'intérieur, il gouverna de manière autoritaire en s'appuyant sur l'armée et sur une bureaucratie centralisée. Sa décision de déclarer la guerre à la Serbie (juillet 1914) après l'assassinat de son neveu François-Ferdinand déclencha la Première Guerre mondiale.

François-Joseph **(archipel)** Archipel russe de l'Arctique, à l'E. du Svalbard. Env. 20 000 km².

François-Poncet **(André)** Diplomate français (1887-1978). Il fut ambassadeur de France en Allemagne (1931-1938 ; 1953-1955) et président de la Croix-Rouge française (1955-1967).

François Xavier **(saint) [Francisco de Jassu]** Jésuite et missionnaire espagnol (1506-1552). Compagnon d'Ignace de Loyola, il participa à la fondation de la Compagnie de Jésus. Nonce apostolique à Goa, il partit évangéliser Malacca, puis le Japon.

francolin **n. m. (de l'italien *francolino*, d'origine obscure)** Oiseau voisin de la perdrix, mais de plus grande taille, très répandu en Afrique.

Franconie **n. f.** Ancien État d'Allemagne, situé sur le territoire de l'actuelle Bavière.

Franconville Commune du Val-d'Oise. 37 347 habitants. Sources minérales.

francophile **adj.** Qui aime la France et les Français. **– n.** *Un, une francophile.* □ **n. f. francophilie**

francophobe **adj.** Hostile à la France et aux Français (opposé à *francophile*). □ **n. f. francophobie**

francophone **adj. 1.** Qui parle habituellement le français. *Les Africains francophones.* **– n.** *Les francophones du Canada.* **2.** De la francophonie. *Les littératures francophones.*

francophonie **n. f.** Communauté des peuples francophones. *La francophonie dans le monde.*

francophoniser **v. tr. < 1 >** didact. Rendre francophone. *Francophoniser les organismes internationaux.* □ **n. f. francophonisation**

franco-provençal, ale, aux **n. m. et adj.** Ensemble des dialectes français de la Suisse romande (à l'exception du Jura), de la Savoie, du Dauphiné, de la Vallée d'Aoste, du Lyonnais et de la Bresse. **–** *Dialectes franco-provençaux.*

Francorchamps Localité de Belgique, dépendant de la commune de Stavelot. Circuit automobile.

franc-parler [fʀɑ̃paʀle] **n. m.** Liberté de dire ce qu'on pense. *Avoir son franc-parler.*

franc-quartier **n. m.** blason Quartier occupant le quart de l'écu. *Des francs-quartiers.*

Francs Peuple germanique établi sur le Rhin vers 250. Lors des Grandes Invasions, ils envahirent la Gaule (Ve s.). La dynastie des Mérovingiens et celle des Carolingiens en sont issues.

Francs-tireurs et partisans français **(FTP ou FTPF)** Organisation militaire de résistance créée en 1942. Constitués en grande partie de communistes, ils furent intégrés aux Forces françaises de l'intérieur en 1944.

franc-tireur, euse [fʀɑ̃tiʀœʀ, øz] **n. (de ²*franc* « libre » et *tireur*) 1.** Combattant(e) qui n'appartient pas à une armée régulière. **→ guérilléro, partisan ; ²franc** (corps francs). *Des francs-tireurs.* **–** Tireur, tireuse isolé(e). **→ sniper. 2.** fig. Personne qui mène une action indépendante, n'observe pas la discipline d'un groupe. **→ indépendant.** *Agir en franc-tireur.*

frange **n. f. (vient du latin pop. *frimbria*, ou p.-ê. famille de *frangere* → fraction) 1.** Bande de tissu d'où pendent des fils, servant à orner en bordure des vêtements, des meubles, etc. **→ passementerie.** *Les franges d'un tapis.* **2.** Cheveux coupés couvrant le front sur toute sa largeur. **3.** Contour. *Une frange de lumière.* **4.** Limite imprécise entre deux états, deux notions. **→ marge.** *Agir à la frange de la légalité.* **5.** Minorité marginale. *Une frange de la population.*

frangeant, ante **adj. (de l'anglais *fringing [reef]* « [rocher] qui est au bord »)** didact. *Récifs coralliens frangeants,* qui bordent la terre ferme.

franger **v. tr. < 3 >** Garnir, orner de franges. **–** fig. Border. *« Une lueur rose frangeait l'horizon : le jour allait paraître »* (Nerval). **– au p. p.** *Des vagues frangées d'écume.*

Frankenthaler (Helen)

Helen Frankenthaler, *Buddha's Court* (1964), coll. privée.

Frangié **(Soleiman)** Homme d'État libanais (1910-1992). Il fut président de la République de 1970 à 1976.

frangin, ine **n. (origine obscure)** fam. Frère, sœur.

frangipane **n. f. (du n. propre *Frangipani*, seigneur romain qui mit à la mode un parfum pour les gants *[gants à la frangipane]*)** Crème pâtissière à base d'amandes.

frangipanier **n. m.** Arbrisseau exotique dont les fleurs ont un parfum qui rappelle celui de la frangipane.

franglais **n. m. (de *français* et *anglais*)** Français où l'influence anglaise (lexique, syntaxe) est prédominante.

Franju **(Georges)** Cinéaste français (1912-1987). Il fut l'un des fondateurs de la Cinémathèque française. *Les Yeux sans visage ; Judex.*

Frank **(Leonhard)** Romancier allemand (1882-1961). Il est l'auteur de romans marqués par l'expressionnisme *(La Bande de brigands)* et le socialisme *(L'homme est bon)*.

Frank **(Robert)** Photographe et cinéaste américain d'origine suisse (1924-2019). Il préféra l'inachevé et l'arbitraire aux formes classiques du reportage. *Les Américains.*

Frank **(Annelies Marie, dite Anne)** Jeune Allemande d'origine juive (1929-1945). Réfugiée avec sa famille aux Pays-Bas, elle laissa un *Journal* en néerlandais, tenu de 1942 à 1944 (publié en 1947). Elle y relatait sa vie quotidienne dans l'« Annexe » où elle se cachait avec les siens. Elle mourut en déportation.

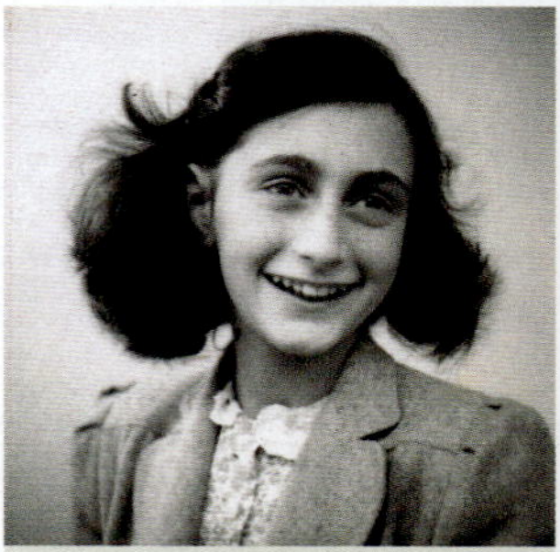

Anne Frank en mai 1942, photo issue de son album personnel.

Frankenheimer **(John)** Cinéaste américain (1930-2002). Il réalisa des films d'action à message social. *Le Prisonnier d'Alcatraz ; Ronin.*

Frankenstein Savant qui construit une créature artificielle à l'aide de parties de cadavres. Héros d'un roman de Mary

Shelley, *Frankenstein ou le Prométhée moderne,* il inspira plusieurs films d'horreur.

Frankenthaler **(Helen)** Peintre américaine (1928-2011). Elle fut l'élève de Tamayo, avant de peindre (ou plutôt de « teindre ») des toiles abstraites, aux couleurs expressionnistes.

Frankland **(sir Edward)** Chimiste britannique (1825-1899). Il étudia la synthèse des hydrocarbures, élabora la notion chimique essentielle de valence, et identifia l'hélium (avec J. N. Lockyer).

Franklin **(Benjamin)** Homme politique et savant américain (1706-1790). Il contribua à la rédaction de la déclaration d'Indépendance (4 juil. 1776) et fut chargé de solliciter l'aide française. Président du Conseil exécutif de l'État, il rédigea la Constitution fédérale (1787). Il inventa le calorifère et le paratonnerre.

Franklin **(sir John)** Marin et explorateur britannique (1786-1847). Il explora la côte septentrionale de l'Amérique du Nord. Il mourut lors d'une expédition dans l'Arctique, à la recherche d'un passage maritime au N.-O.

Franklin **(Aretha)** Chanteuse et pianiste américaine (1942-2018). Fille de pasteur, elle fut choriste-soliste dans les églises avant de devenir chanteuse de cabaret. Douée d'une voix au timbre clair et incisif, elle a chanté avec âpreté en s'accompagnant au piano dans un style dépouillé aussi bien le rhythm and blues *(Respect ; Chains of Fools)* que le gospel *(Amazing Grace),* le soul funk et le jazz.

Franquin (André)

Franquin crée le personnage de Gaston Lagaffe en 1957.

à la bonne **franquette** loc. **(diminutif pop. de *franc, franche*)** Sans façon, sans cérémonie. → **simplement.** *On dînera à la bonne franquette.*

Franquin **(André)** Dessinateur belge de bandes dessinées (1924-1997). Il reprit et anima les personnages de *Spirou* et créa le Marsupilami et Gaston Lagaffe.

franquisme n. m. **(du n. du général espagnol Franco)** hist. Doctrine politique, économique du régime conservateur et autoritaire du général Franco (en Espagne) instauré en 1936. □ **adj. et n. franquiste**

fransquillon, onne n. **(du wallon *franskilion,* de *français* + suffixe diminutif *-on*)** péj. (Belgique) **1.** Personne qui parle français avec affectation. **2.** Flamand(e) qui, en Flandre, affecte de parler le français.

Franzén **(Frans Mikael)** Poète finlandais d'expression suédoise (1772-1847). Il introduisit le romantisme dans la poésie suédoise. *Éloge de Creutz.*

francophonie

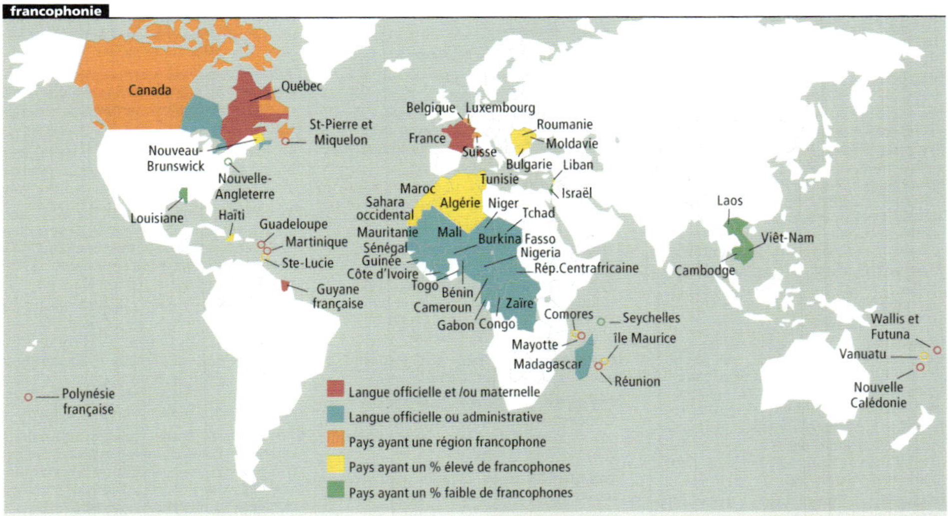

La « francophonie » à travers le monde. Selon l'OIF (Organisation internationale de la francophonie), on estimait à environ 270 millions, en 2014, le nombre total de locuteurs francophones.

▶ Le mot **francophonie** a été créé par le géographe français Onésime Reclus en 1880. Sur le plan institutionnel, la francophonie est née en 1969 d'une initiative des présidents Habib Bourguiba (Tunisie), Léopold Sédar Senghor (Sénégal), Hamani Diori (Niger) et du prince Norodom Sihanouk (Cambodge). La convention de Niamey (1970), signée par 21 États, dont la France et de nombreux États africains, crée une *Agence de coopération culturelle et technique* (ACCT), chargée de promouvoir le français et la coopération culturelle entre ses membres. D'autres pays de tous les continents l'ont rejointe peu à peu : 42 délégations étaient présentes au 1er sommet francophone à Paris en 1986.
La francophonie tend depuis à devenir un « Commonwealth à la française » comme le souhaitait L. S. Senghor. Elle s'est investie dans les domaines du développement et de la culture (lancement de TV5 en 1984, ouverture en 1990 de l'université francophone d'Alexandrie). En 1995, l'ACCT devient l'*Agence de la francophonie,* puis l'*Organisation internationale de la francophonie* (OIF) en 1998. En 1997, le 7e sommet de la francophonie à Hanoi a débouché sur la nomination d'un secrétaire général de la francophonie (B. Boutros-Ghali). Louise Mushikiwabo occupe ce poste depuis 2019.
Le 10e sommet de la francophonie à Ouagadougou (2004) a adopté un « Cadre stratégique décennal » destiné à lui permettre d'exercer une influence dans les relations internationales. Une Charte de la francophonie a été adoptée en 2005. L'OIF réunit aujourd'hui 54 États et gouvernements membres (14 en Europe, 30 en Afrique, 6 en Amérique, 3 en Asie, 1 en Océanie), 7 membres associés et 27 observateurs, représentant plus de 700 millions d'êtres humains, dont tous n'utilisent pas le français comme langue officielle ou maternelle.
On compte environ 300 millions de francophones dont 65 millions de francophones partiels (c'est-à-dire ne faisant pas usage quotidiennement du français). L'OIF s'est officiellement fixé pour objectifs la promotion de la langue française, l'action en faveur de la paix, de la démocratie et des droits de l'homme, le soutien aux politiques d'éducation et d'enseignement, et le développement de la coopération au service du développement durable et de la solidarité.
voir aussi **Commonwealth, géopolitique**

frappant, ante adj. Qui frappe, fait une vive impression. → **impressionnant, saisissant.** *Une ressemblance frappante.* → **étonnant.**

¹frappe n. f. (de *frapouille*, croisement de *fripouille* et de *frapper*) fam. Voyou. *Une petite frappe.*

²frappe n. f. (de *frapper*) **1.** Action, manière de taper à la machine. → **dactylographie.** *Le manuscrit est à la frappe. Faute de frappe. Frappe sur clavier d'ordinateur.* → **saisie. 2.** sports Action, manière de frapper à la boxe, d'attaquer la balle. *Une frappe puissante.* **3.** milit. Opération militaire. *Force* de frappe.*

frappé, ée adj. fam. Fou. *Elle est un peu frappée, cette fille.* → **cinglé, toqué.**

frappement n. m. Action de frapper ; bruit de ce qui frappe.

frapper v. < 1 > (p.-ê. du francique *hrappan* « arracher ») **I. v. tr. dir. 1.** Toucher plus ou moins rudement en portant un ou plusieurs coups. → **battre.** *Frapper un enfant.* – *Frapper le sol du pied.* – sans compl. *Boxeur qui frappe sec.* **2.** Marquer (qqch.) d'une empreinte par un choc, une pression. *Frapper la monnaie* (avec le poinçon, etc.). **3.** *Frapper du vin,* le refroidir avec de la glace. – au p. p. *Champagne frappé.* **4.** Atteindre d'un coup porté avec une arme. – *La balle l'a frappé en plein cœur.* **5.** Donner, porter (un coup). *Frapper les trois coups* (indiquant que le rideau va se lever, au théâtre). **6.** Atteindre d'un mal. *Le grand malheur qui la frappait. « Ils ne mouraient pas tous* [de la peste], *mais tous étaient frappés »* (La Fontaine). **7.** Affecter d'une impression vive et soudaine. → **étonner, saisir, surprendre.** *Elle a frappé tout le monde par son énergie.* – *Être frappé de stupeur.* **II. v. tr. ind.** Donner un coup, des coups. *Frapper sur la table, contre un mur. « Ouvrez-moi cette porte où je frappe en pleurant »* (Apollinaire). – *Entrez sans frapper.* **III.** ***Se frapper*** **v. pron.** S'inquiéter, se faire du souci. *Ne vous frappez pas !*

frappeur, euse adj. et n. (Personne) qui frappe. – loc. *Esprit frappeur,* esprit qui, dans les séances de spiritisme, est censé se manifester en frappant des coups.

Frappier (Armand) Médecin canadien (1904-1991). Il mena dès 1938 des travaux expérimentaux sur le BCG qui permirent de démontrer l'efficacité et l'innocuité de ce vaccin (1938). Précurseur en matière de santé publique, il fonda en 1945 l'École d'hygiène de l'université de Montréal.

Frascati Ville d'Italie (Latium), au S.-E. de Rome. 19 320 habitants. Villas du XVIᵉ s., cathédrale du XVIIᵉ s. Aux environs, oliviers et vignes (vin blanc).

Fraser n. m. Fleuve de l'O. du Canada (Colombie-Britannique), qui prend sa source dans les Rocheuses et se jette dans le Pacifique par le détroit de Georgia, près de Vancouver. 1 375 km.

frasil n. m. (Canada) Cristaux ou fragments de glace entraînés par le courant et flottant à la surface de l'eau. – Pellicule de glace qui commence à prendre.

frasque n. f. (italien *frasche* « les branches », d'où « balivernes, sottises », p.-ê. famille du latin *frangere* « briser » → fraction) Écart de conduite. → **fredaine, incartade.**

Fratellini Famille de clowns d'origine italienne, installée en France. ■ **Paul Fratellini** (1877-1940), **François Fratellini** (1879-1951), **Albert Fratellini** (1885-1961) formèrent une équipe célèbre. ■ **Annie Fratellini** (1932-1997). Artiste française, petite-fille de Paul, elle créa un personnage très poétique de femme-auguste et fonda l'École nationale du cirque en 1972.

fraternel, elle adj. (du latin *fraternus,* de *frater* → frère) **1.** Qui concerne les relations entre frères ou entre frères et sœurs. *L'amour fraternel.* **2.** Propre à des êtres qui se traitent en frères. → **affectueux, amical, cordial.** *Un sourire, un geste fraternel.* – (personnes) Qui se conduit comme un frère (envers qqn).

fraternellement adv. D'une manière fraternelle. *Partager fraternellement.*

fraterniser v. intr. < 1 > (de *fraternel*) Faire acte de fraternité, de sympathie ou de solidarité. *« Il fallait être unis, s'aider, fraterniser »* (Saint-Simon). *Fraterniser avec qqn* (homme ou femme). □ **n. f. fraternisation**

fraternité n. f. (du latin, de *fraternus* → frère) **1.** Lien existant entre personnes considérées comme membres de la famille humaine ; sentiment profond de ce lien. → **solidarité.** *Un élan de fraternité. Liberté, égalité, fraternité,* devise de la République française. *« La fraternité est une des plus belles inventions de l'hypocrisie sociale »* (Flaubert). **2.** Lien particulier établissant des rapports fraternels. → **camaraderie.** *Fraternité d'armes.*

fratricide n. et adj. (bas latin *fratricidium* [sens I] et *fratricida* [sens 2], de *frater* → frère et *caedere* → -cide) **1. n. m.** Meurtre d'un frère, d'une sœur. **2. n.** Personne qui tue son frère ou sa sœur. **3. adj.** Du fratricide. *« C'est l'orgueil qui arma Caïn de la massue fratricide »* (Chateaubriand). – Qui conduit les humains à s'entretuer. *Des guerres, des haines fratricides.*

fratrie n. f. (du latin *frater* → frère) Ensemble des frères et sœurs de la même famille.

fraude n. f. (latin *fraus, fraudis* « tort, dommage résultant d'une tromperie ») Tromperie ou falsification punie par la loi. → **¹délit.** *La répression des fraudes. Fraude électorale.* – ***En fraude*** **loc. adv.** → **clandestinement, frauduleusement, illégalement.**

frauder v. < 1 > (latin *fraudare,* de *fraus* → fraude) **1. v. tr.** Commettre une fraude au détriment de. → **²voler.** *Frauder le fisc.* **2. v. intr.** Être coupable de fraude. *Frauder à un examen.* → **tricher.**

fraudeur, euse n. Personne qui fraude.

frauduleux, euse adj. (du bas latin → fraude) **1.** Entaché de fraude. *Faillite frauduleuse.* **2.** Faux, falsifié. *« Les mémoires frauduleux imprimés* [...] *sous le nom de madame de Maintenon »* (Voltaire). □ **adv. frauduleusement**

Frauenfeld Ville de Suisse, chef-lieu du canton de Thurgovie, sur la Murg. 25 440 habitants. Château du XIIIᵉ siècle.

Fraunhofer (Joseph von) Physicien allemand (1787-1826). Fondateur de la spectroscopie, il décrivit les raies du spectre de la lumière du soleil. Il utilisa la diffraction par réseaux optiques pour établir une classification spectrale des étoiles.

fraxinelle n. f. (latin bot. *fraxinella,* de *fraxinus* « frêne ») bot. Dictame.

frayage n. m. (de *frayer,* pour traduire l'allemand *Bahnung*) méd. Fait que le passage d'un flux nerveux dans les synapses devienne plus facile en se répétant.

frayement n. m. didact. Inflammation causée par le frottement, chez les animaux.

Fratellini (Annie)

Annie Fratellini dans *Concerto pour un clown* (1997).

frayer v. < 8 > (vient du latin *fricare* « frotter ») **I. v. tr.** Tracer ou ouvrir (un chemin) au milieu d'obstacles. *Écarter les branches pour frayer un passage à qqn. Se frayer un chemin à travers la foule.* **II. v. intr. 1.** Se dit de la femelle du poisson qui dépose ses œufs, et du mâle qui les féconde. → **frai. 2.** (personnes) Avoir des relations familières et suivies, fréquenter. *Elle frayait peu avec ses collègues.*

frayère n. f. (de *frayer*) Lieu où les poissons déposent leurs œufs.

frayeur n. f. (vient du latin *fragor* « vacarme », de *frangere* « briser » → fraction, fracture) Peur très vive, généralement passagère et peu justifiée. *Trembler de frayeur. Causer une grande frayeur.* → **effrayer.** *Les frayeurs nocturnes des enfants.*

Frayssinous (Denis Antoine, comte de) Prélat français (1765-1841). Grand maître de l'Université en 1822, puis ministre des Affaires ecclésiastiques de 1824 à 1828, il institua l'agrégation de philosophie (1825). *Défense du christianisme.*

Frazer (sir James George) Anthropologue britannique (1854-1941). Ses travaux sur les coutumes symboliques (mythes, rites, folklores) sont une des premières contributions à l'anthropologie religieuse comparée des sociétés primitives et des sociétés occidentales. *Le Rameau d'or.*

freak [fʀik] n. (mot anglais des États-Unis « monstre ») anglic. Jeune qui refuse les valeurs de la société bourgeoise. ■ Consommateur de drogues dures.

Frears (Stephen) Réalisateur britannique (né en 1941). Il décrit avec un humour corrosif la réalité sociale de son pays. *My Beautiful Laundrette ; Les Liaisons dangereuses ; The Queen ; Florence Foster Jenkins.*

Fréchet (Maurice) Mathématicien français (1878-1973). Il a mené des travaux sur le calcul des probabilités et l'analyse générale.

Fréchet (Jean M. J.) Chimiste français (né en 1944). Il a permis d'importantes avancées dans les domaines de la chimie et de la science des matériaux.

Fréchette (Louis-Honoré) Écrivain canadien (québécois) [1839-1908]. Il est l'auteur de recueils poétiques à coloration politique (dont *La Voix d'un exilé*) et de contes *(Originaux et Détraqués).*

Fred (Frédéric Othon Aristidès, dit) Dessinateur et auteur français de bande dessinée (1931-2013). Ses dessins parurent à la fois dans la presse (il cofonda d'ailleurs *Hara-Kiri* en 1960) et sous forme d'albums, notamment les aventures de Philémon qui mêlent merveilleux, absurde et poésie.

fredaine n. f. (de l'ancien adj. *fredain,* emprunt à l'ancien provençal *fradin* « voleur, trompeur », p.-ê. d'origine germanique « rebelle ») surtout plur. Écart de conduite sans gravité. → **frasque, incartade.**

Frédégonde (v. 545-597). Reine de Neustrie. Elle incita Chilpéric Iᵉʳ à assassiner sa femme Galswinthe puis l'épousa. Ce meurtre fut à l'origine de la lutte qui l'opposa à Brunehaut et de la guerre entre la Neustrie et l'Austrasie.

Frederic (Harold) Journaliste et romancier américain (1856-1898). Correspondant du *New York Times,* il écrivit des romans réalistes et historiques. *La Damnation de Theron Ware.*

Frédéric

EMPEREURS GERMANIQUES

■ **Frédéric Iᵉʳ Barberousse** (v. 1122-1190) Empereur germanique (1155-1190). Neveu et successeur de Conrad III, il voulut imposer sa primauté sur le Saint-Siège mais dut faire face à la Ligue lombarde fomentée par Alexandre III. L'un des chefs de la troisième croisade, il périt noyé.

■ **Frédéric II** ou **Frédéric Ier Roger** (1194-1250) Roi de Sicile (1197-1250), empereur germanique (1212-1250). Il dirigea la sixième croisade et obtint du sultan d'Égypte Jérusalem, Bethléem et Nazareth. Il s'opposa constamment au Saint-Siège, qui suscita contre lui la seconde Ligue lombarde, et fut excommunié à deux reprises (1227 et 1239). Il fut déposé par Innocent IV en 1245.

■ **Frédéric III** (1415-1493) Roi des Romains (1440), empereur germanique (1452-1493). Il fut le dernier empereur à être couronné à Rome.

DANEMARK ET NORVÈGE

■ **Frédéric Ier** (1471-1553) Roi de Danemark et de Norvège (1523-1533). Il introduisit le luthéranisme dans ses États.

■ **Frédéric III** (1609-1670) Roi de Danemark et de Norvège (1648-1670). Il établit la monarchie héréditaire.

■ **Frédéric IV** (1671-1730) Roi de Danemark et de Norvège (1699-1730). Il favorisa l'instruction et abolit le servage.

■ **Frédéric VI** (1768-1839) Roi de Danemark (1808-1839) et de Norvège (1808-1814). Allié de Napoléon Ier, il dut céder la Norvège à la Suède contre la Poméranie suédoise et l'île de Rügen.

■ **Frédéric VII** (1808-1863) Roi de Danemark (1848-1863). Il institua la Constitution démocratique de 1849.

PALATINAT

■ **Frédéric V** (1596-1632) Électeur palatin (1610-1623) et roi de Bohême (1619-1620). Il prit la tête du parti protestant pendant la guerre de Trente Ans et fut vaincu à la Montagne Blanche (1620).

PRUSSE

■ **Frédéric Ier** (1657-1713) Électeur de Brandebourg, puis roi de Prusse (1701-1713). Il obtint la couronne royale en récompense de son soutien à l'empereur contre Louis XIV et les Turcs.

■ **Frédéric II le Grand** (1712-1786) Roi de Prusse (1740-1786). Modèle du despote éclairé, il s'entoura de beaux esprits, élabora sa propre théorie du pouvoir *(Anti-Machiavel ; Histoire de mon temps)* et correspondit notamment avec Voltaire. Bon administrateur, il redressa le royaume après la guerre de Sept Ans par l'établissement de monopoles d'État et la fondation d'institutions de crédit. Il mena une politique de prestige (château de Sans-Souci) et de grandeur. Lors de la guerre de Succession d'Autriche, il envahit la Silésie, qu'il conserva malgré les échecs de la guerre de Sept Ans, puis obtint la Prusse occidentale au partage de la Pologne.

■ **Frédéric III** (1831-1888) Roi de Prusse et empereur d'Allemagne (1888). Il succéda à son père Guillaume Ier, mais mourut quelques mois après son accession au trône et n'eut pas le temps de réaliser les réformes libérales qu'avaient pu faire attendre son opposition à Bismarck.

SICILE

■ **Frédéric Ier Roger** → **Frédéric II**, empereur germanique

■ **Frédéric II** (1272-1337) Roi de Sicile (1296-1337). Il refusa de céder la Sicile à Charles II d'Anjou, roi de Naples, et résista à une guerre menée par la France, Naples et l'Aragon.

Frédéric-Guillaume dit **le Grand Électeur** (1620-1688). Électeur de Brandebourg et duc de Prusse, il agrandit ses possessions aux traités de Westphalie (1648) et par ses guerres contre la Pologne, la France et la Suède.

Frédéric-Guillaume Ier dit **le Roi-Sergent** (1688-1740). Roi de Prusse (1713-1740). Il rénova l'administration, modernisa l'économie et constitua une armée puissante.

Frédéric-Guillaume II (1744-1797). Roi de Prusse (1786-1797). Neveu et successeur de Frédéric II, il tenta d'intervenir en France en 1791, mais ses troupes furent arrêtées à Valmy.

Frédéric-Guillaume III (1770-1840). Roi de Prusse (1797-1840). Il dut faire face à l'écroulement de la Prusse après l'entrée en guerre contre la France (1806), mais, à partir du congrès de Vienne (1815), rétablit le pays dans sa puissance.

Frédéric-Guillaume IV (1795-1861). Roi de Prusse (1840-1861). Il fut contraint par la révolution de 1848 d'accorder une constitution libérale à la Prusse.

Frédéric-Guillaume, le Kronprinz (1882-1951). Fils aîné de l'empereur Guillaume II, il commanda un groupe d'armées à Verdun en 1916, et dut abdiquer avec son père en 1918.

Fredericia Ville du Danemark, sur la côte E. du Jutland. 37 080 habitants. Port. Industrie.

Fredericton Ville du Canada, capitale du Nouveau-Brunswick, sur la rivière Saint-Jean. 58 220 habitants (agglomération : 101 760). Centre administratif et commercial. Université.

Frederiksberg Ville du Danemark, dans la banlieue de Copenhague. 92 240 habitants.

Frederiksborg Château royal du Danemark, dans l'île de Sjælland, édifié au XVIIe s. par le roi Christian IV, et reconstruit au XIXe siècle.

Frederikshavn Ville et port du Danemark, au N.-E. du Jutland, sur le Kattegat. 23 640 habitants.

fredonnement n. m. Chant à mi-voix.

fredonner v. tr. < 1 > **(de *fredon* « refrain », mot provençal, qui vient du latin *fritinnire* « gazouiller, bredouiller », mot expressif)** Chanter (un air) à mi-voix, à bouche fermée. → **chantonner.** *Fredonner une chanson.*

Fredrikstad Ville et port de Norvège, sur le fjord d'Oslo. 74 580 habitants. Fortifications du XVIe s. Industrie.

free-jazz n. m. invar. ou **freejazz** **(anglais des États-Unis *free-jazz* « jazz libre »)** anglic. Style de jazz apparu aux États-Unis dans les années 1960, fondé sur l'improvisation collective et le rejet des contraintes harmoniques traditionnelles, dans une grande liberté mélodique et rythmique.

free-lance ou **freelance** [fʀilɑ̃s] **adj. invar. et n. (anglais *freelance*, proprt « franc-tireur »)** anglic. Qui est indépendant dans sa profession et n'a pas de contrat de longue durée avec un employeur particulier. *Journaliste free-lance.* – **n.** *Des free-lances, des freelances.* ■ **n. m.** Ce type de travail. *Travailler en free-lance.*

free-martin [fʀimaʀtɛ̃] **n. m. (de l'anglais, p.-ê. du gaélique *mart* « génisse »)** Génisse jumelle d'un mâle sexuellement normal, présentant une anomalie ovarienne qui la rend stérile. *Des free-martins.* - var. RO **freemartin.**

freesia [fʀezja] ou **frésia** **n. m. (de *Freese*, n. propre allemand)** Plante ornementale à bulbe, aux fleurs très odorantes de couleurs vives.

freestyle [fʀistajl] **n. m. (mot anglais « style libre »)** anglic., sport Pratique d'un sport (ski, snowboard, skateboard, roller...) privilégiant les figures de style, nécessitant technique et créativité. - recomm. offic. **figures libres.**

Freetown Capitale de la Sierra Leone. Environ 690 000 habitants. Port industriel et commercial. La ville fut fondée en 1788 pour accueillir des esclaves affranchis venus d'Amérique.

freezer [fʀizœʀ] **n. m. (mot anglais, de *to freeze* « geler »)** anglic. Compartiment d'un réfrigérateur où se forme la glace. - var. RO **freezeur.**

frégate **n. f. (italien *fregata*, d'origine obscure)** **I. 1.** Ancien bateau de guerre à trois mâts, plus rapide que le vaisseau. **2.** Bâtiment de combat, entre la corvette et le croiseur. **II.** Oiseau de mer aux grandes ailes fines, au bec très long et crochu. *« Les frégates noires portant leurs goitres rouges »* (Le Clézio).

frégater v. tr. < 1 > mar. Affiner les formes de (un bateau) pour le rendre plus rapide.

Frege (Gottlob) Mathématicien et logicien allemand (1848-1925). Il renouvela les théories des mathématiques et ouvrit la voie à la sémantique.

Fréhel (Marguerite Boulch, dite) Chanteuse française (1891-1951). Elle interpréta des chansons réalistes parfois teintées d'un certain humour noir. *La Java bleue ; Où sont tous mes amants ?*

Fréhel (cap) Cap de la côte bretonne (Côtes-d'Armor). Réserve ornithologique.

Frei (Otto) Architecte et ingénieur allemand (1925-2015). Il construisit le toit du stade olympique de Munich et celui du pavillon de la République fédérale d'Allemagne à l'Exposition internationale de Montréal (1967).

Freiberg Ville d'Allemagne (Saxe), au S.-O. de Dresde. 39 940 habitants. Cathédrale gothique. Industrie. Les Prussiens y remportèrent une victoire sur les Autrichiens lors de la guerre de Sept Ans (1762).

Freiligrath (Ferdinand) Poète allemand (1810-1876). Poète militant révolutionnaire, inspiré par le socialisme *(Profession de foi ; Ça ira)*, il traduisit également Musset, Hugo et W. Scott.

Frei Montalva (Eduardo) Homme d'État chilien (1911-1982). Fondateur du parti démocrate-chrétien (1957), il fut président de la République de 1964 à 1970.

frein **n. m. (vient du latin *frenum*, de *frendere* « broyer » → ²fraiser)** **1.** Morceau de la bride qui entre dans la bouche du cheval et permet de l'arrêter. ■ loc. *Ronger son frein,* contenir difficilement son impatience (comme le cheval qui ronge son mors). **2.** Dispositif servant à ralentir, à arrêter le mouvement d'un ensemble mécanique. *Freins à disque, à tambour. Frein à main. La pédale de frein d'une automobile. Donner un coup de frein,* freiner. – *Frein moteur,* résistance opposée par le moteur ralenti au mouvement des roues. **3. (du sens 1, puis 2)** Ce qui ralentit, entrave un développement. *Une imagination sans frein.* → **effréné.** – *Coup de frein sur les prix.*

freinage n. m. Action de freiner.

freiner **v. < 1 > (vient du latin *frenare*, de *frenum* → frein)** **I. 1. v. tr.** Ralentir dans son mouvement. *Le vent freinait les coureurs.* **2.** Ralentir (une évolution, un essor). → **contrarier, gêner.** *« Au fond des prisons, le rêve est sans limites, la réalité ne freine rien »* (Camus). **II. v. intr.** Ralentir, arrêter la marche d'une machine au moyen de freins. *Mon vélo ne freine plus.*

Freinet (Célestin) Éducateur français (1896-1966). Créateur d'une école expérimentale, il développa une pédagogie fondée

F

sur le travail de groupe et la créativité des enfants.

freinte n. f. (ancien français *frainte* « chose brisée », du latin *frangere* « briser ») comm. Perte de volume ou de poids subie par une marchandise lors de sa fabrication ou de son transport.

Freire (Paulo) Pédagogue brésilien (1921-1997). Il développa une méthode d'alphabétisation reposant sur la vie quotidienne de ses élèves.

Frei Ruiz-Tagle (Eduardo) Homme d'État chilien et suisse (né en 1942). Fils d'Eduardo Frei Montalva, il fut président de la République de 1994 à 2000.

F

Freising Ville d'Allemagne (Bavière), sur l'Isar. 48 500 habitants. Cathédrale gothique (XIIIe s.).

Freitas Branco (Luis de) Compositeur et musicologue portugais (1890-1955). Il laisse une œuvre abondante, parfois atonale. Son frère Pedro (1896-1963) fut chef d'orchestre.

Fréjus Commune du Var. 55 750 habitants. Vestiges romains. Baptistère du Ve s. Cathédrale et cloître du XIIe s. Palais épiscopal du XIVe s. Station balnéaire à Fréjus-Plage.

Fréjus (col du ou de) Col des Alpes reliant la Maurienne (France) au Piémont (Italie). 2 540 m. Tunnel ferroviaire et tunnel routier.

frelater v. tr. < 1 > (ancien néerlandais *verlaten* « transvaser ») Altérer la pureté de (→ falsifier). ■ **frelaté, ée** adj. **1.** Altéré dans sa pureté. → **dénaturé.** *Un vin frelaté.* **2.** fig. Qui n'est pas pur, pas naturel. *Des plaisirs frelatés.* □ n. m. **frelatage**

frêle adj. (vient du latin *fragilis* → fragile) **1.** Dont l'aspect ténu donne une impression de fragilité. *Des jambes frêles.* **2.** (personnes) *Une jeune fille un peu frêle,* délicate, fragile. **3.** littér. Fragile, périssable. **4.** Qui a peu de force (son). → **ténu.** *Voix frêle.*

frelon n. m. (vient du francique *hurslo*) Grosse guêpe rousse et jaune, à corselet noir. *Nid de frelons. Frelon asiatique :* espèce très invasive aujourd'hui très répandue en Europe.

freluquet n. m. (de l'ancien n. *freluque, freluche* « ornement, babiole », p.-ê. de *fanfreluche*) vieilli Jeune homme frivole et prétentieux. → **godelureau.**

Fremantle Ville de l'O. de l'Australie, au S. de Perth, sur l'océan Indien. 25 440 habitants. Port pétrolier et industriel.

Frémiet (Emmanuel) Sculpteur français (1824-1910). Il réalisa des œuvres inspirées par le monde préhistorique ainsi que des statues équestres de style plus académique (dont la *Jeanne d'Arc* de la place des Pyramides, à Paris).

Fréminet (Martin) Peintre, décorateur et dessinateur français (1567-1619). Peintre officiel d'Henri IV, il décora notamment la voûte de la chapelle du château de Fontainebleau.

frémir v. intr. < 2 > (vient du latin pop. *fremire,* de *fremere* « gronder ») **1.** Être agité d'un faible mouvement d'oscillation ou de vibration qui produit un son léger, confus. → **bruire, frissonner, vibrer.** – (liquide) Être sur le point de bouillir. *Laisser frémir le bouillon.* **2.** (personnes) Être agité d'un tremblement. *Frémir de,* sous l'action de. *Frémir d'horreur.*

frémissant, ante adj. **1.** Qui frémit. → **tremblant.** **2.** Toujours prêt à s'émouvoir. → **vibrant.** *« Un je ne sais quoi de frémissant qui trahissait une sensibilité vive et naïve »* (P. Bourget).

frémissement n. m. **1.** Faible mouvement d'oscillation ou de vibration qui rend un léger bruit. → **bruissement, murmure.** **2.** Tremblement léger, causé par une émotion. → **frisson.** – Agitation qui se propage dans une foule. **3.** Changement positif à peine perceptible (en politique, économie).

Frémont (John Charles) Officier, homme politique et explorateur américain (1813-1890). Il participa à la conquête de la Californie (1846-1848), dont il devint gouverneur.

frênaie n. f. Terrain planté de frênes.

Frénaud (André) Poète français (1907-1993). Ses œuvres expriment la solitude et l'orgueil de l'homme confronté à un monde dépourvu de signification et de transcendance. *Il n'y a pas de paradis ; La Sorcière de Rome.*

Frenay (Henri) Officier et homme politique français (1905-1988). Résistant de la première heure, il participa à la création du mouvement et du journal *Combat,* à la fondation de l'Armée secrète, et fut l'un des chefs des Mouvements unis de la Résistance. Il fut ministre dans le Gouvernement provisoire.

French (John Denton Pinkstone), 1er comte d'Ypres Maréchal britannique (1852-1925). Il fut, lors de la Première Guerre mondiale, le premier commandant du corps expéditionnaire britannique en France.

french cancan [fʀɛnʃkɑ̃kɑ̃] n. m. (de *french* « français » et de ²*cancan*) Danse de cabaret populaire dans les années 1900. → ²**cancan.** *Des french cancans.*

frêne n. m. (vient du latin *fraxinus*) Arbre à bois clair, dur et élastique. *« Le frêne aux épaules calmes »* (Éluard). ■ Bois de cet arbre.

frénésie n. f. (du latin médiéval, de *phrenesis,* mot grec, de *phrên* « esprit » → phrén(o)-) **1.** État d'exaltation violente qui met hors de soi. **2.** Ardeur ou violence extrême. → **fureur.** *Elle se mit à travailler avec frénésie.*

frénétique adj. (du latin d'origine grecque → frénésie) Qui marque de la frénésie, est poussé jusqu'à la frénésie. → **délirant, effréné, violent.** *Des applaudissements frénétiques.* □ adv. **frénétiquement**

fréon n. m. (n. déposé ; du radical de *froid* et d'après *néon, argon*) Gaz utilisé comme agent frigorifique, notamment dans les aérosols. → **chlorofluorocarbone.**

Freppel (Charles Émile) Prélat et homme politique français (1827-1891). Évêque d'Angers, député conservateur (1880), il prit position contre le laïcisme et l'anticléricalisme de la IIIe République.

fréquemment [fʀekamɑ̃] adv. D'une manière fréquente. → **souvent.** *Cela arrive fréquemment.*

fréquence n. f. (latin *frequentia* « affluence » → fréquent) **1.** Caractère de ce qui se reproduit à intervalles plus ou moins rapprochés. *La fréquence de ses visites.* **2.** sc. Nombre de périodes ou de cycles complets de variations qui se succèdent en une seconde. *Courants alternatifs à basse, à haute fréquence. Modulation* de fréquence* (radio). – spécialt Nombre de vibrations sonores par unité de temps (dont dépend la sensation de hauteur).

fréquencemètre n. m. didact. Appareil servant à mesurer la fréquence des phénomènes périodiques.

fréquent, ente adj. (latin *frequens* « abondant » puis « assidu » et « peuplé » ; d'abord « fréquenté, peuplé ») **1.** Qui se produit souvent, se répète à intervalles rapprochés. → **nombreux, répété.** *De fréquents orages.* **2.** Dont on voit de nombreux exemples dans une circonstance donnée. → **commun,** ¹**courant.** *C'est une situation fréquente. C'est, il est fréquent de..., que...*

fréquentable adj. Que l'on peut fréquenter. *Un individu peu fréquentable.*

fréquentatif, ive adj. (latin scolastique *frequentativus* → fréquenter) ling. Qui marque la fréquence, la répétition de l'action (verbes). *Formes fréquentatives des verbes en anglais.*

fréquentation n. f. **1.** Action de fréquenter (un lieu, un être vivant). *La fréquentation des théâtres, des musées.* **2.** Personne qu'on fréquente. *Il a de mauvaises fréquentations.*

fréquenté, ée adj. Où il y a habituellement du monde. *Rue très fréquentée.* → **passant.** ■ *Quartier mal fréquenté,* mal famé.

fréquenter v. tr. < 1 > (latin *frequentare* « être assidu » et « célébrer en foule », de *frequens* → fréquent) **1.** Aller souvent, habituellement dans (un lieu). *Fréquenter les boîtes de nuit.* – au p. p. *Un établissement mal fréquenté* (→ mal famé). **2.** Avoir des relations habituelles (avec qqn) ; rencontrer, voir fréquemment. *Elle fréquentait des voisins.* – pronom. *Ils ont cessé de se fréquenter.* **3.** Voir (qqn) fréquemment pour des raisons sentimentales ; courtiser.

fréquentiel, elle adj. didact. De la fréquence d'un phénomène périodique.

frère n. m. (vient du latin *frater* → fraternel, fraternité ; mot indo-européen [sanskrit *bhrater*]) **1.** Celui qui est né des mêmes parents que la personne considérée, ou seulement du même père ou de la même mère. → **demi-frère ;** fam. **frangin, frérot.** *La sœur et le frère. Son frère aîné, cadet* (fam. *son grand, son petit frère*). → **benjamin, puîné.** – *Frère de lait*. « Un étranger vêtu de noir, qui me ressemblait comme un frère »* (Musset). – *Grand frère :* jeune homme qui veille sur les plus jeunes, dans les quartiers difficiles. **2.** (surtout plur.) Homme, considéré comme membre de la famille humaine ; fidèle d'une même religion. *Mes très chers, mes bien chers frères...* – Appellation des membres d'ordres religieux. *Les frères des écoles chrétiennes.* **3.** Homme qui a une communauté d'origine, d'intérêts, d'idées (avec d'autres). → **ami, camarade, compagnon.** *« Frères humains, qui après nous vivez »* (Villon). *Des frères d'armes.* – appos. (avec un n. m.) *Des peuples frères.* – loc. *Un faux frère :* un homme qui trahit ses amis, ses associés.

Frère (Aubert) Général français (1881-1944). Il commanda en 1940 la VIIe armée et contribua en 1942 à la création de l'Organisation de résistance de l'armée (ORA). Arrêté par les Allemands, il fut interné au camp du Struthof, où il mourut.

Frère-Orban (Hubert Joseph Walter) Homme d'État belge (1812-1896). Président du Conseil de 1878 à 1884, il introduisit la neutralité confessionnelle dans l'école publique.

Frères musulmans Confrérie religieuse, fondée en 1928 en Égypte. Prônant l'application de la charia, ils contribuèrent à la chute du roi Farouk et se constituèrent comme une force politique en Syrie et en Jordanie. Le mouvement possède des ramifications dans plusieurs pays musulmans et figure sur la liste des organisations terroristes en Europe, aux États-Unis, en Russie et en Égypte.

Fréron (Élie) Critique français (1718-1776). Auteur de pamphlets contre Voltaire et les philosophes, il fonda la revue *L'Année littéraire.*

Fréron (Louis Stanislas) Publiciste et homme politique français (1754-1802). Fils d'Élie, député montagnard à la Convention, il réprima l'insurrection fédéraliste et royaliste à Marseille et Toulon, puis contribua à la chute de Robespierre.

frérot n. m. fam. Petit frère.

Frescobaldi (Girolamo) Organiste et compositeur italien (1583-1643). Il fut l'organiste de Saint-Pierre de Rome et composa, avec un art subtil et des rythmes très libres, des madrigaux et des pièces instrumentales.

Fresnay **(Pierre Laudenbach,** dit **Pierre)** Acteur français (1897-1975). Il interpréta Guitry, Pagnol et Anouilh au théâtre, et fit parallèlement une brillante carrière au cinéma (*Marius ; Fanny* et *César ; La Grande Illusion*).

Pierre Fresnay avec Orane Demazis dans *Marius* de Alexander Korda et Marcel Pagnol (1931).

Fresnay-sur-Sarthe Commune de la Sarthe. 2 871 habitants. Église romane.

Fresneau **(François)** Ingénieur français (1703-1770). Il identifia l'arbre qui fournissait le caoutchouc (l'hévéa), et découvrit que la térébenthine dissolvait le caoutchouc.

Fresnel **(Augustin)** Physicien français (1788-1827). Il a élaboré la théorie ondulatoire de la lumière. Il a également mis au point la lentille à échelons pour les phares.

Fresnes Commune du Val-de-Marne, au S. de L'Haÿ-les-Roses. 28 556 habitants. Prison.

Fresno Ville des États-Unis (Californie), dans la vallée du San Joaquin. 542 100 habitants. Marché agricole.

fresque **n. f. (italien *a fresco*, de *fresco*, même origine que *frais, fraîche*)** **1.** Procédé de peinture qui consiste à utiliser des couleurs à l'eau sur un enduit de mortier frais. *Peindre à fresque.* **–** Œuvre peinte d'après ce procédé. *Les fresques de la chapelle Sixtine.* **2.** **(abusif en art)** Vaste peinture murale. **3.** Vaste composition littéraire, tableau d'ensemble d'une époque, d'une société.

fresquiste **n.** Peintre de fresques.

fressure **n. f. (vient du bas latin *frixura* « morceau à frire », de *frixare*, de *frigere* → frire)** Ensemble des gros viscères d'un animal (cœur, foie, rate, poumons).

fret [fʀɛ(t)] **n. m. (néerlandais *vrecht* « prix du transport », *cf.* anglais *freight* ; influence de ²*frais*)** **1.** Prix du transport des marchandises ; leur transport. **2.** Cargaison (d'un navire) ; chargement (d'un avion, d'un camion).

fréter **v. tr. < 6 > (de *fret*)** **1.** Donner en location (un navire). ■ Armer (un navire), mettre en état de prendre la mer. **2.** Prendre en location (un navire, un véhicule). **→ affréter, noliser.**

fréteur **n. m.** Personne qui donne en location (un navire). **→ armateur.**

frétillant, ante **adj.** **1.** Qui frétille. *Des goujons frétillants.* **2.** Gai, sémillant. *Frétillant de joie.*

frétillement **n. m.** Mouvement de ce qui frétille.

frétiller **v. intr. < 1 > (p.-ê. de l'ancien français *freter*, qui vient du bas latin *frictare*, de *fricare* « frotter » ou famille de *fretin*)** **1.** Remuer, s'agiter par petits mouvements rapides. *Poissons qui frétillent.* « *Le chien, en frétillant de la queue* [...], *s'approche* » (Baudelaire). **2.** **(personnes)** S'agiter, se trémousser. *Frétiller d'impatience.*

fretin **n. m. (de l'ancien français *frait* « débris », de *fraindre*, qui vient du latin *frangere* → fraction)** **1.** Petits poissons. *Rejeter le fretin à l'eau.* **2.** dans un groupe, une collection Ce qu'on considère comme négligeable ou insignifiant. **–** loc. *Le menu fretin.*

frettage **n. m.** Renforcement d'une pièce avec une frette.

frette **n. f. (vient p.-ê. du francique *fetur* « chaîne »)** **1.** techn. Cercle métallique servant de renfort. **2.** mus. Barrette de métal incrustée sur le manche de certains instruments à cordes (guitare, viole...).

fretter **v. tr. < 1 >** techn. Garnir d'une frette.

Freud **(Sigmund)** Neurologue autrichien, fondateur de la psychanalyse (1856-1939). Ses hypothèses sur l'inconscient, le « Ça », le Moi et le Surmoi, le refoulement des pulsions, sur l'importance centrale de la sexualité, ont révolutionné la psychologie. Elles ont permis de créer une thérapeutique par le seul langage et de transformer la vision de l'être humain. *L'Interprétation des rêves ; Totem et tabou.*

Sigmund Freud en 1938 à Londres.

Freud **(Anna)** Psychanalyste britannique d'origine autrichienne (1895-1982). Fille de Sigmund Freud, elle se spécialisa dans la psychanalyse de l'enfant et étudia les mécanismes de défense.

Freud **(Lucian)** Peintre britannique (1922-2011). Petit-fils de Sigmund Freud. Il a peint des portraits dans un style expressionniste parfois proche de celui de Francis Bacon.

freudien, ienne **adj.** Propre ou relatif à Freud (créateur de la psychanalyse). **– adj. et n.** Partisan de Freud, de sa psychanalyse. □ **n. m. freudisme**

Freund **(Gisèle)** Photographe française d'origine allemande (1908-2000). Elle fut l'une des premières à utiliser la couleur pour ses portraits d'écrivains et d'artistes.

Freundlich **(Otto)** Peintre et sculpteur allemand (1878-1943). Il peignit principalement des œuvres non figuratives. Il mourut en déportation.

freux **n. m. (de l'ancien français *fru, frox*, qui vient du francique *hrôk*)** Corneille à bec étroit.

Frey **(Sami Frei,** dit **Sami)** Acteur français (né en 1937). Jeune premier ténébreux remarqué au cinéma (*La Vérité ; César et Rosalie*), il s'illustra surtout au théâtre, sous la direction de Claude Régy (*La Chevauchée sur le lac de Constance*), de Roger Planchon (*Bérénice*) ou d'Alfredo Arias (*La Bête dans la jungle*), avant de se mettre lui-même brillamment en scène (*Je me souviens*, de Georges Perec).

Sami Frey en 1997 dans *Nathan le Sage* de Gotthold Ephraim Lessing au Festival d'Avignon.

Freycinet **(Charles Louis de Saulces de)** Homme politique français (1828-1923). Ministre des Travaux publics (1877-1879) et plusieurs fois président du Conseil, il s'opposa au général Boulanger, dont il avait accepté la nomination en 1886 comme ministre de la Guerre.

Freyming-Merlebach Commune de la Moselle, au S.-O. de Forbach. 12 840 habitants. Ancien centre houiller.

Freyre **(Gilberto de Melo)** Écrivain et sociologue brésilien (1900-1987). Son œuvre principale, *Maîtres et Esclaves*, porte sur les mœurs et coutumes du Nordeste brésilien.

Freyssinet **(Eugène)** Ingénieur français (1879-1962). Il mit au point la technique du béton précontraint, permettant le développement de la construction en béton armé.

Fria Ville de Guinée, dans le Fouta-Djalon. 100 000 habitants. Usine d'alumine.

friable **adj. (du latin, de *friare* « briser »)** Qui peut facilement se réduire en menus fragments, en poudre. *Galette à pâte friable.* □ **n. f. friabilité**

Freund (Gisèle)

Gisèle Freund, *Le Marché aux fleurs*, Paris (1931).

F

friand, ande adj. (ancien p. prés. de *frire*) **I. 1.** vieux ou régional Gourmand. « *Excessivement friande, elle aimait à se faire de bons petits plats* » (Balzac). **2.** fig. Qui recherche et aime (qqch.). → **avide.** *Être friand de compliments.* **II. 1. adj.** vieux Fin et délicat à manger. **2. n. m.** Petit pâté feuilleté garni d'un hachis de viande. → **feuilleté.** ▪ Petit gâteau aux amandes.

friandise n. f. (de *friand* ; d'abord « gourmandise ») Petite pièce de confiserie ou de pâtisserie. → **douceur, gâterie.**

Fribourg Ville de Suisse, chef-lieu du canton de Fribourg, sur la Sarine. 38 500 habitants. Cathédrale des XIIIe-XVe s., églises, hôtel de ville du XVIe s. Université. Industries (agroalimentaire, métallurgique, électrique).

F

Fribourg (canton de) Canton de l'O. de la Suisse. 1 671 km^2. 311 914 habitants. Chef-lieu : Fribourg. L'une des plus importantes régions agricoles de Suisse (céréales, tabac, fruits, vins blancs). Le canton est francophone pour les deux tiers, germanophone pour un tiers.

Fribourg-en-Brisgau Ville d'Allemagne (Bade-Wurtemberg), au pied de la Forêt-Noire. 230 940 habitants. Cathédrale (XIIe-XVe s.). Université.

fric n. m. (p.-ê. de *fricot*, au fig. ; *cf.* aussi fric-frac) fam. Argent (II).

fricadelle n. f. (de *fricasser*) (Belgique et nord de la France) Saucisse panée servie poêlée ou frite. - syn. **fricandelle.**

fricandeau n. m. (du radical de *fricasser*, *fricot*) Morceau de poisson, de viande (spécialt de veau) cuit dans son jus.

fricassée n. f. (de *fricasser*) **1.** Ragoût fait de morceaux de poulet ou de lapin cuits à la casserole. → **gibelotte. 2.** (Belgique) Œufs au plat avec du lard.

fricasser v. tr. < 1 > (p.-ê. de *frire* et *casser* ; famille du latin *frigere* → frire) **1.** Faire cuire en fricassée. **2.** fam. et vieux Dissiper, gaspiller.

fricatif, ive adj. (du latin *fricare* « frotter ») phonét. *Consonne fricative* : consonne dont l'articulation comporte un resserrement du canal vocal, de sorte que l'air expiré fait un bruit de frottement ou de souffle. – **n. f.** *Une fricative.*

fricfrac n. m. ou **fric-frac** n. m. invar. (de *ne fric ne frac* « rien du tout », onomatopée) fam. Effraction, cambriolage avec effraction. *Des fricfracs, des fric-frac.*

friche n. f. (moyen néerlandais *versch* « frais ») **1.** Terre non cultivée. « *Les longues friches où foisonnent les bruyères* » (Genevoix). ▪ *Friche industrielle* : terrain qui était occupé par des bâtiments industriels, aujourd'hui à l'abandon. **2.** *En friche* **loc. adv. et loc. adj. invar.** : inculte. → à l'**abandon.** *Laisser des champs en friche.* – fig. *Laisser ses dons en friche*, ne pas les employer.

frichti n. m. (de l'alsacien, *cf.* allemand *Frühstück* « petit-déjeuner ») fam. Repas, plat que l'on cuisine. → fam. **fricot, tambouille.**

fricot n. m. (du radical de *fricasser*) fam., vieilli Mets grossièrement cuisiné. → fam. **frichti, rata.** ▪ Nourriture, cuisine.

fricoter v. < 1 > (d'abord « faire bombance » et « cuisiner » ; de *fricot*) fam. **1. v. tr.** Manigancer, mijoter. *Qu'est-ce qu'il fricote encore ?* **2. v. intr.** S'occuper d'affaires louches, trafiquer. ▪ fam. *Fricoter avec qqn* : avoir des relations sexuelles avec lui. ☐ **n. m. fricotage**

fricoteur, euse n. fam. Trafiquant(e) malhonnête. → **magouilleur.**

Fricsay (Ferenc) Chef d'orchestre hongrois (1914-1963). Interprète de Mozart et de Bartók, il dirigea l'orchestre de l'Opéra de Munich et y créa des opéras.

friction n. f. (latin *frictio*, de *frictum*, p. p. de *fricare* → frayer) **I. 1.** techn. Résistance au mouvement qui se produit entre deux surfaces en contact. → **frottement.** *Entraînement par friction.* **2.** Désaccord entre personnes. – *Point de friction* : motif de querelle. **II.** Fait de frotter vigoureusement une partie du corps.

frictionnel, elle adj. **1.** sc. Relatif à la friction, au frottement. **2.** *Chômage frictionnel* : chômage temporaire entre deux contrats de travail.

frictionner v. tr. < 1 > (de *friction* [II]) Administrer une friction à (qqn, une partie du corps). → **frotter.** – pronom. *Se frictionner après le bain.*

Fridegård (Jan) Écrivain suédois (1897-1968). Il est l'un des grands représentants de la tendance dite « prolétaire ». *Lars Hard.*

fridolin n. m. (de *Fritz*, prénom allemand) péj., vieilli (injure xénophobe) Allemand (pendant la Seconde Guerre mondiale). → **boche, chleuh, fritz.**

Friedan (Betty Naomi) Féministe américaine (1921-2006). Pionnière du féminisme aux États-Unis, elle publia *La Femme mystifiée*, essai sur les conditions de vie de la femme dans la société américaine, et fonda en 1966 la NOW *(National Organization of Women)*.

Friedel (Charles) Chimiste et minéralogiste français (1832-1899). Il imagina avec Crafts une réaction permettant la synthèse des carbures benzéniques, et promut l'emploi de la notation atomique.

Friedland (bataille de) Victoire remportée par Napoléon, le 14 juin 1807, sur les Russes commandés par Bennigsen à Friedland (auj. Pravdinsk), en Prusse-Orientale.

Friedman (Milton) Économiste américain (1912-2006). Chef de file de l'école monétariste, il remit en cause, à la suite des libéraux, l'efficacité de l'intervention de l'État. Il joua un rôle important dans la politique économique des États-Unis, notamment sous les présidences de Ronald Reagan. Prix Nobel 1976.

Friedman (Jerome I.) Physicien américain (né en 1930). Il réalisa, avec H. Kendall et R. Taylor, des expériences permettant de vérifier la thèse de l'existence des quarks. Prix Nobel 1990.

Friedmann (Alexandre Alexandrovitch) Physicien russe (1888-1925). Il résolut, en 1922, les équations d'Einstein sur la relativité générale.

Friedmann (Georges) Sociologue français (1902-1977). Ses travaux portent sur l'organisation du travail dans la société industrielle. *Où va le travail humain ? ; La Puissance et la Sagesse.*

Friedrich (Caspar David) Peintre et graveur allemand (1774-1840). Il a peint des paysages romantiques dont le caractère mélancolique exprime l'angoisse de l'homme face à la nature.

Friedrichshafen Ville du S.-O. de l'Allemagne (Bade-Wurtemberg), sur le lac de Constance. 61 220 habitants. Industries aéronautiques et mécaniques. Station touristique.

Fries (Jakob Friedrich) Philosophe allemand (1773-1843) Sa reprise de la philosophie kantienne sur des bases psychologiques et anthropologiques nouvelles, ainsi que ses conceptions politiques libérales en ont fait un adversaire de l'idéalisme hégélien. *Nouvelle Critique de la raison.*

Friesz [fʀijɛz] **(Othon)** Peintre et dessinateur français (1879-1949). Influencé par le fauvisme puis par Cézanne, il accorda la primauté à la couleur et à l'expressivité dans ses nus, ses paysages *(Les Canaux)*, ses portraits *(Portrait de Fernand Fleuret)* et ses natures mortes.

frigidaire n. m. (n. déposé ; latin *frigidarium* « chambre des bains froids, dans les thermes », de *frigidus* → froid) Réfrigérateur. → fam. **frigo.**

frigidarium n. m. (mot latin) Antiq. Partie des thermes où l'on prenait des bains froids (opposé à *caldarium*).

frigide adj. (latin *frigidus* → froid) **1.** littér. Froid, glacé (fig.). *Un abord frigide.* **2.** cour. Qui n'éprouve pas de plaisir sexuel. *Femme frigide.*

frigidité n. f. Incapacité de parvenir à l'orgasme. – Absence de désir et de plaisir sexuel.

frigo n. m. (de *frigorifier*) fam. **1.** vieux Viande congelée. **2.** Chambre frigorifique. **3.** Réfrigérateur.

frigorie n. f. (du latin *frigus, frigoris* « froid », d'après *calorie*) Ancienne unité utilisée dans l'industrie du froid, mesure de la quantité de chaleur enlevée (symb. fg).

frigorifier v. tr. < 7 > (de *frigorifique*) **1.** Soumettre au froid pour conserver (les viandes). → **congeler, réfrigérer. 2.** fam. *Le vent nous frigorifiait.* – au p. p. *Elle est frigorifiée* : elle a très froid. → **gelé.**

frigorifique adj. (du latin, de *frigus* → froid et *facere* → [1]faire) Qui sert à produire le froid. → **réfrigérant.** *Mélange frigorifique.* – *Wagon, camion, chambre frigorifique.*

frigoriste n. (du latin *frigus, frigoris* → froid) techn. Technicien(ne) des installations frigorifiques.

Fribourg

Vue aérienne du centre médiéval de Fribourg, avec l'imposante cathédrale Saint-Nicolas (XIIIe-XVe s.).

frileusement adv. D'une manière frileuse.

frileux, euse adj. (vient du bas latin *frigorosus*, de *frigus, frigoris* → froid) I. vieux ou littér. Qui donne une impression de froid. « *Le soleil traînait dans le ciel frileux son bloc refroidi* » (A. France). II. cour. 1. (personnes, animaux) Qui craint beaucoup le froid, y est très sensible. 2. Qui indique qu'on a froid, qu'on est sensible au froid. *Une posture un peu frileuse.* 3. fig. Craintif, apeuré. *Une attitude frileuse devant la vie.*

frilosité n. f. (du radical de *frileux*) Caractère frileux (surtout II, 3).

frimaire n. m. (de *frimas*) Troisième mois du calendrier révolutionnaire (21-22 novembre au 20-21 décembre).

frimas n. m. (de l'ancien français *frume*, qui vient du francique *hrîm*) 1. poét. (surtout plur.) Brouillard formant des dépôts de givre ; grésil. « *Le vent du Nord soulevait dans les rues des ondes de frimas* » (A. France). – *Les frimas* : les temps froids de l'hiver. 2. vieux *Être poudré à frimas*, avec une légère couche de poudre blanche sur la chevelure.

frime n. f. (p.-ê. de *mine* et ancien français *frume*, du bas latin *frumen* « gosier ») fam. Apparence trompeuse. → **comédie.** *C'est de la frime.* → **bluff.**

frimer v. intr. < 1 > (de *frime*) fam. Chercher à se faire remarquer ; faire de l'esbroufe. □ **n. frimeur, euse**

frimousse n. f. (famille de *frime*) Visage enfantin. → **minois.**

fringale n. f. (de l'ancien français *faim-valle* « boulimie des chevaux », p.-ê. du breton *gwall* « mauvais » ; influence de *fringant*) 1. Faim violente et pressante. *J'ai une de ces fringales !* 2. fig. *Une fringale de cinéma.* → **envie.**

fringant, ante adj. (de l'ancien français *fringuer* « gambader ») 1. (chevaux) Très vif, toujours en mouvement. « *Deux chevaux fringants* [...] *qui mordaient leurs freins* » (Balzac). 2. (personnes) Dont l'allure vive, la mise élégante dénotent de la vitalité, une belle humeur. → [1]**alerte, guilleret, pimpant, sémillant.**

fringillidé n. m. (du latin *fringilla* « pinson ») Oiseau passereau de petite taille, à bec conique, granivore, dont il existe de nombreuses espèces en Europe (famille des *Fringillidés* ; ex. le bouvreuil, le canari, le moineau, le chardonneret).

fringuer v. tr. < 1 > (d'abord « gambader », « parader », puis « faire l'élégant » → fringant) fam. Habiller. – pronom. *Elle s'était bien fringuée pour sortir.* – au p. p. « *Paul alors entra, tout fringant et bien fringué* » (Queneau).

fringue n. f. (de *fringuer*) fam. (surtout au plur.) Vêtement. *S'acheter de nouvelles fringues.*

Frioul n. m. Région historique aujourd'hui partagée entre la Slovénie et l'Italie. Duché fondé au VIe s., le Frioul passa sous domination vénitienne (1420), fut en partie cédé à l'Autriche (1500). En 1947, l'Italie accorda le Frioul-Oriental à la Yougoslavie.

Frioul-Vénétie-Julienne n. m. Région autonome du N.-E. de l'Italie. 7 846 km^2. 1,2 million d'habitants. Chef-lieu : Trieste. Occupé par des montagnes au N., le territoire est, au S., une plaine fertile tournée vers la mer. L'industrie est concentrée à Trieste.

fripe n. f. (de l'ancien français *frepe, felpe* « chiffon », qui vient du bas latin *faluppa* « fibre, chose sans valeur » → envelopper) 1. vieux Haillon. 2. mod. Vêtement d'occasion. *S'acheter des fripes aux puces.* – collectif *La fripe.*

friper v. tr. < 1 > (d'abord *freper* → fripe) Défraîchir en froissant. *Elle a fripé sa robe.* – au p. p. *Des vêtements fripés.* – « *Une petite verrue* [...] *dans son visage tiré, fripé, ridé* » (Vallès).

friperie n. f. (de *fripe*) 1. Vieux habits, linge usagé. 2. Commerce, boutique de vêtements d'occasion.

fripier, ière n. (de *fripe*) Personne qui revend d'occasion des vêtements (→ **fripe**), du linge.

fripon, onne n. et adj. (d'un ancien v. *friper* « s'agiter », puis « dissiper [un bien] » et « dérober » ; p.-ê. famille de *fripe*) 1. vieux Personne malhonnête. → **coquin.** 2. Enfant, personne espiègle. *Petite friponne !* → **brigand, coquin.** 3. adj. Qui a qqch. de malin, d'un peu provocant. « *Votre petit nez fripon* [...] *vos lèvres appétissantes* » (Molière).

friponnerie n. f. vieux ou littér. Caractère ; action de fripon (1).

fripouille n. f. (p.-ê. de *frepe* « chiffon » → fripe ; influence de *fripon*) 1. vieux (collectif) Racaille. 2. Personne malhonnête, qui se livre à l'escroquerie. → **canaille, crapule, escroc.**

fripouillerie n. f. Escroquerie.

friqué, ée adj. (de *fric*) fam. Riche. → **rupin.**

friquet n. m. (de l'ancien français *frique* « vif, éveillé », probablt d'origine germanique) Moineau des champs.

frire v. (vient du latin *frigere* → friand, fricasser) 1. v. tr. Faire cuire en plongeant dans un corps gras bouillant. *Poêle à frire.* 2. v. intr. Cuire dans la friture. *Faire frire des pommes de terre.* « *Poisson, mon bel ami* [...] *Dès ce soir on vous fera frire* » (La Fontaine). ■ **frit, frite** adj. 1. *Petits poissons frits.* → **friture.** *Pommes de terre frites.* → **frite.** 2. fig., fam. Perdu, fichu. → **cuit, foutu.**

frisage n. m. rare Action de friser (les cheveux).

frisant, ante adj. (lumière, rayon) Qui effleure une surface de biais, avec un angle d'incidence très faible. *Lumière frisante*, rasante.

frisbee [fʀizbi] n. m. (n. déposé ; mot anglais des États-Unis) anglic. Disque en plastique, légèrement bombé, que les joueurs se lancent et qui plane en tournant sur lui-même. ■ Jeu qui se joue avec ce disque. → aussi **ultimate.**

Frisch (Karl von) Zoologiste autrichien (1886-1982). Il étudia le mode de communication des abeilles.

Frisch (Ragnar) Économiste suédois (1895-1973). Il est l'auteur de travaux d'économétrie sur l'amplitude des cycles économiques successifs. Prix Nobel 1969, avec J. Tinbergen.

Frisch (Otto Robert) Physicien britannique d'origine autrichienne (1904-1979). Il mesura les moments magnétiques du proton et du neutron, et donna en 1939 une interprétation du phénomène de la fission nucléaire.

Frisch (Max) Écrivain suisse d'expression allemande (1911-1991). Son œuvre théâtrale, influencée par Bertolt Brecht, apparaît plus soucieuse de la cohérence des idées que du réalisme psychologique des personnages (*Biedermann et les Incendiaires ; Andorra*). Il est également l'auteur de romans (*Stiller ; Montauk*) et d'un *Journal.*

[1]**frise** n. f. (latin médiéval *frisium*, du grec *phrygium* « broderie, frange », du n. de la Phrygie) 1. Bande située au-dessus de la corniche (elle-même au-dessus d'une colonnade). *La frise des Panathénées, au Parthénon.* 2. Ornement en forme de bande continue. *Frise de papier peint.*

[2]**cheval de frise** n. m. (p.-ê. du néerlandais *friese ruiter* « cavalier de la Frise », province des Pays-Bas) Pièce de bois ou de fer hérissée de pointes. *Des chevaux de frise.*

Frise n. f. Région historique du N. de l'Europe, aujourd'hui partagée entre les Pays-Bas (Frise. 3 357 km^2. 654 000 habitants. Chef-lieu : Leeuwarden) et l'Allemagne (Frise orientale, dans le Land de Basse-Saxe). Peuplée au début de notre ère par les Frisons (marins et pirates germaniques), la Frise fut soumise par les Francs au VIIIe s. puis morcelée.

frisée n. f. Chicorée frisée.

friselis [fʀizli] n. m. (famille de *friser*) littér. Léger frémissement. « *Les joncs reprenaient leur friselis monotone* » (Genevoix).

friser v. < 1 > (origine obscure, p.-ê. de *frire* [la friture dans l'huile se tord]) I. v. tr. 1. Mettre en boucles (des cheveux, poils, fibres, etc.). → **boucler.** *Fer à friser.* 2. Passer au ras de, effleurer. → **frôler, raser.** « *Là, le soleil ne frise qu'obliquement la Terre* » (Baudelaire). 3. Approcher de très près. *Elle frise la soixantaine. Cela frise le ridicule.* II. v. intr. Être ou devenir frisé. *Ses cheveux frisent naturellement.* ■ **frisé, ée** adj. *Cheveux frisés. Être frisé comme un mouton.* ■ *Chou frisé, chicorée frisée.*

[1]**frisette** n. f. (de *friser*) Petite boucle de cheveux frisés. → [2]**frison, frisure.**

[2]**frisette** n. f. (de [1]*frise*) Ensemble de planches fines de sapin ou de pin. *Faux plafond en frisette.*

frisolée n. f. (de *friseler, frisoler*, diminutif dialectal de *frise*) agric. Maladie de la pomme de terre qui donne aux feuilles un aspect frisé.

[1]**frison, onne** adj. et n. De la Frise. *L'archipel frison. Les Frisons.* – n. m. *Le frison* : langue germanique parlée en Hollande du Nord et en Allemagne du Nord (Schlesvig). ■ *Race frisonne* : race de vaches laitières.

[2]**frison** n. m. Petite mèche de cheveux qui frise près du visage ou sur la nuque. → [1]**frisette, frisottis.**

Frisonnes (îles) Îles des Pays-Bas, appartenant à l'archipel frison (partagé entre les Pays-Bas, l'Allemagne et le Danemark). Réserves naturelles. Tourisme.

Frison-Roche (Roger) Guide et écrivain français (1906-1999). Guide de haute montagne, il participa également à de nombreuses expéditions au Sahara et en Laponie. Ses livres, qui racontent ses expériences, connurent un grand succès. *Premier de cordée ; Bivouacs sous la lune.*

Roger Frison-Roche assiste au tournage du film *Premier de cordée* de Louis Daquin (1943), adapté de son livre.

frisotter v. < 1 > 1. v. tr. Friser, enrouler en petites boucles serrées. – au p. p. *Cheveux frisottés.* 2. v. intr. Friser (II) en petites ondulations serrées. - var. RO **frisoter.** □ **adj. frisottant, ante** ou RO **frisotant, ante**

frisottis n. m. Petite mèche frisottée. → [1]**frisette,** [2]**frison.** - var. RO **frisotis.**

frisquet, ette adj. (du wallon *frisque* « froid », emprunt au flamand *frisch*, même origine que *frais, fraîche*) Un peu froid. → [1]**frais.** *Il fait frisquet, ce matin.*

frisson n. m. (vient du latin pop., de *frictio, frictionis* → friction, influence de *frigere*, de *frigus* → froid) 1. Tremblement irrégulier, dû à la fièvre, accompagné d'une sensation de froid. *Être secoué de frissons.* 2. Frémissement qui accompagne une émotion. *Avoir un frisson de terreur, de plaisir. Donner le frisson :* faire peur. – fam. *Le grand frisson,* l'orgasme. **3.** Émotion intense ; courant d'émotion (collectif). **4.** poét. Léger mouvement. – Bruit léger. *Le frisson des herbes agitées par le vent.* → **friselis.** « *Écoutez la chanson bien douce* [...] *Un frisson d'eau sur de la mousse* » (Verlaine).

frissonnant, ante adj. Qui frissonne. *Frissonnant de froid.* → **grelottant.**

frissonnement n. m. littér. **1.** Léger frisson. **2.** Fait de frissonner.

frissonner v. intr. < 1 > **1.** Avoir le frisson, être agité de frissons. *Frissonner de fièvre.* → **grelotter. 2.** Être saisi d'un léger tremblement produit par une vive émotion. → **frémir, tressaillir.** « *J'aime... À ce nom fatal, je tremble, je frissonne* » (Racine). *Frissonner de peur.* **3.** (choses) Trembler légèrement.

frisure n. f. **1.** Façon de friser, état des cheveux frisés. *Frisure légère.* → **indéfrisable, permanente. 2.** Boucle. → [1]**frisette.**

frit, frite adj. voir **frire**

frite n. f. **1.** Petit morceau allongé de pomme de terre frite. *Un cornet de frites. Bifteck frites,* accompagné de frites. *Moules frites.* ■ fam. *Avoir la frite :* se sentir en forme. → [1]**pêche. 2.** Cylindre de mousse utilisé pour apprendre à nager ou pratiquer l'aquagym.

se **friter** v. pron. < 1 > fam. Se disputer. *Elle s'est fritée avec lui.* - var. se **fritter.**

friterie n. f. **1.** Installation pour la friture des poissons. **2.** (Belgique) Échoppe de marchand de frites. → **friture (III).**

friteuse n. f. (du radical de *friture*) Récipient pourvu d'un couvercle et d'un égouttoir, destiné aux fritures.

fritillaire n. f. (du latin *fritillus* « cornet à dés ») Plante herbacée à bulbe (liliacée), aux fleurs en forme de cloche.

fritons n. m. pl. Résidus de viande de porc ou d'oie que l'on obtient en faisant fondre la graisse.

Fritsch (Werner, baron von) Général allemand (1880-1939). Commandant des forces terrestres allemandes, il fut destitué par Hitler en 1938.

frittage n. m. techn. Vitrification préparatoire de certains matériaux (céramique, émail). ■ Agglomération des poudres métalliques par chauffage.

fritte n. f. techn. Mélange de sable et de soude obtenu par fusion, employé dans la fabrication du verre, de la céramique.

[1]**fritter** v. tr. < 1 > techn. Soumettre au frittage. – au p. p. *Verre fritté.*

[2]se **fritter** voir se **friter**

friture n. f. (vient du bas latin *frictura,* de *frigere* → **frire**) **I. 1.** Action, manière de frire un aliment. *Friture à l'huile, au beurre.* **2.** Matière grasse servant à frire les aliments. *Bain de friture.* **3.** Aliment, poisson frit. *De la petite friture.* **II.** (de *bruit de friture*) Grésillement parasite (téléphone, radio). **III.** (Belgique) Baraque à frites sur la voie publique. → **friterie.**

fritz n. m. (de *Fritz,* prénom allemand → **fridolin**) fam., vieilli Soldat allemand. → **boche, chleuh, fridolin.**

frivole adj. (latin *frivolus* « vain », p.-ê. de *friare* « écraser » → **friable**) **1.** Qui a peu de sérieux et, par suite, d'importance. → **futile.** *Une discussion frivole.* **2.** (personnes) Qui ne s'occupe que de choses futiles ou traite à la légère les choses sérieuses. **3.** Inconstant en amour. → **volage.** « *Je t'adore ô ma frivole / Ma terrible passion !* » (Baudelaire).

frivolité n. f. **1.** Caractère d'une personne, d'une action frivole. → **légèreté.** « *La frivolité est tendue comme un rideau léger devant presque tous nos sentiments* » (Alain). **2.** Chose frivole. → **bagatelle, futilité. 3.** au plur. vieilli Petits articles de mode, de parure. → **colifichet, fanfreluche.** *Marchande de frivolités.*

Frize (Bernard) Peintre français (né en 1954). Il questionne le rôle du peintre avec des œuvres où le geste artistique semble disparaître derrière la pratique mécanique, le hasard et la répétition. Émergent des couleurs, parfois brouillées et entremêlées, agencées géométriquement en bandes, carrés, ronds, volutes... *(Oma ; Idoine).*

Fröbel (Friedrich) Pédagogue allemand (1782-1852). Sa méthode, fondée sur l'équilibre des facultés psychologiques de l'enfant, laisse à celui-ci une grande spontanéité.

Frobenius (Leo) Ethnologue et philosophe allemand (1873-1938). Auteur de nombreux travaux sur l'Afrique, il introduisit en ethnologie la notion d'aires culturelles et a exercé une influence sur les écrivains de la négritude.

Froberger (Johann Jakob) Compositeur allemand (1616-1667). Il fut organiste de la cour à Vienne. Il écrivit de nombreuses pièces pour l'orgue et le clavecin, qui font la synthèse des différents styles européens, et exerça une forte influence sur la musique allemande, au moins jusqu'à J.-S. Bach.

Frobisher (sir Martin) Navigateur anglais (v. 1535-1594). Il explora le Groenland et l'île de Baffin, et participa à la lutte de l'Angleterre contre l'Invincible Armada (1588).

froc n. m. (vient du francique *hrokk ;* d'abord « manteau ») **I.** vieux Habit de moine. – loc. *Jeter le froc aux orties :* abandonner l'état de moine, de prêtre. → **défroqué. II.** fam. Pantalon. – loc. fig. et fam. *Faire dans son froc :* avoir très peur. *Baisser son froc :* subir une humiliation sans oser réagir.

Frœschwiller (bataille de) Bataille opposant, en août 1870 à Frœschwiller (dans le Bas-Rhin), l'armée française et les troupes royales de Prusse. La défaite française eut pour conséquence l'occupation de l'Alsace par les Allemands.

froid, froide (vient du latin *frigidus* → **frigide,** de *frigus, frigoris* « le froid ») **I.** adj. (opposé à *chaud*) **1.** Qui est à une température sensiblement plus basse que celle du corps humain (dans l'échelle : *glacial, glacé, froid, frais*). *Rendre plus froid.* → **refroidir.** *Eau froide. Un vent froid. – Le bleu et le vert, couleurs froides. – Des sueurs* froides.* **2.** Qui s'est refroidi, qu'on a laissé refroidir. *Le moteur est froid.* **II.** adj. (humains) **1.** Qui ne s'anime ou ne s'émeut pas facilement. → [2]**calme, flegmatique.** *Un caractère froid. – Une femme froide.* → **frigide.** « *C'est pas qu'elle était froide* [...] *mais il lui fallait du temps* » (Céline). – loc. *Garder la tête froide* (→ **sang-froid**). *Une colère froide,* qui n'éclate pas, rentrée. **2.** Dont la réserve marque de l'indifférence ou de l'hostilité. → **distant, réservé, sévère ;** opposé à *chaleureux.* « *Je pris un air froid qui coupa court aux effusions* » (Proust). *Ça me laisse froid,* indifférent. **3.** en art Qui ne suscite aucune émotion, par défaut de sensibilité, de vie. → **inexpressif, terne. 4.** loc. (anglais *cold war*) *Guerre* froide.* **III.** *À froid* loc. adv. : sans mettre au feu, sans chauffer. *Souder à froid.* ■ fig. *Prendre, cueillir un adversaire **à froid,*** le surprendre par une action ou un coup rapide. – Sans chaleur apparente, sans émotion véritable. *S'emporter, s'exciter à froid sur un sujet.* **IV.** n. m. (opposé à *chaleur*) **1.** État de la matière, spécialt de l'atmosphère quand elle est froide ; sensation résultant du contact de la peau avec un corps ou un milieu froid. *La saison des grands froids. Vague de froid. Un froid de canard, de chien, de loup, de gueux :* un grand froid. – *Il fait froid, grand froid,* fam. *très froid :* le temps est froid. « *Il faisait un froid à fendre les dolmens, un de ces froids déchirants qui cassent la peau* » (Maupassant). *Avoir froid :* éprouver une sensation de froid. *Prendre, attraper froid,* un refroidissement. – loc. *N'avoir pas froid aux yeux :* n'avoir peur de rien. « *Une gaillarde à biceps, et qui n'avait pas froid aux yeux, ni ailleurs* » (Queneau). ■ *Froid artificiel,* produit par réfrigération ou congélation. → **cryo-.** *La chaîne du froid.* **2.** État ou sensation comparable à la sensation de froid. *Le froid de la mort, du tombeau.* – loc. *Cela me fait froid dans le dos* (de peur, d'horreur) *rien que d'y penser. Jeter un froid :* provoquer un malaise. ■ Absence d'émotion, de chaleur humaine. loc. *En froid. Être en froid avec qqn :* être brouillé, fâché avec lui. *Nous sommes en froid.*

froidement adv. **1.** Avec réserve (→ **froid** (II, 2)). *On l'a reçu froidement.* → **fraîchement. 2.** En gardant la tête froide, lucide. → **calmement. 3.** Avec insensibilité. *Abattre, achever froidement qqn.*

froideur n. f. (de *froid*) **1.** Absence relative d'émotivité, de sensibilité. → **flegme, impassibilité.** – Manque de sensualité (→ **frigidité**). **2.** Indifférence marquée, manque d'empressement et d'intérêt. → **détachement, réserve.** *Une froideur méprisante.* **3.** en art Défaut de chaleur, d'éclat. → **sécheresse.** *La froideur d'une interprétation musicale.*

froidure n. f. Grand froid de l'hiver. « *Ma maison ce n'est pas ma maison c'est froidure* » (G. Vigneault).

froissable adj. Qui est facilement froissé (opposé à *infroissable*).

froissant, ante adj. Qui froisse, blesse l'amour-propre.

Froissart (Jean) Écrivain français (v. 1337-v. 1400). Il a relaté dans ses *Chroniques* les évènements survenus de 1323 à la fin du siècle.

froissement n. m. **1.** Action de froisser, de chiffonner ; son résultat. – par ext. *Le froissement d'un muscle,* claquage. ■ Bruissement de ce qui est froissé. **2.** littér. Ce qui blesse qqn dans son amour-propre, sa sensibilité.

froisser v. tr. < 1 > (vient du latin pop. *frustiare,* de *frustum* « morceau » → **fruste**) **I. 1.** vieux Rompre ; meurtrir par un choc. – mod. *Se froisser un muscle.* **2.** Endommager en comprimant, en écrasant. « *L'herbe livre son suc dès qu'on la froisse* » (Colette). – au p. p. *Tôle froissée :* carrosserie d'automobile tordue, pliée (après un choc...). **3.** Faire prendre des faux plis à (une étoffe). → **friper.** – pronom. *Un tissu qui ne se froisse pas,* infroissable. **II.** (abstrait) Blesser légèrement (qqn) dans son amour-propre, dans sa délicatesse. → **désobliger, vexer.** *Elle ne voulait pas vous froisser.* – pronom. Se vexer.

froissure n. f. (d'abord « brisure ») rare Trace laissée par un froissement. → **pli.**

frôlement n. m. Léger et rapide contact d'un objet qui se déplace le long d'un autre.

frôler v. tr. < 1 > (ancien français *frauller,* qui vient p.-ê. du latin pop. *fraudulare,* de *fraudare* → **fraude,** ou onomatopée) **1.** Toucher légèrement en glissant, en passant. → **effleurer. 2.** Passer très près de, en touchant presque. → **raser.** *La voiture a frôlé le trottoir.* – fig. *Frôler le ridicule.*

frôleur, euse 1. adj. Qui frôle. *Des gestes frôleurs.* **2.** n. Personne qui cherche toutes les occasions de frôler, de toucher d'autres personnes, pour obtenir des émotions érotiques. → aussi **frotteur.**

fromage n. m. (altération de *formage,* qui vient du bas latin *formaticus,* de *forma* → **forme, fourme**) **1.** Aliment obtenu par la coagulation du lait, suivie ou non de cuisson, de fermentation ; masse moulée de cet aliment. - syn. fam. **fromegi, frometon.** – *Fromage (de lait) de vache, de chèvre. Fromages frais,* avec lait écrémé. *Fromage blanc :* lait caillé égoutté, à texture onctueuse ou granuleuse. *Fromage à moisissures* (bleu). *Marchand de fromages* (→ **crémier**). – *Faire un fromage de qqch.*, en faire toute une histoire (→ **en faire un plat**). **2.** Situation, place aussi avantageuse que peu fatigante. → **sinécure.** **3.** *Fromage de tête* : pâté de tête de porc en gelée.

[1]fromager, ère **1. adj.** Relatif au fromage. *Industrie fromagère.* **2. n.** Personne qui fabrique ou vend des fromages.

[2]fromager **n. m.** (**par compar. du bois mou avec le fromage**) Grand arbre tropical, à racines énormes, dont les fruits fournissent le kapok.

fromagerie **n. f.** Local où l'on fabrique et où l'on vend en gros des fromages. – Industrie, commerce des fromages.

froment **n. m.** (**vient du latin *frumentum*, famille de *frui* « jouir de » → [1]fruit**) Blé. – Grains de blé. *Farine de froment.*

Froment (**Nicolas**) Peintre français (v. 1425-v. 1483). Son œuvre (*La Résurrection de Lazare ; Le Buisson ardent*) mêle les influences flamande et florentine.

fromental, aux **n. m.** Avoine fourragère, appelée aussi *avoine élevée.*

Fromentin (**Eugène**) Peintre et écrivain français (1820-1876). Peintre romantique, romancier sensible (*Dominique*), il est aussi l'auteur de récits de voyage.

Eugène Fromentin, *Chasse au faucon en Algérie : la curée* (1863), musée d'Orsay, Paris.

Fromentine (**goulet de**) Détroit séparant l'île de Noirmoutier du continent. 700 m.

Fromm (**Erich**) Psychanalyste américain d'origine allemande (1900-1980). Proche de l'école de Francfort, il est l'auteur d'études sur Freud, Marx, et la religion. *La Crise de la psychanalyse ; Essais sur Freud, Marx et la psychologie.*

fronce **n. f.** (**du francique *hrunkja* « ride »**) Pli court et serré donné à une étoffe en tirant sur un fil. *Jupe à fronces.*

froncement **n. m.** Action de froncer. *Un froncement de sourcils.*

froncer **v. tr.** < 3 > (**de *fronce***) **1.** Plisser, rider en contractant, en resserrant. *Froncer les sourcils.* **2.** Plisser (une étoffe) en formant des fronces. – intrans. *Étoffe qui fronce.*

froncis [fʀɔ̃si] **n. m.** Suite de fronces, de plis que l'on fait à une étoffe ; bande d'étoffe froncée.

frondaison **n. f.** (**de l'ancien n. *fronde* → [1]fronde**) littér. Feuillage (des arbres). *Des frondaisons luxuriantes.*

[1]fronde **n. f.** (**latin *frons, frondis* « feuillage »**) bot. Feuille des plantes sans cotylédons. *Les frondes des fougères.*

[2]fronde **n. f.** (**altération de l'ancien français *fonde*, qui vient du latin pop. *fundula*, de *funda* « fronde »**) **1.** Arme de jet utilisant la force centrifuge, poche de cuir suspendue par deux cordes et contenant un projectile (balle ou pierre). **2.** Lance-pierres à élastique.

[3]fronde **n. f.** (**de *fronder***) **1.** avec maj. Sédition qui éclata contre Mazarin (1648-1653). **2.** *Un esprit de fronde, un vent de fronde*, de révolte.

Fronde **n. f.** Troubles qui agitèrent la France entre 1648 et 1653, pendant la minorité de Louis XIV. S'opposant aux mesures fiscales et au gouvernement de Mazarin, la Fronde s'articula en deux temps. La *Fronde parlementaire* fut marquée par l'insurrection parisienne (journée des Barricades) qui suivit l'arrestation de Broussel, conseiller au parlement de Paris, et les intrigues du cardinal de Retz contre Mazarin. La *Fronde des princes*, menée par le prince de Condé, le prince de Conti et la duchesse de Longueville, gagna la province. Elle fut mise en échec par les troupes de Turenne. Cette révolte eut pour conséquence le renforcement du pouvoir royal.

fronder **v.** < 1 > (**d'abord *fonder*, de *fonde* → [2]fronde**) **I. v. intr.** hist. Être en sédition, appartenir à la Fronde. **II. v. tr.** Attaquer ou railler (ce qui est généralement entouré de respect). → **attaquer, critiquer.** *Fronder le gouvernement, le pouvoir.*

frondeur, euse **n. 1.** Personne qui appartenait au parti de la Fronde. **2.** Personne qui critique le gouvernement, l'autorité. – **adj.** *Un esprit frondeur.*

fronsac **n. m.** (**n. d'une ville de Gironde**) Vin rouge produit dans la région de Libourne.

Fronsac Commune de la Gironde, sur la Dordogne. 1 132 habitants. Viticulture.

front **n. m.** (**vient du latin *frons, frontis* → frontière, frontispice**) **I. 1.** Partie supérieure du visage entre les sourcils et la racine des cheveux, s'étendant d'une tempe à l'autre. *Un front haut, bombé, fuyant.* ▪ (Siège de la pensée) *« Paix des rides / Que l'alchimie imprime aux grands fronts studieux »* (Rimbaud). ▪ Partie antérieure et supérieure de la tête (d'animaux). ▪ loc. *Courber, relever le front*, la tête. **2.** *Avoir le front de*, l'audace, la prétention de. → **culot.** **II. 1.** Face antérieure d'une certaine étendue. vieux *Le front d'un bâtiment.* → **façade, fronton.** – loc. ***Front de mer*** : avenue en bordure de la mer. **2.** Ligne des positions occupées face à l'ennemi. ▪ Zone des batailles (s'oppose à *l'arrière*). *Les combattants du front.* – loc. ***Faire front*** : faire face pour résister. **3.** Union politique étroite entre des partis ou des individus. → **bloc, groupement, ligue.** spécialt *Le Front populaire.* **4.** Face, plan vertical. techn. *Front de taille.* – météorol. Ligne entre des masses d'air. *Front froid, chaud.* **5. *De front*** **loc. adv.** : pardevant. *Aborder de front un problème.* – Sur la même ligne, côte à côte. *Chevaux attelés de front. Mener de front plusieurs affaires.*

frontail **n. m.** (**de *front***) techn. Partie de la têtière du cheval qui passe sur le front. → **frontal.** *Des frontails.*

frontal, ale, aux **I. adj. 1.** Du front (1). *Os frontal.* – *Une lampe frontale.* **2.** Qui se fait de front, de face. *Une attaque frontale.* **II. n. m.** (**bas latin *frontalis***) **1.** Bandeau de front. **2.** Frontail.

frontalier, ière **n. et adj.** (**du gascon, de *froun*, du latin *frons* → front ; frontière**) Habitant d'une région frontière. – **adj.** *Ville frontalière.*

frontalité **n. f.** (**de *frontal***) archit., arts *Loi de frontalité*, par laquelle une statue humaine reste dans un plan vertical (sculpture archaïque).

Front de libération nationale voir **FLN**

fronteau **n. m.** (→ **front**) **1.** Bandeau ou bijou porté sur le front. **2.** archit. Petit fronton surmontant une baie.

Frontenac (**Louis de Buade, comte de Palluau et de**) Administrateur français (1622-1698). Il fut gouverneur général de la Nouvelle-France (Canada) de 1672 à 1682 puis de 1689 à sa mort.

frontière **n. f.** (**de *front*, dans *faire front* « faire face à l'ennemi, aux barbares » ; *cf.* latin *frons* « front des troupes »**) **1.** Limite d'un territoire, ou séparant deux États. → **démarcation.** – appos. *Région, zone frontière. Des villes frontières.* ▪ loc. *Sans frontières*, international. *Frontières naturelles* (obstacle géographique). *Postes de police et de douane installés à la frontière.* – *Incident de frontière.* ▪ Région près d'une frontière. → **[2]marche.** *À la frontière allemande.* – appos. *Région, zone frontière. Des villes frontières.* ▪ loc. *Sans frontières*, international. **2.** Limite, séparation. *Aux frontières de la vie et de la mort.* → **confins.**

▶ Il y a 2000 ans, la zone **frontière** (1) du *limes* marquait les limites de l'*imperium*, le territoire où l'on reconnaissait la loi de Rome. L'Écosse est aujourd'hui encore séparée de l'Angleterre par le mur d'Hadrien, partie fortifiée du *limes* qui est l'un des rares exemples d'une frontière artificielle aussi stable que les frontières naturelles (côtes, barrières montagneuses, fleuves). L'Europe de jadis comptait de très nombreuses frontières, qui délimitaient non seulement les petites principautés allemandes ou italiennes, mais aussi les provinces françaises ou espagnoles. Au début du xxe siècle, des barrières d'octroi séparaient encore Paris de sa banlieue. Ne subsistent aujourd'hui que des frontières entre États. Les principales datent des traités de Westphalie (1648), mais certains pays comme la Pologne ont vu leurs frontières évoluer considérablement. Le Zollverein allemand (1834-1890), l'intégration européenne puis l'abaissement mondial des barrières douanières dans le cadre des accords du Gatt et de l'OMC ont progressivement conduit à un effacement des frontières commerciales, même si les questions migratoires et le terrorisme ont renforcé le contrôle des personnes.
Les frontières nationales sont reconnues par des traités internationaux. Elles traduisent géographiquement le rapport de force entre deux populations, parfois deux anciennes puissances régionales. Elles peuvent couper un peuple en deux : jusqu'en 1989, le « rideau de fer » traversait l'Europe, l'Allemagne et la ville de Berlin ; sur la carte actuelle de l'Afrique se lit le goût des anciennes puissances coloniales pour la ligne droite ! Aujourd'hui, le tracé de certaines frontières fait encore l'objet de conflits, comme au Sahara occidental, en Palestine, en Transnistrie ou en Abkhazie. Une grande partie des différends territoriaux concerne la souveraineté d'îles ou de récifs et des eaux qui les entourent, pour leur intérêt stratégique (commerce maritime, pêche, minerai). C'est le cas entre la Corée du Nord et la Corée du Sud, ou encore entre la Russie et le Japon pour les îles Kouriles.
voir aussi **géopolitique, État, migration**

frontignan **n. m.** (**n. d'une ville de l'Hérault**) Vin blanc muscat produit à partir d'un cépage cultivé près de Frontignan.

Frontignan Commune de l'Hérault, au N. de Sète. 23 485 habitants. Port sur le canal du Rhône à Sète. Vin doux (*muscat de Frontignan*).

frontispice **n. m.** (**du bas latin, de *frons* → front et *specere* « regarder » → spectacle**) **1.** Grand titre d'un ouvrage. **2.** Gravure placée face au titre.

frontiste **adj. et n.** Du Front national. *Le programme frontiste.* ▪ Partisan du Front national. – **n.** *Les frontistes.* □ **n. m. frontisme**

Front national Mouvement de résistance française à l'occupation allemande, créé en mai 1941.

Front national (**FN**) Parti politique français d'extrême droite, créé en 1972 et dont le premier président fut Jean-Marie Le Pen. Sa fille Marine Le Pen lui succéda (2011-2022) et fit rebaptiser le parti en Rassemblement national en 2018.

fronton **n. m.** (**italien *frontone*, de *fronte*, du latin *frons* → front**) **1.** Ornement vertical, le plus souvent triangulaire, au-dessus de l'entrée d'un édifice. *Le fronton d'un temple grec.* **2.** Mur contre lequel on joue à la pelote basque.

Front populaire Coalition des forces de la gauche, conduite par Léon Blum, qui dirigea la France de 1936 à 1938 et entreprit plusieurs réformes sociales (congés payés, semaine de 40 heures, nationalisation des chemins de fer).

Frossard **(Oscar Louis,** dit **Ludovic Oscar)** Homme politique français (1889-1946). Il fut secrétaire général de la SFIO (1918-1920) puis de la SFIC (1921-1923). De nouveau dans les rangs socialistes, il fut plusieurs fois ministre de 1935 à 1940.

Frost **(Robert Lee)** Poète américain (1874-1963). Il a écrit des vers libres au style proche de la conversation. *North of Boston.*

frottage n. m. Action, fait de frotter. *Le frottage d'un parquet.*

Frotté **(Marie Pierre Louis, comte de)** (1755-1800). Chef de la chouannerie normande, il fut arrêté et fusillé sur les ordres de Bonaparte.

frotte-manche n. (Belgique) fam. Personne qui flatte servilement. → **lèche-botte.** *Des frotte-manches.*

frottement n. m. **1.** Action de frotter ; contact et friction de deux corps dont l'un se déplace par rapport à l'autre. *Un bruit de frottement.* **2.** sc., techn. Force qui s'oppose au glissement d'une surface sur une autre. **3.** Difficulté. → **friction.**

frotter v. < 1 > (vient p.-ê. du bas latin *frictare,* de *fricare* → **frayer**) **I.** v. tr. **1.** Exercer une pression accompagnée de mouvement. *Frotter son doigt contre, sur une table.* **2.** Rendre plus propre, plus luisant en frottant. *Frotter le parquet.* → **astiquer, briquer.** **3.** loc. *Se frotter les yeux.* – *Se frotter les mains,* en signe de contentement. **4.** *Frotter qqch. de, avec...,* enduire par frottement. **II.** v. intr. *Pièces d'un mécanisme qui frottent.* → **gripper.** ■ se **frotter** v. pron. **1.** Frotter son corps. → **frictionner, ²masser. 2.** S'enduire. **3.** *Se frotter à qqn.* → **¹défier, provoquer.** *Ne vous y frottez pas.* – *« Qui s'y frotte s'y pique »* (devise de la ville de Nancy). ■ **frotté, ée** adj. *Une trace frottée. Instruments à cordes frottées,* qui vibrent par frottement (archet...). *Pain frotté d'ail,* avec de l'ail.

frotteur, euse n. **1.** Personne qui frotte les planchers, les parquets. **2.** n. m. techn. Pièce destinée à produire un frottement. *Frotteur à sabot, à patin.* **3.** Personne (souvent homme) qui profite de la promiscuité des lieux publics (transports en commun...) pour rechercher l'excitation sexuelle par des contacts subreptices avec une autre personne. → aussi **frôleur.** *Les frotteurs peuvent être condamnés pour agression sexuelle.*

frotti-frotta n. m. invar. fam. Frottement dans un sens puis dans un autre. ■ Contact érotique entre des personnes qui se frottent l'une à l'autre.

frottis n. m. (de *frotter*) **1.** Mince couche de couleur, en peinture. **2.** Préparation en couche mince d'une substance organique (pour examen au microscope). *Frottis vaginal.*

frottoir n. m. Objet, ustensile dont on se sert pour frotter. *Le frottoir d'une boîte d'allumettes.*

Frouard Commune de la Meurthe-et-Moselle, au confluent de la Meurthe et de la Moselle. 6 543 habitants. Industrie papetière.

froufrou n. m. (onomatopée, *cf.* **frôler**) **1.** Bruit léger produit par le frôlement ou le froissement d'une étoffe soyeuse. → **bruissement. 2.** Ornement en tissu d'un vêtement féminin. *Aimer les froufrous.*

froufroutant, ante adj. Qui froufroute. *Des dessous froufroutants.*

froufrouter v. intr. < 1 > (de *froufrou*) Produire un froufrou. □ n. m. **froufroutement**

Frounze **(Mikhaïl Vassilievitch)** Général soviétique (1885-1925). Lors de la guerre civile, il commanda l'Armée rouge dans le Turkestan (1919-1920). Il dirigea l'académie militaire de Moscou, qui porte son nom.

froussard, arde adj. et n. fam. Peureux, poltron.

frousse n. f. (p.-ê. du latin *fluxa* « flux » ; même image que *trouille*) fam. Peur. → fam. **trouille.** *Elle m'a flanqué une de ces frousses ! Avoir la frousse. « Il ne méprisait pas Mario d'avoir peur* [...] *il connaissait la noblesse de la frousse avouée »* (Genet).

fructiculteur, trice voir **fruiticulteur**

fructidor n. m. (du latin *fructus* → **¹fruit** et du grec *dôron* « présent ») Douzième mois du calendrier révolutionnaire (18-19 août au 17-18 septembre).

Fructidor an V **(coup d'État du 18)** Coup d'État exécuté le 4 septembre 1797 par les membres républicains du Directoire, avec le soutien de l'armée, contre les modérés et les royalistes, après la victoire de ces derniers aux élections de germinal an V (avr. 1797).

fructifère adj. (du latin *fructus* « fruit » et de *-fère*) bot. Qui porte des fruits ou des organes reproducteurs. *Les rameaux fructifères de l'olivier.*

fructification n. f. **1.** Formation, production de fruits. **2.** Fait de fructifier (2).

fructifier v. intr. < 7 > (du latin, de *fructus* → **¹fruit** et *facere* → **¹faire**) **1.** Produire, donner des récoltes. **2.** Produire des résultats avantageux, des bénéfices. *Faire fructifier un capital.* → **rapporter.**

fructose n. m. (du latin *fructus* « fruit » et de **¹-ose**) Sucre d'origine végétale, isomère du glucose.

Front populaire

1

2

3

1. *Regards*, hebdomadaire illustré « de masse » diffusé par les communistes dans les années 1930. 2. En juin 1936, des grévistes occupent une usine de la région parisienne. 3. L'hostilité au Front populaire se manifeste dans cette caricature dénonçant la « main de Moscou ».

▶ Le **Front populaire** désigne la coalition des partis de gauche qui arriva au pouvoir en France en juin 1936. La manifestation du 6 février 1934, organisée par des ligues d'extrême droite (Action française, Croix-de-Feu), donna l'impulsion à l'unification des partis de gauche, inquiets de l'évolution politique européenne (montée du fascisme et du nazisme).
Constitué le 14 juillet 1935, le Front populaire regroupa le Parti communiste de M. Thorez, la SFIO de L. Blum, l'Union socialiste républicaine de P. Ramadier, le Parti radical de É. Daladier, les syndicats (CGT et CGTU réunifiées au congrès de Toulouse, 1936) et des organisations d'intellectuels de gauche (Ligue des droits de l'homme, Comité de vigilance des intellectuels antifascistes). Le programme du Front populaire (janvier 1936) était plus précis sur les plans politique et social (interdiction des ligues d'extrême droite, affirmation des droits syndicaux, école laïque) que sur le plan économique. Sa victoire aux élections législatives de mai 1936 fit naître l'espoir d'une résolution de la crise économique et un élan spontané de grèves avec occupation des locaux. Présidé par Léon Blum, le gouvernement, composé de radicaux et de socialistes, est à l'origine d'importantes réformes sociales : signature des accords Matignon entre le patronat et la CGT (6 juin 1936), augmentation des salaires, semaine de 40 heures, congés payés, réorganisation des finances, nationalisation des chemins de fer. Sous la conduite de Léo Lagrange, des mesures furent adoptées en faveur des sports et des loisirs.
Toutefois, des difficultés financières, l'hostilité des milieux d'affaires et la persistance des troubles sociaux amenèrent une pause dans les réformes, suscitant une vive opposition de la gauche, en particulier des communistes qui critiquèrent aussi la politique de non-intervention dans la guerre civile espagnole. Léon Blum dut céder la présidence du Conseil à C. Chautemps (juin 1937-mars 1938), qui tenta de poursuivre l'expérience. Le ministère Daladier qui succéda à un second cabinet Blum (mars-avril 1938) marqua la fin du Front populaire. S'il n'est pas parvenu à réaliser ses objectifs initiaux, le Front populaire a cependant marqué une période qui demeure un symbole de l'amélioration de la condition sociale des salariés français.

voir aussi **socialisme**

fructueux, euse adj. (du latin, de *fructus* → [1]fruit) Qui donne des résultats avantageux (s'oppose à *infructueux*). *Une spéculation fructueuse.* → **avantageux, profitable ; lucratif, rentable.** *Ses efforts ont été fructueux.* □ adv. **fructueusement**

frugal, ale, aux adj. (latin *frugalis* « qui produit ; économe », de *frux, frugis* « fruit » de *frui* → [1]fruit) **1.** Qui consiste en aliments simples et peu abondants. *Nourriture frugale.* **2.** Qui se contente d'une nourriture simple. → **sobre.** – *Vie frugale.* → **austère, simple.**

frugalité n. f. Caractère frugal.

frugivore adj. (du latin *frux, frugis* « fruit » → frugal, et de *-vore*) zool. Qui se nourrit de fruits. – n. *Un frugivore.*

[1]fruit n. m. (vient du latin *fructus* « production végétale utile », du v. *frui* « avoir le profit de » ; « fruit » se dit *pomum*, en latin → [1]pomme) **I.** (Produit) **1.** vieux *Le fruit d'une union, d'un mariage,* l'enfant. – « *Et Jésus, le fruit de vos entrailles, est béni* » (prière du *Je vous salue Marie*). **2.** Résultat avantageux que produit qqch. → **avantage, profit ; fructueux, fructifier.** *Perdre le fruit d'un an de travail. Le fruit de l'expérience.* – ***Avec, sans fruit*** : avec, sans profit. **3.** loc. ***Fruits de mer*** : coquillages comestibles, oursins, crustacés. **II. 1.** Production des plantes qui apparaît après la fleur, surtout comestible et sucrée. *Arbre à fruits.* → **fruitier.** *Fruit à pépins, à noyau. Fruit vert, fruit mûr. Fruit frais, fruit sec* (ou *séché*). *Jus de fruits.* **2.** loc. ***Le fruit défendu*** : fruit de l'arbre de la science du bien et du mal, que Dieu avait défendu à Adam et Ève de manger ; chose qu'on désire et dont on doit s'abstenir.

[2]fruit n. m. (de *effriter* « amenuiser ») techn. Inclinaison donnée à la face extérieure d'un mur, la face intérieure restant verticale.

fruité, ée adj. Qui a un goût de fruit frais. *Un vin fruité.*

fruiterie n. f. Boutique où l'on vend au détail des fruits et accessoirement des légumes, des laitages.

fruiticulteur, trice n. (d'après *agriculteur*) techn. Personne qui cultive les arbres fruitiers, pour la vente des fruits. - var. **fructiculteur, trice.**

fruitier, ière (de [1]*fruit*) **I.** adj. Qui donne des fruits comestibles. *Arbres fruitiers.* **II. 1.** n. m. Lieu planté d'arbres fruitiers. → **verger.** ■ Local où l'on garde les fruits frais. **2.** n. Marchand, marchande qui tient une fruiterie.

fruitière n. f. (de *fruitier, ière* « fabricant de fromage », de *fruit* « produit agricole », premier sens de *fructum* → [1]fruit) régional (Suisse, Savoie) Fromagerie.

frumentaire adj. (→ froment) Antiq. romaine *Lois frumentaires,* qui réglaient la distribution du blé aux citoyens.

frusques n. f. pl. (de *saint-frusquin*) fam. Vieux habits ; habits. → **fringue, hardes.**

fruste adj. (italien *frusto* « usé » ; famille du latin *frustum* « morceau » → froisser) **1.** didact. Usé, altéré par le temps, le frottement. *Médaille, sculpture fruste.* **2.** cour. (personnes) Mal dégrossi. *Il est un peu fruste.* → **inculte, primitif.** « *Renoncer au patois, aux manières frustes et sauvages* » (Mauriac).

frustrant, ante adj. Qui frustre (2).

frustration n. f. (du latin → frustrer) **1.** dr. Action de frustrer (1). **2.** Action de frustrer (2) ; état d'une personne frustrée. *Il supporte mal les frustrations. Sentiment de frustration.*

frustrer v. tr. < 1 > (latin *frustrare*, de *frustra* « en vain », rapproché de *fraus* « fraude ») **1.** dr. Priver (qqn) d'un bien, d'un avantage sur lequel il croyait pouvoir compter (par un acte *frustratoire*). *Frustrer un héritier de sa part.* → **déposséder, dépouiller. 2.** Priver (qqn) d'une satisfaction. *Cet échec l'a frustré.* – au p. p. *Être, se sentir frustré.*

Fry (Christopher) Poète et auteur dramatique britannique (1907-2005). Son théâtre, poétique, est d'inspiration mythologique et religieuse. Son style emprunte au vers libre des élisabéthains et de T. S. Eliot. *Le Songe des prisonniers ; Vénus au zénith.*

Frycz-Modrzewski (Andrzej) latinisé en **Fricius Modrevius** Théologien et écrivain polonais d'expression latine (v. 1503-v. 1572). Humaniste et protestant, il exposa son programme de réformes dans *De la réforme de l'État.*

Frydman (René) Médecin français (né en 1943). Auteur de travaux scientifiques sur la procréation médicalement assistée, membre de l'équipe qui a permis la naissance du premier bébé-éprouvette en France avec Jacques Testart (1982), il a mis au monde le premier bébé issu d'un embryon congelé (1986), le premier issu d'un diagnostic préimplantatoire (2000) et le premier après maturation in vitro (2003).

Frye (Herman Northrop) Critique littéraire canadien (québécois) de langue anglaise (1912-1991). Il s'attacha à dégager un système portant sur l'ensemble des formes littéraires. *L'Anatomie de la critique.*

FSB (Service fédéral de sécurité de la fédération de Russie) Services de renseignements russes issus du KGB après la guerre froide. Il fut dirigé par Vladimir Poutine en 1998 et 1999.

FSU (Fédération syndicale unitaire) Organisation syndicale française constituée à la suite de l'éclatement de la Fédération de l'Éducation nationale en 1993. Elle est devenue le premier syndicat du personnel enseignant.

Fructidor an V

Le coup d'État du 18 Fructidor an V, gravure (fin XVIIIe s.), Bibliothèque nationale de France, Paris.

FTP [ɛftepe] n. m. (sigle de l'anglais *file transfer protocol*) inform. Protocole utilisé sur un réseau (Internet...) pour envoyer ou télécharger des fichiers. – en appos. *Des serveurs FTP.*

FTP ou **FTPF** voir **Francs-tireurs et partisans français**

Fualdès (Antoine) Magistrat français (1761-1817). Le procès qui suivit son assassinat fit grand bruit et donna lieu à une complainte restée longtemps célèbre.

fucacée n. f. (→ fucus) bot. Algue brune marine (famille des *Fucacées* ; ex. le fucus, la sargasse).

Fuchs (Immanuel Lazarus) Mathématicien allemand (1833-1902). Ses travaux ont porté sur les intégrales et sur un type de fonctions transcendantes, appelées « fonctions fuchsiennes » par H. Poincaré.

fuchsia [fyʃja ; fyksja] n. m. (en l'honneur du botaniste bavarois Fuchs) **1.** Arbrisseau aux fleurs pourpres, roses, en clochettes pendantes. **2.** Couleur des fleurs de fuchsia. – appos. invar. *Rose fuchsia. Des chemisiers fuchsia.*

fuchsine [fyksin] n. f. (p.-ê. de l'allemand *Fuchs* « renard », à cause du n. de l'industriel Renard, le premier fabricant ; ou de *fuchsia*) Colorant rouge.

fucus [fykys] n. m. (du latin, du grec *phukos* « algue ») bot. Algue brune, formant pour l'essentiel le goémon*. « *Sur la mer épaissie, les fucus gélatineux se dévident* » (Gide).

fudge [fɔdʒ] n. m. (mot anglais) (Canada) anglic. **1.** Confiserie fondante au chocolat. **2.** Crème glacée au chocolat, qu'on tient par un bâton. → **[2]esquimau.**

Fuégiens n. m. pl. Peuple du S. du continent américain, en Terre de Feu, dont seul ne subsiste aujourd'hui qu'un petit nombre.

fuel voir **fioul**

Fuentes (Carlos) Romancier mexicain (1928-2012). Son œuvre porte sur la critique de la société mexicaine. *La Mort d'Artemio Cruz ; Les Années avec Laura Díaz.*

fugace adj. (latin *fugax*, de *fugere* → fuir) Qui disparaît vite, dure très peu. → **fugitif.** *Beauté fugace.* → **éphémère, passager, périssable.** *Impression, sensation, souvenir fugace.*

fugacité n. f. Caractère fugace.

-fuge Élément (du latin *fugere*) signifiant « fuir » ou « faire fuir », « faire partir » (ex. *centrifuge*).

Fugger Famille de banquiers allemands, financiers des Habsbourg aux XVe et XVIe siècles.

fugitif, ive adj. (du latin, de *fugere* → fuir) **1.** Qui s'enfuit, qui s'est échappé. *Prisonnier fugitif.* – n. Personne qui s'est enfuie. → **évadé, fuyard.** *On n'a pas retrouvé les fugitifs.* **2.** Qui passe et disparaît rapidement. → **[1]bref, fugace.** *Vision fugitive. Idée, émotion fugitive.* → **passager.** □ adv. **fugitivement**

fugu [fugu] n. m. (mot japonais) Poisson comestible, très apprécié, dont les viscères contiennent un poison violent.

fugue n. f. (italien *fuga*, latin *fuga* « fuite », de *fugere* → fuir) **I.** Action, fait de s'enfuir momentanément du lieu où l'on vit habituellement. → **escapade, fuite.** *Faire une fugue.* **II.** Composition musicale écrite dans le style du contrepoint et dans laquelle un thème et ses imitations successives forment plusieurs parties. *Fugue à deux, trois voix.*

fugué, ée adj. mus. Dont la forme est semblable ou comparable à celle de la fugue.

fuguer v. intr. < 1 > Faire une fugue (I).

fugueur, euse adj. et n. (Personne) qui fait des fugues. *Un enfant fugueur.*

führer [fyʀœʀ] n. m. (mot allemand « guide », du germanique *forjan* « faire mouvoir ») Titre porté par Hitler.

fuie n. f. (d'abord « fuite », puis « refuge » → fuite) régional Petit colombier, généralement dressé sur piliers.

F

Fuji Yama

Le mont Fuji, avec le lac Ashinoko au premier plan.

fuir v. < 17 > (vient du bas latin *fugire*, de *fugere* « fuir » et « être exilé, banni » → fugace, -fuge, fugitif) **I.** v. intr. **1.** S'éloigner en toute hâte, partir pour échapper à une difficulté. → s'enfuir. *Fuir devant qqn, devant un danger. Fuir précipitamment.* → **décamper, détaler, filer** ; → ficher le camp. – *Fuir devant ses responsabilités.* – Partir au loin. « *Fuir ! là-bas fuir ! Je sens que des oiseaux sont ivres / D'être parmi l'écume inconnue et les cieux !* » (Mallarmé). **2.** (choses) S'éloigner ou sembler s'éloigner par un mouvement rapide. – (du temps) Passer rapidement. *Les beaux jours ont fui.* → **s'écouler, s'évanouir**. **3.** S'échapper par une issue étroite ou cachée. *Eau qui fuit d'un réservoir.* **4.** Présenter une issue, une fente par où s'échappe ce qui est contenu. *Tonneau qui fuit.* **II.** v. tr. **1.** Chercher à éviter en s'éloignant, en se tenant à l'écart. *Fuir qqn, la présence de qqn. Fuir un danger.* → **esquiver, éviter**. *Fuir les responsabilités.* **2.** (sujet chose) littér. Échapper à la possession de, se refuser à (qqn). « *Cette paix que je cherche et qui me fuit toujours* » (Racine).

fuite n. f. (de l'ancien français *fuie*, qui vient du bas latin *fugita*, de *fugere* → fuir ; *fuite* d'après *suite*) **I.** (êtres vivants) **1.** Action de fuir ; mouvement d'une personne qui fuit. *Une fuite éperdue, précipitée.* → **débâcle, débandade, déroute**. « *Chacun cherche son salut dans la fuite* » (Lesage). – loc. *Être en fuite* (→ **fugitif, fuyard**). *Prendre la fuite,* se mettre à fuir. *Mettre en fuite,* faire fuir. – dr. *Délit de fuite,* commis par une personne qui s'enfuit après avoir causé un accident. – loc. *Fuite en avant,* accélération risquée d'un processus. **2.** Action de se dérober (à une difficulté, à un devoir). **II.** (choses) **1.** Action de fuir, de s'éloigner. *La fuite des galaxies.* – *La fuite des capitaux* (à l'étranger). ▪ *La fuite du temps, des années.* → **écoulement, passage**. **2.** Écoulement par une issue étroite ou cachée. *Fuite d'eau, de gaz.* ▪ Fissure. *Il y a une fuite dans le tuyau.* **3.** (surtout plur.) Disparition de documents ou d'informations destinés à demeurer secrets. – *Il y a eu des fuites* (→ **indiscrétion**). **4.** géom. *Point de fuite :* point de convergence des lignes parallèles, en perspective. – fig. Ce vers quoi tout converge.

fuiter v. intr. < 1 > fam. **1.** Fuir, se sauver. **2.** (en parlant de qqch. qui doit rester secret) Faire l'objet d'une fuite (II, 3). *Ses projets fuitent chez les concurrents.*

Fujaïrah L'un des Émirats arabes unis, sur le golfe d'Oman. 237 000 habitants.

Fujian ou **Fou-kien** n. m. Province du S.-E. de la Chine, face à l'île de Taiwan. 120 000 km². 36 894 200 habitants. Capitale : Fuzhou. Ressources minières (charbon, cuivre). Forêts. Agriculture (riz, oléagineux, tabac, agrumes).

Fujimori (Alberto) Homme d'État péruvien d'origine japonaise (né en 1938). Président de la République de 1990 à 2000, il fut mêlé à des scandales politiques qui l'obligèrent à démissionner. En 2009, il fut condamné à 25 ans de prison pour des massacres de civils entre 1991 et 1992 et fut gracié en 2017.

Fujisawa Ville du Japon (Honshū), au S. de Tōkyō, dans la baie de Sagami. 437 150 habitants. Industrie (automobile). Station balnéaire.

Fujiwara Famille noble japonaise, fondée au VIIe s. Elle fournit à la cour impériale du Japon de nombreux hommes d'État jusqu'à la fin du XIIe siècle.

Fuji Yama n. m. ou **mont Fuji** en japonais **Fuji San** Volcan du Japon, sur l'île d'Honshū, point culminant du pays (3 776 m).

Fukazawa Shichirō Écrivain japonais (1914-1987). Il est l'auteur de récits et de nouvelles inspirés soit par l'histoire du Japon soit par sa région natale. *Narayama ; Récit d'un rêve élégant.*

Fuksas (Massimiliano) Architecte italien d'origine lituanienne (né en 1944). Considérant que la fonctionnalité du projet doit primer, il n'hésite pas à évincer tout style décoratif et à employer des matériaux bon marché. Zénith de Strasbourg et d'Amiens ; Nouvelle Foire de Milan.

Le Zénith de Strasbourg, une des grandes réalisations de Massimiliano Fuksas, ouvert au public en 2008.

Fukui Ville du Japon (Honshū), sur la mer du Japon. 262 500 habitants. Tissages de soie.

Fukui Kenichi Chimiste japonais (1918-1998). Il contribua à l'introduction de la physique quantique en chimie moléculaire. Il découvrit l'importance de la symétrie des fonctions d'ondes dans le chemin des réactions chimiques. Prix Nobel 1981, avec R. Hoffmann.

Fukuoka Ville du Japon (N. de Kyūshū). 1,61 million d'habitants. Port. Industries (textile, sidérurgie, constructions navales). Université.

Fukushima Ville du Japon (Honshū). 282 800 habitants. Le tsunami de mars 2011 provoqua un accident majeur dans la centrale nucléaire de Fukushima Daiichi. Depuis, des fuites d'eau radioactive s'écoulent dans le Pacifique, suscitant la crainte de la communauté internationale.

Fukuyama (Francis) Politologue américain (né en 1952). Il annonça en 1989, dans *La Fin de l'histoire et le dernier homme,* le triomphe définitif de la démocratie libérale sur toute autre idéologie.

Fulbert Évêque de Chartres (v. 960-1028). Il ouvrit une école à Chartres et y fit commencer la construction de la cathédrale.

Fulda Ville d'Allemagne (Hesse), sur la Fulda. 67 980 habitants. Ancienne abbaye bénédictine, fondée en 744. Église carolingienne (IXe s.). Château et cathédrale baroques.

fulgurance n. f. littér. Caractère de ce qui est fulgurant. *Les fulgurances d'un orage.*

fulgurant, ante adj. (du latin, de *fulgurare* → fulgurer) **1.** Qui jette une lueur vive et rapide. → **brillant, éclatant**. *Clarté fulgurante. Regard fulgurant.* **2.** Qui frappe vivement et soudainement l'esprit, l'imagination. *Idée, découverte fulgurante.* **3.** Très vif, très fort et rapide. *Douleur fulgurante. Des progrès fulgurants.* → **foudroyant**.

fulguration n. f. (du latin → fulgurer) littér. Lueur fulgurante. – Choc électrique (foudre).

fulgurer v. intr. < 1 > (latin *fulgurare*, de *fulgur* → ¹foudre) littér. Briller soudainement. – par métaphore « *Les images fulguraient, comme des phares* » (Flaubert).

Fukushima

1. Le 11 mars 2011, le tsunami arrive sur le site de stockage de déchets radioactifs de la centrale nucléaire de Fukushima Daiichi. 2. La police japonaise, portant des vêtements de protection, recherche les victimes de la catastrophe à l'intérieur de la zone de Minamisoma qui a été évacuée (préfecture de Fukushima). 3. Le 13 mars 2011, il ne reste rien du village d'Haragama (préfecture de Fukushima) dévasté par le tsunami qui a suivi le tremblement de terre le plus fort jamais enregistré au Japon (magnitude 9).

fuligineux, euse adj. (du bas latin, de *fuligo, fuliginis* « suie ») Qui rappelle la suie, ou en dégage ; qui en a la couleur. → **noirâtre.**

fuligule n. m. (du latin *fuligo* « suie », à cause de la couleur du plumage) zool. Canard plongeur au corps rond et trapu (ex. la macreuse, le milouin, le morillon).

full [ful] n. m. (mot anglais « plein ») anglic. (au poker) Ensemble formé par un brelan et une paire. *Full aux as,* comprenant un brelan d'as et une paire.

full-contact [fulkɔ̃takt] n. m. (mot anglais des États-Unis « contact total ») anglic. Sport de combat à mains nues, proche du karaté, où les coups sont portés sans contrôle, appelé aussi *boxe américaine. Des full-contacts.*

Fuller (Marie-Louise, dite Loïe) Artiste américaine de music-hall (1862-1928). Célèbre pour l'esthétisme de ses danses, créé par des effets de voiles et de lumière.

Fuller (Richard Buckminster) Architecte et théoricien américain (1895-1983). Il construisit des « dômes géodésiques », voûtes hémisphériques constituées par l'assemblage d'éléments légers et transparents.

Fuller (Samuel) Cinéaste américain (1911-1997). Un style violent mais généreux anime ses films de guerre, ses westerns, ses films policiers. *Le Port de la drogue ; Shock Corridor ; Au-delà de la gloire.*

Samuel Fuller sur le tournage de *Au-delà de la gloire* (1980).

fullerène [fylʀɛn] n. m. ou f. (de l'anglais des États-Unis, de *Fuller,* n. d'un architecte) chim. (surtout au plur.) Molécule stable formée d'atomes de carbone (60 et plus), présentant une structure en cage.

fulmicoton n. m. (du latin *fulmen* « foudre » et de *coton*) Nitrocellulose qui a l'aspect du coton. → **coton-poudre.**

fulminant, ante adj. **1.** chim. Qui peut détoner sous l'influence de la chaleur ou par l'effet d'un choc. → **détonant. 2.** Qui est en colère et profère des menaces.

fulminate n. m. (→ fulminer) chim. Sel détonant produit par la combinaison de l'acide fulminique avec une base (métal lourd).

fulmination n. f. (du latin → fulminer) littér. Fait de fulminer (II) une condamnation, des reproches. □ **fulminatoire** adj. *Une sentence fulminatoire.*

fulminer v. < 1 > (latin *fulminare,* de *fulmen* « foudre », même racine que *fulgur* → [1]foudre) **I.** v. intr. **1.** chim. Faire explosion. → **détoner, exploser. 2.** Éclater en menaces, en reproches. → **s'emporter, tonner.** *Fulminer contre qqn.* **II.** v. tr. **1.** dr. canon Lancer (une condamnation) dans les formes. **2.** littér. Formuler avec véhémence. *Fulminer des reproches contre qqn.*

fulminique adj. chim. Qui peut détoner. *Acide fulminique,* qui forme des sels détonants (→ **fulminate**).

Fulton (Robert) Ingénieur américain (1765-1815). Il construisit le premier sous-marin en 1798.

Fulton (Hamish) Photographe britannique (né en 1946). Ses photos représentent des paysages de différents pays (Népal, Bolivie, Pérou, Tasmanie) empreints d'étrangeté et de nostalgie contenue.

fumable adj. (tabac) Qui est bon à fumer.

[1]fumage n. m. (de [1]*fumer*) Action d'exposer (des aliments) à la fumée. → **[1]fumer.** *Le fumage des jambons.* - syn. **fumaison n. f.**

[2]fumage n. m. (de [2]*fumer*) Action de fumer une terre. - syn. **fumaison n. f.**

fumagine n. f. (→ [1]fumer) hortic. Maladie des plantes caractérisée par un dépôt couleur de suie sur la tige et les feuilles.

fumant, ante adj. (de [1]*fumer*) **1.** Qui émet de la fumée, qui fume ([1]). *Cendres encore fumantes.* **2.** Qui émet (ou semble émettre) de la vapeur. *Soupe fumante.* – chim. (substances volatiles) Qui s'hydrolyse au contact de la vapeur d'eau de l'air. *Acide nitrique fumant.* **3.** fam. *Un coup fumant,* admirablement réussi.

Fumaroli (Marc) Universitaire français (1932-2020). Il est l'auteur de travaux sur l'histoire de la rhétorique, sur la littérature et l'idéologie de l'âge classique. *L'Âge de l'éloquence ; Héros et Orateurs.* Académie française.

fumasse adj. fam. Furieux, en colère. → **furax.**

[1]fumé, ée adj. **1.** Préparé par fumage ([1]). *Le haddock est de l'églefin fumé. Saumon fumé.* **2.** Obscurci comme par de la fumée. *Des lunettes en verre fumé. Pouilly* (vin) *fumé,* qui a un arôme puissant, légèrement fumé. – (couleur) *Terre de Sienne fumée,* sombre.

[2]fumé n. m. techn. Épreuve de gravure sur bois, tirée sur la planche préalablement noircie à la fumée.

fume-cigare n. m. Tube court au bout duquel on adapte un cigare pour le fumer. *Des fume-cigares.*

fume-cigarette n. m. Petit tube au bout duquel on adapte une cigarette pour la fumer. *Des fume-cigarettes.*

fumée n. f. (de [1]*fumer* [I]) **1.** Produit gazeux, plus ou moins coloré, qui se dégage d'un feu. *La fumée des usines. Nuage, panache de fumée. Rideau de fumée.* – prov. *Il n'y a pas de fumée sans feu,* il doit y avoir qqch. de vrai dans le bruit qui court. – loc. *S'en aller, s'évanouir en fumée :* être consommé sans profit. – (Symbole de ce qui est fugitif). « *Les rancunes s'envolèrent comme des fumées* » (Baudelaire). **2.** Vapeur qui se dégage d'une surface liquide plus chaude que l'air. **3.** au plur. Vapeurs qui sont supposées monter au cerveau, brouiller les idées. *Les fumées du vin, de l'ivresse.* → **vapeur(s), vertige.**

Fumel Commune du Lot-et-Garonne. 4 709 habitants. Sidérurgie en difficulté.

[1]fumer v. < 1 > (vient du latin *fumare,* de *fumus* « fumée » → **fumeux, [1]fumiste**) **I.** v. intr. **1.** Dégager de la fumée. « *Quand reverrai-je, hélas, de mon petit village / Fumer la cheminée* [...] ? » (du Bellay). *Le cratère du Vésuve fume.* **2.** Exhaler de la vapeur. ■ chim. *Neige carbonique qui fume* (→ **fumant**). **II.** v. tr. **1.** Exposer, soumettre à l'action de la fumée. → **boucaner.** *Fumer du lard, du poisson,* pour les sécher et les conserver. – au p. p. → **[1]fumé, ée. 2.** Faire brûler (du tabac*, des herbes) en aspirant la fumée par la bouche. *Fumer une cigarette.* → fam. **[1]griller.** *Fumer la pipe. Fumer du haschich.* – absolt *Tu fumes trop. Défense de fumer.* **3.** argot Tuer (qqn). *Je vais le fumer !*

[2]fumer v. tr. < 1 > (de l'ancien français *femer,* qui vient du latin pop. *femare,* de *femus* « fumier ») Répandre du fumier, de la fumure, sur (une terre). → **fertiliser.** *Fumer un champ.*

fumerie n. f. (de [1]*fumer*) Lieu où l'on fume l'opium.

fumerolle n. f. (napolitain *fumarola,* famille du latin *fumus* « fumée » → [1]fumer) Émanation de gaz qui s'échappe d'un volcan. - var. RO **fumerole.**

fumeron n. m. (de [1]*fumer*) Morceau de charbon de bois encore fumant.

fumet n. m. (de [1]*fumer*) **1.** Odeur agréable et pénétrante d'un plat pendant ou après la cuisson. *Le fumet du rôti.* **2.** Odeur puissante que dégagent certains animaux sauvages. *Un fumet de ménagerie.*

fumeterre n. f. (latin médiéval *fumus terrae* « fumée de la terre », parce que le jus de la plante fait pleurer) Plante à feuilles très découpées et à fleurs roses.

fumette n. f. fam. **1.** Drogue (haschich, opium, etc.) à fumer. **2.** Fait, habitude de fumer de la drogue. *Être porté sur la fumette.*

fumeur, euse n. Personne qui a l'habitude de fumer (III). *Un fumeur de pipe. George Sand fut une grande fumeuse.* – (appos.) *Espace fumeurs, non-fumeurs :* où il est permis, interdit de fumer.

fumeux, euse adj. (latin *fumosus,* de *fumus* → [1]fumer) **1.** Qui répand de la fumée. *Flamme fumeuse.* **2.** Qui manque de clarté ou de netteté. → **obscur, [3]vague.** *Idées, explications fumeuses.*

fumier n. m. (d'abord *femier,* qui vient du latin pop. *femarium,* de *femus* « fumier » → [2]fumer) **1.** Mélange des litières (paille, fourrage, etc.) et des excréments des animaux d'élevage, utilisé comme engrais. « *On n'employait que le fumier de ferme* [...] *tous les voisins se moquaient, à le voir essayer les engrais chimiques* » (Zola). **2.** fam. (très injurieux) Personne méprisable. → **ordure.**

fumigateur n. m. techn. Appareil servant à faire les fumigations (en médecine, en horticulture).

fumigation n. f. (du bas latin, de *fumigare* « faire de la fumée », de *fumus* → [1]fumer) **1.** Destruction de germes, de parasites par la fumée de substances chimiques. **2.** Remède consistant à respirer des vapeurs médicamenteuses. → **inhalation.** □ **fumigatoire** adj. *Appareil fumigatoire.*

fumigène adj. (du latin *fumus* → [1]fumer et de *-gène*) Qui produit de la fumée. *Bombe, grenade fumigène.* – n. m. *Des fumigènes.*

[1]fumiste n. (de [1]*fumer*) Personne dont le métier est d'installer ou de réparer les cheminées et appareils de chauffage. → **chauffagiste.**

[2]fumiste n. (p.-ê. de [1]*fumiste* [idée d'envoyer de la fumée pour tromper]) fam. Personne qui ne fait rien sérieusement, sur qui on ne peut compter. → **amateur, fantaisiste.** – adj. *Elle est un peu fumiste.*

fumisterie n. f. (de [2]*fumiste*) fam. Action, chose entièrement dépourvue de sérieux. → **[2]farce.** *Une vaste fumisterie.*

fumivore adj. (du latin *fumus* → [1]fumer et de *-vore*) Qui absorbe de la fumée. *Appareils fumivores des usines.*

fumoir n. m. Local, salon disposé pour les fumeurs.

fumure n. f. (de [2]*fumer*) Amélioration des terres par le fumier, par un fertilisant.

[1]fun [fœn] n. m. (mot anglais « amusement ») anglic. Plaisir, amusement. *C'est le fun ! Jouer pour le fun,* pour le plaisir. ■ adj. invar. *Des vacances fun.*

[2]fun voir **funboard**

Funabashi Ville du Japon (Honshū). 642 970 habitants. Industrie. Hippodrome.

funambule n. (du latin, de *funis* « corde » → **funiculaire** et *ambulare* « marcher » → **ambulant**) Personne qui marche, danse sur une corde tendue. → **acrobate, danseur** de corde.

F

funambulesque adj. **1.** Du funambule. *« Ou qu'il daigne faire des tours / Sur la corde funambulesque »* (Banville, *Odes funambulesques*). **2.** Bizarre, extravagant. *Un projet funambulesque.* → **abracadabrant, rocambolesque.**

funboard [fœnbɔʀd] **n. m. (de l'anglais des États-Unis *fun* [→ [1]fun] et *board* « planche » → surf)** anglic. Planche à voile très courte, permettant la pratique du saut. ■ Sport pratiqué avec cette planche. - abrév. **fun.**

Funchal Ville du Portugal, capitale de Madère, sur l'île principale de l'archipel. 105 590 habitants. Cathédrale de style manuélin. Port touristique.

Fundy (baie de) Baie de l'océan Atlantique, sur la côte E. du Canada et des États-Unis.

funèbre adj. **(latin *funebris*, de *funus* → funérailles)** **1.** Qui a rapport aux funérailles. *Ornements funèbres.* → **funéraire, mortuaire.** *Service funèbre,* messe d'enterrement. **–** ***Pompes funèbres*** : entreprise spécialisée dans l'organisation des obsèques. **–** *Marche funèbre. Oraison funèbre.* **2.** Qui évoque la mort. *« Funéraire, l'art égyptien est rarement funèbre : il n'a ni squelettes ni transis »* (Malraux). ■ Qui inspire un sentiment de sombre tristesse. → **lugubre, [1]sinistre.** *Un visage, un ton funèbre.*

funérailles **n. f. pl. (latin chrét. *funeralia*, de *funeralis*, de *funus*, plur. *funera* « funérailles » et « mort »)** Ensemble des cérémonies civiles (et religieuses) accomplies pour rendre les honneurs suprêmes à un mort. → **enterrement, obsèques.**

funéraire adj. **(bas latin *funerarius*, de *funus* → funérailles)** Qui concerne le culte des morts, l'hommage rendu aux morts. → **funèbre.** *Cérémonie funéraire. Statue funéraire.* **–** *Urne funéraire.* → **cinéraire.**

funérarium [fyneʀaʀjɔm] **n. m. (de *funérailles*, d'après *crématorium*)** Établissement qui reçoit le corps des personnes décédées, et où se réunissent les proches avant les obsèques (syn. **chambre funéraire**).

Funès (Louis de) Comédien français (1914-1983). Son talent comique le rendit célèbre (*La Grande Vadrouille*, aux côtés de Bourvil ; *Oscar ; Les Aventures de Rabbi Jacob*), mais il excella aussi dans des rôles plus dramatiques *(La Traversée de Paris)*.

Louis de Funès entre Bourvil (à g.) et Terry-Thomas (à dr.) dans *La Grande Vadrouille* de Gérard Oury (1966).

funeste adj. **(latin *funestus*, de *funus* → funérailles)** Qui porte avec soi le malheur et la désolation, est de nature à entraîner de graves dommages. → **désastreux.** *Erreur funeste. « C'est un funeste siècle et c'est un dur pays »* (Hugo). **–** ***Funeste à.*** → **fatal.** *Son audace lui a été funeste.*

funiculaire **n. m. (du latin *funiculus*, diminutif de *funis* « corde » → funambule)** Chemin de fer tiré par des câbles (sur une voie en forte pente).

funicule **n. m. (→ funiculaire)** bot. Filament qui relie l'ovule au placenta chez les angiospermes.

funk [fœnk] **n. m. et adj. (→ funky)** anglic. Rock des années 70, dont le style est issu du funky. **– adj.** Relatif au funk. *Des groupes funks.*

funky [fœnki] **n. m. et adj. invar. (de l'argot anglais des États-Unis, proprt « malodorant »)** anglic. **1.** Musique d'origine noire américaine qui tient de la soul et du disco. *Des funkys endiablés.* **– adj. invar.** *Des musiciens funky.* **2. adj. invar.** fam. Joyeux ; réjouissant. *Une ambiance pas très funky.*

furane **n. m. (abrév. de *furfurane* → furfural)** chim. Liquide incolore (C_4H_4O) préparé à partir du furfural et utilisé comme solvant pour les matières plastiques ou les résines. - var. **furanne.**

furax [fyʀaks] **adj. (p.-ê. dérivé pop. de *furieux*)** fam. Furieux.

furet **n. m. (vient du latin pop. *furittus* « petit voleur », de *fur* « voleur » → fureter, furoncle, furtif)** **1.** Petit mammifère carnivore, au pelage blanc et aux yeux rouges. **2.** Jeu de société dans lequel des joueurs assis en rond se passent rapidement de main en main un objet *(le furet)* qu'il faut déceler.

Furet (François) Historien français (1927-1997). Membre de l'école des Annales, il s'est spécialisé dans l'histoire de la Révolution française. *Penser la Révolution française ; La Révolution 1770-1880.*

au fur et à mesure **loc. adv. et conj. (de l'ancien français *fuer* [qui vient du latin *forum* « marché » → forum] et de *mesure*)** En même temps et proportionnellement. → **à mesure.** *Au fur et à mesure de* (+ n.), *que* (+ indic.).

fureter **v. intr. < 5 > (d'abord « chasser au furet » ; de *furet*)** **1.** Chercher, s'introduire partout avec curiosité dans l'espoir d'une découverte. → **fouiller, fouiner. 2.** inform. (Canada) Se déplacer sur Internet grâce aux liens hypertextes. → **naviguer, surfer.** □ **n. m. furetage**

fureteur, euse **adj. et n.** (Personne) qui cherche partout avec curiosité. → **curieux, fouineur, indiscret.** *Des yeux fureteurs.* ■ **n. m.** inform. (Canada) Logiciel pour naviguer sur Internet.

Furetière (Antoine) Écrivain et lexicographe français (1619-1688). Il fut exclu de l'Académie française pour avoir rivalisé avec elle en écrivant un *Dictionnaire universel.* Son *Roman bourgeois* est une satire de la littérature romanesque.

fureur **n. f. (latin *furor* « folie, délire », de *furere* « être fou ; être furieux » → furie)** **I. 1.** vieux Délire, frénésie (d'un dément). **2.** Colère sans mesure. *Entrer, être en fureur ; mettre qqn en fureur. Se battre avec fureur.* → **furie. 3.** (choses) Caractère d'extrême violence. *La fureur des combats.* **–** poét. *La fureur des flots, de l'océan.* **II. 1.** littér. Passion irrésistible. *« Cette femme que je hais et que j'aime avec une égale fureur »* (Laclos). *La fureur de vivre.* **2.** loc. ***Faire fureur*** : avoir un immense succès. *Chanson qui fait fureur.*

furfuracé, ée **adj. (du latin tardif, de *furfur* « son [de céréales] »)** didact. Qui a l'apparence du son. **–** méd. *Desquamation furfuracée,* par petites plaques.

furfural, als **n. m. (du latin *furfur* « son [de céréales] »)** chim. Liquide incolore, aldéhyde ($C_5H_4O_2$) utilisé comme solvant et dans la synthèse des colorants, laques et résines.

furia **n. f. (mot italien → furie)** Emportement enthousiaste, impétuosité.

furibard, arde **adj.** fam. Furibond.

furibond, onde **adj. (latin *furibundus*, de *furere* → fureur, furie)** Qui ressent ou annonce une grande fureur, généralement disproportionnée à l'objet qui l'inspire, au point d'en être légèrement comique. → **furieux.** *Rouler des yeux furibonds.*

furie **n. f. (latin *furia* « délire » [d'où *Furiae* en mythol.], de *furere* → fureur)** **1.** Fureur brutale. → **[1]rage.** *Mer en furie,* déchaînée par la tempête. **2.** mythol. Chacune des trois divinités romaines des Enfers. *« Tes remords te suivront comme autant de furies »* (Racine). ■ Femme haineuse, méchante, coléreuse. → **mégère.**

Furies **n. f. pl.** Divinités romaines du monde infernal, assimilées aux Érinyes grecques (Alecto, Mégère, Tisiphone).

fusain

Un fusain d'Édouard Manet, *L'Homme à la cape*, coll. Armand Hammer.

furieusement **adv. 1.** Avec fureur. **2.** (mot des Précieux) Terriblement. *« Le ruban en est bien choisi ? — Furieusement bien »* (Molière).

furieux, euse **adj. (du latin, de *furia* → furie)** **1.** En proie à la fureur (I, 1), au délire. *Un fou furieux.* → **forcené. 2.** En proie à une folle colère. → **furibond.** *Être furieux contre qqn. Elle est furieuse qu'on l'ait dérangée.* **–** *Un taureau furieux.* **3.** (choses) Dont la force va jusqu'à la violence. *Vent, torrent furieux.*

furioso **adj. et adv. (mot italien « furieux, fou »)** mus. Qui a un caractère violent, impétueux. *Allegro furioso.* **– adv.** *Jouer furioso.*

Furnes voir **Veurne**

furoncle **n. m. (latin *furunculus* « petit voleur », famille de *fur* « voleur » → furet)** Abcès fermé, volumineux et douloureux, dû à un staphylocoque. → **anthrax, clou.** □ **adj. furonculeux, euse**

furonculose **n. f.** Éruption de furoncles.

Fürstenberg Famille allemande de Souabe. ■ **Wilhelm Egon Fürstenberg** (1619-1704). Landgrave de Fürstenberg, évêque de Strasbourg (1684-1704). Sa candidature à l'électorat de Cologne, soutenue par Louis XIV, fut l'une des causes de la guerre de la ligue d'Augsbourg.

Fürth Ville d'Allemagne (Bavière), à l'O. de Nuremberg. 128 220 habitants. Église du XVe s. Industrie (postes de radio, électronique : Grundig).

furtif, ive **adj. (latin *furtivus*, de *furtum* « vol » → furet, furoncle)** **1.** Qui se fait à la dérobée, qui passe presque inaperçu. *Regard, sourire furtif. Visite furtive,* rapide et discrète. **2.** *Avion furtif,* impossible à déceler au radar.

furtivement **adv.** D'une manière furtive. *S'esquiver furtivement.*

furtivité **n. f.** milit. Aptitude (d'un engin) à ne pas être détecté par les radars. *La furtivité d'un avion.*

Furtwängler (Wilhelm) Chef d'orchestre allemand (1886-1954). Il fut l'un des plus grands interprètes de Beethoven, Brahms et Wagner.

fusain **n. m. (vient du latin pop. *fusago, fusaginis*, de *fusus* → fuseau, fusée)** **1.** Arbrisseau à feuilles sombres et luisantes et à fruits rouges. *Haie de fusains.* **2.** Charbon à dessiner (fait avec le bois du fusain). **3.** Dessin exécuté au fusain.

fusainiste **n.** Artiste qui dessine au fusain. - var. **fusiniste.**

fusant, ante **adj.** Qui fuse. *Obus fusant.* **– n. m.** *Un fusant.*

^{1}fuscine **n. f.** **(du latin)** Antiq. romaine Fourche à trois dents des pêcheurs, emblème de Neptune. **→ trident.** *Gladiateur qui combat avec la fuscine.*

^{2}fuscine **n. f.** **(du latin *fuscus* « noir »)** biochim. Pigment noir de la rétine.

fuseau **n. m.** **(de l'ancien français *fus*, qui vient du latin *fusus* « fuseau » → fusain, fusée)** **1.** Petite toupie allongée qui sert à tordre puis à enrouler le fil, lorsqu'on file à la quenouille. *Le fuseau et la navette.* **–** Petite bobine de fil à coudre, à broder. **2.** *En fuseau :* de forme allongée, le centre étant légèrement renflé. **→ fuselé, fusiforme.** *Colonne en fuseau.* **–** appos. *Pantalon fuseau,* à jambes progressivement plus étroites vers le bas. **3.** géom. Portion de la surface d'une sphère entre deux demi-grands cercles à diamètre commun. **–** ***Fuseau horaire :*** chacun des 24 fuseaux imaginaires à la surface de la Terre, d'un pôle à l'autre, servant à fixer l'heure locale légale.

fusée **n. f.** **(de l'ancien français *fus* → fuseau ; d'abord « fil enroulé sur un fuseau »)** **I. 1.** Pièce de feu d'artifice propulsée par de la poudre et qui éclate en dégageant une vive lumière colorée. *Fusée de détresse.* **2.** Engin militaire, propulsé par un propergol ou des gaz liquéfiés. *Des fusées antichars.* **→ missile, ^{2}roquette.** **3.** Moteur, lanceur d'un véhicule spatial. *Une fusée de deux, trois étages.* **–** Ce véhicule. *La fusée européenne Ariane.* **II.** ***Fusée d'obus :*** amorce déclenchant l'explosion de l'obus qui heurte le sol ou son objectif. **III.** techn. Pièce mécanique en forme de fuseau (1).

Delta II au départ de cap Canaveral (juin 2008). Les fusées sont des lanceurs à usage unique.

fusel **n. m.** **(mot anglais)** chim. *Huile de fusel* ou *fusel :* mélange de liquides provenant de la rectification des alcools, eau-de-vie de goût désagréable.

fuselage **n. m.** **(de *fuselé*)** Corps d'un avion, auquel sont fixées les ailes. **→ cellule.**

fuselé, ée **adj.** En forme de fuseau. **→ fusiforme.** *Doigts fuselés,* longs et minces.

fuseler **v. tr.** < 4 ou RO 5 > Donner la forme d'un fuseau à (qqch.). *Une robe qui fusèle la taille.*

fuser **v. intr.** < 1 > **(du latin *fusus* → fuseau, p. p. de *fundere* → fondre)** **1.** Couler, se répandre en fondant. *Cire, bougie qui fuse.* **2.** chim. (explosifs) Éclater lentement, crépiter. **3.** Jaillir comme une fusée. *Les plaisanteries, les rires fusaient.*

fusette **n. f.** **(→ fusée)** comm. Petit tube de carton, de matière plastique sur lequel est enroulé du fil, pour la vente au détail.

Fushun ou **Fou-chouen** Ville de Chine (Liaoning). 1 360 000 habitants. Industrie (métallurgie, pétrochimie).

fusibilité **n. f.** didact. Qualité de ce qui est fusible.

fusible **(latin médiéval *fusibilis*, ou de *fusum* → fuser)** **I. adj.** didact. Qui peut fondre, passer à l'état liquide sous l'effet de la chaleur. **II. n. m.** Petit fil d'un alliage fusible qu'on interpose dans un circuit électrique pour protéger une installation, un appareil. **→ coupe-circuit, plomb.** ▪ fig. Personne qui peut perdre sa fonction (« sauter ») quand les circonstances l'exigent (en politique, notamment).

fusiforme **adj.** **(du latin *fusus* → fuseau)** didact. Qui a la forme d'un fuseau. **→ fuselé.** *Poisson fusiforme.*

fusil [fyzi] **n. m.** **(vient du latin pop. *focilis [petra]* « [pierre] à feu », de *focus* → ^{1}feu)** **I. 1.** Tige d'acier munie d'un manche, sur laquelle on aiguise les couteaux. **2.** ***Pierre à fusil :*** silex donnant une étincelle par percussion sur une petite pièce d'acier. **II.** **(de la pièce d'acier servant à la mise à feu des anciennes armes)** **1.** Arme à feu portative à long canon. *Fusil de guerre. Balle de fusil. Fusil de chasse,* à deux canons et à cartouches. *Fusil à simple canon.* **→ carabine.** **–** *Fusil sous-marin,* tirant une flèche, un harpon attaché par un fil. **–** *Coup de fusil.* **2.** *Un excellent fusil :* un bon tireur. **3.** loc. *Changer son fusil d'épaule :* changer de projet, d'opinion, de décision.

fusilier, ière **n.** **(de *fusil* [II])** Soldat armé d'un fusil. **–** spécialt ***Fusilier marin :*** matelot initié aux manœuvres de l'infanterie.

fusillade **n. f.** **1.** Échange de coups de feu. **2.** Décharge simultanée de coups de fusil.

fusillé, ée **adj. et n.** (Personne) qui a été mise à mort par fusillade.

fusiller **v. tr.** < 1 > **(de *fusil* [II])** **1.** Tuer (un condamné) par une décharge de coups de fusil (**→ passer par les armes**). **2.** fig., fam. *Fusiller du regard.* **→ foudroyer.** **3.** fam. Abîmer, détériorer.

fusilleur **n. m.** Celui qui fusille (un, des condamnés).

fusilli [fuzilli] **n. m.** **(mot italien, plur. de *fusillo* « petit fuseau »)** Pâte alimentaire torsadée. *Des fusillis.*

fusil-mitrailleur [fyzimitʀajœʀ] **n. m.** Arme automatique, alimentée par chargeur (abrév. FM ou F.-M.). **→ aussi pistolet-mitrailleur.** *Des fusils-mitrailleurs.*

fusiniste voir **fusainiste**

fusion **n. f.** **(latin *fusio*, de *fusum*, supin de *fundere* → fondre)** **I. 1.** Passage d'un corps solide à l'état liquide sous l'action de la chaleur. **→ ^{1}fonte, liquéfaction ; fondre.** *Point de fusion.* **2.** État d'une matière liquéfiée par la chaleur. *Métal en fusion.* **3.** *Fusion nucléaire,* dans laquelle deux noyaux atomiques légers (par exemple d'hydrogène) s'unissent en un seul et libèrent de l'énergie. **II. 1.** Union intime résultant de la combinaison ou de

fusion nucléaire

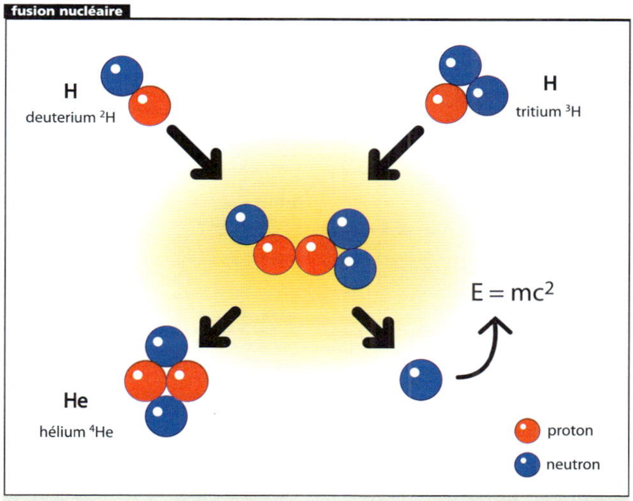

La fusion de deux noyaux d'hydrogène conduit à la formation d'atomes plus lourds et produit une quantité colossale d'énergie nucléaire. Ce type de réaction se déroule notamment dans le Soleil.

▶ Lors d'une **fusion nucléaire** (I, 3) (qu'il ne faut pas confondre avec la fusion d'un solide sous l'action de la chaleur), les noyaux de deux atomes légers s'assemblent pour former un noyau plus lourd en libérant une quantité d'énergie colossale par rapport aux processus physiques (solaire, éolien, hydraulique...) et chimiques (charbon, pétrole, bois...) utilisés traditionnellement pour la production d'énergie. C'est cette transformation qui fournit l'énergie émise par les étoiles, à chacun des stades de leur vie.

Plus difficile à réaliser que la fission, car les noyaux portent des charges positives qui se repoussent, elle nécessite un énorme apport d'énergie initial, difficile à réaliser dans des conditions contrôlées. En 1952, les travaux du physicien américain Edward Teller ont permis de concevoir la bombe H qui, initiée par une bombe A à fission, libère par fusion d'atomes de deutérium et tritium des énergies 1 000 fois supérieures à celles des bombes A lâchées sur Hiroshima et Nagasaki en 1945. Mais, excepté lors d'essais nucléaires, interdits depuis 1996 par la communauté internationale, la bombe H n'a jamais été employée à des fins militaires.

Il n'existe pas à ce jour d'application civile qui utilise la fusion nucléaire. Des moyens humains et financiers colossaux sont engagés dans le projet de recherche européen ITER (International Thermonuclear Experimental Reactor), dont le but est de maîtriser la fusion thermonucléaire pour en récupérer l'énergie. Largement critiqué, tant sur le plan de sa faisabilité que pour des considérations d'ordres écologique et géopolitique, ce projet porte l'espoir d'une production d'énergie propre (car ne produisant que peu de déchets radioactifs), à grande échelle et bon marché. Mais le défi reste de taille et les réacteurs opérationnels de ce type ne verront probablement pas le jour avant plusieurs décennies.

voir aussi **atome, fission, nucléaire**

l'interpénétration d'êtres ou de choses. → **réunion.** *La fusion des cœurs. « Fusion mystique du raisonnement et de la passion »* (Baudelaire). – (personnes morales, réalités sociales, historiques) *La fusion de plusieurs religions. Fusion de sociétés, d'entreprises.* → **absorption.** – *Fusion-acquisition* : opération de croissance externe. ■ appos. *Cuisine fusion,* qui mêle des spécialités, des techniques de différentes origines. **2.** inform. Fonction d'un logiciel permettant de réunir des données. *Fusion de fichiers.*

fusionnel, elle adj. De la fusion (entre personnes) ; vécu sur le mode de la fusion. – *La relation fusionnelle entre l'enfant et sa mère.*

fusionner v. < 1 > **1.** v. tr. Unir par fusion (des collectivités auparavant distinctes). → **fondre.** ■ inform. Réunir (des données) par fusion. **2.** v. intr. S'unir par fusion. □ n. m. **fusionnement**

Füssli (Johann Heinrich) appelé en Grande-Bretagne **Henry Fuseli** Peintre, dessinateur et écrivain suisse (1741-1825). Il traita des thèmes tragiques inspirés de Shakespeare et des sujets fantastiques et allégoriques dans un style influencé par le maniérisme italien.

Fust (Johann) Orfèvre et imprimeur allemand (v. 1400-1466). Il s'associa avec Gutenberg, mais se brouilla avec lui, et continua à diriger avec P. Schöffer l'imprimerie qu'il avait fondée avec Gutenberg. Cette imprimerie publia le *Psautier* de Mayence (premier livre imprimé daté), puis la Bible de Mayence.

fustanelle n. f. (du latin médiéval *fustana* → **futaine**) Court jupon masculin, tuyauté et empesé, qui fait partie du costume national grec.

Fustel de Coulanges (Numa Denis) Historien français (1830-1889). Partisan d'une histoire scientifique, il est l'auteur d'une *Histoire des institutions politiques de l'ancienne France* et d'une remarquable synthèse sur *La Cité antique.*

fustet n. m. (de l'arabe *fustuq* « pistachier ») bot. Arbrisseau, sumac à houppes plumeuses, dont le bois fournit une matière tinctoriale jaune (la *fustine*).

fustiger v. tr. < 3 > (latin *fustigare,* de *fustis* « bâton » → **fût**) **1.** vieux Battre à coups de bâton. **2.** littér. Blâmer violemment. → **fouailler, fouetter.** *« Il exalte la probité, fustigeant les jouisseurs »* (Camus). □ n. f. **fustigation**

fût n. m. (vient du latin *fustis* « bois coupé, bâton » et « tronc » → **fustiger**) **I. 1.** Tronc d'arbre dans sa partie droite et dépourvue de branches. **2.** Tige d'une colonne entre la base et le chapiteau. → **escape.** *Fût à cannelures.* **3.** Monture de bois (d'une arme, d'un instrument). **II.** Tonneau. → **baril, futaille.** *Eau-de-vie vieillie en fûts de chêne.* - var. RO **fut.**

futaie n. f. (de *fût* [I]) Forêt de grands arbres aux fûts dégagés. – loc. *(Arbres) de haute futaie,* entièrement développés.

futaille n. f. (de *fût* [II] ; d'abord « morceaux de bois » → **fût** [I]) **1.** Récipient de bois en forme de tonneau, pour le vin, les alcools, l'huile. → **fût.** *Futailles de vin.* → **barrique, ²foudre, ¹tonneau. 2.** (collectif) Tonneaux, fûts.

futaine n. f. (latin médiéval *fusteanum,* proprt « tissu d'arbre », de *fustis* → **fût**) Tissu à chaîne de fil et trame de coton.

futurisme

Futurisme. 1. Gino Severini, *Hiéroglyphe dynamique au bal Tabarin* (1912), Museum of Modern Art, New York. 2. Giacomo Balla, *Dynamisme d'un chien en laisse* (1912), Albright-Knox Art Gallery, Buffalo.

futal n. m. (origine incertaine, p.-ê. de l'arabe) fam. Pantalon. *Des futals.* - abrév. **fute.**

futé, ée adj. (p. p. de l'ancien français *se fuster* « échapper [au chasseur] », p.-ê. de *fust* « bois » → **fût**) Qui est plein de finesse, de malice, sait déjouer les pièges. → **finaud, malin, rusé.** *« Je suis un peu moins dupe, et plus futé que vous »* (Corneille). - syn. fam. **fute-fute.** *Ils ne sont pas très futes-futes.* ■ n. *C'est une petite futée.* – *Un air futé.* ■ fam. Qui suppose de la finesse. *Un itinéraire futé.*

futée n. f. (de *fût*) techn. Mastic composé de sciure de bois et de colle forte, servant à boucher les trous du bois.

fute-fute voir **futé**

futile adj. (latin *futilis* « qui fuit » [d'un récipient], famille de *fundere, fundus* → **fondre**) **1.** Qui est dépourvu de sérieux, qui ne mérite pas qu'on s'y arrête. → **insignifiant.** *Propos futiles. Sous le prétexte le plus futile.* → **léger. 2.** (personnes) Qui ne se préoccupe que de choses sans importance. → **frivole, léger, superficiel.** □ adv. **futilement**

futilité n. f. **1.** Caractère futile. → **frivolité. 2.** Chose futile. *« On parle à Paris, et on ne pense guère ; la journée se passe en futilités »* (Voltaire).

futon n. m. (mot japonais) Matelas de coton de faible épaisseur, que l'on peut rouler, couchage traditionnel au Japon.

Futuna Île de la Polynésie française, dans la collectivité de Wallis et Futuna. 4 300 habitants.

futur, ure (latin *futurus,* des formes en *fu-* de *esse* « être* ») **I.** adj. **1.** Qui appartient à l'avenir. → **prochain, ultérieur.** *Les générations futures.* – *Croire en une vie future* (après la mort). **2.** (avant le nom) Qui sera tel dans l'avenir. *Vos futurs collègues. Sa future épouse.* – n. vieilli *Son futur, sa future.* → **fiancé. II.** n. m. **1.** Partie du temps qui vient après le présent. → **avenir.** *« Le réactionnaire [...] se soucie de préparer un futur qui soit identique au passé »* (Sartre). **2.** Ensemble des formes d'un verbe qui expriment qu'une action, un état sont placés dans un moment de l'avenir. *Futur simple* (ex. je parlerai) ; *antérieur* (ex. j'aurai parlé). *Futur du passé* (mêmes formes que le cond.) (ex. je lui ai écrit que je viendrais).

futurisme n. m. (de l'italien, de *futuro* → **futur**) **1.** Mouvement d'avant-garde littéraire et esthétique né en Italie, qui voulut, dans les années 1910-1920, exalter les nouveautés et les promesses du XXe s. naissant (vie ardente, vitesse, machinisme). **2.** Caractère futuriste (2). → aussi **rétrofuturisme.**

futuriste 1. adj. Relatif au futurisme (1). ■ adj. et n. Partisan du futurisme. **2.** adj. Qui évoque l'état futur de l'humanité tel qu'on peut l'imaginer. *Une architecture futuriste.*

futurologie n. f. didact. Ensemble des recherches concernant les évolutions futures. → **prospective.** □ n. **futurologue**

Futuroscope Parc d'attractions scientifiques créé en 1986 et situé à Jaunay-Marigny, près de Poitiers.

L'architecture audacieuse du Futuroscope, principalement en verre et en miroir, est signée Denis Laming.

Fux (Johann Joseph) Compositeur et théoricien autrichien de la musique (1660-1741). Il composa une œuvre d'inspiration baroque et fixa les règles du contrepoint dans son *Gradus ad Parnassum.*

Fuxi ou **Fou-hi** Empereur légendaire de la Chine, l'un des trois ancêtres, avec Huangdi et Shengnong, de la culture chinoise.

Fuxin ou **Fou-sin** Ville de Chine (Liaoning). 670 000 habitants. Charbon. Industrie du bois.

fuyant, ante adj. (p. prés. de *fuir*) **1.** vieilli Qui fuit, s'éloigne. *« La houle onduleuse et fuyante »* (Maupassant). **2.** Qui échappe, qui se dérobe. → **insaisissable.** *Regard fuyant.* – *Caractère fuyant,* qu'on ne peut retenir, comprendre. → **évasif. 3.** Qui paraît s'éloigner, s'enfoncer dans le lointain. *Une perspective fuyante.* **4.** Dont les lignes s'incurvent vers l'arrière. *Front, menton fuyant.*

fuyard, arde (de *fuir* et suffixe *-ard*) **1.** adj. Qui fuit, s'enfuit. **2.** n. Personne qui s'enfuit. → **fugitif.** ■ spécialt Soldat qui abandonne son poste de combat et fuit devant l'ennemi.

Fuzhou ou **Fou-tcheou** Ville de Chine, capitale du Fujian, sur le Min jiang. 2 033 000 habitants. Port de pêche et de commerce (productions agricoles).

G

g [ʒe] **n. m. invar. 1.** Septième lettre, cinquième consonne de l'alphabet. **2.** mus. La note *sol*, dans la nomenclature anglo-saxonne. ▪ Symbole du gramme. ▪ sc. *G :* symbole de *giga-*. *Gt :* gigatonne. **3.** techn. Génération (II, 4). *La téléphonie 4G, 5G,* de quatrième, de cinquième génération.

G6 voir **G8**

G7 Groupe de discussion économique et politique entre les chefs d'État et de gouvernement de sept pays parmi les plus industrialisés au monde.

▶ Le **G7** (groupe des Sept) est un groupe informel de discussion entre les dirigeants de pays parmi les plus puissants économiquement du monde. Lors de sa création en 1975, sur proposition de la France pour trouver une réponse au choc pétrolier, il comptait six membres — États-Unis, Japon, Allemagne (RFA), France, Royaume-Uni et Italie — et se nommait G6. Dès 1976, ces pays furent rejoints par le Canada et formèrent le G7.
Le groupe se réunit annuellement et fonctionne sur le principe d'une présidence invitante tournante. Il débat des mesures à adopter sur les grandes questions économiques internationales (évolution des cours de change, stabilité financière, négociations commerciales internationales...), mais aussi, de plus en plus, sur les enjeux de société de la mondialisation (armement, criminalité, environnement...). Sans personnalité juridique ni secrétariat permanent, le G7 ne peut pas prendre de mesures contraignantes. Il cherche seulement, à travers ses déclarations économiques et politiques, à jouer un rôle d'impulsion dans la mise en œuvre de solutions par les institutions internationales compétentes.
voir aussi **mondialisation**

G8 (groupe des Huit) Groupe formé par le G7 rejoint par la Russie lors du sommet d'Évian de 2003. Celle-ci avait été progressivement intégrée à partir de 1992.

G20 Groupe de discussion créé en 1999 entre les ministres des Finances et les directeurs des banques centrales de 19 pays (les pays du G8 et l'Afrique du Sud, l'Arabie saoudite, l'Argentine, l'Australie, le Brésil, la Chine, la Corée du Sud, l'Inde, l'Indonésie, le Mexique et la Turquie) et les représentants de l'Union européenne.

Ga Symbole chimique du gallium.

GABA n. m. invar. (mot anglais, sigle de *gamma-aminobutyric acid*) biochim. Neurotransmetteur synthétisé par certaines cellules cérébrales, intervenant dans les mécanismes de l'inhibition nerveuse. → aussi **baclofène.** *Le GABA est utilisé dans le traitement de l'épilepsie.*

gabardine n. f. (de l'espagnol ou de l'anglais ; de l'ancien français *gavardine* « cape », d'un mot germanique) 1. Tissu serré de laine ou de coton. **2.** Imperméable en gabardine.

gabare n. f. (du gascon, p.-ê. du grec *karabos* « langouste ») 1. mar. Ancien bâtiment de charge dans la marine de guerre. ▪ Embarcation, souvent plate, pour le transport des marchandises. → **allège. 2.** Filet de pêche. → **seine.** - var. **gabarre.**

gabariage n. m. (de *gabarier*) techn. Fabrication d'un gabarit ; comparaison avec un gabarit.

gabarier v. tr. < 7 > (de *gabarit*) techn. Construire conformément à un gabarit.

gabarit n. m. (de l'occitan, d'origine gotique, ou d'une var. de *galber* → galbe) 1. techn. Modèle en grandeur réelle d'une pièce de construction navale ou architecturale. ▪ cout. Patron suivant lequel on coupe un vêtement. **2.** Appareil de mesure pour vérifier une forme ou des dimensions. **3.** Type, modèle ; format. ▪ fig. (abstrait) *Du même gabarit.* → **acabit.**

gabarre voir **gabare**

Gabart (François) Navigateur français (né en 1983). Il remporta le Vendée Globe en 2013, la Transat Jacques-Vabre en 2015 et battit en 2017 le record du tour du monde en solitaire détenu depuis 2004 par Francis Joyon.

gabbro n. m. (p.-ê. altération du latin *glabrum* → glabre) géol. Roche éruptive grenue.

gabegie n. f. (de l'ancien français *gaber* « plaisanter, railler ») Désordre résultant d'une mauvaise gestion. → **gaspillage.**

gabelle n. f. (de l'italien, de l'arabe *qabâla* « impôt ») hist. Impôt indirect sur le sel (sous l'Ancien Régime, en France). ▪ Administration chargée de percevoir cet impôt.

gabelou n. m. (dérivé dialectal de *gabelle*) 1. hist. Commis de la gabelle. **2.** péj. Douanier.

Gabès Ville et port de Tunisie, au fond du golfe de Gabès. 116 330 habitants. Pêche. Chimie.

gabier n. m. (de *gabie* « hune », de l'occitan *gabia* « cage » → gabion, vient du latin *cavea* → cage) Matelot chargé de l'entretien et de la manœuvre de la voilure.

Gabin (Jean Alexis Moncorgé, dit Jean) Acteur français (1904-1976). Interprète emblématique du cinéma français, il a tourné de nombreux films, passant du personnage révolté et généreux de sa jeunesse à des rôles de patriarche autoritaire et non conformiste. *Pépé le Moko ; Le Quai des brumes ; Le jour se lève ; La Grande Illusion ; La Bête humaine ; Le Chat.*

J. Gabin dans *Un singe en hiver* de H. Verneuil (1962).

gabion n. m. (de l'italien ; famille de *gabier*) 1. milit. Cylindre de matières tressées, de grillage, rempli de terre pour servir de protection. **2.** chasse Abri pour les chasseurs.

gable n. m. (latin *gabulum*, de *gabalus* « gibet », mot d'origine celtique) Pignon décoratif aigu. - var. **gâble.**

Gable (Clark) Acteur américain (1901-1960). Il s'imposa dans des personnages d'aventurier et de séducteur, puis interpréta des rôles plus complexes. *New York-Miami ; Autant en emporte le vent ; Les Désaxés.*

Gabo (Naum Pevsner, dit Naum) Sculpteur et théoricien américain d'origine russe (1890-1977). Avec son frère **Anton Pevsner,** il publia en 1920 *Le Manifeste réaliste* où étaient exposés les principes du constructivisme. Il y prônait l'usage de matériaux modernes (acier, celluloïd, verre) et remettait en question les notions de volume ou de masse. Il fut l'un des pionniers de l'art cinétique.

Gabon

n. m. ▪ offic. République gabonaise Pays d'Afrique centrale. 267 667 km². 2 100 000 habitants (les *Gabonais*). **Langues :** français, anglais (offic.), langues bantoues. **Population :** Fangs, Bakotas, Bakwélés, Mpongwés, Batékés. **Religions :** chrétiens, animistes. **Monnaie :** franc CFA. **Capitale :** Libreville. **Régime :** présidentiel.

Gabon

Traversé par l'équateur, le Gabon est couvert par la forêt dense. L'exploitation du bois, des minerais et surtout du pétrole fait de lui l'un des pays les plus riches d'Afrique.

HISTOIRE
Les Pygmées furent les premiers habitants de la forêt, rejoints par des populations bantoues. Les côtes furent découvertes par les Portugais (XVe s.). Savorgnan de Brazza explora le pays (1875-1878), qui devint une colonie française (1886). Le Gabon accéda à l'indépendance (1960). Omar Bongo, président de 1967 à sa mort en 2009, instaura un régime de parti unique (1967) puis s'ouvrit au multipartisme (1991) et associa au pouvoir des membres de l'opposition à partir de 2002. Son fils, Ali Bongo, lui succéda. L'obtention d'un deuxième septennat en 2016 fit l'objet de soupçons de fraude. Le Gabon a rejoint le Commonwealth en 2022.

Gabor (Dennis) Physicien britannique d'origine hongroise (1900-1979). Il découvrit dès 1948 le principe de l'holographie qui devait connaître ses premières réalisations pratiques avec le développement des lasers dans les années 1960. Prix Nobel 1971.

Gaboriau (Émile) Romancier français (1832-1873). Il écrivit avec *L'Affaire Lerouge* l'un des premiers romans policiers français.

Gaborone Capitale du Botswana, au S.-E. du pays. 244 100 habitants.

Gabriel L'un des archanges des traditions juive, chrétienne et musulmane. Dans l'Évangile de saint Luc, il annonce les naissances de Jean-Baptiste et de Jésus. Dans le Coran, il révèle à Mahomet sa vocation de prophète.

Gabriel (Jacques) Architecte et décorateur français (1667-1742). Il réalisa l'hôtel Biron à Paris (actuel musée Rodin) et dirigea la reconstruction du centre-ville de Rennes (hôtel de ville).

Gabriel (Jacques Ange) Architecte et décorateur français (1698-1782). Fils de Jacques Gabriel. Fidèle à l'esprit de l'architecture classique, il édifia l'Opéra et le Petit Trianon à Versailles, dessina les plans de la place Louis XV à Paris (aujourd'hui place de la Concorde) et entreprit la construction de l'École militaire.

Gabrieli (Andrea) Compositeur et organiste italien (v. 1515-1586). Il innova dans le domaine de la polyphonie vocale et prépara l'avènement de l'opéra moderne. *Madrigaux ; Chansons ; Motets à quatre et cinq voix ; Psaumes de David.*

Gabrieli (Giovanni) Compositeur et organiste italien (1557-1612). Neveu d'Andrea Gabrieli. Il développa une très riche instrumentation et fut l'un des créateurs du style concertant. Son influence fut considérable sur toute la musique allemande. *Symphoniae sacrae ; Canzoni e Sonate.*

Gabriel Lalemant (saint) Missionnaire jésuite français (1610-1649). Il fut envoyé en mission en Nouvelle-France et mourut torturé par les Iroquois.

Gabrovo Ville de Bulgarie, sur la Jantra. 45 940 habitants. Industrie (textile, mécanique).

Gace Brulé Trouvère champenois (v. 1159-apr. 1213). Il composa des chansons d'inspiration pastorale, illustrant le thème de l'amour courtois.

[1]gâche n. f. (vient du francique *gaspia* « crampon ») Pièce de métal munie d'une ouverture dans laquelle s'engage le pêne* d'une serrure.

[2]gâche n. f. (de *gâcher*) **I.** techn. Outil avec lequel on gâche le plâtre. ■ Spatule de pâtissier. **II.** régional Petit pain rond ou allongé. – Brioche allongée.

gâcher v. tr. < 1 > (vient du francique *waskôn* « laver ») **1.** Délayer (du mortier, du plâtre) avec de l'eau. **2.** fig. Faire (un travail) sans soin. → **bâcler, saboter.** ■ Mal employer, manquer (qqch.) faute de savoir en tirer parti. → **gaspiller.** *Gâcher du tissu ; une occasion.* – au p. p. *« Toute une vie gâchée, dissipée, perdue »* (Bergson). ■ Gâter, troubler. *Il nous gâche le plaisir.* □ n. m. **gâchage**

Gachet (Paul Ferdinand) Médecin et amateur d'art français (1828-1909). Il se lia d'amitié avec de nombreux peintres impressionnistes et accueillit Van Gogh dans sa maison d'Auvers-sur-Oise.

gâchette n. f. (de *gâche*) **1.** vieux Petite gâche ([1]). **2.** Pièce immobilisant le percuteur d'une arme à feu. ■ abusivt La détente de cette arme. *Appuyer sur la gâchette.*

gâcheur, euse n. Personne qui gâche (2), gaspille.

gâchis n. m. (de *gâcher*) **1.** Mortier gâché*. ■ Terrain détrempé. **2.** Mauvais emploi d'un produit, ou fig. d'une ressource, d'une occasion. → **gaspillage.** *Sa vie est un gâchis.* **3.** Situation confuse, embrouillée. → **désordre, pagaille.**

Gacilly (La) Commune du Morbihan. 3 974 habitants. Industrie cosmétique.

Gad Personnage biblique, fils de Jacob et ancêtre éponyme d'une des douze tribus d'Israël.

Gadamer (Hans-Georg) Philosophe allemand (1900-2002). Élève de Heidegger, théoricien de l'herméneutique, il s'est efforcé de réfléchir au rôle de l'interprétation dans les sciences de l'esprit. *Vérité et méthode.*

Gadda (Carlo Emilio) Romancier italien (1893-1973). Il renouvela la prose italienne par l'utilisation des dialectes (milanais ou romain) et brossa un portrait lucide de l'Italie de son temps, dans un registre volontiers bouffon ou satirique. *Connaissance de la douleur.*

gade n. m. (du latin sc., pris au grec *gados* « morue ») zool. Poisson téléostéen, généralement marin, des eaux froides et tempérées (famille des *Gades* ; ex. le colin, la morue, le lieu). - syn. **gadidé.**

Gade (Niels) Compositeur danois (1817-1890). Il écrivit huit symphonies et fut le premier représentant de l'école nationale danoise.

Gadenne (Paul) Romancier français (1907-1956). Son œuvre, partiellement autobiographique, est fortement marquée par son expérience de la maladie et de la vie en province. *Siloé ; Les Hauts Quartiers.*

Gades (Antonio Esteve Ródenas, dit Antonio) Danseur et chorégraphe espagnol (1936-2004). Il devint dans les années 1960 l'un des grands noms de la danse flamenco. Son œuvre de chorégraphe a été popularisée au cinéma par les films de Carlos Saura (*Noces de sang ; Carmen*).

Gades voir **Cadix**

gadget [gadʒɛt] n. m. (mot anglais, p.-ê. du français *gâchette*) anglic. **1.** Objet amusant et nouveau, futile ou inutile. *Des gadgets sans intérêt.* **2.** fig. (appos.) *Des mesures gadgets contre le chômage.* ■ **gadgétiser** v. tr. < 1 >

gadin n. m. (d'abord « tête » ; p.-ê. famille de *caillou*, ou de *galet*) fam. Chute (d'une personne). → **bûche, gamelle.** *Ramasser un gadin* : tomber.

gadjo n. m. (mot tsigane [romani]) Pour les Gitans, Homme qui n'appartient pas à leur communauté. *Des gadjos ou des gadjé.* - fém. **gadji.** ■ argot Homme, mec.

gadolinium [gadɔlinjɔm] n. m. (de *gadolinite*, du n. du minéralogiste Gadolin) chim. Élément chimique (symb. Gd ; n° at. 64 ; masse at. 157,2) de la famille des lanthanides.

gadoue n. f. (p.-ê. famille de *gué*) **1.** Engrais constitué de matières fécales, d'immondices. **2.** Terre détrempée. → **boue.** *Patauger dans la gadoue.* - syn. fam. **gadouille.**

gaélique (anglais *gaelic,* de *Gaël,* du celte d'Écosse *Gaid-heal*) **1. adj.** Relatif aux populations celtes du nord de l'Écosse. **2. n. m.** Groupe des dialectes celtiques* d'Irlande et de Grande-Bretagne.

Gaëls n. m. pl. Peuple celte qui envahit les îles Britanniques v. –500 et s'établit principalement au pays de Galles et en Irlande.

Gaète Ville d'Italie (Latium), sur le golfe de Gaète. 21 180 habitants. Cathédrale (xe-xve s.). Port de pêche. Station balnéaire.

GAFAM ou **Gafam** (acronyme de *Google, Apple, Facebook, Amazon* et *Microsoft*) **n. m. pl.** Les cinq premières entreprises de l'économie numérique.

¹gaffe n. f. (de l'ancien provençal, d'origine germanique [gotique], d'un v. « saisir ») Perche munie d'un croc et d'une pointe de fer.

²gaffe n. f. (de *gaffer* II) fam. **1.** *Faire gaffe :* faire attention. **2.** Action, parole intempestive ou maladroite. → **bévue, impair, maladresse.**

gaffer v. tr. < 1 > **I.** (→ ¹gaffe) Accrocher avec une gaffe. **II.** fig., fam. **1.** (« accrocher du regard ») Surveiller, regarder avec attention. – intrans. *Gaffe par là !* **2. v. intr.** (→ ²gaffe, 2) Faire une, des gaffes. *Il a encore gaffé.*

gaffeur, euse n. (de *gaffer* II, 2) fam. Personne qui fait des gaffes. → **maladroit.** – **adj.** *Il est très gaffeur.*

Gaffiot (Félix) Latiniste français (1870-1937). Il est l'auteur d'un dictionnaire latin-français (1934) qui porte son nom.

Gafsa Ville de Tunisie, au débouché d'un oued qui traverse les monts de Gafsa. 84 680 habitants. Palmeraie. Phosphate.

gag [gag] n. m. (mot anglais « histoire drôle », puis sens cinématographique aux États-Unis) anglic. **1.** cinéma, télév. Brève action comique. *Un enchaînement de gags.* **2.** Situation burlesque dans la vie réelle.

gaga adj. et n. (de *gâteux*) fam. surtout attribut Gâteux.

gagaku [gagaku] n. m. (mot japonais) didact. Ancien style de musique de cour au Japon, accompagnant des danses.

Gagaouzes n. m. pl. Peuple turc christianisé, installé principalement au S. de la Moldavie, dans la république autonome de Gagaouzie et dans le S. de l'Ukraine.

Gagaouzie n. f. Région autonome d'Europe orientale située dans le sud de la Moldavie. 1 800 km^2. 155 000 habitants (en majorité russophones). Capitale : Comrat. Elle constitue depuis 1991 une république autoproclamée dont l'autonomie a été reconnue par la Moldavie en 1994.

Gagarine (Iouri Alekseïevitch) Cosmonaute soviétique (1934-1968). Il fut le premier homme à effectuer un vol spatial en orbite autour de la Terre (12 avril 1961).

gage n. m. (vient du francique *waddi*) **I. 1.** Objet de valeur, bien mobilier remis pour garantir le paiement d'une dette. → **caution, dépôt, garantie.** *Mettre sa montre en gage. Prêteur sur gages.* – dr. *Contrat de gage.* **2.** jeux de société Pénitence que le joueur perdant doit exécuter. **3.** Ce qui représente une garantie, une preuve de sincérité. → **assurance, promesse.** « *D'une éternelle paix Hermione est le gage* » (Racine). *Accepte ce cadeau, en gage d'amitié.* → **témoignage. II.** au plur. **1.** Salaire d'un domestique. → **appointements.** *Les gages d'une cuisinière.* **2.** loc. *Tueur à gages,* payé pour assassiner.

gager v. tr. < 3 > (de *gage*) **1.** littér. *Gager que* (+ indic.) : parier, supposer que. *Gageons qu'il ne tiendra pas ses promesses.* **2.** fin. Garantir par un gage. *Gager un emprunt.*

gageure [gaʒyʀ] n. f. (de *gager*) **1.** vieux Pari (assorti de gages). **2.** littér. Action, projet, opinion qui semble relever d'un défi, d'un pari. - var. RO **gageüre.**

Gagarine (Iouri)

Iouri Gagarine, premier homme à voyager dans l'espace (12 avril 1961).

gagiste n. dr. Personne dont la créance est garantie par un gage. – appos. *Créancier gagiste.*

Gagliano (Marco da) Compositeur italien (v. 1575-1642). Il travailla à la cour des Médicis à Florence et contribua à faire évoluer la forme de l'opéra *(Dafne).*

gagman [gagman] n. m. (mot anglais) anglic. Auteur de gags. *Des gagmans ou des gagmen* [gagmɛn] (plur. anglais).

gagnable adj. rare Que l'on peut gagner. *Pari aisément gagnable.*

gagnage n. m. vieux ou régional Pâturage ; champ où le gibier va prendre sa nourriture.

Gagnaire (Pierre) Chef cuisinier français (né en 1950). En 1993, il obtint trois étoiles au Michelin. Il ouvrit ensuite des restaurants dans le monde entier et mène aujourd'hui des recherches sur la gastronomie moléculaire.

gagnant, ante adj. s'oppose à *perdant* **1.** Qui fait gagner. *Numéro gagnant.* **2.** Qui gagne, remporte une épreuve. – **n.** *Le gagnant du gros lot.* – loc. (invar.) *Gagnant-gagnant :* profitable pour chacune des parties. *Une négociation gagnant-gagnant.*

gagne n. f. (déverbal de *gagner*) fam. Volonté de gagner, de l'emporter sur un adversaire ; victoire. *Avoir la gagne.*

gagne-pain n. m. Ce qui permet à qqn de gagner sa vie. → **emploi.** *Des gagne-pain* (invar.) ou *des gagne-pains.*

gagne-petit n. Personne dont le métier rapporte peu. ■ Personne qui a peu d'ambition.

gagner v. tr. < 1 > (vient du francique *waidanjan* « faire paître le bétail » → gagnage) **I.** S'assurer (un profit matériel). **1.** (Par un travail, par une activité) *Gagner de l'argent.* → **gain.** *Gagner tant de l'heure, tant par mois.* → **¹toucher.** *Gagner sa vie,* fam. *sa croûte :* gagner suffisamment d'argent pour vivre, en travaillant. **2.** (Par le jeu, par un hasard favorable) → **empocher, ramasser ;** s'oppose à *perdre. Gagner le gros lot. À tous les coups l'on gagne !* **II. 1.** Acquérir, obtenir (un avantage). *Gagner des galons, de l'avancement.* – au p. p. *Repos bien gagné,* mérité. ■ *Gagner du temps :* faire une économie de temps ; temporiser. – *Gagner de la place.* – absolt *Vous y gagnerez :* vous y trouverez un avantage. ■ *Gagner en,* sous le rapport de. *Il a gagné trois centimètres en hauteur.* → **augmenter, croître.** *Son style a gagné en force.* ■ intrans. *Gagner à* (+ inf.) : retirer des avantages, avoir une meilleure position. *Elle gagne à être connue.* ■ *Gagner de* (+ inf.) : obtenir l'avantage de. *Vous y gagnerez d'être enfin tranquille.* **2.** Obtenir par son mérite. → **mériter.** *Gagner son salut, le paradis.* **3.** Obtenir (les dispositions favorables d'autrui). → **s'attirer, conquérir.** *Il a gagné l'estime de tous.* ■ Se rendre favorable (qqn). → **amadouer,** se **concilier.** *Elle s'est laissé gagner par mes prières.* → **convaincre, persuader.** *Gagner qqn à sa cause.* **III.** (Dans une compétition, une rivalité ; opposé à *perdre*) **1.** Obtenir, remporter (un enjeu, un prix). **2.** Être vainqueur dans (la compétition). *Gagner une bataille, un match, un pari (contre qqn).* – absolt L'emporter, vaincre. *On a gagné !* **3.** L'emporter sur (qqn). → **battre, vaincre.** « *Jean-Jacques Rousseau, qui me gagnait toujours aux échecs* » (Diderot). *Gagner qqn de vitesse,* arriver avant lui en allant plus vite. → **dépasser, devancer.** **4.** *Gagner du terrain sur qqn,* se rapprocher de qqn (si on le poursuit), s'en éloigner (si l'on est poursuivi). – (choses) *L'incendie gagne du terrain.* → **s'étendre. 5.** intrans. S'étendre au détriment de (qqn, qqch.). *L'obscurité gagne.* → se **propager. IV.** Atteindre (une position) en parcourant la distance qui en sépare. **1.** Atteindre en se déplaçant (→ **regagner).** *Le navire a gagné le rivage. Gagner la sortie.* **2.** Atteindre en s'étendant. → se **propager ; progresser,** se **répandre.** – *Le froid, le sommeil la gagnait,* s'emparait d'elle.

gagneur, euse n. Personne animée par la volonté de gagner, de réussir.

Gagny Commune de la Seine-Saint-Denis. 39 588 habitants.

gaguesque adj. fam. Qui tient du gag. *Une situation gaguesque.*

gai, gaie [ge ; gɛ] adj. (p.-ê. de l'ancien provençal, à propos de l'art des troubadours, le *gai savoir,* d'origine discutée, germanique ou latine) **I. 1.** Qui a de la gaieté (opposé à *triste*). → **content, enjoué, guilleret, joyeux, réjoui.** *Elle est bien gaie, aujourd'hui. Un gai luron.* loc. *Gai comme un pinson.* – *Rendre (plus) gai.* → **égayer.** ■ Légèrement ivre. → **éméché, gris. 2.** (choses) Qui marque de la gaieté ; où règne la gaieté. *Un air gai. La soirée fut gaie.* **3.** Qui inspire de la gaieté. *Un film gai.* → **amusant, comique, divertissant.** *Des couleurs gaies.* → **riant, vif.** – iron. *Nous voilà encore en panne, c'est gai !* **II.** anglic. Homosexuel. → **gay.**

Gaia Satellite de l'Agence spatiale européenne lancé en 2013. En 2022, il fournit une première version d'une carte en trois dimensions de près de 1 % de la Voie lactée.

Gaïa, Gé ou **Gê** Dans la mythologie grecque, personnification de la Terre et ancêtre maternel des Titans et des Cyclopes, nés de son union avec Ouranos. On lui attribue également la maternité des divinités marines (dont Nérée) et de plusieurs monstres (le géant Antée, le serpent Python).

gaïac n. m. (espagnol *guayaco,* d'un mot d'Haïti) bot. Arbre d'Amérique centrale et des Antilles, à fleurs bleues ornementales et à bois dur et résineux.

gaïacol n. m. (de *gaïac*) chim. Ester extrait de la résine de gaïac, ou de la créosote du goudron de bois.

gaiement ou **gaiment** [gemɑ̃ ; gɛmɑ̃] adv. Avec gaieté. → **joyeusement.** – *Allons-y gaiement !,* de bon cœur. - var. **gaîment.**

gaieté n. f. (de *gai*) **1.** Comportement, état d'esprit d'une personne animée par la joie de vivre, la bonne humeur. → **enjouement, entrain, joie.** *Une gaieté communicative. Mettre en gaieté.* → **égayer, réjouir.** – loc. adv. (après une négation) *Je n'y vais pas* **de gaieté de cœur,** pas volontiers. **2.** Caractère de ce qui est gai. « *Sa conversation était d'une gaieté continue, elle faisait rire perpétuellement* » (Proust). *La gaieté d'une comédie, d'un film.* **3.** (Une, des gaietés) Chose drôle, plaisante. – iron. *Les gaietés de l'administration,* les côtés ennuyeux. → **joie.** - var. **gaîté, gaité.**

Gaignières (Roger de) Érudit et collectionneur français (1642-1715). Il recueillit des documents ecclésiastiques et généalogiques, aujourd'hui conservés à la Bibliothèque nationale.

G

gaillac n. m. (du n. de la ville) Vin rouge ou blanc de la région de Gaillac.

Gaillac Commune du Tarn, sur le Tarn. 15 245 habitants. Ancienne abbatiale (XIe-XIVe s). Viticulture.

1gaillard, arde (d'abord « fort, vigoureux, sain » ; vient p.-ê. du gallo-roman *galia* « force », mot gaulois) **I.** adj. **1.** Plein de vie, grâce à sa bonne santé. → **1alerte, allègre, vif.** *Un vieillard encore très gaillard.* → **vert.** *Rendre gaillard.* → **ragaillardir. 2.** D'une gaieté un peu osée. *Des chansons gaillardes.* → **leste, licencieux.** □ adv. **gaillardement II.** n. m. **1.** Homme plein de vigueur et d'entrain. « *Un immense gaillard blond et musclé* » (Aragon). **2.** fam. → **gars, lascar.** *Ah ! je t'y prends, mon gaillard !*

2gaillard n. m. (de [château] *gaillard* « ferme, fort », de *1gaillard*) mar. Superstructure située sur le pont supérieur d'un navire. *Gaillard d'arrière.* → **dunette.** *Gaillard d'avant.*

G

Gaillard (Félix) Homme d'État français (1919-1970). Député radical-socialiste (1946), il fut ministre des Finances (1957), puis chef du gouvernement (nov. 1957-avril 1958).

Gaillard Commune de la Haute-Savoie. 10 350 habitants.

1gaillarde n. f. Danse animée des XVe et XVIe s., de rythme ternaire ; musique pour cette danse.

2gaillarde n. f. (de *Gaillard*, n. d'un botaniste français) bot. Plante herbacée ornementale (composée) à fleurs jaunes ou rouges. - syn. **gaillardie n. f.**

gaillardise n. f. **1.** Gaieté un peu osée. **2.** Propos gaillard, libre. → **gauloiserie, grivoiserie.**

gaillet n. m. (du latin sc., du grec *galion*, par croisement avec *caille-lait*) bot. Plante herbacée, astringente et vulnéraire, à fleurs jaunes.

Gaillon Commune de l'Eure, dans la vallée de la Seine. 6 833 habitants. Vestiges d'un château Renaissance.

gaîment ; gaîté voir **gaiement ; gaieté**

gain n. m. (de *gagner*) **1.** Action, fait de gagner. *Le gain d'une bataille.* → **succès, victoire.** – loc. *Avoir, obtenir* **gain de cause** : obtenir ce qu'on voulait. **2.** Ce qu'on gagne. → **bénéfice, profit, salaire.** *Les gains et les pertes. L'appât du gain.* **3.** Avantage. *Le gain que l'on retire d'une lecture.* → **1fruit, profit.** *Un gain de temps, de place.* → **économie. 4.** électron. Mesure de l'amplification apportée par un dispositif.

gainage n. m. **1.** techn. Action de gainer ; ce qui gaine (qqch.). *Le gainage d'un fil métallique.* **2.** sport Fait de contracter la sangle abdominale lors d'un exercice sportif. ■ Exercice visant à renforcer la sangle abdominale.

gaine n. f. (vient du latin *vagina* → vagin) **1.** Enveloppe ayant la forme de l'objet qu'elle protège. → **étui, fourreau.** *La gaine d'un pistolet* (→ **dégainer**). **2.** Ce qui enserre (comme une gaine). ■ spécialt Sous-vêtement féminin en tissu élastique enserrant les hanches et la taille. → **corset. 3.** Support (d'une statue) plus étroit à la base. **4.** anat. Enveloppe protectrice. **5.** techn. Conduit à usages variés (protection, évacuation...). *Gaine d'aération.*

gainer v. tr. <1> **1.** Mettre une gaine à. *Gainer un fil électrique.* **2.** Mouler comme fait une gaine. – au p. p. *Jambes gainées de soie.* **3.** Sport Contracter (la sangle abdominale).

gainerie n. f. Technique, ouvrage, commerce du gainier. ■ Fabrique de gaines, d'étuis.

gainier, ière n. **I.** Personne qui vend ou fabrique des gaines, des étuis. **II.** n. m. Arbre d'ornement appelé aussi *arbre de Judée,* aux fleurs roses en bouquets.

Galápagos

Le parc national des Galápagos, réserve naturelle exceptionnelle, est inscrit au patrimoine mondial de l'Unesco.

Gainsborough (Thomas) Peintre et dessinateur britannique (1727-1788). Il fut un portraitiste de renom, influencé par l'art de Van Dyck, mais c'est dans la peinture de paysage et de scènes idylliques qu'il se révéla le plus original. Il s'attacha à créer des atmosphères poétiques dont la tonalité préromantique a eu une influence importante sur la peinture anglaise et européenne jusqu'aux impressionnistes.

Gainsbourg (Lucien Ginsburg, dit Serge) Auteur-compositeur et interprète de chansons français (1928-1991). Il écrivit des textes d'une grande sensibilité, souvent masquée par une ironie grinçante et provocatrice (*Le Poinçonneur des Lilas ; La Javanaise*). Il fut l'un des premiers en France à intégrer à son répertoire les influences de la musique reggae, de la pop ou du rap.

Serge Gainsbourg, auteur-compositeur et interprète.

Gainsbourg (Charlotte) Actrice et chanteuse franco-britannique (née en 1971). Fille de Serge Gainsbourg et Jane Birkin, elle a su incarner l'adolescence (*L'Effrontée*) ou la folie meurtrière (*Antichrist*) et s'illustre aussi bien dans la comédie que dans le drame (*21 grammes*).

gaize n. f. (de *agaize*, n. d'une roche) Roche siliceuse poreuse, formée en terrain argileux et produisant des reliefs caractéristiques (Ardennes).

Gaj (Ljudevit) Écrivain et homme politique croate (1809-1872). Il énonça les principes d'orthographe de la langue croate (1830) et en établit l'alphabet moderne.

Gajdusek (Carleton) Médecin et biologiste américain (1923-2008). Il découvrit la transmissibilité de certaines maladies du système nerveux (maladie de Creutzfeldt-Jacob). Prix Nobel 1976.

gal n. m. (de *Galilée*) phys. Ancienne unité de mesure d'accélération valant 10^{-2} mètre par seconde carrée. *Des gals.*

gala n. m. (de l'espagnol ou de l'italien, de l'ancien français *gale* « réjouissance » → **galant**) Grande fête officielle. → **cérémonie, réception.** *Une soirée de gala. Des galas.* – *Tenue de gala.*

Galaad Personnage du *cycle breton*, fils de Lancelot. Chevalier courageux et d'une grande pureté, il obtient de contempler les mystères du Graal.

Galaad Ancien pays de Palestine situé entre le Jourdain et le désert de Syrie, correspondant au N.-O. de la Jordanie.

galactique adj. Relatif à la Voie lactée. ■ D'une galaxie, et spécialt, de la Galaxie*. *Nuage galactique.*

galact(o)- Élément (du grec *gala, galaktos*) qui signifie « lait ».

galactogène adj. (→ -gène) physiol. Qui détermine ou favorise la sécrétion du lait. *Hormone galactogène.* – n. m. *Un galactogène.* - syn. anc. **lactogène.**

galactomètre n. m. techn. Instrument pour mesurer la densité du lait. → **lactomètre.**

galactophore adj. (→ -phore) physiol. *Canaux galactophores,* conduisant le lait sécrété par les glandes mammaires vers le mamelon.

galactose n. m. (→ 1-ose) chim. Sucre, isomère du glucose, obtenu par hydrolyse du lactose.

galago n. m. (mot africain) zool. Petit primate (lémurien) nocturne à longue queue touffue, qui vit dans les forêts d'Afrique tropicale.

galalithe n. f. (n. déposé, de *gala-* → **galact[o]-** et *-lithe*) Matière plastique obtenue à partir de la caséine. *Peigne en galalithe.*

galamment adv. Avec galanterie (1).

galandage n. m. (altération de *garlandage*, de *garlander* « pourvoir de créneaux, de cloisons » ; influence possible de *guirlande*) techn. Cloison de briques posées de chant.

galant, ante adj. (p. prés. de l'ancien français *galer* « s'amuser, se réjouir », qui vient du francique *wala* « bien », cf. anglais *well*) **I. 1.** vieux Vif, hardi. – n. m. loc. *Vert galant* : bandit posté dans les bois ; fig. séducteur. *Henri IV, surnommé le Vert-Galant.* **2.** (homme) Qui cherche à plaire aux femmes. ■ Poli, délicat, attentionné à l'égard des femmes. *Soyez galant et offrez votre place à cette dame.* **3.** vieux Qui a de l'honneur. *C'est un galant homme* (→ **gentilhomme**). **4.** Qui a rapport aux relations amoureuses. *Un rendez-vous galant.* **5.** vieux Gracieux et vif. « *Ah ! qu'en termes galants ces choses-là sont mises* » (Molière). – *Musique galante,* d'un style léger en usage dans les cours européennes au XVIIIe siècle. **II.** n. m. vieux → **amoureux, soupirant.**

galanterie n. f. **1.** Courtoisie empressée auprès des femmes. *La vieille galanterie française.* **2.** Propos flatteur adressé à une femme. *Débiter des galanteries.*

galantine n. f. (de *galatine,* du latin *gelare* → geler) Charcuterie à base de viandes blanches désossées, servie en gelée. *Une tranche de galantine.*

Galápagos (îles) Archipel de l'Équateur (depuis 1832), situé dans l'océan Pacifique, à 1 000 km des côtes. 7 000 km^2. 25 120 habitants. L'archipel comprend 13 îles et 40 îlots volcaniques. Le climat équatorial est tempéré par le courant froid de Humboldt. Grande diversité d'espèces animales (tortues géantes).

galapiat n. m. (p.-ê. du radical de *galant,* avec influence de *galopin*) fam. Vaurien, galopin. *Un petit galapiat.* → **polisson.**

Galata Quartier d'Istanbul, au N. de la Corne d'Or.

Galatée Dans la mythologie grecque, une des Néréides, courtisée par le cyclope Polyphème qui tue le berger Acis qu'elle lui préférait.

Galates n. m. pl. Peuple celte qui s'installa dans les Balkans et en Asie Mineure.

Galați Ville de l'E. de la Roumanie, sur la rive gauche du Danube, au confluent du Siret. 494 300 habitants. Port. Industrie (sidérurgie, chimie, agroalimentaire).

Galatie [-si] n. f. Ancienne région d'Asie Mineure (aujourd'hui en Turquie), occupée à partir du –IIIe s. par les Galates. Le pays fut incorporé à l'Empire romain en –25 et évangélisé au Ier s. par saint Paul.

galaxie n. f. (du latin, du grec *galaxias [kuklos]* « cercle de lait, Voie lactée » → galact[o]-) **1.** (La Galaxie) La Voie lactée, galaxie (2) où se trouve le Soleil (→ **galactique**). **2.** (Une, des galaxies) Vaste amas d'étoiles, l'une des structures essentielles de l'Univers, et dont la Galaxie (1) est un exemple. *Galaxie elliptique, lenticulaire, en forme de spirale* (→ vieux **nébuleuse spirale**), *irrégulière.*

Une galaxie spirale, la galaxie « tourbillon ».

Galaxie Nom donné à la galaxie dans laquelle est situé notre système solaire. Elle comprend une centaine de milliards d'étoiles et son diamètre est évalué à 100 000 années-lumière.

Galba (v. 5 av. J.-C.-69 apr. J.-C.). Empereur romain (68-69). Gouverneur en Espagne, il fut élu empereur par le sénat et succéda à Néron. Il fut assassiné.

galbe n. m. (italien *garbo,* p.-ê. du latin *galba* « ventru », d'origine celtique ou famille de *gabarit,* du gotique) **1.** Contour harmonieux (d'une construction, d'un objet d'art aux lignes courbes). *Le galbe d'une commode.* **2.** Contour harmonieux (d'un corps, d'un visage humain).

galbé, ée adj. Dont le contour est courbe et harmonieux. *Des jambes bien galbées.*

galber v. tr. < 1 > techn. Donner du galbe à. *Galber une colonne, un vase.*

Galbraith (John Kenneth) Économiste américain d'origine canadienne (1908-2006). Il participa à la mise en œuvre du New Deal en 1934. Il mit l'accent sur le rôle des institutions et des investissements publics en économie et inventa le concept de « technostructure » pour désigner la classe dirigeante au sein des grandes entreprises apparues dans l'après-guerre. *L'Ère de l'opulence ; Le Nouvel État industriel.*

gale n. f. (var. de *galle* ou famille de l'ancien v. *galer* → galant, au sens de « gratter, frotter ») **1.** Maladie contagieuse de la peau, due à un acarien parasite, et caractérisée par des démangeaisons. *Avoir la gale.* – (personnes) *Mauvais comme la gale* : très méchant. – *Ce type est une vraie gale.* → **teigne. 2.** Maladie cryptogamique des végétaux.

galéasse n. f. (italien *galeazza,* augmentatif de *galea* « galère ») mar., anc. Grande galère surchargée d'artillerie. - var. **galéace.**

galéjade n. f. (du provençal, de *galeja,* de *gala* « s'amuser » → gala, galant) régional (Provence) Histoire inventée ou exagérée, pour plaisanter ou duper qqn. □ **galéjer** v. intr. < 6 > → **blaguer, plaisanter**

galène n. f. (grec *galênê* « plomb ») minér. Sulfate naturel de plomb (symb. PbS). – anciennt *Poste, radio à galène* : forme élémentaire de récepteur de radio.

galénique adj. (du latin, du n. de Galien) **1.** hist. méd. De Galien, de sa doctrine. *Médecine galénique.* **2.** pharm. *Pharmacie galénique,* ou n. f. *la galénique* : partie de la pharmacie qui traite de la mise en forme des produits pharmaceutiques. *Formes galéniques d'un médicament* (sirop, gélules, suppositoires, etc.).

galénisme n. m. (du latin → galénique) hist. méd. Doctrine médicale de Galien.

galéopithèque n. m. (du latin sc., du grec *galê* « belette, putois » et *pithêkos* « singe ») zool. Mammifère insectivore nocturne de Malaisie et des Philippines, qui possède une membrane parachute lui permettant de planer.

Galeotti (Vincenzo) Danseur et chorégraphe italien (1733-1816). Installé à Copenhague, il fut le fondateur de l'école de ballet danoise. Ses *Caprices de Cupidon* sont le plus ancien ballet resté au répertoire dans sa forme d'origine.

galère n. f. (du catalan, du latin *galea,* du grec, p.-ê. de *galeos* « requin ») **1.** Grand navire à rames et à voiles, utilisé de l'Antiquité au XVIIIe siècle. → **galiote.** – loc. *« Que diable allait-il faire dans cette galère ? »* (Molière, d'après Cyrano de Bergerac) : comment a-t-il pu s'embarquer dans cette affaire ? **2.** au plur. Peine de ceux qui étaient condamnés à ramer sur les galères du roi (→ **galérien**). **3.** fam. Métier pénible, situation désagréable, difficile. *Ce travail, c'est la galère.* → **bagne.** – adjectivt *C'est galère.* – appos. invar. *Des voyages galère.*

Galère (v. 250-311). Empereur romain (305-311). Il fut l'instigateur en 303 de la persécution dite « de Dioclétien » contre les chrétiens. Devenu empereur, il fit publier un édit de tolérance (311) en leur faveur.

galérer v. intr. < 6 > (de *galère* 3) fam. Être dans une situation pénible. – Vivre de travaux épisodiques et peu rémunérateurs.

galerie n. f. (italien *galleria,* p.-ê. du latin *galilea* « porche », de *Galilaea* « la Galilée ») **1.** Lieu de passage ou de promenade, couvert, beaucoup plus long que large. *Galerie vitrée.* → **véranda.** *La galerie des Glaces, à Versailles.* – *Une galerie marchande.* **2.** Salle où sont réunies des collections d'œuvres d'art. → **exposition, musée.** – Magasin où sont exposées des œuvres d'art en vue de la vente. *Galerie de peinture.* **3.** Balcon à plusieurs rangs de spectateurs, au théâtre. ■ loc. *Parler pour la galerie ; amuser, épater la galerie,* le public, l'assistance. **4.** Passage souterrain. → **boyau, tunnel.** *Galeries de mine. La taupe creuse des galeries.* **5.** Cadre métallique fixé sur le toit d'une voiture pour servir de porte-bagage.

galérien, ienne n. **1.** n. m. Homme condamné à ramer sur les galères. – loc. *Une vie de galérien,* extrêmement pénible. → **bagnard, forçat. 2.** fig. Personne qui mène une vie pénible.

galeriste n. Personne qui tient une galerie d'art.

galerne n. f. (mot de l'Ouest, p.-ê. du latin pop. *galerna,* apparenté au gaulois *galare* « [se] geler ») mar. *Galerne* ou *vent de galerne* : vent d'ouest-nord-ouest.

galet n. m. (mot dialectal, de *gal* « caillou », p.-ê. du gaulois ; influence possible du latin *callum* → [2]cal) **1.** Caillou usé et poli par le frottement de l'eau (au bord de la mer, d'une rivière...). *Plage de galets.* **2.** techn. Disque, petite roue. → **roulette.** *Mécanisme à galets.*

galetas n. m. (altération de *Galata,* tour dominant Constantinople) Logement très pauvre, sordide. → [2]**réduit, taudis.**

galette n. f. (de *galet,* à cause de la forme) **I. 1.** Gâteau plat et rond fait d'un mélange très simple. *Galette des Rois.* – Petit gâteau sec de même forme. ■ Crêpe de sarrasin ou de maïs. ■ loc. *Plat comme une galette,* très plat. **2.** (par analogie de forme) fam. Disque compact. **II.** fam. Argent. → **blé.** *Avoir de la galette. « C'est lui qui comptait la galette / À la Villette »* (A. Bruant).

galeux, euse adj. **1.** Atteint de la gale. *Chien galeux.* ■ loc. fig. *Brebis* galeuse.* **2.** méd. Qui a rapport à la gale. *Éruption galeuse.* **3.** Dont la surface est sale, pelée. *Des façades galeuses.*

Galfard (Christophe) Physicien et écrivain français (né en 1976). Élève de Stephen Hawking, il s'est spécialisé dans la vulgarisation scientifique. *L'Univers à portée de main.*

Galfione (Jean) Athlète français (né en 1971). Il fut champion olympique du saut à la perche en 1996.

galgal n. m. (de l'ancien français *gal* « caillou » → galet) archéol. Tumulus celtique renfermant une crypte. *Des galgals.*

galhauban n. m. (altération de *cale-hauban,* de *caler* et *hauban*) mar. Cordage servant à assujettir les mâts supérieurs par le travers, et vers l'arrière.

Galiani (abbé Ferdinando) Diplomate, économiste et écrivain italien (1728-1787). Il écrivit des ouvrages d'économie, dans lesquels il critiqua les physiocrates et formula une théorie de la valeur. *La Monnaie ; Dialogue sur le commerce du blé.*

Galibier (col du) Col des Hautes-Alpes (2 642 m). Tunnel routier reliant Briançon à la vallée de la Maurienne.

Le col du Galibier.

galibot n. m. (mot picard, p.-ê. de *galer* [→ galant] et *lober* « tromper », d'origine germanique *cf.* galopin) anciennt Jeune manœuvre dans les mines de charbon.

Galice n. f. Communauté autonome d'Espagne. 29 434 km^2. 2 772 927 habitants. Capitale : Saint-Jacques-de-Compostelle. Extrémité N.-O. de l'Espagne, la Galice présente un littoral très découpé sur l'Atlantique. Le climat est océanique. Pêche. Agri-

G

culture. Industrie (La Corogne). Tourisme. La Galice doit son nom à un peuplement primitif celtibère (–VIe s.). Occupée par les Wisigoths (VIe s.), elle fut soumise par les rois des Asturies (VIIIe s.), puis rattachée au royaume de León et de Castille en 1071.

Galicie n. f. Ancienne province de l'empire d'Autriche (aujourd'hui partagée entre la Pologne et l'Ukraine). Sous domination polonaise dès le XIVe s., elle fut annexée par l'Autriche lors du premier partage de la Pologne (1772). En 1945, la Galicie orientale (avec Lvov) fut attribuée à la république soviétique d'Ukraine.

galicien, ienne adj. et n. **I.** De la Galice. **– n. m.** Langue romane parlée en Galice, apparentée au portugais. **II.** De la Galicie.

Galien (Claude) Médecin grec (v. 131-v. 201). Il fit d'importantes découvertes en anatomie grâce à des dissections d'animaux et développa une théorie des « humeurs » sur le modèle d'Hippocrate. Son influence fut considérable jusqu'au XVIIe siècle.

G

Galigaï (Eleonora Dori, dite Leonora) Aventurière italienne (v. 1568-1617). Favorite de Marie de Médicis, elle exerça avec son mari Concini un grand ascendant sur la reine durant la minorité de Louis XIII. Elle tomba en disgrâce après la mort de Concini, fut accusée de sorcellerie et décapitée.

Galilée (Galileo Galilei, dit) Physicien et astronome italien (1564-1642). Il a, par ses travaux théoriques comme par ses observations expérimentales, contribué à une véritable révolution scientifique et philosophique. Il formula le premier certains principes de la physique moderne (lois de l'inertie et de la chute des corps) et eut l'intuition des relations existant entre l'espace et le temps (notion de relativité). Il construisit la lunette astronomique qui porte son nom (1609), grâce à laquelle il observa les quatre satellites de Jupiter (dits *galiléens*), l'anneau de Saturne, la rotation de la Terre autour de son axe et les phases de Vénus. Convaincu de l'exactitude des idées de Copernic, il prit position en faveur de l'héliocentrisme dans *Les Deux Principaux Systèmes du monde* (1632), livre polémique qui fut condamné par le tribunal de l'Inquisition (1633). Il fut contraint de se rétracter publiquement mais aurait maintenu in petto ses convictions (« Et pourtant, elle tourne »).

Galilée n. f. Région du N. de la Palestine, faisant aujourd'hui partie de l'État d'Israël. Berceau de la prédication de Jésus, la Galilée est fréquemment citée dans les Évangiles.

Galilée (monts de) Zone montagneuse de la haute Galilée (prolongeant le djebel Liban), qui culmine à 1 208 m.

Galilée (mer de) voir Tibériade (lac de)

[1]galiléen, enne adj. et n. didact. De Galilée, région du nord de la Palestine, dans l'État d'Israël. **–** *Le Galiléen* : Jésus-Christ.

[2]galiléen, enne adj. phys. Relatif aux travaux de Galilée, à la physique telle qu'il l'a définie. *Repère galiléen.*

Galileo Système européen de navigation et de positionnement par satellite, mis en service entre 2016 et 2022, réunissant 30 satellites en orbite à 23 222 km d'altitude.

Galimafré (Auguste Guérin, dit) Clown français (1791-1870). Il forma avec Bobèche un duo comique célèbre sous la Restauration.

galimatias [galimatja] **n. m. (origine obscure ; p.-ê. du latin *gallus* « coq » ou de *galer* → galant)** Discours, écrit confus, incompréhensible. **→ charabia.**

galion n. m. **(de l'ancien français *galie*, du latin *galea* → galère)** Ancien navire de commerce colonial entre l'Amérique et l'Espagne.

galiote n. f. **(diminutif de *galie* → galion)** Petite galère.

galipette n. f. **(mot régional de l'Ouest, p.-ê. famille de *galapiat*)** fam. Cabriole, culbute. **– loc.** *Faire des galipettes avec qqn*, avoir des ébats érotiques.

galipot n. m. **(origine inconnue) 1.** Matière résineuse qui exsude en hiver des incisions des pins, appelée aussi *térébenthine de Bordeaux*. **2.** mar. Mastic protecteur pour les carènes, etc. *Enduire de galipot* (galipoter, **v. tr. < 1 >**).

Galitch (Aleksandr Arkadievitch) Auteur dramatique, scénariste et parolier soviétique (1919-1977). Il acquit dans les années 1960 une grande popularité en Union soviétique par ses chansons très critiques à l'égard du stalinisme. *Une heure avant l'aurore ; Génération de condamnés.*

Galitzine ou **Golitsyn** Famille princière russe dont le plus éminent représentant, **Vassili Vassilievitch Galitzine** (1643-1714), fut ministre des Affaires étrangères et favori de la régente Sophie Alekseïevna (1682-1689).

Gall (Franz Joseph) Médecin allemand (1758-1828). Il créa la phrénologie, théorie très répandue au XIXe siècle.

Galla(s) ou **Oromo(s)** n. m. pl. Principale ethnie d'Éthiopie (35 millions de membres environ), de langue couchitique.

Galland (Antoine) Orientaliste français (1646-1715). Il fut professeur d'arabe au Collège de France et a laissé des relations de voyage et des traductions, notamment celle des *Mille et Une Nuits.*

Galilée

Galilée devant le Saint-Office au Vatican, par Joseph-Nicolas Robert-Fleury (1847), musée du Louvre, Paris.

Galla Placidia Impératrice romaine (v. 390-450). Fille de Théodose Ier et épouse de Constance III, elle gouverna l'Empire pendant la minorité de son fils Valentinien III. Son mausolée à Ravenne est célèbre pour ses mosaïques.

galle n. f. **(latin *galla*)** Tumeur d'un tissu végétal due à des insectes parasites. *La galle du chêne, appelée aussi noix de galle.*

Galle (Johann Gottfried) Astronome allemand (1812-1910). Il fut le premier à observer la planète Neptune (1846).

Galle Ville du S. du Sri Lanka. 90 300 habitants. Port de commerce. Ancien comptoir portugais puis hollandais.

Gallé (Émile) Verrier, céramiste et ébéniste français (1846-1904). Il fut l'un des fondateurs de l'école de Nancy et l'un des maîtres de l'Art nouveau. Il contribua au renouvellement des arts décoratifs par l'usage de techniques audacieuses et de motifs floraux d'un symbolisme raffiné.

Émile Gallé, lampe de table en pâte de verre (XIXe s.).

gallec voir gallo

Gallegos (Rómulo) Romancier et homme d'État vénézuélien (1884-1969). Il sut décrire dans ses romans les paysages de pampa et l'atmosphère fiévreuse de son pays (*Doña Bárbara ; Canaima*). Il devint président du Venezuela en 1948, mais fut renversé l'année suivante par un coup d'État militaire.

Gallegos (río) n. m. Fleuve de Patagonie, au S. de l'Argentine (350 km), se jetant dans l'Atlantique par un estuaire qui borde le port de Río Gallegos.

gallérie n. f. **(du latin sc., de *galeria* → galerie)** zool. Papillon, appelé aussi *fausse teigne des ruches*, dont la chenille occasionne des dégâts dans les ruches.

Galles (prince de) Titre donné à l'héritier du trône d'Angleterre depuis 1301.

Galles (pays de) n. m. en anglais **Wales** Partie occidentale de l'île de Grande-Bretagne, une des quatre nations constituantes du Royaume-Uni de Grande-Bretagne et d'Irlande du Nord, dotée depuis 1999 d'un Parlement local, d'un Premier ministre et d'un statut de large autonomie. 20 768 km^2. 2 904 000 habitants. Capitale : Cardiff. Climat océanique. Élevage. Littoral touristique. Ancien bassin houiller. Exploitation des métaux. Occupé par les Celtes, le pays de Galles fut évangélisé dès le Ve s. et résista aux invasions anglo-saxonnes et scandinaves. La région passa sous l'autorité anglaise au XIIIe s. et l'union des deux pays fut définitivement scellée sous Henri VIII (actes d'Union de 1536 et 1543). En 2016, les Gallois votèrent en faveur du Brexit à plus de 52 %.

Galliano (Juan Carlos Antonio Galliano, dit John) Couturier britannique (né en 1960). Responsable des collections Dior de 1996 à 2011, il est le créateur de modèles extravagants et provocateurs.

gallican, ane adj. (du latin médiéval, de *gallicus*, de *Gallia* « Gaule ») Qui concerne l'Église catholique de France. ■ adj. et n. Partisan de l'autonomie de cette Église (opposé à *ultramontain*).

gallicanisme n. m. Principes et doctrines de l'Église gallicane. – Attachement à ces principes.

gallicisme n. m. (du latin *gallicus* « gaulois », puis « français ») 1. Construction ou emploi propre à la langue française. 2. Emprunt fait au français par une autre langue.

gallicole adj. (de *galle* et *-cole*) didact. Qui vit dans les galles, cause l'apparition de galles. *Insecte gallicole.*

Gallieni (Joseph Simon) Général et administrateur français (1849-1916). Gouverneur général de l'île de Madagascar de 1896 à 1905, il mit fin à la rébellion et déposa la reine Ranavalona III. Gouverneur de Paris en 1914, il eut une part décisive à la 1re victoire de la Marne. Ministre de la Guerre (1915-1916), il fut fait maréchal de France à titre posthume (1921).

Galliffet (Gaston Auguste, marquis de) Général français (1830-1909). Commandant l'armée de Versailles, il réprima violemment la Commune (1871). Gouverneur de Paris en 1880, il fut nommé ministre de la Guerre dans le gouvernement Waldeck-Rousseau lors de l'affaire Dreyfus (1899).

Gallimard (Gaston) Éditeur français (1881-1975). Il fonda en 1911 les éditions de la Nouvelle Revue française, qui devinrent en 1919 les éditions Gallimard et publièrent les textes des plus grands écrivains de l'époque.

Galli-Marié (Célestine Marié de l'Isle, dite) Cantatrice française (1840-1905). Elle créa à l'Opéra-Comique les rôles titres de *Mignon* d'A. Thomas et de *Carmen* de G. Bizet.

gallinacé n. m. (du latin, de *gallina* « poule ») Oiseau terrestre tel que la caille, le coq, le dindon, le faisan, la perdrix, la pintade, la poule (ordre des *Gallinacés*). - syn. **galliforme**.

Gallipoli en turc **Gelibolu** Ville de Turquie, sur la rive européenne du détroit des Dardanelles. 28 320 habitants. Vestiges d'une forteresse byzantine. Port de pêche. La ville fut l'un des objectifs de l'expédition alliée des Dardanelles (1915), pendant la Première Guerre mondiale.

gallique adj. (de *galle*) chim. *Acide gallique*, provenant de la noix de galle, utilisé en photographie et dans les colorants.

gallium [galjɔm] n. m. (du latin *gallus* « coq », d'après Lecoq de Boisbaudran, le découvreur) chim. Corps simple (symb. Ga, nº at. 31, masse at. 69,723), métal rare proche de l'aluminium.

Gallo (Max) Écrivain et homme politique français (1932-2017). Historien et romancier, il est l'auteur de suites romanesques (*La Baie des Anges*), d'ouvrages historiques (*La Nuit des longs couteaux*) et de biographies (*Napoléon* ; *De Gaulle*). Académie française.

Max Gallo en 2000.

gallo (breton *gall*, du latin *gallus* → gallo-) 1. n. m. Dialecte gallo-roman parlé dans la partie de la Bretagne où le celtique n'est pas en usage. 2. adj. invar. au fém. De Bretagne non bretonnante. *Le pays gallo.* – n. *Un, une Gallo.* - var. **gallot** ; syn. **gallec**.

gallo- Élément (du latin *gallus*) qui signifie « gaulois ». → **franco-**.

gallois, oise adj. et n. Du pays de Galles. – n. *Les Gallois.* ■ n. m. *Le gallois* (langue celtique).

Gallois (Lucien) Géographe français (1857-1941). Il fonda avec Vidal de La Blache les *Annales de géographie* (1893) et assuma à partir de 1918 la direction de la *Géographie universelle.*

gallon n. m. (de l'anglais, du picard, p.-ê. de *jalon* « baguette ») Mesure de capacité utilisée dans les pays anglo-saxons (4,54 litres en Grande-Bretagne et au Canada ; 3,78 litres aux États-Unis). *Un gallon de whisky.*

gallo-romain, aine adj. et n. Relatif à la population, à la civilisation née du mélange des Romains et des Gaulois après la conquête de la Gaule. *Vestiges gallo-romains.* – n. *Les Gallo-Romains.*

gallo-roman n. m. Langue romane parlée en Gaule ; ensemble des dialectes issus du latin populaire des Gaules (avant le roman).

gallot voir **gallo**

Gallotta (Jean-Claude) Danseur et chorégraphe français (né en 1950). Mêlant danseurs, comédiens, musiciens et plasticiens, ses chorégraphies créent un univers poétique et loufoque.

Gallup (George Horace) Journaliste et statisticien américain (1901-1984). Il fonda un institut destiné à effectuer des sondages d'opinion publique (1935).

Gallus Poète latin (v. 69-26 av. J.-C.). Ami de Virgile, il donna sa forme classique à l'élégie romaine.

Gallus (Caius Vibius Trebonianus) (mort en 253). Empereur romain (251-253). Proclamé empereur, il traita avec les Barbares et fut tué alors qu'il marchait contre Émilien, qui prit sa place.

galoche n. f. (origine obscure ; p.-ê. famille de *galet*) Chaussure de cuir grossière à semelle de bois. ■ fig., fam. *Menton en galoche*, long et relevé vers l'avant.

Galois (Évariste) Mathématicien français (1811-1832). Il introduisit le premier la notion de groupe qui devait devenir fondamentale en mathématiques. *Sur les conditions de résolubilité des équations par radicaux.*

galon n. m. (de *galonner*) 1. Ruban de tissu épais, qui sert à orner. *Rideau bordé d'un galon.* ■ (Canada) Ruban gradué. *Galon de couturière.* 2. Signe distinctif des grades dans l'armée. *Lieutenant à deux galons.* – loc. *Prendre du galon* : monter en grade ; fig. obtenir une promotion.

galonner v. tr. < 1 > (p.-ê. de l'ancien français *galer* → galant, ou famille de *jalon*) Orner de galons. ■ **galonné, ée** adj. et n. *Revers galonnés.* – n. m. fam. *Un galonné* : un officier ou un sous-officier.

galop [galo] n. m. (de *galoper* ou venant du francique → galoper) 1. Allure la plus rapide que prend naturellement le cheval (et certains animaux de la même famille). *Cheval qui part au grand galop.* 2. loc. *Galop d'essai* : entraînement. – *Au galop* : vite. « *Le prêtre marmottait au galop un latin qu'il n'entendait pas* » (Flaubert). 3. Ancienne danse au mouvement très vif.

galopade n. f. 1. Chevauchée faite au galop. 2. Course précipitée.

galopant, ante adj. Qui augmente, empire très rapidement. *Inflation galopante.*

galoper v. intr. < 1 > (vient du francique, de *wala* « bien » → galant, et *hlaupan* « sauter, courir », ou de l'ancien français *galir* « s'élancer ») 1. Aller au galop. *Galoper ventre à terre.* 2. Courir rapidement. 3. fig. Aller très vite. *Son imagination galope.*

galopeur, euse n. Cheval spécialisé dans les courses au galop (opposé à *trotteur*).

galopin n. m. (d'abord surnom ; de *galoper*) Enfant espiègle, effronté. → **chenapan, garnement, polisson.**

galoubet n. m. (mot provençal d'origine obscure) Flûte provençale au son très aigu.

Galsworthy (John) Romancier et auteur dramatique britannique (1867-1933). Il fit œuvre de moraliste, portant un regard critique sur les inégalités sociales de la Grande-Bretagne. *La Saga des Forsyte* (sept volumes) ; *Justice.* Prix Nobel 1932.

G

Galtier-Boissière (Jean) Journaliste et écrivain français (1891-1966). Il fonda en 1915 la revue *Le Crapouillot*, écho sans complaisance de la vie des soldats.

galuchat n. m. (du n. de l'inventeur du procédé) Peau de certains poissons (squale, raie), traitée et utilisée en maroquinerie.

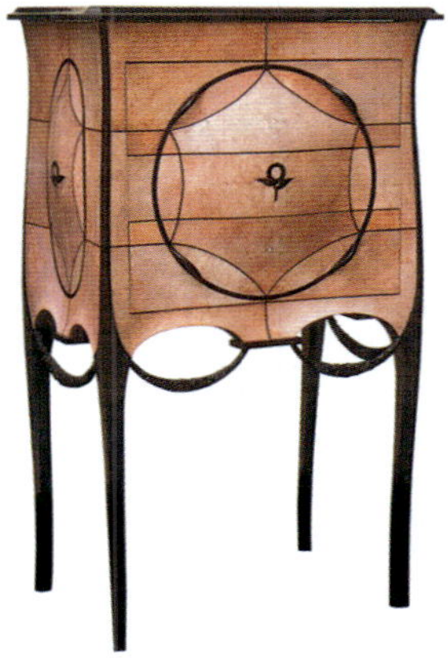

Commode gainée de galuchat, par P. Iribe (v. 1914).

galurin n. m. (ancien français *galeron*, du latin, du grec *galeê* « martre » [utilisée pour les casques]) fam. Chapeau. - syn. **galure**.

Galvani (Luigi) Médecin et physicien italien (1737-1798). Lors d'une expérience anatomique sur une grenouille, il observa de violentes contractions musculaires et en conclut, à tort, qu'il existait une forme d'électricité d'origine animale. Il a laissé son nom au procédé de *galvanisation.*

galvanique adj. (du n. de Galvani) sc. Relatif aux courants électriques continus de basse tension. *Pile galvanique. Courant galvanique* : courant continu utilisé en électrothérapie.

galvanisation n. f. Action de galvaniser.

galvaniser v. tr. < 1 > (→ galvanique) 1. sc. Électriser au moyen d'un courant galvanique. – spécialt (organisme) *Galvaniser une grenouille.* 2. fig. Animer d'une énergie soudaine, souvent passagère. → **électriser, entraîner, exalter, exciter.** 3. techn. Recouvrir (un métal) d'une mince couche d'un autre métal par électrolyse (→ **galvanoplastie**). – au p. p. *Tôle galvanisée*, recouverte de zinc.

galvanisme n. m. (→ galvanique) sc. Phénomènes électriques physiologiques des muscles et des nerfs.

galvano voir **galvanotype**

galvano- Élément (de *Galvani*).

Gambetta

Départ de Gambetta dans le ballon l'*Armand Barbès*, le 7 octobre 1870, musée Carnavalet, Paris.

galvanomètre n. m. phys. Instrument mesurant de faibles intensités de courant électrique.

galvanoplastie n. f. (-plastie) techn. Procédé de galvanisation (→ **galvaniser (3)**) du métal, notamment pour en prendre l'empreinte.

galvanotype n. m. (→ -type) techn. Cliché en relief obtenu par galvanotypie. - abrév. fam. **galvano.** *Des galvanos.*

galvanotypie n. f. (→ -typie) techn. Procédé de galvanoplastie qui permet de reproduire des gravures, des caractères d'imprimerie, etc.

galvauder v. tr. < 1 > (p.-ê. de *galer* « s'amuser » → galant, et finale de *ravauder*, cf. vaudeville) Compromettre (un avantage, un don, une qualité) par un mauvais usage. *Galvauder son talent.* → **gâcher.** – p. p. *Une idée galvaudée.* □ n. m. **galvaudage**

Galveston Ville des États-Unis (Texas), sur le golfe du Mexique. 47 700 habitants. Industrie. Centre financier.

Galway Ville de la république d'Irlande, chef-lieu de comté, dans la baie de Galway. 83 450 habitants. Port. Tourisme.

Gama (Vasco de) Navigateur portugais (v. 1469-1524). Il découvrit la route des Indes par le cap de Bonne-Espérance (1497). Il fonda lors d'une seconde expédition (1502) les comptoirs portugais africains (Sofala, Mozambique). Il devint vice-roi des Indes portugaises en 1524.

gamay n. m. (du n. d'un hameau de la Côte-d'Or) Cépage de la Côte-d'Or. – Vin de ce cépage. *Les gamays de Touraine.*

gamba n. f. (du catalan, du latin *cammarus* « crevette », du grec) Grosse crevette de la Méditerranée. *Des gambas* [gɑ̃bas].

gambade n. f. (de l'ancien provençal, du bas latin *gamba* → jambe) Bond joyeux et spontané. → **cabriole, entrechat, galipette.**

gambader v. intr. < 1 > Faire des gambades. *Gambader de joie.* – fig. *Son esprit gambade,* suit sa fantaisie.

gambe voir **viole** de gambe

gamberger v. intr. < 3 > (p.-ê. de *comberger, de compter*) argot fam. Réfléchir. – trans. Calculer, combiner. □ n. f. **gamberge**

Gambetta (Léon) Homme d'État français (1838-1882). Avocat, il prit la défense des républicains contre le régime impérial de Napoléon III et fut élu député de Belleville en 1869 sur un programme radical. Après la défaite de Sedan et la proclamation de la république (4 septembre 1870), il fut nommé ministre de l'Intérieur, quitta Paris dans un ballon et organisa la résistance à l'invasion allemande. Réélu à la Chambre des députés en juillet 1871, il siégea à l'extrême gauche et défendit la république contre les tentatives de restauration monarchique de Mac-Mahon. La victoire de son parti, l'Union républicaine, aux élections de 1881, le conduisit à former un gouvernement, qui fut renversé en janvier 1882.

gambette n. f. et m. (du picard, diminutif de *jambe*) **I.** n. f. fam. Jambe. *Elle a de belles gambettes.* **II.** n. m. Oiseau échassier (chevalier) à pieds rouges.

Gambie n. f. Fleuve d'Afrique de l'O. (Guinée, Sénégal, Gambie), qui se jette dans l'Atlantique. 1 100 km.

Gambie

n. f. ■ offic. république de Gambie État d'Afrique occidentale, formant une enclave dans le Sénégal.

11 300 km². 2,3 millions d'habitants (les *Gambiens*). **Langues :** arabe (offic.), anglais, mandingue, wolof, peul. **Population :** Dioulas, Malinkés, Wolofs, Peuls, Sarakolés. **Religion :** musulmans. **Monnaie :** dalasi. **Capitale :** Banjul. **Régime :** présidentiel.

La Gambie est une étroite bande de terre encadrant la vallée du fleuve Gambie. L'augmentation du niveau de la mer menace le littoral. Outre l'agriculture (riz, arachide), le commerce et le tourisme assurent l'essentiel de ses revenus.

HISTOIRE

Habité dès le Néolithique, le territoire fut intégré aux empires du Ghana et du Mali. Les Portugais explorèrent ses côtes (XVe s.) et plusieurs comptoirs pratiquant la traite négrière furent installés par les Européens (XVIIe s.). La Gambie fut associée à la Sierra Leone puis devint une colonie britannique autonome (1888), avant d'accéder graduellement à l'indépendance (1915-1965). Elle s'unit avec le Sénégal pour former la Sénégambie (1982-1989). Après avoir renversé Daouda Jawara (1970-1994), Yahya Jammeh se fit élire président en 1996 et déclara la Gambie État islamique en 2015 mais la population lui préféra un partisan de la laïcité en élisant Adama Barrow qui prit ses fonctions en 2017, fit réintégrer le pays dans le Commonwealth et fut réélu en 2021.

Gambier (îles) Archipel de la Polynésie française. 36 km². 582 habitants. Découvertes par les Anglais en 1797, les îles furent annexées par la France en 1881.

gambiller v. intr. < 1 > (→ gambette) fam. Danser.

gambiste n. Instrumentiste qui joue de la viole* de gambe.

gambit n. m. (italien *gambetto* « croc-en-jambe », de *gamba* « jambe ») aux échecs Sacrifice d'un pion, d'une pièce (pour dégager le jeu, préparer une attaque).

gambusie n. f. (espagnol d'Amérique *gambuxia*) zool. Poisson des étangs et marais, originaire d'Amérique, qui détruit les larves de moustiques.

-game, -gamie Éléments (du grec *gamos*) qui signifient « mariage » (ex. *polygame, polygamie*).

gamelan n. m. (du javanais « instrument ») Orchestre traditionnel indonésien, comprenant xylophones, gongs, tambours. *« Le gamelan n'utilise que des instruments à percussion »* (H. Michaux).

Gamelin (Maurice Gustave) Général français (1872-1958). Il fut envoyé en Syrie pour y réprimer la révolte des Druzes (1925-1927). Commandant en chef des forces terrestres en septembre 1939, il fut remplacé en mai 1940 par Weygand.

gamelle n. f. (de l'espagnol, du latin *camella* « coupe à boire ») **1.** Récipient individuel pour la nourriture, que l'on peut faire chauffer. *La gamelle du soldat, du campeur.* – *La gamelle du chien.* → **écuelle. 2.** fam. *Ramasser une gamelle :* tomber ; fig. subir un échec.

gamer voir **gameur**

gamète n. m. (latin mod. *gametis,* du grec, de *gamos* → -game) biol. Cellule reproductrice mâle ou femelle qui contient un seul chromosome*. *Le gamète mâle* (spermatozoïde) *peut s'unir au gamète femelle* (ovule) *pour former un œuf.* □ adj. **gamétique**

gamétogenèse n. f. (de *gamète* et *-genèse*) biol. Processus de formation des gamètes. → **ovogenèse, spermatogenèse.**

gameur, euse [gɛmœʀ, øz] n. ou **gamer** [gɛmœʀ] n. m. (anglais *gamer,* de *game* « jeu ») anglic. Amateur de jeux vidéos.

gamin, ine (d'abord « aide du verrier » ; origine obscure, p.-ê. germanique) **I.** n. **1.** n. m. vieux Petit garçon servant d'aide. **2.** n. vieilli Petit garçon, petite fille vivant dans la rue. *« Ces petits sauvages va-nu-pieds qui ont de tout temps battu le pavé de Paris sous le nom éternel de* gamins » (Hugo). **3.** mod. Enfant ou

Gambie

adolescent. → [1]gosse. *Une gamine de onze ans.* ▪ fam. Fils, fille encore jeune. *Son gamin est malade.* **II. adj.** Jeune et espiègle. *Elle est restée très gamine.*

gaminerie **n. f.** Comportement, acte, propos dignes d'un gamin. → **enfantillage, puérilité.** *Il a passé l'âge de ces gamineries.*

gamma **n. m. invar. 1.** Troisième lettre de l'alphabet grec (Γ, γ), correspondant au G (g). **2.** appos. astron. *Point gamma.* → **point vernal.** ▪ phys. *Rayons gamma :* radiations électromagnétiques très pénétrantes, de longueur d'onde beaucoup plus petite que les rayons X.

gammaglobuline **n. f.** (→ **globule**) biol. Fraction du sérum sanguin contenant la plupart des anticorps.

gammagraphie **n. f.** (→ **gamma**) **1.** techn. Étude de la structure interne des corps opaques, au moyen des rayons gamma. **2.** méd. → **scintigraphie.**

gammare **n. m.** (du latin « écrevisse, crevette ») zool. Petit crustacé appelé couramment *crevette d'eau douce, puce d'eau.*

gammathérapie **n. f.** (de *gamma* et *-thérapie*) méd. Traitement (des cellules cancéreuses) par rayons gamma*.

gamme **n. f.** (du latin médiéval, du grec, n. de la lettre gamma, utilisé par Gui d'Arezzo pour désigner la première note, puis la gamme elle-même → aussi **ut**) **1.** mus. Suite montante ou descendante de notes comprises dans une octave, suivant des intervalles déterminés. → **échelle,** [2]**mode.** *Gamme diatonique majeure : do ré mi fa sol la si do. Gamme chromatique*. Faire ses gammes au piano.* – fig. *Faire ses gammes :* s'exercer. **2.** Série de couleurs qui passent insensiblement d'un ton à un autre. *Une gamme de gris.* **3.** Série continue où tous les degrés, toutes les espèces sont représentés. *Toute la gamme des sentiments.* → **éventail.** ▪ comm. *Une gamme de produits de beauté.* – loc. ***Haut de gamme, bas de gamme*** *:* ensemble des produits les plus chers, les moins chers d'une série. appos. invar. *Téléviseurs haut de gamme.*

gammée **adj. f.** (de *gamma*) *Croix gammée,* dont les branches sont coudées en forme de gamma majuscule. → **svastika.** *La croix gammée, emblème des nazis.*

gamopétale **adj.** (du grec *gamos* « mariage » et de *pétale*) bot. Dont les pétales sont soudés. *Corolle gamopétale.*

gamosépale [gamosepal] **adj.** (du grec *gamos* « mariage » et de *sépale*) bot. Dont les sépales sont soudés. *Calice gamosépale.*

Gamow (George) Physicien américain d'origine russe (1904-1968). Il a, par ses travaux, amélioré la compréhension de la radioactivité α (1928) et fut le premier à défendre l'hypothèse d'un univers en expansion après une explosion initiale (hypothèse du *big bang*).

[1]**ganache** **n. f.** (d'abord « mâchoire » ; de l'italien, du bas latin, du grec *gnathos* « mâchoire » → **prognathe**) **1.** Région latérale de la mâchoire inférieure du cheval. **2.** Personne incapable, sans intelligence. → **imbécile.**

[2]**ganache** **n. f.** (mot régional d'origine inconnue) Crème à base de chocolat fondu et de crème fraîche.

ganadéria ou **ganaderia** [ganadeʀja] **n. f.** (espagnol *ganadería,* de *ganado* « troupeau ») tauromachie Domaine où l'on élève des taureaux de combat. *Les ganadérias d'Andalousie.* – Le troupeau de ces taureaux.

Gance (Abel) Cinéaste français (1889-1981). Il fut l'un des réalisateurs les plus marquants des débuts du cinématographe par l'usage de techniques novatrices et par l'ampleur de ses visions lyriques. *J'accuse ; La Roue ; Napoléon.*

Gand Ville de Belgique, chef-lieu de la province de Flandre-Orientale, au confluent de la Lys et de l'Escaut. 263 927 habitants. Cathédrale gothique Saint-Bavon abritant le *Polyptyque de l'Agneau mystique,* retable peint par H. et J. Van Eyck. Port relié à la mer du Nord par le canal de Terneuzen. Centre industriel.

Capitale des comtes de Flandres dès le xe s., Gand connut au Moyen Âge une grande prospérité grâce à l'industrie drapière. Elle acquit une certaine autonomie communale (charte de 1277), mais, au XIVe s., des révoltes populaires (Jacques Van Artevelde) furent réprimées avec l'aide des rois de France. La domination bourguignonne au XVe s. marqua l'apogée de la ville et son épanouissement artistique. Le soulèvement des Gantois contre l'autorité de Charles Quint (1540) fut écrasé et la ville perdit ses privilèges. Gand connut un nouvel essor à partir de la fin du XVIIIe s. avec la renaissance de l'industrie textile.

Gand, le quartier historique.

Gand (traité de) Traité (1814) qui mit un terme à la seconde guerre de l'Indépendance entre les États-Unis et la Grande-Bretagne (1812-1814).

Gander Ville du Canada, dans l'île de Terre-Neuve. 11 688 habitants. Base aérienne.

Gandhara **n. m.** Ancienne région couvrant le N.-O. de l'Inde, le N. du Pakistan et l'E. de l'Afghanistan. Il reçut l'influence de la civilisation grecque et fut le centre d'une école artistique réputée (sculptures de Bouddhas) du Ier au Ve siècle.

Gandhi (Mohandas Karamchand) dit le Mahatma (« grande âme ») Gandhi Philosophe et homme politique indien (1869-1948). Il défendit comme avocat la communauté indienne d'Afrique du Sud contre la discrimination raciale (1893-1915). De retour dans son pays, il devint le principal animateur de la lutte contre l'occupation britannique, prenant en 1921 la tête du parti du Congrès. Il appela à la désobéissance civile et organisa des campagnes de boycottage des produits importés de Grande-Bretagne, ce qui lui valut d'être emprisonné à plusieurs reprises. Fervent avocat de la doctrine de la non-violence active et de l'égalité des droits entre les hommes, il s'éleva contre le système des castes et le sort réservé aux intouchables. Il eut une grande influence politique sur le parti du Congrès, et participa aux négociations d'indépendance de l'Inde (1947). Il fut assassiné par un fanatique le 30 janvier 1948.

Gandhi en 1925 à Mirzapur.

Gandhi (Indira) Femme d'État indienne (1917-1984). Fille de Nehru. Elle fut Premier ministre de 1966 à 1977 puis de 1980 à 1984. Elle fit de son pays une puissance nucléaire (1974) et poursuivit la modernisation du secteur agricole (« révolution verte »). Elle fut assassinée par des sikhs de sa garde personnelle.

I. Gandhi en campagne électorale au Kerala (1979).

Gandhi (Rajiv) Homme d'État indien (1944-1991). Fils aîné d'Indira Gandhi. Il lui succéda à la tête du gouvernement en 1984 et fut l'artisan de la libéralisation économique du pays. Battu aux élections de 1989, il fut lui aussi assassiné.

Gandhi (Sonia) Femme politique indienne d'origine italienne (née en 1946). Épouse de Rajiv Gandhi. Présidente du parti du Congrès de 1998 à 2017 et depuis 2019.

gandin **n. m.** (mot dauphinois « nigaud », de l'ancien français *gandir* « se sauver », d'origine germanique ; expliqué plus tard par le boulevard de *Gand,* à Paris) vieux Jeune homme d'une élégance excessive.

Gandja Ville d'Azerbaïdjan. 294 700 habitants. Industrie (alimentaire, mécanique, aluminium).

gandoura **n. f.** (mot arabe du Maghreb) Tunique sans manches, qui se porte en Afrique du Nord sous le burnous.

Ganelon Personnage de chevalier félon dans *La Chanson de Roland.*

Ganesh ou **Gaṇeśa** Divinité hindoue, fils de Shiva et de Pārvatī, patron des commerçants, des voyageurs et des voleurs. Il est représenté avec une tête d'éléphant, symbole de la sagesse.

Ganesh dansant, bois sculpté, musée Guimet, Paris.

gang [gɑ̃g] **n. m.** (mot anglais « bande ») anglic. Bande organisée, association de malfaiteurs (→ **gangster**). *Un chef de gang. Lutte contre les gangs* (→ **antigang**).

ganga **n. m.** (mot catalan) zool. Oiseau d'Europe et d'Asie appelé couramment *gélinotte des Pyrénées.*

Gange **n. m.** Fleuve du N.-E. de l'Inde. 3 090 km. Né dans l'Himalaya, il arrose Bénarès et Patna, puis se jette dans le golfe du Bengale où il forme avec le Brahmapoutre un immense delta. Fleuve sacré pour les hindous, il est l'objet d'une véritable vénération. C'est l'un des fleuves les plus pollués de la planète.

gangétique **adj.** didact. Qui appartient, qui a rapport au Gange. *Le bassin gangétique.*

ganglion **n. m.** **(du latin, mot grec)** Renflement sur le trajet d'un vaisseau lymphatique ou d'un nerf. *Les ganglions du cou, de l'aine.* – fam. *Cet enfant a des ganglions,* ses ganglions lymphatiques ont enflé (→ **adénite**). ▫ **adj. ganglionnaire**

gangrène **n. f.** **(du latin, du grec *gangraina*, de *graein* « dévorer »)** **1.** Mort et putréfaction des tissus animaux. *Amputer un membre rongé par la gangrène.* **2.** fig. Ce qui pourrit, corrompt. → **corruption, pourriture.** *« La gangrène du fanatisme »* (Voltaire).

gangréner [gɑ̃gʀene] < 6 > ou **gangrener** [gɑ̃gʀəne ; gɑ̃gʀene] **v. tr.** < 5 > **1.** Attaquer (qqch.) par la gangrène (1). – pronom. *Plaie qui se gangrène.* – au p. p. *Membre gangréné.* **2.** fig. → **empoisonner, pervertir.** – au p. p. *Gouvernement gangréné par la corruption.*

gangréneux, euse [gɑ̃gʀenø, øz] ou **gangreneux, euse** [gɑ̃gʀənø ; gɑ̃gʀenø, øz] **adj.** Qui est de la nature de la gangrène. *Plaie gangréneuse.*

gangster [gɑ̃gstɛʀ] **n. m.** **(de l'anglais → gang)** anglic. Membre d'un gang. → **bandit, malfaiteur.** *Un film de gangsters.* ■ Crapule. *Ce financier est un gangster !* → **escroc, pirate.**

gangstérisme **n. m.** Méfaits des gangsters. → **banditisme.** ■ Comportement digne d'un gangster.

gangue **n. f.** **(allemand *Gang* « chemin », « filon »)** **1.** Matière sans valeur qui entoure un minerai, une pierre précieuse à l'état naturel. ■ par analogie *Une gangue de boue.* **2.** fig. *Briser la gangue des préjugés.*

ganivelle **n. f.** **(origine inconnue)** régional **(Bretagne, Sud-Ouest)** Clôture faite de planches ou de piquets de bois.

Ganivet (Ángel) Écrivain espagnol (1865-1898). Il est considéré comme un précurseur du renouveau des lettres espagnoles (« génération de 98 »). *La Conquête du royaume de Maya.*

ganja [gɑ̃dʒa] **n. f.** **(mot hindi)** Haschisch, marijuana.

Ganjin Nom japonais du religieux chinois Jianzhen (688-763) qui contribua à propager le bouddhisme au Japon. Il créa la secte Ritsu et fonda à Nara le temple Tôshôdaiji.

Gannat Commune de l'Allier. 5 815 habitants. Enceinte et tours (XIVe s.). Églises romanes.

ganoïde **adj.** **(grec *ganos* « éclat, brillant »)** zool. *Écailles ganoïdes,* caractérisées par une couche épaisse d'émail brillant.

ganse **n. f.** **(p.-ê. du provençal, du grec *gampsos* « recourbé »)** Cordonnet ou ruban tressé servant à orner. *Coudre une ganse sur une robe.*

ganser **v. tr.** < 1 > Garnir d'une ganse. – au p. p. *Veste gansée de noir.*

Ganshoren Commune de Belgique, dans la banlieue N.-O. de Bruxelles. 25 234 habitants. Métallurgie.

Gansu ou **Kan-sou** **n. m.** Province du N. de la Chine. 454 300 km^2. 25 124 300 habitants. Capitale : Lanzhou. Importantes ressources minières et pétrolières. Pétrochimie. Hydroélectricité.

gant **n. m.** **(vient du francique *want* « moufle »)** **1.** Pièce de l'habillement qui s'adapte exactement à la main en couvrant chaque doigt séparément. *Une paire de gants de peau. Gants fourrés.* **2.** Objet analogue, qui enveloppe la main sans séparer les doigts. → **moufle.** – ***Gant de boxe*** : moufle de cuir bourrée de crin. – ***Gant de crin,*** avec lequel on frictionne la peau. – ***Gant de toilette*** : poche en tissu éponge servant à faire sa toilette. **3.** loc. **(du sens 1)** *Retourner qqn comme un gant,* le faire changer complètement d'avis. – *Aller comme un gant à qqn,* lui convenir parfaitement. – *Jeter le gant* (à qqn) : défier, provoquer. *Relever le gant,* le défi. – fam. *Prendre des gants* : agir avec ménagement (→ **y mettre les formes**). – *Se donner les gants* (de qqch.) : s'attribuer à tort le mérite (de qqch.). → **se vanter.**

Ganteaume (Honoré, comte) Amiral français (1755-1818). Il commanda l'escadre de la Méditerranée (1809), se rallia aux Bourbons et fut nommé pair de France par Louis XVIII.

gantelet **n. m.** **1.** Gant (d'une armure). **2.** Morceau de cuir avec lequel certains artisans protègent la paume de leurs mains.

ganter **v. tr.** < 1 > **1.** Mettre des gants à. *Des mains faciles à ganter.* – pronom. *Se ganter de soie.* – au p. p. *Un monsieur ganté et cravaté.* **2.** absolt *Ganter du sept* (pointure).

ganterie **n. f.** Industrie, commerce, atelier du gantier.

gantier, ière **n.** Personne qui confectionne, qui vend des gants.

Ganymède Prince légendaire de Troie, célèbre pour sa beauté. Zeus changé en aigle l'enlève et l'emporte sur l'Olympe où il devient immortel.

Zeus tenant Ganymède, terre cuite peinte (v. 480 av. J.-C.), musée archéologique d'Olympie.

Ganz (Bruno) Acteur suisse (1941-2019). Il s'est imposé comme l'un des interprètes privilégiés des plus grands réalisateurs européens. *La Marquise d'O* d'É. Rohmer ; *Nosferatu, fantôme de la nuit* de W. Herzog ; *Les Ailes du désir* de W. Wenders ; *L'Éternité et un jour* de T. Angelopoulos.

Gao Ville du Mali, sur le fleuve Niger. 66 000 habitants. Commerce (viande, cuir, laine). Fondée au VIIe s., la ville fut la capitale de l'Empire songhaï au XVIe siècle.

Gao Xingjian Écrivain, peintre et dramaturge français d'origine chinoise (né en 1940). Persécuté dans son pays où ses œuvres furent interdites, il publia ses premières pièces à l'étranger à partir de 1979 et s'installa à Paris en 1988. Son roman *La Montagne de l'âme* est un voyage, pour partie autobiographique, dans la Chine profonde. Prix Nobel 2000.

gap [gap] **n. m.** **(mot anglais « trou »)** anglic. Décalage entre deux réalités. → **écart.** *Gap technologique.* → **retard.**

Gap Chef-lieu des Hautes-Alpes. 40 111 habitants. Musée. Carrefour de communication.

Gap

Gap, à proximité du parc national des Écrins.

Garabit (viaduc de) Viaduc de chemin de fer construit de 1882 à 1884 par Gustave Eiffel. Long de 564 m, il culmine à 122 m au-dessus de la Truyère, dans le Cantal.

garage **n. m.** **(de *garer*)** **I.** Action de garer. ■ spécialt Action de ranger des wagons à l'écart de la voie principale. – ***Voie de garage,*** pour les trains, les wagons ; fig. activité, situation sans avenir. **II.** (Lieu) **1.** Abri généralement clos, destiné à recevoir des véhicules. *Un garage de cycles. Un garage d'autobus.* → **dépôt.** – spécialt *Rentrer sa voiture au garage.* → **¹box.** **2.** Entreprise qui s'occupe de la garde, de l'entretien et de la réparation des automobiles.

garagiste **n.** Personne qui tient un garage (II, 2).

Garamond ou **Garamont (Claude)** Graveur et fondeur français (1499-1561). Il créa les premiers caractères typographiques de l'imprimerie française dont l'un porte son nom.

garance **(vient du francique *wratja*, du latin)** **1. n. f.** Plante herbacée des régions chaudes et tempérées, cultivée autrefois pour la matière colorante rouge extraite de sa racine. **2. adj. invar.** Du rouge vif de la garance. *Les pantalons garance de l'ancienne infanterie de ligne française* (jusqu'en 1915).

garant, ante **n.** **(de l'ancien français *garir*, qui vient du francique *warjan*, de même radical que le latin *verus* « vrai » → vérité)** **1.** dr. Personne qui s'engage, devant une autre, à répondre (de qqch.). *Vous serez garant des avaries.* → **responsable.** – Personne qui répond de la dette d'autrui. **2.** ***Être, se porter garant de*** : répondre de. *Je me porte garant de sa conduite.* **3.** Chose qui constitue une garantie (2). → **assurance, caution, gage.**

garantie **n. f.** **(de *garantir*)** **1.** dr. Obligation d'assurer à qqn la jouissance d'une chose, d'un droit ou de le protéger contre un dommage éventuel. ■ Engagement par lequel une entreprise répond de la qualité de ce qu'elle vend (produit, service). *Contrat de garantie. Montre encore sous garantie.* **2.** Ce qui constitue une assurance de la valeur de qqch., de qqn. *Présenter des garanties de sérieux.* – *Garantie de l'emploi.* → **sécurité.**

garantir **v. tr.** < 2 > **(de *garant*)** **I.** Assurer sous sa responsabilité (qqch.) à qqn. → **répondre de.** **1.** dr. **(sujet : la personne garante)** → **cautionner.** – **(sujet chose)** *Lois garantissant les libertés du citoyen.* **2.** Assurer de la qualité ou du bon fonctionnement. *Vendeur qui garantit une voiture d'occasion.* – au p. p. *Appareil garanti un an.* **3.** Donner (qqch.) pour certain, véridique. → **certifier.** *Je peux garantir le fait.* – ***Garantir que*** (+ indic.). *Je te garantis que tout ira bien.* **II. 1.** dr. Assurer (qqn) par une garantie. **2.** Mettre à l'abri (de). → **défendre, préserver, protéger.** *Un store garantit du soleil.* – pronom. *L'Assemblée « se garantit à coups de décrets comme il* [le peuple] *se garantit à coups de piques »* (Taine).

Garat (Dominique Joseph, comte) Homme politique français (1749-1833). Il fut ministre de la Justice (1792) puis ministre de l'Intérieur (1793) sous la Convention.

Garay (Juan de) Général et explorateur espagnol (v. 1527-1583). Il fonda Santa Fe (Argentine, 1573) et contribua à la reconstruction de Buenos Aires. Il fut tué par les Indiens.

Garbo (Greta Lovisa Gustafsson, dite Greta) Actrice américaine d'origine suédoise (1905-1990), surnommée « la Divine ». Elle fut à partir de la fin des années 1920 l'une des stars du cinéma américain, dans des rôles de femme fatale à la personnalité mystérieuse et au regard magnétique. *La Reine Christine ; Anna Karénine ; Ninotchka.*

Greta Garbo dans *La Reine Christine* de Rouben Mamoulian (1933).

garbure n. f. (du gascon, p.-ê. de *garbo* « gerbe ») régional (Sud-Ouest) Soupe épaisse au chou, au lard ou au confit d'oie.

garce n. f. (fém. de *gars*) **1.** vieux Femme, fille. **2.** fam. Femme de mauvaise vie. **3.** fam. Femme, fille méchante, désagréable. *Ah ! la garce ! –* fig. *Cette garce de vie.*

garcette n. f. (de *garce*) mar. Cordage court en tresse.

Garches Commune des Hauts-de-Seine, à l'O. de Paris. 17 557 habitants. Centre hospitalier.

Garcia (Nicole) Actrice et réalisatrice française (née en 1946). Souvent employée dans des rôles de femmes blessées *(Mon oncle d'Amérique ; Péril en la demeure)*, elle passa à la réalisation à partir de 1991 *(Le Fils préféré)*.

Garcia (Sunny) Surfeur américain (né en 1970). Il fut champion du monde en 2000.

Sunny Garcia en 2005 à Hawaii.

García Gutiérrez (Antonio) Auteur dramatique espagnol (1813-1884). Influencé par le romantisme français, il connut le succès avec *Le Trouvère*, qui inspira Verdi.

García Lorca (Federico) Poète et auteur dramatique espagnol (1898-1936). Il puisa à la source de la culture populaire andalouse pour célébrer, dans un lyrisme très pur, la puissance du désir et la fascination de la mort. Fidèle à la tradition de son pays (les romanceros, les canciones), ouverte à la modernité (le surréalisme, le jazz), son œuvre poétique *(Romancero gitan ; Poème du cante jondo ; Poète à New York)* et théâtrale *(Noces de sang ; Yerma ; La Maison de Bernarda Alba)* domine la littérature espagnole du XXe s. Il mourut fusillé par les franquistes au début de la guerre civile.

García Márquez (Gabriel) Écrivain colombien (1927-2014). Entre mythe et histoire, réel et imaginaire, il a donné dans ses romans une vision de l'Amérique latine transfigurée par son talent de conteur, sa prose luxuriante, son style réaliste et fantastique (le réalisme magique). *Cent Ans de solitude ; Chronique d'une mort annoncée ; L'Amour au temps du choléra.* Prix Nobel 1982.

García Moreno (Gabriel) Homme d'État équatorien (1821-1875). Il fut président de la République de 1860 à 1875.

Garcilaso de la Vega Poète et homme de guerre espagnol (1503-1536). Il a renouvelé le genre des idylles pastorales et mythologiques (églogues, élégies, sonnets) par un style d'une grande musicalité. Il est considéré comme l'incarnation idéale de l'homme de la Renaissance.

Garcilaso de la Vega dit l'Inca Chroniqueur péruvien (1539-1616). Fils du conquistador Sebastián Garcilaso de la Vega y Vargas et d'une princesse inca, il est l'auteur des *Commentaires royaux*, qui retracent l'histoire des Incas.

Garcilaso de la Vega y Vargas (Sebastián) Conquistador espagnol (1495-1559). Il participa à la conquête du Mexique puis du Pérou et fut gouverneur de Cuzco.

garçon n. m. (forme [complément] de *gars*) **I. 1.** Enfant du sexe masculin. *Les filles et les garçons. –* loc. ***Garçon manqué*** : fille dont l'allure, le comportement rappellent l'image sociale traditionnelle des garçons. – ***Petit garçon*** : garçon avant l'adolescence. – ***Grand garçon***. *Tu es un grand garçon,* se dit à un petit garçon pour faire appel à sa raison. – ***Jeune garçon*** : adolescent. **2.** Jeune homme. *Un garçon de vingt ans.* → **gars.** – loc. *Il est beau garçon. – Un garçon bien élevé. –* ***Mauvais garçon*** : voyou. ■ (emploi fam. ou amical) Homme. *J'ai connu ce garçon il y a très longtemps.* **3.** vieilli Jeune homme non marié. → **célibataire.** *Il est resté garçon.* « *Un délicieux appartement de garçon* » (Balzac). → **garçonnière.** – *Vieux garçon :* homme qui a atteint l'âge mûr sans se marier. **II.** spécialt ou dans des loc. **1.** Homme qui travaille comme aide, comme commis. *Garçon boucher. Garçon de course.* → **²coursier. 2.** Employé chargé de servir la clientèle d'un établissement. *Garçon de café.* → **serveur.**

garçonne n. f. loc. *À la garçonne :* s'est dit d'une coiffure féminine des années 1920, où les cheveux étaient coupés court et la nuque rasée.

garçonnet n. m. Petit garçon. – comm. *Taille garçonnet* (dans la confection).

garçonnier, ière adj. (de *garçon*) Qui, chez une fille, rappelle les allures d'un garçon. *Manières garçonnières.*

garçonnière n. f. (de *garçon* [I, 3]) Petit appartement pour un homme seul. → **studio.**

Gard ou **Gardon** n. m. Rivière du S.-E. de la France (130 km), formée par la réunion du Gardon d'Alès et du Gardon d'Anduze, qui se jette dans le Rhône en amont de Beaucaire. Le Gard est franchi par un aqueduc romain, le pont du Gard.

Gard (pont du) Aqueduc romain (Ier s.) constitué de trois séries d'arches superposées, qui franchit le Gard près d'Uzès. Il alimentait la ville de Nîmes durant l'époque romaine. Il mesure 273 m de long et culmine à 49 m de hauteur. Important site touristique.

Gard n. m. [30] Département français de la Région Occitanie (→ carte). 5 853 km². 751 457 habitants. Chef-lieu : Nîmes. Chefs-lieux d'arrondissement : Alès, Le Vigan. Occupé au N.-O. par les Cévennes puis les Garrigues, terres arides et dépeuplées mais favorables au tourisme, le territoire s'étend jusqu'à la rive droite du Rhône à l'E. et au S., où dominent viticulture et polyculture. Nîmes développe ses activités industrielles et tertiaires.

Gardanne Commune des Bouches-du-Rhône, au N. de Marseille. 21 501 habitants. Industrie (traitement de la bauxite, cimenterie).

¹garde n. f. (de *garder*) **I.** (Action) **1.** Action de conserver ou protéger (qqch.) en le surveillant. *Confier à un ami la garde de ses affaires. –* loc. *Mettre, tenir sous bonne garde. – Vin de garde,* qui peut vieillir longtemps. **2.** Action de veiller sur (une personne). → **protection, surveillance.** *Confier un enfant à la garde d'une étudiante. – Père divorcé qui a la garde des enfants. Garde partagée, alternée* (entre les deux parents séparés). **3.** Surveillance. *Faire bonne garde. –* ***Chien de garde,*** qui veille sur une maison et ses dépendances. – ***De garde.*** *Être de garde :* être chargé de rester à un poste, d'assurer un service. *Le médecin, l'interne de garde. Tour de garde.* ■ Surveillance militaire. *Monter la garde. Garde de nuit.* **4.** Fait de surveiller, de garder (des personnes). *Assurer la garde de détenus* (→ **gardien**). dr. ***Garde à vue :*** mesure judiciaire par laquelle on retient qqn (suspect, témoin) dans les locaux de la police, pendant un délai légal. **II. 1.** Position de défense (en escrime, boxe...). *Être en garde.* ellipt *En garde !* **2.** *Mettre qqn* ***en garde,*** l'avertir, le prévenir. *Mise en garde :* avertissement. ■ *Être, se tenir* ***sur ses gardes*** : être vigilant. → se **méfier. 3.** ***Prendre garde*** : faire attention (pour éviter un danger). → **veiller.** *Prends garde de rester discret ; qu'on ne remarque*

Gard (pont du)

Le pont du Gard, plus haut pont-aqueduc du monde romain.

rien. **4.** littér. *N'avoir garde de (faire qqch.)*, s'abstenir soigneusement, n'avoir aucune intention de (le faire). *« Il n'aurait eu garde d'abuser de ses avantages »* (R. Rolland). **III. 1.** Groupe de personnes chargées de veiller sur qqn, qqch. ; spécialt corps de troupe. – *La **garde républicaine** :* corps de gendarmerie chargé de missions de sécurité, et de rendre les honneurs. ■ hist. *La garde impériale* (de Napoléon Ier). – loc. ***La vieille garde*** : les partisans les plus anciens et les plus fidèles d'un homme politique, d'un régime. *La jeune garde :* les nouveaux partisans. **2.** Ensemble des soldats en armes qui occupent un poste, exercent une surveillance. *Garde montante.* – ***Corps de garde*** : groupe de soldats chargés de garder un poste. *Plaisanterie de corps de garde,* grossière. **IV.** (Chose qui protège) **1.** *La garde d'une épée, d'un sabre,* rebord placé entre la lame et la poignée. *« Je lui plongeai mon sabre jusqu'à la garde dans le dos »* (Barbey d'Aurevilly). **2.** *Pages de garde :* pages vierges placées au début et à la fin d'un livre. **3.** au plur. Pièces placées à l'intérieur d'une serrure pour empêcher qu'une autre clé puisse l'ouvrir. → **bouterolle.** **4.** techn. *Garde de la pédale de frein, d'embrayage,* espace à parcourir avant qu'elle soit efficace.

²garde (de *garder*) **I. n. 1.** Personne qui garde (une chose, un dépôt, un lieu). → **conservateur, dépositaire, gardien, surveillant.** – *Garde des Sceaux :* ministre de la Justice. – *Garde forestier,* chargé de surveiller les forêts domaniales ou privées. → **garde-chasse.** *Garde d'un site naturel.* → **écogarde.** – ***Garde(-)champêtre*** : agent communal, préposé à la garde des propriétés rurales. *Des gardes(-)champêtres* (ou RO *garde-champêtres*). **2.** Personne qui a la garde d'un prisonnier. → **gardien, geôlier.** **3.** (surtout n. m.) Personne qui veille sur la personne d'un souverain, d'un chef d'État, etc. – *Garde du corps,* chargé de la protection rapprochée d'une personnalité. → fam. **gorille.** **4.** Soldat d'une garde. *Un garde républicain.* – anciennt *« Gardes nationaux, bourgeois, gardes mobiles criaient, s'agitaient »* (A. Daudet). ■ hist. *Gardes rouges :* en Chine, Mouvement de jeunesse organisé pour soutenir la campagne antirévisionniste de Mao Zedong. **II. n.** (surtout n. f.) Personne qui garde un malade, un enfant. → **garde-malade, infirmier, nurse.**

garde- Élément de mots composés, tiré du verbe *garder.*

Garde (lac de) Lac glaciaire de l'Italie du Nord, entre la Lombardie et la Vénétie. 370 km². Tourisme.

Garde (La) Commune du Var, dans la banlieue E. de Toulon. 25 563 habitants.

gardé, ée adj. **1.** *Chasse gardée,* réservée (au propriétaire, à un groupe de personnes) ; fig. ce qu'on se réserve exclusivement. **2.** *Toutes proportions gardées.* → **garder** (II, 7).

garde-à-vous n. m. invar. Position immobile du soldat debout qui est prêt à exécuter un ordre. *Se mettre au garde-à-vous.* – *Garde à vous ! Fixe !*

garde-barrière n. (de ²*garde*) Personne qui surveille un passage à niveau. *La maison des gardes-barrières* (ou RO *garde-barrières*).

garde-bœuf, plur. **garde-bœufs** [gaʀdəbœf, gaʀdəbø] n. m. Petit échassier qui se pose sur de gros animaux (bœufs, etc.) pour manger les larves parasites qu'ils portent.

garde-boue n. m. Bande de métal qui recouvre le dessus d'une roue de bicyclette, de moto, etc. pour éviter les éclaboussures. *Des garde-boues* ou *des garde-boue* (invar.).

garde champêtre voir ²garde

garde-chasse n. (de ²*garde*) Personne préposée à la garde du gibier. *Des gardes-chasses* (ou RO *garde-chasses*).

garde-chiourme n. m. (de ²*garde*) anciennt Surveillant des galériens, des forçats. – péj. Surveillant brutal. *Des gardes-chiourmes* (ou RO *garde-chiourmes*).

garde-corps [gaʀdəkɔʀ] voir garde-fou

garde-côte n. **1.** (de ²*garde*) Agent chargé de la surveillance des côtes. *Des gardes-côtes* (ou RO *garde-côtes*). **2.** n. m. (de *garde-*) Bateau chargé de la surveillance des côtes (pêche, douane). *Des garde-côtes.*

garde-feu n. m. Grille de toile métallique ou plaque de tôle que l'on place devant une cheminée pour se préserver des étincelles. → **pare-feu.** *Des garde-feux.*

garde-fou n. m. **1.** Parapet établi pour empêcher les gens de tomber. → **barrière, rambarde.** *Des garde-fous.* - syn. **garde-corps** n. m. invar. **2.** fig. *Un garde-fou contre l'injustice.*

garde-frontière n. (de ²*garde*) Militaire chargé(e) de surveiller une frontière, dans un poste frontalier. *Des gardes-frontières* (ou RO *garde-frontières*).

Gardel (Maximilien) dit **Gardel** l'Aîné Danseur et chorégraphe français (1741-1787). Il fut l'interprète du ballet *Castor et Pollux* de Rameau et composa des chorégraphies pour l'Opéra de Paris. ■ **Pierre Gardel** (1758-1840). Frère du précédent. Danseur et chorégraphe, il remplaça Maximilien comme maître de ballet à l'Opéra de Paris. Il eut Carlo Blasis pour élève.

Gardel (Charles Romuald Gardès, dit Carlos) Auteur-compositeur et interprète argentin d'origine française (1890-1935). Il a, par sa prestance et la qualité de ses interprétations, contribué à populariser le tango argentin dans le monde entier.

garde-magasin n. (de ²*garde*) Militaire chargé(e) de surveiller les magasins d'un corps de troupe. → **magasinier.** *Des gardes-magasins* (ou RO *garde-magasins*).

garde-malade n. Personne qui garde les malades et leur donne des soins élémentaires. → ²**garde** (II). *Des gardes-malades* (ou RO *garde-malades*).

garde-manger n. m. Petite armoire garnie de toile métallique, dans laquelle on conserve des aliments. *Des garde-mangers.*

garde-meuble n. m. Lieu où l'on entrepose des meubles pour un temps limité. *Des garde-meubles.*

Garden (Mary Davidson, dite Mary) Cantatrice britannique (1877-1967). Elle fut la créatrice du rôle de Mélisande dans *Pelléas et Mélisande* de C. Debussy.

gardénal n. m. (n. déposé, formé par plais., de *garder* et *-nal,* élément de *véronal*) Nom d'un médicament calmant.

gardénia n. m. (du latin bot., du n. du botaniste écossais Garden) Arbuste exotique à feuilles persistantes, à fleurs d'un beau blanc mat. – Cette fleur.

garden-partie [gaʀdɛnpaʀti] n. f. (anglais *garden party,* de *garden* « jardin ») anglic., vieilli Réception mondaine donnée dans un grand jardin ou dans un parc. *Des garden-parties.* - var. **garden-party.** *Des garden-partys.*

garde-pêche n. **1.** (de ²*garde*) Personne chargée de faire observer les règlements sur la pêche. *Des gardes-pêches* (ou RO *garde-pêches*). **2.** (de *garde-*) n. m. Navire qui assure le même service. *Des garde-pêches.* → **garde-côte.**

garde-port n. (de ²*garde*) comm. Personne qui reçoit et dispose les marchandises, dans un port fluvial. *Des gardes-ports* (ou RO *garde-ports*).

garder v. tr. < 1 > (vient du germanique *wardon* « regarder vers » ; famille de *garer, garnir*) **I. 1.** Prendre soin de (une personne, un animal). → **surveiller, veiller** sur. *Garder un troupeau. « Chacun son métier / Les vaches seront bien gardées »* (Florian). – *Garder des enfants,* rester avec eux et les surveiller. **2.** Empêcher (une personne) de sortir, de s'en aller. *Garder un prisonnier.* → **détenir ; gardien.** **3.** Rester dans (un lieu) pour le surveiller, pour défendre qqn ou qqch. *Garder une maison, l'entrée d'un bâtiment.* **4.** littér. Protéger, préserver (qqn de qqch.). → **garantir.** *Garder qqn de l'erreur.* – au subj. sans *que* (valeur de souhait) *Dieu m'en garde !* **II.** Conserver. **1.** Empêcher que (qqch.) ne se gâte, ne disparaisse. → **conserver, entreposer.** *Garder des marchandises dans un entrepôt. Garder du beurre au frais.* **2.** Conserver pour soi, ne pas se dessaisir de. *Garder le double d'une lettre.* **3.** Conserver sur soi (un vêtement, un bijou). *Gardez votre chapeau.* **4.** dans des loc. Ne pas quitter (un lieu). *Garder la chambre, le lit.* **5.** Retenir (une personne) avec soi. *Garder qqn à dîner. Il m'a gardé une heure.* → **tenir.** – *Garder un client,* le conserver dans sa clientèle. **6.** Ne pas divulguer, ne pas communiquer. *Garder un secret. Gardez cela pour vous :* n'en parlez pas. **7.** fig. Continuer à avoir. *Suivre un régime pour garder la ligne. Garder son sérieux. Garder rancune à qqn.* – loc. ***Toutes proportions gardées*** : en tenant compte des différences entre les choses, les personnes que l'on compare. **8.** *Garder l'œil sur* (qqn, qqch.) : surveiller du regard. – (avec un adj. attribut) *Garder les yeux baissés, la tête froide.* **III.** Mettre de côté, en réserve. → **réserver.** *Garder qqch. pour, à qqn. Garde-moi une place.* **IV.** Observer fidèlement, avec soin. → **pratiquer, respecter.** *Garder le silence. Garder ses distances*.* ■ **se garder** v. pron. **1.** vieux Se protéger, se défendre. **2.** *Se garder de* (+ n.) : prendre garde à. → se **défier,** se **méfier.** *Gardons-nous des jugements hâtifs.* – *Se garder de* (+ inf.) : s'abstenir de. *« Garde-toi, tant que tu vivras, / De juger les gens sur la mine »* (La Fontaine). **3.** (passif) Pouvoir être conservé. *Fromage qui ne se garde pas.*

garderie n. f. Local où l'on garde de jeunes enfants. → **crèche.** – Accueil des enfants, en dehors des heures de classe.

garde-robe n. f. **I. 1.** Armoire où l'on range les vêtements. → **penderie.** **2.** Ensemble des vêtements d'une personne. *Renouveler sa garde-robe. Des garde-robes.* **II.** anciennt Lieu où l'on mettait la chaise percée. → **cabinet(s).**

gardeur, euse n. Personne qui garde (des animaux). → **berger, gardien.** *Gardeuse d'oies.*

garde-voie n. m. (de ²*garde*) Employé de chemin de fer, soldat (en temps de guerre) chargé de garder la voie. *Des gardes-voies* (ou RO *garde-voies*).

gardian n. m. (du provençal → gardien) Gardien d'un troupeau (manade) de gros bétail, en Camargue.

gardien, ienne (de *garder*) **I. n. 1.** Personne qui a charge de garder (qqn, un animal, un lieu, un bâtiment...). → ²**garde.** *Gardien de prison.* → **geôlier** (vieux), **surveillant ;** pop. **maton.** *Le gardien d'un hôtel, d'un immeuble.* → **concierge, portier.** *Gardien de nuit.* → **veilleur.** *Gardiens d'un parking, d'un centre commercial.* → ²**vigile ; gardiennage.** – *Gardien de phare.* – ***Gardien de but*** : le joueur chargé de défendre le but dans un sport d'équipe (football, etc.). → anglic. **goal.** ■ (Canada) Personne qui garde des enfants. → anglic. **babysitter.** ■ adj. *Ange* gardien.* **2.** Ce qui défend, protège. → **défenseur, garant.** *« Les mots, ces gardiens du sens »* (Adamov). **3.** ***Gardien de la paix*** : agent de police. **II.** adj. (Belgique) *École gardienne :* école maternelle.

gardiennage n. m. **1.** Emploi de gardien. **2.** *Société de gardiennage et de surveillance,* qui assure la sécurité d'un lieu.

gardienné, ée adj. Dont la surveillance est assurée par un gardien. *Parc gardienné.*

Gardiner (Stephen) Homme politique anglais (v. 1483-1555). Il soutint la cause d'Henri VIII dans sa controverse avec la papauté et lutta contre le protestantisme. Nommé lord chancelier par Marie Tudor, il se rapprocha alors de Rome et prôna la soumission des souverains britanniques au pape.

Gardiner (sir John Eliot) Chef d'orchestre britannique (né en 1943). Il a fondé le Monteverdi Choir et l'Orchestre révolutionnaire et romantique.

Gardner (Ava) Actrice américaine (1922-1990). Sa beauté légendaire a été magnifiée par J. L. Mankiewicz dans *La Comtesse aux pieds nus.* Elle a joué dans de nombreux films : *Pandora ; Mogambo ; Les Neiges du Kilimandjaro ; Les 55 Jours de Pékin.*

Ava Gardner dans *Pandora* d'Albert Lewin (1951).

gardon n. m. (p.-ê. de *garder* « surveiller, regarder » : le poisson a les yeux rouges et revient sur les mêmes lieux) Petit poisson d'eau douce, comestible. – loc. *Frais comme un gardon,* en bonne santé, en bonne forme.

1gare n. f. (de *garer,* a remplacé *station*) **1.** Ensemble des bâtiments et installations établis aux stations des lignes de chemin de fer. *« Ces lieux merveilleux que sont les gares »* (Proust). *Salle d'attente, guichets, quais d'une gare. Chef de gare. Le train entre* **en gare.** – loc. *Roman, littérature* **de gare,** de lecture facile. **2.** *Gare maritime,* dans un port. – *Gare routière,* pour les cars, les camions. – *Gare de fret,* dans un aéroport.

2gare interj. (ancien français *guar,* de *garder*) Exclamation pour avertir de laisser passer qqn, qqch., de prendre garde à un danger. → **attention.** – *Gare à... Gare à la secousse.* – (menace) *Gare à toi, si tu désobéis !* – loc. *Sans crier gare :* à l'improviste.

garenne n. f. (latin médiéval *warenna,* du germanique *wardon* → garder) Lieu boisé où les lapins vivent à l'état sauvage. *Lapin de garenne* ou n. m. *un garenne.*

Garenne-Colombes (La) Commune des Hauts-de-Seine, au N.-O. de Paris. 29 624 habitants. Industrie automobile.

garer v. tr. < 1 > (p.-ê. de l'ancien nordique *varask ;* famille germanique de *garder, garnir*) Ranger (un bateau, un véhicule) à l'écart de la circulation, ou dans un lieu abrité (→ **garage**). *Garer sa voiture.* – fam. *Je suis mal garé.* ■ **se garer** v. pron. **1.** Mettre son véhicule en un lieu de stationnement. **2.** Se ranger de côté pour laisser passer. **3.** *Se garer de.* Faire en sorte d'éviter. *Se garer des coups.* → se **protéger** de.

Garfield (James Abram) Homme d'État américain (1831-1881). Élu président (républicain) des États-Unis en 1880, il mourut assassiné (mars 1881).

Gargallo (Pablo) Sculpteur espagnol (1881-1934). Il évolua du néoclassicisme vers un style plus personnel influencé par le cubisme et l'expressionnisme. *Masques de Greta Garbo ; Le Prophète.*

Gargamelle Personnage du roman *Pantagruel* de Rabelais. Femme de Grandgousier, elle porta onze mois son fils Gargantua et lui donna naissance par l'oreille.

Gargano n. m. Promontoire de la côte adriatique italienne (Pouilles), formant « l'éperon » de la « botte » italienne. 1 055 m.

gargantua n. m. (de *Gargantua*) Gros mangeur. *Un appétit, un repas de gargantua. Une famille de gargantuas.*

Gargantua Personnage du roman de Rabelais *La Vie inestimable du grand Gargantua.* Fils de Grandgousier et père de Pantagruel, il est la figure du géant bon enfant.

Page d'une édition de *Gargantua* de 1537, gravure sur bois, Bibliothèque nationale de France, Paris.

gargantuesque adj. (de *Gargantua*) Digne de Gargantua. → aussi **pantagruélique.** *Repas gargantuesque.*

se **gargariser** v. pron. < 1 > (du latin, du grec, radical onomatopéique *garg-* « gosier ») **1.** Se rincer le fond de la bouche avec un liquide. **2.** fig. et fam. → se **délecter, savourer.** *« Il pérore, l'imbécile* [...], *il se gargarise de lieux communs »* (Martin du Gard).

gargarisme n. m. (du latin, du grec → se gargariser) Médicament liquide avec lequel on se gargarise. → **collutoire.** – Fait de se gargariser (1).

Garges-lès-Gonesse Commune du Val-d'Oise. 43 215 habitants.

Gargilesse-Dampierre Commune de l'Indre. 276 habitants. Église romane. Maison de George Sand.

gargote n. f. (du radical onomatopéique *garg-* « gorge, gosier ») Restaurant à bon marché, où la cuisine est médiocre.

gargotier, ière n. Personne qui tient une gargote. – péj. Cuisinier, traiteur qui fait de la cuisine de gargote.

gargouille n. f. (de *garg-* → se gargariser, gargote, et *goule* → gueule) Issue, gouttière en saillie par laquelle s'éjectent les eaux de pluie, souvent sculptée en forme d'animal, de démon, de monstre.

Gargouille de la cathédrale Saint-Pierre-et-Saint-Paul de Troyes.

gargouillement n. m. Bruit analogue à celui de l'eau tombant d'une gargouille. → **glouglou.** *Les gargouillements d'une tuyauterie.* – Ce bruit, dans un viscère de l'appareil digestif. *Gargouillements intestinaux.* → **borborygme.**

gargouiller v. intr. < 1 > (de *gargouille*) Produire un gargouillement. *« Les toits laissent ruisseler la pluie. Les tuyaux gargouillent »* (Le Clézio).

gargouillis n. m. fam. Gargouillement.

gargoulette n. f. (de *gargoule* → gargouille) régional Vase poreux dans lequel les liquides se rafraîchissent par évaporation.

gargousse n. f. (du provençal, de *carga* « charge ») anciennt Charge de poudre à canon dans son enveloppe.

gari n. m. (mot éwé) (Afrique) Farine ou semoule de manioc.

Garibaldi (Giuseppe) Homme politique et patriote italien (1807-1882). Il prit en 1860 la tête d'un corps expéditionnaire qui s'empara de la Sicile et renversa les Bourbons de Naples *(Expédition des Mille),* contribuant ainsi à l'unification italienne. Il tenta ensuite sans succès de conquérir les États pontificaux et se retira dans l'île de Caprera en Sardaigne. Il participa à la guerre de 1870 aux côtés de la France, remportant la victoire de Dijon. ■ Menotti **Garibaldi** (1840-1903). Fils de Giuseppe. Il prit part aux campagnes de son père et fut député d'extrême gauche de 1876 à 1900. ■ Ricciotti **Garibaldi** (1847-1924). Frère de Menotti. Il combattit aux côtés des Grecs contre les Turcs et forma en 1914 la Légion garibaldienne qui servit la France.

garibaldien, enne adj. et n. hist. Relatif à Garibaldi. – n. m. Partisan, soldat de Garibaldi (→ chemise* rouge).

Garigliano n. m. Fleuve d'Italie centrale (Abruzzes, Latium, Campanie). Les Français y furent battus par les Espagnols en 1503, malgré les prouesses de Bayard. Le 11 mai 1944, les armées françaises du maréchal Juin y remportèrent une victoire qui ouvrit aux Alliés la route de Rome.

gariguette n. f. (de *garrigue*) Fraise de forme oblongue, d'une variété précoce, très parfumée. - var. **garriguette.**

Garin de Monglane Héros d'un cycle de chansons de geste (XIIIe-début XIVe s.).

Garizim (mont) Montagne de Samarie (Cisjordanie actuelle), près de Naplouse. 881 m. Les samaritains considéraient ce mont comme un lieu sacré et y célèbrent encore la Pâque chaque année.

Garland (Frances Gumm, dite Judy) Actrice américaine (1922-1969). Elle connut très jeune le succès avec des rôles chantés et dansés dans des comédies musicales comme *Le Magicien d'Oz ; Le Chant du Missouri* ou *Une étoile est née.*

Garmisch-Partenkirchen Ville d'Allemagne (Bavière), dans les Alpes bavaroises. 28 020 habitants. Station de sports d'hiver.

Garneau (François-Xavier) Historien canadien (québécois) d'expression française (1809-1866). Auteur d'une *Histoire du Canada,* il est considéré comme le père de l'historiographie canadienne.

Garneau (Hector de Saint-Denys) Poète canadien (québécois) d'expression française (1912-1943). Il écrivit, dans une forme très libre, une poésie conçue comme une voie d'accès à la connaissance morale et spirituelle. Il est considéré comme l'un des premiers poètes modernes de son pays.

garnement n. m. (de *garnir ;* d'abord « équipement [du soldat] », d'où « soldat, mercenaire » et « vaurien ») Jeune garçon turbulent, insupportable. → **galopin.**

Garner (Erroll) Pianiste de jazz américain (1921-1977). Il adopta un style d'interprétation très singulier qui fit son succès. Certaines de ses compositions sont devenues des standards *(Misty).*

Garnerin (André Jacques) Aéronaute français (1769-1823). Il effectua la première descente en parachute (Paris, 1797) à partir d'un ballon libre à une altitude de 1 000 m. ■ **Jeanne Geneviève Garnerin, née Labrosse** (1775-1847). Épouse du précédent. Elle fut la première femme aéronaute et parachutiste.

garni n. m. (de *garnir*) vieilli Maison, chambre qu'on loue meublée. → **meublé.**

Garnier (Robert) Poète tragique français (1544 ou 1545-1590). Par la puissance de son style et l'ampleur de son inspiration poétique, il fut le plus grand représentant de la tragédie au XVIe s. *Les Juives.*

Garnier (Charles) Architecte français (1825-1898). Il édifia de 1862 à 1875 l'Opéra de Paris (dit aussi Palais Garnier), dans un style éclectique à l'ornementation exubérante. Il construisit le casino et l'opéra de Monte-Carlo, et le théâtre Marigny à Paris.

G

Garnier (Marie Joseph François, dit Francis) Officier de marine français (1839-1873). Il explora le Mékong (1866-1868) et fut tué devant Hanoi par des mercenaires chinois (les Pavillons noirs).

Garnier (Tony) Architecte et urbaniste français (1869-1948). Il conçut de 1901 à 1904 un projet de « cité industrielle » particulièrement novateur pour son temps. Il fut architecte de la ville de Lyon à partir de 1905.

Garnier (palais) voir **Opéra** (théatre de l')

garniérite n. f. (du n. du voyageur Jules Garnier) minér. Minerai de nickel (silicate de nickel et de magnésium).

Garnier-Pagès (Étienne Joseph Louis) Homme politique français (1801-1841). Il participa à la révolution de 1830, fut élu député du parti républicain et milita pour l'instauration du suffrage universel. ■ **Louis Antoine Garnier-Pagès.** Homme politique français (1803-1878). Frère du précédent. Il fut membre du gouvernement provisoire issu de la révolution de février 1848, maire de Paris et ministre des Finances. Député d'opposition sous le Second Empire, il entra au gouvernement de Défense nationale après l'abdication de Napoléon III (septembre 1870). Il a publié une *Histoire de la révolution de 1848.*

garnir v. tr. < 2 > (vient du francique *warnjan*, de *wer* « faire attention », *cf.* anglais *to warn* ; famille de *garder, garer*) **1.** Pourvoir d'éléments destinés à protéger ou à renforcer (→ **garniture**). – au p. p. *Mur garni d'un revêtement étanche.* **2.** Pourvoir de tous les éléments nécessaires ou normaux. → **équiper.** *Garnir un fauteuil de tissu.* → **recouvrir.** – pronom. *Salle qui se garnit peu à peu* (de personnes). → **se remplir. 3.** Pourvoir d'accessoires ou d'ornements. *Garnir une robe de perles.* → **décorer. 4.** (sujet chose) *Des livres garnissent les étagères.* → **remplir.** – *Un ruban garnit ses cheveux.* → **orner.** □ n. m. **garnissage**

garnison n. f. (de *garnir*) Corps de troupe conservé dans une ville. – Cette ville.

garniture n. f. (de *garnir*) **1.** Ce qui sert à garnir qqch. → **ornement, parure.** *Garniture de cheminée.* **2.** techn. Pièce destinée à protéger, à renforcer. – *Garniture de frein.* **3.** cuis. Ce qui remplit, accompagne. *La garniture d'un vol-au-vent.*

Garonne n. f. Fleuve du S.-O. de la France qui prend sa source en Espagne, au pied du pic de la Maladetta. 575 km (650 avec la Gironde). La Garonne arrose Toulouse, Agen et Bordeaux et forme avec la Dordogne l'estuaire de la Gironde. Ses principaux affluents sont l'Ariège, le Gers, le Tarn et le Lot.

Garonne (canal latéral à la) Canal longeant la rive droite de la Garonne de Toulouse à Agen, puis la rive gauche jusqu'à Castets-en-Dorthe. 193 km.

Garonne (Haute-) n. f. [31] Département français de la Région Occitanie (→ carte). 6 257 km^2. 1 415 757 habitants. Chef-lieu : Toulouse. Chefs-lieux d'arrondissement : Muret, Saint-Gaudens. La moitié S. du département comprend une partie des Pyrénées centrales (élevage, polyculture dans les vallées). Au N., la vallée de la Garonne est dans l'orbite de Toulouse, dont l'agglomération concentre les 2/3 de la population et la majorité des activités secondaires et tertiaires (aéronautique).

garou voir **loup-garou**

Garoua Ville du N. du Cameroun sur la rivière Bénoué. 236 000 habitants.

Garouste (Gérard) Peintre français (né en 1946). Il fut l'un des pionniers du mouvement post-moderne, par le retour à un art figuratif inspiré de grands sujets bibliques, littéraires ou mythologiques. Les personnages, animaux, objets déformés et tordus sont révélateurs des périodes de démence qu'a connues cet artiste. Académie des beaux-arts.

Garran (Gabriel Gersztenkorn, dit) Metteur en scène et animateur de théâtre français (1929-2022). Il dirigea le Centre dramatique national d'Aubervilliers et fonda le Théâtre international de langue française (TILF). On lui doit la création de nombreux textes contemporains (M. Frisch, E. Canetti) et la découverte des théâtres africain et québécois.

Garrel (Philippe) Cinéaste français (né en 1948). Il est l'auteur de films à l'hermétisme délibéré et à l'esthétique très composée. *Les Hautes Solitudes ; Le Vent de la nuit.*

Garrett (João Baptista da Silva Leitão de Almeida) Écrivain portugais (1799-1854). Il fut l'initiateur du romantisme au Portugal et le défenseur des idées libérales, ce qui lui valut l'exil et la prison. Il est l'auteur de drames romantiques (*Camões*) et de poèmes (*Feuilles tombées*).

Garrick (David) Acteur et auteur britannique (1717-1779). Il donna de remarquables interprétations de Shakespeare, joua pour la première fois Arlequin sans masque. Directeur de théâtre novateur, il interdit l'accès de la scène aux spectateurs.

garrigue n. f. (du provençal, probablt d'un radical préroman *carra-* « pierre ») Terrain acide et calcaire de la région méditerranéenne ; végétation broussailleuse qui couvre ce terrain. → **maquis.**

Garrigues n. f. pl. Région du Languedoc, s'étendant de la vallée de l'Hérault à celle du Gard. Plateaux arides. Élevage ovin. Camp militaire.

garriguette voir **gariguette**

Garrison (William Lloyd) Philanthrope américain (1805-1879). Il fonda la Société américaine anti-esclavagiste (1833).

garrocher v. tr. < 1 > (de l'ancien français *garroc* « trait d'arbalète », du germanique *wrokkôn* « tordre » → [2]garrot) régional (Ouest ; Canada, Louisiane), fam. **1.** Lancer. *Elle me garrochait des cailloux.* **2.** v. pron. Se précipiter. *Se garrocher dans les magasins.*

Garros (Roland) Aviateur français (1888-1918). Il réussit la première traversée de la Méditerranée (1913) et fut tué en combat aérien. Le stade Roland-Garros, à Paris, est le lieu où se déroulent les Internationaux de France de tennis depuis 1928.

[1]garrot n. m. (p.-ê. de l'ancien provençal *garra*, du gaulois → jarret) chez les grands quadrupèdes Partie du corps située au-dessus de l'épaule et qui prolonge l'encolure jusqu'au dos. *Le garrot d'un cheval. Hauteur au garrot.*

[2]garrot n. m. (ancien français *guaroc*, qui vient p.-ê. du francique *wrokkon* « tordre ») **1.** Lien servant à comprimer les vaisseaux d'un membre pour arrêter une hémorragie. **2.** Instrument de supplice pour étrangler, sorte de collier de fer serré par une vis.

garrotter ou **garroter** v. tr. < 1 > Attacher, lier très solidement. *Garrotter un prisonnier.* □ n. m. **garrottage** ou **garrotage**

gars [gɑ] n. m. (forme [sujet] de *garçon*, qui vient p.-ê. du francique *cf.* garce, garçon) fam. Garçon, homme. *Un petit gars. C'est un drôle de gars.* → **type.** – *Un sacré gars.* → **[1]gaillard.** – appellatif fam. *Eh les gars !*

Gartempe n. f. Rivière du Poitou et du Limousin (190 km), affluent de la Creuse.

Garvey (Marcus Mosiah) Homme politique jamaïcain (1887-1940). Il fonda en 1914 l'Unica, une association de défense et de promotion de la cause des Noirs, dont l'idéologie fut reprise dans les années 1960 par les partisans du Black Power.

Gary (Romain Kacew, dit Romain) Romancier français d'origine russe (1914-1980). Son œuvre, pour partie autobiographique (*La Promesse de l'aube*), tente, non sans humour, d'exalter le besoin de fraternité humaine face à l'absurdité du monde et à l'angoisse du vieillissement et de la mort (*Les Racines du ciel ; Clair de femme*). Il écrivit également plusieurs romans sous le pseudonyme d'Émile Ajar, dont *La Vie devant soi.*

Romain Gary dirigeant Jean Seberg dans *Les oiseaux vont mourir au Pérou* (1968).

Gascogne (golfe de) Golfe de l'Atlantique bordant la côte d'Aquitaine et la côte du N. de l'Espagne.

Gascogne n. f. Ancienne région française située entre la Garonne et les Pyrénées. Conquise par les Wisigoths, puis par les Francs, la Gascogne doit son nom aux *Vascones* (Basques) qui l'envahirent vers la fin du VIe s. Après avoir formé un duché (IXe s.), elle fut réunie au duché d'Aquitaine en 1058, et passa, avec celui-ci, sous domination anglaise. Elle fut définitivement réunie à la France en 1453 (bataille de Castillon).

Gascoigne (George) Poète et auteur dramatique anglais (v. 1525-1577). Il est l'auteur de la première comédie anglaise en prose. *The Supposes.*

gascon, onne adj. (vient du latin *vasco, vasconis*, mot préroman → [1]basque) De Gascogne. – n. *Les Gascons.* loc. *Une promesse de Gascon*, qui ne sera pas tenue. ■ n. m. *Le gascon* (dialecte d'oc très spécifique).

gasconnade n. f. littér. Action, propos de Gascon, digne d'un Gascon. → **fanfaronnade, hâblerie, vantardise.**

Gascoyne (David) Poète britannique (1916-2001). Il se fit connaître en introduisant le surréalisme en Angleterre, puis éla-

Garros (Roland)

Roland Garros aux commandes d'un avion (v. 1910).

bora une œuvre exigeante influencée par l'existentialisme chrétien. *Quatre Poèmes de la folie de Hölderlin ; Poems.*

gasoil [gazwal ; gazɔjl] **n. m.** anglic. Gazole. *Des gasoils.* - var. **gas-oil.**

gaspacho [gaspatʃo] **n. m. (espagnol *gazpacho*)** Potage froid d'origine espagnole, à base de tomates, de piments et d'ail. *Gaspacho andalou. Des gaspachos.*

Gaspar (Lorand) Poète et médecin français d'origine hongroise (1925-2019). Son œuvre, marquée par l'expérience de l'exil et du désert, est l'une des références de la poésie contemporaine. *Sol absolu ; Égée ; Judée ; Patmos et autres poèmes.*

Gaspard Un des Rois mages de la légende chrétienne.

Gasparin (Adrien, comte de) Agronome et homme politique français (1783-1862). Il fut ministre de l'Intérieur sous la monarchie de Juillet (1836), puis dirigea l'Institut agronomique de Versailles (1848-1852) et contribua par ses travaux à faire de l'agronomie une science.

Gasparri (Pietro) Cardinal italien (1852-1934). Secrétaire d'État de Benoît XV et de Pie XI, il participa à la rédaction du *Code de droit canonique* (1904-1917), à la condamnation de l'Action française (1926), et à la conclusion des accords de Latran (1929).

Gaspé Ville du Canada (Québec), à l'extrémité de la Gaspésie, au fond de la baie de Gaspé. 14 568 habitants. Centre administratif, commercial et touristique. Jacques Cartier y débarqua en 1534.

Gasperi (Alcide De) voir **De Gasperi**

Gaspésie (péninsule de) Péninsule du Canada (Québec), comprise entre l'estuaire du Saint-Laurent au N., le golfe du Saint-Laurent à l'E. et la baie des Chaleurs au S. Pêche. Industrie du bois. Tourisme. Parcs nationaux. Réserves fauniques.

Gaspésie-Îles-de-la-Madeleine Région administrative du Québec (Canada). 20 308 km². 91 442 habitants. Ville principale : Gaspé. Pêche. Tourisme.

gaspillage **n. m.** Action de gaspiller. → **dilapidation, dissipation, prodigalité.** – *Un gaspillage d'énergie.* - abrév. fam. **gaspi.** *Mesures anti-gaspi* ou *antigaspi.*

gaspiller **v. tr.** < 1 > **(du provençal, de l'ancien français *gaspail*, p.-ê. d'origine gauloise)** Dépenser, consommer sans discernement, inutilement. → **dilapider.** – *Gaspiller son temps, ses forces.*

gaspilleur, euse **adj. et n.** (Personne) qui gaspille. *« La toilette de cette femme, si gaspilleuse et si élégante* [...] » (Balzac).

Gassendi (Pierre Gassend, dit) Philosophe, mathématicien, astronome et théologien français (1592-1665). Outre la description scientifique des « aurores boréales », il tenta de concilier l'atomisme épicurien avec la religion chrétienne tout en critiquant le dogmatisme des aristotéliciens et des cartésiens. *Dissertations en forme de paradoxes contre les aristotéliciens.*

Gassier (Paul Deyvaux-Gassier, dit H.-P.) Dessinateur caricaturiste français (1883-1951). Il fut l'un des premiers à publier des caricatures politiques dans les journaux de son temps (*L'Humanité*, 1908-1926 ; *Le Journal*, 1926-1939).

Gassion (Jean de) Maréchal de France (1609-1647). Il se distingua à Rocroi (1643), mais fut tué au siège de Lens.

Gassman (Vittorio) Acteur et metteur en scène italien (1922-2000). Il fut l'une des vedettes de la « comédie à l'italienne », jouant dans un registre très varié, allant du comique au drame (*Le Pigeon ; Le Fanfaron ; Parfum de femme ; Nous nous sommes tant aimés*).

Vittorio Gassman, avec Max von Sydow, dans *Le Désert des tartares* de Valerio Zurlini (1976).

gastéro-, gastr(o)-, -gastre, -gastrie Éléments **(du grec *gastêr, gastros*)** qui signifient « ventre », « estomac » (ex. *gastro-intestinal, épigastre*).

gastéromycète **n. m. (de *gastéro-* et *-mycète*)** Champignon basidiomycète dont les spores se forment à l'intérieur d'une enveloppe close (sous-classe des *Gastéromycètes* ; ex. la vesse-de-loup).

gastéropode **n. m. (→ -pode)** Mollusque au large pied charnu qui lui sert à ramper (classe des *Gastéropodes* ; ex. l'escargot, la limace). - var. **gastropode.**

Gaston III de Foix dit **Gaston Phœbus** (1331-1391). Comte de Foix (1343-1391). Ami des lettres et des arts, il entretint une cour fastueuse à Orthez et fut lui-même l'auteur d'*Oraisons* et d'un *Livre de chasse* qui connut un grand succès. Il légua ses domaines à la couronne de France.

Gaspésie

Gaspésie, le Rocher percé, refuge de fous de Bassan, dans le parc national de l'Île-Bonaventure-et-du-Rocher-Percé.

Gaston de Foix, duc de Nemours Homme de guerre français (1489-1512). Il prit la tête de l'armée d'Italie en 1512 et se révéla un grand chef de guerre. Il fut tué lors de la bataille de Ravenne.

Gaston Lagaffe Héros de bande dessinée créé par André Franquin en 1957, employé de bureau dilettante et gaffeur, doué d'une grande imagination fantaisiste.

gastralgie **n. f. (de *gastr[o]-* + *-algie*)** méd. Douleur à l'estomac. □ **adj. gastralgique**

gastrectomie **n. f. (de *gastr[o]-* + *-ectomie*)** méd. Ablation totale ou partielle de l'estomac.

gastrique **adj. (du grec → gastéro-)** De l'estomac. *Suc gastrique.*

gastrite **n. f. (latin *gastritis* → gastéro- + suffixe *-ite*)** méd. Inflammation de la muqueuse de l'estomac.

gastr(o)- voir **gastéro-**

gastroentérite [gastʀoɑ̃teʀit] **n. f. (→ entérite)** Inflammation simultanée des muqueuses gastrique et intestinale. - abrév. fam. **gastro.** □ **adj. gastroentéritique**

gastroentérologie **n. f. (→ gastr[o]-, entéro- et -logie)** Médecine du tube digestif (estomac, œsophage, intestins). - abrév. fam. **gastroentéro** et **gastro.** □ **adj. gastroentérologique**

gastroentérologue **n.** Spécialiste de gastroentérologie.

gastro-intestinal, ale, aux **adj. (→ intestinal)** méd. Qui a rapport à la fois à l'estomac et à l'intestin. *Troubles gastro-intestinaux.*

gastronome **n. (de *gastronomie*)** Amateur de bonne chère. → **gourmet.**

gastronomie **n. f. (du grec, de *gastêr* → gastéro- et *nomos* → -nomie)** Art de la bonne chère (cuisine, vins, ordonnance des repas, etc.). *« La gastronomie est la connaissance raisonnée de tout ce qui a rapport à l'homme, en tant qu'il se nourrit »* (Brillat-Savarin). □ **gastronomique adj.** *Restaurant, menu gastronomique.*

gastroplastie **n. f. (→ -plastie)** chir. Réduction chirurgicale du volume de l'estomac, traitement de l'obésité grave. *Gastroplastie par pose d'un anneau gastrique.*

gastropode voir **gastéropode**

gastrula **n. f. (du latin, du diminutif de *gastra* « vase », du grec *gastêr* → gastéro-)** embryol. Stade du développement embryonnaire suivant la blastula*, caractérisé par la présence d'une cavité endodermique primitive.

gastrulation **n. f. (de *gastrula*)** biol. Ensemble des mouvements qui mettent en place les trois feuillets de l'embryon, au cours de la morphogenèse.

gâteau **n. m. (vient du latin, du francique)** **I. 1.** Pâtisserie à base de farine, de beurre et d'œufs, le plus souvent sucrée. *Gâteaux secs, petits gâteaux,* qui se conservent (souvent industriels). *Gâteau de riz, de semoule,* entremets. – fam. *C'est du gâteau !,* c'est agréable et facile, c'est tout simple. *Ça sera pas du gâteau !* → **tarte.** – loc. fig. *Avoir, réclamer sa part du gâteau,* du profit. **2.** appos. **(influence de *gâter*)** fam. Qui gâte les enfants. *Des mamans gâteaux.* **II. (par analogie de forme)** *Gâteau de plâtre.* ■ apic. *Gâteau de cire, de miel :* masse d'alvéoles, où les abeilles déposent leur miel. → **²rayon.**

gâte-bois **n. m. invar.** Chenille dont la larve mange le bois. → **cossus.**

gâter **v. tr.** < 1 > **(vient du latin *vastare*, de *vastus* « désolé » → vaste)** **I. 1.** (surtout passif) Détériorer en pourrissant. → **corrompre ; avarié.** *L'humidité a gâté ces fruits.* – au p. p. *Une dent gâtée,* cariée. **2.** Priver de sa beauté, de ses qualités naturelles. → **déparer, enlaidir.** *Cet immeuble gâte la vue.* **3.** Enrayer la bonne

G

Gauguin (Paul)

Gauguin, *Paysannes bretonnes* (1894), musée d'Orsay, Paris.

marche, les possibilités de succès de (qqch.). → **compromettre.** – loc. *Ça ne gâte rien* : c'est un avantage de plus. **4.** Diminuer, détruire en supprimant l'effet agréable de (qqch.). *Ce fâcheux incident a gâté nos vacances, nous les a gâtées.* → **empoisonner, gâcher. II.** Combler (qqn) d'attentions, de cadeaux (→ **gâteau).** *Sa grand-mère l'a gâté pour Noël.* – au p. p. *Enfant gâté*.* ■ **se gâter v. pron. 1.** S'abîmer, pourrir. **2.** Se détériorer. *Le temps se gâte. Ça se gâte* : la situation se dégrade.

gâterie n. f. 1. Action ou moyen de gâter, de choyer (qqn). → **cajolerie. 2.** Petit cadeau (surprise, friandise). *Apporter une gâterie à un malade.* → **douceur.**

Gates (William Henry, dit Bill) Informaticien américain (né en 1955). Il créa en 1975 avec Paul Allen le langage Basic pour micro-ordinateurs et fonda en 1977 la société Microsoft.

gâte-sauce n. vieux Mauvais cuisinier. ■ mod. Marmiton. *Des gâte-sauces.*

Gateshead Ville d'Angleterre, au S. de la conurbation de Newcastle. 120 000 habitants. Chantiers navals. Industrie mécanique. Anc. minoterie. Millenium Bridge.

gâteux, euse adj. (de *gâter*, var. de *gâteur* « qui gâte, souille ses draps, son lit ») 1. Dont les facultés intellectuelles sont amoindries par l'âge ; qui radote. *Un centenaire gâteux.* – **n.** *Un vieux gâteux.* **2.** Qui devient stupide sous l'empire d'un sentiment violent. *Elle adore cette petite, elle en est gâteuse.* → fam. **gaga.**

Gatien [gasjɛ̃] **(saint)** Un des sept apôtres de la Gaule, premier évêque de Tours (IIIe s.).

gâtifier v. intr. < 7 > (de *gâteux*, d'après *bêtifier*) fam. Devenir gâteux ; se comporter comme une personne gâteuse. *Il gâtifie avec son petit-fils.* → **bêtifier.**

Gâtinais n. m. Région du Bassin parisien correspondant à la basse vallée du Loing. Élevage. Polyculture. Parc naturel.

gâtine n. f. (vient du latin *vastus* « vide, désert », avec influence du francique *wost*) régional Terre marécageuse et stérile, par suite de l'imperméabilité du sous-sol.

Gatineau n. f. Rivière du Québec, affluent de la rivière des Outaouais. 440 km. Hydroélectricité. Elle a donné son nom à un comté du Québec et à une ville, située au N. d'Ottawa.

Gatineau Ville du Canada (Québec), au confluent des rivières Gatineau et des Outaouais. 276 245 habitants. Industries.

gâtisme n. m. (de *gâteux*) État d'une personne gâteuse. *C'est du gâtisme précoce !*

Gatt (General Agreement on Tariffs and Trade) Accord signé à Genève en 1947 pour organiser le commerce mondial par une harmonisation des politiques douanières. Il a fourni un cadre à de grandes négociations commerciales dont le dernier cycle (« round ») a donné naissance à l'Organisation mondiale du commerce, ou OMC (accords de Marrakech, 1994).

Gattchina Ville de Russie, au S. de Saint-Pétersbourg. 88 400 habitants. Ancienne résidence impériale.

Gatti (Armand) Auteur dramatique et metteur en scène français (1924-2017). Il mit au service de sa foi révolutionnaire toutes les ressources d'un théâtre militant, écrivant des pièces pour ceux qui n'ont pas la parole (prisonniers, marginaux, chômeurs...). *La Vie imaginaire de l'éboueur Auguste Geai ; La Passion du général Franco.*

gattilier n. m. (espagnol *[sauz] gatillo*) bot. Arbrisseau des bords de la Méditerranée. → **agnus-castus.**

Gatún (lac de) Lac artificiel du Panamá (423 km²) servant de réservoir au canal de Panamá.

Gatwick Un des aéroports de Londres, dans la banlieue S. de la capitale.

gauche (p.-ê. germanique ou latin *valgus* → gauchir) I. adj. 1. Qui est de travers, dévié par rapport à une surface plane. *Planche gauche.* ■ géom. *Courbe gauche,* qui n'est pas contenue dans un plan. **2.** (personnes) Maladroit et disgracieux (→ **gaucherie).** *Un enfant gauche. Geste gauche.* → **embarrassé, malhabile. II.** (opposé à *droit*) **1. adj.** (par rapport à une personne) Situé du côté du cœur. *Côté droit et côté gauche. Main gauche.* – **n. m.** boxe *Un crochet du gauche,* du poing gauche. ■ **n. f.** Le côté gauche. *Asseyez-vous à ma gauche.* – loc. fam. *Jusqu'à la gauche* : complètement. – ***À gauche* loc. adv.** : du côté gauche de l'observateur. *La première rue à gauche.* – loc. fam. *Mettre de l'argent à gauche,* de côté. ■ ***À gauche de* loc. prép.** *À gauche de l'église.* **2. n. f.** *La gauche* : les gens qui sont partisans de changements politiques et sociaux (opposé à la *droite* et au *centre*). *Un gouvernement de gauche. « Si la gauche fait une politique de droite, ce n'est plus la gauche »* (S. de Beauvoir). *Journal d'extrême gauche.* – loc. *Être à gauche, de gauche* : avoir des opinions de gauche.

gauchement adv. (de *gauche*, I, 2) De façon gauche, malhabile. → **maladroitement.**

gaucher, ère adj. (de *gauche*, II) Qui se sert ordinairement de la main gauche. *Ce joueur de tennis est gaucher.* – **n.** *Un gaucher contrarié* (qu'on a contraint de se servir de sa main droite).

gaucherie n. f. (de *gauche*, I, 2) Manque d'aisance ; maladresse.

Gauchet (Marcel) Historien et philosophe français (né en 1946). Il a étudié le processus de sécularisation à l'œuvre dans les sociétés occidentales. *Le Désenchantement du monde.*

gauchir v. < 2 > (p.-ê. du francique *wenkjan* « vaciller », ou famille du latin *valgus* « de travers » → gauche [I]) I. v. intr. (choses planes) Perdre sa forme. → se **courber,** se **déformer.** *La porte a gauchi, elle ne peut plus fermer.* **II. v. tr. 1.** Rendre gauche. → **tordre. 2.** fig. Altérer, déformer, fausser. *Gauchir un fait, une idée.* □ **n. m. gauchissement**

gauchisant, ante adj. et n. Dont les opinions politiques se rapprochent de celles de la gauche.

gauchisme n. m. Courant politique d'extrême gauche. □ **adj. et n. gauchiste** - abrév. fam. **gaucho.**

gaucho [go(t)ʃo] **n. m. (mot espagnol d'Amérique, p.-ê. du quichua *cachu* « camarade ») en Amérique du Sud** Cavalier qui garde les troupeaux de bovins dans la pampa. *Des gauchos.*

Un gaucho lors d'un rodéo au festival de Chacabuco en Argentine.

gaude n. f. (vient du germanique *walda* « réséda ») bot. Variété de réséda, fournissant une teinture jaune.

Gaude (La) Commune des Alpes-Maritimes. 7 117 habitants. Centre de recherche.

Gaudé (Laurent) Écrivain français (né en 1972). Il dépeint, avec une écriture dépouillée et lyrique, la puissance des émotions et des sentiments. *La Mort du roi Tsongor ; Le Soleil des Scorta ; Paris, mille vies.*

Gaudin (Martin Michel Charles), duc de Gaète Financier et homme politique français (1756-1841). Il fut ministre des Finances sous le Consulat et l'Empire, puis gouverneur de la Banque de France (1820-1834).

Gaudí y Cornet (Antonio) Architecte, urbaniste, sculpteur et peintre espagnol (1852-1926). Lié au mouvement de la « renaissance catalane », il s'inspira de l'art gothique et des traditions populaires pour élaborer un style éclectique très personnel, utilisant des techniques artisanales au service d'une imagination décorative foisonnante. Il consacra une grande partie de sa vie à la construction de l'église de la Sagrada Familia, à Barcelone (commencée en 1883, inachevée).

gaudriole n. f. (p.-ê. de l'ancien français *gaudir* et *cabriole* ; famille du latin *gaudire* → jouir) fam. **1.** Plaisanterie un peu leste. → **gauloiserie.** *Débiter des gaudrioles.* **2.** *La gaudriole* : l'amour physique.

gaufrage n. m. 1. Action de gaufrer. **2.** Ornement gaufré.

Gaule

gaufre n. f. **(de l'ancien français *goffre,* du francique *wafla* « rayon de miel », « gâteau »)** **1.** Gâteau léger cuit entre deux plaques qui lui impriment un dessin quadrillé en relief. **2.** Gâteau de cire des abeilles.

gaufrer v. tr. < 1 > **(de *gaufre*)** Imprimer des motifs ornementaux en relief ou en creux sur (qqch.). *Plaques à gaufrer le cuir.* – au p. p. *Papier gaufré.* ■ se **gaufrer** v. pron. fam. Tomber, faire une chute. ■ fig. → **échouer.** *Il s'est gaufré à l'examen.*

Gaudí (Antonio)

Gaudí, la Sagrada Familia à Barcelone.

gaufrette n. f. Petite gaufre sèche feuilletée, souvent fourrée.

gaufreuse n. f. techn. Machine à gaufrer.

gaufrier n. m. Moule à gaufres.

gaufroir n. m. techn. Fer à gaufrer. *Gaufroir de relieur.*

gaufrure n. f. techn. Apprêt, empreinte, résultant du gaufrage.

Gauguin (Paul) Peintre, sculpteur et graveur français (1848-1903). Il côtoya un temps les impressionnistes, participa à l'aventure de l'école de Pont-Aven et se rendit auprès de Van Gogh à Arles. Il se dégagea de ces influences pour élaborer un style qui s'inspire des théories symbolistes et des arts primitifs. Il abandonna les règles de la perspective traditionnelle et peignit par larges aplats de couleurs saturées, ouvrant ainsi la voie aux Nabis et aux Fauves. Il fit à partir de 1891 de longs séjours en Polynésie et c'est à Tahiti qu'il conçut son chef d'œuvre, *D'où venons-nous ? Que sommes-nous ? Où allons-nous ?*

gaule n. f. **(de l'ancien français *waulle,* p.-ê. du francique *walu* « bâton »)** **1.** Longue perche utilisée pour faire tomber les fruits d'un arbre. **2.** Canne à pêche. – loc. fig. fam. *Plier les gaules :* cesser une activité en cours ; s'en aller. **3.** loc. fam. *Avoir la gaule :* être en érection.

Gaule n. f. Nom donné par les Romains à deux régions occupées par les Celtes, la Gaule Transalpine et la Gaule Cisalpine ou Gaule proprement dite, s'étendant des Pyrénées à la rive gauche du Rhin.

▶ La **Gaule** méditerranéenne devint en –120 une province romaine, la Provincia, par opposition à la Gaule libre, ou « chevelue », que César divisa en trois parties : la Gaule Belgique, au N., entre le Rhin et la Seine ; la Gaule Celtique, entre Seine et Garonne, peuplée par les Helvètes, les Séquanes, les Éduens, les Bituriges, les Carnutes, les Vénètes et les Arvernes ; et l'Aquitaine au S.-O. La Gaule libre fut conquise par les armées romaines de César entre –58 et –51 (défaite de Vercingétorix à Alésia en –52). Le pays se romanisa : il fut doté de ponts, d'aqueducs, de routes, les villes connurent un essor remarquable, des temples (Maison carrée de Nîmes), des amphithéâtres (Arles), des thermes furent construits. La vigne fut introduite et le vin remplaça la bière dans de nombreuses régions. Les religions celtiques firent place aux dieux romains, puis au christianisme, qui, malgré les persécutions (martyre des chrétiens de Lyon, 177), se développa en milieu urbain, puis dans les campagnes (saint Martin de Tours, IVe s.). Après la chute de l'Empire romain d'Occident (476), des royaumes barbares se constituèrent en Gaule, celui des Wisigoths au S., celui des Burgondes le long de la Saône et du Rhône, celui des Francs au N. Ces derniers unifièrent le pays sous l'autorité de Clovis et les Gaulois adoptèrent le nom de Francs.

voir aussi **Rome, Celtes**

Gaule cisalpine voir **Cisalpine** (Gaule)

gauleiter [golajtœʀ] n. m. **(mot allemand, de *Gau* « district » et *Leiter* « chef »)** hist. Chef de district, dans l'Allemagne hitlérienne. *Des gauleiters.*

gauler v. tr. < 1 > **1.** Faire tomber (des fruits d'un arbre) avec une gaule. *Gauler les noix.* – au p. p. *« Tel un noyer gaulé dit au vent ses douleurs »* (Apollinaire). **2.** fam. Arrêter, capturer. *Il s'est fait gauler en flagrant délit.* → **prendre.** □ n. m. **gaulage**

gaulis [goli] n. m. **(de *gaule*)** agric. Branche d'un taillis qu'on a laissé croître. ■ Ensemble forestier dont les pousses, devenues grandes, sont encore minces. *Le gaulis est intermédiaire entre le taillis et la futaie.*

Gaulle (Charles de) Homme d'État et général français (1890-1970). Militaire de carrière, il se fit remarquer dans l'entre-deux-guerres par ses écrits d'histoire politique *(Le Fil de l'épée)* ou de stratégie militaire *(Vers l'armée de métier).* Promu général de brigade en 1940, il entra dans le gouvernement de P. Reynaud comme sous-secrétaire d'État à la Défense nationale. Il refusa la signature de l'armistice, gagna Londres et lança, le 18 juin, un appel à la poursuite de la guerre aux côtés de la Grande-Bretagne. Il organisa progressivement les Forces françaises libres, parvint à coordonner l'action des mouvements de résistance intérieurs, et prit la tête, à Alger, du Comité de libération nationale (1943). Rentré à Paris en août 1944, il rétablit l'autorité de l'État, reconstitua l'armée française et fit procéder à l'épuration des partisans de la collaboration. Devenu président du Gouvernement provisoire de la République (novembre 1945), il démissionna dès janvier 1946 en raison de son désaccord sur les nouvelles institutions. Il fonda en 1947 un mouvement politique, le Rassemblement du peuple français (RPF) et rédigea ses *Mémoires de guerre.* À la faveur de la crise en Algérie, il fut rappelé au pouvoir (mai 1958). Il fit approuver une nouvelle Constitution et devint le premier président de la Ve République. Il fixa les grandes lignes de la politique intérieure (création du nouveau franc), procéda à la décolonisation de l'Afrique subsaharienne et mit fin à la guerre d'Algérie (accords d'Évian, mars 1962). Il favorisa le rapprochement avec l'Allemagne (traité de l'Élysée, 1963) et mena une politique d'indépendance nationale (retrait de l'Otan en 1966, création d'une « force de frappe » atomique). Son pouvoir fut

G

conforté par sa réélection à la présidence de la République en 1965 au suffrage universel, mais il dut faire face à un malaise social et culturel grandissant (crise de mai 1968). Mis en échec lors du référendum sur la modernisation du Sénat (1969), il démissionna et se retira de la vie politique.

Gaulle-Anthonioz (Geneviève de) Résistante française, nièce de Charles de Gaulle (1920-2002). Elle entra en résistance dès 1940, à l'âge de 19 ans. Arrêtée en 1943 par la Gestapo, elle fut internée dix mois à Fresnes puis déportée à Ravensbrück jusqu'en 1945. Mise à l'écart pendant les trois derniers mois de sa détention, elle a raconté son isolement dans *La Traversée de la nuit* (1998). Ses cendres ont été transférées au Panthéon en 2015.

gaullien, ienne **adj.** Relatif à la personne du général de Gaulle, à sa pensée (et non à la tendance politique qu'il représente ; → **gaulliste**). *Conceptions gaulliennes, style gaullien.*

gaullisme **n. m.** Courant politique se réclamant du général de Gaulle. □ **adj. et n. gaulliste**

gaulois, oise **I. adj. 1.** De Gaule. *Les peuples gaulois.* → **celtique.** – **n.** allus. *Nos ancêtres* les Gaulois.* – **n. m.** *Le gaulois,* langue celtique qui fut parlée en Gaule. **2.** par ext. Français, en tant que descendant des Gaulois. *Le coq gaulois.* **II. adj.** **(à cause de la littérature des fabliaux du Moyen Âge)** D'une gaieté un peu leste. *Plaisanterie gauloise.* → **grivois.** □ **adv. gauloisement** **III. n. f.** Cigarette de tabac de la marque française.

gauloiserie **n. f.** **(de *gaulois,* II)** Propos licencieux.

Gault et Millau **n. m.** Guide gastronomique français créé en 1969 par les journalistes et critiques de table Henri Gault et Christian Millau.

gaulthérie **n. f.** **(de *Gaulthier,* n. d'un botaniste français)** bot. Arbuste d'Amérique du Nord aux feuilles persistantes odorantes.

Gaultier (Jean Paul) Styliste et couturier français (né en 1952). Il rencontra le succès à partir des années 1980 en présentant des collections unisexes et volontiers provocatrices. Il a été le directeur artistique de la maison de couture Hermès de 2003 à 2010.

Jean Paul Gaultier, collection printemps-été 2004.

Gaume **n. f.** ou **Lorraine belge** Région du S. de la Wallonie (province de Luxembourg). Ville principale : Virton.

Gaumont (Léon) Inventeur et industriel français (1863-1946). Il mit au point l'un des premiers appareils cinématographiques (le chronophotographe, 1895) et installa les premiers studios de cinéma français aux Buttes-Chaumont à Paris (1906).

Gaulle (Charles de)

1. Le 18 juin 1940, le général de Gaulle lance, de Londres, son célèbre appel à la résistance. 2. Le 4 septembre 1963, de Gaulle prend un bain de foule avec le chancelier Adenauer à Bonn. 3. De Gaulle et son épouse en séjour en Irlande en juin 1969, après l'échec du référendum du 27 avril.

gaur [gɔʀ] **n. m.** **(hindi *gour,* transcrit *gore, gaur* en anglais)** Bœuf sauvage de l'Inde et de la Malaisie (→ **gayal**).

Gaur Ancienne capitale hindoue et musulmane du Bengale, florissante jusqu'en 1576, date à laquelle elle fut incorporée à l'Empire moghol.

Gaurīshankar **n. m.** Un des sommets de l'Himalaya (7 134 m), au Népal, non loin de l'Everest.

gauss **n. m.** **(du n. du mathématicien)** phys. Ancienne unité CGS d'induction magnétique (symb. G) valant 10^{-4} tesla.

Gauss (Carl Friedrich) Astronome, mathématicien et physicien allemand (1777-1855). Il a laissé son nom à la courbe en cloche qui donne la densité de probabilité d'une variable aléatoire *(courbe de Gauss).* Il démontra rigoureusement le théorème fondamental de l'algèbre et eut l'intuition des géométries non euclidiennes. Il définit le concept de congruence et clarifia celui des nombres complexes. Il trouva également une explication mathématique au magnétisme terrestre (une unité d'induction porte son nom).

Gaussen (Henri) Botaniste et biogéographe français (1891-1981). Il fut l'un des pionniers de la phytogéographie (notion d'étagement de la végétation ; indice d'aridité, dit *de Gaussen ;* diagramme ombrothermique).

se **gausser** **v. pron.** **< 1 > (p.-ê. espagnol *gozarse* « se réjouir » ; famille du latin *gaudium* → joie)** littér. Se moquer ouvertement (de qqn ou de qqch.). → **railler.** *« Autour de nous, on se gausse... Nous prêtons à rire... »* (Gide).

Gautama Nom sous lequel est parfois désigné le Bouddha, de son nom complet Siddhārta Gautama.

Gauteng **n. m.** Province d'Afrique du Sud. 15,8 millions d'habitants. Villes principales : Pretoria, Johannesburg.

Gautier (Théophile) Écrivain français (1811-1872). Il prit position en faveur des romantiques lors de la bataille d'*Hernani,* mais se tourna bientôt vers une littérature dégagée des contingences personnelles, politiques ou morales, et privilégia « l'art pour l'art », devenant le maître et le précurseur de l'école parnassienne. Il écrivit de la poésie *(Émaux et camées)* et des romans *(Mademoiselle de Maupin ; Le Capitaine Fracasse).*

Gautier de Coincy Religieux bénédictin et poète français (1177-1236). On lui doit un recueil d'environ 30 000 vers, intitulé *Miracles de Notre-Dame.*

Gautier Sans Avoir Chevalier français (mort en 1096 ou 1097). Lors de la première croisade, il prit avec Pierre l'Ermite la tête de l'armée populaire qui fut écrasée par les Turcs près de Nicée, en Anatolie.

Gauvain Personnage du *cycle breton,* neveu du roi Artus, dont il est le fidèle chevalier.

gavage **n. m. 1.** Action de gaver. *Le gavage des oies.* **2.** méd. Introduction d'aliments dans l'estomac d'un malade à l'aide d'une sonde gastrique.

Gavalda (Anna) Écrivaine française (née en 1970). Entre humour et émotion, elle montre un sens aigu de l'observation donnant aux petites scènes du quotidien une force et une profondeur inattendues. *Je voudrais que quelqu'un m'attende quelque part ; Ensemble, c'est tout ; L'Échappée belle.*

Gavarnie (cirque de) Site des Hautes-Pyrénées, au S. du village de Gavarnie, dans la haute vallée du gave de Pau. De nombreuses cascades tombent des montagnes en gradins. Tourisme.

Cirque de Gavarnie, la Grande Cascade (422 m).

gave n. m. (ancien gascon, mot préroman, p.-ê. de *gava* → gaver) Torrent pyrénéen. « *Sources, gaves, ruisseaux, torrents des Pyrénées* » (Vigny).

Gaveau Maison française de facteurs de pianos fondée en 1847 par Joseph **Gaveau** (1824-1903). Son fils Étienne **Gaveau** (1872-1943) fit construire à Paris la salle de concerts qui porte leur nom (1908). La société Gaveau a fusionné en 1959 avec la firme Érard.

gaver v. tr. < 1 > (du picard *gave*, qui vient de *gaba*, *gava* « gosier », p.-ê. gaulois → joue) **1.** Faire manger de force et abondamment (les animaux qu'on veut engraisser). *Gaver des canards.* **2.** *Gaver qqn de*, lui faire manger trop de ; fig. le rassasier de, l'emplir à l'excès de. *Gaver un élève de connaissances.* ■ **se gaver** v. pron. Manger énormément. – fig. *Se gaver de films d'horreur.*

gaveur, euse n. **1.** Personne qui gave les volailles. **2.** n. f. Appareil pour gaver les volailles.

gavial, als n. m. (hindi *ghariyal*) Animal voisin du crocodile, à longues mâchoires étroites. *Les gavials du Gange.*

gavotte n. f. (provençal *gavoto* « danse des gavots [désignant les habitants de la haute Provence] », famille de *gaver*) Danse ancienne à deux temps ; air sur lequel on la danse.

Gavrinis [-nis] (île de), ou île de la **Chèvre** Îlot du golfe du Morbihan, abritant un tumulus néolithique et des pierres gravées.

gavroche n. m. (du personnage des *Misérables*) Gamin de Paris, spirituel et moqueur. → **titi.** – adj. *Un petit air gavroche.*

Gavroche Personnage du roman de V. Hugo, *Les Misérables*, type du « gamin » parisien frondeur et généreux, symbole de l'esprit de liberté dans le peuple.

Gaxotte (Pierre) Historien et journaliste français (1895-1982). Journaliste d'extrême droite, fondateur de *Candide* et directeur de *Je suis partout* jusqu'en 1939, il est l'auteur de travaux historiques sur l'Ancien Régime.

gay adj. et n. (anglais des États-Unis *gay* → gai) anglic. Relatif aux homosexuels. *Bars gays. La communauté gay.* → aussi **LGBT.** – n. *Les gays.* - forme francisée *gai* (cour. au Canada).

Gay (John) Poète dramatique anglais (1685-1732). Il est l'auteur d'une œuvre satirique, *L'Opéra du gueux*, qui dénonce les tares de la société londonienne, et que B. Brecht a transposée à l'époque contemporaine avec son *Opéra de quat'sous.*

Gay (Francisque) Homme politique et éditeur français (1885-1963). Il fonda les journaux *La Vie catholique* (1924) et *L'Aube* (1932). Il participa à la création du Mouvement républicain populaire (MRP, 1944) et fut vice-président du Conseil au début de la IVe République (1945-1946).

Gaya Ville d'Inde (Bihar), située près du sanctuaire de Bodh Gaya. 476 000 habitants.

gayal n. m. (mot hindi) Bœuf domestique d'Asie du Sud-Est, ressemblant au gaur. *Des gayals.*

Gaye (Marvin Pentz Gay junior, dit Marvin) Chanteur américain (1939-1984). Il fut l'un des maîtres de la soul music (*I Heard It Through the Grapevine ; What's Going On*).

Gay-Lussac (Louis Joseph) Physicien et chimiste français (1778-1850). Il fit des recherches sur la dilatation des gaz et des vapeurs et énonça les lois sur le coefficient thermique (1802) et les rapports volumétriques (1805) qui portent son nom. Avec L. J. Thenard, il montra que le chlore est un corps simple (1809) et découvrit le bore.

Gaye (Marvin)

Marvin Gaye en concert en 1983.

gayolle ou **gayole** n. f. (Belgique) fam. **1.** Cage où l'on enferme les oiseaux, les petits rongeurs domestiques. **2.** (au football) plais. But délimité par le filet. **3.** fig. Prison.

gaz [gɑz] n. m. (créé par Van Helmont : *gas*, d'après le latin *chaos* → chaos) **1.** Tout corps qui se présente à l'état de fluide expansible et compressible (état gazeux) dans les conditions normales de température et de pression. *Gaz comprimé, raréfié. Gaz parfait*. Gaz carbonique.* – ***Gaz rares*** : hélium, néon, argon, krypton, xénon, radon. ■ *Avoir des gaz.* → **flatuosité. 2.** Produit gazeux, naturel ou manufacturé, utilisé comme combustible ou carburant. *Éclairage au gaz. Compteur à gaz.* – loc. fam. *Il y a de l'eau dans le gaz* : l'atmosphère est à la querelle. **3.** (Dans les moteurs à explosion) *Gaz d'admission, d'échappement. Rouler* **(à) pleins gaz,** à pleine puissance. → **gazer.** – *Mettre, remettre les gaz* (avions). **4.** Corps gazeux destiné à produire des effets nocifs sur l'organisme. *Gaz de combat. Gaz asphyxiants. Chambres à gaz*, utilisées dans les camps d'extermination nazis et pour l'exécution des condamnés à mort.

Gaza Ville (696 000 habitants) et territoire autonome (*bande de Gaza* ; 363 km² ; 2 048 000 habitants) du S. de la Palestine. Sous contrôle égyptien de 1948 à 1967, sous contrôle israélien de 1967 à 1994, Gaza est devenu un territoire autonome palestinien en 1994, abritant (dans la ville de Gaza) le siège de l'Autorité palestinienne jusqu'en 2007. En 2007, à la suite de la prise de contrôle de Gaza par le Hamas, l'Autorité palestinienne se réfugia en Cisjordanie et les tensions s'exacerbèrent avec Israël qui imposa un blocus et une sévère réglementation. Les affrontements meurtriers sont réguliers et ont dégénéré en guerre en 2008, 2012, 2014 et 2021.

gazage n. m. (de *gazer* « intoxiquer ») Action d'intoxiquer ou de tuer par un gaz.

gaze n. f. (p.-ê. arabe *qazz* « bourre de soie », ou de *Gaza*, ville de Palestine) Tissu lâche et très léger, de soie ou de coton. *Compresse de gaze hydrophile.*

gazé, ée adj. Intoxiqué par les gaz de combat. – n. *Les gazés de la Grande Guerre.*

gazéifier v. tr. < 7 > **1.** Faire passer à l'état de gaz. → **sublimer, vaporiser. 2.** Faire dissoudre du gaz carbonique dans (un liquide). – au p. p. *Une boisson gazéifiée.* → **gazeux.** □ n. f. **gazéification**

gazelle n. f. (arabe *gazal*) Mammifère ruminant (bovidé) d'Afrique et d'Asie, à longues pattes fines et à cornes annelées.

gazer v. < 1 > (de *gaz*) **I.** v. tr. **1.** Intoxiquer (qqn) avec un gaz de combat. → **asphyxier. 2.** Exterminer (qqn) dans une chambre à gaz. **3.** Utiliser du gaz lacrymogène contre (qqn). **II.** v. intr. vieilli, fam. **1.** Aller à toute vitesse, à pleins gaz. → **filer, foncer. 2.** *Ça gaze* : ça marche, ça va bien.

gazette n. f. (italien *gazzetta*, journal vénitien qui coûtait une *gazeta*, de *gazza* « monnaie ») vieux ou plais. Journal, revue.

Gazette (La) Premier journal français, fondé par Théophraste Renaudot (1631).

gazeux, euse adj. **1.** Relatif au gaz ; sous forme de gaz. *Fluide gazeux.* **2.** Qui contient du gaz carbonique dissous. *Eau, boisson gazeuse.* → **pétillant ; gazéifier.**

Gaziantep Ville de Turquie, au N. de la frontière syrienne. 1 714 700 habitants. Château de l'époque romaine en partie détruit par le séisme de 2023. Musée archéologique. Centre industriel et commercial important.

gazier, ière **1.** adj. Relatif au gaz de ville. *L'industrie gazière.* **2.** n. Ouvrier, ouvrière dans une usine à gaz.

gazinière n. f. (marque déposée ; de *gaz* et [cuis]inière) Cuisinière à gaz.

gazoduc n. m. (de *gaz*, d'après *oléoduc*) Canalisation qui transporte du gaz naturel sur de très longues distances.

gazogène n. m. (de *gaz* + *-gène*) techn. Appareil transformant le bois ou le charbon en gaz combustible. – (en 1940-1945) Véhicule, automobile à gazogène.

gazole n. m. (francisation de *gas-oil*, anglais *gas* → gaz et *oil* « huile ; pétrole ») Produit combustible de la distillation du pétrole, utilisé comme carburant pour moteur diesel. - recomm. offic. pour remplacer l'anglic. **gasoil.**

gazoline n. f. (anglais *gasoline*) Nom commercial de l'éther de pétrole.

gazomètre n. m. Grand réservoir où l'on stocke le gaz de ville avant de le distribuer.

gazon n. m. (vient du francique *waso*) **1.** vieux ou techn. Motte de terre garnie d'herbe. *Remettre des gazons sur une pelouse.* **2.** Herbe courte, dense et fine. **3.** Surface couverte de gazon. → **pelouse.**

gazonnant, ante adj. Qui pousse, se développe en formant du gazon. *Plantes gazonnantes.* - syn. **gazonneux, euse.**

gazonner v. tr. < 1 > Planter en gazon. – au p. p. *Jardin gazonné.* □ n. m. **gazonnage** et **gazonnement**

gazouiller v. intr. < 1 > (du radical de *jaser*, onomatopée) **1.** Produire un bruit léger et doux. → **bruire, murmurer.** *Oiseaux qui gazouillent.* → **chanter.** – *Ruisseau qui gazouille sur les cailloux.* **2.** (nourrisson) Émettre de petits sons à peine articulés. → **babiller.** □ adj. **gazouillant, ante** et **gazouilleur, euse** □ n. m. **gazouillement**

gazouillis n. m. Bruit léger produit par un ensemble de gazouillements. *Le gazouillis des oiseaux ; d'un bébé.*

Gbagbo (Laurent) Homme d'État ivoirien (né en 1945). Élu président de la République (2000), il vit son pouvoir contesté par la rébellion du nord du pays (2002). Il fut arrêté en 2011, jugé pour crimes contre l'humanité par le TPI et acquitté. En 2021, de retour en politique, il fonda le Parti des Peuples africains-Côte d'Ivoire.

Gd Symbole chimique du gadolinium.

Gdańsk anciennement **Dantzig** ou **Danzig** Ville du N. de la Pologne, sur la Vistule, à 6 km de la mer Baltique. 486 000 habitants. Hôtel de ville, église et arsenal (XIVe-XVIIe s.). Complexe portuaire et industriel (constructions navales). Sous autorité polonaise (1295) puis teutonique (1305), la ville entra dans la ligue hanséatique (1350) et, devenue l'un des principaux ports de la Baltique, obtint son indépendance (1466). Rattachée à la Prusse lors du deuxième partage de la Pologne (1793), elle fut érigée en ville libre par le traité de Versailles (1919). L'occupation par les Allemands du « corridor de Danzig » (sept. 1939) déclencha la Seconde Guerre mondiale, au cours de laquelle la ville fut largement détruite. Elle fut libérée par les Soviétiques et attribuée à la Pologne en 1945. Les grèves qui s'y déroulèrent au début des années 1980 virent la création du syndicat Solidarność.

Gdynia Ville de Pologne, sur la baie de Gdańsk. 245 200 habitants. Port. Constructions navales.

Ge Symbole chimique du germanium.

Gé, Gê voir Gaïa

geai n. m. (vient du bas latin *gaius*) Oiseau passereau (corvidé) de la taille du pigeon, à plumage bigarré. *Des geais bleus. Le geai jase.*

géant, ante (vient du latin *gagantem*, de *Gigas, Gigantis*, grec *Gigas, Gigantos*, n. mythologique *cf.* **gigantesque, gigantisme**) **I.** n. **1.** Personne dont la taille dépasse anormalement la moyenne (→ **gigantisme**). *Les Géants de la mythologie*, nés de la Terre (Gaïa) et du Ciel (Ouranos). *Le géant Gargantua.* loc. *À pas de géant*, très rapidement. ▪ *Les géants de l'automobile, du textile*, entreprises les plus importantes dans le domaine. **2.** Génie, héros, surhomme. *Les géants de l'art, du sport.* **II.** adj. **1.** Dont la taille dépasse de beaucoup la moyenne. → **colossal, énorme, gigantesque.** *Tortue géante. Écran géant.* – sport *Slalom géant.* n. m. *Course de géant.* → aussi **supergéant. 2.** astron. *Étoile géante*, de grand rayon, peu dense, très lumineuse. – n. f. *Une géante rouge.* **3.** fam. vieilli (intensif) *C'est géant !* → **fabuleux, formidable.**

Géants n. m. pl. Dans la mythologie grecque, fils de Gaïa fécondée par le sang d'Ouranos. Monstres de taille énorme et d'aspect effroyable, ils attaquent les dieux de l'Olympe et sont vaincus par Zeus.

Gébé (Georges Blondeaux, dit) Dessinateur français (1929-2004). Il fut rédacteur en chef des revues satiriques *Hara-Kiri* et *Charlie Hebdo*. Son album de bande dessinée, *L'An 01*, utopie contestataire et écologique, a été adaptée au cinéma par Jacques Doillon.

Geber voir Jābir ibn Ḥayyān

Gébrésélassié (Hailé) Athlète éthiopien (né en 1973). Il a remporté deux titres de champion olympique (1996 et 2000) et quatre titres de champion du monde du 10 000 m. Il a également établi de nombreux records du monde sur différentes distances du demi-fond au marathon.

Hailé Gébrésélassié, médaille d'or du 10 000 m aux Jeux olympiques de Sydney (2000).

gecko n. m. (du néerlandais, du malais *gekop*) Lézard grimpeur des régions chaudes.

Gédéon dit Jeroubbaal Juge d'Israël. Sa victoire sur les Madianites est relatée dans la Bible.

Gediz n. m. Fleuve de Turquie, en Asie Mineure (401 km), qui se jette dans la mer Égée.

Gédymin ou **Gédyminas** Grand duc de la principauté de Lituanie (v. 1275-1341). Il fut le véritable fondateur de l'État lituanien et fit de Vilnius sa capitale.

-gée voir géo-

geek [gik] n. et adj. (mot anglais des États-Unis « débile ; fada ») anglic., fam. Personne passionnée par les nouveautés techniques, et particulièrement par l'informatique, l'internet, les jeux vidéo. *Les geeks et les nerds**. Une geek* ou *une geekette* [gikɛt]. – adj. *La culture geek.*

Geel Commune de Belgique (province d'Anvers). 40 709 habitants. Pétrochimie.

Geelong Ville d'Australie, au S.-O. de Melbourne. 137 220 habitants. Port. Industrie (pétrochimie, mécanique, alimentaire).

Geffroy (Gustave) Écrivain et critique d'art français (1855-1926). Il se montra favorable à l'impressionnisme et fut l'auteur de nombreuses monographies de peintres *(Gustave Moreau ; Claude Monet)*. Il fut également administrateur de la manufacture des Gobelins et président de l'académie Goncourt.

Gehry (Frank)

Frank Gehry, le musée Guggenheim de Bilbao, inauguré en 1998.

géhenne n. f. (du latin ecclés., de l'hébreu *gey* [« vallée »] *Hinnom*, lieu près de Jérusalem, maudit à la suite de sacrifices humains idolâtres) **1.** (dans la Bible) Enfer. **2.** fig. Torture ; souffrance intolérable.

Gehry (Frank Owen Goldberg, dit Frank) Architecte américain d'origine canadienne (né en 1929). On lui doit notamment l'American Center (actuelle Cinémathèque française) et la Fondation Louis Vuitton à Paris, la tour Luma à Arles, les musées Guggenheim de Bilbao et d'Abou Dhabi, le Walt Disney Concert Hall à Los Angeles et le 8 Spruce Street (« tour Gehry ») à Manhattan. Prix Pritzker 1989.

Geiger (Hans) Physicien allemand (1882-1945). Il détermina la charge des particules α (1908) et mit au point avec W. Müller (1928) un appareil permettant de mesurer la radioactivité *(compteur Geiger-Müller)*.

geignard, arde adj. fam. Qui se lamente à tout propos. → **pleurnicheur.**

Geijer (Erik Gustaf) Poète et historien suédois (1783-1847). Il fut l'un des grands romantiques de son pays, dont il s'attacha à ressusciter, dans ses poèmes, le passé viking. Il écrivit une monumentale *Histoire du peuple suédois*.

geindre v. intr. < 52 > (de *giembre*, venant du latin *gemere* → **gémir**) **1.** Faire entendre des plaintes faibles et inarticulées. → **gémir,** se **plaindre.** « *Les enfants percés de froid* [...] *geignaient sous le pauvre abri* » (Huysmans). – (choses) Produire un bruit plaintif. **2.** Se lamenter à tout propos, sans raison valable (→ **geignard**). □ n. m. **geignement**

Geiséric voir Genséric

geisha [gɛʃa ; gɛjʃa] n. f. (mot japonais) Chanteuse et danseuse japonaise qui divertit les hommes par sa conversation, sa musique et sa danse.

Geispolsheim Commune du Bas-Rhin, banlieue S. de Strasbourg. 7 603 habitants. Industrie alimentaire.

gel n. m. (ancien français *giel*, venant du latin *gelu* → **geler**) **I. 1.** Temps de gelée. *Une nuit de gel.* **2.** Congélation des eaux (et de la vapeur d'eau atmosphérique). → **givre, glace.** *Le gel a fendu la roche.* **3.** (de *geler*, fig.) Arrêt, blocage (d'une activité politique ou économique). *Le gel des crédits.* **II. 1.** sc. Substance souple, gélatineuse, obtenue par formation de petits flocons dans une solution colloïdale. **2.** Produit translucide à base d'eau ou d'huile. → **gelée.** *Gel coiffant. Gel douche*, pour se laver.

Gela Ville d'Italie, au S. de la Sicile. 72 780 habitants. Station balnéaire. Raffinage de pétrole. Industrie chimique. Fondée par les Grecs (–VIIe s.), la ville fut la capitale du tyran Gélon (–Ve s.).

Gélase Ier (saint) Pape de 492 à 496. Il promulgua le canon des Livres saints *(décret gélasien)*.

gélatine n. f. (de l'italien, de *gelare*, du latin → **geler, galantine**) Substance protéinique extraite, sous forme de gelée, de certains tissus animaux.

gélatiné, ée adj. Enduit de gélatine. *Plaque photographique gélatinée.*

gélatineux, euse adj. Qui a la nature, la consistance ou l'apparence de la gélatine. *Un entremets gélatineux.*

gélatinobromure n. m. (→ **bromure**) chim., techn. Composition de bromure d'argent en suspension dans la gélatine.

gélatinochlorure n. m. (→ **chlorure**) chim., techn. Composition de chlorure d'argent en suspension dans la gélatine.

gelé, ée adj. **1.** Transformé en glace. *Eau gelée. Étang gelé*, dont l'eau a gelé. *Terre gelée*, durcie par le froid. **2.** Dont les tissus organiques sont brûlés par le froid. *Orteils gelés* (→ **gelure**). **3.** Qui a très froid. *Être gelé.* → **transi. 4.** fig. (argent) Qui ne circule plus. *Crédits gelés.* **5.** (Canada) fam. Sous l'effet d'une drogue. → **défoncé.**

gelée n. f. (vient du latin *gelata*, de *gelare* → **geler**) **I.** Abaissement de la température au-dessous de zéro, ce qui provoque la congélation de l'eau. → **gel, glace, verglas.** – *Gelée blanche*, congélation de la rosée avant le lever du soleil. **II. 1.** Suc de substance animale (viande, os) qui s'est coagulé en se refroidissant. *Bœuf en gelée.* **2.** Jus de fruits cuit au sucre et coagulé. *Gelée de groseille.* **3.** Corps de consistance gélatineuse. – *Gelée royale* : sécrétion de l'abeille, qui sert à nourrir les larves et la reine.

geler v. < 5 > (vient du latin *gelare*, de *gelu* « gel », de même origine que *glace*) **I.** v. intr. **1.** Se transformer en glace (s'oppose à *dégeler, fondre*). *La rivière a gelé.* **2.** (tissus organiques) Être endommagé par le gel. *Les bourgeons risquent de geler.* **3.** Souffrir du froid. → **grelotter.** « *Vite, mon petit, je gèle. J'ai pris froid* » (Colette). – pronom. *Ne reste pas dehors à te geler !* **II.** impers. *Il a gelé cette nuit.* **III.** v. tr. **1.** Rendre gelé. *Cette humidité nous gelait.* **2.** fig. Arrêter, bloquer. *Geler les prix, les salaires.*

gélif, ive adj. (de *geler*) didact. Susceptible de se fendre sous l'action du gel (→ **gélivure**). *Arbres gélifs. Pierres gélives.*

gélifiant n. m. Additif destiné à donner la consistance d'un gel à une préparation (notamment alimentaire).

gélifier v. tr. < 7 > (de *gel* [II]) sc. Transformer en gel (II). □ n. f. **gélification**

Gelimer Dernier roi vandale d'Afrique (de 530 à 534). Il fut vaincu par le général byzantin Bélisaire (533-534).

Gélinas (Gratien) Écrivain et comédien canadien (québécois) (1909-1999). Il fut à l'origine du théâtre québécois avec la création en 1948 de *Tit-Coq,* qui incarne, dans un antihéros populaire, les frustrations d'un peuple soumis au clergé et au gouvernement.

gélinotte n. f. (dérivé de *géline* « poule », qui vient du latin *galina,* de *gallina,* de *gallus* « coq » → gallinacé) Oiseau très voisin de la perdrix (communément appelé *coq des marais*).

gélivure n. f. (de *gélif*) didact. Fente creusée par le gel dans les arbres, les pierres.

Gellé (Marie Ernest) Médecin français (1834-1923). Il fut l'un des fondateurs de l'otologie.

Gellée (Claude) voir **Lorrain (le)**

Gell-Mann (Murray) Physicien américain (1929-2019). Il est l'auteur de recherches sur les particules élémentaires et émit en 1964 l'hypothèse fondamentale de l'existence des quarks. Prix Nobel 1969.

Gellner (Ernest) Philosophe et anthropologue tchèque (1925-1995). Il apporta de nombreuses contributions à l'anthropologie du monde musulman et expliqua le nationalisme comme une nécessité sociologique du monde moderne *(Nations et nationalismes).*

Gélon Tyran de Gela et de Syracuse (540-478 av. J.-C.). Maître d'une grande partie de la Sicile, il résista aux Carthaginois. Sous son règne, la ville de Syracuse fut agrandie et embellie.

Gelos Commune des Pyrénées-Orientales, dans la banlieue S. de Pau. 3 639 habitants.

gélose n. f. (de *gél[atine]* et [1]*-ose*) Substance mucilagineuse, extraite d'algues marines du Pacifique et de l'océan Indien. → **agar-agar.** *Levure cultivée sur gélose.*

Gelsenkirchen Ville d'Allemagne (Rhénanie-du-Nord-Westphalie), dans la Ruhr. 288 400 habitants. Centre d'industries lourdes en cours de diversification (pétrochimie).

Geluck (Philippe) Dessinateur et auteur de bandes dessinées belge (né en 1954). Il est le créateur du personnage anthropomorphique du Chat qui, au cœur de situations absurdes, interpelle directement le lecteur.

Le Chat, de Philippe Geluck.

gélule n. f. (de *gél[atine]* et *[caps]ule*) Capsule en gélatine dure qui contient un médicament en poudre.

gelure n. f. Lésion grave de la peau causée par le froid.

Gemayel (Pierre) Homme politique maronite libanais (1905-1984). Chef de la droite chrétienne, fondateur du parti phalangiste (Kataeb Party), il s'opposa aux nationalistes arabes et à la présence palestinienne au Liban. ■ **Bachir Gemayel** (1947-1982). Fils de Pierre. Élu à la présidence de la République en 1982, il fut assassiné peu avant son entrée en fonction. ■ **Amine Gemayel** (né en 1942). Frère de Bachir, il lui succéda et fut président de la République de 1982 à 1988. Il dirigea le parti de 2007 à 2015. ■ **Samy Gemayel** (né en 1980). Fils d'Amine, chef du parti depuis 2015.

Amine Gemayel (assis) et son fils Pierre en 2005, lors d'une réunion des Phalanges libanaises.

Gembloux Ville de Belgique (province de Namur). 26 141 habitants. Abbaye bénédictine fondée au xe s. Institut agronomique. Industries variées. Parc scientifique.

gémeau n. m. (de *jumeau,* d'après le latin *gemellus,* de *geminus* → géminé) **1.** vieux Jumeau. **2.** au plur. (avec maj.) Constellation zodiacale et troisième signe du zodiaque (21 mai-21 juin). – *Être Gémeaux,* de ce signe.

Gémeaux n. m. pl. Constellation zodiacale dont les deux étoiles principales sont Castor et Pollux ; troisième signe du zodiaque.

gémellaire adj. (du latin *gemellus* → gémeau, jumeau) Relatif aux jumeaux. *Grossesse gémellaire.*

gémellipare adj. (du latin *gemellus* « jumeau » et *-pare*) biol. Qui porte des jumeaux, donne naissance à des jumeaux. *Femelle gémellipare.* □ n. f. **gémelliparité**

gémellité n. f. (du latin *gemellus* « jumeau ») **1.** Cas où se présentent des jumeaux. *Le taux de gémellité.* ■ Situation de jumeau(x). **2.** Caractère de deux choses exactement semblables.

Gémenos Commune des Bouches-du-Rhône. 6 698 habitants. Château du XVIIIe siècle.

Gémier (Firmin Tonnerre, dit Firmin) Acteur et directeur de théâtre français (1869-1933). Il chercha à promouvoir un théâtre populaire (fondation du TNP en 1920) et dirigea l'Odéon.

gémination n. f. (du latin, de *geminare* → géminer) didact. État de ce qui est disposé par paire. ■ ling. Redoublement d'un phonème ou d'une syllabe (ex. *la fifille à sa mémère*).

géminé, ée adj. **1.** Disposé par paires. *Colonnes géminées.* **2.** phonét. *Consonnes géminées,* se dit de deux consonnes identiques consécutives prononcées (ex. *illusion* [illyzjɔ̃]).

géminer v. tr. < 1 > (latin *geminare* « doubler », de *geminus* → jumeau, gémeau) didact. ou littér. Grouper deux par deux.

gémir v. intr. < 2 > (latin *gemere* « se plaindre » → geindre) **1.** Exprimer sa souffrance d'une voix plaintive et inarticulée. → **geindre,** se **plaindre.** *Le malade gémit. « Gémir, pleurer, prier sont également lâches »* (Vigny). – Se plaindre à l'aide de mots. *Gémir sur son sort.* **2.** (oiseaux) Faire entendre un cri, un chant plaintif. **3.** (choses) Émettre un son plaintif et prolongé. *« Laissons le vent gémir et le flot murmurer »* (Lamartine).

gémissant, ante adj. Qui gémit. *Voix gémissante.* → **plaintif.**

gémissement n. m. **1.** Son vocal inarticulé et plaintif. → **lamentation, plainte.** *Pousser un gémissement de douleur.* **2.** Son plaintif. *Le gémissement du violon.*

Gémiste Pléthon (Georges) Philosophe et humaniste byzantin (v. 1355-v. 1450). Il fonda l'Académie platonicienne de Florence.

gemmail, aux n. m. (de *gemme* et *vitrail*) Panneau constitué de morceaux de verre translucides colorés juxtaposés et superposés, sans sertissage. *Gemmaux et vitraux.*

gemmation n. f. (du latin *gemmare* « bourgeonner ») bot. Développement des bourgeons.

gemme n. f. (latin *gemma,* d'abord « bourgeon ») **1.** Pierre précieuse. *« Des calices, des ciboires [...] pavés de cabochons, sertis de gemmes »* (Huysmans). ■ adj. *Sel gemme,* qu'on tire des mines (opposé à *sel marin*). **2.** Suc résineux des pins. → **résine.**

G

gemmé, ée adj. (de *gemme*) littér. Orné de gemmes, de pierres précieuses.

Gemmei Tennō Nom posthume de l'impératrice japonaise Ame no Himemido (662-722) qui régna de 708 à 714. Elle fit frapper les premières pièces de monnaie japonaise.

gemmer v. tr. < 1 > techn. Inciser l'écorce de (certains pins) pour recueillir leur résine (→ gemme). □ n. m. **gemmage**

gemmeur, euse adj. et n. (de *gemmer*) arbor. (Personne) qui gemme les pins. → **résinier.** *Ouvrier gemmeur.*

gemmifère adj. (latin *gemmifer,* de *gemma* → gemme et *ferre* → -fère) **1.** minér. Qui contient des gemmes, des pierres précieuses. **2.** arbor. Qui produit de la gemme, de la résine.

gemmiparité n. f. (du latin *gemma* « bourgeon » et de *-parité*) bot., zool. Mode de reproduction des végétaux et de certains animaux par bourgeons.

gemmologie n. f. didact. Science ayant pour objet la connaissance des gemmes (1). □ adj. **gemmologique** □ n. **gemmologue** et **gemmologiste**

gemmule n. f. (latin *gemmula,* de *gemma* → gemme) bot. Bourgeon de l'embryon contenu dans la graine.

gémonies n. f. pl. (latin *gemoniae [scalae]* « [escalier] des gémissements », de *gemere* → gémir) loc. littér. *Vouer qqn aux gémonies,* l'accabler publiquement de son mépris, d'opprobre. → **vilipender.**

gén- voir **gén(o)-**

gênance n. f. fam. Sentiment de gêne, de malaise éprouvé dans une situation embarrassante.

gênant, ante adj. Embarrassant, pénible. *Une infirmité gênante. Un témoin gênant.*

Genappe Commune de Belgique (Brabant wallon), à l'E. de Nivelles. 15 560 habitants.

Genas Commune du Rhône, dans la banlieue E. de Lyon. 13 195 habitants.

gencive n. f. (vient du latin *gingiva* → gingival) Muqueuse épaisse qui recouvre la base des dents. *Inflammation des gencives.* → **gingivite.** ■ fam. *Les gencives :* la mâchoire, les dents. *Prendre un coup dans les gencives.*

gendarme n. (de *gens d'arme* → gens ; arme) **I.** n. m. anciennt Homme de guerre à cheval. **II.** Militaire appartenant à la gendarmerie. *Une gendarme.* – loc. fam. *Faire le gendarme :* faire régner l'ordre de manière autoritaire. *La peur du gendarme,* de la loi, de la punition. **III.** n. m. fig. (idée de raideur) **1.** Saucisson sec, plat et très dur. **2.** Hareng saur. **3.** Punaise rouge et noire, très commune en Europe.

se **gendarmer** v. pron. < 1 > Protester, réagir vivement. → **s'irriter.** *« Mon goût correct s'est gendarmé / Contre ces vers de Mallarmé »* (Mallarmé).

gendarmerie n. f. **I.** ancient Corps de cavalerie lourde. **II. 1.** Corps militaire, chargé de maintenir l'ordre et la sécurité publics, et de collaborer à la police judiciaire. *Groupe d'intervention de la gendarmerie nationale* (GIGN). *Gendarmerie mobile.* **2.** Caserne où les gendarmes sont logés ; bureaux où ils remplissent leurs fonctions.

gendre n. m. (vient du latin *generum*, probablt de la famille de *gignere* « engendrer » → **genre, gens**) Le mari d'une personne, par rapport aux parents de celle-ci. → **beau-fils.**

gène n. m. (de l'allemand [Johannsen], du grec *genos* → **-gène**) biol. Unité définie localisée sur un chromosome, grâce à laquelle se transmet un caractère héréditaire (→ **génétique ; génique**). *L'ADN est le constituant des gènes.*

▶ Unités élémentaires de l'information génétique, les **gènes** sont des séquences d'ADN et sont donc situés sur les chromosomes, où ils occupent chacun un emplacement spécifique. Transcrits en ARN puis traduits en protéines par la « machinerie cellulaire », ils permettent le bon fonctionnement des cellules des organismes végétaux et animaux, ainsi que des organismes unicellulaires (levures et bactéries). Ce sont eux qui transmettent les caractères héréditaires d'une génération à l'autre.
Il peut exister plusieurs variantes d'un même gène, appelées « allèles ». Chez les individus diploïdes tels que l'homme, chaque chromosome (et donc chaque gène) est présent en deux exemplaires. En transmettant aléatoirement un exemplaire de chacune de ses paires de chromosomes, chaque parent donne un allèle spécifique de chaque gène à sa progéniture, engendrant ainsi un individu dont les caractéristiques sont nouvelles. En permettant le brassage des gènes, la reproduction sexuée est donc source de biodiversité, comme le sont également les mutations génétiques.
Le nombre de gènes varie en fonction des espèces mais n'est pas corrélé à la taille de l'organisme, à sa complexité ni à son intelligence. Chez l'homme, environ 30 000 gènes ont été dénombrés, ce qui est moins important que chez certaines espèces végétales ou animales.
Du mot *gène* est née la génétique, science de l'hérédité et de la diversité. Couplée à la biologie moléculaire, elle possède de multiples applications : médicales (pour le diagnostic de certaines maladies génétiques avec l'espoir de les traiter par la thérapie génique), judiciaires (en permettant les tests ADN), agronomiques (avec l'invention des OGM)... Certaines recherches scientifiques tentent en outre d'identifier des gènes qui pourraient être responsables de comportements « anormaux » (violence, délinquance...), mais il est indubitable que, même si de tels gènes existaient, ils ne pourraient en aucun cas régir nos comportements dans leur totalité.
voir aussi **ADN, bioéthique, biotechnologies, clonage, OGM, vie**

-gène Élément (du grec *-genês*, de *genos* « naissance, famille, race » → **gén[o]-, gène**) qui signifie « origine » (ex. *autogène, cancérigène*).

gêne n. f. (de l'ancien français *gehine*, de *gehir* « avouer par la torture », p.-ê. du francique ou famille du latin *jacere* → **gésir** ; d'après *géhenne**) **I.** vieux Torture. **II. 1.** Malaise ou trouble physique. *Gêne respiratoire.* **2.** Situation de contrainte, imposant un désagrément. → **ennui, incommodité.** *Je ne voudrais pas vous causer une gêne supplémentaire.* ■ *Être dans la gêne*, manquer d'argent (→ **gêné**). **3.** Impression désagréable que l'on éprouve devant qqn quand on se sent mal à l'aise. → **confusion, embarras.** *Il y eut un moment de gêne, de silence* (→ fam. **gênance**). *Parler sans gêne* (→ **sans-gêne**).

généalogie n. f. (du latin, du grec, de *genealogos*, de *genea* « famille » → **-gène** et *legein* → **-logie**) **1.** Liste qui donne la succession des ancêtres de (qqn) (→ **ascendance, descendance, lignée**). **2.** Science qui a pour objet la recherche des filiations. □ **généalogique** adj. *Arbre* généalogique.*

généalogiste n. Personne qui recherche et dresse les généalogies.

génépi n. m. (mot savoyard) Armoise naine, plante des hautes montagnes. ■ Liqueur faite avec cette plante.

gêner v. tr. < 1 > (d'abord *gehiner*, *gehenner* → **géhenne, gêne**) **1.** Mettre (qqn) à l'étroit ou mal à l'aise, physiquement. *Ces souliers me gênent.* → **serrer.** *Est-ce que la fumée vous gêne ?* → **déranger, incommoder, indisposer.** **2.** Entraver (une action). → **perturber.** *Gêner la circulation, le passage.* **3.** Mettre dans une situation embarrassante, difficile. → **embarrasser, empêcher.** – passif *Être gêné par le manque de temps.* ■ Infliger à (qqn) l'importunité d'une présence, d'une démarche. → **déranger, importuner ; gêneur.** **4.** Mettre mal à l'aise. → **intimider, troubler.** ■ se **gêner** v. pron. S'imposer une contrainte physique ou morale. *Ne pas se gêner pour dire ce qu'on pense.* ■ **gêné, ée** adj. **1.** Qui a, manifeste de la gêne. **2.** (personnes) Dans une situation financière difficile.

¹général, ale, aux adj. (latin *generalis*, de *genus, generis* → **genre**) **1.** (opposé à *individuel, particulier*) Qui s'applique, se rapporte à un ensemble de cas ou d'individus. *Idées générales. D'une manière générale.* – n. m. *Aller du particulier au général.* → **généraliser.** – *En règle générale*, dans la plupart des cas. **2.** (opposé à *partiel*) Qui concerne, réunit la totalité ou la majorité des membres d'un groupe. *Assemblée générale. Grève générale.* – *Répétition générale*, ou ellipt *la générale* : dernière répétition d'ensemble d'une pièce. ■ *Culture générale*, concernant l'ensemble des connaissances. ■ *Médecine générale* (→ **généraliste**). **3.** Qui embrasse l'ensemble d'un service, d'une organisation. *Direction générale.* – Qui occupe l'échelon le plus élevé. *Président-directeur général.* **4.** *En général* loc. adv. : sans considérer les détails. ■ Dans la plupart des cas, le plus souvent (opposé à *en particulier*). → **généralement.** *C'est en général ce qui arrive.*

²général, ale, aux n. (de ¹*général*) **I. 1.** Personne qui commande en chef une armée. *Alexandre le Grand, général fameux* (→ **soldat**). *Général en chef.* **2.** Personne qui est à la tête d'un ordre religieux. → **supérieur.** *Le général des Jésuites.* **3.** Officier du plus haut grade commandant une grande unité dans les armées de terre et de l'air. *De colonelle, elle sera promue générale.* **II.** n. f. vieilli Femme d'un général. *Madame la générale.*

généralat n. m. (de *général* n.) rare **1.** Grade, fonction de général. **2.** Temps que dure cette fonction.

généralement adv. **1.** D'un point de vue général. **2.** Dans l'ensemble ou pour la grande majorité des individus. → **communément.** *Usage généralement répandu.* **3.** Dans la plupart des cas. → **habituellement, ordinairement.**

Generalife n. m. Résidence d'été des souverains maures de Grenade, décorée au XIVe s., dont les jardins sont les mieux conservés de l'Alhambra.

généralisateur, trice adj. Qui généralise. *Un esprit généralisateur.*

généralisation n. f. Action de (se) généraliser. *Souhaiter la généralisation d'une mesure.* ■ fig. *Généralisation hâtive, imprudente.*

généraliser v. tr. < 1 > (de ¹*général*) **1.** Étendre, appliquer (qqch.) à l'ensemble ou à la majorité des individus. *Généraliser une mesure.* – pronom. *Mode qui se généralise.* – au p. p. *Crise généralisée.* **2.** absolt Tirer une conclusion générale de l'observation d'un cas limité. *Il a tendance à généraliser abusivement.* □ adj. **généralisable**

généralissime n. (de l'italien, de *generale* → ²**général**) Général chargé du commandement en chef.

généraliste adj. (de [médecine] *générale*) **1.** Qui pratique la médecine générale. – n. *Une généraliste.* → **omnipraticien.** **2.** Qui n'est pas spécialisé. *Un éditeur généraliste.* ■ *Télévision, chaîne généraliste*, pour tout public (opposé à *ciblé, spécialisé, thématique*).

¹généralité n. f. (latin *generalitas*, de *generalis* → ¹**général**) **1.** Caractère de ce qui est général (1). → **universalité.** **2.** péj. Idée, notion générale, trop générale (surtout au plur.). *Se perdre dans des généralités.* **3.** *La généralité des*, le plus grand nombre des (→ **la majorité, la plupart**). *Dans la généralité des cas.*

²généralité n. f. (de ²*général*) **I.** hist. Circonscription financière dirigée par un *général des finances.* **II.** (catalan) Gouvernement de la province autonome de Catalogne, en Espagne.

General Motors Société américaine de construction automobile fondée en 1908.

General San Martín Ville d'Argentine, dans l'agglomération de Buenos-Aires. 407 000 habitants.

General Santos Ville des Philippines (Mindanao). 411 830 habitants.

générateur, trice (latin *generator*, de *generare*, de *genus* → **genre**) **I.** adj. Qui engendre, produit. *Fonction génératrice.* → **reproduction.** *Crise génératrice de chômage.* **II.** n. m. techn. Appareil ou dispositif qui produit qqch. *Générateur de particules.* → aussi **génératrice.**

génératif, ive adj. (latin *generativus*, de *generare*, de *genus* → **genre**) **I.** vieux Générateur. **II.** (anglais *generative*) ling. *Grammaire générative* : description systématique, plus ou moins formalisée, des lois de production des phrases d'une langue.

Genève

La ville de Genève et le jet d'eau, haut de 140 m, jaillissant du lac Léman.

Gênes

Gênes, la cathédrale San Lorenzo.

génération n. f. (latin *generatio*, de *generare*, de *genus* → genre) I. Action d'engendrer. 1. vieux Reproduction (I). *Génération spontanée* (à partir de matière non vivante ; théorie ancienne). 2. fig. Fait de faire exister. → **genèse, production.** « *La génération des mots, l'étymologie des mots* » (Baudelaire). II. 1. Ensemble des êtres qui descendent de qqn à chacun des degrés de filiation. → **progéniture.** *De génération en génération*, de père en fils. *La suite des générations.* 2. Espace de temps d'une trentaine d'années. 3. Ensemble des individus qui, à la même époque, sont dans la même tranche d'âge. – *La génération X*, succédant à celle des baby-boomers. *La génération Y*, née entre 1980 et 1999. *La génération Z*, née après 1999. 4. Série de produits d'un même niveau de la technique. *Une génération nouvelle d'ordinateurs.*

générationnel, elle adj. Propre à une génération (3), aux relations entre générations. *Une crise générationnelle. Fossé générationnel.* → **intergénérationnel.**

génération perdue Nom donné par Gertrude Stein à des écrivains américains des années 1920-1930 qui séjournèrent à Paris et contestèrent les valeurs de leur pays (E. Pound ; F. S. Fitzgerald ; E. Hemingway ; J. Dos Passos...).

génératrice n. f. (de [machine] *génératrice* → générateur) Machine produisant de l'énergie électrique. → **dynamo.**

générer v. tr. < 6 > (latin *generare*, de *genus* → genre) I. vieux Engendrer. II. (anglais *to generate*) anglic. Produire.

généreusement adv. 1. Avec générosité. 2. Abondamment. *Servir généreusement à boire.*

généreux, euse adj. (latin *generosus* « de race noble », de *genus, generis* « naissance ; race » → genre) 1. Qui a de nobles sentiments qui le portent au désintéressement, au dévouement. *Un cœur généreux.* → [1]**bon, charitable, humain.** 2. Qui donne sans compter. → **libéral.** – *Geste généreux.* – n. *Faire le généreux.* 3. D'une nature riche, abondante. *Vin généreux*, riche en alcool. *Une poitrine généreuse.* → **opulent.**

générique (du latin *genus, generis* → genre) I. adj. 1. didact. Qui appartient au genre ; qui convient à un ensemble de personnes ou de choses (opposé à *spécifique*). « *Voie* » *est le terme générique désignant les chemins, routes, rues, sentiers...* 2. *Médicament générique* ou n. m. *un générique* : médicament vendu sous sa dénomination commune et moins cher que le médicament original. II. n. m. (présentation du *genre* de film) Partie (d'un film, d'une émission) où sont indiqués les noms de ceux qui ont participé à sa réalisation. *Son nom figure au générique.*

générosité n. f. (du latin → généreux) 1. Caractère d'une personne généreuse, d'une action généreuse. « *La générosité n'est que la pitié des âmes nobles* » (Chamfort). 2. Qualité qui dispose à sacrifier son intérêt personnel. → **abnégation, altruisme.** ■ Qualité qui dispose à pardonner, à épargner l'adversaire. → **bienveillance, bonté, indulgence.** 3. Disposition à donner sans compter. → **largesse, libéralité.** 4. (Une, des générosités) Dons. *Ses générosités l'ont ruiné.*

Gênes en italien **Genova** Ville d'Italie, chef-lieu de la Ligurie, au fond du golfe de Gênes. 610 310 habitants. Cathédrale Saint-Laurent de style gothique. Nombreux palais du XIVe s. 1er port d'Italie. Centre industriel : chantiers navals, pétrochimie, métallurgie. La ville acquit son indépendance au XIIe s. et devint la rivale de Venise. Elle connut un développement commercial remarquable et installa des comptoirs jusqu'en mer Noire. Après la prise de Constantinople (1453), la ville subit un lent déclin. En 1768, elle vendit la Corse à la France. Elle fut rattachée au royaume de Piémont-Sardaigne par le congrès de Vienne (1815). Une partie du pont autoroutier qui longe la côte s'est effondrée sur la ville en 2018 ; il a été reconstruit par Renzo Piano.

Gênes (golfe de) Golfe de la mer Ligurienne (Méditerranée) qui baigne la côte N.-O. de l'Italie.

Génésareth (lac de) voir **Tibériade** (lac de)

genèse n. f. (du latin ecclés., du grec *genesis*, de *genos* → -gène) Manière dont une chose se forme, se développe. → **formation ; généalogie.** *La genèse d'une œuvre d'art.*

-genèse ou (vieilli) **-génèse, -génésie** Éléments (→ genèse) qui signifient « processus de formation ».

Genèse (Livre de la) Premier livre de la Bible. 50 chapitres y racontent l'histoire des origines (création du monde, faute d'Adam, Déluge, tour de Babel), puis celle des patriarches et l'installation d'Israël en Égypte.

génésique adj. (de *genèse*) vieux ou didact. De la génération. *Instinct génésique.* → **sexuel.**

genet n. m. (espagnol *[cavallo] ginete* « petit cheval rapide », d'origine arabe) Petit cheval de race espagnole.

Genet (Jean) Écrivain français (1910-1986). Passé par l'Assistance publique, la Légion étrangère et la prison, il a offert sa plume forte et raffinée à tout ce que la société condamnait. Auteur homosexuel à scandale, censuré pour pornographie à ses débuts, il se voua progressivement à l'écriture. Poète (*Le Condamné à mort*), romancier (*Notre-Dame des Fleurs ; Querelle de Brest*), il est aussi l'auteur de pièces de théâtre (*Les Bonnes ; Les Paravents*) et d'un récit autobiographique (*Journal du voleur*). Politiquement, il s'engagea radicalement en faveur de la Fraction armée rouge, des Black Panthers et des Palestiniens.

Jean Genet en 1956 à Paris.

genêt n. m. (de l'ancien français *geneste*, qui vient du latin *genesta, ginesta*) Arbrisseau sauvage, à fleurs jaunes odorantes.

génétique (de l'allemand, grec *gennêtikos*, famille de *genos* → -gène, genre ; engendrer) I. adj. 1. Relatif à une genèse. *Psychologie génétique*, qui étudie les stades de développement. 2. Relatif aux gènes, à l'hérédité. → **héréditaire.** *Mutation génétique. Patrimoine génétique.* → **génome.** □ adv. **génétiquement** II. n. f. Science des lois de l'hérédité. *La génétique des populations.* □ n. **généticien, ienne**

génétisme n. m. (anglais *genetism*, du radical de *genetics* → génétique) philos. Théorie d'après laquelle la perception de l'espace, du monde extérieur par les sens n'est pas naturelle mais acquise (opposé à *nativisme*). → **empirisme** (2). □ adj. et n. **généttiste**

genette n. f. (espagnol *jineta*, d'origine arabe) Petit mammifère carnivore, à la robe tachetée, à la longue queue rayée. *Les genettes des forêts tropicales d'Afrique.*

gêneur, euse n. Personne qui gêne, empêche d'agir librement. → **importun.**

Genève (canton de) Canton le plus occidental de la Suisse. 282 km². 592 000 habitants. Langue : français. Chef-lieu : Genève.

Genève Ville de Suisse, chef-lieu du canton de Genève, sur le Rhône, au S.-O. du lac Léman. 198 980 habitants. Cathédrale Saint-Pierre (XIIe s.), hôtel de ville (XVIe s.). Musée d'Art et d'Histoire. Centre bancaire et siège de nombreuses sociétés multinationales. Centre industriel (haute technologie, mécanique de précision, chimie, agroalimentaire). Aéroport international. Conquise par les Burgondes en 443, Genève fut rattachée au Saint Empire en 1032. Indépendante en 1530, elle adopta la Réforme en 1536 et devint la métropole du calvinisme. En 1815, elle fut intégrée à la Confédération helvétique. Depuis la fin du XIXe s., Genève est une capitale diplomatique internationale et le siège de nombreux organismes internationaux (Organisation internationale du travail ; Organisation mondiale de la santé ; Croix-Rouge internationale ; HCR). ■ **Conférence de Genève** Conférence internationale (avril-juillet 1954) qui aboutit à un cessez-le-feu en Indochine et au partage du Viêtnam en deux zones limitées par le 17e parallèle. ■ **Conventions de Genève** Conventions internationales sur la protection des victimes de guerre (blessés, prisonniers, civils), signées sur l'initiative de la Croix-Rouge en 1864, 1906, 1929 et 1949.

Genève (lac de) Nom donné parfois, notamment du XVIe au XVIIIe s., au lac Léman.

Geneviève (sainte) Patronne de Paris (v. 422-502). Ses prières auraient détourné de Lutèce les armées d'Attila.

Geneviève de Brabant Héroïne d'une légende populaire du Moyen Âge qui inspira écrivains et musiciens. Enceinte de Siegfried, qui l'accuse à tort d'adultère et la condamne à mort, elle s'enfuit vivre dans les bois, où, bien des années plus tard, son mari chasseur la retrouve et entend la vérité.

Genevoix (Maurice) Écrivain français (1890-1980). Blessé pendant la Première Guerre mondiale, il se fit connaître par des romans consacrés aux poilus, tous rassemblés sous le titre *Ceux de 14.* Il devint ensuite un auteur naturaliste et poétique, peignant gens et paysages de sa Loire natale (*Raboliot*), évoquant des figures d'animaux (*Tendre Bestiaire*), puis racontant ses voyages au Canada et en Afrique. Académie française. Ses cendres furent transférées au Panthéon en 2020.

G

génital

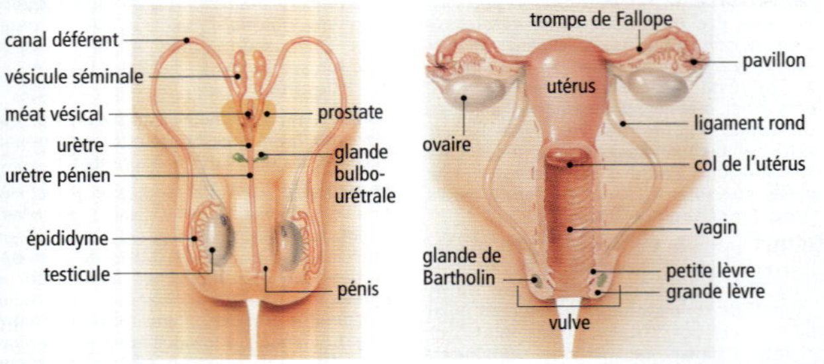

Les appareils génitaux masculin (à g.) et féminin (à dr.).

genévrier n. m. (→ genièvre) Arbre ou arbuste à feuilles piquantes, dont les fruits sont des petites baies d'un noir violacé. → **genièvre.**

Gengenbach (Pamphilus) Écrivain suisse d'expression allemande (1480-1524 ou 1525). Connu pour ses *Fastnachtspiele* (farces de carnaval), il soutenait les idées de la Réforme.

Gengis Khān Nom de règne de Temüjin ou Temudjin, roi des Mongols (v. 1162-1227). Devenu en 1203 maître d'une Mongolie jusqu'alors tribale et sans souverain, il se fit proclamer Gengis Khān (chef universel), et lança son armée à l'assaut de la Chine et de l'Asie centrale. Il bâtit un empire allant de Pékin à la Volga.

Gengis Khan dans sa tente, par Rashid al-Din, manuscrit persan (XIVe s.), Bibliothèque nationale de France, Paris.

génial, ale, aux adj. (latin *genialis* → génie) **1.** Inspiré par le génie. *Géniale invention. Idée géniale.* **2.** Qui a du génie. *Une mathématicienne géniale.* **3.** fam. Extraordinaire, sensationnel. □ adv. **génialement** □ n. f. **génialité**

génie n. m. (latin *genius,* d'abord « divinité qui engendre », de *genus, generis* → genre) **I. 1.** Esprit présidant à la destinée d'un lieu, d'une collectivité, d'une personne. *Génie tutélaire. Bon, mauvais génie,* fig. personne qui a une bonne, mauvaise influence sur qqn. **2.** Être surnaturel. → **démon, esprit.** *Génies des bois et des montagnes.* **3.** Représentation d'un génie, d'une allégorie. **II.** (latin *ingenium*) **1.** *Le génie de qqch.* : l'ensemble des tendances caractéristiques (d'un groupe, d'une réalité vivante). *Le génie d'une langue, d'un peuple.* ■ Disposition naturelle. *Il a le génie des affaires.* **2.** Aptitude supérieure de l'esprit qui rend qqn capable de créations, d'inventions qui paraissent extraordinaires. *« Le génie n'est qu'une plus grande aptitude à la patience »* (Buffon). *Il a du génie.* – *De génie* loc. adj. invar. : qui a du génie ou qui en porte la marque. → **génial.** *Homme, invention de génie. Trait de génie.* **3.** Personne qui a du génie. *Un génie méconnu.* **III.** (d'après *ingénieur*) Arts et techniques de l'ingénieur. **1.** *Le génie militaire,* l'ensemble des services de travaux de l'armée. *Soldats du génie.* **2.** *Génie civil* : art des constructions ; ensemble des ingénieurs civils. ■ *Génie chimique, génétique, informatique.* → **ingénierie.**

-génie Élément (du grec *-geneia*) qui signifie « production, formation » (ex. *embryogénie*). → **-genèse.**

genièvre n. m. (vient du latin *jeniperus,* de *juniperus*) **1.** Genévrier. – Fruit de cet arbre. **2.** Eau-de-vie parfumée aux baies de genièvre (différente du gin).

génique adj. biol. Relatif aux gènes.

génisse n. f. (vient du latin *junicia,* de *junix, junicis,* famille de *juvenis* « jeune » → juvénile) Jeune vache qui n'a pas encore eu de veau. *Foie de génisse.*

Génissiat (barrage de) Barrage sur le Rhône, dans l'Ain (commune d'Injoux-Génissiat) alimentant une importante usine hydroélectrique.

génital, ale, aux adj. (latin *genitalis,* de *genitum,* supin de *genere,* de *gignere* → genre, gens) Qui se rapporte, qui sert à la reproduction sexuée des animaux et des hommes. *Appareil génital. Parties génitales, organes génitaux.* → **sexe.** – *Vie génitale.* → **sexuel.** – psych. *Stade génital* : dernier stade du développement de la libido. □ n. f. **génitalité**

géniteur, trice n. (latin *genitor, genitrix,* de *gignere* → engendrer, génital) vieux ou plais. Mère ou père. ■ n. m. techn. Animal mâle destiné à la reproduction.

génitif n. m. (latin *genitivus,* de *genus, generis,* de *gignere* « produire » → génital, genre, gens) gramm. dans les langues à déclinaisons Cas des noms, adjectifs, pronoms, participes, qui exprime le plus souvent la dépendance ou l'appartenance.

génito-urinaire adj. (du radical de *génital* et de *urinaire*) anat. Qui a rapport aux fonctions de la reproduction et à l'excrétion urinaire. → **urogénital.** *Appareil génito-urinaire. Maladies génito-urinaires.*

Genji monogatari Ouvrage de la poète japonaise Murasaki Shikibu (v. 978-v. 1015), qui raconte les aventures d'un noble et de son fils à la cour de Heian à la fin du Xe s. Ce fut le premier grand roman japonais, témoignage de l'histoire sociale de l'époque.

Genk Ville de Belgique (Limbourg). 66 447 habitants. Musée en plein air de Bokrijk. Industrie.

Genkū Religieux bouddhiste japonais (1133-1212), également appelé Hōnen-Shōnin. Il fonda le Jōdoshū et popularisa la pratique du bouddhisme au Japon.

Genlis (Stéphanie Félicité du Crest de Saint-Aubin, comtesse de) Préceptrice française (1746-1830). Elle se vit confier l'éducation des enfants de la famille d'Orléans (notamment celle du futur Louis-Philippe) et écrivit des ouvrages pédagogiques inspirés des idées de Rousseau, dont *Théâtre d'éducation.* Elle a laissé dix volumes de Mémoires sur la cour et son époque.

Gennes (Pierre-Gilles de) Physicien français (1932-2007). Il apporta des contributions marquantes dans de nombreux domaines (magnétisme, hydrodynamique, supraconductivité, polymères, cristaux liquides). Ses travaux ont notamment conduit à la fabrication des écrans plats de téléviseurs ou d'ordinateurs. Prix Nobel 1991.

Pierre-Gilles de Gennes en 1991.

Gennes-Val-de-Loire Commune du Maine-et-Loire. 8 480 habitants. Amphithéâtre et aqueduc gallo-romains. Église romane Notre-Dame (XIe-XIIe s.), flèche du XVe s., chapiteaux historiés. Église Saint-Eusèbe (XIIe s.).

Gennevilliers Commune des Hauts-de-Seine, au N. de Paris. 49 880 habitants. Port sur la Seine. Industrie (métallurgie, automobile, électronique).

gén(o)- Élément (du grec *genos* → -gène ; gène) qui signifie « groupe, race » et « propre aux gènes » (ex. *génotype ; génocide*).

génocide n. m. (de l'anglais des États-Unis → géno- et -cide) Destruction méthodique d'un groupe humain. *L'extermination des Juifs par les nazis est un génocide. Le génocide des Arméniens.* □ adj. **génocidaire**

▶ En visant l'extermination de toute une population, le **génocide** s'éloigne de la guerre pour entrer dans la catégorie du crime contre l'humanité, dont il est la forme la plus connue. De nombreux massacres jalonnent l'histoire humaine mais le terme de génocide n'apparaît vraiment qu'au XXe siècle, lorsque l'extermination prend une allure systématique et massive. Les millions de victimes des troupes belges au Congo, avant 1908, en constituent une première illustration. Les massacres ont toujours comme prétexte une différence ethnique ou prétendument raciale. Les Arméniens en 1915, les Juifs (et les Tsiganes) lors de la Seconde Guerre mondiale, les Cambodgiens au temps des Khmers rouges (1975-1979), les Tutsis au Rwanda (1994) ont subi des génocides. L'histoire de ces crimes a été écrite, mais leur mémoire n'est pas souvent assumée. Presque toujours des polémiques persistent sur leur existence même, allant parfois jusqu'à la nier. Le tribunal spécial de Nuremberg, créé en 1945 pour juger les exactions nazies, a dû forger la notion de « crime contre l'humanité » pour qualifier des actes qui sortaient des catégories du droit. Avec la notion de « culpabilité collective », le peuple allemand a pu commencer un remarquable travail de mémoire, mais cet effort reste exceptionnel. La définition juridique du génocide élargit ainsi l'idée de responsabilité, qui passe de la personne au groupe.
On peut aussi se demander s'il ne faudrait pas parler de génocide quand le Portugal a vidé l'Angola de sa population aux XVIIe et XVIIIe siècles, quand la colonisation de l'Amérique a divisé par cent la population indienne ou encore quand le régime soviétique a affamé l'Ukraine et divisé par trois sa population dans les années 1930.

voir aussi **national-socialisme**

génois, oise I. adj. De Gênes. – n. Habitant de Gênes. ■ n. m. *Le génois,* parlers italiens de la région de Gênes. **II.** n. f. Pâte à biscuit légère. **III.** n. m. mar. Grand foc à bordure basse.

génome n. m. (de l'allemand → génotype) biol. Ensemble des chromosomes et des gènes (d'une espèce, d'un individu).

génomique adj. et n. f. (de *génome*) biol. **1.** Qui concerne le génome. *ADN génomique.* **2.** n. f. Branche de la génétique qui étudie le génome. *La génomique humaine, végétale.* □ n. **génomiste**

génotoxique adj. (de *gène* et *toxique*) sc. Qui peut endommager l'ADN, le matériel génétique. *Substance génotoxique.*

génotype n. m. (de l'allemand, du grec → géno- et -type) biol. Patrimoine héréditaire (d'un individu) dépendant de l'ensemble des gènes (→ génome). *Génotype et phénotype**. □ adj. **génotypique**

genou n. m. (vient du latin *genuculum*, de *genu* « genou » → génuflexion) 1. Partie du corps humain où la jambe s'articule avec la cuisse. → rotule. *Fléchir le genou, mettre un genou en terre.* → génuflexion. *Pantalon usé aux genoux,* à l'endroit des genoux. ■ *Prendre un enfant sur ses genoux* (→ giron). ■ fam. *Être sur les genoux,* très fatigué. ■ *À genoux* loc. adv. : les genoux posés au sol. *Se mettre à genoux.* → s'agenouiller. ■ *Faire du genou à qqn* (invitation amoureuse). 2. chez les quadrupèdes Articulation du membre antérieur. *Un cheval à genoux couronnés.*

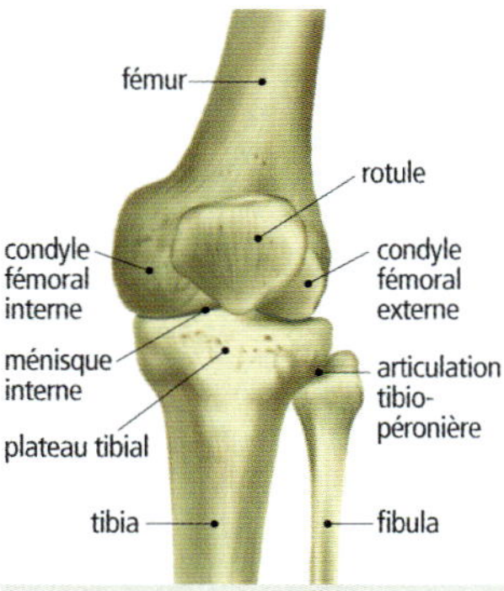

Articulation du genou.

Genoude (Antoine Eugène Genoud, connu sous le nom de) Journaliste français (1792-1849). Il mit sa plume au service du catholicisme, et assuma à partir de 1830 la direction de la *Gazette de France.*

genouillère n. f. (→ genou) Ce qu'on met sur le genou pour le protéger. *Genouillères de gardien de but.*

genre n. m. (de l'ancien français *gendre*, du latin *genus, generis* « naissance » et « race », de *gignere* « engendrer » → génital ; gent, gens ; gendre) **I.** vieux Descendance. – mod. *Le genre humain :* l'ensemble des hommes, l'espèce humaine. → humanité. **II.** (Ensemble abstrait) **1.** didact. Idée générale, concept ; classe d'êtres (plus générale que l'espèce). **2.** Groupe d'êtres ou d'objets concrets ou abstraits présentant des caractères communs (→ générique). *Du même genre.* → catégorie, espèce, sorte. *Elle est unique en son genre. Objets en tout genre, en tous genres.* – loc. *Film de genre,* d'un genre caractéristique (ex. polar, western, etc.). ■ *Genre de vie.* → [2]mode. **3.** sc. nat. Subdivision de la famille. *Le genre, les espèces et les individus.* **4.** didact. Construction sociale de l'identité sexuelle. *Genre et sexe. Identité de genre :* genre auquel une personne s'identifie (homme, femme, les deux à la fois ou ni l'un ni l'autre). *Fluidité du genre.* **5.** Catégorie d'œuvres, définie par la tradition (d'après le sujet, le ton, le style). *Les genres littéraires.* – *Tableau, peinture de genre :* tableau d'intérieur, nature morte, etc. **III.** Catégorie grammaticale suivant laquelle un nom est dit masculin, féminin ou neutre. **IV. 1.** Façons de s'habiller, de se comporter. → allure, manière(s). *Elle a plutôt mauvais genre.* – (+ n. ou adj. en appos.) *Le genre bohème, le genre artiste.* **2.** loc. *Se donner un genre :* affecter certaines manières pour être distingué par autrui.

genré, ée adj. didact. Qui repose sur une distinction entre les genres masculin et féminin. *Une vision genrée de la société.* – Qui est associé à un genre. *Marketing genré.*

genrer v. tr. < 1 > didact. **1.** Attribuer (à qqn) un genre qui correspond à son identité de genre. *Bien, mal genrer une personne trans.* **2.** Adapter, associer à un genre. *Genrer le débat sur les retraites.*

gens [ʒɑ̃] n. m. pl. et f. pl. (ancien plur. de *gent*) REM. l'adj. placé avant *gens* se met au fém. bien que ce qui suit reste au masc. : *ces vieilles gens semblent fort las* **1.** Personnes, en nombre indéterminé. → homme, [1]personne. « *Tous les gens du village, hommes, femmes, enfants* » (Hugo). *Peu de gens, beaucoup de gens. Ces gens-là.* – *Des gens sympathiques, de braves gens. Gens de bien,* moralement bons. *Des petites gens,* des personnes à revenus modestes. – *Les gens :* les humains. **2.** *Jeunes gens :* jeunes filles et jeunes hommes. → adolescent. **3.** *Gens de* (et nom de profession). *Gens de loi. Les gens de lettres,* écrivains professionnels. – vieilli *Gens de maison :* employés de maison. → domestique. **4.** *Le droit des gens :* droit des nations, droit international public.

Genscher (Hans-Dietrich) Homme politique allemand (1927-2016). Membre du parti libéral, le FDP, il fut ministre des Affaires étrangères de 1982 à 1992, et l'un des artisans de la réunification allemande.

Genséric ou **Geiséric** Roi des Vandales Asdings de 428 à sa mort en 477. Il se rendit maître d'une partie de l'Afrique, établit sa capitale à Carthage, mena des expéditions de pillage dans tout l'Empire romain et à Rome en 455.

Gensonné (Armand) Homme politique français (1758-1793). Avocat, il fut l'un des principaux représentants du mouvement girondin et siégea à l'Assemblée nationale, puis à la Convention. Il fut guillotiné sous la Terreur.

gent [ʒɑ̃(t)] n. f. (vient du latin *gens, gentis* « race » et « famille, lignée », de *gignere* → engendrer, génital, genre) littér. ou plais. Espèce, race. *La gent canine.*

gentiane n. f. (du latin, p.-ê. du n. du roi d'Illyrie, Gentius) **1.** Plante des montagnes dont certaines espèces ont des vertus médicinales. **2.** Boisson apéritive amère à base de racine de gentiane jaune.

[1]gentil [ʒɑ̃ti] n. m. (latin ecclés. *gentiles* « les païens » [dans la Bible], de *gentilis* « du peuple », puis « étranger » → gens, gent ; cf. hébreu *goyim* → goy) Nom que les juifs et les premiers chrétiens donnaient aux personnes étrangères à leur religion. → infidèle.

[2]gentil, ille [ʒɑ̃ti, ij] adj. (latin *gentilis* « de la famille » et « de bonne race », puis « généreux, aimable » [cf. ancien français *gent, gente*], de *gens, gentis* → gent ; gens) **1.** Qui plaît par sa grâce. → agréable, aimable, mignon. – (choses) → charmant. *Une gentille petite robe.* **2.** Qui plaît par sa délicatesse morale, sa douceur. → délicat, généreux, obligeant. *Une très gentille lettre. Vous êtes trop gentil.* **3.** (enfants) → sage, tranquille. *Tu as été gentil ?* **4.** *Une gentille somme d'argent,* d'une certaine importance. → coquet, rondelet.

Gentil (Émile) Explorateur français (1866-1914). Premier Européen à avoir atteint le Tchad par le S., il fut nommé commissaire du gouvernement au Congo français en 1902.

Gentil (Louis) Explorateur et géologue français (1868-1925). Il est l'auteur de la première carte géologique du Maroc.

Gentile (Giovanni) Philosophe et homme politique italien (1875-1944). Il devint ministre de l'Instruction publique sous Mussolini puis membre du Grand Conseil fasciste. *Théorie générale de l'esprit comme acte pur.*

gentilé n. m. (latin *gentile [nomen]* « [nom] de la *gens* » → gent, de *gens, gentis* → gens) didact. Dénomination des habitants d'un lieu, relativement à ce lieu.

Gentile da Fabriano Peintre italien (1370-1427). Maître du gothique international, il laisse une peinture élégante et savante (*L'Adoration des mages*).

Gentileschi (Orazio Lomi, dit) Peintre et décorateur italien (1563-1639). Il fut l'un des principaux propagateurs du caravagisme (*Joueuse de luth*), réalisa de grandes décorations à Gênes et à Paris, et devint peintre de la cour d'Angleterre à partir de 1626. ■ Artemisia Lomi, dite **Gentileschi** (1593-1652), sa fille, fut son élève (*Judith et Holopherne*).

gentilhomme [ʒɑ̃tijɔm] n. m. (de *gentil* « noble » et *homme*) **1.** vieilli Homme d'origine noble. *Les gentilshommes* [ʒɑ̃tizɔm] *campagnards.* → hobereau. « *Le Bourgeois gentilhomme* » (pièce de Molière). **2.** littér. Homme distingué, qui se conduit avec délicatesse. → gentleman.

gentilhommière [ʒɑ̃tijɔmjɛʀ] n. f. Petit château à la campagne. → castel, manoir.

G

gentilité n. f. (latin ecclés. *gentilitas*) relig. Ensemble des peuples païens.

gentillesse n. f. (d'abord *jantillesse* ; de *gentil*) **1.** Qualité d'une personne gentille. → amabilité, complaisance, obligeance. *Il a eu la gentillesse de m'aider.* **2.** Action, parole gentille. → attention, prévenance. *Toutes les gentillesses qu'il a eues pour moi.*

gentillet, ette adj. **1.** Assez gentil ; petit et gentil. **2.** péj. Aimable et insignifiant.

Gentilly Commune du Val-de-Marne, au S. de Paris. 18 813 habitants. Activités tertiaires.

gentiment adv. D'une manière gentille. *Accueillez-le gentiment.* → aimablement. ■ Sagement. *S'amuser gentiment.*

gentleman [ʒɑ̃tləman ; dʒɛntləman] n. m. (mot anglais, de *gentle* → [2]gentil et *man* « homme » ; cf. *gentilhomme*) anglic. Homme distingué, d'une parfaite éducation. *Des gentlemans* ou *des gentlemen* [dʒɛntləmɛn] (plur. anglais).

gentleman-farmer [ʒɑ̃tləmanfaʀmœʀ ; dʒɛntləmanfaʀmœʀ] n. m. (mot anglais « gentilhomme fermier ») anglic. Propriétaire foncier qui vit sur ses terres et s'occupe de leur exploitation. *Des gentlemans-farmers* ou *des gentlemen-farmers.*

gentleman-rider [ʒɑ̃tləmanʀajdœʀ] n. m. (mot anglais « gentilhomme cavalier ») anglic. Jockey amateur. *Des gentlemans-riders* ou *des gentlemen-riders.* - var. RO **gentleman-rideur.**

gentleman's agreement [dʒɛntləmansagʀimɛnt] n. m. (loc. anglaise « accord reposant sur l'honneur ») anglic. Accord international engageant moralement les personnes publiques ou privées, mais dépourvu de force juridique. – par ext. Accord, promesse basés sur la parole d'honneur. *Des gentleman's agreements.* - var. **gentlemen's agreement, gentleman agreement.**

gentrification [ʒɛntʀifikasjɔ̃ ; ʒɑ̃-] n. f. (mot anglais, de *gentry*) sociol. Processus par lequel la population d'un quartier populaire fait place à une couche sociale plus aisée. ■ se **gentrifier** v. pron. < 7 >

gentry [dʒɛntʀi] n. f. (mot anglais) Noblesse anglaise non titrée. *Des gentrys* ou *des gentries* (plur. anglais).

génuflexion n. f. (du latin médiéval, de *genu* → genou, et *flectere* → flexion) Action de fléchir le genou, les genoux, en signe d'adoration, de respect, de soumission. → agenouillement.

géo voir **géographie**

géo-, -gée Éléments (du grec *gê*) qui signifient « Terre ».

géobiologie n. f. didact. Science qui étudie les rapports entre l'évolution géologique de la Terre et celle des organismes vivants.

géocentrique adj. astron. Qui est repéré par rapport à la Terre prise comme centre.

géocentrisme n. m. hist. sc. Théorie faisant de la Terre le centre de l'univers.

géochimie n. f. Science qui étudie la composition chimique de la croûte terrestre. □ adj. **géochimique** □ n. **géochimiste**

géochronologie n. f. didact. Chronologie des évènements géologiques. □ adj. **géochronologique**

géode n. f. (grec *geôdês*, de *gê* → géo-) **1.** Pierre ou roche de forme arrondie, creuse, dont l'intérieur est tapissé de cristaux. **2.** Construction de cette forme. *La géode du parc de la Villette, à Paris.* **3.** méd. Petite cavité d'origine pathologique.

géodésie n. f. (du grec → géo- + *daisia* « partage ») Science qui étudie la forme et les dimensions de la Terre. □ adj. **géodésique**

géodynamique n. f. (→ dynamique) Étude des modifications de l'écorce terrestre. – adj. *Laboratoire géodynamique.*

G

Geoffrin (Marie-Thérèse Rodet, Mme) Salonnière française (1699-1777). Son célèbre salon réunissait artistes, savants, écrivains et philosophes. Elle subventionna l'*Encyclopédie*.

Geoffroi Nom de six comtes d'Anjou. ■ **Geoffroi V le Bel,** surnommé Plantagenêt (1129-1151). Comte d'Anjou et du Maine (1129-1151). Il acquit la Normandie par son mariage avec Mathilde, fille d'Henri Ier d'Angleterre. Il est le père d'Henri II d'Angleterre.

Geoffroi de Monmouth Historien anglo-normand (1100-1154). Il est pour une large part le créateur de la légende d'Arthur.

Geoffroi de Villehardouin voir Villehardouin (Geoffroi de)

Geoffroy Saint-Hilaire (Étienne) Naturaliste français (1772-1844). Il participa à l'expédition de Bonaparte en Égypte, où il recueillit de nombreuses observations sur diverses espèces animales. Il posa les bases de l'anatomie comparée et affirma que les modifications des espèces sont dues à l'influence directe du milieu *(Philosophie anatomique)*.

géoglyphe n. m. (de *géo-* et *glyphe*) didact. Réseau de lignes creusées dans le sol, formant d'immenses motifs géométriques visibles du ciel.

géographe n. Spécialiste de la géographie.

géographie n. f. (du latin, du grec → géo- et -graphie) **1.** Science qui a pour objet la description de l'aspect actuel du globe terrestre, au point de vue naturel et humain. *Géographie physique. Géographie humaine, économique. Carte de géographie.* - abrév. fam. **géo.** **2.** La réalité physique, biologique, humaine que cette science étudie. *La géographie de la France.* **3.** fig. Disposition dans l'espace. *« La géographie de l'Assemblée »* (Mirabeau).

géographique adj. Relatif à la géographie. *Carte géographique.* □ adv. **géographiquement**

géoïde n. m. (→ -oïde) didact. Surface théorique de la pesanteur, qui correspond au niveau moyen des mers.

geôle [ʒol] n. f. (ancien français *gaiole, jaiole,* qui vient du bas latin *caveda,* de *cavea* « cage ») littér. Cachot, prison.

geôlier, ière [ʒolje, jɛʀ] n. littér. Personne qui garde les prisonniers. *« Le prisonnier songe plus souvent à se sauver, que le geôlier à fermer sa porte »* (Stendhal).

géolocalisation n. f. Localisation à partir de l'espace d'objets situés à la surface de la Terre. → GPS. □ **géolocaliser** v. tr. <1>

géologie n. f. (→ géo- et -logie) **1.** Science qui étudie la structure et l'évolution de l'écorce terrestre. **2.** Terrains, formations que la géologie étudie. *La géologie du Bassin parisien.*

géologique adj. Relatif à la géologie. *Division des temps géologiques* (étage, époque, période, ère, éon). □ adv. **géologiquement**

géologue n. Spécialiste de la géologie.

géomagnétisme n. m. Magnétisme terrestre. □ adj. **géomagnétique**

géomancie n. f. (du bas latin, du grec → géo- et -mancie) didact. Divination par l'observation de figures formées sur le sol. □ n. **géomancien, ienne**

géomarketing n. m. anglic. Technique de marketing qui prend en compte le contexte géographique. - var. RO **géomarkéting.** - recomm. offic. **géomercatique.**

géomatique n. f. (de *géo-* et *[auto]matique*) didact. Traitement informatique des données géographiques.

géométral, ale, aux adj. (de *géométrie*) didact. Qui représente un objet avec ses dimensions relatives exactes, sans tenir compte de la perspective. *Plan géométral,* ou n. m. *un géométral.*

géomètre n. (du latin, du grec → géo- et -mètre) **I. 1.** Spécialiste de la géométrie. **2.** Professionnel(le) qui s'occupe de relever des plans de terrains (syn. **arpenteur géomètre**). **II.** n. m. Papillon (phalène) dont la chenille arpente le sol (→ **arpenteuse**).

géométrie n. f. (du latin, du grec → géo- et -métrie) **1.** Science de l'espace ; partie des mathématiques qui a pour objet l'étude des figures dans l'espace. *Géométrie plane, géométrie dans l'espace.* **2.** vieux Mathématiques. **3.** *Avion à géométrie variable,* dont la voilure peut être modifiée. – fig. *Une équipe à géométrie variable* (dimension, composition).

géométrique adj. **1.** De la géométrie. *Figure géométrique.* – *Progression géométrique* (opposé à *arithmétique*), dont chaque terme s'obtient en multipliant le précédent par un nombre constant (ex. 2, 6, 18, 54). **2.** Simple et régulier comme les figures géométriques. *Les formes géométriques d'un édifice.* **3.** (de *géométrie,* 2) Qui procède avec rigueur et précision. □ adv. **géométriquement**

géomorphologie n. f. Étude de la forme et de l'évolution du relief terrestre. □ adj. **géomorphologique**

géophagie n. f. (de *géo-* + *-phagie*) didact. Fait de manger de la terre. □ adj. **géophage**

géophile n. m. (de *géo-* + *-phile*) Animal arthropode au corps étroit et long, possédant de 40 à 75 anneaux.

géophone n. m. (de *géo-* + *-phone*) techn. Instrument utilisé pour écouter les bruits provenant du sol.

géophysique n. f. Étude des propriétés physiques du globe terrestre (mouvements de l'écorce, magnétisme terrestre, électricité terrestre, météorologie). – adj. *Études, prospection géophysiques.* □ n. **géophysicien, ienne**

géopolitique n. f. Étude des rapports entre les données de la géographie et la politique. – adj. *Théories géopolitiques.* □ n. **géopoliticien, ienne**

▶ Née à la fin du XIXe siècle avec les travaux de F. Ratzel, la **géopolitique** décrit les relations entre États, et notamment leurs frontières, comme l'expression d'une dynamique créée par de multiples facteurs : pression démographique, recherche d'un accès à la mer, défense d'intérêts économiques, séparatisme ethnique... Conformément à l'idée de Clausewitz selon laquelle « la guerre est la politique continuée par d'autres moyens », cette dynamique peut se traduire par des zones de tension, des alliances stratégiques et des conflits armés.
La géopolitique comprend ainsi une réflexion géostratégique qui utilise plusieurs modèles. Celui de l'équilibre des puissances est apparu avec les traités de Westphalie (1648) quand, pour éviter la guerre, se sont constitués en Europe des blocs géopolitiques de puissance comparable (empires centraux, États-nations à l'Ouest).
Après 1945, la guerre froide réactive cette idée avec l'équilibre des blocs, mais plusieurs éléments vont renouveler la réflexion géopolitique. La décolonisation, l'émergence du « tiers-monde » (Sauvy) et le non-alignement posent des problèmes nouveaux : développement, inégalités mondiales, flux migratoires, mais aussi terrorisme international avec des acteurs « sans territoire », comme al-Qaida. Ensuite, la montée en puissance des organisations non gouvernementales (ONG) a consacré l'internationalisation de certaines questions, comme la santé ou l'environnement. Enfin, la mondialisation des échanges a fait apparaître des multinationales plus puissantes que certains États, mais aux stratégies et aux intérêts très différents. Des enceintes nouvelles comme l'OMC (1995) sont devenues le théâtre des opérations géopolitiques de « guerres feutrées » que se livrent firmes et États.
voir aussi **carte, frontière, État, mondialisation**

George Ier (1660-1727) Roi de Grande-Bretagne et d'Irlande (1714-1727). Électeur de Hanovre (1698-1727), arrière-petit-fils de Jacques Ier d'Angleterre, il fut appelé à succéder à Anne Stuart, à la mort de cette dernière, en vertu de l'acte d'Établissement (1701) qui réservait la couronne à un protestant. Il laissa le gouvernement de la Grande-Bretagne aux mains du parti whig et à ses ministres, Stanhope puis Walpole.

George II (1683-1760) Roi de Grande-Bretagne et d'Irlande et électeur de Hanovre (1727-1760). Comme son père, George Ier, il laissa gouverner le parti whig sous l'autorité de Walpole puis de Pitt. Son règne est marqué par l'expansion coloniale de la Grande-Bretagne aux Indes et en Amérique.

George III (1738-1820) Roi de Grande-Bretagne et d'Irlande (1760-1820), Électeur (1760-1815) puis roi (1815-1820) de Hanovre. Il fut le premier roi de la dynastie des Hanovre désireux d'exercer une autorité en Grande-Bretagne. Atteint de troubles mentaux, il dut renoncer à tout gouvernement personnel et la fin de son règne fut dominée par le second Pitt.

George IV (1762-1830). Roi de Grande-Bretagne et d'Irlande et roi de Hanovre (1820-1830). Il accorda l'émancipation aux catholiques.

George V (1865-1936). Roi de Grande-Bretagne et d'Irlande et empereur des Indes (1910-1936). Son règne fut dominé par la Première Guerre mondiale. En 1917, il changea le nom de la famille royale britannique de Hanovre-Saxe-Cobourg Gotha en Windsor.

George VI (1895-1952). Roi de Grande-Bretagne et d'Irlande du Nord (1936-1952) et empereur des Indes (1936-1947). Il succéda à son frère Édouard VIII après l'abdication de ce dernier. Il acquit une grande popularité en partageant les épreuves du peuple anglais pendant la Seconde Guerre mondiale.

George (Henry) Publiciste et homme politique américain (1839-1897). Il préconisa l'instauration d'une taxe unique sur la plus-value comme moyen de lutter contre la pauvreté.

George (Stefan) Poète allemand (1868-1933). Caractérisée par la rigueur formelle et un symbolisme ésotérique, son œuvre exprime sa recherche d'un idéal esthétique et spirituel. *Algabal ; Le Tapis de la vie.*

George (Elizabeth) Romancière américaine (née en 1949). Ses romans policiers mettent en scène un tandem que tout oppose : l'aristocratique inspecteur Thomas Lynley et sa coéquipière d'origine populaire au physique ingrat, Barbara Havers. *Enquête dans le brouillard.*

Georges (saint) Martyr chrétien dont le culte, diffusé en Occident par le biais des croisades, remonte au Ve s. en Palestine. La légende raconte qu'il tua le dragon auquel une princesse devait être sacrifiée.

Georges Ier (1845-1913). Roi de Grèce (1863-1913). Il accorda au pays une constitution démocratique. Son règne coïncida avec les guerres balkaniques. Il fut assassiné.

Ère	Période	Époque	Millions d'années	Événements
Cénozoïque – ère quaternaire		Holocène	0,01	Agriculture
		Pléistocène	1,7	*Homo erectus* puis *sapiens*
Cénozoïque – ère tertiaire	Néogène	Pliocène	7	Lucy, *Homo habilis* Alpes
		Miocène	23	Séparation hommes-chimpanzés, Toumaï
	Paléogène	Oligocène	34	Pyrénées
		Éocène	53	
		Paléocène	65	
Mésozoïque – ère secondaire	Crétacé	Supérieur	96	Extinction des dinosaures. Isolement de l'Euramérique
		Inférieur	135	Isolement de l'Afrique
	Jurassique	Supérieur (Malm)	154	Premiers oiseaux et plantes à fleurs, marsupiaux
		Moyen (Dogger)	175	
		Inférieur (Lias)	203	Division de la Pangée
	Trias	Supérieur	230	
		Moyen	240	Premiers dinosaures
		Inférieur	250	
Paléozoïque – ère primaire	Permien	Supérieur		Extinction de 90 % des espèces
		Inférieur	295	
	Carbonifère	Silésien	325	Premiers reptiles
		Dinantien	355	Massif hercynien (Ardennes, Bretagne, Massif central, Vosges…)
	Dévonien	Supérieur	375	Premiers vertébrés terrestres et plantes à graines
		Moyen	390	
		Inférieur	408	Plantes ligneuses
	Silurien	Pridoli	415	
		Ludlow	425	Massif calédonien (Scandinavie, Oural) « Sortie des eaux »
		Wenlock	430	
		Llandovery	435	
	Ordovicien	Ashgill		
		Caradoc	455	
		Llandeilo		
		Ordovicien		Invertébrés
		Llanvirn	480	
		Arénig		
		Trémadoc	500	
	Cambrien	Supérieur		
		Moyen		
		Inférieur	540	
Protérozoïque			2 500	Formation du continent Rodinia Massif cadomien Émergence du continent Columbia Photosynthèse
Archéen			3 200	
Hadéen			4 550	Formation des océans Naissance de la terre

Vestige du Paléolithique, la grotte de Lascaux révèle la beauté de l'art pariétal.

Le chimpanzé est l'espèce animale la plus proche de l'homme.

Descendants d'un sous-groupe des dinosaures, les oiseaux, dès le Crétacé, ressemblaient aux oiseaux actuels.

Le lepticidium est un petit insectivore qui s'est éteint au début de l'Oligocène.

Le tyrannosaure est le plus grand carnivore terrestre de la fin du Crétacé.

L'ammonite est un mollusque marin caractéristique du Mésozoïque.

Squelette fossile complet d'un petit reptile du Permien.

Ce scorpion de mer du Silurien pouvait atteindre 3 m de long.

Sans graine ni fleur, les fougères font partie des plantes primitives.

Très abondant à l'ère primaire, le trilobite est un arthropode marin qui a disparu à la fin du Permien.

La première échelle des temps géologiques a été publiée par Arthur Holmes en 1937. S'appuyant sur diverses disciplines scientifiques, elle a été depuis maintes fois remaniée, et a gagné en précision avec l'ajout de subdivisions.
Ce découpage du temps, loin de constituer des jalons absolus, permet d'avoir des repères dans cette longue histoire et marque les grandes évolutions de la planète. Les ères géologiques sont découpées en périodes puis en époques. La fin d'une ère signale une extinction de masse (celle des dinosaures à la fin du Mésozoïque par exemple) ; les périodes se basent sur la formation de certaines roches.

Georges II (1890-1947). Roi de Grèce. Fils de Constantin Ier, il monta sur le trône en 1922 mais fut détrôné par les républicains en 1923. Rappelé en 1935, il s'exila en 1941, lors de l'occupation de la Grèce, et rentra en 1946.

Georges de Podiébrad ou **de Poděbrady** (1420-1471). Roi de Bohême (1458-1471). Hussite, il prit Prague aux catholiques (1448). Proclamé roi à la mort de Ladislas V, il affronta la croisade de Mathias Corvin qu'il parvint à chasser.

Georgetown Capitale du Guyana, sur l'Atlantique. 200 000 habitants. Important port d'exportation, surtout de la bauxite.

Georgetown Ville de Malaisie, sur l'île de Pinang. 180 570 habitants. Port de commerce.

Géorgie

n. f. État d'Asie occidentale, dans le Caucase. 69 700 km^2. 4 010 000 habitants (les *Géorgiens*), sur le territoire contrôlé par le gouvernement. **Langues :** géorgien, russe. **Population :** Géorgiens, 84 % ; Azéris, 6,5 % ; Arméniens, 5,7 % ; Russes, 1,5 % ; Ossètes ; Abkhazes. **Religions :** orthodoxes (84 %), musulmans (10 %). **Monnaie :** lari. **Capitale :** Tbilissi. **Régime :** démocratie parlementaire.

GÉOGRAPHIE

Le territoire est en grande partie occupé par les chaînes du Caucase. La Géorgie occidentale est une plaine fertile et peuplée, au climat chaud et humide (culture du thé et des agrumes), ouverte sur la mer Noire. La Géorgie orientale a un climat continental ; la plaine irriguée de la Koura est propice à la culture de la vigne et aux vergers. La période soviétique a permis l'essor industriel du pays (hydroélectricité, métallurgie, chimie). Un oléoduc et un gazoduc relient Bakou, Tbilissi et Ceyhan. Le tourisme se développe sur les côtes de la mer Noire.

HISTOIRE

Constitué de la Colchide et de l'Ibérie, le territoire fut colonisé par les Grecs (VIe s. av. J.-C.), puis conquis par Alexandre. Sa partie occidentale fut soumise par Rome (65 av. J.-C.). Christianisée au IVe siècle, la région subit les occupations perse, byzantine puis arabe (VIIe s.). Un brillant royaume fut fondé au Xe s. Dévastée par Tamerlan (XIVe s.), disputée entre Ottomans et Perses (XVe-XVIIIe s.), la Géorgie devint protectorat de la Russie (1783), qui l'annexa (1801).

Indépendante (1918-1921), elle fut réintégrée à la Russie et devint une République socialiste soviétique (1936). De nouveau indépendante depuis 1991, la Géorgie sombra dans la guerre civile. Le président Édouard Chevardnadze fut chassé du pouvoir en 2003 par la révolution des Roses. Son successeur, Mikheil Saakachvili, amplifia le rapprochement avec les États-Unis et obtint la fermeture des dernières bases militaires russes. Les tensions avec les gouvernements séparatistes de l'Abkhazie et de l'Ossétie du Sud s'intensifièrent jusqu'à l'attaque-éclair de la Géorgie contre l'Ossétie du Sud, en août 2008. Ce conflit armé conduisit la Russie à intervenir militairement en Géorgie et à reconnaître l'indépendance de l'Ossétie du Sud et de l'Abkhazie. L'élection présidentielle de 2013, confortant la victoire de la coalition d'opposition Rêve géorgien aux élections législatives de 2012, fut remportée par Guiorgui Margvelachvili qui signa en 2014 un accord d'association avec l'UE et engagea les réformes nécessaires. L'accord entra en vigueur en 2016. Soutenue par le parti au pouvoir, l'ex-ambassadrice française en Géorgie, Salomé Zourabichvili, accéda à la présidence en 2018. À la tête du principal parti d'opposition, l'ancien président M. Saakachvili fut emprisonné.

Géorgie

Géorgie État du S.-E. des États-Unis. 152 589 km^2. 10 711 900 habitants. Capitale : Atlanta. L'économie de la Géorgie repose essentiellement sur l'agriculture (coton en déclin, tabac, arachide, élevage).

Géorgie du Sud **n. f.** Île britannique située au S. de l'océan Atlantique. Env. 1 400 habitants. Observatoires scientifiques.

géorgien, ienne **adj. et n. 1.** Relatif à la Géorgie, république caucasienne. **– n.** *Les Géorgiens.* ■ **n. m.** *Le géorgien :* langue caucasienne de Géorgie. **2.** De la Géorgie, État des États-Unis d'Amérique.

Georgienne (baie) Baie du Canada formée par le N.-E. du lac Huron. Tourisme.

géorgique **adj.** **(du latin, du grec *geôrgikos*, de *gê* « terre » et *ergon* « travail »)** **littér.** Qui concerne les travaux des champs. ■ **n. f. pl.** Poèmes géorgiques.

Géorgiques (Les) **n. f. pl.** Poème didactique de Virgile en quatre chants (38-29 av. J.-C.). Épopée d'inspiration cosmique et religieuse, elle est consacrée au spectacle du monde et au travail des hommes.

géosciences **n. f. pl.** **didact.** Ensemble des disciplines scientifiques qui étudient la Terre (géographie, géologie, etc.).

géostationnaire **adj.** *Satellite géostationnaire,* qui semble immobile par rapport à un observateur terrestre.

géostratégie **n. f.** **didact.** Ensemble des facteurs stratégiques en relation avec la réalité géographique. □ **adj. géostratégique**

géosynchrone **adj.** **(→ synchrone)** **didact.** Se dit d'un satellite artificiel dont la période de révolution est identique à celle de la rotation de la Terre.

géosynclinal, aux [ʒeosɛ̃klinal, o] **n. m.** **géol.** Vaste dépression caractérisée par une grande épaisseur de sédiments **(→ fosse).**

géotechnique **n. f.** Ensemble des techniques de construction en rapport avec les propriétés du sol.

géothermie **n. f.** **(→ thermo-)** Science qui étudie l'énergie calorifique interne de la Terre. ■ **techn.** Système de récupération de cette énergie. □ **adj. géothermique**

géotropisme **n. m.** **(de *géo-* + *-tropisme*)** **sc.** Orientation de la matière vivante sous l'influence de la pesanteur. *Le géotropisme des végétaux.*

géotrupe **n. m.** **(de *géo-* et du grec *trupân* « percer »)** Insecte (coléoptère) qui creuse son terrier sous les crottins et les bouses.

Gépides **n. m. pl.** Peuple germanique établi aux sources de la Vistule puis le long du Danube (Ier-IVe s.). Soumis par les Huns (v. 350), ils retrouvèrent leur indépendance à la mort d'Attila (453) et fondèrent un royaume en Dacie, détruit par les Lombards et les Avars (567).

Gera Ville d'Allemagne (Thuringe), sur l'Elster Blanche. 105 000 habitants. Industrie.

Geraardsbergen **en français Grammont** Ville de Belgique (Flandre-Orientale), à la frontière linguistique. 33 649 habitants. Église gothique. Hôtel de ville du XIVe siècle.

Géraldy (Paul Lefèvre, dit Paul) Écrivain français (1885-1983). Un recueil de poésies amoureuses intimistes lui valut un grand succès. *Toi et Moi.*

gérance **n. f.** Fonction de gérant. **→ administration, gestion.** *Prendre la gérance d'une entreprise.* ■ Durée de cette fonction.

Gérando ou **Degérando (Joseph-Marie, baron de)** Érudit français (1772-1842). Auteur de Mémoires philosophiques et d'un traité sur l'éducation des sourds-muets, il a aussi laissé un des premiers guides d'enquête ethnographique, où il formulait le principe de l'« observateur participant ».

géranium [ʒeʀanjɔm] **n. m.** **(du latin, grec *geranion*, de *geranos* « grue », le fruit ressemblant au bec de la grue)** **1. bot.** Plante sauvage à fleurs odorantes, souvent ornementale. **2. cour.** **(erroné en bot.)** Plante à feuilles arrondies et velues, à fleurs en ombelles roses, blanches ou rouges **(syn. bot. pélargonium).**

gérant, ante **n.** Personne qui gère pour le compte d'autrui. **→ administrateur, directeur.** *Le gérant d'un immeuble, d'un magasin.*

Gérard (François, baron) Peintre et illustrateur français (1770-1837). Chargé par Napoléon des portraits de la famille impériale, il devint plus tard le peintre officiel de Louis XVIII et fut très prisé des cours étrangères.

Gérard (Étienne Maurice, comte) Maréchal de France (1773-1852). Il se distingua dans les campagnes de l'Empire, notamment en Russie, et se rallia à Napoléon Ier aux Cent-Jours. Exilé lors de la Seconde Restauration, il revint pour siéger dans les rangs de l'opposition libérale et participa aux journées révolutionnaires de 1830. Deux fois ministre de la Guerre sous Louis-Philippe, il fut nommé président du Conseil en 1834.

Gérardmer Commune des Vosges. 7 822 habitants. Station climatique et de sports d'hiver. Festival du film fantastique.

Gerasa ou **Jérash** Ancienne cité de Palestine qui prospéra jusqu'au VIIe s. Aujourd'hui site archéologique de Jordanie. Importantes ruines romaines. Églises des Ve et VIe siècles.

G

Gerbault **(Alain)** Navigateur français (1893-1941). Il traversa l'Atlantique en solitaire et fit le tour du monde. Il publia *Seul à travers l'Atlantique.*

[1]gerbe **n. f.** **(vient du francique *garba*)** **1.** Botte de céréales coupées, où les épis sont disposés d'un même côté. *Une gerbe de blé.* **2.** Botte de fleurs coupées à longues tiges. *Offrir une gerbe de roses.* **3. fig.** Bouquet, faisceau. **– (en parlant de qqch. qui jaillit en se déployant)** *Une gerbe d'eau. « Des étincelles qui montaient en gerbes pour retomber en pluie d'or »* (France). **4. milit.** Ensemble des trajectoires de projectiles d'un même canon.

[2]gerbe **n. f. (de *gerber* « vomir ») fam.** Vomissure. *Ça sent la gerbe.* ■ *Avoir la gerbe :* avoir envie de vomir.

gerber **v. < 1 > I. v. tr. 1.** Mettre en gerbes. **2.** Entasser, ranger en hauteur. *Gerber des palettes.* □ **n. m. gerbage** **II. v. intr. fam.** Vomir. **–** *Ça me fait gerber :* ça me dégoûte. □ **adj. gerbant, ante**

gerbéra ou **gerbera** [ʒɛʀbeʀa] **n. m. (du n. d'un botaniste)** Plante ornementale (composée), cultivée pour ses grandes fleurs orange ou rouges.

Gerbert d'Aurillac, d'Aquitaine ou **de Reims** (v. 938-1003) Théologien et savant. Il fut pape de 999 à sa mort, sous le nom de Sylvestre II. Il fut un homme de science *(Traité sur l'astrolabe)* mais aussi un grand politique (il favorisa l'élection d'Hugues Capet).

gerbeuse **n. f. techn.** Engin de levage pour gerber les charges.

gerbier **n. m.** Grand tas de gerbes isolé dans les champs. **→ meule.**

Gerbier-de-Jonc **(mont)** Sommet de l'Ardèche où la Loire prend sa source. 1 551 m.

Le mont Gerbier-de-Jonc, volcan éteint.

gerbille **n. f. (du latin → gerboise)** Petit rongeur des savanes et des déserts apparenté à la souris.

Gerbillon **(Jean)** Jésuite français (1654-1707). Il fit partie de l'équipe de mathématiciens envoyés par Louis XIV en Chine et a laissé des *Observations historiques sur la Grande Tartarie.*

gerboise **n. f. (du latin sc., de l'arabe *garbu*)** Petit rongeur d'Afrique et d'Asie à pattes antérieures très courtes, à pattes postérieures et à queue très longues.

gerce **n. f. (de *gercer*) techn.** Fente dans le bois, due au dessèchement.

gercer **v. < 3 > (vient p.-ê. du bas latin *charaxare,* du grec *kharassein* « entailler », de *kharas* « pieu ») 1. v. tr. (froid, sécheresse)** Provoquer des gerçures. **→ crevasser. – pronom.** *Mains qui se gercent.* **– au p. p.** *Lèvres gercées.* **2. v. intr.** Se couvrir de gerçures. *Peau qui gerce.*

gerçure **n. f.** Petite fissure de l'épiderme. **→ crevasse.**

Geremek **(Bronisław)** Historien et homme politique polonais (1932-2008). Expert du syndicat Solidarność, il fut ministre des Affaires étrangères de Pologne de 1997 à 2000, puis député européen.

gérer **v. tr. < 6 > (latin *gerere* « porter sur soi », d'où *gestum* → [1]geste) 1.** Administrer (les intérêts, les affaires d'un autre). **→ gestion.** *Gérer un commerce, un immeuble, une affaire* **(→ gérance, gérant). 2.** Administrer (ses propres affaires). *Gérer son budget.* **3.** *Gérer une situation, une crise,* y faire face, s'en occuper. □ **adj. gérable**

gerfaut **n. m. (de l'ancien français *gir,* ancien allemand, et de *faus* → faucon)** Grand faucon des pays du Nord à plumage gris clair. *« Comme un vol de gerfauts hors du charnier natal »* (Heredia).

Gergiev **(Valery)** Chef d'orchestre russe (né en 1953). Couronné par de nombreux prix, le « tsar de la musique » dirige depuis 1988 l'orchestre du théâtre Mariinsky de Saint-Pétersbourg avec lequel il s'est distingué par de nouvelles interprétations des œuvres du patrimoine russe. Il mène en parallèle une prestigieuse carrière internationale.

Gergovie Ancienne ville de Gaule, sur un plateau du Massif central à 6 km de Clermont-Ferrand. Vercingétorix y soutint victorieusement un siège contre César (–52).

Gerhard **(Roberto)** Compositeur espagnol d'origine suisse (1896-1970). Élève de Schoenberg, il pratiqua tour à tour un atonalisme et un sérialisme peu stricts.

Gerhardt **(Paul)** Pasteur et poète allemand (1607-1676). Il fut l'un des créateurs du cantique protestant.

Gerhardt **(Charles)** Chimiste français (1816-1856). Il fut l'un des créateurs de la notation atomique, et réussit la première synthèse de la molécule de base de l'aspirine.

gériatrie **n. f. (grec *gerôn* « vieillard » → géronto- + *-iatrie*) didact.** Médecine de la vieillesse, de ses maladies. **→ gérontologie.** □ **n. gériatre** □ **adj. gériatrique**

Géricault **(Théodore)** Peintre français (1791-1824). Il fut l'un des premiers romantiques, et un initiateur du réalisme avec ses portraits de fous et de suppliciés. Sa grande toile *Le Radeau de la Méduse,* inspirée d'un fait divers, suscita la polémique et apparut comme un manifeste de l'école romantique.

Th. Géricault, *Officier de chasseurs à cheval de la garde impériale chargeant* (1812), musée du Louvre, Paris.

Gérin-Lajoie **(Antoine)** Écrivain canadien (québécois) (1824-1882). Deux romans moralisants firent sa renommée, *Jean Rivard, le défricheur* et *Jean Rivard, économiste.*

Gerlach **(Walther)** Physicien allemand (1889-1979). En travaillant sur la structure de l'atome, il a déterminé en 1921, avec O. Stern, le moment magnétique élémentaire, ou *magnéton.*

Gerlache de Gomery **(Adrien de)** Navigateur et explorateur belge (1866-1934). Il réalisa le premier hivernage en Antarctique, à bord du *Belgica,* de 1897 à 1899.

Gerlachovka Point culminant des Carpates, en Slovaquie. 2 655 m.

[1]germain, aine **adj. (latin *germanus,* de *germen, germinis* → germe)** *Cousins germains :* cousins ayant une grand-mère ou un grand-père commun. **– n.** *Cousins issus de germains,* ayant un arrière-grand-père ou une arrière-grand-mère en commun.

[2]germain, aine **adj. (latin *germanus,* p.-ê. du gaulois *gair* « voisin » et *maon* « peuple » ; famille du germanique *man*) hist.** Qui appartient à la Germanie. **– n.** *Les Germains.*

Germain **(saint)** (v. 496-576). Évêque de Paris en 555. Il a fondé avec Childebert Ier l'église Saint-Vincent, devenue Saint-Germain-des-Prés.

Germain Famille d'orfèvres parisiens. ■ Pierre **Germain** (1646-1684) fut employé à la décoration des résidences royales de Louis XIV. ■ Thomas **Germain,** son fils (1673-1748), prit sa suite, et travailla pour les cours étrangères. ■ François-Thomas **Germain,** son petit-fils (1726-1791) influença les formes et les décors de l'orfèvrerie du XVIIIe siècle.

Germain **(Sophie)** Mathématicienne française (1776-1831). Ses contributions principales portent sur la théorie des nombres et sur les déformations élastiques. Elle est à l'origine des *nombres premiers de Sophie Germain.*

Germain **(Sylvie)** Romancière française (née en 1954). La puissance de son imaginaire, le foisonnement de son écriture servent ses interrogations sur la question du mal et le silence de Dieu. *Le Livre des nuits ; Jours de colère ; Magnus.*

Germain d'Auxerre **(saint)** (378-448). Évêque d'Auxerre. Il fut envoyé en Grande-Bretagne combattre les hérétiques pélagiens.

Germains **n. m. pl.** Ensemble des peuples qui se répandirent dans la grande plaine européenne au cours du 1er millénaire av. J.-C. Venus des pays scandinaves, les Germains (Goths, Vandales, Burgondes, Suèves, Francs) se heurtèrent aux Romains au Ier s. av. J.-C. mais, battus par Marius, puis par César, ils furent maintenus hors des frontières de l'Empire par le *limes.* Au IIIe s., ils attaquèrent la Gaule, l'Espagne, l'Italie du Nord, prélude à plusieurs siècles d'invasions.

germandrée **n. f. (du latin médiéval)** Herbe ou arbrisseau aromatique (labiée). *Germandrée sauvage,* dite *sauge des bois.*

Germanicus **(Caius Julius Caesar, dit)** Général romain (15 av. J.-C.-19 apr. J.-C.). Petit-neveu d'Auguste, adopté par Tibère, il battit Arminius et rétablit l'ordre en Germanie, d'où son nom de *Germanicus.* Très populaire à Rome, il mourut subitement en Orient, peut-être assassiné.

Germanie **n. f.** Ancienne région d'Europe centrale peuplée par les Germains au cours du 1er millénaire av. J.-C. Séparée du monde romain par le Rhin et le Danube, la Germanie s'étendait à l'E. jusqu'au Pont-Euxin.

Germanie **(royaume de)** État issu du démembrement de l'Empire carolingien en 843, formé par les territoires des Francs orientaux. Il fut attribué à Louis II le Germa-

Germinal an III

Manifestants affamés le 12 Germinal an III, gouache des frères Lesueur (XVIIIe s.), musée Carnavalet, Paris.

nique, dont le titre de roi resta purement honorifique face à la puissance des féodaux.

germanique adj. (latin *Germanicus*, de *Germania* → **²germain**) **1.** Qui a rapport aux Germains, à la Germanie. *Empire romain germanique.* – *Langues germaniques* : langues des peuples que les Romains nommaient Germains, et celles qui en dérivent (ancien norrois, francique, gotique... ; allemand, anglais, néerlandais, langues scandinaves). **2.** De l'Allemagne. → **allemand.**

germanisant, ante adj. et n. **1.** Qui affectionne ce qui est germanique, allemand. **2.** n. Personne qui étudie la langue et la culture allemandes. → **germaniste.**

germaniser v. tr. < 1 > Rendre germain, allemand. □ n. f. **germanisation**

germanisme n. m. ling. Façon d'exprimer propre à l'allemand. ■ Emprunt à la langue allemande.

germaniste n. (de *germanique*) Spécialiste de la langue et de la culture allemandes.

germanium [ʒɛʀmanjɔm] n. m. (du latin *Germania* « Allemagne », pays où fut découvert ce métal) Élément (symb. Ge, n° at. 32, masse at. 72,61), métal du même groupe que le carbone et le silicium, utilisé en électronique.

germano- Élément (du latin *germanus* → **²germain**) qui signifie « allemand ».

germanophile adj. et n. (de *germano-* + *-phile*) Qui aime les Allemands. □ n. f. **germanophilie**

germanophobe adj. et n. (de *germano-* + *-phobe*) Qui est hostile aux Allemands. □ n. f. **germanophobie**

germanophone adj. et n. (de *germano-* + *-phone*) Qui parle l'allemand. – n. *Un, une germanophone.* ■ Où l'on parle l'allemand. *Les pays germanophones.*

germe n. m. (latin *germen*, de *gignere* « engendrer » → **engendrer, genre, gens**) **1.** vieux Forme initiale à partir de laquelle se développent les êtres vivants. **2.** Élément microscopique qui, en se développant, produit un organisme (ferment, bactérie, spore, œuf). *Germes microbiens* (absolt *germes*). **3.** Première pousse qui sort de la graine, du bulbe, du tubercule → **plantule ; germer.** *Des germes de pommes de terre.* **4.** fig. Principe, élément de développement (de qqch.). → **cause.** *Un germe de vie, de corruption.* – *En germe.* « *La réforme politique contient en germe les réformes sociales* » (Gambetta).

germen [ʒɛʀmɛn] n. m. (mot latin « germe ») biol. Ensemble des cellules reproductrices d'un être vivant (opposé à *soma*).

germer v. intr. < 1 > (latin *germinare*, de *germen* → **germe**) **1.** (semence, bulbe, tubercule) Pousser son germe au-dehors. *Le blé a germé.* – au p. p. *Orge germé* : malt. **2.** fig. → se **former, naître.** *L'espoir germe dans les esprits.*

Germer (Lester Halbert) Physicien américain (1896-1971). Il mit en évidence avec C. J. Davisson, la diffraction des électrons par un cristal.

germicide adj. et n. m. (→ -cide) didact. Qui tue les germes microbiens. – n. m. *Un germicide.*

¹germinal n. m. (de *germer*) hist. Septième mois du calendrier révolutionnaire (21-22 mars au 18-19 avril). – « *Germinal* » (roman de Zola).

²germinal, ale, aux adj. biol. Relatif au germe ou au germen. *Cellule germinale.*

Germinal an III (journées des 12 et 13) Soulèvement populaire des faubourgs parisiens (1er-2 avril 1795), à la suite de la crise économique de l'hiver 1794-1795. Cette insurrection servit de prétexte à la majorité thermidorienne pour faire déporter en Guyane sans jugement d'anciens Jacobins, dont Billaud-Varenne et Collot d'Herbois.

germinatif, ive adj. (du latin *germinare*) Relatif à la germination.

germination n. f. (latin *germinatio* → **germer**) Ensemble des phénomènes par lesquels une graine se développe et donne naissance à une nouvelle plante.

Germiston Ville d'Afrique du Sud, dans la banlieue E. de Johannesburg. 166 400 habitants. Raffinerie d'or.

germoir n. m. **1.** Récipient où l'on place certaines graines avant de les semer. ■ Récipient dans lequel on fait germer des graines avant de les consommer. **2.** Bâtiment où l'on fait germer des semences, des plantes. *Le germoir d'une brasserie.*

germon n. m. (p.-ê. famille de *germe, germer*, allusion à la reproduction) régional Thon blanc. → **albacore.**

Gernsback (Hugo) Ingénieur et écrivain américain (1884-1967). Il est l'inventeur du terme *science-fiction*, qu'il lança dans l'une des revues qu'il avait créées. Il fut par ailleurs un pionnier de la transmission sans fil.

Gérôme (Jean Léon) Peintre et sculpteur français (1824-1904). Artiste officiel du second Empire, il se consacra à la scène de genre antique ou orientale.

géromé n. m. (prononciation régionale de *Gérardmer*) Fromage à pâte molle, au lait de vache, fabriqué dans les Vosges.

gérondif n. m. (du latin, de *gerundus*, de *gerere* → **gérer**) **1.** Forme verbale, déclinaison de l'infinitif en latin. **2.** en français Participe présent, forme verbale en *-ant*, généralement précédée de la préposition *en*, et servant à exprimer des compléments circonstanciels (ex. en forgeant, on devient forgeron).

Gérone Ville d'Espagne (Catalogne). 103 300 habitants. Cathédrale fondée par Charlemagne en 786.

Geronimo Chef de guerre indien (1829-1909). Chef de la tribu des Apaches Chiricahuas, figure de la lutte indienne, il se révolta contre les Mexicains puis contre les États-Unis, qui déportèrent sa tribu vers la réserve de San Carlos (Arizona).

géront(o)- Élément (du grec *gerôn, gerontos*) qui signifie « vieillard ».

gérontocratie n. f. (→ -cratie) didact. Gouvernement, domination par des vieillards.

gérontologie n. f. Étude des phénomènes de vieillissement et des problèmes particuliers aux personnes âgées. → **gériatrie.** □ adj. **gérontologique** □ n. **gérontologue**

gérontophilie n. f. (de *géronto-* + *-philie*) Attirance sexuelle pour les personnes âgées. □ adj. et n. **gérontophile**

gerris n. m. (mot latin) zool. Insecte aux longues pattes, qui se déplace rapidement à la surface des eaux.

Gers n. m. Rivière du S.-O. de la France, affluent de rive gauche de la Garonne. 178 km. Elle arrose Auch.

Gers n. m. [32] Département français de la Région Occitanie (→ carte). 6 291 km². 191 819 habitants. Chef-lieu : Auch. Chefs-lieux d'arrondissement : Condom, Mirande. Territoire formé de collines qui s'élèvent vers le plateau du Lannemezan, au S., le Gers demeure largement rural et agricole : céréaliculture, aviculture (foie gras) et viticulture (eau-de-vie d'Armagnac). Population et industries sont concentrées à Auch.

Gershwin (George) Compositeur américain (1898-1937). Son œuvre associe le classique, auquel Ravel l'initia, au jazz et au ragtime entendus dans les quartiers pauvres de son enfance. *Rhapsody in blue*, pour piano et orchestre, lui apporta la célébrité. Auteur de comédies musicales et de mélodies, il composa aussi un opéra, *Porgy and Bess.*

George Gershwin composant au piano (v. 1935).

Gerson (Jean Charlier, dit Jean de) Théologien et prédicateur français (1363-1429). Grand chancelier de l'université de Paris, surnommé le « Docteur très chrétien », il travailla à mettre fin au Grand Schisme de l'Église d'Occident.

Gertrude la Grande (sainte) Moniale et mystique allemande (1255-v. 1302). Elle est l'autrice des *Révélations.*

Gervais et **Protais** (saints) Frères martyrs (Ier s.). Leurs reliques, trouvées en 386 à Milan, furent objet de culte au Moyen Âge.

Gervinus (Georg Gottfried) Historien et homme politique allemand (1805-1871). Député libéral et nationaliste, il a laissé des ouvrages historiques (*Histoire du XIXe siècle depuis les traités de Vienne jusqu'en 1830).*

Géryon Géant à trois têtes et trois troncs de la mythologie grecque, tué par Héraclès.

Gerzat Commune du Puy-de-Dôme dans la banlieue N. de Clermont-Ferrand. 10 395 habitants.

Gesell (Arnold Lucius) Psychologue et pédiatre américain (1880-1961). Il apporta une large contribution à l'étude des enfants d'âge préscolaire.

gésier n. m. (vient du latin pop., de *gigerium, gigeria* « entrailles des oiseaux ») Troisième poche digestive des oiseaux, très musclée. *Un gésier de poulet.* ▪ fam. Estomac.

gésine n. f. (vient du latin pop. *jacina*, de *jacere* → gésir) vieux *En gésine* : en train d'accoucher (femme).

gésir v. intr. défectif < *je gis, tu gis, il gît* [ou RO *git*], *nous gisons, vous gisez, ils gisent ; je gisais*, etc. ; *gisant* > (vient du latin *jacere* « être couché ; avoir été jeté », d'un v. homonyme *jacere* « jeter ») littér. **1.** Être couché, étendu, sans mouvement (→ gisant). *Le malade gît sur son lit, épuisé.* ▪ *Ci-gît* (ou RO *ci-git*) : ici repose (formule d'épitaphe). **2.** Se trouver. *C'est là que gît le problème.*

Gesner (Conrad) Médecin et naturaliste suisse (1516-1565). Son *Histoire des animaux* est considérée comme l'une des bases de la zoologie moderne.

gesse n. f. (du provençal, p.-ê. du latin *[faba] Aegyptia* « [fève] d'Égypte ») Plante légumineuse cultivée comme fourrage.

Gessner (Salomon) Poète suisse d'expression allemande (1730-1788). Ses *Idylles* connurent un grand succès et furent traduites par Diderot.

gestaltisme n. m. (de l'allemand *Gestalt* « forme », pour traduire *Gestalttheorie*) philos. Théorie de la forme*. ◻ adj. et n. **gestaltiste**

Gestalttheorie ou « psychologie de la forme » Théorie élaborée au début du XXe s. selon laquelle les phénomènes psychiques sont sous-tendus par l'appréhension de formes (en allemand *Gestalten*) fonctionnant comme des ensembles structurés.

gestalt-thérapie n. f. (de l'anglais, de *Gestalt* → gestaltisme et *therapy* → thérapie) psych. Thérapie de groupe permettant à l'individu de reconnaître et d'accepter les parties antagonistes de son corps et de sa personnalité. *Des gestalt-thérapies.*

gestant, ante adj. (de *gestation*) didact. *Femelle gestante*, en gestation. → gravide.

gestapiste [gɛstapist] n. hist. Membre de la Gestapo.

Gestapo (abrév. de l'allemand *Geheime Staatspolizei* « police secrète d'État ») Police politique allemande, créée par Göring en 1933 et réorganisée par Himmler en 1936. Elle fit régner la terreur, traqua les Juifs et les résistants en Allemagne puis dans tous les pays occupés. La Gestapo fut condamnée par le tribunal de Nuremberg.

gestation n. f. (du latin, de *gestare* « porter [un enfant] », de *gerere* → gérer) **1.** État d'une femelle vivipare qui porte son petit, depuis la conception jusqu'à la naissance. → grossesse. *Gestation pour autrui (GPA)* : fait de porter un enfant pour qqn d'autre. **2.** fig. Travail d'élaboration lent. *Une œuvre artistique en gestation.*

Geronimo

Le chef apache Geronimo.

geyser

Geyser triple apparu accidentellement lors d'un forage dans le désert de Black Rock, Nevada (États-Unis).

gestationnel, elle adj. didact. Qui concerne la gestation, la grossesse. *Diabète gestationnel.*

[1]geste n. m. (latin *gestus*, de *gestum*, de *gerere* → gérer) **1.** Mouvement du corps (surtout des bras, des mains, de la tête), révélant un état d'esprit ou visant à exprimer, à exécuter qqch. → attitude, mouvement ; gesticuler. *S'exprimer par gestes. Faire un geste de la main.* → signe. **2.** fig. → [1]acte, [1]action. *Un geste d'autorité, de générosité.* – loc. *Les faits et gestes de qqn*, sa conduite, ses actes. *Faire un geste*, une bonne action.

[2]geste n. f. (latin *gesta* plur. « exploits », de *gestum* → [1]geste) Ensemble de poèmes épiques du Moyen Âge relatant les exploits d'un héros. → [1]cycle. *Chanson de geste.*

gesticulation n. f. Action de gesticuler ; gestes excessifs. – fig. *Des gesticulations politiques.*

gesticuler v. intr. < 1 > (latin *gesticulari*, de *gesticulus*, diminutif de *gestus* → [1]geste) Faire beaucoup de gestes, trop de gestes. *Gesticuler en parlant.* ▪ fig. Agir de manière trop démonstrative. ◻ adj. **gesticulant, ante**

gestion n. f. (latin *gestio*, de *gerere* → gérer) **1.** Action de gérer. → administration, direction. *La gestion d'un budget.* – fig. *La gestion d'une crise.* **2.** Science de l'administration et de la direction d'une organisation ; économie d'entreprise. *Une école de gestion.*

gestionnaire 1. adj. Qui concerne la gestion d'une affaire ou qui en est chargé. *Administrateur gestionnaire.* – *Gestionnaire de communauté*.* ▪ n. Gérant. *Un bon gestionnaire.* **2.** n. m. inform. Logiciel qui contrôle le fonctionnement (d'un périphérique, de tâches...).

gestique n. f. didact. Ensemble des gestes, comme moyen d'expression. *La gestique d'un chef d'orchestre.*

gestualité n. f. (de *gestuel*) didact. Ensemble des gestes, mouvements et postures d'une personne, variable selon les cultures. → gestuelle.

gestuel, elle (de *geste*, d'après *manuel*) **1.** adj. didact. Du geste. *Langage gestuel.* – *Peinture gestuelle*, qui met en valeur les gestes du peintre. **2.** n. f. Ensemble des gestes constituant un système signifiant.

Gesualdo (Carlo), prince de Venosa Compositeur italien (1560-1613). Musicien à la vie aventureuse, il composa de la musique religieuse et profane qui préfigure le baroque.

Geta (189-212). Empereur romain de 211 à 212. Il fut assassiné par son frère Caracalla.

Gethsémani Jardin au pied du mont des Oliviers, à Jérusalem, où, selon les Évangiles, Jésus pria avant son arrestation.

getter [gɛtɛʀ] n. m. (mot anglais, de *to get* « obtenir ») anglic., phys. Substance métallique utilisée pour obtenir un vide poussé dans les tubes électroniques.

Getty (Jean Paul) Industriel et collectionneur américain (1892-1976). Après avoir fait fortune dans le pétrole, il se consacra à son importante collection d'œuvres d'art (de l'Antiquité au XVIIIe s.), installée dans le J. Paul Getty Museum à Malibu, puis transférée au Getty Center à Los Angeles.

Gettysburg Ville des États-Unis (Pennsylvanie). 7 600 habitants. Lieu d'une victoire décisive des fédéraux contre les sudistes, en 1863, pendant la guerre de Sécession.

Getz (Stanley, dit Stan) Saxophoniste de jazz américain (1927-1991). Maître du saxophone ténor, il fut le chef de file du style « cool » avant de s'orienter vers la bossa-nova. *Early Autumn ; Night and Day.*

Geulincx [gœlɛ̃ks] (Arnold) Philosophe flamand (1624-1669). Son œuvre de métaphysicien et de moraliste s'inscrit dans la postérité du cartésianisme. Sa théorie préfigure celles de Malebranche et de Leibniz.

Gevaert (François Auguste, baron) Compositeur et musicologue belge (1828-1908). Maître de chapelle à la cour de Belgique, il est surtout connu pour ses ouvrages théoriques *(Traité d'harmonie).*

Gévaudan Ancien comté de France, entre la Margeride et l'Aubrac (aujourd'hui en Lozère). Entre 1765 et 1768, la disparition d'une cinquantaine de personnes accrédita la thèse de l'existence d'une mystérieuse *bête du Gévaudan*, probablement un loup.

gewurztraminer [gevyʀtstʀaminɛʀ] n. m. (allemand *gewürzt* « épicé » et *Traminer*, n. d'un cépage blanc) **1.** Cépage rosé à petits grains, cultivé en Alsace. **2.** Vin blanc très fruité, issu de ce cépage.

Gex Chef-lieu d'arrondissement de l'Ain, situé au N. de Genève. 13 177 habitants. Le *pays de Gex* fut une baronnie cédée par la Suisse à la France en 1601.

geyser [ʒɛzɛʀ] n. m. (n. propre islandais *Geysir*, de *geysa* « jaillir ») Source d'eau chaude qui jaillit violemment, par intermittence. *Les geysers d'Islande.* ▪ par ext. *Un geyser de sang.*

Géza (950-997). Prince hongrois (972-997). Il se convertit au christianisme. Il est le père de saint Étienne Ier, premier roi de Hongrie.

Gezelle (Guido) Poète belge d'expression néerlandaise (1830-1899). Prêtre, il pratiqua une poésie qui est à la fois expression de son amour mystique pour Dieu et préfiguration de la poésie moderne. Il est l'un des plus célèbres poètes flamands. *Guirlande du temps.*

Gezira (Al) État du Soudan située entre le Bahr el-Abiad et le Bahr el-Azrak. 5 000 000 habitants. Agriculture irriguée (polyculture, coton).

Ghab Plaine de l'O. de la Syrie, drainée par l'Oronte. Élevage ovin.

Ghadamès ou **Rhadamès** Oasis de Libye à proximité des frontières algérienne et tunisienne. 7 000 habitants.

Ghālib (Mīrzā Asadallāh Khān) également connu sous le nom de **Ghāli Ghālib** Poète indien d'expression ourdoue et persane (1797-1869). Ses poèmes contribuèrent pour beaucoup au développement de la langue ourdoue.

Ghana (empire du) Ancien royaume du Soudan occidental, aux confins de la Mauritanie et du Mali actuels. Tirant sa puissance du commerce transsaharien (étoffes, armes, sel, or), le royaume connut son apogée au XIe s., et fut détruit en 1076 par les Almoravides qui avaient entrepris l'islamisation de l'Afrique occidentale.

G

Ghana

n. m. ■ offic. république du Ghana, anciennement en anglais Gold Coast, en français Côte-de-l'Or Pays d'Afrique occidentale. 239 460 km^2. 30,72 millions d'habitants (les *Ghanéens*). **Langues :** anglais (offic.), akan, éwé, haoussa, mossi. **Population :** Achantis, Anyis, Éwés, Haoussas, Peuls, Mossis. **Religions :** chrétiens, animistes, musulmans. **Monnaie :** cedi. **Capitale :** Accra. **Régime :** présidentiel.

GÉOGRAPHIE

Une vaste zone forestière au climat tropical, au centre, est irriguée par le lac et les fleuves Volta. Elle est bordée au N. et à l'O. de plateaux couverts de savane.

L'agriculture (manioc, riz, cacao, coton), la pêche, l'exploitation de la forêt et du sous-sol (or, pétrole, bauxite) sont les principales activités économiques. Le pays produit de l'électricité, grâce au barrage d'Akosombo sur la Volta.

HISTOIRE

Au N., les Mossis commerçaient avec les empires du Ghana (V^{e}-XIe s.) et du Mali (XIIIe s.). Au S., les Portugais s'établirent sur la Côte-de-l'Or (XVe s.) et s'adonnèrent à la traite des Noirs, rejoints par plusieurs compagnies de commerce européennes (XVIIe s.). À leur tour, les Achantis pratiquèrent l'esclavage (XVIIIe s.). Les Britanniques colonisèrent le pays (XIXe s.) et y annexèrent une partie du Togo (1956). La Côte-de-l'Or obtint l'indépendance (1957) et, sous l'autorité de Kwame Nkrumah (1957-1966), prit le nom de Ghana. Les coups d'État se succédèrent avant que Jerry Rawlings, qui s'était emparé du pouvoir en 1979, ouvre le pays au multipartisme (1992). Depuis, l'alternance politique a conduit au pouvoir des présidents issus du Nouveau Parti patriotique et du Congrès démocratique national.

Ghana

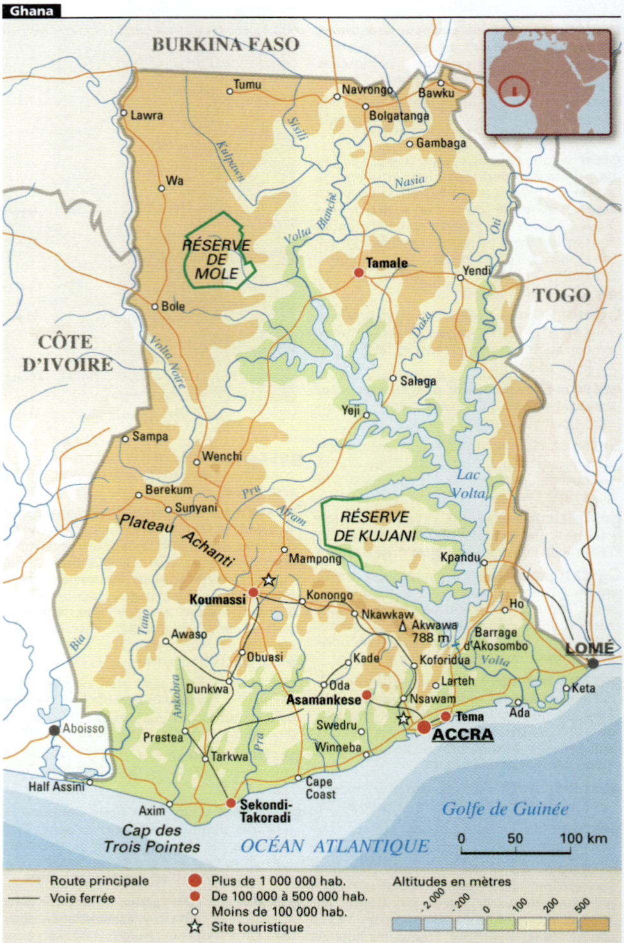

Gharb ou **Rharb** **n. m.** Plaine du Maroc, au N. de Rabat, traversée par l'oued Sebou.

Ghardaïa Oasis d'Algérie, au cœur du Mzab. Env. 110 000 habitants. Dattes. Tapis. Tourisme.

Ghâts **n. m. pl.** Escarpement montagneux de l'Inde, qui borde l'O. de la péninsule indienne sur plus de 2 000 km.

Ghazālī (Abū Ḥamīd Muḥammad al-), connu sous le nom de **Algazel** Théologien et juriste musulman d'origine persane (1058-1111). Il s'est fait le défenseur de l'orthodoxie religieuse contre les philosophes *(Incohérence des philosophes)* et, sous l'influence de la mystique soufie, le partisan d'une méthode visant à allier les exigences de la Loi et les nécessités de la raison. *Vivification des sciences de la foi.*

Ghazaouet Ville du N.-O. de l'Algérie. 28 430 habitants. Pêche. Station balnéaire.

Ghaznavides Dynastie turque qui régna sur l'Afghanistan et le Panjab entre les Xe et XIIe s. L'apogée de la dynastie fut le règne de Mahmud de Ghazni (998-1030).

Ghazni Ville de l'E. de l'Afghanistan, à 2 200 m d'altitude. 48 700 habitants. Vestiges archéologiques préislamiques et ghaznavides.

GHB **n. m.** (de *acide gammahydroxybutyrique*) Drogue de synthèse aux propriétés sédatives, qui provoque des pertes de mémoire.

Ghelderode (Adémar Martens, dit Michel de) Auteur dramatique belge d'expression française (1898-1962). Son théâtre, souvent macabre, mêle bouffonnerie et lyrisme, obscénité et mysticisme. *Barabbas ; La Balade du Grand Macabre.*

Ghenie (Adrian) Peintre roumain (né en 1977). Son esthétique percutante, proche de celle de Bacon, exprime le « mal » et la violence de l'histoire proche. Ghenie reprend, pour les déformer, les portraits d'Hitler, Lénine, Göring ou Donald Trump. Le déferlement de couleur, les effets de lumière, la texture des œuvres, confèrent une force tragique aux images de la mémoire collective.

Ghéon (Henri Léon Vangeon, dit Henri) Poète dramatique français (1875-1944). Il participa à la fondation de *La Nouvelle Revue française,* où il contribua à la publication de M. Proust, et fut l'un des animateurs du théâtre du Vieux-Colombier. *Le Pauvre sous l'escalier ; Les Trois Miracles de sainte Cécile.*

Gheorghiu-Dej (Gheorghe) Homme d'État roumain (1901-1965). Secrétaire général du PC en 1945, il dirigea le gouvernement de 1952 à 1955 et devenu chef de l'État en 1961, il engagea son pays dans la voie d'un communisme national.

Gherardesca (Ugolin) Homme politique italien (mort en 1288). Gibelin, il se rapprocha des guelfes et fut accusé de trahison. Il fut enfermé avec ses fils et ses neveux dans une tour, où, selon la légende, il serait mort de faim après avoir tenté de manger ses enfants. Son supplice inspira Dante dans *L'Enfer.*

Gherardi (Evaristo) Acteur italien (1663-1700). L'un des plus prestigieux arlequins de la Comédie-Italienne, il fit toute sa carrière à Paris et publia *Le Théâtre italien.*

ghetto **n. m.** (n. d'un quartier de Venise, mot vénitien « fonderie », de *ghettare* « jeter ») **1.** Quartier où les Juifs étaient forcés de résider. *L'insurrection du ghetto de Varsovie.* **2.** par ext. Quartier où une communauté vit à l'écart. *Les ghettos noirs des villes américaines.* **3.** fig. Situation d'une communauté mise à l'écart ou repliée sur elle-même. *Le ghetto gay.*

ghettoïser v. tr. < 1 > Transformer (un lieu) en ghetto. □ n. f. **ghettoïsation**

Ghiberti (Lorenzo) Orfèvre, architecte et sculpteur italien (1378 ou 1381-1455). Ses chefs-d'œuvre sont les deuxième et troisième portes de bronze du baptistère de Florence. La troisième fut qualifiée de « porte du paradis » par Michel-Ange. Il est l'auteur de *Commentaires,* sur l'art de son temps.

Ghika Famille princière roumaine d'origine albanaise, qui a donné de nombreux princes de Moldavie et de Valachie du XVIIe au XIXe siècle.

Ghil (René) Écrivain français d'origine belge (1862-1925). Disciple de Mallarmé, il préconisa une « poésie scientifique », permettant d'accéder par le symbole au monde des idées. *Légende d'âmes et de sangs ; Traité du verbe.*

ghilde voir **guilde**

Ghirlandaio (Domenico di Tommaso Bigordi, dit) Peintre italien (1449-1494). Réputé à Florence pour ses fresques dans les églises, où il donnait aux personnages de l'histoire sainte les visages des bourgeois de la ville et intégrait les tendances nouvelles de la peinture, il ne quitta sa ville que pour participer à Rome à la décoration de la chapelle Sixtine *(Vocation des apôtres Pierre et André).*

Ghor n. m. Dépression du Proche-Orient (Jordanie, Cisjordanie, Israël), occupée par la vallée du Jourdain, du lac de Tibériade à la mer Morte.

Ghorides n. m. pl. Dynastie originaire du Ghor, qui établit progressivement son autorité sur l'Afghanistan, le Khorassan et le N.-O. de l'Inde au XIIe siècle.

ghoster v. tr. < 1 > (de l'anglais *to ghost*) anglic., fam. Rompre soudainement tout contact avec (qqn) sans fournir d'explication, spécialt dans les relations amoureuses. *Ghoster qqn* (*cf.* Faire le mort). *Je me suis fait ghoster.*

GI [dʒiaj] n. m. (mot anglais des États-Unis, sigle de *government issue* « fourniture du gouvernement ») anglic. Soldat de l'armée américaine. *Des GI ou des GI's.*

Giacconi (Riccardo) Physicien américain d'origine italienne (1931-2018). Il conçut et construisit les premiers détecteurs des rayons X cosmiques qui, placés sur les fusées et les satellites, contribuèrent à l'élaboration d'une nouvelle image de l'Univers. Prix Nobel 2002.

Giacometti (Alberto) Sculpteur, dessinateur et peintre suisse (1901-1966). Il s'établit à Paris en 1922, et évolua vers une interprétation très stylisée des formes humaines, sous l'influence de Brancusi, Lipchitz, Laurens, de la sculpture africaine et de l'art des Cyclades. Il adhéra au surréalisme en 1930, réalisant des objets « à fonctionnement symbolique ». Il rompit avec le mouvement pour s'engager alors dans une recherche plus personnelle, revint au modèle, qu'il allongea à l'extrême et représenta en mouvement, avec des contours indistincts. *L'Homme qui marche.*

Gia Long Nom de règne de l'empereur vietnamien Nguyễn Thé Tô (1762-1820). Il fonda la dynastie des Nguyễn qui dura jusqu'en 1945.

Giambologna nom italianisé de **Jean de Boulogne**, dit aussi **Jean Bologne** Sculpteur d'origine flamande (1529-1608). Influencé par le naturalisme flamand, la sculpture hellénistique et le maniérisme florentin, il imposa son style à Florence où il fit l'essentiel de sa carrière. Ses compositions mythologiques, ses statues équestres, ses nus sensuels exercèrent une influence notable sur la sculpture européenne.

ghetto

Ghetto de Radom, en Pologne (1941).

▶ Au Moyen Âge, les Juifs d'Occident doivent vivre dans des quartiers séparés, appelés *juiveries* en France. Au cours de la Renaissance, ce système de ségrégation se renforce et s'institutionnalise, en particulier dans les pays à forte imprégnation catholique. Le quartier du **Ghetto**, sur l'île de la Fonderie, en est à Venise l'exemple emblématique : l'isolement forcé (1516) y est accentué par l'insularité, et l'accès est contrôlé par les autorités vénitiennes. La Révolution française, qui permet l'émancipation des Juifs, ouvre une nouvelle ère en Europe : dans les pays protestants ou laïcisés, les ghettos perdent leur caractère institutionnel, sans pour autant disparaître. Dès le milieu du XVIIIe siècle, le philosophe Moses Mendelssohn avait invité les Juifs à « sortir du ghetto » et à s'assimiler à la population.
Dans les années 1930 et pendant la Seconde Guerre mondiale, les nazis profitent de l'existence des anciens ghettos pour enfermer, affamer, puis déporter les populations juives. Le ghetto de Varsovie est le plus connu de ces camps urbains. Les nazis y rassemblèrent des centaines de milliers de Juifs qui furent exécutés ou déportés. La population du ghetto se souleva en 1943 et fut exterminée. Aujourd'hui, le terme est utilisé pour désigner les quartiers concentrant des minorités victimes de ségrégation.
voir aussi **antisémitisme, discrimination, national-socialisme**

gianduja [ʒjɑ̃dyʒa ; ʒjanduja] n. m. (marque déposée ; mot italien, du nom d'un personnage de carnaval) Pâte à base de chocolat et de noisettes finement pilées, d'origine italienne. *Chocolats fourrés au gianduja.*

giaour n. m. (mot turc « incroyant ») Terme de mépris qui désigne les non-musulmans en Turquie.

Giáp voir **Võ Nguyên Giáp**

Giard (Alfred) Biologiste français (1846-1908). Il contribua à faire connaître les théories évolutionnistes. Il est le fondateur de la station zoologique maritime de Wimereux.

Giauque (William Francis) Physicien et chimiste américain (1895-1982). Il proposa une méthode d'obtention de très basses températures par la désaimantation adiabatique. Prix Nobel 1949.

Giacometti (Alberto)

Alberto Giacometti, *L'Homme qui chavire*, bronze (1950), coll. particulière.

gibbérelline n. f. (latin sc. *gibberella* « champignon ascomycète », de *gibber* « bosse ») biochim. Hormone végétale qui stimule la germination et la croissance des plantes.

gibbeux, euse adj. (du latin, de *gibbus* « bosse ») didact. **1.** Qui a la forme d'une bosse. **2.** Qui est pourvu d'une ou plusieurs bosses.

gibbon n. m. (mot des Indes, ou latin *gibbus* « bosse ») Singe d'Asie, sans queue et à longs bras.

Gibbon (Edward) Historien britannique (1737-1794). Son étude historique de l'Empire romain *(Histoire du déclin et de la chute de l'Empire romain),* tente d'établir le lien entre le triomphe de l'Église et le déclin de l'Empire romain.

Gibbons (Orlando) Compositeur et organiste anglais (1583-1625). Organiste de la Chapelle royale puis de l'abbaye de Westminster, il composa de la musique d'église et de la musique profane et populaire (madrigaux, fantaisies, pavanes).

gibbosité n. f. (du latin *gibbosus,* de *gibbus* « bosse ») didact. ou littér. Bosse.

Gibbs (James) Architecte britannique (1682-1754). Disciple de C. Fontana et de C. Wren, il fut chargé de la reconstruction des églises londoniennes. On lui doit la cathédrale de Derby et la bibliothèque Radcliffe à Oxford. Son traité *Book of Architecture* inspira les architectes américains jusqu'au XIXe siècle.

Gibbs (Josiah Willard) Physicien américain (1839-1903). Il appliqua la thermodynamique à l'étude des processus chimiques et énonça la *loi des phases,* fondamentale dans l'étude des équilibres physicochimiques.

gibecière n. f. (de *gibiez,* ancienne forme de *gibier*) Sac où le chasseur met son gibier. ■ par ext. Sac en bandoulière.

G

gibelins voir guelfes et gibelins

gibelotte n. f. (de l'ancien français *gibelet*, de *gibier*) Fricassée au vin blanc. *Gibelotte de lapin.*

giberne n. f. (vient du bas latin *gabarna* « bissac », ou famille de *gibecière*) Ancienne boîte à cartouches des soldats. → **cartouchière.**

gibet n. m. (p.-ê. du francique *gibb* « bâton fourchu », ou famille du latin *gibbus* « bosse ») Potence où l'on exécutait les condamnés à la pendaison.

gibier n. m. (ancien français *gibiez*, p.-ê. du francique, ou famille gallo-romane de *gibe* « membre, aile » → **gigot**) **1.** Animaux sauvages à chair comestible que l'on prend à la chasse. *Pays riche en gibier* (→ **giboyeux**). *Gros gibier :* cerf, chevreuil, daim, sanglier. *Poursuivre, rabattre le gibier.* ■ Viande du gibier. **2.** fig. Personne que l'on cherche à prendre, à attraper, à duper. – loc. *Gibier de potence :* personne qui mérite d'être pendue.

giboulée n. f. (origine obscure, p.-ê. de l'occitan) Grosse averse parfois accompagnée de grêle, de neige. → **ondée.** *« Le mois de mars, un temps d'éclaircies fugitives que coupaient de hargneuses giboulées »* (Genevoix).

giboyeux, euse adj. (de *gibier*) Riche en gibier. *Pays giboyeux.*

Gibraltar Colonie britannique (6 km^2), à l'extrémité S. de la péninsule Ibérique, dominée par le *rocher de Gibraltar*. 30 000 habitants. Port de transit et base aéronavale britannique. L'ancienne Calpé (Colonne d'Hercule) fut envahie par les Maures (711), reprise par les Espagnols (1462) puis conquise par les Anglais (1704). Sommée par l'ONU de décoloniser le territoire avant 1969, la Grande-Bretagne organisa un référendum en 1967 auprès de la population locale qui refusa d'être rattachée à l'Espagne, laquelle revendique toujours Gibraltar.

Le rocher de Gibraltar abrite l'unique réserve de singes sauvages d'Europe ; au fond, la ville d'Algésiras.

Gibraltar (détroit de) Bras de mer séparant l'Europe de l'Afrique, reliant l'Atlantique à la Méditerranée. Large de 15 km et profond de 350 m, c'est un couloir maritime très fréquenté.

Gibran (Gibran Khalil) Poète et peintre libanais (1883-1931). Installé aux États-Unis en 1910, il ne cessa jamais de s'intéresser au sort de son pays natal. Son œuvre visionnaire, écrite en arabe et en anglais, allie profondeur et simplicité. *Le Prophète.*

Gibson (désert de) Désert du centre de l'Australie, situé entre le Grand Désert de Sable et le Grand Désert Victoria.

Gibson (Ralph) Photographe américain (né en 1939). Nourri par le surréalisme, il évolua vers la recherche de formes minimales en gros plan. *The Somnambulist.*

gibus [ʒibys] n. m. (anglais, n. du fabricant) Chapeau haut de forme à ressorts (appelé aussi *chapeau claque*).

giclée n. f. Jet de ce qui gicle.

giclement n. m. Action ou fait de gicler. *« Le fatal giclement de mon sang »* (Apollinaire).

gicler v. intr. < 1 > (du franco-provençal) (liquide) Jaillir, rejaillir avec force. *La boue a giclé sur les passants.* → **éclabousser.** ■ fam. Être projeté. *Ses affaires ont giclé par terre.*

gicleur n. m. **1.** Petit tube du carburateur servant à doser l'arrivée d'essence. **2.** Dispositif qui fait jaillir de l'eau (notamment en cas d'incendie).

Giddings (Franklin Henry) Sociologue américain (1855-1931). Il a fait de la « conscience d'espèce » la base de l'organisation sociale et étudié les facteurs psychiques d'intégration et d'appartenance de l'individu au groupe *(Théorie de socialisation).*

Gide (Charles) Économiste français (1847-1932). Il fut l'un des principaux théoriciens du système coopératif. *La Coopération.*

Gide (André) Écrivain français (1869-1951). Écrivain majeur de la première moitié du XXe s., figure tutélaire de la NRF, il a laissé une œuvre complexe et ironique, traversée par la volonté de l'affranchissement moral et sexuel et la recherche de l'équilibre intérieur. À l'hédonisme des *Nourritures terrestres* et de *L'Immoraliste* répond l'austérité de *La Porte étroite*. À l'« acte gratuit » prôné par le héros des *Caves du Vatican* succède l'interrogation morale de *La Symphonie pastorale*. Après avoir scandalisé la droite catholique avec *Si le grain ne meurt*, où est évoquée son homosexualité, il dénonça le colonialisme *(Voyage au Congo)* et le totalitarisme découvert à Moscou *(Retour de l'URSS)*. La création littéraire témoigne chez lui de la quête d'un humanisme moderne et lucide. *Paludes ; Les Faux-Monnayeurs ; Journal.* Prix Nobel 1947.

André Gide en 1923.

Gié (Pierre), maréchal de Gié, vicomte de Rohan Maréchal de France (1451-1513). Au service de Louis XI, il reconquit les places de Flandre.

GIEC (Groupe d'experts intergouvernemental sur l'évolution du climat) Organisme, fondé en 1988, dont le rôle consiste à évaluer le changement climatique, ses effets potentiels sur l'environnement et la société, ainsi que les solutions envisageables pour y remédier. Prix Nobel de la paix 2007.

Gielgud (sir Arthur John) Acteur et metteur en scène britannique (1904-2000). Il a consacré une grande partie de sa vie à la mise en scène et à l'interprétation de Shakespeare, au théâtre et au cinéma, où il fut Cassius dans le *Jules César* de Mankiewicz.

Gien Commune du Loiret. 13 305 habitants. Musée international de la chasse dans le château. Faïencerie fondée en 1821.

Giens (presqu'île de) Ancienne île de la Méditerranée (Var), reliée au continent par deux langues de sable. Embarcadère pour les îles d'Hyères.

Gierek (Edward) Homme politique polonais (1913-2001). Il succéda à Gomułka comme premier secrétaire du Parti ouvrier unifié mais fut exclu après la révolte ouvrière de 1980.

Gières Commune de l'Isère, dans la banlieue E. de Grenoble. 7 140 habitants. Campus universitaire.

Gieseking (Walter) Pianiste allemand (1895-1956). Il fut l'un des meilleurs interprètes de la musique française pour piano (Debussy, Ravel). Il a publié un *Traité du piano moderne.*

Giessen Ville d'Allemagne (Hesse), sur la Lahn. 72 470 habitants. Châteaux des XIVe et XVIe s. Industrie.

gif n. m. ou **GIF** n. m. invar. (mot anglais, abrév. de *Graphic Interchange Format* « format d'échange graphique ») inform. Format d'images numériques permettant de créer des images animées ou à fond transparent. – appos. invar. *Fichiers gif.* ■ Image de ce format. *Des gifs animés.*

Giffard (Henry) Ingénieur français (1825-1882). Il est l'auteur de nombreuses inventions dont le premier dirigeable, propulsé par une machine à vapeur, et l'injecteur de vapeur qui porte son nom.

gifle n. f. (vient du francique *kifel* « mâchoire ») **1.** Coup donné du plat ou du revers de la main sur la joue de qqn. → **claque, soufflet ;** fam. **baffe.** *« Il leur allongea une paire de gifles qui les fit hurler »* (Zola). **2.** fig. Humiliation, affront. ■ Surprise, choc.

gifler v. tr. < 1 > Frapper (qqn) d'une gifle. – au p. p. *Visage giflé par le vent.* → **²cingler, fouetter.**

Gif-sur-Yvette Commune de l'Essonne, dans la vallée de Chevreuse. 21 439 habitants. Laboratoires du CNRS. École Centrale Supélec.

Gifu Ville du Japon (Honshū), au N. de Nagoya. 402 700 habitants. Industrie (céramique, papeterie).

giga- sc. Élément (du grec *gigas* « géant ») du système international d'unités de mesure, qui multiplie par 10^9 l'unité en physique (ex. *gigahertz, gigawatt*) et par 2^{30} en informatique.

gigantesque adj. (du latin *gigas, gigantis* → **géant**, ou italien *gigantesco*, de *gigante* « géant », de même origine) **1.** Qui dépasse de beaucoup la taille ordinaire ; qui paraît extrêmement grand. → **colossal, démesuré, énorme, géant.** *Le séquoia, arbre gigantesque.* **2.** Qui dépasse la commune mesure. → **énorme, étonnant.** *L'œuvre gigantesque de Balzac.*

gigantisme n. m. (du latin *gigas, gigantis* → **géant**) **1.** Développement excessif du squelette d'un individu. **2.** Caractère démesuré, gigantesque. *Le gigantisme de New York.*

gigantomachie n. f. (du latin, du grec, de *gigas* → **géant** et *makhê* « combat ») mythol. Combat des Géants* contre les dieux.

gigaoctet n. m. (de *giga-* + *-octet*) inform. Unité de capacité de mémoire valant 2^{30} octets. - abrév. **giga.** *Un disque dur de 40 gigas.*

Gigli (Beniamino) Ténor italien (1890-1957). Il s'illustra sur les plus grandes scènes du monde de 1914 à 1955, en interprétant le répertoire italien (Verdi, Puccini, Boito, Mascagni).

Gignac-la-Nerthe Commune des Bouches-du-Rhône. 9 899 habitants.

gigantomachie

Une gigantomachie figurée : Hercule tue le géant Géryon, relief en marbre (560 av. J.-C.), Musée archéologique de Paestum, Italie.

gigogne adj. **(p.-ê. altération de *cigogne*, ou de *gigogner*, *gigoter*, la mère *Gigogne* étant un mannequin aux longues jambes)** toujours épithète Se dit d'objets qui s'emboîtent les uns dans les autres ou se glissent les uns sous les autres. *Tables gigognes. Poupées gigognes.*

gigolette n. f. **(de *gigue*)** **1.** Fille délurée. **2.** cuis. Cuisse de dinde dont le haut est désossé.

gigolo n. m. **(famille de [1]*gigue*)** fam. Jeune amant d'une personne plus âgée par laquelle il est entretenu.

gigot n. m. **(p.-ê. de *gigue* « instrument de musique », ancien allemand *giga*, ou de *giguer* « gambader »)** **1.** Cuisse de mouton, d'agneau, coupée pour être mangée. *Découper un gigot.* **2.** appos. invar. *Manches gigot*, bouffantes aux épaules et serrées au coude.

gigoter v. intr. < 1 > **(de *gigot*)** fam. Agiter ses membres, son corps. → se **trémousser.** *Bébé qui gigote dans son berceau.*

gigoteuse n. f. **(de *gigoter*, sur le modèle de *barboteuse*)** Sac de couchage pour bébé, muni de bretelles ou de manches.

[1]gigue n. f. **(de *gigot*)** **1.** vieux Jambe. ■ *Gigue de chevreuil.* → **cuissot, gigot. 2.** *Grande gigue* : fille grande et maigre.

[2]gigue n. f. **(anglais *jig*, de *gigue* « instrument de musique » → gigot)** Danse ancienne très rythmée et rapide. – fig. *Danser la gigue* : s'agiter, se trémousser.

Gijón Ville d'Espagne (Asturies), sur le golfe de Gascogne. 271 700 habitants. Port industriel (sidérurgie, chimie).

Gil (Gilberto) Chanteur et compositeur brésilien (né en 1942). Sa musique combine les influences sud-américaines, africaines et anglo-saxonnes. Il a été ministre de la Culture de 2003 à 2008.

Gilbert (William) Médecin et physicien anglais (1540-1603). Il fut le médecin de la reine Élisabeth. Auteur du premier traité sur le magnétisme terrestre, il effectua de nombreuses expériences relatives à l'électrostatique.

Gilbert (Nicolas) Poète français (1750-1780). Adversaire des philosophes, il dénonça l'athéisme et la facilité des mœurs de son temps dans une satire en vers *(Le Dix-Huitième Siècle)*, avant de laisser libre cours à une poésie élégiaque *(Adieux à la vie)*.

Gilbert (Walter) Biochimiste américain (né en 1932). Il fut le premier à lancer l'idée de séquencer la totalité du génome humain après avoir mis au point une technique chimique permettant de couper l'ADN. Prix Nobel 1980.

Gilbert et Ellice (îles) Ancien protectorat britannique comprenant 37 atolls et îles de l'océan Pacifique. Indépendantes depuis 1979, les îles se séparèrent en deux États distincts : les Tuvalu (îles Gilbert) et la république de Kiribati (îles Ellice).

Gilbert et George (Gilbert Proesch et George Passmore, dits) Artistes britanniques (nés en 1943 et 1942). Se représentant souvent dans leurs œuvres, ils sont célèbres pour leurs gigantesques photomontages, aux couleurs primaires criardes évoquant des vitraux. Ils s'attaquent de façon provocante aux clichés sur le sexe, le racisme, la patrie ou encore la mort. *Smashed ; Bleeding ; Bomber 2006.*

Gilbert-Lecomte (Roger Lecomte, dit Roger) Écrivain français (1907-1943). Pilier de la revue *Le Grand Jeu* avec Roger Vailland, René Daumal et le peintre Joseph Sima, s'élevant contre tous les dogmes et donc contre André Breton, il multiplia les expériences et les excès, à la recherche du point de rencontre entre le visible et l'invisible. *La Vie, l'Amour, la Mort, le Vide et le Vent ; Le Miroir noir ; Correspondance.*

Gil Blas de Santillane Personnage du roman de Lesage, *Histoire de Gil Blas de Santillane*, récit picaresque publié en quatre livres au XVIIIe s. Le parcours de ce fils d'écuyer en quête d'ascension sociale offre une peinture précise et satirique de la société de la Régence.

Gilbreth (Frank Bunker) Ingénieur américain (1868-1924). Il fut le promoteur, avec F. W. Taylor, de l'étude des mouvements et de l'organisation du travail, en vue de réduire la pénibilité des tâches.

Gildas (saint) Missionnaire chrétien britannique (fin Ve s.-570). Il réorganisa l'Église d'Irlande puis fonda le monastère de Rhuys, près de Vannes.

gilet n. m. **(de l'espagnol, de l'arabe *galika*, turc *yelek* « vêtement des captifs chrétiens »)** **1.** Vêtement court sans manches. *Costume d'homme avec gilet* (costume trois-pièces). **2.** *Gilet de sauvetage*, gonflé à l'air comprimé, qui permet de flotter. ■ *Gilet pare-balle*, qui protège des balles. **3.** *Gilet de corps.* → **maillot. 4.** Tricot à manches longues fermé devant. → **cardigan.**

giletier, ière n. Personne qui fabrique des gilets.

Gilgamesh Roi légendaire d'Uruk, héros d'une épopée sumérienne.

▶ La légende de **Gilgamesh** est connue par divers fragments sumériens (IIIe et IIe millénaires av. J.-C.) et surtout par l'*Épopée de Gilgamesh*, version akkadienne du VIIIe s. av. J.-C. trouvée dans la bibliothèque d'Assurbanipal à Ninive, en Assyrie. Largement diffusée dès le IIe millénaire av. J.-C., elle semble avoir inspiré aussi bien certains passages de la Bible (le Déluge) que les mythes grecs les plus célèbres (*L'Iliade* et *L'Odyssée*, les travaux d'Héraclès, Thésée et le Minotaure).
Fils de la déesse Ninsun et du roi Lugalbanda, Gilgamesh succède à son père sur le trône de la ville d'Uruk, en basse Mésopotamie (Irak). Tyrannique, le jeune souverain est mis à l'épreuve par les dieux qui lui envoient Enkidu, un homme sauvage à la force exceptionnelle. Gilgamesh et Enkidu s'affrontent sans qu'aucun d'entre eux ne parvienne à s'imposer. Devenus amis, ils terrassent ensemble de nombreux ennemis dont le géant Humbaba, roi de la montagne des Cèdres. Gilgamesh repousse les avances de la déesse Ishtar, s'attirant les représailles divines : Enkidu est frappé d'une maladie à laquelle il succombe. Effondré, Gilgamesh part en quête de l'immortalité. Il se rend auprès du héros Utnapishtim, seul rescapé du déluge déclenché par les dieux, et finit par trouver l'immortalité sous la forme d'une plante marine. Malheureusement, celle-ci lui est volée par un serpent. Gilgamesh se résigne alors à la condition mortelle et revient dans son royaume en souverain juste et sage.
voir aussi **Mésopotamie, épopée, déluge, Iliade, Odyssée**

Gilioli (Émile) Sculpteur français (1911-1977). L'un des chefs de file de l'abstraction lyrique en sculpture, il élabora des formes dépouillées, dont les surfaces polies reflètent subtilement la lumière. *Monuments aux déportés de Grenoble ; Gisant de Vassieux* dans le Vercors.

Gill (Louis-Alexandre Gosset de Guines, dit André) Peintre et dessinateur français (1840-1885). Célèbre par ses caricatures publiées dans *La Lune* ou *L'Éclipse*, il illustra Zola et Daudet.

Gill (sir David) Astronome et géodésien britannique (1843-1914). Il fut l'un des premiers utilisateurs de la photographie en astronomie. Il réalisa le relevé des étoiles polaires australes.

Gille n. m. **(p.-ê. du latin *Aegidius*)** *Les Gilles* : personnages bouffons du carnaval de Binche, en Belgique.

Gilles (Jean), dit Jean de Tarascon Compositeur français (1669-1705). On a conservé de lui des motets et surtout un *Requiem* donné aux obsèques de Rameau et de Louis XV.

Gilles de Rome Théologien italien (1243-1316). Élève de saint Thomas d'Aquin, il fut général de l'ordre des Augustins. Cardinal de Bourges, il fut le théoricien d'une forme de théocratie pontificale.

Gillespie (John Birks, dit Dizzy) Trompettiste, chanteur et chef d'orchestre de jazz américain (1917-1993). Trompettiste dans l'orchestre de Cab Calloway, il devint à partir de 1943 l'un des créateurs du be-bop avec Charlie Parker. Il fonda son grand orchestre en 1950 et diffusa le style bop à travers le monde. *Groovin' High ; Night in Tunisia.*

D. Gillespie au Jazz Club Lionel Hampton, à Paris (1985).

Gillet (Guillaume) Architecte français (1912-1987). Disciple d'A. Perret, il chercha à concilier le béton, la modernité et l'élégance. Il fut chargé de la reconstruction de Royan dans les années 1950. On lui doit aussi l'église Saint-Joseph d'Avignon et la prison de Fleury-Mérogis.

Gilliam (Terry) Cinéaste britannique d'origine américaine (né en 1940). Membre de l'équipe des Monty Python, il a participé au *Monty Python sacré Graal*, avant de faire cavalier seul *(Brazil)*.

Gillingham Ville d'Angleterre (Kent), sur la mer du Nord. 90 000 habitants.

Gillot (Claude) Peintre, graveur et décorateur français (1673-1721). Spécialiste des scènes de genre, il fut chargé de diriger les

Gilgamesh

Gilgamesh entre deux hommes-taureaux, tenant un disque solaire ailé (Ier millénaire av. J.-C.), Musée national d'Alep, Syrie.

G

décors et les costumes de l'Opéra. Il fut le maître de Watteau et de Lancret.

Gil Robles (José María) Homme politique espagnol (1898-1980). Chef de la droite catholique, rallié à la République en 1933, ministre de la Guerre en 1935, il s'exila pendant la guerre civile. À son retour, il devint le leader des démocrates-chrétiens.

Gilson (Paul) Compositeur et pédagogue belge (1865-1942). Son œuvre abondante comprend des opéras *(Princesse rayon de soleil)*, un oratorio, un poème symphonique, de la musique de chambre, des ballets. Il est aussi l'auteur d'un *Traité d'harmonie* et le fondateur de la *Revue musicale belge*.

Gilson (Étienne) Philosophe français (1884-1978). Spécialiste de la philosophie médiévale, en particulier du thomisme, il fut professeur au Collège de France. *La Philosophie au Moyen Âge*.

Gim Hong do voir **Kim Hongdo**

gimmick [gimik] **n. m. (mot anglais des États-Unis, d'origine inconnue) anglic.** Procédé astucieux, destiné à provoquer un effet marquant (en musique, publicité...).

Gimond (Marcel) Sculpteur français (1894-1961). Influencé par Maillol et fidèle à la tradition figurative, il a réalisé des statues, surtout des nus féminins *(Baigneuse)* et des bustes.

gin [dʒin] **n. m. (mot anglais, de *geneva*, *genever* → genièvre)** Eau-de-vie de grains, fabriquée dans les pays anglo-saxons. *Gin-fizz* : cocktail à base de gin et de citron. *Des gin-fizz.*

Ginastera (Alberto) Compositeur argentin (1916-1983). Après une œuvre de facture traditionnelle, faite de concertos, de cantates et d'opéras *(Barrabas)*, il se tourna vers des techniques contemporaines.

gingembre n. m. (vient du latin *zingiberi*, du grec, mot du sud de l'Inde [tamoul]) Plante tropicale. ▪ Rhizome de cette plante utilisé comme condiment. *Biscuits au gingembre.*

gingival, ale, aux adj. (du latin *gingiva* → gencive) Des gencives. ▪ Pour les gencives. *Pâte gingivale.*

gingivite n. f. (→ gingival) Inflammation des gencives.

ginkgo [ʒiŋko] **n. m. (mot japonais)** Grand arbre d'Extrême-Orient (n. sc. *Ginkgo biloba*), aux feuilles en éventail, aux amandes comestibles, cultivé comme ornemental. *Le ginkgo représente la plus ancienne famille d'arbres connue.* - var. **ginko** [ʒinko].

gin-rummy ou **gin-rami** [dʒinʀami] **n. m. (anglais des États-Unis *gin rummy*) anglic.** Jeu de cartes qui se joue à deux, proche du rami. *Des gin-rummys, des gin-ramis.*

Ginsberg (Allen) Poète américain (1926-1997). Chantre de l'« individualité contemplative », il s'opposa à la civilisation américaine et fut l'une des figures de la beat generation. *Kaddish and Other Poems ; Reality Sandwiches and Later Poems.*

ginseng [ʒinsɛŋ] **n. m. (chinois *jen* [« homme »] *shen* [« plante »], « racine à forme humaine », comme la mandragore)** Plante qui pousse en Chine et dont la racine possède des qualités toniques. ▪ Cette racine.

Ginzburg (Natalia) Romancière italienne (1916-1991). Dans ses romans souvent brefs, elle explora surtout les relations familiales et l'anxiété du quotidien. *Les Voix du soir ; Les Mots de la tribu.*

Ginzburg (Vitaly Lazarevitch) Physicien russe (1916-2009). Il participa à la mise au point de l'arme nucléaire soviétique. En 1950, avec L. D. Landau, il adapta aux supraconducteurs la théorie du changement de phase. Prix Nobel 2003.

Gioberti (Vincenzo) Prêtre, philosophe et homme politique italien (1801-1852). Acteur et théoricien de la réunification italienne *(Risorgimento)*, il prôna dans son principal ouvrage *(Primato morale et civile degl' Italiani)* l'idée d'une fédération italienne sous la direction du pape, s'opposant ainsi aux idées républicaines.

Giolitti (Giovanni) Homme d'État italien (1842-1928). Président du Conseil à de nombreuses reprises, partisan du réformisme, il calma l'agitation ouvrière et instaura le suffrage universel (1912). Il démissionna en 1921 après les élections favorables à Mussolini.

Giono (Jean) Écrivain français (1895-1970). De son enfance sur les bords de la Durance, il garda un idéal de vie rustique et de communion avec la nature, qu'il célébra avec lyrisme *(Regain ; Le Chant du monde ; Que ma joie demeure)*. Pacifiste convaincu, il dénonça la guerre *(Le Grand Troupeau)*. Auteur de poèmes en prose *(Le Serpent d'étoiles)* et de pièces de théâtre, il évolua vers un style plus dépouillé, dont témoignent ses derniers romans *(Les Âmes fortes ; Un roi sans divertissement ; Le Hussard sur le toit)*.

Jean Giono en 1941 aux environs de Manosque.

Giordani (Pietro) Écrivain italien (1774-1848). Progressiste en politique, puriste en littérature, il joua un rôle de modèle linguistique *(Panégyrique de Napoléon)* et encouragea le premier le génie de Leopardi.

Giordano (Luca), dit Fa Presto Peintre et décorateur italien (1634-1705). Il doit son surnom « Fais vite » à sa virtuosité et sa rapidité. Il exécuta une multitude de tableaux religieux et mythologiques ainsi que de grandes décorations à fresque, notamment *L'Apothéose des Médicis* au palais Riccardi à Florence. Par la grâce de ses personnages et sa tendance à meubler l'espace, il annonce le style rococo.

Giorgione (Giorgio da Castelfranco, dit) Peintre italien (1477-1510). Il fut l'élève de Giovanni Bellini et le maître de Titien. On ne lui attribue avec certitude que quelques toiles, dont les plus connues sont *Les Trois Philosophes* et *La Tempête*. Il introduisit de minuscules taches de couleur et adoucit les contours, ce qui donne à ses œuvres la lueur « magique » et diffuse qui les a rendues célèbres. Il influença profondément l'école vénitienne.

à giorno [adʒɔʀno ; aʒjɔʀno] **loc. adv. (loc. italienne « par la lumière du jour »)** Aussi brillamment que par la lumière du jour. *Salle éclairée à giorno.* - var. **a giorno.**

Giotto di Bondone Peintre, sculpteur et architecte italien (v. 1266-1337). Élève de Cimabue, il fut chargé de décorer ou restaurer des églises (Saint-François à Assise, église de l'Arena à Padoue, Santa Croce à Florence). Il dirigea les premiers travaux du campanile de la cathédrale de Florence (bas-reliefs). Il est à l'origine du renouveau de la peinture occidentale et chrétienne, son sens de la nature et de l'humain contrastant avec les conventions antiques et la perception médiévale.

Giovanni da Milano Peintre italien connu de 1346 à1369. Il décora la chapelle Rinuccini à Santa Croce (Florence).

Giotto di Bondone

Giotto di Bondone, *La Vision des moines* (1295), fresque de la basilique Saint-François à Assise.

Giovanni da Udine Peintre et stucateur italien (1487-1564). Collaborateur de Raphaël, il inventa le système décoratif dit des « grotesques », librement inspiré de motifs antiques découverts dans les « grottes » de la Maison dorée de Néron, sur l'Esquilin.

Giovanni Pisano Sculpteur et architecte italien (1248-apr. 1314). Fils et élève de Nicola Pisano, il travailla avec lui à la chaire de la cathédrale de Sienne et à la fontaine de Pérouse. On lui doit la façade de la cathédrale de Sienne, où il joignit à l'étude de l'antique la connaissance du gothique.

girafe n. f. (de l'italien, de l'arabe *zarafa*) Grand mammifère d'Afrique, à cou très long et rigide, dont le pelage roux présente des dessins polygonaux. **– loc. fam.** ***Peigner la girafe*** : faire un travail inutile, ne rien faire. ▪ **fam.** Personne grande et maigre.

girafon n. m. Petit de la girafe. - syn. **girafeau.**

Giralda n. f. Tour de Séville, minaret de l'ancienne mosquée hispano-mauresque construite au XIIe siècle.

Giral Pereira (José) Homme d'État espagnol (1879-1962). Il contribua à l'avènement de la République espagnole, dont il fut Premier ministre en 1936, avant de céder la place à Largo Caballero. De 1945 à 1947, il présida le gouvernement républicain en exil.

girandole n. f. (de l'italien, de *giranda*, de *girare*, latin *gyrare* « tourner » → giration) **1.** Gerbe de fusées de feu d'artifice qui tournoie. **2.** Candélabre orné de pendeloques de cristal. **3.** Guirlande lumineuse qui décore une fête, un manège.

Girard (Philippe de) Inventeur et industriel français (1775-1845). Parmi ses multiples inventions, une machine à filer le lin (1810) lui valut d'être appelé par le tsar Alexandre Ier. Il devint ingénieur en chef de l'industrie polonaise.

Girard (René) Essayiste et anthropologue français (1923-2015). Professeur de littérature française aux États-Unis, il a jeté les bases d'une nouvelle anthropologie, à partir de sa théorie du *désir mimétique*. *La Violence et le Sacré.* Académie française.

Girardin (Louis-Stanislas-Cécile-Xavier, comte de) Général et homme politique français (1762-1827). Formé par J.-J. Rousseau qui fut son précepteur, il soutint la Révolution à ses débuts, mais siégea à l'Assemblée nationale aux côtés des monarchistes constitutionnels. Il devint ensuite un chef de file de l'opposition libérale.

Girardin (Delphine Gay, Mme Émile de) Écrivaine française (1804-1855). Épouse d'Émile de Girardin, elle écrivit, sous le pseudonyme de « vicomte de Launay », des chroniques *(Lettres parisiennes)*, des poèmes et des romans *(Le Lorgnon ; La Canne de M. Balzac).*

Girardin (Émile de) Publiciste et homme politique français (1806-1881). Il fonda *La Presse* (1836), premier journal à prix modique ayant recours à la publicité. Cette innovation fait de lui le fondateur de la presse moderne, mais suscita de vives polémiques dans la presse, et le conduisit à un duel avec Armand Carrel, qui fut tué.

Girardon (François) Sculpteur français (1628-1715). Devenu l'un des collaborateurs de Le Brun, il réalisa d'importantes œuvres pour les jardins de Versailles, dont le groupe *Apollon servi par les nymphes*, représentatif de la sculpture classique. Il réalisa la statue équestre de Louis XIV pour la place Louis-le-Grand, détruite à la Révolution.

Girardot (Annie) Actrice française (1931-2011). Elle s'affirma au théâtre et surtout au cinéma comme une des actrices les plus populaires de sa génération *(Rocco et ses frères ; Mourir d'aimer).*

Annie Girardot dans *Elle boit pas, elle fume pas, elle drague pas mais... elle cause*, de M. Audiard (1969).

Girart de Vienne ou **de Roussillon** Comte de Vienne (819-877). Il batailla contre les Normands en Provence. Défendant le particularisme méridional face à l'absolutisme des Francs, il inspira plusieurs chansons de geste.

giration n. f. **(du latin *gyratum*, supin de *gyrare* « tourner », du grec *guros* → gyro-)** didact. Mouvement circulaire. → **rotation.**

giratoire adj. **(du latin *gyratum* → giration)** (mouvement) Circulaire. *Sens giratoire* : sens obligatoire que doivent suivre les véhicules autour d'un rond-point.

Giraud (Henri) Général français (1879-1949). Commandant de la IXe armée en mai 1940, il fut fait prisonnier puis s'évada. Il tenta, de novembre 1942 à mars 1943, de maintenir un régime vichyste sous protectorat américain en Afrique française. Il présida avec le général de Gaulle le Comité français de libération nationale (CFLN) en juin 1943, avant d'être contraint de se retirer en novembre.

Giraud (Jean) Dessinateur et scénariste français de bande dessinée (1938-2012). Dans un style réaliste et fouillé, il a débuté avec les aventures du *Lieutenant Blueberry*, signées « Gir », avant de réaliser, sous le pseudonyme de Mœbius, des séries de science-fiction d'inspiration poétique et fantastique *(Le Bandard fou ; Les Yeux du chat).*

Giraudoux (Jean) Écrivain français (1882-1944). Diplomate de métier, passionné par la culture allemande, il créa dans ses premiers romans *(Siegfried et le Limousin ; Bella)*, riches de fantaisie et d'effusion poétique, un univers utopique et harmonieux. C'est son théâtre, porté sur scène par Louis Jouvet rencontré en 1928, qui fit sa renommée. Son écriture, alors, se teinta de la gravité de son époque, s'inspirant avec virtuosité de tragédies antiques ou de mythes bibliques pour répondre aux inquiétudes de l'entre-deux-guerres. *Judith ; Intermezzo ; La guerre de Troie n'aura pas lieu ; Ondine ; La Folle de Chaillot.*

Giraudoux (Jean)

Jean Giraudoux vers 1940.

giraumont ou **giraumon** n. m. **(du tupi)** Variété de courge d'Amérique (courge potiron).

giravion n. m. **(du bas latin *gyrare* « tourner » et de *avion*)** techn. Aéronef dont la sustentation est assurée par des voilures tournantes.

girelle n. f. **(ancien provençal *gir* « tournoiement », du latin *gyrus* « cercle, tour »)** Petit poisson des mers chaudes.

Giresun Ville de Turquie orientale, sur la mer Noire. 122 700 habitants. Ruines d'une forteresse et de remparts byzantins.

girie n. f. **(de l'ancien français *girer* « tourner », du latin *gyrare*)** fam. et vieux **1.** Plainte affectée. → **jérémiade. 2.** Manière affectée. → **chichi.**

girl [gœʀl] n. f. **(mot anglais « fille », dans l'anglais des États-Unis *chorus* [« chœur »] *girl*)** anglic. Jeune danseuse de music-hall faisant partie d'une troupe. *Des girls.*

Girnar n. m. Montagne sacrée des jaïna de l'Inde (Gujarat). Lieu de pèlerinage. Nombreux temples.

Giro n. m. Tour d'Italie, épreuve cycliste annuelle, créée en 1909.

Girod (Paul) Ingénieur et industriel français d'origine suisse (1878-1951). L'un des fondateurs de l'électrométallurgie, il imagina un procédé de déphosphoration instantanée dans l'affinage rapide de l'acier.

Girodet-Trioson (Anne Louis Girodet de Roucy, dit) Peintre français (1767-1824). Élève de David, il a hérité du néoclassicisme de son maître tout en développant une sensibilité qui annonce le romantisme. *Le Sommeil d'Endymion ; Les Funérailles d'Atala*, d'après Chateaubriand.

girodyne n. m. **(du bas latin *gyrare* « tourner » et du grec *dunamis* → dynam[o]-)** techn. Giravion dont la propulsion n'est pas assurée par les voilures tournantes destinées à la sustentation.

girofle n. m. **(vient du bas latin *gariofilum*, grec *karuophullon*)** ***Clou de girofle*** : bouton des fleurs du giroflier utilisé comme condiment.

giroflée n. f. **(de *girofle*) 1.** Plante à fleurs jaunes ou rousses qui sentent le clou de girofle. **2.** fig., fam. *Giroflée (à cinq feuilles)* : gifle.

giroflier n. m. Arbre exotique de grande taille, qui produit les clous de girofle.

girolle n. f. **(p.-ê. de l'ancien français *girer* « tourner » → giration)** Champignon comestible, chanterelle jaune très appréciée. *Poulet aux girolles.* - var. RO **girole.**

giron n. m. **(vient du francique *gero*) 1.** Partie du corps allant de la ceinture aux genoux, chez une personne assise. **2.** littér. Milieu qui offre un refuge. *Quitter le giron familial.* **3.** techn. Largeur d'une marche d'escalier.

girond, onde adj. **(p.-ê. famille du latin *gyrare* « tourner » *cf.* girolle)** fam. **1.** (personnes, surtout femmes) Beau, bien fait. **2.** Bien en chair. *Elle est un peu gironde.*

Gironde Estuaire sur l'Atlantique formé par la Garonne et la Dordogne, réunies au bec d'Ambès en aval de Bordeaux. 75 km.

Gironde n. f. [33] Département français de la Région Nouvelle-Aquitaine (→ carte). 10 000 km^2, 1 636 391 habitants. Chef-lieu : Bordeaux. Chefs-lieux d'arrondissement : Arcachon, Blaye, Langon, Lesparre-Médoc, Libourne. La moitié N.-E. du territoire, occupée par les basses vallées de la Garonne et de la Dordogne, ainsi que par la Gironde, forme une importante région viticole (Médoc, Graves, Entre-deux-Mers, Saint-Émilion) articulée autour de Bordeaux. Le littoral rectiligne, ouvert par le bassin d'Arcachon, et le S.-O. du département prolongent la forêt des Landes. Plusieurs milliers d'hectares de forêt ont été ravagés par des incendies en 2022.

girondin, ine adj. et n. De la Gironde.

Girondins n. m. pl. Groupe politique de la Révolution française. Largement composé de journalistes, avocats ou négociants, et de plusieurs députés de la Gironde (d'où son nom), le groupe siégea à gauche de l'Assemblée législative jusqu'en 1792, face aux monarchistes constitutionnels. Parmi eux

Girondins

Les Girondins partant pour l'échafaud, extrait de l'*Histoire de France* d'Henri Martin (1833-1836).

figuraient Barbaroux, Brissot, Condorcet, Gensonné, Guadet, Isnard, Louvet de Couvray, rassemblés autour d'un projet fédéraliste. Après la journée du 10 août 1792 (chute de la royauté), ils dominaient encore la Convention nationale, mais siégeaient à droite, face aux Montagnards, estimant que la Révolution avait atteint ses objectifs. La généralisation des guerres, le procès de Louis XVI, les menaces de contre-révolution, et les difficultés économiques et sociales menèrent à la chute des Girondins sous la pression des sans-culottes. Vingt et un d'entre eux furent guillotinés (oct. 1793).

Gironella **(José Maria)** Romancier espagnol (1917-2003). Catholique, il a tenté de donner une explication « objective » de la guerre d'Espagne et de répondre aux œuvres prorépublicaines de Malraux et Hemingway. *Les cyprès croient en Dieu ; La paix a éclaté.*

G

gironné, ée adj. (de *giron*) **1.** blason *Écu gironné,* partagé en plusieurs triangles. **2.** techn. *Marche gironnée :* marche triangulaire d'un escalier tournant.

Giroud **(Françoise)** Journaliste et femme politique française (1916-2003). À la Libération, elle participa à la création de l'hebdomadaire *Elle,* puis fonda *l'Express* en 1953 avec J.-J. Servan-Schreiber. Elle a été secrétaire d'État à la condition féminine, puis à la Culture sous la présidence de Valéry Giscard d'Estaing. Elle est l'autrice de plusieurs livres dont *La Comédie du pouvoir.*

girouette n. f. **(ancien normand *wirewite,* mot germanique ; p.-ê. d'après l'ancien français *girer* « tourner » et *roue*)** **1.** Plaque mobile autour d'un axe vertical, placée au sommet d'un édifice pour indiquer l'orientation du vent. « [...] *quelque girouette inconstante, et suivant / Sur le haut d'une tour la volonté du vent* » (Ronsard). **2.** fig. Personne qui change facilement d'avis.

Girtin **(Thomas)** Aquarelliste et graveur britannique (1775-1802). Il libéra l'art de l'aquarelle de ses liens avec la gravure et le dessin coloré. Ses œuvres influencèrent le paysage anglais, notamment Turner et Constable.

gisant (du p. prés. de *gésir*) **1.** adj. littér. Qui gît, est étendu immobile. **2.** n. m. Statue funéraire représentant le défunt étendu. (s'oppose à *orant*). *Un gisant de pierre.*

Giscard d'Estaing **(Valéry)** Homme d'État français (1926-2020). Ministre des Finances du général de Gaulle (1962-1966), puis de Georges Pompidou (1969-1974), il fonda la Fédération nationale des républicains indépendants. Élu président de la République en 1974, il marqua son septennat de quelques grandes réformes de libéralisation de la vie civile (majorité à 18 ans, loi sur l'avortement). Il devint président de l'UDF (1988-1996), avant de poursuivre sa carrière sur la scène européenne (projet de Constitution européenne). Académie française.

Valéry Giscard d'Estaing en 2005 à l'ENA.

Gizeh

Gizeh, les pyramides de Khéops, Khéphren et Mykérinos, au S.-O. du Caire.

gisement n. m. (de *gésir*) **1.** mar. Angle que forme une direction avec celle du nord ou avec l'axe du navire. **2.** Masse importante de minerai. *Les gisements d'un bassin. Exploiter un gisement de pétrole.* ■ fig. *Un gisement d'informations.* → **²mine.**

Gish **(Lillian de Guiche, dite Lilian)** Actrice américaine (1896-1993). L'une des grandes actrices du cinéma muet, elle fut la muse de D. W. Griffith (*Le Pauvre Amour ; Le Lys brisé ; Les Deux Orphelines,* aux côtés de sa sœur Dorothy).

Gislebert, latinisé en **Gislebertus** Sculpteur bourguignon du XIIe s. Sa signature apparaît sur le tympan de la cathédrale d'Autun et son style est reconnaissable en d'autres endroits de cet édifice (bas-relief d'Ève).

Gisors Commune de l'Eure, sur l'Epte. 11 863 habitants. Château des XIe et XIIe s. Collégiale Saint-Gervais et Saint-Protais des XIIIe-XVIe siècles.

gît voir **gésir**

Gitaï **(Amos)** Cinéaste israélien (né en 1950). Documentaires ou fictions, entre Israël, la France et l'Amérique, les films de Gitaï posent la question de l'identité juive *(Free Zone),* du territoire *(Terre promise),* de l'imaginaire *(Kippour),* de la religion *(Kadosh)* en décrivant la réalité politique et géographique d'Israël.

gitan, ane n. et adj. **(de l'espagnol, de *Egiptano* « Égyptien »)** **1.** Tsigane d'Espagne. – par ext. Tsigane. ■ adj. *Danses gitanes et flamenco.* **2.** n. f. Cigarette brune de la Régie française.

gîte (de l'ancien p. p. de *gésir : gît, gîte*) **I.** n. m. **1.** littér. Lieu où l'on trouve à se loger, où l'on peut coucher. → **abri, demeure, logement, maison.** *Offrir le gîte et le couvert à qqn.* – cour. *Gîte rural :* logement à la campagne, aménagé pour la location. **2.** Lieu où s'abrite le gibier. *Lever un lièvre au gîte.* **3.** Dépôt de minerai contenant des gisements. *Gîte aurifère.* **4.** Partie inférieure de la cuisse du bœuf (en boucherie). *Gîte à la noix,* où se trouve la noix. **II.** n. f. loc. (navire) *Donner de la gîte :* pencher, s'incliner sur un bord. → **gîter (II).** - var. RO **gite.**

Gitega Capitale du Burundi (depuis 2018). 125 000 habitants. Musée national.

gîter v. intr. < 1 > (de *gîte*) **I.** littér. Avoir son gîte. *Terrier où gîte un renard.* **II.** (navire) Donner de la gîte, pencher. - var. RO **giter.**

Gitlis **(Ivry)** Violoniste israélien (1922-2020). Il fut le premier violoniste israélien à aller jouer en URSS. Interprète de Tchaïkovski, Berg, Sibelius, Bartók, Paganini, aussi bien que de Bruno Maderna et Yannis Xenakis, il a su rendre populaire la musique classique auprès du grand public.

gîtologie n. f. (de *gîte* et *-logie*) didact. Étude des gîtes minéraux. - var. RO **gitologie.**

giton n. m. **(de *Gito,* n. d'un personnage du *Satiricon* de Pétrone)** littér. Jeune homme, adolescent entretenu par un amant.

Giuliano da Maiano Architecte et sculpteur italien (1432-1490). Il répandit en Italie les principes de l'architecture florentine. Il est notamment l'auteur du palais Spannochi à Sienne et de la chapelle Santa Fina dans la collégiale de San Gimignano.

Giulini **(Carlo Maria)** Chef d'orchestre italien (1914-2005). Il se consacra à l'opéra puis à la direction d'orchestre (Chicago, Vienne, Los Angeles).

Giulio Romano voir **Jules Romain**

Giurgiu Ville de Roumanie, au S. de Bucarest, sur le Danube. 260 900 habitants. Port pétrolier. Pont sur le Danube menant à la ville bulgare de Ruse.

Giusti **(Giuseppe)** Poète italien (1809-1850). Il est l'auteur de satires politiques et de poésies populaires qui contribuèrent au mouvement du *Risorgimento.*

Givenchy **(Hubert de)** Couturier français (1927-2018). Il ouvrit sa maison de couture à Paris en 1952. Ses créations élégantes aux lignes épurées et à l'apparente simplicité ont été portées à l'écran par Audrey Hepburn.

Giverny Commune de l'Eure, dans le Vexin normand. 486 habitants. Maison où vécut Claude Monet ; jardin et bassin aux nymphéas. Musée américain.

Givet Commune des Ardennes, à la frontière de la Belgique, sur la Meuse. 6 343 habitants. Église du XVIIe s. Fort de Charlemont (1555). Métallurgie. Port fluvial.

Givors Commune du Rhône, au S. de Lyon. 20 672 habitants. Industrie (verrerie, mécanique).

givrage n. m. Formation de givre.

givrant, ante adj. Qui produit du givre. *Brouillard givrant.*

givre n. m. (origine prélatine obscure) Fine couche de glace qui se forme par temps brumeux. *Cristaux de givre.*

givré, ée adj. **I. 1.** Couvert de givre. *Arbres givrés.* **2.** *Citron givré, orange givrée,* sorbet présenté dans l'écorce du fruit. ■ *Verre givré,* dont le bord est enduit de sucre. **II.** (d'après *frappé*) fam. Fou.

givrer v. tr. < 1 > (de *givre*) **1.** Couvrir de givre. **2.** Couvrir d'une couche blanche comme le givre.

givreux, euse adj. (de *givre*) joaillerie Qui présente des givrures. → **glaceux.**

givrure n. f. (de *givreux*) joaillerie Défaut, petite tache blanche sur une pierre précieuse. → **glace.**

Givry Commune de la Saône-et-Loire, à l'E. de Chalon-sur-Saône. 3 678 habitants. Église du XVIIIe s. Vin.

Gizeh ou **Guizeh** Ville d'Égypte, dans la banlieue du Caire, sur la rive gauche du Nil. 4 367 500 habitants. Université. À proximité de la ville, s'élèvent les pyramides : de Khéops (« la Grande Pyramide » haute de 137 m, l'une des Sept Merveilles du monde), de Khéphren (136 m) et de Mykérinos (66 m), gardées par le Sphinx (longueur : 57 m, hauteur : 20 m). Nécropole.

Gjellerup (Karl) Écrivain danois (1857-1919). Dans ses romans *(Le Moulin)* et ses pièces de théâtre *(Le Feu du sacrifice)* s'exprime l'ambiguïté de son rapport au christianisme. Prix Nobel 1917.

glabelle n. f. (du latin, de *glaber* « glabre ») anat. Zone légèrement proéminente, comprise entre les deux sourcils.

glabre adj. (latin *glaber* « chauve ») Dépourvu de poils (imberbe ou rasé). *Menton, visage glabre.* ■ bot. *Feuilles glabres.*

glaçage n. m. **1.** Action de glacer (II). **2.** cuis. Fine couche de sucre fondu, parfois aromatisée. → **nappage.** *Gâteau garni d'un glaçage au chocolat.*

glaçant, ante adj. **1.** Qui décourage par sa froideur. *Des manières glaçantes.* → **réfrigérant. 2.** Qui frappe d'effroi. → **effrayant.** *Un témoignage glaçant.*

glace n. f. (vient du bas latin *glacia*, de *glacies*, p.-ê. famille de *gelare* → geler) **I. 1.** Eau congelée. *Patiner sur la glace. Patin* à glace. Mettre un cube de glace dans une boisson.* → **glaçon.** – loc. ***Être, rester de glace***, insensible et imperturbable. *Un accueil de glace.* → **glacial.** – *Rompre, briser la glace* : dissiper la gêne. ■ au plur. Blocs de glace. *Navire pris dans les glaces.* **2.** Crème glacée ou sorbet. *Manger une glace à la vanille.* **II. 1.** Plaque de verre transparente. *La glace de la vitrine est fendue.* **2.** Vitre fixe ou mobile (d'une voiture, d'un wagon). *Baisser, lever les glaces.* **3.** Plaque de verre étamée. → **miroir.** *« Madame se regarde tant qu'elle finira par user toutes les glaces de la maison »* (Maupassant). *Armoire* à glace.* **4.** cuis. → **glaçage.** – *Sucre glace*, en poudre très fine, servant à glacer (II, 3). **5.** joaillerie Petite trace d'éclat sur une pierre précieuse. → **givrure.**

▶ L'eau liquide se transforme en **glace** lorsque sa température atteint 273,15 K (0 °C) à pression atmosphérique « normale ». Cette solidification, tout comme le changement d'état réciproque (fusion de la glace), s'effectue à température strictement constante. C'est pourquoi, en 1948, lors de la 9e Conférence générale des poids et des mesures, le système international adopta la définition de l'échelle de température Celsius en y fixant l'origine : le 0 °C.
Lors de cette transformation, les molécules d'eau s'orientent pour se structurer en glace. Mais, contrairement à celles des autres substances, cela les oblige à « s'écarter » les unes des autres. La glace a ainsi une densité inférieure de 8,3 % à celle du liquide : elle flotte sur l'eau. Cette propriété a des conséquences déterminantes, notamment celle de permettre la vie dans les lacs pris en glace : la couche de glace qui se forme à la surface sert d'isolant et évite ainsi la solidification des couches profondes.
Sur notre planète, la glace résulte de la solidification de l'eau liquide ou du tassement de couches de neige (eau solide agglomérée en flocons), année après année. Elle constitue 98,5 % des ressources d'eau douce. L'étude des calottes glaciaires des régions polaires, réalisée en prélevant des carottes, permet d'étudier des tendances climatiques anciennes en fournissant des renseignements datés sur les températures, les niveaux de précipitations ou la composition de l'atmosphère (voire sur les éruptions volcaniques ou la progression des déserts). Aujourd'hui, le réchauffement climatique constitue une menace pour les glaciers et la banquise, dont la disparition laisse prévoir des perturbations majeures des courants marins et des cours d'eau terrestres, ainsi que la disparition de l'habitat de nombreuses espèces.
voir aussi **climat, cycle, eau, océanographie**

Glace (mer de) Glacier des Alpes françaises dans le massif du Mont-Blanc (Haute-Savoie), long de 14 km.

glacer v. tr. < 3 > (vient du latin *glaciare*, de *glacia* → glace) **I. 1.** rare Convertir (un liquide) en glace. → **congeler, geler.** – fig. pronom. *« Juste ciel ! tout mon sang dans mes veines se glace »* (Racine). **2.** (compl. personne) Causer une vive sensation de froid, pénétrer d'un froid très vif. *Cette petite pluie fine me glace.* → **transir. 3.** fig. Paralyser, décourager par sa froideur, son aspect (→ **glaçant, glacial).** *« Sa manière de faire le bien glace ses obligés »* (Villiers de l'Isle-Adam). **4.** Frapper d'une émotion violente et profonde, qui paralyse. → **pétrifier.** *Ce drame les glaçait d'horreur.* **II. 1.** Garnir d'un apprêt, d'un enduit brillant (→ **glaçage).** *Glacer des étoffes, des peaux.* **2.** Revêtir d'un glacis (2). **3.** Recouvrir de sucre transparent. ■ **glacé, ée** adj. **1.** Converti en glace. → **gelé.** *Neige glacée.* – *Crème glacée* (opposé à *sorbet*). → **glace** (I, 2). **2.** Très froid. *Eau glacée. Un vent glacé.* → **glacial.** ■ Refroidi à l'aide de glace ou de glaçons. *Jus de fruits glacé.* **3.** (en parlant du corps) *J'ai les mains glacées.* → **gelé.** *Elle est glacée*, elle a très froid. **4.** fig. D'une grande froideur. *Une politesse glacée.* **5.** (de *glacer*, II) *Papier glacé.* ■ *Marrons glacés.*

glacerie n. f. **1.** Industrie ou commerce des glaces de verre. → **miroiterie. 2.** Commerce du glacier.

glaceuse n. f. techn. Machine effectuant le glaçage des épreuves photographiques.

glaceux, euse adj. joaillerie Qui présente des glaces (II, 5). → **givreux.** *Un diamant glaceux.*

glaciaire adj. (du latin *glacies* → glace) **1.** Propre aux glaciers. *Calotte, relief glaciaire.* **2.** géol. *Période glaciaire* : période géologique durant laquelle les glaciers ont couvert de très grandes étendues. → **glaciation.** – n. m. *Le glaciaire.*

glacial, ale, als ou (rare) **aux** adj. (latin *glacialis*, de *glacies* → glace) **1.** Qui est très froid, qui pénètre d'un froid très vif. *Vent glacial*, glacé. *La maison est glaciale.* **2.** fig. D'une froideur qui glace, paralyse. → **glaçant, glacé.** *Un accueil glacial.* → **froid, sec.** *Un homme glacial.* □ adv. **glacialement**

Glacial (océan) voir **Arctique** (océan)

glaciation n. f. (de *glacer*) **1.** Transformation en glace. **2.** géol. Formation particulière des périodes glaciaires.

[1]glacier n. m. (de *glace*, I, 1) Champ de glace éternelle qui s'écoule très lentement.

[2]glacier, ière n. (de *glace*, I, 2) Personne qui prépare ou vend des glaces (I, 2). *Pâtissier-glacier.*

glacière n. f. (de *glace*, I, 1) **1.** Armoire ou coffre isotherme refroidis par de la glace, pour conserver les aliments. **2.** fig. et fam. Lieu extrêmement froid.

glaciologie n. f. (du latin *glacies* → glace et de *-logie*) Étude scientifique des glaciers et des terres glacées. □ adj. **glaciologique** □ n. **glaciologue**

[1]glacis n. m. (de *glacer*, d'abord « pente, talus incliné [glissant avec le gel] ») **1.** Talus incliné (notamment devant une fortification). **2.** géol. Surface d'érosion, en pente.

[2]glacis n. m. (de *glacer*, II) Vernis coloré que l'on passe sur les couleurs sèches d'un tableau. → **glacer** (II, 2).

glaçon n. m. (de *glace*, I) **1.** Morceau de glace. *Fleuve qui charrie des glaçons.* ■ Petit cube de glace artificielle. **2.** fig. et fam. Personne froide et indifférente.

glaçure n. f. (allemand *Glasur* « vernis de porcelaine », de *Glas* « verre ») techn. Enduit qui donne à certaines matières un aspect vitrifié ou glacé.

gladiateur n. m. (latin *gladiator*, de *gladius* « épée » → glaive) Homme qui combattait armé dans les jeux du cirque, à Rome. *« Spartacus, un esclave, un vil gladiateur »* (Racine).

Combat de gladiateurs, mosaïque décorant le sol d'une villa romaine à Nennig, Allemagne (IIe s.).

Gladkov (Fedor Vassilievitch) Romancier soviétique (1883-1958). Il se voulut l'écrivain de la révolution soviétique en Russie et de l'homme nouveau qu'elle devait générer. *Le Ciment ; L'Énergie.*

glacier

La mer de Glace, à Chamonix, photographiée dans les années 1940 puis en 2003. À travers le monde, les glaciers s'amenuisent sous l'effet du réchauffement climatique.

Gladstone (William Ewart) Homme d'État britannique (1809-1898). Chef du parti libéral, il fut trois fois Premier ministre entre 1868 et 1894. Il domina, avec son rival Disraeli, la vie politique britannique à la fin du XIXe s. Il se retira définitivement après le second échec du projet d'autonomie de l'Irlande qu'il soutenait, le *Home Rule*, en 1894.

glagla interj. (de *glacé*) Onomatopée qui exprime le fait que l'on tremble de froid.

glagolitique adj. (du slavon *glagol* « parole ») *Écriture glagolitique*, utilisée dans la littérature slave au XIe s.

glaïeul n. m. (vient du latin *gladiolus* « petite épée » et « glaïeul », de *gladius* → glaive) Plante à feuilles en forme de glaive, à grandes fleurs décoratives ; ces fleurs. *Gerbe de glaïeuls.*

G

glaire n. f. (vient du latin pop. *clarea*, de *clarus* → clair) **1.** vieilli Blanc d'œuf cru. **2.** Liquide visqueux sécrété par les muqueuses.

glaireux, euse adj. Qui a la nature ou l'aspect de la glaire.

glaise n. f. (p.-ê. mot gaulois, ou famille de *glu*) Terre grasse compacte et plastique, imperméable. → **argile, marne.** *L'ébauche en glaise d'une statue.* – **adj.** *Terre glaise.*

glaiser v. tr. < 1 > techn. **1.** Enduire de glaise. **2.** Mêler de la glaise à (un sol). *Glaiser un champ.*

glaiseux, euse adj. Qui contient de la glaise. *Sol glaiseux.*

glaisière n. f. techn. Terrain d'où l'on tire de la glaise.

glaive n. m. (vient du latin *gladius* « épée » → gladiateur ; glaïeul) Ancienne épée de combat à deux tranchants. ▪ littér. Symbole du combat, de la guerre, de l'extermination, du châtiment. « *Le glaive de la justice n'a pas de fourreau* » (J. de Maistre).

Glåma ou **Glommen** n. m. Le plus long fleuve de Norvège : 570 km. Né dans le Sør Trøndelag, il traverse Sarpsborg pour se jeter dans le Skagerrak. Aménagements hydroélectriques.

Glamorgan n. m. Région du S. du pays de Galles divisée en dix districts. Villes principales : Cardiff, Swansea. Ancien centre industriel qui a subi la crise des « pays noirs britanniques ». Tourisme.

glamour n. m. (mot anglais, par dissimilation de *grammar* « savoir, érudition ») Charme sophistiqué (dans le domaine du spectacle, de la mode). – appos. *Le style glamour des années cinquante.*

glamoureux, euse adj. (anglais *glamorous*) anglic. Empreint de glamour.

glanage n. m. Action de glaner.

gland n. m. (vient du latin *glans, glandis*) **1.** Fruit du chêne. *Ramasser des glands pour les cochons.* **2.** Ornement de passementerie en forme de gland. *Rideau garni de glands à franges.* **3.** Extrémité de la verge. ▪ fig. et fam. Imbécile, crétin.

glande n. f. (vient du latin pop. *glanda*, de *glans* → gland) **1.** Organe dont la fonction est de produire une sécrétion. *Glandes salivaires, sudoripares, lymphatiques.* **2.** fam. Ganglion lymphatique enflammé. *Votre fillette a des glandes.* **3.** loc. fam. *Avoir les glandes* : être de mauvaise humeur, ennuyé par qqch. → **boule.** **4.** fam. *La glande* : le fait de glander, de ne rien faire.

glandée n. f. agric. Récolte de glands.

glander v. intr. < 1 > (de *gland*, fig.) fam. Ne rien faire, perdre son temps. - syn. **glandouiller.** □ n. **glandeur, euse**

glandu, ue n. et adj. **1.** Personne qui perd son temps à des choses inutiles. **2.** Personne inepte. *Quelle bande de glandus !* – adj. *Il a l'air un peu glandu.*

glandulaire adj. (de *glandule*, latin *glandula*, de *glanda* → glande) Des glandes. *Troubles glandulaires.* ▪ Qui est de la nature d'une glande. - syn. **glanduleux.**

glane n. f. vieux **1.** Action de glaner. → **glanage.** **2.** Poignée d'épis glanés. ▪ par ext. *Glane d'oignons* : chapelet d'oignons attachés ensemble.

glaner v. tr. < 1 > (vient du bas latin *glenare*, du gaulois) **1.** Ramasser dans les champs les épis qui ont échappé aux moissonneurs. – absolt *S'en aller glaner aux champs.* **2.** fig. Recueillir par-ci par-là (des bribes dont on peut tirer parti). *Glaner des renseignements sur qqn.*

glaneur, euse n. Personne qui glane.

Glanum Site archéologique gallo-grec et gallo-romain, près de Saint-Rémy-de-Provence (Bouches-du-Rhône). Vestiges de l'époque augustéenne.

glanure n. f. **1.** Ce que l'on glane. **2.** au plur. fig. Courtes notes sur un sujet scientifique.

glapir v. intr. < 2 > (p.-ê. de l'ancien français *glatir*, d'après *japper*) **1.** (animaux) Pousser un cri bref et aigu. *Le lapin, le renard, la grue glapissent.* **2.** (personnes) Crier d'une voix aigre, aiguë. – trans. *Glapir des injures.* □ adj. **glapissant, ante**

glapissement n. m. Cri aigu.

glaréole n. f. (du latin sc., de *glarea* « gravier ») Petit oiseau des marais, au bec incurvé vers le bas, appelé aussi *perdrix de mer.*

Glaris (canton de) Canton de l'E. de la Suisse. 685 km². 40 147 habitants en majorité germanophones. Chef-lieu : Glaris. Centrales hydroélectriques sur la Linth. Industrie (textile, mécanique, électrique). Le canton fut le lieu d'une rivalité historique entre protestants (représentés par Zwingli) et catholiques.

Glaris en allemand **Glarus** Ville de Suisse, chef-lieu de canton, sur la Linth, dans les Alpes de Glaris. 12 515 habitants. Musée.

glas n. m. (vient du latin pop. *classum*, de *classicum* « sonnerie de trompette », de *classis*, d'abord « appel » → classe) Tintement d'une cloche d'église pour annoncer une mort ou un enterrement. *Sonner le glas pour qqn.* – loc. *Sonner le glas de qqch.*, en annoncer la fin, la chute.

Glaser (Donald Arthur) Physicien américain (1926-2013). Il mit au point la chambre à bulles, qui permet de détecter les particules ionisantes. Prix Nobel 1960.

Glasgow Ville d'Écosse, sur la Clyde. 590 500 habitants. Université. Cathédrale des XIIe et XVe s. Musée des Beaux-Arts. Ancien centre de l'Art nouveau avec Mackintosh. Aéroport de Paisley. La ville fut au cœur de l'un des principaux « pays noirs » du Royaume-Uni. Elle retrouve aujourd'hui une certaine vigueur économique grâce, notamment, aux retombées de l'industrie pétrolière (pétrochimie, matériel de forage).

Glashow (Sheldon Lee) Physicien américain (né en 1932). Il proposa une théorie unifiée de la force électromagnétique et de la force nucléaire faible. Prix Nobel 1979.

glasnost n. f. (mot russe, de *glasny* « rendu public ») hist. Politique de libre circulation de l'information, menée en Union soviétique dans le cadre de la perestroïka.

Glass (Philip) Compositeur américain (né en 1937). L'un des chefs de file de la musique minimaliste répétitive, il a composé, outre des œuvres instrumentales, des opéras (*Einstein on the Beach*, mis en scène par Robert Wilson ; *Akhnaten*) et des musiques de film.

glatir v. intr. < 2 > (vient du latin *glattire* « japper ») Crier, en parlant de l'aigle.

Glénan (îles de)

Les îlots de l'archipel de Glénan.

Glauber (Johann Rudolf) Chimiste et pharmacien allemand (1604-1668). Il découvrit les propriétés thérapeutiques du sulfate de sodium (*sel de Glauber*) et identifia l'acide chlorhydrique.

Glauber (Roy J.) Physicien américain (1925-2018). Il est l'un des fondateurs de l'optique quantique. Prix Nobel 2005.

glaucome n. m. (du latin, du grec *glaukôma*, de *glaukos* → glauque) méd. Maladie des yeux (dureté du globe, compression du nerf optique). □ adj. **glaucomateux, euse**

glauque adj. (latin *glaucus*, grec *glaukos* « vert clair ou bleu », couleur de la mer, des yeux) **1.** D'un vert qui tire sur le bleu. → **verdâtre.** *Lumière glauque.* – *Une eau glauque.* **2.** fig. Qui donne une impression de tristesse, de misère. → **lugubre.** *Une atmosphère glauque.*

glaviot n. m. (altération probable, d'après *glaire*, de *claviot*, famille de *clavelée*) fam. Crachat.

Glazounov (Aleksandr Konstantinovitch) Compositeur russe (1865-1936). Professeur de Stravinsky, Prokofiev et Chostakovitch, auteur de symphonies (*Stenka Razine*), de ballets (*Ruses d'amour*), et de musique de chambre, il joua un grand rôle dans la diffusion de la musique russe en Europe.

glèbe n. f. (latin *gleba* « boule, morceau » et « motte de terre ») littér. Terre cultivée. ▪ Fonds de terre auquel les serfs étaient attachés et qu'ils devaient cultiver.

Gleim (Johann Wilhelm Ludwig) Poète allemand (1719-1803). Fondateur de l'anacréontisme, il composa de nombreux poèmes lyriques (*Nouvelles Odes*) et patriotiques (*Les Chants d'un grenadier prussien*).

Gleizes (Albert) Peintre français (1881-1953). Il évolua de l'impressionnisme vers le cubisme dont il devint, avec Metzinger, le théoricien (*Du cubisme*). Ses dernières

glasnost

La glasnost fut instaurée par Mikhaïl Gorbatchev en 1985.

œuvres intègrent les apports cubistes à la peinture religieuse traditionnelle.

Glélé Roi du Dahomey (1858-1889). Fils du roi Ghézo. Il dut céder Cotonou aux Français en 1868.

Glénan (îles de) Îlots du Finistère, dans l'océan Atlantique. Centre nautique. Réserves ornithologiques.

[1]glène n. f. (grec *glênê* « cavité ») anat. Cavité arrondie (d'un os) dans laquelle s'emboîte un autre os.

[2]glène n. f. (du provençal) mar. Portion de cordage pliée en rond sur elle-même.

Glen More n. m. Dépression de l'Écosse, traversée par le canal Calédonien et comprenant de nombreux lacs allongés dont le plus célèbre est le loch Ness.

Glenn (John) Astronaute américain (1921-2016). Il fut le premier Américain à effectuer un vol orbital, en 1962. En 1998, il réalisa un second vol permettant des expériences sur le vieillissement.

glénoïde adj. (de *glène* et *-oïde*) anat. Se dit d'une cavité arrondie (glène) recevant un condyle. - syn. **glénoïdal, ale, aux.**

Gleyre (Charles) Peintre suisse (1808-1874). Professeur de renom, il fut également l'auteur de peintures au style académique, empreintes de symbolisme et de romantisme *(Les Illusions perdues ; La Séparation des apôtres ; Le Coucher de Sapho)*.

glial, gliale, gliaux adj. (de *gliome*) anat. Qui appartient à la névroglie. *Les cellules gliales.*

glie n. f. (grec *gloios* « glu ») anat. Névroglie*.

Glières (plateau des) Plateau du massif des Bornes, en Haute-Savoie. De janvier à mars 1944, des maquisards résistèrent à des miliciens et à des Allemands. 250 maquisards et civils furent tués ou déportés.

Glinka (Mikhaïl Ivanovitch) Compositeur russe (1804-1857). Il est considéré comme le fondateur de l'école musicale et de l'opéra national russe moderne *(La Vie pour le tsar ; Rousslan et Ludmilla)*.

gliome n. m. (du latin sc., du grec *gloios* « glu » et *-ome*) méd. Tumeur constituée par la prolifération du tissu conjonctif de soutien d'une structure nerveuse (spécialt au niveau du cerveau).

glissade n. f. **1.** Action de glisser ; mouvement que l'on fait en glissant. *Faire des glissades sur la glace.* **2.** danse Pas de danse qui consiste à déplacer un pied, puis à y joindre l'autre en effleurant le sol.

glissage n. m. techn. Opération consistant à faire descendre sur des glissoirs, le long des pentes, les bois abattus.

glissant, ante adj. **1.** Qui fait glisser. *Attention, chaussée glissante.* – fig. *Pente glissante, terrain glissant,* qui mène à un danger. **2.** Qui glisse facilement entre les mains.

Glissant (Édouard) Écrivain martiniquais (1928-2011). Auteur de poèmes en prose, de romans et de plusieurs essais célébrant la culture antillaise, riche de son passé tragique et de son identité hybride, il est connu comme le chantre de la « créolité ». *La Lézarde ; L'Intention poétique ; Le Discours antillais.*

glisse n. f. (de *glisser*) *Les sports de glisse* ou *la glisse* : l'ensemble des sports où l'on glisse (ski, planche à voile, surf, etc.).

glissé, ée adj. danse *Pas glissé,* ou n. m. *un glissé* : pas exécuté en effleurant le sol.

glissement n. m. **1.** Action de glisser ; mouvement de ce qui glisse. *Le glissement d'un traîneau sur la neige.* ▪ *Glissement de terrain.* **2.** fig. Changement progressif et sans heurts. → **évolution.** *Un glissement dans l'opinion publique.*

glisser v. < 1 > (de l'ancien français *gliier,* qui vient du francique *glidan* [*cf.* allemand *gleiten*] et de *glacier* « glisser [sur la glace] » → glacer) **I. v. intr. 1.** Se déplacer d'un mouvement continu, sur une surface lisse ou le long d'un autre corps. *Glisser sur une pente raide. Son pied a glissé.* → **déraper.** – *L'objet lui a glissé des mains.* → **échapper, tomber. 2.** Avancer comme en glissant. *« Un ciel immense où glissent les nuages »* (Barrès). ▪ fig. Évoluer doucement, graduellement (vers). *L'opinion publique glisse vers la droite.* **3.** Passer légèrement (sur qqch.). → **courir, passer.** *Son regard glisse sur les choses.* → **effleurer.** – *Les injures glissent sur lui,* ne l'atteignent pas. ▪ fig. Ne pas approfondir. *Glissons sur ce détail.* **II. v. tr.** Faire passer, introduire adroitement ou furtivement (qqch.). *Glisser une lettre sous la porte.* – *Glisser un mot à l'oreille de qqn.* ▪ **se glisser v. pron.** Passer, pénétrer adroitement ou subrepticement quelque part. → **se faufiler.** *Se glisser sous les couvertures.* – fig. *Une erreur s'est glissée dans le texte.*

glisseur n. m. math. Couple formé par une droite affine et un vecteur directeur de cette droite.

glissière n. f. (de *glisser*) **1.** Pièce métallique rainurée dans laquelle glisse une autre pièce. *Porte à glissière.* → **coulisse.** *Fermeture* à glissière.* **2.** *Glissière de sécurité* : bordure métallique de protection, le long d'une route, d'une autoroute.

glissoir n. m. techn. Couloir ménagé sur le versant d'une montagne pour l'opération du glissage.

glissoire n. f. Étendue de glace où l'on peut glisser. ▪ Dispositif où l'on peut glisser, faire glisser des objets.

Glisson (Francis) Médecin et philosophe anglais (1597-1677). On lui doit la découverte de l'enveloppe fibreuse du foie, dite la *capsule de Glisson.*

global, ale, aux adj. (de *globe*) Qui s'applique à un ensemble (s'oppose à *partiel*). → **entier, total.** *Analyser un résultat global. La somme globale. Avoir une vision globale de la situation.* ▪ *Méthode globale* : méthode d'apprentissage de la lecture qui consiste à faire reconnaître un ensemble (mot, phrase) avant d'en analyser les éléments.

globalement adv. Dans l'ensemble.

globalisation n. f. **1.** Action de globaliser ; son résultat. **2.** (anglais *globalization*) anglic. Mondialisation.

globaliser v. tr. < 1 > Prendre, présenter en bloc, d'une manière globale.

globalisme n. m. (de *global*) **1.** philos. Doctrine d'après laquelle un tout composé a des propriétés que les composants n'ont pas. → **holisme. 2.** (anglais *globalism*) anglic. Mondialisme (2). □ **adj. globaliste**

globalité n. f. didact. Caractère global, intégral. → **intégralité, totalité.**

globe n. m. (latin *globus* → globule, hémoglobine) **1.** Boule, sphère. – *Le globe oculaire,* l'œil. **2.** *Le globe terrestre* ou *le globe* : la Terre. *Un globe terrestre* : sphère sur laquelle est dessinée une carte de la Terre. **3.** Sphère ou demi-sphère creuse de verre, de cristal. *Pendule sous globe. Globes lumineux.* – fig. *Mettre qqch. sous globe,* à l'abri du danger.

Globe (Le) Journal philosophique, littéraire et politique fondé en 1824. Organe d'opposition sous la Restauration, il devint un porte-voix important du courant saint-simonien. Il cessa de paraître après le 20 avril 1832.

globe-trotteur, euse [glɔbtʀɔtœʀ, øz] n. (anglais *globe-trotter* « coureur de monde », de *globe,* même origine que le français *globe* et *trotter,* de *to trot* « trotter » et « parcourir ») vieilli Voyageur qui parcourt la terre. *Des globe-trotteurs.* - var. **globe-trotter** [glɔbtʀɔtœʀ ; -tʀɔtɛʀ] n. m., RO **globetrotteur, euse.**

globicéphale n. m. (du latin *globus* → globe et *-céphale*) zool. Grand mammifère marin (delphinidé) à tête globuleuse.

globigérine n. f. (du latin *globus* → globe et *gerere* « porter » → gérer) Protozoaire marin (foraminifère), dont les coquilles constituent des dépôts calcaires.

globine n. f. (de *hémoglobine*) biochim. Protéine entrant dans la composition de l'hémoglobine du sang.

globish [glɔbiʃ] n. m. (marque déposée ; mot-valise anglais, de *global* « mondial » et *English* « anglais ») anglic. Anglais au vocabulaire limité et à la syntaxe élémentaire, employé comme langue véhiculaire.

G

Globokar (Vinko) Compositeur et tromboniste français d'origine yougoslave (né en 1934). Virtuose du trombone, il a développé une recherche sur de nouvelles ressources instrumentales et vocales. *Miserere ; Les Émigrés.*

globulaire I. adj. 1. Qui a la forme d'un globe, d'une sphère. ▪ sc. *Amas globulaire* (d'étoiles). **2.** Relatif aux globules du sang. *Numération globulaire.* **II. n. f.** Plante vivace à fleurs bleues, aux vertus purgatives.

globule n. m. (latin *globulus,* de *globus* → globe) Cellule qui se trouve en suspension dans le sang, la lymphe. *Les globules du sang : globules rouges* (hématies), *blancs* (leucocytes).

globuleux, euse adj. **1.** vieilli Formé de globules. ▪ En globule. **2.** *Œil globuleux,* dont le globe est saillant.

globuline n. f. (de *globule*) biochim. Protéine de poids moléculaire très élevé.

glockenspiel [glɔkœnʃpil] n. m. (mot allemand « jeu de cloches ») Instrument de percussion, sorte de carillon à main.

gloire n. f. (latin *gloria* « renommée », en latin chrét. « majesté divine ») **I. 1.** Grande renommée répandue dans un très vaste public. → **célébrité, honneur, renom.** *« La gloire est le soleil des morts »* (Balzac). *Se couvrir de gloire* (→ **glorieux**). – *Faire qqch.* **pour la gloire,** uniquement pour le prestige qu'on en tire. – *À la gloire de qqn, qqch.,* en l'honneur de, qui fait l'éloge de. *Monument à la gloire des héros.* **2.** Honneur acquis par une action, un mérite. *« À vaincre sans péril on triomphe sans gloire »* (Corneille). *S'attribuer toute la gloire d'une réussite.* → **mérite.** – *Se faire gloire de qqch.,* s'en vanter. **3.** Personne célèbre. → **célébrité.** *Elle fut une des gloires de son pays.* **II. 1.** vieux Rayonnement, splendeur (spécialt de Dieu). **2.** relig. Hommage à la divinité. *Rendre gloire à* : rendre un hommage de respect, d'admiration (→ **glorifier**). *Gloire à Dieu !* **3.** relig. État de béatitude des saints, des élus. **4.** arts Auréole enveloppant tout le corps du Christ. *Représenter le Christ en gloire* (→ **pantocrator**). ▪ Faisceau de rayons émanant du triangle de la Trinité.

gloméris n. m. (latin *glomus, glomeris* « peloton ») Animal arthropode voisin du cloporte.

glomérule n. m. (du latin → gloméris) **1.** bot. Inflorescence composée d'un ensemble dense de fleurs sessiles. **2.** anat. Amas vasculaire, glandulaire ou nerveux.

Glommen voir **Glåma**

gloria n. m. invar. (mot latin → gloire) Hymne de la messe chanté ou récité à la gloire de Dieu.

gloriette n. f. (de *glorie,* ancienne forme de *gloire*) Petit pavillon (dans un château, un parc).

glorieusement adv. D'une manière glorieuse.

Glorieuses (les Trente) voir Trente Glorieuses (les)

Glorieuses (les Trois) Nom donné aux journées révolutionnaires des 27, 28, 29 juillet 1830, qui mirent fin à la Restauration.

glorieux, euse adj. (latin *gloriosus*, de *gloria* → gloire) **1.** (choses) Qui procure de la gloire ou qui est plein de gloire. → **célèbre, fameux, illustre, mémorable.** *Glorieux exploits. Mort glorieuse. – Journée glorieuse. –* fam. *Ce n'est pas très glorieux,* c'est médiocre. **2.** Qui s'est acquis de la gloire (surtout militaire). **3.** vieilli, péj. ***Être glorieux de qqch.***, en tirer vanité (→ **gloriole**).

glorificateur, trice adj. et n. littér. Qui glorifie.

glorification n. f. Action de glorifier, célébration, louange. → **apologie.**

glorifier v. tr. < 7 > (latin chrét. *glorificare*, de *gloria* → gloire et *facere* → [1]faire) **1.** Proclamer la gloire de (qqn, qqch.). → **célébrer, exalter.** *Glorifier une révolution. Poème qui glorifie la liberté.* **2.** Rendre gloire à (Dieu). → **[1]louer.** ■ se **glorifier** v. pron. Se faire gloire, tirer gloire de. → se **flatter.** *Se glorifier de ses succès.*

gloriole n. f. (latin *gloriola*, diminutif de *gloria* → gloire) Vanité qu'on tire de petites choses. *Raconter ses succès par pure gloriole.*

glose n. f. (bas latin *glosa* « terme rare », du latin class. *glossa* [*cf.* glossaire], du grec ionien *glôssa*, *cf. glôtta* → glotte) **1.** Note en marge ou au bas d'un texte, pour expliquer un mot difficile, éclaircir un passage obscur. ■ par ext. Commentaire explicatif. **2.** Commentaire malveillant. *Les gloses des commères.*

gloser v. tr. < 1 > **1.** Expliquer par une glose. *Gloser un texte.* → **annoter, commenter. 2.** *Gloser sur (qqn, qqch.)* : critiquer.

gloss n. m. (mot anglais « lustre, brillant ») anglic. Fard gras pour les lèvres, qui donne un aspect brillant.

glossaire n. m. (latin *glossarium*, de *glossa* → glose) Lexique expliquant les mots difficiles, mal connus (d'un texte, d'un livre). ■ Lexique d'un dialecte, d'un patois ou d'un domaine spécialisé.

glossateur, trice n. didact. Auteur d'une glose.

-glosse, gloss(o)- Éléments (du grec ionien *glôssa* → glose) qui signifient « langue ».

glossine n. f. (du latin savant, du grec *glôssa* → -glosse) Mouche africaine qui ne pond pas d'œufs. *La mouche tsétsé est une glossine.*

glossite n. f. (de *gloss[o]-* + *-ite*) méd. Inflammation de la langue.

glossolalie n. f. (de *gloss[o]-* et du grec *lalein* « parler ») didact. Langage personnel inventé par certains malades mentaux ou dans un but ludique.

glossopharyngien, ienne adj. (→ pharyngien) anat. Relatif à la langue et au pharynx.

glottal, ale, aux adj. phonét. *Consonne glottale*, émise au niveau de la glotte. – n. f. *Une glottale.*

glotte n. f. (grec *glôtta* « langue », *cf. glôssa* → glose, -glosse) Partie du larynx située entre les cordes vocales inférieures. – phonét. *Coup de glotte* : occlusive produite par la fermeture de la glotte. □ adj. **glottique**

glottophobie n. f. (du grec *glôtta* « langue » et *-phobie*) didact. Discrimination basée sur certains traits linguistiques, notamment les accents.

Gloucester Ville d'Angleterre, chef-lieu du Gloucestershire, sur la Severn, au N. de Bristol. 136 300 habitants. Cathédrale des XIe et XVe s. Constructions aéronautiques.

Glorieuses (les Trois)

Les Trois Glorieuses, *Combats de la rue de Rohan, le 29 juillet 1830*, par Hippolyte Lecomte, musée Carnavalet, Paris.

Gloucestershire Comté de l'O. de l'Angleterre. 2 638 km^2. 605 600 habitants. Chef-lieu : Gloucester. Élevage et céréaliculture. Industrie dans l'agglomération de Gloucester.

glouglou n. m. (onomatopée *cf.* bas latin *glutglut* → glouton) **1.** fam. Bruit que fait un liquide qui coule dans un conduit, d'un récipient, etc. *Des glouglous de bouteilles qui se vident.* **2.** Cri de la dinde et du dindon.

glouglouter v. intr. < 1 > **1.** Produire un glouglou. → **gargouiller. 2.** Crier (dinde, dindon).

gloussement n. m. **1.** Cri de la poule, de certains gallinacés. **2.** Rire et petits cris étouffés.

glousser v. intr. < 1 > (vient du latin pop. *clociare*, de *glocire*, même sens) **1.** Pousser un gloussement. *La poule glousse pour appeler ses petits.* **2.** (personnes) Rire en poussant de petits cris. □ adj. **gloussant, ante**

glouton, onne (de l'ancien français *gluton*, qui vient du latin pop. *glutto*, de *gluttus*, de l'onomatopée *glut-* → glouglou) **1.** adj. Qui mange avidement, excessivement, en engloutissant les morceaux. → **goinfre, goulu, vorace.** *Un enfant glouton. –* n. *Quelle gloutonne !* **2.** n. m. Petit mammifère carnivore qui vit dans la toundra. → **carcajou.**

gloutonnement adv. Avec gloutonnerie. « *Les loups mangent gloutonnement* » (La Fontaine).

gloutonnerie n. f. Avidité d'un glouton. → **goinfrerie, voracité.**

glu n. f. (vient du bas latin *glus, glutis*, de *gluten, glutinis* → gluten) **1.** Matière végétale visqueuse et collante (→ **engluer**). *Piéger les oiseaux à la glu.* **2.** Colle forte. ■ fig. et fam. Personne importune et tenace.

gluant, ante adj. (de l'ancien v. *gluer*, de *glu*) Visqueux et collant (d'une manière désagréable). *Mains gluantes.* → **poisseux.**

gluau n. m. (de *glu*) Branche ou planchette enduite de glu pour attraper les petits oiseaux. *La chasse aux gluaux est interdite.*

Glubb (sir John Bagot), dit Glubb Pacha Général britannique (1897-1986). Il commanda la Légion arabe de 1939 à 1956 avant d'être relevé par le roi Hussein désireux de maintenir son indépendance à l'égard de l'Angleterre.

glucagon n. m. (de *gluc[o]-* et du grec *agô* « je conduis ») biochim. Hormone pancréatique, sécrétée en réponse à l'hypoglycémie.

glucide n. m. (du grec *glukus* → gluc[o]- et -ide) sc. Composant de la matière vivante formé de carbone, d'hydrogène et d'oxygène. *Les glucides et les lipides*, les « sucres » et les corps gras. □ adj. **glucidique**

Gluck (Christoph Willibald, chevalier von) Compositeur allemand (1714-1787). Il rénova l'opéra en le dégageant de l'influence du style italien et en lui insufflant énergie, simplicité et naturel, ce qui entraîna une querelle durable avec les partisans de Piccinni. Il composa 107 opéras (*Orphée et Eurydice ; Alceste ; Hélène et Pâris ; Iphigénie en Aulide ; Armide*). Longtemps protégé par Marie-Antoinette, il quitta Paris en 1779 après l'échec d'*Écho et Narcisse.* Son œuvre de réformateur fut reprise et célébrée par Berlioz.

Glück (Louise) Poétesse américaine (née en 1943). L'enfance, la famille, la nature, les épreuves que sont la perte et le chagrin reviennent fréquemment dans son œuvre souvent écrite à la première personne. Bien que sa poésie se caractérise par un certain hermétisme, Louise Glück s'exprime dans une langue en apparence naturelle, proche du discours ordinaire (*First Born ; L'Iris sauvage*). Elle a réinterprété plusieurs mythes dont celui de la descente de Perséphone aux Enfers dans *Averno.* Prix Nobel 2020.

Glucksmann (André) Écrivain et penseur français (1937-2015). Réputé pour son franc-parler, il s'est engagé contre les totalitarismes (nazisme, fascisme, communisme soviétique, impérialisme) et a été de tous les combats pour défendre les droits de l'homme et la dignité humaine (Rwanda, Kosovo, Tchétchénie). *Le Discours de la guerre ; La Cuisinière et le mangeur d'hommes, réflexions sur l'État, le marxisme et les camps de concentration ; Les Maîtres Penseurs.*

gluc(o)-, glyc(o)- Élément (du grec *glukus*) qui signifie « sucre, sucré ».

glucomètre n. m. **1.** techn. Appareil qui mesure la quantité de sucre des moûts. **2.** Appareil qui mesure le taux de glycémie du sang.

glucose n. m. (→ [1]-ose) Glucide à six atomes de carbone ($C_6 H_{12} O_6$), sucre très répandu dans la nature (miel, raisin, amidon), source d'énergie essentielle de l'organisme (→ **glycémie**).

glucoserie n. f. techn. Fabrique de glucose.

glucoside n. m. (de *glucose* et *-ide*) biochim. Substance d'origine végétale constituée de glucose lié à une fraction non glucidique. → **hétéroside, holoside.**

glume n. f. (du latin) bot. Enveloppe de l'épillet des graminées. *La glume du blé.*

glumelle n. f. (de *glume*) bot. Chacune des deux bractées qui enveloppe la fleur des graminées.

gluon n. m. (de *glu*) phys. Élément constitutif des particules lourdes (hadrons), qui assure la cohésion des quarks.

glutamate n. m. (du radical de *gluten*) chim. Sel de l'acide glutamique, utilisé en cuisine (notamment asiatique).

glutamine n. f. biochim. L'un des vingt acides aminés constitutifs des protéines.

glutamique adj. (de *glut[en]* et *am[ide]*) biochim. *Acide glutamique :* diacide aminé des milieux organiques, transporteur d'ammoniac.

gluten [glytɛn] n. m. (latin *gluten, glutinis* « colle » → glu) Matière azotée visqueuse qui subsiste après l'élimination de l'amidon des farines de céréales. □ adj. **glutineux, euse**

glycémie n. f. méd. Teneur du sang en glucose. □ adj. **glycémique**

glycéride n. f. (de *glycérine* et *-ide*) chim. Ester du glycérol.

glycérie n. f. (du grec *glukeros* « doux » → gluc[o]-) Plante (graminée) à épillets cylindriques ou aplatis, qui pousse au bord de la mer, des étangs.

glycérine n. f. (du grec *glukeros*, de *glukus* → gluc[o]- et -ine) Composé chimique, liquide incolore, sirupeux, de saveur sucrée, obtenu à partir de corps gras.

glycériner v. tr. < 1 > Enduire de glycérine.

glycérique adj. chim. *Acide glycérique*, obtenu par oxydation de la glycérine.

glycérol n. m. chim. Glycérine.

glycérophtalique adj. Se dit d'une résine dérivée du glycérol et de l'acide phtalique. – *Peinture glycérophtalique.*

^{1}**glycine** n. f. (du grec *glukus* → gluc[o]-, à cause d'une production de la plante) Arbre grimpant d'origine exotique, à grappes de fleurs mauves et odorantes.

^{2}**glycine** n. f. (du grec *glukus* → gluc[o]-) biochim. Le plus simple des acides aminés constituant les protéines. - syn. **glycocolle** n. m.

glyc(o)- voir gluc(o)-

glycogène n. m. (de *glyco-* + *-gène*) biochim. Substance glucidique stockée dans le foie et les muscles, formant une réserve importante de glucose pour l'organisme.

glycogenèse n. f. (de *glyco-* + *-genèse*) biochim. Formation du glucose à partir du glycogène. □ adj. **glycogénique**

glycol n. m. (de *glyc-* + *-ol*) chim. Corps possédant deux fois la fonction alcool. → dialcool.

glycolipide n. m. (de *glyco-* et *lipide*) biochim. Lipide contenant un glucide.

glycolyse n. f. (de *glyco-* + *-lyse*) biochim. Dégradation du glucose d'un organisme vivant, sous l'action d'enzymes. □ adj. **glycolytique**

glycoprotéine n. f. biochim. Protéine liée de façon covalente à un oligosaccharide.

glycosurie n. f. (de *glyco-* et *-urie*) méd. Présence anormale de sucre dans l'urine. *La glycosurie est un symptôme du diabète.*

Glyndebourne Manoir situé en Angleterre, près de Lewes, dans le Sussex. Un festival d'opéra s'y tient chaque année depuis 1934.

glyphe n. m. (du grec, de *gluphein* « tailler, ciseler ») **1.** archéol. Trait gravé en creux. **2.** typogr. Dessin particulier d'un caractère dans une certaine police.

glyphosate n. m. chim. Composé chimique employé comme herbicide. *Le glyphosate serait cancérogène.*

glyptique n. f. (grec *gluptikos* « relatif à la gravure ») didact. Art de graver sur pierres fines.

glyptodon ou **glyptodonte** n. m. (du grec *gluptos* « gravé » et *odous, odontos* « dent ») paléont. Mammifère fossile (édenté) couvert d'une carapace, que l'on trouve dans les terrains quaternaires d'Amérique.

glyptothèque n. f. (du grec *gluptos* « gravé » et de *-thèque*) Musée de pierres gravées et, par ext., de sculptures.

GMT loc. nominale (mot anglais, abrév. de *Greenwich mean time*) Temps* solaire moyen au méridien de Greenwich. *Treize heures GMT.*

gnac voir niaque

gnangnan [ɲɑ̃ɲɑ̃] adj. (onomatopée [plainte]) fam. **1.** Mou, sans énergie. *Elles sont un peu gnangnans.* **2.** Mièvre. *Une histoire gnangnan.*

gnaque ; gnaquer voir niaque ; niaquer

gnaule voir gnole

Gneisenau (August, comte Neidhardt von) Feld-maréchal prussien (1760-1831). Il fut chef d'état-major de Blücher en 1813 et 1814. Son intervention à Waterloo fut décisive.

gneiss [gnɛs] n. m. (mot allemand) géol. Roche composée de feldspath, de quartz, de mica. □ adj. **gneissique** et **gneisseux**

gnète n. f. (du latin bot.) Plante ligneuse à grandes feuilles des forêts tropicales.

Gniezno Ville de Pologne, à l'E. de Poznan. 69 900 habitants. Cathédrale gothique. Première capitale de la Pologne. Siège des primats polonais depuis le xve siècle.

gniole voir gnole

gnocchi [ɲɔki] n. m. (mot italien, du vénitien *gnocco* « petit pain ») Boulette de pâte pochée, puis cuite au four. *Des gnocchis.*

gnognote n. f. (onomatopée, p.-ê. famille de *niais*) fam. *C'est de la gnognote*, c'est quelque chose de tout à fait négligeable. - var. **gnognotte.**

gnole n. f. (mot régional [Lyon], origine inconnue) fam. Eau-de-vie, alcool. *Un petit verre de gnole.* - var. **gnôle, gnaule, gniole.**

gnome [gnom] n. m. (latin des alchimistes, p.-ê. du grec *genomos* « habitant ») Petit personnage de contes, laid et difforme. → lutin, nain. ■ fam. et péj. Petit homme mal bâti. → nabot.

gnomique [gnɔmik] adj. (grec *gnômikos*, de *gnômê* « opinion ») didact. Formé de sentences, de maximes. *Poésie gnomique.* ■ Qui exprime un fait général de connaissance.

gnomon [gnɔmɔ̃] n. m. (du latin, du grec « ce qui règle » → gnomique) didact. Tige faisant ombre portée, marquant les points de la marche apparente du Soleil (heures [cadran solaire], équinoxes, solstices...).

gnomonique **1.** adj. Relatif aux gnomons. **2.** n. f. Art de construire des gnomons.

gnon n. m. (de *oignon*) fam. Coup. *Prendre des gnons.* ■ Marque laissée par un coup.

gnose [gnoz] n. f. (grec *gnôsis* « connaissance », de *gignôskein* « comprendre ») didact. **1.** Philosophie selon laquelle il est possible de connaître les choses divines. **2.** Philosophie ésotérique, connaissance initiatique.

-gnose, -gnosie, -gnostique Éléments (du grec *gnôsis*) qui signifient « connaissance ».

gnoséologie [gnozeɔlɔʒi] n. f. (du grec *gnôsis* → gnose et *-logie*) philos. Théorie de la connaissance. □ adj. **gnoséologique**

gnosie [gnozi] n. f. (du grec → gnose) didact. Perception, connaissance élémentaire. *Gnosie visuelle.*

gnosticisme [gnɔstisism] n. m. hist. Ensemble des doctrines de la gnose des premiers siècles du christianisme.

gnostique [gnɔstik] (du latin relig., du grec, de *gnôstikoi* « ceux qui savent » → gnose) didact. **1.** adj. De la gnose, de ses doctrines. **2.** n. Adepte des connaissances, des secrets de la gnose. *Les gnostiques chrétiens.*

gnou [gnu] n. m. (mot hottentot) Mammifère (antilope) d'Afrique, au corps lourd, à tête épaisse et barbue, et à grosses cornes. *Des gnous.*

gnouf n. m. (de *bignouf*, d'origine inconnue) argot Prison, poste de police. *Il s'est fait mettre au gnouf.*

^{1}**go** n. m. (mot japonais) Jeu de stratégie d'origine chinoise qui se joue à deux avec des pions sur un plateau quadrillé.

^{2}**go** interj. et n. m. invar. (mot anglais, de *to go* « aller ») anglic. **1.** Interjection indiquant le signal du départ. *1, 2, 3, go !* **2. n. m. invar.** fam. Autorisation d'agir. *Ils ont donné leur go pour le lancement du projet.*

^{3}**go** n. f. (d'une langue d'Afrique de l'Ouest) fam. **1.** Jeune fille, jeune femme. **2.** Petite amie.

^{4}**tout de go** loc. adv. (d'abord *tout de gob ;* de *gober*) fam. Directement, sans préambule. *N'allez pas lui avouer cela tout de go.*

Goa État de la côte O. de l'Inde, sur la mer d'Oman. 3 702 km^2. 1,5 million d'habitants. Capitale : Panaji. Culture du riz, plantations de cocotiers. Tourisme. Colonie portugaise depuis 1510, Goa fut rattachée à l'Inde en 1962.

goal [gol] n. m. (mot anglais « but ») anglic. Gardien de but. *Des goals.*

goal-average [golaveʀaʒ] n. m. (mot anglais, de *goal* « but » et *average* « moyenne ») anglic., sports Différence entre le total des points marqués par une équipe et le total de ceux qu'elle a concédés au cours de plusieurs matchs, permettant de

Goa

Goa, l'église du Saint-Esprit à Madgaon (1565).

départager deux équipes ex æquo. *Les goal-averages.*

gobelet n. m. (diminutif de l'ancien français *gobel*, famille de *gober*) **1.** Récipient pour boire, généralement plus haut que large et sans pied. → **godet, timbale. 2.** Récipient tronconique servant à lancer les dés.

gobeleterie ou **gobelèterie** n. f. (de *gobelet*) Fabrication, commerce de verrerie pour la table (gobelets, verres, carafes). □ n. **gobeletier, ière** ou RO **gobelétier, ière**

gobelin n. m. Tapisserie provenant de la manufacture des Gobelins.

Gobelins (manufacture nationale des) Manufacture de tapisseries située à Paris. Sa fondation remonte au début du XVIIe s., quand Henri IV fit venir de Flandre des tapissiers qui s'installèrent dans les ateliers d'une célèbre famille, les Gobelins. En 1662, Colbert créa la Manufacture royale de meubles et de tapisseries de la Couronne, chargée de fournir des tentures à la gloire de la monarchie. Aujourd'hui, la manufacture travaille essentiellement pour l'État.

gobe-mouche n. m. **1.** Oiseau (passereau) insectivore. *Des gobe-mouches.* **2.** vieilli Personne crédule et niaise. - var. RO **gobemouche.**

gober v. tr. < 1 > (d'abord *se gober* « se vanter » ; du gaulois *gobbo* « bouche ») **1.** Avaler brusquement en aspirant, et sans mâcher. *Gober un œuf cru.* – loc. fam. *Gober les mouches* : rêvasser. **2.** fig. et fam. Croire sans examen. → **avaler.** *Elle gobe tout ce qu'on lui dit.* **3.** fam. (surtout négatif) Estimer, apprécier. *Je ne peux pas le gober.*

goberge n. f. (origine inconnue) (Canada) Poisson comestible de l'Atlantique Nord.

se **goberger** v. pron. < 3 > (famille de *gober*) fam. Prendre ses aises, se prélasser. ▪ Faire bombance.

gobeur, euse n. fam. Personne crédule, naïve. → **gobe-mouche.**

Gobi (désert de) Désert d'Asie centrale. Il s'étend au S. de la Mongolie et sur une partie de la Chine (Mongolie-Intérieure, Xinjiang et Gansu). Long de plus de 1 500 km, large de 500 à 900 km, c'est l'un des plus vastes déserts du monde.

Le désert de Gobi, en Mongolie, aux températures extrêmes (de 40 °C en été à –30 °C en hiver).

gobie n. m. (du latin sc., de *gobio* « goujon ») Poisson du littoral, qui se fixe aux rochers par ses nageoires pectorales.

Gobineau (Joseph Arthur, comte de) Écrivain français (1816-1882). Il tira de sa carrière de diplomate divers récits de voyages *(Trois Ans en Asie)* ainsi que des romans *(Le Prisonnier chanceux ; Les Pléiades).* Son *Essai sur l'inégalité des races humaines* inspira les pangermanistes et les théoriciens du national-socialisme.

godailler voir **goder**

Godard (Eugène) Aéronaute français (1827-1890). Il organisa, avec son frère Louis, la poste aérienne pendant le siège de Paris (1870-1871).

Godard (Jean-Luc) Cinéaste franco-suisse (1930-2022). Figure emblématique de la Nouvelle Vague, il a, par sa liberté d'écriture, ses audaces esthétiques, le ton naturel des dialogues, influencé toute une génération de cinéastes. *À bout de souffle ; Le Mépris ; Pierrot le Fou ; La Chinoise ; Prénom Carmen ; Je vous salue Marie ; Détective.*

Gobelins (manufacture)

Tapisserie des Gobelins (3,75 × 5,80 m) représentant la visite de Louis XIV à la Manufacture (XVIIe s.), musée du château, Versailles.

godasse n. f. (de *godillot*, suffixe *-asse*) fam. Chaussure.

Godavari n. f. Fleuve d'Inde. 1 500 km. Né dans les Ghâts, il se jette dans le golfe du Bengale par un grand delta. Fleuve sacré des hindous.

Godbout (Jacques) Écrivain canadien (québécois) (né en 1933). Il est l'auteur de poèmes *(Carton pâte),* de romans *(Salut Galarneau ! ; D'amour, P. Q.)* où l'influence du français populaire de Montréal est sensible. Il a réalisé plusieurs films *(Les Vrais Cousins ; Aimez-vous les chiens ?).*

Goddard (Robert Hutchings) Ingénieur et physicien américain (1882-1945). Spécialiste des fusées, il annonça, par ses réalisations (première fusée à propergol liquide de l'histoire), le développement de l'astronautique.

Godefroi ou **Godefroy de Bouillon (Godefroi IV de Boulogne, dit)** (1061-1100). Duc de Basse-Lorraine (1089-1095). Chef de la première croisade, il fut élu roi de Jérusalem en 1099 mais préféra le titre d'« avoué du Saint-Sépulcre ».

Gödel (Kurt) Logicien et philosophe américain d'origine autrichienne (1906-1978). Il est l'auteur d'un procédé d'« arithmétisation de la syntaxe » et de théorèmes de métamathématique (dits *théorèmes de Gödel*).

godelureau n. m. (p.-ê. de l'ancien français *gaudir* « se réjouir », du latin *gaudere* → **jouir** et de *lureau*, var. de *luron*) fam. et péj. Jeune homme qui se fait remarquer par ses manières trop galantes.

godemiché n. m. (p.-ê. espagnol « cuir de Ghadamès [ville] », ou de *gaudir* « se réjouir » → **godelureau**) Phallus artificiel destiné au plaisir sexuel. - abrév. fam. **gode.**

goder v. intr. < 1 > (du radical *god-* → **godet**) Faire des faux plis. *Jupe qui gode.* - syn. **godailler.**

godet n. m. (du radical onomatopéique *god-*, *gob-*, comme *gobelet*, *goder*, ou de l'ancien néerlandais *kodde*) **I. 1.** Petit récipient sans pied ni anse. → **gobelet.** *Les godets d'un peintre.* **2.** fam. et vieilli Verre. *Prendre un godet.* **3.** techn. Récipient fixé sur certaines machines. **II.** Faux pli ou large pli d'un vêtement, d'une étoffe. → **goder.** *Jupe à godets.*

Godard (Jean-Luc)

Jean-Luc Godard (à g.) dirigeant Jean-Paul Belmondo et Jean Seberg dans *À bout de souffle* (1959).

godiche adj. (d'abord n. propre ; du radical *god-* « enflé » ou de *Gaudon*, forme du prénom *Claude*) fam. Benêt, maladroit. *Qu'il est godiche ! Quel air godiche !* – n. f. *Quelle godiche, cette fille !*

godille n. f. (mot dialectal ; p.-ê. famille de *goder*, à cause des mouvements obliques) **1.** Aviron placé à l'arrière d'une embarcation. *Avancer à la godille.* **2.** Technique de descente à skis qui consiste à enchaîner de courts virages face à la pente.

godiller v. intr. < 1 > (du radical *god-* de *goder* → **godille**) **1.** Manœuvrer une embarcation avec la godille. **2.** Faire la godille, en ski.

godillot n. m. (du n. de A. Godillot, fournisseur de l'armée) **1.** Chaussure militaire à tige courte. ▪ fam. Gros soulier. → **godasse. 2.** fam. Fidèle qui suit un chef sans discuter.

Godiva (lady) Héroïne d'un récit de Roger de Wendover (XIIIe s.). Pour obtenir de son époux qu'il allège les impôts qui écrasaient la population de Coventry, elle traversa la ville à cheval entièrement nue, avec sa longue chevelure pour seul vêtement.

godiveau n. m. (d'un radical *god-* « enflé » et *beille* « ventre », du latin *botulus* « boyau », d'après *veau*) Hachis de viande en boulettes, pochées à l'eau bouillante.

Godounov (Boris) voir **Boris Godounov**

Godoy (Manuel de), duc de Alcudia, prince de La Paz Homme politique espagnol (1767-1851). Premier ministre de Charles IV d'Espagne de 1792 à 1798, puis de 1800 à 1808, il fut l'instigateur de l'alliance avec la France dans le conflit qui opposait celle-ci à la Grande-Bretagne. Emprisonné à la suite de l'insurrection d'Aranjuez en 1808, il fut libéré par Murat qui le conduisit à Bayonne où il rédigea l'acte d'abdication de Charles IV en faveur de Joseph Bonaparte.

godron n. m. (de *godet*) **1.** Ornement ovoïde au bord de la vaisselle d'argent. ▪ Ornement d'architecture de même forme. **2.** anciennt Gros pli rond et empesé. *Fraise à godrons.*

Godthåb voir **Nuuk**

Godwin (William) Publiciste et romancier britannique (1756-1836). Critique du libéralisme économique et du malthusianisme, défenseur d'une conception distributive de la justice sociale, il est considéré comme l'un des précurseurs de l'anarchisme politique. *Les Aventures de Caleb Williams.*

Goebbels (Joseph Paul) Homme politique allemand (1897-1945). Rallié au mouvement nazi dès 1922, il en devint l'un des principaux théoriciens. Hitler le nomma ministre de l'Information et de la Propagande en 1933 et le chargea de la diffusion de l'idéologie national-socialiste. Il se suicida avec sa famille au cours du siège de Berlin.

goéland n. m. (breton *gwelan*) Oiseau de mer à tête blanche, de la taille d'une grosse mouette. *Une colonie de goélands.*

goélette n. f. (de *goéland*) Bateau léger à deux mâts.

goémon n. m. (breton *gwemon* « varech ») Algues marines. ➔ varech.

goémonier, ière 1. n. Ramasseur, ramasseuse de goémons. 2. adj. Relatif à la récolte du goémon. *La pêche goémonière.*

Goeppert-Mayer (Maria) Physicienne américaine d'origine allemande (1906-1972). Elle a développé un modèle « en couches » du noyau atomique. Prix Nobel 1963.

Goering voir Göring

Goes (Hugo Van der) voir Van der Goes (Hugo)

Goethe (Johann Wolfgang von) Écrivain allemand (1749-1832). Génie littéraire, il domina la vie intellectuelle allemande pendant plus d'un demi-siècle. De sa participation au *Sturm und Drang*, il tira de grands poèmes d'inspiration mystique *(Le Chant de Mahomet ; Prométhée)*, plusieurs drames (*Götz von Berlichingen* ; le *Faust* primitif) et surtout *Les Souffrances du jeune Werther*, roman où il exprima les contradictions de son « démon intérieur ». Après son installation à Weimar, il laissa transparaître sa quête de sagesse dans divers poèmes *(Les Limites de la condition humaine ; Iphigénie en Tauride)*, sagesse qu'il parut trouver en Italie *(Élégies romaines ; Épigrammes vénitiennes)* ainsi que dans une conversion à une certaine forme de panthéisme. Il écrivit également des ballades *(L'Apprenti sorcier ; La Fiancée de Corinthe)*, et publia la première partie définitive de *Faust* en 1806 avant que son œuvre ne prît un tour autobiographique *(Les Affinités électives ; Poésie et Vérité)*. La fin de sa vie fut marquée par la publication du second *Faust*, dans lequel il manifesta un retour au christianisme.

Goethe dans la campagne romaine, de Johann Heinrich Tischbein (1787), Städelsches Kunstinstitut, Francfort.

goétie n. f. (grec *goêteia* « sorcellerie ») Antiq. Magie incantatoire par laquelle on invoque les esprits malfaisants.

Goffman (Erving) Sociologue canadien (1922-1982). Il analysa les interactions entre les acteurs intervenant dans des systèmes coercitifs. *Asiles ; Les Rites d'initiation.*

Gog Dans la Bible et dans le Coran, prince de Magog, personnification de la barbarie prête à déferler sur le monde, mais finalement vaincue par Dieu.

goglu n. m. (p.-ê. du moyen français *goguelu* « qui se pavane ») Oiseau chanteur (passereau) de l'Amérique du Nord.

¹à gogo loc. adv. (de l'ancien français *gogue* « réjouissance » ➔ goguette) fam. Abondamment ; à volonté. *Avoir tout à gogo. Aujourd'hui, vin à gogo !*

²gogo n. m. (personnage de comédie, p.-ê. de *gober* et *nigaud*) fam. Personne crédule et niaise. ➔ ¹naïf. *C'est bon pour les gogos.*

gogol, gogole adj. et n. (de *mongol*) fam. Débile, stupide. – n. *Tu la prends pour une gogole !*

Gogol (Nikolaï Vassilievitch, dit en français Nicolas) Écrivain russe (1809-1852). Auteur de récits historiques *(Tarass Boulba)*, de pièces de théâtre *(Le Revisor)* et de nouvelles *(Le Journal d'un fou ; Le Manteau ; Le Nez)*, il s'imposa comme un maître de la caricature, avant de tenter un retour au romantisme dans son roman inachevé *Les Âmes mortes*. Il est considéré comme le père du roman russe moderne.

Gogra ou **Ghaghra** n. f. Rivière du Népal et d'Inde. 850 km. Elle prend sa source dans le Terai népalais et se jette dans le Gange près de Patna.

goguenard, arde adj. (de l'ancien français *gogue* « réjouissance, plaisanterie » ou de *gob-* ➔ godet) Qui a l'air de se moquer familièrement d'autrui. ➔ narquois. *Un sourire goguenard.*

goguenardise n. f. vieilli Plaisanterie, raillerie.

goguenots n. m. pl. (origine régionale) fam. et vieilli Lieux d'aisances, toilettes. ➔ chiottes. - abrév. gogs ou gogues.

goguette n. f. (de l'ancien français *gogue* « réjouissance, liesse », d'origine obscure) fam. *En goguette* : légèrement ivre. *Des invités en goguette*, d'humeur festive. – par ext. En promenade.

Goiânia Ville du Brésil, capitale de l'État du Goiás. 1 297 000 habitants (2 053 000 pour l'aire métropolitaine).

Goiás n. m. État du Brésil (région du Centre-Ouest). 340 166 km². 6 millions d'habitants. Capitale : Goiânia. Élevage extensif et agriculture mécanisée (soja). Gisements de nickel.

goinfre n. (origine obscure) Personne qui mange avec excès et salement. ➔ glouton, goulu. *Quel goinfre !* – adj. *Il est très goinfre.*

se goinfrer v. pron. < 1 > fam. Manger comme un goinfre. *Se goinfrer de chocolat.* ➔ s'empiffrer.

goinfrerie n. f. Manière de manger du goinfre.

Gois ou **Gôa** (passage du) Route praticable à marée basse qui relie l'île de Noirmoutier au continent.

goitre n. m. (p.-ê. d'un radical exprimant le remplissage du gosier ➔ engouement, gouaille) Tumeur du corps thyroïde, qui déforme la partie antérieure du cou.

goitreux, euse adj. 1. De la nature du goitre. *Tumeur goitreuse.* 2. Atteint d'un goitre. – n. *Un goitreux.*

Gökçeada ou **İmroz** en grec Imbros Île de Turquie, dans la mer Égée, située à l'entrée du détroit des Dardanelles. 8 880 habitants.

Golan n. m. Plateau du S.-O. de la Syrie, à la frontière israélo-syrienne, occupé par Israël depuis 1967, annexé par un vote de la Knesset en 1981. La souveraineté d'Israël n'est reconnue que par les États-Unis (depuis 2019). Env. 25 000 colons y sont installés.

Golconde ou **Golkonda** Ancienne cité de l'Inde (Andhra Pradesh), capitale d'un sultanat du Dekkan. Elle fut fondée au début du XVIe s., puis absorbée par l'Empire moghol à la fin du XVIIe s. Elle était célèbre pour ses richesses, ainsi que pour son école de miniatures.

Goldberg (Johann Gottlieb) Compositeur allemand (1727-1756). Il fut l'élève de J.-S. Bach qui composa pour lui les 30 variations qui portent son nom.

G

Goldblatt (David) Photographe sud-africain (1930-2018). Il a laissé soixante-dix ans de témoignage de l'histoire de son pays, de l'apartheid à l'après-apartheid, en photographiant le quotidien de la société sud-africaine, noire et blanche.

Gold Coast voir Ghana

golden [gɔldɛn] n. f. (mot anglais « doré », de *gold* « or ») Pomme jaune à chair juteuse. *Un kilo de goldens.* – appos. *Des pommes goldens ou golden* (invar.).

Golden Gate Détroit reliant la baie de San Francisco à l'océan Pacifique. Il est franchi par le *Golden Gate Bridge*, long de 2 530 m.

Goldin (Nancy dite Nan) Photographe américaine (née en 1953). Elle a fixé avec un réalisme brutal les milieux undergrounds de la mode, des homosexuels, des drag-queens et les années sida. Elle a réalisé une sorte de journal intime exposant la vie privée, y compris sexuelle ou érotique, de ses proches *(The Ballad of Sexual Dependency)*.

Golding (William) Écrivain britannique (1911-1993). Son œuvre est marquée par le thème du retour à l'état primitif. *Sa Majesté-des-Mouches ; Les Héritiers ; Parade sauvage.* Prix Nobel 1983.

Goldman (Jean-Jacques) Auteur-compositeur et interprète français (né en 1951). Chanteur à succès *(Quand la musique est bonne ; Je marche seul)*, il s'est également imposé comme compositeur et parolier pour de nombreux chanteurs (Johnny Hallyday, Céline Dion).

Goldmann (Nahum) Dirigeant sioniste (1895-1982). Militant de la cause sioniste, il présida le Congrès juif mondial à partir de 1951 avant de prendre la tête de l'Organisation sioniste mondiale de 1956 à 1968.

Golden Gate

Le Golden Gate et le pont suspendu reliant San Francisco à la ville de Sausalito.

Goldmann (Lucien) Philosophe français (1913-1970). Ses réflexions sur les rapports entre la création artistique et la vie sociale l'ont conduit à définir une « sociologie de la littérature » inspirée par l'analyse marxiste et par le structuralisme. *Le Dieu caché ; Pour une sociologie du roman.*

Goldmark (Karl) Compositeur hongrois (1830-1915). Puisant son inspiration dans le folklore de son pays, il est l'auteur d'opéras et de pièces pour orchestre *(La Reine de Saba).*

Goldoni (Carlo) Auteur dramatique italien (1707-1793). Il rénova le théâtre comique italien en abandonnant le style de la commedia dell'arte au profit d'une ligne plus réaliste et satirique moquant les mœurs et les caractères. Il produisit des chefs-d'œuvre en dialecte vénitien *(La Locandiera ; Les Rustres ; La Villégiature)* et laissa des *Mémoires* rédigés en français.

G

Goldsmith (Oliver) Écrivain anglais (1728-1774). Il est l'auteur de poèmes *(Le Village abandonné),* de romans *(Le Vicaire de Wakefield)* et de comédies *(Les Fautes d'une nuit)* d'influence rousseauiste.

Goldstein (Joseph Leonard) Biochimiste américain (né en 1940). Il élucida avec M. S. Brown le métabolisme du cholestérol. Prix Nobel 1985.

Goldwyn (Samuel Goldfish, dit Samuel) Producteur de cinéma américain d'origine polonaise (1882-1974). Il fut le fondateur, avec les frères Selwyn, de la Metro Goldwyn Mayer en 1923.

golem [gɔlɛm] **n. m. (mot hébreu, « masse informe »)** Être artificiel à forme humaine, animé par un parchemin fixé sur son front (légendes juives).

golf **n. m. (mot anglais d'Écosse) 1.** Sport qui consiste à envoyer une balle au moyen d'une canne **(→ club)** dans des trous disposés le long d'un parcours. **2.** Terrain gazonné de ce parcours **(→ green). 3.** *Golf miniature,* jeu de jardin ou de salon. **→ minigolf. 4.** *Culottes de golf,* bouffantes, serrées au-dessous du genou. □ **adj. golfique**

golfe **n. m. (italien *golfo*, bas latin, du grec *kolpos* → gouffre)** Vaste échancrure d'une côte où avance la mer. *Le golfe du Mexique. Petit golfe.* **→ ¹baie.**

Golfe (guerre du) Conflit qui opposa l'Irak à une coalition de 30 pays conduite par les États-Unis sous l'égide de l'ONU en 1991.

Trois guerres ont eu lieu, en réalité, dans le golfe Persique depuis 1980 : la guerre Iran-Irak (1980-1988) ; la **guerre du Golfe** proprement dite (1990-1991) et la guerre d'Irak (2003-2010), appelée parfois deuxième guerre du Golfe. En 1988, l'Irak de Saddam Hussein sort de 8 ans de guerre avec l'Iran. Surarmé, le pays est fragile économiquement. Son riche voisin le Koweït, avec qui l'Irak entretient, depuis sa création, des relations tendues, dépasse son quota de production pétrolière et contribue à la baisse du cours du brut, ce qui accroît les difficultés de l'économie irakienne. L'Irak envahit le Koweït en août 1990, malgré la condamnation du Conseil de sécurité de l'ONU. Après des négociations qui échouent, l'ONU autorise le recours à la force : sous son égide, du 17 janvier au 3 mars 1991, une coalition conduite par les États-Unis et soutenue par plusieurs pays arabes contraint l'Irak à se retirer du Koweït.
Saddam Hussein reste néanmoins au pouvoir et réprime de manière sanglante les insurrections de ses populations chiite et kurde, qui n'ont pas été appuyées, comme elles l'espéraient, par les troupes de la coalition en retraite.
Sommé de démanteler ses équipements nucléaires, l'Irak est soumis à un embargo économique de grande envergure et à une pression militaire incluant, en 1998, l'opération anglo-américaine « Renard du désert » avec des bombardements de sites militaires.
Après les attentats du 11 septembre 2001, dans le contexte de la lutte contre al-Qaida et, cette fois, sans mandat des Nations unies, les États-Unis envahissent l'Irak en mars 2003 à la tête d'une coalition restreinte. La volonté affichée par George W. Bush est la neutralisation d'« armes de destruction massive » détenues par l'Irak, armes dont l'existence fut plus tard réfutée. Bagdad est prise en avril ; Saddam Hussein est capturé, condamné et pendu en décembre 2006. Barack Obama retire ses troupes en 2010, 50 000 hommes restant jusqu'en décembre 2011 pour former l'armée irakienne.

Golfe-Juan Station balnéaire des Alpes-Maritimes, rattachée à la commune de Vallauris, près de Juan-les-Pins. Napoléon Iᵉʳ y débarqua le 1ᵉʳ mars 1815 à son retour de l'île d'Elbe.

golfer **v. intr. < 1 >** Jouer au golf.

golfeur, euse **n.** Joueur, joueuse de golf.

Golgi (Camillo) Médecin italien (1843-1926). Il fit d'importantes découvertes relatives au fonctionnement du système nerveux *(appareil de Golgi, cellules de Golgi)* grâce à la mise au point d'une technique de coloration du tissu nerveux par imprégnation du nitrate d'argent. Prix Nobel 1906.

Golgotha **n. m.** Colline, également appelée « Calvaire » (« lieu du crâne »), située près de Jérusalem et où eut lieu la crucifixion de Jésus.

Goliath Dans la Bible, géant philistin vaincu par David à l'aide d'une fronde, dans un combat qui symbolise la victoire du plus faible contre le plus fort.

Golitsyn voir **Galitzine**

golmotte **n. f. (famille de *coulemelle*)** Nom usuel de plusieurs champignons (amanite, lépiote). - **var. RO golmote.**

Golo **n. m.** Fleuve le plus long de Corse. 75 km. Né dans la forêt de Valdoniello, il traverse le Niolo et se jette dans la Méditerranée au S. de Bastia.

Goltzius (Hendrick) Peintre et graveur néerlandais (1558-1617). Adepte du style maniériste de Spranger, il exerça une grande influence sur la peinture hollandaise. *Vénus et Adonis.*

Gomar (François) latinisé en **Francescus Gomarus** Théologien protestant néerlandais (1563-1641). Calviniste rigoriste, il combattit les thèses libérales d'Arminius sur la prédestination.

gomasio **n. m. (japonais *gomashio*, de *goma* « sésame » et *shio* « sel »)** Condiment d'origine japonaise, composé de sel marin et de sésame grillé et broyé.

Gombert (Nicolas) Compositeur franco-flamand (v. 1500-v. 1555). Maître de chapelle de Charles Quint, il est l'auteur de chansons, de messes, de motets et de plusieurs magnificat.

Gomberville (Marin Le Roy de) Écrivain français (1600-1674). Poète et romancier du merveilleux, il introduisit l'exotisme dans la littérature. *Polexandre.*

gombo **n. m. (mot des Antilles, du bantou [Angola] *ki-ngombo*)** Plante potagère tropicale dont on consomme les fruits comme légume ou comme condiment.

Gombrich (Ernst Hans) Historien de l'art britannique d'origine autrichienne (1909-2001). Il est connu pour son ouvrage fondamental *Histoire de l'art* et pour son approche psychologique du phénomène de la création artistique et de sa perception par le spectateur. *Art and Illusion ; Freud and the Psychology of Art.*

Gombrowicz (Witold) Écrivain polonais (1904-1969). Il sut évoquer, au moyen d'une écriture libérée des contraintes formelles, le ridicule de la vie en société et l'absurde de l'existence, faisant côtoyer l'humour et l'angoisse, l'érotisme et la cruauté. Il est l'auteur de romans *(Ferdydurke ; La Pornographie ; Cosmos),* de pièces de théâtre *(Yvonne, princesse de Bourgogne)* et d'un *Journal.*

Gomel Ville du S.-E. de la Biélorussie. 503 000 habitants. Industrie (alimentaire, textile, mécanique).

Gómez de la Serna (Ramón) Écrivain espagnol (1888-1963). Initiateur du « ramonisme », qui consiste en une négation de la réalité et en la prédominance de l'humour métaphorique, il est l'auteur de nombreux romans bouleversant la forme narrative classique *(Le Marché aux puces ; La Veuve blanche et noire ; Le Docteur invraisemblable)* et de « greguerías », sortes d'aphorismes humoristiques.

gomina **n. f. (n. déposé ; mot espagnol d'Argentine, de *goma* → ¹gomme)** Pommade pour les cheveux. **→ brillantine.**

se gominer **v. pron. < 1 > (de *gomina*)** Enduire ses cheveux de gomina. **– au p. p.** *Des danseurs gominés.*

gommage **n. m.** Action de gommer. **–** *Un gommage de la peau.*

gommant, ante **adj.** Qui effectue un gommage de la peau. *Une crème gommante pour le visage.*

¹gomme **n. f. (bas latin *gumma*, de *gummi*, du grec *kommi*, emprunt à l'égyptien) I. 1.** Substance visqueuse et transparente qui suinte de l'écorce de certains arbres (gommiers). *Gomme arabique* (d'un acacia). *Gomme-résine.* ▪ *Gomme laque :* résine qui entre dans la composition du vernis. **2.** Composition de gomme arabique et de sucre, utilisée en confiserie. *Boule de gomme.* ▪ *Gomme à mâcher* **(francisation de *chewing-gum*). II. 1.** Petit bloc de caoutchouc ou d'élastomère servant à effacer. *« Il fallait une gomme à encre plus dure, un peu grenue »* (Genet). **2.** Substance caoutchoutée des pneus. ▪ **loc. fam.** *Mettre la gomme :* accélérer l'allure d'un véhicule. **III. méd.** Nodosité infectieuse qui évolue vers l'ulcération.

²à la gomme **loc. adv. (de *gommeux*) fam.** Sans valeur **(→ à la noix).**

gommer **v. tr. < 1 > 1.** Enduire d'une solution de gomme, pour coller. **– p. p. adj.** *Papier gommé,* qui colle si on l'humecte. **2.** Effacer avec une gomme. **– fig.** *Gommer un souvenir de sa mémoire.* **3.** Nettoyer (la peau) en éliminant les cellules mortes.

gommette **n. f.** Petit morceau de papier gommé ou adhésif.

gommeux, euse **(de ¹*gomme* [I] « empesé » ou « qui met de la gomme dans son absinthe » [Goncourt], d'où « homme pusillanime ») 1. adj.** Qui produit la gomme. *Arbre gommeux.* ▪ Qui est de la nature de la gomme. *Substance gommeuse.* **2. n. m. vieilli** Jeune homme désœuvré, d'une élégance excessive et ridicule.

gommier **n. m. (de ¹*gomme* [I, 1])** Arbre fournissant la gomme.

gommifère voir **gummifère**

Gomorrhe voir **Sodome**

gomorrhéen, enne **adj. (de *Gomorrhe*) littér.** Relatif à l'homosexualité féminine.

Gompers (Samuel) Syndicaliste américain d'origine britannique (1850-1924). Il fonda l'American Federation of Labor (AFL) en 1886.

Gomułka (Władysław) Homme d'État polonais (1905-1982). Secrétaire général du Parti ouvrier unifié de 1943 à 1948, il fut limogé par les staliniens en 1951. Il retrouva son poste en 1956 et gouverna le pays jusqu'à sa destitution, en 1970.

gon **n. m. (grec *gônia* « angle ») métrologie** Unité de mesure d'angle plan. **→ grade.** *100 gons valent 90°.*

gonade **n. f. (du grec *gonê* « semence » → ²-gone) biol.** Organe sexuel qui produit les gamètes. *Gonade femelle* (ovaire), *mâle* (testicule). □ **adj. gonadique**

gonadostimuline voir **gonadotrophine**

gonadotrope **adj. (de *gonade* et *-trope*) biochim.** Qui agit sur les glandes sexuelles.

gonadotrophine ou **gonadotropine** **n. f. (de *gonade* et du grec *trophê* « nourriture ») biochim.** Hormone sécrétée par l'hypophyse et le placenta, stimulant l'acti-

Golfe (guerre du)

1. L'incendie des puits de pétrole koweitiens provoqué par les forces irakiennes entraîna un désastre écologique. 2. Une explosion emporte le poste de police de Bassora le 25 décembre 2006. 3. En mai 2003, trois semaines après la chute de Bagdad, deux soldats américains tentent de disperser un groupe d'Irakiens.

vité des glandes sexuelles. - syn. **gonadostimuline.**

Gonaïves (Les) Ville d'Haïti, sur le golfe de la Gonâve. 254 000 habitants. Port. L'indépendance d'Haïti y fut proclamée le 1er janvier 1804.

gonarthrose **n. f.** **(du grec *gonu* « genou » et *arthrose*)** méd. Arthrose du genou.

Gonçalves (Nuno) Peintre portugais, actif de 1450 à 1480. Peintre du roi Alphonse V, il forgea un style inspiré du « réalisme flamand », remarquable par son expressivité. On lui attribue le fameux *Polyptyque de saint Vincent.*

Goncourt (les frères) Écrivains français. **Edmond Huot de Goncourt** (1822-1896) et **Jules Huot de Goncourt** (1830-1870). Auteurs de romans naturalistes *(Sœur Philomène ; Renée Mauperin ; Germinie Lacerteux)* et d'un *Journal,* publié à partir de 1887, dans lequel ils décrivirent, avec un talent parfois cruel, l'intimité de la vie littéraire parisienne. À la mort de Jules, Edmond continua le *Journal,* publia plusieurs romans *(La Fille Élisa ; La Faustin)* et initia la création de l'académie Goncourt, qui décerne un prix littéraire annuel.

gond **n. m.** **(vient du latin *gomphus,* grec *gomphos* « cheville »)** Pièce métallique autour de laquelle pivote le battant d'une porte ou d'une fenêtre. → **charnière.** *La porte tourna lentement sur ses gonds.* – loc. fig. ***Sortir de ses gonds*** : se mettre en colère. *Mettre qqn hors de ses gonds.*

Gondar Ville d'Éthiopie, au N. du lac Tana. 207 000 habitants. Elle fut la capitale du pays du XVIe au XIXe s. Églises et palais des XVIIe et XVIIIe siècles.

Gondebaud (mort en 516). Roi des Burgondes (v. 480-516). Il fit publier la « loi gombette » destinée à régir les Burgondes et les Gallo-Romains sous un même code.

Gondi Famille florentine établie en France au XVIe s., et dont était issu le cardinal de Retz.

gondolage **n. m.** Fait de se gondoler (1) ; son résultat. - syn. **gondolement.**

gondolant, ante **adj.** **(de *se gondoler*)** fam. Très amusant. → **tordant.**

gondole **n. f.** **(du vénitien, du grec *kontoura,* de *kontos* « petit » et *oura* « queue » → -oure)** **1.** Barque vénitienne à un seul aviron, longue et plate, aux extrémités relevées et recourbées. **2.** Siège à dossier incurvé (style Empire). – appos. *Chaises gondoles.* **3.** Meuble servant à présenter la marchandise dans un magasin. *Tête de gondole.*

gondolement voir **gondolage**

gondoler **v. intr.** **< 1 >** **(de *gondole*)** **1.** Se bomber anormalement dans certaines parties. *Planche, carton, tôle, vernis qui gondole.* – pronom. *Cette planche s'est gondolée.* **2.** ***Se gondoler*** **v. pron.** fig. et fam. Se tordre de rire **(→ gondolant).**

gondolier, ière **n.** Batelier, batelière qui conduit une gondole.

Gond-Pontouvre Commune de la Charente, au N. d'Angoulême. 6 017 habitants. Industries mécaniques.

Gondry (Michel) Réalisateur et musicien français (né en 1963). Il a réalisé plusieurs comédies dont *Eternal Sunshine of the Spotless Mind ; Soyez sympas, rembobinez* et *L'Écume des jours,* d'après le roman de Boris Vian.

Gondwana **n. m.** Continent austral de l'ère primaire réunissant l'Inde, l'Afrique, l'Australie, l'Amérique du Sud et l'Antarctique actuels.

gone **n. m.** **(du franco-provençal)** régional (Lyon), fam. Jeune enfant. → **[1]gosse.**

[1]-gone, -gonal Éléments **(du grec *gônia*)** qui signifient « angle ». → **gonio-.**

[2]-gone, -gonie Éléments **(du grec *gonos*)** qui signifient « génération ».

gonelle **n. f.** **(p.-ê. de l'ancien français *gonnelle* « robe »)** Poisson de l'Atlantique et du Pacifique Nord, au corps allongé, aux flancs tachetés. - var. **gonnelle.**

Gonesse Commune du Val-d'Oise, au N. de Paris. 25 853 habitants. Église des XIIe et XIIIe siècles.

gonfalon **n. m.** **(du francique → fanion)** Au Moyen Âge, Bannière de guerre faite d'une bandelette à plusieurs pointes, suspendue à une lance.

gonfalonier **n. m.** anciennt **1.** Porteur du gonfalon. **2.** Magistrat de certaines municipalités italiennes.

gonflable **adj.** Qui se gonfle. *Matelas, canot gonflable.* → **pneumatique.**

gonflage **n. m.** Action de remplir d'air, de gaz ; son résultat. *Vérifier le gonflage des pneus.*

gonflant, ante **adj.** **1.** Qui gonfle, se gonfle. – **n. m.** *Le gonflant des cheveux.* **2.** fig. et fam. Énervant, irritant.

gonflement **n. m.** **1.** Action d'augmenter de volume ; son résultat. **2.** fig. Augmentation exagérée. *Le gonflement des prix.*

gonfler **v. < 1 >** **(latin *conflare,* de *flare* « souffler » → enfler)** **I. v. tr. 1.** Distendre en remplissant d'air, de gaz. *Gonfler un ballon, un pneu. Gonfler ses joues.* → **dilater, enfler.** **2.** Faire augmenter de volume, sous l'action d'une cause quelconque. *L'averse a gonflé la rivière.* **3.** Surestimer volontairement (un chiffre, une évaluation). → **grossir.** *Les journaux ont gonflé l'importance de l'affaire.* – passif et p. p. *Être gonflé de son importance.* **4.** fig., fam. Ennuyer, importuner. *Tu commences à nous gonfler !* **II. v. intr.** Augmenter de volume. *Son genou a gonflé.* → **enfler.** ■ **se gonfler** **v. pron.** Se distendre. *La voile se gonfle au vent.* ■ Augmenter de volume. – fig. *Son cœur se gonfle d'amertume.* ■ **gonflé, ée** **adj. 1.** *Pneus gonflés.* – *Yeux gonflés* (de larmes, de fatigue). **2.** fig. *Prix gonflés.* – *Moteur gonflé.* **3.** fam. *(Être) gonflé, gonflé à bloc,* plein d'ardeur, d'assurance. – Courageux ; audacieux, prétentieux. → **culotté.**

gonflette **n. f.** **(de *gonfler*)** fam. et souvent péj. Musculation visant à obtenir le volume musculaire le plus important possible. → **bodybuilding, culturisme.**

gonfleur **n. m.** Appareil servant à gonfler. *Gonfleur à air comprimé.*

Gonfreville-l'Orcher Commune de la Seine-Maritime, à l'E. du Havre, près de l'embouchure de la Seine. 9 042 habitants. Raffinerie de pétrole. Pétrochimie, aéronautique.

gong [gɔ̃(g)] **n. m.** **(mot d'origine malaise)** Plateau de métal suspendu, sur lequel on frappe pour qu'il résonne. *Des gongs chinois. Le coup de gong annonce le début du round de boxe.*

Gong Li Actrice singapourienne d'origine chinoise (née en 1965). Représentante incontestée du cinéma chinois, elle a joué notamment dans les films de Zhang Yimou *(Épouses et concubines),* de Chen Kaige *(L'Empereur et l'assassin)* et Wong Kar-Wai *(2046).*

Gong Li dans *La Cité interdite* de Zhang Yimou (2006).

Góngora y Argote (Luis de) Poète espagnol (1561-1627). Il composa une poésie baroque teintée de maniérisme, très représentative du « cultisme » (ou « gongorisme »). *Pyrame et Thisbé ; La Fable de Polyphème et Galatée.*

gongorisme n. m. (du n. du poète Góngora y Argote) didact. Préciosité, recherche dans le style. → **cultisme.**

gonio- Élément (du grec *gônia*) qui signifie « angle ». → **¹-gone.**

goniomètre n. m. Instrument servant à mesurer les angles. ■ Radiogoniomètre (abrév. **gonio**).

goniométrie n. f. Science de la mesure des angles. → **radiogoniométrie.** □ adj. **goniométrique**

gonnelle voir **gonelle**

gonochorisme n. m. (grec *gonos* « génération » et *khôrismos* « séparation ») biol. Séparation complète des sexes dans des individus distincts. □ adj. **gonochorique**

gonococcie n. f. méd. Infection provoquée par le gonocoque. → **blennorragie.** □ adj. **gonococcique**

gonocoque n. m. (grec *gonos* → **²-gone** et *kokkos* → **-coque**) Microbe spécifique de la blennorragie.

gonorrhée n. f. (du grec, de *gonos* « semence » et *-rrhée*) méd. vieilli Blennorragie.

gonozoïde n. m. (du grec *gonos* « génération », *zoo-* et *-oïde*) zool. Polype reproducteur dans une colonie d'hydraires.

Gontcharov (Ivan Aleksandrovitch) Romancier russe (1812-1891). Il fut un pionnier du roman réaliste russe moderne. *La Frégate « Pallada » ; Oblomov ; La Falaise.*

Gontcharova (Natalia Sergueïevna) Peintre russe (1881-1962). Elle participa, aux côtés de Larionov, au mouvement rayonniste et s'affirma comme une pionnière de l'art abstrait *(Les Chats ; Lampes ; Électricité)*. Elle créa décors et costumes pour les Ballets russes *(Le Coq d'or ; Noces)*.

Gontran (saint) (v. 545-593). Roi de Bourgogne et d'Orléans (561-563). Il s'impliqua comme arbitre dans la guerre qui opposait la Neustrie à l'Austrasie et œuvra pour la diffusion du christianisme.

Gonzague Famille princière d'Italie qui régna sur Mantoue de 1328 à 1708.

Gonzague (Anne de), dite **la Princesse Palatine** Princesse française (1616-1684). Fille de Charles Iᵉʳ, duc de Mantoue et épouse d'Édouard de Bavière, comte palatin, elle est connue pour sa participation décisive à la Fronde.

González (Julio) Sculpteur, peintre et dessinateur espagnol (1876-1942). Ses peintures reflètent une double influence impressionniste et cubiste. Il est resté célèbre pour son exploration des qualités plastiques du métal (masques et formes abstraites). *Le Baiser ; Femmes se coiffant ; Hommes cactus.*

González Iñárritu (Alejandro) voir **Iñárritu** (Alejandro González)

González Márquez (Felipe) Homme d'État espagnol (né en 1942). Chef du parti socialiste et Premier ministre de l'Espagne de 1982 à 1996, il travailla à la modernisation et à l'intégration de l'Espagne à la CEE.

Felipe González (à dr.) avec Javier Solana, en 1995, au sommet européen de Madrid.

Gonzalo de Berceo Religieux et poète espagnol (1195-1264). Auteur de textes sur la vie des saints et sur la Vierge, il est connu comme le premier poète de langue castillane.

Gonzalve de Cordoue (Gonzalo Fernández de Córdoba, dit en français) Homme de guerre espagnol (1453-1515). Il contribua à la prise de Grenade en 1492 et conquit le royaume de Naples en 1503. Il fut surnommé le Grand Capitaine.

gonze n. m. (argot italien *gonzo* « individu stupide ») argot vieilli Homme, individu. → **mec, type.**

gonzesse n. f. (de *gonze*) fam. Femme, jeune fille. → **nana.**

Goodall (dame Jane) Éthologue britannique (née en 1934). Elle collabora avec l'archéologue L. Leakey et étudia le comportement des primates dans leur environnement naturel. Sa découverte de la confection d'outils par les chimpanzés a remis en question la définition de l'être humain.

Jane Goodall en Tanzanie, dans les années 1990.

Goodis (David) Romancier américain (1917-1967). Il est l'auteur de romans policiers dont les personnages sont le jouet d'un destin qui les mène à leur perte. *Cauchemar ; Le Casse ; Tirez sur le pianiste.*

Goodman (Nelson) Philosophe américain (1906-1998). Penseur rattaché au courant de la philosophie analytique, il proposa une analyse des systèmes cognitifs en tant qu'ensembles de signes et de symboles, et l'appliqua aux œuvres d'art. *Langages de l'art.*

Goodman (Benjamin David, dit Benny) Clarinettiste et chef d'orchestre américain de jazz (1909-1986). Son orchestre a grandement contribué au succès du swing *(Sing Sing Sing ; Air Mail Special)*.

Goodyear (Charles) Inventeur américain (1800-1860). Il inventa la vulcanisation du caoutchouc et obtint l'ébonite en 1839.

Google Entreprise multinationale américaine d'informatique, implantée en Californie et créée en 1998 par Larry Page et Sergey Brin, qui a développé le moteur de recherche (qui porte son nom) sur Internet le plus puissant et le plus utilisé au monde. Google a également développé ou racheté de nombreux services (Google Earth, YouTube, système d'exploitation Android...) devenus très populaires.

googliser [gug(œ)lize] v. tr. < 1 > (de *Google*, marque déposée) Rechercher des informations sur (qqch., qqn) sur Internet avec un moteur de recherche. *Recruteur qui googlise un candidat.* - var. **googler** [gug(œ)le].

Goose Bay voir **Happy Valley-Goose Bay**

Gorbatchev (Mikhaïl Sergueïevitch) Homme d'État soviétique (1931-2022). Secrétaire général du Parti communiste à la mort de Tchernenko, en 1985, il fut élu président du Praesidium du Soviet suprême en 1988. Il lança un programme de réformes économiques et politiques connu sous le nom de *perestroïka* (« restructuration »). Il signa un accord de désarmement avec les États-Unis, mit fin à l'intervention soviétique en Afghanistan et œuvra pour la normalisation des relations avec la Chine. L'échec du putsch des communistes conservateurs en août 1991 annonça l'éclatement de l'Union et il fut contraint de démissionner le 25 décembre 1991. Prix Nobel de la paix 1990.

Mikhaïl et Raïssa Gorbatchev en 1989 à Bonn.

gord n. m. (gaulois *gorto* « haie ») Pêcherie formée d'une double rangée de perches en angle au fond d'une rivière, fermée au sommet par un filet.

Gordes Commune du Vaucluse, à l'O. d'Apt. 1 666 habitants. Site et village pittoresque. Château du XVIᵉ s. Musées. Abbaye cistercienne de Sénanque.

Gordias Roi légendaire de Phrygie, fondateur de Gordion. Il serait devenu roi grâce à un oracle désignant comme roi le premier homme qui arriverait dans un char.

gordien adj. m. (de *Gordius*, n. propre) *Nœud* gordien.*

Gordien Nom de trois empereurs romains, qui régnèrent de 238 à 244.

Gordimer (Nadine) Romancière sud-africaine d'expression anglaise (1923-2014). Ses romans et ses essais traitent de la richesse et de la diversité des composantes de la société sud-africaine en même temps que des injustices du système de l'apartheid *(Un monde d'étrangers ; Feu le monde bourgeois ; Ceux de July)*. Prix Nobel 1991.

Nadine Gordimer en 2000 à Johannesburg.

Gordion Ancienne capitale de la Phrygie, située en Asie Mineure. Alexandre le Grand y trancha le fameux « nœud gordien ».

Gordon (Charles) dit **Gordon Pacha** Général et administrateur britannique (1833-1885). Après avoir soumis les Taiping pour l'empereur de Chine, administré le Soudan oriental et stoppé la révolte du Darfour pour le gouvernement égyptien, il échoua à réprimer la révolte du Mahdi.

Gordon (Dexter) Saxophoniste de jazz américain (1923-1990). Virtuose du saxophone ténor, il fut l'un des plus brillants représentants du be-bop *(Blowing the Blues Away ; The Chase ; Homecoming).*

gore adj. et n. m. (mot anglais « sang répandu ») anglic. Se dit d'un genre de films qui suscite l'épouvante par l'abondance de sang. *Des films gores* ou *gore* (invar.).

Gore (Albert Arnold Gore, dit Al) Homme politique américain (né en 1948). Il fut vice-président des États-Unis aux côtés de Bill Clinton. Conscient de la menace climatique, il réalisa un documentaire : *An inconvenient Truth* (Une vérité qui dérange). Prix Nobel de la paix 2007, avec le Groupe intergouvernemental d'experts sur l'évolution du climat.

Gorée (île de) Île du Sénégal, face à Dakar. Elle fut le principal comptoir français de l'Afrique occidentale et un point de transit de la traite des esclaves. Maison des Esclaves (musée).

Gorée, la maison des Esclaves (XVIIIe s.), inscrite au patrimoine mondial de l'Unesco.

goret n. m. (de l'ancien français *gore* « truie », p.-ê. onomatopée ou famille du latin *vorare* → dévorer) **1.** Jeune cochon. **2.** fam. Enfant malpropre.

goretex n. m. (n. déposé ; de *Gore*, n. propre, et de *textile*) anglic. Fibre textile synthétique imperméable, dérivée du téflon.

gorfou n. m. (du danois, de l'ancien allemand *ger* « lance » et *fou* « oiseau ») Oiseau palmipède des mers australes, proche du manchot. *Colonies de gorfous.*

Gorgānī (Fakhr al-Dīn Asʿad) Poète persan du XIe s. Il est l'auteur de *Wis et Ramin*, un long poème considéré comme l'une des grandes œuvres de la littérature persane.

gorge n. f. (latin pop. *gorga*, de *gurges* « gouffre » et « gosier ») **I. 1.** Partie antérieure du cou. *Serrer la gorge.* → **étrangler.** *De la gorge.* → **jugulaire.** *Couper la gorge à qqn.* → **égorger.** – loc. ***Prendre qqn à la gorge***, le contraindre par la violence. ***Avoir le couteau sur, sous la gorge*** : subir une contrainte (qui oblige à faire qqch. sur-le-champ). **2.** littér. Seins de femme. → **buste, poitrine.** *« Ronde et fraîche comme la lune, / Vive ta gorge aux bouts de fraise ! »* (Verlaine). **II. 1.** Cavité intérieure du cou, à partir de l'arrière-bouche (larynx, pharynx). → **gosier.** *Mal de gorge. Se racler la gorge. Avoir la gorge serrée.* – *Voix de gorge.* → **guttural.** – *Rire à gorge déployée*, très fort. ■ ***Faire rendre gorge à qqn***, lui faire restituer par force ce qu'il a pris par des moyens illicites. **2.** (de *gorge chaude* « aliment, chair encore palpitante donnée à l'oiseau de proie, au faucon de chasse ») loc. ***Faire des gorges chaudes de qqch.***, se répandre en plaisanteries malveillantes. → se **moquer.** **III.** fig. **1.** Vallée étroite et encaissée. *Les gorges du Tarn.* **2.** Partie creuse, cannelure (dans une pièce métallique). *La gorge d'une poulie.*

gorge-de-pigeon adj. invar. D'une couleur à reflets changeants comme la gorge du pigeon. *Des soieries gorge-de-pigeon.*

gorgée n. f. (de *gorge*) Quantité de liquide qu'on avale naturellement en une seule fois. → **lampée.** *Boire à petites gorgées.*

gorger v. tr. < 3 > (de *gorge*) **1.** Remplir (qqn) de nourriture avec excès. – au p. p. *« Gorgés de vin et de nourriture, ils étaient déjà vaincus par leurs propres excès »* (Michelet). **2.** fig. Remplir complètement. – au p. p. *« Le soir de juin, gorgé de lumière »* (Colette). **3.** fig. Pourvoir à profusion. ■ se **gorger** v. pron. → se **bourrer,** s'**empiffrer,** se **gaver.** *Il se gorge de sucreries.*

gorgerette n. f. (de l'ancien français *gorgère*, de *gorge*) anciennt Collerette de femme.

gorgerin n. m. (de l'ancien français → gorgerette) **1.** anciennt Partie inférieure (d'un casque) servant à protéger le cou. **2.** archit. Partie étroite du chapiteau dorique ou toscan, au-dessus de l'astragale de la colonne.

gorget n. m. techn. **1.** Rabot pour creuser les gorges. **2.** Petite gorge (moulure).

Gorgias Sophiste grec (v. 487-v. 380 av. J.-C.). Il enseigna la rhétorique à Athènes et contesta la notion d'être de Parménide dans son principal ouvrage *Du non-être ou De la nature.*

gorgone n. f. (du grec) zool. Animal coralliaire (cœlentéré) formant des colonies arborescentes.

Gorgones n. f. pl. Dans la mythologie grecque, monstres à la chevelure faite de serpents, qui changent en pierre quiconque les fixe. Elles sont trois sœurs : Sthéno, Euryalé et Méduse.

Tête de gorgone provenant du temple de Portonaccio à Véies, Musée national étrusque de la Villa Giulia, Rome.

gorgonzola n. m. (mot italien, n. de la ville) Fromage (bleu) italien à moisissures internes.

Gorgonzola Ville d'Italie, en Lombardie, dans la banlieue de Milan. 17 680 habitants. Fromages.

gorille n. m. (du latin mod., grec *gorillai*, p.-ê. d'une langue africaine) **1.** Grand singe anthropoïde d'Afrique. **2.** fam. Garde du corps.

Gorin (Jean) Peintre et sculpteur français (1899-1981). Travaillant à une synthèse des arts, il est célèbre pour ses *Reliefs en plans montés.* Il fut l'un des fondateurs du groupe Abstraction-Création en 1932.

Göring ou **Goering** (Hermann) Maréchal allemand (1893-1946). Collaborateur de Hitler à partir de 1932, chef des SA, puis président du Reichstag en 1932, il fut nommé ministre de l'Air et prit la tête de la Luftwaffe en 1935. Maréchal du Reich et chef suprême de l'économie de guerre (1940), il était le successeur désigné de Hitler, qui le désavoua après les échecs essuyés par la Luftwaffe, et l'exclut du parti nazi en 1945. Condamné à mort par le tribunal de Nuremberg, il se suicida dans sa cellule.

Gorizia Ville d'Italie (Frioul-Vénétie-Julienne), à la frontière de la Slovénie. 35 670 habitants. Château du XIe s. Fonderies. Industrie (textile, métallurgie). En 1947, la ville fut partagée entre la Yougoslavie et l'Italie.

Gorki (Alekseï Maksimovitch Pechkov, dit Maxime) Écrivain russe (1868-1936). Il mit ses talents de romancier, poète et dramaturge au service de son engagement dans la révolution socialiste. Ses romans réalistes *(Foma Gordeiev ; La Mère ; Une confession)* et ses pièces de théâtre contestataires *(Les Bas-Fonds ; Les Petits Bourgeois)* lui valurent une renommée internationale. Son exil en 1906 n'affaiblit en rien la vigueur de son style *(Les Ennemis)*, de sorte qu'à son retour en URSS il reçut les plus grands honneurs. Il est considéré comme le père de la littérature sociale soviétique.

G

Gorki voir Nijni-Novgorod

Gorky (Vosdanig Adoian, devenu Arshile) Peintre américain d'origine arménienne (1904-1948). Sa peinture abstraite, nerveuse et pathétique, est une brillante illustration de l'automatisme surréaliste et préfigure l'art de Pollock *(The Liver is the Cock's Courb).*

Gorno-Altaïsk Ville de Russie, chef-lieu de la république autonome de l'Altaï, en Sibérie méridionale. 57 000 habitants. Industrie (alimentaire, bois).

Görres (Johann Joseph von) Écrivain allemand (1776-1848). Il fut l'un des animateurs du cercle romantique et nationaliste allemand avant de défendre l'idée d'un parti catholique. *Aphorismes sur l'art ; Mystique chrétienne.*

Gorski (Aleksandr Alekseïevitch) Danseur et chorégraphe russe (1871-1924). Il renouvela le ballet russe par son esprit de liberté et une mise en scène audacieuse des œuvres classiques *(Don Quichotte ; Le Lac des cygnes ; Notre-Dame de Paris).*

Gort (John Vereker, vicomte) Maréchal britannique (1886-1946). Commandant du corps expéditionnaire britannique en France (1939-1940), il imposa la retraite de ses troupes vers Dunkerque. Il fut haut-commissaire en Palestine (1944-1945).

Gortchakov (Aleksandr Mikhaïlovitch, prince) Homme politique russe (1798-1883). Diplomate, puis ministre des Affaires étrangères de 1856 à 1882, il œuvra auprès du tsar Alexandre II pour un rapprochement stratégique avec la Prusse de Bismarck.

Gortyne Ancienne ville de Crète, au pied du mont Ida. Elle fut la rivale de Cnossos aux IVe et IIIe s. av. J.-C. Elle est restée célèbre pour ses « lois de Gortyne », gravées dans la pierre, qui constituent un document précieux pour la connaissance de la Crète archaïque.

Gorz (André) Philosophe français (1923-2007). Théoricien marxiste, il est considéré comme l'un des théoriciens de l'écologie politique en France *(Écologie et politique ; Écologie et liberté).* On lui doit également plusieurs ouvrages de réflexion sur le travail *(Métamorphoses du travail ; Misères du présent, richesse du possible).*

Gorzów Wielkopolski Ville de Pologne, sur la Warta. 125 500 habitants. Port fluvial. Industrie (chimie).

Goscinny (René) Écrivain et scénariste de bandes dessinées français (1926-1977). Il créa le personnage du *Petit Nicolas*, les scénarios de *Lucky Luke* et, dans le journal *Pilote*, la série *Astérix*, dessinée par Uderzo.

René Goscinny (à dr.) aux côtés d'Uderzo, lors de la sortie du dessin animé *Astérix le Gaulois* (1967).

gosette n. f. **(mot wallon, dérivé de *gousse*)** **(Belgique)** Chausson aux fruits.

gosier n. m. **(vient du bas latin *geusiae* « joues », d'origine gauloise ; influence de *gésier*)** **1.** Arrière-gorge et pharynx. **2.** Siège de la voix, prolongement du pharynx communiquant avec le larynx. *Chanter, crier à plein gosier,* à pleine gorge. → **s'égosiller.**

Gosier (Le) Commune de la Guadeloupe, au S.-E. de Pointe-à-Pitre. 26 919 habitants. Station balnéaire.

Goslar Ville d'Allemagne (Basse-Saxe), au pied du massif du Harz. 50 100 habitants. Ancienne ville impériale. Remparts et tours du XVIe s., églises gothiques, hôtel de ville des XIVe-XVIe siècles.

gospel n. m. **(mot anglais des États-Unis, de *gospel song*, de *gospel* « Évangile » [de *good spell* « bon récit »] et *song* « chanson »)** anglic. Musique vocale sacrée, chrétienne, des Noirs d'Amérique du Nord. → **negro-spiritual.**

Gossart ou **Gossaert (Jan)** dit **Mabuse** Peintre flamand (v. 1478-v. 1535). Il contribua grandement à l'introduction et à la diffusion du style italien de la Renaissance dans l'art flamand. Il est l'auteur de scènes mythologiques *(Hercule et Omphale ; Danaé)*, et de portraits *(Les Enfants de Christian II de Danemark)*.

[1]gosse n. **(origine inconnue)** fam. **1.** Enfant. → **môme.** *Les gosses du quartier. Il a deux gosses.* – *Un sale gosse* : un enfant insupportable. – *C'est un vrai gosse,* il est resté très enfant. ■ **adj.** *Elle était encore toute gosse.* **2.** *Un beau gosse, une belle gosse,* beau garçon, belle fille. – **adj.** *Il est plutôt beau gosse.*

[2]gosse n. f. **(variante de *gousse* ou de [2]*cosse*)** **(Canada)** fam. Testicule.

Gossec (François Joseph) Compositeur français (1734-1829). Protégé de Rameau, il composa de la musique religieuse *(Messe des morts)*, des hymnes révolutionnaires *(Hymne à la liberté ; Marche lugubre)* et de nombreuses œuvres instrumentales qui font de lui l'un des fondateurs de la forme symphonique.

Göta Älv n. m. Fleuve de Suède méridionale. 93 km. Il relie le lac Vänern au Kattegat en passant par Göteborg. Aménagements hydroélectriques.

Göteborg Ville de Suède, à l'embouchure du Göta Älv. 583 000 habitants. Deuxième ville et premier port du pays. Industrie (mécanique, électronique, industrie du bois). Musées. Opéra. Université. Durant le Blocus continental de 1806, le port servit d'entrepôt pour les produits britanniques à destination du continent.

gotha n. m. **(du n. de la ville)** Ensemble de personnalités considérées du point de vue de leur notoriété. *Le gotha parisien.*

Gotha Ville d'Allemagne (Thuringe), au pied de la forêt de Thuringe. Env. 49 000 habitants. Ancienne capitale du duché de Saxe-Cobourg-Gotha. Église et hôtel de ville du XIIe s. Industrie (mécanique, électrique). L'*Almanach de Gotha*, recueil établissant la généalogie des grandes familles nobles d'Europe, y fut édité de 1794 à 1945.

gothique adj. **(bas latin *gothicus*, de *Gothi*, latin class. *Gotones*, mot germanique)** **I.** vieux et péj. Du Moyen Âge, en tant que période considérée comme barbare. *Les siècles gothiques.* **II.** mod. **1.** *Le style gothique* ou **n. m.** *le gothique*, le style répandu en Europe du XIIe au XVIe siècle entre le style roman et le style Renaissance. – *Architecture gothique.* → vieux **ogival.** *Cathédrale gothique. Style gothique flamboyant.* **2.** *Écriture gothique*, à caractères droits, à angles et à crochets. – **n. f.** *Écrire en gothique.* **3.** *Roman gothique* : type de récit à thèmes médiévaux et terrifiants, à la mode en Angleterre à la fin du XVIIIe s. **4.** Se dit d'un mouvement culturel à l'esthétique sombre et romantique, souvent macabre. ■ **n.** Adepte de ce mouvement. *Des gothiques vêtus de noir.*

Goths n. m. pl. Peuple de Germains originaire de Scandinavie. Installés sur les rives de la Vistule depuis le Ier s. av. J.-C., ils envahirent les provinces orientales de l'Empire romain au IIIe s., et se fixèrent sur les bords de la mer Noire. Ils se convertirent à l'arianisme sous l'égide de l'évêque Ulfilas et adoptèrent des éléments de la culture romaine. L'attaque des Huns au IVe s. provoqua la division des Goths entre Ostrogoths et Wisigoths.

gotique n. m. **(→ gothique)** ling. Langue germanique disparue, connue par une traduction de la Bible (IVe s.), qui était parlée par les Goths.

Gotland Île de Suède, dans la Baltique. 3 140 km^2. 57 100 habitants. Chef-lieu : Visby. Agriculture. Élevage. Pêche. Tourisme.

Gotlib (Marcel Gotlieb, dit) Dessinateur et scénariste de bandes dessinées français (1934-2016). Il fonda la revue *L'Écho des savanes*, puis *Fluide glacial*, où il donna libre cours à son humour décalé et à sa fantaisie jubilatoire.

Gottfried de Strasbourg Poète courtois d'expression allemande (fin XIIe-début XIIIe s.). Il fut l'un des grands conteurs de la légende celtique de Tristan et Iseult.

Göttingen Ville d'Allemagne (Basse-Saxe), sur la Leine. 116 800 habitants. Célèbre université où enseigna C. F. Gauss et qui abrite aujourd'hui l'institut Max-Planck. Industrie (optique, photographie).

Gottschalk ou **Gotescalc d'Orbais** latinisé en **Gothescalus** Théologien allemand (v. 805-v. 868). Ses thèses sur la prédestination lui valurent d'être condamné au synode de Quierzy en 849 et d'être emprisonné.

Gottwald (Klement) Homme d'État tchèque (1896-1953). Il fut secrétaire général du Parti communiste en 1921 et président du Conseil en 1946. Il organisa le coup d'État qui amena les communistes au pouvoir en 1948 (le « coup de Prague ») et devint président de la République.

gouache n. f. **(italien *guazzo*, qui vient du latin *aquatio*, de *aqua* → eau)** Peinture à l'eau faite de matières colorantes opaques. *Tube de gouache. Peindre à la gouache.* ■ Tableau peint par ce procédé.

gouacher v. tr. **< 1 >** Rehausser de touches de gouache. *Gouacher un dessin.* – au p. p. *Dessin gouaché.*

gouaille n. f. **(de *gouailler*)** Attitude insolente et railleuse. - syn. **gouaillerie.**

gouailler v. intr. **< 1 >** **(p.-ê. du radical de *gaver* ou de celui de *gober*)** Dire des railleries. → se **moquer.**

gouaillerie voir **gouaille**

gouailleur, euse adj. Qui gouaille. – *Sourire gouailleur.* → **[1]moqueur, railleur.** *« Cet esprit gouailleur, sceptique [...] qu'on appelle l'esprit de Paris »* (Maupassant).

goualante n. f. fam. et vieilli Chanson populaire.

goualer v. tr. **< 1 >** **(p.-ê. de *gouailler*)** argot, vieux Chanter.

goualeuse n. f. fam., vieux Chanteuse des rues.

gouape n. f. **(de l'argot espagnol, de l'ancien picard, qui vient du latin pop. *vappa* « vin éventé », famille de *vapor* → vapeur)** argot Voyou. *Ce type est une petite gouape.*

Goubert (Pierre) Historien français (1915-2012). Spécialiste d'histoire moderne, proche de l'école des Annales, il renouvela les études biographiques avec son *Louis XIV et vingt millions de Français.*

gouda n. m. **(du n. de la ville)** Fromage de Hollande à pâte pressée non cuite. *Gouda au cumin.*

Gouda Ville des Pays-Bas (Hollande-Méridionale), sur l'IJssel. 74 000 habitants. Église du XVe s. Musées. Faïencerie. Fromage.

Goude (Jean-Paul) Artiste français (né en 1940). Il a mis son univers facétieux au service de la mode, de la photographie, de la publicité (les lutins de Kodak, Galeries Lafayette, Chanel, Perrier), de la danse et de la musique (défilé du Bicentenaire en 1989).

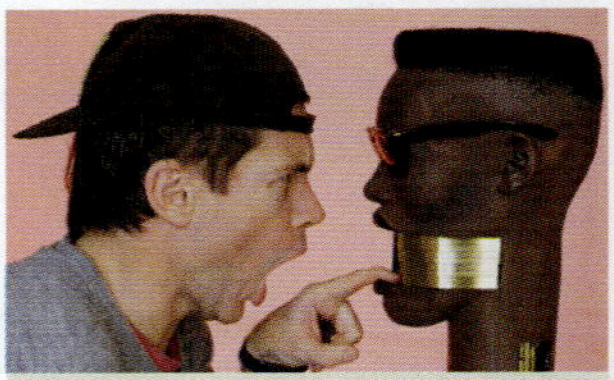

Jean-Paul Goude et la tête de son égérie, Grace Jones, transformée en garage pour une publicité automobile en 1985.

Goudéa ou **Gudea** Gouverneur de Lagash (v. 210 av. J.-C.). Il fut le promoteur d'une renaissance sumérienne (douze statues au Louvre).

Goudimel (Claude) Compositeur français (v. 1520-1572). Maître du contrepoint, il mit en musique plusieurs odes et sonnets de Ronsard et composa des œuvres religieuses (messes, motets, magnificat, psaumes). Rallié à la Réforme, il périt assassiné lors des massacres de la Saint-Barthélemy.

Goudreault (David) Poète, écrivain et slameur canadien (québécois) (né en 1980). Fervent défenseur de la langue française, notamment à travers ses spectacles, poèmes et romans, il puise dans les racines du réel pour décrire sans concession des personnages marginaux et l'absurdité de la société. *La Bête* (trilogie).

goudron n. m. **(d'abord *catran*, *gotran* ; arabe *qatran*)** Produit visqueux, brun ou noir, obtenu par distillation de matières végétales ou minérales. *Goudron de houille. Goudron pour route.* → **asphalte, bitume.**

goudronner v. tr. **< 1 >** Enduire ou imbiber de goudron. – au p. p. *Une route goudronnée.* □ **n. m. goudronnage**

goudronneuse n. f. techn. Machine à goudronner.

goudronneux, euse adj. De la nature du goudron.

GOTHIQUE (art)

Au XIIᵉ s., les grandes villes cherchent à moderniser leurs églises, pour les rendre plus lumineuses, plus vastes et plus hautes (rapprochement du ciel divin tout autant que rivalités entre villes sur la hauteur de leurs cathédrales). La combinaison de l'arcboutant et de la croisée d'ogives apporte une réponse parfaite à leurs attentes. Elle permet de doubler la hauteur des édifices et d'ouvrir de très vastes baies de vitraux. Cette « manière nouvelle », comme l'appelaient ses contemporains, sera nommée art gothique plus tard, pour la différencier de la tradition romane héritée de l'Empire romain. Les autres arts visuels accompagnent les évolutions de l'architecture, préparant peu à peu l'arrivée de la Renaissance.

Ci-dessus, rosace du transept nord de la basilique de Saint-Denis (XIIIᵉ s.).

Ci-contre, *La Madone Rucellai*, Duccio di Buoninsegna (v. 1285), musée des Offices, Florence.

1. Façade du palais des Papes (XIVᵉ s.), Avignon.
2. Portail de la façade de la cathédrale de Reims (XIIIᵉ s.). L'annonciation, à gauche, est dans la pure tradition gothique (hiératisme, élongation de la silhouette, sourire), alors que la visitation, à droite, est déjà renaissante (mouvements et drapés, visages « pensifs »). Sources Georges Duby.
3. Cloître de la cathédrale de Canterbury (XIIIᵉ-XIVᵉ s.), Kent.
4. Salle des Hôtes de la Merveille (1215-1217), abbaye du Mont-Saint-Michel.

Chœur de la basilique de Saint-Denis (XIIᵉ s.).

Transept sud de la basilique Saint-François (XIIIᵉ s.), Assise.

1

2

3

Triptyque reliquaire de la Vraie-Croix (XIIIᵉ s.), musée du Louvre, Paris.

4

« L'Office des Morts », enluminure des *Très Riches Heures du duc de Berry* (XVᵉ s.), musée Condé, Chantilly.

goulag

1. « Le travail en URSS est affaire d'honnêteté et de gloire », inscription dans le camp de Vorkouta. 2. Femmes internées dans le goulag de Karaganda, complexe concentrationnaire de quelque 56 000 km². 3. Déportés travaillant sur le chantier du canal mer Blanche-Baltique en 1934.

gouet n. m. (du latin pop.) bot. Arum.

gouffre n. m. (vient du latin *colpus*, grec *kolpos* « repli, vallée » → golfe) **1.** Trou vertical, impressionnant par sa profondeur et sa largeur. → **abîme, précipice.** – Cavité naturelle souterraine. → **aven.** *Le gouffre de Padirac. L'exploration des gouffres par la spéléologie.* **2.** Courant tourbillonnaire. *Le gouffre du Maelström.* **3.** fig., littér. Abîme, immensité insondable. *Un gouffre de malheurs, de souffrances.* – loc. ***Être au bord du gouffre,*** devant un péril imminent. **4.** Ce qui engloutit de l'argent. *Ce procès est un gouffre.* → **ruine.**

gouge n. f. (vient du bas latin *gubia*, d'origine gauloise) techn. Outil en demi-tube, servant à creuser. □ **gouger** v. tr. < 3 >

gougère n. f. (ancien français *gouiere*, origine inconnue) Couronne ou boulette de pâte à choux au fromage.

Gouges (Marie Gouze, dite Olympe de) Féministe française (1748-1793). Elle est l'autrice d'une *Déclaration des droits de la femme et de la citoyenne,* et fut guillotinée pour avoir pris la défense de Louis XVI.

gougnafier n. m. (origine inconnue) fam. **1.** Bon à rien. **2.** Rustre, goujat.

gougoune n. f. (origine inconnue) (Canada) fam. Tong. *Une paire de gougounes.*

gouille n. f. (du francique) régional (Centre-Est ; Suisse) Flaque, mare.

Gouin (sir Lomer) Homme politique canadien (québécois) [1861-1929]. Chef du Parti libéral, il fut Premier ministre du Québec de 1905 à 1920.

Gouin (Félix) Homme d'État français (1884-1977). Il dirigea le Gouvernement provisoire de la République française de janvier à juin 1946.

gouine n. f. (p.-ê. famille de *goujat*) fam. et péj. (injurieux) Homosexuelle.

goujat, ate n. (ancien provençal *gojat*) **1.** n. m. vieux Valet d'armée. **2.** Personne grossière, indélicate. → **malotru, mufle.** *Il s'est conduit en goujat.*

goujaterie n. f. Caractère, conduite de goujat. → **grossièreté, impolitesse, muflerie.**

¹goujon n. m. (de *gouge*) techn. Cheville d'assemblage ; broche.

²goujon n. m. (vient du latin *gobio*, de *gobius*, grec *kobios*) Petit poisson d'eau douce très répandu. – loc. *Taquiner le goujon,* pêcher à la ligne.

Goujon (Jean) Sculpteur et architecte français (1510-v. 1566). Il réalisa des gravures qui illustrent la traduction française du *Vitruve* de Jean Martin. À Paris, il sculpta les bas-reliefs du jubé de Saint-Germain-l'Auxerrois, puis ceux des *Quatre Saisons* de l'hôtel de Ligneris ainsi que les six *Nymphes* de la fontaine des Innocents. Il est considéré comme l'une des figures majeures de la sculpture française de la Renaissance.

goujonner v. tr. < 1 > techn. Assembler avec des goujons.

goujonnette n. f. (de *²goujon*) cuis. Petit filet de poisson.

goujonnier, ière adj. (de *²goujon*) Relatif au goujon. *Perche goujonnière.* → **grémille.**

goulache n. m. ou f. (de l'allemand, emprunt au hongrois *gulyás [hûs]* « [viande de] bouvier ») Ragoût de bœuf au paprika. - var. **goulasch, goulash.**

goulafre adj. et n. (de *goule* → gueule) régional (Nord-Est ; Belgique), fam. Goinfre.

goulag [gulag] n. m. (mot russe, abrév. « direction générale des camps ») Camp de travail forcé et concentrationnaire ; système concentrationnaire (dans l'ex-URSS).

Goulart (João) Homme d'État brésilien (1918-1976). Président de la République de 1962 à 1964, il fut contraint à la démission sous la pression de l'armée.

goulasch, goulash voir **goulache**

Gould (Glenn) Pianiste canadien (1932-1982). Interprète majeur de l'œuvre pour clavier de J.-S. Bach et de Schoenberg, il cessa de donner des concerts publics dès 1964 pour se consacrer à l'enregistrement.

Gould (Stephen Jay) Paléontologue américain (1941-2002). Avec Niles Eldredge, il élabora la théorie des équilibres ponctués, d'après laquelle l'évolution procéderait par bonds successifs, entre de longues périodes de stabilité. Il est l'auteur de nombreux ouvrages de vulgarisation *(L'Éventail du vivant ; La Structure de la théorie de l'évolution).*

goule n. f. (arabe *gūl*) Vampire femelle des légendes orientales.

goulée n. f. (de *goule*, var. de *gueule*) fam. Grande gorgée. *Prendre, aspirer une goulée d'air frais.*

goulet n. m. (de *goule*, var. de *gueule* au fig. → goulot) **1.** Passage, couloir étroit dans un relief naturel. → **défilé. 2.** Entrée étroite d'un port, d'une rade. *Le navire franchit le goulet.* **3.** fig. *Goulet d'étranglement :* passage difficile ; obstacle qui retarde un processus.

Goulette (La) Ville de Tunisie, sur le golfe de Tunis. 28 410 habitants. Port de pêche et de commerce (exportation de minerais). Station balnéaire.

gouleyant, ante adj. (mot régional, de *goule, gueule*) (vin) Frais et léger, facile et agréable à boire.

goulot n. m. (de *goule, gueule* → goulée, goulet, gouleyant, goulu) Col étroit d'un récipient. *Le goulot d'une bouteille. Boire au goulot.* ■ *Goulot d'étranglement.* → **goulet.**

goulotte n. f. (de *goule* → gueule) techn. **1.** Conduit d'écoulement des eaux. **2.** Conduit incliné dans lequel passent différents matériaux.

goulu, ue adj. (de *goule, gueule*) Qui mange avec avidité. → **glouton.** – n. *Un goulu.* □ **goulûment** ou **goulument** adv. → **avidement.**

goum n. m. (arabe *qaum* « troupe ») hist. Contingent militaire recruté en Afrique du Nord durant la colonisation. *Soldat d'un goum* (*goumier* n. m.).

Goumier à cheval, combattant de la Première Guerre mondiale.

Goumilev (Nikolaï Stepanovitch) Poète russe (1886-1921). Fondateur en 1912 de l'école littéraire acméiste, il est l'auteur d'une œuvre marquée par les thèmes du courage et de l'exotisme. *Le Chemin du Conquistador ; Les Perles ; Le Bûcher.*

Gounelle **(Laurent)** Écrivain français (né en 1966). Spécialiste des sciences humaines, il s'est imposé comme l'un des auteurs phares de romans de développement personnel. Ses livres, tels *L'homme qui voulait être heureux* ou *Le Jour où j'ai appris à vivre*, sont empreints d'optimisme, amènent à une réflexion sur le conditionnement et illustrent le bienfait de l'estime de soi.

Gounod **(Charles)** Compositeur français (1818-1893). Il abandonna la musique religieuse au profit de l'opéra et connut la gloire avec son *Faust*. Ses œuvres suivantes *(Mireille ; Roméo et Juliette)* le consacrèrent compositeur de renom et mélodiste hors pair. Ses dernières années marquèrent un retour à la musique religieuse *(Rédemption ; Mors et Vitae)*.

goupil [gupi(l)] **n. m.** **(vient du bas latin *vulpiculus*, de *vulpecula*, diminutif de *vulpes* « renard »)** archaïsme Renard.

goupille **n. f.** **(fém. de *goupil*, au fig.)** Cheville métallique qui sert à faire un assemblage démontable. *La goupille d'une grenade.*

goupiller **v. tr. < 1 > 1.** techn. Fixer avec des goupilles. *Goupiller une roue sur un axe.* **2. (influence de l'ancien subst. *gouspin* « vaurien »)** fam. Arranger, combiner. – pronom. *Ça se goupille mal.*

goupillon **n. m.** **(de l'ancien français *guipon*, d'origine germanique ; influence de *écouvillon*)** **1.** Instrument liturgique pour asperger d'eau bénite. – loc. *Le sabre et le goupillon* : l'armée et l'Église. **2.** Longue brosse cylindrique pour nettoyer les objets creux. *Nettoyer une bouteille avec un goupillon.* → **écouvillon.**

gour **n. m.** **(de l'arabe)** géogr. Fragments de plateau isolés par l'érosion éolienne, formant butte. *Les gours du Sahara.*

gourance **n. f.** fam. Fait de se gourer, erreur. - syn. **gourante.**

Gourara Groupe d'oasis d'Algérie, au S. du Grand Erg occidental. Dattes.

Gouraud **(Henri Joseph Eugène)** Général français (1867-1946). Il fit carrière au Soudan, où il s'empara de Samory Touré (1898) puis au Maroc (1910). Il commanda le corps expéditionnaire des Dardanelles (1915), puis la IVe armée en Champagne avant d'être nommé haut-commissaire en Syrie (1919-1923), et gouverneur militaire de Paris (1923-1937).

gourbi **n. m.** **(mot arabe d'Algérie)** **1.** Habitation sommaire en Afrique du Nord. → **cabane. 2.** anciennt Abri de tranchée (1914-1918). **3.** fam. Habitation misérable et sale.

gourd, gourde **adj.** **(vient du latin *gurdus*, d'origine ibère [d'abord « gros, bien nourri »] → dégourdir, engourdir)** Engourdi par le froid. *Avoir les doigts gourds.*

gourde **n. f.** **(altération de *coorde*, qui vient du latin *cucurbita* « courge » → cucurbitacée)** **I. 1.** Variété de courge, de coloquinte (pouvant servir de récipient → **calebasse**). **2.** Bouteille ou bidon pour transporter de la boisson. **II. (influence de *gourd*)** Personne niaise et maladroite. → **cruche.** *Quelle gourde !* **– adj.** → **stupide.** *Il a l'air gourde.*

gourdin **n. m.** **(provençal, italien *cordino*, de *corda* « corde »)** Gros bâton solide qui sert à frapper. → **trique.** *Un coup de gourdin.*

Gourdon Chef-lieu d'arrondissement du Lot. 3 959 habitants. Église fortifiée des xive et xve s. Industries alimentaires.

se **gourer** **v. pron. < 1 >** **(p.-ê. du radical *gor-* de *goret* ; idée de « dévorer, se gorger » puis « se débaucher » et « tromper »)** fam. Se tromper. *Il s'est gouré dans son addition.* « *Je me suis un peu gourée de route en chemin* » (Queneau).

gourgandine **n. f.** **(p.-ê. du radical *gor-* de *goret* et provençal *gander* → gandin)** vieilli Femme facile.

gourgane **n. f.** **(origine inconnue)** (Canada) Plante (légumineuse) appelée aussi *fève des marais*, cultivée pour ses graines. ■ Ces graines.

Gourgaud **(Gaspard, baron)** Général français (1783-1852). Il accompagna Napoléon Ier à Sainte-Hélène, où il rédigea, avec Montholon, *Les Mémoires pour servir à l'histoire de France sous Napoléon.*

gourmand, ande **adj.** **(origine obscure ; rapport avec *gourmet*)** **I. 1.** Qui aime la bonne nourriture, mange par plaisir. *Elle est gourmande. Il est très gourmand de gibier.* → **friand.** – **n.** *Un gourmand avide* (→ **goinfre**), *raffiné.* → **gastronome, gourmet. 2.** *Un regard gourmand,* avide, qui se délecte. **3.** Exigeant en matière d'argent. *Son associée est trop gourmande.* **II.** techn. *Branche gourmande,* dont la pousse absorbe la sève des rameaux fruitiers. – **n. m.** *Un gourmand.*

gourmander **v. tr. < 1 >** **(de *gourmand*, d'abord « dévorer »)** littér. Réprimander (qqn) en lui adressant des reproches sévères. → **gronder, sermonner.**

gourmandise **n. f.** **(de *gourmand*)** **1.** Goût de la nourriture. « *La gourmandise, le péché des moines vertueux* » (Balzac). **2.** au plur. Mets délicieux, friandises. → **gâterie.**

gourme **n. f.** **(vient p.-ê. du francique *worm* « pus », ou du radical de *gourmet, gourmand*)** **1.** Maladie de peau au visage, au cuir chevelu. → **impétigo. 2.** Maladie du cheval, inflammation des voies respiratoires. **3.** loc. fig. ***Jeter sa gourme*** : en parlant d'un jeune homme, faire ses premières frasques.

gourmé, ée **adj.** **(ancien français *gormé* « qui a la gourme » → gourmand, gourmet)** Dont le maintien est grave et raide. *Une personne gourmée.* « *Gourmé, plein de morgue, froid* » (Balzac). – *Air gourmé.* → **affecté, compassé, guindé.**

gourmet **n. m.** **(de *groumet*, ancien français *gromet* « valet » → groom, confondu avec *gourmand*)** Personne qui apprécie le raffinement en matière de boire et de manger. → **gastronome.** « *Il goûte lentement, à petites gorgées de gourmet* » (Dorgelès).

gourmette **n. f.** **(de *gourme* « chaîne qui fixe le mors du cheval », sans rapport clair avec *gourme**)** **1.** Chaînette qui fixe le mors dans la bouche du cheval. **2.** Bracelet à mailles de métal aplaties. *Une gourmette en or.*

Gourmont **(Remy de)** Écrivain français (1858-1915). Critique littéraire, il est également l'auteur d'une œuvre multiforme, comprenant des poèmes, des essais et des romans, qui releva d'abord du symbolisme *(Esthétique de la langue française ; Promenades littéraires)*, puis d'un hédonisme sceptique *(Une nuit au Luxembourg ; Lettres à l'Amazone)*. Il fut l'un des fondateurs du *Mercure de France* en 1899.

gournable **n. f.** **(néerlandais *gordnagel* « clou de bois pour les bateaux »)** mar. Cheville de chêne employée sur les navires en bois pour fixer (*gournabler* **v. tr. < 1 >**) les bordages.

Gournay **(Marie Le Jars de)** Femme de lettres française (1566-1645). « Fille d'alliance » (filleule) de Montaigne, elle défendit, en plein classicisme malherbien, la liberté langagière et intellectuelle du temps de Montaigne *(L'Ombre de la damoiselle de Gournay)*.

Gournay **(Jacques-Claude-Marie Vincent, seigneur de)** Économiste français (1712-1759). Proche des physiocrates, il œuvra pour l'introduction du libéralisme économique en France.

Gournay-en-Bray Commune de la Seine-Maritime, sur l'Epte. 6 027 habitants. Église des xie et xiie siècles.

gourou **n. m.** **(de l'hindi « vénérable », du sanskrit « lourd »)** Maître spirituel dans la religion brahmanique. ■ Maître à penser. - Pour une femme, on trouve *une gourou.*

Goussainville Commune du Val-d'Oise. 30 910 habitants.

gousse **n. f.** **(p.-ê. famille de *cosse*, ou encore du latin *volvus* « bulbe », de *volvere* « rouler »)** **1.** Fruit des légumineuses et de quelques plantes, de forme allongée, s'ouvrant en deux fentes (→ **[2]cosse**). *Des gousses de vanille.* **2.** *Gousse d'ail,* chacun des éléments de la tête d'ail.

gousset **n. m.** **(de *gousse*)** **1.** anciennt Petite bourse. **2.** Petite poche de gilet ou de pantalon. *Montre de gousset.*

goût **n. m.** **(vient du latin *gustus* → gustatif, déguster)** **I. 1.** Sens grâce auquel l'homme et les animaux perçoivent les saveurs des aliments (→ **[1]goûter ; gustatif**). *La langue et le palais sont les organes du goût.* **2.** Saveur. *Goût acide, amer, sucré, fade, fort d'un aliment.* – *Cette eau a un goût,* un goût anormal et désagréable. **3.** Appétit, envie (s'oppose à *dégoût*). – fig. *Elle n'a plus le goût de vivre, elle n'a plus goût à la vie.* **4. *Goût de, pour qqch.*** : penchant. → **disposition, vocation.** *Le goût du travail. Le goût de la provocation. Elle a peu de goût pour ce genre de travail.* – *Prendre goût à,* se mettre à apprécier. – *Être au goût de qqn.* → **plaire.** *Il la trouve à son goût,* elle lui plaît. **II. 1.** Aptitude à sentir, à discerner les beautés et les défauts (d'une œuvre, etc.). *Avoir le goût délicat, difficile.* – Avis, jugement. *À mon goût, ceci ne vaut rien.* **2. *Le bon goût*** ou ***le goût*** : jugement sûr en matière esthétique. « *Le goût, qui fait deviner le beau où il est* » (Delacroix). *Avoir du goût ; manquer de goût. Une femme habillée, coiffée avec goût.* → **élégance.** – *Un homme, une femme de goût.* **3.** au plur. Tendances, préférences qui se manifestent dans le genre de vie, les habitudes de chacun. *Être liés par des goûts communs.* – loc. prov. *Des goûts et des couleurs on ne discute pas. Tous les goûts sont dans la nature ; chacun ses goûts.* ■ ***De (tel ou tel) goût*** : se dit des choses qui dénotent, révèlent un goût (bon ou mauvais). *Une plaisanterie d'un goût douteux.* **4. *Dans le goût.*** → **genre, manière, [1]mode, [1]style.** *Tableau dans le goût classique.* - var. RO **gout.**

Goutéens ou **Gutis** **n. m. pl.** Peuple d'Asie occidentale, originaire du mont Zagros, qui domina la Mésopotamie au IIIe millénaire av. J.-C. Ils ravagèrent le royaume d'Akkad.

[1]goûter **v. < 1 >** **(vient du latin *gustare* cf. déguster, de *gustus* → goût)** **I. v. tr. 1.** Manger ou boire un peu de (qqch.) pour connaître le goût. *Goûtez notre vin.* → **déguster. 2.** Éprouver avec plaisir (une sensation, une émotion). → **savourer.** « *Je goûtai pour la première fois [...] le bonheur de la solitude* » (B. Constant). **3.** littér. Trouver à son goût, juger favorablement. → **aimer, apprécier, estimer.** *Elle ne goûte pas la plaisanterie.* **4.** (Canada) Avoir le goût de. **II. v. tr. ind. 1. *Goûter à*** : prendre un peu d'une chose dont on n'a pas encore bu ou mangé. → **entamer.** *Il y a à peine goûté.* → **[1]toucher. 2. *Goûter de*** : boire ou manger pour la première fois. – Faire l'expérience de. *Il a goûté du métier.* → **tâter. III. v. intr.** Faire une collation, entre le déjeuner et le dîner. *Goûter à cinq heures.* - var. RO **gouter.**

[2]goûter **n. m.** **(de *[1]goûter*)** Nourriture (et boisson) que l'on prend dans l'après-midi. → **collation.** - var. RO **gouter.**

Goûter Nom de deux sommets, voisins du mont Blanc : le *dôme du Goûter* (4 304 m) et l'*aiguille du Goûter* (3 838 m).

goûteur, euse **n.** **(régional *goutour* « dégustateur » → [1]goûter)** Personne qui goûte, dont le métier est de goûter (une boisson, une préparation). *Goûteur de cru.* → **dégustateur.** - var. RO **gouteur, euse.**

goûteux, euse **adj.** **(du provençal → [1]goûter)** Qui a beaucoup de goût, qui a bon goût. → régional **goûtu.** *Une bière goûteuse.* - var. RO **gouteux, euse.**

Gouthière **(Pierre)** Ciseleur-doreur français (1732-1813). Il fut l'un des grands ornemanistes de son époque et le digne représentant du style Louis XVI « à la grecque ». Il aurait inventé la dorure au mat.

[1]goutte **n. f.** **(vient du latin *gutta* « goutte » et « parcelle »)** **I. 1.** Très petite quantité de liquide qui prend une forme arrondie. *Goutte d'eau. « Je cherche une goutte de pluie / Qui vient de tomber dans la mer »* (Supervielle). **– loc.** *Se ressembler comme deux gouttes d'eau,* trait pour trait. *Passer entre les gouttes :* ne pas se faire mouiller par la pluie ; **fig.** échapper à une menace. *Suer à grosses gouttes,* abondamment. **– fam.** *Avoir la goutte au nez,* avoir le nez qui coule. ■ ***Goutte à goutte*** **loc. adv. :** une goutte après l'autre. *Couler goutte à goutte.* → **s'égoutter, goutter ; goutte-à-goutte. 2.** Très petite quantité de boisson. *Voulez-vous du café ? Juste une goutte.* → **doigt, larme.** ■ **fam.** *Boire la goutte,* boire un petit verre d'alcool. **3. au plur.** *Se mettre des gouttes dans le nez* (médicament). **II.** Petit objet, petite tache ronde (comparés à une goutte).

[2]goutte **adv. de négation** **(de *ne boire goutte*) vieux ou plais.** *Ne... goutte :* ne... pas. *Allume la lumière, on n'y voit goutte.*

[3]goutte **n. f.** **(de [1]*goutte* : « goutte d'humeur »)** Inflammation douloureuse des articulations. → **rhumatisme.** *Avoir la goutte* (→ **goutteux**), *une attaque de goutte.*

goutte-à-goutte **n. m. invar.** Appareil médical permettant une perfusion lente et régulière.

gouttelette **n. f.** Petite goutte de liquide.

goutter **v. intr.** < 1 > **1.** Couler goutte à goutte. *Eau qui goutte d'un robinet.* → **dégoutter, s'égoutter. 2.** Laisser tomber des gouttes. *Le robinet goutte.*

gouttereau **adj.** **(de *gouttière*) archit.** *Mur gouttereau :* mur latéral des édifices gothiques, surmonté d'une gouttière **(opposé à *mur pignon*).** *Façade gouttereau.*

goutteux, euse **adj. 1.** Atteint de la goutte. **– n.** *Un goutteux.* **2.** Relatif à la goutte.

gouttière **n. f.** **(de [1]*goutte*) 1.** Canal demi-cylindrique, fixé au bord inférieur des toits, permettant l'écoulement des eaux de pluie. → **chéneau.** *Gouttière en zinc.* **–** Tuyau de descente des eaux. **2.** Appareil qui sert à immobiliser un membre fracturé. *Une gouttière de plâtre.*

gouttiner **v. impers.** < 1 > **(de [1]*goutte*) (Belgique)** Pleuvoir légèrement.

goûtu, ue **adj.** **régional (Bretagne, Normandie)** Qui a du goût, un goût agréable. → **goûteux.** *Un plat goûtu et parfumé.* **- var.** **RO goutu, ue.**

gouvernable **adj.** Susceptible d'être gouverné. *Peuple difficilement gouvernable.*

gouvernail **n. m.** **(vient du latin *gubernaculum,* de *gubernare* → gouverner) 1.** Plan mince orientable que l'on manœuvre à l'aide de la barre, et qui sert à diriger un bateau. *Des gouvernails.* ■ **(avions)** *Gouvernail de direction, de profondeur.* → **gouverne. 2. fig.** Direction des affaires. *Prendre, tenir, abandonner le gouvernail.* → **barre.**

gouvernance **n. f. 1.** Au Sénégal, Services administratifs d'une région ; édifice où ils se trouvent. **2. (de l'anglais des États-Unis) anglic.** Manière de gouverner, d'exercer le pouvoir. ■ **par ext.** Méthode de gestion (d'une entreprise...).

gouvernant **n. m.** *Les gouvernants,* les personnes qui détiennent et exercent le pouvoir politique, le pouvoir exécutif **(opposé à *gouvernés*).**

gouvernante **n. f. 1. vieilli** Femme à qui l'on confie la garde et l'éducation d'enfants. → **nurse, préceptrice. 2.** Femme chargée de s'occuper du ménage d'un homme seul.

Goya (Francisco de)

Goya, *Tres de Mayo* ou *Les Fusillades sur la montagne du Príncipe Pío* (1814), musée du Prado, Madrid.

gouverne **n. f.** **(de *gouverner*) I.** Dispositif externe orientable qui fait partie des commandes d'un engin aérien (avion, etc.). → **gouvernail. II. loc.** *Pour ma (ta, sa...) gouverne :* pour servir de règle de conduite ; pour informer. *« Prends garde, qu'il a ajouté pour ma gouverne, faut pas crâner chez lui »* (Céline).

gouvernement **n. m.** **(de *gouverner* ; d'abord « direction ») I. 1. vieux** Action de diriger. ■ **polit.** *Le gouvernement des peuples* (des États). ■ **absolt** *Une méthode de gouvernement,* pour gouverner. **2. anciennt** Direction politique, administrative ; charge de gouverneur. **II. mod. 1.** Le pouvoir politique ; les organes de ce pouvoir (exécutif, législatif). → **État.** *Gouvernement central, gouvernements locaux d'un État fédéral. Un gouvernement instable.* **2.** Pouvoir exécutif suprême **(opposé à *administration*)** ; organes qui l'exercent **(opposé à *pouvoir législatif*).** *Le gouvernement français* (chef de l'État ; conseil des ministres). **3. dans les régimes parlementaires** Le corps des ministres. → **cabinet, conseil, ministère.** *Le chef du gouvernement :* le Premier ministre. **III.** Constitution politique de l'État. → **institution(s), [1]régime, système.** *Gouvernements démocratiques et gouvernements totalitaires.*

gouvernemental, ale, aux **adj. 1.** Relatif au pouvoir exécutif. *Organes gouvernementaux.* **2.** Relatif au ministère. → **ministériel.** *L'équipe gouvernementale.* **3.** Qui soutient le ministère. *Journal gouvernemental.*

Gouvernement provisoire de la République française **(GPRF)** Gouvernement (juin 1944-oct. 1946) qui remplaça le Comité français de libération nationale présidé à Alger, par le général de Gaulle. Il s'installa à Paris à la Libération et proclama le retour à la légalité républicaine. Le GPRF posa les fondements de la reconstruction économique et sociale du pays, opéra une épuration sévère et fit adopter par référendum la Constitution de la IVe République.

gouverner **v. tr.** < 1 > **(vient du latin *gubernare* « diriger un navire », grec *kubernan* → cybernétique) I.** Diriger la conduite de (qqch., qqn). **1. vieux ou littér.** Exercer une influence déterminante sur la conduite de (qqn). → **commander, guider.** *Il se laisse gouverner par sa femme. Gouverner ses sentiments.* → **maîtriser. 2.** Exercer son empire sur. → **dominer.** *« La fortune et l'humeur gouvernent le monde »* (La Rochefoucauld). **3. gramm.** Régir. *En latin, le verbe actif gouverne l'accusatif.* **II.** Exercer le pouvoir politique sur. *Gouverner les peuples, les hommes.* → **conduire, diriger. – au p. p. subst.** *Les gouvernés,* ceux qui doivent obéir au pouvoir politique. ■ Diriger les affaires publiques d'un État, détenir et exercer le pouvoir politique, **et spécialt** le pouvoir exécutif. **–** ***Se gouverner*** **v. pron. :** exercer le pouvoir politique sur soi-même **(société). III. vieux** Diriger (une embarcation, un navire). **– mod. absolt** *Gouverner vent arrière, à la lame* (en maniant le gouvernail* → **[1]barrer).**

gouverneur **n.** **au féminin *gouverneuse, gouverneur,* (Canada) *gouverneure* 1. anciennt, hist.** Haut fonctionnaire royal. ■ Représentant de la métropole dans une colonie. **– au Canada** Représentant du souverain du Royaume-Uni. *Gouverneur(e) général(e) ; lieutenants-gouverneurs.* **2.** Personne qui est à la tête d'une région militaire ou administrative. *Gouverneur militaire.* ■ *Le gouverneur de la Banque de France.* ■ Aux États-Unis, Chef du pouvoir exécutif d'un État de la fédération.

Gouvion-Saint-Cyr **(Laurent, marquis de)** Maréchal de France (1764-1830). Il participa aux campagnes de l'Empire en Prusse, en Espagne et en Russie. Ministre de la Guerre sous Louis XVIII (1815-1819), il fit voter, en 1818, la loi pour la réorganisation de l'armée *(loi Gouvion Saint-Cyr)* qui mit fin aux privilèges des nobles dans l'accès aux grades d'officiers.

Gowers **(sir William Timothy)** Mathématicien britannique (né en 1963). Il recourut aux méthodes combinatoires pour résoudre de nombreuses conjectures en analyse fonctionnelle. Médaille Fields 1998.

goy [gɔj] **n. (mot hébreu)** Non-juif, chrétien, pour les Israélites. *Des goys* **ou** *des goyim* **(plur. hébreu).**

goyave [gɔjav ; gwajav] **n. f.** **(de l'espagnol, mot amérindien des Caraïbes [langue arawak])** Fruit d'un arbre d'Amérique tropicale (le *goyavier,* **n. m.**).

Goya y Lucientes **(Francisco de)** Peintre et graveur espagnol (1746-1828). Il se fit remarquer par une série de 63 cartons de tapisserie destinés à la manufacture royale qui représentent, avec fraîcheur et légèreté, des scènes de divertissements populaires *(La Danse sur les bords du Manzanares ; La Novilla).* Il entama ensuite une carrière officielle à la cour et s'imposa comme un portraitiste sensible et délicat *(Portrait de Floridablanca ; La Marquise de Pontejos),* avant qu'une grave maladie ne le rendît sourd. Son style prit une coloration plus sombre, plus

G

violente, et gagna en audace et en intensité dramatique *(L'Enterrement de la sardine)*. Il s'affirma comme un artiste engagé par sa dénonciation de la bêtise et de la superstition (suite gravée des *Caprices*), et par sa protestation contre l'invasion française (*Les Désastres de la guerre* ; le *Dos* et le *Tres de mayo*). Il fit preuve d'une grande liberté dans ses toiles *Maja desnuda* et *Maja vestida*. En 1824, il fut contraint à l'exil par l'Inquisition et s'installa à Bordeaux où il s'exprima dans un style plus serein *(La Laitière de Bordeaux)*. Peintre libre et visionnaire, il exerça une influence considérable sur les courants romantique et impressionniste.

Goyette **(Danielle)** Hockeyeuse canadienne (québécoise) [née en 1966]. Attaquante dans l'équipe nationale féminine, elle remporta huit championnats du monde et deux médailles d'or aux JO (2002 et 2006).

Danielle Goyette (Canada) affrontant l'équipe finlandaise lors de la demi-finale des JO de Salt Lake City (2002).

Goytisolo **(Juan)** Romancier espagnol (1931-2017). Il a critiqué la société bourgeoise de l'Espagne franquiste *(Deuil en paradis ; Pièces d'identité)*, avant de renouveler la composition de ses romans et de célébrer la culture arabe *(Makbara ; Barzakh)*. Il est considéré comme l'un des maîtres du nouveau roman en Espagne.

Gozzano **(Guido)** Poète italien (1883-1916). Il est un représentant majeur des poètes dits « crépusculaires ». *La Via del rifugio ; Colloqui.*

Gozzi **(comte Carlo)** Auteur dramatique italien (1720-1806). Il défendit la tradition théâtrale italienne contre les audaces de Goldoni et revivifia le style de la commedia dell'arte. Ses féeries dramatiques *(L'Amour des trois oranges ; Le Corbeau ; Turandot)* en font un précurseur du romantisme allemand.

Gozzoli **(Benozzo di Lese, dit Benozzo)** Peintre italien (1420-1497). Sa décoration de la chapelle du palais des Médicis *(Cortège de la vie des mages)*, ses *Scènes de la vie de saint Augustin* et ses fresques du Campo Santo de Pise révèlent un style narratif et descriptif soucieux des couleurs et des matières.

GPA **n. f. (sigle)** Gestation* pour autrui.

GPL **n. m. (sigle)** Gaz de pétrole liquéfié, utilisé notamment comme carburant.

GPS **n. m. (sigle anglais, de *global positioning system* « système de repérage universel »)** anglic., techn. Système de localisation (de mobiles) par satellite. **–** appos. *Système GPS.* **–** *Un GPS :* récepteur des signaux émis par les satellites. *Voiture équipée d'un GPS.*

GR [ʒeɛʀ] **n. m. (n. déposé, sigle de *grande randonnée*)** (en France) Sentier de grande randonnée. *Le GR 10 traverse les Pyrénées.*

Graal ou **Saint-Graal** Vase sacré qui, selon la légende, servit à la Cène et recueillit le sang du Christ.

▶ Le **Graal** est un objet légendaire et mythique dont la nature a évolué au fil des romans médiévaux qui ont créé, diffusé et enrichi ce mythe. Il apparaît pour la première fois à la fin du XIIe siècle dans l'œuvre inachevée de Chrétien de Troyes *(Perceval ou le Conte du Graal)*. Dans ce récit teinté de merveilleux celtique, le Graal est une coupe en or, un talisman qui garantit la prospérité du royaume. Il fait l'objet d'une quête menée par les chevaliers de la Table ronde sous le règne du roi Arthur. Le thème se christianisa sous l'influence des auteurs qui poursuivirent l'œuvre de Chrétien de Troyes. Ainsi, au XIIIe siècle, le Graal devint, sous la plume de Robert de Boron, le « Saint Calice » utilisé par le Christ lors de la Cène. Il contiendrait son sang, recueilli par Joseph d'Arimathie, et conférerait la vie éternelle à qui le trouverait et le porterait à ses lèvres.

À la fin du XIXe siècle, le *Parsifal* de R. Wagner permit de redécouvrir ces récits celtiques et ces légendes médiévales. Devenu le symbole de la quête initiatique, le Graal fut étudié par la psychanalyse (C. G. Jung), repris par des ordres maçonniques et des sectes. Il a inspiré de nombreux écrivains (H. Hesse, J. Gracq, J. R. R. Tolkien, M. Zimmer Bradley, Dan Brown) et réalisateurs (R. Bresson, É. Rohmer, les Monty Python, J. Boorman, S. Spielberg).

grabat **n. m. (du latin, grec *krabbatos* « lit bas », mot des Balkans)** Lit misérable.

grabataire **adj. et n. (de *grabat*) (Personne)** Qui ne peut plus quitter le lit (par maladie, faiblesse, vieillesse).

Grabbe **(Christian Dietrich)** Auteur dramatique allemand (1801-1836). Ses pièces de théâtre témoignent de son goût du baroque et d'une profonde ironie. *Raillerie, satire, ironie et signification cachée ; Don Juan et Faust ; Napoléon ou les Cent-Jours.*

graben [gʀabɛn] **n. m. (mot allemand « fossé ») géol.** Bloc effondré entre deux compartiments soulevés (opposé à *horst*).

grabuge **n. m. (var. de *gaburge*, du vénitien *garbugio*, italien *garbuglio*, du radical *garg-* « gorge ») fam.** Dispute, querelle bruyante ; désordre qui en résulte. **➔ bagarre, bataille.** *Faire du grabuge.*

Gracchus Nom de deux frères, tribuns romains issus d'une branche plébéienne de la gens Sempronia, appelés aussi *les Gracques*. ■ **Tiberius Sempronius Gracchus** (v. 162-133 av. J.-C.). Tribun du peuple en 133 av. J.-C., il déposa un projet de loi de réforme agraire qui prévoyait de limiter la possession individuelle des terres afin de les redistribuer aux « citoyens pauvres ». Il fut assassiné au cours d'une émeute provoquée par ses opposants patriciens. ■ **Caius Sempronius Gracchus** (154-121 av. J.-C.). Tribun en 124 av. J.-C., il reprit le projet de son aîné et lança un vaste programme de réformes économiques et politiques. Il mourut au cours d'une bataille contre les troupes du consul Opimius.

grâce **n. f. (latin *gratia*, de *gratus* « accueilli avec faveur » ➔ gré ; gratifier)** **I. 1.** Faveur accordée librement à qqn. **➔ bienfait, ¹don.** *Demander, solliciter, obtenir une grâce.* **–** ***Les bonnes grâces de*** *qqn,* les faveurs qu'il accorde ; ses dispositions favorables. **2.** Disposition à faire des faveurs, à être agréable à qqn. ■ **loc.** *Rentrer* ***en grâce*** *auprès de qqn,* se faire pardonner. ***Trouver grâce devant, auprès de*** *qqn,* ***aux yeux de*** *qqn,* lui plaire, gagner sa bienveillance. **–** ***De grâce :*** je vous en prie. ■ ***Bonne grâce :*** bonne volonté naturelle et aimable. **➔ affabilité, amabilité, douceur, gentillesse.** *Faire qqch. de bonne grâce,* volontiers. **–** ***Mauvaise grâce :*** mauvaise volonté. **3.** Titre d'honneur (dans les pays anglo-saxons). *Votre Grâce.* **4.** La bonté divine ; les faveurs qu'elle dispense. **➔ bénédiction, faveur.** *La grâce de Dieu.* ■ **loc.** *À la grâce de Dieu :* comme il plaira à Dieu, en laissant les choses évoluer sans intervenir. **–** *An de grâce,* année de l'ère chrétienne. *En l'an de grâce 1654, Louis XIV fut sacré roi.* **5.** Aide de Dieu qui rend l'homme capable de parvenir au salut. *Être en état de grâce.* **6.** ***Avoir la grâce,*** avoir le don, l'inspiration. *Pour créer de telles œuvres, il faut avoir la grâce.* **II. 1.** Pardon, remise de peine, de dette accordée bénévolement. **➔ amnistie, sursis.** *Recours en grâce d'un condamné à mort.* **–** (sans article) *Demander grâce. Crier grâce,* supplier. ellipt *Grâce !* **➔ pitié.** *Faire grâce.* **➔ gracier.** **–** *Je vous fais grâce du travail qui reste,* je vous en dispense. **2.** ***Coup de grâce :*** coup qui achève définitivement qqn (qui est blessé, qui souffre). **III. 1.** Reconnaissance, remerciements. *Rendre grâce, rendre grâces à qqn.* **➔ remercier.** **–** *Action de grâce, de grâces,* acte, prière qui exprime de la gratitude envers Dieu. ■ *Les grâces,* prière de remerciement à Dieu (après les repas). **2. loc. prép.** ***Grâce à*** *qqn, qqch. :* à l'aide, au moyen de (en parlant d'un résultat heureux). *Grâce à Dieu, tout s'est bien passé,* par bonheur. *Grâce à toi, grâce à ton aide, nous avons fini notre ouvrage à temps.* **IV. 1.** Charme, agrément. *Elle a de la grâce.* **➔ gracieux.** *La grâce des gestes, des mouvements.* **➔ aisance.** « *Je ne trouve qu'en vous je ne sais quelle grâce / Qui me charme toujours et jamais ne me lasse* » (Racine). **2.** au plur. *Les grâces.* **➔ beauté.** *Les grâces d'une personne* (vieilli). **➔ attrait, ¹charme.** **–** (iron.) Manières gracieuses. **➔ façon.** *Il « faisait des grâces sans avoir de la grâce »* (Proust). **3.** *Les Trois Grâces :* les trois déesses personnifiant le don de plaire, dans la mythologie grecque.

Grâces Déesses romaines de la Beauté appelées *Charites* chez les Grecs, qui les considéraient comme des filles de Zeus : Aglaé, Thalie, Euphrosyne.

Gracián y Morales **(Baltasar)** Moraliste et essayiste espagnol (1601-1658). Jésuite, il se heurta aux supérieurs de son ordre pour publier ses œuvres. Il est connu pour ses maximes morales *(L'Homme de cour)* et son regard lucide sur la misère de la condition humaine *(Le Criticon)*.

GPS

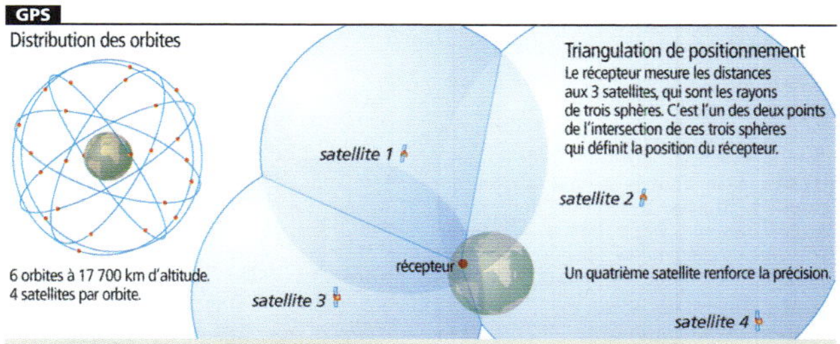

La position d'un récepteur GPS (Global Positioning System) est déterminée par la mesure du temps de propagation des ondes électromagnétiques émises par les satellites, dont les positions sont connues, et le récepteur. En théorie, quatre satellites sont nécessaires pour la déterminer par triangulation. Plus le nombre de satellites visibles est grand, plus la position est calculée avec précision.

gracier v. tr. < 7 > Faire grâce (II) à (qqn). – passif *Le condamné a été gracié par le président de la République.*

gracieusement adv. I. Avec grâce. II. Gratuitement.

gracieuseté n. f. littér. Manière aimable, gracieuse. *« Toutes sortes de gracieusetés et d'allusions flatteuses »* (Gautier).

gracieux, ieuse adj. (latin *gratiosus*, de *gratia* → grâce) I. Qui a de la grâce, de l'agrément ; qui est aimable. → **charmant, élégant, [2]gentil** ; s'oppose à *disgracieux*. *Un corps svelte et gracieux. Une enfant gracieuse.* II. Qui est accordé, sans être dû, sans que rien soit exigé en retour. → **bénévole, gratuit.** *Prêter un concours gracieux. À titre gracieux* : gratuitement.

gracile adj. (latin *gracilis* → [1]grêle.) Mince et délicat. → **élancé, frêle.** *Une fillette au corps gracile.*

gracilité n. f. littér. Minceur délicate.

gracioso adv. (mot italien) mus. Gracieusement. – adj. *Andante gracioso.*

Gracq (Louis Poirier, dit Julien) Écrivain français (1910-2007). Toute son œuvre, tant ses essais (*André Breton ; La Littérature à l'estomac*) que ses romans (*Au château d'Argol ; Le Rivage des Syrtes*, pour lequel il refusa le Goncourt ; *Un balcon en forêt*), témoigne de sa conception exigeante de la littérature. Marqué par le romantisme allemand et le surréalisme, il a développé un style incomparable, où la musicalité de la phrase est mise au service d'un univers étrange et onirique.

Gracques (les) voir Gracchus

gradateur n. m. techn. Appareil permettant de régler graduellement le passage d'un courant électrique. *Le gradateur d'une lampe halogène.* → **variateur.**

gradation n. f. (latin *gradatio*, de *gradus* → grade) 1. Progression par degrés successifs, et le plus souvent ascendante. *Une gradation de tons, de couleurs. Par gradation.* → **graduellement.** 2. Degré. *Passer par une suite de gradations.*

grade n. m. (latin *gradus* « marche ; degré », de *gradi* « marcher ; s'avancer », ou italien *grado*, du latin) I. 1. Degré d'une hiérarchie (surtout militaire). → **échelon.** *Le grade d'un officier. Avancer, monter **en grade*** (→ **avancement, promotion**). 2. loc. fam. *En prendre pour son grade* : se faire réprimander. II. 1. (du latin) Centième partie d'un quadrant (quart de cercle). 2. (de l'anglais) Degré de viscosité (d'une huile).

-grade Élément (du latin *gradus* « pas ; marche ») qui signifie « façon de marcher » (ex. *plantigrade*).

gradé, ée adj. et n. (de *grade*) 1. Qui a un grade. 2. (Personne) qui a un grade inférieur à celui des officiers (caporal, sous-officier).

gradient [gʀadjɑ̃] n. m. (du latin *gradus* → grade, d'après *quotient*) sc. Taux de variation spatiale (d'une grandeur physique).

Gradignan Commune de la Gironde, dans la banlieue S. de Bordeaux. 25 871 habitants. Ruines du prieuré de Cayac (XIIIe s.). Viticulture (vins des Graves).

gradin n. m. (italien *gradino*, de *grado* → grade) 1. Chacun des bancs disposés en étages dans un amphithéâtre. *Les gradins d'un stade.* 2. ***En gradins*** : disposé par paliers successifs. *Un jardin, des cultures en gradins.*

gradualisme n. m. (→ graduel) 1. biol. Théorie selon laquelle l'évolution procède par petites étapes graduelles. *Le gradualisme de Darwin.* 2. didact. Attitude réformatrice modérée, procédant par paliers. □ adj. et n. **gradualiste**

graduat n. m. (de *graduation* ou de *graduer*) (en Belgique) Cycle d'études techniques de l'enseignement supérieur non universitaire ; diplôme sanctionnant ces études. *Obtenir un graduat en informatique.*

graduation n. f. (du latin médiéval, de *graduare* → graduer) Action de graduer (2). – Échelle graduée d'un instrument de mesure. – Système de division. *La graduation de Fahrenheit.*

gradué, ée adj. I. 1. Progressif. *Recueil d'exercices gradués.* 2. Qui porte une graduation. II. (en Belgique) Qui a obtenu un diplôme de graduat. – n. *Un gradué en pédiatrie.*

graduel, elle adj. (latin médiéval *gradualis*, de *gradus* → grade) Qui va par degrés. → **progressif.** *Effort graduel.* □ adv. **graduellement** □ n. f. **gradualité**

graduer v. tr. < 1 > (latin médiéval *graduare*, de *gradus* « degré » → grade) 1. Augmenter graduellement. *Graduer les difficultés. « Graduer l'expérience, c'est l'art d'instruire »* (Alain). 2. Diviser en degrés. → **étalonner.** *Graduer une éprouvette, une règle* (→ **graduation**).

Graf (Urs) Graveur et peintre suisse (1465-1527). Influencé par Dürer, il puisa son inspiration dans son expérience militaire et en tira une œuvre hantée par le thème de la mort (*L'Armée sauvage*).

Graf (Stefanie, dite Steffi) Joueuse de tennis allemande (née en 1969). De 1987 à 1996, elle s'imposa dans tous les grands tournois internationaux. En 1988, elle réalisa le Grand Chelem et fut championne olympique.

graff n. m. (abrév. de *graffiti*) Fresque murale, plus élaborée que le tag*. - var. **graphe.** □ v. tr. **graffer** ou **grapher** < 1 > □ n. **graffeur, euse** ou **grapheur, euse**

graffiti n. m. (de l'italien [plur.], de *grafio*, du latin *graphium* « stylet » → [1]greffe) Inscription, dessin griffonné sur les murs. *Des graffitis* ou *graffiti* (plur. italien). □ **graffiter** v. tr. < 1 > □ n. **graffiteur, euse**

grafigner v. tr. < 1 > (du norrois *krafla* « gratter ») régional, fam. Égratigner. → **griffer.** □ **grafigne** n. f. (Canada) → **égratignure, éraflure.**

Graham (Thomas) Chimiste britannique (1805-1869). Il énonça, en 1846, la loi de la vitesse de diffusion des gaz à travers les cloisons poreuses (*loi de Graham*).

Graham (Martha) Danseuse et chorégraphe américaine (1894-1991). Pionnière de la *modern dance*, elle puisa son inspiration dans les sources les plus diverses pour créer un langage qui exploite la totalité des ressources corporelles. Elle fonda la Martha Graham Dance Company avec laquelle elle réalisa ses principales œuvres : *Primitive Mysteries ; Letter to the World ; Appalachian Spring ; Clytemnestra ; A Time of Snow.*

Martha Graham en 1946 à New York.

Graham (terre de) Péninsule Antarctique baignée par la mer de Weddell. Elle est l'enjeu de conflits territoriaux entre l'Argentine et le Chili.

[1]grailler v. intr. < 1 > (de *graille* « corneille », du latin *gracula*) 1. (corneille) Pousser son cri. → **crailler.** 2. (d'après *graillon*) Parler d'une voix enrouée.

[2]grailler v. tr. < 1 > (de *graille* « nourriture », de *graillon*) fam. Manger. *Il n'y a rien à grailler ! – absolt J'ai faim, on va grailler ?* □ **graille** n. f. → [2]**bouffe.** *Aller à la graille.*

[1]graillon n. m. (de *craillon*, mot germanique, onomatopée du raclement de gorge) fam. et vulg. Crachat épais accompagné d'une toux rauque. → **mollard.**

[2]graillon n. m. (de l'ancien français *graillier* « rôtir », var. de *griller*) 1. au plur. Morceaux de gras frits qui restent dans un plat. 2. péj. Odeur de graisse brûlée, de mauvaise cuisine. □ adj. **graillonneux, euse**

[1]graillonner v. intr. < 1 > (de [1]*graillon*) fam. 1. Tousser en crachant. 2. Parler d'une voix grasse, enrouée.

[2]graillonner v. intr. < 1 > (de [2]*graillon*) Prendre une odeur de graillon.

grain n. m. (vient du latin *granum*, de la racine indo-européenne *ger-* → germer) I. 1. Fruit comestible des graminées*. *Grain de blé, de riz. Ôter les grains d'un épi.* → **égrener.** – *Les grains* ou *le grain* (collectif) : les grains récoltés des céréales. *Séparer le grain de la balle.* – *Poulet de grain*, nourri exclusivement de grain. 2. Semence. → [1]**graine.** *Semer le grain.* 3. Fruit, petite graine arrondie. *Grain de raisin. Grain de poivre, de café.* – *Café, poivre en grains* (opposé à *moulu*). 4. Petite parcelle arrondie. *Grain de sable.* (par métaphore) *« La terre n'est qu'un grain de sable dans le désert infini des mondes »* (A. France). – *Grain de sel.* loc. fam. *Mettre, mêler son grain de sel*, intervenir sans y être invité. 5. ***Grain de beauté*** : petite tache brune de la peau. 6. ***Le grain*** : aspect d'une surface grenue. *Le grain de la peau. Le grain d'un papier.* 7. Très petite quantité. → **atome, [1]once.** *Avoir un grain de fantaisie, de folie.* – loc. ***Avoir un (petit) grain*** : être un peu fou. 8. anciennt Très petite unité de poids (0,053 g). II. (p.-ê. de *grain* « grêlon ») 1. Coup de vent soudain et violent, en mer. – Averse accompagnée de vent. → **ondée.** *« Les soirs où le vent chassait un grain glacial »* (Proust). 2. ***Veiller au grain*** : être vigilant, en prévision d'un danger.

grainage n. m. 1. → **grenage.** 2. techn. Triage des œufs de vers à soie.

[1]graine n. f. (vient du latin pop. *grana* n. f., de *granum* → grain) 1. Partie des plantes à fleurs qui, une fois germée, assure leur reproduction (→ **grain**). *Semer des graines d'œillets. La germination d'une graine. Graines comestibles.* 2. loc. *Monter en graine*, se dit d'une plante qui a poussé jusqu'à porter des graines. fig. *Un enfant monté en graine.* – *En prendre de la graine* : tirer un exemple, une leçon (de qqch.). ■ péj. *Graine de*, personne qui risque de mal tourner. *C'est de la graine de voyou.* – ***Mauvaise graine*** (même sens). 3. Œufs du ver à soie. 4. géol. Partie centrale de la Terre, solide.

[2]graine n. f. (de *grainer* « manger », de *grain* ou de [1]*graine*) fam. *Casser la graine* : manger. → **croûte.**

grainer voir grener

graineterie [gʀɛntʀi ; gʀɛnɛtʀi] n. f. Commerce, magasin du grainetier.

grainetier, ière [gʀɛntje] n. (d'abord *greneter ; de grenier*) Personne qui vend des grains, des graines comestibles, ou des

graff

Graffeurs et graffs sur les murs des « Frigos de Paris », dans le 13e arrondissement.

graines de semence, des oignons, des bulbes.

grainier, ière I. adj. Qui concerne les graines. *La production grainière.* II. n. m. agric. Local où l'on conserve les graines de semence.

grainothèque n. f. (de *graine* et *-thèque*) Lieu destiné à la conservation et à l'échange de graines.

Grainville (Patrick) Écrivain français (né en 1947). Il est l'auteur de romans au style exalté qui mettent en scène un univers souvent délirant. *Les Flamboyants ; Le Dernier Viking ; La Main blessée ; Falaise des fous.* Académie française.

graissage n. m. Action de graisser. *Vidange et graissage d'une voiture.*

graisse n. f. (vient du bas latin *crassia*, de *crassus* → gras) 1. Substance onctueuse répandue en diverses parties du corps de l'être humain et des animaux, sous la peau, dans le tissu conjonctif. → **lipo-**. *Faire de la graisse :* engraisser. *De la mauvaise graisse.* 2. Cette substance, tirée de certains animaux et utilisée dans l'alimentation. → **gras ; lipide.** *Haricots à la graisse d'oie.* 3. Corps gras. *Graisses végétales* (huiles, margarine), *animales* (beurre, saindoux...). – *Graisses alimentaires, industrielles.* « *Les graisses qui jaunissaient* [...] *ses mains de mécanicien* » (Zola). *Graisse et cambouis.*

graisser v. tr. < 1 > (de *graisse*) 1. Enduire, frotter d'un corps gras. *Graisser les engrenages d'une machine.* → **lubrifier.** 2. loc. fig. ***Graisser la patte** à qqn,* lui donner de l'argent pour en obtenir un avantage, le soudoyer.

graisseur, euse n. Personne ou appareil automatique qui opère le graissage.

graisseux, euse adj. (de *graisse*) 1. De la nature de la graisse. → **adipeux.** *Les tissus graisseux.* 2. Taché, enduit de graisse. → **gras.** *Cheveux graisseux. Évier graisseux.*

gram n. m. invar. (n. d'un bactériologiste danois) biol. Résultat d'une méthode de coloration de bactéries *(coloration de Gram)* qui permet notamment leur classification. *Bactéries à gram positif, négatif* ou *gram-positives, gram-négatives.*

Gramat Commune du Lot, sur le *causse de Gramat.* 3 480 habitants. Tourisme.

graminée n. f. (latin *gramineus*, de *gramen* « herbe ») Toute plante à fleurs minuscules groupées en épis, à tige creuse. *Les céréales sont des graminées.* → **grain.** - syn. **graminacée** (famille des *Graminacées*).

grammage n. m. (de *gramme*) techn. Poids de l'unité de surface (du papier, du carton), en grammes.

grammaire n. f. (latin *grammatica* → grammatical, du grec, de *grammatikos* « lettré », de *gramma* « lettre » → gramme) 1. Ensemble des règles à suivre pour parler et écrire correctement une langue. *Règle, faute de grammaire.* 2. Partie de la linguistique qui regroupe la phonologie, la morphologie et la syntaxe. *Grammaire descriptive.* – spécialt Syntaxe. 3. Système grammatical (d'une langue). 4. Livre, traité, manuel de grammaire. *Une grammaire anglaise.*

grammairien, ienne n. 1. Lettré qui fixe les règles du bon usage d'une langue. *Un grammairien puriste.* 2. Linguiste spécialisé dans l'étude de la morphologie et de la syntaxe.

grammatical, ale, aux adj. (du bas latin → grammaire) 1. Relatif à la grammaire ; de la grammaire. *Exercices grammaticaux. Analyse grammaticale.* 2. Conforme aux règles de la grammaire, au système et à la norme d'une langue. *Cette phrase est grammaticale* (s'oppose à *agrammatical*). □ adv. **grammaticalement**

grammaticaliser v. tr. < 1 > ling. Donner à (un élément linguistique) une fonction grammaticale (→ aussi **lexicaliser**). *Le substantif « point » est grammaticalisé dans la négation « ne... point ».* □ n. f. **grammaticalisation**

grammaticalité n. f. ling. Caractère d'une phrase construite conformément aux règles grammaticales d'une langue.

gramme n. m. (bas latin *gramma*, du grec *gramma* « lettre » → grammaire, à cause de *scrupulum* « unité de poids » [→ scrupule], qui avait été compris comme venant de *scribere* « écrire ») 1. Unité de masse du système métrique valant un millième de kilogramme (équivalant à la masse d'un cm^3 d'eau pure à 4 °C) [symb. g]. 2. Très petite quantité. *Il n'a pas un gramme de bon sens.* → **grain.**

-gramme Élément (du grec *gramma*) signifiant « lettre, écriture » (ex. *télégramme*) et correspondant souvent à *-graphe**.

Gramme (Zénobe) Électricien belge (1826-1901). Il inventa la machine dynamo-électrique qui porte son nom et construisit, en 1872, l'une des premières dynamos industrielles.

Gramont (Antoine III, duc de) Homme de guerre français (1604-1678). Il se distingua pendant la guerre de Trente Ans et resta fidèle à la cour pendant la Fronde. Il a laissé des *Mémoires.*

Gramont (Antoine Agénor, duc de) Diplomate et homme politique français (1819-1880). Il fut plusieurs fois ministre sous le Second Empire. Proche de l'impératrice Eugénie, il contribua à la déclaration de guerre de la France à la Prusse en juillet 1870.

gramophone n. m. (n. déposé ; de l'anglais, du grec *gramma* → -gramme + *phônê* → -phone ; cf. *phonographe*) anciennt Phonographe à disques, à plateau et grand pavillon.

Grampians (monts) Massifs montagneux d'Écosse, entre le Glenmore et le Forth. Les Grampians culminent à 1 343 m au Ben Nevis. Ils ont donné leur nom à un ancien comté, dont la capitale était Aberdeen.

Gramsci (Antonio) Philosophe et homme politique italien (1891-1937). Il fut l'un des fondateurs, en 1921, du Parti communiste italien. Arrêté par la police fasciste, il poursuivit en prison son œuvre de théoricien du marxisme. Philosophe de la *praxis*, il concevait le marxisme comme une « science de la politique » destinée à construire les éléments de l'hégémonie culturelle et intellectuelle du prolétariat face à l'idéologie bourgeoise. Il a laissé notamment des *Écrits politiques* et des *Cahiers de prison.*

Granada Ville du Nicaragua, sur la rive O. du lac de Nicaragua. 100 000 habitants. Monuments coloniaux.

Granados y Campiña (Enrique) Compositeur espagnol (1867-1916). Il sut, à l'instar de Goya pour qui il éprouvait une grande admiration, puiser son inspiration aux sources du folklore espagnol pour en tirer des œuvres d'un grand raffinement *(Goyescas ; Tonadillas).*

grana padano n. m. (de l'italien, de *grano* « grain » et du n. d'une région du nord de l'Italie) Fromage italien à pâte cuite.

Gran Chaco voir Chaco (Gran)

grand, grande adj. (vient du latin *grandis* « grand », « âgé » et « sublime ») I. dans l'ordre physique (avec possibilité de mesure) [opposé à *petit*] 1. Dont la hauteur, la taille dépasse la moyenne. *Un homme grand et mince. De grands arbres.* 2. Qui atteint toute sa taille. → **adulte.** *Tu comprendras quand tu seras grand. Les grandes personnes :* les adultes. – n. *Tu iras toute seule, comme une grande. Les grands,* les aînés ; les élèves plus âgés. – (appellatif) *Mon grand, ma grande.* – loc. *Être assez grand pour* (qqch., faire qqch.), être capable de (sans avoir besoin de l'aide de personne). 3. Dont la longueur dépasse la moyenne. → **long.** *Grand nez. Grand couteau. Marcher à grands pas.* 4. Dont la surface dépasse la moyenne. → **étendu, spacieux, vaste.** *Les grandes villes. Chercher un appartement plus grand.* 5. Dont le volume, l'ensemble des dimensions en général dépasse la moyenne. « *Mon verre n'est pas grand, mais je bois dans mon verre* » (Musset). – *Le plus grand barrage du monde.* 6. (mesures) *Une grande taille, un poids plus grand.* → **important.** *Une grande quantité. Grand nombre. Grand âge. À grande vitesse.* – (temps) Qui paraît long. « *Jean réfléchit une grande minute* » (Zola). 7. Très abondant ou très intense, très important. → **nombreux.** loc. *Il n'y a pas grand monde,* il y a peu de monde. *Laver à grande eau,* avec beaucoup d'eau. – loc. *À grands frais.* – *Grande chaleur, grand froid.* → **intense.** *Grand bruit. Grand coup.* – loc. *Au grand air :* en plein air. *Au grand jour.* II. dans l'ordre qualitatif (mettant en relief la notion exprimée) 1. → **important.** *De grands évènements. C'est un grand jour.* – *Avoir grand besoin de...* 2. (équivalent d'un superlatif) *C'est un grand travailleur.* → **gros.** *Grand blessé,* blessé grave. 3. (superlatif) *Les grandes puissances.* → **principal.** – n. m. *Les grands.* – *Les grandes écoles.* III. (personnes ; actions) 1. Qui est d'une condition sociale ou politique élevée. *Un grand personnage.* anciennt *Grand seigneur. Grande dame.* – n. *Les grands, les grands de ce monde.* 2. Supérieur en raison de ses talents, de ses qualités, de son importance. → **fameux, glorieux, illustre, supérieur.**

G

Grand Canyon

Le Grand Canyon, aux États-Unis, inscrit au patrimoine mondial de l'Unesco.

Un grand homme. → **génie, héros.** *Les grands créateurs. « J'ai vu un grand industriel. Il était d'ailleurs tout petit »* (O. Mirbeau). ■ (choses, actions, qualités humaines) → **¹beau, grandiose, magnifique, noble.** *Grandes actions. C'est du grand art.* ■ (personnages, époques historiques) *La grande Catherine de Russie. Le grand siècle.* **– n.** *Alexandre le Grand.* **IV.** (vieux ou dans des expr.) ***Grand-*** (+ n. f.). *La grand-rue* : la rue principale. *Grand-messe. Avoir grand-faim, grand-soif.* **– *À grand-peine* loc. adv. :** très difficilement. **– → grand-chose. V. adv.** (s'accorde en genre avec le n. qui précède) *Grand ouvert, grande ouverte,* ouvert(e) au maximum. **– *Voir grand*** : avoir de grands projets, prévoir largement. **VI. *En grand* loc. adv. :** sur de grandes dimensions, un vaste plan. *Il faut voir les choses en grand.*

grand-angle [gʀɑ̃tɑ̃gl] **n. m.** Objectif photographique couvrant un large champ. *Des grands-angles.* - syn. **grand-angulaire.**

Grand Bassin Région de l'O. des États-Unis, entre la sierra Nevada et les monts Wasatch. Territoire semi-désertique constitué de cuvettes séparées par des chaînes montagneuses, de plateaux arides et de lagunes. Région minière : cuivre, zinc, plomb.

Grandbois (Alain) Poète canadien (québécois) d'expression française (1900-1975). Il composa une poésie parfois ésotérique mais d'un lyrisme touchant. *Les Îles de la nuit ; Rivages de l'homme ; L'Étoile pourpre.*

Grand Canal Canal de Chine reliant Hangzhou à Pékin. 1 794 km. Il fut principalement réalisé au début du VIIe siècle.

Grand Canyon Gorges du Colorado dans l'Arizona (États-Unis). 450 km de long, 1,5 à 30 km de large, 1 600 m de profondeur maximum. L'un des sites naturels les plus visités au monde.

grand-chose 1. pron. indéf. *Pas grand-chose* : peu de chose. *Cela ne vaut pas grand-chose.* **2. n. invar.** fam. ***Un, une pas grand-chose,*** personne qui ne mérite pas d'estime.

Grand Corps Malade (Fabien Marsaud, dit) Slameur auteur-compositeur français (né en 1977). Il s'exprime avec émotion sur les blessures de la vie *(J'ai pas les mots),* les inégalités sociales *(Saint-Denis),* la condition féminine *(Mesdames).* C'est en raison d'un accident qui lui a laissé un handicap ainsi que de sa grande taille qu'il a choisi son nom d'artiste.

grand-croix 1. n. f. invar. Décoration la plus élevée dans l'ordre de la Légion d'honneur. **2. n. m.** Titulaire de ce grade. *Des grands-croix.*

grand-duc n. m. I. 1. Titre de princes souverains (fém. *grande-duchesse*). **2.** fam. *Faire la tournée des grands-ducs,* la tournée des restaurants, des cabarets luxueux. **II. → duc** (rapace). □ **adj. grand-ducal, ale, aux**

grand-duché n. m. Pays gouverné par un grand-duc, une grande-duchesse. *Le grand-duché de Luxembourg. Des grands-duchés.*

Grande (rio) Rivière du Brésil qui forme le fleuve Paraná en rejoignant le Paranaíba. 1 500 km.

Grande-Bretagne voir **Royaume-Uni de Grande-Bretagne et d'Irlande du Nord**

Grande-Grèce Nom donné dans l'Antiquité par les Grecs à l'Italie du Sud et à la Sicile, colonisées à partir du VIIIe s. av. J.-C.

Grande Mademoiselle (La) voir **Montpensier** (duchesse de)

grandement adv. 1. Beaucoup, tout à fait. *Il a grandement contribué au succès.* → **fortement. –** Largement, en abondance. *Elle a grandement de quoi vivre.* → **amplement. 2.** Dans des proportions et avec une ampleur qui dépassent l'ordinaire. *Faire les choses grandement,* sans rien épargner. → **généreusement.**

Grande-Motte (La) Commune de l'Hérault. 8 638 habitants. Station balnéaire créée en 1967, à l'architecture caractéristique (immeubles en pyramides).

Grande Rivière n. f. Fleuve du Canada (Québec), qui se jette dans la baie James à Chisasibi. 893 km. Aménagements hydroélectriques.

grandesse n. f. (de l'espagnol → grand) hist. Dignité de grand d'Espagne.

Grand Est Région administrative de l'E. de la France formée de dix départements : Ardennes, Aube, Bas-Rhin, Haute-Marne, Haut-Rhin, Marne, Meurthe-et-Moselle, Meuse, Moselle, Vosges. 57 433 km^2. 5 562 651 habitants. Chef-lieu : Strasbourg. ■ **Alsace** Le versant abrupt des Vosges, à l'O., est dominé par le ballon de Guebwiller (1 424 m). Les collines sous-vosgiennes accueillent des vignobles tandis qu'à l'E., une plaine étroite est traversée par l'Ill et le Rhin, qui forme frontière avec l'Allemagne. Le climat est semi-continental et les ressources en eau sont abondantes. L'agriculture de l'Alsace est contrastée : grandes exploitations en plaine et micro-exploitations dans les montagnes et les collines (maïs, houblon, chou, tabac, fleurs, fruits, élevage surtout bovin). Le vignoble produit des vins blancs réputés. Carrefour routier et fluvial européen (Strasbourg, Mulhouse), la région a restructuré son industrie, après la crise du textile, autour du raffinage du pétrole, de la production d'électricité (hydraulique et nucléaire), de l'industrie automobile, alimentaire (produits du terroir) et papetière. L'Alsace est densément peuplée (209 hab./km^2) et urbanisée ; Strasbourg (activités tertiaires), Mulhouse (industries) et Colmar (préfecture) en sont les principaux pôles. Les échanges économiques et culturels avec l'Allemagne contribuent à la prospérité régionale. ■ **Champagne et Ardenne** Centrée sur la plaine crayeuse longtemps appelée « Champagne pouilleuse », la région s'étend à la « Champagne humide » à l'E., aux massifs de l'Argonne et des Ardennes au N., aux hauts plateaux calcaires du Barrois (400 m) au S.-E., que prolonge le plateau de Langres (510 m). Elle est traversée par les vallées de l'Aisne, de la Marne, de l'Aube et de la Seine. Le climat est doux et les précipitations sont modérées au centre, tandis que les plateaux forestiers des Ardennes et de la Haute-Marne sont plus humides et connaissent des hivers assez rudes. L'agriculture est le secteur le plus dynamique avec de grandes exploitations mécanisées (betterave, céréales, élevage laitier) et surtout la production du vin de champagne, exporté dans le monde entier (29 000 ha entre Reims et Épernay). Les industries traditionnelles sont en crise (métallurgie, textile, verre) et tentent de se reconvertir (mécanique, agroalimentaire). Les services accusent un certain retard et le tourisme est peu important en dehors de la cathédrale de Reims et du vignoble. La région, qui présente déjà l'une des plus faibles densités de population de France, enregistre un déclin démographique et peine à trouver une identité face aux régions voisines plus attractives. ■ **Lorraine** Région de plateaux marquée par un relief de « cuestas » (côtes), découpé par les vallées de la Meuse, de la Moselle et de la Meurthe. Le relief s'élève jusqu'au massif des Vosges, couvert de forêts de hêtres et de sapins, troué de lacs glaciaires et de profondes vallées. Le climat est semi-continental, avec des hivers froids, des étés assez chauds et des pluies abondantes. L'agriculture (élevage bovin, blé, orge) n'est plus une activité importante. Les mines de fer et de charbon, qui ont permis le décollage industriel de la région au XIXe siècle, sont aujourd'hui sinistrées, comme le textile, qui souffre de la concurrence des pays asiatiques. Après la crise des années 1970, la sidérurgie a réussi à maintenir un certain niveau d'activité. La région a également préservé son industrie liée au bois (papier, carton, ameublement) et quelques activités traditionnelles (cristalleries de Baccarat, thermalisme à Vittel, Contrexéville). Elle s'efforce de développer de nouveaux secteurs (électronique, matières plastiques) autour des technopôles de Metz et Nancy, distantes l'une de l'autre de moins de 50 km. De nouvelles infrastructures de transport (aéroport de Metz-Nancy-Lorraine, TGV Est-européen) et un réseau autoroutier efficace lui permettent de consolider ses liens avec l'Europe rhénane.

grande surface n. f. Magasin de grande taille en libre service. → **hypermarché, supermarché. –** (collectif) *En grande surface* : dans les grandes surfaces.

Grande-Synthe Commune du Nord. 20 635 habitants. Camp humanitaire.

Grande-Terre Île formant la partie orientale de la Guadeloupe. Chef-lieu : Pointe-à-Pitre. Riviera touristique du Gosier à Saint-François.

grandeur n. f. (de *grand*) **I.** (sens absolu) **1.** Caractère de ce qui est grand, important. → **étendue, importance.** *La grandeur d'un sacrifice.* **2.** Importance sociale, politique. →

Grand Est

G

gloire, ²pouvoir, puissance. *Du temps de sa grandeur. « Carthage n'est plus que le nom de sa grandeur rayée du monde »* (Malraux). **– au plur.** *Avoir la folie des grandeurs.* **→ mégalomanie. 3.** Élévation, noblesse. *Grandeur et misère de l'homme selon Pascal. Grandeur d'âme.* **II.** (sens relatif) **1.** Qualité de ce qui est plus ou moins grand. **→ dimension, étendue, ³taille.** *De faible grandeur. Choses d'égale grandeur. Des livres de toutes les grandeurs.* **2.** *Grandeur nature* **loc. adj. invar. :** qui est représenté selon ses dimensions réelles. *Des portraits grandeur nature.* **3.** Unité de mesure de l'éclat des étoiles. **→ magnitude.** *Les étoiles de première grandeur,* les plus brillantes. **III.** sc. Ce qui est susceptible de mesure. **→ quantité.** *Définition, mesure d'une grandeur.*

Grande Vallée Région centrale de la Californie, comprenant la vallée de Sacramento et celle de San Joaquin, bordée à l'E. par la sierra Nevada, à l'O. par la Coast Range. Vignes. Agrumes. Coton.

Grandgousier Personnage de Rabelais dans *Gargantua* et dans *Pantagruel.* Géant au grand cœur, il est le père de Gargantua.

grand-guignolesque adj. (de *Grand-Guignol,* théâtre fondé en 1897, spécialisé dans les mélodrames horrifiants ; de *Guignol*) Digne du Grand-Guignol, d'une horreur bizarre et outrée. *Des cérémonies grand-guignolesques.*

Grandier (Urbain) Prêtre français (v. 1590-1634). Curé de Saint-Pierre-du-Marché de Loudun, il fut accusé d'avoir envoûté plusieurs ursulines et fut brûlé pour sorcellerie.

grandiloquence n. f. (du latin *grandiloquus,* de *grandis* « sublime » → grand et *loqui* → éloquence) péj. Forme d'expression qui abuse des grands mots et des effets faciles.

grandiloquent, ente adj. (de *grandiloquence*) Qui s'exprime avec grandiloquence. – Où il entre de la grandiloquence. **→ pompeux.** *Un ton grandiloquent.*

grandiose adj. (italien *grandioso,* de *grande,* latin *grandis* → grand) (choses) Qui frappe, impressionne par son caractère de grandeur, son aspect majestueux. **→ imposant, magnifique, majestueux.** *Paysage, spectacle grandiose. Œuvre grandiose.* **– n. m.** *« Le grandiose de la campagne romaine »* (Chateaubriand).

grandir v. < 2 > (de *grand*) **I. v. intr. 1.** Devenir plus grand. *Cet enfant a beaucoup grandi.* **2.** Devenir plus intense. **→ augmenter.** *Le mécontentement grandissait.* **3.** Gagner en valeur humaine, en réputation, en gloire. **– au p. p.** *Sortir grandi d'une épreuve.* **II. v. tr. 1.** Rendre ou faire paraître plus grand. *Ses hauts talons la grandissent.* **2.** Donner plus de grandeur, de noblesse. **→ ennoblir.** *« Le pouvoir [...] ne grandit que les grands »* (Balzac). *Cela ne la grandit pas à mes yeux.*

grandissant, ante adj. Qui grandit peu à peu, qui va croissant. *Une impatience grandissante.*

grandissement n. m. opt. Rapport des dimensions d'un objet à celles de son image donnée par un système optique. **→ grossissement.**

grandissime adj. (de l'italien) fam. Très grand.

Grand Lac Salé en anglais **Great Salt Lake** Marécage salé de l'O. des États-Unis (Utah), près de Salt Lake City.

grand-mère n. f. **1.** Mère du père ou de la mère de qqn. **→ aïeule.** *Grand-mère maternelle, paternelle. Des grands-mères.* – (appellatif) *Oui, grand-mère.* - syn. vieilli **grand-maman. 2.** fam. Vieille femme. **→ mémé ;** anglic. **mamie.**

grand-messe n. f. Messe célébrée solennellement. *Des grands-messes.* – fig. *La grand-messe annuelle d'un parti politique.*

grand-oncle [gʀɑ̃tɔ̃kl] n. m. Frère du grand-père ou de la grand-mère. *Un de mes grands-oncles.*

à grand-peine voir peine

grand-père n. m. **1.** Père du père ou de la mère de qqn. **→ aïeul.** *Grand-père paternel, maternel. Des grands-pères.* – appellatif *Oui, grand-père.* - syn. vieilli **grand-papa. 2.** fam. Homme âgé, vieillard. **→ pépé ;** enfantin **papi.**

Grands Lacs

Vue par satellite des Grands Lacs nord-américains. Associés au fleuve Saint-Laurent, ils constituent le plus vaste réseau d'eau douce du monde.

Grand-Quevilly (Le) Commune de la Seine-Maritime, dans la banlieue de Rouen, sur la rive gauche de la Seine. 26 034 habitants. Industries portuaires.

Grand Rapids Ville des États-Unis (Michigan). 188 000 habitants. Commerce. Industrie.

Grands Lacs Ensemble de cinq lacs d'Amérique du Nord (Supérieur, Michigan, Huron, Érié et Ontario) partagé entre le Canada et les États-Unis. 246 050 km^2.

grands-parents **n. m. pl.** Le grand-père et la grand-mère du côté paternel et maternel.

grand-tante **n. f.** Sœur du grand-père ou de la grand-mère. *Une de ses grands-tantes.*

Grandville **(Jean Ignace Isidore Gérard, dit)** Dessinateur et graveur français (1803-1847). Il se fit remarquer par son style fantaisiste et imaginatif qui donnait un aspect zoomorphe à ses personnages *(Métamorphoses du jour ; Un autre monde).*

grand-voile voir ^{2}**voile**

Granet **(François)** Peintre et aquarelliste français (1775-1849). Son œuvre marquée par les thèmes médiévaux comporte des peintures d'intérieurs d'édifices religieux et de remarquables aquarelles préfigurant l'art de Corot.

Granet **(Marcel)** Sinologue français (1884-1940). Il appliqua l'approche sociologique à l'ethnographie de la Chine. *Fêtes et chansons de la Chine ; La Civilisation chinoise ; La Pensée chinoise.*

grange **n. f.** **(vient du latin pop. *granica*, de *granum* → grain)** Bâtiment clos servant à abriter la récolte dans une exploitation agricole. *Mettre le foin dans la grange.* → **engranger.**

Grangé **(Jean-Christophe)** Écrivain et grand reporteur français (né en 1961). Il a réalisé de nombreux reportages à travers le monde puis s'est engagé dans la littérature policière *(La Ligne noire).* Parmi la quinzaine de romans qu'il a publiés, plusieurs ont rapidement été adaptés au cinéma dont *Les Rivières pourpres* et *Le Concile de pierre.*

grangée **n. f.** agric. Contenu d'une grange pleine. *Une grangée de paille.*

Grangemouth Ville d'Écosse, au fond du Firth of Forth. 17 300 habitants. Port pétrolier. Raffineries de pétrole.

Granges voir **Grenchen**

Granier-Deferre **(Pierre)** Réalisateur français (1927-2007). Défenseur d'un cinéma de qualité et sans prétention, il a réalisé des adaptations de Simenon *(La Veuve Couderc ; L'Étoile du Nord)*, de Boudard *(La Métamorphose des cloportes)* et des films plus personnels *(Une étrange affaire).*

Granique **(bataille du)** Bataille (334 av. J.-C.) qui se déroula sur les rives du Granique, fleuve d'Asie Mineure, et qui vit la victoire d'Alexandre le Grand sur le Perse Darios III.

granit ou **granite** [gʀanit] **n. m.** **(italien *granito* « grenu », de *grano* → grain)** Roche dure, formée de cristaux de feldspath, de quartz, de mica, etc. *Une falaise de granit rose. – Une maison de granit.* – fig., littér. *Un cœur de **granit** :* de pierre.

granité, ée **I. adj.** Qui présente des grains comme le granit. → **grenu.** *Papier granité.* **II. n. m.** Sorbet granuleux. *Un granité au café.*

graniter **v. tr.** <1> techn. Peindre, moucheter (une surface) de manière à imiter le granit. *Graniter une toile.*

granitique **adj.** De la nature du granit. *Roches granitiques.* - syn. **graniteux, euse.**

granito **n. m.** **(n. déposé, de *granit*, ou de l'italien *granito*)** techn. Revêtement formé d'une couche de ciment où des fragments de marbre ou de pierre colorée sont incorporés.

granitoïde **adj.** **(→ -oïde)** minér. Qui a l'apparence du granit, qui ressemble au granit. *Roches granitoïdes.*

granivore **adj.** **(du latin *granum* → grain + *-vore*)** Qui se nourrit de grains. *Oiseaux granivores.* – **n.** *Les granivores.*

Granja (La) Résidence royale d'Espagne, dans la sierra de Guadarrama, au S.-E. de Ségovie, construite sous Philippe V, vers 1720.

granny smith [gʀanismis] **n. f. invar.** **(de l'anglais des États-Unis, de *granny* « mamie »)** anglic. Pomme verte à chair ferme et acidulée. - abrév. **granny.** *Des grannys.*

granola **n. m.** **(marque déposée)** Muesli rendu croustillant par un passage au four.

Gran Sasso d'Italia **n. m.** Massif des Abruzzes (Italie), où les Apennins culminent à 2 912 m.

Grant **(Ulysses Simpson)** Général et homme d'État américain (1822-1885). Il prit la tête des forces nordistes pendant la guerre de Sécession et fut l'un des principaux artisans de la victoire sur les armées sudistes. Il fut président (républicain) des États-Unis de 1869 à 1877.

Grant **(Archibald Alexander Leach, dit Cary)** Acteur américain (1904-1986). Créateur d'un personnage désinvolte, charmeur et plein d'humour, il fut l'interprète d'Hitchcock *(La Mort aux trousses)*, de Hawks *(L'Impossible M. Bébé)* et de Capra *(Arsenic et vieilles dentelles).*

Granth Sāhib ou **Guru Granth** Livre sacré des sikhs, datant de la fin du XVIIe siècle.

granulaire **adj.** sc. Formé de petits grains. *Roche granulaire.*

granulat **n. m.** techn. Ensemble de matériaux inertes (sable, gravier, etc.) entrant dans la composition des mortiers, des bétons.

granulation **n. f.** **(du latin *granulum* → granule)** surtout plur. Aspect granuleux. – méd. Petite masse arrondie, d'origine pathologique, dans un tissu ou un organe.

granule **n. m.** **(latin *granulum*, diminutif de *granum* → grain)** Petit grain. – Petite pilule.

granulé **n. m.** **(du v. *granuler*, techn. « réduire en granules », du latin *granulum* → granule)** Préparation pharmaceutique présentée sous forme de petits grains irréguliers et fondants.

granuler **v. tr.** <1> Réduire en granules. *Granuler du plomb, de l'étain* (→ **grenaille).**

granuleux, euse **adj.** **(du latin *granulum* → granule)** Formé de petits grains ou d'aspérités en forme de grains. *Papier granuleux. Peau granuleuse.*

granulie **n. f.** **(du latin)** méd. Forme aiguë et généralisée de la tuberculose.

granulite **n. f.** **(du latin)** minér. Roche granitoïde à grain fin, à feldspath alcalin et à mica blanc et noir.

granulocyte **n. m.** **(→ -cyte)** biol. Leucocyte dont le cytoplasme est chargé de granulations.

granulomatose **n. f.** méd. Affection caractérisée par de nombreux granulomes.

granulome **n. m.** **(de l'allemand, du latin *granulum* → granule, et *-ome*)** méd. Tumeur inflammatoire, au sein d'un tissu.

granulométrie **n. f.** sc. Mesure de la forme, de la dimension et de la répartition en différentes classes des grains. *Méthodes de granulométrie.* □ **adj. granulométrique**

Granville **(George Leveson-Gower, 2e comte)** Homme politique britannique (1815-1891). Ministre des Affaires étrangères et principal conseiller de Gladstone, il le convainquit de ne pas s'opposer à l'annexion de l'Alsace-Lorraine par l'Allemagne.

Granville Commune de la Manche, sur la Manche. 12 558 habitants. Fortifications du XVIIIe s. Musée. Station portuaire et balnéaire.

grapefruit [gʀɛpfʀut] **n. m.** **(de l'anglais des États-Unis, de *grape* « fruit en grappes »)** anglic. Gros agrume, pomélo. → **pamplemousse.** *Des grapefruits.* - var. **grape-fruit.** *Des grape-fruits.*

graphe **n. m.** **(du grec *graphein* « écrire » → -graphe)** **1.** math. *Graphe d'une relation entre deux ensembles :* ensemble des couples [ex. (A, B)] qui vérifient cette relation. ■ Représentation graphique d'un graphe, d'une application. **2.** → **graff.**

-graphe, -graphie, -graphique Éléments **(du grec *graphein* → grapho-)** qui signifient « écrire, décrire, tracer ». → aussi **-gramme.**

Grant (Cary)

Cary Grant dans une scène d'anthologie de *La Mort aux trousses* d'Alfred Hitchcock (1959).

graphème n. m. (du grec *graphein* « écrire », d'après *phonème*) Lettre ou groupe de lettres transcrivant un phonème.

grapher voir **graffer**

grapheur, euse n. 1. n. m. inform. Logiciel servant à présenter des graphiques. 2. → **graffeur.**

graphie n. f. (du grec *graphein* « écrire ») Manière dont un mot est écrit. *Graphie correcte.* → **orthographe.**

graphiose n. f. (de *graphium,* n. du champignon qui cause cette maladie) arbor. Maladie parasitaire des ormes.

graphique (grec *graphikos,* de *graphein* « écrire ») I. adj. 1. Qui représente, par des signes ou des lignes, des figures sur une surface. *Arts graphiques,* dessin, peinture, gravure, etc. *Procédés graphiques.* 2. Relatif à une écriture. *L'alphabet est un système graphique.* 3. inform. Relatif au traitement d'images. *La carte graphique d'un ordinateur.* II. n. m. Transcription de données par le dessin. – spécialt Représentation des variations d'un phénomène (en fonction du temps, du coût, etc.) à l'aide d'une ligne droite, courbe, ou brisée. → **courbe, diagramme ; -gramme.**

graphiquement adv. Par le dessin, l'écriture.

graphisme n. m. (du grec *graphein* « écrire ») 1. Manière de former les lettres, d'écrire, propre à une personne. *Une écriture d'un graphisme arrondi.* 2. Manière de dessiner, d'écrire, considérée sur le plan esthétique. *Le graphisme de Picasso.*

graphiste n. Spécialiste en techniques et arts graphiques (dessin, illustration, typographie...).

graphite n. m. (du grec *graphein* « écrire ») Variété de carbone cristallisé, gris noir, dont on se sert pour écrire (appelé aussi *mine de plomb*).

graphiter v. tr. < 1 > techn. Enduire de graphite ; mélanger à du graphite. □ n. m. **graphitage**

graphiteux, euse adj. géol. Qui contient du graphite. *Un minerai graphiteux.* - syn. **graphitique.**

grapho- Élément (du grec *graphein* → **-graphe**) qui signifie « écrire ».

graphologie n. f. Étude du graphisme (1), de ses lois physiologiques et psychologiques. □ adj. **graphologique**

graphologue n. Personne qui pratique la graphologie. *Expert-graphologue.*

graphomanie n. f. (de *grapho-* + *-manie*) méd. Besoin pathologique d'écrire. - syn. **graphorrhée.** □ n. **graphomane**

graphomètre n. m. techn. Instrument de topographie destiné à la mesure des angles.

grappa n. f. (mot italien → **grappe**) Eau-de-vie italienne de marc de raisin. *Des grappas.*

grappe n. f. (vient du francique *krappa* « crochet ») 1. Assemblage de fleurs (→ **inflorescence**) ou de fruits portés par des pédoncules étagés sur un axe commun. *Grappe de glycine.* – spécialt Grappe de raisins. *« Une longue grappe d'ambre vert »* (Colette). 2. Assemblage serré (de petits objets ou de personnes). *Des grappes d'œufs de seiche.* – fig. *Des grappes humaines.*

Grappelli (Stéphane) Violoniste français de jazz (1908-1997). La fluidité de son style et son sens de l'improvisation en font l'un des plus grands jazzmen français. Il fonda en 1934, avec Django Reinhardt, le quintette à cordes du Hot Club de France. *Minor Swing ; Tea for Two ; Anniversary Concert.*

grappillage n. m. Action de grappiller. – Petits larcins. → **gratte.**

grappiller v. tr. < 1 > (de l'ancien v. *grapper* « cueillir les raisins », de *grappe*) 1. Prendre de-ci, de-là (des fruits, des fleurs). → **cueillir, ramasser.** – spécialt Ramasser les raisins qui subsistent, après la vendange. 2. fig. Prendre, recueillir au hasard. *Grappiller des connaissances.* → **glaner.** *Grappiller quelques sous.*

grappilleur, euse n. Personne qui fait de petits larcins, de petits profits illicites.

grappillon n. m. Partie d'une grappe de raisin ; petite grappe entière.

grappin n. m. (de *grappe* au sens ancien de « crochet ») 1. Instrument en fer muni de crochets et fixé au bout d'une corde. → **crampon, croc.** 2. loc. fig. *Mettre le grappin sur :* accaparer. *Attention, ce raseur va nous mettre le grappin dessus.*

gras, grasse adj. (vient du latin *crassus* « épais », « gros », influence de *grossus* → **gros**) I. 1. Formé de graisse ; qui contient de la graisse. *Les corps gras,* les graisses*, les lipides. *Aliment gras. Matières grasses* (alimentaires). *Cette charcuterie est trop grasse pour moi.* – n. m. *Le gras,* la partie grasse de la viande. 2. *Jour gras,* où l'Église catholique permet aux fidèles de manger de la viande (opposé à *jours maigres*). *Mardi* gras.* – adv. *Faire gras,* manger de la viande. 3. (personnes) Qui a beaucoup de graisse. → **adipeux, gros.** *Être gros et gras, gras à lard. Elle est un peu grasse.* → **grassouillet.** 4. Enduit de graisse. → **graisseux, huileux, poisseux.** *Des papiers gras.* – *Avoir les cheveux gras.* II. par analogie 1. Qui évoque la graisse par sa consistance. → **onctueux.** *Terre argileuse et grasse.* – *Toux grasse,* accompagnée d'une expectoration de mucosités (→ [1]**graillonner**). 2. (en imprimerie) *Caractères gras,* caractères épais et noirs. – n. m. *Du gras et du demi-gras.* ■ *Crayon gras,* à mine tendre. 3. *Plantes grasses,* à feuilles épaisses et charnues (ex. les cactus). 4. Abondant. *La prime n'est pas grasse.* – loc. *La grasse matinée* ; ellipt fam. *faire la grasse.* ■ adv. fam. *Il n'y a pas gras à manger,* pas beaucoup.

Gras (Félix) Poète et écrivain français de langue d'oc (1844-1901). Il fut membre puis chef *(capoulié)* du Félibrige. On lui doit notamment de nombreux romans historiques : *Les Papelines (Li Papalino) ; Les Rouges du Midi (Li Rouge dòu Miejour).*

gras-double n. m. Membrane comestible de l'estomac du bœuf. *Des gras-doubles à la lyonnaise.*

Grass (Günter) Écrivain allemand (1927-2015). Ses poèmes, ses pièces de théâtre *(À dix minutes de Buffalo)* et ses romans *(Le Tambour ; Le Turbot ; En crabe)* expriment le mal-être de la jeunesse allemande de l'après-guerre, au moyen d'une écriture où le réalisme se mêle à un fantastique parfois drôle, souvent absurde. Prix Nobel 1999.

Grasse (François Joseph Paul, marquis de Grasse-Tilly, comte de) Marin français (1722-1788). Il participa à la guerre d'Indépendance des États-Unis (1780-1781).

Grasse Chef-lieu d'arrondissement des Alpes-Maritimes. 48 708 habitants. Ancienne cathédrale des Xe, XIe et XVIIe s. qui renferme des tableaux de Rubens et de Fragonard. Villa-musée Fragonard. La ville est un important centre de la parfumerie.

Grassé (Pierre Paul) Biologiste français (1895-1985). Il est connu pour son monumental *Traité de zoologie* (34 volumes).

grassement adv. Abondamment, largement. *Il est grassement payé.* → **généreusement.**

grasserie n. f. techn. Maladie virale des vers à soie.

grasset n. m. zool. Partie du membre supérieur (du bœuf, du cheval), rotule et parties molles environnantes.

Grasset (Bernard) Éditeur français (1881-1955). Fondateur, en 1905, de la maison d'édition qui porte son nom, il s'attacha à promouvoir de jeunes auteurs (Giraudoux, Mauriac, Proust), à travers notamment la collection des Cahiers verts. On lui doit des poèmes et des essais *(Remarques sur l'édition ; La Chose littéraire).*

grasseyer v. intr. < 1 > (de *gras* [II], fig.) Parler de manière gutturale. – spécialt Prononcer les *r* sans les rouler. – au p. p. *Des r grasseyés.* □ adj. **grasseyant, ante** □ n. m. **grasseyement**

Grassmann (Hermann Günther) Mathématicien allemand (1809-1877). Connu pour ses travaux sur la notion d'espace vectoriel à plusieurs dimensions, il est l'auteur d'une *Analyse géométrique.*

grassouillet, ette adj. Assez gras et rebondi. → **potelé.** *Une petite femme grassouillette.*

grateron ou **gratteron** n. m. (altération, d'après *gratter,* de l'ancien français *gleton* « bardane », du francique *kletto*) bot. Plante dont la tige porte des poils en forme de crochets. → **gaillet.**

graticuler v. tr. < 1 > (de l'italien, du latin *craticula* « petite grille », de *cratis* « claie ») techn. Diviser (un dessin...) en carrés égaux que l'on reproduit en réduction, pour conserver les proportions de l'original. □ n. f. **graticulation**

Gratien (359-383). Empereur romain d'Occident (375-383). Son règne fut marqué par la lutte contre le paganisme.

Gratien Moine italien (mort v. 1160). Il est l'auteur d'une compilation raisonnée du droit canonique connue sous le nom de *Décret de Gratien* (v. 1140), qui fut la base du droit ecclésial jusqu'au Code de 1917.

gratifiant, ante adj. (de *gratifier* [II]) Qui procure une satisfaction psychologique.

gratification n. f. (du latin → **gratifier**) I. Somme d'argent donnée à qqn en sus de ce qui lui est dû. → [2]**prime.** II. (de l'anglais → **gratifier, II**) anglic. Ce qui gratifie psychologiquement.

gratifier v. tr. < 7 > (latin *gratificari,* de *gratus* → **gré** et *facere* → [1]**faire**) I. Pourvoir libéralement de quelque avantage (don, faveur, honneur). *Gratifier qqn d'un sourire.* – iron. *Gratifier un élève d'une punition.* II. (de l'anglais, pris à un sens ancien du français) anglic. Procurer une satisfaction psychologique à (qqn), valoriser (s'oppose à *frustrer*).

gratin n. m. (de *gratter*) I. 1. *Au gratin,* se dit de plats cuits au four après avoir été saupoudrés de chapelure ou de fromage râpé. *Macaronis au gratin.* 2. Mets ainsi préparé. *Gratin dauphinois.* – Croûte dorée qui se forme à la surface de ce plat. II. fam. Partie d'une société particulièrement relevée par ses titres, son élégance, sa richesse. → **élite.** *« Les Guermantes, tout en vivant dans le pur "gratin" de l'aristocratie »* (Proust).

gratiné, ée adj. (de *gratiner*) I. 1. Cuit au gratin. 2. n. f. *Une gratinée :* soupe à l'oignon, au gratin. II. fam. Remarquable, par l'excès ou le ridicule. *Il est gratiné, son chapeau !*

gratiner v. < 1 > (→ **gratin**) 1. v. intr. Produire un gratin. *Faire gratiner des légumes.* 2. v. tr. *Gratiner des pommes de terre.*

gratiole [gʀasjɔl] n. f. (du bas latin, du diminutif de *gratia* « grâce », à cause de ses vertus médicales) bot. Plante herbacée, vivace, communément appelée *séné des prés,* qui croît dans les prés humides.

gratis [gʀatis] adv. (adv. latin, de *gratia* → **grâce**) fam. Gratuitement. *Assister gratis à un spectacle.* – adj. *L'entrée est gratis.* - syn. **gratos.**

gratitude n. f. (de *ingratitude*) Sentiment affectueux que l'on éprouve envers qqn dont on est l'obligé. → **reconnaissance ;** s'oppose à *ingratitude.*

gratouiller voir **grattouiller**

G

Gratry (Alphonse) Oratorien et philosophe français (1805-1872). Il fut, avec l'abbé Pététot, le restaurateur de l'ordre des Oratoriens (1852) et dut en démissionner à cause de son opposition au dogme de l'infaillibilité du pape. *De la connaissance de Dieu.*

grattage n. m. Action de gratter (I, 1 et 4) ; son résultat.

gratte n. f. (de *gratter*) fam. I. Petit profit obtenu en grattant. → **gratter** (I, 5). *Faire de la gratte.* II. Guitare. III. techn. ou régional Grattoir.

gratte-ciel n. m. (trad. de l'anglais des États-Unis *sky scraper*) Immeuble à très nombreux étages, atteignant une grande hauteur. → ¹**tour.** *Les gratte-ciels* ou *les gratte-ciel* (invar.) *de Manhattan.*

gratte-cul [gʀatky] n. m. Fruit du rosier, de l'églantier, petite baie orange remplie de poil* à gratter. *Des gratte-culs.*

gratte-dos n. m. invar. Baguette portant à l'une de ses extrémités une petite main (d'os, d'ivoire...) permettant de se gratter le dos.

grattement n. m. Action de se gratter. « *De pensifs grattements de tête* » (Goncourt). – Bruit de ce qui gratte. *On entend un léger grattement à la porte.*

gratte-papier n. péj. Modeste employé(e) de bureau. → **scribouillard.** *Des gratte-papiers* ou *des gratte-papier* (invar.).

gratte-pied n. m. ou **gratte-pieds** n. m. invar. Paillasson ou grille métallique servant à décrotter les chaussures. *Des gratte-pieds.*

gratter v. < 1 > (soit germanique *krattôn* « frotter, racler », soit d'un dérivé du latin *cratire* « ratisser ») I. v. tr. 1. Frotter avec qqch. de dur en entamant très légèrement la surface de. → **racler.** *Gratter une porte pour en ôter la peinture. Gratter une allumette.* 2. (En employant les ongles, les griffes) *Chien qui gratte le sol.* – *Se gratter la tête, le nez.* 3. fam. Faire éprouver une démangeaison à (qqn). *Ce pull me gratte.* – *Poil* à gratter.* 4. Faire disparaître (ce qui est sur la surface ainsi frottée). → **effacer, enlever.** *Gratter un vernis qui s'écaille.* 5. fig., fam. Prélever à son profit, mettre de côté de petites sommes. → **grappiller.** II. v. intr. 1. Faire entendre un grattement. *Gratter au carreau.* – *Gratter de la guitare,* en jouer médiocrement. 2. fam. Travailler. ■ se **gratter** v. pron. Gratter l'endroit qui démange. *Se gratter jusqu'au sang.*

gratteron voir grateron

gratteur, euse n. Personne qui gratte. *Un gratteur de papier.* → **gratte-papier.** – *Un gratteur de guitare.*

grattoir n. m. 1. Instrument qui sert à gratter, à racler. 2. → **gratte-pied.** 3. Enduit sur lequel on enflamme une allumette.

gratton n. m. I. régional Petite aspérité (de rocher, de neige). II. *Grattons* plur. Morceaux de graisse (de porc, d'oie...) salés et frits.

grattouiller v. tr. < 1 > (de *gratter*) Démanger (→ **chatouiller**). - var. **gratouiller.**

gratture n. f. techn. Débris provenant d'un grattage. *Des grattures de cuivre.* → **rognure.**

gratuit, uite adj. (latin *gratuitus* « désintéressé », de *gratus* → **gré**) 1. Que l'on donne sans faire payer ; dont on profite sans payer. *L'entrée du spectacle est gratuite.* → **libre** ; fam. **gratis.** *Échantillon gratuit. À titre gratuit.* → **gratuitement.** – *Journal gratuit* ou *un gratuit* n. m. : journal distribué gratuitement. 2. Qui n'a pas de fondement, de preuve. → **arbitraire, hasardeux.** *Accusation gratuite.* 3. *Acte gratuit,* sans motif apparent. « *J'appelai l'homme : l'animal capable d'une action gratuite* » (Gide).

gratuité n. f. 1. Caractère de ce qui est gratuit (1), non payant. *La gratuité de l'enseignement public* (en France). 2. Caractère de ce qui est injustifié, non motivé ou désintéressé.

gratuitement adv. 1. Sans rétribution, sans contrepartie. → **gracieusement** ; fam. **gratis.** 2. Sans motif, sans fondement. *Il lui prête gratuitement des intentions mauvaises.* 3. Sans motif ni but rationnels. *Agir gratuitement.*

grau n. m. (de l'occitan, p.-ê. du catalan, qui vient du latin *gradus* → **grade**) régional Chenal entre un cours d'eau, un étang, et la mer.

Graubünden voir Grisons

Grau-du-Roi (Le) Commune du Gard, sur la Méditerranée. 8 356 habitants. Port de pêche. Station balnéaire.

Graufesenque (La) Site archéologique, près de Millau, dans l'Aveyron. Vestiges d'ateliers de céramique gauloise et gallo-romaine.

Graulhet Commune du Tarn, sur le Dadou. 12 914 habitants. Mégisserie.

gravatier, ière n. techn. Ouvrier, ouvrière qui enlève les gravats, les décombres d'un chantier.

gravats n. m. pl. (altération, d'après *plâtras,* de *gravois,* de *grave,* var. de *grève*) Débris provenant d'une démolition. → **décombres, plâtras.** *Un tas de gravats.* - syn. **gravois.**

grave adj. (latin *gravis* « pesant, lourd » → **gravité** ; remplace *grief, griève*) I. vieux Lourd, pesant. II. abstrait 1. Qui se comporte, agit avec réserve et dignité ; qui donne de l'importance aux choses. → **austère, digne, posé, sérieux.** *Un grave magistrat.* – « *Elle a rendu ma vie plus grave, plus noble, plus honorable* » (Chateaubriand). – *Un air grave et solennel.* 2. Qui a de l'importance, du poids. → **important, sérieux.** *C'est une grave question, un problème grave.* 3. Susceptible de suites fâcheuses, dangereuses. *De graves ennuis. Le moment est grave.* → ¹**critique, dramatique, tragique.** *Maladie grave.* 4. *Blessé grave,* gravement touché. 5. fam. Lourd, pénible. *Elle est vraiment grave !* – adv. *Elle me fatigue grave.* III. 1. (son) Qui occupe le bas du registre musical (opposé à *aigu*). *Son, note grave. Voix grave.* ■ n. m. *Le grave,* le registre des sons graves. *Les graves :* les sons graves. 2. *Accent grave,* en français, signe (`) servant à noter le timbre de l'*e* ouvert et à distinguer certains mots de leurs homonymes *(à, où, là).*

Grave (Jean) Anarchiste français (1854-1939). Il est l'auteur de plusieurs ouvrages anarchistes, dont *La Société mourante et l'Anarchie* qui lui valut des poursuites judiciaires.

Grave (pointe de) Cap situé sur la rive gauche de l'embouchure de la Gironde.

graveleux, euse adj. (de *gravelle*) I. Qui contient du gravier, des pierres. *Terre graveleuse.* II. fig., littér. Très licencieux. *Raconter des histoires graveleuses.*

Gravelines Commune du Nord, sur l'Aa. 11 001 habitants. Église de style gothique flamboyant du XVIe s. Remparts conçus par Vauban. Centrale nucléaire.

gravelle n. f. (de *grave,* var. de *grève* → **gravier**) vieux Maladie qui provoque des calculs dans le rein. → **pierre.**

Gravelot (Hubert François Bourguignon, dit) Peintre, graveur et dessinateur français (1699-1773). Illustrateur réputé *(La Nouvelle Héloïse ; Le Décaméron),* il est l'auteur d'un *Traité de perspective.*

gravement adv. 1. Avec gravité. → **dignement.** *Marcher, parler gravement.* 2. D'une manière importante, dangereuse. *Être gravement blessé.* → **grièvement.**

graver v. tr. < 1 > (vient du francique *graban* « creuser » ; *cf.* allemand *graben*) 1. Tracer en creux sur une matière dure, au moyen d'un instrument pointu. « *J'ai gravé sur le tronc nos noms et nos amours* » (Ronsard). ■ Inscrire des informations sur (un CD, un DVD...) à l'aide d'un faisceau laser. – *Graver un CD.* 2. Tracer en creux (un dessin, des caractères, etc.), sur une matière dure, dans le but de les reproduire (→ **gravure**). *Graver un portrait au burin.* 3. Reproduire par le procédé de la gravure. *Faire graver des cartes de visite.* 4. fig. Rendre durable (dans l'esprit, le cœur). → **fixer, imprimer.** *Ce souvenir est gravé,* (pronom.) *s'est gravé dans ma mémoire.*

graves n. m. Vin du Bordelais (des Graves). *Un excellent graves.*

Graves (Robert Ranke) Poète et romancier britannique (1895-1985). Auteur de Mémoires de guerre *(Adieu à tout cela)* et d'écrits d'inspiration historique et mythologique *(La Toison d'or ; Les Mythes grecs),* il est le premier romancier à avoir écrit l'autobiographie fictive d'un personnage de l'Antiquité *(Moi, Claude).*

Graves n. m. pl. Région du Bordelais, sur la rive gauche de la Garonne. Vignobles.

Gravesande (Willem Jacob s') Physicien néerlandais (1688-1742). Il conçut l'*anneau de s'Gravesande* qui permet d'observer la dilatation des solides dans les trois dimensions.

Gravesend Ville d'Angleterre (Kent), à l'embouchure de la Tamise. 55 000 habitants. Port. Industrie (cimenterie, papeterie).

graveur, euse n. 1. Professionnel(le) de la gravure. *Graveur sur métaux, sur bois.* 2. n. m. Appareil permettant d'enregistrer (des sons,

gratte-ciel

Gratte-ciel au sud de Central Park à New York.

des images...) sur un disque. *Un graveur de CD, de DVD.*

gravide adj. (latin *gravida,* de *gravidis,* de *gravis* « lourd » → grave) (mammifère femelle) En gestation. *Jument gravide,* pleine.

gravidique adj. (de *gravide*) méd. Relatif à la grossesse. *Toxémie gravidique.*

gravidité n. f. (latin *graviditas*) méd. État d'une femelle ou d'un utérus gravide (→ **grossesse**).

gravier n. m. (de *grave,* var. de *grève ;* cf. les *graves* du Bordelais) **1.** Roche détritique, sable grossier mêlé de cailloux qui se trouve dans le lit des rivières ou au bord de la mer. **2.** Ensemble de petits cailloux servant de revêtement. *Allée de gravier. Ratisser le gravier.* ▪ Petit caillou. *« Les graviers, en marchant, me restaient au talon »* (Musset).

gravillon n. m. (de *grave,* var. de *grève* → **gravier**) Fin gravier. → régional **grenaille.** *Répandre du gravillon sur une route goudronnée.* – *Un, des gravillons,* petits cailloux du gravillon.

gravillonner v. tr. < 1 > techn. Couvrir de gravillon. – au p. p. *Une allée gravillonnée.* □ n. m. **gravillonnage**

gravillonneuse n. f. techn. Machine destinée à répandre le gravillon sur les routes.

gravimétrie n. f. (du latin *gravis* → grave + *-métrie*) phys. Mesure de l'intensité de la pesanteur. □ adj. **gravimétrique**

Gravina (Gian Vincenzo) Juriste et homme de lettres italien (1664-1718). Il s'illustra par son hostilité aux jésuites *(Hydra mystica)* et sa défense du classicisme en littérature *(Della ragion poetica).*

Gravina (Federico Carlos, duc de) Amiral espagnol (1756-1806). Il commanda la flotte franco-espagnole aux côtés de l'amiral de Villeneuve lors de la bataille de Trafalgar, en 1805. Blessé, il mourut peu après.

gravir v. tr. < 2 > (vient probablt du francique, de *krawa* « griffe » ; ou famille du latin *gradus* « pas » → -grade) Monter avec effort (une pente rude). *Gravir une montagne.* → **escalader.** – fig. *Gravir les échelons de la hiérarchie.*

gravissime adj. Extrêmement grave.

gravitation n. f. (de l'anglais ou du latin mod. [Newton], du latin *gravitas* → gravité) Phénomène par lequel deux corps quelconques s'attirent avec une force proportionnelle au produit de leur masse et inversement proportionnelle au carré de leur distance. → **attraction.** *La loi de la gravitation universelle.* □ adj. **gravitationnel, elle** *Ondes* gravitationnelles.*

▶ C'est à Isaac Newton (1643-1727) que l'on doit d'avoir précisé et modélisé la notion de **gravitation** (encore nommée attraction gravitationnelle ou gravité). Elle désigne le phénomène physique responsable de l'attraction réciproque de deux objets de masses non nulles. Elle est proportionnelle à chacune des deux masses et inversement proportionnelle au carré de la distance qui les sépare. Cette loi s'appuie sur les travaux de Kepler (1571-1630) concernant le mouvement des astres ainsi que sur les recherches faites par Galilée (1564-1642). Lors d'une expérience réalisée du haut de la tour de Pise vers 1604, historique mais probablement déformée, Galilée aurait montré que deux objets de masses différentes, peu influencés par la résistance de l'air, ont exactement le même mouvement de chute. On explique ce résultat par le fait que l'objet le plus lourd est également le plus difficile à mettre en mouvement.
La « pesanteur », un cas particulier de la gravitation, existe, conformément à la loi de Newton, à la surface de tous les astres, avec des intensités variables car elle dépend de la masse et du rayon de ces astres. Sur la Lune, elle est six fois moindre que sur la Terre ; elle y est vingt-huit fois plus grande sur le Soleil. Sur Terre, la gravité provoque l'attraction des objets vers le sol à une accélération d'environ 10 m/s^2. Le centre de gravité d'un objet, bien que l'attraction gravitationnelle s'exerce sur chacune de ses parties, est le point en lequel semble s'exercer une force unique : son poids. Albert Einstein compléta largement la théorie de la gravitation en 1915. Dans la théorie de la relativité générale, il représenta la force gravitationnelle comme la manifestation de la déformation de l'espace-temps sous l'effet d'un objet massif, ce qui permit par la suite de décrire plus précisément les comportements des objets dans l'univers (trous noirs, lentilles gravitationnelles...).
Les mesures de la gravité et de ses variations locales peuvent servir à l'étude des mouvements de la surface de la Terre, de la composition des sous-sols, des volcans ou de la dérive des continents.
voir aussi **force, relativité**

gravité n. f. (latin *gravitas,* de *gravis* → grave) **I. 1.** Qualité d'une personne grave ; air, maintien grave. → **austérité, componction, dignité.** *« La gravité est le bouclier des sots »* (Montesquieu). *Un air de gravité.* **2.** Caractère de ce qui a de l'importance, de ce qui peut entraîner de graves conséquences. *La gravité de la situation. Un accident sans gravité.* **II.** Phénomène par lequel un corps subit l'attraction de la Terre. → **pesanteur ; gravitation.** *Centre* de gravité.* – techn. *Triage par gravité* (des wagons).

graviter v. intr. < 1 > (latin mod. *gravitare* ou anglais *to gravitate,* de *gravitas* → gravité, comme *gravitation*) ***Graviter autour*** : tourner autour (d'un centre d'attraction). *Les planètes gravitent autour du Soleil.* – fig. (personnes) *Les gens qui gravitent autour du ministre.*

gravois voir **gravats**

gravure n. f. (de *graver*) **I. 1.** Action de graver. *La gravure d'une inscription.* ▪ Manière dont un objet est gravé. *Examiner la gravure d'un bijou.* **2.** Fait de graver un disque ; son résultat. *L'enregistrement et la gravure d'un disque.* **II. 1.** Art de graver, soit pour orner un objet dur, soit pour reproduire une œuvre graphique. *Gravure sur métaux, en pierres dures* (camées, intailles), *sur verre. Gravure d'orfèvrerie.* – *Gravure sur bois* (xylographie), *sur pierre* (lithographie), *à l'eau-forte sur cuivre, en taille-douce...* ▪ absolt Forme d'art graphique par l'un de ces procédés. **2.** Impression ou reproduction d'une œuvre graphique gravée. *Ouvrage illustré de gravures.* → **illustration.** ▪ Image, reproduction.

gray [gʀɛ] n. m. (du n. de Stephen Gray) phys. Unité de mesure (symb. Gy) de la dose absorbée lors d'une irradiation par les rayonnements ionisants.

Gray (Stephen) Physicien anglais (v. 1670-1736). Il fut l'un des pionniers de l'électricité. Il mit en évidence la distinction entre corps isolants et conducteurs, et découvrit l'électrisation par influence.

Gray (Thomas) Poète britannique (1716-1771). Sa poésie d'une sensibilité discrète et mélancolique en fit un précurseur du romantisme. *Élégie écrite dans un cimetière campagnard ; La Descente d'Odin.*

Gray (Eileen) Décoratrice et créatrice de meubles irlandaise (1878-1976). Proche de Le Corbusier, elle créa des meubles fonctionnels et légers (chrome, acier, verre).

Gray Commune de la Haute-Saône, sur la Saône. 5 560 habitants. Hôtel de ville Renaissance. Musée.

Graz Ville d'Autriche, capitale de la Styrie, sur la Mur. 265 318 habitants. Hôtel de ville. Château. Arsenal du XVIIe s. Cathédrale du XVe s. Université fondée en 1586. Musées. Industrie (mécanique, brasserie).

Graziani (Rodolfo), marquis de Neghelli Maréchal italien (1882-1955). Gouverneur général de Libye, commandant en chef des forces italiennes en Afrique du Nord en 1940, il resta fidèle à Mussolini, qui le nomma ministre de la Guerre de la république de Salo.

gré n. m. (vient du latin *gratum,* n. m., neutre de l'adj. *gratus* « bienvenu, reconnaissant » [→ grâce], d'un terme religieux indo-européen) **1.** dans des loc. Ce qui plaît, ce qui convient. ***Au gré de*** : selon le goût, le caprice, la volonté de. *Trouver qqn, qqch. à son gré* (→ **agréer**). *Agissez à votre gré.* → **convenance, guise.** – *Au gré des évènements,* selon le caprice des évènements. *Au gré du vent.* – ***De son plein gré*** : sans contrainte. *Je suis venu de mon plein gré.* → **volontairement.** – ***De bon gré*** : de bon cœur. – ***De gré ou de force*** : qu'on le veuille ou pas. – ***Contre le gré de*** : contre la volonté de. *Faire qqch. contre le gré de ses parents, contre son gré.* – ***Bon gré, mal gré*** : en se résignant, malgré soi. *J'accepte bon gré mal gré cette solution.* – dr. ***De gré à gré*** : à l'amiable. **2. *Savoir gré à qqn*** : avoir de la reconnaissance pour qqn. *Je lui sais gré de son aide, de m'avoir aidé.*

Great Yarmouth Ville d'Angleterre (Norfolk), sur la mer du Nord. 38 700 habitants. Station balnéaire. Port de pêche. Centre pétrolier.

Gréban (Arnoul) Écrivain français (v. 1420-v. 1471). Il est l'auteur de l'un des monuments du théâtre français, le *Mystère de la Passion,* comportant 34 574 vers et dont la représentation se déroulait en quatre journées.

grèbe n. m. ou f. (mot savoyard, origine inconnue) Oiseau palmipède à plumage argenté, duveteux. *« Le gémissement funèbre du grèbe »* (Aloysius Bertrand).

grébiche n. f. (origine incertaine) techn. **1.** imprim. Numéro d'inscription d'un manuscrit sur les registres d'un imprimeur. **2.** Garniture métallique du bord d'un vêtement, d'un objet de maroquinerie.

grec, grecque (latin *Graecus,* grec *Graikos,* équivalent rare de *Hellên, Hellênos* → hellénique) **1.** adj. De Grèce. → **hellénique.** *La mythologie grecque.* – *Sandwich grec.* → **kébab. 2.** n. *Les Grecs.* → **hellène. 3.** n. m. La langue grecque. *Le grec ancien, le grec moderne.* **4.** loc. *À la grecque,* à l'huile d'olive et aux aromates. *Champignons à la grecque.*

G

Gray (Eileen)

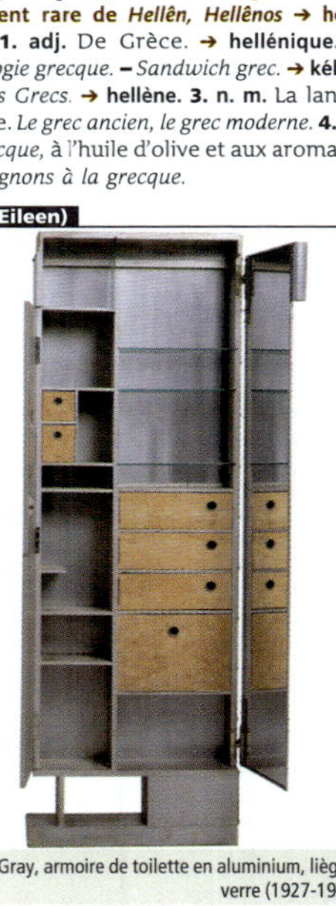

Eileen Gray, armoire de toilette en aluminium, liège et verre (1927-1929).

Grèce

n. f. ■ offic. République hellénique État du S.-E. de l'Europe comprenant l'extrémité de la péninsule des Balkans, les îles Ioniennes et toutes les îles de la mer Égée sauf Imbros et Ténédos. 131 960 km². 10 964 000 habitants (les *Grecs*). **Langue :** grec (offic.). **Religion :** orthodoxes, 97 % (religion d'État jusqu'en 1981). **Monnaie :** euro. **Capitale :** Athènes. **Régime :** démocratie parlementaire depuis la Constitution de 1975. Le pays est composé de 13 régions et d'une république monastique (le mont Athos).

GÉOGRAPHIE

Le territoire grec est en grande partie formé de montagnes (45 % de la superficie) qui se prolongent dans la mer par de nombreuses îles rocheuses (20 %). Le littoral est très découpé. Les chaînes du Pinde et de la presqu'île du Péloponnèse isolent le littoral ionien du reste du pays. À l'E., les montagnes culminent au mont Olympe (2 918 m). Entre les massifs s'ouvrent des plaines étroites, à l'exception de celles de Thessalie, de Macédoine et de Thrace qui concentrent l'essentiel du potentiel agricole. Les îles Ioniennes, la Crète et Rhodes ferment la mer Égée, qui compte deux groupes d'îles et îlots : les Cyclades à l'O., et les Sporades (dont les îles du Dodécanèse) au large de la Turquie. Le climat, méditerranéen, est adouci par l'insularité (vent) ou par l'altitude. La façade occidentale est plus arrosée.

La population se concentre dans les villes (30 % à Athènes) situées sur le littoral et dans les plaines. Le taux de fécondité est parmi les plus bas d'Europe, mais la Grèce accueille une importante population immigrée (Albanais, Kurdes, Asiatiques). Le nombre de demandeurs d'asile est en hausse constante.

ÉCONOMIE

Amorcée dans les années 1950, la croissance grecque se poursuivit après son adhésion en 1981 à la CEE. Toutefois, la structure économique du pays, demeurée traditionnelle, nuisit à sa compétitivité. Le pays fut dramatiquement touché par la crise financière internationale de 2008. Le gouvernement dut appliquer des mesures d'austérité drastiques. Après deux plans d'aide accordés par le FMI et les membres de la zone euro, ces derniers envisagèrent la sortie de la Grèce de l'euro mais un accord fut finalement trouvé et la dette grecque fut renégociée au prix de lourds sacrifices pour la population et de nombreuses réformes à mener. Alors que l'économie était en passe de se stabiliser, elle fut temporairement frappée par la crise sanitaire mondiale en 2020.

Le relief montagneux du Péloponnèse.

Fortement influencé à l'origine par l'Égypte et le Moyen-Orient, l'art grec évolue, en un millénaire environ, en cherchant un équilibre entre deux voies opposées et complémentaires. L'une, européenne, privilégie les formes dures et raides, empreintes d'une puissance herculéenne, et l'autre, venant d'Asie, développe au contraire la souplesse et la rondeur. C'est à Athènes, au Ve s. av. J.-C., qu'une synthèse est opérée, aussi bien en architecture qu'en peinture et sculpture, donnant naissance à un art entièrement pétri d'équilibre et de mesure, qui refuse l'excès d'expression et est en quête de sérénité. Cet art, qualifié de « classique », restera un modèle (à suivre ou à réfuter) pour toute l'histoire de l'art occidental.

Ci-dessus, *Scène de combat,* hydrie à figures noires (v. 550 av. J.-C.), musée du Louvre, Paris.

« L'homme est à la mesure de toute chose » pour les Grecs. C'est dans la statuaire que le génie grec se déploie avec le plus d'évidence, allant chronologiquement d'une stylisation statique à un réalisme très dynamique

Statuette féminine des Cyclades, attribuée au Maître de Bastis (v. 2600-2400 av. J.-C.), Metropolitan Museum of Art, New York.

La Dame d'Auxerre, statuette féminine (v. 630 av. J.-C.), musée du Louvre, Paris.

L'Éphèbe de Critios, marbre de l'Acropole (v. 480 av. J.-C.), musée de l'Acropole, Athènes.

Méduse et Pégase, plaque de l'ancien temple d'Athéna (v. 575 av. J.-C.), musée archéologique régional Paolo Orsi, Syracuse.

Guerrier A, bronze trouvé à Riace (v. 460 av. J.-C.), Musée national de Reggio de Calabre.

Femme tenant des rameaux, fresque de Mycènes (XVIIe-XIIe s. av. J.-C.), Musée archéologique de Nauplie.

Koré (n° 675),marbre de l'Acropole (v. 520 av. J.-C.), musée de l'Acropole, Athènes.

Statue votive d'un étalon trouvée à Corinthe (v. 750 av. J.-C.), musée de Pergame, Berlin.

Crésus sur le bûcher, amphore de Myson (v. 500 av. J.-C.), musée du Louvre, Paris.

Monnaie d'argent frappée d'une chouette, emblème d'Athéna (v. 470 av. J.-C.), BNF, Paris.

Colonies grecques à l'âge classique

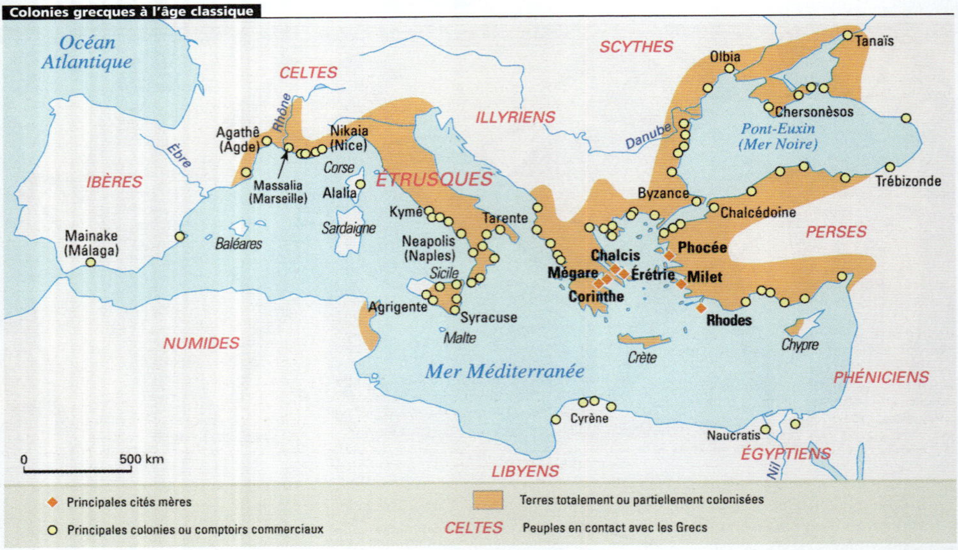

Grâce aux subventions de la PAC, l'agriculture (3,7 % du PIB, 11,7 % des actifs) s'est modernisée. Aux cultures ancestrales (blé, vigne et olivier), sont associées des cultures intensives (coton, betterave sucrière, maïs, tabac, fruits et légumes) dans les plaines irrigables.

La production industrielle (15,2 % du PIB, 15,3 % des actifs), désavantagée par la rareté des sources d'énergie et par l'absence de tradition manufacturière, demeure faible en volume et peu compétitive. Elle se concentre dans les grandes agglomérations (Athènes, Thessalonique). À l'exception de quelques grands groupes (Hellenic Petroleum, Technical Olympic), la production est le fait de nombreuses petites entreprises. La Grèce extrait un peu de pétrole et de charbon, produit de l'électricité et des biens de consommation (agroalimentaire, tabac, métallurgie, textiles, cuirs, fourrures).

Le secteur tertiaire (69 % du PIB, 73 % des actifs) est dominé par le tourisme. Quatre importantes sources de devises soutiennent partiellement une économie pénalisée par sa spécialisation dans des secteurs à faible valeur ajoutée : la flotte marchande, le tourisme, les fonds rapatriés par les émigrés et les subventions de l'Union européenne. Le pays effectue 2/3 de ses échanges avec les autres pays membres, dont il n'est plus isolé géographiquement grâce à sa frontière commune avec la Bulgarie.

Santorin (Cyclades), haut lieu de tourisme.

HISTOIRE

Le monde égéen et mycénien Peuplés dès le VIIe millénaire avant notre ère, les rivages de la mer Égée virent s'épanouir de grandes civilisations égéennes (v. 2600 av. J.-C.), sous l'impulsion de peuples venus d'Asie Mineure. Sur l'archipel des Cyclades apparurent les premières cités, de nouvelles cultures (la vigne, l'olivier) et techniques (métallurgie du bronze, charrue, céramique). La civilisation cycladique fut ensuite éclipsée par la Crète minoenne qui instaura une véritable thalassocratie et entretint des échanges avec la Phénicie, l'Égypte et la Grèce continentale. Cette dernière subit d'autres vagues d'invasion d'Indo-Européens, les Ioniens (v. 1950 av. J.-C.), puis les Achéens. De la synthèse de ces peuples émergea la civilisation mycénienne (v. 1580-1100 av. J.-C.). Ils érigèrent de riches palais dans les capitales de divers royaumes (Mycènes, Argos, Tirynthe, Athènes, Thèbes). Ce peuple guerrier rayonna dans le bassin méditerranéen, s'empara de la Crète et partit à la conquête de la riche cité de Troie (v. 1230 av. J.-C.), expédition qui fut immortalisée par Homère (*L'Iliade*).

Les Doriens et l'époque archaïque Les Doriens envahirent la Grèce mycénienne (fin du XIIe s. av. J.-C.). Durant le « Moyen Âge hellénique », plusieurs communautés se réfugièrent sur les îles et le littoral égéen de l'Asie Mineure. La conscience d'un patrimoine et d'une identité hellènes apparut dans ce foyer de renaissance dès la fin du IXe s. av. J.-C. La fondation en 776 av. J.-C. de la grande fête panhellénique des jeux Olympiques marque le départ de la chronologie grecque. À partir du VIIIe s. av. J.-C., les royaumes furent peu à peu remplacés par une nouvelle forme d'État, la cité *(polis)* constituée d'une ville et des campagnes voisines. Les problèmes économiques, sociaux et politiques de la période archaïque (750-500 av. J.-C.) donnèrent naissance à un vaste mouvement de colonisation (de l'Espagne à la mer Noire) qui fit de la Méditerranée une « mer grecque ». Du milieu du VIIe s. et durant tout le VIe s. av. J.-C., des mouvements populaires portèrent au pouvoir des « tyrans » qui abolirent les dettes et apportèrent prospérité et éclat culturel dans plusieurs cités. À Athènes, les législateurs (Dracon, Solon, Clisthène), qui alternèrent avec les tyrans (Pisistrate), posèrent les bases de la première démocratie.

La Grèce classique Au Ve s. av. J.-C., la Grèce fut envahie par les Perses (guerres médiques). Afin de défendre leur liberté, les Grecs s'unirent et défirent les armées de Darios et de Xerxès à Marathon (490 av. J.-C.) et à Salamine (480 av. J.-C.). Athènes s'affirma comme une grande puissance navale dotée d'un empire maritime et comme modèle de la cité démocratique. Sa gloire fut étroitement associée à la magistrature de Périclès. Le premier classicisme grec s'élabora dans cette conjoncture avec les œuvres de philosophes (Socrate), d'auteurs dramatiques (Eschyle, Sophocle, Euripide, Aristophane), d'historiens (Hérodote, Thucydide), d'artistes et d'architectes (Phidias). Le second classicisme, dont les plus grands représentants furent Platon, Aristote, Scopas et Praxitèle, naquit dans une époque plus tourmentée : l'impérialisme athénien attisait l'exaspération des cités. La guerre du Péloponnèse (431-404 av. J.-C.), qui mena à la victoire de Sparte sur Athènes, ouvrit une longue période de déchirements où Sparte, Thèbes (371-362 av. J.-C.) puis Athènes se disputèrent l'hégémonie. Ces dissensions affaiblirent les cités grecques face à la puissance émergeant du N. de la Grèce, le royaume de Macédoine.

L'ère macédonienne puis romaine Grâce à la supériorité de son armée, à ses richesses et à son habileté diplomatique, le roi Philippe II de Macédoine devint en vingt ans le maître de la Grèce après sa victoire décisive à Chéronée (338 av. J.-C.). Les conquêtes de son fils, Alexandre le Grand, permirent au monde grec de s'étendre jusqu'à l'Indus. À la mort d'Alexandre, ses lieutenants se partagèrent l'Empire. La Grèce des Antigonides sombra dans l'anarchie jusqu'à l'intervention de Rome (IIe s. av. J.-C.). Ayant vaincu Philippe V de Macédoine, Flaminius proclama la liberté de la Grèce en 196 av. J.-C., avant qu'elle ne devienne province romaine (146 av. J.-C.). La civilisation grecque pénétra Rome, mais la proscription du paganisme par Théodose Ier (381) et la dernière célébration des jeux Olympiques (393) marquèrent symboliquement la fin de l'Antiquité grecque.

La Grèce au Moyen Âge Après la division de l'Empire romain (395), la Grèce partagea le sort de l'Empire byzantin. Mais la péninsule fut assaillie dès la fin du VIe s. par les Slaves, les Arabes (IXe s.), les Bulgares (918 et 997), les Normands (1081), les Vénitiens et les Francs. Après la quatrième croisade (1204), ces derniers créèrent le royaume de Thessalonique, la principauté d'Achaïe ou de Morée (Péloponnèse) et le duché d'Athènes. La reconquête byzantine fut de courte durée : l'invasion turque s'acheva en 1460.

La domination turque et la guerre de l'Indépendance Sous l'Empire ottoman, la population grecque, réduite au servage, se révolta à plusieurs reprises. Au début du XVIIIe s. émergea une bourgeoisie grecque qui s'ouvrit à l'esprit des Lumières. Dans la seconde moitié du XVIIIe s., écoles et sociétés secrètes favorisèrent l'éveil national, tandis que l'Empire ottoman faiblissait. La révolution, proclamée en mars 1821 dans le Péloponnèse, obtint des succès considérables sur terre et sur mer durant les trois premières années. Toutefois, l'intervention de l'armée égyptienne d'Ibrahim Pacha (1825) menaçait de l'étouffer. La Triple-Alliance s'engagea dans le combat et remporta la bataille navale de Navarin (1827). L'indépendance de la Grèce fut proclamée en 1830 (protocole de Londres).

La formation du royaume de Grèce Les puissances « protectrices » (Grande-Bretagne, France, Russie) imposèrent un monarque absolu, Othon Ier, à la tête de la Grèce qui comprenait alors le Péloponnèse, la Grèce centrale et l'Eubée. Les « terres nationales » (quittées par les Turcs) étant accaparées par les notables, la grande masse de la paysannerie (80 %) se retrouvait dénuée de terres. Au bout d'une longue période d'insurrections, Othon fut destitué (1862). Les Britanniques imposèrent alors le roi Georges Ier et cédèrent les îles Ioniennes à la Grèce (1864). La vie politique se normalisa à partir de 1875. La Thessalie fut rattachée à la Grèce en 1897, la Crète en 1908. Enfin, les deux guerres balkaniques (1912-1913), la première entre l'Entente (Grèce, Serbie, Bulgarie) et la Turquie, la seconde entre la Grèce et la Serbie d'une part et la Bulgarie de l'autre, rapportèrent à la Grèce l'Épire, la Macédoine et les îles de la mer Égée.

La Première Guerre mondiale En 1916, le libéral Venizélos, favorable à la Triple-Entente, forma un gouvernement insurrectionnel à Salonique qui destitua le roi germanophile Constantin Ier et engagea la Grèce dans la guerre aux côtés des Alliés. Les traités de paix de 1919 et 1920 accordèrent à la Grèce la Thrace orientale et la région de Smyrne (auj. Izmir). Afin de récupérer ces territoires, le pays lança une expédition militaire en Turquie. Mais abandonné par les Alliés mécontents du retour au pouvoir en 1920 de Constantin, il subit une défaite qui provoqua le retour des populations grecques d'Asie Mineure (1922).

À la proclamation de la République (1924) succédèrent la dictature du général Pangalos (1925), le coup d'État du général Condylis (1926), le gouvernement de Venizélos (1928-1932), la restauration de la monarchie (1935) et enfin la dictature du général Metaxas (4 août 1936).

La Seconde Guerre mondiale et la guerre civile Rangée aux côtés des Alliés, la Grèce repoussa l'offensive italienne (octobre 1940), mais fut envahie par les Allemands (avril-mai 1941). La triple occupation (allemande, italienne et bulgare) fut très lourde pour la Grèce ravagée par la famine (2 000 morts par jour durant le premier hiver) et les représailles sanglantes. Dès septembre 1941, la résistance fut organisée par l'EAM (Front national de libération), coalition des gauches animée par les communistes et son puissant mouvement de guérilla, l'ELAS (Armée populaire grecque de libération). Fin 1944, les Britanniques désarmèrent l'ELAS. Dans un climat d'anarchie, l'EAM constitua en octobre 1946 l'« Armée démocratique de la Grèce » et entraîna le pays dans la guerre civile qui ne cessa qu'en septembre 1949.

L'après-guerre et le régime des colonels La Grèce, à laquelle fut rattaché le Dodécanèse (1947), adhéra au Conseil de l'Europe en 1949 et à l'Otan en 1951. Les conflits sociaux et politiques bouleversèrent le pays gouverné par la droite jusqu'en 1963. Le gouvernement centriste de G. Papandréou (1964-1965) se heurta aux problèmes liés à la démocratisation de l'appareil étatique. À la veille des élections qui devaient clore une longue crise politique, le coup d'État du 21 avril 1967 porta au pouvoir une junte militaire. Le général Papadopoulos instaura un régime de terreur, proclama en 1973 la république et se nomma président. Très impopulaire, le « régime des colonels » s'effondra en 1974, à la suite de la défaite grecque devant les Turcs à Chypre.

Le « régime des colonels », au pouvoir de 1967 à 1974 : le général Zoitakis, les colonels Pattakos et Papadopoulos (de g. à dr.), en 1967 à Athènes.

La République hellénique Le retour à la démocratie s'effectua avec Constantin Caramanlis qui fit triompher les modérés aux élections et fut président de 1980 à 1985. La Grèce adhéra à la CEE en mai 1979 (entrée officielle en 1981). En 1981, les socialistes du PASOK (Mouvement socialiste panhellénique) remportèrent les législatives (Andréas Papandréou devenant Premier ministre), puis l'élection présidentielle de 1985 (Christos Sarzetakis) et poursuivirent la démocratisation du régime. Affaiblis, ils perdirent les élections de 1989 au profit de la Nouvelle Démocratie (ND), C. Caramanlis revenant à la présidence de la République (1990). Les questions balkaniques et nationales (Macédoine, Chypre) dominèrent alors la vie politique.

Aux élections de 1993, les socialistes du PASOK l'emportèrent et A. Papandréou redevint Premier ministre, tandis que Constantin Stephanopoulos (centriste) était élu président en 1995. Costas Simitis succéda à Papandréou en 1996 et engagea des réformes structurelles. Parvenant à réduire l'inflation et le déficit budgétaire, il permit à la Grèce d'intégrer la zone euro en 2001. Les conservateurs de la ND remportèrent les législatives de 2004 et Costas Caramanlis devint Premier ministre.

La crise de la dette Secoué par une grave crise sociale fin 2008, le pays vota pour les socialistes aux législatives de 2009, donnant le poste de Premier ministre à Georges Papandréou (fils d'Andréas Papandréou) qui dut démissionner en 2011 en raison de l'ampleur de la dette publique. Face au risque de sortir de la zone euro, le pays vota en juin 2012 en faveur de la droite conservatrice (ND) apte à constituer un gouvernement d'union nationale (dirigé par Antonis Samaras) devant poursuivre la politique d'austérité déjà mise en œuvre. Début 2015, le parti de gauche anti-austérité Syriza remporta les législatives. Son chef, Alexis Tsipras, devenu Premier ministre, élu sur un programme de renégociation de la dette grecque, se heurta à l'opposition des membres de la zone euro et c'est à l'issue d'un bras de fer de plusieurs mois qu'il dut se plier aux exigences de ses partenaires en juillet 2015 et engager un train de réformes (retraites, privatisations, fiscalité). Après de lourds sacrifices, le pays parvint à s'affranchir de la tutelle de ses créanciers en 2018. Toutefois, l'impopularité grandissante de la gauche durant ces années d'austérité permit à Kyriakos Mitsotakis, candidat de Nouvelle Démocratie, droite libérale, de s'imposer aux législatives de 2019 et d'accéder au poste de Premier ministre.

gréciser **v. tr.** < 1 > Donner une forme grecque à (un mot), à l'aide d'une désinence ou en le traduisant.

grécité **n. f.** didact. Caractère de ce qui est grec. → **hellénisme.**

Greco (Domenikos Theotokopoulos, dit le) Peintre espagnol d'origine crétoise (1541-1614). Après un séjour en Italie où il découvrit les œuvres de Titien et du Tintoret, il se fixa définitivement à Tolède en 1577. Conjuguant le maniérisme italien à la tradition de l'iconographie byzantine (*L'Enterrement du comte d'Orgaz*), il développa un style expressif marqué par une verticalité des lignes qui donne un caractère allongé et disproportionné aux personnages et par l'austérité des coloris (*Le Martyre de saint Maurice*). Dans ses dernières années, ses œuvres prirent une signification mystique, un caractère exalté qui accentua à l'extrême les déformations (*Saint Martin partageant son manteau avec un pauvre ; Vue de Tolède*). L'originalité et la profondeur de son œuvre firent de lui un artiste isolé, sans disciple ni véritable postérité.

Le Greco, *Saint Martin et le mendiant* (1597-1599), coll. A. W. Mellon, National Gallery of Art, Washington.

Gréco (Juliette) Comédienne et chanteuse française (1927-2020). Elle a été l'une des figures emblématiques du Saint-Germain-des-Prés de l'après-guerre. Elle s'est illustrée par le contraste entre son austérité sur scène et la sensualité de son répertoire (*Si tu t'imagines*, de Queneau ; *Jolie Môme*).

gréco-bouddhique **adj.** (→ **bouddhique**) didact. Se dit d'un art de l'Inde où paraissent des influences grecques. *L'art gréco-bouddhique du Gandhāra.*

gréco-latin, ine adj. Qui concerne à la fois les langues grecque et latine. *Études gréco-latines.*

gréco-romain, aine adj. Commun aux civilisations grecque et romaine de l'Antiquité. *Art gréco-romain.* – loc. *Lutte gréco-romaine*, excluant coups et clés.

grecque n. f. (fém. de *grec*) Ornement fait de lignes brisées qui reviennent sur elles-mêmes à angle droit.

gredin, ine n. (de l'ancien néerlandais *gredich* « avide ») **1.** vieux Mendiant, gueux. **2.** vieilli Personne malhonnête, méprisable. → **bandit, coquin, malfaiteur.** – fam. *Petit gredin !*, petit fripon.

Gredy (Jean-Pierre) Dramaturge et écrivain français (1920-2022). Il écrivit une trentaine de vaudevilles à succès avec Pierre Barillet *(Folle Amanda ; Fleur de cactus).*

gréement n. m. (de *gréer*) **1.** Ensemble du matériel nécessaire à la manœuvre des navires à voiles ; à l'amarrage et à la sécurité de tous les navires (→ **agrès, cordage, mâture, [2]voile**). **2.** mar. Action de gréer. – Manière dont un navire est gréé.

green [gʀin] n. m. (anglais *[putting] green*, de *green* « vert ») anglic. Espace gazonné autour des trous d'un terrain de golf.

Green (Julien) Écrivain américain d'expression française (1900-1998). Son œuvre exprime, avec un réalisme teinté de fantastique, une fascination pour les êtres qui s'arrachent à la médiocrité de leur condition et se mettent en quête d'absolu. Il est également l'auteur d'un immense *Journal. Léviathan ; Moïra ; L'Autre Sommeil.* Académie française.

Greenaway (Peter) Réalisateur britannique (né en 1942). Ses films se distinguent autant par leur beauté formelle *(Meurtre dans un jardin anglais ; The Pillow Book)* que par leur humour caustique *(Le Cuisinier, le voleur, sa femme et son amant).*

Peter Greenaway, *Meurtre dans un jardin anglais* (1982), avec Anne Louise Lambert, Hugh Fraser et Anthony Higgins.

Greenberg (Joseph Harold) Linguiste américain (1915-2001). Il publia des travaux sur les universaux du langage et la classification génétique des langues. *Universals of Language ; The Languages of Africa.*

Greene (Robert) Poète dramatique anglais (1558-1592). Auteur de pièces réalistes et satiriques, il est considéré comme l'un des initiateurs du théâtre élisabéthain. *Deux Liards d'esprit au prix d'un million de repentir ; Frère Bacon et frère Bungay.*

Greene (Graham) Écrivain britannique (1904-1991). Il tira de son expérience de correspondant de guerre pour le *Times* un sens aigu de la mise en scène de l'histoire en marche. Converti au catholicisme en 1926, il imprégna ses romans d'une foi teintée d'un profond pessimisme. *C'est un champ de bataille ; Le Troisième Homme ; La Puissance et la Gloire.*

Greengard (Paul) Neurologue américain (1925-2019). Il découvrit comment agissent les neurotransmetteurs dans la transmission du signal nerveux. Prix Nobel 2000.

Greenock Ville d'Écosse, sur la rive S. de l'estuaire de la Clyde. 45 000 habitants. Base des Forces françaises libres durant la Seconde Guerre mondiale.

Greenpeace Mouvement écologiste international, fondé à Vancouver en 1971 pour lutter selon les principes de la non-violence contre les essais nucléaires et l'extermination des espèces animales.

Greensboro Ville des États-Unis (Caroline du Nord). 270 000 habitants. Centre industriel et commercial.

Greenwich Faubourg de Londres, sur la Tamise. 264 600 habitants. École navale (Royal Navy College). Ancien observatoire par lequel passe le méridien d'origine.

gréer v. tr. < 1 > (vient de l'ancien nordique *greida* « équiper » ; var. ancienne *agreier* → **agrès**) Garnir (un navire, un mât) de gréement. – au p. p. *Navire gréé en goélette.* – absolt *Gréer et dégréer.*

Grées ou **Graies** n. f. pl. Massif des Alpes françaises et italiennes, au S. de la Vallée d'Aoste. Il culmine au Grivola (3 969 m) et au Grand Paradis (4 061 m).

greffage n. m. Action de greffer.

[1]greffe n. m. (d'abord « stylet » ; vient du latin *graphium*, grec *grapheion*, de *graphein* « écrire » → **-graphe, grapho-** ; **graffiti**) Bureau où l'on garde les minutes des actes de procédure. *Le greffe du tribunal.*

[2]greffe n. f. (métaphore de *[1]greffe* « stylet ») **1.** Greffon végétal. ■ Opération par laquelle on implante un greffon (→ **greffage**) ; son résultat. **2.** Opération par laquelle une portion d'un organisme est implantée sur une autre partie du corps du donneur *(autogreffe)* ou sur un autre organisme, celui du receveur *(allogreffe : homogreffe* ou *hétérogreffe). Greffe réparatrice de la peau. Greffes d'organes, du cœur, des reins.* → **transplantation.**

▶ La **greffe** est une opération chirurgicale qui consiste à transférer sur un être humain des portions de tissu ou d'organe prélevées sur lui-même (autogreffe) ou sur un autre individu (allogreffe). La greffe d'un organe entier fonctionnel est appelée transplantation (voir ce mot).
Les autogreffes peuvent survivre sans préparation spéciale du patient, puisqu'il est à la fois donneur et receveur. C'est habituellement le cas des greffes de peau destinées à traiter des brûlures ou des pertes de substance cutanées, et des greffes d'os utilisées dans le traitement des pseudarthroses et des pertes de substance osseuses.
Au contraire, les allogreffes exposent à des réactions immunologiques entre receveur et greffon, risquant d'aboutir au rejet de la greffe. Seuls les jumeaux homozygotes, dont l'identité immunologique est parfaite, ne présentent pas de rejet entre eux. Les allogreffes nécessitent donc une préparation spéciale des receveurs. C'est le cas des greffes de cornée (kératoplasties) et des greffes de moelle hématopoïétique, pour le traitement des anémies aplasiques ou des irradiations par exemple.
voir aussi **transplantation**

greffer v. tr. < 1 > (de *[2]greffe*) **1.** Soumettre (une plante) à l'opération de la greffe. *Greffer un arbre.* **2.** Insérer, implanter (un greffon [2]) sur un sujet. *On lui a greffé un rein.* **3.** pronom. fig. ***Se greffer sur*** : s'ajouter à. *Des complications imprévues sont venues se greffer là-dessus.*

greffier, ière n. (de *[1]greffe*) Officier public préposé au greffe. *Le greffier du tribunal civil.*

greffoir n. m. agric. Outil, couteau à greffer.

greffon n. m. (de *greffer*) **1.** Partie d'une plante (bouton, rameau, bourgeon) que l'on insère sur une autre plante (dite *sujet* ou *porte-greffe*) afin d'obtenir un spécimen nouveau. **2.** Partie de l'organisme humain ou animal prélevée afin d'être greffée.

Greg (Michel Regnier, dit) Dessinateur et scénariste belge de bandes dessinées (1931-1999). On lui doit notamment la création du personnage d'Achille Talon, caricature sympathique du citoyen râleur et débrouillard.

grégaire adj. (latin *gregaris*, de *grex, gregis* « troupeau ») **1.** Qui vit par troupeaux. *Animaux grégaires.* **2.** Relatif au groupement des êtres vivants, des humains, à la tendance à vivre en groupe. *Instinct grégaire*, qui pousse à se rassembler et à s'imiter. – fig. *Un esprit grégaire et moutonnier.*

grégarine n. f. (du latin → **grégaire**) zool. Protozoaire parasite du tube digestif des insectes, des crustacés et des vers de terre.

grégarisme n. m. (du latin → **grégaire**) didact. Instinct grégaire.

grège adj. (italien *[seta] greggia* « [soie] brute », de *greggio*, famille du latin *grex, gregis* → **grégaire**) *Soie grège*, soie brute, telle qu'on la dévide du cocon, de couleur gris-beige. – De cette couleur. *Des pulls grèges.*

grégeois adj. m. (de *grezois*, qui vient du latin pop. *graeciscus*, de *graecus* → **grec**) *Feu grégeois* : mélange incendiaire utilisé à la guerre (d'abord par les Byzantins).

Grégoire Ier le Grand (saint) (v. 540-604). Pape de 590 à sa mort. Il fit de la papauté la principale puissance d'Occident, réforma l'administration pontificale et la vie ecclésiastique, simplifia la liturgie et prit le titre de « Serviteur des serviteurs de Dieu », titre conservé par ses successeurs.

Grégoire III (saint) (mort en 741). Pape de 731 à sa mort. Il réunit un synode qui excommunia les iconoclastes (731).

Grégoire VII (saint) [Hildebrand] (v. 1020-1085). Pape de 1073 à sa mort. Il fut le principal promoteur de la réforme dite « grégorienne » qui visait à purifier les mœurs du clergé et à émanciper l'Église de l'influence des laïcs. Sa condamnation de la pratique des investitures des évêques par les princes déclencha la « querelle des Investitures » (1077-1122), qui devait l'opposer à l'empereur Henri IV. Malgré la soumission de celui-ci à Canossa, en 1077, la lutte reprit et Grégoire VII dut finalement se réfugier dans le Sud, où il mourut.

Grégoire IX [Ugolino, des comtes de Segni] (v. 1145-1241). Pape de 1227 à sa mort. Il lutta contre l'empereur Frédéric II et institua l'Inquisition.

Grégoire XII [Angelo Correr] (v. 1345-1417). Pape de 1406 à 1415. Sa démission, lors du concile de Constance, permit l'élection du pape Martin V et mit fin au Grand Schisme d'Occident.

Grégoire XIII [Ugo Buoncompagni] (1502-1585). Pape de 1572 à sa mort. Il réforma le calendrier julien en « supprimant » dix jours du mois d'octobre 1582, instaurant ainsi le *calendrier grégorien.*

Grégoire XV [Alessandro Ludovisi] (1554-1623). Pape de 1621 à sa mort. Il fonda la congrégation de la Propagation de la foi (1622). Il fit Richelieu cardinal en 1623.

Grégoire XVI [Bartolomeo Alberto Cappellari] (1765-1846). Pape de 1831 à 1846. Il fit appel à l'Autriche et à la France pour réprimer les mouvements révolutionnaires dans les États pontificaux. Il condamna les doctrines libérales de Lamennais.

Grégoire (Henri, dit l'abbé) Ecclésiastique et révolutionnaire français (1750-1831). Député du clergé aux États généraux de 1789, il rallia les rangs du tiers état et siégea à l'Assemblée constituante. Partisan du suffrage universel et de l'abolition des privilèges, il prêta serment à la Constitution civile du clergé (1790), fit attribuer aux juifs la plénitude de leurs droits civils et politiques et fit décréter l'abolition de l'esclavage (1794).

Grégoire de Nazianze (saint) Docteur de l'Église (v. 330-v. 390). Il se retira de ses charges ecclésiastiques pour se consacrer à la réflexion théologique. Ses *Discours théologiques* défendent le dogme de la Trinité contre l'arianisme.

Grégoire de Nysse (saint) Père de l'Église d'Orient (v. 335-v. 395). Frère de saint Basile qui le nomma évêque de Nysse en 371, il consacra son œuvre d'ecclésiastique et de théologien à la lutte contre l'arianisme *(Contre Eunome)*.

Grégoire de Tours (saint) Évêque de Tours et historien (v. 538-v. 594). Il défendit les droits de l'Église lors des querelles entre Francs et prit part aux affaires politiques de son temps. Il rédigea une *Histoire des Francs* qui le place comme le père de l'histoire de France.

Grégoire Palamas (dans l'Église grecque saint) Théologien grec orthodoxe (1296-1359). Archevêque de Thessalonique en 1347, il se consacra à la défense de l'« hésychasme » (pratique mystique visant à la contemplation de Dieu par le silence et l'immobilité).

grégorien, ienne adj. (du latin, du n. du pape Grégoire Ier) **1.** *Chant grégorien* et **n. m.** *le grégorien :* le plain-chant. **2.** *Calendrier grégorien* (de Grégoire XIII).

Gregory (James) Mathématicien et opticien écossais (1638-1675). Inventeur d'un télescope à réflexion (1663), il s'illustra également en mathématiques par sa contribution au développement des fonctions en séries infinies de puissance.

Gregory (Isabella Augusta, née Persse, lady) Dramaturge irlandaise (1852-1932). Elle fonda avec Yeats, en 1899, le Théâtre national irlandais. Elle a écrit de nombreuses pièces de théâtre inspirées de vieilles légendes irlandaises.

grègues n. f. pl. (occitan *grega* « grec », ce pantalon ayant été nommé d'après les Grecs, du latin → grec) anciennt Haut-de-chausses. → **culotte.**

Greifswald Ville d'Allemagne (Mecklembourg-Poméranie), près de la baie de Greifswald. 59 580 habitants. Université fondée en 1456. Centre industriel.

Greimas (Algirdas Julien) Sémanticien et sémioticien français (1917-1992). Il développa une approche structuraliste de la langue dans la lignée de Hjelmslev et Propp. *Sémantique structurale ; Du Sens.*

^{1}**grêle** adj. (de *graisle,* qui vient du latin *gracilis* → gracile) **I. 1.** D'une longueur et d'une finesse excessives. → **filiforme,** ^{2}**fin, fluet, mince.** *Échassier perché sur ses pattes grêles.* **2.** ***L'intestin grêle :*** portion la plus étroite de l'intestin, comprise entre le duodénum et le cæcum. **II.** (sons) Aigu et sans résonance, peu intense. *Une voix grêle. « Une exquise et grêle musique de cristal »* (Loti).

^{2}**grêle** n. f. (de *grêler*) **1.** Précipitation faite de grains de glace. → **grêlon.** *Fine grêle.* → **grésil. 2.** Ce qui tombe comme la grêle. *Une grêle de balles.* – fig. *Accabler qqn sous une grêle d'injures.*

grêlé, ée adj. (de ^{2}*grêle*) Marqué par de petites cicatrices (dues à la variole, etc.). *Un visage grêlé.*

grêler v. impers. < 1 > (vient p.-ê. du francique *grisilôn,* ou d'un dérivé du latin *cratella* « crible ») **1.** *Il grêle :* il tombe de la grêle. **2.** trans. Gâter, dévaster par la grêle. *Toute cette région a été grêlée.*

grelin n. m. (de ^{1}*grêle*) mar. Fort cordage (plus mince que le câble). *Grelin d'amarrage.*

grêlon n. m. (de ^{2}*grêle*) Grain de glace qui tombe pendant une averse de grêle.

grelot n. m. (d'abord *grilot,* d'un radical germanique évoquant les sons ; p.-ê. avec influence de la famille de *grêle*) **1.** Sonnette constituée d'une boule de métal creuse, percée de trous, contenant un morceau de métal qui la fait résonner dès qu'on l'agite. *Les grelots des vaches.* **2.** loc. fam. ***Avoir les grelots :*** avoir peur, trembler (→ **grelotter**). **3.** (par analogie de forme) appos. *Oignon grelot :* petit oignon blanc.

grelottant, ante ou **grelotant, ante** adj. Qui grelotte. *Elle est toute grelottante.*

grelotter ou **greloter** v. intr. < 1 > (de *grelot*) **I.** Produire un son aigu, comme un grelot. **II.** Trembler (de froid, de peur, de fièvre). → **frissonner.** □ **n. m. grelottement** ou **grelotement**

greluche n. f. (de *greluchon*) fam. et péj. **1.** Jeune femme de mœurs légères ; maîtresse. *Il est venu avec sa greluche.* **2.** Jeune femme (en général insignifiante, sotte).

greluchon n. m. (du n. d'un saint imaginaire guérissant la stérilité, p.-ê. de *grelot* « testicule », ou de *grelu* « gueux ») **1.** vieilli Amant de cœur (d'une femme qu'un autre homme entretient). → **gigolo. 2.** péj. Jeune homme insignifiant.

grémil n. m. (de l'ancien français *mil* « millet » ; élément initial obscur) Plante herbacée dite *herbe aux perles,* dont une espèce est officinale.

Grenade

Grenade, ville d'Espagne, dominée par le palais de l'Alhambra.

grémille n. f. (mot de l'Est, p.-ê. du latin pop. *grumellus* « petit tas », de *grumulus* → grumeau) Poisson originaire de l'Europe centrale, voisin de la perche, vivant en eau douce sur les fonds de gravier.

Grémillon (Jean) Cinéaste français (1901-1959). Il tira de son expérience de documentariste un sens aigu du réalisme social *(Gardiens de phare ; La Petite Lise ; Remorques).*

grenache n. m. (italien *vernaccia,* du n. de la ville de Vernazza) Cépage noir, à gros grains, cultivé dans le Languedoc, le Roussillon. – Vin de ce cépage.

grenadage n. m. milit. Attaque à la grenade, lancement de grenades (contre un ennemi).

grenade n. f. (italien dialectal *melo* « pomme » ou *pomo granato,* du latin *malum granatum,* de *granum* → grain) **I.** Fruit comestible du grenadier, grosse baie ronde à la pulpe rouge, pleine de pépins. **II.** (par analogie de forme) Projectile formé d'une charge d'explosif enveloppée de métal, muni d'un détonateur pour en régler l'explosion. *Grenade à main. Grenade lacrymogène. Dégoupiller une grenade.*

Grenade

n. f. État des Petites Antilles (→ carte), formé de l'île de la Grenade et des îles du S. des Grenadines (Carriacou et Petite Martinique). 345 km^2. 110 000 habitants (les *Grenadiens*). **Langue :** anglais. **Population :** Noirs (83 %). **Monnaie :** dollar des Caraïbes. **Capitale :** Saint George's. **Régime :** démocratie parlementaire.

HISTOIRE

Colonisée par la France, puis la Grande-Bretagne (1783), la Grenade accéda à l'indépendance en 1974. Une période révolutionnaire (1979-1983) prit fin avec l'intervention des États-Unis. La Grenade est membre du Commonwealth, de l'Organisation des États américains et de la Communauté des Caraïbes.

Grenade Ville d'Espagne (Andalousie), au pied de la sierra Nevada. 233 600 habitants. Cathédrale de style gothique et Renaissance abritant les tombeaux de Ferdinand d'Aragon et d'Isabelle la Catholique. Palais de Charles Quint (XVIe-XVIIe s.). La ville est dominée par le palais mauresque de l'Alhambra (XIIIe-XIVe s.) et les jardins du Generalife. Centre agricole et commercial. Fondée dès 756 par les Arabes, la ville devint la capitale du royaume musulman de Grenade, en 1238, et connut alors son apogée. Elle fut conquise par les Rois Catholiques, en 1492.

Grenade Commune de la Haute-Garonne, sur la Save. 8 846 habitants. Ancienne bastide fondée en 1290.

grenadeur n. m. milit. Appareil servant au lancement des grenades sous-marines.

^{1}**grenadier** n. m. (de *grenade,* I) Arbrisseau épineux à feuillage persistant, à fleurs rouges, qui produit les grenades.

^{2}**grenadier** n. m. (de *grenade,* II) **1.** vieux Soldat chargé de lancer des grenades. **2.** hist. Soldat d'élite. *Les grenadiers de la garde impériale* (sous Napoléon Ier).

^{3}**grenadier** n. m. (p.-ê. de ^{2}*grenadier*) Poisson marin au corps effilé, à la chair appréciée.

grenadière n. f. techn. Bague métallique reliant le canon au fût d'un fusil.

grenadille n. f. Espèce de passiflore dont le fruit rappelle la grenade. – Fruit de cette plante, appelé couramment *fruit de la passion.*

grenadin n. m. **I.** Variété d'œillet rouge, très odorant. **II.** cuis. Tranche ronde (de veau) entourée d'une barde.

grenadine n. f. (de *grenade*, I) Sirop sucré, rougeâtre, imitant le sirop de grenade.

Grenadines (les) Archipel des Petites Antilles composé de plusieurs dizaines d'îles partagées entre Saint-Vincent-et-les-Grenadines et la Grenade. Tourisme. Navigation de plaisance.

grenage n. m. techn. **1.** Action de réduire en grains (la poudre à canon, le sucre). **2.** Action de donner du grain, du relief à la surface lisse d'un matériau. *Grenage d'une plaque à graver.* → **grainage.**

grenaillage n. m. techn. Décapage, nettoyage par projection de grenaille.

grenaille n. f. (de *grain*) **1.** Métal réduit en grains. *Cartouche chargée de grenaille de plomb.* **2.** (Belgique) Gravillon.

G

grenailler v. tr. < 1 > techn. Réduire en petits grains. *Grenailler du plomb.*

grenaison n. f. agric. Formation du grain des céréales. *Grenaison précoce.*

grenat n. m. (p.-ê. de *pomme grenate* → **grenade**) **1.** Pierre précieuse très dure, généralement d'un beau rouge. **2.** adj. invar. Rouge sombre. *Des rubans grenat.*

Grenchen en français **Granges** Ville de Suisse, dans le canton de Soleure. 16 985 habitants. Centre horloger.

grené, ée adj. techn. Qui offre à la vue ou au toucher une multitude de petits grains très rapprochés. → **grenu.** *Dessin grené, cuir grené.* – n. m. *Le grené d'une gravure.*

greneler v. tr. < 4 > techn. Préparer (un cuir, un papier) de telle sorte qu'il paraisse couvert de grains. – au p. p. *Peau grenelée.* → **grené.**

Grenelle Quartier du XVe arrondissement de Paris. Ancienne commune annexée à Paris en 1860.

grener v. < 5 > (de *grain*) **I.** v. intr. agric. Produire de la graine. *Le blé grène mal cette année.* **II.** v. tr. **1.** techn. Réduire en petits grains. *Grener de la terre,* l'émietter. – au p. p. *Poudre grenée.* **2.** Rendre grenu. → **greneler.** - var. **grainer** v. < 1 >.

grènetis n. m. (de *grain*) techn. Cordon fait de petits grains au bord des monnaies, des médailles.

grenier n. m. (vient du latin *granarium*, de *granum* → **grain**) **1.** Partie d'une ferme, d'ordinaire située sous les combles, où l'on conserve les grains et les fourrages. → **fenil, grange.** *Grenier à blé, à foin.* – fig. Réserve de céréales. « *Cette terre* [la Sicile], *qui fut appelée le grenier de l'Italie* » (Maupassant). **2.** Étage supérieur d'une maison particulière, sous les combles, qui sert généralement de débarras et, traditionnellement, de logement très modeste. – *De la cave* au grenier.*

Grenoble Chef-lieu de l'Isère, sur l'Isère, dans le Grésivaudan. 158 240 habitants. Cathédrale Notre-Dame des XIIe et XIIIe s. Églises des XIe, XIIIe et XVIIe s. Musées. Maison de Stendhal. Maison de la culture conçue par André Wogenscky. La ville doit son essor économique à une association réussie entre recherche (universités, écoles d'ingénieurs, laboratoires, synchrotron) et industrie (technopôles, industries électriques et mécaniques, services informatiques), en particulier dans le domaine des nanotechnologies. La ville a accueilli les Jeux olympiques d'hiver en 1968.

grenouillage n. m. fam. Intrigues louches, tractations immorales. → **magouille.**

grenouille n. f. (de l'ancien français *renoille*, qui vient du latin pop. *ranacula*, diminutif de *rana* → **rainette ; renoncule**) Batracien aux pattes postérieures longues et palmées, à peau lisse, nageur et sauteur. *Grenouille verte* (→ **rainette**), *rousse* (→ **roussette**). *Grenouille taureau* (→ **ouaouaron**). *La grenouille coasse. Larve de grenouille.* → **têtard.** – *Manger des cuisses de grenouille.*

grenouiller v. intr. < 1 > **I.** vieux Barboter dans l'eau. **II.** Intriguer (→ **grenouillage**).

grenouillère n. f. **I.** vieux Baignade encombrée (titre de tableaux d'impressionnistes : Monet, Renoir). **II.** Combinaison de bébé, enfermant aussi les pieds.

grenouillette n. f. **1.** bot. Renoncule d'eau à fleurs blanches. **2.** méd. Tumeur bénigne placée sous la langue.

grenu, ue adj. (de *grain*) **1.** agric. Riche en grains. *Épis grenus.* **2.** (choses) Dont la surface présente de nombreux grains. *Cuir grenu. Roches grenues,* à cristaux visibles.

grenure n. f. techn. État du cuir grené.

Grenville (George) Homme politique britannique (1712-1770). Premier ministre de 1763 à 1765, il fit voter la loi du Timbre (*Stamp Act*), en 1765, qui devait conduire à la révolte des colonies d'Amérique.

grès n. m. (vient du francique *greot* « sable, gravier ») **1.** Roche sédimentaire dure formée de sable dont les grains sont unis par un ciment. *Grès rouge, gris.* **2.** Terre glaise mêlée de sable fin, dont on fait des poteries. *Pot de grès.*

Grès (Germaine Czerefkow, née **Krebs** dite **Mme)** Couturière française (1903-1993). Elle est célèbre pour ses robes du soir en drapé de fin jersey de soie et ses modèles sculpturaux.

gréser v. tr. < 6 > techn. Polir, poncer avec une meule, de la poudre de grès. □ n. m. **grésage**

gréseux, euse adj. De la nature du grès ; contenant du grès.

Gresham (sir Thomas) Financier anglais (1519-1579). Il fut le fondateur de la Bourse de Londres (Royal Exchange), en 1571.

grésil n. m. (de *grésiller*) Grêle fine, blanche et dure. « *Sous les ifs et les pins qu'argente le grésil* » (Verlaine).

grésillement n. m. Léger crépitement. *Le grésillement de la friture.* « *Le grésillement du sable qui* [...] *pleuvait finement contre les murs* » (Colette). – par analogie *Grésillement dans un appareil téléphonique.* → **friture.**

¹grésiller v. impers. < 1 > (du moyen néerlandais, du francique) rare *Il grésille :* il tombe du grésil.

²grésiller v. intr. < 1 > (p.-ê. de l'ancien français *grediller*, famille de *griller*, ou d'un dérivé du latin *crisare* « cribler ») **1.** Produire un crépitement rapide et assez faible. → régional **gricher.** **2.** (grillon) Crier.

Grésivaudan ou **Graisivaudan** n. m. Portion de la vallée de l'Isère située entre le massif de la Grande-Chartreuse et la chaîne de Belledonne. Agriculture (vergers, vigne). Aménagements hydroélectriques.

gressin n. m. (italien *grissino*, de *gressa*, de *ghersa* « rangée ») Petite flûte de pain séché, ayant la consistance des biscottes.

Grétry (André Modeste) Compositeur français d'origine wallonne (1741-1813). Il s'imposa comme un maître de l'opéra-comique grâce à une ligne mélodique d'une grande simplicité et à la sensibilité de son langage musical. *Zémire et Azor ; Richard Cœur de Lion.*

Gretz-Armainvilliers Commune de la Seine-et-Marne, dans la Brie. 8 459 habitants. Le 9 octobre 1890, Clément Ader y fit voler « Éole », le premier appareil plus lourd que l'air.

Gretzky (Wayne) Joueur de hockey canadien (né en 1961). Il détient la plupart des trophées annuels décernés aux meilleurs joueurs.

greubons n. m. pl. (de *greube*, de l'ancien haut allemand *griubo* « graisse animale fondue ») (Suisse) Petits résidus solides qui se forment quand le lard fond. → **fritons, gratton(s).**

Greuze (Jean-Baptiste) Peintre français (1725-1805). Par ses scènes de genre à caractère moralisateur, il suscita l'admiration de Diderot. Il inaugura une voie nouvelle : celle de la peinture de genre traitée avec les ressources de la peinture d'histoire. Il réalisa également de nombreux portraits. *Un père de famille expliquant la Bible à ses enfants ; La Cruche cassée.*

¹grève n. f. (vient du latin pop. *grava* « terrain pierreux » → **gravier**) Terrain plat formé de sables et de graviers, situé au bord de la mer ou d'un cours d'eau. → **plage, rivage.** « *La mer qui vient dormir sur la grève argentée* » (Lamartine). *Navire échoué sur la grève.*

²grève n. f. (de la *place de Grève*, sur la *grève* [¹] de la Seine, à Paris, où se réunissaient les travailleurs cherchant un emploi ; d'abord *faire la grève, être en grève* « attendre le travail ») **1.** Cessation volontaire et collective du travail décidée par des salariés, un groupe professionnel dans un but revendicatif (amélioration des conditions de travail, protestation contre les licenciements, etc.). → **débrayage.** « *C'est dans les grèves que le prolétariat affirme son existence* [...] *La grève est un phénomène de guerre* » (G. Sorel). *Faire grève, se mettre en grève. Grève tournante*. Piquet de grève. Grève des mineurs, des transports.* **2.** *Grève de la faim,* refus de manger, en manière de protestation.

Grève (place de) Place de Paris, aujourd'hui place de l'Hôtel-de-Ville. Ancien lieu de réunion des ouvriers sans travail, la place fut le lieu des exécutions capitales de 1310 à 1830.

grever [gʀəve] v. tr. < 5 > (latin *gravare* « alourdir », de *gravis* → **grave**) Frapper de charges financières, de servitudes. *Dépenses qui grèvent un budget.* → **alourdir.** – au p. p. *Un pays grevé d'impôts.*

Gréville (Edmond T.) Cinéaste français (1906-1966). Il est l'auteur de films souvent sombres marqués par son goût pour l'insolite et l'érotisme. *Remous ; Menaces ; Les Mains d'Orlac.*

Grévin (Jacques) Poète et médecin français (1538-1570). Il écrivit des poèmes inspirés de Ronsard et de Du Bellay (*L'Olympe de Jacques Grévin*). Médecin réputé, il publia un *Traité d'anatomie.*

Grévin (musée) Musée de figures de cire créé en 1882 à Paris par le caricaturiste et dessinateur Alfred Grévin (1827-1892).

Grevisse (Maurice) Grammairien belge d'expression française (1895-1980). Il est l'auteur du *Bon Usage*, description empirique et normative des difficultés de la langue française tirée de l'observation des textes.

gréviste n. (de *²grève*) Personne qui fait grève.

Grévy (Jules) Avocat et homme politique français (1807-1891). Élu plusieurs fois député, à partir de 1871, il succéda à Mac-Mahon à la présidence de la République en 1879. Réélu en 1885, il fut contraint de démissionner en 1887 à la suite du scandale du trafic des décorations dans lequel était mêlé son gendre Wilson.

Grey (Charles, 2e comte) Homme politique britannique (1764-1845). Chef des whigs à la Chambre des lords, il fut Premier ministre de 1830 à 1834. Il imposa une réforme parlementaire et obtint l'abolition totale de l'esclavage.

Grey (sir George) Administrateur colonial et explorateur britannique (1812-1898). Il fut successivement gouverneur de l'Australie-Méridionale, de la Nouvellegrève

Image d'une grève des mineurs (*Le Petit Journal illustré*, 1906).

▶ Au Moyen Âge et sous l'Ancien Régime, les nombreux conflits collectifs opposant « maîtres » et apprentis se limitent au cadre de la corporation. Après l'interdiction du « droit de coalition » en 1791 (loi Le Chapelier), la **grève** réapparaît au début du XIXe siècle avec la révolution industrielle. D'abord illégale et durement réprimée, la grève est légalisée en France par les lois de 1864 et 1884. Elle révèle alors une conscience accrue de l'identité ouvrière face au pouvoir du patronat et de l'État. L'essor du syndicalisme la transforme en moyen de lutte organisée, sociale et politique, dans le cadre de la « lutte des classes » théorisée par l'Internationale socialiste. La grève générale est définie comme le moyen suprême de lutte contre le capitalisme, devant déboucher sur la révolution.
Certaines grèves sont restées célèbres, comme celle des ouvriers de Chicago en 1886 à l'origine des manifestations du 1er mai, celle des mineurs de Carmaux en 1891, défendus par Jean Jaurès, ou celles de 1936 et de mai 1968 qui entraînèrent en France une évolution importante de la législation sociale. Des grèves insurrectionnelles ont touché plusieurs pays d'Europe dans la période 1919-1921 ou la France en 1947.
À partir des années 1970, la crise économique a réduit le recours à la grève dans le secteur privé. En France, les grèves touchent surtout le secteur public ou parapublic (SNCF), comme celle de 1995 qui a fait échouer le plan Juppé de réforme du régime de retraite des cheminots. Inversement, l'échec de la grève des mineurs en Grande-Bretagne (1984-1985), sous le gouvernement de Margaret Thatcher, a consacré le recul de l'influence syndicale dans ce pays.
En France, le droit de grève est inscrit dans le préambule de la Constitution de 1946, conservé par la Constitution de 1958. Réglementé par le droit du travail, le droit de grève exclut certaines formes : grève perlée, grève tournante, piquets de grève portant atteinte à la liberté du travail.
voir aussi **syndicalisme, capitalisme, Internationale**

Zélande et du Cap, puis Premier ministre (1877-1879).

Grey (Edward), 1er vicomte Grey of Fallodon Homme politique britannique (1862-1933). Ministre des Affaires étrangères de 1905 à 1916, il resserra l'Entente cordiale et fut l'artisan de l'accord avec la Russie qui annonçait la Triple-Entente.

Griaule (Marcel) Ethnologue français (1898-1956). Il étudia particulièrement les Dogons, révélant la richesse d'une culture qu'il fut, dès lors, impossible de considérer comme « primitive ». *Dieu d'eau ; Renard pâle, ethnologie des Dogons,* avec Germaine Dieterlen.

Gribeauval (Jean-Baptiste Vaquette de) Général et ingénieur militaire (1715-1789). Il mit au point les nouveaux canons qui servirent dans toutes les campagnes de la Révolution et de l'Empire.

gribiche adj. (origine inconnue) *Sauce gribiche :* vinaigrette mêlée d'œuf dur, de condiments et de fines herbes.

Griboïedov (Aleksandr Sergueïevitch) Diplomate et dramaturge russe (1795-1829). Sa comédie satirique en vers *Le Malheur d'avoir trop d'esprit* rappelle le théâtre de Molière. Envoyé comme ambassadeur de Russie à Téhéran, il y fut assassiné.

gribouillage n. m. **1.** Dessin confus, informe. → **gribouillis, griffonnage.** *Buvard couvert de gribouillages.* **2.** Écriture informe, illisible.

gribouille n. (de *gribouiller ;* d'abord n. propre) Personne naïve qui se jette stupidement dans les ennuis qu'elle voulait éviter. *Une politique de gribouille.*

gribouiller v. < 1 > (origine inconnue ; p.-ê. rapport avec *brouiller* ou *écrabouiller*) **1.** v. intr. Faire des gribouillages. → **griffonner.** *Enfant qui gribouille sur les murs.* **2.** v. tr. Écrire de manière confuse. *« Je gribouille ceci en hâte, au galop »* (Hugo). – au p. p. *Message gribouillé,* à peine lisible.

gribouilleur, euse n. Personne qui gribouille. → **barbouilleur.** ▪ Mauvais peintre, mauvais écrivain.

gribouillis n. m. Dessin, écriture informe. → **gribouillage.**

gricher v. intr. < 1 > (var. de *grincer*) (Canada) fam. **1.** Grincer. *Gricher des dents.* **2.** Grésiller (2). ▫ n. m. **grichage**

grièche voir **pie-grièche**

grief n. m. (de *grever,* ou de l'ancien français *grief, grève* qui vient du latin pop. *grevis,* de *gravis* → **grave**) souvent au plur. Sujet, motif de plainte (généralement contre une personne). → **doléances, reproche.** *Avoir des griefs contre qqn. Exposer, formuler ses griefs,* se plaindre, protester. – loc. *Tenir, faire grief de qqch. à qqn,* le lui reprocher. *Ne me tenez pas grief de mes absences.*

Grieg (Edvard) Compositeur norvégien (1843-1907). Il puisa son inspiration dans le folklore norvégien, non sans subir l'influence de Liszt et de Wagner. Son style imaginatif et sensible en fait l'illustre représentant d'une musique norvégienne originale *(Danses norvégiennes ; Lieder).* Il collabora avec Ibsen pour la musique de scène de *Peer Gynt,* son œuvre la plus célèbre.

Grieg (Nordahl) Écrivain norvégien (1902-1943). Journaliste, il fut correspondant de guerre en Chine, à Moscou, puis en Espagne. Ses poèmes *(La Norvège dans nos cœurs)* et ses drames *(La Défaite)* sont marqués par un patriotisme enthousiaste.

Grierson (John) Producteur et cinéaste britannique (1898-1972). Pionnier du cinéma documentaire britannique, il se fit dans ses films (*Drifters ; Industrial Britain,* avec Robert Flaherty) le porte-parole des préoccupations sociales de son temps.

grièvement adv. (de l'ancien adj. *grief, griève* → **grief**) *Grièvement blessé :* gravement* blessé.

Griezmann (Antoine) Footballeur français (né en 1991). À partir de 2014, il intègre comme attaquant l'équipe de France avec laquelle il remporte la Coupe du monde 2018. En club, il a joué à l'Atlético de Madrid (2014-2019 et depuis 2021) et au FC Barcelone (2019-2021).

griffade n. f. vieux Coup de griffe.

griffe n. f. (de *griffer*) **I. 1.** Ongle pointu et crochu de certains animaux. *Le chat sort ses griffes. Coup de griffe.* – loc. *Montrer les griffes :* menacer. *Rentrer ses griffes,* revenir à une attitude moins agressive. *Toutes griffes dehors :* avec agressivité. *Tomber sous les griffes de qqn,* en son pouvoir. **2.** bot. Racine tubéreuse de certaines plantes. *Griffes d'asperge, de renoncule.* **3.** Petit crochet qui maintient une pierre sur un bijou. **II. 1.** Empreinte reproduisant une signature. *Apposer sa griffe.* – Marque au nom d'un fabricant d'objets de luxe, apposée sur ses produits. *La griffe d'un grand couturier. La griffe est enlevée* (→ **dégriffé**). **2.** Marque caractéristique du style. *On reconnaît la griffe de l'auteur.*

griffer v. tr. < 1 > (ancien allemand *grifan,* du francique *gripan* → **gripper**) **1.** Égratigner d'un coup de griffe ou d'ongle. *Le chat l'a griffé.* **2.** (mode) Apposer la griffe du créateur sur (un produit). – au p. p. *Écharpe griffée.*

griffeur, euse adj. et n. Qui griffe. *Animal griffeur.*

Griffith (Arthur) Homme politique irlandais (1872-1922). Fondateur du mouvement nationaliste Sinn Fein en 1902, il fut l'un des artisans du traité de Londres de 1921 et fut élu président de l'État libre d'Irlande.

Griffith (David Wark) Cinéaste américain (1875-1948). Il réalisa plus de 400 films dans lesquels il contribua à affranchir le cinéma des conventions théâtrales et définit les principaux procédés d'expression cinématographique. Il influença Eisenstein, Murnau et Gance. *Naissance d'une nation ; Intolérance ; Le Lys brisé ; Dream Street.*

1griffon n. m. (de l'ancien français *grif,* du latin chrét. *gryphus,* de *grypus,* du grec *grups, grupos* « gypaète ») **I.** Animal fabuleux, ailé, à corps de lion et à tête d'aigle. → aussi **hippogriffe** **II.** (provençal *grifoul* « fontaine ornée d'une tête de griffon ») Sortie de l'eau d'une source.

Griffon dévorant un homme, miniature du *Liber Floridus* de Lambert de Saint-Omer (v. 1448), musée Condé, Chantilly.

2griffon n. m. (de l'ancien français *griffe* « chien », famille de *griffer*) Chien de chasse à poils longs et rudes.

G

griffonnage n. m. **1.** Écriture mal formée, illisible ; dessin informe. → **gribouillage, gribouillis. 2.** Ce qu'on rédige hâtivement, avec maladresse. *Des griffonnages de jeunesse.*

griffonnement n. m. arts Ébauche d'une sculpture, en cire ou en terre.

griffonner v. tr. < 1 > (de *griffe* ou de *griffer*) **1.** Écrire (qqch.) d'une manière confuse, peu lisible. – absolt Tracer des signes, des dessins informes. → **gribouiller.** *Griffonner sur un buvard.* **2.** Rédiger à la hâte. *Griffonner un billet.* □ n. **griffonneur, euse**

griffu, ue adj. Armé de griffes ou d'ongles longs et crochus. *Des pattes griffues.*

Griffuelhes (Victor) Syndicaliste français (1874-1923). Secrétaire général de la CGT de 1902 à 1909, il fut l'un des artisans de l'adoption de la charte d'Amiens (1906).

griffure n. f. (de *griffer*) Égratignure provoquée par un coup de griffe. → **écorchure, éraflure.**

grifton voir **griveton**

Grignan Commune de la Drôme. 1 590 habitants. Château du XVIe s. où mourut la marquise de Sévigné. Église Saint-Sauveur du XVIe s. abritant son tombeau.

Grignard (Victor) Chimiste français (1871-1935). Il mit en évidence les propriétés des composés organomagnésiens, très utilisés en chimie organique. Prix Nobel 1912.

grigne n. f. (de *grigner*) **1.** Couleur dorée du pain. – Fente que le boulanger fait sur le pain. **2.** cout. Inégalité du feutre.

grigner v. intr. < 1 > (francique *grinân*, cf. anglais *to grin* « grimacer ») cout. Faire des plis, des fronces. *Couture qui grigne.* → **goder.**

Grignon (Claude-Henri) Écrivain canadien (québécois) (1894-1976). Il est l'auteur d'*Un homme et son péché,* considéré comme le premier roman réaliste canadien. On lui doit également des *Pamphlets* littéraires et politiques, publiés sous le pseudonyme de Valdombre.

grignotage n. m. Action de grignoter. ■ spécialt Prise d'aliments entre les repas.

grignotement n. m. Action de grignoter ; bruit qui en résulte.

grignoter v. < 1 > (de l'ancien français *grigner,* qui vient du francique *grinân* « faire la moue ») **I.** v. intr. **1.** Manger en rongeant. *Le hamster grignote.* **2.** Manger très peu, du bout des dents. → **chipoter.** *Le soir, au lieu de dîner, elle grignote.* **II.** v. tr. **1.** Manger (qqch.) petit à petit, lentement, en rongeant. *Grignoter un biscuit. Souris qui grignote un fromage.* **2.** Détruire peu à peu, lentement. *Grignoter ses économies. « Ce défilé infini des petites secondes pressées qui grignotent le corps et la vie des hommes »* (Maupassant). **3.** S'approprier, gagner. *Il n'y a rien à grignoter dans cette affaire.* → **gratter.**

grignoteur, euse 1. adj. Qui grignote. **2.** n. f. techn. Machine-outil pour le découpage des bois, des métaux en feuille.

grignotine n. f. (Canada) surtout au plur. Amuse-gueule, biscuit apéritif.

Grigny (Nicolas de) Organiste et compositeur français (1672-1703). Toute la richesse et l'originalité de son écriture contrapontique se trouvent résumées dans son *Premier Livre d'orgue contenant une messe et les hymnes des principales festes de l'année,* paru en 1699 et dont la réédition, en 1771, fut intégralement recopiée par J.-S. Bach.

Grigny Commune de l'Essonne, au N. d'Évry, sur la Seine. 27 571 habitants. Ensemble résidentiel.

Grigorescu (Nicolae) Peintre roumain (1838-1907). Influencé par Millet et le courant impressionniste français, il contribua à émanciper la peinture roumaine des conventions académiques par ses portraits et ses tableaux de paysages *(Fillette à la cruche ; Char à bœufs).*

Grigorovitch (Dmitri Vassilievitch) Romancier russe (1822-v. 1899). Il est l'auteur de nouvelles *(Le Village)* et de romans réalistes et optimistes *(Les Pêcheurs).*

grigou n. m. (de l'occitan, du gascon *gregoun,* de grec « filou », calembour sur *graisse* « profit » et *Grèce*) fam. Homme avare. → **grippe-sou.** *Des vieux grigous.*

grigri n. m. (probablt d'une langue de Guinée ou du Sénégal) **1.** (Afrique, Antilles) Amulette, talisman. **2.** Petit objet magique pouvant porter bonheur ou malheur. *Des grigris.* - var. **gris-gris, gri-gri.** *Des gris-gris.*

gril [gʀil] n. m. (masc. de *grille*) **1.** Ustensile de cuisine fait d'une grille métallique ou d'une plaque en fonte permettant une cuisson à feu vif. – loc. fig. *Être sur le gril,* extrêmement anxieux ou impatient. *« Paul se retournait sur le gril, brûlé de curiosité »* (Cocteau). **2.** techn., mar. Chantier de carénage à claire-voie. – (théâtre) Plancher à claire-voie au-dessus du cintre pour la manœuvre des décors.

grill [gʀil] n. m. (abrév. de l'anglais *grill-room*) anglic. Restaurant où l'on mange essentiellement des grillades. *Des grills.*

grillade n. f. **1.** Viande grillée. *Une grillade de mouton, de thon.* **2.** Morceau de porc à griller.

grilladerie n. f. (Canada) Restaurant où l'on mange des grillades. → **grill, rôtisserie.**

¹grillage n. m. (de *grille*) **1.** Treillis métallique qu'on met aux ouvertures vitrées ou à jour (fenêtres, portes). **2.** Clôture en treillis de fils de fer. *Jardin enclos d'un grillage.* **3.** Treillage laissant passer l'eau.

²grillage n. m. (de *griller*) **1.** Action de griller. *Le grillage des cacahuètes.* **2.** techn. Opération consistant à chauffer au rouge (un minerai). *Grillage des minerais sulfurés du cuivre.*

grillager v. tr. < 3 > Munir d'un grillage. – au p. p. *Fenêtre grillagée.*

grille n. f. (d'abord *gradilie, graïlle ;* vient du latin *craticula,* de *cratis* « claie, grille ») **I. 1.** Assemblage de barreaux entrecroisés ou parallèles fermant une ouverture. *Les grilles et les verrous* (des prisons). **2.** Clôture formée de barreaux métalliques verticaux, plus ou moins ouvragés. *Ouvrir la grille d'un jardin public.* ■ Porte en grillage. *Fermer la grille du jardin.* **3.** Châssis soutenant le charbon ou le petit bois dans un fourneau, une cheminée. *Grille de foyer.* **4.** Électrode en forme de grille. **II. 1.** Carton ajouré à l'aide duquel on code ou décode un message secret. → **cryptographie.** – fig. *Grille de lecture :* système d'interprétation (d'un phénomène) en fonction d'une idéologie. **2.** *Grille de mots croisés,* l'ensemble des cases à remplir. **3.** Plan, tableau donnant un ensemble d'indications chiffrées. *Une grille d'horaires. La grille des programmes* (radio, télévision). *Grille de salaires.*

grille-pain n. m. Appareil servant à griller des tranches de pain. → **toasteur.** *Des grille-pains électriques.*

¹griller v. < 1 > (de *grille* au sens ancien de « gril ») **I.** v. tr. **1.** Faire cuire, rôtir sur le gril. *Griller du boudin.* – au p. p. *Viande grillée.* → **grillade.** *Pain grillé.* **2.** Chauffer à l'excès. *La flambée lui grillait le visage.* **3.** Torréfier. *Griller du café.* **4.** fam. *Griller une cigarette,* la fumer. **5.** Mettre hors d'usage par un court-circuit ou par un courant trop intense. *Griller une résistance.* **6.** *Griller un feu rouge,* ne pas s'y arrêter. → **brûler. 7.** fam. Dépasser, supplanter (un concurrent). ■ *Être grillé :* être discrédité (auprès de qqn) ; être démasqué. *Se faire griller.* → **cramer. II.** v. intr. **1.** Rôtir sur le gril. *Mettre des châtaignes à griller.* **2.** fam. Être exposé à une chaleur trop vive. *On grille, ici !* **3.** fig. *Griller de... :* brûler de... *Griller d'impatience, d'envie de...*

²griller v. tr. < 1 > (de *grille*) Fermer, boucher d'une grille. – au p. p. *« Un trou* [...] *grillé d'une grille en fer à barreaux entrecroisés »* (Hugo). *Fenêtre grillée* (→ **grillager).**

grilloir n. m. Gril d'un four.

grillon n. m. (de *grillot,* de *gril[le],* qui vient du latin *grillus, gryllus*) Insecte sauteur, noir ou jaune.

Grillparzer (Franz) Auteur dramatique autrichien (1791-1872). Il élabora un théâtre où s'harmonisent le romantisme le plus passionné et le classicisme le plus délicat. *Sapho ; Les Vagues de la mer et de l'amour.*

grimaçant, ante adj. Qui grimace. *Visage grimaçant.*

grimace n. f. (ancien français *grimuche,* qui vient du francique *grima* « masque » → **grimaud**) **1.** Contorsion du visage, faite inconsciemment (→ **tic**), ou volontairement. *Une grimace de dégoût, de douleur. Les enfants s'amusent à se faire des grimaces. « Toute sa personne* [de Quasimodo] *était une grimace »* (Hugo). **2.** fig. *Faire la grimace,* manifester son mécontentement, son dégoût. – loc. *Soupe à la grimace :* mauvais accueil domestique ; attitude maussade. **3.** au plur. Mines affectées, hypocrites. → **simagrée, singerie.** *Assez de grimaces !* ■ littér. *La grimace :* l'hypocrisie, la simulation.

grimacer v. intr. < 3 > **1.** Faire des grimaces. *Grimacer de douleur.* **2.** Faire un faux pli. *Sa veste grimace dans le dos.* → **goder, grigner.**

grimacier, ière adj. **1.** Qui a l'habitude de faire des grimaces. *Un enfant grimacier.* **2.** vieux Qui minaude avec affectation. – *« Les démonstrations grimacières qu'on me prodigue »* (Rousseau).

grimage n. m. Maquillage de théâtre.

Grimaldi Famille d'origine génoise, connue depuis le XIIe s. En 1297, les guelfes Rainier Grimaldi et son frère François, chassés de Gênes, s'emparèrent de Monaco. Au XXe s., les Polignac, devenus souverains de Monaco, gardèrent le nom et les armes des Grimaldi.

Grimaldi (Francesco Maria) Physicien italien (1618-1663). Il fut le premier à observer le phénomène de diffraction des rayons lumineux *(De lumine).*

Grimaldi (grottes de) Grottes de Ligurie (Italie), près de la frontière française, où furent découverts, à partir de 1872, des squelettes d'hommes préhistoriques (« homme de Menton »), proches de l'homme de Cro-Magnon.

grimaud n. m. (vient du francique *grimwald,* de *grima* « masque » → **grimace**) vieux **1.** Jeune écolier ignorant. **2.** Maître ignare. – Pédant ; mauvais écrivain. *« Un terne et suffisant grimaud* [...] *une plume banale »* (Villiers de l'Isle-Adam).

Grimaud Commune du Var. 4 607 habitants. Vestiges médiévaux. Maison des Templiers (XIe-XVe s.). Station balnéaire à Port-Grimaud.

Grimault (Paul) Réalisateur français de dessins animés (1905-1994). De sa collaboration avec Jacques Prévert sont issus des films d'une grande poésie, notamment *La Bergère et le Ramoneur,* remanié sous le titre *Le Roi et l'Oiseau.*

Grimbergen Ville de Belgique (Brabant flamand), à l'O. du canal de Bruxelles au Rupel. 37 972 habitants. Église baroque du XVIIe s. Château-ferme du XVIIe s. Industries alimentaires et chimiques.

grimer v. tr. < 1 > (de l'ancien subst. *grime* « ride », p.-ê. de *grimace* ; d'abord « vieillir [un acteur] ») **1.** Maquiller pour le théâtre, le cinéma, etc. – pronom. *« Il excellait à se déguiser, à se grimer »* (Balzac). **2.** vieux Farder excessivement.

Grimm (Melchior, baron de) Écrivain allemand (1723-1807). Ami des Encyclopédistes, il succéda à l'abbé Raynal comme rédacteur d'une *Correspondance* (17 volumes, 1812-1813) qui renseignait les princes étrangers sur la vie intellectuelle parisienne.

Grimm (Jacob) Philologue et écrivain allemand (1785-1863). Fondateur de la philologie allemande, il écrivit, avec son frère Wilhelm **Grimm** (1786-1859), une *Histoire de la langue allemande* et un *Dictionnaire allemand.* Les deux frères réunirent également de nombreux contes et légendes germaniques : *Contes d'enfants et du foyer* (dont *Blanche-Neige et les Sept Nains* et *Hänsel et Gretel*) ; *Légendes allemandes.*

Grimmelshausen (Hans Jakob Christoffel von) Romancier allemand (v. 1620-1676). Il présenta une vision baroque de la réalité allemande pendant la guerre de Trente Ans dans *Les Aventures de Simplicius Simplicissimus.* Il publia d'autres récits dont *L'Aventurière Courage,* qui inspira Bertolt Brecht dans *Mère Courage et ses enfants.*

Grimoald (mort en 656). Fils de Pépin l'Ancien. Maire du palais d'Austrasie. Il échoua à placer son fils sur le trône et fut tué par Clovis II de Neustrie.

Grimod de La Reynière (Alexandre Balthasar Laurent) Gastronome français (1758-1837). Il fut l'initiateur de la presse gastronomique avec son *Almanach des gourmands* qui codifiait les lois de la table et de la nutrition.

grimoire n. m. (altération de *gramaire, grammaire* « livre de magie » → **grammaire**, d'après *grimer* « griffer, griffonner », famille de *grimace*) **1.** Livre de magie. **2.** Écrit indéchiffrable, illisible ou incompréhensible.

grimpant, ante I. adj. *Plante grimpante,* dont la tige s'élève en s'accrochant ou en s'enroulant à un support voisin. **II.** n. m. fam. Pantalon.

grimpe n. f. fam. Escalade à mains nues de parois abruptes. → **varappe.**

grimpée n. f. Ascension rude et pénible.

[1]**grimper** v. < 1 > (de *gripper,* p.-ê. d'après *ramper* « s'accrocher en montant ») **I.** v. intr. **1.** Monter en s'aidant des mains et des pieds. *Grimper aux arbres, sur un arbre. Grimper à l'échelle.* **2.** (plantes) *Le lierre grimpe jusqu'au toit.* **3.** Monter sur un lieu élevé, d'accès difficile. *Grimper sur une montagne.* **4.** (sujet chose) S'élever en pente raide. *La route grimpe dur.* **5.** fig. S'élever dans l'échelle sociale. **6.** fig. et fam. Monter, s'élever, augmenter rapidement. *Les prix ont grimpé.* **II.** v. tr. **1.** Gravir. *Grimper un escalier quatre à quatre.* **2.** fam. et vulg. Posséder sexuellement (qqn). → **sauter.**

[2]**grimper** n. m. sports Exercice de montée d'une corde lisse ou à nœuds.

grimpereau n. m. Oiseau passereau rose et gris, qui s'accroche aux troncs des arbres pour y chercher sa nourriture. → **échelette, sittelle.**

grimpette n. f. fam. Chemin court qui monte raide. → **raidillon.** – Ascension.

grimpeur, euse adj. **1.** (animaux) Qui a l'habitude de grimper. *Le perroquet est un oiseau grimpeur.* **2.** n. Alpiniste ; coureur cycliste qui excelle à monter les côtes.

grimpion, ionne n. (Suisse) Personne ambitieuse, arriviste.

Grimsby ou **Great Grimsby** Ville d'Angleterre (North East Lincolnshire), sur la rive S. de l'estuaire de la Humber. 90 000 habitants. Principal port de pêche de Grande-Bretagne.

Grimsel (col du) Col des Alpes bernoises, situé entre les vallées du Rhône et de l'Aar. 2 165 m.

grinçant, ante adj. **1.** Qui grince. *Sommier aux ressorts grinçants.* **2.** fig. Acerbe. *Humour, sourire grinçant.*

grincement n. m. **1.** Action de grincer ; bruit aigre ou strident qui en résulte. → **couinement, crissement.** *Le grincement d'une porte.* **2.** loc. *Grincement de dents :* action de grincer des dents (→ **bruxomanie**) ; fig. mécontentement.

grincer v. intr. < 3 > (var. de *grisser,* de *crisser,* p.-ê. d'après *guigner* → **grignoter**) **1.** (sujet chose) Produire un son aigu et prolongé, désagréable. → **crier.** *Roue qui grince. « Les poulies grinçaient, piaulaient, sifflaient »* (Gautier). **2.** (sujet personne) loc. *Grincer des dents :* faire entendre un crissement en serrant les mâchoires. → régional **gricher.** – fig. Exprimer la douleur, la colère.

grincheux, euse adj. (de *grincher,* forme dialectale de *grincer*) D'humeur maussade et revêche. → **acariâtre, grognon, hargneux.** – n. *Un vieux grincheux.*

gringalet n. m. (origine inconnue, p.-ê. du suisse alémanique) péj. Homme de petite taille, de corps maigre et chétif. → **avorton, demi-portion.**

gringe ou **grinche** adj. (de *grincher,* var. *gringer* → **grincheux**) régional (Savoie, Jura, Suisse), fam. De mauvaise humeur. → **grincheux.**

gringo [gʀiŋgo] n. et adj. (mot espagnol d'Amérique du Sud) péj. Étranger, spécialt Américain des États-Unis, pour les Latino-Américains.

Gringore (Pierre) Poète dramatique français (v. 1475-v. 1538). Il est l'auteur de nombreux poèmes satiriques, appelés « sotties » *(Le Jeu du prince des Sots et de la mère Sotte ; Les Folles Entreprises ; La Chasse du cerf des cerfs).*

gringue n. m. (d'abord « pain » ; de *grignon,* de *grigner* → **grignoter** ; sens mod. d'après l'ancienne loc. *faire des petits pains* « faire l'aimable ») loc. fam. *Faire du gringue à qqn,* lui faire la cour. → **draguer.**

griot, griotte n. (d'abord *guiriot,* p.-ê. du portugais *criado* « domestique », de *criar* « élever », famille de *créer*) en Afrique Membre d'une caste de poètes musiciens, dépositaires de la tradition orale.

griotte n. f. (de *agriotte,* du provençal, de *agre* → **aigre**) **1.** Cerise à queue courte, à chair molle et acide. **2.** Marbre à taches rouges et brunes.

Gripari (Pierre) Écrivain français (1925-1990). Il est surtout connu comme auteur pour enfants : *Contes de la rue Broca,* dont *La Sorcière de la rue Mouffetard.*

grippage n. m. Action de gripper, de se gripper. *Le grippage d'un moteur.*

grippal, ale, aux adj. Propre à la grippe. *État grippal.*

grippe n. f. (de *gripper* « attraper ») **I.** loc. *Prendre en grippe :* avoir une aversion soudaine contre (qqn, qqch.), ne plus pouvoir supporter (qqn). *« J'avais pris en grippe cette belle vie »* (Mérimée). **II.** (de l'accès qui « prend » brusquement) Maladie infectieuse, contagieuse, caractérisée par de la fièvre, un abattement général et des symptômes tels que rhume, bronchite, etc. *Vaccin contre la grippe.* – *Grippe espagnole, asiatique...* (selon l'origine de l'épidémie). – *Grippe aviaire* (à l'origine d'une grave pneumopathie chez l'homme).

grippé, ée adj. Atteint de la grippe.

gripper v. < 1 > (vient du francique *gripan* « empoigner » → **agripper**) **I.** v. tr. vieux Saisir, agripper. – Attraper. **II.** v. intr. Se coincer, s'arrêter par manque de lubrifiant. *Le moteur va gripper* (ou pron. *se gripper*) *si on ne le graisse pas.* – au p. p. *Moteur grippé.*

grippe-sou n. vieilli Personne avare qui économise sur tout. → **rapia.** *Des grippe-sous.* – adj. *Elle est assez grippe-sou.*

gris, grise (vient du francique *grîs* ; d'abord pour qualifier des poils, fourrures... → **petit-gris**) **I.** adj. **1.** D'une teinte intermédiaire entre le blanc et le noir. *Les tons gris d'un ciel orageux. Temps gris. Il fait gris,* le ciel est couvert. **2.** *Cheveux gris,* mêlés de cheveux blancs. **3.** (pour désigner certains objets, certaines espèces) *Ambre gris. Vin gris* (variété de rosé). – *Crevette grise.* – anat. *Matière* grise.* **4.** fig. Monotone, morne. → **terne.** ■ loc. *Faire grise mine* à qqn.* **5.** vieilli Légèrement ivre. *À la fin du repas, il était un peu gris.* **6.** *Zone grise :* imprécision, ambiguïté de la législation sur un cas. **II.** n. m. **1.** Couleur grise. *Gris perle. Gris souris. Gris fer. Gris ardoise. Elle est habillée en gris. « L'ennui de toute peinture est le gris »* (Delacroix). **2.** Tabac ordinaire (enveloppé de papier gris). *Fumer du gris.*

Gris (José Victoriano González, dit Juan) Peintre cubiste espagnol (1887-1927). Il quitta Madrid pour s'installer au Bateau-Lavoir à Paris où il composa ses premières œuvres sous l'influence de Braque et de Picasso. Il affirma peu à peu un style très personnel en délaissant le cubisme analytique pour initier et approfondir le cubisme dit synthétique, fondé sur l'appréhension de l'essence de l'objet. *Pierrots et Arlequins.*

grisaille n. f. **1.** arts Peinture en camaïeu gris. **2.** Teinte grise d'un paysage. *« La rouille de l'arrière-automne, ou les grisailles de l'hiver »* (Loti). **3.** fig. Caractère terne. *La grisaille du quotidien.*

grisailler v. intr. < 1 > vieux Prendre une teinte grise, grisâtre.

grisant, ante adj. (→ **griser**) Qui grise en exaltant, en surexcitant. → **enivrant, excitant.** *Un parfum grisant.*

grisard n. m. Peuplier à cime majestueuse et feuillage argenté.

grisâtre adj. **1.** Qui tire sur le gris. *Jour grisâtre.* **2.** fig. Morne, triste. *Une existence grisâtre.*

grisbi [gʀizbi] n. m. (de *gris* « monnaie grise ») argot Argent. → **blé, oseille.** *« Touchez pas au grisbi ! »* (roman de Simonin).

grisé n. m. (de *griser* « colorer de gris ») Teinte grise obtenue par des hachures ou par un pointillé (sur une gravure, une carte).

Grisélidis ou **Griselda** Héroïne du *Décaméron* de Boccace. Elle symbolise la soumission et la fidélité à l'époux.

griser v. tr. < 1 > (de *gris,* d'abord « colorer de gris » [→ **grisé**], « grisonner », puis de *gris* [I, 5]) **1.** Rendre un peu ivre. → **enivrer.** *Vin qui grise.* **2.** Mettre dans un état d'excitation physique ou morale comparable aux premières impressions de l'ivresse. *« Cet air vif des montagnes qui grise et qui fait danser »* (A. Daudet). → **étourdir, exalter.** *Les succès l'ont grisée.* ■ **se griser** v. pron. S'exalter, se repaître. *Se griser de grand air. Se griser de ses propres paroles.*

griserie n. f. (de *griser*) Excitation, exaltation. *La griserie de la vitesse.*

griset n. m. **1.** Jeune passereau (chardonneret) qui a encore le plumage gris. **2.** Petit requin de la Méditerranée. **3.** Champignon, variété de tricholome comestible.

grisette n. f. (de *griset* « un peu gris » ; d'abord n. d'une étoffe) vieux Jeune fille coquette de condition modeste. *Étudiants et grisettes de l'époque romantique.*

gris-gris voir **grigri**

Gris Nez (cap)

Le cap Gris Nez, lieu connu d'observation des oiseaux migrateurs, classé et protégé pour son intérêt écologique.

Grisi (Carlotta) Danseuse italienne (1819-1899). Elle s'illustra en Italie, puis à l'Opéra de Paris, dans les grands rôles du ballet romantique dont *Giselle*.

Gris Nez (cap) Cap du pas de Calais, entre Wissant et Ambleteuse. Falaises. Phare.

grisoller v. intr. < 1 > **(d'un radical onomatopéique)** rare (alouette) Faire entendre son chant. - var. **grisoler.**

¹grison n. m. (de *gris*) littér. Âne.

²grison, onne adj. et n. (romanche *Grishun*) Du canton suisse des Grisons. – n. *Les Grisons.* ■ n. m. rare Langue romane parlée par les Grisons. ➔ **romanche.**

grisonnant, ante adj. Qui grisonne. *Cheveux grisonnants. Tempes grisonnantes.*

grisonner v. intr. < 1 > **(de *grison* « gris clair »)** (poil) Commencer à devenir gris. *Ses cheveux grisonnent.* ➔ **grisonnant.** – Avoir le poil gris par l'effet de l'âge. □ n. m. **grisonnement**

Grisons (canton des) n. m. pl. en allemand **Graubünden** Canton de l'E. de la Suisse, entièrement situé dans les Alpes, comprenant la vallée du Rhin antérieur et celle de l'Inn. 7 105 km^2. 198 379 habitants. Chef-lieu : Coire. Le tourisme y est la principale ressource économique grâce aux stations d'été et de sports d'hiver (Davos, Saint-Moritz). Élevage et sylviculture. Spécialité de viande séchée *(viande des Grisons)*. Hydroélectricité. Les Grisons furent rattachés à la Confédération helvétique en 1803.

grisou n. m. **(forme wallonne de *[feu] grégeois*)** Gaz inflammable qui se dégage des mines de houille et explose au contact de l'air. – *Coup de grisou* : explosion de grisou. □ adj. **grisouteux, euse**

grisoumètre n. m. techn. Appareil servant à mesurer la proportion de grisou dans l'air d'une mine.

grive n. f. **(p.-ê. du catalan *griva*, qui vient du latin *cribrum* « crible », à cause des taches ; ou de l'ancien français *grieu* « grec »)** Oiseau passereau au plumage brunâtre, au chant mélodieux. – (la grive picore les raisins) loc. *Être soûl comme une grive.*

grivelé, ée adj. (de *grive*) Tacheté, mêlé de brun (ou de gris) et de blanc comme le plumage de la grive. *Oiseau grivelé.*

grivèlerie n. f. **(de *griveler*, vieilli, de *grivel* « crible », du latin *cribellum*, de *cribrum* ➔ crible)** dr. Délit qui consiste à consommer sans payer, dans un café, un restaurant, un hôtel. ➔ **fraude, resquille.**

griveton n. m. **(de *grivet* « fantassin » ; même famille que *grivois*)** argot Simple soldat. ➔ **bidasse, troufion.** - var. **grifton.**

grivois, oise adj. **(de l'ancien argot *grive* « guerre », d'origine inconnue, d'où *grivois* « fantassin », puis « personne de mœurs libres »)** Qui est d'une gaieté licencieuse. ➔ **égrillard, gaulois.** *Un conteur grivois. Chansons grivoises.* ➔ **paillard.**

grivoiserie n. f. 1. Caractère grivois. 2. Action ou propos grivois.

grizzli n. m. **(anglais *grizzly bear* « ours grisâtre », de l'ancien français *grisel*, de *gris*)** Ours des montagnes Rocheuses. *Des grizzlis.* - var. **grizzly.** *Des grizzlys.*

Grock (Adrien Wettach, dit) Artiste suisse de cirque (1880-1959). Acrobate, puis clown, il composa des numéros qui lui valurent une renommée internationale.

Groddeck (Georg) Médecin allemand (1866-1934). Fondateur de la médecine psychosomatique, il correspondit avec Freud sur l'interprétation psychanalytique des maladies somatiques. *Le Livre du ça.*

Grodna Ville de Biélorussie, sur le Niémen, près de la frontière polonaise. 311 500 habitants. Industries textiles et chimiques. En 1793, la Diète polonaise y signa avec la Russie le traité du second partage de la Pologne.

grœnendael [gʀɔ(n)ɛndal] n. m. **(mot flamand, n. d'un village belge)** Chien de berger à longs poils noirs.

Groenland n. m. Île danoise au N.-E. du Canada, en bordure de l'océan Arctique. 2 175 600 km^2. 56 650 habitants. Chef-lieu : Nuuk. Soumis à un climat polaire, le territoire est presque entièrement recouvert d'une calotte glaciaire (inlandsis). La population, composée d'Inuits en majorité métissés et de Danois, se concentre sur le littoral S.-O., déglacé sur 88 000 km^2. Pêche et élevage de moutons et de rennes. Gisements de plomb, d'uranium, de pétrole, d'or et de diamants. Bases militaires des États-Unis à Thulé. L'île fut découverte par Érik le Rouge au xe s., colonisée par les Scandinaves sur sa côte O., avant de tomber dans l'oubli, puis d'être redécouverte par les Danois au XVIe s. Elle fut pleinement intégrée au Danemark en 1953 et obtint, en 1979, un statut d'autonomie interne, qui lui permit de décider son retrait de la CEE, en 1985, depuis le Groenland est considéré comme « pays et territoire d'outre-mer » de l'Union européenne. Les glaciers, la calotte et la banquise sont gravement menacés par le réchauffement climatique.

grog [gʀɔg] n. m. **(de l'anglais *Old Grog*, surnom de l'amiral Vernon, qui portait un habit de *grogram* « tissu côtelé », du français *gros grain* ; cet amiral faisait couper d'eau le rhum de l'équipage)** Boisson faite d'eau chaude sucrée, de rhum, et de citron. *Des grogs.*

groggy [gʀɔgi] adj. **(anglais *groggy* « ivre », de *grog*)** anglic. 1. Étourdi par les coups, qui semble près de s'écrouler. ➔ **sonné.** *Boxeur groggy.* 2. fam. Étourdi, assommé (par la fatigue, l'ivresse, etc.). *Elles étaient complètement groggys.*

grognard n. m. Soldat de la vieille garde, sous Napoléon Ier.

grognasse n. f. vulg. et péj. 1. Femme laide et d'humeur acariâtre. ➔ **pouffiasse.** 2. injurieux Femme.

grognasser voir **grognonner**

grogne n. f. Mécontentement exprimé par un groupe de personnes. *La grogne syndicale, populaire.*

grognement n. m. Action de grogner. 1. (animaux) *Le grognement du cochon.* 2. (personnes) *Des grognements de protestation.*

grogner v. intr. < 1 > **(de l'ancien français *gronir*, qui vient du latin *grunnire*, de *grundire* ➔ gronder ; même origine onomatopéique que *grommeler*)** 1. (cochon, sanglier, ours) Pousser son cri. – Émettre un bruit, un grondement. *Chien qui grogne.* 2. (personnes) Manifester son mécontentement par de sourdes protestations. ➔ **bougonner, grommeler, ronchonner.** *Obéir en grognant. Grogner contre qqn.*

grognon, onne adj. et n. (de *grogner*) Qui a l'habitude de grogner, qui est d'une humeur maussade, désagréable. ➔ **bougon, grincheux.** *Une enfant grognon.* – *Un air grognon.* – au fém. *Grognon* ou *grognonne.* – n. *Un vieux grognon.* ➔ **ronchon, grincheux.**

grognonner v. intr. < 1 > fam. et péj. Grogner de façon continuelle. - syn. **grognasser** v. intr. < 1 >.

groie n. f. **(de l'ancien français *groe* « gravier », qui vient du latin pop., de *grava* ➔ ¹grève)** *Terre de groie*, formée d'argile de décalcification et de restes calcaires.

groin n. m. **(vient du bas latin *grunium*, de *grun[n]ire* ➔ grogner)** Museau du porc, du sanglier, propre à fouir.

groisil n. m. **(de *grès*, ou du néerlandais *gruis* « gravats, verre pilé », de *gruizen* « piler »)** techn. Débris de verre pulvérisés utilisés dans la fabrication des verres communs. ➔ **calcin.**

Groix (île de) Île de l'Atlantique, dans le Morbihan, au large de Lorient. 2 256 habitants. 15 km^2. Port de plaisance. Tourisme. Pêche au thon.

grolle n. f. **(du latin pop., d'origine inconnue)** fam. Chaussure. - var. **grole.**

Gromaire (Marcel) Peintre français (1892-1971). Il puisa aux sources du cubisme et de l'expressionnisme pour élaborer une peinture d'un réalisme empli de gravité *(La Guerre)*. À partir de 1938, il participa, avec Lurçat, à la renaissance de l'art de la tapisserie.

grommeler v. < 4 ou RO 5 > **(de l'ancien français *grommer*, de l'ancien néerlandais ; même origine onomatopéique que *grogner*)** 1. v. intr. Murmurer, se plaindre entre ses dents. ➔ **bougonner, grogner.** *Obéir en grommelant.* « *Je pestais, je grommelais, je jurais* » (Rousseau). ■ spécialt (sanglier) Grogner. 2. v. tr. Dire en grommelant. *Grommeler des injures.* ➔ **marmonner.**

grommellement n. m. Bruit, paroles d'une personne qui grommelle. - var. RO **grommèlement.**

Gromyko (Andreï Andreïevitch) Homme d'État soviétique (1909-1989). Représentant de l'URSS au Conseil de Sécurité de l'ONU, ministre des Affaires étrangères de l'URSS en 1957, il dirigea la diplomatie soviétique jusqu'en 1985, puis accéda à la présidence du praesidium du Soviet suprême (1985-1988).

Gronchi (Giovanni) Homme d'État italien (1887-1978). Chef de file du parti démocrate chrétien, il fut l'un des dirigeants de la résistance italienne durant la Seconde Guerre mondiale. Il fut président de la République de 1955 à 1962.

grondant, ante adj. Qui gronde. « *La foule grondante ne se calme plus* » (Aragon).

grondement n. m. Bruit sourd et prolongé. *Un grondement de tonnerre.*

gronder v. < 1 > **(de *grondir, grondre,* qui vient du latin *grundire, grunnire* → grogner) I. v. intr. 1.** Produire un bruit sourd et grave, plus ou moins menaçant. *Chien qui gronde. – Le canon gronde. Le tonnerre gronde.* **2.** fig. Être menaçant, près d'éclater. *L'émeute gronde.* **II. v. tr.** Réprimander (notamment un enfant). → **attraper, disputer, tancer.** *Se faire gronder.* « *Sa mère le gronda, de son air dur, en prenant une grosse voix* » (Loti).

gronderie n. f. Réprimande. « *Ces charmantes gronderies tendres qui ont tant de grâce remontant de la fille au père* » (Hugo).

grondeur, euse adj. Qui gronde, réprimande. *Humeur ; voix grondeuse.*

grondin n. m. **(de *gronder,* à cause du bruit qu'il émet)** Poisson de mer comestible au corps épineux. – appos. *Rouget grondin.*

Groningue n. f. Province du N. des Pays-Bas. 2 335 km^2. 590 170 habitants. Chef-lieu : Groningue. Terres basses argileuses au N., anciennes tourbières mises en culture au S. Production de blé, betterave à sucre, pomme de terre. Élevage bovin. Industrie. Importantes exploitations de gaz naturel.

Groningue Ville des Pays-Bas, chef-lieu de la province de Groningue. 234 950 habitants. Église Saint-Martin des XVe et XVIe s. Université fondée en 1614. Industrie (mécanique, électrique, chimique). Parc scientifique. Gisement de gaz de Slochteren.

groom [grum] **(de l'anglais, d'abord « petit garçon », p.-ê. de *to grow* « pousser, grandir ») 1. n. m.** Jeune employé en livrée, chargé de faire les courses, d'ouvrir les portes, dans les hôtels, restaurants, cercles. → **chasseur. 2. n.** Personne chargée de la préparation et des soins d'une écurie de compétition. *Des grooms.*

Grooms (Charles Roger, dit Red) Sculpteur américain (né en 1937). Artiste dans la lignée du pop art, il s'illustra par ses assemblages et ses happenings. Il réalisa plusieurs films *(Astronauts on the Moon ; Shoot Out).*

Groote (Geert) latinisé en **Gerardus Magnus** Mystique néerlandais (1340-1384). Fondateur des « Frères de la vie commune », il inspira le courant de la *Devotio moderna.*

groove [gruv] n. m. **(de l'anglais « sillon [de disque] », de *in the groove* « dans le rythme »)** anglic. Qualité rythmique propre aux musiques qui incitent à bouger, à danser (rock, funk, etc.). → aussi **[2]swing.**

Gropius (Walter) Architecte américain d'origine allemande (1883-1969). Il fut le fondateur du Bauhaus en 1919, qu'il dirigea jusqu'en 1928. Après des réalisations en Allemagne et en Angleterre, il émigra aux États-Unis en 1937, où il créa une agence, The Architects Collaborative (TAC), qui conçut de nombreux bâtiments dont le centre de Back Bay à Boston. Son style résolument moderne lui valut une renommée internationale.

G

Groenland

Walter Gropius, l'usine Fagus d'Alfeld, en Basse-Saxe (en collaboration avec Adolf Meyer), achevée en 1914.

gros, grosse **(vient du latin *grossus* « gros ; épais », altération de *crassus* → gras) I. adj. 1.** Qui, dans son genre, dépasse la mesure ordinaire. → **grand ; énorme ;** opposé à *petit. Un gros nuage. Une grosse vague. Grosse valise.* → **volumineux.** *Grosse voiture. Une grosse bête.* **2.** (personnes) Qui est plus large et plus gras que la moyenne. → **corpulent, empâté, gras, replet, ventripotent ;** opposé à *maigre. Il est gros et gras ; petit et gros. Il est très gros, mais pas obèse. Une grosse femme.* – loc. **(du type du Gros-Jean, homme du commun)** *Être Gros-Jean comme devant :* éprouver une désillusion. ■ (parties du corps) *Avoir de grosses joues, un gros nez.* – fig. *Avoir la grosse tête*. Faire les gros yeux*.* **3.** (dimensions relatives) → **grand.** *Gros comme le poing, comme une tête d'épingle :* petit. *Gros comme une baleine, un éléphant :* grand, énorme. **4.** Désignant une catégorie de grande taille par rapport à une autre. *Du gros sel. Gros gibier. Le gros intestin et l'intestin grêle.* **5.** Qui est temporairement, anormalement gros. *La mer est grosse,* houleuse. *Gros temps,* mauvais temps, sur mer. ■ vieilli (attribut, ou après le n.) *Femme grosse.* → **[2]enceinte ; grossesse.** ■ loc. *Avoir le cœur gros,* avoir du chagrin. « *Le cœur gros de rancune et de désirs amers* » (Baudelaire). **6.** *Gros de, grosse de,* qui recèle certaines choses en germe. « *Le présent est gros de l'avenir* » (Diderot). *Un évènement gros de conséquences.* **7.** Abondant, important. *Faire de grosses dépenses.* → **excessif.** *Une grosse affaire. – Un gros quart d'heure :* un peu plus qu'un quart d'heure. – **n. m.** *Le plus gros est fait.* → **essentiel, principal. 8.** (personnes) *Gros buveur, gros mangeur,* qui boit, mange en grande quantité (→ **grand**). ■ Important par le rang, par la fortune. → **influent, opulent, riche.** *Un gros capitaliste.* **9.** Dont les effets sont importants. → **[1]fort, intense.** *Grosse voix,* forte et grave. *Grosse fièvre.* → **violent.** *De gros ennuis.* → **grave. 10.** Qui manque de raffinement, de finesse, de délicatesse. → **grossier, ordinaire ;** opposé à *fin. Avoir de gros traits.* fam. *Une bou-*

teille de gros rouge, de vin ordinaire. *Grosse plaisanterie.* → **vulgaire.** – *Gros mot :* mot grossier*. **11.** Exagéré, excessif. *C'est un peu gros.* – loc. *C'est gros comme une maison.* **12.** (renforce une épithète péj.) *Gros fainéant. Espèce de gros nigaud !* **II. adv. 1.** *Écrire gros,* avec de gros caractères. *Gagner gros,* beaucoup. *Risquer gros.* – *En avoir gros sur le cœur,* avoir du chagrin, du dépit. **2.** ***En gros*** **loc. adv. :** en grandes dimensions. – En grande quantité. *Vente en gros ou au détail.* ■ Dans les grandes lignes, sans entrer dans les détails. → **grosso modo. III. n. 1.** Personne grosse. *Un bon gros. Un petit gros.* – loc. fam. *Un gros plein de soupe,* gros et riche. **2.** fam. ***Les gros :*** personnes riches, influentes. *Les petits payent pour les gros.* **3. n. m.** ***Le gros de :*** la plus grande quantité de (qqch.). *Le gros des troupes.* ■ **fig.** *Le gros de la tempête,* le plus fort. **4.** (opposé à *détail*) *Commerce de gros,* d'achat et de vente en grandes quantités (→ **grossiste**). *Prix de gros.* **5.** vieux Tissu épais. *Du gros de Naples.* **6.** Gros poissons. *La pêche au gros.*

Gros (Antoine, baron) Peintre français (1771-1835). Après son *Bonaparte au pont d'Arcole,* dont le souffle épique annonçait le romantisme, il devint le peintre officiel de l'épopée napoléonienne dont il tira de grandes compositions qui contribuèrent au mythe impérial *(Bonaparte visitant les pestiférés de Jaffa ; La Bataille d'Aboukir).* Ses derniers tableaux marquèrent un retour au néoclassicisme cher à son maître David *(Bacchus et Ariane).*

gros-bec n. m. Variété de moineau qui se nourrit d'insectes, de graines, d'amandes de fruits. *Des gros-becs.*

groschen [gʀɔʃɛn] **n. m.** (mot allemand) anciennt Centième du schilling autrichien. *Une pièce de cinquante groschens.*

gros-cul n. m. (de *gros* et *cul* pour *C. U.* « charge utile ») fam. Poids lourd. → **¹camion.** *Doubler des gros-culs.*

groseille n. f. (d'abord *grosele* qui vient du francique *krusil,* de *krus* « crêpu ») **1.** Fruit du groseillier, petite baie acide rouge ou blanche, en grappes. *Gelée de groseille.* – *Groseille à maquereau,* baie d'une autre espèce, entrant dans une sauce pour le maquereau. **2. adj. invar.** De la couleur de la groseille rouge. *Des gants groseille.*

groseillier n. m. Arbuste cultivé pour ses fruits, les groseilles.

gros-grain n. m. (n. de tissu → gros [III, 5] et cf. grog) Large ruban à côtes, résistant, qui sert à renforcer. *Des gros-grains.*

Grosjean (Jean) Écrivain français (1912-2006). Ancien prêtre et théologien, il écrivit de la poésie et des récits. Il traduisit Eschyle, Sophocle, l'Évangile selon Jean, le Coran et la Genèse. *Le Messie ; Adam et Ève.*

Gros-Morne Commune de la Martinique, à l'O. de La Trinité. 9 758 habitants. Agriculture et élevage.

gros-plant n. m. Cépage blanc du vignoble nantais, connu ailleurs sous le nom de *folle blanche.* – Vin blanc de ce cépage. *Des gros-plants.*

gros-porteur n. m. Avion de transport de grande capacité. *Des gros-porteurs.* → **liner.** - recomm. offic. pour **jumbo jet.**

Gros-René (René Berthelot, dit) Comédien français (v. 1630-1664). Époux de la Du Parc. Il interpréta les rôles de farce dans la troupe de Molière et créa les différents rôles de Sganarelle.

Gross (David J.) Physicien américain (né en 1941). Ses découvertes sur les propriétés de la force qui lie les quarks entre eux sont à l'origine de la chromodynamique quantique. Prix Nobel 2004.

grosse n. f. (latin médiéval *grossa,* de *grossus* → gros) **1.** Copie exécutoire d'un acte notarié ou d'un jugement. **2.** Douze douzaines. *Une grosse de boutons. Une grosse d'huîtres.*

grosserie n. f. 1. techn. Les gros ouvrages de taillanderie. **2.** Vaisselle d'argent.

grossesse n. f. (de *gros* [I, 5] : femme *grosse*) État d'une femme enceinte. *Une grossesse pénible. Pendant sa grossesse. Grossesse extra-utérine. Grossesse à risque,* où des complications sont prévisibles. – *Interruption volontaire de grossesse* (→ **IVG**). – psych. *Déni* de grossesse :* fait, pour une femme enceinte, de ne pas avoir conscience de son état. – *Grossesse nerveuse,* signes évoquant la grossesse en l'absence d'embryon.

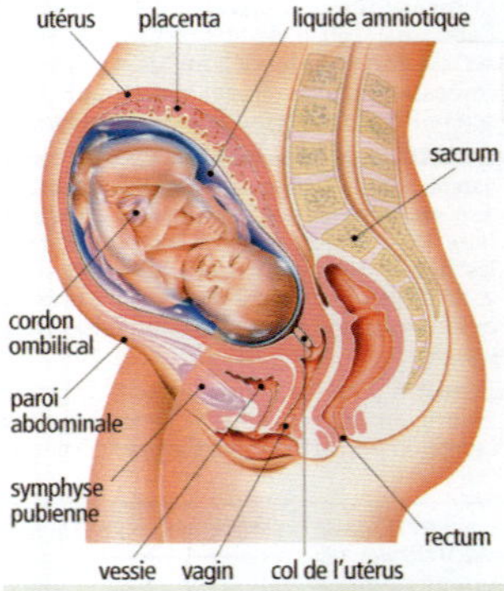

Grossesse à terme (profil).

Grosseteste (Robert) Religieux et érudit anglais (v. 1170-1253). Influencé par le néoplatonisme chrétien, il est l'auteur d'une cosmogonie fondée sur la reconnaissance du rôle primordial des mathématiques et, surtout, de l'optique.

Grosseto Ville d'Italie (Toscane), sur l'Ombrone. 71 270 habitants. Cathédrale du XIIIᵉ s. Remparts du XVᵉ s. Industrie de l'habillement. Centrale géothermique.

grosseur n. f. 1. (sens absolu) État d'une personne grosse. → **corpulence, embonpoint ; obésité. 2.** (sens relatif) Volume, dimension. *Trier des œufs selon leur grosseur.* → **calibre. 3.** (Une, des grosseurs) Enflure visible à la surface de la peau ou sensible au palper. → **¹bosse, tumeur.** *Avoir une grosseur à l'aine.*

Grossglockner n. m. Point culminant des Alpes autrichiennes, dans le massif des Hohe Tauern. 3 798 m. Son flanc nord abrite une route touristique ouverte en 1935.

grossier, ière adj. (de *gros* « important », puis *gros* [I, 10]) **1.** Qui est de mauvaise qualité ou qui est fait de façon rudimentaire. → **brut, commun, ordinaire.** *Matière grossière. Outil grossier. Une grossière imitation.* → **maladroit. 2.** Qui n'est pas assez élaboré, approfondi. *Solution grossière. Je n'en ai qu'une idée grossière.* → **imprécis, sommaire. 3.** Qui manque de finesse, de grâce. → **épais, lourd.** *Visage aux traits grossiers.* **4.** Sans éducation ni culture. → **fruste, inculte, primitif.** *« Gens grossiers, sans esprit, à qui l'on n'apprend rien »* (La Fontaine). ■ Digne d'une personne grossière. *Des appétits grossiers.* – ***Mot grossier,*** qui offense la pudeur, est contraire aux bienséances (→ **gros mot**). **5.** (personnes) Qui manque d'éducation, de politesse. → **discourtois, incorrect, insolent.** *Quel grossier personnage !*

grossièrement adv. 1. D'une manière grossière. *Bois grossièrement équarri.* → **sommairement.** *Se tromper grossièrement.* → **lourdement. 2.** D'une façon blessante ou inconvenante. *Répondre grossièrement à qqn.*

grossièreté n. f. 1. Ignorance ou mépris des bonnes manières ; action peu délicate, dans les relations sociales. **2.** Caractère d'une personne grossière dans son langage. *Il est d'une grossièreté choquante.* **3.** Mot, propos grossier. *Dire, débiter des grossièretés.*

grossir v. < 2 > (de *gros* [I]) **I. v. intr. 1.** (personnes) Devenir gros, plus gros. → **engraisser ;** s'oppose à *maigrir. Elle a grossi. Régime qui empêche de grossir.* **2.** (choses) Enfler, gonfler (s'oppose à *rapetisser*). *Le nuage grossit à vue d'œil.* **3.** Augmenter en nombre, en importance, en intensité. *La foule des badauds grossissait.* **II. v. tr. 1.** Rendre gros, volumineux. ■ Faire paraître gros, plus gros. *Ce vêtement vous grossit. Ce microscope grossit mille fois.* **2.** Rendre plus nombreux, plus important en venant s'ajouter. → **renforcer.** *Il alla grossir le nombre des mécontents.* **3.** Amplifier, exagérer. → **dramatiser.** *On a grossi l'affaire à des fins politiques.*

grossissant, ante adj. Qui fait paraître plus gros. *Verre grossissant.*

grossissement n. m. 1. Fait de devenir gros ; augmentation de volume. **2.** Accroissement apparent, grâce à un instrument. *Télescope à fort grossissement.* **3.** Amplification, exagération. *Le grossissement d'un fait divers.*

grossiste n. (de *gros*) Marchand en gros, intermédiaire entre le détaillant et le producteur ou le fabricant.

Grossman (Vassili Semionovitch) Écrivain soviétique (1905-1964). Opposé au régime soviétique, il en montra les points communs avec le système nazi dans *Vie et Destin,* publié en France en 1983.

Grossman (David) Écrivain israélien (né en 1954). Ses romans, caractéristiques de la « nouvelle vague », abordent les questions relatives à la guerre et à la situation entre Israël et la Palestine *(Le Vent jaune ; Une femme fuyant l'annonce ; La vie se joue avec moi).*

grosso modo loc. adv. (du latin médiéval, de *grossus* → gros et *modus* → ²mode, à l'ablatif) En gros, sans entrer dans le détail. *Voici, grosso modo, nos objectifs.*

grossophobie n. f. (de *gros* et *-phobie*) Attitude de discrimination envers les personnes obèses ou en surpoids. □ **adj. et n. grossophobe**

Grosz (George) Peintre et dessinateur allemand naturalisé américain (1893-1959). Membre du mouvement dada de Berlin, il se rapprocha ensuite de la « Nouvelle Objectivité ». Il réalisa des dessins, des photomontages et des tableaux remarquables par leur virulence antimilitariste et antibourgeoise et par le caractère grotesque des caricatures. *Obsèques du poète Oskar Panizza ; Ecce Homo.*

grotesque (italien *grottesca,* de *grotta* → grotte ; au sens de « fouilles », à cause des peintures de la Domus Aurea de Néron) **I. n. f. pl.** arts Ornements faits de compositions fantaisistes, de figures caricaturales. *De belles grotesques italiennes. Peintre de grotesques.* **II. adj. 1.** Risible par son apparence bizarre, caricaturale. → **burlesque, extravagant.** *Un personnage grotesque. Accoutrement grotesque.* **2.** Qui prête à rire (sans idée de bizarrerie). → **ridicule. 3. n. m.** Caractère grotesque. ■ Le comique de caricature poussé jusqu'au fantastique, à l'irréel. *« J'appellerai désormais le grotesque comique absolu »* (Baudelaire).

grotesquement adv. D'une manière grotesque. *Être grotesquement accoutré.*

Grotewohl (Otto) Homme d'État allemand (1894-1964). Membre du parti social-démocrate, il fut plusieurs fois interné dans des camps de concentration par les nazis. Il fut chef du gouvernement de la République démocratique allemande (RDA) de 1949 à sa mort.

Grothendieck (Alexander) Mathématicien apatride d'origine allemande travaillant en France (1928-2014). Ses travaux ont

GROTTE (l'écosystème cavernicole)

Cette araignée, meta des cavernes, tisse une toile parallèle à la paroi pour piéger les proies qui y passent.

Le grand murin, nocturne, bien qu'inquiétant ne se nourrit que d'insectes.

Quinze paires de pattes et deux pinces seulement mais la morsure du mille-pattes peut être douloureuse.

Le rhinolophe grand fer-à-cheval, préfère, pour l'hivernage, les gîtes à l'atmosphère douce et humide.

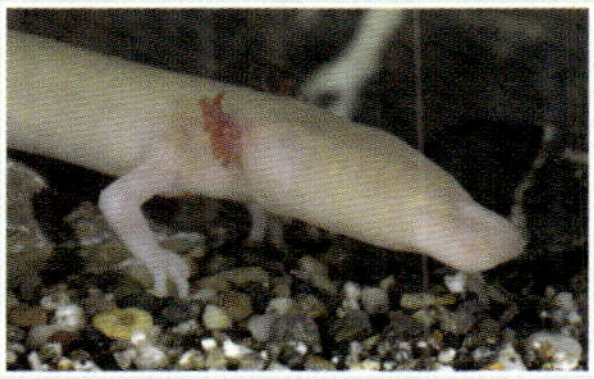

Le protée, amphibien dépigmenté, se déplace sur le sol grâce à ses deux petites pattes.

Moins d'un centimètre de long pour cette crevette d'eau douce aveugle qui subsiste plusieurs mois sans manger.

Dans les grottes, où l'obscurité défavorise voire proscrit la présence de plantes photosynthétiques, ne subsistent principalement que mousses, lichens et algues. La fonction visuelle de la faune cavernicole est peu développée ou a disparu. On y retrouve des espèces endémiques car l'autarcie a empêché leur évolution. Certains organismes peuvent rester plusieurs années sans manger et des « éboueurs » récupèrent jusqu'aux déchets.

porté sur les espaces vectoriels et la géométrie algébrique. Médaille Fields 1966.

Grotius (Hugo De Groot, dit) Juriste hollandais (1583-1645). Son monumental *De jure belli ac pacis,* publié en 1625, est considéré comme la principale source doctrinale du droit international public et lui valut d'être appelé « Père du droit des gens ».

Grotjahn (Mark) Peintre américain (né en 1968). Héritier de l'abstraction et de la culture pop, Grotjahn a notamment travaillé sur l'illusion d'optique. Il a peint et dessiné des compositions géométriques dans lesquelles il propose deux points de fuite d'où rayonnent des bandes colorées donnant une illusion de perspective (séries des Papillons, des Visages, des Masques).

Grotowski (Jerzy) Metteur en scène et théoricien du théâtre français d'origine polonaise (1933-1999). Il prôna un théâtre « pauvre » fondé sur l'acteur et son rapport au spectateur (*Faust,* d'après Goethe ; *Le Prince Constant*). Il fut le premier titulaire de la chaire d'anthropologie théâtrale au Collège de France.

grotte n. f. (italien *grotta,* venant du latin *crypta,* du grec, de *kruptein* « couvrir, cacher » → crypto-) Cavité de grande taille dans le rocher, le flanc d'une montagne. → **caverne ; spéléo-.** *Grottes préhistoriques,* ayant servi d'abri aux premiers hommes.

Grouchy (Emmanuel, marquis de) Maréchal français (1766-1847). Il participa aux grandes campagnes napoléoniennes et, durant les Cent-Jours, demeura fidèle à Napoléon, qui le fit maréchal. Il ne put, à Waterloo, empêcher la jonction entre les troupes de Blücher et celles de Wellington.

grouillant, ante adj. **1.** Qui grouille, remue en masse confuse. *Foule grouillante.* **2.** Qui grouille (de...). *Une place grouillante de monde.*

grouillement n. m. État de ce qui grouille.

grouiller v. intr. < 1 > (de l'ancien français *grouler,* p.-ê. de *crouler* « agiter ») **1.** vieux ou régional Bouger, se remuer. **2.** Remuer, s'agiter en masse confuse, en parlant d'éléments nombreux. *« Ces enfants grouillaient tous, pêle-mêle, comme une nichée de chiens »* (Balzac). **3.** (sujet chose) Présenter une agitation confuse ; être plein de, abonder en (éléments qui s'agitent). *Rue qui grouille de monde.* ■ **se grouiller** v. pron. fam. Se dépêcher, se hâter. *« Dame ! je me levai sans me grouiller »* (Cyrano de Bergerac).

grouillot n. m. (de *grouiller,* 1) Garçon de course, coursier (spécialt, à la Bourse).

Groult (Benoîte) Écrivaine et journaliste française (1920-2016). Elle participa activement au mouvement d'émancipation des femmes en luttant pour le droit à l'avortement et en dénonçant l'excision *(Ainsi soit-elle).*

Groulx (Lionel) Historien canadien (québécois) et ecclésiastique (1878-1967). Fondateur de l'Institut d'histoire de l'Amérique française, il lança la publication de la *Revue d'histoire de l'Amérique française. Histoire du Canada depuis la découverte.*

¹groupage n. m. (de *grouper*) Action de réunir des colis ayant une même destination.

²groupage n. m. (de *groupe*) méd. Détermination du groupe sanguin ou tissulaire.

groupal, ale, aux adj. didact. D'un groupe, relatif au groupe. *Mentalité groupale. Imaginaire groupal.*

groupe n. m. (italien *gruppo,* p.-ê. d'abord « assemblage », du francique *kruppa* « masse ronde » → croupe) **1.** Réunion de plusieurs personnes dans un même lieu. *Former un groupe.* → **attroupement.** *« Les gens allaient et venaient par groupes »* (R. Rolland). – *Groupe de discussion :* sur Internet, synonyme de *forum* (de discussion). **2.** Ensemble de personnes ayant qqch. en commun. *Groupe ethnique. Psychologie de groupe. Travail en groupe. Groupe parlementaire* (d'un même parti). *Groupe littéraire.* → **cénacle.** – *Groupe financier* (contrôlant plusieurs entreprises). – *Groupe de pression.* → anglic. **lobby.** ■ Petit orchestre. *Un bon groupe de rock.* **3.** milit. Unité de combat d'une douzaine de personnes, dans l'infanterie (élément de la *section*), et dans l'armée de l'air. *Groupe de combat.* **4.** Ensemble. *Des groupes d'arbres.* – (éléments techniques) *Groupe électrogène.* – ***Groupe scolaire*** : ensemble des bâtiments d'une école communale. **5.** dans une classification ***Groupes sanguins,*** permettant la classification des individus selon la composition de leur sang. *Groupe AB* (receveurs universels) ; *groupe O* (donneurs universels). *Groupes tissulaires.* ■ *Les trois groupes des verbes français,* répartis selon leur conjugaison. **6.** math. Ensemble* muni d'une loi de composition interne associative, possédant un élément neutre et associant à tout élément un symétrique. *La théorie des groupes.*

Groupe d'experts intergouvernemental sur l'évolution du climat voir GIEC

Groupe 47 Groupe d'écrivains allemands fondé à Munich en 1947 par H. W. Richter et A. Andersch. Il entendait réunir des intellectuels engagés pour lutter contre les séquelles du nazisme et l'hypocrisie de la société allemande du « miracle économique ». Il compta de grandes signatures parmi ses membres, dont H. Böll et G. Grass. Le Groupe s'est dissous en 1977.

groupement n. m. **1.** Action de grouper ; fait d'être groupé. → **assemblage, rassemblement.** « *Le groupement des enfants d'après l'âge se fait de lui-même* » (Alain). *Le groupement de l'habitat rural.* **2.** Réunion importante (de personnes ou de choses). → **association.** *Groupement syndical.* → **fédération.** *Groupement d'intérêt économique (GIE).* – milit. *Groupement tactique,* en vue d'une mission précise.

grouper v. tr. < 1 > (surtout abstrait) Mettre ensemble. → **assembler, réunir.** – au p. p. *Lignes téléphoniques groupées.* ■ **se grouper** v. pron. *Groupez-vous par trois. Se grouper autour d'un chef.* → se **rassembler.**

groupie n. (mot anglais des États-Unis, de *group* → **groupe**) anglic. Jeune admirateur (souvent admiratrice) inconditionnel(le) d'un chanteur, d'un groupe de musique ; par ext. d'une personne. → aussi **fan.**

groupuscule n. m. (de *groupe,* avec influence de *minuscule*) péj. Petit groupe politique, insignifiant. *Un groupuscule extrémiste.*

grouse n. f. (mot anglais d'Écosse) anglic. Coq de bruyère d'Écosse. → **tétras.**

Grousset (René) Historien français (1885-1952). Il est connu pour son apport considérable à la connaissance des civilisations orientales. *Histoire de l'Extrême-Orient ; Histoire de l'Orient latin.*

Grove (sir George) Musicologue anglais (1820-1900). Il fut le premier directeur du Royal College of Music (1882-1894) et l'auteur d'un *Dictionary of Music and Musicians* paru en 1879.

Grove (Frederick Philip) Écrivain canadien d'expression anglaise (1879-1948). Hanté par la question de l'identité, il fut l'un des pionniers du roman réaliste au Canada. *Over Prairie Trails ; Settlers of the Marsh.*

Groznyï ou **Grozny** Ville de Russie, capitale de la Tchétchénie. 271 600 habitants. La ville est au centre d'une région pétrolifère. Elle fut presque entièrement détruite par les bombardements russes en 1994-1996.

gruau n. m. (de *gruel,* de l'ancien français *gru,* du francique *grut,* p.-ê. croisé avec le latin *crudus* « brut » → ²**cru**) **1.** Grains de céréales broyés et privés de son. *Potage au gruau d'avoine.* **2.** Fine fleur de froment. *Pain de gruau. Des gruaux.*

Grubbs (Robert H.) Chimiste américain (1942-2021). Il mit au point des catalyseurs stables et développa la méthode de la métathèse utilisée en synthèse organique. Prix Nobel 2005.

Gruber (Francis) Peintre français (1912-1948). Il réalisa des natures mortes, des nus et des paysages désolés, expression d'une angoisse existentielle *(Hommage à Callot ; Nu sur fond rouge)* qui font de lui l'initiateur du courant dit « misérabiliste ».

Grüber (Klaus Michael) Metteur en scène et acteur allemand (1942-2008). Ses mises en scène mêlant abstraction, onirisme et analyse psychologique ont donné un tour austère à son théâtre (*Faust-Salpêtrière,* d'après Goethe ; *L'Affaire de la rue de Lourcine*).

Grudziądz Ville de Pologne, sur la Vistule. 99 000 habitants. Industrie métallurgique.

grue n. f. (latin *grua,* de *grus, gruis,* d'une onomatopée) **I. 1.** Oiseau échassier migrateur qui vole par bandes. – loc. *Faire le pied de grue :* attendre longtemps debout (comme une grue qui se tient sur une patte) **2.** vieux et fam. Femme légère et vénale. ■ Terme injurieux à l'égard d'une femme. → **putain.** **II.** (d'abord « machine de guerre » ; analogie de forme) **1.** Engin de levage et de manutention formé d'un bâti et d'un bras orientable. → **chèvre ; grutier.** *Grue de chantier, de port.* **2.** *Grue de prise de vues :* appareil articulé permettant les mouvements de caméra.

gruger v. < 3 > (néerlandais *gruizen* « écraser », du francique *grut* → **gruau**) **I.** v. tr. **1.** vieux Réduire en grains ; croquer. → **égruger.** **2.** mod. (Canada) Grignoter, ronger. *Castor grugeant un tronc d'arbre.* **II. 1.** v. tr. littér. Duper (qqn) en affaires ; le dépouiller. → **spolier,** ²**voler.** *Il s'est fait gruger par son associé.* **2.** v. intr. fam. Frauder, tricher. *Gruger dans le métro,* ne pas payer son ticket.

gruiforme n. m. Oiseau échassier tel que la grue, l'outarde, la poule d'eau (ordre des *Gruiformes*).

Grumberg (Jean-Claude) Auteur dramatique et scénariste français (né en 1939). Mêlant tragédie et drôlerie, il a dénoncé dans ses pièces l'antisémitisme et le racisme. *L'Atelier ; Zone libre ; Les Autres ; La plus précieuse des marchandises,* conte sur la déportation.

grume n. f. (latin *gruma,* de *gluma,* de *glubere* « peler », famille du grec *gluphein* → **hiéroglyphe**) **1.** *Bois de grume,* encore couvert de son écorce. ■ Tronc d'arbre non encore équarri. **2.** régional (Bourgogne, Beaujolais) Grain de raisin.

grumeau n. m. (vient du latin *grumellus,* de *grumus* « masse de terre, tertre ») Petite masse coagulée (dans un liquide, une pâte).

se **grumeler** v. pron. < 4 ou RO 5 > (de *grumeau*) Se mettre en grumeaux. *Lait qui tourne et se grumelle.*

grumeleux, euse adj. (de *grumel* → **grumeau**) **1.** Qui est en grumeaux, est plein de grumeaux. *Potage grumeleux.* **2.** Qui présente des granulations. *Une peau grumeleuse.*

grumier n. m. techn. Cargo, camion aménagé pour le transport du bois.

Grün (Anton Alexander, comte von Auersperg, dit Anastasius) Écrivain et homme politique autrichien (1806-1876). Il fut l'un des initiateurs de la poésie politique bourgeoise et libérale, fondamentalement hostile au conservatisme de Metternich *(Promenades d'un poète viennois).* En 1848, il fut élu député du Parti libéral autrichien.

Grundtvig (Nikolai Frederik Severin) Écrivain et penseur danois (1783-1872). D'abord romantique passionné, il réhabilita le passé préchrétien du Danemark *(Mythologie nordique).* Devenu pasteur, il chercha à revivifier la foi chrétienne, initiant la création d'écoles d'adultes qui eurent une réelle influence sur la formation de la Scandinavie moderne. Ses idées religieuses et pédagogiques donnèrent naissance au « grundtvigianisme ».

Grünen (die) [« les Verts »] Parti politique d'Allemagne fondé en 1980. Issu de la mouvance écologiste, le parti s'est déplacé vers le centre de l'échiquier politique.

Grunenwald (Jean-Jacques) Organiste et compositeur français (1911-1982). Il cultiva un art très personnel de l'improvisation. Il est l'auteur de pièces pour orgue *(Hymnes),* d'œuvres lyriques *(Bethsabée)* et de concertos pour piano et orchestre.

Grünewald (Matthias) Peintre allemand (v. 1460 ou 1475-1528). L'authentification de son identité et de ses œuvres demeura longtemps incertaine. Peu sensible à l'influence de la Renaissance italienne, il resta fidèle à la tradition germanique du gothique. Son œuvre, d'un mysticisme exalté et tragique, est marquée par une intensité expressive et une science de la couleur et de la lumière exceptionnelles. Son chef-d'œuvre est le retable d'Issenheim, à Colmar.

grunge [gʀœnʒ] adj. (mot anglais « crasse, saleté ») anglic. **1.** Se dit d'un style vestimentaire très négligé. *La mode grunge des années 1990.* **2.** Se dit d'un style musical issu du hard rock et du punk. *Des groupes grunges.* – n. m. *Le grunge.*

Grunwald ou **Tannenberg (bataille de)** Combat (juillet 1410) qui vit la victoire des armées polono-lituaniennes conduites par Ladislas II Jagellon sur les chevaliers Teutoniques.

gruppetto [gʀupeto ; gʀupɛtto] n. m. (mot italien « petit groupe ») mus. Ornement composé de trois ou quatre notes rapides brodant autour d'une note principale. *Exécuter des gruppettos* ou *des gruppetti* (plur. italien).

Gruss Famille française d'artistes et de directeurs de cirque. ■ **André Gruss** (1919-2003). D'abord clown, il dirigea le *Grand Cirque de France.* ■ **Alexis Gruss** (né en 1944). Fils d'André. Écuyer et clown blanc. Il dirige le *Cirque à l'ancienne.*

Le cirque Alexis Gruss en 2004.

gruter v. tr. < 1 > (de *grue*) Déplacer au moyen d'une grue. ▫ n. m. **grutage**

grutier, ière n. (de *grue,* II) Conducteur, conductrice de grue (II).

Grütli voir **Rütli**

gruyère [gʀyjɛʀ] n. m. (n. d'une région du canton de Fribourg, Suisse) Fromage de lait de vache, à pâte cuite formant des trous. *Gruyère râpé.*

gryphée n. f. (latin *grypus* « recourbé », grec *grupos* → ¹**griffon**) zool. Mollusque bivalve, à coquille allongée et irrégulière. *Gryphée comestible :* huître portugaise.

Gryphius (Andreas Greif, dit) Poète et auteur dramatique allemand (1616-1664). Figure emblématique de la littérature allemande baroque, il est l'auteur de poèmes lyriques *(Sonnets pour dimanches et jours fériés)* et de tragédies *(Catherine de Géorgie)* qui expriment avec sobriété une vision pessimiste de la condition humaine.

Gsell (Stéphane) Archéologue et historien français (1864-1932). Il effectua d'importantes fouilles archéologiques en Algérie. *Histoire ancienne de l'Afrique du Nord.*

GSM [ʒeɛsɛm] n. m. (sigle anglais de *global system for mobile [communication]* « système mondial de télécommunication mobile ») **1.** Norme européenne de téléphonie mobile. *Le GSM.* **2.** (Belgique, Luxembourg) Téléphone mobile. *Recharger son GSM.*

Gstaad Village de Suisse (canton de Berne), dans la vallée de la Sarine. Station d'été et de sports d'hiver (1 100 m-3 000 m d'altitude).

guacamole [gwakamɔl] n. m. (mot espagnol du Mexique, du nahuatl *ahuacamulli* → ²**avocat**) Préparation à base de purée d'avocat, de tomate, d'oignon, d'épices et de piment (cuisine mexicaine).

Guadalajara Ville d'Espagne (Castilla-La Mancha), sur le Henares. 87 400 habitants. Églises des XIIIe et XVIIe s. Palais des ducs de l'Infantado (XVe s.). Lieu de la victoire, en 1937, des républicains sur les milices italiennes engagées aux côtés des troupes franquistes.

Guadalajara Ville du centre du Mexique, au N. du lac de Chapala, à 1 500 m d'altitude. 1 495 200 habitants. 2e ville du Mexique. Cathédrale des XVIe et XVIIe s. Musées et bâtiments anciens. Centre commercial, artisanal et industriel.

Guadalcanal Île volcanique de l'archipel des Salomon, dans le Pacifique. 5 336 km^2. 50 400 habitants. Elle fut occupée par les Japonais en juillet 1942 avant d'être reprise par les Américains en février 1943, après six mois de combats meurtriers.

Guadalete (río) Fleuve d'Espagne, en Andalousie. 150 km. Lieu de la défaite, en 711, des Wisigoths face aux troupes mauresques de Tariq, qui marqua le début de la conquête musulmane de la péninsule Ibérique.

Guadalquivir n. m. Fleuve de l'Espagne méridionale. 657 km. Né dans la sierra Segura, il traverse l'Andalousie, arrose Cordoue et Séville et se jette dans l'Atlantique.

Guadalupe (sierra de) Chaîne montagneuse du centre de l'Espagne, en Estrémadure, entre le Tage et le Guadiana. 1 601 m à Las Villuercas. Monastère du XIVe s. dédié à la Vierge de Guadalupe.

Guadalupe Hidalgo (traité de) Traité signé le 2 février 1848, par lequel le Mexique cédait aux États-Unis le Nouveau-Mexique, le Texas et la Californie.

Guadarrama (sierra de) Chaîne montagneuse du centre de l'Espagne, séparant la Castilla-La Mancha de la Castille-et-León. Elle culmine à 2 430 m au pic de Peñalara.

Guadeloupe n. f. [971] Région et département français d'outre-mer situé dans les Petites Antilles. 1 703 km^2, 383 559 habitants (les *Guadeloupéens*). Chef-lieu : Basse-Terre.

GÉOGRAPHIE

La Guadeloupe est un archipel formé de deux grandes îles, Basse-Terre (ou Guadeloupe proprement dite) à l'O. et Grande-Terre à l'E., séparées par un étroit bras de mer, et d'îles plus petites : Marie-Galante, la Désirade, les Saintes. De caractère volcanique, Basse-Terre culmine à la Soufrière (1 467 m). Grande-Terre est une plateforme calcaire bordée de falaises au N. et de plages au S. Le climat, tropical, est réputé pour ses cyclones dévastateurs. L'île a été violemment balayée par un ouragan en 2017. La population connaît un fort mouvement migratoire vers la métropole.

L'économie traditionnelle, fondée sur une agriculture exportatrice (rhum, bananes) grande consommatrice de pesticides, est largement subventionnée par l'État français. Le tourisme offre un grand potentiel (plages du S. de Grande-Terre, réserves naturelles, îles).

HISTOIRE

Découverte par Christophe Colomb (1493), la Guadeloupe fut colonisée par les Français (1635). Les Caribes furent massacrés et des esclaves noirs massivement importés. Interdit en 1794, l'esclavage fut rétabli, provoquant une révolte durement écrasée (1802), avant d'être définitivement aboli (1848). En 1946, la Guadeloupe devint un département d'outre-mer, puis en 1982 une Région. La proposition de transformer la Guadeloupe (de même que la Martinique) en une Collectivité territoriale unique a été rejetée par référendum en décembre 2003, mais Saint-Barthélemy et Saint-Martin ont opté pour un statut de Collectivité d'outre-mer.

Guadet (Marguerite Élie) Homme politique français (1758-1794). Député girondin sous la Révolution, brillant orateur, il s'opposa violemment aux Montagnards. Il prit la tête de l'insurrection fédéraliste en Normandie avant d'être arrêté et guillotiné.

Guadiana n. m. Fleuve d'Espagne et du Portugal. 820 km. Il prend sa source en Castilla-La Mancha et se jette dans l'Atlantique. Il sert de frontière sur plusieurs kilomètres entre l'Espagne et le Portugal.

guai ou **guais** [gɛ] **adj. m.** (de *gai* au sens ancien de « qui joue librement, qui a du jeu ») pêche Se dit du hareng quand il est vide de laitance et d'œufs.

Guadeloupe

Guam ou **Guaham** Île principale de l'archipel des Mariannes, en Micronésie. 549 km^2. 132 000 habitants. Capitale : Agana. Agriculture (taro, riz, noix de coco). Forêt. L'île fut occupée par les Japonais de 1941 à 1944 puis reprise par les Américains qui y ont installé une grande base aéronavale.

Guanabara (baie de) ou **baie de Rio** Baie du Brésil qui abrite Rio de Janeiro et Niterói. Port industriel.

guanaco [gwanako] **n. m.** (mot espagnol d'Amérique, du quéchua *huanacu* « lama ») Lama au poil brun roux, vivant à l'état sauvage. *Des guanacos.*

Guanajuato Ville du Mexique, au N.-O. de Mexico. 72 200 habitants. Monuments d'époque coloniale. Métallurgie. Tourisme.

Guangdong ou **Kouang-tong n. m.** Province côtière du S. de la Chine. 170 000 km^2. 104 320 000 habitants. Capitale : Canton (Guangzhou). Agriculture (canne à sucre, fruits, thé, tabac), irriguée par les fleuves Xi jiang, Bei jiang et Dong jiang. Sériciculture. Industrie du bois. Le Guangdong est l'une des grandes zones de développement industriel de la Chine, notamment dans le secteur du textile.

Guangxi ou **Kouang-si n. m.** Région autonome du S. de la Chine, sur le golfe du Tonkin. 236 000 km^2. 46 023 700 habitants. Capitale : Nanning. Agriculture (riz, canne à sucre, thé). Exploitation minière (étain, antimoine, zinc, tungstène).

Guangxu ou **Kouang-siu (Aisin Juero Zaichun)** (1871-1908). Empereur de Chine de la dynastie Qing (1875-1908). Son règne marqua le déclin de l'Empire mandchou, en dépit de ses tentatives de réformes.

Guangzhou voir **Canton**

guanine [gwanin] **n. f.** (de *guano*) chim. Base azotée, l'une des quatre qui entrent dans la composition des acides nucléiques (ADN et ARN).

guano [gwano] **n. m.** (mot espagnol d'Amérique, du quichua *huano* « engrais ») Engrais à base d'excréments d'oiseaux de mer, ou, par ext., de débris animaux.

Guantánamo Ville de Cuba, au S. E. de l'île. 243 800 habitants. Elle abrite, depuis 1903, une base aéronavale des États-Unis, devenue centre de détention pour les individus soupçonnés de terrorisme par les États-Unis à partir de 2002.

Guaporé n. m. Rivière d'Amérique du Sud (1 158 km) qui sert de frontière entre le Brésil et la Bolivie. Il forme ensuite le Mamoré puis le Madeira.

guar [gwaʀ] **n. m.** (mot hindi) Légumineuse des régions chaudes dont les graines fournissent une gomme *(gomme de guar)* employée comme gélifiant.

guarana [gwaʀana] **n. m.** (du n. des Guaranis, qui préparaient cette substance → guarani) Liane originaire d'Amazonie, dont on extrait des graines riches en caféine et en tanins. – Substance aux propriétés toniques et stimulantes qui en est tirée. *Boisson énergisante au guarana.*

guarani, ie [gwaʀani] (mot guarani) **1. adj.** D'une population indienne du Paraguay. *La culture guaranie.* – **n.** *Les Guaranis.* ▪ **n. m.** *Le guarani,* langue apparentée au tupi. **2. n. m.** Unité monétaire principale du Paraguay.

Guaranis n. m. pl. Indiens d'Amérique du Sud, vivant principalement au Paraguay. Leurs langues appartiennent au groupe tupi-guarani.

Guardafui ou **Gardafui (cap)** Cap situé à la pointe de la Corne de l'Afrique, en Somalie, à l'entrée du golfe d'Aden.

Guardi (Francesco) Peintre italien (1712-1793). Il travailla d'abord avec son frère Gianantonio *(La Jérusalem délivrée)*, puis signa une œuvre plus personnelle, dans la lignée de Canaletto. Il devint célèbre pour ses vues de Venise, d'une grande fantaisie et d'une vivacité d'exécution exceptionnelle *(Le Départ du Bucentaure pour le Lido ; Capricci)*. Il est considéré comme l'un des derniers représentants de la peinture vénitienne.

Guardian (The) Quotidien britannique fondé en 1821 à Manchester sous le nom de *Manchester Guardian*. Journal exigeant, proche des thèses travaillistes, il fait l'objet d'une diffusion nationale depuis 1959.

Guarini (Gian Battista) Poète italien (1538-1612). Sa tragédie en vers *Il Pastor fido*, annonçait le mouvement baroque et eut un grand retentissement en Europe.

G

Guarini (Guarino) Architecte et mathématicien italien (1624-1683). Il fut le plus brillant représentant du baroque en Italie du Nord. Influencé par Borromini, il s'établit à Turin où il élabora une architecture à la géométrie savante et audacieuse (palais de Carignan ; église de la Consolata).

Guarneri ou **Guarnerius (Giuseppe Antonio), dit Guarnerius del Gesù** Luthier italien (1698-1744). Sa réputation égala celle de son aîné, Stradivarius.

Guatemala ou **Guatémala**

n. m. ■ offic. république du Guatemala État d'Amérique centrale. 108 889 km². 16 913 000 habitants (les *Guatémaltèques*). **Langues :** espagnol, 23 langues indiennes. **Population :** Amérindiens (57 %), ladinos (métis et Blancs). **Religions :** catholiques (70 %), protestants (30 %), adeptes du syncrétisme. **Monnaie :** quetzal. **Capitale :** Ciudad de Guatemala. **Régime :** présidentiel.

GÉOGRAPHIE

Le Guatemala est ouvert sur l'océan Pacifique, alors que son accès à la mer des Caraïbes est limité par le Belize, dont il a longtemps contesté la frontière. Au S., la plaine côtière, bordée de marécages, est consacrée aux cultures d'exportation (canne à sucre, banane) ; au centre, un massif montagneux concentre peuplement, industries et cultures (café, maïs, haricots) ; au N. s'étend une vaste plaine boisée encore peu mise en valeur (pétrole). L'agriculture occupe environ 50 % des actifs, mais le tourisme et l'industrie (textile, agroalimentaire) se développent. Les ports du littoral Pacifique (Champerico, San José) commercent avec les États-Unis.

La société guatémaltèque est encore largement inégalitaire : les Amérindiens sont marginalisés ; les Blancs et métis (appelés « ladinos ») détiennent l'essentiel des terres et contrôlent l'appareil économique et politique du pays.

HISTOIRE

Intégrée à l'empire maya (1600 av. J.-C.-1500 apr. J.-C.), la région fut colonisée par les Espagnols (1523). Santiago de Guatemala (fondée en 1527) devint capitale (1544) de toute l'Amérique centrale (Provinces-Unies d'Amérique centrale) à l'exception du Panamá. Cet ensemble, indépendant en 1823, fut divisé en 1839 en cinq États : Guatemala, Salvador, Honduras, Nicaragua, Costa Rica.

Le Guatemala connut ensuite une série de dictatures et une très longue guérilla (1960-1996) qui décima les populations mayas. La lutte de ces dernières contre les discriminations fut reconnue internationalement avec le prix Nobel de la paix attribué à la militante Rigoberta Menchú (1992). Dans le cadre des accords de paix de 1996, le gouvernement d'Álvaro Arzú prit en leur faveur une série d'engagements. La nation a été reconnue comme « pluriethnique et multilingue », mais les inégalités persistent. Les présidents successifs ne parviennent à juguler ni la violence endémique (enlèvements contre rançon, assassinats, trafic de drogues), ni la corruption.

Guattari (Félix) Psychanalyste français (1930-1992). D'abord membre de l'École freudienne de Lacan, il entreprit avec G. Deleuze une critique de la psychanalyse en tant qu'elle réduit l'homme à l'état de « machine-désirante ». *L'Anti-Œdipe*, avec G. Deleuze ; *Mille Plateaux ; Qu'est-ce que la philosophie ?*

Guayaquil Ville d'Équateur, sur le golfe de Guayaquil. 2 278 700 habitants. Principal port de commerce du pays (exportation de bananes, cacao, café). Capitale économique et financière de l'Équateur.

Guayasamín (Oswaldo) Peintre équatorien (1919-1999). Son œuvre témoigne du mouvement culturel indigéniste équatorien (*Huacayñan*, « La Route des pleurs »). On lui doit également des peintures murales de tendance expressionniste.

Gubbio Ville d'Italie (Ombrie), au N. de Pérouse. 31 620 habitants. Ancienne cité étrusque, puis romaine, où furent retrouvées des tables de bronze (les *tables d'Eugubines*) comportant des inscriptions religieuses en ombrien. Monuments et palais médiévaux. Faïenceries. Eaux thermales.

Gudea voir Goudéa

Guderian (Heinz) Général allemand (1888-1954). Il fut à l'origine de la création des divisions blindées allemandes *(Panzerdivisionen)*, qui firent la force de la Wehrmacht, durant la Seconde Guerre mondiale.

Gudule (sainte) Sainte brabançonne (morte en 712). Elle est la patronne de Bruxelles.

¹gué n. m. (du francique *wad*, même famille que latin *vadum* ; idée d'« aller ») Endroit d'une rivière où l'on peut traverser à pied. → passage. – *À gué* loc. adv. *Il « passa bravement le ruisseau à gué, ayant de l'eau jusqu'à mi-jambe »* (Gautier). – loc. fig. *Au milieu du gué*, en pleine action ; à un moment difficile.

²gué interj. (var. de *gai*) vieux ou dans des refrains Interjection exprimant la joie. *La bonne aventure, ô gué !*

guèbre n. (persan *gabr* « adorateur du feu ») Iranien fidèle de la religion de Zarathoustra. → zoroastrien.

Guebwiller (ballon de) ou **Grand Ballon d'Alsace** Point culminant des Vosges (1 424 m).

Guebwiller Commune du Haut-Rhin. 10 988 habitants. Églises des XIIᵉ, XVᵉ et XVIIIᵉ s. Musée Florival. Hôtel de ville de style gothique. Vins d'Alsace. Industrie mécanique.

guède n. f. (germanique *waizda*) **1.** bot. Plante herbacée (crucifère) à fleurs jaunes, appelée aussi *pastel des teinturiers*. **2.** techn. Couleur bleue que l'on extrayait de la guède.

Guédiguian (Robert) Cinéaste français (né en 1953). Il a réalisé des films qui ont pour thèmes principaux les milieux populaires, Marseille et l'immigration *(Marius et Jeannette ; Voyage en Arménie ; Gloria Mundi)*.

guéguerre n. f. (de *guerre*, avec redoublement de l'initiale) fam. Querelle, conflit jugé mineur. *C'est la guéguerre entre les deux ministres.*

Guatemala

Guardi (Francesco)

Francesco Guardi, *Vue du Grand Canal*, (v. 1775), pinacothèque Brera, Milan.

Guéhenno (Jean) Écrivain français (1890-1978). Il est l'auteur d'essais qui dénoncent la société bourgeoise et les inégalités sociales et culturelles qu'elle engendre. Académie française.

Gueldre n. f. en néerlandais **Gelderland** Province des Pays-Bas. 5 016 km². 1 980 000 habitants. Chef-lieu : Arnhem. Agriculture (maraîchage ; élevage). Industrie (agroalimentaire, métallurgie, chimie). Le N. et le S. du duché de Gueldre furent séparés lors de la guerre de Succession d'Espagne, puis divisés entre les Pays-Bas et la Prusse par la paix de Vienne en 1815.

guelfes et gibelins n. m. pl. Factions rivales italiennes qui s'affrontèrent du XIIIe au XVe s., les guelfes (de *Welfe*, n. d'une famille d'Allemagne) soutenant le pape, les gibelins (de *Weibelingen*, n. d'un empereur d'Allemagne) l'empereur germanique. Lors des expéditions françaises en Italie, les guelfes prirent parti pour le roi de France, tandis que les gibelins appuyèrent l'Empereur, notamment Charles Quint.

Guelma Ville de l'E. de l'Algérie, située dans la vallée de l'oued Seybouse. 120 000 habitants. Vestiges de l'ancienne cité romaine de Calama.

Guelmim Ville du Maroc. 118 318 habitants. Marché aux chameaux.

Guelph Ville du Canada (Ontario), au S.-O. de Toronto. 131 794 habitants. Pôle d'entreprises de haute technologie. Université. Centre de recherche.

guelte n. f. **(allemand *Geld* « argent »)** Pourcentage touché par un employé de commerce sur les ventes qu'il effectue. → **boni, commission, ²prime.** *Démonstrateur à la guelte.*

Guémené-sur-Scorff Commune du Morbihan. 1 059 habitants. Église du XVIIe s. Vestiges d'un château du XIe siècle.

Guenièvre Personnage du *cycle breton* des chevaliers de la Table ronde. Épouse du roi Arthur, elle est aimée de Lancelot auquel elle impose de sévères épreuves, selon les codes de l'amour courtois.

guenille n. f. **(de *guenipe*, du v. dialectal *guener* « mouiller, salir », qui vient du gaulois *wadana* « eau »)** (surtout plur.) Vêtement vieux et déchiré. → **haillon, loque.** *« Des guenilles trouées, de vieux manteaux graisseux »* (Taine). – *En guenilles.* → **déguenillé.**

guenon n. f. **(p.-ê. de *guenipe* → guenille, allusion à la longue queue qui traîne ; d'abord « espèce de singe »)** **1.** Femelle du singe. **2.** fam. et péj. Femme très laide.

Guénon (René) Philosophe français (1886-1951). Spécialiste des grands textes mystiques des civilisations orientales, il opposa leur puissance et leur profondeur à l'individualisme et au matérialisme de la civilisation occidentale. *La Métaphysique orientale ; La Crise du monde moderne.*

guépard n. m. **(adaptation de l'italien *gattopardo*, de *gatto* « chat » et *pardo*, du grec *pardalis* « panthère, léopard »)** Félin voisin de la panthère, au pelage tacheté de noir, haut sur pattes, aux griffes non rétractiles.

guêpe n. f. **(croisement du latin *vespa* et du francique *waspa*)** **1.** Insecte hyménoptère, dont la femelle porte un aiguillon venimeux. – *Taille de guêpe*, très fine. → **guêpière. 2.** (jeu sur *fin : fine guêpe* → **fine mouche***) loc. *Pas folle, la guêpe !*, elle a trop de ruse pour se laisser tromper.

Guépéou ou GPU n. f. Police politique soviétique qui remplaça la Tcheka en 1922. Entièrement dévouée à Staline, elle disposait de pouvoirs quasi illimités pour affirmer l'autorité absolue de ce dernier. Elle exerça de terribles répressions.

guêpier n. m. **I.** Oiseau passereau aux belles couleurs se nourrissant surtout d'abeilles et de guêpes. **II. 1.** Nid de guêpes. *Enfumer un guêpier.* **2.** fig. Affaire dangereuse, piège. *Se fourrer dans un guêpier.*

guêpière n. f. **(de *[taille de] guêpe*)** Corset très serré affinant la taille.

Guérande Commune de la Loire-Atlantique, à l'O. de Saint-Nazaire. 16 042 habitants. Remparts du XVe s. Collégiale du XVIe s. Les marais salants de la presqu'île de Guérande, produisant un sel renommé, sont un site protégé. Le *traité de Guérande* signé en 1365 mit fin à la guerre de la Succession de Bretagne.

Guéranger (dom Prosper Louis Pascal) Bénédictin français (1805-1875). Il fit de l'abbaye de Solesmes l'abbaye mère de l'ordre de Saint-Benoît et contribua à la restauration de l'ordre liturgique romain. *Institutions liturgiques.*

Guérard (Michel Robert-Guérard, dit Michel) Cuisinier français (né en 1933). Il fut l'un des créateurs de la « nouvelle cuisine » dans son restaurant d'Eugénie-les-Bains.

Guerassimov ou Gherassimov (Aleksandr Mikhaïlovitch) Peintre soviétique (1881-1963). Adepte du « réalisme socialiste », il devint le peintre officiel du régime et réalisa le portrait des grands personnages de l'État *(Lénine à la tribune).*

Guerche-de-Bretagne (La) Commune de l'Ille-et-Vilaine. 4 245 habitants. Église des XIIIe et XIVe siècles. Industrie alimentaire (viande).

Guerchin (Giovanni Francesco Barbieri, dit il Guercino, en français le) Peintre italien (1591-1666). Il composa une peinture flamboyante aux accents vénitiens *(Martyre de saint Pierre ; La Nuit et l'Aurore)* avant d'évoluer vers un style plus serein au contact du classicisme des peintres bolonais Dominiquin et Guido Reni *(La Mort de Didon).*

guère adv. **(d'abord « beaucoup », dans *ne... guère* ; du francique *waigaro*)** *Ne... guère* **1.** Pas beaucoup, pas très. → **médiocrement, peu.** *On n'y voit guère ici. Je n'ai guère de courage. Elle ne va guère mieux. Cela ne se dit guère, plus guère.* – (avec *ne... que*) *Il n'y a guère que deux heures qu'il est parti.* → **seulement. 2.** Pas longtemps. *La paix ne dura guère.* – Pas souvent, presque jamais. → **rarement.**

guéret n. m. **(d'abord *guaret* ; vient du latin *vervactum* « jachère », de *vervagere* « défricher »)** Terre labourée et non ensemencée. ▪ par ext. Jachère.

Guéret Chef-lieu de la Creuse. 12 698 habitants. Hôtel de style gothique finissant. Musée. Centre administratif.

Guericke (Otto von) Physicien allemand (1602-1686). Il inventa la première pompe pneumatique (v. 1650) qui lui permit de créer le vide et d'en étudier les propriétés. Il mit en évidence la pression atmosphérique en réalisant en 1654, l'expérience des *hémisphères de Magdebourg.* Il mit également

Guérande

Les marais salants de Guérande.

au point la première machine électrostatique.

guéridon **n. m.** **(n. d'un personnage de farce, p.-ê. de refrains : *ô gué, laridon*)** Petite table ronde ou ovale, généralement à pied central.

guérilla **n. f.** **(de l'espagnol, diminutif de *guerra* → guerre)** Guerre de coups de main, souvent menée par des partisans, des francs-tireurs. *Guérilla urbaine. Des guérillas.*

guérilléro [geʀijeʀo] **n. m.** **(espagnol *guerrillero*, → guérilla)** Celui qui se bat dans une guérilla. *Des guérilléros.*

Guérin (Gilles) Sculpteur français (1606-1698). Auteur de la statue de *Louis XIV terrassant la Discorde* à Paris, il travailla au pavillon de l'Horloge du Louvre, puis au château de Versailles où il réalisa notamment *Les Chevaux du Soleil abreuvés par les tritons.*

G

Guérin (Pierre Narcisse, baron) Peintre français (1774-1833). Son style néoclassique fut directement influencé par l'art de David. Le *Retour de Marcus Sextus* lui valut une grande renommée. Il eut pour élèves Géricault, Delacroix et Scheffer.

Pierre Guérin, *Le Retour de Marcus Sextus* (1789), musée du Louvre, Paris.

Guérin (Maurice de) Poète français (1810-1839). Partagé entre une formation catholique et une attirance pour un panthéisme païen, il est l'auteur de poèmes en prose qui témoignent de ses tendances mystiques *(Le Centaure ; La Bacchante).* Sa sœur, **Eugénie de Guérin** (1805-1848), également écrivain *(Journal)*, contribua à la publication de son œuvre.

Guérin (Camille) Biologiste français (1872-1961). Il mit au point, avec Calmette, le vaccin contre la tuberculose (BCG).

guérir **v. <2>** **(du francique *warjan* « protéger, défendre [militairement] » ; var. ancienne *garir* → guérite)** **I. v. tr. 1.** Délivrer d'un mal physique ; rendre la santé à (qqn). *Le médecin, le traitement a fini par guérir le malade.* ■ Faire cesser (une maladie). *Traitement qui guérit de la bronchite.* **2. fig.** Délivrer d'un mal moral. *Il faut te guérir de cette mauvaise habitude.* → **débarrasser.** ■ Faire cesser (un mal, en général). *« Le médecin qui guérit toute chose, le Temps »* (Musset). **II. v. intr. 1.** Recouvrer la santé. → se **rétablir.** *« Le seul moyen de guérir, c'est de se considérer comme guéri »* (Flaubert). ■ **(de la maladie)** Disparaître. *Mon rhume ne veut pas guérir.* **2. fig.** *Son chagrin ne peut pas guérir* (→ **inguérissable**). ■ se **guérir v. pron. 1.** Se délivrer (d'un mal physique). *Elle s'est guérie de son cancer.* **2. fig.** Se délivrer (d'une imperfection morale, d'une mauvaise habitude). *Il finira par se guérir de cette manie.* → se **corriger,** se **débarrasser.** ■ **guéri, ie p. p. 1.** Rétabli d'un mal physique. *Elle est complètement guérie de sa grippe.* **2. fig.** *Être guéri de,* ne plus vouloir de... pour l'avoir expérimenté. → **revenu** de.

guérison **n. f.** **(de *guérir* ; d'abord « défense »)** Le fait de guérir. → **rétablissement.** *Malade en voie de guérison.*

guérissable **adj.** (maladie, personne) Qui peut être guéri. → **curable.**

guerre froide

1. Une femme et son enfant visitent un abri antiatomique à New York en 1951. 2. Défilé militaire à La Havane : la crise de Cuba de 1962 fut l'un des épisodes les plus tendus de la guerre froide. 3. Le 13 mai 1961, un car ouest-allemand franchit le pont Glienicke pour se rendre à Potsdam en secteur soviétique, alors interdit de visite depuis neuf ans.

▶ Au lendemain de la Seconde Guerre mondiale, la méfiance entre les États-Unis et l'URSS, les deux grands vainqueurs du conflit, et leur désaccord sur le sort à réserver à l'Allemagne provoquent leur rupture dès 1947. Cette année-là, le rejet du plan Marshall par les satellites de l'URSS sanctionne l'existence de deux Europe, séparées par le « rideau de fer » qui divise aussi l'Allemagne en deux États rivaux. C'est le début de la **« guerre froide »** : le « bloc de l'Ouest », capitaliste et libéral, et le « bloc de l'Est », communiste, se disputent désormais la domination idéologique et politique du monde. De graves crises les opposent en Europe (blocus de Berlin, 1948-1949) et en Asie (guerre de Corée, 1950-1953). Mais les deux « Grands », détenteurs de l'arme atomique, évitent toute confrontation directe — d'où le terme de « guerre froide » — et se tiennent en respect par des pactes militaires défensifs (Otan en 1949 et Otase en 1954, côté américain ; pacte de Varsovie côté soviétique en 1955).
La mort de Staline (1953) apaise les tensions. Dans le cadre de la « coexistence pacifique » définie par le Soviétique Khrouchtchev (1956), chaque système renonce à éliminer l'autre, mais tente d'imposer sa supériorité économique et technologique (par exemple dans le domaine de la conquête spatiale). Les sujets de discorde n'ont pas disparu pour autant, comme l'attestent l'érection du mur de Berlin en 1961 ou la crise des fusées de Cuba en 1962. Suit une période d'ouverture, de 1963 à la fin des années 1970 : la « détente », marquée notamment par des accords sur le désarmement (SALT I, 1972). Mais les deux « Grands » continuent à se mesurer par alliés interposés dans le tiers-monde (guerre du Viêtnam, 1963-1975). L'impérialisme soviétique (guerre d'Afghanistan, 1979-1989) ravive les tensions. Les États-Unis de R. Reagan relèvent et gagnent le défi de la course aux armements (projet IDS de bouclier spatial, dit « guerre des étoiles »), avant que l'URSS de M. Gorbatchev ne renonce à toute confrontation. La chute du mur de Berlin (1989), la réunification allemande (1990) et la dislocation de l'URSS (1991) scellent à ce jour la victoire des États-Unis et du bloc occidental.

voir aussi **communisme, capitalisme, Berlin (mur de), désarmement**

guérisseur, euse **n.** Personne qui soigne les malades sans avoir la qualité officielle de médecin, et par des procédés non reconnus par la médecine. → **rebouteux.**

guérite **n. f.** **(ancien français *garrette*, de *garir* « protéger » → guérir)** **1.** Abri d'une sentinelle. → **guitoune. 2.** Baraque aménagée pour abriter un travailleur, faire office de bureau sur un chantier, etc.

Guerlain Famille de parfumeurs français. ■ **Pierre François Pascal Guerlain** (1798-1864), parfumeur attitré de la cour impériale, fonda en 1828 la société Guerlain. ■ **Aimé Guerlain** (1834-1910) et **Gabriel Guerlain** (1841-1933) inventèrent un procédé de fabrication de parfums synthétiques. La société Guerlain est toujours administrée par la famille.

Guernesey (île de) Une des îles Anglo-Normandes. 63 km². 59 000 habitants. Chef-lieu : Saint Peter Port. Élevage laitier. Cultures sous serres. Tourisme. Centre financier abritant les sièges sociaux de nombreuses entreprises européennes. Victor Hugo y vécut en exil, à Hauteville House.

Guernica y Luno Ville d'Espagne (Biscaye, Pays basque espagnol). 16 727 habitants. Le bombardement de la ville, le 26 avril 1937, par les Allemands alliés de Franco, fit près de 2 000 victimes. Il a inspiré à Picasso un tableau monumental, *Guernica.* Combinant expressionnisme et cubisme, cette toile, en noir, blanc et gris, exprime toute l'horreur de la guerre.

guerre **n. f.** **(du francique *werra* « désordre » et « querelle » ; a remplacé le latin *bellum* → belliqueux)** **I. 1.** Lutte armée entre États,

Guerre mondiale (Première)

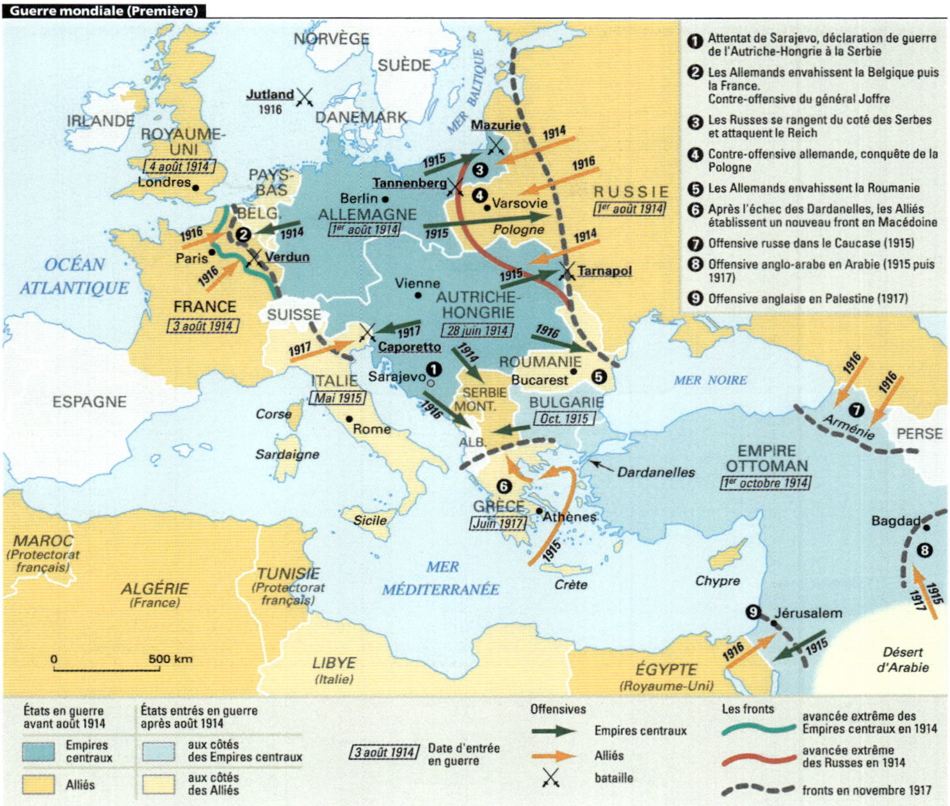

considérée comme un phénomène historique et social (s'oppose à *paix*). « *La guerre, c'est une chose trop grave pour la confier à des militaires* » (Clemenceau). « *Oh Barbara / Quelle connerie la guerre* » (Prévert). *Déclarer la guerre à un pays.* – *Faire la guerre. Soldat qui va à la guerre.* – loc. *Le nerf de la guerre,* l'argent. – ***En guerre*** : en état de guerre. *Entrer en guerre contre un pays voisin.* – ***De guerre.*** *Le correspondant de guerre d'un journal. Blessé, prisonnier de guerre. Navire de guerre.* – prov. *À la guerre comme à la guerre* : il faut accepter les inconvénients qu'imposent les circonstances. ▪ *Nom de guerre* : pseudonyme. **2.** Les questions militaires ; l'organisation des armées (en temps de paix comme en temps de guerre). *Conseil de guerre.* **3.** Conflit particulier, localisé dans l'espace et dans le temps. → **conflit, hostilité.** *Gagner, perdre une guerre. La Grande Guerre, la guerre de 14* (1914). *La drôle de guerre* : pour les Français, la période de guerre qui précéda l'invasion allemande en France (septembre 1939-mai 1940). *Une guerre de libération, de conquête. Guerre de partisans.* → **guérilla.** ▪ *Guerre chimique, bactériologique. Guerre atomique, nucléaire.* ▪ *Guerre sainte,* que mènent les fidèles d'une religion au nom de leur foi. → **croisade, djihad.** *Guerres de religion.* ▪ ***Guerre civile*** : lutte armée entre groupes et citoyens d'un même État. → **révolution. 4.** Lutte n'allant pas jusqu'au conflit armé. *Guerre économique.* – loc. *Guerre des nerfs,* visant à briser la résistance morale de l'adversaire. – *Guerre froide* : état de tension prolongée entre États ou entre personnes, spécialt autrefois entre l'URSS et les États-Unis. **II. 1.** Lutte. *Vivre en guerre avec tout le monde. Faire la guerre à qqn.* → **combattre.** « *Guerre à la rhétorique et paix à la syntaxe !* » (Hugo). **2.** loc. ***De guerre lasse*** : par lassitude, après une longue résistance. – *C'est de bonne guerre,* légitime, sans hypocrisie.

guerre de 1870-1871 voir **franco-allemande** (guerre)

Guerre folle Nom donné à la révolte des seigneurs féodaux contre la régente Anne de France, pendant la minorité de Charles VIII (1485-1488). Commandés par Louis d'Orléans (le futur Louis XII), les rebelles furent vaincus par La Trémoille en 1488.

guerre froide Période de tension diplomatique et militaire entre les États-Unis, l'URSS et leurs alliés qui domina les relations internationales de 1947 à 1990.

Guerre mondiale (Première) Conflit qui, du 28 juillet 1914 au 11 novembre 1918, opposa les empires d'Allemagne, d'Autriche-Hongrie et leurs alliés, ainsi que la Turquie et la Bulgarie à l'Entente franco-britannique et à ses alliés : la Russie, la Serbie, l'Italie, la Roumanie, la Belgique, le Portugal, la Grèce, le Japon, la Chine, les États-Unis et plusieurs États d'Amérique du Sud. Interminable et très coûteuse en vies humaines (près de 10 millions de morts), la Grande Guerre conduit à l'utilisation d'armes de destruction massive (gaz) et fait de nombreuses victimes civiles.

▶ La **Première Guerre mondiale** est déclenchée par des conflits locaux dans les Balkans. Mais la combinaison de plusieurs facteurs contribua à l'embrasement généralisé. Les ambitions coloniales de l'Allemagne, contrariée dans sa politique mondiale par l'Angleterre et la France, l'antagonisme germano-slave dans les

Guernica y Luno

Guernica, réalisée par Picasso pour le pavillon espagnol de l'Exposition universelle de 1937, à la demande du gouvernement républicain espagnol (Musée national centre d'art Reine Sofia, Madrid).

Commencée dans l'allégresse, la guerre s'enlise vite dans « l'enfer » des tranchées. Alors que les gouvernements y affectent la totalité de leurs ressources en hommes et en matériels, nul ne songe aux exigences industrielles et agricoles de l'arrière. Quant aux combattants, confrontés à l'épreuve du feu qui fait des millions de victimes, ils vont faire la dramatique expérience de l'inanité des rêves de victoires faciles promises par les états-majors.

28 juin 1914 Attentat de Sarajevo
20-30 août 1914 Bataille de Tannenberg
févr.-nov. 1915 Dardanelles
févr.-déc. 1916 Bataille de Verdun
6 avril 1917 Entrée en guerre des États-Unis
avril-juin Mutineries
oct. 1917 Révolution russe
1918 Intensification de la guerre sous-marine
11 nov. 1918 Armistice
Traités de paix

1914 — Guerre de mouvement — 1915 — 1916 — Guerre de position — 1917 — 1918 — Guerre de mouvement — 1920

3 août 1914 L'Allemagne déclare la guerre à la France
6-9 sept. 1914 Bataille de la Marne
juill.-nov. 1916 Bataille de la Somme
avril-mai 1917 Offensives du Chemin des Dames
oct.-nov. 1917 Caporetto
3 mars 1918 Paix de Brest-Litovsk
sept. 1918 Offensives alliées de la Champagne à la Flandre

Ci-dessus, *Le Passage de l'Yser lors de l'offensive des Flandres en 1917*, aquarelle de François Flameng, musée de l'Armée, Paris.
1. Mobilisation à Paris et à Berlin.
2. Défaite des Russes à Tannenberg.
3. Les célèbres taxis de la Marne.
4. Tranchée française à Douaumont.
5. Débarquement aux Dardanelles.
6. Dans l'enfer de la Somme.
7. Artilleurs français à Verdun.
8. Arrivée des soldats américains.
9. Désastre italien à Caporetto.
10. Armistice de Rethondes.

6

7

5

8

3

9

2

10

1

Déclenché par les rêves expansionnistes de Hitler, le conflit, qu'il croyait circonscrire à l'Europe, devient mondial avec la participation des États-Unis. Le IIIe Reich, que son maître annonçait millénaire, n'aura duré que six ans, emporté par la résistance de l'Armée rouge à l'est et la poussée des Alliés à l'ouest. Mais, dans l'euphorie de la victoire, peu nombreux étaient ceux qui discernaient les signes avant-coureurs de la désunion des deux blocs.

- 1er sept. 1939 — Invasion de la Pologne
- 10 mai 1940 — Invasion des Pays-Bas, de la Belgique et de la France
- 3 févr. 1941 — Débarquement de l'Afrikakorps
- 22 juin 1941 — Attaque allemande contre l'URSS
- 16 juill. 1942 — Rafle du Vél'd'Hiv
- 8-11 nov. 1942 — Débarquement anglo-américain
- nov. 1942 — Occupation de la zone libre
- 6 juin 1944 — Débarquement allié en Normandie
- 1944 — Reconquête américaine
- févr. 1945 — Yalta
- 8 mai 1945 — Capitulation allemande

1939 — 1940 — 1941 — 1942 : Victoires de l'Axe
1943 : Tournant de la guerre
1944 — 1945 : Victoire des Alliés

- Europe
- Afrique
- Pacifique

- 7 déc. 1941 — Attaque japonaise à Pearl Harbor. Entrée en guerre des États-Unis
- 7 juin 1942 — Bataille de Midway
- sept. 1942-févr. 1943 — Bataille de Stalingrad
- 1er nov.1942 — Bataille d'El-Alamein
- 19-25 août 1944 — Libération de Paris
- 6 août 1945 — Hiroshima
- 2 sept. 1945 — Capitulation japonaise

Ci-dessus, les forteresses américaines B-17 au-dessus de l'Allemagne en janvier 1945.
1. Invasion de la Pologne.
2. Percée de Sedan.
3. Bataille d'Angleterre.
4. Blindés allemands en Ukraine.
5. Massacre de Juifs à Lemberg.
6. Déluge de feu sur Pearl Harbor.
7. Rommel en Libye.
8. Prisonniers allemands à Stalingrad.
9. Débarquement allié en Normandie.
10. Prise de Berlin par l'Armée rouge.
11. Éclair atomique sur Nagasaki.
12. Libération de Paris.

6

7

8

5

9

4

3

2

1

10

11

12

Guerre mondiale (Seconde) – (1939-1942)

Balkans, la question des minorités nationales en Autriche-Hongrie, la course aux armements, la tentation de la Russie de trouver dans la guerre une diversion à ses problèmes intérieurs ont favorisé un état d'extrême tension qu'un évènement, alors passé inaperçu, transforma en état de guerre : l'assassinat à Sarajevo de l'archiduc François-Ferdinand, héritier de l'Autriche-Hongrie, suivi de la déclaration de guerre de l'Autriche-Hongrie à la Serbie le 28 juillet 1914. Par le jeu des alliances, la guerre s'étendit sur tout le continent européen et au-delà. La Belgique et la France, à l'ouest, et la Russie, à l'est, furent les principaux théâtres d'opérations.

L'attaque allemande, bloquée à l'ouest par Joffre sur la Marne (1914), est suivie par une guerre des tranchées meurtrière (Verdun, Somme). Les Empires envahissent la Pologne, la Lituanie, la Roumanie et la Serbie, tandis que les Britanniques interviennent en Afrique et au Proche-Orient (Dardanelles). L'entrée en guerre des États-Unis en 1917 acheva d'en faire une guerre mondiale, mais fut dans le même temps une étape décisive pour la victoire finale du camp des Alliés. Les offensives allemandes de 1917-1918 (Chemin des Dames) sont finalement repoussées par les Alliés, commandés par Foch, dont les victoires obligent l'Allemagne à signer l'armistice à Rethondes (11 novembre 1918).

L'Europe sort du conflit « épuisée » et transformée, l'effondrement des Empires allemand, austro-hongrois et ottoman imposant de redéfinir la carte de ses frontières. Le traité de paix signé à Versailles le 28 juin 1919 ambitionnait de poser les bases de relations internationales plus pacifiques, mais les conditions difficiles imposées à l'Allemagne favorisèrent indirectement la montée du nazisme.

voir aussi **Guerre mondiale (Seconde), révolution russe, pacifisme**

Guerre mondiale (Seconde) Conflit qui, du 1er septembre 1939 au 2 septembre 1945, opposa les pays de l'Axe (Allemagne, Italie, Japon) aux puissances alliées (Grande-Bretagne et Commonwealth, France, Pologne, Danemark, Norvège, Pays-Bas, Belgique, Yougoslavie, Grèce, Chine, URSS, États-Unis et de nombreux pays d'Amérique du Sud). Il s'agit du conflit le plus meurtrier de l'histoire : 50 à 55 millions de morts dont 20 millions de civils.

▶ La **Seconde Guerre mondiale** naît en Europe en 1939 du conflit entre les idéologies totalitaires (nazisme et fascisme) et les démocraties. La passivité des démocraties occidentales face aux agressions répétées de la Wehrmacht (remilitarisation de la Rhénanie, Anschluss, invasion de la Tchécoslovaquie) encouragèrent Hitler à restaurer par les armes la puissance de l'Allemagne. La guerre fut déclenchée par l'invasion de la Pologne par les troupes allemandes, le 1er septembre 1939, suivie par les déclarations de guerre de la France et de la Grande-Bretagne, le 3 septembre. Les troupes de l'Axe prirent rapidement l'ascendant et imposèrent leur domination sur la majeure partie du continent européen, dont la France, vaincue dès juin 1940.

Tandis que Pétain et le gouvernement de Vichy pratiquent une politique de collaboration, d'autres organisent la Résistance (Charles de Gaulle, Jean Moulin). Isolés et victimes de bombardements (bataille d'Angleterre) et d'un embargo maritime (bataille de l'Atlantique), les Britanniques combattent en Méditerranée (Libye) et en Afrique (Somalie, Éthiopie) contre l'Italie de Mussolini. Hitler s'empare de la Yougoslavie, de la Grèce puis attaque l'URSS (1941). L'entrée en guerre des États-Unis, consécutive aux bombardements de Pearl Harbor par l'aviation japonaise en

Guerre mondiale (Seconde) – (1942-1945)

décembre 1941, et la décision de Hitler de lancer ses armées à l'assaut de l'URSS changent le cours de la guerre. Stoppés à Stalingrad par l'Armée rouge (1942), les Allemands ne connaissent plus que des revers : perte de l'Afrique du Nord (1942) et de l'Italie (1943), capitulation à Stalingrad (1943), débarquement allié en Normandie (6 juin 1944), libération de Paris (25 août 1944) et de la France. Après la jonction des Américains et des Soviétiques sur l'Elbe (26 avril 1945), Hitler se suicide dans son bunker à Berlin (30 avril). L'Allemagne capitule le 8 mai 1945, vaincue, détruite et occupée par les troupes occidentales et soviétiques. Seul le Japon parvient encore à résister à l'avancée des flottes américaines dans le Pacifique. Le largage des bombes atomiques sur Hiroshima et Nagasaki les 6 et 9 août 1945 oblige finalement l'empereur nippon à capituler.

Avec plus de 50 millions de morts, la ruine du continent européen et le désastre des camps de concentration et d'extermination nazis (6 millions de morts dont plus de 5 millions de Juifs), la Seconde Guerre mondiale se révéla plus terrible et plus ravageuse encore que la Première. La guerre modifia la carte politique de l'Europe et la conférence de Yalta (février 1945) entre Churchill, Roosevelt et Staline aboutit à la division du monde en deux blocs : l'Ouest, allié des États-Unis, et l'Est, dominé par l'URSS.

voir aussi **Guerre mondiale (Première), fascisme, national-socialisme, occupation, antisémitisme, ONU, guerre froide**

Guerrero (Francisco) Compositeur et musicien espagnol (1525-v. 1599). Maître de l'école andalouse, il fit sa carrière à Séville, tout en effectuant de nombreux voyages (Italie, Jérusalem). Il signa de la musique religieuse et des chansons donnant une large place à la polyphonie vocale *(Villanescas espirituales)*.

guerrier, ière **I.** n. anciennt Personne dont le métier était de faire la guerre. → **soldat.** *Les guerriers romains.* – *Le guerrier*, l'homme de guerre, le soldat. *La psychologie du guerrier.* loc. fig. *Le repos du guerrier*, de l'homme, auprès d'une femme. **II. adj. 1.** littér. Relatif à la guerre. → **militaire.** *Chant guerrier.* **2.** Qui aime la guerre. → **belliqueux.** *Un peuple guerrier.*

guerroyer v. intr. < 8 > hist. ou littér. Faire la guerre (contre qqn). → se **battre.** *Le seigneur guerroyait contre ses voisins.*

Guesclin (Bertrand du) voir **Du Guesclin**

Guesde [gɛd] **(Jules Bazile, dit Jules)** Homme politique français (1845-1922). Il fut l'un des artisans de la diffusion du marxisme en France et créa avec P. Lafargue le Parti ouvrier (1882). Il s'opposa à Jean Jaurès en refusant d'entrer au gouvernement Waldeck-Rousseau (1899). Il fut ministre d'État de 1914 à 1916.

guet n. m. **1.** Action de guetter. *Faire le guet. Avoir l'œil, l'oreille au guet.* **2.** anciennt Surveillance exercée de nuit par la troupe ou la police. **3.** hist. Patrouille, garde chargée de cette surveillance.

guet-apens [gɛtapɑ̃] n. m. **(de *aguet* → aux aguets et *apensé*, de l'ancien français *apenser*, de *penser*)** **1.** Fait d'attendre qqn dans un endroit afin de l'attaquer par surprise. → **piège.** *Attirer qqn dans un guet-apens.* **2.** fig. Machination perfidement préparée en vue de nuire gravement à qqn. *Des guets-apens.*

guêtre n. f. **(p.-ê. du francique *wrist* « cheville » ; cf. anglais *wrist* « poignet »)** Enveloppe de tissu ou de cuir qui recouvre le haut de la chaussure et le bas de la jambe. → **jambière.** *Une paire de guêtres.* – loc. fig. *Traîner ses guêtres* (quelque part) : flâner, se déplacer sans but précis.

G

Guetta (David) DJ et producteur français (né en 1967). Spécialiste de la musique pop et de la musique électronique, il connaît un succès international.

David Guetta au MTV Europe Music Awards 2011 à Belfast.

Guettard (Jean-Étienne) Géologue français (1715-1786). Il fut le premier à reconnaître la nature volcanique de la chaîne des puys d'Auvergne.

guetter v. tr. < 1 > (du francique *wahtôn*, de *wahta*, d'où ancien français *guette* ; *cf.* anglais *to watch*) **1.** Observer en cachette pour surprendre. → **épier, surveiller.** *Guetter l'ennemi. Le chat guette la souris.* **2.** Attendre avec impatience (qqn, qqch.) en étant attentif à ne pas (le) laisser échapper (→ **être à l'affût de**). *Guetter une occasion favorable. Je guetterai ton signal. Guetter la place de qqn.* → **convoiter, guigner. 3.** (sujet chose) Menacer. *La ruine le guette.*

guetteur, euse n. **1.** Personne qui guette. **2.** Personne chargée de surveiller et de donner l'alerte. → **sentinelle.** *Guetteurs postés au sommet d'une tour.* « *Le Guetteur mélancolique* » (poèmes d'Apollinaire).

Gueugnon Commune de la Saône-et-Loire, sur l'Arroux. 6 685 habitants. Sidérurgie.

gueulante n. f. fam. Clameur de protestation ou vieilli d'acclamation. *Pousser une gueulante,* manifester bruyamment sa colère (→ **coup de gueule**).

^{1}**gueulard** n. m. (de *gueule*, IV) Ouverture supérieure d'un haut-fourneau, d'une chaudière (de locomotive, de bateau).

^{2}**gueulard, arde** adj. **I.** fam. Qui a l'habitude de gueuler, de parler haut et fort. **– n.** *Faites taire ce gueulard !* → **braillard. II.** régional Gourmand.

gueule n. f. (var. de *goule, gole*, qui vient du latin *gula*, d'une onomatopée) **I.** Bouche (d'animaux, surtout carnassiers). *La gueule d'un chien, d'un reptile.* **–** loc. ***Se jeter dans la gueule du loup*** : aller au-devant d'un danger certain, avec imprudence. **II.** fam. Bouche humaine. **1.** (La bouche servant à parler ou crier) *(Ferme) ta gueule !* : tais-toi ! *Un fort en gueule. Coup de gueule* : vive protestation, engueulade*. **–** *Une grande gueule* : qqn qui parle très fort et avec autorité (→ **braillard,** ^{2}**gueulard**) ou encore qui est plus fort en paroles qu'en actes. **2.** (La bouche servant à manger) *Piment qui emporte, arrache la gueule.* **–** loc. ***Avoir la gueule de bois*** : avoir la bouche empâtée et la tête lourde après avoir trop bu. **–** *Une fine gueule,* un gourmet. **III.** fam. **1.** Figure, visage. → **tête.** *Il a une bonne gueule, une sale gueule.* **–** loc. *Faire la gueule* : bouder (→ **faire la tête**). **–** *Se casser la gueule* : tomber ; fig. échouer. *Casser la gueule à qqn,* le frapper. **–** argot milit. *Une gueule cassée* : un mutilé de guerre, blessé au visage. **–** argot du Nord *Les gueules noires* : les mineurs. **2.** fam. Aspect, forme d'un objet. → **allure.** *Ce chapeau a une drôle de gueule.* **–** *Ce tableau a de la gueule,* il fait grand effet. **IV.** Ouverture par laquelle entre ou sort qqch. *La gueule d'un haut-fourneau* (→ ^{1}**gueulard**), *d'un canon.*

gueule-de-loup n. f. Plante ornementale dont la fleur s'ouvre comme une gueule. *Des gueules-de-loup.* → **muflier.**

gueuler v. < 1 > fam. **I.** v. intr. **1.** Chanter, crier, parler très fort. *Il gueule pour un rien.* → **hurler.** ■ *Faire gueuler sa radio.* → **beugler, brailler. 2.** Protester bruyamment. « *Nous gueulons contre notre époque* » (Flaubert). **II.** v. tr. Proférer en criant. *Gueuler des ordres.* □ n. m. **gueulement**

gueules n. m. (des morceaux de fourrure de martre, roux ou teints en rouge, et prélevés sur le gosier de l'animal) La couleur rouge, en blason.

gueuleton n. m. fam. Très bon repas, copieux, et souvent gai. □ **gueuletonner** v. intr. < 1 >

gueuse voir **gueuze**

gueux, euse n. (origine obscure, p.-ê. ancien néerlandais *guit* « coquin » ou famille du latin *coquere* « cuire » → **queux**) **1.** vieux Personne qui vit d'aumônes. → **mendiant, miséreux. 2.** vieilli Personne digne de mépris. → **coquin, fripon. 3.** fém. vieilli Femme de mauvaise vie. loc. *Courir la gueuse* : se débaucher. □ n. f. **gueuserie**

gueuze n. f. (mot bruxellois d'origine inconnue) Bière belge, forte et aigre. *Gueuze lambic.* - var. **gueuse.**

Guevara (Ernesto, dit Che) Révolutionnaire cubain d'origine argentine (1928-1967). Il s'engagea avec Fidel Castro dans la révolution cubaine, fut ministre de l'Industrie de 1961 à 1965 et porte-parole des pays du tiers-monde aux Nations unies. Il abandonna ses fonctions pour mener la guerre révolutionnaire en Amérique latine, et fut tué en Bolivie alors qu'il participait à une action de guérilla. Exposée dans divers ouvrages *(La Guerre de guérilla ; Le Socialisme et l'homme à Cuba)*, sa vision internationaliste du socialisme inspira de nombreux mouvements révolutionnaires en Afrique et en Amérique latine.

Ernesto Guevara (à dr.) à côté de Raúl Castro, lors d'une célébration de la révolution cubaine (1964).

Guèvremont (Germaine) Écrivaine canadienne (québécoise) (1893-1968). Ses romans réalistes sur le monde paysan du Québec abordent aussi la question de l'émancipation de la femme. *En pleine terre ; Le Survenant ; Marie-Didace.*

Guez de Balzac (Jean Louis) voir **Balzac (Jean Louis Guez de)**

guèze n. m. (mot éthiopien) ling. Langue sémitique parlée en Éthiopie ancienne, et qui subsiste dans la liturgie de l'Église éthiopienne.

Guggenheim (musée Solomon R.) Musée d'art contemporain de New York, édifié entre 1956 et 1959 par F. L. Wright, consacré à l'art du XXe s. Il fut commandé par Solomon R. Guggenheim (1861-1949), qui créa en 1937 la fondation qui porte son nom. Des musées Guggenheim ont été inaugurés à Berlin, Bilbao et Abou Dhabi.

gugusse n. m. (de *Auguste*, n. propre → **gus**) fam. et péj. Personne qui ne peut être prise au sérieux. → **guignol.** *Qu'est-ce que c'est que ce gugusse ?* ■ *Faire le gugusse* : faire le pitre.

^{1}**gui** n. m. (vient du latin *viscum* → **visqueux**) Plante parasite à baies blanches qui vit sur les branches de certains arbres. *S'embrasser sous le gui* (à l'occasion du nouvel an).

Guggenheim (musée)

Vue de la structure intérieure en hélice du musée Guggenheim de New York.

^{2}**gui** n. m. (néerlandais *giek* ou *gijk*) mar. Forte vergue sur laquelle on borde une voile à corne. *Gui d'artimon.*

Gui, Guy, Vite ou **Vith (saint)** Martyr en Lucanie (sous Dioclétien ?). Très populaire au Moyen Âge, il protégeait contre l'épilepsie et la chorée (« danse de Saint-Guy »).

Guibert (Hervé) Écrivain français (1955-1991). Il exprima dans ses romans son mal-être et son angoisse devant le sida dont il était atteint *(Les Chiens ; À l'ami qui ne m'a pas sauvé la vie ; Le Protocole compassionnel)*. Il fut également scénariste pour le cinéma *(L'Homme blessé,* de P. Chéreau).

Guibert de Nogent Bénédictin français (v. 1053-v. 1124). Il est l'auteur d'une importante histoire des croisades : *Gesta Dei per Francos.*

guibolle ou **guibole** n. f. (de *guibone, guibon* « cuisse », du v. dialectal *giber* « secouer ses membres, gigoter » → **regimber**) fam. Jambe.

guibre n. f. (altération de *guivre*) mar., anciennt Pièce rapportée à l'avant d'un navire en bois, sur l'étrave, destinée à soutenir le beaupré.

Guichardin (Francesco Guicciardini, en français **François)** Historien et homme politique italien (1483-1540). Il occupa d'importantes charges auprès de Clément VII et de Laurent de Médicis avant de se consacrer à la rédaction d'une *Histoire d'Italie* (posthume).

guiche n. f. (de *guige, guinche,* p.-ê. du francique *whitig* « lien d'osier » → **aguicher**) Mèche de cheveux bouclée et plaquée sur le front, les tempes. → **accroche-cœur.**

guichet n. m. (p.-ê. de l'ancien nordique *vik* « baie » avec influence de *uisset,* de *huis* « porte ») **1.** Petite ouverture, pratiquée dans une porte, un mur et par laquelle on peut parler à qqn. *Guichet grillagé.* → **judas. 2.** Petite ouverture par laquelle le public communique avec les employés d'une administration, d'un bureau. *Faire la queue au guichet de la poste.* ■ *Guichet automatique d'une banque* (→ **billetterie, distributeur**).

guichetier, ière n. Personne préposée à un guichet.

guidage n. m. Action de guider. **–** spécialt Aide apportée aux avions en vol par des stations radioélectriques. → **radioguidage, téléguidage.**

guidance n. f. (mot anglais, de *to guide* « guider ») anglic., psych. Méthode d'assistance aux enfants pour pallier des difficultés d'adaptation. *Centre de guidance infantile.*

Gui d'Arezzo (Guido d'Arezzo, dit en français**)** Bénédictin italien (v. 990-v. 1050). Théoricien de la musique, auteur d'une méthode de notation musicale, il est considéré comme le premier à préconiser l'écriture des notes sur une portée.

guide n. (ancien provençal *guida,* de *guidar* « conduire », ou italien, du gotique *widan* ; a remplacé *guie,* de *guier* → **guider**) **I. 1.** Personne qui accompagne pour montrer le chemin. *Servir de guide à qqn.* → **cicérone.** **–** *Un, une guide de montagne* : alpiniste professionnel diplômé. **–** *Le guide du musée. Suivez le guide !* **2.** Celui, celle qui conduit d'autres personnes dans la vie, les affaires. → [1]conseiller. *Guide spirituel.* – (en parlant d'une chose) « *Le poète ne doit avoir qu'un modèle, la nature ; qu'un guide, la vérité* » (Hugo). **3. n. m.** Ouvrage contenant des renseignements utiles. *Le guide des bons vins.* – Description d'une région, d'un pays à l'usage des voyageurs. *Guide touristique.* **II. n. f.** Jeune fille appartenant à un mouvement féminin de scoutisme. **III. 1. n. f.** (souvent au plur.) Lanière de cuir qui sert à diriger un cheval attelé. **2. n. m.** techn. Objet ou système servant à guider (un outil, des radiations, etc.). *Guide d'ondes.*

Guide (le) voir Reni (Guido)

guideau n. m. (de *guider*) pêche Filet en forme de sac.

Gui de Dampierre (1225-1305). Comte de Namur (1263-1297) et de Flandre (1278-1305). Opposé à Philippe le Bel, qui voulait placer la Flandre sous son autorité directe, il s'allia aux Anglais. Il fut emprisonné jusqu'à sa mort.

guide-fil n. m. techn. Petit appareil destiné à guider les fils sur les bobines des machines à coudre, etc. *Des guide-fils.*

guider v. tr. < 1 > (de l'ancien français *guier*, du francique *witan*, d'après *guide*) **1.** Accompagner en montrant le chemin. → **conduire, piloter.** *Guider des touristes.* – *Chien entraîné à guider les aveugles.* **2.** Faire aller dans une certaine direction. → **diriger, mener.** – au p. p. *Bateau, avion, fusée guidés par radio.* → **téléguidé. 3.** (sujet chose) Mettre sur la voie, aider à reconnaître le chemin. **4.** fig. Entraîner dans une certaine direction morale, intellectuelle ; aider à choisir. → [2]**conseiller, éclairer, orienter.** *Guider un enfant dans le choix d'une carrière. Il se laisse guider par son flair.* ■ **se guider** (sur) v. pron. Se diriger (d'après qqch. que l'on prend pour repère). – *Se guider sur le soleil.* → **se repérer.** – *Se guider sur l'exemple de qqn.*

guiderope n. m. (anglais *guide-rope*, de *guide*, pris au français, et *rope* « corde », d'origine germanique) Cordage que les pilotes d'aérostats laissent traîner sur le sol dans certaines manœuvres.

guidon n. m. (de *guider* ; d'abord « ce qui guide ») **1.** vieux Étendard, fanion. **2.** Saillie à l'extrémité du canon d'une arme (extrémité de la ligne de mire). **3.** cour. Tube de métal muni de poignées qui commande la roue directrice d'une bicyclette, d'une motocyclette. *Un guidon de course.*

Guigang ou **Kouei-kang** Ville de Chine (Guangxi). 659 000 habitants. Industries sucrières. Mines d'or et de cuivre.

guignard, arde adj. fam. et vieilli Qui a la guigne. → **malchanceux.** – **n.** *C'est une guignarde.*

Guignard (Léon) Botaniste français (1852-1928). Spécialiste de la reproduction des végétaux, il découvrit la double fécondation chez les angiospermes.

[1]**guigne** n. f. (de l'ancien français *guine*, p.-ê. du francique *wihsila* « griotte ») **1.** Petite cerise rouge foncé ou noire, à chair ferme et sucrée. **2.** *Se soucier de qqn, qqch. comme d'une guigne,* très peu, pas du tout.

[2]**guigne** n. f. (de *guigner*, idée de « mauvais œil » ; a remplacé *guignon*) fam. Malchance. *Porter la guigne.* → **poisse.** *Quelle guigne !*

guigner v. tr. < 1 > (p.-ê. du francique *wingjan* « faire signe » ; d'abord « faire de l'œil » et « loucher ») **1.** Regarder à la dérobée. *Guigner le jeu du voisin.* **2.** fig., fam. Considérer avec convoitise. → **guetter.** *Guigner une place, un beau parti.*

guignier n. m. régional Cerisier qui produit des guignes ([1]).

guignol n. m. (n. propre lyonnais *Guignol, Chignol,* « celui qui cligne de l'œil », dérivé de *guigner*) **I. 1.** Marionnette à gaine de la tradition lyonnaise. **2.** fam. Personne comique ou ridicule. *Arrête de faire le guignol.* → **pitre.** – Personne peu sérieuse sur qui on ne peut compter. → **charlot, gugusse. II.** Théâtre de marionnettes lyonnais, dont Guignol est le héros.

Guignol Marionnette lyonnaise créée vers 1808 par Laurent Mourguet. Il symbolise, avec son ami Gnafron, la ruse, la débrouillardise et l'impertinence face aux agents de l'autorité.

Guignol, en 2010.

guignolade n. f. Situation ou action burlesque, discours ridicule. → [2]**farce.** *Son intervention a tourné à la guignolade.*

guignolée n. f. (origine incertaine) (Canada) Collecte effectuée en fin d'année en faveur des personnes démunies.

guignolet n. m. (de *guignole*, mot normand, de [1]*guigne*) Liqueur de guignes ([1]) ou de griottes.

guignon n. m. (de *guigner* « regarder de travers ») fam. et vieilli Mauvaise chance persistante (au jeu, dans la vie). *Avoir du guignon.* → [2]**guigne, malchance, poisse.**

Guignon (Jean-Pierre) Compositeur et violoniste français (1702-1774). Il fut consacré « roi des violons » par ses contemporains.

Guilbert (Yvette) Chanteuse française (1867-1944). Elle fut l'ambassadrice de la chanson populaire française (*Le Fiacre ; Madame Arthur*). Toulouse-Lautrec l'immortalisa dans son étrange tenue de scène.

guilde n. f. (latin *gilda*, de l'ancien néerlandais) **1.** Au Moyen Âge, Association de secours mutuel entre marchands, artisans, bourgeois. - var. **ghilde. 2.** Association qui procure à ses adhérents des conditions d'achat particulières.

Guildford Ville d'Angleterre (Surrey), au S.-O. de Londres, sur le Wey. 77 000 habitants. Château du XIIe s. Musée.

Guiliarovski (Vladimir Alekseïevitch) Écrivain russe (1853 ou 1855-1935). Il se fit le peintre et le chroniqueur de la vie à Moscou à la fin du XIXe s. avec son roman *Moscou et les Moscovites.*

guili n. m. (onomatopée) fam. Chatouillement. – loc. *Faire guili guili à qqn,* le chatouiller.

Guilin ou **Kouei-lin** Ville de Chine (Guangxi). 963 600 habitants. Site touristique réputé pour ses paysages de collines en bordure du Gui jiang.

Guillain (Simon) Sculpteur et graveur français (1581-1658). Il décora plusieurs églises parisiennes et s'illustra par un monument en bronze sur le Pont-au-Change représentant Louis XIII, Anne d'Autriche et le jeune Louis XIV (musée du Louvre).

guillaume n. m. (du n. propre) techn. Rabot servant à faire les rainures, les moulures.

Guillaume

SAINT

■ **Guillaume le Grand (saint)** (v. 755-812) Comte de Toulouse et duc d'Aquitaine. Il lutta contre les Sarrasins et s'empara de Barcelone en 801. Il fonda l'abbaye de Gellone (auj. Saint-Guilhem-le-Désert). Il devint le personnage principal de la *Chanson de Guillaume* qui narre son combat contre les païens.

ACHAÏE

■ **Guillaume Ier de Champagne** Seigneur de Champlitte (2de moitié du XIIe s.-1210). Prince d'Achaïe (1205-1209). Il participa à la quatrième croisade et fonda la principauté d'Achaïe.

■ **Guillaume II de Villehardouin** (mort en 1278) Prince d'Achaïe (1246-1278). Il assura l'essor de la principauté mais dut se reconnaître le vassal de Charles Ier de Sicile qui lui succéda.

ALLEMAGNE

■ **Guillaume Ier** (1797-1888) Roi de Prusse (1861-1888) et empereur d'Allemagne (1871-1888). Fils de Frédéric-Guillaume III. Régent puis successeur de son frère Frédéric-Guillaume IV. Il fit appel à Bismarck à qui il confia la direction du gouvernement. Après la victoire sur la France en 1870, il fut proclamé empereur dans la galerie des Glaces à Versailles (janv. 1871).

■ **Guillaume II** (1859-1941) Roi de Prusse et empereur d'Allemagne (1888-1918). Petit-fils de Guillaume Ier, il succéda à son père Frédéric III. Il fit de l'Allemagne une grande puissance industrielle, rompit avec la politique extérieure de Bismarck, qu'il renvoya en 1890 et brisa l'alliance traditionnelle prusso-russe au profit d'un rapprochement avec l'Autriche-Hongrie et l'Empire ottoman. La mise en cause du savant équilibre européen établi par Bismarck préluda au déclenchement de la Première Guerre mondiale. Guillaume II en sortit vaincu et dut abdiquer le 9 novembre 1918.

Guillaume II remet la Croix de fer à un blessé, carte postale (v. 1915).

ANGLETERRE, GRANDE-BRETAGNE

■ **Guillaume Ier le Conquérant** (1027-1087) Duc de Normandie (1035-1087), roi d'Angleterre (1066-1087). Fils illégitime de Robert Ier, duc de Normandie, il lui succéda après avoir combattu les barons normands. Son cousin, le roi d'Angleterre Édouard le Confesseur, le désigna comme successeur, mais il ne s'assura le trône qu'en remportant la bataille d'Hastings sur le roi Harold II (1066). Guillaume établit une monarchie puissante, organisée selon le modèle féodal et s'appuyant sur l'Église. À sa mort, son fils, Guillaume II, lui succéda.

■ **Guillaume II le Roux** (v. 1056-1100) Roi d'Angleterre (1087-1100). Fils de Guillaume le Conquérant. Il eut à faire face aux révoltes des barons anglais, ainsi qu'aux Gallois et aux Celtes.

■ **Guillaume III** → Guillaume III d'Orange-Nassau, stathouder de Hollande.

■ **Guillaume IV** (1765-1837) Roi de Grande-Bretagne et d'Irlande, roi de Hanovre à partir de 1830. Frère et successeur de George IV, il laissa gouverner ses ministres. Sa nièce Victoria lui succéda.

G

HOLLANDE

■ **Guillaume Iᵉʳ d'Orange-Nassau** dit **le Taciturne** (1533-1584) Stathouder de Hollande (1559-1567, 1572-1594). Fondateur de la branche des Orange-Nassau, il devint gouverneur de la Hollande (1559) et se fit le défenseur pacifique des libertés aux Pays-Bas contre l'absolutisme du pouvoir espagnol. Face à l'intensification des répressions contre les protestants menées par le duc d'Albe, il organisa le soulèvement de la Hollande et de la Zélande contre l'Espagne. Il fut reconnu stathouder des dix-sept provinces lors de la pacification à Gand (1576). L'Union d'Arras précipita la rupture entre le Nord et le Sud et entraîna la création des Provinces-Unies.

■ **Guillaume II d'Orange-Nassau** (1626-1650) Stathouder de Hollande (1647-1650). Fils et successeur de Frédéric-Henri II, il épousa la fille de Charles Iᵉʳ roi d'Angleterre.

■ **Guillaume III d'Orange-Nassau** (1650-1702) Stathouder des Provinces-Unies (1672-1702), roi d'Angleterre, d'Écosse et d'Irlande (1689-1702). Fils posthume de Guillaume II d'Orange-Nassau. Il défendit la Hollande contre la tentative d'invasion des armées de Louis XIV en provoquant de graves inondations et en ménageant d'habiles alliances (paix de Nimègue, 1678). Petit-fils de Charles Iᵉʳ, il fut appelé, lors de la révolution contre Jacques II, son beau-père, pour partager la couronne d'Angleterre avec sa femme, Marie II. Il signa le *Bill of Rights* (Déclaration des droits) de 1689 et força Louis XIV à le reconnaître, lors de la paix de Ryswick (1697). Il mourut alors qu'il préparait la guerre de Succession d'Espagne.

PAYS-BAS

■ **Guillaume Iᵉʳ** (1772-1843) Roi des Pays-Bas et grand-duc de Luxembourg (1815-1840). Fils de Guillaume V de Nassau, il fut contraint d'accepter l'indépendance de la Belgique (1839), sécessionniste depuis 1830. Il abdiqua en 1840.

■ **Guillaume II** (1792-1849) Roi des Pays-Bas et grand-duc du Luxembourg (1840-1849). Fils de Guillaume Iᵉʳ. Il donna une constitution libérale à la Hollande en 1848.

■ **Guillaume III** (1817-1890) Roi des Pays-Bas et grand-duc de Luxembourg (1849-1890). Fils de Guillaume II. Avec lui s'éteignit la ligne mâle de la maison d'Orange.

SICILE

■ **Guillaume Iᵉʳ le Mauvais** (v. 1120-1166) Roi de Sicile (1154-1166). Il remporta une importante victoire sur l'empereur Manuel Iᵉʳ Comnène.

■ **Guillaume II le Bon** (1154-1189) Roi de Sicile (1166-1189). Fils de Guillaume Iᵉʳ le Mauvais. Il fit en 1177 la paix avec l'empereur Frédéric Iᵉʳ Barberousse.

Guillaume (**Charles Édouard**) Physicien suisse (1861-1916). Il mit au point, avec Edvard Jäderin, un appareil utilisé pour déterminer les arcs des méridiens. Il découvrit l'Invar, alliage au coefficient thermique quasi nul aujourd'hui utilisé dans les instruments de précision. Prix Nobel 1920.

Guillaume (**Gustave**) Linguiste français (1883-1960). Il élabora une théorie de la « psychosystématique » mettant en lumière les rapports de la langue et de la pensée. Il exerça une grande influence sur les linguistes français contemporains. *Le Problème de l'article et sa solution dans la langue française.*

Guillaume de Champeaux Théologien et philosophe français (1070-1121). Maître d'Abélard, il soutint pourtant contre lui la position réaliste lors de la querelle des universaux.

Guillem (Sylvie)

S. Guillem dans *Racine cubique* de M. Béjart (1997).

Guillaume de Lorris Poète français du XIIIᵉ s. Il n'est connu que comme auteur de la première partie du *Roman de la Rose*, Jean de Meung étant celui de la seconde.

Guillaume de Machaut ou **de Machault** Musicien et poète français (v. 1300-v. 1377). Principal représentant de l'Ars Nova, il fixa les règles musicales pour le lai, le virelai, la ballade, le rondeau, et composa la première messe polyphonique due à un seul auteur *(Messe de Notre-Dame).*

Guillaume de Nangis Chroniqueur et moine français (mort en 1300). Il rédigea une *Chronique universelle*, histoire du monde jusqu'en 1300.

Guillaume de Saint-Amour Théologien français (1202-1272). Professeur à la Sorbonne, il soutint des thèses hostiles aux ordres mendiants, qui furent condamnées par Rome.

Guillaume de Tyr Prélat et chroniqueur (v. 1130-v. 1184). Archevêque de Tyr en 1175, il prêcha la troisième croisade et écrivit une histoire de l'Orient latin au XIIᵉ siècle.

Guillaume d'Occam ou **d'Ockham** Théologien et philosophe anglais (v. 1290-v. 1349). Franciscain, auteur de pamphlets contre la papauté, il s'opposa au pape Jean XXII dans une controverse sur la pauvreté de Jésus, ce qui lui valut d'être excommunié et menacé d'arrestation. Sa philosophie nominaliste préfigure l'empirisme de Locke et de Hume. *Commentaire sur les sentences de Pierre Lombard ; Somme de toute logique (Summa totius logicae).*

Guillaume Tell Héros légendaire de l'indépendance suisse (début du XIVᵉ s.). Selon la tradition, Guillaume Tell, qui s'était engagé à libérer la Suisse de l'autorité des Habsbourg, refusa de se courber devant le couvre-chef du bailli autrichien Gessler, comme ce dernier l'exigeait afin d'éprouver la loyauté de la population. Il fut alors contraint de percer d'une flèche une pomme placée sur la tête de son propre fils, ce qu'il parvint à faire. Néanmoins emprisonné, il réussit à s'échapper et tua Gessler. Cette légende fut popularisée par une tragédie de Schiller et un opéra de Rossini.

Guillaumin (**Armand**) Peintre français (1841-1927). Ami de Monet, Cézanne et Pissarro, il exposa avec eux ses peintures de paysages *(Neige fondante dans la Creuse).*

guilledou **n. m.** **(p.-ê. de l'ancien français *guiller* « tromper » → guilleret et de *doux*) loc. fam., vieilli** ***Courir le guilledou*** : aller en quête d'aventures galantes.

Guillem (**Sylvie**) Danseuse française (née en 1965). Danseuse étoile à dix-neuf ans, grâce à ses qualités techniques exceptionnelles, elle a dansé pour les plus grands chorégraphes, tels William Forsythe *(In the Middle)* et Maurice Béjart *(Épisodes).*

guillemet **n. m.** **(p.-ê. diminutif de *Guillaume*, nom ou prénom d'un imprimeur) surtout au plur.** Signe typographique (« ») qu'on emploie pour isoler un mot, un groupe de mots, etc., cités, rapportés, ou simplement mis en valeur. *Ouvrez, fermez les guillemets. Mettre une citation entre guillemets.* **fig.** *Entre guillemets*, prétendu (**→ soi-disant**).

guilleméter **< 6 >** ou **guillemeter** [gijmete] **v. tr.** **< 4 ou** RO **5 > (de *guillemet*)** Mettre entre guillemets. **– au p. p.** *Citation guillemétée.*

Guillemin (**Roger**) Médecin américain d'origine française (né en 1924). Il est le fondateur, avec Andrew Schally, de la neuroendocrinologie. Ses travaux ont trouvé des applications dans le traitement de certaines maladies hormonales telles que le diabète juvénile. Prix Nobel 1977.

guillemot **n. m.** **(diminutif de *Guillaume*, surnom de cet oiseau)** Oiseau palmipède voisin du pingouin, habitant les régions arctiques. *Guillemot à capuchon.*

Guillén (**Jorge**) Poète espagnol (1893-1984). Traducteur de P. Valéry en Espagne, il composa une poésie à la fois rigoureuse dans sa construction et d'une grande puissance d'évocation. *Cantico ; Clamor.*

Guillén (**Nicolás**) Poète cubain (1904-1989). Sans répudier la tradition hispanique, il puisa son inspiration dans la culture noire de Cuba. *Ballade des deux aïeux ; J'ai ; À Guevara.*

Guilleragues (**Gabriel de Lavergne, sieur de**) Magistrat et écrivain français (1628-1685). Il est l'auteur des *Lettres portugaises*, qui passèrent jusqu'en 1926 pour d'authentiques lettres d'amour de la religieuse Mariana Alcoforado.

guilleret, ette **adj.** **(p.-ê. de l'ancien français *guiller* « tromper », de *guile*, du francique *wigila* « ruse » → guilledou)** Qui manifeste une gaieté vive, insouciante. **→ frétillant, fringant.** *Il est tout guilleret.* – *Être d'humeur guillerette.* **→ léger, réjoui.**

Guillevic (**Eugène**) Poète français (1907-1997). Sa poésie recourt à un lyrisme concentré, incantatoire, qui vise à « tout rendre concret, palpable ». La matière devient alors témoin de l'histoire de l'homme, ouvrant ainsi le dialogue entre elle et le poète. *Terraqué ; Carnac ; Creusement.*

guillocher **v. tr.** **< 1 > (italien *ghiocciare*, de *gocciare*, qui vient du latin *guttiare*, de *gutta* « goutte », ou de *guille* pour *quille* « cheville, chevron »)** Orner de traits gravés entrecroisés. **– au p. p.** *Un boîtier de montre guil-*

Guimard (Hector)

H. Guimard, station de métro « Abbesses ».

Guinée

loché. □ n. m. **guillochage** □ n. **guillocheur, euse**

guillochis [gijɔʃi] n. m. (de *guillocher*) techn. Ornement de sculpture ou d'orfèvrerie formé de traits gravés (appelés *guillochures*, n. f.) entrecroisés avec régularité, symétrie. *Un fin guillochis.*

Guillotin (Joseph Ignace) Médecin et homme politique français (1738-1814). Député de Paris aux États généraux, il obtint, pour l'exécution des condamnés à mort, la création d'une machine à laquelle on donna son nom (la *guillotine*).

guillotine n. f. (du n. de Guillotin) 1. En France, Instrument qui servait à trancher la tête des condamnés à mort. *Dresser la guillotine sur l'échafaud.* 2. *Fenêtre à guillotine*, dont le châssis glisse verticalement entre deux rainures.

guillotiner v. tr. < 1 > Faire mourir par la guillotine. → **décapiter.** – p. p. subst. *Le cadavre d'un guillotiné.* □ n. m. **guillotineur**

Guilloux (Louis) Romancier français (1899-1980). Auteur engagé contre les injustices de la société bourgeoise, il écrivit des romans profondément humanistes et animés d'une authentique foi révolutionnaire *(La Maison du peuple)*. La critique sociale se fit plus dure encore dans son chef-d'œuvre, *Le Sang noir.*

Guilmant (Alexandre) Organiste et compositeur français (1837-1911). Il fut l'un des fondateurs de la Schola cantorum. Il a composé de nombreuses sonates, des messes et des motets.

Guimarães Ville du Portugal (Minho). 54 750 habitants. Château fort des Xe et XVe s. Palais des ducs de Bragance du XVe s. Marché agricole. Artisanat.

Guimard (Hector) Architecte français (1867-1942). Il s'affirma comme le grand représentant français du style Art nouveau. Il joua des mélanges de matériaux et des formes asymétriques et incurvées pour le décor des entrées du métropolitain parisien (« style métro »).

guimauve n. f. (de *gui-*, qui vient du latin *hibiscum* → **hibiscus**, d'après le germanique *wihsila* → ¹**gui** ; et de *mauve*) 1. Plante à haute tige, à fleurs d'un blanc rosé, qui pousse dans les terrains humides. *Guimauve rose* : rose trémière. 2. *(Pâte de) guimauve* : pâte comestible molle et sucrée. → anglic. **chamallow, marshmallow.** 3. fig. Niaiserie sentimentale.

guimbarde n. f. (du provençal ; p.-ê. de *guimba* « sauter », famille de *guibolle*) 1. Petit instrument de musique rudimentaire contenant une languette métallique que l'on fait vibrer dans la bouche. 2. fam. Vieille voiture délabrée. → **tacot.**

Guimet (Émile) Industriel lyonnais (1836-1918). Passionné d'histoire des religions, il ouvrit au public ses collections orientales en 1879, puis les transféra à Paris dans le musée qui prit son nom (1889), avant de devenir le Musée national des arts asiatiques-Guimet.

guimpe n. f. (de l'ancien français *guimple*, du francique *wimpil*) 1. Pièce de toile qui couvre la tête, encadre le visage des religieuses. 2. Corsage ou plastron léger porté avec une robe décolletée, etc.

guincher v. intr. < 1 > (p.-ê. de l'ancien français *guenchir* « obliquer », du francique *wenkjan* → **gauchir**) fam. Danser. ■ **guinche** n. m. Bal public.

guindant n. m. (→ **guinder**) mar. *Guindant d'une voile, d'un pavillon* : hauteur du côté fixé au mât ou à la hampe (opposé à *battant*).

guindé, ée adj. (de *guinder* [2]) Qui manque de naturel, a de la raideur. → **contraint.** *Avoir un air guindé dans ses vêtements neufs.* – *Style guindé.* → **affecté, emphatique.**

guindeau n. m. (→ **guinder**) mar. Treuil à axe horizontal qui sert à manœuvrer les ancres. *Des guindeaux.*

guinder v. tr. < 1 > (de l'ancien nordique *vinda* « brandir » et « enrouler », mot des Vikings) 1. mar. Hisser (un mât). ■ Élever (un fardeau) avec une machine. 2. littér. Donner à (qqch.) une tenue factice et raide. *Guinder son style.* – pronom. « *Le récit se guinde un peu* » (Sartre).

guinée n. f. (anglais *guinea*) Ancienne monnaie anglaise d'abord frappée en or de Guinée. *La guinée valait 21 shillings.*

Guinée

n. f. ■ offic. république de Guinée État d'Afrique occidentale. 245 857 km². 12 717 000 habitants (les *Guinéens*). **Langues :** français (offic.), mandingue (malinké), peul, soussou, bassari. **Population :** Malinkés, Peuls, Soussous, Kissis. **Religion :** musulmans (85 %). **Monnaie :** franc guinéen. **Capitale :** Conakry. **Régime :** présidentiel (militaire).

GÉOGRAPHIE

Hormis une large plaine côtière à l'O., la Guinée est formée de plateaux (plateau mandingue) et de montagnes (Fouta-Djalon, Dorsale guinéenne), où naissent les grands fleuves d'Afrique occidentale (Gambie,

Sénégal, Niger). Le climat, équatorial sur la côte, est tropical humide au S. (forêts denses) et de type soudanien au N. (forêt claire, savane arborée).

L'agriculture d'exportation (banane, café, huile de palme) est en déclin, tandis que l'exploitation des minerais (bauxite, diamant, fer) procure des revenus croissants. Pourtant, le pays demeure pauvre (dette, corruption...).

HISTOIRE
Le nord du territoire fit partie de l'empire du Ghana (v^{e}-xie s.) puis de celui du Mali (xiiie s.). Les Européens établirent des comptoirs pour le commerce des épices et des esclaves (xvie s.). La France fonda Conakry (1890), colonisa la Guinée et l'intégra à l'Afrique-Occidentale française (1895). Elle développa l'agriculture et l'exploitation de la bauxite.

G

A. Sékou Touré organisa la résistance (1952), obtint l'indépendance (1958) et établit un régime autoritaire. Après sa mort (1984), l'armée porta au pouvoir le colonel Lansana Conté qui, malgré les contestations de l'opposition et sa maladie, se maintint à la tête du pays. Le « capitaine président » Moussa Dadis Camara qui s'empara du pouvoir à sa mort (2008), blessé dans un attentat un an plus tard, laissa sa place à un président par intérim. C'est finalement l'opposant historique, Alpha Condé, qui fut élu démocratiquement en 2010. Le pays fut frappé entre 2013 et 2016 par l'épidémie d'Ébola qui fit plusieurs milliers de victimes dans la région, puis en 2020 par le Covid-19. Après un remaniement de la Constitution qui lui permit d'obtenir un troisième mandat, Alpha Condé fut renversé par la junte militaire en 2021. Le colonel Mamady Doumbouya s'autoproclama président.

Guinée-Bissau ou Guinée-Bissao

n. f. ■ offic. république de Guinée-Bissau Pays d'Afrique occidentale. 36 125 km^2 (avec l'archipel des Bissagos). 1 861 000 habitants (les *Bissau-Guinéens*). **Langues :** portugais (offic.), créole, malinké, balante, peul. **Religions :** musulmans, animistes, chrétiens. **Monnaie :** franc CFA. **Capitale :** Bissau. **Régime :** présidentiel.

GÉOGRAPHIE
À l'O., des îles et des lagunes forment les estuaires de fleuves côtiers. À l'intérieur, la plaine est couverte d'une forêt humide. L'économie repose sur l'agriculture (riz, huile de palme, arachide) et l'élevage. Les ressources forestières et minières (bauxite, phosphate) sont peu exploitées.

HISTOIRE
Les Portugais explorèrent les côtes (1446), fondèrent des comptoirs (Bissau, 1692), puis colonisèrent le territoire (1879). Le pays obtint son indépendance en 1974. Le régime militaire instauré en 1980 s'ouvrit au multipartisme (1991), avant de connaître deux coups d'État (1998, 2003). João Bernardo Vieira, renversé en 1998, de nouveau élu en 2005, fut tué en 2009. Après la tentative de putsch de décembre 2011, suivie du décès du président Malam Bacai Sanha, l'armée reporta l'élection présidentielle qui devait avoir lieu en avril 2012. En 2014, l'élection fut remportée par José Mario Vaz, membre du Parti africain pour l'indépendance de la Guinée et du Cap-Vert (PAIGC), mais l'instabilité politique persista. Le candidat du Mouvement Alternative Démocratique, Umaro Sissoco Embalo, qui fut élu en 2020, réchappa à une tentative de coup d'État en 2022.

Guinée équatoriale

n. f. ■ offic. république de Guinée équatoriale État d'Afrique centrale. 28 051 km^2. 1 267 600 habitants (les *Équato-Guinéens*). **Langues :** français et espagnol (offic.). **Population :** Bubis, Fangs, Fernandinos (métis), Ibos. **Religions :** chrétiens, animistes. **Monnaie :** franc CFA. **Capitale :** Malabo (dans l'île de Bioko). **Régime :** présidentiel.

GÉOGRAPHIE
Le pays, au climat équatorial, comporte une partie continentale couverte de forêts (le Mbini) et des îles volcaniques (Bioko, Annobón). L'exploitation de la forêt et, depuis 1996, celle du pétrole (99 % des exportations) constituent les principales sources de revenus.

HISTOIRE
Les îles furent découvertes par les Portugais (xve s.), puis cédées à l'Espagne avec la région continentale (1778). La Guinée équatoriale accéda à l'indépendance (1968). Elle connaît depuis lors un régime militaire qui s'ouvre très lentement au multipartisme (autorisé depuis 1992). Le président Teodoro Obiang Nguema, au pouvoir depuis 1979, a nommé son fils vice-président en 2016.

Guinegatte voir **Enguinegatte**

Guînes Commune du Pas-de-Calais, au S. de Calais. 5 581 habitants. Forêt de Guînes (785 ha) au sud.

Guingamp Chef-lieu d'arrondissement des Côtes-d'Armor. 7 115 habitants. Église de style gothique et Renaissance. Industrie (agroalimentaire, électronique).

de guingois loc. adv. fam. De travers. → **obliquement.** « *Toujours assis de guingois, comme sur un bras de fauteuil* » (Gide).

guinguette n. f. (p.-ê. de l'ancien français *guinguer*, de *giguer* « sauter » → [1]gigue, ou var. de *guincher*) Café populaire où l'on consomme et où l'on danse, souvent en plein air. *Les guinguettes des bords de Marne.*

Guinizelli (Guido) Poète italien (v. 1235-1276). Partisan des guelfes, il fut contraint à l'exil par le triomphe des gibelins (1274). Son écriture poétique renouvela la symbolique de l'époque et suscita l'admiration de Dante. Il est considéré comme le précurseur du *Dolce stil nuovo.*

Guinness (sir Alec) Comédien britannique (1914-2000). Réputé pour son art de la composition, il fut l'un des plus grands interprètes du théâtre shakespearien (*Hamlet ; Richard III*). Il s'est également illustré au cinéma, notamment dans des films de D. Lean (*Oliver Twist ; Le Pont de la rivière Kwaï ; Lawrence d'Arabie*).

guipage n. m. **1.** techn. Action de guiper. **2.** électr. Gaine qui isole un fil électrique.

Guipavas Commune du Finistère, à l'E. de Brest, dans le Léon. 15 196 habitants. Aéroport de Brest-Guipavas.

guiper v. tr. < 1 > (du francique *wîpan* « envelopper » → guipure) techn. **1.** Torsader, en passementerie. **2.** Entourer (un fil électrique) d'un isolant. → **gainer.**

guipure n. f. (de *guiper* « entourer d'étoffe ») Dentelle très ajourée, dont les motifs sont séparés par de grands vides. *Un col de guipure.*

Guipúzcoa n. m. L'une des trois provinces de la Communauté autonome du Pays basque espagnol. 1 997 km^2. 708 428 habitants. Chef-lieu : Saint-Sébastien. Élevage bovin. Hydroélectricité. Tourisme balnéaire.

Güiraldes (Ricardo) Écrivain argentin (1886-1927). Proche de V. Larbaud, de J. Laforgue et de J.-L. Borges, il est l'auteur de poésies et de romans. *Don Segundo Sombra* est le récit allégorique de la vie de la pampa.

Guiraut Riquier Troubadour languedocien (v. 1230-v. 1292). Dernier représentant de la poésie courtoise, il est l'auteur de chansons d'*alba* (aube) et de pastourelles.

guirlande n. f. (italien *ghirlanda*, de l'ancien provençal, du francique *weara, wara* « diadème, couronne » ; influence de *garlande* « cloison ») Cordon décoratif de végétaux naturels ou artificiels, de papier découpé, etc. *Une guirlande de fleurs. Des guirlandes de Noël.*

Guisan (Henri) Général suisse (1874-1960). Il fut commandant en chef des forces armées helvétiques pendant la Seconde Guerre mondiale.

Guiscard voir **Robert Guiscard**

guise n. f. (d'abord *wise* ; du germanique *wisa* « manière ») **I.** *À sa guise* **loc. adv. :** selon son goût, selon sa volonté. *Chacun vit à sa guise,* à son gré, à sa fantaisie. *À ta guise :* comme tu voudras. – *Elle n'en fait qu'à sa guise,* à sa tête. **II.** *En guise de* **loc. prép. :** pour tenir lieu de, comme (mais moins bien). *On lui a donné ce petit cadeau en guise de consolation.* → **à titre de.** – À la place de. « *Vêtue, en guise de robe, d'une vieille blouse à son père* » (Zola).

Guise [giz] ou [gɥiz] **(maison de)** Famille noble de Lorraine. ■ **Claude de Lorraine, 1er duc de Guise** (1496-1550). Il servit Fran-

Guinée-Bissau

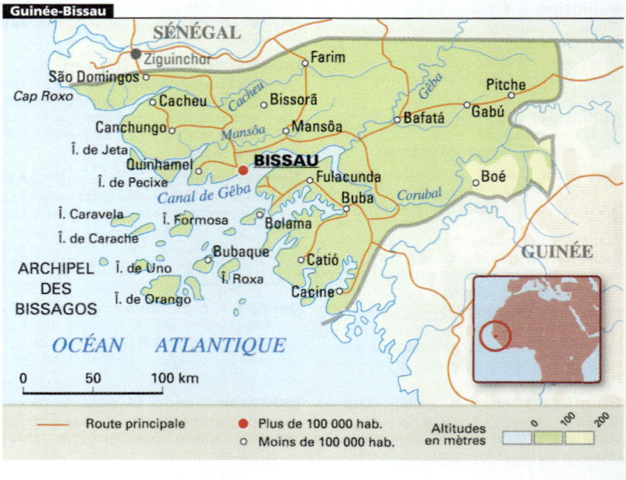

Guinée équatoriale

çois Ier contre Charles Quint et reçut le comté de Guise, érigé en duché. ■ **François Ier de Lorraine, 2e duc de Guise** (1519-1563). Fils de Claude de Lorraine. Chef de guerre redoutable, il acquit une grande renommée en infligeant une sévère défaite aux troupes de Charles Quint, à Metz (1552), et en reprenant Calais aux Anglais (1558). Sous François II et la régence de Catherine de Médicis, il s'opposa à toute conciliation avec les protestants, prit la tête du parti catholique et provoqua le massacre de Wassy (1562), à l'origine de la première guerre de Religion. Il mourut assassiné par un protestant lors du siège d'Orléans. ■ **Henri Ier de Lorraine, 3e duc de Guise, dit le Balafré** (1550-1588). Fils de François Ier de Lorraine. Chef du parti catholique, il fut l'un des instigateurs du massacre de la Saint-Barthélemy (1572). Il prit la tête de la Ligue catholique, refusa de reconnaître Henri de Navarre comme héritier du trône et, grâce à sa popularité, prit le pouvoir à Paris. Le roi Henri III l'attira alors aux états généraux de Blois où il le fit assassiner. ■ **Louis II de Guise** (1555-1588). Frère d'Henri Ier de Lorraine. Cardinal de Lorraine. Il reprit la tête de la Ligue catholique mais fut assassiné peu après son frère.

Guise Commune de l'Aisne, sur l'Oise. 4 559 habitants. Ruines d'un château fort du xe s. abritant un musée. Familistère bâti de 1859 à 1883 par J.-B. Godin.

guitare **n. f.** **(espagnol *guitarra*, grec *kithara* → cithare)** Instrument de musique à cordes que l'on pince avec les doigts ou avec un petit instrument **(→ médiator)**. – *Guitare électrique*, à son amplifié (opposé à *guitare sèche* ou *guitare acoustique*).

guitariste **n.** Personne qui joue de la guitare.

Guiton (Jean) Armateur français (1585-1654). Protestant, il était le maire de La Rochelle assiégée par Richelieu (1627-1628). Il capitula au terme d'une vaillante résistance.

guitoune **n. f.** **(arabe maghrébin *gitun*, arabe classique *gaitun*, du grec *koitôn* « chambre »)** fam. Tente. ■ Abri rudimentaire, abri de tranchée.

Guitry (Lucien) Comédien français (1860-1925). Il créa les grands rôles d'E. Rostand, Cyrano dans *Cyrano de Bergerac* et Flambeau dans *L'Aiglon*. Il s'illustra également dans une adaptation de *L'Assommoir* de Zola.

Guitry (Sacha) Acteur, auteur dramatique et cinéaste français (1885-1957). Fils de Lucien Guitry. Il composa de très nombreuses pièces de boulevard autour du thème de l'adultère bourgeois *(Faisons un rêve ; Quadrille)*. Sa verve, son humour caustique et surtout ses trouvailles scéniques donnèrent à ses films *(Le Roman d'un tricheur ; La Poison)* un style comique à la fois énergique et élégant, qu'il sut transposer dans ses fresques historiques *(Si Versailles m'était conté ; Le Diable boiteux)*.

S. Guitry sur le tournage de son film *Napoléon* (1955).

Guitton (Jean) Philosophe français (1901-1999). Il consacra son œuvre à la pensée catholique. *Le Temps et l'Éternité chez Plotin et saint Augustin ; La Pensée moderne et le Catholicisme.* Académie française.

Guittone d'Arezzo Poète italien (v. 1235-1294). Partisan des guelfes, il s'exila à la suite du triomphe des gibelins. Il se convertit et abandonna la poésie lyrique pour des textes moraux et religieux *(Rime)*.

guivre **n. f.** **(vient du latin *vipera*, avec influence germanique [*cf. guêpe*] → vipère et vouivre)** vieux Animal fantastique ayant un corps de serpent, des ailes de chauve-souris et des pattes de pourceau. ■ **mod., blason** Serpent.

Guiyang ou **Kouei-yang** Ville de Chine, capitale de la province de Guizhou. 2,5 millions d'habitants. Centre industriel. Importantes mines de bauxite.

Guizeh voir **Gizeh**

Guizhou ou **Kouei-tcheou** **n. m.** Province du S. de la Chine. 176 000 km^2. 35 000 000 habitants. Capitale : Guiyang. Importante région agricole (céréales, patate douce, thé, coton). Principaux gisements de mercure et de phosphate du pays. Extraction du charbon à Liupanshui (« la mer de charbon du Sud-Ouest »). Industrie (forestière, textile, chimique).

Guizot (François) Homme politique et historien français (1787-1874). Conservateur et partisan du libéralisme économique, élu député en 1830, il s'opposa aux ordonnances de Saint-Cloud (25 juill. 1830) et se rallia au duc d'Orléans, le futur Louis-Philippe. Plusieurs fois ministre sous la monarchie de Juillet, il fit voter une loi sur la liberté d'enseignement et l'organisation de l'enseignement primaire (*loi Guizot*, 1833). Devenu le véritable chef du gouvernement à partir de 1840, il prône une politique intérieure en faveur des milieux d'affaires. Son refus d'élargir l'électorat par un abaissement du cens et son aveuglement face au mécontentement grandissant du monde ouvrier provoquèrent la révolution de février 1848. Il est l'auteur de plusieurs ouvrages : *Histoire de la révolution d'Angleterre ; Histoire des origines du gouvernement représentatif.* Académie française 1836.

Gujan-Mestras Commune de la Gironde, sur le bassin d'Arcachon. 22 036 habitants. Ostréiculture.

Gujarat **n. m.** État du N.-O. de l'Inde. 196 024 km^2. 63,8 millions d'habitants. Capitale : Gandhinagar. Le territoire est une vaste plaine encadrée par la péninsule rocheuse de Kathiawar, propice à la culture du coton. Région industrielle et pétrolifère. Patrie du Mahatma Gandhi, le Gujarat fut l'un des foyers du nationalisme indien.

gujarati [gudʒa-] **n. m.** **(mot de cette langue)** Langue du groupe indo-iranien parlée au Gujarat, en Inde.

Gujranwala Ville du Pakistan (Panjab), au N. de Lahore. 2 027 000 habitants. Centre commercial et industriel.

Gu Kaizhi ou **Kou K'ai-tche** Peintre et poète chinois (v. 346-v. 407). Il est l'auteur des célèbres rouleaux *Admonitions de la monitrice aux dames du palais.*

Gulbenkian (Calouste Sarkis) Homme d'affaires et mécène britannique d'origine arménienne (1869-1955). Son immense fortune lui permit d'acquérir une admirable collection d'art, léguée à la Fondation Gulbenkian de Lisbonne.

gulden [gyldɛn] **n. m.** **(mot allemand, de l'ancien haut allemand « en or »)** Ancienne pièce de monnaie néerlandaise qui valait un florin.

Gulf Stream **n. m.** Courant marin chaud de l'Atlantique, né dans le golfe du Mexique d'où il tire son nom (en français « courant du golfe »). Il est formé de la réunion du courant des Antilles (venu d'Afrique de l'Ouest) et du courant de Floride (venu des Caraïbes et du Brésil). Le Gulf Stream longe l'Amérique du Nord et, parvenu au N. de Terre-Neuve, se divise en plusieurs branches dont l'une (« dérive nord-atlantique ») vient adoucir le climat de l'Europe occidentale.

Gulliver Héros du roman satirique de Jonathan Swift *Les Voyages de Lemuel Gulliver.* Il rencontre les habitants minuscules de Lilliput, les géants de Brobdingnag, les savants

G

maniaques de Laputa, et découvre la société des Houyhnhnms, des chevaux bons et vertueux qui ont domestiqué des hommes, les répugnants Yahous. Gulliver prend conscience de l'imperfection de l'homme et de la relativité de ses valeurs.

Gullstrand (Allvar) Médecin suédois (1862-1930). Ses travaux sur l'optique ont permis d'améliorer la compréhension des mécanismes de la vision. Prix Nobel 1911.

gummifère [gymifɛʀ] **adj. (du latin *gummi* → 1gomme et de *-fère*)** bot. Qui produit de la gomme. *Espèce gummifère.* - var. **gommifère** [gɔmifɛʀ].

Gumri Ville d'Arménie, à la frontière turque, à 1 500 m d'altitude. 148 300 habitants. La ville a été presque entièrement détruite par un séisme en 1988.

Güney (Yilmaz Putun, dit Yilmaz) Acteur et cinéaste turc (1937-1984). Il afficha ses convictions communistes dans tous ses films *(L'Espoir)*, ce qui lui valut de longues périodes d'incarcération. Il dirigea néanmoins trois films depuis sa prison : *Le Troupeau ; L'Ennemi ; Yol.*

gunite n. f. (mot anglais, de *gun* « canon ») techn. Mélange de sable et de ciment projeté sous pression sur une surface à enduire. □ **guniter v. tr. < 1 >** □ **n. m. gunitage**

Günther (Ignaz) Sculpteur allemand (1725-1775). Ses décorations dans des églises de Bavière sont représentatives du style rococo (autel de Freising ; *Pietà* de Nenningen).

günz [gynz] **n. m. (du n. d'un affluent du haut Danube)** géol. Première des quatre grandes glaciations de l'ère quaternaire en Europe, datée d'un million d'années environ.

Guomindang, Kuomintang ou **Kouo-min-tang,** chinois **« parti populaire national »** Parti politique chinois fondé à Canton en 1911 par Sun Yat-sen en vue de l'instauration d'une république chinoise. Jiang Jieshi (Chiang Kai-shek) reprit sa direction en 1928 et lui donna une orientation plus autoritaire et nationaliste. Après la victoire des communistes et la constitution de la République populaire de Chine, le Guomindang se réfugia à Taiwan où il demeura le parti dominant jusqu'en 2000 et à nouveau à partir de 2008.

guppy [gypi] **n. m. (de *Guppy*, n. propre)** Petit poisson d'eau douce, richement coloré, qui peut s'élever en aquarium. *Des guppys ou des guppies* (plur. anglais).

Gupta n. m. pl. Dynastie indienne (IVe-Ve s.). L'ère gupta marqua l'apogée de la civilisation indienne. Outre la construction des premiers temples en pierre de l'Inde, les Gupta encouragèrent la littérature ainsi qu'un style de sculpture qui prit le nom de la dynastie.

Gurkhas n. m. pl. Clan de Rājput hindous établis au Népal au XVIIIe s. Les Gurkhas s'allièrent aux Britanniques auxquels ils fournirent des corps de troupes d'une grande valeur.

Gurnah (Abdulrazak) Écrivain britannique d'origine tanzanienne (né en 1948). Il écrit sur la condition des réfugiés et sur les conséquences de la colonisation *(Paradis ; Près de la mer ; Adieu Zanzibar)*. Prix Nobel de littérature 2021.

Guru Granth voir **Granth Sāhib**

Gurvitch (Georges) Sociologue français (1894-1965). Il fut l'un des fondateurs de la sociologie structurale. Ses travaux en sociologie du droit *(Idée du droit social ; Éléments de sociologie du droit)* et en sociologie de la connaissance *(Les Cadres sociaux de la connaissance)* eurent pour objet de mettre en évidence le caractère global du phénomène social.

gus n. m. (de *gugusse*, forme pop. de *Auguste*) fam. Individu. → **gars, type.**

Gusmão (José Alexandre, dit Kay Rala Xanana) Homme d'État timorais (né en 1946). Il lutta pour l'indépendance du Timor-Oriental et devint le premier président de la République (2002-2007). Il fut ensuite Premier ministre (2007-2015).

gustatif, ive adj. (du latin *gustatum*, supin de *gustare* → 1goûter) Qui a rapport au goût. *Papilles gustatives.*

gustation n. f. (latin *gustatio*, de *gustare* → 1goûter) didact. Perception des saveurs par le goût. *Les organes de la gustation.*

Gustave Ier Vasa (v. 1496-1560). Roi de Suède (1523-1560). Après avoir rompu l'union de Kalmar, il chassa les Danois de Suède et imposa le luthéranisme. Il réorganisa son royaume et en fit l'une des grandes puissances de l'époque.

Gustave II Adolphe (1594-1632). Roi de Suède (1611-1632). Avec l'aide de son chancelier Oxenstierna, il transforma l'économie du royaume et renforça l'armée. Il signa des traités de paix avec le Danemark (1613), la Russie (1617) et la Pologne (1629), puis intervint dans la guerre de Trente Ans (1618-1648) aux côtés des protestants contre les impériaux. Allié à la France, il écrasa Tilly à Breitenfeld (1631) avant de l'emporter sur Wallenstein à Lützen, où il fut tué.

Gustave III (1746-1792). Roi de Suède (1771-1792). Successeur de son père Adolphe-Frédéric. Neveu de Frédéric II de Prusse, et voulant gouverner selon le modèle du despote éclairé, il donna une nouvelle constitution à la Suède (1772), favorisa les libertés civiles (tolérance religieuse) et limita l'arbitraire du pouvoir (abolition de la torture). Il mourut assassiné par un noble.

Gustave IV Adolphe (1778-1837). Roi de Suède (1792-1809). Son règne fut marqué par des pertes territoriales au profit de la Finlande et de la Russie. Il fut renversé par un coup d'État militaire.

Gutai Mouvement artistique japonais fondé en 1955. Art du geste et de l'éphémère, proche du happening, il influença notamment l'action-painting de Pollock.

Gutenberg (Johannes Gensfleisch, dit) Imprimeur allemand (av. 1400-1468). Il inventa la presse à imprimer (1438) et l'encre qui permettait l'impression des deux faces du papier, et mit au point un procédé de composition typographique en caractères mobiles métalliques. En 1455, il imprima la Bible dite « à quarante-deux lignes ». Il fut anobli en 1465 par l'archevêque de Mayence.

Guterres (António) Homme d'État portugais (né en 1949). Secrétaire général du Parti socialiste (1992) puis Premier ministre (1995-2002). Il a dirigé le Haut-Commissariat des Nations unies aux réfugiés (2005-2015) et occupe les fonctions de secrétaire général de l'ONU depuis 2017.

Gütersloh Ville d'Allemagne (Rhénanie-du-Nord-Westphalie). 100 000 habitants. Imprimerie. Édition.

Gutiérrez (Gustavo) Prêtre et théologien péruvien (né en 1928). Il est considéré comme le fondateur de la théologie de la libération, qui insiste sur « l'option prioritaire de l'Église pour les pauvres ».

Gutis voir **Goutéens**

Gutland n. m. Partie méridionale du grand-duché de Luxembourg. Son nom (« bon pays ») lui vient du caractère fertile de son terrain, comparé à l'Ardenne voisine.

gutta-percha [gytapɛʀka] **n. f. (de l'anglais, du malais *getah* « latex » et *percha*, n. de l'arbre)** Gomme tirée du latex de certains arbres, utilisée comme isolant électrique. *Des guttas-perchas en cônes.* - var. **RO guttapercha.**

guttural, ale, aux adj. (du latin *guttur* « gosier, gorge ») Émis par le gosier. *Une voix gutturale*, aux intonations rauques.

Gutzkow (Karl) Écrivain allemand (1811-1878). Animateur du mouvement de la « Jeune Allemagne », il est l'auteur de romans de critique sociale *(Wally le sceptique)* et de pièces de théâtre *(Uriel Acosta)*.

Guy voir **Gui (saint)**

Guy (Alice) Réalisatrice et scénariste française (1873-1968). Elle fut la première femme de l'histoire du cinéma à tourner des scènes de fiction alors qu'elle travaillait comme secrétaire pour Léon Gaumont qui la laissa libre d'utiliser les studios des Buttes-Chaumont (*La Fée aux choux*, 1896). Elle finit par superviser toute la production. Elle vécut aux États-Unis (1907-1922) et y monta sa maison de production.

Guyana

n. m. ■ **offic. république coopérative de Guyana, anciennement Guyane britannique** État d'Amérique du Sud. 214 970 km^2. 760 000 habitants (les *Guyaniens*). **Langue :** anglais (offic.), créole, hindi. **Population :** Asiatiques (Indiens), Noirs, Amérindiens, métis. **Religions :** hindous, chrétiens, musulmans. **Monnaie :** dollar de Guyana. **Capitale :** Georgetown. **Régime :** présidentiel.

GÉOGRAPHIE

Le pays est partagé entre une bande côtière qui concentre 90 % de la population, et le massif des Guyanes, au S. Les forêts denses couvrent l'essentiel du territoire. L'agriculture (canne à sucre, riz), le bois et les mines (bauxite, or) sont les principales ressources. Des gisements de pétrole découverts dans les années 2010/2020 commencent à être exploités.

HISTOIRE

D'abord possession hollandaise, la région fut prise par la Grande-Bretagne (1814). L'abolition de l'esclavage (1838) fut suivie d'une importante immigration de paysans indiens. La Guyane britannique obtint son indépendance en 1966 et proclama la République (1970). Ses difficultés économiques (dette) et politiques (instabilité, rivalités ethniques) rendent le pays dépendant du Brésil.

Guyancourt Commune des Yvelines, au S. de Versailles. 29 269 habitants. Aérodrome. Emballages.

Guyane n. f. [973] Région et département français d'outre-mer, sur la côte N.-E. de l'Amérique du Sud. 86 504 km^2, 285 133 habitants (les *Guyanais*). Chef-lieu : Cayenne.

GÉOGRAPHIE

La Guyane est délimitée par le massif de Tumucumaque au S. et les fleuves Maroni à l'O. et Oyapock à l'E. Le territoire est en grande partie occupé par la forêt équatoriale peuplée d'Indiens. La population, qui vit en majorité sur la côte, connaît un fort

Guyane, des inselbergs, émergences rocheuses isolées au milieu de la forêt.

accroissement naturel et une immigration en provenance des pays voisins.

L'exploitation de la forêt et des richesses du sous-sol (bauxite, or, diamant), ainsi que la pêche (crevettes) sont les principales activités économiques de la Guyane, qui demeure dépendante de la métropole. Cayenne et la côte bénéficient depuis 1966 de l'activité du Centre spatial guyanais installé à Kourou et qui emploie plus de 2 000 personnes.

HISTOIRE
Découverte (1604) et colonisée par la France, la région passa à la Hollande (1667). Les Français la reprirent (1677), puis y exilèrent les déportés politiques de la Révolution française (1794-1805). Administrée par le Portugal (1809-1814), reprise par la France, elle fut ruinée par l'abolition de l'esclavage (1848). Elle abrita le célèbre bagne de Cayenne (1852-1945), avant de devenir un département d'outre-mer (1946), puis une Région (1982).

Guyane, patrouilles sur le fleuve Maroni traquant les chercheurs d'or clandestins, dont l'activité menace l'écosystème.

Guyane-Hollandaise voir **Suriname**

Guyanes **n. f. pl.** Région naturelle du N.-E. de l'Amérique du Sud. 1 million de km². Limitée par l'Orénoque à l'O., l'Atlantique au N. et l'Amazone à l'E. et au S., la région s'étend sur la partie orientale du Venezuela, le N. du Brésil, la Guyana, le Suriname et la Guyane française. Elle est formée par le massif ancien des Guyanes et couverte de vastes zones forestières. Reconnue dès le XVIe s. par les Européens, elle fut l'objet de convoitises de la part de la France, de l'Angleterre et de la Hollande, qui se la partagèrent en 1814.

Guyenne **n. f.** Ancienne province française, longtemps confondue avec l'Aquitaine. Le terme désigna, à partir du XIIIe s., les possessions anglaises dans le S.-O. de la France. La Guyenne englobait le Limousin, le Périgord, le Quercy, l'Agenais, une partie de la Saintonge et la Gascogne. Elle fut définitivement reconquise par la France en 1453, puis donnée en apanage par Louis XI à son frère Charles (1469), avant de revenir à la Couronne (1472).

Guynemer [ginmɛʀ] **(Georges Marie)** Aviateur français (1894-1917). Titulaire de 54 victoires, il commandait l'escadrille des « Cigognes » durant la Première Guerre mondiale, lorsqu'il fut abattu.

Guyon **(Jeanne-Marie Bouvier de La Motte, Mme)** Mystique française (1648-1717). Elle initia Fénelon à la doctrine du « pur amour ». En butte à l'hostilité de Bossuet, elle vit ses œuvres condamnées et fut arrêtée. Retirée à Blois, elle devint une figure centrale du quiétisme. *Les Torrents spirituels* ; 20 volumes de *Commentaires* mystiques sur la Bible.

¹guyot **n. m.** **(de *Arnold Guyot*, n. propre)** Volcan sous-marin conique, à sommet aplati.

²guyot **n. f.** **(de *Jules Guyot*, n. propre)** Variété de poire sucrée.

Guyotat **(Pierre)** Écrivain français (1940-2020). Son œuvre exigeante est marquée par les thèmes de la violence et du sexe. Son style procède d'une volonté d'évacuer le récit pour ne saisir que le rythme de l'écriture, ce qui aboutit parfois à une forme illisible (*Eden, Eden, Eden* ; *Prostitution* ; *Idiotie*).

Guys [gis] **(Constantin)** Dessinateur et aquarelliste français (1802-1892). Ses dessins de voyage, de la vie militaire et mondaine témoignent d'une vivacité exceptionnelle de trait. Baudelaire voyait en lui un témoin parfait de la vie moderne.

Guyton de Morveau **(Louis Bernard, baron)** Chimiste français (1737-1816). Homme politique révolutionnaire, il fut membre du Comité de salut public. Il réalisa la synthèse de l'ammoniac et étudia les affinités chimiques. Il eut l'idée d'une nouvelle nomenclature chimique, réalisée en collaboration avec Lavoisier (1787).

guzla **n. f.** **(mot croate, par l'italien)** Sorte de violon, en usage chez les peuples dalmates.

Guzmán **(Martín Luis)** Écrivain mexicain (1887-1976). Il s'affirma comme l'un des grands conteurs de la révolution mexicaine et de la vie de ses héros. *Mémoires de Pancho Villa* ; *L'Aigle et le Serpent.*

Guzmán Blanco **(Antonio)** Homme d'État vénézuélien (1829-1899). Il fut président de la République de 1873 à 1888. Son gouvernement autoritaire initia une profonde modernisation du pays.

Gwalior Ville d'Inde (Madhya Pradesh). 1,1 million d'habitants. Ancienne cité forteresse. Palais moghols élevés sur une falaise à plus de 100 m de hauteur. Centre industriel.

Gwynedd **n. m.** District du N.-O. du pays de Galles. 2 535 km². 116 850 habitants. Il comprend l'essentiel du massif du Snowdon. Parcs nationaux. Vestiges médiévaux. Tourisme.

Gygès Roi de Lydie (687-648 av. J.-C.). Fondateur de la dynastie des Mermnades. Selon la légende rapportée par Platon, il aurait eu le pouvoir de devenir invisible grâce à un anneau magique.

gym voir **gymnastique**

gymkhana [ʒimkana] **n. m.** **(de l'anglais, de l'hindi *gendkhāna* « maison de danse »)** Course d'obstacles au parcours compliqué, pratiquée en voiture ou à motocyclette.

gymn- [ʒimn] voir **gymn(o)-**

gymnase **n. m.** **(du latin d'origine grecque *gymnasium* → gymn[o]-)** **1.** Établissement où sont installés tous les appareils nécessaires à la pratique de la gymnastique. **2.** (Suisse) École secondaire. → **lycée.**

gymnasial, iale, iaux **adj.** (Suisse) Relatif au gymnase (2). *L'enseignement gymnasial.*

gymnasiarque **n. m.** **(du latin d'origine grecque *gymnasiarchus*)** didact. Chef d'un gymnase antique.

gymnasien, ienne **n.** **(d'après *collégien*)** (Suisse) Élève d'un gymnase (2).

gymnaste **n.** **(grec *gumnastês* « entraîneur d'athlètes » → gymno-, gymnase)** Athlète qui pratique la gymnastique. → **acrobate.** *Un gymnaste accompli.*

gymnastique **n. f.** **(latin d'origine grecque *gymnasticum* → gymn[o]-, gymnase, gymnaste)** **I. adj.** vieilli Des exercices du corps. → **gymnique.** **II. n. f.** **1.** Art d'assouplir et de fortifier le corps par des exercices appropriés ; ces exercices (→ **culture physique, éducation physique**). *Appareils et instruments de gymnastique* (agrès, barre, anneaux, trapèze, etc.). *Gymnastique corrective* (rééducation), *rythmique. Gymnastique au sol. Gymnastique douce.* → **stretching.** *Faire de la gymnastique.* - abrév. fam. **gym.** – *Pas de gymnastique* : pas de course cadencé. **2.** Série de mouvements plus ou moins acrobatiques. *Quelle gymnastique pour nettoyer ce plafond !* **3.** fig. Exercice intellectuel. *« Cette gymnastique de la pensée »* (Balzac).

gymnique **adj.** **(latin d'origine grecque *gymnicus* « de la lutte » → gymn[o]- ; gymnase, gymnastique)** didact. De gymnastique. *Exercices gymniques.*

gymn(o)- [ʒimno] Élément **(du grec *gumnos*)** qui signifie « nu ; à nu, non recouvert ».

gymnocarpe **adj.** **(de *gymn[o]-* et de *-carpe*)** bot. Se dit d'une plante dont le fruit n'est enveloppé d'aucun organe accessoire.

gymnosophiste **n. m.** **(du latin d'origine grecque *gymnosophista*)** didact. Philosophe d'une ancienne secte hindoue, dont les membres ne portaient pas de vêtements et menaient une vie d'ascètes contemplatifs.

gymnosperme **n. f.** **(du grec → gymn[o]- et de *sperme*)** bot. Plante à l'ovule nu, porté par une feuille fertile (sous-embranchement

G

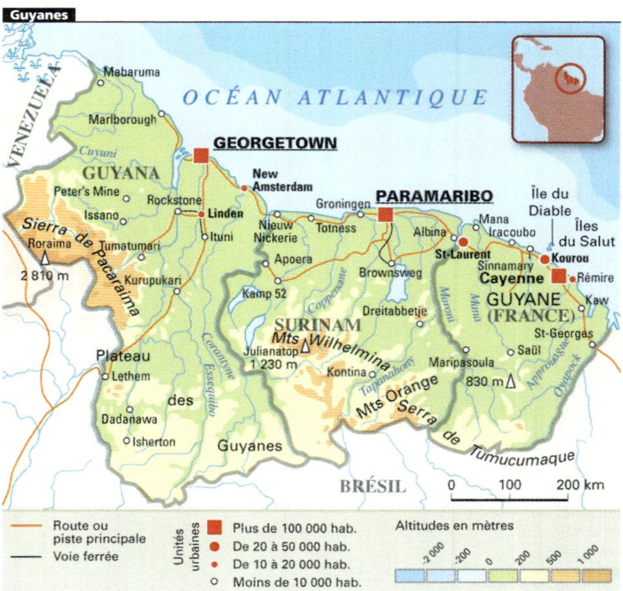

des *Gymnospermes* ; ex. le pin, l'if). → **conifère.**

gymnote n. m. (du grec *notos* « dos » : « dos nu ») zool. Poisson d'eau douce, sans nageoire dorsale, qui paralyse ses proies par des décharges électriques.

gynandromorphisme n. m. (du grec → -gyne, -andre, -morphisme) biol. Présence, chez un animal appartenant à une espèce unisexuée, de caractères sexuels secondaires mâles et femelles. *Le gynandromorphisme des arthropodes, des mollusques.*

-gyne Élément (du grec *gunê* « femme, femelle ») qui signifie « femme » (ex. *misogyne*).

gynécée n. m. (latin d'origine grecque *gynaecum* → -gyne) **1.** Antiq. Appartement réservé aux femmes dans les maisons grecques et romaines. **2.** bot. Pistil.

gynéco voir **gynécologue**

G

gynéco- Élément (du grec *gunê, gunaikos*) qui signifie « femme ».

gynécologie n. f. Discipline médicale qui a pour objet l'étude de l'appareil génital de la femme. *Gynécologie et obstétrique.* □ adj. **gynécologique**

gynécologue n. Médecin spécialiste de la gynécologie. - abrév. fam. **gynéco.**

gynécomastie n. f. (grec *mastos* « sein ») méd. Développement exagéré des glandes mammaires, chez l'homme.

gynogenèse n. f. (→ genèse) biol. Développement d'un embryon ne possédant que les chromosomes maternels.

Györ Ville de Hongrie, à l'O. de Budapest, sur le Danube. 130 000 habitants. Cathédrale du XIIe s. Églises et bâtiments de style baroque. Industries mécaniques.

gyoza [gjɔza] n. m. (mot japonais) Ravioli frit en forme de chausson (spécialité japonaise).

gypaète n. m. (grec *gups, gupos* « vautour », famille de *grups* [→ [1]griffon] + *aetos* « aigle ») zool. Grand oiseau rapace, diurne, qui se nourrit surtout de charognes. *Le gypaète barbu.*

gypse n. m. (latin d'origine grecque *gypsum*) Roche sédimentaire, sulfate de calcium hydraté (appelé aussi *pierre à plâtre*). *Cristaux de gypse.* □ **gypseux, euse** adj. *Albâtre gypseux.*

gypsomètre n. m. techn. Appareil servant à déterminer la teneur des vins en sulfate de potassium.

gypsophile n. f. bot. Plante herbacée, à très petites fleurs blanches et à feuillage gris-vert.

-gyre ou **-gire ; gyro-** ou **giro-** Éléments (du grec *guros* « cercle » *cf.* giration) qui signifient « tourner ».

gyre n. m. (mot anglais, du grec → -gyre) océanogr. Tourbillon marin à l'échelle d'un bassin océanique, formé par la réunion d'un ensemble de courants. → **vortex.**

gyrin n. m. (du latin d'origine grecque *gyrinus* → gyro-) zool. Insecte aquatique de l'hémisphère nord, coléoptère au corps noir brillant, qui vit à la surface des eaux stagnantes.

gyrocompas n. m. (de *gyro[scope]* et *compas*) techn. Compas utilisant un gyroscope entretenu électriquement, utilisé pour garder une orientation constante dans les avions, les navires.

gyromètre n. m. techn. Instrument qui mesure les changements de direction d'un avion.

gyrophare n. m. (de *gyro-* et *phare*) Phare rotatif placé sur le toit de certains véhicules prioritaires.

gyropilote n. m. techn. Compas gyroscopique qui actionne automatiquement les gouvernes d'un avion.

gyropode n. m. (de *gyro[scope]* et *-pode*) Véhicule électrique monoplace constitué d'une plateforme sur deux roues que l'utilisateur, debout, manœuvre à l'aide d'un guidon. *Gyropode sans guidon.* → anglic. **hoverboard.**

gyroscope n. m. (de *gyro-* et *-scope* [Foucault]) Appareil tournant autour d'un axe qui fournit une direction constante. *Gyroscope à laser. Compas à gyroscope.* → **gyrocompas.**

gyroscopique adj. Relatif au gyroscope ou qui l'utilise. *Compas gyroscopique.* → **gyrocompas.** *Effet gyroscopique.*

gyrostat n. m. (de *gyro-* et *-stat*) Solide animé d'un mouvement de rotation autour de son axe. → **gyroscope.**

Gythion Ville de Grèce (Péloponnèse), sur le golfe de Laconie. 4 400 habitants. Elle abritait le port de Sparte dans l'Antiquité.

H

***h** [aʃ] **n. m. invar. 1.** Huitième lettre, sixième consonne de l'alphabet. - Le *h* dit *aspiré* interdit la liaison et l'élision *(un héros, le héros)* ; dans ce dictionnaire, les mots commençant par un *h aspiré* sont précédés de *. Le *h muet* rend la liaison et l'élision obligatoires *(un homme, l'homme)*. **2.** (symboles) *H* : hydrogène. *Bombe H*, bombe atomique à l'hydrogène. **–** *h* : hecto- ; heure.

1*ha [a ; ha] **interj. 1.** Exprime la surprise (→ **ah**), ou le soulagement. *Ha, enfin !* **2.** (redoublé) Exprime le rire. *Ha, ha !* → **hi.**

2ha Symbole de l'hectare.

Haakon, Hakon ou **Hakan** Nom de plusieurs rois de Norvège. ■ **Haakon IV Haakonsson l'Ancien** (1204-1263). Roi de Norvège (1217-1263). Il annexa l'Islande et le Groenland. ■ **Haakon V Magnusson** (1270-1319). Roi de Norvège (1299-1319). Il réaffirma l'autorité royale et établit la capitale à Oslo. ■ **Haakon VI Magnusson** (1340-1380). Roi de Norvège (1343-1380). Son règne correspond à une période de tentative d'unification des royaumes scandinaves. ■ **Haakon VII** (1872-1957). Roi de Norvège (1905-1957). Il s'opposa à la collaboration avec l'Allemagne hitlérienne et établit un gouvernement provisoire à Londres de 1940 à 1945.

Haanpää (Pentti) Nouvelliste et romancier finlandais d'expression finnoise (1905-1955). Il a célébré la vie agreste de sa région natale, souvent dans des textes amers ou satiriques à l'égard des classes supérieures. *Le Bonheur amer de la vie humaine ; Le Cercle magique.*

Haarlem Ville des Pays-Bas, chef-lieu de la Hollande-Septentrionale, à l'O. d'Amsterdam. 162 900 habitants. Grand-Marché. Cathédrale gothique. Hôtel de ville. Musées. Horticulture. En 1572 et 1573 la ville fut assiégée par le fils du duc d'Albe. Les protestants français en exil contribuèrent à sa reconstruction au XVIIe siècle.

Haas (Joseph) Compositeur allemand (1879-1960). Il a exercé, avec Hindemith, une grande influence sur la musique allemande contemporaine et a laissé une œuvre variée, notamment en musique de chambre et dans le répertoire lyrique.

Haavelmo (Tryggve) Économiste et statisticien norvégien (1911-1999). Il a développé une théorie qui approfondit et radicalise le modèle keynésien de la relance par la dépense publique. Prix Nobel 1989.

Haavikko (Paavo Juhani) Poète et dramaturge finlandais d'expression finnoise (1931-2008). Il est l'un des grands innovateurs, d'accès difficile, de la poésie de l'après-guerre, et définit son art comme « un voyage à travers une langue inconnue ». *Le Palais d'hiver.*

Hába (Alois) Compositeur tchèque (1893-1973). Il fut à l'avant-garde de la composition micro-tonale (divisions inférieures au demi-ton), notamment pour instruments spéciaux. Il laisse entre autres trois opéras (dont *La Mère*).

Habache (Georges) Homme politique palestinien (1926-2008). Il fonda en 1967 le Front populaire pour la libération de la Palestine (FPLP), qu'il dirigea jusqu'en 2000.

Habacuc Prophète biblique. ■ Le livre d'**Habacuc,** dans la Bible, fut rédigé vers 600 av. J.-C.

***habanéra** [abaneʀa] **n. f.** (espagnol *habanera* « de La Havane ») Danse espagnole, originaire de La Havane. **–** Musique sur laquelle s'exécute cette danse.

habeas corpus [abeaskɔʀpys] **n. m.** (de l'anglais, mots latins « que tu aies le corps » ; désignait l'acte ordonnant de faire comparaître un prévenu arrêté pour vérifier la validité de l'arrestation) dr. Institution garantie par l'Habeas Corpus Act.

Habeneck (François) Violoniste et chef d'orchestre français (1781-1849). Il introduisit en France l'œuvre de Beethoven.

Haber (Fritz) Chimiste allemand (1868-1934). Il mit au point le premier procédé de synthèse de l'ammoniac destiné à la commercialisation. Prix Nobel 1918.

Habermas (Jürgen) Philosophe et sociologue allemand (né en 1929). Représentant le plus connu de la deuxième génération de l'école de Francfort, il s'est interrogé sur le devenir de la démocratie dans les sociétés industrielles régies par la raison technicienne et les médias de masse. *La Technique et la science comme idéologie ; La Théorie de l'agir communicationnel.*

habile **adj.** (latin *habilis* « commode ; bien adapté », de *habere* « se tenir » → **1avoir** ; famille de *habit, habiter*) **1.** Qui exécute (qqch.) avec adresse et compétence. → **adroit.** *Artisan habile. Être habile de ses mains.* **–** *Mains habiles.* **–** (domaine social) Qui sait trouver les moyens de parvenir à ses fins (souvent péj.). *« Le désir de paraître habile empêche souvent de le devenir »* (La Rochefoucauld). ■ ***Habile à** qqch. Être habile à un jeu d'adresse.* **2.** Qui est fait avec adresse et intelligence. *Compliment habile.* □ **adv. habilement**

habileté **n. f. 1.** Qualité d'une personne habile, de ce qui est habile. → **2adresse, savoir-faire.** *L'habileté d'un artisan ; d'un homme politique.* **2.** Action habile.

habilité **n. f.** (du latin → **habile**) dr. Capacité. *Habilité à succéder.*

habiliter **v. tr. < 1 >** (du bas latin, de *habilis* → **habile** [1]) Rendre légalement capable d'exercer certains pouvoirs, d'accomplir certains actes. **–** au passif *Être habilité à*

Haarlem

Haarlem, la place du Grand Marché (Grote Markt).

(+ inf.) : avoir qualité pour. □ **n. f. habilitation**

habillable adj. 1. Qu'on peut habiller. *Rien ne lui va, il n'est pas habillable.* 2. Qui peut recevoir un habillage, afin de s'intégrer dans un ensemble. *Une machine à laver habillable.*

habillage n. m. I. Apprêt. → **habiller (I).** II. 1. Action d'habiller, de s'habiller. *Salon d'habillage.* 2. Action d'habiller (II, 3), de recouvrir. ■ Ce qui enveloppe et protège (un appareil).

habillement n. m. 1. Action de (se) pourvoir de vêtements. *Dépenses d'habillement.* 2. Ensemble des habits dont on est vêtu. → **mise, tenue.** 3. Ensemble des professions du vêtement.

habiller v. tr. < 1 > (d'abord « préparer une bille de bois » ; de ²*bille* ; sens II sous l'influence de *habit*) I. techn. Apprêter. *Habiller une bête de boucherie.* II. cour. 1. Couvrir (qqn) d'habits. → **vêtir.** *Habiller un enfant.* – *Habiller en.* → **costumer, déguiser.** *On l'habillera en Sioux.* – Fournir (qqn) en vêtements. « *Il me fit habiller à ses frais depuis les pieds jusqu'à la tête* » (Lesage). ■ Fabriquer les vêtements de (qqn). *Le couturier qui l'habille.* 2. (sujet vêtement) → ¹**aller, convenir.** – loc. *Un rien l'habille* : tout lui va. 3. Couvrir, recouvrir (qqch.). « *Les siècles ont habillé de mousse une fontaine* » (Colette). ■ **s'habiller** v. pron. 1. Mettre ses habits. → **se vêtir.** ■ absolt Revêtir une tenue de cérémonie, de soirée. *Faut-il s'habiller pour ce dîner ?* ■ *S'habiller en.* → **se déguiser.** *S'habiller en Pierrot.* 2. Se vêtir d'une certaine façon ; se pourvoir d'habits. *S'habiller sur mesure.* ■ **habillé, ée** adj. 1. Couvert de vêtements. *Dormir tout habillé.* – *Être mal habillé.* → **accoutré, fagoté.** 2. Dans une tenue élégante, une tenue de soirée. ■ par ext. *Robe très habillée.* – *Dîner habillé.*

habilleur, euse n. Personne qui aide les acteurs, les mannequins à s'habiller et qui prend soin de leurs costumes.

habit n. m. (latin *habitus* « manière d'être, maintien », de *habere* ; famille de *habile*) 1. au plur. *Les habits* : l'ensemble des pièces qui composent l'habillement ; spécialt vêtements visibles, de dessus. → **affaire(s), vêtement(s).** *Habits de tous les jours. Mettre, enlever ses habits* (→ **habiller ; déshabiller**). *Brosse à habits.* 2. Vêtement propre à une fonction (→ **livrée, uniforme**) ou à une circonstance mondaine. *Habit de gala.* → **costume.** *Un habit d'Arlequin. L'habit militaire.* – *L'habit vert,* tenue officielle des académiciens. ■ loc. *Prendre l'habit* : devenir prêtre, moine. – prov. *L'habit ne fait pas le moine* : on ne doit pas juger les gens sur leur aspect. 3. Costume de cérémonie masculin, à longues basques par-derrière. → **frac, queue-de-pie.**

habitabilité n. f. 1. Qualité de ce qui est habitable. 2. Qualité de ce qui offre plus ou moins de place pour des personnes. *L'habitabilité d'une voiture.*

habitable adj. (du latin → **habiter**) Où l'on peut habiter, vivre. *Maison habitable,* en bon état, salubre. – *Surface habitable,* disponible pour être habitée.

habitacle n. m. (latin ecclés. *habitaculum* « petite maison », de *habitare* → **habiter**) 1. mar. Abri pour le compas et les lampes, sur un navire. 2. Poste de pilotage d'un avion. ■ Partie d'un véhicule spatial où peut séjourner l'équipage. 3. Intérieur d'une voiture.

habitant, ante n. 1. (souvent au plur.) Être vivant qui peuple un lieu (→ **-cole**). « *Les singes, habitants* [...] *de ces forêts* » (Bernardin de Saint-Pierre). 2. Personne qui réside habituellement en un lieu déterminé. *Nombre d'habitants au kilomètre carré* (densité). – (collectif) *Loger chez l'habitant,* chez les gens du pays. 3. Personne qui habite (une maison, un immeuble). → **occupant.** 4. (Canada) Paysan.

habitat n. m. (de *habiter*) 1. Milieu géographique propre à la vie d'une espèce animale ou végétale. → **biotope.** 2. Mode d'organisation et de peuplement par l'homme du milieu où il vit. *Habitat rural dispersé.* – Ensemble des conditions d'habitation, de logement. *L'amélioration de l'habitat.*

habitation n. f. (du latin → **habiter**) 1. Fait d'habiter quelque part. *Taxe d'habitation.* 2. Lieu où l'on habite. → **domicile, logement, maison.** – loc. *Habitation à loyer modéré.* → **HLM.**

habiter v. < 1 > (latin *habitare* « avoir souvent », de *habere* → ¹**avoir ; habitude**) I. v. intr. Avoir sa demeure. → **demeurer, loger, résider, vivre.** *Habiter à la campagne, en ville. Il habite 2, rue Martin. Habiter avec qqn.* → **cohabiter.** II. v. tr. 1. Demeurer, vivre dans. *Habiter un studio.* – *Habiter la banlieue.* 2. fig. Être comme dans une demeure. « *Cette flamme intérieure qui l'habite* » (Gide). → **animer, posséder.** ■ **habité, ée** adj. 1. Qui a des habitants. *Régions habitées.* ■ Qui est occupé (maison). *Château habité l'été.* 2. abstrait *Habité par une passion.* – *Un regard habité,* expressif. 3. (vaisseau spatial) Où se trouve une personne, un équipage. *Vol habité.* – *Mission habitée.*

habituation n. f. 1. didact. Fait de s'habituer (à qqch.). *L'habituation au bruit.* 2. (d'après l'anglais) psych. Disparition progressive de réponse à un stimulus répété régulièrement sans changement. → **accoutumance.**

habitude n. f. (bas latin *habitudo,* de *habitum,* supin de *habere* → ¹**avoir ; habiter**) 1. Manière usuelle d'agir, de se comporter (d'une personne). *Prendre une bonne, une mauvaise habitude.* → **pli.** *Être esclave de ses habitudes. Cela n'est pas dans ses habitudes* : il n'agit pas ainsi d'ordinaire. – loc. *Par habitude* : machinalement, parce qu'on a toujours agi ainsi. → **routine.** – *À son habitude, selon, suivant son habitude, comme à son habitude* : comme il fait d'ordinaire. – ***Avoir, prendre, perdre l'habitude de*** *(qqch., faire qqch.). Donner l'habitude de la propreté. Je n'ai pas l'habitude de dîner si tôt.* ■ (collectif) ***L'habitude*** : l'ensemble des habitudes de qqn. « *Ce n'est pas dans la nouveauté, c'est dans l'habitude que nous trouvons les plus grands plaisirs* » (Radiguet). prov. *L'habitude est une seconde nature.* 2. Usage d'une collectivité, d'un lieu. → **coutume, mœurs, usage.** *Ce sont les habitudes du pays.* → **manière.** 3. Fait d'être accoutumé, par un phénomène de répétition (à qqn, qqch.). *Elle a l'habitude des enfants.* → **expérience.** *C'est une question d'habitude.* 4. ***D'habitude*** loc. adv. : de manière courante, d'ordinaire. → **habituellement.** *D'habitude, je me lève tôt.* → **généralement.** *C'est meilleur que d'habitude.* – ***Comme d'habitude*** : comme toujours.

habitué, ée n. Personne qui fréquente habituellement un lieu. *Un habitué de la maison.* → **familier.**

habituel, elle adj. (du latin médiéval, de *habituari* → **habituer**) 1. Passé à l'état d'habitude. → **coutumier, ordinaire.** *Cette agressivité lui est habituelle.* 2. Constant, ou très fréquent. *Au sens habituel du terme.* → ¹**courant.** *C'est le coup habituel.* → **classique.**

habituellement adv. D'ordinaire, généralement.

habituer v. tr. < 1 > (bas latin *habituari,* de *habitus* « manière d'être », famille de *habit, habitude*) ***Habituer à.*** 1. Faire prendre à (qqn, un animal) l'habitude de (par accoutumance, éducation). *Habituer un enfant à la politesse, à faire son lit.* 2. passif ***Être habitué à*** : avoir l'habitude de. *Être habitué au bruit, à réagir vite.* ■ **s'habituer à** v. pron. Prendre l'habitude de. *Les yeux s'habituent à l'obscurité.* → **s'adapter.** *S'habituer à parler en public.*

habitus [abitys] n. m. (mot latin « manière d'être ») 1. méd. Apparence générale du corps, du visage de qqn en tant qu'indication de son état de santé. *Habitus physiologique.* 2. sociol. Manière d'être d'un individu, liée à un groupe social et se manifestant dans son apparence physique (vêtements, maintien...).

***hâblerie** n. f. littér. Manière d'être du hâbleur.

***hâbleur, euse** n. et adj. (de l'ancien v. *hâbler* « parler », emprunt à l'espagnol *hablar,* même origine latine que *fabuler*) Personne qui a l'habitude de parler beaucoup, en exagérant, en se vantant.

Habré (Hissène) Homme d'État tchadien (1942-2021). Désigné Premier ministre en 1978 et président de la République en 1982, il fut déposé en 1990 par Idriss Déby. Il fut condamné à la prison à perpétuité pour crimes contre l'humanité.

Habsbourg (maison de) Dynastie qui régna sur le Saint Empire romain germanique, sur l'Autriche (1278-1918), sur l'Espagne (1516-1700) et sur la Hongrie (1526-1918). Elle accéda à l'Empire avec Rodolphe Iᵉʳ (1273) et, à partir de 1438, régna quasiment sans interruption jusqu'en 1806, fin du Saint Empire. Par une habile politique de mariages, la maison de Habsbourg s'imposa en Europe, et connut son apogée avec Charles Quint (1519-1556). Ce dernier partagea ses États entre son frère Ferdinand Iᵉʳ et son fils Philippe II, donnant naissance à une ligne autrichienne et une ligne espagnole. La dynastie des Habsbourg-Lorraine, fondée en 1736 par le mariage de Marie-Thérèse avec le duc François de Lorraine, régna sur l'Autriche, la Hongrie et la Bohême jusqu'à l'abdication de Charles Iᵉʳ en 1918.

Habsheim Commune du Haut-Rhin, à l'E. de Mulhouse. 5 052 habitants.

***hach** voir **hasch**

***hachage** n. m. Action de hacher.

Hadid (Zaha)

Zaha Hadid a conçu le pavillon-pont pour l'Expo Zaragoza à Saragosse en 2008.

***hache** n. f. (vient du francique *happja*) Instrument à lame tranchante, servant à fendre. *Fendre du bois avec une hache, à la hache.* – (armes) *Hache d'armes. Hache d'abordage. Hache de guerre des Amérindiens* (→ **tomahawk**). loc. *Enterrer, déterrer la hache de guerre :* suspendre, ouvrir les hostilités.

***hache-légume** n. m. Hachoir à légumes. *Des hache-légumes.* - var. **hache-légumes** (invar.).

Hachémites ou **Hachimites** n. m. pl. Famille dont furent issus, du XIe s. à 1925, tous les souverains (« chérifs ») de La Mecque. Ses descendants Fayçal Ier et Abd Allah fondèrent respectivement les monarchies d'Irak (1921-1958) et de Jordanie.

***hache-paille** n. m. agric. Instrument servant à hacher la paille et le fourrage dont on nourrit le bétail. *Des hache-pailles.*

***hacher** v. tr. < 1 > Couper en petits morceaux avec un instrument tranchant. *Hacher du persil.* ■ ***haché, ée** adj. **1.** Coupé en petits morceaux. *Steak haché.* – n. m. *Du haché :* de la viande hachée. **2.** fig. Entrecoupé, interrompu (langage). *Style haché.* → **heurté, saccadé.**

***hachereau** n. m. techn. Petite cognée de bûcheron. → **hachette.** ■ Petite hache de charpentier, en forme de marteau tranchant d'un côté.

***hachette** n. f. Petite hache.

Hachette (Jeanne Laisné, dite Jeanne) Héroïne française (v. 1454- ?). Elle prit avec succès la tête de la défense de Beauvais, assiégée par Charles le Téméraire (1472).

Hachette (Louis) Éditeur français (1800-1864). Il débuta dans l'édition de livres scolaires, puis lança des collections à vaste diffusion (« Les Grands Écrivains de la France », la « Bibliothèque rose » pour la jeunesse), avant de travailler à la publication du *Dictionnaire de la langue française* de Littré. Hachette est aujourd'hui un groupe d'édition (presse, livre, audiovisuel) de très grande importance.

***hache-viande** n. m. Hachoir mécanique pour la viande. *Des hache-viandes.*

***hachich** voir **haschich**

Hachioji Ville du Japon (Honshū), dans la banlieue industrielle de Tōkyō. 580 000 habitants.

***hachis** n. m. (de *hacher*) Préparation de viande ou de poisson hachés très fin. *Hachis de porc.* → **chair** à saucisse. *Hachis Parmentier* (du n. de Parmentier) : hachis de bœuf mélangé à de la purée de pommes de terre.

***hachoir** n. m. Large couteau ou appareil servant à hacher. ■ Épaisse planche de bois sur laquelle on hache.

***hachure** n. f. (de *hacher*) Traits parallèles ou croisés qui figurent les ombres, les reliefs d'un dessin, d'une gravure.

***hachurer** v. tr. < 1 > Couvrir de hachures. → **rayer.** – au p. p. *Les parties hachurées d'une carte.*

hacienda [asjɛnda] n. f. (mot espagnol, de *hacer*, correspondant de *faire**, *cf.* **fazenda**) Grande exploitation rurale, en Amérique latine ; habitation du maître.

***hackathon** n. m. (mot anglais, de *to hack* « être passionné d'informatique » et *marathon*) Évènement au cours duquel des développeurs se réunissent durant plusieurs jours autour d'un projet collaboratif de programmation informatique ou de création numérique.

***hacker** [ake] v. tr. < 1 > (→ **hackeur**) anglic. Pirater (un système informatique) par jeu, sans intention de nuire. *Le serveur du ministère a été hacké.*

***hackeur, euse** n. ou ***hacker** [akœʀ] n. m. (anglais *hacker*, de *to hack* « hacher, tailler ») anglic. Pirate informatique qui agit par jeu, sans intention de nuire. *Hackeurs et crackers.* - recomm. offic. **fouineur.**

Hadrien

Le mur d'Hadrien, dans le Northumberland, est inscrit au patrimoine mondial de l'Unesco.

hacktivisme n. m. (mot-valise, de 1 *hacker* et *activisme*) Piratage informatique pratiqué par activisme. □ n. et adj. **hacktiviste**

hadal, ale, aux adj. (de *Hadès*) didact. Des grands fonds océaniques (au-delà de 6 000 m). → **abyssal.** *Les profondeurs hadales.*

***haddock** ou ***haddok** n. m. (anglais *haddock*, mot d'origine obscure) Églefin fumé.

Haden (Charles Edward, dit Charlie) Contrebassiste de jazz américain (1937-2014). Engagé dans l'avant-garde musicale autant que politique, il est resté pourtant attaché à la grande tradition du jazz américain ainsi qu'aux folklores ibériques et latino-américains.

Hadès Dieu des Enfers, dans la mythologie grecque. Fils de Cronos et de Rhéa, il est assimilé au *Pluton* des Romains.

Hadès, mur peint de la tombe de l'Ogre (IIe s. av. J.-C.), nécropole étrusque de Tarquinia, Latium.

Hadid (Zaha) Architecte britannique d'origine irakienne (1950-2016). Elle imagina des formes audacieuses et révolutionnaires, des entrelacs de formes géométriques, de lignes droites et d'angles bruts (Musée des arts du XXIe siècle [MAXXI] à Rome).

***hadith** n. m. (mot arabe) didact. Recueil des actes et paroles de Mahomet.

***hadji** n. m. (mot arabe « saint ») Musulman qui a fait le pèlerinage de La Mecque. *Les hadjis.* - syn. ***hadj.**

Hadley (John) Ingénieur et astronome anglais (1682-1744). Il mit au point un instrument imaginé par Newton, l'octant, ancêtre du sextant de marine.

Hadramaout n. m. Région montagneuse du Yémen, longeant le golfe d'Aden.

Hadriana (villa) Résidence de plaisance de l'empereur Hadrien à Tibur (actuelle Tivoli), construite au début du IIe s. Précieux témoignage sur l'art romain, elle abrite des reproductions des monuments appréciés par l'empereur au cours de ses voyages.

Hadrien ou **Adrien** en latin **Publius Aelius Hadrianus** (76-138). Empereur romain (117-138). Fils adoptif et successeur de Trajan, il adopta une politique défensive, faisant édifier le *mur d'Hadrien* (122), destiné à protéger la Bretagne des invasions des Pictes. Il organisa l'administration impériale et codifia le droit en édit perpétuel (131). Ami des arts et des lettres, il fit bâtir, outre la villa Hadriana, le mausolée impérial, devenu le château Saint-Ange à Rome.

hadron n. m. (grec *hadros* « abondant » + *-on* de *électron*) phys. Particule élémentaire lourde (opposé à *lepton ;* ex. neutron, proton). □ adj. **hadronique**

Haeckel (Ernst) Naturaliste allemand (1834-1919). Partisan de la théorie de l'évolution de Darwin, il est l'un des fondateurs de l'embryologie. Il étudia les rapports des organismes à leur milieu, et inventa le terme d'*écologie.*

Haendel (Georg Friedrich) Compositeur anglais d'origine allemande (1685-1759). Installé à Londres en 1710, reçu comme un nouveau Purcell, il occupa les fonctions les plus prestigieuses (premier directeur musical de la *Royal Academy of Music*, fondée en 1719). Son œuvre immense, qui regroupe des suites orchestrales *(Water Music)*, quelque quarante opéras *(Rinaldo)*, des oratorios *(Le Messie)*, de la musique sacrée *(Te Deum)* se présente comme une synthèse des influences italienne, allemande, française et anglaise. Elle annonce les grands maîtres viennois, Haydn, Mozart et Beethoven.

Haffkine (Waldemar) Médecin et biologiste britannique d'origine russe (1860-1930). Il élabora le premier vaccin contre le choléra en 1892.

Ḥāfiẓ [Chams al-Dīn Muḥammad] Poète lyrique persan (v. 1320-v. 1389). Tour à tour lyrique, mystique, parfois proche du registre bachique, il réunit ses œuvres dans un recueil, *Divan.* Il perfectionna le *ghazal* (poème d'amour) et est considéré comme le plus grand créateur de la poésie persane, dont il renouvela complètement le style. Il reste très populaire aujourd'hui en Iran.

***hafnium** [afnjɔm] n. m. (du danois *[København]havn* « Copenhague », lieu de sa découverte) chim. Corps simple (symb. Hf, n° at. 72, masse at. 178,49), métal très brillant, ductile.

Hafsides n. m. pl. Dynastie maghrébine qui régna sur la Tunisie de 1228 à 1574. Les Hafsides s'affirmèrent au détriment des Almohades et déclarèrent l'indépendance de Tunis. La dynastie s'éteignit avec la prise de Tunis par les Turcs.

Haganah n. f. Organisation juive d'autodéfense fondée en 1920. Elle contribua activement à l'effort de guerre auprès des troupes britanniques pendant la Seconde Guerre mondiale et fournit les cadres de l'armée de l'État d'Israël (1948).

hagard, arde adj. (d'abord *faucon hagard* « sauvage » ; origine germanique ; p.-ê. famille de *haie*) Qui a une expression égarée

Haigneré (Claudie)

Claudie Haigneré s'entraînant dans le vaisseau spatial Soyouz (1999).

et farouche. ➔ **effaré.** *Œil hagard. Air, visage, gestes hagards.*

Hagetmau Commune des Landes. 4 631 habitants. Crypte romane de l'église Saint-Girons.

***haggis** [agis] **n. m.** **(de l'anglais, d'origine incertaine)** cuis. Estomac de mouton farci d'abats (plat écossais).

hagiographe n. **(du bas latin, du grec, de *hagios* « saint, sacré »)** Auteur d'une hagiographie.

hagiographie n. f. didact. Rédaction des vies des saints. ▪ Biographie excessivement élogieuse. ▫ **adj. hagiographique**

Hagondange Commune de la Moselle, au N. de Metz. 9 332 habitants. Métallurgie.

Hague (La) Commune de la Manche. 11 257 habitants. Usine de traitement de combustibles nucléaires usés. ▪ **Cap de La Hague**. Promontoire du N.-O. du Cotentin.

Haguenau Chef-lieu d'arrondissement du Bas-Rhin, au S. de la forêt de Haguenau. 35 448 habitants. Églises. Musée historique.

Hahn (Reynaldo) Compositeur français d'origine vénézuélienne (1875-1947). Élève de Massenet, il est surtout connu pour ses opérettes *(Malvina)*, œuvres pleines de grâce mélodique et de finesse. Il laisse aussi de la musique de chambre et des opéras *(Le Marchand de Venise)*.

Hahn (Otto) Chimiste allemand (1879-1968). Ses premiers travaux avec Lise Meitner, qui portèrent sur de nouveaux isotopes radioactifs, lui permirent de découvrir et d'interpréter, avec F. Strassmann, le principe de la fission nucléaire. Prix Nobel 1944.

Hahnemann (Christian Friedrich Samuel) Médecin allemand (1755-1843). Il est le fondateur de l'homéopathie.

Haida Gwaii Nom des îles de la Reine-Charlotte depuis 2010.

Haidas n. m. pl. Amérindiens du nord-ouest du Canada (îles de la Reine-Charlotte). Remarquables sculpteurs, vivant essentiellement de la pêche, ils pratiquaient le *potlach* (dons rituels entre groupes alliés).

***haïdouc** ou ***haïdouk** voir **heiduque**

haie n. f.** **(du francique *hagia*)** **1.** Clôture végétale servant à limiter ou à protéger un champ, un jardin. ➔ **bordure.** *Haie d'aubépines. Haie vive* : formée d'arbustes en pleine végétation. *« Je hais les haies / Qui sont des murs »* (R. Devos). ▪ ***Course de haies, où les chevaux, les coureurs ont à franchir des haies, des barrières. **2.** File de personnes bordant une voie pour laisser le passage à qqn, à un cortège. *Haie d'honneur.*

Haïfa ou **Haiffa** Ville portuaire d'Israël, en Galilée. 285 300 habitants. 3e ville du pays par la population. Centre culturel et universitaire. Port pétrolier. Industrie (informatique).

Haig (Douglas Haig, 1er comte) Feld-maréchal britannique (1861-1928). Chef des forces britanniques en France à partir de 1915, il collabora avec Joffre lors de la bataille de la Somme (juillet 1916).

Haigneré (Claudie) née **André-Deshays** Astronaute, médecin et femme politique française (née en 1957). Première femme française membre d'un programme spatial (station Mir, 1996, et station spatiale internationale, 2001), elle fut également ministre déléguée à deux reprises (à la Recherche, 2002 et aux Affaires européennes, 2004-2005). ▪ **Haigneré (Jean-Pierre)** Astronaute français (né en 1948). Époux de Claudie Haigneré, il a effectué deux missions à bord de la station Mir en 1993 et en 1999.

Hai he ou **Hai-ho n. m.** Fleuve de Chine, dans la province de Hebei, qui se jette dans le golfe du Bohai, en mer Jaune. 1 090 km.

***haïk n. m.** **(mot arabe d'Algérie, de *aka* « tisser »)** Pièce d'étoffe drapée sur les autres vêtements et qui peut servir à cacher le bas du visage (vêtement féminin).

Haikou ou **Hai-k'eou** Ville et port de Chine, capitale de la province insulaire de Hainan. 1 517 400 habitants. Tourisme.

***haïku** [ajku ; aiku] **n. m.** **(mot japonais)** Poème classique japonais de dix-sept syllabes réparties en trois vers.

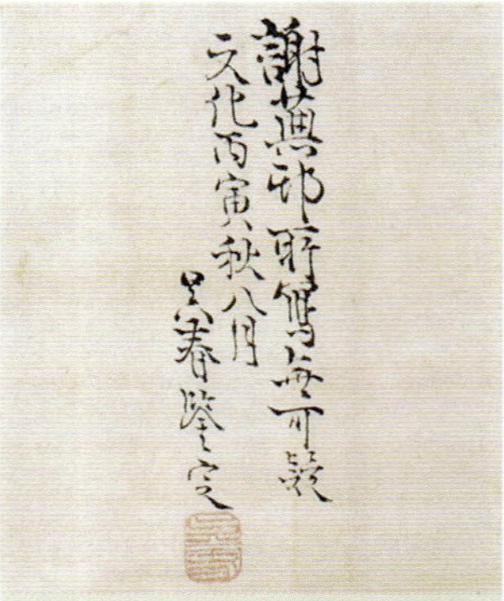
Haïku de Yosa Buson, *Un chemin dans la montagne,* peinture sur soie (1771), musée Guimet, Paris.

Hailé Sélassié Ier (1892-1975). Empereur d'Éthiopie (1930-1974). Il fut chassé par les Italiens et dut s'exiler entre 1936 et 1941. Ayant fait entrer l'Éthiopie à la SDN et décrété l'abolition de l'esclavage (1924), il acquit un grand prestige. Il fut renversé par l'armée en 1974 et mourut probablement assassiné.

Haillan (Le) Commune de la Gironde, à l'O. de Bordeaux. 11 567 habitants.

***haillon n. m.** **(du moyen allemand)** Vieux lambeau d'étoffe servant de vêtement. ➔ **guenille, loque.** *Mendiant en haillons.* ▫ **adj. et n. *haillonneux, euse**

Haïm (Emmanuelle) Cheffe d'orchestre et claveciniste française (née en 1962). Spécialiste de la musique baroque, elle a créé l'ensemble Le Concert d'Astrée, qu'elle a dirigé dans de nombreuses productions scéniques, notamment des opéras (Bach, Haendel, Mozart, Purcell).

Hainan n. m. Province de Chine constituée d'une île principale (Hainan) et d'un archipel de plus de 200 îles, à l'O. de la mer de Chine. 34 000 km². 8 671 000 habitants. Capitale : Haikou. Culture du thé et du café. Mines de fer et d'uranium.

Hainaut n. m. Région historique située aux confins de la France (département du Nord) et de la Belgique (province du Hainaut). Devenu comté de l'Empire germanique au IXe s., le Hainaut fut réuni à la Flandre, puis à la maison d'Avesnes (1256), avant d'être cédé au duc de Bourgogne en 1433. Le traité des Pyrénées (1659) et celui de Nimègue (1678) cèdèrent à la France sa partie méridionale, qui forma le *Hainaut français* (villes principales : Valenciennes, Maubeuge). La partie nord, un temps annexée à l'Empire par Napoléon, devint, en 1814, une province des Pays-Bas et, en 1830, une province belge.

Hainaut n. m. Province de Belgique (Région wallonne). 3 785 km². 1 346 840 habitants. Langue : français. Chef-lieu : Mons. Essentiellement formée de bas plateaux limoneux, la province est partagée entre espaces agricoles (céréales, betterave à sucre ; élevage bovin) et pôles industriels (métallurgie, sidérurgie, constructions électriques, confection) autour des agglomérations (Charleroi, Mons, Tournai, Soignies).

***haine n. f.** **(de *haïr*)** **1.** Sentiment violent qui pousse à vouloir du mal à qqn et à se réjouir du mal qui lui arrive. ➔ **aversion, répulsion ; -phobie.** *Vouer à qqn une haine implacable. Prendre qqn en haine. Cri de haine.* – *De vieilles haines.* **2.** Aversion profonde pour qqch. **3.** fam. *Avoir la haine* : ressentir une haine violente, être révolté.

***haineux, euse adj.** **1.** Naturellement porté à la haine. ➔ **malveillant, méchant, vindicatif.** **2.** Qui trahit la haine. *Regard haineux.* **3.** Inspiré par la haine. ➔ **fielleux, venimeux.** *Propos haineux.* ▫ **adv. *haineusement**

Haiphong Ville du N. du Viêtnam, sur le golfe du Tonkin. 841 520 habitants. La municipalité de Haiphong rassemble 1,8 million d'habitants. Premier port du pays et centre industriel (chantiers navals, métallurgie, textile). La ville fut bombardée par les Français en 1946, puis par les Américains pendant la guerre du Viêtnam.

***haïr v. tr.** **< 10 >** **(du francique ; *cf.* allemand *hassen,* anglais *to hate*)** **1.** Avoir (qqn) en haine. ➔ **détester, exécrer.** *Haïr qqn à mort.* – *« Va, je ne te hais point* [Chimène à Rodrigue] *»* (Corneille) : je t'aime. **2.** Avoir (qqch.) en haine. *Haïr la contrainte.* ▪ **se haïr v. pron.** **1.** réfl. *Il se hait.* **2.** récipr. *Les deux frères se haïssent cordialement.*

haire n. f. **(du francique *harja* « vêtement de poils », famille de l'anglais *hair*)** vieux Chemise rugueuse portée par mortification.

***haïssable adj.** Qui mérite d'être haï (choses, personnes). ➔ **détestable, exécrable, odieux.** allus. *« Le moi est haïssable »* (Pascal).

Haïti

▪ offic. république d'Haïti Pays des Grandes Antilles occupant la partie occidentale de l'île d'Haïti, l'île de la Gonâve et l'île de la Tortue. 27 750 km². 10 413 000 habitants (les *Haïtiens*). **Langues :** français, créole. **Population :** Noirs (95 %). **Religions :** chrétiens, animistes (vaudou). **Monnaie :** gourde. **Capitale :** Port-au-Prince. **Régime :** présidentiel.

GÉOGRAPHIE

Le territoire est formé de deux péninsules séparées par le golfe de la Gonâve. Des montagnes escarpées sont entaillées par des vallées qui descendent vers les plaines côtières. Le climat tropical est marqué par des cyclones ; les côtes sous le vent sont très sèches. L'île, jadis très boisée, connaît une déforestation radicale (98 %).

ÉCONOMIE

L'agriculture vivrière (maïs, sorgo) ne subvient pas aux besoins de la population. Les cultures d'exportation sont en déclin, l'élevage et l'industrie sont peu développés. Les hydrocarbures sont importés en totalité. Haïti, pays le plus pauvre d'Amérique (2/3 des habitants sous le seuil de pauvreté),

survit grâce à l'aide internationale et aux revenus des émigrés.

HISTOIRE

Colonie française, l'île d'Haïti devint le premier État noir indépendant (1804) après la victoire de l'armée indigène à la bataille de Vertières (nov. 1803). En 1844, la République dominicaine, proclamée dans la partie orientale de l'île, se dissocia définitivement de la république d'Haïti, marquée par l'instabilité politique. La république d'Haïti fut occupée par les États-Unis (1915-1934), puis subit une dictature militaire (François Duvalier, 1957-1971 ; Jean-Claude Duvalier, 1971-1986). Élu président en 1990, Jean-Bertrand Aristide fut renversé (1991). L'intervention de l'ONU rétablit la démocratie (1994) et René Préval fut élu président en 1995. J.-B. Aristide lui succéda (2001), mais dut démissionner (2004). R. Préval revint au pouvoir en 2006 mais ne réussit pas à maintenir l'ordre. Le pays, très vulnérable aux catastrophes naturelles, fut dévasté en janvier 2010 par un séisme qui fit environ 250 000 morts, suivi d'une épidémie de choléra, puis en 2016 par l'ouragan Matthew. De plus, la politique ultralibérale menée par Michel Martelly (2011-2016) laissa les classes populaires et moyennes dans le dénuement. Jovenel Moïse, également du parti PHTK et président à partir de 2017, fut confronté au mécontentement populaire dû à la corruption et à la pandémie de Covid-19. Son assassinat, en juillet 2021, par un commando armé, plongea le pays dans le chaos. L'intérim fut assuré par le Premier ministre, Ariel Henry.

Haïti, la révolte des esclaves de 1791 (eau-forte, 1840).

Hajdu (Étienne) Sculpteur français d'origine roumaine (1907-1996). Il s'inspira d'abord de Léger et de Brancusi avant de revenir au figuratif. Son style s'affirme dans des reliefs aux formes simples qu'accompagnent des effets de lumière et de matière.

Ḥajj **n. m.** Pèlerinage à La Mecque, l'un des cinq piliers de l'Islam, obligatoire pour les fidèles pouvant assumer, une fois dans leur vie, le coût de ce voyage.

***haka** **n. m.** (mot maori « danse ») Danse et chant rituels maoris, exécutés par l'équipe de rugby néo-zélandaise avant chaque match international.

Ḥakam II Calife omeyade d'Espagne (mort en 976). Son règne vit l'apogée de la puissance musulmane espagnole.

Hakim (Tawfik Al-) Écrivain égyptien (1898-1987). Auteur de romans, il est surtout célèbre comme dramaturge, reprenant des mythes anciens et des contes traditionnels. *Œdipe-Roi ; Shahrāzād ; Muhammad.*

Hakluyt (Richard) Géographe anglais (v. 1553-1616). Il introduisit en Angleterre l'usage des globes terrestres.

Hakodate Ville du Japon (Hokkaidō), sur le détroit de Tsugaru. 251 200 habitants. Pêche. Construction navale.

Hakuin Ekaku Religieux, écrivain et peintre japonais (1685-1768). Il est l'une des figures essentielles du bouddhisme zen.

***halage** **n. m.** Action de haler un bateau. *Chemin de halage,* qui longe un cours d'eau pour permettre de haler les bateaux.

Halage hippomobile sur les bords de la Marne.

***halal** **adj.** (mot arabe « licite ») (viande) Conforme au rite musulman. *Viande halal. Des poulets halal* (invar.) ou *halals.* - var. ***hallal.**

Halban (Hans) Physicien français d'origine autrichienne (1877-1964). Il travailla, avec F. Joliot-Curie et L. Kowarski, sur la fission de l'uranium.

***halbi** **n. m.** (néerlandais *haalbier* « petite bière ») régional (Normandie) Boisson faite de pommes et de poires fermentées.

***halbran** **n. m.** (de l'ancien allemand) Jeune canard sauvage.

Halbwachs (Maurice) Sociologue français (1877-1945). Disciple de Durkheim, introduisant la statistique en sociologie, il s'attacha aux rapports de sa discipline et de la psychologie. Il mourut en déportation à Buchenwald. *Les Cadres sociaux de la mémoire.*

***hâle** **n. m.** (de *hâler*) Couleur plus ou moins brune que prend la peau exposée à l'air et au soleil. → **bronzage.**

haleine **n. f.** (de l'ancien français *alener,* qui vient du latin pop., de *anhelare* « exhaler », d'après *halare* « souffler » → **haleter**) **1.** Mélange gazeux qui sort des poumons pendant l'expiration. *Haleine fraîche. Avoir mauvaise haleine,* sentir mauvais de la bouche. **2.** La respiration (inspiration et expiration). → **souffle.** ■ loc. *Être hors d'haleine,* à bout de souffle (→ **haletant**). ***Retenir son haleine,*** sa respiration. ***Reprendre haleine*** : reprendre sa respiration après un effort. – ***À perdre haleine*** **loc. adv.** : au point de ne plus pouvoir respirer ; fig. sans s'arrêter. *Courir à perdre haleine.* **3.** (dans des loc.) Intervalle entre deux inspirations. ***D'une (seule) haleine*** : sans s'arrêter pour respirer. → d'un **trait.** – ***Tenir qqn en haleine,*** maintenir son attention en éveil ; maintenir dans un état d'incertitude, d'attente. – *Travail **de longue haleine,*** qui exige beaucoup de temps et d'efforts.

halener **v. tr.** < 5 > (→ **haleine**) (chien de chasse) Flairer l'odeur de (la bête).

***haler** **v. tr.** < 1 > (germanique *hâlon* « amener, tirer ») **1.** Tirer à soi, spécialt à l'aide d'un cordage. **2.** Remorquer (un bateau) à l'aide d'un câble tiré du rivage. *Tracteur qui hale une péniche* (→ **halage, haleur**).

***hâler** **v. tr.** < 1 > (vient p.-ê. du latin *assulare,* de *assare* « griller », ou francique *hâllon* « sécher ») (air, soleil) Rendre (la peau, le teint) brun ou rougeâtre. → **bronzer, brunir.** *L'air marin hâle le teint.* ■ ***hâlé, ée** **adj.** *Visage, teint hâlé.*

***haletant, ante** **adj.** **1.** Qui halète. → **essoufflé.** *Chien haletant. – Respiration haletante.* → **¹précipité.** – fig. *Être haletant d'impatience.* **2.** Qui tient en haleine. *Une intrigue haletante.*

***halètement** **n. m.** Respiration précipitée.

***haleter** **v. intr.** < 5 > (p.-ê. d'un dérivé du latin *halare* « souffler » → **haleine**) **1.** Respirer avec gêne à un rythme anormalement précipité ; être hors d'haleine. *Haleter d'émotion. – Chien qui halète.* **2.** fig. Être tenu en haleine. *L'auditoire haletait.*

***haleur, euse** **n.** Personne qui hale les bateaux le long des cours d'eau.

Halevi (Judah) Poète et philosophe juif d'Espagne (v. 1075-v. 1141). Il est l'auteur de quelque 800 poèmes, et d'un dialogue apologétique écrit en arabe, puis en hébreu.

***halfpipe** ou ***half-pipe** [alfpajp] **n. m.** (de l'anglais, de *half* « demi » et *pipe* « tuyau ») anglic. Rampe en forme de demi-tube. *Des halfpipes, des half-pipes.* - recomm. offic.

haka

Le haka, rite cérémoniel très présent dans la culture des Maoris.

H

de neige. ■ Épreuve formée de sauts acrobatiques sur cette rampe, en ski ou en snowboard.

***half-track** [alftRak] **n. m.** (mot anglais des États-Unis « semi-traction ») anglic., milit. Véhicule blindé, semi-chenillé. *Des half-tracks.* - var. RO ***halftrack.**

Halicarnasse Ancienne ville d'Asie Mineure (Carie), dans le golfe de Cos, aujourd'hui *Bodrum* (Turquie). Elle abrita l'une des Sept Merveilles du monde, le tombeau monumental (mausolée) du roi Mausole, édifié par son épouse et sœur Artémise II.

halieutique adj. (du latin, du grec, de *hals, halos* « mer ») didact. Qui concerne la pêche. **– n. f.** *L'halieutique,* l'art, la technique de la pêche en mer.

Halifax (Edward Frederick Lindley Wood, 1er comte de) Homme politique britannique (1881-1959). Il fut vice-roi des Indes (1925-1931) puis ministre des Affaires étrangères (1938-1940).

Halifax Ville du Canada, capitale de la Nouvelle-Écosse. 403 131 habitants. Halifax est l'un des ports les plus importants d'Amérique du Nord. Commerce. Industrie (alimentaire, électronique). Institut océanographique. Église anglicane (1750).

Halimi (Gisèle) née Taïeb Avocate et militante féministe française d'origine tunisienne (1927-2020). Elle lutta pour les droits des femmes, spécialement pour l'interruption volontaire de grossesse, et contribua à la reconnaissance du viol comme un crime. Elle fut l'une des fondatrices du mouvement altermondialiste Attac.

haliotide n. f. (grec *halios* « marin » et *ous, ôtos* « oreille ») zool. Mollusque marin comestible, couramment nommé *ormeau, oreille de mer.*

haliple n. m. (grec *haliplous* « qui nage en mer ») zool. Insecte coléoptère carnivore des eaux douces ou saumâtres.

***hall** [ol] **n. m.** (mot anglais, du francique ; même origine que *halle*) anglic. Grande salle servant d'entrée, d'accès. *Hall de gare.* ■ Vaste local. *Hall d'exposition.*

Hall (Charles Francis) Explorateur américain (1821-1871). Il entreprit l'exploration des régions arctiques et périt en mission. Il a laissé son nom à la *terre de Hall,* partie N.-O. du Groenland.

Hall (Edwin Herbert) Physicien américain (1855-1938). Ses travaux sur la conductivité de l'acier le menèrent à la découverte de l'*effet Hall,* ayant des applications en électronique et dans les appareils de mesure.

Hall (Jeffrey) Généticien américain (né en 1945). Il parvint en 1984, avec M. Rosbash, à isoler le premier gène contrôlant le rythme circadien (cycle d'environ 24 heures qui régule les fonctions biologiques). Ils montrèrent que ce gène encode une protéine qui s'accumule dans la cellule au cours de la nuit puis est désagrégée durant le jour. Prix Nobel 2017.

***hallage n. m.** comm. Taxe, redevance payée par les marchands pour vendre aux halles, au marché d'une commune.

Ḥallāj (Abū ʿAbd Allāh al-Ḥusayn ibn Manṣūr al-) Mystique et prédicateur musulman (v. 858-922). Inspiré par le soufisme, il fut condamné à mort pour ses conceptions hétérodoxes.

***hallal** voir **halal**

hallali n. m. (de l'ancien français *haler* « exciter les chiens » : *hale à lui ;* famille de *haro*) chasse Cri ou sonnerie de cor annonçant que l'animal est aux abois. *Sonner l'hallali.*

***halle n. f.** (du francique *halia ;* même origine que *hall*) **1.** Vaste emplacement couvert ou bâtiment où se tient un marché, un commerce de gros. *Halle au blé, aux vins.* **2.** au plur. *Les halles :* emplacement, bâtiment où se tient le marché central de denrées alimentaires d'une ville. *Les Halles* (de Paris) : ancien quartier des halles (aujourd'hui à Rungis).

Halles

Projet « Canopée » d'aménagement de l'espace des Halles, à Paris, par Patrick Berger et Jacques Anziutti (2007).

Halle Ville d'Allemagne (Saxe-Anhalt), sur la Saale. 233 880 habitants. Université fondée en 1694. Églises et hôtel de ville des XIVe-XVIe s. Industrie (mécanique, chimie).

Halle en français **Hal** Ville de Belgique (Brabant flamand), au S. de Bruxelles. 40 182 habitants. Basilique et hôtel de ville Renaissance. Industrie alimentaire.

***hallebarde n. f.** (ancien allemand « hache *[barte]* à poignée *[helm]* ») anciennt Arme d'hast munie de deux fers latéraux supplémentaires, l'un en croissant, l'autre en pointe. ■ loc. fam. *Il pleut, il tombe des hallebardes :* il pleut à verse.

***hallebardier n. m.** anciennt Homme d'armes portant la hallebarde.

Haller (Albrecht von) Savant et écrivain suisse d'expression allemande (1708-1777). Il créa le jardin botanique de Göttingen, et produisit divers travaux de botanique, d'anatomie et de physiologie. Il laisse par ailleurs des poèmes. *Poésies suisses.*

Haller (Józef) Général polonais (1873-1960). Durant la Première Guerre mondiale, il dirigea les forces polonaises aux côtés des Alliés. Il fut ministre du gouvernement polonais de Londres lors de la Seconde Guerre mondiale.

Halles n. f. pl. Quartier du 1er arrondissement de Paris, où était concentré jusqu'en 1969 le marché de gros de l'alimentation. Construit sur ce site, le Forum des Halles est un centre commercial.

Halley (Edmund) Astronome anglais (1656-1742). Il est l'auteur du premier catalogue des étoiles australes (1679). Il introduisit l'idée d'une périodicité mesurable dans l'apparition de certains corps célestes. En 1681-1682, il prédit ainsi pour 1756 le retour de la comète qui porte son nom, ce qui s'avéra.

***hallier n. m.** (origine francique) Groupe de buissons serrés et touffus.

halloween [alɔwin] **n. f.** (mot anglais, de *all hallow even* « veille de la Toussaint ») Fête (31 octobre) à l'occasion de laquelle les enfants masqués, déguisés, font la tournée de leur quartier pour récolter des friandises (en Amérique du Nord).

Hallstatt Village autrichien (Haute-Autriche) et site préhistorique ayant donné son nom au premier âge du fer (1000-500 av. J.-C.). Environ 2 000 sépultures, ayant livré un important mobilier funéraire (armures, bijoux).

***hallstattien, ienne adj.** (de *Hallstatt*) sc. Relatif à la première période de l'âge du fer (1000 à 500 av. J.-C.).

hallucinant, ante adj. Qui a une grande puissance d'illusion, d'évocation. *Ressemblance hallucinante.* → **saisissant.** ■ fam. Énorme, extraordinaire, exagéré.

hallucination n. f. (du latin → **halluciné**) **1.** méd. Perception pathologique de faits, d'objets qui n'existent pas, de sensations en l'absence de stimulus extérieur. → **illusion.** *Hallucinations visuelles* (→ **vision**), *auditives* (→ **entendre des voix**). **2.** Erreur des sens, illusion. *Être le jouet d'une hallucination. Avoir des hallucinations.*

hallucinatoire adj. (→ **halluciné**) didact. **1.** De l'hallucination. *Vision hallucinatoire.* **2.** Qui provoque l'hallucination.

halluciné, ée adj. et n. (du latin, de *hallucinari* « divaguer », du grec *aluein* « errer ») Qui a des hallucinations. **–** *Un air halluciné.* → **égaré ; bizarre.**

halluciner v. < 1 > (de *halluciné*) **1. v. tr.** Rendre halluciné. **2. v. intr.** fam. Être stupéfait. *J'hallucine !*

hallucinogène adj. et n. m. (→ **-gène**) Qui donne des hallucinations. *Champignon hallucinogène.* **– n. m.** Drogue provoquant un état psychédélique.

hallucinose n. f. didact. Phénomène hallucinatoire dont le sujet reconnaît l'irréalité (à la différence de l'hallucination).

Halluin Commune du Nord, à la frontière belge. 20 812 habitants.

hallux valgus [alyksvalgys] **n. m.** (latin médical, de *allux* « gros orteil » et *valgus* « tourné vers l'extérieur ») méd. Déviation du gros orteil vers l'extérieur du pied, alors que le premier métatarsien se tourne vers l'intérieur.

Hallyday (Jean-Philippe Smet, dit Johnny) Chanteur français (1943-2017). Figure majeure du rock'n'roll en France, « l'idole des jeunes » a acquis, par la longévité exceptionnelle de sa carrière, une place à part dans la culture populaire.

Johnny Hallyday en 1998 au Stade de France.

Halmahera Île de l'archipel des Moluques (Indonésie), volcanique et couverte de forêts. 18 000 km^2. 180 000 habitants.

***halo** **n. m.** **(du latin, grec *halôs* « aire pour battre le blé ; surface ronde »)** **1.** Auréole lumineuse diffuse autour d'une source lumineuse. *Le halo des réverbères dans le brouillard.* **2.** fig. → **auréole.** *Un halo de gloire.*

halo- Élément **(du grec *hals, halos*)** qui signifie « sel » (ex. *halographie* **n. f.** « étude des sels »).

halogénation **n. f.** chim. Introduction d'halogènes* dans une molécule. → **halon.**

halogène **n. m.** **(du grec *hals, halos* « sel » [→ halo-] + *-gène*)** **1.** chim. Se dit de chacun des cinq éléments qui figurent dans la même colonne que le chlore, dans la classification périodique des éléments (fluor, chlore, brome, iode, astate). **2.** *Lampe (à) halogène* ou *un halogène* **n. m.**, dont l'atmosphère gazeuse contient un halogène et qui permet un éclairage progressif.

halogéné, ée **adj.** chim. Qui contient des halogènes.

halogénure **n. m.** chim. Sel ou ester obtenu par combinaison d'un halogène avec un autre élément. *Le chlorure de sodium est un halogénure.*

***hâloir** **n. m.** **(de *hâler*)** techn. Lieu où l'on sèche le chanvre. ■ Séchoir où sont déposés les fromages à pâte molle après le salage.

halon **n. m.** **(n. déposé, du radical de *halogène*)** chim. Dérivé par halogénation d'hydrocarbures, utilisé comme liquide extincteur et frigorifique. → **fréon.**

halophile **adj.** **(→ halo-)** sc. Qui croît dans les milieux salés. *Une bactérie halophile.* - syn. **halophyte adj. et n. f.**

Halprin **(Anna)** Chorégraphe américaine (1920-2021). D'abord adepte de la modern dance, elle créa en 1955 un groupe de recherche sur l'improvisation. Elle a élaboré le concept de « task » consistant à réaliser sur scène des tâches ordinaires, introduisant le quotidien dans la danse. *Appartment 6 ; Parade and Changes ; Reflections on Death and Dying* (avec des malades du sida).

Hals **(Frans)** Peintre hollandais (1581 ou 1585-1666). Il peignit des portraits, des tableaux corporatifs remarquablement vivants. Son style ample et puissant évolua vers la gravité et le tragique, servis par une maîtrise des gris et des noirs. *La Bohémienne.*

Frans Hals, *Le Bouffon au luth* (1623-1624), musée du Louvre, Paris.

***halte** **n. f.** **(de l'allemand, du francique *halt*)** **1.** Temps d'arrêt consacré au repos, au cours d'une marche, d'un voyage. *Faire halte quelque part.* **2.** Lieu où l'on fait halte. → **escale, étape.** *Une halte de routiers.* **3. interj.** *Halte ! :* commandement par lequel on ordonne à qqn de s'arrêter. *Section, halte !* – fig. *Dire halte à la guerre.* – *Halte-là ! (pour enjoindre à un suspect de s'arrêter).* → **qui-vive.**

***halte-garderie** **n. f.** Crèche accueillant des enfants pour une courte durée. *Des haltes-garderies.*

haltère **n. m.** **(du latin, grec *haltêres*, de *hallesthai* « sauter, faire l'acrobate »)** Instrument de gymnastique fait de deux boules ou disques de métal réunis par une tige. – Exercice pratiqué avec cet instrument. *Faire des haltères.* ■ *Poids et haltères :* sport consistant à soulever des haltères les plus lourds possible, en exécutant certains mouvements. → **haltérophilie.**

haltérophile **n.** Athlète qui pratique l'haltérophilie.

haltérophilie **n. f.** Sport des poids et haltères*.

***halva** **n. m.** **(mot turc, de l'arabe)** Confiserie orientale à base d'huile de sésame, de farine et de miel. *Des halvas.*

Ham Commune de la Somme, sur la Somme. 4 510 habitants. Vestiges du château où Louis Napoléon Bonaparte fut détenu, et d'où il s'évada.

Hamā Ville de Syrie, sur l'Oronte. 428 000 habitants. Artisanat (soieries) et industrie (textile, alimentaire, sidérurgie). La ville a souffert de violents combats entre islamistes et forces gouvernementales en 1982. Elle a été de nouveau assiégée par les islamistes de Daech de 2012 à 2017.

***hamac** **n. m.** **(de l'espagnol, emprunt au taïno d'Haïti *hamacu*)** Rectangle de toile ou de filet suspendu par deux extrémités, utilisé comme lit.

***hamada** **n. f.** **(mot arabe)** géogr. Plateau rocheux des déserts sahariens.

Hamadān ou **Hamadhān** Ville d'Iran, à l'O. de Téhéran. 550 000 habitants. Tour funéraire du XIIe s. Nombreux mausolées. Université. Artisanat. Sous le nom d'Ecbatane, la ville fut la capitale des Mèdes (–VIIe s.) et une résidence des Achéménides.

hamadryade **n. f.** **(du latin, du grec, de *hama* « avec » et *drus* « arbre » → dryade)** didact. Nymphe des bois identifiée à un arbre qu'elle habite.

hamadryas [amadʀijas] **n. m.** **(mot latin, du grec → hamadryade)** zool. Grand singe cynocéphale, qui ressemble au babouin.

Hamamatsu Ville du Japon (Honshū), sur le Pacifique. 791 100 habitants.

hamamélis [amamelis] **n. m.** **(du grec)** Arbuste dont l'écorce et les feuilles sont employées en pharmacie.

Hamann **(Johann Georg)** Écrivain et philosophe allemand (1730-1788). La pensée mystique de celui qui fut appelé le « Mage du Nord » influença Goethe et tout le mouvement du Sturm und Drang. *Croisade du philologue.*

Hamas Mouvement politique islamiste palestinien, créé à Gaza en 1987 et considéré comme une organisation terroriste par Israël et les États-Unis. Il revendique un État islamique en Palestine. Après sa victoire aux législatives de 2006, il entre en conflit avec l'autre parti palestinien, le Fatah, historiquement majoritaire, et prend le contrôle de la bande de Gaza.

Hambourg 2e ville d'Allemagne après Berlin, formant un Land, sur l'Elbe. 755 km^2. 1 852 470 habitants. Université. Musées. Principal débouché maritime de l'Allemagne : port de commerce et d'industrie (mécanique, métallurgie, pétrochimie, agroalimentaire). Aéroport international. Fondée au IXe s., la ville participa à la création de la Ligue hanséatique (1241). Elle prospéra du XIVe s. au XVIIIe s. Elle fut annexée en 1810 par Napoléon puis reconnue ville libre en 1815, adhéra à la Confédération germanique (1866) et fut rattachée à l'Empire allemand (1871). Bombardée en 1943, elle a été en grande partie reconstruite.

***hamburger** [ɑ̃buʀgœʀ ; ɑ̃bœʀgœʀ] **n. m.** **(anglais des États-Unis « [steak] de Hambourg »)** anglic. Bifteck haché servi dans un pain rond. → **burger.** *Hamburger au fromage.* → **cheeseburger.**

Hamburger **(Jean)** Médecin français (1909-1992). Il a conçu le principe de l'hémodialyse ou rein artificiel, et a réalisé la première greffe entre non-jumeaux (1962).

***hameau** **n. m.** **(de l'ancien français *ham*, du francique *haim ; cf.* allemand *Heim*, anglais *home* « domicile »)** Petit groupe de maisons à l'écart d'un village.

hameçon **n. m.** **(dérivé de l'ancien français *aim, am*, qui vient du latin *hamus* « crochet »)** **1.** Crochet pointu qu'on adapte au bout d'une ligne et qu'on garnit d'un appât, pour prendre le poisson. **2.** fig. Piège, appât. loc. *Mordre à l'hameçon,* se laisser prendre au piège d'une proposition avantageuse.

Hamelin **(Louis)** Écrivain canadien (québécois) [né en 1959]. Il élève sa voix pour défendre les marginaux et les idéalistes en réaction à une société de consommation étouffante, et met en scène des personnages aspirant à une reconquête de la nature. *La Rage ; La Constellation du lynx.*

Hamhŭng Ville de Corée du Nord, non loin de la mer du Japon. 703 600 habitants. Centre industriel (métallurgie, chimie).

Hamilcar **Barca** Chef militaire carthaginois (v. 290-229 ou 228 av. J.-C.). Il résista aux Romains lors de la première guerre punique et réprima à Carthage la révolte des mercenaires (–238). Il était le père d'Hannibal.

Hamilton **(Alexander)** Homme politique américain (1757-1804). Il fut l'un des inspirateurs de la Constitution américaine. À la tête du Parti fédéraliste, il organisa, comme secrétaire du Trésor (1789-1795), la Banque nationale.

Hamilton **(sir William)** Philosophe britannique (1788-1856). Sa pensée s'inscrit dans le sillage de celle de Reid, qu'il tenta de réinterpréter du point de vue de la critique kantienne. *La Philosophie de la perception.*

Hamilton **(sir William Rowan)** Mathématicien et physicien irlandais (1805-1865). Il étendit la théorie des nombres complexes *(principe de Hamilton),* trouvant des applications en optique géométrique, en dynamique et en mécanique quantique.

Hamilton **(Richard)** Artiste britannique (1922-2011). Influencé par Marcel Duchamp, il est l'un des précurseurs du pop art en Angleterre. *Swinging London.*

Hamilton **(sir Lewis)** Pilote britannique (né en 1985). Il fut sept fois champion du monde de Formule 1, de 2008 à 2020.

Hamilton Ville du Canada (Ontario), sur le lac Ontario. 536 917 habitants (zone urbaine : 747 545). Port. Jardin botanique. Centre universitaire de recherches nucléaires. Principal centre métallurgique du Canada.

Hamilton Ville de Nouvelle-Zélande (île du Nord). 172 300 habitants (agglomération : 184 800). Université. Ville située au cœur d'une région d'élevage. Industrie du bois.

Hambourg

Hambourg, l'église Sainte-Catherine (XIIIe s.), dans le quartier marchand.

H

Hamka **(Haji Abdulmalik bin Abdulkarim Amrullah, dit)** Écrivain, journaliste et dirigeant musulman indonésien (1908-1981). De tendance réformiste, il a laissé de nombreux ouvrages d'exégèse du Coran et de défense de l'islam.

Hamlet Prince danois (IIe s.) dont la légende inspira notamment le drame de Shakespeare.

Hamlet et Horatio au cimetière, par Delacroix (1839), musée du Louvre, Paris.

Hamm Ville d'Allemagne (Rhénanie-du-Nord-Westphalie), au N.-E. de la Ruhr. 180 850 habitants. Nœud ferroviaire. Métallurgie.

Hammadides ou **Banū Ḥammād** **n. m. pl.** Dynastie berbère qui régna sur l'Est algérien de 1017 à 1152. Les Hammadides furent détrônés par les Almohades.

***hammam** [amam] **n. m. (mot arabe)** Établissement de bains de vapeur. → bain **turc.**

Hammamet Ville de Tunisie, sur le *golfe de Hammamet.* 63 120 habitants. Agrumes. Station balnéaire.

Hammam Lif Ville de Tunisie dominant le golfe de Tunis. 38 400 habitants. Station balnéaire.

Hammar **(lac)** Lac marécageux d'Irak, long de 130 km, et dans lequel se jette l'Euphrate.

Hammarskjöld **(Dag)** Homme politique suédois (1905-1961). Il fut secrétaire général de l'ONU de 1953 à 1961. Prix Nobel de la paix 1961.

Hammerfest Port de Norvège, ville la plus septentrionale d'Europe. 9 900 habitants. Pêche.

***hammerless** [amɛʀlɛs] **n. m. (mot anglais « sans *[less]* chien *[hammer]* »)** anglic. Fusil de chasse à percussion centrale, sans chien apparent.

Hammett **(Samuel Dashiell)** Écrivain américain (1894-1961). Ses romans policiers, à travers le personnage du détective désabusé Sam Spade, dénoncent la violence et la corruption du monde politique. Véritable fondateur du roman noir, il travailla pour le cinéma après 1934. *Le Faucon maltais.*

Hammond **junior (John Henry)** Producteur de jazz et de musique populaire américain (1910-1987). Il imposa à l'industrie musicale les plus grands artistes (B. Goodman, Count Basie, B. Holiday, A. Franklin, B. Dylan, B. Springsteen), au mépris des considérations commerciales et de l'habituelle ségrégation entre Blancs et Noirs.

Hammourabi, Hammurabi ou **Hammurapi** Sixième roi de la dynastie amorite et fondateur du premier empire de Babylone (v. 1792-1750 av. J.-C.). Le Code qu'il fit rédiger *(Code d'Hammourabi)* recueille sur une stèle gravée (retrouvée à Suse en 1901-1902) des arrêts de jurisprudence.

Hamon **(Benoît)** Homme politique français (né en 1967). Membre du Parti socialiste, ministre de l'Éducation nationale nommé en 2014 par Manuel Valls. Il démissionna quelques mois plus tard en raison de ses désaccords avec ce dernier. Après son échec à l'élection présidentielle de 2017, il quitta le PS.

Hampâté Bâ voir **Bâ** (Amadou Hampâté)

1*hampe **n. f. (origine latine *hasta* « lance » → hast et francique *hant* « main » [*cf.* anglais *hand*])** **1.** Long manche de bois auquel on fixe une arme, un symbole. **2.** bot. Tige portant une ou des fleurs. **3.** Trait vertical de certaines lettres. *La hampe du p.*

2*hampe **n. f. (origine incertaine)** Partie supérieure et latérale du ventre du bœuf, du côté de la cuisse.

Hampshire Comté du S. de l'Angleterre. 3 772 km². 1 337 700 habitants. Chef-lieu : Winchester. Riche région d'élevage, le Hampshire bénéficie de la proximité de Londres et de la présence du littoral (Portsmouth, Southampton).

Hampton **(Lionel)** Batteur et chef d'orchestre de jazz américain (1909-2002). Il fut membre des orchestres de Benny Goodman et de Duke Ellington avant de former son propre groupe. Maître absolu du *swing*, il s'illustra avec le même bonheur au vibraphone et au piano. *Drum stomp.*

***hamster** [amstɛʀ] **n. m. (mot allemand « charançon [qui ronge] »)** Petit rongeur roux et blanc.

Hamsun **(Knut Pedersen, dit Knut)** Romancier norvégien (1859-1952). L'un des auteurs les plus importants du XXe s. européen, il exalta la vie saine proche de la nature *(L'Éveil de la glèbe)*, évoqua le vagabondage et la misère *(La Faim)* et dénonça les vices de la société moderne *(Femmes à la fontaine)*. Prix Nobel 1920.

***han** [ɑ̃ ; hɑ̃] **interj.** Onomatopée traduisant le cri sourd d'une personne qui fait un violent effort. **– n. m.** *« Le "han" naturel du bûcheron »* (Alain).

Han **n. m. pl.** Dynastie chinoise (206 av. J.-C.-220 apr. J.-C.). La dynastie des *Han occidentaux* (Xihan) ou *Han antérieurs* (Qianhan), fondée par Liu Bang (empereur Gaozu), régna de –206 à 23. Celle des *Han orientaux* (Donghan) ou *Han postérieurs* (Houhan) régna de 23 à 220.

Hammourabi

La stèle en basalte du Code d'Hammourabi (v. 1750 av. J.-C.), musée du Louvre, Paris.

***hanap** [anap] **n. m. (du francique par le bas latin)** ancienn**t** (Moyen Âge) Grand vase à boire en métal, avec un pied et un couvercle.

Hanau Ville d'Allemagne (Hesse), sur le Main. 97 100 habitants. Église du XIIIe s. Château du XVIIIe siècle.

***hanche** **n. f. (vient du germanique *hanka* ; a remplacé *coxa*, qui avait pris le sens de « cuisse » → cuisse)** Chacune des deux régions symétriques du corps formant saillie au-dessous de la taille (→ os **iliaque).** *Hanches étroites, larges. Rouler les* (ou *des*) *hanches.* → se **déhancher.** *Les poings sur les hanches. Rhume* de hanche.*

***hancher** **v. <1>** **1. v. intr.** Se tenir, se camper dans une posture qui fait saillir une hanche. → se **déhancher. 2. v. tr.** arts Représenter (un personnage) de manière à faire saillir une hanche. ■ ***hanchement n. m.** *Le hanchement des vierges gothiques du XIVe siècle.*

Hancock **(Herbert Jeffrey, dit Herbie)** Pianiste de jazz américain (né en 1940). Après avoir travaillé avec Miles Davis, il s'orienta vers la musique électronique (jazz-rock, funk) et composa pour le cinéma.

Herbie Hancock en 2002.

Handan Ville de Chine (Hebei). 1 million d'habitants.

***handball** [ɑ̃dbal] **n. m. (allemand *Handball* « balle à la main »)** Sport d'équipe qui se joue à la main avec un ballon rond. - var. ***hand-ball.** - abrév. ***hand.** □ **n. *handballeur, euse**

***handicap** [ɑ̃dikap] **n. m. (mot anglais, p.-ê. de *hand in cap* « la main dans le chapeau », idée de tirage au sort)** **1.** Course de chevaux ou épreuve sportive où l'on impose aux meilleurs concurrents certains désavantages au départ afin d'équilibrer les chances de succès. **2.** Limitation d'activité ou restriction de la participation à la vie en société subie par une personne en raison d'une altération d'une fonction ou d'un trouble de santé invalidant. *Personne en situation de handicap.* **3.** fig. Ce qui limite l'accomplissement d'une activité. *« Apatride, sans raison sociale ni domicile fixe, vous cumuliez de lourds handicaps »* (P. Modiano).

▶ La conception moderne du **handicap** (2) diffère nettement des représentations précédentes. Jusqu'au XVIIIe siècle, les personnes souffrant d'un handicap physique ou d'une déficience mentale restent dans leur environnement familial ou social où elles sont plus ou moins bien intégrées. Par la suite, la prise en charge par des institutions caritatives a répondu à l'érosion des solidarités villageoises, mais aussi à une normalisation physique et mentale dont Michel Foucault a montré qu'elle était caractéristique des sociétés modernes : hospices et hôpitaux accueillent mais aussi enferment et cachent ceux dont la différence fait peur. Ce modèle se perpétue jusqu'au XXe siècle, tout en évoluant sensiblement. À partir de 1918, avec le retour des nombreux blessés et amputés de la Grande Guerre, la dignité et les droits spécifiques des personnes handicapées motrices s'affirment progressivement, au nom d'une vision universaliste de la personne humaine. À la fin des années 1960, cette évolution touche également le monde des handicaps mentaux. Les traitements dégradants sont proscrits. Les institutions évoluent, on promeut l'intégration par l'éducation, le travail et la notion de « milieu ouvert ». En France, les lois de 1975 et 2005 accompagnent le retour des handicapés dans la cité. C'est aujourd'hui dans le cadre plus vaste de la lutte contre les discriminations, parfois accompagnée de politiques

de quotas, que les droits des handicapés sont définis et défendus.
voir aussi **norme, discrimination**

***handicapant, ante** adj. Qui handicape (2). *Maladie handicapante.* → **invalidant.**

***handicapé, ée** adj. et n. Qui est en situation de handicap (2). – n. *Un handicapé moteur.* → **infirme, invalide.** *Une handicapée mentale.*

***handicaper** v. tr. < 1 > **1.** Imposer à (un cheval, un concurrent) un désavantage, selon la formule du handicap (1). **2.** Constituer un handicap (2) pour. **3.** fig. → **défavoriser, désavantager.** *Sa timidité l'a longtemps handicapé.*

***handicapeur, euse** n. sports (courses...) Commissaire chargé(e) d'établir les handicaps. – appos. *Le commissaire handicapeur.*

***handisport** n. m. et adj. (mot mal formé, de *handicap* et *sport*) Activité sportive adaptée aux personnes en situation de handicap. – adj. *Jeux olympiques handisports* (→ **paralympique).**

Handke (Peter) Écrivain autrichien (né en 1942). Dans une œuvre diverse (romans, récits, théâtre), il traite surtout des thèmes de l'isolement et de l'incommunicabilité (*Le Colporteur* ; *L'Angoisse du gardien de but au moment du pénalty*). Il a également écrit pour le cinéma (*Les Ailes du désir*, de W. Wenders) et réalisé *La Femme gauchère.* Prix Nobel 2019.

Peter Handke en 2008.

Handy (William Christopher) Compositeur et chef d'orchestre américain (1873-1958). Il contribua à la diffusion du blues, et composa plusieurs standards. *Saint Louis Blues.*

Haneke (Michael) Cinéaste autrichien (né en 1942). Il entraîne le spectateur dans un univers glacé et oppressant, montrant la perversion de l'image *(Benny's Video)*, la violence, insupportable et gratuite *(Funny Games)*, le refoulement et les fantasmes *(La Pianiste)* et l'obscurantisme *(Le Ruban blanc).*

***hangar** n. m. (du francique *haimgart*, de *haim* → **hameau** et *gart* « enclos » → **jardin**) Construction plus ou moins sommaire destinée à abriter du gros matériel, certaines marchandises. → **entrepôt, remise.** – Vaste garage pour avions.

Hangzhou ou **Hang-tcheou** Ville de Chine, capitale de la province de Zheijiang. 5 162 000 habitants. Important patrimoine culturel : grottes bouddhiques décorées (x^{e} et xiie-xive s.) ; lac de l'Ouest (Xi hu) ; jardins célèbres. Artisanat et industrie. Tourisme.

Hankar (Paul) Architecte belge (1859-1901). Promoteur de l'Art nouveau en Belgique, il a conçu plusieurs bâtiments à Bruxelles, comme la maison Kleyer (1898).

Hanoi

Hanoi, l'Opéra (1911), inspiré du palais Garnier de Paris.

Hanks (Thomas Jeffrey Hanks, dit Tom) Acteur, réalisateur et producteur américano-grec (né en 1956). Acteur de composition par excellence, il a été spécialement remarqué dans *Philadelphia* de J. Demme, *Forrest Gump* de R. Zemeckis, *Il faut sauver le soldat Ryan* et *Le Terminal* de S. Spielberg.

***hanneton** n. m. (du francique, de *hano* « coq ») **1.** Coléoptère ordinairement roux, au vol lourd et bruyant. **2.** loc. fam. *(Qui n'est) pas piqué des hannetons :* (qui est) intense, extrême.

***hannetonner** v. intr. < 1 > agric. Détruire les hannetons. – trans. *Hannetonner une région.* □ n. m. ***hannetonnage**

Hannibal Général et homme d'État carthaginois (v. 247-183 av. J.-C.). Fils d'Hamilcar Barca, nommé commandant en chef de l'armée en –221, il déclencha la deuxième guerre punique (–219) en attaquant l'allié espagnol de Rome, Sagonte. Il marcha ensuite sur l'Italie à travers les Pyrénées et les Alpes, avec une puissante armée comprenant des éléphants. Malgré des succès importants, il échoua aux portes de Rome. Sa défaite de Zama face à Scipion l'Africain (–202) marqua la fin de la deuxième guerre punique et précipita sa chute : recherché pour être livré aux Romains, il s'empoisonna.

Buste d'Hannibal en marbre blanc (seconde moitié du xvie s.), palais du Quirinal, Rome.

Hannigan (Barbara) Soprano et cheffe d'orchestre canadienne (née en 1971). Elle s'est illustrée dans le répertoire contemporain dont elle déclare qu'il lui permet d'explorer sa voix sans le poids des traditions. *Lulu* (Berg) ; *Correspondances* (Dutilleux).

Hanoi ou **Hanoï** Capitale du Viêtnam, sur le delta du Sông Hồng. 3,6 millions d'habitants. La municipalité de Hanoi comprend plus de 8 millions d'habitants. Quartiers traditionnels et quartiers d'affaires. Universités. Musées. Centre industriel et commercial (port fluvial). La ville fut la capitale de l'Indochine française en 1887, puis celle du Viêtnam du Nord en 1954. Après avoir essuyé de violents bombardements américains sous la seconde présidence de R. Nixon (1972-1973), Hanoi est devenue la capitale du pays réunifié en 1976.

Hanotaux (Gabriel) Homme politique et historien français (1853-1944). Ministre des Affaires étrangères (1894-1898), il prépara l'alliance franco-russe et soutint la présence française en Extrême-Orient. Il a laissé une *Histoire du cardinal de Richelieu* et a dirigé l'*Histoire de la nation française.*

Hanoukkah n. f. Fête juive des Lumières, qui commémore la victoire des Maccabées sur les Grecs (165-163 av. J.-C.).

Hanovre Ville d'Allemagne (Basse-Saxe). 534 000 habitants. Nœud de communication et important centre commercial (foire internationale de la technologie industrielle). Industries chimiques, textiles, mécaniques et alimentaires. Aéroport. La ville fut de 1495 à 1866 la résidence des princes de Hanovre.

Hanovre en allemand **Hannover** n. m. Ancien État d'Allemagne du Nord. Érigé en électorat en 1692, le Hanovre fut gouverné par les rois d'Angleterre à partir de 1714, date à laquelle l'Électeur George-Louis de Hanovre, arrière-petit-fils de Jacques Ier Stuart, accéda au trône d'Angleterre (sous le nom de George Ier). Annexé par la Prusse en 1866, il fut incorporé au Land de Basse-Saxe en 1945.

Hanriot (François) Révolutionnaire français (1761-1794). Chef des sections de sans-culottes lors du 10 août 1792, il participa aux massacres de Septembre. Il fut guillotiné avec Robespierre et ses alliés.

***hanse** n. f. (de l'ancien allemand, d'abord « troupe ») hist. Association de marchands, au Moyen Âge.

Hanse n. f. Association de villes marchandes de la Baltique et de la mer du Nord (xiie-xviie s.). À partir d'une première association entre Hambourg et Lübeck, la Hanse développa, notamment pour assurer la sécurité des convois sur mer et sur terre, de nombreux comptoirs, depuis Londres jusqu'à Riga. Outre sa puissance commerciale en Baltique et en Europe septentrionale, elle joua un rôle politique, contrôlant notamment la succession au trône de Danemark. Parvenue au faîte de son influence à la fin du xve s., elle fut affaiblie par l'apparition de nouvelles puissances commer-

Harar

Harar, ville où vécut le poète Rimbaud, et la maison qui porte son nom.

ciales et maritimes et par la guerre de Trente Ans.

***hanséatique** adj. (→ hanse) De la Hanse (germanique). *Ville, ligue hanséatique.*

Hansen (Gerhard Henrik Armauer) Médecin et botaniste norvégien (1841-1912). Il mit en évidence le germe responsable de la lèpre, ou *bacille de Hansen.*

Hansen (Martin Alfred) Romancier danois (1909-1955). Son œuvre se présente comme une défense de la foi chrétienne face aux incertitudes et aux maux du temps. *Le Menteur.*

Han Shui n. m. Rivière de Chine, affluent du Chang jiang. 1 532 km.

Hansi (Jean-Jacques Waltz, dit) Écrivain et dessinateur français (1873-1951). Né et élevé dans l'Alsace occupée, il est l'auteur de récits illustrés, ironiques et anti-allemands. Après 1918, il célébra le folklore alsacien. *Les Clochers dans les vignes.*

Hantaï (Simon) Peintre français d'origine hongroise (1922-2008). Influencé par le surréalisme, il développa une technique de pliage proche de la peinture gestuelle.

***hantavirus** n. m. (du n. d'une rivière de Corée [lieu où fut découverte la maladie] et de *virus*) biol. Virus à ARN qui provoque des fièvres hémorragiques.

***hanter** v. tr. < 1 > (ancien scandinave *heimta* « conduire à la maison », de *heim* → hameau) **1.** littér. Fréquenter (un lieu) d'une manière habituelle. *Hanter les tripots.* **2.** (esprits, fantômes) Fréquenter (un lieu). *On dit qu'un revenant hante le château.* – au p. p. *Maison hantée.* **3.** fig. Habiter l'esprit de (qqn) en tourmentant. → **obséder, poursuivre.** *Ce souvenir le hante.*

***hantise** n. f. Caractère obsédant d'une pensée, d'un souvenir ; crainte, tourment constants. → **obsession.** *La hantise de la mort.*

Haoussa(s) ou **Hausa(s)** n. m. pl. Peuple musulman d'Afrique occidentale, islamisé au XIVe s., et installé aujourd'hui au Niger et au Nigeria. La langue des Haoussas, qui vivent du commerce, de l'élevage et de l'artisanat, sert aux échanges dans tout le nord de l'Afrique centrale.

hapax ou **apax** [apaks] n. m. (grec *hapax* « une seule fois ») didact. Mot, forme, emploi dont on ne peut relever qu'un exemple (dans un corpus donné).

haplo- Élément (du grec *haploos* « simple ») qui signifie « seul, unique ». → **mono-.**

haplobionte n. m. (de *haplo-*, *bio-* et *-onte*) biol. Être vivant ne présentant dans son cycle qu'un seul type d'individus indépendants. - syn. **haplonte.**

haploïde adj. (grec *haploos* « simple » et *-oïde*) biol. Dont chaque paire de chromosomes est dédoublée, après la méiose*.

haplologie n. f. (→ haplo-) phonét. Fait de n'énoncer que l'une de deux articulations semblables et successives (ex. *tragicomique* pour *tragico-comique*).

haplonte voir **haplobionte**

***happe** n. f. (de *happer*) techn. Crampon qui sert à lier deux pièces de charpente, deux pierres.

***happement** n. m. **1.** rare Action de happer. **2.** Adhérence (de matières avides d'eau : argile...) sur la langue.

***happening** n. m. (mot anglais « évènement », de *to happen* « arriver, survenir ») anglic. Spectacle où la part d'imprévu et de spontanéité est essentielle.

***happer** v. tr. < 1 > (onomatopée répandue dans les langues germaniques) **1.** Saisir, attraper brusquement et avec violence. – passif *Être happé par un train.* ■ fig. *Ce roman vous happe dès la première page.* **2.** (animaux) Saisir brusquement dans la gueule, le bec.

***happy end** [apiɛnd] n. m. ou f. (adaptation de l'anglais *happy ending,* de *happy* « heureux » et *to end* « se terminer ») anglic. Heureuse fin (d'un film), souvent considérée comme une concession au goût du public. *Des happy ends.* – par ext., fam. Dénouement heureux (d'une histoire, d'un récit).

***happy few** [apifju] n. m. pl. (mots anglais, proprt « les quelques *[few]* heureux *[happy]* ») anglic. Les rares privilégiés. *Un public de happy few.*

happy hour [apiawœʀ] n. f. (mot anglais, de *happy* « heureux » et *hour* « heure ») anglic. Période de la journée pendant laquelle un bar propose des consommations moins chères. *C'est l'happy hour. Des happy hours.* - recomm. offic. **la bonne heure.**

Happy Valley-Goose Bay Ville du Canada (Terre-Neuve-et-Labrador), sur le lac Melville. 8 109 habitants. Base des Forces canadiennes. Aéroport international.

haptique adj. (du grec *haptein* « toucher ») didact. Qui concerne le sens du toucher. → **tactile.**

haptonomie n. f. (du grec *haptein* « toucher » et *-nomie*) méd. Science qui étudie le rôle des contacts dans les relations humaines (de la conception à la mort). *Haptonomie périnatale.* □ adj. **haptonomique**

***haquenée** n. f. (du moyen anglais) vieux Cheval ou jument d'allure douce, que montaient les dames.

***haquet** n. m. (p.-ê. famille de *haquenée,* origine germanique ou famille de *hoqueter,* idée de balancement) Charrette étroite et longue, sans ridelles.

***harakiri** n. m. (lecture de caractères chinois, en japonais *seppuku*) Suicide par éventration, particulièrement honorable, au Japon. *Des harakiris.* ■ par ext. *(Se) faire harakiri :* se suicider ; fig. se sacrifier. - var. **hara-kiri.** *Des hara-kiris.*

Harald Nom de plusieurs souverains de Danemark et de Norvège. ■ **Harald Blaatand** « Dent bleue » (v. 910-v. 985). Roi de Danemark (950-985). Il favorisa le christianisme et œuvra en faveur de l'unité du Danemark. ■ **Harald III Hårdråde** « le Sévère » (mort en 1066). Roi de Norvège (1046-1066). Son règne fut marqué par des troubles intérieurs et par une politique agressive de conquête à l'extérieur. ■ **Harald V** (né en 1937). Roi de Norvège depuis 1991. Il succéda à son père Olov V.

***harangue** n. f. (italien *aringa,* d'origine germanique, gotique *hriggs,* famille de *ring* « anneau, cercle ») **1.** Discours solennel prononcé devant une assemblée, un haut personnage. **2.** Discours pompeux et ennuyeux ; remontrance interminable. → **sermon.**

***haranguer** v. tr. < 1 > (de l'italien → harangue) Adresser une harangue à. *Haranguer la foule.* □ n. ***harangueur, euse**

Harar ou **Hararge** Ville d'Éthiopie. 99 300 habitants. Fondée vers le VIIe s., elle fut la capitale d'un État musulman et devint, au XVIe s., un important centre religieux.

Harare Capitale du Zimbabwe, au N. du pays, à 1 470 m d'altitude. 1 485 000 habitants. Industries agricoles, métallurgiques et chimiques.

Harari (Yuval Noah) Historien et professeur israélien (né en 1976). Il est l'auteur d'une vaste fresque sur l'histoire de l'homme depuis le néolithique *(Sapiens : Une brève histoire de l'humanité)* et de sa suite *(Homo Deus : Une brève histoire de l'avenir).*

***haras** n. m. (p.-ê. ancien scandinave *harr* « [à poils] gris » ou latin *hara* « enclos ») Lieu, établissement destiné à la sélection, à la reproduction et à l'élevage des chevaux.

Le Haras national du Pin en Normandie, créé par Louis XIV.

***harassant, ante** adj. Très fatigant. → **épuisant.** *Travail harassant.*

***harasse** n. f. (origine incertaine) techn. Emballage léger, caisse à claire-voie, pour le transport du verre, de la porcelaine.

***harasser** v. tr. < 1 > (d'abord « harceler » ; famille de *haro*) Accabler de fatigue. → **exténuer.** ■ ***harassé, ée** adj. → **épuisé, fourbu.** □ n. m. ***harassement**

Harbin ou **Haerbin** Ville de Chine, capitale du Heilongjian. 4 596 000 habitants. Nœud ferroviaire. Important complexe industriel lié à la richesse du sous-sol (houille, métaux).

***harcèlement** n. m. Action de harceler (en actes ou en paroles). ■ *Harcèlement sexuel :* fait d'imposer à qqn, de façon répétée, des propos ou comportements à connotation sexuelle ou d'user de pression pour obtenir un acte sexuel (délit). – *Harcèlement moral. Harcèlement scolaire. Harcèlement sur Internet.* → **cyberharcèlement.**

***harceler** v. tr. < 5 > (de l'ancien français *herser* « tourmenter, torturer », de *herse*) Soumettre sans répit à de petites attaques. *Harceler l'ennemi.* – *Ses créanciers le harcèlent.* → **talonner.** – *Harceler qqn de questions.* ■ ***harcelant, ante** adj. *Créanciers harcelants.*

***harceleur, euse** adj. rare Qui harcèle. *Des remords harceleurs.* – n. *Être victime d'un harceleur.*

Harcourt Famille noble de Normandie fondée par Bernard le Danois au IXe s. La seigneurie d'Harcourt devint comté en 1328, puis duché en 1700.

***hard** [aʀd] **(mot anglais « dur »)** anglic. **1. adj.** Excessif et violent ; pénible. *Une expérience plutôt hard.* ▪ *Film hard,* pornographique. → **X.** – **n. m.** *Acteur de hard.* → **hardeur. 2. n. m.** → **hardware.** *Le hard et le soft.* **3. n. m.** → **hard rock.**

1*harde **n. f. (du francique *herda* « troupeau »)** Troupe de bêtes sauvages vivant ensemble. *Une harde de cerfs.*

2*harde **n. f. (d'abord « corde », du francique)** vén. Lien servant à attacher les chiens, par quatre ou par six. *Attacher à la harde* (**harder* **v. tr.** < 1 >). – Groupe de chiens ainsi attachés.

Harden (sir Arthur) Chimiste britannique (1865-1940). Il travailla sur les fermentations et les enzymes. Prix Nobel 1929.

Hardenberg (Karl August, prince von) Homme d'État prussien (1750-1822). Chancelier (1810-1822), il contribua au relèvement de la Prusse par une politique de réformes.

***hardes** **n. f. pl. (prononciation gasconne de l'ancien français *fardes,* de l'arabe *fardah* → fardeau)** péj. Vêtements pauvres et usagés. → **guenille(s), haillon(s).**

***hardeur, euse** **n.** Acteur, actrice de films hards.

hardi, ie** **adj. (d'un v. ancien français *hardir* « rendre, devenir dur », du francique ; *cf.* allemand *hart* et anglais *hard* « dur ») 1.** Qui ose sans se laisser intimider. → **audacieux, aventureux, intrépide.** *Être hardi à l'excès.* → **téméraire.** – *Une initiative hardie.* **2.** péj., vieilli → **effronté, insolent.** « *Qui te rend si hardi de troubler mon breuvage ?* » (La Fontaine). ▪ spécialt Provocant. *Une fille hardie.* – *Décolleté hardi.* → **audacieux.** *Ce livre contient des passages un peu hardis.* → **osé. 3.** Original, nouveau. *Des rimes hardies.* **4. interj.** ***Hardi ! formule servant à encourager et pousser en avant. → **courage.** *Hardi, les gars !*

Hardie (James Keir) Homme politique britannique (1856-1915). Il fonda le Parti travailliste (1893), dont il fut l'un des principaux chefs jusqu'en 1914.

***hardiesse** **n. f.** littér. **1.** Qualité d'une personne, d'une action hardie. → **audace, bravoure, courage, intrépidité.** *Avoir, montrer de la hardiesse.* ▪ péj., vieilli Effronterie, impudence. **2.** Action, idée, parole, expression hardie. *Se permettre certaines hardiesses.* → **liberté.**

***hardiment** **adv.** Avec hardiesse. → **courageusement.** – *Nier hardiment.* → **effrontément.**

Harding (Warren Gamaliel) Homme d'État américain (1865-1923). Républicain, il fut président des États-Unis de 1921 à 1923. Il mit en place une politique conservatrice et nationaliste.

Hardouin-Mansart (Jules Hardouin, dit Jules) Architecte classique français (1646-1708). Élève de Libéral Bruant, il construisit plusieurs châteaux, dont celui de Clagny (1675-1683), et devint premier architecte de Louis XIV en 1681. Il acheva alors le château de Versailles (écuries, orangerie, Grand Trianon, chapelle). Créateur inlassable, il maîtrisa à la perfection les principes classiques tout en leur ajoutant une solennité grandiose ou une grâce annonciatrice du XVIIIe siècle.

***hard rock** **n. m. (mots anglais « rock violent »)** anglic. Rock d'un style simple et énergique, né dans les années 1970. - var. ***hard-rock.** - abrév. ***hard n. m.**

Hardwar ou **Hariduar** Ville d'Inde (Uttaranchal). 310 800 habitants. Ville sacrée de l'hindouisme, située à l'endroit où le Gange sort de l'Himalaya.

***hardware** [aʀdwɛʀ] **n. m. (mot anglais des États-Unis « quincaillerie »)** anglic. Les éléments matériels d'un système informatique. → **2matériel** (recommandation offic.). - abrév. **hard.**

Hardy (Alexandre) Poète dramatique français (1570-1632). Il a composé près de 700 tragédies et tragi-comédies *(Marianne ; Lucrèce).* La richesse et la crudité du style, la violence des passions représentées caractérisent une œuvre baroque étrangère au classicisme.

Hardy (Thomas) Poète, romancier et dramaturge britannique (1840-1928). Il doit sa célébrité à ses romans dits de caractère et d'atmosphère, en particulier *Tess d'Urberville,* qui fit scandale par son audace, et *Jude l'Obscur.* Son œuvre entrelace des thèmes stoïciens et romantiques, comme la mort, l'éphémère et la cruelle beauté de la nature. *Sous la verte feuillée ; Deux Yeux bleus.*

Hardy (Godfrey Harold) Mathématicien britannique (1877-1947). Considéré comme l'un des plus grands mathématiciens du XXe s., il étudia essentiellement la théorie des nombres.

Hardy (Oliver Norvell) voir **Laurel (Stanley)**

Hardy (Françoise) Autrice-compositrice et interprète française (née en 1944). Révélée dans les années 1960, elle s'est immédiatement distinguée par ses chansons mélancoliques, voire nostalgiques, qui lui ont permis de mener une carrière durable. *Tous les garçons et les filles de mon âge ; Message personnel.*

Françoise Hardy en 2005.

***harem** [aʀɛm] **n. m. (arabe *haram* « chose interdite et sacrée »)** Appartement réservé aux femmes (chez un grand personnage musulman). – Ensemble des femmes du harem. ▪ fam. Groupe de femmes qui entourent un homme.

***hareng** [aʀɑ̃] **n. m. (du francique *haring*)** Poisson de mer, vivant en bancs souvent immenses. – *Hareng saur.* – loc. fam. *Être serrés comme des harengs (en caque),* très serrés (→ **sardine**).

***harengaison** **n. f.** pêche Pêche au hareng ; époque où elle a lieu.

***harengère** **n. f. (d'abord « vendeuse de harengs »)** Femme grossière et criarde. → **poissarde.**

***harenguier, ière** pêche **1. n. m.** Bateau spécialisé pour la pêche au hareng. **2. n.** Pêcheur, pêcheuse de harengs.

***haret** **adj. et n. m. (de l'ancien français *harer* « traquer », famille de *haro*)** *Chat haret* ou **n. m.** *un haret :* chat domestique retourné à l'état sauvage.

***harfang** [aʀfɑ̃] **n. m. (mot suédois)** zool. Oiseau rapace nocturne des régions septentrionales, couramment appelé *chouette blanche.*

Harfleur Commune de la Seine-Maritime, dans la banlieue E. du Havre, sur le canal de Tancarville. 8 333 habitants. Raffinerie, pétrochimie.

***hargne** **n. f. (de l'ancien français *hargner* « quereller », p.-ê. du francique *harmjan*)** Mauvaise humeur se traduisant par des propos acerbes, une attitude agressive, méchante ou haineuse. ▪ Ténacité rageuse.

***hargneux, euse** **adj.** Qui est plein de hargne. → **acariâtre.** *Individu hargneux.* – *Propos hargneux.* → **acerbe.** □ **adv. *hargneusement**

Hargreaves (James) Tisserand britannique (1710-1778). Inventeur de la première machine à filer (« spinning jenny », 1768), il fit également breveter le premier métier à filer à plusieurs broches.

***haricot** **n. m. (de l'ancien français *harigoter* « couper en morceaux », d'origine francique) I.** *Un haricot de mouton :* un ragoût de mouton. **II. (d'abord *fèves de haricot* « de ragoût ») 1.** Plante légumineuse à fruits comestibles. **2.** au plur. Gousses de cette plante qui se consomment encore vertes *(haricots verts),* ou contenant les graines *(haricots mange-tout).* → **2flageolet.** absolt Ces graines, fraîches ou sèches. *Haricots secs. Haricots blancs* (→ fam. **fayot**), *rouges.* ▪ *Un haricot :* une gousse ; une graine. **3.** fig., fam. *Travailler pour des haricots,* pour presque rien. *C'est la fin des haricots,* la fin de tout. **4.** Récipient en forme de graine de haricot, utilisé en chirurgie.

***haridelle** **n. f. (p.-ê. origine germanique, famille de *haras,* ou du latin *aridus* → aride [pour « squelettique »])** Mauvais cheval efflanqué.

Haring (Keith) Peintre et graffiteur américain (1958-1990). Inspiré par Warhol, le pop art, la rue et le hip-hop, il a créé des formes synthétiques de couleurs vives bordées de noir, dans un univers proche de la bande dessinée.

Hardouin-Mansart (Jules)

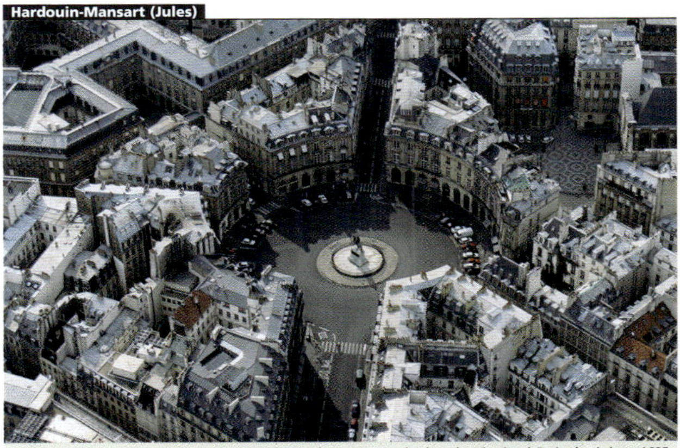

Jules Hardouin-Mansart, la place des Victoires à Paris, dessinée en 1685.

Ḥarīrī (Abū Muḥammad al-Qāsim al-) Écrivain et philologue arabe (1054-1122). Il est considéré comme un des premiers maîtres du style dans la littérature arabe. Ses 50 maqāmāt (« séances ») sont présentées comme un modèle de perfection dans la langue arabe.

Hariri (Rafic) Homme d'État libanais (1944-2005). Il fut Premier ministre de 1992 à 1998 et de 2000 à 2004. Il mourut assassiné.

Hariri (Saad) Homme d'État libanais et saoudien (né en 1970). Il fut Premier ministre de 2009 à 2011 et dirigea la coalition dite du « 14 mars » constituée après l'assassinat de son père, Rafic Hariri. Leader du parti sunnite Courant du futur, il fut à nouveau nommé Premier ministre en nov. 2016. La contestation populaire demandant un renouvellement de la classe politique l'obligea à se retirer en oct. 2019. Après l'explosion du port de Beyrouth il revint brièvement à la tête du gouvernement, en 2020.

H

Harī rūd n. m. Fleuve d'Afghanistan de 1 100 km de long. Il forme la frontière de l'Iran avec l'Afghanistan, puis avec le Turkménistan, avant de disparaître dans les sables du Karakoum.

***harissa** n. f. ou m. (de l'arabe, de *harasa* « broyer ») Poudre ou purée de piments utilisée comme condiment dans la cuisine maghrébine.

***harki** n. m. (mot arabe, de *harka* « opération militaire ») Militaire autochtone d'Algérie qui servait comme supplétif aux côtés des Français.

Harlay de Champvallon (François de) Prélat français (1625-1695). L'un des principaux conseillers religieux de Louis XIV, archevêque de Paris et chef des gallicans, il eut un rôle déterminant dans les persécutions contre Port-Royal et dans la révocation de l'édit de Nantes.

***harle** n. m. (mot dialectal du Nivernais) zool. Oiseau aquatique voisin du canard. *Harle huppé* ou *bec-scie*.

Harlem Quartier de New York, au N. de l'île de Manhattan, longtemps ghetto noir puis hispanique.

Harley (Robert) 1er comte d'Oxford Homme politique anglais (1661-1724). Secrétaire d'État (1704-1708), il conclut l'Acte d'union avec l'Écosse. Chancelier de l'Échiquier (1710-1714), il contribua à la signature du traité d'Utrecht (1713).

Harlow (Harlean Carpentier, dite Jean) Actrice américaine (1911-1937). Son rôle dans le film de F. Capra *La Blonde platine* en fit le modèle de la blonde capiteuse.

harmattan n. m. (mot d'une langue du Ghana) Alizé chaud et sec qui souffle sur l'Afrique occidentale. - var. **harmatan.**

harmonica n. m. (mot anglais, du latin *harmonicus* « harmonieux » → harmonie) **I.** vieux Instrument formé de récipients de verre qui, frottés, donnent chacun une note. **II.** (allemand *Mundharmonika* « accordéon à bouche ») mod. Instrument de musique en forme de petite boîte plate, dont on fait vibrer les anches par le souffle.

harmoniciste n. Personne qui joue de l'harmonica.

harmonie n. f. (latin *harmonia*, mot grec « assemblage ») **I. 1.** littér. Combinaison de sons agréables à l'oreille. → **euphonie.** (du grec des pythagoriciens) *L'harmonie des sphères* : les sons harmonieux produits par le mouvement des corps célestes, le cosmos. **2.** mus. Ensemble des principes qui règlent l'emploi et la combinaison des sons simultanés ; science des accords et des simultanéités des sons (opposé à *mélodie*). *Traité d'harmonie.* **3.** Orchestre de bois, de cuivres et de percussions. *L'harmonie municipale.* → **fanfare. 4.** littér. L'expression poétique (notamment chez les romantiques). **II. 1.** Rapports entre les parties d'un tout, qui font qu'elles concourent à un même effet d'ensemble ; cet effet. → **unité ; ordre, organisation.** – *Être en harmonie avec.* → **convenir, correspondre, s'harmoniser.** *« Sa vie était en harmonie avec ses idées »* (Balzac). ■ Beauté régulière. *L'harmonie des tons dans un tableau. L'harmonie d'un visage.* → **beauté, régularité. 2.** Accord, bonnes relations entre personnes. → **entente, paix, union.** *Vivre en parfaite harmonie.* → **amitié, entente, sympathie.**

▶ L'**harmonie** est en musique l'art de combiner et d'enchaîner les accords, chaque accord étant composé d'au moins trois sons émis simultanément. Elle est liée à l'invention de la tonalité, et se distingue de la mélodie et du contrepoint, dont l'objet est la conduite de plusieurs voix ou de plusieurs instruments.
Une des idées fondatrices de l'harmonie classique est la tension dynamique entre accords dissonants et retour à un état de consonance, une avancée fondamentale par rapport au statisme des accords à deux sons de la musique médiévale. Le premier grand théoricien en est Jean-Philippe Rameau avec son *Traité de l'harmonie réduite à ses principes naturels* (1722).
L'harmonie a connu une lente évolution, à mesure que des intervalles de notes perçus comme dissonants étaient peu à peu assimilés par l'oreille de l'auditeur comme consonants, et que les accords de trois sons se voyaient adjoindre des notes plus éloignées de la résonance dite naturelle.
Les compositeurs ont cherché à s'affranchir des contraintes de l'harmonie classique, les frontières entre dissonance et consonance devenant de plus en plus floues, notamment chez Richard Wagner et Claude Debussy. Cette évolution a abouti à la dissolution de la tonalité avec le système dodécaphonique (A. Schoenberg), qui ne s'inscrit plus dans une recherche de consonance.
Dans le courant du XXe siècle, le jazz a su développer un système harmonique extrêmement élaboré reposant principalement sur des accords dissonants.
voir aussi **acoustique, tonalité, polyphonie, sérialisme, jazz**

Harmonie Fille d'Arès et d'Aphrodite dans la mythologie grecque. Elle est l'épouse de Cadmos.

harmonieusement adv. D'une manière harmonieuse.

harmonieux, euse adj. **1.** Agréable à l'oreille. → **mélodieux.** *Voix harmonieuse.* **2.** Qui a, qui produit de l'harmonie ; qui est en harmonie avec les autres éléments. *Harmonieux équilibre.* – *Couleurs harmonieuses.* – *Style harmonieux.*

harmonique adj. et n. (du latin, du grec → harmonie) **1.** Relatif à l'harmonie (I, 2) en musique. – *Son harmonique* ou n. *un* ou *une harmonique* : vibration, son dont la fréquence est un multiple entier de celle du son fondamental. **2.** math. *Division harmonique*, de quatre points alignés, lorsque leurs distances deux à deux sont dans un rapport inverse. – *Série harmonique* (1+1/2+1/3+1/4...). □ adv. **harmoniquement**

harmonisation n. f. Action d'harmoniser. – Manière dont une musique est harmonisée.

harmoniser v. tr. < 1 > (de *harmonie*, après *harmonier*) **1.** Mettre en harmonie, en accord. → **accorder, coordonner, équilibrer.** *Harmoniser des couleurs.* **2.** mus. Combiner (une mélodie) avec d'autres parties ou des suites d'accords. *Harmoniser un air*, composer un accompagnement. → **arranger, orchestrer.** ■ **s'harmoniser** v. pron. Se mettre, être en harmonie. → **s'accorder.**

harmoniste n. Musicien, compositeur qui accorde de l'importance à l'harmonie (I, 2).

harmonium [aʀmɔnjɔm] n. m. (de *harmonie*) Instrument à clavier et à soufflerie, comme l'orgue, mais muni d'anches libres au lieu de tuyaux.

***harnachement** n. m. **1.** Action de harnacher. – Ensemble des harnais. **2.** fig. Habillement lourd et incommode.

***harnacher** v. tr. < 1 > (de *harnessier* → harnais) **1.** Mettre le harnais à (un animal de selle ou de trait). **2.** Accoutrer (qqn) comme d'un harnais (surtout passif et p. p.). *Touriste harnaché d'appareils photo.*

***harnais** n. m. (ancien scandinave *hernest*, du francique *hart* « armée » et *nest* « provisions, munitions ») **1.** anciennt Équipement complet d'un homme d'armes. – loc. *Blanchi sous le harnais* ou (forme anc.) *sous le *harnois* : vieilli dans le métier (des armes, etc.). **2.** Équipement d'un animal de selle ou de trait. → **harnachement. 3.** Système de sangles pour s'attacher (dans certains sports).

Harnoncourt (Nikolaus) Violoncelliste et chef d'orchestre autrichien (1929-2016). Il fonda, en 1953, le Concentus musicus de Vienne (orchestre d'instruments anciens). On lui doit un enregistrement intégral des cantates de Bach avec G. Leonhardt.

***haro** n. m. invar. (du francique, cri signalant la fin d'une vente, puis pour exciter les chiens contre la bête chassée) loc. *Crier haro sur le baudet* (allus. à La Fontaine) : dénoncer (qqn, qqch.) à l'indignation de tous.

Haroche (Serge) Physicien français (né en 1944). L'un des fondateurs de l'électrodynamique quantique en cavité qui consiste à étudier comment interagissent des atomes qui traversent un à un une « boîte » dans laquelle sont piégés des photons. Ces recherches permettent de tester le traitement quantique de l'information. Académie des sciences. Prix Nobel 2012.

Harold Ier Harefoot (mort en 1040). Roi d'Angleterre (1035-1040). Il succéda à son père Canut II, dit le Grand.

Harold II Roi des Anglo-Saxons (1022-1066). Successeur d'Édouard le Confesseur (1066), il fut vaincu et tué par Guillaume le Conquérant à Hastings.

Haroun al-Rachid ou **Hārūn al-Rachīd** Calife abbasside (766-809). Il se rendit populaire par ses victoires contre les Byzantins et tint une cour fastueuse à Bagdad. Il est le héros de plusieurs contes des *Mille et Une Nuits*.

harpagon n. m. (n. du personnage de Molière) littér. Homme d'une grande avarice.

Harpagon Personnage principal de *L'Avare* de Molière. Il est l'incarnation de l'avarice.

***harpail** n. m. (de l'ancien v. *harpailler* « séparer » → ²harpe) vén. Troupe de biches et de jeunes cerfs. - var. ***harpaille** n. f.

¹*harpe n. f. (vient du germanique, p.-ê. du radical *harp-*, à la fois roman et germanique → harpon) **I.** Grand instrument à cordes pincées. *Harpe celtique. La harpe du prophète David.* – spécialt *Harpe (chromatique)*, à 78 cordes de longueur inégale, à cadre triangulaire. **II.** zool. Mollusque gastéropode dont la coquille présente des côtes longitudinales.

²*harpe n. f. (de l'ancien français *harper* « empoigner » → ¹harpe) **1.** techn. Pierre en saillie devant servir au raccord d'une construction voisine. **2.** régional Instrument en forme de griffe, de croc.

Harper (Stephen) Homme politique canadien (né en 1959). Fondateur du Parti conservateur, Premier ministre du Canada de 2006 à 2015.

Le Premier ministre canadien Stephen Harper au Québec.

***harpie** n. f. (du latin, emprunt au grec *Harpuia*) 1. mythol. Monstre à corps de vautour et à tête de femme. 2. fig. Femme méchante, acariâtre. → **mégère.** 3. zool. Oiseau rapace (falconidé) qui vit en Amérique du Sud.

Harpies ou **Harpyes** n. f. pl. Divinités grecques des Enfers, monstres au corps d'oiseau et à tête de femme.

***harpiste** n. Personne qui joue de la harpe.

Harpocrate Dieu égyptien, avatar d'Horus. Les Grecs et les Romains en firent le dieu du Silence.

***harpon** n. m. (origine germanique, de *harpan* « saisir » → ¹harpe ou latin *harpe*, mot grec « objet crochu ») Dard emmanché, relié à une ligne, qui sert à prendre les gros poissons, les cétacés. *Pêche au harpon.*

***harponner** v. tr. < 1 > 1. Atteindre, accrocher avec un harpon. *Harponner une baleine.* 2. fig., fam. Arrêter, saisir brutalement. *Harponner un malfaiteur.* □ n. m. ***harponnage** ou (rare) ***harponnement**

***harponneur, euse** n. pêche Personne qui lance le harpon, qui harponne (un poisson...).

Harran Ancienne ville de Mésopotamie, au S.-E. d'Urfa en Turquie. Attestée depuis le XXIVe s. av. J.-C., elle constituait un centre important sur les routes de Babylone à la Méditerranée.

Harriman (William Averell) Financier et homme politique américain (1891-1986). Ambassadeur, puis secrétaire d'État au Commerce, il supervisa la mise en place du plan Marshall en Europe.

Harris (Zellig Sabbetai) Linguiste américain d'origine russe (1909-1992). Il théorisa l'analyse descriptive de la linguistique dite « distributionnelle » *(Methods in Structural Linguistics)*. Il a également élaboré une théorie du discours, et après 1950, une linguistique transformationnelle ; N. Chomsky était alors son étudiant.

Harris (Kamala) Femme d'État américaine (née en 1964). Procureure générale de Californie puis sénatrice démocrate, elle est devenue en 2021, avec l'élection de Joe Biden, vice-présidente des États-Unis. Elle est à la fois la première personnalité issue de l'immigration (son père est jamaïcain et sa mère indienne) et la première femme à accéder à ce poste.

Harrisburg Ville des États-Unis, capitale de la Pennsylvanie. 49 000 habitants. Centre administratif et industriel.

Harrison (John) Inventeur britannique (1693-1776). Il mit au point un pendule remédiant aux irrégularités que les variations de température font subir à la marche des horloges. Il réalisa un chronomètre de marine permettant d'évaluer les longitudes.

Harrison (Benjamin) Homme d'État américain (1833-1901). Républicain, il fut président des États-Unis de 1889 à 1893. Il pratiqua la politique protectionniste préconisée par W. McKinley.

Harrison (James, dit Jim) Romancier américain (1937-2016). Son œuvre illustre les tensions entre la société moderne et petite-bourgeoise et la nature, ou *wilderness*. *Légendes d'automne ; Un bon jour pour mourir ; La Route du retour ; Retour en terre.*

Harry Potter Nom d'une série de romans pour la jeunesse écrite par la romancière britannique Joanne Kathleen Rowling. À travers sept tomes est racontée l'histoire de Harry Potter, un jeune apprenti sorcier. *Harry Potter à l'école des sorciers ; Harry Potter et les reliques de la mort.*

Harsanyi (John C.) Économiste américain d'origine hongroise (1920-2000). Il développa, dans le cadre de la théorie des jeux, l'analyse des situations d'asymétrie d'information et d'étude de la négociation dans les relations économiques. Prix Nobel 1994.

Harsányi (Tibor) Compositeur français d'origine hongroise (1898-1954). Élève de Kodály, il s'installa à Paris en 1923 et s'appuya sur les innovations harmoniques et rythmiques de Bartók et Debussy. Il laisse deux opéras, de la musique symphonique, de la musique de chambre et des œuvres pour piano.

Harte (Francis Brett, dit Bret) Écrivain américain (1836-1902). Ses nouvelles *(Contes des Argonautes ; Les Maris de Mrs Skaggs)* campent un Ouest américain exotique, aux origines du mythe du Far West. Il créa des personnages types tels le joueur professionnel ou le tueur au grand cœur, dont s'inspirèrent Mark Twain et les réalisateurs de westerns.

Hartford Ville des États-Unis, capitale du Connecticut. 124 800 habitants. Centre industriel et financier. Nœud de communication.

Hartline (Haldan Keffer) Biophysicien américain (1903-1983). Ses travaux sur les cellules rétiniennes rendirent possible l'étude du mécanisme de la vision au niveau cellulaire. Prix Nobel de médecine 1967.

Hartung (Hans) Peintre, dessinateur et graveur français d'origine allemande (1904-1989). Ses recherches non figuratives manifestent l'influence de Kandinsky. Considéré comme le maître de la peinture gestuelle ou du tachisme, c'est l'un des chefs de l'abstraction lyrique de l'après-guerre.

Hartwell (Leland H.) Biologiste américain (né en 1939). Il a travaillé sur la division cellulaire et les altérations du génome dans les cellules cancéreuses. Prix Nobel 2001.

haruspice voir **aruspice**

Harvard (université) La plus ancienne et l'une des universités les plus réputées des États-Unis, fondée en 1636 par John Harvard, à Cambridge dans le Massachusetts.

Harvey (William) Médecin anglais (1578-1657). Il a élucidé le mécanisme de la circulation sanguine et étudié le développement des embryons.

Haryana ou **Hariana** n. m. État du N. de l'Inde. 44 200 km². 28 204 700 habitants. Langue : hindi. Capitale : Chandigarh. Agriculture irriguée (blé, canne à sucre). Industrie.

Harz n. m. Massif montagneux d'Allemagne centrale, entre l'Elbe et la Weser. Le point culminant est le Brocken (1 142 m). Tourisme. Exploitation de métaux non ferreux.

hasard** n. m. (arabe *az-zahr* « jeu de dés », par l'espagnol) I. vieux Jeu de dés. II. (d'abord dans *mettre au hasard* « au jeu ; hasarder ») 1. Cas, évènement fortuit ; concours de circonstances inattendu et inexplicable. → **coïncidence.** *C'est un pur hasard,* rien n'était calculé, prémédité. *Un heureux hasard.* → **chance ; occasion.** *Un hasard malheureux.* → **accident, malchance.** 2. littér. Risque, circonstance dangereuse. *Les hasards de la guerre.* → **aléa.** III. 1. *Le hasard* : cause attribuée à des évènements significatifs pour l'être humain et apparemment inexplicables. *Les lois du hasard.* → **probabilité.** « *Un coup de dés jamais n'abolira le hasard* » (Mallarmé). (philos.) *Le hasard et la causalité, et la nécessité*. Le hasard fait bien les choses* (se dit d'un concours de circonstances heureux). *Les caprices du hasard.* → **destin, fatalité, sort.** *Ne rien laisser au hasard* : tout prévoir. *S'en remettre au hasard.* 2. ***Au hasard loc. adv. : n'importe où. *Coups tirés au hasard.* – Sans réflexion. *Donner une réponse au hasard.* → au petit **bonheur.** ■ ***Au hasard de*** loc. prép. : selon les hasards de. *Au hasard des rencontres.* ■ ***À tout hasard*** loc. adv. : en prévision ou dans l'attente de tout ce qui pourrait se présenter. *Laissez-moi votre adresse, à tout hasard.* ■ ***Par hasard*** loc. adv. → **accidentellement, fortuitement.** *Je l'ai rencontré par hasard. Comme par hasard* : comme si c'était un hasard. *Si par hasard* : au cas où. 3. (du sens étym., I) ***Jeu de hasard,*** où le calcul, l'habileté n'ont aucune part (dés, roulette, baccara, loterie).

hasarder** v. tr. < 1 > 1. littér. Livrer (qqch.) au hasard, aux aléas du sort. → **aventurer, exposer, risquer.** *Hasarder sa réputation.* 2. Entreprendre (qqch.) en courant le risque d'échouer ou de déplaire. → **tenter.** *Hasarder une démarche.* 3. Se risquer à exprimer. *Hasarder une remarque.* ■ **se hasarder** v. pron. Aller, se risquer (en un lieu où il y a du danger). → **s'aventurer.** – ***Se hasarder à : se risquer à.

***hasardeux, euse** adj. Qui expose à des périls ; qui comporte des risques. *Entreprise hasardeuse.* → **aléatoire, aventuré, dangereux.**

***has been** [azbin] (de l'anglais, littéralt « [il, elle] a été ») anglic. 1. n. invar. Personne qui a eu du succès, de la notoriété et ne l'a plus (ou en a moins). 2. adj. invar. Démodé ; ringard.

***hasch** n. m. (abrév. de *haschich*) fam. Haschich. *Fumer du hasch.* - var. ***hach.**

***haschich** n. m. (arabe ; le mot *assassin* a longtemps été considéré comme dérivé) Chanvre indien avec lequel on prépare une drogue enivrante ; cette drogue. → **cannabis, marijuana.** - var. **hachich, haschisch ;** abrév. cour. **hasch, hach.**

Hasdrubal Nom de plusieurs généraux carthaginois. ■ **Hasdrubal, dit le Beau** (v. 270-v. 221 av. J.-C.). Gendre d'Hamilcar Barca, il lui succéda en Espagne et fonda Carthagène. ■ **Hasdrubal Barca** (v. 245-207 av. J.-C.). Frère d'Hannibal, il fut vaincu par Scipion l'Africain (–209) et tué au Métaure. ■ **Hasdrubal** (mort v. 146 av. J.-C.). Il défendit Carthage lors de la troisième guerre punique.

***hase** n. f. (mot allemand) Femelle du lièvre ou du lapin de garenne. → **lapine.**

Hašek (Jaroslav) Écrivain tchèque (1883-1923). Dans un registre tragicomique et satirique, il traite de l'impuissance humaine face à l'absurdité de l'histoire. Il apparaît comme l'équivalent populaire de F. Kafka, dont il se distingue toutefois par sa proximité avec les milieux anarchistes progressistes de son temps. *Aventures du brave soldat Chveik.*

***hashtag** [aʃtag] n. m. (mot anglais, de *hash* « croisillon » et *tag* « marque ») anglic. inform. Mot-clé précédé du signe #, permettant de retrouver tous les messages d'un microblog qui le contiennent. *Les hashtags d'un tweet. Le hashtag* #éducation. - recomm. offic. **mot-dièse.**

Haskil (Clara) Pianiste roumaine (1895-1960). Élève de Cortot, elle fut une interprète exceptionnelle de Mozart, Schubert et Schumann.

Hasparren Commune des Pyrénées-Atlantiques. 7 538 habitants. Maison de F. Jammes qui y finit sa vie.

Hassa ou **Hasa** n. m. Région de l'Arabie saoudite en bordure du golfe Arabo-Persique. Elle est l'une des régions les plus fertiles de la péninsule Arabique et la plus riche en champs pétrolifères.

Hassan et **Hussein** Premier (entre 624 et 626-669) et second fils (entre 626 et 627-680) d'Ali et de Fatima. Hassan fut nommé cinquième calife mais renonça à sa charge. Ils furent respectivement deuxième et troisième imams des chiites.

Hassan II [Moulay al-Hassan ibn Mohamed al-Alaoui] (1929-1999). Roi du Maroc (1961-1999). Succédant à son père le sultan Mohammed V, il renforça le consensus autour du trône par l'annexion du Sahara occidental (1975). Proche allié de l'Occident et considéré comme un des dirigeants modérés du monde arabe, il joua un rôle actif en faveur des efforts de paix entre Israéliens et Arabes au Proche-Orient.

Hassel (Odd) Chimiste norvégien (1897-1981). Il étudia le comportement dynamique dans l'espace des molécules cycliques et contribua, avec D. H. R. Barton, au développement du concept de conformation. Prix Nobel 1969.

Hasselt Ville de Belgique, chef-lieu de la province de Limbourg. 78 714 habitants. Béguinage du XVIIIe s. Domaine provincial de Bokrijk (réserve naturelle).

***hassidisme** **n. m.** **(de l'hébreu)** Courant mystique du judaïsme allemand (et dont les fidèles s'appellent des *hassidim* **n. m. pl.**).

Hassi Messaoud Gisement pétrolifère du Sahara algérien, au S.-E. de Ouargla. 11 500 habitants.

***hassium** [asjɔm] **n. m.** **(du latin médiéval *Hassia* « Hesse », région d'Allemagne)** chim. Élément atomique (symb. Hs, n° at. 108, masse at. 265), métal de transition radioactif.

hast [ast] **n. m.** **(vient du latin *hasta* « lance »)** anciennt *Arme d'hast* : toute arme dont le fer est monté sur une longue hampe.

hastaire **n. m.** **(latin *hastarius*, de *hasta* → hast)** Antiq. Soldat romain armé d'une lance.

hasté, ée **adj.** **(de *hast*)** bot. (feuille) Qui a la forme d'un fer de lance.

Hastings Ville du S. de l'Angleterre, sur le pas de Calais. 91 000 habitants. Port et station balnéaire.

Hastings (bataille d') Victoire remportée le 14 oct. 1066 par Guillaume le Conquérant sur Harold II. Elle lui assura la couronne d'Angleterre.

Hatchepsout Reine d'Égypte de la XVIIIe dynastie (1520-1483 av. J.-C.). Femme de Thoutmôsis II puis de Thoutmôsis III, elle accapara progressivement le pouvoir. Elle fit construire le temple à terrasse de Deir el-Bahari. Sa momie a été identifiée en 2007.

Bas-relief représentant Hatchepsout en pharaon (Karnak).

***hâte** **n. f.** **(du francique *haist* « violence »)** Grande promptitude (dans l'exécution d'un travail, etc.). → **célérité, empressement.** *Hâte excessive.* → **¹précipitation.** *Mettre de la hâte, peu de hâte à faire qqch.* – *Avoir hâte de* **(+ inf.)**, *n'avoir qu'une hâte* : être pressé, impatient. ■ **loc. adv.** *Sans hâte* : calmement, en prenant son temps. – *En hâte.* → **promptement, rapidement, vite.** *Venez en toute hâte !* → **d'urgence.** – *À la hâte* : avec précipitation, sans soin. *Travail fait à la hâte.* → **bâclé.**

***hâter** **v. tr.** < 1 > **1.** littér. Faire arriver plus tôt, plus vite. → **avancer, brusquer, ¹précipiter.** *Hâter son départ.* **2.** Faire évoluer plus vite, rendre plus rapide. → **accélérer, activer.** *Hâter le pas.* → **presser.** ■ **se hâter v. pron.** Se dépêcher, se presser. *Se hâter vers la sortie.* → **se précipiter.** – *Se hâter de terminer un travail.* – loc. *Hâte-toi lentement* **(trad. latin *festina lente*)**.

hatha-yoga voir **yoga**

Hathor Déesse égyptienne, représentée sous la forme d'une vache ou d'une femme à tête de vache. Personnification du ciel, elle est aussi la déesse de la Joie, de la Musique et de l'Amour. Les Grecs l'identifièrent à Aphrodite.

La déesse Hathor, cartonnage de momie (Ier millénaire av. J.-C.), musée du Louvre, Paris.

***hâtier** **n. m.** **(d'un croisement entre le latin *hasta* « lance » et le francique *harst* « gril »)** Grand chenet de cuisine, muni de crochets sur lesquels on appuie les broches.

***hâtif, ive** **adj.** **1.** Qui est fait trop vite, à la hâte. → **¹précipité.** *Conclusion hâtive.* → **prématuré.** **2.** Dont la maturité est naturellement précoce. *Petits pois hâtifs.* □ **adv.** ***hâtivement**

Hatoum (Mona) Plasticienne anglo-libanaise (née en 1952). Elle explore et rend visible la douleur de l'exil et la fracture géographique et sociale au travers d'une œuvre métaphorique constituée de sculptures, d'installations (*Socle du monde*, carte du monde couverte de milliers de billes d'acier mouvantes) et de vidéos.

Mona Hatoum en 2015 devant son œuvre *Hot Spot*, au Centre Georges-Pompidou.

Hatra Site archéologique de Mésopotamie, à 150 km au S.-O. de Mossoul, dans le désert. Fondée au -Ier s. par les Parthes, la ville se constitua en royaume arabe indépendant. Elle résista aux Romains, mais fut prise par les Perses sassanides en 241.

Hatta (Muhammad) Homme politique indonésien (1902-1980). Une des grandes figures de l'indépendance indonésienne, il devint en 1945 vice-président du pays.

Hatteras (cap) Cap de la côte Atlantique des États-Unis, en Caroline du Nord.

hattéria **n. m.** **(latin mod. d'origine obscure)** zool. Sphénodon.

Hattis **n. m. pl.** Populations d'Anatolie, vaincues au -IIe millénaire par les Hittites.

Hattousas ou **Hattusas** Capitale de l'Empire hittite, fondée au -XVIIe s. Elle fut détruite vers 1200. Ses ruines, aujourd'hui à Boğazkale (Turquie centrale), ont été identifiées en 1906.

Hatzfeld (Adolphe) Lexicographe français (1824-1900). Il est l'auteur, avec Darmesteter et Thomas, du *Dictionnaire général de la langue française*.

***hauban** **n. m.** **(de l'ancien scandinave)** Cordage, câble servant à assujettir le mât d'un navire. *Haubans de misaine, d'artimon.* – **par ext.** *Les haubans d'un pont suspendu* **(→ haubanage).**

***haubanage** **n. m.** **1.** Action de haubaner. **2.** Haubans de consolidation.

***haubaner** **v. tr.** < 1 > Consolider par des haubans.

***haubert** **n. m.** **(du francique *halsberg*, de *hals* « cou » et *bergen* « protéger »)** Chemise de mailles à manches et à capuchon, que portaient les hommes d'armes au Moyen Âge. → **¹cotte** de mailles.

Haubourdin Commune du Nord, dans la banlieue S.-O. de Lille, sur la Deûle. 14 556 habitants.

Hauff (Wilhelm) Poète, romancier et conteur allemand (1802-1827). Ses cycles de *Contes* lui valent en Allemagne une célébrité comparable à celle des frères Grimm.

Haug (Émile) Géologue français (1861-1927). Il est l'auteur d'un important *Traité de géologie*, dans lequel il oppose les aires continentales et celles où se forment les futures chaînes de montagnes.

Haugesund Ville de la côte O. de la Norvège. 34 600 habitants. Pêche. Conserveries.

Hauptman (Herbert Aaron) Chimiste américain (1917-2011). Il utilisa les statistiques pour déduire les structures complexes des composés cristallisés. Prix Nobel 1985.

Hauptmann (Gerhart) Écrivain allemand (1862-1946). D'abord vériste *(Les Tisserands ; Le Voiturier Henschel)*, son œuvre dramatique s'orienta ensuite vers le symbolisme et la comédie de mœurs. Ses romans mêlent lyrisme religieux et poésie épique *(Le Grand Rêve)*. Prix Nobel 1912.

Hauriou (Maurice) Jurisconsulte français (1856-1929). Il influença le droit public français par son œuvre, qui porte notamment sur la théorie de l'institution. *Précis de droit administratif.*

Hausa voir **Haoussas**

Hausdorff (Felix) Mathématicien allemand (1868-1942). Il fonda la topologie et la théorie d'espace métrique.

Hauser (Kaspar) Personnage énigmatique apparu en Allemagne en 1828, supposé appartenir à la maison princière de Bade. Sa vie tragique a inspiré de nombreux écrivains.

Hausman (Jerry A.) Économiste américain (né en 1946). Spécialiste de l'économie de l'énergie et des télécommunications, il travaille sur les effets de la fiscalité et du vieillissement de la population sur l'économie.

Hausmann (Raoul) Peintre et photographe autrichien (1876-1971). Cofondateur du mouvement Dada à Berlin en 1917, il lança le photomontage.

***hausse** **n. f.** **(de *hausser*)** **1.** techn. Objet ou dispositif qui sert à hausser. **2.** Augmentation (d'une grandeur numérique). *La hausse des prix.* → **montée.** *Une hausse du coût de la vie.* – loc. *Jouer à la hausse* : spéculer sur la hausse du cours des valeurs boursières **(→ haussier).** – *Être en hausse* : être en train d'augmenter.

***hausse-col** **n. m.** **(altération, d'après *hausser* et *col*, du moyen néerlandais *halskote* « vêtement de cou ») anciennt** Pièce de métal que portaient les officiers d'infanterie à la base du cou. *Des hausse-cols.*

***haussement** **n. m.** *Haussement d'épaules* : mouvement **(→ hausser)** que l'on fait en signe de dédain, d'irritation, de résignation, d'indifférence.

***hausser** **v. tr.** < 1 > **(vient du latin pop., de *altus* → ¹haut)** **1.** Donner plus de hauteur à. *Hausser une maison d'un étage.* **2.** Mettre à un niveau plus élevé. → **¹lever, relever.** *Hausser les épaules* **(→ haussement).** – pronom. *Se hausser sur la pointe des pieds.* → **se dresser,** se hisser. ■ *Hausser les prix.* → **augmenter, majorer. 3.** Donner plus d'ampleur, d'intensité à. *Hausser la voix.* → **enfler.**

***haussier, ière** n. et adj. Bourse **1.** n. Personne qui spécule en jouant à la hausse (opposé à *baissier*). **2.** adj. Qui est orienté à la hausse.

***haussière** ou **aussière** n. f. (du latin pop. *helciaria*, du classique *helcium* « collier de trait ») mar. Gros cordage servant à touer ou amarrer.

Haussmann (Georges Eugène, baron) Administrateur et homme politique français (1809-1891). Préfet de la Seine (1853-1870), il dirigea les grands travaux d'embellissement et d'assainissement de Paris.

Haust (Jean) Philologue et lexicographe belge (1868-1946). Il dirigea la publication de *L'Atlas linguistique de la Wallonie.*

1*haut, *haute adj. (vient du latin *altus* → **altesse, altier, altitude, alto**) (opposé à *bas*) **I. 1.** D'une dimension déterminée *(haut de..., comme...)* ou supérieure à la moyenne, dans le sens vertical. *Mur haut de deux mètres.* loc. *Haut comme trois pommes* : tout petit. – *De hautes montagnes.* → **élevé.** *Hautes herbes. Pièce haute de plafond. Un homme de haute taille.* – *Talons hauts.* **2.** Dans sa position la plus élevée. *Le soleil est haut dans le ciel.* ■ loc. *Marcher la tête haute,* sans craindre de reproches ni d'affronts. *Avoir la* **haute main** *dans une affaire,* la diriger, en avoir le contrôle. – *Marée* haute.* – *La haute mer*.* **3.** Situé au-dessus. *Hauts plateaux. Le plus haut massif.* → **culminant.** *Haute note.* → **aigu.** – *Le haut Danube, la haute Égypte* (régions les plus proches de la source ou les plus éloignées de la mer). – *La ville haute et la ville basse.* **4.** dans le temps (avant le nom) → **ancien, éloigné, reculé.** *Le haut Moyen Âge. Objet d'art de haute époque.* **5.** en intensité → **1fort, grand.** *Haute pression.* – « *Une civilisation arrivée à son plus haut développement* » (Gautier). ■ *À haute voix. Lire à voix haute* (opposé à *tout bas*). – loc. *Pousser les hauts cris*.* **6.** (en parlant des prix, des valeurs cotées) *Le dollar est haut.* – *Hauts salaires.* → **élevé. II.** abstrait (avant le nom) **1.** (dans l'ordre de la puissance) → **éminent, grand, important.** *Haut fonctionnaire. La haute société* et ellipt n. f. fam. LA HAUTE. – *En haut lieu*.* – n. m. *Le Très-Haut,* Dieu. **2.** (dans l'échelle des valeurs) → **supérieur.** *Haute intelligence.* – loc. *Les hauts faits.* → **héroïque.** – *Haute couture.* **3.** Très grand. → **extrême.** *Tenir qqn en haute estime. Une communication de la plus haute importance.* – ***Haute-fidélité.*** → **fidélité.** – *Haute surveillance. Quartier* de haute sécurité.*

2*haut (→ 1haut) **I.** n. m. **1.** Dimension verticale déterminée, de la base au sommet. → **altitude, hauteur.** *Édifice de cent mètres de haut.* – loc. ***Tomber de (tout) son haut,*** de toute sa hauteur ; fig. être stupéfait. **2.** Position déterminée sur la verticale. *Voler à mille mètres de haut.* **3.** Partie, région haute d'une chose. *Le tiroir du haut. Les voisins du haut.* → **2dessus.** – *Le haut d'une robe, d'un maillot de bain.* **4.** Partie la plus haute, point culminant. → **sommet.** *Prendre un meuble par le haut.* ■ ***Du haut de.*** *Se jeter du haut d'une tour.* – fig. *Regarder qqn du haut de sa grandeur.* ■ ***De (du) haut en bas*** : partout, complètement. **5.** ***Des hauts et des bas*** : des alternances de bon et de mauvais état. **6.** dans des expr. Terrain élevé. *Les hauts de Meuse.* **II.** adv. **1.** En un point élevé sur la verticale. *Sauter haut.* « *Le soleil luisait haut dans le ciel calme et lisse* » (Verlaine). **2.** (adj. à valeur adverbiale) En position haute. ***Haut les mains !*** : sommation faite à qqn de lever les mains ouvertes. – ***Haut la main*** : avec brio, en surmontant aisément tous les obstacles. **3.** En un point reculé dans le temps. → **loin.** *Si haut que l'on remonte dans l'histoire.* – (dans un texte) *Voir plus haut.* → **ci-dessus, supra. 4.** (intensité) À haute voix, d'une voix forte. → **1fort.** *Lire tout haut.* – Sans craindre de se faire entendre. *Je le dirai bien haut, s'il le faut !* → **franchement, hautement.** ■ (sons) *Monter haut* : atteindre des notes aiguës. **5.** (puissance) *Des personnes haut placées. Elle vise haut,* elle est ambitieuse. **6.** (prix, valeurs) *La dépense monte haut,* s'élève à un prix considérable. – *Placer qqn très haut dans son estime.* **III.** loc. adv. **1.** ***De haut*** : d'un lieu élevé. – loc. fig. ***Tomber de haut*** : perdre ses illusions. *Voir les choses de haut,* d'une vue générale et sereine. *Le prendre de (très) haut,* réagir avec arrogance. *Regarder, traiter qqn de haut,* avec arrogance (→ **1hautain**). **2.** ***En haut*** : dans la région (la plus) haute. *Jusqu'en haut. Tout en haut* : au point le plus haut. – En direction du haut. *Regarder en haut. De bas en haut.* ■ ***En haut de*** loc. prép. *En haut de la côte.* **3.** ***D'en haut.*** *La lumière de l'atelier vient d'en haut.* ■ fig. *Des ordres qui viennent d'en haut,* d'une autorité supérieure. – *La France d'en haut,* les classes dirigeantes, les nantis.

1*hautain, aine adj. (de *haut*, adj.) Dont les manières sont dédaigneuses ; qui montre de l'arrogance. → **altier, orgueilleux.** « *La marquise* [...] *était plus qu'orgueilleuse, elle était hautaine* » (Musset). – *Ton hautain.*

2*hautain voir **hautin**

***hautbois** n. m. (d'abord *haut bois*) **1.** Instrument de musique à vent, à anche double. **2.** Hautboïste.

***hautboïste** [obɔist] n. Personne qui joue du hautbois.

***haut-commissaire ; *haut-commissariat** voir **commissaire ; commissariat**

Haut Commissariat des Nations unies pour les réfugiés (HCR) Organisation humanitaire onusienne chargée de la protection des réfugiés. Fondée en 1951, elle a son siège à Genève et a reçu deux fois le prix Nobel de la paix (1954 et 1981).

***haut-de-chausses** n. m. anciennt Partie de l'habillement masculin allant de la ceinture aux genoux. → **chausses, culotte.** *Des hauts-de-chausses.* - var. **haut-de-chausse.** *Des hauts-de-chausse.*

***haut-de-forme** n. m. Chapeau d'homme en soie, haut et cylindrique, qui se porte avec la redingote ou l'habit. *Des hauts-de-forme.*

***haute** voir **1haut** (II, 1)

Hautecombe Abbaye située sur le lac du Bourget (Savoie). Abbaye cistercienne (1125-1793), puis bénédictine (1922-1992).

***haute-contre** **1.** n. f. Voix d'homme aiguë, plus étendue dans le haut que celle d'un ténor. → **contre-ténor. 2.** n. m. Chanteur qui a cette voix. *Des hautes-contre.* - var. RO ***hautecontre.**

Haute-Corse voir **Corse (Haute-)**

***haute-fidélité** n. f. voir **fidélité**

Hautefort Commune de la Dordogne. 823 habitants. Château du XVIIe siècle.

Haute-Garonne voir **Garonne (Haute-)**

Haute-Loire voir **Loire (Haute-)**

Haute-Marne voir **Marne (Haute-)**

***hautement** adv. **1.** littér. Tout haut et sans craindre de se faire entendre. → **franchement, ouvertement.** *Dire hautement sa réprobation.* **2.** À un degré supérieur, fortement. *Un matériel hautement sophistiqué.*

Haute-Normandie voir **Normandie**

Hauterives Commune de la Drôme, arrondissement de Valence, sur la Galaure. 1 876 habitants. « Palais idéal » construit (1879-1912) par le Facteur Cheval.

Hautes-Alpes voir **Alpes (Hautes-)**

Haute-Saône voir **Saône (Haute-)**

Haute-Savoie voir **Savoie (Haute-)**

hautes études (École pratique des) ou EPHE École d'enseignement supérieur, créée en 1868 à Paris par V. Duruy, assurant la formation à la recherche fondamentale et appliquée dans trois domaines : sciences de la vie et de la terre, sciences historiques et philologiques et sciences religieuses.

hautes études en sciences sociales (École des) ou EHESS École d'enseignement supérieur, fondée en 1975 à Paris, et issue de la VIe section de l'École pratique des hautes études créée par les historiens F. Braudel et L. Fèvre. Elle forme des docteurs dans toutes les disciplines des sciences humaines et sociales, favorisant la recherche interdisciplinaire.

Hautes-Pyrénées voir **Pyrénées (Hautes-)**

hauteur** n. f. **I. 1.** Dimension dans le sens vertical, de la base au sommet. *La hauteur d'un mur. Dix mètres de hauteur,* de haut*. – (personnes, animaux) → **3taille.** *Se dresser de toute sa hauteur.* ■ géom. Droite abaissée perpendiculairement du sommet à la base d'une figure ; longueur de cette droite. *Les hauteurs d'un triangle.* **2.** Position déterminée sur la verticale. *Aigle qui vole à une hauteur vertigineuse.* – *Rebord de fenêtre à hauteur d'appui.* – *Saut en hauteur.* ■ *Prendre de la hauteur* : s'élever dans l'espace. **3.** ***À la hauteur de loc. prép. *Placer une pancarte à la hauteur des yeux.* → **niveau.** ■ fig. *Il sait se mettre à la hauteur des enfants.* → **portée.** *Être à la hauteur des circonstances,* avoir les qualités requises pour y faire face. – absolt *Être à la hauteur* : faire preuve de compétence, d'efficacité. ■ À côté de, en face de (en passant). *Arrivé à sa hauteur, je l'ai reconnu.* **4.** Terrain, lieu élevé. *Maison située sur une hauteur.* **II.** fig. **1.** Supériorité (d'ordre moral ou intellectuel). → **grandeur, noblesse.** loc. *Hauteur de vue.* **2.** péj. Attitude de la personne qui regarde les autres de haut, avec mépris.

Haute-Vienne voir **Vienne (Haute-)**

Haute-Volta voir **Burkina Faso**

***haut-fond** n. m. Sommet sous-marin recouvert de peu d'eau et dangereux pour la navigation. *Des hauts-fonds.* - var. RO ***hautfond.**

***haut-fourneau** n. m. Grand four à cuve destiné à fondre le minerai de fer. *Des hauts-fourneaux.* - var. **haut fourneau.** *Des hauts fourneaux.*

***hautin** ou ***hautain** n. m. vitic. Vigne cultivée en hauteur, appuyée sur des arbres ou des échalas. – par ext. Arbre ou échalas soutenant ces vignes.

***haut-le-cœur** n. m. invar. Soulèvement de l'estomac. → **nausée.** *Cela me donne des haut-le-cœur* : cela me dégoûte.

***haut-le-corps** n. m. invar. Mouvement brusque et involontaire du buste vers le haut sous l'effet de la surprise ou de l'indignation. → **sursaut.**

Hautmont Commune du Nord, sur la Sambre. 14 318 habitants. Industrie.

***haut-parleur** n. m. Appareil qui transforme en ondes sonores les courants électriques détectés par le récepteur. *Haut-parleurs dans des baffles.* - var. RO ***hautparleur.**

***haut-relief** n. m. Sculpture présentant un relief très saillant sans se détacher toutefois du fond dans toute son épaisseur (opposé à *bas-relief*). *Des hauts-reliefs.*

Haut-Rhin voir **Rhin (Haut-)**

Hauts de Bienne Commune du Jura. 5 226 habitants. Instruments d'optique de précision. Électronique. Station de sports d'hiver.

Hauts-de-France Région administrative du N. de la France formée de cinq départements : Aisne, Nord, Oise, Pas-de-Calais, Somme. 31 813 km^2. 5 997 734 habitants. Chef-lieu : Lille. ■ **Nord** et **Pas-de-Calais** Les collines crayeuses de l'Artois s'inclinent doucement vers la Belgique et le littoral de la Manche, et s'ouvrent à l'O. sur le Boulonnais. À l'E., les champs ouverts du Cambrésis contrastent avec les ensembles bocagers et boisés de la Thiérache et du Hainaut, annonçant le massif des Ardennes. Au N.-O., la plaine de Flandre s'achève par un cordon de dunes qui protège sa partie maritime, tardivement conquise sur la mer. Le climat océanique est humide. La région

H

Hauts-de-France

est très densément peuplée et urbanisée (conurbation de Lille-Roubaix-Tourcoing-Villeneuve d'Ascq). L'agriculture, qui associe élevage (bovins, porcins) et cultures (endive, pomme de terre, betterave sucrière, blé), est à l'origine d'une industrie agroalimentaire spécialisée dans le sucre, la bière, la farine et la conserverie de poisson (port de Boulogne). Ancienne région industrielle en crise (textile, sidérurgie, construction navale, houille), les Hauts-de-France se tournent vers d'autres secteurs (acier, industrie lainière, verre, mécanique, distribution, aluminium). Lille est aussi un centre d'affaires (Euralille) et un pôle universitaire important, et le tourisme se développe avec la clientèle britannique. Sa situation au cœur de l'Europe en fait un véritable carrefour (ports, réseaux autoroutier et ferroviaire). ■ **Picardie** Vaste plateau limoneux (craie du crétacé et formations tertiaires de l'Île-de-France), s'ouvrant sur la Manche de part et d'autre de l'embouchure de la Somme. Le climat océanique est pluvieux. Après un exode massif vers Paris et dans le Nord, la population de la région connaît une nouvelle croissance, surtout au sud avec la périurbanisation parisienne. Avec de grandes cultures mécanisées à haut rendement (betterave, blé, pomme de terre), l'agriculture a favorisé le développement d'une importante industrie agroalimentaire et de machinisme agricole. Le secteur industriel, malgré un déclin sensible depuis les années 1970, est encore assez développé (métallurgie, automobile, chimie). Les services sont en expansion, notamment ceux dirigés vers les entreprises (plates-formes logistiques). Zone de transit entre Paris et le Nord, la région a cependant du mal à affirmer son identité. Amiens, sa capitale, est mal desservie par les transports (pas de halte sur les tracés du TGV-Nord et des autoroutes Paris-Lille). Son centre économique tend à se déplacer vers le sud de l'Oise, au détriment des autres départements.

Hauts-de-Seine **n. m. pl.** [92] Département français de la Région Île-de-France (→ carte). 175 km². 1 626 213 habitants. Chef-lieu : Nanterre. Chefs-lieux d'arrondissement : Antony, Boulogne-Billancourt. Partie occidentale de la Petite Couronne parisienne, le département est très urbanisé (densité supérieure à 8 000 hab./km^2). Activités industrielles, activités tertiaires et espaces résidentiels y sont largement associés, même si l'industrie est surtout présente en bordure de Seine (Gennevilliers, Colombes), le tertiaire et la recherche dominés par le site de La Défense, tandis que le reste du territoire, résidentiel, compte plusieurs espaces verts récréatifs (forêt de Meudon, parc de Sceaux...).

***hauturier, ière** adj. (de *hauteur*) De la haute mer*. *Navigation hauturière.*

Hautvillers Commune de la Marne. 669 habitants. Vestiges de l'abbatiale qui abrite la dalle funéraire de Dom Pérignon.

Haüy [aɥi] **(abbé René Just)** Minéralogiste français (1743-1822). Créateur de la cristallographie, il a travaillé sur l'anisotropie des cristaux et sur l'existence d'éléments de symétrie en leur sein.

Haüy (Valentin) [aɥi] Pédagogue français (1745-1822), frère de René Just. Il se consacra à l'éducation des jeunes aveugles, fondant en 1784 à Paris l'actuelle Institution nationale des jeunes aveugles puis à Saint-Pétersbourg un institut de même nature. Il mit au point un système de caractères en relief, qui fut perfectionné par Louis Braille.

***havage** n. m. techn. Opération par laquelle on have le charbon.

Havel (Václav)

Václav Havel (à dr.) et Alexander Dubček à Prague (1989).

***havanais, aise** adj. et n. (du n. de La Havane) **1.** De La Havane. – n. *Les Havanais.* **2. n. m.** Petit chien à poils soyeux et longs, généralement blancs.

***havane** **1. n. m.** Tabac de La Havane. – Cigare réputé, fabriqué avec ce tabac. *Une boîte de havanes.* **2. adj. invar.** De la couleur marron clair des havanes. *Des gants havane.*

Havane (La) Capitale de Cuba, sur le détroit de Floride. 2 168 260 habitants. Principal port de l'île et centre économique du pays, elle a conservé son vieux centre colonial, classé patrimoine mondial de l'Unesco : cathédrale baroque, Plaza de Armas, nombreux hôtels particuliers. Distilleries de rhum et fabriques de cigares. Université. Aéroport. Tourisme.

Havre (Le)

Le Havre et l'église Saint-Joseph, dessinée par A. Perret (1951-1956).

Havas (Agence) Agence française d'information et de publicité, créée en 1835 par Charles Louis Havas (1783-1858). Son secteur d'information donna naissance à l'Agence France-Presse (AFP) en 1944.

***hâve** adj. (du francique *haswa* « gris comme le lièvre [*has*] ») littér. Amaigri et pâli par la faim, les épreuves. → **émacié.** – *Teint hâve.* → **blafard, blême.**

Havel (Václav) Écrivain et homme politique tchèque (1936-2011). Auteur de pièces d'un humour souvent désespéré, il fut interdit de publication et emprisonné entre 1977 et 1989 pour dissidence *(Lettres à Olga)*. L'un des principaux animateurs de la « révolution de Velours » qui mit fin au régime communiste (1989), il fut élu président de la République tchécoslovaque en 1990 mais ne put empêcher la partition de son pays. Il fut ensuite président de la République tchèque de 1993 à 2003.

Havel n. f. Rivière d'Allemagne, affluent de l'Elbe. 341 km. Elle arrose Berlin et Potsdam. Des canaux la relient à l'Oder et à l'Elbe.

***haveneau** n. m. (de l'ancien scandinave) pêche Filet utilisé pour la pêche à la crevette et aux poissons plats. - syn. ***havenet.**

***haver** v. tr. < 1 > (mot wallon, d'origine germanique, ou qui vient du latin *excavare,* d'où *chaver*) Entailler (le charbon) dans une mine. ▫ **n. m. *haveur**

***haveuse** n. f. techn. Machine destinée au havage.

***havre** n. m. (ancien néerlandais *haven* « port ») **1.** vieux Petit port bien abrité. **2.** littér. Ce qui constitue un abri, un refuge sûr et calme. *Cette maison est un havre de paix.*

Havane (La)

La Havane, le Malecon, long boulevard en bordure de l'océan, au nord de la ville.

Havre (Le) Chef-lieu d'arrondissement de la Seine-Maritime, sur la rive droite de l'estuaire de la Seine. 165 830 habitants. Deuxième port français pour le volume des marchandises, il s'est spécialisé dans les conteneurs (1er rang) et les hydrocarbures. Il appartient à l'ensemble portuaire de l'axe Seine Haropa (Le Havre, Rouen, Paris). Industrie (métallurgie, automobile, aéronautique). Fondée en 1517 par François Ier, la ville, d'abord appelée le *Havre-de-Grâce,* fut transformée en port de guerre par Vauban et connut son plein essor au XIXe s. Largement détruite pendant la Seconde Guerre mondiale, elle a été rebâtie selon les plans d'Auguste Perret. Centre culturel (Le Volcan) par O. Niemeyer.

***havresac** [avʀəsak] **n. m.** (ancien allemand *habersach* « sac à avoine [*haber*] ») anciennt Sac que le fantassin portait sur le dos, et qui contenait son équipement.

hawaïen, enne [awajɛ̃, ɛn] **adj. et n.** (de *Hawaii*) Des îles Hawaii. – spécialt *Chemise hawaïenne* : chemisette à gros motifs floraux. – n. *Les Hawaïens.* ▪ géol. *Volcan hawaïen,* dont l'éruption est caractérisée par l'émission d'une lave très fluide, sans explosion.

Hawaii

Hawaii, un des nombreux volcans actifs en éruption.

Hawaii ou **Hawaï** Archipel du centre de l'océan Pacifique Nord, constituant un État des États-Unis. 16 600 km^2. 1 360 000 habitants. Capitale : Honolulu, dans l'île d'Oahu. Son économie est fondée sur la production de canne à sucre et d'ananas, et sur le tourisme. Bases militaires. Mémorial dans la baie de Pearl Harbor. Peuplé par les Polynésiens à partir du Ve s., l'archipel fut découvert en 1778 par Cook, qui l'appela « îles

Sandwich ». La population fut évangélisée par les missionnaires américains puis français (1827). Les luttes d'influence entre les États-Unis, la Grande-Bretagne et la France aboutirent à la proclamation de la république (1893) et à l'annexion par les États-Unis en 1898, dont il devint le 50e État en 1959.

Hawk (Tony) Skateur américain (né en 1968). Il a créé de nombreuses figures (le « 900 », rotation de deux tours et demi dans l'air) au skate et a contribué à médiatiser ce sport.

Hawkes (John) Écrivain américain (1925-1998). Maniant un humour macabre, il décrit dans ses romans un univers cauchemardesque. *Le Cannibale ; Les Oranges de sang.*

Hawking (Stephen) Physicien britannique (1942-2018). Il travailla sur la théorie de la relativité générale, notamment dans ses applications à la cosmologie et à l'origine de l'univers. Il élabora, en 1974, la théorie des trous noirs. *Une brève histoire du temps.*

Hawkins ou **Hawkyns (sir John)** Amiral anglais (1532-1595). Il fut le premier Anglais à pratiquer la traite des Noirs entre l'Afrique et l'Amérique.

Hawkins (Coleman) Saxophoniste de jazz américain (1904-1969). Il promut le saxophone ténor dans le jazz classique et enregistra avec des musiciens tels que Django Reinhardt, Stéphane Grappelli, Dizzy Gillespie et Duke Ellington (*Star Dust ; Body and Soul ; 9:20 Special* avec Count Basie).

Hawks (Howard) Réalisateur américain (1896-1977). Il créa un type de héros remarquable par son courage et son sens de l'honneur qu'incarnèrent Humphrey Bogart ou Cary Grant. Il réalisa des films de guerre *(La Patrouille de l'aube)*, des westerns *(Rio Bravo)*, des policiers *(Scarface ; Le Grand Sommeil)* et des comédies *(L'Impossible Monsieur Bébé)*.

Haworth (sir Walter Norman) Chimiste britannique (1883-1950). Il découvrit la structure cyclique des sucres, établit la formule de l'acide ascorbique (vitamine C) et en réalisa la synthèse. Prix Nobel 1937.

Hawthorne (Nathaniel) Romancier américain (1804-1864). Mystique épris de légendes fantastiques, il connut le succès grâce à *La Lettre écarlate*, qui évoque, dans un style dépouillé, la nature humaine aux prises avec la culpabilité. *La Maison aux sept pignons ; Le Livre des merveilles.*

Hawtrey (sir Ralph Georg) Économiste britannique (1879-1975). Sa théorie purement monétaire des problèmes de fluctuations économiques influença Keynes.

Haxo (François Nicolas Benoît) Général et ingénieur français (1774-1838). Il réalisa de nombreux travaux de fortifications en France et à Constantinople et dirigea le siège d'Anvers (1832).

Hay (John Milton) Homme politique et écrivain américain (1838-1905). Éditorialiste du *New York Times*, secrétaire du président Lincoln de 1861 à 1865, il consacra à ce dernier une biographie. Il écrivit aussi des poèmes, dont *Pike County Ballads*, recueil de ballades argotiques représentatives du langage des tavernes.

Hayagrīva Divinité hindoue et bouddhique, forme de Vishnou à tête de cheval. Elle est vénérée au Japon sous le nom de Batō Kannon.

Hayange Commune de la Moselle, à l'O. de Thionville. 15 994 habitants. Sidérurgie.

Haydn (Joseph) Compositeur autrichien (1732-1809). Autodidacte génial, il entra en 1761 au service de la famille Esterhazy comme maître de chapelle et composa, pour son mécène Nicolas Ier, nombre d'opéras, de symphonies *(Les Adieux)*, de sonates, de concertos et de pièces de musique religieuse *(Stabat Mater)*. Son œuvre, apogée du classicisme dit « viennois », comprend notamment les *Sept Dernières Paroles du Christ*, les six symphonies dites *Parisiennes*. À la mort de Nicolas Ier en 1790, Haydn se rendit en Angleterre où, accueilli avec enthousiasme, il composa les douze symphonies dites *Londoniennes*. Rentré en Autriche, il reprit son poste de maître de chapelle auprès de Nicolas II Esterhazy, pour qui il composa les oratorios *La Création* et *Les Saisons*, des messes et les derniers quatuors à cordes.

Haydn (Michael) Compositeur autrichien (1737-1806), frère de Joseph Haydn. Il forma C. M. von Weber, Diabelli et Reicha, succéda à Mozart comme organiste de la cathédrale de Vienne et écrivit de nombreuses pièces de musique religieuse.

Haye (La) en néerlandais **Den Haag** Ville des Pays-Bas, chef-lieu de la Hollande-Méridionale, près de la mer du Nord. 553 400 habitants. Ville administrative et diplomatique (Cour internationale de justice et Tribunal pénal international). Résidence de la famille royale, elle abrite le siège du gouvernement. Palais comtal (1250), palais royaux du XVIIe s., « grande église » (XIVe-XVe s.), église des Vieux Catholiques (XVIIIe s.), Musée Mauritshuis (peinture hollandaise).

La Haye et la station balnéaire de Scheveningen.

Hayek (Friedrich August von) Économiste autrichien (1899-1992), naturalisé britannique. Néolibéral, il élabora la théorie du cycle des affaires, qui explique les crises économiques par l'insuffisance de l'épargne. Prix Nobel 1974.

Hayes (Rutherford Birchard) Homme d'État américain (1822-1893). Républicain, il fut président des États-Unis de 1877 à 1881.

Haykal (Muhammad Husayn) Écrivain égyptien (1888-1956). Il est l'auteur du premier grand roman de la littérature arabe moderne, *Zaynab.*

Haÿ-les-Roses (L') Chef-lieu d'arrondissement du Val-de-Marne. 31 647 habitants. Roseraie.

***hayon** [ajɔ̃] **n. m.** **(de *haie*)** Partie mobile articulée tenant lieu de porte à l'arrière d'un véhicule. – *Hayon élévateur* : élévateur situé à l'arrière d'un camion.

Hayworth (Margarita Cansino, dite Rita) Actrice américaine (1918-1987). Symbole du glamour hollywoodien, son célèbre « striptease des gants » dans *Gilda* la hissa au sommet de la célébrité.

Hazanavicius (Michel) Réalisateur français (né en 1967). C'est avec son acteur de prédilection, Jean Dujardin, qu'il tourna deux parodies des films d'espionnage dont *OSS 117* est le héros prétentieux et chauvin, puis le film muet *The Artist*, récompensé par cinq Oscars en 2012.

Hazara(s) **n. m. pl.** Peuple d'origine mongole établi dans les montagnes du centre de l'Afghanistan. De langue persane et de religion chiite, ils ont été assimilés par la force à l'État afghan à partir de la fin du XIXe siècle.

Hazard (Paul) Universitaire français (1878-1944). Il est l'auteur d'études sur l'histoire de la littérature et des idées, en particulier au XVIIIe s. *La Crise de la conscience européenne.*

Hazebrouck Commune du Nord, au S. de Dunkerque. 21 464 habitants. Musée. Nœud ferroviaire.

Hazlitt (William) Essayiste et critique britannique (1778-1830). Ses travaux critiques, notamment son *Shakespeare et les personnages de ses pièces*, inaugurent l'analyse psychologique du personnage de théâtre.

HCR voir **Haut Commissariat des Nations unies pour les réfugiés**

He Symbole chimique de l'hélium.

***hé** [e ; he] **interj.** Sert à interpeler, à appeler, à attirer l'attention. *Hé ! vous, là-bas.* → **hep.** – *Hé ! Hé !* (approbation, appréciation, ironie, moquerie selon le ton). *Hé là !* → **holà.**

Head (sir Henry) Neurophysiologiste britannique (1861-1940). Il étudia les perturbations des sensations (vision, douleur...) et donna son nom à certaines zones cutanées *(zones de Head)*.

Heaney (Seamus) Poète irlandais (1939-2013). Cinq recueils ont fait de lui le poète irlandais le plus populaire depuis Yeats. Il chante sa mère patrie dans *Death of a Naturalist*, explorant les mythes qui la constituent. Prix Nobel 1995.

Heard (île) Île australienne de l'océan Indien au S. des îles Kerguelen, culminant à 2 745 m. La glaciation y est considérable. Elle abrite une station scientifique.

Hearn (Lafcadio) Écrivain japonais d'origine britannique (1850-1904). Journaliste, traducteur (Gautier, Flaubert), il s'établit au Japon. Son œuvre, en partie fantastique, est inspirée du folklore japonais. *Kwaidan.*

Hearst (William Randolph) Magnat de la presse américaine (1863-1951). Propriétaire d'une chaîne d'une quarantaine de journaux et de magazines, il fut l'un des créateurs de la presse à sensation. Il a inspiré le *Citizen Kane* d'Orson Welles.

Heartfield (Helmut Herzfelde, dit John) Artiste allemand (1891-1968). Réalisateur de collages photographiques, il collabora à partir de 1930 à l'hebdomadaire communiste *Arbeiter Illustrierte Zeitung*, utilisant le photomontage comme un instrument de dénonciation. Émigré à Prague en 1933, il s'installa en RDA en 1950.

Heath (sir Edward) Homme politique britannique (1916-2005). Chef du Parti conservateur (1965-1975), il fut Premier ministre de 1970 à 1974 et fit entrer son pays dans la Communauté économique européenne (janvier 1973).

Heathrow Quartier de l'O. de Londres. Il accueille le principal aéroport de l'agglomération, le premier d'Europe par le trafic.

Hayworth (Rita)

Rita Hayworth dans *Gilda* de Charles Vidor (1946).

***heaume** n. m. (du francique *helm* « casque ») au Moyen Âge Casque enveloppant toute la tête et le visage du combattant.

Heaviside (Oliver) Mathématicien et physicien britannique (1850-1925). Il se consacra à l'étude de la propagation des ondes électromagnétiques dans l'atmosphère, prédisant l'existence des couches dites de *Kennelly-Heaviside* de la ionosphère, conductrices des ondes radio.

Hebbel (Friedrich) Auteur dramatique allemand (1813-1863). Il renouvela la tragédie bourgeoise et puisa la matière de son œuvre dans les mythes bibliques (*Judith*) ou germaniques (trilogie des *Nibelungen*).

hebdomadaire (du latin, du grec *hebdomos* « septième », de *hepta* « sept » → **hept[a]-**) **1.** adj. Qui s'effectue dans l'intervalle d'une semaine. *Temps de travail hebdomadaire.* – Qui se renouvelle chaque semaine. *Repos hebdomadaire.* **2.** n. m. *Un hebdomadaire* : publication qui paraît une fois par semaine. - abrév. fam. **hebdo.** *Des hebdos.* □ adv. **hebdomadairement**

Hébé Fille de Zeus et d'Héra dans la mythologie grecque, épouse d'Héraclès. Elle sert le nectar aux dieux et aide aux travaux domestiques.

Hebei ou **Ho-pei** n. m. Province du N. de la Chine, sur le golfe de Bohai. 187 700 km². 71 854 200 habitants. Capitale : Shijiazhuang. Nombreux monuments historiques. Agriculture (céréales, soja) et élevage. Importants gisements miniers (houille, fer, cuivre).

hébéphrénie n. f. (du grec *hêbê* « jeunesse » et *phrên* « esprit ») psych. Psychose considérée comme une forme de schizophrénie. □ adj. et n. **hébéphrénique**

héberge n. f. dr. Partie supérieure du bâtiment le moins élevé de deux bâtiments contigus.

héberger v. tr. < 3 > (du francique *heribergôn* « camper » → **auberge**, de *hari, heri* « armée » et *bergan* « abriter ») **1.** Loger (qqn) chez soi. *Peux-tu m'héberger pour la nuit ?* → **abriter, recevoir.** – passif *Être hébergé par un ami.* **2.** Accueillir, recevoir sur son sol. *Pays qui héberge des réfugiés.* **3.** inform. (serveur Internet) Assurer le stockage et la mise en ligne de (une page, un site web...). **4.** (lieu) Servir de logement à ; pouvoir abriter. ■ **hébergement** n. m. *Centre d'hébergement.*

hébergeur n. m. inform. Serveur Internet dont l'activité consiste à héberger (des pages web).

Hébert (Louis) Apothicaire français (1575-1627). Il s'installa au Québec, en étudia la flore et y introduisit des variétés de plantes européennes (pommier).

Hébert (Jacques René) Journaliste et homme politique français (1757-1794). Fondateur du *Père Duchesne* (1790) et chef du club des Cordeliers, il contribua à la chute des Girondins. Il orienta la Convention dans la voie de la Terreur et dénonça la modération des Indulgents (Danton, C. Desmoulins). Arrêté avec ses partisans, les Hébertistes, par Robespierre, il fut guillotiné.

Hébert (Georges) Éducateur français (1875-1957). Il promut une méthode naturelle d'éducation physique, appelée *méthode Hébert.*

Hébert (Anne) Romancière et poète canadienne (québécoise) (1916-2000). Ses poèmes et ses romans expriment avec discrétion l'angoisse d'exister. *Kamouraska ; Les Fous de Bassan.*

hébertisme n. m. (du n. de G. Hébert) Méthode d'éducation physique qui consiste en exercices (marche, saut, nage, etc.) effectués en plein air.

hébètement ou **hébétement** n. m. littér. État d'une personne hébétée. → **abrutissement, hébétude.**

hébreu

Parchemin hébreu : commentaire du Livre d'Habacuc, Ancien Testament (Iᵉʳ s. av. J.-C.), musée d'Israël, Jérusalem.

hébéter v. tr. < 6 > (du latin, de *hebes, hebetis* « émoussé ») Rendre obtus, stupide. ■ **hébété, ée** adj. Rendu stupide. → **abruti, ahuri.** *Air, regard hébété. Des yeux hébétés.*

hébétude n. f. (du bas latin → **hébéter**) littér. État d'une personne hébétée. → **abrutissement, stupeur.**

hébraïque adj. (du latin chrét., du grec → **hébreu**) Qui concerne la langue ou la civilisation des Hébreux. *La langue hébraïque* : l'hébreu.

hébraïsant, ante n. et adj. didact. Spécialiste de la langue hébraïque, des textes sacrés hébreux. - syn. **hébraïste.**

hébraïser v. < 1 > (du grec → **hébreu**) didact. **1.** v. intr. Se servir de tournures propres à la langue hébraïque. – Étudier l'hébreu, le parler. **2.** v. tr. Marquer d'un caractère propre à la civilisation hébraïque. – p. p. *Des populations hébraïsées.*

hébraïsme n. m. didact. Façon de parler, expression propre à la langue hébraïque.

hébreu (du latin chrét., du grec, de l'hébreu *ibrî*, plur. *ibray*, par l'araméen) **I. 1.** n. Membre du peuple sémitique dont la Bible retrace l'histoire. → **juif. 2.** n. m. Langue sémitique parlée autrefois par les Hébreux, et aujourd'hui par les Israéliens. – loc. fig. *C'est de l'hébreu*, c'est inintelligible. **II.** adj. m. Se dit du peuple, de la langue des Hébreux. *L'alphabet hébreu.* → **hébraïque.**

Hébreux Peuple sémitique du Proche-Orient ancien dont la Bible retrace l'histoire.

▶ Si le mot « hébreu », dans son emploi actuel, est souvent l'équivalent de « juif » et même parfois un quasi-synonyme (on dit ainsi l'« État hébreu » ou bien l'« État juif » pour l'État d'Israël), quand on parle des **Hébreux**, on désigne le peuple de l'Antiquité biblique.

Le mot latin *hebraei* désigne en effet le peuple juif à ses origines. Le terme viendrait du récit biblique où est cité le nom de l'ancêtre d'Abraham, Éber, arrière-petit-fils de Sem, fils de Noé (Genèse, X, 21-24). Dès l'Antiquité, d'autres appellations existaient pour désigner les Hébreux : fils d'Israël, Israélites et Juifs, ce dernier terme apparaissant après le retour de la captivité de Babylone.

La Bible raconte qu'Abraham l'Hébreu s'installe en Canaan après avoir quitté Ur, en Chaldée, une ville mésopotamienne très prospère au troisième millénaire avant notre ère. Ses descendants, les douze fils de Jacob, surnommé Israël, s'installent en Égypte. Victimes d'une oppression de plus en plus dure, ils quittent ce pays sous la direction de Moïse et, après avoir séjourné dans le désert au cours de ce que l'on appellera « l'Exode », reprennent possession de Canaan sous la conduite de Josué. Divisés en douze tribus, les Hébreux se répartissent le territoire qui devient un royaume avec Saül d'abord, puis David et Salomon qui le portent à son apogée. Le royaume est divisé en deux après la mort de Salomon : Israël conquis en 722 par les Assyriens, et Juda, dont la capitale est Jérusalem, conquis en 587 av. J.-C. par les Babyloniens. Le temple de Jérusalem est détruit, une partie du peuple hébreu reste sur ses terres, une autre partie s'exile à Babylone jusqu'à ce que le roi perse Cyrus s'empare de la ville vers 539. À partir de cette date et jusqu'au IIᵉ siècle de notre ère, « Juifs » est le terme employé par les auteurs pour désigner les Hébreux.

voir aussi **Bible, judaïsme, Israël**

Hébrides (îles) ou **Western Islands** Archipel britannique à l'O. de l'Écosse. 3 071 km². 26 500 habitants. On distingue les Inner Hebrides (de Skye à Mull) et les Outer Hebrides (de Lewis à Barra), séparées par le détroit de Minch. Élevage et pêche, artisanat (tweed) et whisky. Tourisme.

Hébrides (Nouvelles-) voir **Vanuatu**

Hébron en arabe **al-Khalil** Ville de Cisjordanie. 215 600 habitants. Les traditions juive, chrétienne et musulmane y situent le tombeau d'Abraham. La ville est sous autorité palestinienne depuis 1995.

Hécate Divinité de la mythologie grecque. Dotée d'un caractère maléfique, elle préside à la Magie et à la Divination.

Hébreux

H

Hécatée de Milet Historien et géographe grec (v. 540-v. 480 av. J.-C.). De ses voyages en Asie, en Égypte et autour de la Méditerranée, il tira une *Périégèse (Voyage autour de la terre)* dont il ne reste que quelques citations et une des premières cartes géographiques du monde alors connu. Il est l'un des précurseurs de l'histoire et de la géographie anciennes.

hécatombe **n. f.** **(du latin, du grec *hekatombê* « [sacrifice de] cent bœufs », de *hekaton* « cent » → hect[o]- et *bous* « bœuf »)** Massacre d'un grand nombre de personnes ou d'animaux. → **boucherie, carnage, tuerie.** – fig. *Quatre-vingts pour cent de recalés, quelle hécatombe !*

Hécatonchires **n. m. pl.** Trois fils d'Ouranos et de Gaïa dans la mythologie grecque, géants dotés de cent bras et de cinquante têtes. Ils aident les Olympiens à combattre les Titans.

Hecht (Ben) Scénariste et écrivain américain (1894-1964). Auteur de *Je hais les acteurs* et réalisateur de *Crime sans passion*, il est surtout connu en tant que scénariste *(Scarface ; Les Enchaînés ; L'Adieu aux armes)*.

H

Heckel (Erich) Peintre et graveur allemand (1883-1970). Il fut l'un des fondateurs du mouvement expressionniste *Die Brücke*.

hectare **n. m.** **(de *hect[o]-* et *are*)** Mesure de superficie équivalant à cent ares (symb. ha).

hectique **adj.** **(bas latin *hecticus*, du grec *hektikos* « habituel »)** méd. *Fièvre hectique* : fièvre des états septicémiques graves, caractérisée par de grandes oscillations de température, des frissons violents...

hecto **n. m.** voir **hectolitre**

hect(o)- Élément **(du grec *hekaton*)** qui signifie « cent » (ex. *hectogramme* **n. m.** « masse de cent grammes » ; *hectowatt* **n. m.**).

hectolitre **n. m.** Mesure de cent litres (symb. hl). - abrév. fam. **hecto.** *Mille hectos de vin.*

hectomètre **n. m.** Longueur de cent mètres (symb. hm). ■ **hectométrique adj.** *Bornes hectométriques.*

hectopascal **n. m.** météorol. Unité de mesure de pression valant cent pascals (symb. hPa). *L'hectopascal équivaut au millibar, ancienne unité. Mille hectopascals.*

Hector Héros de *L'Iliade*, fils de Priam et d'Hécube, époux d'Andromaque et père d'Astyanax. Chef de l'armée troyenne, il vainc les Grecs pendant la guerre de Troie et tue Patrocle avant d'être tué par Achille.

Le cadavre d'Hector traîné par Achille, lécythe funéraire (fin Ve s. av. J.-C.), musée du Louvre, Paris.

Hécube Personnage de *L'Iliade*, épouse de Priam, roi de Troie, et mère d'Hector, de Pâris et de Cassandre.

Heda (Willem Claeszoon) Peintre hollandais (1594-v. 1680), l'un des maîtres de la nature morte hollandaise. Ses compositions dépouillées sont d'une rigueur calculée et d'un raffinement discret. Sa virtuosité s'affirme particulièrement dans des œuvres presque monochromes. *Nature morte à la coupe d'or ; Nature morte au tabac.*

Hedāyat (Ṣādegh) Écrivain iranien (1903-1951). Il est considéré comme le plus grand écrivain de l'Iran moderne. *La Chouette aveugle.*

Hédé Commune de l'Ille-et-Vilaine. 2 283 habitants. Église en partie du XIIe s., vestiges d'un château du XIVe s. Écluses sur le canal d'Ille-et-Rance.

Hedjaz ou **Hijāz** **n. m.** Région montagneuse de l'Arabie saoudite qui longe la mer Rouge sur près de 1 000 km et culmine à 2 579 m. Le Hedjaz est peuplé de bédouins nomades, éleveurs de dromadaires. Exportation des dattes des oasis.

hédonisme **n. m.** **(du grec *hêdonê* « plaisir »)** philos. Doctrine qui prend pour principe de la morale la recherche du plaisir et l'évitement de la souffrance. □ **n. et adj. hédoniste**

▶ Il revient à l'école philosophique des cyrénaïques (IVe s. av. J.-C.) d'avoir professé la première l'**hédonisme**, en partant du constat que les êtres vivants cherchent le plaisir et fuient la douleur. Ils font de tous les plaisirs un bien, même de ceux qui sont engendrés par une action honteuse. Réduisant la réalité au présent, ils invitent à saisir le plaisir quand il s'offre. L'épicurisme, qui présente le plaisir comme « le commencement et la fin de la vie heureuse », est une forme d'hédonisme, même si la philosophie d'Épicure reste ascétique.

La Mettrie, Bentham (le fondateur de l'utilitarisme, qui développe la notion d'« arithmétique des plaisirs »), John Stuart Mill, Michel Onfray comptent parmi les penseurs modernes de l'hédonisme.

voir aussi **épicurisme**

Heerlen Ville des Pays-Bas (Limbourg). 86 800 habitants. Musée des thermes romains. Bassin houiller en reconversion.

Hefei ou **Ho-fei** Ville de Chine, capitale de la province du Anhui. 3 098 700 habitants. Céréales. Industrie (textile, mécanique).

Hegang Ville de Chine (Heilongjiang), près de la frontière russe. 600 000 habitants. Mines de charbon.

Hegel (Georg Wilhelm Friedrich) Philosophe allemand (1770-1831). Professeur à Iéna, Heidelberg puis Berlin, il s'enthousiasma pour la Révolution française et forma sa pensée au contact des bouleversements politiques de l'époque. Il approfondit et critiqua l'œuvre de Kant, Fichte et Schelling et se donna pour but de réconcilier l'histoire dans sa positivité et ses contradictions et la raison dans son exigence d'unité et d'universalité, et voulut résoudre l'opposition du réel et de la pensée. Son œuvre rend compte de tous les devenirs à travers la dialectique, envisagée comme passage par la négation et la différence afin de surmonter les contradictions. Elle englobe le « cercle total des sciences », l'histoire comme réalisation de la raison, la morale, le droit, l'esthétique. Hegel exerça une influence profonde sur l'histoire de la philosophie (Feuerbach, Stirner, Marx). *La Phénoménologie de l'esprit ; La Science de la logique ; Principes de la philosophie du droit.*

hégélianisme [egeljanism] **n. m.** **(de Hegel)** philos. Doctrine de Hegel.

hégémonie **n. f.** **(du grec, de *hêgemôn* « chef, guide », de *hêgeisthai* « marcher devant » d'où « diriger » ; *cf.* latin *dux*)** Suprématie d'un État, d'une nation sur d'autres. □ **adj. hégémonique**

hégémonisme **n. m.** didact. Tendance à imposer l'hégémonie (d'un État, d'un pouvoir).

Hégésias Philosophe grec de l'École cyrénaïque (fin IVe-début IIIe av. J.-C.). Surnommé le Pisithanate — « celui qui pousse à la mort » —, il soutenait que l'indifférence aux plaisirs et le suicide étaient, pour l'homme, les seuls remèdes à l'impossibilité du bonheur.

hégire **n. f.** **(de l'italien, de l'arabe *hiğra* « la fuite, le départ »)** Ère des musulmans (qui commence en l'an 622 de l'ère chrétienne, année où Mahomet dut se réfugier à Médine). *L'an deux cent de l'hégire.*

Heiankyō voir **Kyōto**

Heiberg (Johan Ludvig) Écrivain danois (1791-1860). Auteur de drames, de poèmes *(Une âme après la mort)* et de romans *(Les Nouveaux Époux)*, il devint le maître à penser de son époque.

Heidegger (Martin) Philosophe allemand (1889-1976). Disciple de Husserl, il lui succéda en 1928 à l'université de Fribourg-en-Brisgau. Son adhésion au pouvoir nazi lui valut de nombreuses critiques et il ne reprit son enseignement qu'en 1956. Il souhaita dans son œuvre renouveler la signification de l'ontologie fondamentale : son approche phénoménologique de la condition humaine (le *dasein* ou « être là ») engage une réflexion sur la finitude essentielle de l'être, critique la métaphysique traditionnelle dans une perspective athée et souhaite redonner à la parole son jaillissement poétique originel. *Être et temps ; Introduction à la métaphysique.*

Heidelberg Ville d'Allemagne (Bade-Wurtemberg), sur le Neckar. 142 890 habitants. Université fondée en 1386. Château des XIVe-XVIIe s. et maisons anciennes. La ville fut un haut lieu du romantisme allemand.

Heidelberg, la vieille ville vue du « chemin des philosophes ».

Heidenstam (Carl Gustaf Verner von) Écrivain suédois (1859-1940). Il est l'auteur de poésies *(Années de pèlerinage et de vagabondage ; Poésies)* exprimant la primauté de la révolte et du rêve sur la réalité, et de romans historiques *(Les Carolins ; L'Arbre des Folkungar)*. Prix Nobel 1916.

heiduque [ɛdyk] **n. m.** **(hongrois *hajduk* « fantassin »)** anciennt **1.** Fantassin de la milice hongroise. **2.** Domestique vêtu à la hongroise, en Europe. **3.** Patriote chrétien des Balkans. - var. ***haïdouc, *haïdouk** [ajduk].

Heifetz (Jascha) Violoniste américain d'origine lituanienne (1901-1987). D'une virtuosité éblouissante, il se consacra surtout au répertoire romantique et néoromantique.

Heilbronn Ville d'Allemagne (Bade-Wurtemberg), port sur le Neckar. 121 420 habitants. Industrie (mécanique, chimie).

Heilmann (Josué) Industriel et inventeur français (1796-1848). On lui doit de nombreuses inventions dans le domaine de l'industrie textile, comme la peigneuse rectiligne.

Heilongjiang ou **Hei-long-kiang** n. m. Province du N.-E. de la Chine, bordée par le fleuve du même nom (ou Amour). 454 000 km^2. 38 313 900 habitants. Capitale : Harbin. Agriculture. Exploitation forestière et minière (houille, fer, or, cuivre, pétrole). Région industrielle (sidérurgie, automobile).

Heilong jiang ou **Hei-long-kiang** voir **Amour**

Heim **(Roger)** Botaniste et mycologue français (1900-1979). Auteur d'importants travaux sur les champignons (classification, étude des champignons hallucinogènes utilisés par les Indiens du Mexique...), il fut un fervent protecteur de la nature.

***hein** [ɛ̃ ; hɛ̃] **interj.** **(du latin *hem* → hum)** fam. **1.** Pour faire répéter qqn, ou pour l'interrompre avec impatience. → **comment, pardon.** *Hein ? Qu'est-ce que tu dis ?* **2.** Renforce une phrase interrogative ou exclamative. *Tu viendras, hein ?* → **n'est-ce pas.**

Heine **(Heinrich)** Écrivain allemand (1797-1856). Patriote lyrique postromantique, il est l'auteur d'un recueil de poèmes, *Le Livre des chants,* contenant le poème de *La Lorelei,* et considéré comme un des chefs-d'œuvre de la littérature allemande. Prosateur original, témoin critique de son temps, il publia *Tableaux de voyage,* récits des voyages qu'il entreprit avant de s'installer à Paris, où il se posa en médiateur des cultures allemande et française. *De l'école romantique ; Romanzero.*

Heinemann **(Gustav)** Homme d'État allemand (1899-1976). Cofondateur de la CDU puis membre du SPD, il fut président de la République fédérale d'Allemagne de 1969 à 1974.

Heinesen **(William)** Écrivain, peintre et musicien danois (1900-1991). Il est l'auteur du roman *Musiciens perdus* et du recueil de nouvelles *La Lumière enchantée,* qui réfléchissent à la condition de l'homme moderne.

Heinkel **(Ernst)** Ingénieur allemand (1888-1958). Il dirigea d'importantes usines de construction aéronautique à Oranienburg (1936-1945) puis se reconvertit dans la construction de pièces pour automobiles.

Heinlein **(Robert Anson)** Romancier américain de science-fiction (1907-1988). Son roman *En terre étrangère* eut un grand retentissement auprès des pacifistes américains.

Heinrich von Veldeke Poète courtois allemand du XIIe s. Il est l'auteur d'un important poème, *L'Énéide,* inspiré de Virgile et du poème français *Le Roman d'Énéas.*

Heinse **(Johann Jacob Wilhelm)** Romancier allemand (1746-1803). Il est l'auteur d'*Ardinghello et les îles Fortunées,* roman sensuel et passionné qui influença les écrivains du Sturm und Drang.

Heinsius **(Anthonie)** Grand pensionnaire de Hollande (1641-1720). Il joua un rôle primordial dans la formation de la grande alliance de La Haye (1701) contre Louis XIV et dans la guerre de Succession d'Espagne.

Heisenberg **(Werner Karl)** Physicien allemand (1901-1976). L'un des fondateurs de la mécanique quantique, il a formulé les *inégalités* dites *de Heisenberg.* Prix Nobel 1932.

Heist-op-den-Berg Commune de Belgique (province d'Anvers). 42 950 habitants. Industrie.

Hekla n. m. Volcan en activité du sud de l'Islande. 1 491 m.

hélas [elas] **interj.** **(de *hé* et ancien français *las* « malheureux » → ²las)** Interjection de plainte, exprimant la douleur, le regret. *Va-t-il mieux ? Hélas ! non.* – loc. *Hélas, trois fois hélas !*

Helder (Le) Ville des Pays-Bas (Hollande-Septentrionale). 56 300 habitants. Anc. base de la marine royale auj. musée. Station balnéaire.

Helena Ville des États-Unis, capitale du Montana, dans les Rocheuses. 48 000 habitants.

Hélène Princesse légendaire de Sparte, célèbre pour sa beauté. Fille de Léda et de Zeus, épouse de Ménélas, elle donne naissance à Hermione. Son enlèvement par Pâris provoque la guerre de Troie.

Hélène **(sainte)** (morte v. 327). Elle était la mère de l'empereur Constantin. La légende lui attribue l'invention de la Sainte Croix, lors d'un pèlerinage en Terre sainte (326).

***héler** v. tr. **< 6 > (altération du moyen anglais *heilen* ; *cf.* anglais *to hail* « saluer »)** Appeler de loin. *Héler un taxi.*

Helffer **(Claude)** Pianiste et musicologue français (1922-2004). Élève de Robert Casadesus, il se consacra au répertoire contemporain.

Helgoland Île allemande de la mer du Nord, au large de l'estuaire de l'Elbe. 35 ha. Danoise, puis britannique, elle fut acquise par l'Allemagne (1890) et abrita une base navale (sous-marins) jusqu'en 1945.

Héli ou **Éli** Personnage biblique, juge et grand prêtre des Juifs (–XIe s.).

Héliades n. f. pl. Dans la mythologie grecque, filles d'Hélios et de la nymphe Clymène, au nombre de trois ou de cinq. Elles pleurent tant la mort de leur frère Phaéton que les dieux, émus, les métamorphosent en peupliers.

hélianthe n. m. **(du grec *hêlios* → héli[o]- et *anthos* « fleur », *cf.* chrysanthème)** Plante à grands capitules jaunes. *Hélianthe annuel.* → **tournesol.**

hélianthème n. m. **(du latin bot., du grec *hêlios* « soleil » et *anthemon* « fleur »)** bot. Plante herbacée dont les fleurs jaune d'or sont disposées en épi.

hélianthine n. f. **(→ hélianthe)** chim. Colorant azoïque qui tourne au jaune-orange en milieu basique et au rouge en milieu acide, utilisé comme réactif.

héliaque adj. **(du grec → héli[o]-)** astron. *Lever, coucher héliaque d'un astre :* lever ou coucher d'un astre peu avant le lever ou peu après le coucher du soleil.

Hélias **(Pierre Jakez)** Romancier français d'expression française et bretonne (1914-1995). Il est l'auteur du *Cheval d'orgueil,* roman autobiographique considéré comme un classique de l'ethnographie régionale.

hélice n. f. **(du latin, du grec *helix* → hélix ; même famille que le latin *voluere* → évoluer)** **1.** math. Courbe engendrée par une droite oblique s'enroulant sur un cylindre. *L'hélice est une courbe dans l'espace, la spirale* est dans un plan.* ■ *Escalier en hélice.* → (abusivt) **en spirale.** **2.** Appareil de propulsion, de traction ou de sustentation, constitué de plusieurs pales solidaires d'un arbre.

héliciculteur, trice n. **(de *hélix* [2])** didact. Personne qui pratique l'élevage des escargots.

héliciculture n. f. **(de *hélix* [2])** didact. Élevage des escargots destinés à l'alimentation.

hélicoïdal, ale, aux adj. En forme d'hélice (1). – *Mouvement hélicoïdal.*

Hekla

Mont Hekla, le cratère du volcan.

hélicoïde adj. et n. m. **(du grec)** géom. En forme d'hélice. *Une parabole hélicoïde.* – n. m. math. *Un hélicoïde :* surface engendrée par le mouvement hélicoïdal d'une droite autour d'un axe. *Une vis est un hélicoïde.*

hélicon n. m. **(du grec tardif, de *helix* → hélice)** Tuba contrebasse que sa forme circulaire permet de porter autour du corps en le faisant reposer sur une épaule.

hélicoptère n. m. **(du grec *helix, helikos* → hélice, + *-ptère*)** Aéronef muni d'une ou de plusieurs hélices horizontales, et qui décolle à la verticale. - abrév. fam. **hélico.**

Héliée n. f. Grand tribunal populaire d'Athènes, dans l'Antiquité, qui siégeait à ciel ouvert. Créée par Solon (v. –594), l'héliée comprenait au Ve s. av. J.-C. 6 000 membres tirés au sort annuellement.

héligare n. f. **(de *héli[coptère]* et *gare*)** Gare pour les passagers des hélicoptères.

Hélikon n. m. Mont de Grèce, en Béotie. 1 748 m. C'est dans la mythologie grecque un des séjours favoris des Muses.

Hélinand de Froidmont Moine et trouvère picard (v. 1160-v. 1230). Il est l'auteur du poème didactique *Les Vers de la mort,* méditation sur l'égalité devant la mort et la nécessité du salut.

héli(o)-, -hélie Éléments **(du grec *hêlios*)** qui signifient « soleil ».

héliocentrique adj. astron. Qui est mesuré, considéré avec le Soleil pour centre (opposé à *géocentrique*). *La théorie héliocentrique de Copernic.* □ n. m. **héliocentrisme**

Héliodore (mort en 175 av. J.-C.). Ministre du roi de Syrie Séleucos IV, il tenta sans succès de s'emparer des trésors du temple de Jérusalem. Il empoisonna Séleucos et usurpa le pouvoir.

Héliodore Romancier grec (IIIe ou IVe s.). Ses *Éthiopiques ou Théagène et Chariclée* furent très populaires jusqu'à la Renaissance.

Héliogabale voir **Élagabal**

héliographe n. m. météorol. Appareil enregistrant le nombre d'heures d'ensoleillement.

héliographie n. f. **1.** astron. Description du Soleil. **2.** Procédé photographique de gravure. → **photogravure.**

héliograveur, euse n. techn. Personne qui fait de l'héliogravure.

héliogravure n. f. Procédé de photogravure en creux. – Gravure obtenue par ce procédé.

héliomarin, ine adj. méd. Qui utilise l'action simultanée des rayons solaires et de l'air marin.

héliomètre n. m. astron. Lunette servant à mesurer le diamètre apparent des corps célestes (Soleil, Lune, planètes).

hélion n. m. **(→ hélium)** phys. Noyau d'hélium, particule du rayonnement alpha.

Hélion **(Jean)** Peintre français (1904-1987). D'abord abstraite, son œuvre revint à la figuration après la Seconde Guerre mondiale *(À rebours).* Il influença les peintres Arroyo et Aillaud.

Héliopolis Ancienne ville d'Égypte, à l'extrémité S. du delta du Nil. Centre du culte solaire d'Atoum, puis de Rê, Hélios ou Apollon, elle joua un rôle religieux prépondérant. Son collège de prêtres et son école de philosophie étaient renommés.

Héliopolis voir **Baalbek**

Hélios Divinité personnifiant le Soleil dans la mythologie grecque. Il traverse le ciel sur son char, précédé d'Éos (l'Aurore) et suivi de Séléné (la Lune). Il est le père de Phaéton, des Héliades, de Circé et de Pasiphaé.

héliosphère n. f. astron. Formation gazeuse due à la progression du vent solaire vers le milieu interstellaire, et correspon-

Helsinki

Helsinki, ville entourée d'eau, sur le golfe de Finlande.

dant à la zone d'influence du Soleil, limitée par l'*héliopause* **n. f.** → **magnétosphère.**

héliostat **n. m.** (→ **héli[o]-** et **-stat**) phys. Instrument d'optique formé d'un miroir plan mû par un mécanisme d'horlogerie qui assure, malgré le mouvement apparent du Soleil, la projection en un point fixe des rayons solaires réfléchis.

héliosynchrone **adj.** (→ **synchrone**) astron. *Orbite héliosynchrone* : orbite d'un satellite artificiel de la Terre dont le plan fait un angle constant avec la direction Terre-Soleil. – par ext. *Satellite héliosynchrone*, décrivant une orbite héliosynchrone.

héliothérapie **n. f.** (→ **-thérapie**) Traitement médical par la lumière et la chaleur solaires (bains de soleil).

héliotrope **n. m.** (**du latin, du grec « qui se tourne** ***[trepein]*** **vers le soleil »**) Plante à fleurs odorantes, des régions chaudes et tempérées.

héliotropine **n. f.** chim. Composé aromatique, à base d'essence de sassafras et au parfum analogue à celui de l'héliotrope. → **pipéronal.**

héliotropisme **n. m.** **1.** biol. Propriété des végétaux et des animaux inférieurs fixés de se tourner vers la lumière solaire *(héliotropisme positif)* ou de s'en détourner *(héliotropisme négatif)*. → **phototropisme.** **2.** didact. Déplacement de certaines populations vers des régions plus ensoleillées.

héliport **n. m.** (**anglais** ***heliport***) Aéroport pour hélicoptères.

héliporté, ée **adj.** Transporté par hélicoptère. □ **n. m. héliportage**

hélistation **n. f.** (**de** ***héli[coptère]*** **et** ***station***) Aérodrome pour hélicoptères, plus sommairement aménagé que l'héliport.

hélitreuiller **v. tr.** < 1 > (→ **treuiller**) Remorquer, hisser (qqn) dans un hélicoptère au moyen d'un treuil. □ **n. m. hélitreuillage**

hélium [eljɔm] **n. m.** (**du grec** ***hêlios*** → **héli[o]-**) Élément chimique (symb. He, n° at. 2, masse at. 4), gaz rare le plus léger, ininflammable, découvert dans l'atmosphère solaire. *Ballon gonflé à l'hélium.*

hélix [eliks] **n. m.** (**grec** ***helix*** **« spirale »** → **hélice**) **1.** Ourlet du pavillon de l'oreille. **2.** Nom scientifique de l'escargot (→ **héliciculture**).

Hellade **n. f.** Partie de la Grèce antique (S. de la Thessalie), par opposition au Péloponnèse. Ce nom désigna ensuite la Grèce dans son entier.

hellébore voir **ellébore**

Hellen Fils de Deucalion et de Pyrrha, dans la mythologie grecque. Il donna son nom aux Hellènes.

hellène **adj. et n.** (**du latin, du grec** ***Hellên, Hellênos***, **désignation des Grecs par eux-mêmes**) De la Grèce ancienne *(Hellade)* ou moderne. → **grec.** – **n.** *Les Hellènes.*

hellénique **adj.** (**grec** ***hellênikos*** → **hellène**) De la Grèce. → **grec.** *Civilisation hellénique.*

helléniser **v. tr.** < 1 > (**du grec « parler grec »** → **hellène**) Donner un caractère grec à. → **gréciser.** □ **n. f. hellénisation**

hellénisme **n. m.** (**grec** ***hellênismos*** → **hellène**) **1.** Construction ou emploi propre à la langue grecque. **2.** Civilisation grecque (dans son ensemble).

helléniste **n.** (**grec** ***hellênistês*** → **hellène**) Personne qui s'occupe de philologie, de littérature grecques.

hellénistique **adj.** (**de** ***helléniste***) De la civilisation de langue grecque, après la mort d'Alexandre et jusqu'à la conquête romaine.

Hellens (**Frédéric Van Ermengem, dit Franz**) Écrivain belge d'expression française (1881-1972). Son œuvre, nourrie de surnaturel, accorde une place majeure au fantastique et au rêve. *Réalités fantastiques ; La Vie seconde.*

Heller (**Joseph**) Romancier et publicitaire américain (1923-1999). Il est l'auteur du roman à succès *Catch-22*, satire de la guerre et de l'armée.

Hellespont Ancien nom du détroit des Dardanelles, dont les rivages furent colonisés par les Grecs dès le VIIe s. av. J.-C.

Helleu (**Paul César**) Peintre, dessinateur et graveur français (1859-1927). Ses portraits gravés obtinrent un succès considérable et ses portraits féminins sont représentatifs de la Belle Époque.

***hello** **interj.** (**mot anglais** → **allo**) anglic. Interjection pour appeler qqn en le saluant.

Helmand **n. m.** Rivière d'Afghanistan qui se jette dans le lac central du Sistan. 1 188 km. Importants aménagements hydro-agricoles.

Helmholtz (**Hermann Ludwig Ferdinand von**) Physicien et physiologiste allemand (1821-1894). Savant universel, il fut l'un des fondateurs de la thermodynamique. Il s'intéressa à l'optique, à l'acoustique (découverte des harmoniques), à la propagation de l'influx nerveux. On lui doit la formulation du principe de conservation de l'énergie et la notion d'énergie potentielle.

helminthe **n. m.** (**grec** ***helmins, helminthos*** **« ténia »**) Ver parasite de l'homme et de certains mammifères.

helminthiase **n. f.** méd. Parasitose causée par les helminthes.

helminthique **adj.** Qui se rapporte aux vers parasites. ■ Employé contre les helminthes. – **n. m.** *Un helminthique.*

helminthologie **n. f.** zool. Étude des vers.

Helmond Ville des Pays-Bas (Brabant-Septentrional). 93 400 habitants. Château du XIIIe siècle.

Helmont voir **Van Helmont**

hélodée voir **élodée**

Héloïse (1101-1164). Elle eut Abélard pour précepteur, en eut un fils et l'épousa en secret. Devenue abbesse du Paraclet, elle échangea avec lui une correspondance remarquable.

Hélouan en arabe **Ḥulwān** Ville de Basse-Égypte, au sud du Caire. 522 930 habitants. Station thermale. Industrie (sidérurgie, textile, pharmaceutique, armement).

Helsingborg Ville de Suède, à l'extrémité S. du pays. 150 000 habitants. Vestiges d'une citadelle, église gothique, musées. Port sur le Sund.

Helsingør voir **Elseneur**

Helsinki Capitale de la Finlande, sur une presqu'île du golfe de Finlande. 658 400 habitants. Surnommée la « ville blanche du Nord », elle est le principal port et centre industriel du pays (métallurgie, chimie, agroalimentaire, imprimerie). Urbanisme moderne dans les faubourgs (Tapiola), monuments de style classique, constructions des XIXe (gare) et XXe s. (stade olympique). Musées. Aéroport. Fondée en 1550 par Gustave Ier de Suède, la ville devint en 1812 la capitale du grand-duché (russe) de Finlande, puis celle de la Finlande indépendante (1918).

helvelle **n. f.** (**latin** ***helvella*** **« petit chou »**) bot. Champignon (ascomycète) comestible, dont le chapeau est formé de lobes accolés.

helvète **adj. et n.** hist. De l'Helvétie. → **suisse.**

Helvètes **n. m. pl.** Peuple celte établi en Allemagne du S. à la fin du IIe s. av. J.-C. Au Ier s. av. J.-C., ils occupaient la majeure partie de l'actuelle Suisse occidentale.

Helvétie **n. f.** Partie orientale de la Gaule, correspondant à la Suisse actuelle.

helvétique **adj.** (**du latin, de** ***Helveti***, **n. latin des tribus celtes de Suisse**) Relatif à la Suisse. → **suisse.** *La Confédération helvétique.*

helvétisme **n. m.** ling. Mot, tournure propre au français de la Suisse romande.

Helvétius (**Claude Adrien**) Philosophe français (1715-1771). Collaborateur de l'*Encyclopédie*, il se fit le défenseur d'une philosophie matérialiste, sensualiste et athée. *De l'esprit.*

***hem** voir **hum**

Hem Commune du Nord, dans la banlieue S. de Roubaix. 18 462 habitants. Chapelle dont les murs-vitraux sont dus à Manessier.

héma-, hémat(o)-, hémo- Éléments (**du grec** ***haima, haimatos*** → **-émie**) qui signifient « sang ». → **-émie.**

hémarthrose **n. f.** (→ **arthrose**) méd. Épanchement du sang dans une articulation.

hématémèse **n. f.** (**de** ***hémat-*** **et du grec** ***emesis*** **« vomissement »**) méd. Vomissement de sang, provenant du tube digestif (surtout de l'estomac).

hématie [emasi] **n. f.** (**du grec** ***haima*** **« sang »** → **héma-**) Globule rouge du sang.

hématique **adj.** (**du grec** → **héma-**) méd. D'origine sanguine. *Kyste hématique.*

hématite **n. f.** (**du latin, du grec** → **héma-**) Minerai de fer de couleur rougeâtre ou brune. *Hématite rouge* : oxyde naturel de fer. → **oligiste.**

hémat(o)- voir **héma-**

hématocrite **n. m.** (**de** ***hémato-*** **et du grec** ***kritês*** **« juge, arbitre »**) biol. Rapport du volume des hématies au volume sanguin.

hématologie **n. f.** didact. Étude du sang et de ses maladies. □ **adj. hématologique**

hématologue **n.** Spécialiste de l'hématologie. - var. **hématologiste.**

hématome **n. m.** Accumulation de sang dans un tissu (surtout tissu cutané), due à des lésions vasculaires. → **bleu, ecchymose.**

hématopoïèse n. f. (du grec *haimatôpoiein* « changer en sang », de *poiein* « faire ») physiol. Formation des cellules sanguines. → **érythropoïèse.**

hématopoïétique adj. physiol. *Organes hématopoïétiques*, où se forment les cellules sanguines (moelle osseuse, etc.).

hématose n. f. (du grec → héma-) physiol. Échanges gazeux (passage de l'oxygène dans le sang et rejet par celui-ci du gaz carbonique) qui se produisent dans le poumon au cours de la respiration.

hématozoaire n. m. (de *hémato-* + *-zoaire*) zool. Parasite (protozoaire) vivant dans le sang.

hématurie n. f. (de *hémat[o]-* et *-urie*) méd. Présence anormale de sang dans l'urine.

Hemel Hempstead Ville d'Angleterre (Hertfordshire), au N.-O. de Londres. 94 930 habitants. Son plan d'urbanisme (1948) servit de modèle aux villes nouvelles britanniques.

héméralopie n. f. (du grec *hêmera* « jour » et *ops* « œil », d'après *nyctalopie*) pathol. Diminution considérable de la vision lorsque l'éclairage est faible. □ adj. et n. **héméralope**

hémérocalle n. f. (du latin, du grec « belle d'un jour *[hêmera]* ») bot. Plante (liliacée), appelée aussi *belle-d'un-jour*, dont les fleurs très décoratives ne durent chacune qu'un jour.

hémi- Élément (du grec *hêmi*) qui signifie « demi ».

hémicrânie n. f. méd. Douleur localisée à une moitié du crâne ; spécialt Migraine. → **céphalée.**

hémicycle n. m. (du latin, emprunt au grec) **1.** Espace, construction en demi-cercle. *L'hémicycle d'un théâtre.* **2.** Rangées de gradins disposées en demi-cercle. *L'hémicycle de l'Assemblée nationale* (ou absolt *l'hémicycle*).

hémicylindrique adj. didact. Qui a la forme d'un demi-cylindre.

Hemiksem Commune de Belgique (province d'Anvers), sur l'Escaut. 11 634 habitants. Vestiges de l'abbaye Saint-Bernard (1235). Métallurgie.

hématie

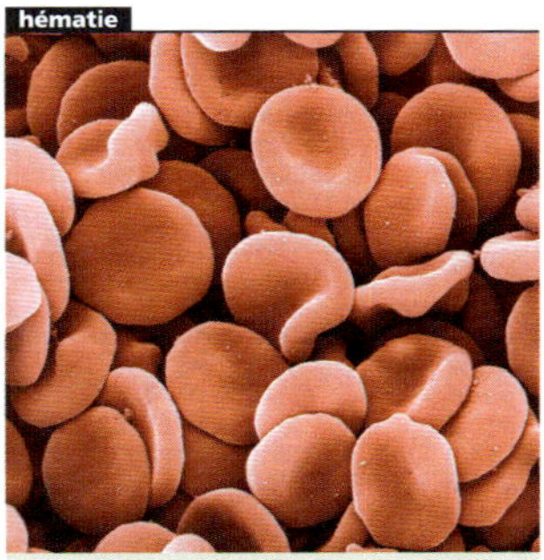

Vue microscopique d'hématies, qui se présentent comme des disques d'environ 7,2 microns de diamètre.

hémine n. f. (du grec *haima* « sang ») méd. Substance cristallisée obtenue par un procédé spécial à partir de l'hémoglobine. *L'hémine permet de déceler la présence de sang dans des taches suspectes* (en médecine légale).

Hemingway (Ernest Miller) Écrivain américain (1899-1961). Romancier, nouvelliste, poète, il mêla dans ses récits, inspirés par son expérience de journaliste, les thèmes du désenchantement et de la glorification de la force morale de l'homme. Il fut le romancier de la mort, « la seule certitude », et du thème de la victoire dans la défaite. *Le soleil se lève aussi ; L'Adieu aux armes ; Pour qui sonne le glas ; Le Vieil Homme et la Mer ; Paris est une fête.* Il se suicida. Prix Nobel 1954.

Ernest Hemingway en 1957, par Yousuf Karsh.

hémione n. m. (grec *hemionos* « demi-âne », de *onos* « âne », *cf.* onagre) zool. Équidé d'Asie occidentale, proche du cheval.

hémiplégie n. f. (grec *hêmiplêx* « à moitié frappé », de *plettein* « frapper ») Paralysie frappant une moitié du corps.

hémiplégique adj. Qui a rapport à l'hémiplégie. ▪ Atteint d'hémiplégie. – n. *Un, une hémiplégique.*

hémiptère n. m. (de *hémi-* + *-ptère*) Insecte suceur, aux ailes antérieures courtes (ordre des *Hémiptères* ; ex. pucerons, cigales, punaises). – adj. *Insecte hémiptère.*

hémisphère n. m. (latin, du grec, de *sphaira* → sphère) **1.** Moitié d'une sphère. **2.** Moitié du globe terrestre (surtout, moitié limitée par l'équateur). *L'hémisphère Nord* ou *boréal, Sud* ou *austral.* **3.** *Hémisphères cérébraux* : les deux moitiés latérales du cerveau (syn. **cerveau droit, gauche**).

hémisphérique adj. (du latin médiéval → hémisphère) Qui a la forme d'un hémisphère.

hémistiche n. m. (du bas latin, du grec, de *stikhos* « rangée, ligne ») Moitié d'un vers, marquée par une césure. – Cette césure.

hémo- voir héma-

hémochromatose n. f. (→ hémo-, chromat- et ²-ose) pathol. Maladie due à la surcharge de fer de divers tissus et organes, entraînant des lésions dégénératives.

hémocompatible adj. méd. Dont le groupe sanguin est compatible avec un autre groupe.

hémoculture n. f. (→ héma-) didact. Ensemencement d'un milieu de culture avec du sang pour y rechercher les microbes.

hémocyanine n. f. (de *hémo-* et du grec *kuanos* « bleu ») biochim. Protéide contenant du cuivre, pigment respiratoire du sang des crustacés et des mollusques.

hémodialyse n. f. méd. Épuration du sang dérivé hors de l'organisme et restitué au patient après l'élimination des toxiques. → **rein** artificiel.

hémodynamique **1.** adj. didact. (physiol., méd.) Qui se rapporte aux conditions mécaniques de la circulation du sang (pression, débit, etc.). **2.** n. f. Étude de la circulation sanguine normale et pathologique.

hémoglobine n. f. (de *globuline* → globule) **1.** Protéine contenue dans les hématies, qui donne au sang sa couleur rouge. **2.** fam. Sang.

hémoglobinopathie n. f. (→ -pathie) méd. Maladie (drépanocytose...) due à une anomalie héréditaire de la structure de l'hémoglobine.

hémogramme n. m. (de *hémo-* + *-gramme*) méd. Résultat de l'étude quantitative et qualitative des globules du sang.

hémolymphe n. f. (→ lymphe) biol. Fluide jouant le rôle du sang chez les invertébrés.

hémolyse n. f. (de *hémo-* + *-lyse*) méd. Destruction des hématies*. □ adj. **hémolytique**

hémolysine n. f. biol. Substance capable de détruire les hématies (toxines bactériennes, venins, anticorps).

Hémon (Louis) Romancier français (1880-1913). Il est l'auteur de *Maria Chapdelaine : récit du Canada français,* qui a connu un succès universel.

hémopathie n. f. méd. Maladie du sang. → **anémie, leucémie.**

hémophile adj. Atteint d'hémophilie. – n. *Un hémophile.*

hémophilie n. f. (de *hémo-* + *-philie*) Maladie héréditaire qui se traduit par une incapacité du sang à coaguler.

hémoptysie n. f. (du bas latin, du grec, de *ptuein* « cracher ») méd. Crachement de sang provenant des voies respiratoires. □ adj. et n. **hémoptysique**

hémorragie n. f. (du latin, du grec *haimorrhagia* → hémo- et -rragie) **1.** Fuite de sang hors d'un vaisseau sanguin. → **saignement.** *Hémorragie interne ; sous-cutanée* (→ **hématome**). *Hémorragie cérébrale.* → **apoplexie. 2.** fig. Perte de vies humaines. *L'hémorragie causée par une guerre.* – Perte, fuite. *L'hémorragie des capitaux.* □ adj. **hémorragique**

hémorroïde n. f. (du latin, du grec → hémo- et *rhein* « couler ») surtout au plur. Varice qui se forme à l'anus et au rectum. □ adj. et n. **hémorroïdaire** □ adj. **hémorroïdal, ale, aux**

hémostase n. f. (du grec, de *haima* → héma- et *stasis* « arrêt ») méd. Arrêt d'une hémorragie.

hémostatique adj. (du grec → hémostase) Propre à arrêter les hémorragies. *Pinces hémostatiques.* – n. m. *L'amadou est un hémostatique.*

hémovigilance n. f. didact. Surveillance destinée à assurer la qualité et la sécurité des transfusions sanguines.

Henan ou **Ho-nan** n. m. Province de la Chine. 167 000 km². 94 060 000 habitants. Capitale : Zhengzhou. Berceau de la civilisation chinoise, la région abrite de nombreux monuments historiques (monastère de Shaolin). Aménagements hydrauliques sur le fleuve Huang he.

Henares n. m. Rivière d'Espagne (150 km), affluent de la Jarama, arrosant la Castilla-La Mancha.

Hench (Philip Showalter) Médecin américain (1896-1965). Il découvrit les effets thérapeutiques de la cortisone. Prix Nobel 1950.

Hendaye Commune des Pyrénées-Atlantiques, à la frontière espagnole. 17 621 habitants. Port de pêche. Station balnéaire.

hendéca- [ɛ̃deka] Élément (du grec *hendeka*) qui signifie « onze » (ex. *hendécagone* n. m. « polygone qui a onze angles et onze côtés »).

hendécasyllabe n. m. didact. Vers de onze syllabes. – adj. *Un vers hendécasyllabe.*

Henderson (Fletcher) Pianiste, chef d'orchestre, arrangeur et compositeur américain (1898-1952). Premier chef d'orchestre noir à atteindre la notoriété, en 1924, il dirigea les plus grands jazzmen (notamment Louis Armstrong) et écrivit de nombreux arrangements.

hendiadys [ɛ̃djadis] n. m. (du grec *hen dia duoin* « une chose au moyen de deux [mots] ») didact. Figure de rhétorique qui consiste à dissocier une expression unique (nom et adjectif ou nom et complément) en deux noms coordonnés. Ex. *« Penché sur l'onde et sur l'immensité »* (Hugo). - syn. **hendiadyin** [ɛ̃djadin].

Hendon Quartier de Londres, dans le faubourg de Barnet. Son aéroport fut une importante base de la Royal Air Force pendant la Seconde Guerre mondiale (auj. musée de la RAF).

Hendricks (Barbara) Soprano américaine naturalisée suédoise (née en 1948). Elle mène une brillante carrière de soliste sur les plus grandes scènes d'opéra et comme interprète de lieder.

Barbara Hendricks en 1992.

Hendrix (James Marshall, dit Jimi) Guitariste, chanteur et compositeur de musique pop (1942-1970). Guitariste virtuose et doué d'un sens du spectacle étonnant, il imposa pendant les trois ans de sa courte carrière un style qui fit école dans la musique pop, sans pour autant renoncer au blues. *Hey Joe.*

H

Hengelo Ville des Pays-Bas (Overijssel). 81 430 habitants. Métallurgie. Électronique. Chimie. Gisements de sel.

Hengyang ou **Heng-yang** Ville de Chine. 1 115 600 habitants. Métaux non ferreux. Kaolin. Céréales.

Henie (Sonja) Patineuse norvégienne (1912-1969). Championne du monde à 15 ans, elle gagna tous les grands concours jusqu'en 1937.

Henin (Justine) Joueuse de tennis belge (née en 1982). Championne olympique en 2004, elle remporta 7 tournois du Grand Chelem entre 2003 et 2007.

Hénin-Beaumont Commune du Pas-de-Calais, à l'E. de Lens. 25 886 habitants. Ancien centre houiller.

Henlein (Konrad) Homme politique allemand (1898-1945). Chef du Parti allemand des Sudètes en Tchécoslovaquie, il facilita leur rattachement au Reich en 1938. Capturé par les Alliés en 1945, il se suicida.

Henley-on-Thames Ville d'Angleterre (Oxfordshire), sur la Tamise. 12 000 habitants. Régates.

***henné** n. m. (de l'arabe, par le latin médiéval) Poudre jaune ou rouge d'origine végétale utilisée pour teindre les cheveux, les lèvres, etc. *Shampoing au henné.*

Hennebique (François) Ingénieur français (1842-1921). On lui doit la construction du premier immeuble parisien en béton armé (1892).

Hennebont Commune du Morbihan, au N. de Lorient. 15 873 habitants. Cité médiévale (remparts, maisons).

Henner (Jean-Jacques) Peintre français (1829-1905). Il acquit une réputation immense auprès de la clientèle bourgeoise européenne grâce à ses nus féminins sur fond de paysage estompé. *La Chaste Suzanne.*

Hennig (Willi) Entomologiste allemand (1913-1976). Il est le fondateur du cladisme, méthode nouvelle de classification des êtres vivants fondée sur la phylogenèse et les relations de parenté évolutive.

***hennin** n. m. (probablt du néerlandais) anciennt Coiffure féminine du Moyen Âge, bonnet conique très haut et rigide.

***hennir** v. intr. <2> (latin *hinnire*, onomatopée) (cheval) Pousser un hennissement. ■ Faire entendre un bruit rappelant le cri du cheval.

***hennissant, ante** adj. Qui hennit.

***hennissement** n. m. Cri spécifique du cheval. ■ Bruit évoquant ce cri.

Hénoch ou **Énoch** Patriarche biblique, père de Mathusalem. Selon le récit biblique, il « aurait marché avec Dieu » et aurait été enlevé par Lui. Dans le Coran et dans la tradition musulmane, il est désigné du nom d'Idris.

Henri

ROIS ET EMPEREURS GERMANIQUES

■ **Henri Ier l'Oiseleur** (v. 875-936) Roi de Germanie (919-936). Il fonda la dynastie saxonne, rattacha la Lotharingie à l'Allemagne (925) et lutta avec succès contre les Slaves et les Hongrois.

■ **Henri II le Saint** (973-1024) Roi de Germanie (1002-1024) et empereur germanique (1014-1024). Il protégea l'Église et fut canonisé en 1146.

■ **Henri III le Noir** (1017-1056) Roi de Germanie (1039-1056) et empereur germanique (1046-1056). Il soumit les Slaves, les Polonais et les Hongrois. Il mit la papauté en tutelle, déposant Grégoire VI et faisant élire des papes allemands (Clément II, Damase II et Léon IX).

■ **Henri IV** (1050-1106) Roi de Germanie (1056-1106) et empereur germanique (1084-1106). Fils d'Henri III, il fut engagé dans la querelle des Investitures (1076) et excommunié après avoir fait déposer le pape Grégoire VII par le concile de Worms. En proie à des difficultés intérieures, il fut contraint d'implorer le pardon de ce dernier (Canossa, 1077). Après la levée de son excommunication, il triompha des féodaux révoltés, puis rompit de nouveau avec Grégoire VII et fit élire l'antipape Clément III. Il s'empara de Rome (1084), s'y fit couronner empereur mais fut déposé par son fils Henri V.

■ **Henri V** (1081-1125) Roi de Germanie (1106-1125) et empereur germanique (1111-1125). Fils d'Henri IV, il déposa son père pour s'emparer du pouvoir. Il dut s'entendre avec le pape Calixte II et signer le concordat de Worms (1122) qui mit fin à la querelle des Investitures.

■ **Henri VI** (1165-1197) Roi de Germanie (1190-1197) et empereur germanique (1191-1197). Fils de Frédéric Ier Barberousse, il devint roi de Sicile (1194) et garda prisonnier Richard Cœur de Lion à son retour de croisade.

■ **Henri VII de Luxembourg** (v. 1275-1313) Empereur germanique (1308-1313). Il inféoda le royaume de Bohême à son fils Jean Ier de Luxembourg (1310).

ANGLETERRE

■ **Henri Ier Beauclerc** (1068-1135) Roi d'Angleterre (1100-1135). Fils de Guillaume le Conquérant, il usurpa le trône de son frère Robert II Courteheuse à qui il enleva aussi la Normandie (1106).

■ **Henri II** (1133-1189) Roi d'Angleterre (1154-1189), duc de Normandie (1150), comte d'Anjou (1151) et duc d'Aquitaine par son mariage avec Aliénor (1152). Il accrut l'autorité monarchique, réorganisa l'administration et restreignit les droits de l'Église, ce qui provoqua l'opposition de Thomas Becket qu'il fit assassiner. Ses fils se révoltèrent contre lui, soutenus par Philippe Auguste à partir de 1183.

■ **Henri III** (1207-1272) Roi d'Angleterre (1216-1272). Fils de Jean sans Terre, il ne put récupérer les fiefs français confisqués par Louis IX et dut signer le traité de Paris (1259). Il refusa d'appliquer les Provisions d'Oxford, qui limitaient le pouvoir royal, provoquant une longue guerre civile (1258-1265). Vaincu, il dut signer la Grande Charte (1265).

■ **Henri IV** (1367-1413) Roi d'Angleterre (1399-1413). Premier de la dynastie des Lancastre, il força Richard II à abdiquer et lui succéda. Il lutta avec succès contre les Gallois, les Écossais et la noblesse.

■ **Henri V** (1387-1422) Roi d'Angleterre (1413-1422). Fils d'Henri IV. Vainqueur des Français à Azincourt (1415), il conquit ensuite la Normandie, puis se fit désigner comme régent et héritier du royaume de France par le traité de Troyes (1420).

■ **Henri VI** (1421-1471) Roi d'Angleterre (1422-1461 et 1470-1471). Fils d'Henri V, il fut sacré roi de France (1431) mais perdit la totalité des possessions anglaises en France (fin de la guerre de Cent Ans). Ses défaites contribuèrent à son discrédit et provoquèrent la guerre des Deux-Roses. Il fut assassiné par Édouard IV.

■ **Henri VII** (1457-1509) Roi d'Angleterre (1485-1509). Dernier descendant des Lancastre, il fut exilé par Édouard IV puis vainquit Richard III d'York à Bosworth (1485), mettant fin à la guerre des Deux-Roses. Il fonda la dynastie des Tudors par son mariage avec Élisabeth d'York et restaura l'ordre monarchique.

■ **Henri VIII** (1491-1547) Roi d'Angleterre (1509-1547) et d'Irlande (1541-1547). Fils d'Henri VII, il pratiqua une politique d'alliance avec François Ier comme avec Charles Quint. Son règne fut marqué par le schisme avec Rome après le refus du pape d'annuler son mariage avec Catherine d'Aragon. Il répudia cette dernière (1533) pour épouser Anne Boleyn et se proclama chef de l'Église d'Angleterre par l'Acte de suprématie (1534). Après avoir fait exécuter Anne Boleyn (1536), Henri VIII épousa successivement Jeanne Seymour, Anne de Clèves, Catherine Howard et Catherine Parr.

BAVIÈRE ET SAXE

■ **Henri X le Superbe** (v. 1080-1139) Duc de Bavière (1126-1139). Il fut investi du duché de Saxe par Lothaire III (1137).

■ **Henri le Lion** (1129-1195) Duc de Saxe (1142-1180) et de Bavière (1156-1180). Fils d'Henri X le Superbe, il fut démis de ses duchés par Frédéric Ier Barberousse (1180) et exilé.

CASTILLE ET LEÓN

■ **Henri II le Magnifique** (1333-1379) Comte de Trastamare, roi de Castille et de León (1369-1379). Fils naturel d'Alphonse XI, il s'opposa à son demi-frère Pierre le Cruel et obtint l'aide de Du Guesclin. Il s'empara du pouvoir après la victoire de Montiel (1369).

CONSTANTINOPLE

■ **Henri de Flandre et de Hainaut** (v. 1174-1216) Empereur latin de Constantinople (1206-1216). Frère et successeur de Baudouin IX, il vainquit les Bulgares et les Byzantins.

FRANCE

■ **Henri Ier** (v. 1008-1060) Roi de France (1031-1060). Fils de Robert II le Pieux et époux d'Anne de Kiev (1051). Il dut céder à son frère Robert le duché de Bourgogne (1032) et combattit Guillaume de Normandie, futur Guillaume le Conquérant, qui le vainquit (1054).

■ **Henri II** (1519-1559) Roi de France (1547-1559). Fils de François Ier et de Claude de France, il épousa Catherine de Médicis (1533). Il laissa se développer la puissance des Guises sous l'influence de sa favorite Diane de Poitiers, combattit les calvinistes et renforça la centralisation du pouvoir. Il lutta contre les Habsbourg, s'allia aux Turcs et aux protestants allemands (traité de Chambord, 1552), et s'empara des Trois-Évêchés (1552). Il mit fin aux guerres d'Italie par le traité du Cateau-Cambrésis (1559). Il périt au cours d'un tournoi contre Montgomery.

■ **Henri III** (1551-1589) Roi de France (1574-1589). Troisième fils d'Henri II et de Catherine de Médicis, duc d'Orléans (1560) puis d'Anjou (1566), il fut élu roi de Pologne (1573), puis succéda à son frère Charles IX sur le trône de France. Intelligent et cultivé, il s'attira cependant les critiques pour son indécision, son comportement maniéré et pour le crédit excessif qu'il aurait accordé à ses « mignons ». Hésitant à suivre les protestants, soutenus par Henri de Navarre, ou les catholiques, réunis dans la Ligue dirigée par les Guises, il fut contraint de fuir Paris lors de la journée des Barricades (12 mai 1588). Après avoir fait assassiner le duc de Guise (décembre 1588), il se rapprocha d'Henri de Navarre, avec lequel il allait s'emparer de Paris lorsqu'il fut assassiné par le moine ligueur J. Clément.

Henri III, portrait équestre, école française (XVIe s.), musée Condé, Chantilly.

■ **Henri IV** (1553-1610) Roi de France (1589-1610) et de Navarre (1572-1610). Fils d'Antoine de Bourbon et de Jeanne d'Albret, reine de Navarre, il prit la tête du parti calviniste sous la tutelle de Coligny. Il épousa Marguerite de Valois (1572) quelques jours avant la Saint-Barthélemy, à laquelle il échappa en abjurant, puis reprit en 1576 la tête de l'armée huguenote. La mort du duc d'Alençon (1584) fit de lui l'héritier de la couronne mais, à la mort d'Henri III, il ne fut pas accepté par les catholiques. Il vainquit les ligueurs à Arques (1589) puis à Ivry (1590), abjura définitivement le protestantisme (1593), se fit sacrer à Chartres et entra dans Paris (1594). Il rétablit la paix extérieure (traité de Vervins, 1598) et mit fin à la guerre religieuse par l'édit de Nantes (1598). Il s'efforça dès lors de restaurer l'autorité royale et de relever le royaume : avec Sully, son principal ministre, il donna la primauté à l'agriculture et redressa les finances ; avec Laffemas, il développa le commerce et l'industrie. En 1600, il épousa en secondes noces Marie de Médicis. En politique extérieure, il poursuivit une politique de méfiance à l'égard des Habsbourg, s'alliant aux protestants allemands et aux Suisses, et prépara une guerre contre l'Espagne. Il fut assassiné par Ravaillac.

Henri IV en armure, par Frans Pourbus le Jeune (v. 1610), musée du Louvre, Paris.

■ **Henri V** → **Chambord (comte de)**

LUXEMBOURG

■ **Henri de Luxembourg** Grand-duc de Luxembourg (né en 1955). Il succéda à son père, le grand-duc Jean, qui abdiqua en sa faveur en 2000.

PORTUGAL

■ **Henri de Bourgogne** (v. 1057-1114) Comte de Portugal (1097-1114). Il déclara le comté de Portugal indépendant en 1109.

■ **Henri le Navigateur** Prince portugais (1394-1460). Fils de Jean Ier le Grand, il organisa l'exploration du littoral occidental de l'Afrique (découverte de Madère, des Açores, de la Guinée et du Sénégal).

■ **Henri le Cardinal** (1512-1580) Roi de Portugal (1578-1580). Grand inquisiteur et cardinal de Lisbonne, il accéda au trône après la mort du roi Sébastien. À sa mort, Philippe II d'Espagne s'empara du Portugal.

Henri (Florence) Photographe et peintre française (1893-1982). Influencée par le cubisme, elle réalisa des images fragmentées, des portraits, des photos de mode et des publicités avant de revenir à la peinture après 1935.

Henrichemont Commune du Cher, dans le Sancerrois. 1 720 habitants. La ville, fondée par Sully (1608), devait servir de refuge aux protestants mais ne fut jamais achevée.

Henriette-Anne d'Angleterre Duchesse d'Orléans (1644-1670). Fille de Charles Ier d'Angleterre et épouse de Philippe d'Orléans, frère de Louis XIV, elle négocia avec son frère Charles II le traité de Douvres (1670). Bossuet prononça son oraison funèbre.

Henriette-Marie de France (1609-1669). Reine d'Angleterre. Fille d'Henri IV et de Marie de Médicis, elle épousa en 1625 Charles Ier, roi d'Angleterre. Bossuet prononça son oraison funèbre.

Henriot (Philippe) Homme politique français (1889-1944). Collaborateur sous le régime de Vichy, il fut ministre de l'Information et de la Propagande dans le gouvernement de Laval (janvier-juin 1944). Il fut abattu par la Résistance le 28 juin 1944.

Henriot (Émile) Écrivain et critique littéraire français (1889-1961). Il est l'auteur de romans *(La Rose de Bratislava)*, de poèmes *(Les jours raccourcissent)* et de recueils rassemblant ses critiques littéraires *(Livres et Portraits ; Portraits de femmes)*. Académie française.

Henri VII (1211-1242). Fils de Frédéric II, il fut élu roi des Romains (1220) et assura la régence de l'Allemagne.

***henry** n. m. (du n. de J. Henry) phys. Unité de mesure de l'inductance électrique (symb. H). *Des henrys.*

Henry (Joseph) Ingénieur et physicien américain (1797-1878). Il travailla sur le télégraphe, découvrit les effets de l'auto-induction (1832) et fut un des précurseurs de l'invention de la TSF.

Henry (Hubert Joseph) Officier français (1846-1898). Il est l'auteur de la lettre frauduleuse qui mit en accusation Dreyfus.

Henry (William Sydney Porter, dit O.) voir **O. Henry**

Henry (Michel) Philosophe français (1922-2002). Son œuvre, inspirée par la phénoménologie, est centrée sur l'expérience du corps et sur la pensée de la vie. *Phénoménologie matérielle ; Incarnation. Une philosophie de la chair.*

Henry (Pierre) Compositeur français (1927-2017). Il est le fondateur, avec Pierre Schaeffer, de la musique concrète. *Messe pour le temps présent.*

Henze (Hans Werner) Compositeur allemand (1926-2012). Influencé par Stravinski, il adopta l'atonalité *(Concerto pour violon)* mais son style demeura néoromantique. Il est l'auteur d'opéras, de ballets, de musique instrumentale et vocale, de musique de film (*Muriel* d'Alain Resnais).

***hep** [ɛp ; hɛp] **interj.** (onomatopée) Interjection servant à appeler. *Hep ! taxi !*

héparine n. f. (du grec *hêpar* → **hépat[o]-**) Substance acide anticoagulante, abondante dans le foie.

hépatalgie n. f. (de *hépat-* + *-algie*) méd. Douleur au niveau du foie (irradiant souvent vers l'épaule droite).

hépatique (du bas latin, du grec → **hépat[o]-**) **I. adj.** méd. **1.** Qui a rapport au foie. *Insuffisance hépatique.* – *Colique hépatique* : crise douloureuse des voies biliaires. **2.** Qui souffre du foie. – **n.** *Un, une hépatique.* **II. n. f.** bot. **1.** Plante herbacée (renonculacée) à fleurs bleues. **2.** Plante cryptogame (bryophyte) proche de la mousse (classe des *Hépatiques*).

hépatisation n. f. méd. État pathologique d'un tissu organique qui prend la coloration et la densité du tissu hépatique.

hépatite n. f. (du bas latin, du grec → **hépat[o]-**) Inflammation du foie. → **cirrhose, ictère, jaunisse.**

▶ L'**hépatite** est une atteinte des cellules du foie de nature infectieuse ou toxique, ou exceptionnellement liée à un dysfonctionnement du système immunitaire.
Les hépatites infectieuses sont le plus souvent dues à des virus, plus rarement à des bactéries, exceptionnellement à des parasites. Les hépatites toxiques sont surtout provoquées par l'alcool mais aussi par certains médicaments et accidentellement par l'amanite phalloïde ou quelques produits chimiques tels que le tétrachlorure de carbone.
Parmi les hépatites virales, les hépatites A, B et C sont les plus courantes. L'hépatite A (due au virus A ou VHA) est généralement bénigne. La contamination se fait par ingestion de nourriture (coquillages surtout) ou de boissons contaminées. La vaccination confère une immunité d'une vingtaine d'années.
L'hépatite B (due au VHB), très contagieuse, devient moins fréquente du fait de la vaccination largement pratiquée (mais dont la généralisation a été entravée par des doutes non avérés sur son innocuité). Le virus est transmis par inoculation de quantités infimes de sang ou d'humeurs infectés. Les transfusions sanguines ne présentent plus de risques depuis la mise en œuvre de mesures de sécurité. Les infections dues à des injections intraveineuses avec du matériel contaminé ne sont plus observées en Europe que chez les usagers de drogues. Le personnel soignant peut être infecté par accident. Le tatouage et le piercing avec des instruments non jetables sont parfois en cause. La contamination possible par voie sexuelle impose l'usage de méthodes de protection efficaces. Après une phase aiguë, l'évolution se fait dans environ 10 % des cas vers l'hépatite chronique plus ou moins sévère, avec un risque de cirrhose et de cancer du foie.
L'hépatite virale C (due au VHC) a le même mode de transmission que celui du VHB, excepté la voie sexuelle qui semble très rare. Dans 75 % des cas, l'infection aboutit à une hépatite chronique, longtemps asymptomatique, mais pouvant évoluer vers la cirrhose. En France, env. 300 000 personnes furent contaminées par une transfusion sanguine reçue avant le mois de mars 1990, date

de l'application des mesures de prévention efficaces.
voir aussi **foie**

hépat(o)- Élément (du grec *hêpar, hêpatos*) qui signifie « foie ».

hépatocèle n. f. (de *hépato-* + *-cèle*) méd. Hernie partielle du foie.

hépatocyte n. m. (de *hépato-* + *-cyte*) physiol. Cellule du foie.

hépatologie n. f. méd. Étude du foie et de ses maladies.

hépatomégalie n. f. (→ -mégalie) méd. Augmentation du volume du foie.

Hepburn (Katharine) Actrice américaine (1907-2003). Elle imposa à l'écran un type de féminité hors norme, dans des comédies souvent signées de son mentor George Cukor (*Sylvia Scarlett ; Madame porte la culotte*). Elle forma avec Spencer Tracy un couple mythique.

Katharine Hepburn dans *The African Queen* de John Huston (1951).

Hepburn (Audrey) Actrice américaine (1929-1993). Elle incarna à l'écran un type de féminité gracile alliant le comique et le charme. *Vacances romaines ; My Fair Lady ; Petit Déjeuner chez Tiffany*.

Audrey Hepburn dans *Diamants sur canapé* de Blake Edwards (1961).

Héphaïstos Dans la mythologie grecque, dieu du Feu et des Forgerons. Il fut assimilé à Vulcain par les Romains.

hept(a)- Élément (du grec *hepta*) qui signifie « sept » (ex. *heptaèdre* **n. m.** « solide à sept faces » ; *heptagone* **n. m.** « polygone qui a sept angles et sept côtés » ; *heptamètre* **n. m. et adj.** « vers de sept pieds »).

Heptaméron (L') Recueil de nouvelles de Marguerite de Valois.

heptane n. m. (de *hept-* + *-ane*) chim. Hydrocarbure saturé (C_7H_{16}) de la série des alcanes.

Heptanèse voir **Ioniennes** (îles)

Heptarchie n. f. Nom donné aux sept royaumes fondés par les Anglo-Saxons en Grande-Bretagne (VIe-IXe s.) → **East Anglia, Essex, Kent, Mercie, Northumbrie, Sussex, Wessex.**

heptasyllabe adj. didact. (vers) De sept syllabes. – **n. m.** *Un heptasyllabe.*

heptathlon n. m. (de *hept-* et du grec *athlon* « lutte, combat », d'après *pentathlon*) Discipline de l'athlétisme qui regroupe sept épreuves. □ **n. heptathlonien, ienne**

Héra Dans la mythologie grecque, déesse du Mariage, épouse de Zeus. Elle correspond à la Junon des Romains.

Héra et Prométhée, vase grec (480 av. J.-C.), cabinet des Médailles, Bibliothèque nationale de France, Paris.

Héraclée Ancienne ville d'Italie du S., en Lucanie, dans la Grande Grèce. Fondée en –433, elle vit la victoire de Pyrrhus sur les Romains en –280. On y a découvert les *tables d'Héraclée* portant les inscriptions grecques d'une loi de Jules César.

Héraclès Héros grec, identifié à Hercule chez les Romains. Fils de Zeus et d'Alcmène, il épouse Mégara et, frappé de folie par Héra, tue sa femme et ses fils. En expiation de ce meurtre, il doit exécuter les *douze travaux*.

▶ **Héraclès**, le plus grand des héros grecs, est le fils de Zeus et d'Alcmène, une noble mortelle. Jalouse, la déesse Héra comprend la trahison de son époux Zeus et écarte Héraclès du trône que son père lui destinait en accélérant la naissance de son cousin, Eurysthée. Elle jure la perte de l'enfant illégitime et envoie deux serpents tuer le nouveau-né dans son berceau. Mais Héraclès démontre sa précocité et sa force surhumaine en les étranglant. Très vite, le héros se forge une réputation de sauveur en débarrassant la Grèce de ses monstres et brigands. Exaspérée, Héra le frappe de folie. En pleine crise de démence, Héraclès tue sa femme Mégara et ses huit enfants. Afin d'expier ces meurtres, il doit se mettre au service d'Eurysthée et accomplir *douze travaux*. Grâce à son courage et à sa force, Héraclès triomphe de ces épreuves en apparence insurmontables.
Ainsi, le héros étouffe le lion de Némée puis, revêtu de sa peau comme d'un trophée, il tue l'Hydre de Lerne, capture le sanglier d'Érymanthe et la biche de Cérynie ; il abat les oiseaux du lac Stymphale, nettoie les écuries du roi Augias, capture le taureau de Crète et les juments de Diomède ; il s'empare de la ceinture de la reine des Amazones, des bœufs de Géryon, des pommes d'or des Hespérides et ramène enfin Cerbère des Enfers. Après de nombreux autres exploits, Héraclès épouse Déjanire, la fille du roi de Calydon qui, croyant s'assurer la fidélité de son époux, l'habille de la tunique empoisonnée de Nessos. De douleur, Héraclès se jette dans un bûcher d'où il s'élève en apothéose jusqu'à l'Olympe. Il accède au rang de dieu et épouse Hébé, la déesse de la jeunesse éternelle. Représenté le plus souvent avec sa peau de lion sur les épaules et sa massue, il est vénéré comme héros (fondateur des jeux Olympiques) et comme dieu en Grèce puis à Rome (sous le nom d'Hercule).
voir aussi **mythe**

Héraclès et la biche de Cérynie, amphore à figures noires (Ve s. av. J.-C.), musée du Louvre, Paris.

Héraclide du Pont Astronome grec (388-312 av. J.-C.). Disciple de Platon, il fut le premier astronome à admettre la rotation de la Terre sur elle-même.

Héraclides n. m. pl. Nom désignant les soixante fils d'Héraclès et, par extension, l'ensemble des descendants du héros, qui auraient reconquis et partagé le Péloponnèse.

Héraclite Penseur présocratique grec (v. 520-v. 480 av. J.-C.). Son œuvre, hermétique, ne nous est parvenue que par fragments : il fit du feu le principe premier de l'Univers. Sa pensée, dans laquelle les contraires s'opposent et s'unissent tour à tour, influença Platon, les Stoïciens et Hegel.

Héraclius Ier (v. 575-641). Empereur byzantin (610-641), fondateur de la dynastie des Héraclides (610-711). Il organisa la défense de son empire, chassa les Perses, mais ne put arrêter les Arabes et les Slaves. Il fit d'importantes réformes administratives et imposa le grec comme langue officielle, amorçant l'hellénisation de l'empire d'Orient. ■ **Héraclius II Héracléonas** (618-645). Fils et successeur d'Héraclius Ier, il régna conjointement avec son demi-frère Constantin III (641) puis fut déposé.

Héraklion ou **Iraklion** Ville de Grèce, capitale de la Crète, au N. de l'île. 290 000 habitants. Université. Enceinte vénitienne du XVIe s. Musée. Port industriel et de commerce.

héraldique (du latin médiéval *heraldus*, du francique → **héraut**) **1. adj.** Relatif au blason. *Ornement héraldique.* **2. n. f.** *L'héraldique* : connaissance des armoiries. → **blason.** ■ Ensemble des emblèmes de blason.

héraldiste n. Spécialiste du blason.

Herāt Ville d'Afghanistan, sur le Hari Rud. 349 000 habitants. Centre artisanal et commercial. Capitale de l'Empire timuride au XVe siècle.

Hérault n. m. Fleuve côtier du S. de la France. 160 km. Il prend sa source au pied du mont Aigoual, descend les Cévennes, et se jette dans la Méditerranée par le grau d'Agde.

Hérault n. m. [34] Département français de la Région Occitanie (→ carte). 6 101 km². 1 188 973 habitants. Chef-lieu : Montpellier. Chefs-lieux d'arrondissement : Béziers, Lodève. L'Hérault comprend au N.-O. les derniers reliefs du Massif central (Cévennes, Espinousse, Minervois), au S. une partie du littoral formé d'étangs et de cordons dunaires bordant le golfe du Lion. La viticulture y est particulièrement développée. Béziers et surtout Montpellier concentrent l'essentiel de la population, des activités industrielles (technologies de pointe) et surtout tertiaires, dont l'essor a été favorisé par le tourisme, important sur le littoral.

Hérault de Séchelles (Marie Jean) Magistrat et homme politique français (1759-1794). Député montagnard à la Convention, il rédigea la Constitution de l'an I (1793) et contribua à organiser la Terreur. Il fut guillotiné avec Danton.

***héraut** n. m. (du francique *heriwald*, de *hari* « armée » → **héberger** et *wald* « qui règne ») **1.** *Héraut d'armes* ou *héraut* : au Moyen Âge, officier dont les fonctions étaient la transmission des messages, les proclamations solennelles. **2.** fig., littér. → **annonciateur, messager.** *« J'ai servi de héraut à sa gloire »* (Racine).

herbacé, ée adj. (du latin, de *herba* → herbe) bot. De la nature de l'herbe. *Plante herbacée* (opposé à *ligneuse*).

herbage n. m. Prairie naturelle dont l'herbe est consommée sur place par le bétail.

herbager, ère agric. **1.** n. Éleveur, personne qui s'occupe de l'engraissement des bovins. **2.** adj. Caractérisé par des herbages.

Herbart (Johann Friedrich) Philosophe allemand (1776-1841). Influencé par Pestalozzi et Fröbel, il fut l'un des initiateurs de la pédagogie scientifique moderne. Ses travaux sur le statut de l'expérimentation en pédagogie en font un des principaux représentants de la psychologie empirique. *La Psychologie comme science nouvellement fondée sur l'expérience, la métaphysique et la mathématique.*

herbe n. f. (vient du latin *herba*) **1.** bot. Végétal non ligneux, dont les parties aériennes meurent chaque année. ■ cour. Ce végétal, lorsqu'il est de petite taille et souple. *Herbes aquatiques. Herbes officinales* (→ **herboriste ; simple[s]**). ■ ***Fines herbes*** *:* herbes aromatiques qui servent à l'assaisonnement (cerfeuil, ciboulette, estragon, persil). *Omelette aux fines herbes.* ■ ***Herbes de Provence*** *:* mélange de thym, romarin, origan, sarriette, marjolaine, basilic. ■ *Herbe-à-chat.* → **valériane. 2.** Plante herbacée, graminée sauvage. *Les hautes herbes des savanes. Herbes folles.* – ***Mauvaise herbe*** *:* herbe qui nuit aux cultures qu'elle envahit. – fig. *« L'enfant* [...] *avait poussé dru, en mauvaise herbe »* (Zola). **3.** sing. collectif Végétation naturelle de plantes herbacées peu élevées. *Touffe, brin d'herbe. Marcher dans l'herbe. Déjeuner sur l'herbe. Herbe séchée.* → **¹foin.** – loc. *Couper l'herbe sous le(s) pied(s) de qqn,* le frustrer d'un avantage en le devançant, en le supplantant. – *Herbe des pelouses.* → **gazon. 4.** fam. Marijuana. → **beuh.** *Fumer de l'herbe.* **5.** ***En herbe,*** se dit des céréales qui, au début de leur croissance, sont vertes et molles. *Blé en herbe.* – loc. *Manger son blé en herbe,* dépenser un capital avant qu'il n'ait rapporté. – (en parlant d'enfants, de jeunes gens qui ont des dispositions pour qqch.) *Un cinéaste en herbe.* → **apprenti, futur.**

Herbert (George) Poète et essayiste anglais (1593-1633). Il consacra sa vie et son œuvre à l'illustration de la foi chrétienne, dans une recherche formelle pouvant aller jusqu'aux calligrammes. *Temple.*

Herbert (Frank) Écrivain américain (1920-1986). Il est l'auteur d'ouvrages de science-fiction. *Dune.*

herbette n. f. au plur. (Suisse) Herbes aromatiques, fines herbes.

herbeux, euse adj. (du latin, de *herba* → herbe) Où il pousse de l'herbe (→ **herbu**).

herbicide adj. (→ -cide) didact. Qui détruit les mauvaises herbes. – n. m. *Un herbicide.* → **défoliant, désherbant.**

herbier n. m. **1.** Collection de plantes séchées destinées à l'étude, et conservées aplaties entre des feuillets. **2.** Banc d'herbes ou d'algues sous l'eau.

Herbiers (Les) Commune de la Vendée. 16 266 habitants. Vestiges de l'abbaye bénédictine Notre-Dame-de-la-Gainetière. Industrie (construction de bateaux de plaisance).

Herbin (Auguste) Peintre français (1882-1960). Il fonda, en 1931, le groupe Abstraction-Création, se consacrant à l'abstraction géométrique.

herbivore adj. (→ -vore) Qui se nourrit exclusivement de végétaux. ■ n. m. pl. *Les herbivores,* groupe de mammifères herbivores. *Les ruminants sont des herbivores.*

Herblay Commune du Val-d'Oise, sur la Seine. 31 747 habitants. Église des XIe-XIIe siècles.

herboriser v. intr. < 1 > (de *herboriste*) Recueillir des plantes dans la nature pour les étudier ou utiliser leurs vertus médicinales. ▫ n. f. **herborisation**

herboriste n. (de *herboliste,* mot occitan, de *erbola,* latin *herbola,* diminutif de *herba* → herbe) Personne qui vend des plantes médicinales, des préparations à base de plantes.

herboristerie n. f. Commerce, boutique d'herboriste.

herbu, ue adj. Où l'herbe foisonne (→ **herbeux**).

herbue n. f. agric. Terre légère et peu profonde qui ne peut servir qu'à faire des pâturages. - var. **erbue.**

***hercher** v. intr. < 1 > (mot wallon « traîner », qui vient du bas latin *hirpicare,* de *hirpex* « herse ») anciennt, techn. Pousser les wagonnets chargés de minerai, au fond d'une mine. - var. ***herscher.** ▫ n. m. ***herchage** ou ***herschage** ▫ n. ***hercheur, euse** ou ***herscheur, euse**

Herculano (Alexandre) Poète et historien portugais (1810-1877). On lui doit une *Histoire du Portugal* d'inspiration libérale.

Herculanum Ville de l'Italie ancienne (Campanie), ensevelie par le Vésuve avec Pompéi, en 79. Les fouilles entreprises à partir du XVIIIe s. ont mis au jour des habitations, des monuments et des objets de la vie quotidienne. Les œuvres d'art et les peintures murales sont exposées au musée de Naples.

Fresque murale romaine provenant d'Herculanum (Ier s.), Musée national d'archéologie, Naples.

hercule n. m. (du n. du demi-dieu) Homme d'une force physique exceptionnelle. *Il est bâti en hercule.*

Hercule Nom donné par les Romains à l'Héraclès grec. → **Héraclès.**

Hercule Constellation boréale très étendue, à droite de la Lyre. En forme de trapèze, elle contient de nombreuses étoiles visibles à l'œil nu.

herculéen, éenne adj. Digne d'Hercule. *Force herculéenne.* → **colossal.**

Hercule Poirot Héros de romans policiers et de nouvelles d'Agatha Christie. Détective privé belge, Hercule Poirot, cheveux teints et moustache en croc, mène ses enquêtes à l'aide de ses « petites cellules grises », privilégiant une approche psychologique des protagonistes.

hercynien, ienne adj. (du latin *Hercynia [Silva],* n. latin de la Forêt-Noire) géol. Se dit de terrains, de plissements datant du carbonifère.

***herd-book** [œʀdbuk] n. m. (anglais *herdbook* « livre de troupeau ») anglic., agric. Livre généalogique des races bovines et de certaines races porcines. *Des herd-books.* - var. RO ***herdbook.**

Herder (Johann Gottfried) Philosophe allemand (1744-1803). Opposant aux thèses des philosophes des Lumières, il est l'un des précurseurs du *Sturm und Drang* et du romantisme allemand. *Idées pour une philosophie de l'histoire de l'humanité.*

¹*hère n. m. (p.-ê. allemand *Herr* « seigneur » par dérision, ou « porteur de haire » → haire) loc. *Pauvre hère :* homme pauvre, misérable.

²*hère n. m. (néerlandais *hert* « cerf ») vén. Jeune cerf de plus de six mois qui n'est pas encore daguet.

Heré de Corny (Emmanuel) Architecte et décorateur lorrain (1705-1763). Élève de Boffrand, il est connu pour ses réalisations nancéennes : la place Stanislas, la place de la Carrière et le palais du gouvernement à Nancy.

Heredia (José Maria de) Poète français (1842-1905). Il est l'un des maîtres de la poésie « parnassienne », alliant puissance d'évocation et facture métrique rigoureuse. *Les Trophées.*

héréditaire adj. (latin *hereditarius* → hérédité) **1.** Relatif à l'hérédité (I). *Droit héréditaire :* droit de recueillir une succession. – *Monarchie héréditaire.* **2.** Qui se transmet par voie de reproduction, des parents aux descendants (→ **hérédité (II)**). *Patrimoine héréditaire.* → **génétique.** – *Maladie héréditaire.* **3.** Hérité des parents, des ancêtres par l'habitude, la tradition. *Ennemi héréditaire.* ▫ adv. **héréditairement**

hérédité n. f. (latin *hereditas* → hériter, de *heres* → hoir) **I.** Transmission par voie de succession (d'un bien, d'un titre). **II. 1.** Transmission des caractères d'un être vivant à ses descendants par l'intermédiaire des gènes. *Science de l'hérédité.* → **génétique. 2.** Ensemble des caractères, des dispositions hérités des parents, des ascendants. *Une lourde hérédité, une hérédité chargée,* comportant des tares physiques ou mentales.

Hereford Ville d'Angleterre (Herefordshire), sur la Wye. 60 415 habitants. Cathédrale normande du XIIe s. abritant la châsse de saint Thomas Cantelupe et une *Mappa Mundi* du XIIIe siècle.

Hérens (val d') Vallée de Suisse, dans le Valais, drainée par la Borgne. Élevage de bovins (vache d'Hérens). Tissage.

Herent Commune de Belgique (Brabant flamand). 21 920 habitants. Église du XIIIe s., l'un des plus anciens édifices de Belgique.

Herentals Commune de Belgique (province d'Anvers), sur le canal Albert. 28 272 habitants. Halle aux draps, béguinage, église Sainte-Waudru (XVe s.).

hérésiarque n. m. (du latin ecclés., du grec → hérésie) relig. Auteur d'une hérésie ; chef d'une secte hérétique.

hérésie n. f. (du latin, du grec *hairesis* « choix ; secte », de *hairein* « choisir ») **1.** Doctrine, opinion émise au sein de l'Église catholique et condamnée par elle. → **hétérodoxie ; hérésiarque. 2.** Idée, théorie, pratique qui heurte les opinions communément admises. *Une hérésie scientifique.* – par plais. *Servir du bourgogne rouge avec le poisson ! Quelle hérésie !* → **sacrilège.**

hérétique adj. (du latin ecclés., du grec → hérésie) **1.** Dans la religion catholique Qui soutient une hérésie. – n. *L'Église excommunie les hérétiques.* **2.** Entaché d'hérésie. → **hétérodoxe. 3.** Qui soutient une opinion, une doctrine contraire aux idées reçues (par un groupe). → **dissident.**

▶ Dès les premiers siècles de son histoire, le christianisme fut agité par des courants jugés **hérétiques** par l'Église, se considérant gardienne de la vérité révélée et de l'unité de la foi. Les querelles (docétisme, arianisme, nestorianisme, monophysisme...) ont porté souvent sur les fondements du christianisme : la personne et l'incarnation du Christ, à la fois Dieu et homme, le « mystère de la Trinité » — un seul Dieu en trois personnes : le Père, le Fils et le Saint-Esprit.
D'autres hérésies ont concerné la question du Bien et du Mal (manichéisme, gnosticisme...), le rôle de la grâce divine et le libre arbitre de l'homme (pélagianisme). Ces questions firent l'objet d'âpres discussions lors des conciles : celui de Nicée (325) condamna Arius, qui remettait en

question la consubstantialité du Fils et du Père. De manière paradoxale, les hérésies permirent à l'Église de préciser le dogme.
Le XIIe siècle vit en Occident l'essor de nouveaux mouvements hérétiques, dont ceux des cathares et des vaudois. Les hérésies du Moyen Âge se caractérisent par leur contestation de la richesse et de la puissance de l'Église et leur nostalgie de la « vie apostolique ». Menacée, l'Église lança une croisade contre les cathares de la région d'Albi et institua à partir de 1229 l'Inquisition ; les hérétiques qui refusaient d'abjurer ne furent plus seulement excommuniés : nombre d'entre eux furent conduits au bûcher.
Au bas Moyen Âge, les idées réformatrices de l'Anglais Wyclif et du Tchèque Jan Hus annoncèrent la Réforme protestante, qui déchira la chrétienté à partir de 1517. Le jansénisme provoqua dans la France des XVIIe et XVIIIe siècles d'importantes querelles sur la grâce. Ces mouvements ont parfois entraîné la création de nouvelles Églises (schismes) ou de sectes qui subsistent encore aujourd'hui.
voir aussi **christianisme, secte, Inquisition, cathares, Réforme**

H

Hergé (Georges Remi, dit) Dessinateur et auteur de bandes dessinées belge (1907-1983). Il est le créateur du personnage de Tintin.

Hergé, en 1975, à côté du totem du chevalier de Hadoque.

Hériat (Raymond Gérard Payelle, dit Philippe) Romancier et auteur dramatique français (1898-1971). Il est l'auteur d'une vaste fresque sociale en 3 volumes, *Les Boussardel.*

Héricourt Commune de la Haute-Saône, au S.-O. de Belfort. 10 592 habitants.

Hérimoncourt Commune du Doubs. 3 619 habitants. Constructions mécaniques.

Herisau Ville de Suisse, chef-lieu du canton d'Appenzell Rhodes-Extérieures. 15 730 habitants. Maisons de bois du XVIIIe siècle.

***hérissement** n. m. littér. **1.** Fait d'être hérissé. **2.** Disposition de choses hérissées.

***hérisser** v. tr. < 1 > (vient du latin pop., de *ericius* → hérisson) **1.** (animaux) Dresser (ses poils, ses plumes). *Chat qui hérisse ses poils.* – par ext. *Le froid hérisse les poils.* **2.** *Hérisser qqch. de,* garnir, munir de choses pointues. *Hérisser un mur de tessons de bouteilles.* – au p. p. fig. → **surchargé.** *Dictée hérissée de pièges.* **3.** fig. Disposer défavorablement (qqn) en inspirant de la colère, de l'aversion. → **horripiler, irriter.** ■ **se hérisser** v. pron. **1.** (sujet poils, plumes...) Se dresser. *Ses cheveux se hérissent sur sa tête.* **2.** Manifester son opposition, sa colère. → **se fâcher, s'irriter.** ■ **hérissé, ée** adj. **1.** Dressé. *Cheveux hérissés.* **2.** Garni de pointes. *Cactus hérissé.* → **épineux.**

***hérisson** n. m. (de l'ancien français *ers,* qui vient du latin *ericius* → hérisser) **1.** Petit mammifère au corps recouvert de piquants, qui se nourrit essentiellement d'insectes. - fém. → **hérissonne. 2.** fig. Personne d'un abord difficile. **3.** techn. Appareil, instrument muni de pointes. ■ milit. Centre de résistance. *La tactique des hérissons.*

***hérissonne** n. f. **I.** rare Femelle du hérisson. **II.** Chenille de certains papillons nocturnes.

héritabilité n. f. (anglais *heritability,* de *hériter*) biol. Probabilité pour qu'une caractéristique apparente, manifeste d'un individu soit transmise héréditairement par les facteurs génétiques.

héritage n. m. **1.** Patrimoine laissé par une personne décédée et transmis par succession. *Faire un héritage,* le recueillir. – *Laisser, transmettre en héritage* (→ **léguer ; testament). 2.** fig. Ce qui est transmis comme par succession. *Héritage culturel.* → **patrimoine.** – *Héritage génétique.* → **hérédité.**

hériter v. < 1 > (vient du latin chrét. *hereditare,* de *heres* → hoir) **1.** *Hériter de* v. tr. ind. Devenir propriétaire de (qqch.), titulaire de (un droit) par voie de succession. *Hériter d'une fortune.* ■ fam. Recueillir, recevoir (qqch.) par un don. *J'ai hérité d'un beau tapis.* ■ fig. *Elle a hérité des qualités de son père.* **2.** v. tr. dir. Recevoir (un bien, un titre) par voie de succession. *Une maison qu'il a héritée de son père.* – sans compl. dir. Recevoir un héritage. *Elle a hérité d'un oncle.* ■ **hérité, ée** adj. *Patrimoine hérité.* – *Mot hérité,* en français, mot issu, par évolution phonétique, du latin parlé en Gaule (par oppos. à *emprunt*).

héritier, ière n. (vient du latin *hereditarius* → héréditaire ; famille de *hériter*) **1.** Personne qui doit recevoir ou qui reçoit des biens en héritage. → **légataire, successeur.** « *J'apprends que mon oncle est mort, et que je suis héritier de tous ses biens* » (Molière). – *Une riche héritière,* fille qui doit hériter d'une grosse fortune. **2.** fig. → **continuateur, successeur.** « *La Grèce, dont nous sommes les héritiers* » (Gide). **3.** vieux ou plais. Enfant. *Ils attendent un héritier.*

Héritier (Françoise) Anthropologue française (1933-2017). Spécialiste des sociétés africaines, elle a travaillé notamment sur les différences sociales et sexuelles et sur la parenté. *Masculin/Féminin. I : La Pensée de la différence ; II : Dissoudre la hiérarchie.*

hermandad n. f. (mot espagnol « confrérie », de *hermano* « frère ») hist. Fédération de villes espagnoles, au Moyen Âge.

Hermann Ier (mort en 1217). Comte de Thuringe (1190-1217). Neveu de Frédéric Ier Barberousse, il lutta à ses côtés contre Henri le Lion puis contribua à l'élection de Frédéric II au Saint Empire.

Hermann (Bernard) Compositeur américain (1911-1975). Il a composé des musiques de films, notamment celle de *Citizen Kane* d'Orson Welles et celle de la plupart des films d'Hitchcock entre 1955 et 1964.

Hermanville-sur-Mer Commune du Calvados. 3 144 habitants. Port artificiel créé par les Alliés en 1944. Station balnéaire.

hermaphrodisme n. m. biol. Caractère d'un organisme capable d'élaborer des gamètes de l'un et de l'autre sexe.

hermaphrodite (du latin, emprunt au grec ; n. du personnage mythol.) **I.** n. m. **1.** Être légendaire auquel on supposait une forme humaine bisexuée. **2.** biol. Être humain possédant à la fois ovaire(s) et testicule(s). → **bisexué ; androgyne. II.** adj. **1.** Qui est doté de caractères des deux sexes. *Statue de dieu hermaphrodite.* **2.** bot. Dont la fleur porte à la fois les organes mâles (étamines) et femelles (pistil). → **bisexué.** – zool. À la fois mâle et femelle. *L'escargot est hermaphrodite.*

Hermaphrodite Fils d'Hermès et d'Aphrodite dans la mythologie grecque. D'une rare beauté, il repousse l'amour d'une nymphe, laquelle l'enlace et s'unit à lui pour toujours. Les dieux font de leurs corps une seule personne à double nature.

Hermé (Pierre) Pâtissier français (né en 1961). Il est devenu l'un des grands noms de la pâtisserie en réalisant des compositions à la texture très aboutie et des combinaisons inédites de saveurs.

herméneutique (du grec, de *hermêneuein* « interpréter ») didact. **I.** n. f. **1.** Science de l'interprétation des textes (philosophiques, religieux). **2.** Système d'interprétation (décodage) d'une séquence de signes complexes (symboles). → **sémiologie. II.** adj. Relatif à l'herméneutique.

hermès n. m. (du n. du dieu) arts Statue, tête d'Hermès ou de Mercure. ■ *Buste en hermès,* dont les épaules, la poitrine, le dos sont coupés par des plans.

Hermès Dans la mythologie grecque, dieu du Commerce et messager des dieux, identifié au Mercure latin. Fils de Zeus et de Maïa, il personnifie l'habileté et la ruse. Assimilé au Thot égyptien, il porte le nom de *Hermès Trismégiste* (« Trois fois le plus grand »).

Hermès Maison créée à Paris en 1837 par Thierry Hermès. La sellerie revint au fils puis au petit-fils du fondateur qui étendirent l'activité à la bagagerie et aux accessoires de luxe. Le « sac Kelly », du nom de la princesse Grace de Monaco qui l'adopta, est l'un des produits mythiques de la maison ainsi que les carrés en soie dessinés par les plus grands artistes.

hermétique adj. (de *Hermès*) **I.** didact. Relatif à l'alchimie, à sa partie occulte. **II. 1.** Se dit d'une fermeture aussi parfaite que possible. → **étanche.** – *Bocal hermétique.* ■ fig. *Être hermétique à qqch.,* y être fermé, insensible. *Elle est hermétique à ce genre d'humour.* **2.** Impénétrable, difficile ou impossible à comprendre. → **obscur.** *Écrivain hermétique. Visage hermétique,* sans expression. → **fermé, impénétrable.** □ n. f. **herméticité**

hermétiquement adv. (→ hermétique [II, 1]) Par une fermeture hermétique. *Volets hermétiquement clos.*

hermétisme n. m. **1.** didact. Ensemble des doctrines ésotériques des alchimistes. **2.** littér. Caractère de ce qui est incompréhensible, obscur.

hermétiste n. Personne qui est versée dans l'hermétisme.

Hermias d'Atarnée Philosophe et homme politique grec (IVe s. av. J.-C.). Disciple de Platon et ami d'Aristote, il s'empara du pouvoir à Atarnée en –348 ou –347.

hermine n. f. (vient du latin *armenius [mus]* « [rat] d'Arménie ») **1.** Mammifère carnivore voisin de la belette. *Le pelage de l'hermine est blanc en hiver.* **2.** Fourrure de l'hermine.

herminette n. f. Hachette à tranchant recourbé (comme le museau de l'hermine).

Hermione Dans la mythologie grecque, fille de Ménélas et d'Hélène, femme de Pyrrhus puis d'Oreste. Elle incarne chez Euripide et Racine *(Andromaque)* l'amoureuse insatisfaite et jalouse.

Hermitage (l') ou **Ermitage (l')** Côteau de la Drôme exposé au S., dominant la vallée du Rhône. Crus des côtes du Rhône (hermitage, crozes-hermitage).

Hermite (Charles) Mathématicien français (1822-1901). Il découvrit d'importantes propriétés sur la transformation des fonctions elliptiques, sut résoudre l'équation générale du cinquième degré et établit la transcendance du nombre *e.*

Hermon n. m. Massif montagneux de l'Anti-Liban, aux confins du Liban et de la Syrie culminant à 2 814 m. Le Jourdain y prend sa source.

Hermopolis Nom grec d'une ville de l'Égypte ancienne (à 300 km au S. du Caire), consacrée au dieu Thot (identifié par les Grecs à Hermès). À proximité, importante nécropole.

Hermosillo Ville du N. du Mexique, sur la Sonora. 715 000 habitants. Centre minier et industriel (usines Ford).

Hermoupolis Ville de Grèce, sur la côte E. de l'île de Syros. 15 350 habitants. Ville principale des Cyclades. Port.

Hernández ou **Fernández (Gregorio)** Sculpteur espagnol (v. 1576-1636). Établi à Valladolid, il s'imposa comme un des plus brillants représentants de la sculpture polychrome castillane.

Hernández (José) Écrivain argentin (1834-1886). Son œuvre *Martín Fierro*, épopée de la pampa à la gloire des gauchos, est le poème national argentin.

Hernández (Miguel) Poète espagnol (1910-1942). Républicain engagé, il mourut dans les geôles franquistes. Son œuvre, poétique et théâtrale, chante l'amour sensuel, la mort, la justice et la révolte. *Vent du peuple*.

Hernani, ou l'Honneur castillan Drame romantique en 5 actes et en vers de Victor Hugo. Sa première, le 21 février 1830, fut l'occasion d'une bataille littéraire entre les classiques et les romantiques, appelée *bataille d'Hernani*.

Herne Ville d'Allemagne (Rhénanie-du-Nord-Westphalie), dans la Ruhr. 156 900 habitants. Métallurgie et industrie chimique.

***herniaire** adj. méd. Qui a rapport à une hernie. *Bandage herniaire*, pour comprimer une hernie.

***hernie** n. f. (latin *hernia*) **1.** Tumeur molle formée par un organe totalement ou partiellement sorti de sa cavité naturelle. *Hernie discale*. – cour. Hernie abdominale. **2.** Gonflement localisé d'une chambre à air.

***hernié, iée** adj. méd. Sorti par hernie.

Hérode Ier le Grand (73-4 av. J.-C.). Roi des Juifs (37-4 av. J.-C.). Porté au pouvoir par les Romains, il fit rebâtir le Temple de Jérusalem. Les Évangiles lui imputent le massacre des Innocents.

Hérode Agrippa Ier (10 av. J.-C.-44 apr. J.-C.). Petit-fils d'Hérode le Grand, il reconstitua le royaume de son grand-père. Il était le père de Bérénice.

Hérode Agrippa II (27-v. 100). Roi des Juifs (50-v. 100). Fils d'Hérode Agrippa Ier, il prit le parti de Rome lors de la révolte juive de 66-70.

Hérode Antipas (v. 20 av. J.-C.-v. 39 apr. J.-C.). Tétrarque de Galilée et de Pérée. Fils d'Hérode le Grand, il épousa sa nièce Hérodiade. Dans les Évangiles, il fait décapiter Jean-Baptiste à la demande de cette dernière ; c'est devant lui que Pilate renvoie Jésus. Il fut déposé par Caligula.

Hérodiade ou **Hérodias** Princesse juive (7 av. J.-C.-39 apr. J.-C.). Petite-fille d'Hérode le Grand, elle épousa Hérode dit Philippe puis Hérode Antipas. Mère de Salomé, elle obtient la tête de Jean-Baptiste, dans les Évangiles.

Hérodote Historien grec (v. 484-v. 425 av. J.-C.). Considéré comme le père de l'histoire, il fut l'ami de Sophocle et de Périclès. Ses célèbres *Histoires* traitent des guerres médiques.

Héroët (Antoine) Poète français (v. 1492-1568). Son poème philosophique *La Parfaicte Amye* défend une conception platonicienne de l'amour.

héroïcité n. f. rare Caractère héroïque de (qqch., qqn).

héroïcomique adj. Qui tient du genre héroïque, épique, et du comique (en littérature).

[1]héroïne n. f. (du latin, grec *hêroinê* → héros) **1.** Femme d'une grande bravoure qui se distingue par ses exploits (dans le domaine des armes). *Jeanne d'Arc, héroïne nationale française*. **2.** Femme digne de gloire par son génie, sa force d'âme, son dévouement. *Malala Yousafzai, héroïne des droits de l'enfant*. **3.** Principal personnage féminin (d'une œuvre, d'une aventure...). *L'héroïne du film*. – *L'héroïne d'un fait divers*.

[2]héroïne n. f. (de l'allemand, du grec *hêros*, allusion au comportement exalté du héros) **1.** chim. Diacétylmorphine. **2.** Médicament et stupéfiant dérivé de la morphine.

héroïnomane n. et adj. (→ [2]-mane) Toxicomane à l'héroïne. □ n. f. **héroïnomanie**

héroïque adj. (latin *heroicus*, du grec *hêroikos*, de *hêros* → héros) **1.** Qui a trait aux héros anciens, à leurs exploits. *Légendes héroïques*. – loc. *Temps héroïques* : époque très reculée. *Les temps héroïques du cinéma*, les débuts. **2.** littér. Qui célèbre les héros. → **épique**. *Poème héroïque*. **3.** Qui est digne d'un héros. *Attitude héroïque*. **4.** Qui fait preuve d'héroïsme. → **brave, courageux**. *Une femme héroïque*. □ adv. **héroïquement**

héroïsme n. m. Courage propre aux héros. *L'héroïsme d'un soldat*. → **bravoure, courage**. – *L'héroïsme d'une vie*. → **grandeur**.

Hérold (Ferdinand) Compositeur français (1791-1833). Il écrivit deux opéras à succès, *Zampa* et *Le Pré aux clercs*.

***héron** n. m. (vient du francique *haigro*) Grand oiseau échassier à long cou grêle et à très long bec. « *Le héron au long bec* [...] » (La Fontaine). *Héron cendré*. *Jeune héron* (**héronneau**, n. m.). ■ appos. *Coq héron*. → **huppe**.

Héron l'Ancien ou **d'Alexandrie** Mathématicien et savant grec (Ier s.). Il fut l'inventeur d'instruments de mesure, dont la dioptre (instrument comparable au moderne théodolite), et démontra la loi fondamentale de la réflexion de la lumière.

***héronnière** n. f. **1.** Lieu où les hérons font leur nid. **2.** Endroit aménagé pour l'élevage des hérons.

Hérophile Médecin et anatomiste grec (fin IVe-début IIIe s. av. J.-C.). Il est considéré comme un des pères de l'anatomie.

***héros** n. m. (latin *heros*, emprunt au grec *hêros* « chef militaire », puis « demi-dieu ») **1.** didact. Demi-dieu ; homme célèbre divinisé (dans l'Antiquité). *Les héros de la mythologie grecque, romaine*. ■ par analogie Personnage légendaire auquel on prête un courage et des exploits remarquables. **2.** Celui qui se distingue par ses exploits ou un courage extraordinaire (dans le domaine des armes). → **brave** ; **[1]héroïne**. *Mourir en héros*. *Les héros de la Résistance*. **3.** Homme digne de gloire par sa force de caractère, son génie, son dévouement. *Pierre le Grand, héros national russe*. – *Les héros de la science*. **4.** Personnage principal (d'une œuvre, d'une aventure, etc. → **[1]héroïne**). *Le héros d'un film, d'un roman*. – *Le héros d'un fait divers*. – *Le héros du jour* : celui qui occupe le premier rang de l'actualité du moment.

Héroult (Paul Louis Toussaint) Métallurgiste français (1863-1914). Il breveta le procédé électrolytique de production de l'aluminium et mit au point le four électrique pour l'acier qui porte son nom.

Hérouville-Saint-Clair Commune du Calvados, dans la banlieue N. de Caen. 22 150 habitants.

herpès [ɛʀpɛs] n. m. (du latin, mot grec, de *herpein* « ramper ») Maladie cutanée d'origine virale (éruption de petites vésicules transparentes sur une tache congestive). □ adj. **herpétique**

herpétologie voir **erpétologie**

Herrade de Landsberg Abbesse et érudite alsacienne (v. 1125-1195). Elle écrivit pour l'instruction des novices un ouvrage encyclopédique, *Hortus Deliciarum* ou *Jardin des délices*.

Herrera (Juan Bautista de) Architecte espagnol (1530-1597). Il poursuivit les travaux de l'Escurial (1567-1584) et édifia l'alcazar de Tolède, s'affirmant comme le représentant le plus marquant de la Renaissance espagnole.

Herrera (Francisco de) dit le Vieux Peintre et graveur espagnol (v. 1576-v. 1656). Sa peinture, d'abord influencée par le maniérisme, s'orienta vers un réalisme plus affirmé, tout en cultivant une expression lyrique et dramatique (*Apothéose de saint Herménégilde*).

Herreweghe (Philippe) Chef de chœur et chef d'orchestre belge (né en 1947). Il se spécialisa dans le répertoire baroque et fonda le Collegium vocal de Gand en 1969, puis l'orchestre de la Chapelle royale et le Nouvel Ensemble vocal européen en 1988. Il a profondément renouvelé l'approche de la musique baroque, notamment dans ses enregistrements des œuvres de J.-S. Bach. Son répertoire s'est élargi à la musique moderne et contemporaine.

Herrick (Robert) Poète anglais (1591-1674). Son œuvre en fait l'un des principaux représentants de la poésie baroque européenne, marquée par l'alliance d'inspirations religieuses et profanes (*Hespérides* ; *Corinna allant cueillir le Mai*).

Herriot (Édouard) Homme d'État et écrivain français (1872-1957). Président du Parti radical (1919-1926 ; 1931-1935 ; 1945-1957), maire de Lyon (1905-1957), il fut après la victoire du Cartel des gauches président du Conseil. Chargé du portefeuille des Affaires étrangères (1924-1925), il reconnut l'URSS et fit évacuer la Ruhr. Mais, confronté à des difficultés financières, il fut contraint de se retirer. Président de la Chambre des députés (1936-1940), il refusa de voter les pleins pouvoirs à Pétain (1940) et fut déporté en Allemagne (1944). Il fut président de l'Assemblée nationale de 1947 à 1955. Il a écrit plusieurs ouvrages de critique.

Hersant (Robert) Directeur de presse français (1920-1996). Il fonda en 1950 et dirigea jusqu'à sa mort le principal groupe de presse français, comprenant des quotidiens régionaux et nationaux, dont *Le Figaro*.

Hersant (Philippe) Compositeur français (né en 1948). Il exprime son émotion, entre tradition et innovation, consonance et discordance, dans des œuvres souvent inspirées de la littérature. *Le Château des Carpathes* ; *Le Moine noir*.

Herschbach (Dudley R.) Chimiste américain (né en 1932). Il a été à l'origine de la dynamique des réactions chimiques. Prix Nobel 1986.

Herschel (sir William) Astronome britannique d'origine allemande (1738-1822). Il réalisa de nombreux télescopes et découvrit notamment Uranus (1781) puis deux de ses satellites. Fondateur de l'astronomie moderne, il mit en évidence le déplacement du système solaire. On lui doit aussi la découverte du rayonnement infrarouge.

***herse** n. f. (vient du latin, de *hirpex*, de *hirpus*, mot samnite [langue italique] « loup ») **1.** Instrument à dents, qu'on traîne sur une terre labourée pour briser les mottes, enfouir les semences. **2.** Grille mobile armée à sa partie inférieure de fortes pointes, à l'entrée d'un château fort. **3.** Grand chandelier d'église hérissé de pointes sur lesquelles on pique les cierges. ■ théâtre Appareil d'éclairage dissimulé dans les cintres.

***herser** v. tr. < 1 > Soumettre à l'action de la herse. *Herser une terre*. → **ameublir, écroûter, émotter, labourer**. « *En mars, il hersa ses blés, en avril ses avoines* » (Zola). □ n. m. **hersage**

***herseur, euse** n. agric. **1.** Personne qui herse. – adj. *Rouleau herseur*. **2.** n. f. Herse mécanique.

Hersfeld voir **Bad Hersfeld**

Hershko (Avram) Biochimiste israélien (né en 1937). Il a élucidé le mécanisme de la destruction de protéines à l'intérieur des cellules. Prix Nobel 2004.

Herstal Commune de Belgique (province de Liège), sur la Meuse. 40 190 habitants. Constructions métalliques. Armurerie. Ville de Pépin le Jeune (père de Charles Martel), Herstal fut un lieu de résidence prisé des Carolingiens.

Hertel (Rodolphe Dubé, dit François) Écrivain canadien (québécois) (1905-1985). Jésuite, il exprima dans ses ouvrages critiques, ses romans et ses poèmes son aspiration à une culture universelle et décrivit la crise spirituelle de sa génération avant de renoncer à l'état ecclésiastique *(Un Canadien errant ; Strophes et Catastrophes).*

Hertfordshire Comté d'Angleterre, au N. de Londres. 1 634 km². 1 140 700 habitants. Chef-lieu : Hertford.

Hertwig (Oskar) Biologiste allemand (1849-1922). Il a étudié les mécanismes de la reproduction chez les animaux.

Hertwig (Richard) Biologiste allemand (1850-1937), frère de Oskar Hertwig. Il travailla sur la cytologie des protozoaires.

***hertz** [ɛʀts] **n. m. (du n. de H. Hertz) phys.** Unité de mesure de fréquence (symb. Hz).

Hertz (Heinrich) Physicien allemand (1857-1894). Il découvrit les ondes électromagnétiques dites *hertziennes,* l'effet photoélectrique et le pouvoir pénétrant des électrons.

Hertz (Gustav) Physicien allemand (1887-1975). Son expérience dite de *Franck et Hertz* permit de préciser la notion d'énergie et confirma la théorie atomique de N. Bohr. Prix Nobel 1925.

***hertzien, ienne** [ɛʀtsjɛ̃, jɛn ; ɛʀdzjɛ̃, jɛn] **adj.** Qui a rapport aux ondes électromagnétiques (**→ ¹radio**). *Ondes hertziennes.* – *Réseau hertzien.*

Hertzsprung (Ejnar) Astronome danois (1873-1967). Il est l'auteur, avec H. N. Russell, d'une classification des étoiles, distinguant les étoiles naines des géantes.

Hérules n. m. pl. Peuple germanique originaire de Scandinavie, établi vers 250 à l'embouchure du Rhin et sur les bords de la mer Noire. Les Hérules conquirent l'Italie et mirent fin à l'empire d'Occident en 476.

Herve Ville de Belgique (province de Liège). 17 620 habitants. Vieille ville des XVIIᵉ et XVIIIᵉ siècles.

Hervé (Florimond Ronger, dit) Compositeur français (1825-1892). Plusieurs de ses opérettes furent longtemps très populaires *(L'Œil crevé ; Mam'zelle Nitouche).*

Hervieu (Paul) Auteur dramatique et écrivain français (1857-1915). Peintre impitoyable des gens du monde, il est l'auteur d'études de mœurs pessimistes *(Peints par eux-mêmes)* et de pièces de théâtre moralistes *(L'Énigme ; Les Tenailles).*

Herzberg (Gerhard) Physico-chimiste canadien d'origine allemande (1904-1999). Il travailla sur les états électroniques des molécules et contribua à la connaissance de l'atmosphère des planètes, des comètes et de l'espace interstellaire. Prix Nobel 1971.

Herzégovine n. f. Région du sud de la Bosnie-Herzégovine. Ville principale : Mostar. L'Herzégovine fut incluse dans l'Empire ottoman en 1482, et son histoire se confond depuis lors avec celle de la Bosnie.

Herzen ou **Guertsen (Aleksandr Ivanovitch)** Philosophe, journaliste et écrivain russe (1812-1870). Son journal *La Cloche,* bien qu'interdit, exerça une grande influence en Russie. Révolutionnaire et libéral, il est le père du socialisme russe. *Passé et méditations.*

Herzl (Theodor) Écrivain juif hongrois (1860-1904). Fondateur du sionisme, dont il organisa le premier congrès à Bâle en 1897, il présida l'Organisation sioniste mondiale. Il est considéré comme le promoteur de l'État d'Israël. *L'État des Juifs.*

Herzliya Ville d'Israël, au N. de Tel-Aviv, dans la plaine de Saron. 84 100 habitants.

Herzog (Maurice) Alpiniste et explorateur français (1919-2012). Il atteignit, avec L. Lachenal, le sommet de l'Annapurna en 1950 et fut secrétaire d'État à la Jeunesse et aux Sports (1958-1966).

Maurice Herzog (à g.) dans l'Annapurna (v. 1950).

Herzog (Werner Stipetic, dit Werner) Cinéaste allemand (né en 1942). Ses mises en scène somptueuses mettent en valeur un monde de marginaux et de solitaires. *Aguirre, la colère de Dieu ; L'Énigme de Kaspar Hauser ; Fitzcarraldo.*

Herzog (Jacques) Architecte suisse (né en 1950). Il créa avec Pierre de Meuron l'agence Herzog & de Meuron qui a livré de nombreux édifices caractérisés par une élégante sobriété, la recherche de l'intemporel et l'intuition sensorielle. Extension de la Tate Modern à Londres ; Stade national de Pékin, Allianz Arena de Munich, stade de Bordeaux ; Philharmonie de l'Elbe de Hambourg. Prix Pritzker 2001.

Hesbaye n. f. Région de Belgique, sur la rive gauche de la Sambre et de la Meuse. Région agricole (grande culture céréalière, betterave).

Hesdin Commune du Pas-de-Calais, sur la Canche. 2 218 habitants. Hôtel de ville du XVIIᵉ s., église des XVIᵉ-XVIIᵉ siècles.

Hesdin (Jacquemart de) voir **Jacquemart de Hesdin**

Hésiode Poète grec (VIIIᵉ-VIIᵉ s. av. J.-C.). Auteur de poèmes mythologiques *(La Théogonie)* et didactiques *(Les Travaux et les Jours),* il s'efforça d'ordonner les mythes pour en dégager une idée morale : la supériorité de la justice sur la démesure. Il inspira Virgile.

Hésione Princesse légendaire de Troie. Offerte en pâture à un monstre marin, elle est délivrée par Héraclès et épouse Télamon.

hésitant, ante adj. 1. (personnes) Qui hésite, a de la peine à se décider. **→ indécis, irrésolu. 2.** Qui n'est pas déterminé. *La victoire demeura longtemps hésitante.* **→ douteux, incertain. 3.** Qui manque d'assurance, de fermeté. *Voix hésitante.*

hésitation n. f. (du latin → hésiter) Fait d'hésiter. *Accepter qqch. sans hésitation. Après bien des hésitations.* – Attitude qui traduit de l'indécision, de l'embarras.

hésiter v. intr. < 1 > (latin *haesitare* « être gêné », de *haerere* « être accroché ») 1. Être dans un état d'incertitude, d'irrésolution. **→ tergiverser.** *Répondre sans hésiter.* **→ attendre.** – ***Hésiter sur.*** *Hésiter sur la marche à suivre.* – ***Hésiter entre.*** **→ osciller.** *Hésiter entre deux solutions.* – ***Hésiter à*** **(+ inf.).** *Hésiter à aborder qqn.* **2.** Marquer de l'indécision (par un temps d'arrêt, un mouvement de recul). *Cheval qui hésite devant l'obstacle.* – *Hésiter en parlant,* par timidité, défaut de mémoire ou d'élocution (**→ chercher* ses mots**).

Hesnard [ɛnaʀ] **(Angelo)** Psychiatre français (1886-1969). Il contribua à faire connaître en France la méthode psychanalytique de Freud.

Hespérides n. f. pl. Dans la mythologie grecque, nymphes gardiennes du jardin des dieux, où poussent les célèbres pommes d'or.

Hespérides n. f. pl. Îles mythiques de l'Atlantique que les Anciens situaient au large de la côte O. de l'Afrique.

Hess (Moses) Écrivain politique et philosophe allemand (1812-1875). Il collabora avec K. Marx avant de s'affirmer comme un précurseur d'un sionisme socialiste.

Hess (Walter Rudolf) Physiologiste suisse (1881-1973). Il travailla sur les affections du système nerveux et sur la neurochirurgie et découvrit l'organisation fonctionnelle du mésencéphale comme coordinateur des activités des organes internes. Prix Nobel 1949.

Hess (Victor Franz) Physicien américain d'origine autrichienne (1883-1964). Il découvrit les rayons cosmiques (1912) lors d'ascensions en ballon. Prix Nobel 1936.

Hess (Rudolf) Homme politique allemand (1894-1987). Il fut désigné par Hitler comme deuxième successeur (après Göring). Parti en Grande-Bretagne (1941) pour négocier une alliance avec les Britanniques, il y fut emprisonné. Déféré devant le tribunal de Nuremberg (1945), il fut jugé partiellement irresponsable et condamné à la prison à vie. Il se suicida.

Hess (Harry Hammond) Géologue américain (1906-1969). Il est l'auteur de la théorie de l'expansion des fonds océaniques, qui préfigure la tectonique des plaques.

Hesse (Hermann) Écrivain suisse de langue allemande (1877-1962). Ses premiers romans soulèvent les thèmes de la solitude et de la révolte contre la civilisation occidentale *(Peter Camenzind).* Marqué par un voyage en Inde, il réfléchit aux contradictions et aux conflits intérieurs qui déchirent l'âme humaine. *Siddharta ; Le Loup des steppes ; Le Voyage en Orient ; Le Jeu des perles de verre.* Prix Nobel 1946.

Hesse en allemand **Hessen n. f.** Région historique d'Allemagne s'étendant d'O. en E. entre le Massif schisteux rhénan et le Thüringer Wald, et du N. au S. entre la vallée du Diemel et celle du Neckar. Margraviat indépendant sous Henri dit l'Enfant (1264), la Hesse connut son apogée au XVIᵉ s. puis fut scindée en deux à partir de 1567. La Hesse-Kassel fut annexée par la Prusse en 1866 puis incorporée à la Hesse-Nassau en 1868 ; la Hesse-Darmstadt, annexée par la Prusse en 1866, adopta une constitution démocratique en 1919. Le Land de Hesse fut formé en 1945.

Hesse Land d'Allemagne. 21 114 km². 6 293 150 habitants. Capitale : Wiesbaden. Ville principale : Francfort. Voie de passage entre la Rhénanie et l'Allemagne du Nord, elle offre un relief très contrasté, entre massifs anciens, épanchements volcaniques et fossés d'effondrement qui rendent compte du partage des eaux entre les bassins du Rhin et de la Weser. La forêt couvre les plateaux tandis que les bassins et les vallées, plus fertiles, permettent des cultures fruitières et maraîchères. Le trafic fluvial sur le Rhin et le Main a permis le développement d'activités industrielles (Francfort, Kassel).

Hessel (Stéphane) Diplomate et résistant français d'origine allemande (1917-2013). Engagé dans la Résistance lors de la Seconde Guerre mondiale il fut d'abord déporté à Buchenwald et parvint à s'évader en 1945. Il a défendu un « nouveau civisme républi-

Stéphane Hessel devient le premier récipiendaire du prix UNESCO/Bilbao pour la promotion d'une culture des droits de l'homme à l'occasion du 60e anniversaire de la Déclaration universelle des droits de l'homme (Paris le 10 décembre 2008).

cain » dans le pamphlet *Indignez-vous* (2010).

Hestia Déesse grecque du Foyer. Fille de Cronos et de Rhéa, elle correspond à la Vesta des Romains.

hésychasme [esikasm] **n. m.** (grec ***hêsukhia* « paix, silence »**) École contemplative de l'Église orthodoxe basée sur l'invocation du nom de Jésus-Christ.

hétaïre **n. f.** (**du grec, de *hetairos* « compagnon »**) Antiq. grecque Prostituée d'un rang social élevé. → **courtisane.**

hétairie **n. f.** (**du latin, grec *hetaireia* « association d'amis » → hétaïre**) Antiq. grecque Association plus ou moins secrète, à caractère généralement politique. ■ mod. Société politique ou littéraire de la Grèce du XIXe siècle.

hétéro voir **hétérosexuel**

hétér(o)- Élément (**du grec *heteros***) signifiant « autre, différent » (contr. **homo-**).

hétérocerque **adj.** (**de *hétéro-* et du grec *kerkos* « queue »**) zool. Qui a deux lobes inégaux, en parlant de la nageoire caudale de certains poissons (opposé à *homocerque*). – par ext. *Poisson hétérocerque* (squale, esturgeon).

hétérochromosome **n. m.** (→ **hétér[o]-**) biol. Chromosome qui détermine le sexe, différent de son homologue de l'autre sexe.

hétéroclite **adj.** (**du latin, grec *heteroklitos*, de *klinein* « incliner »**) Qui est fait de parties de styles différents. *Édifice hétéroclite.* → **composite, disparate.** – Composé d'éléments variés peu homogènes. *Objets hétéroclites. Un public hétéroclite.*

hétérocycle **n. m.** (→ **¹cycle**) chim. Corps chimique (composé cyclique) à chaîne fermée comprenant au moins un atome autre que du carbone. ■ **hétérocyclique adj.** *Amine hétérocyclique.*

hétérodonte **adj.** (**de *hétéro-* + *-odonte***) zool. Qui possède plusieurs types de dents, aux formes et fonctions différenciées (opposé à *homodonte*). □ **n. f. hétérodontie** [-si].

hétérodoxe **adj.** (**du grec → hétér[o]-, de *doxa* « opinion »**) (opposé à *orthodoxe*) **1.** relig. Qui s'écarte du dogme d'une religion. *Théologien hétérodoxe.* → **hérétique. 2.** didact. Qui n'est pas conformiste. *Esprit hétérodoxe.* □ **n. f. hétérodoxie**

hétérodyne **adj. et n. f.** (**de l'anglais ou de l'allemand → hétér[o]- et -dyne**) électron. Qui utilise un changement de fréquence obtenu par battement pour transposer un signal dans une bande de fréquence audio. *Un récepteur hétérodyne.* – **n. f.** Oscillateur local permettant un changement de fréquence.

hétérogamétique **adj.** (→ **gamétique**) biol. Se dit du sexe présentant des gamètes porteurs de chromosomes sexuels différents (opposé à *homogamétique*).

hétérogamie **n. f.** (**de *hétéro-* + *-gamie***) biol. Reproduction sexuée par deux gamètes de morphologie différente (par ex. ovule et spermatozoïde). - syn. **anisogamie.**

hétérogène **adj.** (→ **hétér[o]- + -gène**) - contr. **homogène. 1.** Qui est composé d'éléments de nature différente. *Roche hétérogène.* **2.** abstrait Qui n'a pas d'unité. → **composite, disparate, divers, hétéroclite.** *Nation hétérogène.* □ **n. f. hétérogénéité**

hétérogreffe **n. f.** (→ **²greffe**) méd. Greffe pratiquée entre individus d'espèces différentes (opposé à *homogreffe*).

hétérométabole **adj. et n. m.** (→ **²métabole adj.**) zool. Se dit des insectes dont le cycle évolutif comporte une métamorphose progressive et incomplète sans stade nymphal entre la larve et l'adulte (opposé à *holométabole*).

hétéromorphe **adj.** (→ **-morphe**) sc. Qui présente des formes très différentes (en parlant d'individus de la même espèce). → **diversiforme.** □ **hétéromorphisme n. m.** *Hétéromorphisme sexuel.*

hétéronome **adj.** (**de *hétéro-* et du grec *nomos* « loi »**) philos. Qui reçoit de l'extérieur les lois qui le gouvernent (opposé à *autonome*).

hétéronomie **n. f.** (**de *hétéronome***) **1.** philos. État de la volonté qui puise hors d'elle-même, dans les règles sociales, les influences, le principe de son action. **2.** Absence d'autonomie.

hétérophorie **n. f.** (**de l'anglais, de *hétéro-* et du grec *phorein* « porter » → -phore**) méd. Forme de strabisme latent, dans laquelle la déviation des axes visuels n'apparaît pas spontanément.

hétéroprotéine **n. f.** (→ **protéine**) biochim. Composé formé d'une protéine liée à un groupement non protéique (opposé à *holoprotéine*).

hétéroptère **n. m.** (→ **-ptère**) zool. Insecte dont les ailes antérieures sont cornées à la base et membraneuses à leur extrémité (sous-ordre des *Hétéroptères* ; ex. la punaise des bois).

hétérosexuel, elle [eteʀosɛksɥɛl] **adj. et n.** Qui éprouve une attirance sexuelle pour les personnes du sexe opposé (s'oppose à *homosexuel*). – **n.** *Un hétérosexuel, une hétérosexuelle.* - abrév. fam. **hétéro.** □ **n. f. hétérosexualité**

hétéroside **n. m.** (→ **oside**) biochim. Substance glucidique composée d'un ou plusieurs sucres (oses) et d'une partie non glucidique, qui peut être décomposée par hydrolyse (opposé à *holoside*).

hétérosis [eteʀozis] **n. f.** (**mot grec « changement »**) biol. Vigueur améliorée d'une espèce obtenue par croisement ou hybridation.

hétérotherme **adj. et n. m.** (→ **-therme**) zool. Se dit des animaux dont la température interne varie avec la température ambiante (syn. cour. **animal à sang froid**). *Les reptiles sont hétérothermes.* □ **n. f. hétérothermie**

hétérotrophe **adj.** (→ **-trophe**) biol. Qui se nourrit de substances organiques, ne peut effectuer lui-même la synthèse de ses éléments constituants (opposé à *autotrophe*). – **n. m.** *Un hétérotrophe* : un organisme hétérotrophe. □ **n. f. hétérotrophie**

hétérozygote **adj. et n.** (**de *hétéro-* et *zygote***) biol. Se dit d'une cellule ou d'un individu qui possède deux gènes différents (récessif et dominant) sur chaque chromosome de la même paire (opposé à *homozygote*). □ **n. f. hétérozygotie**

hetman [ɛtmɑ̃ ; ɛtman] **n. m.** (**mot polonais « chef d'armée »**) hist. **1.** Chef de l'armée polonaise du XVe au XVIIIe siècle. **2.** Chef élu des clans cosaques, à l'époque de leur indépendance. - syn. **ataman.**

***hêtraie** **n. f.** Lieu planté de hêtres.

***hêtre** **n. m.** (**du francique *haistr*, de *haisi* « buisson »**) Grand arbre forestier à écorce lisse gris clair, à feuilles ovales. – Son bois.

Hetzel (Pierre-Jules) Éditeur et écrivain français (1814-1886). Il édita le pamphlet de Victor Hugo, *Napoléon le Petit*, et fonda en 1860 la future *Bibliothèque d'éducation et de récréation*. Il publia la quasi-totalité des œuvres de Jules Verne, ainsi que Stendhal, Sand, Zola, et popularisa les *Contes* de Perrault, illustrés par Gustave Doré.

***heu** **interj.** (**onomatopée**) Marque l'embarras, la difficulté à trouver ses mots.

heur **n. m.** (**vient du latin *augurium* « présage » → augure**) vieux Bonne fortune. → **bonheur ; heureux.** – loc. mod. *N'avoir pas l'heur de* : n'avoir pas la chance de. *Je n'ai pas eu l'heur de lui plaire.*

heure **n. f.** (**vient du latin *hora*, du grec *hôra* → horaire, horloge, horo-**) **I. 1.** Espace de temps égal à la vingt-quatrième partie du jour. *L'heure est subdivisée en 60 minutes. Vingt-quatre heures* (un jour), *quarante-huit heures* (deux jours). – ***Heure de*** : heure consacrée à, occupée par. *Une heure de route.* – *Habiter à une heure* (de trajet) *de Paris.* – *Journée de huit heures* (de travail). – *Faire cent kilomètres à l'heure, du cent à l'heure.* – *Faire des heures supplémentaires. Être payé à l'heure. Gagner vingt euros de l'heure, par heure.* loc. fam. *S'embêter à cent sous de l'heure*, au plus haut point. – *Une bonne heure, une petite heure* : un peu plus, un peu moins d'une heure. *On a attendu des heures.* → **longtemps. 2.** Point précis du jour, chiffré sur la base des 24 divisions du jour (symb. h). *L'heure d'été, l'heure d'hiver.* – *0 heure.* → **minuit.** *12 heures.* → **¹midi.** *3 heures de l'après-midi* ou *15 heures. 7 heures du matin. 7 heures du soir* ou *19 heures.* – *L'heure locale* (différente d'un méridien à l'autre). *L'heure légale*, déterminée par le gouvernement de chaque pays. ■ *Demander, donner l'heure à qqn. Quelle heure est-il ? Il est six heures passées*, plus de six heures. *Trois heures dix ; trois heures moins vingt* (minutes). – loc. fam. *Je ne te demande pas l'heure qu'il est !* : mêle-toi de tes affaires. – *À cinq heures juste, pile, tapant(es).* – ellipt *On se verra de deux à trois* (heures). ■ absolt ***L'heure*** : l'heure fixée, prévue. *Commencer à l'heure, avant l'heure, après l'heure. Laisser passer l'heure. « Vienne la nuit sonne l'heure / Les jours s'en vont je demeure »* (Apollinaire). fam. *Se coucher à pas d'heure*, très tard. ■ loc. ***À l'heure*** : exact, ponctuel. *Il n'est jamais à l'heure. Montre à l'heure*, exacte. **3.** Moment de la journée, selon son emploi ou l'aspect sous lequel il est considéré. *Aux heures des repas. Heures d'affluence, de pointe. Une heure indue, avancée.* → **tard.** *C'est l'heure de la sieste, d'aller se coucher.* ■ *À la première heure* : de très bon matin. fig. *Les combattants de la première heure*, les premiers à avoir combattu. ■ (avec un possessif) Moment habituel ou agréable à qqn pour faire telle ou telle chose. *Ce doit être lui qui appelle, c'est son heure. Il est poète* ***à ses heures***, quand ça lui plaît. ■ ***À la bonne heure*** **loc. adv.** : à propos ; par ext. c'est parfait. **4.** spécialt Moment où l'on doit réciter les différentes parties du bréviaire (ex. matines, vêpres). ■ *Livre d'heures, heures* : recueil de prières. *« Les Très Riches Heures du duc de Berry »* (célèbre manuscrit enluminé). **5.** Moment de la vie d'un individu ou d'une société. → **époque, ²instant, temps.** *Il a connu des heures difficiles.* – *L'heure suprême, dernière* : les derniers instants d'une vie. *Sa dernière heure*, ellipt *son heure est venue, a sonné* : il va bientôt mourir. ■ (avec un possessif) Moment particulier de la vie, qui en modifie le cours. *Son heure viendra* (en bonne ou mauvaise part). → **²tour.** *Avoir son heure de gloire.* ■ absolt ***L'heure*** : le moment présent. *L'heure est grave.* → **circonstance.** ■ ***L'heure H*** : l'heure prévue pour l'attaque ; l'heure de la décision. ■ *De (la) dernière heure*, très récent. **6.** loc. ***À cette heure*** (vieilli ou régional) : maintenant, présentement. – ***À l'heure qu'il est*** : en ce moment. – ***À toute heure*** : à tout moment de la journée. → **continuellement.** – ***Pour l'heure*** : pour le moment. – vieilli ***Sur l'heure*** : sur-le-champ. → **immédiatement.** ■ ***Tout à l'heure*** : dans un moment. *J'irai tout à l'heure.* – Il y a très peu de temps. *Je l'ai vu tout à l'heure.* ■ ***D'heure en heure*** : à mesure que le temps passe. *La situation s'aggrave* *d'heure en heure.* – ***D'une heure à l'autre*** : en l'espace d'une heure, d'un moment à l'autre. *L'orage peut éclater d'une heure à l'autre.* ■ ***De bonne heure*** : à une heure matinale (→ **tôt**), ou en avance. *Se lever de bonne heure.* – Avant l'époque habituelle. → **précocement. II.** Unité de mesure d'angle plan, égale au 1/24 de la circonférence (15°) et utilisée en navigation, en astronomie.

heureusement adv. **1.** D'une manière heureuse, avantageuse ; avec succès. *L'affaire s'est terminée heureusement.* **2.** D'une manière habile, élégante ou esthétiquement heureuse. *Teintes heureusement assemblées.* **3.** Par une heureuse chance, par bonheur (→ **Dieu merci ; grâce à Dieu**). *Heureusement, il est indemne.* – *Heureusement pour moi* (→ **tant mieux**). – *Heureusement qu'il était là !*

heureux, euse adj. (de *heur*) **I. 1.** Qui bénéficie d'une chance favorable, que le sort favorise (correspond à *bonheur*). → **chanceux.** *Être heureux au jeu, en affaires.* – *S'estimer heureux de* (+ inf.), *que* (+ subj.) : estimer qu'on a de la chance de, que. – (politesse) *Trop heureux si je peux vous être utile.* **2.** Favorable. → **avantageux, [1]bon, propice.** *Heureux hasard. Une heureuse issue. Un heureux présage.* – Que le succès accompagne. *Heureuse initiative. Avoir **la main heureuse*** : réussir ordinairement dans ses entreprises, ses choix. ■ impers. *Il est heureux pour nous que vous ayez été là. C'est heureux pour vous* : c'est une chance pour vous. iron. *Vous en convenez, c'est heureux !* ellipt *Encore heureux qu'il soit venu !* **3.** Qui semble marquer une disposition favorable de la nature. *Heureux caractère.* → **[1]bon.** *Heureuse nature,* portée à l'optimisme. **4.** domaine esthétique Dont l'habileté semble due à la chance ; bien trouvé. → **réussi.** *Un heureux équilibre. La formule n'est pas très heureuse.* **II. 1.** Qui jouit du bonheur. *Elle a tout pour être heureuse.* – loc. *Être heureux comme un roi, comme un pape, comme un poisson dans l'eau,* très heureux. – allus. « *Pour vivre heureux, vivons cachés* » (Florian ; adaptation d'un prov. latin). – exclam. *Heureux celui qui... !* → **bienheureux.** « *Heureux qui, comme Ulysse, a fait un beau voyage* [...] » (du Bellay). ■ ***Être heureux de.*** → se **réjouir.** *Je suis très heureux de votre succès.* – ellipt *Très heureux de vous connaître !* → **charmé, enchanté, ravi.** ■ **n.** *Faire un heureux, des heureux* : faire le bonheur de qqn, de quelques personnes. **2.** Qui exprime le bonheur. *Un air heureux.* → **radieux. 3.** Marqué par le bonheur. *Vie heureuse. Un mariage heureux. Bonne et heureuse année !*

heuristique (du grec *heuriskein* « trouver », *cf.* eurêka) didact. **1.** adj. Qui sert à la découverte. *Méthode heuristique,* consistant à faire découvrir à l'élève ce qu'on veut lui enseigner. *Carte* heuristique.* **2.** n. f. Partie de la science qui a pour objet les procédures de recherche et de découverte. - var. didact. **euristique.**

***heurt** [œʀ] n. m. (de *heurter*) **1.** Action de heurter ; son résultat. → **choc, coup.** ■ *Heurts entre les manifestants et la police.* → **accrochage, brutalité. 2.** abstrait Contraste violent. *Heurt de couleurs.* **3.** Opposition brutale, choc résultant d'un désaccord. → **conflit, friction.**

***heurter** v. < 1 > (d'abord *hurter,* p.-ê. du francique *hurt* « cogner comme un bélier », ou d'un dérivé du latin *urus* « bœuf sauvage ») **I.** v. tr. dir. **1.** Toucher rudement, en entrant brusquement en contact avec. → **cogner.** *Heurter qqn du coude. La voiture a heurté un arbre.* → **percuter, tamponner.** ■ Faire entrer brutalement en contact. *Heurter des cymbales. Heurter sa tête contre qqch., à qqch.* **2.** abstrait Contrecarrer (qqn) d'une façon qui choque et provoque une résistance. → **blesser, froisser, offenser.** *Heurter de front qqn. Heurter l'opinion.* **II. 1.** v. intr. vieilli *Heurter contre qqch.* → **[1]buter, cogner. 2.** v. tr. ind. *Heurter à* : frapper avec intention à. *Heurter à la porte.* ■ se ***heurter** v. pron. **1.** (réfl.) → se **cogner.** *Se heurter à, contre qqch.* (de concret). – fig. Rencontrer un obstacle d'ordre humain, moral. *Se heurter à un refus.* **2.** (récipr.) *Les deux motos se sont heurtées de plein fouet.* ■ fig. Entrer en conflit. → **s'accrocher, s'affronter.** *Étant si différents, ils ne peuvent que se heurter.* – Faire un violent contraste. *Couleurs qui se heurtent.* ■ ***heurté, ée adj.** Qui est fait de contrastes trop appuyés. *Tons heurtés.* – *Style heurté.* → **abrupt ; haché, saccadé.**

***heurtoir** n. m. **1.** Marteau adapté à la porte d'entrée d'une maison, dont on se sert pour frapper. **2.** techn. Pièce disposée de façon à arrêter un objet mobile venant heurter contre elle. → **butoir.**

Heusden-Zolder Commune de Belgique (Limbourg). 33 892 habitants. Ancien charbonnage. Musée du Folklore.

Heuss (Theodor) Homme d'État allemand (1884-1963). Un des fondateurs du Parti libéral, il fut le premier président de la RFA (1949-1959).

Heuyer (Georges) Médecin français (1884-1977). Il fut un des promoteurs de la psychiatrie infantile. Ses travaux portèrent sur la schizophrénie.

Hève (cap de la) Cap sur la Manche, au nord de l'estuaire de la Seine. 100 m d'altitude.

hévéa n. m. (quéchua *hyeve*) Grand arbre originaire de la Guyane, cultivé pour son latex.

Hevesy de Heves (Georg) Chimiste suédois d'origine hongroise (1885-1966). Il fut le premier à imaginer l'emploi des isotopes radioactifs comme traceurs, notamment en biologie, et découvrit le hafnium. Prix Nobel 1943.

Hewish (Antony) Radioastronome britannique (1924-2021). Avec son étudiante Jocelyn Bell, il découvrit les pulsars (1967). Prix Nobel 1974.

hexa- Élément (du grec *hex*) signifiant « six » (ex. *hexaèdre*).

hexachlorure [ɛgzaklɔʀyʀ] n. m. (→ chlorure) chim. Chlorure dont la molécule contient six atomes de chlore.

hexacoralliaire n. m. (de *hexa-* et du latin *corallium* « corail ») zool. Anthozoaire qui forme des polypes dont les cloisons ont une symétrie hexagonale (sous-classe des *Hexacoralliaires* ; ex. l'anémone de mer, les madrépores).

hexacorde n. m. (→ corde) mus. Système musical fondé sur une gamme de six notes consécutives.

hexadécimal, ale, aux adj. (→ décimal) Se dit d'un système de numération de base 16. *Codes hexadécimaux, en informatique.*

hexaèdre adj. (de *hexa-* + *-èdre*) géom. Qui a six faces planes. - syn. **hexaédrique.** – n. m. *Le cube est un hexaèdre régulier.*

hexafluorure n. m. (→ fluorure) chim. Sel dont la molécule contient six atomes de fluor.

hexagonal, ale, aux adj. **1.** Qui a six angles et six côtés. *Plan hexagonal.* – Dont la base est un hexagone. *Pyramide hexagonale.* **2.** Qui concerne la France, l'Hexagone.

hexagone n. m. (du latin, du grec → hexa- et [1]-gone) **1.** Polygone à six côtés. **2.** *L'Hexagone* : la France métropolitaine (à cause de sa forme).

hexamètre adj. (du latin, pris au grec → hexa-, -mètre) Qui a six pieds ou six syllabes. *Vers hexamètre.* – n. m. *Un hexamètre.*

hexapode adj. (du grec → hexa- et -pode) zool. Qui a six pattes. – n. m. *Les insectes sont des hexapodes.*

hexose n. m. (→ [1]-ose) biochim. Sucre non hydrolysable possédant dans sa molécule six atomes de carbone (ex. galactose, glucose, fructose).

Heydrich (Reinhard) Homme politique allemand (1904-1942). Membre du Parti nazi, il créa les services de la Gestapo et fut l'un des instigateurs de la « solution finale ». Chef du protectorat de Bohême-Moravie (1941), il fut abattu par des patriotes tchèques.

Heymans (Cornelius) Médecin et pharmacologue belge (1892-1968). Il mit en évidence le rôle des sinus des artères carotides et de l'aorte dans la régulation de la respiration. Prix Nobel 1938.

Heyting (Arend) Logicien néerlandais (1898-1980). Sa logique « intuitionniste » tenta de formaliser la distinction entre mathématiques et logique.

Hezbollah n. m. Mouvement chiite libanais pro-iranien, fondé en 1982 après l'invasion israélienne du Liban. Sa branche militaire a mené contre Israël une guérilla dans le sud du Liban. Constitué en parti politique dont le secrétaire général est Hassan Nasrallah depuis 1992, il est représenté au Parlement et au gouvernement. Il a apporté son soutien à Bachar al-Assad contre les rebelles syriens à partir de 2012.

Hf Symbole chimique du hafnium.

Hg Symbole chimique du mercure.

***hi** [i ; hi] interj. Onomatopée qui, répétée, figure le rire (→ **[1]ha**) et, parfois, les pleurs.

***hiatal, ale, aux** adj. (de *hiatus*) didact. Qui concerne un hiatus (3). *Hernie hiatale* : hernie de l'hiatus œsophagien.

(*)hiatus [jatys] n. m. (latin *hiatus* « ouverture », de *hiare* « s'entrouvrir ») **1.** Rencontre de deux voyelles prononcées, à l'intérieur d'un mot (ex. *aérer*), ou entre deux mots énoncés sans pause (ex. *il a été*). **2.** fig. Coupure, discontinuité, interruption. *L'hiatus, le hiatus entre la théorie et la pratique.* **3.** anat. Orifice (→ **hiatal**).

hibernal, ale, aux adj. (du latin, de *hibernus* → hiver) didact. **1.** Relatif à l'hibernation. *Sommeil hibernal.* → **hiémal. 2.** Qui a lieu durant l'hiver. → **hivernal.**

hibernation n. f. (du latin, de *hibernare* → hiverner) État d'engourdissement où tombent certains mammifères pendant l'hiver. ■ *Hibernation artificielle* : refroidissement du corps humain dans un but thérapeutique (chirurgie, etc.).

hiberner v. intr. < 1 > (latin *hibernare* → hiverner) Passer l'hiver en hibernation. *Le loir hiberne.* ■ **hibernant, ante adj.** *Animaux hibernants* (ex. chauve-souris, marmotte, loir, hérisson).

hibiscus [ibiskys] n. m. (mot latin, du grec → guimauve) Arbre tropical à grandes fleurs de couleurs vives.

***hibou** n. m. (probablt pour *hou-bou,* onomatopée du cri) **1.** Oiseau rapace nocturne voisin de la chouette, mais portant des aigrettes. → **duc, grand(-)duc.** *Les hiboux huent ou hululent.* **2.** fig., vieilli Homme triste et solitaire.

***hic** n. m. (mot latin « ici », dans *hic est quaestio*) fam. Point difficile, délicat. *Il y a un hic. Il subsiste quelques hics.*

***hic et nunc** [ikɛtnɔ̃k ; ikɛtnœ̃k] loc. adv. (mots latins « ici et maintenant ») didact. Sur-le-champ, sans délai.

***hickory** n. m. (de l'anglais, de *pohickery,* mot amérindien de Virginie) Arbre de grande taille, voisin du noyer. *Des hickorys* ou *des hickories* (plur. anglais).

Hicks (sir John Richard) Économiste britannique (1904-1989). Ses travaux renouvelèrent la théorie de la valeur et des prix, ainsi que l'analyse mathématique des fluctuations économiques et de leur amplitude. Prix Nobel 1972.

Hicks (Sheila) Artiste américaine (née en 1934). Elle a travaillé, pour ses installations, une très vaste palette de couleurs et de matières textiles (lin, laine, coton, corde, etc.) tissées, nouées, entremêlées, collées.

hidalgo **n. m.** **(mot espagnol, de *hijo de algo* « fils de quelque chose »)** Noble espagnol.

Hidalgo **(Anne)** Femme politique française (née en 1959). Ajointe du maire socialiste de Paris, B. Delanoë, à partir de 2011, elle lui succéda en 2014 et entreprit un programme de grands travaux et de réduction de la circulation automobile. Elle se présenta à la présidentielle de 2022.

Anne Hidalgo inaugure le premier étage rénové de la tour Eiffel, en 2014.

Hidalgo **n. m.** État du Mexique central. 20 813 km^2. 2 665 000 habitants. Capitale : Pachuca.

Hidalgo y Costilla **(Miguel)** Prêtre mexicain (1753-1811). Il proclama l'indépendance de son pays en 1810. Arrêté par les Espagnols, il fut fusillé. Son action fut le point de départ d'une révolution nationale et sociale.

Hidden Peak **n. m.** Sommet du Karakoram, aux confins de la Chine et du Pakistan. 8 068 m.

Le Hidden Peak (ou K5).

***hideur** **n. f.** **(de l'ancien français *hisde* « horreur ; frayeur », d'origine discutée)** Caractère de ce qui est hideux ; laideur extrême.

***hideux, euse** **adj.** **(→ hideur)** **1.** D'une laideur repoussante. *Visage hideux.* **→ horrible.** **–** *Un hideux spectacle.* **→ ignoble, répugnant.** **2.** Moralement ignoble ; affreux. *Une hideuse calomnie.* □ **adv.** ***hideusement**

Hideyoshi Homme de guerre et homme d'État japonais (1536-1598). Successeur d'Oda Nobunaga (1582), il fut nommé régent par l'empereur, unifia et pacifia le pays, mais dut évacuer la Corée.

***hidjab** [idʒab] **n. m.** **(mot arabe, de *hajaba* « cacher »)** Voile qui couvre les cheveux, les oreilles et le cou, porté par de nombreuses musulmanes. - **var.** ***hijab.**

***hie** **n. f.** **(de l'ancien néerlandais « bélier »)** techn. Instrument formé d'une lourde masse et d'un manche, servant à enfoncer (des pavés, etc.). **→ 1dame, mouton.**

hièble ou **yèble** **n. f.** **(vient du latin *ebulum*)** Sureau à tige herbacée, à baies noires. *L'hièble.*

Hiei Zan **n. m.** Montagne sacrée du bouddhisme, au Japon (à l'E. de Kyōto). 845 m.

hiémal, ale, aux **adj.** **(du latin, de *hiems* « hiver »)** didact. De l'hiver. *Sommeil hiémal.* **→ hibernal.**

hier [jɛʀ] **adv.** **(vient du latin *heri*)** **1.** Le jour qui précède immédiatement celui où l'on est. **→ veille.** *Hier matin, hier (au) soir. Le journal d'hier.* **– n. m.** *Vous aviez tout hier pour y penser.* **2.** Dans un passé récent, à une date récente. *« Il semble que nous soyons sortis avant-hier du chaos, et hier de la barbarie »* (Voltaire). *Ça ne date pas d'hier* : c'est très ancien. *Je m'en souviens comme si c'était hier,* très bien. **– loc. fam.** *N'être pas né d'hier* : avoir de l'expérience, être averti.

Hiérapolis Site archéologique de Turquie, au N. de Denizli (Phrygie). Importants vestiges romains (Ier-IIIe s.), près des sources d'eau chaude et des cascades de Pamukkale (patrimoine mondial de l'Unesco).

***hiérarchie** **n. f.** **(du latin ecclés., du grec, de *hieros* « sacré » et *arkhê* « commandement » → -archie ; d'abord à propos des anges)** **1.** Organisation sociale fondée sur des rapports de subordination (selon les pouvoirs, la situation de chacun). *Les degrés de la hiérarchie. Être au sommet de la hiérarchie.* **2.** Organisation d'un ensemble en une série où chaque terme est supérieur au terme suivant. **→ classement, ordre.** *Hiérarchie des valeurs.*

***hiérarchique** **adj.** **(du latin ecclés. → hiérarchie)** Relatif à la hiérarchie. *Supérieurs hiérarchiques. Suivre la voie hiérarchique.* □ **adv.** ***hiérarchiquement**

***hiérarchiser** **v. tr.** < 1 > Organiser, régler selon une hiérarchie. **– p. p. adj.** *Société fortement hiérarchisée.* □ **n. f.** ***hiérarchisation**

***hiérarque** **n.** **(du latin ecclés., du grec, de *arkhôs* → hiérarchie)** **1. n. m.** Haut dignitaire de l'Église orthodoxe. **2.** Personne importante dans une hiérarchie (surtout politique).

***hiératique** **adj.** **(du latin, du grec → hiér[o]-)** **1.** didact. Qui concerne les choses sacrées, et spécialt le formalisme religieux, la liturgie. **2.** littér. Qui semble réglé, imposé par un rite, un cérémonial, une tradition. **→ solennel.** *Gestes hiératiques.* **3.** *Écriture hiératique* : écriture cursive ancienne des Égyptiens (opposé à *démotique*). □ **adv.** **hiératiquement** □ **n. m.** **hiératisme**

***hiér(o)-** Élément **(du grec *hieros*)** qui signifie « sacré » (ex. *hiérarchie, hiératique, hiéroglyphe, hiérophante*).

***hiérodule** **n. m.** **(latin *hierodulus*, du grec, de *hieros* → *hiér[o]- et *doulos* « esclave »)** Antiq. grecque Esclave attaché au service d'un temple.

***hiérogamie** **n. f.** **(de *hiéro-* + *-gamie*)** didact. Union entre deux principes sacrés de sexe opposé dans certaines religions ou mythes fondateurs.

***hiéroglyphe** **n. m.** **(de *hiéroglyphique*)** **1.** Caractère, signe des plus anciennes écritures égyptiennes. **2.** fig. au plur. Écriture difficile à déchiffrer.

***hiéroglyphique** **adj.** **(du grec, de *hieros* → hiér[o]- et *gluphein* « graver »)** **1.** Formé de hiéroglyphes ; qui constitue un hiéroglyphe. **2.** fig. Indéchiffrable.

Hiéron II le Jeune Roi de Syracuse (v. 306-215 av. J.-C.). Allié des Romains durant les deux premières guerres puniques, il assura une grande prospérité à sa patrie.

***hiéronymite** **n. m.** **(latin *Hieronymus* « [saint] Jérôme »)** Religieux d'un des ordres fondés en Espagne et en Italie aux XIVe et XVe siècles, et qui prirent saint Jérôme pour patron.

***hiérophante** **n. m.** **(du latin ecclés., du grec *hierophantês*, de *hieros* → hiér[o]- et *phainesthai* « faire paraître »)** Antiq. grecque Prêtre qui présidait aux mystères d'Éleusis et instruisait les initiés.

Hierro **(île de)** La plus occidentale et la plus méridionale des îles Canaries. 10 560 habitants. Chef-lieu : Valverde.

***hifi** ou ***hi-fi** **n. f. et adj.** **(abrév. de l'anglais *high fidelity*)** anglic. Haute-fidélité. **→ fidélité.** **– adj.** *Des chaînes hifis, hi-fi* (invar.).

Higashiōsaka Ville du Japon (Honshū), fondée en 1967 par la fusion de Fuse, Kawashi et Hiraoka. 494 000 habitants.

Higelin **(Jacques)** Auteur-compositeur-interprète français (1940-2018). Chanteur aux inspirations multiples, il est un des principaux représentants du rock français. *Alertez les bébés ; Tombé du ciel ; Amor doloroso.*

Higgins Clark **(Mary)** Romancière américaine (1927-2020). Elle est l'autrice de romans policiers à succès. *La Nuit du Renard ; Souviens-toi.*

Higgs **(Peter W.)** Physicien britannique (né en 1929). Il prédit, en 1964, l'existence d'une particule qui ne fut prouvée qu'en 2012 grâce au LHC, grand accélérateur de particules qui recrée les conditions du Big Bang. Le boson scalaire ou boson de Higgs (également appelé boson de Brout-Englert-Higgs, du nom de deux scientifiques belges qui ont proposé cette hypothèse au même moment) a obligé à reconsidérer la masse des particules qui ne peut plus être associée à une idée de matière ou de substance mais dépendrait d'une interaction plus ou moins forte avec un champ composé de bosons de Higgs. Prix Nobel 2013.

Highland District d'Écosse. 25 659 km^2. 208 915 habitants.

***highlander** [ajlɑ̃dœʀ] **n. m.** **(mot anglais, de *highland* « haute terre »)** **1.** Habitant ou natif des Highlands. **2.** Soldat d'un régiment écossais. *Cornemuse des highlanders.*

Highlands **n. f. pl.** Région montagneuse d'Écosse, au N. des Lowlands. Hauts-plateaux soumis à un rude climat, entaillés par de profondes vallées parsemées de lacs (loch Ness, loch Lomond) et de fjords. Tourisme.

Highsmith **(Patricia)** Romancière américaine (1921-1995). Elle est l'autrice de nombreux romans policiers à caractère psychologique, souvent adaptés au cinéma. *L'Inconnu du Nord-Express ; Le Cri du hibou ; Eaux profondes.*

***high-tech** [ajtɛk] **n. m. invar. et adj. invar.** **(abrév. de l'anglais des États-Unis *high technology* « haute technologie »)** anglic. **1.** vieilli Utilisation à des fins décoratives d'objets et d'éléments industriels. **– adj. invar.** *Meubles high-tech.* **2.** Technique de pointe ; haute technologie. **→ tech. – adj. invar.** *Une médecine high-tech.*

Hightower **(Rosella)** Danseuse américaine d'origine indienne (1920-2008). Elle connut une gloire internationale comme danseuse étoile *(Giselle ; Le Lac des cygnes).*

higoumène **n. m.** **(latin *hegumenus*, du grec, de *hegoumai* « commander »)** didact. Supérieur d'un monastère de rite byzantin.

***hihan** **interj.** Onomatopée évoquant le cri de l'âne. **– n. m.** *Des hihans.* **→ braiment.** - **var.** **hi-han** (invar.).

Hiiumaa Île d'Estonie, dans la mer Baltique. Pêcheries. Élevage.

***hijab** voir **hidjab**

Hijāz voir **Hedjaz**

Hikmet **(Nazim)** Écrivain turc (1902-1963). Il est l'auteur de pièces de théâtre et de poèmes *(C'est un dur métier que l'exil)*, reflétant ses convictions patriotiques et marxistes.

***hilaire** **adj.** bot., anat. Relatif à un hile. *Ganglions hilaires,* du hile pulmonaire.

Hilaire **(saint)** Père et docteur de l'Église (v. 315-v. 367). Évêque de Poitiers, il lutta contre l'arianisme.

Hilaliens ou **Banū Hilāl** **n. m. pl.** Tribu arabe originaire du sud de l'Arabie, établie en Égypte et dans la partie orientale de l'Afrique du Nord.

hilarant, ante **adj.** **(du latin, de *hilarare* → hilare)** Qui provoque le rire. *Gaz hilarant.*

hilare **adj.** **(du latin, grec *hilaros* « joyeux »)** Qui est dans un état de gaieté extrême. *Public hilare.* **–** *Visage hilare.* **→ réjoui.**

Hilarion **(saint)** Ermite (290-371). Disciple de saint Antoine, il introduisit la vie érémitique à Gaza.

hilarité **n. f.** **(du latin → hilare)** Brusque accès de gaieté ; explosion de rires. *L'hilarité générale.*

Hilbert **(David)** Mathématicien allemand (1862-1943). Il formalisa la géométrie et fut l'un des fondateurs de la méthode axiomatique. Il jeta les bases de la théorie de la démonstration et exerça une influence considérable sur les mathématiques ultérieures.

Hildebrand **(Adolf von)** Sculpteur allemand (1847-1921). Opposé au naturalisme, il réhabilita une sculpture inspirée de l'art grec (fontaine des Wittelsbach à Munich).

Hildebrandt **(Johann Lukas von)** Architecte autrichien (1668-1745). Considéré comme l'un des plus importants représentants du baroque autrichien, il dessina les plans du palais du Belvédère à Vienne (1714-1721).

Hildegarde **(sainte)** Mystique et bénédictine allemande (1098-1179). Fondatrice des monastères de Rupertsberg et d'Eibingen, elle a laissé des ouvrages mystiques en latin *(Scivias seu Visiones)* et des compositions musicales.

Hildesheim Ville d'Allemagne (Basse-Saxe), au S. de Hanovre. 101 000 habitants. Églises romanes (Saint-Michel, des XIe-XIIIe s.). Port fluvial.

***hile** **n. m.** **(latin *hilum*)** **1.** anat. Point d'insertion, généralement déprimé, des vaisseaux et des conduits excréteurs sur un organe. *Le hile du foie.* **2.** bot. Cicatrice laissée sur le tégument d'une graine par la rupture du funicule*. *Le hile de la fève.*

Hilferding **(Rudolf)** Homme politique allemand d'origine autrichienne (1877-1941). Social-démocrate et théoricien du marxisme, il fut député de 1924 à 1933.

Hill **(sir Geoffrey)** Poète britannique (1932-2016). Son œuvre recourt volontiers à l'anachronisme pour placer la modernité sous une lumière inédite. *King Log.*

Hilla Ville d'Irak, chef-lieu de la province de Babil (Babylone), en basse Mésopotamie, sur une des branches de l'Euphrate. 455 700 habitants. Centre d'excursions en direction des ruines de Babylone.

Hillary **(sir Edmund Percival)** Alpiniste et explorateur néo-zélandais (1919-2008). Le premier, il atteignit avec Tenzing Norgay le sommet de l'Everest, en 1953.

Edmund Hillary au Népal.

Hillel **l'Ancien** Docteur juif pharisien (né v. 75 av. J.-C.). « Prince » du sanhédrin, il interpréta la Loi dans un sens libéral.

Hiller **(Johann Adam)** Compositeur allemand (1728-1804). Animateur de la vie musicale de Leipzig, il fonda en 1781 les concerts du Gewandhaus et fut cantor de l'église Saint-Thomas de 1789 à 1800. Auteur d'un grand nombre de lieder, chorals et arrangements, il créa le *Singspiel* (drame musical) allemand.

Hilliard **(Nicholas)** Peintre miniaturiste et orfèvre anglais (1547-1619). Peintre officiel de la reine Élisabeth puis de Jacques Ier, il exécuta des portraits aux coloris frais, tout d'élégance et de finesse. Il est l'auteur d'un traité *L'Art de la miniature.*

***hiloire** **n. f.** **(néerlandais *sloerie* « platbord »)** mar. Bordure verticale qui protège les ouvertures du pont, les panneaux, et empêche les entrées d'eau.

Himalaya

L'Himalaya, en sanskrit « demeure des neiges », et le mont Everest vus d'avion.

hilote voir **ilote**

Hilversum Ville des Pays-Bas (Hollande-Septentrionale), au S.-E. d'Amsterdam. 91 700 habitants. Constructions électriques. Stations de radio et de télévision.

Himachal Pradesh État du N. de l'Inde, dans l'Himalaya. 55 673 km^2. 7 452 000 habitants. Capitale : Simla. Les sommets dépassent 6 000 m et encadrent de profondes vallées. Stations climatiques et monuments bouddhiques.

Himalaya Chaîne de montagnes, la plus haute du monde, partagée entre l'Inde, la Chine, le Pakistan, le Népal et le Bhoutan. Près de 3 000 km de long sur 250 km de large. Point culminant : l'Everest (8 850 m). On distingue, du nord au sud : le « Haut Himalaya », avec plus de 100 sommets dépassant 7 000 m, le « Moyen Pays », avec de profondes vallées et des bassins, le Mahabharat Lek, aux sommets dépassant 6 000 m, et les Siwaliks, série de chaînons plus modestes. C'est une chaîne plissée d'âge alpin où l'agriculture est pratiquée dans les vallées et l'élevage sur les versants. Les populations sont proches par leurs origines de celles du Tibet et le bouddhisme y est fortement implanté. Les paysages grandioses et les monastères bouddhiques attirent de nombreux touristes. C'est l'un des hauts lieux de l'alpinisme international.

himation [imatjɔn] **n. m.** **(mot grec)** Antiq. grecque Manteau drapé sans manches.

Himeji Ville du Japon (Honshū), sur la mer Intérieure. 530 700 habitants. Le château dit du « héron blanc » (1608), aux murs blancs, comporte un donjon à sept étages. Sidérurgie. Textile.

Himère Ancienne ville de Sicile, fondée par les Grecs de Messine en –648. Elle fut détruite par les Carthaginois en –409.

Himes **(Chester)** Romancier américain (1909-1984). Il est l'auteur d'œuvres antiracistes et d'une série de romans policiers truculents *(La Reine des Pommes)*, qui opposent deux policiers noirs à la faune de Harlem.

Himilcon Navigateur carthaginois (v. –450). Il atteignit les Cornouailles et peut-être l'Irlande.

Himmler **(Heinrich)** Homme politique allemand (1900-1945). Chef de la Gestapo (1934), il participa à la liquidation de Röhm, chef des SA, et devint chef de la police du Reich (1938). Il fit régner la terreur et organisa les camps de concentration. Ministre de l'Intérieur (1943), il fut arrêté par les Britanniques en 1945 et se suicida.

Hinault **(Bernard)** Cycliste français (né en 1954). Il fut cinq fois vainqueur du Tour de France (1978 et 1979, 1981 et 1982, 1985) et champion du monde en 1980.

Hincmar (v. 806-882). Archevêque de Reims (845), il fut le conseiller de Charles le Chauve. Il écrivit de nombreux ouvrages doctrinaux *(De una et non trina Deitate).*

Hindemith **(Paul)** Compositeur allemand (1895-1963). Influencé par Schoenberg mais aussi par Bach, il acquit très tôt un style personnel, mélodique et polyphonique, riche en sensualité, couleurs et émotions. Il est l'auteur d'opéras *(Cardillac ; Mathis le peintre)*, de ballets, de musique symphonique, de concertos, de musique de chambre et de lieder *(Das Marienleben).*

Hindenburg **(Paul von Beneckendorff und von)** Maréchal et homme d'État allemand (1847-1934). Vainqueur des Russes en 1914, il fut nommé chef du grand état-major général en 1916 et collabora avec Ludendorff. En 1925, il devint président de la République de Weimar. Réélu en 1932, il appela Hitler à la chancellerie en 1933.

(*)hindi [indi] **n. m.** **(mot hindi)** Langue indo-européenne dérivée du sanskrit (syn. **hindoustani**). *L'hindi est une des langues officielles de l'Union indienne.*

hindou, oue **adj. et n.** **(de *Inde* → indien ; *h* du hindi)** De l'Inde et relatif à la civilisation brahmanique. *Les castes de la société hindoue.* **– n.** Adepte de l'hindouisme. - var. RO **indou.**

hindouisme **n. m.** Religion brahmanique pratiquée en Inde. **→ brahmanisme.** - var. RO **indouisme.** □ **adj. et n.** **hindouiste** ou RO **indouiste**

Hindoustan ou **Hindustan** **n. m.** Ancien nom du sous-continent indien, correspondant à la région indo-gangétique.

hindoustani **n. m.** **(de *Hindoustan*)** vieux **→ hindi.**

Hindū Kush **n. m.** Chaîne montagneuse du N.-E. de l'Afghanistan et du N.-O. du Pakistan. L'Hindū Kush culmine à 7 690 m au Tirich Mir.

L'Hindū Kush, où de nombreuses rivières prennent leur source, dont l'Amou-Daria.

Hines **(Earl dit « Fatha »)** Pianiste et chef d'orchestre de jazz américain (1903-1983). Il rompit avec le style New Orleans alors en vogue et eut une influence considérable sur les pianistes qui lui ont succédé (*West End Blues* avec Louis Armstrong).

Hinggan ling ou **Khingan** **n. m.** Massif montagneux de Chine (Mongolie-Intérieure), culminant à 2 035 m.

Hinkley Point Centrale nucléaire d'Angleterre, près de Dungeness, dans le Kent.

Hintikka **(Jaakko)** Philosophe finlandais (1929-2015). Il s'est intéressé à l'étude des propositions logiques, a remis en cause la distinction kantienne entre jugements synthétiques et analytiques et a réinterprété la logique d'Aristote *(Connaissance et croyance)*.

hindouisme

Symboles de l'hindouisme. 1. Le lingam de Shiva, temple de Brihadiśvara, Thanjavur (Xe s.). 2. La roue solaire, temple du Soleil, Konārak (v. 1240). 3. La ville sainte de Hardwar et ses temples sur les rives du Gange.

▶ Diverses traditions religieuses et philosophiques de l'Inde composent l'**hindouisme**. Elles ont en commun de s'enraciner dans l'ancienne religion védique et ses quatre livres sacrés, les *Véda*, élaborés au cours d'une période allant de 1500 à 800 avant notre ère. Ce sont les recueils, sous forme de chants liturgiques et de formules sacrificielles, d'une révélation divine transmise par des « voyants » *(rishi)*. S'y ajoutent, à partir du VIIIe siècle, des textes plus philosophiques : les *Upanishad*. Dans cet ensemble d'écrits apparaissent la plupart des idées fondamentales du brahmanisme (l'hindouisme antique). Elles sont illustrées dans de grands poèmes épiques comme le *Mahābhārata* et le *Rāmāyana*.

L'hindouisme s'inscrit dans une conception cyclique de l'histoire universelle : tout est un éternel recommencement. Son foisonnant panthéon (plus de 30 000 divinités) repose sur un socle trinitaire, les « trois formes » *(trimurti)*. Essence éternelle, principe animant le monde et présent en toutes choses, *Brahman* est le créateur des deux autres grandes divinités : *Vishnou* et *Shiva*. *Shiva*, époux de *Kali*, est le dieu de la destruction et de la transformation, celui par qui tout retourne au chaos initial pour renaître. *Vishnou*, Dieu de la conservation, est celui qui préserve l'équilibre précaire du monde où il peut intervenir sous différentes formes *(avatara)*. Ses manifestations les plus célèbres sont celles de *Krishna*, dans la *Bhagavad-gītā*, et de *Rāmā*, dans le *Rāmāyana*.

Pour l'hindouisme, l'être humain est, lui aussi, soumis au cycle des renaissances *(samsara)*. Par la roue du *karma* (actes), ses actions conditionnent sa vie future, toujours plus ou moins insatisfaisante. Seul l'accès au *nirvana* libère du cercle vicieux des réincarnations. Il exige la purification totale de l'âme individuelle *(atman)* qui peut alors définitivement rejoindre l'éternelle plénitude *(nirvana)* de *Brahman*. À l'époque du brahmanisme, ce processus de purification était avant tout tributaire des sacrifices rituels pratiqués par des prêtres. Les brahmanes formaient déjà la plus haute caste, dominant celle des guerriers, celle des paysans et artisans, les serviteurs composant la plus basse. Mais, dès l'origine, différentes voies *(dharma)* de libération se sont développées dans l'hindouisme. Il y a celle, plus philosophique, de la connaissance qui s'enracine en particulier dans la *Vedanta* (« fin des Véda »), enseignée par le réformateur Shankara (VIIe siècle avant notre ère). Une autre voie met l'accent sur la méditation et l'ascèse avec des pratiques corporelles et spirituelles destinées à purifier le corps en même temps que l'esprit. L'une de ses branches les plus connues est le *Yoga*. Le tantrisme est une voie très ésotérique, centrée sur la recherche de l'union harmonieuse *(yoga)* entre l'énergie masculine, reliée à Shiva, et la *shakti*, l'énergie féminine. La voie la plus populaire de l'hindouisme est celle de la *bhakti*. Elle passe par l'attachement et la dévotion *(bhakti)* du fidèle avec l'une ou l'autre des divinités du panthéon hindou. Ces dévotions (cultes des images, chants et danses sacrés, offrandes) sont pratiquées dans le cercle familial et les temples où officient les brahmanes. Chargés des rituels, ils sont aussi ceux qui enseignent les grands textes de la *bhakti*, en particulier la *Bhagavad-gītā*.

Au contraire du bouddhisme, l'hindouisme n'a jamais été une religion missionnaire. On naît hindou mais, à de rares exceptions, on ne le devient pas. L'hindouisme s'est essentiellement diffusé dans le monde par les migrations indiennes. Il est, sous une forme ou l'autre, la religion de 80 % des habitants de l'Inde. Pratiqué par environ 800 millions de personnes, l'hindouisme est la troisième religion de l'humanité.

voir aussi **bouddhisme, Mahābhārata**

***hip-hop** [ipɔp] **n. m. invar. et adj. invar.** **(mot anglais des États-Unis, p.-ê. de *hip* « dans le vent, branché » et *to hop* « sauter »)** Mouvement culturel d'origine nord-américaine se manifestant par des formes artistiques variées (rap, smurf puis breakdance, street art). **– adj. invar.** *La culture hip-hop.* ■ **spécialt** Musique hip-hop. → **rap.** ■ Danse acrobatique caractéristique du mouvement hip-hop.

Mouvement de breakdance, danse caractéristique du mouvement hip-hop.

hipparion **n. m.** **(mot grec « petit cheval »)** paléont. Mammifère ongulé, fossile du tertiaire.

Hipparque Tyran d'Athènes (527-514 av. J.-C.). Fils de Pisistrate, il gouverna conjointement avec son frère Hippias. Ami des lettres, il fit recueillir les poèmes d'Homère.

Hipparque Astronome et mathématicien grec (IIe s. av. J.-C.). Véritable père de l'astronomie, il introduisit en Grèce la division babylonienne du cercle en 360 degrés, réalisa le premier catalogue d'étoiles (environ 800), découvrit la précession des équinoxes. Il jeta aussi les bases de la trigonométrie et du calcul mathématique des longitudes.

Hippias (mort en 490 av. J.-C.). Tyran d'Athènes (527-510 av. J.-C.). Fils aîné de Pisistrate, il gouverna conjointement avec son frère Hippocrate. Face aux dangers perse et spartiate, il pratiqua une politique de répression. Chassé d'Athènes en –510, il se réfugia auprès de Darios Ier, roi de Perse.

Hippias d'Elis Sophiste, mathématicien et rhéteur grec (mort en 343 av. J.-C.). Une des figures marquantes de la sophistique, il passait pour être omniscient et écrivit sur les sujets les plus divers. Platon en fait un personnage vaniteux et borné dans les deux dialogues éponymes : l'*Hippias majeur* et l'*Hippias mineur*.

***hippie** **n. et adj.** **(mot anglais des États-Unis, de *hip* « initié, à la page »)** anglic. Adepte d'un mouvement des années 1970, fondé sur le refus de la société de consommation et prônant la liberté des mœurs et la non-violence. *Des hippies.* **– adj.** *Le mouvement hippie.* - var. ***hippy.** *Des hippys.*

hippique adj. **(du grec → hipp[o]-)** Qui a rapport à l'hippisme. *Concours hippique.* → **équestre.**

hippisme **n. m.** **(de *hippique*)** Ensemble des sports pratiqués à cheval ou avec un cheval (course, équitation, polo) et des activités (paris) qui en dépendent. → **équitation, turf.**

hipp(o)- Élément **(du grec *hippos*)** signifiant « cheval ».

hippocampe **n. m.** **(latin *hippocampus*, du grec, de *hippos* « cheval » → hipp[o]- et *kampos* « poisson courbe », de *kampê* « courbure », cf. jambe)** **I.** Animal mythique moitié cheval, moitié poisson. **II.** Petit poisson de mer (syngnathidé) qui nage en position verticale et dont la tête rabattue contre la gorge rappelle celle d'un cheval. **III.** anat. Cinquième circonvolution temporale du cerveau humain.

Hippocrate Médecin grec (v. 460-v. 377 av. J.-C.). Initiateur de l'observation clinique, il pratiqua la chirurgie et fonda sa physiologie sur la théorie des quatre humeurs. On lui attribue 60 traités dits *hippocratiques,* dont le fameux *Serment* prêté aujourd'hui encore par les médecins. Il est considéré comme le plus grand médecin de l'Antiquité.

Hippocrate de Chios Mathématicien grec (ve s. av. J.-C.). Précurseur d'Euclide, il travailla sur les problèmes de la quadrature du cercle et de la duplication du cube.

hippocratique adj. (du n. d'Hippocrate) didact. D'Hippocrate, de sa doctrine médicale.

hippocratisme n. m. (de *Hippocrate* → hippocratique) méd. **I.** Doctrine inspirée des principes d'Hippocrate, selon laquelle la thérapeutique doit observer les efforts que fait la nature dans sa lutte contre la maladie et agir dans le même sens. **II.** *Hippocratisme digital :* déformation de l'extrémité des doigts et des orteils entraînant une incurvation des ongles.

H

Hippocrène Source qui jaillit d'un rocher sur l'Hélikon, dans la mythologie grecque. Son eau était réputée favoriser l'inspiration.

hippodrome n. m. (latin *hippodromus,* du grec → hipp[o]- et -drome) Terrain de sport hippique ; champ de courses.

hippogriffe n. m. (de l'italien, du grec *hippos* → hipp[o]- et de l'italien *grifo* → [1]griffon) Animal fabuleux, monstre ailé moitié cheval, moitié griffon.

hippologie n. f. didact. Étude du cheval. □ adj. **hippologique**

Hippolyte Dans la mythologie grecque, reine des Amazones, fille d'Arès. Elle est tuée par Héraclès.

Hippolyte Fils de Thésée et d'une Amazone, beau-fils de Phèdre. Aimé par cette dernière, il en repousse les avances. Pour se venger, elle l'accuse d'avoir attenté à son honneur. Thésée demande alors à Poséidon de le venger.

Hippolyte de Rome (saint) Écrivain grec (170-apr. 235). Prêtre romain, disciple de saint Irénée, il aurait été le premier antipape. On lui attribue des œuvres exégétiques et un *Elenchos contre toutes les hérésies* ou *Philosophoumena.*

hippomobile adj. (de *hippo-* + *-mobile*) didact. Tiré par un ou plusieurs chevaux. *Voiture hippomobile.*

Hipponax d'Éphèse Poète grec (vi^e s. av. J.-C.). Il est l'auteur de satires qui frappent par leur réalisme.

Hippone Ancienne ville de Numidie, sur la Méditerranée (près de l'actuelle Annaba, en Algérie). Colonie carthaginoise puis romaine, dont saint Augustin fut l'évêque (395-430). Elle fut détruite par les Arabes au viie siècle.

hippophagique adj. (de *hippo-* + *-phagique*) *Boucherie hippophagique,* où l'on vend de la viande de cheval. → **chevalin.** □ n. f. **hippophagie**

hippopotame n. m. (du latin, grec *hippopotamos* « cheval du fleuve ») **1.** Gros mammifère herbivore amphibie, aux membres trapus à quatre doigts. **2.** fig., fam. Personne énorme. ■ **hippopotamesque** adj. Qui évoque l'hippopotame par sa lourdeur.

hippotechnie n. f. (de *hippo-* + *-technie*) didact. Technique de l'élevage et du dressage des chevaux.

***hippy** voir hippie

***hipster** [ipstœʀ] n. (mot anglais, de *hip* « à la mode ») anglic. Jeune urbain qui affiche un style vestimentaire et des goûts empreints de second degré, à contre-courant de la culture de masse.

Hirado Petite île de la côte occidentale de Kyūshū, au Japon. Env. 60 000 habitants. Premier port ouvert aux Occidentaux (xvie s.) [30 00 habitants].

hiragana n. m. (mot japonais, de *hira* « plat » et *gana* → kana) didact. Signe syllabique japonais (→ **kana**) utilisé surtout pour noter les éléments grammaticaux non transcrits par les kanji. *Les hiragana* (invar.) ou *les hiraganas. Hiragana et katakana*.*

Hirakata Ville du Japon (Honshū), près d'Ōsaka. 397 500 habitants. Université.

Hiram Ier Roi de Tyr (969-935 av. J.-C.). Allié de Salomon, il aide celui-ci dans la construction du Temple de Jérusalem.

hircin, ine adj. (latin *hircinus,* de *hircus* « bouc ») didact. Qui tient ou vient du bouc.

Hirohito (1901-1989) Empereur du Japon (1926-1989). Fils et successeur de Taishō Tennō, il entra en guerre contre les Alliés en 1941 et dut renoncer à une partie de ses prérogatives après la défaite de 1945. Depuis sa mort, on lui attribue le nom de Shōwa Tennō.

hirondeau n. m. (de *hirondelle*) Petit de l'hirondelle.

hirondelle n. f. (ancien provençal *irondela,* de *irunda,* qui vient du latin *hironda* pour *hirundo ;* a remplacé *aronde,* venant du latin *hirundo*) **1.** Oiseau migrateur noir et blanc, aux ailes fines et longues, à la queue échancrée en V. – prov. *Une hirondelle ne fait pas le printemps :* un seul exemple n'autorise pas de conclusion générale. **2.** *Hirondelle de mer.* → **sterne. 3.** *Nid d'hirondelle :* nid d'un martinet, fait de mucus régurgité, qui constitue un mets très apprécié en Extrême-Orient.

Hiroshige ou **Utagawa Hiroshige** Dessinateur japonais (1797-1858). Il est célèbre pour ses estampes de style *ukiyo-e* représentant des paysages.

Hiroshima Ville du Japon (Honshū) et port sur la mer Intérieure. 1 201 280 habitants. Le 6 août 1945, les États-Unis y larguèrent la première bombe atomique, qui fit plus de 130 000 victimes. Industrie. Musées.

Hirsch (Robert) Comédien français (1925-2017). Il joua à la Comédie-Française de 1948 à 1973 dans les œuvres de Shakespeare, Molière, Dostoïevski et Feydeau, et poursuivit sa carrière au théâtre ainsi qu'au cinéma.

Hirson Commune de l'Aisne, sur l'Oise. 8 685 habitants. Industrie.

Hirst (Damien) Artiste britannique (né en 1965). Hanté par la mort, il a mis en scène des cadavres d'animaux dans des cages de verre remplies de formol. Sa tête de mort incrustée de diamants, *For the Love of God,* dénonce l'industrie des pierres précieuses créée par un capitalisme meurtrier. Revenant à la peinture dans les années 2010, il compose des toiles constituées de pois de couleurs vives puis réalise une série de cerisiers en fleurs évoquant l'impressionnisme.

hirsute adj. (latin « hérissé », aussi terme de botanique) Qui a le poil, le cheveu très fourni et en désordre. → **ébouriffé.** *Gamin hirsute.* – *Tignasse hirsute.*

hirsutisme n. m. méd. Développement excessif du système pileux chez une femme, dû à une sécrétion exagérée d'hormones corticosurrénales.

hirudine n. f. (du latin *hirudo, hirudinis* « sangsue ») biochim. Substance protéinique sécrétée par la sangsue, aux propriétés anticoagulantes.

hirudinée n. f. (→ hirudine) zool. Annélide dépourvu de soies (classe des *Hirudinées ;* ex. la sangsue).

Hisarlik voir Hissarlik

Hispanie n. f. Nom donné par les Romains à la péninsule Ibérique.

Hispaniola Transcription latine de *La Española,* nom donné par Christophe Colomb à l'île d'Haïti.

hispanique adj. (du latin, de *Hispania* « Espagne ») **1.** Qui a trait à l'Espagne, aux Espagnols. → **ibérique.** *Institut d'études hispaniques.* **2.** n. et adj. Se dit des immigrants originaires d'Amérique latine, aux États-Unis.

hispanisant, ante n. didact. Linguiste spécialisé(e) dans l'étude de la langue espagnole. ■ Spécialiste de l'Espagne, de sa civilisation. - syn. **hispaniste.**

hispaniser v. tr. < 1 > (de *hispanique*) Faire adopter la langue, les usages espagnols à une contrée, une nation. – au p. p. *Les populations hispanisées.* □ n. f. **hispanisation**

hispanisme n. m. ling. Construction ou emploi propre à la langue espagnole.

hispano- Élément (du latin *hispanus*) qui signifie « espagnol ».

hispano-américain, aine adj. **1.** Qui a rapport à l'Amérique et à l'Espagne. **2.** Relatif à la partie de l'Amérique latine où l'on parle espagnol. – n. *Les Hispano-Américains.*

hispano-américaine (guerre) Conflit qui opposa en 1898 les États-Unis à l'Espagne en lutte contre ses colonies révoltées. Le traité de Paris (déc. 1898) consacra la fin de l'empire colonial espagnol : Cuba devint indépendante ; les Philippines, Porto Rico et l'île de Guam revinrent aux États-Unis.

hispano-mauresque adj. Se dit de l'art musulman qui appartient à l'époque où les califes de Cordoue réunirent sous leur

Hiroshima

Hiroshima, après le bombardement atomique du 6 août 1945.

domination le Maroc et l'Espagne. - syn. **hispano-arabe.** - var. **hispano-moresque.**

hispanophone adj. et n. (→ -phone) Qui parle l'espagnol. *L'Amérique hispanophone.*

hispide adj. (latin *hispidus* « hérissé ») bot. Hérissé de poils rudes et épais.

Hissarlik ou **Hisarlik** Village de Turquie, à l'entrée des Dardanelles, où se trouverait le site de Troie.

oh ***hisse** interj. voir hisser (2)

***hisser** v. tr. < 1 > (de l'allemand, p.-ê. onomatopéique) **1.** Élever, faire monter au moyen d'une manœuvre, d'un cordage. *Hisser les couleurs.* **2.** Tirer vers le haut et avec effort. → **élever.** *Hisser un fardeau au moyen d'une grue.* ■ interj. *Oh ! hisse !* ■ **se hisser** v. pron. S'élever avec effort. → ^{1}**grimper, monter.** *Se hisser sur la pointe des pieds.* → se **hausser.** – fig. Parvenir à un niveau élevé. *Se hisser au sommet de la hiérarchie.*

Histadrout n. f. Fédération générale du travail, principale centrale syndicale d'Israël. Créée en 1920, elle regroupe 90 % des travailleurs israéliens et figure parmi les premiers employeurs du pays.

histamine n. f. (de *hist[o]-* et *amine*) Amine dérivée de l'histidine, présente dans la plupart des tissus animaux, et dont le rôle est important dans les manifestations allergiques. □ adj. **histaminique**

histidine n. f. (mot allemand → hist[o]-, -ide et -ine) biochim. L'un des vingt acides aminés constituants des protéines, qui fournit par dégradation enzymatique l'histamine*.

histiocyte n. m. (du grec *histiôn* « voile de navire, tenture, toile » et *-cyte*) biol. Cellule macrophage libre du tissu conjonctif assurant le remplacement des cellules.

hist(o)- Élément (du grec *histos*) qui signifie « tissu vivant ».

histochimie n. f. (→ chimie) didact. Étude de la composition chimique des cellules et des tissus, et des réactions chimiques qui s'y déroulent.

histocompatibilité n. f. (→ compatibilité) biol. Compatibilité entre les antigènes tissulaires de deux individus de la même espèce, sans laquelle les greffes sont rejetées. *Antigènes d'histocompatibilité.* → **HLA.** □ adj. **histocompatible**

histogenèse n. f. (de *hist[o]-* et *-genèse, -génèse*) didact. **1.** Formation des divers tissus au cours du développement embryonnaire. **2.** Étude du développement des tissus ; étude de la formation des tissus morbides.

histogramme n. m. (de l'anglais, du grec *histos* « texture, trame ») statist. Représentation graphique des fréquences ou effectifs relatifs à un caractère quantitatif continu à l'aide d'une série de rectangles dont la base constitue un intervalle de variation des valeurs du caractère et la surface l'effectif correspondant.

histoire n. f. (latin *historia* « récit » [→ historié, historien, historique], mot grec « enquête » et « rapport », de *eidenai* « savoir », même origine que le latin *videre* « voir » → voir) **I. 1.** Connaissance et récit des évènements du passé jugés dignes de mémoire ; les faits ainsi relatés. *« Tous les peuples ont écrit leur histoire dès qu'ils ont pu écrire »* (Voltaire). *L'histoire ancienne, histoire du Moyen Âge, histoire des temps modernes, histoire contemporaine. L'histoire politique, économique. L'histoire de l'art, des sciences, des mentalités.* ■ ***Histoire sainte*** : les récits de la Bible. ■ ***La petite histoire*** : les anecdotes qui se rattachent à une période historique. *La grande histoire, l'Histoire (avec un grand H)* : les grands évènements. ■ *L'histoire d'une personne.* → **biographie, vie. 2.** Étude scientifique d'une évolution. *L'histoire du globe. L'histoire d'un mot.* **3.** absolt Science et méthode permettant d'acquérir et de transmettre la connaissance du passé. *« L'Histoire est la science des choses qui ne se répètent pas »* (Valéry). *Les sources, les documents de l'histoire* : annales, archives, chroniques... **4.** La mémoire des hommes, le jugement de la postérité. *L'Histoire jugera,* dira si la personne a eu raison d'agir ainsi. ■ La vérité historique. *Mélanger l'histoire et la fiction.* **5.** La suite des évènements qu'étudie l'histoire (→ ^{1}**passé**). *Au cours de l'histoire. Le sens de l'histoire.* **6.** La partie du passé de l'humanité connue par des documents écrits (par oppos. à *préhistoire*). **7.** Livre d'histoire. *Acheter une Histoire de France.* **II.** (sens du latin) vieux **1.** Connaissances reposant sur l'observation et la description des faits (et non pas la raison [science], ou l'imagination). **2.** ***Histoire naturelle*** : ancienne désignation des sciences* naturelles. **III.** *Une, des histoires* **1.** Récit d'actions, d'évènements réels ou imaginaires. *C'est une histoire vraie. Une histoire de fantômes. Raconter une histoire à un enfant. La morale de cette histoire.* – allus. *« Mais ceci est une autre histoire »* (trad. de Kipling). ■ ***Histoire drôle*** : bref récit dont la chute est comique. **2.** Histoire inventée, invraisemblable ou destinée à tromper, à mystifier. → **conte, fable ; mensonge.** *Tout ça, ce sont des histoires.* → **baliverne,** ^{2}**blague.** *Ne me racontez pas d'histoires.* **3.** Suite, succession d'évènements concernant qqn. → **affaire.** *Quelle histoire !* → **aventure.** loc. *C'est une histoire de fou, une histoire à dormir debout,* totalement invraisemblable. *Se brouiller pour une histoire d'argent.* → **question. 4.** Succession d'évènements compliqués, malencontreux. *Se fourrer dans une sale histoire.* – *C'est toujours la même histoire* : les mêmes choses se reproduisent, les mêmes ennuis se répètent. ■ *Il va s'attirer des histoires.* → **ennui.** – *Allons, pas d'histoires !* → **embarras, façon, manière ;** fam. **chichi.** *Faire des histoires pour rien. C'est toute une histoire,* c'est très compliqué. ■ ***Sans histoire*** : sans problème, sans rien d'exceptionnel. ■ loc. fam. ***Histoire de*** (+ inf.) : marque le but, l'intention. → **pour.** *Elle a dit ça histoire de rire.*

histologie n. f. Branche de la biologie qui traite de la structure des tissus vivants. □ adj. **histologique**

histolyse n. f. (de *histo-* + *-lyse*) biol. Destruction de tissus vivants.

histone n. f. (de l'allemand, du grec *histos* « tissu ») biochim. Protéine basique du noyau cellulaire.

historicisme n. m. (du radical de *historique*) Tendance à accorder une place prépondérante à l'histoire dans l'explication des faits humains. □ adj. **historiciste**

historicité n. f. Caractère de ce qui est attesté par l'histoire. *Une preuve d'historicité.* → **authenticité.**

historico- Élément d'adjectifs composés (de l'adj. *historique*) (ex. *historico-critique* « relatif aux problèmes épistémologiques de la science historique »).

historié, ée adj. (du latin *historia* → histoire) Décoré de scènes à personnages.

historien, ienne n. (du latin *historia* → histoire) Spécialiste de l'histoire ; auteur de travaux historiques. *Un historien de l'art.*

historiette n. f. Récit d'une petite aventure, d'évènements de peu d'importance. → **anecdote, conte,** ^{2}**nouvelle.**

historiographe n. (latin *historiographus,* du grec → histoire) Écrivain chargé officiellement d'écrire l'histoire de son temps.

historiographie n. f. didact. **1.** Travail de l'historiographe. – Ensemble d'ouvrages d'historiens, d'historiographes, de documents historiques sur un sujet, une période. **2.** Aspect narratif du travail de l'historien. □ adj. **historiographique**

historique adj. (du latin, grec *historikos* → histoire) **1.** Qui a rapport à l'histoire. *Ouvrage historique. Méthode historique.* – *L'exactitude historique. « Qu'est alors cette vérité historique, la plupart du temps ? Une fable convenue »* (Napoléon). **2.** (opposé à *légendaire*) Réel, vrai. *Personnage historique.* – *Roman historique,* dont le sujet est emprunté partiellement à l'histoire. **3.** Qui est ou mérite d'être conservé par l'histoire. *Mot historique.* – *Monument historique,* présentant un intérêt au regard de l'histoire, de l'art ou de la science, et protégé par l'État. ■ Qui est sans précédent, inégalé. *Des résultats historiques.* → **exceptionnel. 4.** Qui est lié aux origines d'un mouvement, d'une entreprise. *Le chef historique du parti.* **5.** n. m. Exposé chronologique des faits. *Faire l'historique d'une question.* **6.** inform. Fonction permettant de mémoriser les derniers éléments consultés. – Liste de ces éléments. *Consulter, effacer l'historique.* ■ **historiquement** adv. *Fait historiquement exact.*

histrion n. m. (latin *histrio* « mime ») péj., littér. Comédien.

Hitachi Ville du Japon (Honshū), sur le Pacifique. 174 600 habitants. Constructions électriques.

Hitchcock (sir Alfred) Cinéaste américain d'origine britannique (1899-1980). Maître du suspense policier, il allie dans ses films une grande maîtrise de l'art narratif à un dosage subtil d'humour et d'angoisse. Dans son œuvre prolixe, il explore la psychologie humaine avec virtuosité. *L'Inconnu du Nord-Express ; Fenêtre sur cour ; Sueurs froides ; La Mort aux trousses ; Psychose ; Les Oiseaux.*

Alfred Hitchcock dirigeant Rod Taylor dans *Les Oiseaux* (1963).

Hitler (Adolf) Homme d'État allemand d'origine autrichienne (1889-1945). Engagé dans l'armée bavaroise en 1914, il refusa la défaite allemande de 1918 et se lança dans l'action politique. En 1921, il prit la tête du Parti ouvrier allemand national-socialiste (NSDAP) et créa les sections d'assaut (SA). Après une tentative de putsch à Munich (8-9 novembre 1923), qui échoua, il fut emprisonné et rédigea *Mein Kampf,* où il exposait l'« ordre nouveau », doctrine ultranationaliste et antisémite (1924). À sa sortie de prison, il renforça son parti et créa les SS. Habile propagandiste, il se servit de la crise économique de 1929 pour attirer de nouveaux partisans et, le 30 janvier 1933, accéda au poste de chancelier. Les communistes, accusés d'être les auteurs de l'incendie du Reichstag, étant mis hors la loi, il se fit attribuer les pleins pouvoirs (mars),

Adolf Hitler faisant le salut nazi en 1934 à Nuremberg.

H

fit du NSDAP un parti unique, puis élimina les SA lors de la « Nuit des longs couteaux » (30 juin 1934). À la mort de Hindenburg (août 1934), il devint président puis « Führer », éliminant ses adversaires politiques et s'appuyant sur une police (Gestapo) aux pouvoirs illimités. Son dirigisme économique se manifesta par une politique de grands travaux et le réarmement du pays dès 1936. Sa politique d'expansion territoriale, visant à l'élargissement de l'« espace vital », conduisit à l'annexion de la Rhénanie (1936), de l'Autriche (1938), de la Tchécoslovaquie (1938), puis de la Pologne (1er septembre 1939), provoquant le déclenchement de la Seconde Guerre mondiale. L'« ordre nouveau » voulu par Hitler fut alors mis en place par la « collaboration » des pays dominés et l'extermination méthodique, dans des camps de concentration, des Juifs, des Tziganes et des opposants politiques. Devant l'imminence de la capitulation du Reich, il se suicida le 30 avril 1945.

hitlérien, ienne adj. **(de *Hitler*)** Qui a rapport à Hitler, à l'hitlérisme. → **national-socialiste, nazi.** – **n. et adj.** Adepte de Hitler.

hitlérisme n. m. **(de *Hitler*)** Doctrine de Hitler. → **nazisme.**

***hit-parade** [itpaʀad] **n. m. (anglais *hitparade*, de *hit* « succès fracassant » et *parade*, du français *parade*)** anglic. Palmarès des meilleures ventes dans le domaine des disques de variétés. – par ext. Classement selon la popularité. *Des hit-parades.* - var. RO ***hitparade.** - recomm. offic. **palmarès.**

***hittite** adj. et n. **(mot anglais, de l'hébreu)** Relatif aux Hittites. *L'art hittite.* – **n. m.** *Le hittite* (langue indo-européenne).

Hittites n. m. pl. Peuple de l'Anatolie centrale, qui constitua un empire du début du IIe millénaire jusqu'au XIIIe s. av. J.-C. La puissance hittite culmina aux XIVe et XIIIe s. av. J.-C. Affaibli par de longues luttes contre les Égyptiens puis les Assyriens, l'Empire hittite fut détruit par les Peuples de la Mer.

Le roi hittite Madaras poursuivant un cerf, Anatolie (v. 1050-900 av. J.-C.), musée du Louvre, Paris.

Hittorff (Jacques Ignace) Architecte et archéologue rhénan, naturalisé français (1792-1867). Élève de Percier, il fut le premier à démontrer que les temples grecs étaient polychromes. Il appliqua ce principe de décoration dans ses plans pour le cirque d'Été des Champs-Élysées et le cirque d'Hiver. Il construisit la gare du Nord (façade néoclassique, hall à structure métallique).

***HIV** [aʃive] **n. m. (sigle anglais, de *human immunodeficiency virus*)** anglic., biol. Virus responsable du sida. → **LAV, VIH.**

hiver n. m. **(latin *hibernum* → hiberner, qui a remplacé *hiems* → hiémal) 1.** La plus froide des quatre saisons de l'année (dans les zones tempérée et polaire), qui succède à l'automne et qui, dans l'hémisphère Nord, commence au solstice de décembre (vers le 21) et se termine à l'équinoxe de mars (vers le 20). *Les longues soirées d'hiver.* → **hivernal.** *Plantes d'hiver.* → **hiémal.** ■ ***Sports d'hiver***, qui se pratiquent sur la neige, la glace. – loc. *Été comme hiver* : en toutes saisons. **2.** Les conditions créées par l'hiver (froid, neige...).

hivernage n. m. **1.** mar. Temps de la mauvaise saison que les navires passent en relâche, à l'abri ; cet abri. **2.** Séjour du bétail à l'étable pendant l'hiver. **3.** Saison des pluies, dans les régions tropicales.

hivernal, ale, aux adj. **(du latin, de *hibernum* → hiver)** Propre à l'hiver, de l'hiver. → **hibernal, hiémal.**

hivernale n. f. **(de *course hivernale*)** alpin. Ascension, course effectuée l'hiver en haute montagne.

hivernant, ante n. Personne qui séjourne dans un lieu pendant l'hiver (opposé à *estivant*).

hiverner v. < 1 > **(latin *hibernare* → hiberner, de *hibernum* → hiver) 1. v. intr.** Passer l'hiver à l'abri (navires, troupes) ou dans un lieu tempéré (animaux). **2. v. tr.** *Hiverner les bestiaux*, les mettre à l'étable durant l'hiver.

Hjelmslev (Louis) Linguiste danois (1899-1965). Il fonda avec Viggo Brøndal le cercle linguistique de Copenhague en 1931. C'est là qu'il définit ses conceptions de la « glossématique », une théorie générale et structurale du langage. Ses *Essais linguistiques* développent et prolongent les idées de F. de Saussure.

***HLA** [aʃɛla] **adj. (sigle anglais, de *human leucocyte antigen*)** anglic., biol. *Système HLA* : système d'histocompatibilité chez l'homme. *Gènes, antigènes HLA.*

***HLM** n. m. ou (plus correct) **n. f. (sigle de *habitation à loyer modéré*)** Immeuble construit avec l'aide de l'État et de diverses collectivités et affecté aux foyers qui ont de petits revenus. – appos. *Une cité HLM.*

Hmongs voir **Miaos**

***ho** [o ; ho] **interj. (onomatopée)** Interjection servant à appeler. → **eh, hé, holà.** – vieilli Servant à exprimer l'étonnement, l'indignation. → **oh.**

Ho Symbole chimique de l'holmium.

Hô ou **Pavillons noirs** n. m. pl. Pirates vietnamiens et chinois de la fin du XIXe s. Anciens membres de l'armée chinoise des Taiping, ils opérèrent au Tonkin et au Laos jusqu'en 1890.

***hoax** [ɔks] **n. m. (mot anglais « canular »)** anglic. Information fausse, périmée ou invérifiable propagée par Internet. *Des hoax* ou (plur. anglais) *des hoaxes. Un hoax peut prendre la forme d'une alerte, d'une chaîne de solidarité... Les dangers des hoax* (rumeurs, encombrement des réseaux, etc.).

Hobart Ville d'Australie, capitale de la Tasmanie, au S.-E. de l'île. 128 580 habitants. Port de commerce. Industrie.

Hobbema (Meindert) Peintre et dessinateur hollandais (1638-1709). Attaché à peindre son pays, il proposa dans ses compositions une lecture moins lyrique et plus analytique du paysage que son maître J. Van Ruysdael (*Allée de Middelharnis ; Coup de lumière à travers les nuages*).

Hobbes (Thomas) Philosophe et théoricien politique anglais (1588-1679). Son anthropologie matérialiste et mécaniste fonde une philosophie politique où l'instauration de l'État est exigée pour mettre fin à un état de nature nécessairement anarchique dans lequel l'homme est « un loup pour l'homme ». La pensée de Hobbes a exercé une très profonde influence sur la philosophie politique ultérieure. *Léviathan.*

***hobby** n. m. **(mot anglais)** anglic. Passe-temps, activité à laquelle on se consacre durant ses loisirs. → **violon** d'Ingres. *Des hobbys* ou *des hobbies* (plur. anglais).

***hobereau** n. m. **(de l'ancien français *hobel* « petit oiseau de proie », de l'ancien néerlandais) 1.** Faucon de petite taille. **2.** Gentilhomme campagnard de petite noblesse, qui vit sur ses terres.

Hobson (John Atkinson) Économiste britannique (1858-1940). Membre du parti libéral puis du Labour Party (1914), il fut l'adversaire du marginalisme, théorisé par Menger. Son analyse du capitalisme fut reprise par Lénine dans son ouvrage *L'Impérialisme, stade suprême du capitalisme.*

***hocco** [ɔko] **n. m. (mot caraïbe de la Guyane)** Oiseau gallinacé comestible, qui tient du faisan et du pigeon, appelé aussi *coq indien, coq d'Amérique.*

Hoche (Lazare Louis) Général français (1768-1797). Commandant en chef de l'armée de Moselle, il mit en échec les Autrichiens (déc. 1793). Après avoir été emprisonné comme suspect, il fut nommé à la tête des troupes chargées de pacifier la Vendée et vainquit les émigrés à Quiberon. En 1797, il fut nommé ministre de la Guerre.

Hochelaga Village indien qui se trouvait sur le site où fut fondé Montréal, sur les bords du Saint-Laurent.

***hochepot** [ɔʃpo] **n. m. (de *hocher* et *pot*)** Ragoût mélangeant diverses viandes avec des navets et légumes variés (spécialité belge).

***hochequeue** n. m. **(de *hocher* et *queue* ; parce que cet oiseau remue continuellement la queue)** régional Bergeronnette.

***hocher** v. tr. < 1 > **(du francique *hottisôn*, de *hotton* « balancer »)** loc. *Hocher la tête*, la secouer (de haut en bas pour signifier « oui », de droite à gauche pour signifier « non »). ■ ***hochement** n. m. *Hochement de tête approbateur.*

***hochet** n. m. **(de *hocher* « secouer ») 1.** Jouet de bébé formé d'un manche et d'une partie qui fait du bruit quand on la secoue. **2.** fig., littér. Chose futile qui flatte ou console.

Hochhuth (Rolf) Auteur dramatique allemand (1931-2020). Ses pièces ont pour sujet des faits de l'histoire récente et suscitent curiosité et polémiques. *Le Vicaire.*

Hồ Chí Minh (Nguyen Tất Thành, dit Nguyen Ái Quốc « Nguyen le patriote » puis) Homme d'État vietnamien (1890-1969). Il fonda, en 1931, le Parti communiste vietnamien, puis, en 1941, le Front du Viêt-minh, qui combattit les Français et les Japonais. Élu président du gouvernement provisoire, il proclama l'indépendance (1945) et devint le premier président de la République démocratique du Viêtnam (1946). Il mena le Viêt-minh contre la France durant toute la guerre d'Indochine, jusqu'à la bataille de Điện Biên Phủ (1954). Il s'employa ensuite à lutter contre la politique américaine au Viêtnam du Sud, et tenta de réunifier le pays selon des principes socialistes.

Hồ Chí Minh au milieu de ses partisans.

Hồ Chí Minh-Ville Saigon jusqu'en 1976 Ville du S. du Viêtnam. 7 millions d'habitants. La cité-province rassemble plus de 8 millions d'habitants. Métropole économique. Aéroport international. La ville fut fondée au XVIIe s. Prise par les Français en 1859, elle fut reconstruite à l'européenne. Capitale de la république du Viêtnam du Sud de 1954 à 1975, elle fut rebaptisée Hồ Chí Minh-Ville en 1976.

Höchstädt (batailles de) Batailles de la guerre de Succession d'Espagne qui eurent lieu à Höchstädt, en Bavière. La première (1703) vit la victoire de Villars sur les Autrichiens. La seconde (1704), appelée aussi « bataille de Blenheim », vit la victoire du Prince Eugène et de Marlborough sur les Français et les Bavarois.

Hockett (Charles Francis) Linguiste américain (1916-2000). Il a été l'un des grands représentants de l'école distributionnaliste américaine. Dans *A Course in Modern Lin-*

guistics, il proposa un modèle d'analyse formelle de la phrase par « constituants immédiats », visualisé par un système de « boîtes » enchâssées.

***hockey** n. m. (mot anglais) anglic. Sport d'équipe qui consiste à faire passer une balle entre deux poteaux *(buts)* au moyen d'une crosse. *Hockey sur gazon.* – *Hockey sur glace*, joué avec un palet par deux équipes de patineurs.

***hockeyeur, euse** n. Joueur, joueuse de hockey.

Hockney (sir David) Peintre britannique (né en 1937). D'abord tenté par l'abstrait, il s'est dirigé ensuite vers une peinture d'inspiration autobiographique. Installé à Los Angeles en 1963, il s'est moins intéressé aux objets de consommation qu'aux travers de la société moderne, qu'il a tournés en dérision. On lui doit, dans la mouvance de l'hyperréalisme, plusieurs peintures de piscines *(A Bigger Splash)*. Il a également utilisé les nouvelles technologies de l'image (œuvres numériques). Il s'établit en Normandie en 2019 et y consacra une nouvelle série : « Ma Normandie ».

David Hockney, *Halaconia in Green Vase* (1996), coll. privée.

Hodgkin (Dorothy), née **Crowfoot** Chimiste britannique (1910-1994). Elle établit, par différence de réfraction de rayons X, la structure de plusieurs substances, dont le cholestérol, la pénicilline et la vitamine B12. Prix Nobel 1964.

Hodgkin (Alan Lloyd) Neurobiologiste britannique (1914-1998). En collaboration avec A. F. Huxley, il découvrit les mécanismes ioniques responsables de l'excitation et de l'inhibition de la membrane synaptique, expliquant ainsi le phénomène de la transmission de l'influx nerveux. Prix Nobel 1963.

Hodja (Enver) voir **Hoxha**

hodjatoleslam n. m. (mot arabe « preuve de l'islam ») Titre porté par les clercs dans la hiérarchie religieuse chiite, inférieur à celui d'ayatollah.

Hodjvīrī Mystique persan (XIe s.). Son *Dévoilement des choses cachées* est un des textes fondamentaux de la doctrine du soufisme.

Hodler (Ferdinand) Peintre, dessinateur et sculpteur suisse (1853-1918). Influencé d'abord par Carot, il affirma progressivement son style dans ses portraits et ses paysages, puis dans de grandes décorations murales de caractère symbolique *(La Nuit ; Le Jour)*. Proche du symbolisme, il annonce l'expressionnisme par son sens dramatique.

Hodna (plaine du) Dépression d'Algérie, au S. de Bejaia, dominée au N.-E. par les *monts du Hodna* (1 869 m) et occupée au centre par le *chott el-Hodna*.

Hœdic (île d') Île française de l'Atlantique, dans le prolongement de la presqu'île de Quiberon. 208 hectares. L'île d'Hœdic forme une commune du Morbihan, Hœdic (111 habitants). Dolmens. Tourisme.

Hoel (Sigurd) Romancier et critique littéraire norvégien (1890-1960). Rallié au groupe marxiste de la revue *Mot Dag*, il subit l'influence du mouvement psychanalytique. À travers ses romans, il a montré son don pour la satire de la jeunesse bourgeoise et cultivée *(Une journée d'octobre ; Sesam, sesam)* et a livré une étude sur la psychologie du nazi et du collaborateur *(Rendez-vous près de la borne militaire)*.

Hofer (Andreas) Héros national tyrolien (1767-1810). Après le rattachement du Tyrol à la Bavière (1809), il mena la lutte contre les Bavarois, qu'il vainquit au mont Isel. Il fut fusillé par les Italiens.

Hoffman (Dustin) Acteur américain (né en 1937). Acteur au talent multiple, il a su tirer parti d'un physique assez banal pour redéfinir le statut du héros cinématographique américain et interpréter de nombreux personnages. *Le Lauréat ; Macadam Cow-Boy ; Marathon Man ; Tootsie ; Rain Man.*

Dustin Hoffman dans *Kramer contre Kramer* de Robert Benton (1979).

Hoffmann (Friedrich) Médecin et chimiste allemand (1660-1742). En chimie, il identifia et isola la magnésie. En médecine, il fut l'un des premiers théoriciens de la physiologie.

Hoffmann (Ernst Theodor Wilhelm dit Ernst Theodor Amadeus) Écrivain et compositeur allemand (1776-1822). Son imagination foisonnante lui inspira aussi bien des pièces musicales (musique de chambre, opéra) que des œuvres littéraires *(Les Contes des frères Sérapion ; Le Chat Murr)*. Son goût pour le surgissement du fantastique dans le quotidien fit de ses œuvres un support pour de nombreux musiciens : le *Casse-Noisette* de Tchaïkovski ou *Les Contes d'Hoffmann* d'Offenbach.

Hoffmann (Josef) Architecte et décorateur autrichien (1870-1956). Il contribua à la création des *Wiener Werkstätte*, ateliers artisanaux qui devinrent vite célèbres. Outre son œuvre la plus connue, le palais Stoclet à Bruxelles, il construisit des maisons populaires d'un géométrisme sobre.

Hoffmann (Roald) Chimiste américain d'origine polonaise (né en 1937). Il a permis d'élucider certaines réactions chimiques, dites jusqu'alors « sans mécanismes » car incomprises. Avec R. B. Woodward, il appliqua la méthode des « orbitales frontières » et parvint ainsi à établir les règles de sélection, qui permettent de prévoir et étudier les réactions entre les grosses molécules *(règles de Hoffmann-Woodward)*. Prix Nobel 1981.

Hoffmann (Jules) Biologiste français d'origine luxembourgeoise (né en 1941). Grâce à l'étude des mécanismes de l'immunité innée chez les insectes, il a découvert les principes des réponses du système immunitaire et a contribué à l'amélioration de vaccins. Académie des sciences. Académie française. Prix Nobel 2011.

Hoffmann von Fallersleben (August Heinrich Hoffmann, dit) Poète et philologue allemand (1798-1874). Patriote et convaincu de l'unité spirituelle des Allemands, il dut quitter l'enseignement après la publication de ses *Chants apolitiques*. Il composa un chant patriotique qui est devenu l'hymne national allemand.

Hofmannsthal (Hugo von) Poète et auteur dramatique autrichien (1874-1929). Son œuvre est parcourue d'une interrogation sur le sens de la vie et du monde, exprimée sur un mode tantôt pathétique, tantôt ironique. Il a composé plusieurs livrets pour R. Strauss *(Le Chevalier à la Rose ; Ariane à Naxos)*.

Hofstadter (Robert) Physicien américain (1915-1990). Spécialisé en physique nucléaire, il établit que la charge du proton n'est pas ponctuelle et se répartit de façon non homogène ; il précisa ensuite la répartition de la charge des noyaux plus lourds. Prix Nobel 1961.

Hofstadter (Douglas) Mathématicien américain (né en 1945), fils de Robert Hofstadter. Dans ses travaux, il met au jour les liens entre les mathématiques, les arts plastiques et la musique. *Gödel, Escher, Bach.*

Hofuf ou **Hufuf** Ville d'Arabie saoudite, dans le Hassa, près du golfe Arabo-Persique. 287 850 habitants. Artisanat. Gisement de pétrole à proximité.

Hogarth (William) Peintre, graveur et dessinateur britannique (1697-1764). Populaire dès son premier tableau, il travailla le genre du portrait *(conversation pieces)* et acquit comme graveur satirique une grande notoriété. Ses séries de planches montraient son humour féroce et l'acuité de sa vision : *La Carrière de la prostituée ; Les Quatre Âges de la cruauté.* Il fut l'un des précurseurs de l'école anglaise.

Hoggar n. m. Massif montagneux du Sahara central (Algérie), situé sur le tropique du Cancer. Il est peuplé par des Touaregs. Point culminant au Tahat (2 918 m), au N. de Tamanrasset.

Hohenlinden (bataille de) Victoire remportée en 1800 à Hohenlinden, en Bavière, par Moreau sur les Autrichiens.

Hoggar

Hoggar, les aiguilles de Tin Akachacker, en grès sculpté par l'érosion.

H

Hohenlohe **(Friedrich Ludwig), prince de Hohenlohe-Ingelfingen** Général prussien (1746-1818). À la tête des troupes autrichiennes, il fut battu par les troupes napoléoniennes à Iéna (1806).

Hohenlohe **(Chlodwig), prince de Hohenlohe-Schillingsfürst** Homme politique allemand (1819-1901). Premier ministre de Bavière (1866-1870), il favorisa l'unité allemande. Gouverneur d'Alsace-Lorraine (1885-1894) puis chancelier (1894-1900), il établit le Code civil.

Hohenschwangau Château néogothique construit par Maximilien II de Bavière en 1832, au pied des Alpes de Haute-Bavière, au bord de l'Alpsee.

Hohenstaufen ou **Staufen** Famille allemande qui régna sur le duché de Souabe et qui donna plusieurs empereurs au Saint Empire (1138-1254), notamment Conrad III, Frédéric Ier Barberousse, Henri VI, Frédéric II et Conrad IV.

Hohenzollern Famille allemande originaire de Souabe, qui régna sur la Prusse (1701-1918), sur l'Empire allemand (1871-1918) et sur la Roumanie (1881-1947). Au début du XIIIe s., la famille se scinda en deux branches, la ligne de Souabe et la ligne de Franconie. La branche de Hohenzollern-Sigmaringen, issue de la ligne de Souabe, régna sur la Roumanie. La ligne de Franconie obtint l'Électorat de Brandebourg (1417). La maison de Hohenzollern régna sur la Prusse puis sur l'empire d'Allemagne jusqu'à Guillaume II, qui abdiqua en 1918.

Hohhot Ville de Chine, capitale de la Mongolie-Intérieure. 1 497 000 habitants.

Hohl **(Ludwig)** Écrivain suisse de langue allemande (1904-1980). Il est considéré comme l'un des auteurs majeurs de la littérature suisse contemporaine. *Nuances et détails ; Voyage en montagne.*

Hohneck **n. m.** Sommet des Vosges (1 363 m) dominant le col de la Schlucht.

hoir **n. m.** **(vient du latin *heres, heredis* → hériter)** vieux Héritier.

hoirie **n. f.** **(de *hoir*)** dr., vieux Héritage. **–** mod. *Avancement d'hoirie* : donation faite à un héritier présomptif, par anticipation. **–** (Suisse) Héritage indivis.

Hojeda ou **Ojeda** **(Alonso de)** Navigateur et conquistador espagnol (1465-1515). Compagnon de C. Colomb (1493-1496), il explora Haïti et, avec Amerigo Vespucci, entreprit une expédition le long de la côte orientale de l'Amérique du Sud et atteignit en 1501 le Venezuela.

***hoki** **n. m.** **(mot maori)** Poisson de l'hémisphère Sud (gadiforme), à chair ferme, appelé aussi *grenadier bleu.*

Hokkaidō Île la plus septentrionale du Japon. 78 521 km². 5 628 000 habitants. Chef-lieu : Sapporo. Du fait de son climat sibérien, l'île ne fut colonisée qu'à la fin du XIXe s. par les Japonais. Agriculture (maïs, blé, soja). Pêche. Tourisme.

Hokusai **(Katsushika Hokusai, dit)** Peintre japonais (1760-1849). Célèbre pour ses illustrations xylographiques d'ouvrages *(Encyclopédie du dessin)* et pour ses estampes ukiyoe *(36 vues du mont Fuji)*, il explora de nombreux styles et techniques. Son œuvre influença Degas.

Hŏ Kyun ou **Heo Gyun** Écrivain coréen (1569-1618). Il fut le premier à ne pas rédiger son œuvre en chinois mais en coréen. *La Vie de Hong Kildong.*

holà** [ɔla ; hɔla] **(de *ho* et *là*)** **1. interj.** Sert à appeler ; sert à modérer, à arrêter. **→ assez, doucement.** *Holà ! Du calme !* **→ hé.** **2. n. m.** loc. ***Mettre le holà à (qqch.) : mettre fin, bon ordre à.

Holan **(Vladimír)** Poète tchèque (1905-1980). Influencé par le poétisme, il dédia plusieurs pièces à l'armée de libération *(Reconnaissance à l'Armée rouge)*, avant de s'orienter vers une poésie plus visionnaire et moins proche des évènements *(Une nuit avec Hamlet)*.

Holappa **(Pentti Vihtori)** Poète et romancier finlandais d'expression finnoise (1927-2017). Ses romans et ses nouvelles *(Plomb ; Métamorphoses)* perturbent la structure traditionnelle du récit en y introduisant des éléments d'irréel.

Holbach [ɔlbak] **(Paul Henri, baron d')** Philosophe français (1723-1789). Sa pensée reposait sur un matérialisme mécaniste et athée *(Système de la nature)*. Il collabora à l'*Encyclopédie.*

Holbein **(Hans), dit Holbein l'Ancien** Peintre et dessinateur allemand (1465-1524). Il dirigea à Augsbourg un atelier produisant de nombreux retables. Il est l'un des représentants majeurs du gothique tardif *(La Passion grise)*.

Holbein **(Hans), dit Holbein le Jeune** Peintre, dessinateur et graveur allemand (1497-1543). Fils d'Holbein l'Ancien, il réalisa d'abord des vignettes et des illustrations. Ses croquis en marge de l'*Éloge de la folie* d'Érasme le firent connaître du milieu humaniste. Auteur de portraits, il décora, à Bâle, la salle du Grand Conseil de l'hôtel de ville et la façade de la maison *Zum Tanz.* Ses effets de trompe-l'œil et ses rythmes animés sont hérités des conceptions italiennes maniéristes. Ses œuvres religieuses *(Madone du bourgmestre Meyer)* sont influencées par Léonard de Vinci. Installé en Angleterre vers 1526, il devint le peintre du roi Henri VIII et réalisa des portraits officiels *(Les Ambassadeurs)*. Il est l'un des derniers peintres de la Renaissance allemande.

Holberg **(Ludvig, baron)** Écrivain danois d'origine norvégienne (1684-1754). Il écrivit des pièces inspirées de Molière *(Jeppe de la montagne)* et des livres d'histoire *(Le Voyage de Nils Klim)*. Il chercha dans son œuvre à éduquer le peuple et tenta de moderniser la langue danoise.

Hokusai

Hokusai, *Le Poète chinois Su Dongpo* (1833-1834), musée Guimet, Paris.

Hölderlin **(Friedrich)** Poète allemand (1770-1843). Ses premières œuvres exaltent la liberté et expriment son culte pour la Grèce antique. Il est l'auteur d'un roman épistolaire, *Hyperion.* Ses odes et ses hymnes sont dédiés à la nature et aux éléments.

***holding** **n. m. ou f.** **(mot anglais, de *to hold* « tenir »)** anglic. Société qui prend des participations financières dans d'autres sociétés et qui en dirige ou contrôle l'activité. **→ groupe, trust.**

***hold-up** [ɔldœp] **n. m. invar.** **(anglais *holdup*, de *to hold* « tenir » et *up* « en haut »)** anglic. Vol à main armée dans un lieu public. **→** fam. **braquage.** - var. RO ***holdup n. m.**

Holguín Ville de l'E. de Cuba. 331 600 habitants. Commerce (canne à sucre, viande).

Holiday **(Eleanora Holiday dite Billie)** ou **Lady Day** Chanteuse de jazz noire américaine (1915-1959). Elle accéda à la notoriété en enregistrant avec Teddy Wilson et Lester Young. Elle interprétait un répertoire plus proche de la variété que du jazz, avec une tonalité originale, acidulée et souvent désespérée.

Billie Holiday en 1959.

***holisme** **n. m.** **(de l'anglais, du grec *holos* → holo-)** didact. Théorie selon laquelle l'homme est un tout indivisible qui ne peut être expliqué par ses différentes composantes (physique, physiologique, psychique) considérées séparément. ■ Théorie analogue, système d'explication globale pour tout objet scientifique. □ **adj. et n. holiste** □ **adj. holistique**

***hollandais, aise** **adj. et n.** De Hollande ; abusivt des Pays-Bas. **→ néerlandais. – n.** *Les Hollandais.* ■ **n. m.** *Le hollandais* (langue germanique). **→ néerlandais.**

***hollande** **n. m.** **1.** Fromage de Hollande à pâte dure. **2.** Papier de luxe vergé.

Hollande **(François)** Homme d'État français (né en 1954). Député et maire de Tulle, il fut premier secrétaire du Parti socialiste de 1997 à 2008 et président de la République de 2012 à 2017. Durant son quinquennat, la France fut frappée par le terrorisme islamiste. Malgré un bilan économique globalement en redressement, il ternit l'image du Parti socialiste et le laissa divisé, notamment après la réforme du Code du travail que poursuivit son successeur E. Macron. Il ne se représenta pas.

Hollande **n. f.** Province qui tint le rôle le plus important lors de l'unification politique des Pays-Bas. Elle fut divisée en 1840 en Hollande-Méridionale et Hollande-Septentrionale.

Hollande **(guerre de)** Conflit qui, de 1672 à 1679, opposa la France aux Provinces-Unies puis aux puissances européennes coalisées (Autriche, Espagne, Électorat de Brandebourg). Cette guerre, orchestrée par la France, devait briser la puissance économique hollandaise. Les traités de Nimègue (1678-1679) donnèrent à la France la Franche-Comté et plusieurs villes des Pays-Bas espagnols.

Hollande-Méridionale n. f. Province des Pays-Bas. 2 905 km². 3 753 900 habitants. Chef-lieu : La Haye. Le littoral, abrité par un cordon dunaire, est une zone balnéaire ; l'intérieur des terres, plaine drainée par des canaux, est consacré à l'agriculture et à l'horticulture. L'industrie est centralisée autour de Rotterdam (métallurgie, pétrochimie). Le secteur tertiaire s'est développé dans la conurbation Rotterdam-La Haye.

Hollande-Septentrionale n. f. Province des Pays-Bas. 2 668 km². 2 909 800 habitants. Chef-lieu : Haarlem. La Hollande-Septentrionale, située presque entièrement au-dessous du niveau de la mer, est protégée par des digues et parcourue de canaux. Amsterdam, au cœur de la province, est reliée à la mer par le canal de la mer du Nord. Élevage (fromage). Horticulture. Industrie (chimie, sidérurgie). Commerce et services.

Hollerith (Hermann) Statisticien américain (1860-1929). Il fut l'inventeur des machines statistiques à cartes perforées, et fonda en 1896 la Tabulating Machine Corporation (qui devint IBM).

Holliger (Heinz) Compositeur et hautboïste suisse (né en 1939). Élève de P. Boulez, il s'est d'abord illustré comme instrumentiste, puis comme compositeur de musique contemporaine (*Cardiophonie*, pour un instrument à vent ; *What Where*, opéra de chambre sur un texte de Beckett).

Hollywood Quartier de la ville de Los Angeles, qui est le principal centre de l'industrie cinématographique et de la télévision aux États-Unis.

hollywoodien, ienne [ɔliwudjɛ̃, jɛn] adj. (de *Hollywood*) D'Hollywood. *Star hollywoodienne.* – Qui rappelle le luxe d'Hollywood. *Une piscine hollywoodienne.*

Holmes (Oliver Wendell) Médecin et écrivain américain (1809-1894). Identifiant le caractère contagieux de la fièvre puerpérale, il fut l'un des premiers à utiliser la méthode antiseptique.

Holmes (Arthur) Géologue britannique (1890-1965). On lui doit une méthode de datation des roches anciennes et de l'origine de la Terre par analyse isotopique des minerais de plomb.

holmium [ɔlmjɔm] n. m. (de *[Stock]holm* et suffixe *-ium*) chim. Élément atomique (symb. Ho, n° at. 67, masse at. 164,93), métal du groupe des terres* rares.

holo- Élément (du grec *holos*) qui signifie « entier ».

Hollande (François)

François Hollande en 2012.

holocauste n. m. (du latin ecclés., du grec « sacrifice où la victime est entièrement brûlée », de *holos* → holo- et *kauston*, de *kaiein* « brûler » → ¹caustique) Sacrifice religieux où la victime était entièrement consumée par le feu, chez les Hébreux. – fig. Sacrifice total. *S'offrir en holocauste à une cause.*

Holocauste voir Shoah

holocène n. m. (de *holo-* + *-cène*) géol. Époque du quaternaire* succédant au pléistocène*. *Holocène ancien* ou *inférieur* (→ mésolithique), *moyen* (→ néolithique). *Holocène récent* ou *supérieur* : âge des métaux. – adj. *Période holocène.*

holocristallin, ine adj. (→ cristallin) géol. Se dit d'une roche du sous-sol entièrement cristallisée.

hologramme n. m. (de *holo-* + *-gramme*) Image obtenue par holographie.

holographe voir olographe

holographie n. f. (→ hologramme) Procédé photographique qui restitue le relief des objets, en utilisant les interférences de deux faisceaux lasers. □ adj. **holographique**

holométabole adj. et n. m. (→ ²métabole adj.) zool. Se dit d'un insecte dont le cycle évolutif comporte une métamorphose complète (opposé à *hétérométabole*).

Holopherne ou **Olopherne** Personnage biblique. Commandant des troupes de Nabuchodonosor, il se fait séduire par Judith, qui le décapite.

holophrastique adj. (de *holo-* et du grec *phrasis*, de *phrasein* « dire » → phrase) ling. Se dit d'une langue dans laquelle un seul mot (mot-phrase), par combinaison d'affixes, exprime une phrase entière. *L'inuktitut est une langue holophrastique.*

holoprotéine n. f. (→ protéine) biochim. Protéine constituée exclusivement par des acides aminés (opposé à *hétéroprotéine*).

holoside n. m. (→ oside) biochim. Substance glucidique constituée par la condensation de sucres (oses), et dont l'hydrolyse ne libère que des oses (opposé à *hétéroside*).

holothurie n. f. (du latin, grec *holothourion*) Animal marin muni de ventouses sur la face ventrale et de papilles rétractiles sur la face dorsale. - syn. **concombre de mer.**

holotype n. m. (→ type) sc. Spécimen type ayant permis de définir et décrire une catégorie déterminée dans la classification des organismes vivants.

Holst (Gustav Theodore) Compositeur britannique (1874-1934). Ses influences multiples (Wagner, Stravinski, musique élisabéthaine), conjuguées à sa connaissance du sanskrit, l'amenèrent à créer des œuvres aux rythmes irréguliers (*Rig Veda* ; *The Hymn of Jesus*).

Holstein (Friedrich von) Diplomate allemand (1837-1909). Conseiller de Hohenlohe, il s'opposa à la politique étrangère de Bismarck, dont il favorisa la chute (1887).

Holstein Ancien État d'Allemagne, situé dans la partie S. de l'actuel Schleswig-Holstein. Érigé en comté (1110) puis en duché (1474), le Holstein fut acquis par l'Autriche (1865) après la guerre des Duchés puis par la Prusse (1866) à l'issue de la guerre austro-prussienne.

***holster** [ɔlstɛʀ] n. m. (mot anglais, d'un radical germanique exprimant l'idée de « couvrir ») anglic. Étui utilisé pour transporter une arme à feu cachée sous un vêtement.

***holter** [ɔltɛʀ] n. m. (du n. d'un scientifique américain) *Holter rythmique* ou *holter* : enregistrement de l'activité électrique du cœur pendant 24 heures à l'aide d'un boîtier porté à la ceinture.

Holz (Arno) Écrivain allemand (1863-1929). Auteur d'un manifeste naturaliste (*Le Livre du temps*), il produisit en outre des œuvres expérimentales, des nouvelles (*Papa Hamlet*) et tenta de renouveler le lyrisme en introduisant le rythme libre (*Phantasus*).

***homard** n. m. (de l'ancien nordique *hummar*) Grand crustacé marin décapode, aux pattes antérieures armées de grosses pinces. – loc. fam. *Être rouge comme un homard*, très rouge.

***homarderie** n. f. Parc où l'on élève les homards.

***home** [om] n. m. (mot anglais, de *ham* → hameau) anglic. **1.** vieilli Le foyer, le logis. → **chez-soi. 2.** *Home d'enfants* : centre d'accueil, de séjour pour enfants.

Home (sir Alexander Frederic Douglas) voir Douglas-Home

***home cinéma** [omsinema] n. m. (de l'anglais, de *home* « maison » et *cinema* « cinéma ») anglic. Ensemble audiovisuel (amplificateur, enceintes acoustiques, lecteur de DVD, écran large...) destiné à créer chez soi des conditions de projection proches de celle d'une salle de cinéma. *Des home cinémas.* - recomm. offic. **cinéma à domicile.**

Homécourt Commune de la Meurthe-et-Moselle, au N.-O. de Metz. 6 245 habitants.

homélie n. f. (du latin, grec *homilia*, d'abord « réunion », de *homilos* « troupe ») **1.** Discours simple prononcé au cours de la messe. → **prêche, sermon. 2.** littér. Longue et ennuyeuse leçon de morale.

homéo- Élément (latin *homeo*, du grec *homoios*) qui signifie « semblable ». → **homo-.**

homéomorphisme n. m. (de *homéo-* + *-morphisme*) **1.** chim. Analogie de formes cristallines. **2.** math. Bijection* continue entre deux espaces topologiques, qui fait que l'on passe des points voisins de l'un à des points voisins de l'autre et réciproquement par une déformation continue. □ adj. **homéomorphe**

homéopathe n. Médecin qui pratique l'homéopathie (opposé à *allopathe*). – adj. *Médecin homéopathe.*

homéopathie n. f. (de l'allemand, formé sur le grec → homéo- et -pathie) Méthode thérapeutique qui consiste à administrer à doses infinitésimales des remèdes capables, à doses plus élevées, de produire des symptômes semblables à ceux de la maladie à combattre. *Homéopathie et allopathie.*

▶ L'**homéopathie**, doctrine imaginée par Samuel Hahnemann à la fin du XVIIIe siècle, repose sur l'hypothèse que « les semblables sont guéris par les semblables ». Elle considère la maladie comme un changement nuisible dû à une « force sans matière », que l'on peut soigner avec le minimum de matière. La méthode thérapeutique découlant de cette doctrine repose sur l'emploi de produits homéopathiques obtenus par une succession de dilutions au centième appelées *centésimales hahnemanniennes* ou *CH*. (Les mêmes dilutions par la méthode korsakhovienne sont appelées *CK*.) Les dilutions les plus courantes vont de 20 à 30 CH (ou CK), aboutissant donc à des concentrations allant de 10^{-40} à 10^{-60}. À ces dilutions, la présence d'une seule molécule de la substance mère dans les granules, globules ou toute autre forme proposée à la vente est hypothétique (moins d'une chance sur 10^{15} à 10^{30}). À chaque nouvelle dilution, le médicament s'enrichirait d'un nouveau degré de puissance, exalté par des procédés de « dynamisation », tels que la trituration, l'agitation, la succussion (secouer la dilution), destinés à renforcer l'effet pharmacodynamique homéopathique attendu du produit.
Au-delà de l'effet placebo, l'efficacité de cette méthode thérapeutique est source de polémiques depuis sa création. Visant les symptômes et non leurs causes, elle ne doit être utilisée qu'après que toute pathologie sensible aux traitements ayant fait scientifiquement leurs preuves et toute intolérance aux excipients (surtout au lactose) ont été éliminées. Pour cette raison, la réglementation française (comme celle de beaucoup d'autres pays) n'autorise sa pratique qu'aux médecins.

homéopathique adj. Qui a rapport à l'homéopathie. – fig. *À dose homéopathique* : à très petite dose. □ adv. **homéopathiquement**

homéostasie n. f. (anglais *homoeostasis* → homéo-, du grec *stasis* « position ») physiol. Stabilisation, réglage chez les organismes vivants, de certaines caractéristiques physiologiques (pression artérielle, température, etc.). □ adj. **homéostatique**

homéotherme n. m. (de l'allemand, du grec → homéo- et -therme) biol. Être vivant dont la température moyenne, constante, est indépendante du milieu ambiant (syn. cour. **animal à sang chaud**). – adj. *Les mam-*

H

mifères sont des animaux homéothermes. □ **n. f. homéothermie**

homéotique **adj.** biol. Se dit de gènes contrôlant la mise en place des organes dans le développement d'un organisme.

Homère Poète épique grec (IXe s. av. J.-C.). Peu de choses sont connues sur sa vie : il serait né près de Smyrne, et mort sur l'île d'Ios. À la fin de sa vie, aveugle, il aurait récité ses épopées devant des auditeurs venus de toute la Grèce. La tradition lui attribue les deux premières grandes œuvres de la littérature grecque, *L'Iliade* et *L'Odyssée*, dont le texte a été établi au –VIe s. Les poèmes homériques sont des textes majeurs de la culture occidentale.

homérique **adj.** **1.** Qui a rapport à l'ensemble de textes placés sous le nom d'Homère. **2.** Qui a un caractère épique, spectaculaire. *Lutte homérique.* – loc. *Rire homérique* : rire bruyant.

Home Rule **n. m.** Terme anglais (*home*, chez soi, et *rule*, gouvernement) désignant l'autonomie revendiquée par les Irlandais à partir de 1870. Rejeté par les Communes à plusieurs reprises, il fut finalement voté en 1912, mais ne correspondait plus alors aux aspirations du pays qui désirait l'indépendance.

***home-trainer** [omtʀɛnœʀ] **n. m.** (de l'anglais *home* « domicile » et *trainer* « entraîneur ») anglic. Appareil fixe qui permet de pratiquer chez soi les mouvements de différents sports. *Des home-trainers.*

¹homicide (latin *homicida*, de *homo* « homme » et *caedere* « tuer » → -cide) **I. n.** littér. Personne qui tue un être humain. → **assassin, meurtrier ; -cide.** **II. adj.** Qui cause la mort d'une ou de plusieurs personnes. → **meurtrier.** *Folie homicide.*

²homicide **n. m.** (latin *homicidium* → ¹homicide) Action de tuer un être humain. *Homicide volontaire.* → **assassinat, crime, meurtre ; -cide.**

hominidé **n. m.** (du latin *homo, hominis* → homme) sc. Grand primate hominoïde (famille des *Hominidés* qui comprend l'homme, ses ancêtres fossiles et dans la classification actuelle, certains grands singes comme le gorille et le chimpanzé).

hominien **n. m.** (du latin *homo, hominis* → homme) sc. Primate (sous-ordre des *Hominiens*, de la sous-famille des homininés), auquel appartient l'espèce humaine et qui rassemble le genre *homo* et ses ancêtres fossiles comme les australopithèques.

homininé **n. m.** (du latin *homo, hominis* → homme) sc. Primate hominidé bipède (sous-famille des *Homininés* comprenant l'homme et ses ancêtres fossiles ainsi que le chimpanzé).

hominisation **n. f.** (du latin *homo, hominis* → homme) anthropol. Ensemble des processus évolutifs, physiques, physiologiques et psychiques qui caractérisent le passage du primate à l'homme (*Homo sapiens*).

hominisé, ée **adj.** (d'après *hominisation*) anthropol. Qui a subi le processus d'hominisation.

hominoïde **n. m.** (du latin *homo, hominis* → homme) sc. Primate dépourvu de queue (superfamille des *Hominoïdes*, qui comprend les pongidés, les gibbons et les hominidés). → aussi **anthropoïde.** *Les hominoïdes africains.*

hommage **n. m.** (de *homme* « vassal, soldat » ; cf. *homme lige*) **1.** hist. Acte, serment du vassal qui se déclarait l'homme de son seigneur. **2.** Acte de courtoisie, preuve de dévouement d'un homme à une femme. – au plur. (formules de politesse) → **civilité, respect.** *Présentez mes hommages à votre épouse.* ellipt *Mes hommages, Madame.* **3.** (dans des loc.) Témoignage de respect, d'admiration, de reconnaissance. ***Rendre hommage à.*** → **honorer.** *Rendre hommage au courage de qqn.* – *Rendre un dernier hommage* (à un défunt). – *En hommage* : en signe d'hommage. **4.** vieilli Don respectueux. *L'auteur m'a fait l'hommage de son livre*, m'en a offert un exemplaire.

hommasse **adj.** vieilli péj. (femme) Qui a une allure, des manières jugées comme masculines. → **masculin.**

homme **n. m.** (vient du latin *homo, hominis* → on, d'une racine signifiant « Terre » : « né de la Terre ») **I. 1.** Être (mâle ou femelle) appartenant au règne animal, mammifère primate de la famille des hominidés, seul représentant du genre Homo (*Homo sapiens*). → **anthropo-.** *Hommes fossiles* : espèces disparues de la famille de l'homme actuel. *L'homme de Cro-Magnon.* ■ L'être humain actuel. **2.** L'être humain, en général. « *L'homme est un roseau* pensant* » ; « *l'homme n'est ni ange ni bête* » (Pascal). *Les hommes* ou (collectif) *l'homme.* → **humanité.** « *La moitié des hommes sont des femmes* » (slogan). *Les droits de l'homme. Les dieux et les hommes.* → **créature, mortel.** – *Le fils de Dieu fait homme, le Fils de l'homme* : le Christ. ■ *Être digne du nom d'homme*, en avoir les vertus. *Ce n'est qu'un homme* (avec toutes ses faiblesses). **II.** Être humain mâle. **1.** (dans tous les âges de la vie) → **garçon, mâle ; masculin, viril ; andro-.** *Les hommes et les femmes.* **2.** Être humain mâle et adulte. *Comment s'appelle cet homme ?* → **monsieur.** *Parvenir à l'âge d'homme. Un homme fait* : un adulte. *À quinze ans il était déjà un homme.* – *Une voix d'homme.* – *Homme marié* (→ **époux, mari**), *qui a des enfants* (→ **père**). ■ ***Homme de.*** *Homme d'action, de bien, de génie.* – (condition) *Homme du monde. Homme du peuple.* – (collectif) *L'homme de la rue* : l'homme moyen quelconque. – (profession) *Homme d'État, de loi, d'affaires, de lettres. Homme de science* : savant, chercheur. – *Homme de main*.* ■ ***Homme à.*** *Un homme à passions, à idées.* loc. *Homme à femmes* : séducteur. – loc. ***Être homme à*** (+ inf.) : être capable de. *Il est homme à tenir ses promesses.* ■ (précédé d'un possessif) L'homme qui convient, dont on a besoin. *Le parti a trouvé son homme. Je suis votre homme.* – spécialt, pop. *C'est mon homme*, mon mari, mon amant. – *Être l'homme de qqch.*, qui convient à (qqch.). *C'est l'homme de la situation.* ■ loc. ***D'homme à homme*** : directement, en toute franchise et sans intermédiaire. ■ *L'honnête homme* (au XVIIe siècle). → **honnête. 3.** L'homme, considéré en tant qu'adulte responsable, courageux, fort. *Ose le répéter si tu es un homme ! Parole d'homme.* **III.** Individu considéré comme dépendant d'une autorité. *Homme lige.* → **vassal ; hommage.** – *Armée de trente mille hommes.* → **soldat.** *Le chef de chantier et ses hommes.* → **ouvrier.** – loc. ***Comme un seul homme*** : avec un ensemble parfait. *Ils se levèrent comme un seul homme.* **IV. *Jeune homme*** **1.** Homme jeune. *Il n'a plus des jambes de jeune homme.* **2.** Garçon pubère, homme jeune célibataire. → **adolescent, garçon ;** fam. **gars.** *Un jeune homme et une jeune fille* (plur. *des jeunes gens*). *Un tout jeune homme*, qui sort à peine de l'enfance. **3.** pop. → **fils.** *Votre jeune homme.* ■ fam. Petit garçon.

Homme (musée de l') Musée d'ethnographie, d'anthropologie et de préhistoire installé à Paris, au palais de Chaillot, depuis 1937. Il dépend du Muséum d'histoire naturelle, dont il regroupe les collections avec celles de l'ancien musée d'Ethnographie du Trocadéro.

homme-grenouille **n. m.** Plongeur muni d'un scaphandre autonome, qui évolue, travaille sous l'eau. *Des hommes-grenouilles.*

homme-orchestre [ɔmɔʀkɛstʀ] **n. m.** **1.** Musicien qui joue simultanément de plusieurs instruments. **2.** fig. Personne qui accomplit des fonctions diverses, qui a des compétences variées. *Des hommes-orchestres.*

homme-sandwich [ɔmsɑ̃dwitʃ] **n. m.** Homme qui promène dans les rues deux panneaux publicitaires, l'un sur la poitrine, l'autre dans le dos. *Des hommes-sandwichs.*

¹homo **n. m.** (latin *homo, hominis* « homme » → on) sc. Genre de la famille des hominidés auquel appartient l'espèce humaine. – surtout dans des syntagmes latins *Homo faber* (qui fabrique des outils), *Homo sapiens* (capable de pensée).

²homo **n. et adj.** (abrév. de *homosexuel*) fam. Homosexuel, homosexuelle. *Des homos. Une homo.* – **adj.** *Il, elle est homo. Un bar homo, des revues homos.* → **gay.**

homo- Élément (du grec *homos*) qui signifie « semblable, le même ». → **homéo-.** - contr. **hétéro-.**

homocentrique **adj.** (du grec *homokentros*, de *kentron* « centre ») géom. Se dit de courbes, de surfaces ayant le même centre. *Sphères homocentriques.* → **concentrique.** ■ opt. *Faisceau lumineux homocentrique*, dont tous les rayons passent par un même point.

homocerque **adj.** (de *homo-* et du grec *kerkos* « queue ») zool. Qui a les deux lobes égaux, en parlant de la nageoire caudale des poissons (opposé à *hétérocerque*). – par ext. *Les carpes sont homocerques.*

homochromie [ɔmɔkʀɔmi] **n. f.** (de *homo-* + *-chromie*) didact. Identité de couleur, d'aspect entre un animal et le milieu où il vit. *Homochromie du caméléon.* → **mimétisme.**

homocinétique **adj.** (→ cinétique) **1.** mécan. *Liaison homocinétique*, qui assure une transmission régulière des vitesses entre deux arbres non alignés. **2.** phys. De même vitesse. *Particules homocinétiques.*

homodonte **adj.** (de *homo-* + *-odonte*) zool. Qui ne possède qu'un seul type de dents (opposé à *hétérodonte*). *Les reptiles sont homodontes.* □ **n. f. homodontie** [omodɔ̃si]

homogamétique **adj.** (→ gamétique) biol. Se dit du sexe qui, dans une espèce, produit des gamètes semblables (opposé à *hétérogamétique*).

homogamie **n. f.** (→ -gamie) sociol. Mariage entre personnes d'un même groupe social.

homogène **adj.** (du latin, grec *homogenês* « de même race » → homo- et -gène) - contr. **hétérogène. 1.** (en parlant d'un tout) Formé d'éléments de même nature ou répartis de façon uniforme. *Ensemble homogène.* – abstrait *Équipe homogène*, qui a une grande unité. **2.** au plur. (en parlant des parties d'un tout) Qui sont de même nature. *Les éléments homogènes d'une substance chimiquement pure.* **3.** math. *Polynôme homogène*, dont la somme des degrés sur les différentes variables est constante pour chaque terme.

homogénéisateur, trice **adj.** techn. Qui sert à l'homogénéisation des liquides, des aliments. – **n. m.** *Un homogénéisateur.*

homogénéiser **v. tr.** <1> Rendre homogène. ■ **homogénéisé, ée** **adj.** *Lait homogénéisé*, dont les globules gras ont été réduits et mélangés. □ **n. f. homogénéisation**

homogénéité **n. f.** (du latin → homogène) Caractère de ce qui est homogène (contr. **hétérogénéité**). – abstrait → **cohérence, cohésion, unité.** *L'homogénéité d'un parti.*

homographe **adj.** (de *homo-* + *-graphe*) ling. Se dit des mots qui ont même orthographe. « *Son* » (adj.) *et* « *son* » (n. m.) *sont homographes et homophones* (→ **homonyme**). – **n. m.** « *Couvent* » (n. m.) *et* « *ils couvent* » *sont des homographes non homophones.*

homographie **n. f.** (de *homo-* + *-graphie*) **1.** ling. Fait d'être homographe(s). **2.** géom. Transformation ponctuelle bijective associée à une fonction définie par le quotient de deux fonctions du premier degré, et dont la courbe représentative est une hyperbole. ■ **homographique** **adj.** *Fonction homographique.*

homogreffe **n. f.** (→ ²greffe) méd. Greffe entre individus de même espèce (opposé à *hétérogreffe*). → **isogreffe ; autogreffe, autoplastie.**

Homolle (Théophile) Archéologue et administrateur français (1848-1925). Il assuma la direction des fouilles de Délos, et entreprit celles de Delphes (1892-1903).

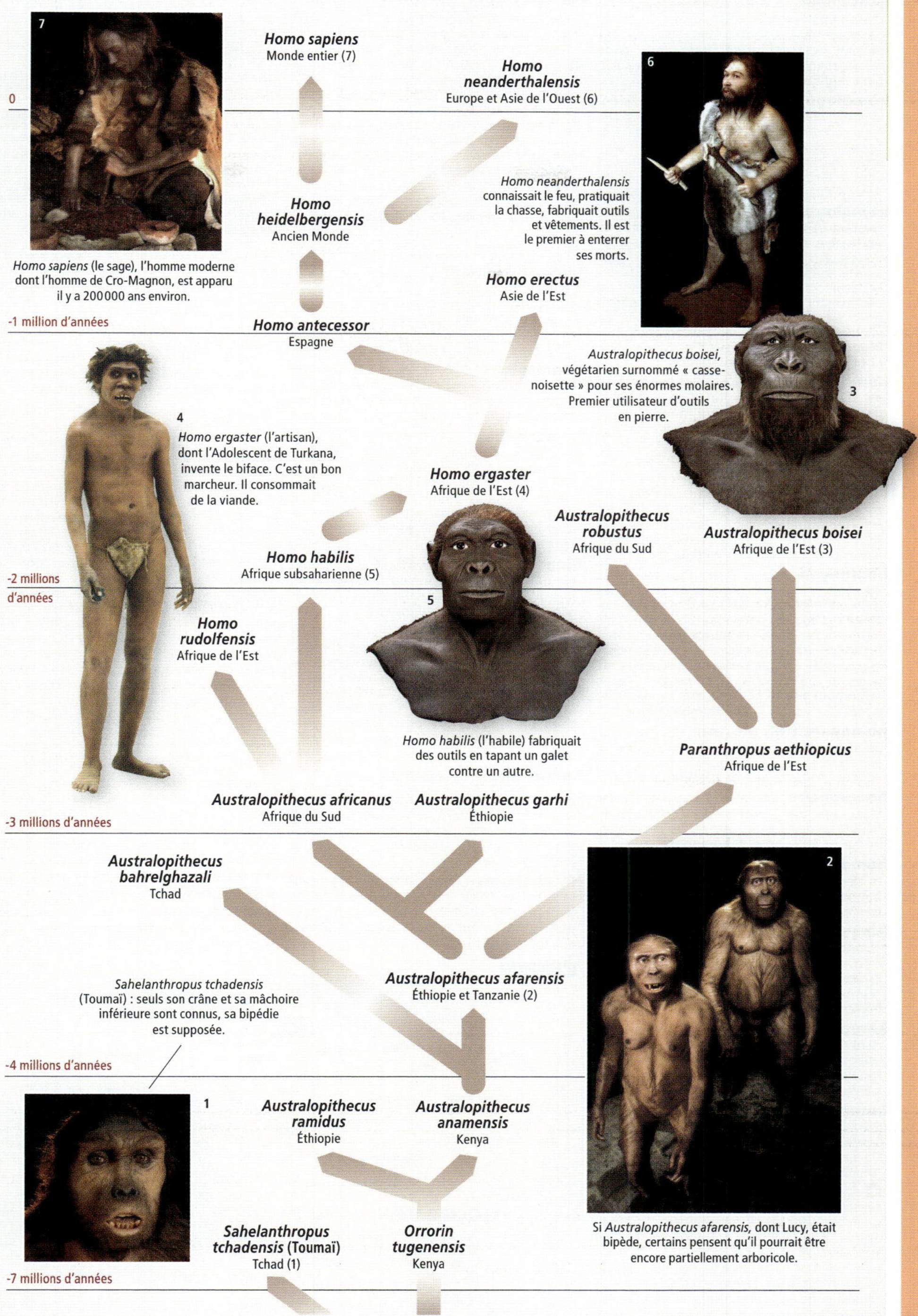

Homo sapiens (le sage), l'homme moderne dont l'homme de Cro-Magnon, est apparu il y a 200000 ans environ.

Homo neanderthalensis connaissait le feu, pratiquait la chasse, fabriquait outils et vêtements. Il est le premier à enterrer ses morts.

Australopithecus boisei, végétarien surnommé « casse-noisette » pour ses énormes molaires. Premier utilisateur d'outils en pierre.

Homo ergaster (l'artisan), dont l'Adolescent de Turkana, invente le biface. C'est un bon marcheur. Il consommait de la viande.

Homo habilis (l'habile) fabriquait des outils en tapant un galet contre un autre.

Sahelanthropus tchadensis (Toumaï) : seuls son crâne et sa mâchoire inférieure sont connus, sa bipédie est supposée.

Si *Australopithecus afarensis*, dont Lucy, était bipède, certains pensent qu'il pourrait être encore partiellement arboricole.

Homo sapiens provient d'une évolution probablement buissonnante où plusieurs espèces de la lignée humaine ont coexisté. Les chercheurs ne disposant pas de restes complets et utilisant différentes méthodes d'études, des interrogations et controverses demeurent pour établir les relations d'ancêtre à descendant. Les ossements trouvés apportent cependant de nombreuses connaissances sur les caractéristiques de nos ancêtres dont les reconstitutions rendent compte.

homologie n. f. (du grec → **homologue**) État d'éléments homologues. – math. Type de correspondance entre deux points, qui permet de transformer une figure dans l'espace en une autre équivalente. □ adj. **homologique**

homologue adj. (du grec, de *homos* → **homo-** et *logos* « rapport ») **1.** Équivalent. *Le grade d'amiral est homologue de celui de général.* – n. *Le ministre a rencontré son homologue allemand.* **2.** chim. Se dit de composés chimiques dont la structure est apparentée. – n. m. *Le benzène et le toluène sont des homologues.*

homologuer v. tr. < 1 > (du latin, du grec → **homologue**) **1.** dr. Entériner (un acte) afin de permettre son exécution. → **ratifier, sanctionner, valider.** *Le tribunal a homologué le testament.* **2.** Reconnaître, enregistrer officiellement après vérification (une performance, un record). **3.** Reconnaître officiellement conforme aux normes en vigueur. *Homologuer une piscine.* ■ **homologué, ée** adj. *Tarif homologué. – Record homologué.* □ n. f. **homologation**

homomorphisme n. m. (de *homo-* + *-morphisme*) math. Application d'un ensemble dans un autre, chacun étant muni d'une loi de composition interne, telle que l'image d'un composé de deux éléments est le composé des images de ces éléments. □ adj. **homomorphique**

homoncule n. m. (du latin, diminutif de *homo, hominis* → **homme**) **1.** Petit être vivant à forme humaine, que les alchimistes prétendaient fabriquer. **2.** vieux, péj. Petit homme. → **avorton.** – var. **homuncule.**

homonyme adj. et n. m. (du latin, grec *homônumos* → **homo-** et **-onyme**) Se dit des mots de prononciation identique (→ **homophone**) et de sens différents, qu'ils soient de même orthographe (→ **homographe**) ou non (ex. *ceint, sain, sein, seing*). ■ n. m. *Un homonyme.* – par ext. (en parlant de personnes, de villes...) *Troyes et son homonyme Troie.* ■ **homonymie** n. f. *Il y a homonymie entre « pain » et « pin ».* □ adj. **homonymique**

homoparental, ale, aux adj. (de *homo*pour *homosexuel* et *parental*) didact. *Famille homoparentale,* dans laquelle les parents sont de même sexe. □ n. f. **homoparentalité**

homophobe adj. et n. (mot anglais des États-Unis, de *homosexual* et *-phobe*) Qui manifeste de l'hostilité envers les personnes homosexuelles. □ n. f. **homophobie**

homophone adj. et n. m. (du grec → **homo-** et **-phone**) ling. Se dit de mots qui ont la même prononciation. *« Eau » et « haut » sont homophones.* → **homonyme.**

homophonie n. f. (du grec → **homophone**) **1.** mus. Caractère d'une musique écrite pour être exécutée collectivement à l'unisson (opposé à *polyphonie*). **2.** ling. Identité de sons représentés par des signes différents. □ adj. **homophonique**

homoptère n. m. (→ **-ptère**) zool. Insecte dont les quatre ailes sont de consistance uniforme, disposées en toit en position de repos (sous-ordre des *Homoptères* ; ex. la cigale, le puceron).

homosexualité [ɔmɔsɛksɥalite] n. f. Fait d'être homosexuel ; comportement homosexuel (opposé à *hétérosexualité*). → **inversion.** *Homosexualité masculine* (→ aussi **pédérastie**), *féminine* (→ **lesbianisme, saphisme**).

▶ Constante de l'histoire humaine, l'**homosexualité** a été appréhendée de façon très diverse selon les époques et les sociétés. En Grèce antique, les rapports charnels entre individus de sexe masculin sont liés à certains âges de la vie ou à certaines circonstances : ils n'ont pas de valeur exclusive ni identitaire. La Bible — tout comme le Coran — condamne l'homosexualité et l'Occident judéo-chrétien la réprime. Décriminalisée dans la plupart des pays européens à partir de la fin du XVIIIe siècle, l'homosexualité masculine n'en reste pas moins alors considérée comme une déviance voire une pathologie physique ou mentale. Freud la voit encore comme une perversion, même si la psychanalyse contribue à la faire sortir du champ de la psychiatrie et de la justice. Quant à l'homosexualité féminine, elle est passée sous silence.

Il faut attendre la fin des années 1960 pour que la question de l'homosexualité cesse d'être un tabou dans la plupart des pays occidentaux et qu'un mouvement homosexuel s'amorce. L'affirmation, dans les années 1990, d'une fierté homosexuelle (*gay pride*) consacre une évolution profonde des sociétés contemporaines où l'orientation sexuelle relève de moins en moins de contraintes normatives et discriminantes. Le pacs (pacte civil de solidarité) institué en France en 1999, à l'exemple des pays d'Europe du Nord, puis le mariage pour tous en 2013, a ouvert la voie à la possibilité d'adopter pour les homosexuels.

voir aussi **norme**

homosexuel, elle [ɔmɔsɛksɥɛl] n. et adj. (→ **homo-** et **sexuel**) (Personne) qui éprouve une attirance sexuelle pour les personnes de son propre sexe (opposé à *hétérosexuel*). → **gay** (anglic.) ; **²homo** (fam.) ; **lesbienne** ; aussi **LGBT, queer** (anglic.). ■ adj. *Couple homosexuel.*

homosphère n. f. (→ **sphère**) Couche de l'atmosphère, située entre le sol et une altitude de 100 km, où l'azote et l'oxygène restent en proportion constante.

homothétie [ɔmɔtesi] n. f. (de *homo-* et grec *thesis* « position » → **thèse**) géom. Transformation qui fait correspondre à tout point de l'espace un autre point dans un rapport constant avec le premier, par rapport à un point fixe. *L'homothétie permet de réduire ou d'agrandir une figure.* □ adj. **homothétique** [ɔmɔtetik]

homozygote adj. et n. (de *homo-* et *zygote*) biol. Se dit d'une cellule ou d'un individu qui possède deux gènes identiques sur chaque chromosome de la même paire. - contr. **hétérozygote.**

Homs Ville de Syrie, sur l'Oronte. 775 400 habitants. Commerce de produits agricoles (coton, fruits). Centre industriel (textile, pétrochimie). Cependant, étant l'un des principaux centres de rébellion contre Bachar al-Assad lors de la guerre civile syrienne, la ville a souffert de nombreuses destructions entre 2011 et 2017.

homuncule voir **homoncule**

Hon'ami Koetsu Peintre et calligraphe japonais (1558-1637). Ses œuvres, pour la plupart disparues, exercèrent une grande influence sur les peintres de l'école de Rinpa, tel Kōrin Ogata.

Hondschoote Commune du Nord, près de la frontière belge. 4 041 habitants. En septembre 1793, Houchard y remporta une victoire sur les armées du duc d'York, débloquant Dunkerque.

Honduras (golfe du) Profonde échancrure de la mer des Caraïbes, qui borde le Honduras, le Guatemala et Belize.

Honduras

n. m. ■ offic. république du Honduras Pays d'Amérique centrale. 112 088 km². 9 304 300 habitants (les *Honduriens*). **Langues :** espagnol (offic.), langues indiennes, anglais. **Population :** métis, Amérindiens, Blancs d'origine espagnole. **Religions :** catholiques, protestants. **Monnaie :** lempira. **Capitale :** Tegucigalpa. **Régime :** présidentiel.

Le Honduras n'a qu'une étroite façade sur le Pacifique, mais s'ouvre largement sur la mer des Antilles par une plaine humide peu peuplée, mise en valeur par les compagnies agricoles des États-Unis (bananes). Le centre et le sud du pays, montagneux, concentrent la population et les cultures vivrières (maïs, haricots). Malgré les zones franches et le soutien des États-Unis, l'industrialisation et le développement restent très limités.

L'O. du territoire appartenait à la sphère culturelle maya. Abordée en 1502 par Christophe Colomb, la région fut colonisée par Hernán Cortés (1524). D'abord partie des Provinces-Unies d'Amérique centrale (1823), le Honduras devint indépendant en 1839. Les guerres civiles furent quasi permanentes jusqu'au milieu du XXe s. Elles furent suivies de conflits frontaliers avec le Nicaragua (1957) et le Salvador (1969). Le pays fut utilisé par les États-Unis pour lutter contre les sandinistes (1979-1990) au Nicaragua. Depuis l'installation de la démocratie (1981), les partis national et libéral alternent au pouvoir. Au libéral Manuel Zelaya, élu en 2005 et renversé en juin 2009, ont succédé Porfirio Lobo Sosa en 2010, Juan Hernández en 2014 (parti national) puis Xiomara Castro en 2022 (socialiste). De nombreux Honduriens sont candidats à l'émigration en raison de la répression politique, de la corruption et de la mainmise des gangs sur le pays.

Honduras-Britannique voir **Belize**

Honecker (Erich) Homme politique allemand (1912-1994). Secrétaire du comité central du Parti socialiste unifié, il ordonna la construction du mur de Berlin (1961). Président du Conseil d'État de la RDA (1978-1989), il se réfugia en URSS après la chute du pouvoir communiste, puis fut livré à l'Allemagne.

Honegger (Arthur) Compositeur suisse (1892-1955). Il participa à la fondation du « groupe des Six » (1920), puis affirma son

Honduras

goût pour une polyphonie complexe et une solide architecture musicale. Ses premières œuvres sont des mélodies accompagnant des poèmes de Cocteau ou Apollinaire. Dans *Le Roi David,* il renouvelle le genre de l'oratorio biblique. Ses pièces, d'inspiration religieuse ou profane, sont remarquables par leur souffle et leur force *(Antigone ; Jeanne au bûcher ; La Danse des morts).* Il composa aussi des symphonies *(Symphonie liturgique).*

Honfleur Commune du Calvados, sur l'estuaire de la Seine. 6 742 habitants. Église en bois du XVe s. Porte de Caen (XVIe s.). Musées (de la Marine, d'Art populaire, Eugène-Boudin). Port de pêche et de plaisance. Tourisme. La ville est reliée au Havre par le pont de Normandie.

Hòn Gay Ville du Viêtnam, sur la baie d'Along, au N. de Haiphong. 202 000 habitants. Port industriel.

Hong Kong Région administrative spéciale de la Chine, sur la mer de Chine, au S.-E. de Canton. 1 068 km². 7 071 500 habitants. Monnaie : dollar de Hong Kong. Hong Kong est formée d'une partie insulaire (dont l'île de Hong Kong) et d'une partie continentale (les Nouveaux Territoires). Un pont maritime de 55 km la relie à Macao. C'est une région industrielle (textile, jouets en plastique, électronique), mais son économie repose surtout sur le commerce (statut d'entrepôt et de port franc) et sur les services, en développement rapide. Appartenant à la Grande-Bretagne depuis 1842, Hong Kong est redevenue chinoise le 1er juillet 1997 mais le système économique doit être maintenu durant 50 ans, soit jusqu'en 2047. Depuis, Pékin limite l'autonomie de la région et la « révolution des parapluies » (2014) réclamant des élections au suffrage universel n'a pas obtenu satisfaction. Des manifestations extrêmement violentes ont eu lieu en 2019 et en 2020 après l'annonce par la Chine de lois destinées à restreindre la démocratie et les derniers médias indépendants ont été interdits.

Hongmen Société secrète chinoise faisant partie de la « Triade », ensemble de sociétés secrètes qui furent responsables, du XVIIe s. à 1949, de nombreux soulèvements populaires.

Hong Kong

Hong Kong, le gratte-ciel *Two International Finance Center* (416 m).

***hongre** adj. et n. m. **(latin *hungarus* → hongrois ; l'usage de castrer les chevaux étant venu de Hongrie)** (cheval) Châtré.

Hongrie

n. f. ■ offic. Hongrie État d'Europe centrale. 93 030 km². 9 770 000 habitants (les *Hongrois* ou *Magyars*). **Population :** Magyars (92 %), Tsiganes (2 %), Allemands, Slovaques, Roumains. **Langue :** hongrois (appartenant au groupe finno-ougrien). **Religions :** catholiques, 52 % ; protestants, 19 %. **Monnaie :** forint. **Capitale :** Budapest. **Régime :** démocratie parlementaire.

GÉOGRAPHIE

L'ensemble du territoire est de faible altitude. La dorsale hongroise, qui s'étend sur 400 km de l'O. au N.-E., est fractionnée en une série de massifs : monts Bakony, Börzsöny et Mátra (mont Kékes, 1 014 m). La Transdanubie, à l'O. du Danube, comprend les dernières pentes des Alpes, les monts Mecsek et des plaines. À l'E. du Danube s'étend la Grande Plaine (Alföld), qui comprend notamment la région céréalière du Nagykunság (à l'E. de la Tisza) et les pâturages de l'Hortobágy.

Le climat est tempéré, de nuance continentale, à l'amplitude thermique assez marquée. Les précipitations, qui diminuent d'O. en E., sont orageuses durant l'été. Situé dans la cuvette hydrologique du Danube moyen, le pays est riche en eaux de surface et souterraines.

La population décline, la natalité (10 ‰) étant très inférieure à la mortalité (20 ‰ en 2020) et l'émigration étant importante depuis 1989. L'urbanisation profite essentiellement à Budapest, tandis que les régions orientales se dépeuplent.

ÉCONOMIE

Après la Seconde Guerre mondiale, la Hongrie a dû s'aligner sur le modèle soviétique. La réforme économique de 1968, en introduisant des règles plus souples, a facilité l'évolution ultérieure vers l'économie de marché. Lors de la transition postcommuniste, la Hongrie a retrouvé ses caractéristiques historiques : une diffusion d'O. en E. des niveaux de développement, des échanges économiques et culturels importants avec l'Autriche et l'Allemagne.

Agriculture Les conditions naturelles sont favorables à une agriculture puissante, tournée vers l'exportation. Dans les plaines, l'agriculture mécanisée atteint des rendements élevés (blé, maïs, betterave à sucre). Les vignobles (Tokay, Kiskunság), les vergers (abricotiers), le paprika participent aux exportations. En revanche, l'élevage autre que bovin est en difficulté par manque de compétitivité.

Industrie L'industrialisation a été gênée par la faiblesse des ressources naturelles (hydrocarbures, bauxite, manganèse, uranium). La période communiste a privilégié les industries lourdes (sidérurgie, métallurgie de l'aluminium, chimie), localisées principalement dans la capitale et sur la dorsale montagneuse, et la construction mécanique. Les industries textile et agroalimentaire sont installées dans les plaines. Aujourd'hui, l'automobile et l'électronique

H

Hongrie

Élevage d'oies blanches dans l'Hortobágy.

sont en pleine expansion. Les investissements étrangers sont importants mais le pays souffre d'une forte dépendance énergétique.

Services et échanges Les services, le tourisme (Budapest, lac Balaton) et la finance se développent et emploient 63 % de la population active. Un assez bon réseau de communication favorise les échanges avec l'extérieur : aéroport international de Ferihegy, navigation sur le Danube et la Tisza renforcée par l'ouverture de la liaison Rhin-Main-Danube. Plus de la moitié des échanges se font désormais avec les pays d'Europe de l'Ouest. Toutefois, le déficit financier et l'endettement demeurent élevés.

HISTOIRE

Les origines Le pays fut occupé par les Illyriens, les Thraces, les Celtes, puis les Romains qui créèrent les provinces de Pannonie (début du Ier s.) et de Dacie. Du Ve au IXe s., Huns, Ostrogoths et Avars s'y succédèrent. Les Hongrois, peuple finno-ougrien venu de l'Oural, essaimèrent dans les plaines du moyen Danube à la fin du IXe s. Ils furent unifiés par le Magyar Árpád. Les cavaliers hongrois lancèrent vers l'Occident des incursions auxquelles Othon le Grand mit un terme à la bataille de Lechfeld (955). Le prince Géza (972-997) se fit baptiser. Son fils Étienne Ier, premier roi couronné (1000), organisa l'État hongrois. Après un demi-siècle de troubles, les règnes de Ladislas Ier (1077-1095), Coloman Ier (1095-1116) et surtout Béla III (1172-1196) furent une période d'extension territoriale (conquête de la Slavonie et de la Croatie). André II (1205-1235) dut accorder la Bulle d'or (1222), qui définit les limites du pouvoir royal et les prérogatives nobiliaires, puis la Hongrie subit l'invasion des Tatars (1241-1242). À la mort de Béla IV (1235-1270), les luttes intestines reprirent.

Du renforcement du pouvoir central à la conquête turque (1308-1526) Les rois angevins Charles-Robert (1308-1342), Louis Ier (1342-1382) et Sigismond de Luxembourg (1387-1437) renforcèrent le pouvoir royal. Le régent Jean Hunyadi arrêta les Turcs devant Belgrade (1456). Son fils Mathias (1458-1490) lutta pour l'indépendance du pays et organisa un régime centralisé. Les règnes de Ladislas VI et de Louis II (1490-1526) virent la destruction de l'œuvre de Mathias et, le 29 août 1526, l'armée hongroise fut écrasée à Mohács par les Turcs.

La domination des Habsbourg (1526-1848) Les Habsbourg régnèrent alors sur la partie occidentale de la Hongrie, tandis que la partie orientale fut réduite à la Transylvanie (1541). Le reste du pays fut occupé par les Turcs. Les Habsbourg imposèrent la Contre-Réforme dans un pays en partie acquis au protestantisme et refoulèrent les Turcs au XVIIIe s. Ferenc II Rákóczi essaya vainement d'arracher l'indépendance (1703-1711). Joseph II (1780-1790) tenta l'assimilation à l'Autriche mais, au XIXe s., les idées réformistes et nationales progressèrent (István Széchenyi, Lajos Kossuth).

De la révolution à la guerre (1848-1918) Kossuth et le poète Sándor Petőfi prirent la tête de la révolution de mars 1848 et proclamèrent l'indépendance (avril 1848). La défaite de l'armée hongroise (1849) fut suivie d'une répression sanglante. Vienne consentit à un compromis en 1867 en créant la monarchie austro-hongroise : l'Autriche et la Hongrie eurent des gouvernements séparés, mais conservèrent un même roi. François-Joseph (1848-1916) nomma un Premier ministre hongrois, Gyula Andrássy.

Durant la seconde moitié du XIXe s., la révolution industrielle toucha la Hongrie. Le gouvernement répondit aux revendications des minorités (Roumains, Slovaques, Croates, Serbes) par une politique de magyarisation à outrance. En 1914, la Hongrie restait un pays essentiellement agricole, dirigé par la grande noblesse terrienne. La Première Guerre mondiale entraîna de graves pertes en hommes et en matériel.

De Béla Kun à l'amiral Horthy (1918-1945) La République fut proclamée en octobre 1918. Béla Kun prit la tête d'une « République hongroise des Conseils » d'inspiration marxiste (mars-août 1919). L'amiral Horthy, proclamé régent en mars 1920, se donna pour objectif la révision du traité de Trianon (4 juin 1920) qui amputait la Hongrie des deux tiers de son territoire. La Hongrie se rapprocha de l'Allemagne, adhéra au pacte anti-Komintern et entra en guerre en 1941. Hitler fit occuper le pays en mars 1944 avant que les troupes de l'Armée rouge ne le conquièrent (1944-1945).

De la République populaire à la IVe République La République populaire hongroise fut alors instaurée en 1949, sous la dictature de Mátyás Rákosi. En 1953, Imre Nagy entama la déstalinisation, mais une insurrection éclata en octobre 1956. Nagy abolit alors le système du parti unique et réclama le retrait de la Hongrie du pacte de Varsovie. Les troupes soviétiques occupèrent aussitôt Budapest (1er-4 novembre). Après deux années de répression, János Kádár libéralisa progressivement le régime, avant d'être évincé en 1988.

La statue de Staline à Buda, détruite par la foule le 23 octobre 1956.

La IVe République fut proclamée et la démocratie instaurée (1989). Les socialistes (anciens communistes) revinrent au pouvoir en 1994 puis en 2002 après la défaite du Premier ministre de la droite libérale, Victor Orbán. La Hongrie intégra l'Otan (1999) et l'Union européenne (2004). Les réformes néolibérales engagées par le gouvernement déclenchèrent des manifestations massives en octobre 2006 et le parti nationaliste fondé par Orbán, le Fidesz, remporta toutes les élections de 2010. Le nouveau « ministre-président » entreprit immédiatement plusieurs réformes. Reconduit en 2014, 2018 et 2022, Victor Orbán mène une politique anti-immigration (notamment contre les réfugiés syriens) et anti-européenne. Sous couvert de l'urgence sanitaire due à la pandémie de Covid-19, il a mis en place des mesures contrevenant au respect de l'État de droit qui, s'ajoutant à l'ampleur de la corruption, ont amené l'UE à poser des conditions sur le versement de ses aides au pays.

***hongrois, oise** adj. et n. (de *Hongre*, du latin *Hungarus*, du turco-mongol *ogur* « flèche », désignation turque des Magyars) De Hongrie. → **magyar.** *Danses hongroises.* – n. *Les Hongrois.* ■ n. m. *Le hongrois*, langue finno-ougrienne parlée par les Hongrois.

***hongroyer** [ɔ̃gʀwaje] v. tr. ‹ 8 › (de *Hongrie*) Apprêter, préparer (le cuir) à la manière dite « de Hongrie », au gros sel et à l'alun. – au p. p. *Cuirs hongroyés.* □ n. m. **hongroyage** et n. f. **hongroierie** □ n. **hongroyeur, euse**

Hong Shen ou **Hong Chen** Homme de théâtre et cinéaste chinois (1893-1955). Adhérant au mouvement populaire chinois, il est l'auteur de pièces ayant pour sujet le patriotisme. Il réalisa le premier film parlant chinois, *Mudan.*

Hong Xiuquan ou **Hong Sieou-ts'iuan** Réformateur religieux chinois (1813-1864). Fondateur de la secte des « adorateurs de Dieu » d'inspiration chrétienne, il dirigea ensuite la révolte des Taiping contre les Qing (1850-1864).

Hongze hu ou **Hong-tsö-hou** n. m. Lac de Chine (Jiangsu), qui sert de déversoir au Huai he.

Honiara Capitale des îles Salomon, sur la côte N.-E. de l'île de Guadalcanal. 34 000 habitants.

honnête adj. (latin *honestus*, de *honos, honoris* → honneur) I. 1. Qui se conforme aux lois de la probité, du devoir, de la vertu. → **1droit, 2franc, intègre, loyal.** ■ vieilli (femmes) Irréprochable dans sa conduite sur le plan sexuel. → **vertueux.** ■ spécialt Qui respecte le bien d'autrui ; scrupuleux en matière d'argent. *Commerçant honnête. Elle est foncièrement honnête.* 2. (choses) → **1bon, 1louable, 1moral.** *Des intentions honnêtes.* II. Qui se conforme à certaines normes sociales. 1. (aux XVIIe et XVIIIe siècles) *Honnête homme*, homme de manières et d'esprit agréables en société. 2. vieux ou régional Qui fait preuve de savoir-vivre. *Vous recevrez un accueil honnête.* 3. vieux Bienséant, décent. III. mod. Satisfaisant. → **convenable, correct, honorable, passable, suffisant.** *Des résultats honnêtes. Un repas honnête, sans plus.*

honnêtement adv. I. 1. Selon le devoir, la vertu, la probité. *Gérer honnêtement une affaire.* 2. Franchement. *Honnêtement, qu'en penses-tu ?* II. Selon des normes raisonnables ou moyennes. → **correctement, passablement.** *Elle s'en tire très honnêtement*, plutôt bien.

honnêteté n. f. Qualité d'une personne honnête (I) ou de ce qui est honnête. → **intégrité, probité.** ■ Droiture, franchise. *Aie au moins l'honnêteté de reconnaître ton erreur.* – *En toute honnêteté.* → bonne **foi.**

honneur n. m. (vient du latin *honor, honoris*, de *honos*, mot religieux → honorable, honoraire, honorer, honorifique) I. Dignité morale. 1. Fait de mériter la considération, l'estime (d'autrui et de soi-même) sur le plan moral et selon les valeurs de la société. → **dignité, fierté.** *Défendre, sauver, venger son honneur. Mon honneur est en jeu.* – allus. *« Tout est perdu, fors* l'honneur »* (François Ier). ■ ***Point d'honneur*** : ce qui met en jeu, en premier lieu, l'honneur. *Se faire un point d'honneur de* (+ inf.) ; *mettre son point d'honneur, un point d'honneur à* (+ inf.). ■ ***Affaire d'honneur***, où l'honneur est engagé (spécialt, duel). ■ *Donner sa* ***parole d'honneur*** : jurer. – ellipt (exclam.) *Parole d'honneur ! – Je l'atteste, j'en réponds sur l'honneur* : je le jure. ■ vieilli *L'honneur d'une femme*, réputation liée au caractère irréprochable de ses mœurs (selon la morale sexuelle d'une époque). ■ *Compromettre l'honneur de sa famille*, sa réputation. 2. Sentiment qui pousse à obtenir ou préserver l'estime d'autrui ou de soi-même. *Le code de l'honneur.* ***Homme d'honneur*** : homme de probité, de vertu. ***Bandit d'honneur***, qui s'est fait bandit pour conserver son honneur. II. Considération accordée au mérite reconnu. 1. Considération qui s'attache au mérite, à la vertu, aux talents. → **gloire, réputation.** *Il s'en est tiré avec honneur. C'est tout à son honneur. Travailler pour l'honneur*, de façon désintéressée. ■ (sujet chose) *Être* ***en honneur***, entouré de considération. → **estimé.** *Cette coutume est toujours en honneur.* ■ littér. ***Être l'honneur de***, une source d'honneur pour. → **fierté.** *« Ah ! tu seras un jour l'honneur de ta famille »* (Racine). ■ ***Champ d'honneur*** : champ de bataille, à la guerre. *Mourir au champ d'honneur*, à la guerre. 2. Traitement spécial destiné à honorer qqn. – allus. *« J'ose dire pourtant que je n'ai mérité / Ni cet excès d'honneur ni cette indignité »* (Racine). *À toi l'honneur !*, à toi de commencer. prov. *À tout seigneur tout honneur*, à chacun selon son rang ; nous vous devons bien cela. – *C'est lui faire trop d'honneur*, il ne mérite pas tant d'égards. ■ ***Rendre honneur à*** : célébrer. ■ ***En l'honneur de*** *qqn, d'un évènement*, en vue de fêter, de célébrer. – fam. *En quel honneur ?*, pourquoi, pour qui ? ■ ***L'honneur de*** (+ inf.). *Il m'a fait l'honneur de me recevoir.* → **faveur, grâce.** *Avoir l'honneur de.* → **privilège.** – sens affaibli (formules de politesse) *Faites-moi l'honneur d'être mon témoin.* ellipt *À qui ai-je l'honneur* (de parler) ?, formule par laquelle on demande son nom à qqn. **3.** (après un subst.) ***D'honneur*** *(qui rend ou confère un honneur). Garçon, demoiselle d'honneur. La cour d'honneur d'un édifice. Place d'honneur. Vin d'honneur. Prix, tableau d'honneur. La Légion d'honneur. – Président d'honneur.* → **honoraire.** **4.** ***Faire honneur à*** *qqn*, lui valoir de la considération. *Élève qui fait honneur à son maître. Ces scrupules vous font honneur.* → **honorer.** ■ ***Faire honneur à*** *qqch.*, le respecter, s'en montrer digne. → **honorer.** *Faire honneur à ses engagements.* – fam. *Faire honneur à un repas*, manger abondamment. **5.** ***Votre Honneur*** : traduction d'un titre usité en Grande-Bretagne, dans l'ancienne Russie, lorsque l'on s'adresse à certains hauts personnages. **III.** ***Les honneurs.*** **1.** Témoignages d'honneur. *Il a été reçu avec tous les honneurs dus à son rang.* → **égard.** *Refuser les honneurs.* – littér. *Honneurs funèbres*, rendus lors des funérailles. – *Honneurs militaires* : saluts, salves d'artillerie, sonneries. – loc. *Obtenir les honneurs de la guerre* : bénéficier dans une capitulation de conditions honorables. ■ *Faire à qqn les honneurs d'une maison*, l'y accueillir et l'y guider soi-même avec déférence. **2.** Tout ce qui confère éclat ou supériorité dans la société. → **grandeur ; dignité, privilège.** **3.** Les cartes les plus hautes à certains jeux (notamment au bridge).

***honnir** v. tr. < 2 > (du francique *haunjan* ; même racine que *honte*) vieilli ou littér. Vouer à la haine et au mépris publics de façon à couvrir de honte. ■ au p. p. *Gouvernement honni.* – loc. (souvent iron.) *Honni soit qui mal y pense !*, honte à qui y voit du mal (devise en français de l'ordre de la Jarretière, en Angleterre).

Honolulu Ville des États-Unis, capitale de l'État de Hawaii, sur l'île d'Oahu. 350 960 habitants. Tourisme. À l'O. se trouve la base de Pearl Harbor.

honorable adj. (latin *honorabilis*, de *honorare* → **honorer**) **I. 1.** Qui mérite d'être honoré, estimé. → **digne, estimable, respectable.** *Une famille honorable.* **2.** Qui honore, qui attire la considération, le respect. *Profession honorable.* **3.** Qui sauvegarde l'honneur, la dignité. *Capituler à des conditions honorables.* **II.** (sens affaibli) → **convenable, honnête** (III), **¹moyen.** *Un résultat plus qu'honorable.* □ n. f. **honorabilité**

honorablement adv. **1.** D'une manière respectable, avec honneur. *Il est honorablement connu dans le quartier.* **2.** D'une manière suffisante, convenable. *Il a de quoi vivre honorablement.*

honoraire adj. (latin *honorarius*, de *honos, honoris* → **honneur**) **1.** Qui, ayant cessé d'exercer une fonction, en garde le titre et les prérogatives honorifiques. *Professeur honoraire.* **2.** Qui, sans exercer la fonction, en a le titre honorifique. *Président honoraire d'une société.* → d'**honneur.**

honoraires n. m. pl. (d'abord au sing. ; latin *honorarium* « don honorable » → **honorer**) Rétribution perçue par les personnes exerçant une profession libérale. → **émoluments.** *Les honoraires d'un médecin, d'un avocat.*

honorariat n. m. (de *honoraire*) didact. Qualité, dignité d'une personne qui conserve le titre après avoir cessé d'exercer la fonction.

Honorat (saint) (v. 350-430). Il fonda l'abbaye de Lérins v. 400 et fut archevêque d'Arles (427).

Honoré (Philippe Honoré, dit) Dessinateur français (1946-2015). Privilégiant les dessins en noir et blanc et un graphisme épuré, il a travaillé pour *Le Monde, Libération, Hara-Kiri* ou encore *Charlie Hebdo*. Il fut abattu au siège de *Charlie Hebdo* le 7 janvier 2015, par des terroristes islamistes.

Honoré (Christophe) Metteur en scène et écrivain français (né en 1970). Ses films traitent des relations fraternelles *(Dans Paris)*, de l'amour (*Les Chansons d'amour*, comédie musicale ; *La Belle Personne*), de la quête d'identité *(Non ma fille, tu n'iras pas danser)*. Il est aussi auteur de scénarios, de pièces de théâtre et de romans *(L'Infamille)* et met en scène des opéras.

honorer v. tr. < 1 > (latin *honorare*, de *honos, honoris* → **honneur**) **1.** Faire honneur à (s'oppose à *déshonorer*). *Ces scrupules vous honorent.* **2.** Rendre honneur à, traiter avec beaucoup de respect et d'égard. *Honorer Dieu.* → **adorer.** *Honorer son père et sa mère.* → **vénérer.** – *Honorer la mémoire de qqn.* → **célébrer,** rendre **hommage.** – ***Honorer*** *qqn de qqch.* → **gratifier.** *Elle veut bien m'honorer de son amitié.* **3.** Tenir en haute estime. → **respecter.** **4.** Acquitter, payer afin de faire honneur à un engagement. *Honorer un chèque.* – par ext. *Honorer sa signature.* ■ **s'honorer** v. pron. *S'honorer de* : tirer honneur, fierté de. → s'**enorgueillir.** *Je m'honore d'être son ami.* ■ **honoré, ée** adj. **1.** Respecté. **2.** (politesse) Flatté. *Je suis très honoré.* ■ (en s'adressant à qqn) Que l'on honore. *Mon honoré confrère.* → **estimé, honorable. 3.** n. f. (dans la correspondance commerciale) Lettre. *Votre honorée du trois août.*

honorifique adj. (latin *honorificus*, de *honos, honoris* → **honneur** et *facere* → **¹faire**) Qui confère des honneurs (sans avantages matériels). *Titres, distinctions honorifiques.* – *Président* ***à titre honorifique.*** → d'**honneur, honoraire ; honoris causa.**

honoris causa [ɔnɔʀiskoza] loc. adj. invar. (loc. latine « pour cause d'honneur ») *Docteur honoris causa* (d'une université), à titre honorifique.

Honorius en latin **Flavius Honorius** (384-423). Premier empereur d'Occident (395-423). Fils de Théodose Ier, il laissa d'abord gouverner Stilicon, avant de le faire assassiner (408). Incapable de contenir les Barbares, il laissa un empire diminué d'une grande partie de la Gaule et de l'Espagne.

Honorius Ier Pape de 625 à 638. Ayant soutenu le monothélisme, il fut anathématisé au concile de Constantinople (680-681).

Honorius II [Lambert Scannabecchi] Pape de 1124 à 1130. Cardinal. Évêque d'Ostie, il négocia le concordat de Worms (1122).

Hooker (John Lee)

John Lee Hooker en 1981.

Honorius III [Cencio Savelli] Pape de 1216 à1227. Il couronna Frédéric II (1220) et lutta contre les cathares.

Honshū La plus grande des îles du Japon, longue de 1 400 km et d'une superficie de 230 822 km². Elle forme un arc de cercle qui délimite au S.-E. la mer du Japon. 103 000 000 habitants. La dorsale montagneuse qui la traverse est presque inhabitée. La riziculture domine. Le secteur industriel est concentré sur le littoral oriental, constituant un cordon de conurbations qui rassemble la moitié de la population japonaise.

honte** n. f. (du francique *haunita* ; même racine que *honnir*) **1.** Déshonneur humiliant. → **opprobre.** *Essuyer la honte d'un affront. Couvrir qqn de honte.* – *À la honte de qqn*, en lui infligeant un déshonneur. *À sa grande honte.* – *Être la honte de sa famille.* – *C'est une honte ! Quelle honte !*, c'est une chose honteuse. – *Honte à celui qui...*, que le déshonneur soit sur lui. → **honni. 2.** Sentiment pénible d'infériorité ou d'humiliation devant autrui. → **confusion.** *Rougir de honte.* ■ ***Avoir honte : éprouver de la honte. *Avoir honte de qqn, de qqch., d'avoir fait qqch. Tu devrais avoir honte !* – fam. *J'ai la honte. C'est la honte. Se taper la honte.* – loc. littér. *Avoir toute honte bue* : être devenu insensible au déshonneur. **3.** ***Faire honte à*** *qqn*, être pour lui un sujet de honte, de déshonneur. *Elle fait honte à ses parents.* – *Faire honte à qqn de sa conduite*, lui en faire des reproches. **4.** ***Fausse honte*** : scrupule excessif à propos de qqch. qui n'est pas blâmable. → **réserve, retenue. 5.** Sentiment de gêne éprouvé par scrupule de conscience, crainte du ridicule, etc. *Étaler son luxe sans honte.* → **vergogne.**

***honteusement** adv. **1.** littér. De façon honteuse, déshonorante. *Fuir honteusement.* **2.** D'une manière très insuffisante. *Être honteusement mal payé.*

***honteux, euse** adj. **1.** Qui cause de la honte. → **avilissant, dégradant, déshonorant.** *Acte honteux.* → **abject, infâme, méprisable, vil.** *C'est honteux !* ■ Dont on a honte. *Pensée honteuse.* → **inavouable.** – spécialt, vieilli *Les parties honteuses*, les organes génitaux. *Maladies honteuses.* → **vénérien. 2.** Qui éprouve un sentiment de honte. → **confus.** *Être honteux de son ignorance, d'avoir été ridicule.* → **penaud.** – *Air honteux.* **3.** Qui se cache d'être (ce qu'il est). *Un joueur honteux.*

Honthorst (Gerrit van) dit en français **Gérard de la Nuit** Peintre, dessinateur et graveur hollandais (1590-1656). Suiveur du Caravage, il reprit ses effets d'éclairages violemment contrastés et ses compositions à mi-corps *(Saint-Pierre reniant le Christ)*.

Hooft (Pieter Corneliszoon) Historien et poète hollandais (1581-1647). Il rédigea une *Histoire des Pays-Bas* en 27 volumes.

Hooghly ou **Hūghlī** Branche occidentale du delta du Gange, d'environ 250 km de long. Elle arrose Calcutta et sa banlieue industrielle, et se jette dans le golfe du Bengale à Diamond Harbour.

Hooke (Robert) Savant anglais (1635-1703). Esprit universel, il contribua à l'essor des disciplines scientifiques et énonça la loi de proportionnalité entre les petites déformations élastiques et les efforts qui les produisent *(loi de Hooke)*. On lui doit également les premières recherches sur le tissu cellulaire.

Hooker (John Lee) Guitariste et chanteur de blues américain (1917-2001). Il devint, à partir de 1950, grâce à sa qualité rythmique et à son style simple qu'il sut adapter à la guitare électrique, l'un des plus grands musiciens du blues *(Boogie Chillen ; Boom Boom)*.

***hooligan, ane** ou ***houligan, ane** [uligan ; uligɑ̃, an] n. (mot anglais, par le russe) Provocateur qui exerce la violence, le vandalisme, notamment lors de rencontres sportives (football, etc.).

***hooliganisme** ou **houliganisme** [uliganism] n. m. Comportement du hooligan ; vandalisme de groupe.

Hoorne ou **Hornes** (Philippe II de Montmorency, comte de) Homme politique et général hollandais (1518-1568). Il servit Charles Quint et s'illustra à Saint-Quentin (1557) et à Gravelines (1558). Ses liens avec Guillaume le Taciturne le firent exécuter avec le comte d'Egmont.

Hoover (barrage) Barrage situé sur le Colorado (États-Unis), à la frontière du Nevada et de l'Arizona. Il approvisionne en eau plusieurs villes dont Los Angeles, San Diego, Las

Le barrage Hoover construit dans les années 1930.

Vegas... La surexploitation du fleuve et la sécheresse extrême due au changement climatique ont considérablement réduit le débit du fleuve et la capacité du barrage.

Hoover **(Herbert Clark)** Homme d'État américain (1874-1964). Républicain, président des États-Unis (1929-1933), il se heurta à la crise économique de 1929.

Hoover **(John Edgar)** Haut fonctionnaire américain (1895-1972). Il dirigea le FBI à partir de 1924. Il mena une traque acharnée à l'encontre des communistes ou supposés tels et constitua des dossiers compromettants sur de nombreuses personnalités qui lui permirent de conserver ses fonctions jusqu'à sa mort.

H

***hop** [ɔp ; hɔp] **interj.** **(onomatopée)** Interjection servant à stimuler, à faire sauter, à évoquer une action brusque.

Hopis **n. m. pl.** Amérindiens de l'O. de l'Arizona, faisant partie des Pueblos.

hôpital, aux **n. m.** **(bas latin *hospitalis* → hospitalier, hospitaliser, de *hospes* → hôte)** **1.** anciennt Établissement charitable où l'on recevait les gens sans ressources. → **hospice.** **2.** mod. Établissement public qui reçoit ou traite les malades, les blessés et les femmes en couches. → fam. **hosto.** *Hôpitaux et cliniques. Médecins, internes, externes d'un hôpital. Lit d'hôpital. Admettre un malade dans un hôpital, à l'hôpital* (→ **hospitaliser**). *Hôpital de jour,* où les malades sont soignés dans la journée et rentrent chez eux le soir. *Hôpital psychiatrique* (anciennt *asile*).

Hopkins **(Gerard Manley)** Poète britannique (1844-1889). Il a été reconnu comme l'un des grands poètes de l'ère victorienne, et l'un des acteurs du renouvellement de la poésie anglaise. *L'Écho d'or ; Le Naufrage du Deutschland.*

Hopkins **(sir Frederick Gowland)** Biochimiste britannique (1861-1947). Il fut le premier à appliquer la chimie à l'étude des organismes vivants. Il s'intéressa aux problèmes de la nutrition, démontrant l'importance des protéines. Il découvrit les vitamines de la croissance. Prix Nobel 1929.

Hopkins **(Harry Lloyd)** Homme politique américain (1890-1946). Conseiller de F. D. Roosevelt, il fut l'un des artisans du New Deal.

Hopkins **(Sam, dit Lightnin')** Guitariste et chanteur de blues américain (1912-1982). Défenseur de la communauté noire du Sud dans ses chansons acerbes et drôles, il fut redécouvert avec la mode du *blues revival* des années 1960.

Hopkins **(sir Anthony)** Comédien américain d'origine britannique (né en 1937). Au théâtre, il joua les grands rôles shakespeariens. Il connut une célébrité plus tardive au cinéma, notamment pour son rôle dans *Le Silence des agneaux,* pour lequel il obtint son premier Oscar en 1991. *Les Vestiges du jour ; The Father.*

Anthony Hopkins dans *Les Vestiges du jour* de James Ivory (1993).

hoplite **n. m.** **(latin *hoplites,* mot grec, de *hoplon* « arme »)** didact. (Antiq. grecque) Fantassin lourdement armé.

Hopper **(Edward)** Peintre américain (1882-1967). Ses tableaux représentent des scènes de la vie quotidienne avec une précision, un réalisme et une lumière crue caractéristiques, d'où se dégage une impression de malaise ou d'étrangeté.

Hopper **(Grace)** Mathématicienne, informaticienne et contre-amirale de la marine américaine (1906-1992). Elle conçut le premier compilateur en 1951 (UNIVAC 1 nommé A-0 System) et inventa le langage COBOL en 1959.

***hoquet** **n. m.** **(onomatopée)** Contraction spasmodique du diaphragme produisant un appel d'air sonore ; bruit qui en résulte. *Avoir le hoquet.*

***hoqueter** **v. intr.** < 4 ou RO 5 > Avoir le hoquet, un hoquet. ■ (choses) Émettre par à-coups un bruit qui rappelle le hoquet. *Le moteur hoquette.*

***hoqueton** **n. m.** **(de l'espagnol, de l'arabe *qutun* → coton)** anciennt Veste de grosse toile portée par les hommes d'armes sous le haubert. – Casaque de paysan.

Horace Poète latin (65-8 av. J.-C.). Formé par les meilleurs maîtres de Rome et d'Athènes, il se lia avec Brutus, et combattit à ses côtés à Philippes (–42). De retour à Rome, il connut Virgile, qui le présenta à Mécène. Ses écrits, les *Satires,* les *Épîtres* et les *Odes,* posent les problèmes du temps, de la vie morale et de la nature de la poésie. Horace s'inspira également du précepte épicurien du *carpe diem* (« cueille le jour »), et l'adapta à son propre goût pour l'*otium,* le loisir de lettré.

Hopper (Edward)

Edward Hopper, *Nighthawks* (1942), Art Institute, Chicago.

Horaces (–VIIe s.). Nom de trois frères romains légendaires. Lors de la guerre entre Rome et Albe, ils affrontèrent les trois Curiaces, champions d'Albe. Après la mort de ses deux frères, le troisième Horace remporta la victoire en tuant les trois Curiaces.

horaire **(latin médiéval *horarius,* de *hora* → heure)** **I. adj.** **1.** Relatif aux heures. *Tableau horaire. Décalage* horaire.* – Qui correspond à une durée d'une heure. *Vitesse horaire.* **2.** Qui a lieu toutes les heures. *Pause horaire.* **II. n. m.** **1.** Relevé des heures de départ, de passage, d'arrivée des services de transport. *Changement d'horaire. Train en avance sur l'horaire, sur son horaire.* – Tableau, livret... indiquant un horaire (→ **indicateur**). – *L'horaire des films.* **2.** Emploi du temps heure par heure. → **programme.** – Répartition des heures de travail. *Horaire flexible.*

***horde** **n. f.** **(latin médiéval *orda,* du turco-mongol *ordu* « camp militaire »)** **1.** didact. Tribu errante, nomade. **2.** Troupe ou groupe d'hommes indisciplinés. → **²bande.** – par ext. *Des hordes de touristes.*

Horde d'Or **n. f.** Khanat mongol échu en 1227 à Batū, petit-fils de Gengis Khān. Étendu au N. de la mer Noire et de la mer Caspienne, l'empire fut ruiné par les invasions de Tamerlan (début XVe s.).

hordéine **n. f.** **(latin *hordeum* → orge)** biochim. Protéine simple extraite de l'orge.

Hopper (Grace)

Grace Hopper et Howard Aiken (au centre) avec l'équipe du Harvard Mark 1 en 1944.

Horeb Nom d'une montagne non identifiée où le Deutéronome place des évènements que l'Exode situe au Sinaï.

***horion** **n. m.** **(origine incertaine, p.-ê. de l'ancien français *orillon* « coup sur l'oreille »)** littér. surtout au plur. Coup violent.

horizon **n. m.** **(latin *horizon,* mot grec, de *horos* « borne, limite »)** **1.** Limite circulaire de la vue, pour un observateur qui en est le centre. *La ligne d'horizon,* la ligne qui semble séparer le ciel de la terre (ou de la mer), à l'horizon. ■ astron. Grand cercle théorique divisant la sphère céleste en deux parties égales, l'une visible, l'autre invisible. **2.** Les parties de la surface terrestre (ou de la mer) et du ciel voisines de l'horizon visuel, de la ligne d'horizon. *Un horizon, des horizons nets, brumeux, bleuâtres.* – appos. invar. *Bleu horizon.* – *Scruter l'horizon. Les quatre points de l'horizon,* les points cardinaux. – *À l'horizon* : au loin. ■ *N'avoir pour horizon que les immeubles de son quartier.* → **paysage, vue.** *Changer d'horizon* : voir autre chose. **3.** fig. Domaine qui s'ouvre à la pensée, à l'activité de qqn. *Ce stage m'a ouvert des horizons insoupçonnés.* → **champ** d'action, **perspective.** – *L'horizon économique* : les perspectives économiques. *Menace de crise à l'horizon,* pour l'avenir. – *Faire un* ***tour d'horizon*** : aborder, étudier successivement et succinctement toutes les questions. **4.** géol. Couche bien caractérisée (par des fossiles, la composition du sol).

horizontal, ale, aux I. adj. 1. Qui est perpendiculaire à la direction de la pesanteur en un lieu (opposé à *vertical*). *Plan horizontal.* – loc. fam. *Prendre la position horizontale :* se coucher, s'allonger. ▪ géom. *Droite horizontale* ou **n. f.** *une horizontale.* **2.** fig. Qui concerne des éléments de même niveau. – écon. *Intégration horizontale :* absorption d'une entreprise par une autre de même niveau. **3.** Dont la structure n'est pas hiérarchique. *Fonctionnement horizontal d'une association.* **II. n. f.** Position horizontale. *Amener ses bras* **à l'horizontale**. □ **adv. horizontalement**

horizontalité n. f. Caractère de ce qui est horizontal.

Horkheimer (Max) Sociologue et philosophe allemand (1895-1973). Il fut une figure dominante de l'Institut de recherches sociales, qu'il dirigea, et qui amorça le mouvement de l'école de Francfort (« théorie critique »). Exilé aux États-Unis en 1933, il rédigea avec Adorno *La Dialectique de la raison.*

horloge n. f. (latin *horologium,* du grec *hôrologion* « ce qui dit l'heure », de *hôra* → heure) **1.** Tout appareil destiné à indiquer l'heure, à mesurer la durée. **2.** Machine de grande dimension, souvent munie d'une sonnerie, destinée à indiquer l'heure. *Horloge à poids, à balancier. Le tic-tac, le carillon d'une horloge. Horloge électrique.* – *L'horloge parlante,* qui diffuse l'heure par téléphone. **3.** loc. *Être réglé comme une horloge :* avoir des habitudes très régulières. **4.** par métaphore *Horloge interne ou biologique :* mécanismes qui règlent, chez les êtres vivants, la répartition dans le temps de l'activité de l'organisme.

horloger, ère 1. n. Personne qui s'occupe d'horlogerie. *Horloger bijoutier.* – fig. *L'horloger, le grand horloger :* Dieu, créateur de l'univers. **2.** adj. Relatif à l'horlogerie.

horlogerie n. f. 1. Industrie et commerce des instruments destinés à la mesure du temps. – Magasin d'horloger. **2.** Ouvrages de cette industrie (chronomètres, horloges, pendules, montres).

***hormis** prép. (de *hors mis* « étant mis hors ») vieux ou littér. À part. → **excepté, hors, sauf.** *Hormis les cas de force majeure.*

hormonal, ale, aux adj. Relatif à une hormone, aux hormones. – *Traitement hormonal,* qui utilise les hormones.

hormone n. f. (anglais *hormone,* du grec *horman* « exciter ») Substance chimique élaborée par un groupe de cellules ou une glande endocrine et qui exerce une action spécifique sur le fonctionnement d'un organe. *Hormones de croissance. Hormones mâles* (→ **androstérone, testostérone**), *femelles* (→ **folliculine ; progestérone**). ▪ *Poulet, veau... aux hormones,* traité avec des hormones de synthèse, lors de l'élevage.

▶ Les **hormones** sont des substances chimiques généralement sécrétées par les glandes endocrines. Elles font partie du réseau de communication entre les organes et se comportent comme des messages véhiculés par le sang et adressés à des cellules effectrices.
Dans le corps humain, il existe plus de trente hormones qui contribuent à la régulation de la croissance, de la thermogénèse, de la diurèse, des métabolismes glucidique, protidique et lipidique, de la reproduction et de la sexualité, du poids, de certains paramètres sanguins (la pression sanguine, le nombre de globules rouges ou les taux du glucose, du sodium, du potassium, du calcium, du phosphore).
La régulation de la sécrétion hormonale se fait grâce à des systèmes de rétrocontrôle négatif, exercé directement par le métabolite régulé (le glucose pour l'insuline, le calcium pour la parathormone...). Dans d'autres cas existe un système en boucle impliquant d'abord l'hypothalamus puis l'hypophyse et enfin la glande cible. C'est l'hormone sécrétée par cette dernière qui a le pouvoir de rétrocontrôle sur l'hypothalamus. Il en est ainsi pour les hormones sexuelles d'origine gonadique et les hormones corticoïdes sécrétées par la glande surrénale.
La plupart des hormones peuvent être dosées dans le sang et il existe des méthodes très fines d'exploration de la dynamique de leur sécrétion. La pharmacopée dispose de produits hormonaux administrables en cas d'insuffisance hormonale, comme l'insuline, les corticoïdes, les œstrogènes, la testostérone. On dispose aussi d'inhibiteurs en cas d'emballement pathologique de la sécrétion.
voir aussi **hypophyse, sang**

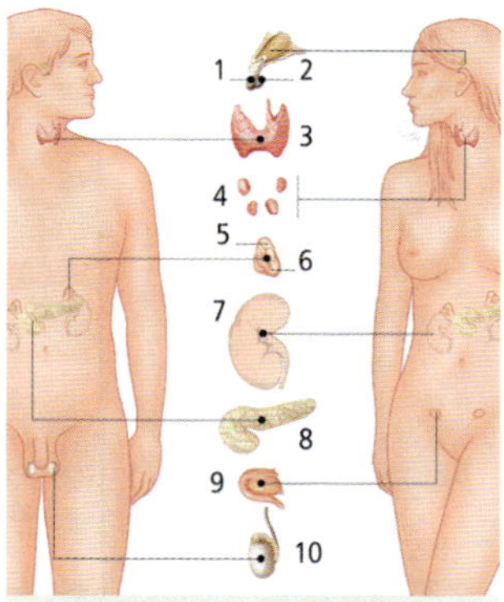

Glandes endocrines, organes sécrétant les hormones.
1. Antéhypophyse : FSH, LH, ACTH, GH, TSH, prolactine.
2. Posthypophyse : ocytocine, vasopressine.
3. Thyroïde : T3, T4 (thyroxine) thyrocalcitonine.
4. Parathyroïdes : parathormone. 5. Corticosurrénale : cortisol, aldostérone. 6. Médullosurrénale : adrénaline, noradrénaline. 7. Rein : érythropoïétine. 8. Pancréas : insuline, glucagon. 9. Ovaire : œstrogènes, progestérone. 10. Testicule : testostérone.

hormonothérapie n. f. (de *hormone* et *-thérapie*) méd. Traitement médical par les hormones.

Horn (cap) Cap situé aux confins du Chili et de la Terre de Feu argentine, point le plus austral de l'Amérique du Sud.

***hornblende** [ɔʀnblɛ̃d] n. f. (mot allemand) Minéral noir ou vert foncé, silicate de fer, d'aluminium et de magnésium.

Hornemann (Friedrich Konrad) Explorateur allemand (1772-1801). Déguisé en marchand musulman, il fut le premier Européen à pénétrer au Bornou.

Horney (Karen) Psychanalyste américaine d'origine allemande (1885-1952). Sa théorie sur l'origine des névroses insiste sur les conditions sociales et culturelles qui façonnent chaque individu.

horo- Élément (du grec *hôra*) qui signifie « heure ».

horodaté, ée adj. (de *horo-* et *dater*) Se dit d'un document qui mentionne l'heure à laquelle il a été établi. *Ticket horodaté.* – *Stationnement horodaté,* dont la durée limitée est indiquée sur un ticket horodaté.

horodateur, trice 1. adj. Qui imprime automatiquement la date et l'heure. *Horloge horodatrice.* **2. n. m.** Appareil horodateur.

horokilométrique adj. didact. Relatif à une vitesse exprimée en kilomètres-heure. *Compteur horokilométrique.*

horoscope n. m. (du latin, du grec, de *hôra* → heure et *skopein* → -scope) Étude de la destinée de qqn, effectuée d'après les données zodiacales et astrologiques que fournissent sa date, son heure et son lieu de naissance.

Horowitz (Vladimir) Pianiste américain d'origine russe (1904-1989). Il fut l'un des grands interprètes et virtuoses de son temps, en particulier dans les répertoires de Liszt, Chopin, Tchaïkovski et Rachmaninov.

horreur n. f. (latin *horror,* de *horrere* « se hérisser » → horripiler) **I.** (sens subjectif) **1.** Impression violente causée par la vue ou la pensée d'une chose qui fait peur ou qui répugne. → **effroi, épouvante, répulsion.** *Frémir d'horreur. Cri d'horreur.* – *Faire horreur (à) :* répugner ; dégoûter, écœurer. *« Votre conduite avec nous fait horreur ou pitié »* (Beaumarchais). **2.** Sentiment extrêmement défavorable qu'une chose inspire. → **aversion, dégoût, répugnance.** *L'horreur de l'eau, des lieux clos...* → **phobie.** ▪ *Avoir horreur de.* → **détester, exécrer, haïr.** *« L'homme a horreur de la solitude »* (Balzac). – (sens affaibli) *Il a horreur de se lever tôt.* ▪ *Avoir, prendre qqn, qqch.* **en horreur.** → en **haine ;** en **grippe. II.** (sens objectif) **1.** Caractère de ce qui inspire de l'effroi, de la répulsion (→ **effroyable, horrible).** *L'horreur d'un supplice.* → **atrocité.** *« C'était pendant l'horreur d'une profonde nuit »* (Racine). *La misère dans toute son horreur. Vision d'horreur.* – *Un film d'horreur.* **2.** La chose qui inspire un sentiment d'horreur. → **monstruosité.** ▪ par exagér. Personne ou chose repoussante d'aspect ou simplement désagréable. *Ce tableau est une horreur.* – *Quelle horreur !* (marquant le dégoût, la répulsion, l'indignation). **3.** au plur. Aspects horribles d'une chose ; choses horribles. *Les horreurs de la guerre.* ▪ Objets horribles. **4.** au plur. Propos outrageants, calomnieux. *Raconter des horreurs sur qqn.* ▪ Propos obscènes. → **cochonnerie.**

horrible adj. (latin *horribilis,* de *horrere* « se hérisser » → horreur, horripiler) **1.** Qui fait horreur, remplit d'horreur ou de dégoût. → **affreux, atroce, effroyable, épouvantable.** *Une mort horrible. Des cris horribles. Une chose horrible à voir.* **2.** Très laid, très mauvais. → **affreux, exécrable.** *Un temps horrible.* → **infect. 3.** Qui est excessif (d'une chose désagréable ou dangereuse). → **abominable, terrible.** *Chaleur horrible.* → **intolérable.**

Horn (cap)

Le cap Horn, réputé pour sa dangerosité et surnommé le « cap des tempêtes » (vue satellite).

H

horriblement adv. **1.** D'une manière horrible. *Jurer horriblement.* **2.** par exagér. → **extrêmement.** *C'est horriblement cher.*

horrifiant, ante adj. Qui horrifie. → **épouvantable, terrifiant.**

horrifier v. tr. < 7 > (du latin, de *horrificus,* de *horror* → horreur et *facere* « faire ») **1.** Remplir, frapper d'horreur. **2.** Scandaliser. ■ au p. p. *Elle se récria, horrifiée.*

horrifique adj. (latin *horrificus*) vieux ou plais. Qui cause de l'horreur.

horripilant, ante adj. Qui horripile. → **agaçant, crispant.**

horripilateur adj. et n. m. anat. Se dit du muscle qui redresse chaque poil.

horripilation n. f. (du bas latin → horripiler) **1.** Érection des poils dans le frisson (→ chair* de poule). **2.** Agacement, exaspération.

horripiler v. tr. < 1 > (latin *horripilare* « avoir le poil hérissé », de *horrere* → horreur et *pilus* « poil ») Agacer, irriter fortement (qqn). → **énerver, exaspérer, impatienter.**

***hors** prép. (de *dehors*) **I. 1.** En dehors de, à l'extérieur de, au-delà de (dans des expr.). *Hors saison.* – *Ingénieur hors classe. Modèle hors série.* – *Talent hors ligne, hors pair.* – *Se mettre hors la loi.* → **hors-la-loi. 2.** littér. Excepté, hormis, sauf. « *Le spectateur pardonne tout, hors la langueur* » (Voltaire). **II.** *Hors de* loc. prép. **1.** À l'extérieur de. *Poisson qui saute hors de l'eau.* – ellipt *Hors d'ici !,* sortez ! ■ *Hors du temps.* **2.** loc. *Hors d'atteinte, de portée.* – *Hors de saison :* à contre-temps, déplacé. – *Hors de danger. Hors d'état de nuire. Être hors d'affaire,* tiré d'affaire. – *Hors d'usage.* – *Hors de proportion. Hors de prix :* très cher. – *C'est hors de doute :* c'est certain. ■ *Hors de soi :* furieux ; très agité. *Elle semblait hors d'elle.*

***horsain** n. m. (de *hors*) régional (Normandie) Étranger à la région.

***hors-bord** n. m. **1.** Moteur placé en dehors de la coque d'une embarcation. **2.** Canot automobile propulsé par un moteur hors-bord. *Des hors-bords* ou *des hors-bord* (invar.).

***hors-champ** n. m. cinéma Prise de vue hors du champ prévu. *Des hors-champs.*

***hors-concours** n. m. Personne qui ne peut participer à un concours (ancien lauréat, membre du jury, etc.).

***hors-d'œuvre** n. m. invar. Petit plat que l'on sert au début du repas. *Hors-d'œuvre variés.* ■ fig. *Ce petit discours n'était qu'un hors-d'œuvre.*

***horseball** [ɔʀsbol] n. m. (mot anglais, de *horse* « cheval » et *ball* « ballon ») anglic. Sport dans lequel deux équipes de six cavaliers tentent d'envoyer dans les buts adverses un ballon muni d'anses de cuir. - var. ***horse-ball.**

***horse-guard** [ɔʀsgwaʀd] n. m. (mot anglais, de *horse* « cheval » et *guard* « garde ») Soldat de l'armée britannique, appartenant au régiment des gardes à cheval. *Des horse-guards.*

***horse-power** [ɔʀspɔwœʀ] n. m. invar. (mot anglais, de *horse* « cheval » et *power* « puissance ») anglic., techn. Unité de puissance adoptée en Grande-Bretagne et équivalant à 75,9 kilogrammètres par seconde. → aussi **cheval-vapeur.** - abrév. **HP.**

***hors-jeu** n. m. (sports d'équipe) Faute d'un joueur dont la position sur le terrain est interdite par les règles. *Des hors-jeux.*

***hors-la-loi** n. invar. Personne qui s'affranchit des lois, vit en marge des lois (→ **despérado).**

***hors-piste** n. m. Ski pratiqué en dehors des pistes balisées. *Des hors-pistes.* – appos. *Ski hors-piste.*

***hors-série** n. m. Journal, magazine qui n'est pas publié aux dates habituelles, souvent consacré à un sujet particulier. *Des hors-séries thématiques.*

***hors service** loc. adj. invar. Qui n'est pas ou plus en service, temporairement ou définitivement. *Ascenseur hors service.* - abrév. **HS*.**

***hors-sol** adj. invar. **1.** *Élevage hors-sol,* dans lequel la nourriture des animaux ne provient pas de l'exploitation elle-même. **2.** *Culture hors-sol,* sans terre. → **hydroponique.** – n. m. *Tomates produites en hors-sol. Des hors-sols.*

Culture hors-sol de fraises dans le Vaucluse.

***horst** [ɔʀst] n. m. (mot allemand « butoir ») géol. Espace de terrain soulevé entre deux failles (opposé à *graben*).

***hors-texte** n. m. Illustration imprimée à part, intercalée dans un livre. *Des hors-textes en couleurs.*

***hors tout** loc. adj. invar. *Dimensions hors tout,* mesurées sans que rien ne dépasse (en parlant d'un objet).

Horta (Victor) Architecte et décorateur belge (1861-1947). Opposé à l'académisme, il fut l'un des fondateurs de l'Art nouveau. Son style se caractérise par un décor végétal associé à une structure visible de fer et de verre.

Hortense de Beauharnais voir Beauharnais (Hortense de)

hortensia n. m. (mot latin, de *hortus* « jardin ») Arbrisseau ornemental, cultivé pour ses fleurs groupées en grosses boules ; ces fleurs.

Horthy de Nagybánya (Miklós) Homme politique hongrois (1868-1957). Ministre de la Guerre dans le gouvernement contre-révolutionnaire de Szeged, il contribua à la chute de Béla Kun. Nommé régent de Hongrie (1920), il s'affirma progressivement comme dictateur et entreprit un rapprochement avec l'Italie fasciste et l'Allemagne nazie. Après l'entrée en guerre de la Hongrie (1941), il tenta de négocier un armistice séparé avec l'URSS (1944). Arrêté par les SS, il fut remplacé par Szálasi.

horticole adj. (latin *hortus* « jardin », d'après *agricole*) Relatif à la culture des jardins, à l'horticulture.

horticulteur, trice n. (du latin → horticole, d'après *agriculteur*) Personne qui pratique l'horticulture. → **jardinier, maraîcher.** – spécialt Personne qui cultive des plantes d'ornement. → **arboriculteur, fleuriste, pépiniériste.**

horticulture n. f. (du latin → horticole, d'après *agriculture*) Culture des plantes d'ornement, des jardins ; culture maraîchère, potagère.

hortillonnage n. m. (mot picard ; famille du latin *hortus* « jardin » → horticole) (en Picardie) Marais où l'on cultive des légumes ; mode de culture qui y est pratiqué.

Marché sur l'eau dans les hortillonnages de Picardie.

Horus Dieu égyptien du Ciel, personnification du Soleil, représenté sous la forme d'un faucon ou d'un homme à tête de faucon. Lorsque se développa le culte d'Osiris (v. –2425), il fut honoré comme le fils d'Osiris et d'Isis. Les Grecs l'identifièrent à Apollon.

Horvat (Frank) Photographe franco-italien (1928-2020). Son œuvre très diversifiée l'a fait passer de la photographie de mode au reportage.

Horváth (Mihály) Historien et homme politique hongrois (1809-1878). Il publia de nombreux ouvrages sur la révolution de 1848, à laquelle il participa.

Horvitz (H. Robert) Biologiste américain (né en 1947). Il découvrit les gènes responsables de la mort cellulaire programmée (apoptose), ce qui ouvrit la voie à l'étude des mécanismes du cancer, du sida et des maladies neurovégétatives. Prix Nobel 2002.

Hōryūji Célèbre temple bouddhique japonais, au S. de Nara, fondé en 607 par le prince Shōtoku. Ses bâtiments sont les plus vieilles constructions en bois du monde.

Horvat (Frank)

Frank Horvat, chapeau Givenchy, *Jardin des Modes* (1957-1960).

hosanna n. m. (latin chrét., de l'hébreu « sauve [-nous], par pitié ») **1.** Chant, hymne de joie (relig. juive et chrét.). **2.** littér. Chant, cri de triomphe, de joie. → **hymne.**

hospice n. m. (vient du latin *hospitium*, de *hospes* → hôte) **1.** Maison où des religieux donnaient l'hospitalité aux pèlerins, aux voyageurs. *L'hospice du Grand-Saint-Bernard.* **2.** anciennt *Hospice (de vieillards)* : établissement où l'on accueillait les personnes âgées démunies.

hospitalier, ière adj. (du latin médiéval, de *hospitalis* → hôpital) **I. 1.** anciennt Qui recueille, abrite, nourrit les voyageurs, les indigents, etc. (en parlant des religieux et des religieuses de certains ordres). – **n.** *Les hospitaliers, les hospitalières* : membres de certains ordres charitables ou militaires. **2.** Relatif aux hôpitaux. *Personnel hospitalier,* travaillant à l'hôpital. **II. 1.** Qui pratique volontiers l'hospitalité. → **accueillant.** *Il est très hospitalier,* sa maison est ouverte à tous. **2.** Où l'hospitalité est pratiquée. *Ville hospitalière.*

Hospitaliers de Saint-Jean-de-Jérusalem Ordre fondé en 1113 en Palestine par Gérard Tenque pour soigner les pèlerins. Chassés par les Turcs, les hospitaliers s'installèrent à Chypre (1291), puis à Rhodes (1309), et enfin à Malte (1530), où ils prirent le nom de *chevaliers de Malte.* Leur siège est aujourd'hui à Rome.

hospitalisation n. f. Admission dans un hôpital ; séjour dans un hôpital. ▪ *Hospitalisation à domicile* : soins à domicile délivrés sous contrôle de la médecine hospitalière.

Horus

Horus sous forme de faucon, statuette en bronze, musée de l'université d'Oxford.

hospitaliser v. tr. < 1 > (latin *hospitalis* → hôpital) Faire entrer, admettre (qqn) dans un hôpital.

hospitalisme n. m. (de l'anglais des États-Unis, de *hospital*) psych. Troubles psychosomatiques présentés par un jeune enfant à la suite d'une hospitalisation prolongée, qui le prive des relations affectives avec sa mère. ▪ *Hospitalisme infectieux* : infections contractées en milieu hospitalier (→ **nosocomial).**

hospitalité n. f. (du latin, de *hospitalis,* de *hospes* → hôte) Fait de recevoir qqn sous son toit, de le loger gratuitement. *Donner l'hospitalité à qqn.* ▪ Action de recevoir chez soi, d'accueillir. → **accueil, réception.** *Merci de votre aimable hospitalité.*

hospitalo-universitaire adj. Hospitalier et universitaire ; qui concerne l'enseignement de la médecine et son exercice dans les hôpitaux. *Centres hospitalo-universitaires (CHU).*

hospodar n. m. (mot ukrainien « maître, seigneur ») hist. Ancien titre des princes vassaux du sultan de Turquie placés à la tête des provinces roumaines.

Hossegor Station balnéaire et climatique des Landes (commune de Soorts-Hossegor), sur la côte atlantique.

Hossein (Robert) Acteur et metteur en scène français (1927-2020). Il joua dans de nombreux films et dirigea le Théâtre populaire de Reims (1971-1978). Il se spécialisa ensuite dans de grands spectacles populaires à sujets historiques.

hostellerie n. f. (forme archaïque de *hôtellerie*) comm. Hôtellerie (I).

hostie n. f. (vient du latin *hostia* « victime ») Petite rondelle de pain, généralement azyme, que le prêtre consacre pendant la messe (→ **Eucharistie ; communion).**

hostile adj. (latin *hostilis,* de *hostis* « étranger » → hôte) **1.** Qui manifeste de l'agressivité, se conduit en ennemi. *Foule hostile.* – *Milieu hostile.* → **inhospitalier.** *Forces hostiles.* → **néfaste.** ▪ *Hostile à.* → **défavorable ; contraire, opposé** à. *Être hostile à un projet* (→ **être contre).** – *Un journal hostile au gouvernement.* **2.** Qui est d'un ennemi, annonce, caractérise un ennemi. *Attitude hostile. Silence hostile.* → **inamical.** □ adv. **hostilement**

hostilité n. f. (du bas latin, de *hostilis* → hostile) **1.** *Les hostilités* : ensemble des opérations de guerre. → **conflit.** *Déclencher, engager les hostilités. Cessation des hostilités* (→ **armistice, trêve). 2.** Disposition hostile, inamicale. → **antipathie, haine.** *Hostilité envers, contre qqn.* – *Hostilité à un projet.*

hosto n. m. (de *hostel* → hôtel ; senti de nos jours comme une abrév. de *hôpital*) fam. Hôpital.

Hostovský (Egon) Écrivain tchèque (1908-1973). Il se lança dans une carrière diplomatique et émigra aux États-Unis dès 1949. Son œuvre, qui pose le problème de l'assimilation des Juifs dans la société, fut mise à l'index dans son pays d'origine. *Le Cas du professeur Körner ; Étranger cherche appartement.*

***hot** [ɔt] adj. invar. (mot anglais « chaud ») anglic. **1.** Se dit d'un style rapide et vif de jazz (opposé à *cool*). *Jazz hot.* **2.** fig. et fam. Érotique, sensuel. *Les scènes hot d'un film.*

***hotdog** ou ***hot-dog** [ɔtdɔg] n. m. (anglais *hot dog,* littéralt « chien chaud ») anglic. Saucisse de Francfort servie chaude dans un petit pain. *Des hotdogs, des hot-dogs.*

hôte, hôtesse n. (vient du latin *hospes, hospitis* « personne qui donne ou qui reçoit l'hospitalité », de *hostis* « étranger, ennemi » → hostile, et aussi « étranger qu'on reçoit » → hôpital, hôtel) **I.** *Un hôte, une hôtesse.* **1.** Personne qui donne l'hospitalité, qui reçoit qqn. → **maître** de maison. *Remercier ses hôtes.* **2.** vieux Aubergiste, hôtelier. ▪ loc. *Table d'hôte* : table commune où l'on mange à prix fixe ; (Canada) liste déterminée de plats composant un repas à prix fixe, dans un restaurant. → **²menu. 3.** *Hôtesse de l'air* : femme chargée de veiller au confort, à la sécurité des passagers d'un avion, d'assurer le service avec les stewards*. ▪ Personne chargée de l'accueil de visiteurs, de clients. *Hôtesse d'accueil. Hôte de caisse.* **4. n. m.** biol. Organisme animal ou végétal qui héberge un parasite. **II. 1.** *Un hôte, une hôte.* Personne qui reçoit l'hospitalité. *Vous êtes mon hôte.* → **invité.** *Un, une hôte de marque. Hôte payant.* – *Chambre d'hôte,* louée par un particulier. **2.** littér. *Les hôtes de l'air, des bois* : les oiseaux, les animaux.

hôtel n. m. (vient du bas latin *hospitale,* de *hospitalis* → hôpital ; famille de *hôte*) **1.** vieux Maison, demeure. **2.** Maison meublée où l'on peut louer une chambre, un appartement pour un prix journalier et où l'on trouve toutes les commodités du service (à la différence du *meublé*). → **auberge, hôtellerie ; motel.** *Hôtel trois étoiles. Hôtel luxueux, grand hôtel.* → **palace.** *Hôtel-restaurant.* – *Chambre d'hôtel.* – *Descendre à l'hôtel.* **3.** Demeure citadine d'un grand seigneur

L'Hôtel de Ville de Paris, dans le IVe arrondissement, reconstruit après un incendie au XIXe siècle.

(anciennt) ou d'un riche particulier *(hôtel particulier).* **4.** *Maître d'hôtel* : personne qui dirige les services de table, chez un riche particulier (→ **majordome),** ou dans un restaurant. **5.** Grand édifice destiné à un établissement public. *Hôtel de la Monnaie. Hôtel des ventes* : salle des ventes. – *Hôtel de ville* : où siège l'autorité municipale. → **mairie.**

hôtel-Dieu n. m. (proprt « maison de Dieu ») Hôpital principal de certaines villes. *Des hôtels-Dieu.*

Hôtel-Dieu Hôpital de Paris. Construit, à l'origine, au S. du parvis de Notre-Dame de Paris (1165-1260), incendié (1772), puis démoli, il fut rebâti sur le côté septentrional du parvis (1868-1878).

hôtelier, ière I. n. Personne qui tient un hôtel, une hôtellerie, une auberge. → **aubergiste, logeur ;** fam. **taulier. II. adj.** Relatif aux hôtels, à l'hôtellerie (II). *École hôtelière,* formant aux professions de l'hôtellerie.

hôtellerie n. f. **I. 1.** Hôtel ou restaurant d'apparence rustique, confortable ou même luxueux. **2.** Bâtiment d'une abbaye où l'on reçoit les hôtes laïcs. **II.** Métier, profession d'hôtelier ; industrie hôtelière.

hôtesse voir **hôte**

***hot-line** [ɔtlajn] n. f. (de l'anglais, de *hot* « chaud » et *line* « ligne ») anglic. Service d'assistance téléphonique d'une entreprise, chargé de résoudre les problèmes techniques. *Des hot-lines.* - recomm. offic. **assistance en ligne, numéro d'urgence.**

Hotman, Hotmanus ou **Hotemanus (François), sieur de Villiers Saint-Paul** Jurisconsulte français (1524-1590). Il adhéra à la Réforme, se fit connaître pour son opposition à l'absolutisme royal, et fut un des premiers à théoriser la notion de souveraineté nationale. *Franco-Gallia.*

***hotte** n. f. (vient du francique *hotta*) **1.** Grand panier ou cuve, souvent tronconique, qu'on porte sur le dos. *Hotte de vendangeur. La hotte du père Noël.* **2.** Construction en forme de hotte renversée, se raccordant au bas d'un tuyau de cheminée, d'un conduit d'aération. *Hotte aspirante,* qui permet d'évacuer les émanations d'une cuisine grâce à un dispositif électrique.

***hottentot, ote** adj. et n. (mot néerlandais « bègue », à cause de la phonétique de la langue) Des Hottentots. – **n.** *Les Hottentots.* ▪ **n. m.** Ensemble des langues parlées par les Hottentots.

Hottentots n. m. pl. Peuple de pasteurs nomades habitant l'O. de l'Afrique du Sud et la Namibie, parlant une langue du groupe khoïsan. Les Hottentots et les Boers formèrent une communauté dont la langue, née de cette cohabitation, fut à l'origine de l'afrikaans.

H

Hottinguer Famille d'hommes d'affaires protestants d'origine suisse. ■ **Conrad Jean Hottinguer** (1761-1841). Fondateur d'une banque à Paris en 1798, il fut membre du conseil de régence de la Banque de France (1810). Ses descendants furent régents de la Banque de France jusqu'en 1936.

***hotu** n. m. (mot wallon) Poisson d'eau douce, à dos brunâtre, à lèvres cornées et coupantes, à chair fade et molle.

***hou** [u ; hu] interj. (onomatopée) **1.** Interjection pour railler, faire peur ou honte. *Hou ! la vilaine !* **2.** (redoublé) Servant à appeler. *Hou ! Hou ! Il y a quelqu'un ?*

Houasse (Michel-Ange) Peintre et dessinateur français (1680-1730). Il travailla à la cour d'Espagne et influença les débuts de la carrière de Goya.

Houat (Île d') Île française de l'Atlantique, dans le prolongement de la presqu'île de Quiberon. 293 hectares. L'île d'Houat forme une commune du Morbihan, l'Île-d'Houat (318 habitants). Pêche. Tourisme.

H

***houblon** n. m. (ancien français *hoppe,* de l'ancien néerlandais *hoppe* « bière » et « houblon ») Plante vivace grimpante, à tige volubile.

***houblonner** v. tr. < 1 > techn. Aromatiser avec du houblon. □ n. m. ***houblonnage**

***houblonnier, ière** agric. **1.** n. Personne qui cultive le houblon. **2.** adj. Qui produit du houblon.

***houblonnière** n. f. Champ de houblon.

Houchard (Jean Nicolas) Général français (1738-1793). Vainqueur des troupes coalisées à Hondschoote (1793), il les laissa battre en retraite. Accusé d'avoir ménagé l'ennemi, il fut condamné à mort par le Tribunal révolutionnaire.

Hou Che voir **Hu Shi**

Houdain Commune du Pas-de-Calais, au S. de Béthune. 7 066 habitants.

***houdan** n. f. (du n. d'une ville des Yvelines) Poule d'une race élevée à Houdan. *Des houdans.*

Houdar de La Motte (Antoine Lamotte-Houdar, dit Antoine) Poète dramatique français (1672-1731). Auteur de comédies et de tragédies *(Inès de Castro),* il est à l'origine, avec son adaptation de *L'Iliade,* de la deuxième querelle des Anciens et des Modernes.

Houdé (Olivier) Psychologue français (né en 1963). Initiateur en France de la « neuropédagogie », il travaille sur les apprentissages chez l'enfant. Il a élaboré une théorie de l'inhibition cognitive dans le raisonnement afin d'éduquer le cerveau à résister à ses intuitions et aux automatismes.

Houdon (Jean Antoine) Sculpteur français (1741-1828). Il obtint le prix de Rome en 1761 et séjourna en Italie, s'intéressant à la sculpture de l'Antiquité et de la Renaissance. Étudiant l'anatomie *(Écorché),* il réalisa par ailleurs un *Saint Bruno* qui établit sa réputation. Il chercha à exprimer la personnalité profonde de ses modèles dans ses bustes *(Diderot ; Sophie Arnould ; Rousseau ; Voltaire).*

***houe** n. f. (vient du francique *hauwa*) Pioche à lame assez large dont on se sert pour biner la terre.

Houellebecq (Michel Thomas, dit) Écrivain français (né en 1958). Ses romans, dont *Extension du domaine de la lutte, Les Particules élémentaires, La Carte et le Territoire* (prix Goncourt 2010) et *Soumission,* lui ont valu une réputation de provocateur, mais l'ont aussi fait reconnaître comme une nouvelle voix de la littérature française. *Plateforme ; Sérotonine ; Anéantir.*

Houffalize Ville de Belgique (province de Luxembourg), sur l'Ourthe orientale. 5 207 habitants. La ville fut sinistrée lors de l'offensive von Rundstedt du 6 janvier 1945.

Hougue (La) Fort à l'entrée de la rade du même nom, sur la côte E. du Cotentin (commune de Saint-Vaast-la-Hougue).

Hou Hsiao-hsien Réalisateur taiwanais (né en 1947). Considéré comme le chef de file de la Nouvelle Vague taiwanaise, il a réalisé des films d'inspiration autobiographique ou historique *(Les Fleurs de Shangai ; Millenium Mambo ; Le Maître de marionnettes ; The Assassin).*

***houille** n. f. (du wallon, de l'ancien liégeois, venant du francique *hukila,* de *hukk* « tas ») **1.** Combustible minéral de formation sédimentaire, noir, à facettes brillantes, à forte teneur en carbone. *Mine* de houille.* → **houillère.** *La houille, charbon naturel fossile. Produits de la distillation de la houille.* → **¹coke, goudron ; gaz** d'éclairage. **2.** *Houille blanche :* énergie hydraulique fournie par les chutes d'eau en montagne. → **barrage ; hydroélectrique.** – *Houille verte* (énergie hydraulique des cours d'eau), *bleue* (de la mer).

***houiller, ère** adj. Qui renferme des couches de houille. *Bassin houiller.* – Relatif à la houille.

***houillère** n. f. Mine de houille.

Houilles Commune des Yvelines, sur la rive droite de la Seine. 33 250 habitants.

***houka** n. m. (hindi *hukka,* de l'arabe) Pipe orientale à réservoir, sorte de narguilé.

***houla** interj. (onomatopée) Exprime la surprise, une mise en garde.

***houle** n. f. (ancien scandinave *hol* « trou, caverne », par allusion au creux des vagues) **1.** Mouvement d'ondulation qui agite la mer sans faire déferler les vagues. *Navire balancé par la houle.* → **roulis, tangage. 2.** fig. Ce qui rappelle la surface d'une mer houleuse. *Une houle humaine.*

***houlette** n. f. (ancien français *houler* « lancer », probablt d'origine francique) **1.** Bâton de berger. ■ loc. *Sous la houlette de qqn,* sous sa conduite. **2.** Petite bêche de jardinier.

***houleux, euse** adj. **1.** Agité par la houle. *Mer houleuse.* **2.** fig. Agité par des mouvements collectifs. *Salle houleuse. Débat houleux.* → **mouvementé, orageux.**

Houlgate Commune du Calvados, sur la Manche. 1 689 habitants. Station balnéaire.

***houligan** n. m. voir **hooligan**

***houlque** n. f. (latin *holcus* « orge sauvage ») Plante herbacée (graminée), vivace, à tige souterraine, à feuilles velues, qui pousse en grosses touffes.

houmous n. m. (turc *humus*) Purée de pois chiches à la crème de sésame (cuisine du Proche-Orient). - var. **hoummous, houmos.**

Hou-nan voir **Hunan**

Hounsfield (sir Godfrey Newbold) Ingénieur britannique (1919-2004). Il est l'inventeur du scanner médical. Prix Nobel de médecine 1979.

Hou-Pei voir **Hubei**

Houphouët-Boigny (Félix) Homme politique ivoirien (1905-1993). Il fonda en 1946 le Rassemblement démocratique africain et occupa en France plusieurs postes ministériels sous la IVe République. Premier ministre ivoirien (1959), il devint président de la République de Côte-d'Ivoire lors de l'indépendance (1960) et occupa ce poste jusqu'à sa mort.

***houppe** n. f. (vient du francique *huppo* « touffe ») **1.** Assemblage de brins (de fil, de laine...) formant une touffe. → **houppette, pompon. 2.** Touffe. *Houppe de cheveux.* → **toupet.** *Riquet à la houppe, personnage de Perrault. Houppe de plumes.* → **aigrette, huppe.**

***houppelande** n. f. (origine germanique, p.-ê. famille de *houppe*) anciennt Long vêtement de dessus, chaud, très ample et ouvert par-devant. → **cape, pèlerine.**

***houppette** n. f. Petite houppe. – *Houppette à poudre :* petit tampon arrondi (de coton, de duvet) pour se poudrer.

***houppier** n. m. (de *houppe*) techn. Sommet d'un arbre ébranché. – Cet arbre.

***hourd** n. m. (francique *hurd* « claie ») **1.** anciennt Estrade pour les spectateurs d'un tournoi. **2.** Charpente en encorbellement au sommet d'une tour, d'une muraille.

***hourdage** n. m. techn. **1.** Action de hourder. **2.** Maçonnage grossier (d'une cloison). → **hourdis.** – Couche de plâtre étendue sur un lattis pour former l'aire d'un plancher.

***hourder** v. tr. < 1 > techn. **1.** Garnir de hourds, fortifier. – au p. p. *Chemin de ronde hourdé.* **2.** Maçonner grossièrement avec du plâtre.

***hourdis** n. m. Maçonnerie légère garnissant un colombage.

Hourghada ou **Hurghada** Ville et port d'Égypte, sur la mer Rouge. Station balnéaire.

***houri** n. f. (du persan, de l'arabe) Beauté céleste du paradis d'Allah. – littér. Femme belle et sensuelle.

***hourra** n. m. (anglais *hurrah*) Cri d'enthousiasme, d'acclamation. *Des hourras.* – interj. *Hip, hip, hip, hourra !* - var. ***hurrah** (anglic.).

Hourtin Commune de la Gironde, au N. du lac d'Hourtin-Carcans. 3 967 habitants. Station balnéaire.

***hourvari** n. m. (de *horva* « il va hors » et *hari,* var. de *haro* « cri pour exciter les chiens », avec influence de *charivari*) littér. Grand tumulte.

***house-boat** [ausbot] n. m. (de l'anglais, de *house* « maison » et *boat* « bateau ») anglic. Bateau (souvent immobilisé) aménagé pour y vivre. *Des house-boats.* - recomm. offic. **coche (de plaisance).**

***house music** [ausmjuzik] ou ***house** [aus] n. f. (de l'anglais, de *house* « maison » et *music* « musique ») anglic. Style musical associant la pop et le disco à la manipulation électronique du son. *Les house musics.*

***houspiller** v. tr. < 1 > (croisement de deux anciens v. *housser* [→ houx] et *pignier* [→ peigner], signifiant « maltraiter ») Harceler (qqn) de reproches, de critiques.

***houssaie** n. f. (de *hous,* forme ancienne de *houx*) régional Lieu planté de houx. - syn. **houssière** n. f.

Houssay (Bernardo Alberto) Médecin argentin (1887-1971). Sa découverte du rôle de l'hormone du lobe hypophysaire antérieur dans le métabolisme du sucre constitua une contribution fondamentale à la compréhension du diabète. Prix Nobel 1947.

Houssaye (Arsène Housset, dit Arsène) Écrivain français (1815-1896). Connu pour son activité de critique d'art, il fut administrateur de la Comédie-Française (1849-1856) et défendit le répertoire romantique.

***housse** n. f. (vient p.-ê. du francique *hulftia* « couverture ») Enveloppe souple dont on recouvre certains objets pour les protéger, et qui épouse leur forme. – *Housse de couette.*

***housser** v. tr. < 1 > Couvrir d'une housse.

***houssière** voir **houssaie**

***houssoir** n. m. (de *hous,* forme ancienne de *houx*) vieilli Balai de branchages, de crin, de plumes (→ **plumeau**), de fibres synthétiques.

Houston Ville des États-Unis (Texas), à environ 80 km du golfe du Mexique, auquel elle est reliée par un canal, le Houston Ship Channel. 2 304 580 habitants. Port de commerce et industriel important (pétrochimie, métallurgie, électronique). Centre de la Nasa.

***houx** n. m. (vient du francique *hulis*) Arbre ou arbuste à feuilles coriaces bordées de piquants, à petites baies rouge vif.

Hovelacque (Abel) Linguiste et anthropologue français (1843-1896). Il fut directeur de la *Revue de linguistique et de philologie comparées* et professeur à l'École d'anthropologie. *Grammaire de la langue zeende ; Mélanges de linguistique et d'anthropologie.*

hoverboard [ɔvœʀbɔʀd] **n. m.** (mot anglais, de *to hover* « planer » et *board* « planche ») anglic. Gyropode sans guidon, que l'utilisateur manœuvre par les mouvements de son corps. *Des hoverboards.* - recomm. offic. **gyroplanche n. f.**

hovercraft [ɔvœʀkʀaft] **n. m.** (mot anglais, de *to hover* « planer » et *craft* « embarcation ») anglic. → **aéroglisseur.**

Howard Famille noble anglaise. ■ **Thomas Howard,** 3e duc de Norfolk (1473-1554). Oncle de Catherine Howard et d'Anne Boleyn, il présida le tribunal qui condamna cette dernière. L'exécution de Catherine Howard entraîna sa chute et sa condamnation à mort.

Howard (Ron) Réalisateur, acteur et producteur américain (né en 1954). Il démarra sa carrière d'acteur dès l'enfance (*American Graffiti*, série télé *Happy Days*) puis passa à la réalisation : *Un homme d'exception ; Da Vinci Code* (trilogie policière ésotérique).

Howe (Richard, 1er comte) Amiral britannique (1726-1799). Vice-amiral d'Angleterre (1792), il commanda la flotte de la Manche et défit la flotte française devant Ouessant (1794).

Howe (William, 5e vicomte) Général britannique (1729-1814). Frère de Richard, il commanda l'armée britannique dans la guerre d'Indépendance américaine, prit New York (1776), et vainquit Washington à Brandywine (1776).

Howells (William Dean) Écrivain américain (1837-1920). Journaliste politique et critique littéraire, il se fit le chantre du réalisme américain. Surnommé le « doyen des lettres américaines », il milita contre l'industrialisation et pour un socialisme chrétien. *The Rise of Silas Lapham ; A Traveller from Altruria.*

Howrah ou **Haora** Ville d'Inde (Bengale-Occidental), dans l'agglomération de Calcutta, sur la rive gauche du Hooghly. 1 007 000 habitants.

Hoxha parfois francisé en **Hodja (Enver)** Homme d'État albanais (1908-1985). Chef du Front de libération nationale, il participa à la fondation du Parti communiste d'Albanie (1941). Il cumula les fonctions de président du Conseil (1945) et de chef de la République populaire albanaise (1946) jusqu'en 1954.

***hoyau** **n. m.** (de *houe*) agric. Petite houe à lame courbe taillée en biseau. *Des hoyaux.*

Hoyle (sir Fred) Astronome et mathématicien britannique (1915-2001). Il est célèbre pour sa théorie cosmologique, dite « de l'univers stationnaire », selon laquelle l'univers présente le même aspect en tout lieu et à tout instant. Ce modèle fut caduc lors de la découverte du rayonnement fossile par Penzias et Wilson.

Hoysala Dynastie hindoue du Mysore (Dekkan, Inde) [XIe-XIVe s.]. Elle a laissé des temples hindous aux sculptures remarquables.

Hozier (Pierre d') seigneur de La Garde Généalogiste français (1592-1660). Auteur d'une *Généalogie des principales familles de France* (150 volumes), il collabora avec Renaudot à la fondation de la *Gazette de France.*

Hrabal (Bohumil) Écrivain tchèque (1914-1997). Sa technique, héritée du surréalisme tchèque, et ses œuvres, dont *Une trop bruyante solitude* et *Tendre Barbare,* en font l'un des écrivains tchèques les plus novateurs de la fin du XXe siècle.

Hradec Králové Ville de la République tchèque, sur l'Elbe. Ville principale de la Bohême orientale. 92 680 habitants. Cathédrale gothique. Église baroque. Centre industriel.

Hraoui (Elias) Homme d'État libanais (1926-2006). Chrétien maronite, il fut président de la République de 1989 à 1998 et signa un traité d'alliance avec la Syrie.

Hrotsvit, Hrotsvitha ou **Roswitha von Gandersheim** Première poète allemande dont le nom soit connu (v. 935-apr. 975). Son œuvre, écrite en latin, comprend des légendes et des récits historiques.

***HS** **adj. invar.** (initiales de *hors service*) fam. **1.** Hors service. **2.** fig. (personnes) Très fatigué, indisponible pour agir.

Hsinbyushin (1736-1776). Roi de Birmanie (1763-1776). Il réalisa l'unité de la Birmanie, envahit le Siam (1767) et repoussa les attaques de la Chine.

Hsinchu ou **Xinzhu** Ville de Taiwan, sur le détroit de Formose. 400 000 habitants. Industrie de haute technologie.

***HT** Abréviation de *hors taxes**.

***HTML** [aʃteɛmɛl] **n. m.** (sigle anglais de *hypertext markup language*) inform. Langage de balisage utilisé pour la création de pages web, permettant notamment de définir des liens hypertextes. → aussi **XML.** – appos. *Le langage HTML.*

***HTTP** [aʃtetepe] **n. m.** (sigle anglais de *hypertext transfer protocol*) inform. Protocole de transmission permettant à l'utilisateur d'accéder à des pages web par l'intermédiaire d'un navigateur.

Hua Guofeng ou **Houa Kouo-fong** Homme politique chinois (1920-2008). Premier ministre (1976-1980), il fut l'un des artisans de la lutte contre la Bande des quatre. Disgracié en 1980, il fut exclu du bureau politique en 1982.

Houston

Houston, traversée en son centre par le Sims Bayou, et surnommée « la ville des bayous ».

Huai he ou **Houai-ho** **n. f.** Fleuve de l'est de la Chine (Henan et Anhui), tributaire de la mer Jaune. 1 000 km.

Huainan ou **Houai-nan** Ville de Chine (Anhui), sur la Huai he. 1 238 490 habitants.

Huambo Ville d'Angola en pays ovimbundu.1 896 147 habitants.

Huancayo Ville du Pérou, à 3 200 m d'altitude, dans les Andes centrales. 101 920 habitants.

Huangdi ou **Houang-ti** Empereur légendaire de la Chine, l'un des trois Grands Ancêtres, avec Fuxi et Shengnong, de la culture chinoise.

Huang Gongwang ou **Houang Kong-wang** Peintre, poète et musicien chinois (1269-1354). Considéré comme le plus grand peintre de paysages de la dynastie des Yüan, il est l'auteur d'un traité sur l'art paysagiste *(Shanshuijue).*

Huang he ou **Houang-ho** **n. m.** Fleuve de la Chine du N.-E. 5 464 km. Il draine un bassin de 752 443 km², et charrie une grande quantité d'alluvions, d'où son surnom de « fleuve Jaune ». Il prend sa source dans le Qinghai, arrose Lanzhou, Tianshui, Zhengzhou et Jinan, puis se jette dans le golfe du Bohai. Importants aménagements hydrauliques. Les rejets des usines en bordure du fleuve provoquent une grave pollution.

H

Huangpu ou **Houang-p'ou** **n. m.** Fleuve côtier de Chine (Jiangsu), qui traverse Shanghai et se jette dans la mer de Chine orientale.

Huang shan ou **Houang-chan** **n. m.** Montagne de Chine (Anhui) culminant à 1 864 m au pic du Lotus. Tourisme.

Les pics de granite entourés de nuages du Huang shan, source d'inspiration d'artistes chinois.

Huangshi ou **Houang-che** Ville de Chine (Hubei), sur le Chang Jiang. 691 900 habitants. Industrie.

Huang Tingjian ou **Houang T'ing-kien** Fonctionnaire impérial chinois (1045-1105). Poète, il fut aussi l'un des plus importants calligraphes de la dynastie Song.

Huang Xing ou **Houang Hing** Général chinois (1873-1916). Il contribua à la chute de la dynastie Qing (1911) et à la fondation du Guomindang.

Huang Zongxi ou **Houang Tsong-hi** Érudit chinois (1610-1695). Il fut l'un des plus importants penseurs de la dynastie Qing. Opposant aux Mandchous, il dut renoncer à son action en 1649, et se consacra à son œuvre littéraire et philosophique. *Traité sur les doctrines des lettrés de la dynastie des Ming.*

***huard** ou ***huart** **n. m.** (de *huer*) **I.** Plongeon arctique (oiseau palmipède). **II.** Pièce de un dollar canadien.

Huari Nom d'un empire établi au Pérou, dans le bassin du río Montaro, du VIIe au XIe s. Le site archéologique de sa capitale, Huari, comprend des édifices rectangulaires et des monolithes sculptés.

Huascarán n. m. Sommet le plus haut du Pérou (6 768 m), dans la cordillère Blanche. Il donne son nom au Parc National du Huascarán.

Hua Tuo ou **Houa** T'o Médecin chinois (milieu du IIe s.-v. 220). Il serait l'un des premiers à avoir réalisé des trépanations, des greffes d'organes, des laparotomies et des résections intestinales sous anesthésie, en utilisant les propriétés du chanvre indien (haschich).

Huaxtèques n. m. pl. Peuple de langue maya établi dans l'ancien Mexique, sur la côte du golfe du Mexique, du Xe s. au XVe s. Leur culture est marquée par l'influence aztèque.

***hub** [œb] n. m. (mot anglais) anglic. **1.** inform. → **concentrateur.** **2.** aéron. Plateforme, dans un aéroport, réunissant des lignes en correspondance.

Hubble (Edwin Powell) Astronome américain (1889-1953). Ses observations, en particulier sur la nébuleuse M31 d'Andromède, lui permirent d'établir l'existence de galaxies autres que la Voie lactée. Il est l'un des auteurs de la théorie de l'expansion de l'univers qu'il élabora en 1929.

Hubble Télescope spatial américain mis en orbite en 1990. Les centaines de milliers d'images qu'il a envoyées ont aidé à préciser notre représentation de l'univers.

Le télescope spatial *Hubble* est en orbite à 600 km d'altitude.

Hubei ou **Hou-Pei** n. m. Province du centre de la Chine. 185 900 km^2. 57,8 millions d'habitants. Capitale : Wuhan. Important réseau hydrographique (barrage des Trois-Gorges). Agriculture. Industrie.

Hubel (David H.) Neurophysiologiste américain (1926-2013). Ses recherches portèrent sur les mécanismes du codage de l'image dans le cerveau. Il découvrit, avec T. Wiesel, l'organisation du cortex en feuillets, dont chacun correspond à une caractéristique de l'image. Prix Nobel 1981.

Huber (Robert) Chimiste allemand (né en 1937). Son travail sur la radiocristallographie des protéines a permis une meilleure compréhension de la photosynthèse. Prix Nobel 1988.

Hubert (saint) Évêque de Tongres, Maastricht et Liège (mort en 727). Il est le héros d'une légende inspirée de celle de saint Eustache : lors d'une partie de chasse, un crucifix lui apparaît entre les bois d'un cerf. Patron des chasseurs.

Hubertsbourg (traité de) Traité signé, en 1763, par l'Autriche et la Prusse, et mettant fin à la guerre de Sept Ans pour les deux pays.

Hubli-Dharwar Ville d'Inde (Karnataka), sur le plateau du Dekkan. 786 200 habitants.

***hublot** n. m. (origine incertaine, p.-ê. de l'ancien français *hulot* « creux », famille de *houle*) **1.** Petite fenêtre étanche, généralement ronde, munie d'un verre épais pour donner du jour et de l'air à l'intérieur d'un navire. ■ Fenêtre dans un avion de transport. **2.** Partie vitrée de la porte (d'une machine à laver, d'un four).

Huch (Ricarda) Écrivaine allemande (1864-1947). Son œuvre la plus célèbre, *La Grande Guerre en Allemagne*, retrace l'histoire de la guerre de Trente Ans.

***huche** n. f. (vient du latin médiéval *hutica*, d'origine germanique) Grand coffre de bois rectangulaire à couvercle plat. *Huche à pain.*

Huchel (Peter) Poète lyrique allemand (1903-1981). Rédacteur en chef de la revue littéraire d'Allemagne de l'Ouest, *Sinn und Form*, il est l'auteur de recueils dans lesquels la forme, rigoureuse, sert de support à l'expression de la solitude. *Poésies.*

***hucher** v. tr. < 1 > vieux ou vén. Appeler en criant, en sifflant.

Huddersfield Ville d'Angleterre (West Yorkshire), au S.-O. de Leeds. 162 949 habitants.

Hudson (Henry) Navigateur anglais (v. 1550-1611). Au cours d'une expédition en Amérique du Nord (1609-1610), il découvrit le fleuve, le détroit et la baie qui portent son nom.

Hudson n. m. Fleuve des États-Unis qui traverse Albany et se jette à New York dans la baie de New York. 500 km.

Hudson (baie d') Vaste mer intérieure du N.-E. du Canada, reliée à l'océan Atlantique par le détroit d'Hudson. Elle comprend la baie d'Hudson proprement dite, à laquelle on ajoute parfois le bassin de Foxe, délimité au N. par l'île de Baffin.

Hudson (Compagnie de la baie d') Compagnie commerciale créée par les Anglais en 1688 pour le négoce des fourrures avec les Indiens, autour de la baie d'Hudson. Réunie à la Compagnie du Nord-Ouest (1821), elle détint dès lors un monopole commercial sur la région.

***hue** [y ; hy] interj. (onomatopée) Mot dont on se sert pour faire avancer un cheval, ou le faire tourner à droite. *Hue cocotte !* – loc. *À hue et à dia :* dans des directions contraires ; fig. sans esprit de suite.

Hue (Robert) Homme politique français (né en 1946). Il succéda à Georges Marchais comme secrétaire général (1994-2001), puis comme président (2001-2003) du Parti communiste français.

Huế Ville du centre du Viêtnam, à 10 km de la mer. 341 450 habitants. La ville fut la capitale des seigneurs Nguyên, et devint la capitale du pays unifié lorsque Gia Long monta sur le trône en 1802.

***huée** n. f. (de *huer*) surtout au plur. Cri de dérision, de réprobation poussé par une réunion de personnes. → **tollé.**

Huelgoat Commune du Finistère, près de la forêt de Huelgoat. 1 405 habitants.

Huelva Ville d'Espagne (Andalousie), au confluent du río Tinto et de l'Odiel. 143 800 habitants. Port et centre industriel.

***huer** v. < 1 > (de l'onomatopée *hue*) **1.** v. tr. Pousser des cris de dérision, des cris hostiles contre (qqn). → **conspuer, siffler.** *L'orateur s'est fait huer. – Huer un spectacle.* **2.** v. intr. Pousser son cri, en parlant de la chouette, du hibou (→ **chat-huant**).

***huerta** [wERta] n. f. (mot espagnol, du latin *hortus* « jardin ») géogr. Plaine irriguée très fertile, en Espagne.

Huesca Ville d'Espagne (Aragon), dans la *plaine de Huesca*, au pied de la Sierra de Guara. 53 900 habitants. Cathédrale du XIIIe s. Université.

Huet (Pierre Daniel) Prélat et érudit français (1630-1721). Sous-précepteur du Dauphin (1670), archevêque d'Avranches (1692-1699), il est l'auteur de nombreux ouvrages scientifiques, littéraires et théologiques.

Huet (Paul) Peintre et graveur français (1803-1869). Représentant caractéristique du paysage romantique, il peignit avec prédilection les forêts, les orages et les vagues déferlantes (*L'Inondation à Saint-Cloud*).

Hu Feng ou **Hou** Fong (Zhang Gufei ou Tchang Kou-fei, dit) Écrivain chinois (1903-1985). Communiste, il dénonça en 1954 le sectarisme du parti à l'égard des artistes. En 1955, une campagne orchestrée par le ministre de la Culture, Mao Dun, entraîna son arrestation, puis sa disparition.

Hufuf voir Hofuf

Huggins (sir William) Astronome britannique (1824-1910). Il fut le premier à déceler dans la composition chimique des étoiles un élément inconnu (identifié plus tard comme étant l'hélium) et put ainsi déterminer la nature gazeuse de certaines nébuleuses (1864). Il déduisit, en observant l'effet Doppler-Fizeau, la vitesse radiale (dans la direction de l'observateur) de Sirius (1868).

Huggins (Charles Brenton) Chirurgien américain (1901-1997). Il découvrit le traitement hormonal du cancer de la prostate. Prix Nobel 1966.

Hughes (David Edward) Ingénieur américain d'origine britannique (1831-1900). Il fut l'inventeur, en 1854, d'un appareil télégraphique imprimant les dépêches sur papier (*appareil Hughes*), et imagina en 1877 le microphone à charbon et à contacts solides, qui remplaça celui de A. G. Bell.

Huế

Huế, l'entrée principale de la cité impériale ouvrant sur la cité interdite (XIXe s.), site inscrit au patrimoine mondial de l'Unesco.

Hughes (James Mercer, dit Langston) Poète afro-américain (1902-1967). Son œuvre, influencée par les rythmes de jazz *(Ask Your Mama)*, est fortement marquée par le militantisme politique et combat la discrimination raciale *(The Panther and the Lash)*.

Hughes (Howard Robard) Homme d'affaires américain (1905-1976). Fondateur d'une firme de construction aéronautique et d'une compagnie aérienne, il créa le *Constellation* (1944).

Hughes (Ted) Poète britannique (1930-1998). Ses œuvres *The Hawk in the Rain* et *Lupercal* le placèrent d'emblée à l'opposé des poètes du « Mouvement ». Se considérant comme un « créateur de mythes », il s'intéressa à la violence, à la sauvagerie et à l'animalité. Toute sa carrière fut une interrogation poétique sur l'humain. *Corbeau ; Cave Birds ; Wolfwatching ; Gaudete.*

Hugo (Victor) Écrivain français (1802-1885). Ses premières œuvres, comme *Odes et Ballades*, témoignent d'une conciliation entre classicisme et romantisme. Sa *Préface de Cromwell* fit de lui le théoricien de l'école romantique. Dès lors, il occupa une place majeure dans la vie littéraire française, et fut à l'origine d'une querelle lors de la première d'*Hernani*, pièce qui s'affranchissait des règles de l'écriture théâtrale. Ses recueils montrent son ambition d'une poésie de la totalité *(Les Chants du crépuscule ; Les Rayons et les Ombres)*, et ses romans et drames sont centrés sur les préoccupations historiques et sociales de son époque *(Le Dernier Jour d'un condamné ; Notre-Dame de Paris ; Lucrèce Borgia ; Ruy Blas)*. Il se tourna ensuite vers la politique et fut député en 1848. Il s'exila après le coup d'État de Napoléon III (décembre 1851), et fit paraître en 1853 *Les Châtiments*, recueil satirique dirigé contre l'empereur. Après *Les Contemplations*, recueil axé sur la personne du poète, les thèmes de ses œuvres prirent de l'ampleur, balayant l'ensemble du destin humain *(La Légende des siècles ; Les Misérables ; Les Travailleurs de la mer)*. Il revint d'exil en 1870. À sa mort, la République lui fit des obsèques nationales. Il est considéré comme l'un des plus grands poètes français.

Victor Hugo, par Nadar, Bibliothèque nationale de France, Paris.

***huguenot, ote** n. (de l'alémanique de Suisse *Eidgnossen* « Confédérés ») Surnom (péjoratif à l'origine) donné par les catholiques aux protestants calvinistes, en France, du XVIe au XVIIIe siècle. *Papistes et huguenots.* – **adj.** *Parti huguenot.*

Hugues (saint) dit Hugues le Grand ou Hugues de Cluny (1024-1109). Abbé de Cluny (1049-1109), il développa son ordre et fut le conseiller du pape Grégoire VII.

Hugues Ier le Grand (1057-1101). Comte de Vermandois (1080-1101). L'un des chefs de la première croisade, il participa aux prises de Nicée et d'Antioche.

Hugues Ier Capet (v. 941-996). Duc de France, puis roi de France (987-996). Fils d'Hugues le Grand, il fonda la dynastie des Capétiens en se faisant élire roi par l'assemblée des Grands, grâce à l'appui de l'Église. Il fit élire et sacrer son fils Robert II le Pieux.

Hugues le Grand ou le Blanc ou l'Abbé Comte de Paris puis duc de France (v. 897-956). Fils de Robert Ier, il fit accéder au trône son beau-frère Raoul de Bourgogne (923), Louis IV d'Outre-Mer (936) et Lothaire (954), tout en demeurant le véritable maître du royaume.

Hugues d'Arles (mort v. 948). Roi d'Italie (v. 926-948). Il conserva l'Italie en cédant la Provence à Rodolphe II de Bourgogne (934). À sa mort fut formé le royaume de Bourgogne-Provence.

Hugues de Payns ou de Pains (v. 1070-1136). Il participa à la première croisade et fonda l'ordre des Templiers, approuvé par le concile de Troyes (1128).

Hugues (Hugues Clovis, dit Clovis) Homme politique et poète français (1851-1907). Il participa activement à la Commune de Marseille et fut élu plusieurs fois député socialiste. *Poèmes de prison ; Les Jours de combat.*

Hugues (Victor) Homme politique français (1764-1826). En 1794, il reprit la Guadeloupe aux Anglais. Nommé gouverneur en Guyane, il y entreprit le rétablissement de l'esclavage.

Huguet (Jaime) Peintre catalan (1415-1492). Il dirigea un important atelier à Barcelone. Il créa un style décoratif original, mêlant les influences italiennes et flamandes. *Triptyque de Saint-Georges.*

Hui ou Houei n. m. pl. Peuple de Chine, le 3e en nombre des 55 peuples minoritaires (plus de 10 millions), converti à l'islam. Les Hui se répartissent en majorité dans la République autonome Hui de Ningxia, et dans les provinces de Gansu et du Henan.

Huidobro (Vicente) Poète et prosateur chilien (1893-1948). Il prit part aux mouvements d'avant-garde parisiens et fonda avec Pierre Reverdy le mouvement « créationniste », selon lequel la poésie, au lieu d'imiter la nature, doit devenir une création autonome. *Horizon carré ; Altazor.*

huile n. f. (vient du latin *oleum* → **oléagineux, olé-**) **1.** Liquide gras, inflammable, insoluble dans l'eau, d'origine végétale, animale ou minérale. → **graisse ; olé-.** *Huiles végétales alimentaires (huile d'arachide, de tournesol, d'olive...). Huile de ricin,* purgatif. – *Huiles animales. Huile de foie de morue.* – *Huiles minérales* : hydrocarbures liquides. *Huile de graissage, de vidange.* ■ *Huiles médicinales. Huile d'amandes douces. Huile solaire,* pour protéger la peau du soleil et faire bronzer. – *Huiles essentielles,* obtenues par distillation de substances aromatiques contenues dans diverses plantes. → **essence. 2.** (emplois spéciaux) Huile comestible. *Cuisine à l'huile. L'huile de la vinaigrette.* ■ Huile de graissage. → **lubrifiant.** *Vidanger l'huile d'une voiture.* ■ Huile de lampe. *Lampe à huile.* **3.** *Peinture à l'huile,* dont les pigments sont liés avec de l'huile (de lin, d'œillette...). – *Une huile* : un tableau peint à l'huile. **4.** *Les saintes huiles.* → **chrême. 5.** loc. *Mer d'huile,* très calme, sans vagues. – *Faire tache d'huile,* se propager de manière insensible, lente et continue. – *Jeter de l'huile sur le feu,* attiser un désir ; pousser à la dispute. – *Ça baigne* dans l'huile.* ■ fam. *Huile de coude, de bras* : énergie déployée dans un effort physique. **6.** fam. (souvent au plur.) Personnage important, autorité. → fam. grosse **légume.**

huiler v. tr. ‹1› Frotter avec de l'huile. → **graisser, lubrifier.** *Huiler une serrure.* – au p. p. fig. *Un régime politique aux mécanismes bien huilés.* □ **n. m. huilage**

huilerie n. f. **1.** Usine où l'on fabrique des huiles végétales. **2.** Industrie de la fabrication des huiles végétales.

huileux, euse adj. **1.** Qui contient de l'huile. **2.** Qui évoque l'huile. → **onctueux, visqueux. 3.** Qui est ou semble imbibé d'huile. → **graisseux, gras.** *Peau huileuse.*

¹huilier, ière n. **1.** Personne qui produit ou vend de l'huile. **2. n. m.** Ustensile de table composé de deux flacons pour l'huile et le vinaigre.

²huilier, ière adj. Qui a rapport à la fabrication des huiles.

Huineng ou Houei Neng Moine bouddhiste chinois (638-713). Il fonda l'école du Sud du bouddhisme chan, qui prône l'illumination instantanée. *Doctrines des trésors de la loi.*

huis n. m. (vient du latin *ostium* « entrée, ouverture », de *os, oris* « bouche » → **oral**) **1.** vieux Porte. *Fermer l'huis.* **2.** loc. ***À huis clos*** : toutes portes fermées ; dr. sans que le public soit admis. *Audience à huis clos.* ■ ***Huis clos*** **n. m.** *Tribunal qui ordonne le huis clos. « Huis clos »* (pièce de Sartre). – *Un huis clos* : roman, film dont l'action se déroule dans un lieu clos.

Huisne n. f. Rivière de l'O. de la France, affluent de la Sarthe qu'elle rejoint au Mans. 130 km.

huisserie n. f. (de *huis*) techn. Bâti formant l'encadrement d'une baie. → **dormant.**

huissier, ière n. (de *huis*) **1.** Personne qui a pour métier d'accueillir, d'annoncer et d'introduire les visiteurs (dans un ministère, une administration). **2.** Personne préposée au service de certaines assemblées. → **appariteur. 3.** *Huissier, huissière (de justice)* : personne titulaire d'un office ministériel, chargée de signifier les actes de procédure et de mettre à exécution les décisions de justice.

***huit** [ɥi(t)] (vient du latin *octo* → **oct-**) **I. adj. numéral invar.** (prononcé [ɥi] devant un n. commençant par une consonne ou un *h* aspiré, [ɥit] dans tous les autres cas) **1.** (cardinal) Sept plus un (8). → **oct-.** *Journée de huit heures.* ■ *Huit jours* : une semaine (bien qu'elle n'ait que sept jours). – loc. *Donner ses huit jours* (à qqn), le congédier ; (sujet domestique, employé) quitter son emploi. – *Jeudi en huit* : le jeudi après celui qui vient. **2.** (ordinal) Huitième. – *Le 8 mai. Henri VIII.* **II. n. m. invar.** [ɥit] **1.** *Huit et deux, dix. Dix-huit.* – Carte marquée de huit signes. *Le huit de pique.* – Numéro huit (d'une rue). *J'habite au huit.* – Chiffre qui représente ce nombre. *Huit romain* (VIII), *arabe* (8). **2.** (par analogie avec la forme du huit arabe) *Grand huit* : attraction de fête foraine, analogue aux montagnes russes, en forme de huit. ■ sports Figure de patinage en forme de huit.

***huitain** n. m. didact. Petit poème de huit vers. – Strophe de huit vers.

***huitaine** n. f. Ensemble de huit, d'environ huit éléments de même sorte. *Il part dans une huitaine (de jours).*

***huitante** adj. numéral invar. (Suisse) Quatre-vingts. *Huitante-trois ans.* □ **adj. *huitantième**

***huitième** [ɥitjɛm] **I. adj. numéral 1.** (ordinal) Qui suit le septième. – loc. *La huitième merveille du monde,* se dit d'une chose merveilleuse qui paraît pouvoir s'ajouter aux sept merveilles traditionnelles. ■ **n. m.** *Habiter au huitième* (étage). **2.** Se dit d'une partie d'un tout divisé également en huit. ■ **n. m.** *Trois huitièmes* (3/8). – sports (souvent au plur.) *Huitièmes de finale* : phase éliminatoire opposant deux à deux seize concurrents ou seize équipes. **II. n.** *Être le, la huitième à passer.* □ **adv. *huitièmement**

huître n. f. (vient du latin *ostrea,* du grec *ostreon* → **ostréi-**) Mollusque bivalve, à coquille feuilletée ou rugueuse, comestible ou recherché pour sa sécrétion minérale (nacre, perle). *Huîtres perlières.* ■ Huître comestible. *Élevage d'huîtres* (→ **ostréiculture**). *Huître plate.* → **belon.** *Huître portugaise, fine* *de claire*. Bourriche d'huîtres. Couteau à huîtres.* ▪ loc. *Se fermer comme une huître :* se replier sur soi. - var. RO **huitre.**

***huit-reflets** n. m. invar. Chapeau de soie haut de forme très brillant.

¹huîtrier, ière adj. Relatif aux huîtres, à leur élevage. *Industrie huîtrière* (➔ **ostréiculture**). - var. RO **huitrier, ière.**

²huîtrier n. m. zool. Oiseau échassier des rivages, appelé aussi *pie de mer,* très friand de coquillages. - var. RO **huitrier.**

huîtrière n. f. Banc d'huîtres. ▪ Établissement où se fait l'élevage des huîtres. - var. RO **huitrière.**

Huixian ou **Houei-sien** Site archéologique de Chine (Henan). Des sépultures Shang et Han ont livré des figurines, des bronzes, et un ensemble de 19 chars.

Hu Jintao Homme d'État chinois (né en 1942). Il fut secrétaire général du Parti communiste chinois (2002-2012) et président de la République (2003-2013).

Hu Jintao au 17ᵉ congrès du Parti communiste chinois (2007).

Hūlāgū Khan mongol (v. 1217-1265), souverain de Perse (1256-1265). Petit-fils de Gengis Khān, il conquit la Perse, la Mésopotamie et prit Bagdad, où il fit exécuter le calife (1258).

Hull (Cordell) Homme politique américain (1871-1955). Démocrate, il fut nommé secrétaire d'État par F. D. Roosevelt (1933-1944) et fut l'un des fondateurs de l'Organisation des Nations unies. Prix Nobel de la paix 1945.

Hull Quartier de Gatineau, ville du Québec (Canada), en face d'Ottawa. Université. Musée.

Hulot (Nicolas) Journaliste et homme politique français (né en 1955). Engagé dans la protection de l'environnement, il a contribué à sensibiliser le grand public aux questions écologiques, notamment grâce à son émission télévisée *Ushuaia Nature* et à sa fondation pour la nature et l'homme. Nommé ministre de la Transition écologique et solidaire en 2017 sous la présidence d'E. Macron, il démissionna en 2018 faute de moyens.

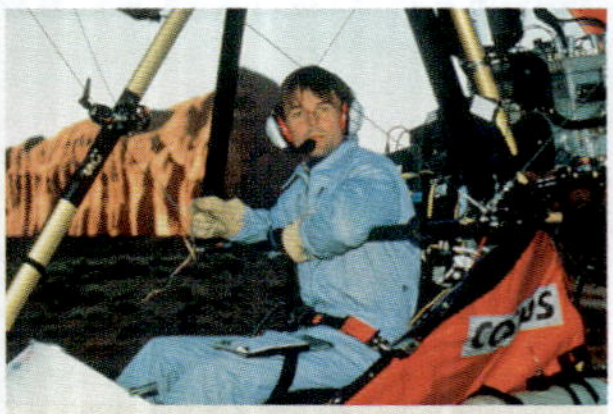
Nicolas Hulot en 2009 lors d'un reportage pour l'émission d'*Ushuaia Nature.*

***hulotte** n. f. (ancien français *huler* « hurler », qui vient du latin impérial *ululare* ➔ **hululer**) Chouette au plumage brun qui se nourrit principalement d'insectes et de petits rongeurs, appelée aussi *chat-huant*.*

Hulse (Russell Alan) Physicien américain (né en 1950). Il découvrit en 1974 un pulsar binaire (pulsar accompagné d'un autre astre). Les pulsars binaires devinrent un laboratoire spatial où fut testée la théorie de la relativité générale. L'étude de deux d'entre eux confirma l'existence des ondes gravitationnelles. Prix Nobel 1993.

Hultén (Karl Gunnar Pontus) Philosophe et historien d'art suédois (1924-2006). Il devint le premier directeur du Musée national d'art moderne, Centre Georges Pompidou, et fut le commissaire d'expositions qui marquèrent l'histoire du Centre.

***hululer** ou **ululer** [(')ylyle] v. intr. < 1 > (latin impérial *ululare,* onomatopée ➔ **hurler**) Crier, en parlant des oiseaux de nuit. *Le hibou hulule.* □ n. m. ***hululement** ou **ululement** [(')ylylmɑ̃]

***hum** [œm ; hœm] interj. (onomatopée ➔ **hein**) Interjection qui exprime généralement le doute, la réticence. ▪ Note une petite toux, un raclement de gorge. - var. ***hem** [ɛm ; hɛm].

humain, aine (latin *humanus,* famille de *humus* « terrestre », sans rapport direct avec *homo* « homme ») **I.** adj. **1.** De l'homme (I), propre à l'homme en tant qu'espèce. *La nature humaine. Le corps humain. La condition humaine. C'est au-dessus des forces humaines.* ➔ **surhumain.** *« Ces malheureux, qui, à force de misère, n'ont presque plus figure humaine »* (Michelet). ▪ *Un être humain.* ➔ **femme, homme ; individu, ¹personne.** ▪ Formé, composé d'hommes. *L'espèce humaine. Le genre humain.* ➔ **humanité.** – écon. *Direction des ressources* humaines,* du personnel. ▪ Qui traite de l'homme. *Sciences humaines. Anatomie humaine.* **2.** Qui est compréhensif et compatissant, manifeste de la sensibilité. ➔ **bienveillant, ¹bon.** *Un patron humain.* – *Sentiments humains.* ➔ **humanitaire. 3.** Qui a les qualités ou les faiblesses propres à l'homme (opposé à *inhumain, surhumain*). – *C'est humain, c'est une réaction bien humaine :* c'est excusable. – allus. *« Humain, trop humain »* (trad. de Nietzsche). **II.** n. m. **1.** Ce qui est humain. *L'humain et le divin.* **2.** littér. Être humain. *Les humains.* ➔ **humanité ; gens.** *« Du reste des humains je vivais séparée »* (Racine).

humainement adv. **1.** En tant qu'être humain. *Elle a fait tout ce qui était humainement possible pour le sauver.* **2.** Avec humanité. ➔ **charitablement.**

Humair (Daniel) Musicien de jazz et peintre suisse (né en 1938). Batteur percussionniste, il excelle dans l'improvisation de groupe et a ainsi joué aux côtés des plus grands noms du jazz, dont Bud Powell, Martial Solal, Michel Portal, Stéphane Grappelli, Jean-Luc Ponty ou Eddy Louiss.

Daniel Humair en 2003.

humaniser v. tr. < 1 > (de *humain,* d'après le latin *humanus*) Rendre plus humain. *Humaniser les conditions de travail.* – pronom. *Elle s'humanise,* devient plus sociable, plus accommodante. □ n. f. **humanisation**

humanisme n. m. **1.** philos. Théorie, doctrine qui place la personne humaine et son épanouissement au-dessus de toutes les autres valeurs. **2.** hist. Mouvement de la Renaissance, caractérisé par un effort pour relever la dignité de l'esprit humain et le mettre en valeur, et un retour aux sources gréco-latines.

▶ Héritier du mouvement intellectuel qui gagne l'Europe occidentale pendant la Renaissance, l'**humanisme** est un courant de pensée qui naît au XVIᵉ siècle sous l'impulsion d'érudits tels que l'Italien Pic de la Mirandole, le Hollandais Érasme, l'Anglais Thomas More ou les Français Guillaume Budé et Rabelais. Confiants en l'intelligence et en la capacité créatrice de l'homme, ils le réhabilitent dans toute sa grandeur et sa dignité. Ils appellent à respecter l'intégrité physique et morale de tout individu et à favoriser son épanouissement, en insistant sur la notion de libre arbitre. Les penseurs humanistes s'appliquent eux-mêmes à enrichir leurs connaissances, à les diffuser dans leurs ouvrages et dans les écoles et à stimuler la quête du savoir chez les plus jeunes. Ils s'attachent à redécouvrir les auteurs anciens, grecs (comme Aristote) et latins, les traduisent et les commentent. De nombreux domaines s'enrichissent de leurs recherches : la philosophie, l'astronomie (révolutionnée par Copernic et sa théorie de l'héliocentrisme), les sciences (dont les applications se lisent dans l'art avec la perspective), les techniques (Gutenberg invente l'imprimerie) ou la théologie. Les humanistes dénoncent les abus de l'Église et prônent un retour aux sources de la Bible. Bien qu'ils ne souhaitent qu'une rénovation de l'institution ecclésiale, ils sont toutefois à l'origine de sa scission et de l'émergence des réformes protestantes.
voir aussi **Renaissance, Réforme**

humaniste n. (du latin mod., de *humanus* ➔ **humain**) **1.** philos. Partisan de l'humanisme. – adj. *Philosophie humaniste.* **2.** Spécialiste des langues et littératures grecques et latines (➔ **humanité (4)**). – spécialt Lettré de la Renaissance qui se consacrait à l'étude et à la diffusion des auteurs antiques.

humanitaire adj. (de *humanité*) **1.** Qui vise au bien de l'humanité. ➔ **philanthropique.** *Organisations humanitaires.* **2.** spécialt Qui agit pour sauver des vies humaines, dans une situation de conflit. *Action humanitaire.* – n. m. *L'humanitaire et le droit d'ingérence.*

▶ C'est dans la continuité de l'humanisme occidental, qui affirme la valeur suprême de la vie humaine, mais aussi en référence explicite à la charité chrétienne, que sont apparues au XIXᵉ siècle les premières formes de l'action **humanitaire.** La Croix-Rouge imaginée par Henri Dunant s'inscrit dans le cadre des Conventions de Genève (1864 et surtout 1945) qui instituent dans le droit de la guerre des règles sur la neutralité des blessés et du personnel soignant. Cette neutralité permet à la Croix-Rouge d'intervenir non seulement sur les champs de bataille, mais aussi dans les camps de prisonniers. Pourtant, le principe de neutralité se révèle contraignant et, au moment de la guerre du Biafra (1967-1970), il paraît insupportable à un petit groupe de médecins qui considèrent de leur devoir de témoigner voire de prendre position politiquement. Naît ainsi avec Médecins sans frontières une nouvelle conception de l'action humanitaire, plus engagée. Depuis, les organisations non gouvernementales (ONG) se sont multipliées et constituent désormais des acteurs majeurs des relations internationales, articulant leur action à celle des États et ne se limitant plus à la santé ou à l'alimentation : développement, éducation, droits des enfants, des femmes et des travailleurs, protection de la nature et de l'environnement sont parmi les champs d'action d'ONG aujourd'hui plus puissantes et professionnalisées.
voir aussi **ONG, ingérence**

humanitarisme n. m. didact. (souvent péj.) Conceptions humanitaires (jugées utopiques ou dangereuses). □ adj. et n. **humanitariste**

humanité n. f. (latin *humanitas,* de *humanus* ➔ **humain**) **1.** philos. Caractère de ce qui est humain ; nature humaine (opposé à *divinité, à animalité*). **2.** Sentiment de bienveillance, de compassion envers autrui. ➔ **bonté, pitié, sensibilité.** *Traiter un coupable avec humanité.* **3.** Le genre humain, les hommes en général. *Un bienfaiteur de l'humanité. Crime* contre l'humanité.* **4.** didact. et vieilli *Les humanités :* étude de la langue et de la littérature grecques et latines. ■ En Belgique, Études secondaires (classiques, modernes ou techniques).

▶ Le terme **humanité** a toujours désigné l'ensemble des êtres humains. Au XVIIIe siècle, il s'enrichit de son acception morale actuelle (compassion, sollicitude envers son semblable). Ainsi, dans l'*Encyclopédie* de Diderot, *humanité* se substitue-t-il à *chrétienté* pour désigner *ce noble et sublime enthousiasme [qui] se tourmente des peines des autres et du besoin de les soulager.* C'est en ce sens que l'on dit que l'on agit par *humanité*. Le terme recouvre également le « propre de l'homme », c'est-à-dire les propriétés qui sont censées le définir spécifiquement. Mais plutôt que de rechercher la définition de l'humanité dans les traits que tous les hommes ont en commun, l'anthropologie et la philosophie préfèrent se référer aux caractéristiques qui distinguent l'homme des autres espèces animales. Ses capacités de conscience, de raison, de langage, ainsi que toutes les activités qui relèvent de la culture (technique, art, droit, religion) participeraient de cette différence. Et c'est dans ce sens que l'on devrait comprendre la notion de « crime contre l'humanité » : comme un crime contre la dignité propre à l'espèce humaine, et non contre l'ensemble des êtres humains.

La science moderne tend à montrer que les capacités, qui passent pour faire de l'homme un être à part dans le monde du vivant, dépendent malgré tout d'une évolution biologique, et donc de processus naturels. Cependant, quand l'homme n'est plus conçu comme la créature d'un être transcendant, il ne se définit plus par une nature prédéterminée. Il devient au contraire un être qui doit se faire lui-même en inventant les moyens de sa subsistance et de son développement, en s'arrachant par la culture à la nature. En ce sens, l'humanité de l'homme serait cette propriété qui le constituerait plus comme être de culture que de nature.

voir aussi **humanisme, droits de l'homme, évolution**

Humanité (L') Quotidien français fondé par Jean Jaurès en 1904. Il fut l'organe du parti socialiste (SFIO) puis, de 1920 à 1999, celui du Parti communiste français.

humanoïde (→ -oïde) **1. adj.** Qui rappelle l'homme (I). **2. n.** (lang. de la science-fiction) Être vivant ou robot d'apparence humaine. → **androïde.**

Humāyūn Sultan moghol de Delhi d'origine afghane (1508-1556). Il fut chassé de l'Inde du Nord par le sultan afghan du Bihar (1540) puis parvint à reconquérir Delhi (1555). Son tombeau (à Delhi) est l'un des plus beaux monuments musulmans de l'Inde du Nord.

Humber n. f. Estuaire d'Angleterre, sur la mer du Nord, commun à l'Ouse, à la Trent, au Don et à la Derwent. C'est l'un des principaux débouchés maritimes de l'Angleterre.

Humbert Ier (1844-1900). Roi d'Italie (1878-1900). Fils de Victor-Emmanuel II, il fut assassiné par l'anarchiste Bresci. ■ **Humbert II** (1904-1983). Roi d'Italie (9 mai-2 juin 1946). Fils de Victor-Emmanuel III et petit-fils d'Humbert Ier, il se retira après un référendum constitutionnel favorable à la république.

Humbert II (1313-1355). Dernier dauphin de Viennois (1333-1349). Il vendit le Dauphiné au roi de France Philippe VI en 1343 puis embrassa une carrière ecclésiastique.

Humbert III le Saint (mort en 1189). Comte de Savoie (1148-1189). Il se rangea aux côtés du pape Alexandre III contre Frédéric Ier Barberousse, et ses États furent envahis par les Impériaux et Suse brûlée en 1174.

humble adj. (vient du latin *humilis* « bas » → humilier, humilité, de *humus* « terre » → humus) **I. 1.** Qui s'abaisse volontiers, par modestie ou par déférence. → **effacé, modeste. 2.** Qui est d'une condition sociale modeste. → **obscur, pauvre, simple. II.** (choses) **1.** Qui marque de l'humilité, de la déférence. *Air humble.* → **embarrassé, timide.** – (Par modestie réelle ou affectée) *À mon humble avis, tu te trompes.* **2.** littér. Qui est sans éclat, sans prétention. → **modeste.** *Une humble demeure.* → **pauvre.**

humblement adv. D'une manière humble.

Humboldt (Wilhelm von) Philologue, philosophe du langage et diplomate allemand (1767-1835). Fondateur de l'université de Berlin (1810), il fut le promoteur de l'anthropologie comparée. Il voyait dans le langage « l'organe qui forme la pensée ». *Sur la différence de structure des langues humaines et son influence sur le développement intellectuel de l'humanité.*

Humboldt (Alexander, baron von) Naturaliste et voyageur allemand (1769-1859). Frère de Wilhelm. Il explora l'Amérique et entreprit un voyage en Asie. Il contribua aux progrès de la climatologie, de l'océanographie et de la géologie. Il est l'auteur de *Kosmos. Essai d'une description physique du monde.*

Humboldt (courant de) Courant froid du Pacifique Sud, qui tempère le climat tropical des littoraux chilien et péruvien.

Hume (David) Philosophe et historien britannique (1711-1776). Sa critique des notions de cause et de substance le conduit à critiquer radicalement les systèmes métaphysiques et à développer une théorie empiriste de la connaissance d'après laquelle les idées sont des images affaiblies des impressions sensibles, et pour laquelle la réalité du corps, l'existence de Dieu ou l'identité du moi ne sont que des croyances habituelles et non des certitudes démontrables. *Traité de la nature humaine ; Enquête sur l'entendement humain ; Histoire de l'Angleterre.*

Hume (John) Homme politique d'Irlande du Nord (1937-2020). Chef du SDLP (Social Democratic and Labour Party), parti catholique nationaliste modéré (1979-2001), il contribua à la signature de l'accord de paix de 1998. Prix Nobel de la paix 1998.

humecter v. tr. < 1 > (latin *humectare*, de *humere* → humide) Rendre humide, mouiller légèrement. *Humecter du linge avant de le repasser.* → **humidifier.** *S'humecter les lèvres.* – pronom. *Ses yeux s'humectèrent.* → **s'embuer.** □ n. m. **humectage**

***humer** v. tr. < 1 > (origine onomatopéique, ou famille du latin *humere* → humide) **1.** Aspirer par le nez. *« Humer l'air salubre et frais du matin »* (Rousseau). → **inspirer, respirer. 2.** Aspirer par le nez pour sentir. *Humer un parfum.* – *Humer un plat.*

huméro- Élément (du latin *humerus*) servant à former des adj. en anatomie : *huméro-cubital, huméro-métacarpien.*

humérus [ymeʀys] n. m. (latin *humerus* « épaule ») Os long constituant le squelette du bras, de l'épaule au coude. □ adj. **huméral, ale, aux**

humeur n. f. (latin *humor* « liquide » → humoral, de *humere* → humide) **I.** méd., vieux *Les humeurs* : les liquides organiques du corps humain (sang, lymphe, etc.). *Les quatre humeurs de l'ancienne médecine* (bile, atrabile, flegme et sang). ■ mod. *Humeur aqueuse, humeur vitrée* de l'œil.* **II. 1.** Ensemble des tendances dominantes qui forment le tempérament de qqn (attribuées autrefois aux *humeurs* (I) du corps). → **naturel, tempérament.** *Incompatibilité d'humeur entre deux personnes. Être d'humeur égale. Avoir des sautes d'humeur.* ■ psych. Disposition affective fondamentale allant de la gaieté à la tristesse. *Régulation de l'humeur.* **2.** littér. Ensemble des tendances spontanées, irréfléchies. → **caprice, fantaisie, impulsion.** *« Le pessimisme est d'humeur ; l'optimisme est de volonté »* (Alain). **3.** Disposition momentanée qui ne constitue pas un trait de caractère. *Cela dépendra de mon humeur.* – loc. *Être, se sentir d'humeur à* (+ inf.). → **disposé, enclin.** *Je ne suis pas d'humeur à plaisanter.* **4.** *Bonne humeur, belle humeur* : disposition passagère à la gaieté, à l'optimisme. → **enjouement, entrain.** *Être de bonne, d'excellente humeur.* → **gai, réjoui.** ■ *Mauvaise humeur, méchante humeur* : disposition passagère à la tristesse, à l'irritation, à la colère. *Être d'une humeur massacrante, d'une humeur de chien.* ■ *Humeur noire* : mélancolie profonde ; tristesse, abattement. → **cafard. 5.** littér. Mauvaise humeur. → **colère, irritation.** *Accès, mouvement d'humeur.*

humide adj. (latin *humidus*, de *humere* « être humide » → humecter, humeur) Chargé, imprégné d'eau, de liquide, de vapeur (s'oppose à *sec*). *Murs humides.* → **suintant.** *Rendre humide.* → **humecter, humidifier.** – *Temps humide.* – *Yeux humides de larmes. Regards humides.* → **mouillé.**

humidex n. m. (mot anglais du Canada) Au Canada, Indice météorologique qui combine la température et l'humidité relative. *Calculer l'humidex.* – appos. *Indice humidex.*

humidificateur n. m. Appareil utilisé pour accroître le degré d'humidité de l'air.

humidifier v. tr. < 7 > (du bas latin → humide) Rendre humide. → **humecter, mouiller.** □ n. f. **humidification**

humidité n. f. (du bas latin → humide) Caractère de ce qui est humide ; l'eau, la vapeur imprégnant un corps, un lieu. → **hygro-.** – météorol. Teneur en vapeur d'eau. *L'humidité de l'air.*

humification n. f. (de *humus*) didact. Transformation (de matières végétales) en humus.

humiliant, ante adj. Qui cause de l'humiliation. *Aveu, échec humiliant.* → **avilissant, dégradant, mortifiant.**

humiliation n. f. (du latin chrét. → humilier) **1.** Action d'humilier ou de s'humilier. → **abaissement. 2.** Sentiment d'une personne humiliée. → **confusion, honte.** *Rougir d'humiliation.* **3.** Ce qui humilie, blesse l'amour-propre. → **affront, vexation.**

humilier v. tr. < 7 > (du latin ecclés., de *humilis* → humble) **1.** vieux ou relig. Rendre humble. **2.** Rabaisser d'une manière insultante. → **mortifier.** *Humilier qqn en public.* – pronom. *S'humilier devant qqn.* **3.** (sujet chose) Faire honte à (qqn). *Cet échec l'a profondément humiliée.* ■ **humilié, ée adj.** *Se sentir humilié.*

humilité n. f. (du latin, de *humilis* → humble) **1.** Sentiment de sa propre insuffisance qui pousse à réprimer tout mouvement d'orgueil. → **modestie.** – *En toute humilité* : très humblement. **2.** littér. Caractère humble, modeste (de la nature humaine, ou d'une condition sociale).

humoral, ale, aux adj. (du latin médiéval → humeur) didact. Relatif aux humeurs (I), aux liquides organiques.

humorisme n. m. (latin *humor* « humeur ») didact. Ancienne doctrine médicale des quatre humeurs.

humoriste adj. et n. (de l'anglais, de *humor* → humour) (personnes) Qui a de l'humour. *Écrivain humoriste.* ■ n. *Alphonse Allais, célèbre humoriste.* – spécialt Auteur de dessins satiriques ou comiques.

humoristique adj. (de l'anglais → humour) Qui s'exprime avec humour ; empreint d'humour. *Dessin humoristique.*

humour n. m. (mot anglais, emprunt au français *humeur* au sens ancien de « disposition à la gaieté ») Forme d'esprit qui consiste à dégager les aspects plaisants et insolites de la réalité, avec un certain détachement. → **esprit.** *L'humour britannique.* ***Humour noir,*** qui s'exerce à propos de situations graves, voire macabres. – *Avoir de l'humour, le sens de l'humour,* être capable d'humour, même à ses dépens.

Humperdinck (Engelbert) Compositeur allemand (1854-1921). Il est surtout célèbre pour son opéra *Hänsel und Gretel.*

Humphrey (Doris) Danseuse et chorégraphe américaine (1895-1958). Les chorégraphies qu'elle créa pour sa troupe s'inspiraient de son analyse méthodique du rythme humain.

humus [ymys] n. m. (mot latin « terre, sol » → humble) Terre provenant de la décomposition des végétaux. → terreau.

Hunan ou **Hou-nan** n. m. Province du sud de la Chine. 210 000 km². 65 700 700 habitants. Capitale : Changsha. Agriculture et aquaculture. Exploitation minière.

Hundertwasser (Friedrich Stowasser, dit Fritz) Peintre autrichien (1928-2000). Il a intégré dans son œuvre, où les spirales et les rehauts d'or et d'argent rappellent l'art de Klimt, des éléments figuratifs ou abstraits, avec une intention symbolique.

***hune** n. f. (ancien scandinave *hûnn*) Plateforme arrondie fixée au mât d'un navire, à une certaine hauteur. *Mât de hune,* situé au-dessus de la hune.

Hưng Đạo Đại Vuong titre de Trần Quốc Tuấn Prince et général vietnamien (1226-1300). Il repoussa deux fois les invasions mongoles, et laissa des ouvrages sur l'art militaire.

***hunier** n. m. Voile carrée du mât de hune.

Huningue Commune du Haut-Rhin, sur le Rhin, à la frontière germano-suisse. 7 283 habitants. Industrie pharmaceutique.

Huns n. m. pl. Nom donné à des peuples asiatiques turco-mongols, probablement de langue turque. En franchissant la Volga puis le Don (vers 370), ils provoquèrent les Grandes Invasions. Établis vers 405 dans l'actuelle Hongrie, ils se lancèrent, à partir de 406, dans l'invasion de la Gaule. Unifiés par Attila en 434, les Huns envahirent les Balkans et menacèrent Constantinople (448). En Gaule, ils furent vaincus aux champs Catalauniques (451). La mort subite d'Attila en 453 précipita la dislocation de leur empire.

Hun Sen Homme politique cambodgien (né en 1952). Chef du PPC (Parti du peuple cambodgien), « second Premier ministre » (1993), il renversa le « premier Premier ministre », le prince Norodom Ranariddh, en 1997 et se fit élire Premier ministre en 1998.

Hunsrück n. m. Massif montagneux d'Allemagne occidentale appartenant au massif schisteux rhénan. Point culminant à 818 m.

Hunt (James Henry Leigh) Journaliste et poète britannique (1784-1859). Il fonda avec son frère la revue *The Examiner,* politiquement indépendante, et se fit connaître avec *L'Histoire des Rimini.* Ses meilleurs essais parurent ensuite dans *The Indicator,* qu'il éditait.

Hunt (William Holman) Peintre britannique (1827-1910). Il fonda avec Millais et Rossetti la « confrérie » des préraphaélites. Considérant l'art comme une religion à vocation sociale, il s'inspira de thèmes italiens des XIVe et XVe s. et de sujets religieux *(Claudio et Isabella ; Le Bouc émissaire).*

Hunt (sir Richard Timothy) Biologiste britannique (né en 1943). Il découvrit, vers 1980, les cyclines, protéines qui régulent l'action des kinases lors d'un cycle cellulaire. Prix Nobel 2001.

Hunter (William) Médecin britannique (1718-1783). Il chercha à faire de l'obstétrique une branche à part de la médecine. *Anatomy of the Gravid Uterus.*

Hunter (John) Chirurgien britannique (1728-1793), frère de William. Fondateur à Londres d'un musée anatomique, il est considéré comme le créateur de la pathologie expérimentale en Angleterre, et est l'un des premiers chirurgiens modernes.

Hunter (Robert Lorne, dit Bob) Journaliste canadien (1941-2005). Militant écologiste, il fut l'un des membres fondateurs de l'organisation Greenpeace (1971).

Huntziger (Charles) Général français (1880-1941). Il présida la délégation chargée de négocier les armistices avec l'Allemagne et l'Italie (1940), puis fut ministre de la Guerre dans le gouvernement de Vichy (1940).

Hunyadi (Jean ou János) Homme de guerre hongrois (1387-1456). Il fut régent de Ladislas V (1446-1453). Il défendit victorieusement Belgrade attaquée par les Turcs de Mehmet II (1456). Un de ses fils, Mathias Corvin, fut élu roi de Hongrie.

***huppe** n. f. (vient du bas latin *uppa,* de *upupa,* onomatopée) **1.** Touffe de plumes que certains oiseaux ont sur la tête. → aigrette, houppe. **2.** Oiseau passereau qui porte une huppe rousse et noire, appelé communément *coq héron.*

***huppé, ée** adj. **1.** Qui porte une huppe. **2.** fam. De haut rang ; spécialt riche. *Des gens très huppés.*

Huppert (Isabelle) Comédienne française (née en 1953). Actrice de composition à la palette extrêmement large, elle s'est distinguée tant au cinéma *(La Dentellière ; La Cérémonie ; La Pianiste)* qu'au théâtre *(Orlando, Hedda Gabler).*

Isabelle Huppert dans *L'Ivresse du pouvoir* de Claude Chabrol (2006).

***hurdler** [œʀdlœʀ] n. m. ou ***hurdleur, euse** [œʀdlœʀ, øz] n. (anglais *hurdler,* de *hurdle* « haie ») anglic., sports Coureur de haies (recomm. offic.).

***hure** n. f. (origine inconnue, probablt germanique) **1.** Tête du sanglier, du cochon, et par ext. de certains poissons à tête allongée. **2.** Charcuterie à base de morceaux de hure de porc.

Hurepoix n. m. Région de l'Île-de-France coïncidant sensiblement avec le département de l'Essonne. Domaine de la grande culture.

***hurlant, ante** adj. **1.** Qui hurle. **2.** Qui produit un effet violent. *Couleurs hurlantes.* → criard.

***hurlement** n. m. **1.** Cri aigu et prolongé que poussent certains animaux (loup, chien). **2.** (personnes) *Hurlement de rage, de terreur, de souffrance.*

***hurler** v. < 1 > (bas latin *urulare,* du latin class. *ululare* → hululer) **I.** v. intr. **1.** (animaux) Pousser des hurlements. *Chien qui hurle à la mort.* → aboyer. – loc. *Hurler avec les loups,* se ranger du côté du plus fort ; faire comme les autres. **2.** (personnes) *Hurler de douleur.* – fam. *Hurler de rire :* rire bruyamment. **3.** Parler, crier, chanter de toutes ses forces. → brailler, vociférer ; fam. gueuler. *La foule hurlait.* – *La radio hurle.* **4.** Produire un son, un bruit semblable à un hurlement. *« Dehors le vent hurle sans trêve »* (Verlaine). **5.** fig. Jurer (couleurs). **II.** v. tr. Exprimer par des hurlements. *Hurler sa colère.* – Dire avec fureur, en criant très fort. → clamer. *Hurler des injures.*

***hurleur, euse** adj. Qui hurle. – zool. *Singe hurleur* ou n. m. *un hurleur* (singe d'Amérique du Sud). → alouate.

hurluberlu, ue n. (origine incertaine, p.-ê. famille de *hure* et de *berlue*) Personne extravagante, qui parle et agit d'une manière inconsidérée. → écervelé.

***huron, onne** n. (de *hure*) **1.** vieux Grossier personnage. **2.** (d'abord sobriquet insultant) Membre d'un peuple amérindien du groupe algonquin. ■ n. m. *Le huron :* langue du groupe iroquois parlée au Canada.

Huron (lac) Un des Grands Lacs nord-américains, à cheval sur la frontière du Canada (Ontario) et des États-Unis (Michigan). 59 500 km².

Hurons n. m. pl. Peuple amérindien du Canada, de langue et de culture iroquoiennes. Ils vivaient, au XVIIe s., entre le lac Huron et le lac Ontario. Les Hurons furent les premiers alliés des Français, entre 1616 et 1648. En 1649, ils durent fuir leurs terres, la majorité se réfugiant chez les Algonquins. Un petit nombre s'installèrent dans le village de Lorette, près de Québec. Ceux qui y vivent de nos jours se nomment eux-mêmes *Hurons-Wendats.*

***hurrah** voir hourra

***hurricane** [yʀikan ; œʀikan] n. m. (mot anglais d'origine caraïbe) anglic. Cyclone, en Amérique centrale.

Hurtado de Mendoza (Diego) Diplomate et écrivain espagnol (1503-1575). Il fut le type du grand seigneur érudit de la Renaissance, rédigea *La Guerre de Grenade,* et est l'un des auteurs présumés du *Lazarillo de Tormes.*

Hurwitz (Adolf) Mathématicien allemand (1859-1919). Spécialisé dans la théorie des fonctions et des nombres, il étudia les polynômes qui portent désormais son nom, et dont toutes les racines ont la partie réelle négative.

Hurwitz (Justin) Compositeur américain (né en 1985). Il a connu des débuts fulgurants grâce à ses compositions rythmées aux sonorités jazzy écrites pour les films de Damien Chazelle : *Whiplash* et *La La Land,* comédie musicale qui lui a valu deux Oscars.

Hus (Jan) Réformateur religieux tchèque (v. 1371-1415). Doyen de la faculté de théologie puis recteur de l'université de Prague, il dénonça les abus de l'Église et prit position contre l'antipape Jean XXIII. Excommunié en 1411 et en 1412, il fut cité au concile de Constance (1414), condamné à mort et brûlé vif.

Husák (Gustáv) Homme d'État tchécoslovaque (1913-1991). Il remplaça Dubček à la tête du Parti communiste (1969) et fut président de la République (1975-1989).

Hu Shi ou **Hou Che** Philosophe et écrivain chinois (1891-1962). Il participa en 1917 à la première revue de littérature moderne, *Xin Qingnían,* aux côtés de Chen Duxiu, et parvint à faire adopter dans le domaine littéraire l'usage de la langue populaire *(baihua).*

***husky** [œski] n. m. (mot anglais) anglic. Chien de traîneau à fourrure beige et noire, aux yeux bleus. *Des huskys* ou *des huskies* (plur. anglais).

***hussard** n. m. (hongrois *huszar* « le vingtième » [allusion au recrutement], par l'allemand) **1.** anciennt Soldat de la cavalerie légère, dans diverses armées. **2.** fig. *Les hussards noirs de la République :* les instituteurs de l'école publique sous la IIIe République.

***hussarde** n. f. (de *hussard*) loc. *À la hussarde :* brutalement, sans retenue ni délicatesse.

Hussein Second fils d'Ali et de Fatima. → Hassan et Hussein.

Hussein ou **Ḥusayn ibn Talāl** (1935-1999). Roi de Jordanie (1952-1999). À l'issue de la guerre israélo-arabe de 1967, dans

Hussein de Jordanie (à dr.) avec Yitzhak Rabin et Bill Clinton en 1994 lors de la signature du traité de paix israélo-jordanien.

laquelle il avait entraîné son royaume, il dut affronter l'occupation de la Cisjordanie par Israël. Celle-ci provoqua une véritable guerre civile (1970-1971) qui aboutit à la liquidation de la présence armée palestinienne en Jordanie. Réconcilié avec l'OLP (1974) et partisan d'un règlement négocié de la question palestinienne, il renonça à toute revendication sur la Cisjordanie (1988). Il ne parvint pas à régler la crise du Golfe de 1990-1991, mais signa un traité de paix avec Israël en 1994.

Hussein **(Saddam)** Homme d'État irakien (1937-2006). Il succéda en 1979 au général al-Bakr à la tête de l'État, du parti Baas et du Conseil de commandement de la révolution. Il entra en guerre contre l'Iran en 1980 et envahit le Koweït en 1990, provoquant la guerre du Golfe (1991). Une intervention militaire des États-Unis et de la Grande-Bretagne causa la chute de son régime dictatorial (2003). Jugé pour crimes contre l'humanité, il fut condamné à mort et exécuté.

Saddam Hussein (à dr.) et son ministre Tarek Aziz (1981).

Hussein ibn Ali (1856-1931). Cheikh de la Mecque, puis roi du Hedjaz (1916-1924). Considéré comme descendant de la famille des Hachémites, il dirigea, avec l'appui des Britanniques, le mouvement panarabe du Proche-Orient. Il fut contraint d'abdiquer par Ibn Séoud.

Hussein ibn Hussein ou **Ḥusayn ibn Ḥusayn** (v. 1773-1838). Bey d'Alger (1818-1830). Il dut capituler devant le débarquement des troupes françaises à Sidi-Ferruch (juin 1830) et s'exila en Italie.

Hussein Kamal Pacha (1853-1917). Sultan d'Égypte (1914-1917). Il succéda à son neveu ʿAbbās II, déposé par les Britanniques.

Husserl **(Edmund)** Philosophe allemand (1859-1938). Son œuvre est à l'origine d'une nouvelle manière de philosopher : la phénoménologie. Cette méthode d'analyse met l'accent sur la manière dont les objets — qu'ils soient perçus, imaginés ou pensés — se donnent à la conscience. En posant que « toute conscience est conscience de quelque chose », Husserl fait de « l'intentionnalité » la caractéristique de la vie psychique. *Idées directrices pour une phénoménologie pure et une philosophie phénoménologique ; Logique formelle et Logique transcendantale.*

***hussite** **n. m. (du n. de Jan Hus) hist. relig.** Chrétien de Bohême partisan de Jan Hus, réformateur brûlé comme hérétique (XVe siècle).

Huston **(John)** Cinéaste américain (1906-1987). Son œuvre, parfois considérée comme pessimiste, célèbre la grandeur de l'homme, dans sa lutte contre des forces qui le dépassent. *Le Faucon maltais ; Key Largo ; La Charge victorieuse ; The African Queen ; Les Désaxés ; Gens de Dublin.*

Huston **(Nancy)** Romancière et essayiste canadienne (albertaine), d'expression anglaise et française (née en 1953). Elle développe dans son œuvre les thèmes de la filiation, de l'exil et de la musique. *Instruments des ténèbres ; L'Empreinte de l'ange ; Lignes de faille.*

Hutchinson **(sir Jonathan)** Chirurgien britannique (1828-1913). Il donna la description du syndrome de la syphilis congénitale ou *triade de Hutchinson.*

***hutte** **n. f. (ancien allemand *hutta*)** Abri rudimentaire fait de bois, de terre, de paille... → **cabane, cahute, case.**

Hutte traditionnelle en Tanzanie.

Hutton **(James)** Chimiste et géologue britannique (1726-1797). Il fut le premier à introduire en géologie la notion d'évolution dans le temps.

Hutus **n. m. pl.** Peuple vivant essentiellement au Rwanda et au Burundi. La domination politique des Tutsis depuis l'indépendance du Rwanda entraîna une hostilité entre les deux communautés puis un génocide qui fit plusieurs centaines de milliers de victimes parmi les Tutsis et les Hutus modérés en 1994.

Huxley **(sir Julian Sorell)** Biologiste britannique (1887-1975). Ses travaux portèrent sur la théorie de l'évolution et la génétique. Il fut le premier directeur de l'Unesco (1946-1948).

Huxley **(Aldous)** Poète, journaliste et romancier britannique (1894-1963). Dans ses romans, il exprime avec ironie sa vision critique du monde moderne, caractérisé selon lui par la mise en danger de l'humanisme et de la culture par ceux-là mêmes qui devraient les défendre. *Antic Hay ; Contrepoint ; Le Meilleur des mondes.*

Huy Ville de Belgique (province de Liège), sur la Meuse. 21 238 habitants. Collégiale du XIe s. Église des XIIIe-XVIe s. Artisanat de l'étain.

Hu Yaobang ou **Hou Yao-pang** Homme politique chinois (1915-1989). Il dirigea le Parti communiste de 1981 à 1987.

Huygens **(Christiaan)** Physicien, mathématicien et astronome néerlandais (1629-1695). Il est l'auteur du premier exposé complet de calcul des probabilités et du premier grand traité de dynamique. Il a aussi formulé une théorie de la propagation de la lumière.

Huyghe **(René)** Historien d'art français (1906-1997). Conservateur au musée du Louvre, il est l'auteur de nombreux ouvrages. *Cézanne ; Dialogue avec le visible ; Les Puissances de l'image.* Académie française.

Huyghe **(Pierre)** Plasticien français (né en 1962). Son œuvre, notamment en tant que vidéaste, interroge les rapports entre le réel et la fiction.

Huysmans **(Georges Charles, dit Joris-Karl)** Écrivain français (1848-1907). D'abord proche de la mouvance naturaliste *(En ménage ; À vau-l'eau)*, il affirma ensuite un esthétisme « décadent » *(À rebours)*, avant de se tourner vers un nouveau réalisme teinté de spiritualité *(Là-bas ; L'Oblat ; La Cathédrale).*

Huysmans **(Camille)** Homme d'État belge (1871-1968). Secrétaire de l'Internationale socialiste (1905-1922), il organisa en 1917 le congrès de la paix de Stockholm. Il dirigea un gouvernement socialiste (1946-1947).

Hvar Île de l'archipel dalmate (Croatie). 296 km^2. 11 000 habitants. Tourisme.

Hwang **Chini** ou **Hwang** **Jin-i** Courtisane et poète coréenne (v. 1506-1544). Ses poésies de style Sijo la font considérer comme la plus grande poète de Corée.

hyacinthe **n. f. (du latin, du grec → jacinthe)** **1.** vieux Jacinthe. **2.** Pierre fine, variété de zircon jaune rougeâtre.

hyalin, ine **adj. (du bas latin, du grec, de *hualos* « cristal »)** Qui a la transparence du verre. *Quartz hyalin* : cristal* de roche.

hyalite **n. f. (du radical de *hyalin*)** **1.** minér. Variété transparente d'opale. **2.** méd. Inflammation du corps vitré de l'œil.

hyaloïde **adj. (du bas latin, du grec, de *hualos* « verre » et *eidos* → -oïde) anat.** Qui ressemble à du verre. *Membrane hyaloïde,* qui entoure le corps vitré de l'œil.

hyaluronique **adj. (de *hyal-*, du grec *hualos* « verre », et de *uronique*)** *Acide hyaluronique* : polysaccharide présent dans le tissu conjonctif, le liquide synovial, le vitré.

hybridation **n. f.** biol. Croisement entre deux variétés d'une même espèce, entre deux espèces.

hybride **adj. et n. m. (latin *ibrida* « bâtard », *hybrida* d'après le grec *hubris* « excès »)** **1.** biol. Qui provient du croisement de variétés ou d'espèces différentes. *Maïs hybride. Animal hybride.* – **n. m.** *Le mulet est un hybride.* **2.** ling. *Mot hybride,* formé d'éléments empruntés à des langues différentes (ex. *hypertension* : *hyper* vient du grec, *tension* du latin). **3.** Composé de deux ou plusieurs éléments de nature, genre, style... différents. *Le centaure, créature hybride. Œuvre hybride.* → **composite, transgenre.** **4.** techn. *Moteur hybride,* pouvant fonctionner avec des sources d'énergie différentes (ex. l'essence et l'électricité). – par ext. *Voiture hybride.*

hybrider **v. tr. < 1 >** biol. Pratiquer l'hybridation de. → **croiser.** – pronom. *Plante qui s'hybride,* fécondée naturellement par un pollen d'une autre espèce ou variété.

hybridisme **n. m.** biol. État caractérisant les hybrides.

hybridité **n. f.** biol. Caractère d'hybride.

hybridome **n. m. (de *hybride* et *-ome*)** biol. Formation cellulaire hybride, constituée par la fusion de cellules vivantes de provenances différentes, et, spécialt, d'une cellule tumorale et d'une cellule normale, permettant d'obtenir des anticorps monoclonaux.

hydarthrose **n. f. (grec *hudôr* « eau » et *arthron* « articulation »)** méd. Épanchement d'un liquide séreux dans une cavité articulaire. *Hydarthrose du genou* : épanchement de synovie.

hydatide **n. f. (du grec, de *hudôr* « eau »)** Forme larvaire de l'échinocoque.

hydatique **adj.** méd. Relatif aux hydatides. *Kyste hydatique,* dans le foie, le poumon. → **échinococcose.**

Hyde Park Parc de Londres, dans le West End.

Hyderabad Ville d'Inde, capitale de l'Andhra Pradesh et du Telangana. 7 677 000 habitants. Centre industriel. Ancienne capitale de l'État d'Hyderabad, le plus puissant des États musulmans de l'Inde du Sud.

Hyderabad Ville du Pakistan, sur l'Indus. 1 732 600 habitants. Industrie (chimie, textile).

hydne **n. m. (du latin sc., du grec *hudnon* « tubercule, truffe »)** bot. Champignon basidiomycète, charnu ou coriace, présentant des aiguillons sous le chapeau. → **pied-de-mouton.**

Hydra Île grecque de la mer Égée, face à l'Argolide. 50 km^2. 2 354 habitants.

hydracide **n. m.** chim. Acide ne renfermant pas d'oxygène mais de l'hydrogène et des éléments non métalliques.

hydraire **n. m. (de *hydre*)** zool. Cnidaire qui passe par les phases de polype vivant en colonie, puis de méduse libre.

hydramnios [idʀamnjɔs] **n. m. (→ amnios)** pathol. Excès de liquide amniotique pendant la grossesse.

hydrant **n. m.** ou **hydrante** **n. f. (mot allemand)** régional Borne d'incendie.

hydrargyrisme **n. m. (de *hydrargyre*, ancien n. du mercure, du latin, pris au grec, de *hudôr* « eau » et *arguros* « argent »)** méd.

H

intoxication par le mercure ou ses composés.

hydratable adj. sc. Susceptible d'être hydraté.

hydratant, ante adj. Qui fixe l'eau, permet l'hydratation. *Crème hydratante,* qui hydrate la peau.

hydratation n. f. **1.** chim. Transformation (d'un corps) en hydrate. **2.** Apport d'eau dans l'organisme.

hydrate n. m. (grec *hudôr* « eau » → [1]hydr[o]-) **1.** Composé contenant une ou plusieurs molécules d'eau. **2.** vieilli *Hydrate de carbone :* glucide.

hydrater v. tr. < 1 > **I. 1.** chim. Combiner avec de l'eau. **2.** Introduire de l'eau dans (les tissus, l'organisme). **II. v. pron.** fam. *S'hydrater :* boire, assimiler de l'eau.

hydraulicien, ienne n. Spécialiste de l'hydraulique.

hydraulique (du latin, du grec, de *hudraulis* « orgue à eau », de *aulos* « tuyau, flûte » et → [1]hydr[o]-) **I.** adj. **1.** Mû par l'eau ; qui utilise l'énergie de l'eau. *Moteur hydraulique. Usine hydraulique.* **2.** *Énergie, électricité hydraulique,* fournie par les cours et les chutes d'eau (→ houille blanche), les marées. → hydroélectricité. **3.** Relatif à la circulation, la distribution de l'eau. *Installation hydraulique.* **4.** Qui durcit sous l'eau. *Chaux hydraulique.* **II.** n. f. Science, technique des liquides en mouvement.

hydravion n. m. Avion spécialement conçu pour décoller et se poser à la surface de l'eau.

hydrazine n. f. (de *hydr[o]-* et *azote*) chim. Base liquide corrosive formée d'hydrogène et d'azote, utilisée comme combustible dans les fusées. → ergol.

hydre n. f. (du latin, grec *hudra,* de *hudôr* « eau » → [1]hydr[o]-) **1.** mythol. Animal fabuleux, serpent ou dragon à plusieurs têtes. ■ fig. Mal qui se renouvelle en dépit des efforts faits pour l'éradiquer. *L'hydre du racisme.* **2.** zool. Polype (hydraire) solitaire de petite taille portant une couronne de tentacules filiformes autour de la bouche.

Hydre de Lerne n. f. Monstre de la mythologie grecque. Représentée comme un serpent à plusieurs têtes, elle est tuée par Héraclès.

hydrémie n. f. (→ -émie) méd. Quantité d'eau contenue dans le sang. – pathol. Excès d'eau dans le sang. - syn. hydrohémie.

hydrie n. f. (du grec *hudria,* de *hudôr* → [1]hydr[o]-) archéol. Vase grec à trois anses.

hydrique adj. (→ [1]hydr[o]-) didact. Qui a rapport à l'eau ; qui se fait par l'eau. – méd. *Diète hydrique,* dans laquelle seule l'eau est permise.

[1]hydr(o)-, -hydre Éléments (du grec *hudôr*) signifiant « eau ».

[2]hydr(o)- Élément (de *[1]hydr[o]*) signifiant « hydrogène ».

hydroalcoolique adj. chim. (liquide) Qui contient de l'eau, de l'alcool et un agent antibactérien. *Solution hydroalcoolique,* à effet antiseptique cutané, utilisée pour l'hygiène des mains. *Gel hydroalcoolique.*

hydrobase n. f. techn. Plan d'eau aménagé pour recevoir les hydravions.

hydrocarbonate n. m. chim. Carbonate hydraté.

hydrocarboné, ée adj. chim. Formé de carbone et d'hydrogène.

hydrocarbure n. m. Composé contenant seulement du carbone et de l'hydrogène. *Le pétrole, l'essence sont des hydrocarbures.*

hydrocèle n. f. (du latin, du grec *hudrokêlê* → -cèle) pathol. Épanchement de sérosité dans les bourses.

hydrocéphale adj. et n. (du grec → -céphale) Qui est atteint d'hydrocéphalie. – n. *Un, une hydrocéphale.*

hydrocéphalie n. f. pathol. Accumulation de liquide céphalorachidien dans les ventricules cérébraux.

hydrocortisone n. f. biochim. Hormone corticosurrénale prescrite principalement comme anti-inflammatoire. → cortisol.

hydrocotyle n. f. (grec *kotulê* « écuelle ») bot. Plante vivace (ombellifère) qui croît dans les milieux humides, appelée *écuelle d'eau* à cause de la forme de ses feuilles.

hydrocraquage n. m. (anglais *hydrocracking* → cracking) techn. Procédé de raffinage du pétrole par craquage en présence d'hydrogène.

hydrocution n. f. (de *[1]hydr[o]-* et *[électro]cution*) Syncope due au contact trop brutal du corps avec l'eau froide, et pouvant entraîner la mort par noyade.

hydrodynamique **1.** n. f. Étude des fluides en mouvement. **2.** adj. Relatif aux mouvements des fluides. – spécialt Conçu pour minimiser la résistance de l'eau (cf. aérodynamique).

hydroélectricité n. f. Électricité produite par l'énergie hydraulique.

hydroélectrique adj. Relatif à la production d'électricité par l'énergie hydraulique. *Usine hydroélectrique.*

hydrofoil [idʀofɔjl] n. m. (mot anglais) anglic. Hydroptère.

hydrofuge adj. (→ -fuge) didact. Qui préserve de l'eau, de l'humidité.

hydrofuger v. tr. < 3 > techn. Rendre hydrofuge. → imperméabiliser.

hydrogène n. m. (mot adopté par Lavoisier ; de *[1]hydr[o]-* et *-gène,* proprt « qui produit de l'eau ») Corps simple le plus léger (symb. H, n° at. 1, masse at. 1,008), gaz inflammable, incolore et inodore. *L'atome d'hydrogène est formé d'un proton et d'un électron.* – *Hydrogène lourd,* isotope de l'hydrogène. – *Bombe à hydrogène* ou *bombe H.* → thermonucléaire.

▶ Premier élément de la classification périodique de Mendeleiev, composé d'un proton et d'un électron, l'**hydrogène** est l'espèce chimique la plus abondante de l'Univers. Sous forme de *deutérium,* il est impliqué dans les réactions de fusion thermonucléaire des étoiles qui, maîtrisées par l'homme, ont conduit à la fabrication de bombes H.
Dans l'eau et les composés organiques, il est le médiateur de la *liaison hydrogène* qui joue un rôle déterminant dans les propriétés de l'eau, des protéines ou de l'ADN. Lorsqu'il perd un électron, il se réduit à un simple proton (H^+), responsable de l'acidité des solutions aqueuses et dont la concentration est mesurée grâce au *potentiel hydrogène* ou pH.
Le terme hydrogène (en grec : qui engendre l'eau) fut d'abord utilisé par Lavoisier pour désigner le gaz dihydrogène (H_2), identifié en 1766 par H. Cavendish qui l'avait nommé « air inflammable ». Sous cette forme, il peut être un vecteur d'énergie grâce à la *pile à combustible* et au moteur à hydrogène, tous deux basés sur son oxydation en eau. Il constitue pour cette raison un carburant plus propre que les dérivés du pétrole. Mais sa production nécessite soit l'utilisation d'hydrocarbures (qui produit du CO_2), soit de larges quantités d'électricité dans des installations électrolytiques. Le recours aux bactéries reste encore d'ordre prospectif, et pourrait faire du dihydrogène une énergie réellement renouvelable, en dépit du problème majeur que constituent son transport et son stockage. Le développement des nanotechnologies laisse toutefois entrevoir la possibilité de le piéger dans des nanotubes de carbone.
voir aussi atome, carbone, élément, fusion, oxygène, pH

hydrogéner v. tr. < 6 > Combiner avec de l'hydrogène. □ adj. **hydrogéné, ée** □ n. f. **hydrogénation**

hydrogéologie n. f. didact. Partie de la géologie traitant de la circulation, de la recherche et du captage des eaux souterraines. □ adj. **hydrogéologique** □ n. **hydrogéologue**

hydroglisseur n. m. Bateau à fond plat mû par une hélice aérienne ou un moteur à réaction. → aéroglisseur ; anglic. hovercraft.

hydrographe n. didact. Spécialiste de l'hydrographie.

hydrographie n. f. didact. **1.** Partie de la géographie physique qui traite des océans (→ océanographie), des mers, des lacs et des cours d'eau. **2.** Topographie maritime. **3.** Ensemble des cours d'eau et des lacs d'une région. □ adj. **hydrographique**

hydrohémie voir hydrémie

hydrolase n. f. (d'après *hydrolyse ;* → -ase) biochim. Enzyme qui active des hydrolyses (ex. la pepsine).

hydrolat n. m. (d'après *alcoolat*) pharm. Eau chargée, par distillation, de principes végétaux volatils.

hydrologie n. f. didact. Étude des eaux, de leurs propriétés. □ adj. **hydrologique**

hydrologue n. didact. Géophysicien(ne) spécialiste de l'hydrologie.

hydrolysable adj. chim. Qui peut être décomposé par hydrolyse.

hydrolyse n. f. (→ -lyse) chim. Décomposition chimique d'un corps par fixation d'eau.

hydrolyser v. tr. < 1 > chim. Décomposer par hydrolyse.

hydromassage n. m. Massage pratiqué au moyen d'un jet d'eau sous pression.

hydromécanique adj. didact. Mû par l'eau. → hydraulique.

hydromel n. m. (du latin, du grec, de *hudôr* « eau » et *meli* → miel) Boisson faite d'eau et de miel, souvent fermentée. → chouchen.

hydrométéore n. m. météorol. Météore* aqueux (nuages, brouillard, pluie, neige, grêle, rosée, givre, verglas, etc.).

[1]hydromètre n. m. phys. Instrument qui sert à mesurer la densité, la pression des liquides.

[2]hydromètre n. f. zool. Insecte qui court rapidement à la surface de l'eau, appelé communément *araignée d'eau.*

hydrométrie n. f. phys. Science qui étudie les propriétés physiques des liquides, et, spécialt, de l'eau. □ adj. **hydrométrique**

hydrominéral, ale, aux adj. Relatif aux eaux minérales. → thermal.

hydronéphrose n. f. (→ néphr[o]- et [2]-ose) méd. Distension des cavités excrétrices du rein par accumulation d'urine, en cas d'obstruction des uretères.

hydronymie n. f. (d'après *toponymie*) didact. Étude toponymique des noms de cours d'eau et d'étendues d'eau. □ adj. **hydronymique**

hydropathe adj. (→ -pathe) **1.** vieux Qui soigne par l'eau. **2.** hist. littér. *Les Hydropathes :* groupe littéraire de la fin du XIXe siècle, qui comptait parmi ses membres Charles Cros, Alphonse Allais...

[1]hydrophile n. m. (→ -phile) Insecte coléoptère noir verdâtre, qui vit dans les eaux stagnantes.

[2]hydrophile adj. (→ [1]hydrophile) (choses) Qui absorbe l'eau, les liquides. *Coton hydrophile.*

hydrophobe (du latin, emprunt au grec → -phobe) didact. **1.** adj. et n. Qui a une peur morbide de l'eau. **2.** adj. chim. Que l'eau ne mouille pas (opposé à *hydrophile*).

hydrophobie n. f. (du latin, emprunt au grec → phobie) didact. Peur morbide de l'eau.

hydrophone n. m. (→ -phone) techn. Détecteur d'ondes acoustiques dans l'eau.

hydropique adj. et n. (du latin, du grec → hydropisie) méd. Atteint d'hydropisie.

hydropisie n. f. (du latin, du grec *hudrôps, hudrôpos* « épanchement », de *hudôr* → [1]hydr[o]-) pathol. **1.** vieux Épanchement de sérosité dans une partie du corps (spécialt l'abdomen). **2.** mod. Cet épanchement, entraînant des œdèmes généralisés. → anasarque.

hydropneumatique adj. techn. Qui fonctionne à l'aide d'eau et d'un gaz comprimé. *Suspension hydropneumatique d'une automobile.*

hydroponique adj. (de [1]*hydr[o]-* et du latin *ponere* « poser », d'après l'anglais) techn. *Culture hydroponique* (ou *hydroponie* n. f.) : culture de plantes sans le support d'un sol, à l'aide de solutions nutritives renouvelées (→ aussi **aquaculture**).

hydroptère n. m. (→ -ptère) Navire rapide dont la coque, munie d'ailes portantes, se soulève hors de l'eau à grande vitesse. - recomm. offic. pour **hydrofoil**.

hydropulseur n. m. (de [1]*hydr[o]-* et *pulseur*, de l'anglais *to pulse*) Appareil d'hygiène buccodentaire qui projette un jet d'eau sous pression.

hydroquinone n. f. chim. Diphénol utilisé comme révélateur photographique.

hydrosilicate n. m. chim. Silicate hydraté.

hydrosoluble adj. sc. Soluble dans l'eau.

hydrosphère n. f. géogr. L'élément liquide de la Terre (eau liquide, glaces et neiges, vapeur d'eau).

hydrostatique sc. **1.** n. f. Étude des fluides au repos. **2.** adj. Relatif à l'hydrostatique. – *Niveau hydrostatique :* surface de la nappe phréatique.

hydrothérapie n. f. méd. Emploi thérapeutique de l'eau (bains, douches, etc.). → **balnéothérapie, thalassothérapie.** □ adj. **hydrothérapique**

hydrothermal, ale, aux adj. didact. Qui se rapporte aux eaux thermales ; qui résulte de l'action des eaux thermales. *Source hydrothermale.*

hydrothorax [idʀotɔʀaks] n. m. pathol. Épanchement de liquide clair, non inflammatoire, dans la plèvre.

hydrotimétrie n. f. (grec *hydrotês* « qualité d'un liquide ») techn. Détermination de la dureté d'une eau par dosage de ses sels de calcium et de magnésium, à l'aide d'un *hydrotimètre.*

hydroxyde n. m. chim. Composé formé par l'union d'un métal avec un ou plusieurs hydroxyles. → **base.** *La soude, la potasse sont des hydroxydes.*

hydroxylamine n. f. (de *hydroxyle* et *amine*) chim. Base dérivée de l'ammoniac (NH_2OH).

hydroxyle n. m. (→ oxy- et -yle) chim. Radical monovalent –OH, qui figure dans l'eau, les hydroxydes, les alcools. – *Ion hydroxyle :* groupement OH chargé négativement.

hydrozoaire n. m. (→ -zoaire) zool. Cnidaire présentant une forme polype et une forme méduse (la classe des *Hydrozoaires*).

hydroptère

L'hydroptère d'Alain Thébault, qui a remporté deux records mondiaux de vitesse en 2007.

hydrure n. m. chim. **1.** Composé que forme l'hydrogène avec un corps simple ou composé. **2.** Composé binaire d'un métal avec l'hydrogène.

(*)hyène n. f. (du latin, du grec *huaina*, de *hus, huos* « porc ») Mammifère carnassier d'Afrique et d'Asie, se nourrissant surtout de charognes. *L'hyène* ou *la hyène.*

Hyères Commune du Var, à l'E. de Toulon. 54 615 habitants. Vestiges d'un château et d'une enceinte fortifiée. Jardin botanique. Musée.

Hyères (îles d') Petit archipel de la Méditerranée (Var), formé de Porquerolles, Port-Cros et de l'île du Levant. Réserve naturelle. Tourisme.

***hygge** [ygə] (mot danois d'origine norvégienne) n. m. Art de vivre à la danoise, valorisant ce qui procure bien-être et réconfort, les plaisirs simples du quotidien. ■ adj. invar. *Des ambiances hygge.*

hygiaphone n. m. (n. déposé, du grec *hugiês* « sain » → **hygiène** et -phone) Dispositif (plaque transparente perforée) dont on équipe les guichets pour éviter toute contamination.

hygiène n. f. (grec *hugieinon* « santé ») Ensemble des principes et des pratiques tendant à préserver, à améliorer la santé. *Précautions d'hygiène. Hygiène alimentaire.* ■ *Hygiène publique :* ensemble des moyens mis en œuvre par l'État pour sauvegarder la santé publique. ■ spécialt Ensemble des soins visant à la propreté du corps. *Hygiène corporelle, dentaire.*

hygiénique adj. **1.** Qui a rapport à l'hygiène, à la propreté, spécialt des parties intimes du corps. *Papier hygiénique.* – *Serviette, tampon hygiénique,* utilisés pendant les règles. → **périodique. 2.** Bon pour la santé. → **sain.** *Une promenade hygiénique.* □ adv. **hygiéniquement**

hygiéniste n. Médecin spécialiste des questions d'hygiène.

hygro- Préfixe (du grec *hugros*) qui signifie « humide ».

hygroma n. m. (du grec *hugros* « humide » et de *-ome*) méd. Inflammation des poches membraneuses des articulations.

hygromètre n. m. Instrument de précision pour mesurer le degré d'humidité de l'air.

hygrométrie n. f. Mesure du degré d'humidité de l'atmosphère ; cette humidité. □ adj. **hygrométrique**

hygrophile adj. (→ -phile) biol. Qui a une préférence pour les lieux humides.

hygrophobe adj. (→ -phobe) biol. Qui fuit l'humidité, qui ne peut s'adapter à un habitat humide.

hygroscope n. m. (→ -scope) phys. Hygromètre d'absorption indiquant approximativement le degré d'humidité de l'air.

hygroscopie n. f. phys. Hygrométrie.

hygroscopique adj. phys. **1.** Qui a rapport à l'hygroscope ou à l'hygroscopie. **2.** Qui absorbe l'humidité de l'air.

hygrostat n. m. (→ -stat) techn. Dispositif servant à maintenir dans un local un degré d'humidité constant. → **humidificateur.**

Hyksos n. m. pl. Envahisseurs venus d'Asie, qui dominèrent l'Égypte de –1785 à –1580. Ils fondèrent un royaume dans le N. du pays et furent chassés par Amosis, fondateur de la XVIIIe dynastie.

Hyksos, homme agenouillé, art égyptien (XVe dynastie), musée d'Égyptologie, Turin.

hyl(é)-, hyl(o)- Éléments (du grec *hulê*) qui signifient « bois ; matière ». → **-yle.**

hylozoïsme n. m. (de *hylo-* et du grec *zôê* « vie ») philos. Doctrine attribuant au monde, à la matière, une vie propre.

[1]hymen [imɛn] n. m. (du latin, n. du dieu du Mariage, p.-ê. du grec *humen* → [2]**hymen**) littér. et vieux Mariage. *Les liens de l'hymen.*

[2]hymen [imɛn] n. m. (du bas latin, du grec *humen* « membrane ») anat. Membrane qui obstrue partiellement l'orifice vaginal, présente chez les filles à la naissance.

hyménée n. m. (latin *hymenaeus* « chant nuptial » → [1]**hymen**) vieux Hymen, noces.

Hyménée Divinité grecque qui préside au Mariage.

hyménium n. m. (du grec « petite membrane », de *humen* → [2]**hymen**) bot. Chez certains champignons, Assise de cellules reproductrices.

hyménoptère n. m. (grec *humenopteros* → [2]**hymen** et -ptère) Insecte caractérisé par quatre ailes membraneuses transparentes (l'ordre des *Hyménoptères,* ex. les abeilles).

Hymette (mont) Montagne de Grèce (Attique), au S.-E. d'Athènes. 1 026 m. Vestiges d'un temple de Zeus et d'un autel.

hymne (du latin, du grec *humnos*) **1.** n. m. ou f. dans la tradition chrét. Chant à la louange de Dieu. → **cantique, psaume. 2.** n. m. Chant, poème lyrique exprimant la joie, l'enthousiasme, célébrant une personne, une chose. *Un hymne à la nature.* – Chant solennel en l'honneur de la patrie, de ses défenseurs. *« La Marseillaise », hymne national français.*

hyoïde adj. (grec *huoeidês* « en forme de u » → -oïde) anat. *Os hyoïde :* os en forme de fer à cheval situé à la partie antérieure du cou, au-dessus du larynx.

hypallage n. f. (du latin, du grec, de *hupo* → **hypo-** et *allattein*, de *allos* « autre ») rhét. Figure de style qui consiste à attribuer à certains mots d'une phrase ce qui convient à d'autres mots de la même phrase (ex. *rendre qqn à la vie* pour *rendre la vie à qqn*).

Hypatie Philosophe et mathématicienne grecque (370-415). Elle ouvrit une école néoplatonicienne à Alexandrie, où elle commentait Platon, Aristote ou Ptolémée. Elle mourut lapidée par la foule que des moines chrétiens avaient excitée contre elle.

***hype** [ajp] (mot anglais « battage publicitaire ») anglic., fam. **1.** adj. Qui est à la pointe de la mode, à l'avant-garde. *Une marque hype. Des boutiques hypes* ou *hype* (invar.). **2.** n. f. La dernière mode ; les personnes à la mode, qui lancent les modes. *Le top de la hype.*

hyper- [ipɛʀ] **1.** Élément (du grec *huper* « au-dessus, au-delà ») qui exprime l'excès, le plus haut degré (ex. *hyperactif, ive ; hyperactivité ; hypersécrétion*). → **super-** ; - contr. **hypo-**. **2.** Préfixe familier. → **super-**. *C'était hyperchouette, hyperbeau.*

hyper n. m. voir **hypermarché**

hyperacousie n. f. (de *hyper-* et du grec *akousis* « action d'entendre ») méd. Exagération, avec parfois sensation de gêne ou douleur, de l'acuité auditive. - contr. **hypoacousie.**

hyperactif, ive adj. et n. (→ [1]actif) Qui est en état de constante activité, déploie une activité supérieure à la normale. *Enfant hyperactif.* – n. *Un hyperactif, une hyperactive.* ▫ n. f. **hyperactivité**

hyperappel n. m. inform. Système permettant d'appeler un logiciel à partir d'un autre, par simple sélection d'un objet à l'écran et l'activation d'une touche ou d'un bouton.

hyperbare adj. (de *hyper-* et *-bare*) techn. Se dit d'une enceinte dans laquelle la pression est supérieure à la pression atmosphérique. *Caisson hyperbare.*

hyperbate n. f. (latin *hyperbaton*, du grec, de *huper* → **hyper-** et *banein* « marcher ») rhét. Figure de style qui consiste à intervertir l'ordre naturel des mots (→ **inversion**) ou à disjoindre deux termes habituellement réunis.

hyperbole n. f. (du latin, grec *huperbolê*, de *huper* → **hyper-** et *ballein* « lancer, jeter » → **bal**) **I.** Figure de style qui consiste à exagérer l'expression pour mettre en relief une idée (ex. « un nain » pour « un homme petit »). → **emphase, exagération. II.** math. Courbe géométrique plane ouverte formée des points d'un plan dont la différence des distances à deux points fixes de ce plan (foyers) est constante.

hyperbolique adj. (du latin, du grec *huperbolê* → **hyperbole**) **I.** Caractérisé par l'hyperbole (I). *Louanges hyperboliques.* → **exagéré. II.** math. Relatif à l'hyperbole (II). *Courbe hyperbolique.* – *Fonctions hyperboliques* : fonctions définies à partir de la fonction exponentielle*.

hyperboloïde adj. et n. m. (de *hyperbole* et *-oïde*) didact. **1.** rare En forme d'hyperbole. **2.** n. m. math. Surface associée à une équation du second degré, admettant un centre de symétrie et dont les sections planes sont des hyperboles. *Hyperboloïde de révolution,* engendrée par une hyperbole tournant autour d'un de ses axes.

hyperboréen, enne adj. (du latin, du grec, de *huper* → **hyper-** et *Boreas* « vent du Nord ; Nord » → **boréal**) didact. ou littér. De l'extrême Nord. → **arctique.**

hypercalcémie n. f. méd. Augmentation anormale du taux de calcium dans le sang. - contr. **hypocalcémie.**

hyperchlorhydrie [ipɛʀklɔʀidʀi] n. f. (de *hyper-* et radical de *chlorhydrique*) méd. Excès d'acide chlorhydrique dans le suc gastrique. - contr. **hypochlorhydrie.**

hypercholestérolémie [ipɛʀkɔlɛsteʀɔlemi] n. f. (de *hyper-*, *cholestérol* et *-émie*) méd. Élévation anormale de la teneur en cholestérol du sang. ▫ adj. et n. **hypercholestérolémique**

hypercorrection n. f. ling. Reconstruction fautive d'une forme linguistique produisant une forme supposée correcte. – par ext. Le fait de produire des formes linguistiques anormales ou fautives par souci de manifester une maîtrise du discours signalant un statut social valorisé.

hyperdulie n. f. (du latin ecclés., de *hyper-* et *dulia* → **dulie**) relig. Culte rendu à la Vierge Marie, supérieur au culte de dulie, rendu aux saints.

hyperémie n. f. (de *hyper-* et *-émie*) méd. Congestion locale due à une cause physique ou chimique.

hyperémotif, ive adj. et n. Exagérément émotif. → **hypersensible.** – n. *Un hyperémotif, une hyperémotive.* ▫ n. f. **hyperémotivité**

hyperesthésie n. f. (latin *hyperaesthesies*, de *hyper-* et *aisthêsis* « sensibilité ») méd. Sensibilité exagérée, pathologique. *Hyperesthésie du toucher.* – fig. *Hyperesthésie morale, affective.*

hyperfocal, ale, aux adj. et n. f. (de *hyper-* et *focal*) photogr. *Distance hyperfocale* : la plus petite distance à laquelle un appareil photographique mis au point sur l'infini donne l'image nette d'un objet. – n. f. *Une hyperfocale.*

hyperfréquence n. f. électron. Fréquence radioélectrique très élevée (supérieure à 1 000 mégahertz).

hyperglycémie n. f. méd. Excès de glucose dans le sang (→ **diabète**). ▫ adj. **hyperglycémiant, ante**

hypergol n. m. (de *hyper-* et *[prop]ergol*) Propergol dont les ergols réagissent spontanément entre eux.

Hypéride Orateur athénien (389-322 av. J.-C.). Proche de Démosthène, il fut mis à mort après l'échec du soulèvement contre Antipatros.

Hypérion L'un des Titans de la mythologie grecque.

hyperkaliémie n. f. (de *hyper-*, *kalium*, ancienne désignation du potassium, et *-émie*) méd. Augmentation anormale du taux de potassium dans le sang.

hyperleucocytose n. f. méd. Augmentation anormale du nombre de globules blancs.

hyperlien n. m. inform. Lien hypertexte*.

hyperlipémie n. f. (de *lipémie*, var. de *lipidémie* → **lipidémie**) méd. Excès de lipides dans le sang. - syn. **hyperlipidémie.**

hypermarché n. m. Magasin à libre service dont la surface de vente est supérieure à 2 500 m^2. - abrév. fam. **hyper.**

hypermédia n. m. et adj. (anglais *hypermedia*, de *hyper[text]* → **hypertexte** et *media* → **média**) inform. Ensemble de liaisons hypertextes appliquées à des données multimédias (textes, sons, images). → **multimédia.** – adj. *Des liens hypermédias.*

hypermétrope adj. et n. (du grec *hypermetros* « qui passe la mesure », et *-ôpos* « qui voit ») Atteint d'hypermétropie ; qui ne distingue pas avec netteté les objets rapprochés (opposé à *myope*). → **presbyte.**

hypermétropie n. f. Défaut de l'œil qui fait que l'image se forme en arrière de la rétine (opposé à *myopie*).

hypermnésie n. f. (de *hyper-* + *-mnésie*) didact. Fonctionnement incontrôlé et anormalement intense de la mémoire. ▫ adj. **hypermnésique**

hypernerveux, euse adj. et n. Qui est d'une nervosité excessive, pathologique.

hypéron n. m. (de *hyper-* et *[électr]on*) phys. nucléaire Baryon de masse supérieure à celle du nucléon, à durée de vie très courte.

hyperonyme n. m. (de *hyper-* + *-onyme*) ling. Mot dont le sens inclut celui d'autres mots plus spécifiques (s'oppose à *hyponyme*). → **générique.** « *Insecte* » *est l'hyperonyme de* « *puce* », « *mouche* », « *pou* »... ▫ n. f. **hyperonymie**

hyperplan n. m. (→ [2]plan) math. Équivalent, pour un espace vectoriel, de ce qu'est le plan pour l'espace usuel de dimension 3.

hyperplasie n. f. (de *hyper-* + *-plasie*) pathol. Développement anormal d'un tissu, d'un organe, par multiplication de ses cellules (s'oppose à *aplasie, hypoplasie*). → **hypertrophie.** ▫ adj. **hyperplasique**

hyperpuissance n. f. (→ **puissance**) État dont la puissance est sans égale à l'échelle mondiale.

hyperréalisme n. m. Courant artistique (peinture, sculpture) né aux États-Unis à la fin des années 1960, caractérisé par un rendu minutieux de la réalité inspiré d'images photographiques. ▫ adj. et n. **hyperréaliste**

hypersécrétion n. f. physiol. Sécrétion excessive d'une glande.

hypersensibilité n. f. Sensibilité extrême, exagérée. ■ méd. Sensibilité excessive à un facteur ou à un agent extérieur (ex. l'allergie).

hypersensible adj. et n. **1.** Qui est d'une sensibilité extrême. → **hyperémotif. 2.** (instrument) Très sensible.

hypersomnie n. f. (de *hyper-* et du latin *somnus* « sommeil ») méd. Sommeil anormalement prolongé ou survenant trop fréquemment (s'oppose à *insomnie*). → aussi **narcolepsie.** ▫ adj. et n. **hypersomniaque**

hypersonique adj. (→ **hyper-**, d'après *supersonique*) techn. *Vitesses hypersoniques,* au moins cinq fois supérieures à celle du son (mesurées en nombre de Mach). → **supersonique.** – *Engin hypersonique.*

hypersustentateur, trice adj. et n. m. aviat. Se dit d'un dispositif destiné à assurer l'hypersustentation.

hypersustentation n. f. aviat. Augmentation momentanée de la portance des ailes.

hypertélie n. f. (de l'allemand, pris au grec *hupertelês*, de *telos* « fin, terme ») biol. Développement exagéré d'un caractère morphologique, d'une structure anatomique, pouvant aller jusqu'à constituer une gêne (ex. les bois de certains cervidés).

hypertendu, ue adj. et n. Qui souffre d'hypertension artérielle.

hypertenseur, euse adj. et n. m. (de *hyper-* et *tension*) méd. Se dit de ce qui cause une hypertension. → **hypertensif.** *Médicament hypertenseur* ou n. m. *un hypertenseur.* - contr. **hypotenseur.**

hypertensif, ive adj. (de *hyper-* et *tension*) méd. Qui concerne l'hypertension. – spécialt Qui augmente la tension vasculaire. → **hypertenseur.** *Médicament hypertensif* ou n. m. *un hypertensif.* - contr. **hypotensif.**

hypertension n. f. Tension artérielle supérieure à la normale ; augmentation de la tension.

hypertexte n. m. inform. Fonction permettant d'établir des liaisons directes entre éléments (texte, image...) de documents différents. *L'hypertexte est à la base du web.* – adj. *Lien hypertexte.* → **hyperlien.**

hypertextuel, elle adj. (de *hypertexte*) inform. Relatif à l'hypertexte. ▫ n. f. **hypertextualité**

hyperthermie n. f. (de *hyper-* + *-thermie*) didact. Élévation de la température corporelle au-dessus de la normale (s'oppose à *hypothermie*). → **fièvre.** *Hyperthermie majeure* (ou coup de chaleur*).

hyperthyroïdie n. f. (→ **thyroïde**) méd. Augmentation anormale du fonctionnement de la glande thyroïde (s'oppose à *hypothyroïdie*).

hypertonie n. f. (du grec *hupertonos* « tendu à l'excès ») **1.** biochim. État d'un milieu dont la concentration moléculaire est supérieure à celle d'un milieu de référence ou au contact duquel il se trouve. *Hypertonie osmotique,* excès de tension osmotique. **2.** méd. Augmentation exagérée et permanente du tonus, de la tonicité musculaire (opposé à *atonie, hypotonie*). ▫ adj. **hypertonique**

hypertrophie n. f. (de *hyper-* et du grec *trophê*, littéralt « excès de nutrition ») **1.** physiol. Augmentation anormale de volume d'un organe avec ou sans altération anatomique (s'oppose à *atrophie, hypotrophie*). **2.** fig. Développement excessif, anormal. → **exagération.** *Hypertrophie du moi.* ◻ **adj. hypertrophique**

hypertrophier v. tr. < 7 > Produire l'hypertrophie de. – pronom. Se développer exagérément. *Organe qui s'hypertrophie.* ◻ **hypertrophié, ée adj.** *Cœur hypertrophié.*

hypervitaminose n. f. (de *hyper-*, *vitamine* et ^{2}*-ose*, d'après *avitaminose*) méd. Troubles provoqués dans l'organisme par l'apport excessif d'une vitamine (s'oppose à *hypovitaminose*).

hyphe [if] n. m. (latin *hypha*, du grec *huphê* « tissu ») bot. Filament constitutif du mycélium des champignons supérieurs et des lichens.

hypholome n. m. (latin *hypholoma*, du radical du grec *huphê* « tissu » → **hyphe** et *lôma* « frange ») bot. Champignon basidiomycète non comestible, possédant une membrane réunissant le haut du pied au bord supérieur du chapeau.

hypnagogique adj. (de *hypn-* et *-agogie*) didact. Qui précède immédiatement le sommeil. *Visions hypnagogiques.*

hypne n. f. (grec *hupnon*) bot. Mousse très commune qui pousse dans les sous-bois et sur les troncs d'arbres.

hypn(o)- Élément (du grec *hupnos*) signifiant « sommeil ».

hypnoïde adj. (allemand *hypnoid* → **hypn[o]-** et *-oïde*) psych. Qui se caractérise par le fait que, en dehors du véritable sommeil, les facultés de perception et l'activité intellectuelle sont ralenties comme dans le sommeil.

hypnose n. f. (du grec *hupnoein* « endormir » → **hypn[o]-**) **1.** État voisin du sommeil, provoqué par des manœuvres de suggestion (→ **hypnotisme, magnétisme**), ou des moyens chimiques (→ **narcose**). **2.** fig. État d'engourdissement ou d'abolition de la volonté. *L'auditoire était en état d'hypnose* (→ **sous le charme**).

hypnothérapie n. f. Hypnose employée à des fins thérapeutiques. ◻ **n. hypnothérapeute**

hypnotique adj. (du latin, du grec → **hypnose**) **1.** méd. Qui provoque le sommeil. → **narcotique, somnifère. 2.** Qui a rapport à l'hypnose, à l'hypnotisme. *Catalepsie hypnotique.* – « *La suggestion presque hypnotique d'un beau livre* » (Proust).

hypnotiser v. tr. < 1 > **1.** Endormir (qqn) par les procédés de l'hypnotisme. **2.** fig. Fasciner, absorber (qqn) au point qu'il oublie tout le reste.

hypnotiseur, euse n. Personne qui hypnotise. → **magnétiseur.**

hypnotisme n. m. (de l'anglais) **1.** Ensemble des procédés (surtout mécanismes de suggestion) mis en œuvre pour provoquer un état d'hypnose. **2.** Science qui traite des phénomènes hypnotiques.

hypo- Préfixe (du grec *hupo* « au-dessous, en deçà ») qui exprime la diminution, l'insuffisance, la situation inférieure. - contr. **hyper-.**

hypoacousie n. f. (de *hypo-* et du grec *akousis* « action d'entendre ») méd. Diminution de l'acuité auditive. - contr. **hyperacousie.**

hypoallergénique adj. (de *hypo-* et *allergène*) pharm. Dont la composition minimise les risques d'allergie. → **anallergique.**

hypocagne voir **hypokhâgne**

hypocalcémie n. f. méd. Diminution anormale, insuffisance du taux de calcium dans le sang. - contr. **hypercalcémie.**

hypocalorique adj. Qui comporte peu de calories.

hypocauste n. m. (grec *hupokauston*, de *hupo-* → **hypo-** et *kaiein* « brûler ») archéol. Fourneau souterrain pour chauffer les bains, les chambres.

hypocentre n. m. géol. Foyer réel d'un séisme, situé dans les profondeurs de la Terre (opposé à *épicentre*).

hypochloreux, euse [ipoklɔʀø, øz] adj. (de *hypo-* et *chloreux*, de *chlore*) chim. Se dit d'un acide ($HClO$) et d'un anhydride (Cl_2O) du chlore.

hypochlorhydrie [ipoklɔʀidʀi] n. f. (de *hypo-* et radical de *chlorhydrique*) méd. Diminution de la quantité d'acide chlorhydrique dans le suc gastrique. - contr. **hyperchlorhydrie.**

hypochrome [ipokʀom] adj. (de *hypo-* et *-chrome*) méd. *Anémie hypochrome*, caractérisée par une baisse de la teneur en hémoglobine des globules rouges. ◻ **n. f. hypochromie**

hypocondre n. m. (plur. latin *hypochondria*, du grec *hupo* → **hypo-** et *khondros* « cartilage des côtes ») anat. Chacune des parties latérales de la région supérieure de l'abdomen, situées sous les côtes.

hypocondriaque adj. et n. (du grec → **hypocondre**) Qui est atteint d'hypocondrie, a constamment peur d'être malade.

hypocondrie n. f. (→ **hypocondre**) Anxiété obsessionnelle (de qqn) à propos de sa santé.

hypocoristique adj. (grec « caressant » et « diminutif », famille de *korê* « jeune fille » → **korê**) ling. Qui exprime une intention affectueuse. *Diminutif hypocoristique.*

hypocras [ipɔkʀɑs] n. m. (p.-ê., d'après le n. d'*Hippocrate*, de l'ancien français *bogerastre* « boisson aromatique », du grec *hupokerastion*, ou du latin *hippocrasticum [vinum]* « [vin] hippocratique ») anciennt Vin sucré où l'on avait fait infuser de la cannelle, du girofle.

hypocrisie n. f. (latin *hypocrisis*, du grec, de *hupokrinesthai* « répondre ; mimer », idée d'imitation imparfaite [*hupo* → **hypo-**]) **1.** Fait de déguiser son véritable caractère, d'exprimer des opinions, des sentiments qu'on n'a pas. → **dissimulation, duplicité, fausseté, fourberie. 2.** Caractère de ce qui est hypocrite. **3.** Acte, manifestation hypocrite. → **comédie, mensonge, simagrée.**

hypocrite (du latin → **hypocrisie**) **I.** n. Personne qui fait preuve d'hypocrisie. → **fourbe.** *Quel hypocrite !* (→ faux **jeton**). **II.** adj. Qui se comporte avec hypocrisie. → **dissimulé,** ^{1}**faux, sournois.** « — *Hypocrite lecteur, — mon semblable, — mon frère !* » (Baudelaire). – *Un sourire hypocrite.* ◻ **adv. hypocritement**

hypocycloïde n. f. géom. Courbe plane engendrée par un point fixé sur un cercle roulant sans glisser à l'intérieur d'un cercle fixe. → aussi **cycloïde, épicycloïde.** ◻ **adj. hypocycloïdal, ale, aux**

hypoderme n. m. **I.** anat. Tissu cellulaire de la partie profonde de la peau, sous le derme. *Injection dans l'hypoderme* (→ **hypodermique**). **II.** zool. Genre d'insectes diptères dont les larves vivent sous la peau des ruminants chez lesquels ils peuvent provoquer des maladies (→ **hypodermose**).

hypodermique adj. méd. Qui concerne le tissu sous-cutané, l'hypoderme. *Piqûre hypodermique.* – *Seringue hypodermique.*

hypodermose n. f. (de *hypoderme* et ^{2}*-ose*) vétér. Affection causée aux animaux (bovins) par les larves d'hypodermes (II).

hypogastre n. m. (grec *hupogastrion* « basventre », de *gastêr* → **gastéro-**) anat. Région médiane inférieure de l'abdomen. → **basventre.** ◻ **adj. hypogastrique**

hypogé, ée adj. (latin *hypogeum*, du grec, de *hupo* → **hypo-** et *gê* « terre » → **géo-**) bot. Qui se développe sous la terre (opposé à *épigé*). *Germination hypogée.*

hypogée n. m. (latin *hypogaeus*, du grec, de *hupo* → **hypo-** et *gê* « terre » → **géo-**) didact. Construction souterraine (→ **crypte**) ; sépulture souterraine.

hypoglosse adj. (grec *hupoglôssios* « placé sous la langue ») anat. *Nerf grand hypoglosse* ou n. m. *l'hypoglosse* : nerf crânien qui se distribue aux muscles de la langue.

hypoglycémie n. f. méd. Diminution ou insuffisance du taux de glucose du sang. ◻ **adj. hypoglycémiant, ante**

hypogyne adj. (de *hypo-* et grec *gunê* « femelle » → **-gyne**) bot. Qui est inséré sous l'ovaire d'une plante.

hypoïde adj. mécan. Se dit d'un engrenage conique à denture hélicoïdale, qui permet de transmettre un mouvement selon des axes non concourants.

hypokaliémie n. f. (de *hypo-*, *kalium*, ancienne désignation du potassium, et *-émie*) méd. Diminution anormale du taux de potassium dans le sang.

hypokhâgne n. f. fam. Classe de préparation à l'École normale supérieure (lettres), précédant la khâgne. - var. **hypocagne.**

hypomanie n. f. (de l'allemand, du grec *hupo* → **hypo-** et *mania* → **-manie**) psych. Forme atténuée de manie, d'excitation maniaque, ordinairement sans délire. ◻ **adj. hypomaniaque**

hyponatrémie n. f. (de *hypo-*, *natrium*, n. scientifique du sodium, et *-émie*) méd. Diminution anormale du taux de sodium dans le sang.

hyponomeute n. m. (grec *huponomeutês* « mineur », de *huponomos* « qui creuse en dessous ») zool. Papillon qui pond ses œufs sur les branches des arbres fruitiers et dont les chenilles causent de grands dégâts. → **teigne.** - var. **yponomeute.**

hyponyme n. m. (de *hyp[o]-* + *-onyme*) ling. Mot dont le sens est inclus dans celui d'un autre plus générique (s'oppose à *hyperonyme*). « *Mouche* », « *pou* » *sont des hyponymes de* « *insecte* ». ◻ **n. f. hyponymie**

hypophosphite n. m. Sel de l'acide hypophosphoreux.

hypophosphoreux, euse adj. chim. Se dit de l'acide le moins oxygéné du phosphore (H_3PO_2).

hypophyse n. f. (grec *hupophusis* « croissance en dessous ») Glande endocrine située à la base du crâne, sous l'hypothalamus. ◻ **adj. hypophysaire**

▶ L'**hypophyse** est située à la base du crâne et rattachée au cerveau par la tige pituitaire. Elle sécrète des hormones qui se comportent comme des messages véhiculés par le sang vers des organes effecteurs.
La partie antérieure (ou « antéhypophyse ») sécrète six hormones principales : l'hormone de croissance (GH) qui agit sur les cartilages de conjugaison ; l'hormone corticotrope (ACTH) qui stimule la sécrétion du cortisol par la glande surrénale ; les deux hormones gonadotropes (FSH et LH), qui contrôlent les fonctions gonadiques ; la thyréostimuline (TSH) qui stimule la glande thyroïde et la prolactine qui intervient sur la lactation. La sécrétion de ces hormones est stimulée par des facteurs neuroendocriniens venant de l'hypothalamus, situé juste au-dessus de l'hypophyse.
La partie postérieure (ou « posthypophyse ») sécrète l'hormone antidiurétique (ou « vasopressine ») dont l'absence est responsable du diabète insipide, et l'ocytocine agissant sur la dynamique musculaire de l'accouchement. La partie intermédiaire, située entre les deux précédentes, sécrète la mélanostimuline qui stimule la synthèse de la mélanine par les mélanocytes de la peau.
voir aussi **hormones**

hypoplasie n. f. (de *hypo-* + *-plasie*) pathol. Développement insuffisant d'un constituant du corps (tissu, organe, membre…) chez un être vivant (s'oppose à *hyperplasie*). → **aplasie, hypotrophie.** ◻ **adj. hypoplasique**

hyposodé, ée [iposɔde] adj. (de *hypo-* et *sodé*) didact. Qui comporte peu de sel ajouté.

hypospadias [ipɔspadjɑs] n. m. (grec *hupospadias*, de *hupo* → **hypo-** et *span* « déchirer ») pathol. Malformation de l'urètre caractérisée par un méat urinaire situé à la face inférieure de la verge ou même au niveau du périnée (et non à l'extrémité de la verge).

hypostase n. f. (du grec, de *stasis* « action de se tenir », même racine que le latin *stare* → **station**) didact. Substance distincte ; spécialt chacune des trois individualités dis-

H

tinctes de la Trinité (en tant qu'*hypostase divine*). □ adj. **hypostatique**

hypostasier v. tr. < 7 > didact. Considérer (un concept, une idée) comme une substance ; prendre pour un fait, une réalité. *Hypostasier un mythe.*

hypostyle adj. (du grec, de *stulos* « colonne », *cf.* **péristyle**) archéol. Dont le plafond est soutenu par des colonnes.

Plafond d'une salle hypostyle du temple d'Horus à Edfou, Égypte.

hyposulfite [iposylfit] n. m. chim. vieilli Thiosulfate utilisé en photographie (fixateur).

hyposulfureux, euse [iposylfyʀø, øz] adj. chim. vieux Thiosulfurique.

hypotaupe n. f. fam. Classe de mathématiques supérieures précédant la taupe (→ **²taupe**).

hypotendu, ue adj. et n. Qui a une tension artérielle insuffisante.

hypotenseur, euse adj. et n. m. méd. Qui fait baisser la tension artérielle. *Médicament hypotenseur* ou n. m. *un hypotenseur.* - contr. **hypertenseur.**

hypotensif, ive adj. (de *hypo-* et *tension*) méd. **1.** Qui fait baisser la tension artérielle (contr. **hypertensif**). → **hypotenseur. 2.** Qui a trait à l'hypotension, qui est causé par une hypotension.

hypotension n. f. Tension artérielle inférieure à la normale ; diminution de la tension.

hypoténuse n. f. (du latin, grec « qui se tient sous [les angles] », de *hupoteinein* → **hypo-**, de *teinein* « tendre ») géom. Le côté opposé à l'angle droit, dans un triangle rectangle. *Le carré de l'hypoténuse est égal à la somme des carrés des deux autres côtés* (théorème de Pythagore).

hypothalamus [ipɔtalamys] n. m. anat. Partie du cerveau, située sous le thalamus*, qui joue un rôle capital dans la régulation des fonctions vitales (sommeil, activité sexuelle...). □ adj. **hypothalamique**

hypothécaire adj. (du latin → **hypothèque**) Relatif à l'hypothèque. *Prêts hypothécaires.*

hypothénar n. m. (grec *hupothenar* « creux de la main », de *thenar* « paume de la main » → **thénar**) anat. Saillie que forment les muscles moteurs du petit doigt à la partie interne (du côté cubital) de la paume de la main.

hypothèque n. f. (du latin, grec *hupothêkê* « ce qui sert de fondement », de *tithenai* « placer ») **1.** Droit accordé à un créancier sur un bien immeuble en garantie d'une dette, sans que le propriétaire du bien en soit dépossédé. → **gage, garantie.** *Prêter sur hypothèque.* **2.** fig. Obstacle, difficulté qui entrave ou remet en cause l'accomplissement de qqch.

hypothéquer v. tr. < 6 > **1.** Grever d'une hypothèque. – au p. p. *Maison hypothéquée.* ■ fig. Engager d'une façon compromettante. *Hypothéquer l'avenir.* **2.** dr. Garantir par une hypothèque. □ adj. **hypothécable**

hypothermie n. f. (de *hypo-* + *-thermie*) méd. Abaissement de la température du corps au-dessous de la normale (s'oppose à *hyperthermie*).

hypothèse n. f. (du latin, grec *hupothesis* « base d'un raisonnement » → **hypo-** et **thèse**) **I.** sc. **1.** Proposition admise soit comme donnée d'un problème, soit pour la démonstration d'un théorème (→ **axiome ; postulat**). **2.** Proposition relative à l'explication de phénomènes naturels, admise provisoirement avant d'être soumise au contrôle de l'expérience. → **conjecture.** *Hypothèse de travail. Confirmer une hypothèse.* **II.** Conjecture concernant l'explication ou la possibilité d'un évènement. → **spéculation, supposition.** *Faire une hypothèse. Nous en sommes réduits aux hypothèses.* – *En toute hypothèse* : en tout cas. *Dans l'hypothèse où.* → **éventualité.**

▶ Le mot **hypothèse** est resté proche de son étymologie grecque *hupothesis*, où *hupo* signifie « en-dessous » (ce qui peut donc servir de base à une recherche) et *thesis* signifie « opinion » ou « affirmation ». Il s'agit d'une position prise *a priori*, qui pourra ensuite être vérifiée (ou non) par une démonstration théorique ou une démarche expérimentale. Mais sa formulation est toujours fondée sur des arguments théoriques et/ou pratiques.

Une éclipse totale de soleil en 1919 a ainsi permis d'accréditer la théorie de la relativité, en confirmant l'hypothèse d'Albert Einstein selon laquelle la déformation de l'espace engendrée par un objet céleste pesant, tel que le soleil, devait pouvoir se manifester par la déviation d'un rayon lumineux provenant d'une étoile lointaine.

L'hypothèse, qui est un énoncé ou un corps d'énoncés en attente de vérification, se distingue ainsi du *postulat* qui est un énoncé de base qu'on admet comme vrai sans démonstration, soit parce qu'on l'estime intuitivement vrai, soit par convention. En mathématiques, on parle alors d'*axiome*. Les hypothèses ne sont pas l'apanage des sciences dites « dures » et sont également utilisées dans les sciences humaines. On parle de « raisonnement hypothético-déductif » pour désigner la démarche qui consiste à tester une hypothèse ou un ensemble d'hypothèses, en confrontant les conséquences qu'on en déduit au verdict de l'expérience. Bien que ce ne soit pas systématique (la *théorie des cordes* en est un contre-exemple), la testabilité d'une hypothèse est en général une condition nécessaire de son caractère scientifique : on doit toujours la formuler de telle façon que les faits expérimentaux disponibles en apportent sans ambiguïté une confirmation ou une réfutation.

voir aussi **science, raison**

hypothéticodéductif, ive adj. (de *hypothétique* et *déductif*) didact. Qui part de propositions hypothétiques et en déduit les conséquences logiques. *Sciences hypothéticodéductives* (opposé à *sciences inductives, d'observation, expérimentales*).

hypothétique adj. (du latin, pris au grec → **hypothèse**) **1.** sc. Qui est de la nature de l'hypothèse, n'existe qu'à l'état d'hypothèse. → **présumé. 2.** Qui n'est pas certain. → **douteux, incertain, problématique.** □ adv. **hypothétiquement**

hypothyroïdie n. f. (→ **thyroïde**) méd. Insuffisance de la sécrétion de la thyroïde (s'oppose à *hyperthyroïdie*).

hypotonie n. f. (de *hypo-* et radical de *tonique*) **1.** biochim. Caractère d'une solution dont la concentration en soluté est inférieure à celle d'une solution de référence. **2.** méd. Insuffisance de tonicité musculaire (opposé à *hypertonie*). → **atonie.** □ adj. **hypotonique**

hypotrophie n. f. (de *hypo-* et du grec *trophê* « nourriture » → **-trophe**) physiol. Retard de croissance du corps ou développement insuffisant d'un organe (s'oppose à *hypertrophie*). → **atrophie.** □ adj. et n. **hypotrophique**

hypovitaminose n. f. (de *hypo-*, *vitamine* et *²-ose*, d'après *avitaminose*) méd. Carence d'une ou plusieurs vitamines associées (s'oppose à *hypervitaminose*). → **avitaminose.**

hypoxémie n. f. (de *hypo-*, *ox[ygène]* et *-émie*) physiol., méd. Diminution anormale de la quantité d'oxygène contenue dans le sang. → **anoxémie.** □ adj. **hypoxémique**

hypoxie n. f. (de *hypo-* et *ox[ygène]*) méd. Diminution de la quantité d'oxygène que le sang distribue aux tissus. → **anoxie.** □ adj. **hypoxique**

Hyppolite (Jean) Philosophe français (1907-1968). Traducteur de *La Phénoménologie de l'esprit*, il fut en France le principal initiateur du renouveau des études hégéliennes.

hypso- Élément (du grec *hupsos*) qui signifie « hauteur ».

hypsomètre n. m. (de *hypso-* + *-mètre*) sc. Instrument qui indique l'altitude d'un lieu (→ **altimètre**) d'après la température à laquelle l'eau y entre en ébullition.

hypsométrie n. f. (de *hypso-* et *-métrie*) sc. **1.** Détermination de l'altitude d'un lieu. **2.** Représentation des altitudes, du relief sur une carte. → **altimétrie.** □ **hypsométrique** adj. *Carte hypsométrique.*

Hyrcan Ier ou **Jean Hyrcan** (mort en 105 av. J.-C.). Grand prêtre et prince juif asmonéen (135-105 av. J.-C.). Fils de Simon Maccabée, il dut se soumettre à Antiochos VII mais, après la mort de ce dernier, reprit le pouvoir.

hysope n. f. (du latin, grec *hussôpos*, mot *sémitique*) Arbrisseau méditerranéen (labiée) à feuilles persistantes et à fleurs bleues.

hystérectomie n. f. (du grec *hustera* « utérus » et *-ectomie*) chir. Ablation de l'utérus.

hystérésis [isteʀezis] n. f. (anglais *hysteresis*, du grec *husterein* « être en retard ») phys. Retard de l'effet sur la cause dans le comportement des corps soumis à une action physique.

hystérie n. f. (de *hystérique*) **1.** psych. Névrose caractérisée par une tendance aux manifestations émotives spectaculaires, qui peut se traduire par des symptômes d'apparence organique et par des manifestations psychiques pathologiques (délire, angoisse, mythomanie...). *Crise d'hystérie.* **2.** cour. Excitation intense, incontrôlée. *Manifestations d'hystérie collective.*

hystérique adj. (du latin, du grec, de *hustera* « utérus », d'abord à propos de troubles de la femme, attribués à l'utérus) **1.** psych. Atteint d'hystérie (1). – n. *Un, une hystérique.* ■ Relatif à l'hystérie. *Névrose hystérique.* **2.** cour. Exalté, surexcité. *Foule hystérique* (→ en **délire**). – Qui évoque l'hystérie. *Rire hystérique.* □ adv. **hystériquement**

hystériser v. tr. < 1 > (de *hystérique*) Exprimer de façon hystérique ; donner un comportement hystérique.

hystér(o)- Élément (du grec *hustera*) qui signifie « utérus ».

hystérographie n. f. (de *hystéro-* et *[radio]graphie*) méd. Radiographie de l'utérus.

Hz Symbole du hertz*.

I

i [i] **n. m. invar. 1.** Neuvième lettre (I, i), troisième voyelle de l'alphabet. **–** loc. *Mettre les points sur les i :* préciser. *Se tenir droit comme un I,* très droit. **2.** *I :* chiffre romain signifiant 1. **3.** *I :* symbole chimique de l'iode.

Iablonovyï (monts) Chaîne montagneuse de Sibérie (Russie) à l'E. du lac Baïkal. D'une longueur de 650 km, elle culmine à 1 680 m.

IAC ; IAD voir **insémination**

Iacopo da Lentini voir **Jacopo da Lentini**

Iacopo della Quercia voir **Jacopo della Quercia**

Iacopone da Todi voir **Jacopone da Todi**

Iago Personnage d'*Othello* de Shakespeare. Génie du mal et de la domination, il pousse Othello à tuer sa femme, Desdémone. Verdi accentua encore l'importance du personnage en composant *Otello.*

Iakoutes ou **Yakoutes** **n. m. pl.** Peuple sibérien, établi au N. du lac Baïkal au XVe s. D'origine turque, les Iakoutes adoptèrent progressivement les mœurs mongoles.

Iakoutie voir **Sakha** (république de)

Iakoutsk ou **Yakoutsk** Ville de Russie, capitale de la république de Sakha, sur la Lena. 269 000 habitants. Université. Industries du bois, du cuir, et industrie alimentaire.

Ialomiţa **n. f.** Rivière de Roumanie, affluent du Danube (rive gauche). 414 km.

IAM [ajam] Groupe de rap français, originaire de Marseille, formé en 1989, avec notamment le chanteur Akhenaton. Ce groupe métissé dénonce le racisme, l'exclusion. Il s'est imposé par des textes nerveux et énergiques. *De la planète Mars ; L'École du micro d'argent.*

iambe **n. m.** (du latin, du grec *iambos*) didact. **1.** Pied de deux syllabes, la première brève, la seconde longue. **2.** Vers grec ou latin, dont certains pieds étaient des iambes. **3.** Pièce de vers satiriques (à la manière des iambes antiques). *Les iambes de Chénier.* - var. **ïambe.** □ **adj. iambique**

Iapygie **n. f.** Région de l'Italie ancienne dans l'Apulie (aujourd'hui la Calabre), peuplée au –Ve s. par les Iapyges (peuplade illyrienne), puis occupée par les Grecs.

Iaroslavl Ville de Russie, sur la Volga. 591 500 habitants. Cathédrale du XVIe s. Églises des XVIIe et XVIIIe s. Centre textile important au XVIIIe s. Port fluvial et carrefour ferroviaire. Centre industriel (raffineries de pétrole ; textile, automobile, métallurgie, chimie).

Iaroslav Vladimirovitch le Sage (978-1054). Prince de Novgorod (1015) et grand-prince de Kiev (1019-1054). Il mena l'empire de Kiev à son apogée. On lui doit les embellissements de Kiev, alors la deuxième ville d'Europe, ainsi que la première législation russe.

Iaroslavl, l'église orthodoxe du prophète Élie, l'une des cinquante églises du XVIIe siècle.

Iaşi Ville de Roumanie, en Moldavie. 303 000 habitants. Centre culturel et universitaire depuis le XVIe s., la ville abrite des églises et monastères fortifiés du XVIIe s. Industries diversifiées.

iatr(o)- ; -iatre, -iatrie Éléments (du grec *iatros* « médecin ») signifiant « médecin » et « médecine » (ex. *pédiatre, psychiatrie*).

iatrogène **adj.** (de *iatro-* + *-gène*) didact. Se dit d'une manifestation pathologique due à un acte médical, spécialt à un médicament. *Une affection iatrogène.*

Ibadan Ville du Nigeria, capitale de l'État d'Oyo. Env. 3,2 millions d'habitants. Université. Commerce (cacao, tabac).

Ibagué Ville de Colombie, dans la cordillère centrale des Andes. 492 500 habitants. Commerce du café.

Ibáñez (Paco) Chanteur et compositeur espagnol (né en 1934). Très tôt engagé contre le régime franquiste, libertaire, il mit en musique de nombreux poèmes espagnols et latino-américains du XXe s. (Alberti, García Lorca, Neruda), ainsi que des auteurs classiques (Góngora), et adapta en espagnol plusieurs chansons de Brassens.

Ibáñez (Blasco) voir **Blasco Ibáñez**

Ibárruri (Dolorès) dite **la Pasionaria** Militante espagnole (1895-1989). Députée communiste aux Cortes en 1936, elle prôna la lutte à outrance contre les nationalistes pendant la guerre civile (1936-1939). Réfugiée en URSS, elle ne revint dans son pays qu'en 1977.

ibère **adj. et n.** (du latin, d'un mot grec « d'Ibérie ») didact. Relatif à l'Ibérie (ancien nom de la péninsule Ibérique). **– n.** *Les Ibères.*

Ibères **n. m. pl.** Peuple établi en Espagne à l'époque de la conquête romaine (Ier s.) et dont le centre de la civilisation se situait dans la région d'Almería.

ibérique **adj.** Relatif à l'Espagne et au Portugal. *L'art ibérique. La péninsule Ibérique.* **– n.** *Un, une Ibérique.*

Ibérique (péninsule) Péninsule du S.-O. de l'Europe, correspondant à l'Espagne et au Portugal actuels.

Ibérique (chaîne ou cordillère) Chaîne montagneuse d'Espagne, séparant le bassin de l'Èbre du plateau de Castille. Longueur : 1 400 km. Point culminant : 2 316 m.

ibéris **n. f.** (latin *iberis,* du grec *ibêris* « cresson ») Plante ornementale communément appelée *corbeille d'argent.* → **thlaspi.**

Ibert (Jacques) Compositeur français (1890-1962). Il est l'auteur d'une œuvre variée : musique de chambre, mélodies, musique de scène (opéras, opérettes, ballet) et musique de film. *L'Aiglon* et *Les Petites Cardinal,* en collaboration avec A. Honegger.

Iberville (Pierre Le Moyne d') voir **Le Moyne d'Iberville** (Pierre)

Iberville (mont d') Point culminant du Québec, en bordure du Labrador (1 652 m).

ibidem [ibidɛm] **adv.** (mot latin « ici même ») Dans le même ouvrage, dans le même passage d'un ouvrage déjà cité (abrév. **ibid.**).

ibis [ibis] **n. m.** (du latin, emprunt au grec *ibis,* pris à l'égyptien) Oiseau échassier des régions chaudes d'Afrique et d'Amérique, à bec long, mince et arqué.

Ibiza Île de l'archipel espagnol des Baléares. 572 km^2. 132 637 habitants. L'île et sa ville principale, Ibiza (48 550 habitants), qui a conservé son caractère médiéval (cathédrale, citadelle), sont des destinations touristiques très fréquentées.

IBM (International Business Machine Corporation) Multinationale américaine créée en 1924, spécialisée dans les domaines du matériel, des logiciels et des services informatiques, elle a innové dans le domaine des nouvelles technologies.

Ibn al-Fāriḍ (Charaf al-Dīn Abū Ḥafṣ) Poète arabe (v. 1182-1235). Il est considéré comme le plus grand poète arabe du mysticisme soufi.

Ibn al-Haytham dit aussi **Alhazen** Mathématicien, physicien et philosophe persan de confession musulmane (965-1039). Ses travaux en optique géométrique sur la diffraction de la lumière, en astronomie et sa théorie du mouvement exercèrent une grande influence en Occident jusqu'à la Renaissance.

Ibn ʿArabī (Muḥyī al-Dīn) Philosophe, poète et mystique musulman (1165-1241). Grand penseur du soufisme, il exposa ses conceptions sur l'unicité de l'Être dans ses *Conquêtes spirituelles.*

Ibn Bājā ou **Bājjā** voir Avempace

Ibn Baṭṭūṭa (Abū ʿAbd Allāh) Géographe et cartographe arabe (1304-1377). Grand « voyageur de l'Islam », il a laissé un précieux journal de voyage *(Rihla).*

Ibn Khaldoun Historien et philosophe arabe (1332-1406). Sa manière d'analyser les changements sociaux en font un précurseur de l'histoire moderne. *Chronique universelle.*

Ibn Qutayba (Abū Muḥammad ʿAbd Allāh) Écrivain, philologue, théologien et historien arabe (828-v. 899). Il a laissé un abrégé de l'usage de l'arabe *(Adab-al-kātib)*, ainsi que des traités exposant les règles poétiques et morales.

Ibn Séoud (1887-1953). Sultan du Nedjd (1902-1932), puis roi d'Arabie saoudite (1932-1953). Il fonda l'actuel royaume d'Arabie saoudite. Son fils **Séoud** lui succéda.

Ibn Tufayl connu au Moyen Âge sous le nom de **Abubacer** Savant, médecin et philosophe arabe (début XIIe s.-1185). Ami d'Averroès, il est l'auteur d'un roman philosophique, *Ḥayy ibn Yaqẓān.*

Ibn Ṭūlūn (Aḥmad) Fondateur de la dynastie des Tulunides d'Égypte (835-884). Il ouvrit une période de grand essor économique et culturel. La mosquée qu'il construisit à Fustāt (vieux Caire) porte aujourd'hui son nom.

Ibn Yūnus (ʿAlī ibn ʿAbd al-Raḥmān) Astronome arabe (v. 950-1009). Après avoir observé le Soleil, la Lune et les planètes, il prépara des *Tables hakimites* qui demeurèrent longtemps en usage.

Ibo(s) n. m. pl. Peuple du Nigeria oriental (région du Biafra). Les Ibo parlent l'igbo, une langue nigéro-congolaise ; ils sont animistes ou chrétiens. En 1967, ils ont vainement tenté de former un État indépendant, le Biafra.

Ibrahim Ier [Ibrāhīm ibn al-Aghlab] (mort en 812). Gouverneur de l'Afrique du Nord, il fonda la dynastie des Aghlabides.

Ibrahim Pacha Chef militaire et homme d'État égyptien (1789-1848). Fils de Méhémet Ali, il conquit la Syrie contre les Turcs (1832) mais fut contraint par les puissances occidentales d'évacuer le territoire (1840). Il se consacra alors à l'administration de l'Égypte, dont il devint vice-roi en 1848.

Ibsen (Henrik) Auteur dramatique norvégien (1828-1906). Il écrivit des drames historiques *(Brand ; Peer Gynt)*, puis des pièces d'inspiration philosophique et sociale *(Maison de Poupée)* ; ses dernières œuvres sont empreintes de pessimisme. Il créa une dramaturgie originale qui intègre idées et action et préfigure le théâtre contemporain.

ibuprofène n. m. (de l'anglais, de *i[so]bu[tyl]phen[yl]pro[pionic] acid*) Acide entrant dans la composition de médicaments aux propriétés analogues à celles de l'aspirine.

Ica Ville du Pérou, au bord de l'océan Pacifique, au S. de Lima. 117 370 habitants. Vin.

icaquier n. m. (de *icaque*, espagnol *icaco*, mot caraïbe d'origine amérindienne) Arbrisseau d'Amérique tropicale (rosacée) dont les fruits (appelés *icaques* n. f.) sont comestibles.

Icare Fils de Dédale, dans la mythologie grecque. Enfermés dans le Labyrinthe par Minos, Icare et Dédale s'en échappent au moyen d'ailes attachées avec de la cire. Icare s'étant approché trop près du soleil, la cire fond et il tombe dans la mer.

Icare et Dédale avec Perséphone et Artémis, camée (Ier s.), Musée archéologique national, Naples.

Icarie Île grecque de la mer Égée, à l'O. de Samos. Le héros Icare se serait noyé près de ses côtes.

icarien, ienne adj. (du n. d'Icare) didact. **1.** Relatif à Icare ou à sa légende. **2.** De l'Icarie (île de la mer Égée). *Mer icarienne.*

Icaza Coronel (Jorge) Écrivain équatorien (1906-1978). Représentant de l'indigénisme, il décrit dans ses romans la misère des Indiens opprimés par les Blancs. *Sangs mêlés.*

ICBM n. m. invar. (sigle anglais des États-Unis, de *intercontinental ballistic missile*) anglic. Missile balistique intercontinental. – appos. *Un missile ICBM.*

iceberg [isbɛʀg ; ajsbɛʀg] n. m. (mot anglais, du norvégien *ijs* « glace » et *berg* « montagne ») Masse de glace flottante, détachée de la banquise ou d'un glacier polaire. – loc. *La partie cachée* (ou *immergée*) *de l'iceberg* : la partie cachée et souvent la plus importante d'une chose (par oppos. à *la partie visible, émergée de l'iceberg*).

iceberg

La partie émergée d'un iceberg ne représente qu'environ 10 % de sa totalité.

icefield [ajsfild] n. m. (de l'anglais « champ [*field*] de glace [*ice*] ») anglic., didact. Vaste champ de glace dans les régions polaires.

icelui, icelle, iceux, icelles pron. et adj. dém. archaïsme littér. Celui-ci, celle-ci, ceux-ci, celles-ci.

Ichikawa Kon Cinéaste japonais (1915-2008). Ses deux films de guerre, *La Harpe de Birmanie* et *Feux dans la plaine*, sont empreints d'un réalisme âpre. Il réalisa le film officiel des Jeux olympiques de 1964.

Ichim n. m. Rivière du Kazakhstan et de la Sibérie (Russie), affluent de l'Irtych. 2 450 km.

ichneumon n. m. (mot latin, du grec *ikhneumôn* « qui suit la piste ») zool. Insecte hyménoptère térébrant dont la larve est parasite des chenilles.

ichty(o)- Élément (du grec *ikhthus*) qui signifie « poisson ».

ichtyoïde [iktjɔid] adj. (→ -oïde) didact. Qui ressemble à un poisson. → **pisciforme.**

ichtyologie [iktjɔlɔʒi] n. f. Partie de la zoologie qui traite des poissons. □ adj. **ichtyologique** □ n. **ichtyologiste**

ichtyophage [iktjɔfaʒ] adj. (du grec → -phage) didact. Qui se nourrit de poisson. → **piscivore.** – n. *Un ichtyophage.*

ichtyornis [iktjɔʀnis] n. m. (latin sc., du grec *ikhthus* « poisson » et *ornis* « oiseau ») paléont. Oiseau fossile du crétacé, à bec muni de dents coniques.

ichtyosaure [iktjozɔʀ] n. m. (du latin mod. → saurien) paléont. Grand reptile marin fossile au museau allongé.

ichtyose [iktjoz] n. f. (→ 2-ose) méd. Maladie cutanée héréditaire, caractérisée par une peau rugueuse, sèche et squameuse (→ **xérodermie**).

ici adv. (vient du latin pop. *ecce hic* « voici ici ») **I.** (lieu) **1.** Dans le lieu où se trouve la personne qui parle (opposé à *là, là-bas*). *Il fait plus frais ici qu'à Paris.* – À cet endroit. *« Ici, tu t'asseyais, c'était ici ta place »* (Aragon). ■ ***D'ici*** : de ce lieu, de ce pays. *Sortez d'ici ! Vous n'êtes pas d'ici ?* – loc. *Je vois ça d'ici* : j'imagine la chose. ■ ***Par ici*** : par cet endroit, dans cette direction. *Par ici la sortie.* – Dans les environs, dans ce pays. *Il habite par ici.* **2.** *Ici-bas* loc. adv. : dans ce bas monde ; sur la terre (par oppos. à *là-haut, le paradis*). **3.** À l'endroit où l'on se trouve, que l'on désigne. *Ce que j'ai voulu dire ici, dans ce livre.* **II.** (temps) *Jusqu'ici* : jusqu'à présent. – *D'ici*, marquant le point de départ dans le temps. *D'ici (à) demain. D'ici peu* : dans peu de temps.

icone n. m. (d'après l'anglais *icon* → icône) anglic. **1.** didact. Signe qui ressemble à ce qu'il désigne, à son référent. *L'onomatopée est un icone.* **2.** inform. Élément graphique, pictogramme qui représente à l'écran un fichier, un logiciel, une commande, etc. *Cliquer sur un icone.* - recomm. offic. **icône** n. f. □ n. f. **iconicité**

icône n. f. (du russe, du grec byzantin *eikona* « image » → icono-) **1.** Dans l'Église d'Orient, Peinture religieuse exécutée sur un panneau de bois. *Icônes byzantines.* **2.** fig. Personne, personnage qui symbolise (un courant...). *Une icône du rock.*

iconique adj. (latin *iconicus* « fait d'après nature », du grec → icône) **1.** Antiq. *Statue iconique*, de grandeur naturelle, érigée en l'honneur d'un vainqueur de jeux. **2.** didact. De l'image. **3.** Qui représente qqch. de manière forte. → **emblématique.** *Le produit iconique d'une marque.*

icon(o)- Élément (du grec *eikôn*) qui signifie « image ».

iconoclasme n. m. hist. Mouvement religieux des iconoclastes (1).

iconoclaste n. et adj. (du grec byzantin → icono-, de *klan* « briser ») **1.** hist. Partisan des empereurs byzantins qui s'opposèrent à l'adoration et au culte des images (VIIIe et IXe siècles). **2.** (Personne) qui interdit ou détruit les images saintes et par ext. les œuvres d'art. **3.** fig. (Personne) qui est hostile aux

icône

Icône, *Vierge géorgienne*, école de Novgorod (XVIe s.), musée du Louvre, Paris.

traditions et cherche à les faire disparaître. ▪ Qui s'attaque aux idées reçues. *Des déclarations iconoclastes.*

iconographie n. f. didact. **1.** Étude des représentations figurées d'un sujet (personnage, époque, religion, etc.) ; ces représentations. *L'iconographie de la Révolution française.* **2.** Ensemble des illustrations d'un livre. ▫ n. **iconographe**

iconographique adj. Relatif à l'iconographie. *Documents iconographiques.*

iconolâtre n. (grec ecclésiastique *eikonolatrês* → icône et -lâtre) didact. Personne qui rend un culte à des images (nom donné aux catholiques par les iconoclastes). ▫ n. f. **iconolâtrie**

iconologie n. f. (de l'italien, du grec) didact. Art de représenter les figures allégoriques. ▪ Étude des modes de représentation dans les arts graphiques et plastiques. ▫ adj. **iconologique** ▫ n. **iconologiste** et **iconologue**

iconoscope n. m. (de *icono-* + *-scope*) télév. Dispositif (tube) qui analyse l'image.

iconostase n. f. (du russe, du grec → icono- et de *stasis* « fait de placer ») Dans les églises orthodoxes, Cloison décorée d'images, d'icônes, qui sépare la nef du sanctuaire.

iconothèque n. f. (de *icono-* + *-thèque*) didact. Collection d'images classées (d'un musée, d'une bibliothèque).

icosaèdre n. m. (du latin, pris au grec, de *eikosi* « vingt » et *edra* « face ») géom. Polyèdre limité par vingt faces. ▫ adj. **icosaédral, ale, aux**

ictère n. m. (du latin, du grec *ikteros* « jaunisse ») méd. Coloration jaune de la peau et des muqueuses, qui révèle la présence de pigments biliaires dans les tissus. → **jaunisse.**

ictérique adj. (du latin, du grec *ikterikos*) méd. Relatif à l'ictère. *Un teint ictérique.* ▪ Qui présente un ictère. – n. *Un, une ictérique.*

Ictinos Architecte grec de l'époque de Périclès (2e moitié du Ve s. av. J.-C.). Il travailla avec Callicratès à la construction du Parthénon et sut mêler des éléments des différents ordres (dorique et ionique).

ictus [iktys] n. m. (mot latin « coup ») pathol. Manifestation morbide violente et soudaine. *Ictus apoplectique.* → **apoplexie, attaque.** – psych. *Ictus amnésique* (→ trou de mémoire).

Ida n. m. Montagne de Crète, qui culmine à 2 456 m. Le dieu grec Zeus y serait né.

Idaho n. m. État du N.-O. des États-Unis. 216 413 km^2. 1,8 million d'habitants. Capitale : Boise. Relief montagneux entaillé de profondes vallées et de canyons. Exploitation minière (argent) et forestière. Agriculture. Industries (alimentaire, chimique).

Idalion Ancienne ville de Chypre, fondée par les Achéens puis colonisée par les Phéniciens.

ide n. m. (du latin zool., du suédois *id*) Poisson d'eau douce au corps allongé aux nageoires rouges.

-ide Élément (du grec *eidos* « aspect, forme » → -oïde) qui indique une ressemblance, une appartenance à un groupe (ex. *nucléide ; glucide*).

idéal, ale, als ou **aux** (latin *idealis*, de *idea* → idée) **I.** adj. **1.** Qui est conçu et représenté dans l'esprit sans être ou pouvoir être perçu par les sens. → **théorique.** *Les objets idéaux de la géométrie.* **2.** Qui atteint toute la perfection que l'on peut concevoir ou souhaiter. → **absolu, accompli.** *Le beau idéal.* **3.** Parfait en son genre. *C'est la solution idéale.* **II.** n. m. **1.** Ce que l'on se représente ou se propose comme type parfait ou modèle absolu (dans l'ordre pratique, esthétique ou intellectuel). *L'idéal démocratique. Avoir un idéal* (→ **idéaliste**). *Les idéaux (idéals) d'une époque.* **2.** *L'idéal* : ce qui donnerait une parfaite satisfaction aux aspirations du cœur ou de l'esprit. – loc. *Dans l'idéal* : sans tenir compte de la réalité, des difficultés matérielles. → **théoriquement.** – *L'idéal, ce serait de* (+ inf.), *que* (+ subj.) : ce qu'il y aurait de mieux, ce serait...

idéalement adv. D'une manière idéale. – Parfaitement.

idéalisation n. f. Action d'idéaliser ; son résultat.

idéaliser v. tr. < 1 > Revêtir d'un caractère idéal. « *L'absence l'avait idéalisé dans son souvenir* » (Flaubert). ▫ adj. et n. **idéalisateur, trice**

idéalisme n. m. **1.** Système philosophique qui ramène l'être à la pensée, et les choses à l'esprit (s'oppose à *matérialisme*). *Un idéalisme spiritualiste. L'idéalisme dialectique de Hegel.* **2.** Attitude d'esprit qui pousse à faire une large place à l'idéal, au sentiment. – péj. Tendance à négliger le réel, à se nourrir d'illusions.

idéaliste adj. Propre à l'idéalisme, attaché à l'idéalisme (opposé à *réaliste*). *Ce sont des vues idéalistes.* – n. *C'est un, une idéaliste.*

idéalité n. f. **1.** Caractère de ce qui est idéal. **2.** Être, objet idéal. *Les idéalités des mathématiques.*

idéateur, trice n. (de *idée*) (Canada) **1.** Personne chargée de trouver des idées nouvelles. → **concepteur.** **2.** n. m. inform. Application permettant d'organiser ses idées.

idéation n. f. didact. Formation et enchaînement des idées.

idée n. f. (du latin, emprunt au grec *idea* « aspect visible », « espèce, catégorie », puis « forme que peut concevoir la pensée » [Platon], de *idein* « voir », forme de *horan* ; étymologiquement, l'idée est une pensée qui est « comme l'image des choses » [Descartes]) **I. 1.** Représentation intellectuelle (d'un être, d'une manière d'être, d'un rapport). *Idée générale, abstraite.* → **concept, notion.** *L'idée de nombre, d'étendue.* ▪ hist. philos. (chez Platon, les platoniciens) Essence éternelle qui rend les choses intelligibles. **2.** Toute représentation élaborée par la pensée correspondant à un mot ou à une phrase (qu'il existe ou non un objet qui lui corresponde). « *Nous avons plus d'idées que de mots* » (Diderot). *Une idée juste, fausse.* – *Perdre le fil de ses idées. Faire une association* d'idées.* – *À l'idée de se retrouver seul* : en pensant qu'il va se retrouver seul. – *Se faire, se former une idée (juste, exacte, fausse...) de qqch., de qqn.* « *Toute ma vie, je me suis fait une certaine idée de la France* » (de Gaulle). ▪ *Idée-force* : idée capable d'influencer l'évolution d'un individu, d'une époque. **3.** Vue élémentaire, approximative. → **aperçu.** *Pour vous en donner une idée. Je n'en ai pas la moindre idée. On n'a pas idée (de cela)* : c'est inimaginable, invraisemblable. *Quelle idée !* (même sens). – *J'ai idée que* : il me semble que. **4.** Conception imaginaire, fausse ou irréalisable. → **chimère, rêve.** *Se faire des idées* : s'imaginer qqch. qui n'est pas. *Donner des idées à qqn* : exciter son imagination. **5.** Vue, plus ou moins originale, dans le domaine de la connaissance, de l'action ou de la création artistique. → [3]**plan, projet.** *Il me vient une idée. Changer d'idée.* – *L'idée directrice d'un texte.* – fam. *Il y a de l'idée*, c'est imaginatif mais pas complètement abouti. – au plur. Pensées neuves, fortes, heureuses. *Un ouvrage plein d'idées.* **6.** Façon particulière de se représenter le réel. → **opinion.** *J'ai mon idée sur la question. Juger, agir à son idée*, sans s'occuper de l'opinion d'autrui. *Fais à ton idée. Une idée reçue* : une opinion courante. *Le « Dictionnaire des idées reçues »* (de Flaubert). – au plur. Ensemble des opinions (d'un individu, d'un groupe). → [1]**théorie.** *Cela n'est pas dans mes idées. Idées politiques. Des idées avancées. Avoir les idées larges.* absolt *Les idées* : spéculations touchant aux grands problèmes. *L'histoire des idées.* **7.** Façon d'envisager la réalité. *Avoir des idées noires* (→ voir tout en noir). **II.** *L'idée* : l'esprit qui élabore les idées. – loc. *J'ai dans l'idée qu'il ne viendra pas*, dans l'esprit. – *Personne ne m'ôtera de l'idée qu'il a tort.*

idéel, elle adj. didact. De l'idée, des idées. → **conceptuel, idéal.**

idem [idɛm] adv. (mot latin « la même chose ») (êtres, objets) Le même. - S'emploie généralement (abrév. *id.*) pour éviter la répétition d'un nom, d'une référence. – fam. De même, aussi. → **itou.**

identifiable adj. Qui peut être identifié.

identifiant n. m. inform. Code personnel permettant d'accéder à un service informatique. → anglic. **log-in.** *Saisir son identifiant et son mot de passe.*

identificateur, trice **I.** adj. Qui sert à identifier. **II.** n. m. inform. Symbole attribué à un élément d'information.

identification n. f. Action d'identifier, de s'identifier. *L'identification d'un cadavre.*

identificatoire adj. didact. Relatif à une identification ; qui permet une identification.

identifier v. tr. < 7 > (du latin médiéval, de *idem* → idem et *facere* → [1]faire) **1.** Considérer comme identique, comme assimilable à autre chose ou comme ne faisant qu'un (avec qqch.). → **assimiler, confondre.** *Identifier une chose avec, à une autre, et une autre. Identifier deux choses.* **2.** Reconnaître la nature de. *Identifier qqn.* ▪ Reconnaître, du point de vue de l'état civil. *Identifier un cambrioleur grâce à ses empreintes* (→ **identité** (II)). **3.** Reconnaître comme appartenant à une espèce ou une classe. → **caractériser.** – au p. p. *Objet volant non identifié.* → **ovni.** ▪ **s'identifier** v. pron. **1.** Se faire ou devenir identique, se confondre, en pensée ou en fait. « *Le lecteur commence sa lecture en s'identifiant au héros du roman* » (Sartre). **2.** inform. Donner ses identifiants (adresse mail, mot de passe). *Veuillez vous identifier pour accéder au site.*

identique adj. (du latin médiéval, de *idem*) **1.** (êtres, objets) Tout à fait semblable, mais distinct. → **pareil.** *Deux couteaux identiques.* – n. m. *Reproduire à l'identique.* **2.** didact. Qui est unique, quoique perçu, conçu ou nommé de manières différentes. *Leur date de naissance est identique.* **3.** Qui reste le même à des moments différents. ▫ adv. **identiquement**

identitaire adj. didact. Relatif à l'identité personnelle, culturelle. *Une quête identitaire.*

identité n. f. (du bas latin, de *idem* → idem, trad. du grec *tautotês* → tautologie) **I. 1.** Caractère de deux choses identiques. *Identité de goûts entre deux êtres.* ▪ didact. Relation entre deux termes identiques. **2.** Caractère de ce qui est un (→ **unité**), de ce qui demeure identique à soi-même (pour des choses). « *Vieil océan, tu es le symbole de l'identité : toujours égal à toi-même* » (Lautréamont). ▪ psych. (chez l'être humain) Caractère de ce qui demeure identique à soi-même. *Crise d'identité.* **II.** Ce qui permet de reconnaître une personne parmi toutes les autres (état civil, signalement). *Vérifier l'identité de qqn. Carte d'identité.* ▪ *Identité judiciaire* : service de police chargé d'établir l'identité des malfaiteurs.

idéo- Élément (du latin *idea*, du grec → idée) qui signifie « idée ».

Iéna (bataille d')

Le Soir d'Iéna (1806) ou *La victoire est à nous*, Jean-Baptiste-Édouard Detaille (1894), musée de l'Armée, Paris.

idéogramme n. m. (de *idéo[graphique]* et *-gramme* [1er emploi chez Renan]) Signe graphique qui représente le sens d'un mot (concret ou abstrait) et non les sons qui le composent. → **hiéroglyphe.** *Pictogrammes et idéogrammes.*

idéographie n. f. ling. Système d'écriture, représentation idéographique.

idéographique adj. (du grec *idea* → idée et de *-graphique* [Champollion]) Se dit d'une écriture, d'un système de signes à idéogrammes.

idéologie n. f. (du latin *idea* → idée et de *-logie*) **1.** hist. philos. Science des idées, des concepts, en relation avec les signes (→ **sémantique**). **2.** péj. Philosophie vague et nébuleuse, idéalisme naïf. **3.** Ensemble des idées, des croyances et des doctrines propres à une époque, à une société ou à une classe. *L'idéologie s'oppose à la science.* ■ Philosophie du monde et de la vie. *L'idéologie pacifiste. Les idéologies politiques.*

L'**idéologie** (3) désigne la représentation du monde qu'un groupe ou une classe sociale adopte, en affirmant qu'elle correspond à la réalité. L'idéologie est ainsi une sorte de « mensonge collectif » plus ou moins involontaire.
L'idéologie couvre tous les domaines de la pensée : philosophie, religion, politique, droit, art, science même, qui la diffusent en s'aidant éventuellement de certaines institutions ou « appareils idéologiques d'État » (enseignement, moyens d'information, etc.).
En s'affirmant de statut scientifique et en se fondant sur la notion de lutte des classes, le matérialisme historique marxiste a prétendu échapper à l'idéologie et a accusé toute autre philosophie d'y être engluée. La question qui se pose est de savoir si cette critique ne devient pas à son tour idéologique à partir du moment où elle est la philosophie officielle d'un pouvoir qui n'est pas nécessairement celui du peuple. Les années 1970 ont vu la fin des idéologies totalitaires et des régimes politiques correspondants (fascismes, stalinisme, maoïsme...) mais des fondamentalismes religieux ont succédé à ces idéologies profanes.
voir aussi **national-socialisme, maoïsme, marxisme, totalitarisme**

idéologique adj. Relatif à l'idéologie. □ adv. **idéologiquement**

idéologue n. **1.** Philosophe adepte de l'idéologie (1). **2.** péj. Personne qui prétend interpréter la réalité en fonction d'idées, de théories préconçues.

idéomoteur, trice adj. (→ ¹moteur) psych. (mouvement) Déclenché directement par une représentation mentale (opposé à *sensorimoteur*). *Phénomène idéomoteur.*

ides n. f. pl. (latin *idus* [fém. pl.], p.-ê. d'origine étrusque) Dans le calendrier romain, Division du mois qui tombait vers son milieu. *César fut assassiné aux ides de mars.*

-idés Élément (du latin sc. *-idae*) servant à former des noms de familles d'animaux.

id est [idɛst] loc. conj. (locution latine) C'est-à-dire (abrév. **ie**).

Idfû voir **Edfou**

IDH [ideaʃ] n. m. (sigle) écon. Indice de développement humain, évaluant le développement qualitatif (santé, instruction...) d'un pays (→ **PIB**).

L'**IDH** est un indice statistique récent. Pour comparer le niveau de développement de deux pays, les économistes utilisent habituellement le produit intérieur brut (PIB) par habitant, mais on sait que celui-ci ne prend pas en compte des données pourtant essentielles comme la santé ou le temps de travail. Sous une moyenne satisfaisante peuvent aussi se cacher de fortes inégalités. C'est pourquoi le Programme des Nations unies pour le développement (PNUD) a élaboré en 1990 un nouvel indicateur, l'Indice de développement humain. Le PIB par habitant est d'abord traduit en indice de niveau de vie, à parité de pouvoir d'achat. En effet, avec un euro, on n'achète pas la même chose au Mali et en Norvège. À ce premier chiffre s'en ajoutent deux autres, mesurant l'espérance de vie à la naissance et le niveau d'éducation. L'IDH est obtenu à partir de ces trois chiffres. Il est compris entre 0 (exécrable) et 1 (excellent). Sans être un indicateur parfait, il fait référence et permet de mieux mesurer le bien-être réel des populations. Par exemple, en classant les pays en fonction du PIB/hab., la Norvège arrive au 7e rang et l'Islande en 14e tandis qu'au classement IDH, la Norvège se place en 2e position et l'Islande en 3e (données de 2021).
voir aussi **PIB, ONU, développement durable**

idio- Élément (du grec *idios* « particulier à ») qui signifie « particulier, propre ».

idiolecte n. m. (de l'anglais → idio- et dialecte) ling. Emploi, usage particulier d'une langue qu'a une personne.

idiomatique adj. (du grec, de *idiôma* → idiome) Spécifique à un idiome, une langue. *Tournures idiomatiques anglaises.* → **idiotisme.**

idiome n. m. (bas latin *idioma*, du grec *idiôma*, de *idios* → idio-) Langue envisagée comme ensemble des moyens d'expression propres à une communauté. ■ Parler (langue, dialecte) propre à une région, à un groupe social.

idiopathique adj. (→ idio- et -pathie) méd. *Maladie idiopathique*, qui existe par elle-même, ou dont la cause n'est pas connue (opposé à *symptomatique*).

idiophone n. m. (→ -phone) Instrument de musique à percussion qui produit le son par lui-même, sans caisse de résonance (ex. le gong, les castagnettes).

idiosyncrasie [idjosɛ̃kʀazi] n. f. (du grec, de *idios* [→ idio-] et *sunkrasis* « mélange », de *sun* « ensemble » et *krasis* « mélange ») didact. Caractère individuel, tempérament personnel. – méd. *L'idiosyncrasie d'un malade.*

idiot, idiote (du latin, du grec *idiôtês* « simple particulier », d'où « ignorant », de *idios* → idio-) **I.** adj. Qui manque d'intelligence, de bon sens. → **bête.** *Il est complètement idiot.* – *Une réflexion idiote.* → **inepte, stupide.** *Un film idiot.* – impers. *Ce serait idiot de refuser.* **II.** n. **1.** Personne sans intelligence. – (injure) « *Idiot vous-même* [...] *Il répéta le mot idiot, chercha quelque chose de plus fort, trouva imbécile et crétin* » (Zola). *Espèce d'idiote !* ■ *Faire l'idiot* : simuler la bêtise ; agir de manière absurde. **2.** méd. vieilli Personne atteinte d'idiotie. *Un idiot congénital.* – loc. *L'idiot du village* : le simple d'esprit, l'innocent.

idiotement adv. D'une façon idiote.

idiotie n. f. (de *idiot*) **1.** Manque d'intelligence, de bon sens. → **stupidité.** *L'idiotie d'une remarque.* **2.** Action, parole qui traduit un manque d'intelligence, de bon sens. → **bêtise.** *Faire, dire des idioties.* ■ fam. Œuvre stupide. *Ne lisez pas cette idiotie.* **3.** méd., vieilli Forme la plus sévère d'arriération intellectuelle.

idiotisme n. m. (du latin, du grec *idiôtismos* « langage des gens simples », de *idiôtês* → idiot, puis « langage particulier », d'après *idios* → idio-) Forme, locution propre à une seule langue, intraduisible (gallicisme, anglicisme, italianisme...), ou à un usage.

Idjil (kedia d') Massif de l'O. du Sahara (Mauritanie). Important gisement de minerai de fer.

idoine adj. (latin *idoneus*, de *id*) vieux ou plais. Qui convient parfaitement, approprié. → **adéquat.** *Vous avez trouvé l'homme idoine.*

idolâtre adj. (du latin chrét., du grec, de *eidôlon* → idole et *latreuein* « adorer ») **1.** Qui rend un culte divin aux idoles. *Les peuples idolâtres de l'Antiquité.* **2.** littér. Qui voue une adoration (à qqn, à qqch.).

idolâtrer v. tr. < 1 > littér. Aimer avec passion en rendant une sorte de culte. → **adorer.** « *J'aime, que dis-je aimer ? j'idolâtre Junie* » (Racine).

idolâtrie n. f. (du latin, du grec → idolâtre) **1.** Culte rendu à l'image d'un dieu comme si elle était le dieu en personne. **2.** Amour passionné, admiration outrée. *Un culte de la personnalité qui va jusqu'à l'idolâtrie.* □ adj. **idolâtrique**

idole n. f. (latin *idolum*, du grec *eidôlon*, de *eidos* « forme » → idée) **1.** Représentation d'une divinité (image, statue...), adorée comme si elle était la divinité elle-même. **2.** Personne ou chose qui est l'objet d'une sorte de vénération. « *Ah ! Laurette, idole de ma vie* » (Musset). ■ Vedette de la chanson, du spectacle, adulée du public.

Idoménée Roi légendaire de Crète, petit-fils de Minos et l'un des principaux héros de *L'Iliade.*

Idrīsī ou **Edrisi** (Abū ʿAbd Allāh Muḥammad al-Ḥammūdī, connu sous le nom d' al-) Géographe arabe (v. 1100-v. 1166). Il réalisa une mappemonde en argent qui fut maintes fois copiée et est l'auteur d'un vaste ouvrage de géographie, *Divertissement de celui qui désire parcourir le monde.*

Idris Ier [Muḥammad Idrīs al-Mahdī al-Sanūsī] (1890-1983). Roi de Libye (1950-1969). Il fut renversé le 1er septembre 1969 par un coup d'État militaire dirigé par Kadhafi.

Idrissides n. m. pl. Dynastie arabe (788-974), fondée au Maroc par Idris Ier (mort en 792). Après la mort de son fils Idris II (828), le royaume périclita.

Idrus Écrivain indonésien (1921-1979). Auteur de poèmes, de nouvelles et de livres de voyage, il est le représentant d'un important mouvement littéraire javanais né après la Seconde Guerre mondiale. *De l'Ave Maria à l'autre route vers Rome.*

Idumée Nom ancien du pays d'Édom au S. de la Judée.

idylle n. f. (italien *idillio*, du latin mod., du grec *eidullion* « brève poésie », de *eidos* « figure » → idée) **1.** Petit poème à sujet pastoral et amoureux. → **églogue, pastorale.** **2.** Aventure amoureuse naïve et tendre. → **amourette.** ■ souvent iron. Situation sans conflit ; entente parfaite.

idyllique **adj.** Qui rappelle l'idylle par le décor champêtre, l'amour tendre, les sentiments idéalisés. – *Une vision idyllique des choses.*

ie voir **id est**

Iekaterinbourg Ville de Russie, dans l'Oural, sur l'Isset. 1,3 million d'habitants. Université. Industries (sidérurgie, chimie). Nicolas II et sa famille y furent exécutés par les bolcheviks en 1918.

Iéna Ville d'Allemagne (Thuringe), sur la Saale. 110 700 habitants. Université dans laquelle professa l'élite intellectuelle prussienne des XVIIIe et XIXe s. (Hegel, Schiller). Industries (appareils de précision : optique, photographie ; pharmacie).

Iéna (bataille d') Victoire remportée le 14 oct. 1806 par Napoléon sur les Prussiens. Avec celle d'Auerstedt, elle lui ouvrit la route de Berlin.

Ienisseï **n. m.** Fleuve de Russie, en Sibérie (3 487 km). Formé par la confluence du *Grand Ienisseï* (Bii-Khem) et du *Petit Ienisseï* (Ka-Khem, près de la frontière mongole), il se jette dans l'océan Arctique (mer de Kara). Aménagements hydroélectriques.

Ievtouchenko (Ievgueni Aleksandrovitch) voir **Evtouchenko**

if **n. m.** **(vient du gaulois *ivos*)** Arbre (conifère) à fruits rouges, décoratifs. *Des ifs bien taillés.*

If Îlot français de la Méditerranée, en face de Marseille. Château du XVIe s., fortifié au XVIIe s., qui devint prison d'État et fut rendu célèbre par le roman d'A. Dumas *Le Comte de Monte-Cristo.*

Ife ou **Ifé** Ville du Nigeria, dans l'État d'Oyo. Env. 500 000 habitants. Capitale religieuse des Yoroubas, qui connut son apogée au XIIIe s. L'art d'Ife est remarquable par ses têtes d'*onis* (rois) en bronze.

Ifni (enclave ou **territoire d')** Territoire marocain, dans le S. du Maroc, peuplé de Berbères. Concédé à l'Espagne en 1860, il fut rétrocédé au Maroc en 1969.

IFOP (Institut français d'opinion publique) Institut français de sondages d'opinion fondé en 1938.

Ifremer (Institut français de recherche pour l'exploitation de la mer) Établissement public fondé en 1984. Ses activités portent principalement sur la pêche, l'aquaculture et le suivi du milieu marin (pollution).

Ifrīqiya Ancien nom arabe de la Tunisie et de l'Algérie orientale.

iftar **n. m.** **(mot arabe « rupture du jeûne »)** didact. Chez les musulmans, Repas du soir pendant le ramadan.

Igarka Ville de Russie, en Sibérie. 15 000 habitants. Port fluvial sur l'Ienisseï, en déclin.

igloo ou **iglou** [iglu] **n. m.** **(anglais *igloo*, emprunt à l'inuit *iglo* « habitation »)** Abri des Inuits, construit avec des blocs de glace ou de neige. *Des igloos, des iglous.*

Un igloo, abri adapté au climat polaire grâce aux propriétés isolantes de la neige.

Igls Village d'Autriche, près d'Innsbruck. Station de sports d'hiver qui accueillit une partie des épreuves des Jeux olympiques d'hiver en 1964.

IGN **n. m.** voir **Institut géographique national**

Ignace (saint) Père apostolique, deuxième évêque d'Antioche. Il aurait subi le martyre à Rome sous Trajan.

Ignace de Loyola (saint) [Iñigo Lopez de Loyola] Religieux espagnol (1491-1556). Il fonda la Compagnie de Jésus, approuvée par l'Église en 1540. Ses *Exercices spirituels* forment la base de la spiritualité des Jésuites.

igname [iɲam ; ignam] **n. f.** **(du portugais, d'une langue bantoue)** Plante tropicale à gros tubercules farineux ; ce tubercule (utilisé en Afrique pour l'alimentation).

ignare **adj.** **(du latin, de *i-*, *in-* et *gnarus* ; famille de *connaître*, *ignorant*)** Totalement ignorant. *Il est ignare en musique.* – **n.** *Quel ignare !*

Ignarro (Louis J.) Pharmacologue américain (né en 1941). Il découvrit que le monoxyde d'azote se comporte comme une molécule de signalisation pour le système cardio-vasculaire. Prix Nobel de médecine 1998.

igné, ée [igne ; iɲe] **adj.** **(latin *igneus*, de *ignis* « feu »)** **1.** littér. Qui est de feu. **2.** sc. Produit par l'action du feu. *Roches ignées.*

igni- Élément **(du latin *ignis*)** qui signifie « feu ».

ignifuge [iɲifyʒ ; ignifyʒ] **adj.** **(du latin *ignis* [→ igné] et *-fuge*)** Qui rend ininflammables les objets naturellement combustibles. *Une substance ignifuge.* – **n. m.** *Un ignifuge efficace.* - **syn. ignifugeant, ante adj. et n. m.**

ignifuger [iɲifyʒe ; ignifyʒe] **v. tr.** < 3 > Rendre ininflammable. – **au p. p.** *Charpentes ignifugées.* □ **n. f. ignifugation**

igniponcture ou **ignipuncture** [iɲipɔ̃ktyʀ ; ignipɔ̃ktyʀ] **n. f.** **(de *igni-* + *-puncture*)** méd. Méthode de cautérisation par une aiguille rougie à blanc.

Iguaçu

Les chutes d'Iguaçu, inscrites au patrimoine mondial de l'Unesco.

ignition [iɲisjɔ̃ ; ignisjɔ̃] **n. f.** **(du latin, de *ignire* « brûler », de *ignis* → igné)** didact. État de ce qui est en feu. → **combustion.**

ignivome [iɲivɔm ; ignivɔm] **adj.** **(du bas latin, de *ignis* « feu » et *vomere* → vomir)** didact. Qui crache le feu. *Un dragon ignivome.* – *Un cratère ignivome.*

ignoble **adj.** **(latin *ignobilis* « de basse naissance », de *in-* et *nobilis* → noble)** **1.** Vil, moralement bas. → **abject, infâme.** *Un ignoble individu.* – *Une conduite ignoble.* **2.** D'une laideur affreuse ou d'une saleté repoussante. → **immonde, répugnant.** *Un taudis ignoble.* ■ **par ext.** Affreux, très mauvais. *Un temps ignoble.* □ **adv. ignoblement**

ignominie **n. f.** **(du bas latin, de *in-* et *gnomen*, *nomen* → nom)** littér. **1.** Déshonneur extrême causé par un outrage public, une peine, une action infamante. → **honte, infamie, opprobre.** *Il s'est couvert d'ignominie.* **2.** Caractère de ce qui déshonore. *L'ignominie d'une condamnation.* **3.** Action ignoble. → **turpitude.**

ignominieux, euse **adj.** **(du latin → ignominie)** littér. Qui apporte, cause de l'ignominie. → **honteux.** *Une condamnation ignominieuse.* □ **adv. ignominieusement**

ignorance **n. f.** **(latin *ignorantia*, de *ignorans* → ignorant)** **1.** État d'une personne qui ignore ; fait de ne pas connaître qqch. *Être dans l'ignorance des nouvelles.* ■ Défaut de connaissances. → **incompétence.** « *J'avoue* [...] *ma profonde ignorance sur l'avenir* » (Voltaire). **2.** Manque d'instruction, de savoir, de culture générale. *Combattre l'ignorance.* ■ (Une, des ignorances) Manifestation d'ignorance. → **lacune.**

ignorant, ante **adj.** **(latin *ignorans*, p. prés. de *ignorare* → ignorer)** **1.** *Ignorant de* : qui n'a pas la connaissance de (une chose) ; qui n'est pas informé de. *Je suis encore ignorant des usages du pays.* – **n.** *Faire l'ignorant.* **2.** Qui manque de connaissance ou de pratique (dans un certain domaine). **3.** Qui manque d'instruction, de savoir. → **ignare, inculte.** – **n.** *Un fieffé ignorant.*

ignorantin **adj. m.** **1.** *Frères ignorantins*, et **n. m.** *les ignorantins* : nom qu'avaient pris, par humilité, les religieux de l'ordre de Saint-Jean-de-Dieu. **2. n. m.** péj. Frère enseignant dans les écoles de la doctrine chrétienne.

ignorer **v. tr.** < 1 > **(latin *ignorare*, de *ignarus*, de *in-* et *gnarus* « qui sait » → ignare)** **1.** Ne pas connaître, ne pas savoir. *Nul n'est censé ignorer la loi. J'ignore tout de cette affaire.* ■ *Ignorer qqn*, le traiter comme si sa personne ne méritait aucune considération. – *Ignorer qqch.*, le négliger, ne pas en tenir compte. *Ignorer une menace.* ■ **(suivi d'une proposition)** *Il ignore qui je suis. J'ignorais si vous viendriez.* – *Ignorer que* **(+ indic. ou subj.).** *Elle n'ignore pas qu'elle a tort.* **2.** Ne pas avoir l'expérience de. *Un peuple qui ignore la guerre.* ■ **s'ignorer** **v. pron.** « *Les gens bien portants sont des malades qui s'ignorent* » (J. Romains). ■ **ignoré, ée** **adj.** Qui n'est pas su, connu. → **inconnu.** *Des faits ignorés de tous.*

Igny Commune de l'Essonne, sur la Bièvre. 10 157 habitants. École d'horticulture.

Igor (v. 875-945). Prince de Kiev (912-945). Il attaqua Constantinople (941) et conclut avec l'Empire byzantin un traité commercial avantageux.

Iguaçu (rio) en portugais ou **Iguazú (río)** en espagnol **n. m.** Rivière d'Amérique du Sud. 1 045 km. Le rio Iguaçu prend sa source au Brésil et, quelques kilomètres avant de se jeter dans le Paraná, forme la frontière entre le Brésil et l'Argentine. Chutes spectaculaires dans le parc naturel d'Iguaçu, à la frontière.

iguane [igwan] **n. m.** **(de l'espagnol, d'une langue amérindienne des Caraïbes [arawak])** Reptile saurien de l'Amérique tropicale, qui a l'aspect d'un grand lézard.

iguanodon [igwanɔdɔ̃] **n. m.** **(mot anglais, de *iguana* [→ iguane] et du grec *odous, odontos* « dent »)** Reptile fossile bipède, à très grosse queue, qui vivait au crétacé.

igue **n. f.** **(de *igo,* mot occitan du Quercy)** **régional** Aven.

Ijevsk Ville de Russie, capitale de la République autonome d'Oudmourtie, à l'O. de l'Oural. 632 000 habitants. Centre industriel.

IJmuiden Ville des Pays-Bas (Hollande-Septentrionale), sur la mer du Nord, dans la commune de Velsen. 61 500 habitants. Avant-port d'Amsterdam, sur le canal de la mer du Nord. Pêche et conserveries. Industries (sidérurgie, chimie). Station balnéaire.

IJssel **n. f.** Rivière des Pays-Bas (116 km), formée par un bras du Rhin. Elle se jette dans l'IJsselmeer. Tourisme nautique.

IJsselmeer **n. m.** **ou lac d'IJssel** Lac d'eau douce des Pays-Bas, formé lors de l'aménagement, en 1932, de l'ancien Zuiderzee. Il est fermé par la digue du Nord et limité par les polders du Flevoland et du Nord-Est. Pêche. Tourisme nautique.

ikebana [ikebana] **n. m.** **(mot japonais)** Art floral japonais.

Ike no Taiga Peintre, calligraphe et poète japonais (1899-1965). Il est célèbre pour ses paysages et ses figures.

Ikere Ville du Nigeria (État d'Ikiti), au S.-O. d'Oshogbo. 400 000 habitants.

Ikhchidites **n. m. pl.** Dynastie égyptienne (935-969). Fondée par Muḥammad ibn Ṭughj, cette dynastie rétablit l'ordre abbasside.

il, ils **pron. pers. m.** **(vient du bas latin *illi,* de *ille,* dém.)** **I.** **1.** Pronom personnel masculin de la troisième personne, faisant fonction de sujet. *Pierre cherche son briquet et il s'énerve. Sont-ils venus ?* – **(reprenant le nom en interrogation)** *Ton frère part-il avec nous ?* – **(renforçant le nom)** *Ton ami, il est en retard.* – **(*Ils,* plur. commun pour représenter le masculin et le féminin)** *Ton père et ta mère t'accompagneront-ils ?* **2.** *Ils :* des personnes indéterminées (gouvernement, administration, riches, etc.). → **on.** *Ils vont encore augmenter les impôts.* **II.** **au sing.** **Sert à introduire les verbes impersonnels, et tous les verbes employés impersonnellement.** *Il fait chaud. Il a neigé. Il était une fois. Quelle heure est-il ? Il se fait tard.* – **littér.** *Il est vrai :* c'est vrai.

Ila ou **Ila Orangun** Ville de l'O. du Nigeria (État d'Osun). 180 000 habitants. Commerce (cacao, tabac).

ilang-ilang [ilɑ̃ilɑ̃] **n. m.** **(mot indonésien)** Arbre cultivé en Indonésie et dans la région de Madagascar, pour ses fleurs utilisées en parfumerie. *Des ilangs-ilangs.* - **var.** **ylang-ylang.**

Ildefonse **(saint)** Archevêque de Tolède (606 ou 607-667). Il est très populaire en Espagne.

île **n. f.** **(vient du latin *insula* → insulaire)** **1.** Étendue de terre ferme émergée d'une manière durable dans les eaux. *Petite île rocheuse.* → **îlot.** *Groupe d'îles.* → **archipel.** *Les îles Anglo-Normandes. Une île déserte.* **2.** *Les Îles :* les Antilles. – *Bois des îles,* exotique. **3.** *Île flottante :* entremets composé de blancs d'œufs battus flottant sur de la crème anglaise. - **var.** RO **ile.**

Île-aux-Moines (L') voir **Moines** (île aux)

Île-d'Aix (L') voir **Aix** (île d')

Île-de-France **n. f.** Région historique de la France, située au centre du Bassin parisien. Peuplée par les Celtes, la région resta sous la domination romaine du Ier s. av. J.-C. à la fin du Ve s. apr. J.-C. Cœur du royaume franc et de la monarchie capétienne, l'Île-de-France fut aussi le berceau de l'art gothique, et de nombreuses demeures royales y furent édifiées (Versailles, Fontainebleau).

Île-de-France Région administrative du centre nord de la France, comprenant 8 départements : Paris, la Seine-et-Marne, les Yvelines, l'Essonne, les Hauts-de-Seine, la Seine-Saint-Denis, le Val-de-Marne et le Val-d'Oise. 12 012 km². 12 271 794 habitants (les *Franciliens*) [2,2 % de la superficie, 18,2 % de la population, 31 % du PIB]. Chef-lieu : Paris.

GÉOGRAPHIE

La Région est formée de plateaux tertiaires occupant le centre du Bassin parisien, entaillés de vallées (Oise, Marne, Yerres, Essonne, Orge) qui convergent vers la Seine. Entre les plateformes calcaires de Beauce et de Brie, les sables et grès de la forêt de Fontainebleau constituent au S. un des attraits naturels de la région. Avec les vallées humides et encaissées des Yvelines (Yvette, Bièvre) à l'O., et la plaine de France et le Vexin français au N., la Région présente une variété de sols qui fait alterner champs cultivés et massifs forestiers. Le climat est de type tempéré océanique.

Urbanisation et communication L'Île-de-France est fortement peuplée et urbanisée, avec Paris, capitale nationale. La Métropole du Grand Paris a vu le jour en 2016 et réunit 131 communes (la totalité des départements des Hauts-de-Seine, de la Seine-Saint-Denis et du Val-de-Marne ainsi que six communes de l'Essonne et une commune du Val-d'Oise, Argenteuil). Elle est divisée en 12 territoires et regroupe plus de 7 millions de Franciliens. Les densités les plus fortes se trouvent à Paris et dans la proche banlieue. Le taux de natalité de la Région est élevé. Le phénomène de croissance périphérique a été favorisé par le développement des transports routiers et ferroviaires, rendant possibles des déplacements quotidiens de plus en plus lointains. Les infrastructures de communication (autoroutes, réseau ferroviaire, aéroports Paris-Charles-de-Gaulle et Paris-Orly) convergent vers Paris et assurent à la Région une position stratégique de carrefour national et international (première métropole de l'UE avec Londres).

ÉCONOMIE

L'agriculture, dans les zones rurales épargnées par l'urbanisation, est intensive (céréales, betteraves, légumes) et parfaitement intégrée au complexe agroalimentaire (marché de Rungis, le plus grand du monde). La Région reste le premier bassin d'emplois de l'industrie française (qui ne représente toutefois que 7 % de l'emploi régional). Ses activités présentent une grande diversité (agroalimentaire, électronique, mécanique, automobile, aéronautique) et sont largement concentrées dans les zones d'emplois périphériques (banlieue sud pour la haute technologie). Les activités de services emploient 87,5 % de la population active (2022). La capitale est le lieu de concentration privilégié des sièges de sociétés, des institutions financières, des administrations et des commerces. Grand pôle d'enseignement et de recherche, l'agglomération parisienne est aussi le premier centre touristique mondial par son nombre de visiteurs (près de 50 millions par an).

Île-de-France, la bibliothèque de l'université Paris X-Nanterre.

Île-d'Yeu (L') voir **Yeu** (île d')

iléite **n. f.** **méd.** Inflammation de l'iléon.

iléocæcal, ale, aux **adj.** **méd.** Relatif à la fois à l'iléon et au cæcum.

iléon **n. m.** **(latin médiéval *ileum,* du grec *eilein* « enrouler », famille de *hélice*)** **anat.** Troisième partie de l'intestin grêle, qui précède le gros intestin. □ **adj.** **iléal, ale, aux**

Île-Rousse (L') Commune de la Haute-Corse, au N. de Calvi. 3 224 habitants. Cette ville portuaire constitue une destination touristique prisée.

Ilesha Ville du Nigeria (État d'Osun), à l'E. d'Oshogbo. Env. 300 000 habitants. Cacao.

îlet **n. m.** **régional (Antilles)** Îlot. - **var.** RO **ilet.**

iléus [ileys] **n. m.** **(grec *eilos,* de *eilein* « tordre »)** **méd.** Occlusion intestinale.

Ili **n. m.** Rivière de Chine et du Kazakhstan. 1 400 km. Né dans les monts Tian shan en Chine, l'Ili se jette dans le lac Balkhach.

Iliade (L') Épopée grecque en 24 chants attribuée, comme *L'Odyssée,* à Homère. Elle raconte un épisode de la guerre de Troie. Cette épopée, où dieux et déesses jouent un rôle primordial, est, avec *L'Odyssée,* fondatrice de la culture occidentale.

▶ **L'Iliade,** œuvre majeure de la littérature antique, a pour thème central la colère d'Achille lors de la guerre de Troie, qui oppose Achéens et Troyens suite à l'enlèvement d'Hélène par Pâris. Outragé par Agamemnon, le chef des Achéens, Achille se retire des combats. Les Troyens en profitent pour reprendre l'avantage. Achille accepte alors de prêter ses armes à Patrocle, qui réussit un temps à repousser l'ennemi, avant d'être terrassé par Hector. Pour venger son ami, Achille repart au combat, refoule les Troyens et tue Hector. Le vieux Priam vient réclamer le cadavre de son fils et Achille, touché par sa douleur, le lui rend.
Sur cette trame principale se greffent les épisodes les plus variés : des mêlées et des combats singuliers où s'illustrent des héros comme Ajax, Diomède, Énée, Ulysse ou Ménélas qui affronte en duel Pâris sous les yeux d'Hélène, des scènes émouvantes comme les adieux d'Hector et d'Andromaque, des scènes plus légères... Dans l'épopée, les dieux sont omniprésents. Ils interviennent sans cesse en faveur d'un camp ou de l'autre : Athéna et Héra soutiennent les Achéens, Apollon et Aphrodite les Troyens. Le destin pèse sur les hommes, conférant au poème une dimension tragique. De *L'Iliade,* on ne sait rien avec certitude : sa genèse, son auteur (est-elle l'œuvre d'un poète unique, le mythique Homère ?), ses liens avec l'histoire restent flous. Issue d'une longue tradition orale, elle fut composée au VIIIe s. av. J.-C., dans une langue littéraire artificielle (mélange d'ionien et d'éolien), selon une technique élaborée (l'hexamètre dactylique) et un style personnel, très imagé. Premier chef-d'œuvre de la littérature grecque, elle a forgé la conception de l'épopée pour les Grecs et les Latins mais aussi pour les Modernes.
voir aussi **Odyssée, Énéide, épopée**

L'Iliade, duel de Ménélas et Pâris, coupe attique (v. 490-480 av. J.-C.), musée du Louvre, Paris.

iliaque **adj.** **(latin *iliacus,* de *ilia* « entrailles » et « flanc » → ilion)** *Os iliaque :* os de la hanche.

îlien, îlienne **adj.** **et n.** Qui habite une île. → **insulaire.** - **var.** RO **ilien, ilienne.**

Iliescu **(Ion)** Homme d'État roumain (né en 1930). Ministre de Ceausescu, il réprima violemment la population lors de la chute du dictateur (1989) pour accéder à la présidence de la République (de 1990 à 1996).

ilion **n. m.** **(latin *ilium,* de *ilia* → iliaque, pris pour un mot grec)** Partie supérieure de l'os de la hanche.

Ilion voir **Troie**

Iliouchine **(Sergueï Vladimirovitch)** Ingénieur aéronautique soviétique (1894-1977). Il conçut de nombreux modèles d'avions.

Île-de-France

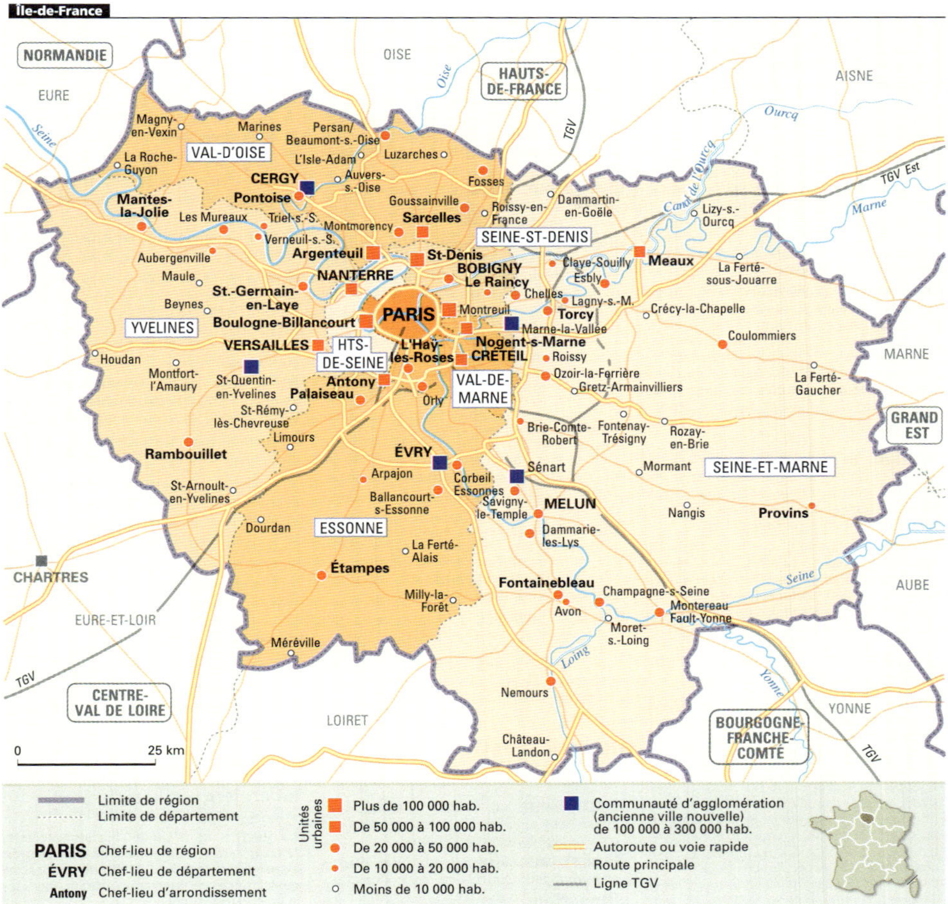

Ill n. m. Rivière d'Alsace, affluent du Rhin. 208 km. Elle naît dans le Jura et arrose Mulhouse, Colmar et Strasbourg.

Illampu n. m. Sommet de Bolivie, le plus élevé de la cordillère des Andes. 6 362 m. Il domine le lac Titicaca.

Ille n. m. Rivière de Bretagne, confluant avec la Vilaine à Rennes. 45 km. Le *canal d'Ille-et-Rance* relie Rennes à la Rance. 85 km.

illectronisme n. m. didact. État d'une personne qui ne maîtrise pas l'usage des ressources électroniques.

Ille-et-Vilaine n. f. [35] Département français de la Région Bretagne (→ carte). 6 852 km². 1 088 855 habitants. Chef-lieu : Rennes. Chefs-lieux d'arrondissement : Fougères, Redon, Saint-Malo. En majorité rural, le département vit notamment de l'élevage, alors que Rennes est un centre de recherche et d'industries (agroalimentaire, automobile, télématique). C'est le département breton le moins ouvert sur la mer, mais sa « Côte d'Émeraude » (Dinard, Saint-Malo) constitue une destination touristique de choix.

illégal, ale, aux [i(l)legal, o] adj. (→ légal) Qui est contraire à la loi. → **illicite, irrégulier.** *Des mesures illégales.* → **arbitraire.** *Exercice illégal de la médecine.*

illégalement [i(l)legalmɑ̃] adv. D'une manière contraire à la loi. *Procéder illégalement.*

illégalité [i(l)legalite] n. f. **1.** Caractère de ce qui est illégal. *L'illégalité d'une mesure administrative.* ■ Acte illégal. *Il y a eu des illégalités dans ce procès.* **2.** Situation d'une personne, d'un groupe qui contrevient à la loi. *Vivre dans l'illégalité* (→ **hors-la-loi**).

illégitime [i(l)leʒitim] adj. **1.** (enfant) Né hors du mariage et qui n'a pas été reconnu. → **naturel. 2.** Qui n'est pas conforme au droit moral, qui est injustifié. *Actes illégitimes.* → **illégal, irrégulier.** *« Des superstitions, des frayeurs illégitimes »* (Camus), sans objet réel. □ adv. **illégitimement**

illégitimité [i(l)leʒitimite] n. f. Caractère de ce qui est illégitime. *L'illégitimité d'une sanction.*

illettré, ée [i(l)letʀe] adj. (de *lettre*) **1.** vieilli Non lettré, inculte. **2.** Qui ne possède pas une maîtrise suffisante de la lecture et de l'écriture. → aussi **analphabète.** – n. *Les illettrés.*

illettrisme [i(l)letʀism] n. m. État d'une personne illettrée (2).

Illich (Ivan) Philosophe autrichien de langue anglaise (1926-2002). Il s'intéressa à la discrimination raciale au sein de l'école et a notamment réfléchi à la mutation des rapports sociaux dans les sociétés contemporaines. *La Convivialité.*

illicite [i(l)lisit] adj. Qui n'est pas licite, qui est défendu par la morale ou par la loi. → ¹**interdit, prohibé.** *Des moyens illicites. Profits illicites.* □ adv. **illicitement**

illico [i(l)liko] adv. (mot latin, de *in-* « dans » → ¹in- et *locus* « lieu » → ¹lieu) fam. Sur-le-champ. → **aussitôt, immédiatement.** *Il faut revenir illico.* – loc. *Illico presto* (même sens).

Illiers-Combray Commune de l'Eure-et-Loir, sur le Loir. 3 237 habitants. Illiers servit de modèle à Marcel Proust pour le Combray de *À la recherche du temps perdu*, d'où le nom actuel (1971).

Illimani n. m. Sommet de Bolivie, dans la cordillère des Andes, qui domine le site de La Paz. 6 402 m.

illimité, ée [i(l)limite] adj. (de *limite*) **1.** Qui n'a pas de bornes, de limites visibles. → **immense, infini.** *Un pouvoir illimité.* **2.** Dont la grandeur n'est pas fixée. → **indéterminé.** *Pour une durée illimitée.*

Illinois n. m. État des États-Unis, au S.-O. du lac Michigan. 146 756 km². 12,8 millions d'habitants. Capitale : Springfield. Ville principale : Chicago. Riche région agricole et industrielle (à Chicago).

illisibilité n. f. Caractère de ce qui est illisible.

illisible [i(l)lizibl] adj. **1.** Que l'on ne peut pas lire, très difficile à lire. → **indéchiffrable.** *La signature est illisible.* **2.** Dont la lecture est insupportable. □ adv. **illisiblement**

Illkirch-Graffenstaden Commune du Bas-Rhin, dans la banlieue S. de Strasbourg. 27 087 habitants.

illocutoire adj. (de l'anglais *illocutory*) ling. Qui produit un effet par l'acte de parole lui-même. → **performatif.**

illogique [i(l)lɔʒik] **adj.** Qui n'est pas logique. *Un raisonnement illogique.* → **incohérent.** □ **adv. illogiquement**

illogisme [i(l)lɔʒism] **n. m.** didact. Caractère de ce qui manque de logique. *L'illogisme de sa conduite.* – Chose illogique.

Illouz (Eva) Sociologue franco-israélienne (née en 1961). Défendant une sociologie des sentiments, elle s'intéresse en particulier à l'amour, dans lequel elle voit un facteur d'individualisation au sein de la société moderne. Elle a développé la notion de « capitalisme émotionnel » *(Les Sentiments du capitalisme ; La Fin de l'amour : enquête sur un désarroi contemporain).*

illumination [i(l)lyminasjɔ̃] **n. f. (du bas latin, de *illuminare* → illuminer) I. 1.** Lumière divine. ■ Inspiration subite, lumière qui se fait dans l'esprit. *Avoir une illumination.* **2.** Action d'éclairer, de baigner de lumière. *L'illumination d'un monument.* ■ **au plur.** Ensemble de lumières en vue d'une fête. *Les illuminations du 14 Juillet.* **II. (sens repris à l'anglais)** Enluminure. *Les « Illuminations »* (recueil de poèmes de Rimbaud).

illuminé, ée [i(l)lymine] **1. n.** Mystique qui se croit inspiré par Dieu. ■ **péj.** Esprit chimérique qui ne doute pas de ses inspirations. *C'est un illuminé !* **2. adj.** Éclairé de nombreuses lumières. *Édifice illuminé.*

illuminer [i(l)lymine] **v. tr. < 1 > (latin *illuminare*, de *lumen* « lumière » → lumineux) 1.** Éclairer d'une vive lumière. *Éclair qui illumine le ciel.* – **(sujet personne)** Orner de lumières (un monument, une rue) à l'occasion d'une fête. **2.** Mettre un reflet, un éclat lumineux sur.

illuminisme [i(l)lyminism] **n. m.** hist. relig. Doctrine, mouvement des illuminés.

illusion [i(l)lyzjɔ̃] **n. f. (latin *illusio*, de *ludere* « jouer » → ludique) I. 1.** Interprétation fausse de ce que l'on perçoit. *Être victime d'une illusion.* – **loc.** *Illusion d'optique*, provenant des lois de l'optique ; **fig.** erreur de point de vue. **2.** Apparence dépourvue de réalité. *Ce petit jardin donnait une illusion de fraîcheur.* ■ *Les illusions d'un magicien.* → **illusionnisme. II.** Opinion fausse, croyance erronée qui trompe par son caractère séduisant. → **chimère, rêve, utopie.** *Les illusions de la jeunesse. Bercer qqn d'illusions. Nourrir une illusion. « Illusions perdues »* (de Balzac). *Ne vous faites pas trop d'illusions !* : voyez les choses en face. ■ ***Faire illusion*** : donner l'impression trompeuse de la valeur, de la qualité.

illusionner [i(l)lyzjɔne] **v. tr. < 1 >** Tromper par une illusion. ■ **s'illusionner v. pron.** Se faire des illusions. → **s'abuser, se leurrer.** *Il s'illusionne sur ses chances de succès.*

illusionnisme [i(l)lyzjɔnism] **n. m. 1.** Art de créer l'illusion par des trucages, des tours de prestidigitation, etc. **2.** Recherche de l'illusion du réel, en art.

illusion

Les illusions d'optique rendent compte du fonctionnement du système visuel de l'homme.

illusionniste [i(l)lyzjɔnist] **n.** Personne qui pratique l'illusionnisme. → **prestidigitateur.**

illusoire [i(l)lyzwaʀ] **adj. (bas latin *illusorius* → illusion)** Qui peut faire illusion, mais ne repose sur rien de réel, de sérieux. → **¹faux, trompeur, vain.** *Une sécurité illusoire.* ■ Imaginaire. *« Décocher à d'illusoires ennemis d'illusoires estocades »* (Céline). □ **adv. illusoirement**

illustrateur, trice [i(l)lystʀatœʀ, tʀis] **n.** Artiste spécialisé(e) dans l'illustration (III). *Illustratrice de livres pour enfants.*

illustration [i(l)lystʀasjɔ̃] **n. f. (du latin, de *illustrare* → illustrer) I.** vieux Action de rendre illustre, de donner de l'éclat, du prestige (à qqn, qqch.). *« Défense et illustration de la langue française »* (de Du Bellay). **II.** Action d'éclairer, d'illustrer (II) par des explications, des exemples. *L'illustration d'une idée.* **III.** Figure (gravure, reproduction, etc.) illustrant un texte. → **image, visuel.** – **sing. collectif** *Une abondante illustration.* → **iconographie.**

illustre [i(l)lystʀ] **adj. (latin *illustris* « éclairé, mis en lumière », de *in-* et *lustrum* « éclat »)** Qui est très connu, du fait d'un mérite ou de qualités extraordinaires. → **célèbre, fameux.** *Un écrivain illustre.* – **plais.** *Un illustre inconnu.*

illustré, ée [i(l)lystʀe] **1. adj.** Orné d'illustrations. *Un livre illustré.* **2. n. m.** Périodique qui comporte de nombreuses illustrations (dessins, photographies, etc.) accompagnées de légendes. *Illustrés pour enfants.*

illustrer [i(l)lystʀe] **v. tr. < 1 > (latin *illustrare*, de *in-* et *lustrare* « éclairer », de *lux* → illustre) I.** littér. Rendre illustre, célèbre. – **pronom.** *S'illustrer par des découvertes.* → **se distinguer. II.** Rendre plus clair par des exemples. *Illustrer la définition d'un mot par des citations.* **III. (anglais *to illustrate*)** Orner de figures, d'images (un ouvrage).

Illustre-Théâtre (l') Troupe de comédiens fondée en 1643 par Molière et les Béjart.

illustrissime **adj. (d'après l'italien)** vieux, plais. Très illustre (titre encore donné à certains dignitaires ecclésiastiques).

illuvial, ale, aux **adj. (du latin, d'après *alluvial*)** didact. Qui résulte d'une illuviation.

illuviation **n. f. (latin *illuvio* « débordement »)** géol. Processus d'accumulation d'éléments étrangers dans un sol, formant un dépôt ou un horizon.

illuvium [i(l)lyvjɔm] **n. m.** géol. Accumulation d'éléments formant un horizon, un niveau particulier d'un sol.

Illyés (Gyula) Écrivain hongrois (1902-1983). Il se lia avec les surréalistes français et, influencé par les idées communistes, s'attacha au mouvement des écrivains populaires *(Peuple de la Puszta)* et exprima son désenchantement dans des drames et des poèmes. *Le Favori ; Les Purs.*

Illyrie **n. f.** Ancien nom du littoral adriatique des Balkans, correspondant aux actuelles Croatie, Dalmatie, Bosnie-Herzégovine et Albanie. Occupée par un peuple indo-européen, elle fut colonisée par les Grecs (VIIe-VIe s. av. J.-C.), puis par les Romains (IIIe s. av. J.-C.), qui en firent une province. Napoléon (1809), puis l'Empire autrichien (1816) reprirent le nom d'Illyrie pour désigner cette région.

Illzach Commune du Haut-Rhin, dans la banlieue N. de Mulhouse. 14 380 habitants.

Ilmen (lac) Lac de Russie occidentale, au S. de Novgorod. Sa surface varie de 730 à 2 100 km² selon la saison.

Iloilo Ville des Philippines, dans l'île de Panay. 448 000 habitants. Riziculture, pêche et pisciculture.

Ilorin Ville de l'O. du Nigeria (État du Kwara). 1 million d'habitants. Commerce (tabac, bétail). Industrie alimentaire.

îlot **n. m. (de île) 1.** Très petite île. *Îlot dans un lac.* **2.** Petit espace isolé. *Des îlots de verdure.* – **anat.** *Îlots de Langerhans* : cellules, dans le tissu pancréatique, sécrétant l'insuline. – **météorol.** *Îlot de chaleur urbain* : zone localisée caractérisée par des températures très élevées. ■ **fig.** Point isolé. *Des îlots de résistance.* **3.** Groupe de maisons, d'immeubles, délimité par des rues. *Démolir un îlot insalubre.* **4.** Meuble de cuisine muni d'un plan de travail, que l'on place au centre de la pièce. - **var.** RO **ilot.**

îlotage **n. m.** Partage d'une ville, d'un quartier en divisions administratives *(îlots)* placées sous la surveillance d'un policier (→ **îlotier**). - **var.** RO **ilotage.**

ilote **n. (du latin, du grec *heilôs, heilôtos*) 1.** Antiq. grecque Habitant de Laconie réduit en esclavage par les Spartiates. - **var. hilote. 2.** littér. Personne asservie, réduite à la misère et à l'ignorance. □ **n. m. ilotisme**

îlotier, ière **n.** Policier chargé de la surveillance d'un îlot. - **var.** RO **ilotier, ière.**

ILS [iɛlɛs] **n. m. (sigle de l'anglais *Instrument Landing System* « système d'atterrissage aux instruments »)** techn. Méthode de radiogoniométrie permettant l'atterrissage des avions sans visibilité.

IMA **n. m.** voir **Institut du monde arabe**

image **n. f. (latin *imago*, famille de *imitari* → imiter) I.** Reproduction visuelle d'un objet réel. **1.** Reproduction inversée (d'un objet qui se réfléchit). → **reflet.** *Voir son image dans la glace.* **2.** sc. Reproduction (d'un objet) par l'intermédiaire d'un système optique. *Image réelle et image virtuelle (en optique).* ■ Production de figures qui font reconnaître ou évoquent une réalité (par la photographie, le cinéma, la télévision). *L'image et le son* (→ **audiovisuel ; vidéo-**). *L'image est très nette. Image en trois dimensions. Images en relief.* → **hologramme.** *Images de synthèse, images virtuelles. Traitement de l'image.* **3.** Représentation (d'un objet) par les arts graphiques ou plastiques. → **dessin, figure, gravure, illustration (III), visuel.** *Livre d'images. Images pieuses.* **(nom déposé)** *Images d'Épinal* (images populaires produites depuis le XIXe siècle). – **loc. fam.** *Sage comme une image*, se dit d'un enfant calme, posé. **II. fig. 1.** Reproduction ou représentation analogique (d'un être, d'une chose). *C'est l'image de son père.* → **portrait.** – *À l'image de.* → **ressemblance.** *« Si Dieu nous a faits à son image, nous le lui avons bien rendu »* (Voltaire). **2.** Ce qui évoque une réalité. → **symbole.** *Donner une image très sombre de la situation.* ■ **loc.** *Image de marque* : symbole d'un produit, d'une firme, d'une personne ; représentation qu'on en a ; réputation. *Soigner, améliorer son image (de marque).* **3.** Expression de l'abstrait par le concret, dans le langage. → **comparaison, figure, métaphore.** *Une image neuve, banale.* **4.** math. Élément d'un ensemble qui, par une relation déterminée (application), correspond à un élément (appelé *antécédent*) d'un premier ensemble. **III. 1.** philos. Reproduction mentale d'une perception (ou impression) antérieure, en l'absence de l'objet extérieur. *Image visuelle, auditive. Conserver, évoquer l'image d'un être.* → **[2]souvenir. 2.** Produit de l'imagination, du rêve. → **illusion, vision.**

imagé, ée adj. (style) Orné d'images, de métaphores. *Un langage imagé.* → **figuré.**

imagerie n. f. **1.** Ensemble d'images de même origine, ou de même inspiration, caractéristiques d'un genre, d'une époque. *L'imagerie populaire.* **2.** didact. Technique permettant d'obtenir des images grâce à différents types de rayonnements. *Imagerie médicale* (échographie, scanographie, IRM, etc.).

L'**imagerie** (2) **médicale** a pour but de compléter l'examen clinique du corps humain par l'obtention d'images reflétant l'anatomie (imagerie anatomique) ou la fonction (imagerie fonctionnelle) des organes choisis.

L'imagerie anatomique fait appel à la radiographie par rayons X, à la résonance magnétique nucléaire, à l'échographie par ultrasons et à la scintigraphie par isotopes radioactifs. La **radiographie** est l'enregistrement photographique de la structure interne des organes traversés par les rayons X. L'exploration peut être affinée par l'administration simultanée de produits de contraste dans les vaisseaux (artériographies) ou les organes creux. La **scanographie** ou tomodensitométrie permet d'obtenir, après reconstitution par ordinateur des signaux, une grande quantité de coupes quasi anatomiques des organes. La **résonance magnétique nucléaire** repose sur l'enregistrement du signal électromagnétique émis par les noyaux d'hydrogène lors de leur retour à l'équilibre après avoir été soumis à une forte aimantation. Le traitement informatique des signaux permet d'obtenir des images de coupes anatomiques dans les trois plans de l'espace. L'**échographie** utilise des ultrasons que les tissus réfléchissent différemment selon leur impédance. Son domaine d'application est assez étendu : exploration des organes abdominaux et pelviens, du cœur, des gros vaisseaux, des seins, de la thyroïde, des articulations, échographie endoscopique par sonde introduite dans le tube digestif, échographie fœtale pour surveiller la grossesse... Couplée à la vélocimétrie Doppler, elle permet l'étude des flux sanguins. La **scintigraphie** consiste à injecter dans l'organe étudié (la thyroïde, le cœur, les reins, les poumons) un produit marqué avec un radio-isotope. Les images sont enregistrées par une caméra à scintillation.

L'imagerie fonctionnelle repose sur l'enregistrement de l'activité électrique d'un organe grâce à des électrodes. L'électrocardiogramme et l'électroencéphalogramme en sont deux exemples mais on peut aussi explorer l'activité électrique des muscles ou de la rétine. La tomographie par émission de positons permet d'explorer l'activité métabolique du cerveau grâce à l'injection intraveineuse d'un traceur marqué par un isotope émetteur de positrons. Les images sont recueillies par une gamma-caméra.

voir aussi **laser, onde**

imagier n. m. **1.** Peintre ou sculpteur du Moyen Âge. *Les imagiers des cathédrales.* **2.** Livre d'images.

imaginable adj. Que l'on peut imaginer, concevoir. → **concevable.** *Utiliser tous les moyens possibles et imaginables.*

imaginaire (latin *imaginarius*, de *imago* → **image**) **I.** adj. **1.** Qui n'existe que dans l'imagination, qui est sans réalité. → **irréel ; fictif.** *Animaux imaginaires.* → **fabuleux.** *Personnages imaginaires des romans.* – math. *Partie imaginaire d'un nombre complexe* (écrit $a + ib$, avec $i^2 = -1$) : le nombre réel b. **2.** Qui n'est tel que dans sa propre imagination. « *Le Malade imaginaire* » (pièce de Molière). **II.** n. m. Domaine de l'imagination. *Préférer l'imaginaire au réel. Mythe et imaginaire collectif.*

imaginal, ale, aux adj. biol. Qui se rapporte à l'imago (1). *Cellules imaginales.*

imaginatif, ive adj. et n. Qui a l'imagination fertile, qui imagine aisément. → **inventif.** *Un esprit imaginatif.*

imagination n. f. (du latin, de *imaginari* → **imaginer**) **I.** L'IMAGINATION **1.** Faculté que possède l'esprit de se représenter des images ou d'évoquer les images d'objets déjà perçus. « *Il est certains moments que l'imagination ne peut se lasser de représenter* » (Stendhal). *Cela a frappé son imagination.* **2.** Faculté de former des images d'objets qu'on n'a pas perçus ou de faire des combinaisons nouvelles d'images ou d'idées, de se représenter des situations possibles. *Avoir de l'imagination. Une imagination débordante.* – *Cela n'existe que dans votre imagination,* dans l'imaginaire. **II.** UNE, DES IMAGINATIONS littér. Ce que qqn imagine ; chose imaginaire ou imaginée. → **chimère, rêve.** « *Les folles imaginations de l'amour* » (Stendhal).

imaginé, ée adj. Inventé. *Une histoire imaginée de toutes pièces.*

imaginer v. tr. < 1 > (latin *imaginari*, de *imago* → **image**) **1.** Se représenter dans l'esprit. → **concevoir.** *J'imagine très bien la scène. Qu'est-ce que tu vas imaginer ?* → **chercher.** – Concevoir comme existant. – *Imaginer que.* → **[1]penser, supposer.** *Imaginez qu'il arrive à l'improviste. Je n'imagine pas qu'il puisse nous mentir.* – (en incise) *Et il est furieux, j'imagine !* **2.** Inventer. *Elle a imaginé un moyen d'en sortir.* – *Imaginer de* (+ inf.) : avoir l'idée de. ■ **s'imaginer** v. pron. **1.** Se représenter, concevoir. → se **figurer.** *Je me l'imaginais autrement.* **2.** Croire à tort. *Elle s'était imaginé avoir tout compris.*

imago n. m. et f. **1.** n. m. ou f. biol. Forme adulte et complète de l'insecte à métamorphoses. *Imago du hanneton.* **2.** n. f. psych. Image inconsciente des personnes de l'entourage du sujet, qui se fixe dans la petite enfance. *Imago paternelle, maternelle.*

imam [imam] n. m. (arabe « celui qui se tient devant », de *'amma* « marcher devant ; présider ») **1.** hist. Titre donné au successeur de Mahomet et à ceux d'Ali chez les chiites*. **2.** Fonctionnaire laïque qui dirige la prière dans une mosquée.

imamat n. m. Dignité, charge d'imam.

Imamura Shohei Cinéaste japonais (1926-2006). Assistant d'Ozu, il réalisa ensuite des films sobrement naturalistes. Il obtint la Palme d'or à Cannes pour *La Ballade de Narayama* en 1983 et *L'Anguille* en 1997.

IMAO [imao] n. m. invar. (sigle) pharm. Inhibiteur de la monoamine oxydase, produit utilisé comme antidépresseur.

Imatra Ville du S.-E. de la Finlande, à la frontière russe. 29 160 habitants. Barrage hydroélectrique sur le Vuoski (chutes d'Imatra). Industries (bois, métallurgie, chimie).

imbattable adj. (de *battre*) Qui ne peut être battu, vaincu. *Il est imbattable sur cette distance* (→ **invincible**), *sur cette matière* (→ **incollable**). – *Des prix imbattables,* plus avantageux que partout ailleurs.

imbécile adj. et n. (*imbecillus* « sans bâton, sans ressource, faible », de *in-* et *bacillum* → **bacille**, diminutif de *baculum* « bâton ») **1.** vieux Faible. « *L'homme, imbécile ver de terre* » (Pascal). **2.** méd., vieilli Qui est atteint d'imbécillité. **3.** Dépourvu d'intelligence ; qui manifeste de la bêtise. *Une réflexion imbécile.* → **bête, idiot, stupide** ; fam. **con.** – n. Personne sans intelligence. → **abruti, crétin, idiot.** *C'est le dernier des imbéciles. Imbécile heureux,* satisfait de lui. « *Passer pour un idiot aux yeux d'un imbécile est une volupté de fin gourmet* » (Courteline). □ adv. **imbécilement**

imbécillité ou **imbécilité** [ɛ̃besilite] n. f. (du latin, de *imbecillus* → **imbécile**) **1.** vieux Faiblesse. **2.** méd., vieilli Forme sévère de déficience intellectuelle. **3.** Grave manque d'intelligence. ■ (Une, des imbécillités) Acte, parole, idée imbécile. *Il ne dit que des imbécillités.* → **ânerie, bêtise, idiotie** ; fam. **connerie.**

imberbe adj. (du latin, de *barba* → **[1]barbe**) Qui est sans barbe (→ **glabre**), n'a pas encore de barbe.

imbiber v. tr. < 1 > (latin *imbibere*, de *bibere* → **[1]boire**) Pénétrer, imprégner d'eau, d'un liquide. → **tremper.** *Imbiber une éponge.* ■ **s'imbiber** v. pron. Absorber un liquide. *Le bois s'est imbibé.* ■ fam. *S'imbiber d'alcool, de vin* : boire à l'excès.

imbibition n. f. (latin *imbibitio*) Action d'imbiber, de s'imbiber. – État d'un corps imbibé.

imbitable adj. (de *biter* « comprendre ») fam. Incompréhensible. *Un texte imbitable.*

imbrication n. f. (→ **imbriqué**) Disposition de choses imbriquées.

imbriqué, ée adj. (latin *imbricatus*, de *imbrex, imbricis* « tuile creuse ») **1.** Se dit de choses qui se recouvrent partiellement (à la manière des tuiles d'un toit). *Des écailles imbriquées.* **2.** fig. *Une suite d'évènements imbriqués les uns dans les autres.*

s'imbriquer v. pron. < 1 > (→ **imbriqué**) **1.** Être disposé de façon à se chevaucher. *Ardoises, écailles qui s'imbriquent.* **2.** fig. S'enchevêtrer, être étroitement lié.

imbroglio [ɛ̃bʀɔljo ; ɛ̃bʀɔglijo] n. m. (mot italien, de *imbrogliare* « embrouiller ») Situation confuse, embrouillée. → **complication.** *Des imbroglios.*

imbrûlé, ée adj. Qui n'a pas complètement brûlé. *Gaz imbrûlés.* – n. m. pl. *Les imbrûlés* : les vapeurs d'hydrocarbure qui restent dans les gaz d'échappement d'un moteur à explosion. - var. RO **imbrulé, ée.**

imbu, ue adj. (de *embu*, p. p. de *emboire** « imbiber », d'après le latin *imbutus*, de *imbuere*) Imprégné, pénétré (de sentiments, d'idées, de préjugés...). – péj. *Être imbu de soi-même, de sa supériorité* : se croire supérieur aux autres. → **infatué.**

imbuvable adj. **1.** Qui n'est pas buvable. *Un café imbuvable,* mauvais. **2.** (personnes) fam. Insupportable. *Un prétentieux imbuvable.*

IMC n. m. (sigle) Indice de masse corporelle, calculé en divisant le poids d'une personne par le carré de sa taille.

Imérina ou **Émirne** Partie du plateau central de Madagascar, où se situe Antananarivo. Rizières et cultures vivrières.

Imhotep Architecte et ministre égyptien (v. 2600 av. J.-C.). Il construisit la première pyramide à degrés, à Saqqara. Il fut adoré comme un dieu.

Imhotep, statuette en bronze (VIIe-IVe s. av. J.-C.), British Museum, Londres.

imitable adj. (latin *imitabilis*) Qui peut être imité. *Un accent facilement imitable.*

imitateur, trice **I.** n. **1.** Personne qui imite (les gestes, le comportement d'autrui). *Un pâle imitateur.* – Artiste qui imite des personnages connus. **2.** Personne qui imite (les œuvres d'autrui). → **plagiaire. II.** adj. *Esprit imitateur.*

IMAGERIE MÉDICALE

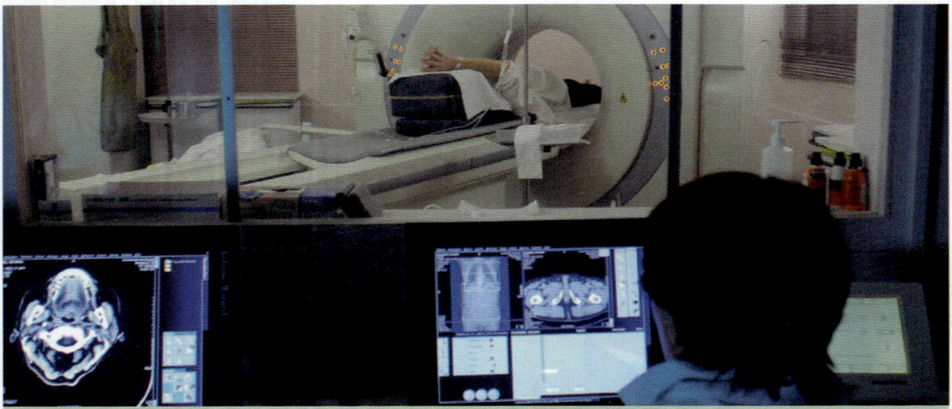

L'histoire de l'imagerie médicale commence en 1896, un an après la découverte des rayons X par Röntgen, date à laquelle est réalisée la première radiographie artisanale. La technique ne cesse alors de progresser (2) et de se diversifier avec l'administration simultanée de produits de contraste dans les vaisseaux (7) ou les organes, l'invention de la tomographie puis de la tomodensitométrie ou scanner en 1972 (3). L'exploitation à partir de 1958 de l'effet Doppler découvert en 1842 permet la mise au point d'images obtenues par échographie des ultrasons (6). La résonance magnétique, dont le principe a été découvert en 1938, voit ses applications à l'imagerie médicale apparaître en 1980 (4). La médecine nucléaire, fille de la découverte de la radioactivité par Henri Becquerel en 1896, voit le jour en 1958 pour la scintigraphie (5) et en 1980 pour la tomographie par émission de positons (1).

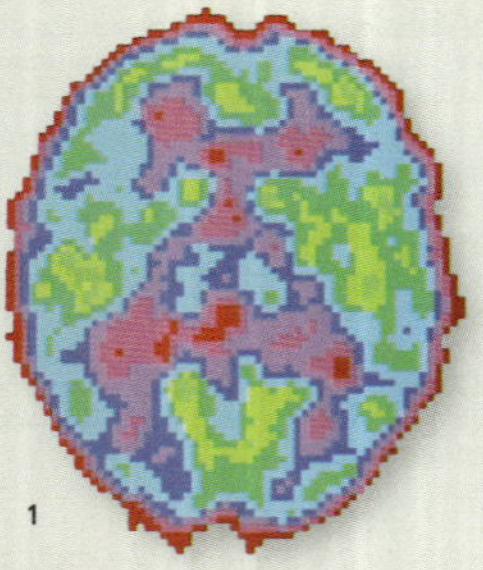

1

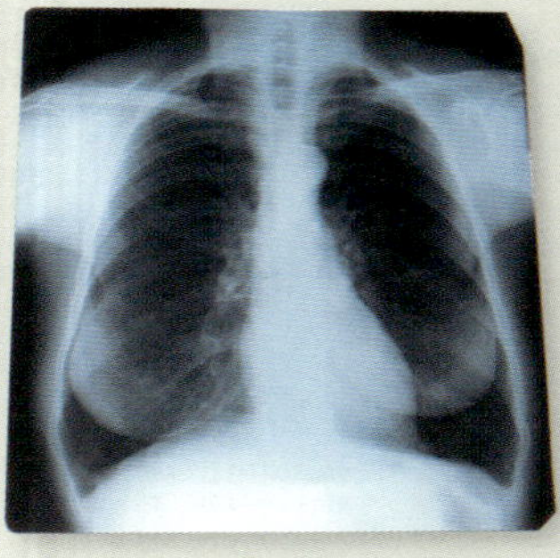

2

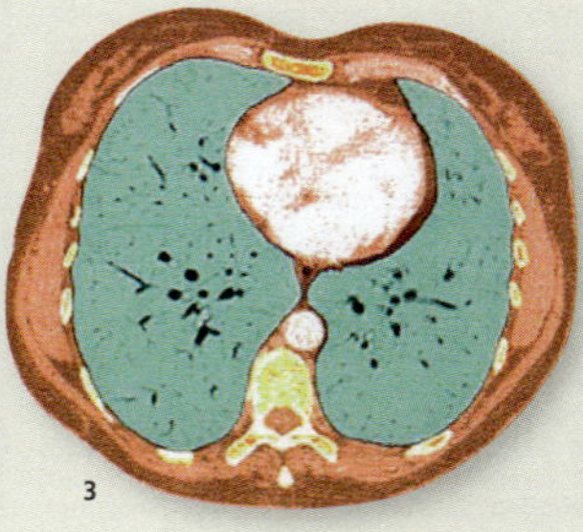

3

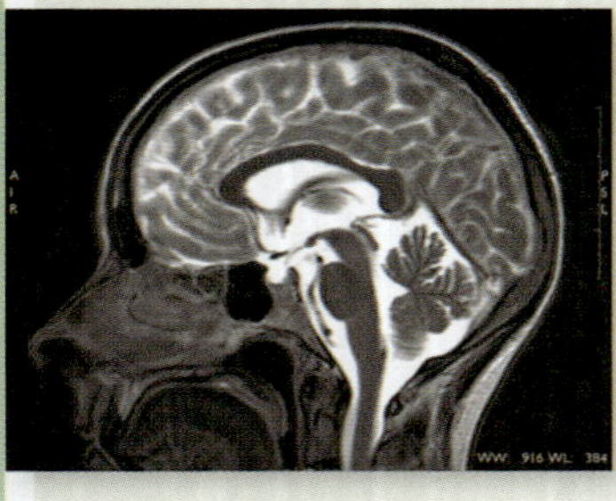

4

5

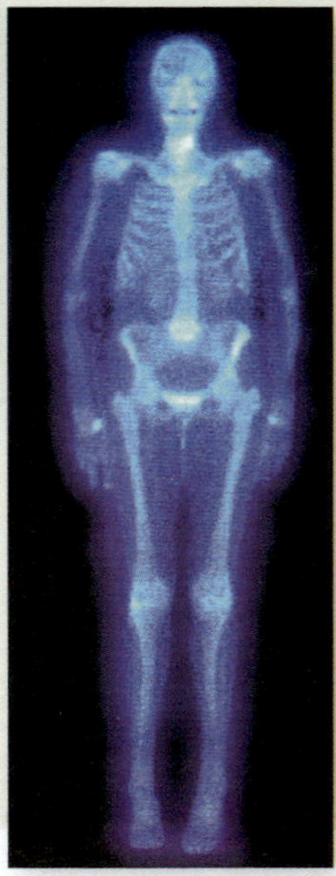

6

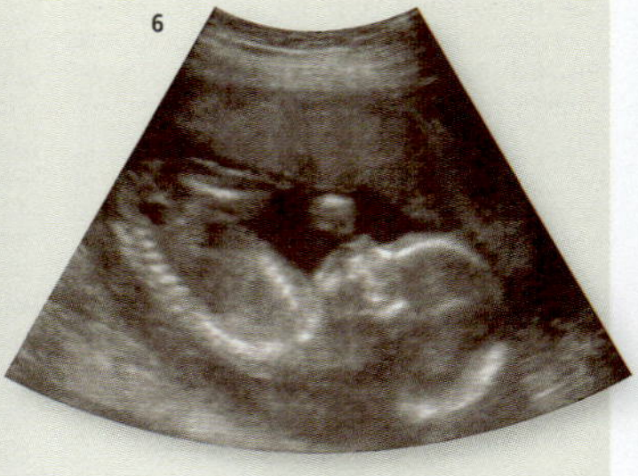

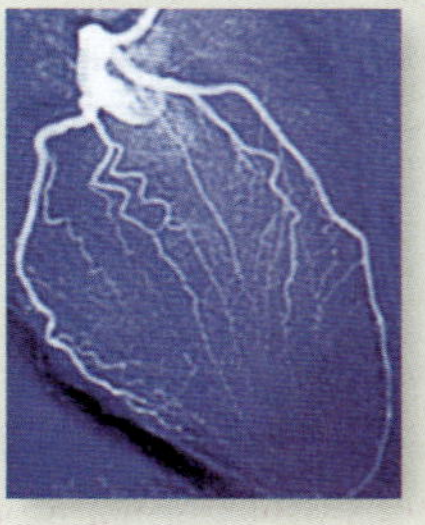

7

1. Tomographie cérébrale par émission de positons.
2. Radiographie du thorax.
3. Scanner thoracique (coupe horizontale).
4. IRM cérébrale (coupe sagittale).
5. Scintigraphie du squelette.
6. Échographie fœtale.
7. Artériographie des artères du cœur (coronarographie).

imitatif, ive adj. (latin *imitativus* → imiter) Qui imite (notamment les sons de la nature). *Musique, harmonie imitative.*

imitation n. f. (latin *imitatio* → imiter) **1.** Action de reproduire volontairement ou de chercher à reproduire (une apparence, un geste, un acte). *Imitation fidèle, réussie.* ■ Reproduction consciente ou inconsciente de gestes, d'actes. *L'instinct d'imitation des enfants.* → **mimétisme.** ■ didact. (trad. du grec *mimesis*) Expression, extériorisation d'un caractère humain ou représentation d'une réalité sensible. *Les théories de l'imitation, en art.* **2.** Fait de prendre une personne, une œuvre pour modèle. **3.** Œuvre sans originalité imitée d'un modèle. *Imitation servile.* → **copie, plagiat. 4.** Reproduction d'un objet, d'une matière qui imite l'original ; objet imité. → **copie, ersatz, reproduction ; contrefaçon ; simili-.** *Fabriquer des imitations de meubles anciens.* – appos. *Reliure imitation cuir.* **5.** ***À l'imitation de*** loc. prép. : sur le modèle de.

imiter v. tr. < 1 > (latin *imitari* « reproduire, exprimer », même famille que *imago* → image) **1.** Chercher à reproduire. *Imiter le cri d'un animal, les gestes de qqn.* ■ Faire comme (qqn). *Il leva son verre et tout le monde l'imita.* → **copier, reproduire ;** péj. **singer. 2.** Prendre pour modèle, pour exemple. *Imiter un maître. Elle l'imite en tout.* **3.** Prendre pour modèle (l'œuvre, le style d'un autre). → **s'inspirer** de. **4.** S'efforcer de reproduire dans l'intention de faire passer la reproduction pour authentique. → **contrefaire.** *Faussaire qui imite une signature.* – au p. p. *C'est bien imité !* **5.** (choses) Produire le même effet que. → **ressembler** à. *Ces peintures imitent la mosaïque.*

immaculé, ée adj. (du latin, de *in-* et *macula* « tache » → maculer) **1.** relig. chrét. Qui est sans péché. *L'Immaculée Conception :* la Sainte Vierge. **2.** (choses) Sans une tache ; d'une propreté, d'une blancheur parfaite (s'oppose à *maculé, taché*). *Une neige immaculée.*

immanence n. f. philos. Caractère de ce qui est immanent.

immanent, ente adj. (du latin médiéval, de *immanere,* de *in-* et *manere* « demeurer » → manoir) philos. Qui est contenu dans la nature d'un être, ne provient pas d'un principe extérieur (s'oppose à *transcendant*). ■ *Justice immanente,* dont le principe est contenu dans les actions commises ; qui en découle naturellement.

immanentisme n. m. philos. Doctrine qui affirme l'immanence de Dieu ou d'un absolu à la nature ou à l'être humain (s'oppose à *transcendantalisme*).

immangeable [ɛ̃mɑ̃ʒabl] adj. (de *manger*) Qui n'est pas bon à manger ; très mauvais. *Le rôti, trop cuit, était immangeable.*

immanquable [ɛ̃mɑ̃kabl] adj. (de *manquer*) **1.** Qui ne peut manquer d'arriver. → **fatal, inévitable. 2.** Qui ne peut manquer d'atteindre son but. → **infaillible.** *Un coup immanquable.*

immanquablement [ɛ̃mɑ̃kabləmɑ̃] adv. D'une manière immanquable. → **fatalement, inévitablement.**

immarcescible [i(m)maʀsesibl] adj. (latin *immarcescibilis,* de *marcescere* « se flétrir ») didact. Qui ne peut se flétrir (propre et fig.). *Une gloire immarcescible.*

immariable [ɛ̃maʀjabl] adj. Non mariable, difficile à marier.

immatérialisme n. m. philos. Doctrine qui nie l'existence de la matière, celle-ci n'en ayant pas d'autre que d'être perçue. → **idéalisme.** □ **immatérialiste** n. et adj.

immatériel, elle adj. **1.** Qui n'est pas formé de matière, ou ne concerne pas les sens. → **spirituel ; abstrait. 2.** Qui ne semble pas de nature matérielle. *Un tissu d'une finesse immatérielle.* □ n. f. **immatérialité**

immatriculation n. f. Action d'immatriculer ; résultat de cette action. *Numéro d'immatriculation à la Sécurité sociale. Plaque d'immatriculation d'une voiture.* → **minéralogique.**

immatriculer v. tr. < 1 > (latin médiéval *immatriculare* → matricule) Inscrire sur un registre public. – au p. p. *Voiture immatriculée en Belgique.*

immature adj. (de l'anglais, du latin, de *in-* et *maturus* « mûr ») anglic. Qui manque de maturité intellectuelle, affective. *Un adolescent immature.*

immaturité n. f. Caractère d'une personne immature.

immédiat, ate adj. (du bas latin, de *in-* et d'un dérivé de *medius* « central ; moyen » → **médiat**) **1.** Qui précède ou suit sans intermédiaire (dans l'espace ou dans le temps). *Le successeur immédiat de qqn. Au voisinage immédiat de votre maison.* ■ philos. Qui agit ou se produit sans intermédiaire (s'oppose à *médiat*). *Cause immédiate.* **2.** Qui suit sans intervalle de temps ; qui a lieu tout de suite. *L'immédiat après-guerre. Une réaction immédiate. La mort a été immédiate.* → **instantané.** – n. m. loc. *Dans l'immédiat :* pour le moment. *Ne changez rien dans l'immédiat.*

immédiatement adv. **1.** didact. De manière immédiate (1). **2.** Tout de suite avant ou après. *Précéder, suivre immédiatement une date.* ■ À l'instant même, tout de suite. → **aussitôt.** *Sortez immédiatement !*

immédiateté n. f. didact. Qualité de ce qui est immédiat.

immelmann n. m. (du n. d'un pilote de chasse allemand) Figure de voltige aérienne, demi-looping suivi d'un demi-tonneau. *Des immelmanns.*

immémorial, ale, aux adj. (latin médiéval *immemorialis* → [1]mémoire) Qui remonte à une époque si ancienne qu'elle est sortie de la mémoire. *Des coutumes immémoriales.*

immense adj. (latin *immensus,* de *metiri* « mesurer », famille de *mesurer, mètre*) **1.** vieux Illimité, infini. **2.** Dont l'étendue, les dimensions sont considérables. → **grand, illimité, vaste.** *« L'ample monde, au-delà de l'immense horizon »* (Valéry). **3.** Qui est très considérable en son genre (par la force, l'importance, la quantité). → **colossal, énorme.** *D'immenses conséquences. Une immense fortune.*

immensément adv. Extrêmement. *Il est immensément riche.*

immensité n. f. (du latin → immense) **1.** vieux Étendue illimitée. **2.** Étendue trop vaste pour être facilement mesurée. *L'immensité du ciel.* – absolt *L'immensité :* l'espace. *Perdu dans l'immensité.* **3.** Grandeur considérable (de qqch.). *L'immensité de ses richesses.*

immensurable adj. (du latin *mensurare* « mesurer ») didact. Impossible à mesurer, à évaluer ; trop grand pour être mesuré (opposé à *mesurable*).

immerger v. tr. < 3 > (latin *immergere,* de *in-* et *mergere* « plonger » → immersion) Plonger (dans un liquide, dans la mer). *On a immergé un nouveau câble.* ■ **s'immerger** v. pron. *Le sous-marin s'immergeait rapidement.* → **plonger.** ■ fig. *S'immerger dans la foule ; dans ses souvenirs.* ■ **immergé, ée** adj. *Plantes immergées,* qui croissent sous l'eau.

immérité, ée adj. Qui n'est pas mérité. → **injuste.** *Des reproches immérités. Un succès immérité.*

Immermann (Karl Lebrecht) Écrivain allemand (1796-1840). Il est l'auteur des *Aventures du baron de Münchhausen.*

immersif, ive adj. techn. Réalisé par immersion. – fig. *Stage immersif.*

immersion n. f. (du latin, de *immersum* → immerger) Action d'immerger, de plonger (dans un liquide, un milieu). *L'immersion d'un sous-marin.* – fig. Fait de se plonger dans un milieu particulier. *Immersion linguistique.*

immettable [ɛ̃metabl] adj. (vêtement) Que l'on ne peut ou que l'on n'ose pas mettre. → [2]**importable.**

immeuble (vient du latin *immobilis* → immobile) **I.** adj. dr. Qui ne peut être déplacé (ou qui est réputé tel par la loi) [opposé à *meuble*]. *Biens immeubles.* → **immobilier. II.** n. m. Grand bâtiment urbain à plusieurs étages ; grande maison de rapport. *Un immeuble de quarante étages.* → **gratte-ciel,** [1]**tour.**

immigrant, ante n. Personne qui immigre dans un pays ou qui y a immigré récemment (opposé à *émigrant*).

immigration n. f. **1.** Entrée dans un pays, une région, de personnes qui vivaient à l'extérieur et qui viennent s'y établir, y chercher un emploi. *Les grands courants d'immigration en Europe. Immigration clandestine.* **2.** Ensemble d'immigrés. *L'immigration maghrébine en voie d'assimilation.*

immigré, ée adj. et n. Qui est venu de l'étranger, par rapport au pays qui l'accueille. *Les travailleurs immigrés.* – n. *Des immigrés.*

immigrer v. intr. < 1 > (latin *immigrare* → migration) Entrer dans un pays étranger pour s'y établir (opposé à *émigrer*). *Immigrer aux États-Unis.*

imminence n. f. (bas latin *imminentia* → imminent) Caractère de ce qui est imminent. *Devant l'imminence du danger.* → **proximité.**

imminent, ente adj. (latin *imminens,* de *imminere* « menacer ») Qui va se produire dans très peu de temps. → **immédiat, proche.** *Un danger imminent.*

s'immiscer v. pron. < 3 > (latin *immiscere,* de *in-* et *miscere* « mêler ») Intervenir mal à propos ou sans en avoir le droit (dans une affaire). → **s'ingérer,** se **mêler ; immixtion.**

immixtion [imiksjɔ̃] n. f. (bas latin *immixio,* de *immiscere* → s'immiscer) Action de s'immiscer. *Immixtion dans la vie privée de qqn.*

immobile adj. (latin *immobilis* → mobile) **1.** Qui ne se déplace pas, reste sans bouger. – (choses) Que rien ne fait mouvoir. *Mer, lac immobile.* → **étale. 2.** fig. Fixé. → **invariable.** *Des dogmes immobiles.*

immobilier, ière I. adj. **1.** Qui est immeuble, composé de biens immeubles. *Succession immobilière.* **2.** Qui concerne un immeuble, des immeubles. *Un scandale immobilier. Société immobilière,* s'occupant de la construction, de la vente d'immeubles. *Promoteur immobilier.* **II.** n. m. *L'immobilier :* le commerce d'immeubles, de maisons, d'appartements. *Travailler dans l'immobilier.*

immobilisation n. f. **1.** Action de rendre immobile ; résultat de cette action. *L'immobilisation d'un membre fracturé.* **2.** au plur. fin. Les éléments de l'actif (d'une entreprise) qui servent de façon durable à son exploitation.

immobiliser v. tr. < 1 > (du latin *immobilis* → immobile, immeuble) **1.** Rendre immobile, maintenir dans l'inactivité. → **arrêter, fixer.** *La peur l'a immobilisé sur place.* – au p. p. *Voiture immobilisée par une panne.* **2.** fin. *Immobiliser des capitaux,* les rendre indisponibles en les plaçant. → **geler.** ■ **s'immobiliser** v. pron. S'arrêter et rester immobile. *Le train s'immobilise en rase campagne.*

immobilisme n. m. Disposition à se satisfaire de l'état présent des choses, à refuser le mouvement ou le progrès (s'oppose à *progressisme*). □ adj. et n. **immobiliste**

immobilité n. f. (latin *immobilitas,* de *immobilis* → immobile) État de ce qui est immobile. *« La maladie que j'ai me condamne à l'immobilité absolue, au lit »* (H. Michaux). *Immobilité des traits du visage.* → **impassibilité.** ■ fig. État de ce qui ne change pas.

immodération n. f. (du latin) littér. Manque de modération, de mesure.

immodéré, ée adj. (latin *immoderatus,* de *moderatus* → modéré) Qui n'est pas modéré, qui dépasse la mesure, la normale. → **abusif,**

excessif. *Un goût, un désir immodéré...* → **effréné.** *Un usage immodéré de l'alcool.*

immodérément adv. littér. D'une manière immodérée. → **excessivement.**

immodeste adj. (latin *immodestus* → **modeste**) vieilli Qui manque à la pudeur. □ n. f. **immodestie**

immolateur, trice n. vieux Personne qui immole. → **sacrificateur.**

immolation n. f. (du latin → **immoler**) littér. Action d'immoler ; résultat de cette action. → **sacrifice.** *L'immolation d'une victime.*

immoler v. tr. < 1 > (latin *immolare,* de *in-* et *mola* → **meule** ; on répandait de la farine sur la tête des victimes sacrifiées) **1.** relig. Tuer en sacrifice à une divinité. → **sacrifier.** *Immoler une victime sur l'autel.* **2.** fig., littér. Abandonner (qqch.) dans un esprit de sacrifice ou d'obéissance. *Immoler ses intérêts à son devoir.* ■ **s'immoler** v. pron. Faire le sacrifice de sa vie. *S'immoler par le feu.*

immonde adj. (latin *immundus,* de *mundus* « propre » → **émonder** ; famille de *monde*) **1.** littér. Impur selon la loi religieuse. **2.** D'une saleté ou d'une hideur qui soulève le dégoût. → **répugnant.** *Un taudis immonde.* – fig. *La bête immonde :* le nazisme, le totalitarisme (d'après B. Brecht). **3.** D'une immoralité ou d'une bassesse qui révolte la conscience. → **ignoble.** *Un crime immonde.*

immondice n. f. (du latin, de *immundus* → **immonde**) **1.** vieux Caractère de ce qui est immonde. **2.** plur. Déchets de la vie humaine et animale, résidus du commerce et de l'industrie. → **détritus, ordure.** *Enlèvement des immondices par les services de la voirie.*

immoral, ale, aux adj. Contraire aux principes de la morale, des bonnes mœurs (selon la définition d'une société et d'une époque). → **corrompu, dépravé.** *Une conduite immorale. – Un homme foncièrement immoral.*

immoralisme n. m. Doctrine qui propose des règles d'action différentes, voire inverses de celles qu'admet la morale courante. □ **immoraliste** adj. et n. *Thèses immoralistes. « L'Immoraliste »* (roman de Gide).

immoralité n. f. Caractère immoral (d'une société, d'une personne, d'actions, de discours). → **corruption, dépravation.**

immortaliser v. tr. < 1 > (du latin *immortalis* → **immortel**) **1.** Rendre immortel dans la mémoire des hommes. *Ce tableau a immortalisé son nom.* – pronom. *Savant qui s'est immortalisé par ses découvertes.* **2.** biol. Rendre (une cellule) capable de se multiplier indéfiniment en culture. □ n. f. **immortalisation**

immortalité n. f. (latin *immortalitas* → **immortel**) **1.** Qualité, état d'une personne ou d'une chose qui est immortelle. *L'immortalité des dieux grecs. La croyance à l'immortalité de l'âme.* **2.** littér. État de ce qui survit sans fin dans la mémoire des hommes.

immortel, elle adj. et n. (latin *immortalis* → **mortel**) **1.** Qui n'est pas sujet à la mort. *« Il importe à toute la vie de savoir si l'âme est mortelle ou immortelle »* (Pascal). *Les dieux immortels.* – n. littér. *Les immortels :* les dieux. **2.** Que l'on suppose ne devoir jamais finir, que rien ne pourra détruire. → **éternel, impérissable.** *Un amour immortel.* **3.** Qui survit et doit survivre éternellement dans la mémoire des hommes. *Les immortels principes de 1789.* **4.** n. Membre de l'Académie française. *Les Immortels.*

immortelle n. f. Plante dont la fleur desséchée présente une collerette de feuilles colorées persistantes.

immotivé, ée adj. Qui n'a pas de motif. *Action immotivée.* → **gratuit.**

immuable adj. (de l'ancien français *muable* → **muer**) **1.** Qui reste identique, ne change pas. *Les lois immuables de la nature.* **2.** Qui ne change guère, qui dure longtemps. → **constant, invariable.** *Une attitude immuable. Rester immuable dans ses convictions.* → **inébranlable.** □ n. f. **immuabilité** □ **immuablement** adv. *« Le ciel immuablement gris »* (Rimbaud).

immun, une adj. (anglais *immune,* pris au latin *immunis*) didact. Immunisé (sujet, organisme...). *Systèmes immuns.*

immunisant, ante adj. Qui immunise. *Action immunisante d'une substance.*

immuniser v. tr. < 1 > (du latin *immunis* « exempt », de *munus* « charge » → **munir**) **1.** Rendre réfractaire aux causes de maladies, à une maladie infectieuse. *Immuniser par un vaccin.* → **vacciner.** – au p. p. *Personne immunisée contre la diphtérie.* **2.** fig. *Ses échecs ne l'ont pas immunisé contre les illusions.* □ n. f. **immunisation**

immunitaire adj. didact. De l'immunité (II). *Les défenses immunitaires de l'organisme.*

immunité n. f. (latin *immunitas,* de *immunis* → **immuniser**) **I.** Prérogative accordée par la loi à une catégorie de personnes. → **franchise, privilège.** *Immunité parlementaire,* assurant aux parlementaires une protection contre les actions judiciaires. – *Immunité diplomatique,* soustrayant les diplomates étrangers aux juridictions du pays où ils résident. **II.** Propriété (d'un organisme) de résister à une cause de maladie. – *Immunité collective,* permettant de casser la chaîne de transmission d'une maladie au sein d'une population.

immuno- Élément (du latin *immunis* → **immuniser**) qui signifie « immunité » (II).

immunochimie n. f. (adaptation de l'anglais *immuno-chemistry*) didact. Application des techniques biochimiques à l'étude des processus immunitaires.

immunocompétent, ente adj. biol. Se dit de cellules susceptibles d'intervenir dans les processus immunitaires. *Leucocytes immunocompétents.*

immunodéficience [imynodefisjɑ̃s] n. f. méd. Incapacité de résister à l'infection, par déficience du système immunitaire. *Syndrome d'immunodéficience acquise.* → **sida.** *Virus de l'immunodéficience humaine.* → **VIH.** ■ adj. et n. **immunodéficient, ente** □ adj. **immunodéficitaire**

immunodépresseur adj. m. et n. m. biol., méd. Se dit de substances ou de procédés thérapeutiques qui inhibent la réponse immunitaire de l'organisme aux éléments exogènes. - syn. **immunosuppresseur.**

immunodépressif, ive adj. méd. Relatif à l'action des immunodépresseurs. *Médicament immunodépressif.* → **immunodépresseur.**

immunodépression n. f. méd. Diminution des défenses immunitaires.

immunodéprimé, ée adj. méd. Dont les défenses immunitaires sont amoindries.

immunofluorescence n. f. méd. Technique utilisée pour dépister les antigènes grâce à des corps fluorescents.

immunogène adj. biol. Capable de provoquer la formation d'anticorps.

immunoglobuline n. f. biochim. Membre d'une famille de protéines présentes dans le plasma, ayant des fonctions d'anticorps.

immunologie n. f. Branche de la médecine et de la biologie qui étudie les phénomènes d'immunité. □ adj. **immunologique** □ n. **immunologiste**

immunosuppresseur voir **immunodépresseur**

immunothérapie n. f. (→ -thérapie) méd. Traitement destiné à augmenter ou à provoquer l'immunité de l'organisme par l'injection d'anticorps ou d'antigènes.

immunotolérant, ante adj. didact. (organisme) Qui réagit par une production d'anticorps aux antigènes en contact. □ n. f. **immunotolérance**

immunotransfusion n. f. méd. Transfusion de sang provenant d'un sujet immunisé contre la maladie dont est atteint le malade qui la reçoit.

immutabilité n. f. didact. Caractère de ce qui ne peut changer. → **immuabilité.** *Immutabilité de certaines conventions juridiques.*

Imola Ville d'Italie (Émilie-Romagne). 64 350 habitants. Circuit automobile. Faïence. Soie.

impact [ɛ̃pakt] n. m. (latin *impactum,* de *impingere* « heurter ») **1.** Collision, heurt. – *Point d'impact,* endroit où un projectile vient frapper et, par ext., trace qu'il laisse. *Relever les points d'impact des balles.* **2.** fig. Effet produit, action exercée. *L'impact d'une campagne publicitaire.*

impacter v. tr. < 1 > (d'après l'anglais) anglic. Avoir un impact, une incidence, des répercussions sur. → ^{3}**affecter.** *Les charges qui ont impacté le résultat.*

impair, aire (latin *impar,* d'après *pair*) **I.** adj. (nombre) Dont la division par deux ne donne pas un nombre entier. *Un, trois... dix-sept sont des nombres impairs. Jours pairs et jours impairs. Numéros impairs,* aux jeux de hasard. **II.** n. m. (de *faire un double impair,* jouer deux fois impair) Maladresse choquante ou préjudiciable. → ^{2}**gaffe.** *Faire, commettre un impair.*

impala [impala] n. m. (mot zoulou) Petite antilope qui vit dans les savanes de l'est et du sud de l'Afrique.

impalpable adj. (du bas latin, de *palpabilis* → **palpable, palper**) **1.** Immatériel, imperceptible au toucher, fig. à la perception. *Ombre impalpable.* **2.** Dont les éléments séparés sont si petits qu'on ne les sent pas au toucher. → ^{2}**fin.** *Une poussière impalpable.*

impaludation n. f. Inoculation du paludisme par la piqûre d'un anophèle. – Inoculation thérapeutique du paludisme.

impaludé, ée adj. (du latin → **paludisme**) Atteint de paludisme. – *Région impaludée,* où sévit le paludisme.

impanation n. f. (latin chrét. *impanatio,* de *panis* « pain ») relig. Coexistence du pain et du corps du Christ dans l'Eucharistie (doctrine luthérienne). → **consubstantiation.**

imparable adj. (de *parer*) Qu'on ne peut éviter, parer. *Un coup imparable.*

impardonnable adj. Qui ne mérite pas de pardon, d'excuse. → **inexcusable.** *Il est impardonnable.*

imparfait, aite (de *parfait,* d'après latin *imperfectus*) **I.** adj. **1.** littér. Qui n'est pas achevé, pas complet. → **incomplet.** *Une connaissance imparfaite d'une langue.* **2.** Qui présente des défauts, des imperfections. → **critiquable, inégal.** *Une œuvre imparfaite.* **II.** n. m. Temps du verbe ayant essentiellement pour fonction d'énoncer une action en voie d'accomplissement dans le passé et conçue comme non achevée. *Imparfait de l'indicatif, du subjonctif* (ex. il *riait* quand je suis entré ; il aurait fallu qu'elle le *vît*). *« L'imparfait est le temps de la fascination : ça a l'air d'être vivant et pourtant ça ne bouge pas »* (Barthes).

imparfaitement adv. D'une manière imparfaite. → **incomplètement, insuffisamment.**

impari- Élément (du latin *impar* « impair ») qui signifie « impair ».

imparidigité, ée adj. (de *impari-* et du latin *digitus* « doigt ») anat. Dont les doigts sont en nombre impair. *Mammifères imparidigités.*

imparipenné, ée adj. bot. Se dit de feuilles composées pennées qui ont un nombre impair de folioles. *Feuilles imparipennées du faux acacia.*

imparisyllabique adj. gramm. (en latin, en grec...) Qui n'a pas le même nombre de syllabes au nominatif et au génitif. *Mots imparisyllabiques* (s'oppose à *parisyllabique*).

impartageable [ɛ̃paʀtaʒabl] **adj.** rare Qui ne peut pas être partagé.

impartial, ale, aux **adj.** Qui est sans parti pris, ne manifeste aucun parti pris. → **juste, neutre, ¹objectif.** *Juge impartial. Compte rendu impartial.* □ **adv. impartialement**

impartialité **n. f.** Fait d'être impartial. *L'impartialité d'un jugement.*

impartir **v. tr.** < 2 seulement inf., indic. prés. et p. p. > (latin *impartire*, de *partire* « partager ») littér. Donner en partage. *Les dons que la nature nous a impartis.* – Accorder par décision de justice. *Impartir un délai à qqn.* – au p. p. *Les délais impartis.*

impasse **n. f.** (de *passer*) **1.** Rue sans issue. → **cul-de-sac.** *S'engager dans une impasse.* – fig. Situation sans issue favorable. *Les négociations sont dans une impasse.* **2.** *Impasse budgétaire* : déficit qui sera couvert par l'emprunt, etc. **3.** au bridge, à la belote *Faire l'impasse au roi* : jouer la dame, quand on a l'as, pour prendre la carte intermédiaire. ■ Partie du programme qu'un étudiant prend le risque de ne pas apprendre. – *Faire l'impasse sur qqch.*, ne pas prendre en compte (en prenant un risque).

impassibilité **n. f.** Calme, sang-froid. *Sans se départir de son impassibilité.*

impassible **adj.** (latin *impassibilis*, du radical *pati* « souffrir » → pâtir) Qui n'éprouve ou ne trahit aucune émotion, aucun sentiment. → **²calme, froid, imperturbable.** *Un visage impassible.* → **fermé, impénétrable.** □ **adv. impassiblement**

impatiemment [ɛ̃pasjamɑ̃] **adv.** Avec impatience.

impatience [ɛ̃pasjɑ̃s] **n. f.** (du latin, de *impatiens* → impatient) **1.** Manque de patience habituel, naturel. *L'impatience de la jeunesse.* **2.** Incapacité de se contraindre pour supporter, attendre qqch. ou qqn. → **énervement.** *Donner des signes d'impatience. Brûler d'impatience de faire qqch.*

impatiens [ɛ̃pasjɑ̃s] **n. f.** Balsamine (appelée aussi *impatiente*).

impatient, ente [ɛ̃pasjɑ̃, ɑ̃t] **adj.** (du latin, de *in-* et *patiens* → patient) **1.** Qui manque de patience, qui est incapable de se contenir, de patienter. **2.** Qui supporte ou attend avec impatience. *Elle est impatiente de vous revoir.* – *Un geste impatient*, qui marque de l'impatience. **3.** **n. f.** → **impatiens.**

impatienter [ɛ̃pasjɑ̃te] **v. tr.** < 1 > Faire perdre patience à. → **agacer, énerver.** *« Oh ! vous m'impatientez avec vos terreurs »* (Marivaux). ■ **s'impatienter** **v. pron.** Perdre patience, manifester de l'impatience.

impatroniser **v. tr.** < 1 > (du latin *patronus* « patron ») rare Faire adopter, imposer (qqch.) avec autorité. *Impatroniser un règlement.* ■ **s'impatroniser** **v. pron.** (personnes) S'établir comme chez soi. – fig. (choses) Être adopté. □ **n. f. impatronisation**

impavide **adj.** (latin *impavidus* « calme, intrépide », famille de *peur*) littér. Qui n'éprouve ou ne montre aucune crainte. → **impassible.** □ **n. f. impavidité**

impayable **adj.** fam. D'une bizarrerie extraordinaire ou très comique. *Une aventure impayable.* → **cocasse.**

impayé, ée **adj.** Qui n'a pas été payé. *Traite impayée.* – **n.** *Les impayés* : les effets de commerce impayés.

impeccable **adj.** (du latin, de *peccare* « pécher ») **1.** littér. Incapable de pécher, de commettre une erreur (→ **infaillible**), une faute morale. *« Ces femmes impeccables, au-dessus de toute faiblesse »* (Chamfort). **2.** Sans défaut. → **irréprochable.** – fam. Parfait. *Il a été impeccable en cette occasion.* - abrév. fam. **impec.** *Des coiffures impecs.* **3.** D'une propreté parfaite. *Une chemise impeccable.* – (personnes) *Elle est toujours impeccable*, d'une tenue parfaite.

impeccablement **adv.** D'une manière impeccable (2 ou 3).

impécunieux, ieuse **adj.** (de l'ancien adj. *pécunieux*, du latin *pecuniosus*, de *pecus, pecoris* « bétail ») littér. Qui manque d'argent. → **besogneux** (vieux), **pauvre.**

impécuniosité **n. f.** vieilli, littér. Manque d'argent.

impédance **n. f.** (de l'anglais, du latin *impedire* « empêcher » → impedimenta) électr. Grandeur qui est, pour les courants alternatifs, l'équivalent de la résistance pour les courants continus.

impedimenta [ɛ̃pedimɛ̃ta] **n. m. pl.** (mot latin, de *impedire* « entraver, empêcher ») littér. Ce qui entrave le déplacement, l'activité. *« Deux impedimenta gênent la petite dame : son faux mari, ses bébés »* (J. Romains). - var. RO **impédimenta n. m.**

impénétrabilité **n. f.** littér. État de ce qui est impénétrable.

impénétrable **adj.** **1.** Où l'on ne peut pénétrer ; qui ne peut être traversé. *Forêt tropicale impénétrable.* **2.** fig. Qu'il est difficile ou impossible de connaître, d'expliquer. → **incompréhensible, insondable.** *Ses intentions sont impénétrables. Impénétrable à qqn, pour qqn.* **3.** Qui ne laisse rien deviner de lui-même. *Un homme impénétrable.*

impénitence **n. f.** (du latin chrét. → pénitence) relig. État du pécheur impénitent (s'oppose à *contrition, repentir*).

impénitent, ente **adj.** (du latin chrét. → pénitent) **1.** relig. Qui ne se repent pas de ses péchés. *Pécheur impénitent.* **2.** Qui ne renonce pas à une habitude. → **incorrigible, invétéré.** *Un joueur impénitent.*

impensable **adj.** (de *penser*) Que l'on a du mal à imaginer. → **incroyable, inimaginable.** *« Un monde absurde, impensable »* (Mauriac). *C'est impensable !*

impense [ɛ̃pɑ̃s] **n. f.** (latin *impensa* « dépense » ; famille de *peser*) dr. Dépenses faites par un propriétaire pour la conservation ou l'amélioration d'un immeuble qu'il possède.

impensé, ée **adj.** didact. Qui n'a pas été pensé, conçu. – **n. m.** *L'impensé.*

imper voir **imperméable**

impératif, ive (bas latin *imperativus*, de *imperare* « commander », famille de *impérieux, impérial*) **I.** **n. m.** **1.** Mode grammatical qui exprime le commandement et la défense. *Les trois personnes de l'impératif* (ex. *donne, donnons, donnez*). **2.** Prescription d'ordre moral, esthétique, etc. *Les impératifs de la mode.* **II.** **adj.** Qui exprime ou impose un ordre. *Une consigne impérative. Un geste impératif.* → **impérieux.**

impérativement **adv.** D'une manière impérative. *Il doit impérativement partir demain.* → **obligatoirement.**

impératrice **n. f.** (latin *imperatrix*, fém. de *imperator* → empereur) **1.** Épouse d'un empereur. **2.** Souveraine d'un empire. *Catherine, impératrice de Russie.*

Imperatriz Ville du Brésil, dans l'État du Maranhão. 234 700 habitants. La ville connaît une croissance très forte liée au désenclavement de l'Amazonie.

imperceptible **adj.** (latin médiéval → perceptible) **1.** Qu'il est impossible de percevoir par les seuls organes des sens. *Imperceptible à l'œil nu* (→ **invisible**), *au toucher* (→ **impalpable**). ■ *Un bruit imperceptible*, très faible. **2.** Impossible ou très difficile à apprécier par l'esprit. *Des nuances d'ironie imperceptibles. Changements imperceptibles.* → **insensible.** □ **n. f. imperceptibilité**

imperceptiblement **adv.** D'une manière imperceptible. → **insensiblement.**

imperdable **adj.** Qu'on ne peut, ne devrait pas perdre. *Procès, match imperdable.*

imperfectible **adj.** Qui ne peut pas être amélioré (opposé à *perfectible*).

imperfectif, ive **adj.** gramm. *Aspect, verbe imperfectif*, qui exprime la durée (opposé à *perfectif*). – **n. m.** *Un imperfectif.*

imperfection **n. f.** (du latin, de *perfectio* → perfection) **1.** État de ce qui est imparfait. *L'imperfection d'une solution.* **2.** Ce qui rend (qqch.) imparfait. → **défaut.** *Corriger les imperfections d'un ouvrage.*

imperforation **n. f.** méd. Occlusion congénitale d'un orifice naturel.

Imperia Ville d'Italie (Ligurie), sur le golfe de Gênes. 39 460 habitants. Important centre de villégiature de la Riviera du Ponant.

impérial, ale, aux **adj.** (latin *imperialis*, de *imperium* → empire) **1.** Qui appartient à un empereur, à son autorité, à ses États. *La garde impériale de Napoléon.* ■ *Un air impérial*, majestueux et autoritaire. **2.** Relatif à l'Empire romain, instauré après la République. *Le latin impérial.* □ **adv. impérialement**

impériale **n. f.** (d'abord « baldaquin », de *lit à l'impériale*) Étage supérieur de certains véhicules publics. *Autobus à impériale.*

impérialisme **n. m.** (anglais *imperialism*) Politique d'un État visant à réduire d'autres États sous sa dépendance politique ou économique. → **colonialisme.** *L'impérialisme britannique au XIXᵉ siècle.*

impérialiste **adj.** **I.** hist. Partisan d'un empereur. **II.** (anglais *imperialism*) Qui soutient l'impérialisme. *Politique impérialiste.* – **n.** *Les impérialistes.*

impérieux, euse **adj.** (latin *imperiosus*, de *imperium* → empire) **1.** Qui commande d'une façon qui n'admet ni résistance ni réplique. → **autoritaire, tyrannique.** *Un ton impérieux.* **2.** (choses) Qui force à céder ; auquel on ne peut résister. → **irrésistible, pressant.** *Un besoin impérieux.* □ **adv. impérieusement**

impérissable **adj.** (de *périr*) (choses) Qui ne peut périr, qui dure très longtemps. → **immortel.** *Un souvenir impérissable.*

impéritie [ɛ̃peʀisi] **n. f.** (latin *imperitia*, de *peritus* « adroit ») littér. Manque d'aptitude, d'habileté. → **incapacité, incompétence.** *L'impéritie d'un ministre.*

imperméabiliser **v. tr.** < 1 > Rendre imperméable (1). *Imperméabiliser des chaussures.* – au p. p. *Tissu imperméabilisé.* □ **n. f. imperméabilisation**

imperméabilité **n. f.** **1.** Caractère de ce qui est imperméable. *L'imperméabilité d'un sol, d'un tissu.* **2.** fig. Insensibilité.

imperméable **adj.** (latin *impermeabilis* → perméable) **1.** Qui ne se laisse pas traverser par un liquide, notamment par l'eau. → **étanche.** *Terrains imperméables.* – *Un vêtement imperméable* ou **n. m.** *un imperméable*, vêtement de pluie en tissu imperméabilisé. - abrév. fam. **imper.** *Des impers.* **2.** fig. Qui ne se laisse pas atteindre ; qui est absolument étranger (à). *Être imperméable à la poésie.* → **insensible.**

impersonnalité **n. f.** (→ impersonnel) Caractère impersonnel. *L'impersonnalité de la science* (→ **objectivité**).

impersonnel, elle **adj.** (latin *impersonalis*, de *personalis* → personnel) **1.** gramm. Qui exprime une action sans sujet réel ou déterminé. *Verbes impersonnels*, ne s'employant qu'à la troisième personne du singulier et à l'infinitif (ex. pleuvoir, geler). **2.** Qui ne constitue pas une personne. – Qui n'appartient pas à une personne, ne s'adresse pas à une personne. *La loi est impersonnelle.* **3.** Qui n'a aucune particularité individuelle. *Un style impersonnel.* → **neutre.** □ **adv. impersonnellement**

impertinence **n. f.** Attitude, conduite d'une personne impertinente. → **insolence.** *Un ton qui frise l'impertinence.* ■ (Une, des impertinences) Parole, action impertinente.

impertinent, ente **adj.** (du latin → pertinent) **1.** vieux Qui n'est pas pertinent. **2.** vieilli Qui agit sottement. – Effronté. – **n.** *« Le fat a l'air libre et assuré ; l'impertinent passe à l'effronterie »* (La Bruyère). **3.** mod. Qui montre de l'irrévérence, qui manque de respect. → **impoli, incorrect, insolent.** – **n.** *C'est une impertinente.* ■ *Air, rire impertinent.* □ **adv. impertinemment**

imperturbable adj. (du latin, de *perturbare* → **perturber**) Que rien ne peut troubler, émouvoir. → **impassible.** *Rester imperturbable.* – (choses) *Une confiance absolue, imperturbable.* → **inébranlable.** □ **adv. imperturbablement** □ **n. f. imperturbabilité**

impesanteur n. f. phys. Apesanteur.

impétigo n. m. (du latin, de *impetere* « attaquer », de *petere* « chercher à atteindre » → **pétition**) méd. Maladie de la peau caractérisée par la formation de petites vésicules.

impétrant, ante n. (de *impétrer*, vieux, latin *impetrare* « jurer en tant que *pater patratus* » [titre] → **patricien**) admin. Personne qui a obtenu qqch. (titre, diplôme, etc.) d'une autorité. *Signature de l'impétrant.*

impétration n. f. dr. Fait d'obtenir une grâce, une faveur, à la suite d'une requête.

impétrer v. tr. < 6 > (latin *impetrare* « obtenir ») dr. Obtenir qqch. de l'autorité compétente, à la suite d'une requête.

impétueusement adv. Avec impétuosité. → **fougueusement.**

impétueux, euse adj. (latin *impetuosus*, de *impetus* « élan ») littér. **1.** Dont l'impulsion est violente et rapide. « *Le vent impétueux qui soufflait dans ses voiles* » (A. Chénier). **2.** Qui a de la rapidité et de la violence dans son comportement. → **ardent, fougueux.** *Un orateur impétueux. Tempérament impétueux.*

impétuosité n. f. (du bas latin → **impétueux**) Caractère impétueux, très vif. *S'élancer avec impétuosité.* → **ardeur, fougue, violence.**

Imphal Ville de l'E. de l'Inde, capitale de l'État du Manipur. 418 700 habitants.

Imphy Commune de la Nièvre, sur la rive droite de la Loire. 3 195 habitants. Aciers spéciaux.

impie (latin *impius*, de *pius* → **pieux**) **1. adj.** (choses) Qui marque le mépris de la religion, des croyances religieuses. *Des paroles impies.* → **blasphématoire. 2. n.** littér. ou relig. Personne qui insulte à la religion. → **blasphémateur, sacrilège.** « *Je suis incroyant, je ne serai jamais un impie* » (Gide).

impiété n. f. (latin *impietas* → **impie**) **1.** littér. ou relig. Mépris pour la religion. **2.** Action impie. *Commettre une impiété.*

impitoyable adj. Qui est sans pitié. → **cruel, implacable, inflexible.** *Un ennemi impitoyable. Être impitoyable pour, envers qqn.* ■ Qui juge sans indulgence, ne fait grâce de rien. *Un critique impitoyable.*

impitoyablement adv. Sans indulgence, sans pitié. *Traiter qqn impitoyablement.*

implacabilité n. f. Caractère implacable d'une personne, d'une chose. *L'implacabilité de sa vengeance.*

implacable adj. (du latin, de *in-* et *placabilis*, de *placere* « apaiser ») **1.** littér. Qu'on ne peut apaiser, fléchir. → **impitoyable, inflexible.** – *Une haine implacable.* **2.** À quoi l'on ne peut se soustraire. → **irrésistible.** *Une logique implacable.* ■ « *Sous l'implacable soleil* » (Gautier), très fort, terrible. □ **adv. implacablement**

implant n. m. (de *implanter*) méd. Comprimé ou objet introduit sous la peau ou dans un tissu organique à des fins thérapeutiques. ■ *Implant dentaire* : tige métallique implantée dans le maxillaire pour y fixer une prothèse. – *Implants capillaires.*

implantation n. f. **1.** Action d'implanter, de s'implanter. – Disposition des bâtiments, du matériel d'une entreprise. **2.** Introduction d'un implant sous-cutané. **3.** Manière dont les cheveux sont plantés. → **plantation.**

implanter v. tr. < 1 > (de l'italien, du latin, de *in-* et *plantare* → **planter**) Introduire et faire se développer d'une manière durable (dans un nouveau milieu). *Implanter des industries nouvelles dans une région.* – **au p. p.** *Un préjugé bien implanté.* – méd. *Implanter un embryon dans l'utérus* (→ **fivète**). ■ **s'implanter v. pron.** Se fixer, s'établir. *Société qui s'implante à l'étranger.*

implémenter v. tr. < 1 > (anglais *to implement* « exécuter ») anglic., inform. Installer (un programme) sur un ordinateur. *Implémenter un nouveau système d'exploitation.* □ **n. f. implémentation**

implexe adj. (latin *implexus*, famille de *plectere* « mêler, tresser ») philos. (concept) Qui ne peut se réduire à un schème.

implication n. f. (du latin, de *implicare* → **impliquer**) **1.** Action d'impliquer qqn dans une affaire. **2.** Relation logique par laquelle une chose en implique une autre. ■ **au plur.** Conséquences. *Les implications d'une mesure sociale.* → **incidence, retombée. 3.** Fait de s'impliquer (3), d'être impliqué (pour une personne).

implicite adj. (latin *implicitum*, de *implicare* → **impliquer**) Qui est virtuellement contenu dans une proposition, un fait, sans être formellement exprimé. *Une condition implicite.*

implicitement adv. D'une manière implicite (opposé à *explicitement*).

impliquer v. tr. < 1 > (latin *implicare* → **employer**, de *in-* et *plicare* → **plier, ployer**) **1.** Engager (dans une affaire fâcheuse), mettre en cause (dans une accusation). → **compromettre, mêler.** *Impliquer des personnalités dans une affaire, un procès. Être impliqué dans un trafic.* **2.** (choses) Comporter de façon implicite, entraîner comme conséquence. *Décision qui implique une rupture.* – *Impliquer que* : supposer que (par conséquence logique). *Son silence implique qu'il a des doutes.* **3.** Engager dans une action, un processus. – **pronom.** *S'impliquer dans son travail.* – **au p. p.** *Se sentir impliqué.* → **concerné.**

implorant, ante adj. littér. Suppliant. *Une voix implorante.*

imploration n. f. littér. Action d'implorer ; supplication.

implorer v. tr. < 1 > (latin *implorare*, de *plorare* → **pleurer**) **1.** Supplier (qqn) d'une manière humble. → **adjurer, prier.** *Implorer Dieu. Implorer du regard.* **2.** Demander (une aide, une faveur) avec insistance. → **solliciter.** « *J'implorai d'elle un rendez-vous, / Le soir* [...] » (Baudelaire).

imploser v. intr. < 1 > (de [1]*in-* et *exploser*) Faire implosion. *Téléviseur qui implose.*

implosif, ive adj. (de *explosif*, d'après l'anglais *implosive*) phonét. *Consonne implosive*, située à la fin d'une syllabe, articulée en abaissant le larynx et correspondant à la phase de tension décroissante de la syllabe (opposé à *explosive*).

implosion n. f. (de *in-* et *explosion*) Irruption très brutale d'un fluide, d'un gaz dans une enceinte dont la pression est beaucoup plus faible que la pression extérieure. *L'implosion d'un téléviseur.*

impluvium [ɛ̃plyvjɔm] n. m. (mot latin, de *pluere* « pleuvoir ») Antiq. romaine Bassin creusé au milieu de l'atrium pour recueillir les eaux de pluie. *Des impluviums.*

impoli, ie adj. Qui manque à la politesse. → **grossier, incorrect.** *Être impoli envers qqn.* – (choses) Qui dénote un manque de politesse. *Des manières impolies.*

impoliment adv. De manière impolie. *Répondre impoliment.*

impolitesse n. f. **1.** Manque de politesse. → **grossièreté, incorrection.** *Sa franchise frise l'impolitesse.* **2.** Acte, manifestation d'impolitesse. *Commettre une impolitesse.*

impondérable adj. (→ **pondérable**) **1.** didact. Qui n'a pas de poids appréciable, mesurable. *Des particules impondérables.* **2.** fig. Dont l'action, quoique effective, ne peut être appréciée ni prévue. *Facteurs impondérables.* – **n. m.** *Il faut toujours compter avec les impondérables.* □ **n. f. impondérabilité**

impopulaire adj. Qui déplaît au peuple. *Un ministre impopulaire.* – *Des mesures impopulaires.*

impopularité n. f. Caractère impopulaire. *L'impopularité d'une réforme.*

import voir **importation**

[1]importable adj. (de *importer*) Qu'il est permis ou possible d'importer.

[2]importable adj. (de *in-* et *portable*) (vêtement) Impossible à porter. → **immettable.**

importance n. f. (italien *importanza*, de *importare*, du latin → **[2]importer**) **1.** Caractère de ce qui est important. → **gravité, intérêt.** *Mesurer l'importance d'un évènement. Un fait de la plus haute importance. Cela n'a aucune importance, c'est sans importance* : cela ne fait rien. « *Une chose ne vaut que par l'importance qu'on lui donne* » (Gide). **2.** (personnes) Autorité, prestige que confèrent un rang social élevé, de graves responsabilités, un talent. *Elle est pénétrée de son importance.* **3.** *D'importance* **loc. adj. invar.** : important. *L'affaire est d'importance.* → **de taille.**

important, ante adj. (italien *importante*, du latin → **importance**, **[2]importer**) **I.** (choses) **1.** Qui importe ([2]) ; qui a de grandes conséquences, beaucoup d'intérêt. → **considérable.** *Un rôle important. C'est le point le plus important.* → **intéressant.** – *Il est important d'agir vite, c'est important.* – **n. m.** Ce qui importe. *L'important est de, est que... Le plus important est fait.* **2.** Considérable. *Une majorité importante.* **II.** (personnes) Qui a de l'importance par sa situation. → **influent.** *D'importants personnages.* – **n.** péj. *Faire l'important.*

impluvium

En Casamance, la case à impluvium permet de capter les eaux de pluie.

Importants (cabale des) Complot mené à la mort de Louis XIII, en 1643, par les opposants à Richelieu, qui voulaient exercer une pression sur la régente Anne d'Autriche et évincer son nouveau ministre, Mazarin.

importateur, trice n. et adj. (de ¹*importer*) Personne, société qui fait le commerce d'importation. *Importateur de coton.* – adj. *Pays importateur.*

importation n. f. (de l'anglais, de *to import* → ¹importer) 1. Action d'importer (des marchandises). - abrév. **import** n. m. ■ Ce qui est importé. *Le coût des importations.* 2. Action d'introduire (qqch.) dans un pays. 3. inform. Action d'importer (des données) ; résultat de cette action.

¹importer v. tr. < 1 > (italien *importare*, puis anglais *to import*, du latin *importare*, de *portare* → ²importer, ¹porter) 1. Introduire sur le territoire national (des produits en provenance de pays étrangers) [opposé à *exporter*]. *La France importe du café.* – au p. p. *Des marchandises importées.* 2. Introduire (qqch., une coutume) dans un pays. – au p. p. *Musique importée des Caraïbes.* 3. inform. Transférer dans un logiciel des données issues d'un autre logiciel.

²importer v. < 1 seulement à l'inf. et aux 3es pers. > (italien *importare*, du latin « porter dedans » et « causer, entraîner » → ¹importer, ¹porter) 1. v. tr. ind. (choses) *Importer à qqn* : avoir de l'importance*, de l'intérêt pour qqn. → intéresser ; important. *Votre opinion nous importe peu.* – loc. *Peu m'importe* : cela m'est indifférent. *Peu lui importe, peu lui importent vos remarques.* – impers. *Il lui importe que vous réussissiez.* 2. v. intr. Avoir de l'importance (dans une situation donnée). → compter. *C'est la seule chose qui importe.* – loc. *Peu importe. Qu'importe !* 3. v. impers. *Il importe de réfléchir, que nous réfléchissions avant de...* – *Il n'importe* (littér.), *n'importe.* « *Lequel choisis-tu ? — N'importe.* » 4. *N'importe qui, n'importe quoi* loc. pron. indéf. : une personne, une chose quelconque. *N'importe qui pourrait entrer.* « *Ils causaient de n'importe quoi* [...], *de mille niaiseries* » (Flaubert). – *N'importe lequel d'entre nous.* – *N'importe quel, quelle* (*chose, personne*) loc. adj. indéf. : quelconque, quel qu'il soit. *Venez à n'importe quelle heure.* – *N'importe comment, où, quand* loc. adv. : d'une manière, dans un endroit, à un moment quelconque, indifférent. – vieilli « *N'importe à quel prix* » (Zola) ; mod. *à n'importe quel prix.*

import-export n. m. anglic. Commerce de produits importés et exportés. *Une société d'import-export. Des imports-exports.*

importun, une adj. (latin *importunus*, d'abord « inabordable », de *portus* → ¹port) 1. Qui ennuie, gêne par sa présence ou sa conduite. → indiscret. *Je ne voudrais pas être importun.* – n. *Éviter un importun.* → gêneur. 2. (choses) Gênant, qui dérange. *Une visite importune.* □ adv. **importunément**

importuner v. tr. < 1 > (→ importun) littér. Ennuyer en étant importun. → déranger. *Le bruit m'importune.* → gêner, incommoder.

importunité n. f. (latin *importunitas* → importun) littér. Caractère de ce qui est importun. *L'importunité d'une démarche.*

imposable adj. (de ¹*imposer* [I]) Qui peut être imposé, assujetti à l'impôt. *Revenu imposable.*

imposant, ante adj. (de *en imposer*) 1. Qui impose le respect, décourage toute familiarité. → majestueux, noble. 2. Qui impressionne par l'importance, la quantité. → considérable. *Une imposante majorité.* → écrasant.

¹imposer v. tr. < 1 > (de *in-* et *poser*, d'après le latin *imponere*) I. 1. Faire payer obligatoirement. *Le vainqueur leur imposa un tribut.* 2. Assujettir (qqn) à l'impôt. → taxer. 3. *Imposer qqch. à qqn* : prescrire ou faire subir à qqn (une chose contraignante). *Imposer sa volonté, ses conditions...* – Faire admettre (qqch.) par une contrainte morale. *Imposer le respect. Elle est arrivée à imposer ses façons de voir. S'imposer des sacrifices.* 4. Faire accepter (qqn) par force, autorité, prestige, etc. *Il nous a imposé son protégé.* II. trans. ind. 1. vieux Mettre dans l'esprit de (qqn). – *En imposer* : tromper. 2. vieux Faire une forte impression sur. « *Le monde est rempli de ces hommes qui imposent aux autres* » (Vauvenargues). ■ mod. *En imposer* (même sens). « *Un grand nom en impose à tout le monde* » (Valéry). ■ **s'imposer** v. pron. 1. (sujet chose) Être obligatoire, inévitable. *Des réformes s'imposent.* 2. Se faire admettre, reconnaître (par sa valeur, etc.). *Elle s'est imposée à ce poste.* – péj. Imposer sa présence, ses opinions, ses décisions. ■ **imposé, ée** adj. 1. Qui doit être observé strictement. *Prix imposé.* 2. Soumis à l'impôt. *Bénéfices lourdement imposés.*

²imposer v. tr. < 1 > 1. relig. Poser, mettre (sur). *Imposer les mains*, pour bénir, conférer certains sacrements. 2. imprim. *Imposer une feuille*, grouper les pages afin qu'après pliage de la feuille imprimée, elles soient dans l'ordre voulu.

¹imposition n. f. 1. Fait d'imposer (une contribution). 2. Impôt*, contribution.

²imposition n. f. 1. Action d'imposer (les mains). 2. imprim. Opération par laquelle on impose une feuille à imprimer.

impossibilité n. f. (latin *impossibilitas* → impossible) 1. Caractère de ce qui est impossible ; défaut de possibilité. *Être dans l'impossibilité matérielle de faire qqch.* 2. Chose impossible. *Nous nous heurtons à une impossibilité.*

impossible (latin *impossibilis*, de *possibilis* → possible) I. adj. 1. Qui ne peut se produire, être réalisé. *Mission impossible. Le « charme acide et épuisant des tentatives impossibles »* (Sartre). – *Impossible à* (+ inf.), qu'on ne peut... *Une idée impossible à admettre.* – impers. *Il est impossible de* (+ inf.). ellipt *Impossible de le joindre.* – absolt *Impossible !*, c'est impossible. – *Il est impossible que...* (+ subj.). *Il n'est pas impossible qu'il revienne.* 2. Très difficile, très pénible (à faire, imaginer, supporter). *Elle nous rend la vie impossible.* 3. fam. Extravagant, invraisemblable. *Il lui arrive toujours des aventures impossibles.* 4. (personnes) Que l'on ne peut accepter ou supporter. → insupportable. II. n. m. 1. Ce qui n'est pas possible. *Vous demandez l'impossible.* – par exagér. *Nous ferons l'impossible pour vous satisfaire*, tout le possible. 2. *Par impossible* loc. adv. : par une hypothèse peu vraisemblable. *Si, par impossible, cette affaire réussissait.*

imposte n. f. (de l'italien, de *imporre* « placer sur », du latin *imponere* → ²imposer) 1. archit. Moulure saillante posée sur le pied-droit d'une porte, sur un pilier de nef. 2. Partie supérieure (d'une porte, d'une fenêtre). *Imposte vitrée.*

imposteur n. (du latin, de *imponere* → ¹imposer [II]) Personne qui abuse de la confiance d'autrui par des mensonges, en usurpant une qualité. *Le prétendu général était un imposteur.* → escroc. – Au fém. : *une imposteur, une impostrice*, (Canada) *une imposteure.*

imposture n. f. (du latin → imposteur) 1. littér. Tromperie d'un imposteur. 2. vieux Mensonge, tromperie. ■ Fausse apparence, illusion.

impôt n. m. (vient du latin *impositum*, de *imponere* → ¹imposer) 1. Prélèvement que l'État opère sur les ressources des personnes physiques ou morales afin de subvenir aux charges publiques ; sommes prélevées. → contribution, fiscalité, ¹imposition, taxe. *Administration chargée des impôts.* → fisc. *Remplir sa feuille d'impôts. Payer ses impôts.* – *Impôts directs*, prélèvement d'une partie du revenu du contribuable. *Impôts indirects*, taxes sur les prix. *Impôts locaux.* 2. vieilli ou littér. Obligation imposée. « *Ce qu'on appelle de façon sinistre l'impôt du sang* » (Aragon), l'obligation militaire.

▶ L'**impôt** est défini comme un versement monétaire requis des personnes physiques ou morales par voie d'autorité, à titre obligatoire et définitif. Il a pour objet la couverture des dépenses publiques ou l'intervention de l'État en matière économique. Le paiement de l'impôt n'ouvre pas un accès direct à un service ou à un droit particulier ; la contrepartie existe, mais elle n'est pas individualisable. La politique fiscale concerne la détermination du taux et de l'assiette des différents impôts. Ces décisions influencent les comportements des agents économiques et la distribution de la richesse.
Les impôts ont des caractéristiques différentes. Les impôts sur le revenu frappent le revenu du contribuable lors de sa perception — revenus du travail (impôt sur le revenu), revenus du capital (loyers, rentes, intérêts) — et les profits des entreprises (impôt sur les sociétés). La question de l'équité horizontale se pose : faut-il que tous ces revenus soient également taxés ? Les impôts sur la dépense frappent le contribuable au moment de son affectation à l'acquisition d'un bien, d'un service (ex : taxe sur la valeur ajoutée, ou TVA). Les impôts sur le capital atteignent les éléments du patrimoine du redevable du fait de leur possession (impôt de solidarité sur la fortune, ISF) ou de leur acquisition (droits de mutation, droits de succession).
Un impôt est proportionnel si le rapport entre les montants versés et le revenu ne varie pas. Il est progressif si le rapport augmente avec le revenu. L'impôt progressif permet de corriger les inégalités de revenus et de fortune et vise une équité dite verticale. L'impôt direct est payé par le contribuable directement au Trésor public (impôt sur le revenu, par exemple). L'impôt indirect (TVA) repose sur des objets de consommation ou des services dus et n'est qu'indirectement payé par celui qui consomme. L'impôt indirect n'est pas personnalisable ; sur cette base il peut être considéré par certains comme injuste.
voir aussi **revenu**

impotence n. f. (du latin → impotent) vieilli État d'une personne impotente.

impotent, ente adj. (du latin, de *in-* et *potens* « puissant », de *potere* → ¹pouvoir) vieilli Qui ne peut pas se déplacer, ou se déplace très difficilement. → infirme, invalide. *Un vieillard impotent.* – n. *Une impotente.*

impraticable adj. 1. littér. Que l'on ne peut mettre en pratique. → irréalisable. *Une réforme impraticable.* → inapplicable. 2. Où l'on ne peut passer, où l'on passe très difficilement. *Piste impraticable pour les voitures.* □ n. f. **impraticabilité**

imprécateur, trice n. littér. Personne qui profère des imprécations.

imprécation n. f. (du latin, de *imprecari*, de *in-* et *precari* → prier) littér. Souhait de malheur contre qqn. → malédiction. *Lancer, proférer des imprécations.* □ adj. **imprécatoire**

imprécis, ise adj. Qui n'est pas précis, manque de netteté. → flou, incertain, ³vague. *Souvenirs imprécis. Renseignements imprécis.* → approximatif. □ n. f. **imprécision**

imprédictible adj. (de *in-* et radical de *prédiction*) didact. Que l'on ne peut prédire à coup sûr. → imprévisible. *Une issue imprédictible.*

imprégnation n. f. (du latin *impregnare* « féconder » → imprégner) Action d'imprégner ; fait de s'imprégner, d'être imprégné.

imprégner v. tr. < 6 > (du latin, de *praegnans* « enceinte ; gros », de *prae-* « avant » et *gnasci, nasci* « naître ») 1. Pénétrer (un corps) de liquide dans toutes ses parties. → imbiber. *Teinture dont on imprègne les cuirs.* – au p. p. « *Et des esclaves nus, tout imprégnés d'odeurs* » (Baudelaire). 2. fig. Pénétrer, influencer profondément. – pronom. *S'imprégner d'une idée, d'un sentiment.*

imprenable adj. 1. Qui ne peut être pris. *Une forteresse imprenable.* → inexpugnable. 2. *Vue imprenable*, qui ne peut être masquée par de nouvelles constructions.

impréparation n. f. Manque de préparation (en sports, avant un examen...).

imprésario [ɛ̃pʀesaʀjo ; ɛ̃pʀezaʀjo] n. (italien *impresario*, de *impresa* « entreprise » ; famille de *prendre*) vieilli Personne qui est payée pour s'occuper de l'organisation matérielle d'un spectacle et des engagements d'un artiste. *L'imprésario d'un chanteur. Des imprésarios.* - var. **impresario.** *Des impresarii* (plur. italien).

imprescriptible adj. **1.** dr. Qui ne peut pas être supprimé, enlevé par un délai (→ **prescription**). **2.** fig. Que le temps ne peut abolir. → **immuable.** *Droits naturels et imprescriptibles de l'être humain.* □ n. f. **imprescriptibilité**

impression n. f. (du latin, de *impressum*, de *imprimere* → **imprimer**) **I. 1.** vieux Empreinte. **2.** Procédé de reproduction par pression d'une surface sur une autre qui en garde l'empreinte. *Impression des papiers peints.* ■ Reproduction d'un texte par l'imprimerie. *Manuscrit remis à l'impression. Fautes d'impression.* → **coquille. II. 1.** Marque morale, effet qu'une cause produit sur une personne. *Produire une forte impression.* – absolt *Faire impression :* attirer l'attention, faire de l'effet (→ **impressionner**). **2.** Connaissance élémentaire, immédiate et vague. → **sentiment, sensation.** *Faire bonne, mauvaise impression sur qqn. Impressions de voyage.* – loc. *Donner une impression de :* faire naître le sentiment, l'illusion de (ce dont on suggère l'image, l'idée). – *J'ai l'impression de perdre, que je perds mon temps,* il me semble que... *Je n'ai pas l'impression qu'il ait compris.* **3.** psych. État physiologique provoquant l'apparition d'une sensation. *Impression tactile, visuelle.*

impressionnable adj. **1.** Facile à impressionner. *Un enfant impressionnable.* → **émotif, sensible. 2.** photogr. Sensible. *Papier, plaque impressionnable.* □ n. f. **impressionnabilité**

impressionnant, ante adj. Qui impressionne. → **étonnant, frappant.** *Un spectacle impressionnant.* – Important, considérable.

impressionner v. tr. < 1 > (de *impression*) **I.** Affecter d'une vive impression. → **frapper, ¹toucher.** *Cette mort nous a tous beaucoup impressionnés. Ne te laisse pas impressionner.* → **influencer, intimider. II.** *Impressionner une pellicule photographique,* y laisser une impression, une image.

impressionnisme n. m. (de *impressionniste*) **1.** Style des peintres, écrivains et musiciens qui se proposent d'exprimer les impressions fugitives. *L'impressionnisme de Debussy.* **2.** Manière littéraire, musicale, qui cherche à rendre des impressions (II, 2).

impressionniste n. (de « *Impression, soleil levant* », tableau de Claude Monet ; d'abord terme ironique) **1.** n. Se dit de peintres qui, à la fin du XIXe siècle, s'efforcèrent d'exprimer les impressions que les objets et la lumière suscitent. – adj. *Degas, Monet, peintres impressionnistes.* **2.** adj. Qui relève de l'impressionnisme (2).

imprévisible adj. Qui ne peut être prévu. *Des évènements imprévisibles.* □ n. f. **imprévisibilité**

imprévision n. f. **1.** littér. Défaut de prévision. **2.** dr. *Théorie de l'imprévision,* par laquelle les tribunaux admettent la révision des contrats de longue durée, lorsque des évènements imprévisibles sont survenus.

imprévoyance n. f. Manque de prévoyance ; caractère d'une personne imprévoyante. ■ Action imprévoyante.

imprévoyant, ante adj. Qui manque de prévoyance. → **insouciant.** – n. *Un imprévoyant.*

imprévu, ue adj. Qui n'a pas été prévu ; qui arrive lorsqu'on ne s'y attend pas. → **inattendu, inopiné.** *Un ennui imprévu. Des dépenses imprévues.* – n. m. *Un voyage plein d'imprévu. En cas d'imprévu, prévenez-moi.*

imprimante n. f. inform. Périphérique d'ordinateur qui imprime sur papier des textes ou des éléments graphiques. *Imprimante à laser, à jet d'encre.*

imprimatur n. m. (mot latin « qu'il soit imprimé ») Autorisation d'imprimer (accordée par l'autorité ecclésiastique ou par l'Université). *Des imprimaturs* ou *des imprimatur* (invar.).

imprimé, ée adj. **I.** Reproduit par impression ; orné de motifs ainsi reproduits. *Tissu imprimé.* – n. m. *Un imprimé à fleurs.* **II. 1.** Reproduit par l'imprimerie. *Les premiers exemplaires imprimés d'un manuscrit.* – *La chose imprimée ;* n. m. *l'imprimé :* les textes imprimés. **2.** n. m. Impression ou reproduction sur papier ou sur une matière analogue. ■ Feuille, formule imprimée. *Remplir un imprimé.*

imprimer v. tr. < 1 > (latin *imprimere* « appuyer, laisser une empreinte sur » → **empreindre**) **I. 1.** littér. Faire pénétrer profondément (dans le cœur, l'esprit de qqn) en laissant une empreinte durable. → **inspirer ; inculquer ; impression.** « *Cette maxime profondément imprimée au fond de mon cœur* » (Rousseau). **2.** Communiquer, transmettre (un mouvement, une impulsion...). *Imprimer des secousses, des oscillations.* **II. 1.** littér. Faire, laisser (une marque, une trace) par pression. **2.** Reproduire (une figure, une image) par l'application et la pression d'une surface sur une autre (→ **impression**). *Imprimer la marque d'un cachet. Imprimer une estampe, une lithographie. Imprimer un tissu.* **3.** Reproduire (un texte) par la technique de l'imprimerie. *Imprimer un ouvrage.* ■ Faire paraître. → **éditer.** *Imprimer un livre à trente mille exemplaires.* ■ Publier l'œuvre de (un auteur). « *Quant à écrire ? je parierais bien que je ne me ferai jamais imprimer* [...] » (Flaubert, en 1839). **4.** inform. Produire sur le papier (le contenu d'un fichier informatique) à l'aide d'une imprimante. □ adj. **imprimable**

imprimerie n. f. **1.** Action d'imprimer (II, 3) ; techniques permettant la reproduction d'un texte par impression de caractères mobiles (→ **typographie**), ou report sur plaques (→ **offset, photocomposition**). – *Caractères d'imprimerie.* **2.** Établissement, lieu où l'on imprime (des livres, des journaux). *Une grande imprimerie.* ■ Matériel artisanal servant à l'impression (presse, etc.).

▶ Des techniques — proches de l'**imprimerie** — relatives à la reproduction et à la diffusion d'écrits ou d'illustrations ont existé dès l'Antiquité. En Mésopotamie, des sceaux de pierre gravés inscrivaient déjà à volonté leurs motifs sur les tablettes d'argile. Dès le VIIe siècle, la Chine multiplia les écrits grâce à des pierres puis à des planches de bois gravées, encrées et appliquées sur des feuilles de papier. Au XIe siècle, l'Orient produisit les premiers caractères mobiles en terre cuite dont l'assemblage composait le texte à imprimer. En Europe, la copie manuelle fut peu à peu complétée dès le Moyen Âge par des procédés employant des matrices en bois, gravées en relief (xylographie) ou en creux, en pierre (lithographie) puis en métal (eau forte, taille douce).
La révolution typographique fut l'œuvre de Gutenberg qui, entre 1438 et 1450, conçut une fonderie de caractères mobiles métalliques et perfectionna la « presse à bras ». Les imprimeries fleurirent dans les grands foyers européens de la Renaissance, augmentant considérablement le tirage des ouvrages.
Les techniques d'impression évoluèrent peu jusqu'à la révolution industrielle où furent mises au point la presse rotative et la composition mécanique grâce aux systèmes linotype et monotype : l'agencement manuel des caractères mobiles fut remplacé par la saisie du texte au clavier créant mécaniquement une matrice à partir de laquelle était moulée une plaque métallique à encrer.
Aux côtés de nouveaux procédés (héliogravure, flexographie, sérigraphie), l'impression offset domine aujourd'hui : l'image de la page est transférée sur une plaque métallique grâce à un procédé photographique. Traitée afin que seuls les pleins repoussent l'eau et acceptent l'encre, elle est décalquée sur un blanchet (une surface caoutchouteuse cylindrique) puis sur le papier.
Avec l'apparition de l'informatique et de la PAO (publication assistée par ordinateur), le texte et la maquette sont préparés en amont de la chaîne graphique par les éditeurs et les techniques d'impression évoluent considérablement avec l'impression numérique (laser). Le terme d'imprimerie, qui auparavant regroupait toutes les fonctions, de l'édition à la librairie, ne désigne aujourd'hui que les étapes d'impression et de finition (pliure, reliure).

imprimeur, euse n. **1.** Propriétaire, directeur, directrice d'une imprimerie. **2.** Ouvrier, ouvrière travaillant dans une imprimerie (typographe, etc.).

improbable adj. **1.** vieux Que l'on ne peut prouver. Invraisemblable. **2.** Qui n'est pas probable ; qui a peu de chances de se produire. → **douteux.** *Évènement improbable.* **3.** Qui étonne par son caractère peu ordinaire. → **insolite.** *Une tenue improbable.* □ n. f. **improbabilité**

improbation n. f. (du latin, de *improbare* « désapprouver », de *probare* → **prouver**) littér. Action de désapprouver, de condamner. → **désapprobation, réprobation.** « *Les signes d'approbation et d'improbation sont défendus. Faites entrer l'accusé* » (H. Monnier). □ adj. **improbateur, trice**

improbité n. f. (du latin → **probité**) littér. Manque de probité. → **malhonnêteté.**

improductif, ive adj. Qui ne produit, ne rapporte rien. *Un sol improductif.* → **stérile.** ■ Qui ne contribue pas directement à produire des biens. *Personnel improductif.* – n. *Les improductifs.* □ n. f. **improductivité**

impromptu, ue [ɛ̃pʀɔ̃pty] (latin *in promptu* « disponible », de *promptus* → **prompt**, de *promere* « produire ») **I.** n. m. Petite pièce (de vers, de musique) de composition simple. – Courte pièce de théâtre. ■ en musique *Les « Impromptus » de Chopin.* **II.** adj. Improvisé. *Un dîner impromptu.* **III.** adv. À l'improviste, sans préparation. *Une allocution prononcée impromptu.*

imprononçable adj. Impossible à prononcer.

impropre adj. (du latin → **propre**) **1.** Qui ne convient pas, n'exprime pas exactement l'idée. → **inadéquat.** *Mot impropre.* **2.** littér. *Impropre à :* qui n'est pas propre, apte à (un travail, un service). → **inapte.** – (choses) Qui ne convient pas. *Une eau impropre à la consommation.* □ adv. **improprement**

impropriété n. f. (du latin → **propriété**) Caractère d'un mot, d'une expression impropre. ■ Emploi impropre d'un mot. *Une impropriété de langage.*

improuvable adj. rare Qu'on ne peut pas prouver. *Une culpabilité improuvable.* → **invérifiable.**

improvisateur, trice n. Personne qui improvise.

improvisation n. f. **1.** Action, art d'improviser. **2.** Ce qui est improvisé (discours, vers, musique, etc.). *Une improvisation de jazz. Improvisation collective.*

▶ La pratique de l'**improvisation** musicale est sans doute aussi ancienne que la musique elle-même. Espace de liberté pour l'interprète, elle permet dans les musiques du passé (notamment dans la musique baroque) un enrichissement du discours musical. On sait que des compositeurs comme Bach ou plus tard Mozart et Beethoven étaient de très grands improvisateurs. L'évolution de la musique occidentale a peu à peu conduit à des œuvres totalement écrites, dans lesquelles l'improvisation avait une place moindre. Dans le courant du XXe siècle, le jazz a en revanche placé l'improvisation au cœur de son langage. L'ouverture aux musiques de tradition orale, comme le flamenco d'Andalousie ou la musique de l'Inde, a également permis à l'improvisation de reprendre une place de choix à notre époque ; des classes d'improvisation, distinctes des classes de jazz, existent désormais dans les conservatoires supé-

Vers 1860, en France, la peinture académique montre une incapacité à se renouveler et à se dégager de la tradition de l'Ancien Régime. La photographie, qui s'est construite comme alternative mécanique à la création des images selon les règles académiques (perspective et réalisme), est encore bien trop jeune pour pouvoir prétendre au statut de grand art. Les impressionnistes proposent alors une voie radicalement nouvelle, recentrant l'image peinte sur ses fondements picturaux (couleur et matière). Usant pleinement des moyens nouveaux de la révolution industrielle (peinture en tube), et choisissant souvent ses décors comme motifs, ils développent une peinture très libre qui sera le premier art moderne.

Ci-dessus, *Les Nymphéas, le matin,* Claude Monet (1914-1918), musée de l'Orangerie, Paris.

1

2

3

4

5

6

7

1. *Moret, bords du Loing,* Alfred Sisley (1892), musée d'Orsay, Paris.
2. *Le Berceau,* Berthe Morisot (1872), musée d'Orsay, Paris.
3. *Impression, soleil levant,* Claude Monet (1873), musée Marmottan, Paris.
4. *Le Déjeuner sur l'herbe,* Édouard Manet (1863), musée d'Orsay, Paris.
5. *Sur le pont de l'Europe,* Gustave Caillebotte (1876-1877), musée d'Art Kimbell, Fort Worth.
6. *Le Déjeuner des canotiers,* Pierre Auguste Renoir (1880-1881), The Phillips Collection, Washington.
7. *Meules, fin de l'été,* Claude Monet (1891), musée d'Orsay, Paris.
8. *Le Chemin de fer,* Édouard Manet (1873), galerie nationale d'Art, Washington.
9. *Claude Monet peignant sur son bateau-studio* (détail) Édouard Manet (1874), Nouvelle Pinacothèque, Munich.

8

9

rieurs de musique. Si, aujourd'hui, certains musiciens considèrent l'improvisation comme une composition sur l'instant, Pierre Boulez l'a clairement distinguée de la composition, cette dernière impliquant selon lui un processus lent de définition formelle de l'œuvre.
voir aussi **jazz, composition**

improviser v. tr. < 1 > (italien *improvvisare*, du latin *providere* « prévoir », de *videre* → voir) **1.** Composer sur-le-champ et sans préparation. *Improviser un discours.* – absolt *Elle improvise au piano.* – (au théâtre) « *Ce soir on improvise* » (pièce de Pirandello). **2.** Organiser sur-le-champ, à la hâte. *Improviser une rencontre.* **3.** Pourvoir inopinément (qqn) d'une fonction. *On l'improvisa* (pronom. *il s'improvisa*) *cuisinier pour la circonstance.*

à l'improviste loc. adv. (de l'italien, de *improvvisto* « imprévu » → improviser) D'une manière imprévue. → **inopinément.**

imprudemment [ɛ̃pʀydamɑ̃] adv. D'une manière imprudente. *Conduire imprudemment.*

imprudence n. f. (du latin → prudence) **1.** Manque de prudence. *Son imprudence l'expose à de sérieux ennuis.* – dr. *Homicide par imprudence* : homicide involontaire mais qui engage la responsabilité. ■ Caractère de ce qui est imprudent. *L'imprudence d'une démarche.* **2.** Action imprudente. *Ne faites pas d'imprudences.*

imprudent, ente adj. (du latin → prudent) Qui manque de prudence. → **aventureux, téméraire.** *Un automobiliste imprudent. Il est, il serait imprudent de...* (+ inf.) *; c'est très imprudent.* – n. *Une imprudente.*

impubère n. (du latin → pubère) littér. Personne qui n'a pas atteint la puberté. – adj. *Un corps impubère.* □ n. f. **impuberté**

impubliable adj. Qu'on ne peut pas publier (pour des raisons esthétiques, morales, sociales...). *Un article impubliable.*

impudemment [ɛ̃pydamɑ̃] adv. littér. D'une manière impudente. → **effrontément.** *Mentir impudemment.*

impudence n. f. (du latin → impudent) littér. **1.** Effronterie sans retenue ou cynique qui choque, indigne. *Nier avec impudence.* ■ Caractère de ce qui est impudent. **2.** Action, parole impudente.

impudent, ente adj. (du latin, de *in-* et *pudens* « modeste » → pudeur) littér. Qui montre de l'impudence. → **cynique, effronté, insolent.** *Des propos impudents.*

impudeur n. f. **1.** Absence de retenue, indiscrétion. *Une franchise frôlant l'impudeur.* **2.** Manque de pudeur physique. → **impudicité, indécence.** « *Elle s'étalait, elle s'offrait avec une impudeur souveraine* » (Zola). **3.** rare Impudence, cynisme. *Il a eu l'impudeur de redemander de l'argent.*

impudicité n. f. littér. Caractère de ce qui est impudique ; comportement impudique. → **indécence, obscénité.**

impudique adj. (→ pudique) Qui outrage, blesse la pudeur, ou manque de pudeur dans sa conduite. → **immodeste.** – (choses) *Gestes, paroles impudiques.* → **impur, indécent, obscène.** □ adv. **impudiquement**

impuissance n. f. **1.** Manque de moyens suffisants pour faire qqch. → **faiblesse, incapacité.** *Un sentiment d'impuissance. Frapper d'impuissance,* paralyser. *Leur impuissance à se faire obéir.* ■ Caractère de ce qui est impuissant. *L'impuissance d'un pays, de la politique.* **2.** Incapacité physique (pour l'homme) d'accomplir l'acte sexuel complet.

impuissant, ante adj. **1.** Qui n'a pas de moyens suffisants pour faire qqch. *Il est resté impuissant devant le désastre.* – (choses) Sans effet, inefficace. *Impuissant à* (+ inf.). *La médecine est impuissante à le guérir.* **2.** (homme) Physiquement incapable d'accomplir l'acte sexuel. – n. m. *Un impuissant.*

impulser v. tr. < 1 > (anglais *to impulse*) anglic. Animer, donner une impulsion à. → **déclencher, [1]lancer, promouvoir.** *Impulser une politique de développement local.*

impulsif, ive adj. (du latin → impulsion) Qui agit sous l'impulsion de mouvements spontanés ou plus forts que sa volonté. *Un homme impulsif.* – n. *Un impulsif.* ■ *Une réaction impulsive.* □ adv. **impulsivement** □ n. f. **impulsivité**

impulsion n. f. (du latin, de *impellere*, de *pellere, pulsum* → pulsion) **1.** Action de pousser, de mettre en mouvement. *Force d'impulsion.* – Ce qui pousse. → **poussée.** *Communiquer une impulsion à un mobile.* **2.** fig. Le fait d'inciter ; ce qui anime. *L'impulsion donnée au commerce.* **3.** littér. Action de pousser (qqn) à faire qqch. → **influence.** *Agir sous l'impulsion de la colère.* ■ Force, tendance spontanée qui pousse à agir. *Céder à ses impulsions* (→ **impulsif**).

impunément adv. (de *impuni*) **1.** Sans subir de punition. *Braver impunément l'autorité.* **2.** Sans dommage pour soi. « *On ne lit pas impunément des niaiseries* » (Hugo).

impuni, ie adj. (latin *impunitus* → punir) Qui n'est pas puni, ne reçoit pas de punition. *Ce crime est resté impuni.*

impunité n. f. (du latin → impuni) Absence de punition. *Se croire assuré de l'impunité.*

impur, ure adj. (du latin → pur) **1.** Altéré, corrompu par des éléments étrangers. *Eau impure.* → **souillé. 2.** Dont la loi religieuse commande de fuir le contact. *Animaux impurs.* – relig., vieux *Les esprits impurs* : les démons. **3.** littér. Qui est mauvais (moralement). → **immoral.** *Un cœur impur.* ■ Impudique, indécent. *Des pensées impures.*

impureté n. f. (latin *impuritas* → impur) **1.** Corruption résultant d'une altération, d'un mélange. *L'impureté de l'air.* → **pollution.** ■ Ce qui rend impur. *Les impuretés déposées au fond d'un récipient.* **2.** relig. Caractère impur (2). **3.** littér. Impudicité.

imputable adj. **1.** Qui peut, qui doit être imputé, attribué. *Un accident imputable à la négligence.* **2.** Qui doit être imputé, prélevé (sur un compte, un crédit). □ n. f. **imputabilité**

imputation n. f. (du latin → imputer) **1.** Action d'imputer à qqn, de mettre sur le compte de qqn (une action blâmable, une faute). → **accusation.** *Une imputation de vol sans fondement.* **2.** Affectation d'une somme à un compte déterminé. *L'imputation d'une somme au crédit d'un compte.*

imputer v. tr. < 1 > (du latin, de *putare* « compter ; épurer [un compte] », de *putus* « pur ») **I.** *Imputer à* **1.** Attribuer (à qqn) une chose digne de blâme (faute, crime...). *On lui impute cette erreur.* **2.** littér. *On lui impute à crime un simple oubli,* on considère comme un crime... **II.** Appliquer à un compte déterminé. → **[2]affecter.**

imputrescible adj. (du latin → putrescible) Qui ne peut pas pourrir. □ n. f. **imputrescibilité**

[1]in- Élément (du latin *in-*, de *in*, prép. « dans, en, sur » → [1]en), préfixe locatif qui signifie « dans, en ».

[2]in- Élément (du latin *in-*), préfixe négatif d'adjectifs (*im-* devant *b, m, p* ; *il-* devant *l* ; *ir-* devant *r*, sauf *inracontable*).

in [in] adj. invar. (mot anglais « dans, dedans » → [1]in-) fam., vieilli À la mode (→ dans le vent). *Les boîtes de nuit in* (opposé à *out*).

In Symbole chimique de l'indium.

INA (Institut national de l'audiovisuel) Établissement public industriel et commercial français, créé en 1975. Il collecte et sauvegarde les archives de la radio (depuis les années 1940) et de la télévision française (depuis les années 1950).

inabordable adj. **1.** littér. Qu'il est impossible ou très difficile d'approcher. → **inaccessible.** « *Une mer sans ports, des plages inabordables* » (Loti). – fig. *Un homme inabordable.* → **inaccessible. 2.** D'un prix très élevé. → **cher.**

inabouti, ie adj. Qui n'a pu être mené à son terme, qui a échoué. *Un projet inabouti.*

in abstracto [inapstʀakto] loc. adv. (mots latins « dans l'abstrait ») Abstraitement, sans tenir compte de la réalité. *Raisonner in abstracto.*

inaccentué, ée adj. Qui ne porte pas d'accent (1). → **atone.** « *Me* », « *te* », « *se* », *formes inaccentuées du pronom personnel* (en regard de « moi », « toi », « soi »).

inacceptable adj. Que l'on ne peut, que l'on ne doit pas accepter. → **inadmissible.** *Des propositions inacceptables.*

inaccessible adj. **1.** Dont l'accès est impossible. *Un sommet inaccessible.* ■ (personnes) *Un personnage inaccessible.* → **inabordable.** ■ Qu'on ne peut atteindre. « *On regrette moins ce qu'on a toujours su inaccessible* » (Proust). ■ fig. *Un texte inaccessible.* → **incompréhensible. 2.** *Inaccessible à qqch.*, qui ne se laisse ni convaincre ni toucher par, qui est fermé à (certains sentiments). → **insensible.** *Une femme inaccessible à la pitié.* □ n. f. **inaccessibilité**

inaccompli, ie adj. littér. Qui n'est pas accompli. → **inabouti, inachevé.** □ n. m. **inaccomplissement**

inaccordable adj. rare Qu'on ne peut accorder. *Faveur inaccordable.* – *Intérêts inaccordables.* → **inconciliable.** – mus. *Piano inaccordable.*

inaccoutumé, ée adj. Inhabituel, insolite. *Une agitation inaccoutumée.*

inachevé, ée adj. Qui n'est pas achevé. → **incomplet.**

inachèvement n. m. État de ce qui n'est pas achevé. *L'inachèvement d'une route.*

Inachos Roi légendaire d'Argos, fils d'Océan et de Téthys. On lui attribue la paternité d'Io.

inactif, ive adj. **1.** Qui est sans activité. → **désœuvré, oisif.** *Rester inactif.* ■ écon. Qui n'a pas d'activité professionnelle régulière. – n. *Les inactifs.* **2.** Qui est sans action. *Un médicament inactif.* → **inefficace, inopérant.**

inactinique adj. phys. Se dit d'un rayonnement qui n'a aucune action chimique notable sur un milieu donné. *Rayon, lumière inactinique de la chambre noire, en photographie.*

inaction n. f. Absence ou cessation de toute action. → **désœuvrement, inactivité, oisiveté.**

inactiver v. tr. < 1 > biol. Rendre inactif. – au p. p. *Virus inactivé.* □ n. f. **inactivation**

inactivité n. f. **1.** Manque d'activité, d'occupation. → **inaction.** *L'inactivité forcée d'un malade.* **2.** Situation d'un fonctionnaire, d'un militaire qui n'est pas en service actif.

inactuel, elle adj. Qui n'est pas ou plus d'actualité. *Des idées inactuelles.* → **périmé.** □ n. f. **inactualité**

inadaptable adj. Qui ne peut s'adapter, s'intégrer à un milieu.

inadaptation n. f. Défaut d'adaptation. – État d'une personne inadaptée.

inadapté, ée adj. Qui n'est pas adapté (à qqch.). *Méthodes inadaptées au but poursuivi.* ■ absolt *Enfant inadapté* (à la vie scolaire, sociale). – n. *La rééducation des inadaptés.*

inadéquat, ate [inadekwa(t), at] adj. Qui n'est pas adéquat. → **inapproprié.** *Cette expression est inadéquate.* → **impropre.**

inadéquation [inadekwasjɔ̃] n. f. Caractère de ce qui n'est pas adéquat. *Il y a une inadéquation évidente entre ses paroles et ses actes.*

inadmissible adj. Qu'il est impossible d'admettre. → **inacceptable.** *Une attitude inadmissible.* □ n. f. **inadmissibilité**

inadvertance n. f. (du latin, de *advertere* → avertir, famille de *adverse*) 1. vieux Défaut d'attention. ■ Erreur, négligence. 2. cour. *Par inadvertance* loc. adv. : par défaut d'attention, par mégarde.

inaliénable adj. Qui ne peut être aliéné, cédé, vendu. → **incessible, insaisissable.** *Biens inaliénables.* □ n. f. **inaliénabilité**

inaliénation n. f. dr. État de ce qui n'est pas aliéné.

inalpe n. f. (de *inalper*) (Suisse) Montée des troupeaux dans les pâturages de haute montagne, au début de la belle saison (opposé à *désalpe*). → **transhumance.**

inaltérable adj. 1. Qui ne peut être altéré ; qui garde ses qualités. *Couleurs inaltérables. L'or est inaltérable.* 2. fig. Que rien ne peut changer. → **constant, éternel, immuable.** « *Le calme inaltérable de sa voix* » (Vigny). □ n. f. **inaltérabilité**

inaltéré, ée adj. Qui n'a subi aucune altération.

inamical, ale, aux adj. Qui n'est pas amical. → **hostile.** *Un geste inamical.*

inamissible adj. (latin *inamissibilis*, de *amittere* « perdre ») théol. Qui ne peut se perdre. « *Grâce inaltérable et inamissible* » (Bourdaloue).

inamovibilité n. f. Caractère d'une personne inamovible. *L'inamovibilité d'un magistrat.*

inamovible adj. 1. Qui n'est pas amovible, qui ne peut être destitué, suspendu ou déplacé. 2. plais. Qu'on ne peut déplacer, qui ne change pas. « *Les inamovibles vieillards aux inamovibles casquettes, aux inamovibles mégots* » (C. Simon).

inanalysable adj. Qu'on ne peut analyser, décomposer.

inanimé, ée adj. 1. Qui, par essence, est sans vie. *La matière inanimée.* « *Objets inanimés, avez-vous donc une âme* [...] » (Lamartine). 2. Mort ou sans connaissance. → **inerte.** *Il est tombé inanimé.*

inanité n. f. (du latin, de *inanis* « vide ; vain », de *in-* et radical de *anima* → âme, [1]animal) 1. vieux Vide, néant. « *Aboli bibelot d'inanité sonore* » (Mallarmé). 2. littér. Caractère de ce qui est vain. → **futilité, inutilité.** *L'inanité de nos efforts.*

inanition n. f. (du latin, de *inanire* « vider » → inanité) Épuisement par défaut de nourriture. *Mourir d'inanition*, de faim.

inapaisable adj. littér. Qui ne peut être apaisé. *Douleur inapaisable. Faim inapaisable.* → **inextinguible, insatiable.**

inapaisé, ée adj. littér. Qui n'est pas apaisé. → **inassouvi, insatisfait.**

inaperçu, ue adj. Qui n'est pas aperçu, remarqué. *Un départ inaperçu.* – *Passer inaperçu*, ne pas être remarqué.

inapparent, ente adj. Qui n'est pas apparent, ne se manifeste pas. → **invisible.**

inappétence n. f. littér. Absence de besoin, de désir. *Inappétence sexuelle.* – spécialt Absence d'appétit, anorexie.

inapplicable adj. Qui ne peut être appliqué. *Réforme inapplicable.*

inapplication n. f. 1. didact. Manque d'application, de soin à ce que l'on fait. → **étourderie, inattention.** 2. Défaut d'application, de mise en pratique. *L'inapplication d'un principe, d'une loi.*

inappliqué, ée adj. 1. Étourdi, inattentif. *Élève inappliqué.* 2. Qui n'a pas été appliqué, mis en pratique.

inappréciable adj. Qu'on ne saurait trop apprécier, estimer ; de grande valeur. → **inestimable, précieux.** *D'inappréciables avantages. Un appui inappréciable.*

inapprivoisable adj. didact. Qui ne peut être apprivoisé. → [2]**farouche, sauvage.** *Le loup est inapprivoisable.*

inapprivoisé, ée adj. didact. Qui n'a pas été apprivoisé. → **indompté, sauvage.** – fig. *Une nature inapprivoisée*, laissée à l'état sauvage.

inapprochable adj. didact. Qu'on ne peut approcher.

inapproprié, iée adj. Qui n'est pas approprié. *Mot inapproprié.* → **inadéquat.**

inapte adj. (de *apte* → inepte) 1. Qui n'est pas apte, qui manque d'aptitude pour qqch. → **incapable.** « *Il vagabonde, inapte à remplir même les besognes les plus viles* » (Huysmans). 2. milit. Impropre au service militaire ou à une arme en particulier.

inaptitude n. f. 1. Défaut d'aptitude (à qqch.). → **incapacité.** 2. État d'un soldat inapte.

Inari Divinité japonaise du riz et des céréales.

Inari (lac) Lac de Finlande, en Laponie. 1 102 km². 3 000 îles.

Iñárritu (Alejandro González) Cinéaste mexicain et espagnol (né en 1963). À travers ses films, il s'intéresse au destin et aux liens entre des évènements que tout oppose. Dans son triptyque *Amours chiennes, 21 grammes* et *Babel*, il traite des relations amoureuses, de la mort et de la souffrance. *Birdman.*

inarticulé, ée adj. Qui n'est pas articulé, qui est prononcé sans netteté. *Des sons inarticulés.*

inassimilable adj. Qui n'est pas assimilable. *Substances ; connaissances inassimilables.* ■ (personnes) Qui ne peut s'intégrer dans une société.

inassimilé, ée adj. Qui n'a pas été assimilé, n'est pas assimilé. *Substance inassimilée par l'organisme.*

inassouvi, ie adj. littér. Qui n'est pas assouvi, pas satisfait. → **insatisfait.** *Désir inassouvi.* □ n. m. **inassouvissement**

inattaquable adj. 1. Qu'on ne peut attaquer ou mettre en cause avec quelque chance de succès. *Une théorie inattaquable.* – *Un homme inattaquable*, irréprochable. 2. Qui ne peut être altéré. *Un métal inattaquable.* → **inaltérable.**

inattendu, ue adj. Qu'on n'attendait pas, à quoi on ne s'attendait pas. → **imprévu, inopiné.** *Une rencontre inattendue.* – (personnes) *Un visiteur inattendu.* – n. m. « *Le rire naît de l'inattendu* » (Hugo).

inattentif, ive adj. Qui ne prête pas attention. → **distrait.** *Un lecteur inattentif.* « *Le monde, inattentif aux choses délicates* » (Verlaine).

inattention n. f. Manque d'attention. → **distraction.** *Un instant d'inattention.*

inaudible adj. 1. Qu'on ne peut ou qu'on a du mal à entendre. *Vibrations inaudibles* (infrasons, ultrasons). *Un murmure presque inaudible.* 2. Très désagréable à entendre.

inaugural, ale, aux adj. (de *inaugurer*, d'après *augural*) Qui a rapport à une inauguration. *Séance inaugurale d'un congrès.*

inauguration n. f. (du latin → inaugurer) 1. Cérémonie par laquelle on inaugure (2). *L'inauguration d'une exposition.* 2. littér. Commencement, début.

inaugurer v. tr. < 1 > (du latin, de *augurare* « prédire » → augure) 1. vieux Consacrer solennellement (un souverain). 2. Ouvrir au public pour la première fois (un monument, un édifice nouveau). 3. Utiliser pour la première fois. → **étrenner.** 4. Entreprendre, mettre en pratique, utiliser pour la première fois. *Inaugurer une nouvelle politique.*

inauthentique adj. 1. Qui n'est pas authentique. → **apocryphe,** [1]**faux.** 2. littér. *Une vie inauthentique.* □ n. f. **inauthenticité**

inavouable adj. Qui n'est pas avouable. → **honteux.** *Des intentions inavouables.*

inavoué, ée adj. Qui n'est pas avoué, qu'on ne s'avoue pas. *Sentiments inavoués.*

Inber (Vera Mikhaïlovna) Poète et conteuse soviétique (1890-1972). Elle écrivit de nombreux recueils de poésies (*La Joie amère ; Une place au soleil*) et un roman autobiographique pour enfants (*Quand j'étais petite*).

in-bord [inbɔʀ(d)] adj. invar. (de l'anglais, de *in* « dans » et *board* « bord », d'après *hors-bord*) anglic. *Moteur in-bord*, placé à l'intérieur de la coque d'un bateau. – n. m. *Un in-bord*, une embarcation munie d'un tel moteur (opposé à *hors-bord*). *Des in-bords* ou *des in-bord* (invar.).

inca (mot amérindien [quichua] désignant le souverain) 1. n. m. *L'Inca* : le chef de l'Empire inca. 2. adj. Relatif à la puissance politique établie au Pérou avant la conquête espagnole. *Les tribus incas.* – n. *Les Incas. Une Inca.*

incalculable adj. Impossible ou difficile à évaluer, à apprécier. → **considérable.** « *Petit, fatal évènement qui eut d'incalculables conséquences* » (Michelet).

incandescence n. f. (de *incandescent*) État d'un corps incandescent. *Porter un métal à l'incandescence.*

incandescent, ente adj. (du latin, de *incandescere*, de *candere* « brûler » → candeur, chandelle) Chauffé à blanc ou au rouge vif ; rendu lumineux par une chaleur intense. → **ardent.** *Charbon incandescent. Filament incandescent* (pour l'éclairage).

incantation n. f. (du latin, de *incantare* → enchanter) Emploi de paroles magiques. ■ Paroles, formules magiques pour opérer un charme, un sortilège (→ **enchantement**). « *Considérer le langage sous la forme de l'Incantation* » (Artaud).

incantatoire adj. (→ incantation) Qui forme une incantation, a un pouvoir magique. *Formule incantatoire.*

incapable adj. 1. *Incapable de* (+ inf.) : qui n'est pas capable (par nature ou par accident, de façon temporaire ou définitive) de. → **impuissant, inapte.** – (+ n.) *Être incapable de générosité.* ■ (choses) vieux Non susceptible de. « *Des mots incapables d'être définis* » (Pascal). 2. absolt Qui n'a pas l'aptitude, la capacité nécessaire. – n. *C'est un, une incapable.* → **nullité.** 3. dr. Qui est en état d'incapacité (3) juridique. *Majeurs incapables.*

incapacitant, ante adj. et n. m. (mot anglais, de *to incapacitate* « rendre incapable ») anglic. Qui est susceptible de rendre temporairement inapte au combat. *Bombe incapacitante.*

incapacité n. f. (de *capacité*) 1. État d'une personne incapable (de faire qqch.). → **impossibilité.** *Je suis dans l'incapacité de vous répondre.* – absolt Incompétence. 2. État d'une personne qu'une blessure, une maladie a rendue incapable de travailler. *Incapacité totale* (ou *temporaire*) *de travail (ITT). Incapacité permanente.* → **invalidité.** 3. dr. Absence de l'aptitude à jouir d'un droit ou à l'exercer par soi-même. *L'incapacité d'exercice des mineurs.*

incarcération n. f. Action d'incarcérer. → **emprisonnement.** ■ État d'une personne incarcérée. → **captivité.**

incarcéré, ée adj. (de *incarcérer*) Immobilisé dans un véhicule accidenté. *Les pompiers ont dégagé les passagers incarcérés.*

incarcérer v. tr. < 6 > (du latin, de *carcer* « prison ») Mettre en prison. → **écrouer, emprisonner.** *Incarcérer un condamné.* □ adj. **incarcérable**

incarnat, ate adj. (italien *incarnato*, du latin *caro, carnis* « chair* ») D'un rouge clair et vif. *Un velours incarnat.*

incarnation n. f. (du latin ecclés. → incarner) 1. Action par laquelle une divinité, un esprit s'incarne dans le corps d'un homme, d'un animal ; forme incarnée. → **avatar.** ■ relig. chrét. Union intime en Jésus-Christ de la nature divine avec une nature humaine. 2. Ce qui incarne, représente. → **personnification.**

INCAS (art et civilisation)

Tôle en argent représentant un animal (XIIe-XVIe s.), musée d'Ethnographie, Berlin.

Masque du Soleil en or provenant de Mongoya, musée national de la Banque Centrale, Quito.

Statuette en or en forme de lama (XIIe-XVIe s.), British Museum, Londres.

Masque en or de culture Chimu (XIVe-XVe s.).

Sculpture en forme de porteur d'amphore (XVe s.), musée d'Ethnographie, Berlin.

Poncho d'un dignitaire inca (XVe s.), musée d'Ethnographie, Berlin.

Statuette féminine en argent, de Sacsahuaman (XVe-XVIe s.), bibliothèque de l'université de Cuzco.

Vase fermé (aribalo) en terre cuite (XIIe-XVIe s.), musée d'Archéologie nationale, Saint-Germain-en-Laye.

Vase de cérémonie (kero) en forme de jaguar (XVIe s.), musée des Amériques, Madrid.

L'art inca est surtout remarquable par son architecture monumentale (Machu Picchu, Cuzco), fait de blocs polygonaux parfaitement jointés. Mais du XIIe au XVe s., s'épanouissent aussi les arts de la céramique ou de l'orfèvrerie. Ils ont une stylistique commune, mélange de rigidité et de rigueur. L'artisanat du tissage est poussé à un très haut niveau de maîtrise, avec des motifs complexes qui sont autant de repères symboliques des différentes tribus.

Incarnation (Marie de l') voir Marie de l'Incarnation

incarner v. tr. < 1 > (latin ecclés. *incarnare*, de *caro, carnis* → chair) **1.** Revêtir (un être spirituel) d'un corps charnel, d'une forme humaine ou animale. – pronom. « *Satan* [...] *allait descendre, s'incarner en lui* [Gilles de Rais] » (Huysmans). **2.** Représenter en soi, soi-même (une chose abstraite). *Il prétend incarner la Révolution.* **3.** Représenter (un personnage) dans un spectacle. → **jouer.** ■ **incarné, ée** adj. **I. 1.** *Le Verbe incarné* : le Christ. **2.** (abstraction) Personnifié. *Il était la gravité incarnée.* **II.** (de [1]*in-*, et latin *caro, carnis* → chair) *Ongle incarné*, qui a pénétré dans la chair.

incartade n. f. (italien *inquartata* « parade d'escrime » ; famille de *quart*) Léger écart de conduite. *Ce n'est pas sa première incartade.*

Incas n. m. pl. Ancien peuple du Pérou qui fonda un puissant empire (XIIe-XVe s.), détruit par les Espagnols en 1532. L'art inca est remarquable par son orfèvrerie, son tissage, son architecture monumentale (Cuzco, Machu Picchu) et la mise en culture des régions montagneuses.

incassable adj. Qui ne se casse pas, ou pas facilement. *Verre incassable.*

Ince (Thomas Harper) Réalisateur et producteur américain de cinéma (1882-1924). Il est considéré comme l'inventeur du western.

incendiaire (du latin → incendie) **I.** n. Personne qui allume un incendie. → **pyromane.** **II.** adj. **1.** Propre à causer un incendie. *Des bombes incendiaires.* **2.** fig. Propre à enflammer les esprits, à allumer la révolte. *Des déclarations incendiaires.* ■ Qui éveille les désirs amoureux. *Une œillade incendiaire.*

incendie n. m. (latin *incendium*, de *candere* → incandescent) **1.** Grand feu qui se propage en causant des dégâts. *Les pompiers ont maîtrisé l'incendie. Des incendies de forêt.* **2.** fig. Explosion de passions, de sentiments violents.

incendier v. tr. < 7 > **1.** Mettre en feu en provoquant un incendie. → **brûler.** *Incendier une maison.* **2.** Irriter en provoquant une impression de brûlure. *Épices qui incendient la bouche.* **3.** littér. Colorer d'une lueur ardente. *Le soleil incendiait l'horizon.* **4.** littér. Enflammer, exciter (les passions). ■ fam. *Incendier qqn*, l'accabler de reproches.

incertain, aine adj. et n. m. **I. 1.** Qui n'est pas fixé d'avance, certain, assuré. → **aléatoire, douteux, hypothétique, problématique.** *Le résultat est bien incertain.* ■ Sur lequel on ne peut compter. *Le temps est incertain.* → **changeant.** – n. m. *Le certain et l'incertain* (→ **possible**). **2.** Qui n'est pas connu avec certitude. *Un mot d'origine incertaine.* **3.** littér. Dont la forme, la nature n'est pas nette. → **confus, imprécis,** [3]**vague.** *Une silhouette aux contours incertains.* **II. 1.** (personnes) Qui manque de certitude, de décision, qui est dans le doute. → **embarrassé, hésitant, indécis, irrésolu.** **2.** Hésitant, peu assuré. *Une démarche incertaine.*

incertitude n. f. **I. 1.** État de ce qui est incertain. *L'incertitude du lendemain, de l'avenir.* → **précarité.** **2.** Chose imprévisible. *Il y a trop d'incertitudes dans cette affaire.* ■ sc. Indétermination. *Principe d'incertitude de Heisenberg* : en physique quantique, impossibilité de déterminer avec précision à la fois la position et la vitesse d'une particule. **II.** État d'une personne incertaine, qui ne sait pas ce qu'elle doit faire. → **doute, embarras, indécision, perplexité.** *Être dans l'incertitude.*

incessamment adv. **1.** vieilli Continuellement. « *Je veux jusqu'au trépas incessamment pleurer* » (Molière). **2.** mod. Très prochainement, sans délai. → **bientôt.** *Il doit arriver incessamment.*

incessant, ante adj. Qui ne cesse pas, dure sans interruption. → **continuel, ininterrompu.** *Un bruit incessant.* – *D'incessantes récriminations.* → **répété.**

incessible adj. dr. Qui ne peut être cédé. → **inaliénable.** □ n. f. **incessibilité**

inceste n. m. (du latin, de *in-* et *castus* « pur » → chaste) Relations sexuelles entre proches parents (dont le mariage est interdit) ; amour incestueux. *Inceste entre frère et sœur.* – par ext. (Entre alliés) *L'inceste de Phèdre.*

incestueux, euse adj. **1.** Coupable d'inceste. *Un père incestueux.* **2.** Caractérisé par l'inceste. *Amour, désir incestueux.* **3.** Né d'un inceste.

inchangé, ée adj. Qui n'a pas changé. *La situation demeure inchangée.* → **identique.**

inchauffable adj. Impossible ou très difficile à chauffer.

inchavirable adj. Conçu pour minimiser le risque de chavirer.

inchiffrable adj. Qui ne peut pas être mesuré par des chiffres.

inchoatif, ive [ɛ̃kɔatif, iv] adj. (du latin, de *inchoare* « commencer ») ling. Qui sert à exprimer une action qui commence, une progression, par une forme spécifique (ex. en latin les verbes en *-escere*) ou non (ex. en français *s'endormir, vieillir*).

Inchon Ville de Corée du Sud, sur la mer de Chine, à 35 km de Séoul. 2 860 100 habitants. Industries (métallurgie, pétrochimie).

incidemment [ɛ̃sidamɑ̃] adv. (de [2]*incident*) Par hasard, d'une manière incidente ; sans y attacher une importance capitale. *Il en a parlé, mais incidemment.*

incidence n. f. (de [2]*incident*, 2) **1.** phys. Rencontre d'un rayon et d'une surface. *Point, angle d'incidence.* **2.** Conséquence, influence. → **répercussion, retombée.** *L'incidence des salaires sur les prix de revient.* ■ *L'incidence d'un impôt.* **3.** méd. Nombre de cas nouveaux d'une maladie déclarés dans une population pendant une période donnée. *Taux d'incidence.*

[1]incident n. m. (du latin, de *incidere* « survenir », de *cadere* « tomber » → caduc) **1.** Petit évènement qui survient. ■ Petite difficulté imprévue au cours d'une entreprise. → **anicroche.** *Le voyage s'est passé sans incident. Incidents de parcours.* **2.** Évènement peu important en lui-même mais capable d'entraîner de graves conséquences. *Un incident de frontière.* ■ Désordre. ■ Objection, difficulté (dans un débat). *Des incidents de séance.* – *L'incident est clos :* la querelle est terminée.

[2]incident, ente adj. (→ [1]incident) **1.** dr., polit. Qui survient accessoirement, qui n'est pas essentiel. → **accessoire, secondaire.** *Une question incidente.* **2.** phys. *Rayon incident* (à une surface), qui la rencontre. **3.** gramm. (proposition, remarque) Qui suspend une phrase, un exposé, pour y introduire un énoncé accessoire. – n. f. *Mettre une incidente entre parenthèses, entre tirets.* → **incise.**

incinérateur n. m. Dispositif pour incinérer (spécialt les ordures).

incinération n. f. (du latin → incinérer) Action d'incinérer. *Incinération d'un cadavre.* → **crémation.**

incinérer v. tr. < 6 > (latin *incinerare*, de *cinis, cineris* « cendre » → cinéraire) Réduire en cendres. → **brûler.** *Appareil à incinérer les ordures* (→ incinérateur). – *Son cadavre a été incinéré.* □ adj. **incinérable**

incipit [ɛ̃sipit] n. m. (latin « il commence ») Premiers mots d'un livre. *Les incipits* ou *les incipit* (invar.). « *Je tiens de tout écrit pour sa clef signifiante la première phrase ou incipit* » (Aragon).

incise n. f. (latin *incisa*, de *incidere* → inciser) gramm. Courte proposition insérée dans une autre (ex. *dit-elle*, dans *dès demain, dit-elle, je pars*). → [2]incident 3.

inciser v. tr. < 1 > (du latin, de *incidere*, de *in-* et *caedere* « frapper ; couper » → ciseau, occire) Fendre avec un instrument tranchant. → **couper, entailler.** *Inciser l'écorce d'un arbre pour le greffer.*

incisif, ive adj. (du latin → incision) **1.** vieux Tranchant (→ incisive). **2.** fig. Acéré, mordant dans l'expression. → **acerbe.** *Une ironie incisive.* □ adv. **incisivement**

incision n. f. (du latin, de *incisum*, supin de *incidere* → inciser) **1.** Action d'inciser. → **entaille.** *Chirurgien qui pratique une incision.* **2.** Coupure, fente (faite en incisant). *Une incision profonde.*

incisive n. f. (de *dent incisive* → incisif) Dent aplatie et tranchante, sur le devant des mâchoires des mammifères. *Incisives inférieures, supérieures.*

incisure n. f. (latin *incisura* « fente, fissure », de *incidere* → inciser) **1.** bot. Découpure irrégulière. **2.** anat. Échancrure à bords nettement délimités, à la surface d'un organe.

incitatif, ive adj. (→ incitation) Qui incite à faire qqch. → **motivant, stimulant.** – *Prix incitatifs.*

incitation n. f. (du latin, de *incitare* → inciter) Action d'inciter ; ce qui incite. → **encouragement, provocation.** – dr. *Incitation au meurtre.* → **apologie.** *Incitation à la haine raciale.*

inciter v. tr. < 1 > (du latin, de *in-* et *citare*, de *ciere* « faire mouvoir » → citer, susciter) **1.** Entraîner, pousser. *Inciter qqn à qqch., à faire qqch.* **2.** (choses) Conduire (qqn) à un sentiment, un comportement. → **engager, incliner.** *Sa réponse m'incite à penser qu'il est innocent.*

incivil, ile adj. (→ civil) littér. Impoli. *Un homme incivil.*

incivilité n. f. (de *incivil*) **1.** littér. Impolitesse. **2.** Manquement aux règles du comportement en société (grossièreté, agressivité...).

incivique adj. et n. **1.** Qui manque de civisme. *Attitude incivique.* **2.** (Belgique) Partisan de la collaboration avec les Allemands, pendant la Seconde Guerre mondiale.

incivisme n. m. littér. Manque de civisme.

inclassable adj. (de *in-* négatif et *classer*) Qu'on ne peut définir, rapporter à un ensemble connu. *Une œuvre inclassable.*

inclémence n. f. (du latin → inclément) littér. Caractère pénible (des éléments climatiques). *L'inclémence du temps.*

inclément, ente adj. (latin *inclemens* → clément) littér. Rigoureux, dur.

inclinable adj. Que l'on peut incliner. *Siège à dossier inclinable.*

inclinaison n. f. (de *incliner*) **1.** État de ce qui est incliné ; obliquité. *L'inclinaison d'un toit.* → **déclivité, pente.** **2.** *Inclinaison d'un plan, d'une ligne,* angle qu'ils font avec une autre surface ou ligne. – phys. *Inclinaison magnétique :* angle formé avec l'horizon par une aiguille aimantée. **3.** Action de pencher ; position penchée (de la tête, du buste). « *Elle salua le tabernacle* [...] *d'une grande inclinaison de tête* » (Maupassant).

inclination n. f. (du latin, de *inclinare* → incliner) **I.** Action d'incliner (la tête ou le corps) en signe d'acquiescement ou de déférence. → **révérence, salut.** *Saluer qqn d'une inclination de tête.* **II.** fig. **1.** Mouvement affectif, spontané vers une chose, une personne ou une fin. → **goût, penchant, tendance.** *Combattre, suivre ses inclinations. Inclination à la passivité. Son inclination le porte, l'incite à...* **2.** littér. Mouvement qui porte à aimer qqn. *Mariage d'inclination.*

incliné, ée adj. **1.** (opposé à *droit*) Placé dans une position oblique. ■ *Plan incliné,* utilisé pour faciliter la montée des corps lourds ou ralentir leur descente. **2.** fig. Enclin, porté (à). → **prédisposé.** *Incliné à l'indulgence ; à penser que...*

incliner v. < 1 > (d'abord *encliner* → enclin ; latin *inclinare*, de *clinare* « pencher », famille de *climat, clinique*) **I.** v. tr. **1.** Rendre oblique (ce qui est vertical ou horizontal). → **baisser, courber, pencher.** *Inclinez le flacon et versez doucement.* **2.** fig. *Incliner qqn à,* le rendre enclin à. → **inciter,** [1]**porter.** **II.** v. intr. littér. *Incliner à :* être enclin, porté à (qqch.). → **pencher.** *J'incline à penser qu'elle a raison.* ■ **s'incliner** v. pron. **1.** Se courber, se pencher. *Saluer en s'inclinant.* **2.** fig. *S'incliner devant qqn,* reconnaître sa supériorité. ■ S'avouer vaincu, renoncer à lutter. → **abandonner, céder.** *Je m'incline.*

inclinomètre n. m. techn. Clinomètre.

inclure v. tr. < 35 > (de *inclus*, d'après *exclure*) **1.** Mettre (qqch.) dans un ensemble (envoi, texte, compte, etc.). → **insérer, introduire.** *Inclure une clause dans un contrat.* **2.** abstrait Comporter, impliquer. *Condition qui en inclut une autre.*

inclus, use adj. (latin *inclusus*, de *includere*, de *claudere* → clore) **1.** Contenu, compris (dans). *Dépense incluse. Jusqu'à la page dix incluse.* – math. *Ensemble inclus dans un autre* (→ inclusion). **2.** *Ci-inclus, ci-incluse,* inclus ici, ci-joint. *Vous trouverez ci-inclus les documents nécessaires. La lettre ci-incluse.* – (invar. avant le n.) *Ci-inclus notre facture.*

inclusif, ive adj. (du latin → inclure) didact. **1.** Qui inclut (qqch.) en soi. – log. « *Ou* » *inclusif,* qui n'exclut pas la réunion des termes reliés (s'oppose à *exclusif*). **2.** (de l'anglais *inclusive*) anglic. Qui n'exclut personne. – *Écriture inclusive,* qui s'efforce d'assurer une représentation égale des hommes et des femmes dans les textes. *Langage inclusif.*

inclusion n. f. (du latin, de *includere* → inclus) **1.** Action d'inclure ; ce qui est inclus. *L'inclusion d'une clause dans un contrat.* **2.** math., log. Rapport entre deux ensembles dont l'un est entièrement compris dans l'autre. *Relation d'inclusion.* **3.** sc. Élément inclus dans un milieu de nature différente. *Inclusion cellulaire.*

inclusivement adv. En comprenant (la chose dont on vient de parler). *Jusqu'au* xve *siècle inclusivement.* → **compris.**

inclusivité n. f. (anglais *inclusivity*) Caractère inclusif (d'un système, d'une communauté).

incoagulable adj. Qui ne coagule pas. *Sang incoagulable.*

incoercible [ɛ̃kɔɛʀsibl] adj. (du latin *coercere*, de *cum* et *arcere* « contenir » → autarcie, exercer) littér. Qu'on ne peut contenir, réprimer. → **irrépressible.** *Un fou rire incoercible.* □ n. f. **incoercibilité**

incognito (italien « inconnu » → connaître) **1.** adv. En faisant en sorte qu'on ne soit pas reconnu (dans un lieu). « *La nuit,* incognito, *[il] visite une inconnue* » (Corneille). **2.** n. m. Situation d'une personne qui cherche à ne pas être reconnue. *Garder l'incognito.*

incohérence n. f. (de l'anglais → cohérence) **1.** Caractère de ce qui est incohérent. **2.** Parole, idée, action incohérente. *Un récit plein d'incohérences. Un tissu d'incohérences.*

incohérent, ente adj. (de l'anglais, ou de *cohérent*) **1.** Qui n'est pas cohérent, manque de suite, de logique, d'unité. *Des propos incohérents.* → **illogique, incompréhensible.** **2.** Qui est sans cohésion, sans unité, n'est pas homogène. → **hétérogène.**

incollable adj. (de *coller*) **I.** fam. Qu'on ne peut coller, qui répond à toutes les questions. *Il est incollable en histoire.* → **imbattable.** **II.** Qui ne colle pas lors de la cuisson. *Riz incollable.*

incolore adj. (du latin, de *color* → couleur) **1.** Qui n'est pas coloré. *Gaz incolore et inodore. Vernis incolore.* **2.** fig. Sans éclat. → **terne.**

incomber v. tr. ind. < 1 3es pers. seulement > (latin *incumbere*, de *cumbere* « se coucher » ; famille de *concubin, incubation, succomber*) (charge, obligation) *Incomber à :* peser sur (qqn), être imposé à (qqn). *Ces responsabilités lui incombent.* – impers. *C'est à vous qu'il incombe de,* qu'il revient de.

incombustible adj. (du latin → combustible) Qui ne brûle pas ou très mal. *Des matériaux incombustibles.* → **ininflammable.** □ n. f. **incombustibilité**

incommensurable adj. (du latin → commensurable) **1.** math. au plur. (grandeurs) Dont le rapport est un nombre irrationnel. *Nombres incommensurables.* **2.** didact. Non mesurable. ■ cour. Si grand qu'il ne peut être mesuré. → **démesuré, illimité, immense.** *Sa vanité est incommensurable.* □ n. f. **incommensurabilité** □ adv. **incommensurablement**

incommodant, ante adj. Qui incommode physiquement. → **gênant.** *Un parfum incommodant.*

I

incommode adj. (du latin, de *commodus* → 1commode) **1.** Qui est peu pratique à l'usage. **2.** littér. Qui est désagréable, qui gêne. *Une position incommode pour dormir.* → **inconfortable.** □ adv. **incommodément**

incommoder v. tr. < 1 > (du latin → incommode) **1.** vieux Gêner. **2.** mod. Causer une gêne physique à (qqn), mettre mal à l'aise. → **fatiguer, gêner, indisposer.** *Le bruit l'incommode.* – littér. *Être incommodé :* se sentir un peu souffrant.

incommodité n. f. (du latin → incommode) **1.** Caractère de ce qui n'est pas pratique. **2.** littér. Gêne causée par (qqch.).

incommunicabilité n. f. littér. Caractère de ce qui est incommunicable. ■ Impossibilité de communiquer avec d'autres personnes.

incommunicable adj. (du latin → communicable) **1.** Dont on ne peut faire part à personne. → **inexprimable. 2.** au plur. Qui ne peuvent être mis en communication. *Deux domaines incommunicables.*

incommutable adj. (du latin → commuter) dr. Qui ne peut changer de possesseur, de propriétaire. *Bien, propriété incommutable.* □ n. f. **incommutabilité**

incomparable adj. (du latin → comparable) À qui ou à quoi rien ne semble pouvoir être comparé (en bien) ; sans pareil. → **inégalable, supérieur.** *Un talent incomparable.* – (personnes) *« L'incomparable cardinal de Richelieu »* (Gambetta).

incomparablement adv. Sans comparaison possible.

incompatibilité n. f. **1.** Impossibilité de s'accorder, d'exister ensemble. → **désaccord, opposition.** *Divorce pour incompatibilité d'humeur.* – méd. *Incompatibilité médicamenteuse.* **2.** Impossibilité légale de cumuler certaines fonctions ou occupations.

incompatible adj. (du latin → compatible) **1.** Qui ne peut coexister, être associé (avec une autre chose). → **inconciliable, opposé.** *« Cet axiome que l'idée de révolution est incompatible avec l'idée d'ordre »* (Martin du Gard). **2.** (fonctions, mandats...) Dont la loi interdit le cumul.

incompétence n. f. (de *incompétent*) **1.** Défaut de compétence. → **ignorance.** *Son incompétence en la matière. Avouer son incompétence.* **2.** dr. Inaptitude d'une autorité publique à accomplir un acte juridique.

incompétent, ente adj. (du bas latin → compétent) **1.** Qui n'a pas les connaissances suffisantes pour juger, décider d'une chose. *Il est incompétent dans ce domaine.* ■ n. *Les commentaires de quelques incompétents.* **2.** dr. Qui n'est pas juridiquement compétent. *Le tribunal s'est déclaré incompétent.*

incomplet, ète adj. (du latin → complet) Qui n'est pas complet ; auquel il manque qqch., un élément. → **imparfait.** *Une liste incomplète.* – *Avoir une vue incomplète de la situation.* □ adv. **incomplètement**

incomplétude n. f. psych. *Sentiment d'incomplétude :* sentiment d'inachèvement que certains éprouvent à propos de leurs pensées, de leurs actes, de leurs émotions.

incompréhensible adj. (du latin → compréhensible) **1.** (sens fort) Qui ne peut être compris ; dont la pensée ne peut saisir l'essence. → **inconcevable. 2.** (sens faible) Impossible ou très difficile à comprendre, à expliquer. *Texte incompréhensible.* → **obscur.** *Sa disparition est incompréhensible.* → **inexplicable, mystérieux.** – *Une attitude, un caractère incompréhensible.* □ n. f. **incompréhensibilité**

incompréhensif, ive adj. (personnes) Qui ne comprend pas autrui, qui ne se met pas à la portée des autres.

incompréhension n. f. Incapacité ou refus de comprendre qqn ou qqch., de lui rendre justice. *L'incompréhension entre deux personnes.*

incompressible adj. Qui n'est pas compressible. ■ fig. Qu'on ne peut réduire. *Dépenses incompressibles.* □ n. f. **incompressibilité**

incompris, ise adj. (→ comprendre) Qui n'est pas compris, apprécié à sa juste valeur. *« [...] grand esprit incompris, génie méconnu »* (N. Sarraute). – n. *Une incomprise.*

inconcevable adj. **1.** Dont l'esprit humain ne peut se former aucune représentation. *L'infini est inconcevable.* → **incompréhensible** (1). **2.** Impossible ou difficile à comprendre, à imaginer, à croire. → **incompréhensible** (2), **incroyable, inimaginable.** *Une légèreté inconcevable.* – péj. *C'est inconcevable !* → **inadmissible.** – n. m. *L'inconcevable.* □ adv. **inconcevablement**

inconciliable adj. Qui n'est pas conciliable. → **incompatible.** *Des intérêts inconciliables.*

inconditionnalité n. f. Caractère de ce qui est inconditionnel. *L'inconditionnalité d'une adhésion.*

inconditionné, ée adj. **1.** philos. Qui n'est soumis à aucune condition. – n. m. *L'inconditionné :* l'absolu, l'infini (chez Kant). **2.** Qui n'est pas influencé par ses conditions de vie.

inconditionnel, elle adj. (de *conditionnel*, d'après l'anglais) **1.** Qui ne dépend d'aucune condition. → **absolu.** *Une acceptation inconditionnelle.* **2.** Qui suit en toute circonstance et sans discussion les décisions (d'un homme, d'un parti). ■ n. *Les inconditionnels d'un parti.* □ adv. **inconditionnellement**

inconduite n. f. Mauvaise conduite sur le plan moral. → **débauche.** *Une inconduite scandaleuse.*

inconfort n. m. Manque de confort. *Vivre dans l'inconfort.*

inconfortable adj. Qui n'est pas confortable. *Un logement inconfortable.* – fig. *Être dans une situation inconfortable.* → **délicat, gênant.** □ adv. **inconfortablement**

incongelable adj. techn. Qui n'est pas congelable.

incongru, ue adj. (du latin, de *congruus* → congru) Contraire aux usages, à la bienséance. → **déplacé, inconvenant.** *Une remarque incongrue.* – par euphémisme *Bruit incongru :* pet, rot. □ adv. **incongrûment** ou **incongrument**

incongruité n. f. (du latin → incongru) Action ou parole incongrue, déplacée. *Dire des incongruités.*

inconnaissable adj. Qui ne peut être connu.

inconnu, ue adj. (de *in-* et *connu*, d'après le latin *incognitus*) **1.** (choses) Dont on ignore l'existence ou la nature. *Découvrir un monde inconnu.* → **mystérieux, 1secret.** *Partir pour une destination inconnue.* – n. m. *La peur de l'inconnu. « Comment vivre sans inconnu devant soi ? »* (René Char). **2.** (personnes) Dont on ignore l'identité. *Enfant né de père inconnu. L'auteur a voulu rester inconnu,* garder l'anonymat. – loc. fam. *Inconnu au bataillon,* complètement inconnu (de la personne qui parle). – n. *Une inconnue. Déposer une plainte contre (un) inconnu* (→ contre X). **3.** Qu'on connaît très peu, faute d'étude, d'expérience. – *Inconnu à, de qqn. Une coutume inconnue de nous.* → **étranger.** ■ Qu'on n'a encore jamais ressenti. → **nouveau.** *Une impression inconnue (de moi...).* **4.** (personnes) Dont on n'a jamais fait connaissance. *« Au moment où la femme inconnue dont j'allais rêver passait devant la maison [...] »* (Proust). n. *Un inconnu l'a abordé.* **5.** Qui n'est pas connu, notoire, célèbre. – n. plais. *Un illustre inconnu.*

inconnue n. f. math. Variable à déterminer pour connaître la solution d'un problème. *Équation à deux inconnues.* ■ fig. Élément inconnu d'un problème, d'une situation envisagée.

inconsciemment [ɛ̃kɔ̃sjamɑ̃] adv. De façon inconsciente, sans s'en rendre compte.

inconscience [ɛ̃kɔ̃sjɑ̃s] n. f. **1.** Privation permanente ou momentanée de la conscience. *Sombrer dans l'inconscience.* **2.** Absence de jugement, de conscience claire du risque. *C'est de l'inconscience.* → **aveuglement, 1folie.**

inconscient, ente [ɛ̃kɔ̃sjɑ̃, ɑ̃t] **I.** adj. **1.** Qui ne possède pas la conscience. *« La vie inconsciente des végétaux, des arbres »* (Proust). ■ Qui perd conscience. *Elle est restée inconsciente pendant une heure.* → **évanoui. 2.** Qui n'a pas conscience (de qqch.). *Inconscient du danger.* – absolt *Elle est complètement inconsciente.* → **1fou.** – n. *C'est un inconscient.* **3.** (choses) Dont on n'a pas conscience ; qui échappe à la conscience. *Un mouvement inconscient.* → **instinctif, machinal. II.** n. m. *L'inconscient :* ce qui échappe entièrement à la conscience, même quand le sujet cherche à le percevoir. – *Les théories de l'inconscient* (→ **psychanalyse**). *L'inconscient freudien* (allemand *Unbewußte*). *« L'inconscient est structuré comme un langage »* (J. Lacan). – *L'inconscient collectif* (Jung).

▶ La notion d'**inconscient** a déjà une histoire lorsque Sigmund Freud en fait l'un des concepts clés de la psychanalyse. En 1900, dans sa première représentation de l'appareil psychique, il distingue l'inconscient du préconscient et du conscient. Si le contenu du préconscient peut devenir conscient, ce n'est pas le cas pour l'inconscient. En effet entre l'inconscient et le système préconscient-conscient se dresse une « barrière psychologique », une censure, qui refoule dans l'inconscient certains désirs, pensées et fantasmes (généralement liés à la sexualité et aux conflits de l'enfance). Les pulsions inconscientes ne peuvent se frayer un accès vers la conscience qu'en se déguisant : elles apparaissent ainsi déformées dans les rêves, les actes manqués, les symptômes névrotiques, etc. L'inconscient est un système qui a ses propres lois : gouverné par le « principe de plaisir », il ignore la contradiction, le temps, la réalité.
Freud, cependant, modifie par la suite sa conception de l'inconscient : en 1923, dans *Le Moi et le Ça,* il présente l'appareil psychique comme constitué du *ça,* du *moi* et du *surmoi.* Si le *ça* ressemble à l'inconscient de l'appareil psychique décrit dans la première « topique », il n'est pas son équivalent : il y a aussi une part d'inconscient dans le *moi* et le *surmoi.*
À côté de l'inconscient freudien, inscrit dans l'histoire personnelle, C. G. Jung développe l'idée d'un inconscient collectif, structuré par des archétypes, des images primordiales communes à tous les hommes, comme celle de la Mère. Figure du structuralisme, J. Lacan considère que l'inconscient est « structuré comme un langage » et compare les mécanismes inconscients de « déplacement » et de « condensation » respectivement à la métonymie et à la métaphore.
voir aussi **psychanalyse, conscience**

inconséquence n. f. (du bas latin → inconséquent) **1.** Manque de suite dans les idées, de réflexion dans la conduite. *L'inconséquence de sa conduite.* → **légèreté. 2.** Action ou parole inconséquente. → **contradiction.**

inconséquent, ente adj. (du latin → conséquent) littér. **1.** (choses) Qui n'est pas conforme à la logique. ■ Dont on n'a pas calculé les conséquences (qui risquent d'être fâcheuses). → **inconsidéré.** *Une conduite inconséquente.* **2.** (personnes) Qui est en contradiction avec soi-même. *« Aussi léger dans vos démarches qu'inconséquent dans vos reproches, vous oubliez vos promesses »* (Laclos). ■ Qui ne calcule pas les conséquences de ses actes. → **étourdi, imprudent.**

inconsidéré, ée adj. (du latin → considérer) Qui témoigne d'un manque de réflexion. → **imprudent, irréfléchi.**

inconsidérément adv. Sans réflexion suffisante. → **étourdiment.** *Répondre inconsidérément.*

inconsistance n. f. 1. Manque de consistance. *L'inconsistance d'une pâte.* 2. fig. Manque de logique, de fermeté ; faiblesse. *L'inconsistance d'un raisonnement.*

inconsistant, ante adj. 1. Qui manque de consistance. 2. fig. Qui manque de consistance morale, de cohérence, de solidité. *Un caractère inconsistant.* → **faible.** – *Une argumentation inconsistante.* ■ Sans intérêt, sans profondeur (récit, œuvre).

inconsolable adj. Qu'on ne peut consoler. *Une veuve inconsolable.* – *Une peine inconsolable.*

inconsolé, ée adj. Qui n'est pas consolé. – n. « *Je suis le ténébreux, — le veuf, — l'inconsolé* » (Nerval).

inconsommable adj. Impropre à la consommation alimentaire. → **immangeable.** *Denrées inconsommables.*

inconstance n. f. (du latin → inconstant) Caractère d'une personne, d'une chose inconstante. *L'inconstance du public.* → **versatilité.** « *La Double Inconstance* » (pièce de Marivaux). → **infidélité.**

inconstant, ante adj. (du latin → constant) 1. Qui n'est pas constant, change facilement (d'opinion, de sentiment, de conduite). → **changeant, instable, versatile.** *Être inconstant dans ses goûts, dans ses idées.* ■ Qui n'est pas fidèle, en amour. « *Je t'aimais inconstant, qu'aurais-je fait fidèle ?* » [si tu avais été fidèle] (Racine). 2. (choses) littér. Qui est sujet à changer. → **changeant.**

inconstitutionnalité n. f. Caractère inconstitutionnel.

inconstitutionnel, elle adj. Qui n'est pas en accord avec la Constitution d'un État. *Loi inconstitutionnelle.* → **anticonstitutionnel.** □ adv. **inconstitutionnellement**

inconstructible adj. (terrain) Où l'on ne peut construire.

incontestable adj. Que l'on ne peut contester, mettre en doute. → **certain, indéniable, indiscutable, sûr.** *Des faits incontestables.*

incontestablement adv. D'une manière incontestable. → **assurément.**

incontesté, ée adj. Qui n'est pas contesté. *Le chef incontesté du parti.*

incontinence n. f. (du latin → [1]incontinent) 1. littér. Absence de retenue (en matière de langage). 2. Émission involontaire de matières fécales ou d'urine. → **énurésie.**

[1]**incontinent, ente** adj. (du latin → [1]continent) 1. littér. Qui manque de retenue, de modération. 2. Qui ne peut contrôler ses émissions de matières fécales ou d'urine. *Un enfant incontinent.* – n. *Les incontinents.*

[2]**incontinent** adv. (latin *in continenti tempore* « dans le temps qui suit », famille de *continu*) vieilli Tout de suite, sur-le-champ.

incontournable adj. 1. Qui ne peut être contourné (fig.), évité ; dont il faut tenir compte. 2. Qu'il faut avoir vu. *Un film, un lieu incontournable.* – n. m. *Les incontournables d'une région.*

incontrôlable adj. 1. Qui n'est pas contrôlable. *Des témoignages incontrôlables.* → **invérifiable.** 2. Que l'on ne peut maîtriser. *Un incendie incontrôlable.* → **incontrôlé.**

incontrôlé, ée adj. Qui n'est pas contrôlé. *Des nouvelles incontrôlées.* – Qui échappe à toute autorité. *Des éléments incontrôlés* (dans une manifestation).

inconvenance n. f. littér. 1. Caractère de ce qui est inconvenant. → **incorrection, indécence.** 2. Parole, action inconvenante. → **grossièreté, impolitesse.** *Commettre des inconvenances.*

inconvenant, ante adj. (→ convenir) littér. Qui est contraire aux convenances, aux usages. *Un luxe inconvenant.* → **choquant, indécent.** spécialt Qui enfreint les règles sociales, en matière sexuelle. *Des sous-entendus inconvenants.* → **déplacé, incorrect, indécent.** « *De grandes peintures inconvenantes comme on en retrouve à Pompéi* » (Maupassant).

inconvénient [ɛ̃kɔ̃venjɑ̃] n. m. (du latin, de *convenire* → convenir) 1. vieux Malheur. – Désagrément. 2. Conséquence fâcheuse (d'une action, d'une situation). *Si vous n'y voyez pas d'inconvénient :* si cela ne vous dérange pas. 3. Désavantage inhérent à une chose qui, par ailleurs, est ou peut être bonne. → **défaut.** *Les avantages et les inconvénients d'une situation,* le bon et le mauvais côté.

inconvertibilité n. f. fin. Le fait d'être inconvertible.

inconvertible adj. (du latin relig. « qu'on ne peut convertir » → convertir) Qu'on ne peut convertir (2). *Monnaie inconvertible,* qui ne peut être échangée contre une autre.

incoordination n. f. 1. didact. Absence de coordination. *Incoordination des idées.* 2. pathol. Trouble ou défaut de la coordination des mouvements musculaires.

incorporable adj. Qui peut être incorporé. – spécialt *Une recrue incorporable* (dans l'armée).

incorporalité n. f. (du latin chrét. → incorporel) didact. Caractère d'un être incorporel. - syn. **incorporéité** n. f.

incorporation n. f. (du bas latin → incorporer) 1. Action de faire entrer (une substance) dans une autre. → **mélange.** *L'incorporation de crème dans une sauce.* 2. Action de faire entrer un élément dans un tout. → **intégration.** *Incorporation d'un territoire à, dans un empire.* 3. Inscription (des recrues) sur les registres de l'armée. → **appel.** *Sursis d'incorporation.*

incorporel, elle adj. (du latin → corporel) 1. Qui n'a pas de corps. 2. Qui n'est pas matériel. ■ dr. *Biens incorporels :* les droits, à l'exception du droit de propriété d'une chose matérielle.

incorporer v. tr. < 1 > (du bas latin, de *corpus* → corps) 1. Unir intimement (une matière à une autre). → **mélanger.** *Incorporer de l'eau au plâtre en poudre.* 2. Faire entrer comme partie dans un tout. → **réunir.** – (compl. personne) « *Tout de suite, elle fut incorporée dans la famille* » (Chardonne). → **intégré.** 3. Enrôler (un conscrit). – au p. p. *Jeunes gens incorporés.* → **appelé.**

incorrect, ecte [ɛ̃kɔʀɛkt] adj. 1. Qui n'est pas correct (dans le domaine intellectuel, technique...). *Expression incorrecte.* → **impropre.** *Une interprétation incorrecte des faits.* → **inexact.** 2. Contraire aux usages, aux bienséances. → **déplacé, inconvenant.** *Tenue incorrecte.* – (personnes) *Être incorrect avec qqn,* manquer envers lui aux usages, aux règles (de la politesse, des affaires, etc.). □ adv. **incorrectement**

incorrection n. f. 1. Défaut de correction du style. ■ Expression incorrecte. → **barbarisme, faute, impropriété.** 2. Caractère de ce qui est contraire aux usages, au savoir-vivre, à la morale sociale. → **inconvenance.** – *Incorrection en affaires.* → **indélicatesse.** ■ Parole ou action incorrecte. → **impolitesse.** *Une grossière incorrection.*

incorrigible adj. (du bas latin, de *corrigere* → corriger) 1. (personnes) Qui persévère dans ses défauts, ses erreurs. *Cet enfant est incorrigible.* – plais. *Un incorrigible optimiste.* → **impénitent.** 2. (erreurs, défauts) Qui persiste chez qqn. → **incurable.** *Son incorrigible étourderie.* □ adv. **incorrigiblement**

incorruptible adj. 1. (choses) Qui n'est pas corruptible. → **inaltérable.** *Du bois incorruptible.* 2. (personnes) Qui ne se laisse pas corrompre. → **intègre.** *Un juge incorruptible.* – n. m. *L'Incorruptible,* surnom de Robespierre. □ n. f. **incorruptibilité**

incoterm n. m. (sigle anglais, de *international commercial terms*) comm. Terme normalisé qui définit les obligations et les responsabilités respectives du vendeur et de l'acheteur, dans le commerce international (ex. FAB, franco...).

incrédibilité n. f. (du latin → crédible) didact. Caractère incroyable ; caractère de ce qui est incroyable. *L'incrédibilité d'un récit.*

incrédule adj. (du latin → crédule) 1. littér. Qui ne croit pas, qui doute (en matière de religion). → **agnostique, sceptique.** – n. *Les incrédules.* 2. Qui se laisse difficilement persuader, convaincre. *Ses affirmations me laissent incrédule.* – *Un sourire incrédule.*

incrédulité n. f. (du latin → incrédule) 1. littér. Manque de foi, de croyance religieuse. → **incroyance.** 2. État d'une personne incrédule. → **doute, scepticisme.** *La nouvelle n'a suscité que de l'incrédulité.*

incréé, ée adj. Qui existe sans avoir été créé.

incrément n. m. (du latin, de *increscere* → croître) sc. Accroissement. – inform. Accroissement de la valeur d'une variable à chaque phase de l'exécution d'un programme.

incrémenter v. tr. < 1 > inform. Augmenter (une variable) suivant un incrément donné. □ n. f. **incrémentation**

incrémentiel, ielle [ɛ̃kʀemɑ̃sjɛl] adj. inform. Qui procède par incrémentation. *Compilateur incrémentiel.*

increvable adj. 1. Qui ne peut être crevé. *Un pneu increvable.* 2. fam. Qui n'est jamais fatigué. → **infatigable.**

incriminé, ée adj. Mis en cause, accusé. – *Les livres incriminés ont été saisis.*

incriminer v. tr. < 1 > (du bas latin, de *crimen* → crime) Mettre (qqn, qqch.) en cause ; considérer (qqn) comme coupable. → **accuser.** *On l'incrimine à tort.* □ n. f. **incrimination**

incrochetable adj. Impossible à crocheter. *Serrure incrochetable.*

incroyable I. adj. 1. Qu'il est impossible ou très difficile de croire. → **étonnant, invraisemblable.** *D'incroyables nouvelles.* loc. *Incroyable mais vrai.* – impers. *C'est (il est) incroyable que tu n'aies rien vu.* 2. Peu commun, peu ordinaire. → **extraordinaire, fantastique, inouï.** *Elle a fait des progrès incroyables.* → **stupéfiant.** – *Un culot incroyable,* inadmissible. 3. (personnes) Dont le comportement étonne. *Il est incroyable avec ses prétentions !* II. n. hist. *Les Incroyables :* sous le Directoire, jeunes gens qui affichaient une recherche extravagante dans leur mise et dans leur langage. *Incroyables et Merveilleuses.*

incroyablement adv. D'une manière incroyable. *Il est incroyablement prétentieux.* → **extrêmement.**

incroyance n. f. Absence, refus de la croyance religieuse. → **athéisme, incrédulité.**

incroyant, ante adj. Qui n'est pas croyant, refuse la foi religieuse. – n. *Les incroyants.* → **athée.** *Incroyants et incrédules* (agnostiques, sceptiques...).

incrustant, ante adj. Qui couvre les corps d'une croûte minérale plus ou moins épaisse. *Eaux incrustantes.* → **pétrifiant.**

incrustation n. f. (du bas latin → incruster) 1. Action d'incruster. *La mosaïque se fait par incrustation.* 2. surtout plur. Ornement incrusté. *Meuble orné d'incrustations.* 3. Dépôt pierreux laissé par une eau calcaire. 4. audiovisuel Insertion d'une image dans une autre.

incruste n. f. (de *s'incruster*) fam. I. Fait de s'incruster (2) quelque part, auprès de qqn. loc. *Taper l'incruste :* s'inviter, s'incruster. II. (abrév. de *incrustation*) audiovisuel Incrustation (4).

incruster v. tr. < 1 > (du latin, de *crusta* → croûte) surtout passif **1.** Orner (un objet, une surface), suivant un dessin gravé en creux, avec des fragments d'une autre matière. – au p. p. *Poignard incrusté d'or.* ■ Insérer dans une surface évidée (des matériaux d'ornement taillés en fragments). *Incruster de l'émail.* **2.** (sujet chose) Couvrir d'un dépôt (→ **incrustation** (3)). ■ **s'incruster** v. pron. **1.** *Coquillage qui s'est incrusté dans la pierre.* **2.** fig., fam. (personnes) *S'incruster chez qqn*, ne plus en déloger. **3.** Se couvrir d'un dépôt formant croûte. *Les dents s'incrustent de tartre.* → **s'entartrer.**

incubateur, trice I. adj. didact. Où s'opère l'incubation. *Poche incubatrice des crustacés.* II. **1.** n. m. Couveuse (2). **2.** n. m. écon. Structure qui aide les jeunes entreprises en leur offrant formation, conseil et financement.

incubation n. f. (du latin, de *incubare*, de *in-* et *cubare* « être couché » → couver ; famille de *concubin, incomber, succomber*) **1.** Action de couver des œufs ; développement de l'embryon dans l'œuf. *Les œufs éclosent après incubation. Incubation artificielle* (en couveuse → **incubateur**). **2.** Temps qui s'écoule entre la contamination par un germe pathogène et l'apparition des symptômes d'une maladie. **3.** fig. Période pendant laquelle un évènement, une création se prépare.

incube n. m. (du bas latin « cauchemar », de *incubare* → incubation) théol. Démon masculin censé abuser d'une femme pendant son sommeil. *« Des histoires de personnages maléfiques, d'envoûtement ! Pourquoi pas des incubes et des succubes ? »* (Bernanos).

incuber v. tr. < 1 > **1.** didact. Opérer l'incubation de. → **couver.** ■ Mettre à couver (des œufs) dans un incubateur. **2.** écon. Accueillir et accompagner (un projet de création d'entreprise). – au p. p. *Start-up incubée par une multinationale.*

inculpation n. f. (du bas latin → inculper) Action d'inculper (qqn).

inculper v. tr. < 1 > (du latin, de *culpa* « faute » → coulpe) Imputer à (qqn) une infraction sanctionnée pénalement (→ **mettre en examen***). *Le juge l'a inculpé de vol.* ■ **inculpé, ée** p. p. *Suspect inculpé.* – n. Personne qui est sous le coup d'une inculpation.

inculquer v. tr. < 1 > (latin *inculcare*, de *calcare* « enfoncer avec le pied », de *calx, calcis* « talon ») Faire entrer (qqch.) dans l'esprit d'une façon durable, profonde. *On leur a inculqué de bons principes.* □ n. f. **inculcation**

inculte adj. (du latin, de *colere* « cultiver » → culture) I. **1.** (terre, sol...) Qui n'est pas cultivé. → en **friche.** **2.** (cheveux, barbe...) Qui n'est pas soigné. → **négligé.** II. (personnes) Sans culture intellectuelle. → **ignorant.**

incultivable adj. Qui ne peut être cultivé. *Terres incultivables.* → **aride, stérile.**

inculture n. f. Absence de culture intellectuelle.

incunable n. m. (du latin, famille de *cunae* « berceau ») Ouvrage imprimé antérieur à 1500, tiré à peu d'exemplaires.

Heures à l'usage de Rome, incunable enluminé (fin XVe s.), musée Condé, Chantilly.

incurable adj. (du bas latin → curable) **1.** Qui ne peut être guéri. → **inguérissable.** *Mal, malade incurable.* **2.** fig. *Une vanité incurable. Il est incurable* : il ne changera jamais. → **incorrigible.** □ adv. **incurablement** □ n. f. **incurabilité**

incurie n. f. (du latin, de *cura* « soin » → [1]cure) Manque de soin, d'organisation. → **laisser-aller, négligence.** *L'incurie des dirigeants.*

incurieux, ieuse adj. (du latin → curieux) littér. Qui n'est pas curieux.

incuriosité n. f. Absence de curiosité. *« L'ennui, fruit de la morne incuriosité »* (Baudelaire).

incursion n. f. (du latin, de *currere* → courir) **1.** Entrée, court séjour d'envahisseurs en pays ennemi. → **attaque, invasion.** *Une incursion de bandes armées.* – loc. *Faire incursion chez qqn, quelque part.* → **irruption.** **2.** fig. *Une brève incursion dans une discipline nouvelle.*

incurvation n. f. (du latin → incurver) didact. Action d'incurver ; forme de ce qui est incurvé. → **courbe, courbure.**

incurver v. tr. < 1 > (du latin, de *curvare* → courber) Rendre courbe. → **courber.** – au p. p. *Meuble aux pieds incurvés.*

incuse adj. f. et n. f. (du latin, de *cudere* « frapper, forger ») techn. *Médaille incuse* ou n. f. *une incuse* : médaille sans revers, ou qui porte en creux l'image en relief de l'autre côté.

indatable adj. Qu'on ne peut dater. *Document indatable.*

Inde

n. f. ■ offic. Bhārat État d'Asie méridionale. 3 287 590 km². 1,371 milliard d'habitants (les *Indiens*). **Langues :** hindi et anglais (offic.). **Religions :** hindous 79,8 %, musulmans 14,2 %, sikhs, parsis, jaïns et chrétiens. **Monnaie :** roupie indienne. **Capitale :** New Delhi. **Régime :** démocratie parlementaire.

GÉOGRAPHIE

L'Inde est bordée au N. par les chaînes himalayennes, mais le territoire est surtout formé de plaines (plaine du Gange et deltas bordant le golfe du Bengale), des plateaux de la péninsule (Dekkan) et de moyennes montagnes (Ghâts occidentaux, monts Vindhya et Satpura). Le climat tropical est marqué par la mousson (saison des pluies de juin à octobre). Les précipitations sont inégalement distribuées : très importantes le long de la côte occidentale et au N.-E., elles sont plus faibles au centre de la péninsule et surtout au N.-O. Le territoire est sujet aux séismes dans le N. et aux tempêtes tropicales sur les côtes orientales. L'Inde est le pays le plus peuplé du monde après la Chine ; elle connaît aujourd'hui encore une croissance démographique soutenue. L'exode rural a accéléré l'urbanisation du pays, qui compte trois mégapoles (Bombay, Calcutta et New Delhi) et une trentaine de villes de plus d'un million d'habitants.

ÉCONOMIE

À partir des années 1980, l'économie, jusqu'alors planifiée et étatisée, s'est libéralisée. La croissance est forte depuis les années 2000 et le pays est devenu la 5e puissance économique en 2022. Cependant les infrastructures restent médiocres et la pauvreté de masse demeure un caractère majeur du pays. Bien qu'officiellement aboli, le système des castes régit toujours la société.

Agriculture L'agriculture occupe 60 % de la population et fournit 15 % du PIB. La « révolution verte » amorcée dans les années 1960 a permis de doubler la production agricole. La riziculture domine dans les régions humides (littoral, basse plaine du Gange) et la culture du blé dans le N. du

Plantation de thé au Tamil Nadu.

pays, tandis que l'association millet-arachide caractérise les régions plus sèches du centre et du N.-O. D'autres cultures y sont associées (légumes secs, arachides, sésame ; coton, canne à sucre). L'élevage bovin fournit force de travail et lait. Les plantations de thé, de café et d'hévéas sont localisées dans les piémonts himalayens et sur les versants méridionaux des Ghâts occidentaux.

Industrie et services L'Inde s'est dotée d'une industrie puissante et diversifiée. Les anciens comptoirs coloniaux (Bombay, Calcutta et Madras) et les régions minières du N.-E. conservent une place importante, mais de nouvelles régions industrielles se sont développées, notamment autour de Delhi, des grandes villes de l'intérieur, et dans le S. Pesant de plus en plus dans l'économie mondiale, l'Inde est devenue un pays exportateur de biens industriels (machines, tissus et vêtements, diamants taillés) et s'est spécialisée dans la haute technologie (informatique, micro-informatique, télématique, assistance comptable) jusqu'à devenir le 1er fournisseur mondial de logiciels (Bangalore). Elle domine également l'industrie pharmaceutique (Hyderabad) et le secteur de l'aérospatiale est en plein développement.

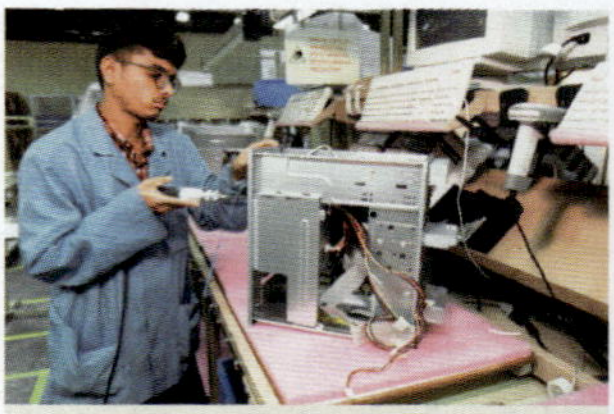

Technicien à Bangalore, pôle de compétence surnommé la « Silicon Valley » indienne.

HISTOIRE

L'Inde entra dans l'histoire avec la civilisation de l'Indus (2500-1500 av. J.-C.). Les envahisseurs indo-européens introduisirent la langue védique et le brahmanisme. Alexandre le Grand parvint dans la vallée de l'Indus en 326 av. J.-C. Protecteur du bouddhisme, le roi du Bihar, Ashoka (273-237 av. J.-C.), agrandit son royaume. À sa mort, l'Inde gangétique était gouvernée par deux dynasties : celle des Śunga et celle des Kānva. Dans le Dekkan régnaient les rois Andhra des Sātakarnī. Au IIIe s. de notre ère, la dynastie nationale des Guptas imposa sa domination sur tout le N. de l'Inde.

Les invasions et l'Empire moghol Les souverains guptas conservèrent leur autorité jusqu'au début du VIe s., mais furent vaincus par les Huns. À partir du VIIe s., l'Inde, divisée entre les royaumes du N. et ceux du S., fut le théâtre de luttes pour l'hégémonie. Les invasions musulmanes commencèrent vers la fin du Xe s. L'Inde du N. fut soumise au XIIe s. La période de 1206 à 1526 est celle des sultans de Delhi, affaiblis après l'invasion de Tamerlan (1398-1399). Bābur, un prince turc, fonda l'Empire moghol à la suite de la victoire de Panipat (1526). Ses descendants (Akbar, 1556-1605) en repoussèrent les limites. Les règnes de Shāh Jahān,

Inde

puis d'Aurangzeb (1658-1707) virent l'apogée de l'Empire moghol (conquêtes au Dekkan). Puis celui-ci se morcela en États indépendants.

La colonisation À partir du xvie s., l'Inde devint un champ de rivalités pour les pays occidentaux qui y installèrent des comptoirs : Portugais, Hollandais, Français (Pondichéry, Chandernagor), Danois et Britanniques (Bombay, Calcutta, Madras). Après le traité de Paris (1763), les Français ne conservèrent que cinq comptoirs, tandis que l'entreprise de colonisation britannique devint systématique. La Compagnie des Indes fut remplacée par l'armée régulière britannique (1858) et la reine Victoria proclamée impératrice des Indes (1876). Le nationalisme indien prit une grande ampleur grâce à l'action du parti du Congrès national indien fondé en 1885 et du Mahatma Gandhi qui lança en 1942 le mot d'ordre *quit India* (« abandonnez l'Inde »).

L'indépendance En 1947 fut proclamée l'indépendance de l'Union indienne, au prix d'une sécession d'une partie du pays qui forma l'État islamique du Pakistan. Les conflits frontaliers se multiplièrent avec le Pakistan, dans la région du Cachemire (1964 et 1970) et avec la Chine (1962). Le parti du Congrès domina la vie politique jusqu'en 1977 avec pour premiers ministres J. Nehru (1947-1964), puis sa fille Indira Gandhi. Après 1977, l'aggravation des conflits intercommunautaires (mouvement séparatiste sikh au Panjab) et l'usure du parti dominant favorisèrent l'alternance politique. Après le gouvernement du Janata (Front du peuple), dirigé par Morarji Desai (1977-1980), le pouvoir revint au parti du Congrès jusqu'en 1989 avec Indira Gandhi (assassinée en 1984), puis son fils Rajiv (assassiné en 1991).

L'Inde contemporaine Le Premier ministre Narasimha Rao (1991-1996) accéléra la libéralisation de l'économie et inaugura en Asie orientale une politique régionaliste appelée *Look East Policy*. La destruction de la mosquée d'Ayodhya, en 1992, inaugura une période de montée des intégrismes religieux. Le Bharatiya Janata Party (BJP), mouvement nationaliste hindouiste, dirigea le pays de 1998 à 2004. Il fit procéder à plusieurs essais nucléaires, entraînant une dégradation des relations avec la Chine et le Pakistan. Des accords, en avril 2005, consacrèrent une détente qui perdura jusqu'en 2016 avec ce dernier. De 2004 à 2014, Manmohan Singh (parti du Congrès) occupa les fonctions de Premier ministre à la tête d'un gouvernement de coalition. Lors

INDE (art et civilisation)

La civilisation de l'Indus, troisième grande civilisation antique, se structure à peu près à la même période que celles de la Mésopotamie et de l'Égypte. Elle y développe un art d'une très grande richesse, dont la tradition, au fil des millénaires et jusqu'à nos jours, a réussi à perdurer au cœur des influences et des adaptations venues d'ailleurs (Islam, puis Chine, notamment). Dans cet art essentiellement religieux et codé, la sculpture, souvent peinte, occupe une place centrale dans l'architecture (qui peut parfois être considérée comme un ensemble sculpté monumental). Cet art, même lorsqu'il est figuratif et naturaliste, demeure fondamentalement intellectuel et symbolique.

Ci-dessus, Bouddha gisant en posture de Parinirvana (ve-vie s.), grotte 26, Ajanta. Assis ou debout, le Bouddha se reconnaît au nimbe qui l'entoure, à son manteau monastique, sa coiffure à petites boucles plates, sa protubérance crânienne et la petite touffe de poils qu'il porte parfois entre les sourcils.

Parure de bijoux en argent, galerie L'Île du Démon, Paris.

Sculptures érotiques (xie s.), temple Chitragupta, Khajuraho, Madhya Pradesh.

Sceau orné d'une licorne, Harappa, civilisation de l'Indus (v. 2000 av. J.-C.), musée national de l'Inde, New Delhi.

Tête d'Avalokitesvara d'époque Gupta, trouvée à Mathura, Uttar Pradesh (ve s.), musée Guimet, Paris.

Vishnou sculpté d'un temple de Meerut (950), Musée gouvernemental, Mathura.

La Descente du Gange, bas-relief de style Pallava (viie s.), Mahabalipuram, Tamil Nadu.

Portrait de femme, miniature, école de Jaipur (1750), collection Sangaram Singh, Jaipur.

« Femme buvant du vin », miniature, école moghole Bundi du Rajasthan (1750), Salarjung Museum, Hyderabad.

Murs peints du fort d'Amber (xviie s.), Jaipur.

« Sita répond avec un sourire », miniature pour la *Rasamanjari* de Bhanudatta, école Pahari (1665), Dogra Art Gallery, Jammu.

« Scooter familial » à Bombay (Mumbai).

des élections législatives de 2014, le parti du Congrès essuya sa plus lourde défaite tandis que le BJP remportait la majorité absolue des sièges. Bouddhiste, nationaliste, Narendra Modi prit alors la tête du gouvernement. Malgré un bilan économique mitigé (chômage record) mais aidé par l'absence de leader du parti du Congrès, il obtint un second mandat en 2019 et engagea une réforme de la citoyenneté très contestée par les musulmans.

indéboulonnable adj. fam. Que l'on ne peut déposséder de sa place, de son poste. → **indétrônable, intouchable.** *Un directeur indéboulonnable.*

indébrouillable adj. rare Qui ne peut être débrouillé. → **inextricable.**

indécelable adj. Qu'on ne peut déceler. → **imperceptible, indétectable.** *Des variations indécelables.*

indécence n. f. (du latin → **indécent**) **1.** Manque de correction. *« L'indécence avec laquelle nous étions traités »* (Rousseau). → **incorrection. 2.** Caractère indécent, impudique. → **impudicité.** *L'indécence de ses plaisanteries.* **3.** Action, parole indécente. □ **adv. indécemment**

indécent, ente adj. (du latin → **décent**) **1.** vieilli Contraire à l'honnêteté, aux bienséances. → **choquant.** *Un luxe indécent.* **2.** Contraire à la décence. → **déshonnête, impudique, obscène.** *« La maigreur est plus nue, plus indécente que la graisse »* (Baudelaire). **3.** Qui choque par sa démesure. → **insolent.** *Elle a une veine indécente.*

indéchiffrable adj. Qui ne peut être déchiffré, illisible. ■ Incompréhensible, obscur. *Une énigme indéchiffrable.*

indéchirable adj. Qui ne peut se déchirer. *Tissu indéchirable.*

indécidable adj. (de *décidable*, d'après l'anglais) anglic., log. Qui n'est pas décidable*. *Les propositions indécidables d'une théorie, d'un système.* □ **n. f. indécidabilité**

indécis, ise adj. (du bas latin, de *decidere* → **décider**) **1.** (choses) Qui n'est pas décidé, certain. → **douteux, incertain.** *La victoire demeura longtemps indécise. La question reste indécise,* n'est pas tranchée. ■ Qui n'est pas bien déterminé, qu'il est difficile de distinguer. → **imprécis,** ³**vague.** *Des formes indécises.* → **flou. 2.** (personnes) Qui n'a pas encore pris une décision. → **hésitant, perplexe.** ■ Qui ne sait pas prendre une décision. – **n.** *C'est une perpétuelle indécise.*

indécision n. f. (de *indécis* → **décision**) Hésitation, incertitude. *Son indécision lui fait manquer bien des occasions.*

indéclinable adj. (du latin → **décliner**) **1.** gramm. Qui ne se décline pas. *« Nequam », adjectif latin indéclinable.* **2.** rare Qu'on ne peut décliner, éviter. *Une invitation indéclinable.*

indécodable adj. Qui ne peut être décodé.

indécomposable adj. Qui ne peut être décomposé. *Corps simple indécomposable.*

indécrottable adj. (de *décrotter*) fam. Qu'on ne parvient pas à débarrasser de ses manières grossières, de ses mauvaises habitudes. → **incorrigible.** *« Le paresseux est indécrottable. Il ne changera jamais »* (H. Michaux).

indéfectible adj. (du latin médiéval, de *deficere* → **défectif, déficient**) littér. **1.** Qui ne peut cesser d'être, qui dure toujours. → **éternel, indestructible.** *Un attachement indéfectible.* **2.** Qui ne peut défaillir, être pris en défaut. *Mémoire indéfectible.* □ **adv. indéfectiblement** □ **n. f. indéfectibilité**

indéfendable adj. **1.** rare Qui ne peut être défendu contre l'ennemi. **2.** fig. Trop mauvais pour être défendu. *Une cause indéfendable.*

indéfini, ie adj. (du latin → **définir**) **1.** Dont les limites ne sont ou ne peuvent être déterminées. → **illimité.** *Des éléments en nombre indéfini.* **2.** Qui n'est pas défini, qu'on ne peut définir. → **imprécis, indéterminé,** ³**vague. 3.** gramm. (mot) Qui sert à désigner ou à présenter une chose, une personne (ou plusieurs) qui ne sont ni déterminées ni désignées par un démonstratif. *« Un, une, des », articles indéfinis. Pronoms, adjectifs indéfinis.* – **n. m.** *Un indéfini.*

indéfiniment adv. D'une manière indéfinie. → **éternellement.** *Il ne peut pas attendre indéfiniment.* → **toujours.**

indéfinissable adj. **1.** Qu'on ne peut définir. *Mots indéfinissables.* **2.** Dont on ne saurait préciser la nature. *Une saveur indéfinissable.* → **indescriptible. 3.** Étrange, inexplicable. *Un charme indéfinissable.*

indéformable adj. Qui ne peut être déformé.

indéfrisable n. f. (de *défriser*) vieilli Frisure artificielle destinée à durer assez longtemps. → **permanente.**

indéhiscent, ente adj. (de *déhiscent*) bot. Qui ne s'ouvre pas spontanément, à l'époque de la maturité. *Fruit indéhiscent.* □ **n. f. indéhiscence**

indélébile adj. (du latin, de *delebilis*, de *delere* « effacer ») Qui ne peut s'effacer. → **ineffaçable.** *Une tache indélébile.* – fig. *Souvenir indélébile.* □ **n. f. indélébilité**

indélicat, ate adj. **1.** Qui manque de délicatesse morale. *Une personne indélicate.* → **grossier. 2.** Malhonnête et déloyal. *Un associé indélicat.* – par ext. *Des procédés indélicats.*

indélicatesse n. f. **1.** Défaut d'une personne indélicate. → **grossièreté, impolitesse. 2.** Procédé, acte indélicat. *Commettre une indélicatesse.* → **malhonnêteté.**

indémaillable adj. (tissu) Dont les mailles ne peuvent se défaire.

indemne adj. (latin *indemnis*, de *damnum* « dommage » → **dam, damner**) Qui n'a subi aucun dommage, aucun mal ou influence néfaste. *Sortir indemne d'un accident.* → **sain et sauf.**

indemnisation n. f. Action d'indemniser. → **dédommagement.** ■ Somme fixée pour indemniser.

indemniser v. tr. < 1 > (de *indemne*) Dédommager (qqn) de ses pertes, de ses frais, etc. *Les sinistrés ont été indemnisés.* □ **adj. indemnisable**

indemnité n. f. (du latin, de *indemnis* → **indemne**) **1.** Ce qui est attribué à qqn en réparation d'un dommage, d'un préjudice ou de la perte d'un droit. → **dédommagement.** *Indemnité de licenciement. Indemnité journalière,* versée par la Sécurité sociale en cas d'accident, de maladie, de maternité. **2.** Ce qui est attribué en compensation de certains frais. → **allocation.** *Indemnités de logement.*

indémodable adj. Qui ne risque pas de se démoder.

indémontable adj. **1.** Qu'on ne peut démonter. **2.** Qui ne se laisse pas décontenancer. *Un orateur indémontable.*

indémontrable adj. Qui ne peut être démontré, prouvé. *« La vérité première est indémontrable »* (Diderot).

indéniable adj. (de *dénier*) Qu'on ne peut nier ou réfuter. → **certain, incontestable.** *Des preuves indéniables. – C'est indéniable.* → **indiscutable.** □ **adv. indéniablement**

indénombrable adj. Qui ne peut être dénombré.

indentation n. f. (de *dent*) **1.** didact. ou littér. Échancrure en forme de morsure. *Les indentations d'un littoral rocheux.* **2.** inform. Disposition particulière du texte d'un programme faisant apparaître des décalages au niveau de la marge.

indépassable adj. Qu'on ne peut dépasser. → **infranchissable.** *Limite indépassable.*

indépendamment adv. (d'abord « de manière indépendante ») **1.** INDÉPENDAMMENT DE **loc. prép.** En faisant abstraction de. *Indépendamment de ses problèmes financiers, il va bien.* **2.** En plus de. *Indépendamment de son travail, il s'occupe d'un cinéclub.* → ²**outre.**

indépendance n. f. **I. 1.** État d'une personne indépendante. → **liberté.** *Conserver son indépendance. – Indépendance matérielle, financière.* **2.** Caractère indépendant, non-conformisme. *Indépendance d'esprit.* **3.** Situation d'une collectivité qui n'est pas soumise à une autre. → **autonomie.** *Les pays colonisés ont acquis leur indépendance.* **II.** Absence de relation, de dépendance (entre plusieurs phénomènes ou choses). *L'indépendance de deux évènements.*

indépendance (Déclaration d') Déclaration (4 juillet 1776) proclamant l'indépendance des treize colonies britanniques d'Amérique. Elle fut rédigée par Thomas Jefferson.

1

indépendance (Déclaration d')

La Déclaration d'indépendance (John Trumbull, v. 1817, Yale University Art Gallery).

Indépendance américaine (guerre de l') Guerre qui opposa le Royaume-Uni à ses colonies d'Amérique du Nord de 1775 à 1782 et aboutit à la création des États-Unis après la *Déclaration d'indépendance* de 1776.

indépendant, ante adj. I. 1. Qui ne dépend pas (d'une personne, d'une chose) ; libre de toute dépendance. *Une femme indépendante.* → **autonome.** – loc. *Travailleur indépendant,* non salarié par un employeur. → **free-lance.** 2. Qui aime l'indépendance, ne veut être soumis à personne. *Un esprit indépendant.* 3. Qui jouit de l'indépendance politique. → **autonome.** *État indépendant et souverain.* II. 1. ***Indépendant de :*** qui ne varie pas en fonction de (qqch.). ■ Qui n'a pas de rapport avec (qqch.). *Pour des raisons indépendantes de notre volonté.* 2. au plur. Sans dépendance mutuelle. *Roues avant indépendantes.* 3. (logement, pièce) Qui est séparé des logements contigus, avec une entrée particulière. 4. gramm. *Proposition indépendante,* qui ne dépend d'aucune autre et, pour certains grammairiens, dont aucune autre ne dépend (ex. Il court vite). – n. f. *Une indépendante.*

indépendantiste adj. et n. Partisan de l'indépendance, de l'autonomie politique. *Parti indépendantiste.* – n. *Les indépendantistes.* → **autonomiste, séparatiste.** □ n. m. **indépendantisme**

indéracinable adj. (de *déraciner*) Qu'on ne peut arracher de l'esprit, de la conscience. → **indestructible, tenace.** *Un espoir, un préjugé indéracinable.*

indéréglable adj. (mécanisme) Qui ne peut se dérégler.

Indes (empire des) ou **Indes** n. f. pl. Nom donné aux territoires indiens colonisés par les Britanniques (1877-1947).

Indes (Compagnie française des) Compagnie financière et commerciale créée en 1719 par la fusion de la Compagnie d'Occident (fondée par Law) avec la Compagnie française des Indes orientales (instituée par Colbert). Elle fut liquidée sous la Convention (1793-1794).

indescriptible adj. (du latin *descriptum* → **décrire**) Si fort, si important qu'on ne peut le décrire. *Un désordre indescriptible.* – Indicible, inexprimable. *Une joie indescriptible.*

indésirable adj. 1. Qui n'est pas désiré, souhaité. *Les effets indésirables d'un médicament.* 2. (anglais *undesirable*, emprunt au français) Qu'on ne désire pas accueillir dans un pays, dans un groupe. *Le parti a exclu des éléments indésirables.* – n. *Un, une indésirable.*

Indes occidentales n. f. pl. Nom donné à l'Amérique par les Européens, à la suite des découvertes de Christophe Colomb, qui croyait avoir atteint les Indes.

Indes occidentales (Compagnie hollandaise des) Compagnie commerciale fondée en 1621. Ayant obtenu le monopole du commerce avec l'Amérique et l'Afrique de l'Ouest, elle passa bientôt à la conquête et à la colonisation. Elle perdit peu à peu ses acquisitions et se consacra à la traite des Noirs. Elle disparut en 1792.

Indes orientales (Compagnie anglaise des) Compagnie commerciale créée par Élisabeth Ire. Elle reçut le monopole du commerce avec les pays de l'océan Indien en 1600. Elle fut dissoute en 1858.

Indes orientales (Compagnie française des) Société commerciale créée en 1664 par Colbert pour l'exploitation du commerce avec les pays de l'Orient (Inde, Chine) et le Sénégal. Elle installa son siège à Pondichéry. Elle perdit ses privilèges en 1712.

Indes orientales (Compagnie hollandaise des) Compagnie commerciale fondée en 1602 pour l'exploitation du commerce avec les pays de l'océan Indien. Elle disparut en 1798.

indestructible adj. (du latin → **destructible**) 1. Qui ne peut pas être détruit ou semble impossible à détruire. *Une matière indestructible.* 2. abstrait Que rien ne peut altérer. → **indéfectible.** *Une indestructible solidarité.* □ n. f. **indestructibilité**

indétectable adj. Qui ne peut être détecté.

indéterminable adj. 1. sc. Qui ne peut être déterminé, connu avec précision. *Une grandeur indéterminable.* 2. Qui reste imprécis, vague. → **indéfinissable.** *Une couleur indéterminable.*

indétermination n. f. 1. Caractère de ce qui n'est pas défini ou connu avec précision. → **imprécision.** 2. État d'une personne qui hésite. → **indécision, irrésolution.** *Demeurer dans l'indétermination.*

indéterminé, ée adj. 1. Qui n'est pas déterminé, fixé. → **imprécis, incertain.** *À une date indéterminée.* – math. *Quantité, valeur indéterminée.* 2. (personnes) Qui ne se détermine pas. → **indécis.**

indéterminisme n. m. (de *déterminisme*) philos. Théorie selon laquelle les phénomènes ne sont pas soumis à une détermination causale stricte. □ adj. et n. **indéterministe**

indétrônable adj. Qui ne peut être détrôné (2), évincé. *Un champion indétrônable.*

index [ɛ̃dɛks] n. m. (mot latin, de *in-* « dans » et *-dex, -dicis* [à valeur d'agent] ; famille de *dire, indiquer*) 1. Doigt de la main le plus proche du pouce. *Prendre un objet entre le pouce et l'index.* 2. (sens repris au latin) Table alphabétique (de sujets traités, de noms cités dans un livre) accompagnée de références. *Index des matières.* ■ *L'Index :* catalogue des livres interdits par l'Église catholique (avant 1965). – loc. *Mettre qqn, qqch. à l'index,* condamner comme indésirable. → **exclure, proscrire.** 3. (Belgique) Indice (des prix).

indexation n. f. Fait d'indexer. *L'indexation des salaires sur le coût de la vie.*

indexer v. tr. <1> (de *index*) 1. Lier les variations de (une valeur) à celles d'un élément de référence, d'un indice déterminé. *Indexer un emprunt sur le cours de l'or.* 2. Attribuer à (un document) une marque distinctive, en vue de le classer. □ n. **indexeur, euse**

Indiana n. m. État des États-Unis, au S. du lac Michigan. 94 153 km². 6,78 millions d'habitants. Capitale : Indianapolis. Le Nord est formé de hautes plaines, le Sud est vallonné. Agriculture céréalière et élevage. Industries (métallurgie, pétrochimie) dans le N.-O.

Indianapolis Ville des États-Unis, capitale de l'Indiana. 887 640 habitants. Université. Célèbre circuit automobile.

indianisme n. m. 1. Étude des langues et des civilisations de l'Inde. 2. Intérêt porté aux cultures indiennes d'Amérique latine. □ adj. et n. **indianiste**

indic voir **indicateur,** I

indicateur, trice (→ **indiquer**) I. n. Personne qui renseigne la police en échange d'argent ou de protection. → **informateur ; mouchard.** - abrév. fam. **indic.** II. n. m. 1. Livre, brochure donnant des renseignements. *L'indicateur des chemins de fer.* 2. Instrument servant à fournir des indications sur un phénomène. *Indicateur d'altitude, de vitesse.* 3. chim. Substance qui permet de déceler une réaction chimique. 4. Variable significative (en économie, statistique). *Indicateurs boursiers.* III. adj. Qui fournit une indication. *Poteau indicateur.*

indicatif, ive (du bas latin → **indiquer**) I. adj. Qui indique. *Voici quelques prix, à titre indicatif.* II. n. m. 1. Mode verbal convenant à l'énoncé de la réalité (s'oppose à *subjonctif*, etc.). *Le présent de l'indicatif.* – adj. *Le mode indicatif.* 2. Fragment musical qui annonce une émission (de radio, de télévision...). → **jingle.** *L'indicatif du journal télévisé.*

indication n. f. (du latin, de *indicare* → **indiquer**) 1. Action d'indiquer ; résultat de cette action. *L'indication de travaux sur un panneau.* 2. Ce qui indique, révèle qqch. → **indice, signe.** *C'est une indication sur les projets du gouvernement.* 3. Information indiquée. *Suivre les indications.* 4. méd. Cas où un traitement est indiqué (opposé à *contre-indication*).

indice n. m. (latin *indicium*, de *index* → **index**) I. Signe apparent qui indique avec probabilité. *Être l'indice de qqch.* → **indiquer, révéler, signaler.** *La police n'a aucun indice.* II. 1. Indication (nombre ou lettre) qui sert à caractériser un signe mathématique. *a_n se lit « a indice n ».* 2. Nombre qui sert à exprimer un rapport. *Indice de production. Indice des prix,* par rapport à un prix de référence exprimé par le nombre 100. – *Indice d'écoute d'une émission.* ■ *Indice de protection des produits solaires* (contre les UVB). *Crème solaire (à) indice 30.*

indiciaire adj. Relatif à un, des indices. *Grille indiciaire des salaires.*

indicible adj. (du latin médiéval → **dicible**) littér. Qu'on ne peut dire, exprimer. → **inexprimable.** *Éprouver une joie indicible.* → **ineffable.**

indiciel, ielle adj. Relatif à un indice statistique, économique.

indien, ienne adj. et n. (latin *Indianus*, de *India* « Inde », du grec, de *Indos* « Indus » [fleuve]) I. De l'Inde. *L'Union indienne.* – n. *Indiens hindouistes, musulmans.* II. (du n. ancien des *Indes occidentales* [l'Amérique]) Des populations autochtones d'Amérique. → **amérindien.** – n. *Les Indiens, victimes de la conquête de l'Ouest.*

Indien (océan) Océan situé entre l'Afrique, l'Asie et l'Australie. Troisième océan du globe par sa superficie (75 millions de km²). Il comprend la mer d'Oman, le golfe du Bengale, la mer d'Adaman et la mer de Timor. La crête de l'océan Indien qui le parcourt du N. au S. marque la jonction entre deux plaques tectoniques.

indienne n. f. (de *toile indienne*) Toile de coton peinte ou imprimée, fabriquée primitivement aux Indes.

Indiens voir **Amérindiens**

indifféremment [ɛ̃difeʀamɑ̃] adv. Sans distinction, sans faire de différence. → **indistinctement.** *Elle soutient indifféremment le pour et le contre.*

indifférence n. f. (du bas latin → **indifférent**) 1. État de la personne qui n'éprouve ni douleur, ni plaisir, ni crainte, ni désir. → **apathie, insensibilité.** *« Cette mort du cœur qui s'appelle l'indifférence »* (Balzac). 2. ***Indifférence à, pour*** *(qqch.),* détachement à l'égard d'une chose, d'un évènement. 3. Absence d'intérêt à l'égard d'une personne. → **froideur.** ■ spécialt Absence d'amour. *Ils n'ont que de l'indifférence l'un pour l'autre.*

indifférencié, ée adj. Qui n'est pas différencié. *Cellules vivantes indifférenciées.* □ n. f. **indifférenciation**

indifférent, ente adj. (du latin, de *in-* et *differens* → **différent**) I. (choses, personnes) 1. Sans intérêt, sans importance. *Causer de choses indifférentes.* ■ ***Indifférent à :*** qui n'intéresse pas, ne touche pas. *Elle m'est indifférente. Son sort m'est indifférent.* 2. Qui ne fait pas de différence (pour qqn). *Ici ou là, cela m'est indifférent.* → **égal.** II. (personnes) 1. Qui n'est pas intéressé, préoccupé, ému (par qqch., qqn). → **froid, insensible.** *Être complètement indifférent aux malheurs des autres.* ■ Qui marque de l'indifférence en amour. 2. absolt Qui n'est touché par rien. *« Il tâchait* [...] *de cacher sa curiosité, de paraître indifférent »* (R. Rolland). ■ *Un air indifférent et blasé.*

indifférentisme n. m. didact. Attitude d'indifférence systématique en matière de politique ou de religion.

Indignés (Les)

1. Première manifestation des Indignés à Madrid le 15 mai 2011 contre les mesures d'austérité. Le mouvement, qui tire son nom du pamphlet *Indignez-vous !* de Stéphane Hessel, naît en Espagne en pleine crise économique. 2. Le mouvement s'étend à toute l'Europe : manifestation à Paris le 15 octobre 2011. 3. Aux États-Unis, le mouvement est relayé dès septembre 2011 par *Occupy Wall Street* qui dénonce les abus financiers, notamment le sauvetage des banques par des fonds publics : manifestation du 8 octobre 2011 à Washington.

indifférer v. tr. ind. < 6 > (de *indifférent*) fam. Laisser indifférent (qqn) (surtout 3e pers. ; avec pronom compl.). *Cela m'indiffère complètement*, cela m'est égal.

indigénat n. m. hist. Régime administratif qui s'appliquait aux indigènes de certaines colonies.

indigence n. f. **1.** État d'une personne indigente. → **misère, pauvreté.** *Tomber dans l'indigence.* **2.** littér. Pauvreté (intellectuelle, morale). *« Cette grande indigence intellectuelle des temps modernes »* (Péguy).

indigène adj. (latin *indigena*, de *indu-*, de *in-* → ¹in- et *genere* « engendrer » → géniteur) **1.** Qui est né dans le pays dont il est question. → **aborigène, autochtone.** – n. *Les indigènes d'Amérique.* **2.** Qui appartient à une population implantée dans un pays avant sa colonisation. *Tirailleurs indigènes.* **3.** (animal, plante) Qui vit, croît naturellement dans une région.

indigénisme n. m. didact. Attitude favorable aux populations amérindiennes, en Amérique latine. □ **adj. et n. indigéniste**

indigent, ente adj. (latin *indigens*, de *indu-*, de *in-* et *egere* « être dans le besoin ») **1.** Qui manque des choses les plus nécessaires à la vie. → **nécessiteux, pauvre.** – n. Personne sans ressources. *Aide aux indigents.* **2.** littér. Pauvre ; peu fourni. *Une imagination indigente.*

indigeste adj. (du bas latin, famille de *digérer*) **1.** Difficile à digérer. *Une nourriture indigeste.* → **lourd. 2.** fig. *Un texte indigeste.*

indigestion n. f. (du bas latin → indigeste) Indisposition momentanée due à une mauvaise digestion. ■ par métaphore ou fig. *Avoir une indigestion de qqch.*, en avoir trop, jusqu'à en éprouver la satiété, le dégoût.

indignation n. f. (du latin → indigner) Sentiment de colère que soulève une action qui heurte la conscience morale, le sentiment de la justice (→ **indigner**). *Protester avec indignation.*

indigne adj. (latin *indignus* → digne) **I.** *Indigne de* **1.** Qui n'est pas digne de (qqch.), qui ne mérite pas. *Il est indigne de notre confiance.* **2.** Qui n'est pas à la hauteur de (qqn). *Ce travail lui paraissait indigne de lui.* **II.** absolt **1.** Qui n'est pas digne de sa fonction, de son rôle. *Un père indigne.* **2.** (choses) Très condamnable. → **déshonorant, odieux, révoltant. 3.** dr. *Habitat indigne* : logement dont l'état expose les occupants à des risques manifestes pour leur santé ou leur sécurité.

indigné, ée adj. Qui éprouve de l'indignation. → **outré.** ■ Qui exprime de l'indignation. *Un regard indigné.*

indignement adv. D'une manière indigne.

indigner v. tr. < 1 > (latin *indignari* → indigne) Remplir d'indignation. → **révolter, scandaliser.** *Sa conduite a indigné tout le monde.* ■ **s'indigner** v. pron. Être saisi d'indignation.

Indignés (Les) (en esp. *Los Indignados*) Mouvement citoyen de contestation apparu en mai 2011 en Espagne. Il se revendique des positions de Stéphane Hessel dans *Indignez-vous !* Il rejette les partis politiques et l'austérité imposée par la « dictature des marchés ». Le mouvement a gagné la Grèce et les États-Unis *(Occupy Wall Street)*.

indignité n. f. (du latin → indigne) **1.** littér. Caractère d'une personne indigne. – *Indignité nationale*, sanctionnant les faits de collaboration avec l'ennemi. **2.** Caractère de ce qui est indigne. → **bassesse. 3.** Action, conduite indigne. *C'est une indignité.*

indigo n. m. (du portugais, du latin *indicum*, de *India* → indien [I]) **1.** Teinture bleue, aujourd'hui synthétique, extraite autrefois de l'indigotier. **2.** Bleu violacé très sombre. *Des indigos.* – **adj. invar.** *Des étoffes indigo.*

indigotier n. m. Arbrisseau des régions tropicales, des feuilles duquel on extrait l'indigo.

Indiguirka n. f. Rivière de Russie, en Sibérie extrême-orientale. 1 726 km. Formée dans les monts Verkhoïansk, elle se jette dans l'océan Arctique en formant un delta.

indiquer v. tr. < 1 > (latin *indicare*, de *index*, *indicis* → index, indice) **1.** Faire voir d'une manière précise, par un geste, un repère, un signal. → **désigner, montrer, signaler.** *Indiquer la bonne direction. L'horloge indique l'heure.* **2.** Faire connaître (à qqn) la chose ou la personne qu'il a besoin de connaître. *Pouvez-vous m'indiquer un hôtel* (→ **recommander**), *quand arrive le train ?* (→ ¹**dire**). ■ Déterminer et faire connaître (une date, un lieu choisis). → **fixer.** *Indiquez-moi quand et où nous nous retrouverons.* **3.** (choses) Faire connaître (l'existence ou le caractère de qqn, qqch.) en servant d'indice. → **annoncer, manifester, signaler.** *Les traces de pas indiquent son passage.* **4.** Représenter en s'en tenant aux traits essentiels, sans s'attacher aux détails. → **esquisser, tracer.** ■ **indiqué, ée adj. 1.** Déterminé, fixé. *À l'heure indiquée.* **2.** Signalé comme étant bon, efficace, sans danger (remède, traitement). *Le traitement indiqué dans, pour une maladie.* **3.** Adéquat, opportun. *C'est un moyen tout indiqué !*

indirect, ecte [ɛ̃dirɛkt] adj. (du latin → direct) **1.** Qui n'est pas direct, qui fait des détours. *Itinéraire indirect. Éclairage indirect.* – *Une critique indirecte.* **2.** Qui comporte un ou plusieurs intermédiaires. → **médiat.** *Une cause indirecte.* ■ gramm. *Complément indirect*, rattaché au verbe par une préposition. *Verbe transitif indirect* (ex. parler à qqn). – *Style, discours indirect*, qui consiste à rapporter les paroles de qqn sous forme de propositions subordonnées (ex. Il m'a dit qu'il accepterait).

indirectement adv. D'une manière indirecte. *Je ne l'ai appris qu'indirectement.*

indiscernable adj. **1.** Qui ne peut être discerné (d'une autre chose de même nature). *Copie indiscernable de l'original.* **2.** Dont on ne peut se rendre compte précisément. *Des nuances indiscernables.*

indiscipline n. f. (du bas latin → discipline) Manque de discipline. *Faire acte d'indiscipline.*

indiscipliné, ée adj. Qui n'est pas discipliné, qui n'observe pas la discipline. → **désobéissant, indocile.** ■ *Cheveux indisciplinés*, difficiles à coiffer.

indiscret, ète adj. (du latin → ¹discret) **1.** vieux Sans jugement, sans discernement. **2.** (personnes) Qui manque de discrétion, de retenue dans les relations sociales. *Un visiteur indiscret.* → **intrus.** – n. *Un coin tranquille à l'abri des indiscrets.* → **gêneur. 3.** (comportements) Qui dénote de l'indiscrétion. *Une question indiscrète.* **4.** (personnes) Qui ne sait pas garder un secret. → **bavard.** □ **adv. indiscrètement**

indiscrétion n. f. (du bas latin → indiscret) **1.** vieux Manque de discernement. **2.** Manque de discrétion, de retenue dans les relations sociales. *Sans indiscrétion, peut-on savoir votre adresse ?* **3.** Fait de révéler un secret. *« Je lui ai dit que son indiscrétion le perdrait, que son silence ferait sa fortune »* (Marivaux). ■ Déclaration indiscrète.

indiscutable adj. Qui s'impose par son évidence, son authenticité. → **certain, évident, incontestable.** *Une supériorité indiscutable.*

indiscutablement adv. D'une manière indiscutable. → **incontestablement.**

indiscuté, ée adj. Qui ne fait l'objet d'aucun doute. → **incontesté.**

indispensable adj. (de *dispenser*) Dont on ne peut pas se passer. *Acquérir les connaissances indispensables.* → **essentiel, nécessaire.** – n. m. *« Il n'y avait, en fait de meubles, que l'indispensable »* (Hugo). – (personnes) *Elle se croit indispensable.* □ **adv. indispensablement**

indisponibilité n. f. État d'une chose, d'une personne indisponible.

indisponible adj. (de *disponible*) Qui n'est pas disponible. *Un ouvrage indisponible.*

indisposé, ée adj. (de *disposé*) **1.** Qui est affecté d'une indisposition. → **souffrant. 2.** (femmes) Qui a ses règles.

indisposer v. tr. < 1 > (de *indisposé*) **1.** Altérer légèrement la santé de. → **incommoder.** *Ce long voyage l'a indisposé.* **2.** Mettre dans une disposition peu favorable. →

I

Indonésie

déplaire à. *Sa prétention indispose tout le monde.*

indisposition **n. f.** Légère altération de la santé.

indissociable **adj.** **(du bas latin, de *dissociare* → dissocier)** Qu'on ne peut dissocier, séparer. *Éléments indissociables.* □ **adv. indissociablement**

indissoluble **adj.** **(du latin, famille de *dissoudre*)** Qui ne peut être dissous, délié. *Des liens indissolubles.* □ **adv. indissolublement** □ **n. f. indissolubilité**

indistinct, incte [ɛ̃distɛ̃(kt), ɛ̃kt] **adj.** Qui n'est pas distinct, que l'on distingue mal. → **confus, imprécis, ³vague.** *Un bruit indistinct.*

indistinctement **adv.** **1.** D'une manière indistincte. → **confusément. 2.** Sans distinction, sans faire de différence. → **indifféremment.**

indium [ɛ̃djɔm] **n. m.** **(de l'allemand, de *indigo*, à cause de la couleur d'une raie de son spectre)** chim. Élément chimique (symb. In, n° at. 49, masse at. 114,82), métal blanc, mou et ductile.

individu **n. m.** **(du latin médiéval, de *in-* et *dividuus* « divisé » → diviser)** **I. 1.** sc. Être formant une unité distincte (dans une classification). → **¹exemplaire, spécimen. 2.** Corps organisé vivant d'une existence propre et qui ne saurait être divisé sans être détruit (plante, animal...). **3.** Unité élémentaire dont se composent les sociétés. *Sacrifier l'individu à l'espèce.* ■ **spécialt** Être humain, en tant qu'être particulier, différent de tous les autres. → **¹personne. II.** **péj.** Homme quelconque, que l'on ne peut ou que l'on ne veut pas nommer. → **bonhomme, gars, type.** *Un individu sans scrupules.*

individualisation **n. f.** Fait d'individualiser, de s'individualiser. *L'individualisation des peines,* leur adaptation à la situation des délinquants.

individualiser **v. tr.** < 1 > **(de *individu*)** **1.** Différencier par des caractères individuels. → **caractériser, distinguer. 2.** Rendre individuel (en adaptant...). → **au p. p.** *Un enseignement individualisé.* ■ **s'individualiser v. pron. 1.** Acquérir ou accentuer des caractères distinctifs. **2.** Devenir individualiste. *Société qui s'individualise.* **3.** S'affirmer en tant qu'individu. *Un enfant qui s'individualise.*

individualisme **n. m.** **1.** Théorie ou tendance qui privilégie la valeur et les droits de l'individu par rapport à ceux de la société. **2.** Indépendance d'esprit, absence de conformisme.

individualiste **adj.** **1.** Qui donne la primauté à l'individu. **2.** Qui montre de l'individualisme dans sa vie, dans sa conduite. **– n.** *Les individualistes.*

individualité **n. f.** **1.** didact. Ce qui existe à l'état d'individu. **2.** Caractères par lesquels une personne ou une chose diffère des autres. → **originalité, particularité.** *L'individualité d'un artiste.* **3.** Individu, considéré dans ce qui le différencie des autres. → **personnalité.**

individuation **n. f.** **(latin médiéval *individuatio* « fait de devenir un individu », famille de *individuum* → individu)** didact. Ce qui différencie un individu d'un autre de la même espèce, le fait exister comme individu. *Principe d'individuation.*

individuel, elle **adj.** **(du latin → individu)** **1.** Qui concerne l'individu, est propre à un individu. *Caractères individuels. Liberté individuelle.* → **personnel. 2.** Qui concerne une seule personne **(opposé à *collectif*)**. *Sports individuels et sports d'équipe.*

individuellement **adv.** Chacun en particulier, à part. *Les candidats sont reçus individuellement.*

indivis, ise **adj.** **(du latin, de *divisus* → diviser)** dr. Se dit d'un bien sur lequel plusieurs personnes ont un droit et qui n'est pas matériellement divisé entre elles. *Propriété indivise* **(→ indivision). – loc. adv.** *Par indivis :* sans division, sans partage en commun.

indivisaire **n.** dr. Possesseur par indivis.

indivisibilité **n. f.** Caractère de ce qui est indivisible (1 et 2).

indivisible **adj.** **(du bas latin → divisible)** **1.** Qui n'est pas divisible. *La République française proclamée une et indivisible en 1791.* **2.** dr. Qui n'est pas susceptible d'une exécution partielle **(obligation)**.

indivision **n. f.** dr. État d'une chose indivise. *Propriété en indivision.*

in-dix-huit [indizɥit] **adj. invar.** **(du latin *in* → ¹in- et de *dix-huit*)** imprim. Se dit du format d'un livre dont chaque feuille est pliée en dix-huit feuillets (trente-six pages). **– n. m. invar.** *Des in-dix-huit.*

indo-aryen, enne **adj.** didact. Se dit des langues indo-européennes parlées dans le sous-continent indien.

Indochine **n. f.** Péninsule du Sud-Est asiatique, située entre l'Inde et la Chine. Elle comprend la Birmanie, le Laos, la Thaïlande, le Cambodge, le Viêtnam et la péninsule malaise.

Indochine (guerre d') Guerre d'indépendance (1946-1954) menée par le Viêt-minh contre la France. Après la défaite de Diên Biên Phu, la France reconnut par les accords de Genève (juillet 1954) l'indépendance du Laos, du Cambodge et du Viêtnam, partagé en deux.

Indochine Groupe de rock français formé en 1981. Il a marqué le rock français notamment dans les années 1980. *L'Aventurier ; Troisième sexe ; J'ai demandé à la lune.*

Indochine française ou **Union indochinoise** Nom donné en 1887 aux pays sous protectorat français ou colonisés par la France (Cochinchine, Annam, Tonkin, Cambodge, et Laos à partir de 1893), après les conquêtes commencées sous Napoléon III. L'Indochine française disparut après les accords d'indépendance des différents pays (1949-1950).

indocile **adj.** **(du latin → docile)** littér. Qui n'est pas docile. → **désobéissant, rebelle.** *Cheval indocile.* **– (humains)** *Esprit, caractère indocile.*

indocilité **n. f.** littér. Caractère d'une personne, d'un animal indocile.

indo-européen, enne **adj.** Se dit de langues d'Europe et d'Asie qui ont une origine commune, de l'Inde à l'Europe occidentale et au reste du monde par l'Europe (sanskrit, hittite, iranien, arménien, grec,

latin et langues romanes, langues slaves, germaniques, baltes, celtiques...). *Les langues indo-européennes.* **– n. m.** *L'indo-européen :* langue supposée à l'origine de ces langues. ■ Se dit des peuples qui parlent ces langues. **– n.** *Les Indo-Européens.*

indole n. m. **(de *indigo* et du latin *oleum* → huile)** chim. Composé de formule C_8H_7N, présent dans certaines plantes et dans les matières intestinales.

indolence n. f. **(du latin, de *dolere* « souffrir », famille de *douleur*)** **1.** vieux Insensibilité (à la souffrance). **2.** littér. Disposition à éviter l'effort physique ou moral. → **mollesse, nonchalance.**

indolent, ente adj. **(du bas latin → dolent)** **1.** vieux Qui ne souffre pas ; insensible. **2.** littér. Qui évite de faire des efforts. → **¹mou, nonchalant, paresseux.** – *« La démarche indolente d'un désœuvré qui veut tuer le temps »* (Balzac). □ **adv. indolemment** [-amɑ̃]

indolore adj. **(du latin, de *dolor* → douleur)** (choses) Qui n'est pas douloureux. *L'opération est indolore.*

indomptable [ɛ̃dɔ̃(p)tabl] adj. **(de *dompter*)** **1.** Qu'on ne peut dompter (animaux). **2.** littér. Qu'on ne peut soumettre à aucune autorité ; dont rien ne peut venir à bout. *Une volonté indomptable.* → **inflexible.**

indompté, ée adj. **1.** Qui n'a pas été dompté. *Un cheval indompté.* **2.** Qu'on ne peut contenir, réprimer. *Des désirs indomptés.*

Indonésie

n. f. ■ offic. république d'Indonésie État d'Asie du Sud-Est. 1 919 444 km². 270 203 900 habitants (les *Indonésiens*). **Langue :** indonésien (offic.) ; plus de 500 langues locales. **Population :** plus de 500 groupes ethniques, dont les Javanais (45 %), Sundanais (14 %), Malais (8 %) et Madurais (8 %). **Religions :** musulmans (87 %), chrétiens (10 %), bouddhistes, hindouistes et animistes. **Monnaie :** roupie. **Capitale :** Jakarta. **Régime :** présidentiel.

GÉOGRAPHIE

L'archipel est formé d'îles montagneuses, souvent volcaniques, dont les principales sont Sumatra, Java, Bali, les petites îles de la Sonde, une grande partie de Bornéo, les Célèbes, les Moluques et l'O. de la Nouvelle-Guinée (Papouasie occidentale). On distingue trois zones climatiques : équatoriale (Sumatra, Bornéo, Célèbes et Papouasie occidentale), humide avec saison sèche de six mois (Java et Bali) et semi-aride (îles de la Sonde).

ÉCONOMIE

L'agriculture occupe 32 % de la population (cultures sur brûlis dans les régions forestières ; riziculture à Java et Bali ; maïs, tabac, hévéa, cacao, épices). L'industrie (bois, textile, chaussures, appareils électriques) reste concentrée à Java. Le tourisme et les exportations sont en nette progression. Depuis 2000, l'Indonésie a renoué avec la croissance, grâce aux ressources pétrolières, à l'exploitation du gaz naturel (1er exportateur mondial) et aux réformes structurelles engagées sous l'égide du FMI. Toutefois l'économie s'est contractée en 2020 et 2021 avec la pandémie de Covid-19. La croissance démographique se stabilise grâce à une politique de limitation des naissances.

Le marché de Kintamani, à Bali.

HISTOIRE

Les peuples venus de Taiwan (5000 av. J.-C.) introduisirent le commerce maritime et la riziculture. Les premiers petits États, formés sur les côtes, adoptèrent les grands traits de la civilisation indienne (IVe-Ve s.). À partir du Xe s., le centre de gravité politique et écono-

Indochine (guerre d')

1. Des légionnaires français interrogent un suspect dans la jungle. 2. En 1954 à Hòa Bình, des enfants chantent les louanges de Hồ Chí Minh, le fondateur du Parti communiste indochinois. 3. Une patrouille française et des supplétifs indochinois franchissent le Sông Trà Lý au Tonkin, en janvier 1954.

mique de l'archipel se déplaça de Sumatra vers l'E. de Java.

La colonisation Islamisées entre le XIIIe et le XVIe siècle, les villes marchandes se transformèrent en sultanats prospères. Hollandais et Portugais s'établirent dans la région à la fin du XVIe siècle. La Compagnie hollandaise des Indes orientales imposa au XVIIe s. des monopoles commerciaux. En 1799, les Pays-Bas prirent le contrôle direct de l'archipel dont ils exploitèrent les richesses (indigo, tabac, canne à sucre).

L'indépendance Après l'occupation et la capitulation japonaise en 1945, la République indonésienne fut proclamée. Son indépendance fut reconnue en 1949. Sukarno instaura un régime présidentiel fort et se rapprocha de l'URSS et de la Chine. Un putsch, attribué au parti communiste, fut réprimé en 1965 par le général Suharto (500 000 morts). Suharto, président à partir de 1968, concentra ses efforts sur le développement économique. Mais la crise financière asiatique de 1997 précipita sa chute (1998). Les présidents Abdurrahman Wahid (1999-2001), Mégawati Sukarnoputri (2001-2004) et Susilo Bambang Yudhoyono (2004-2014) durent mettre fin à l'occupation du Timor oriental (1975-1999) et lui accorder l'indépendance (2002). Ils furent également confrontés aux tentatives de sécession (provinces d'Aceh et de l'Irian Jaya) et à la montée du terrorisme islamiste. En 2004, un tsunami fit plus de 220 000 victimes en Indonésie. Un accord de paix avec le Mouvement Aceh libre fut signé en 2005 et une loi d'autonomie votée en 2006. Le Parti démocratique indonésien de lutte (PDIP) remporta les élections législatives de 2014 et son candidat, Joko Widodo, fut élu président de la République. Sa politique nationaliste séduisit l'électorat musulman conservateur et il fut réélu en 2019.

---

indonésien, ienne adj. et n. D'Indonésie. *L'archipel indonésien.* – n. *Les Indonésiens.* ■ n. m. *L'indonésien* : langue officielle de l'Indonésie, forme normalisée du malais en usage à Java.

indophénol n. m. (de *ind-* [de *indigo*], *-o-* et *phénol*) chim. Matière colorante bleue ou violette dérivée du phénol.

Indore Ville d'Inde (Madhya Pradesh). 2,1 millions d'habitants. Centre industriel, sur l'axe entre Bombay et Delhi.

in-douze [induz] adj. invar. (du latin *in* → [1]in- et de *douze*) imprim. Se dit du format d'un livre dont chaque feuille est pliée en douze feuillets (vingt-quatre pages). – n. m. invar. *Des in-douze.*

Indra Divinité védique de l'Inde, présidant à la foudre et à la guerre. Indra est considéré comme le roi des dieux.

Indre n. f. Rivière du centre de la France, affluent de la Loire. 265 km. Elle draine la Champagne berrichonne et la Touraine.

Indre n. f. [36] Département français de la Région Centre-Val de Loire (→ carte). 6 824 km^2. 218 707 habitants. Chef-lieu : Châteauroux. Chefs-lieux d'arrondissement : Le Blanc, La Châtre, Issoudun. Formé de bas plateaux (Champagne berrichonne, Brenne, Boischaut) séparés par les vallées de l'Indre et de la Creuse, le département, peu peuplé, demeure largement rural et agricole (céréales, élevage). L'industrie n'est présente que sur l'axe Argenton-sur-Creuse, Châteauroux et Issoudun.

Indre Commune de la Loire-Atlantique, près de Nantes. 4 087 habitants. Industrie.

Indre-et-Loire n. f. [37] Département français de la Région Centre-Val de Loire (→ carte). 6 126 km^2. 612 119 habitants. Chef-lieu : Tours. Chefs-lieux d'arrondissement : Chinon, Loches. Les vallées de la Loire, du Cher, de l'Indre et de la Vienne constituent les secteurs les plus riches : vignobles (Vouvray, Bourgueil), cultures fruitières et légumières. Céréaliculture ou polyculture sur les plateaux. Riche patrimoine architectural : châteaux d'Amboise, Azay-le-Rideau, Chenonceaux, Chinon. Population, industries et services sont concentrés à Tours et ses environs.

indri n. m. (exclamation malgache « le voici ! », prise à tort pour le n. de l'animal) Mammifère lémurien de Madagascar, qui vit en groupes dans les arbres.

Indridason (Arnaldur) Écrivain islandais (né en 1961). Il privilégie, dans ses romans policiers, le contexte humain et social plutôt que la violence. Le commissaire Erlendur Sveinsson est le héros d'une série représentative du « polar nordique » *(La Femme en vert ; Hypothermie).*

indu, ue adj. (de *dû* → [1]devoir) **1.** Qui va à l'encontre de la règle, de l'usage. *Rentrer à des heures indues*, tard dans la nuit. **2.** dr. Qui n'est pas fondé. *Une réclamation indue* (→ **indûment**). – n. m. Ce qui n'est pas dû.

indubitable adj. (du bas latin, famille de *douter, dubitatif*) littér. Dont on ne peut douter. → **certain, incontestable, indiscutable.** *Preuve indubitable.*

indubitablement adv. littér. Sans aucun doute. → **assurément, sûrement.**

inductance n. f. (mot anglais, de *to induct* → **induire**) phys. Quotient du flux d'induction créé par un courant (dans un circuit) par l'intensité de ce courant.

inducteur, trice **1.** adj. Qui produit une induction. **2.** n. m. Aimant ou électroaimant produisant le champ inducteur dans une machine électrique.

inductif, ive adj. (de *inductum*, de *inducere* → **induire**) didact. **1.** Qui procède par induction (1), résulte d'une induction. *Une méthode inductive.* □ adv. **inductivement** **2.** phys. (par l'anglais) D'induction (2). *Courant inductif.*

induction n. f. (du latin, de *inductum* → **induire**) **1.** Opération mentale qui consiste à remonter des faits à la loi, de cas particuliers à une proposition plus générale (opposé à *déduction*). → **généralisation.** *Raisonnement par induction.* → **inférence.** **2.** (par l'anglais) phys. Transmission d'énergie électrique ou magnétique par l'intermédiaire d'un aimant ou d'un courant (→ **induit**). *Bobine d'induction.* – *Plaque de cuisson à induction.*

induire v. tr. < 38 p. p. *induit, ite* > (de l'ancien français *enduire*, d'après le latin *inducere*, de *in-* et *ducere* « conduire* ») **1.** vieux Inciter, conduire (qqn) à faire qqch. *« Votre cuisine nous induit au péché de gourmandise »* (Huysmans). ■ mod. loc. *Induire qqn en erreur*, le tromper. **2.** didact. Trouver par l'induction. → **inférer.** - On emploie souvent *déduire*, à tort, dans ce sens. → **induction** (1).

induit, ite adj. phys. *Courant induit*, produit par une variation de flux dans un circuit. – *Circuit induit* ou n. m. *un induit* : organe dans lequel prennent naissance les forces électromotrices produites par un inducteur.

indulgence n. f. (du latin → **indulgent**) **1.** Facilité à excuser, à pardonner. → **bienveillance, bonté, compréhension.** *Avoir de l'indulgence pour qqn ; pour les fautes de qqn.* **2.** relig. cathol. Remise des peines méritées par les péchés, accordée par l'Église dans une circonstance particulière.

Indulgences (querelle des) Querelle née en 1515 de l'octroi d'indulgences par le pape Léon X à tous ceux qui avaient fait des dons pour la construction de Saint-Pierre de Rome. Luther dénonça cette campagne dans ses 95 thèses. C'est le point de départ de la Réforme.

indulgent, ente adj. (du latin, de *indulgere*) Qui excuse, pardonne facilement. → **bienveillant, [1]bon.** *Être indulgent avec qqn.* par ext. *Un sourire indulgent.*

induline n. f. (n. déposé ; mot anglais, de *indigo* et *aniline*) chim. Colorant bleu ou violet dérivé de l'aniline.

indult n. m. (du latin chrét. « permission », de *indulgere* → **indulgent**) relig. cathol. Privilège accordé par le pape en dérogation du droit commun.

indûment ou **indument** adv. D'une manière indue. → **à tort.**

Indurain (Miguel) Cycliste espagnol (né en 1964). Il fut deux fois vainqueur du Tour d'Italie (le Giro) et cinq fois vainqueur du Tour de France (1991-1996).

induration n. f. (du bas latin, de *indurare*, de *in-* et *durare*, de *durus* → **dur ; endurer**) méd. Durcissement d'un tissu organique (peau, etc.) ; callosité qui en résulte.

indurer v. tr. < 1 > (du latin → **induration**) méd. Durcir (un tissu organique). – pronom. *Furoncle qui s'indure.* – au p. p. *Un chancre induré.*

Indus n. m. Fleuve d'Asie du Sud-Ouest. 3 180 km. Né au S. du Tibet, il traverse le N. de l'Inde puis tout le territoire pakistanais avant de se jeter dans la mer d'Oman. Ses rives abritèrent une civilisation brillante du IIIe au IIe millénaire avant J.-C.

industrialisation n. f. **1.** Application des techniques industrielles. **2.** Action d'équiper d'industries. *L'industrialisation de la France au XIXe siècle.*

industrialiser v. tr. < 1 > (de *industriel*) **1.** Exploiter industriellement, organiser en industrie. *Industrialiser l'agriculture.* **2.** Équiper d'industries (une région, un pays...). – pronom. *Pays qui s'industrialise.* – au p. p. *Les pays industrialisés.*

industrialisme n. m. écon., hist. Prépondérance de l'industrie dans l'activité économique.

industrie n. f. (latin *industria*, de *industrius* « actif », de *indu* pour *in-* [→ [1]in-] et *struere* « disposer » → **construire, détruire**) **I.** vieux **1.** Habileté, art (→ **industrieux**). **2.** littér. Activité manuelle. – plais. *Le voleur qui exerce sa coupable industrie.* **II.** **1.** vieilli Activités techniques qui produisent et font circuler les richesses. → **économie.** *L'industrie des transports.* **2.** Ensemble des activités économiques ayant pour objet l'exploitation des richesses minérales et des sources d'énergie, la transformation des matières premières en produits fabriqués. *L'agriculture, le commerce et l'industrie. Industrie lourde*, la grande industrie de première transformation (fer, charbon...). *L'industrie automobile.* **3.** Ensemble des entreprises et activités industrielles. *L'industrie belge.* **4.** Branche, secteur industriel. *Une industrie prospère.*

industriel, elle (du latin médiéval → **industrie**) **I.** adj. **1.** Qui a rapport à l'industrie (II). *La révolution industrielle. Entreprise industrielle* (→ **usine**). **2.** Qui est produit par l'industrie. *Pain industriel.* – loc. fam. *En quantité industrielle* : en très grande quantité. ■ Qui emploie les procédés de l'industrie (opposé à *artisanal*). *Boulangerie industrielle.* **3.** Où l'industrie est développée. *Région, zone industrielle.* **II.** n. (fém. rare) Propriétaire d'une usine ; chef d'industrie. → **fabricant.** *Les industriels du textile.*

industriellement adv. **1.** Par les moyens et méthodes de l'industrie. *Produit fabriqué industriellement.* **2.** Relativement à l'industrie. *Les pays industriellement avancés.*

industrieux, euse adj. (du latin → **industrie**) littér. Qui montre de l'adresse, de l'habileté. → **ingénieux.**

induvie n. f. (latin *induviae* « vêtement », de *induere* « mettre sur, couvrir ») bot. Formation qui se développe après la fécondation et qui sert de réceptacle au fruit.

Indy (Vincent d') Compositeur, chef d'orchestre et professeur français (1851-1931). Créateur de la Schola cantorum, il contribua à introduire l'œuvre de Wagner en France, défendit Debussy et forma de nombreux musiciens (Roussel, Albéniz, Satie...). Attaché au folklore national, il a notamment composé une *Symphonie sur un chant montagnard français* dite « Cévenole » et a laissé un *Traité de composition musicale*.

-ine Élément du vocabulaire de la chimie et de la biologie, très productif dans les appellations commerciales, qui sert notamment à former les noms d'alcaloïdes (ex. *caféine*).

inébranlable adj. (de *ébranler*) **1.** Qu'on ne peut ébranler, dont on ne peut compromettre la solidité. *Un mur inébranlable.* **2.** (personnes) Qui ne se laisse pas abattre. → **constant.** ■ Qu'on ne peut faire changer de dessein, d'opinion. → **inflexible.** *Être, rester inébranlable dans ses résolutions.* – (comportements, attitudes) Qui ne change pas. *Une certitude inébranlable.* □ adv. **inébranlablement**

inécoutable adj. Mauvais au point d'être insupportable à écouter. *Musique inécoutable.*

inécouté, ée adj. Qui n'est pas écouté, dont on ne tient pas compte.

inédit, ite adj. (latin *ineditus* → éditer) **1.** Qui n'a pas été édité (texte). *La correspondance inédite d'un écrivain.* – n. m. *Publier des inédits.* **2.** Qui n'est pas connu. → **nouveau,** **[2]original.** *Un moyen inédit de réussir.*

inéducable adj. Impossible ou difficile à éduquer.

ineffable adj. (du latin, de *effabilis,* de *effari* « décrire, fixer », de *ex-* et *fari* « parler » ; famille de *fable, faconde, enfant*) **1.** littér. Qui ne peut être exprimé par des paroles (se dit de choses agréables). → **inexprimable.** *Un bonheur ineffable.* – n. m. *L'ineffable.* **2.** fam., péj. Dont on ne peut parler sans rire. → **inénarrable.** *« L'ineffable Antonin [...] s'emberlificote dans des compliments »* (Colette). □ adv. **ineffablement**

ineffaçable adj. Qui ne peut être effacé. → **indélébile.** – fig. *Un souvenir ineffaçable.* □ adv. **ineffaçablement**

inefficace adj. (du latin → [1]efficace) Qui n'est pas efficace, qui ne produit pas l'effet souhaité. *Un remède inefficace. – Collaborateur inefficace.* □ adv. **inefficacement**

inefficacité n. f. Caractère de ce qui est inefficace.

inégal, ale, aux adj. (de l'ancien français *inequal,* latin *inaequalis,* de *aequalis* → égal) **I. 1.** au plur. Dont la quantité, la nature, la qualité n'est pas la même dans plusieurs objets ou cas. *Des forces inégales.* ■ au sing. Dont la mesure, la dimension diffère. → **différent.** *Des cordes d'inégale grosseur.* **2.** Dont les éléments ou les participants ne sont pas égaux. *Un combat inégal.* **II. 1.** Qui n'est pas uni, lisse. *Une surface inégale.* **2.** Irrégulier. *Pouls inégal.* **3.** Qui n'est pas constant. *Humeur inégale.* ■ Dont la qualité n'est pas constamment bonne. *Œuvre inégale.*

inégalable adj. Qui ne peut être égalé. *Une habileté inégalable.* → **incomparable.**

inégalé, ée adj. Qui n'est pas égalé, qui n'a pas de rival.

inégalement adv. D'une manière inégale. *« Ils répartissent inégalement les richesses »* (Condillac).

inégalitaire adj. (d'après *égalitaire*) Qui crée ou est caractérisé par des inégalités sociales (s'oppose à *égalitaire*). *Une société fortement inégalitaire.*

inégalité n. f. (du latin → inégal) **I. 1.** Défaut d'égalité. → **différence, disproportion.** *L'inégalité de deux quantités.* ■ Absence d'égalité (entre les humains). *Les inégalités sociales.* **2.** Expression mathématique dans laquelle on compare deux quantités inégales (ex. $a > b$ [a plus grand que b]). **II.** Défaut d'uniformité, de régularité. → **irrégularité.** *Des inégalités de terrain.* → **accident.** *Inégalité d'humeur.*

inélastique adj. phys. Se dit du choc, de la collision de deux corps lorsqu'il y a diminution de l'énergie cinétique totale.

inélégance n. f. Manque d'élégance.

inélégant, ante adj. (du latin → élégant) **1.** Qui n'est pas élégant. *Démarche inélégante.* **2.** Qui n'est pas très correct. *Un procédé inélégant.* → **indélicat.** □ adv. **inélégamment**

inéligibilité n. f. Fait d'être inéligible.

inéligible adj. (du latin médiéval → éligible) Qui ne peut pas être élu.

inéluctable adj. (du latin, de *eluctari,* de *ex-* « hors de » et *luctari* → lutter) Qu'on ne peut empêcher, éviter. *Conséquences inéluctables.* → **inévitable ; fatal.** *Une nécessité inéluctable.* □ adv. **inéluctablement**

inemployable adj. Qu'on ne peut employer.

inemployé, ée adj. (choses) Qui n'est pas employé. → **inutilisé.** *Des talents inemployés.*

inénarrable adj. (du latin, de *enarrare* → narrer) **1.** vieux Qu'on ne peut raconter ; inexprimable. **2.** mod. Dont on ne peut parler sans rire. → **comique, ineffable, risible.** *« Le duc de Guermantes, inénarrable en pyjama rose »* (Proust).

inentamé, ée adj. littér. Qui n'est pas entamé. → **intact.** *Une détermination inentamée.*

inenvisageable adj. Qu'on ne peut envisager.

inéprouvé, ée adj. **1.** Qui n'a pas encore été mis à l'épreuve. *Une vertu inéprouvée.* **2.** Qui n'a pas encore été éprouvé, ressenti. *Des sentiments inéprouvés.*

inepte adj. (latin *ineptus,* de *in-* et *aptus* → apte ; inapte) **I.** vieux Inapte. *« Quand mon cœur serait moins inepte à l'amour »* (Rousseau). **II.** mod. Tout à fait absurde ou stupide. *Une histoire inepte.*

ineptie n. f. (du latin → inepte) **1.** Caractère de ce qui est inepte. → **bêtise, stupidité.** **2.** Action, parole inepte. → **idiotie.** *Débiter des inepties.*

inépuisable adj. (de *épuiser*) **1.** Qu'on ne peut épuiser. *Source inépuisable. – Bonté inépuisable.* **2.** (personnes) Intarissable. *Il est inépuisable sur ce chapitre.* □ adv. **inépuisablement**

inéquation [inekwasjɔ̃] n. f. math. Inégalité conditionnelle existant entre deux quantités et dépendant de certaines variables (ou inconnues).

inéquitable adj. Qui n'est pas conforme à l'équité. *Une répartition inéquitable.*

inerme adj. (latin *inermis* « sans armes », de *in-* → [2]in- et *arma* → arme) **1.** bot. Qui n'a ni aiguillon ni épines. **2.** zool. Qui n'a pas de crochet. *Ténia inerme.*

inerte adj. (latin *iners, inertis,* de *in-* et *ars, artis* → art) **1.** Qui n'a ni activité ni mouvement propre. *La matière inerte. – Gaz, liquide inerte,* qui ne provoque aucune réaction des corps avec lesquels il est en contact. **2.** Qui ne donne pas signe de vie. *Un corps inerte.* ■ fig. (personnes) Qui reste sans réaction.

inertie n. f. (du latin → inerte) **1.** sc. Propriété qu'ont les corps de ne pouvoir d'eux-mêmes changer l'état de repos ou de mouvement où ils se trouvent. – *Force d'inertie :* résistance que les corps opposent au mouvement ; fig. apathie, volonté de ne rien faire. **2.** physiol. *Inertie d'un muscle,* perte de sa capacité de changer de forme, de se contracter. **3.** cour. Manque absolu d'activité, d'énergie intellectuelle ou morale. → **paresse, passivité.** *Arracher qqn à son inertie.*

inertiel, elle adj. sc. Relatif à l'inertie.

Inés de Castro Héroïne espagnole (v. 1320-1355). Elle fut assassinée sur l'ordre du roi de Portugal Alphonse IV pour avoir secrètement épousé son fils Pierre. Sa vie inspira notamment Camoens, Vélez de Guevara et Henri de Montherlant *(La Reine morte).*

inespéré, ée adj. (évènement) Que l'on n'espérait pas, ou plus. *Une victoire inespérée.* ■ Qui dépasse toute espérance. *Résultats inespérés.* – n. m. *L'inespéré.*

inessentiel, elle adj. didact. Qui n'est pas essentiel.

inesthétique adj. **1.** didact. Sans rapport avec l'esthétique. **2.** (objets, comportements) Sans beauté. → **laid.** *Une construction inesthétique.*

inestimable adj. **1.** didact. Impossible à estimer, à évaluer. **2.** cour. Dont la valeur dépasse toute estimation. *Trésor inestimable. Il m'a rendu un service inestimable.* → **immense.**

inétendu, ue adj. didact. Qui n'a pas d'étendue. *Le point géométrique est inétendu.*

inévitable adj. (du latin → évitable) **1.** Qu'on ne peut pas éviter. → **certain, immanquable, inéluctable.** – n. m. *Se résigner à accepter l'inévitable.* **2.** plais. Qui est toujours présent et qu'il faut toujours supporter. *Son inévitable cortège d'admirateurs.* □ adv. **inévitablement**

inexact, acte [inɛgza(kt), akt] adj. **1.** Qui n'est pas exact. → **[1]faux.** *Un renseignement inexact.* **2.** (personnes) Qui manque de ponctualité.

inexactement adv. D'une manière inexacte (1).

inexactitude n. f. **1.** Manque d'exactitude. *L'inexactitude d'un calcul.* **2.** Erreur. *Récit rempli d'inexactitudes.* **3.** Manque de ponctualité.

inexaucé, ée adj. littér. Qui n'a pas été exaucé. *Des vœux restés inexaucés.*

inexcitable adj. physiol. Qui n'est pas excitable. *Un nerf inexcitable.* □ n. f. **inexcitabilité**

inexcusable adj. (du latin → excusable) (choses, personnes) Qu'il est impossible d'excuser. → **impardonnable.**

inexécutable adj. Qu'on ne peut exécuter.

inexécution n. f. dr. Fait de n'être pas exécuté. *L'inexécution d'un contrat.*

inexercé, ée adj. Qui n'est pas exercé. *Des troupes inexercées.*

inexigible adj. dr. Qui ne peut être exigé. *Une compensation inexigible.* □ n. f. **inexigibilité**

inexistant, ante adj. **1.** littér. Qui n'existe pas. → **irréel.** *Le monde inexistant de la légende.* **2.** Sans valeur, sans efficacité. → **nul.** *L'aide qu'il m'apporte est inexistante.*

inexistence n. f. **1.** littér. Fait de ne pas exister. **2.** dr. Défaut d'existence d'un acte juridique.

inexorable adj. (du latin, de *exorare,* de *orare* « prier » → oraison) littér. **1.** Qu'on ne peut fléchir par des prières ; sans pitié. → **impitoyable, inflexible.** *« Ce cœur inexorable et dur comme un rocher »* (Leconte de Lisle). **2.** À quoi l'on ne peut se soustraire. → **implacable.** *Une fatalité inexorable.* □ n. f. **inexorabilité**

inexorablement adv. littér. D'une manière inévitable, fatale. *Elle va inexorablement à la catastrophe.*

inexpérience n. f. Manque d'expérience.

inexpérimenté, ée adj. Qui n'a pas d'expérience. → **novice.** *Un alpiniste inexpérimenté.*

inexpert, erte adj. littér. Qui n'est pas expert, qui manque d'habileté. → **inexpérimenté.**

inexpiable adj. (du latin, de *expiare* → expier) littér. **1.** Qui ne peut être expié. *Crime inexpiable.* **2.** Que rien ne peut apaiser, faire cesser. → **implacable.** *Une lutte inexpiable.*

inexplicable adj. (du latin → explicable) Qu'il est impossible ou très difficile d'expliquer, de s'expliquer. → **incompréhensible.** *Un accident inexplicable.* □ adv. **inexplicablement**

inexpliqué, ée adj. Qui n'a pas reçu d'explication. *Cet accident reste inexpliqué.* → **mystérieux.**

inexploitable adj. Qu'on ne peut exploiter. – *Des données inexploitables.* → **inutilisable.**

inexploité, ée adj. Qui n'est pas exploité. *Ressources inexploitées.*

inexploré, ée adj. Qui n'a pas été exploré. *Régions inexplorées.* → **inconnu.**

inexpressif, ive adj. 1. Qui n'est pas expressif. *Un style inexpressif.* 2. Qui manque d'expression. *Un regard inexpressif.*

inexprimable adj. Qu'il est impossible d'exprimer. → **indescriptible, indicible, ineffable.** *Un plaisir inexprimable.*

inexprimé, ée adj. Qui n'est pas exprimé. *Regrets inexprimés.*

inexpugnable [inɛkspygnabl ; inɛkspyɲabl] adj. (du latin, de *pugnare* « combattre », de *pugnus* → poing) littér. Qu'on ne peut prendre d'assaut. *Une forteresse inexpugnable.*

inextensible adj. Qui n'est pas extensible. *Tissu inextensible.*

in extenso [inɛkstɛ̃so] loc. adv. (du latin, de *extensum* « intégralité », de *extendere* → extension) littér. Dans toute son étendue, toute sa longueur (d'un texte). *Publier un discours in extenso.* → **intégralement.** – adj. invar. *Le compte rendu in extenso d'un débat.*

inextinguible adj. (du bas latin, de *exstinguere* → éteindre) 1. littér. Qu'il est impossible d'éteindre. 2. Qui ne peut être satisfait, comblé. *Une soif inextinguible.* – *Rire inextinguible,* qu'on ne peut arrêter.

in extremis [inɛkstʀemis] loc. adv. et loc. adj. invar. (mots latins, de *extrema* « les choses dernières, la mort » → extrême) 1. À l'article de la mort, à la dernière extrémité*. 2. Au tout dernier moment. *Il s'est rattrapé in extremis.* - var. RO **in extrémis.**

inextricable adj. (du latin, de *extricare,* de *ex-* et *tricae* « mauvaises herbes », « embarras ») 1. Qu'on ne peut démêler. *Un fouillis inextricable.* ■ fig. *Une affaire inextricable,* très embrouillée. 2. Dont on ne peut sortir. *Un labyrinthe inextricable de ruelles.* □ adv. **inextricablement**

infaillibilité n. f. 1. Caractère de ce qui ne peut manquer de réussir. *L'infaillibilité d'un procédé.* 2. Caractère d'une personne infaillible. *Le dogme de l'infaillibilité pontificale* (proclamé en 1870), selon lequel le pape est infaillible quand il parle ex cathedra pour définir la doctrine de l'Église.

infaillible adj. (du latin, de *fallere* → faillir) 1. vieux Qui ne peut manquer de se produire ; inévitable. 2. Qui ne peut manquer de réussir. *Un moyen infaillible.* 3. (personnes) Qui ne peut pas se tromper, qui n'est pas sujet à l'erreur. *Personne n'est infaillible.* – (choses) *Un instinct infaillible.* → **sûr.**

infailliblement adv. D'une manière certaine, inévitable. → **immanquablement.**

infaisable [ɛ̃fəzabl] adj. Qui ne peut être fait. → **impossible.** *Un travail infaisable.* → **irréalisable.**

infalsifiable adj. Qui ne peut être falsifié.

infamant, ante adj. (de l'ancien français *infamer,* latin *infamare* → infâme) littér. Qui entache l'honneur, la réputation. → **avilissant, déshonorant.** *Une accusation infamante.* – dr. *Peine infamante,* qui atteint le condamné dans sa considération et sa capacité juridique (opposé à *afflictive*).

infâme adj. (latin *infamis* « sans réputation », de *in-* et *fama* → famé) *infâme* est le seul mot de cette famille à avoir un accent circonflexe 1. littér. Infamant. *Un infâme trafic.* → **dégradant, honteux.** 2. Détestable, odieux. *Une infâme canaille.* → **ignoble, vil.** – n. m. *L'infâme* (selon Voltaire) : la superstition et l'intolérance. 3. Répugnant. *Un infâme taudis.* → **infect.** *Une infâme saloperie.*

infamie n. f. (latin *infamia* → infâme) 1. vieux Flétrissure sociale ou légale faite à la réputation de qqn. → **déshonneur.** « *N'ai-je donc tant vécu que pour cette infamie ?* » (Corneille). 2. vieux Caractère d'une personne infâme. → **abjection, bassesse.** 3. littér. Action, parole infâme.

infant, ante n. (espagnol *infante,* latin *infans* → enfant) Titre donné aux enfants des rois d'Espagne et du Portugal qui n'étaient pas les aînés.

infanterie n. f. (de l'italien, de *infante* « soldat [trop jeune pour être cavalier] », du latin *infans* → enfant) 1. anciennt Ensemble des soldats qui allaient et combattaient à pied. 2. Corps de l'armée chargé de la conquête et de l'occupation du terrain (→ **fantassin**). *Régiment d'infanterie. L'infanterie de marine.*

infanticide (latin *infanticidium,* de *infans* → enfant et *caedere* « tuer » → -cide) I. n. m. Meurtre d'un enfant (spécialt d'un nouveau-né). II. (latin *infanticida*) adj. Qui tue volontairement un enfant (spécialt un nouveau-né). *Une mère infanticide.* – n. *Un, une infanticide.*

infantile adj. (latin *infantiles,* de *infans* → enfant) 1. méd. Relatif à la première enfance. *Maladies infantiles.* 2. cour., péj. (pour un adulte) Caractérisé par des insuffisances intellectuelles et affectives (qu'on rapporte à une image conventionnelle de l'enfance) (s'oppose à *adulte*). *Une réaction infantile.* → **enfantin, puéril.**

infantiliser v. tr. < 1 > Rendre infantile (2), donner à (qqn) un comportement, une mentalité infantiles. □ n. f. **infantilisation**

infantilisme n. m. 1. didact. État d'un adulte qui présente des caractères physiques ou psychiques propres à l'enfant. 2. Caractère, comportement puéril, infantile (2).

infarctus [ɛ̃faʀktys] n. m. (du latin sc. moderne [Laennec], altération du latin *infartus,* de *infarcire* « bourrer » → farcir) méd. Altération d'un tissu, d'un organe par obstruction de l'artère qui assure son irrigation. *Infarctus (du myocarde)* : lésion du cœur.

infatigable adj. (du latin, de *fatigare* → fatiguer) Qui ne peut se fatiguer, qui ne se fatigue pas facilement. *Une travailleuse infatigable. Un esprit infatigable.*

infatigablement adv. Sans se fatiguer, sans se lasser. → **inlassablement.**

infatuation n. f. littér. Satisfaction de soi, d'une personne infatuée. → **fatuité, suffisance, vanité.** « *Je tiens l'infatuation pour fatale au développement de l'esprit* » (Gide).

infatuer v. tr. < 1 > (latin *infatuare,* de *fatuus* « fade », puis « insensé » → fade, fat) littér. Inspirer à (qqn) un engouement excessif. – pronom. *S'infatuer de qqch.* ; spécialt, *de ses qualités, de soi.* ■ **infatué, ée** p. p. Trop pénétré de ses mérites ; content de soi. → **fat, prétentieux, vaniteux.** – *Être infatué de soi-même, de ses mérites.*

infécond, onde adj. (latin *infecundus* → fécond) didact. ou littér. 1. Qui n'est pas fécond. → **stérile.** 2. Qui ne produit rien. *Une terre inféconde.* → **infertile.** – fig. *Un esprit infécond.*

infécondité n. f. (du latin → infécond) Caractère de ce qui n'est pas fécond. ■ didact. ou littér. État d'une femelle, d'une femme inféconde.

infect, ecte [ɛ̃fɛkt] adj. (latin *infectus,* de *inficere* « imprégner, teindre », de *in-* et *facere* → [1]faire) 1. (odeur, goût...) Particulièrement répugnant. 2. Très mauvais dans son genre. *Repas ; temps infect.* 3. Moralement ignoble. → **infâme.** « *Tu es un sale type. Un type infect* » (Cocteau).

infecter v. tr. < 1 > (de *infect*) I. vieux Imprégner (l'air) d'émanations malsaines, puantes. → **empuantir, polluer.** II. 1. Communiquer, transmettre (à l'organisme) des germes pathogènes. – pronom. *La plaie s'est infectée.* □ adj. **infectant, ante** 2. (virus informatique) Se propager et provoquer des dégâts dans. – au p. p. *Un ordinateur infecté.*

infectieux, euse [ɛ̃fɛksjø, øz] adj. (de *infection,* II) Qui communique l'infection. *Germes infectieux.* ■ Qui s'accompagne d'infection. *Maladies infectieuses.* → **bactérien, viral.**

infectiologie [ɛ̃fɛksjɔlɔʒi] n. f. Discipline médicale qui traite des maladies infectieuses.

infection [ɛ̃fɛksjɔ̃] n. f. (du latin, de *inficere* → infect) I. 1. vieux Grande puanteur. 2. Chose qui suscite le dégoût. ■ fam. Chose mauvaise. → **saleté, saloperie.** II. Pénétration dans l'organisme de germes pathogènes. ■ Maladie infectieuse. *Infection intestinale. Infection par septicémie.*

inféoder v. tr. < 1 > (de l'ancien français *enfeuder,* latin *infeudare,* de *feudum* → fief, et latin médiéval *infeodatus* → féodal) 1. au Moyen Âge Donner (une terre) en fief. 2. Soumettre (à une autorité absolue). *Inféoder un journal à un groupe financier.* – pronom. *S'inféoder à un parti.* □ n. f. **inféodation**

infère adj. (latin *inferus*) bot. *Ovaire infère,* situé au-dessous du point d'insertion des autres parties de la fleur (opposé à *supère*).

inférence n. f. (du latin médiéval, de *inferre* → inférer) log. Opération logique par laquelle on admet une proposition en vertu de sa liaison avec d'autres propositions déjà tenues pour vraies. → **induction.**

inférer v. tr. < 6 > (latin *inferre,* de *ferre* « porter ») littér. Établir par inférence. → **conclure, induire.**

inférieur, eure adj. (latin *inferior,* compar. de *inferus* « qui est au-dessous » → enfer) I. concret 1. Qui est au-dessous, plus bas, en bas (opposé à *supérieur*). *Les étages inférieurs d'un immeuble. La mâchoire, la lèvre inférieure.* 2. Qui est plus bas, plus près du niveau de la mer. *Le cours inférieur d'un fleuve.* II. abstrait 1. Qui a une valeur moins grande ; qui occupe une place au-dessous, dans une classification, une hiérarchie. *Note inférieure à la moyenne. Il lui est très inférieur. Produit de qualité inférieure.* 2. Plus petit que. *Nombre inférieur à 10* (<10), *inférieur ou égal à 10* (≤10). 3. Moins avancé, peu avancé dans l'évolution. *Les animaux inférieurs.* 4. n. Personne qui occupe une position sociale inférieure (par rapport à une autre). → **subalterne, subordonné.** □ adv. **inférieurement**

inférioriser v. tr. < 1 > (du latin *inferior* → inférieur) 1. Donner à (qqn) un sentiment d'infériorité. – passif *Être infériorisé par un handicap.* 2. Sous-estimer la valeur de (qqn, qqch.). → **rabaisser.** □ n. f. **infériorisation**

infériorité n. f. (d'abord *inférieurité* ; d'après le latin *inferior* → inférieur) État de ce qui est inférieur (en rang, force, valeur, mérite). *L'infériorité numérique de nos troupes.* ■ *Sentiment d'infériorité* : impression pénible d'être inférieur (à la normale, aux autres, à un idéal désiré). → **complexe.**

infermentescible adj. didact. Qui n'est pas susceptible de fermentation.

infernal, ale, aux adj. (du bas latin, de *infernus* → enfer) 1. littér. Qui appartient aux enfers, à l'enfer. *Les puissances infernales.* 2. Qui évoque l'enfer, le mal. *Une cruauté infernale.* → **diabolique.** 3. Difficilement supportable, terrible. *Une chaleur infernale.* → **d'enfer.** ■ (personnes) → **insupportable.** *Ces gamins sont infernaux !* □ adv. **infernalement**

inférovarié, ée adj. (de *infère* et d'un dérivé de *ovaire*) bot. (fleur) Dont l'ovaire est infère (opposé à *superovarié*).

infertile adj. (du bas latin → fertile) littér. Qui n'est pas fertile. → **aride, stérile.** *Sol infertile.* – *Couple infertile,* qui ne peut pas avoir d'enfant.

infertilité n. f. littér. État d'une personne, d'une terre infertile. → **stérilité.** *Infertilité masculine.*

infestation n. f. (latin *infestatio* « attaque » → infester) Pénétration et fixation dans l'organisme d'un parasite microbien.

infester v. tr. < 1 > (du latin, de *infestus* « hostile ») **1.** vieux Ravager, rendre peu sûr (un pays) par des attaques incessantes. *Les pirates infestaient les côtes.* **2.** (animaux ou plantes nuisibles) Envahir. *Les rats qui infestent la cave.* – au p. p. *Mer infestée de requins.*

infeutrable adj. Qui ne se feutre pas. *Laine infeutrable.*

infibulation n. f. (du latin, de *fibula* → fibule) Mutilation sexuelle féminine par laquelle on empêche les relations sexuelles en suturant ou en passant un anneau à travers les petites lèvres de la vulve. *Excision et infibulation.*

infichu, ue adj. fam. Incapable de. → **infoutu.** *Elle est infichue de se débrouiller toute seule.*

infidèle adj. **I.** hist. Qui ne professe pas la religion considérée comme vraie. → **païen.** – n. *Croisade contre les infidèles.* **II. 1.** Qui est changeant dans ses sentiments, notamment en amour. → **inconstant, volage.** « *Trop bête pour être inconstant, / Et trop laid pour être infidèle* » (Musset). *Une femme infidèle.* – n. littér. ou plais. *Une belle infidèle.* **2.** Qui ne respecte pas (qqch. qui engage). *Être infidèle à sa parole.* **3.** Qui manque à la vérité, à l'exactitude. *Une traduction infidèle.* – loc. fig. *Les « belles infidèles »* (Ménage) : les traductions élégantes mais approximatives. ■ *Une mémoire infidèle.* → **défaillant, incertain.** □ adv. **infidèlement**

infidélité n. f. (du latin → infidèle) **1.** Manque de fidélité (dans les sentiments, en amour) ; acte qui en résulte. → **inconstance, trahison.** *Faire des infidélités à sa femme.* – plais. *Faire des infidélités à son fournisseur habituel.* **2.** rare Manque de fidélité (à une obligation). *Infidélité à la parole donnée.* **3.** Manque d'exactitude. *L'infidélité de la mémoire.*

infiltrat n. m. méd. Amas de cellules accumulées dans un organe. *Infiltrat pulmonaire.* – Liquide, gaz d'infiltration.

infiltration n. f. (de *infiltrer*) **1.** Fait de s'infiltrer. *L'infiltration de l'eau dans la terre.* – Pénétration accidentelle d'eau. *Il y a des infiltrations dans le mur.* **2.** Envahissement du tissu cellulaire par un liquide, par des gaz. → **épanchement.** *Infiltration graisseuse.* → **adiposité. 3.** méd. Injection d'un médicament qui se répandra lentement dans une région du corps. **4.** Pénétration de personnes étrangères dans un pays, un milieu.

infiltrer v. tr. < 1 > (du latin, de *filtrum* → filtre) **1.** (liquide...) Pénétrer peu à peu (un corps). → **traverser.** ■ Faire entrer (un liquide) dans un corps. **2.** Introduire des éléments dans (un groupe) afin d'obtenir des renseignements. *Infiltrer un réseau de terroristes.* → **noyauter.** ■ **s'infiltrer** v. pron. **1.** *L'eau s'infiltre dans certains terrains.* **2.** → **se glisser, s'introduire.** « *Ils s'infiltrent entre nos lignes* » (Mac Orlan).

infime adj. (latin *infimus*, superlatif de *inferus* → inférieur ; enfer) **1.** Situé au plus bas (d'une série, d'une hiérarchie). **2.** Tout petit, qui ne compte pas. → **minime, minuscule.** *Quantité infime. En nombre infime. – Des détails infimes.* □ **infimité** n. f. didact.

in fine [infine] loc. adv. (loc. latine « à la fin ») didact. (dans une référence) À la fin (de la page, du chapitre...).

infini, ie (latin *infinitus*, de *in-* et *finitus*, p. p. de *finire* → finir) **I.** adj. **1.** En quoi on ne peut observer ni concevoir aucune limite. *L'univers est-il infini ?* – (dans le temps) Qui n'a pas de fin, de terme. → **éternel. 2.** Très considérable (par la grandeur, la durée, le nombre, l'intensité). → **illimité, immense.** *Une patience infinie*, sans bornes. **II.** n. m. **1.** Ce qui est infini, plus grand que tout ce qui a une limite. *L'infini mathématique* (signe ∞). *Les « deux infinis », selon Pascal* : l'infiniment grand et l'infiniment petit. ■ photogr. Zone éloignée où les objets donnent une image nette dans le plan focal. *Régler l'objectif sur l'infini.* **2.** Ce qui semble infini. *L'infini de l'océan.* **3.** *À l'infini* loc. adv. : sans qu'il y ait de borne, de fin (perceptible ou imaginable). *Droite prolongée à l'infini.* – Indéfiniment. *On peut discuter là-dessus à l'infini.*

On distingue plusieurs « types » d'**infini** (II, 1). L'**infini potentiel**, dont l'élaboration remonte à la Grèce antique, se définit négativement comme « ce qui n'a pas de bornes », ce vers quoi on tend, sans jamais l'atteindre.
L'**infini actuel** est un concept essentiellement mathématique qui pose comme existants des objets infiniment étendus ou ayant une infinité d'éléments. Les peintres italiens du Quattrocento, par l'invention de la perspective et la notion de point de fuite, ont, sans en avoir eu conscience, permis de « représenter » l'infini, et ont ainsi participé à la genèse du concept d'infini actuel. Il existe plusieurs ordres d'infinis mathématiques. L'infini de l'ensemble des entiers naturels (0, 1, 2, 3, etc.) est le même que celui de l'ensemble des entiers relatifs (... –3, –2, –1, 0, 1, 2, 3, etc.). On dit qu'ils ont même « puissance », appelée « puissance du dénombrable ». En revanche, G. Cantor a démontré en 1891 que l'infini de l'ensemble des nombres réels (qui comprend tous les nombres fractionnaires, plus les nombres irrationnels comme $\sqrt{2}$ ou π) est d'une puissance supérieure, dite « puissance du continu ».
La question de savoir s'il existe une puissance intermédiaire entre celle du dénombrable et celle du continu est ouverte et a été démontrée indécidable dans la théorie des ensembles usuelle : en utilisant ses axiomes, on ne peut prouver ni qu'elle est vraie, ni qu'elle est fausse. Toutefois, des travaux récents du mathématicien Hugh Woodin indiquent que l'utilisation de systèmes mathématiques plus puissants devraient permettre de démontrer l'existence d'infinis intermédiaires entre le dénombrable et le continu.
voir aussi **calcul, complexité, [1]théorie**

infiniment adv. **1.** D'une manière infinie. *Infiniment grand*, plus grand que toute quantité donnée. *Nombres infiniment petits ; les infiniment petits* (→ **infinitésimal**). **2.** Beaucoup, énormément. *Je regrette infiniment.* – (avec un adj., un compar.) *Je vous suis infiniment reconnaissant. C'est infiniment mieux.* – *Merci infiniment.*

infinité n. f. (du latin → infini) **1.** didact. Quantité infinie, nombre infini. *Une infinité de points dans un plan.* → **infini. 2.** Très grande quantité. *Une infinité de gens.* → **multitude.**

infinitésimal, ale, aux adj. (du latin mod. *infinitesimus* [Leibniz], de *infinitus* → infini) **1.** math. Relatif aux quantités infiniment petites. *Calcul infinitésimal*, fondé sur l'étude des infiniment petits et des limites, et comprenant le calcul différentiel et le calcul intégral. **2.** cour. Extrêmement petit. → **infime.** *Une dose infinitésimale.*

infinitif, ive (du latin médiéval, de *infinitus* → infini) **I.** n. m. Forme nominale du verbe (mode impersonnel) exprimant l'idée de l'action ou de l'état d'une façon abstraite et indéterminée. *Verbe à l'infinitif.* **II.** adj. *Proposition infinitive*, dont le verbe est à l'infinitif.

infinitude n. f. (de *infini*, d'après *finitude*) didact. Caractère infini.

infirmatif, ive adj. dr. Qui infirme, rend nul.

infirmation n. f. **1.** dr. Annulation d'une décision de justice par le juge d'appel. **2.** didact. Action d'infirmer (une assertion, un texte...). *Infirmation d'une hypothèse.*

infirme adj. (latin *infirmus* « faible » de *firmus* → [1]ferme) **I.** vieux Faible, impotent. ■ *Esprit, intelligence infirme.* **II.** Atteint d'infirmités (II). → **handicapé.** – n. *Un, une infirme.*

infirmer v. tr. < 1 > (du latin, de *infirmus* « faible » → infirme) **1.** Affaiblir (qqch.) dans son autorité, sa force, son crédit. *L'expertise a infirmé ce témoignage.* **2.** dr. Annuler ou réformer (un jugement).

infirmerie n. f. (ancien français *enfermerie*, de *enfermer*, d'après *infirme*) Local destiné à recevoir et soigner les malades, les blessés, dans une communauté. *L'infirmerie d'une école, d'une entreprise.*

infirmier, ière n. (de l'ancien français *enferm* « malade », d'après *infirme* → infirmerie) Personne qui, par profession, soigne des malades et s'en occupe, sous la direction des médecins. – adjectivt *Personnel infirmier d'un hôpital.*

infirmité n. f. (du latin → infirme) **I.** littér. Faiblesse. « *Les infirmités de l'âme et du corps* » (Chateaubriand). **II. 1.** vieux Maladie, indisposition. **2.** Altération d'une fonction de l'organisme. → **déficience.**

infixe n. m. (latin *infixus* « inséré ») ling. Élément qui s'insère à l'intérieur d'un mot, afin d'en modifier le sens.

inflammable adj. (du latin, de *inflammare* → enflammer) Qui a la propriété de s'enflammer facilement. *Matières inflammables.* □ n. f. **inflammabilité**

inflammation n. f. (du latin → enflammer) **I.** vieux Fait de s'enflammer. → **incendie. II.** Ensemble des réactions qui se produisent au point de l'organisme irrité par un agent pathogène. → **-ite.** *Inflammation des amygdales.*

inflammatoire adj. (de *inflammation*, II) Caractérisé par une inflammation. *Maladie inflammatoire.*

inflation n. f. (de l'anglais ; latin *inflatio* « gonflement », de *inflare* → enfler) **1.** Accroissement excessif des instruments de paiement (billets de banque, capitaux) entraînant une hausse des prix et une dépréciation de la monnaie (s'oppose à *déflation*). **2.** par ext. Augmentation, extension excessive (d'un phénomène).

Selon Milton Friedman, « l'**inflation** est toujours et partout un phénomène monétaire ». Cette phrase célèbre exprime l'idée que l'inflation révèle une rareté relative croissante des marchandises par rapport à la monnaie. Toutefois, les théories explicatives de l'inflation divergent sur la signification de cette causalité. Pour les monétaristes, l'excès de création monétaire est à l'origine de la hausse des prix. Pour les keynésiens, l'inflation résulte d'une demande globale supérieure à l'offre globale (du fait d'une modification de la vitesse de circulation de la monnaie, d'un déficit budgétaire...). L'inflation mal anticipée est porteuse d'incertitude et a pour effet de redistribuer la richesse (des épargnants vers les investisseurs par le canal des taux d'intérêt réels ; entre consommateurs via le budget des administrations publiques). Même anticipée, l'inflation pose des problèmes de compétitivité commerciale et de crédibilité pour une économie nationale ouverte. Dans les années 1980, la mondialisation a poussé les responsables monétaires à accorder une priorité à la lutte contre l'inflation (politiques de désinflation compétitive). Une inflation annuelle comprise entre 0 et 4 % est censée assurer un environnement propice à la croissance, notamment par la stabilité et la faiblesse des taux d'intérêt.
voir aussi **intérêt, mondialisation, monnaie**

inflationniste adj. Qui tend à l'inflation. *Le danger inflationniste.*

infléchir v. tr. < 2 > (de *in-* et *fléchir*, d'après *inflexion*) **1.** Fléchir de manière à former une courbe. → **courber.** – pronom. *La tringle s'est infléchie sous le poids.* **2.** fig. Modifier la direction, l'orientation de. *Infléchir la politique du gouvernement.* ■ **infléchi, ie** adj. *Arc infléchi* (archit.).

infléchissement n. m. **1.** Fait de s'infléchir. **2.** Modification légère, atténuation (d'un phénomène, d'une situation).

inflexibilité n. f. Fait de ne pas céder. *L'inflexibilité d'un caractère.* → **rigidité.**

inflexible adj. (du latin → flexible) Que rien ne peut fléchir ni émouvoir ; qui résiste à toutes les influences. → **[1]ferme, intransigeant.** *Rester inflexible.* → **inébranlable.** – *Une volonté inflexible.* □ adv. **inflexiblement**

inflexion n. f. (latin *inflexio*, de *inflectere*, de *flectere* « courber, fléchir ») **1.** Mouvement par lequel une chose s'infléchit. → **courbure, flexion.** *L'inflexion des rayons lumineux. Saluer d'une inflexion de la tête.* → **inclination. 2.** Changement subit d'accent ou de ton dans la voix. *« Sa voix, maintenant, prenait des inflexions plus molles »* (Flaubert). – phonét. Changement de timbre des voyelles.

infliger v. tr. < 3 > (du latin, de *in-* et *fligere* « frapper » → **affliger**) **1.** Appliquer (une peine matérielle ou morale). *On lui a infligé une amende.* **2.** Faire subir (qqch. à qqn). *Infliger un affront, un démenti à qqn. – Elle nous a infligé sa présence. – S'infliger des sacrifices.* → **1imposer.**

inflorescence n. f. (du latin *inflorescere* « se couvrir de fleurs », famille de *fleur*) Mode de groupement des fleurs d'une plante (ex. en grappes, en ombelles...). ■ Groupe de fleurs ainsi formé (souvent appelé *fleur*). *Les inflorescences des hortensias.*

influençable adj. (personnes) Qui se laisse influencer. *Un caractère influençable.*

influence n. f. (du latin médiéval, de *influere* « couler dans » → **influer**) **1.** vieux Fluide provenant des astres et agissant sur la destinée humaine. – mod., par ext. *Influences magiques, occultes.* **2.** Action exercée sur (qqn ou qqch.). → **effet.** *L'influence de l'éducation sur la personnalité.* **3.** (personnes) Action volontaire ou non (sur qqn). → **2ascendant, empire, emprise, 2pouvoir.** *Elle a une mauvaise influence sur lui.* **4.** Pouvoir social (d'une personne qui amène les autres à se ranger à son avis). → **autorité, crédit.** *Avoir beaucoup d'influence. User de son influence en faveur de qqn. – Trafic d'influence.* **5.** Action morale, intellectuelle. *On sent dans ce tableau l'influence de Miró.* **6.** Autorité politique (d'un État). *L'influence des États-Unis en Amérique du Sud.*

influencer v. tr. < 3 > **1.** (personnes) Soumettre à son influence (3). *Influencer l'opinion. Je ne veux pas vous influencer, influencer votre choix. Se laisser influencer.* **2.** (choses) Agir sur.

influenceur, euse n. Personne qui influence l'opinion, la consommation par son audience sur les réseaux sociaux.

influent, ente adj. (de *influence*) Qui a de l'influence (4), du prestige. → **important.** *Un personnage influent. – Un journal très influent.*

influenza [ɛ̃flyɑ̃za ; ɛ̃flyɛnza] n. f. (de l'italien « écoulement de fluide, épidémie ») vieux Grippe.

influer v. intr. < 1 > (du latin, de *in* et *fluere* → **flux**, d'abord astrologie) *Influer sur* : exercer sur une personne ou une chose une action de nature à la modifier. *Le temps qu'il fait influe sur notre humeur.* → **influencer.**

influx [ɛ̃fly] n. m. (du latin *influxus*, de *influere* → **influer ; flux**) **1.** Fluide (hypothétique) transmettant une force. **2.** *Influx nerveux* : phénomène par lequel on explique la propagation des effets de l'excitation dans les nerfs.

info n. f. fam. Information. *Les infos télévisées.*

infobésité n. f. (mot-valise, de *information* et *obésité*) didact. Excès d'information propre à l'ère du numérique.

infogérance n. f. (de *info[rmatique]* et *gérance*) Gestion de tâches informatiques confiées par une entreprise à un prestataire extérieur.

infographie n. f. (n. déposé ; de *info[rmatique]* et *-graphie*) Ensemble de techniques informatiques liées à la création et au traitement d'images numériques. – Image ainsi créée.

infolettre n. f. (Canada) Lettre d'information électronique. → anglic. **newsletter.**

in-folio [infɔljo] adj. invar. (du latin, ablatif de *folium* → **feuille**) (format) Dont la feuille d'impression est pliée en deux, formant quatre pages. *Des gros dictionnaires in-folio.* – n. m. Livre de ce grand format. *Des in-folios.*

infondé, ée adj. Sans fondement. *Critiques infondées.*

infonuagique n. f. et adj. inform. (Canada) Ensemble des services informatiques accessibles à distance par le réseau Internet. → anglic. **cloud.** *Un fournisseur d'infonuagique.* – adj. *Services infonuagiques.*

informateur, trice n. (de *informer*) Personne qui donne des informations. – spécialt Personne qui informe la police sans en faire partie. *Disposer d'informateurs dans tous les milieux.* → **espion, indicateur, mouchard.**

informaticien, ienne n. Spécialiste en informatique. – appos. *Ingénieur informaticien.*

informatif, ive adj. Qui apporte de l'information. *Réunion informative.*

information n. f. (latin *informatio* → **informer**) **I.** dr. Enquête pour établir la preuve d'une infraction, pour en découvrir les auteurs. *Ouvrir une information contre X.* **II. 1.** Renseignement (sur qqn, sur qqch.). *Des informations confidentielles.* **2.** Action de s'informer. *Une réunion d'information.* **3.** Renseignement ou évènement qu'on porte à la connaissance d'une personne, d'un public. *Une information exclusive* (→ anglic. **scoop**). *Les informations politiques, sportives.* → **1nouvelle.** *Bulletin d'informations.* → fam. **info.** ■ *L'information* : action d'informer le public, l'opinion (par les médias). *Journal d'information.* **III.** (anglais *information*) sc. Ce qui peut être transmis par un signal ou une combinaison de signaux (message) selon un code* commun et par un canal ; ce qui est transmis (objet de connaissance, de mémoire). *Traitement informatique de l'information.*

informationnel, elle adj. didact. Qui concerne l'information (III).

informatique n. f. (de *information*, d'après *mathématique, électronique*) Théorie et traitement de l'information (III) à l'aide de programmes mis en œuvre sur ordinateurs. *Informatique et intelligence* artificielle ; informatique et multimédia. Informatique bancaire, de gestion.* ■ adj. *Fichier informatique. L'industrie informatique.*

▶ Le terme **informatique** fut créé en 1962 à partir des mots *information* et *automatique*. Il est le plus souvent associé aux ordinateurs, nés dans les années 1940. Mais il regroupe en réalité les techniques en rapport avec le traitement de l'information et constitue une science formelle, issue des travaux fondateurs de Türing, Gödel, Herbrand et Kleene dans les années 1930, dont le sujet d'étude est le calcul, sa nature et son optimisation.
Les ordinateurs fonctionnent grâce à un système binaire énoncé par George Boole au XIXe siècle dans *Les Lois de la pensée*, proposant de coder une information sous la forme de combinaisons de deux états : vrai/faux, oui/non, 0/1. Ce système est particulièrement adapté aux machines, pour lesquelles les deux états sont facilement concrétisés par un interrupteur ouvert ou fermé, un microcourant électrique nul ou non, etc.
Grâce à des logiciels de traitement élaborés, des données de natures diverses (son, texte, image...) peuvent ainsi être assimilées à une suite de 0 et de 1. Chaque unité d'information est un *bit* ; un groupe de 8 *bits* forme un *octet*. L'information est stockée sur des supports concrets (disque dur par exemple) ou non (*mémoire vive* RAM).
Les *logiciels* permettent le traitement et l'organisation de l'information : ce sont des outils immatériels, créés grâce à des langages de programmation qui utilisent des algorithmes. Un système d'exploitation *(Windows, Mac OS, Linux...)* permet de faire le lien entre la partie matérielle de l'ordinateur et les logiciels qui y sont installés.
Les années 1975-1980 ont vu l'explosion de la micro-informatique, avec la fondation de Microsoft par Bill Gates et d'Apple par Steve Jobs. Ces deux sociétés ont contribué à rendre l'informatique accessible au grand public, faisant du micro-ordinateur personnel un élément aujourd'hui central de la vie quotidienne à travers le monde.
La commercialisation des systèmes d'exploitation et des logiciels constitue un enjeu financier majeur pour les grandes sociétés informatiques. Contre l'appropriation mercantile de ces outils, le mouvement du *logiciel libre* milite pour un accès ouvert, partagé et collaboratif aux ressources d'exploitation des ordinateurs.
voir aussi **Internet, ordinateur, semi-conducteur, Web**

informatiquement adv. Par des moyens informatiques.

informatisation n. f. Action d'informatiser. *L'informatisation de la documentation d'une entreprise.*

informatiser v. tr. < 1 > (de *informatique*) Traiter (un problème), organiser par les méthodes de l'informatique. *Informatiser la gestion des stocks.* – au p. p. *Un secteur informatisé.* ▫ adj. **informatisable**

informe adj. (latin *informis*, de *forma* → **forme**) **1.** Qui n'a pas de forme propre, définissable. *« L'eau informe et multiforme »* (Baudelaire). **2.** Dont la forme n'est pas achevée. → **grossier.** *Un brouillon informe.* ■ Laid, disgracieux. *Une robe informe.*

informé, ée **1.** adj. Qui sait ce qu'il faut savoir. *Un public informé.* → **averti, documenté, renseigné.** *Journal bien informé,* dont les informations sont sérieuses. **2.** n. m. loc. *Jusqu'à plus ample informé* : avant d'en savoir plus sur l'affaire.

informel, elle adj. (de *formel*, ou de *forme*) **I.** arts Qui ne représente et ne produit pas de formes classables. *Peinture abstraite informelle. – Un peintre informel.* **II.** (anglais *informal* « officieux ; sans façons ») anglic. Qui n'est pas organisé de manière officielle. *Une réunion informelle,* sans ordre du jour.

informer v. tr. < 1 > (latin *informare* « façonner », de *forma* → **forme**) **I. 1.** v. tr. philos., didact. Donner une forme, une structure à. **2.** v. tr. ind. dr. Faire une instruction en matière criminelle. *Informer d'un fait, sur un fait.* → **information** (I). **II.** cour. Transmettre des connaissances, des renseignements (→ **information**) à (qqn). → **avertir, 2aviser, instruire, renseigner ;** → **mettre au courant.** *Informer qqn de son arrivée. Il m'a informé qu'il refusait.* ■ **s'informer** v. pron. S'enquérir en vue de se mettre au courant. *S'informer de la santé de qqn.* – absolt Recueillir des informations. *S'informer avant d'agir.*

informulé, ée adj. Qui n'est pas formulé. → **inexprimé.** *Souhait informulé.*

infortune n. f. (latin *infortunium*, de *fortuna* → **fortune**) littér. Malheur. *Pour comble d'infortune.* → **malchance.** – *Compagnon d'infortune* : personne qui supporte les mêmes malheurs.

infortuné, ée adj. littér. Qui est dans l'infortune. → **malheureux.** *Les infortunées victimes.*

infothèque n. f. (de *info[rmatique]* et *-thèque*) Centre de documentation multimédia.

infoutu, ue adj. fam. Incapable de. → **infichu.** *Elle a été infoutue de nous aider.*

infox n. f. (mot-valise, de *information* et *intoxication*) Information mensongère ou délibérément biaisée, contribuant à la désinformation. - recomm. offic. pour remplacer l'anglic. **fake news.**

infra adv. (du latin « au-dessous » → **infra-** ; famille de *inférieur*) Sert à renvoyer à un passage qui se trouve plus loin dans un texte. → **ci-dessous.** *Voir infra, page tant.*

infra- Élément (du latin *infra* → **infra**) qui signifie « inférieur », « en dessous » (ex. *infrarouge, infrason, infrastructure*).

infraction n. f. (latin *infractio*, de *infringere* → **enfreindre**) **1.** Violation (d'un engagement, d'une règle ou loi). *Aucune infraction ne sera tolérée. Infraction au règlement, à la discipline.* **2.** dr. Violation d'une loi sanctionnée par le droit. *Commettre une infraction grave.* – cour.

Faute sans gravité ; situation du fautif. *Être en infraction.*

infradien, ienne adj. (de *infra-* et *circadien*) biol. *Rythme infradien* : rythme biologique d'évolution plus lent que le rythme circadien et qui excède 24 heures.

infraliminal, ale, aux adj. Se dit d'un stimulus dont le niveau est insuffisant pour être perçu par l'organisme. → **subliminal.** - syn. **infraliminaire.**

infranchissable adj. Qu'on ne peut franchir.

infrangible adj. (du bas latin *frangibilis*, de *frangere* « briser ») didact. Qui ne peut être brisé, détruit. *Une amitié infrangible.*

infrarouge adj. (→ infra-) Se dit des radiations invisibles qui sont en deçà du rouge, dans le spectre solaire. *Rayons infrarouges.* – n. m. *Four à infrarouge.*

infrason [ɛ̃fʀasɔ̃] n. m. Vibration inaudible, de fréquence inférieure à 20 hertz.

infrasonore adj. Relatif aux infrasons. *Fréquences infrasonores.*

infrastructure n. f. **1.** Parties inférieures (d'une construction) (opposé à *superstructure*). → **fondation.** – Terrassements et ouvrages (d'une voie). – Ensemble des installations au sol (aviation) ; d'installations militaires. **2.** Ensemble des équipements économiques ou techniques. *L'infrastructure routière d'un pays.* **3.** vocabulaire marxiste Organisation économique de la société, considérée comme le fondement de son idéologie.

infréquentable adj. Qu'on ne peut pas fréquenter. *Des gens infréquentables.*

infroissable adj. Qui se froisse peu ou ne se froisse pas. *Tissu infroissable.*

infructueux, euse adj. (du latin → fructueux) Sans profit, sans résultat. → **inefficace, inutile.** *Tentative infructueuse.* □ adv. **infructueusement**

infule n. f. (latin *infula*) didact. Bandelette sacrée qui couvrait le front des prêtres romains et dont on parait les victimes des sacrifices.

infumable adj. Mauvais à fumer (tabac, cigarette...).

infundibuliforme adj. (de *infundibulum* et *-forme*) didact. Qui a la forme d'un entonnoir. *Corolle infundibuliforme.*

infundibulum [ɛ̃fɔ̃dibylɔm] n. m. (mot latin) didact. Partie en forme d'entonnoir (d'organes ou canaux).

infus, use [ɛ̃fy, yz] adj. (du latin, de *infundere*, de *fundere* « répandre » → fusion) vieux Inné. – mod. loc. *Avoir la **science infuse*** : être savant sans avoir étudié.

infuser v. tr. < 1 > (de *infusion*) **1.** Laisser tremper (une substance) dans un liquide afin qu'il se charge des principes qu'elle contient. → **macérer.** *Infuser du tilleul.* – au p. p. *Thé bien infusé.* – intrans. *Laisse infuser encore un peu.* **2.** par métaphore, littér. « *Il lui avait infusé dans les veines sa conviction* » (Hugo).

infusible adj. Qui ne peut fondre. *L'amiante est infusible à haute température.*

infusion n. f. (latin *infusio*, de *infundere* → infus) **1.** Action d'infuser dans un liquide (une substance dont on veut extraire les principes solubles). **2.** Tisane de plantes (camomille, menthe, tilleul, verveine...).

infusoire n. m. (latin sc. *infusorius* → infusion) zool. (vieilli) Protozoaire cilié qui vit dans les liquides. → **cilié.**

ingagnable adj. Qui ne peut être gagné. *Procès ingagnable.*

Ingalls (Laura) Écrivaine américaine (1867-1957). Elle a écrit une autobiographie romancée en 8 tomes : *La Petite Maison dans la prairie.*

ingambe adj. (italien *in gamba* « en jambe » → gambade) vieux ou plais. Qui a un usage normal de ses jambes. → **¹alerte, vif.** *Un octogénaire encore ingambe.*

Ingegneri (Marcantonio) Compositeur italien (v. 1547-1592). Maître de l'école vénitienne, il est l'auteur de compositions religieuses aussi bien que profanes (madrigaux).

Ingemann (Bernhard Severin) Écrivain danois (1789-1862). Poète et romancier, il évoqua le passé national danois. *Otto de Danemark.*

Ingenhousz (Jan) Médecin et physicien néerlandais (1730-1799). Il étudia la conductibilité thermique des métaux et découvrit la photosynthèse.

s'ingénier v. pron. < 7 > (du latin *ingenium* « esprit, talent ») (avec *à* et l'inf.) Mettre en jeu toutes les ressources de son esprit. → **s'évertuer.** *Elle s'est ingéniée à nous faire plaisir.*

ingénierie [ɛ̃ʒeniʀi] n. f. (de *ingénieur*, par l'anglais *engineering*) Étude globale d'un projet industriel sous tous ses aspects (techniques, économiques, financiers...). ■ sc. Discipline d'applications scientifiques. *Ingénierie génétique.* → **génie.**

ingénieur n. (d'un ancien dérivé de *engin*, d'après *s'ingénier*) au féminin *ingénieur* ou *ingénieure* Personne qui a reçu une formation scientifique et technique la rendant apte à diriger certains travaux, à participer aux applications de la science. *Ingénieur agronome. Ingénieur du son.*

ingénieusement adv. Avec ingéniosité. → **habilement.**

ingénieux, euse adj. (d'un ancien dérivé de *engin*, d'après le latin *ingeniosus* → s'ingénier) **1.** Qui a l'esprit inventif. → **adroit, habile.** *Un bricoleur ingénieux.* **2.** (choses) Qui marque beaucoup d'invention, d'imagination. *Un mécanisme ingénieux.*

ingéniosité n. f. (du latin → ingénieux) Adresse inventive. *Faire preuve d'ingéniosité. Une merveille d'ingéniosité.*

ingénu, ue adj. (latin *ingenuus* « né libre », de *gignere* « engendrer ») Qui a une sincérité innocente et naïve. → **candide, ¹naïf, simple.** « *Il est ingénu et sans malice* » (Fénelon). – *Air ingénu.* – n. *Un rôle d'ingénue au théâtre.* □ adv. **ingénument**

ingénuité n. f. (→ ingénu) littér. Sincérité naïve. → **candeur, naïveté.**

ingérable adj. Qu'on ne peut gérer. *Situation ingérable.*

ingérence n. f. (de *¹s'ingérer*) Fait de s'ingérer. *Une ingérence intolérable dans sa vie privée.* – *Droit d'ingérence* (en politique internationale) *pour raisons humanitaires.*

▶ C'est entre la création de l'ONU (1945) et la guerre du Biafra (1967-1970) que s'esquisse un « droit d'**ingérence** » qui prend corps lors de l'intervention de l'Otan en Bosnie, en 1994. La charte des Nations unies prévoit l'envoi de forces d'interposition pour protéger des populations civiles, mais le conditionne à un accord unanime au sein du Conseil de sécurité. La guerre du Biafra fait apparaître les limites de l'action humanitaire classique : agir, ce n'est pas seulement « jouer les brancardiers », mais intervenir politiquement pour faire cesser des exactions. Dans l'ex-Yougoslavie des années 1990, les tergiversations de l'action internationale dans le cadre de l'ONU conduisent les partisans d'une intervention à faire émerger l'idée d'un droit d'ingérence qui, au nom d'un principe d'humanité, autoriserait une coalition à intervenir sans mandat de l'ONU (et donc hors de la légalité internationale), mais sans pour autant déclarer la guerre. Controversée pour son usage à « géométrie variable » et son manque d'assise juridique, la notion d'ingérence tente de proposer une réponse innovante à des questions auxquelles la vision traditionnelle des relations internationales n'offre pas de solution satisfaisante.

voir aussi **humanitaire, ONU**

¹s'ingérer v. pron. < 6 > (du latin, de *gerere* « porter » → gérer) littér. Intervenir sans en avoir le droit. → **s'immiscer.** *État qui s'ingère dans les affaires d'un pays voisin.* → **ingérence.**

²ingérer v. tr. < 6 > (→ ¹s'ingérer) didact. Introduire par la bouche (dans les voies digestives). → **absorber, avaler ; ingestion.** *Ingérer des aliments, de l'alcool.*

ingestion n. f. (du latin → ²ingérer) Action d'ingérer. *L'ingestion d'un médicament.*

Inghelbrecht (Désiré Émile) Chef d'orchestre et compositeur français (1880-1965). Ami de Debussy, il interpréta son œuvre et s'en inspira dans ses compositions.

Ingolstadt Ville d'Allemagne (Bavière), sur le Danube. 136 900 habitants. Ingolstadt joua un rôle important durant la Contre-Réforme. Vestiges de fortifications des XIVe et XVe s., église gothique et chapelle rococo. Raffinage pétrolier et oléoducs. Industries mécaniques.

Ingouchie n. f. République autonome de Russie, dans le Caucase. 2 700 km². 412 500 habitants, dont 70 000 réfugiés tchétchènes. Capitale : Magas. Persécutés sous Staline, les Ingouches restent en conflit avec l'Ossétie du Nord pour la restitution de leur territoire et avec la Tchétchénie quant au tracé de la frontière.

ingouvernable adj. Impossible à gouverner.

Ingram (Reginald Ingram Montgomery Hitchcock, dit Rex) Cinéaste américain (1893-1950). L'un des maîtres de la superproduction exotique du cinéma muet, il agrémenta ses films d'enjolivures insolites.

ingrat, ate adj. (du latin, de *gratus* → gré) **1.** Qui n'a aucune reconnaissance, ne sait pas gré à qqn (de qqch.). *Se montrer ingrat envers un bienfaiteur.* – n. *Ce n'est pas une ingrate.* **2.** (choses) Qui ne dédommage guère de la peine qu'il donne, des efforts qu'il coûte. *Une terre ingrate.* → **stérile.** *Étudier un sujet ingrat.* → **aride.** **3.** Qui manque d'agrément, de grâce. → **désagréable, disgracieux.** « *Des dents saines et pointues, la seule grâce de cette ingrate figure* » (Mauriac). – *Âge ingrat*, celui de la puberté.

ingratitude n. f. (du latin → ingrat) Caractère d'une personne ingrate ; manque de reconnaissance.

Ingré Commune du Loiret, à l'O. d'Orléans. 9 541 habitants.

ingrédient [ɛ̃gʀedjɑ̃] n. m. (du latin, de *ingredi* « entrer dans » → degré, grade) Élément qui entre dans la composition (d'une préparation ou d'un mélange). *Les ingrédients d'une sauce.*

Ingres (Jean Auguste Dominique) Peintre et dessinateur français (1780-1867). Lauréat du prix de Rome en 1801, il s'inscrivit dans le mouvement romantique, avant de le

Ingres, *La Comtesse d'Haussonville* (1845), The Frick Collection, New York.

récuser pour défendre la tradition néoclassique. Immense dessinateur et coloriste subtil, il déborde pourtant les règles du classicisme : ses portraits *(Mademoiselle Caroline Rivière)*, ses nus *(Grande Odalisque ; Le Bain turc)* et ses scènes mythologiques *(Œdipe et le Sphinx)* témoignent d'une indépendance de style et d'une puissance esthétique uniques. Musicien à ses heures perdues, il donna son nom à l'expression « violon d'Ingres ».

ingression n. f. (latin *ingressio*) géogr. Envahissement d'une plaine par les eaux.

Ingrie n. f. Ancienne province de Finlande (en Russie actuelle), comprise entre le golfe de Finlande, la Narva, le lac Peïpous et le Volkhov. Elle fut conquise par les Russes au XIIIe s., puis par les Suédois (1617) avant d'être annexée de nouveau à la Russie en 1721.

inguérissable adj. Qui n'est pas guérissable. *Maladie inguérissable.* → **incurable.**

inguinal, ale, aux [ɛ̃gɥinal, o] adj. (du latin *inguen, inguinis* « aine ») didact. De l'aine, de la région de l'aine. *Hernie inguinale.*

ingurgiter v. tr. < 1 > (du latin, de *gurges* « gouffre ») Avaler avidement et en quantité. → **engloutir.** ■ fig. *« On me faisait de force ingurgiter l'algèbre »* (Hugo). □ n. f. **ingurgitation**

inhabile adj. littér. Qui manque d'habileté. *Des gestes inhabiles.* → **malhabile.**

inhabileté n. f. Manque d'habileté. → **maladresse.**

inhabilité n. f. dr. Incapacité.

inhabitable adj. Qui n'est pas habitable, ou difficilement habitable.

inhabité, ée adj. Qui n'est pas habité.

inhabituel, elle adj. Qui n'est pas habituel. → **inaccoutumé, insolite.** *Une animation inhabituelle régnait dans la rue.*

inhalateur n. m. (de *inhalation*) Appareil servant aux inhalations.

inhalation n. f. (du latin → **inhaler**) Action d'inhaler (un gaz, une vapeur). *L'inhalation d'un gaz toxique.* ■ absolt Aspiration par le nez de vapeurs qui désinfectent, décongestionnent. → **fumigation.** *Faire des inhalations.*

inhaler v. tr. < 1 > (du latin, de *halare* « exhaler » → **haleine**) Absorber par les voies respiratoires.

inhalothérapie n. f. (de *inhaler* et *-thérapie*) (Canada) Traitement des affections cardiorespiratoires. □ n. **inhalothérapeute**

inharmonie n. f. littér. Défaut d'harmonie.

inharmonieux, euse adj. littér. Qui manque d'harmonie. *Sons inharmonieux.*

inharmonique adj. didact. Qui ne correspond pas aux règles de l'harmonie. *Accords inharmoniques.* – Qui manque d'harmonie. → **inharmonieux.**

inhérence n. f. (du latin *inhaerencia* → **inhérent**) didact. Caractère de ce qui est inhérent.

inhérent, ente adj. (du latin, de *inhaerere*, de *haerere* « être fixé ») Qui appartient essentiellement (à un être, à une chose), qui est inséparable (de). → **essentiel, intrinsèque.** *Les qualités inhérentes à la personne.*

inhibé, ée adj. Victime d'inhibitions. → **timide ;** fam. **coincé, refoulé.**

inhiber v. tr. < 1 > (du latin, de *in-* et *habere* « avoir ») **1.** (sujet chose) Empêcher (qqn) d'agir, de manifester ses sentiments, ses opinions. → [1]**bloquer, paralyser.** *Sa crainte d'être ridicule l'inhibe.* **2.** didact. Réduire ou empêcher une réaction chimique ou psychologique, le fonctionnement de (un organe). *La pilule contraceptive inhibe l'ovulation.*

inhibiteur, trice adj. Qui inhibe. – n. m. (sens 2 de *inhiber*) *Un inhibiteur de croissance.*

inhibitif, ive adj. didact. Qui exerce une inhibition. → **inhibiteur.** *Mécanisme inhibitif.*

inhibition n. f. **1.** Fait d'être inhibé. → **crainte, timidité.** *Des inhibitions difficiles à vaincre. Inhibition sexuelle.* **2.** Action nerveuse ou hormonale empêchant le bon fonctionnement d'un organe. *Inhibition fonctionnelle.*

inhospitalier, ière adj. **1.** Qui ne pratique pas l'hospitalité. *Un peuple inhospitalier.* **2.** (choses) Peu accueillant, où la vie est difficile. *Une côte inhospitalière.*

inhumain, aine adj. (du latin → **humain**) **1.** Qui manque d'humanité. → **barbare, cruel.** *« J'ai voulu te paraître odieuse, inhumaine »* (Racine). ■ (actions) *Un traitement inhumain.* **2.** Qui n'a rien d'humain. □ adv. **inhumainement**

inhumanité n. f. (du latin → **inhumain**) littér. Caractère inhumain (d'une personne, d'une chose). → **cruauté, férocité.**

inhumation n. f. Action d'inhumer. *L'inhumation d'un corps dans un caveau.* → **enterrement.**

inhumer v. tr. < 1 > (du latin, de *humus* « terre » → **humus**) Mettre en terre (un corps humain), avec les cérémonies d'usage. → **ensevelir, enterrer.** *Permis d'inhumer,* donné par le médecin.

inimaginable adj. **1.** Qu'on ne peut imaginer, dont on n'a pas idée. → **extraordinaire, incroyable.** – Invraisemblable (souvent péj.). **2.** Très grand, intense. → **impensable.** *Un désordre inimaginable.*

inimitable adj. **1.** Qui ne peut être imité. **2.** Très remarquable. → **unique.** *Un talent inimitable.*

inimitié [inimitje] n. f. (de l'ancien français, de *ennemi*, d'après le latin → **amitié**) Sentiment hostile (envers qqn). → **antipathie, hostilité.** *« L'inimitié succède à l'amitié trahie »* (Racine).

ininflammable adj. Qui n'est pas inflammable.

Inini n. m. Rivière de la Guyane française, affluent du Maroni.

inintelligent, ente adj. Qui n'est pas intelligent. → **bête.** □ n. f. **inintelligence**

inintelligible adj. Qu'on ne peut comprendre. → **incompréhensible.** *Des bredouillements inintelligibles.* □ adv. **inintelligiblement** □ **inintelligibilité** n. f. *L'inintelligibilité d'un texte.*

inintéressant, ante adj. Dépourvu d'intérêt.

ininterrompu, ue adj. Qui n'est pas interrompu (dans l'espace ou dans le temps). → **continu.** *Une file ininterrompue de voitures.*

inique adj. (du latin, de *in-* et *aequus* « égal ») littér. Qui manque gravement à l'équité ; très injuste (s'oppose à *équitable*). *Une décision inique. Loi inique.* □ adv. **iniquement**

iniquité n. f. **1.** vieux Péché. **2.** littér. Injustice extrême, flagrante (s'oppose à *équité*). *L'iniquité d'un jugement.* ■ Acte, chose inique.

initial, ale, aux adj. (du latin *initialis*, de *initium* « commencement ») **1.** Qui est au commencement, qui caractérise le commencement (de qqch.). → **originel, premier.** *La cause initiale de nos malentendus.* **2.** Qui commence (qqch., spécialt un mot). *La consonne initiale d'un nom.* – n. f. Première lettre (d'un nom propre). *Signer de ses initiales.*

initialement adv. Dans la période initiale ; au commencement.

initialiser v. tr. < 1 > (anglais *to initialize*) Effectuer les opérations préliminaires à la mise en fonction de (un ordinateur, un périphérique...). *Initialiser un modem.* □ n. f. **initialisation**

initiateur, trice n. (du bas latin → **initier**) Personne qui initie (qqn), qui enseigne ou propose le premier (qqch.). *Les initiateurs d'un mouvement.* → **précurseur.**

initiation n. f. (du latin → **initier**) **1.** Action d'initier. *Rites d'initiation* (dans les sociétés traditionnelles), permettant aux jeunes d'accéder au statut d'adulte. **2.** Action de donner ou de recevoir les premiers éléments (d'un art, d'une technique...). *Stage d'initiation à l'informatique.*

initiatique adj. didact. Relatif à l'initiation. *Rites initiatiques.*

initiative n. f. (du latin *initiare* → **initier**) **1.** Action d'une personne qui propose, entreprend, organise (qqch.) en étant la première. *Prendre l'initiative d'une démarche.* ■ *Une initiative intéressante. Sur, à l'initiative de qqn.* **2.** polit. Droit de soumettre à l'autorité compétente une proposition en vue de la faire adopter. *Le Parlement a l'initiative des lois.* **3.** Qualité d'une personne disposée à entreprendre, à oser. *Avoir de l'initiative, l'esprit d'initiative.*

initié, ée n. **1.** Personne qui a bénéficié de l'initiation (religieuse, sociale). **2.** Personne qui est dans le secret (d'une entreprise, d'un art). *Une poésie réservée à des initiés* (→ **ésotérique**). ■ dr. *Délit d'initié :* infraction commise par une personne qui utilise les informations privilégiées qu'elle détient pour faire des opérations boursières profitables.

initier v. tr. < 7 > (latin *initiare*, de *initium* « début ») **1.** Admettre (qqn) à la connaissance, à la pratique de savoirs, de cultes secrets, ésotériques (→ **initiation**). **2.** Recevoir (qqn) au sein d'un groupe fermé (société secrète...). **3.** Introduire à une connaissance ; être le premier à instruire, à mettre au fait. → **apprendre, enseigner.** *On l'a initié très jeune à la musique.* – pronom. *S'initier à :* acquérir les premiers éléments de (un art, une science...). *S'initier à la peinture.*

injectable adj. Qu'on peut ou doit injecter. *Ampoule injectable* (opposé à *buvable*).

injecté, ée adj. *Yeux injectés de sang,* colorés par l'afflux du sang.

injecter v. tr. < 1 > (latin *injectare* → **injection**) **1.** Introduire (un liquide en jet, un gaz sous pression) dans un organisme. *Injecter un antidouleur à qqn.* **2.** Faire pénétrer (un liquide sous pression) dans un matériau. **3.** Apporter (des capitaux) dans un secteur de l'économie pour le relancer. *Injecter de l'argent dans une entreprise.*

injecteur n. m. **1.** Appareil servant à injecter un liquide dans l'organisme. **2.** Dispositif assurant l'alimentation en eau (chaudière), en carburant (moteur).

injection n. f. (latin *injectio*, du supin de *injicere* « jeter dans » → **jeter**) **1.** Introduction d'un fluide sous pression dans l'organisme. *Poire à injections.* – Piqûre. *Injection intraveineuse.* **2.** Pénétration d'un liquide sous pression (dans une substance). – *Moteur à injection,* dont l'alimentation en carburant est assurée par un injecteur (sans carburateur). *Injection électronique.*

injoignable adj. Que l'on ne peut joindre, contacter.

injonctif, ive adj. didact. Qui comprend une injonction. *Loi injonctive.* – Qui exprime un ordre. *La valeur injonctive de l'impératif.*

injonction n. f. (du latin, de *injungere* [→ **enjoindre**], de *jungere* → **joindre**, supin *junctum* → **jonction**) Action d'enjoindre ; ordre exprès, formel. *Se soumettre, obtempérer à une injonction.* ■ dr. Ordre donné par le juge.

injouable adj. Qui ne peut être joué. *Pièce, rôle ; partie injouable.*

injure n. f. (du latin *injuria*, de *in* et *jus, juris* « droit » → **juste, juriste**) **1.** littér. Offense grave. → **affront, outrage.** – loc. *Faire injure à qqn,* l'offenser. **2.** Parole offensante et violente. → **insulte.** *« Il recommença à l'accabler d'injures atroces et dignes d'un cocher de fiacre »* (Stendhal). – dr. Expression outrageante sans imputation de faits. *Injure à agent de la force publique.*

injurier v. tr. < 7 > (du bas latin → **injure**) Dire des injures à (qqn). → **insulter ;** fam. **engueuler.** *Elle s'est fait copieusement injurier.*

injurieux, euse adj. (du latin → injure) Qui contient des injures, constitue une injure (1 ou 2). → **blessant, insultant, offensant.** *Employer des termes injurieux.* □ adv. **injurieusement**

injuste adj. (du latin → juste) **1.** Qui agit contre la justice ou l'équité. *Vous avez été injuste envers lui.* **2.** (choses) Qui est contraire à la justice. → **inique.** *Sentence, punition injuste.*

injustement adv. D'une façon injuste.

injustice n. f. (du latin → injuste ; justice) **1.** Caractère d'une personne, d'une chose injuste ; manque de justice. → **iniquité.** *L'injustice sociale.* – absolt Ce qui est injuste. *Se révolter contre l'injustice.* **2.** Acte, décision contraire à la justice. *Être victime d'une injustice.*

injustifiable adj. Qu'on ne peut justifier. → **inexcusable.**

injustifié, ée adj. Qui n'est pas justifié. *Sa méfiance est injustifiée. Une réclamation injustifiée.* → **immotivé.**

inlandsis [inlɑ̃dsis] n. m. (du scandinave « glace *[is]* en *[in]* terre *[land]* ») géogr. Glacier continental (régions polaires).

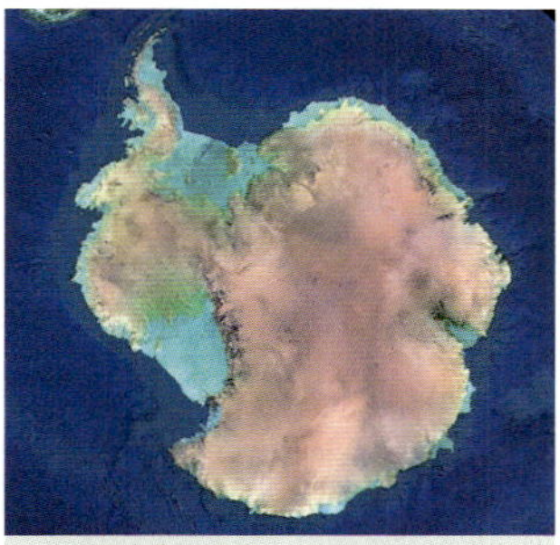

Inlandsis de l'Antarctique, coupé en deux par le relief, visualisé en bleu-vert.

inlassable adj. (de *lasser*) Qui ne se lasse pas. → **infatigable.**

inlassablement adv. Sans se lasser. *Répéter inlassablement le même conseil.*

inlay n. m. (mot anglais « incrustation ») anglic. Obturation dentaire au moyen de métal (or...) coulé (opposé à *onlay*). *Des inlays.*

Inle (lac) Lac de Birmanie situé dans la partie méridionale du plateau shan. 100 à 150 km^2. Monastère bouddhique flottant.

Inn n. m. Rivière d'Europe centrale. 525 km. L'Inn prend sa source dans les Alpes des Grisons, traverse la Suisse, l'Autriche, l'Allemagne et conflue avec le Danube à Passau. Nombreuses installations hydroélectriques.

inné, ée adj. (du latin philos. *innatus,* de *natus* → né ; naître) Que l'on a en naissant, dès la naissance (opposé à *acquis*). *C'est un don inné.* → **naturel.** – (Chez Descartes) *Idées innées,* antérieures à toute expérience. ■ Qui ne dépend que du patrimoine génétique. *Aptitudes innées.*

innéisme n. m. didact. Théorie selon laquelle les idées, les aptitudes sont innées.

innéité n. f. philos. Caractère inné. *Innéité de l'aptitude humaine au langage.*

innervant, ante adj. *Agent innervant :* neurotoxique qui agit sur le système nerveux et perturbe les fonctions vitales de l'organisme. *Gaz innervants.*

innervation n. f. Distribution des nerfs (dans une région du corps).

innerver v. tr. < 1 > (de *in-* et latin *nervus* → nerf) (tronc nerveux) Fournir de nerfs (un organe). – au p. p. *Une région du corps peu innervée.*

innocemment [inɔsamɑ̃] adv. Avec innocence, sans faire ou sans vouloir faire le mal.

innocence n. f. (du latin → innocent) **1.** relig. État de l'être qui n'est pas souillé par le mal. → **pureté.** *L'innocence de l'homme avant le péché originel.* ■ État d'une personne qui ignore le mal. → **candeur, ingénuité.** *Elle l'a dit en toute innocence.* → **innocemment. 2.** État d'une personne qui n'est pas coupable (d'une chose particulière). *L'accusé proclame son innocence.*

innocent, ente adj. (du latin, de *nocens* « nuisible », de *nocere* → nuire) **I. 1.** relig. Qui n'est pas souillé par le mal. → **pur.** ■ Qui ignore le mal. → **candide. 2.** Trop naïf. → **crédule, niais.** – n. *Et tu le crois ? Pauvre innocent !* – prov. *Aux innocents les mains pleines :* les simples sont heureux dans leurs entreprises. ■ n. Jeune enfant (encore innocent). *Le massacre des Innocents* (Évangile selon saint Matthieu). **3.** (action) Qui n'est pas blâmable. *Des jeux, des plaisirs innocents.* **II.** Qui n'est pas coupable. *Il est innocent du crime dont on l'accuse.* – n. *On a condamné un innocent.* loc. *Faire l'innocent,* prendre la contenance de celui qui ne sait pas, ne comprend pas.

Innocent Nom de treize papes. ■ **Innocent III** [Giovanni Lotario, comte di Segni] (1160-1216). Pape de 1198 à 1216. Il lutta contre Philippe Auguste, Jean sans Terre, prêcha la quatrième croisade et la croisade contre les albigeois. ■ **Innocent IV** [Sinibaldo Fieschi] (v. 1195-1254). Pape de 1243 à 1254. Il lutta contre Frédéric II et le fit déchoir lors du 13e concile œcuménique (1245), avant de s'opposer à Guillaume de Hollande et à Manfred. ■ **Innocent X** [Giambattista Pamphili] (1574-1655). Pape de 1644 à 1655. Il s'opposa à Mazarin et condamna cinq propositions de Jansénius. ■ **Innocent XI** [Benedetto Odescalchi] (1611-1689). Pape de 1676 à 1689. Il lutta contre le laxisme et le probabilisme des Jésuites et entra en conflit avec Louis XIV lors de l'affaire de la Régale, ce qui poussa ce dernier à s'emparer d'Avignon. ■ **Innocent XII** [Antonio Pignatelli] (1615-1700). Pape de 1691 à 1700. Il mit fin à la querelle de la Régale et obtint la restitution d'Avignon.

innocenter v. tr. < 1 > Déclarer innocent, faire reconnaître non coupable. → **disculper.** *Cette déclaration du témoin innocente l'accusé.*

Innocents (les saints) Selon l'Évangile, enfants juifs mis à mort par ordre d'Hérode, dans sa volonté d'empêcher la venue du Messie.

Innocents (cimetière, marché et fontaine des) Monuments de Paris dans l'ancien quartier des Halles. Seule la fontaine, œuvre de Pierre Lescot, sculptée par Jean Goujon, est conservée.

innocuité n. f. (du latin, de *nocuus* « nuisible », de *nocere* → nuire) didact. Qualité de ce qui n'est pas nuisible. *Tester l'innocuité d'un vaccin.*

innombrable adj. (de *nombrer, nombrable,* trad. du latin *innumerabilis*) Extrêmement nombreux. *Une foule innombrable.* → **immense.**

innomé, ée voir **innommé**

innominé, ée adj. (latin *innominatus*) anat., vieux *Os innominé.* → **iliaque.**

innommable adj. (de *nommer*) **1.** didact. Qui ne peut être nommé. → **indicible.** – n. m. « *L'Innommable* » (texte de S. Beckett). **2.** cour. Méprisable, ignoble. *Des procédés innommables.* – Très mauvais. → **infect.** *Une nourriture innommable.*

innommé, ée adj. Qui n'a pas reçu de nom. – dr. *Contrat innommé,* sans dénomination particulière. - var. **innomé, ée.**

innovant, ante adj. Qui innove. → **novateur.**

innovateur, trice n. et adj. (Personne) qui innove. → **créateur, novateur.** *Politique innovatrice.*

innovation n. f. (du latin → innover) Action d'innover ; chose nouvellement introduite. → **changement, nouveauté.** *Des innovations techniques.*

innover v. intr. < 1 > (du latin, de *novare,* de *novus* → ^{2}neuf) Introduire qqch. de nouveau (dans un domaine). *Innover en art.*

Innsbruck Ville d'Autriche, capitale du Tyrol, sur l'Inn. 121 329 habitants. La ville conserve d'importants édifices (XVe-XVIIIe s.) : église baroque, arc de triomphe, Landhaus, Hofburg (château rococo de Maximilien Ier). Station touristique et de sports d'hiver, elle accueillit les Jeux olympiques d'hiver en 1964 et 1976.

innu, e [inu] adj. et n. (mot de la langue innue « être humain ») Relatif à un peuple autochtone du Québec et du Labrador. *La langue innue* ou n. m. *l'innu.* – n. *Les Innus.*

innumérisme [in(n)ymeʀism] n. m. (de ^{2}*in-* et du latin *numerus* « nombre ») didact. Incapacité à maîtriser les chiffres et les règles de calcul simples.

Innus voir **Montagnais**

Ino Divinité marine de la mythologie grecque. Fille de Cadmos et d'Harmonie, elle est la seconde femme d'Athamas et la nourrice de Dionysos.

inobservable adj. **1.** Qui ne peut être observé. *Phénomène inobservable à l'œil nu.* **2.** Qui ne peut être suivi. *Règle inobservable.*

inobservation n. f. dr. Fait de ne pas observer, de ne pas se conformer à. *L'inobservation d'un contrat.* → **inexécution.**

inobservé, ée adj. didact. Qui n'a pas été observé. *Règle inobservée.*

inoccupation n. f. littér. État d'une personne inoccupée. – État d'une chose inoccupée.

inoccupé, ée adj. **1.** (lieux) Où il n'y a personne. *Place inoccupée.* → **libre.** *Appartement inoccupé.* → **inhabité, vide. 2.** (personnes) Qui n'a pas d'occupation. → **désœuvré.** *Rester inoccupé.* → **oisif.**

in-octavo [inɔktavo] adj. invar. (mots latins « en huitième ») (format) Où la feuille d'impression est pliée en huit feuillets (ou seize pages). – n. m. Livre de ce format. *Des in-octavos* ou *des in-octavo* (invar.).

inoculation n. f. (de l'anglais → inoculer) Action d'inoculer ; spécialt vaccination.

inoculer v. tr. < 1 > (de l'anglais, du latin, de *inoculare* « greffer », de *oculus* → œil) **1.** Introduire dans l'organisme (les germes d'une maladie). *Inoculer la variole.* → **vacciner. 2.** fig. Communiquer, transmettre (une passion, une idée mauvaise comparée à un virus). *Il lui a inoculé son vice.* □ adj. **inoculable**

inoculum [inɔkylɔm] n. m. (du latin mod. → inoculer) biol. Substance inoculée ou destinée à l'être. *Des inoculums bactériens.*

inodore adj. **1.** Qui ne dégage aucune odeur. *Gaz inodore.* **2.** fig. Sans intérêt ; plat.

inoffensif, ive adj. (p.-ê. de l'anglais, de *offensive,* du latin → offensif) Qui est incapable de nuire ; qui ne fait pas de mal à autrui. – (choses) *Une plaisanterie inoffensive.* → **anodin.**

inondable adj. Susceptible d'être inondé.

inondation n. f. (du latin → inonder) **1.** Débordement d'eaux qui inondent le pays environnant. *Les inondations périodiques du Nil.* **2.** Grande quantité d'eau qui se répand. **3.** fig. Afflux massif. *Une inondation de produits importés.*

inondé, ée adj. **1.** Recouvert par les eaux. *Terres, caves inondées.* **2.** (personnes) Qui a été victime d'une inondation. *Les populations inondées.*

inonder v. tr. < 1 > (du latin *inundare,* de *unda* → onde) **1.** Couvrir d'eaux qui débordent ou affluent. *Le fleuve a inondé les prés.* **2.** Mouiller abondamment, couvrir d'eau, de liquide. → **arroser, tremper.** *S'inonder les cheveux d'eau de Cologne.* **3.** fig. Envahir massivement. **4.** littér. (sentiments, impressions) Submerger, remplir. *Joie qui inonde l'âme.*

İnönü (İsmet Pacha, dit İsmet) Officier et homme d'État turc (1884-1973). Membre du Mouvement de libération nationale dirigé par Mustafa Kemal, il vainquit les Grecs à İnönü (1921). Il fut Premier ministre de 1923 à 1937 puis président de la République de 1938 à 1950.

inopérable adj. Qui ne peut être opéré. *Malade inopérable.*

inopérant, ante adj. Qui ne produit aucun effet. → **inefficace.** *Des mesures inopérantes.*

inopiné, ée adj. (du latin, de *opinatus*, de *opinari* → opinion) Qui arrive, se produit alors qu'on ne s'y attendait pas. → **imprévu, inattendu.** *Une visite inopinée.*

inopinément adv. À l'improviste. *Elle est arrivée inopinément.*

inopportun, une adj. (du bas latin → opportun) Qui n'est pas opportun. → **déplacé, intempestif.** *Une demande inopportune. Le moment est inopportun,* mal choisi. □ adv. **inopportunément**

inopportunité n. f. littér. Caractère de ce qui est inopportun. *L'inopportunité d'une démarche.*

inopposabilité n. f. Impossibilité de faire valoir un droit. – Qualité d'un acte qui n'a pas d'effet juridique à l'égard de tiers.

inopposable adj. dr. Qui ne peut être opposé. *Acte inopposable.*

inorganique adj. Qui n'a pas l'organisation d'un être vivant ; dont l'origine n'est ni animale ni végétale. *Substances inorganiques.*

inorganisable adj. Qui ne peut être organisé.

inorganisation n. f. Absence, manque d'organisation.

inorganisé, ée adj. **1.** sc. Qui n'est pas constitué en organisme. → **inorganique.** **2.** Qui manque d'organisation. **3.** Qui n'appartient pas à une organisation syndicale, politique.

inoubliable adj. Que l'on ne peut oublier (du fait de sa qualité, de son caractère exceptionnel). → **mémorable.** *Une soirée inoubliable.*

Inoue Yasushi Journaliste et écrivain japonais (1907-1991). Ses œuvres sont empreintes d'une grande poésie *(Le Fusil de chasse).*

inouï, ïe adj. (de *ouïr*) **1.** littér. Qu'on n'a jamais entendu. *Des accords inouïs.* **2.** cour. Extraordinaire, incroyable. *Avec une violence inouïe. Il a un succès inouï.* ■ péj. Excessif. – (personnes) *Elle est inouïe !*

inox [inɔks] n. m. (n. déposé ; abrév.) Acier inoxydable. *Évier en inox.* – appos. *Couteaux inox.*

inoxydable adj. (de *oxyder*) Qui ne s'oxyde pas. *Alliage inoxydable.* – n. m. Métal inoxydable. *Des couverts en inoxydable.* → **inox.**

in pace [inpase ; inpatʃe] n. m. invar. (du latin « en paix ») hist. Cachot secret où on enfermait qqn à perpétuité. - var. **in-pace.**

in partibus [inpaʀtibys] loc. adj. (du latin *in partibus infidelium* « dans les pays des infidèles ») relig. *Évêque in partibus :* évêque dépourvu de juridiction et portant le titre d'un évêché disparu.

in petto [inpeto] loc. adv. (de l'italien « dans la poitrine ») littér. ou plais. Intérieurement, à part soi. « *Il ajouta* in petto : *"Ce n'est pas lui [...]"* » (G. Leroux).

in-plano [inplano] adj. invar. et n. m. Dont la feuille d'impression n'est pas pliée. *Format in-plano.* – n. m. Format de ce type. *Des in-planos* ou *des in-plano* (invar.).

input [input] n. m. (mot anglais « entrée ») anglic. **1.** inform. Entrée de données dans un système informatique. **2.** écon. Ensemble des biens et services entrant dans le processus de production. → **intrant.**

inqualifiable adj. Qu'on ne peut qualifier (assez sévèrement). → **indigne.** *Sa conduite est inqualifiable.*

in-quarto [inkwaʀto] adj. invar. (latin « en quart ») (format) Dont la feuille, pliée en quatre feuillets, forme huit pages. – n. m. Livre de ce format. *Des in-quartos* ou *des in-quarto* (invar.).

inquiet, ète adj. (du latin, de *quietus* → coi) **1.** vieux Agité. « *Cet homme inquiet, léger, inconstant* » (La Bruyère). **2.** mod. Qui est agité par la crainte, l'incertitude. → **anxieux, soucieux, tourmenté.** *Elle est inquiète de votre silence. Je suis inquiet à son sujet.* – n. *C'est une inquiète.* **3.** Empreint d'inquiétude. *Un regard, un air inquiet.*

inquiétant, ante adj. Qui inquiète (3). → **alarmant.** *Des nouvelles inquiétantes. L'état du malade est inquiétant.* – *Un personnage inquiétant,* qui fait peur.

inquiéter v. tr. < 6 > (du latin → inquiet) **1.** vieux Troubler, agiter. *Un « cri lointain [...] inquiète la solitude »* (Villiers de l'Isle-Adam). **2.** mod. Poursuivre, menacer (qqn) d'une sanction. *La police ne l'a plus inquiété.* **3.** Remplir d'inquiétude, rendre inquiet (qqn). → **alarmer, tourmenter.** *Sa santé m'inquiète. Vous m'inquiétez.* ■ **s'inquiéter** v. pron. Commencer à être inquiet. *Il n'y a pas de quoi s'inquiéter.* – *S'inquiéter de,* se préoccuper de.

inquiétude n. f. (du bas latin → inquiet) **1.** État pénible déterminé par l'attente d'un évènement, d'une souffrance que l'on craint, par l'incertitude où l'on est. → **appréhension, ¹souci, tourment.** *Je comprends votre inquiétude. Sujet d'inquiétude. Être, vivre dans l'inquiétude. Soyez sans inquiétude,* ne vous inquiétez pas. ■ *J'ai des inquiétudes,* des sujets d'inquiétude. **2.** littér. Insatisfaction de l'esprit tourmenté. *L'inquiétude métaphysique.*

inquisiteur, trice (du latin → inquisition) **1.** n. m. hist. Juge du tribunal de l'Inquisition. **2.** adj. Qui interroge indiscrètement ou de façon autoritaire.

inquisition n. f. (du latin, de *inquirere* → s'enquérir) **1.** (avec une majuscule) hist. *L'Inquisition :* juridiction ecclésiastique d'exception, active du XIIIe au XVIe siècle pour la répression des crimes d'hérésie, etc. **2.** fig., littér. Enquête ou recherche vexatoire et arbitraire. *L'inquisition fiscale.*

Inquisition n. f. Organisme judiciaire et ecclésiastique créé par la papauté pour lutter contre l'hérésie, actif surtout du XIIIe au XVIe siècle. L'Inquisition persécuta d'abord les albigeois (cathares) et les vaudois, puis officia, surtout en Espagne et au Portugal, contre les juifs et les musulmans, s'illustrant souvent par son intransigeance et son inhumanité. Certains princes (Philippe le Bel contre les Templiers, le duc d'Albe en Flandre) l'utilisèrent à des fins politiques.

▶ L'**Inquisition** médiévale est née de la lutte contre l'hérésie cathare. D'après le concile de Toulouse (1229), toute condamnation pour hérésie doit procéder d'un jugement ecclésiastique. Le pape Grégoire IX organise l'institution de l'Inquisition en 1231. Confiée aux dominicains, celle-ci se répand dans presque toute l'Europe. La procédure est codifiée : prédication, *temps de grâce* incitant aux abjurations spontanées, enquête sur dénonciation, interrogatoire fondé sur l'aveu et la preuve (la torture, appelée *question*, est autorisée en 1252). La sentence est proclamée, après consultation d'un jury, lors d'un « sermon général » public (*auto da fe* en portugais). Les peines sont diverses : port d'un signe distinctif, amende, pèlerinage, prison... Ceux qui persévèrent ou se rétractent sont livrés au bras séculier qui les punit de mort (bûcher). En France, le rôle de l'Inquisition, désormais subordonnée aux universités et aux parlements, décroît au XIVe s. En Espagne, Isabelle la Catholique obtient du pape en 1478 la création d'une juridiction sous tutelle de l'État afin d'éradiquer les « fausses conversions » des juifs et des musulmans : l'Inquisition espagnole, au sein de laquelle œuvrent le moine Tomás de Torquemada et le cardinal Jiménez de Cisneros, se perpétue jusqu'au XVIIIe s. En 1542, le cardinal Carafa (futur Paul IV) crée à Rome la Congrégation de la Suprême Inquisition chargée de lutter contre le protestantisme, puis contre toutes les pratiques jugées hérétiques. En sont issues la Congrégation du Saint-Office (1908), puis la Congrégation pour la doctrine de la foi (1965).
voir aussi **christianisme, cathares**

Le moine franciscain Bernard Délicieux, dénonciateur des abus de l'Inquisition (*L'Agitateur du Languedoc*, J.-P. Laurens, 1887, musée des Augustins, Toulouse).

inquisitoire adj. (latin médiéval *inquisitorius*) *Procédure inquisitoire,* dans laquelle le juge prend l'initiative de la poursuite (opposé à *procédure accusatoire*).

inquisitorial, ale, aux adj. (du latin médiéval → inquisiteur) hist. Qui a rapport à l'Inquisition. *Juges inquisitoriaux.*

Inra n. m. voir **Institut national de la recherche agronomique**

inracontable adj. Impossible à raconter. → **inénarrable.** *Un film inracontable.*

inratable adj. fam. Qu'on ne peut pas rater.

INRI Abréviation de *Iesus Nazarenus Rex Iudaeorum* (« Jésus le Nazaréen roi des Juifs »). Inscription que Pilate fit apposer sur la croix de Jésus.

insaisissable adj. (de *saisir*) **1.** Qui ne peut faire l'objet d'une saisie. *La partie insaisissable du salaire.* **2.** Qu'on ne peut saisir, attraper. « *Un insaisissable ennemi, qu'on ne savait où rencontrer* » (Michelet). **3.** Qui échappe aux sens. *Des nuances insaisissables.* → **imperceptible.**

In Salah Oasis du Sahara algérien, dans le Tidikelt. 20 300 habitants.

insalissable adj. rare Qui ne peut se salir. *Nappe insalissable.*

insalivation n. f. didact. Imprégnation des aliments par la salive.

insalubre adj. Qui n'est pas salubre. → **malsain.** *Un logement insalubre.*

insalubrité n. f. Caractère de ce qui est insalubre. *L'insalubrité d'un climat.*

insane adj. (du latin, de *sanus* → sain) vieux ou littér. Qui est contraire à la saine raison, au bon sens. → **absurde, inepte, insensé.** *Des projets insanes.*

insanité n. f. (de l'anglais, du latin → insane) littér. **1.** Caractère de ce qui est déraisonnable. *L'insanité de ses remarques.* **2.** (Une, des insanités) Action ou parole absurde, insensée. → **absurdité, ineptie.** *Un tissu d'insanités.*

insaponifiable adj. chim. (substance) Qu'on ne peut saponifier. *Graisses insaponifiables.*

insatiabilité n. f. (latin *insatiabilitas*) littér. Caractère d'une personne insatiable. – *L'insatiabilité d'un désir.*

insatiable adj. (du latin, de *satiere* « rassasier » → satiété) Qui ne peut être rassasié, satisfait (rare au concret). *Elle est insatiable.* – *Une avidité, une curiosité insatiable.*

insatisfaction n. f. État d'une personne qui n'est pas satisfaite, n'a pas ce qu'elle souhaite. → **mécontentement.**

insatisfaisant, ante adj. Qui n'est pas satisfaisant, qui ne donne pas satisfaction. *Résultats insatisfaisants.*

insatisfait, aite adj. (personnes) Qui n'est pas satisfait(e), n'a pas obtenu ce qu'il ou elle souhaitait. – n. *Une éternelle insatisfaite.* → **mécontent.** ■ (désir, passion) Qui n'est pas assouvi.

insaturé, ée adj. chim. *Composé organique insaturé,* dont les atomes de carbone comportent une ou plusieurs doubles liaisons.

inscriptible adj. (du radical latin de *inscrire*) 1. géom. Qui peut être inscrit (dans une figure). 2. inform. Se dit d'un support sur lequel on peut modifier les données ou en inscrire de nouvelles. *DVD inscriptible.* → **enregistrable.**

inscription n. f. (du latin, de *inscribere* → inscrire) 1. Ensemble de caractères écrits ou gravés pour conserver un souvenir, indiquer une destination, etc. → **épigraphe, graffiti.** *Murs couverts d'inscriptions. Inscription funéraire.* → **épitaphe.** – Courte indication écrite. 2. Action d'inscrire (qqn, qqch.) sur un registre, une liste ; ce qui est inscrit. → **immatriculation.** – *Inscription maritime,* enregistrement des navigateurs professionnels. – dr. *Inscription en faux,* procédure qui tend à établir la fausseté d'un écrit.

inscrire v. tr. < 39 > (latin *inscribere,* de *scribere,* d'après *écrire*) 1. Écrire, graver (sur une matière dure). 2. Écrire (ce qui ne doit pas être oublié). → **noter.** *Inscrire la date d'un rendez-vous sur son agenda.* – pronom. Inscrire ou faire inscrire son nom. *Je me suis inscrit au club.* ■ loc. *S'inscrire en faux* (→ dr. inscription) ; *(contre),* opposer un démenti (à). 3. Tracer dans l'intérieur d'une figure (une autre figure). *Inscrire un triangle dans un cercle.* 4. Placer dans un cadre plus général. – pronom. S'insérer. *Ce projet s'inscrit dans un plan de réformes.*

inscrit, ite adj. et n. 1. (personnes) Dont le nom est inscrit sur une liste. *Députés inscrits* (dans un groupe politique à l'Assemblée nationale) *et non inscrits.* – n. *Le pourcentage des votants par rapport aux inscrits* (sur les listes électorales). 2. *Angle inscrit,* dont le sommet appartient à un cercle et dont les côtés coupent le cercle.

inscrivant, ante n. dr. Personne qui requiert l'inscription d'une hypothèque.

insculper v. tr. (du latin *insculpere* → sculpter) techn. Marquer d'un poinçon.

insécable adj. (du latin, de *secare* « couper » → sécateur, section) littér. ou didact. Qui ne peut être coupé, divisé. *Mot insécable.*

insectarium [ɛ̃sɛktaʀjɔm] n. m. (de *insecte* et suffixe latin *-arium* → aquarium, vivarium) Local aménagé pour l'élevage des insectes.

insecte n. m. (du latin *insecta,* trad. du grec *entomos* [→ -tome] « coupé », de *secare* → section, à cause des anneaux, des étranglements du corps) 1. Petit animal invertébré articulé (arthropode), à six pattes, le plus souvent ailé, respirant par des trachées et subissant des métamorphoses. *Étude des insectes.* → **entomologie.** *Insectes sociaux* (abeilles, fourmis, termites). - Dans le langage courant, les petits arachnides (araignées) et myriapodes (millepattes) sont souvent appelés à tort *insectes.* 2. vieux et péj. Être insignifiant.

insecticide adj. (→ -cide) Qui tue, détruit les insectes. *Poudre insecticide.* – n. m. *Un insecticide.*

insectifuge adj. et n. m. (→ -fuge) Qui éloigne les insectes. *Produit insectifuge.* – n. m. *Un insectifuge.*

insectivore adj. (→ -vore) Qui se nourrit d'insectes. *Oiseaux insectivores.* – n. m. pl. *Les Insectivores* (ordre de mammifères).

insécuritaire adj. Caractérisé par l'insécurité.

insécurité n. f. Manque de sécurité. *Vivre dans l'insécurité.* – *L'insécurité d'une région.*

Insee n. m. voir Institut national de la statistique et des études économiques

in-seize adj. invar. Dont la feuille d'impression est pliée seize fois formant un cahier de trente-deux pages. *Volume in-seize* (in-16). – n. m. invar. *Des in-seize.*

inselberg [insɛlbɛʀg] n. m. (mot allemand, de *Insel* « île » et *Berg* « montagne ») géogr. Butte isolée au milieu d'une plaine d'érosion. → **pédiment.** *Des inselbergs.*

inséminateur, trice 1. adj. Qui insémine, sert à pratiquer l'insémination artificielle. *Pistolet inséminateur.* 2. n. Spécialiste de l'insémination artificielle.

insémination n. f. (du latin *inseminatum,* d'un dérivé de *semen* « graine » → semence) *Insémination artificielle,* introduction de sperme dans les voies génitales femelles sans qu'il y ait accouplement. *Insémination artificielle entre conjoints (IAC). Insémination artificielle avec donneur (IAD).*

inséminer v. tr. < 1 > (latin *inseminare*) Féconder par insémination artificielle.

insensé, ée adj. (du latin relig., de *sensatus* → sensé) 1. vieux Fou. – n. *Un pauvre insensé.* 2. Contraire au bon sens. → **absurde, déraisonnable, extravagant.** *Des projets, des désirs insensés. C'est insensé.* 3. Incroyablement grand. *Elle a une chance insensée.* → **inouï** (2).

insensibilisation n. f. Action d'insensibiliser ; son résultat. → **anesthésie.**

insensibiliser v. tr. < 1 > Rendre insensible (I, 1). → **anesthésier.**

insensibilité n. f. (du bas latin → insensible) 1. Absence de sensibilité physique. *Insensibilité à la douleur.* 2. Absence de sensibilité morale. → **indifférence.**

insensible adj. (du latin, de *sensibilis* → sensible) I. 1. Qui n'a pas de sensibilité physique. *Le nerf est devenu insensible. Être insensible au froid.* 2. Qui n'a pas ou a peu d'émotions. → **froid, impassible, indifférent.** *Elle est restée insensible.* – *Un homme insensible à la poésie.* II. 1. Qu'on ne sent pas, qui est à peine sensible. → **imperceptible.** *La force insensible du courant.* 2. Graduel, progressif. *Une pente insensible.*

insensiblement adv. D'une manière insensible (II), graduelle.

inséparable adj. (du latin → séparable) 1. (abstractions) Que l'on ne peut séparer, considérer isolément. → [1]**joint ; inhérent.** *La théorie est inséparable des applications pratiques.* 2. (personnes) Qui est toujours avec (qqn) ; qui sont toujours ensemble. *Don Quichotte et son inséparable Sancho. Deux amis inséparables.* – n. *Des inséparables.* – spécialt n. m. pl. Perruches mâle et femelle qui ne peuvent vivre qu'en couple. □ adv. **inséparablement**

insérer v. tr. < 6 > (du latin, de *serere, sertus* « entrelacer ») 1. Introduire (une chose) dans une autre de façon à incorporer. 2. Faire entrer (un texte) dans. *Le communiqué qui a été inséré dans le journal* (→ insertion (1)). ■ **s'insérer** v. pron. 1. S'attacher à, sur. *Les muscles s'insèrent sur les os.* 2. Trouver sa place dans un ensemble. → **s'intégrer.** *S'insérer dans une société* (→ insertion (3)). □ adj. **insérable**

Inserm n. m. voir Institut national de la santé et de la recherche médicale

insermenté adj. m. (de l'ancien adj. *sermenté,* de *serment*) hist. Se dit des prêtres qui refusèrent de prêter serment lorsque la Constitution civile du clergé fut proclamée en 1790.

insert [ɛ̃sɛʀ] n. m. (mot anglais « ajout, insertion ») anglic. 1. Plan bref, souvent fixe, introduit entre deux plans d'une séquence. – Élément sonore intercalé (à la radio). 2. Poêle à bois encastré dans l'âtre d'une cheminée.

insertion n. f. (latin *insertio,* de *inserere* → insérer) 1. Action d'insérer ; son résultat. – Introduction d'un élément supplémentaire (dans un texte). *Insertion légale,* publication dans les journaux prescrite par la loi ou par un jugement. 2. Mode d'attache (des muscles, etc.). 3. Intégration sociale. – *Insertion professionnelle.*

insidieux, euse adj. (du latin, de *insidiae* « embûche », de *insidere,* de *sedere* « siéger » → seoir) 1. Qui a le caractère d'un piège. → **trompeur.** *Une question insidieuse.* 2. (maladie) Dont l'apparence bénigne masque au début la gravité réelle. □ adv. **insidieusement**

[1]**insigne** adj. (latin *insignis,* de *signum* → signe) littér. Qui s'impose ou qui est digne de s'imposer à l'attention. → **remarquable.** *C'est une faveur insigne.* – iron. *Une insigne maladresse.*

[2]**insigne** n. m. (du latin *insignia,* de *signum* → enseigne) 1. Marque extérieure et distinctive d'une dignité, d'un grade. → **emblème, marque, signe, symbole.** *Un insigne honorifique.* 2. Signe distinctif des membres (d'un groupe, d'un groupement). → anglic. **badge.**

insignifiance n. f. I. vieux ou didact. Absence de signification, de sens. II. cour. Caractère de ce qui est insignifiant, sans importance.

insignifiant, ante adj. I. vieux ou didact. Dénué de signification, de sens. II. 1. Qui ne présente aucun intérêt. → **effacé, quelconque, terne.** *Des faits, des discours insignifiants.* – *Des gens insignifiants.* 2. Qui n'est pas important. *Des détails insignifiants.* → **minime.** *Pour une somme insignifiante.* → **infime.**

insincère adj. littér. Qui n'est pas sincère. → **factice, hypocrite.**

insincérité n. f. littér. Absence de sincérité. → **hypocrisie.**

insinuant, ante adj. 1. vieilli Qui s'insinue auprès des gens. *« Le jeune Mazarin, toujours souple et insinuant »* (Vigny). 2. littér. (action) Qui cherche à réussir par la ruse. *Des façons insinuantes.*

insinuation n. f. (du latin → insinuer) 1. vieux Fait de s'insinuer. 2. Ce que l'on fait comprendre sans le dire, sans l'affirmer. → **allusion, sous-entendu.** *Des insinuations perfides.*

insinuer v. tr. < 1 > (latin *insinuare,* de *sinus* « courbe » → sinueux) Donner à entendre (qqch.) sans dire expressément (surtout avec un mauvais dessein). *Qu'est-ce que vous insinuez ?* ■ **s'insinuer** v. pron. 1. vieux S'infiltrer. 2. Pénétrer en se glissant. – fig. *Le doute s'insinuait en lui.* 3. (personnes) S'introduire habilement auprès de qqn. – fig. *S'insinuer dans les bonnes grâces, la confiance de qqn.*

insipide adj. (du latin, de *sapidus* → sapide ; sage, de *sapere*) 1. Qui n'a aucune saveur, aucun goût. → **fade.** *Un breuvage insipide.* 2. fig. *Je trouve cette comédie insipide.* → **ennuyeux, fastidieux.**

insipidité n. f. Caractère de ce qui est insipide. – fig. *L'insipidité d'un spectacle.*

insistance n. f. (de *insister*) Action d'insister. → **obstination, persévérance.** *Réclamer qqch. avec insistance.*

insistant, ante adj. 1. Qui insiste, marque de l'insistance. *Un regard insistant.* → **appuyé.** – *Il se fit de plus en plus insistant.* → **pressant.** 2. (choses) Qui revient avec régularité. *Un thème musical insistant.*

insister v. intr. < 1 > (du latin, de *sistere* « établir », de *stare* → station) 1. S'arrêter avec force sur un point particulier ; mettre l'accent sur. *Il insistait sur un sujet qui lui tenait à cœur.* – absolt *J'ai compris, inutile d'insister.* 2. Persévérer à demander (qqch.). *Elle insiste pour vous voir. N'insistez pas.* 3. fam. Persévérer dans son effort. *Il s'est vu battu et n'a pas insisté.*

in situ [insity] loc. adv. (mots latins « dans le lieu même ») didact. Dans son milieu naturel (s'oppose à *in vitro*). *Plante étudiée in situ.*

insociable adj. littér. (personnes) Qui n'est pas sociable (cf. asocial). → **ours.** □ n. f. **insociabilité**

insoignable adj. Que l'on ne peut pas soigner. *Malade, mal insoignable.*

insolation n. f. (du latin → insoler) **1.** Exposition à la chaleur, à la lumière solaire ou à une source lumineuse (→ **insoler**). – Ensoleillement. *L'insolation faible des mois d'hiver.* **2.** Troubles provoqués par l'exposition prolongée au soleil (→ **coup de soleil***). *Attraper une insolation.*

insolemment [ɛ̃sɔlamɑ̃] adv. D'une manière insolente.

insolence n. f. (du latin → insolent) **1.** Manque de respect injurieux. → **effronterie, impudence.** – (Une, des insolences) Parole insolente. → **impertinence. 2.** Orgueil offensant (pour des inférieurs ou des personnes traitées comme telles). → **arrogance, [1]morgue.**

insolent, ente adj. (latin *insolens*, de *solens*, p. prés. de *solere* « avoir l'habitude de ») **1.** Dont le manque de respect est offensant. → **impertinent, impoli.** – n. *Un insolent.* ▪ *Ton insolent.* → **déplacé, insultant. 2.** Arrogant, orgueilleux. **3.** Qui, par son caractère extraordinaire, apparaît comme un défi, une provocation. *Une chance insolente.* → **indécent** (3).

insoler v. tr. < 1 > (latin *insolare*, de *sol*, *solis* → soleil) didact. Exposer à la lumière solaire ou à celle d'une source lumineuse. *Insoler une plaque photographique.* – au p. p. *Papier insolé.*

insolite adj. (du latin, de *solitus*, p. p. de *solere* → insolent) Qui étonne, surprend par son caractère inaccoutumé. → **anormal, bizarre, étrange, improbable, inhabituel.** *Une apparence insolite. Une visite insolite.* – n. m. *Un artiste qui recherche l'insolite.*

insolubiliser v. tr. < 1 > didact. Rendre insoluble. *Insolubiliser de l'oxyde de cuivre.*

insoluble adj. (du latin → soluble) **1.** Qu'on ne peut résoudre. *Un problème insoluble.* **2.** Qui ne peut se dissoudre. *Substance insoluble dans l'eau.* □ n. f. **insolubilité**

insolvable adj. Qui est hors d'état de payer ses dettes. □ n. f. **insolvabilité**

insomniaque adj. Qui souffre d'insomnie. – n. *Un, une insomniaque.*

insomnie n. f. (du latin *insomnia*, de *somnus* → somnifère ; famille de *somme*, *sommeil*) Difficulté à s'endormir ou à dormir suffisamment. *Remède contre l'insomnie* (→ **somnifère**). – Période pendant laquelle une personne ne parvient pas à dormir. *Avoir des insomnies.*

insondable adj. (de *sonder*) **1.** Qui ne peut être sondé, dont on ne peut atteindre le fond. → **abyssal.** *Un gouffre insondable.* **2.** fig. Qu'il est difficile ou impossible d'expliquer. *Un mystère insondable.* **3.** péj. Immense, infini. *Une insondable bêtise.*

insonore adj. **1.** Qui n'est pas sonore. *Choc insonore.* → **silencieux. 2.** Qui amortit les sons. *Le liège est un matériau insonore.*

insonorisation n. f. Fait d'insonoriser ; son résultat.

insonoriser v. tr. < 1 > Rendre moins sonore, plus silencieux en isolant. *Insonoriser une pièce.* – au p. p. *Studio insonorisé.*

insortable adj. (personnes) Qui n'est pas sortable, qui se comporte de manière non conforme aux normes sociales.

insouciance n. f. État ou caractère d'une personne insouciante. *L'insouciance de la jeunesse.*

insouciant, ante adj. (de *soucier*) **1.** littér. *Insouciant de* : qui ne se soucie pas de (qqch.). → **indifférent.** *Être insouciant du danger.* **2.** Qui ne se préoccupe de rien, vit sans souci. → **détaché, nonchalant.** *Ils sont gais et insouciants.*

insoucieux, euse adj. littér. Qui ne prend pas souci (d'une chose). *Être insoucieux de l'heure.*

insoumis, ise adj. **1.** Qui n'est pas soumis, refuse de se soumettre. → **rebelle, révolté.** ▪ *La France insoumise*, parti politique. – n. *Les insoumis.* **2.** *Soldat insoumis* et n. m. *un insoumis*, militaire qui ne s'est pas rendu là où il devait dans les délais prévus. → **déserteur, réfractaire.**

insoumission n. f. (de *soumission*) **1.** Caractère, état d'une personne insoumise. *Un acte d'insoumission.* **2.** Délit du militaire insoumis*. → **désertion.**

insoupçonnable adj. **1.** Qui est à l'abri de tout soupçon. *Honnêteté insoupçonnable.* **2.** Dont on ne peut deviner l'existence, l'importance. *Des drames insoupçonnables.* → aussi **insoupçonné.**

insoupçonné, ée adj. Dont l'existence n'est pas soupçonnée.

insoutenable adj. (de *soutenir*) **1.** Qu'on ne peut soutenir, défendre. → **indéfendable.** *Une théorie insoutenable.* **2.** Qu'on ne peut supporter. *Des images d'une violence insoutenable.* → **insupportable.**

inspecter v. tr. < 1 > (du latin, de *inspectum*, de *inspicere* ; famille de *spectacle*) **1.** Examiner (ce dont on a la surveillance). → **contrôler, surveiller.** *Inspecter des travaux* (→ **inspecteur**). **2.** Examiner avec attention. *Inspecter qqn de la tête aux pieds. Inspecter un lieu.*

inspecteur, trice n. (du latin → inspecter) Personne qui est chargée de surveiller, de contrôler. → **contrôleur.** *Inspecteur du travail. Inspecteur d'académie* : directeur de l'enseignement dans une académie. *Elle est inspectrice d'académie.* – *Inspecteur des Finances* : membre de l'inspection générale des Finances. ▪ spécialt *Inspecteur (de police)* : agent en civil chargé de tâches de direction et d'encadrement. ▪ par plais. loc. *Inspecteur des travaux finis* : paresseux qui vient voir un travail terminé, quand il n'y a plus rien à faire.

inspection n. f. (du latin → inspecter) **1.** Examen attentif dans un but de contrôle, de surveillance, de vérification ; travail, fonction d'inspecteur. *Faire une inspection, une tournée d'inspection.* **2.** Charge d'inspecteur. → **inspectorat. 3.** Ensemble des inspecteurs d'une administration ; le service qui les emploie.

inspectorat n. m. (de *inspecteur*) admin. Charge d'inspecteur, d'inspectrice ; durée de cette charge. → **inspection.**

inspirant, ante adj. Qui est propre à inspirer. → **inspirateur.**

inspirateur, trice n. (du latin → inspirer) **I. 1.** Personne qui inspire, anime (une personne, un mouvement, une entreprise). *L'inspirateur d'un complot.* → **instigateur. 2.** n. f. Femme qui inspire (un artiste). → **inspirant. II.** n. m. méd. Appareil qui facilite l'inspiration d'air dans les poumons.

inspiration n. f. (du latin → inspirer) **I. 1.** didact. Souffle émanant d'un être surnaturel, qui apporterait aux hommes des révélations. *L'inspiration du Saint-Esprit.* **2.** Souffle créateur qui anime les artistes, les chercheurs. *L'inspiration poétique. Attendre l'inspiration.* **3.** Action d'inspirer, de conseiller qqch. à qqn ; résultat de cette action. → **influence, instigation. 4.** (œuvre, art) *D'inspiration* (+ adj.), qui s'inspire de (une œuvre du passé...). *Une musique d'inspiration romantique.* **5.** Idée, résolution spontanée, soudaine. *Une heureuse inspiration.* **II.** physiol. Action par laquelle l'air entre dans les poumons ; résultat de cette action. → **aspiration.**

inspiratoire adj. méd. Relatif à l'inspiration d'air dans les poumons. *Capacité inspiratoire.*

inspiré, ée adj. **1.** Animé par un souffle créateur. *Un poète inspiré.* – iron. *Prendre un air inspiré.* **2.** *Bien, mal inspiré*, qui a une bonne, une mauvaise idée (pour agir). *Il a été bien inspiré de vendre avant la crise.*

inspirer v. < 1 > (du latin, de *in-* et *spirare* « souffler » → aspirer, expirer) **I.** v. tr. **1.** Animer d'un souffle divin. *Dieu inspira les prophètes.* **2.** Donner l'inspiration à (qqn), déterminer le souffle créateur (dans l'art, les activités intellectuelles). *Les évènements qui ont inspiré l'artiste.* – fam. *Ça ne m'inspire pas*, ça ne me dit rien. **3.** Faire naître (un sentiment, une idée). *Cela peut lui inspirer des regrets. Voilà ce qui a inspiré ma conduite.* → **commander.** ▪ Être la cause de (un sentiment) chez qqn. → **donner.** *Elle ne m'inspire pas confiance. Sa santé nous inspire de vives inquiétudes.* **4.** *S'inspirer de* v. pron. Prendre, emprunter des idées, des éléments à (un auteur, un sujet, un milieu...). **II.** v. intr. Faire entrer l'air dans ses poumons (s'oppose à *expirer*). → **aspirer.**

instabilité n. f. (du latin → instable) **1.** État de ce qui est instable (1 et 2). **2.** Caractère de ce qui change de place. → **mobilité. 3.** Caractère de ce qui est sujet à changer. *L'instabilité d'une situation.* → **précarité.**

instable adj. (du latin, de *stabilis* → stable) **1.** Mal équilibré. → **bancal, branlant.** *Cette chaise est instable.* – *Équilibre instable.* **2.** chim. *Combinaison instable*, qui se décompose facilement en ses éléments. **3.** Qui se déplace, n'est pas stable en un lieu. *Une population instable.* → **nomade. 4.** Qui n'est pas fixe, durable. → **fragile, précaire.** *Temps instable.* → **variable. 5.** (personnes) Qui change constamment d'état affectif, de comportement. → **changeant.** – n. *C'est une instable.*

Instagram (de l'anglais *Instant* et *Telegram*) Réseau social créé en 2010, et racheté par Facebook en 2012, essentiellement destiné au partage de photos et de vidéos entre utilisateurs.

instagrameur, euse n. (de *Instagram*, marque enregistrée) Personne (influenceur, créateur de contenu) qui exerce son activité en publiant des photos et des vidéos sur son compte Instagram. - var. **instagrammeur, euse.**

installateur, trice n. Personne (commerçant, artisan) qui s'occupe d'installations. *Installateur de chauffage.*

installation n. f. **1.** Action de s'installer dans un logement. → **emménagement.** *Il a fêté son installation* (→ **pendre la crémaillère**). – Manière dont on est installé. **2.** Action d'installer (qqch.). → **aménagement.** *Installation de l'électricité dans un immeuble.* **3.** (Une, des installations) Ensemble des objets, dispositifs, bâtiments, etc., installés en vue d'un usage déterminé. → **équipement.** *Les installations sanitaires.* **4.** art Œuvre d'art complexe, réunissant divers objets et techniques.

installer v. tr. < 1 > (du latin médiéval *installare*, de *stallum* → stalle) **1.** relig., vieux Introniser (un pape, un évêque). → **instituer. 2.** mod. Mettre (qqn) dans la demeure, dans l'endroit qui lui était destiné. *Nous l'avons installé dans son nouveau logement.* ▪ Placer ou loger d'une façon déterminée. *Installez la malade dans son lit.* **3.** Disposer, établir (qqch.) dans un lieu désigné ou selon un ordre. → **mettre, [1]placer.** *Installer un télécopieur dans un bureau.* ▪ Aménager (un appartement, une pièce). – au p. p. *C'est bien installé, ici.* ▪ inform. Ajouter (un logiciel, un périphérique) sur un ordinateur. → **implémenter.** ▪ **s'installer** v. pron. **1.** Se mettre, se loger à une place déterminée ou d'une façon déterminée. *S'installer chez qqn, à l'hôtel.* – S'établir pour l'exercice d'une profession libérale. **2.** fig. S'établir de façon durable. *Le beau temps semble s'être installé.*

instamment adv. D'une manière instante ([1]), avec force. *Je vous le demande instamment.*

instance n. f. (latin *instantia*, de *instans* → [1]instant) **I.** surtout au plur. Sollicitation pressante, instante. *Céder aux instances de qqn.* → **demande, requête. II. 1.** Poursuite en justice ; procédure concernant un litige. *Introduire une instance. Tribunal d'instance*, jugeant en matière pénale les contraventions. *Tribunal* *de grande instance* (délits). **2.** ***En instance (de)*** : en cours (de). *Être en instance de divorce. Courrier en instance,* en attente. **3.** Juridiction, tribunal. *L'instance supérieure.* ▪ Autorité, corps constitué qui détient un pouvoir de décision. → **institution.** *Les instances internationales.* **4.** fig., psych. Partie du psychisme, élément dynamique de la personnalité (selon Freud : moi, surmoi et ça).

[1]instant, ante adj. (du latin, de *instare* « presser », de *stare* « se tenir debout » → station) littér. Très pressant. *Une prière instante. De manière instante.* → **instamment.** ▪ vieux Instantané ou imminent.

[2]instant n. m. (de *[1]instant*) Durée très courte que la conscience saisit comme un tout. → **[1]moment.** *« Chaque instant de la vie est un pas vers la mort »* (Corneille). *Attendre l'instant propice. Jouir de l'instant présent.* – *Un instant,* un temps très court. *Attendez un instant.* – loc. adv. ***En un instant*** : rapidement, très vite. – ***Dans un instant*** : bientôt. *Je reviens dans un instant.* – ***À l'instant*** : tout de suite. → **aussitôt.** – ***À chaque, à tout instant*** : très souvent. → **continuellement.** *Elle changeait d'idée à chaque instant.* – ***Pour l'instant*** : pour le moment. *Pour l'instant, nous restons avec vous.* – ***Par instants*** : par moments, de temps en temps. – ***De tous les instants*** loc. adj. : constant, perpétuel. *Une attention de tous les instants.* – ***D'un instant à l'autre*** : de manière imminente. → **bientôt.** – ***Dès l'instant où, que*** loc. conj. : à partir du moment où.

instantané, ée adj. (de *[2]instant,* d'après *momentané*) **1.** Qui se produit en un instant, soudainement. → **immédiat, subit. 2.** *Cliché instantané* ou n. m. *un instantané,* cliché obtenu par une exposition de très courte durée. **3.** Qui se dissout instantanément. *Cacao instantané.* □ n. f. **instantanéité**

instantanément adv. Tout de suite, aussitôt. *Il s'est arrêté instantanément.*

à l'instar de loc. prép. (latin *instar* « valeur égale ») littér. À l'exemple, à la manière de. *« Le vent océanique les prosterne* [les arbres] *à l'instar des fougères »* (Chateaubriand).

instaurateur, trice n. littér. Personne qui instaure. → **promoteur.**

instauration n. f. (du latin → instaurer) littér. Action d'instaurer.

instaurer v. tr. < 1 > (du latin *instaurare,* famille de *stare* → [1]restaurer) Établir pour la première fois. → **fonder, instituer.** *La révolution qui instaura la république.* – pronom. Se mettre en place. *De nouvelles habitudes s'instaurent.*

instigateur, trice n. (du latin, de *instigare* « piquer, exciter » ; famille de *stigmate*) Personne qui incite, qui pousse à faire qqch. *Les principaux instigateurs du mouvement.*

instigation n. f. (du latin → instigateur) **1.** rare Incitation. **2.** loc. *À l'instigation de qqn,* sous son influence, sur ses conseils. *Nous avons agi à son instigation.*

instiguer v. tr. < 1 > (du latin → instigateur) (Belgique) Pousser, inciter (qqn) à accomplir une action. *On les a instigués à refuser cet accord.*

instillation [ɛ̃stilasjɔ̃] n. f. Action d'instiller. *Instillations nasales.*

instiller [ɛ̃stile] v. tr. < 1 > (latin *instillare,* de *stilla* « goutte » → distiller) **1.** Verser goutte à goutte. *Un collyre à instiller dans l'œil.* **2.** fig. et littér. *Instiller le doute dans les esprits.*

instinct [ɛ̃stɛ̃] n. m. (du latin, de *instinguere* « exciter, pousser », de *stinguere* ; d'abord « impulsion ») **1.** Tendance innée et puissante, commune à tous les êtres vivants ou à tous les individus d'une même espèce. *L'instinct de conservation. L'instinct sexuel ; maternel.* **2.** sc. Tendance innée à des actes déterminés, exécutés parfaitement sans expérience préalable. *L'instinct migratoire.* **3.** (chez l'être humain) *L'instinct, les instincts d'une personne. Avoir l'instinct de... « Ayant le goût de la tradition, le sentiment du respect, l'instinct de la discipline »* (Taine). ▪ absolt L'intuition, le sentiment (opposé à *raison*). *Se fier à son instinct, à l'instinct.* – ***D'instinct*** loc. adv. : d'une manière naturelle et spontanée. *Elle a fait cela d'instinct.* ▪ Faculté naturelle de sentir, de deviner. → **intuition.** *Un secret instinct l'avertissait.* ▪ Don, disposition naturelle. *Avoir l'instinct du commerce.* **4.** Tendance innée et irréfléchie. *Céder à ses instincts.* → **impulsion, pulsion.**

instinctif, ive adj. (→ instinct) **1.** didact. De l'instinct animal. **2.** Qui naît d'un instinct, de l'instinct. → **instinctuel, irréfléchi, spontané.** *Une antipathie instinctive.* → **viscéral.** *Un geste instinctif.* **3.** En qui domine l'impulsion, la spontanéité de l'instinct. *Un être instinctif.*

instinctivement adv. Par l'instinct, spontanément.

instinctuel, elle adj. psych. Qui appartient à la catégorie de l'instinct. → **instinctif.** *Les forces instinctuelles de l'inconscient.*

instituer v. tr. < 1 > (latin *instituere* « établir » et « enseigner », de *statuere* → statuer, de *status* → stable, station) **1.** relig. Établir officiellement en fonction (un dignitaire ecclésiastique). – dr. *Instituer héritier qqn,* nommer héritier par testament. → **constituer. 2.** Établir de manière durable. *Instituer une exposition annuelle.* – au p. p. *Le régime institué par la Ve République.* → **créer, fonder, instaurer ; institution** (I). – pronom. *De bonnes relations se sont instituées entre ces deux pays.*

institut n. m. (du latin → instituer) **1.** Corps constitué de savants, d'artistes, d'écrivains. *Un institut de recherche.* – spécialt *L'Institut (de France),* comprenant les cinq Académies. **2.** Établissement où l'on donne des soins. *Institut de beauté.* **3.** Institution scolaire (privée).

Institut (palais de l') Monument de Paris, sur la rive gauche de la Seine. Il fut conçu pour abriter le Collège des Quatre-Nations (fondation posthume de Mazarin, 1661). Édifié notamment par Le Vau, ce bâtiment du XVIIe s. abrite la bibliothèque Mazarine et est depuis 1805 le siège de l'Institut de France.

L'Institut de France, face au pont des Arts.

Institut catholique de Paris Établissement fondé en 1876 conformément à la loi sur les établissements libres ; il est composé de facultés qui dispensent des enseignements généraux et des formations théologiques.

Institut de France Établissement fondé en 1795, qui comprend l'Académie française, l'Académie des sciences, l'Académie des beaux-arts, l'Académie des inscriptions et belles-lettres et l'Académie des sciences morales et politiques.

Institut de recherche et de coordination acoustique/musique (Ircam) Organisme français de recherche et de création, fondé en 1974 par Pierre Boulez. Avec l'Ensemble intercontemporain institué en 1976, il s'attache à créer et promouvoir de nombreuses œuvres musicales contemporaines (Berio, Boulez, Pierre Henry, Stockhausen, etc.).

Institut du monde arabe (IMA) Fondation créée à Paris, en 1987, près de l'université de Jussieu, pour promouvoir la culture arabo-islamique en France. Le bâtiment est dû à J. Nouvel.

Façade sud de l'Institut du monde arabe, composée de 240 moucharabiehs s'ouvrant et se fermant à chaque changement d'heure.

instituteur, trice n. (du latin → instituer) (anciennt, en France) Personne qui enseigne dans une école primaire. → **maître, maîtresse ;** → professeur des écoles. - abrév. fam. **instit** [ɛ̃stit].

Institut géographique national (IGN) Établissement public français, fondé en 1940. Il a pour mission de réaliser et de tenir à jour la carte de France et de constituer des bases de données géographiques de référence du territoire national. L'Inventaire forestier national a été intégré à l'IGN en 2012.

institution n. f. (du latin → instituer) **I. 1.** Action d'instituer. → **création, établissement.** *L'institution des jeux Olympiques.* **2.** La chose instituée (personne morale, groupement, régime). *Les institutions nationales, internationales.* – *Les institutions* : l'ensemble des formes ou organisations sociales établies par la loi ou la coutume. → **constitution, [1]régime.** *La réforme des institutions.* – collectif *L'institution.* **3.** iron. Se dit de qqch. qui est entré dans les mœurs, se pratique couramment. **II.** (du latin *instituere,* au sens de « enseigner ») **1.** vieux Éducation, instruction. **2.** Établissement privé d'éducation et d'instruction. → **institut** (3).

institutionnaliser v. tr. < 1 > Donner à (qqch.) le caractère (stable, officiel) d'une institution. □ n. f. **institutionnalisation**

institutionnel, elle adj. **1.** Relatif aux institutions. – *Les investisseurs institutionnels* (en Bourse). → **[2]zinzin. 2.** psych. Qui concerne l'influence exercée par les groupes sociaux (famille, structure sociale) sur le développement de la personnalité.

Institut national de la recherche agronomique [Inra] Établissement public scientifique et technique français, fondé en 1946. Ses recherches sont tournées vers l'agriculture, l'alimentation et l'environnement rural.

Institut national de la santé et de la recherche médicale [Inserm] Établissement national scientifique et technologique français, fondé en 1964. Il a pour mission « la connaissance et l'amélioration de la santé de l'homme ».

Institut national de la statistique et des études économiques [Insee] Organisme public français, fondé en 1946. Il est chargé de mener à bien des études démographiques et économiques afin d'établir des statistiques et de faire de la prospective.

Institut national du service public **(INSP)** Établissement public qui prit la succession de l'ENA (École nationale d'administration) en 2022.

Institut Pasteur voir **Pasteur (Institut)**

instructeur, trice n. (du latin, de *instruere* → instruire) **1.** Personne qui instruit. → **éducateur, formateur, [1]moniteur, professeur.** *Instructrice de secourisme.* ■ Militaire chargé de l'instruction des recrues. *Instructeur de tir.* – adj. *Sergent instructeur.* **2.** Personne qui instruit une affaire (→ **instruction (III)**). – adj. *Juge instructeur.*

instructif, ive adj. (choses) Qui instruit. → **éducatif.**

instruction n. f. (du latin, de *instructum,* supin de *instruere* → instruire) **I. 1.** Action d'enrichir et de former l'esprit (de la jeunesse). → **enseignement, pédagogie.** *L'instruction publique (laïque, gratuite et obligatoire),* dispensée par l'État (en France). – *Instruction civique.* **2.** Savoir d'une personne instruite. → **connaissance(s), culture.** *Avoir de l'instruction. Un homme sans instruction.* **II. 1.** vieux Leçon, précepte. **2.** au plur. Explications à l'usage de la personne chargée d'une entreprise, d'une mission. → **consigne, directive, ordre.** *Conformément aux instructions reçues.* – Ordre de service, document émanant d'une autorité supérieure. *Instructions gouvernementales.* – Mode d'emploi d'un produit. **3.** inform. Consigne exprimée dans un langage de programmation. *Instructions de traitement.* **III.** Action d'instruire (II) une cause. → **information.** *Juge d'instruction.*

instruire v. tr. < 38 > (du latin *instruere,* de *struere* « assembler » ; famille de *construire, structure*) **I. 1.** littér. Mettre en possession de connaissances nouvelles. *Instruire qqn par l'exemple.* – au p. p. *Instruit par l'expérience, il est devenu méfiant.* **2.** Dispenser un enseignement à (un élève). → **éduquer, former.** – spécialt *Instruire de jeunes soldats,* leur apprendre le maniement des armes. **3.** littér. *Instruire qqn de :* le mettre au courant, l'informer de (qqch.). → **avertir, informer.** *Instruisez-moi de ce qui s'est passé.* **II.** Mettre (une cause) en état d'être jugée, procéder à l'instruction de. *La juge s'est chargée d'instruire l'affaire.* ■ **s'instruire** v. pron. **1.** Enrichir ses connaissances ou son expérience. → **apprendre. 2.** S'informer de, se renseigner sur.

instruit, ite adj. Qui a des connaissances étendues dénotant une solide instruction. *Une femme très instruite.* → **cultivé, érudit, savant.**

instrument n. m. (du latin, de *instruere* → instruire) **I. 1.** Objet fabriqué servant à exécuter qqch., à faire une opération. → **appareil, machine, outil.** *Instruments de mesure* (→ -mètre), *d'observation* (→ -scope), *enregistreurs* (→ -graphe). – *Instrument tranchant.* **2.** *Instrument de musique* et absolt *instrument,* destiné à produire des sons musicaux. *Instruments à cordes, à vent.* **II.** fig. **1.** littér. Personne ou chose servant à obtenir un résultat. *L'instrument de sa réussite. Être l'instrument de qqn.* **2.** dr. Acte authentique. – Titre propre à faire valoir des droits.

instrumentaire adj. dr. *Témoin instrumentaire,* qui assiste un officier ministériel dans les actes dont la validité requiert la présence de témoins.

instrumental, ale, aux adj. **1.** didact. Qui concerne les instruments. **2.** Qui s'exécute avec des instruments. *Musique instrumentale* (opposé à *vocal*). *Un morceau instrumental* ou n. m. *un instrumental.*

instrumentaliser v. tr. < 1 > **1.** didact. Considérer (qqch., qqn) comme un instrument ; rendre purement utilitaire. **2.** Utiliser à des fins détournées. → **détourner, récupérer.** *Instrumentaliser une crise, un débat.* □ n. f. **instrumentalisation**

instrumentalisme n. m. philos. Doctrine pragmatique suivant laquelle toute théorie est un outil, un instrument (II) pour l'action.

instrumentation n. f. **1.** mus. Orchestration tenant compte des caractères individuels des instruments (tessitures, timbres). → **arrangement, orchestration. 2.** techn. Ensemble d'instruments, d'appareils. *L'instrumentation scientifique, médicale.*

instrumenter v. < 1 > (de *instrument* II, 2) **I.** v. intr. dr. Dresser un instrument (contrat, exploit, procès-verbal). **II.** v. tr. **1.** mus., rare Orchestrer. **2.** techn. Doter (une installation, un appareil) d'instruments de contrôle.

instrumentiste n. (de *instrument* I, 2) Musicien(ne) qui joue d'un instrument. *Une instrumentiste soliste.*

à l'insu de loc. prép. (de *in-* et *su* → [2]savoir) Sans que la chose soit sue de (qqn). *À l'insu de sa famille. À mon insu.* ■ Sans en avoir conscience. *Tu t'es trahi à ton insu.*

insubmersible adj. Qui ne peut être submergé, coulé. *Canot insubmersible.* □ n. f. **insubmersibilité**

insubordination n. f. Refus de se soumettre. *Esprit d'insubordination.* → **désobéissance, indiscipline.** – spécialt Refus d'obéissance d'un militaire aux ordres d'un supérieur.

insubordonné, ée adj. Qui refuse de se soumettre. → **désobéissant, indiscipliné.**

insuccès n. m. Fait de ne pas réussir. → **échec.** *Un projet voué à l'insuccès.*

insuffisamment adv. D'une manière insuffisante.

insuffisance n. f. **1.** Caractère, état de ce qui ne suffit pas. → **défaut, [1]manque.** *L'insuffisance des ressources.* **2.** au plur. Défaut, lacune. *Ce travail révèle de graves insuffisances.* **3.** Déficience (d'un organe). *Insuffisance hépatique.*

insuffisant, ante adj. **1.** Qui ne suffit pas. *En quantité insuffisante. Une lumière insuffisante,* trop faible. **2.** (personnes) Qui manque de dons, de talent. → **inapte. 3.** n. (avec un adj.) Personne dont une fonction physiologique est diminuée. *Les insuffisants cardiaques, rénaux.*

insufflateur n. m. méd. Instrument servant à insuffler de l'air, des gaz, etc., dans une cavité organique.

insufflation n. f. (du latin → insuffler) méd. Action d'insuffler (2). *Insufflation d'azote dans la plèvre.*

insuffler v. tr. < 1 > (du latin, de *sufflare* → souffler) **1.** littér. Faire pénétrer par le souffle. *Dieu insuffla la vie à sa créature.* – Inspirer (un sentiment). *« Cette terreur qu'on lui avait insufflée dans l'enfance »* (Aragon). **2.** Faire pénétrer (de l'air, un gaz) dans les poumons, une cavité de l'organisme.

insulaire adj. (du bas latin, de *insula* → île) Qui habite une île, appartient à une île (s'oppose à *continental*). *Des traditions insulaires.* – n. *Les insulaires.* → **îlien.**

insularité n. f. (→ insulaire) Caractère de ce qui forme une ou des îles. *L'insularité de l'Irlande.* – Caractère de ce qui est insulaire.

insulinase n. f. (de *insuline* et *-ase*) biochim. Enzyme du foie qui rend l'insuline inactive.

Insulinde n. f. Partie insulaire (Indonésie, Philippines) et presqu'insulaire (presqu'île de Malacca) de l'Asie du Sud-Est.

insuline n. f. (du latin *insula* → île, à cause des îlots du pancréas) Hormone sécrétée par le pancréas. *Faire des injections d'insuline à un diabétique.* □ adj. **insulinique**

insulinodépendant, ante adj. (de *insuline* et *dépendant*) méd. *Diabète insulinodépendant,* dont l'équilibre glucidique ne peut être rétabli que par l'injection d'insuline. ■ (personnes) *Sujet insulinodépendant.* – n. *Les insulinodépendants.*

insulinothérapie n. f. (de *insuline* et *-thérapie*) méd. Traitement par l'administration d'insuline.

insultant, ante adj. Qui insulte, constitue une insulte. → **injurieux, offensant, outrageant.**

insulte n. f. (du bas latin, de *insultum* → insulter) **1.** Acte ou parole qui vise à outrager ou constitue un outrage. → **affront, injure.** *Adresser des insultes à qqn.* **2.** Atteinte, offense. *C'est une insulte à notre chagrin.* – fig. *Un tel raisonnement est une insulte au bon sens.* → **défi.**

insulté, ée adj. et n. Qui a reçu une insulte. → **offensé.** – n. *L'insulté veut se venger.*

insulter v. tr. < 1 > (latin *insultare,* de *in-* et *saltare,* de *salire* → sauter) **1.** Attaquer (qqn) par des propos ou des actes outrageants. → **injurier, offenser.** ■ (choses) *Son scepticisme nous insulte.* → **outrager.** - REM. La tournure *insulter de* (+ n.) est incorrecte. **2.** v. tr. ind. littér. *Insulter à :* constituer une atteinte, un défi à.

insulteur, euse n. et adj. littér. (Personne) qui insulte.

insupportable adj. **1.** Qu'on ne peut supporter, endurer. *Une douleur insupportable.* → **intolérable.** ■ Extrêmement désagréable. *Ce vacarme est insupportable. Cela m'est insupportable.* **2.** (personnes) Particulièrement désagréable ou agaçant. → **infernal, odieux.** *« L'être que nous n'aimons pas et qui nous aime nous* [paraît] *insupportable »* (Proust). □ adv. **insupportablement**

insupporter v. tr. < 1 > (de *insupportable*) fam. Être insupportable à (qqn). → **indisposer.**

insurgé, ée adj. Qui s'est insurgé, soulevé. → **rebelle.** *Les populations insurgées.* – n. *« L'Insurgé »* (roman de J. Vallès).

s'insurger v. pron. < 3 > (latin *insurgere,* de *surgere* → surgir) **1.** Se soulever (contre l'autorité). → se **révolter ; insurrection. 2.** Protester vivement. *Je m'insurge contre cette interprétation.*

insurmontable adj. (de *surmonter*) **1.** Qu'on ne peut surmonter. *Un obstacle insurmontable.* → **infranchissable. 2.** (sentiments) Qu'on ne peut dominer, réprimer. *Une angoisse insurmontable.*

insurpassable adj. (de *surpasser*) Qu'on ne peut surpasser.

insurrection n. f. (du bas latin, de *insurgere* → s'insurger) **1.** Action de s'insurger ; soulèvement qui vise à renverser le pouvoir établi. → **révolte, sédition.** *L'insurrection de la Commune, en 1871.* **2.** littér. Révolte, opposition indignée.

insurrectionnel, elle adj. Qui tient de l'insurrection. *Mouvement insurrectionnel.*

intact, acte [ɛ̃takt] adj. (du latin, de *tactus* → tact, de *tangere* « toucher » → tangent, tangible) **1.** Qui n'a pas subi de dommage. *Les fresques des tombeaux étaient intactes.* **2.** Qui n'a souffert aucune atteinte, dont l'intégrité est assurée. *Sa réputation est intacte.*

intaille n. f. (italien *intagli,* de *intagliare ;* famille de *tailler*) arts Pierre fine gravée en creux.

intangible adj. (de *tangible*) littér. À quoi l'on ne doit pas toucher, porter atteinte ; que l'on doit maintenir intact*. → **inviolable, [1]sacré.** *Des principes intangibles.* □ n. f. **intangibilité**

intarissable adj. (de *tarir*) **1.** littér. Qui ne peut être tari ; qui coule sans arrêt. *Source intarissable.* – *Des larmes intarissables.* **2.** fig. (personnes) *Elle est intarissable sur ce sujet.* □ adv. **intarissablement**

intégrable adj. math. Qui peut être intégré. *Fonction intégrable,* qui admet une intégrale.

intégral, ale, aux adj. (du latin, de *integer* → intègre) **I.** Qui n'est l'objet d'aucune diminution, d'aucune restriction. → **complet, entier.** *Un remboursement intégral. Bronzage* *intégral* (du corps nu). ▪ **n. f.** Édition intégrale. *Acheter en disques l'intégrale des symphonies de Beethoven.* **II. 1.** *Calcul intégral :* ensemble des méthodes de calcul des primitives et des intégrales. **2. n. f.** ***Une intégrale :*** résultat de l'opération fondamentale du calcul intégral, l'intégration (II). *Intégrale d'une fonction.*

intégralement **adv.** D'une manière intégrale, complètement.

intégralité **n. f.** État d'une chose complète. *Dans son intégralité,* dans sa totalité.

intégrant, ante **adj.** **(du latin → intégrer)** *Partie intégrante,* sans laquelle un ensemble ne serait pas complet. « *L'illusion est une partie intégrante de la réalité* » (J. Joubert).

intégrase **n. f.** biochim. Enzyme qui permet l'intégration d'un rétrovirus dans le génome de la cellule hôte.

intégrateur, trice **1. adj.** techn. Se dit d'un appareil qui totalise des indications continues. *Dispositif, appareil intégrateur ;* **n. m.** *un intégrateur.* **2. n.** inform. *Intégrateur multimédia :* personne chargée d'intégrer les différents éléments constitutifs d'un programme multimédia.

intégration **n. f.** **(du bas latin → intégrer)** **I. 1.** Incorporation (de nouveaux éléments) à un système. *L'intégration d'une dépense dans un budget.* **2.** Assimilation (d'un individu, d'un groupe) à une communauté, à un groupe social **(→ intégrer).** *L'intégration politique, sociale, culturelle* (opposé à *ségrégation*). **3.** philos., sc. Établissement d'une interdépendance plus étroite entre des parties. **4.** écon. Action d'adjoindre à l'activité propre d'une entreprise les activités qui s'y rattachent. **II.** math. Opération par laquelle on détermine la grandeur limite de la somme de quantités infinitésimales en nombre indéfiniment croissant.

intégrationniste **adj. et n.** Favorable à l'intégration (I, 2).

intègre **adj.** **(latin *integer* « intact, entier » → entier, de *in-* et *tangere* « toucher » → tangible)** D'une probité absolue. **→ honnête, incorruptible.** *Un juge intègre.*

intégré, ée **adj.** **1.** *Dispositif intégré,* qui unit des éléments divers. – *Circuit* intégré.* – *Cuisine intégrée.* **2.** (personnes) *Des populations bien intégrées.* **3.** inform. *Traitement intégré* (des données), réalisant automatiquement une série complexe d'opérations.

intégrer **v.** < 6 > **(du latin médiéval → intègre)** **I. v. tr.** Faire entrer dans un ensemble en tant que partie intégrante. **→ assimiler, incorporer.** – pronom. *S'intégrer dans une collectivité.* **II. v. tr.** math. Faire l'intégration (II) de. **III. v. tr. et intr.** argot scol. Être reçu au concours d'entrée d'une grande école. *Elle a intégré (à) Centrale.*

intégrisme **n. m.** **(→ intégriste)** Attitude qui consiste à refuser toute évolution d'une doctrine (spécialt d'une religion). *L'intégrisme catholique, musulman.*

▶ L'**intégrisme** religieux moderne est une réaction traditionaliste à l'évolution et à la laïcisation des sociétés. Il vise à intégrer dans le religieux le pouvoir politique, intellectuel et moral, afin de redonner à la religion la place centrale qu'elle a pu perdre.
Les trois grandes religions monothéistes connaissent des mouvements rigoristes depuis plusieurs siècles : le jansénisme des années 1650 et le hassidisme ashkénaze au XVIIIe siècle se définissent comme des « retours aux sources », par opposition à la fois « dénaturée » de ceux qui composent avec la modernité. Au XVIIIe siècle également, le mouvement musulman wahhabite donne en Arabie la formule des intégrismes à venir : croyance littérale dans les vérités révélées, volonté de soumettre les lois politiques aux prescriptions religieuses, restauration du clergé dans ses prérogatives traditionnelles.
L'intégrisme chrétien se développe au XXe siècle. En 1907, le pape Pie X condamne le « modernisme ». À sa suite, certains catholiques traditionalistes revendiquent une foi « intégrale ». Une partie d'entre eux rompt avec la papauté après le concile modernisateur de Vatican II (1962-1965). Aujourd'hui, dans les sociétés occidentales laïcisées, les intégristes chrétiens concentrent leur action sur des « sujets de société » comme la lutte contre la pratique de l'avortement et la légalisation de l'euthanasie. Le succès du créationnisme aux États-Unis atteste l'influence plus grande du fondamentalisme protestant né en 1919 avec la *World's Christian Fundamentals Association.*
Enfin, dans le cadre complexe de la décolonisation, d'une modernisation rapide et de la faillite de certaines élites politiques pro-occidentales, les sociétés musulmanes ont vu émerger de puissants mouvements intégristes islamistes, qui ont pris le pouvoir et créé des États islamiques en Iran (1979), en Afghanistan (1996-2001), en Irak (2006-2016) et en Syrie (« califat » de Daech 2013-2019). De nombreux autres mènent des actions terroristes *(al-Qaida, Aqpa, Boko Haram, Shebab).*
voir aussi **laïcité ; terrorisme**

intégriste **adj. et n.** **(espagnol *integrista,* même origine que *intègre*)** Partisan de l'intégrisme (spécialt religieux). – **adj.** *Positions, mouvements intégristes.*

intégrité **n. f.** **(du latin, de *integer* → intègre)** **I.** État d'une chose qui demeure intacte, entière. *L'intégrité du territoire. L'intégrité d'une doctrine* **(→ intégrisme).** **II.** **(de *intègre*)** Honnêteté, probité absolue.

intellect [ɛ̃telɛkt] **n. m.** **(latin *intellectum,* de *intellegere* « comprendre » → intelligence)** L'esprit dans son fonctionnement intellectuel. **→ entendement, esprit, intelligence.**

intellection **n. f.** **(du latin, de *intellectum* → intellect)** didact. Action de l'intellect. **→ compréhension, conception.**

intellectualiser **v. tr.** < 1 > Revêtir d'un caractère intellectuel, abstrait. – Transformer par l'action de l'intelligence. **→ rationaliser.** □ **n. f. intellectualisation**

intellectualisme **n. m.** Tendance à tout subordonner à la vie intellectuelle. □ **adj. et n. intellectualiste**

intellectualité **n. f.** **(de *intellectuel*)** littér. **1.** Ensemble des facultés intellectuelles, du domaine intellectuel. **2.** Caractère intellectuel.

intellectuel, elle **adj. et n.** **(du latin → intellect)** **1.** Qui se rapporte à l'intelligence (connaissance ou entendement). *La vie intellectuelle.* – *Quotient intellectuel* (QI). *L'effort, le travail intellectuel.* **→ mental.** **2.** Qui a un goût prononcé (ou excessif) pour les choses de l'esprit. **→ cérébral.** ▪ Dont la vie est consacrée aux activités de l'esprit. *Les travailleurs intellectuels et les travailleurs manuels.* – **n.** *Les intellectuels.* **→ intelligentsia.** - abrév. fam. **→ intello.**

intellectuellement **adv.** Sous le rapport de l'intelligence, de l'activité intellectuelle.

intelligemment [ɛ̃teliʒamɑ̃] **adv.** Avec intelligence.

intelligence **n. f.** **(latin *intellegentia,* de *intellegere* → intelligent)** **I. 1.** Faculté de connaître, de comprendre ; qualité de l'esprit qui comprend et s'adapte facilement. – (Objet d'une évaluation selon les individus) *Une vive intelligence.* – *Intelligence développée. Manquer d'intelligence.* **2.** L'ensemble des fonctions mentales ayant pour objet la connaissance rationnelle (opposé à *sensation* et à *intuition*). **→ entendement, intellect, raison.** **3.** **(de l'anglais)** ***Intelligence artificielle :*** ensemble des théories et des techniques développant des programmes informatiques complexes capables de simuler certains traits de l'intelligence humaine (raisonnement, apprentissage...). **4.** Personne intelligente. *C'est une intelligence remarquable.* **→ cerveau.** **5.** ***L'intelligence de qqch. :*** acte ou capacité de comprendre (qqch.). **→ compréhension, ¹sens.** *Avoir l'intelligence des affaires.* **II. 1.** littér. ***D'intelligence :*** de connivence, par complicité. **→ de concert.** – Complice. « *Je vous ai cru tous deux d'intelligence* » (Racine). **2.** au plur. Complicités secrètes entre personnes de camps opposés. *Condamné pour intelligences avec l'ennemi.* **3.** ***En bonne, mauvaise intelligence :*** en s'entendant bien, mal. *Ils vivent en bonne intelligence.*

Intelligence Service ou **MI6** **(Military Intelligence, section 6)** Service britannique de renseignements concernant la politique, la diplomatie, l'économie et l'armée, chargé du contre-espionnage.

intelligent, ente **adj.** **(du latin, de *intellegere* « choisir ; comprendre », de *inter-* et *legere* « cueillir ; lire ; choisir » ; famille de *élire, lire, lecture*)** **1.** Qui a la faculté de connaître et de comprendre. **→ pensant.** **2.** Qui est, à un degré variable, doué d'intelligence. *Une fille très, peu intelligente.* – absolt Qui comprend vite et bien, s'adapte facilement aux situations. « *Les gens disent : "Il est intelligent", parce que vous êtes de leur avis* » (Vallès). – (animaux) *Ce chien est remarquablement intelligent.* **3.** (actes) Qui dénote de l'intelligence. *Un visage, un regard intelligent. Une réponse intelligente.* **4.** **(de l'anglais)** (objets) Qui utilise les techniques de l'intelligence artificielle. *Une machine intelligente.*

intelligentsia [ɛ̃teliʒɛnsja ; inteligɛnsja] **n. f.** **(mot russe, latin *intellegentia* → intelligence)** parfois péj. Le groupe des intellectuels (dans une société, un pays).

intelligible **adj.** **(du latin, de *intellegere* → intelligent)** **1.** Qui ne peut être connu que par l'entendement (opposé à *sensible*). **2.** Qui peut être compris, est aisé à comprendre. **→ clair, compréhensible ;** opposé à *inintelligible. Un texte peu intelligible.* **3.** Qui peut être distinctement entendu. – loc. *Parler à haute et intelligible voix.* □ **n. f. intelligibilité** □ **adv. intelligiblement**

intello **n.** Intellectuel, elle. *Un, une intello.* – **adj.** *Elle est plus intello que son frère.*

intempérance **n. f.** **(du latin → intempérant)** **1.** vieux Manque de modération, liberté excessive. *Son intempérance de langage nous choque.* **2.** Abus des plaisirs de la table et des plaisirs sexuels.

intempérant, ante **adj.** **(du latin, de *temperare* → tempérer)** **1.** vieux Qui n'est pas modéré. **2.** littér. Qui manque de modération dans les plaisirs de la table et les plaisirs sexuels.

intempéries **n. f. pl.** **(du latin, de *temperies* « équilibre », de *temperare* → tempérer)** Rigueurs du climat (pluie, vent). *Être exposé aux intempéries.*

intempestif, ive **adj.** **(du latin, de *tempus* → temps : « qui n'arrive pas au temps convenable »)** Qui se fait ou se manifeste à contretemps. **→ déplacé, inopportun.** *Une démarche intempestive. Pas de zèle intempestif.* □ **adv. intempestivement**

intemporel, elle **adj.** Qui, par sa nature, est étranger au temps, invariable. **→ éternel, immuable.** □ **n. f. intemporalité**

intenable **adj.** **(de *tenir*)** **1.** Que l'on ne peut tenir ou soutenir. *Une position intenable.* **2.** Insupportable. – (personnes) Que l'on ne peut faire tenir tranquille.

intendance **n. f.** **(→ intendant)** **1.** Circonscription des intendants (I). **2.** Service administratif chargé du ravitaillement et de l'entretien (d'une armée, d'une collectivité) ; corps des fonctionnaires de ce service.

intendant, ante **n.** **(de l'ancien français *superintendent, surintendent,* du latin, de *super* et *intendere* « tendre vers ; diriger » → entendre)** **I. n. m.** hist. Agent du pouvoir royal dans une province. **II. 1.** Fonctionnaire chargé de l'intendance (militaire, universitaire). **2.** Personne chargée d'administrer la maison d'un riche particulier. **→ régisseur.**

intense **adj.** **(du latin, de *intendere,* de *tendere* → ¹tendre)** (choses) Qui agit avec force, est porté à un haut degré. **→ vif.** *Une lumière intense.* – *Un plaisir intense.*

intensément adv. Avec intensité. *Vivre intensément.*

intensif, ive adj. (de *intense*) **1.** Qui est l'objet d'un effort intense, soutenu, pour accroître l'effet. *Une propagande intensive.* – *Cours intensifs en langue étrangère.* **2.** (opposé à *extensif*) *Culture intensive,* à haut rendement par unité de surface. □ adv. **intensivement**

intensifier v. tr. < 7 > Rendre plus intense, au prix d'un effort. → **augmenter.** *Intensifier la lutte contre la drogue.* – pronom. S'amplifier, devenir plus intense. *Les échanges commerciaux s'intensifient.* □ n. f. **intensification**

intension n. f. (mot anglais) anglic., log. Ensemble des caractères qui permettent de définir un concept (opposé à *extension*). → **compréhension.** *Définition par intension.* □ adj. **intensionnel, elle**

intensité n. f. (de *intense*) **1.** Degré d'activité, de force ou de puissance. *Une crise de faible intensité.* ■ électr. *Intensité d'un courant électrique,* quantité d'électricité traversant un conducteur par unité de temps. **2.** Caractère de ce qui est intense, très vif. *L'intensité du regard. L'intensité d'une émotion.*

intenter v. tr. < 1 > (latin *intentare,* de *intendere* → **entendre**) Entreprendre contre qqn (une action en justice). *Intenter un procès à qqn.*

intention n. f. (du latin, de *intendere* → **entendre,** de *in-* et *tendere* → **¹tendre**) Acte, fait de se proposer un certain but. → **dessein.** *Un acte commis avec l'intention de nuire.* → **volonté.** *Je l'ai fait sans mauvaise intention.* prov. *L'enfer* est pavé de bonnes intentions. Il n'est pas dans mes intentions d'accepter.* – ***Avoir l'intention de*** (+ inf.) : se proposer de, vouloir. – ***Dans l'intention de*** (+ inf.) : en vue de, pour. – ***À l'intention de*** *qqn,* pour lui, en son honneur ; à son adresse. *Une fête à l'intention des enfants.*

intentionnalité n. f. (de *intentionnel*) psych. Aptitude psychologique à se donner un objet, un projet.

intentionné, ée adj. *Bien, mal intentionné :* qui a de bonnes, de mauvaises intentions.

intentionnel, elle adj. Qui est fait exprès. → **délibéré, prémédité, volontaire.** □ adv. **intentionnellement**

inter [ɛ̃tɛʀ] n. m. (abrév. de *intérieur*) au football Avant placé entre un ailier et l'avant-centre.

inter- [ɛ̃tɛʀ] Élément (du latin *inter* → **entre,** de *in* → **¹en**) exprimant l'espacement, la répartition ou une relation réciproque.

interactif, ive adj. Qui permet une interaction. – inform. Qui permet un échange aisé entre l'utilisateur d'un ordinateur et la machine (notamment par l'intermédiaire de l'écran). → aussi **conversationnel.** □ adv. **interactivement** □ n. f. **interactivité**

interaction n. f. Réaction réciproque. → **interdépendance.** *Phénomènes en interaction.* □ adj. **interactionnel, elle**

interactionnisme n. m. sociol. Courant de pensée qui interprète les phénomènes de la société comme étant le produit de l'interaction des acteurs sociaux. □ adj. et n. **interactionniste**

interagir v. intr. < 2 > Avoir une action réciproque.

interallié, ée adj. Qui concerne les nations alliées.

interarmées adj. Commun à plusieurs armées (de terre, de mer, de l'air). *État-major interarmées.* - var. RO **interarmée.**

interarmes adj. (→ arme) Relatif à plusieurs armes (infanterie, artillerie, etc.). *École militaire interarmes.* - var. RO **interarme.**

interbancaire adj. Qui relève des relations entre banques. – *Carte (de crédit) interbancaire,* acceptée par différentes banques. □ n. f. **interbancarité**

intercalaire adj. Qui peut s'intercaler, être inséré. *Jour intercalaire,* ajouté au mois de février, les années bissextiles. *Feuillet, fiche intercalaire.* – n. m. *Un intercalaire.*

intercalation n. f. (du latin → **intercaler**) didact. Action d'intercaler ; ce qui est intercalé. → **insertion, introduction.**

intercaler v. tr. < 1 > (du latin, de *inter* → **inter-** et *calare* « appeler » → **nomenclature**) Faire entrer après coup dans une série, dans un ensemble ; mettre (une chose) entre deux autres. → **insérer, introduire.**

intercéder v. intr. < 6 > (du latin, de *cedere, cessus* → **céder**) Intervenir, user de son influence (en faveur de qqn). *Intercéder en faveur de qqn, pour qqn.* → **intervenir ; intercesseur, intercession.**

intercellulaire adj. biol. Qui se trouve entre les cellules d'un tissu animal ou végétal.

intercepter v. tr. < 1 > (de *interception*) **1.** Prendre au passage et par surprise (ce qui est adressé, envoyé ou destiné à qqn). *Ses parents ont intercepté la lettre. Le joueur a intercepté le ballon.* **2.** Arrêter (une action, spécialt un bruit, la lumière), cacher (une source lumineuse).

intercepteur n. m. (de *intercepter*) Avion (chasseur) qui a pour tâche d'intercepter les bombardiers.

interception n. f. (du latin, de *interceptum,* supin de *intercipere,* de *capere* « prendre » → **capter**) Action d'intercepter (spécialt, en sport, dans le domaine militaire). *Avions d'interception.* → **intercepteur.**

intercesseur n. (du latin → **intercéder**) littér. Personne qui intercède. *Elle m'a demandé d'être son intercesseur auprès de vous.* – Au fém. : *une intercesseur,* (Canada) *une intercesseure.*

intercession n. f. (du latin → **intercéder**) littér. Action d'intercéder. → **intervention.**

interchangeable adj. (de l'anglais) Se dit d'objets semblables, de même destination, qui peuvent être mis à la place les uns des autres. *Des pneus interchangeables.* – fig. *Les ministres interchangeables de la IIIe République.* □ n. f. **interchangeabilité**

interclasse n. m. Court intervalle entre deux cours. → **intercours.**

interclasser v. tr. < 1 > Classer (les éléments de deux ou plusieurs séries) en une série unique. – au p. p. *Fiches interclassées.* □ n. m. **interclassement**

interclubs [ɛ̃tɛʀklœb] adj. (→ club) sport Où s'opposent plusieurs clubs. *Rencontre interclubs.* - var. RO **interclub.**

intercommunal, ale, aux adj. Qui concerne plusieurs communes. *Décisions intercommunales.* □ n. f. **intercommunalité**

intercommunautaire adj. Qui concerne plusieurs communautés et leurs relations. *Solidarité intercommunautaire.*

intercommunication n. f. Communication réciproque.

intercompréhension n. f. didact. Faculté de compréhension réciproque entre personnes ou groupes humains.

interconnecter v. tr. < 1 > Relier entre eux (des réseaux, des appareils, etc.). – au p. p. *Ordinateurs, réseaux interconnectés.* □ adj. **interconnectable** □ n. f. **interconnexion**

intercontinental, ale, aux adj. Qui concerne les relations entre deux continents, qui va d'un continent à un autre. *Lignes aériennes intercontinentales. Masses d'air intercontinentales.*

intercostal, ale, aux adj. Qui est situé ou se fait sentir entre deux côtes. *Douleurs intercostales.*

intercotidal, ale, aux adj. géogr. **1.** *Zone intercotidale.* → **intertidal. 2.** *Lignes intercotidales,* qui relient les points où la marée se produit en même temps.

intercours n. m. Intervalle entre deux cours. → **interclasse.**

interculturel, elle adj. didact. Qui concerne les rapports, les échanges entre cultures, entre civilisations différentes. *Dialogue interculturel.*

intercurrent, ente adj. (latin *intercurrens,* de *currere* « courir ») didact. Qui survient entre d'autres évènements. – méd. Qui survient au cours d'une autre maladie. *Complication, maladie intercurrente.*

interdépartemental, ale, aux adj. Qui concerne plusieurs départements, leurs relations.

interdépendance n. f. Dépendance réciproque. → **corrélation, interaction.** □ **interdépendant, ante** adj. *Des évènements interdépendants.*

interdiction n. f. (du latin → **interdire**) **1.** Action d'interdire. → **¹défense.** *Interdiction de stationner. Lever une interdiction.* **2.** Action d'interdire (à qqn) l'exercice de ses fonctions. – Action d'ôter à une personne majeure la libre disposition et l'administration de ses biens. *Mesure d'interdiction.* – *Interdiction de séjour,* défense faite à un condamné libéré de se trouver dans certains lieux. – *Interdiction bancaire,* défense d'émettre des chèques.

interdigital, ale, aux adj. anat. Situé entre deux doigts.

interdire v. tr. < 37 sauf *vous interdisez* > (latin *interdicere* [supin *interdictum,* cf. **interdiction**], de *dicere* → **¹dire,** *d'après dire*) **1.** Défendre (qqch. à qqn). *Le médecin lui interdit l'alcool. Interdire un film.* → **censurer.** *S'interdire tout effort,* s'imposer de ne faire aucun effort. *« Il est interdit d'interdire »* (slogan de Mai 1968). – (avec *que* + subj.) *Elle a interdit que nous restions ici.* **2.** (choses) Empêcher. → **exclure. 3.** Frapper (qqn) d'interdiction (2).

interdisciplinaire adj. Qui concerne plusieurs domaines de connaissances (disciplines) et leurs relations. □ n. f. **interdisciplinarité**

¹interdit, ite adj. **I. 1.** Non autorisé. *Stationnement, passage interdit.* **2.** (personnes) Frappé d'interdiction. – n. *Un interdit de séjour.* **II.** Très étonné, stupide d'étonnement. → **ahuri, ébahi.** *Elle est restée interdite.*

²interdit n. m. **1.** relig. Interdiction de célébrer l'office, certains sacrements. **2.** Interdiction émanant d'un groupe social ou religieux. *Braver, transgresser les interdits.* ■ psych. *Des interdits moraux.* → **tabou.**

interentreprises adj. Qui fonctionne, intervient entre des entreprises différentes. *Le commerce interentreprises.* - var. RO **interentreprise.**

intéressant, ante adj. **1.** Qui retient l'attention, captive l'esprit. → **captivant, passionnant.** *Un livre intéressant. Il est intéressant de (+ inf.). C'est très intéressant.* – (personnes) Qui intéresse par son esprit, sa personnalité. *Un auteur intéressant.* ■ péj. *Chercher à se rendre intéressant,* à se faire remarquer. – n. *Faire l'intéressant, l'intéressante.* **2.** Qui touche moralement, qui est digne d'intérêt, de considération. *Ces gens-là ne sont pas intéressants.* – par euphémisme, vieilli *Un état, une situation intéressant(e),* d'une femme enceinte. **3.** Avantageux. *Acheter qqch. à un prix intéressant.*

intéressé, ée adj. **I.** Qui a un rôle (dans qqch.) ; qui est en cause. *Les parties intéressées.* – n. *Sans consulter les intéressés. Être la principale intéressée.* **II.** Qui recherche avant tout son intérêt matériel, est avide et avare (s'oppose à *désintéressé*). *« Les jeunes gens m'ont jusqu'à présent paru être plus intéressés qu'intéressants »* (Balzac). ■ Inspiré par la recherche d'un avantage personnel. *Un conseil intéressé.*

intéressement n. m. Action d'intéresser (le personnel) aux bénéfices de l'entreprise, par une rémunération qui s'ajoute au salaire. → **participation.**

intéresser v. tr. < 1 > (de *intérêt*, d'après le latin *interesse*) **I. 1.** (choses) Avoir de l'importance pour (qqn, qqch.). → **concerner, regarder.** *Cette loi intéresse l'ordre public.* **2.** Avoir un intérêt matériel, financier pour (qqn). → **intéressé.** *Leur offre ne m'intéresse pas.* **3.** (sujet personne) Associer (qqn) à un profit. *Intéresser qqn dans une affaire, aux bénéfices.* **II. 1.** Éveiller et retenir l'attention de (qqn) ; constituer un objet d'intérêt pour. → **captiver, passionner.** *Ça ne m'intéresse pas.* ■ (personnes) *Il ne sait pas intéresser les élèves.* – iron. *Continue, tu m'intéresses !* **2.** Toucher (qqn), tenir à cœur à (qqn). *Leur sort n'intéresse personne.* ■ **s'intéresser** v. pron. (du sens II) Prendre intérêt (à). *Elle s'intéresse à tout.*

intérêt n. m. (latin *interest* « il diffère » et « il importe », forme du v. *interesse* « être *[esse]* parmi, entre *[inter]* », puis « participer » → [1]**être**) **I. 1.** vieux Préjudice. – mod., dr. *Dommages* et intérêts* ou *dommages-intérêts.* **2.** Revenu dû par l'emprunteur au prêteur. *Prêt à intérêt. Le taux de l'intérêt.* – Ce que rapporte un capital placé. → **dividende.** – Argent investi par qqn. *Avoir des intérêts dans une affaire.* **3.** Ce qui importe, ce qui convient (à qqn, un groupe). *Les intérêts privés et l'intérêt général. Agir dans, contre son intérêt. Avoir intérêt à* (faire qqch.). → **avantage.** – loc. fam. *Y a intérêt,* c'est évident, nécessaire. **4.** Recherche d'un avantage personnel. *Il ne voit que son intérêt.* **II.** (domaine intellectuel) **1.** Attention favorable que l'on porte à qqn, part que l'on prend à ce qui le concerne. *Témoigner de l'intérêt à qqn. Une marque, un témoignage d'intérêt.* **2.** État de l'esprit qui prend part à ce qu'il trouve digne d'attention, à ce qu'il juge important. *Éveiller l'intérêt d'un auditoire.* → **attention. 3.** Qualité de ce qui est intéressant. *Histoire pleine d'intérêt. C'est sans intérêt.*

▶ Au nom de l'idée que le temps appartient à Dieu, certaines religions (catholicisme, islam) ont longtemps freiné le versement d'**intérêts** (I, 2) en contrepartie du prêt d'argent. L'intérêt est versé par le débiteur au créancier. Le taux d'intérêt est le rapport entre le montant des intérêts dus pour une année et la somme prêtée. Si le rapport est constant, le taux est fixe ; dans le cas contraire, il est variable. Le taux d'intérêt nominal constitue le taux apparent de l'opération (sans tenir compte de l'évolution du niveau des prix qui peut modifier le pouvoir d'achat des sommes en jeu) ; le taux d'intérêt réel est égal au taux nominal moins le taux d'inflation anticipé (relation de Fisher). Le taux d'intérêt constitue une variable-clé en économie. Selon Keynes, il représente le prix de la renonciation aux opportunités offertes par la liquidité de la monnaie. Selon les néoclassiques, il est le prix du capital ; il permet d'ajuster l'offre de fonds prêtable (épargne) et la demande de fonds (investissement).
voir aussi **épargne, inflation**

interethnique adj. didact. Qui concerne les relations, les rapports entre communautés ethniques différentes. *Affrontements interethniques.*

interface n. f. (mot anglais, de *inter-* → **inter-** et *face* « surface », même origine que le français *face*) **1.** Limite commune à deux systèmes, deux ensembles, deux appareils. **2.** inform. Dispositif qui permet la communication entre deux éléments d'un système informatique. *Interface graphique.* **3.** fig. → **liaison.** *Assurer l'interface avec un client.* □ adj. **interfacial, ale, aux** □ **interfacer** v. tr. < 3 >

interfécond, onde adj. biol. Dont le croisement peut assurer la reproduction (de deux espèces différentes). *Le cheval et l'âne sont interféconds.* □ n. f. **interfécondité**

interférence n. f. (de l'anglais → **interférer**) **1.** Superposition de deux phénomènes vibratoires de fréquences voisines ; effet qui en résulte. *Interférences sonores.* **2.** Intervention contradictoire, immixtion. *Interférences des phénomènes politiques et économiques.* □ adj. **interférentiel, ielle**

interférent, ente adj. (anglais *interferent* → **interférer**) phys. Qui contribue au phénomène de l'interférence. *Rayons interférents.*

interférer v. intr. < 6 > (anglais *to interfere*, de l'ancien français *s'entreferir*, de *entre* et *férir** « frapper ») **1.** Produire des interférences. *Vibrations, ondes qui interfèrent.* **2.** (actions simultanées) Se faire tort, se gêner. *Leurs initiatives risquent d'interférer.*

interféromètre n. m. (du radical de *interférence* et *-mètre*) phys. Instrument permettant de mesurer des distances par l'utilisation des phénomènes d'interférence. □ n. f. **interférométrie** □ adj. **interférométrique**

interféron n. m. (de l'anglais, de *interference*) biochim. Sécrétion cellulaire à la suite d'une infection virale, inhibant la reproduction de virus d'espèces différentes.

interfluve n. m. (mot anglais, de *inter-* et du latin *fluvius* « fleuve ») géogr. Relief qui sépare des vallées.

intergalactique adj. Situé entre des galaxies. *L'espace intergalactique.* – (contexte de la fiction) *Vaisseau, voyage intergalactique.*

intergénérationnel, elle adj. Qui se produit, concerne les relations entre les générations.

interglaciaire adj. géol. Qui sépare deux périodes glaciaires. – Formé au cours d'une telle période. *Les lœss, formations interglaciaires.*

intergouvernemental, ale, aux adj. Qui concerne plusieurs gouvernements.

intergroupes adj. polit. Qui réunit plusieurs groupes parlementaires pour étudier un problème. *Réunion intergroupes.* - var. RO **intergroupe.**

intérieur, eure (latin *interior*, comparatif de *inter* → **entre, inter-**) **I. adj. 1.** Qui est au-dedans, tourné vers le dedans (opposé à *extérieur*). → [1]**interne.** *Une mer intérieure. La poche intérieure d'un vêtement.* **2.** Qui concerne un pays, indépendamment de ses relations avec les autres pays. *La politique intérieure.* **3.** Qui concerne la vie psychologique, qui se passe dans l'esprit. *La vie intérieure. For* intérieur.* – *Monologue intérieur* (en littérature). **II. n. m. 1.** Espace compris entre les limites (d'une chose). → **dedans.** *L'intérieur d'une boîte.* absolt *Attendez-moi à l'intérieur* (de la maison). **2.** Habitation considérée surtout dans son aménagement. → **chez-soi, foyer.** *Un intérieur confortable.* – *Femme, homme d'intérieur,* qui se plaît à tenir sa maison ou à y rester. **3.** Espace compris entre les frontières d'un pays ; vie, politique du pays dans ses frontières. *Le ministère de l'Intérieur.* – *L'intérieur d'un groupe, d'une communauté. Voir les choses de l'intérieur,* en tant que participant. **4.** sports → **inter.**

Intérieure (mer) voir **Seto Naikai**

intérieurement adv. **1.** Au-dedans. *Porte verrouillée intérieurement,* de l'intérieur. **2.** Dans l'esprit, dans le cœur. *Pester intérieurement,* à part soi. → **in petto.**

intérim [ɛ̃teʀim] n. m. (latin *interim* « pendant ce temps ») Intervalle de temps pendant lequel une fonction vacante est exercée par une autre personne que le titulaire ; exercice d'une fonction pendant ce temps. *Assurer un intérim, des intérims. Président par intérim.* – Travail temporaire. *Agence d'intérim.*

intérimaire adj. **1.** Relatif à un intérim ; qui assure l'intérim. *Ministre intérimaire.* **2.** *Travail intérimaire.* → **temporaire.** *Personnel intérimaire.* – **n.** *Un, une intérimaire.*

interindividuel, elle adj. (de *inter-* et *individu*, d'après *individuel*) didact. Qui concerne les relations entre individus. *Psychologie interindividuelle.*

intérioriser v. tr. < 1 > (de *intérieur*, d'après *extérioriser*) **1.** Garder (une émotion) pour soi. **2.** psych. Ramener au moi, faire sien. – au p. p. *Un conflit intériorisé.* □ n. f. **intériorisation**

intériorité n. f. (de *interior*, forme ancienne de *intérieur*) Caractère de ce qui est intérieur (I, 3), intime et non exprimé.

interjectif, ive adj. (de *interjection*) ling. Relatif à l'interjection, de la nature d'une interjection.

interjection n. f. (latin *interjectio*, de *interjicere*, famille de *jacere* « jeter ») Mot invariable pouvant être employé isolément pour traduire une attitude affective de la personne qui s'exprime (ex. ah !, oh !, zut !). → **exclamation.**

interjeter v. tr. < 4 > (de *inter-* et *jeter*, d'après le latin *interjicere* → **interjection**) dr. Introduire, faire intervenir (un appel). *Interjeter appel.*

Interlaken Ville de Suisse (canton de Berne), située entre le lac de Thoune et le lac de Brienz. 5 120 habitants. Tourisme.

interleukine n. f. (de *inter-*, du grec *leukos* « blanc » et *kinein* « mouvoir » → **cinéma, cinétique**) biochim. Protéine sécrétée par les lymphocytes, activant la réaction immunitaire.

interlignage n. m. imprim. Action, manière d'interligner.

interligne n. m. Espace qui est entre deux lignes écrites ou imprimées. → [2]**blanc, interlignage.** *Interligne simple, double.*

interligner v. tr. < 1 > **1.** Écrire dans les interlignes. **2.** Séparer par des interlignes. – au p. p. *Texte interligné.*

interlock n. m. (mot anglais, de *to interlock* « entrecroiser ») Tissu indémaillable identique sur les deux faces.

interlocuteur, trice n. (→ **locuteur**) **1.** Personne qui parle, converse avec une autre. « *À défaut d'interlocuteur, elle se parlait à elle-même* » (Léon Bloy). **2.** Personne avec laquelle on peut engager une négociation, une discussion. *Un interlocuteur valable.*

interlocutoire adj. (du latin → **interloquer**) dr. Se dit des jugements *avant dire droit* qui, avant de se prononcer sur le fond, ordonnent des mesures pour compléter l'instruction de l'affaire.

interlope adj. (anglais *interloper* n., de *to interlope* v., d'une forme dialectale de *to leap* « sauter ») **1.** Dont l'activité n'est pas légale. *Un commerce interlope.* → **illégal. 2.** D'apparence suspecte. « *Le monde interlope des femmes équivoques* » (Balzac). *Un bar interlope.* → [1]**louche.**

interloquer v. tr. < 1 > (du latin, de *loqui* « parler » → **locution**) Rendre (qqn) interdit (II). → **décontenancer.** *Cette remarque l'a interloqué.* ■ **interloqué, ée** adj. (plus cour.) Déconcerté, interdit.

interlude n. m. (mot anglais, du latin médiéval, de *ludus* « jeu » → **ludique**) **1.** Petit intermède dans un programme de radio, de télévision, de spectacle. **2.** Courte pièce musicale exécutée entre deux autres plus importantes. **3.** fig. Épisode (entre deux périodes).

intermède n. m. (italien *intermedio*, du latin *intermedius*, de *medius* « moyen » → [1]**médium**) **1.** Divertissement entre les actes d'une pièce de théâtre, les parties d'un spectacle. *Intermède en musique* (→ **intermezzo**). **2.** Ce qui interrompt momentanément une activité. → **interruption.**

intermédiaire (du latin *intermedius* → **intermède**) **I. adj.** Qui, étant entre deux termes, forme une transition ou assure une communication. *Choisir une solution intermédiaire.* → **compromis. II. 1. n. m.** Terme, état intermédiaire. *Sans intermédiaire* : directement. – *Par l'intermédiaire de,* par l'entremise*, le moyen de. **2. n.** Personne qui met en relation deux personnes ou deux groupes. → **facilitateur, médiateur.** *Servir d'intermédiaire dans une négociation.* – Personne qui intervient dans un circuit commercial (entre le producteur et le consommateur).

intermédiation n. f. (anglais *intermediation*) **1.** fin. Fonction des intermédiaires financiers qui consiste à recueillir des ressources et à les mettre à la disposition des tiers (prêts). **2.** rare Fonction, rôle d'intermédiaire.

intermétallique adj. techn. *Composé intermétallique,* formé de deux ou plusieurs métaux.

intermezzo [ɛ̃tɛʀmɛdzo] n. m. (mot italien, de *mezzo* « à demi », du latin *medius* → intermède) Intermède musical. *Des intermezzos* ou *des intermezzi* (plur. italien).

interminable adj. (de *in-* et *terminer*) Qui n'a pas ou ne semble pas avoir de terme, de limite (dans l'espace ou dans le temps). *Une file interminable.* – *Un discours interminable,* trop long.

interminablement adv. Sans fin.

interministériel, elle adj. Commun à plusieurs ministres ou ministères. *Une conférence interministérielle.*

intermittence n. f. (→ intermittent) Caractère intermittent, arrêt momentané. *Par intermittence,* irrégulièrement, par accès. *Travailler par intermittence,* par périodes.

intermittent, ente adj. (latin *intermittens,* p. prés. de *intermittere,* de *mittere* → mettre) **1.** Qui s'arrête et reprend par intervalle. → **discontinu, irrégulier.** *Pouls intermittent.* – plur. *Bruits, cris intermittents.* **2.** Qui exerce une activité professionnelle par périodes. *Travailleurs intermittents.* – n. *Les intermittents du spectacle.*

intermodal, ale, aux adj. Qui fait intervenir, concerne plusieurs modes de transport (air, eau, rail, route). *Terminal intermodal.*

intermoléculaire adj. phys., chim. Qui se trouve entre les molécules d'un corps ; qui s'effectue entre les molécules. *Relations intermoléculaires.*

internaliser v. tr. < 1 > (de *interne,* probablt par l'anglais *to internalize*) écon. Intégrer, dans les charges d'une entreprise, des coûts secondaires résultant de son activité (ex. nuisances, pollution). □ n. f. **internalisation**

internat n. m. (de *interne*) **1.** État d'élève interne ; temps que dure cet état. – École où vivent des internes. → **pensionnat.** *Surveillant d'internat.* **2.** Fonction d'interne des hôpitaux. *Concours d'internat.*

international, ale, aux adj. (de *national*) **1.** Qui a lieu de nation à nation, entre plusieurs nations ; qui concerne les rapports entre nations. *La politique internationale. Les organismes internationaux* (ONU, Unesco, etc.). ■ en sports *Rencontre internationale.* **2.** (personnes) *Fonctionnaire international.* – *Joueur, sportif international.* n. *Un international.* **3.** n. f. *L'Internationale* : groupement de prolétaires de diverses nations, unis pour défendre leurs revendications communes. **4.** n. m. *L'international* : le marché international, l'étranger. □ adv. **internationalement**

Internationale n. f. Organisation des partis ouvriers ayant pour but l'avènement du socialisme. Il y eut quatre Internationales. ■ **Ire Internationale** (Association internationale des travailleurs). Fondée en 1864 et dissoute en 1876, elle adopta les idées de Karl Marx. ■ **IIe Internationale.** Fondée en 1889, elle s'orienta vers la démocratie parlementaire. ■ **IIIe Internationale** (ou Komintern). Fondée par Lénine en 1919, en réaction contre la IIe Internationale, elle fut dissoute par Staline en 1943. ■ **IVe Internationale.** Fondée par Trotski en 1938, elle tenta de coordonner les opposants à Staline.

▶ Depuis le XIXe siècle, quatre organisations de partis ouvriers ou socialistes appelées « **Internationale** » ont vu le jour ; deux d'entre elles existent encore.
L'Association internationale des travailleurs, dite *Première Internationale,* fortement marquée dès ses débuts par les idées de Karl Marx, fut créée à Londres en 1864. Elle réunit les proudhoniens, les blanquistes et des positivistes anglais. En 1867, les anarchistes de Bakounine la rejoignent mais en sont exclus dès 1872. Elle est dissoute en 1876.
Quelques années plus tard, en 1889, les partis socialistes ou sociaux-démocrates européens se regroupent dans une Internationale ouvrière, qui sera appelée par la suite *Deuxième Internationale,* sous l'impulsion notamment de Friedrich Engels. Au cours de la Première Guerre mondiale, des conflits éclatent entre les représentants des partis socialistes ayant majoritairement voté des crédits militaires à leurs gouvernements tout en se voulant pacifistes, et une minorité révolutionnaire, conduite par Lénine, qui appelle à la « transformation de la guerre capitaliste en guerre civile ». Dissoute en 1939, elle est reconstituée en 1951 sous le nom d'*Internationale socialiste,* regroupant toujours des partis socialistes ou sociaux-démocrates qui acceptent le jeu démocratique.
La *Troisième Internationale* ou Komintern fut fondée par Lénine en 1919. Réunissant les partis communistes de tous les pays, elle prône un mouvement révolutionnaire mondial. Le Parti communiste russe s'en sert essentiellement pour imposer son hégémonie aux autres. En 1943, elle est supprimée par Staline.
La *Quatrième Internationale* fut créée par des dissidents de la Troisième Internationale en 1938. Regroupant des partis et organisations révolutionnaires d'inspiration trotskiste, elle est toujours active.
voir aussi **marxisme, léninisme, socialisme**

Affiche russe de propagande pour la IIIe Internationale (1920).

internationaliser v. tr. < 1 > Rendre international. *Internationaliser un conflit.* – Mettre (une zone) sous régime international. □ n. f. **internationalisation**

Internationale (l') n. f. Hymne révolutionnaire écrit par E. Pottier (1871) et mis en musique par P. Degeyter. Hymne national soviétique jusqu'à la Seconde Guerre mondiale, il demeure l'hymne international des partis socialistes et communistes.

internationalisme n. m. Doctrine préconisant l'union internationale des peuples, par-delà les frontières. □ adj. et n. **internationaliste**

internationalité n. f. didact. Caractère de ce qui est international.

International Standard Organization (ISO) Organisme international de normalisation, créé à Genève en 1947. Il est chargé d'établir les normes à l'échelle internationale.

International Thermonuclear Experimental Reactor (ITER) Projet de réacteur expérimental qui utilise la fusion thermonucléaire. Il associe l'Union européenne, les États-Unis, la Russie, le Japon, la Chine, l'Inde et la Corée du Sud. Il est implanté en France près de Cadarache.

internaute n. (→ -naute) Utilisateur, utilisatrice d'Internet.

[1]interne (latin *internus,* famille de *inter* → entre ; entrailles) **I.** adj. **1.** didact. Qui est situé en dedans, est tourné vers l'intérieur (s'oppose à *externe*). → **intérieur.** *La face interne de la cuisse.* **2.** Qui appartient au dedans. *Glandes endocrines à sécrétion interne. Structure interne. Décision interne* (dans un groupe, un organisme). – *En interne* loc. adv. : avec ses propres ressources. **II.** n. Élève logé(e) et nourri(e) dans l'établissement scolaire qu'il (elle) fréquente. → **pensionnaire.** ■ Étudiant(e) en médecine reçu(e) au concours de l'internat, qui lui permet d'être attaché(e) à un hôpital.

[2]interne adj. (anglais *internal*) anglic. *Médecine interne* (proprement dite, sans autres activités : chirurgie, etc.) : médecine générale, dans les hôpitaux (exercée par des *internistes*).

interné, ée adj. Enfermé (spécialt pour troubles mentaux). – n. *Le pavillon des internés.*

internégatif, ive adj. et n. cinéma, photogr. Film négatif, copie du négatif original, duquel on tire les copies en série.

internement n. m. Action d'interner (qqn) ; le fait d'être interné. *Camp d'internement.*

interner v. tr. < 1 > (de *interne*) Enfermer par mesure administrative (des réfugiés, des étrangers...). ■ Hospitaliser sans son consentement une personne dans un hôpital psychiatrique.

Internet [ɛ̃tɛʀnɛt] n. m. (n. propre forgé en anglais, de *international network*) Réseau informatique mondial. *Chercher sur Internet, l'internet.* → aussi **web.** *Sites Internet.*

▶ Né dans les laboratoires du Département de la Défense des États-Unis en 1969, Arpanet, ancêtre d'**Internet**, le « réseau des réseaux », devait constituer un moyen de communication assez robuste pour résister à une attaque nucléaire. Son créateur Paul Baran avait imaginé de scinder l'information en « paquets », chacun d'entre eux trouvant son chemin parmi une multitude de routes disponibles.
Souvent confondu avec le World Wide Web, qui n'est qu'une de ses applications possibles, Internet désigne le réseau entier, constitué d'un ensemble de sous-réseaux interconnectés, eux-mêmes constitués d'ordinateurs reliés entre eux qui utilisent le même protocole d'échange de données. La rapidité des échanges et les capacités de stockage augmentent peu à peu, si bien qu'Internet permet aujourd'hui, de chaque point du réseau, librement et presque instantanément, l'envoi ou la réception de données et donc l'échange d'informations, d'idées, de connaissances et de compétences à travers le monde.
Ces évolutions font désormais d'Internet un outil informatif et éducatif d'une puissance extraordinaire ; elles ont toutefois placé sur le devant de la scène la question de la validité des contenus trouvés sur le Web, laquelle doit toujours être considérée avec prudence. Subsiste aussi le risque de la fracture numérique, qui désigne le clivage entre les populations ayant ou non accès au réseau Internet, et le problème de la neutralité du Web qui pourrait être menacée par le contrôle des installations matérielles indispensables (au « routage » des données) par quelques opérateurs privés.
voir aussi **télécommunications, informatique, ordinateur, Web**

internonce n. m. (mot italien, du latin ecclés. *internuncius* → nonce) relig. Prélat qui fait fonction de nonce dans un pays où il n'y en a pas.

interocéanique adj. didact. Qui est, se fait entre deux océans. *Le canal de Panamá est interocéanique.*

intéroceptif, ive adj. (anglais *interoceptive*) physiol. Se dit de la sensibilité dont les stimulus proviennent de l'organisme même. - contr. **extéroceptif, proprioceptif.**

interopérabilité n. f. **1.** Capacité de systèmes, unités, matériels à opérer ensemble. **2.** inform., télécomm. Possibilité de communication entre deux ou plusieurs systèmes, appareils ou éléments informatiques.

interosseux, euse adj. anat. Situé entre deux os ou deux parties d'un os. *Crête interosseuse. Muscle interosseux.*

interpellateur, trice n. Personne qui interpelle.

interpellation n. f. **1.** Action d'interpeler. → **apostrophe. 2.** Demande d'explications adressée au gouvernement par un membre du Parlement en séance publique. **3.** dr. Sommation d'avoir à répondre. → **interpeler** (I, 3).

interpeler < 4 > ou **interpeller** [ɛ̃tɛʀpəle] v. tr. < 1 > (du latin, de *pellere* « pousser » → **pulsion**) **I. 1.** Adresser la parole brusquement à (qqn) pour demander qqch. → **apostropher. 2.** Adresser une interpellation à (un ministre). **3.** dr. Questionner (un suspect) sur son identité. *La police a interpelé une trentaine de manifestants.* **II.** (sujet chose) critiqué Susciter un écho chez (qqn), avoir un intérêt psychologique pour (qqn). *Ce problème m'interpelle.*

s'interpénétrer v. pron. < 6 > didact. Se pénétrer réciproquement. → **s'entremêler, s'imbriquer.** □ n. f. **interpénétration**

interpersonnel, elle adj. didact. Qui a lieu entre les individus. *Relations interpersonnelles.*

interphase n. f. biol. Période entre deux divisions successives de la cellule.

interphone n. m. (n. déposé ; de l'anglais, de *inter* et *telephone*) Appareil de communication téléphonique utilisant un réseau interne. *Parler à qqn par l'interphone.*

interplanétaire adj. Qui est, a lieu entre les planètes. *Espaces ; voyages interplanétaires.*

Interpol n. m. Organisation internationale de la police criminelle, créée en 1923 en Europe pour coordonner la coopération des polices criminelles. Interpol regroupe 194 pays.

interpolation n. f. (du latin → **interpoler**) Action d'interpoler ; son résultat. *Texte modifié par des interpolations.*

interpoler v. tr. < 1 > (du latin, de *polire* → **polir**) **1.** Introduire dans un texte, par erreur ou par fraude (des mots ou des phrases n'appartenant pas à l'original). – au p. p. *Passages interpolés et postérieurs.* **2.** Intercaler dans une série de valeurs ou de termes connus (des termes et valeurs intermédiaires).

interposer v. tr. < 1 > (latin *interponere*, d'après *poser*) **1.** Poser entre deux choses. *Interposer un écran entre une source lumineuse et l'œil.* **2.** Faire intervenir. *Interposer son autorité, un médiateur.* ■ **s'interposer** v. pron. *S'interposer dans une dispute,* intervenir pour y mettre fin. → **s'entremettre.** ■ **interposé, ée** adj. *Objets interposés.* – *Par personnes interposées :* avec des intermédiaires.

interpositif n. m. cinéma, photogr. Copie positive établie à partir d'un négatif original.

interposition n. f. Action d'interposer, de s'interposer.

interprétable adj. Qu'on peut interpréter. *Message difficilement interprétable.*

interprétariat n. m. (de *interprète*) Fonction, métier, activité de l'interprète (2). → **interprétation.**

interprétatif, ive adj. didact. Qui est destiné à interpréter, à préciser le sens de qqch.

interprétation n. f. **1.** Action d'expliquer, de révéler la signification d'une chose obscure ; son résultat. → **explication.** *Interprétation d'un texte. L'interprétation des rêves.* → **déchiffrage, lecture. 2.** Action d'interpréter (2). *Les diverses interprétations d'un même fait. Une erreur d'interprétation.* **3.** Action d'interpréter (3). *Interprétation simultanée,* qui se fait à mesure. **4.** Façon dont une œuvre dramatique, musicale est jouée, exécutée. → **exécution.**

interprète n. (latin *interpres, interpretis,* de *inter* et du radical de *pretium* « prix ») **1.** Personne qui explique, éclaircit le sens (d'un texte, d'un rêve, etc.). ■ fig. (choses) *Les yeux, interprètes du cœur.* → **expression. 2.** Personne qui donne oralement l'équivalent en une autre langue (→ **traducteur**) de ce qui est dit. *Servir d'interprète.* → **truchement.** *École d'interprètes* (→ **interprétariat**). *Interprète de conférence.* **3.** Personne qui fait connaître les sentiments, les volontés d'une autre. → **porte-parole.** *Soyez mon interprète auprès de lui.* **4.** Acteur, musicien qui interprète (4). *Un interprète du rôle de don Juan.*

interpréter v. tr. < 6 > (latin *interpretari*, de *interpres* → **interprète**) **1.** Expliquer (un texte, un rêve, un acte, un phénomène, etc.) en rendant clair ce qui est obscur. → **commenter.** *Interpréter un vers d'après le contexte.* **2.** Trouver un sens à (qqch.), tirer une signification de. *On peut interpréter son attitude de plusieurs façons.* **3.** Traduire oralement en tant qu'interprète (2). **4.** Jouer (une œuvre) de manière à exprimer le contenu. *Interpréter une pièce, un rôle ; une sonate.*

interpréteur n. m. (anglais *interpreter*) anglic., inform. Programme de traduction d'un langage évolué. → aussi **assembleur, compilateur.**

interprofession n. f. Ensemble de professions d'une branche, d'un secteur économique.

interprofessionnel, elle adj. Commun à plusieurs professions.

interprovincial, ale, aux adj. Qui concerne plusieurs provinces (en Belgique, au Canada). *Migration interprovinciale.*

interracial, iale, iaux [ɛ̃tɛʀʀasjal, jo] adj. Qui se produit entre personnes de races (III, 1) différentes. *Mariage interracial.* → **mixte.**

interrégional, ale, aux adj. Commun à plusieurs régions, qui concerne plusieurs régions.

interrègne [ɛ̃tɛʀʀɛɲ] n. m. Temps qui s'écoule entre deux règnes ; intervalle pendant lequel un État est sans chef.

Interrègne (Grand) Période de l'histoire de l'empire d'Allemagne (1250-1273), entre la mort de Frédéric II et l'élection de Rodolphe Ier de Habsbourg.

interrogateur, trice (du latin → **interroger**) **1.** n. Personne qui fait subir une interrogation orale à un candidat. → **examinateur. 2.** adj. Qui contient une interrogation. → **interrogatif.** *Un regard, un air interrogateur.*

interrogatif, ive adj. (du latin → **interroger**) **1.** Qui exprime l'interrogation. → **interrogateur** (2). *Une intonation interrogative.* **2.** gramm. Qui sert à interroger. *Pronoms interrogatifs* (ex. lequel), *adjectifs interrogatifs* (ex. quel), *adverbes interrogatifs* (ex. combien, où). – n. f. Proposition interrogative. □ adv. **interrogativement**

interrogation n. f. (du latin → **interroger**) **1.** Action de questionner, d'interroger (qqn). – Question ou ensemble de questions que l'on pose à un élève, à un candidat. → **épreuve.** *Interrogation écrite, orale.* **2.** Acte de langage par lequel on pose une question ou

Internet

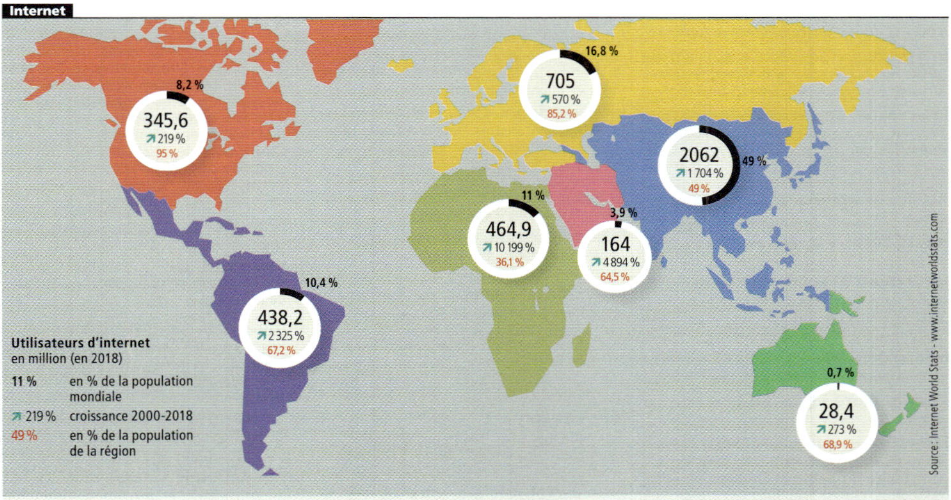

En 2018, on estimait à plus de 4 milliards le nombre d'internautes dans le monde, soit 53 % de la population mondiale (tous âges confondus).

on implique un doute ; type de phrase qui correspond à l'interrogation directe. *Interrogation directe* (ex. quelle heure est-il ?), *indirecte* (ex. je me demande quelle heure il est). – *Point d'interrogation* (?). loc. *C'est un point d'interrogation,* une question non résolue.

interrogatoire n. m. (du latin → interroger) Questions posées à qqn pour connaître la vérité dans une affaire juridique. *Procéder à un interrogatoire.* – Ensemble de questions systématiques posées à qqn. *Interrogatoire clinique.*

interroger v. tr. < 3 > (latin *interrogare,* de *rogare* « poser une question » → rogatoire) **1.** Questionner (qqn), avec l'idée qu'il doit une réponse. *La police interroge les témoins.* – au p. p. *Les candidats interrogés par l'examinateur.* – pronom. *S'interroger :* se poser des questions. ■ par ext. *Interroger une base de données.* **2.** Examiner avec attention (qqch.) pour trouver une réponse à des questions. *L'expérimentateur interroge les faits. Interroger le ciel. Interroger le passé.* □ **interrogeable** adj. *Répondeur interrogeable à distance.*

interrompre v. tr. < 41 > (ancien français *entrerompre,* latin *interrumpere,* de *rumpere* → rompre) **1.** Rompre (qqch.) dans sa continuité. → **arrêter, couper, suspendre.** *Il a dû interrompre ses études. Interrompre un voyage.* **2.** Empêcher (qqn) de continuer ce qu'il est en train de faire. **3.** Couper la parole à. *Ne m'interrompez pas tout le temps.* ■ **s'interrompre** v. pron. S'arrêter (de faire qqch., de parler...). *S'interrompre dans son travail.*

interrupteur n. m. (latin *interruptor* « celui qui interrompt » → interrompre) **1.** rare Celui qui interrompt qqn (personne, chose). **2.** Dispositif permettant d'interrompre et de rétablir le passage du courant électrique dans un circuit. → **commutateur, disjoncteur.**

interruption n. f. (du latin → interrompre) **1.** Action d'interrompre ; état de ce qui est interrompu. → **arrêt, coupure, suspension.** *L'interruption des communications. Sans interruption,* sans arrêt. – spécialt *Interruption volontaire de grossesse.* → **IVG. 2.** Action d'interrompre qqn. *Vives interruptions sur les bancs de l'opposition.* □ adj. **interruptif, ive**

intersaison n. f. Espace de temps entre deux saisons commerciales, sportives, touristiques, etc. □ adj. **intersaisonnier, ière**

intersection n. f. (du latin, de *sectio* → section) Rencontre, lieu de rencontre (de deux lignes, de deux surfaces, ou de deux volumes qui se coupent). *À l'intersection des deux routes.*

intersession n. f. Temps qui sépare deux sessions consécutives (d'une assemblée).

intersexe n. et adj. didact. n. m. État d'une personne intersexuée. ■ n. Cette personne. *Un, une intersexe.* – adj. *Enfants intersexes.*

intersexué, ée n. et adj. biol. Individu présentant des caractères sexuels mâles et femelles. – spécialt Individu dont les caractères sexuels ne correspondent pas aux critères médicaux du sexe masculin ou féminin. → **intersexe.** ■ adj. *Enfants intersexués.*

intersidéral, ale, aux adj. Qui est situé, se passe entre les astres. *Vide intersidéral.*

intersigne n. m. Relation apparaissant entre deux faits simultanés (par télépathie, seconde vue), dont l'un est considéré comme le signe de l'autre.

interspécifique adj. biol. Qui concerne deux espèces différentes et leurs relations.

interstellaire adj. Qui est situé entre les étoiles. *Espaces interstellaires.*

interstice n. m. (latin *intersticium,* de *interstare,* de *stare* → station) Très petit espace vide (entre les parties d'un corps ou entre différents corps). *Les interstices entre des planches.*

interstitiel, ielle [ɛ̃tɛʀstisjɛl] adj. (de *interstice*) anat. Qui est situé dans les interstices (d'un tissu). *Liquide interstitiel.* – méd. Qui atteint le tissu conjonctif de soutien. *Pneumonie interstitielle.*

intersubjectivité n. f. philos. Relation entre deux sujets, deux personnes. □ adj. **intersubjectif, ive**

intersyndical, ale, aux adj. Qui concerne, réunit plusieurs syndicats. – n. f. *Une intersyndicale :* réunion groupant des délégués de plusieurs syndicats.

intertextualité n. f. (de *inter-* et *textuel*) didact. Ensemble des relations existant entre plusieurs textes (notamment littéraires). □ adj. **intertextuel, elle**

intertidal, ale, aux adj. (anglais *intertidal,* de *tide* « marée ») didact. *Zone intertidale :* zone d'oscillation des marées (entre les plus basses et les plus hautes). → **estran ; intercotidal.**

intertitre n. m. **1.** journalisme Titre de paragraphe ou d'une partie de texte. **2.** cinéma Texte inséré entre les plans ou les séquences filmés. *Les intertitres des films muets.*

intertrigo n. m. (mot latin, radical *tritum,* de *terere* « frotter ») méd. Inflammation des plis cutanés.

intertropical, ale, aux adj. géogr. Qui est situé entre les tropiques.

interurbain, aine adj. Qui assure les communications entre des villes. – n. m. anciennt Téléphone interurbain.

intervalle n. m. (latin *intervallum,* de *vallus* « pieu ») **1.** Distance d'un point à un autre, d'un objet à un autre. → **espacement.** *Bornes placées à trois mètres d'intervalle,* tous les trois mètres. **2.** Écart entre deux sons, mesuré par le rapport de leurs fréquences. *Intervalles de tierce, de quarte.* **3.** Espace de temps qui sépare deux époques, deux faits. *Un intervalle d'une heure. À intervalles rapprochés, à longs intervalles. Dans l'intervalle, pendant cet intervalle.* → **entre-temps.** ***Par intervalles :*** de temps à autre (→ par moments*). **4.** math. Ensemble des nombres compris entre deux nombres donnés.

intervenant, ante n. Personne qui prend la parole au cours d'un débat, d'une discussion.

intervenir v. intr. < 22 > (latin *intervenire,* de *venire* → venir) **1.** Arriver, se produire au cours d'un procès, d'une affaire. *Un accord est intervenu entre la direction et les grévistes.* **2.** (personnes) Prendre part à une action, à une affaire en cours. *Elle est intervenue en votre faveur.* → **intercéder.** – absolt Entrer en action. *La police est prête à intervenir.* **3.** (choses) Agir, jouer un rôle. *Plusieurs facteurs interviennent dans le processus.*

intervention n. f. (du latin → intervenir) **1.** Action d'intervenir. *L'intervention de l'État.* – *Politique d'intervention* (dans les affaires d'un pays étranger). → **ingérence.** *Forces d'intervention de l'ONU. Intervention militaire.* → [1]**action, opération. 2.** Acte chirurgical. *Subir une intervention.* → **opération.**

interventionnel, elle adj. méd. Se dit d'un traitement associé aux techniques d'imagerie ou d'endoscopie.

interventionnisme n. m. Doctrine qui préconise l'intervention de l'État dans le domaine économique. → **dirigisme.** – Politique d'intervention d'une nation dans les affaires internationales, dans un conflit où elle n'est pas impliquée. □ adj. et n. **interventionniste**

interversion n. f. (du latin → intervertir) Renversement de l'ordre naturel, habituel ou logique. *Interversion de deux lettres dans un mot.*

intervertébral, ale, aux adj. Qui se trouve entre deux vertèbres.

intervertir v. tr. < 2 > (latin *intervertire,* de *vertere,* supin *versum* → version ; convertir, inverse, inverti) Déplacer (les éléments d'un tout, d'une série) en renversant l'ordre, en mettant les éléments chacun à la place de l'autre. *Intervertir l'ordre des mots.* – *Intervertir les rôles,* adopter vis-à-vis d'une autre personne l'attitude qui lui est normalement réservée.

interview [ɛ̃tɛʀvju] n. f. (mot anglais, de *inter* et *view* « vue », du moyen français *entreveue* → entrevue) anglic. Entrevue au cours de laquelle un journaliste interroge une personne dans l'intention de publier une relation de l'entretien ; cette relation. *Demander, accorder une interview.*

interviewer [ɛ̃tɛʀvjuve] v. tr. < 1 > anglic. Soumettre (qqn) à une interview. *Interviewer un acteur.*

intervieweur, euse [ɛ̃tɛʀvjuvœʀ, øz] n. Journaliste spécialisé(e) dans les interviews. *« Le rôle d'un interviewer, c'est de forcer l'intimité »* (Gide). - var. **interviewer n. m.**

intervocalique adj. phonét. Placé entre deux voyelles. *Consonne intervocalique.*

intestat adj. invar. (latin *intestatus,* de *testatus* → testament, [2]tester) Qui n'a pas fait de testament. *Elle est morte intestat.*

[1]**intestin, ine** adj. (du latin, de *intus* « au-dedans ») (surtout au fém.) Qui se passe à l'intérieur d'un groupe social. → **intérieur,** [1]**interne.** *Luttes, guerres intestines.*

[2]**intestin** n. m. (latin *intestinum,* neutre → [1]intestin) Partie du tube digestif qui fait suite à l'estomac. *L'intestin, les intestins.* → **entrailles.** *L'intestin grêle* (→ **duodénum**) *et le gros intestin.* □ **intestinal, ale, aux** adj. *Flore intestinale.*

Intifada n. f. Soulèvement populaire palestinien contre la présence israélienne dans les territoires occupés de Palestine. Au prix de nombreuses victimes, la *première Intifada* (1987) a conduit l'Organisation de libération de la Palestine (OLP) et Israël à signer en 1993 un accord de principe sur l'autonomie des territoires occupés. La *deuxième Intifada* (2000-2005) fut particulièrement meurtrière.

intime adj. (latin *intimus,* superlatif de *interior* → intérieur) **1.** littér. Qui correspond à la réalité profonde, à l'essence (d'un être conscient). → **profond.** *Avoir l'intime conviction de qqch.* ■ par ext. *« Nous ne pénétrerons jamais dans la structure intime des choses »* (Buffon). **2.** Qui lie étroitement, par ce qu'il y a de plus profond. *Avoir des relations intimes avec une personne,* être très étroitement lié avec elle. – spécialt De nature sexuelle. *Rapports, relations intimes.* ■ (personnes) Très uni. → **proche.** *Être intime avec qqn. Amie intime.* – n. *Une réunion entre intimes.* **3.** Qui est tout à fait privé et généralement tenu caché aux autres (opposé à *public*). *La vie intime,* celle que les autres ignorent. → **personnel, privé.** *Journal intime.* ■ Qui concerne les parties génitales. *Toilette intime.* **4.** Qui crée ou évoque l'intimité. *Une petite fête intime.*

intimé, ée adj. dr. Assigné en justice. – n. Défendeur en appel (opposé à *appelant*).

intimement adv. **1.** Très profondément. *J'en suis intimement persuadé.* **2.** Étroitement. *Personnes intimement liées.*

intimer v. tr. < 1 > (latin *intimare* « introduire », puis « faire savoir », de *intimus* → intime) Signifier (qqch. à qqn) avec autorité. → **enjoindre, notifier.** *Elle m'a intimé l'ordre de rester.* □ n. f. **intimation**

intimidant, ante adj. Qui intimide (2), provoque de la crainte, une gêne. *Il est plutôt intimidant.*

intimidation n. f. Action d'intimider (1) volontairement. → **menace, pression.** *Des manœuvres d'intimidation.*

intimider v. tr. < 1 > (du latin, de *timidus* → timide) **1.** Remplir (qqn) de peur, en imposant sa force, son autorité. → **effrayer.** *Il ne se laissera pas intimider.* **2.** Remplir involontairement de timidité, de gêne. → **impressionner, troubler.** *Intimider l'adversaire.* – (sujet chose) *Tout ce luxe l'intimidait.* □ adj. **intimidable** □ adj. et n. **intimidateur, trice**

intimiste n. (de *intime*) **1.** Peintre de scènes d'intérieur. – adj. *Peintre intimiste.* **2.** Poète, écrivain qui prend pour sujet des sentiments délicats, intimes. ■ adj. *Atmosphère intimiste d'un film.* □ n. m. **intimisme**

intimité n. f. (de *intime*) **1.** littér. Caractère intime et profond ; ce qui est intérieur et secret. *Dans l'intimité de la conscience.* **2.** Liaison, relations étroites, familières. → **union.** *Vivre dans l'intimité avec qqn.* **3.** La vie privée. *Préserver son intimité.* – absolt *Dans l'intimité,* dans le cercle des intimes. *Le mariage aura lieu dans la plus stricte intimité.* **4.** Agrément (d'un endroit intime [4]). *L'intimité d'un petit appartement.*

intitulé n. m. Titre (d'un livre, d'un chapitre).

intituler v. tr. < 1 > (du latin, de *titulus ;* famille de *titre*) Donner un titre à (un livre, etc.). ■ **s'intituler** v. pron. Avoir pour titre. *Je ne sais plus comment s'intitule ce film.* – Se donner le titre, le nom de. *« Ce bouge mémorable qui ose s'intituler Théâtre des Folies »* (Colette).

intolérable adj. (du latin → tolérer) **1.** Qu'on ne peut supporter. → **insupportable.** *Une douleur intolérable.* – Pénible, désagréable. **2.** Qu'on ne peut admettre, tolérer. → **inacceptable, inadmissible.** *Des pratiques intolérables.* □ adv. **intolérablement**

intolérance n. f. (de *tolérance*) **1.** Tendance à ne pas supporter, à condamner ce qui déplaît dans les opinions ou la conduite d'autrui. → **fanatisme, intransigeance, sectarisme.** *Intolérance religieuse, politique.* ■ (sens faible) Absence d'indulgence, de compréhension. **2.** Inaptitude (d'un organisme, d'un organe) à tolérer un agent extérieur (aliment, médicament). *Intolérance allergique.*

intolérant, ante adj. (de *tolérant*) Qui fait preuve d'intolérance (1). *« Une doctrine puissante et jeune est, par nature, intolérante »* (Martin du Gard).

intonation n. f. (du latin *intonare,* de *tonus* → ²ton ; ²entonner) **1.** mus. Action, manière d'émettre les sons dans le chant. **2.** Ton que l'on prend en parlant, en lisant. → **accent, inflexion.** *Une grande variété d'intonation.* – Élément de l'intonation. *Une voix aux intonations tendres.* □ adj. **intonatif, ive**

intouchable adj. **1.** Qu'on ne doit pas toucher. – n. *Un, une intouchable* (en Inde). → **paria** (1). **2.** Qui ne peut être l'objet d'aucun blâme, d'aucune sanction. *Personne intouchable.*

intoxication n. f. (du latin → intoxiquer) **1.** Action d'intoxiquer ; son résultat. *Une intoxication alimentaire.* **2.** fig. Action insidieuse sur les esprits (pour accréditer une opinion, démoraliser, influencer). *L'intoxication par la propagande.* - abrév. fam. **intox.** *Faire de l'intox.*

intoxiquer v. tr. < 1 > (latin *intoxicare,* de *toxicum* « poison » → toxique) **1.** Affecter (un être vivant) de troubles plus ou moins graves par l'effet de substances toxiques. → **empoisonner.** *Il a été intoxiqué par l'oxyde de carbone.* – pronom. *Elle fume trop, elle s'intoxique.* ■ spécialt (par l'action des drogues) n. *Un intoxiqué.* → **toxicomane.** **2.** fig. Influencer les esprits insidieusement. □ adj. **intoxicant, ante**

intra- Élément (du latin *intra*) signifiant « à l'intérieur de ».

intra-atomique adj. sc. Qui est ou se produit à l'intérieur de l'atome. *Forces intra-atomiques.* - var. RO **intraatomique.**

intracardiaque adj. méd. Qui concerne ou affecte l'intérieur du cœur, du muscle cardiaque. *Piqûre intracardiaque.*

intracellulaire adj. biol. Qui est, se produit à l'intérieur d'une cellule.

intracommunautaire adj. Qui se fait à l'intérieur d'une communauté.

intracrânien, ienne adj. didact. Qui est, se produit à l'intérieur de la boîte crânienne. *Épanchement intracrânien.*

intradermique adj. Qui est situé, se fait dans l'épaisseur du derme. *Une injection intradermique* ou n. f. *une intradermique.*

intradermoréaction n. f. (de *intradermique* et *réaction*) méd. Injection intradermique d'une substance pour tester la réaction de l'organisme. - abrév. fam. **intradermo.**

intrados [ɛ̃tʀado] n. m. **1.** archit. Partie intérieure et concave d'un arc, d'une voûte. **2.** techn. Surface inférieure d'une aile d'avion. - contr. **extrados.**

intraduisible adj. (de *in-* et *traduire*) Qu'il est impossible de traduire ou d'interpréter. *Une locution intraduisible.*

intraitable adj. (de *traiter*) Qu'on ne peut pas faire changer d'avis, qui refuse de céder. → **inflexible, intransigeant.** *Elle est intraitable sur ce chapitre.*

intramoléculaire adj. chim., phys. Qui concerne l'intérieur des molécules.

intra-muros [ɛ̃tʀamyʀos] adv. (du latin « entre les murs ») À l'intérieur de la ville. *Habiter intra-muros.* – adj. invar. *Paris intra-muros.* - var. RO **intramuros.**

intramusculaire adj. Qui se fait dans l'épaisseur d'un muscle. *Une injection intramusculaire* ou n. f. *une intramusculaire.*

intranet [ɛ̃tʀanɛt] n. m. (de l'anglais des États-Unis → intra- et Internet) Réseau informatique interne (à une entreprise, un organisme...), utilisant les techniques d'Internet.

intransigeance [ɛ̃tʀɑ̃ziʒɑ̃s] n. f. Caractère d'une personne intransigeante.

intransigeant, ante [ɛ̃tʀɑ̃ziʒɑ̃, ɑ̃t] adj. (espagnol *intransigente,* de *transigir* → transiger) Qui ne transige pas, n'admet aucune concession, aucun compromis. → **intraitable, irréductible.** *Vous êtes trop intransigeant.* ■ Absolu, inflexible. *Une position intransigeante.*

intransitif, ive [ɛ̃tʀɑ̃zitif, iv] adj. (verbe) Qui n'admet aucun complément d'objet (ex. mourir). – n. m. *Un intransitif.* □ n. f. **intransitivité**

intransitivement [ɛ̃tʀɑ̃zitivmɑ̃] adv. D'une manière intransitive. *Verbe transitif qui s'emploie intransitivement.* → **absolument.**

intransmissible adj. Qui ne peut se transmettre, se céder ou se communiquer. *Un droit intransmissible.* → **incessible.** □ n. f. **intransmissibilité**

intransportable adj. Qui n'est pas transportable. *Des blessés intransportables,* qui ne pourraient supporter le transport.

intrant n. m. (latin *intrans,* p. prés. de *intrare* « entrer ») écon. Élément entrant dans la production d'un bien. *Intrants agricoles* (semences, engrais, pesticides, matériel).

intranucléaire adj. **1.** biol. Qui est à l'intérieur du noyau de la cellule. **2.** phys. Qui est ou s'effectue à l'intérieur du noyau atomique.

intraoculaire adj. didact. Qui a lieu, se trouve à l'intérieur de l'œil. *Implant intraoculaire.*

intra-utérin, ine adj. Qui se pratique, se situe dans l'utérus. *Vie intra-utérine du fœtus. Fibromes intra-utérins.*

intraveineux, euse adj. Qui se fait, se situe à l'intérieur des veines. *Une piqûre intraveineuse ;* n. f. *une intraveineuse.*

intrépide adj. (du latin, de *trepidus* « tremblant » → trépider) **1.** Qui ne tremble pas devant le danger. → **courageux.** *Un alpiniste intrépide. « Il allait [...] être brave, intrépide, hardi, courir au-devant des balles »* (Hugo). – (actes, sentiments) *Un courage intrépide.* **2.** fig. Déterminé, imperturbable. □ adv. **intrépidement**

intrépidité n. f. Caractère d'une personne intrépide. → **courage, hardiesse.** *Lutter avec intrépidité.*

intrication n. f. (du latin, de *intricare* « embrouiller », de *tricae* « embarras » → intriguer) État de ce qui est entremêlé ; enchevêtrement.

intrigant, ante adj. **1.** Qui recourt à l'intrigue (2) pour parvenir à ses fins. – n. *Une intrigante sans scrupules.* → **arriviste.** **2.** Qui pique la curiosité. → **bizarre, mystérieux.**

intrigue n. f. (italien *intrigo,* de *intrigare* → intriguer) **1.** vieilli Liaison amoureuse généralement clandestine et peu durable. → **aventure.** **2.** Ensemble de combinaisons secrètes et compliquées. → **¹manœuvre.** *Des intrigues politiques.* **3.** Ensemble des évènements principaux (d'un récit, d'un film, etc.). → **¹action, scénario.** *Le nœud, le dénouement d'une intrigue.*

intriguer v. < 1 > (italien *intrigare,* du latin *intricare* → intrication) **I.** v. tr. Étonner (qqn) en excitant la curiosité. *Sa disparition intriguait les voisins.* **II.** v. intr. Mener une intrigue, recourir à l'intrigue. → **manœuvrer ; intrigant.** *Obtenir un poste en intriguant.*

intrinsèque adj. (du latin, de *intra* → intra- et *secus* « selon ») Qui est intérieur et propre à ce dont il s'agit. *Qualités intrinsèques. La valeur intrinsèque d'une monnaie,* qu'elle tient de sa nature (et non d'une convention). □ adv. **intrinsèquement**

intriquer v. tr. < 1 > (latin *intricare* « embrouiller » → intriguer, intrication) didact. Rendre complexe ; entremêler (→ intrication). – pronom. *Plusieurs causes peuvent s'intriquer.* → **s'enchevêtrer, s'imbriquer.** – au p. p. *Facteurs intriqués.*

intro n. f. fam. Introduction.

intro- Élément (du latin *intro*) signifiant « dedans ». → **intra-.**

introducteur, trice n. (du latin → introduire) Personne qui introduit (qqn, qqch.).

introductif, ive adj. Qui sert à introduire. *Note introductive.* → **liminaire.** – dr. *Requête introductive* (d'une procédure).

introduction n. f. (du latin → introduire) **I. 1.** Action d'introduire, de faire entrer (qqn). *Lettre d'introduction,* par laquelle on recommande qqn. **2.** Action de faire adopter (une mode, un produit...). → **adoption.** **3.** (concret) Action de faire entrer (une chose dans une autre). *L'introduction d'une sonde dans l'organisme.* **II. 1.** Ce qui prépare qqn à la connaissance, à la pratique d'une chose (texte, etc.). *C'est une bonne introduction à la psychanalyse.* **2.** Préface explicative. – Entrée en matière (d'un exposé). *Introduction, développement et conclusion.*

introduire v. tr. < 38 > (de *entreduire,* venant du latin *introducere,* de *ducere* « conduire ») **1.** Faire entrer (qqn) dans un lieu. *L'huissier l'a introduit dans le bureau du ministre.* – Faire admettre (qqn) dans un groupe, une société. *Introduire qqn dans un club.* – au p. p. Qui a ses entrées, qui est reçu habituellement. **2.** Faire adopter (qqch.). *Introduire un usage, de nouvelles idées dans un milieu.* **3.** Faire entrer (une chose). → **engager, insérer.** – au p. p. *Une marchandise introduite en contrebande.* ■ **s'introduire** v. pron. **1.** Entrer, pénétrer. **2.** Se faire admettre. *Elle a réussi à s'introduire dans l'association.*

introït [ɛ̃tʀɔit] n. m. (latin *introitus* « entrée ») relig. cathol. Chant exécuté avant la messe, pendant l'entrée du célébrant et de ses ministres.

introjection n. f. (de *intro-* et *[pro]jection,* d'après l'allemand) psych. Processus inconscient par lequel l'image d'une personne est incorporée au moi et au surmoi. *Introjection*

INUITS (art et civilisation)

Lunettes inuit de l'Alaska (fin XIXe - début XXe s.), galerie Flak, Paris

Figure animale en ivoire inuit ou du royaume de Thulé, en Alaska (XIXe s. ou antérieur), galerie Flak, Paris.

Modèle de bateau (umiak) inuit de l'Alaska occidental (XIXe s.), galerie Flak, Paris.

Tête en bois sculpté des Okviks, culture d'Old Bering Sea I en Alaska (IIe s. av. J.-C. - Ier s., galerie Flak, Paris.

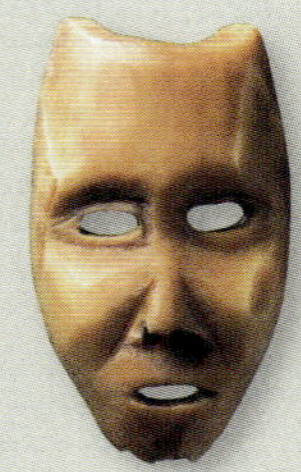

Masque miniature de chaman en ivoire, culture du Dorset (v. 700 av. J.-C.), musée canadien des Civilisations, Gatineau.

Paire de cygnes en ivoire, culture du Dorset (v. 500 av. J.-C.), musée canadien des Civilisations, Gatineau.

Figures humaines en ivoire du royaume de Thulé, en Alaska (XIXe s. ou antérieur), galerie Flak, Paris.

Masque de chaman des Yup'ik, en Alaska (fin XIXe s.), galerie Flak, Paris.

Vivant traditionnellement de la chasse et de la pêche (caribou, ours, phoque, morse, baleine), les Inuits ont adapté leur mode de vie aux régions et aux climats. La plupart sont aujourd'hui christianisés mais ils restent attachés à leurs anciennes croyances, fondées sur le culte de la nature et de l'esprit des animaux abattus (l'ours polaire notamment). Artistiquement, les Inuits s'inspirent des mythes, mais ils représentent aussi la vie quotidienne et son bestiaire. Les matériaux utilisés sont ceux de l'environnement proche : os, pierre, peaux, bois...

de l'image des parents par l'enfant. → **intériorisation.**

intromission n. f. (latin *intromissus*, de *mittere* → mettre) didact. Action d'introduire, de mettre dans. ▪ spécialt Pénétration, lors d'une relation sexuelle.

introniser v. tr. < 1 > (du latin ecclés., du grec, de *en* « dans » et *thronizein*, de *thronos* → trône) **1.** Placer solennellement sur le trône, sur la chaire pontificale (un roi, un pape). *Introniser un souverain.* **2.** fig. *Introniser une politique nouvelle.* ▫ n. f. **intronisation**

introrse [ɛ̃tʀɔʀs] adj. (latin *introrsum* « vers l'intérieur ») bot. *Étamine introrse*, dont l'anthère est ouverte vers l'intérieur (opposé à *extrorse*).

introspection n. f. (de l'anglais, du latin *introspicere*, de *specere* « regarder » → spectacle) littér. Observation, analyse de ses sentiments, de ses motivations par le sujet lui-même. ▪ Étude psychologique par ce procédé. ▫ adj. **introspectif, ive**

introuvable adj. **1.** Qu'on ne parvient pas à trouver. *Le voleur reste introuvable.* **2.** Très difficile à trouver (du fait de sa rareté). *Une édition originale introuvable.*

introversion n. f. (de l'allemand [Jung], du latin, de *vertere* « tourner » → version) psych. Orientation de l'énergie psychique sur le sujet lui-même, attentif à son monde intérieur plus qu'au monde extérieur.

introverti, ie adj. (de l'allemand → introversion) psych. Qui est tourné vers son moi, son monde intérieur. – n. *C'est une introvertie.*

intrus, use n. (du latin, de *intrudere*, de *intro* « à l'intérieur » et *trudere* « pousser ») Personne qui s'introduit quelque part sans y être attendue, ni désirée. → **indésirable.**

intrusion n. f. (du latin → intrus) Action de s'introduire, sans en avoir le droit, dans une place, une société. *Faire intrusion quelque part, chez qqn.* ▫ adj. **intrusif, ive**

intuber v. tr. < 1 > (anglais *to intubate*) méd. Introduire un tube dans la trachée, le larynx de (qqn) pour contrôler et maintenir sa respiration. ▫ n. f. **intubation**

intuitif, ive adj. (du latin → intuition) **1.** Qui est le résultat d'une intuition. *Connaissance intuitive.* **2.** (personnes) Qui fait ordinairement preuve d'intuition. *Être intuitif en affaire.* – n. *C'est une intuitive.* **3.** Dont l'utilisation ne demande pas de connaissances techniques. *Logiciel intuitif.* ▫ adv. **intuitivement**

intuition n. f. (du latin, de *intuitum*, supin de *intueri* « regarder ; protéger » → tuer, tuteur) **1.** Forme de connaissance immédiate qui ne recourt pas au raisonnement. *Comprendre par intuition. L'intuition sensible ; l'intuition mathématique.* **2.** Sentiment ou conviction de ce qu'on ne peut vérifier, de ce qui n'existe pas encore. → **pressentiment.** *Se fier à ses intuitions. J'en ai l'intuition.* – *Avoir de l'intuition*, sentir ou deviner les choses. → **flair.**

intuitionnisme n. m. (de *intuition*) philos. Doctrine attribuant un rôle essentiel à l'intuition dans la connaissance. ▫ n. et adj. **intuitionniste**

intumescence n. f. (du latin *intumescere*, de *tumere* → tumeur) didact. Fait de gonfler ; état de ce qui est enflé. *Intumescence des chairs.* – géol. Relief par soulèvement des couches superficielles. ▫ adj. **intumescent, ente**

inuit, e [inɥit] adj. et n. (mot inuktitut, plur. de *inuk* « un homme ») Des ethnies habitant à l'extrême nord de l'Amérique (naguère appelées *Esquimaux* ou *Eskimos*). *La langue inuite.* → **inuktitut.** – n. *Les Inuits.*

Inuits anciennement **Eskimos** ou **Esquimaux** n. m. pl. Peuple des régions arctiques et subarctiques (Groenland, Labrador, Alaska, Nunavut...). De religion chamaniste, les Inuits sont attachés à leur culture et tentent depuis 1977 de faire valoir leurs droits grâce au Conseil circumpolaire inuit (CCI) qui représente environ 160 000 personnes. Les Inuits parlent l'inuktitut, une langue eskimo-aléoute.

Inukjuak Village inuit du Canada (Québec), sur la baie d'Hudson. 1 757 habitants. Musée de la culture inuit.

inuktitut [inuktitut] n. m. (mot de cette langue) Langue parlée par les Inuits.

inule n. f. (latin *inula*) bot. Plante (composée) des lieux humides, à fleurs jaunes.

inuline n. f. chim. Glucide voisin de l'amidon, présent dans la racine de l'inule et d'autres végétaux (dahlia, chicorée, topinambour).

inusable adj. Qui ne s'use pas, dure très longtemps. *Des chaussures inusables.* – *Une formule inusable.*

inusité, ée adj. (du latin, de *usitatus,* de *uti* « se servir de » → utile) **1.** (mot, expression) Que personne ou presque personne n'emploie (s'oppose à *usuel*). → **rare.** *Mot inusité.* **2.** Inhabituel. *Un évènement inusité.*

inusuel, elle adj. littér. Qui n'est pas usuel. → **rare.**

in utero [inyteʀo] loc. adv. (mots latins → utérus) Dans l'utérus. *Fécondation in utero* (opposé à *in vitro*).

inutile adj. (du latin → utile) **1.** Qui n'est pas utile. → **superflu.** *S'encombrer de bagages inutiles. Éviter toute fatigue inutile.* – impers. *Il est inutile d'essayer,* ce n'est pas la peine. *Inutile d'insister.* – **n. m.** *Retrancher, supprimer l'inutile.* **2.** (personnes) Qui ne rend pas de services. *Individu inutile à la société.* – **n.** *Un inutile.*

inutilement adv. Pour rien. *Ne vous dérangez pas inutilement.*

inutilisable adj. Qui ne peut être utilisé.

inutilisé, ée adj. Qui n'est pas utilisé.

inutilité n. f. (du latin → inutile) Caractère de ce qui est inutile. *Inutilité d'une démarche.*

Invader Artiste urbain français (né en 1969). Depuis les années 1990, il a posé sur les façades du monde entier des mosaïques en carreaux de céramique qui reprennent l'imagerie pixellisée du jeu vidéo *Space Invaders.*

invagination n. f. (du latin *vagina* → gaine ; vagin) didact. Repliement, fait de se retourner vers l'intérieur (organe, etc.).

invaincu, ue adj. (→ vaincu) littér. Qui n'a jamais été vaincu (cf. invincible).

invalidant, ante adj. méd. Qui invalide, rend invalide. *Maladie invalidante.*

invalide adj. (du latin, de *validus* → valide) **I.** (choses) vieux ou didact. Qui n'est pas validé ou valable. ■ mod. inform. Incorrect, erroné. *Mot de passe invalide.* **II.** (personnes) Qui n'est pas en état de mener une vie active, du fait de sa mauvaise santé, de ses infirmités, etc. → **handicapé, impotent, infirme.** – **n.** Militaire, travailleur que l'âge, les blessures rendent incapable de servir, de travailler. *Les invalides du travail.*

invalider v. tr. < 1 > **I.** dr. Rendre non valable. → **annuler.** *Son élection a été invalidée.* **II.** méd. Rendre invalide (II). □ n. f. **invalidation**

Invalides (hôtel des) Monument de Paris construit au XVIIe s. pour abriter les soldats blessés au service de Louis XIV. Les plans de Libéral Bruant furent repris par l'architecte J. Hardouin-Mansart, à qui l'on doit notamment le dôme doré. Il abrite actuellement le tombeau de Napoléon Ier (dans la chapelle Saint-Louis) et le musée de l'Armée.

L'hôtel des Invalides et son dôme doré.

invalidité n. f. **I.** dr. Défaut de validité entraînant la nullité. **II.** État d'une personne invalide. – Diminution de la capacité de travail (des deux tiers au moins). *Pension d'invalidité.*

invar [ɛ̃vaʀ] n. m. (marque déposée, abrév. de *invariable*) techn. Acier au nickel, de dilatation très faible.

invariable adj. **1.** Qui ne varie pas, ne change pas. → **constant, immuable.** *Des règles invariables.* – (mot) Qui ne comporte pas de modifications dans sa forme. *Les adverbes sont invariables. Adjectif invariable en genre.* **2.** Qui se répète sans varier. *Un menu invariable.* □ n. f. **invariabilité**

invariablement adv. D'une manière invariable, constante. → **toujours.**

invariant, ante (de l'anglais → varier) **1.** adj. Qui se conserve dans une transformation physique ou mathématique. *Grandeur, relation, propriété invariante.* **2.** n. m. *Les variantes et l'invariant.* □ n. f. **invariance**

invasif, ive adj. méd. **1.** (examen, traitement) Qui peut altérer l'organisme. **2.** (tumeur, pathologie) Qui peut se propager dans l'organisme. *Un cancer invasif.*

invasion n. f. (du bas latin, de *invadere* → envahir) **1.** Pénétration massive (de forces armées qui envahissent le territoire d'un autre État). **2.** Action d'envahir, de se répandre dangereusement. *Une invasion de sauterelles.* **3.** (sans idée de danger) Entrée soudaine et massive. → **irruption.** *Une invasion de touristes.* **4.** méd. Période initiale (d'une maladie), à partir de l'apparition des symptômes.

Invasions (Grandes) Nom donné aux migrations des peuples d'Europe centrale et orientale et d'Asie, qui conduisirent à la destruction de l'Empire romain d'Occident (476).

invective n. f. (bas latin *invectivae [orationes]* « [paroles] violentes », de *invehere,* de *vehere* → véhicule) Parole ou suite de paroles violentes (contre qqn ou qqch.). *Se répandre en invectives contre qqn.*

invectiver v. < 1 > **1.** v. intr. Lancer des invectives. **2.** v. tr. Couvrir (qqn) d'invectives. → **injurier.** *Se faire invectiver.*

invendable adj. Qui n'est pas vendable, ne peut trouver d'acheteur.

Invasions (Grandes)

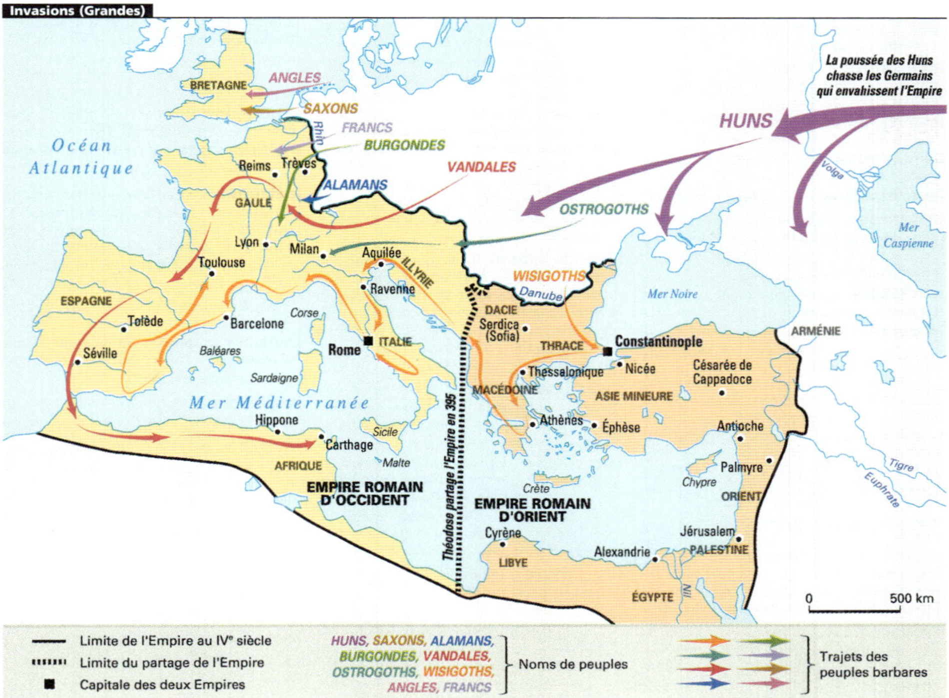

invendu, ue adj. Qui n'a pas été vendu. *Les journaux invendus.* – n. m. *Les invendus.*

inventaire n. m. (latin jurid. *inventarium,* de *invenire* « trouver », de *in-* et *venire* → venir) **1.** Opération qui consiste à recenser l'actif et le passif (d'une communauté, d'un commerce, etc.) ; état descriptif. *Dresser un inventaire.* → **inventorier. 2.** Revue et étude minutieuse. *Inventaire scientifique. L'inventaire des monuments d'une région.*

inventer v. tr. < 1 > (du latin *inventum,* de *invenire* → inventeur, invention) **1.** Créer ou découvrir (qqch. de nouveau). *Les Chinois ont inventé l'imprimerie.* ▪ loc. fam. *Il n'a pas inventé la poudre, le fil à couper le beurre, l'eau tiède, l'eau chaude* : il n'est pas bien malin. **2.** Trouver, imaginer pour un usage particulier. *Il ne sait pas quoi inventer pour nous ennuyer.* **3.** Imaginer de façon arbitraire. *Crois-moi, je n'invente rien,* c'est la vérité. – pronom. *Ce sont des choses qui ne s'inventent pas,* qui sont sûrement vraies. – au p. p. *Une histoire inventée de toutes pièces.* → [1]**faux.**

inventeur, trice n. (latin *inventor,* du supin de *invenire* → inventaire) **1.** Personne qui invente, qui a inventé. *L'inventrice d'une machine.* ▪ Auteur d'inventions importantes. **2.** dr. Personne qui trouve (un trésor, un objet, etc.). *L'inventeur d'une épave de l'Antiquité.*

inventif, ive adj. (→ inventeur, invention) **1.** Qui a le don d'inventer. *Un génie inventif.* **2.** Fertile en ressources, en expédients. → **ingénieux.**

invention n. f. (latin *inventio,* du supin de *invenire* → inventaire) **I.** didact. Fait de trouver. (relig.) *L'invention de la croix, de reliques.* – *L'invention d'un trésor.* → **inventeur** (2). **II.** cour. **1.** *L'invention de qqch. ; une invention,* action d'inventer. → **découverte.** *L'invention de l'imprimerie.* – (*Une, des inventions*) Chose inventée, nouveauté scientifique ou technique. **2.** *L'invention,* faculté, don d'inventer. → **imagination, inventivité.** *Il manque d'invention.* **3.** Action d'imaginer (un moyen) ; d'inventer (une histoire). **4.** Chose imaginée. *C'est une pure invention.* → **fiction, mensonge. 5.** mus. Petite pièce instrumentale (surtout pour clavier) en style fugué. *Les « Inventions » de Bach.*

inventivité n. f. (de *inventif*) Capacité d'inventer, d'innover. *L'inventivité des enfants.*

inventorier v. tr. < 7 > (du latin médiéval *inventorium,* var. de *inventarium* → inventaire) Faire l'inventaire de. *Inventorier les meubles d'une maison.*

invérifiable adj. Qui ne peut être vérifié.

Inverness Ville d'Écosse, au fond du Moray Firth. 48 200 habitants. Principale ville du N. de l'Écosse. Centre administratif, commercial et touristique.

inversable adj. Qui ne peut se renverser. *Un encrier inversable.*

inverse (latin *inversus,* de *invertere,* de *vertere* « tourner », « changer en » → [1]vers) **I.** adj. **1.** (direction, ordre) Qui est exactement opposé, contraire. *En sens inverse.* **2.** *Rapport, raison inverse* (quantité dont l'une augmente dans la même proportion que l'autre diminue). **II.** n. m. *L'inverse,* la chose inverse (soit par changement d'ordre ou de sens, soit par contradiction totale). → **contraire.** *C'est justement l'inverse. Supposons l'inverse.* – loc. *À l'inverse,* tout au contraire.

inversement adv. **1.** D'une manière inverse. *Inversement proportionnel.* **2.** (en tête de phrase) Par un phénomène, un raisonnement inverse. *Inversement, on peut dire que...* → **a contrario.** – (à la fin de la proposition) *Ou inversement* : ou c'est l'inverse. → **vice versa.**

inverser v. tr. < 1 > (de *inverse* ; a remplacé l'ancien v. *invertir,* du latin *invertere* → inverse) **1.** Changer (la position, l'ordre de). → **intervertir. 2.** Renverser le sens de (un courant électrique, un mouvement).

inverseur n. m. électr. Appareil pour inverser à volonté le sens du courant. → **commutateur.**

inversible adj. photogr. Qui fournit directement un cliché positif à partir d'un positif (→ **diapositive**), ou un négatif à partir d'un négatif. *Un film couleur inversible.*

inversion n. f. (du latin, de *invertere* → inverse) **I. 1.** Déplacement (d'un mot ou d'un groupe de mots) par rapport à l'ordre habituel de la construction. *L'inversion du sujet dans l'interrogation directe* (viens-tu ?). **2.** anat. Retournement anormal d'un organe sur lui-même. *Inversion utérine.* **3.** phys. Changement de sens (d'un courant électrique). **II.** *Inversion sexuelle* : homosexualité. → **inverti.**

invertase n. f. (→ -ase) biochim. vieux Saccharase.

invertébré, ée adj. **1.** Qui n'a pas de vertèbres, de squelette. – n. m. *Les invertébrés* : les animaux qui ne possèdent pas de colonne vertébrale (ex. l'escargot). **2.** fig. Qui manque de force et d'organisation. *Un récit invertébré.*

inverti, ie n. vieilli ou littér. Homosexuel, homosexuelle.

invertir v. tr. < 2 > (latin *invertere* « retourner » → inverser) vieilli Renverser symétriquement. → **inverser.**

investigateur, trice n. (latin *investigator*) Personne qui fait des investigations, des recherches systématiques sur qqch. → **chercheur,** [1]**enquêteur.** ▪ adj. *Un regard investigateur.*

investigation n. f. (du latin, de *investigare,* de *vestigare* « suivre, chercher », de *vestigium* → vestige) Recherche suivie, systématique. → **enquête.** *Investigations scientifiques.*

investiguer v. intr. < 1 > Mener une investigation, faire des recherches. → **enquêter.**

investir v. tr. < 2 > (du latin médiéval, de *vestire,* de *vestis* « vêtement » → vêtir) **I. 1.** Mettre (qqn) en possession, revêtir (d'un pouvoir, d'un droit, d'une fonction) [→ **investiture**]. *Investir un ambassadeur de pouvoirs extraordinaires.* **2.** Désigner officiellement (un candidat) à une élection. **II.** (de l'italien, du latin) Entourer avec des troupes (un objectif militaire). → **cerner.** *Investir une ville.* **III.** (anglais *to invest,* de l'italien) **1.** Employer, placer (des capitaux) dans une entreprise. *Elle a investi son argent dans l'immobilier.* **2.** intrans. Mettre son énergie psychique dans une activité, un objet. – pronom. *S'investir dans une relation amoureuse.* → **s'impliquer.**

investissement n. m. **I.** (→ investir [II]) Action d'investir ; son résultat. *L'investissement d'une place forte.* **II.** (de *investir* [III], d'après l'anglais *investment*) Action d'investir dans une entreprise des capitaux destinés à son équipement, à l'acquisition de moyens de production ; ces capitaux.

investisseur, euse n. Personne ou collectivité qui investit (III) des capitaux. – *Investisseurs institutionnels* (→ fam. [2]**zinzin**). – adj. *Organismes investisseurs.*

investiture n. f. (du latin médiéval, de *investire* → investir [I]) **1.** hist. Acte solennel qui accompagnait la mise en possession (d'un fief, d'un évêché...). **2.** Acte par lequel un parti investit un candidat à une élection. *Recevoir l'investiture.*

Investitures (querelle des) Conflit qui opposa la papauté et le Saint Empire romain germanique entre le Xe et le XIIe s. à propos de l'investiture laïque des abbés et des évêques. La crise culmina avec la prise de Rome par Henri IV en 1083 et l'installation de l'antipape Clément III. Le concile de Latran (1123) mit fin à cette querelle.

invétéré, ée adj. (de l'ancien v. *invétérer,* latin *inveterare,* de *vetus* « vieux » → vétuste) péj. **1.** Fortifié et rendu immuable par la durée. *Une habitude invétérée.* **2.** (personnes) Qui a depuis longtemps (un caractère, un vice) et ne change pas. → **endurci.** *Un alcoolique invétéré.*

invincibilité n. f. Caractère de ce qui est invincible. *L'invincibilité d'une armée.*

invincible adj. (du bas latin, de *vincibilis,* de *vincere* « vaincre » → victoire) **1.** (personnes) Qui ne peut être vaincu. – Qui ne se laisse pas abattre. *Un courage invincible. « Ton bras est invaincu, mais non pas invincible »* (Corneille). **2.** (choses) Dont on ne peut triompher. *Un obstacle invincible.* – À quoi l'on ne peut résister. *Une invincible timidité.* ▫ adv. **invinciblement**

in-vingt-quatre [invɛ̃tkatʀ] adj. invar. imprim. Où les feuilles sont pliées en vingt-quatre feuillets (quarante-huit pages). *Un volume in-vingt-quatre (in-24).* – n. m. invar. *Des in-vingt-quatre.*

inviolable adj. (de *violer*) **1.** Qu'il n'est pas permis de violer, d'enfreindre. → [1]**sacré.** *Des droits inviolables.* **2.** À qui la loi ou la Constitution accorde une immunité en matière criminelle ou correctionnelle. *Une ambassade inviolable.* **3.** Que l'on ne peut pas prendre par la force. *Une forteresse inviolable.* ▫ n. f. **inviolabilité**

inviolé, ée adj. **1.** littér. Qui n'a pas été violé, enfreint. *Une interdiction inviolée.* **2.** Que l'être humain n'a encore jamais atteint, parcouru. *Des cimes inviolées.* → **vierge.**

invisibiliser v. tr. < 1 > **1.** Rendre invisible. **2.** fig. Soustraire au regard social. *Invisibiliser les minorités.* ▫ n. f. **invisibilisation**

invisibilité n. f. (du bas latin → invisible) Caractère de ce qui n'est pas visible. *L'invisibilité d'un gaz.*

invisible adj. (du bas latin, de *visibilis* → visible) **1.** Qui n'est pas visible, qui échappe à la vue. *Les nuages rendent la lune invisible. Un micro-organisme invisible à l'œil nu.* ▪ fig. Imperceptible, insensible. *« Ce genre d'esprit charmant est invisible aux sots »* (Stendhal). **2.** (personnes) Qui se dérobe aux regards et qu'on ne peut rencontrer. *Le directeur restait invisible.* ▫ adv. **invisiblement**

invitant, ante adj. Qui invite. *Les puissances invitantes.*

invitation n. f. (du latin → inviter) **1.** Action d'inviter ; son résultat. *Accepter, refuser une invitation à dîner.* – par ext. Lettre, carte d'invitation. *Montrer son invitation à l'entrée.* **2.** Action d'inciter, d'engager (à). *« La femme est [...] une invitation au bonheur »* (Baudelaire). – *Sur l'invitation de,* sur la prière, le conseil de.

invite n. f. (d'abord « carte jouée pour inciter le partenaire ») Invitation discrète (à faire qqch.). → **appel du pied.**

invité, ée n. Personne invitée par une autre. → **convive, hôte.** *Des invités de marque.*

inviter v. tr. < 1 > (latin *invitare* → envi) **1.** Prier (qqn) de se rendre, de se trouver à un endroit, d'assister à qqch. → **convier.** *Ils ont été invités au mariage.* – pronom. *« Je ne l'ai pas invité [...] Il s'est invité tout seul »* (Duhamel). – au p. p. *Des amis invités à dîner.* → **invité.** ▪ absolt Offrir, payer (un repas, une boisson à qqn). *Ce soir, c'est moi qui invite !* **2.** Engager (qqn) de façon courtoise mais nette (à faire qqch.). *Je vous invite à me suivre.* ▪ (sujet chose) Inciter, porter (à). *Le temps invitait à se promener, à la flânerie.*

in vitro [invitʀo] loc. adv. (latin « dans le verre » [*vitrum* → vitre]) En milieu artificiel, en laboratoire (par opposition à *in situ*). *Fécon-*

dation in vitro (opposé à *in utero*). → FIV. *Observations faites in vitro* (opposé à *in vivo*).

invivable adj. **1.** Très difficile à vivre, à supporter. *Une situation invivable.* **2.** (personnes) Insupportable. *Elle est devenue invivable.*

in vivo [invivo] **loc. adv.** (mots latins « dans le vif, le vivant ») didact. Dans l'organisme vivant (par opposition à *ex vivo*). – *Expériences in vivo* (opposé à *in vitro*). → aussi **in situ.**

invocation n. f. Action d'invoquer (→ **prière**) ; son résultat. « *Chaque village de France est placé sous l'invocation d'un saint protecteur* » (Maupassant).

invocatoire adj. littér. Qui sert à invoquer. *Formule invocatoire.*

involontaire adj. **1.** Qui échappe au contrôle de la volonté. *Un geste involontaire.* – dr. *Homicide involontaire* : délit entraînant la mort de la victime sans que son auteur ait l'intention de la donner. → **par imprudence.** **2.** (personnes) Qui agit ou se trouve dans une situation, sans le vouloir. *Être le témoin involontaire d'un drame.*

involontairement adv. Sans le vouloir. *Si je vous ai peiné, c'est bien involontairement.*

involucre n. m. (latin *involucrum* « enveloppe », de *involvere* → involution) bot. Ensemble de bractées formant à la base de certaines inflorescences une sorte de collerette. → **spathe.**

involuté, ée adj. (latin *involutus*, de *involvere* → involution) bot. Qui est roulé de dehors en dedans. *Le chapeau involuté d'un champignon.*

involutif, ive adj. (du latin *involutus* « enveloppé » → involution) Qui se rapporte à une involution. – méd. *Lésion involutive.*

involution n. f. (du latin, de *involvere*, de *volvere* « enrouler » → révolution, volute) **1.** didact. Mouvement de repli vers l'intérieur (concret ou abstrait). **2.** physiol., méd. Modification régressive de l'organisme, d'un organe, d'une tumeur.

invoquer v. tr. < 1 > (du latin, de *vocare* « appeler », de *vox* → voix) **1.** Appeler à l'aide par des prières. *Invoquer Dieu, les dieux.* **2.** Faire appel, avoir recours à (qqch. qui peut aider). *Nous invoquerons son témoignage. Invoquer des prétextes.*

invraisemblable [ɛ̃vʀɛsɑ̃blabl] adj. **1.** Qui n'est pas vraisemblable. → **incroyable.** *C'est une histoire invraisemblable.* – n. m. *L'invraisemblable est parfois vrai.* **2.** (concret) Très étonnant (et souvent comique). → **extravagant, inimaginable.** « *Un invraisemblable chapeau gris à grands bords et à grands poils* » (Maupassant). ■ Excessif. *Il a une chance invraisemblable.* → **inouï.** □ adv. **invraisemblablement**

invraisemblance [ɛ̃vʀɛsɑ̃blɑ̃s] n. f. **1.** Défaut de vraisemblance. *L'invraisemblance d'une nouvelle.* **2.** Chose invraisemblable. *Un récit plein d'invraisemblances.*

invulnérabilité n. f. Caractère de ce qui est invulnérable.

invulnérable adj. (du latin, de *vulnerare* « blesser » → vulnérable) **1.** Qui ne peut pas être blessé, n'est pas vulnérable. **2.** fig. Qui ne peut être atteint. *Une foi invulnérable.* – *Un député invulnérable.*

Io Prêtresse d'Héra dans la mythologie grecque. Zeus la change en génisse, après s'être uni à elle, afin de la protéger d'Héra.

Ioannina ou **Jannina** Ville de Grèce (Épire), sur le *lac de Ioannina.* 85 000 habitants. Citadelle et mosquée du XVIIe s. transformée en musée. Commerce et services.

Iochkar-Ola Ville de Russie, capitale de la république des Maris, à l'E. de Nijni-Novgorod. 248 780 habitants. Constructions mécaniques, traitement du bois, industries alimentaires.

iode n. m. (grec *iôeidês* « violet » [Gay-Lussac], de *ion* « violette » et *eidos* « forme » → -oïde) Corps simple (symb. I, n° at. 53, masse at. 126,90) très volatil, présent dans l'eau de mer, qui donne naissance à des vapeurs violettes quand on le chauffe. – *Phares à iode. Teinture d'iode* (désinfectant). ■ L'iode de la mer, des végétaux marins. « *L'odeur de l'iode et des algues leur annonça la mer* » (Camus).

iodé, ée adj. Qui contient de l'iode. – *L'air iodé du bord de mer.*

ioder v. tr. < 1 > techn. Couvrir d'iode. – Mêler d'iode.

iodhydrique adj. m. (→ **hydrique**) chim. *Acide iodhydrique* : acide formé par la combinaison d'iode et d'hydrogène, gaz incolore très soluble dans l'eau.

iodique adj. chim. *Acide iodique ; anhydride iodique*, résultant de l'oxydation de l'iode. – méd. *Acné iodique*, provoquée par l'iode.

iodisme n. m. méd. Intoxication due à l'iode ou à l'un de ses composés.

***iodler** v. intr. < 1 > (allemand dialectal *jodeln*, de l'onomatopée *jo*, exprimant la joie) Vocaliser en passant de la voix de tête à la voix de poitrine et vice versa, sans transition. - var. **jodler** [jɔdle].

iodoforme n. m. pharm. Composé à base d'iode, antiseptique.

iodure n. m. Sel ou ester de l'acide iodhydrique. *Iodure d'argent*, utilisé en photographie.

ioduré, ée adj. didact. Qui contient un iodure. – Couvert d'une couche d'iodure. *Plaque photographique iodurée.*

Iole Princesse légendaire d'Œchalie (Thessalie), promise à Héraclès. Elle suscite la jalousie de Déjanire, laquelle donne au héros la tunique de Nessos qui provoque sa mort.

ion n. m. (de l'anglais [Faraday], du grec *ion*, p. prés. de *ienai* « aller » : les ions vont vers l'anode ou la cathode) Atome ou groupement d'atomes portant une charge électrique, notamment ayant gagné ou perdu un ou plusieurs électrons. *Ion positif* (→ **cation**), *négatif* (→ **anion**).

Ion Héros éponyme des Ioniens, fils d'Apollon et de Créüse.

Iona Petite île des Hébrides au large de l'Écosse. Saint Colomba y fonda son premier monastère au VIe siècle.

Ionesco (Eugène) Auteur dramatique français d'origine roumaine (1909-1994). Souvent associé au « théâtre de l'absurde », il décrit l'incommunicabilité entre les êtres dans des pièces qui mêlent tragique et drôlerie symbolique (*La Cantatrice chauve ; Les Chaises ; Rhinocéros ; Le roi se meurt*). Son univers est marqué par les thèmes de l'ennui, de l'enlisement et de la mort, que mettent à distance l'humour et la parodie.

Eugène Ionesco en 1977 devant le théâtre de la Huchette (Paris).

Ionie n. f. Ancienne région d'Asie Mineure sur la mer Égée, entre Phocée au N. et Milet au S. Elle fut colonisée par des Ioniens, chassés d'Attique par les invasions doriennes. Ce peuplement favorisa l'interpénétration des cultures grecques et orientales, donnant naissance à une civilisation particulièrement prospère au –VIIe siècle.

ionien, ienne adj. didact. De la province grecque d'Ionie, en Asie Mineure. – n. m. Dialecte grec d'Ionie.

Ionienne (mer) Partie de la Méditerranée qui s'étend entre le S. de l'Italie et la Grèce.

Ioniennes (îles) Archipel grec qui borde les côtes O. du pays, appelé aussi Heptanèse (« sept îles »). Il comprend les îles de Corfou, Ithaque, Cythère, Leucade, Céphalonie, Zante. 2 307 km^2. 200 000 habitants. Possession des rois normands de Sicile (XIe s.), puis des Vénitiens (XIVe-XVe s.), les îles furent occupées par les Français (1797-1799), par les Russes (1800-1807) puis par les Britanniques (1851-1864), qui durent les céder à la Grèce en 1864.

Ioniens n. m. pl. Peuple indo-européen établi en Grèce au début du IIe millénaire av. J.-C. Chassés de Grèce, les Ioniens colonisèrent, au XIIe s. av. J.-C., la côte lydienne de l'Asie Mineure, qui prit le nom de Ionie. Ils fondèrent Samos, Éphèse et Milet.

^{1}ionique adj. (du latin, pris au grec, de *Iônia* « Ionie ») *Ordre ionique*, un des trois styles d'architecture grecque (avec le dorique et le corinthien) caractérisé par un chapiteau orné de deux volutes latérales. *Colonne ionique.*

^{2}ionique adj. sc. Relatif aux ions. *Charge ionique.*

ionisant, ante adj. phys. Qui produit des ions.

ionisation n. f. sc. Formation, présence d'ions positifs et négatifs (dans un gaz).

ioniser v. tr. < 1 > sc. Modifier en créant des ions ; charger d'électricité. ■ **ionisé, ée** adj. Chargé d'ions. *Gaz ionisé.*

ionone n. f. (du grec *ion* « violette » et de *-one*) chim. Corps synthétique (cétone) à odeur de violette, utilisé en parfumerie.

ionosphère n. f. Couche supérieure ionisée de l'atmosphère. □ adj. **ionosphérique**

Iorga (Nicolae) Homme politique et historien roumain (1871-1940). L'un des fondateurs du Parti national démocrate (1907), président du Conseil et ministre de l'Instruction publique (1931-1932), il fut assassiné par la Garde de fer.

Ios Île grecque de la mer Égée (Cyclades), au S. de Paros. 2 000 habitants. Selon la tradition, Homère y serait mort.

Iosséliani (Otar) Réalisateur géorgien résidant en France (né en 1934). Censuré par le régime soviétique, il critique aussi les canons imposés aux réalisateurs occidentaux dans des films au style sobre, teintés d'ironie (*Les Favoris de la lune ; Adieu, plancher des vaches*).

iota n. m. invar. (mot grec, *cf.* ^{2}jota) Neuvième lettre de l'alphabet grec (ι), qui correspond à *i.* – loc. *Sans changer d'un iota*, sans rien changer.

Iouchtchenko (Viktor) Homme d'État ukrainien (né en 1954). Premier ministre de l'Ukraine (1999-2001) puis leader de l'opposition, il fut président de la République de 2005 à 2010.

Ioujno-Sakhalinsk Ville de Russie, au S. de l'île de Sakhaline. 181 700 habitants. Conserveries.

iourte voir **yourte**

Iowa n. m. État du centre des États-Unis. 145 791 km^2. 3 millions d'habitants. Capitale : Des Moines. Formé de hautes plaines irriguées par des affluents du Mississippi et du Missouri, l'Iowa est l'un des premiers États américains pour l'agriculture et l'élevage. Industries (métallurgie, électronique, agroalimentaire).

IPA [ajpie] **n. f. (sigle anglais de *India pale ale* « bière blonde d'Inde »)** anglic. Bière blonde riche en houblon, appréciée pour son amertume.

Ipatinga Ville du Brésil (Minas Gerais). 236 700 habitants (615 000 pour l'aire métropolitaine). Mines de fer et complexe sidérurgique.

ipé **n. m. (d'une langue amérindienne du Brésil)** Arbre d'Amérique tropicale, au bois brun très dur ; ce bois.

ipéca **n. m. (de *ipecacuanha,* mot portugais, du tupi)** Racine à propriétés vomitives d'un arbrisseau du Brésil. *Sirop, pastille d'ipéca.*

Iphigénie Dans la mythologie grecque, fille d'Agamemnon et de Clytemnestre, sœur d'Oreste et d'Électre. Son père la sacrifie à Artémis afin d'obtenir des vents favorables pour la flotte grecque retenue à Aulis.

Agamemnon offrant sa fille Iphigénie en sacrifice, vase d'Apulie (IVe s. av. J.-C.), British Museum, Londres.

Ipoh Ville de Malaisie continentale, au N.-O. de Kuala-Lumpur. 566 000 habitants. Important centre minier et industriel.

ipomée **n. f. (du latin bot., du grec *ips, ipos* « ver » et *homoios* « semblable »)** Plante herbacée ou ligneuse, dont une espèce est cultivée comme ornementale **(→ volubilis).**

Ipoustéguy (Jean Robert) Sculpteur français (1920-2006). Ample et expressive, son œuvre est empreinte d'un réalisme baroque et hallucinatoire où dominent des formes humaines meurtries.

ipso facto **loc. adv. (mots latins « par le fait [*factum*] même »)** Par voie de conséquence, automatiquement.

Ipsos (bataille d') Bataille qui opposa en −301 Antigonos Monophtalmos aux autres diadoques d'Alexandre le Grand, à Ipsos, en Phrygie (Asie Mineure). La défaite et la mort d'Antigonos provoquèrent le démembrement de l'empire d'Alexandre.

Ipswich Ville d'Angleterre, chef-lieu du Suffolk, sur l'estuaire de l'Orwell. 143 650 habitants. Port. Maisons anciennes.

Iqaluit Ville du Canada, capitale du Nunavut, dans l'île de Baffin, au fond de la baie de Frobisher. 7 740 habitants.

Iqbāl (Muḥammad) Philosophe et poète indien (1873-1938). Son œuvre a exercé une grande influence sur la création du Pakistan. *Les Secrets du non-moi ; Message de l'Orient.*

Iquique Ville du N. du Chili, sur le Pacifique. 226 000 habitants. Port de pêche (farine de poisson).

Iquitos Ville du Pérou, sur le fleuve Amazone. 153 950 habitants. Ville accessible uniquement par bateau ou avion. Commerce et industries (bois, caoutchouc, pétrole).

Ir Symbole chimique de l'iridium.

IRA (Irish Republican Army) Organisation armée irlandaise, fondée en 1919, qui a lutté pour l'unité et l'indépendance de l'Irlande. Après l'indépendance de l'Eire, l'IRA reprit en 1946 la lutte en Irlande du Nord (Ulster), recourant aux attentats, avant de mettre officiellement fin à la lutte armée en 2005.

Rue de Londonderry en 1986.

Irak ou Iraq

n. m. ■ offic. république d'Irak

État d'Asie occidentale. 440 000 km². 39,3 millions d'habitants (les *Irakiens* ou *Iraquiens*). **Langues :** arabe (offic.), kurde, turc. **Population :** Arabes, 79 % ; Kurdes, 16 % ; Turkmènes ; Arméniens. **Religions :** musulmans chiites 60 %, musulmans sunnites 38 %, chrétiens 2 %. **Monnaie :** dinar irakien. **Capitale :** Bagdad. **Régime :** présidentiel.

GÉOGRAPHIE

Le territoire est dominé par la plaine alluviale de la Mésopotamie, comprise entre le Tigre et l'Euphrate dont le delta commun, le Chatt al-Arab, se jette dans le golfe Arabo-Persique. La violence des crues a conduit à la construction de barrages qui détournent le surplus d'eau vers des réservoirs, naturels ou artificiels, ainsi que vers des canaux d'irrigation. La plaine de la Mésopotamie est bordée à l'E. et au N.-E. par les pentes montagneuses du Taurus turc, du Kurdistan méridional et du Zagros iranien. Le N. est occupé par le plateau de la Djésireh et le S. par le désert Arabique qui fait suite au plateau steppique de la Chamiya. Le climat, continental au N., très chaud dans la plaine, devient sec et aride au S.

ÉCONOMIE

Les conflits à répétition, l'embargo international de 1991 à 2003 et l'implantation de Daech en 2014 ont déstabilisé l'économie irakienne, dépendante de l'aide et des investissements internationaux. La population, dont 30 % est sans emploi, connaît de graves problèmes alimentaires et d'approvisionnement en eau et en électricité. L'agriculture occupe plus du tiers de la population active et constitue 5 % du PIB. Les régions les plus fertiles se situent au N. (céréales, tabac, fruits), au centre (coton, oléagineux) et en basse Mésopotamie (riz, agrumes). L'élevage reste important, notamment dans les montagnes du Kurdistan. L'Irak possède 10 % des réserves mondiales de pétrole (Kirkūk, régions de Bassora et de Khānaqīn) et depuis 2018 a retrouvé sa place de 2e producteur de l'Opep. De nombreux gisements sont exploités par des entreprises étrangères, notamment américaines. Les réserves de gaz sont estimées à 3,1 milliards de m³ (Kirkūk). L'Irak est l'un des pays les plus industrialisés du monde arabe (pétrochimie, cimenterie, agroalimentaire, sidérurgie).

HISTOIRE

L'ancienne Mésopotamie fut l'un des berceaux de la civilisation (Sumer, Akkad, Babylone, Assyrie). Perses, Séleucides, Parthes, Romains et Byzantins s'y succédèrent. Le pays prit le nom d'Irāq al-'Arabī lors de la conquête arabo-islamique (VIIe s.). En 762, les califes abbassides (750-1258) fondèrent Bagdad. Durant cette période, l'Irak fut l'un

des centres les plus brillants de la civilisation musulmane.

Domination ottomane, puis britannique La dynastie abbasside prit fin lors de la conquête mongole (1258). Après une tentative de restauration, le pays fut dévasté par Tamerlan (1387-1401). En 1534, l'Irak passa sous domination ottomane. Les puissances occidentales (France, Grande-Bretagne, Allemagne) commencèrent à s'intéresser à la région au XIXe s. La Grande-Bretagne obtint en 1920 un mandat sur l'Irak. La création d'un royaume indépendant (1932) ne mit pas fin à la présence militaire britannique.

L'indépendance Porté au pouvoir à la faveur d'un coup d'État militaire (1941), Rachīd ʿAlī al-Kylani chercha à s'allier avec l'Axe. Après la guerre, le régent Abd Allah, oncle de Fayçal II (1939-1958), ancra l'Irak dans le camp occidental : l'Irak signa le pacte de Bagdad (1955) et forma avec la Jordanie une Fédération arabe. En 1958, le coup d'État du général Kassem instaura la république. Le nouveau régime se rapprocha de l'URSS et de l'Égypte nassérienne. Le parti nationaliste Baas accéda au pouvoir en 1968. Le général Ahmad Hassan al-Bakr nationalisa l'Iraq Petroleum Company (1972).

L'Irak de Saddam Hussein À la tête de l'État en 1979, Saddam Hussein se rapprocha des pays occidentaux et procéda à des purges au sein du parti Baas. Il attaqua l'Iran, déclenchant une guerre (1980-1988) qui fit entre 500 000 et 1 million de morts, puis le Koweït en 1990. La première guerre du Golfe, menée sous l'égide des États-Unis avec l'autorisation de l'ONU, aboutit à la libération du Koweït (1991). La défaite irakienne fut suivie d'une révolte des Kurdes et des chiites, sévèrement réprimée. Sous prétexte de mettre fin à la dictature de Saddam Hussein et de détruire les armes de destruction massive que l'Irak était supposé détenir, les Américains, à la tête d'une coalition comprenant la Grande-Bretagne, envahirent l'Irak sans mandat de l'ONU (2003).

Un réfugié kurde devant le portrait de Saddam Hussein, en 1991, près de la frontière Irak-Iran.

L'après-Saddam L'Irak retrouva sa souveraineté en 2004 et des élections, boycottées par les sunnites au pouvoir sous Saddam Hussein, eurent lieu en janvier 2005 : la liste chiite de l'Alliance unifiée parrainée par l'ayatollah Ali Sistani, devança celle des Kurdes. Le Kurde Jalal Talabani accéda à la présidence de la République et le chiite Ibrahim al-Jaafari au poste de Premier ministre (remplacé en avril 2006 par Nouri al-Maliki). Abou Moussab al-Zarkaoui, chef d'al-Qaida en Irak, fut abattu par une attaque aérienne américaine en juin 2006 et Saddam Hussein exécuté en décembre 2006. B. Obama retira ses troupes en septembre 2010 mais des hommes restèrent jusqu'en décembre 2011 pour aider les forces irakiennes. À la suite d'élections législatives, un gouvernement d'union nationale put voir le jour en novembre 2010, les charges du pays étant réparties entre Kurdes, chiites et sunnites. En proie à une offensive djihadiste meurtrière menée en 2014 par Daech, qui s'empara de la province de Mossoul après avoir proclamé son califat à cheval sur l'Irak et la Syrie, des milliers de civils chrétiens durent fuir leurs foyers. En 2014, Haïder al-Abadi, membre du parti chiite Dawa, fut nommé Premier ministre pour tenter de sauver l'unité de l'Irak. 2015 fut marqué par des destructions et prédations de biens culturels par les islamistes (musée de Mossoul, cité antique d'Hatra). Les forces gouvernementales et kurdes, appuyées par les aviations de la coalition occidentale et arabe, lancèrent une vaste offensive contre Daech afin de récupérer une partie du territoire du nord du pays. Des millions de personnes fuirent les zones ruinées par les combats. L'assaut le plus meurtrier fut lancé en octobre 2016 pour reprendre la région de Mossoul qui ne fut libérée qu'en juillet 2017. Les dernières poches de djihadistes éliminées, le gouvernement annonça en déc. 2017 la fin de la guerre contre Daech, dont les combattants entrèrent dans la clandestinité. L'ex-ministre du Pétrole (2014 à 2016), Abdel Mahdi, prit la tête du gouvernement en oct. 2018 mais annonça sa démission un an plus tard après de très violentes manifestations dénonçant la corruption et l'ingérence de l'Iran. Moustafa al-Kazimi lui succéda en 2020. En réponse à l'assassinat d'un général iranien à Bagdad par un drone américain, l'Iran bombarda des positions américaines sur le sol irakien en janvier 2020. Le pays reste fragilisé par les risques d'ingérence de ces deux États et par les attentats du groupe Daech tel celui perpétré contre le Premier ministre en nov. 2021. Un ancien ministre, le chiite Mohammed Chia al-Soudani, dirige le gouvernement depuis 2022.

irakien, ienne adj. et n. De l'Irak. – n. *Les Irakiens.* – n. m. *L'irakien :* variété d'arabe parlé en Irak. - var. **iraquien, ienne.**

Iraklion voir **Héraklion**

Iran

n. m. ■ offic. république islamique d'Iran État d'Asie occidentale. 1 648 000 km². 83,25 millions d'habitants (les *Iraniens*) dont 51 % de Persans, 24 % d'Azéris, 8 % de Kurdes ; Lurs, Guilacs, Baloutches, Turkmènes, Arabes. **Langue :** persan (offic.), turc, kurde. **Religion :** musulmans chiites (89 %), musulmans sunnites (9 %). **Monnaie :** rial. **Capitale :** Téhéran. **Régime :** présidentiel.

GÉOGRAPHIE

La majeure partie de l'Iran est constituée par un haut plateau enserré par deux arcs montagneux. L'un d'eux comprend au N. le massif d'Azerbaïdjan, le massif de l'Elbourz bordant la plaine côtière de la Caspienne, et les chaînes du Khorassan. L'autre est formé à l'O. par le Zagros, bouclier montagneux culminant à plus de 4 000 m, peu accessible, isolant la plaine du Khouzistan du plateau iranien et des bassins du Fārs. Le plateau iranien, d'une altitude moyenne de 1 300 m, est jalonné de dépressions désertiques. S'étendant au pied des montagnes, les plaines extérieures, fertiles, bénéficient de précipitations plus abondantes. Le climat est aride, de type continental. L'amplitude thermique peut être considérable.

La ville de Yezd avec les minarets de la mosquée du Vendredi.

ÉCONOMIE

Les évènements politiques de la fin du XXe siècle (révolution, embargo américain, guerre avec l'Irak) avaient laissé l'économie affaiblie. Cependant, l'Iran avait renoué dans la première décennie 2000 avec la croissance. La mauvaise gestion, la corruption, l'obsolescence des équipements ont donné un coup de frein au développement et la tendance négative a été accentuée par la pandémie de coronavirus. En 2020, l'agriculture et l'élevage constituent 13 % du PIB et occupent 30 % de la population active. Les 2/3 de la surface agricole sont irrigués par de grands aménagements récents et par les techniques traditionnelles (les *qānats*). La production agricole est fondée sur les cultures céréalières (blé, orge, riz), fruitières (dattes, amandes, agrumes) et industrielles (betterave et canne à sucre, thé, coton, tabac). L'élevage assure une partie de la consommation de viande, mais le pays est loin d'avoir atteint l'autosuffisance alimentaire. Le pétrole, aux mains de l'État, reste la principale richesse du pays, constituant, avec le gaz (2e producteur mondial), 80 % des exportations et les sanctions des États-Unis, qui se sont retirés de l'accord sur le nucléaire iranien, pèsent sur l'économie. Le pays dispose d'un réseau dense de raffineries, d'oléoducs et de gazoducs, qui conduit la production jusqu'aux terminaux du golfe Arabo-Persique. Le décollage industriel, amorcé dans les années 1970, a été fortement freiné par la Révolution et la guerre avec l'Irak. L'industrie moderne s'est développée surtout dans le textile et l'alimentaire. La production sidérurgique est en plein essor. L'artisanat traditionnel reste très actif (tapis, soieries, cotonnades).

HISTOIRE

L'Iran préislamique Au IIe millénaire av. J.-C., tandis que l'Élam développait une civilisation en rapport avec celle de Babylone, des envahisseurs indo-européens donnèrent son nom au plateau iranien. Les Mèdes constituèrent un royaume (612-550 av. J.-C.), qui passa sous la domination de la dynastie perse des Achéménides. L'Empire perse, devenu, grâce aux conquêtes de Cyrus II le Grand, de Cambyse II et de Darios Ier, l'ensemble le plus vaste de toute l'Antiquité, fut conquis par Alexandre. Après sa mort (323 av. J.-C.) la Perse revint à Séleucos et à ses successeurs, les Séleucides. Au IIIe s. av. J.-C., les Parthes fondèrent la dynastie des Arsacides, qui tint tête à Rome pendant trois siècles. La lignée des Sassanides lui succéda en 224 apr. J.-C. Khosrō II (590-628) reconstitua momentanément l'équivalent de l'Empire achéménide.

Conquêtes arabe, turque et mongole Après la conquête arabe (633-642), l'islam supplanta la religion mazdéenne. Les régions de Mésopotamie et d'Iran soutinrent le calife Ali (656-661) dans la discorde qui l'opposa à Muʿāwiya, marquant ainsi le début de l'évolution religieuse vers le chiisme. Dès le IXe s.,

Iran

des dynasties locales émergèrent en Iran oriental. À l'O., les Buyides (932-1055) imposèrent leur suzeraineté aux Abbassides. Au XIe s., les Turcs Seldjoukides, sunnites, reconstituèrent l'Empire perse, de l'Afghanistan à la Méditerranée. La Perse passa sous domination mongole avec Gengis Khan (1221) et Tamerlan (1381-1387). La dynastie chiite des Safavides (1502-1736) unifia un temps l'Iran, l'Irak et une partie du Caucase. Elle atteignit son apogée sous le règne d'Abbas Ier (1571-1629). Après la mort de Nāder Chāh (1736-1747), le pays fut disputé entre dynasties rivales, jusqu'à l'instauration de la dynastie des Kadjars (1794-1925).

L'influence occidentale L'affaiblissement de l'État permit la pénétration occidentale. La Perse fut divisée par l'accord russo-britannique de 1907 en deux zones d'influence. La découverte et l'exploitation du pétrole pendant la Première Guerre mondiale accrurent son importance stratégique. Rizā Chāh, fondateur de la dynastie des Pahlavi (1925), instaura un pouvoir autoritaire et modernisa le pays, qui prit le nom d'Iran en 1935. Pendant la Seconde Guerre mondiale, les Alliés occupèrent l'Iran et Rizā Chāh abdiqua en faveur de son fils Muḥammad Rizā (1941). Après la guerre, l'Iran se rapprocha des États-Unis. Chef du Front national, Mossadegh accéda au pouvoir (1951) et nationalisa l'industrie pétrolière, ce qui pénalisa les intérêts américains, et fut renversé deux ans plus tard. À l'issue de ce coup d'État, Muḥammad Rizā Pahlavi monta sur le trône et entreprit en 1963 la « révolution blanche », destinée à distribuer des terres et à promouvoir l'instruction.

La révolution islamique et l'Iran contemporain L'hostilité des traditionalistes et le caractère répressif du régime engendrèrent une situation révolutionnaire. Les émeutes atteignirent une telle violence en 1978 que le chah dut quitter l'Iran (1979). La nouvelle république islamique devint vite un régime théocratique et anti-occidental, avec l'ayatollah Khomeiny pour Guide suprême de la Révolution. Le 4 novembre 1979, 52 personnes de l'ambassade des États-Unis furent prises en otage, ce qui marqua la fin de l'entente entre les deux pays. Après le conflit très meurtrier avec l'Irak (1980-1988), la mort de Khomeiny (1989) entraîna la désignation d'Ali Khamenei comme Guide suprême et l'élection d'Ali Akbar Rafsandjani à la présidence de la République. Une opposition se fit jour entre conservateurs et modernistes. Ces derniers firent élire à la présidence de la République Mohammad Khatami en 1997, mais le conservateur Mahmoud Ahmadinejad lui succéda en 2005.

La politique nucléaire Ses menaces verbales envers Israël et la poursuite du programme nucléaire aggravèrent les tensions avec les États-Unis et le monde occidental. La présidentielle de 2013 fut remportée par le modéré Hassan Rohani, qui amorça un dialogue sur le nucléaire avec les pays occidentaux aboutissant à l'accord de Genève puis à l'accord de Vienne (2015) sur le gel du programme nucléaire en échange de la levée des sanctions internationales imposées depuis 2006. Les États-Unis renouvelèrent certaines sanctions après la décision du président Trump de sortir de l'accord (2018). La guerre d'influence de l'Iran (à majorité chiite) avec l'Arabie saoudite (à majorité sunnite) connaît une escalade depuis 2015 (rupture des relations diplomatiques en 2016). L'Iran, qui s'engagea politiquement et militairement dans le conflit syrien pour le maintien du

Mur peint à l'effigie de l'ayatollah Khomeiny.

président al-Assad, tandis que l'Arabie saoudite soutenait les rebelles, subit en 2018 des attentats de djihadistes sunnites de Daech. Des manifestations à l'échelle nationale éclatèrent en nov. 2019 à l'annonce de l'augmentation du prix de l'essence, la population étant déjà lourdement pénalisée par les sanctions internationales. Une répression meurtrière s'ensuivit. Rohani quitta la présidence en 2021. L'ultraconservateur Ebrahim Raïssi lui succéda. Un immense mouvement de protestation emmené par la population féminine se répandit à travers tout le pays après la mort d'une jeune femme, Mahsa Amini, arrêtée pour infraction au port du voile en septembre 2022. Le pouvoir religieux répliqua par une répression sanglante, soutenu par le corps paramilitaire des Gardiens de la Révolution (placé sur la liste des organisations terroristes par les États-Unis en 2019).

iranien, ienne adj. et n. Relatif à l'Iran. → **persan.** – n. *Les Iraniens.* ■ *Langues iraniennes :* rameau asiatique du groupe indo-européen comprenant une vingtaine de langues (persan, kurde, afghan, etc.).

Iran-Irak (guerre) Conflit armé qui opposa l'Iran et l'Irak de 1980 à 1988. Saddam Hussein, arrivé au pouvoir en Irak en 1979, attaqua l'Iran pour, d'une part, tenter de mettre fin à la révolution islamiste menée en Iran par l'ayatollah Khomeiny et pour, d'autre part, reprendre la région stratégique du Chatt al-Arab et du Khouzistan iranien. Surpris par la résistance iranienne, l'Irak proposa un cessez-le-feu, refusé par l'Iran (1982). Dès lors, le conflit s'intensifia, soutenu par de nombreuses puissances étrangères. Après l'intervention de l'ONU (1987), l'Iran, affaibli, signa un cessez-le-feu (1988). L'Irak se retira en 1990 des territoires occupés. Le conflit se solda par près de un million de morts.

Irapuato Ville du Mexique, au N.-O. de Mexico. 380 940 habitants. Commerce et industrie.

Iraq voir **Irak**

irascible adj. (du bas latin, de *irasci,* de *ira* « colère » → **ire**) littér. Qui s'irrite, s'emporte facilement. → **coléreux ; irritable.** *Une humeur irascible.* □ n. f. **irascibilité**

Irazú n. m. Volcan actif du Costa Rica, au N. de San José. 3 500 m.

Irbid Ville du N.-O. de la Jordanie. 502 700 habitants (nombreux réfugiés palestiniens). Marché agricole.

Ircam n. m. voir **Institut de recherche et de coordination acoustique/musique**

ire n. f. (latin *ira* → **irascible, irriter**) archaïsme Colère.

Ireland (John Nicholson) Compositeur britannique (1879-1962). Influencé par le romantisme et la musique française, il a composé de la musique symphonique *(London Ouverture),* de la musique de chambre, un oratorio, des œuvres pour piano, pour orgue et des mélodies.

Ireland (David) Romancier australien (1927-2022). Son style fragmentaire cherche à refléter le chaos de la société industrielle et urbaine. *Burn ; The Chosen.*

Irène (v. 752-803) Impératrice d'Orient (797-802). Elle se trouva au cœur de la querelle des iconoclastes en rétablissant le culte des images lors du concile de Nicée (787).

Irénée (saint) Père et docteur de l'Église (v. 130-v. 208). Évêque de Lyon, il combattit les gnostiques. D'après la tradition, il serait mort en martyr.

irénique adj. (du grec *eirênê* « paix ») Empreint d'irénisme.

irénisme n. m. relig. Attitude de compréhension dans la discussion des problèmes théologiques entre chrétiens de confessions différentes. *Irénisme œcuménique.*

Irgoun n. m., **Irgoun Zvaï Leoumi** ou **Tsvaï Leumi** Organisation juive extrémiste fondée en Palestine en 1935 qui lutta violemment contre les occupants britanniques et les Palestiniens. L'Irgoun fut dissous après l'indépendance de l'État d'Israël (1948).

Irian Jaya voir **Papouasie occidentale**

Iriarte (Tomás de) Écrivain et compositeur espagnol (1750-1791). Ardent défenseur des théories néoclassiques, il écrivit un recueil de *Fables littéraires* et donna plusieurs comédies originales ou traduites du français. Il a également composé des pièces musicales.

Iribe (Paul) Caricaturiste et décorateur français (1883-1935). Considéré comme l'un des plus importants graphistes du début du XXe s., il fonda en 1905 la revue *Le Témoin.* Il dessina des affiches, mit son art au service de la mode, créa des bijoux, des meubles ainsi que des costumes et des décors de théâtre et de cinéma.

Paul Iribe, « Avez-vous trouvé Jésus, mon fils ? — Pourquoi, vous l'avez perdu, ma sœur ? », caricature dans *Le Rire* (1905).

irid-, irido- Élément (du latin *iris, iridis*) qui signifie « de l'iris » (**I** ou **II**).

iridacée n. f. (de *iris*) bot. Plante monocotylédone, à grandes fleurs ornementales (famille des *Iridacées ;* ex. l'iris, le crocus).

iridectomie n. f. méd. Excision partielle de l'iris.

iridescent, ente adj. (du latin *iris, iridis* « arc-en-ciel ») littér. Qui a des reflets irisés.

iridié, ée adj. didact. Allié avec de l'iridium. *Platine iridié.*

iridium [iʀidjɔm] n. m. (de l'anglais, du latin *iris, iridis* « arc-en-ciel » → **iris**) Élément chimique (symb. Ir, n° at. 77, masse at. 192,2), métal blanc très dur, cassant, qu'on extrait de minerais de platine.

iridologie n. f. méd. Méthode de diagnostic fondée sur l'examen de l'iris de l'œil. □ adj. **iridologique** □ n. **iridologue**

irien, enne adj. didact. Relatif à l'iris de l'œil. *Le tissu irien.* - syn. **iridien, ienne.**

Irigny Commune du Rhône, sur le Rhône. 8 805 habitants.

iris [iʀis] n. m. (latin *iris, iridis,* du grec, d'abord « arc-en-ciel », n. de la messagère des dieux) **I.** Plante à haute tige portant de grandes fleurs ornementales bleues, violettes, blanches. **II. 1.** Membrane de l'œil, située derrière la cornée et présentant un orifice (pupille) en son centre. *Iris bleu, brun.* **2.** Diaphragme (photographique).

Iris Divinité grecque personnifiant le chemin entre le Ciel et la Terre. Elle est représentée ailée.

irisation n. f. Production des couleurs de l'arc-en-ciel par décomposition du prisme.

iriser v. tr. < 1 > (de *iris* « arc-en-ciel ») Colorer des couleurs du prisme, de manière changeante. – pronom. *« Le toit d'ardoise s'irise au soleil comme une gorge de pigeon »* (A. France). □ **irisé, ée** adj. *Reflets irisés.*

Irish (Cornell George Hopley-Woolrich, dit William) Écrivain américain (1903-1968). Il est l'auteur de romans policiers à succès *(La mariée était en noir ; La Sirène du Mississippi ; J'ai épousé une ombre)* souvent adaptés au cinéma.

irish coffee [ajʀiʃkɔfi] n. m. (mots anglais « café *[coffee]* irlandais *[Irish]* ») anglic. Boisson faite de café chaud sucré et de whisky, recouverts de crème fraîche. *Des irish coffees.*

irish stew [ajʀiʃstju] n. m. (mots anglais « ragoût *[stew]* irlandais *[Irish]* ») anglic. Ragoût de mouton bouilli. *Des irish stews.*

iritis [iʀitis] n. f. (→ **-ite**) méd. Inflammation de l'iris.

Irkoutsk Ville de Russie, en Sibérie méridionale, sur l'Angara, au S.-O. du lac Baïkal. 588 000 habitants. Centrale hydroélectrique. Industries (métallurgie, mécanique).

Irkoutsk, le musée de l'Architecture en bois.

irlandais, aise adj. et n. D'Irlande. – spécialt *Café irlandais.* → **irish coffee.** – n. *Les Irlandais.* ■ n. m. *L'irlandais,* groupe de parlers celtiques d'Irlande.

Irlande (mer d') Mer séparant l'Irlande de la Grande-Bretagne, qui communique avec l'Atlantique par le canal du Nord et le canal Saint George. Nombreuses lignes de ferries. Prospection pétrolière.

Irlande n. f. La plus occidentale des îles Britanniques, séparée de la Grande-Bretagne par le canal Saint George et la mer d'Irlande. → Royaume-Uni (carte). 84 400 km². Depuis 1922, l'Irlande est divisée entre la république d'Irlande et six des neuf comtés d'Ulster (Irlande du Nord) qui forment avec la Grande-Bretagne le Royaume-Uni. Historiquement, l'Irlande était divisée en quatre provinces (Ulster, Connacht, Leinster, Munster) et 32 comtés.

HISTOIRE

Peuplée depuis la préhistoire (Pictes au N., Erainn au S.), l'île fut envahie par les Gaëls (IVe s. av. J.-C.), population celte apparentée aux Bretons. Une civilisation originale s'épanouit, fondée sur la religion druidique et l'organisation en clans regroupés sous l'autorité de cinq puis sept rois provinciaux. L'Irlande fut christianisée par saint Patrick en l'an 432. Rayonnant sur le monde occidental, les monastères irlandais attirèrent de nombreux étudiants et envoyèrent des missionnaires sur le continent européen.

Les Vikings et les Anglais À partir de 795, les Vikings envahirent l'île. Au IXe s., ils établirent des colonies (Dublin, Wicklow, Cork) et menèrent des attaques vers l'intérieur des terres jusqu'à la victoire du roi gaël Brian Boru (bataille de Clontarf, 1014). En 1171, Henri II d'Angleterre fut reconnu lord d'Irlande. Les seigneurs anglais se partagèrent le pays, puis s'assimilèrent progressivement aux Gaëls, malgré les statuts de Kilkenny (1367). En 1541, Henri VIII devint roi d'Irlande, mais ne parvint pas à imposer la Réforme.

La soumission à l'Angleterre Lors de la bataille de la Boyne (1690), le roi catholique James II et ses partisans français furent mis en échec par le roi protestant Guillaume III d'Orange. Malgré les résistances, la domination anglaise s'accentua. En 1782, l'Irlande devint une « nation protestante » libre, bénéficiant d'un parlement indépendant. Les révoltes, soutenues par les Français, furent violemment écrasées (1798) et l'Angleterre proclama l'Union de l'Angleterre et de l'Irlande sous le nom de Royaume-Uni de Grande-Bretagne et d'Irlande. L'Union se traduisit par une exploitation économique de l'Irlande qui déclina rapidement. La population rurale, expropriée, fut sévèrement frappée par la grande famine de 1845-1849 (maladie de la pomme de terre). Plus de 2 millions d'habitants émigrèrent vers l'Amérique du Nord.

Home Rule et partition Tout au long du XIXe siècle, le mouvement anti-anglais se poursuivit, revendiquant en particulier l'autonomie interne (Home Rule). À Pâques 1916, les nationalistes se soulevèrent en vain. En 1919, le Parlement irlandais proclama la république d'Irlande, avec De Valera pour président. L'État libre d'Irlande fut érigé en dominion le 6 décembre 1921, les six comtés du N. restant partie intégrante du Royaume-Uni.

Irlande

n. f. ■ offic. république d'Irlande (Eire) État d'Europe de l'Ouest, occupant la majeure partie de l'île d'Irlande. 70 280 km². 5 123 530 habitants (les *Irlandais*). **Langues :** anglais et irlandais (gaélique). **Religions :** catholiques, 93 % ; forte minorité protestante à Dublin. **Monnaie :** euro. **Capitale :** Dublin. **Régime :** parlementaire.

GÉOGRAPHIE

Vaste dépression, la plaine centrale se compose de collines, de tourbières et de lacs intérieurs. Elle est bordée de petits massifs (monts Wicklow, Connemara, Kerry). Les côtes sont presque partout découpées et entaillées de profondes baies. Le climat, doux et très humide, favorise les pâturages. Environ 60 % de la population vit en zone urbaine (1,4 million à Dublin). Longtemps terre d'émigration, l'Irlande attire, depuis l'essor économique des années 1990, de nombreux étrangers.

ÉCONOMIE

L'agriculture, limitée par l'humidité du sol, repose sur l'élevage. Les activités industrielles (bière, whisky, mécanique, informatique) se concentrent dans la région de Dublin. Le tourisme ne cesse de croître. Aujourd'hui, malgré sa position périphérique, l'Irlande se caractérise par une économie moderne, fondée sur des activités de commerce, de services et de haute technologie. Son taux de croissance a décollé dans les années 1990 pour devenir un des meilleurs exemples de réussite d'Europe. Surnommée le « tigre celtique », l'Irlande a su tirer avantage de son entrée dans l'Union européenne, tout en étant très ouverte sur le monde. Touchée par la crise mondiale, elle a connu une forte récession de 2008 à 2013 mais l'économie a bien résisté à la pandémie mondiale de 2020 et à la mise en application du Brexit.

HISTOIRE

État libre au sein du Commonwealth L'État libre d'Irlande, comprenant les 26 comtés de l'Irlande du Sud, fut érigé en dominion le 6 décembre 1921, les six comtés du Nord restant partie intégrante du Royaume-Uni. S'ensuivit une violente guerre civile (1922-1923). Les deux partis politiques issus de cette rivalité (Fianna Fail de De Valera, opposé à la partition de l'île ; Fine Gael de W. Cosgrave, partisan du traité) dominèrent dès lors la vie politique irlandaise. En 1937, De Valera fit adopter une constitution. L'Irlande resta neutre durant la Seconde Guerre mondiale, mais de nombreux Irlandais s'engagèrent auprès des Alliés.

Ruines du château de Clifden, dans le Connemara.

L'Irlande indépendante La république d'Irlande fut proclamée le 18 avril 1949, officiellement libre de toute allégeance vis-à-vis de la couronne britannique et sortant du Commonwealth. Au cours des années 1960, l'économie se développa. Des luttes sanglantes entre catholiques (IRA) et protestants concernant le statut de l'Irlande du Nord firent des milliers de victimes.

Au sein de l'Union européenne L'adhésion à la CEE en 1973 fut largement plébiscitée (83 %). En 1990, Mary Robinson fut la première femme élue à la présidence de la République, reflétant les mutations en cours dans la société irlandaise (référendum de 1995 légalisant le divorce). Mary McAleese lui succéda en 1997 puis Michael Higgins en 2011. Le parti conservateur Fine Gael (1973-1977, 1981-1987, 1994-1997 et 2011-2020) et le Fianna Fail alternèrent au pouvoir. À partir de 2020, ils formèrent ensemble un gouvernement de coalition avec les Verts, inaugurant ainsi un profond changement politique.

Irlande du Nord

n. f. Partie de l'Irlande appartenant au Royaume-Uni de Grande-Bretagne et d'Irlande du Nord et formée de 6 des 9 comtés d'Ulster. 14 120 km². 1 900 000 habitants. **Langue :** anglais. **Religions :** protestants ; forte minorité catholique (46 %). **Capitale :** Belfast.

GÉOGRAPHIE

Le territoire est une vaste dépression, relevée sur ses bords par de petits massifs. Les côtes sont largement échancrées. L'économie de l'Irlande du Nord (élevage, métallurgie, construction navale, tourisme) est fragilisée par l'insularité et les troubles politiques. Le chômage atteint 50 % dans certains quartiers de Belfast, qui concentre pourtant l'essentiel des activités, et l'économie est fortement pénalisée par l'accord du Brexit.

HISTOIRE
Le traité du 6 décembre 1921 reconnaissait à l'Irlande du Nord le plein statut de dominion. Très vite, la minorité catholique, nationaliste et irlandaise, fut tenue à l'écart par la majorité protestante. Après la création de la république d'Irlande (1949), les revendications catholiques entraînèrent le réveil de l'extrémisme protestant, mené par Ian Paisley qui fonda le DUP (Parti unioniste démocratique). En 1969, des manifestations anticatholiques de l'ordre d'Orange dégénérèrent et des combats éclatèrent, auxquels l'armée républicaine clandestine (IRA) d'Irlande prêta son appui. La suppression de l'autonomie de l'Irlande du Nord par Londres (1972), l'action de l'armée britannique (catholiques tués lors du Bloody Sunday), les actes terroristes commis par l'IRA et par les extrémistes protestants entretinrent les haines. En décembre 1993, Londres et Dublin initièrent de nouvelles négociations. Malgré plusieurs ruptures du cessez-le-feu, l'accord du Vendredi saint fut signé à Belfast en avril 1998. Pourtant, le processus de paix demeura longtemps dans l'impasse. L'application du traité, gelée en 2002, fut relancée en 2005 par l'annonce de l'abandon de la lutte armée par l'IRA. L'accord de mai 2007 sur le partage du pouvoir entre les deux partis (Sinn Fein et DUP, Parti démocratique unioniste) au sein d'un gouvernement autonome marque sans doute le terme d'un conflit qui dure depuis près d'un siècle. Les Irlandais, comme les Écossais, se sont prononcés pour le maintien dans l'UE par le référendum de 2016, à l'inverse des Anglais. Les conséquences économiques et politiques du Brexit, comportant des dispositions douanières spécifiques à l'Irlande du Nord, ont ravivé la crainte d'une nouvelle partition de l'île.

IRM [iɛʀɛm] **n. f.** (sigle de *imagerie par résonance magnétique*) méd. Ensemble des techniques permettant d'obtenir des images à partir de la résonance magnétique nucléaire. ▪ Examen médical utilisant cette technique. *Passer une IRM.* – Image ainsi obtenue.

Iroise (mer d') Bras de mer de la côte occidentale de Bretagne, entre les îles d'Ouessant et de Sein, sur lequel s'ouvrent la rade de Brest et la baie de Douarnenez. Il est parsemé d'écueils.

iroko **n. m.** (mot d'une langue africaine) Arbre d'Afrique tropicale ; bois de cet arbre, utilisé en menuiserie.

irone **n. f.** (de *iris* [I]) chim. Principe chimique auquel l'iris doit son odeur.

ironie **n. f.** (du latin, du grec *eirôneia*, de *eirôn*, *eirônos* « qui interroge en feignant l'ignorance » [procédé de Socrate]) **1.** Manière de se moquer (de qqn ou de qqch.) en disant le contraire de ce qu'on veut exprimer. → **moquerie.** *Une ironie amère ; légère.* ▪ ling. Procédé par lequel on fait entendre le contraire de ce qui est explicité. → **antiphrase. 2.** Disposition moqueuse. *Une lueur d'ironie dans le regard.* **3.** *Ironie du sort,* intention de moquerie méchante qu'on prête au sort.

ironique **adj.** (du bas latin, du grec → ironie) Qui use de l'ironie ; où il entre de l'ironie. → **¹moqueur, railleur, sarcastique.** *Un sourire, un ton ironique.*

ironiquement **adv.** D'une manière ironique.

ironiser **v. intr.** < 1 > Employer l'ironie. → **se moquer, railler.** *Ironiser sur, à propos de qqn, qqch.*

ironiste **n.** vieilli Personne, écrivain qui pratique l'ironie. → **humoriste.**

iroquois, oise **adj. et n.** (d'un mot de cette langue) **1.** D'un groupe de peuples indiens d'Amérique du Nord. – **n.** *Les Iroquois.* ▪ **n. m.** Famille de langues indiennes (comprenant le huron, le mohawk, le cherokee). **2.** *Une crête iroquoise* ou **n. m.** *un iroquois :* coiffure en forme de crête* (à la manière prêtée aux Iroquois).

Iroquois **n. m. pl.** Nom donné à six groupes d'Indiens d'Amérique du Nord, très puissants au XVIIIe s. Spoliés par les armées de G. Washington, les Iroquois vivent actuellement dans des réserves dans l'État de New York et au Canada.

irradiant, ante **adj.** Qui irradie. *Une douleur irradiante.*

irradiateur **n. m.** techn. Appareil pour irradier une substance. *Irradiateur aux rayons gamma.*

irradiation **n. f.** (du latin → irradier) **1.** Émission de radiations. *L'irradiation du soleil.* **2.** Action d'irradier (2). *L'irradiation d'une tumeur.*

irradier **v.** < 7 > (latin *irradiare*, de *in-*, *ir-* et *radius* → rai, ¹rayon) **1. v. intr.** (lumière, douleur) Se propager en rayonnant à partir d'un centre. *« La douleur irradiait dans le côté gauche »* (Mauriac). **2. v. tr.** Exposer (des organismes ou des substances d'origine animale ou végétale) à l'action de radiations (notamment à la radioactivité). – au p. p. *Les populations irradiées de Tchernobyl.*

irraisonné, ée **adj.** Qui n'est pas raisonné, qui n'a pas de raison précise. *Une peur irraisonnée.*

irrationalisme **n. m.** didact. Hostilité au rationalisme ; croyance en des pratiques irrationnelles. ▫ **adj. et n. irrationaliste**

irrationalité **n. f.** Caractère de ce qui est irrationnel.

irrationnel, elle **adj.** (du latin → rationnel) **1.** Qui n'est pas rationnel, n'est pas du domaine de la raison. *Des croyances irrationnelles.* – **n. m.** *Le vertige de l'irrationnel.* **2.** *Nombre irrationnel,* qui ne peut être mis sous la forme d'un rapport entre deux nombres entiers (ex. le nombre π [pi]).

irrattrapable **adj.** Qui n'est pas rattrapable. *Une situation irrattrapable.*

Irrawaddy **n. m.** Fleuve de Birmanie. 1 800 km. Il arrose la plaine rizicole birmane et se jette dans le golfe du Bengale par un immense delta. Sur ses rives se développa la civilisation birmane.

irréalisable **adj.** Qui ne peut se réaliser. → **chimérique.** *Un projet irréalisable.* – **n. m.** *L'irréalisable.*

irréalisé, ée **adj.** littér. Qui n'a pas été réalisé. *Un vœu irréalisé.*

irréalisme **n. m.** Manque de réalisme, de sens des réalités. ▫ **adj. et n. irréaliste**

irréalité **n. f.** Caractère irréel. *Une impression d'irréalité.*

irrecevabilité **n. f.** dr. Caractère non recevable ; caractère de ce qui n'est pas recevable. *L'irrecevabilité d'une plainte.*

irrecevable **adj.** Qui n'est pas recevable, qui ne peut être admis. → **inacceptable.** *Votre demande est irrecevable.*

irréconciliable **adj.** (du bas latin, de *reconciliare* → réconcilier) Avec lequel, entre lesquels il n'y a pas de réconciliation possible. *Des ennemis irréconciliables.*

irrécouvrable **adj.** dr. Qu'on ne peut recouvrer. *Taxes irrécouvrables.*

irrécupérable **adj.** (de *récupérer*) Qui ne peut être récupéré (choses, personnes).

irrécusable **adj.** (du bas latin, de *recusare* → récuser) **1.** Qui ne peut être récusé en justice. *Un témoignage irrécusable.* **2.** Qu'on ne peut contester, mettre en doute. *Une preuve irrécusable.* → **irréfragable, irréfutable.**

irrédentisme **n. m.** (de l'italien, de *redento* « racheté », latin *redemptus* → rédemption) polit. Mouvement nationaliste réclamant l'annexion des territoires où vivent des nationaux « non rachetés » (sous domination étrangère). ▫ **adj. et n. irrédentiste**

irréductible **adj.** (de *réductible* → réduction, réduire) **1.** sc. Qui ne peut être réduit. – méd. *Fracture irréductible.* **2.** didact. Qui ne peut être ramené à autre chose. **3.** Dont on ne peut venir à bout. *Un ennemi irréductible.* – **n.** *Des irréductibles.* ▫ **n. f. irréductibilité** ▫ **adv. irréductiblement**

irréel, elle **adj.** **1.** Qui n'est pas réel, qui est en dehors de la réalité. → **abstrait, fantastique ; irréalité.** *Des craintes irréelles.* – **n. m.** Caractère irréel ; choses irréelles (et évoquées). **2.** Qui ne semble pas du domaine de la réalité. *Des couleurs absolument irréelles.* → **merveilleux.**

irréfléchi, ie **adj.** Qui agit ou se fait sans réflexion. *Des propos irréfléchis.*

irréflexion **n. f.** Manque de réflexion. → **étourderie, imprévoyance.**

irréformable **adj.** (du bas latin → réformer) Qui ne peut être réformé, corrigé.

irréfragable **adj.** (du bas latin, de *refragari* « voter contre ») littér. (preuve, témoignage...) Qu'on ne peut contredire, récuser. → **irrécusable.** *« L'emprise de sa parole enflammée était irréfragable »* (Cendrars).

irréfutable **adj.** Qui ne peut être réfuté. *Un argument, un raisonnement irréfutable.* → **irrécusable.** ▫ **n. f. irréfutabilité**

irréfutablement **adv.** D'une manière irréfutable.

Irrawaddy

Chercheurs d'or sur le fleuve Irrawaddy, à Myitkyina, dans le nord de la Birmanie.

irrégularité n. f. **1.** Caractère, aspect irrégulier (d'un objet, un phénomène, une situation...). *L'irrégularité d'un pouls.* **2.** Chose ou action irrégulière. *Les irrégularités d'une conjugaison.* – Chose contraire à la loi, à un règlement. *Des irrégularités ont été commises au cours de l'élection.*

irrégulier, ière adj. (du bas latin, de *regularis* → régulier) **I. 1.** Qui n'est pas régulier dans sa forme, ses dimensions, sa disposition... *Un visage aux traits irréguliers.* – (dans le temps) *Un pouls irrégulier.* → **intermittent.** ■ Qui a des valeurs inégales. *Des résultats irréguliers.* **2.** Qui n'est pas conforme à la règle, à l'usage commun. *Une situation irrégulière.* – Qui n'est pas conforme à une règle grammaticale. *Verbes irréguliers.* **II.** (personnes) **1.** *Troupes irrégulières,* qui n'appartiennent pas à l'armée régulière. **2.** Qui n'est pas constamment égal à soi-même. → **inégal.** *Un élève irrégulier.*

irrégulièrement adv. **1.** D'une manière irrégulière. → **illégalement. 2.** Sans régularité.

irréligieux, euse adj. (du latin, de *religiosus* → religieux) Qui n'a pas de croyance religieuse, s'oppose à la religion. *Un esprit irréligieux.* → **incrédule, incroyant, sceptique.**

irréligion n. f. littér. Manque de religion, d'esprit religieux. → **impiété, incroyance.**

irrémédiable adj. (du latin, de *remediare* → remédier) À quoi on ne peut remédier. → **irréparable.** *Des pertes irrémédiables.* □ adv. **irrémédiablement**

irrémissible adj. (du bas latin, de *remissum,* supin de *remittere* → remettre) littér. **1.** (crime, faute) Impardonnable. **2.** Irrémédiable, qui ne peut changer. *Un échec irrémissible.* □ adv. **irrémissiblement**

irremplaçable adj. Qui ne peut être remplacé (par qqch. ou qqn de même valeur). *Un collaborateur irremplaçable.*

irréparable adj. (du latin → réparer) **1.** Qui ne peut être réparé. *La voiture est irréparable.* **2.** fig. → **irrémédiable.** *C'est une perte irréparable.* « [...] *Pour réparer des ans l'irréparable outrage* » (Racine). – n. m. *L'irréparable est accompli.* □ adv. **irréparablement**

irrépréhensible adj. (du bas latin → répréhensible) littér. Qu'on ne peut reprendre, blâmer. → **inattaquable, irréprochable.**

irrépressible adj. (de *répressible* → réprimer) littér. Qu'on ne peut réprimer, contenir. → **irrésistible.** *Un tic, un rire irrépressible.*

irréprochable adj. (d'abord *inreprochable ;* de *reprocher*) À qui, à quoi on ne peut faire aucun reproche. → **parfait.** □ adv. **irréprochablement**

irrésistible adj. (du latin médiéval, de *resistere* → résister) **1.** À quoi on ne peut résister. *Une tentation irrésistible.* **2.** (personnes) À qui on ne peut résister. *Elle était irrésistible.* **3.** Qui fait rire. *Un spectacle irrésistible.* □ adv. **irrésistiblement**

irrésolu, ue adj. (de *résolu* → résoudre) littér. Qui a peine à se résoudre, à se déterminer. → **hésitant, indécis.**

irrésolution n. f. (de *résolution*) État ou caractère d'une personne irrésolue. → **hésitation, indécision.**

irrespect [iʀɛspɛ] n. m. littér. Manque de respect. → **insolence.**

irrespectueux, euse adj. Qui n'est pas respectueux. → **impertinent, insolent.** □ adv. **irrespectueusement**

irrespirable adj. Qui est pénible ou dangereux à respirer. *Une atmosphère irrespirable* (aussi au fig.).

irresponsabilité n. f. Caractère d'une personne irresponsable ou qui agit à la légère.

irrigation

L'irrigation peut se réaliser suivant différentes techniques. 1. Noria en bois (XIVe s.). 2. Canaux d'irrigation sur l'Amou-Daria, en Ouzbékistan. 3. Rizière en terrasse inondée près d'Ubud, Bali.

irresponsable adj. (→ responsable) **1.** Qui, devant la loi, n'est pas responsable, n'a pas à répondre de ses actes. *Les aliénés sont irresponsables.* **2.** Qui se conduit sans assumer de responsabilités, sans envisager les conséquences. – n. *C'est une irresponsable.* ■ (comportements...) *Une attitude irresponsable.*

irrétrécissable adj. (→ rétrécir) Qui ne peut rétrécir. *Tissu irrétrécissable au lavage.*

irrévérence n. f. (du latin, de *irreverens* → révérer) littér. Manque de respect. → **impertinence, irrespect.** *Agir avec irrévérence.*

irrévérencieux, euse adj. littér. Qui fait preuve d'irrévérence. □ adv. **irrévérencieusement**

irréversibilité n. f. didact. Caractère de ce qui est irréversible. *L'irréversibilité d'un processus.*

irréversible adj. Qui ne peut se produire que dans un seul sens, sans pouvoir être arrêté ni renversé. *Un processus irréversible.* □ adv. **irréversiblement**

irrévocable adj. (du latin → révoquer) Qui ne peut être révoqué, repris. *Un jugement irrévocable.* → **définitif.** □ n. f. **irrévocabilité**

irrévocablement adv. littér. D'une manière irrévocable. « *Où est le cœur qu'irrévocablement / M'avez donné ?* [...] » (Marot).

irrigable adj. Susceptible d'être irrigué. *Surface irrigable.*

irrigateur n. m. **1.** Instrument servant à irriguer, à arroser. **2.** Instrument qui sert à administrer un lavement.

irrigation n. f. (du latin → irriguer) **1.** Arrosement artificiel et méthodique des terres. *Ce barrage a permis l'irrigation des régions arides.* **2.** physiol. Circulation (du sang, des liquides) dans l'organisme.

irriguer v. tr. < 1 > (du latin, de *rigare* « arroser ») Arroser par irrigation. *Irriguer des champs.* – par analogie *Les vaisseaux qui irriguent le cœur.* – fig. *La pensée qui irrigue une œuvre.* □ adj. **irrigué, ée**

irritabilité n. f. (du latin → irritable) Disposition à s'irriter. *Elle est d'une extrême irritabilité.*

irritable adj. (du latin → irriter) Qui se met facilement en colère. → **emporté, irascible.**

irritant, ante adj. **1.** Qui irrite, met en colère. → **agaçant, énervant. 2.** Qui détermine de l'irritation, de l'inflammation.

irritatif, ive adj. méd. **1.** Qui produit une irritation. **2.** Qui est causé par une irritation. *Diarrhée irritative.*

irritation n. f. (du latin → irriter) **1.** État d'une personne irritée. → **colère, exaspération.** *Il était au comble de l'irritation.* → **agacement. 2.** Inflammation légère. *Une irritation de la gorge.*

irriter v. tr. < 1 > (latin *irritare* « exciter, provoquer ») **1.** Mettre en colère. → **agacer, énerver, exaspérer.** « *Cette femme l'irritait dans tout ce qu'elle faisait* » (J. Green). – pronom. → **se fâcher.** *Il s'est irrité contre lui, de son retard.* – au p. p. *Il avait l'air très irrité.* **2.** littér. Rendre plus vif, plus fort. → **aviver.** *Irriter les passions, la curiosité.* **3.** Rendre douloureux, sensible en déterminant une légère inflammation. → **enflammer.** – au p. p. *Gorge irritée.*

irruption n. f. (du latin, de *irrumpere,* de *rumpere* → rompre) **1.** vieux Invasion soudaine et violente (d'éléments hostiles, dans un pays). **2.** Entrée de force, en masse ou de façon inattendue (dans un lieu). – *Faire irruption. Elle a fait irruption dans mon bureau.*

Irtych n. m. Rivière d'Asie centrale. 4 248 km. Issu de l'Altaï en Chine, l'Irtych arrose le N.-E. du Kazakhstan et la Sibérie occidentale, où il conflue avec l'Ob.

Irún Ville d'Espagne (Pays basque), dans la province de Guipúzcoa, à la frontière française. 62 900 habitants.

isba

Une isba sous la neige à Klimovsk en Russie.

Irving (Washington) Écrivain et historien américain (1783-1859). Son *Histoire de New York par Knickerbocker* retrace de manière plaisante la vie des premiers habitants de New York. On lui doit aussi des contes humoristiques, comme *Rip Van Winkle*.

Irving (John Winslow) Romancier américain (né en 1942). Ses œuvres mêlent sérieux et comique. *Le Monde selon Garp ; Hôtel New Hampshire ; Une prière pour Owen.*

Is voir **Ys**

Isaac Patriarche biblique, fils miraculeux d'Abraham et de Sarah. Pour éprouver la foi d'Abraham, Dieu lui demande d'immoler son fils, avant d'envoyer un ange pour arrêter son geste. Abraham sacrifie à la place un bélier.

Isaac Ier Comnène (v. 1005-1061). Empereur byzantin (1057-1059). Il dut abdiquer en faveur de son ministre Constantin Doukas (Constantin X).

Isaac II Ange (v. 1155-1204) Empereur byzantin (1185-1195 ; 1203-1204). Détrôné par son frère Alexis III en 1195, il fut rétabli par les Vénitiens après la prise de Constantinople par les croisés (1203) puis détrôné.

Isaac (Henricus) ou **Heinrich Isaak** Compositeur franco-flamand (v. 1450-1517). Il réalisa la synthèse des styles flamand, italien et germanique. Il composa des messes inspirées de mélodies profanes, des motets et des chansons.

Isaac (Jules) Historien français (1877-1963). On lui doit d'importants travaux sur la genèse chrétienne de l'antisémitisme et un célèbre manuel d'histoire en collaboration avec A. Malet.

Isaac Jogues (saint) Missionnaire jésuite français (1607-1643). Il fut massacré par les Iroquois.

Isabeau de Bavière (1371-1435). Reine de France (1385-1422). Épouse de Charles VI, elle dirigea le Conseil de régence après la démence du roi (1392). Quittant l'alliance des armagnacs, elle s'allia aux bourguignons et aux Anglais. En signant le traité de Troyes (1420), elle désigna Henri V d'Angleterre comme héritier du royaume de France.

isabelle adj. invar. **(du prénom espagnol *Isabel*)** De couleur jaune pâle. *Des rubans isabelle.* – **spécialt** *Cheval, jument isabelle.*

Isabelle Ire la Catholique (1451-1504). Reine de Castille (1474-1504). Épouse de Ferdinand d'Aragon (1469), elle accéda au trône de Castille à la mort de son frère Henri IV (1474), permettant l'union des deux royaumes.

Isabelle II (Marie-Louise, dite) (1830-1904). Reine d'Espagne (1833-1868). Fille de Ferdinand VII, qui avait abrogé la loi salique en sa faveur, elle lui succéda en écartant du trône son oncle don Carlos, provoquant les guerres carlistes.

Isabelle d'Angoulême (1186-1246). Comtesse d'Angoulême puis reine d'Angleterre. Elle épousa Jean sans Terre (1200) puis Hugues X de Lusignan (1220).

Isabelle d'Aragon (1247-1271). Reine de France. Elle épousa Philippe III le Hardi (1262) et fut la mère de Philippe IV le Bel.

Isabelle de France (v. 1295-1358). Reine d'Angleterre. Fille de Philippe IV le Bel, elle épousa Édouard II (1308) qu'elle contraignit à abdiquer (1327), puis elle exerça la régence. Son fils Édouard III la fit emprisonner (1330).

Isabelle de France (bienheureuse) Religieuse française (1225-1270). Sœur de Saint Louis, elle fonda le monastère des clarisses de Longchamp en 1259.

Isabelle de Hainaut (1170-1190). Reine de France. Elle épousa Philippe Auguste en 1180 et fut la mère de Louis VIII.

Isabey (Jean-Baptiste) Peintre français (1767-1855). Peintre officiel sous l'Empire, il est l'un des derniers représentants de l'art de la miniature.

Isabey (Eugène) Peintre, lithographe et dessinateur français (1804-1886). Il est l'auteur de marines qui illustrent une conception romantique de la nature.

Isaïe ou **Ésaïe** Prophète biblique (VIIIe s. av. J.-C.). Il exerce son ministère à Jérusalem, annonçant la chute de Babylone, l'exil et le retour des Juifs à Jérusalem, appelée à devenir la ville sainte.

isallobare n. f. **(d'après *isobare* + grec *allos* « autre »)** météorol. Courbe joignant les points de la Terre où les variations de la pression atmosphérique sont égales en un temps donné.

Isar n. m. Rivière du S. de l'Allemagne. 352 km. L'Isar naît en Autriche, draine le plateau bavarois et arrose Munich avant de confluer avec le Danube. Centrales hydroélectriques.

isard n. m. **(mot préceltique des Pyrénées ; p.-ê. famille du basque *izar* « étoile »)** Chamois des Pyrénées.

isatis [izatis] n. m. **(mot grec « pastel »)** **1.** bot. → [1]**pastel**. **2.** Renard bleu des régions arctiques, très recherché pour sa fourrure (grise en été, blanche en hiver).

Isayama Hajime Mangaka japonais (né en 1986). Il est l'auteur de mangas *shōnen* (pour adolescents). *L'Attaque des titans*, dans lequel des géants invincibles menacent l'humanité, mêle réalisme, fantastique et mythologie.

isba n. f. **(mot russe)** Petite maison de bois des paysans russes. *Des isbas.*

Isbergues Commune du Pas-de-Calais, sur le canal d'Aire. 8 683 habitants. Église du XVe siècle.

ISBN [iɛsbeɛn] n. m. **(sigle de l'anglais *International Standard Book Number*)** Numéro d'identification attestant l'enregistrement international d'un livre.

Iscariote voir **Judas l'Iscariote**

ischémie [iskemi] n. f. **(du grec *iskhaimos* « qui arrête le sang » → -émie)** méd. Anémie locale, arrêt ou insuffisance de la circulation du sang dans un tissu ou un organe. □ adj. et n. **ischémique**

Ischia Île d'Italie (Campanie), dans le golfe de Naples. 46,4 km². 1 760 habitants. Station thermale et balnéaire.

ischiatique [iskjatik] adj. anat. Qui appartient, qui a rapport à l'ischion ou à l'articulation de la hanche. *Artère ischiatique.*

ischiojambier, ière [iskjoʒɑ̃bje, jɛʀ] adj. **(du grec *iskhion* → ischion et *jambier*)** anat. *Muscles ischiojambiers* (ou n. m. *les ischiojambiers*), situés à l'arrière de la cuisse.

ischion [iskjɔ̃] n. m. **(grec *iskhion* « hanche »)** anat. Partie inférieure et postérieure de l'os iliaque.

Ise Ville du Japon (Honshū), sur la baie d'Ise. 122 800 habitants. Célèbres sanctuaires shintoïstes, qui sont traditionnellement reconstruits tous les vingt ans.

Isée Orateur grec (v. 420-v. 340 av. J.-C.). Maître de rhétorique et avocat, il aurait formé Démosthène.

Isengrin voir **Ysengrin**

isentropique adj. **(→ entropie)** phys. Dont l'entropie est ou reste constante.

Iseo ou **Sebino (lac d')** Lac italien d'origine glaciaire (Lombardie). 63,5 km². Il est traversé par l'Oglio. En son centre se dresse le monte Isola (599 m).

Iseran (col de l') Col des Alpes françaises, en Savoie. 2 764 m. Il est franchi par la route des Grandes Alpes.

Le col de l'Iseran, dans le parc national de la Vanoise.

Isère n. f. Rivière des Alpes françaises. Elle prend sa source au mont Iseran et conflue avec le Rhône au nord de Valence. 290 km. Aménagements hydroélectriques.

Isère n. f. [38] Département français de la Région Auvergne-Rhône-Alpes (→ carte). 7 467 km². 1 277 513 habitants. Chef-lieu : Grenoble. Chefs-lieux d'arrondissement : La-Tour-du-Pin, Vienne. Le N.-O. du territoire, formé de plateaux voués à l'agriculture et à l'élevage, s'étend jusqu'à l'agglomération lyonnaise. Le S.-E. du département comprend des reliefs de Préalpes (Chartreuse, Vercors) et de hautes Alpes (Oisans, Belledonne, Écrins). Les aménagements hydroélectriques ont favorisé le développement industriel (électrométallurgie, électrochimie), en partie concentré à Grenoble. Le tourisme, notamment hivernal, profite aux nombreuses stations alpines.

Iseult ou **Iseut la Blonde** Héroïne légendaire de la chanson de geste *Tristan et Iseult*, déchirée entre sa passion pour Tristan,

Le monde musulman produit des œuvres d'art, de Dakar à Djakarta, depuis presque quatorze siècles. Si cette ampleur spatio-temporelle interdit toute synthèse rapide, quelques caractères globaux peuvent cependant être décrits : tout d'abord la prééminence de l'architecture religieuse, qui forme traditionnellement le centre de la vie sociale, et qui réunit autour d'elle presque tous les autres arts ; ensuite l'interdit de la représentation des hommes ou des animaux dans l'art sacré, qui est à l'origine du développement d'une calligraphie extrêmement raffinée (sur tout support), ou de décors géométriques très complexes ; l'anonymat quasi constant des artistes, enfin, qui montre un rapport à l'œuvre très différent de celui de l'Occident moderne.

Ci-dessus, détail d'une mosaïque à décor floral (1465), Mosquée Bleue, Tabriz.

Astrolabe arabe (1766), collection privée.

Jarre incrustée d'argent (XIVe s.), musée des Arts islamiques, Le Caire.

Boucles d'oreilles, art fatimide (v. 1050), collection privée, Syrie.

Pyxide (coffret) espagnole en ivoire, au nom d'al-Mughira (968), musée du Louvre, Paris.

Coupe à pied ottomane d'Iznik (v. 1590), musée national de la Renaissance, Écouen.

Tapis de prière turc (XVIIIe s.), musée national d'Art de la Roumanie, Bucarest.

Coupole de la maqsura (loge du souverain), bâtie par Hakam II (Xe s.), Grande Mosquée, Cordoue.

Minaret Kalta Minor (1835) inachevé, Khiva.

« Deux Maures jouant aux échecs sous une tente », enluminure du *Livre des jeux* d'Alphonse X le Sage (1283), Escurial, Madrid.

Pendentif en or, dynastie fatimide d'Égypte (XIe s.), Metropolitan Museum of Art, New York.

Aiguière à tête de taureau du Khorassan (XIe-XIIe s.), musée du Louvre, Paris.

Plat au paon en céramique d'Iznik (1540-1555), musée du Louvre, Paris.

après avoir absorbé un philtre d'amour, et la loyauté envers son mari, le roi Marc. Wagner s'empara de ce mythe pour son opéra *Tristan et Isolde.*

ISF [iɛsɛf] **n. m.** **(sigle de *impôt de solidarité sur la fortune*)** ancienn (en France) Impôt sur les grandes fortunes.

Isherwood (Christopher William Bradshaw-Isherwood, dit Christopher) Écrivain américain d'origine britannique (1904-1986). Figure de la lutte pour la démocratie et la liberté, il est l'auteur notamment d'*Adieu à Berlin.* Il écrivit aussi des scripts pour le cinéma hollywoodien. *La Violette du Prater ; Un homme au singulier.*

Ishiguro Kazuo Écrivain britannique d'origine japonaise (né en 1954). Ses romans puisent dans les thèmes de la mémoire et l'oubli, la peur et l'obéissance, la vengeance et la justice. *Les Vestiges du jour* furent portés à l'écran par James Ivory. Son œuvre est imprégnée de l'histoire de son pays natal et de l'Angleterre ayant trait à la Seconde Guerre mondiale. Prix Nobel 2017.

Ishihara Shintarō Écrivain et homme politique japonais (1932-2022). Auteur « sensualiste » dont les romans influencèrent profondément la jeunesse japonaise de l'après-guerre. *La Saison du soleil.*

Ishikawa Jun Écrivain et traducteur japonais (1899-1987). Il affronta la censure d'avant-guerre par sa grande liberté d'esprit. *Le Chant de Mars ; Vies d'excentriques de toutes les provinces.*

Ishtar Déesse de la Fécondité, dans les religions anciennes de l'Asie antérieure. Elle est assimilée à l'Aphrodite grecque.

La déesse Ishtar, bas-relief mésopotamien (1800-1750 av. J.-C.), British Museum, Londres.

isiaque [izjak] **adj.** **(du latin, pris au grec *isiakos* « d'Isis »)** didact. Relatif à la déesse Isis. *Le culte isiaque.*

Isidore de Séville (saint) Évêque espagnol (v. 570-636). On lui doit une encyclopédie en latin, *Les Étymologies,* qui fut influente au Moyen Âge.

Isigny-sur-Mer Commune du Calvados, sur l'Aure. 3 590 habitants. Industrie laitière (beurre, crème).

Isis Déesse égyptienne, épouse d'Osiris et mère d'Horus.

La légende d'Osiris fait de la déesse **Isis** l'incarnation de la fidélité et du dévouement amoureux : Isis pleure son époux royal, tué par son frère Seth, et cherche son corps. Alors qu'elle le retrouve, enfermé dans un coffre jeté dans le Nil, Seth s'en empare de nouveau et le découpe en quatorze morceaux qu'il disperse. Isis reprend sa quête, en retrouve treize et, avec l'aide du dieu Anubis, ressuscite Osiris le temps de concevoir un fils, Horus. Ainsi, elle démontre l'étendue de ses pouvoirs de magicienne et devient, dès le Nouvel Empire, la déesse la plus populaire du panthéon égyptien, protectrice des morts, de la famille et des enfants. Elle est également présentée comme la mère divine des pharaons et, adorée comme la Mère universelle, elle est assimilée par les Grecs à Déméter, la déesse de la Terre. Isis est représentée sous la forme d'une femme seule ou allaitant Horus, ou parfois portant les cornes de la déesse-vache Hathor avec laquelle elle est tardivement identifiée. Son culte se répand dans le monde grec et surtout romain ; ses mystères initiatiques qui promettent la vie dans l'au-delà attirent par leur aspect consolateur.

voir aussi **mythe**

Isis allaitant Horus, statuette en bronze (VIIe-IVe s. av. J.-C.), musée du Louvre, Paris.

İskenderun Ville de Turquie, sur le golfe d'Iskenderun, non loin de la frontière syrienne. 186 700 habitants. Port. Industrie sidérurgique. La ville fut fondée par Alexandre le Grand après sa victoire d'Issos.

Isker ou **Iskăr** **n. m.** Rivière de Bulgarie. 300 km. Issu du massif du Rila, l'Isker se jette dans le Danube.

islam [islam] **n. m.** **(mot arabe « soumission » ; famille de *musulman, salamalec*)** **1.** Religion prêchée par Mahomet (Muhammad) et fondée sur le Coran. **2.** (avec maj.) L'ensemble des peuples musulmans et leur civilisation. *Histoire de l'Islam.*

La religion des musulmans, l'**islam**, est née de la prédication de Mahomet (570-632) au début du VIIe siècle en Arabie. Dernier né des monothéismes, l'islam se distingue nettement des autres. Selon le Coran, Mahomet est le dernier des prophètes. Il a été envoyé pour rappeler la révélation divine déjà transmise par ses prédécesseurs, comme Abraham, Moïse et Jésus, mais détournée car les juifs et les chrétiens sont tombés dans l'erreur. Le Prophète rétablit ainsi la vraie religion, telle que l'a voulue le dieu unique, Allah, depuis la création du monde. C'est l'islam, la religion des musulmans « ceux qui se soumettent » (*muslim* en arabe), dans le sens de suivre fidèlement les véritables préceptes divins afin d'accéder au paradis des croyants lors du jugement dernier.
La vie religieuse des musulmans repose sur les « cinq piliers de l'islam » : la profession de foi en un Dieu unique et en la mission prophétique de Mahomet, la prière quotidienne, l'aumône, le jeûne du mois de ramadan et le pèlerinage aux lieux saints de La Mecque. Elle est aussi rythmée par la prière collective du vendredi à la mosquée, rappel hebdomadaire du message coranique. À cette première source de la religion musulmane a été ajoutée la tradition prophétique *(sunna)* composée des propos *(hadith)* et des actes les plus significatifs de Mahomet. Elle a permis de compléter le droit musulman (VIIIe-IXe s.) car seuls 600 versets du Coran, sur 2 236, ont une portée juridique. L'islam est ainsi une foi et une règle de vie *(charia)* balisant toute l'existence du croyant.
Très tôt, la religion islamique s'est divisée en plusieurs confessions. Les plus importantes, le sunnisme (80 % des musulmans) et le chiisme (15 %), sont toutes deux traversées de courants divergents. Font partie de ces courants de nombreuses confréries soufies dont le rapport au message coranique est souvent plus spirituel et mystique que juridique. Globalement minoritaire, l'islam radical est une idéologie politique et religieuse dont tous les mouvements n'approuvent pas le recours au terrorisme. L'islam est pluriel. Il est vécu de manières différentes en Afrique et en Asie, en Arabie et en Asie centrale. Être musulman ne signifie pas être arabe. Aujourd'hui, seuls 20 % des musulmans sont arabophones. Le plus grand pays musulman est l'Indonésie suivie par le Pakistan et l'Inde. Avec les migrations contemporaines, l'islam est désormais présent sur tous les continents de la planète. Pratiqué par environ 1,9 milliard de personnes, l'islam est la deuxième religion de l'humanité.

voir aussi **monothéisme, prophète, religions**

I

Islamabad Capitale du Pakistan, située au pied de l'Himalaya. 1 014 800 habitants. Ville nouvelle construite pour remplacer Karachi comme capitale en 1967.

islamique **adj.** Qui a rapport à l'islam. → **musulman.** *École islamique.* → **coranique.** – *Loi islamique,* la loi religieuse de l'Islam, qui fixe les devoirs des croyants. → **charia.**

islamiser **v. tr.** < 1 > Convertir, intégrer à l'islam. – au p. p. *Populations islamisées.* □ **n. f. islamisation**

islamisme **n. m.** **1.** vieilli Religion musulmane, islam. **2.** Mouvement prônant l'expansion ou le respect de l'islam. □ **adj. et n. islamiste**

islamologie **n. f.** didact. Étude de l'islam. □ **n. islamologue**

islamophobie **n. f.** Hostilité envers l'islam et les musulmans. □ **adj. islamophobe**

islandais, aise **adj. et n.** D'Islande. – **n.** *Les Islandais.* ■ **n. m.** *L'islandais,* la langue germanique parlée en Islande.

Islande

n. f. ■ offic. république d'Islande État insulaire de l'océan Atlantique Nord. 102 828 km². 368 700 habitants (les *Islandais*). **Langue :** islandais. **Religion :** luthériens. **Monnaie :** couronne islandaise. **Capitale :** Reykjavík. **Régime :** parlementaire.

Située sur une zone de fracture, l'Islande présente une activité sismique et volcanique importante. Ses sources d'eau chaude (geysers) et ses chutes d'eau lui permettent de subvenir à 70 % de ses besoins énergétiques. Proche du cercle polaire, elle a un climat arctique modéré par l'influence océanique. Les 4/5 de l'île sont inhabités, la population se concentrant dans la région de Reykjavík. L'agriculture est limitée par les conditions naturelles (élevage extensif, cultures sous serres grâce à la géothermie). La pêche représente 62 % des exportations. L'Islande diversifie ses activités (biotechnologies, aluminium, tourisme), mais son économie reste largement dépendante des importations. Les habitants ont accès à un excellent système d'éducation et de santé. Cependant, la crise financière mondiale de 2008 a plongé le pays dans la faillite. Le pays, ayant dû se soumettre à un plan de sauvetage des institutions européennes jusqu'en 2013, nourrit un fort sentiment d'euroscepticisme.

Islande

Découverte au VIIIe s. par des moines irlandais, l'île fut colonisée par les Vikings (IXe s.). En 930, les habitants se dotèrent d'une assemblée, l'*Althing*. Dominée par les Norvégiens (1262), puis par les Danois (1380), l'Islande connut un déclin économique. Les arts religieux et la littérature se développèrent (Edda, sagas). Le Danemark introduisit la Réforme (XVIe s.) et s'octroya le monopole du commerce (1602). Le pays connut une grave crise (épidémies, éruptions volcaniques). Au XIXe s., l'Althing fut rétablie. L'Islande obtint l'autonomie (1904), complétée par l'Acte d'union (1918), mais demeura soumise au roi du Danemark. Elle devint une république indépendante en 1944. Membre fondateur de l'Otan (1949), elle revendiqua une neutralité politique et économique à partir des années 1960. Elle fut le premier pays au monde à élire une femme, Vigdís Finnbogadóttir (1980-1996), à la présidence de la République. Son successeur, Ólafur Ragnar Grimsson, obtint cinq mandats de suite et laissa en 2016 les rênes du pays à Gudni Johannesson, comme lui défavorable à une entrée dans l'Union européenne.

Islay Île écossaise de l'archipel des Hébrides. 600 km². 4 500 habitants. Tourisme. Whisky.

Isle **n. f.** Rivière du S.-O. de la France. 235 km. Née dans les monts du Limousin, elle traverse Périgueux et conflue avec la Dordogne à Libourne.

Isle-Adam (L') Commune du Val-d'Oise, sur l'Oise. 11 723 habitants. Église des XVe-XVIe s., vestiges du château des Bourbon-Conti. Aux environs, forêt domaniale de L'Isle-Adam (1 500 ha).

Isle-sur-la-Sorgue (L') Commune du Vaucluse, sur la Sorgue. 20 029 habitants. L'église des XIVe et XVIIe s. présente une décoration intérieure du XVIIIe s. Tourisme.

Isly (bataille de l') Victoire remportée le 14 août 1844 par le général Bugeaud sur les troupes marocaines sur l'oued Isly, au Maroc.

Ismaël Fils d'Abraham et de sa servante, Agar, considéré comme l'ancêtre des Bédouins d'Arabie.

ismaélisme **n. m. (du n. du fils du sixième imam)** didact. Mouvement des descendants d'Ismaïl, issu de la communauté chiite ; ensemble des dogmes de la secte des *ismaéliens*. - var. **ismaïlisme.**

Ismā'īl Septième imam des ismaéliens (mort en 762). Il fut déshérité par son père au profit de son frère et a donné son nom aux ismaéliens.

Ismā'īl Ier (1487-1524) Chah de Perse (1501-1524). Maître en 1510 de la Perse, de l'Arménie et de l'Irak, il se fit le propagateur du chiisme, reconnu comme religion d'État.

Ismaïlia Ville d'Égypte, au bord du lac Timsah, sur le canal de Suez. 430 000 habitants. La ville fut créée en 1863 pour être le siège de la Compagnie du canal de Suez. Port et terminal pétroliers.

Ismaïl Pacha ou **Ismā'īl Pacha** (1830-1895) Khédive d'Égypte (1863-1879). Il accéléra la modernisation de son pays et inaugura le canal de Suez en 1869. Face à l'augmentation de la dette extérieure, il se vit imposer un contrôle financier franco-britannique (1878).

Ismène Dans la mythologie grecque, sœur d'Antigone, fille d'Œdipe et de Jocaste.

ISO [izo] **adj. invar. (sigle de l'anglais *International Standardization Organization*)** **1.** *Norme ISO,* définie par l'Organisation internationale de normalisation et s'appliquant aux produits et aux services. **2.** photogr. *Degré ISO :* unité de sensibilité des émulsions photographiques. → aussi **ASA.**

is(o)- Élément **(du grec *isos*)** signifiant « égal ».

isobare **adj. (du grec *baros* « poids »)** D'égale pression atmosphérique. *Lignes isobares* (ou **n. f.** *des isobares*) : courbes qui relient des points de pression atmosphérique égale.

isobathe **adj. (du grec *bathos* « profondeur »)** didact. *Ligne, courbe isobathe* (ou *une isobathe* **n. f.**), reliant sur une carte les points d'égale profondeur.

isocarde **n. m. (→ -carde)** zool. Mollusque lamellibranche, à coquille aux sommets enroulés en spirale du côté opposé à la charnière.

isocèle **adj. (du grec *skelos* « jambe »)** *Triangle, trapèze isocèle,* qui a deux côtés égaux.

isochore [izɔkɔʀ] **adj. (de *iso-*, et du grec *khôra* « espace, place »)** phys. Relatif à des volumes égaux. *Transformation isochore,* à volume constant.

isochrone **adj. (du grec → chrono-)** sc. Dont la période a une durée constante. - syn. **isochronique.** □ **n. m. isochronisme**

isoclinal, ale, aux **adj.** géol. Dont les flancs ont la même inclinaison. *Pli isoclinal.*

isocline **adj. (du grec « pencher *[klinein]* également »)** sc. *Ligne, courbe isocline* (ou *une isocline* **n. f.**), qui relie sur une carte les points de la Terre où l'inclinaison de l'aiguille aimantée est la même.

Isocrate Orateur athénien (436-338 av. J.-C.). Disciple de Gorgias et contemporain de Socrate, auteur d'un *Panégyrique,* il fut l'un des fondateurs de la rhétorique traditionnelle.

isodynamie **n. f. (du grec « égalité de puissance *[dunamia]* »)** physiol. Équivalence énergétique d'aliments différents, permettant leur substitution dans la ration.

isoédrique **adj. (→ -èdre)** minér. (cristal) Dont les facettes sont semblables.

isoélectrique **adj.** sc. (corps, substance) Électriquement neutre.

isoète **n. m. (du grec « plante qui reste verte toute l'année », de *etos* « année »)** bot. Petite plante lacustre aux longues feuilles minces.

isogame **adj. (→ -game)** biol. Qui se reproduit par isogamie.

isogamie **n. f. (→ -gamie)** biol. Reproduction sexuée par union de deux gamètes de morphologie semblable. *Isogamie chez les protozoaires, les algues.* ■ ethnol. Union de deux individus de même statut social, de même classe, caste, etc.

isoglosse **n. f. (→ -glosse)** ling. Ligne indiquant sur une carte les aires où se manifeste un phénomène linguistique (prononciation, mot, etc.).

isoglucose **n. m.** biochim. Isomère du glucose, produit à partir du maïs, utilisé dans l'industrie alimentaire.

isogone **adj. (du grec → 1-gone)** géogr. *Ligne isogone :* courbe reliant les points de même déclinaison magnétique.

isogreffe **n. f.** méd. Greffe réalisée entre un donneur et un receveur génétiquement identiques (ex. entre des jumeaux vrais).

isohyète **adj. (du grec *huetos* « forte pluie »)** météorol. *Courbe, ligne isohyète* (ou *une isohyète* **n. f.**) : courbe reliant les points du globe où les précipitations moyennes sont égales.

isohypse **adj. (grec « de même hauteur *[hupsos]* »)** géogr. *Ligne isohypse :* courbe de niveau.

iso-ionique **adj.** chim. Qui contient les mêmes ions en même quantité. *Solutions iso-ioniques.*

Isola Commune des Alpes-Maritimes. 653 habitants. Station de sports d'hiver (altitude 1 800-2 610 m).

isolable **adj.** Qui peut être isolé, séparé. → **dissociable, séparable.**

isolant, ante **adj.** Qui isole, empêche la propagation des vibrations, ou n'est pas conducteur d'électricité. *Matériaux isolants.* **– n. m.** *Un isolant électrique, phonique, thermique.*

isolat **n. m. (de *isoler*, d'après *habitat*)** didact. Groupe d'êtres vivants isolé du reste de son espèce. ■ ethnol. Groupe ethnique isolé.

isolateur, trice **adj.** Qui isole (→ **isolant**). **– n. m.** Support isolant pour les conducteurs d'électricité.

isolation n. f. Action de protéger une pièce contre la chaleur, le froid, le bruit (→ **insonorisation**) ; son résultat.

isolationnisme n. m. Politique d'isolement. *Ce pays pratique l'isolationnisme.* □ **adj. et n. isolationniste**

isolé, ée adj. (italien *isolato*, de *isolare*, de *isola* « île ; maison indépendante », latin *insula* → **insulaire**) **1.** Séparé des choses de même nature ou de l'ensemble auquel il (elle) appartient. *Un monument, un arbre isolé.* → **solitaire. 2.** Éloigné de toute habitation. → **perdu, reculé.** *Un endroit isolé.* **3.** (personnes) Séparé des autres humains. → **seul, solitaire.** ■ admin. *Parent isolé* : qui vit et élève seul son ou ses enfants. **4.** fig. Seul de sa sorte, non représentatif. *Ce n'est qu'un cas isolé.*

isolement n. m. **1.** État d'une chose isolée. *L'isolement d'une maison.* **2.** État, situation d'une personne isolée (→ **solitude**) ou qu'on isole. **3.** Absence d'engagement avec les autres nations. → **isolationnisme.**

isolément adv. Séparément. *« Il y en a qui sont des braves gens, si on les considère isolément »* (Aragon).

isoler v. tr. < 1 > (de *isolé*) **1.** Séparer (qqch.) des objets environnants ; empêcher d'être en contact. *La tempête a isolé le village.* – Protéger avec un isolant (spécialt, électrique). – *Isoler un corps*, le séparer d'une combinaison chimique. *Isoler un microbe, un virus* (pour l'étudier, ou l'identifier). **2.** Éloigner (qqn) de la société des autres hommes. *Isoler un malade contagieux. Isoler un adversaire pour le combattre.* – pronom. *S'isoler dans un coin.* **3.** fig. Considérer à part, hors d'un contexte.

isoleucine n. f. (→ **leucine**) biochim. Un des acides aminés, isomère de la leucine, constituant des protéines.

isoloir n. m. Cabine où l'électeur s'isole pour préparer son bulletin de vote.

isomère adj. (grec *isomerês*, de *meros* « partie ») chim. Se dit de composés ayant la même formule d'ensemble, mais des propriétés différentes dues à un agencement différent des atomes dans la molécule. – **n. m.** *Les isomères et les isotopes.*

isomérie n. f. chim. Caractère des corps isomères. □ **adj. isomérique**

isomérisation n. f. sc. Transformation (d'un corps) en un isomère.

isométrie n. f. math. Transformation ponctuelle laissant invariantes les distances.

isométrique adj. sc. Dont les dimensions sont égales. *Cristaux isométriques.* ■ géom. *Perspective isométrique*, dans laquelle les arcs de comparaison sont égaux.

isomorphe adj. **1.** chim. Qui affecte la même forme cristalline. **2.** math. Lié par une relation d'isomorphisme.

isomorphisme n. m. **1.** chim. Propriété d'avoir des formes cristallines voisines, pour des corps de constitution chimique analogue. **2.** math. Morphisme bijectif.

Isonzo n. m. Fleuve côtier de Slovénie et d'Italie. 138 km. Il se jette dans le golfe de Trieste.

isopet voir **ysopet**

isopode n. m. (→ **-pode**) zool. Crustacé sans carapace, à corps aplati, avec sept paires de pattes semblables (ordre des *Isopodes* ; ex. le cloporte). – **adj.** *Un crustacé isopode.*

isoprène n. m. (de *iso-* et *pr[opyl]ène*) chim. Liquide volatil qui peut se polymériser en une substance analogue au caoutchouc (→ **élastomère**). □ **adj. isoprénique**

isoptère n. m. (→ **-ptère**) zool. Insecte ayant deux paires d'ailes très semblables (ordre des *Isoptères* ; ex. les termites).

isorel n. m. (n. déposé, probablt de *isoler*) Matériau fait de fibres de bois encollées et agglomérées en panneaux sous forte pression.

isosiste [izɔsist] adj. (de *iso-* et du grec *seistos* « ébranlé, secoué » ; famille de *séisme*) géol. *Ligne isosiste* (ou *une isosiste* **n. f.**) : courbe qui relie les points (d'un territoire) où l'intensité d'un séisme est la même.

isostasie [izɔstazi] n. f. (de *iso-* et du grec *stasis* « stabilité ») géol. Équilibre des différents segments de l'écorce terrestre (mers, montagnes...). □ **adj. isostatique**

isotherme adj. (du grec *thermos* « chaleur ») **1.** *Ligne isotherme* (ou **n. f.** *une isotherme*), reliant sur une carte les points ayant la même température moyenne. **2.** phys. Qui se produit à température constante. *Dilatation isotherme d'un gaz.* **3.** Qui maintient à température constante. *Sac isotherme.*

isothermique adj. Relatif à l'égalité des températures, aux isothermes.

isotonie n. f. (du grec *isotonos* « de même tension *[tonos]* ») chim. État de liquides, de solutions qui ont même tension osmotique. □ **isotonique adj.** *Sérum isotonique.* → **sérum physiologique.**

isotope n. m. (du grec *topos* « lieu, emplacement » → **topo-**) Chacun des éléments de même numéro atomique, mais de masses atomiques différentes. – **adj.** *L'hydrogène lourd (deutérium) est isotope de l'hydrogène.* □ **n. f. isotopie** □ **adj. isotopique**

isotrope adj. (→ **-trope**) sc. Qui présente les mêmes propriétés dans toutes les directions. *L'espace est isotrope.* □ **isotropie n. f.** *L'isotropie de l'œuf.*

Isou (Isidore Goldstein, dit Isidore) Poète français d'origine roumaine (1925-2007). Il est le fondateur du lettrisme, qui souhaite redonner au langage sa force primitive. *La Dictature lettriste.*

Isozaki Arata Architecte et théoricien japonais (1931-2022). Son style emprunte au « métabolisme » (courant qui se définit comme au-delà du symbolisme) et se caractérise par un certain maniérisme. Musée d'Art contemporain de Los Angeles (1986). Prix Pritzker 2019.

Ispahan ou **Isfahan** Ville d'Iran, au S. de Téhéran, sur le Zand-é rūd, à 1 530 m d'altitude. 1 961 000 habitants. Ville d'art, elle a conservé son architecture seldjoukide et safavide (XIe-XVIIIe s.) : 130 palais, Grande Mosquée du XVIIe s., ponts anciens. Centre industriel et artisanal (tapis, soieries). Cité caravanière sur la route de la Soie, la ville a gardé ses traditions commerçantes. Université. Tourisme.

À Ispahan, le Meidan, place royale, témoigne de l'époque où la ville devint capitale de la Perse (XVIe s.).

Isparta Ville de Turquie, en Anatolie, au N. d'Antalya. 245 700 habitants. Horticulture (roses). Artisanat (tapis).

Israël

n. m. ■ offic. État d'Israël Pays du Proche-Orient. 20 770 km². 6 928 000 habitants (les *Israéliens*). **Langues :** hébreu et arabe (offic.). **Religions :** juifs (75 %), musulmans (15 %), chrétiens, druzes. **Monnaie :** shekel. **Capitale :** Jérusalem (non reconnue par la communauté internationale mais reconnue par les États-Unis en 2017). **Régime :** démocratie parlementaire.

GÉOGRAPHIE

Le territoire s'étire du N. au S. sur 450 km. Le désert du Néguev couvre la moitié sud du pays jusqu'au golfe d'Akaba, qui rejoint la mer Rouge. La moitié nord est constituée par une étroite bande côtière et une chaîne montagneuse, qui s'étend sur la Galilée, la Samarie et la Judée. À l'E. se trouve la dépression de Ghor où s'étendent le lac de Tibériade, la vallée du Jourdain et la mer Morte. Le climat, méditerranéen, devient désertique au S. Les territoires aujourd'hui occupés (depuis 1967) correspondent au plateau du Golan (1 150 km²) et à la Cisjordanie (5 600 km²). La population juive d'Israël a connu une croissance rapide depuis sa création, nourrie par une immigration continue (les Juifs ashkénazes, venus d'Europe de l'Est, puis les Juifs séfarades, venus du Maghreb). La population arabe est concentrée en Galilée et dans le nord du Néguev. La région la plus densément peuplée est la plaine côtière.

ÉCONOMIE

Les régions agricoles sont la plaine côtière et la vallée de Jezréel (agrumes, fruits, coton, betteraves sucrières), la région montagneuse de Galilée (olivier, élevage) et le Néguev, mis en valeur grâce à l'irrigation depuis les années 1970 (légumes). L'agriculture, pratiquée dans des exploitations collectives (les kibboutz) ou des villages coopératifs, ne représente plus aujourd'hui que 6 % des exportations israéliennes (64 % en 1949). Pauvre en ressources naturelles, Israël dépend à 90 % des importations en matière énergétique. Son développement industriel est toutefois important (taille du diamant, agroalimentaire, textile, métallurgie, chimie, électronique). Le tourisme est une source de devises qui compense le déficit commercial (avec l'UE essentiellement).

Cultures en Galilée, sur les rives du lac de Tibériade.

HISTOIRE

La création de l'État d'Israël (1948-1949) Pour l'histoire ancienne → **Hébreux, Juda** (royaume de), **Palestine.** Au XIXe siècle, le développement de l'antisémitisme en Europe provoqua la naissance du mouvement sioniste (1897). Ce dernier, soutenu par la Grande-Bretagne qui administrait la région depuis 1923, réclama la fondation d'un État juif en Palestine. Les États arabes rejetèrent la proposition de l'ONU de partager le territoire en deux États (novembre 1947). David Ben Gourion proclama alors la création de l'État d'Israël (14 mai 1948). Un premier conflit israélo-arabe (→ **israélo-arabes** [guerres]), opposant Israël à l'Égypte, l'Irak, la Jordanie,

Israël

le Liban et la Syrie, éclata aussitôt. Israël conquit de nouveaux territoires (totalité de la Galilée et du Néguev) et adhéra à l'ONU (1949) ; elle élut une assemblée (la Knesset) qui, en l'absence de Constitution, promulgua les Lois fondamentales de l'État. Soutenu par de grandes puissances occidentales (États-Unis), Israël développa une économie de marché.

Les gouvernements successifs La vie politique fut dominée jusqu'en 1977 par le Mapaï, devenu en 1968 le Parti travailliste (Ben Gourion, Levi Eshkol, Golda Meir, Yitzhak Rabin), puis jusqu'en 1984, par le Likoud emmené par Menahem Begin puis par Yitzhak Shamir. Entre 1984 et 1990 le pays fut dirigé par un gouvernement d'union nationale réunissant les deux grandes formations, puis par un gouvernement de droite qui céda le pouvoir au Parti travailliste après sa victoire aux élections législatives en 1992, Y. Rabin succédant à Y. Shamir. Après l'assassinat de Y. Rabin (nov. 1995) par un extrémiste israélien, Shimon Peres le remplaça. Les élections législatives de 1996 ramenèrent au pouvoir un gouvernement de droite, dirigé par le Likoud de Benyamin Netanyahou, élu Premier ministre. Le travailliste Ehud Barak, qui lui succéda en 1999, fut contraint à démissionner par l'enlisement du processus de paix avec les Palestiniens. Les élections anticipées (février 2001) furent remportées par le Likoud et A. Sharon devint Premier ministre. La situation se dégrada : aux attentats-suicides palestiniens répondit la répression israélienne. L'élection de Mahmoud Abbas à la présidence de l'Autorité palestinienne, succédant à Arafat en 2005, permit l'instauration d'un cessez-le-feu, après quatre ans d'Intifada, et le retrait d'Israël de Gaza. En désaccord avec son parti hostile au retrait, Sharon fonda Kadima, un nouveau parti centriste, fin 2005. En janvier, le vice-Premier ministre Ehud Olmert assura l'intérim, Sharon étant victime d'un accident cérébral. Olmert, élu en 2006, commanda de nouvelles interventions dans les territoires occupés, suscitées par l'élection du Hamas aux législatives palestiniennes. Un raid fut à nouveau lancé sur la bande de Gaza (décembre 2008-janvier 2009). B. Netanyahou succéda à E. Olmert en février 2009. Après sa victoire aux législatives anticipées de 2015, il réaffirma son refus de la création d'un État palestinien. En réponse, des agressions à l'arme blanche de jeunes Palestiniens contre des civils et des militaires israéliens se produisirent. La situation s'aggrava dans toute la région après la reconnaissance de Jérusalem comme capitale de l'État d'Israël par les États-Unis le 6 déc. 2017. La courte victoire de B. Netanyahou aux législatives de 2019 ne lui permit pas de former un gouvernement, d'autant qu'il était mis en examen pour corruption, fraude et abus de confiance. Il dirigea finalement une coalition après plus d'un an de blocage politique doublé d'un ralentissement économique dû à la crise sanitaire mondiale. Une normalisation des relations fut entérinée en 2020 avec les Émirats arabes, Barhein, le Soudan et le Maroc. Netanyahou, écarté en 2021 au profit du chef de la droite radicale, Naftali Bennett, redevint Premier ministre en 2022. Allié à l'extrême droite et aux ultra-orthodoxes réclamant de nouvelles annexions et une réforme judiciaire pour contrer le pouvoir de la Cour suprême, il forma le gouvernement le plus à droite de l'histoire d'Israël.

israélien, ienne adj. et n. De l'État d'Israël. *L'économie israélienne.* – **n.** *Les Israéliens.*

israélite n. **(du bas latin, du grec, de l'hébreu** ***yisrael*** **« Israël », n. donné à Jacob et à son peuple)** Personne qui appartient à la communauté, à la religion juive. → **hébreu, juif.** – **adj.** *Le culte israélite.*

israélo-arabes (guerres) Conflits qui, à partir de 1947, ont opposé certains États arabes à Israël.

▶ La **première guerre israélo-arabe** fut la conséquence du projet de partage de la Palestine en deux États par l'ONU (novembre 1947). Les États arabes (Égypte, Jordanie, Irak, Liban, Syrie) passèrent à l'offensive après la proclamation de l'indépendance de l'État d'Israël (14 mai 1948). Les contre-offensives israéliennes aboutirent fin 1948 à un armistice, tandis que plusieurs centaines de milliers d'Arabes qui avaient fui la Palestine durant le conflit demeuraient comme réfugiés dans les États voisins. De nombreux incidents de frontière marquèrent les années 1949-1956.
En octobre 1956, Israël intervint contre l'Égypte en accord avec la Grande-Bretagne et la France qui voulaient faire échec à la nationalisation du canal de Suez décidée par Nasser (**2e guerre israélo-arabe**). Sous le commandement du général Moshe Dayan, les forces israéliennes occupèrent la péninsule de Suez, mais durent s'en retirer sous la pression des Soviétiques et des Américains. Aux actions des commandos de l'OLP (Organisation de libération de la Palestine, fondée en 1964), Israël riposta par des opérations préventives et de représailles.
À la suite d'accrochages avec les forces syriennes et de mesures prises à son encontre par l'Égypte, le gouvernement israélien déclencha la **guerre des Six Jours** (3e guerre israélo-arabe, 5-10 juin 1967), au terme de laquelle les forces israéliennes s'assurèrent la victoire sur tous les fronts (égyptien, jordanien, syrien). Au moment du cessez-le-feu demandé par le Conseil de sécurité de l'ONU, elles occupaient le Sinaï, Gaza, la Cisjordanie, la partie arabe de Jérusalem et les hauteurs du Golan. À partir de 1969, sous la direction de son président Yasser Arafat, l'OLP se lança dans une « lutte armée » contre Israël qui passa par le recours au terrorisme.
La persistance de l'impasse politique poussa l'Égypte et la Syrie à lancer une attaque-surprise contre l'État d'Israël en octobre 1973 (**guerre du Kippour**, 4e guerre israélo-arabe), qu'Israël parvint à repousser. Mais les accords de Camp David (1978) et le traité de paix israélo-égyptien (1979) rendirent le Sinaï à l'Égypte (1982).
Israël intervint au Liban (1982-1985) pour en chasser l'OLP (**5e guerre israélo-arabe**). Cette guerre plaça la question palestinienne sur le devant de la scène. La Cisjordanie et Gaza, occupés depuis 1967, furent le théâtre en 1987 d'un soulèvement populaire (Intifada). Néanmoins, le choix d'une ligne diplomatique par l'OLP en 1988 aboutit à la reconnaissance mutuelle entre Israël et l'OLP (Oslo, 1993) et la mise en place d'une autorité nationale palestinienne (1994-1995). En 1994, un traité de paix fut signé entre Israël et la Jordanie.
Mais le déclenchement de la seconde Intifada en 2000 scella l'échec du processus de paix. L'élection de Mahmoud Abbas à la tête de l'Autorité palestinienne en 2005 permit la signature de l'accord de cessez-le-feu de Charm el-Cheikh. Le processus de paix fut néanmoins à nouveau compromis avec la victoire du Hamas (qui ne reconnaît pas l'existence d'Israël) lors des élections législatives palestiniennes de 2006, les affrontements entre l'armée israélienne et les combattants chiites du Hezbollah au Sud Liban et l'offensive israélienne sur la bande de Gaza (décembre 2008-janvier 2009). Les affrontements entre Israël et le Hamas dans la bande de Gaza ont de nouveau culminé à la fin de 2012 et en 2013. La situation s'est encore dégradée en 2015, en raison des attaques individuelles à l'arme blanche de Palestiniens contre des civils et des militaires israéliens, et en 2018. Le blocus imposé à Gaza en 2007 est toujours en vigueur et les affrontements réguliers.
voir aussi **Palestine**

ISS (International Space Station) Station spatiale internationale, en orbite à 400 km de la Terre, qui a pour mission l'exploration à long terme de l'espace. Seize pays participent à ce projet.

Issachar Personnage biblique, ancêtre éponyme d'une des tribus d'Israël.

israélo-arabes (guerres)

1. Un blindé israélien sur le plateau du Golan lors de la guerre des Six Jours. 2. L'Intifada, « guerre des pierres », débute en décembre 1987 en réaction à l'occupation israélienne en Cisjordanie. 3. Le « mur de sécurité », érigé à partir de 2002 pour empêcher toute « intrusion de terroristes palestiniens » en Israël.

Issa Kobayashi Peintre et poète japonais (1763-1827). Il est un célèbre auteur de haïku.

issant, ante adj. (p. prés. de l'ancien français *issir* → issu) blason Se dit de figures d'animaux qui, ne présentant que la partie supérieure du corps, paraissent sortir de la pièce ou du champ de l'écu. *Lions issants.*

Issenheim Commune du Haut-Rhin, au S. de Guebwiller. 3 449 habitants. Ruines du cloître du couvent des Antonines (autel en bois sculpté ; polyptyque de Matthias Grünewald, aujourd'hui au musée de Colmar).

Issoire Chef-lieu d'arrondissement du Puy-de-Dôme, près de l'Allier. 15 297 habitants. Ancienne abbatiale Saint-Austremoine du XIIe s., de style roman auvergnat. Industrie métallurgique.

Issos (bataille d') Bataille qui opposa en –333 Alexandre le Grand à Darios III à Issos, en Cilicie (Asie Mineure). La victoire d'Alexandre lui permit la conquête de la Perse.

Issoudun Chef-lieu d'arrondissement de l'Indre. 11 314 habitants. Vestiges gallo-romains. Donjon (fin XIIe s.), église Saint-Cyr, ancien hôtel-Dieu (XIIe-XVIe s.). Maroquinerie. Construction mécanique.

issu, ue adj. (p. p. de l'ancien français *issir* « sortir », qui vient du latin *exire*, de *ex-* « hors de » et *ire* « aller ») Qui est né (de qqn). *Elle est issue d'une famille modeste.* – Qui provient (de qqch.). *Les progrès issus des travaux scientifiques.*

issue n. f. (fém. substantivé de *issu*) **1.** Ouverture, passage offrant la possibilité de sortir. → **sortie.** *Issue de secours. Rue sans issue,* en cul-de-sac. → **impasse. 2.** fig. Moyen de se dégager d'une situation difficile. → **échappatoire, solution.** *Je ne vois pas d'autre issue.* ▪ Manière dont on sort d'une affaire, dont une chose arrive à son terme. → **1fin.** *L'issue des pourparlers. Une heureuse issue.* **3.** *À l'issue de :* à la fin de. *À l'issue du spectacle.*

Is-sur-Tille Commune de la Côte-d'Or, au N. de Dijon. 4 360 habitants.

Issyk-Köl voir **Yssyk-Köl**

Issy-les-Moulineaux Commune des Hauts-de-Seine, au S.-O. de Paris, sur la Seine. 67 937 habitants. Industries chimique et pharmaceutique. Activités tertiaires. L'aérodrome est depuis 1956 l'héliport de Paris.

IST [iɛste] n. f. (sigle de *infection sexuellement transmissible*) méd. Infection pouvant se transmettre lors des rapports sexuels. → aussi **MST.** *Se protéger des IST.*

ISS

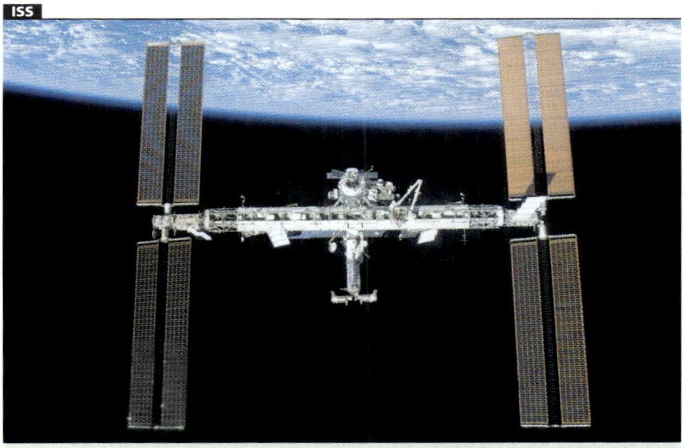

L'International Space Station vue depuis la navette américaine Atlantis (2007).

İstanbul

İstanbul, les rives de la Corne d'Or, bras européen du Bosphore.

İstanbul anciennement **Byzance** puis **Constantinople** Ville de Turquie, au débouché du Bosphore dans la mer de Marmara, à la frontière entre l'Europe et l'Asie. 15 200 000 habitants. İstanbul a conservé dans les quartiers byzantins et ottomans de très nombreux monuments : Sainte-Sophie (basilique construite par l'empereur Constantin en 325, incendiée et rebâtie par l'empereur Justinien à la fin du VIe s., transformée en mosquée par Mehmet II puis en musée en 1935 et redevenue une mosquée en 2020), les mosquées Süleymaniye (1550-1557) et de Rustem Paşa, la mosquée du sultan Ahmed (1609-1616), dite « Mosquée bleue », le palais de Topkapı, résidence des sultans. Nombreux musées (Antiquité, Arts islamiques, Art moderne). Tunnels ferroviaire et autoroutier entre la rive européenne et la rive asiatique.

Capitale économique de la Turquie, İstanbul réalise le tiers de la production industrielle du pays et le quart de l'activité commerciale, dont une grande partie est concentrée dans le Grand Bazar et le Bazar égyptien. Son port est le premier du pays. Centre des arts et des lettres, elle compte sept universités. Les Turcs, qui prirent Constantinople le 29 mai 1453, la renommèrent İstanbul et en firent la capitale de l'Empire ottoman. La ville perdit son rôle de capitale au profit d'Ankara lors de la proclamation de la République turque, en 1923. En 2015, 2016, 2017 et 2022, la ville a connu des attentats meurtriers dont certains attribués à des islamistes de Daech et d'autres à la rébellion kurde.

isthme [ism] **n. m.** **(latin *isthmus*, du grec *isthmos* « passage étroit »)** **1.** Bande de terre resserrée entre deux mers ou deux golfes et réunissant deux terres. *L'isthme de Panamá.* **2.** anat. Partie rétrécie (d'un organe). *L'isthme du gosier.* □ **adj. isthmique**

Istiqlāl Parti nationaliste marocain. Fondé en 1937 par ʿAllāl al-Fāsī. Il publia en 1944 un *Manifeste pour l'indépendance,* soutenu par le sultan Mohammed V, organisa les émeutes de Casablanca et Fès, puis participa au gouvernement après l'indépendance du Maroc en 1956. Il a éclaté en 1959 ; son aile droite a conservé le nom du parti.

Istrati (Panaït) Romancier roumain (1884-1935). Il dénonça très tôt les atrocités du régime soviétique *(Vers l'autre flamme : après seize mois en URSS),* et publia en français des romans lyriques et romantiques.

Istres Chef-lieu d'arrondissement des Bouches-du-Rhône, sur l'étang de Berre. 44 438 habitants. Base aérienne militaire.

Istria Ville antique fondée au VIIe s. avant J.-C. par des colons grecs sur les bords du lac Sinoe, près de l'actuelle Constantza.

Istrie Presqu'île de l'Adriatique, entre le golfe de Trieste et le golfe de Kvarner (Croatie et Slovénie actuelles). Vénitienne depuis le XIe s., elle fut conquise en 1797 par l'Autriche, qui dut la céder à Napoléon de 1805 à 1815. Le traité de Rapallo (1920) la donna à l'Italie, mais elle fut attribuée à la Yougoslavie à l'issue de la Seconde Guerre mondiale (1947).

Itaipu (barrage d') Grand barrage, le 1er mondial pour la production électrique, situé sur le fleuve Parana, à la frontière entre le Brésil et le Paraguay qui se partagent la production.

italianisant, ante **adj. et n.** **1.** (Artiste) qui s'inspire de l'art italien. **2.** Spécialiste de la langue, de la littérature, de la civilisation italiennes.

italianiser **v. tr.** **< 1 >** Rendre italien ; marquer d'un caractère italien.

italianisme **n. m.** Manière de parler, mot propre à l'italien, dans une autre langue.

Italie

n. f. ■ offic. République italienne État d'Europe méridionale, comprenant une partie des Alpes occidentales, la plaine du Pô et une longue péninsule ainsi que les îles de Sicile et de Sardaigne. 301 230 km². 59 433 744 habitants (les *Italiens*). **Langues :** italien (offic.). **Religion :** catholiques. **Monnaie :** euro. **Capitale :** Rome. **Régime :** démocratie parlementaire. Elle compte 20 régions. Territoires indépendants : république de Saint-Marin, cité du Vatican.

GÉOGRAPHIE

La péninsule italienne s'étire du N. au S. dans le bassin occidental de la Méditerranée. Elle est entourée de nombreuses îles (îles Éoliennes, île d'Elbe) et baignée par les mers Tyrrhénienne à l'O., Adriatique à l'E. et Ionienne au S. Les montagnes occupent 35 % du territoire. Au N., la chaîne des Alpes (Mont-Blanc dans la Vallée d'Aoste, Dolomites) forme une frontière naturelle

À Gaiole in Chianti, jardins et vignes du château Brolio.

avec la France, la Suisse, l'Autriche et la Slovénie. Les Apennins, sujets aux séismes et au volcanisme, forment l'épine dorsale de la péninsule. Cette barrière centrale est bordée de collines (42 %), de plateaux et de plaines côtières. Entre ces deux ensembles s'étend la fertile plaine du Pô et de ses nombreux affluents. L'étirement de la péninsule explique la diversité climatique : le climat, méditerranéen au S., devient continental dans la plaine padouane ; les massifs alpins et les Apennins présentent un climat de montagne. Les précipitations sont plus importantes sur la façade occidentale que sur le littoral adriatique, abrité. Densément peuplée et urbanisée, l'Italie subit aujourd'hui un renversement de tendance démographique : la natalité n'assure plus le renouvellement des générations et le pays devient une terre d'accueil pour les immigrés. La population se concentre dans la vallée du Pô et sur le littoral, ainsi que dans les grandes villes : Rome et Milan comptent plus d'un million d'habitants.

ÉCONOMIE

En récession depuis l'an 2000, l'Italie avait renoué en 2006 avec la croissance, ce redressement concernant surtout l'Italie du Nord, mais le pays fut touché par la crise mondiale en 2008. Après une reprise en 2017, l'Italie se classait au 9e rang des puissances économiques en 2019. La crise sanitaire de 2020 est venue ternir ce bilan. Le pays a été l'un des plus affectés d'Europe. Il a bénéficié à partir de 2021 du plan de relance de l'UE. Le Sud (Mezzogiorno, agricole et touché par l'exode rural) accuse un retard qui fait de lui une périphérie pauvre de l'Europe. L'agriculture emploie 4 % des actifs. Des cultures intensives (betterave, colza, tournesol, soja, fruits et légumes) côtoient les cultures traditionnelles méditerranéennes (vigne, blé, olivier). L'industrie (1/3 des actifs, 23 % du PIB) demeure concentrée dans le Nord (Gênes, Turin, Milan). Outre quelques grands groupes, elle est constituée de nombreuses petites entreprises qui peinent à conquérir les marchés étrangers. Certaines industries lourdes sont compétitives (sidérurgie sur l'eau), mais la production de biens de consommation demeure le point fort du pays (automobile, machine-outil, agroalimentaire, textile, électronique). Les grands groupes du secteur public (ENI, IRI) ont été privatisés. Dans le Sud, le travail au noir alimente une économie souterraine. Le secteur tertiaire (74 % du PIB, 65 % des actifs) repose sur les activités bancaires et les services aux entreprises, très compétitifs, ainsi que sur de nombreux petits métiers. Le tourisme occupe une place de choix : l'axe qui relie les villes de Rome, Sienne, Florence et Venise constitue le premier foyer mondial de tourisme culturel.

Chaîne de montage de l'usine Maserati à Modène.

HISTOIRE

La préhistoire et l'Antiquité Habitée dès le Néolithique par les Ligures au Nord et les Sicanes en Sicile, l'Italie accueillit au IIe millénaire av. J.-C. une mosaïque de peuples italiques (Ombriens, Latins, Sabins...) d'origine indo-européenne. Au VIIIe s. av. J.-C., les Étrusques développèrent une civilisation prospère centrée sur la Toscane, tandis que

Italie

les Grecs établirent des comptoirs dans le S. et en Sicile (Grande Grèce). Fondée en 753 av. J.-C. selon la légende, Rome fut gouvernée par des rois étrusques avant de devenir une République (509-27 av. J.-C.). Elle affirma sa puissance et conquit la péninsule, la Sardaigne et la Sicile (IVe-IIe s. av. J.-C.), en supplantant sa grande rivale Carthage lors des guerres puniques. Au Ier siècle av. J.-C., Rome attribua la citoyenneté romaine à l'ensemble de l'Italie. En 42 av. J.-C., la Gaule cisalpine, occupée par des Celtes depuis le IVe s. av. J.-C., fut incorporée à l'Italie dont les frontières s'étendirent jusqu'aux Alpes. Au Ier s., Rome était à la tête d'un empire qui dominait tout le bassin méditerranéen. En 395, il se scinda en un Empire romain d'Occident et un Empire romain d'Orient **(→ byzantin** [Empire]**).**

Le haut Moyen Âge Les invasions barbares (Wisigoths, Ostrogoths, Vandales) provoquèrent la chute de l'Empire romain d'Occident en 476. L'empereur byzantin Justinien, qui rêvait de restaurer l'unité de l'Empire romain, vainquit les Ostrogoths en 553. Mais, l'invasion lombarde créa en 568 une nouvelle division entre le royaume de Longobardie (le Nord et l'intérieur de l'Italie méridionale) et les régions conservées par les Byzantins (Rome, Ravenne et le Sud du pays). Entre les deux s'inscrivirent bientôt les États de l'Église, constitués grâce à l'aide des Carolingiens qui absorbèrent le royaume lombard dans leur empire. À la dislocation de ce dernier, le trône de Lombardie passa sous l'autorité des rois de Germanie. Othon Ier, couronné empereur par le pape en 962, créa le Saint Empire romain germanique.

Les conflits avec la papauté Jusqu'au XIIIe s., la lutte entre le pape et l'empereur pour la domination de la chrétienté occidentale se cristallisa dans la querelle des Investitures et dégénéra en conflit entre la papauté et l'Empire, auquel furent mêlés en Italie guelfes (partisans du pape) et gibelins (partisans de l'empereur). Ces troubles permirent l'émancipation des cités enrichies par les activités commerciales et bancaires (Gênes, Milan, Florence, Venise). Aux mains de la bourgeoisie, ces dernières s'érigèrent en « communes » et connurent un grand essor culturel (Cimabue, Giotto, Dante, Pétrarque). Ce mouvement ne se produisit que dans le Nord, le Sud ayant vu la formation du royaume autoritaire de Naples (XIe s.) sous la domination des Normands, auxquels succédèrent les Hohenstaufen (XIIe s.), la maison d'Anjou, puis celle d'Aragon (XVe s.).

La Renaissance Au milieu des troubles, les communes firent bientôt place à des « seigneuries », le pouvoir passant à une seule famille, puis à des « princes » (XVe s.). Ainsi, la famille des Médicis, mécènes fastueux, conduisit Florence à son apogée. Ces princes favorisèrent l'épanouissement de la

Renaissance italienne, qui se diffusa dans toute l'Europe avec les guerres d'Italie. Ce vaste mouvement toucha l'architecture (Brunelleschi, Alberti), la sculpture (Ghiberti, Donatello), la peinture (Fra Angelico, Botticelli, Piero della Francesca, Mantegna) et la pensée humaniste (Ficin, Pic de la Mirandole). Rome devint, sous l'impulsion des papes, le principal foyer artistique du début du XVIe s. (Michel-Ange, Léonard de Vinci, Raphaël).

Des Habsbourg d'Espagne aux Habsbourg d'Autriche Morcelée politiquement, l'Italie devint l'enjeu de la rivalité des puissances voisines. Les guerres d'Italie (1494-1559) se soldèrent par l'échec des tentatives françaises et la victoire de la domination espagnole (XVIe et XVIIe s.). L'économie s'effondra et la Renaissance fut interrompue par le rétablissement de l'Inquisition et le triomphe de la Contre-Réforme. La guerre de Succession d'Espagne fit passer l'Italie des Habsbourg d'Espagne aux Habsbourg d'Autriche (1713), qui y affermirent leur position au cours du XVIIIe s. Les victoires du général Bonaparte (1796-1797) mirent fin à l'Ancien Régime dans la péninsule. Napoléon fonda plusieurs républiques avant de faire passer toute l'Italie sous sa domination et de se faire sacrer roi d'Italie (1805). La philosophie des Lumières et la domination impériale napoléonienne favorisèrent le réveil du sentiment national et l'idée d'unité politique.

Le Risorgimento Après la chute de l'Empire napoléonien, le congrès de Vienne (1815) rétablit la domination de l'Autriche. Le royaume indépendant de Piémont, où régnait Charles-Albert, devint le foyer d'un mouvement libéral et du *Risorgimento* (« résurrection » du sentiment national), promu dès 1820 par des sociétés secrètes (*carbonari*). L'agitation gagna bientôt le peuple grâce à l'action de Giuseppe Mazzini, fondateur du mouvement Jeune-Italie (1833). Devant la violence du soulèvement populaire dans toute l'Italie en février 1848, Charles-Albert prit la tête de l'armée d'Indépendance, mais il fut défait le 23 mars 1849.

Les Combats devant le Palais Litta à Milan, de Baldassare Verazzi (1848), musée du Risorgimento, Milan.

Formation du royaume d'Italie Le Piémont, seule royauté constitutionnelle, demeurait, sous l'influence du roi Victor-Emmanuel II (fils de Charles-Albert) et de son ministre Cavour, l'unique espoir des patriotes italiens. Avec l'aide de Napoléon III, les Autrichiens furent chassés de Lombardie après les victoires de Magenta et de Solferino (juin 1859). L'Italie centrale se souleva et réclama son intégration au royaume de Piémont (mars 1860). L'annexion du royaume de Naples fut réalisée par les troupes de Giuseppe Garibaldi (novembre 1860) et le souverain piémontais fut couronné roi d'Italie à Turin le 27 avril 1861. L'unité italienne s'acheva avec l'acquisition de la Vénétie (1866) et de Rome, qui devint la capitale du royaume le 2 octobre 1870.

La monarchie parlementaire Le jeune État connut des difficultés politiques, économiques et sociales qui s'aiguisèrent encore sous le poids de ses ambitions coloniales (Érythrée, Éthiopie), provoquant des grèves et une agitation révolutionnaire et anarchiste. Le courant nationaliste poussa le gouvernement dans la Première Guerre mondiale aux côtés des Alliés (mai 1915), dans l'espoir d'enlever aux Autrichiens les « terres irrédentes » (Trentin et Istrie). Les traités de paix (1919-1920) n'accordèrent à l'Italie ni la Dalmatie ni Fiume, dont Gabriele D'Annunzio s'empara en 1919. Le mécontentement nationaliste et la crise économique profitèrent aux extrémistes (fondation des Faisceaux italiens du combat de Benito Mussolini, en 1919). Les gouvernements, trop faibles, ne purent empêcher la montée du fascisme.

L'Italie mussolinienne La « marche sur Rome » des Chemises noires (27 octobre 1922) conduisit Mussolini au pouvoir, avec l'accord du roi Victor-Emmanuel III. En 1925, les « lois fascistissimes » organisèrent la dictature. Mussolini se rapprocha d'Hitler (axe Rome-Berlin, 1936) et l'Italie entra dans la Seconde Guerre mondiale aux côtés de l'Allemagne le 10 juin 1940. Le débarquement anglo-américain en Sicile (1943), la résistance italienne et l'exécution de Mussolini (28 avril 1945) marquèrent la fin de l'Italie fasciste. La République fut proclamée le 2 juin 1946.

Le « miracle italien » L'Italie, ruinée par la guerre, effectua un redressement spectaculaire, grâce à l'aide apportée par le plan Marshall. Elle figura en 1957 parmi les pays fondateurs de la CEE. La vie politique, dominée par la Démocratie chrétienne depuis 1945, demeura instable et le pays fut le théâtre de nombreux attentats et enlèvements (les Brigades rouges). La Démocratie chrétienne dut accepter de constituer des gouvernements de coalition avec plusieurs partis de centre-gauche. Mais, plusieurs scandales politico-financiers à la fin des années 1980, ainsi que le rôle occulte de la Mafia au sein de l'État, entraînèrent une grave crise de régime, la dislocation de la Démocratie chrétienne et l'apparition de ligues régionales (Ligue du Nord), puis la réforme du mode de scrutin (1993).

L'alternance Les élections législatives de 1994 virent la victoire d'une coalition de partis de l'extrême droite (Forza Italia, Ligue du Nord, Alliance nationale) dirigée par Silvio Berlusconi. Après sa démission, Lamberto Dini lui succéda jusqu'aux élections de 1996 qui portèrent au pouvoir une coalition de centre-gauche (« l'Olivier ») dirigée par Romano Prodi. Un plan de réformes permit à l'Italie de remplir les critères de Maastricht. Une crise au sein de la majorité entraîna le remplacement de R. Prodi en 1998 par Massimo D'Alema, premier excommuniste à diriger un gouvernement en Europe occidentale. Les élections régionales de 2000 marquèrent le retour politique de S. Berlusconi, allié à l'extrême droite. Sa coalition remporta les législatives et Berlusconi devint président du Conseil en juin 2001. Sa politique ultralibérale provoqua de nombreux mouvements sociaux. En réaction, une large coalition allant des partis du centre à la gauche radicale fut formée sous le nom de l'*Unione* et remporta les élections de 2006. Tandis que Giorgio Napolitano était élu président, R. Prodi devint à nouveau président du Conseil, mais critiqué au sein de la coalition, il fut contraint à la démission (janvier 2008) et remplacé par S. Berlusconi. La crise de la dette publique entraîna la chute de ce dernier, à son tour remplacé par Mario Monti en novembre 2011. Après la réélection de G. Napolitano (2006-2015), les démocrates Enrico Letta (avril 2013), Matteo Renzi (2014) et Paolo Gentiloni (2016) se succédèrent à la tête du gouvernement. Une profonde rupture politique eut lieu en mars 2018 avec la victoire aux législatives du mouvement Cinq Étoiles, dont le leader Giuseppe Conte devint président du Conseil, et de la Ligue du Nord, d'extrême droite. La gestion de la crise sanitaire de 2020 mit à mal la popularité de G. Conte auquel succéda l'ancien directeur de la BCE, Mario Draghi, en février 2021. Une crise gouvernementale entraîna des élections générales anticipées en octobre 2022. La normalisation de l'extrême droite, favorisée par la réappropriation de l'histoire, permit à Giorgia Meloni, leader du parti Fratelli d'Italia, de prendre la tête du gouvernement avec un programme anti-immigration.

Italie (campagne d') 1796 Ensemble des opérations militaires conduites par le général Bonaparte en Italie en 1796 et 1797. Elle aboutit à la capitulation du Piémont (avr. 1796) puis de l'Autriche (févr. 1797), et s'acheva par le traité de Campoformio (oct. 1797).

Italie (campagne d') 1800 Ensemble des opérations militaires conduites par le Premier consul Bonaparte en Italie en 1800. Menée contre les Autrichiens, maîtres de la péninsule, elle conduisit à la défaite de ces derniers et s'acheva par le traité de Lunéville (févr. 1801).

Italie (campagne d') 1859 Campagne conduite en 1859 par Napoléon III dans le N. de l'Italie contre l'Autriche. Malgré les victoires des Franco-Piémontais, Napoléon III signa avec François-Joseph l'armistice de Villafranca (juill. 1859).

Italie (campagnes d') 1943-1945 voir **Guerre mondiale (Seconde)**

Italie (guerres d') Terme désignant l'ensemble des expéditions menées en Italie par les rois de France de 1494 à 1559. Dans un premier temps, elles opposèrent au roi d'Aragon puis au pape Charles VIII, qui voulait faire valoir ses droits sur l'héritage du royaume de Naples, puis Louis XII et François Ier, qui réclamaient le Milanais, les villes italiennes prenant position pour l'un ou pour l'autre camp selon leurs intérêts. Le conflit s'élargit ensuite et l'Italie devint le théâtre de la lutte entre la France et la maison d'Autriche, lutte à laquelle prit part l'Angleterre. Le traité du Cateau-Cambrésis, signé en 1559 par Henri II, mit fin au conflit, la France abandonnant l'Italie, qui passa sous domination des Habsbourg. Ces guerres favorisèrent la diffusion de la Renaissance italienne en Europe et notamment en France.

italien, enne adj. et n. **1.** De l'Italie. **– n.** *Les Italiens.* **– n. m.** *L'italien*, groupe de langues et dialectes romans parlés en Italie (à l'exception du sarde) ; la langue officielle de l'Italie issue du toscan. **2. n. f.** théâtre Répétition rapide des dialogues d'une pièce.

italique adj. (latin *italicus*) **I.** Qui a rapport à l'Italie ancienne. *Les peuples italiques.* **– n. m.** *L'italique* : les langues des peuples italiques (groupe comprenant le latin). **II.** *Lettres, caractères italiques* (inventés en Italie), légèrement inclinés vers la droite. **– n. m.** *Mettre un mot en italique.*

italo- Premier élément de composés, signifiant « italien » (ex. *italo-américain, aine*).

Itard (Jean Marie Gaspard) Médecin français (1774-1838). Rééducateur d'enfants sourds-muets, il prit en charge l'« enfant sauvage » de l'Aveyron. Il est considéré comme un précurseur de la psychiatrie infantile.

-ite Élément (du grec *-itis*, fém. de *-itês*) servant à former des noms de maladies de nature inflammatoire (→ aussi ²-ose).

¹item [itɛm] **adv.** (mot latin « de même », de *ita* « ainsi ») comm., comptab. De même, en outre. *« Item, pour mon voleur ! trente-sept sous »* (Labiche).

²item [itɛm] **n. m.** (de l'anglais → ¹item) anglic., sc. Élément, unité (d'un ensemble).

ITER voir **International Thermonuclear Experimental Reactor**

itératif, ive adj. (du latin, de *iterare* « recommencer » [*cf.* réitérer], de *iterum* « pour la deuxième fois », famille de *alter* → autre ; *cf.* anglais *to iterate*) Qui est répété plusieurs fois. □ **adv. itérativement**

itération n. f. (latin *iteratio* → itératif) **1.** didact. Répétition. **2.** math. Méthode de résolution d'une équation par approximations successives. – inform. Exécution d'une boucle (d'un programme), correspondant à un calcul répétitif. **3.** psych. Répétition involontaire et inutile d'un même acte moteur ou verbal.

itérer v. tr. < 6 > (latin *iterare* « recommencer » → itératif) didact. Répéter, faire une seconde fois. → **réitérer.** *Itérer un processus.*

Ithaque Une des îles Ioniennes (Grèce), au N.-E. de Céphalonie. 96 km². 1 747 habitants. Vignobles, oliviers. L'île est généralement identifiée avec l'Ithaque de *L'Odyssée*, patrie d'Ulysse.

ithyphallique adj. (du grec *ithuphallos* « pénis *[phallos]* en érection *[ithus]* ») Antiq. grecque Relatif au phallus, au pénis en érection. – *Statue ithyphallique.*

itinéraire (du bas latin, de *iter, itineris* « chemin ») **I. n. m. 1.** Chemin à suivre ou suivi pour aller d'un lieu à un autre. – *Itinéraire bis* : parcours empruntant des voies moins importantes, pour éviter la surcharge des voies principales. **2.** fig. *Un itinéraire spirituel.* **II. adj.** didact. Qui a rapport aux voies de circulation. *Mesures itinéraires,* indiquant les distances.

itinérant, ante adj. (de l'anglais, du latin → itinéraire) **1.** Qui se déplace dans l'exercice de ses fonctions. *Un ambassadeur itinérant.* **2.** (choses) Qui se déplace. *Exposition itinérante.* ■ géogr. *Culture, agriculture itinérante,* consistant à déplacer les cultures pour exploiter la fertilité du sol, en ménageant des jachères. **3. n.** (Canada) Personne qui n'a pas de domicile établi. → (en France) **SDF.**

Itō Hirobumi Homme politique japonais (1841-1909). Il mit fin à la guerre sino-japonaise (1895) et fut résident général en Corée (1905-1909).

Itō Hitoshi, dit Sei Homme de lettres et traducteur japonais (1905-1969). Auteur d'un important travail théorique sur le roman *(La Méthode du roman)*, il introduisit les conceptions littéraires occidentales au Japon.

Iton n. m. Rivière de Normandie, affluent de l'Eure. 118 km. Née dans le Perche, elle traverse Évreux.

itou adv. (probablt de l'ancien français *atout* « avec », de *tout*) fam. et vieilli Aussi, de même.

Itten (Johannes) Peintre suisse (1888-1967). Directeur du cours préliminaire du Bauhaus (1919-1923), il élabora une pédagogie originale, transmise dans *L'Art de la couleur* et *Mon cours préliminaire au Bauhaus.* Son œuvre explore la structure géométrique (quadrillage).

Iturbide (Agustín de) Homme d'État mexicain (1783-1824). Général dans l'armée espagnole, il se fit proclamer empereur du Mexique (1822) mais fut renversé en 1823 par Santa Anna. Arrêté en 1824, il fut fusillé.

IUFM [iyɛfɛm] **n. m.** (sigle de *institut universitaire de formation des maîtres*) (en France) anciennt Établissement public d'enseignement supérieur chargé de la formation pédagogique des enseignants.

Ithaque

Les monts d'Ithaque, une des îles Ioniennes.

iule n. m. (du latin, pris au grec *ioulos* « objet velu ») **1.** zool. Mille-pattes noir et luisant, qui s'enroule en spirale quand on le touche. **2.** bot. Chaton de certaines fleurs.

Iule voir **Ascagne**

-ium Élément (du latin) servant à former certains noms de métaux (ex. *magnésium, zirconium*).

IUT [iyte] **n. m.** (sigle) Institut universitaire de technologie.

Ivanhoé Personnage du roman éponyme de Walter Scott (1819). Héros loyal envers Richard Cœur de Lion, il l'accompagne à la croisade et combat Jean sans Terre.

Ivan Ier Danilovitch surnommé **Kalita** (v. 1304-v. 1341). Grand-prince de Moscou (1325-1340) et de Vladimir (1328-1340). Il régna sous la suzeraineté de la Horde d'Or et fut le fondateur de la puissance moscovite.

Ivan III Vassilievitch le Grand (1440-1505). Grand-prince de Moscou et de toute la Russie (1462-1505). Il mit fin à la suzeraineté mongole (1480) et adopta les idées byzantines sur l'autocratie impériale.

Ivan IV le Terrible (1530-1584). Grand-prince puis tsar de Russie (1547-1584). Le début de son règne fut marqué par une vaste réorganisation administrative, législative, religieuse et militaire. Il annexa les khanats de Kazan (1552) et d'Astrakhan (1556), puis s'assura un débouché sur la Baltique par la guerre contre la Livonie (1558). À partir de 1560, il régna par la terreur en persécutant l'aristocratie des boyards.

Ivan IV le Terrible, musée des Arts décoratifs, Paris.

Ivano-Frankivsk Ville du S.-O. de l'Ukraine. 219 500 habitants. Équipement agricole et industrie alimentaire. Gisements d'hydrocarbures.

Ivanov (Lev Ivanovitch) Danseur et chorégraphe russe (1834-1901). Il est l'auteur du ballet *Casse-Noisette* et d'une grande partie du *Lac des cygnes.*

Ivanov (Viatcheslav Ivanovitch) Poète, philosophe et critique littéraire russe (1866-1949). Chef de file des symbolistes de Saint-Pétersbourg, il se passionna pour l'Antiquité et subit l'influence de Nietzsche. Il est l'auteur de recueils poétiques à l'écriture savante *(Sonnets d'hiver ; Sonnets romains).*

Ivanov (Gueorgui Vladimirovitch) Écrivain russe (1894-1958). Membre de l'atelier des acméistes, la Guilde des poètes, il est l'auteur de *Portrait sans ressemblance.* Il écrivit des poésies, des nouvelles, et un *Journal intime.*

Ivanovo Ville de Russie, au N.-E. de Moscou. 408 300 habitants. Industries textile (coton), mécanique, alimentaire.

ive n. f. (de *if*) bot. Plante à fleurs jaunes, dite aussi *petit if,* qui exhale une odeur aromatique résineuse. - syn. **ivette n. f.**

Ivens (Joris) Cinéaste néerlandais (1898-1989). Réalisateur de documentaires politiques d'inspiration marxiste, il fut le témoin des combats des opprimés depuis les années 1930.

Ives (Charles) Compositeur et organiste américain (1874-1954). Précurseur de Stravinski et de Bartók dans l'emploi de l'atonalité, de la polyrythmie et du quart de ton, il est l'auteur de symphonies, de musique de chambre et de plus de 100 mélodies d'inspiration populaire.

IVG [iveʒe] **n. f.** (sigle de *interruption volontaire de grossesse*) Avortement provoqué volontaire et légal.

Ivoi (Paul Deleutre, dit Paul d') Écrivain français (1856-1915). Il est l'auteur du roman populaire *Les Cinq Sous de Lavarède.*

ivoire n. m. (vient du latin pop. *eboreum,* de *eboreus,* de *ebur, eboris* « ivoire » et « éléphant ») **I. n. m. 1.** Matière résistante, d'un blanc un peu jaune, qui constitue les défenses de l'éléphant (et d'autres animaux : rhinocéros, morse...). *Des billes d'ivoire, en ivoire.* – *D'ivoire,* très blanc (peau). – loc. *Tour* d'ivoire.* ■ Objet d'art en ivoire. *Des ivoires chinois.* **2.** anat. Partie dure des dents, revêtue d'émail à la couronne. **II. adj. invar.** D'une couleur semblable à celle de l'ivoire. *Des dentelles ivoire.*

ivoirerie n. f. 1. Art de l'ivoirier. **2.** Ensemble d'objets en ivoire sculpté.

ivoirier, ière n. 1. Artiste qui sculpte l'ivoire. **2.** Personne qui fait le commerce des objets en ivoire.

ivoirin, ine adj. littér. et vieilli Qui a l'éclat, l'apparence de l'ivoire. → **éburnéen.**

Ivory (James) Cinéaste américain (né en 1928). Ses premiers films témoignent de sa fascination pour l'Inde *(Shakespeare Wallah)*. Il adapta des romans de Henry James *(Les Bostoniennes)* et de E. M. Forster *(Chambre avec vue ; Retour à Howards End)*.

James Ivory dirigeant Hiroyuki Sanada dans *La Comtesse blanche* (2005).

ivraie n. f. **(vient du latin pop. *ebriaca [herba]*, de *ebrius* → ivre, l'ivraie ayant des effets psychiques)** Plante herbacée, nuisible aux céréales. – loc. (Évangile) *Séparer le bon grain de l'ivraie,* les bons des méchants, le bien du mal.

ivre adj. **(vient du latin *ebrius*, opposé à son composé *sobrius* → sobre)** **1.** Qui est sous l'effet de l'alcool. → **soûl ; ivrogne.** *Il était complètement ivre, ivre mort. « Il vaut mieux ivre se coucher / Dans le lit, que mort dans la tombe »* (Ronsard). **2.** Qui est transporté hors de soi (sous l'effet d'une émotion violente). *Ivre d'amour, d'orgueil.*

Ivrée Ville d'Italie (Piémont), sur la Doire Baltée. 23 540 habitants. Centre industriel (fibres textiles artificielles) et tourisme d'affaires.

ivresse n. f. **1.** État d'une personne ivre ; intoxication produite par l'alcool et causant des perturbations dans l'adaptation nerveuse et la coordination motrice. → **ébriété ;** fam. **cuite ;** régional **brosse.** *Les effets de l'ivresse. Conduite en état d'ivresse.* **2.** État d'euphorie ou d'exaltation. *Dans l'ivresse du succès.* → **enivrement, extase.** *L'ivresse des sens.* ■ Exaltation ; cause d'exaltation.

ivrogne adj. **(en ancien français « ivresse » ; vient du latin pop. *ebrionia*, de *ebrius* → ivre)** Qui a l'habitude de s'enivrer et en témoigne par son comportement. → **alcoolique.** – n. *C'est un vieil ivrogne* (fém. vieux *une ivrognesse*). → fam. **poivrot, soûlard.** *Serment d'ivrogne,* qui ne sera pas tenu.

ivrognerie n. f. Habitude de s'enivrer. → **alcoolisme.** *« L'ivrognerie, comme l'étude, engraisse encore l'homme gras et maigrit l'homme maigre »* (Balzac).

Ivry-la-Bataille Commune de l'Eure, sur l'Eure. 2 658 habitants. Église Renaissance. Victoire d'Henri de Navarre (futur Henri IV) sur les troupes de la Ligue le 14 mars 1590.

Ivry-sur-Seine Commune du Val-de-Marne, au S.-E. de Paris, sur la Seine. 64 016 habitants. Église des XIIIe-XVIIe s. Fort d'Ivry. Centre industriel.

Iwaszkiewicz (Jarosław) dit aussi **Eleuter** Écrivain polonais (1894-1980). Poète, auteur de nouvelles et romancier, il retrouva une certaine tradition narrative nationale *(Mère Jeanne des Anges)*.

Iwo Ville du Nigeria (État d'Osun). Env. 191 000 habitants. Cacao.

Ixelles Ville de Belgique (province de Bruxelles-capitale). 87 632 habitants. L'abbaye cistercienne de la Cambre (XIVe-XVIIe s.) abrite l'Institut supérieur d'architecture et l'Institut géographique national. Musées. Université. Activités tertiaires.

ixia n. f. **(mot latin, pris au grec *ixos* « gui »)** bot. Plante monocotylédone voisine de l'iris, à fleurs très décoratives. *Des ixias.*

ixième adj. **(de *x*)** Qui occupe un rang indéterminé et élevé. → **énième.** *Je te le répète pour la ixième fois.*

Ixion Roi légendaire des Lapithes en Thessalie. Zeus l'unit à une nuée façonnée à l'image d'Héra ; de cette union naissent les Centaures.

ixode n. m. **(grec *ixôdês* « qui ressemble au gui *[ixos]* », d'où « gluant, collant »)** zool. Acarien, dont l'espèce la plus commune est la tique du chien.

Izabal (lac) Lac du S.-E. du Guatemala. 589 km^2.

Izalco n. m. Volcan actif du Salvador, à proximité du Pacifique. 1 900 m.

Izanagi-Izanami Couple de génies célestes du panthéon japonais, frère et sœur. Dans la mythologie shintoïste, ils sont les créateurs des îles du Japon.

Izegem Ville de Belgique (Flandre-Occidentale), sur le canal Lys-Roeselare. 28 322 habitants. Industries (alimentaire, textile).

Izetbegović (Alija) Homme d'État bosniaque (1925-2003). Président de la Bosnie-Herzégovine en 1990, il déclara l'indépendance de son pays en 1992, contribuant au déclenchement de la guerre en Yougoslavie. En 1996, il prit la tête de la présidence tricéphale de la fédération de Bosnie-Herzégovine, et quitta ses fonctions en 2000.

Izieu Commune de l'Ain, dans le Bugey. 220 habitants. Musée mémorial en souvenir de la déportation de 44 enfants et 7 adultes juifs arrêtés par la Gestapo le 6 avril 1944.

Izis (Israëlis Bidermanas, dit) Photographe français d'origine russe (1911-1980). Reporteur à *Paris-Match,* il travailla en collaboration avec Prévert et Colette.

Izis

Izis, *Carreau cassé* (v. 1945), Musée national d'art moderne, Centre Georges-Pompidou, Paris.

İzmir anciennement **Smyrne** Ville de Turquie, port au fond du golfe de Smyrne (mer d'Égée). 2,8 millions d'habitants. C'est la métropole commerciale de la région égéenne, dont elle exporte les productions (coton, tabac, figues et raisins secs « de Smyrne »). Deuxième centre industriel du pays (agroalimentaire, textile, mécanique, chimie). Aéroport international. Vestiges hellénistiques et romains.

İzmit anciennement **Nicomédie** Ville de Turquie, sur le golfe d'İzmit (mer de Marmara). 338 400 habitants. Annexe du port d'İstanbul (transport et raffinage d'hydrocarbures, chimie, papeterie).

İznik voir **Nicée**

Izoard (col de l') Col des Hautes-Alpes. 2 360 m. Il fait communiquer le Briançonnais et le Queyras.

Izu (archipel d') Petit archipel volcanique du Japon, au S. de Tōkyō, dans le Pacifique.

Izumi Shikibu Femme de lettres japonaise (XIe s.). Dame de cour de l'impératrice Fujiwara no Akiko (998-1074), elle tint un journal intime de sa liaison avec un prince impérial *(Izumi Shikibu nikki)*, qui constitue l'un des plus anciens chefs-d'œuvre de la littérature japonaise.

Izumo (sanctuaire de) Ancien sanctuaire shinto fondé au VIe s. sur l'île d'Honshū (près de Matsue), au Japon. Lieu de pèlerinage très fréquenté.

Izvestia (« les Nouvelles ») Quotidien russe fondé en 1917. Très influent avant la fin du régime soviétique, il encouragea la politique de réformes menée par Gorbatchev.

J

j [ʒi] **n. m. invar. I.** Dixième lettre, septième consonne de l'alphabet. **II.** Symbole du joule.

jabadao n. m. (mot breton, p.-ê. du celtique *jabad* « sarabande ») régional (Bretagne) Danse bretonne à figures.

Jabalpur ou **Jubbulpore** Ville d'Inde (Madhya Pradesh). 1 268 800 habitants. Carrefour ferroviaire. Centre de commerce et industriel.

Jabès (Edmond) Écrivain français (1912-1991). Les thèmes de l'exil et de la judéité traversent son œuvre, méditation sur les limites de la parole. *Je bâtis ma demeure ; Le Livre des questions ; Le Livre des limites.*

Jābir ibn Ḥayyān Médecin et alchimiste chiite d'origine iranienne ou arabe suivant les sources (VIIIe s.). Connu en Occident sous son nom latinisé de Geber, on le tient, malgré son hermétisme et ses tendances gnostiques, pour l'un des tout premiers précurseurs de la chimie moderne. *La Recherche de la perfection ; Livre de Vénus.*

jabiru n. m. (mot guarani) Oiseau (échassier) des régions chaudes, proche de la cigogne.

jable n. m. (du bas latin *gabulum* « gibet ») techn. Rainure pratiquée dans les douves d'un tonneau pour fixer les fonds. ■ Partie de la douve en saillie sur le fond du tonneau.

jabler v. tr. < 1 > techn. Faire le jable de (une douve, un tonneau).

jabloir n. m. ou **jabloire n. f.** techn. Outil de tonnelier, rabot pour jabler. - syn. **jablière n. f.**

jaborandi n. m. (mot guarani) Arbre exotique dont les feuilles contiennent un alcaloïde, la pilocarpine.

jabot n. m. (mot régional [Auvergne, Limousin], d'un radical *gob-* p.-ê. gaulois → **gaver, joue**) **1.** Poche de l'œsophage des oiseaux, dans laquelle les aliments séjournent. **2.** Ornement (de dentelle, de mousseline) attaché à la base du col d'une chemise, et qui s'étale sur la poitrine.

jaboter v. intr. < 1 > (de *jabot*) fam., vieilli Bavarder.

Jabotinsky (Vladimir Zeev) Dirigeant sioniste (1880-1940). Il fut l'un des pères de la droite nationaliste sioniste.

Jaca Ville d'Espagne (Aragon), sur le río Aragón. 12 857 habitants. Cathédrale romane San Pedro (XIe siècle).

jacaranda n. m. (mot tupi, par le portugais) Arbre d'Amérique tropicale à bois recherché.

jacassement n. m. 1. Cri de la pie. **2.** Bavardage incessant et bruyant. → **jacasserie.**

jacasser v. intr. < 1 > (p.-ê. de *jaquette*, ancien n. pop. de la pie → **jacter**) **1.** Pousser son cri (en parlant de la pie). **2.** Parler avec volubilité et d'une voix criarde. → **bavarder, caqueter.**

jacasserie n. f. vieilli Bavardage de personnes qui jacassent.

jacasseur, euse n. et adj. (Personne) qui jacasse. → **bavard.**

Jaccottet (Philippe) Poète suisse d'expression française (1925-2021). Traducteur de Musil, Rilke, Hölderlin, Leopardi, il est également essayiste. *À la lumière d'hiver ; Requiem ; Une transaction secrète.*

jacée n. f. (latin médiéval *jacea* « menthe ») Plante (centaurée) à fleurs mauves.

jachère n. f. (p.-ê. du gaulois *gansko* « branche » et « charrue ») État d'une terre labourable qu'on laisse temporairement reposer en ne lui faisant pas porter de récolte ; cette terre. – fig. *Laisser qqn, qqch. en jachère,* le laisser en repos, ne pas en tirer parti.

jacinthe n. f. (latin *hyacinthus*, du grec → **hyacinthe**) Plante à bulbe, à feuilles allongées, à hampe florale portant une grappe simple de fleurs colorées et parfumées. – *Jacinthe des bois.* → **endymion.**

jack [(d)ʒak] **n. m.** (mot anglais) anglic., techn. Fiche mâle, à deux conducteurs coaxiaux. – par ext. *Jack femelle.*

Jack l'Éventreur Criminel, il fut l'auteur de plusieurs meurtres de prostituées dans le quartier de Whitechapel, à Londres, en 1888.

jackpot [(d)ʒakpɔt] **n. m.** (mot anglais, de *Jack*, prénom, et *pot* → **pot**) Combinaison gagnante qui déclenche un mécanisme envoyant au joueur la totalité de l'argent accumulé dans la machine à sous ; cet argent. ■ par ext. Gros profit rapide. → **pactole.**

Jackson (Andrew) Homme d'État américain (1767-1845), 7e président des États-Unis (1829-1837). Démocrate, il marqua une rupture dans la vie politique américaine en renforçant le pouvoir exécutif et en symbolisant la volonté expansionniste de la « frontière ».

Jackson (John Hughlings) Neurologue britannique (1835-1911), il fut l'un des fondateurs de la neurologie. Il relia des pathologies tels l'épilepsie et les troubles du langage à des dommages occasionnés dans le cerveau ou dans la moelle épinière.

Jackson (Mahalia) Chanteuse de spirituals et gospels américaine (1911-1972). Elle est considérée comme la référence dans ce genre. *In the Upper Room.*

Jackson (Milt) Vibraphoniste, pianiste et compositeur de jazz américain (1923-1999). Inspiré par le gospel, le blues et le be-bop, il fut membre du Modern Jazz Quartet.

Jackson (Michael) Chanteur américain de musique pop (1958-2009). Dernier-né des cinq frères qui composaient le groupe Jackson Five, il mena une remarquable carrière en solo.

Michael Jackson en 1988.

Jackson Ville des États-Unis, capitale du Mississippi. 153 700 habitants. Industrie.

Jacksonville Ville des États-Unis (Floride). 949 610 habitants. Port. Tourisme.

jaco voir **jacquot**

Jacob Patriarche biblique, fils d'Isaac et de Rébecca. Ses douze fils sont les ancêtres supposés des douze tribus d'Israël. ■ **Échelle de Jacob :** échelle où les anges montent et descendent, que Jacob voit en songe tandis que Dieu bénit sa descendance.

Jacob (Georges) Ébéniste français (1739-1814). Il fut l'un des principaux représentants du style Louis XVI puis Directoire. Ses fils **Georges l'Aîné** (1768-1803) et **François-Honoré** (1770-1841) poursuivirent son œuvre.

Jacob (Max) Poète français (1876-1944). Juif converti au catholicisme, il écrivit une œuvre abondante, à la fois teintée d'humour et imprégnée d'un fervent mysticisme. *Œuvres burlesques et mystiques de frère Matorel ; Le Cornet à dés ; Sacrifice impérial.*

Jacob (Maxime) Compositeur français (1906-1977). Cofondateur de l'école d'Arcueil (1923), il se convertit au catholicisme et se consacra à la musique religieuse. *La Voix* (cantate).

Jacob (François) Médecin et biochimiste français (1920-2013). Ses travaux permirent de découvrir les mécanismes du transfert de l'information génique (ARN messager). Prix Nobel 1965.

Jacobi (Friedrich Heinrich) Philosophe et écrivain allemand (1743-1819). Adversaire du rationalisme de Spinoza et du criticisme de Kant, il se fit le défenseur d'une philosophie du sentiment pour laquelle la foi, comme connaissance intuitive supérieure, est l'instance dont procèdent tous les principes du savoir. *Lettres à M. Mendelssohn sur la doctrine de Spinoza ; Woldemar.*

Jacobi (Carl Gustav) Mathématicien allemand (1804-1851). Auteur de nombreux travaux d'analyse, il a notamment établi de nouvelles bases pour l'étude des fonctions elliptiques. Il fut l'un des fondateurs, en algèbre, de la théorie des déterminants.

jacobin, ine (du bas latin *Jacobus* « Jacques ») **1.** n. m. vieux Dominicain. **2.** n. hist. Membre du club des Jacobins. **3.** fig. Républicain(e) intransigeant(e), partisan(e) d'un État centralisé. **– adj.** *Politique jacobine.* ■ **jacobinisme** n. m. Doctrine politique des Jacobins. ■ par ext. Esprit jacobin.

Jacobins (club des) Société révolutionnaire créée sous le nom de Club breton à Versailles en 1789, qui se réunissait au couvent des Jacobins. Après la fuite du roi à Varennes, le club se scinda, les modérés (Barnave, La Fayette) constituant le club des Feuillants. Le club des Jacobins devint, à partir de juin 1793, avec Robespierre, l'âme de la Montagne. Fermé lors de la réaction thermidorienne, il fut reconstitué sous le Directoire puis dissous en 1799.

jacobite adj. et n. **I.** relig. De l'Église syrienne orthodoxe fondée au VIe s. par Jacques Baradée. **II.** hist. Nom donné aux partisans de Jacques II Stuart après la seconde révolution d'Angleterre (1688).

Jacobins (club des)

Grande séance au club des Jacobins en janvier 1792, gravure (XVIIIe s.), coll. privée.

jacobites n. m. pl. Nom des membres de l'Église syrienne (monophysite) fondée par Jacob Baradée.

jacobites n. m. pl. Nom donné après la révolution anglaise de 1688 aux partisans de Jacques II, puis de son fils Jacques Édouard Stuart (Jacques III).

Jacobs (Edgar-Pierre, dit E. P.) Dessinateur belge (1904-1987). Il est l'auteur de la série de bandes dessinées d'aventures *Blake et Mortimer.*

E. P. Jacobs, fresque (2004) reproduisant la couverture de *La Marque Jaune*, à Bruxelles.

Jacobs (René) Contre-ténor et chef d'orchestre belge (né en 1946). Il s'est spécialisé dans le répertoire baroque.

Jacobsen (Jens Peter) Écrivain danois (1847-1885). Il incarna avec G. Brandes la « percée moderne » de la littérature danoise. Botaniste de profession, il lança le naturalisme littéraire au Danemark. *Mogens ; Madame Marie Grubbe ; Niels Lyhne.*

Jacobsen (Arne) Architecte danois (1902-1971). Inspiré par l'architecture fonctionnelle des années 1930, il est notamment l'auteur du St. Catherine's College d'Oxford.

Jacobsen (Robert) Sculpteur danois (1912-1993). Autodidacte, influencé par Arp, il réalisa essentiellement des sculptures abstraites en fer soudé.

jaconas [ʒakɔna] n. m. (de *Jaganath*, ville de l'Inde où ce tissu était fabriqué) anciennt Fine étoffe de coton.

Jacopo da Lentini Poète italien de l'école sicilienne (v. 1210-v. 1260). Protégé par l'empereur Frédéric II, il est considéré comme l'inventeur du sonnet.

Jacopo della Quercia (Jacopo di Pietro d'Agnolo, dit) Sculpteur italien (v. 1370-1438). Il réalisa, notamment, la *Fonte Gaia* et une partie du baptistère San Giovanni de Sienne, ainsi que le portail central de San Petronio à Bologne.

Jacopone da Todi (Iacopo de' Benedetti, dit) Poète italien (1230-1306). Ses *Laudes*, louanges religieuses contiennent à la fois le récit de son expérience mystique de franciscain et la dénonciation de la corruption ecclésiastique.

jacot voir **jacquot**

jacquard n. m. (de *Jacquard*) **1.** Métier à tisser conçu par Joseph Jacquard. **2.** Tricot qui présente des dessins géométriques variés et multicolores ; ces motifs. *Des jacquards.* **– adj. invar.** *Des pulls jacquard.*

Jacquard (Albert) Généticien et essayiste français (1925-2013). Spécialiste de la génétique des populations, proche du mouvement altermondialiste, il est l'auteur d'ouvrages de réflexion et de vulgarisation scientifique. *Éloge de la différence ; Petite Philosophie à l'usage des non-philosophes.*

Jacquard (Joseph Marie) Mécanicien français (1752-1834). Il perfectionna le métier à tisser automatique de Vaucanson en lui adjoignant un dispositif à cartons perforés, créant ainsi la *mécanique Jacquard.*

Jacqueline de Bavière Duchesse de Bavière (1401-1436). Elle dut céder ses États (le Hainaut, la Hollande, la Zélande et la Frise) à son cousin le duc de Bourgogne Philippe III le Bon (1428).

jacquemart n. m. voir **jaquemart**

Jacquemart de Hesdin Enlumineur français (connu de 1384 à 1410-1411). Employé par le duc Jean de Berry, il est l'auteur d'œuvres raffinées, parmi lesquelles les *Très Belles Heures du duc de Berry* et les *Grandes Heures du duc de Berry.*

jacquerie n. f. (de *Jacques*, ancien surnom du paysan français) hist. Révolte paysanne.

Jacquerie n. f. Révolte des paysans contre les nobles dans le Beauvaisis (1358), sous le règne de Jean le Bon. Soutenue un temps par Étienne Marcel, elle fut écrasée par le roi de Navarre Charles II le Mauvais.

Jacques n. m. (n. propre) **1.** hist. Surnom du paysan français. **2.** loc. fam. *Faire le Jacques* : faire l'idiot.

Jacques

SAINTS

■ **Jacques (saint) dit le Majeur** L'un des douze apôtres, fils de Zébédée et frère de Jean. Selon la tradition, il fut l'évangélisateur de l'Espagne ; ses restes seraient revenus à Saint-Jacques-de-Compostelle après sa mort à Jérusalem.

■ **Jacques (saint) dit le Juste ou le Mineur** La tradition latine l'identifie à « Jacques frère du Seigneur » (c'est-à-dire membre de la famille de Jésus), le premier chef de l'Église de Jérusalem, mort lapidé en 62.

ANGLETERRE

■ **Jacques Ier Stuart** (1566-1625) Roi d'Écosse sous le nom de Jacques VI (1567-1625) et roi d'Angleterre (1603-1625). Fils de Marie Stuart, il dut faire face aux conflits religieux (Conspiration des poudres) et s'aliéna l'opinion par son attitude envers ses favoris (Buckingham).

■ **Jacques II** (1633-1701) Il régna de 1685 à 1688 sur l'Angleterre, l'Irlande et sous le nom de Jacques VII sur l'Écosse. Fils de Charles Ier, converti au catholicisme, il s'attira l'hostilité des Whigs, et fut contraint par son gendre Guillaume d'Orange de s'enfuir en France en 1688. Il échoua dans sa tentative de restauration en Irlande (défaite de la Boyne, 1690).

▪ **Jacques Édouard Stuart** dit **le Prétendant** ou **le Chevalier de Saint-George** (1688-1766) Fils de Jacques II, il ne parvint pas à reprendre le trône des Stuarts.

ARAGON

▪ **Jacques Ier le Conquérant** (v. 1208-1276) Roi d'Aragon (1213-1276). Fils de Pierre II, il régna de 1213 à sa mort. Il conquit sur les Maures les Baléares, les royaumes de Valence et de Murcie et Ceuta.

▪ **Jacques II le Juste** (v. 1264-1327) Roi d'Aragon (1291-1327) et de Sicile (1285-1295). Il consolida les liens de la Catalogne et de Valence avec l'Aragon.

ÉCOSSE

▪ **Jacques Ier** (1394-1437) Roi d'Écosse (1406-1437). Il fut prisonnier des Anglais de 1406 à 1424 et soumit la noblesse écossaise.

▪ **Jacques II** (1430-1460) Roi d'Écosse (1437-1460). Fils de Jacques Ier. Il soutint les Lancastre lors de la guerre des Deux-Roses.

▪ **Jacques III** (1452-1488) Roi d'Écosse (1460-1488). Fils de Jacques II. Il fut tué lors d'une révolte des nobles commandée par son fils, le futur Jacques IV.

▪ **Jacques IV** (1472-1513) Roi d'Écosse (1488-1513). Fils de Jacques III. Il écrasa la révolte nobiliaire qu'il avait lui-même commandée contre son père. Son mariage avec Marguerite Tudor, fille du roi d'Angleterre Henri VII (1502), fut à l'origine des droits des Stuarts sur la couronne d'Angleterre. Il fut tué à Flodden, en livrant bataille contre Henri VIII.

▪ **Jacques V** (1512-1542) Roi d'Écosse (1513-1542). Fils de Jacques IV. Il élimina le parti proanglais et choisit de s'allier avec la France. Il épousa la fille de François Ier, Madeleine de France, puis Marie de Guise, qui lui donna une fille, Marie Stuart, à laquelle il laissa la couronne.

▪ **Jacques VI** → **Jacques Ier Stuart**

▪ **Jacques VII** → **Jacques II**

Jacques Baradée Fondateur de l'Église syrienne monophysite, dite *jacobite* (mort en 578). Moine à Constantinople, il adhéra au monophysisme alors persécuté et fut consacré secrètement évêque d'Édesse.

Jacques de Vitry Historien et prédicateur français (v. 1175-1240). Il fut l'un des principaux prédicateurs de la croisade contre les albigeois.

Jacques de Voragine (bienheureux) [Iacopo da Varazze dit en français] Hagiographe italien (v. 1228-1298). Il est l'auteur d'une vie des saints, la *Légende dorée*.

jacquet n. m. (origine incertaine) Jeu de table, proche du trictrac et du backgammon.

Jacquet de la Guerre (Élisabeth) Claveciniste et compositrice française (v. 1666-1702). Enfant prodige, musicienne à la cour de Louis XIV, elle est l'une des rares femmes de l'époque à composer de la musique : *Céphale et Procris* (tragédie lyrique), des *Suites* pour clavecin, ainsi que des sonates, des trios, des cantates.

jacquier n. m. voir **jaquier**

jacquot, jacot ou **jaco** n. m. (diminutif de *Jacques*) Perroquet gris cendré.

[1]**jactance** n. f. (latin, de *jactare* « jeter souvent », d'où « faire parade », de *jacere* → **jeter**) littér. Attitude d'une personne qui manifeste avec arrogance ou emphase la haute opinion qu'elle a d'elle-même. → **vanité, vantardise.**

[2]**jactance** n. f. (de *jacter*) fam. et vieilli Bavardage.

jacter v. intr. < 1 > (de *jaqueter*, de *jaquette* « pie » → **jacasser**) fam. Parler, bavarder.

jaculatoire adj. (latin chrét., de *jaculari* « lancer » → **éjaculer**) relig. *Oraison jaculatoire* : prière courte et fervente.

jacuzzi [ʒakuzi] n. m. (marque enregistrée ; n. propre) Bassin ou baignoire de cette marque, équipé(e) d'un dispositif qui provoque des remous dans l'eau. → **spa.** *Des jacuzzis.*

jade n. m. (espagnol *[piedra de la] ijada* « pierre du flanc » [allusion au pouvoir médical de la pierre], du latin *ilia* « flancs » → **iliaque**) **1.** Pierre fine très dure, dont la couleur varie du blanc olivâtre au vert sombre. – en appos. *Vert jade.* **2.** Objet en jade.

Jade (golfe du) Golfe de la côte allemande sur la mer du Nord.

jadéite n. f. (de *jade*) minér. Variété de jade, silicate d'aluminium et de sodium.

jadis [ʒadis] adv. (ancien français *ja a dis*, proprt « il y a déjà des jours », de *ja* → **déjà**, et *di* « jour », qui vient du latin *dies* → **diurne** ; **jour**) Dans le temps passé, il y a longtemps. → **autrefois.** *Les coutumes de jadis.* → **d'antan.** *« Jadis et Naguère »* (recueil de Verlaine). – adj. *Au temps jadis.*

Jæger (Hans Henrik) Penseur et romancier norvégien (1854-1910). Il fut célèbre à travers le scandale suscité par son roman sur l'amour libre, *La Bohème de Christiana.*

Jaén Ville d'Espagne (Andalousie). 116 469 habitants. Monuments anciens (cathédrale du XVIe s. ; ancien fort mauresque).

Jaffa voir **Tel-Aviv-Jaffa**

Jaffna Ville du Sri Lanka, sur la péninsule de Jaffna, au N. de l'île. 81 000 habitants.

Jagannāth ou **Jaggernaut** Incarnation du dieu hindou Vishnou. Il est représenté au temple de Puri (Inde).

Jagellon Dynastie d'origine lituanienne qui régna sur la Pologne de 1386 à 1572, sur la Hongrie de 1440 à 1444 et de 1490 à 1526, sur la Bohême de 1471 à 1526.

Jagger (sir Michael Philip Jagger, dit Mick) Chanteur de rock britannique (né en 1943). Artiste à l'allure androgyne provocatrice et au charisme extraordinaire, il fut cofondateur des Rolling Stones en 1962 et mena ensuite en parallèle une carrière solo *(She's the Boss ; Wandering Spirit).*

Jaggernaut voir **Jagannāth**

jaguar [ʒagwaʀ] n. m. (tupi *jaguara*) Grand mammifère (félin) d'Amérique du Sud, proche de la panthère et du léopard, à pelage fauve tacheté de noir.

Jahāngīr Empereur moghol des Indes (1569-1627). Il succéda à son père Akbar en 1605 sur le trône d'Agra. Il fut vaincu par un de ses généraux et mourut en captivité au Cachemire.

Jāḥiz ('Amr ibn Baḥr al-) Écrivain arabe (v. 780-869). Ses conceptions religieuses se rattachent au mutazilisme (interprétation rationaliste de l'islam). Ses œuvres, nombreuses, forment les bases de la culture arabo-musulmane. *Le Livre des avares ; Le Livre des animaux.*

jaillir v. intr. < 2 > (p.-ê. d'un radical gaulois *gali-* « bouillir ») **1.** (liquide, fluide) Sortir, s'élancer en un jet subit et puissant. *Sang qui jaillit d'une blessure.* ▪ par analogie *Éclair qui jaillit.* – *Des rires jaillissaient.* → **fuser.** **2.** Apparaître, se manifester soudainement. → **surgir.** *Idée qui jaillit.* – loc. prov. *De la discussion jaillit la lumière.* □ adj. **jaillissant, ante**

jaillissement n. m. Action de jaillir, mouvement de ce qui jaillit.

Jaime (don) Prince de Madrid (1870-1931). Fils de don Carlos, il participa à la campagne de Chine (1900) et devint le chef du parti carliste en 1909.

jaïn ; jaïnisme voir **djaïn ; djaïnisme**

Jaipur ou **Jaypur** Ville d'Inde, capitale de l'État du Rajasthan. 3 046 100 habitants. Créée au XVIIIe s. par le maharadja Jai Singh II, elle est célèbre pour son observatoire astronomique et ses palais de grès rose.

jais [ʒɛ] n. m. (vient du latin d'origine grecque *gagates* « pierre de Gagas », ville d'Asie Mineure) Variété de lignite dure, d'un noir luisant, qu'on peut tailler, polir. – *Noir de jais* ou ellipt *de jais* : d'un noir profond. *Des yeux de jais.*

Jai Singh II Chef rājput (1699-1743) du Rajasthan et fondateur, en 1728, de la ville de Jaipur. Astronome réputé, il conçut de nombreux instruments d'observation et publia des tables astronomiques.

Jakarta Capitale de l'Indonésie, sur la côte N.-O. de l'île de Java. 10 562 000 habitants (agglomération 26 000 000). Principal port et centre industriel du pays. Cité ancienne, la ville de Jayakerta devint en 1620 un comptoir hollandais sous le nom de Batavia. En 1942, les Japonais la baptisèrent Jakarta.

Jakobson (Roman) Linguiste américain d'origine russe (1896-1982). Il anima le Cercle linguistique de Prague de 1928 à 1938 aux côtés de Troubetskoï, et fonda avec lui la phonologie. Il est l'auteur de nombreux travaux dans tous les domaines de la linguistique et de la théorie littéraire. *Essais de linguistique générale.*

Jakobson (August) Romancier estonien (1904-1963). Il fut l'un des auteurs les plus représentatifs du réalisme socialiste orthodoxe. *Le Village des pauvres pêcheurs ; Les Estoniens éternels.*

Jalālābād Ville d'Afghanistan, à l'E. de Kaboul. 168 600 habitants. Important centre de transit vers le Pakistan.

Jalāl al-Dīn Rūmī ou **Djalāladdin Rūmī** Poète persan (1207-1273). Il fonda l'ordre soufi des derviches tourneurs. Son

J

Jakarta

Jakarta, gratte-ciel en construction le long de Jalan Jend Sudirman.

œuvre maîtresse, le *Mathnawî*, est un monument de la poésie persane.

jalap [ʒalap] **n. m.** (de *Jalapa*, ville mexicaine) Plante d'Amérique qui contient une résine utilisée comme purgatif ; cette résine.

jalon **n. m.** (p.-ê. de la famille de *jaillir*, ou de celle de *jacere* → jeter) **1.** Tige qu'on plante en terre pour prendre un alignement, déterminer une direction. **2.** fig. Ce qui sert à situer, diriger. → **marque, repère.** – loc. *Poser, planter des jalons* : faire les premières démarches, préparer une action.

jalonner **v.** < 1 > **I. v. intr.** Planter des jalons. **II. v. tr. 1.** Déterminer, marquer la direction, l'alignement, les limites de (qqch.) au moyen de jalons, de repères. *Jalonner une ligne téléphonique.* **2.** (choses) Marquer en se suivant (à la manière de jalons). – fig. *Les succès jalonnent sa carrière.* □ **n. m. jalonnement**

jalonneur, euse **n.** Personne qui pose des jalons.

jalousement **adv. 1.** Avec un soin jaloux. *Garder jalousement un secret.* **2.** Avec jalousie. *Observer jalousement les progrès d'un rival.* ■ spécialt Avec jalousie amoureuse.

jalouser **v. tr.** < 1 > Être jaloux (2) de, considérer avec jalousie. → **envier.** *Jalouser qqn, la réussite de qqn.* – pronom. *Des rivaux qui se jalousent.*

¹jalousie **n. f.** (italien *gelosia*, de *geloso* « jaloux » ; la jalousie dissimule les femmes aux regards) **1.** vieux Treillis de bois ou de métal au travers duquel on peut voir sans être vu. **2.** Volet à lames orientables. → **store.**

²jalousie **n. f.** (de *jaloux*) **1.** Sentiment hostile qu'on éprouve en voyant un autre jouir d'un avantage qu'on ne possède pas ou qu'on désirerait posséder seul. → **dépit, envie.** *Jalousie entre rivaux.* **2.** Sentiment douloureux que font naître les exigences d'un amour inquiet, le désir de possession exclusive de la personne aimée, la crainte de son infidélité.

jaloux, ouse **adj.** (vient du bas latin *zelosus*, de *zelus* → zèle) **1.** littér. *Jaloux de (qqch.)*, très attaché à. *Être jaloux de son indépendance.* – loc. *Avec un soin jaloux* : avec une vigilance particulière, ombrageuse. **2.** Qui éprouve de la jalousie (1), de l'envie. → **envieux.** *Être jaloux de qqn, du succès de qqn.* – **n.** *Sa réussite fait des jaloux.* **3.** Qui éprouve de la jalousie en amour. *Mari jaloux.* loc. *Jaloux comme un tigre.* ■ **n.** *Othello, personnage de jaloux.*

Jamaïque

n. f. État insulaire des Grandes Antilles (→ carte), au S. de Cuba. 10 991 km². 2 734 000 habitants (les *Jamaïcains*). **Langue :** anglais. **Religion :** chrétiens. **Monnaie :** dollar de la Jamaïque. **Capitale :** Kingston. **Régime :** parlementaire.

La Jamaïque est une île montagneuse (Blue Mountains). Sa façade au vent, au N., est très arrosée (forêts) ; celle sous le vent est plus sèche (savanes). L'économie repose sur l'agriculture (canne à sucre, bananes), l'exploitation de la bauxite, le tourisme et l'industrie (métallurgie, textile, électronique). La pauvreté et la criminalité sont importantes.

Découverte par Christophe Colomb (1494), l'île fut prise par les Anglais (1655) qui y établirent un système de plantation esclavagiste très productif. La Jamaïque obtint son indépendance dans le cadre du Commonwealth en 1962 et adopta un régime démocratique rythmé par l'alternance entre le Jamaica Labour Party (parti travailliste) et le People's National Party (parti national populaire). Elle est membre de la Caricom, de la Communauté des États latino-américains et Caraïbes et de l'OEA.

jamais **adv. de temps** (de *ja* → déjà et *mais*, qui vient du latin *magis* « plus » → mais) **I.** sens positif En un temps quelconque, un jour. *On n'en finira jamais ! A-t-on jamais vu cela ?* → **déjà.** *Si jamais* : au cas où. – *À (tout) jamais ; pour jamais* **loc. adv.** : pour toujours. → **éternellement.** *C'est fini à jamais.* – « *Je suis plus pauvre que jamais / Et que personne* » (Verlaine). **II.** sens négatif **1.** (avec *ne*) En aucun temps, à aucun moment. *Il ne l'a jamais vue.* – loc. *On ne sait jamais* : on ne sait pas ce qui peut arriver. – *Ne... jamais que... Il n'a jamais fait que s'amuser* : il s'est toujours amusé. – *Ne... jamais plus, ne plus jamais. Je ne l'ai jamais plus revu.* – *Sans jamais* (+ inf.). *Elle l'écoute sans jamais s'impatienter.* **2.** (sans *ne*) À aucun moment. allus. « *En politique, il ne faut jamais dire jamais* » (attribué à Napoléon III). *Jamais de la vie* : certainement pas. – *C'est le moment ou jamais (de...)*, il faut agir, l'occasion ne se représentera pas. – prov. *Mieux vaut tard que jamais.*

Jamal (Frederick Russell Jones, rebaptisé Ahmad) Pianiste et compositeur de jazz américain (né en 1930). Il est l'un des pionniers de l'improvisation modale. *The Awakening.*

Jāmal al-Dīn al-Afghāni ou **Djāmaladdin al-Afghāni** Idéologue et homme politique persan (1838-1897). Son opposition violente à l'impérialisme britannique, son réformisme et son panislamisme influencèrent profondément les mouvements politiques musulmans du XXᵉ siècle.

jambage **n. m. 1.** Chacun des deux montants d'une baie. → **piédroit.** ■ Pilier, renfort vertical. **2.** Trait vertical des lettres *m*, *n* et *u*. ■ Trait vertical du *p*, du *q*. *Hampes et jambages.*

jambe **n. f.** (vient du bas latin *gamba* [→ gambette, viole* de gambe], du grec *kampê* « courbure » → hippocampe) **I. 1.** anat. Partie de chacun des membres inférieurs de l'homme, qui s'étend du genou au pied. *Os de la jambe.* → **péroné, tibia.** ■ cour. Cette partie, ou le membre inférieur tout entier (y compris la cuisse). *Avoir de belles, de jolies jambes. Avoir de bonnes jambes* : marcher, courir facilement. *Croiser les jambes. Ne plus pouvoir se tenir sur ses jambes.* – en sport *Jeu de jambes* : aptitude à mouvoir les jambes. ■ loc. *Jouer des jambes* : partir en courant. *Courir, s'enfuir* ***à toutes jambes***, le plus vite possible. – *Prendre ses jambes à son cou**. – *Être dans les jambes de qqn*, être trop près de lui, le gêner. – *Tirer dans les jambes de qqn*, lui nuire de façon peu loyale. – fam. *Tenir la jambe à qqn*, le retenir en lui parlant. – *Traiter qqn par-dessous (vieilli), par-dessus la jambe*, de façon désinvolte. – *Partie de jambes en l'air* : ébats sexuels. – iron. *Cela me fait une belle jambe* : cela ne me sert à rien. **2.** par analogie *Jambe de bois* : pièce en bois adaptée au moignon d'un amputé → **pilon.** *Jambe artificielle, articulée* (prothèse). **3.** Patte des quadrupèdes. *Les jambes fines de la gazelle.* **II. 1.** *Jambe d'un pantalon* : chacune des deux parties qui couvrent les jambes. **2.** *Les jambes d'un compas*, ses branches. **3.** archit. Pièce oblique servant de soutien. → **arbalétrier, contrefiche.** **4.** techn. Chaîne apparente de pierre ou de maçonnerie destinée à renforcer un mur. **5.** autom. Tige reliant l'essieu au cadre du châssis.

jambette **n. f.** (de *jambe*) techn. Petite pièce de bois verticale qui soutient une partie de la charpente.

Jambi Ville d'Indonésie, dans l'E. de Sumatra, au cœur d'une importante région pétrolière. 516 000 habitants.

jambier, ière **adj.** anat. Relatif à la jambe.

jambière **n. f.** Pièce d'une armure (anciennt) ou d'un équipement, qui enveloppe et protège la jambe. → **guêtre.**

Jamblique Philosophe néoplatonicien (v. 245-320). Disciple de Porphyre, il ouvrit une école à Apamée (Syrie). En intégrant au néoplatonisme des pratiques rituelles et mystiques, comme celle qui vise à la déification de l'âme (théurgie), il fit de cette philosophie un concurrent du christianisme naissant. *Vie de Pythagore ; Les Mystères d'Égypte.*

jambon **n. m.** (de *jambe*) **1.** Cuisse ou épaule de porc préparée (par salaison ou cuisson) pour être conservée. *Jambon de pays. Tranches de jambon.* **2.** fam. Cuisse.

jambonneau **n. m. 1.** Petit jambon fait avec la partie inférieure de la jambe du porc. **2.** Pinne (mollusque).

jambonnette **n. f.** Préparation de viande présentée roulée comme un petit jambon.

jamboree [ʒɑ̃bɔʀe ; ʒambɔʀi] ou **jamborée** [ʒɑ̃bɔʀe] **n. m.** (mot anglais, du hindi) anglic. Réunion internationale de scouts.

jambose ou **jamerose** **n. f.** (portugais *jambo*, de l'hindi) Fruit du jambosier.

jambosier ou **jamerosier** **n. m.** (de *jambose*) Arbre exotique à grosses baies rouges comestibles.

James (William) Philosophe américain (1842-1910). Il chercha à faire de la psychologie une science positive sur le modèle des sciences de la nature *(Principes de psychologie)*, et défendit un pragmatisme fondé sur la vérification expérimentale et la satisfaction des besoins de l'homme. *Le Pragmatisme.*

James (Henry) Romancier et critique américain naturalisé britannique (1843-1916). Frère de William James, il s'imprégna de la culture européenne à travers de nombreux voyages. Son œuvre, essentiellement romanesque, est dominée par un dualisme opposant les influences américaine et européenne et témoigne d'une grande finesse d'analyse, servie par un style complexe. *Daisy Miller ; Le Tour d'écrou ; Les Ambassadeurs ; Les Ailes de la colombe.*

James (Jesse) Bandit américain (1847-1882). Il commit de multiples attaques de banques et de trains postaux au lendemain de la guerre de Sécession.

James (Phyllis Dorothy, dite P. D.), baronne James of Holland Park Romancière britannique (1920-2014). Familière du système policier et judiciaire britannique grâce à son travail au service de la médecine légale puis à sa fonction de magistrate, elle est l'autrice de romans policiers à succès dont le héros est souvent le policier-poète Adam Dalgliesh. *À visage couvert ; Meurtres en blouse blanche ; Meurtres en soutane.*

James (LeBron) Basketteur américain (né en 1984). Il a remporté trois championnats NBA (en 2012, 2013 et 2016) et a été champion olympique en 2008 et 2012.

James (baie) Baie du Canada, prolongeant au S. la baie d'Hudson. Aménagements hydroélectriques.

James Bond Personnage créé par Ian Fleming dans *Casino Royale*. James Bond, dit 007, agent secret britannique, est le héros de 11 romans d'espionnage et deux nouvelles tous portés à l'écran.

James Webb Télescope développé par la Nasa en coopération avec les agences spatiales européenne et canadienne, lancé en déc. 2021.

Jamīl Poète arabe (VIIᵉ s.). Premier poète de l'amour courtois, il consacra son œuvre à l'amour qu'il portait à Buthayna.

Jammes [ʒams] (Francis) Écrivain français (1868-1938). Ses romans comme ses poèmes visent à l'humilité et à la simplicité, expression d'une ferveur chrétienne qui ne cessa de l'animer. *Les Géorgiques chrétiennes.*

Jammu Ville du N. de l'Inde, à la frontière pakistanaise. 657 000 habitants. Elle est, avec Shrinagar, la capitale de l'État de Jammu-et-Cachemire.

Jammu-et-Cachemire Territoire de l'Union indienne. 42 241 km^2. 13 606 300 habitants. Capitales : Shrinagar (capitale d'été) et Jammu (capitale d'hiver). Artisanat (tissus de laine fine).

Jamna voir **Yamuna**

Jamnagar Ville d'Inde (Gujarat). 600 900 habitants. Artisanat. Industrie. Raffinerie de pétrole.

jam-session [dʒamsesjɔ̃] **n. f. (mot anglais des États-Unis, de *jam* « marmelade » et *session* « séance ») anglic.** Réunion de musiciens de jazz qui improvisent. → **argot bœuf (II).** *Des jam-sessions.*

Jamshedpur Ville d'Inde (Jharkhand). 1 134 788 habitants. Gisements de charbon et de fer. Industries (sidérurgie, chimie).

Janáček (Leoš) Compositeur tchèque (1854-1928). Il est l'auteur d'opéras *(Jenufa ; La Petite Renarde rusée),* d'œuvres chorales *(Messe glagolitique),* de poèmes symphoniques *(Tarass Boulba)* et de musique de chambre.

Jancsó (Miklós) Réalisateur hongrois (1921-2014). Ses films, ancrés dans l'histoire hongroise, dénoncent, dans un style très dépouillé, la répression des aspirations populaires par le pouvoir. *Cantate ; Les Sans-Espoir ; Rouges et Blancs ; Psaume rouge.*

Janequin (Clément) Compositeur français (v. 1485-1558). Polyphoniste accompli, il créa des œuvres religieuses (motets, psaumes, messes) aujourd'hui disparues ainsi que des chansons profanes à 3, 4 et 5 voix. *Le Chant des oiseaux ; Les Cris de Paris ; Le Caquet des femmes.*

Janet (Pierre) Neurologue et psychologue français (1859-1947). Neveu du philosophe **Paul Janet** (1823-1899), il eut pour maître Charcot et poursuivit ses recherches sur l'hypnotisme et l'hystérie, s'efforçant de formuler une conception génétique et hiérarchique des tendances et fonctions de la personnalité. *L'État mental des hystériques ; Les Obsessions et la Psychasténie.*

jangada n. f. (mot portugais, d'une langue dravidienne) Radeau de bois très léger, utilisé par les pêcheurs brésiliens.

Janicule n. m. Ensemble de collines de Rome, sur la rive droite du Tibre, comprenant le Janicule actuel et les *Montes Vaticani.*

janissaire n. m. (italien *giannizzero,* du turc *yeniceri* « nouvelle *[yeni]* troupe ») hist. Soldat d'élite de l'infanterie ottomane.

janissaires n. m. pl. Infanterie d'élite de l'armée ottomane utilisée du XIVe (sous Murat Ier) au XIXe s. Composé d'enfants chrétiens enlevés à leur famille puis élevés dans la religion musulmane, ce corps de mercenaires constitua au XVIIIe s. une force politique décisive. Les janissaires furent massacrés en 1826 sous Mahmud II, qui abolit l'institution.

Jankélévitch (Vladimir) Philosophe français (1903-1985). Influencé par Bergson, il a abordé dans son œuvre les thèmes les plus variés, s'attachant à décrire ce qui est fugace ou imperceptible. *Le Je-ne-sais-quoi et le Presque-rien ; La Musique et l'Ineffable.*

Jan Mayen Île norvégienne de l'Arctique, entre l'Islande et le Groenland.

Jannina voir **Ioannina**

jansénisme n. m. (de *Jansénius*) Doctrine chrétienne de Jansénius sur la grâce et la prédestination ; mouvement religieux et intellectuel animé par ses partisans. *Port-Royal, berceau du jansénisme.* **– par ext.** Morale austère, rigoriste.

janséniste 1. n. Partisan du jansénisme. ■ **par ext.** Personne qui fait preuve d'une rigueur excessive dans ses idées. **2. adj.** *Parti janséniste.* – *Morale janséniste,* austère. → **puritain, rigide.**

Jaoui (Agnès)

Agnès Jaoui et Jean-Pierre Bacri reçoivent le César du meilleur scénario original pour *Le Goût des autres* en 2001.

Jansénius (Cornelius Jansen, dit) Théologien néerlandais (1585-1638). Recteur de l'université de Louvain, il devint, en 1636, évêque d'Ypres. Il rédigea, à partir de 1628, l'*Augustinus,* ouvrage dans lequel il tend à restaurer la doctrine de saint Augustin sur la grâce et la prédestination. Il est à l'origine du jansénisme.

Jansky (Karl Guthe) Ingénieur américain (1905-1950). Il fit la première observation radioastronomique en détectant par hasard un rayonnement hertzien provenant du centre de notre galaxie (1931).

Janssen (Jules) Astronome et physicien français (1824-1907). Il étudia en particulier le rayonnement solaire et découvrit l'hélium en même temps que Lockyer.

jante n. f. (vient du bas latin *cambita,* du gaulois *cambo* « courbe ») Cercle qui constitue la périphérie d'une roue ; roue d'un véhicule automobile, hormis le pneu. **– loc. fig.** *Être sur la jante :* être épuisé.

Janus Dieu romain, représenté avec deux visages opposés, gardien des « portes » *(januae)* à Rome. Le mois de *janvier* lui est consacré.

Tête de Janus (Ier s. av. J.-C.), Musée national étrusque de la Villa Giulia, Rome.

janvier n. m. (vient du bas latin *januarius* « de Janus ») Premier mois de l'année. *Le 1er janvier, jour de l'an.*

Janvier (saint) Évêque de Bénévent et martyr (mort sous Dioclétien ou pendant la persécution arienne au IVe s.). Il est le patron de Naples. Le *miracle de saint Janvier* consisterait dans la liquéfaction régulière du sang de ce saint, conservé dans une ampoule dans la cathédrale de Naples.

Jaoui (Agnès) Comédienne, réalisatrice, scénariste et chanteuse française (née en 1964). Elle a coécrit, avec Jean-Pierre Bacri, des pièces de théâtre adaptées au cinéma *(Cuisine et Dépendances ; Un air de famille)* ainsi que des scénarios, notamment pour Alain Resnais *(On connaît la chanson).* Elle a joué dans des comédies, dont elle est parfois la réalisatrice *(Au bout du conte).*

Japet L'un des Titans de la mythologie grecque, père d'Atlas, Prométhée, Épiméthée et Ménœtios.

Japhet Patriarche biblique, fils de Noé. Il est l'ancêtre, selon la Bible, des peuples d'Asie Mineure et de Scythie.

japon n. m. (du n. propre) 1. Porcelaine du Japon. **2.** Papier de couleur ivoire, originairement fabriqué au Japon. *Japon impérial.* **– appos.** *Papier japon.*

Japon

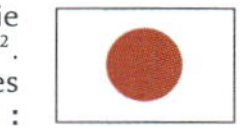

n. m. État insulaire d'Asie orientale. 377 765 km^2. 126 226 560 habitants (les *Japonais*). **Religions :** shintoïstes, bouddhistes ; minorité chrétienne. **Langue :** japonais. **Monnaie :** yen. **Capitale :** Tōkyō. **Régime :** monarchie parlementaire.

GÉOGRAPHIE

Le Japon est formé d'un chapelet d'îles, s'étendant sur environ 2 500 km, dont les plus importantes sont Hokkaidō, Honshū, Kyūshū, Shikoku et Ryūkyū. La montagne occupe près des trois quarts de la superficie. La côte occidentale, plate et régulière, s'oppose à celle du Pacifique, aux multiples baies et presqu'îles. Le climat continental est influencé par des courants marins froids. Le pays est sujet à de nombreux cataclysmes naturels (éruptions volcaniques, séismes, typhons). Les deux façades maritimes de Honshū, l'île principale, offrent un grand contraste : le Japon de « l'endroit » (côte Pacifique) concentre l'essentiel de la population et des activités, tandis que le Japon de « l'envers » (mer du Japon) est peu urbanisé et industrialisé.

ÉCONOMIE

L'agriculture (riz, céréales, canne à sucre, thé) est limitée par la faiblesse de la surface cultivable, la forêt occupant 68 % du territoire. La pêche est une activité essentielle. Le Japon est la 3e puissance économique mondiale depuis 2010 et reste à la pointe de l'innovation. Les chocs pétroliers et la concurrence des nouveaux pays industrialisés d'Asie ont entraîné une restructuration profonde du secteur : abandon des activités en difficulté (aluminium, chantiers navals), développement des productions à forte valeur ajoutée (matériel électrique, optique de précision, chimie), délocalisation de certaines unités de production (automobile, électronique). L'excédent de la balance commerciale tend à se réduire en raison des besoins en matières premières, en pétrole et en produits industriels ; les exportations (automobiles, électronique, acier, électromécanique) sont une source importante de devises, qui permettent les investissements à l'étranger et les délocalisations. La politique de dénatalité mise en œuvre a obtenu des résultats, au point que le renouvellement de la population n'est plus assuré, ce qui pénalise le marché du travail.

Le quartier Shinjuku à Tōkyō.

J

Japon

HISTOIRE

Peuplé dès la préhistoire, le Japon formait avec la Corée, au début de notre ère, un royaume unique, bientôt partagé entre plusieurs clans. Influencé par la Chine (VIe-IXe s.), il adopta le bouddhisme.

Le Japon féodal À partir du XIe s. se développa une culture nationale. Les rivalités entre clans aboutirent, au XIIe s., à une société féodale dans laquelle les seigneurs locaux, unifiés sous le commandement d'un généralissime *(shogun)*, privèrent l'empereur de tout pouvoir effectif. Deux tentatives d'invasion mongole échouèrent en 1274 et 1281. À plusieurs reprises, l'empire sombra dans la guerre civile (1378, 1467).

L'ouverture au monde Au XVIe s., les relations avec la Chine reprirent. Le régime dictatorial qui s'installa à la fin du XVIe s. initia un processus d'unification du Japon, mais ses tentatives de conquête de la Corée échouèrent. Les Européens et les missionnaires chrétiens atteignirent l'archipel (XVIe s.). Puis le pays se ferma aux étrangers et les chrétiens furent persécutés ; seuls les comptoirs hollandais et chinois de Nagasaki furent autorisés. Deux siècles plus tard, en 1854, une flotte américaine obtint l'ouverture du Japon au commerce occidental.

De l'ère Meiji à Hiroshima (1868-1945) Le dernier shogun fut contraint de démissionner (1867) et l'empereur remonta sur le trône (1868), ouvrant l'ère Meiji (« gouvernement éclairé »). Le Japon rattrapa alors son retard technologique et devint une puissance militaire. Il s'empara de Taiwan (1894), prit le sud de Sakhaline aux Russes (1905), annexa la Corée (1910), la Mandchourie (constitution de l'État du Mandchoukouo en 1932) et occupa le nord-est de la Chine (1937). Allié de l'Allemagne nazie, le Japon attaqua les États-Unis à Pearl Harbor (1941), provoquant l'entrée de ces derniers dans la Seconde Guerre mondiale. Il contrôla l'Indochine française, s'empara des Philippines, de Hong Kong, de Singapour, de la Birmanie et des Indes néerlandaises. Les bombes américaines lâchées sur Hiroshima (6 août 1945) et Nagasaki (9 août 1945) obligèrent les Japonais à signer l'armistice (2 sep-

L'art japonais est un puissant assimilateur des apports extérieurs (de Chine notamment). Il a néanmoins toujours su rester fidèle à ses traditions originales. La sculpture japonaise est essentiellement sacrée. À la cour, c'est la poésie qui est considérée comme la forme d'art la plus raffinée, avec la calligraphie, qui l'exprime, et la peinture, qui l'illustre. La perfection du geste, influencé par la méditation zen, l'ondulation et la douceur de la ligne sont au cœur des recherches picturales. Au XIXe s., les maîtres de l'estampe (Sharaku, Hokusai, Hiroshige...) émerveilleront les impressionnistes. L'art japonais contemporain est ouvert à la globalisation culturelle, sans perdre ses racines.

Ci-dessus, jardin zen à Kyōto.

Averse soudaine sur le pont de Ohashi, série des « Cent vues célèbres d'Edo » (1857), reproduction d'une estampe de Hiroshige.

Jarre (tsubo) en grès des fours de Shigaraki (début XVIe s.), musée national de Céramique, Sèvres.

Bouddha en bois peint (XIVe-XVIe s.), musée d'art oriental Édouard Chiossone, Gênes.

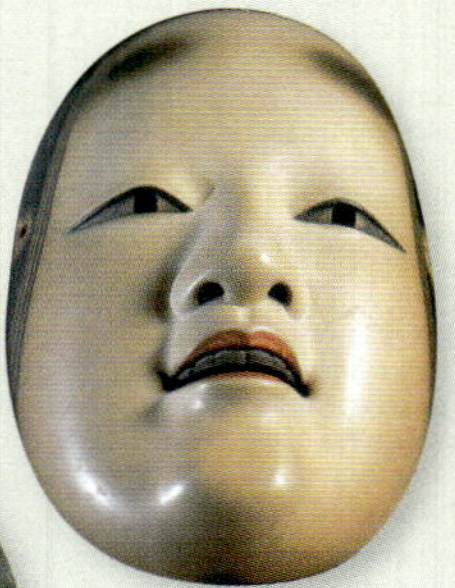

Masque féminin utilisé dans le théâtre nô, ère de samouraï.

Le Fuji rouge, série des « Trente-six vues du mont Fuji » (1831), reproduction d'une estampe de Hokusai.

Scène érotique, estampe japonaise (XIXe s.), collection privée.

Hakone, le lac, série des « Cinquante-trois relais du Tōkaidō » (1831-1834), reproduction d'une estampe de Hiroshige.

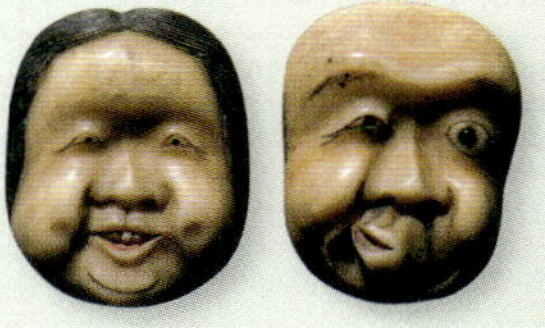

Figurines décoratives en ivoire (XIXe s.), musée d'art oriental Édouard Chiossone, Gênes.

Masque de théâtre Gigaku, représentant l'oiseau mythologique indien Karura (VIIIe s.), musée Guimet, Paris.

Red Cube, sculpture d'Isamu Noguchi (1968), Marine Midland Bank, New York.

La légendaire impératrice Jingū Kōgō qui aurait conquis la Corée au IIIe siècle.

tembre 1945). Le pays fut alors placé sous l'autorité américaine.

La reconstruction et la croissance La monarchie constitutionnelle fut instaurée en 1946. Dès lors, le Parti libéral démocrate (PLD) domina presque sans interruption la vie politique. Après une épuration très relative et la démocratisation de la vie publique, le traité de San Francisco (1951) mit fin à la tutelle américaine. Le Japon adhéra au Gatt (1955), à l'ONU (1956) et conclut des accords commerciaux avec l'URSS et la Chine. Dès 1956, il entra dans une ère de croissance rapide (7 à 10 % par an), grâce à des investissements de production importants et à une politique de bas salaires. Le marché intérieur se développa et le Japon fut contraint d'exporter massivement pour s'approvisionner en matières premières. Le pays normalisa ses relations avec la Corée (1965) et la Chine (1972). En 1973, le choc pétrolier ébranla l'économie qui, grâce au redéploiement de ses activités, résista à la crise. Des perturbations sociales agitèrent toutefois le pays (1978). Durant les années 1980, les industries du savoir, la banque et les services devinrent les moteurs de la croissance.

Le Japon depuis 1989 La crise financière asiatique de 1997-1999 révéla les archaïsmes de l'économie et de la société japonaises (emprise des sectes, chômage, crise de la consommation, scandales financiers). Malgré la domination du Parti libéral démocrate (PLD) de centre droit et la division des petits partis, les gouvernements se succédèrent à une cadence rapide, leurs politiques de relance fondées sur les dépenses publiques et la réduction des taxes n'ayant eu que peu d'effets. Le Premier ministre Junichiro Koizumi (2001-2006) parvint à mettre un terme à cette spirale de la crise grâce à des réformes structurelles et le Japon renoua avec la reprise et le plein emploi. Le PLD se maintint au pouvoir avec Shinzo Abe (2006-2007), Yasuo Fukuda (2007-2008) puis Tarō Asō (2008-2009). Le parti de centre gauche (PDJ) qui lui succéda fut désavoué trois ans plus tard en raison de la catastrophe humaine et économique provoquée par l'accident de la centrale nucléaire de Fukushima (2011) et de la crise mondiale. Les législatives de 2012 consacrèrent le retour au pouvoir du Parti libéral démocrate (PLD) et, au poste de Premier ministre, du nationaliste Shinzo Abe. En 2019, l'empereur Akihito, sur le trône depuis 1989, abdiqua en faveur de son fils Naruhito. L'année suivante, le nouveau président du PLD et ancien ministre, Fumio Kishida, succéda à Shinzo Abe, démissionnaire. Ce dernier fut assassiné en 2022 en raison de sa proximité avec la secte Moon. Le réarmement progressif du Japon s'est accéléré afin d'améliorer ses capacités de défense face aux menaces nord-coréenne et chinoise.

Japon (mer du) Partie de l'océan Pacifique s'étendant entre les îles du Japon, la Corée et la côte orientale de la Sibérie.

Japon (martyrs du) Nom donné à six franciscains espagnols, trois jésuites japonais (dont Paul Miki) et dix-sept laïques japonais crucifiés près de Nagasaki en 1597, et canonisés en 1862.

japonais, aise adj. et n. Du Japon. → **nippon.** *Estampes japonaises.* – n. *Les Japonais.* ■ n. m. *Le japonais* (langue).

japonaiserie ou **japonerie** n. f. Objet d'art, bibelot de style japonais.

japonisant, ante n. Spécialiste de la langue, de l'histoire ou de la civilisation japonaise.

japonisme n. m. Influence japonaise sur l'art occidental (spécialement à la fin du XIXe s.).

jappement n. m. Action de japper ; cri d'un animal qui jappe.

japper v. intr. < 1 > (probablt origine onomatopéique) Pousser des aboiements aigus et clairs. → **aboyer, glapir.** ■ (chacal) Crier.

Japrisot (Jean-Baptiste Rossi, dit Sébastien) Écrivain français (1931-2003). Il a publié plusieurs romans d'amour et des romans policiers dans lesquels il joue sur la confusion entre les apparences et la réalité. *Compartiment tueurs* (1962), *L'Été meurtrier* (1978) ou encore *Un long dimanche de fiançailles* (1991) ont été adaptés au cinéma.

Japurá ou **Caqueta** n. m. Rivière de Colombie et du Brésil, affluent de la rive droite de l'Amazone. 2 820 km.

jaque n. m. (d'une langue de l'Inde, par l'italien) Fruit du jaquier.

jaquemart ou **jacquemart** n. m. (ancien provençal, de *Jaqueme* « Jacques ») Automate figurant un homme d'armes muni d'un marteau avec lequel il frappe les heures sur la cloche d'une horloge monumentale.

Horloge à jaquemarts (1619) à Benfeld (Bas-Rhin).

¹jaquette n. f. (de *jaque* « justaucorps », du n. propre *Jacques* → jacquerie) **1.** Vêtement masculin de cérémonie à pans ouverts descendant jusqu'aux genoux. – loc. fam. *Être de la jaquette :* être homosexuel. **2.** vieilli Veste de femme ajustée et à basques. **3.** régional Tricot à manches longues. → **cardigan.**

²jaquette n. f. (anglais *jacket*, emprunt au français → ¹jaquette) **1.** Chemise protégeant la couverture d'un livre. *Jaquette illustrée.* – *La jaquette d'un DVD.* **2.** Couronne en céramique ou en résine employée en prothèse dentaire.

jaquier ou **jacquier** n. m. (de *jaque*) Arbre des régions tropicales, voisin de l'arbre à pain.

Jaraïs n. m. pl. Ethnie indochinoise de langue austronésienne établie sur les plateaux du centre du Viêtnam.

jard ou **jar** n. m. (gallo-roman *carra* « pierre » → garrigue) régional Sable caillouteux d'origine fluviale.

jardin n. m. (vient du bas latin de Gaule [*hortus* → horticole] *gardinus* « [jardin] enclos » ; *gardinus*, qui vient du francique *gart*, *gardo* « clôture » ; *cf.* italien *giardino*, anglais *garden*) **1.** Terrain, généralement clos, où l'on cultive des végétaux utiles ou d'agrément. *Jardin potager. Dessinateur de jardins* (→ **paysagiste**). – *Faire son jardin,* l'entretenir. *« Il faut cultiver notre jardin »* (Voltaire, *Candide*) : l'homme doit mener une vie calme et laborieuse. – *Jardins suspendus*. Jardin à la française,* dont les parties sont disposées symétriquement. *Jardin anglais,* imitant la nature. – *Jardin public.* → **parc, square.** *Jardin zoologique.* → **zoo.** – loc. *Jeter une pierre dans le jardin de qqn :* l'attaquer indirectement. **2.** *Jardin d'hiver :* pièce vitrée où les plantes sont à l'abri du froid. → **serre. 3.** *Jardin japonais :* vasque contenant un jardin en miniature (→ **bonsaï**) évoquant le Japon et ses jardins. **4.** (calque de l'allemand) *Jardin d'enfants :* établissement privé pour enfants d'âge préscolaire. → école **maternelle. 5.** au théâtre *Côté jardin :* côté gauche de la scène vue de la salle. **6.** (du *« Cantique des cantiques »*) fig. *Jardin secret :* domaine des sentiments, des pensées les plus intimes.

Jardin (Alexandre) Écrivain français (né en 1965). Il a fait de l'histoire de sa famille la matière de plusieurs romans : *Le Roman des Jardin ; Des gens très bien* (dans lequel il accuse son grand-père d'avoir collaboré avec Laval pour la rafle du Vel' d'Hiv). *Le Zèbre* a été adapté au cinéma en comédie sentimentale par Jean Poiret. Engagé dans l'action citoyenne, Alexandre Jardin a lancé le mouvement Bleu Blanc Zèbre.

jardinage n. m. Culture des jardins, notamment des plantes décoratives et alimentaires. *Faire du jardinage.*

Jardin d'acclimatation Parc créé en 1860, à Paris, pour abriter des animaux et des végétaux exotiques. Il a été reconverti en parc d'attractions.

Jardin des Plantes Ensemble de jardins publics, à vocation scientifique, créé en 1635, où fut fondé le Muséum national d'histoire naturelle, à Paris.

jardiner v. intr. < 1 > Cultiver, entretenir un jardin en amateur.

jardinerie n. f. Magasin où l'on vend tout ce qui concerne le jardin.

jardinet n. m. Petit jardin.

jardinier, ière I. n. **1.** Personne dont le métier est de cultiver les jardins. → **arboriculteur, fleuriste, horticulteur, maraîcher, pépiniériste. 2.** *Jardinier, jardinière d'enfants :* éducateur, éducatrice d'un jardin* d'enfants. **II.** adj. Des jardins. *Cultures jardinières.*

jardinière n. f. **I.** Meuble, caisse où l'on fait pousser des plantes ou des arbres d'agrément. **II.** Garniture composée d'un mélange de légumes cuits (essentiellement carottes et petits pois). → **macédoine. III.** Insecte des jardins (courtilière, carabe doré).

jargon n. m. (p.-ê. de l'onomatopée *garg-* « gorge » → gargote, gargouille) **1.** Langage déformé, fait d'éléments disparates ; par ext. langage incompréhensible. → **baragouin, charabia. 2.** Façon de s'exprimer propre à un groupe, une profession, une activité, difficilement compréhensible pour le profane. *Le jargon du sport.* **3.** ling. Argot ancien.

jargonaphasie n. f. (de *jargon* et *aphasie*) méd. Forme d'aphasie, trouble qui rend le discours incompréhensible.

jargonner v. intr. < 1 > Parler un jargon ; s'exprimer de façon peu intelligible.

jargonneux, euse adj. Qui est écrit dans un jargon.

Jarmo Site du néolithique mésopotamien (aujourd'hui dans le Kurdistan irakien). Céramiques des VIIe-VIe millénaires av. J.-C.

Jarmusch (Jim) Réalisateur américain (né en 1953). Issu du mouvement underground, influencé par la Nouvelle Vague française, il a marqué son œuvre de choix esthétiques originaux. *Stranger Than Paradise ; Down by Law ; Dead Man.*

Jim Jarmusch pendant le tournage de *Broken Flowers*, en 2005.

Jarnac (Guy de Chabot, baron de) Gentilhomme français (1505-apr. 1572). Dans un duel resté célèbre, il frappa son adversaire François de Vivonne (La Châtaigneraie) au jarret, d'un coup inattendu (d'où l'expression *coup de Jarnac*).

Jarnac Commune de la Charente, à l'E. de Cognac. 4 447 habitants. Ancienne abbatiale. Distilleries (cognac). En 1569, le futur Henri III y remporta une importante victoire sur les troupes protestantes de Condé.

jarnicoton interj. (altération de *je renie Coton* [confesseur d'Henri IV], remplaçant *jarnidieu*) vieux Juron destiné à remplacer *je renie Dieu.*

jarosse ou **jarousse** n. f. (mot dialectal, du gaulois *tardif*) Gesse des régions méditerranéennes.

Jaroussky (Philippe) Contre-ténor français (né en 1978). Il interprète le répertoire des castrats (Monteverdi, Vivaldi, Haendel, Bach).

jarre n. f. (de l'arabe, par l'italien *giarra* et le provençal) Grand récipient de forme ovoïde, en grès, en terre cuite…

Jarre (Maurice) Compositeur français (1924-2009). Élève de Honegger, il composa pour le Théâtre national populaire de Jean Vilar, ainsi que pour le cinéma. *Lawrence d'Arabie ; Le Docteur Jivago ; Les Damnés.*

Jarre (Jean-Michel) Compositeur français (né en 1948). Fils de Maurice Jarre. Il a composé de la musique électronique et produit de nombreux spectacles son et lumière.

Jarrell (Michael) Compositeur suisse (né en 1958). Son œuvre s'inspire de la composition sérielle et de l'école spectrale française. *Dérives ; Instantanés ; Cassandre ; Bérénice.*

Jarres (plaine des) Nom donné à une région du N. du Laos (plateau de Xieng Khouang), où se trouvent des centaines d'urnes funéraires anciennes d'origine incertaine.

jarret n. m. (probablt du gaulois *garra* « jambe » → [1]garrot) **1.** Région postérieure du genou humain. → creux **poplité. 2.** Endroit où se plie la jambe de derrière, chez les mammifères ongulés. **3.** Partie inférieure de la noix et de l'épaule, en boucherie. *Jarret de veau* (→ **osso buco**). **4.** techn. Bosse, saillie qui rompt la continuité d'une ligne.

jarreté, ée adj. (de *jarret*) **1.** Se dit d'un équidé dont les membres postérieurs sont tournés en dedans et trop rapprochés. **2.** techn. Qui présente un jarret (4).

jarretelle n. f. (de *jarret*) Chacune des bandes élastiques d'un porte-jarretelle, terminée par une petite pince.

jarreter v. intr. < 4 ou RO 5 > techn. Former un jarret (4).

jarretière n. f. (de *jarret*) Cordon, bande élastique destinée à fixer les bas en les entourant au-dessus (→ **porte-jarretelle**) ou au-dessous du genou.

Jarretière (Très noble ordre de la) Ordre de chevalerie anglais fondé par Édouard III entre 1346 et 1348, et dont la devise est « Honni soit qui mal y pense ».

Jarrett (Keith) Musicien de jazz américain (né en 1945). Artiste polyvalent mais surtout connu comme pianiste, il fut l'un des Jazz Messengers d'Art Blakey. Il est célèbre pour ses enregistrements en solo *(Facing you)*, et particulièrement ses concerts improvisés *(The Köln Concert)*.

Jarry (Alfred) Écrivain français (1873-1907). Il a créé le personnage du père Ubu *(Ubu roi ; Ubu cocu)*, cocasse et virulent, et laissé une œuvre dense marquée par la schématisation des caractères et des actions, qui annonce le théâtre du XXe siècle. Il est également à l'origine de la « pataphysique » *(Gestes et opinions du docteur Faustroll, pataphysicien)*.

jars [ʒaʀ] n. m. (p.-ê. du francique *gard* « aiguillon » ou de l'ancien français *jarse* « lancette ») Mâle de l'oie domestique.

Jaruzelski (Wojciech) Général et homme d'État polonais (1923-2014). En décembre 1981, il fit proclamer l'« état de guerre » pour contrecarrer les activités et la popularité grandissante du syndicat Solidarność. Élu président de la République en 1989, il fut remplacé par Lech Wałęsa en 1990.

Jarville-la-Malgrange Commune de la Meurthe-et-Moselle. 9 396 habitants. Musée du fer.

[1]jas n. m. (mot provençal) mar. Barre transversale d'une ancre.

Jardin des Plantes

Le Jardin des Plantes, créé au XVIIe s., et ses parterres à la française ; au fond, le Muséum d'histoire naturelle.

[2]jas n. m. (de l'ancien provençal, du latin, de *jacere* → **gésir**) régional Bergerie, dans les Alpes et le midi de la France.

jaser v. intr. < 1 > (probablt du radical onomatopéique d'où provient *gazouiller*) **1.** vieilli Babiller sans arrêt pour le plaisir de parler. → **bavarder. 2.** (Canada) Deviser, bavarder. **3.** Parler avec indiscrétion de ce qu'on devrait taire. **4.** Faire des commentaires plus ou moins désobligeants et médisants. → **cancaner, médire.** *Cela fait jaser.* **5.** Émettre des cris ou des sons évoquant un babil. *La pie jase.* → **jacasser.** □ **jaseur, euse adj. et n.** → **babillard, bavard.**

jaseran ou **jaseron** n. m. (de *Al Djazaïr*, n. arabe d'Alger) **1.** anciennt Chemise de mailles. **2.** vieilli Chaîne de cou à mailles très fines.

jasette n. f. (de *jaser*, d'après *causette*) (Canada) fam. Conversation, discussion. *Faire la jasette.*

Jasieński (Bruno) Poète et romancier polonais (1901-1939). Futuriste, il est l'auteur de *La Marche des insurgés de Cracovie*, puis de *Je brûle Paris*, qui évoque la future révolution socialiste.

jasmin n. m. (arabe, du persan *yasamin*) **1.** Arbuste vivace à fleurs jaunes ou blanches très odorantes ; ces fleurs. **2.** Parfum extrait de cette fleur.

Jasmin (Jacques Boé, dit) Poète français (1798-1863). Il est l'auteur de *Las Papillotos*, « Les Papillotes », écrites en langue d'oc.

Jason Fils d'Éson, roi mythique d'Iolcos (Thessalie). Parti en Colchide avec les Argonautes, il en revient avec la Toison d'or, conquise avec l'aide de Médée.

Jason rapportant la Toison d'or à Pélias, cratère en calice (v. 340-330 av. J.-C.), musée du Louvre, Paris.

Jaspar (Henri) Homme d'État belge (1870-1939). Président du Conseil de 1926 à 1931, il fit entrer la Belgique dans la SDN et s'efforça de stabiliser le franc belge.

jaspe n. m. (latin *iaspis*, mot grec) **1.** Roche siliceuse, généralement rouge, présentant des taches ou des bandes diversement colorées. **2.** Objet d'art en jaspe.

jaspé, ée adj. Dont la bigarrure évoque le jaspe.

jasper v. tr. < 1 > Donner un aspect jaspé à.

Jasper (parc national) Parc naturel du Canada (Alberta), dans les Rocheuses. 10 900 km^{2}.

Jaspers (Karl) Psychiatre et philosophe allemand (1883-1969). Il introduisit la méthode compréhensive en psychiatrie et en psychopathologie *(Psychopathologie générale)*. Sa philosophie, influencée par Nietzsche et Kierkegaard, pose la question de la responsabilité de l'individu engagé dans le monde. *Raison et existence ; La Culpabilité allemande.*

jaspiner v. < 1 > (croisement de *jaser* et du v. dialectal *japiner* « japper ») fam. Parler.

jaspure n. f. (→ jaspe) Bigarrure de ce qui est jaspé. → **marbrure.**

jass voir yass

Jātaka n. m. pl. Ensemble de contes bouddhiques indiens rédigés en pali et racontant les épisodes des vies antérieures du Bouddha.

jatte n. f. (vient du latin *gabata*) Récipient de forme arrondie, très évasé, sans rebord ni anse. → [1]**bol,** [1]**coupe.**

Jaubert (Maurice) Compositeur français (1900-1940). Outre des ouvrages symphoniques (*Suite française*), il composa des musiques de scène (*La guerre de Troie n'aura pas lieu*) et de film (*Drôle de drame ; Le Quai des brumes*).

Jaucourt (Louis, chevalier de) Érudit français (1704-1779). Il collabora à l'*Encyclopédie* de Diderot et d'Alembert en rédigeant des articles scientifiques.

Jaufré Rudel, prince de Blaye Troubadour occitan (XIIe s.). Chansons d'amour à la comtesse de Tripoli.

jauge n. f. (vient du francique *galga*, plur. de *galgo* « perche ») **1.** Capacité que doit avoir un récipient déterminé. ▪ mar. Capacité d'un navire exprimée en tonneaux. → **tonnage. 2.** Instrument étalonné (baguette, règle...) qui sert à mesurer la contenance d'un récipient ou le niveau de son contenu. *Jauge de niveau d'huile.* **3.** agric. Sillon provisoire laissé entre la terre labourée et celle qui va l'être. ▪ Petite tranchée aménagée pour y conserver provisoirement des plants. **4.** Capacité d'accueil d'un lieu public. *Une jauge de mille personnes.*

jauger v. < 3 > **I.** v. tr. **1.** Prendre la jauge de (un récipient) ; mesurer ou contrôler avec une jauge. *Jauger un réservoir.* **2.** fig. Apprécier par un jugement de valeur. → **évaluer, juger.** « *D'un coup d'œil, il parut jauger définitivement son homme* » (Martin du Gard). **II.** v. intr. **1.** Avoir un tirant d'eau de. *Péniche jaugeant un mètre.* **2.** Avoir une capacité de. *Ce navire jauge mille tonneaux.* ▫ n. m. **jaugeage**

jaugeur, euse n. techn. **1.** Personne employée à jauger. **2.** n. m. Appareil à jauger.

Jaulin (Robert) Ethnologue français (1928-1996). Auteur, notamment, de *La Paix blanche : introduction à l'ethnocide*, il dénonce l'ethnocentrisme occidental et ses conséquences.

jaumière n. f. (du moyen néerlandais) mar. Ouverture dans la voûte d'un navire pour le passage de la mèche du gouvernail.

jaunâtre adj. Qui tire sur le jaune, d'un jaune terne. - syn. fam. **jaunasse.**

jaune (vient du latin *galbinus*) **I.** adj. **1.** Qui est d'une couleur placée dans le spectre entre le vert et l'orangé et dont la nature offre de nombreux exemples (soufre, citron...). → **ambré, blond, doré.** – biol. *Corps jaune* : masse jaune dans l'ovaire, sécrétant la progestérone. **2.** Qui est jaune (1) ou tire sur le jaune, par rapport à qqch. de même nature mais d'une autre couleur. *Dents jaunes.* – loc. *Le métal jaune* : l'or. – vieilli *Race jaune*, groupe humain, en majeure partie asiatique, caractérisé par une peau d'un brun très clair. **II.** n. m. **1.** Une des sept couleurs fondamentales du spectre solaire, placée entre le vert et l'orangé. *Un jaune vif.* – (vêtements) *Le jaune ne lui va pas.* – appos. invar. *Étoffes jaune citron.* **2.** Matière colorante jaune. *Un tube de jaune.* **3.** *Le jaune (de l'œuf), un jaune (d'œuf)* [opposé à blanc]. **III.** n. **1.** (emploi raciste) vieilli Asiatique. **2.** Ouvrier, ouvrière qui refuse de prendre part à une grève. **IV.** adv. *Rire jaune*, d'un rire forcé.

Jaune (mer) Partie de l'océan Pacifique séparant la Chine de la Corée.

jaunet, ette adj. Légèrement jaune.

jaunir v. < 2 > **I.** v. tr. Rendre jaune, colorer de jaune. – au p. p. *Doigts jaunis par la nicotine.* **II.** v. intr. Devenir jaune. *Papier qui a jauni.*

jaunissant, ante adj. Qui est en train de devenir jaune.

jaunisse n. f. Ictère. *Avoir la jaunisse.* – fig., fam. *En faire une jaunisse*, éprouver un violent dépit de (qqch.) [→ **en faire une maladie**].

jaunissement n. m. Action de rendre jaune ; fait de devenir jaune.

Jaurès (Jean) Homme politique et historien français (1859-1914). Professeur de philosophie à l'université de Toulouse, il fut élu député centre gauche du Tarn (1885) puis député socialiste de Carmaux (1893). Rejetant la dictature du prolétariat, prônant la transition sans violence entre la démocratie républicaine et la démocratie socialiste, il mena, à partir de 1905 (création de la SFIO), en tant que parlementaire, les grandes batailles socialistes (lois ouvrières, lois pour l'enseignement laïc). Il s'opposa à la politique colonialiste, et, à la veille de la Première Guerre mondiale, appela à la grève générale. Ses positions internationalistes et pacifistes le rendirent impopulaire chez les nationalistes. Il fut assassiné quelques jours avant le début des hostilités (31 juillet 1914) par un nationaliste, Raoul Villain. Journaliste, il fonda *L'Humanité* (1904) ; historien, il est l'auteur d'une monumentale *Histoire socialiste de la Révolution française.*

Jean Jaurès lors de la manifestation de mai 1913 contre la loi des trois ans de service militaire.

[1]**java** n. f. (origine inconnue) Danse de bal musette à trois temps, assez rapide. – Air, musique qui l'accompagne. ▪ loc. fam. *Faire la java* : faire la fête.

[2]**java** n. m. (p.-ê. de l'argot anglais « café de Java ») inform. Langage de programmation utilisé dans la conception des pages web.

Java Île d'Indonésie (→ carte). 132 186 km^2. 125 445 890 habitants. Villes principales : Jakarta, Bandung, Semarang et Surabaya. Île au climat équatorial, Java regroupe 60 % de la population de l'Indonésie (Sundanais, Javanais et Madurais) et compte une soixantaine de volcans actifs dont le Semeru. 70 % du territoire est cultivé (agriculture intensive dominée par la riziculture). Java concentre l'essentiel des investissements nationaux et étrangers.

Java (mer de) Partie de l'océan Pacifique située au centre de l'archipel indonésien.

[1]**javanais, aise** adj. et n. (de *Java*) De l'île de Java. – n. *Les Javanais.* ▪ n. m. Groupe de langues indonésiennes parlées à Java et à Sumatra.

[2]**javanais** n. m. (p.-ê. du prés. du v. *avoir* : *j'ai, j'avais*, d'après [1]*javanais*) Argot conventionnel consistant à intercaler dans les mots les syllabes *va* ou *av* (ex. *salut* devient *savalavut*).

Javanais n. m. pl. Peuple indonésien de langue malayo-polynésienne (environ 60 millions de personnes), habitant le centre et l'E. de l'île de Java. La culture javanaise est une combinaison de l'héritage austronésien et des apports successifs de l'indianisation et de l'islamisation : arts traditionnels (musique, danse, théâtre d'ombres) et artisanat d'art (orfèvrerie, batik).

Javari ou **Yavari** n. m. Rivière d'Amérique du Sud (1 000 km), affluent de l'Amazone, qui forme frontière entre le Pérou et le Brésil.

javart n. m. (de l'occitan, famille de *joue*) vétér. Tumeur de la partie inférieure des membres (chez le cheval, le bœuf).

javeau n. m. (de *javelle*) Île de sable, de limon, formée par le débordement d'un cours d'eau.

Javel (eau de) n. f. (de *Javel*, village devenu quartier de Paris) Mélange de dérivés du chlore en solution aqueuse, utilisé comme détersif, décolorant et antiseptique. *Laver à l'eau de Javel.* fam. *De la javel.*

javeler v. tr. < 4 ou RO 5 > agric. Mettre en javelles. ▫ n. m. **javelage**

javeleur, euse n. **1.** Personne qui met les moissons en javelles. **2.** n. f. Machine à javeler le blé.

javeline n. f. (du radical de *javelot*) Javelot mince et léger.

javelle n. f. (vient du latin pop. *gabella*, d'origine gauloise) **1.** Brassée de céréales, coupées et non liées, qu'on laisse sur le sillon avant de les mettre en gerbe. **2.** techn. Tas de sel tiré d'un marais salant.

javelliser v. tr. < 1 > (de [*eau de*] *Javel**) Stériliser (l'eau) par addition d'eau de Javel. – au p. p. *Eau javellisée.* ▫ n. f. **javellisation**

javelot n. m. (p.-ê. anglo-saxon *zafeluc*, d'origine celtique, de *gabal* « fourche », parent du gaulois *gabalus*) **1.** Arme de trait assez longue et lourde. → **lance, pilum. 2.** Instrument de lancer en forme de lance employé en athlétisme.

Jawlensky (Alexeï von) Peintre russe (1864-1941). Proche de Kandinsky, il fut influencé par le fauvisme et la peinture de Matisse. Son art se rattache, par son caractère mystique et lyrique, à l'expressionnisme allemand. *Paysage de Murnau ; Figures mystiques.*

Jaworzno Ville de Pologne, à l'E. du bassin houiller de haute Silésie. 95 620 habitants. Industrie.

Jay (John) Homme politique et diplomate américain (1745-1829). Secrétaire d'État, puis président de la Cour suprême, il négocia (1794) avec l'Angleterre le traité de commerce et de navigation qui porte son nom et qui liquida les séquelles de la guerre.

Jayadeva Poète indien (XIIe s.). Il est l'auteur de la *Gītā-Govinda*, poème sanskrit célébrant les amours de Krishna et de Rādhā.

Jayapura Ville d'Indonésie, capitale de la Nouvelle-Guinée occidentale (Irian Jaya). 315 000 habitants.

Jayavarman Nom de règne de plusieurs souverains du Cambodge. ▪ **Jayavarman II** (v. 790-v. 835). Il étendit ses conquêtes et fonda l'empire khmer. ▪ **Jayavarman VII** (1181-v. 1218). Dernier grand roi d'Angkor. Fervent bouddhiste, il édifia une capitale, Angkor Thom, et son temple, le Bayon.

Jayawardene ou **Jayewardene** (Junius Richard) Homme d'État sri lankais (1906-1996). Il devint Premier ministre en 1977 et fut président de la République de 1978 à 1989.

Jayawijaya ou **Puncak Jaya** n. m. Principal sommet (4 884 m) de la Nouvelle-Guinée occidentale (Indonésie), ainsi que de l'ensemble Asie du Sud-Est/Pacifique.

Jay-Z (Shawn Carter, dit) Auteur-compositeur de rap américain (né en 1969). Il est l'un des représentants du rap de la côte est des États-Unis qui fait référence au crime organisé et aux gangsters (« mafia rap »), et qui s'est développé parallèlement au « gangsta rap » de la côte ouest. *Reasonable Doubt ; The Blueprint.*

Jazy (Michel) Athlète français (né en 1936). Deuxième du 1 500 m aux Jeux olympiques de Rome (1960), il fut plusieurs fois champion de France et d'Europe (1 500 m, 5 000 m).

jazz [dʒaz] **n. m.** **(mot anglais des États-Unis, d'un v. argotique des Noirs « exciter érotiquement »)** Musique issue de la musique profane des Noirs des États-Unis, caractérisée par une articulation particulière du rythme et du phrasé (le swing).

▶ Le **jazz** s'est développé à partir de la fin du XIXe siècle chez les Noirs américains, en conjuguant les influences des *negro-spirituals,* chants religieux chantés a cappella, et du *blues,* une musique vocale essentiellement rurale. Évoluant à partir des *marching bands,* fanfares de cuivres de la Nouvelle-Orléans, le jazz se décline en de nombreux styles : le *ragtime,* joué au piano, le *dixieland* (années 1920), une appropriation par les Blancs du style Nouvelle-Orléans, le style *Chicago,* dont le plus illustre représentant est le trompettiste Louis Armstrong, le *swing* (années 1930). Certains traits stylistiques sont caractéristiques du jazz, comme les *dirty notes,* des notes étrangères à l'accord joué, mais qui donnent une couleur particulière aux thèmes et aux improvisations, et sur le plan du rythme l'*after beat,* appui rythmique décalé par rapport à la métrique classique.
Après-guerre, le jazz évolue vers une plus grande complexité harmonique avec le *be-bop* (Charlie Parker, Thelonious Monk), le *cool-jazz* (Miles Davis), le *free-jazz* dans les années 1960 (Ornette Coleman, John Coltrane), ou l'*electric jazz* à partir des années 1970. Le jazz s'ouvre largement dans les années 1980 et 1990 à d'autres influences musicales : la soul music, le rock, le disco et le rap *(acid jazz)* ou la musique électronique *(nu jazz).*
voir aussi **rythme, improvisation, rock**

King Oliver (au centre) et son Creole Jazz Band.

jazzman [dʒazman] **n. m.** **(mot anglais des États-Unis, de *man* « homme »)** anglic. Musicien, instrumentiste de jazz. *Des jazzmans* ou *des jazzmen* [-mɛn] (plur. anglais).

jazzy [dʒazi] **adj. invar.** **(mot anglais des États-Unis)** anglic. Propre au jazz ; qui a certains caractères du jazz.

Jbaïl Ville portuaire du Liban, entre Beyrouth et Tripoli, sur le site de l'ancienne Byblos. 100 000 habitants. Tourisme.

Jdanov (Andreï Aleksandrovitch) Homme politique soviétique (1886-1948). Il défendit l'orthodoxie stalinienne, en particulier sur le plan culturel, comme théoricien du réalisme socialiste (jdanovisme).

Jdanov voir **Marioupol**

je **pron. pers.** **(vient du latin tardif *eo,* du latin class. *ego* → ego)** **1.** Pronom personnel de la première personne du singulier des deux genres, au cas sujet **(→ me, moi).** *Je parle. J'entends.* - REM. En cas d'inversion, le e devient muet : *où suis-je ?* – (renforcé par *moi*) *« Ça me plaît de dire Moi je »* (Aragon). **2. n. m. invar.** *Employer le « je » dans un récit :* parler à la première personne. *« Car* JE *est un autre »* (Rimbaud). ■ philos. *Le je :* principe auquel l'individu attribue ses états et ses actes **(→ ego, moi).**

jean [dʒin] **n. m.** **(mot anglais des États-Unis, dans *blue-jean* « bleu de Gênes »)** **1.** Toile très solide servant à confectionner des vêtements. **→ denim.** *Blouson en jean.* **2.** Pantalon en jean (bleu à l'origine **→ blue-jean**), à coutures apparentes. *Des jeans délavés. Elle était en jean* ou *en jeans.* **3.** Pantalon coupé comme un jean. *Jean de velours.*

Jean

SAINT

■ **Jean (saint)** Un des douze apôtres, fils de Zébédée et frère de Jacques le Majeur. Il fut témoin de la Transfiguration et de la Passion du Christ. La Tradition lui attribue l'Apocalypse, le quatrième Évangile et trois épîtres ; elle lui a associé le symbole de l'aigle.

PAPES

■ **Jean Ier (saint)** Pape de 523 à 526, martyr. Contraint par Théodoric de se rendre à Constantinople, il couronna l'empereur Justin (525) et fut jeté en prison à son retour.

■ **Jean II [Mercurius]** Pape de 532 à 535. Il inaugura l'usage, pour les papes, de prendre un nouveau nom à leur avènement.

■ **Jean VIII** Pape de 872 à 882. Il couronna empereur Charles le Chauve (875), puis Charles le Gros (881).

■ **Jean X** (860-928) Pape de 914 à 928. Il organisa contre les Sarrasins une ligue italienne présidée par Bérenger de Frioul, qu'il couronna empereur (915).

■ **Jean XI** Pape de 931 à 935. Fils de Serge III et de Marozia, il subit la domination de sa mère, puis de son demi-frère Albéric II.

■ **Jean XII [Octavien]** Pape de 955 à 963. Fils d'Albéric II, il couronna Othon le Grand (962), qui le fit déposer pour ses débauches.

■ **Jean XIII** Pape de 965 à 972. Il couronna Othon II (967), encouragea les réformes clunisiennes et réorganisa l'Église d'Allemagne.

■ **Jean XVI [Johannes Philagathus]** (mort en 1013) Antipape de 997 à 998 contre Grégoire V.

■ **Jean XIX [Romanus, des comtes de Tusculum]** Pape de 1024 à 1032. Frère et successeur de Benoît VIII, il couronna l'empereur Conrad II (1027).

■ **Jean XXI [Pierre de Julien** ou **Pierre d'Espagne]** (1220-1277) Pape de 1276 à 1277. Il fut archevêque de Braga et cardinal-évêque de Frascati avant d'être élu pape.

■ **Jean XXII [Jacques Duèse** ou **d'Ossa]** (1245-1334) Pape de 1316 à 1334. Deuxième pape d'Avignon, il organisa la curie et s'opposa à l'empereur Louis de Bavière, qui nomma à Rome l'antipape Nicolas V (1328).

■ **Jean XXIII [Baldassare Cossa]** (v. 1370-1419) Antipape de 1410 à 1415. Il convoqua le concile de Constance (1414) pour réduire le grand schisme d'Occident, mais fut déposé par cette assemblée.

■ **Jean XXIII [Angelo Giuseppe Roncalli]** (1881-1963) Pape de 1958 à 1963. Ancien nonce à Paris (1944), cardinal et patriarche de Venise (1953), il consacra son pontificat à la préparation du IIe concile du Vatican, inauguré en 1962 et à l'*aggiornamento* (mise à jour) de l'Église face au monde moderne. Ses encycliques *Mater et magistra* et *Pacem in terris* eurent un vaste retentissement. Il fut béatifié en 2000 et canonisé en 2014.

ANGLETERRE

■ **Jean sans Terre** (1167-1216) Roi d'Angleterre (1199-1216). Fils d'Henri II et frère de Richard Cœur de Lion, il fut cité par Philippe Auguste devant la cour des pairs de France pour l'enlèvement d'Isabelle d'Angoulême et perdit ses fiefs français (1202). Régulièrement en guerre contre la France, il dut accepter de devenir le vassal du Saint-Siège et fut battu à La Roche-aux-Moines par Philippe Auguste (1214). La révolte des barons d'Angleterre le força à accepter la Grande Charte (1215).

BOHÊME

■ **Jean Ier de Luxembourg** dit **l'Aveugle** (1296-1346) Roi de Bohême (1310-1346). Fils de l'empereur germanique Henri VII. Il réunit à la Bohême la Moravie et la Silésie. Il mourut à la bataille de Crécy, où, malgré sa cécité, il combattait dans les rangs français.

BOURGOGNE

■ **Jean sans Peur** (1371-1419) Duc de Bourgogne (1404-1419). Fils de Philippe II le Hardi. Il fit assassiner Louis d'Orléans en 1407, provoquant ainsi la guerre civile qu'il mena comme chef des bourguignons contre les armagnacs. Il fut assassiné par un partisan du Dauphin (le futur Charles VII), avec lequel il tentait de se réconcilier.

BRETAGNE

■ **Jean de Montfort** (1293-1345) Duc de Bretagne. Il s'empara du duché contre Charles de Blois, époux de sa nièce Jeanne de Penthièvre, mais fut capturé par les troupes royales de Philippe VI de Valois, son suzerain.

■ **Jean IV le Vaillant** (1340-1399) Duc de Bretagne (1365-1399). Fils de Jean de Montfort. Il vainquit et tua Charles de Blois. Après s'être allié à l'Angleterre et avoir vu ses biens confisqués, il renoua une alliance avec la France.

BULGARIE

■ **Jean Ier Asen** (mort en 1196) Tsar de Bulgarie (1186-1196). Il se révolta contre l'empereur byzantin Isaac II Ange et battit ses troupes en Thrace en 1187 puis en 1196.

■ **Jean II Asen,** dit **Kaloyan** (mort en 1207) Frère de Jean Ier Asen, il battit Baudouin Ier à Andrinople (1205) et s'empara de la Thrace.

■ **Jean III Asen II** (1218-1241) Tsar de Bulgarie. Fils de Jean Ier Asen, il pratiqua une habile politique matrimoniale et fit des conquêtes en Albanie, en Serbie, en Macédoine et en Épire.

EMPEREURS BYZANTINS

■ **Jean Ier Tzimiskès** (925-976) Empereur byzantin (969-976). Il combattit les Russes et annexa la Bulgarie orientale (970), puis reconquit sur les Arabes presque toute la Palestine à l'exception de Jérusalem.

Jean XXIII

Jean XXIII en 1959.

■ **Jean II Comnène** (1088-1143) Empereur byzantin (1118-1143). Il rétablit la domination byzantine dans les Balkans, reprit aux Turcs une partie de l'Asie Mineure et imposa un temps la suzeraineté byzantine sur les Francs en Syrie.

■ **Jean III Doukas Vatatzès** (1193-1254) Empereur byzantin de Nicée (1222-1254). Il assiégea sans succès Constantinople (1235) et reconquit la Thrace et la Macédoine.

■ **Jean V Paléologue** (1332-1391) Empereur byzantin (1341-1391). Il ne put empêcher les Turcs d'installer leur capitale à Andrinople et, malgré ses alliances avec Rome et Venise, dut reconnaître leur tutelle.

■ **Jean VI Cantacuzène** (v. 1292-1383) Empereur byzantin (1347-1355). Régent et rival de Jean V, il s'empara de Constantinople (1347), se fit reconnaître empereur principal puis fut forcé d'abdiquer. Il rédigea une *Histoire d'Orient* sur la période 1320-1356.

■ **Jean VII Paléologue** (v. 1366-v. 1420) Empereur byzantin (1390 et 1399-1402). Chassé à deux reprises du trône par son oncle Manuel II, il se proclama empereur à Thessalonique.

■ **Jean VIII Paléologue** (1390-1448) Empereur byzantin (1425-1448). Espérant l'aide de l'Occident, il conclut au concile de Ferrare-Florence l'union des Églises catholique et orthodoxe (1439). Après la défaite des croisés à Varna (1444), il ne put contenir les assauts des Turcs. Son successeur, Constantin XI, fut le dernier empereur byzantin.

FRANCE

■ **Jean Ier le Posthume** (15-19 novembre 1316) Roi de France et de Navarre. Fils posthume de Louis X, il ne vécut que cinq jours. Son oncle Philippe V le Long lui succéda.

■ **Jean II le Bon** (1319-1364) Roi de France (1350-1364). Fils de Philippe VI de Valois. Il déclencha une guerre navarraise (1356) en faisant arrêter son gendre, Charles II le Mauvais. Fait prisonnier à Poitiers, en 1356, par Édouard, prince de Galles, il fut libéré après avoir signé le traité de Brétigny (1360). N'obéissant qu'aux lois de l'honneur, il se constitua de nouveau prisonnier en 1363, son fils Louis d'Anjou s'étant évadé. Il mourut à Londres en captivité.

LUXEMBOURG

■ **Jean de Luxembourg** (1921-2019) Grand-duc de Luxembourg de 1964 à 2000. Il abdiqua en faveur de son fils Henri.

NAVARRE ET ARAGON

■ **Jean II** (1398-1479) Roi de Navarre (1425-1479) et d'Aragon (1458-1479). Fils de Ferdinand Ier le Juste. Il fit face à l'insurrection des Catalans, et céda à Louis XI le Roussillon et la Cerdagne pour obtenir son aide (1462). Il maria son fils et successeur Ferdinand à Isabelle la Catholique (1469).

EMPIRE LATIN D'ORIENT

■ **Jean de Brienne** (v. 1144-1237) Roi de Jérusalem et empereur latin d'Orient. Devenu roi de Jérusalem en 1209, il mena la cinquième croisade avec André II de Hongrie (1217-1221). Il fut couronné empereur en 1231.

POLOGNE

■ **Jean II Casimir** ou **Casimir V** (1609-1672) Roi de Pologne (1648-1668), fils de Sigismond III. Ses défaites contre la Suède, la Russie et les nobles polonais révoltés l'obligèrent à abdiquer.

■ **Jean III Sobieski** (1629-1696) Roi de Pologne (1674-1696). Il vainquit plusieurs fois les Turcs, en particulier lors du siège de Vienne (1683), mais signa avec la Russie le désastreux traité de Moscou (1686).

PORTUGAL

■ **Jean Ier le Grand** (1357-1433) Roi de Portugal (1385-1433). Il fit du Portugal une grande puissance. Vainqueur des Castillans à Aljubarrota (1385), il se tourna contre les Maures d'Afrique et s'empara de Ceuta (1415). En 1386, il conclut avec l'Angleterre une alliance toujours en vigueur.

■ **Jean II le Parfait** (1455-1495) Roi de Portugal (1481-1495). Il signa le traité de Tordesillas (1494), qui partageait le Nouveau Monde entre l'Espagne et le Portugal.

■ **Jean III le Pieux** (1502-1557) Roi de Portugal (1521-1557). Il établit l'Inquisition au Portugal (1526) et favorisa la colonisation du Brésil.

■ **Jean IV le Fortuné** (1604-1656) Roi de Portugal (1640-1656). Il suscita en 1640 une révolution qui, appuyée par Richelieu, arracha le Portugal à la domination castillane et le proclama roi. Il reconquit sur les Hollandais le Brésil et l'Angola.

■ **Jean V le Magnanime** (1689-1750) Roi de Portugal (1706-1750). Battu par les Français à Almança dans la guerre de Succession d'Espagne, il dut consentir à la paix d'Utrecht (1713).

■ **Jean VI le Clément** (1767-1826) Roi de Portugal (1816-1826). Prince régent, empereur au Brésil (1807-1815) pendant l'invasion napoléonienne, il ne revint au Portugal qu'en 1821. Sous son règne, le Brésil se déclara indépendant (1825).

Jean (le prêtre) Souverain légendaire, que l'on disait, au Moyen Âge, régner au-delà de l'Arménie et de la Perse. Une autre tradition, à partir du XVIe s., le situe en Éthiopie, attribuant ce nom au négus.

Jean (Michaëlle) Femme d'État canadienne (née en 1957). Elle a été gouverneure générale du Canada (2005-2010). Secrétaire générale de la Francophonie de 2014 à 2018, elle fut la première femme nommée à ce poste.

Michaëlle Jean lors du Sommet de la Francophonie en 2014.

Jean-Baptiste (saint) ou **le Baptiste** Prophète juif (mort v. 28), fils du prêtre Zacharie et d'Élisabeth. Retiré dans le désert, il baptise les foules dans le Jourdain en annonçant la venue du royaume des cieux. Les Évangiles en font le précurseur de Jésus, qu'il baptise et reconnaît comme le Messie. Arrêté par Hérode Antipas, il est décapité à la demande de Salomé.

Jean-Baptiste de La Salle (saint) Prêtre français (1651-1719). Il organisa une association qui devint, en 1694, la congrégation des frères des Écoles chrétiennes.

Jean Bodel Trouvère français du XIIe s. Il est l'auteur d'une chanson de geste, *Les Saisnes,* d'un « miracle » en vers, le *Jeu de saint Nicolas,* et est le créateur du genre poétique du *Congé* qui fut repris par Adam de la Halle et François Villon.

Jeanbon Saint-André (André Jeanbon, dit) Homme politique français (1749-1813). Député montagnard à la Convention puis membre du Comité de salut public, il contribua à l'organisation de la marine militaire.

Jean Cassien (saint) (v. 355-v. 432-435). Diacre de saint Jean Chrysostome à Constantinople, il fonda plusieurs monastères et influença durablement le monachisme par ses écrits.

Jean Chrysostome (saint) Père de l'Église grecque (v. 349-407). Il devint célèbre par sa prédication et ses talents d'orateur (d'où son surnom de chrysostome « bouche d'or ») et fut nommé patriarche de Constantinople. Sa liberté de parole le fit déposer puis exiler.

Jean Damascène (saint) Père de l'Église grecque (fin VIIe s.-v. 749). Il combattit l'iconoclasme et défendit, contre le scepticisme, une philosophie au service de la théologie. On lui doit le premier traité raisonné du dogme chrétien. *Source de la connaissance.*

Jean de Brébeuf (saint) Jésuite français (1593-1649). Missionnaire chez les Hurons du Canada, il y mourut martyrisé par les Iroquois.

Jean de Capistran (saint) Franciscain et prédicateur italien (1386-1456). Il réforma son ordre et prêcha la croisade contre les Turcs (1456).

Jean de Chelles Sculpteur français (XIIIe s.). On lui doit un type de façade caractéristique du gothique rayonnant (façade nord du transept de Notre-Dame de Paris).

Jean de Dieu (saint) Religieux portugais (1495-1550). Il fonda l'ordre des Frères hospitaliers.

Jean de la Croix (saint) [Juan de Yepes] Religieux et mystique espagnol (1542-1591). Docteur de l'Église, il réforma, avec sainte Thérèse d'Avila, les carmels espagnols. Il écrivit des poèmes et des traités mystiques. *Le Cantique spirituel ; La Nuit obscure.*

Jean de Leyde (Jan Beukels, dit) Réformateur religieux hollandais (1509-1536). Chef des anabaptistes de Münster, il y imposa la communauté des biens et la polygamie.

Jean de Matha (saint) (1160-1213). Il est le fondateur de l'ordre des Trinitaires.

Jean de Meung ou **de Meun** (Jean Chopinel, dit) Écrivain français (1250-v. 1305). Il rédigea, à la suite de Guillaume de Lorris, la seconde partie du *Roman de la Rose.*

Jean de Saint-Thomas (Jean Poinsot, en relig.) Théologien portugais (1589-1644). Dominicain, confesseur de Philippe IV, il est l'auteur de commentaires sur saint Thomas d'Aquin.

Jean de Salisbury Philosophe scolastique (1115-1180). Évêque de Chartres, il est l'auteur d'un traité de logique, le *Metalogicus,* et d'un traité de philosophie morale très lu au Moyen Âge, le *Policraticus.*

Jean Eudes (saint) Prêtre français (1601-1680). Il fonda la Société des prêtres de Jésus-et-Marie (eudistes).

Jean Fisher (saint) Homme d'Église et humaniste anglais (v. 1469-1535). Ami d'Érasme et évêque de Rochester, il fut exécuté pour avoir refusé, avec Thomas More, la suprématie d'Henri VIII sur l'Église d'Angleterre.

jean-foutre [ʒɑ̃futʀ] **n. invar.** fam. Personne incapable, sur laquelle on ne peut compter. → **je-m'en-fichiste.** « *Les jean-foutre et les gens probes* » (Brassens). - var. **RO jeanfoutre n.**

Jean François Régis (saint) Jésuite français (1597-1640). Il convertit des calvinistes et évangélisa dans les monts du Vivarais, du Velay et du Forez.

jean-le-blanc **n. m. invar.** Circaète à plumage en partie blanc.

Jeanmaire (Renée, dite Zizi) Danseuse et chanteuse française (1924-2020). Danseuse étoile aux Ballets de Paris, elle interpréta notamment *Carmen ; La Croqueuse de diamants*, avant d'entamer une carrière de chanteuse de music-hall. Elle dirigea le Casino de Paris avec son mari Roland Petit.

Jean-Marie Vianney (saint) Prêtre français (1786-1859). Curé d'Ars à partir de 1817, il vécut dans l'ascèse et attira les foules par son charisme.

Jeanne la papesse Selon la légende (XIIIe s.), elle aurait obtenu le titre de pape à la mort de Léon IV (855) et aurait siégé deux ans.

Jeanne

SAINTES

■ **Jeanne d'Arc** (sainte) Héroïne française (v. 1412-1431). Née à Domrémy en Lorraine, dans une famille de paysans aisés, elle aurait, selon son témoignage, entendu à treize ans des voix lui ordonnant de libérer la France, occupée par les Anglais soutenus par les bourguignons. En 1429, lors du siège d'Orléans, elle persuada Charles VII de lui confier une armée et réussit à délivrer la ville. Après la victoire de Patay, elle prit Auxerre, Troyes, Châlons, et fit sacrer le roi à Reims. Blessée en tentant de prendre Paris, elle fut capturée par les bourguignons à Compiègne et vendue aux Anglais. Jugée à Rouen comme hérétique et sorcière par un tribunal présidé par l'évêque de Beauvais Pierre Cauchon, elle fut condamnée et brûlée vive (29 mai 1431). Elle fut réhabilitée à l'initiative de Charles VII en 1456. Elle fut béatifiée en 1909 et canonisée en 1920.

Jeanne d'Arc, lettrine historiée sur parchemin (XVe s.), musée de l'Histoire de France, Archives nationales, Paris.

■ **Jeanne de France** ou **de Valois** (sainte) (1464-1505) Fille de Louis XI, elle épousa son cousin, le futur Louis XII, qui la répudia. Elle fonda à Bourges l'ordre de l'Annonciade. Elle fut canonisée en 1950.

■ **Jeanne de Chantal** (sainte) [Jeanne-Françoise Frémyot] Religieuse française (1572-1641). Elle fonda, avec saint François de Sales, l'ordre de la Visitation (1610). Elle était la grand-mère de Mme de Sévigné.

ANGLETERRE

■ **Jeanne Grey** Dame anglaise (1537-1554). Arrière-petite-fille d'Henri VII, reconnue comme héritière par Édouard VI, elle fut exécutée sur l'ordre de Marie Tudor.

■ **Jeanne Seymour** (v. 1509-1537) Reine d'Angleterre, troisième femme d'Henri VIII, elle mourut peu après la naissance du futur Édouard VI.

BRETAGNE

■ **Jeanne de Penthièvre** (1319-1384) Duchesse de Bretagne (1319-1365). Sa désignation comme héritière du duché de Bretagne déclencha la guerre de la Succession de Bretagne. Elle renonça au duché en faveur de Jean IV.

CASTILLE

■ **Jeanne la Folle** (1479-1555) Reine de Castille (1504-1555) et d'Aragon (1516-1555). Fille de Ferdinand II d'Aragon et d'Isabelle la Catholique, mère de Charles Quint, elle sombra dans la folie à la mort de son mari Philippe le Beau.

FRANCE

■ **Jeanne Ire de Navarre** Reine de France et de Navarre (1273-1305). Fille d'Henri Ier le Gros, elle épousa le futur Philippe IV le Bel, mais conserva l'administration personnelle de ses États.

NAPLES

■ **Jeanne Ire d'Anjou** (1326-1382) Reine de Naples et comtesse de Provence (1343-1382). Accusée d'avoir fait assassiner son premier mari, elle s'allia aux papes d'Avignon et fut tuée sur l'ordre de son héritier, Charles III de Duras.

■ **Jeanne II** (1371-1435) Reine de Naples (1414-1435). Fille de Charles III de Duras. Elle désigna comme héritier René Ier le Bon.

NAVARRE

■ **Jeanne III d'Albret** (1528-1572) Reine de Navarre (1555-1572). Sœur de François Ier, épouse d'Antoine de Bourbon et mère d'Henri IV, elle imposa le calvinisme dans son royaume.

Jeanne des Anges (Jeanne de Belcier, en religion) Prieure des ursulines de Loudun (1602-1665). Elle fut la première des « possédées de Loudun », dont les troubles conduisirent en 1634 à l'exécution d'Urbain Grandier.

1jeannette n. f. (prénom féminin) Planchette à repasser montée sur pied.

2jeannette n. f. (de *Jeanne d'Arc*) Petite fille appartenant au scoutisme catholique.

Jeannin (Pierre), dit le Président Jeannin Magistrat et diplomate français (1540-1623). Il négocia la trêve de douze ans entre l'Espagne et les Provinces-Unies (1609) et fut nommé surintendant des Finances par Marie de Médicis.

Jean Paul voir Richter (Johann Paul Friedrich, dit Jean Paul)

Jean-Paul Ier [Albino Luciani] (1912-1978). Pape d'août à septembre 1978. Ancien patriarche de Venise, il ne régna que trente-trois jours et fut béatifié en 2022.

Jean-Paul II (saint) [Karol Wojtyła] (1920-2005). Pape de 1978 à 2005. Archevêque de Cracovie, il fut le premier pape non italien depuis le pontificat d'Adrien VI (1522-1523). Promoteur d'un humanisme chrétien, il se fit le défenseur des droits de l'homme (doctrine sociale de l'Église). Il publia plusieurs encycliques et un catéchisme. Pontife d'exception par son charisme et son inlassable activité, il joua un rôle important dans l'effondrement des régimes communistes d'Europe de l'Est, et engagea une « repentance » de l'Église pour son attitude pendant la Shoah.

Jeans (sir James Hopwood) Astronome, physicien et mathématicien britannique (1877-1946). Il élabora une théorie cosmogonique dite catastrophiste, aujourd'hui abandonnée, et s'intéressa au rayonnement du corps noir.

Jeanson (Henri) Dialoguiste, scénariste et journaliste français (1900-1970). Polémiste au *Canard enchaîné*, il travailla également pour de nombreux metteurs en scène français, notamment Julien Duvivier *(Pépé le Moko)* et Marcel Carné *(Hôtel du Nord)*.

Jeanson (Francis) Philosophe français (1922-2009). Ami de Jean-Paul Sartre et collaborateur des *Temps modernes*, il fonda en 1957 un réseau de soutien aux indépendantistes algériens.

Jébuséens n. m. pl. Peuple préisraélite de Canaan, auquel David ravit Jérusalem.

JEC voir Jeunesse étudiante chrétienne

jeep [(d)ʒip] n. f. (n. déposé ; mot anglais des États-Unis, sigle de *general purpose* « tous usages » ; influence de *Eugene the Jeep*, n. d'un personnage de « *Popeye* ») Automobile tout-terrain à quatre roues motrices. → **quatre-quatre.**

Jeffers (John Robinson) Poète américain (1887-1962). Il est l'auteur de poèmes mystiques violents, dans lesquels se reflètent sa misanthropie. *Tamar and Other Poems.*

Jefferson (Thomas) Homme d'État américain (1743-1826). Rédacteur de la Déclaration d'indépendance de 1776, esprit tolérant, il défendit une politique fondée sur un libéralisme humanitaire. Troisième président des États-Unis de 1801 à 1809, il acheta la Louisiane à la France.

Jefferson City Ville des États-Unis, capitale du Missouri, sur le Missouri. 43 000 habitants.

Jehol voir Re he

Jéhovah Autre nom de Yahvé, obtenu par l'adjonction des voyelles du mot « Adonaï » (Seigneur).

Jéhovah (Témoins de) Secte fondée aux États-Unis en 1872 par Charles Taze Russell (1852-1916). Ses quelque 7,7 millions de fidèles, connus pour leur prosélytisme, professent dans le monde entier un millénarisme fondé sur une lecture très littérale de la Bible.

Jéhu Roi d'Israël (v. 842-v. 813 av. J.-C.).

jéjunum [ʒeʒynɔm] n. m. (latin médical *jejunum [intestinum]*, proprt « [intestin] à jeun ») anat. Deuxième segment de l'intestin grêle, entre le duodénum et l'iléon. □ adj. **jéjunal, ale, aux**

Jelačić von Bužim (Josip, comte) Général croate (1801-1859). Nommé ban de Croatie par l'empereur d'Autriche, il contribua à l'écrasement de la révolution hongroise en 1848.

Jelenia Góra Ville du S.-O. de la Pologne (Basse-Silésie). 86 500 habitants. Industries (métallurgie, chimie).

Jelgava Ville de Lettonie, au S. de Riga. 55 950 habitants. Ancienne résidence des ducs de Courlande.

Jelinek (Elfriede) Romancière et dramaturge autrichienne (née en 1946). Féministe, elle est l'autrice de romans *(Les Exclus ; La Pianiste)* et de pièces de théâtre *(Ce qui arriva quand Nora quitta son mari)*, dans lesquels elle critique, avec une grande

Jean-Paul II

Le pape Jean-Paul II en 1994.

J

violence verbale, la société autrichienne. Prix Nobel 2004.

Jellicoe (John Rushworth, 1er comte) Amiral britannique (1859-1935). Il commanda la Grande Flotte lors de la bataille du Jutland et devint premier lord de l'Amirauté (1916-1917).

jello [dʒɛ-] **n. m.** (n. déposé, mot anglais du Canada *Jello, Jell'O*) anglic. (Canada) Gelée sucrée et aromatisée.

Jemappes anciennement **Jemmapes** Ancienne commune de Belgique, rattachée à Mons. La victoire que Dumouriez y remporta sur les Autrichiens en 1792 aboutit à l'annexion de la Belgique à la France.

je-m'en-fichisme **n. m.** (→ ^{2}ficher) fam. Attitude d'indifférence envers ce qui devrait intéresser ou préoccuper. → **désinvolture, insouciance** ; fam. **je-m'en-foutisme.** *Des je-m'en-fichismes.* □ **je-m'en-fichiste** **n. et adj.** fam. *Des je-m'en-fichistes.*

je-m'en-foutisme **n. m.** (→ ^{1}foutre) fam. *Des je-m'en-foustismes.* → **je-m'en-fichisme.** □ **je-m'en-foutiste** **n. et adj.** fam. *Des je-m'en-foutistes.*

Jemeppe-sur-Sambre Ville de Belgique (province de Namur). 19 100 habitants.

Jendouba Ville du N. de la Tunisie, sur la Medjerda. 44 000 habitants. À proximité, site archéologique de *Bulla Regia.*

je ne sais quoi ou **je-ne-sais-quoi** **n. m. invar.** (*cf.* la formule de Corneille, dans « *Rodogune* » : « *Par ces je ne sais quoi qu'on ne peut expliquer* ») Chose qu'on ne peut définir ou exprimer, bien qu'on en sente nettement l'existence ou les effets. *Il a un je ne sais quoi de déplaisant.*

Jenner (Edward) Médecin britannique (1749-1823). Il est l'inventeur du premier vaccin, par inoculation de la vaccine contre la variole (1796).

jenny **n. f.** (mot anglais) techn. Machine à filer le coton. → **mule-jenny.** *Des jennys.*

Jensen (Johannes Vilhelm) Romancier et poète danois (1873-1950). Auteur prolixe, novateur dans le domaine de la poésie danoise, il mit en scène sa province natale (*Les Histoires des Himmerland*) et exalta le rôle des Goths dans l'évolution de l'humanité (*Le Long Voyage*). Prix Nobel 1944.

Jensen (Hans Daniel) Physicien allemand (1907-1973). Il est l'auteur d'une théorie relative à la structure en couches du noyau de l'atome. Prix Nobel 1963.

Jeonju Ville de Corée du Sud, au sud de Taech'ŏn. 666 500 habitants.

Jephté Juge d'Israël, vainqueur des Ammonites. Ayant fait vœu de sacrifier la première personne qu'il rencontrerait après sa victoire, il dut mettre à mort sa fille.

Jemappes

La Bataille de Jemmapes, gravure (XVIIIe s.), musée Carnavalet, Paris.

Jérusalem

Jérusalem vue du mont des Oliviers : au premier plan, le mur des Lamentations, à dr., le Dôme du Rocher.

jérémiade **n. f.** (de *Jérémie*) fam. surtout au plur. Plainte sans fin qui importune. → **lamentation.**

Jérémie Prophète hébreu (v. 650-v. 580 av. J.-C.). Il lutta contre l'idolâtrie et assista à la chute de Jérusalem. Il mourut en Égypte. Ses prophéties constituent le Livre de Jérémie. La tradition chrétienne lui attribue aussi le Livre des Lamentations, décrivant l'affliction de Jérusalem châtiée par Dieu.

jerez **n. m.** voir **xérès**

Jerez de la Frontera anciennement **Xeres** Ville d'Espagne (Andalousie). 211 784 habitants. Production de vins blancs fruités et sucrés (xérès).

Jéricho en arabe **Arīhā** Ville de Cisjordanie, au N. de la mer Morte, dans la vallée du Jourdain. 21 900 habitants. Elle est l'un des plus anciens sites urbains connus (occupé depuis le IXe millénaire av. J.-C.). Selon la Bible, les murailles de la ville se seraient effondrées après que les Hébreux eurent fait sonner leurs trompettes. Ces derniers purent ainsi s'emparer de Jéricho. Vestiges du palais d'Hérode Ier le Grand. Première ville rendue à l'Autorité palestinienne en 1994, Jéricho a été réoccupée par Israël, puis est retournée aux Palestiniens en 2005.

jerk [(d)ʒɛʀk] **n. m.** (mot anglais « secousse ») anglic. Danse à la mode dans les années 1960, dans laquelle tout le corps est agité de secousses rythmées.

Jerne (Niels Kai) Médecin danois (1911-1994). Il est l'auteur de théories fondamentales sur les mécanismes immunitaires. Prix Nobel 1984.

jéroboam [ʒeʀɔbɔam] **n. m.** (de *Jéroboam*) Grosse bouteille de champagne d'une contenance de quatre bouteilles normales (soit 3 litres).

Jéroboam Ier Fondateur et premier roi d'Israël (931-910 av. J.-C.).

Jéroboam II Roi d'Israël (v. 780-740 av. J.-C.). Il reconquit le territoire pris par les Araméens.

Jerome (Jerome Klapka dit Jerome K.) Écrivain, acteur et journaliste britannique (1859-1927). Il connut le succès avec le roman burlesque *Trois Hommes dans un bateau*, fondé sur une observation très fine de la psychologie sociale anglaise.

Jérôme (saint) Père et docteur de l'Église (v. 347-420). Il fit une traduction de la Bible en latin, la Vulgate, et écrivit de nombreux commentaires bibliques, des traités polémiques et des lettres.

Jérôme de Prague Réformateur tchèque (v. 1360 ou 1370-1416). Disciple de Wyclif et de Jan Hus, il participa au concile de Constance avec ce dernier (1415) et fut brûlé comme hérétique.

jerricane [(d)ʒeʀikan] **n. m.** (anglais des États-Unis *jerrycan*, de *Jerry*, sobriquet des Allemands, et *can* « récipient ») anglic. Bidon quadrangulaire à poignée, d'environ 20 litres. → **nourrice (II).** *Des jerricanes d'essence.* - var. **jerrican, jerrycan.**

jersey **n. m.** (de l'île de *Jersey*) Tissu très souple à mailles toujours semblables sur une même face. *Jersey de laine.* – par ext. Tissu tricoté. → ^{1}**maille.** *Robe en jersey.* ■ *Point de jersey* (au tricot), exécuté en alternant un rang de points à l'endroit et un rang de points à l'envers.

Jersey (île de) La plus grande des îles Anglo-Normandes. 116 km^2. 97 850 habitants. Chef-lieu : Saint-Hélier. Dirigée par un bailli secondé par une assemblée élue, Jersey dépend de la couronne britannique. Agriculture (fleurs). Tourisme. Place financière.

Jersey City Ville des États-Unis (New Jersey), sur l'Hudson, en face de Manhattan. 247 600 habitants. Industrie.

jersiais, iaise **adj.** De Jersey. – spécialt *Race jersiaise*, race de bovins.

Jérusalem Ville de Palestine, capitale de l'État d'Israël selon la Knesset (reconnue par les États-Unis, non reconnue par l'ONU), cité sainte pour les religions juive, chrétienne et musulmane. 936 000 habitants. Centre administratif, culturel (université hébraïque), religieux et touristique (pèlerinages chrétiens). Les communautés religieuses se partagent la vieille ville et ses Lieux saints : le Saint-Sépulcre (N.-O.), le mur des Lamentations (vestige du Temple), le Dôme du Rocher et la mosquée al-Aqsa.

▶ **Jérusalem**, ville des Jébuséens, fut conquise par David vers –1000. Centre du judaïsme, elle vit la construction (v. –969) et la destruction du premier Temple (–586), puis la destruction du second Temple (70), et fut conquise par les Romains. Jésus y prêcha et y mourut. Prise par les Arabes en 637, elle devint une ville sainte de l'islam. Conquise en 1099 par les croisés, reprise par Saladin, elle fut ensuite dominée par les Ottomans avant de tomber en décadence. En 1922, elle devint capitale de la Palestine sous mandat britannique, puis fut divisée, en 1948, entre Israël et la Transjordanie. En 1967, lors de la guerre des Six Jours, les Israéliens occupèrent les quartiers arabes de la vieille ville. En 2005, un mur a été construit entre la ville et la Cisjordanie, isolant les Palestiniens de Jérusalem-Est.

Jérusalem (Royaume latin de) État fondé après la prise de Jérusalem par les croisés de Godefroi de Bouillon (1099). Saladin reprit la ville en 1187.

Jespersen (Otto) Linguiste danois (1860-1943). Son œuvre, qui annonce la linguistique moderne, englobe la phonétique, la linguistique générale et la grammaire historique de l'anglais. *Le Langage ; La Philosophie de la grammaire.*

Jessé ou **Isaï** Père de David. ■ **Arbre de Jessé.** Dans l'iconographie chrétienne, représentation de la généalogie du Christ.

jésuite **(de** ***Jésus*****)** **I. 1. n. m.** Membre de la Compagnie de Jésus. **2. adj. (de l'église du Gesù de Rome)** Se dit d'un style d'architecture baroque (XVIIe siècle). **II. n.** péj. Personne qui recourt à des astuces hypocrites. **– adj.** *Un air jésuite.* **→ hypocrite.**

jésuitique **adj.** péj. **1.** Propre aux jésuites. **2.** Digne d'un jésuite (II). **→ hypocrite.**

jésuitisme **n. m.** péj. **1.** Système moral de restriction mentale et d'accommodement reproché aux jésuites. **2.** Attitude, conduite jésuitique (2). **→ hypocrisie.**

jésus **(du n. propre)** **I. interj.** Marquant la surprise, l'indignation, la peur. *Doux Jésus !* **II. n. m.** Représentation de Jésus enfant. *Un jésus en plâtre.* ■ *Mon jésus*, terme d'affection à l'adresse d'un enfant. **III. n. m.** Gros saucisson court. *Un jésus de Lyon.*

Jésus Fondateur de la religion chrétienne, pour laquelle il est le Christ, le Messie, fils de Dieu. Sa vie, connue essentiellement à travers les Évangiles, soulève des controverses historiques. Juif de Palestine, il serait né à Bethléem en –4 ou –5 (Nativité) et mort crucifié en avril 29 ou 30. Les Évangiles rapportent également : sa conception virginale par Marie, fiancée de Joseph ; la fuite en Égypte ; sa jeunesse à Nazareth ; son baptême par Jean-Baptiste vers l'âge de 30 ans ; sa prédication en Galilée (sermon sur la montagne) et le choix de ses disciples (les apôtres) ; le dernier repas (Cène) ; la trahison de Judas ; sa comparution devant Pilate, le procureur romain ; sa crucifixion, la veille de la pâque juive ; sa mise au tombeau ; sa résurrection, ses apparitions et son ascension au ciel. Son enseignement porte principalement sur l'annonce du Royaume de Dieu, espérance d'immortalité, sur le salut par la foi en sa nature de fils de Dieu, envoyé pour le rachat de l'humanité, et sur l'amour comme source des relations entre les hommes et Dieu et des hommes entre eux (charité). **→ christianisme.**

Jésus (Compagnie de) en latin **Societas Jesu (SJ)** Ordre de clercs réguliers (jésuites) fondé en 1540 par Ignace de Loyola. Il se consacre à la propagation de la foi, en particulier par l'enseignement et la recherche théologique. Instrument de la Contre-Réforme, l'ordre connut son âge d'or jusqu'au milieu du XVIIe s. Il développa des missions en Extrême-Orient et en Amérique et soutint des controverses retentissantes, notamment contre le jansénisme.

Jésus

Trois épisodes de la vie de Jésus. 1. La Nativité, fresque byzantine de l'église Karanlik Kilise (2e moitié du XIIe s.), Göreme, Turquie. 2. *Le Christ en croix*, de Francisco de Zurbarán (1627), The Art Institute, Chicago. 3. *La Cène*, de Léonard de Vinci (1495-1497), réfectoire du couvent Santa Maria delle Grazie, Milan.

▶ Fondée en 1540 par Ignace de Loyola, la **Compagnie de Jésus** est une réponse catholique à la Réforme protestante. Instrument de la Contre-Réforme, cet ordre religieux régulier tente de restaurer le pouvoir spirituel, intellectuel et politique de l'Église catholique, *ad majorem Dei gloriam* (« pour la plus grande gloire de Dieu »).
Dès l'origine inféodée au pape, la Compagnie de Jésus est organisée « militairement » et dirigée par un préposé général (surnommé le « pape noir ») élu à vie.
Outre son intérêt pour l'outre-mer (missions de saint François-Xavier en Inde, en Chine et au Japon, « réductions » du Paraguay), l'influence de cette élite intellectuelle de l'Église catholique s'exerce rapidement dans l'éducation et les affaires publiques. L'une des spécialités des jésuites est la direction de conscience, notamment des personnes influentes, ce qui leur a valu deux reproches. Le premier, venu des jansénistes (Pascal, *Les Provinciales*), est de se concilier l'obéissance des fidèles grâce à une morale très accommodante (casuistique). Second reproche : l'influence politique d'un ordre en lien direct avec le pape. Cet ultramontanisme est critiqué par l'Église française, de tradition gallicane, mais aussi par des politiques comme le Portugais Pombal. Une hostilité croissante provoque ainsi l'expulsion des jésuites du Portugal (1759), de France (1764), d'Espagne (1767), puis la suppression de la Compagnie de Jésus par le pape Clément XIV en 1773. Rétablie en 1814 par Pie VII, elle s'engage à nouveau dans des luttes d'influences politiques et morales, avec des succès variables. En France, l'influence de la « Congrégation » (du nom du conseil qui régit la Compagnie) est dénoncée tout au long du XIXe siècle. Au siècle suivant, elle se recentre sur l'enseignement et l'activité intellectuelle (Teilhard de Chardin).
voir aussi **Réforme, papauté**

^{1}**jet** [ʒɛ] **n. m. (de** ***jeter*****)** **I. 1.** Action de jeter ; mouvement d'une chose lancée parcourant une certaine trajectoire. **→ ^{2}lancer.** *Armes de jet.* **2.** Distance parcourue par une chose jetée. *À un jet de pierre.* **3.** loc. *D'un seul jet* : d'un coup, d'une seule venue. – *Premier jet* : première expression de l'œuvre d'un créateur. **→ ébauche, esquisse. II. 1.** Mouvement par lequel une chose jaillit avec plus ou moins de force. **→ giclée, jaillissement.** *Jet de vapeur.* – loc. fam. *À jet continu* : sans discontinuer. **2.** *Jet d'eau* : gerbe d'eau jaillissant verticalement et retombant dans un bassin. ■ Dispositif permettant l'écoulement de l'eau, au bas d'une fenêtre, d'une porte. ■ abusivt Tuyau d'arrosage. **3.** Rayons qui jaillissent. *Un jet de lumière.* **4.** bot. Nouvelle pousse d'un arbre. **→ rejet.**

^{2}**jet** [dʒɛt] **n. m. (mot anglais, abrév. de** ***jet plane*****)** anglic. Avion à réaction.

jetable **adj.** Destiné à être remplacé et non entretenu. *Vaisselle jetable.*

jetage **n. m. (de** ***jeter*****)** vétér. Écoulement nasal purulent chez les animaux malades (morve, gourme).

^{1}**jeté** **n. m. 1.** danse Saut lancé par une seule jambe et reçu par l'autre. **2.** Mouvement consistant à amener la barre des haltères au bout des bras tendus verticalement. **→** aussi **épaulé-jeté. 3.** Tissu que l'on étend sur un meuble en guise d'ornement. *Un jeté de lit.* **→ couvre-lit, dessus-de-lit.**

^{2}**jeté, ée** **adj.** fam. Fou, cinglé.

jetée **n. f. 1.** Construction formant une chaussée qui s'avance dans l'eau. **→ digue, estacade, ^{2}môle. 2.** Couloir reliant l'aérogare à un poste de stationnement d'avion.

jeter **v. tr. < 4 > (vient du latin tardif** ***jectare*** **→ éjecter, de** ***jacere*** **→ gésir)** **I.** Envoyer (qqch.) à quelque distance de soi. **1.** Lancer. *Jeter une pierre.* – fig. *Il nous jette à la tête son érudition*, il en fait étalage d'une manière déplaisante. – loc. fam. *N'en jetez plus (la cour est pleine)* : cela suffit, assez. ■ (vers le bas) *Jeter qqch. par la fenêtre.* – *Jeter l'ancre.* **2.** Disposer, établir dans l'espace, d'un point à un autre. *Jeter une passerelle sur un fossé.* ■ Établir, poser. *Jeter les bases d'une société.* **3.** Abandonner, rejeter comme encombrant ou inutile. *Vieux papiers bons à jeter.* – *Jeter qqch. à la poubelle.* **→ mettre.** ■ fam. *Se faire jeter* : se faire rejeter, exclure, renvoyer. **4.** Déposer, mettre avec vivacité ou sans soin. *Jeter ses clés sur la table.* – *Jeter les dés.* – fam. *S'en jeter un* (verre), *s'en jeter un derrière la cravate* : boire qqch. ■ Disposer rapidement. *Jeter une nappe sur une table.* – fig. au p. p. *Une idée jetée sur le papier*, notée rapidement. **5.** Répandre. *Jeter de l'ombre sur qqch.* – fig. *Jeter l'effroi.* **→ semer.**

Jeter un froid. **II. 1.** Diriger (une partie du corps). *Elle lui jeta ses bras autour du cou.* **2.** Faire sortir de soi. **→ émettre.** *Jeter un cri. – Diamants qui jettent mille feux.* – fam. *En jeter (plein la vue)* : faire forte impression. *Ça en jette !* **III.** Pousser, diriger avec force. *Jeter qqn dehors,* le mettre à la porte. *Jeter qqn en prison.* – ***Jeter bas, à bas, à terre*** : faire tomber brutalement. ■ fig. **→ plonger.** *Jeter qqn dans le désarroi.* ■ **se jeter v. pron. 1.** Sauter, se laisser choir. *Se jeter à l'eau* ; fig. prendre soudainement une décision audacieuse. *Se jeter par la fenêtre.* **2.** Aller d'un mouvement précipité. **→ s'élancer, se précipiter.** *Se jeter dans les bras de qqn. Se jeter sur la nourriture.* **3.** fig. S'engager avec fougue, sans mesurer les risques. *Se jeter dans la bagarre.* **4.** (cours d'eau) Déverser ses eaux. *Les rivières qui se jettent dans la Seine.*

jeteur, euse n. *Jeteur de sort* : sorcier qui jette un sort.

jet-lag [dʒɛtlag] **n. m. (de l'anglais, de *jet* → [2]jet et *lag* « décalage ») anglic.** Troubles physiologiques souvent ressentis après un vol long-courrier traversant plusieurs fuseaux horaires. *Des jet-lags.*

jeton **n. m. (de *jeter,* au sens ancien de « compter, calculer ») 1.** Pièce plate représentant une certaine valeur ou servant de marque. **2.** ***Jeton de présence*** : honoraires perçus par les membres d'un conseil d'administration. **3.** fam. *Faux comme un jeton* **(les jetons imitant parfois les pièces de monnaie)** : dissimulé, hypocrite. ■ ***Un faux jeton*** [foʒtɔ̃] : un hypocrite. – **adj.** *Il, elle est un peu faux jeton.* **4.** fam. Coup. **5.** fam. *Avoir les jetons* : avoir peur. *Donner les jetons* : faire peur.

jet-set [dʒɛtsɛt] **n. f. (de l'anglais *jet* et *set* « groupe ») anglic.** Ensemble des personnalités de la vie mondaine internationale habituées à voyager en jet. - var. **jet set** ou RO **jetset.** - syn. **jet-society** [dʒɛtsɔsajti] **n. f.** ou RO **jetsociety.** *Les jet-societys ou les jet-societies.*

jet-setter [djɛtsetœʀ] **n. m.** ou **jet-setteuse** [djɛtsetœʀ, øz] **n. anglic.** Personne appartenant à la jet-set. *Les jet-setters.* - var. RO **jetsetteur, euse n.**

jet-ski [dʒɛtski] **n. m. (anglais *jet ski*) anglic.** Petite embarcation à moteur se pilotant debout ; sport ainsi pratiqué. *Des jet-skis.*

jet-stream [dʒɛtstʀim] **n. m. (mot anglais, de *jet* « jet » et *stream* « courant ») anglic., météorol.** Courant aérien rapide dans les couches élevées de la troposphère, au-dessus des zones subtropicales. *Des jet-streams.* - recomm. offic. **courant d'altitude.**

jettatura [dʒetatuʀa] **n. f. (mot italien, de *gettare* « jeter [un mauvais sort] »)** Mauvais œil, en Italie du Sud.

Jette Ville de Belgique (Bruxelles-Capitale). 52 728 habitants. Hôpital universitaire.

jeu **n. m. (vient du latin *jocus* → jongler, jouer) I. 1.** Activité physique ou mentale dont le but essentiel est le plaisir qu'elle procure. **→ amusement, divertissement, récréation ; ludique.** ***Le jeu.*** *Le besoin du jeu chez l'enfant.* – **loc. adv.** ***Par jeu.*** *Faire qqch. par jeu.* ■ ***Un jeu.*** *S'adonner à son jeu favori.* **→ passe-temps.** – prov. *Jeu(x) de main, jeu(x) de vilain* : les jeux de main finissent presque toujours mal. **2.** Activité qui présente un ou plusieurs caractères du jeu (gratuité, futilité, facilité). – ***Jeu de mots*** : allusion plaisante fondée sur l'équivoque de mots qui ont une ressemblance phonétique. **→ calembour.** ■ Chose qui ne tire pas à conséquence, ou qui n'offre pas grande difficulté. **→ bagatelle.** *Ce n'est qu'un jeu pour elle. C'est un jeu d'enfant* : c'est très facile. *Se faire un jeu de qqch.* : en triompher facilement. **3.** ***Jeu d'écriture*** : opération comptable purement formelle. **II. 1.** Cette activité organisée par un système de règles définissant un succès et un échec, un gain et une perte. *Jeux de plein air. Jeu d'adresse. Jeu éducatif. Jeux de société*. Jeux vidéo*. Jeux de rôles*. Gagner, perdre, tricher au jeu. La règle du jeu.* ■ ***Le jeu*** : l'ensemble des règles à respecter. ***C'est le jeu.*** **→ correct, régulier.** fam. *Ce n'est pas de jeu* (ou *pas du jeu*) (→ c'est de la triche). – ***Jouer le jeu*** : se conformer strictement aux règles (du jeu, et fig. d'une activité). ■ au plur. Antiq. Compétitions sportives. *Jeux du cirque, du stade.* – ***Jeux Olympiques*.*** **2.** ***Le jeu*** : les jeux où l'on risque de l'argent. *Se ruiner au jeu* **(→ jouer ; joueur).** *Maison de jeu* **(→ casino).** *Table de jeu. Dette de jeu.* – prov. *Heureux au jeu, malheureux en amour.* ■ dans des expr. Argent joué, mise. ***Jouer gros jeu*** ; fig. prendre de grands risques. – *Faites vos jeux* : misez. ***Les jeux sont faits*** *(rien ne va plus)* ; fig. tout est décidé. **3.** Partie qui se joue. *Suivre le jeu.* ■ loc. ***Entrer en jeu.*** **→ intervenir.** *Entrer dans le jeu de qqn,* favoriser ses intérêts. – ***Être en jeu*** : être en cause, en question. – *Se prendre, se piquer* ***au jeu*** : se laisser passionner ; s'obstiner. ■ Division de la partie, au tennis. *Une manche en six jeux.* **4.** hist. littér. Pièce de théâtre en vers, au Moyen Âge. **III.** Ce qui sert à jouer. **1.** Instruments du jeu. *Un jeu d'échecs en ivoire. Jeu de 32, de 52 cartes.* **2.** Assemblage de cartes plus ou moins favorable qu'un joueur a en main. *Avoir du jeu, un beau jeu.* ■ loc. ***Avoir beau jeu*** : être en situation de triompher aisément. – ***Cacher* son jeu.*** **3.** Série complète d'objets de même nature et d'emploi analogue. *Un jeu de clés.* – ***Jeu d'orgue(s)*** : dans un orgue, rangée de tuyaux de même espèce. **IV. 1.** La manière dont on joue. *Un jeu prudent.* ■ fig. *Jouer un jeu dangereux.* – ***Jouer double jeu*** : agir de deux façons différentes pour tromper. *Jouer franc* jeu.* ***Faire le jeu de*** *qqn,* servir involontairement ses intérêts. *Lire dans le jeu de qqn* : déchiffrer ses intentions. **2.** Façon de jouer d'un instrument, d'une arme. *Le jeu d'un violoniste.* **3.** Manière de jouer un rôle. **→ interprétation.** *Le jeu d'un acteur.* – *Jeu de scène* : ensemble d'attitudes qui concourent à un effet scénique. ■ Rôle, comédie qu'on joue (dans la vie). loc. *Être pris à son propre jeu.* – *Jouer le grand jeu* : utiliser tous ses talents pour séduire, convaincre. ■ **loc. adj. invar.** fig. ***Vieux jeu*** : démodé. **4.** Manière de mettre en œuvre. ***Jeu de.*** *Le jeu de mains d'un pianiste. Jeux de physionomie.* ■ *Jeu de lumière* : combinaison de reflets mobiles et changeants. *Jeu d'eau* : combinaison de formes variées qu'on fait prendre à des jets d'eau. **V. 1.** Mouvement aisé, régulier d'un objet, d'un organe, d'un mécanisme. **→ fonctionnement.** *Le jeu des muscles.* ■ fig. **→ [1]action.** *Le jeu de l'offre et de la demande.* **2.** Espace ménagé pour le mouvement aisé d'un objet. *Donner du jeu à un tiroir.* ■ Défaut de serrage entre deux pièces d'un mécanisme. *Cette pièce a du jeu, il faut la revisser.*

Jeu d'Adam (le) Drame semi-liturgique en vers (v. 1165), rédigé en dialecte normand. Il retrace la chute d'Adam et d'Ève, le meurtre d'Abel par Caïn, puis la procession des prophètes annonçant le Christ.

Jeu-de-paume (musée du) Salle d'exposition temporaire d'art contemporain, installée à Paris dans l'ancien Jeu de paume du palais des Tuileries.

Jeu de paume (serment du) Serment prêté, le 20 juin 1789, par les députés du tiers état, qui réunis dans la salle du Jeu de paume, s'engageaient à ne pas se séparer avant d'avoir donné une constitution à la France.

jeudi **n. m. (vient du latin *Jovis dies* « jour de Jupiter » → jovial)** Quatrième jour de la semaine, qui succède au mercredi. – loc. fam. *La semaine des quatre jeudis* : jamais.

Jeumont Commune du Nord, sur la Sambre, à la frontière belge. 10 447 habitants. Centre ferroviaire. Industrie mécanique.

à jeun [ʒœ̃] **loc. adv. (vient du latin *jejunus* → jéjunum, jeûner)** Sans avoir rien mangé. *Ils sont venus à jeun.*

jeune **(vient du latin *juvenis* → jouvence, jouvenceau, junior, juvénile) I. adj.** Peu avancé en âge (opposé à *vieux*). **1.** (personnes) Qui est dans la jeunesse. *Être jeune, tout jeune, encore jeune. N'être plus très jeune. Mourir jeune. Ils se sont mariés jeunes.* – *Jeune femme*, jeune fille*, jeune homme*.* – loc. *Faire jeune,* plus jeune que son âge. ■ *S'adresser à un public jeune.* ■ (valeur comparative) *Son jeune frère, sa jeune sœur.* **→ benjamin, cadet. 2.** (animaux) *Jeune chat, jeune chien.* ■ (plantes) *Jeune chêne. Jeune pousse.* **3.** (choses) Nouveau, récent. *Une industrie jeune. Cette eau-de-vie est trop jeune.* **4.** (qualifiant une période) *Dès son plus jeune âge.* **→ enfance.** *Dans mon jeune temps.* **→ jeunesse.** – poét. *Nos jeunes années.* **5.** Qui a les caractères de la jeunesse. *Une allure jeune. Elle est jeune d'esprit.* ■ Qui convient, sied à la jeunesse. *Une coiffure jeune.* – **adv.** *S'habiller jeune.* **6.** Qui est nouveau (dans un état, une occupation). *Jeunes mariés* : personnes récemment mariées. – fam. *Être jeune dans le métier.* **→ inexpérimenté, novice. 7.** fam. **→ insuffisant, léger.** *C'est un peu jeune, comme argument.* **II. n.** Personne jeune. *Les jeunes.* **→ adolescent ; jeunesse.** *Les jeunes dans la société. Le chômage des jeunes.*

jeûne **n. m. (de *jeûner*)** Privation volontaire de toute nourriture. **→ abstinence ; [1]diète.**

Jeune-Italie **n. f.** Société secrète républicaine créée en 1831 par G. Mazzini pour la libération et l'unification de l'Italie.

jeûner **v. intr. < 1 > (vient du latin chrét. *jejunare* → [1]déjeuner, [1]dîner, de *jejunus* → à jeun)** Se priver volontairement de nourriture ou en être privé ; rester à jeun. *Jeûner pour protester* **(→ grève* de la faim).**

Jeu de paume (serment du)

Le Serment du Jeu de paume, d'après Jacques Louis David (XIXe s.), musée Carnavalet, Paris.

Jeunes Gens en colère (les) **n. m. pl.** en anglais **Angry Young Men** Mouvement littéraire britannique qui se développa des années 1950 au début des années 1960. Ses représentants, au premier rang desquels John Osborne, dénonçaient l'hypocrisie et l'immobilisme de la société de l'époque.

jeunesse **n. f.** **I. 1.** Temps de la vie entre l'enfance et la maturité. *L'adolescence, première partie de la jeunesse. N'être plus de la première jeunesse :* n'être plus jeune. – *Erreur de jeunesse. « Dis, qu'as-tu fait, toi que voilà, / De ta jeunesse ? »* (Verlaine). – prov. *Il faut que jeunesse se passe :* il faut être indulgent pour les écarts des jeunes gens. **2.** Fait d'être jeune ; état d'une personne jeune. – *L'intransigeance de la jeunesse.* ■ Ensemble de caractères propres à la jeunesse, mais qui peuvent se conserver jusque dans la vieillesse. *Une éternelle jeunesse.* → **fraîcheur, vigueur.** – *Jeunesse de cœur.* **II. 1.** Les personnes jeunes ; les jeunes. prov. *Si jeunesse savait, si vieillesse pouvait :* si les jeunes avaient l'expérience des vieux et les vieux la vigueur des jeunes. ■ Les enfants et les adolescents. *Publications destinées à la jeunesse.* **2.** fam. et vieilli Fille ou femme très jeune. *Il a épousé une jeunesse.* → ^{2}**tendron. 3.** au plur. Groupes organisés de jeunes gens.

Jeunesse étudiante chrétienne (JEC) Mouvement d'action catholique créé en 1929 et qui regroupe étudiants et étudiantes.

Jeunesse ouvrière chrétienne (JOC) Mouvement d'action catholique destiné au milieu ouvrier. Fondée en Belgique en 1925 par l'abbé Cardijn, la JOC se développa dans la banlieue parisienne grâce à l'abbé Guérin et forma de nombreux militants ouvriers.

jeunes-turcs **n. m. pl.** Membres de la Jeune-Turquie, comité d'officiers libéraux et réformateurs fondé en 1868 par Midhat Pacha. Au sein du comité « Union et Progrès », les Jeunes-Turcs firent restaurer en 1908 la Constitution (suspendue en 1878). Ils renversèrent le sultan Abdülhamid II en 1909 et instituèrent en 1913 le triumvirat (Talaat, Djamal et Enver) qui entraîna l'Empire ottoman dans la Première Guerre mondiale aux côtés de l'Allemagne. Ils durent se retirer en 1918.

jeunet, ette **adj.** fam. Bien jeune. → **jeunot.** – **n. f.** *Une jeunette.*

Jeunet (Jean-Pierre) Réalisateur et scénariste français (né en 1953). Il a réalisé avec Marc Caro *Delicatessen* et *La Cité des enfants perdus*, avant de tourner *Le Fabuleux Destin d'Amélie Poulain* puis *Un long dimanche de fiançailles*.

jeûneur, euse **n.** Personne qui jeûne.

jeunisme **n. m.** Culte des valeurs associées à la jeunesse (beauté, performance, etc.). ▫ **adj. jeuniste**

jeunot, otte **adj.** fam. Jeune. → **jeunet.** – **n.** *Un petit jeunot.*

Jeux floraux Concours poétique annuel institué à Toulouse en 1323 par sept troubadours, défenseurs de la culture occitane. L'académie des Jeux floraux couronne, aujourd'hui encore, des œuvres en français et en occitan.

jeux Olympiques voir **Olympiques (jeux)**

Jevons (William Stanley) Économiste et logicien britannique (1835-1882). Il formula, en même temps que C. Menger et L. Walras, la théorie de l'utilité marginale, et précisa l'apport de Boole en logique formelle.

Jézabel Princesse tyrienne, épouse du roi d'Israël Achab et mère d'Athalie (IXe s. av. J.-C.). Despotique et idolâtre, selon la Bible, elle fut assassinée.

Jhang-Maghiana ou **Jhang Sadar** Ville du Pakistan, sur la Chenab (Panjab). 435 000 habitants.

Jhansi Ville d'Inde (Uttar Pradesh). 547 638 habitants. Centre ferroviaire.

Jharkhand État du N.-E. de l'Inde. 79 700 km^2. 38,6 millions d'habitants. Capitale : Ranchi.

Jhelam ou **Jhelum** **n. f.** Rivière d'Inde et du Pakistan. 725 km. Née dans le Cachemire, elle arrose Shrinagar, traverse le Panjab et se jette dans la Chenab.

Jiamusi ou **Kia-mou-sseu** Ville de Chine (Heilongjiang), sur le Songhua jiang. 631 350 habitants.

Jiang Jieshi, Tsiang Kiai-che, Chiang Kai-shek ou **Tchang Kaï-chek** Maréchal et homme d'État chinois (1886-1975). Il rejoignit le parti de Sun Yat-sen en 1911. Il organisa l'armée du Guomindang et reconquit une partie de la Chine, puis établit le gouvernement nationaliste à Nankin en 1928. Après la guerre contre le Japon et la guerre civile contre les communistes, il dut s'enfuir en 1949 à Taiwan, où il dirigea la République nationaliste jusqu'à sa mort.

Jiang Jieshi en 1937, prononçant un discours lors de la guerre sino-japonaise.

Jiang Jingguo ou **Kiang King-kouo** Homme d'État taiwanais (1910-1988). Fils de Jiang Jieshi, il fut Premier ministre en 1972, puis président de la République de 1978 à sa mort.

Jiang Qing ou **Kiang K'ing** Femme politique chinoise (1914-1991). Épouse de Mao Zedong, elle domina la vie politique pendant la Révolution culturelle et fut membre de la « Bande des quatre ». Elle fut condamnée à mort (1981), graciée et mourut en prison.

Jiangsu ou **Kiang-sou** **n. m.** Province du centre-est de la Chine. 102 600 km^2. 78 660 940 habitants. Capitale : Nankin. Agriculture intensive (céréales, oléagineux, coton ; élevage). Pêche. Industries (textile, électronique, chimie).

Jiangxi ou **Kiang-si** **n. m.** Province du S. de la Chine. 167 000 km^2. 44 567 800 habitants. Capitale : Nanchang. Agriculture tropicale (riz). Minerais (uranium, cuivre, tungstène).

Jiang Zemin ou **Kiang Tsö-min** Homme d'État chinois (1926-2022). Remarqué par Deng Xiaoping, il s'imposa comme le continuateur de sa politique de modernisation en tant que secrétaire général du Parti communiste chinois (1989-2002), président de la République (1993-2003) et président de la Commission des affaires militaires du Comité central du parti (1989-2004).

Jiang Zemin en 2004 à Pékin.

Jiaozhou ou **Kiao-tcheou** Ville de Chine (Shandong). 404 200 habitants. Ancienne possession allemande (1898-1914), elle fut occupée par les Japonais de 1914 à 1922.

Jiaxing ou **Kia-hing** Ville de Chine (Zhejiang), au S.-O. de Shanghai. 762 640 habitants. Centrale thermonucléaire.

Jiayuguan ou **Kia-yu-kouan** Ville de Chine (Gansu), à l'extrémité occidentale de la Grande Muraille. 216 300 habitants. Vaste nécropole des Wei et des Jin.

jihad, jihadisme, jihadiste voir **djihad, djihadisme, djihadiste**

Jihad islamique voir **Djihad islamique**

Jijé (Joseph Gillain, dit d'après ses initiales) Dessinateur et scénariste belge de bandes dessinées (1914-1980). Créateur de *Jean Valhardi* et de *Jerry Spring*, il s'imposa comme le père du réalisme.

Jijel anciennement **Djidjelli** Ville d'Algérie, sur la côte de la Kabylie des Babors. 131 500 habitants. Station balnéaire.

Jilin, Ki-lin ou **Kirin** **n. m.** Province du N.-E. de la Chine. 187 400 km^2. 27 452 800 habitants. Capitale : Changchun. Importante exploitation forestière. Minerais (or, nickel).

Jiménez (Juan Ramón) Poète espagnol (1881-1957). Sa poésie, « religion immanente », d'abord marquée par le symbolisme, se fit plus lyrique *(Sonetos espirituales)* puis métaphysique. Il publia un célèbre récit, *Platero et moi*, dans lequel un homme dialogue avec son âne. Prix Nobel 1956.

Jiménez de Cisneros (Francisco) Prélat espagnol (1436-1517). Archevêque de Tolède, cardinal et grand inquisiteur de Castille (1507), il devint régent d'Aragon à la mort de Ferdinand II (1516).

Jimmu Tenno Nom du premier empereur *(tenno)* qui aurait fondé le Japon en –660.

Jina Titre donné à Vardhamāna, fondateur du djaïnisme.

Jinan ou **Tsi-nan** Ville de Chine, capitale de la province du Shandong, sur le Huang he. 3 527 500 habitants. Centre industriel.

Jingdezhen ou **King-tö-tchen** Ville de Chine (Jiangxi). 430 000 habitants. Musée et manufacture de porcelaine.

Jing Hao ou **King Hao** Peintre, lettré, calligraphe et théoricien chinois (v. 901-v. 960). Grand maître du paysage, il est l'auteur d'un remarquable *Traité sur les techniques du pinceau*.

jingle [dʒingœl] **n. m.** **(mot anglais « son de cloche »)** anglic. Court motif sonore destiné à introduire ou accompagner une émission **(→ indicatif)** ou un message publicitaire.

Jinja Ville d'Ouganda, sur la rive N. du lac Victoria. 83 400 habitants. Centre industriel.

Jinnāh (Muḥammad ʿAlī) Homme d'État pakistanais (1876-1948). À la tête de la Ligue musulmane à partir de 1940, il fonda l'État pakistanais et en devint le chef en 1947.

Jinzhou ou **Kin-tcheou** Ville de Chine (Liaoning). 904 100 habitants. Industrie (pétrochimie).

Jippensha Ikku Écrivain japonais (1766-1831). Il est l'auteur de livrets kabuki et de nombreux romans populaires, dont *Hizakurige* (« Voyage à pied sur la route du Tōkaidō »).

Jirásek (Alois) Écrivain tchèque (1851-1930). Fervent patriote, il vulgarisa l'histoire tchèque dans ses romans *(Parmi les courants)* et reste populaire par les *Vieilles Légendes tchèques* qu'il recueillit.

Jitomir voir **Jytomyr**

Jiu **n. m.** Rivière de Roumanie, affluent du Danube. 349 km.

jiu-jitsu voir **jujitsu**

J

Jivaro(s) **n. m. pl.** Indiens d'Amazonie vivant au pied du versant oriental des Andes. Peuple guerrier, les Jivaros avaient notamment pour coutume de couper et de conserver la tête de leurs ennemis pour en faire des trophées.

Jixi ou **Ki-si** Ville de Chine (Heilongjiang). 750 000 habitants. Centre houiller.

Joab Personnage biblique, neveu de David. Il tue Absalon révolté et meurt assassiné sur ordre de Salomon.

Joachim (saint) Selon la tradition chrétienne, époux de sainte Anne et père de la Vierge Marie.

Joachim de Flore Mystique italien (entre 1130 et 1145-1202). Abbé cistercien, il fonda la congrégation « de Flore ». Sa doctrine qui annonçait un âge de l'Esprit où l'humanité serait convertie à la pauvreté évangélique, fut reprise par les mouvements franciscains non conformistes des XIIIe-XIVe siècles.

Joad ou **Jehoyada** Grand prêtre juif (IXe s. av. J.-C.). Il proclama roi Joas et ordonna le meurtre d'Athalie.

joaillerie **n. f. 1.** Art de monter les pierres précieuses ou fines pour en faire des joyaux. **2.** Métier, commerce du joaillier ; atelier, magasin de joaillier. **→ bijouterie.**

joaillier, ière ou **joailler, ère** **n. (de** ***joiel,*** **ancienne forme de** ***joyau****)** Personne qui fabrique des joyaux, qui en fait commerce. *Bijoutier-joaillier. Joaillier-orfèvre.*

Joanne (Adolphe) Voyageur, géographe et écrivain français (1813-1881). Célèbre pour ses *Itinéraires (Guides Joanne),* il publia la première version du *Dictionnaire géographique et administratif de la France.*

João Pessoa Ville du Brésil, capitale de l'État du Paraíba, à l'embouchure du Paraíba. 720 800 habitants (1 069 000 pour l'aire métropolitaine). Ville universitaire.

Joas Roi de Juda (de –834 à –796). Sauvé du massacre ordonné par Athalie, il fut proclamé roi par Joad.

job [dʒɔb] **n. m. (mot anglais) anglic., fam. 1.** Travail rémunéré, qu'on ne considère ni comme un métier, ni comme une situation. **2.** Emploi rémunéré. **→ fam. ²boulot.** *Elle a un bon job.*

Job Personnage biblique qui apparaît dans le Livre d'Ézéchiel comme une figure de juste. Le Livre de Job, traditionnellement attribué à Moïse, pose le problème de la souffrance du juste. Job durement éprouvé par Dieu lui reste cependant fidèle, et en est récompensé.

jobard, arde **adj. et n. (du moyen français** ***job*** **« niais », origine discutée** ***cf.*** **barjo)** Crédule jusqu'à la bêtise. **→ ¹naïf, niais.**

jobardise ou **jobarderie** **n. f.** Crédulité, niaiserie.

jober [dʒɔbe] **v. intr. < 1 > (Belgique)** Faire un job (1). *Jober comme serveur pour financer ses études.*

Jobim (Antonio Carlos) Compositeur brésilien (1927-1994). Inventeur de la bossa-nova, il composa pour le poète Vinicius de Moraes et pour le guitariste João Gilberto. *Orfeu Negro ; La Fille d'Ipanema.*

jobiste [dʒɔbist] **n. (Belgique)** Personne qui jobe. **– appos.** *Étudiants jobistes.*

Jobourg (nez de) Promontoire rocheux du Cotentin surplombant la Manche, qui forme la pointe sud du cap de La Hague.

Jobs (Steven Paul, dit Steve) Informaticien américain (1955-2011). Fondateur, avec Wozniak, de la société Apple (1976), il est à l'origine de la « révolution » micro-informatique des années 1980.

JOC voir **Jeunesse ouvrière chrétienne**

jocasse **n. f. (p.-ê. du francique ou altération de** ***jacasse*** **« pie », de** ***jacasser*****) régional** Litorne.

Jocaste Dans la mythologie grecque, femme de Laïos, roi de Thèbes, et mère d'Œdipe. Conformément à la prédiction de la Pythie, Œdipe tue, malgré lui, son père et épouse Jocaste, qui, apprenant qu'il est son fils, se pend.

Jōchō Sculpteur japonais et religieux bouddhiste (mort en 1057). Auteur du bouddha Amida, en bois laqué et doré, au temple du Byōdōin à Uji, il créa des guildes de sculpteurs spécialisés dans les sujets religieux.

jockey **n. (mot anglais, de** ***Jock,*** **forme écossaise de** ***Jack*****)** Personne dont le métier est de monter les chevaux dans les courses. **→ ¹cavalier.**

Joconde **n. f.** Tableau de Léonard de Vinci (v. 1503-1505). Portrait présumé de la Florentine Monna Lisa, épouse du marquis del Giocondo. *La Joconde* fut acquise par François Ier.

La Joconde (1503-1505), musée du Louvre, Paris.

jocrisse **n. m. (n. d'un personnage de théâtre) vieux** Benêt, nigaud.

Jodelle (Étienne) Poète et auteur dramatique français (1532-1573). Auteur, à vingt ans, de la première tragédie classique française, *Cléopâtre captive,* il fut admis dans le groupe de la Pléiade.

jodhpur **n. m. (du n. de la ville) anglic.** Pantalon de cheval serrant la jambe du genou au pied. *Porter un jodhpur, des jodhpurs.*

Jodhpur Ville d'Inde (Rajasthan). 1 138 300 habitants. Centre commercial et administratif.

Jodl (Alfred) Général allemand (1890-1946). Chef du bureau des opérations de la Wehrmacht à partir de 1938, il signa la capitulation allemande à Reims le 7 mai 1945. Condamné à mort par le tribunal de Nuremberg, il fut exécuté.

jodler voir **iodler**

Jōdoshinshū **n. m.** Secte bouddhique piétiste japonaise. Fondée en 1272, elle comprend actuellement environ 20 millions de fidèles.

Jōdoshū ou **Jōdo** **n. m.** Secte bouddhique piétiste japonaise. Fondée en 1174, elle repose sur le culte d'Amida et compte environ 4,5 millions de fidèles.

Joël Prophète biblique qui aurait exercé son ministère dans le royaume de Juda. Le Livre de Joël évoque une invasion désastreuse de sauterelles puis le retour de la prospérité.

Joensuu Ville de l'E. de la Finlande, sur le lac Pyhäselkä. 57 980 habitants. Musée. Exploitation du bois.

Jœuf Commune de la Meurthe-et-Moselle, sur l'Orne. 6 583 habitants. Aciérie.

Joffre (Joseph Jacques Césaire) Maréchal de France (1852-1931). Après avoir servi au Tonkin, au Soudan et à Madagascar, il devint chef d'état-major général de l'armée en 1911. Commandant en chef des armées du Nord et du Nord-Est, il remporta la première victoire de la Marne en septembre 1914. Commandant en chef des armées françaises (1915), il fut remplacé par Nivelle après la bataille de la Somme (1916) et promu maréchal.

jogger [dʒɔge] **v. intr. < 1 > anglic.** Pratiquer le jogging.

joggeur, euse [dʒɔgœʀ, øz] **n. anglic.** Personne qui pratique le jogging. **- var. jogger n. m.**

jogging [(d)ʒɔgiŋ] **n. m. (mot anglais, de** ***to jog*** **« trottiner ») anglic. 1.** Course à pied pratiquée à titre d'exercice physique. **→ aussi footing, running. 2.** Survêtement.

Jogjakarta ou **Yogyakarta** Ville d'Indonésie, au centre de Java. 420 000 habitants. Centre intellectuel, artistique et artisanal javanais.

Jogues (saint Isaac) voir **Isaac Jogues**

Johannesburg Ville d'Afrique du Sud, capitale de la province de Gauteng. 3 888 000 habitants (métropole). C'est la plus grande ville et le principal centre industriel du pays.

johannique **adj. (du latin** ***Johannes*** **« Jean ») didact.** Relatif à l'apôtre Jean.

Johannsen (Wilhelm Ludwig) Botaniste et généticien danois (1857-1927). On lui doit la définition du gène, ainsi que la distinction entre le génotype et le phénotype.

John (sir Reginald Kenneth Dwight, dit Elton) Compositeur, chanteur et pianiste britannique (né en 1947). Il devint dans les années 1970 une figure emblématique de la musique pop internationale. *Don't Go Breaking My Heart ; Goodbye Yellow Brick Road.*

Elton John en 2005.

John Bull Personnage créé par J. Arbuthnot en 1712 dans ses pamphlets satiriques. Il est devenu la personnification du peuple anglais.

Johns (Jasper) Peintre américain (né en 1930). Représentant du pop art et du minimalisme, il suivit une voie personnelle en peignant une série de drapeaux, des cibles, des chiffres et des lettres dont il fit ses propres emblèmes. *Three Flags ; Painted Bronze.*

Johnson (Samuel) Écrivain britannique (1709-1784). Critique influent, il est l'auteur d'un *Dictionnaire de la langue anglaise* qui le fit considérer comme le censeur de l'Angleterre littéraire.

Johnson (Andrew) Homme d'État américain (1808-1875). Rallié aux républicains lors de la guerre de Sécession, il devint président des États-Unis (1865-1869) après l'assassinat de Lincoln. Opposant à l'égalité politique des Noirs, il fut traduit en jugement devant le Sénat pour avoir violé une loi votée par le Congrès et acquitté.

Johnson (Philip C.) Architecte américain (1906-2005). Admirateur de Mies van der Rohe, il se fit le champion de l'architecture de verre et d'acier avant d'évoluer vers un néoclassicisme modernisé (New York State Theater).

Johnson **(Lyndon Baines)** Homme d'État américain (1908-1973). Vice-président (démocrate) des États-Unis, il succéda à J. F. Kennedy en 1963, et fut élu président l'année suivante. Durant son mandat (1963-1969), sa politique d'« escalade » au Viêtnam provoqua l'hostilité d'une grande partie de l'opinion.

Johnson **(Daniel)** Homme d'État canadien (québécois) [1915-1968]. Chef de l'Union nationale en 1961, il devint Premier ministre du Québec en 1966. ■ **Daniel Johnson** (né en 1944), son fils, prit la tête du Parti libéral québécois et fut Premier ministre (janv.-sept. 1994). ■ **Pierre Marc Johnson** (né en 1946), frère de Daniel, prit la tête du Parti québécois et fut également Premier ministre (oct.-déc. 1985).

Johnson **(Katherine)** Physicienne américaine (1918-2020). Employée par la Nasa, elle effectua des calculs de trajectoire essentiels à la réussite des vols spatiaux à partir de 1961 (dont *Apollo 11*). Son parcours, révélateur du difficile accès des femmes noires aux carrières scientifiques, a inspiré le film *Les Figures de l'ombre.*

Johnson **(Uwe)** Écrivain allemand (1934-1984). Passé à Berlin-Ouest en 1959, il développa dans ses romans le thème de l'Allemagne divisée. *L'Impossible Biographie ; Une année dans la vie de Gesine Cresspahl.*

Johnson **(Earvin, dit Magic)** Basketteur américain (né en 1959). Il a été cinq fois champion des États-Unis à la tête des Los Angeles Lakers, et champion olympique en 1992.

Johnson **(Benjamin, dit Ben)** Athlète canadien d'origine jamaïcaine (né en 1961). Convaincu de dopage, il fut déchu du titre obtenu pour son record au 100 m des Jeux olympiques de Séoul en 1988.

Johnson **(Alexander Boris de Pfeffel Johnson, dit Boris)** Homme d'État britannique (né en 1964). Membre du Parti conservateur, il fut maire de Londres de 2008 à 2016 puis, de 2019 à 2022, chef du parti et Premier ministre notamment en charge du Brexit.

Johnson **(Michael Duane)** Athlète américain (né en 1967). Entre 1991 et 2000, il fut à plusieurs reprises champion du monde et champion olympique du 200 m, du 400 m et du relais 4 × 400 m.

Johnson-Sirleaf **(Ellen)** Femme d'État libérienne (née en 1938). Issue de l'élite américano-libérienne, elle fut présidente de la République de 2006 à 2018. Prix Nobel de la paix 2011.

Johns (Jasper)

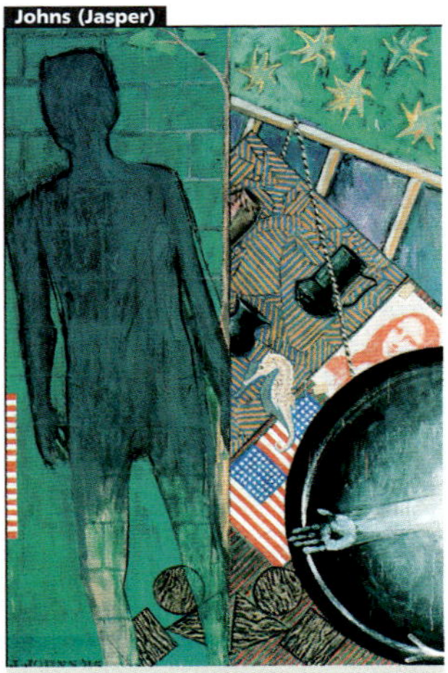

Jasper Johns, *The Seasons, Summer* (1987), Metropolitan Museum of Art, New York.

Jo-ho voir Re he

Johor n. m. État de la Fédération de Malaisie, au S. de la péninsule malaise. 3,7 millions d'habitants. Capitale : Johor Bahru.

Johor Bahru Ville de Malaisie, sur le détroit de Singapour. 384 600 habitants. Université. Musée. Centre industriel. Aéroport international de Senai.

joie n. f. (vient du latin *gaudia*, de *gaudere* → jouir) **1.** Émotion agréable et profonde, sentiment exaltant ressenti par toute la conscience. *Joie intense.* → **allégresse, jubilation, ravissement.** *La joie intérieure. Pleurer de joie. Mettre en joie* (→ **réjouir**). – *Respirer la joie de vivre.* **2.** Cette émotion liée à une cause particulière. *C'est une joie de vous revoir. Se faire une joie de :* se réjouir de. ■ au plur. *Une vie sans joies.* → **agrément, douceur, plaisir.** – iron. Ennuis, désagréments. *Les joies du camping.*

joignable adj. Que l'on peut joindre (5).

Johnson (Magic)

Magic Johnson avec les Lakers de Los Angeles.

Joigny Commune de l'Yonne, sur l'Yonne. 9 381 habitants. Églises et maisons des XVe et XVIe siècles.

joindre v. < 49 > (vient du latin *jungere*, famille de *jugum* → joug ; adjoindre, rejoindre) **I.** v. tr. **1.** Mettre (des choses) ensemble, de façon qu'elles se touchent ou tiennent ensemble (→ **jonction**). *Joindre les mains. Joindre bout à bout.* – loc. *Joindre les deux bouts* (du mois) : équilibrer son budget. **2.** (sujet chose) Mettre en communication. *Bretelle qui joint deux autoroutes.* → **relier. 3.** Mettre ensemble. → **rassembler, réunir.** *Joindre ses efforts.* **4.** ***Joindre à*** : mettre avec. → **ajouter.** *Joindre le geste à la parole.* – ellipt *Joindre une enveloppe timbrée pour la réponse.* ■ Unir en soi (tel caractère à tel autre). – *Joindre l'utile à l'agréable.* **5.** Entrer en communication avec (qqn). → **contacter, rencontrer, [1]toucher.** *À quel numéro* (de téléphone) *peut-on vous joindre ?* (→ **joignable**). **II.** v. intr. Se toucher sans laisser d'interstice. *Planches qui joignent bien.* ■ **se joindre** v. pron. *Les deux routes se joignent ici.* → **se rejoindre.** ■ ***Se joindre à*** : se mettre avec, s'associer à. *Se joindre à un cortège. Mon mari se joint à moi pour vous envoyer tous nos vœux.* – Participer à. *Se joindre à la conversation.*

[1]joint, jointe adj. **1.** Qui est, qui a été joint. *Sauter à pieds joints.* – *Pièces solidement jointes.* ■ *Compte joint :* compte bancaire ayant plusieurs titulaires. *Fichier joint, pièce jointe* (à un courrier électronique). → **[1]attaché.** ■ ***Joint à***. *Lettre jointe à un paquet.* **2.** ***Ci-joint*** adj. Joint ici même, joint à ceci (→ **ci-inclus**). *Les documents ci-joints.* – (adv. invar., avant le n.) *Ci-joint la copie.*

[2]joint n. m. **1.** Espace qui subsiste entre des éléments joints. *Les joints d'une fenêtre.* **2.** Articulation entre deux pièces. *Joint de cardan.* **3.** Garniture assurant l'étanchéité d'un assemblage. *Joint de robinet.* **4.** loc. *Chercher, trouver le joint,* le moyen de résoudre une difficulté.

[3]joint n. m. (mot anglais des États-Unis, emprunt au français *joint*) anglic., fam. Cigarette de haschich. → **pétard.**

jointé, ée adj. zool. *Cheval court-jointé, long-jointé,* dont le paturon est trop court, trop long.

jointif, ive adj. techn. Qui est joint, qui est en contact par les bords.

jointoyer v. tr. < 8 > techn. Remplir les joints de (une maçonnerie) avec du mortier. □ n. m. **jointoiement**

jointure n. f. (vient du latin *junctura*, de *jungere* → joindre) **1.** Endroit où les os se joignent. → **articulation, attache. 2.** Endroit où deux parties se joignent ; façon dont elles sont jointes. → **assemblage.** *Jointure étanche.*

joint-venture [dʒɔjntvɛntʃœʀ] n. f. (mot anglais « entreprise mixte ») anglic., écon. → **coentreprise** (recommandation offic.). *Des joint-ventures.*

Joinville **(François Ferdinand Philippe d'Orléans, prince de)** Troisième fils de Louis-Philippe (1818-1900). Vice-amiral, il rapporta de Sainte-Hélène les restes de Napoléon (1840) et dirigea l'expédition contre le Maroc (1844).

Joinville **(Jean de)** Chroniqueur français (1225-1317). Sénéchal de Champagne et conseiller de Louis IX, il participa avec lui à la septième croisade (1248). Il est l'auteur d'une *Vie de Saint Louis.*

Joinville Ville du Brésil (Santa Catarina). 498 000 habitants (1 116 000 pour l'aire métropolitaine). Industrie.

Joinville Commune de la Haute-Marne, sur la Marne. 3 001 habitants. Château du Grand-Jardin (1546). Église du XIIe-XIVe siècle.

Joinville-le-Pont Commune du Val-de-Marne, sur la Marne. 19 128 habitants. Sports nautiques.

[1]jojo n. m. (du n. d'un personnage créé par le dessinateur Ami) fam. *Un affreux jojo :* un enfant insupportable, un garnement.

[2]jojo adj. (de *joli*) fam. (surtout négatif) Joli (ironiquement). *Elles sont pas jojos !*

jojoba n. m. (mot espagnol du Mexique) Arbuste des déserts du Mexique et de Californie dont on tire une huile utilisée en pharmacie et dans l'industrie des cosmétiques.

Jókai **(Mór)** Écrivain hongrois (1825-1904). Il participa à la révolution hongroise de 1848 et publia des romans et des nouvelles traitant de sujets historiques. *Âge d'or en Transylvanie ; Un nabab hongrois.*

joker n. m. (mot anglais « farceur ») anglic. **1.** Carte à jouer à laquelle le détenteur est libre d'attribuer telle ou telle valeur. **2.** fig. Élément permettant un succès inattendu. *Sortir son joker.*

Jolas **(Betsy)** Compositrice française (née en 1926). Élève de D. Milhaud et d'O. Messiaen, elle s'est intéressée aux recherches vocales et aux formes instrumentales. *L'Œil égaré ; Liring Ballade.*

joli, ie adj. (d'abord *jolif* ; p.-ê. d'origine scandinave, ou vient du latin pop. *gaudivus*, de *gaudere* → jouir) **1.** Très agréable à voir. → **gracieux, mignon.** *Jolie fille. Elle est jolie comme un cœur. Joli garçon.* – *Une jolie maison.* → **ravissant.** ■ Très agréable à entendre. *Jolie voix.* ■ adv. *Faire joli.* → **[2]bien. 2.** fam. Digne de retenir l'attention, qui mérite d'être considéré. *Une jolie somme.* → **considérable, coquet.** *Réussir un joli coup.* – loc. *C'est bien joli, mais... :* ce n'est pas sans intérêt, mais...

3. iron. *Un joli coco :* un individu peu recommandable. ▪ **n. m.** *C'est du joli !,* c'est mal (→ c'est du beau, c'est du propre).

joliesse n. f. littér. Caractère de ce qui est joli, délicat.

Joliet ou **Jolliet** (Louis) Explorateur français (1645-1700). Il explora la région des Grands Lacs, les cours du Wisconsin, du Mississippi et de l'Illinois.

Joliette Ville du Canada (Québec), au N.-E. de Montréal. 20 484 habitants.

joliment adv. **1.** D'une manière jolie, agréable. *Compliment joliment tourné.* **2.** D'une façon considérable. → fam. **rudement.**

Joliot-Curie (Irène) Physicienne française (1897-1956). Fille de Pierre et de Marie Curie, elle effectua la plupart de ses recherches en collaboration avec son mari Frédéric Joliot-Curie. Elle prépara la découverte du neutron et du positron, contribua à la naissance de la physique nucléaire et découvrit la radioactivité artificielle. Elle fut sous-secrétaire d'État à la Recherche scientifique (1936). Prix Nobel de chimie 1935 avec F. Joliot-Curie.

Irène Joliot-Curie en 1942 dans le laboratoire Curie de l'Institut du radium, rue d'Ulm à Paris.

Joliot-Curie (Frédéric Joliot dit Frédéric) Physicien français (1900-1958). Mari d'Irène Joliot-Curie, il découvrit avec elle la radioactivité artificielle (1934) et étudia la fission de l'atome. Premier haut-commissaire à l'Énergie atomique, il dirigea la construction de *Zoé,* la première pile atomique française. Prix Nobel de chimie 1935 avec I. Joliot-Curie.

Jolivet (André) Compositeur et chef d'orchestre français (1905-1974). Influencé par le dodécaphonisme, il composa des œuvres d'une violence fascinante *(Mana ; Cinq Danses rituelles),* revint au style modal, puis conjugua ces diverses influences. *Deuxième Symphonie.*

Jollien (Alexandre) Écrivain et philosophe suisse (né en 1975). Ses réflexions portent sur la thérapie de l'âme. Atteint d'infirmité motrice-cérébrale de naissance, il a raconté dans *Éloge de la faiblesse* son combat pour être heureux. *La Sagesse espiègle.*

Joly (Eva), née **Farseth** Magistrate et femme politique franco-norvégienne (née en 1943). Après avoir instruit des affaires relatives à des scandales politico-financiers, elle fut députée européenne (Europe Écologie) de 2009 à 2019.

Jomelli ou **Jommelli** (Niccolò) Compositeur italien (1714-1774). Maître de chapelle à Saint-Pierre de Rome, puis à la cour de Stuttgart, il est l'auteur d'une soixantaine d'opéras et d'un célèbre *Miserere.*

Jomini (Antoine Henri, baron de) Général et écrivain suisse (1779-1869). Il servit dans l'armée napoléonienne, commanda l'armée russe contre les Turcs (1828-1829), et fonda l'académie militaire de Saint-Pétersbourg. Il figure parmi les théoriciens de la pensée militaire moderne. *Précis de l'art de la guerre.*

Jorasses (Grandes)

La face nord des Grandes Jorasses vue depuis le glacier de Talèfre.

Jonas Personnage biblique, prophète en Israël sous le règne de Jéroboam II (VIIIe s. av. J.-C.). Dans Le Livre de Jonas, Jonas est un prophète que Dieu fait séjourner trois jours dans le ventre d'une baleine.

Jonas (Hans) Philosophe allemand (1903-1993). Élève de M. Heidegger et de R. Bultmann, il étudia d'abord le gnosticisme. Quittant l'Allemagne nazie, il s'installa aux États-Unis et développa une éthique de la responsabilité envers les générations futures à l'âge technologique. *Le Principe responsabilité.*

Jonasz (Michel) Pianiste, compositeur et chanteur français (né en 1947). Passionné de jazz et de rhythm and blues, il s'affirma dans les années 1980 comme un chanteur swing avec *La Boîte de jazz.*

Jonathan Personnage biblique, fils de Saül (-XIe s.). Ami de David, il meurt en combattant les Philistins.

jonc [ʒɔ̃] n. m. (latin *juncus* → **joncher**) **1.** Plante à hautes tiges droites et flexibles, qui croît dans l'eau, les terrains très humides. – Sa tige. *Corbeille de jonc* (→ **vannerie**). **2.** Canne, badine (de jonc, etc.). **3.** Bague, bracelet dont le cercle est partout de même grosseur.

jonchaie n. f. Lieu où poussent des joncs. → **joncheraie, jonchère.**

¹jonchée n. f. (de *joncher*) littér. **1.** Amas de branchages, de fleurs qui jonchent le sol. **2.** Grande quantité (d'objets épars sur le sol).

²jonchée n. f. (de *jonc*) Fromage frais présenté dans un petit panier de jonc.

joncher v. tr. < 1 > (de *jonc*) **1.** Parsemer (le sol, un lieu) de branchages, etc. – au p. p. « *Des chemins tout jonchés de fleurs et de rameaux* » (Baudelaire). **2.** (le sujet désigne les choses éparses) → **couvrir.** – passif et p. p. *Le tapis était jonché de livres.*

joncheraie n. f. régional → **jonchaie, jonchère.**

jonchère n. f. régional **1.** Lieu où poussent des joncs. → **jonchaie. 2.** Grosse touffe de joncs sur pied.

jonchet n. m. (de *jonc*) Chacun des bâtonnets que l'on joue à retirer, avec un crochet, du tas où on les a jetés en vrac, sans faire bouger les autres.

Joncour (Serge) Écrivain français (né en 1961). En mettant en scène la manipulation, la rupture entre l'homme et la nature, les contraintes d'un monde soumis aux exigences économiques, sociales, médiatiques, il brosse un tableau de la société contemporaine et de ses absurdités *(Repose-toi sur moi ; Nature humaine).*

jonction n. f. (latin *junctio,* de *jungere* → **joindre**) **1.** Action de joindre une chose à une autre ; fait d'être joint. → **assemblage, réunion.** *Point de jonction.* ▪ Lieu de rencontre. *À la jonction des deux routes.* **2.** (troupes, groupes) Action de se joindre. *Les deux armées ont opéré leur jonction.*

Jones (Inigo) Architecte et décorateur anglais (1573-1652). Surintendant des bâtiments royaux, il réalisa la maison de la reine à Greenwich et la salle des Banquets de Whitehall. Il fit plusieurs séjours en Italie et fut l'initiateur du palladianisme en Angleterre.

Jones (Ernest) Médecin et psychanalyste britannique (1879-1958). Premier disciple de Freud en Grande-Bretagne, il lui a consacré une importante étude, *La Vie et l'Œuvre de Sigmund Freud.*

Jones (James) Romancier américain (1921-1977). Il est connu par son roman décrivant les expériences d'un jeune militaire de carrière, *Tant qu'il y aura des hommes.*

Jones (Quincy Delight Jones Jr, dit Quincy) Trompettiste, auteur-compositeur et producteur américain (né en 1933). Il joua avec Lionel Hampton, Ray Charles, Dizzy Gillespie... et arrangea de nombreux standards. Il enregistra de nombreux albums à son nom et coproduisit *Thriller* de Michael Jackson et *La Couleur pourpre* de Steven Spielberg.

Jongen (Joseph) Compositeur belge (1873-1953). Il travailla avec V. d'Indy et dirigea le conservatoire de Bruxelles. *Symphonie concertante avec orgue ; Messe.*

Jongkind (Johan Barthold) Peintre et aquarelliste néerlandais (1819-1891). Installé en France, il peignit des paysages dont les effets d'atmosphère et les jeux de lumière annoncent l'impressionnisme. *Pont de la Tournelle* (Paris) ; *L'Entrée du port de Honfleur.*

jonglage n. m. Action de jongler ; art du jongleur. → **jonglerie.**

jongler v. intr. < 1 > (ancien français *jogler,* qui vient du latin *joculari* → **jeu, jouer**) **1.** Lancer en l'air plusieurs objets qu'on reçoit et relance alternativement en entrecroisant leurs trajectoires. *Jongler avec des balles.* **2.** fig. *Jongler avec :* manier de façon adroite et désinvolte. → **jouer.** *Jongler avec les chiffres.*

jonglerie n. f. **1.** Art du jongleur. → **jonglage. 2.** fig. (souvent péj.) Exercice de virtuosité pure.

jongleur, euse n. (vient du latin *joculator,* de *joculari* → **jongler,** de *jocus* → **jeu**) **1.** anciennt Ménestrel. **2.** Personne dont le métier est de jongler.

Jönköping Ville de Suède, port sur le lac Vätter. 143 500 habitants. Hôtel de ville (XVIIe s.). Industries (papeterie, textile).

jonque **n. f. (du portugais, emprunt au javanais)** Voilier d'Extrême-Orient, dont les voiles sont tendues par des lattes horizontales en bambou.

Jonquères d'Oriola (Pierre) Cavalier français (1920-2011). Il fut champion olympique de saut d'obstacles individuel en 1952 et 1964.

Jonquière Ancienne ville du Canada (Québec), fusionnée dans Saguenay.

jonquille **n. f. (de l'espagnol, de *junco* « jonc »)** Narcisse à fleurs jaunes et odorantes ; cette fleur. **– adj. invar.** De la couleur de cette fleur. *Rubans jonquille.*

Jonson (Benjamin, dit Ben) Auteur dramatique anglais (1572-1637). Auteur de comédies d'une grande force satirique, il est, avec Shakespeare, l'un des principaux représentants du théâtre élisabéthain. *Volpone ou le Renard ; L'Alchimiste.*

Jonzac Chef-lieu d'arrondissement de la Charente-Maritime, sur la Seugne. 3 542 habitants. Cognac et pineau des Charentes.

Jonze (Adam Spiegel, dit Spike) Réalisateur et scénariste américain (né en 1969). Après *Dans la peau de John Malkovich,* film satirique et fantastique, il réalise plusieurs comédies dramatiques mettant à nouveau en scène névroses et fantasmes *(Her).*

Jooss (Kurt) Danseur et chorégraphe allemand (1901-1979). Élève de Rudolf von Laban, il privilégia une approche fondée sur l'harmonie du corps humain et sur le mime. *La Table verte.*

Joplin (Scott) Pianiste et compositeur américain (1868-1917). Il est le plus célèbre des musiciens de ragtime. *Maple Leaf Rag ; The Ragtime Dance.*

Joplin (Janis) Chanteuse américaine (1943-1970). Elle devint dans les années 1960 la première vedette féminine du rock. Elle mourut d'une overdose d'héroïne. *Mercedes Benz.*

Jorasses (Grandes) **n. f. pl.** Sommets du massif du Mont-Blanc, à la frontière italienne. 4 208 m.

Jorat **n. m.** Massif du plateau suisse dominant le lac Léman au N.-E. de Lausanne. 929 m.

Jordaens (Jacob) Peintre flamand (1593-1678). Collaborateur de Rubens, il fut l'un des représentants du mouvement baroque flamand, privilégiant les scènes de genre dans un style réaliste et truculent. *Le roi boit !*

Jordan (Alexis) Botaniste français (1814-1897). Il découvrit près de deux cents espèces élémentaires (« jordanons ») de crucifères.

Jordan (Camille) Mathématicien français (1838-1922). Il compléta les recherches de Galois sur la théorie des groupes et précisa la notion de courbe fermée *(courbe de Jordan).*

Jordan (Pascual) Physicien allemand (1902-1980). Il fut l'un des fondateurs de la mécanique quantique sous sa forme matricielle.

Jordan (Armin) Chef d'orchestre suisse (1932-2006). Il dirigea l'orchestre de la Suisse romande de 1985 à 1997.

Jordan (Michael) Basketteur américain (né en 1963). Il remporta six titres de champion NBA avec son équipe des Chicago Bulls et deux médailles d'or aux Jeux olympiques (1984 et 1992).

Jordan (Philippe) Chef d'orchestre suisse (né en 1974). Il a dirigé de prestigieux ensembles tels ceux de la Scala et de Berlin. Il a été nommé directeur musical de l'Opéra de Paris en 2009 et du Wiener Staatsoper en 2020 (où il avait été l'assistant de D. Barenboim).

Jordanie

n. f. ■ **offic. Royaume hachémite de Jordanie** État du Proche-Orient. 92 000 km². 10,1 millions d'habitants (les *Jordaniens*). **Langue :** arabe. **Religions :** musulmans (sunnites 92 % ; minorité druze), chrétiens (6 %). **Monnaie :** dinar jordanien. **Capitale :** Amman. **Régime :** monarchie parlementaire.

GÉOGRAPHIE

La Jordanie est formée d'un plateau désertique prolongeant le désert de Syrie. Elle est le 4e pays le plus pauvre en eau du monde. Doté d'un climat méditerranéen et arrosé par les affluents du Jourdain, le Nord-Ouest est plus propice à l'agriculture (fruits, légumes, céréales) ; le conflit portant sur l'utilisation des eaux du Jourdain limite cependant l'irrigation. L'industrie est concentrée autour d'Amman (agroalimentaire, textile, raffinerie de pétrole). Les sites touristiques comme Pétra attirent de nombreux visiteurs, mais, depuis sa création en 1949, le pays est dépendant de l'aide financière internationale. La population, concentrée à Amman et dans la vallée du Jourdain, compte 60 % de Palestiniens ainsi que de nombreux réfugiés irakiens et syriens.

HISTOIRE

Vers 1500 av. J.-C., des tribus hébraïques s'installèrent dans la région. Le roi David réunit Juda à Israël et Jérusalem devint la capitale d'un grand État palestinien (XIe s. av. J.-C.). La région fut conquise par les Assyriens (IXe s. av. J.-C.), puis par les Babyloniens. Les Nabatéens établirent un royaume avec Pétra pour capitale, puis la région subit la domination grecque (IVe s. av. J.-C.) puis romaine (Ier s.). Après la domination des Perses et des Byzantins, la région fut conquise par les Arabes (634). Les croisés y fondèrent le royaume latin de Jérusalem (1118-1187). La Jordanie fut prise par les mamelouks (1258), puis passa sous le contrôle de l'Empire ottoman (XVIe-XIXe s.).

Royaume indépendant En 1916, les tribus arabes se révoltèrent contre les Turcs, aidées par les Britanniques qui en firent un émirat placé sous leur mandat (1921). L'émirat acquit son indépendance en 1946 et devint en 1949 le Royaume hachémite de Jordanie. À l'issue de la première guerre israélo-arabe, la Jordanie annexa la Cisjordanie (1949). Au roi Abdallah, assassiné, succédèrent son fils Talal (1951-1952), puis Hussein, qui mit fin à la présence militaire britannique (1958). Après la guerre des Six Jours (1967), la Cisjordanie fut occupée par Israël. En 1970-1971, une épreuve de force opposant les organisations palestiniennes aux troupes royales se solda par l'élimination en Jordanie de toute présence de la résistance palestinienne. Isolé au sein du monde arabe, le régime accentua son caractère autoritaire.

De Hussein à Abdallah En 1974, la Jordanie reconnut l'OLP. Elle soutint l'Irak dans sa guerre contre l'Iran (1980-1988). Lorsque l'Intifada éclata, Hussein rompit ses liens avec la Cisjordanie (1988), condamna l'invasion du Koweït par l'Irak (1990) mais refusa de participer à la coalition militaire anti-irakienne. Après la signature de l'accord entre l'OLP et Israël (septembre 1993), la Jordanie conclut un traité de paix avec Israël (1994), qui entraîna une détérioration du climat politique intérieur. Abdallah II, qui a succédé à son père (1999), soutient officiellement les États-Unis, mais doit ménager la communauté palestinienne. Malgré la fin de la guerre en Irak, le contexte sécuritaire reste instable sur toutes les frontières du pays.

Jorn **(Asger Oluf Jørgensen, dit Asger)** Peintre danois (1914-1973). Il fut l'un des promoteurs du groupe Cobra (1948-1951) et fonda à Paris l'Internationale situationniste (1955). L'essentiel de son œuvre relève de l'expressionnisme abstrait.

Jos Ville du Nigeria, capitale de l'État du Plateau. Env. 800 000 habitants.

Josaphat Roi de Juda (de –869 à –848), allié d'Israël.

Josaphat **(vallée de)** Lieu de la Résurrection des morts dans la Bible, traditionnellement identifié avec la vallée du Cédron, près de Jérusalem.

Joseph Patriarche biblique. Fils de Jacob, il est vendu par ses frères et devient ministre du pharaon, dont il interprète les songes.

Joseph **(saint)** Dans les Évangiles, époux de la Vierge Marie et père nourricier de Jésus.

Joseph Ier (1678-1711). Empereur germanique (1705-1711), roi de Hongrie (1687), roi des Romains (1690), archiduc d'Autriche. Fils de Léopold Ier, il remporta contre la France de brillantes victoires militaires, grâce au Prince Eugène.

Joseph II (1741-1790) Empereur germanique (1765-1790). Fils de François Ier et de Marie-Thérèse, il régna en despote éclairé, entreprenant des réformes sociales (abolition du servage et de la corvée) et administratives (suppression des barrières douanières). Il mena une politique anticléricale vigoureuse *(joséphisme)*.

Joseph Ier (1714-1777). Roi de Portugal (1750-1777). Il confia le gouvernement à son ministre Pombal, qui entreprit de redresser le pays dans un esprit de despotisme éclairé.

Joseph Bonaparte voir **Bonaparte**

Joseph d'Arimathie **(saint)** Dans les Évangiles, notable juif qui obtient de Pilate l'autorisation d'ensevelir le corps de Jésus après la Passion.

Josèphe **(Flavius)** voir **Flavius Josèphe**

Joséphine **(Marie-Josèphe Rose Tascher de La Pagerie)** Impératrice des Français (1763-1814). Après un premier mariage avec Alexandre de Beauharnais, dont elle eut deux enfants (Eugène et Hortense), elle épousa Bonaparte (1796) et fut couronnée impératrice (1804). N'ayant pu donner d'héritier à Napoléon, elle fut répudiée en 1809.

L'Impératrice Joséphine en robe de cour, par Robert Lefèvre (v. 1805), musée du château de Malmaison.

Josephson **(Brian David)** Physicien britannique (né en 1940). Il est l'auteur de recherches sur les supraconducteurs et démontra notamment la persistance d'un courant s'écoulant entre deux supraconducteurs séparés par un matériau non supraconducteur *(effet Josephson)*. Prix Nobel 1973.

Jospin **(Lionel)** Homme d'État français (né en 1937). Il fut premier secrétaire du Parti socialiste (1981-1987 et 1995-1997) et ministre de l'Éducation nationale (1988-1992). De 1997 à 2002, il fut Premier ministre lors d'une période de cohabitation avec le président J. Chirac.

Josquin des Prés Compositeur franco-flamand (v. 1440-1521). Il séjourna longtemps en Italie, où il fut notamment chantre de la chapelle pontificale. Son œuvre (messes, motets, chansons) exerça une profonde influence sur l'évolution de la musique sacrée. Maître du contrepoint, il fut l'un des plus grands polyphonistes français.

Josselin Commune du Morbihan, sur l'Oust. 2 511 habitants. Château (façade flamboyante). Industrie alimentaire (viande).

Josué Personnage biblique, successeur de Moïse à la tête des Hébreux. Le Livre de Josué relate la conquête de la Terre promise grâce aux miracles accomplis avec l'aide de Dieu.

1jota [xɔta] **n. f. (mot aragonais, p.-ê. de** ***sotar*** **« danser », qui vient du latin** ***saltare*** **→ sauter)** Danse populaire aragonaise à trois temps.

2jota [xɔta] **n. f. (mot espagnol, du latin** ***iota,*** **mot grec → iota)** Consonne gutturale [x], notée *j*, de la langue castillane.

jottereau **n. m. (ancien français** ***joette*** **« petite joue », du latin** ***gaba*** **ou du provençal** ***gauteiras,*** **de** ***gauta*** **« joue »)** mar. Pièce de bois dur ou de tôle fixée de chaque côté d'un mât.

Jotunheim **n. m.** Massif montagneux du S.-O. de la Norvège. Il comprend le point le plus élevé de la Scandinavie (2 470 m).

jouabilité **n. f.** inform. Qualité de maniabilité, d'ergonomie (d'un logiciel de jeu).

jouable **adj. 1.** Qui peut être joué. **2.** Qui peut être tenté. **→ faisable, possible.**

joual **n. m. (prononciation pop. de** ***cheval,*** **au Québec)** Français populaire canadien, marqué par des écarts phonétiques, lexicaux et des anglicismes.

Jouarre Commune de la Seine-et-Marne. 4 345 habitants. Ancienne abbaye bénédictine (VIIe s.), dont subsistent deux cryptes.

jouasse **adj. (de** ***joie*****)** fam. Joyeux, content.

joubarbe **n. f. (vient du latin** ***Jovis barba*** **« barbe de Jupiter » → jovial)** Plante grasse à feuilles charnues groupées en rosettes, à fleurs roses.

Joubert **(Joseph)** Moraliste français (1754-1824). Ami de Fontanes et de Chateaubriand, il porta dans ses *Carnets* et sa *Correspondance* un regard lucide sur ses contemporains.

Joubert **(Barthélemy Catherine)** Général français (1769-1799). Il participa à la campagne d'Italie avec Bonaparte, puis commanda les armées françaises en Hollande, à Mayence et en Italie.

Joubert **(Petrus Jacobus)** Général boer d'Afrique du Sud (1831-1900). Il fut, avec Kruger et Martinus Pretorius, l'un des organisateurs de la résistance contre les Britanniques et commanda l'armée des Boers.

joue **n. f. (d'abord** ***joe, jode*** **; d'un radical prélatin, p.-ê. gaulois → jabot ; gaver) 1.** Partie latérale de la face s'étendant entre le nez et l'oreille, du dessous de l'œil au menton. *Joues creuses. Joue pendante.* **→ bajoue.** *Grosses joues* **(→ joufflu).** *Embrasser qqn sur les deux joues. Danser joue contre joue.* – allus. biblique *Présenter, tendre l'autre joue :* s'exposer volontairement à un redoublement d'outrages. ▪ loc. *Coucher, mettre* ***en joue*** *un fusil,* contre la joue, pour tirer. **→ épauler.** – ellipt *En joue !* (commandement militaire). – *Coucher, mettre en joue* (qqn, une cible). **→ 1viser. 2.** (animaux) *Joues de bœuf, de lotte.*

jouée **n. f. (de** ***joue*****)** techn. Épaisseur de mur dans l'ouverture d'une porte, d'une fenêtre.

Joué-lès-Tours Commune de l'Indre-et-Loire, dans la banlieue S. de Tours. 38 750 habitants. Industrie du caoutchouc.

jouer **v. < 1 > (vient du latin** ***jocari,*** **de** ***jocus*** **→ jeu) I. v. intr. 1.** Se livrer au jeu. **→ s'amuser. 2.** Pratiquer un jeu déterminé. *Il joue trop bien pour moi.* ▪ Pratiquer les jeux d'argent **(→ joueur). 3.** Agir à son tour, lors d'une partie. *À vous de jouer ;* fig. à vous d'agir. – loc. fig. *Bien joué !*, c'est très bien, bravo ! **4.** Exercer l'activité d'acteur. **5.** (choses) Exercer librement son action. « *La lune était sereine et jouait sur les flots* » (Hugo). **6.** (choses) Fonctionner à l'aise, sans frotter ni accrocher. *Faire jouer la clé dans la serrure.* – *Meuble qui a joué,* dont l'assemblage ne joint plus exactement. ▪ impers. (Suisse) *Ça joue :* ça va ; ça fonctionne. *Ça ne joue plus entre eux.* **7.** Intervenir, entrer, être en jeu. *La question d'intérêt ne joue pas entre eux.* – *Faire jouer ses relations,* les faire intervenir. **II. v. intr. (+ prép.) 1.** ***Jouer avec.*** *Fillette qui joue avec sa poupée.* **→ s'amuser.** – Manier, pour s'amuser ou distraitement. *Jouer avec un couteau.* ▪ fig. *Jouer avec sa santé,* risquer de la compromettre. – *Jouer avec le feu*.* **2.** ***Jouer à*** *(un jeu déterminé). Jouer aux cartes, au tennis, à la roulette.* – abstrait Affecter d'être. *Jouer au héros.* **3.** ***Jouer sur.*** *Jouer sur le cours des devises.* **→ spéculer.** – *Jouer sur les mots,* tirer parti des équivoques, des doubles sens **(→ jeu de mots). 4.** ***Jouer de qqch. :*** se servir avec plus ou moins d'adresse de. *Jouer du couteau.* – *Jouer des coudes*.* – *Jouer d'un instrument.* absolt *Ce musicien joue bien.* ▪ fig. *Jouer de malchance :* accumuler les ennuis. – Exploiter, tirer parti de. *Jouer de son charme.* **III. v. tr. 1.** Faire (une partie). *Jouer la revanche.* – loc. *C'est joué d'avance :* le résultat est certain. ▪ Mettre en jeu. *Jouer une carte ; jouer pique.* ▪ *Jouer un cheval,* miser sur lui. – fig. Choisir, opter pour. *Les investisseurs jouent la prudence.* ▪ ***Jouer le jeu*.*** ***Jouer double jeu*.*** **2.** Hasarder, risquer au jeu. *Jouer une grosse somme.* – fig. Risquer. *Jouer sa réputation.* **→ exposer. 3.** Tromper en ridiculisant. **→ berner, duper.** *Elle vous a joué.* **4.** Interpréter avec un instrument. *Jouer une sonate. Jouer du Mozart.* **5.** Représenter sur scène ou à l'écran. *Jouer une pièce.* ▪ *Jouer un film,* le projeter. *Qu'est-ce qu'on joue ce soir au cinéma ?* **6.** Interpréter (une œuvre dramatique). *Acteur qui joue une pièce de Marivaux.* – *Jouer la comédie*.* ▪ *Jouer un rôle, un personnage.* – fig. *Jouer les victimes.* – *Jouer la surprise.* **→ feindre.** – fam. *(Se) la jouer* (et compl.) : adopter un comportement. *Il essaie de la jouer grand expert.* absolt *Se la jouer :* crâner, frimer ; s'illusionner. ▪ **se jouer v. pron. 1.** *Faire qqch. (comme) en se jouant,* très facilement. **2.** ***Se jouer de qqn :*** se moquer de. *Se jouer des difficultés,* les résoudre facilement. **3.** passif *Ce jeu se joue à six.*

jouet **n. m. 1.** Objet dont les enfants se servent pour jouer. **→ jeu, joujou.** *Jouets éducatifs. Jouets électroniques.* **2.** *Être le jouet de :* être entièrement réglé, gouverné par. *Être le jouet d'une illusion,* la victime.

jouette **adj. et n. f.** (Belgique) (Personne) qui ne pense qu'à jouer.

joueur, euse **n. 1.** Personne qui joue (actuellement ou habituellement) à un jeu. – ***Joueur de.*** *Joueur de boules, d'échecs, de tennis. Joueur de jeux vidéos.* **→** anglic. **gameur.** ▪ **adj.** Qui aime jouer. *Chaton joueur.* **2.** Personne qui joue à des jeux d'argent, qui a la passion du jeu. *Un joueur invétéré.* ▪ **adj.** *Un tempérament joueur.* **3.** loc. (sens pr. et fig.) ***Beau joueur :*** personne qui s'incline loyalement devant la victoire, la supériorité de l'adversaire. ***Mauvais joueur,*** qui refuse d'accepter sa défaite. **4.** Personne qui joue d'un instrument (lorsque le mot particulier n'est pas très courant). *Joueur de cornemuse.*

joufflu, ue **adj. (ancien français** ***giflu,*** **d'après** ***joue*****)** Qui a de grosses joues.

Jouffroy d'Abbans **(Claude François, marquis de)** Ingénieur français (1751-1832). Il réalisa le premier bateau à vapeur ayant effectivement navigué (1776).

joug [ʒu] **n. m.** **(vient du latin *jugum* → joindre, joute, jouxter, juguler, jument)** **1.** Pièce de bois qu'on met sur la tête des bœufs pour les atteler. **2.** fig. Contrainte matérielle ou morale. *Le joug du tyran, des préjugés.* loc. *Mettre sous le joug.* → **asservir.** **3.** Antiq. romaine Assemblage de trois piques sous lequel on faisait passer les vaincus pour marquer symboliquement leur soumission.

Jouhandeau (Marcel) Écrivain français (1888-1979). Son œuvre présente une analyse cynique de la condition conjugale *(Chroniques maritales)* et un portrait critique de la société de province *(La Jeunesse de Théophile ; Chaminadour).*

Jouhaux (Léon) Syndicaliste français (1879-1954). Secrétaire général de la CGT de 1909 à 1947, il milita pour un syndicalisme indépendant des partis politiques et fonda en 1948 la CGT-FO, dont il prit la présidence. Prix Nobel de la paix 1951.

jouir v. tr. ind. < 2 > **(bas latin *gaudire*, de *gaudere*, de *gaudia* → joie)** **I.** Avoir du plaisir. **1.** *Jouir de* : tirer plaisir, agrément, profit (de qqch.). → [1]**goûter, savourer ; profiter** de. *Jouir de la vie.* – dr. *Jouir d'un bien,* en percevoir les fruits (→ **jouissance, usufruit). 2.** absolt Éprouver le plaisir sexuel (→ **orgasme). II.** *Jouir de* : avoir la possession (de qqch.). → [1]**avoir, bénéficier** de, **posséder.** *Jouir d'une bonne santé, de toutes ses facultés.* – dr. *Jouir d'un droit,* en être titulaire. – (choses) *Cet appartement jouit d'une belle vue.*

jouissance **n. f.** **1.** Plaisir que l'on goûte pleinement. → **délice, satisfaction.** *Jouissance des sens.* → **volupté.** – absolt Plaisir sexuel. → **orgasme. 2.** Action de se servir d'une chose, d'en tirer les satisfactions qu'elle est capable de procurer. *La jouissance d'un jardin.* → **usage.** – dr. Fait de jouir (I, 1) d'un bien. **3.** dr. Fait d'être titulaire d'un droit.

jouisseur, euse **n.** Personne qui ne songe qu'aux jouissances matérielles de la vie. → **épicurien, hédoniste, sybarite.**

jouissif, ive **adj.** fam. Qui procure un vif plaisir.

joujou **n. m.** **(de *jouet* ou de *jouer*)** lang. enfantin **1.** *Faire joujou* : jouer. **2.** Jouet. *Des joujoux.* **3.** fig. Se dit d'un objet petit et mignon ; d'une mécanique très perfectionnée, dont l'acquisition semble être un luxe.

Joukov (Gueorgui Konstantinovitch) Maréchal soviétique (1896-1974). Chef d'état-major de l'Armée rouge, il dirigea la défense de Moscou (1941) et mit fin à l'encerclement de Stalingrad, puis de Leningrad. Il libéra la Biélorussie, entra en Pologne et signa à Berlin l'acte de capitulation de la Wehrmacht (9 mai 1945). Il fut ministre de la Défense de 1955 à 1957.

Joukovski (Vassili Andreïevitch) Poète et traducteur russe (1783-1852). Précepteur du futur tsar Alexandre II, il adapta et traduisit surtout des romantiques allemands et anglais.

Joukovski (Nikolaï Iegorovitch) Mathématicien et physicien russe (1847-1921). Il est considéré comme l'un des fondateurs de l'aérodynamique.

Joukovski Ville de Russie, au S.-E. de Moscou. 102 000 habitants. Centre aérospatial le plus important du pays.

joule **n. m.** **(n. du physicien)** phys. Unité de mesure (symb. J) de travail, d'énergie et de quantité de chaleur. *Une calorie vaut environ 4,18 joules.*

Joule (James Prescott) Physicien britannique (1818-1889). Il énonça les lois sur le dégagement de chaleur produit par le passage d'un courant électrique dans un conducteur *(effet Joule),* et mit en évidence la proportionnalité entre le dégagement de chaleur et le travail fourni, déterminant l'équivalent mécanique de la calorie. Il est également l'auteur de recherches sur les gaz *(loi de Joule).*

Joumblatt ou **Joumblat (Kamal)** Homme politique druze libanais (1917-1977). Il fonda en 1949 le Parti socialiste progressiste (PSP) et soutint la cause palestinienne après 1967. Hostile à la présence syrienne dans son pays, il fut assassiné. ■ Walid **Joumblatt** ou **Joumblat** (né en 1949). Fils de Kamal. Il lui succéda à la tête du PSP et fut ministre en charge des personnes déplacées de 1993 à 1999. Il désigna son fils, Taymour Joumblatt (né en 1982), pour prendre la tête de la communauté druze libanaise en 2017.

jour **n. m.** **(vient du latin *diurnum* → diurne)** **I.** Clarté, lumière. **1.** Clarté que le Soleil répand sur la Terre. *Lumière du jour. Le jour se lève. Le petit jour* : la faible clarté de l'aube. *En plein jour* : au milieu de la journée ; fig. devant tout le monde. *Au grand jour* : aux yeux de tous, sans se cacher. *Le jour tombe* (→ **crépuscule).** – *Il fait jour.* – loc. *C'est le jour et la nuit,* se dit pour marquer l'opposition entre deux choses, deux personnes. **2.** Source de lumière naturelle, clarté qui permet de voir. *Laisser entrer le jour dans la pièce. Se placer au jour, contre le jour.* → **contre-jour. 3.** ***Donner le jour à un enfant,*** le mettre au monde. ***Voir le jour*** : naître. ***Se faire jour*** : apparaître, se montrer. **4.** Éclairage montrant un aspect particulier. – fig. *Présenter qqn, qqch.* ***sous un jour*** *favorable.* ■ ***Faux jour*** : mauvais éclairage. **II. 1.** Ouverture qui laisse passer le jour. *Percer un jour dans une muraille.* → **fenêtre. 2.** Ouverture décorative dans un tissu. *Drap à jours* (→ **ajouré). III. 1.** Espace de temps entre le lever et le coucher du soleil. → **journée ; diurne.** *Le début* (matin), *le milieu* (midi), *la fin* (soir) *du jour. Les jours raccourcissent.* – loc. *Nuit et jour ; jour et nuit* : sans arrêt. **2.** Espace de temps qui s'écoule pendant une rotation de la Terre sur elle-même (24 heures). – prov. *Les jours se suivent et ne se ressemblent pas.* ■ *Le jour d'avant* (→ **veille),** *d'après* (→ **lendemain).** *Ce jour-là.* → **fois.** – *L'autre jour* : un jour récent. – *Le jour de l'an*.* ■ loc. (dans le futur) *Un jour... un de ces jours* : dans un avenir imprécis. ***Un jour ou l'autre*** : tôt ou tard. – ***Un beau jour*** : un certain jour (passé ou à venir). – ***Chaque jour.*** *Les tâches de chaque jour.* → **journalier, quotidien.** – ***Tous les jours*** : couramment. *Ces choses-là arrivent tous les jours. De tous les jours* : ordinaire. *Les habits de tous les jours.* – ***Jour après jour*** : quotidiennement. – ***De jour en jour*** : graduellement, peu à peu. – ***D'un jour à l'autre*** : dans peu de jours. → **incessamment.** – ***Du jour*** : du jour même. – ***Du jour au lendemain*** : sans transition. – ***À jour*** : en tenant compte des données du jour. *Mettre à jour* (→ **actualiser). 3.** Durée d'un jour. → **journée.** *Tout le jour.* – ***Par jour*** : dans une journée. → **quotidiennement.** *Une fois, trois fois par jour.* – ***Au jour le jour.*** *Vivre au jour le jour,* sans projets, sans se préoccuper de l'avenir. **4.** Journée. *Les beaux jours,* le printemps, l'été. – *Le jour de Pâques.* – *Jour férié. Jours ouvrables. Jour de repos.* – ***Le jour J,*** fixé pour une attaque, une opération militaire ; par ext. pour une entreprise importante. – *Il est dans un bon (mauvais) jour* : il est de bonne (mauvaise) humeur. **5.** Espace de temps, époque. ***Du jour*** : de notre époque. *Le goût du jour. L'homme du jour,* dont on parle. – ***De nos jours*** **loc. adv.** → **actuellement, aujourd'hui. 6.** au plur. *Les jours.* → **vie.** *Abréger ses jours. Les vieux jours* : la vieillesse.

Jourdain (Frantz) Architecte et critique d'art français d'origine belge (1847-1935). Fondateur du Salon d'automne, il défendit l'Art nouveau et conçut les magasins de la Samaritaine à Paris.

Jourdain (Monsieur) Personnage principal du *Bourgeois gentilhomme* de Molière, portrait d'un parvenu naïf, vaniteux et ridicule.

Jourdain **n. m.** Fleuve du Proche-Orient. 360 km. Il prend sa source au Liban, forme la frontière israélo-syrienne, traverse le lac Tibériade, sépare Israël de la Jordanie puis la Cisjordanie de la Jordanie, et se jette dans la mer Morte. Le fleuve est constamment menacé de sécheresse due à la construction de barrages sur ses affluents et au réchauffement climatique.

Jourdan (Jean-Baptiste, comte) Maréchal de France (1762-1833). Il commanda les armées du Nord et fut vainqueur à Wattignies (1793), puis à Fleurus (1794). Membre du Conseil des Cinq-Cents, il est l'auteur de la loi sur la conscription (1798). Il approuva en 1814 la déchéance de l'Empereur et se rallia aux Bourbons.

journal, aux **n. m.** **(vient du latin tardif *diurnalis*, de *diurnum* → jour)** **I.** comm. Registre de comptes. **II. 1.** Relation quotidienne des évènements ; écrit portant cette relation. *Tenir, écrire son journal. Journal intime. Journal en ligne.* → **blog.** – *Journal de bord* (sur un navire). – (Belgique) *Journal de classe* : cahier de textes. **2.** Publication périodique relatant les évènements saillants dans un ou plusieurs domaines. → **bulletin, gazette, hebdomadaire, magazine, périodique, revue ; presse.** *Kiosque à journaux.* ■ Publication quotidienne consacrée à l'actualité. → **quotidien ;** fam. **canard.** *Le Journal officiel*. Journal régional. Le tirage d'un journal. La une d'un journal.* appos. *Papier journal.* – Un exemplaire de journal. *Lire le, son journal. Lire qqch. dans le journal,* fam. *sur le journal.* ■ L'administration, la direction, les bureaux d'un journal. **3.** Bulletin quotidien d'information. *Journal télévisé* (abrév. fam. **JT** [ʒite]). – absolt *La présentatrice du journal.*

Journal des débats (le) Quotidien français fondé en 1789, où furent publiés les débats de l'Assemblée nationale constituante. Devenu organe des libéraux au XIXe s., il cessa de paraître en 1944.

Journal des savants (le) Premier périodique littéraire et scientifique européen, créé en 1665. Depuis 1908, l'Académie des inscriptions et belles-lettres en assume la direction.

journalier, ière **1. adj.** Qui se fait chaque jour. → **quotidien.** – *Indemnités journalières.* **2. n.** Ouvrier, ouvrière agricole payé(e) à la journée.

journalisme **n. m.** **1.** Métier de journaliste. **2.** Le genre, le style propre aux journaux.

▶ C'est au début du XVIIe siècle qu'apparaissent en Angleterre les premiers journaux, suivis de la *Gazette* (1631) lancée en France par Théophraste Renaudot. Des libraires et des éditeurs sont aux commandes de ces hebdomadaires qui diffusent des nouvelles, des annonces et des récits. Pourtant, jusqu'à l'aube du XIXe siècle, le **journalisme** en tant que tel n'existe pas : payés au mot ou au « cent » de mots, les rédacteurs polygraphes se soucient davantage de remplir leur colonne que de vérifier les faits qu'ils rapportent.

Le métier de journaliste connaît une première phase de professionnalisation au XIXe siècle, avec l'invention de la presse de masse et la création en 1835 de la première agence de presse, l'agence Havas (d'où est issue l'AFP). Toutefois, aujourd'hui encore, si des écoles existent, aucun diplôme n'est exigé pour se dire journaliste.

À la fin du XIXe siècle, la généralisation du journalisme salarié contribue à sa réelle professionnalisation. Dans un contexte de concurrence entre journaux, la différence se fait par le sérieux de l'information et la qualité de l'écriture : concision, choix de l'angle, prise en compte du niveau socioculturel du lectorat. Le traitement de l'information se diversifie : rapport d'un simple fait, enquête, commentaire, opinion. Une déontologie se fait jour (vérification des sources, respect des personnes), même si diverses pressions et tentations peuvent conduire à déformer l'information. Un régime juridique vient réglementer et, dans les démocraties, protéger cette profession sensible.

Le journalisme de presse écrite vit ses grandes heures au XXe siècle, avant la montée en puissance de la radio et de la télévision, qui font évoluer le métier. L'exigence croissante de réactivité conduit à la recherche du scoop. L'information s'appuie de plus en plus sur l'image, qui impose une émotion brute et fait évoluer les techniques

J

d'écriture. Les présentateurs des journaux télévisés, vedettisés, acquièrent une influence décisive, qui conduit en retour à une forme de défiance. À l'heure d'Internet, l'abondance d'informations accessibles à tous en temps réel et le développement du « journalisme citoyen » interrogent l'existence même du métier de journaliste.

voir aussi **média, censure, publicité, Internet**

journaliste n. Personne qui collabore à la rédaction d'un journal. → **rédacteur ; chroniqueur, correspondant, ^{2}critique, éditorialiste, envoyé** spécial, **^{1}reporteur.** *Journaliste politique, sportif. Journaliste de radio, de télévision.*

journalistique adj. Propre aux journaux, aux journalistes. *Style journalistique.*

Journal officiel de la République française (JO) Organe officiel de la République française chargé de rendre publics quotidiennement les lois et les décrets, ainsi que les débats parlementaires et des documents administratifs. Il succéda au *Moniteur universel* en 1848.

Journal officiel de l'Union européenne (JOUE) Publication quotidienne chargée de diffuser la législation et autres textes officiels de l'Union européenne.

journée n. f. **(de *jorn*, forme ancienne de *jour*) 1.** Espace de temps qui s'écoule du lever au coucher du soleil. → **jour (III).** *Passer ses journées à dormir. À longueur de journée :* continuellement. **2.** *Journée de travail* et absolt *journée :* le travail effectué et le gain obtenu pendant la journée. – loc. *Journée continue,* où le travail n'est pas (ou est à peine) interrompu pour le repas, et qui se termine plus tôt. – iron. *Elle a bien gagné sa journée :* elle aurait mieux fait de s'abstenir.

journellement adv. **(de *journel*, forme de *journal*, adj.) 1.** Tous les jours, chaque jour. → **quotidiennement. 2.** Souvent.

joute n. f. **(de *jouter*) 1.** Combat singulier à la lance et à cheval, au Moyen Âge. **2.** fig. Combat verbal.

jouter v. intr. **< 1 > (vient du latin pop. *juxtare*, de *juxta* → jouxter) 1.** anciennt Combattre de près, à cheval, avec une lance **(→ joute). 2.** fig., littér. Rivaliser dans une lutte.

jouteur, euse n. rare Personne qui joute contre qqn.

Jouve (Pierre Jean) Poète et romancier français (1887-1976). Son œuvre, influencée par la psychanalyse et la mystique chrétienne, explore les tréfonds du désir et de l'inconscient. *Sueur de sang ; Matière céleste ; Paulina 1880 ; La Scène capitale.*

jouvence n. f. **(vient du latin *juventa* « jeunesse », famille de *juvenis* → jeune)** *Fontaine de jouvence,* dont les eaux, selon la légende, avaient la propriété de faire rajeunir. ■ fig. Source de jeunesse, de rajeunissement. *Cure de jouvence.*

jouvenceau, elle n. vieux ou par plais. Jeune homme, jeune fille.

Jouvenel (Henry de Jouvenel des Ursins, dit Henry de) Homme politique et journaliste français (1876-1935). Rédacteur en chef du journal *Le Matin,* il devint sénateur, diplomate, puis fut plusieurs fois ministre dans l'entre-deux-guerres. Il fut le second mari de l'écrivain Colette. ■ **Bertrand de Jouvenel.** Essayiste français (1903-1987). Fils d'Henry de Jouvenel. Il fut l'un des pionniers de l'écologie politique et fonda la revue de prospective *Futuribles.*

Jouvenel des Ursins (Jean) voir **Juvénal**

Jouvenet (Jean-Baptiste) Peintre et décorateur français (1644-1717). Il participa à la décoration du Grand Trianon à Versailles, et s'affirma surtout comme un peintre religieux.

Jouvet (Jules Eugène Louis, dit Louis) Homme de théâtre français (1887-1951). Il dirigea la Comédie des Champs-Élysées, puis le théâtre de l'Athénée et fonda, avec G. Baty, C. Dullin et G. Pitoëff, le « Cartel des quatre ». Il mit en scène des œuvres de J. Romains *(Knock),* de J. Giraudoux *(Siegfried)* et de Molière *(L'École des femmes).* Sa carrière de comédien se poursuivit au cinéma *(Topaze ; Drôle de drame ; Quai des Orfèvres).*

Jouvet (Michel) Neurophysiologiste français (1925-2017). Il a défini la notion de « sommeil paradoxal » (1961) et travaillé sur les états de vigilance du cerveau.

Joux (fort de) Ancien château construit au Xe s., il fut remanié par Vauban en 1690, et servit de prison d'État à la fin du XVIIIe siècle.

Joux (vallée de) Partie suisse de la haute vallée de l'Orbe. Activités industrielles (horlogerie, fromagerie). Musée de l'horlogerie. *Lac de Joux* (8,9 km²).

jouxter v. tr. **< 1 > (de *jouxte* « près de », venant du latin *juxta* → juxtaposer ; ajouter, jouter)** vieux ou littér. Avoisiner, être près de **(→ contigu).**

Jouy-en-Josas Commune des Yvelines, sur la Bièvre. 7 983 habitants. Oberkampf y installa en 1760 une manufacture (toile de Jouy). Musée. École des hautes études commerciales (HEC). Centre de recherche de l'INRA.

Jouy-le-Moutier Commune du Val d'Oise. 17 225 habitants.

Jouzel (Jean) Géochimiste français (né en 1947). Il est l'auteur de travaux sur les changements climatiques, réalisés à partir de l'étude de la calotte glaciaire du Groenland et de l'Antarctique. Académie des Sciences.

joute

Joute entre chevaliers, manuscrit des *Quatre Fils Aymon* (fin XIIIe s.), bibliothèque de l'Arsenal, Paris.

jovial, ale, aux adj. **(de l'italien, emprunt au latin impérial *jovialis* « de Jupiter » *cf.* jeudi, joubarbe)** Qui est plein de gaieté franche, simple et communicative. → **enjoué, gai, joyeux.** *Un homme jovial.* – *Humeur joviale.*
□ **adv. jovialement**

jovialité n. f. Caractère jovial ; humeur joviale.

jovien, enne adj. **(latin *Jovis*, génitif de *Jupiter*)** didact. Relatif à la planète Jupiter. *Les satellites joviens.* → **jupitérien.**

Jovien (331-364). Empereur romain (363-364). Il succéda à Julien l'Apostat et rétablit la liberté des cultes.

joyau n. m. **(ancien français *juel*, *cf.* anglais *jewel* ; famille de *jeu*) 1.** Bijou de grande valeur, généralement unique en son genre **(→ joaillerie).** *Les joyaux de la couronne,* transmis héréditairement de souverain à souverain. **2.** fig. Chose rare et belle, de grande valeur. *Le Mont-Saint-Michel, joyau de l'art médiéval.*

Joyce (James) Poète et romancier irlandais (1882-1941). Après un premier recueil de nouvelles *(Gens de Dublin),* il écrivit *Ulysse* puis *Finnegans Wake,* romans dans lesquels il appréhende, par des moyens linguistiques novateurs, une réalité au-delà de la conscience. Son œuvre a eu une influence considérable sur la littérature et l'art du XXe siècle.

James Joyce en 1934 à Paris.

Joyeuse (Anne, duc de) (1561-1587). Amiral de France, il fut l'un des favoris d'Henri III. Chargé de mener la guerre contre les calvinistes, il mourut lors de la bataille de Coutras. ■ **François de Joyeuse** Cardinal (1562-1615). Frère du précédent. Il négocia la réconciliation d'Henri IV avec la papauté et sacra Marie de Médicis et Louis XIII. ■ **Henri, duc de Joyeuse** (1567-1608). Frère des précédents. Il fut nommé gouverneur du Languedoc et maréchal de France par Henri IV.

joyeusement adv. Avec joie.

joyeuseté n. f. littér. Propos, action qui amuse. → **plaisanterie.**

joyeux, euse adj. **1.** Qui éprouve de la joie. → **gai, heureux.** *Se sentir tout joyeux.* ■ Qui aime manifester sa joie. → **enjoué.** *Joyeux luron*.* – *Être de joyeuse humeur.* → **jovial.** – loc. *Mener joyeuse vie,* une vie de plaisirs. **2.** Qui exprime la joie. *Cris joyeux.* **3.** Qui apporte la joie. *Joyeux Noël !*

Joyon (Francis) Navigateur français (né en 1956). Il battit deux records du tour du monde, en solitaire et à la voile, et remporta la Route du Rhum en 2018.

joystick [(d)ʒɔjstik] n. m. **(mot anglais)** anglic. Manette de commande des jeux vidéo d'action. - recomm. offic. **manche à balai.**

József (Attila) Poète hongrois (1905-1937). Proche du parti communiste, considéré comme le poète officiel du régime, il exprima dans son œuvre la souffrance et le désespoir. *Le Mendiant de beauté ; Nuit de faubourg.*

jpeg n. m. ou **JPEG** [ʒipɛg] n. m. invar. (mot anglais, abrév. de *Joint Photographic Experts Group* « groupe d'experts en photographie réunis ») inform. Format standardisé d'images numériques permettant de réduire la taille des fichiers. – appos. *Fichiers jpeg.* ■ Image de ce format. *Générer des jpegs* ou *des JPEG.*

JR (Jean René dit) Artiste français (né en 1983). En exposant, sur des façades de monuments de plusieurs grandes villes du monde, des photographies en très grand format représentant des portraits de jeunes de banlieues, de femmes victimes des conflits, d'habitants des favélas ou bien encore d'Israéliens et de Palestiniens, il tente d'amener l'art à ceux qui ne vont jamais au musée et de modifier la perception qu'ont les gens de leur ville. Il a coréalisé *Visages Villages* avec Agnès Varda.

Portrait de JR dans son atelier, en 2010.

Juan (golfe) Golfe des Alpes-Maritimes situé entre Antibes et Cannes.

Juan Carlos Ier (né en 1938). Roi d'Espagne. Petit-fils d'Alphonse XIII, il succéda à Franco en 1975 et contribua de manière décisive à la démocratisation et à la modernisation de son pays. En 2014, il abdiqua en faveur de son fils, le prince Felipe. Visé par la justice pour corruption, il s'exila en 2020.

Juan Carlos et la reine Sofia en 2007, à Melilla.

Juan d'Autriche (don) Prince espagnol (1545-1578). Fils naturel de Charles Quint, il remporta sur les Turcs la victoire de Lépante (1571) et s'empara de Tunis (1573). Nommé gouverneur général des Pays-Bas, il échoua dans sa politique de pacification du territoire.

Juan de Fuca (détroit de) Détroit au S.-E. de l'île de Vancouver. Il détermine la frontière entre l'île de Vancouver (Canada) et l'État de Washington (États-Unis).

Juan de Nova Île française de l'océan Indien, dans le canal de Mozambique. 4,4 km^2. L'île est rattachée aux Terres australes et antarctiques françaises.

Juan Fernández (îles) Archipel du Chili, dans le Pacifique sud. Environ 600 habitants. Pêche. C'est dans l'une de ces îles que séjourna le marin anglais A. Selkirk qui inspira *Robinson Crusoé.*

Juan José d'Autriche (don) Prince espagnol (1629-1679). Fils naturel de Philippe IV, il devint vice-roi des Pays-Bas en 1656 et subit la défaite des Dunes (1658). Il fut ministre de Charles II.

Juan-les-Pins Station balnéaire de la Côte d'Azur, sur le cap d'Antibes.

Juárez (Benito) Homme politique mexicain (1806-1872). Président de la République en 1858, puis en 1861, il pratiqua une politique anticléricale et dut faire face à l'intervention militaire de Napoléon III. Il mena la guérilla contre Maximilien d'Autriche, devenu empereur du Mexique (1864), et le fit fusiller.

Juba Ier (mort en 46 av. J.-C.). Roi de Numidie (v. 50-46 av. J.-C.). Partisan de Pompée, il fut vaincu par César à Thapsus et se donna la mort. ■ **Juba II** (v. 52-v. 23 av. J.-C.). Fils de Juba Ier. Élevé par César, il épousa Cléopâtre Séléné, fille d'Antoine et de Cléopâtre. Il devint roi de Mauritanie.

jubarte n. f. (anglais *jubartes,* altération du français *gibbar,* du latin *gibbus* « bosse ») Baleine à bosse. → **mégaptère.**

jubé n. m. (du latin ; de la prière *Jube, Domine* « Ordonne, Seigneur », dite en ce lieu) Tribune transversale élevée entre la nef et le chœur, dans certaines églises. → **ambon.**

Jubé de la chapelle Saint-Fiacre du Faouët (XVe s.).

jubilaire I. adj. 1. Qui a rapport au jubilé catholique. 2. Qui a accompli cinquante ans de fonction, d'exercice. *Docteur jubilaire.* II. n. (Belgique, Suisse) Personne fêtée à l'occasion d'un jubilé*.

jubilant, ante adj. Qui jubile, qui exprime la jubilation.

jubilation n. f. (du latin → jubiler) Joie vive, expansive, exubérante.

jubilatoire adj. Qui exprime ou provoque la jubilation.

jubilé n. m. (du latin chrét., emprunt à l'hébreu) 1. relig. Solennité publique célébrée autrefois tous les cinquante ans, chez les Hébreux. ■ Indulgence plénière accordée par le pape pour une année (année sainte). 2. Fête célébrée à l'occasion du cinquantenaire de l'entrée dans une fonction, dans une profession. ■ (Belgique, Suisse) Fête qui célèbre l'anniversaire (cinquantenaire ou autre) d'un évènement marquant de la vie.

jubiler v. intr. < 1 > (latin *jubilare*) Se réjouir vivement de qqch. ; spécialt se réjouir des malheurs d'autrui.

Juby (cap) Promontoire de la côte atlantique du S.-O. du Maroc, près de Tarfaya.

Júcar n. m. Fleuve d'Espagne orientale (506 km). Il naît dans la Serranía de Cuenca et se jette dans le golfe de Valence.

juchée n. f. techn. Lieu où juchent les faisans.

jucher v. < 1 > (p.-ê. de l'ancien français *jochier,* de *joc,* qui vient du francique *juk* « joug », puis « perchoir ») 1. v. intr. Se percher en un lieu élevé pour dormir (oiseaux). 2. v. tr. Placer très haut. *Jucher un enfant sur ses épaules.* – pronom. *Se jucher sur un escabeau.* → se **percher.** – au p. p. *Maison juchée sur la colline.*

juchoir n. m. Perchoir des oiseaux de basse-cour.

Juda Personnage biblique. Fils de Jacob, il est l'ancêtre éponyme d'une des tribus d'Israël.

Juda (royaume de) Royaume formé en Palestine après la mort de Salomon (v. –931) par les tribus de Juda et de Benjamin. Il fut détruit par Nabuchodonosor (prise de Jérusalem en –587).

Judah le Prince ou le Rabbi Docteur et chef politique juif (seconde moitié du IIe-début IIIe s.). Il fut le principal ordonnateur de la Mishnah, noyau du Talmud.

judaïcité n. f. didact. Fait d'être de religion juive, d'appartenir à la communauté juive. → **judaïté, judéité.**

judaïque adj. (du latin ecclés., emprunt au grec → judéo-) Qui appartient aux anciens Juifs ; à la religion juive. → **juif.**

judaïser v. < 1 > (du latin ecclés., du grec, de *ioudaios* « juif », de *Iouda* « Juda ») 1. v. intr. didact. Observer les cérémonies, les pratiques de la loi juive. 2. v. tr. Rendre juif. – Peupler d'habitants juifs. – au p. p. *Territoires judaïsés.* - Le sens 2 est souvent attesté dans des contextes racistes, antisémites.

judaïsme n. m. (du latin ecclés., emprunt au grec, de *ioudaios* → juif) Religion des Juifs, descendants des Hébreux et héritiers de leurs livres sacrés. – Communauté des Juifs. *Le judaïsme français.*

▶ Le **judaïsme** est le plus ancien des monothéismes. La profession de foi juive, le *Shema,* s'ouvre par « Écoute, Israël, l'Éternel est notre Dieu, l'Éternel est Un ». Sa croyance fondamentale est ainsi celle en un Dieu unique (Yahvé), qui a fait alliance avec Abraham en lui promettant la terre de Canaan, qui a sorti le peuple hébreu d'Égypte (Exode) et qui a révélé la Loi (la Torah) à Moïse. Les transgressions de la Loi sont causes du malheur ; un Messie futur établira sur terre le règne de la justice.

La logique religieuse de l'Alliance fait du peuple juif un « peuple élu ». Héritier de la religion des Hébreux, le judaïsme proprement dit s'est constitué après la destruction du premier Temple de Jérusalem (586 av. J.-C.) et surtout après celle du second Temple (70 apr. J.-C.). Le Temple détruit, les sacrifices interrompus (sauf chez les samaritains), le personnel sacré (prêtres et lévites) disparaît ; l'enseignement de la Torah et la prière sont pris en charge par l'institution synagogale.

Les deux sources essentielles du judaïsme sont la Torah écrite (le Pentateuque) et la Torah orale commentée dans le Talmud. La législation de la Torah touche tous les domaines de la vie. L'année est rythmée par cinq grandes fêtes : la Pâque *(Pessah),* qui commémore la sortie d'Égypte, les Semaines ou « Pentecôte » *(Shavouot),* qui rappellent la révélation de la Loi sur le mont Sinaï, les Tabernacles ou « Cabanes » *(Soukkot)* en souvenir du séjour dans le désert, le Nouvel An *(Rosh ha-Shanah),* célébrant la Création, et le Grand Pardon *(Yom Kippour),* journée de jeûne et de pénitence. S'y ajoutent la fête des « Sorts » *(Pourim),* celle de la Dédicace ou « Fête des lumières » *(Hanoukkah)* et des jours de jeûne dont le *9 ab* (ou *Tisha Beab*), qui commémore la destruction des deux temples.

Les fêtes ainsi que le samedi *(shabbat)* sont jours de repos obligatoire. Trois offices sont célébrés chaque jour. Aujourd'hui, on estime à 14 millions environ le nombre de fidèles juifs dans le monde.

voir aussi **monothéisme, Bible, Talmud, kabbale**

judaïté n. f. didact. La réalité juive, la condition de Juif. → **judéité ; judaïcité.**

judas n. m. (du n. de Judas l'Iscariote, hébreu *Yhudah*) I. Personne qui trahit. → **fourbe, traître.** *C'est un Judas.* II. Petite ouverture pratiquée dans un plancher, un mur, une porte, pour épier sans être vu.

Judas l'Iscariote L'un des douze apôtres de Jésus, qu'il trahit pour de l'argent *(trente deniers).* Pris de remords, il se suicida.

Judas Maccabée voir Maccabée

Judd (Donald) Sculpteur américain (1928-1994). Il se fit le défenseur d'un art minimaliste, en rupture avec la tradition européenne.

Jude (saint) ou **Judas** L'un des douze apôtres de Jésus, il est surnommé Thaddée.

Judée (monts de) Chaîne montagneuse centrale de la Palestine (Cisjordanie). 1 016 m.

Judée n. f. Province de la Palestine située au S. de la Samarie, entre la mer Morte et la Méditerranée. Correspondant à l'ancien royaume de Juda, la *province de Judée* tomba sous protectorat romain en 63 av. J.-C.

judéité n. f. (latin *judaeus* « juif ») didact. Le fait d'être juif. → **judaïcité, judaïté.**

judelle n. f. (origine inconnue) régional Foulque noire.

judéo- Élément (du latin *judaeus,* de l'hébreu → **juif**) signifiant « juif ».

judéo-allemand, ande adj. et n. Relatif aux Juifs d'Allemagne. – *Les judéo-allemands.* ■ n. m. ling. → **yiddish.**

judéo-arabe adj. 1. Relatif à la fois aux Juifs et aux Arabes. *La civilisation judéo-arabe en Espagne.* 2. Relatif aux communautés juives des pays arabes (notamment au Maghreb). *La culture judéo-arabe de Tunisie.* – n. *Les judéo-arabes.* → **séfarade.**

judéo-chrétien, ienne [ʒydeokʀetjɛ̃, jɛn] adj. Qui appartient à la fois au judaïsme et au christianisme. *Les valeurs judéo-chrétiennes.*

judéo-christianisme n. m. 1. Ensemble des dogmes et préceptes communs au judaïsme et au christianisme. 2. Doctrine de certains chrétiens du Ier siècle selon laquelle l'initiation au judaïsme était indispensable aux chrétiens.

judéo-espagnol, ole adj. et n. Des Juifs d'Espagne. – n. *Les judéo-espagnols.* → **séfarade.** ■ n. m. Dialecte des Juifs d'Espagne. → **ladino.**

judicature n. f. (du latin médiéval, de *judicare* « juger ») vieux ou hist. Profession de juge.

judiciaire adj. (latin *judiciarus,* de *judicium* « jugement » → **judicieux,** de *judex* → **juge**) 1. Relatif à la justice et à son administration. *Pouvoirs législatif, exécutif et judiciaire. Police judiciaire.* 2. Qui se fait en justice ; par autorité de justice. *Acte judiciaire.* → **juridique.** – *Casier* judiciaire. Une erreur judiciaire.*

judiciairement adv. En forme judiciaire.

judiciariser v. tr. < 1 > Faire intervenir le droit, la justice pour régler (un litige, une polémique), organiser (un domaine). – pronom. *La vie politique se judiciarise.* □ n. f. **judiciarisation**

judicieusement adv. D'une manière judicieuse.

judicieux, euse adj. (du latin *judicium* → **judiciaire**) 1. Qui a le jugement bon, sain. → **sensé.** *Esprit judicieux.* 2. Qui résulte d'un bon jugement. → **intelligent, pertinent.** *Choix judicieux.* – *Il serait plus judicieux de renoncer.*

Judith Personnage biblique, héroïne du Livre de Judith. Pour sauver Béthulie assiégée par les Assyriens, elle séduit Holopherne et lui coupe la tête.

Judith de Bavière (v. 800-843). Seconde femme de Louis le Pieux et mère de Charles le Chauve, elle écarta de la succession les fils que son époux avait eus d'un premier mariage.

judo n. m. (mot japonais, proprt « voie de la souplesse », de *ju* « souple » et *do* « voie ») Sport de combat d'origine japonaise (→ **jujitsu**) qui se pratique à mains nues, sans porter de coups, le but du combat étant de faire tomber ou d'immobiliser l'adversaire. *Prise de judo. Ceinture noire de judo.* → aussi **dan.**

judoka n. (mot japonais) Personne qui pratique le judo.

jugal, ale, aux adj. (latin *jugalis,* de *jugum* « joug ») anat. *Os jugal* : os de la pommette. → **malaire.**

juge n. (vient du latin *judex, judicis* → **judiciaire, judicieux,** de *jus* « droit » → **juridique** et *dicere* → **¹dire**) 1. Magistrat(e) chargé(e) de rendre la justice. – spécialt, dr. Magistrat(e) statuant dans un tribunal civil, de commerce. *Juge des enfants. Juge de l'application des peines. Juge aux affaires familiales,* chargé(e) des affaires de divorce et de séparation. – *Juge d'instruction* : magistrat(e) chargé(e) d'informer en matière criminelle ou correctionnelle. *Juge de paix* (anciennt) ; *juge d'instance* : magistrat(e) qui statue comme juge unique sur des affaires généralement peu importantes. fig. *Juge de paix.* → **¹arbitre, médiateur.** 2. Personne appelée à faire partie d'un jury, à se prononcer comme arbitre. 3. Personne, autorité qui juge. « *Le public est le juge absolu* » (Molière). – loc. *Être à la fois juge et partie*.* 4. Personne qui est appelée à donner une opinion, à porter un jugement. *Je vous en fais juge.* – *Être bon, mauvais juge,* plus ou moins capable de porter un jugement. → **expert.**

jugé ou **juger** n. m. *Au jugé* ou *au juger* loc. adv. D'une manière approximative, selon une estimation sommaire.

jugeable adj. dr. Qui peut être mis en jugement, décidé par un jugement.

jugement n. m. 1. Action de juger ; décision en justice. *Le jugement d'un procès, d'un accusé. Prononcer, rendre un jugement.* → **décision ; arrêt, sentence, verdict.** ■ dr. féodal *Jugement de Dieu.* → **ordalie.** – relig. chrét. *Jugement dernier.* 2. Opinion favorable ou défavorable. *Porter un jugement. Revenir sur ses jugements* : se déjuger. *Jugement préconçu.* → **préjugé.** – *Jugement de valeur*.* – Façon de voir (les choses) particulière à qqn. → **opinion, point de vue ; avis, sentiment.** *S'en remettre au jugement d'autrui.* → **appréciation.** 3. Faculté de l'esprit permettant de bien juger de choses qui ne font pas l'objet d'une connaissance immédiate certaine, ni d'une démonstration rigoureuse. → **discernement, perspicacité, bon sens.** *Avoir du jugement, manquer de jugement.*

Jugendstil n. m. Nom allemand du mouvement artistique qui se développa en Europe centrale, représenté en France par l'Art nouveau.

jugeote n. f. fam. Jugement (3), bon sens.

juger v. tr. < 3 > (vient du latin *judicare,* de *judex* → **juge**) 1. Soumettre (une cause, une personne) à la décision de sa juridiction. *Juger une affaire, un crime ; un accusé.* – absolt Rendre la justice. *Le tribunal jugera.* → **conclure, décider, statuer.** 2. Prendre nettement position sur (une question). *C'est à vous de juger ce qu'il faut faire, si nous devons partir, comment il faut agir.* 3. Soumettre (qqn, qqch.) au jugement de la raison, de la conscience, pour se faire une opinion ; émettre une opinion sur. → **apprécier, considérer, examiner.** *Juger un ouvrage.* – passif *Être jugé à sa juste valeur.* → **évaluer.** ■ trans. indir. *Juger de.* *Il juge de tout sans être informé.* → **trancher.** *Si j'en juge par sa réaction. À en juger par son attitude. Autant qu'on puisse en juger* : à ce qu'il me semble. 4. (avec un adj. attribut ou une complétive) Considérer comme. → **estimer, trouver.** *Si vous le jugez bon. Elle jugea qu'il était trop tard.* – pronom. *Se juger perdu.* 5. v. tr. ind. (surtout à l'impér.) → **imaginer,** se **représenter.** *Jugez de ma surprise.*

Juges Nom donné à douze personnages bibliques qui reçoivent de Yahvé le pouvoir de « juger » Israël. Le Livre des Juges évoque la vie des tribus d'Israël en Canaan entre la mort de Josué et l'établissement de la monarchie.

Juglar (Clément) Médecin et économiste français (1819-1905). Il fut l'un des premiers à remarquer le retour périodique des crises économiques et à s'intéresser aux cycles économiques.

jugulaire n. f. (du latin *jugulum* « gorge », famille de *jugum* → **joug**) 1. adj. anat. De la gorge. *Veines jugulaires* et n. f. *les jugulaires* : les quatre veines sur les côtés du cou. 2. n. f. Attache qui maintient une coiffure d'uniforme en passant sous le menton. → **bride, mentonnière.**

juguler v. tr. < 1 > (d'abord « saisir à la gorge » ; latin *jugulare,* de *jugulum* → **jugulaire**) Arrêter le développement de (qqch.). → **²enrayer, étouffer, ¹stopper.** *Juguler une maladie.*

Jugurtha (v. 160-v. 104 av. J.-C.). Roi de Numidie (118-105 av. J.-C.). Il fut battu par les Romains à la bataille de Vaga (–109). Livré par Bocchus à Sylla (–105), il mourut dans une prison de Rome.

juif, juive n. et adj. (vient du latin d'origine grecque *judaeus* « de la tribu de Juda », grec *ioudaios,* de l'araméen, correspondant à l'hébreu *yĕhûdî*) 1. n. Personne appartenant au peuple hébreu, peuple sémite monothéiste qui vivait en Judée (Israël et Cisjordanie actuels). → **hébreu, israélite.** ■ Personne descendant de ce peuple. *Un Juif allemand. Dispersion des Juifs.* → **diaspora.** *Hostilité envers les Juifs.* → **antisémitisme.** ■ Personne de religion judaïque. *Les juifs orthodoxes.* 2. loc. fam. (origine inconnue) *Le petit juif* : endroit sensible du coude. 3. adj. Relatif à la communauté des Juifs. *Le peuple juif. Religion juive* (→ **judaïsme**). *Quartier juif* (→ **ghetto**). 4. n. m. et adj. (emploi diffamatoire) Personne âpre au gain, avare.

Juif errant Personnage légendaire condamné à l'errance éternelle pour avoir refusé d'aider le Christ à porter sa croix. Popularisé en Europe au XVIe s., il est la figure mythique du destin du peuple juif persécuté et condamné à l'exil. *Le Juif errant* est un roman d'Eugène Sue.

juillet [ʒɥijɛ] n. m. (d'abord *juil* ; vient du latin *Julius [mensis]* « [mois] de Jules [César] ») Septième mois de l'année, de trente et un jours. – *Le 14 Juillet, fête nationale française.*

Juillet (monarchie de) voir monarchie de Juillet

juillet 1830 (journées des 27, 28 et 29) voir Révolution de juillet 1830

juillettiste n. fam. Personne qui prend ses vacances au mois de juillet. *Le chassé-croisé des juillettistes et des aoûtiens.*

juin n. m. (vient du latin *Junius [mensis]* « [mois] de Junius [Brutus] » ou « [mois] de Junon ») Sixième mois de l'année, de trente jours. *L'été commence au solstice de juin.*

Juin (Alphonse) Maréchal de France (1888-1967). Il prit la tête des forces françaises en Afrique du Nord (1941). Il commanda le corps expéditionnaire français en Italie (1943) et se distingua lors des batailles du Belvédère et du Garigliano (1944). Résident général au Maroc (1947-1951), maréchal (1952), il dirigea les forces de l'Otan du secteur Centre-Europe (1953-1956).

juin 1792 (journée du 20) Journée révolutionnaire organisée en réaction contre le renvoi des ministres girondins. Les émeutiers investirent le château des Tuileries et obtinrent de Louis XVI qu'il coiffe le bonnet rouge.

juin 1793 (journée du 2 juin) Journée révolutionnaire parisienne au cours de laquelle fut décidée l'arrestation des députés girondins sous la pression de la garde nationale et des sections parisiennes de sans-culottes. Le pouvoir passait désormais aux Montagnards.

juin 1832 (journées des 5 et 6) Première insurrection républicaine contre la monarchie de Juillet, à l'issue de laquelle les insurgés subirent une violente répression.

juin 1848 (journées du 23 au 26) Journées insurrectionnelles parisiennes consécutives à la fermeture des Ateliers nationaux. La répression fut menée par le général Cavaignac, ministre de la Guerre.

juin 1940 (appel du 18) Appel à la poursuite de la guerre et à la résistance contre les Allemands lancé par le général de Gaulle en exil à Londres.

Affiche de l'*Appel du 18 juin.*

juiverie **n. f. 1.** hist. Quartier juif, communauté juive de la diaspora. **2.** péj. et insultant Ensemble des Juifs.

Juiz de Fora Ville du Brésil (Minas Gerais), au N.-O. de Rio de Janeiro. 512 000 habitants. Industrie textile.

jujitsu ou **jiujitsu** **n. m.** (mot japonais « art de la souplesse ») Art martial, technique japonaise de combat sans armes, d'où dérive le judo. - var. **jiu-jitsu.**

jujube **n. m.** (vient du latin pop., de *zizuphon,* mot grec « jujubier ») **1.** Fruit comestible d'un arbre épineux (le *jujubier*). **2.** Pâte extraite de ce fruit.

jukebox **n. m.** ou **juke-box** [(d)ʒukbɔks] **n. m. invar.** (mot anglais des États-Unis, de *juke* « tripot, bordel », dans un dialecte des Noirs de Géorgie, et *box* « boîte ») anglic. Machine sonore publique faisant passer automatiquement le disque demandé. *Des jukebox, des juke-box.*

jules **n. m.** (du prénom) **1.** argot, vieilli Homme du milieu, souteneur. **2.** fam. Amant, amoureux, mari. *C'est son jules.*

Jules Ier (saint) Pape de 337 à 352. Il lutta contre l'arianisme et fit rétablir la primauté de Rome sur les autres Églises lors du concile de Sardique (343).

Jules II [Giuliano Della Rovere] (1443-1513). Pape de 1503 à 1513, il restaura l'autorité du Saint-Siège face à la noblesse italienne et s'opposa successivement aux prétentions territoriales de Venise et de Louis XII. Il créa la Garde suisse (1505) et convoqua le concile du Latran (1512). Mécène et bâtisseur, il adopta le plan de Bramante pour la reconstruction de la basilique Saint-Pierre de Rome et fit décorer le plafond de la chapelle Sixtine par Michel-Ange.

Jules Romain (Giulio Pippi de' Jannuzzi, dit en italien **Giulio Romano** et en français**)** Peintre et architecte italien (1492 ou 1499-1546). Disciple de Raphaël, il fit l'essentiel de sa carrière à Mantoue, où il construisit le palais du Tè.

Julia (gens) Famille patricienne romaine à laquelle appartenait César et qui prétendait descendre d'Iule, fils d'Énée.

Julian (Rodolphe) Peintre français (1839-1907). Il fonda en 1860 une académie de peinture qui porte son nom.

Juliana (Louise Emma Marie Wilhelmine) (1909-2004). Reine des Pays-Bas (1948-1980). Fille de la reine Wilhelmine, elle épousa en 1937 le prince Bernard de Lippe-Biesterfeld. Elle abdiqua en faveur de sa fille Béatrix Ire en 1980.

Julie (39 av. J.-C.-14 apr. J.-C.). Fille d'Auguste, elle épousa Agrippa (–22), puis Tibère (–11). Bannie par Auguste pour son inconduite, elle fut exilée sur l'île de Pandateria, puis en Calabre où elle mourut.

julien, enne **adj.** (latin *julianus* « de Jules César ») *Calendrier julien,* réformé par Jules César, et modifié ensuite par Grégoire XIII (→ **grégorien**). *Année julienne,* de 365 jours ou de 366 jours (bissextile).

Julien dit **l'Apostat** (331-363). Empereur romain (361-363). Il rejeta le christianisme et restaura la religion païenne, dressant contre l'Église une Église païenne dont il était la tête.

juliénas [ʒyljenas] **n. m.** (de *Juliénas*) Cru renommé du Beaujolais.

Juliénas Village du Rhône, dans le Beaujolais. Viticulture.

Julien de Tolède (saint) Personnage légendaire du XIIIe s. dont l'histoire, vulgarisée par la *Légende dorée,* inspira l'un des *Trois Contes* de Flaubert.

1julienne **n. f.** (probablt du prénom *Julien*) **I.** bot. Plante à fleurs en grappes ou à tiges rampantes cultivée comme ornementale. **II.** cuis. Préparation de légumes variés coupés en bâtonnets. – Potage contenant cette préparation.

2julienne **n. f.** (du prénom *Julien*) régional Lingue.

juliennes (Alpes) **n. f. pl.** Massif montagneux de la Slovénie (Istrie et Carniole) et de l'Italie (Frioul-Vénétie julienne) qui culmine au Triglav à 2 863 m.

Julien Sorel Personnage principal du roman de Stendhal *Le Rouge et le Noir.* D'origine modeste, instruit, ambitieux, il est le modèle du héros déchiré entre ses sentiments et son désir de promotion sociale.

Juliers en allemand **Jülich** Ville d'Allemagne (Rhénanie-du-Nord-Wesphalie), au N.-E. d'Aix-la-Chapelle. 33 780 habitants. Centre de recherches nucléaires. Revendiquée au XVIIe s. par les protestants, par l'empereur et par Henri IV, la ville fut l'objet d'une guerre de succession (1609).

Juliette voir **Roméo et Juliette**

Julio-Claudienne (dynastie) Dynastie d'empereurs romains fondée par Auguste à laquelle appartiennent Tibère, Caligula, Claude et Néron.

Jullian (Camille) Historien français (1859-1933). Il est l'auteur d'une importante *Histoire de la Gaule.*

Jullundur ou **Jalhandar** Ville d'Inde (Panjab). 742 000 habitants. Industries diverses.

July (Serge) Journaliste français (né en 1942). Il participa à la création du journal *Libération* en 1973 et en assura la direction jusqu'en 2006.

jumbo-jet [dʒœmbodʒɛt] **n. m.** (mot anglais des États-Unis) anglic. → **gros-porteur.** *Des jumbo-jets.*

jumeau, elle **adj.** et **n.** (vient du latin *gemellus* → **gémeau**) **I. adj. 1.** Se dit d'enfants nés d'un même accouchement. *Frères jumeaux, sœurs jumelles.* – **n.** *C'est sa jumelle. Vrais jumeaux,* provenant d'un seul œuf divisé en deux. *Faux jumeaux,* provenant de deux ovules fécondés simultanément par deux spermatozoïdes. **2.** fig. Réplique physique ou morale d'une personne. → **sosie. 3.** Se dit de deux choses semblables. *Lits jumeaux.* – *Muscles jumeaux,* **n. m. pl.** *jumeaux :* les deux muscles de la jambe qui forment le mollet. **II. n. m.** Partie antérieure de l'épaule de bœuf.

▶ Les **jumeaux** (I, 1) sont des individus nés d'un même accouchement. Le plus souvent au nombre de deux, ils sont soit hétérozygotes, ce qui est le plus fréquent (1 % des grossesses), soit monozygotes (0,3 % des grossesses).

Les **jumeaux hétérozygotes** proviennent d'ovules différents fécondés chacun par un spermatozoïde. Leurs patrimoines génétiques sont donc différents et il s'agit de « faux jumeaux », de même sexe dans 50 % des cas. On peut trouver une tendance familiale à la gémellité dans l'ascendance maternelle.

Les **jumeaux monozygotes** proviennent d'un seul ovule, fécondé par le même spermatozoïde. La division précoce de ce zygote donne deux embryons. Leurs patrimoines génétiques sont identiques (mais il peut exister de légères différences) et ils sont toujours de même sexe : ce sont de « vrais » jumeaux. On ne trouve pas de tendance familiale à ce type de gémellité.

Parfois, les jumeaux sont au nombre de trois (« triplés »), voire plus. Les naissances multiples surviennent le plus souvent après une procréation médicalement assistée et les enfants sont alors tous hétérozygotes (ou bien, exceptionnellement, après une conception spontanée ; les enfants peuvent alors être monozygotes ou hétérozygotes). Les grossesses gémellaires sont toujours des grossesses à haut risque obstétrical, nécessitant une surveillance médicale renforcée.

voir aussi **embryon, ADN, gène**

jumel **adj. m.** (d'un n. propre) techn. *Coton jumel :* variété de coton produite en Égypte.

jumelage **n. m.** Action de jumeler ; son résultat. – *Jumelage de villes,* coutume consistant à déclarer jumelles deux villes situées dans deux pays différents, afin de susciter entre elles des échanges.

jumeler **v. tr.** < 4 ou RO 5 > (de *jumeau*) Ajuster ensemble (deux choses semblables). *Jumeler les roues d'un camion.* – fig. → **associer.** ■ **jumelé, ée** **adj.** Disposé par couples. → **géminé.** – fig. *Villes jumelées* (→ **jumelage**).

1jumelle **n. f.** (de *jumeau*) Instrument portatif à deux lunettes ; double lorgnette. *Une jumelle marine.* – au plur. *Des jumelles de spectacle.* abusivt *Une paire de jumelles.*

2jumelle voir **jumeau**

jument **n. f.** (vient du latin *jumentum* « bête d'attelage », famille de *jugum* → **joug**) Femelle du cheval. *Jeune jument.* → **pouliche.**

Jumièges Commune de la Seine-Maritime, sur la Seine. 1 693 habitants. Vestiges (XIe-XVIIe s.) de l'abbaye fondée en 654.

Jumilhac-le-Grand Commune de la Dordogne. 1 144 habitants. Château (XIIIe-XVIIe siècle).

jumping [dʒœmpiŋ] **n. m.** (mot anglais, de *to jump* « sauter ») anglic., sports Saut d'obstacles à cheval.

Juna Bahādūr Rana Homme politique népalais (1816-1877). Il fut Premier ministre du Népal de 1846 à sa mort.

Juncker (Jean-Claude) Homme d'État luxembourgeois (né en 1954). Issu du CVC (Parti populaire européen, de centre droit), il a été Premier ministre (1995-2013) et a présidé la Commission européenne (2014-2019).

Juneau Ville des États-Unis, capitale de l'Alaska. 31 300 habitants. Centre administratif.

Jung (Carl Gustav) Psychiatre et psychologue suisse (1875-1961). Disciple de Freud, il s'en détacha en refusant d'attribuer à la libido un caractère exclusivement sexuel. Il fut à l'origine de la notion d'« inconscient collectif », fonds commun de l'humanité, structuré par des archétypes universels, et développa une psychologie analytique (ou psychologie des profondeurs). *Métamorphoses et Symboles de la libido ; Types psychologiques ; Psychologie et Alchimie.*

Jünger **(Ernst)** Écrivain allemand (1895-1998). Personnalité contrastée, il fit l'apologie du machinisme et de la révolution nationale *(La Mobilisation totale)*, puis condamna le nazisme *(Sur les falaises de marbre)*. Il défendit ensuite un anarchisme solitaire, affirmant le rôle de l'individu face à l'influence des masses *(Traité du rebelle)*.

Jungfrau **n. f.** Sommet des Alpes bernoises (Suisse). 4 158 m. La première ascension fut réalisée en 1811 par J. R. et H. Meyer.

jungle [ʒœ̃gl] **n. f.** **(mot anglais, emprunt à l'hindi)** **1.** dans les pays de mousson Forme de savane touffue (hautes herbes, broussailles, arbres) où vivent les grands fauves. « *Le Livre de la jungle* » (de R. Kipling). **2.** fig. Milieu humain où règne la loi de la sélection naturelle. *La loi de la jungle :* la loi du plus fort. **3.** Campement de fortune édifié par les migrants. → **bidonville.** *La jungle de Calais.*

Jungmann **(Josef)** Professeur et théoricien littéraire tchèque (1773-1847). Par ses traductions de poésie (Milton) et ses travaux d'érudition, il posa les fondements du renouveau littéraire tchèque. *Histoire de la littérature tchèque.*

Juni **(Juan de)** Sculpteur espagnol d'origine française (1507-1577). Il est l'auteur de retables et de statues en bois polychrome *(La Vierge tenant le corps du Christ mort)*.

junior **adj.** **(mot anglais, emprunt au latin *junior* « plus jeune », comparatif de *juvenis* → jeune)** anglic. **1.** Se dit quelquefois du frère plus jeune **(→ cadet, puîné)**, ou du fils pour le distinguer du père. *Durand junior.* **2.** sports Se dit d'une catégorie intermédiaire entre celle des seniors et celle des cadets. *Catégorie junior.* – **n.** *Les juniors.* **3.** Qui concerne les jeunes, est destiné aux jeunes. *La mode junior.* – **n.** *Les juniors :* les jeunes. **4.** Qui débute dans une activité professionnelle. *Une éditrice junior.*

junker [juŋkɛʀ] **n. m.** **(de l'allemand « jeune seigneur »)** Hobereau allemand.

Junkers **(Hugo)** Industriel allemand (1859-1935). Il construisit le premier avion entièrement métallique (1915), ainsi que de nombreux appareils militaires.

junkie [dʒœnki] **n.** **(mot anglais des États-Unis, de *junk* « camelote », appliqué à la drogue)** anglic., fam. Toxicomane qui consomme des drogues dures. *Des junkies.*

Junon Déesse du Mariage et protectrice des femmes dans la religion romaine, assimilée à l'Héra grecque. Le mois de juin lui était consacré.

junonien, ienne **adj.** didact. De la déesse Junon.

Junot **(Andoche), duc d'Abrantès** Général français (1771-1813). Aide de camp de Bonaparte, il fit la campagne d'Italie, puis celle d'Égypte, durant laquelle il fut nommé général. Il commanda l'armée de Portugal, s'empara de Lisbonne (1807), mais dut signer la capitulation de Sintra (1808). Il participa ensuite à la guerre d'Espagne et à la campagne de Russie. Frappé de folie, il se suicida.

Junot **(Laure Permon, Mme), duchesse d'Abrantès** Épouse du général Junot (1784-1838). Elle a laissé des *Mémoires* ou *Souvenirs historiques sur Napoléon.*

junte **n. f.** **(espagnol *junta*, fém. de *junto* « joint », origine latine)** **1.** hist. Assemblée administrative, politique, dans les pays ibériques. **2.** *Junte (militaire) :* groupe de militaires de haut rang qui se saisissent du pouvoir politique.

jupe **n. f.** **(de l'ancien italien, emprunt à l'arabe *gubba*)** **1.** Vêtement féminin qui descend de la ceinture à une hauteur variable de la jambe. *Jupe très courte.* → **minijupe.** *Jupe droite, plissée.* – loc. *Être dans les jupes de sa mère,* ne jamais la quitter. **2.** techn. Se dit de divers objets cylindriques. *La jupe d'un aéroglisseur,* qui enferme le coussin d'air.

jupe-culotte **n. f.** Vêtement féminin, culotte ample qui présente l'aspect d'une jupe. *Des jupes-culottes.*

jupette **n. f.** Jupe très courte. → **minijupe.**

Jupiter **n. m.** La plus grosse des planètes du système solaire, la cinquième dans l'ordre croissant des distances au Soleil. Son diamètre vaut environ 11 fois celui de la Terre, et sa masse 317,8 fois celle de notre planète. Jupiter serait composé essentiellement d'hydrogène (89,8 %) et d'hélium (10,2 %). Il est entouré de 67 satellites, dont 4 furent découverts par Galilée.

Jupiter Principale divinité du panthéon romain, assimilée au Zeus des Grecs. Dieu du Ciel, de la Lumière diurne, de la Foudre et du Tonnerre, il règne à Rome sur le Capitole, qui lui est consacré.

Jupiter, statue provenant de Pompéi (IIe s. av. J.-C.), Musée national d'archéologie, Naples.

jupitérien, ienne **adj.** **1.** Relatif au dieu Jupiter. – De la planète Jupiter. → **jovien.** **2.** Qui a un caractère impérieux, dominateur.

jupon **n. m.** **1.** Jupe de dessous. *Jupon de dentelle.* **2.** fig., collectif Les femmes, les filles. *Un coureur de jupons.*

juponner **v. tr.** < 1 > **1.** cout. Soutenir (une robe, une jupe) par un ample jupon. **2.** Habiller (une table, souvent ronde) d'un tissu allant jusqu'au sol.

Juppé **(Alain)** Homme d'État français (né en 1945). Président du RPR (1994-1997), il fut ministre du Budget (1986-1988) et des Affaires étrangères (1993-1995). Nommé Premier ministre en 1995, il dut faire face à un mouvement de contestation sociale et à une impopularité grandissante et démissionna en 1997. Il présida l'UMP de 2002 à 2004 puis fut ministre de la Défense (2010-2011) et ministre des Affaires étrangères (2011-2012). Il a été maire de la ville de Bordeaux de 1995 à 2019 ; depuis, il siège au Conseil constitutionnel.

Jura **n. m.** Chaîne de montagnes s'étendant en arc de cercle entre le Rhône et le Rhin, en France, en Suisse et en Allemagne. Le Jura culmine à 1 720 m au Crêt de la Neige, en France. La partie O. du Jura franco-suisse est formée de plateaux calcaire (Jura tabulaire), la partie E. d'une chaîne plissée (Jura plissé). Le Jura franco-suisse, au climat froid et humide, est une zone de forêts et d'élevage. Culture de la vigne dans le Jura méridional. Fabrication de fromages (comté, gruyère). Industries spécialisées (horlogerie, lunetterie, travail du bois, plastique). En Allemagne, le Jura souabe et le Jura franconien prolongent le Jura suisse au N.-E., entre les cours supérieurs du Danube et du Main.

Jura **n. m.** [39] Département français de la Région Bourgogne-Franche-Comté (→ carte). 4 999 km^2. 258 798 habitants. Chef-lieu : Lons-le-Saunier. Chefs-lieux d'arrondissement : Dole, Saint-Claude. Occupant, excepté au N. (plaine de la Saône), une partie de la montagne du Jura, le département, peu peuplé, conserve toutefois des activités dynamiques (sylviculture, élevage, productions agroalimentaires, mécanique de précision, tourisme).

Jura **n. m.** Canton du N.-O. de la Suisse. 836 km^2. 73 122 habitants (de langue française). Chef-lieu : Delémont. Créé en 1979, le canton du Jura est né d'une scission du canton de Berne.

jurançon **n. m.** **(du n. de la commune)** Vin de Jurançon et des environs (Pyrénées-Atlantiques).

Jurançon Commune des Pyrénées-Atlantiques, dans la banlieue S. de Pau, sur le gave de Pau. 7 083 habitants. Viticulture.

jurande **n. f.** **(de *juré*)** hist. Charge de juré dans une corporation ; ensemble des jurés (I, 1).

jurassien, ienne **adj.** et **n.** Du Jura.

jurassique **adj.** géol. Se dit des terrains secondaires dont le Jura est constitué en majeure partie. – **n. m.** *Le jurassique :* partie centrale de l'ère secondaire.

juratoire **adj.** **(du latin juridique, de *jurare* → jurer)** dr. *Caution juratoire :* serment fait en justice de se représenter en personne ou de rapporter une chose.

juré, ée **(latin *juratus*, de *jurare* → jurer)** **I. adj.** **1.** anc. dr. Qui a prêté serment en accédant à la maîtrise, dans une corporation **(→ jurande).** – **n.** *Les maîtres et jurés d'un métier.* **2.** *Ennemi juré :* ennemi déclaré et acharné. **II. n.** Citoyen, citoyenne appelé(e) par tirage au sort à faire partie d'un jury ; membre d'un jury (1).

jurement **n. m.** vieilli Exclamation, imprécation sacrilège. → **blasphème, juron.**

jurer **v.** < 1 > **(vient du latin *jurare*, de *jus, juris* → juridique)** **I. v. tr. 1.** Promettre (qqch.) solennellement **(→ serment).** *Jurer fidélité, obéissance à qqn.* – *Jurer de faire qqch.* → **s'engager** à. *Jurez (-moi) que vous garderez le secret.* – pronom. *Ils se sont juré de ne pas se séparer. Elle s'est juré de ne rien dévoiler.* **2.** littér. Décider avec solennité ou avec force. *Le corbeau « jura, mais un peu tard, qu'on ne l'y prendrait plus »* (La Fontaine). **3.** Affirmer solennellement, fortement. → **assurer, déclarer.** *Je vous jure que ce n'est pas moi.* – fam. *Je te (vous) jure !* (exprimant l'indignation). *Quel salaud, je te jure !* **4.** *Jurer de (qqch.) :* affirmer de façon catégorique (qu'une chose est ou n'est pas, se produira ou non). *« Il ne faut jurer de rien »* (de Musset). *Je n'en jurerais pas :* je ne le crois pas. **II. v. intr. (ou absolt) 1.** Faire un serment. *Jurer sur la Bible.* – loc. *On ne jure plus que par elle,* on l'admire, on l'imite en tout. **2.** Dire des jurons, des imprécations. → **2sacrer.** loc. *Jurer comme un charretier.* **3.** fig. (choses) Produire une discordance, aller mal ensemble. *Ces couleurs jurent.*

jureur **adj. m.** hist. *Prêtre jureur,* qui, sous la Révolution, avait prêté serment à la Constitution civile du clergé.

juridiction **n. f.** **(latin *jurisdictio*, de *jus, juris* → juridique)** **1.** Pouvoir de juger, de rendre la justice ; étendue de ce pouvoir. → **compétence, 2ressort.** *Cela ne relève pas de sa juridiction.* **2.** Tribunal, ensemble de tribunaux de même catégorie. → **chambre, conseil, cour.** *Juridictions civiles.*

Jura

Jura, le village de Baume-les-Messieurs niché au milieu de trois reculées abruptes.

juridictionnel, elle adj. dr. Relatif à la juridiction, au fait de juger. *Pouvoir juridictionnel.* – *Aide juridictionnelle,* accordée par l'État pour permettre aux personnes ne disposant pas des ressources suffisantes de faire valoir leurs droits en justice.

juridique adj. (latin *juridicus,* de *jus, juris* « droit [n. m.] » → juste) **1.** Qui se fait, s'exerce en justice, devant la justice. → **judiciaire.** *Intenter une action juridique.* **2.** Qui a rapport au droit. *Acte juridique.* → **légal.** *Études juridiques.* – *Vide juridique :* absence de législation sur une situation, un cas.

juridiquement adv. **1.** Devant la justice. **2.** Au point de vue du droit.

juridisme n. m. didact. Attitude de qqn qui s'en tient à la lettre des lois. → **formalisme, légalisme.**

Jurien de La Gravière (Jean Edmond) Amiral français (1812-1892). Il participa à la guerre de Crimée et à l'expédition du Mexique, puis fut nommé aide de camp de Napoléon III. Directeur des Cartes et Plans de la marine, il a laissé de nombreux ouvrages sur l'histoire de la marine.

Jurieu (Pierre) Pasteur calviniste français (1637-1713). Il soutint des polémiques contre Arnauld et contre Bossuet. Après la révocation de l'édit de Nantes, il s'exila en Hollande et fut l'âme de la résistance calviniste à Louis XIV.

Jurin (James) Médecin britannique (1684-1750). Il énonça la loi qui donne la hauteur d'ascension des liquides dans les tubes capillaires *(loi de Jurin).*

jurisconsulte n. (du latin, de *jus, juris* → juridique et p. p. de *consulere* → consulter) Juriste qui donne des avis sur des questions de droit.

jurisprudence n. f. (bas latin *jurisprudentia,* de *jus, juris* → juridique et *prudentia* « connaissance » → prudence) **1.** Ensemble des décisions des juridictions en tant qu'elles constituent une source de droit ; principes juridiques qui s'en dégagent (droit coutumier*). *Faire jurisprudence :* faire autorité. **2.** Manière dont un tribunal juge habituellement une question. □ adj. **jurisprudentiel, elle**

juriste n. (du latin médiéval, de *jus, juris* → juridique) Personne qui a de grandes connaissances juridiques ; auteur d'études juridiques. → **jurisconsulte, légiste.**

juron n. m. (de *jurer*) Terme plus ou moins grossier (→ **gros mot**) ou familier dont on se sert pour jurer. → aussi **blasphème, [2]sacre.**

Juruá n. m. Rivière du Brésil. 2 782 km. Né au Pérou, le Juruá se jette dans l'Amazone (rive droite).

jury n. m. (mot anglais, emprunt à l'ancien français *juree* « serment, enquête », de *jurer*) **1.** Commission de jurés (II) chargée de l'examen d'une question criminelle. *Jury d'assises.* **2.** Ensemble d'examinateurs. *Le président, les membres du jury.* – *Le jury d'un prix littéraire,* chargé de décerner les prix.

jus n. m. (vient du latin *jus, juris* « jus, sauce ») **1.** Liquide contenu dans une substance végétale. → **suc.** *Boire un jus de fruits.* **2.** Liquide rendu par une substance animale qui cuit ou macère. *Jus de viande.* → **sauce.** – loc. fam. *Laisser qqn cuire, mijoter dans son jus,* le laisser aux prises avec des difficultés ou en proie à sa mauvaise humeur. **3.** fam. Café noir. – loc. *Jus de chaussette*.* **4.** fam. Courant électrique. *Il n'y a plus de jus.* → aussi **court-jus.**

jusant n. m. (probablt de l'ancien adv. *jus* « en bas », venant du latin) Marée descendante. → **reflux.**

jusée n. f. techn. Liquide acide obtenu en lessivant, à l'eau, du tan déjà épuisé. *Bain de jusée,* pour le gonflement des peaux.

jusqu'au-boutisme n. m. Politique, conduite du jusqu'au-boutiste. → **extrémisme.**

jusqu'au-boutiste n. Personne qui va jusqu'au bout de ses idées, de son action (notamment en politique). → **extrémiste.** *Des jusqu'au-boutistes.*

jusque (vient du latin *[inde] usque* « jusqu'à », de *ut* et *que*) Marque le terme final, la limite que l'on ne dépasse pas. **I. prép.** (suivi le plus souvent de *à,* d'une autre prép. ou d'un adv.) **1.** ***Jusqu'à*** ■ (lieu) *Aller jusqu'au terminus. Avoir de l'eau jusqu'aux genoux.* – fig. *Jusqu'à un certain point. Il « se sentit blessé, jusqu'au fond de l'âme »* (Flaubert). – (suivi d'un n. abstrait, pour marquer l'excès) *Poli jusqu'à l'obséquiosité.* – (devant un inf. après *aller, pousser,* etc.) *Il est allé jusqu'à nous insulter.* ■ (temps) *J'ai dormi jusqu'à midi. Jusqu'à nouvel ordre.* ■ (totalité) *Tous, jusqu'à sa femme, l'ont abandonné.* **2.** (suivi d'une prép. autre que *à*) *Il l'accompagna jusque chez lui. C'est fermé jusqu'en mars. Il a patienté jusque vers midi.* **3.** (suivi d'un adv.) *Jusqu'alors, jusqu'à présent, jusqu'ici. Jusqu'à quand ?* – loc. fig. et fam. *En avoir jusque-là :* être excédé. *S'en mettre jusque-là :* manger beaucoup. – *Jusqu'où* (relatif ou interrogatif). **II. adv. *Jusqu'à.*** → **même.** *« Il y a des noms, et jusqu'à des personnages, qui échappent à ma mémoire »* (Chateaubriand). *Il n'est pas jusqu'à son regard qui n'ait changé :* même son regard a changé. **III. conj. *Jusqu'à ce que*** (+ subj.) : jusqu'au moment où. *Jusqu'à ce que je revienne.* – ***Jusqu'à tant que*** (même sens). ■ **jusques** prép. vieux et poét. Jusque.

jusquiame n. f. (du bas latin, du grec *huoskuamos* « fève [*kuamos*] à cochon [*hûs*] ») Plante à fleurs jaunes rayées de pourpre, à propriétés narcotiques et toxiques.

jussiée n. f. (du n. de Jussieu) Plante exotique, herbe ou arbrisseau aquatique à tiges creuses et à grandes fleurs jaunes ornementales. - var. **jussie.**

Jussieu Famille de botanistes et médecins français. ■ Antoine **de Jussieu** (1686-1758). Professeur au Jardin du roi, auteur d'un *Traité des vertus des plantes,* il permit l'introduction du caféier aux Antilles. ■ Bernard **de Jussieu** (1699-1777). Frère d'Antoine. Démonstrateur au Jardin du roi, il posa les bases du système de classification des plantes repris par son neveu. ■ Joseph **de Jussieu** (1704-1779). Frère des précédents. Il accompagna La Condamine en Amérique du Sud et introduisit en Europe plusieurs variétés de plantes ornementales *(De l'arbre à Quinquina).* ■ Antoine Laurent **de Jussieu** Botaniste français (1748-1836). Neveu des précédents, il fonda le Muséum d'histoire naturelle et proposa un système de classification des végétaux. ■ Adrien **de Jussieu** (1797-1853). Fils d'Antoine Laurent, il fut président de l'Académie des sciences (1853).

jussion n. f. (du bas latin, de *jubere* « ordonner ») dr. anc. *Lettres de jussion,* adressées par le roi aux cours souveraines et portant commandement d'enregistrer une ordonnance, un édit.

J

justaucorps [ʒystokɔʀ] n. m. (d'abord *just-au-corps*) **1.** anciennt Vêtement serré à la taille et muni de basques. → **pourpoint.** **2.** Maillot collant d'une seule pièce qui couvre le tronc, utilisé pour la danse et la gymnastique. → **body.**

juste (latin *justus* « conforme au droit, équitable », de *jus, juris* → juridique) **I. adj. et n. m.** **1.** (personnes) Qui se comporte, agit conformément à la justice, à l'équité. → **équitable.** *Elle est sévère mais juste. Être juste pour, envers, à l'égard de qqn. Il faut être juste,* sans parti pris. → **honnête.** ■ **n. m.** *« Il n'y a pas de justes, mais seulement des cœurs plus ou moins pauvres en justice »* (Camus). loc. *Dormir du sommeil du juste,* d'un sommeil paisible. – spécialt Personne qui respecte les devoirs religieux. – spécialt Personne qui a caché, sauvé des Juifs pendant la Seconde Guerre mondiale. **2.** (choses) Qui est conforme à la justice, au droit, à l'équité. *Une loi juste.* – fam. *C'est pas juste !* **3.** (devant le n.) → **fondé, légitime.** *À juste titre :* à bon droit. **II. adj.** **1.** Qui a de la justesse, qui convient bien, est bien tel qu'il doit être. *Chercher le mot juste.* → **adéquat, propre.** *Estimer les choses à leur juste prix.* → **réel.** *L'addition est juste. L'heure juste.* → **exact.** ■ (d'un son ; s'oppose à *faux*) *Note juste. Voix juste.* **2.** Qui fonctionne avec précision. *Ma montre est juste.* **3.** Conforme à la vérité, à la raison, au bon sens. → **authentique, exact, [2]logique, vrai.** *Remarque très juste.* – *C'est juste :* vous avez raison. *Très juste !* ■ Qui apprécie bien, avec exactitude. → **pertinent.** *Avoir le coup d'œil juste, l'oreille juste.* **4.** (vêtements, chaussures) Qui est trop ajusté. → **étroit, petit.** *Ce pantalon est juste.* ■ Qui suffit à peine. *Repas trop juste pour dix personnes.* – fam. (personnes) *Être un peu juste :* manquer d'argent. **III. adv.** **1.** Avec justesse, exactitude, comme il faut, comme il convient. *Deviner juste. Chanter juste.* – *Division qui tombe juste,* où il n'y a pas de reste. – Avec précision. *Frapper, toucher juste :* atteindre exactement le but visé. **2.** Exactement, précisément. *Il est midi juste.* → **[3]pile.** *C'est juste à côté. C'est juste le contraire. Il vient (tout) juste de m'appeler.* ■ ***Tout juste !*** : en effet, c'est bien cela. **3.** D'une manière trop stricte, en quantité à peine suffisante. *Prévoir un peu juste* (opposé à *largement*). *Elle a bu juste un verre.* → **seulement.** **4.** loc. adv. ***Au juste.*** → **exactement, précisément.** *On ne savait pas au juste ce que c'était.* – ***Comme de juste :*** comme il se doit.

justement adv. I. 1. rare Conformément à la justice. *Être justement puni.* 2. À bon droit, avec raison. « *Le peuple était très justement alarmé* » (Michelet). 3. Avec justesse. *On dira plus justement que...* → **pertinemment.** II. adv. de phrase 1. (pour marquer l'exacte concordance de deux faits, d'une idée et d'un fait) → **précisément.** *C'est justement ce qu'il ne fallait pas faire.* 2. Précisément, à plus forte raison (en tête de phrase). *Il sera peiné de l'apprendre. — Justement, ne lui dites rien !*

juste-milieu n. m. hist. Gouvernement modéré de Louis-Philippe.

justesse n. f. 1. Qualité qui rend une chose parfaitement, exactement adaptée. *Justesse et précision d'une balance.* ■ fig. → **exactitude.** *Cette comparaison manque de justesse.* 2. Qualité qui permet d'exécuter très exactement une chose ; manière dont on l'exécute sans erreur. → **précision.** *Justesse de tir. – Justesse d'esprit.* 3. loc. adv. ***De justesse*** : de peu, sans rien de trop.

justice n. f. (latin *justitia*, de *justus* → juste) I. 1. Juste appréciation, reconnaissance et respect des droits et du mérite de chacun. → **droiture, équité, impartialité, intégrité.** *Agir avec justice.* 2. Principe moral de conformité au droit. *Faire régner la justice. – Ce n'est que justice* (→ juste (I, 2)). 3. Pouvoir de faire régner le droit ; exercice de ce pouvoir. *La justice punit et récompense. –* ***Rendre la justice.*** → **juger.** *Cour de justice.* ■ Reconnaissance du droit, du bon droit de qqn. *Obtenir justice.* – ***Faire justice de qqch.*** : récuser, réfuter. – ***Faire, rendre justice à qqn***, lui reconnaître son droit ; par ext. rendre hommage, récompenser. *L'avenir lui rendra justice.* – ***Se faire justice*** : se venger ; en parlant d'un coupable, se tuer. II. 1. Organisation du pouvoir judiciaire ; ensemble des organes chargés d'administrer la justice (→ **judiciaire, juridique**). *Litige soumis à la justice* (→ **procès**). – *Palais de justice. Ministère de la Justice.* ■ Police judiciaire. *La justice le recherche.* 2. Ensemble des juridictions de même catégorie. *Justice administrative.*

▶ La **justice** désigne à la fois un principe fondamental des sociétés humaines et l'ensemble des institutions chargées de sa mise en œuvre. Chez les peuples primitifs, ces institutions sont fondées sur la coutume orale et le civil n'est pas séparé du religieux. Les institutions judiciaires modernes se réfèrent à des textes écrits : décisions et jugements forment une jurisprudence, dont le cadre est donné par les lois. En France ou en Belgique, la tradition du droit romain valorise les textes législatifs ; les pays de *common law* (le Royaume-Uni, les États-Unis) insistent davantage sur la jurisprudence.
Les démocraties respectent la justice procédurale : présomption d'innocence, droit d'être entendu, d'être représenté, égalité des parties et possibilité de faire appel de la décision. Le principe de séparation des pouvoirs énoncé par Montesquieu postule l'indépendance des juges face au pouvoir politique.
Rendue par des juges élus, des juges professionnels ou des jurys de citoyens, la justice moderne vise à la fois à punir le crime et à le prévenir. Loin de l'antique loi du talion (« œil pour œil, dent pour dent »), la décision du juge respecte le principe de la gradation des peines en fonction des circonstances, de l'âge et de l'intention du prévenu. Son enjeu est aussi de favoriser la réinsertion et d'éviter la récidive. Mais la justice conserve une fonction réparatrice en offrant une indemnisation aux victimes, ce qui suppose d'amener le contrevenant à reconnaître sa responsabilité et la gravité de ses actes.
Au-delà de l'institution judiciaire proprement dite, la justice fonde plus largement l'organisation de la société. On peut alors distinguer avec Aristote une justice « commutative », selon laquelle chacun reçoit autant qu'il peut donner de façon égalitaire et une justice « distributive », où les biens sont distribués équitablement en fonction des besoins de chacun.
voir aussi loi, tribunal, peine de mort

justiciable adj. (de l'ancien v. *justicier* « punir ») I. 1. Qui relève de certains juges, de leur juridiction. – n. *Les justiciables.* 2. Qui peut être jugé par. *Être justiciable de l'opinion.* II. fig. Qui relève (d'une mesure, d'un traitement). *Malade justiciable d'une cure thermale.*

justicier, ière n. 1. Personne qui rend justice, qui fait régner la justice. *Saint Louis, roi et justicier.* 2. Personne qui agit en redresseur de torts, vengeant les innocents et punissant les coupables.

justifiable adj. 1. Qui peut être justifié. → **défendable, excusable.** *Conduite peu justifiable.* 2. Qui peut être expliqué, motivé. *Un choix justifiable.*

justifiant, ante adj. relig. *Grâce justifiante*, qui rend juste.

justificateur, trice adj. (du bas latin → justifier) Qui justifie.

justificatif, ive adj. et n. m. 1. Qui sert à justifier qqn. 2. Qui sert à prouver. – n. m. Pièce justificative. *Produire des justificatifs pour une note de frais.*

justification n. f. (du latin chrét. → justifier) I. 1. Action de justifier (qqn, qqch.), de se justifier. → **décharge, ¹défense.** *Demander des justifications.* → **compte, explication.** 2. Action d'établir (une chose) comme réelle ; résultat de cette action. → **preuve.** *Justification d'une identité.* II. imprim. Action de fixer la longueur d'une ligne ; cette longueur.

justifier v. tr. < 7 > (latin chrét. *justificare*, de *justus* → juste et *facere* → ¹faire) I. 1. Innocenter (qqn) en expliquant sa conduite, en démontrant que l'accusation n'est pas fondée. → **décharger, disculper.** « *Je justifierais les femmes de bien des choses dont on les accuse* » (Molière). 2. Rendre (qqch.) légitime. *Théorie qui justifie tous les excès.* → **autoriser, légitimer.** – prov. *La fin justifie les moyens.* 3. Faire admettre ou s'efforcer de faire reconnaître (qqch.) comme juste, légitime. → **expliquer, motiver.** *Justifiez vos critiques.* – au p. p. *Un reproche tout à fait justifié.* → **fondé.** 4. (sujet chose) Confirmer après coup. *Les faits ont justifié ses craintes.* 5. Montrer (qqch.) comme vrai, juste, réel, par des arguments, des preuves. → **démontrer, prouver.** *Justifier l'emploi des sommes reçues.* 6. v. tr. ind. dr. *Justifier de son identité*, la prouver. II. imprim. Mettre (une ligne) à la longueur requise. ■ **se justifier** v. pron. Prouver son innocence. *Essayer de se justifier.* ■ (passif) Être fondé sur de bonnes raisons.

Justin Ier (v. 450-527). Empereur d'Orient (518-527). Partisan de l'orthodoxie, il persécuta les monophysites et les ariens. Il associa au trône son neveu Justinien (527).

Justin II (mort en 578). Empereur d'Orient (565-578). Neveu et successeur de Justinien Ier. Il ne put s'opposer à l'invasion de l'Italie par les Lombards (568), ni à l'établissement des Slaves en Illyrie, et dut acheter la paix aux Avars (574).

Justinien Ier (482-565). Empereur romain d'Orient (527-565). Il reprit aux Vandales presque toute l'Afrique du Nord (533), aux Ostrogoths l'Italie (535, 552), et aux Wisigoths l'Andalousie (550-554). Il encouragea la vie intellectuelle et fit rédiger un corpus législatif important, dont le Code justinien (529), compilation du droit romain et de fondement du droit civil moderne. Il entreprit l'édification des principaux monuments de Constantinople (Sainte-Sophie), de Ravenne (San Vitale) et de Salonique.

Justinien Rhinotmète (669-711). Empereur byzantin (685-695 et 705-711). Fils et successeur de Constantin IV. Il fut déposé par un coup d'État, et dut s'exiler, mais revint sur le trône avec l'appui des Bulgares.

jute n. m. (mot anglais, du bengali) 1. Plante exotique cultivée pour les fibres textiles de ses tiges. 2. Fibre qu'on en tire. *Toile de jute.*

juter v. intr. < 1 > Rendre du jus.

Jutes n. m. pl. Peuple germanique établi dans le S. du Jutland. Une partie émigra en Grande-Bretagne au Ve s. et fonda le royaume du Kent.

juteux, euse adj. 1. Qui a beaucoup de jus. → **fondant.** 2. fam. Qui rapporte beaucoup. → **lucratif, rémunérateur.**

Jutland en danois **Jylland** n. m. Péninsule formant la partie continentale du Danemark et incluant, au sens large, le Schleswig-Holstein allemand. Le Jutland forme trois régions danoises : le Jutland-du-Nord (7 927 km^2, 576 980 habitants), le Jutland central (13 142 km^2, 127 430 habitants) et le Danemark-du-Sud (12 191 km^2, 1 189 820 habitants).

Jutland (bataille navale du) Bataille qui opposa, les 31 mai et 1er juin 1916, la flotte britannique de l'amiral Jellicoe à la flotte allemande de l'amiral von Scheer. En dépit de pertes plus lourdes, les Britanniques restèrent maîtres de la mer du Nord.

Jutra (Claude) Cinéaste canadien (1930-1986). Il réalisa l'un des films emblématiques du cinéma québécois, *Mon oncle Antoine.*

Juvara ou **Juvarra (Filippo)** Architecte italien (1676-1736). Il travailla pour le roi Victor-Amédée II de Savoie à Turin (basilique de Superga) et dessina les plans du palais royal de Madrid.

Juvénal Poète satirique latin (v. 55-v. 140). Il est l'auteur de seize *Satires* dans lesquelles il dénonce avec une violence passionnée les vices de son époque.

Juvénal ou **Jouvenel des Ursins (Jean)** Magistrat français (v. 1350-1431). Prévôt des marchands de Paris (1388), il confia la régence du royaume à Isabeau de Bavière (1408). ■ **Jean Juvénal** (1388-1473). Fils du précédent. Archevêque de Reims (1449), il participa à la révision du procès de Jeanne d'Arc (1456) et sacra Louis XI (1461). Il est l'auteur d'une *Chronique de Charles VI.* ■ **Guillaume Juvénal** (1401-1472). Magistrat et homme de guerre. Frère de Jean. Chancelier de France (1445), il ouvrit les états généraux de Tours (1468).

juvénat n. m. (du latin *juvenis* « jeune homme ») relig. Stage en usage dans certains ordres religieux, qui prépare au professorat.

juvénile adj. (latin *juvenilis*, de *juvenis* → jeune) Propre à la jeunesse. → **jeune.** *La délinquance juvénile*, des mineurs.

juvénilité n. f. (du latin → juvénile) littér. Caractère juvénile.

Juventus n. f. Équipe de football fondée à Turin en 1897. Elle est première au classement des clubs d'Italie et a remporté 2 ligues des Champions (1985 et 1996).

Juvisy-sur-Orge Commune de l'Essonne. 17 656 habitants. Centre ferroviaire.

juxta- Élément (latin *juxta*) signifiant « près de ».

juxtalinéaire adj. (→ linéaire) didact. *Traduction juxtalinéaire*, où le texte et la version se répondent ligne à ligne dans deux colonnes contiguës.

juxtaposable adj. Qui peut être juxtaposé.

juxtaposer v. tr. < 1 > (→ poser) Poser, mettre (une, des choses) près d'une ou plusieurs autres, sans liaison. → **accoler.** *Juxtaposer deux mots par une apposition.* ■ **juxtaposé, ée** adj. *Les touches juxtaposées des impressionnistes.* □ n. f. **juxtaposition**

Jylland n. m. voir Jutland

Jytomyr anciennement **Jitomir** Ville d'Ukraine, à l'O. de Kiev. 277 880 habitants. Marché agricole. Industries mécanique et électronique.

Jyväskylä Ville de Finlande, sur la rive N.-O. du lac Päijänne. 85 400 habitants. Université. Commerce. Industrie du bois.

K

k [ka] **n. m. invar. I.** Onzième lettre, huitième consonne de l'alphabet *(k, K)* servant à noter la consonne occlusive vélaire sourde [k]. **II. abrév. et symboles 1.** *k :* symbole de *kilo-*. **2.** *K :* symbole du kelvin. → **kelvin. 3.** *K :* symbole chimique du potassium.

K2 ou **Dapsang n. m.** Deuxième sommet du monde dans le Karakoram, à la frontière entre la Chine et le Pakistan. 8 611 m.

ka n. m. (mot égyptien) Élément constitutif de la personne représentant sa force vitale, dans la mythologie égyptienne.

Kaaba ou **al-Ka'ba n. f.** Édifice cubique en pierre noire situé au centre de la mosquée de La Mecque et vers lequel se tournent les musulmans pour prier.

La Kaaba, symbole de l'unité des musulmans.

Kabalevski (Dmitri Borissovitch) Compositeur russe (1904-1987). Son œuvre, imprégnée du folklore russe, comprend des opéras, des symphonies, des suites et des concertos, ainsi que de la musique de scène et de film.

Kabardes n. m. pl. Peuple du Caucase appartenant au groupe tcherkesse, pratiquant l'élevage et l'agriculture. Ils vivent aujourd'hui en république de Kabardino-Balkarie.

Kabardino-Balkarie n. f. République autonome de la fédération de Russie, située dans le Caucase. 12 500 km². 900 000 habitants. Capitale : Naltchik. Agriculture et élevage. Industrie mécanique.

kabbale n. f. (hébreu *qabbalah* « tradition » → cabale) Tradition juive donnant une interprétation mystique et allégorique de la Bible. - var. archaïque **cabale.** □ **n. kabbaliste** □ **adj. kabbalistique**

▶ La **kabbale** est une tradition juive fondée sur l'interprétation symbolique des textes de la Bible. Il s'agit d'une sagesse ésotérique, présentée par ses adeptes comme la loi orale qui aurait été révélée à Moïse en même temps que les dix commandements *(dibéroth)*, et qui aurait été conservée secrètement. En hébreu, *kabbale* signifie à la fois « réception », « transmission » et « tradition ». Pratique intellectuelle très raffinée, la kabbale est aussi un courant mystique. Les kabbalistes sont des initiés qui lisent et relisent les Écritures, interprétant chaque verset, chaque mot, chaque lettre comme un symbole. Cette lecture sans fin est une quête du divin, dont la présence anime à leurs yeux le moindre caractère du texte sacré.
Dans le texte biblique, le livre d'Hénoch et la vision d'Ézéchiel appartiennent à la tradition kabbalistique, mais cette dernière s'épanouit à partir du Moyen Âge, avec le *Sefer Yetsirah* (« Livre de la création »), le *Sefer ha-Bahir* (« Livre de la clarté », XIIe s.) et surtout le *Zohar* (« Livre de la splendeur », v. 1300). Au XVIe siècle, I. Louria renouvela les études kabbalistiques en méditant sur l'« arbre de vie » *(Etz haim)*, la « Rédemption messianique » et la « réparation du monde » *(Tikkoun)*.
voir aussi **Bible, judaïsme, ésotérisme**

kabig [kabik] **n. m. (mot breton)** Manteau court en drap de laine, à capuche, avec une poche sur le devant formant manchon.

kabuki

Acteurs de kabuki interprétant la danse *Renjishi* à Tōkyō (1997).

Kabila (Laurent-Désiré) Homme d'État congolais (1939-2001). Après avoir renversé le régime de Mobutu en septembre 1997, il se proclama chef de la nouvelle République démocratique du Congo (ex-Zaïre). Il fut assassiné en janvier 2001.

Kabila (Joseph) Homme d'État congolais (né en 1971). Fils de Laurent-Désiré Kabila, il fut proclamé président de la République à la mort de son père, puis fut élu au suffrage universel en 2006. Il se retira en 2019.

Kabīr Sage musulman indien (v. 1440-v. 1518). Il élabora une philosophie mystique qui inspira Nānak, le fondateur du sikhisme.

Kaboul ou **Kabūl** Capitale de l'Afghanistan, située à 1 765 m d'altitude. 4 400 000 habitants. Principale agglomération du pays, elle fut partiellement détruite pendant la guerre civile (1989-1996). Depuis 2015 la ville est victime de nombreux attentats commis par Daech. Les talibans, chassés du pouvoir en 1996, ont repris Kaboul en 2021.

Kaboul, au pied du massif de l'Hindū Kush.

kabuki [kabuki] **n. m. (mot japonais, de *ka* « chant », *bu* « danse » et *ki* « personnage »)** Genre théâtral traditionnel japonais, avec musique et danses.

Kabwe Ville de Zambie, au N. de Lusaka. 203 000 habitants. En 1921 y fut découvert le crâne de l'« Homme de Rhodésie » (paléolithique supérieur).

kabyle adj. et n. (arabe *qabilah* « tribu ») De la Kabylie. **– n.** *Les Kabyles.* ■ **n. m.** *Le kabyle,* ensemble des dialectes et parlers berbères de Kabylie.

Kabyles n. m. pl. Population montagnarde d'origine berbère, plus ou moins arabisée, habitant la Kabylie et parlant un idiome berbère, le kabyle.

Kabylie n. f. Massif montagneux du N.-E. de l'Algérie, dans l'Atlas tellien. On distingue la *Grande Kabylie* ou *Kabylie du Djurdjura* (2 308 m au Lalla Khadidja), la *Petite Kabylie* ou *Kabylie des Babors* (2 004 m au Grand Babor), et la *Kabylie de Collo* (1 183 m).

kacha n. f. (mot russe) 1. Plat populaire slave à base de bouillie de sarrasin ou d'orge mondé. **2.** Graines de sarrasin grillées. - var. **kasha.**

Kāchān Ville d'Iran, au N. d'Ispahan, renommée pour ses céramiques, ses tapis et son industrie textile. 253 500 habitants.

Kafka (Franz)

Franz Kafka vers 1906.

Kachins **n. m. pl.** Peuple d'origine tibéto-birmane, vivant dans le nord de la Birmanie. Les Kachins sont majoritairement animistes malgré des tentatives de christianisation au cours du XIXe siècle.

Kádár **(János)** Homme d'État hongrois (1912-1989). Il fut nommé chef du gouvernement par les Soviétiques (1956-1958 ; 1961-1965) et resta premier secrétaire du Parti communiste hongrois jusqu'en 1988.

Kadaré **(Ismaïl)** Écrivain albanais (né en 1936). Ses romans et ses nouvelles évoquent l'histoire et les légendes de son pays. Sous forme d'allégories, il dénonce le régime totalitaire. *Le Général de l'armée morte ; Le Crépuscule des dieux de la steppe.*

K

kaddish **n. m. (mot araméen « saint ») relig.** Prière juive en araméen récitée à la fin de chaque partie de l'office.

Kaden-Bandrowski **(Juliusz)** Romancier polonais (1885-1944). Il est l'auteur de satires de la vie sociale et politique à l'époque de Piłsudski. *Le Général Barcz ; Ailes noires.*

Kadhafi **(Muammar al-)** Colonel et homme d'État libyen (1942-2011). Il prit le pouvoir en 1969 par un coup d'État militaire qui renversa la monarchie libyenne, et se proclama « guide de la révolution ». Sans fonction officielle depuis 1979, il exposa son projet politique dans son *Livre vert* et demeura le seul détenteur du pouvoir jusqu'à sa chute lors de la révolution libyenne, en août 2011 et sa mort en octobre suivant.

Muammar al-Kadhafi en 2005.

Kadima Parti politique israélien de centre droit fondé par Ariel Sharon en 2005. Il disparut en 2015.

Kadjars ou **Qādjārs** **n. m. pl.** Dynastie fondée par le chef d'une tribu turkmène, Āghā Muhammad Chā. Ses souverains régnèrent sur la Perse de 1794 à 1925.

Kaduna Ville du Nigeria, capitale de l'*État de Kaduna*. 1 582 000 habitants. Cimenteries. Industries textiles et alimentaires.

Kaesŏng ou **Gaesong** Ville de Corée du Nord. 192 600 habitants. Deuxième ville du pays, elle fut capitale de l'État de Koryŏ du Xe au XIVe siècle.

Kafiristan **voir Nouristan**

Kafka **(Franz)** Écrivain tchèque d'expression allemande (1883-1924). Ses récits *(La Métamorphose ; La Colonie pénitentiaire ; Le Terrier)*, ses romans *(Amérique ; Le Procès ; Le Château)* et son *Journal* expriment, dans une langue à la fois sobre et chargée de symboles, l'angoisse de l'homme, sa culpabilité et son errance dans un univers oppressant où les institutions écrasent les libertés.

kafkaïen, ïenne **adj.** Qui rappelle l'atmosphère absurde et oppressante des romans de Kafka.

Kafūr **(Abū al-Misk)** Gouverneur d'Égypte (mort en 968). Eunuque, devenu précepteur des enfants de son maître, le gouverneur Muḥammad al-Ikhchīd, il assuma la régence à la mort de celui-ci. Il fut ensuite nommé gouverneur par le calife de Bagdad. À sa mort, l'Égypte tomba aux mains des Fatimides.

Kagamé **(Alexis)** Philosophe et poète rwandais d'expression française (1912-1981). Prêtre devenu professeur d'ethnologie à l'université du Zaïre, il œuvra pour la sauvegarde des traditions orales de son pays. *La Divine Pastorale ; La Philosophie bantoue et rwandaise de l'être.*

Kagamé **(Paul)** Homme d'État rwandais (né en 1957). Leader du Front patriotique rwandais, il fut l'artisan de la prise de Kigali, qui mit un terme au génocide dans le pays (1994). Il fut élu président de la République, par le Parlement en 2000, puis réélu au suffrage universel en 2003, 2010 et 2017.

Kagel **(Mauricio Raúl)** Compositeur, chef d'orchestre et metteur en scène argentin (1931-2008). Il explora les ressources dramatiques du langage musical contemporain à travers des pièces radiophoniques *(Guten Morgen)*, des films *(Ludwig van)*, des œuvres utilisant l'électroacoustique *(Acustica)* et des opéras *(Staatstheater)*.

Kagera **n. f.** Rivière d'Afrique qui se jette dans le lac Victoria. 400 km. Elle est considérée comme la branche mère du Nil. Elle sépare le Rwanda du Burundi et de la Tanzanie.

Kagoshima Ville du Japon (Kyūshū). 593 400 habitants. Port de commerce. Université.

Kahler **(Otto)** Médecin autrichien (1849-1893). Il a décrit une forme de tumeur maligne de la moelle osseuse appelée la *maladie de Kahler*.

Kahlo **(Frida)** Peintre mexicaine (1907-1954). Ses œuvres, d'un réalisme décoratif, très colorées, et ses nombreux autoportraits sont inspirés des surréalistes qu'elle fréquenta en compagnie de son époux Diego Rivera. *Autoportrait avec des singes.*

Frida Kahlo, *Autoportrait avec des singes* (1943), coll. Jacques et Natasha Gelman, México.

Kahn **(Gustave)** Écrivain français (1859-1936). Théoricien et adepte du vers libre *(Les Palais nomades ; Domaine de fées)*, il est également l'auteur de romans et d'ouvrages critiques *(Symbolistes et Décadents)*.

Kahn **(Abraham, dit Albert)** Banquier et mécène français (1860-1940). Il fit faire entre 1910 et 1930, à travers le monde, des photographies, dont certaines en couleurs, et des films en noir et blanc conservés dans son ancienne demeure de Boulogne-Billancourt (musée Albert-Kahn).

Kahn **(Louis)** Architecte américain (1901-1974). Il fut le représentant majeur de l'architecture rationaliste, mariant la brique et le béton dans un style massif (Parlement du Bangladesh à Dacca).

Kahn **(Axel)** Médecin et généticien français (1944-2021). Il travailla sur les facteurs héréditaires, le contrôle des gènes, le cancer, le vieillissement, la nutrition. Sa réflexion porta sur les questions morales, philosophiques et religieuses liées à la science et à l'éthique.

Kahneman **(Daniel)** Psychologue et mathématicien israélo-américain (né en 1934). Il est l'initiateur de l'économie expérimentale. Prix Nobel 2002.

Kahnweiler **(Daniel-Henry)** Négociant et écrivain d'art français d'origine allemande (1884-1979). Il contribua à faire connaître les peintres fauves (Derain, Vlaminck) et les cubistes (Gris, Braque, Picasso).

Kahramanmaraş **voir Maraş**

Kaibara **Ekken** Philosophe japonais (1630-1714). Il popularisa au Japon les principes néoconfucéens à travers de nombreux écrits qui influencèrent la vie sociale japonaise aux XVIIe et XVIIIe siècles.

Kaieteur Falls Chutes de la rivière Potaro, en Guyana, hautes d'environ 200 mètres.

Kaifeng ou **K'ai-fong** Ville de Chine (Henan), sur le Huang he. 578 600 habitants. Ancienne capitale impériale, la ville conserve de nombreux monuments historiques.

Kailas **(Frans Uuno)** Poète finlandais (1901-1933). Il est l'auteur de recueils de poèmes sensuels et exotiques *(Les Navigateurs)*, et d'œuvres plus sombres d'inspiration expressionniste *(Le Sommeil et la Mort)*.

Kainji Barrage hydroélectrique du Nigeria. Terminé en 1968, c'est le plus important ouvrage aménagé sur le Niger (lac artificiel de 1 295 km^2 et 136 km de long).

Kairouan Ville de Tunisie. 118 000 habitants. Ville sainte de l'islam aux nombreuses mosquées, dont la Grande Mosquée (IXe s.) et la Mosquée des Trois-Portes (IXe s.).

kaiser [kɛzɛʀ ; kajzɛʀ] **n. m. (mot allemand, du latin *Caesar* → césar ; *cf.* tsar)** *Le Kaiser* : l'empereur d'Allemagne (de 1870 à 1918).

Kaiser **(Georg)** Auteur dramatique allemand (1878-1945). Son théâtre, influencé par l'expressionnisme, traite de l'absurdité du monde contemporain. *Les Bourgeois de Calais ; De l'aube à minuit.*

Kaiser **(Henry John)** Industriel américain (1882-1967). Constructeur de routes et de barrages, à la tête de la plus importante cimenterie du monde en 1939, il participa à l'effort de guerre américain en produisant des navires de guerre préfabriqués.

Kaiserslautern Ville d'Allemagne (Rhénanie-Palatinat). 105 830 habitants. Centre de recherche dans les technologies de pointe.

Kajava **(Viljo Lennart)** Poète finlandais (1909-1998). Militant de gauche, il publia plusieurs recueils évoquant la condition des opprimés. *Les Dix Points cardinaux ; Les Rêves de l'artisan.*

kakémono **n. m.** **(mot japonais « chose suspendue »)** **1.** Peinture japonaise, étroite et haute, pouvant se rouler autour d'un bâton. **2.** Support de communication d'aspect similaire.

[1]kaki **adj. invar.** **(de l'anglais, pris à l'hindi *khâki* « couleur de poussière »)** D'une couleur jaunâtre tirant sur le brun. *Chemises kaki.* **– n. m. invar.** *Militaire en kaki.*

[2]kaki **n. m.** **(mot japonais)** Arbre dont les fruits, de la taille d'une tomate, sont jaune orangé. **–** Ce fruit.

Kakiemon **(Sakaida Kakiemon, dit)** Potier japonais (1596-1666). Il instaura un style japonais (matière transparente, glaçure laiteuse) dégagé des influences chinoise et coréenne.

Kakinada Ville d'Inde (Andhra Pradesh), sur le delta de la Godaveri. 443 000 habitants. Port de pêche.

kala-azar **n. m.** **(mot indien de l'Assam « maladie *[azar]* noire *[kala]* »)** méd. Maladie parasitaire grave provoquée par un protozoaire, la leishmania*. *Kala-azar asiatique.* → **leishmaniose.** *Des kala-azars.*

kalachnikov [kalaʃnikɔf] **n. f.** **(n. d'une marque soviétique d'armes automatiques)** Fusil d'assaut d'origine soviétique. - abrév. fam. **kalach(e).**

Kalahari **(désert du)** Plateau désertique de l'Afrique australe. Env. 900 000 km², essentiellement au Botswana. Marécageux dans sa partie N. et O., sableux au sud. Il est habité par les Bochimans.

Désert du Kalahari, Bochimans dans la réserve Intu Afrika.

Kalamata Ville de Grèce, au S. du Péloponnèse. 60 000 habitants. Château des Villehardouin (1208), églises byzantines (Xe-XIIe s.).

kalanchoé [kalɑ̃kɔe] **n. m.** **(mot d'origine chinoise)** Plante exotique ornementale, charnue, aux fleurs tubulaires disposées en grappes.

Kalatozov **(Mikhaïl Konstantinovitch)** Cinéaste soviétique (1903-1973). Pionnier du cinéma révolutionnaire et auteur de nombreuses œuvres de propagande, il réalisa également des films romantiques. *Quand passent les cigognes ; La Ragazza.*

Kaldor **(Nicholas)** Économiste britannique (1908-1986). S'inspirant des travaux de Keynes et de la pensée de Marx, il tenta d'élaborer une explication globale du développement du capitalisme. *A Model of Economic Growth.*

kale [ke(i)l] **n. m.** **(mot anglais issu du latin *caulis* « chou »)** anglic. Variété de chou frisé appréciée pour ses qualités nutritives.

kaléidoscope **n. m.** **(anglais *kaleidoscope*, du grec *kalos* « beau », *eidos* « image » → idole, et *skopein* « regarder » → -scope)** **1.** Petit tube dont le fond est occupé par des fragments mobiles de verre colorié qui, en se réfléchissant sur un jeu de miroirs, y produisent d'infinies combinaisons de motifs symétriques. **2.** fig. Succession rapide et changeante (d'impressions, de sensations). □ **adj. kaléidoscopique**

Kalevala **n. m.** Épopée finnoise composée de poèmes populaires épiques et lyriques recueillis au XIXe s. par Elias Lönnrot auprès des conteurs.

Kalgan voir **Zhangjiakou**

Kalgoorlie Ville du S.-O. de l'Australie. 28 250 habitants. Centre minier (or au XIXe s. ; nickel).

Kālī Divinité hindoue de la Mort et de la Destruction, principalement vénérée au Bengale. Elle est l'une des épouses de Shiva.

Kālidāsā Poète et auteur dramatique indien (IVe-Ve s.). Ses pièces de théâtre connurent un grand succès jusqu'à nos jours. *Śakuntalā ; Le Nuage messager.*

kaliémie **n. f.** **(de *kalium*, ancienne désignation du potassium, et *-émie*)** biol. Taux de potassium dans le sang.

Kalimantan [-mantan] Partie indonésienne de l'île de Bornéo. 539 460 km². 16 millions d'habitants. Exploitation de gaz, de pétrole et de bois.

Kalinine **(Mikhaïl Ivanovitch)** Homme d'État soviétique (1875-1946). Il fut l'un des fondateurs du journal bolchevik *Pravda.* Leader de la révolution d'Octobre, il occupa plusieurs fonctions au sein du Parti communiste soviétique avant d'être élu président du præsidium du Soviet suprême (1938-1946).

Kalinine Nom donné à la ville de Tver, de 1933 à 1990.

Kaliningrad anciennement **Königsberg** Port de Russie sur la mer Baltique. 430 000 habitants. Université. La *région de Kaliningrad* (15 100 km² ; 850 000 habitants) est enclavée entre la Lituanie et la Pologne. Développée autour d'une forteresse fondée par l'ordre Teutonique (1255), la ville devint membre de la ligue hanséatique, puis la capitale du duché de Prusse sous le nom de Königsberg, et se dota d'une université où a enseigné Kant. Importante place forte, elle fut prise par l'armée soviétique en 1945 et attribuée à l'URSS, qui la rebaptisa Kaliningrad en 1946.

Kalisky **(René)** Écrivain belge (1936-1981). Issu d'une famille juive polonaise émigrée, il analysa dans ses essais *(Sionisme et Dispersion ; L'Impossible Royaume)* et ses pièces de théâtre *(Falsch)* l'intolérance du monde moderne.

Kalisz Ville de Pologne. 108 480 habitants. Kalisz est considérée comme la plus ancienne ville de Pologne. Détruite en 1914 par les Allemands, elle fut reconstruite entre 1920 et 1925.

Kalkbrenner **(Friedrich)** Pianiste allemand (1785-1849). Il étudia au conservatoire de Paris, puis à Vienne. Virtuose et également professeur, il a laissé des compositions et une méthode pour piano.

Kallas **(Aino)** Romancière et poète finlandaise (1878-1956). Son œuvre s'inspira de son peuple et de son histoire personnelle. *La Fiancée du loup ; Sur le bûcher.*

Kalmar Ville de Suède, en face de l'île d'Öland. 61 320 habitants. Cathédrale (XVIIe s.). Château (XIIe s.). *L'Union de Kalmar* (1397-1523) réunit le Danemark, la Suède et la Norvège sous l'autorité d'Éric XIII. Elle fut brisée par Gustave Ier Vasa.

kalmouk, e **adj. et n.** **(mot mongol)** De Kalmoukie. **– n.** *Les Kalmouks.* ■ **n. m.** *Le kalmouk,* langue mongole occidentale.

Kalmoukie **n. f.** République autonome de la fédération de Russie, au N.-O. de la mer Caspienne. 75 900 km². 292 000 habitants. Capitale : Elista. Pays de steppes semi-arides. La Kalmoukie fut créée en 1920.

Kalmouks **n. m. pl.** Peuple mongol vivant aujourd'hui en Russie (Kalmoukie), en Mongolie et en Chine (Xinjiang). Nomades et de religion bouddhique, les Kalmouks fondèrent un vaste empire au XIVe s. En 1943, les Kalmouks, accusés de collaboration, furent massivement déportés.

Kalmus **(Herbert Thomas)** Ingénieur et inventeur américain (1881-1963). Fondateur de la société Technicolor (1915), il mit au point son procédé de films en couleurs en 1934.

Kalomiris **(Manolis)** Compositeur grec (1883-1962). Il fonda le Conservatoire national d'Athènes et en assura ensuite la direction. Son œuvre, postromantique, s'inspire notamment de Wagner et de Richard Strauss.

Kalouga Ville de Russie, au S.-O. de Moscou. 325 000 habitants. Palais de Marina Mnichek (XVIIe s.). Carrefour ferroviaire.

Kalsoum **(Oum)** voir **Oum Kalsoum**

Kaluza **(Theodor)** Mathématicien allemand (1885-1954). Il travailla sur l'unification des interactions fondamentales (gravitation et électromagnétisme), introduisant une cinquième dimension de l'espace-temps.

Kalyan-Dombivali Ville d'Inde (Maharashtra). 1 246 400 habitants. Elle constitue l'essentiel de la partie continentale de l'agglomération de Mumbai (Bombay).

Kama **n. f.** Rivière de Russie, principal affluent de la Volga. 1 805 km.

Kāma Divinité masculine hindoue de l'Amour et du Désir charnel.

Kamakura Ville du Japon (Honshū), au S.-E. de Tōkyō. 172 800 habitants. Nombreux temples et statue colossale en bronze du bouddha (XIIIe s.). Musées.

Kamarhati Ville d'Inde, dans l'agglomération de Calcutta (Bengale-Occidental). 350 000 habitants.

Kāma Sūtra **n. m.** Ouvrage indien de préceptes, de rites et de techniques sur l'amour, le mariage et l'érotisme, attribué à Vātsyāyana (fin du IVe s.).

Kamechliyé ou **Qamichly** Ville de Syrie, à la frontière turque. 200 000 habitants.

Kamel **(Georg Joseph)** dit **Camellus** Botaniste autrichien (1661-1706). Jésuite, il fut envoyé comme pharmacien aux Philippines. Il laissa une précieuse description de la flore de ce pays.

Kamenev **(Lev Borissovitch Rosenfeld, dit)** Homme politique soviétique (1883-1936). D'abord compagnon de Lénine, il fut membre de la « troïka » avec Staline et Zinoviev, puis se rapprocha de Trotski et devint dirigeant de l'opposition au régime. Il fut condamné à mort et exécuté. Il a été réhabilité en 1988.

Kamensk-Ouralski Ville de Russie, au pied de l'Oural. 186 000 habitants. Exploitation minière. Métallurgie (aluminium).

Kamerlingh Onnes **(Heike)** Physicien néerlandais (1853-1926). Il créa à Leyde un laboratoire cryogénique qui détint le record des températures les plus basses. Fondateur de la physique du froid, il parvint à liquéfier l'hélium (1908) et découvrit la supraconductivité (1911). Prix Nobel 1913.

kami **n. m.** **(mot japonais « seigneur » → kamikaze)** didact. Divinité, dans la religion shintoïste.

kamichi **n. m.** **(d'un mot indien du Brésil)** zool. Grand oiseau échassier d'Amérique du Sud.

kamikaze **n. et adj.** **(mot japonais « vent *[kaze]* divin »)** **1. n. m.** Avion-suicide, piloté par un volontaire (au Japon, en 1944-1945) ; ce volontaire. ■ **n.** Auteur d'un attentat suicide. ■ **adj.** *Opération kamikaze.* **2.** par ext. Personne d'une témérité suicidaire.

Kamloops Ville du Canada (Colombie-Britannique), dans les Rocheuses. 90 280 habitants. Carrefour ferroviaire. Industries forestières et minières.

Kamôsis Pharaon de la XVIIe dynastie (v. 1600 av. J.-C.). Roi de Thèbes.

Kampala Capitale de l'Ouganda, sur le lac Victoria. 2 000 000 habitants. La ville est reliée par voie ferrée à Nairobi et à Mombasa (Kenya). Commerce. Industries alimentaire et textile.

kamptozoaire **n. m.** **(du grec *kamptos* « recourbé » et de *-zoaire*) zool.** Animal marin microscopique dont la bouche et l'anus sont entourés par une même couronne de tentacules (classe des *Kamptozoaires*).

Kampuchea **n. m.** Nom officiel du Cambodge de 1979 à 1989.

Kamtchatka **n. m.** Presqu'île de l'extrémité orientale de la Russie, entre la mer d'Okhotsk et la mer de Béring. Région montagneuse, couverte de forêts. Pêche, exploitation du bois, mines d'or et de charbon.

kana **n. m.** **(mot japonais)** Signe syllabique de l'écriture japonaise. *Il existe deux systèmes de kanas* **(→ hiragana, katakana).** *Kanas et kanji*.*

kanak, e ou **canaque** **n. et adj.** **(polynésien *kanaka* « homme »)** Autochtone de Nouvelle-Calédonie. *Les Kanaks et les Caldoches.* **– adj.** *L'identité kanake.*

Kanaks ou **Canaques** **n. m. pl.** Nom générique donné aux autochtones de certaines parties de l'Océanie. La culture kanake repose sur un lien métaphysique avec la terre nourricière. Les militants politiques de Nouvelle-Calédonie ont revendiqué, dans les années 1970, la graphie *kanak*, au lieu de *canaque*.

K

Kanaky **n. f.** Nom donné par les indépendantistes du FLNKS à la Nouvelle-Calédonie.

Kananga Ville de la République démocratique du Congo, sur la Lulua. Env. 1 million d'habitants. Carrefour ferroviaire. Commerce.

Kanaris **(Konstantínos)** Amiral et homme politique grec (1790-1877). Il se rendit célèbre lors de la guerre de l'Indépendance, et fut plusieurs fois Premier ministre (1848-1849, 1864-1865 et 1877) après la libération de la Grèce.

Kanazawa Ville du Japon (Honshū), sur la mer du Japon. 463 500 habitants. Jardin Kenrokuen, créé au XVIIe s. Métallurgie. Artisanat (porcelaine, laque).

Kanchipuram ou **Kanchi** Ville d'Inde (Tamil Nadu). 222 000 habitants. L'une des sept villes sacrées de l'hindouisme, elle possède une certaine de temples dont certains particulièrement bien conservés, comme le Kailashanata.

Kandahar ou **Qandahār** Ville du S. de l'Afghanistan. 523 000 habitants. Centre de commerce. La prise de la ville par les forces de l'ONU, en 2001, marqua la fin du premier régime des talibans qui reconquirent le pays en 2021.

Kamtchatka

Le Kamtchatka, et son exceptionnelle concentration de volcans actifs inscrite au patrimoine mondial de l'Unesco.

Kandel **(Eric R.)** Neurologue américain (né en 1929). Ses travaux ont mis en évidence les mécanismes neurologiques participant à la formation de la mémoire. Prix Nobel 2000.

Kandi Ville du N. du Bénin. 60 000 habitants.

Kandinsky **(Wassily)** Peintre d'origine russe naturalisé allemand en 1928, puis français en 1939 (1866-1944). Sa peinture, d'abord aux confins du fauvisme et de l'expressionnisme, montre une volonté de s'affranchir de la référence au réel. Il est considéré comme l'un des fondateurs de l'art abstrait *(Avec l'arc noir)*. Enseignant au Bauhaus et théoricien de l'art *(Du spirituel dans l'art)*, il essaya, à travers son œuvre, de concilier la spontanéité de l'impulsion créatrice avec l'analyse rationnelle et symbolique des éléments formels.

kandjar **n. m.** **(arabe *handjar* « coutelas »)** Poignard oriental à lame courbe, à grand pommeau, dont la poignée est sans garde.

Kandy Ville du Sri Lanka. 125 000 habitants. Lieu sacré du bouddhisme (temple de la Dent du Bouddha). Université. Jardin botanique. Commerce du thé.

Kane **(Cheikh Hamidou)** Écrivain sénégalais d'expression française (né en 1928). Son œuvre traite du tiraillement des sociétés africaines prises entre leurs valeurs héritées, notamment l'« islam noir », et les valeurs occidentales. *L'Aventure ambiguë.*

Kandinsky (Wassily)

Wassily Kandinsky, *Jaune-rouge-bleu* (1925), Musée national d'art moderne, Centre Georges-Pompidou, Paris.

Kane **(Sarah)** Auteur dramatique britannique (1971-1999). Ses pièces, novatrices par leur radicalisme structurel et langagier, interrogent la violence du monde contemporain à travers la vie de personnages désœuvrés. *L'Amour de Phèdre ; 4.48 Psychose.*

Kanem **n. m.** Ancien royaume d'Afrique saharienne (O. du Tchad actuel) fondé par les Toubous vers 800. Islamisé au XIe s., le royaume fut étendu jusqu'au Fezzan libyen et au Bornou (XIIIe s.).

Kaneyoshi Yoshida voir **Kenkō Hōshi**

Kangchenjunga **n. m.** Sommet de l'Himalaya, à la frontière de l'Inde (Sikkim) et du Népal. 8 586 m.

Le Kangchenjunga, point culminant de l'Inde, dans la région de Darjeeling.

Kanggye Ville de Corée du Nord. 252 000 habitants. Carrefour de communication.

kangourou **n. m.** **(anglais *kangaroo*, d'une langue d'Australie)** **1.** Mammifère australien herbivore (marsupial), à pattes postérieures très développées lui permettant des sauts de plusieurs mètres. *Des kangourous.* **2.** *Sac kangourou* : harnais permettant de porter un bébé sur le ventre.

Kangxi ou **K'ang-hi** (1654-1722). Second empereur de la dynastie chinoise des Qing, il poursuivit l'unification du pays, conquit l'île de Taiwan et s'opposa à l'expansion de la Russie tsariste. Il autorisa le christianisme.

Kang Youwei ou **K'ang Yeou-wei** Homme politique et écrivain chinois (1858-1927). Opposé à l'impératrice-régente Cixi, il s'exila puis revint en Chine après la chute du régime impérial des Qing. Ses nombreux ouvrages philosophiques, dont le *Livre de la concorde universelle*, eurent une grande influence en Chine.

kanji [kɑ̃(d)ʒi] **n. m.** **(mot japonais)** Caractère chinois de l'écriture japonaise. *Les kanji* **(invar.)** ou *les kanjis.*

Kankan Ville de l'E. de la Guinée. 200 000 habitants. Commerce de diamants, industries alimentaire et textile.

kannara n. m. Langue de l'État de Karnataka en Inde. *Le kannara est une langue dravidienne.* - var. **kannada.**

Kano Ville du Nigeria, capitale de l'État de Kano. Env. 3 millions d'habitants. Centre de commerce, relié par voie ferrée à Lagos. Industries (textile, alimentaire). La ville fut la capitale du premier des sept royaumes haoussas (XIe-XIXe s.), avant d'être annexée par les Peuls.

Kanō École de peinture japonaise fondée au XVe s. à Kyōto par Kanō Masanobu. De nombreux peintres l'illustrèrent et donnèrent naissance à des écoles subsidiaires jusqu'au XXe siècle. ■ **Kanō Masanobu** (1434-1530). Il fut le premier peintre laïque à réaliser des lavis monochromes. ■ **Kanō Eitoku** (1543-1590). Il est considéré comme le meilleur peintre de son époque.

kanoun n. m. (mot arabe, du grec *kanon* → ²canon) Instrument de musique orientale, cithare sur table, dont on pince les cordes avec des onglets fixés aux doigts. - var. **qanoun.**

Kanpur Ville d'Inde (Uttar Pradesh), sur le Gange. 2 600 000 habitants. Industries mécanique et textile (cuir).

Kansai voir **Kinki**

Kansas n. m. Rivière des États-Unis, affluent du Missouri. 274 km.

Kansas n. m. État du centre des États-Unis. 213 095 km². 2 937 880 habitants. Capitale : Topeka. Agriculture (céréales), élevage bovin. Hydrocarbures. Industrie. Napoléon vendit ce territoire avec la Louisiane aux États-Unis en 1803. État de l'Union en 1861.

Kansas City Agglomération des États-Unis formée par deux villes portant ce nom, situées de part et d'autre de la rivière Missouri, l'une dans le Missouri (508 000 habitants), l'autre dans le Kansas (156 600 habitants). Haut lieu du jazz dans les années 1930. Commerce agricole (céréales, bétail). Industrie alimentaire.

Kant (Emmanuel) Philosophe allemand (1724-1804). Professeur à l'université de Königsberg, cherchant une issue au conflit entre le dogmatisme des rationalistes et le scepticisme des empiristes, il a élaboré le projet d'une philosophie critique censée déterminer les limites du pouvoir de connaître de la raison humaine. Dans la *Critique de la raison pure,* tout en fondant la nécessité et l'universalité des lois de la nature, il démontre l'impossibilité de connaître des objets qui ne se donnent pas dans une expérience possible. Dans la *Critique de la raison pratique,* il montre l'usage qu'on peut néanmoins faire des idées métaphysiques traditionnelles (Dieu, liberté et immortalité de l'âme) dans le domaine de l'action, et il établit un fondement rationnel à la morale et au devoir. Dans la *Critique de la faculté de juger,* il dégage la spécificité du jugement esthétique et du jugement téléologique.

Kantara (El-) Ville d'Algérie. 11 420 habitants. Situées dans les Aurès, les *gorges d'El-Kantara* débouchent sur une oasis de 100 000 arbres.

kantien, ienne [kɑ̃sjɛ̃ ; kɑ̃tjɛ̃, jɛn] adj. philos. Qui a rapport à la philosophie de Kant ; qui en est disciple ou partisan.

kantisme n. m. philos. Doctrine de Kant.

Kanto n. m. Région du Japon où s'étend la conurbation de Tōkyō-Yokohama.

Kantor (Tadeusz) Metteur en scène, peintre, sculpteur et écrivain juif polonais (1915-1990). Ses *happenings* et ses créations du « théâtre de la mort » recelaient une forte intensité dramatique. *La Classe morte ; Qu'ils crèvent, les artistes.*

Kantorovitch (Leonid Vitalevitch) Économiste soviétique (1912-1986). Il consacra ses travaux au problème de l'utilisation optimale des moyens de production et de la répartition des investissements dans une économie socialiste. Prix Nobel 1975.

Kaohsiung ou **Gaoxiong** Ville de Taiwan. 2 779 900 habitants. Deuxième port de l'île. Industrie (chimie, pétrochimie, métallurgie, mécanique).

Kaolack Ville du Sénégal, sur le Saloum. 240 000 habitants. Port exportateur d'arachides. Huileries.

kaoliang [kaɔljɑ̃(g)] n. m. (mot chinois, de *kao* « haut » et *liang* « grain », par l'anglais) Sorgo (graminacée) cultivé en Extrême-Orient.

kaolin n. m. (chinois *kaoling*) Argile blanche, réfractaire et friable, contenant de la kaolinite et matière première de la porcelaine.

kaolinisation n. f. (de *kaolin*) didact. Transformation en kaolin, sous l'influence des eaux d'infiltration, du feldspath des roches cristallines.

kaolinite n. f. (de *kaolin*) chim. Silicate d'alumine hydraté que l'on trouve dans les roches argileuses ou magmatiques, composant du kaolin.

kaon n. m. (de *[méson] K* et *-on* de *électron*) phys. Particule élémentaire de la famille des mésons (syn. **méson K**) dont la masse est 970 fois plus grande que celle de l'électron. *Kaon neutre, positif, négatif.*

Kapilavastu Ancienne cité du N. de l'Inde où naquit Gautama, le Bouddha, en 543 av. J.-C. Musée.

Kapitsa (Piotr Leonidovitch) Physicien soviétique (1894-1984). Il travailla sur les très hautes températures liées aux réactions nucléaires avant de se spécialiser dans l'étude des basses températures (liquéfaction de l'hélium et de l'hydrogène). Il se consacra à partir de 1963 à l'étude de la fusion thermonucléaire contrôlée. Prix Nobel 1978.

Kaplan (Jacob) Théologien français (1895-1994). Grand rabbin de Paris puis grand rabbin de France (1955-1981), il est l'auteur de plusieurs ouvrages sur le judaïsme.

Kapnist (Vassili Vassilievitch) Poète et auteur dramatique russe (1758-1823). Il est l'auteur d'une œuvre de revendications sociales dénonçant la servitude, la corruption et l'arbitraire judiciaire du régime tsariste. *Ode sur le servage ; La Chicane.*

kapo n. (allemand *Kapo*) Détenu(e) chargé(e) de commander les autres prisonniers dans les camps de concentration nazis.

kapok n. m. (malais *kapuk*) Fibre végétale faite du duvet qui recouvre les graines du kapokier et du fromager. *Coussins rembourrés de kapok.*

kapokier n. m. Grand arbre de Java qui fournit le kapok. → **²fromager.**

Kapoor (Anish) Sculpteur britannique d'origine indienne (né en 1954). Ses sculptures monumentales se caractérisent par leurs formes bombées ou creuses, parfois recouvertes de pigments purs *(Dirty Corner).*

Kaposvár Ville du S.-O. de la Hongrie. 66 240 habitants. Industrie textile.

Kapp (Wolfgang) Homme politique allemand (1858-1922). Nationaliste, il s'opposa à tout projet d'une paix de compromis pendant la Première Guerre mondiale. Il fomenta le coup d'État de Berlin (mars 1920), qui échoua.

kappa n. m. invar. Lettre de l'alphabet grec (Κ, κ), correspondant au son du *k* français.

Kaprow (Allan) Artiste américain (1927-2006). Il s'opposa à l'idéalisme de l'expressionnisme abstrait en utilisant des objets de la société de consommation pour réaliser des environnements et des *happenings,* terme dont il est le créateur.

Kapteyn (Jacobus Cornelius) Astronome néerlandais (1851-1922). On lui doit la première observation systématique du ciel austral et la découverte de deux déplacements principaux d'étoiles dans la Galaxie, ce qui plus tard apporta la preuve de la rotation de celle-ci.

Kapuas n. m. Fleuve d'Indonésie (île de Bornéo), qui se jette dans la mer de Java. 1 369 km.

Kapuas Hulu n. m. Chaîne montagneuse de l'île de Bornéo culminant à 1 767 mètres. Elle constitue la frontière entre l'Indonésie et la Malaisie.

Kara (mer de) Partie de l'océan Arctique, située entre la Nouvelle-Zemble et la Russie continentale. Elle est recouverte de glace la majeure partie de l'année.

Karabagh (Haut-) Région autonome du Caucase enclavée dans l'Azerbaïdjan. 4 400 km². 192 000 habitants. Historiquement peuplée d'Arméniens (77 %), cette région fut attribuée à l'Azerbaïdjan en 1921 par la Russie et se proclama indépendante en 1991. Le conflit latent entre l'Arménie et l'Azerbaïdjan pour la possession de la région se solda par la victoire de ce dernier en 2020. Malgré le cessez-le-feu et le déploiement de forces de maintien de la paix, l'Azerbaïdjan a procédé à de nouvelles incursions en territoire arménien, notamment en 2022.

Karabatic (Nikola) Handballeur français d'origine serbo-croate (né en 1964). Arrière gauche puis demi-centre, il a remporté avec l'équipe de France quatre championnats du monde (2009, 2011, 2015, 2017) et les Jeux olympiques de 2008, 2012 et 2020.

Kara-Bogaz gol n. m. Golfe de la mer Caspienne, au Turkménistan. Ses eaux, peu profondes, se caractérisent par une salinité élevée.

Karabük Ville du N. de la Turquie. 123 300 habitants. Industrie (sidérurgie, chimie).

Karachi Ville du Pakistan, sur la mer d'Oman. 14 910 300 habitants. Fondée par les Britanniques en 1838, cette ville portuaire fut la capitale du Pakistan de 1947 à 1967. Elle demeure le plus grand centre économique du pays. Industries sidérurgiques, chimiques, pétrolières et textiles.

Karadžić (Vuk Stefanović) Écrivain et philologue serbe (1787-1864). Auteur de la première édition du *Dictionnaire serbe,* il réforma et fixa le serbe littéraire. Il publia également des recueils de littérature orale *(Contes ; Proverbes)* et des travaux ethnographiques et historiques *(La Révolution serbe).*

Karageorges ou **Karadjordje** (Djordje Petrovitch) Homme politique serbe (1752-1817). Il fut le fondateur de la dynastie des *Karageorgévitch,* qui régna sur la Serbie de 1808 à 1941.

Karageorgévitch ou **Karadjordjević** (Alexandre) Homme politique serbe (1806-1885). Il fut élu prince des Serbes en 1842, mais dut renoncer au pouvoir en 1858 sous la pression de ses opposants.

Karaiskakis (Ghiorghos) Héros de l'indépendance grecque (1780-1827). Il battit à plusieurs reprises les Turcs en Grèce centrale et fut tué pendant le siège d'Athènes.

karaïtes n. m. pl. Communauté minoritaire juive, qui suit l'enseignement de la Torah, mais ne reconnaît pas la loi orale (Talmud).

Karajan (Herbert von) Chef d'orchestre autrichien (1908-1989). Directeur de l'Opéra d'Aix-la-Chapelle, puis chef

Herbert von Karajan en 1976 à Berlin.

d'orchestre à l'Opéra de Berlin, il fut nommé à la tête de l'Orchestre philharmonique de Berlin et assura les directions musicales de l'Opéra de Vienne et du festival de Salzbourg.

Karak (al-) Ville de Jordanie, au S.-E. de la mer Morte. 32 200 habitants.

Karakalpakie **n. f.** ou **Karakalpakstan** **n. m.** République autonome de l'Ouzbékistan. 164 900 km^2. 1 245 000 habitants. Capitale : Noukous. L'usage intensif des eaux de l'Amou-Daria (irrigation) est responsable de l'assèchement de la mer d'Aral, qui entraîne la désertification et le dépeuplement de la Karakalpakie.

K

Karakalpaks **n. m. pl.** Peuple turc établi en Karakalpakie (Ouzbékistan). Les Karakalpaks parlent une langue turque et sont sunnites.

Karakoram ou **Qaraqoram** **n. m.** Chaîne montagneuse aux confins de l'Inde, du Pakistan et de la Chine, séparée de l'Himalaya par la haute vallée de l'Indus. Cette chaîne abrite le second sommet du monde (le K2 ou Dapsang) et plusieurs autres pics de plus de 8 000 mètres.

Karakoram, sommets au-dessus du glacier du Baltoro.

Karakorom ou **Qaraqorum** Ancienne capitale de l'Empire mongol créée en 1235, dont il ne reste que des ruines.

Karakorom, le monastère bouddhique d'Erdenezu, fondé sur les ruines de la capitale de l'empire mongol (fin XVIe s.).

Karakoum ou **Qaraqum** **n. m.** Désert sablonneux du Turkménistan, entre l'Amou-Daria et la mer Caspienne (env. 350 000 km^2). Agriculture irriguée.

karakul ou **caracul** [karakyl] **n. m.** **(de *Karakoul*, n. d'une ville d'Ouzbékistan)** **1.** Mouton de l'Asie centrale chez lequel les agneaux nouveau-nés ont une toison bouclée. **→ astrakan.** **2.** Fourrure de ces agneaux. *Manteau de karakul.*

Karaman Ville de Turquie (Anatolie centrale). 172 700 habitants. Citadelle du XIIe s. Mosquées et hammams anciens. Centre de commerce.

Karamé **(Rachid)** Homme d'État libanais (1921-1987). Sunnite modéré, il fut dix fois Premier ministre. Après le déclenchement de la guerre civile en 1975, à laquelle il refusa de prendre part, il joua un rôle de médiateur entre les différents chefs de guerre.

Karamzine **(Nikolaï Mikhaïlovitch)** Poète, romancier et historien russe (1766-1826). Il donna naissance au russe littéraire moderne en abandonnant le slavon. *Histoire de l'État russe* en douze volumes.

karaoké **n. m.** **(du japonais *kara* « vide » et *oke* « orchestration », de l'anglais *orchestra* → orchestre)** Divertissement consistant à chanter en public aidé par un appareil fournissant l'accompagnement musical et faisant défiler les paroles sur un écran ; cet appareil. ▪ Établissement proposant ce divertissement.

Karaslavov **(Georgi)** Écrivain bulgare (1904-1980). Son œuvre décrit avec réalisme la vie rurale dans la Bulgarie du début du XXe s. *Imbéciles ; Des hommes comme les autres.*

Karatchaïevo-Tcherkessie **n. f.** République de la fédération de Russie, dans le Caucase. 14 100 km^2. 477 900 habitants. Capitale : Tcherkessk. Élevage pastoral. Industrie (mécanique, pétrochimie). Tourisme. Turquisés et islamisés au XIe s., les Karatchaïs firent partie des peuples accusés de collaboration et déportés en Asie centrale en 1943. Les Tcherkesses sont des Caucasiens islamisés au XVIe s. En 1957, Karatchaïs et Tcherkesses furent réunis dans une même région qui devint république en 1991.

karaté **n. m.** **(mot japonais, proprt « main vide »)** Art martial japonais, sport de combat dans lequel les coups (de poing, de pied) sont retenus avant l'impact.

karatéka **n.** Personne qui pratique le karaté.

Karavelov **(Ljuben)** Écrivain bulgare (1837-1879). Il siégea au Comité central révolutionnaire de Bucarest et défendit l'idée d'une fédération des peuples balkaniques. *Les Bulgares du temps jadis.*

Karawanken **n. f. pl.** Massif des Alpes orientales, à la frontière austro-slovène, culminant à 2 558 mètres.

Karbalā' voir **Kerbela**

karbau **n. m.** **(mot malais)** Variété domestique de buffle de l'Inde, répandue en Malaisie. *Des karbaux.* - syn. **kérabau.**

karcher [karʃɛr] **n. m.** **(*Kärcher*, marque déposée, du n. du fabricant, l'Allemand Alfred Kärcher)** Nettoyeur de cette marque qui projette de l'eau sous forte pression.

Karchi Ville du S. de l'Ouzbékistan. 163 000 habitants. Industries textile et alimentaire.

Kardec **(Léon Hippolyte Rivail, dit Allan)** Occultiste français (1804-1869). Il élabora la doctrine du spiritisme. *Le Livre des esprits ; Le Livre des médiums.*

Kardelj **(Edvard)** Homme politique yougoslave (1910-1979). Vice-président du Conseil en 1945, théoricien du socialisme autogestionnaire, il est l'inspirateur de la Constitution de 1974.

Kardiner **(Abram)** Psychanalyste et ethnologue américain (1891-1981). Il travailla sur la corrélation entre les pratiques éducatives et les types de personnalité propres à une société donnée. *L'Individu dans la société, essai d'anthropologie psychanalytique ; Introduction à l'ethnologie.*

Kărdžali, Kirdzali ou **Kürdzali** Ville du S. de la Bulgarie, sur l'Arda. 40 650 habitants. Production de tabac. Raffinage du plomb et du zinc.

Karens **n. m. pl.** Peuple tibéto-birman établi au S. et à l'E. de la Birmanie. Les Karens, agriculteurs semi-nomades convertis au christianisme, sont en rébellion contre le pouvoir central depuis l'indépendance du pays en 1948.

Kariba **(lac)** Lac artificiel long de 250 km créé sur le Zambèze, en aval des chutes Victoria. Aménagement hydroélectrique qui alimente le Zimbabwe et la Zambie.

Karikal Ville d'Inde, sur la côte du Coromandel, au S. de Pondichéry. 98 100 habitants. Comptoir français de 1739 à 1954, la ville dépend administrativement de Pondichéry.

karité **n. m.** **(mot wolof [Sénégal])** Arbre d'Afrique équatoriale dont la graine renferme une substance grasse, le *beurre de karité.*

Karkemish Ancienne ville de Syrie, au bord de l'Euphrate, où Nabuchodonosor II battit le pharaon Néchao II en 605 av. J.-C.

Karlfeldt **(Erik Axel)** Poète suédois (1864-1931). Il se rendit célèbre par ses chants populaires et régionalistes de Dalécarlie, sa province d'origine. *Chansons de la forêt et de l'amour.* Prix Nobel 1931, attribué à titre posthume.

Karli Site archéologique indien (Maharashtra). Il est constitué d'un ensemble de sanctuaires bouddhiques creusés dans la falaise (Ier s. av. J.-C.).

Karnak

Le temple de Karnak, dédié au culte du dieu Amon, photographie de Yann Arthus-Bertrand (1991).

Karloff (Charles Edward Pratt, dit Boris) Acteur de cinéma américain d'origine anglaise (1887-1969). Ses interprétations du monstre dans *Frankenstein* et *La Fiancée de Frankenstein* le rendirent célèbre.

Karlovac [-vatʃ] Ville de Croatie, au S.-O. de Zagreb. 46 830 habitants. Forteresse. Église et palais baroques.

Karlovy Vary anciennement **Karlsbad** en allemand Ville de l'O. de la République tchèque. 44 300 habitants. Station thermale. Cathédrale baroque. Porcelaine, cristallerie. Industrie alimentaire.

Karlskrona Ville du S. de la Suède, port sur la Baltique. 61 850 habitants.

Karlsruhe Ville d'Allemagne (Bade-Wurtemberg). 275 630 habitants. Ancienne résidence des ducs de Bade, sur le Rhin. Château. Université technique. Industrie (mécanique, nanotechnologie).

Karlstad Ville de Suède, sur la rive N. du lac Väner. 82 900 habitants. Port. Industries métallurgiques et mécaniques. En 1905 y furent signées les clauses de séparation de la Suède et de la Norvège.

Karlstadt (Andreas Bodenstein, dit) Réformateur allemand (v. 1480-1541). Professeur à Wittenberg, il fut l'un des premiers disciples de Luther.

karma n. m. (mot sanskrit « acte ») Dogme central de l'hindouisme, du bouddhisme, selon lequel la destinée d'un être vivant et conscient est déterminée par la totalité de ses actions passées, de ses vies antérieures. *Bon, mauvais karma.* - syn. **karman.** □ adj. **karmique**

Kārmal (Babrak) Homme d'État afghan (1929-1996). Après avoir occupé plusieurs hautes fonctions, il fut limogé en juillet 1978 puis réinstallé au pouvoir avec l'intervention soviétique (1979-1986).

Kármán (Theodore von) Ingénieur américain d'origine hongroise (1881-1963). Spécialiste de l'aéronautique, il étudia les théories de la mécanique des fluides, de l'élasticité et de la résistance des matériaux.

Karnak Village de Haute-Égypte, non loin de Louxor, qui a donné son nom à la partie nord des ruines de l'ancienne Thèbes. Ses vestiges archéologiques comptent parmi les plus importants du monde (temple d'Amon, 1250 av. J.-C.).

Karnataka n. m. État du S. de l'Inde. 191 773 km^2 ; 67,5 millions d'habitants. Capitale : Bangalore.

Károlyi de Nagykároly (Mihály) Homme d'État hongrois (1875-1955). Député libéral, il fut nommé président de la République en janvier 1919, puis fut renversé par Béla Kun.

Karoun (lac) Lac d'Égypte, dans le Fayoum. 600 km^2.

Karpov (Anatoli Ievguenievitch) Joueur d'échecs russe (né en 1951). Il fut champion du monde de 1975 à 1985, avant de s'incliner devant Kasparov.

Karr (Alphonse) Journaliste et écrivain français (1808-1890). Directeur du *Figaro*, il est l'auteur de romans et d'œuvres dramatiques. *Sous les tilleuls.*

Karrer (Paul) Chimiste suisse (1889-1971). Auteur de recherches en chimie organique et en biochimie, il est connu pour ses travaux sur les vitamines. Prix Nobel 1937.

Kars Ville du N.-E. de la Turquie, située dans l'ancienne Arménie. 90 100 habitants. Église des Saints-Apôtres (Xe s.). Citadelle (XIIe s.).

Karsavina (Tamara) Danseuse britannique d'origine russe (1885-1978). Elle est considérée comme l'une des plus grandes ballerines classiques du début du XXe siècle.

Karsh (Yousuf) Photographe canadien d'origine arménienne (1908-2002). Il fut réputé pour ses portraits d'artistes, de savants, et surtout d'hommes d'État (dont celui de Winston Churchill).

karst [kaʀst] n. m. (du n. de la région slovène) géogr., géol. Ensemble des phénomènes de corrosion du calcaire ; région calcaire où prédominent ces phénomènes. □ adj. **karstique**

Karst n. m. en slovène **Kras** Nom allemand donné à une région du S. de la Slovénie formée de plateaux calcaires, caractérisée par une importante circulation souterraine des eaux et par la fréquence des dépressions fermées.

karstification n. f. (de *karst*) didact. Transformation d'un massif calcaire, sous l'influence des eaux d'infiltration, en relief karstique.

kart [kaʀt] n. m. (mot anglais des États-Unis, de l'anglais *cart* « charrette ») anglic. Petit véhicule automobile de compétition, sans carrosserie, ni boîte de vitesses, ni suspension.

Kart n. m. Dynastie afghane qui régna de 1245 à 1389 sur un territoire proche de l'Afghanistan actuel.

karting n. m. (→ kart) anglic. Sport pratiqué avec le kart.

Kārttikeya ou **Skanda** Divinité hindoue de la Guerre et de la planète Mars, fils de Shiva.

Kārun n. m. Fleuve d'Iran qui se jette dans le Chatt al-Arab. 829 km.

Karviná Ville de la République tchèque, dans la conurbation d'Ostrava. 48 400 habitants. Industrie (métallurgie, mécanique).

Karzaï (Hamid) Homme d'État afghan (né en 1957). Issu d'une tribu pachtoune, il dirigea le gouvernement intérimaire afghan (2002) après la chute des talibans, puis fut président de la République islamique d'Afghanistan entre 2004 et 2014.

Hamid Karzaï en 2007 à New York.

Kasaï ou **Kassaï** n. m. Rivière d'Afrique centrale. 1 940 km. Affluent du fleuve Congo, traversant la région du *Kasaï*, en République démocratique du Congo.

Kasavubu (Joseph) Homme d'État congolais (v. 1913-1969). Premier président de la république du Congo (Congo Kinshasa) lors de son accession à l'indépendance, il s'opposa à Patrice Lumumba et fut évincé du pouvoir par le général Mobutu (1965).

kasha voir **kacha**

kasher voir **casher**

Kashi ou **Kaxgar** ou **Kachgar** Ville de Chine (Xinjiang). 310 500 habitants. Ancienne étape sur la Route de la soie.

kashrout voir **cacherout**

Kasparov (Garry Weinstein, dit Garry) Joueur d'échecs russe puis croate à partir de 2014 (né en 1963). Champion du monde d'échecs en 1985, en battant Karpov, il conserva son titre jusqu'en 2000. Opposant à Poutine, il dut s'exiler.

Kasprowicz (Jan) Poète polonais (1860-1926). Son œuvre évolua de la révolte contre l'injustice sociale et contre Dieu *(Au monde qui périt)* à la réconciliation et à la sérénité *(Le Livre des pauvres ; Mon monde).*

Kassel Ville d'Allemagne (Hesse), sur la Fulda. 191 650 habitants. Ancienne capitale de la Hesse. Château (XVIIIe s.). Industrie (mécanique, chimie).

Kassem (Abd al-Karim) Général et homme d'État irakien (1914-1963). Il dirigea le putsch contre le roi Fayçal II en juillet 1958 et devint Premier ministre. Il fut assassiné au cours du coup d'État de février 1963.

Kasserine Ville de Tunisie. 76 250 habitants. Centre agricole. Industrie de l'alfa. En février 1943, au col de Kasserine, de violents combats opposèrent Rommel aux Alliés.

Kassites n. m. pl. Ancien peuple asiatique du Zagros (actuel Iran méridional). Ils dominèrent Babylone de 1530 environ à 1160 av. J.-C., et y introduisirent le cheval et le char de guerre.

Kastler (Alfred) Physicien français (1902-1984). Il mit au point la méthode de pompage optique, à la base du fonctionnement des masers et des lasers. Prix Nobel 1966.

Kästner (Erich) Journaliste et écrivain allemand (1899-1974). Il critiqua avec ironie la société allemande de son temps *(Fabian, histoire d'un moraliste)* et connut un grand succès avec ses romans pour la jeunesse *(Émile et les détectives).*

kata n. m. (mot japonais « forme ») Dans les arts martiaux japonais, Suite codée de mouvements constituant un exercice d'entraînement à la pureté du geste.

Kataïev (Valentin Petrovitch) Conteur, romancier et auteur dramatique soviétique (1897-1986). Il participa activement à la révolution d'Octobre et en fit le thème principal de son œuvre. *Je suis fils du peuple laborieux ; Les Vagues de la mer Noire.*

Katak ou **Cuttack** Ville d'Inde (Orissa), sur le delta de la Mahanadi. 663 200 habitants. Commerce. Industrie (mécanique, textile).

katakana n. m. (mot japonais, de *kata* « angle » et *kana* → kana) didact. L'un des deux syllabaires japonais dont les signes (kana) sont de forme angulaire. *Katakana et hiragana*. Les katakana* (invar.) ou *les katakanas.*

katal n. m. (du grec → catalyse) métrol. Unité de mesure d'activité catalytique (symb. kat), correspondant à la quantité d'enzyme capable de catalyser une réaction chimique ou biochimique à hauteur d'une mole par seconde. *Des katals.*

Katanga n. m. Région du S.-E. de la République démocratique du Congo. Ville principale : Lubumbashi. Cette région de plateaux recèle de considérables richesses minières. Une intervention de l'ONU mit fin à une tentative de sécession du Katanga (1960-1963).

Katché (Emmanuel, dit Manu) Batteur et compositeur français d'origine ivoirienne (né en 1958). De formation classique, à l'aise dans le jazz comme dans le pop-rock, il a accompagné de nombreux artistes.

Kasparov (Garry)

Garry Kasparov jouant contre l'ordinateur « Deep Blue » (1996).

katchina n. m. (mot d'une langue amérindienne « qui apporte la vie ») Dans la mythologie des Indiens pueblos, Être surnaturel appartenant au monde des esprits ; masque

Un katchina, intermédiaire entre le monde des humains et le monde des dieux et des esprits.

ou statuette qui le représente. **– adj. invar. en genre** *Poupée katchina.*

Kateb **Yacine** Romancier, poète et auteur dramatique algérien d'expression française et arabe (1929-1989). Militant pour la cause nationaliste, il est l'auteur d'une œuvre engagée et violente, littérairement novatrice tant par la forme de la narration que par le contenu politique et émotionnel. *Nedjma ; Le Cercle des représailles.*

kathakali **n. m. (mot malayalam, de *katha* « récit » et *kali* « jeu »)** Théâtre dansé sacré de l'Inde du Sud, relatant les grandes épopées mythologiques.

Katmandou Capitale du Népal. 671 900 habitants. Fondée au VIIIe s., la ville accueille aujourd'hui de nombreux réfugiés tibétains. Monuments hindouistes et bouddhistes. Artisanat. Tourisme.

Katmandou, le Durbar square et ses pagodes à étages.

Katowice [-vitse] Ville du S. de la Pologne (Silésie). 314 500 habitants. Centre minier, industriel et administratif.

Katsina Ville du Nigeria (État de Katsina), à la frontière nigérienne. 670 000 habitants. Ancienne cité haoussa née du commerce transsaharien.

Kattegat ou **Cattégat** **n. m.** Détroit reliant le Skagerrak (mer du Nord) à la mer Baltique.

Katyn Localité de Russie, à l'O. de Smolensk. Les Allemands y découvrirent en 1943 une fosse commune contenant les corps de 4 500 officiers polonais, massacrés, en 1940, par les services spéciaux soviétiques (NKVD).

Katz **(Elihu)** Psychosociologue américain (1926-2021). Il a montré l'importance des « leaders d'opinion » dans la diffusion de l'information *(Personal Influence).*

Katz **(sir Bernard)** Biophysicien britannique d'origine allemande (1911-2003). Il se consacra à l'étude du rôle des médiateurs chimiques dans la transmission de l'influx nerveux. Prix Nobel 1970.

Kaufbeuren Ville d'Allemagne (Bavière), à l'O. de Munich. 40 960 habitants. Monuments médiévaux.

Kaufmann **(Jonas)** Ténor allemand (né en 1969). Son timbre sombre et clair, son interprétation inspirée tout en émotion l'ont imposé sur les grandes scènes du monde entier avec un vaste répertoire (Otello, Don Carlos, Alfredo dans *La Traviata,* Don José dans *Carmen*).

Kaunas Ville de Lituanie, sur le Niémen. 358 120 habitants. Centre culturel. Industrie (métallurgie, électromécanique).

Kawabata Yasunari

Yasunari Kawabata, premier Japonais à recevoir le prix Nobel de littérature.

Kaunda **(Kenneth David)** Homme d'État zambien (1924-2021). Il mena la Rhodésie du Nord à l'indépendance en 1964 et devint la même année le premier président de la république de Zambie (1964-1991).

Kaunitz **(Wenzel Anton), comte** puis **prince von Kaunitz-Rittberg** Homme politique autrichien (1711-1794). Négociateur de la paix d'Aix-la-Chapelle (1748), puis ambassadeur en France (1750-1753), il mena une politique de despotisme éclairé et appuya les mesures anticléricales de Joseph II.

Kaurismäki **(Aki)** Réalisateur et producteur finlandais (né en 1957). Ses films sont caractérisés par leur ton nostalgique et leur style minimaliste. *Au loin s'en vont les nuages ; L'Homme sans passé ; Le Havre.*

Aki Kaurismäki (au centre) réalisant *Les Leningrad Cowboys rencontrent Moïse* (1994).

Kautsky **(Karl)** Homme politique allemand (1854-1938). Théoricien de la social-démocratie, dirigeant de la IIe Internationale, opposé à Lénine, il vulgarisa les thèses du marxisme *(La Doctrine économique de Marx)* et édita la dernière partie du *Capital* de Marx (1905-1910). Il évolua ensuite vers le réformisme et critiqua le léninisme *(Terrorisme et communisme).*

kava [kava] **n. m. (anglais *kawa,* d'un mot d'une langue du sud-ouest de la Polynésie)** Poivrier qui pousse en Polynésie et dont la racine est utilisée pour fabriquer une boisson enivrante ; cette boisson.

Kavalla Port de Grèce (Macédoine), sur la mer Égée. 54 000 habitants. Aqueduc romain. Citadelle byzantine. Industrie chimique.

Kaveri ou **Cauvery** **n. f.** Fleuve du S. de l'Inde, qui se jette dans le golfe du Bengale. 760 km.

Kaverine **(Veniamine Aleksandrovitch Zilber, dit)** Conteur et romancier soviétique (1902-1989). Il est l'auteur de nouvelles fantastiques, de romans réalistes *(L'artiste est inconnu)* et de Mémoires *(Dans une vieille maison).*

kawa voir caoua

Kawabata **Yasunari** Écrivain japonais (1899-1972). Son œuvre exprime l'angoisse de la solitude et l'obsession de la mort ainsi que son attachement au Japon traditionnel. *Nuée d'oiseaux blancs ; Le Maître ou le Tournoi de go.* Prix Nobel 1968.

kawaï ou **kawaii** [kawaj] **adj. invar. (mot japonais « mignon »)** Se dit d'une esthétique d'origine japonaise qui évoque l'univers de l'enfance (couleurs pastel, personnages imaginaires, etc.). *Des mascottes kawaï.*

Kawasaki Ville du Japon (Honshū). 1 539 000 habitants. Située dans l'agglomération de Tōkyō, elle est l'un des plus importants centres industriels du Japon (chimie, céramique, aciérie, mécanique).

Kawatake **Mokuami** Auteur dramatique japonais (1816-1893). Il décrivit dans ses pièces les bouleversements de la société japonaise après la révolution de Meiji Tennō et critiqua la bourgeoisie moderniste et occidentalisée. *L'Araignée souterraine.*

kayak [kajak] **n. m. (mot inuit) 1.** Canot de pêche groenlandais, étroit et long, fait de peau de phoque tendue sur une carcasse légère. **2.** Embarcation de sport, monoplace ou biplace, qui se manœuvre à la pagaie. *Des kayaks.* □ **n. kayakiste**

Kayes Ville du Mali, sur le fleuve Sénégal. 137 000 habitants. Aéroport international Kayes Dag Dag. Commerce agricole.

Kayseri Ville de Turquie (Cappadoce), près du site de l'antique Césarée. 979 300 habitants. Citadelle, médersa et mausolée du XIIIe s. Industrie (alimentaire, textile).

Kaysersberg-Vignoble Commune du Haut-Rhin. 4 412 habitants. Château. Église des XIIe-XVe s. Hôtel de ville Renaissance. Viticulture.

kazakh, e **adj. et n. (mot turc, *cf.* casaque)** Du Kazakhstan. **– n.** *Un Kazakh, une Kazakhe.* ▪ **n. m.** Langue du groupe turc parlée par les Kazakhs.

Kazakhstan

n. m. ▪ offic. république du Kazakhstan État d'Asie centrale et d'Europe orientale. 2 717 300 km². 18 632 000 habitants (les *Kazakhstanais*). **Langues :** kazakh, russe. **Population :** Kazakhs, 61 % ; Russes, 23,7 % ; Ukrainiens, 3,7 % ; Ouzbeks, 2,9 % ; Ouïghours, 1,4 % ; Allemands, 1,1 %. **Religions :** musulmans, orthodoxes. **Monnaie :** tengue. **Capitale :** Astana. **Régime :** présidentiel.

GÉOGRAPHIE

Immense plateau, le Kazakhstan est formé de terres agricoles au N. (céréales, bovins), de déserts et de steppes au centre (ovins), de piémonts et de la plaine du Syr-Daria au S. (coton, riz, fruits). Le charbon et le fer du N. ont permis un essor industriel précoce (métallurgie, mécanique) ; le littoral de la mer Caspienne connaît un intense développement grâce aux hydrocarbures, contrôlés par l'État. Le centre abrite la base spatiale de Baïkonour.

HISTOIRE

Peuplée de Kazakhs, nomades islamisés, cette région d'Asie centrale fut colonisée

Kazakhstan

par les Russes (XIXe s.), qui l'intégrèrent au Turkestan russe. En 1917, les Kazakhs demandèrent l'autonomie. L'Armée rouge y vainquit les troupes contre-révolutionnaires russes (1919-1920) et occupa le Kazakhstan, qui devint une République socialiste soviétique (RSS, 1924). Le développement industriel du N. provoqua l'installation de Russes, à l'origine des émeutes de 1986 et 1989. Le Kazakhstan accéda à l'indépendance en 1991. Noursoultan Nazarbaïev, élu en 1991, obtint la présidence à vie en 2018. Il se retira officiellement en 2019 au profit de Kassym-Jomart Tokaïev qui lui octroya tous les pouvoirs par décret. Des émeutes, initialement provoquées par la hausse des prix de l'essence, se transformèrent en contestation contre la puissance persistante de Nazarbaïev et de son entourage. L'armée russe intervint à la demande de Kassim-Jomart Tokaïev qui, parallèlement, engagea une série de réformes visant à moderniser le pays et à écarter Nazarbaïev. Il fut réélu sans concurrence en 2022.

Kazan (Watanabe Noboru, dit) Peintre et poète japonais (1793-1841). Il est connu pour avoir introduit au Japon les techniques picturales de l'Occident.

Kazan (Elia Kazanjoglous, dit Elia) Metteur en scène de théâtre et réalisateur américain d'origine grecque (1909-2003). Ses films, intenses et lyriques, nourris parfois d'éléments autobiographiques, explorent toutes les facettes de la société américaine. *Un tramway nommé Désir ; Sur les quais ; À l'est d'Eden ; America, America ; L'Arrangement.*

Kazan Ville de Russie, capitale de la république des Tatars, sur la Volga. 1 105 000 habitants. Palais du kremlin (tours du XVIe s., cathédrale du XVIe s., tours Sioumbeki du XVIIe s.). Mosquée Oolsarif. Port fluvial. Centre industriel.

Kazanlăk ou **Kăzanlik** Ville de Bulgarie au cœur de la vallée des Roses. 42 200 habitants. Fabrication d'essence de rose.

Kazantzakis (Nikos) Écrivain grec (1883-1957). Son œuvre opère la synthèse de diverses doctrines philosophiques et politiques. Auteur d'une *Odyssée* en 33 333 vers, il se rendit célèbre avec ses romans d'après-guerre *(Alexis Zorba ; Le Christ recrucifié).*

Kazbek **n. m.** Volcan éteint de la partie centrale du Caucase, au N. de la Géorgie. 5 047 m.

Kazinczy (Ferenc) Écrivain hongrois (1759-1831). Il prôna la réforme de la langue hongroise *(Orpheus)* et est considéré comme le père spirituel des premiers romantiques hongrois.

Kchessinskaïa (Mathilde) Danseuse russe d'origine polonaise (1872-1971). Interprète virtuose du répertoire classique russe, elle dansa *Le Lac des cygnes* avec Nijinski à Londres.

Kean (Edmund) Tragédien britannique (1787-1833). Ses interprétations des personnages shakespeariens en firent l'acteur le plus réputé du théâtre anglais de l'époque romantique.

Kazan

Kazan, le kremlin, inscrit au patrimoine mondial de l'Unesco.

Keaton (Joseph Francis, dit Buster) Acteur, scénariste et réalisateur américain (1895-1966). Il fut l'un des plus grands acteurs comiques du cinéma muet, célèbre pour son impassibilité (« l'homme qui ne rit jamais »). *La Croisière du « Navigator » ; Le Mécano de la « General ».*

Keats (John) Poète romantique britannique (1795-1821). Ses *Odes,* méditations lyriques qui rompent avec la conception néoclassique du genre, constituent son œuvre majeure.

kébab [kebab] **n. m. (turc *kebap,* de l'arabe)** **1.** Viande coupée en morceaux et rôtie à la broche. *Brochette de kébabs.* → **chiche-kébab.** **2.** Sandwich chaud composé de lamelles de viande grillée à la broche servies dans un pain garni de crudités. → **grec.** - **var. kebab.**

kebbé ou **kebbeh** **n. m. (mot arabe)** Préparation à base de viande hachée, de boulgour et d'épices, consommée cuite ou crue (cuisine du Proche-Orient).

Kechiche (Abdellatif) Réalisateur et scénariste français d'origine tunisienne (né en 1960). Il a décrit dans ses films le milieu immigré à travers l'adolescence *(L'Esquive)* et le monde ouvrier *(La Graine et le Mulet).* En 2013, il obtint la Palme d'or à Cannes avec *La Vie d'Adèle* qui raconte, sur fond de lutte des classes, la naissance du désir et de l'amour entre deux adolescentes.

Kecskemét Ville de Hongrie, au S.-E. de Budapest. 107 750 habitants. Arboriculture. Distillerie.

Kedah **n. m.** État de la Fédération de Malaisie, au N.-O. de la péninsule. Capitale : Alor Setar.

Kediri Ville d'Indonésie (Java). 268 507 habitants.

Keeling (îles) voir **Cocos (îles)**

Keesom (Willem Hendrik) Physicien néerlandais (1876-1956). Il travailla sur la thermodynamique et les très basses températures. Il réussit à solidifier l'hélium (1926).

Kef (Le) Ville de Tunisie. 45 200 habitants. Vestiges antiques.

keffieh [kefje ; kefjɛ] ou **kéfié** [kefje] **n. m. (arabe *kaffiyah*)** Coiffure des Bédouins, carré de tissu plié en triangle et retenu par un lien ceignant la tête.

kéfir **n. m. (mot caucasien [géorgien, arménien])** Boisson gazeuse et acidulée, issue de la fermentation de probiotiques dans du lait ou de l'eau. *Grains de kéfir,* formés d'un agrégat de levures et de bactéries. - **var. képhir.**

K

Keflavík Ville d'Islande. 7 600 habitants. Port. Aéroport de Reykjavík.

Kégresse (Adolphe) Ingénieur français (1879-1943). Spécialiste de l'automobile, il inventa la propulsion par chenille (1910).

Kehl Ville d'Allemagne (Bade-Wurtemberg), sur le Rhin, en face de Strasbourg. 34 680 habitants.

Keihin **n. m.** Importante conurbation japonaise formée par Tōkyō, Kawasaki, Yokohama et leurs banlieues. Près de 15 000 000 habitants. Premier ensemble portuaire et industriel du Japon.

keiretsu [kɛjʀɛtsu] **n. m. (mot japonais)** Regroupement d'entreprises japonaises formant un puissant groupe financier.

keirin [keʀin] **n. m. (mot japonais)** Course cycliste sur piste née au Japon, où les concurrents roulent derrière un cyclomoteur lancé à 25 km/h jusqu'au dernier tour où le cyclomoteur les lâche pour le sprint final.

Keaton (Buster)

Buster Keaton dans *Le Cameraman* d'Edward Sedgwick (1928).

Kelly (Grace)

Grace Kelly, avec James Stewart, dans *Fenêtre sur cour* d'Alfred Hitchcock (1954).

Keiser **(Reinhardt)** Compositeur allemand (1674-1739). Directeur de l'Opéra de Hambourg, il a fortement contribué à l'évolution de l'opéra baroque en Allemagne. Il composa plusieurs opéras et de nombreuses pièces de musique sacrée et profane.

Keita **(Modibo)** Homme d'État malien (1915-1977). Député du Soudan à l'Assemblée nationale française en 1956, il devint président de la République du Mali lors de l'accession du pays à l'indépendance (1960). Renversé par un coup d'État militaire en 1968, il mourut en prison.

Keita **(Fodeba)** Poète et homme politique guinéen (1921-1969). Militant pour l'indépendance de son pays, il fut nommé ministre de la Défense (1960-1965) par Sékou Touré avant d'être accusé de complot et emprisonné (1969). On lui doit plusieurs recueils de poèmes. *Poèmes africains ; Aube africaine.*

Keita **(Salif)** Chanteur malien (né en 1949). Son style est caractérisé par un mélange de sonorités traditionnelles et d'influences occidentales venues du jazz et du blues. *Soro ; Ko-Yan ; M'Bemba.*

Keitel **(Wilhelm)** Maréchal allemand (1882-1946). Commandant suprême de la Wehrmacht à partir de 1938, il signa la capitulation du IIIe Reich à Berlin (8 mai 1945). Il fut condamné à mort par le tribunal de Nuremberg.

Kekulé von Stradonitz **(Friedrich August)** Chimiste allemand (1828-1896). Fondateur de la chimie structurale, il découvrit la tétravalence du carbone (1857) et la structure cyclique du benzène.

Kelang voir **Klang**

Kelantan **n. m.** État de la Fédération de Malaisie, au N. de la péninsule. Capitale : Kota Bharu.

Keller **(Gottfried)** Poète et romancier suisse d'expression allemande (1819-1890). Influencée par l'humanisme athée de Feuerbach, son œuvre, qui mêle poésie et réalité, est considérée comme une transition entre le romantisme et le réalisme. *Henri le Vert ; Martin Salander.*

Kellermann **(François Christophe), duc de Valmy** Maréchal de France (1735-1820). Officier sous l'Ancien Régime, rallié à la Révolution, il remporta la bataille de Valmy (1792). Il se rallia aux Bourbons (1814) et siégea à la Chambre des Pairs. ■ **François Étienne Kellermann** (1770-1835). Fils de François-Christophe, il fut l'un des meilleurs officiers de cavalerie de Napoléon.

Kellogg **(Frank Billings)** Diplomate américain (1856-1937). Sénateur républicain (1916-1923), ambassadeur à Londres (1923-1925), puis secrétaire d'État aux Affaires étrangères (1925-1929), il fut le principal artisan du *pacte Briand-Kellogg,* renonciation solennelle à la guerre (27 août 1928). Prix Nobel de la paix 1929.

Kellogg's Groupe agroalimentaire multinational créé en 1906 aux États-Unis par le docteur W. K. Kellogg, inventeur avec son frère des cornflakes.

Kelly **(Eugene Curran, dit Gene)** Danseur et chorégraphe américain (1912-1998). Il fut avec Fred Astaire l'une des plus grandes vedettes de la comédie musicale. *Un Américain à Paris ; Chantons sous la pluie.*

Kelly **(Grace)** Actrice américaine (1928-1982). Interprète de prédilection d'Alfred Hitchcock *(Le crime était presque parfait ; Fenêtre sur cour),* elle arrêta sa carrière pour épouser le prince Rainier III de Monaco.

Kelowna Ville du Canada (Colombie-Britannique), sur le lac Okanagan. 127 380 habitants. Arboriculture, viticulture. Tourisme.

Kelsen **(Hans)** Juriste américain d'origine autrichienne (1881-1973). Fondateur de l'école autrichienne « normativiste », il a élaboré une « théorie pure du droit » selon laquelle l'ordre juridique serait fondé sur un ensemble de normes fondamentales hiérarchisées.

kelvin [kɛlvin] **n. m.** **(du n. de lord Kelvin, physicien)** métrol. Unité du système international de mesure de température thermodynamique (symb. K), définie à partir de la constante de Boltzmann. *La température de zéro kelvin correspond à –273,15 degrés Celsius.*

Kemal Atatürk voir **Mustafa Kemal Pacha**

kémalisme **n. m.** **(de Mustafa *Kemal*)** Mouvement politique turc se réclamant des principes de Mustafa Kemal. □ **adj. et n. kémaliste**

Kemeny **(Zoltan)** Sculpteur suisse d'origine hongroise (1907-1965). D'abord proche de l'art brut, membre du groupe Cobra, il réalisa, dans les années 1960, des « sculptures-peintures », reliefs constitués d'éléments sériels (clous, ressorts, tuyaux).

Kemény **(Zsigmond, baron)** Écrivain hongrois (1814-1875). Il participa à la révolution de 1848, puis devint partisan du compromis avec les Habsbourg. Ses romans historiques reflètent une ambiance tragique. *La Veuve et sa fille ; Les Exaltés.*

Kemerovo Ville de Russie (Sibérie occidentale). 530 000 habitants. Ville industrielle de création récente, reliée au Transsibérien. Extraction houillère.

Kemi Ville de Finlande, au fond du golfe de Botnie. 22 670 habitants. Port exportateur de bois.

kémia **n. f.** **(mot arabe)** Assortiment de hors-d'œuvre préparés à la manière des pays du Maghreb.

Kemmel **(mont)** Colline de Belgique (Flandres-Occidentales), près d'Ypres. 159 m.

Kemp **(Percy)** Écrivain anglo-libanais d'expression française (né en 1952). Il signe des thrillers géopolitiques dont le héros, Harry Boone, est un espion britannique entré dans les services secrets à la fin de la guerre froide. *Le Grand Jeu.*

Kempff **(Wilhelm)** Pianiste et compositeur allemand (1895-1991). Il fit une carrière de virtuose en interprétant le répertoire classique. Il composa quatre opéras, deux symphonies, deux concertos et de la musique de chambre.

Kempten Ville d'Allemagne (Bavière), sur l'Iller. 64 550 habitants. Hôtel de ville du XVe s. Église gothique.

Kendall **(Edward Calvin)** Biochimiste américain (1886-1972). Ses travaux sur les hormones du cortex surrénal permirent de grands progrès en thérapeutique hormonale. Prix Nobel 1950.

kendo [kɛndo] **n. m.** **(mot japonais, proprt « voie [*do* → judo] dure [*ken*] »)** Art martial japonais pratiqué avec un sabre de bambou.

Kendrew **(sir John Cowdery)** Biochimiste britannique (1917-1997). Il chercha à déterminer la structure spatiale des macromolécules biologiques et réussit à établir la première architecture d'une protéine globulaire (1955). Prix Nobel 1962.

Kenitra Ville du Maroc, au N. de Rabat. 431 300 habitants. La ville, au bord de l'Atlantique, fut créée en 1913 sous le nom de Port-Lyautey. Port. Base de l'armée de l'air.

Kenkō Hōshi **(Yoshida Kenkō ou Yoshida Kaneyoshi, dit Urabe Kenkō en religion)** Religieux bouddhiste et écrivain japonais (1283-v. 1350). Il est célèbre pour son essai philosophico-social *Tsurezuregusa,* dans lequel il déplore la disparition progressive de la culture japonaise raffinée de la fin de la période des Fujiwara.

Kennedy **(Margaret)** Romancière et auteur dramatique britannique (1896-1967). Le style raffiné de son œuvre évoque la fin de l'ère victorienne. *La Nymphe au cœur fidèle ; La Fête ; Le Cygne sauvage.*

Kennedy **(John Fitzgerald)** Homme d'État américain (1917-1963). Sénateur démocrate, il devint le 35e président des États-Unis d'Amérique. Il appliqua un programme social et d'intégration raciale, et favorisa l'ouverture de l'économie américaine vers le Marché commun européen. Favorable à la coexistence pacifique, il rencontra Khrouchtchev (juin 1961), mais réagit avec fermeté lors de la crise de Cuba (août 1962). Le renforcement du soutien qu'il accorda au Viêtnam du Sud à partir de 1961 préfigurait l'escalade militaire américaine au Viêtnam. Son assassinat à Dallas, dans des conditions mal éclaircies, contribua à en faire une figure légendaire. ■ **Robert Francis Kennedy.** Homme politique américain (1925-1968). Frère de John Fitzgerald Kennedy. Sénateur démocrate, il fut également assassiné lors des élections primaires en vue de l'investiture démocrate.

John Fitzgerald Kennedy avec sa femme, à Dallas, juste avant son assassinat le 22 novembre 1963.

Kennedy **(Douglas)** Écrivain américain (né en 1955). Il a écrit des thrillers et des romans noirs caractérisés par un suspense bien mené, du rythme, de l'humour et une analyse psychologique fouillée des personnages. *Piège nuptial ; La Poursuite du bonheur ; Une relation dangereuse.*

kénotron **n. m.** **(de l'anglais, du grec *kenos* « vide » et *[élec]tron*)** électron. Valve à vide très poussé, employée pour le redressement des courants alternatifs.

Kensington and Chelsea Faubourg résidentiel du S.-O. de Londres, regroupant les deux quartiers. 159 000 habitants.

Kent **(William)** Peintre, architecte et paysagiste britannique (1685-1748). Il peignit de nombreux décors intérieurs, dessina les plans du quartier des Horse Guards de Whitehall, à Londres, et se rendit célèbre comme paysagiste en créant de magnifiques jardins (Stowe House ; Holkham Hall).

Kent **n. m.** Comté du S.-E. de l'Angleterre. 3 732 km². 1,58 million d'habitants. Chef-lieu : Maidstone. Terre d'élevage ovin et d'agriculture, le comté est soumis à une dynamique de périurbanisation en raison de la proximité de Londres. Premier port sur la Manche avec Douvres. Nombreuses stations balnéaires. Fondé par les Jutes au vᵉ s., le royaume de Kent fut conquis à la fin du viiiᵉ s. par le roi de Mercie, puis par le roi du Wessex en 825.

kentia [kɛ̃tja] **n. m.** **(de** ***Kent,*** **horticulteur anglais)** Palmier originaire d'Océanie, cultivé en Europe comme plante d'appartement.

Kentucky **n. m.** État des États-Unis, sur la rive gauche du Mississippi. 104 623 km². 4 505 830 habitants. Capitale : Frankfort. Agriculture. Élevage (chevaux). Industrie (chimie ; fabrication de cigarettes ; distillerie : bourbon). Le territoire fit partie de la Virginie avant de devenir le 15ᵉ État de l'Union en 1792.

Kenya

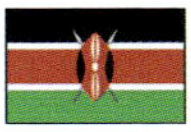

n. m. ■ offic. république du Kenya État d'Afrique de l'Est. 582 646 km². 48 millions d'habitants (les *Kényans*). **Langues :** anglais et swahili (offic.) ; kikuyu, luo, massaï. **Population :** Kikuyus, Luhyas, Luos, Kalandjins, Kambas, Massaïs. **Religions :** chrétiens (84 %), musulmans, animistes. **Monnaie :** shilling du Kenya. **Capitale :** Nairobi. **Régime :** présidentiel.

GÉOGRAPHIE

Le territoire, traversé par l'équateur, est formé d'une plaine côtière et de plateaux, à l'O., qui s'élèvent entre le lac Turkana et le lac Victoria dans le prolongement de la vallée du Rift (mont Kenya, 5 199 m). Le climat tropical est humide sur le littoral (coprah, canne à sucre, coton ; pêche), tempéré sur les plateaux (café, thé, cultures vivrières), aride dans la région du lac Turkana (élevage). L'industrie commence à se développer (raffinerie à Mombasa). Le tourisme est un secteur clé de l'économie (réserves et parcs naturels).

HISTOIRE

Des primates et des australopithèques datés de 6 millions d'années ont été découverts près du lac Turkana. Des populations bantoues s'installèrent sur les plateaux juste avant notre ère, puis les Arabes et les Indiens reconnurent la côte (Iᵉʳ s.). Des Arabes et des Persans établirent des comptoirs (viiᵉ s.) et commercèrent avec les Swahilis jusqu'à l'arrivée de Vasco de Gama (1497). Les pasteurs luos et des Massaïs s'établirent sur le territoire (xviiiᵉ s.). La région fut explorée par des missionnaires allemands, avant de passer sous influence britannique, devenant un protectorat (1904) puis une colonie (1920). Dépouillés de leurs terres des hauts plateaux par les Européens, les Kikuyus se révoltèrent (1925) et luttèrent pour l'indépendance de leur pays, qu'ils obtinrent en 1963, dans le cadre du Commonwealth. Au Kikuyu Jomo Kenyatta (1963-1978) succéda le Kalandjin Daniel Arap Moi, qui instaura un système de parti unique après la tentative de coup d'État de 1982. Le multipartisme fut restauré (1991) sous la pression internationale. Le président Mwai Kibaki, au pouvoir de 2002 à 2013, fit voter une nouvelle Constitution renforçant la démocratisation en 2010. Uhuru Kenyatta, le fils de Jomo Kenyatta, lui succéda à la présidence en 2013. William Ruto, son ancien vice-président, devenu son rival, fut élu en 2022. Les islamistes shebabs de la Somalie voisine commettent régulièrement des attentats depuis l'intervention militaire kényane dans leur pays en 2011.

Kenya

Kenyatta **(Kamau Johnstone, dit Jomo)** Homme d'État kényan (1893-1978). Nommé Premier ministre en 1963, il fut président de la République de 1964 à sa mort.

Kenyatta **(Uhuru)** Homme d'État kényan (né en 1961). Fils de Jomo Kenyatta, il fut président de la République de 2013 à 2022.

Kenzo Takada, **dit** **Kenzo** Créateur de mode japonais (1939-2020). Il s'est imposé à Paris par son style destructuré, ses larges motifs floraux schématisés et ses couleurs vives.

Kenzo, défilé de la collection printemps-été 2008 à Paris.

képhir voir **kéfir**

képi **n. m.** **(alémanique** ***Käppi,*** **diminutif de** ***Kappe*** **« bonnet », latin** ***cappa*** **→ chape)** Coiffure militaire rigide, à fond plat surélevé, munie d'une visière.

Kepler **(Johannes)** Astronome allemand (1571-1630). Il est le fondateur de l'astronomie moderne. Disciple puis successeur de Tycho Brahé, il poursuivit les observations de ce dernier. Il démontra que la trajectoire des planètes était elliptique *(lois de Kepler),* ce qui représenta la première description exacte et cohérente du mouvement des planètes autour du Soleil.

kérabau voir **karbau**

Kerala **n. m.** État du S.-O. de l'Inde. 38 864 km². 35,7 millions d'habitants. Capitale : Trivandrum. Longeant la mer d'Oman, sa plaine côtière est très peuplée. On y cultive le riz. Sa partie montagneuse (les Ghâts) est couverte de forêts et de plantations de thé et d'épices.

Kerangal **(Maylis Le Gal de Kerangal, dite Maylis de)** Écrivaine française (née en 1967). Grâce à des recherches approfondies, des voyages, des lectures, ses romans immergent le lecteur dans des univers chaque fois différents *(Corniche Kennedy ; Naissance d'un pont ; Réparer les vivants).*

kératine **n. f.** **(→ kérat[o]-)** Substance protéique présente dans les productions épidermiques de l'homme et des animaux (cheveux, ongles, cornes, laine...).

se **kératiniser** **v. pron.** **< 1 >** **physiol.** S'infiltrer de kératine (en parlant des cellules de l'épiderme et des phanères). □ **adj. kératinisé, ée** □ **n. f. kératinisation**

kératite **n. f.** **(de** ***kérat-*** **+** ***-ite*****)** **méd.** Inflammation de la cornée.

kérat(o)- Préfixe **(du grec** ***keras, keratos*****)** qui signifie « corne, cornée ».

kératocône **n. m.** **(→ cône)** **méd.** Modification de la courbure de la cornée, qui prend progressivement la forme d'un cône.

kératoplastie **n. f.** **(de** ***kérato-*** **+** ***-plastie*****)** **méd.** Opération qui consiste à remplacer un fragment de cornée malade par un fragment de cornée saine et transparente (**syn.** **greffe de la cornée**).

K

kératose n. f. (de *kérat[o]-* + *-ose*) méd. Épaississement de la couche cornée de l'épiderme.

kératotomie n. f. (de *kérato-* + *-tomie*) chir. Section de la cornée dans l'opération de la cataracte. – *Kératotomie radiaire :* incision de la cornée afin de corriger la myopie.

Kerbela ou **Karbalā'** Ville d'Irak, au S. de Bagdad. 712 000 habitants. Haut lieu du chiisme (tombeau de Hussein, fils d'Ali). Marché agricole. Industrie alimentaire.

Kéré (Diébédo Francis) Architecte burkinabé et allemand (né en 1965). Il mène des projets tant dans son pays natal qu'en Europe. Ses constructions, d'une apparente simplicité, sont réalisées selon des techniques traditionnelles avec des matériaux locaux (école de village en blocs d'argile). Prix Pritzker 2022.

Kerenski (Aleksandr Fedorovitch) Avocat et homme politique russe (1881-1970). Il occupa diverses fonctions ministérielles dans le gouvernement provisoire, après la révolution de février 1917. Il fut chassé du pouvoir par la révolution d'Octobre.

Kerguelen (îles) Archipel français du S. de l'océan Indien. Env. 7 215 km². Une île principale, Grande-Terre, et plus de 200 îles et îlots. Climat océanique. Station météorologique et scientifique. L'archipel a été découvert en 1772 par Yves Joseph de Kerguelen de Trémarec. La France en obtint la concession en 1893. Il appartient aux Terres Australes et Antarctiques françaises.

K

Kerguelen de Trémarec (Yves Joseph de) Navigateur et explorateur français (1734-1797). Il découvrit les îles qui portent son nom (1772).

Kerinci n. m. Volcan actif d'Indonésie. Il est le plus haut sommet de Sumatra (3 805 m).

Kerkennah ou **Kerkenna** (îles) Archipel de Tunisie, situé en face de la ville de Sfax. 15 000 habitants. Cultures (palmiers, vignes), pêche. Tourisme.

Kerkrade Ville des Pays-Bas (Limbourg), à la frontière allemande. 45 320 habitants. Abbaye du XIIe siècle.

Kerll (Johann Kaspar) Compositeur allemand (1627-1693). Maître de chapelle à la cour de Munich puis organiste de la chapelle impériale à Vienne, il composa des opéras, de la musique religieuse et instrumentale. Ses œuvres influencèrent Bach et Haendel.

kerma n. m. (mot anglais, sigle de *kinetic energy released in material*) phys. nucléaire Grandeur caractérisant la dose de rayonnement ionisant absorbée par unité de masse d'un matériau. *L'unité de kerma est le gray**.

Kerma Site archéologique du Soudan, sur le Nil. Vestiges du royaume de Koush (–XVIe s.).

Kermadec (îles) Archipel néo-zélandais du Pacifique sud, situé entre la Nouvelle-Zélande et les îles Fidji.

Kermān Ville du S.-E. de l'Iran. 515 120 habitants. Mosquées. Artisanat et industrie textile. Université.

Kermanchāh ou **Kermanshāh** anciennement **Bakhtarān** Ville de l'O. de l'Iran. 950 000 habitants. Administration et commerce. Raffinerie pétrolière. Base aérienne.

kermès [kɛʀmɛs] n. m. (de l'arabe, par l'espagnol *alkermes* → carmin, cramoisi) **1.** Cochenille parasite de certains chênes dont les œufs servaient à fabriquer une teinture rouge. **2.** *Kermès* ou *chêne-kermès :* chêne des garrigues méditerranéennes, arbuste à feuilles persistantes et épineuses.

kermesse n. f. (moyen néerlandais *kercmisse* « messe d'église ») **1.** Hollande, Belgique, nord de la France Fête patronale villageoise, foire annuelle. → **ducasse.** **2.** Fête de bienfaisance, souvent en plein air.

kérogène n. m. (du grec *kêros* « cire » et *-gène*) géol. Constituant organique contenu dans les schistes bitumeux, insoluble dans les solvants organiques, et susceptible de donner des hydrocarbures par distillation.

kérosène n. m. (anglais *kerosene*, du grec *keros* « cire ») Produit pétrolier liquide utilisé notamment pour l'alimentation des réacteurs d'avions.

Kerouac (Jack) Écrivain américain (1922-1969). Il fut un représentant de la « beat generation ». Son œuvre est marquée par ses errances aux États-Unis et son mysticisme zen. Il inventa des antihéros en quête de sens. *Sur la route ; Les Clochards célestes.*

Kerr (John) Physicien britannique (1824-1907). Il découvrit en 1875 la biréfringence des isolants électrisés et montra que l'intensité d'un rayon lumineux varie grâce au courant électrique.

kerrie n. f. (de *Ker*, n. d'un botaniste anglais) bot. Arbuste ornemental originaire du Japon et cultivé en France pour ses longues grappes de fleurs jaune d'or, sous le nom de *spirée du Japon.*

Kerry n. m. Comté du S.-O. de l'Irlande. Chef-lieu : Tralee. 4 701 km². 155 250 habitants. Principale région touristique d'Irlande. Lacs.

Kersauson (Olivier de) Navigateur français (né en 1944). Il a remporté de nombreux records dont celui du tour du monde à la voile (1989) et celui du Trophée Jules Verne (1997).

Olivier de Kersauson en 2004 à bord du trimaran *Geronimo* avec lequel il remporte le trophée Jules Verne en 63 jours, 13 heures et 59 minutes.

Kerschensteiner (Georg) Pédagogue allemand (1854-1932). Il fut le promoteur d'une éducation associant études classiques et travail manuel.

Kertch Ville et port d'Ukraine, en Crimée orientale, sur le *détroit de Kertch.* 152 570 habitants. Pêche. Industrie.

Kertész (André) Photographe américain d'origine hongroise (1894-1985). Il explora les possibilités formelles de la photographie, utilisant les gros plans, les éclairages contrastés, les prises de vue en plongée et les déformations. *Distorsions.*

Kertész [-tes] (Imre) Écrivain hongrois (1929-2016). Son œuvre est marquée par son expérience des camps de concentration, où il fut interné à l'âge de 15 ans. *Être sans destin ; Le Refus ; Kaddish pour l'enfant qui ne naîtra pas.* Prix Nobel 2002.

Kerulen n. m. Rivière de Mongolie orientale (env. 1 250 km). Il prend sa source au N. d'Oulan-Bator et se jette dans l'Hulun nur, à la frontière chinoise.

Kessel (Joseph) Écrivain et journaliste français (1898-1979). Militaire dans l'aviation, résistant, grand reporteur, il fit de la fraternité virile le thème privilégié de ses romans d'action et d'aventure *(Le Bataillon du ciel ; L'Armée des ombres ; Le Lion).* Il écrivit également des fresques historiques *(Tous n'étaient pas des anges).*

Kesselring (Albert) Maréchal allemand (1885-1960). Il fut chef d'état-major dans l'armée de l'air du IIIe Reich et commanda de 1939 à 1945 diverses campagnes militaires aériennes. Condamné à mort comme criminel de guerre par un tribunal britannique, il fut gracié et libéré en 1952.

ket [kɛt] n. m. (mot flamand) (Belgique) fam. **1.** Gamin de Bruxelles, d'origine populaire. - var. **ketje** [kɛtʃ ; kɛtʃœ]. **2.** Garçon effronté.

kétamine n. f. chim. Substance aux propriétés analgésiques et anesthésiques, utilisée en chirurgie et en médecine vétérinaire. *Consommation toxicomaniaque de kétamine.* - abrév. fam. **kéta.**

ketch [kɛtʃ] n. m. (mot anglais) mar. Voilier à deux mâts, dont le mât d'artimon, plus petit que le mât avant, est implanté devant le gouvernail. → **dundee.** *Des ketchs.*

ketchup [kɛtʃœp] n. m. (mot anglais, probablt du chinois) anglic. Sauce à base de tomates, légèrement sucrée et épicée.

ketje voir **ket**

ketmie n. f. (latin *ketmia*, de l'arabe *hatmi* « guimauve ») bot. Arbre ou arbrisseau des régions chaudes dont certaines variétés sont cultivées en France. → **hibiscus.**

Ketteler (Wilhelm Emmanuel, baron von) Prélat et homme politique allemand (1811-1877). Il a développé dans ses ouvrages les principes d'un christianisme social. *Fondements d'une conception chrétienne de l'État.*

keuf n. (verlan irrégulier de *flic*) fam. Agent de police.

keum n. m. (verlan de *mec*) fam. Mec, garçon. *Les keums et les meufs.*

kevlar n. m. (marque déposée) techn. Polymère aramide utilisé sous forme de fibres dans certains matériaux composites.

Keynes (John Maynard, 1er baron) Économiste et financier britannique (1883-1946). Ses deux principaux ouvrages, le *Traité de la monnaie* et la *Théorie générale de l'emploi, de l'intérêt et de la monnaie,* expriment sa volonté de préserver les intérêts du libéralisme, tout en prônant une intervention des pouvoirs publics afin d'assurer le plein emploi et de favoriser la consommation. Les projets dont il fut chargé aboutirent à la création du Fonds monétaire international et de la Banque mondiale.

keynésien, ienne adj. (de *Keynes*) écon. De Keynes, de ses théories économiques. □ n. m. **keynésianisme**

Keyserling (Hermann, comte von) Philosophe et écrivain allemand (1880-1946). Il fonda à Darmstadt une « école de la

Kertész (André)

André Kertész, *Chez Mondrian, Paris* (1926), Musée national d'art moderne, Centre Georges-Pompidou, Paris.

sagesse » et chercha à concilier la civilisation occidentale, trop intellectualiste selon lui, et les valeurs spirituelles de la culture de l'Orient. *Journal de voyage d'un philosophe.*

Key West Île des États-Unis, reliée à la Floride par une route sur pilotis. La ville de Key West compte 25 700 habitants.

KGB n. m. (Komitet Gossoudarstvennoï Bezopasnosti « Comité pour la sécurité d'État ») Organisme de la police politique soviétique chargé des missions de « protection politique » de l'État soviétique. Créé en 1954, il succéda au MGB (ministère de la Sécurité d'État). Dissous en 1991, il fut remplacé en 1995 par le Service fédéral de sécurité (FSB).

Khabarovsk Ville de l'E. de la Russie (Sibérie), au confluent des fleuves Amour et Oussouri. 582 700 habitants. Carrefour fluvial, ferroviaire et aérien. Industrie.

Khadīja Première femme de Mahomet (morte en 619). Leur fille, Fatima, devint l'épouse d'Ali.

Khadra (Mohammed Moulessehoul, dit Yasmina) Écrivain algérien d'expression française (né en 1955). Il décrit la complexité politique et psychologique du monde actuel dans un style poétique et dépouillé. *Les Hirondelles de Kaboul ; Les Sirènes de Bagdad ; L'Attentat.*

khâgne n. f. (de *khâgneux*) fam. Seconde année des classes préparatoires à l'École normale supérieure (lettres). *Hypokhâgne et khâgne.* - var. **cagne.**

khâgneux, euse n. (argot des grandes écoles, de *cagneux* « de constitution faible ») fam. Élève d'une classe de khâgne. *Une khâgneuse.* - var. **cagneux, euse.**

Khái Hưng (Trần Khánh Giư, dit) Écrivain vietnamien (1896-1947). Principal représentant du courant romantique vietnamien, il est l'auteur de romans, de nouvelles, de contes pour enfants.

Khaïr-Eddine (Mohammed) Écrivain marocain d'expression française (1941-1995). Il vécut en France de 1965 à 1979 et publia des romans et des poèmes. Son œuvre, révoltée et lyrique, est marquée par la nostalgie du Maroc. *Agadir ; Ce Maroc.*

Khajuraho Ville d'Inde (Madhya Pradesh). Elle fut la capitale de la dynastie des Chandella du IXe au XIIIe s. Des fouilles, commencées en 1906, ont dévoilé 22 temples remarquables par leurs sculptures.

Khakassie n. f. offic. république de Khakassie République autonome de la fédération de Russie, située en Sibérie méridionale. 61 900 km². 532 400 habitants. Capitale : Abakan. Industrie (charbon, métallurgie, mécanique). La Khakassie est devenue une république en 1991.

Khaled ibn Abd al-Aziz Roi d'Arabie saoudite (1913-1982). Il succéda à son frère Fayçal, assassiné en 1975. Il fut en 1981 le promoteur du Conseil de coopération du Golfe, destiné à renforcer la sécurité des États-membres en assurant leurs intérêts pétroliers.

khalkha n. m. (mot de cette langue) ling. Langue parlée en Mongolie extérieure, la plus parlée des langues mongoles actuelles et langue officielle de la République mongole.

Khama (sir Seretse) Homme d'État du Botswana (1921-1980). Il fut le premier président de la République du Botswana, de 1966 à 1980.

Khamenei (Ali) Religieux et homme d'État iranien (né en 1939). Il fut le premier religieux (ayatollah) à occuper la fonction de président de la République (1981-1989). Après la mort de Khomeiny, en 1989, il a été désigné comme Guide suprême de la révolution islamique et a donné une tournure autoritaire au pouvoir.

khamsin [xamsin] n. m. (mot arabe) Vent de sable analogue au siroco, en Égypte. - var. anc. **chamsin.**

khan [kɑ̃] n. m. (mongol *kagan*) Titre que prenaient les souverains mongols, les chefs tartares, les souverains turcs, persans ou indiens.

Khan (Ali Akbar) Musicien indien (1922-2009). Sarodiste, il a créé des ragas et contribué à la diffusion de la musique classique indienne en Occident.

Khan (Nusrat Fateh Ali) Chanteur pakistanais (1948-1997). Il contribua à l'évolution de la musique qawwalī, de tradition soufie, notamment en s'inspirant des musiques européennes et américaines.

khanat n. m. **1.** Pays soumis à un khan. **2.** Dignité de khan.

Kharezm voir Khorezm

Kharezmi (al-) voir Khuwārizmī (Muhammad ibn Mūsā al-)

Kharg Île iranienne du golfe Arabo-Persique. Terminal pétrolier. Raffinerie. Pétrochimie.

kharidjisme n. m. (arabe *kharadja* « sortir ») hist. Doctrine d'un mouvement politico-religieux de l'islam dissident, rigoriste et intransigeant. □ **adj. et n. kharidjite**

Kharkiv anciennement Kharkhov Ville d'Ukraine. 1 465 000 habitants. Deuxième ville d'Ukraine, près de la frontière russe. Université. Industrie (mécanique, métallurgie, chimie, agroalimentaire). La ville fut la capitale de l'Ukraine soviétique de 1917 à 1934. Elle fut la cible de bombardements à partir de l'invasion russe de 2022.

Khartoum Capitale du Soudan, au confluent du Nil Bleu et du Nil Blanc. Env. 3 millions d'habitants (agglomération). Université. Centre commercial et industriel. Nœud de communication.

Khâ(s) n. m. pl. Populations montagnardes du Cambodge et du Laos, de souche indonésienne. Ces populations sont composées de nombreuses tribus, comprenant 450 000 individus.

khat ou **qat** [kat] n. m. (mot arabe « arbuste ») Arbuste d'Éthiopie et du Yémen dont les feuilles, mastiquées, sont utilisées comme drogue hallucinatoire.

Khatami (Mohammad) Homme d'État iranien (né en 1943). Il fut ministre de la Culture et de l'Orientation islamique (1982-1992), et président de la République de 1997 à 2005. Il tenta de mener une politique réformiste.

Khatchatourian (Aram Ilitch) Compositeur soviétique (1903-1978). Il fut l'un des compositeurs officiels de l'Union soviétique. Influencé par les folklores arménien et géorgien, il composa des ballets *(Spartacus)*, de la musique de chambre, des concertos et des symphonies.

Khatibi (Abdelkébir) Écrivain marocain d'expression française (1938-2009). Traitant en particulier du dédoublement des cultures, il est romancier *(La Mémoire tatouée)*, essayiste *(La Blessure du nom propre)* et dramaturge *(La Mort des artistes)*.

Khayyām ('Umar) ou **Omar Khayam** Savant et poète persan (v. 1050-v. 1123). Disciple d'Avicenne, il écrivit des traités scientifiques, dont un traité d'algèbre, et des textes philosophiques. Son œuvre littéraire comprend des poèmes d'un épicurisme pessimiste et sceptique.

Khazars n. m. pl. Ancien peuple turc. À partir du VIIe s., les Khazars s'étendirent en Asie centrale. Ils furent christianisés par saint Cyrille (860). Conquis par les Russes puis par les Byzantins, l'Empire khazar déclina à partir de la fin du Xe siècle.

khédive n. m. (mot turc) Titre porté par le vice-roi d'Égypte entre 1867 et 1914. *Fonction, dignité de khédive* (**khédivat** n. m.).

Khenchela Ville d'Algérie, au N.-E. de l'Aurès. 108 580 habitants.

Khéops ou **Chéops** Roi d'Égypte (v. 2650 av. J.-C.). Deuxième pharaon de la IVe dynastie égyptienne (Ancien Empire). Il fit édifier la plus grande des pyramides de Gizeh.

Khéphren ou **Chéphrèn** Roi d'Égypte (v. 2620 av. J.-C.). Troisième pharaon de la IVe dynastie (Ancien Empire). Fils et successeur de Khéops, il fit construire la deuxième pyramide de Gizeh.

Khépri Dieu égyptien symbolisé par un scarabée.

Kherson Ville d'Ukraine, sur le Dniepr inférieur. 319 300 habitants. Port. Industrie (conserveries, textile, construction navale). Le contrôle de la ville se révéla stratégique lors de la guerre russo-ukrainienne qui débuta en 2022.

Khéti Ier Roi d'Égypte de la VIIIe dynastie (v. 2222 av. J.-C.). Il fut le premier pharaon d'Héracléopolis.

Khéti III Roi d'Égypte de la IXe ou Xe dynastie (v. 2120 av. J.-C.). Il fut pharaon d'Héracléopolis.

khi [ki] n. m. invar. Lettre de l'alphabet grec (Χ, χ) notant une gutturale sourde aspirée [x].

Khieu Samphân Homme politique cambodgien (né en 1931). Dirigeant khmer rouge, il fut chef de l'État du Kampuchea démocratique de 1976 à 1979. Ministre des Affaires étrangères dans le gouvernement de coalition antivietnamienne de Sihanouk

Khartoum

Khartoum, à la confluence du Nil Blanc et du Nil Bleu.

K

de 1982 à 1991, il se rallia au gouvernement royal en 1998. Il fut arrêté en 2007, condamné à la prison à perpétuité en 2014 et jugé coupable de génocide en 2018.

Khingan voir **Hinggan ling**

Khiva Ville d'Ouzbékistan, à la frontière avec le Turkménistan. 40 000 habitants. Capitale de l'ancien khanat indépendant de Khiva (fin XVIe s.-1920), elle a conservé plusieurs monuments (Grande Mosquée).

Khlebnikov (Viktor Vladimirovitch, dit Velemir) Poète soviétique (1885-1922). Il fut l'un des fondateurs de l'école futuriste russe. Ses poèmes reflètent ses idées anarchistes et nihilistes. *Conjuration par le rire ; Ladomir.*

Khmelnytskyï Ville d'Ukraine, sur le plateau de Volhynie-Podolie. 256 000 habitants. Industries alimentaire et textile.

khmer, khmère [kmɛʀ] **adj. et n. (mot sanskrit)** De la population d'origine hindoue qui habite le Cambodge. *Art khmer* : art ancien du Cambodge. **– n.** *Les Khmers.* ■ **n. m.** *Le khmer* (langue).

Khmers n. m. pl. Peuple du Cambodge. Présent au Funan, le peuple khmer bâtit, à partir du VIIe s., des royaumes et l'empire d'Angkor. Aux XIe et XIIe s., il étendit sa domination sur le Laos, le Champa et une partie de la Thaïlande. Refoulé par les Thaïs à partir du XIIIe s., il recula jusqu'à l'intervention de la France en 1863. Les Khmers forment encore la majorité de la population du Cambodge.

Khmers rouges Nom donné par Norodom Sihanouk, au début des années 1960, aux Cambodgiens communistes. Dirigés par Pol Pot et soutenus par la Chine, ils imposèrent de 1975 à 1979 un régime totalitaire qui fit plus de deux millions de morts.

Khmers rouges fuyant vers la Thaïlande lors de l'invasion du Cambodge par le Viêtnam en 1979.

Khnopff (Fernand) Peintre belge (1858-1921). Il fut influencé par les peintres préraphaélites et les poètes symbolistes. Ses tableaux, chargés de références allégoriques et mythologiques, annoncent le surréalisme.

Khnoum Dieu égyptien figuré sous la forme d'un homme à tête de bélier.

Khodassevitch (Vladimir Felitsianovitch) Poète et critique littéraire russe (1886-1939). Émigré en 1922 à Berlin puis en 1925 à Paris, il écrivit un *Recueil de poésie* dénonçant la décadence européenne. Il publia également des essais consacrés à la littérature russe.

khoisan [kɔisan] **n. m. invar.** Famille de langues parlées en Afrique australe.

khol n. m. (arabe *kuhl* « antimoine » *cf.* alcool) Fard de couleur sombre appliqué sur les paupières, les cils, les sourcils, utilisé à l'origine dans le monde arabe. - var. **khôl.** - syn. **kohol** [kɔɔl] et **koheul** [kɔœl].

Khomeiny (Ruhollah) Chef religieux iranien (1902-1989). Formé à l'école du chiisme littéral, il s'opposa au shah Muhammad Riza en 1962. Exilé en Irak à partir de 1963, il y développa sa doctrine sur le gouvernement islamique. Expulsé en 1978, il s'installa en France, d'où il dirigea la Révolution iranienne jusqu'au départ du

L'ayatollah Khomeiny acclamé par la foule à son retour en Iran (1979).

shah. Rentré en Iran en 1979, il fonda la République islamique, dont il fut jusqu'à sa mort le Guide suprême.

Khomeiny Chahr Ville d'Iran, au N. d'Ispahan. 223 000 habitants. Centre agricole.

Khonsou Divinité égyptienne figurée le plus souvent sous la forme d'un homme à tête de faucon coiffé du disque lunaire. Il était adoré à Thèbes.

Khorassan ou **Khurāsān n. m.** Région de l'E. de l'Iran. Ville principale : Meched. Agriculture. Artisanat (tapis).

Khorezm, Kharezm ou **Khwarezm n. m.** Ancien État d'Asie centrale, sur le cours inférieur de l'Amou-Daria. Ancien khanat, intégré à l'Empire russe en 1873 puis à la Russie soviétique, il fut partagé en 1924 entre l'Ouzbékistan et le Turkménistan.

Khorramābād Ville de l'O. de l'Iran. 334 000 habitants.

Khorramchahr ou **Khurramchahr** Ville du S.-O. de l'Iran, sur le Chatt al Arab, à la frontière irakienne. 125 860 habitants. Port commercial, la ville fut occupée et endommagée par l'Irak durant la guerre irano-irakienne.

Khorsabad ou **Khursabād** Site archéologique irakien, près de Mossoul, fouillé à partir de 1843. On y découvrit les ruines de Dur-Sharrukīn, capitale assyrienne créée en –713, abandonnée en –705.

Khosrō Ier Anocharvan Roi sassanide de Perse (531-579). Il fut célèbre pour sa sagesse et le raffinement de sa civilisation.

Khosrō II Abharvez Roi sassanide de Perse, de 590 à 628. Il conquit son trône avec l'aide de l'empereur byzantin Maurice (591), lui cédant, en contrepartie, des territoires et faisant preuve de tolérance à l'égard des chrétiens. À la mort de Maurice, il envahit l'Empire byzantin et conquit Jérusalem et l'Égypte, reconstituant ainsi l'empire achéménide. Il fut assassiné par son fils Kavādh.

Khoudjand Ville du Tadjikistan, dans la vallée du Fergana. 181 600 habitants. Commerce et industrie agricole (maraîchage, coton, soie).

Khouribga Ville du Maroc, sur le plateau des Phosphates dans la région de Casablanca. 196 200 habitants. Extraction de phosphates.

Khoury (Bechara Khalil El-) Homme d'État libanais (1890-1964). Il fut le premier président du Liban indépendant (1943-1952).

Khouzistan ou **Khūzistan n. m.** Région du S.-O. de l'Iran, sur le golfe Persique. Ville principale : Ahwaz. Principaux gisements de pétrole du pays, découverts dès 1902. Grand centre de civilisation (élamite, perse, parthe) durant l'Antiquité.

Khoy ou **Khvoy** Ville de l'O. de l'Iran, dans l'Azerbaïdjan occidental. 181 470 habitants. Centre agricole.

Khrouchtchev (Nikita Sergueïevitch) Homme d'État soviétique (1894-1971). Nommé par Staline premier secrétaire du Parti communiste d'Ukraine en 1938, il fut élu membre du Politburo en 1939 et dirigea l'opération d'annexion de la Pologne orientale. Il succéda à Staline à partir de 1953 au poste de premier secrétaire du Parti communiste d'URSS, et entreprit une politique de « déstalinisation ». Sa politique étrangère de coexistence pacifique, le conflit idéologique avec le Parti communiste chinois et l'échec de sa politique économique intérieure suscitèrent l'opposition d'une partie des dirigeants soviétiques. Il dut quitter ses fonctions en 1964.

Nikita Khrouchtchev devant l'Assemblée générale des Nations unies en 1960.

Khursabād voir **Khorsabad**

Khuwārizmī (Muḥammad ibn Mūsā al-) Mathématicien persan (fin VIIIe s. et début IXe s.). Il écrivit un manuel d'arithmétique, un traité d'algèbre et des tables astronomiques.

Khyber ou **Khaibar (passe de)** Défilé entre le Pakistan et l'Afghanistan, dans le massif du Spin Ghar (ou Safed Koh), sur la route reliant Kaboul à Peshawar.

Kiang K'ing voir **Jiang Qing**

Kiang King-kouo voir **Jiang Jingguo**

Kiang-si voir **Jiangxi**

Kiang-sou voir **Jiangsu**

Kiang Tsö-min voir **Jiang Zemin**

Kiarostami (Abbas) Réalisateur iranien (1940-2016). Il appartint à la nouvelle vague iranienne. Ses longs-métrages, qui traitent du quotidien, sont des narrations allégoriques à la mise en scène minimaliste. *Au travers des oliviers ; Le Goût de la cerise.*

kibboutz [kibuts] **n. m. (mot hébreu)** Exploitation collective d'une terre, en Israël. *Des kibboutz* ou (plur. hébreu) *des kibboutzim.*

kichenotte voir **quichenotte**

Kichinev voir **Chisinau**

kick n. m. (mot anglais, de *to kick* « donner des coups de pied ») anglic. Dispositif de mise en marche d'un moteur (en particulier de motocyclette) à l'aide du pied.

Kidd (William, dit le Capitaine) Pirate écossais (v. 1645-1701). Chargé de combattre la piraterie dans l'océan Indien, il se fit pirate lui-même. Il fut ramené en Angleterre et pendu.

Kidman (Nicole) Actrice australo-américaine (née en 1967). Son physique élancé de femme fatale en a fait une icône glamour du cinéma hollywoodien. Mais cette comédienne au jeu exigeant se montre

Nicole Kidman tourne *Fur : un portrait imaginaire de Diane Arbus*, réalisé par Steven Shainberg en 2005.

aussi à l'aise dans des rôles à contre-emploi de femmes en proie à des tourments psychologiques (*Eyes Wide Shut ; Moulin Rouge ; Dogville ; The Hours* où elle incarne Virginia Woolf).

kidnapper v. tr. < 1 > (anglais *to kidnap*, de *kid* « enfant » [d'abord « chevreau »] et *to nap* « saisir ») Enlever (une personne), en général pour en tirer une rançon (→ **kidnapping, rapt**). □ n. **kidnappeur, euse**

kidnapping [kidnapiŋ] n. m. (mot anglais, de *to kidnap* → **kidnapper**) anglic. Enlèvement (d'une personne) en vue d'obtenir une rançon. → **rapt**. - syn. francisé **kidnappage**.

kief [kjɛf] n. m. (mot turc, de l'arabe *kef* « aise, état de béatitude » → **kif**) Repos absolu au milieu du jour, chez les Turcs. → **sieste**.

Kiefer (Anselm) Peintre allemand (né en 1945). Utilisant plusieurs techniques sur de grands formats, il puise son inspiration dans l'histoire de l'Allemagne et la culture germanique.

Kiel Ville d'Allemagne et capitale du Land de Schleswig-Holstein, sur la *baie de Kiel*. 246 600 habitants. Port de pêche, de commerce et de plaisance. Chantiers navals, industrie textile, conserveries.

Kielce Ville de Pologne, au N. de Cracovie. 207 200 habitants. Cathédrale, palais épiscopal. Nœud ferroviaire. Centre industriel.

Kielland (Alexander) Écrivain norvégien (1849-1906). À la suite d'Ibsen et de Bjørnson, il fut un défenseur des idées de Brandes. Ses romans et ses nouvelles critiquent la morale conventionnelle. *Garman et Worse ; Travailleurs.*

Kienholz (Edward) Artiste américain (1927-1994). Dans la ligne du pop art, ses installations reconstituent des lieux (maison close de Las Vegas : *Roxy's* ; intérieurs des classes moyennes américaines). *While Visions of Sugar Plums Danced in their Heads.*

Kierkegaard (Søren Aabye) Théologien et philosophe danois (1813-1855). Élevé dans un protestantisme austère, il suivit des études de théologie. Il défendit, contre des systèmes philosophiques abstraits, la vérité de la subjectivité. Pour lui, le tragique de l'existence humaine se manifeste dans l'angoisse de l'individu face à sa liberté, en proie aux contradictions, et conscient de sa faute. Son influence fut considérable sur les philosophies de l'existence et la théologie protestante. *Crainte et Tremblement ; Le Concept d'angoisse ; La Maladie mortelle ou le Concept du désespoir.*

Kiesinger (Kurt Georg) Homme d'État allemand (1904-1988). Député chrétien-démocrate, il fut à la tête d'un gouvernement de coalition en 1966. Il poursuivit une politique d'intégration européenne et entama l'ouverture politique vers les pays de l'Est.

Kieślowski (Krzysztof) Réalisateur polonais (1941-1996). Son œuvre constitue une observation lucide du quotidien. *Le Décalogue ; Trois couleurs : Bleu ; Blanc ; Rouge.*

Kiev Capitale de l'Ukraine, sur le Dniepr. 2 700 000 habitants. Cathédrale byzantine du XIe s. Nombreuses églises. Monastère. Université. Port fluvial et nœud ferroviaire. Industrie (mécanique, chimique, textile, agroalimentaire). Capitale de l'État de Kiev (IXe-XIIIe s.), la ville connut son apogée au XIe s. Rattachée à la Lituanie en 1361, puis soumise à la Pologne en 1569, elle revint à la Russie en 1667. La ville prit un nouvel essor au XIXe s. Elle devint la capitale de la République ukrainienne indépendante (1917) puis la capitale de la république soviétique d'Ukraine en 1934. Occupée par les Allemands de 1941 à 1943, elle fut gravement endommagée. Elle subit des frappes massives à partir de l'invasion russe en 2022.

La Laure de Kiev, le plus ancien monastère de Russie, fondé au XIe siècle.

kif n. m. (arabe *kef* → **kief**) Mélange de tabac et de chanvre indien, en Afrique du Nord. → **haschich**.

kifer ou **kiffer** [kife] v. < 1 > (de l'arabe maghrébin *kif* « état de béatitude » → **kif**) fam. **1.** v. intr. Prendre du plaisir. *Sa musique me fait kifer.* **2.** v. tr. Apprécier, aimer bien.

kifkif ou **kif-kif** adj. invar. (mot arabe, littéralt « comme comme ») fam. Pareil, la même chose. *Faire ça ou rien, c'est kifkif !*

Kigali Capitale du Rwanda, située au centre du pays. 1,1 million d'habitants. Centre de commerce (café, bétail ; étain). Université. Aéroport international.

Kija ou **Gija** Souverain légendaire de Corée qui, en –1122, aurait promulgué les premières lois coréennes et introduit l'écriture chinoise.

kiki n. m. (abrév. de *quiriquiqui*, argot « gosier », d'origine onomatopéique) fam. Cou, gosier.

Kikouyou(s) ou **Kikuyu(s)** n. m. pl. Peuple de langue bantoue établi sur les hauts plateaux du Kenya. Ils pratiquent traditionnellement l'agriculture. Env. 8 millions.

Kikwit Ville de la République démocratique du Congo, sur la rivière Kwilu. Env. 400 000 habitants.

kil n. m. (abrév. de *kilo*) pop. *Un kil de rouge :* un litre de vin rouge.

kilim [kilim] n. m. (mot turc) Tapis d'Orient de laine tissée.

Kilimandjaro n. m. Massif volcanique de Tanzanie, à la frontière kényane. Point culminant de l'Afrique, à 5 895 m.

Le Kilimandjaro surplombant la savane dans la Rift Valley.

Ki-lin voir Jilin

Killy (Jean-Claude) Skieur français (né en 1943). Il a remporté les trois titres (descente, slalom spécial et slalom géant) aux Jeux olympiques de Grenoble en 1968.

Kilmarnock Ville d'Écosse, dans les Lowlands. 46 000 habitants.

kilo n. m. (abrév.) Kilogramme. *Il pèse 70 kilos.*

kilo- Élément (du grec *khilioi* « mille ») qui signifie « mille, mille fois ».

kiloeuro n. m. (→ **euro**) comptab., fin. Unité de compte valant mille euros (symb. k€, kE).

kilogramme n. m. **1.** cour. Masse valant mille grammes. → **kilo**. **2.** métrol. Unité de base du système international de mesure de masse, définie par la constante de Planck.

kilogrammètre [kilɔgʀammɛtʀ] n. m. (de *kilo-*, *gramme* et *mètre*) Ancienne unité de mesure de travail ou d'énergie, valant 9,81 joules.

kilohertz n. m. (→ **hertz**) phys. Unité de mesure de fréquence valant 1 000 hertz (symb. kHz).

kilométrage n. m. **1.** Mesure en kilomètres. **2.** Nombre de kilomètres parcourus.

kilomètre n. m. Unité pratique de distance qui vaut mille mètres (symb. km). – *Faire dix kilomètres à pied. Voiture qui fait 130 kilomètres à l'heure, du 130 kilomètres-heure* (symb. km/h), ou ellipt *du 130.* □ **kilométrique** adj. *Bornes kilométriques.*

kilométrer v. tr. < 6 > Mesurer en kilomètres ; jalonner de bornes kilométriques. *Kilométrer une route.*

kilo-octet n. m. inform. Unité de mesure de quantité d'information utilisée aussi pour mesurer la capacité d'une mémoire (symb. Ko). *Un kilo-octet vaut 1 024 octets. Vingt kilo-octets.* - var. RO **kilooctet**.

kilotonne n. f. Mille tonnes (symb. kt). – Unité de puissance des explosifs atomiques, équivalant à l'explosion de 1 000 tonnes de TNT.

kilowatt [kilowat] n. m. Ancienne unité de puissance (système MTS), valant 1 000 watts (symb. kW).

kilowattheure n. m. Unité pratique d'énergie ou de travail ; travail accompli en une heure par un moteur d'une puissance de 1 000 watts (symb. kWh).

kilt [kilt] n. m. (mot anglais, de *to kilt* « retrousser, plisser ») Jupe courte et plissée, pièce du costume national des Écossais. – Cette jupe, portée par les femmes.

K

kimbanguisme n. m. (de *Kimbangu*, n. propre) Mouvement religieux messianique fondé au Congo belge en 1921 par Simon Kimbangu et répandu en Afrique occidentale et centrale. □ n. et adj. **kimbanguiste**

Kimberley Ville d'Afrique du Sud, à l'O. de Bloemfontein. 225 000 habitants. Centre d'extraction du diamant.

kimberlite [kɛ̃bɛʀlit] n. f. (de *Kimberley*) minér. Roche éruptive dans laquelle on peut trouver du diamant.

Kim Dae-jung Homme d'État sud-coréen (1925-2009). Président de la République de Corée (1997-2002), libéral et populiste, il réforma en profondeur l'économie du pays. Il échoua dans sa politique de réconciliation avec la Corée du Nord. Prix Nobel de la paix 2000.

Kim Hongdo ou **Gim Hong Do** Peintre coréen (1745-1816). Il peignit avec humour des scènes de la vie populaire et quotidienne, des paysages, des portraits, des oiseaux et des fleurs.

Kim Il-sung ou **Kim Il-song** Homme d'État nord-coréen (1912-1994). Il fut nommé Premier ministre de la République populaire de Corée du Nord en 1948, puis élu chef de l'État en 1972.

Kim (Jong-il) Homme d'État nord-coréen (1942-2011). Fils de Kim Il-sung, il lui succéda en 1994.

Kim Jong-un Homme d'État nord-coréen (né en 1983 ou 1984). Fils de Kim Jong-il, il lui a succédé en 2011, héritant de la dictature mise en place dans les années 1970. Malgré les sanctions occidentales, il a poursuivi de nombreux essais nucléaires.

kimono n. m. (japonais, de *ki* « vêtir » et *mono* « chose », cf. **kakémono**, **makimono**) **1.** Longue tunique japonaise à manches, croisée devant, et maintenue par une large ceinture. – Tenue de toile épaisse, portée pour la pratique de certains arts martiaux. *Un kimono de judo.* **2.** appos. invar. *Manches kimono*, manches non rapportées, qui font corps avec le vêtement.

Kinabalu (mont) Montagne de l'île de Bornéo, en Malaisie. 4 101 m. Sommet le plus élevé de l'Asie du Sud-Est.

King (Martin Luther)

Martin Luther King prononçant son célèbre discours « I have a dream », le 28 août 1963 à Washington.

kinase n. f. (du grec *kinein* « mettre en mouvement » et *-ase*) biochim. Enzyme capable d'activer, de catalyser une autre enzyme.

Kindī (al-) Philosophe arabe connu en Occident sous le nom latinisé d'Alchindius (v. 796-v. 873). Considéré comme le premier philosophe arabe, influencé par Platon et par Aristote, il écrivit plusieurs traités dont certains furent traduits en latin (*De intellectu ; Sur la philosophie première*). Son œuvre concilie philosophie grecque et révélation prophétique.

Kindia Ville de Guinée, au N.-E. de Konakry. Env. 100 000 habitants. Bauxite.

K

kiné voir **kinésithérapeute ; kinésithérapie**

Kinechma Ville de Russie, sur la Volga. 88 100 habitants. Port fluvial. Industrie textile, chimique et mécanique.

kinési- Élément (du grec *kinêsis* → **-cinèse**) qui signifie « mouvement ».

kinésiologie n. f. (de *kinési-* et *-logie*, d'après l'anglais) Pratique thérapeutique basée sur l'étude du tonus musculaire. □ n. **kinésiologue**

kinésiste n. (Belgique) Kinésithérapeute.

kinésithérapeute n. Praticien, praticienne de la kinésithérapie. *Masseur kinésithérapeute.* - abrév. **kiné.**

kinésithérapie n. f. Traitement des affections osseuses, articulaires, musculaires, par des mouvements imposés combinés à des massages. - abrév. **kiné.**

kinesthésie n. f. (du grec *kinêsis* → **kinési-** et *aisthêsis* « sensation », par l'anglais) didact. Perception des déplacements des différentes parties du corps, assurée par le sens musculaire et par les excitations de l'oreille interne. □ adj. **kinesthésique**

kinétoscope n. m. (du grec *kinêtos* « mobile » et *-scope*) techn. Appareil permettant la projection de photographies prises à très courts intervalles et dont le déroulement rapide donne une impression de mouvement.

King (Richard) Explorateur et ethnographe britannique (v. 1811-1876). Membre de l'expédition de Back dans l'Arctique, il publia une étude ethnographique sur les Eskimos. Il fonda la Société ethnologique de Londres en 1842.

King (William Lyon Mackenzie) Homme d'État canadien (1874-1950). Chef du Parti libéral en 1919, Premier ministre de 1921 à 1930 puis de 1935 à 1948, il conduisit son pays vers l'émancipation à l'égard de la Grande-Bretagne et se rapprocha des États-Unis. En 1939, il engagea le Canada dans la guerre aux côtés des Alliés.

King (Riley Ben, dit B. B.) Guitariste et chanteur de blues américain (1925-2015). Issu d'une famille noire et pauvre du Sud, il connut le succès à partir de 1950. Guitariste virtuose, il fut surnommé Blues Boy (B. B.).

King (Martin Luther) Pasteur noir américain (1929-1968). Pasteur baptiste à Montgomery, il protesta de manière non violente contre toute forme de ségrégation. En 1963, il organisa une marche sur Washington lors de laquelle il prononça un discours, demeuré célèbre, sur le rêve d'une nation américaine respectueuse de l'égalité de tous. Il s'éleva contre la guerre du Viêtnam. Il fut assassiné le 4 avril 1968. Prix Nobel de la paix 1964.

King (Phillip) Sculpteur britannique (1934-2021). Il fut l'assistant de Henry Moore. Utilisant des matériaux très divers (acier, fibre de verre), il joua avec les proportions et l'équilibre.

King (Billie Jean) Joueuse de tennis américaine (née en 1943). Elle remporta 12 tournois du Grand Chelem en simple et 16 en double dames entre 1966 et 1975.

King (Stephen) Romancier américain (né en 1947). Il est l'auteur de nombreux romans à succès, mêlant l'horreur et le surnaturel (*Carrie ; Misery ; The Shining ; La Ligne verte*). Beaucoup ont été adaptés au cinéma.

king-charles [kiŋʃaʀl] n. m. invar. (anglais *King Charles's spaniel* « épagneul du roi Charles ») Petit chien épagneul, à poils longs.

King Hao voir **Jing Hao**

Kingsley (Charles) Poète, romancier et historien britannique (1819-1875). Pasteur, l'un des principaux représentants du socialisme chrétien, il écrivit des romans sociaux (*Le Ferment*), un roman historique (*Hypatie ou le Triomphe de la foi*) et des contes didactiques.

Kingston Ville du Canada (Ontario), sur la rive N. du lac Ontario. 123 798 habitants. Université. Cathédrale. Port. Industries (métallurgie, chimie, mécanique). Tourisme. Elle fut la capitale du Canada de 1841 à 1843.

Kingston Capitale de la Jamaïque. 940 000 habitants. Port de commerce. Industrie. Aéroport. Université des Indes-Occidentales.

Kingston-upon-Hull ou **Hull** Ville d'Angleterre, sur la Humber. 284 300 habitants. Port de pêche et de commerce. Raffinerie du pétrole de la mer du Nord, pétrochimie.

Kingston-upon-Thames Faubourg résidentiel au S.-O. de Londres (Surrey). 166 800 habitants.

kinkajou n. m. (d'une langue amérindienne) Mammifère arboricole à longue queue préhensile, qui vit en Amérique tropicale. - var. RO **kincajou.**

Kinki ou **Kansai** n. m. Région du centre-ouest de l'île de Honshū (Japon), considérée comme le cœur historique du Japon.

Kinoshita Junji Auteur dramatique japonais (1914-2006). Il participa au renouveau du théâtre japonais contemporain. Ses pièces s'inspirent du folklore et de l'histoire. *La Grue du soir ; Fête sous le méridien.*

Kinsey (Alfred Charles) Zoologiste et biologiste américain (1894-1956). Il fut le père de la sexologie. *Le Comportement sexuel de l'homme ; Le Comportement sexuel de la femme.*

Kinshasa anciennement **Léopoldville** Capitale de la République démocratique du Congo, située sur la rive gauche du fleuve Congo, en face de Brazzaville. 14 millions d'habitants. Centre administratif, commercial et industriel.

Kin-tcheou voir **Jinzhou**

Kintyre ou **Cantyre** n. m. Presqu'île d'Écosse, dans le canal du Nord.

kiosque n. m. (du turc « pavillon de jardin », par l'italien) **1.** Pavillon de jardin ouvert. *Kiosque à musique.* **2.** Édicule où l'on vend des journaux, des fleurs, etc. *Kiosque à journaux.* **3.** Superstructure du sous-marin.

kiosquier, ière n. (de *kiosque*) Personne qui tient un kiosque à journaux.

kip n. m. (mot thaï) Unité monétaire du Laos.

Kipling (Rudyard) Romancier et poète britannique (1865-1936). Son œuvre, composée de romans (*Le Livre de la jungle ; Kim*), de nouvelles et de récits (*Les Bâtisseurs de ponts*), exalte la nature sauvage et la vie qu'il connut dans l'Inde coloniale. À visée souvent éducative, elle prône une morale du désintéressement, de l'énergie et de la vertu.

kippa n. f. (mot hébreu « coupole » et « calotte ») Calotte portée par les juifs pratiquants. *Des kippas.*

kipper [kipœʀ] n. m. (mot anglais, d'abord « saumon mâle » en ancien anglais, d'origine inconnue) Hareng étêté, ouvert, légèrement fumé et salé.

Kippour voir **Yom Kippour**

Kippour (guerre du) voir **israélo-arabes (guerres)**

kir n. m. (marque enregistrée ; du n. du chanoine Kir, qui fut maire de Dijon) Apéritif composé de vin blanc et de liqueur de cassis. – *Kir royal,* au champagne.

Kirby (Jacob Kurtzberg, dit Jack) Dessinateur de bande dessinée américain (1917-1994). Créateur de super-héros, on lui doit plusieurs personnages des *X-Men* et des *Avengers* (Vengeurs) : Iron Man, Hulk, Captain America.

Kircher (Athanasius) Jésuite, orientaliste et savant allemand (1601-1680). Il a publié des travaux sur la langue copte et des ouvrages scientifiques. On lui attribue, en outre, l'invention de la lanterne magique.

Kirchhoff (Gustav Robert) Physicien allemand (1824-1887). Ses recherches concernèrent plusieurs domaines de la physique, notamment l'électricité (*loi de Kirchhoff*). Il fut l'un des fondateurs de l'analyse spectrale.

Kirchner (Ernst Ludwig) Peintre et graveur allemand (1880-1938). Il fut l'un des principaux représentants de l'expressionnisme allemand. Cofondateur en 1905 du groupe Die Brücke, proche des Fauves, il évolua vers un chromatisme violent et des formes abruptes. Ses œuvres furent confisquées par les nazis en 1937. Il se suicida.

kirghiz, ize [kiʀgiz] adj. et n. (mot de cette langue, par le russe) Du Kirghizstan, de sa population. – n. *Un Kirghiz, une Kirghize.* ■ n. m. Langue du groupe turc parlée par les Kirghizes.

Kirghizes n. m. pl. Peuple turc d'Asie centrale. Environ 6 millions. Islamisés, les Kirghizes vivent au Kirghizstan et dans le Turkestan chinois.

Kirghizstan

ou **Kirghizistan** n. m. ou **Kirghizie** n. f. ■ offic. République kirghize État d'Asie centrale. 198 500 km². 6,52 millions d'habitants (les *Kirghizes*). **Langues :** kirghiz, russe. **Population :** Kirghizes, 64,9 % ; Ouzbeks, 13,8 % ; Russes, 12,5 %. **Religion :** musulmans (70 %), orthodoxes. **Monnaie :** som. **Capitale :** Bichkek. **Régime :** parlementaire.

GÉOGRAPHIE

Pays de hautes montagnes, le Kirghizstan comprend une partie du Tian shan et du Pamir Alaï. Outre l'élevage, l'agriculture (coton, tabac, primeurs), l'exploitation des ressources naturelles (hydroélectricité, or, étain, uranium) et une industrie traditionnelle (textile, métallurgie, agroalimentaire) sont les piliers de son économie.

HISTOIRE

Cette région du Turkestan, peuplée de pasteurs islamisés, fut annexée par la Russie en 1870. Intégré à la République socialiste

Kirghizstan

soviétique du Turkestan (1918-1924), le Kirghizstan devint une république socialiste soviétique autonome (1928) puis une république socialiste soviétique fédérée (1936). En 1991, le Kirghizstan accéda à l'indépendance. Élu en 1990, le président Askar Akaev fut renversé lors de la « révolution des tulipes » (2005). Le président Kourmanbek Bakiev, élu en 2005 fut également renversé, en avril 2010, par une révolte populaire. Almazbek Atambaer (parti social-démocrate) lui succéda. Une troisième révolte éclata en 2020 et amena à la présidence le populiste S. Japarov (2021).

Kiribati

■ offic. république des Kiribati

État d'Océanie (→ carte), s'étendant de part et d'autre de l'équateur sur 5 000 000 km^2, formé des îles Gilbert, Phoenix et de la Ligne, ainsi que d'une île volcanique (Banaba). 717 km^2. 119 440 habitants (les *Kiribatiens*). **Langues :** anglais (offic.), gilbertien. **Population :** Micronésiens. **Religion :** chrétiens. **Monnaie :** dollar des Kiribati. **Capitale :** Tarawa.

La plupart des îles sont des atolls coralliens à la végétation dense et au climat équatorial. Le changement climatique les rend très vulnérables. L'économie est fondée sur l'exportation du coprah et la pêche.

HISTOIRE

Découvertes par les Européens au XVIIIe s., les îles Gilbert et Ellice sont annexées par la Grande-Bretagne (1915). Les îles Ellice deviennent Tuvalu (1975) ; les îles Gilbert obtiennent leur indépendance dans le cadre du Commonwealth sous le nom de Kiribati (1979).

kirigami **n. m.** **(mot japonais)** Art traditionnel japonais du papier découpé. *Kirigami et origami.*

Kirikkale Ville de Turquie, à l'E. d'Ankara. 193 000 habitants. Industrie lourde, raffinerie de pétrole.

Kirin voir **Jilin**

Kirkcaldy Ville d'Écosse, sur le Firth of Forth. 49 700 habitants. Petit pôle industriel. Station balnéaire.

Kirkūk Ville du N. de l'Irak. 600 000 habitants. Marché agricole. Raffinerie et industrie pétrolières.

Kirov **(Sergueï Mironovitch Kostrikov, dit)** Homme politique russe (1886-1939). Membre du Comité central du parti communiste d'URSS en 1923, il entra au Politburo en 1930 et fut élu secrétaire du Comité central en 1934. Il fut assassiné.

Kirovohrad Ville d'Ukraine, à l'O. de Dnipropetrovsk. 250 000 habitants. Industrie alimentaire. Machines agricoles.

kirsch **n. m.** **(allemand *Kirschwasser* « eau *[wasser]* de cerise »)** Eau-de-vie de cerises aigres et de merises. - var. **RO** **kirch.**

Kiruna Ville de Suède, en Laponie. 23 300 habitants. Minerai de fer. Industrie.

Kiš [kiʃ] **(Danilo)** Écrivain serbe (1935-1989). Son œuvre, qui mêle le documentaire et la fiction, a pour thématique le sort des Juifs sous Hitler et Staline, les camps, les liquidations. *Chagrins précoces ; Encyclopédie des morts.*

Kisangani Ville de la République démocratique du Congo, sur le Congo. Plus d'1 million d'habitants.

Kishiwada Ville du Japon (Honshū), dans la banlieue d'Ōsaka. 190 700 habitants.

Kisling **(Moïse)** Peintre et dessinateur français d'origine polonaise (1891-1953). L'un des représentants de l'école de Paris, il a réalisé des nus et des portraits féminins dans la lignée du réalisme traditionnel.

Kissi(s) ou **Kisi(s)** **n. m. pl.** Peuple vivant dans le S.-E. de la Guinée, au Liberia et en Sierra Leone. Ils pratiquent traditionnellement l'agriculture et sont organisés en chefferies.

Kissinger **(Henry Alfred)** Homme politique américain d'origine allemande (né en 1923). Conseiller de R. Nixon en matière de sécurité internationale, puis secrétaire d'État (1973-1976), il joua un rôle de premier plan dans les négociations pour la paix au Viêtnam et dans le rapprochement des États-Unis avec la République populaire de Chine et l'URSS. Prix Nobel de la paix 1973.

Kisumu Ville du Kenya, sur le lac Victoria. 300 000 habitants.

kit [kit] **n. m.** **(mot anglais, d'abord « baquet »)** anglic. **1.** Ensemble des éléments constitutifs d'un objet vendu prêt à être monté par l'acheteur. *Acheter un lit en kit.* **2.** techn. Ensemble de petits éléments conçus pour une fonction technique précise. *Kit de connexion,* pour établir une première connexion à Internet. *Kit mains libres, piéton* (pour un téléphone portable).

Kitākyūshū Ville et port du Japon (Kyūshū). 939 600 habitants. Acierie (anc. plus grand centre sidérurgique du monde). Un tunnel et un pont suspendu de plus de 2 km la relient à l'île de Honshū.

Kitano **Takeshi** Acteur et réalisateur japonais (né en 1947). Il est l'un des maîtres du film policier asiatique. Ses films, généralement violents et sanglants, explorent le milieu de la mafia japonaise. *Sonatine ; Hana-Bi.*

Kitchener **(Horatio Herbert) 1er comte de Khartoum et d'Aspell** Maréchal britannique (1850-1916). Il reconquit le Soudan en 1898 (affaire de Fachoda), puis commanda les forces britanniques lors de la guerre des Boers. Ministre de la Guerre en 1914, il réorganisa les armées britanniques.

Kitchener Ville du Canada (Ontario), à l'O. de Toronto. 233 222 habitants (zone urbaine : 523 894). Universités. Centre commercial et financier. Industries (agroalimentaire, haute technologie).

kitchenette **n. f.** **(mot anglais des États-Unis, de *kitchen* « cuisine »)** anglic. Petite cuisine, coin cuisine. - recomm. offic. **cuisinette.**

kitesurf [kajtsœʀf] **n. m.** **(de l'anglais *kite* « cerf-volant » et *surf*)** Sport de glisse nautique où la planche de surf et le surfeur sont entraînés par l'action du vent sur un cerf-volant. - abrév. **kite.** - recomm. offic. **planche volante.** □ **n. kitesurfeur, euse**

kitsch ou **kitch** **adj. invar.** **(allemand *Kitsch*, de *kitschen* « rénover, revendre du vieux »)** Caractérisé par l'usage volontaire, dévié, d'éléments démodés, de mauvais goût. *Décoration kitsch.* **– n. m. invar.** *Le kitsch.*

Kitwe-Nkana Ville de Zambie, à la frontière avec la République démocratique du Congo. 505 000 habitants. Mines de cuivre. Industrie.

Kitzbühel Ville d'Autriche (Tyrol). 8 134 habitants. Station de sports d'hiver.

Kivi **(Aleksis Stenvall, dit Aleksis)** Romancier et auteur dramatique finlandais (1834-1872). Il est l'auteur d'un roman de mœurs, *Les Sept Frères,* classique de la littérature finlandaise.

Kivu **n. m.** Région orientale de la République démocratique du Congo. Agriculture (thé, café). Minerais stratégiques (or). Tourisme (parcs nationaux). Les incursions rwandaises et ougandaises dans la région ont entraîné des crimes de guerre et des massacres qui ont fait plus de 4 millions de morts entre 1994 et 2010.

Kivu **(lac)** Lac d'Afrique centrale, entre la République démocratique du Congo et le Rwanda. 2 650 km^2. Méthane.

1kiwi [kiwi] **n. m.** **(mot maori)** Oiseau coureur de Nouvelle-Zélande, qui n'a que des rudiments d'ailes (aussi appelé *aptéryx*).

2kiwi [kiwi] **n. m.** **(mot anglais, *kiwi fruit* « fruit du kiwi » → 1kiwi)** Fruit oblong, à pulpe verte et peau velue, d'un arbuste originaire de Chine.

Kizil Irmak **n. m.** Le plus long fleuve de Turquie (1 355 km), qui se jette dans la mer Noire. Aménagements hydroélectriques.

Kjølen **n. m.** Massif de Scandinavie, en Norvège et en Suède. Point culminant à 2 117 m (Kebnekaise).

Kladno Ville de la République tchèque, à l'O. de Prague. 69 100 habitants. Sidérurgie.

Klagenfurt Ville d'Autriche, capitale de la Carinthie. 94 796 habitants. Hôtel de ville et palais du XVIe s. Tourisme.

Klaipėda anciennement **Memel** Ville de Lituanie, sur la mer Baltique. 185 940 habitants. Chantiers navals.

Kitano Takeshi

Takeshi Kitano dirigeant Yusuke Sekiguchi dans *L'Été de Kikujiro* (1999).

K

Klang ou **Kelang** Ville de Malaisie, sur le fleuve *Klang* et le détroit de Malacca. 563 200 habitants. Port de commerce et d'industrie (métallurgie, chimie, caoutchouc).

Klapisch **(Cédric)** Réalisateur français (né en 1961). Il rend compte dans ses films des préoccupations de sa génération, de la jeunesse à la maturité (avec la trilogie *L'Auberge espagnole ; Les Poupées russes* et *Casse-tête chinois*), et brosse des tableaux attachants et pleins d'humour de la société *(Chacun cherche son chat ; Un air de famille)*.

Klaproth **(Martin Heinrich)** Chimiste et minéralogiste allemand (1743-1817). Fondateur de l'analyse quantitative minérale, il découvrit le zirconium, l'uranium et le cérium.

Klarsfeld **(Serge)** Historien et avocat français (né en 1935). Fils de déporté, il a consacré sa vie, avec sa femme Beate **Klarsfeld** (née en 1939), à recenser les victimes de la Shoah en France et à rechercher les anciens criminels nazis. *La Shoah en France*.

Klaus **(Václav)** Homme d'État tchèque (né en 1941). Premier ministre de la République tchèque en 1992 puis président de la République de 2003 à 2013.

klaxon [klaksɔn] **n. m.** **(n. déposé ; mot anglais des États-Unis)** Avertisseur sonore d'un véhicule. - recomm. offic. **avertisseur.**

klaxonner **v. < 1 > 1. v. intr.** Actionner le klaxon. - recomm. offic. **avertir. 2. v. tr.** fam. *Klaxonner un cycliste.*

Kléber **(Jean-Baptiste)** Général français (1753-1800). Volontaire, il s'illustra en défendant Mayence (1793) et fut nommé général. En 1798, il partit pour l'Égypte avec Bonaparte, remporta une victoire sur les Turcs au mont Thabor (1799) et reprit Le Caire. Il fut assassiné.

Klee [kle] **(Paul)** Peintre, graveur et écrivain suisse (1879-1940). Il exposa en 1912 avec le Cavalier bleu et enseigna au Bauhaus de 1920 à 1930. Affranchi de la figuration conventionnelle, il mélangea les techniques et les supports, créant un monde subtil et onirique dans des compositions féeriques *(Villa R.)* ou abstraites *(Carrés magiques)*. Après 1937, il adopta des grands formats et peignit des idéogrammes imaginaires. Il fut également écrivain et théoricien *(L'Art moderne)*.

Paul Klee, *Villa R* (1919), Kunstmuseum, Bâle.

Kleene **(Stephen Cole)** Logicien américain (1909-1994). Considéré comme le fondateur de l'informatique théorique, il a travaillé sur la théorie des fonctions récursives.

kleenex [klinɛks] **n. m.** **(marque déposée ; de *kleen* pour *clean* « propre » et suffixe)** Mouchoir jetable en papier.

Klein **(Felix)** Mathématicien allemand (1849-1925). Il fut le chef de file de l'école mathématique allemande. Son *Programme d'Erlangen* fait converger la géométrie synthétique et la géométrie analytique.

Klein **(Melanie)** Psychanalyste britannique d'origine autrichienne (1882-1960). Elle défendit une conception originale du psychisme infantile, affirmant la précocité de certains traits de son fonctionnement. *La Psychanalyse des enfants.*

Klein **(Oscar Benjamin)** Physicien suédois (1894-1977). Un des pionniers de la mécanique quantique, il est l'auteur de l'équation d'onde dite de *Klein-Gordon.*

Klein **(Lawrence Robert)** Économiste américain (1920-2013). Il construisit des modèles économétriques de conjoncture qu'il appliqua à l'analyse de la politique économique. Prix Nobel 1980.

Klein **(William)** Cinéaste, photographe et peintre américain (1926-2022). Son travail de photographe *(New York)* a marqué par l'audace de ses innovations (abstractions, flous). *Qui êtes-vous, Polly Maggoo ?*

Klein **(Yves)** Peintre français (1928-1962). Il créa des surfaces parfaitement monochromes, pour aboutir à l'exclusion de toute autre couleur que le bleu (1957). Il réalisa des empreintes de modèles nus féminins enduits de bleu *(Anthropométries)*, des moulages de plâtre gris pris sur des êtres vivants.

Yves Klein, *Anthropométrie* n° 140 (1960), Galerie Beaubourg, Vence.

Klein **(Étienne)** Physicien et philosophe français (né en 1958). Spécialiste du temps, des sciences de la matière et de la théorie quantique, il a écrit de nombreux essais et a touché le grand public grâce à son talent de vulgarisateur scientifique. *Discours sur l'origine de l'univers ; Les Secrets de la matière.*

Klein **(Naomi)** Journaliste, essayiste et réalisatrice canadienne (née en 1970). Elle est l'une des représentantes du mouvement altermondialiste. *No Logo ; Journal d'une combattante ; La Stratégie du choc.*

Kleist **(Heinrich von)** Auteur dramatique et écrivain allemand (1777-1811). Outre des comédies *(La Cruche cassée)* et des tragédies *(Penthésilée)*, il est l'auteur de drames *(Le Prince de Hombourg)* et de nouvelles *(La Marquise d'O)*, remarquables par la modernité et la concision du ton.

Klemperer **(Otto)** Chef d'orchestre allemand naturalisé israélien (1885-1973). Il interpréta des grands classiques allemands et autrichiens ainsi que de la musique contemporaine.

Klenze **(Leo von)** Architecte allemand (1784-1864). Il fut un fervent adepte du néoclassicisme. Il réalisa de vastes travaux à Munich, et fut chargé du Nouvel Ermitage à Saint-Pétersbourg.

kleptomane ; kleptomanie voir **cleptomane ; cleptomanie**

klette ou **clette** **n. f. (du néerlandais *klets* « gifle ») (Belgique)** fam. Personne incompétente. *Quelle bande de klettes !* - var. **klet.**

klezmer [klɛzmɛʀ] **n. m. et adj. invar. (mot yiddish « instrument du chant ; musicien »)** Se dit d'un style de musique traditionnelle juive d'Europe centrale et orientale. – *Musiciens klezmer.*

Klíma **(Ivan)** Écrivain tchèque (né en 1931). Déporté dans son enfance, dissident déclaré, il est l'auteur de romans et de nouvelles d'inspiration classique. *Un jour formidable ; Amour et ordure.*

Klimt **(Gustav)** Peintre et décorateur autrichien (1862-1918). En 1897, il fonda et dirigea à Vienne le mouvement artistique Sécession, qui cherchait à propager l'Art nouveau. Il a peint notamment de nombreux portraits féminins, caractérisés par leur symbolisme, leur graphisme sinueux et la recherche d'effets précieux (fonds dorés, émaux). *Les Trois Âges de la femme ; Le Baiser.*

Gustav Klimt, *Adele Bloch-Bauer I* (1907), Neue Galerie, New York.

Kline **(Franz)** Peintre américain (1910-1962). D'abord peintre figuratif, il évolua vers l'abstraction. Privilégiant le geste spontané, il créa des compositions organisées en épaisses formes linéaires noires brisées. Il revint plus tard à la couleur et travailla les oppositions chromatiques. *Vertical Vert ; Black, White, and Grey.*

Klineberg **(Otto)** Psychosociologue canadien (1899-1992). Il s'est intéressé au caractère et à la personnalité qui font la singularité de chaque peuple. *Psychologie sociale.*

Klinger **(Max)** Peintre, graveur, dessinateur et sculpteur allemand (1857-1920). Il peignit des allégories morbides dans un style académique et exécuta des sculptures polychromes (statue chryséléphantine de *Beethoven*).

Klingsor **(Léon Leclère, dit Tristan)** Poète français et critique d'art (1874-1966). Son œuvre illustre les thèmes traditionnels de la poésie populaire. *Poèmes de Bohême.*

Klondike **n. m.** Rivière du Canada, affluent du Yukon (env. 150 km). Ses riches gisements d'or, découverts en 1896, déclenchèrent une ruée vers l'or.

Klopstock **(Friedrich Gottlieb)** Poète et auteur dramatique allemand (1724-1803). Il est l'auteur d'un poème épique chrétien *(Messiade)*, d'odes, de tragédies bibliques et de pièces d'inspiration historique. Son œuvre contribua à l'affirmation de l'identité nationale allemande.

Klossowski **(Pierre)** Écrivain et artiste français (1905-2001). Frère du peintre Balthus, ami de Gide et de Bataille, il fut essayiste *(Sade mon prochain ; Nietzsche et le Cercle vicieux)* et écrivit des romans angoissés, d'inspiration mystique et érotique *(La Vocation suspendue ; Les Lois de l'hospitalité).*

Klug (sir Aaron) Chimiste britannique d'origine sud-africaine (1926-2018). Il élabora les procédés théoriques et expérimentaux (microscopie électronique) qui lui permirent d'élucider la structure de plusieurs macromolécules biologiques. Prix Nobel 1982.

klystron n. m. (mot anglais, du grec *kluxein* « envoyer un jet de liquide ») électron. Tube électronique à hyperfréquence, à modulation de vitesse, dont le faisceau électronique est soumis au champ de deux cavités résonnantes.

km Symbole du kilomètre.

Knesset ou **Knesseth n. f.** Parlement israélien, composé de cent vingt députés élus pour quatre ans au suffrage universel.

knickers [(k)nikœʀ(s) ; (k)nikɛʀ(s)] **n. m. pl. (abrév. de l'anglais *knickerbockers,* du n. d'un héros de roman) 1. ancienn** Pantalon de golf. **2. mod.** Pantalon large et court, resserré au-dessous du genou.

knock-down [(k)nɔkdɔn ; (k)nɔkdaun] **n. m. invar. (loc. anglaise, de *to knock* « frapper » et *down* « à terre ») anglic.** Mise à terre d'un boxeur qui n'est pas encore hors de combat. **➔ knock-out.**

knock-out [(k)nɔkaut] **(mot anglais, de *to knock* « frapper » et *out* « dehors ») anglic. 1. n. m. invar.** Mise hors de combat du boxeur resté à terre plus de dix secondes. **➔ aussi knock-down.** *Battu par knock-out à la cinquième reprise.* **➔ K.-O. 2. adj. invar.** *Mettre un boxeur knock-out.* ■ **fam.** Assommé, épuisé. **➔ groggy, K.-O.** ■ **knockouter v. tr. < 1 > fam.** Mettre qqn knock-out.

Knokke-Heist Commune de Belgique (Flandre-Occidentale), sur la mer du Nord. 33 089 habitants. Station balnéaire.

Knossos voir **Cnossos**

knout [knut] **n. m. (mot russe)** Fouet à lanières de cuir terminées par des crochets ou des boules de métal, instrument de supplice de l'ancienne Russie ; ce supplice.

Knox (John) Réformateur religieux écossais (1505 ou 1513-1572). Prêtre, il adhéra au mouvement de la Réforme mais dut s'exiler en France après l'avènement de la reine catholique Marie Tudor. Établi à Genève, où il se lia d'amitié avec Calvin, il traduisit en anglais la « Bible de Genève ». De retour en Écosse, il fonda le presbytérianisme.

Knox (fort) Zone militaire des États-Unis (Kentucky), au S. de Louisville. Elle abrite la principale réserve d'or fédérale.

Knoxville Ville des États-Unis (Tennessee), dans les Appalaches. 179 000 habitants. Université. Centre agricole et industriel.

Knud ou **Knut** voir **Canut**

K.-O. (abrév. de *knock-out*) 1. n. m. invar. *Battu par K.-O.* **2. adj. invar.** *Être mis K.-O.* ■ **fam.** Assommé, très fatigué. *Je suis complètement K.-O.*

koala n. m. (mot anglais d'origine australienne) Mammifère grimpeur australien (marsupial) au pelage gris très fourni, ressemblant à un ourson.

kob ou **cob n. m. (mot wolof [Sénégal])** Grande antilope aux longues cornes en forme de lyre.

Kobané Ville de Syrie, dans le Kurdistan, à la frontière turque. La ville fut assiégée par le groupe djihadiste Daech de sept. 2014 à juin 2015. Depuis la fin de la guerre en Syrie, elle est menacée par des expéditions militaires turques.

Kōbe Ville du Japon (Honshū), sur la baie d'Ōsaka. 1 527 000 habitants. Université. Musées. Important centre industriel. Aéroport. Deuxième port du pays. La ville fut au centre d'un grave tremblement de terre en 1995.

kobold [kɔbɔld] **n. m. (mot allemand *cf.* cobalt)** Génie, esprit familier, dans les contes allemands.

Koch (Robert) Médecin allemand (1843-1910). Il découvrit le bacille de la tuberculose et la tuberculine, ainsi que l'agent microbien du choléra. Il mit au point des méthodes prophylactiques de lutte contre les épidémies. Prix Nobel 1905.

Kochanowski (Jan) Poète polonais (1530-1584). Considéré comme le fondateur de la poésie nationale polonaise, il écrivit des suppliques en vers *(La Concorde),* un poème épique *(L'Étendard ou le Serment prussien)* et une tragédie *(Le Renvoi des ambassadeurs grecs).*

Köchel [kø-] **(Ludwig von)** Musicographe autrichien (1800-1877). Il établit un catalogue chronologique et thématique des œuvres de Mozart.

Kochi anciennement **Cochin** Ville du S. de l'Inde (Kerala), sur la mer d'Oman. 2 119 700 habitants. Port de commerce. Industries. Comptoir portugais fondé en 1502, la ville passa sous contrôle hollandais, puis anglais en 1643.

Kochi Ville du Japon (Shikoku). 326 800 habitants.

Kock (Paul de) Écrivain français (1793-1871). Il est l'auteur de drames, d'opéras-comiques, de vaudevilles et de nombreux romans. *Georgette ; Mon voisin Raymond.*

Kodály [kodaj] **(Zoltán)** Compositeur hongrois (1882-1967). Pédagogue, critique, chef d'orchestre, il a composé des pièces instrumentales, de la musique de chambre, des opéras *(Czinka Panna),* des œuvres chorales *(Tableaux de la région de Marva)* influencées par le folklore hongrois.

Kœchlin [keklɛ̃] **(Charles)** Compositeur français (1867-1950). D'inspiration romantique, son œuvre innova en matière de tonalité et de contrepoint. Elle comprend de la musique symphonique, de la musique de chambre, des œuvres pour chœurs et orchestre.

Koestler (Arthur) Écrivain britannique d'origine hongroise (1905-1983). Il est l'auteur d'une œuvre centrée sur les dangers du totalitarisme et la confusion intellectuelle et morale causée par la guerre idéologique. *Le Zéro et l'Infini.*

Koffka (Kurt) Psychologue américain d'origine allemande (1886-1941). Il élabora avec Köhler et Wertheimer la psychologie de la forme *(Gestalttheorie),* et travailla à la rapprocher de la psychologie du comportement. *Principles of Gestaltpsychology.*

Kogălniceanu (Mihail) Écrivain et homme politique roumain (1817-1891). Fondateur de la revue *Dacia literară* (la « Dacie littéraire », 1840), il milita en faveur d'une littérature nationale. Il fut Premier ministre (1863-1866) puis, lors de la guerre d'Indépendance, ministre des Affaires étrangères (1877).

Koguryŏ ou **Goguryeo n. m.** Ancien royaume du N. de la péninsule coréenne, dont les vingt-huit souverains régnèrent de –37 à 666.

Kōh-é Bābā n. m. Chaîne de montagnes de l'Afghanistan central, qui culmine à 5 143 m.

koheul voir **khol**

Koh Ker Capitale d'un petit royaume de l'ancien Cambodge. Jayavarman IV la préféra à Angkor et y résida de 921 à 941 ; elle fut abandonnée en 944.

Kohl (Helmut) Homme d'État allemand (1930-2017). Président de la CDU en 1973, il succéda à H. Schmidt comme chancelier (1982-1998). Partisan de l'Europe communautaire et de l'alliance franco-allemande, il présida à la réunification des deux Allemagnes après la chute du mur de Berlin.

Köhler (Wolfgang) Psychologue allemand (1887-1967). Fondateur avec Koffka et Wertheimer de la psychologie de la forme *(Gestalttheorie),* il étudia les lois de la structuration du champ perceptif, et les processus d'apprentissage chez les primates. *L'Intelligence chez les singes supérieurs.*

Kohn (Walter) Physicien américain d'origine autrichienne (1923-2016). Il est à l'origine de la théorie de la fonctionnelle de la densité. Prix Nobel de chimie 1998.

kohol voir **khol**

Kohout (Pavel) Auteur dramatique tchèque (né en 1928). Issu des milieux officiels, il se rapprocha des milieux contestataires et fut déchu de sa nationalité après la parution de *L'Exécutrice.* Il est l'auteur de pièces de théâtre et de romans. *Pauvre Assassin ; L'Homme qui marchait au plafond.*

koinè [kɔine ; kɔinɛ] **n. f. (grec *koinos* « commun ») didact. 1.** Langue commune du monde grec aux époques hellénistique et romaine. **2. par ext.** Langue véhiculaire, pour des locuteurs ayant des langues maternelles différentes. **3.** Ensemble de traits culturels communs.

Koivisto (Mauno Henrik) Homme d'État finlandais (1923-2017). Social-démocrate, il a été Premier ministre puis président de la République (1982-1994).

Koizumi Junichiro Homme d'État japonais (né en 1942). Président du Parti libéral-démocrate (PLD), il fut Premier ministre de 2001 à 2006.

Kojève (Aleksandr Kojevnikov, dit Alexandre) Philosophe français d'origine russe (1901-1968). Il fit redécouvrir aux intellectuels français la philosophie de Hegel. *Introduction à la lecture de Hegel.*

Kojiki n. m. Le plus ancien livre historique du Japon, rédigé en 712, contenant poèmes, histoire mythologique du pays et comptes rendus sur les premiers souverains.

Kokand Ville de l'E. de l'Ouzbékistan, dans la vallée du Fergana. 176 000 habitants.

Kokinshū n. m. Vaste anthologie poétique japonaise, la première des 21 anthologies impériales, composée au xe s. sur l'ordre de l'empereur Daigo.

Kokis (Sergio) Écrivain canadien d'expression française, d'origine brésilienne (né en 1944). Il s'exila en France puis au Québec où il devint docteur en psychologie. Ses romans portent sur la douleur de l'exil, l'écriture, l'introspection et la « construction de la folie ». *La Gare ; Le Fou de Bosch.*

Kohl (Helmut)

Helmut Kohl et François Mitterrand, le 22 septembre 1984 à Verdun, rendant hommage aux victimes des deux guerres mondiales.

Kokkos (Yannis) Scénographe grec (né en 1944). En France depuis 1963, il a collaboré notamment avec Jacques Lassalle et Antoine Vitez *(Le Soulier de satin)*. Il a également été metteur en scène de théâtre *(Iphigénie)* et d'opéra *(Boris Godounov)*.

Kokoschka (Oskar) Peintre, dessinateur et graveur autrichien (1886-1980). Il s'imposa en peinture comme l'un des représentants les plus caractéristiques de l'expressionnisme. Son œuvre, qui part du portrait, souvent angoissé, évolue vers le paysage, avec des toiles plus colorées et d'une touche plus grasse.

kola ; kolatier voir cola

Kola (presqu'île de) Péninsule de Russie, dans la mer de Barents. Env. 100 000 km^2.

Kolař (Jiří) Poète et artiste tchèque (1914-2002). D'abord poète et dramaturge *(Le Foie de Prométhée ; Témoin oculaire)*, il se consacra ensuite à ses fameux *Collages* à base de textes et d'images imprimés.

Kolar Gold Fields Ville d'Inde (Karnataka). 138 400 habitants. Mines d'or exploitées jusqu'en 2001.

Kolas (Konstantine Mikhaïlovitch Mitskevitch, dit Iakoub) Poète et romancier biélorusse (1882-1956). Il contribua, avec Koupala, à fonder une langue littéraire nationale. *Pays natal ; Chants de deuil ; Sur les espaces de la servitude.*

Kölcsey (Ferenc) Poète hongrois (1790-1838). Il fut l'un des fondateurs de la critique littéraire en Hongrie. Son *Hymnus*, mis en musique par Ferenc Erkel, devint l'hymne national. *Deuxième Chant de Zrínyi ; Parainesis.*

K

kolinski [kɔlɛ̃ski] **n. m. (probablt d'origine russe)** Fourrure de putois ou de loutre de Sibérie.

kolkhoze **n. m. (mot russe)** hist. Exploitation agricole collective, dans l'ex-URSS. *Des kolkhozes.* □ **adj. et n. kolkhozien, ienne**

Kollar (François) Photographe français d'origine slovaque (1904-1979). Il réalisa notamment, dans les années 1930, les quelque 1 400 clichés de l'enquête documentaire *La France travaille.*

Kollár (Ján) Poète slovaque de langue tchèque (1793-1852). Il contribua à l'essor du panslavisme tchèque par des essais et des recueils de poèmes et de chansons. *La Fille de Slava ; Chansons populaires slovaques.*

Kołłątaj (Hugo) Homme politique et écrivain polonais (1750-1812). Partisan du progrès, coauteur de la Constitution du 3 mai 1791, il prit part à l'insurrection de Tadeusz Kościuszko (1794) et fut emprisonné.

Kolmogorov (Andreï Nikolaïevitch) Mathématicien russe (1903-1987). On lui doit l'axiomatisation du calcul des probabilités et la fondation de la théorie de la complexité algorithmique *(complexité de Kolmogorov)*.

Köln voir Cologne

Kolokotrónis (Theódoros) Homme politique grec (1770-1843). Il fut l'un des chefs militaires de la guerre d'Indépendance, sur laquelle il a laissé des *Mémoires.*

Koloman (v. 1070-1116). Roi de Hongrie de 1095 à sa mort. Il conquit la Croatie et plusieurs ports de Dalmatie, offrant ainsi un accès à la mer au royaume de Hongrie.

Kölreuter (Joseph Gottlieb) Botaniste allemand (1733-1806). Il fut un précurseur de la génétique par ses travaux d'hybridation méthodique.

Koltchak (Aleksandr Vassilievitch) Amiral et homme politique russe (1874-1920). Commandant de la flotte de la mer Noire en 1916, il prit la tête de la contre-révolution, instaurant une dictature militaire à Omsk. Il fut vaincu par les bolcheviks (mai 1919-janvier 1920) et exécuté.

Koltès (Bernard-Marie) Auteur dramatique français (1948-1989). Ses pièces, procédant par séries de monologues, traitent de la solitude ou de l'exclusion des hommes dans leurs relations mutuelles d'échange, d'amour ou de haine. *Combat de nègre et de chiens ; Dans la solitude des champs de coton.*

Koltsov (Alekseï Vassilievitch) Poète russe (1809-1842). Autodidacte, il s'orienta vers la poésie populaire lyrique *(La Mal Aimée)* ou réaliste *(Le Chant du laboureur)*.

Kolyma **n. f.** Fleuve de Russie, en Sibérie orientale, qui se jette dans l'océan Arctique. 2 129 km. Il a donné son nom à une région, la *Kolyma*, où furent aménagés, durant la période stalinienne, de nombreux « camps de travail ».

Kominform **n. m.** (contraction du russe signifiant **« Bureau d'information des partis communistes et ouvriers »**) Organisation qui regroupa, de 1947 à 1956, les partis communistes des pays d'Europe de l'Est, de France et d'Italie.

Komintern **n. m.** (contraction du russe signifiant **« Internationale communiste »**) IIIe Internationale, fondée en 1919 par Lénine, dissoute en 1943 par Staline.

Komis (république des) République de la fédération de Russie, à une centaine de kilomètres au-delà du cercle polaire. Capitale : Syktyvkar. 415 000 km^2. 1 million d'habitants, dont un quart de *Komis* ou *Zyrianes*, qui parlent le *komi*, une langue finno-ougrienne.

kommandantur [kɔmɑ̃dɑtuʀ ; -tyʀ] **n. f. (mot allemand « bureau du commandant »)** Local où se trouve installé un commandement militaire, en Allemagne ou dans des territoires occupés par l'armée allemande (surtout employé dans le contexte de l'occupation allemande de 1940-1945). – par ext. Ce commandement lui-même.

Komodo Petite île d'Indonésie, entre Sumbawa et Flores. Réserve naturelle (varans).

Kom Ombo Ville d'Égypte, au N. d'Assouan. 116 300 habitants. Temple ptolémaïque dont le double sanctuaire est consacré au culte de Sobek le crocodile et de Haroéris (« Horus le grand ») à tête de faucon.

Kompong Som voir Sihanoukville

komsomol [kɔmsɔmɔl] **n. m. (abrév. du russe)** hist. Membre de l'organisation soviétique des jeunesses communistes. *Une komsomol(e).*

Komsomolsk-sur-Amour Ville de Russie, en Extrême-Orient, sur l'Amour. 281 000 habitants. Elle fut fondée en 1932 par des *komsomols* (jeunesses communistes). Centre culturel et industriel.

Konakry voir Conakry

Konārak Site ancien de l'Inde (Orissa), non loin de Puri. Il est célèbre pour sa grande pagode dédiée au Soleil, ornée de milliers de sculptures.

kondo **n. m. (mot japonais)** Sanctuaire d'un monastère bouddhique japonais.

Kondratieff (Nikolaï Dmitrievitch) Économiste russe (1892-1938). Il a émis l'hypothèse de l'existence, depuis le XVIIIe s., de cycles de longue durée (30 à 60 ans), dits *cycles de Kondratieff*, durant lesquels alternent des phases de hausse et des phases de baisse des prix.

Kong (royaume de) Ancien royaume dioula de l'actuelle Côte d'Ivoire, qui domina une partie de la région de 1710 à 1895.

Kongo (royaume du) Ancien royaume fondé par le peuple Kongo et qui fut puissant à partir du XVe s. Il cessa d'exister en 1885 (conférence de Berlin).

Kongo(s) ou **Bakongo(s)** **n. m. pl.** Peuple de langue bantoue, estimé à environ 10 millions de personnes, établi autour de l'estuaire du fleuve Congo (Congo, République démocratique du Congo et Angola).

Koniev (Ivan Stepanovitch) Maréchal soviétique (1897-1973). Il se distingua lors de la défense de Moscou (1941-1942), conquit une partie de la Pologne et libéra Prague. Il fut, de 1956 à 1960, commandant des forces du pacte de Varsovie.

Königsberg voir Kaliningrad

Königsmark (Aurora, comtesse von) (1662-1728). Favorite du roi de Pologne Auguste II de Saxe, dont elle eut un fils, le futur maréchal Maurice de Saxe.

Koninck ou **Koning** (Philips) Peintre hollandais (1619-1688). Formé par son frère Jacob, influencé par Rembrandt, il peignit notamment des paysages où le ciel nuageux occupe la majeure partie de la composition.

Konitz (Lee) Saxophoniste américain (1927-2020). Il sut se détacher de l'influence de Charlie Parker et devint une figure centrale du jazz cool. *Intuition* est une première tentative de free-jazz.

Konoe Fumimaro Prince impérial japonais (1891-1945). Président du Conseil, il signa en 1940 le pacte tripartite avec Berlin et Rome. Il se suicida pour échapper à son arrestation comme criminel de guerre.

Konopnicka (Maria) Poète polonaise (1842-1910). Elle exprima dans ses poèmes son aspiration à la démocratie et à l'indépendance nationale. *Serment ; Tristesse ; Monsieur Balcer au Brésil.*

Konrad von Würzburg Poète allemand (v. 1220-1287). Il est l'auteur de poèmes épiques *(La Guerre de Troie)* et didactiques.

Kontarsky (Aloys et Alfons) Pianistes allemands, Aloys (1931-2017) et Alfons (1932-2010). Ils consacrèrent leur carrière à la musique contemporaine, en particulier Stockhausen.

Kontsevich (Maxim) Mathématicien russe puis français (né en 1964). Ses travaux concernent principalement les concepts mathématiques issus de la physique (théorie des cordes, gravitation quantique). Académie des sciences. Médaille Fields.

Konwicki (Tadeusz) Écrivain et cinéaste polonais (1926-2015). Il a dépeint un monde souvent angoissant, victime des séquelles de la guerre et de la répression qui la suivit *(La Petite Apocalypse ; Fleuve souterrain, oiseaux de nuit)*, et hanté par le souvenir de la Shoah. Il est également réalisateur *(Lawa)*.

Konya Ville de Turquie, sur le plateau anatolien. 1,3 million d'habitants. Mosquées. Couvent des derviches tourneurs (XIIIe s.). Industrie. La ville fut fondée par les Phrygiens. Elle fut l'un des centres du christianisme primitif. De la fin du XIe s. au milieu du XIIIe s., elle fut la capitale du sultanat seldjoukide de Rum. Jalāl al-Dīn Rūmī y fonda au XIIIe s. l'ordre des derviches tourneurs.

konzern [kɔ̃tsɛʀn] **n. m. (allemand *Konzern* « consortium », de l'anglais *concern*)** écon., hist. Forme d'intégration économique visant au contrôle de toute une branche d'industrie, pratiquée en Allemagne après la guerre de 1914-1918 ; société organisée selon cette forme.

Koolhaas (Remment, dit Rem) Architecte et urbaniste néerlandais (né en 1944). Théoricien original et influent *(New York Délire ; S, M, L, XL)*, il a réalisé de nombreux édifices de taille démesurée, notamment le Théâtre national de la danse de La Haye, le musée Kunsthal de Rotterdam, le musée Guggenheim à Las Vegas, la Casa da Musica à Porto, le Centre d'Art du spectacle à Taipei. Prix Pritzker 2000.

Kooning (Willem De) voir De Kooning (Willem)

Koons (Jeff) Artiste plasticien américain (né en 1955). Marquée par le kitsch, Dada et le pop art, son œuvre volontiers provocante s'étend à presque tous les supports, dans une réflexion axée essentiellement sur le statut de l'objet de consommation (séries des chiens ballons et des tulipes).

kop n. m. (mot anglais, du néerlandais) anglic. sport Tribune d'un stade où se réunissent les supporters d'un club de football. *Des kops.* ■ par ext. Groupe de fervents supporters.

Kopa (Raymond Kopaszewski, dit Raymond) Footballeur français (1931-2017). Meneur de jeu de l'équipe de France dans les années 1950, il fut consacré meilleur joueur de la Coupe du monde de 1958.

korê

Korê de l'Acropole, marbre (v. 520-510 av. J.-C.), musée de l'Acropole, Athènes.

kopeck n. m. (russe *kopejka*) Centième partie du rouble, monnaie russe. – loc. fam. *Ça ne vaut pas un kopeck* : ça ne vaut rien.

Kopit (Arthur) Dramaturge et metteur en scène américain (1937-2021). Marqué par l'héritage de Labiche et Ionesco, il passa maître dans le genre de la farce satirique contemporaine (*Chamber Music ; Indians ;* livret de la comédie musicale *Nine*).

Köppen (Vladimir Petrovitch Keppen, dit en allemand Wladimir) Géographe et météorologue allemand d'origine russe (1846-1940). Spécialisé en climatologie *(classification de Köppen des climats)*, il fut le directeur de l'observatoire maritime de Hambourg.

Köprülü Famille turque d'origine albanaise, qui donna cinq grands vizirs à l'Empire ottoman entre 1656 et 1710. Les plus marquants furent Mehmet **Köprülü** (1575 ?-1661), Fazil Ahmet Pacha **Köprülü** (1635-1676) et Fazil Mustafa Pacha **Köprülü** (1637-1691).

Köprülü (Mehmet Fuad) Homme de lettres, historien et homme d'État turc (1890-1966). Issu de la famille des vizirs du XVIIe s., spécialiste de l'histoire de la littérature turque, il fut membre fondateur du parti démocrate et ministre des Affaires étrangères de 1950 à 1957.

kora n. f. (mot d'une langue d'Afrique de l'Ouest) Instrument africain à cordes pincées, sorte de luth composé d'un long manche et d'une calebasse tendue d'une peau. *Le griot et sa kora.* - var. **kôra.**

Koraïs (Adamantios) voir Coraïs (Adamantios)

Korat n. m. Plateau de la Thaïlande orientale, limité par le Mékong et la plaine du Menam Chao Phraya, anciennement occupé par les Khmers (XIe-XIIe s.).

Korčula [kɔʀtʃula] Île de Croatie (archipel dalmate). 268 km². 15 500 habitants. Tourisme.

Korczak (Henryk Goldszmit, dit Janusz) Pédagogue polonais (v. 1878-1942). Pédiatre, fondateur d'un orphelinat dans le quartier juif de Varsovie, il refusa d'abandonner les enfants lors de la Seconde Guerre mondiale et mourut avec eux en déportation. Il inspira la Convention internationale sur les droits de l'enfant.

Korda (Sándor Laszlo Kellner, devenu sir Alexander) Réalisateur et producteur de cinéma britannique d'origine hongroise (1893-1956). Auteur de nombreux films, il contribua à la renaissance du cinéma britannique. *La Vie privée d'Henry VIII ; Lady Hamilton.*

Kordofan ou **Kurdūfan** n. m. Région du Soudan, entre les plateaux du Darfour et la vallée du Nil.

korê n. f. (mot grec « jeune fille », fém. de *koros* → kouros) didact. Statue de l'art grec archaïque représentant une jeune fille debout (→ kouros). *Des korês.* - var. **koré, corê, coré.**

Koriaks n. m. pl. Peuple du N.-E. de la Sibérie et de la presqu'île du Kamtchatka, d'origine paléo-sibérienne, composé de chasseurs et de pêcheurs.

Kornberg (Arthur) Biologiste américain (1918-2007). Il découvrit, puis fabriqua l'ADN polymérase (enzyme responsable de la synthèse de l'ADN). Prix Nobel de médecine 1959.

Kornberg (Roger D.) Biochimiste américain (né en 1947), fils d'Arthur Kornberg. Il identifia l'ARN polymérase. Prix Nobel 2006.

Korneïtchouk (Aleksandr Ievdokimovitch) Auteur dramatique ukrainien (1905-1972). Ses pièces relèvent du réalisme socialiste. *La Mémoire du cœur* introduit le thème du héros négatif dans la littérature soviétique.

Kornfeld (Paul) Écrivain tchèque d'expression allemande (1889-1942). Membre du cercle des poètes de Prague avec Werfel, Kafka, Max Brod, il mourut en déportation. Son style, qui partit d'un expressionnisme exacerbé, évolua vers la simplicité. *Blanche* (roman) ; *Die Verführung* (« La Séduction », théâtre).

Kornilov (Lavr Gueorguievitch) Général russe (1870-1918). Initiateur et commandant de l'« armée volontaire » anticommuniste du Don, il fut tué lors du siège de Iekaterinodar.

Korolenko (Vladimir Galaktionovitch) Écrivain russe (1853-1921). Adepte de J.-J. Rousseau, il exprime dans son œuvre sa foi dans la bonté naturelle de l'homme. *Le Songe de Makar ; Le Musicien aveugle.*

Korolev (Sergueï Pavlovitch) Ingénieur soviétique (1906-1966). Il construisit les premiers missiles balistiques intercontinentaux soviétiques et la fusée qui plaça le premier satellite artificiel, *Spoutnik*, sur orbite.

Koror Ville, ancienne capitale de la république des Palaos (Océanie), située sur l'*île de Koror* (14 000 habitants).

korrigan, ane n. (mot breton) Génie malfaisant, dans les traditions populaires bretonnes.

Korsakov (Sergueï Sergueïevitch) Neurologue russe (1854-1900). Il décrivit la psychose d'origine alcoolique *(syndrome de Korsakov)*.

Korsch (Karl) Philosophe allemand (1886-1961). Proche du spartakisme de Rosa Luxembourg, il représenta un marxisme révolutionnaire antistalinien et radical. *Marxisme et Philosophie.*

Kortrijk voir Courtrai

Koryŏ ou **Goryeo** n. m. Royaume coréen qui succéda à celui de Silla en 918 et dura jusqu'en 1392.

Kos Île de Grèce (Dodécanèse). 33 000 habitants. Patrie d'Hippocrate.

Kosciuszko (mont) Point culminant de l'Australie (2 228 m), sur la côte orientale.

Kościuszko (Tadeusz Andrzej Bonawentura) Officier et patriote polonais (1746-1817). Combattant volontaire lors de la guerre de l'Indépendance américaine (1776-1783), il participa, à son retour, à la lutte contre les Russes. Il dirigea l'insurrection de Cracovie (1794) et chassa de Varsovie les Prussiens et les Russes. Fait prisonnier, il continua, une fois libéré, à lutter depuis l'étranger pour la libération de son pays.

Košice [koʃitse] Ville de Slovaquie, sur l'Hornád. 238 100 habitants. Cathédrale et églises du XIVe s. Université. Industrie (sidérurgie). Première ville de Tchécoslovaquie libérée par l'armée soviétique en 1945, elle fut un temps le siège du gouvernement national.

Kosinski (Jerzy), né Josek Lewinkopf Écrivain américain d'origine polonaise (1933-1991). Sombre, en partie consacrée à la Shoah, son œuvre comprend entre autres romans *L'Oiseau bariolé* et *La Présence.*

Koskenniemi (Veikko Antero) Poète et critique finlandais d'expression finnoise (1885-1962). Il fut un maître du sonnet et de l'élégie. *Le Feu et la Cendre ; Les Ailes de l'automne.*

Kosma (Joszef, devenu Joseph) Compositeur français d'origine hongroise (1905-1969). Ami de Prévert (il mit en musique *Les Feuilles mortes*), connu avant tout pour ses musiques de film *(Les Enfants du paradis ; Les Portes de la nuit)*, il composa aussi des ballets, des cantates, des oratorios *(Les Canuts)*.

K

Kosovo

n. m. Pays de l'Europe balkanique. 11 000 km². 1 800 000 habitants (les *Kosovars*). **Langues :** albanais, serbe (offic.), bosniaque, turc. **Population :** 82 % d'Albanais de souche (musulmans) et 11 % de Serbes et de Monténégrins (chrétiens orthodoxes). **Monnaie :** euro. **Capitale :** Pristina.

GÉOGRAPHIE

La région a longtemps conservé une vie rurale archaïque, avec les dernières communautés familiales d'Europe. L'agriculture est surtout céréalière. L'artisanat traditionnel (tapis, filigranes) est actif. L'industrie lourde a été développée dans le cadre de la Yougoslavie socialiste, à partir de ressources naturelles importantes : plomb, zinc, métallurgie non ferreuse, lignite, centrales thermoélectriques et chimie.

industries textile et agroalimentaire. Ce développement a été insuffisant pour satisfaire les besoins de la population dont un tiers est touché par le chômage.

HISTOIRE

Centre de l'empire serbe du XIIe au XIVe s., le Kosovo passa sous domination ottomane jusqu'en 1912. Il fut alors réintégré à la Serbie puis à la Yougoslavie, malgré l'opposition des Albanais. En 1945, il fut doté du statut de province autonome. Face à la montée du nationalisme serbe et à la suppression de l'autonomie constitutionnelle du Kosovo (1989), les Albanais réclamèrent l'indépendance du Kosovo et proclamèrent (1990) une république indépendante. Après l'échec des tentatives non-violentes menées par le président Ibrahim Rugova, les Albanais se livrèrent à une guérilla (Armée de libération du Kosovo [UÇK]), sévèrement réprimée par les Serbes. La répression s'intensifia et se transforma rapidement en politique de « purification ethnique », pour aboutir en 1999 à la première « guerre humanitaire », très controversée. À la suite de l'échec des négociations visant à imposer le retour à l'autonomie du Kosovo, l'Otan bombarda tout le territoire. Expulsions et exodes d'Albanais puis de Serbes se succédèrent. En 2002, le Kosovo, relativement pacifié, fut reconnu province autonome sous contrôle international. L'ONU engagea des pourparlers internationaux en 2005 afin de définir le statut définitif du Kosovo. Ceux-ci ayant échoué, l'indépendance du Kosovo fut proclamée unilatéralement en 2008. Rejetée par la Russie et la Serbie, elle a été reconnue par 22 États de l'Union européenne, le Royaume-Uni et les États-Unis. Le Kosovo a accédé à la pleine souveraineté en 2012. Une mission « État de droit » a été menée par l'Union européenne de 2008 à 2020 afin de superviser les autorités kosovares dans le traitement des crimes de guerre.

K

Kosovo Polje n. m. Plaine du Kosovo. La bataille opposant Turcs et Serbes qui s'y déroula en 1389 mit fin à l'indépendance de la Serbie.

Kossuth (Lajos) Homme d'État hongrois (1802-1894). Réformateur radical, chef de l'opposition, il joua un rôle important lors de la révolution de 1848. Devenu ministre des Finances du gouvernement indépendant hongrois, il contribua à la rupture avec l'Autriche. La Hongrie, dont il proclama l'indépendance et devint l'éphémère gouverneur, ne résista pas à l'opposition des minorités nationales et à l'aide militaire russe aux Autrichiens : Kossuth démissionna en 1849 et dut s'exiler.

Kossyguine (Alekseï Nikolaïevitch) Homme d'État soviétique (1904-1980). Il exerça plusieurs ministères économiques, et dirigea le Gosplan (Comité pour la planification) en 1959. Successeur de Khrouchtchev en 1964 à la présidence du Conseil de l'URSS, il adopta des positions prudentes qui facilitèrent la coexistence pacifique avec les États-Unis.

Kostenki Site archéologique russe, situé sur la rive droite du Don (près de Voronej), dont le gisement principal remonte à 24 000-21 000 av. J.-C. Structures d'habitat (en os de mammouth), art mobilier (statuettes féminines en ivoire et calcaire).

Koštunica [kɔʃtunitsa] (Vojislav) Homme d'État serbe (né en 1944). Anticommuniste et nationaliste, il fut élu, face à S. Milošević, président de la Yougoslavie (2000-2003). Il fut Premier ministre de Serbie de 2004 à 2008.

Kosuth (Joseph) Artiste américain (né en 1945). Il est l'un des principaux théoriciens de l'art conceptuel. *Art After Philosophy ; One and Three Chairs.*

Kosztolányi (Dezsö) Écrivain hongrois (1885-1936). Il est l'auteur de poèmes *(Les Plaintes du pauvre petit enfant ; Comptes ultimes)* mais aussi de romans *(Anna la douce)* et de nouvelles *(Cornelius Esti)* d'une grande sensibilité.

kot [kɔt] n. m. (flamand *kot* « petit réduit, débarras » ; famille de *coterie* et *cottage*) (Belgique) Chambre ou petit studio loué à un(e) étudiant(e).

Kotarbiński (Tadeusz) Logicien et philosophe polonais (1886-1981). Ami et collaborateur de Tarski, il s'intéressa d'abord à la logique et à l'épistémologie *(Gnoséologie)*, pour s'orienter vers la théorie de l'action ou praxéologie *(Traité du travail efficace)* et l'éthique.

koto n. m. (mot japonais) Instrument japonais traditionnel à cordes pincées (cithare).

Kotohira Ville du Japon (Shikoku). 8 400 habitants. Son sanctuaire shintoïste, le Kompira san, est l'un des principaux lieux de pèlerinage du Japon.

Kotor en italien **Cattaro** Ville du Monténégro, au fond des bouches de Kotor, sur l'Adriatique. 6 000 habitants.

Kotzebue (August von) Auteur dramatique allemand (1761-1819). Connaisseur de la Russie, hostile à Napoléon et aux libéraux allemands, il accepta de servir d'espion au tsar Alexandre Ier. Il fut assassiné. *La Petite Ville allemande.*

Kouang-tong voir Guangdong

Kouban n. m. Fleuve de Russie (Caucase), qui se jette dans la mer d'Azov. 870 km.

koubba ou **kouba** n. f. (mot arabe « dôme, coupole ») Monument élevé sur la tombe d'un marabout.

Koubilaï Khan, Kūbilaï Khān ou **Kublai Khan** Grand chef mongol (1215-1294). Il acheva la conquête de la Chine, fonda la dynastie Yuan en se proclamant empereur (1280) et fit de Cambaluc sa capitale. Marco Polo fut fonctionnaire à son service.

Kouchner (Bernard) Médecin et homme politique français (né en 1939). L'un des fondateurs de Médecins sans frontières en 1971 et de Médecins du monde (1980). Il a défendu le droit d'ingérence humanitaire et a été ministre de la Santé (1992-1993) et ministre des Affaires étrangères (2007-2010).

Koudelka (Josef) Photographe français d'origine tchèque (né en 1938). Il obtint en 1968 le prix Robert Capa pour ses clichés du Printemps de Prague et de l'invasion soviétique.

koudou voir coudou

Koufra Groupe d'oasis du Sahara libyen, au Sud de la Cyrénaïque. En 1941, la prise de Koufra par les troupes du général Leclerc fut la première victoire significative de la France libre.

kouglof n. m. (mot alsacien, de l'allemand *Kugel* « boule ») Brioche alsacienne en couronne, garnie de raisins secs.

kouign-amann [kwiɲaman] n. m. invar. (mot breton, de *k[o]uign* « gâteau » et *amann* « beurre ») Gâteau breton feuilleté caramélisé, riche en beurre et en sucre.

koulak n. m. (mot russe) hist. Riche paysan propriétaire, dans la Russie tsariste et jusqu'en 1930.

Kouldja voir Yining

Koulechov (Lev Vladimirovitch) Cinéaste soviétique (1899-1970). Il fonda le Laboratoire expérimental, école de recherches techniques et esthétiques pour le cinéma qui influença de grands réalisateurs soviétiques comme Eisenstein ou Poudovkine. *Dura Lex.*

koulibiac n. m. (russe *kulebjaka*) Pâté en croûte servi chaud, généralement à base de poisson (plat russe).

Koumassi en anglais **Kumasi** Ville du Ghana. Plus de 2 millions d'habitants. Ancienne capitale des Achantis (XVIIIe s.).

koumis ou **koumys** [kumi(s)] n. m. (mot tatar) Lait de jument ou de chamelle fermenté, employé comme boisson en Asie centrale.

Koumyks n. m. pl. Peuple du Daguestan (Russie), de langue turque (le *koumyk*) et de religion musulmane (sunnite).

Kounellis (Jannis) Sculpteur et peintre grec (1936-2017). Installé en Italie dans les années 1960, il devint l'un des représentants majeurs de l'arte povera, caractérisé par la sobriété des objets et matériaux mis en scène (corde, bois, laine, fer, charbon...).

Kouo-min-tang voir Guomindang

Koupala (Ivan Dominikovitch Loutsevitch, dit Ianka) Poète biélorusse (1882-1942). Avec Kolas, il fut le créateur de la langue littéraire biélorusse. Ses poèmes célèbrent l'avènement du socialisme. *Salut à toi Moscou.*

Kouprine (Aleksandr Ivanovitch) Écrivain russe (1870-1938). Ses récits, parfois partiellement autobiographiques, se caractérisent par leur réalisme sans concession. *La Fosse ; Le Bracelet de grenats.*

Kou Qianzhi ou **Keou** K'ien-tche Moine taoïste chinois (365-448). En y introduisant des éléments empruntés au bouddhisme et au confucianisme, il réforma les communautés taoïstes des Maîtres célestes.

Koudelka (Josef)

Josef Koudelka, *Gipsies : the end of the journey* (Roumanie, 1968).

Koura n. f. Fleuve du Caucase (Turquie, Géorgie, Azerbaïdjan), qui se jette dans la mer Caspienne. 1 360 km.

Kourbski (Andreï Mikhaïlovitch) Général russe (1528-1583). Ami d'Ivan le Terrible, il devint l'un de ses plus fermes opposants. Outre sa *Correspondance* avec le tsar, il a laissé un ouvrage polémique, *Histoire du grand-prince de Moscou.*

kourgane n. m. (mot russe, du turc) didact. Tombe à tumulus des steppes du nord de la mer Noire et de la mer d'Azov.

Kouriles n. f. pl. Archipel de Russie, entre le Kamtchatka et Hokkaidō. Constitué d'une trentaine d'îles volcaniques, il est bordé au S.-E. par la *fosse des Kouriles* (10 542 m). Contraint en 1945 de rétrocéder l'archipel, le Japon continue de le revendiquer, en particulier les quatre îles méridionales, qui n'avaient jamais été russes.

Kouropatkine (Alekseï Nikolaïevitch) Général russe (1848-1925). Généralissime durant la guerre russo-japonaise, il dut démissionner après sa défaite à Moukden (mars 1905). Il commanda le front du Nord pendant la Première Guerre mondiale, et se retira après l'abdication de Nicolas II en mars 1917.

kouros [kuRos] n. m. (mot grec, var. de *koros* « jeune homme » → korê) didact. Statue grecque archaïque représentant un jeune homme nu debout (→ **korê**). *Des kouros.*

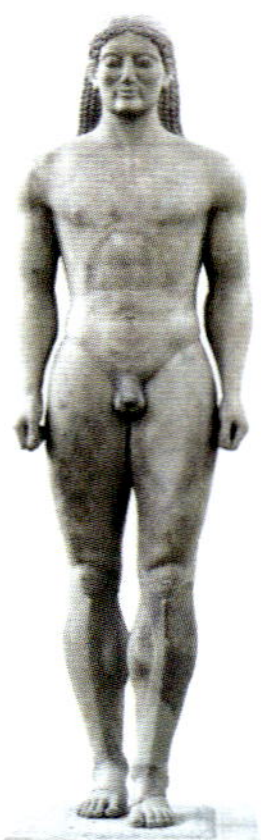

Kouros, marbre (v. 540-520 av. J.-C.), Getty Villa, Malibu.

Kourou Commune de la Guyane française, à l'embouchure du fleuve Kourou. 24 805 habitants. Site expérimental et de lancement du Centre national d'études spatiales (fusées Ariane, Soyouz et Vega).

Kourou, le Centre national d'études spatiales.

Kourouma (Ahmadou) Écrivain ivoirien (1927-2003). Ses romans, écrits dans un français mêlé de singularités et de tours empruntés au malinké, dénoncent la colonisation, puis les dérives des régimes politiques qui suivirent. *Soleil des indépendances ; En attendant le vote des bêtes sauvages ; Allah n'est pas obligé.*

Koursk Ville de Russie occidentale, au N. de Kharkiv. 412 000 habitants. Gisement de fer. Métallurgie.

Koush (pays de) Nom donné par les anciens Égyptiens au S. de la Nubie, dans l'actuel Soudan. Le royaume de Koush, longtemps sous la dépendance égyptienne, donna naissance, au VIIIe s. av. J.-C., à la XXVe dynastie.

Koussevitzky (Sergueï Aleksandrovitch, devenu Serge) Chef d'orchestre et compositeur américain d'origine russe (1874-1951). D'abord contrebassiste virtuose, il est l'auteur d'un des rares concertos pour cet instrument. Il dirigea l'orchestre symphonique de Boston de 1924 à 1949 et eut une grande influence sur la vie musicale américaine.

Koutaïssi Ville de Géorgie, sur le Rioni. 189 700 habitants. Cathédrale du Xe siècle.

Koutoubia n. f. Principale mosquée de Marrakech (XIIe s.), dite aussi « mosquée des libraires ». Elle est exemplaire des arts almoravide et almohade.

Koutouzov (Mikhaïl Ilarionovitch Golenichtchev) Feld-maréchal russe (1745-1813). Il reçut le titre de prince, puis de commandant suprême, après l'invasion de la Russie par les troupes napoléoniennes. Il dut abandonner Moscou (sept. 1812), mais Napoléon s'étant retiré, il poursuivit puis attaqua sur la Bérézina les troupes françaises, qui battaient en retraite.

Kouzbass n. m. L'un des plus grands bassins houillers de Russie, dans la vallée du Tom, au S.-O. de la Sibérie. Exploitées dès 1721, les réserves de minerais de fer, de métaux non ferreux et d'or sont encore importantes. Métallurgie.

Kouzmine (Mikhaïl Alekseïevitch) Poète et romancier russe (1875-1936). D'abord apparenté au symbolisme, il se rapprocha de l'école acméiste à l'esthétique plus simple. *Chants et alexandrins.*

Kovačić (Ante) Écrivain croate (1854-1889). Ses romans *(L'Amour de la baronne)* et nouvelles *(La Secte Ladanj)* sont une critique réaliste de la société croate.

Kovačić (Ivan Goran) Poète, conteur et essayiste croate (1913-1943). Il est surtout connu pour *La Fosse commune,* œuvre lyrique sur la Seconde Guerre mondiale.

Kovalevskaïa (Sofia Vassilievna) Mathématicienne russe (1850-1891). Première femme à obtenir un doctorat en mathématiques, elle étudia les équations aux dérivées partielles et fut lauréate de l'Académie des sciences de Paris en 1888. *Une nihiliste* (autobiographie).

Kowalski (Piotr) Artiste plasticien français d'origine polonaise (1927-2004). Ses œuvres, qui font appel aux techniques les plus complexes (électronique, acoustique), mettent en scène le rapport entre énergie et matière.

Kowarski (Lew) Physicien français d'origine russe (1907-1979). Il participa à la découverte de l'émission des neutrons lors de la fission de l'uranium. Il s'enfuit en Angleterre (1940) après avoir soustrait aux Allemands le stock d'eau lourde nécessaire à la fabrication de la bombe atomique. En 1952, il participa à la création du CERN.

Koweït ou **Kuwait**

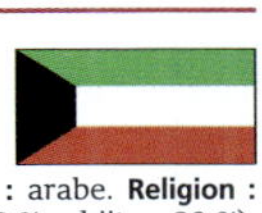

n. m. État de la péninsule Arabique. → **Arabie** (carte). 17 818 km^2. 4,5 millions d'habitants (les *Koweïtiens*). **Langue :** arabe. **Religion :** musulmans (sunnites, 70 % ; chiites, 30 %). **Monnaie :** dinar koweïtien. **Capitale :** Koweït. **Régime :** monarchie.

GÉOGRAPHIE

Le territoire, plat et désertique, est dépourvu de cours d'eau. L'essentiel de l'eau potable provient du dessalement de l'eau de mer. Après la guerre du Golfe, la population totale du pays a diminué de moitié en raison de l'expulsion des travailleurs étrangers (essentiellement Palestiniens et Jordaniens).

ÉCONOMIE

Elle repose sur l'exploitation du pétrole et sur les investissements extérieurs. Après sa libération en 1991, l'émirat a rapidement retrouvé son niveau de production pétrolière d'avant-guerre (40 % du PIB et 92 % des exportations en 2020), mais a accru sa dépendance vis-à-vis des capitaux étrangers.

HISTOIRE

Le Koweït était un territoire irakien de la province ottomane de Bassora lorsque la famille al-Sabah (qui gouverne encore le pays aujourd'hui) s'y installa, en 1756. En 1899, l'émir accepta le protectorat de la Grande-Bretagne qui intervint en 1919 pour éviter l'annexion du Koweït par l'Arabie saoudite. Le pays devint indépendant en 1961. L'Irak massa aussitôt des troupes à la frontière, mais fut dissuadé d'intervenir par l'armée britannique. En 1963, le Koweït fut admis à l'ONU et devint le premier pays du Golfe à élire une Chambre des députés, cependant dissoute en 1976. En 1979, le Koweït prit parti pour l'Irak face à l'Iran, qui riposta en multipliant bombardements et attentats. En 1981, le Parlement fut restauré, mais, trop critique envers la famille régnante, il fut renvoyé en 1986. Après 1988, les tensions avec l'Iran s'apaisèrent ; mais l'Irak, devant le refus du Koweït d'annuler ses dettes de guerre et face à l'effondrement des prix du pétrole provoqué par la surproduction de l'émirat, l'envahit le 2 août 1990. Après l'offensive militaire (→ **Golfe** [guerre du]) menée par une coalition internationale, le pays fut libéré le 26 février 1991. Il vit ses frontières élargies et récupéra ainsi plusieurs puits du plus grand champ de pétrole irakien (Roumeila). Les femmes obtinrent le droit de vote en 2005 mais le régime demeure extrêmement conservateur. La transmission du trône de frère à frère a engendré une monarchie gérontocratique.

Koweït ou **Koweït City** Capitale du Koweït, sur le golfe Persique. 60 000 habitants. La ville, fondée au XVIIIe s. par des Bédouins, vivait de l'activité portuaire jusqu'à la révolution pétrolière (1950) qui l'a transformée en métropole régionale.

Koweït City, les trois tours symboles de la ville.

Kowloon Presqu'île faisant partie du territoire de Hong Kong, en face de Victoria, sur le continent.

Kōya San n. m. Montagne sacrée du Japon, au S. de Nara (Honshū). Monastères bouddhiques.

Koyré (Alexandre) Philosophe français d'origine russe (1882-1964). Il est surtout connu pour ses importants travaux en histoire des sciences et en épistémologie *Études galiléennes ; Études newtoniennes ; Du monde clos à l'univers infini.*

Kozhikode anciennement **Calicut** Ville d'Inde (Kerala). 880 168 habitants. Ancien comptoir portugais (1498), puis hollandais, et enfin britannique (1792).

Kozintsev (Grigori Mikhaïlovitch) Cinéaste russe (1905-1973). Il cofonda la FEKS (Fabrique de l'acteur excentrique). Ses théories, qui favorisaient un jeu outré et parodique, furent appliquées dans *La Nouvelle Babylone.* Il se rangea ensuite sous la bannière du réalisme socialiste.

Kpalimé ou **Palimé** Ville du Togo, dans le massif de l'Avatimé. 71 400 habitants. Région agricole (cacao, café, huile de palme).

Kr Symbole chimique du krypton.

Kra Isthme de la presqu'île de Malacca (Thaïlande, Birmanie), entre le golfe de Siam et la mer d'Andaman.

kraal [kʀal] n. m. (mot néerlandais) Enclos destiné au bétail en Afrique du Sud.

krach [kʀak] n. m. (mot néerlandais et allemand) Effondrement des cours de la Bourse. → **banqueroute, débâcle.**

K

Kraepelin (Émile) Psychiatre allemand (1855-1926). Il a distingué deux grands groupes de psychoses : les psychoses maniaco-dépressives et les démences précoces. *Traité de psychiatrie.*

kraft n. m. (probablt du suédois *kraftpaper*, proprt « papier force ») Papier d'emballage très résistant. – appos. *Papier kraft.*

Krag (Wilhelm Andreas) Poète, romancier et auteur dramatique norvégien (1871-1933). L'amour de son pays et son talent d'humoriste servent une œuvre abondante. *Chants du Sud ; Chants du Vestland.*

Kragujevac Ville de Serbie, au S.-E. de Belgrade. 147 000 habitants. Capitale de la Serbie de 1818 à 1939.

Krajina [kʀaina] n. f. Nom de plusieurs régions de l'ex-Yougoslavie, notamment en Serbie de l'Est, en Slovénie et en Bosnie. En Croatie, la Krajina de Knin, habitée majoritairement par des Serbes, fut, dès la déclaration d'indépendance croate (1991), le théâtre de nouveaux combats, qui aboutirent à la proclamation d'une république (1992). En 1995, l'armée croate reprit la Krajina.

krak n. m. (arabe *karak*) hist. Château fort établi au XIIe s. par les croisés, en Syrie, en Palestine.

Krakatau [-tao] n. m. Îlot volcanique d'Indonésie, situé entre Java et Sumatra. En 1883, une éruption fit 36 000 morts.

kraken [kʀakɛn] n. m. (mot norvégien) Monstre marin, poulpe fabuleux des légendes scandinaves.

Kraków voir Cracovie

Král (Fraňo) Écrivain slovaque (1903-1955). Militant communiste, il fut le fondateur de la littérature réaliste-socialiste slovaque. *La Voie barrée ; Pour une vie meilleure.*

Kramář (Karel) Homme d'État tchèque (1860-1937). Allié puis adversaire de Masaryk, il fut le premier président du Conseil de la Tchécoslovaquie (1918-1919).

Kramatorsk Ville d'Ukraine, dans le Donbass. 175 000 habitants. Métallurgie. La ville subit des bombardements russes en 2022 et 2023.

Kramer (Stanley) Producteur et cinéaste américain (1913-2001). On lui doit, comme producteur puis comme réalisateur, des films d'un humanisme généreux. *Pour que vivent les hommes.*

Kranjčević (Silvije Strahimir) Poète croate (1865-1908). Ses vers se font l'écho de sa révolte contre la domination austro-hongroise et plus généralement contre toute oppression. *Poèmes.*

Kranjec (Miško) Conteur et romancier slovène (1908-1983). Ses nouvelles et nombreux romans rendent hommage à la rude vie des campagnards. *Le Bonheur au village ; Histoire de braves gens.*

Krasicki (Ignacy) Poète polonais (1735-1801). Prince-évêque de Warmie, chapelain de la cour et ami du roi Stanislas-Auguste, il fut le représentant de la poésie des Lumières en Pologne. Il écrivit également l'un des premiers romans d'éducation *(Les Aventures de Monsieur Nicolas)* ainsi que des *Satires* et des *Fables.*

Krasiński (Zygmunt, comte) Écrivain polonais (1812-1859). Son œuvre maîtresse, *La Comédie non divine,* drame romantique et social, introduisit le thème de la lutte des classes dans la littérature polonaise.

Krasnodar Ville de Russie, au S. de la mer d'Azov, sur le Kouban. 744 900 habitants. Hydrocarbures. La ville fut le siège des Cosaques du Kouban.

Krasnoïarsk Ville de Russie, sur l'Ienisseï, en Sibérie méridionale. 973 800 habitants. Industrie (mécanique, chimie).

krak

Le Krak des Chevaliers, dans l'ouest de la Syrie, tient son nom des chevaliers de l'Hôpital (Hospitaliers de Saint-Jean-de-Jérusalem) qui l'occupèrent pendant cent trente ans. Il est inscrit au patrimoine mondial de l'Unesco.

Krasucki (Henri) Syndicaliste français d'origine polonaise (1924-2003). Il fut secrétaire général de la CGT de 1982 à 1992.

Kraszewski (Józef Ignacy) dit aussi **Bogdan Bolesławita** Écrivain polonais (1812-1887). Poète, publiciste, archéologue, historien, mais surtout romancier, il a laissé une œuvre abondante. *Le Poète et le Monde ; Roman sans titre.*

Kraus (Karl) Écrivain, publiciste et polémiste autrichien (1874-1936). Maître incontesté de l'ironie et de la satire, il fut le fondateur de la revue *Die Fackel* (« Le Flambeau »), où il se fit le juge impitoyable de la vie sociale, politique et culturelle de l'Autriche. *Les Derniers Jours de l'humanité ; La Troisième Nuit de Walpurgis* (posthume).

krav maga ou **krav-maga** n. m. (mot hébreu « combat rapproché ») Méthode d'autodéfense mêlant des techniques de combat issues de différents arts martiaux.

Kravtchouk (Leonid Makarovitch) Homme d'État ukrainien (1934-2022). Membre du Parti communiste, il rallia les nationalistes modérés et devint le premier président de l'Ukraine indépendante (1991-1994). Il cosigna, en 1991, un accord entérinant la dislocation de l'URSS.

Krebs (Arthur Constantin) Officier et ingénieur français (1850-1935). Pionnier de l'aéronautique avec le dirigeable *La France,* il mit au point le moteur à propulsion du premier sous-marin électrique français, *Le Gymnote* (1888).

Krebs (sir Hans Adolf) Biochimiste britannique d'origine allemande (1900-1981). Ses travaux portent sur l'apport d'énergie à la cellule vivante *(cycle de Krebs).* Prix Nobel de médecine 1953.

Krebs (Edwin G.) Médecin américain (1918-2009). Il a découvert, avec Edmond Fischer, la phosphorylation (fixation des phosphates par les protéines). Prix Nobel 1992.

Krefeld Ville d'Allemagne (Rhénanie-du-Nord-Westphalie), sur la rive gauche du Rhin. 226 800 habitants. Musée du textile. Métallurgie.

Kreisky (Bruno) Homme d'État autrichien (1911-1990). Socialiste, il fut ministre des Affaires étrangères (1959-1966), puis chancelier (1970-1983).

Kreisler (Fritz) Violoniste et compositeur français d'origine autrichienne (1875-1962). Virtuose, il écrivit essentiellement pour son instrument *(Caprice viennois),* mais fut aussi l'auteur de pastiches *(Transcriptions de manuscrits anciens).*

Krejca (Otomar) Acteur et metteur en scène tchèque (1921-2009). Directeur artistique au Théâtre national de Prague, il travailla dans de nombreux pays. Ses mises en scène avant-gardistes en font l'une des figures les plus réputées du théâtre tchèque. *La Mouette.*

Krementchouk Ville d'Ukraine, sur le Dniepr. 238 000 habitants. Centrale hydroélectrique. Industrie. La ville a subi des frappes russes en 2022.

Kremer (Gidon) Violoniste letton (né en 1947). Référence dans le domaine de la musique baroque et classique, il est aussi un brillant défenseur du répertoire contemporain.

Kremikovci Complexe sidérurgique de Bulgarie, près de Sofia.

kremlin n. m. (russe *kreml* « citadelle ») Centre fortifié des villes russes anciennes.

Kremlin n. m. Ancienne forteresse de Moscou, située entre la place Rouge et la Moskova. Le Kremlin fut achevé au XVIIe s. Dans son enceinte (28 ha) se trouvent de nombreux monuments historiques, palais et cathédrales (XVIe-XVIIIe s.). Résidence des tsars jusqu'au règne de Pierre le Grand, il

Le Kremlin de Moscou, le clocher d'Ivan le Grand et, au fond, la cathédrale de la Dormition.

est aujourd'hui le siège du gouvernement russe.

Kremlin-Bicêtre (Le) Commune du Val-de-Marne, au S. de Paris. 24 513 habitants. Hôpital.

kremlinologie n. f. (de *Kremlin,* n. propre) Étude de la politique, des discours, des luttes et intrigues pour le pouvoir des dirigeants soviétiques, puis russes. □ adj. **kremlinologique** □ n. **kremlinologue**

Krenek (Ernst) Compositeur américain d'origine autrichienne (1900-1991). Son opéra jazz, *Jonny spielt auf,* fut dénoncé par les nazis comme musique dégénérée. Son œuvre très éclectique (atonalité, musique électronique) fut une constante et insatiable recherche.

Kressmann Taylor (Kathrine) Écrivaine américaine (1903-1996). Elle doit sa notoriété à la nouvelle *Inconnu à cette adresse* (1938) qui retrace la dégradation progressive de l'amitié entre deux hommes, l'un juif américain, l'autre allemand, au fil de leur correspondance pendant la montée du nazisme.

Kretschmer (Ernst) Psychiatre allemand (1888-1964). Il fut à l'origine d'une typologie morphopsychologique, théorie qui établit une corrélation entre la structure morphologique des individus et les maladies mentales qui les affectent. *La Structure du corps et le Caractère.*

Kretzer (Max) Romancier allemand (1854-1941). Ancien ouvrier d'usine, il a laissé des romans sociaux, d'une veine réaliste. *Meister Timpe ; Le Visage du Christ.*

Kreuder (Ernst) Écrivain allemand (1903-1972). Influencées par le romantique Jean-Paul, ses œuvres sont représentatives du réalisme magique. *La Nuit du prisonnier ; La Société du grenier.*

Kreutzberg (Harald) Danseur, chorégraphe et mime allemand (1902-1968). Danseur expressionniste, il interpréta ses propres œuvres, à l'exception de *Turandot,* rôle qui le rendit célèbre.

kreutzer [kʀøtsɛʀ ; kʀødzɛʀ] n. m. (allemand *Kreuzer,* de *Kreuz* « croix ») Ancienne monnaie allemande ou autrichienne.

Kreutzer (Rodolphe) Violoniste et compositeur français (1766-1831). Professeur de violon au Conservatoire, maître de la Chapelle royale, il composa des études pour violon et des opéras-comiques *(Paul et Virginie).*

Kreutzwald (Friedrich Reïnkhold) Écrivain estonien (1803-1882). Conscience poétique du réveil national estonien, il est l'auteur notamment d'une vaste épopée, *Le Fils de Kalev,* inspirée de contes populaires.

Kreuzlingen Ville de Suisse (Thurgovie), sur le lac de Constance. 21 560 habitants.

Krieger (Johann Philipp) Compositeur et organiste allemand (v. 1649-1725). Il fut maître de chapelle à la cour de Bayreuth. Ses motets et cantates influencèrent J.-S. Bach.

Krieghoff (Cornelius) Peintre canadien d'origine néerlandaise (1815-1872). Ses « scènes de genre », dans des tons rouges et ocres, témoignent des paysages et de la vie quotidienne des Canadiens français.

kriek [kʀik] n. f. (mot néerlandais « cerises acides ») Bière lambic belge à la cerise.

Kriens Ville de Suisse (canton de Lucerne), dans la banlieue de Lucerne. 26 900 habitants.

krill [kʀil] n. m. (norvégien *kril* « petite friture ») Plancton des mers froides, constitué de petits crustacés.

Krips (Josef) Chef d'orchestre autrichien (1902-1974). Directeur de l'Opéra de Vienne, puis de l'orchestre symphonique de Londres, il mit son style clair et équilibré essentiellement au service de Mozart.

Krishna n. f. Fleuve d'Inde, dans le Deccan, qui se jette dans le golfe du Bengale. 1 280 km. Aménagement hydroélectrique (barrage de Nagarjuna Sagar).

Krishna, Kriṣṇa ou **Kṛṣṇa** Dieu du panthéon hindou, huitième avatar de Vishnou. Dieu des bergers, amoureux et séducteur, c'est l'une des divinités les plus populaires de l'Inde.

Krishnamurti Philosophe et théosophe indien (1895-1986). Définissant l'intelligence comme « l'art de voir les choses telles qu'elles sont », il en fit la condition « d'une révolution du silence » censée libérer l'homme de la violence.

kriss n. m. (malais *kris*) Poignard malais à lame sinueuse. - var. RO **criss.**

Kristeva (Julia) Sémiologue, psychanalyste et écrivaine française, d'origine bulgare (née en 1941). Spécialiste des sciences humaines et de l'expérience littéraire *(La Révolution du langage poétique ; Pouvoirs et limites de la psychanalyse),* elle est aussi l'autrice de romans *(Les Samouraïs).*

Kristiansand Ville du S. de la Norvège. 84 400 habitants. Port industriel et de commerce.

Kristianstad Ville du S. de la Suède. 76 600 habitants.

Kritanagara Roi de Java, de la dynastie de Singhâsari, qui régna de 1254 à 1292. Il conquit la plus grande partie de Java, les îles de Bali, de Madura et étendit son influence à Sumatra.

Krivine (Alain) Homme politique français (1941-2022). Exclu du Parti communiste français en 1966 pour ses prises de position trotskistes, il fonda au lendemain de mai 1968 la Ligue communiste, qui devint en 1974 la Ligue communiste révolutionnaire (LCR). Il fut député européen de 1999 à 2004.

Krivine (Emmanuel) Chef d'orchestre français (né en 1947). Directeur musical de l'Orchestre national de Lyon (1987-2000) puis de l'Orchestre national de France (2017-2020), il s'est notamment illustré dans les répertoires français (Berlioz), allemand (Brahms, Beethoven) et russe.

Krk [kɛʀk] Île de Croatie (archipel damalte), dans le golfe du Kvarner. 462 km². 19 800 habitants.

Krleža [kœʀleʒa] **(Miroslav)** Écrivain croate (1893-1981). Dans son œuvre nourrie par le marxisme et l'expressionnisme allemand, l'aspect satirique vise aussi bien son propre pays (alors sous Tito) que l'individualisme. *Les Ballades de Petrica Kerempuh ; Les Drapeaux.*

Kroeber (Alfred Louis) Ethnologue et anthropologue américain (1876-1960). Spécialiste des Indiens de Californie, il a profondément influencé le développement de l'anthropologie aux États-Unis. *Anthropology.*

Krœmer (Herbert) Physicien américain d'origine allemande (né en 1928). Il découvrit le principe du laser à semi-conducteurs, point de départ de l'électronique rapide (téléphonie mobile et télécommunication par satellite). Prix Nobel 2000.

Kroetz (Franz Xaver) Auteur dramatique allemand (né en 1946). Son théâtre explore l'aliénation sociale. *Travail à domicile ; Concert à la carte ; Le Nid.*

Krog (Helge) Auteur dramatique et essayiste norvégien (1889-1962). Marxiste, il participa à la propagande antinazie et critiqua, dans ses pièces, la société *(Le Grand Nous).* Après la guerre, il fit le procès de la grande industrie *(Sixième Colonne ?).*

Krogh (August) Physiologiste danois (1874-1949). Il travailla sur la circulation dans les capillaires sanguins et montra que la contraction ou la dilatation de ceux-ci régule l'apport de sang aux tissus. Prix Nobel de médecine 1920.

Kroměříž Ville de la République tchèque, sur la Morava. 29 040 habitants. Château baroque.

Kronecker (Leopold) Mathématicien allemand (1823-1891). Grand algébriste, il est surtout connu pour son opposition aux travaux de Cantor sur la théorie des ensembles. Il chercha à fonder l'arithmétique et l'analyse sur les seuls nombres naturels.

kronprinz [kʀɔnpʀints] n. m. (mot allemand, de *Krone* « couronne » et *Prinz* « prince ») Titre donné au prince héritier allemand avant 1918. – spécialt *Le Kronprinz :* Frédéric-Guillaume, le fils de Guillaume II.

Kronstadt Ville et base navale de Russie, sur l'île de Kotline, dans le golfe de Finlande. 45 000 habitants. La forteresse, construite en 1703 par Pierre le Grand pour défendre l'accès de Saint-Pétersbourg, fut le théâtre de mutineries (en 1825, 1905, 1917, 1921) violemment réprimées.

Kropotkine (Petr Alekseïevitch, prince) Révolutionnaire et anarchiste russe (1842-1921). Ses écrits anarchistes ont contribué à poser les bases théoriques de nombreux mouvements révolutionnaires. *Les Bases scientifiques de l'anarchie ; L'Éthique ; Champs, usines et ateliers.*

Kroto (sir Harold W.) Astrophysicien et chimiste britannique (1939-2016). Il découvrit une molécule de carbone, appelée fullerène. Prix Nobel 1996.

Kroumirie n. f. Région montagneuse d'Algérie et de Tunisie, qui longe la côte méditerranéenne.

Krou(s) ou **Kru(s)** n. m. pl. Population du S. de l'Afrique occidentale vivant de part et d'autre de la frontière séparant la Côte d'Ivoire du Liberia.

Krüdener (Barbara Juliane von Vietinghoff, baronne von) Femme de lettres et mystique livonienne (1764-1824). Grande voyageuse, amie de Mme de Staël, elle exerça une influence religieuse et politique sur le tsar Alexandre Ier. *Valérie :* roman autobiographique.

Krúdy (Gyula) Écrivain hongrois (1878-1933). Les voyages intérieurs de son personnage, Sindbad, tressent, de roman en roman, une prose au caractère contemplatif, rappelant l'œuvre de Proust. *La vie est un songe.*

Kruger (Paul) Homme d'État sud-africain (1825-1904). Un des fondateurs du Transvaal (1852), il dirigea l'insurrection contre les Britanniques qui l'avaient annexé (1877). Il fut président, de 1883 à 1902, de la république du Transvaal proclamée en 1881, et resta hostile à toute collaboration avec les Anglais (guerre du Transvaal, 1899-1902).

Krugman (Paul) Économiste américain (né en 1953). Il a développé une « nouvelle théorie du commerce international » et formulé le concept de la « concurrence imparfaite ». Prix Nobel 2008.

Krupa (Gene) Batteur et chef d'orchestre de jazz américain (1909-1973). Il fut l'un des premiers à introduire de longs solos de batterie durant les interprétations. *Sing Sing Sing.*

Krupp Famille d'industriels allemands. ■ **Alfred Krupp** (1812-1887). Industriel inventif et moderniste, il mit au point un type d'acier permettant de fondre un tube de canon lourd en une pièce. Son entreprise fut l'une des plus puissantes de l'époque. ■ **Bertha Krupp** (1886-1957), petite-fille du précédent. Son mariage avec le baron Gustav von Bohlen und Halbach fit basculer l'entreprise aux mains du Reich, dont l'armée utilisa le matériel. ■ **Alfred Krupp von Bohlen und Halbach,** fils des précédents (1907-1967). Membre du parti nazi, il fut arrêté en 1945, puis libéré par les Américains ; il dirigea l'entreprise jusqu'à sa mort.

Krusenstern (Adam Johann von) Navigateur russe (1770-1846). Il dirigea la première expédition russe de circumnavigation. *Voyage autour du monde de 1803 à 1806.*

Krusenstjerna (Agnes von) Romancière suédoise (1894-1940). Son œuvre autobiographique (*Tony*) fut par la suite nourrie de psychanalyse (*Les Demoiselles de Pahlen ; Noblesse*) et prit plus généralement la valeur d'un témoignage.

Krylov (Ivan Andreïevitch) Fabuliste russe (1769-1844). Grand admirateur de La Fontaine, il écrivit 9 recueils de fables, réalistes et satiriques, restées très populaires.

krypton **n. m. (mot anglais, du grec *kruptos* « caché » → crypte) chim.** Élément (symb. Kr, n° at. 36, masse at. 83,80), gaz rare de l'atmosphère. *Ampoule au krypton.*

Kryvyï Rih Ville d'Ukraine, sur l'Ingouletz. 700 000 habitants. Gisement de fer. Complexe sidérurgique.

ksar, plur. **ksour** **n. m. (arabe *qasr*, latin *castrum* « place forte » → alcazar)** Lieu fortifié, en Afrique du Nord. *Des ksour* (**parfois** *des ksours, des ksars*).

Le ksar Aït Ben Addou, dans le Haut-Atlas marocain, inscrit au patrimoine mondial de l'Unesco.

Ksar el-Kébir Ville du N. du Maroc, dans la plaine du Gharb. 126 600 habitants.

kshatriya [kʃatʀija] **n. m. (mot sanskrit) didact.** Caste des guerriers et des nobles, en Inde ; membre de cette caste.

ksi voir **xi**

Ksitigarbha Divinité du panthéon bouddhique (appelée Dizan Pusa en Chine et Jizo Bosatsu au Japon). C'est un bodhisattva qui veille au salut des âmes et soulage de toutes les souffrances de la terre.

Ksour (monts des) Massif montagneux d'Algérie, dans l'Atlas saharien. 2 236 m au djebel Aïssa.

kss kss **interj. (onomatopée)** Onomatopée servant à provoquer, à narguer.

Kuala Lumpur Capitale de la Malaisie. 1 700 000 habitants. Hôtel de ville de style mauresque. Tours jumelles Petronas. Tour Menara.

Kuala Lumpur, le centre-ville et les tours jumelles Petronas (452 m).

Kuala Terengganu Ville de Malaisie, sur la mer de Chine. 255 100 habitants.

Kuantan [kwantan] Ville de Malaisie, sur la mer de Chine. 289 400 habitants.

Kubelik (Rafael) Chef d'orchestre tchèque (1914-1996). Il dirigea les plus grands orchestres mondiaux et interpréta un répertoire majoritairement tchèque et allemand. Il composa des symphonies et des musiques pour le théâtre.

Kubin (Alfred) Dessinateur et écrivain autrichien (1877-1959). D'inspiration expressionniste, ses dessins révèlent un univers hanté par la mort et le sexe, dont s'inspirèrent les surréalistes. *L'Autre Côté.*

Kubitschek de Oliveira (Juscelino) Homme d'État brésilien (1902-1976). Président de la République (1955), il entreprit la construction de l'actuelle capitale, Brasília, dans l'intérieur du pays.

Kubrick (Stanley) Réalisateur américain (1928-1999). Après *Les Sentiers de la gloire*, son cinéma emprunta les voies de la satire (*Orange mécanique ; Docteur Folamour*) et revisita les genres cinématographiques (science-fiction avec *2001 : l'Odyssée de l'espace*, film d'horreur avec *Shining*, film de guerre avec *Full Metal Jacket*).

Kuching [kutʃiŋ] Ville de Malaisie, sur l'île de Bornéo. 432 500 habitants. Palais de Charles Brook, le « rajah blanc ».

Kudo Tetsumi Artiste japonais (1935-1990). Néo-dadaïste, hanté par les catastrophes nucléaires, il réalisa des « performances » qui choquèrent par leur nouveauté formelle et leur violence macabre. *Pollution-cultivation.*

Kugelmann (Ludwig) Médecin et socialiste allemand (1830-1902). Témoin et acteur de la révolution de 1848, il fut membre de la Ire Internationale.

Kuhlmann (Charles Frédéric) Chimiste et industriel français (1803-1881). Il introduisit en chimie industrielle le phénomène de catalyse et découvrit le procédé de fabrication de l'acide nitrique par oxydation de l'ammoniac.

Kuhn (Adalbert) Philologue et mythologue allemand (1812-1881). Il soutint, dans ses travaux sur la mythologie indo-européenne, que la personnalisation des forces naturelles est à l'origine de la religion.

Kuhn (Richard) Chimiste autrichien (1900-1967). Auteur de recherches sur les vitamines, les caroténoïdes et les enzymes, il parvint entre autres à synthétiser la vitamine B2 (indépendamment de Karrer) puis la vitamine A. Prix Nobel 1938.

Kuhn (Thomas S.) Philosophe américain (1922-1996). Ses travaux ont porté avant tout sur l'épistémologie et l'histoire des sciences. Il a proposé un nouveau modèle de l'évolution de la science en opposant la « science normale » à la science en statut de crise ou « science extraordinaire ». *La Structure des révolutions scientifiques.*

Kuijken Famille d'instrumentistes belges, spécialistes de musique baroque. ■ **Wieland Kuijken** (né en 1938), violoncelliste, puis violiste. Il enseigne aux conservatoires de La Haye et de Bruxelles. ■ **Sigiswald Kuijken** (né en 1944), violoniste et chef d'orchestre, frère de Wieland. Il a fondé en 1972 l'ensemble de musique ancienne « La Petite Bande ». ■ **Barthold Kuijken** (né en 1949), flûtiste, frère de Wieland et de Sigiswald. Il s'est spécialisé dans la flûte traversière baroque.

Kuiper (Gerard Pieter) Astronome américain d'origine néerlandaise (1905-1973). Il est l'auteur d'importants travaux sur la physique et l'origine des planètes. Il découvrit Miranda, satellite d'Uranus, et Néréide, satellite de Neptune.

Kūkai dit **Kōbō Daishi** Religieux bouddhiste japonais (774-835). Il fonda la secte Shingon. On lui attribue l'invention (sinon la diffusion) des caractères syllabiques d'écriture hiragana.

Ku Klux Klan **n. m.** Société secrète américaine d'extrême droite, fondée au lendemain de la guerre de Sécession (1867) pour empêcher, par des moyens toujours plus violents, les Noirs d'user de leurs nouveaux droits. Interdite en 1877, l'organisation réapparut en 1915, avec un caractère puritain, xénophobe et ultranationaliste, prenant comme cible, outre les Noirs, les Juifs, les catholiques, les syndicalistes. Redoublant de violence, elle fut de nouveau interdite en 1928 et perdit de son importance. Ses sympathisants se remobilisèrent contre le Mouvement des droits civiques. Des rassemblements de suprémacistes blancs ont régulièrement lieu aux États-Unis où l'on compte une quarantaine de groupes affiliés au KKK.

Kulmbach Ville d'Allemagne (Bavière). 27 600 habitants. Château de Plassenburg (XVIe s.).

Külpe (Oswald) Psychologue et philosophe allemand (1862-1915). Spécialiste en psychologie expérimentale, il fut le chef de l'école de Würzburg, dont la méthode repose essentiellement sur l'introspection. *Fondements de la psychologie.*

Kültepe Site archéologique de Turquie en Anatolie, correspondant à l'ancienne *Karum Kanesh*, qui devint, au –XIXe s., le centre de l'activité commerciale assyrienne.

Kulturkampf **n. m.** Ensemble de mesures prises par Bismarck, entre 1871 et 1878, pour contrer la montée du parti du centre, parti des catholiques, et restaurer l'unité de l'Empire. Les *lois de mai* (1873-1875), qui renforcèrent l'emprise d'institutions étatiques et laïques sur les catholiques et en particulier leurs établissements d'enseignement, provoquèrent une vive résistance. Bismarck dut, en partie à cause des progrès du socialisme mais conformément au désir de l'empereur, abandonner cette politique.

Kumamoto Ville du Japon (Kyūshū). 738 700 habitants. Château du XVIe s. et jardin Suizenji kōen.

Kumanovo Ville de Macédoine, au N.-E. de Skopje. 103 000 habitants. Industrie. Tourisme.

Kumaon ou **Kumaun** **n. m.** Massif himalayen de l'Inde et du Népal occidental. Le Nanda Devi y culmine à 7 816 m. Le Gange y prend sa source.

Kumārajīva Religieux bouddhiste indien (v. 350-v. 410). Il contribua, par ses traductions de *sūtra* sanskrits, à populariser le bouddhisme en Chine, où il vécut une partie de sa vie.

Kumārila Bhaṭṭa Philosophe indien hindou du VIIe s. Adversaire acharné du bouddhisme, au déclin duquel il contribua sans doute, il fut divinisé par les brahmanistes.

Kumasi voir **Koumassi**

Kumbakonam Ville d'Inde (Tamil Nadu). 160 827 habitants. Elle fut la capitale de la dynastie des Chola. Pèlerinage.

kummel **n. m. (allemand *Kümmel* « cumin »)** Alcool parfumé au cumin.

Kummer (Ernst Eduard) Mathématicien allemand (1810-1893). Tentant de démontrer le théorème de Fermat, il introduisit en mathématiques les nombres dits idéaux.

kumquat [kumkwat ; kɔmkwat] **n. m. (mot chinois)** Très petit agrume amer qui se mange souvent confit. – Arbuste qui produit ce fruit.

Kun (Béla) Homme politique hongrois (1886-1937). Fondateur du Parti communiste hongrois, il instaura en 1919 la république des Conseils, dissoute, l'année même, par le mouvement nationaliste de Miklós Horthy. Il fut victime des purges staliniennes.

Kunas ou **Cunas** **n. m. pl.** Peuple amérindien parlant une langue chibcha, le kuna, et habitant une partie du Panamá, où il jouit d'une semi-autonomie, et quelques villages en Colombie. Les Kunas sont environ 50 000.

Kunckel ou **Kunkel von Löwenstern (Johann)** Chimiste allemand (1638-1703). Il découvrit l'ammoniac et une méthode de préparation du phosphore.

Kuṇḍalinī Dans les philosophies tantriques de l'Inde, nom du serpent mythique de Shiva. Lové au bas de la colonne vertébrale, il renferme une énergie sexuelle et spirituelle que des pratiques comme le yoga sont censées réveiller.

Kundera (Milan) Écrivain français d'origine tchèque (né en 1929). Une grande partie de son œuvre, en particulier de sa période tchèque *(La Plaisanterie ; La vie est ailleurs)*, se concentre autour d'une critique de son pays et du dogmatisme communiste. Établi en France depuis 1975, il y a publié des romans où l'analyse porte sur la condition humaine *(L'Insoutenable Légèreté de l'être ; Le Livre du rire et de l'oubli)* ou sur le destin de la culture *(L'Immortalité)*.

Kundt (August) Physicien allemand (1839-1894). L'expérience qu'il élabora *(tube de Kundt)* met en évidence les ondes stationnaires générées dans un gaz soumis à des vibrations.

Küng (Hans) Prêtre et théologien catholique suisse (1928-2021). Il a valorisé, dans son œuvre et son enseignement à Tübingen, le message des Écritures et la personne du Christ au détriment de l'histoire de l'Église et de l'enseignement des papes. Désavoué à Rome en 1979, il a poursuivi son enseignement et sa recherche dans une perspective œcuménique.

kung-fu [kuŋfu] **n. m. invar. (mot chinois)** Art martial chinois, proche du karaté. - var. **RO kungfu n. m.**

Kuniyoshi ou **Utagawa Kuniyoshi** Peintre japonais (1797-1861). Graveur d'estampes ukiyo-e, influencé par la peinture occidentale, il fut aussi caricaturiste.

Kunlun shan ou **K'ouen-louen-chan** **n. m.** Montagne de Chine, séparant le Tibet du Qinghai. Point culminant : Liushi Shan, 7 167 m. Les deux principaux fleuves de Chine, le Huang he et le Chang jiang, y prennent leur source.

Kunming ou **K'ouen-ming** Ville de Chine, capitale du Yunnan. 2 547 300 habitants. Surnommée « Ville de l'éternel printemps » pour son climat exceptionnel, elle fut la capitale du royaume de Dali (809) et la métropole des princes du Yunnan (1288).

Kunsthistorisches Museum **n. m.** L'un des plus riches musées d'histoire de l'art d'Europe et du monde, à Vienne (Autriche). Il a été constitué à partir des collections des Habsbourg, très riches en archéologie comme en peinture flamande, allemande et italienne des XVe-XVIIe siècles.

Kuomintang voir **Guomindang**

Kurosawa Akira

Akira Kurosawa sur le tournage de *Ran* (1985).

Kuopio Ville de Finlande centrale, sur le lac Kallavesi. 91 320 habitants. Musée de l'Église orthodoxe.

Kupang Ville portuaire d'Indonésie, dans l'île de Timor. 315 768 habitants.

Kupka (František) Peintre et dessinateur tchèque (1871-1957). D'abord peintre figuratif, il évolua vers un style où prédominent les éléments géométriques aux couleurs vives. Il est l'un des pionniers de l'art abstrait.

Kurashiki Ville du Japon (Hōnshū). 474 700 habitants. Centre culturel et industriel.

kurde **adj. et n. (mot de cette langue)** Du Kurdistan. – **n.** *Les Kurdes.* ■ **n. m.** *Le kurde* (langue du groupe iranien).

Kurdes **n. m. pl.** Peuple d'Asie occidentale d'origine et de langue indo-européennes (env. 30 millions), vivant principalement en Turquie, en Iran, en Irak, en Syrie. Leur religion est, pour la majorité d'entre eux, l'islam sunnite. Jamais véritablement unis, ils se sont néanmoins opposés tout au long de leur histoire à la domination des différents États qui se partagent le Kurdistan. Le Kurdistan indépendant, prévu par le traité de Sèvres en 1920, n'ayant jamais été créé, les différentes minorités kurdes essayèrent d'obtenir tantôt l'indépendance, tantôt l'autonomie. Plusieurs soulèvements furent écrasés, une politique mêlant assimilation et répression étant systématiquement pratiquée. Une zone autonome est toutefois reconnue dans le Kurdistan irakien depuis 2005. Un référendum d'indépendance y fut organisé en 2017. Le « oui » l'emporta à 92,73 % mais Bagdad annula les résultats. En Turquie, les revendications kurdes sont considérées comme une menace pour l'unité du pays c'est pourquoi le gouvernement ne soutint pas les combattants kurdes en lutte contre Daech. En Syrie, les Kurdes jouèrent un rôle majeur dans la reprise des villes occupées par Daech entre 2016 et 2018 et, à la fin de la guerre, contrôlaient un vaste territoire le long de la Turquie. Au motif de la légitime défense, le président turc Erdogan a engagé depuis 2019 une offensive militaire afin de les neutraliser.

Kurdistan ou **Kurdistān** **n. m.** Région de montagnes et de hauts plateaux d'Asie occidentale, partagée entre la Turquie, l'Iran, l'Irak et la Syrie, peuplée en majorité de Kurdes.

Kurdūfan voir **Kordofan**

Kurnool Ville d'Inde (Andhra Pradesh), sur la Krishna. 485 000 habitants.

Kuroda Kiyotaka Homme d'État japonais (1840-1900). Chargé de la colonisation de Hokkaidō, il fut Premier ministre de 1888 à 1889.

Kuroki Tamesada Général japonais (1844-1923). Il commanda, en Chine, lors des guerres sino-japonaise (1895) et russo-japonaise (1904-1905), et vainquit les Russes sur le fleuve Yalu et à Moukden.

Kurosawa Akira Réalisateur japonais (1910-1998). Son œuvre, servie par une grande beauté plastique et une remarquable maîtrise du montage et de la mise en scène, dénonce l'injustice sociale, creusée par les contradictions d'une société moderniste aux prises avec la puissance de ses traditions. *Rashōmon ; Les Sept Samouraïs ; Dersou Ouzala ; Kagemusha.*

Kuroshio ou **Kuroshivo** **n. m.** Courant marin chaud du Pacifique nord, venant des îles Philippines et baignant les côtes orientales du Japon.

Kurtág (György) Compositeur hongrois d'origine roumaine (né en 1926). Son langage musical est fait de phrases courtes, incisives. *Kafka Fragmente* (pour soprano et piano) ; *Quatuor à cordes op. 1.*

Kurtzman (Harvey) Dessinateur et éditeur américain de bandes dessinées (1924-1993). Collaborateur des éditions *E. C. Comics*, il lança le magazine *Mad* et devint un éditeur essentiel dans l'histoire du genre de la pop culture américaine.

kuru [kuʀu] **n. m. (mot indigène « tremblement [de peur, de froid] »)** méd. Maladie dégénérative du système nerveux central, due à un virus lent, atteignant certains aborigènes de Nouvelle-Guinée.

K

Kuryłowicz (Jerzy) Linguiste polonais (1895-1978). Il contribua à faire de la linguistique comparée une discipline scientifique, qu'il orienta vers le structuralisme. *Études indo-européennes ; Esquisses linguistiques.*

Kusch (Polykarp) Physicien américain d'origine allemande (1911-1993). Ses résultats concernant le champ magnétique d'un électron ouvrirent la voie à l'électrodynamique quantique. Prix Nobel 1955.

Kushans ou **Kuṣāna** **n. m. pl.** Dynastie issue des tribus nomades qui envahirent la Bactriane à partir de la fin du –IIe s. Son empire s'étendit sur l'Asie moyenne, l'Afghanistan, le Pakistan et l'Inde du Nord. Il déclina au cours du IIIe s. et disparut au IVe siècle.

Kuśinagara Nom sanskrit du site indien (à Kaśia, dans le Bihar) où le Bouddha mourut et fut incinéré.

Kusturica [-tsa] **(Emir)** Réalisateur et musicien français d'origine yougoslave (né en 1955). Il a été l'un des premiers à porter avec brio à l'écran la vie des gitans *(Le Temps des gitans ; Chat noir, chat blanc)*. Son style baroque *(Underground ; Arizona Dream)* lui a valu un succès à la fois populaire et académique.

Emir Kusturica tournant *Promets-moi* (2007).

Kütahya Ville de Turquie, en Anatolie occidentale. 258 500 habitants. La ville fut la capitale de l'émirat de Germiyan (1302-1428), puis fut intégrée à l'Empire ottoman. Centre de fabrication de céramique depuis le XVIe siècle.

Kuti (Hildegart Ransome Kuti, dit Fela Anikulapo) Musicien nigérian (1938-1997). Il est le créateur de l'afrobeat, mélange de jazz, de funk et de musique africaine, mêlant cuivres, rythmes répétitifs et longs textes

Fela Kuti à Lagos.

engagés psalmodiés. *Zombie ; S(h)uffering and S(h)miling.*

Kutna Hora Ville de la République tchèque. 20 000 habitants. Anciennes mines d'argent. Églises, cathédrale et château des XIVe-XVIIe siècles.

Kuujjuaq Village inuit du nord du Québec (Canada). 2 100 habitants. Centre administratif du Nunavik.

Kuvera ou **Kubera** Dieu hindou de la Richesse et du Nord, et chef des démons Yakṣa. Souvent représenté comme un homme laid, difforme et replet, il est accompagné d'une mangouste crachant des pierres précieuses.

Kuznets (Simon) Économiste américain d'origine ukrainienne (1901-1985). Ses principales recherches portèrent sur la théorie des cycles *(cycle de Kuznets)* et la statistique économique. Prix Nobel 1971.

Kvarner **n. m.** en italien **Quarnaro** Golfe de la mer Adriatique, entre l'Istrie et la Dalmatie (Croatie).

kvas ou **kwas** [kvas] **n. m.** **(mot russe)** Boisson russe faiblement alcoolisée, obtenue par la fermentation de pain (de blé, de seigle ou d'orge) et de fruits acides.

kwa [kwa] **n. m.** **(mot signifiant « homme » dans plusieurs langues de ce groupe)** **ling.** Groupe de langues parlées dans le golfe de Guinée. **– adj. invar.** *Les langues kwa.*

Kwakiutls **n. m. pl.** Peuple amérindien, de langue *wakash*, du N.-O. du Canada (île de Vancouver et côte adjacente). Ils vivaient traditionnellement de la chasse, de la pêche, de la cueillette, et pratiquaient le potlatch (don rituel).

Kwangju ou **Gwangju** Ville de Corée du Sud. 172 300 habitants (agglomération 1,4 million). Centre industriel et commercial. Aux environs, ruines d'une nécropole royale et temples bouddhiques anciens.

Kwango **n. m.** Rivière d'Afrique équatoriale, affluent du Kwilu. 1 100 km. Elle sert de frontière entre l'Angola et la République démocratique du Congo.

kwashiorkor [kwaʃjɔʀkɔʀ] **n. m.** **(mot d'une langue du Ghana)** **méd.** Syndrome de dénutrition infantile extrême.

Kwaśniewski (Aleksander) Homme d'État polonais (né en 1954). Ministre sous Jaruzelski, il fut, après la chute du communisme, président du parti social-démocrate puis président de la République (1995-2005).

k-way [kawɛ] **n. m.** **(marque déposée, de formation anglaise)** Veste légère de nylon imperméable, à capuche, qui se replie dans une poche qu'on peut attacher à la ceinture. *Des k-ways.*

KwaZulu-Natal (KZN) **n. m.** Province d'Afrique du Sud, peuplée majoritairement de Zoulous. Chef-lieu : Ulundi. Ville principale : Durban.

Ky (Trois) Nom donné à l'ensemble formé par le Tonkin, l'Annam et la Cochinchine, les trois provinces traditionnelles du Viêtnam.

Kyanzittha Roi de Pagan (Birmanie) de 1084 à 1112. Grand constructeur, il fit élever dans sa capitale de nombreux temples bouddhiques, dont le célèbre temple de l'Ānanda (v. 1091).

kyat [kjat] **n. m.** Unité monétaire de la Birmanie.

Kyd (Thomas) Auteur dramatique anglais (1558-1594). Figure de premier plan du théâtre élisabéthain, il excella dans la tragédie, usant de situations narratives extrêmes : folie, hallucinations *(Jeronimo)*, vengeance *(La Tragédie espagnole)*.

Kydland (Finn E.) Économiste norvégien libéral (né en 1943). Spécialisé en économie politique, il travailla avec Edward C. Prescott sur les dynamiques macroéconomiques : tous deux soulignèrent l'inefficacité des politiques monétaires keynésiennes, due à l'anticipation des agents économiques (« incohérence temporelle »). Prix Nobel 2004.

Kylian (Jiří) Danseur et chorégraphe tchèque (né en 1947). Directeur artistique du Nederlands Dans Theater à La Haye, il s'est imposé par la fluidité et l'humour de ses chorégraphies.

kymrique **adj.** **(d'un mot gallois)** **hist.** Relatif aux Cimbres. **– n. m.** **ling.** → **gallois.** - var. anc. **cymrique.**

Kyokutei Bakin voir **Bakin**

Kyóngju ou **Gyeong ju** Ville de Corée du Sud. 261 700 habitants. Ancienne capitale du royaume de Silla (X^{e}-XIVe s.).

Kyōto Ville du Japon (Honshū) et ancienne capitale du pays. 1 464 890 habitants. Fondée sous le nom de *Heiankyō* en 794, elle fut la résidence de la cour impériale jusqu'en 1868. Presque intégralement détruite par la guerre civile d'Ōnin (1467-1477), elle fut redressée par Hideyoshi. Elle perdit progressivement son poids politique lorsque le shogunat (1603) fut transféré à Edo (Tōkyō). Elle continua néanmoins à jouer un rôle de premier plan dans la vie culturelle et intellectuelle du pays. Ses jardins, monuments, musées, universités gardent la trace de son passé florissant. L'industrie y est peu développée.

Kyōto, le Pavillon d'or, édifié au milieu d'un lac (1397), inscrit au patrimoine mondial de l'Unesco.

Kyōto (protocole de) Accord visant à réduire l'émission de gaz à effet de serre, signé en 1997. Il est entré en vigueur en 2005.

▶ **Le protocole de Kyōto** est l'aboutissement de 18 ans de négociations entre les pays du monde entier (à l'exception notamment des États-Unis) autour d'un enjeu écologique majeur : la réduction de l'émission des gaz à effet de serre.
En 1992, le sommet de la Terre à Rio (lors de la COP3) faisait état des risques de changements climatiques planétaires, liés conjointement à la déforestation et à l'augmentation des gaz à effet de serre dus en particulier à l'activité humaine. En 1997, le protocole de Kyōto (Japon) définissait des engagements quantitatifs concernant ces derniers.
Il a pris effet en 2005 (lors de la COP11). Les pays signataires — pays développés ou en transition vers l'économie de marché — se sont engagés sur un objectif global et contraignant de réduction de six gaz différents sur la période 2008-2012, en prenant pour référence le niveau des émissions de 1990. Le protocole prévoit toutefois une certaine flexibilité, qui permet par exemple de considérer le développement de puits de carbone (reforestation ou stockage de CO_2 dans le sous-sol) comme une contribution à la limitation des émissions.
C'est ainsi qu'ont également été instaurés des quotas d'émission de CO_2, accompagnés de la possibilité, pour des entreprises « polluantes » ne pouvant respecter les limites fixées, de négocier des droits avec des entreprises « vertueuses » de ce point de vue. Une mauvaise compréhension de ce mécanisme, cristallisée autour des notions trompeuses de droits de polluer (ou permis d'émission), suscite toutefois des polémiques régulières.
Faute d'un nouvel engagement international pourtant préparé par la conférence de Bali (COP13) en 2007 et par l'accord de Copenhague (COP15) en 2009, le protocole, qui devait expirer en 2012, dut attendre la COP18 qui se tint à Doha pour être prolongé jusqu'en 2020 sous l'appellation Kyōto 2. Le protocole de Kyōto a été remplacé par l'accord de Paris adopté lors de la COP21 qui s'est tenue en 2015.
voir aussi **atmosphère, climatiques (phénomènes), développement durable, déforestation, dioxyde de carbone (CO_2), écologie, énergie renouvelable, pollution**

Kyprianou (Spyros) Homme d'État chypriote (1932-2002). Ministre des Affaires étrangères de Chypre (1960-1972), il fut président de la République de 1977 à 1988.

kyrie ou **kyrie eleison** [kiʀ(i)jeeleisɔn] **n. m. invar.** **(du grec *kurie* « seigneur » *eleêson* « aie pitié » → kyrielle)** Invocation par laquelle commencent les litanies, au cours d'une messe en latin. ▪ Musique sur laquelle se chante cette invocation. - var. **Kyrie** ou **Kyrie eleison.**

kyrielle **n. f.** **(de *kyrie eleison* « litanie » → kyrie)** **1.** Longue suite (de paroles). **2.** Suite ininterrompue, série interminable.

kyste **n. m.** **(grec *kustis* « poche gonflée » → cyst[o]-)** **1.** Production pathologique, cavité contenant une substance généralement liquide ou molle. *Kyste de l'ovaire.* **2.** **biol.** Forme que prennent certains organismes, certains parasites, certaines parties végétales pour résister ou se disséminer. ▫ **adj. kystique**

kyudo [kjudo] **n. m.** **(mot japonais « voie *[do]* de l'arc »)** Tir à l'arc japonais, art martial ayant surtout pour objet l'expérience du dépouillement intérieur.

Kyūshū La plus méridionale des quatre principales îles du Japon. 42 780 km^2. 14 180 000 habitants. Ses côtes abritent de grands ports (Nagasaki, Kagoshima). Au N. se sont installés d'immenses complexes industriels (Kitakyushu, Kagoshima). Au S., la région est volcanique (mont Asō).

Kyzyl Ville de Russie, sur l'Ienisseï, capitale de la république de Touva. 110 000 habitants.

Kyzylkoum **n. m.** Désert d'Asie centrale (Kazakhstan, Ouzbékistan), entre l'Amou-Daria et le Syr-Daria.

L

l [ɛl] **n. m. ou f. invar.** Douzième lettre, neuvième consonne de l'alphabet. *L'l* **ou** *le l.* ▪ *l,* abrév. du *litre* et de la *livre* (demi-kilo). ▪ *L* (majuscule), chiffre romain valant 50.

[1]la voir **[1]le**

[2]la voir **[2]le**

[3]la **n. m. invar.** (→ **ut**) Note de musique, sixième son de la gamme naturelle. *La bémol.* – loc. fig. *Donner le la,* donner le ton, l'exemple.

La Symbole chimique du lanthane.

là (vient du latin *illac* « par là ») **I. adv. de lieu ou de temps 1.** Dans un lieu autre que celui où l'on est (opposé à *ici*). *Ne restez pas ici, allez là. « Là, tout n'est qu'ordre et beauté* [...] *»* (Baudelaire). Dans le lieu où l'on est (employé abusivt pour *ici*). *Viens là.* – *Les faits sont là,* présents. – fam. *Être un peu là, se poser là :* être important. *Dans le genre têtu, il se pose là.* **2.** À ce moment. *Là, il interrompit son récit.* **3.** Dans, en cela. *Ne voyez là aucune malveillance.* – *Restons-en là,* à ce point. **4.** (suivi d'une relative) ***C'est là que...*** : dans ce lieu. *C'est là que nous irons.* – (temps) *C'est là qu'elle sentit la partie perdue.* → **alors.** ▪ ***Là où*** : à l'endroit où. **5.** (renforçant un pron. ou un adj. dém.) *C'est là le problème. Ce jour-là. En ce temps-là. Celui-là*.* **6.** loc. (précédé d'une prép.) *De là :* en partant de cet endroit. *De là au village, il y a deux kilomètres.* – fig. *De là à prétendre qu'il est infaillible, il y a loin,* il s'en faut de beaucoup. ▪ *D'ici là...,* entre le moment présent et un moment postérieur. ▪ *Jusque-là :* jusqu'à ce point, ce moment. ▪ *Par là :* par cet endroit. *Passons par là.* – ***Par-ci par-là,*** en différents endroits, au hasard. ▪ ***De-ci de-là,*** en divers endroits ; en diverses occasions. ▪ ***Çà et là*** : de côté et d'autre. **7.** ***Là-bas*** : à une distance assez grande (opposé à *ici*). – ***Là-dedans*** : à l'intérieur de ce lieu. fig. Dans cela. *Je ne vois rien d'étonnant là-dedans !* – ***Là-dessous*.*** – ***Là-dessus*.*** – ***Là-haut*** : dans ce lieu au-dessus. **II. interj.** ***Là !*** (parfois *là ! là !*), pour exhorter, apaiser, rassurer. *Hé là ! doucement. Là, là, calme-toi !*

Labadie (Jean de) Prédicateur français (1610-1674). Aristocrate devenu chanoine, il fonda, après s'être converti au calvinisme, une secte piétiste millénariste qui prospéra jusqu'au début du XVIIIe s.

Laban (Rudolf von) Chorégraphe autrichien, théoricien du mouvement (1879-1958). Il fut l'inventeur d'un système de notation chorégraphique, dit *labanotation.*

La Barre (Jean-François Lefebvre, chevalier de) Gentilhomme français (1747-1766). Accusé d'impiété, il fut condamné à être décapité puis brûlé. Voltaire réclama en vain la révision de son procès.

labarum [labaʀɔm] **n. m.** (mot latin) hist. Étendard romain sur lequel Constantin fit placer la croix et le monogramme de Jésus-Christ.

Labat (Jean-Baptiste) Dominicain et voyageur français (1663-1738). Il fut missionnaire aux Antilles et l'auteur d'un *Nouveau Voyage aux îles de l'Amérique.*

labbe **n. m.** (du suédois « mouette », de *labba* « marcher lourdement ») Oiseau palmipède des mers arctiques. → **stercoraire.**

labdanum voir **ladanum**

Labé (Louise) Poète française (1524-1566). Ses *Élégies* et ses *Sonnets* évoquent avec ardeur les joies et les peines de l'amour.

label **n. m.** (de l'anglais « étiquette », du français *lambel, label* → **lambeau**) anglic. **1.** Étiquette ou marque sur un produit (pour en garantir l'origine, la qualité). *Label de garantie.* **2.** Maison de production de disques. *Les labels indépendants.*

labelle **n. m.** (latin *labellum,* diminutif de *labrum* → **lèvre**) bot. Pétale supérieur de la corolle des orchidées.

labelliser **v. tr.** < 1 > (de *label*) Attribuer un label à (un produit). □ **n. f. labellisation**

Laberge (Marie) Écrivaine canadienne (québécoise) (née en 1950). Elle explore la condition des femmes et l'évolution de la société québécoise tant dans ses pièces (*C'était avant la guerre à l'Anse à Gilles ; L'Homme gris*) que dans ses romans (*Le Goût du bonheur*).

Laberthonnière (Lucien) Théologien et philosophe français (1860-1932). Sa philosophie religieuse qui insiste sur le sens pratique, moral, des dogmes théologiques fut condamnée comme « moderniste » par Pie X.

labeur **n. m.** (latin *labor* → **laborieux, labourer**) littér. Travail pénible et soutenu. → **besogne.** *Un dur, un pénible labeur.*

labiacée **n. f.** voir **labié**

labial, ale, aux **adj.** (latin *labium ;* famille de *labra* → **lèvre**) anat. Relatif aux lèvres. *Muscle labial.* – **n. f.** *Une labiale,* consonne qui s'articule avec les lèvres (ex. *b, p, m*).

labialiser **v. tr.** < 1 > phonét. Prononcer en donnant une valeur labiale. □ **n. f. labialisation**

Labiche (Eugène) Auteur dramatique français (1815-1888). Maître du vaudeville, il usa d'un sens aigu de la caricature dans son observation minutieuse des mœurs de la petite bourgeoisie du second Empire et des débuts de la IIIe République. *Un chapeau de paille d'Italie ; Le Voyage de M. Perrichon.*

labié, ée **adj.** (→ **labial**) bot. Se dit d'une fleur dont la corolle présente deux lobes en forme de lèvres (famille des *Labiées ;* ex. la menthe, le romarin, la verveine).

labile **adj.** (du bas latin, de *labare* → **laps, lapsus**) didact. Précaire, changeant. □ **n. f. labilité**

Labiche (Eugène)

Labiche, affiche pour *Un chapeau de paille d'Italie* (lithographie, 1851).

labiodental, ale, aux adj. (du latin *labium* « lèvre » → labial et de *dental*) phonét. *Consonne labiodentale,* qui s'articule par le rapprochement de la lèvre inférieure et des dents de la mâchoire supérieure (ex. *f, v*). – n. f. *Une labiodentale.*

Labisse (Félix) Peintre français (1905-1982). Son œuvre est centrée sur des représentations érotiques de femmes à la fois menaçantes et attirantes.

labium [labjɔm] n. m. (mot latin → labial, lèvre) didact. Pièce inférieure de l'appareil buccal des insectes.

labné ou **labneh** n. m. (mot arabe) Fromage frais égoutté préparé traditionnellement avec du lait de chèvre ou de brebis (spécialité moyen-orientale).

labo n. m. fam. Laboratoire. *Des labos.*

La Boétie [labɔesi] (Étienne de) Écrivain français (1530-1563). Ami de Montaigne, qui le considérait comme son maître, il dénonça la tyrannie dans son *Discours de la servitude volontaire.*

laborantin, ine n. (d'un mot allemand, fém., du latin *laborans* → labeur) Professionnel(le) qui réalise des analyses biomédicales.

laboratoire n. m. (du latin *laboratum,* supin de *laborare* « travailler » → labeur) **1.** Local aménagé pour faire des expériences, des analyses biologiques, des recherches. → **labo.** *Laboratoire d'analyses.* – par ext. *Laboratoire (de) photo.* ■ fig. Lieu où s'élabore qqch. *Un véritable laboratoire de la création artistique.* – *Laboratoire d'idées.* → **think tank.** *Laboratoire de fabrication (numérique).* → **fablab. 2.** Entreprise fabriquant des produits pharmaceutiques. **3.** *Laboratoire de langues,* pour l'apprentissage et la pratique orale des langues étrangères.

laborieusement adv. Avec peine.

laborieux, euse adj. (du latin → labeur) **1.** littér. Qui coûte beaucoup de peine, de travail. → **fatigant, pénible.** *Une laborieuse entreprise.* ■ Qui sent l'effort. *Un style pesant et laborieux. C'est laborieux !* **2.** (personnes) vieilli Qui travaille beaucoup. → **[1]actif, travailleur.** *Un artisan laborieux.* – cour. *Les classes, les masses laborieuses,* qui n'ont pour vivre que leur travail (→ **prolétaire**).

Laborit (Henri) Médecin et essayiste français (1914-1995). Ses travaux portent sur le système nerveux. Il introduisit l'usage de plusieurs neuroleptiques et est l'auteur d'ouvrages sur le comportement humain et ses facteurs biologiques.

labour n. m. (de *labourer*) **1.** Action de retourner et d'ameublir la terre. → **labourage.** *Labour à la bêche, à la charrue.* **2.** Terre labourée. → **guéret.** *Marcher dans les labours.*

labourable adj. Qu'on peut labourer (1). → **arable.**

labourage n. m. Action de labourer la terre. → **labour.** *« Labourage et pâturage sont les deux mamelles dont la France est alimentée »* (Sully).

Labourd n. m. Ancienne province du Pays basque entre l'Adour, la Bidouze et les Pyrénées.

La Bourdonnais (Bertrand François Mahé, comte de) Marin et administrateur français (1699-1753). Gouverneur des îles de France et Bourbon (auj. île Maurice et La Réunion), il contribua à l'expansion coloniale française en Inde et dans l'océan Indien.

labourer v. tr. ‹ 1 › (latin *laborare* « travailler » → labeur, en latin médiéval « cultiver ») **1.** Ouvrir et retourner (la terre) avec un instrument aratoire. → **[1]bêcher, biner, défoncer.** *Labourer un champ.* – au p. p. *Terre labourée.* → **labour** (2). **2.** (surtout au passif) Creuser, ouvrir (comme le soc laboure la terre). *Piste labourée par le galop des chevaux.* – au p. p. (fig.) *Visage labouré de rides.* → **sillonné.**

laboureur, euse n. Personne qui laboure un champ.

Laboureur (Jean Émile) Graveur et peintre français (1877-1943). Il a illustré de nombreux ouvrages, suivant une technique raffinée qui le rapproche du symbolisme.

Labov (William) Sociolinguiste américain (né en 1927). Il a montré que la variation et l'évolution du langage dépendent de facteurs sociaux extérieurs à la langue. *Le Parler ordinaire : la langue dans les ghettos noirs de New York.*

labrador n. m. (de *Labrador,* du portugais *lavradór* « cultivateur », surnom d'un navigateur) Chien de chasse, à poil ras.

Labrador n. m. Péninsule du Canada formant la partie continentale de la province de Terre-Neuve-et-Labrador. Jean Cabot en explora les côtes à la fin du xve s. Possession britannique en 1763, le Labrador devint canadien en 1774.

labre n. m. (du latin mod., de *labrum* → lèvre) Poisson marin à lèvres épaisses et double dentition. → **vieille.**

Labriola (Antonio) Écrivain politique italien (1843-1904). Professeur de philosophie, il s'inspira du marxisme pour s'opposer au libéralisme bourgeois. *Essais sur la conception matérialiste de l'histoire.*

Labriola (Arturo) Économiste et homme politique italien (1873-1959). Fondateur de la revue *Avanguardia socialista,* figure de proue du syndicalisme autonome, député socialiste indépendant, il dut s'exiler pendant le fascisme.

labrit [labʀi] n. m. (du n. d'un chef-lieu de canton des Landes) Chien de berger du midi de la France, à poil long. - var. **labri.**

La Brosse (Guy de) Médecin et botaniste français (1586 ?-1641). Médecin de Louis XIII, il inspira la création du Jardin du roi, futur Jardin des Plantes.

Labrousse (Ernest) Historien français (1895-1988). Il est le principal instigateur du renouvellement de l'historiographie économique en France.

Labrouste (Henri) Architecte français (1801-1875). Il innova par l'emploi de structures intérieures de fer et de fonte apparentes (bibliothèque Sainte-Geneviève et Bibliothèque nationale, à Paris).

Labruguière Commune du Tarn. 6 510 habitants. Ancienne vicomté qui appartint à la famille de Toulouse-Lautrec.

La Bruyère (Jean de) Moraliste français (1645-1696). Précepteur puis secrétaire du duc de Bourbon, il écrivit *Les Caractères,* succession de maximes et de portraits marqués par un style incisif et un vocabulaire volontiers réaliste. Il poursuivit son œuvre de critique en prenant parti pour les « Anciens » lors de son élection à l'Académie française.

labyrinthe n. m. (de *Labyrinthe ; cf. dédale*) **I. 1.** Réseau compliqué de chemins, de galeries dont on a peine à sortir. → **dédale.** *Un labyrinthe de ruelles.* **2.** fig. Complication inextricable. → **enchevêtrement. II.** anat. Ensemble des cavités sinueuses de l'oreille interne. □ adj. **labyrinthique**

Labyrinthe n. m. Ensemble inextricable de pièces enchevêtrées et de couloirs, qui aurait été, selon la mythologie grecque, construit à Cnossos par Dédale sur l'ordre du roi Minos pour y enfermer le Minotaure.

lac n. m. (latin *lacus* « réservoir » → lacune) **1.** Grande nappe naturelle d'eau à l'intérieur des terres. → **étang.** *Le lac Léman. Des lacs. Lac artificiel,* destiné à l'agrément ou à l'utilité. – fig. et fam. *Il n'y a pas le feu au lac :* rien ne presse. **2.** littér. Quantité considérable de liquide répandu. → **mare.**

laçage n. m. Action de lacer. - syn. **lacement.**

La Caille (abbé Nicolas Louis de) Astronome français (1713-1762). Il contribua à la vérification de la méridienne (matérialisation sur le sol français du méridien de Paris) et fit un inventaire du ciel austral comprenant plus de dix mille étoiles.

La Calprenède (Gautier de Costes de) Écrivain français (v. 1610-1663). Il est l'auteur de tragédies et de romans précieux, parmi lesquels *Cléopâtre,* qui met en scène le personnage d'Artaban.

Lacan (Jacques) Psychiatre et psychanalyste français (1901-1981). Il a réinterprété, dans le cadre du « retour à Freud », les concepts de la psychanalyse, sa thèse fondamentale étant que l'inconscient est « structuré comme un langage ». Il a ouvert ainsi la voie à la transposition en psychanalyse des concepts empruntés à la linguistique saussurienne, passant comme l'un des principaux représentants du structuralisme. *Écrits.*

Lacanau Commune de la Gironde, sur l'*étang de Lacanau.* 5 064 habitants. À 12 km, station balnéaire de Lacanau-Océan.

Lacassagne (Antoine Marcellin Bernard) Biologiste et radiologue français (1884-1971). Il est surtout connu pour ses recherches sur le cancer et la radiothérapie.

Lacaton (Anne) Architecte française (née en 1955). Dans un souci écologique, économique et social, elle privilégie l'amélioration de bâtiments déjà existants. Colauréate avec Jean-Philippe Vassal du Prix Pritzker 2021.

Lacaune (monts de) Massif cristallin du S. du Massif central, constitué de plateaux entaillés par de profondes vallées.

Lacaze-Duthiers (Henri de) Naturaliste français (1821-1901). Il fonda les stations de zoologie marine de Roscoff et de Banyuls et étudia l'anatomie des mollusques.

laccase n. f. (de *laque* et *-ase*) chim. Oxydase contenant du cuivre, présente dans le latex de l'arbre à laque, les betteraves, le trèfle...

laccolithe ou **laccolite** n. f. (de l'anglais, du grec *lakkos* « fosse » et *lithos* « pierre ») minér. Masse de roches volcaniques insinuées dans une série sédimentaire, qui crée des reliefs bombés à la surface.

Lacédémone voir Sparte

lacédémonien, ienne adj. et n. De Lacédémone (Sparte). → **spartiate.**

lacement voir laçage

Lacepède (Bernard Germain Étienne de La Ville-sur-Illon, comte de) Naturaliste et écrivain français (1756-1825). Il contribua à l'*Histoire naturelle* de Buffon après la mort de celui-ci par l'étude des cétacés, des reptiles et des poissons.

lacer v. tr. ‹ 3 › (vient du latin *laqueare* [→ enlacer], de *laqueus* → lacs) Attacher avec un lacet. → **attacher, lier.** *Lacer ses chaussures.*

lacérer v. tr. ‹ 6 › (du latin, de *lacer* « déchiré ») Mettre en lambeaux, en pièces. → **déchirer.** *Lacérer une affiche.* – au p. p. *Des vêtements lacérés.* □ n. f. **lacération**

lacertien [lasɛʀtjɛ̃] n. m. (latin *lacerta* « lézard ») zool. Reptile saurien (ordre des *Lacertiens ;* ex. le gecko, le lézard, le varan).

lacet n. m. (de *lacs*) **1.** Cordon étroit, qu'on passe dans des œillets pour serrer, attacher. *Une paire de lacets. Serrer, nouer un lacet.* **2.** Succession d'angles aigus de part et d'autre d'un axe. → **zigzag.** *Les lacets d'un chemin de montagne. Route en lacet(s).* **3.** Nœud coulant pour capturer le gibier. → **lacs.** *Poser, tendre des lacets.* → **collet.**

lâchage n. m. **1.** Action de lâcher (qqch.). **2.** fam. Action d'abandonner (qqn). → **abandon.** *« Il était victime de l'ignoble lâchage de ministres qui préféraient sacrifier leurs amis les plus anciens »* (Proust).

La Chaise ou **La Chaize** (François d'Aix de) Jésuite français (1624-1709). Conseiller spirituel et confesseur de Louis XIV, il lutta contre les jansénistes. Le cimetière de l'Est, à Paris, a reçu son nom (cimetière du Père-Lachaise).

La Chalotais (Louis René de Caradeuc de) Magistrat français (1701-1785). Adepte de la philosophie des Lumières, il attaqua les jésuites, écrivit un *Essai d'éducation nationale* contre l'enseignement en latin et défendit les droits particuliers de la Bretagne contre le duc d'Aiguillon, représentant du roi.

LaChapelle **(David)** Photographe américain (né en 1963). Il a immortalisé les célébrités du cinéma, de la chanson, du sport. Dans un style hyperréaliste, il met en scène ses modèles de façon provocante pour dénoncer le culte de la personnalité et la vanité du pouvoir.

La Chaussée **(Pierre Claude Nivelle de)** voir **Nivelle de La Chaussée**

lâche adj. **(de** *lâcher***)** **I. 1.** Qui n'est pas tendu. → **détendu.** *Fil, ressort lâche.* – Qui n'est pas serré. *Vêtement lâche.* → **flottant, flou, [3]vague. 2.** Qui manque d'énergie et de concision. *Un style lâche et inexpressif.* **II. 1.** (personnes) Qui manque de vigueur morale, de courage, qui recule devant le danger. → **pusillanime ; peureux.** – n. → fam. **dégonflé. 2.** Qui est cruel sans risque. *Son lâche agresseur.* **3.** Qui porte la marque de la lâcheté. → **[1]bas, méprisable, vil.** *Un lâche attentat.*

lâché, ée adj. arts Qui est fait avec négligence ; qui manque de vigueur. *Dessin, ouvrage lâché.*

Lachelier **(Jules)** Philosophe français (1832-1918). L'un des principaux interprètes en France de l'idéalisme kantien, il joua un rôle important dans le développement du courant dit spiritualiste. *Du fondement de l'induction.*

lâchement adv. **1.** De manière lâche (I). **2.** Avec lâcheté. *Fuir lâchement.*

[1]lâcher v. < 1 > **(vient du latin pop.** *lassicare,* **de** *laxare* → **laisser, de** *laxus* **« lâche, détendu »)** **I. v. tr. 1.** Rendre moins serré. *Lâcher la bride (à un cheval).* – fig. *Lâcher la bride à qqn,* le laisser plus libre. **2.** Cesser de tenir. *Lâche-moi, tu me fais mal.* – loc. *Lâcher prise*.* – fig. *Ne rien lâcher :* ne rien céder. ■ fam. Donner. *Elle ne lâchera pas un sou.* **3.** Cesser de retenir, laisser aller (qqch., un animal). → **relâcher.** *Lâcher des pigeons, un ballon* (→ **[2]lâcher).** – *Lâcher du lest.* **4.** Émettre brusquement et avec incongruité (des paroles, etc.). → **[1]lancer.** *Il vient de lâcher une bêtise.* – fam. *Lâcher le morceau :* tout avouer. **5.** Lancer (un animal) à la poursuite (de qqn, du gibier). *Lâcher les chiens après, sur le cerf.* **II. v. tr.** (compl. personne) **1.** Abandonner, laisser (qqn). → **quitter.** *Elle ne le lâche pas une minute, pas d'une semelle,* elle reste avec lui. **2.** Distancer (un concurrent) dans une course. *Il vient de lâcher le peloton.* **3.** fam. Abandonner brusquement (qqn). → **plaquer.** *Tu ne vas pas nous lâcher en plein travail !* (→ **lâcheur). 4. v. pron.** Se laisser aller, se détendre. *Lâche-toi !* **III. v. intr.** (sujet chose) **1.** Se rompre, se détacher brusquement. → **casser, céder.** *Le nœud a lâché.* **2.** Ne plus fonctionner. *Les freins ont lâché.*

[2]lâcher n. m. **(de** *[1]lâcher***)** Action de lâcher (dans quelques emplois). *Un lâcher de pigeons, de ballons.*

lâcheté n. f. **(de** *lâche* **[II]) 1.** Manque de bravoure, de courage devant le danger. → **couardise. 2.** Passivité excessive ; manque d'énergie morale. *Céder par lâcheté.* **3.** Manque de courage moral qui porte à profiter de l'impunité. → **bassesse. 4.** Action, manière d'agir d'un lâche. → **bassesse, indignité.** *Être capable des pires lâchetés.*

lâcheur, euse n. **(de** *[1]lâcher* **[II, 3])** fam. Personne qui abandonne sans scrupule (qqn, un groupe).

Lachine Ancienne ville du Canada (Québec), aujourd'hui intégrée dans Montréal. Centre résidentiel et industriel.

La Cierva y Codorníu **(Juan de)** Ingénieur espagnol (1896-1936). Il est l'inventeur de l'autogire (ancêtre de l'hélicoptère), avec lequel il traversa la Manche.

lacinié, iée adj. **(du latin « découpé »)** bot. Qui est découpé en lanières irrégulières. *Feuilles laciniées.*

lacis n. m. **(de** *lacer***) 1.** Réseau de fils entrelacés. *Un lacis de soie.* **2.** littér. Réseau. *Un lacis de ruelles.* → **labyrinthe.**

Laclos **(Pierre Choderlos de)** Écrivain français (1741-1803). Officier, il écrivit des ouvrages de stratégie, des poésies et un traité sur *L'Éducation des femmes.* Son nom reste attaché à un chef-d'œuvre, *Les Liaisons dangereuses,* roman par lettres dont le style raffiné accompagne des analyses psychologiques rigoureuses.

La Condamine **(Charles Marie de)** Géodésien et naturaliste français (1701-1774). Il fit notamment la première observation scientifique du caoutchouc, lors d'une expédition en Équateur et en Guyane.

Laconie n. f. Ancienne région de Grèce située à l'extrémité S.-E. du Péloponnèse et s'étendant autour de Lacédémone (Sparte).

laconique adj. **(du grec, de** *Lakonia* **« Laconie », dont les habitants avaient une réputation de concision)** Qui s'exprime en peu de mots. → **[1]bref, concis ;** s'oppose à *bavard, prolixe. Langage, réponse laconique. Style laconique.* → **[2]lapidaire.** □ adv. **laconiquement**

laconisme n. m. littér. Manière de s'exprimer en peu de mots. → **brièveté, concision.**

Lacordaire **(Henri)** Prêtre et dominicain français (1802-1861). Catholique libéral, un temps proche de Lamennais, il prit l'habit dominicain et rétablit cet ordre en France. Député à l'Assemblée constituante en 1848, il siégea avec la gauche, mais démissionna après l'émeute du 15 mai, et se consacra à l'enseignement.

Lacoste **(René)** Joueur de tennis français (1904-1996). Surnommé le « Crocodile », il remporta dix titres du grand chelem, dont la coupe Davis en 1928. Il se reconvertit dans le design (chemises de sport) et créa la première raquette de tennis en acier.

Lacq Commune des Pyrénées-Atlantiques, sur le gave de Pau. 729 habitants. Gisement de gaz naturel (exploité de 1957 à 2013). Complexe industriel.

Lacretelle l'Aîné **(Pierre Louis de Lacretelle, dit)** Jurisconsulte français (1751-1824). Collaborateur de B. Constant, membre du Corps législatif (1801-1802), il fut hostile à l'Empire et figura parmi les représentants de l'opposition constitutionnelle sous la Restauration. ■ Jean Charles Dominique **de Lacretelle, dit Lacretelle le Jeune.** Homme politique et historien français (1766-1855), frère du précédent. Royaliste, il fut inquiété lors du coup d'État du 18 Fructidor, puis libéré après le 18 Brumaire.

Lacretelle **(Jacques de)** Romancier et essayiste français (1888-1985). Son œuvre, empreinte de pessimisme, est marquée par le thème de la séparation. *Silbermann ; Les Hauts-Ponts.* Académie française 1936.

lacrima-christi n. m. invar. **(mots latins « larme du Christ »)** Vin provenant de vignes du Vésuve.

Lacroix **(Sylvestre François)** Mathématicien français (1765-1843). Il est surtout connu pour son *Traité du calcul différentiel et du calcul intégral.*

Lacroix **(Alfred)** Minéralogiste français (1863-1948). Il a étudié les roches éruptives de la montagne Pelée et du Vésuve. On lui doit par ailleurs la découverte de plusieurs minéraux et des recherches sur les météorites.

Lacroix **(Christian)** Couturier français (né en 1951). Ses créations sont marquées par les styles les plus divers, populaires ou historiques, teintés d'allusions à la Provence. Il met aussi son talent au service du théâtre, de l'opéra et du ballet.

lacrymal, ale, aux adj. **(du latin médiéval, de** *lacrima* → **larme)** Qui a rapport aux larmes. *Glande lacrymale,* qui sécrète les larmes.

lacrymogène adj. Qui fait pleurer, par une action chimique. *Gaz lacrymogène, grenades lacrymogènes.*

lacs [lɑ] n. m. **(vient du latin** *laqueus* **« nœud coulant, filet », p.-ê. étrusque → lacet, lacis ; enlacer)** vieux ou littér. Nœud coulant, lacet (3). → **rets.**

lactaire n. m. **(du latin, de** *lac, lactis* → **lait)** bot. Champignon basidiomycète contenant un suc laiteux.

lactalbumine n. f. **(de** *lact-* **et** *albumine***)** chim. Albumine du lait.

Lactance en latin **Lucius Caecilius Firmianus, dit Lactantius** Auteur latin (v. 280-v. 325). Converti au christianisme, il écrivit les *Institutions divines.*

lactarium [laktaʀjɔm] n. m. **(du latin → lait)** didact. Établissement où l'on collecte et conserve du lait humain. *Des lactariums.*

lactase n. f. **(de** *lact[ose]* **et** *-ase***)** biochim. Enzyme qui transforme le lactose en glucose et galactose.

lactate n. m. **(→ lact[o]-)** chim. Sel de l'acide lactique.

lactation n. f. **(du bas latin → lait)** Sécrétion et écoulement du lait, chez la femme et les femelles des mammifères.

lacté, ée adj. **(latin** *lacteus* → **lait) I. 1.** Qui a rapport au lait. *Sécrétion lactée.* **2.** Qui est à base de lait. *Farine lactée.* – *Régime lacté,* où l'on ne prend que du lait. **II.** *La Voie lactée* **(latin** *via lactea,* **trad. du grec → galaxie) :** bande blanchâtre et floue qu'on aperçoit dans le ciel pendant les nuits claires ; apparence de la galaxie où se trouve le système solaire.

lactescent, ente adj. **(du latin, du p. prés. de** *lactescere* **« devenir laiteux », de** *lactare* → **lactation)** didact. ou littér. **1.** Qui contient un suc laiteux. *Champignon lactescent.* **2.** par ext. (en parlant d'un liquide) Qui ressemble à du lait. *Sérum lactescent.* **3.** D'un blanc de lait. □ n. f. **lactescence**

lactifère adj. **(du latin, de** *lac, lactis* → **lait et** *-fer* → **-fère)** biol. Qui amène, porte ou produit le lait. *Conduits lactifères. Plantes lactifères.*

lactique adj. **(→ lact[o]-)** *Acide lactique,* acide-alcool qui existe dans le lait aigri. – *Ferment lactique.*

lact(o)- Élément **(du latin** *lac, lactis* → **lait)** qui signifie « lait ».

lactobacille [laktobasil] n. m. **(du latin, de** *lacto-* **et** *bacillus* → **bacille)** biol. Genre bactérien dont certaines espèces sont utilisées pour la fabrication de produits laitiers.

lactoflavine n. f. **(→ flavine)** biol. Vitamine B2. → **riboflavine.**

lactomètre n. m. techn. Appareil servant à apprécier la qualité d'un lait, et spécialement sa richesse en beurre.

lactose n. m. **(de** *lact-* **+** *[1]-ose***)** chim. Sucre contenu dans le lait, hydrolysable en glucose et galactose.

lactosérum [laktoseʀɔm] n. m. **(de** *lacto-* **et** *sérum***)** didact. Petit-lait.

lacunaire adj. didact. Qui a des lacunes, incomplet. *Documentation lacunaire.*

lacune n. f. **(latin** *lacuna* **« citerne, fosse », de** *lacus* → **lac)** Interruption involontaire et fâcheuse dans un texte, un enchaînement de faits ou d'idées. → **[1]manque, omission, trou** de mémoire. *Remplir, combler une lacune.* – fig. *Elle a de graves lacunes en anglais.*

lacuneux, euse adj. **1.** bot. Se dit d'un tissu végétal présentant un espace entre les cellules. **2.** vieux → **lacunaire.**

Lacroix (Christian)

Christian Lacroix travaillant aux costumes du *Cyrano de Bergerac* mis en scène par D. Podalydès (2006).

Ladakh

Ladakh, vue de Leh, capitale de l'ancien royaume.

lacustre adj. (de *lac*, d'après *palustre*) Qui se trouve, vit auprès d'un lac, dans un lac. *Plantes lacustres.* – *Cités, villages lacustres,* bâtis sur pilotis.

Lacy (Steven Norman Lackritz, dit Steve) Saxophoniste de jazz américain (1934-2004). Proche de l'avant-garde, notamment européenne, il se consacra au saxophone soprano.

lad [lad] n. (de l'anglais, de *stable lad* « garçon *[lad]* d'écurie ») anglic. Employé(e) d'écurie chargé(e) de garder, de soigner les chevaux de course. *Des lads.*

L

Ladakh n. m. Territoire de l'Union indienne (depuis 2019). 59 146 km². 290 000 habitants. Région montagneuse du Cachemire, culminant à plus de 6 000 m. En 1949, à la suite d'un conflit entre l'Inde et le Pakistan, le Ladakh fut partagé entre les deux pays.

ladanum [ladanɔm] n. m. (du latin, du grec → laudanum) chim. Gomme-résine aromatique tirée du ciste. - syn. **labdanum.**

ladino n. m. (mot espagnol) ling. Parler espagnol des juifs séfarades d'Espagne et de leurs descendants.

Ladislas Nom de plusieurs rois de Hongrie, de Bohême et de Pologne. ■ **Ladislas Ier Árpád (saint)** (1040-1095). Roi de Hongrie, il acheva la christianisation de la Hongrie, conquit la Slavonie et la Croatie et fonda l'évêché de Zagreb. ■ **Ladislas V ou VI le Posthume** (v. 1440-1457). Roi de Hongrie (1444-1457), il fut aussi roi de Bohême (1453-1457), sous le nom de Ladislas Ier. ■ **Ladislas VI ou II Jagellon** (1456-1516). Roi de Hongrie (1490-1516) et de Bohême, sous le nom de Ladislas II (1471-1516). Il eut à définir les droits et les devoirs des nobles, laissant ces derniers gouverner. ■ **Ladislas Ier ou IV Łokietek ou le Nain** (1260-1333). Duc de Pologne, il se fit couronner roi en 1320 après s'être emparé de Cracovie. ■ **Ladislas II ou V Jagellon** (v. 1350-1434). Grand-duc de Lituanie, puis roi de Pologne, il se convertit au christianisme. Il vainquit les chevaliers Teutoniques près de Tannenberg (1410). ■ **Ladislas III ou VI Jagellon** (1424-1444). Roi de Pologne (1434-1444) et de Hongrie (1440-1444), il combattit les Turcs et fut tué à la bataille de Varna.

ladite voir **dit**

Ladoga (lac) Lac de Russie, au N.-E. de Saint-Pétersbourg. C'est le plus grand lac d'Europe (17 700 km²). La Neva y prend sa source.

Ladoumègue (Jules) Athlète français (1906-1973). Spécialiste du demi-fond, il fut détenteur de plusieurs records du monde.

ladre (vient du latin *Lazarus*, n. propre [Lazare] → lazaret, de l'hébreu *'el 'azar* « Dieu a aidé ») **1.** adj. et n. vieux Lépreux. **2.** adj. (animaux) Qui souffre de larves de ténia (→ ladrerie). *Porc ladre.* **3.** (idée d'« insensibilité », les lépreux ayant perdu la sensibilité normale) n. littér. Avare (insensible à la misère des autres).

ladrerie n. f. **1.** Léproserie. **2.** vétér. Maladie du porc, du bœuf, causée par le développement de larves de ténia. **3.** littér. Avarice sordide.

lady [ledi] n. f. (mot anglais) **1.** Titre donné aux femmes des lords et des chevaliers anglais. **2.** Femme élégante. *Des ladys* ou *des ladies* (plur. anglais).

Lady Gaga (Stefani Joanne Angelina Germanotta, dite) Chanteuse et auteur-compositrice américaine (née en 1986). Mezzo-soprano possédant une large tessiture, dont la voix puissante dotée d'un vibrato se prête aussi bien à la country, au jazz, au rock qu'à la musique pop *(Poker Face ; Shallow)*, elle est également connue pour sa capacité à se métamorphoser et ses excentricités vestimentaires.

Lady Gaga lors d'un concert à Hambourg (2009).

Laennec (René) Médecin français (1781-1826). Inventeur du stéthoscope, il popularisa l'auscultation et contribua à faire progresser la connaissance des affections pulmonaires et cardiaques.

Laërte Personnage de *L'Odyssée*, roi d'Ithaque et père d'Ulysse.

Laetoli Site préhistorique du N. de la Tanzanie, où furent découvertes des empreintes de pas d'australopithèques datant de 3,7 millions d'années.

Lafargue (Paul) Homme politique et essayiste français (1842-1911). Disciple de Proudhon, gendre de K. Marx, dont il relaya la doctrine en France, il fut membre de la Ire Internationale et participa à la Commune, avant de fonder le Parti ouvrier français avec J. Guesde. *Le Droit à la paresse ; La Religion du capital.*

LaFaro (Scott) Contrebassiste de jazz américain (1936-1961). Doué d'une virtuosité exceptionnelle, il fit passer la contrebasse au statut d'instrument soliste et mélodique.

La Fayette ou **Lafayette** (Marie-Madeleine Pioche de La Vergne, comtesse de) Écrivaine française (1634-1693). Amie de La Rochefoucauld et de Mme de Sévigné, elle est l'autrice de *La Princesse de Clèves,* œuvre à caractère psychologique considérée comme le premier roman moderne français.

La Fayette (Marie Joseph Paul Yves Roch Gilbert Motier, marquis de) Général et homme politique français (1757-1834). Il partit aux États-Unis pour aider les insurgés dès 1777, et participa à la guerre de l'Indépendance américaine. Fidèle à la monarchie mais acquis aux idées libérales, il fut député aux États généraux (1789) et joua un rôle important dans les débuts de l'Assemblée nationale constituante. Il marqua par la suite son opposition à l'Empire, devint député libéral sous la Restauration et participa à la révolution en 1830.

La Fayette en 1792, par J.-D. Court (1834), musée du château, Versailles.

Laferrière (Windsor Klébert dit Dany) Écrivain canadien (québécois) d'origine haïtienne (né en 1953). Il a relaté sa fuite d'Haïti pour échapper à la dictature de Duvalier en 1976 dans *Le Cri des oiseaux fous.* Une dizaine de romans compose son « autobiographie américaine » (*Comment faire l'amour à un nègre sans se fatiguer,* 1985). Académie française.

Dany Laferrière en 2008.

Laffemas [lafəma] (Barthélemy de), sieur de **Beausemblant** Économiste français (1545-v. 1612). Proche d'Henri IV, il fut l'un des artisans du redressement français après les guerres de Religion et devint en 1602 contrôleur général du Commerce.

Laffite (Jean) Pirate français (1792-1854). Corsaire au service de la France puis pirate, il aida les Américains du général A. Jackson dans la bataille de la Nouvelle-Orléans contre les Britanniques (1814).

Laffitte (Jacques) Banquier et homme politique français (1767-1844). Régent puis gouverneur de la Banque de France, sous la Restauration, il finança comme député libéral le journal d'opposition *Le National* et joua un rôle important dans l'insurrection de juillet 1830. Représentant du parti du Mouvement, il fut nommé ministre par

Louis-Philippe puis rejoignit de nouveau l'opposition.

Laffont (Perrine) Skieuse française (née en 1998). Médaille d'or de ski acrobatique, épreuve des bosses, aux Jeux olympiques de 2018, elle est trois fois championne du monde (2017, 2019, 2021).

Lafforgue (Laurent) Mathématicien français (né en 1966). Il a notamment généralisé des travaux de Drinfeld. Médaille Fields 2002. Académie des sciences.

La Fontaine (Jean de) Poète français (1621-1695). Protégé de Fouquet, il connut un éclatant succès avec ses *Contes et Nouvelles,* récits gracieux et licencieux inspirés de l'Arioste et de Boccace. Ses *Fables,* d'une admirable liberté poétique, présentent une satire de la société à travers des personnages du monde animal illustrant une morale épicurienne ou cynique.

La Fontaine, par H. Rigaud (1685), musée Carnavalet, Paris.

Lafontaine (Henri Marie) Jurisconsulte belge (1854-1943). Socialiste, il contribua à la fondation de la Cour de justice internationale et fut, à partir de 1907, président du Bureau international de la paix. Prix Nobel de la paix 1913.

La Force (Jacques Nompar de Caumont, duc de) Maréchal de France (1558-1652). Compagnon d'Henri IV, il complota après sa mort avant de se soumettre à Louis XIII. ■ **Henri Nompar de Caumont, duc de La Force** (1582-1678). Fils du précédent, filleul d'Henri IV, il finit par se soumettre, comme son père, à Louis XIII. ■ **Antonin Nompar de Caumont, duc de La Force → Lauzun.**

Laforgue (Jules) Poète français (1860-1887). Adepte du vers libre, il écrivit également des contes. Son œuvre conjugue mélancolie, pessimisme, humour et raffinement. *Complaintes ; L'Imitation de Notre-Dame de la Lune.*

Lafosse (Charles de) Peintre français (1636-1716). Élève de Le Brun, admirateur de Rubens, il annonce la peinture du XVIIIe s. par son style léger et par le primat de la couleur sur le dessin.

Lafrançaise Commune du Tarn-et-Garonne. 2 843 habitants. Ancienne bastide.

La Fresnaye (Roger de) Peintre, graveur et sculpteur français (1885-1925). Proche du cubisme, il maintint toutefois le travail de la perspective, dans une œuvre qu'il mit au service de sentiments nobles et patriotiques. *L'Homme assis.*

Lagache (Daniel) Médecin et psychanalyste français (1903-1972). Il tenta, dans ses travaux de théoricien et de praticien, une synthèse des acquis de la psychanalyse et des données de la psychologie sociale.

Lagarce (Jean-Luc) Auteur dramatique français (1957-1995). Son théâtre interroge l'identité individuelle et son rapport aux origines, notamment familiales. *Juste la fin du monde ; Le Pays lointain.*

Lagarde (Christine) Femme politique française (née en 1956). Ministre de l'Agriculture et de la Pêche (2007) puis ministre de l'Économie (2007-2011). Elle dirigea le Fonds monétaire international (FMI) de 2011 à 2019 puis présida la Banque centrale européenne. Elle fut reconnue coupable de « négligence » dans un scandale politico-financier français en 2016.

Christine Lagarde en 2015.

Lagash Cité de Mésopotamie, dans l'actuel Irak (aujourd'hui Tell al-Hibā). L'une des plus importantes cités de Sumer, qui fit l'objet de fouilles à partir de 1877.

Lagerfeld (Karl) Couturier allemand (1933 ou 1935-2019). Après un apprentissage chez Balmain, il travailla chez Patou et fut appelé à la direction artistique de Chanel en 1983.

Karl Lagerfeld en 2006 à Paris.

Lagerkvist (Pär) Écrivain suédois (1891-1974). Ses poèmes, son drame et ses romans sont marqués par l'angoisse et par la dénonciation des horreurs de la guerre et de la dictature. *Chaos ; L'Invisible ; Barrabas.* Prix Nobel 1951.

Lagerlöf (Selma Ottiliana Lovisa) Romancière suédoise (1858-1940). Elle publia notamment *La Saga de Gostä Berling,* épopée de la province suédoise. Son *Merveilleux Voyage de Nils Holgersson,* livre de géographie destiné aux enfants, lui apporta une notoriété mondiale. Prix Nobel 1909.

Laghouat Oasis du N. du Sahara algérien, au pied de l'Atlas. 215 000 habitants.

Lagides n. m. pl. Dynastie égyptienne fondée par le fils de Lagos, Ptolémée, général d'Alexandre le Grand. Elle régna sur l'Égypte hellénistique de –323 à –30.

Lagneau (Jules) Philosophe français (1851-1894). Il a développé une réflexion originale sur les conditions de la connaissance fondée sur l'introspection, l'analyse de la perception et du jugement. Il en a tiré une morale de type idéaliste et volontariste.

Lagny-sur-Marne Commune de la Seine-et-Marne. 21 139 habitants. Ancienne abbaye fondée au VIIe s. Centre industriel.

lagomorphe n. m. **(du grec *lagôs* « lièvre » et de *-morphe*)** zool. Mammifère herbivore tel que le lièvre, le lapin (ordre des *Lagomorphes*).

lagon n. m. **(italien *lagone,* de *lago* → lac)** **1.** Petit lac d'eau salée entre la terre et un récif corallien. **2.** Lagune centrale d'un atoll.

lagopède n. m. **(du latin, du grec *lagôpous* « patte de lièvre », de *lagôs* « lièvre »)** Oiseau, gallinacé des montagnes neigeuses d'Europe, aux pattes couvertes de plumes.

Lagord Commune de la Charente-Maritime, banlieue N. de La Rochelle. 7 193 habitants.

Lagos Ancienne capitale du Nigeria, sur la lagune de Lagos. Principal port et centre économique du pays. 13 millions d'habitants (agglomération 15 millions).

Lagoya (Alexandre) Guitariste français d'origine égyptienne (1929-1999). Il forma un duo de guitares avec sa femme Ida Presti (1924-1967).

Lagrange (Joseph Louis, comte de) Mathématicien français (1736-1813). Il parvint à exprimer par l'algèbre seule la mécanique analytique, la statique et la dynamique. Il laissa d'importants travaux en astronomie, sur les mouvements des planètes et de la Lune (libration), et étudia les satellites de Jupiter. *Mécanique analytique ; Traité de la résolution des fonctions numériques.*

Lagrange (Albert), en religion frère Marie Joseph Théologien catholique français (1855-1938). Fondateur de l'École pratique d'études bibliques à Jérusalem, il mit en œuvre des méthodes d'étude critique des textes bibliques.

Lagrange (Léo) Homme politique français (1900-1940). Sous-secrétaire d'État aux Sports et aux Loisirs sous le Front populaire, il œuvra pour la démocratisation des activités sportives et touristiques.

Lagrasse Commune de l'Aude, dans les Corbières. 544 habitants. L'église Saint-Michel renferme *Les Sept Sacrements,* tableaux de Crespi. Abbaye Sainte-Marie-d'Orbieu, fondée à l'époque carolingienne.

Lagrenée (Louis Jean François), dit l'Aîné Peintre français (1725-1805). Ses grandes décorations inspirées de thèmes antiques rompent avec le rococo et annoncent le néoclassicisme. ■ **Jean-Jacques Lagrenée, dit le Jeune.** Peintre français (1739-1821), frère et élève de Louis. Il est, comme celui-ci, l'auteur de vastes décorations inspirées de thèmes antiquisants.

Laguerre (Edmond) Mathématicien français (1834-1886). Créateur de la géométrie de direction, il étudia également les équations algébriques, les fractions continues, les formes quadratiques.

Laguiller (Arlette) Femme politique française (née en 1940). Principale dirigeante de Lutte ouvrière (LO), elle fut, en 1974, la première femme candidate à l'élection présidentielle, puis s'y présenta jusqu'en 2007. Elle fut également députée européenne de 1999 à 2004.

laguiole [la(g)jɔl] n. m. **(du n. de la ville)** **1.** Fromage de vache, voisin du cantal. **2. (marque déposée)** Couteau de poche.

Laguiole Commune de l'Aveyron, dans l'Aubrac. 1 230 habitants. Coutellerie.

lagunage n. m. techn. Création de bassins ou d'étangs pour l'épuration.

lagune n. f. **(de l'italien de Venise, de *lacuna* → lacune)** Étendue d'eau de mer, comprise entre la terre ferme et un cordon littoral **(→ lido).** *« Venise dormait* [...] *les brouillards jouaient sur la lagune »* (Musset). □ **adj. lagunaire**

La Harpe ou **Laharpe (Jean François Delaharpe, dit de)** Poète dramatique et critique français (1739-1803). Son *Cours de littérature ancienne et moderne,* publié en 1799, défend les règles classiques.

La Harpe (Frédéric César de) Homme politique suisse (1754-1838). Acquis aux idées libérales, il fut à l'origine de la neutralité de la Suisse et de l'indépendance de plusieurs cantons. *Essai sur la Constitution du pays de Vaud ; Mémoires.*

La Hire ou **La Hyre** **(Laurent de)** Peintre et dessinateur français (1606-1656). Dans un style influencé par Vouet puis par Poussin, il peignit des tableaux religieux aux coloris clairs et aux volumes lisses.

La Hire **(Philippe de)** Astronome et mathématicien français (1640-1718), fils de Laurent. À la suite de Pascal, il travailla sur la géométrie des coniques. Il participa à la réalisation de la carte de France de J. Picard, et installa la première lunette méridienne à l'Observatoire de Paris.

Lahontan **(Louis Armand de Lom d'Arce, baron de)** Voyageur et écrivain français (1666-v. 1715). Il visita le Canada et devint lieutenant du roi à Terre-Neuve. Dans son *Dialogue de M. le baron de La Hontan et d'un sauvage de l'Amérique*, il fit l'éloge de la vie primitive, tout en critiquant la société et la civilisation occidentales.

Lahore Ville du Pakistan, capitale du Panjab. 11 126 000 habitants. Haut lieu de la culture islamique (ce fut l'un des centres de l'Empire moghol), elle accueille l'une des plus grandes mosquées du monde.

Lahti Ville de Finlande, au N. d'Helsinki. 99 310 habitants. Industries. Station de sports d'hiver.

¹lai **n. m.** **(du celtique ou de l'ancien provençal « chant d'oiseau », p.-ê. de *[versus] laïcus* « [chant] profane, laïc » → laïque)** Poème narratif ou lyrique, au Moyen Âge.

²lai, laie **adj.** **(vient du latin *laïcus* → laïque)** vieux Laïque. – *Frère lai* : frère servant, dans un couvent.

Lai **(Francis)** Compositeur français (1932-2018). Il a écrit de nombreuses chansons et la musique de plus de quatre-vingts films dont la mélodie d'*Un homme et une femme* (de Lelouch). Oscar de la meilleure musique pour *Love Story* (1970).

L

laïc voir **laïque**

laïcat **n. m.** didact. Ensemble des chrétiens non ecclésiastiques. *Le laïcat et le clergé.*

laîche **n. f.** **(vient du latin *lisca*, probablt d'origine germanique)** Carex (plante). - var. RO **laiche.**

laïcisation **n. f.** Action de laïciser.

laïciser **v. tr.** < 1 > **1.** Rendre laïque. **2.** Organiser suivant les principes de la laïcité. *La Révolution française a laïcisé l'état civil.*

laïcisme **n. m.** didact. Doctrine qui tend à donner aux institutions un caractère non religieux et neutre par rapport aux croyances religieuses.

laïcité **n. f.** **1.** Caractère laïque. **2.** (en France) Principe de séparation de la société civile et de la société religieuse. – *Laïcité de l'enseignement.* → **neutralité** (religieuse).

▶ Sous l'Ancien Régime, les laïcs se distinguent des clercs, liés à l'Église : les premiers obéissent aux lois civiles, les seconds relèvent de tribunaux ecclésiastiques. La Révolution française et les différents régimes qui l'ont suivie ont peu à peu fait prévaloir un principe de **laïcité** (2) émancipatrice du pouvoir religieux, dont la séparation de l'Église et de l'État (1905) apparaît comme le symbole. On peut définir ce principe comme une neutralité rigoureuse de l'État et de ses serviteurs envers les croyances des citoyens, pourvu qu'elles ne contreviennent pas aux lois de la République.
La laïcité qui définit les valeurs d'une citoyenneté commune va de pair avec la « liberté de conscience » et la liberté religieuse : l'État ne considère dans l'individu que le citoyen. C'est au nom de la laïcité que, dans les années 1880, la IIIᵉ République a créé l'école républicaine, afin de permettre à tous les parents qui le souhaitaient de donner à leurs enfants un enseignement primaire laïque, à une époque où les congrégations chrétiennes conservaient dans certaines régions un monopole de fait sur l'enseignement. Dans un contexte plus apaisé, l'État subventionne aujourd'hui des établissements confessionnels privés sous contrat.
La question de la laïcité est redevenue d'actualité avec la question du « voile », porté en classe par certaines jeunes filles musulmanes : plus que la lettre, c'est l'esprit de la laïcité qui semblait menacé. La loi du 15 mars 2004 a tenté de régler la question en interdisant le port de « signes religieux ostentatoires », mais certains ont protesté en évoquant une atteinte à la liberté religieuse. Une Charte de la laïcité à l'école a pris effet en 2013 laissant toutefois aux seuls enseignants la difficile gestion de la transmission de la laïcité, des lois de la République et des savoirs scientifiques parfois remis en question par les croyances religieuses des familles. L'assassinat du professeur Samuel Paty par un terroriste en octobre 2020, a confirmé la nécessité d'inclure l'enseignement de la laïcité dans les programmes scolaires.
voir aussi **État**

laid, laide **adj.** **(vient du francique *lai* « désagréable »)** **1.** Qui produit une impression désagréable en heurtant le sens esthétique (opposé à *beau*). → **affreux, disgracieux, hideux, horrible, repoussant, vilain** ; fam. **moche.** *Rendre laid* (→ **enlaidir**). – spécialt (personnes) Qui déplaît par ses imperfections physiques, surtout celles du visage. *Être laid comme un pou ; laid à faire peur*, très laid. *« Laids à décourager la pitié »* (Gide). **2.** Qui inspire le dégoût, le mépris moral. → **honteux, ignoble.** *Une attitude assez laide.* – lang. enfantin *C'est très laid de mentir.* → **vilain.** **3.** **n. m.** *Le laid.* → **laideur.** *Le laid et le beau.*

laidement **adv.** Avec laideur. *Maison laidement décorée.*

laideron **n. m.** **(d'abord n. f. ; de *laid*)** Jeune fille ou jeune femme laide. - var. **laideronne n. f..**

laideur **n. f.** **1.** (physique) Caractère, état de ce qui est laid. → **hideur** ; fam. **mocheté** ; opposé à *beauté*. *Être d'une laideur repoussante. « Sachez tirer parti de la laideur elle-même »* (Baudelaire). **2.** (moral) → **bassesse, turpitude.** *La laideur d'une action.* **3.** Chose ou action laide. *Les laideurs de la vie.* → **misère.**

¹laie **n. f.** **(vient du francique *lêha*)** Femelle du sanglier. *La laie et ses marcassins.*

²laie **n. f.** (→ **layer**) techn. Espace déboisé rectiligne. – Layon*.

¹lainage **n. m.** **1.** Étoffe de laine. *Robe de lainage.* **2.** Vêtement de laine (tricotée, en général).

²lainage **n. m.** techn. Action de lainer.

laine **n. f.** **(vient du latin *lana*, d'une racine indo-européenne *wel-* « arracher » ; *cf.* anglais *wool*)** **1.** Matière souple provenant du poil de l'épiderme des moutons (et de quelques mammifères). *Laine brute ; cardée, peignée. Filer la laine. Pelote de laine.* – *Vêtements en laine*, en tissu de laine, ou en laine tricotée. ■ fam. *Une (petite) laine*, un vêtement de laine. → **¹lainage.** ■ Toison laineuse. loc. fig. *Se laisser manger la laine sur le dos* : se laisser exploiter (→ **tondre**). **2.** Produits fibreux fabriqués pour être utilisés comme la laine (en isolants, textiles). *Laine de verre.*

lainer **v. tr.** < 1 > **(de *laine*)** techn. Rendre moelleux (un tissu de laine) par grattage. → **²lainage.**

laineur, euse **n.** techn. **1.** Ouvrier, ouvrière qui laine le drap. **2.** **n. f.** Machine à lainer.

laineux, euse **adj.** **1.** Garni de laine, qui a beaucoup de laine. *Des moutons laineux.* – *Plante, tige laineuse*, couverte de duvet. **2.** Qui a l'apparence de la laine. *Cheveux laineux.*

Laing **(Ronald David)** Psychiatre britannique (1927-1989). Il fut, aux côtés de D. Cooper, avec lequel il écrivit *Raison et Violence*, le fondateur du courant antipsychiatrique.

lainier, ière **adj.** Relatif à la laine, matière première ou marchandise. *L'industrie lainière.*

Laïos Roi légendaire de Thèbes, époux de Jocaste et père d'Œdipe.

laïque **adj.** ou **laïc, laïque** **n.** **(latin chrét. *laïcus* → ²lai, emprunt au grec *laikos* « du peuple », de *laos* « peuple » [opposé à *klêrikos* → clerc])** **1.** Qui ne fait pas partie du clergé. *Juridictions religieuse et laïque* (→ **séculier**). – **n.** *Un laïc, un laïque ; une laïque.* – par ext. *La société laïque*, par opposition au clergé. **2.** Indépendant des religions, des confessions religieuses. → **neutre.** *Enseignement laïque.*

laird [lɛʀd] **n. m.** **(de l'écossais, var. de *lord*)** Propriétaire d'une terre et d'un manoir, en Écosse.

lais **n. m.** **(de *laisser*)** **1.** vieux Legs. **2.** dr. Terrain que les eaux découvrent en se retirant.

Laïs Courtisane grecque mentionnée surtout par Athénée (IIIᵉ s.). Elle aurait été liée notamment à Alcibiade et Démosthène.

laisse **n. f.** **(de *laisser* au sens I ; idée de « lien lâche »)** **I.** Lien avec lequel on attache un chien, un animal pour le mener. *Tenir un chien en laisse.* **II.** littér. Tirade, couplet d'une chanson de geste. **III.** Espace que la mer laisse à découvert à chaque marée. → **lais** (2).

laissé(e)-pour-compte [lesepuʀkɔ̃t] **adj.** (chose ou personne) Dont personne ne veut. *Marchandise laissée-pour-compte*, que le destinataire a refusée. **n.** *Des laissés-pour-compte.* ■ *Les laissés-pour-compte de la société.* → **exclu.**

laissées **n. f. pl.** chasse Fiente des sangliers.

laisser **v. tr.** < 1 > **(vient du latin *laxare* « détendre » et « abandonner, céder » ; famille de *lâcher**, *laxatif, relaxer* et p.-ê. de l'ancien français *laier*, d'où *délai, relais*)** **I.** (Ne pas intervenir) **1.** (semi-auxiliaire ; + inf.) Ne pas empêcher de. → **consentir, permettre.** *Laisser faire qqn, le laisser agir. Laisser aller, partir* (qqn, un animal). – *Laisser voir son trouble*, le montrer. – absolt *Laisser faire, laisser dire* : ne pas se préoccuper de ce que font, disent les autres. – *Laisser courir*, laisser tomber**. ■ ***Se laisser*** (+ inf.) : ne pas s'empêcher de, ne pas se priver de. → **s'abandonner,** se **détendre.** *Elle s'est laissée aller.* ■ Ne pas empêcher qqn ou qqch. de faire qqch. sur soi. *Elle s'est laissé injurier. Se laisser faire*, n'opposer aucune résistance. – fam. (choses) *Un vin qui se laisse boire*, qu'on boit sans déplaisir. **2.** (avec un compl. déterminé) Maintenir (qqn, qqch.) dans un état, un lieu, une situation. → **garder.** *Laisser qqn debout. Laisser tranquille, laisser en paix*, ne pas importuner. *Cela me laisse indifférent.* – *Laisser la porte ouverte.* **3.** *Laisser qqch. à qqn*, maintenir avec ; ne pas priver de. *Laisser les enfants à leur mère.* – *Laissez-lui le temps (d'agir).* **4.** Ne pas supprimer. *Le correcteur a laissé quelques fautes.* **II.** **1.** Ne pas prendre (ce qui se présente). *Manger les raisins et laisser les pépins.* loc. *C'est à prendre ou à laisser.* **2.** ***Laisser à*** : ne pas prendre pour soi (afin qu'un autre prenne). → **réserver.** *Elle lui a laissé le plus gros morceau.* ■ Ne pas faire soi-même. → **confier.** *Laisser un travail à qqn.* – *Ne rien laisser au hasard.* ■ ***Laisser à désirer*** : être insuffisant, médiocre. ■ loc. ***Laisser à penser, à juger*** : laisser (à qqn) le soin de penser, de juger par soi-même, ne pas expliquer. *Je te laisse à penser quelle a été sa surprise.* **III.** Ne pas garder avec soi, pour soi. → **abandonner, délaisser.** **1.** Se séparer de (qqn, qqch.). → **quitter.** *Je vous laisse pour un instant.* ■ Quitter volontairement et définitivement. *Elle a laissé son mari.* → **¹lâcher.** ■ *Laisser en plan*, en rade**. **2.** Abandonner (qqch. de soi). → **perdre.** fig. et fam. *Y laisser sa (la) peau.* – (choses) *Liquide qui laisse un dépôt.* **3.** Remettre (qqch. à qqn) en partant. → **confier.** *Laisser sa clé au gardien, chez le gardien, dans un tiroir.* – *Il a laissé ses enfants chez sa sœur.* **4.** Vendre à un prix avantageux. → **céder.** *Je vous laisse ce tapis pour mille euros, à mille euros.* **5.** Donner (un bien, une somme) par voie de succession. → **léguer.** **IV.** vieux *Laisser de* (+ inf.) : ne pas continuer de. – littér. ***Ne pas laisser de*** : ne pas cesser de. *Malgré leurs disputes, elles ne laissaient pas d'être amies*, elles n'en étaient pas moins amies.

laisser-aller **n. m. invar.** **1.** Absence de contrainte. → **abandon, désinvolture.** **2.** péj. Absence de soin. *Le laisser-aller de sa tenue.* → **débraillé.** *Le laisser-aller dans le travail.* → **négligence.**

laisser-faire **n. m. invar.** Attitude qui consiste à ne pas intervenir.

laissez-passer **n. m. invar.** Pièce autorisant une personne à circuler librement. → **sauf-conduit.**

lait n. m. (vient du latin *lac, lactis* → lact[o]-) **I. 1.** Liquide blanc, opaque, très nutritif, sécrété par les glandes mammaires des femmes, des femelles de mammifères. → **galact(o)-, lact(o)-.** *Nourrir un nouveau-né, un petit de son lait.* → **allaiter ; tire-lait.** ■ loc. *De lait. Cochon, veau, agneau de lait,* qui tète encore. – *Frères, sœurs de lait,* enfants qui ont eu la même nourrice. – *Dent* de lait.* **2.** Lait de mammifères domestiques destiné à l'alimentation humaine. *Lait de vache, de chèvre.* – *Lait entier, demi-écrémé, écrémé. Le lait caillé* et le petit-lait* (→ **petit-lait**). – *Lait stérilisé, pasteurisé.* – *Café, chocolat* ***au lait.*** – loc. *Soupe* au lait.* – *Sucer qqch. avec le lait,* s'en imprégner dans la petite enfance. **II. 1.** Suc blanchâtre (de végétaux). → **latex. 2.** *Lait végétal :* boisson obtenue par émulsion de végétaux. *Lait d'amande, de soja, d'avoine...* **3.** Préparation d'apparence laiteuse. *Lait de beauté, lait démaquillant.*

laitage n. m. Le lait ou les substances alimentaires tirées du lait (yaourt, fromage...). *Aimer les laitages.*

laitance ou **laite** n. f. Liquide laiteux constitué par le sperme des poissons.

laité, ée adj. **1.** Qui a de la laitance. **2.** Mâle, en parlant d'un poisson (opposé à *œuvé*). *Hareng laité. Carpe laitée.*

laiterie n. f. **1.** Lieu où s'effectuent la collecte et le traitement du lait, la fabrication du beurre. – Industrie laitière. **2.** vieux Crémerie.

laiteron n. m. (latin *lactarius* → lait) Plante herbacée dont les tiges et les feuilles contiennent un latex blanc. - syn. **lait d'âne.**

laiteux, euse adj. Qui a l'aspect, la couleur blanchâtre du lait. *Une lumière laiteuse.*

¹laitier, ière I. n. **1.** vieux Personne qui vend du lait. → **crémier. 2.** Personne qui livre le lait (à domicile, chez les détaillants). *« Les laitiers font tinter leurs bidons dans la rue »* (Apollinaire). **II.** adj. **1.** *Vache laitière,* élevée pour son lait. – n. f. *Une laitière.* **2.** Relatif au lait, matière première alimentaire. *Industrie, coopérative laitière. Produits laitiers.*

²laitier n. m. (de *lait,* à cause de l'aspect vitreux) Masse d'impuretés qui se forme à la surface des métaux en fusion.

laiton n. m. (arabe *lātūn* « cuivre », turc *altun* « or ») Alliage de cuivre et de zinc. *Fil de laiton.*

laitonner v. tr. < 1 > techn. **1.** Garnir de fils de laiton. – *Câble laitonné.* **2.** Recouvrir de laiton.

laitue n. f. (vient du latin *lactuca,* de *lac, lactis* → lait, à cause du suc laiteux) Plante potagère, dont les feuilles tendres sont mangées en salade. → **¹romaine.** *Cœurs de laitues.*

laïus [lajys] n. m. (du *Discours de Laïus* [→ Laïos], donné au premier concours d'entrée à Polytechnique) **1.** fam. Allocution. → **discours, speech. 2.** Discours vague et emphatique. → **blabla.**

laïusser v. intr. < 1 > fam. Faire des laïus. □ **adj. et n. laïusseur, euse**

laize n. f. (vient du latin pop., de *latus* « large » → alèse) **1.** Lé. **2.** mar. Bande de toile d'une voile.

Lajhta (László) Compositeur hongrois (1892-1963). Son œuvre, à l'instar de celle de son compatriote B. Bartók, s'inspire de la musique populaire hongroise et de ses contemporains français, tels Ravel et Roussel.

Lakanal (Joseph) Homme politique français (1762-1845). Président du comité de l'Instruction publique sous la Convention, il fit adopter plusieurs décrets relatifs à l'organisation des écoles. Proscrit en 1816 pour avoir voté la mort de Louis XVI, il s'exila aux États-Unis jusqu'en 1833.

Lakatos (Imre) Philosophe des sciences et épistémologiste britannique d'origine hongroise (1922-1974). D'abord disciple de Popper, il proposa une variante sophistiquée du faillibilisme poppérien.

Lake District Région du N.-O. de l'Angleterre. Ce district fut célébré par les poètes dits « lakistes », notamment Coleridge et Wordsworth. Parc national. Tourisme.

Lake Placid Station de sports d'hiver de l'État de New York, aux États-Unis. Jeux olympiques en 1932 et 1980.

Lake Success Localité de l'île de Long Island, dans la conurbation de New York. Premier siège de l'ONU (1946-1951).

Lakhdar Hamina (Mohamed) Cinéaste algérien (né en 1934). Ses films ont pour cadre l'épopée de la décolonisation. *Le Vent des Aurès ; Chronique des années de braise.*

Lakhdaria, anciennement **Palestro** Ville d'Algérie (Grande Kabylie). 42 900 habitants.

Lakṣmī Divinité hindoue de la Fortune, épouse de Vishnou.

lalala interj. (d'un radical onomatopéique *lall-*) Onomatopée qui évoque le fredonnement. → **tralala.**

Lalande (Joseph Jérôme Lefrançois de) Astronome français (1732-1807). Il fournit, en collaboration avec l'abbé de La Caille, les premières mesures précises de la parallaxe lunaire. Il releva la position d'environ 50 000 étoiles et compléta les tables de Halley.

Lalande (André) Philosophe français (1867-1963). Partisan d'un rationalisme ouvert à l'expérience, il a été le directeur et le principal rédacteur du *Vocabulaire technique et critique de la philosophie.*

La Laurencie (Lionel, comte de) Musicologue français (1861-1933). Spécialiste de la musique instrumentale des XVIIe et XVIIIe s., il poursuivit et termina l'*Encyclopédie de la musique* d'Albert Lavignac.

Lalibela ou **Lalibala** Ville sainte du N. de l'Éthiopie, ancienne Roha (avant le XIIIe s.). Églises monolithes du XIIIe siècle.

Laliberté (Guy) Artiste canadien (québécois) [né en 1959]. Il fonda en 1984 le Cirque du Soleil.

Lalinde Commune de la Dordogne. 2 827 habitants. Bastide du XIIIe siècle.

Lalique (René) Joaillier, verrier et décorateur français (1860-1945). Il contribua au renouvellement de l'art du bijou et s'affirma comme l'un des principaux représentants de l'Art nouveau.

Lalitpur voir Patan

lallation [la(l)lasjɔ̃] n. f. (latin *lallare* « chanter lala », de l'onomatopée *lalla* → lalala) didact. Émission de sons plus ou moins articulés par le nourrisson. → **babillage.**

Lallemand (André) Astronome français (1904-1978). Il est l'inventeur, avec M. Duchesne, de la caméra électronique (1936).

Lally (Thomas Arthur, baron de Tollendal, comte de) Général français d'origine irlandaise (1702-1766). Envoyé en Inde à la tête d'un important corps expéditionnaire, il dut capituler face aux Anglais à Pondichéry (1761). Accusé de trahison, il fut condamné à mort. Voltaire fit campagne pour sa réhabilitation, que son fils **Lally-Tollendal** (1751-1830) obtint de Louis XVI en 1778.

Lalo (Édouard) Compositeur français (1823-1892). Ses œuvres d'inspiration romantique sont marquées par la richesse de l'instrumentation et par l'originalité de la mélodie. *Symphonie espagnole ; Namouna ; Le Roi d'Ys.*

Lalonde (Brice) Homme politique français (né en 1946). Président des Amis de la Terre, il fut ministre de l'Environnement, fonda Génération écologie puis mena différentes missions internationales sur le développement durable.

La Luzerne (César Guillaume de) Cardinal français (1738-1821). Évêque de Langres, il s'opposa à la Déclaration des droits de l'homme et du citoyen devant l'Assemblée nationale constituante. Émigré de 1791 à 1814, il fut nommé ministre d'État puis cardinal de Langres sous la Restauration.

Lam (Wifredo) Peintre cubain (1902-1982). Sa peinture, qui représente un monde onirique et cruel d'idoles primitives, emprunte autant à Goya ou à J. Bosch qu'à l'art africain et au surréalisme.

¹lama n. m. (quichua *llama,* par l'espagnol) Mammifère plus petit que le chameau et sans bosse, qui vit dans les régions montagneuses d'Amérique du Sud. → **vigogne.** *Tissu en poil, en laine de lama.* → **alpaga.**

²lama n. m. (du tibétain, de *[b]la* « supérieur » et *ma* « homme ») Prêtre, moine bouddhiste au Tibet et chez les Mongols. ■ *Grand lama* (vieux) : → **dalaï-lama.**

lamaïsme n. m. Forme de bouddhisme (Tibet, Mongolie). □ **adj. et n. lamaïste**

La Malbaie en anglais **Murray Bay** Ville du Canada (Québec), à l'embouchure de la Malbaie, sur le Saint-Laurent. 8 300 habitants. Industrie papetière. Tourisme.

Lamalou-les-Bains Commune de l'Hérault, au pied de l'Espinouse. 2 483 habitants. Station thermale. Centre d'excursions.

lamanage n. m. (de l'ancien français *laman,* du néerlandais *lootsman* « pilote ») mar. Pilotage des navires à l'entrée et à la sortie des ports, dans les chenaux...

lamaneur, euse n. (→ lamanage) mar. Pilote chargé(e) du lamanage.

lamantin n. m. (mot caraïbe « mamelle » ; influence de *lamenter*) Mammifère marin, plus gros que le phoque, au corps en fuseau épais, à nageoire non échancrée.

La Marck (Guillaume de) baron de Lumain (v. 1446-1485). Surnommé *le Sanglier des Ardennes* à cause de sa cruauté, il souleva les Liégeois contre Charles le Téméraire, et fut décapité sur ordre de l'empereur Maximilien d'Autriche.

L

Lamarck (Jean-Baptiste de Monet, chevalier de) Naturaliste français (1744-1829). Botaniste et zoologue, il élabora la première théorie de l'évolution des êtres vivants et exerça une profonde influence sur Darwin.

lamarckisme n. m. (de *Lamarck*) Théorie transformiste qui explique l'évolution des êtres vivants par l'influence directe du milieu et par l'hérédité des caractères acquis. *Lamarckisme et darwinisme.* □ **adj. et n. lamarckien, ienne**

Lamartine (Alphonse de) Poète et homme politique français (1790-1869). Le lyrisme exprimé dans sa poésie fut pour les jeunes romantiques une « révélation » (Sainte-Beuve). Partisan d'un « christianisme libéral et social », il connut une carrière politique de premier plan, avant d'être écarté par l'avènement du second Empire (1851). *Méditations poétiques ; Les Harmonies poétiques et religieuses ; Jocelyn ; Voyage en Orient ; Histoire des Girondins.*

Lamartine, par F. Gérard (1831), musée du château, Versailles.

lamaserie n. f. Monastère bouddhique où vivent les lamas (²).

Lamb (Charles) Homme de lettres britannique (1775-1834). Ses récits, essais et critiques font de lui l'un des principaux représentants du romantisme en Angleterre. Il écrivit, avec sa sœur Mary (1764-1847), des œuvres pour enfants tirées d'Homère et de Shakespeare. Ses essais sont marqués à la fois par un romantisme sombre et un humour burlesque *(Essais d'Elia)*.

Lamb (Willis Eugene) Physicien américain (1913-2008). Ses recherches sont à l'origine de l'idée d'électrodynamique quantique. Prix Nobel 1955.

lambada n. f. (mot portugais du Brésil « coup de fouet ») Danse d'origine brésilienne où les danseurs, très rapprochés, ondulent en cadence des épaules et des hanches.

Lamballe-Armor Commune des Côtes-d'Armor. 16 689 habitants. Collégiale romane et gothique. Musée. Industrie automobile.

Lamballe (Marie-Thérèse Louise de Savoie-Carignan, princesse de) (1749-1792). Surintendante de la maison de Marie-Antoinette, dont elle était l'amie dévouée, elle fut tuée lors des massacres de septembre 1792.

Lambaréné Ville du Gabon, sur l'Ogooué. 38 770 habitants. Centre médical fondé par A. Schweitzer pour lutter contre la lèpre.

lambda (mot grec) **I.** n. m. invar. Onzième lettre de l'alphabet grec (correspondant au *l* latin). **II.** adj. invar. fig. (p.-ê. du *point lambda*, le plus bas d'une courbe) Moyen, très quelconque. *L'auditeur, le téléspectateur lambda.*

L

lambeau n. m. (vient du francique *labba* et p.-ê. de l'ancien français *lambe* « lamelle » qui vient du latin *lamnula*) **1.** souvent au plur. Morceau d'une étoffe déchirée. *Vêtements en lambeaux.* → **haillon.** **2.** Morceau arraché. *Une affiche en lambeaux. Partir en lambeaux.* **3.** fig. Fragment, partie détachée. *« Je retrouve des lambeaux de passé accrochés partout »* (Mauriac). → **bribe.**

Lambersart Commune du Nord, dans la banlieue N.-O. de Lille. 27 425 habitants.

Lambert (Johann Heinrich) Mathématicien allemand (1728-1777). Il fit d'importantes découvertes en mathématiques (il démontra l'irrationalité de π), en physique et en astronomie : la *projection de Lambert* permit d'établir les planisphères terrestres ou célestes.

Lambert (Phyllis) née Bronfman Architecte canadienne (née en 1927). Elle a notamment conçu le centre des arts Saidye Bronfman à Montréal (1968). En tant que fondatrice et directrice du Centre Canadien d'Architecture de Montréal (inauguré en 1979), elle joua un rôle important dans la préservation du patrimoine urbain et l'avancée de l'architecture contemporaine.

Lambesc Commune des Bouches-du-Rhône. 10 018 habitants. Église du XVIIIe siècle.

Lambeth Faubourg de Londres, situé en face de Westminster. Palais de l'archevêque de Canterbury, siège des conférences des évêques anglicans.

lambic n. m. (du flamand) Bière belge fortement alcoolisée. – appos. *Gueuze* lambic.*

lambin, ine n. (p.-ê. de *lambeau*, idée de « mollesse ») fam. Personne qui agit habituellement avec lenteur et mollesse. → **traînard.** – adj. Lent. *Elle est un peu lambine.*

lambiner v. intr. < 1 > fam. Agir avec lenteur, mollesse. → **lanterner, traîner.**

lambliase n. f. (de *lamblia*, du n. du médecin tchèque W. Lambl, et de *-ase*) méd. Ensemble de troubles causés par un protozoaire flagellé parasite de l'intestin humain.

lambourde n. f. (p.-ê. de l'ancien français *laon* « planche », d'origine francique, et de *bourde* « poutre », ou famille de *lambrisser*) techn. Poutrelle supportant un parquet.

lambrequin n. m. (du radical de *lambeau* et du néerlandais *-kijn* → ¹**mannequin**) Bordure à festons et à franges.

lambris [lɑ̃bʀi] n. m. (altération de *lambrus* → **lambrisser**) Revêtement décoratif de murs ou de plafond. *Des lambris de bois.*

lambrisser v. tr. < 1 > (d'abord *lambruschier* ; vient du latin pop. *lambruscare*, de *lambrusca* « vigne sauvage », var. de *labrusca*) Revêtir (les murs, etc.) de lambris. – au p. p. *Salon lambrissé.*

lambswool [lɑ̃bswul] n. m. (de l'anglais « laine *[wool]* d'agneau *[lamb]* ») anglic. Laine très légère provenant de jeunes agneaux.

¹**lame** n. f. (vient du latin *lamina* → **laminer**) **1.** Bande plate et mince d'une matière dure (métal, verre, bois). *Lames de parquet.* – *Un ressort à lames.* **2.** Fer (d'un instrument, d'un outil tranchant). *La lame d'un ciseau, d'une scie. Une lame de couteau.* – loc. fig. *Visage en lame de couteau,* maigre et très allongé. – *Lame d'épée.* loc. fig. *Une fine lame,* un bon escrimeur. **3.** *Lame (de rasoir),* rectangle d'acier tranchant qui s'adapte à un rasoir mécanique. **4.** sc. Formation naturelle mince et allongée (en anat., etc.). – bot. *Les champignons à lames.* → **lamelle.** **5.** Chaque carte d'un jeu de tarot. → **arcane.**

²**lame** n. f. (de ¹*lame*) Ondulation de la mer sous l'action du vent. → ¹**vague.** *La crête, le creux d'une lame.* – *Lame de fond,* provenant d'un phénomène sous-marin ; fig. phénomène puissant et soudain, qui emporte tout.

lamé, ée adj. (de ¹*lame*) Se dit d'un tissu où entre un fil entouré de métal. *Tissu lamé or.* – n. m. *Une robe de lamé.*

Lamé (Gabriel) Mathématicien et ingénieur français (1795-1870). On lui doit, outre ses recherches en mathématiques (géométrie et mécanique analytiques), l'établissement des lignes de chemin de fer Paris-Saint-Germain et Paris-Versailles.

Lamech Patriarche biblique, père de Noé.

lamellaire adj. sc. Dont la structure est faite de lamelles. *Corps lamellaire.*

lamelle n. f. (latin *lamella*, de *lamina* → ¹**lame**) **1.** Petite lame très mince. *Lamelle de verre pour examen microscopique.* **2.** bot. Fin feuillet, sous le chapeau des champignons basidiomycètes. **3.** Fine tranche. *Découper en lamelles* (→ **émincer**).

lamellé, ée adj. et n. m. **1.** adj. Disposé en lamelles ; garni de lamelles. **2.** n. m. techn. *Lamellé-collé :* matériau composé de lamelles de bois collées. *Des lamellés-collés.*

lamellibranche n. m. zool. Mollusque aux branchies en forme de lamelles (classe des *Lamellibranches* ; ex. la moule, le pétoncle).

lamelliforme adj. didact. En forme de lamelle.

lamellirostre n. m. (→ rostre) zool. Oiseau au bec large bordé de lamelles transversales (sous-ordre des *Lamellirostres* ; ex. le canard, l'oie).

Lamennais ou **La Mennais** [lam(ə)nɛ] **(Félicité Robert de)** Écrivain et penseur français (1782-1854). Défendant, aux côtés de H. Lacordaire, un christianisme libéral, et prônant la séparation de l'Église et de l'État, il fut désavoué par Rome et évolua vers un humanitarisme démocratique. *Paroles d'un croyant.*

lamentable adj. **1.** vieux Qui inspire la pitié. → **déplorable.** *Un lamentable accident.* **2.** littér. Qui exprime une lamentation, une plainte. **3.** Très mauvais. → **minable, pitoyable.** *Cette émission était lamentable.* → **nul.**

lamentablement adv. D'une manière lamentable.

lamentation n. f. (du latin → **se lamenter**) **1.** Plainte exprimée de manière sonore et prolongée. ■ *Le mur des Lamentations :* vestige du temple de Jérusalem, devant lequel les juifs viennent prier. **2.** souvent au plur. Suite de paroles exprimant le regret douloureux, la récrimination. *Se répandre en lamentations.* → **jérémiade.**

se **lamenter** v. pron. < 1 > (latin *lamentari*, de *lamentum* « pleurs, lamentation ») Se plaindre longuement. → **gémir.** *Se lamenter sur son sort.*

Lamentin Commune de la Guadeloupe (Basse-Terre). 17 774 habitants.

Lamentin (Le) Commune de la Martinique. 39 628 habitants. Aéroport.

lamento [lamɛnto] n. m. (de l'italien → **se lamenter**) Air triste et plaintif, chant de douleur. *Des lamentos.*

lamer v. tr. < 1 > (de *lame*) techn. Aplanir (une surface) avec une lame tournante. *Fraise à lamer.* □ n. m. **lamage**

Lameth (Alexandre Théodore Victor, comte de) Général et homme politique français (1756-1854). Il participa à la guerre de l'Indépendance américaine, comme son frère **Charles, comte de Lameth** (1757-1832). Monarchistes constitutionnels, ils émigrèrent, puis servirent dans les armées de Napoléon. ■ **Alexandre, comte de Lameth** (1760-1829), frère des précédents. Il forma, avec Barnave et Duport, le triumvirat qui, à l'Assemblée nationale constituante, prit position en faveur des réformes. Il fut préfet sous l'Empire puis député sous la Restauration.

La Mettrie (Julien Offray de) Médecin et philosophe français (1709-1751). Matérialiste, il radicalisa, en l'étendant à l'homme, la théorie cartésienne des animaux-machines. *L'Homme-Machine.*

Lami (Eugène) Peintre et graveur français (1800-1890). Ses œuvres se présentent comme des chroniques de la vie mondaine parisienne.

Lamia Ville de Grèce, sur le golfe du même nom. 50 000 habitants. Elle fut le point de départ de la guerre d'insurrection anti-macédonienne, ou *guerre lamiaque,* lancée par les Athéniens après la mort d'Alexandre le Grand (–323).

lamiacée voir **labié**

lamie n. f. (du latin, du grec *lamia*) didact. **1.** Monstre mythologique à buste de femme sur un corps de serpent, qui passait pour dévorer les enfants. **2.** Requin de grande taille, à museau conique. → **touille.**

lamier n. m. (latin *lamium* « ortie ») Plante herbacée commune dans les champs et les haies. *Le lamier blanc est appelé aussi* ortie blanche.

lamifié n. m. (n. déposé ; de *lame*, d'après *stratifié*) Stratifié en papier de cellulose.

laminage n. m. **1.** Opération consistant à laminer un métal. *Laminage à chaud, à froid.* **2.** fig. Action de réduire très fortement l'importance (de qqch. ou de qqn).

¹**laminaire** n. f. (latin *lamina* → **laminer**) Algue marine brune aux feuilles en forme de longs rubans aplatis.

²**laminaire** adj. (du latin *lamina* → ¹**lame**) phys. Qui s'effectue par glissement de couches de fluide les unes sur les autres. *Régime laminaire* (opposé à *turbulent*).

laminer v. tr. < 1 > (de l'ancien français *lamine*, du latin *lamina* → ¹**lame**) **1.** Amincir (une masse métallique) en feuilles, lames, par une forte pression. – au p. p. *Acier, fer laminé.* **2.** fig. Diminuer (qqch.) jusqu'à l'anéantissement. *Laminer la marge bénéficiaire.* – *Être laminé par les soucis.*

lamineur, euse **1.** n. Ouvrier, ouvrière procédant aux opérations de laminage. **2.** adj. Qui lamine (aussi fig.).

laminoir n. m. Machine, dispositif servant à laminer. – fig. loc. *Passer au laminoir,* être soumis à de rudes épreuves.

Lamoignon (Guillaume de) Magistrat français (1617-1677). Premier président au parlement de Paris, il refusa de juger Fouquet et tenta de réformer la justice pénale. ■ **Guillaume de Lamoignon** (1683-1777). Petit fils du précédent. Il fut chancelier sous Louis XV. Il est le père de Malesherbes.

Lamoricière (Christophe Louis Léon Juchault de) Général et homme politique français (1806-1865). Il prit part à la conquête de l'Algérie, se distinguant notamment lors de la prise de Constantine, en octobre 1837. Député à l'Assemblée constituante, il combattit l'insurrection de juin 1848.

Lamorlaye Commune de l'Oise. 8 889 habitants.

La Mothe Le Vayer (François de) Philosophe français (1588-1672). Son scepticisme critique à l'égard des Anciens, des mœurs et de la religion en fait l'un des principaux « libertins érudits » du XVIIe siècle.

Lamotte-Beuvron Commune du Loir-et-Cher, en Sologne. 4 611 habitants.

La Motte-Fouqué (Friedrich, baron de) Auteur dramatique et écrivain allemand (1777-1843). Il laissa de nombreux drames et récits romantiques. Parmi ses contes, *Ondine,* dont s'inspira Giraudoux.

La Motte-Picquet (Toussaint Guillaume, comte Picquet de La Motte, dit) Marin français (1720-1791). Il se distingua contre les Britanniques lors de la guerre de l'Indépendance américaine.

Lamour (Jean-François) Sabreur français (né en 1956). Champion olympique en 1984 et 1988, champion du monde en 1987, il fut ministre de la Jeunesse et des Sports de 2002 à 2007.

Lamourette (Antoine Adrien) Homme politique français (1742-1794). Évêque constitutionnel et député à la Législative, il tenta de réconcilier les Feuillants, les Jacobins et les Cordeliers par un discours qui fut suivi d'une embrassade générale *(baiser Lamourette).* Il s'opposa aux massacres en septembre 1792 et fut guillotiné sous la Terreur.

Lamoureux (Charles) Violoniste et chef d'orchestre français (1834-1899). Spécialiste du répertoire wagnérien, il fonda les Nouveaux Concerts, qui devaient plus tard porter son nom.

lampadaire n. m. (du latin médiéval, de *lampada* → lampe) Appareil d'éclairage électrique monté sur un haut support. *Lampadaire de rue* (→ **réverbère**), *d'appartement.*

Lampang Ville du N. de la Thaïlande. 148 200 habitants. Fondée au VIe s., elle fut la capitale d'un ancien royaume môn.

lampant, ante adj. (du provençal, de *lampa* « briller », du grec *lampein* → lampe) *Pétrole lampant,* raffiné pour l'éclairage.

lamparo n. m. (du provençal ; famille de *lampe*) régional Source de lumière, phare pour attirer le poisson.

lampas [lɑ̃pɑ(s)] n. m. (origine inconnue) Étoffe de soie à grands dessins tissés en relief. *Des fauteuils « couverts en lampas à fleurs »* (Balzac).

lampe n. f. (vient du bas latin *lampada,* du grec *lampas, lampados* « torche », de *lampein* « briller ») I. 1. Récipient contenant un liquide ou un gaz combustible, pour éclairer. *Lampes à huile.* → **quinquet.** *Lampe à pétrole.* – *Lampe-tempête,* dont la flamme est protégée du vent. ■ → **cul-de-lampe.** 2. Appareil d'éclairage par l'électricité. *Changer l'ampoule d'une lampe. Lampe au néon.* – *Lampe de bureau, de chevet, à pied* (→ **lampadaire**). *Lampe de poche,* à pile. *Lampe torche.* 3. ***Lampe à souder,*** dont le combustible est destiné à produire de la chaleur, pour le soudage. 4. Tube électronique ou électrique, ne servant pas à l'éclairage. *Lampe de radio. Lampe à bronzer,* émettant des rayons UV. II. (du sens I, 1 → lamper) fig., fam. ***S'en mettre plein la lampe*** : manger et boire abondamment.

Lampedusa (Giuseppe Tomasi di) Romancier italien (1896-1957). Prince sicilien, il écrivit *Le Guépard,* peinture de la décadence de la haute société sicilienne.

Lampedusa Île italienne de la Méditerranée, entre Malte et la Tunisie. 5 500 habitants. Centre d'accueil de migrants.

lampée n. f. fam. Grande gorgée de liquide avalée d'un trait.

lamper v. tr. < 1 > (var. de *laper ;* influence de *lampe* [II]) Boire d'un trait ou à grandes gorgées. → **siffler.**

lampion n. m. (de l'italien « grosse lanterne », de *lampa* → lampe) 1. anciennt Godet contenant une matière combustible et une mèche, utilisé pour des illuminations. 2. Lanterne vénitienne. *Les lampions du 14 Juillet.* – (du cri *« des lampions ! »,* pour réclamer des illuminations) loc. *Réclamer qqch. sur l'air des lampions,* en trois syllabes détachées, sur une seule note.

lampiste n. m. 1. Personne chargée de l'entretien des lampes, de l'éclairage. 2. fig. Subalterne au poste le plus modeste, et à qui on fait souvent endosser injustement les responsabilités.

lampisterie n. f. 1. vieux Industrie, commerce des lampes. 2. Entrepôt des lampes et lanternes (dans une gare).

lampourde n. f. (du provençal, de *laporda,* famille du latin *lappa* « bardane ») régional Plante sauvage herbacée à fleurs groupées en capitules, appelée aussi *petite bardane.*

lamproie n. f. (vient du bas latin *lampreda*) Poisson au corps cylindrique, ayant l'apparence d'une anguille.

Lampsaque Ancienne ville grecque d'Asie Mineure, sur les Dardanelles. Elle fut l'un des principaux théâtres de la guerre du Péloponnèse au Ve s. av. J.-C.

lampyre n. m. (du grec, de *lampein* « briller » → lampe) zool. Coléoptère dont la femelle est le ver luisant.

Lanaken Ville de Belgique (Limbourg), au N. de Maastricht. 25 884 habitants. Papeteries. Réserve naturelle.

Lanaudière Région administrative du Québec, sur la rive N. du Saint-Laurent, au N.-E. de Montréal. 12 414 km². 424 000 habitants. Ville principale : Joliette.

Lancashire Comté du N.-O. de l'Angleterre au N. de Liverpool et de Manchester. 1,1 million d'habitants. Chef-lieu : Preston. Jadis première région industrielle du pays, le comté, économiquement sinistré, s'est reconverti dans des activités chimiques et pétrochimiques.

Lancaster (sir James) Navigateur anglais (v. 1555-1618). Il dirigea en 1601 la première expédition de la Compagnie des Indes orientales, et inspira le voyage de Baffin au N.-O. de l'Amérique.

Lancaster (Burton Stephen, dit Burt) Acteur américain (1912-1994). Il tourna d'abord pour Hollywood *(Vera Cruz),* puis en Europe sous la direction de L. Visconti *(Le Guépard),* et de B. Bertolucci.

Burt Lancaster dans *Le Guépard* de Luchino Visconti (1963).

Lancaster Ville d'Angleterre (Lancashire). 48 000 habitants. Château médiéval.

Lancastre (maison de) Famille noble anglaise, fondée en 1267 et qui régna de 1399 à 1471 avec les rois Henri IV, Henri V et Henri VI. La guerre des Deux-Roses (1455-1485), qui l'opposa à la maison d'York, mit fin à la dynastie.

lance n. f. (vient du latin *lancea,* p.-ê. d'un mot celtique) I. Arme à longue hampe terminée par un fer pointu. → **javelot, ²pique.** *Coup de lance.* – loc. (allusion aux tournois) *Rompre une lance avec* ou *contre qqn,* soutenir une controverse contre lui. ■ loc. ***En fer de lance*** : en forme de feuille allongée et pointue. – fig. *Le fer de lance d'une offensive économique,* son élément le plus dynamique. II. *Lance à eau,* pièce métallique à l'extrémité d'un tuyau de pompe ou d'arrosage, servant à diriger le jet. *Lance d'incendie.*

lance-bombe n. m. Appareil installé à bord d'un avion de bombardement, pour le largage des bombes. *Des lance-bombes.* - var. **lance-bombes** (invar.).

lancée n. f. Élan de ce qui est lancé, vitesse acquise. – loc. *Continuer sur sa lancée.*

lance-engin n. m. Dispositif militaire qui effectue le lancement des missiles (ou engins). *Des lance-engins.* - var. **lance-engins** (invar.).

lance-flamme n. m. Engin de combat servant à projeter des liquides enflammés. *Des lance-flammes.* - var. **lance-flammes** (invar.).

lance-fusée n. m. Dispositif de guidage et de lancement de projectiles autopropulsés. → **bazooka, lance-roquette.** *Des lance-fusées.* - var. **lance-fusées** (invar.).

lance-grenade n. m. Engin servant à lancer des grenades. *Des lance-grenades.* - var. **lance-grenades** (invar.).

Lancelot (dom Claude) Religieux janséniste et grammairien français (1615-1695). L'un des fondateurs des Petites Écoles de l'abbaye de Port-Royal, il publia des méthodes de langues (grec, latin, italien, espagnol) et contribua, aux côtés de A. Arnauld, à la rédaction de la *Grammaire générale et raisonnée,* ou *Grammaire de Port-Royal.*

Lancelot du Lac Personnage du *cycle breton,* chevalier du roi Artus (Arthur), il apparaît dans *Lancelot ou le Chevalier à la charrette* de Chrétien de Troyes (XIIe s.), ainsi que dans le premier roman en prose, *Lancelot.*

lancement n. m. 1. Action de lancer, de projeter. *Lancement du javelot.* – Projection au moyen d'un dispositif de propulsion. *Rampe de lancement* (pour fusées). 2. *Lancement d'un navire,* mise à l'eau. 3. Action de lancer (¹, 6). → **promotion.** *Le lancement d'un produit.*

lance-missile n. m. Engin servant à lancer des missiles. → **lanceur.** *Des lance-missiles.* - var. **lance-missiles** (invar.).

lancéolé, ée adj. (latin *lanceola,* de *lancea* → lance) 1. En forme de fer de lance. 2. archit. Qui présente des arcs brisés très aigus (lancettes).

lance-pierre n. m. Dispositif à élastique, pour lancer des projectiles. *Des lance-pierres.* – loc. fam. *Manger avec un lance-pierre,* vite et peu. - var. **lance-pierres** (invar.).

¹lancer v. tr. < 3 > (vient du bas latin *lanceare,* de *lancea* → lance ; élancer) 1. Envoyer loin de soi dans une direction déterminée. → **jeter, projeter.** *Lancer le disque, le javelot. Lancer une balle à qqn.* – (à l'aide d'un dispositif, d'un engin) *Lancer des flèches, une fusée.* 2. Faire sortir de soi, avec force. → **émettre.** *Volcan qui lance des cendres. Ses yeux lancent des éclairs.* – *Assez ! lança-t-il avec colère.* → **¹dire.** – Faire mouvoir avec rapidité dans une certaine direction. *Lancer les bras en avant.* ■ Envoyer dans la direction de qqn. *Lancer un clin d'œil.* 3. fig. Envoyer sans ménagement à l'adresse de qqn. *Lancer des accusations.* 4. Faire partir vite et avec force. *Lancer un cheval au galop.* 5. Mettre en mouvement. *Lancer un moteur.* ■ inform. Activer, exécuter (un programme, une tâche). *Lancer une impression.* ■ fam. Engager (qqn) dans un sujet de conversation. – au p. p. *Le voilà lancé, il ne s'arrêtera plus.* 6. Pousser (qqn, qqch.) en faisant connaître, en mettant en valeur, en crédit. *Lancer un artiste, une idée.* ■

Employer les moyens de communication propres à mettre en circulation, à faire connaître. *Lancer une marque, un produit.* → **promouvoir. 7. v. intr.** régional Élancer. *Une migraine qui lance.* **– v. tr. fam.** *Ça me lance.* ■ **se lancer v. pron. 1.** Se jeter, s'élancer. → **se précipiter. 2.** S'engager hardiment. *Se lancer dans de grosses dépenses.* **3.** Se faire connaître.

[2]lancer n. m. (de [1]lancer) 1. *Lancer* ou *pêche au lancer,* pêche à la ligne, qui consiste à lancer un leurre. *Lancer léger, lourd.* **2.** sports Épreuve d'athlétisme consistant à lancer le plus loin possible un poids, un disque, un javelot ou un marteau. ■ *Lancer franc :* au basketball, tir sans opposition accordé à un joueur victime d'une faute.

lance-roquette n. m. Engin portatif d'infanterie servant à lancer les roquettes. → **bazooka, lance-fusée.** *Des lance-roquettes.* - var. **lance-roquettes (invar.).**

lance-torpille n. m. Dispositif aménagé à bord d'un sous-marin ou d'un navire de guerre pour le lancement des torpilles. *Des lance-torpilles.* - var. **lance-torpilles (invar.).**

lancette n. f. (d'abord « petite lance ») 1. Petit instrument de chirurgie utilisé pour les petites incisions. **2.** archit. Arc brisé surhaussé (en fer de lance) (→ **lancéolé**).

lanceur, euse n. 1. Personne qui lance (qqch.). **–** sports *Lanceur de javelot.* ■ *Lanceur, lanceuse d'alerte :* personne qui dénonce publiquement des faits dangereux ou contraires au bien commun. **2. n. m.** Fusée chargée d'envoyer un satellite, un missile, etc. dans l'espace. **–** *Lanceur de missiles.* → **lance-missile.**

lancier n. m. (du bas latin → lance) hist. Soldat, cavalier armé d'une lance.

lancinant, ante adj. (latin *lancinans,* de *lancinare,* pour *lacerare* → lacérer) 1. Qui se fait sentir par des élancements aigus. *Douleur lancinante.* **2.** Qui obsède. *Une musique lancinante.*

lanciner v. < 1 > (latin *lancinare* → lancinant) littér. 1. v. intr. (douleur) Donner des élancements douloureux. **2. v. tr.** Tourmenter de façon lancinante. → **obséder.**

lançon n. m. (de *lance,* par analogie de forme) Poisson au corps effilé, appelé aussi *anguille des sables.* → **équille.**

Lançon (Philippe) Journaliste et écrivain français (né en 1963). Grièvement blessé lors du massacre commis par des djihadistes à Charlie Hebdo en 2015, il revient sur l'instant de l'attentat et raconte la douloureuse reconstruction de son visage dans *Le Lambeau* (prix Femina et Renaudot spécial).

Lancret (Nicolas) Peintre et graveur français (1690-1743). Admirateur de Watteau, dont il imita les *Fêtes galantes,* il illustra les *Contes* de La Fontaine.

land [lɑ̃d] **n. m. (de l'allemand → lande)** État fédéré de l'Allemagne. *Le land de Bavière. Des lands* ou *des länder* [lɛndœʀ] **(plur. allemand).**

landais, aise adj. De la région des Landes. *Les forêts landaises.*

land art [lɑ̃daʀt] **n. m. (mots anglais des États-Unis) anglic.** Forme d'art consistant en interventions de grande ampleur sur la nature, les paysages.

landau n. m. (n. d'une ville allemande) 1. anciennt Voiture à cheval à quatre roues, à capote formée de deux soufflets pliants. **2.** Voiture d'enfant à caisse suspendue. *Des landaus.*

Landau (Lev Davidovitch) Physicien soviétique (1908-1968). Après des premiers travaux sur le magnétisme, il étudia la supraconductivité, la physique des plasmas et la théorie des champs. Prix Nobel 1962.

Landau Ville d'Allemagne (Rhénanie-Palatinat). 43 200 habitants. Églises gothiques. Ville libre avant 1324, elle fut française (1648), puis bavaroise (1815).

lande n. f. (vient du gaulois *landa* « plaine » ; famille du germanique *land*) Étendue de terre où ne croissent que certaines plantes sauvages (ajonc, bruyère, genêt, etc.). → **garrigue, maquis.** *« La lande sauvage, aux bruyères roses, aux ajoncs couleur d'or »* (Loti).

Lander (Alfred Bernhardt Stevnsborg, dit Harald) Danseur et chorégraphe danois naturalisé français (1905-1971). Il fut directeur de l'École nationale de danse et maître de ballet à l'Opéra de Paris.

landerneau n. m. (de *Landerneau*) fam. Milieu particulier, petite société. *Une nouvelle qui agite le landerneau politique.*

Landerneau Commune du Finistère, sur l'estuaire de l'Élorn. 16 025 habitants. Ancienne capitale du Léon. Églises des XVIe et XVIIe siècles. Le pont de Rohan (XVIe siècle) est habité.

Landes n. f. pl. Région du S.-O. de la France, entre le Bordelais et l'Adour, sur l'océan Atlantique. Autrefois sablonneuse et marécageuse, cette plaine fut asséchée et transformée à la fin du XVIIIe s. au moyen de plantations de pins, œuvre poursuivie sous le Second Empire. Les Landes devinrent ainsi une des régions forestières les plus riches de France. Parc naturel régional des Landes de Gascogne. Pêche et ostréiculture. Stations balnéaires (Arcachon, Mimizan, Hossegor, Capbreton). Industrie du bois.

Landes n. f. pl. [40] Département français de la Région Nouvelle-Aquitaine (→ carte). 9 243 km^2. 418 122 habitants. Chef-lieu : Mont-de-Marsan. Chef-lieu d'arrondissement : Dax. Le département couvre la totalité de la région naturelle des Landes ainsi que, au S., la Chalosse.

land art

Bosque animado (forêt animée) par Agustin Ibarrola Goicoechea (1984, forêt d'Oma, Espagne).

landgrave [lɑ̃dgʀav] **n. m. (de l'ancien allemand « comte *[Grave, Graf]* du pays » → land, lande) hist.** Titre de princes souverains allemands.

landier n. m. (de l'ancien français *l'andier,* du gaulois *anderos* « jeune taureau », d'après les ornements en têtes d'animaux) Grand chenet de cuisine, comportant un récipient et des crochets latéraux.

Landini ou **Landino (Francesco)** Compositeur italien (1325-1397). Célèbre organiste, il fut l'un des maîtres de l'*Ars Nova* florentin par ses madrigaux, ballades et chansons à deux et trois voix.

Landivisiau Commune du Finistère. 9 204 habitants. Église du XVIe siècle.

Landolfi (Tommaso) Romancier italien (1908-1979). Il développa, dans ses romans et ses récits, une sorte de poétique de la peur humaine face au mystère. *Un amour de notre temps.*

landolphia n. m. (de *Landolphe,* navigateur français) bot. Liane qui donne un latex riche en caoutchouc.

Landor (Walter Savage) Homme de lettres britannique (1775-1864). Admirateur de la Révolution française et opposé à la domination napoléonienne, lié aux poètes lakistes, il devint, grâce à ses *Conversations imaginaires,* un classique de la littérature anglaise.

Landouzy (Louis) Médecin français (1845-1917). Ses travaux portèrent sur les maladies nerveuses et sur le traitement par sérums de maladies infectieuses (syphilis, tuberculose).

Landowska (Wanda) Claveciniste polonaise (1877-1959). Enseignante et concertiste, elle contribua à la renaissance du clavecin.

Landowski (Paul) Sculpteur français (1875-1961). Prix de Rome en 1900, influencé par Rodin, il est l'auteur de nombreuses commandes officielles, vivement contestées par les tenants de l'art contemporain. ■ **Marcel Landowski.** Compositeur français, fils de Paul (1915-1999). Il fut le fondateur de l'Orchestre de Paris (1967).

Landrecies Commune du Nord. 3 456 habitants. Ancienne place forte fortifiée par Vauban.

Landru (Henri Désiré) Criminel français (1869-1922). Accusé du meurtre de dix femmes et d'un jeune garçon, il fut guillotiné.

Landry (Bernard) Homme d'État canadien (québécois) [1937-2018]. Président du Parti québécois de 2001 à 2005, il fut Premier ministre du Québec (2001-2003).

Landsbergis (Vytautas) Homme d'État lituanien (né en 1932). Président du Parlement, il milita pour l'indépendance de son pays contre les pressions de Moscou. Il fonda le parti conservateur de Lituanie et fut élu député européen en 2004 et en 2009.

Land's End Pointe granitique du S.-O. de l'Angleterre, en Cornouailles.

Landshut Ville d'Allemagne (Bavière), sur l'Isar. 62 230 habitants. Église gothique. Palais Renaissance.

Landsteiner (Karl) Médecin américain d'origine autrichienne (1868-1943). Père de l'immunologie sanguine, il mit en évidence les différents groupes sanguins et le facteur Rhésus. Prix Nobel 1930.

landtag [lɑ̃dtag] **n. m. (mot allemand)** Assemblée délibérante dans certains États germaniques. → **[2]diète.**

laneret n. m. (de *lanier*) Mâle du faucon lanier*.

Lanester Commune du Morbihan, dans la banlieue N. de Lorient. 22 940 habitants.

Lanfranc Prélat anglais d'origine italienne (v. 1005-1089). Conseiller de Guillaume le Conquérant, il fut archevêque de Canterbury et primat d'Angleterre.

Lanfranco (Giovanni), dit en français Lanfranc Peintre et graveur italien (1582-1647). Élève des Carrache, auteur de vastes décorations dans les églises de Parme et de

Naples, il fut l'un des premiers représentants du baroque romain.

Lang (Andrew) Écrivain et ethnographe britannique (1844-1912). Il tenta d'établir une genèse de la religion et des mythes à partir de données biologiques et géographiques. *Magie et religion.*

Lang (Fritz) Cinéaste américain d'origine autrichienne (1890-1976). Maître du cinéma expressionniste allemand, il traita dans ses premières œuvres des thèmes de la liberté menacée et de la culpabilité *(Metropolis ; M le Maudit)*. Parti aux États-Unis à l'avènement du nazisme, il y tourna de nombreux films *(Furie ; La Femme au portrait ; Les Contrebandiers de Moonfleet)*. De retour en Allemagne en 1959, il réalisa *Le Diabolique Docteur Mabuse.*

Affiche de la reprise en 2004 de *Metropolis*, de Fritz Lang (1927).

Lang (Jack) Juriste et homme politique français (né en 1939). Il fut plusieurs fois ministre (Culture, Éducation nationale) et fonda notamment la Fête de la musique en 1981. Il a fait adopter les mesures en faveur du livre et du cinéma. Il a été nommé président de l'Institut du monde arabe, à Paris, en 2013.

langage n. m. (d'abord *language ; de langue*) **I. 1.** Fonction d'expression de la pensée et de communication entre les humains, mise en œuvre par la parole ou par l'écriture. *« La poésie est un art du langage. Le langage, cependant, est une création de la pratique »* (Valéry). *Étude du langage.* → **linguistique.** *Le langage et les langues* (II). **2.** Tout système de signes permettant la communication. *Langage chiffré.* – inform. (anglais *language* « langue ») Ensemble codé de signes utilisé pour la programmation. *Langage machine,* avec lequel on donne des instructions à un ordinateur. **3.** Système d'expression et de communication que l'on compare au langage humain. *Le langage des fleurs. – Le langage des animaux.* **II.** Façon de s'exprimer propre à un groupe ou à un individu. → **langue (II), usage.** *Langage courant, parlé, littéraire. Langage administratif.* ■ (qualité de l'expression) *Le beau langage.* ■ Discours. *« Les hommes [...] changent de langage comme d'habit »* (Rousseau).

langagier, ière adj. et n. **1.** adj. Relatif au langage. *Habitudes langagières.* **2.** n. (Canada) Personne qui exerce une activité professionnelle en relation avec le langage (traducteur, rédacteur, terminologue...).

Langdon (Harry) Comédien et cinéaste américain (1884-1944). Comique du cinéma muet à l'allure insolite de rêveur éveillé, il conçut et réalisa des films avec la collaboration de Frank Capra.

lange n. m. (de l'ancien adj. *lange,* qui vient du latin *laneus* « de laine », de *lana* → laine) Carré de laine ou de coton dont on emmaillotait un bébé. – loc. *Dans les langes,* dans l'enfance.

Lange (Friedrich Albert) Écrivain politique et philosophe allemand (1828-1875). Néokantien, partisan de la social-démocratie, il vit dans l'éducation des classes populaires un des moyens de résoudre les questions sociales.

Lange (Christian Lous) Jurisconsulte norvégien (1869-1938). Il est l'auteur de *L'Arbitrage international obligatoire* et d'une *Histoire de l'internationalisme.* Prix Nobel de la paix 1921.

Lange (Dorothea) Photographe américaine (1895-1965). Elle photographia d'abord le monde rural marqué par la crise de 1929, puis élargit ses reportages, notamment dans *Life,* à l'ensemble de la société américaine.

Dorothea Lange, *Mère migrante* (1936).

Langeac Commune de la Haute-Loire, sur l'Allier. 3 451 habitants. Église gothique.

Langeais Commune de l'Indre-et-Loire près de Chinon. 4 349 habitants. Château du XVe s. bâti sur une forteresse médiévale (donjon).

langer v. tr. < 3 > Envelopper (un bébé) d'un lange, de langes.

Langerhans (Paul) Médecin allemand (1847-1888). Ses travaux portèrent sur la sécrétion de l'insuline par des amas de cellules glandulaires *(îlots de Langerhans).*

Langevin (Paul) Physicien français (1872-1946). Théoricien du paramagnétisme, défenseur et vulgarisateur de la théorie de la relativité, il mit au point la technique du sonar durant la Première Guerre mondiale.

Langevin (André) Écrivain canadien (québécois) (1927-2009). Dans un style nerveux et précis, ses récits mettent en scène des personnages en proie à la solitude face à la souffrance et à l'injustice. *Évadé de la nuit ; L'Élan d'Amérique.*

Langgässer (Elisabeth) Poète et romancière allemande (1899-1950). Ses romans et ses recueils de vers expriment un lyrisme exalté et un symbolisme à la fois sensuel et mystique. *Le Sceau indélébile.*

Langhans (Carl Gotthard) Architecte allemand (1732-1808). Il conçut la porte de Brandebourg à Berlin et introduisit le style néoclassique en Allemagne.

Langhoff (Matthias) Metteur en scène allemand naturalisé français (né en 1941). Ses mises en scène de Brecht, Kleist, Shakespeare, Strindberg, violentes et provocatrices, se veulent l'écho de la réalité contemporaine.

Langlais (Jean) Organiste et compositeur français (1907-1991). Il fut titulaire de l'orgue de Sainte-Clotilde à Paris, tenu avant lui par Franck et par Tournemire. *Suite française.*

Lang Lang Pianiste chinois (né en 1982). Enfant prodige, il joue depuis l'âge de onze ans avec les plus grands orchestres (Philharmoniques de Vienne, Berlin, New York). Il interprète entre autres Tchaïkovski, Mendelssohn, Liszt, et son compositeur fétiche, Chopin.

Langley Ville des États-Unis (Virginie). Siège de la CIA.

Langlois (Henri) Cofondateur de la Cinémathèque française (1914-1977). Il rassembla et fit restaurer, avec G. Franju, un fonds exceptionnel, et contribua au développement du cinéma français.

Langmuir (Irving) Physicien et chimiste américain (1881-1957). Ses travaux portèrent sur les gaz (hydrogène atomique, ionisation des gaz, condensation du mercure) et aboutirent notamment à l'invention des ampoules électriques à atmosphère gazeuse. Prix Nobel de chimie 1932.

Langogne Commune de la Lozère, sur l'Allier. 2 875 habitants. Église romane et gothique.

Langon Chef-lieu d'arrondissement de la Gironde, sur la Garonne. 7 366 habitants. Viticulture (graves).

langoureusement adv. D'une manière langoureuse.

langoureux, euse adj. (de *langueur*) Qui manifeste une mélancolie sentimentale, de la langueur (2). → **alangui, languide.** *« Un certain regard langoureux qui promet beaucoup »* (Laclos). – *Un tango langoureux.*

langouste n. f. (de l'ancien provençal, d'abord « sauterelle », du latin *locusta*) Grand crustacé marin comestible, aux longues antennes, sans pinces aux pattes antérieures (à la différence du homard).

langoustier n. m. **1.** Filet à langoustes. **2.** Bateau équipé pour la pêche à la langouste.

langoustine n. f. Petit crustacé marin comestible aux longues pinces.

Langreo Ville d'Espagne (Asturies). 43 934 habitants. Sidérurgie.

Langres Chef-lieu d'arrondissement de la Haute-Marne, sur le contrefort du *plateau de Langres.* 7 682 habitants. Remparts restaurés. Cathédrale romane. Église du XIIIe siècle.

Lang Son Ville du N. du Viêtnam, près de la frontière chinoise. 74 500 habitants. Sa position stratégique en fit le théâtre de plusieurs conflits, avec la France (1885, 1953), puis la Chine (1979).

langue n. f. (vient du latin *lingua*) **I. 1.** Organe charnu, musculeux, allongé et mobile, placé dans la bouche. *La langue, organe du goût. Avoir la langue blanche, sèche. Se brûler la langue. – Tirer la langue à qqn,* pour le narguer. fig. *Tirer la langue,* avoir soif, être dans le besoin. ■ (animaux) *La langue râpeuse du chat.* – cuis. *Langue de bœuf à la tomate.* **2.** (en tant qu'organe de la parole) loc. *Avoir la langue bien pendue,* être bavard. *Ne pas avoir la langue dans sa poche :* parler, répliquer avec facilité. *Ne pas savoir tenir sa langue,* être indiscret. *Avoir un cheveu sur la langue :* zézayer. *Se mordre la langue,* se retenir de parler, ou se repentir d'avoir parlé. *Tourner sept fois sa langue dans sa bouche,* réfléchir avant de parler. ■ *Une mauvaise langue, une langue de vipère,* une personne médisante. *Elle est très mauvaise langue.* **II. 1.** Système d'expression et de communication par des moyens phonétiques (→ **parole**) et éventuellement graphiques (→ **écriture**), commun à un groupe social (communauté linguistique). → **idiome ; dialecte, ^{2}parler, patois.** *Le langage* et les langues. La langue, système abstrait et la parole, selon Saussure. Lexique et syntaxe d'une langue. Étude des langues.* → **linguistique.** *Langues romanes, germaniques, slaves (indo-européennes). Langues mortes, vivantes. Langue officielle et langue nationale. – Parler une, plusieurs langues. Langue maternelle, première,* apprise dans la petite enfance. *Langue vernaculaire*.* **2.** Langage parlé ou écrit spécial à certaines matières *(langues de spécialités)* ou à certains milieux. → **usage.** *La langue verte :* l'argot. **3.** Façon de s'exprimer par le langage. *Une langue riche en images.* – loc. *Langue de bois :* discours figé, stéréotypé (notamment, du pouvoir politique). **4.** fig. Mode d'expression. *La langue des signes* (autres que ceux du langage). → **sémiotique.** **III.** (du sens I) Chose, objet en forme de

langues

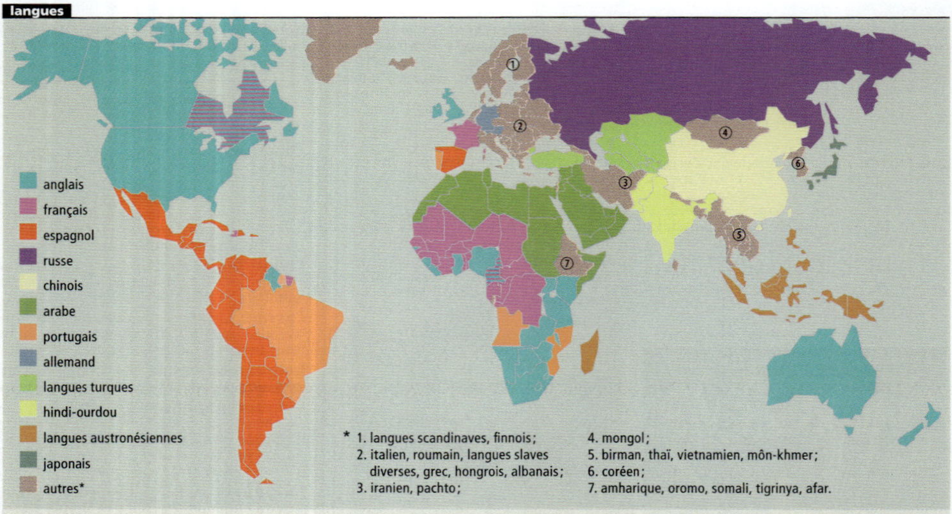

Il est difficile de déterminer le nombre de langues parlées dans le monde et de différencier les langues des dialectes. Cependant, on estime entre 3 000 et 7 000 le nombre de langues vivantes.

langue. → **languette.** *Langue de feu,* flamme allongée. *Langue de terre,* bande de terre allongée et étroite.

langue-de-bœuf n. f. Fistuline. *Des langues-de-bœuf.*

langue-de-chat n. f. Petit biscuit plat, allongé, à l'extrémité arrondie. *Croquer des langues-de-chat.*

langue-de-serpent n. f. bot. Ophioglosse. *Des langues-de-serpent.*

Languedoc n. m. Ancienne province du sud de la France. Le Languedoc s'étendait sur l'Aude, le Gard, l'Hérault et la Lozère, et comprenait également Toulouse, sa capitale, et une partie du Massif central. La région subit l'occupation romaine à partir de –120 (Narbonnaise), puis dut faire face aux grandes invasions du Ve s. Passé sous l'hégémonie des comtes de Toulouse (XIe-XIIe s.), le Languedoc connut un important essor économique et vit se développer une brillante culture, marquée par la littérature en langue d'oc. Gagnée par l'hérésie cathare, la région fut le théâtre de la croisade des albigeois (XIIIe s.) et fut fortement éprouvée par les guerres de Religion (XVIe s.).

Languedoc-Roussillon Anc. région administrative de la France (jusqu'en 2015). → **Occitanie.**

languette n. f. Objet plat et allongé. *Languette d'une chaussure.*

langueur n. f. **(vient du latin *languor,* de *languere* → languir) 1.** vieilli État d'un malade dont les forces diminuent lentement. → **dépérissement ; languir.** *Maladie de langueur.* **2.** Mélancolie douce et rêveuse. *Langueur amoureuse* (→ **langoureux**). **3.** Manque d'activité ou d'énergie. → **apathie, indolence.**

languide adj. **(du latin, de *languere* → languir)** littér. Languissant, langoureux. « *Un œil languide et tristement rêveur* » (Gide).

Languidic Commune du Morbihan. 8 047 habitants. Chapelle de style flamboyant (XVe s.). Industrie alimentaire (viande).

languir v. intr. < 2 > **(vient du latin *languire,* de *languere* « être abattu, nonchalant » ; famille de *lâcher, laisser*) 1.** (personnes) Manquer d'activité, d'énergie (→ **langueur**). *Languir dans l'inaction.* – (choses) Manquer d'animation, d'entrain. *La conversation languit.* → **traîner. 2.** Attendre qqch. avec impatience. – **v. pron.** régional *Se languir :* s'ennuyer. – *Je me languis de lui :* il me manque.

languissant, ante adj. **1.** vieux Faible, mourant. « *Languissante elle* [la rose] *meurt, feuille à feuille déclose* » (Ronsard). **2.** littér. ou plais. Qui exprime la langueur amoureuse. → alangui. *Un regard languissant.* **3.** Qui manque d'énergie, de vie. *Un récit ennuyeux et languissant.* → **¹morne.**

Laniel (Joseph) Industriel et homme d'État français (1889-1975). Président du Conseil, il mena une politique conservatrice. Le désastre de Điện Biên Phủ causa sa chute.

lanier n. m. **(de *l'anier,* de l'ancien français *ane* « canard »)** Faucon femelle dressé pour la chasse au vol (fauconnerie). *Mâle du lanier.* → **laneret.**

lanière n. f. **(de l'ancien français *lasne,* de *nasle,* qui vient du francique *nastila* « lacet »)** Longue et étroite bande (de cuir, etc.). → **courroie.**

Lanjuinais (Jean Denis, comte) Homme politique français (1753-1827). Député du tiers état aux États généraux de 1789, il contribua à la création du club des Jacobins. Rallié aux Bourbons, il fut sous la Restauration l'un des chefs de l'opposition constitutionnelle.

Lanmeur Commune du Finistère. 2 369 habitants. Clocher du XVIIIe siècle.

Lannemezan (plateau de) Plateau situé au pied des Pyrénées centrales, vaste cône de déjection où la Save, le Gers et la Baïse prennent leur source.

Lannemezan Commune des Hautes-Pyrénées. 5 803 habitants. Industries (aluminium et électrochimie).

Lannes (Jean), duc de Montebello Maréchal de France (1769-1809). Enrôlé en 1792, il fit les campagnes de Bonaparte en Italie et en Égypte et participa au 18 Brumaire. Maréchal en 1804, il contribua à de nombreuses victoires de l'Empire. Il fut mortellement blessé à Essling.

Lannion Chef-lieu d'arrondissement des Côtes-d'Armor, sur le Léguer. 20 451 habitants. Église de Brélévenez, romane et gothique. Maisons des XVe-XVIe s. Électronique. Centre national d'études des télécommunications.

lanoline n. f. **(de l'allemand, du latin *lana* → laine et *oleum* → huile)** Substance onctueuse utilisée dans la préparation des pommades, des crèmes.

La Noue (François de) surnommé **Bras de Fer** ou **le Bayard huguenot** Homme de guerre et écrivain français (1531-1591). Passé à la Réforme, lieutenant de l'amiral de Coligny, il se rallia à Henri IV. *Discours politiques et militaires.*

Lanoux (Armand) Écrivain français (1913-1983). Représentant tardif du naturalisme, admirateur de Balzac et de Zola, il fut secrétaire de l'académie Goncourt. *Le Commandant Watrin ; Quand la mer se retire.*

Lans-en-Vercors Commune de l'Isère. 2 673 habitants. Station d'été et de sports d'hiver.

Lansing Ville des États-Unis, capitale du Michigan. 114 300 habitants. Industrie automobile. Université.

Lanskoy (André) Peintre français d'origine russe (1902-1976). Ses toiles, qui relèvent d'une esthétique abstraite et lyrique, expriment bonheur et vitalité.

Lanson (Gustave) Universitaire et critique littéraire français (1857-1934). Il appliqua les méthodes historiques à l'histoire littéraire et dirigea la publication d'un *Manuel bibliographique de la littérature française.*

lansquenet n. m. **(allemand *Landsknecht,* de *Land* « pays » → land et *Knecht* « valet, serviteur ») 1.** hist. Fantassin allemand, mercenaire en France (XVe-XVIe siècles). **2.** anciennt Jeu de cartes (introduit en France par les lansquenets).

lanterne n. f. **(latin *lanterna,* du grec *lamptêr,* de *lampein* « brûler » → lampe) I. 1.** Boîte à parois ajourées, translucides ou transparentes, contenant une source de lumière. → **¹falot, fanal.** *Lanternes vénitiennes,* en papier de couleur. → **lampion (2).** – *Lanterne rouge,* à l'arrière du dernier véhicule d'un convoi. fig. *La lanterne rouge,* le dernier (d'un classement, d'une file). ▪ Feux de position (d'une automobile). **2.** loc. *Prendre des vessies* pour des lanternes.* **3.** Appareil de projection. – *Lanterne magique,* qui projetait des

Laocoon

Laocoon et ses fils, par Agesandre, Athanodore et Polydore de Rhodes (IIe s. av. J.-C.), musée du Vatican.

Laon

Laon, la cathédrale Notre-Dame (XIe s.).

images peintes. – loc. *Éclairer la lanterne de qqn,* lui fournir les explications nécessaires pour qu'il comprenne. **II.** archit. Dôme vitré éclairant par en haut un édifice. – Tourelle ajourée surmontant un dôme, une coupole (**→ lanternon**).

lanterner v. intr. < 1 > **(d'un ancien sens de *lanterne* « pénis » ; *cf.* *branler*)** **1.** Perdre son temps. **→ lambiner, musarder, traîner.** **2.** *Faire lanterner qqn,* le faire attendre.

lanternon ou **lanterneau** n. m. **(de *lanterne* [II])** Petite lanterne au sommet d'une coupole ; cage vitrée au-dessus d'un escalier, d'un atelier.

lanthane n. m. **(du latin, du grec *lanthanein* « être caché »)** chim. Premier métal de la série des lanthanides (symb. La ; n° at. 57 ; masse at. 138,90).

lanthanide n. m. chim. Un des éléments aussi appelés *terres rares.*

Lantz (Walter) Producteur américain de dessins animés (1900-1994). Il produisit la série *Woody Woodpecker,* qui met en scène les aventures d'un pivert au bec ravageur.

Lanús Ville d'Argentine, dans l'agglomération de Buenos Aires. 466 000 habitants.

Lanvaux (landes de) Région naturelle du S. de la Bretagne (Morbihan) formant une crête granitique (175 m) parallèle à la côte.

Lanvéoc Commune du Finistère, au S. de la rade de Brest. 1 966 habitants. École navale. Base d'aéronautique navale de Lanvéoc-Poulmic.

Lanvin (Jeanne) Modiste et couturière française (1867-1946). Elle fonda à Paris en 1889 sa maison de couture, qui commercialise également du parfum depuis 1924.

Lanza del Vasto (Giuseppe Lanza di Trabia-Branciforte, dit Joseph Jean) Penseur et écrivain français d'origine italienne (1901-1981). Il a fondé plusieurs communautés, dont celle de l'Arche dans l'Hérault, pour mettre en pratique et diffuser une doctrine éthique s'inspirant autant du catholicisme que du pacifisme de Gandhi.

Lanzarote Île de l'archipel des Canaries (Espagne). 142 517 habitants. Vigne. Tourisme.

Lanzhou ou **Lan-tcheou** Ville de Chine, capitale du Gansu, sur le Huang he. 2,4 millions d'habitants. Carrefour de communication. Centre de commerce et d'industrie (pétrochimie, métallurgie, mécanique).

Lanzmann (Claude) Réalisateur français (1925-2018). Il restitua différents témoignages sur les camps de concentration nazis dans *Shoah* et *Le Dernier des injustes.*

Laocoon Prêtre d'Apollon à Troie. Il meurt étouffé, avec ses deux fils, par deux énormes serpents envoyés par Apollon pour le punir d'un sacrilège. Un groupe sculpté hellénistique célèbre représente la scène (musée du Vatican).

Laodicée [-du-Lycus] Ancienne ville d'Asie Mineure (Phrygie), à l'emplacement de l'actuelle ville turque de Denizli. Détruite par un tremblement de terre en 65, elle fut reconstruite par les Romains et devint l'un des premiers foyers du christianisme.

Lao Kay ou **Lào Cai** Ville du N. du Viêtnam, à la frontière chinoise. 100 000 habitants. Nœud de communications.

Laomédon Roi légendaire de Troie, fils d'Ilos et père de Priam. Il est tué par Héraclès.

Laon Chef-lieu de l'Aisne. 24 091 habitants. Cathédrale gothique du XIIe-XIVe s. Églises et palais. Musée. La ville fut un siège épiscopal à partir du VIe s. et une place forte à partir du XVIe siècle.

Laonnois n. m. Région du Bassin parisien, autour de Laon, dont le sol limoneux se prête aux grandes cultures céréalières et betteravières.

Laos

n. m. ■ offic. **République démocratique populaire lao** État d'Asie du Sud-Est, dans la péninsule indochinoise. 236 800 km². 7 millions d'habitants (les *Laotiens*). **Langues :** lao (offic.), français. **Population :** Laos, Khâs, Chinois, Vietnamiens, Khmers, Thaïlandais. **Religion :** bouddhistes. **Monnaie :** kip. **Capitale :** Vientiane. **Régime :** république populaire.

Le Nord du pays est occupé par deux massifs montagneux dominant la plaine de Vientiane. Le Sud est bordé, à l'E., par la cordillère Annamitique. Le Mékong traverse le Laos sur 1 800 km. La forêt couvre la plus grande partie du pays. Excepté dans le N. et en altitude, le climat est tropical, marqué par la

Laos, la rivière Nam Song, à Vangvieng.

mousson. L'économie repose largement sur le secteur primaire : l'agriculture occupe 76 % de la population (riz et pavot, coton, tabac, sériciculture) ; l'élevage et la pêche fluviale sont importants. Les ressources forestières et minières sont peu exploitées.

Les Chinois (IVe-Ve s.) puis les Khmers (XIe-XIIe s.) s'installèrent dans la région. Le royaume du Lan Xang, fondé en 1353, prit au XVIe siècle Vientiane pour capitale, lutta contre la Birmanie, avant d'être divisé en trois États qui passèrent pour l'un au Viêtnam, pour les autres au Siam (1827). La France installa un protectorat sur les territoires laotiens de la rive gauche du Mékong (1893). Le Japon occupa le pays (1942-1945). Le Laos obtint une indépendance partielle (1949), totale (1953), tandis que s'affrontaient monarchistes et communistes. Malgré sa neutralité, le Laos fut entraîné dans la guerre d'Indochine puis du Viêtnam (1964-1973). La république socialiste instaurée en 1975 tomba sous contrôle vietnamien (1977). Depuis 1975, le Laos est soumis au régime du parti unique (Parti révolutionnaire populaire lao ou Pathet Lao), soutenu par l'armée. En 2013, le pays a intégré l'OMC.

L

Laos

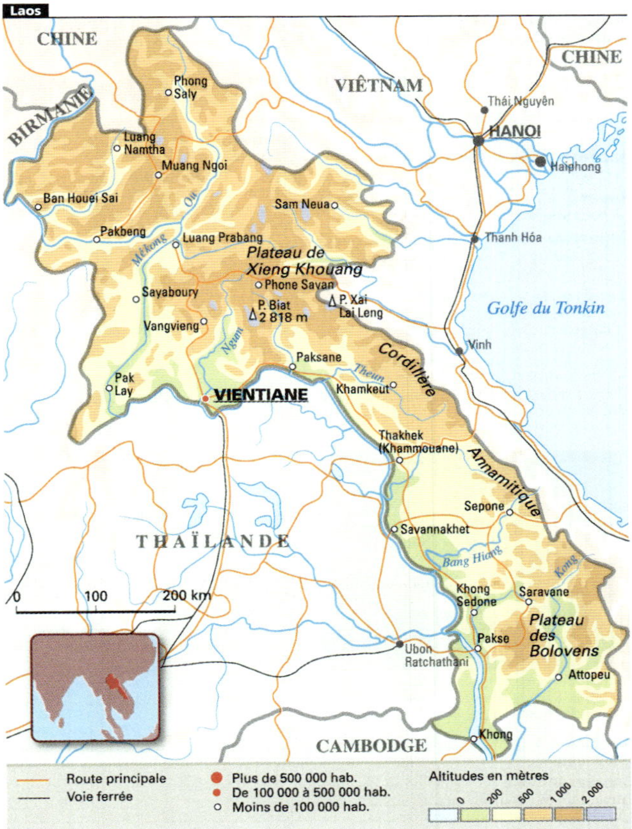

Ses principaux partenaires économiques sont le Viêtnam, la Thaïlande et la Chine.

Lao She ou **Lao Cho** Dramaturge et romancier chinois (1897-1966). Considéré comme le premier écrivain moderne chinois, il s'inspira dans son œuvre du petit peuple de Pékin. Partisan du communisme de Mao Zedong, il fut néanmoins persécuté pendant la Révolution culturelle et se suicida. *Le Tireur de pousse-pousse ; La Maison de thé.*

laotien, ienne [laɔsjɛ̃, jɛn] **adj. et n.** Du Laos. – **n.** *Les Laotiens.* ▪ **n. m.** *Le laotien :* langue thaïe parlée au Laos.

Lao-tseu ou **Laozi** Philosophe chinois (v. 570-490 av. J.-C.) Personnage peut-être légendaire et contemporain de Confucius, il est l'auteur présumé du *Livre de la Voie et de la Vertu (Daodejong),* ouvrage fondamental du taoïsme. Ce mouvement à caractère philosophico-religieux se distingue de la pensée confucéenne par son style énigmatique et le recours fréquent au paradoxe.

La Palice (Jacques de Chabannes, seigneur de) Maréchal de France (v. 1470-1525). Combattant valeureux lors des guerres d'Italie (sous Charles VIII, Louis XII et François Ier), il mourut devant Pavie. Une chanson composée par ses soldats pour célébrer sa bravoure se terminait ainsi : « Un quart d'heure avant sa mort / Il était encore en vie ». Ces vers, restés célèbres pour leur naïveté, donnèrent lieu au mot *lapalissade.*

lapalissade n. f. (de *La Palice*) Affirmation évidente qui prête à rire. *Dire des lapalissades.* → **évidence, tautologie.**

Lapalisse Commune de l'Allier. 3 137 habitants. Château Renaissance.

laparoscopie n. f. (du grec *lapara* « flanc » et de *-scopie*) méd. Endoscopie de la cavité abdominale.

laparotomie n. f. (du grec *lapara* « flanc » et de *-tomie*) chir. Incision de la paroi abdominale.

La Pasture (Rogier de) voir **Van der Weyden**

lapement n. m. Action de laper ; bruit ainsi produit.

laper v. tr. < 1 > (onomatopée) (animal) Boire à coups de langue. *Chat qui lape du lait.*

lapereau n. m. (p.-ê. d'un radical ibère *lappa* « pierre plate », d'où « caverne », puis « terrier ») Jeune lapin. *Des lapereaux.*

Lapérouse (Jean-François de Galaup, comte de) Navigateur français (1741-1788). Chargé par Louis XVI d'une expédition dans l'océan Pacifique, il découvrit l'île Necker, puis le détroit séparant les îles de Hokkaidō et de Sakhaline, qui porte aujourd'hui son nom. Il mourut vraisemblablement dans l'île de Vanikoro, après le naufrage de son bateau, l'*Astrolabe.*

La Pérouse reçoit les instructions de Louis XVI avant son voyage autour du monde en 1785, tableau de Nicolas Monsiaux (1817), musée du château, Versailles.

lapette n. f. (de *laper*) (Belgique) fam. Café trop léger. → **lavasse.**

lapiaz ou **lapié n. m. (du suisse dialectal *lapia,* qui vient du latin *lapis* → ^{2}lapidaire, lapider)** géol. ou régional Rainure superficielle creusée par les eaux en terrain calcaire.

Lapicque (Charles) Peintre français (1898-1988). De formation scientifique, il mit à profit ses recherches pour produire une œuvre fantaisiste, marquée en particulier par un emploi original des couleurs.

^{1}lapidaire n. (latin *lapidarius,* de *lapis* « pierre » → lapis) I. 1. Artisan qui taille, grave les pierres précieuses. **2.** Commerçant(e) en pierres précieuses autres que le diamant. **II. n. m.** Traité sur les pierres précieuses, au Moyen Âge.

^{2}lapidaire adj. (latin *lapidarius* → ^{1}lapidaire) 1. Relatif aux pierres, précieuses ou non. **2.** littér. Qui évoque par sa concision et sa vigueur le style des inscriptions sur pierre. → **concis, laconique.** *Formules lapidaires.*

lapidation n. f. Action de lapider.

lapider v. tr. < 1 > (latin *lapidare,* de *lapis* → ^{2}lapidaire, lapis) Attaquer, poursuivre ou tuer à coups de pierres.

lapié voir **lapiaz**

lapilli [lapi(l)li] **n. m. pl.** ou RO **n. m. (de l'italien, du latin *lapillus,* diminutif de *lapis* → ^{2}lapidaire)** Petites pierres poreuses projetées par les volcans en éruption. *Couche meuble de lapilli* (ou RO *lapillis*).

lapin n. m. (de *lapereau* ; a remplacé *connil, connin*) I. 1. Petit mammifère rongeur à grandes oreilles. *Femelle* **(→ hase, lapine),** *petit* **(→ lapereau)** *du lapin. Lapin de garenne,* vivant en liberté. *Lapin de clapier.* – loc. *Courir comme un lapin,* très vite. ▪ Sa chair comestible. *Lapin en civet. Pâté de lapin.* **2.** Fourrure de cet animal. **II. 1.** loc. *Le* ***coup du lapin*** *:* coup violent sur la nuque. – fig. Traîtrise. **2.** loc. fam. *Un chaud, un sacré lapin,* un homme porté sur les plaisirs sexuels. **3.** terme d'affection (pour les deux sexes) *Mon petit lapin.* **4. (de *monter en lapin* dans une voiture « en surnombre »)** loc. ***Poser un lapin à qqn*** *:* ne pas venir au rendez-vous qu'on a donné.

lapine n. f. 1. Femelle du lapin. **2.** fig. *(Mère) lapine :* femme très féconde.

lapiner v. tr. < 1 > (de *lapine*) élevage Mettre bas, en parlant de la lapine.

lapinière n. f. Clapier.

lapinisme n. m. fam. et iron. Fécondité excessive.

lapis ou **lapis-lazuli** [lapis(lazyli)] **n. m. (latin médiéval *lapis lazuli* « pierre d'azur » → azur)** Pierre d'un bleu d'azur ou d'outremer. *Des lapis-lazulis.*

Lapita Site de Nouvelle-Calédonie qui a donné son nom à une civilisation préhistorique du Pacifique sud (IIe millénaire av. J.-C.). Celle-ci est marquée par l'apparition d'une céramique au décor pointillé, exécuté à l'aide d'un peigne.

Lapithes n. m. pl. Peuple légendaire de Thessalie, ils sont célèbres pour leur victoire sur les Centaures au mariage de leur roi Pirithoos.

Laplace (Pierre Simon, marquis de) Mathématicien, astronome et physicien français (1749-1827). Il émit l'hypothèse selon laquelle le système solaire serait issu d'une nébuleuse en rotation *(Exposition du système du monde).* Ses travaux d'astronome le menèrent à des résultats mathématiques fondamentaux en analyse et en physique mathématique. Il découvrit avec Lavoisier les lois générales de la calorimétrie, formula une théorie générale de la capillarité et énonça les deux lois fondamentales de l'électromagnétisme, qui portent son nom. Son *Essai philosophique sur les probabilités* a été fondamental pour la définition du déterminisme.

Lapointe (Boby) Auteur-compositeur et interprète français (1922-1972). Comédien à l'occasion *(Tirez sur le pianiste),* il a développé un style fondé sur le calembour et la contrepèterie, sous lequel perce souvent une poésie délicate ou grinçante. *Avanie et Framboise ; La Fleur bleue contondante.*

lapon, one adj. et n. De Laponie. – **n.** *Les Lapons.* ▪ **n. m.** *Le lapon :* langue finno-ougrienne parlée en Laponie.

Laponie n. f. Région d'Europe septentrionale, peuplée par les Lapons, couvrant le nord de la Norvège, de la Suède et de la Finlande, et une partie de la Russie.

Laponneraye (Albert) Historien et publiciste français (1808-1849). Militant révolutionnaire, il fut rédacteur en chef de *La Voix du peuple* sous la IIe République. Il publia les *Œuvres de Maximilien Robespierre.*

Lapons ou **Saamis n. m. pl.** Habitants autochtones de Laponie (environ 50 000). La plupart sont sédentaires ; les autres, semi-nomades, pratiquent l'élevage des rennes. Ils parlent une langue finno-ougrienne, le saame (ou lapon).

laps [laps] **n. m. invar. (latin *lapsus* « mouvement, glissement »)** ***Laps de temps*** *:* espace de temps.

lapsus [lapsys] **n. m. (mot latin → laps, dans *lapsus linguae, calami* « glissement de langue, de plume »)** Emploi involontaire d'un mot pour un autre, en langage parlé ou écrit. *Des lapsus.*

laquage n. m. Action de laquer. *Le laquage d'un meuble.*

laquais n. m. invar. (p.-ê. du catalan ou de l'ancien provençal) 1. anciennt Valet portant une livrée. **2.** Personne servile. → **larbin.**

laque n. (arabe *lakk,* du sanskrit « tache, marque ») I. n. f. 1. Matière résineuse d'un rouge brun extraite d'arbres d'Extrême-Orient. **2.** Vernis chimique. **3.** Produit que l'on vaporise sur les cheveux pour les fixer. *Une bombe de laque.* **II. 1. n. m. ou f.** Vernis préparé avec la résine d'arbre à laque. **2. n. m.** Objet d'art en laque. *Un beau laque.*

Armoire en laque de Chine (XVIIIe s.).

laqué, ée adj. 1. Enduit de laque. *Bibelot laqué.* **2.** Fixé par de la laque. *Cheveux laqués.* **3.** cuis. *Canard laqué,* badigeonné d'une sauce aigre-douce pendant la cuisson.

Laquedives ou **Laccadive n. f. pl.** Archipel indien de la mer d'Oman, formé de 36 îles. 32 km^2. 60 650 habitants. Capitale : Kavaratti.

laquelle voir **lequel**

laquer v. tr. < 1 > 1. Enduire de laque. *Laquer un meuble de bois blanc.* **2.** Vaporiser de la laque (I, 3).

laqueur, euse n. techn. Ouvrier, ouvrière qui applique des laques ou des vernis.

La Quintinie (Jean de) Agronome français (1626-1688). Il fut directeur des jardins fruitiers et potagers des maisons royales sous Louis XIV et laissa des *Instructions pour les jardins fruitiers et potagers.*

Larbaud (Valery) Écrivain français (1881-1957). Dans une prose délicate et volontiers nostalgique, il évoqua avec humour son image de poète cosmopolite et fortuné. Il fut également critique et traducteur (Whitman, Butler, Joyce). *A. O. Barnabooth ;*

Fermina Márquez ; Enfantines ; Ce vice impuni, la lecture.

larbin n. m. (origine obscure) 1. fam., péj. Domestique. 2. Individu servile.

Larcenet (Emmanuel, dit Manu) Auteur et dessinateur de bande dessinée français (né en 1969). On lui doit les séries *Le Combat ordinaire* et *Blast,* BD en noir et blanc mettant en scène l'antihéros Polza Mancini.

larcin n. m. (vient du latin *latrocinium,* de *latro* → larron) littér. Petit vol commis sans violence. *Commettre un larcin.* – Chose volée.

lard n. m. (vient du latin *lardum,* de *laridum*) 1. Graisse ferme formant une couche épaisse dans le tissu sous-cutané du porc, employée dans l'alimentation. *Lard fumé.* 2. fam. Graisse du corps humain. – *Faire du lard,* engraisser. – *Rentrer dans le lard à qqn,* l'agresser. 3. (au sens ancien de « cochon ») fam. et péj. *Un gros lard* : un homme gros et gras. – *Tête de lard* : personne entêtée. ■ *Se demander si c'est du lard ou du cochon,* de quoi il s'agit.

larder v. tr. < 1 > I. Garnir (une pièce de viande) de lard, de lardons. II. fig. 1. Piquer à plusieurs reprises. *Larder qqn de coups de couteau.* 2. Entremêler. *Larder un texte de citations.* → entrelarder, truffer.

lardoire n. f. (de *larder*) Brochette creuse servant à larder la viande.

lardon n. m. I. Petit morceau de lard (pour la cuisine). II. fam. Petit enfant.

lare n. m. (latin *lares,* plur., p.-ê. étrusque, apparenté à *larva* → larve) Chez les Romains, Esprit tutélaire chargé de protéger la maison, la cité. – adj. *Les dieux lares.*

La Renaudie (Godefroi de Barri, seigneur de) Gentilhomme français (mort en 1560). Calviniste, chef de la conjuration d'Amboise, il fut trahi par un de ses amis et tué.

Lares n. m. pl. Dieux romains, à l'origine protecteurs de la fécondité. Ils veillent sur les carrefours et sur les foyers domestiques, souvent associés, dans ce rôle, aux Pénates.

La Reynie (Gabriel Nicolas de) Gentilhomme français (1625-1709). Premier lieutenant général de police de Paris en 1667, il organisa la police, assainit la ville et anéantit la cour des Miracles.

largable adj. Qui peut être largué (d'un avion, d'un véhicule spatial). *Cabine éjectable et largable.*

largage n. m. Action de larguer. *Le largage de bombes.*

large (fém. de l'ancien français *lars, larc,* qui vient du latin *largus* « abondant ») I. adj. 1. Qui a une étendue supérieure à la moyenne dans le sens de la largeur (s'oppose à *étroit*). *Une large avenue. Rendre plus large* (→ élargir). 2. *Large de* : qui a une largeur de. *Ici, le fleuve est large de cent mètres.* 3. (vêtement) Qui n'est pas serré. → ample, lâche. *Jupe large.* 4. Étendu, vaste. *Décrire un large cercle.* – *Au sens large du terme,* le plus étendu. 5. Qui a une grande importance. → considérable, important. *Faire une large part à qqch.* 6. (personnes ; idées) Qui n'est pas borné. *Esprit large. Large d'idées,* libéral. 7. Qui ne se restreint pas dans ses dépenses (→ largesse). – *Vous n'avez pas été très large,* très généreux. II. n. m. 1. *De large* : de largeur. *Deux mètres de large.* 2. loc. *Il m'a tout expliqué **en long*** et **en large**. Se promener de long* en large.* 3. *Être **au large*** : avoir beaucoup de place ; fig. être dans l'aisance. 4. La haute mer. *Gagner le large. Vers le large.* – loc. fam. *Prendre le large,* partir, s'enfuir. III. adv. 1. D'une manière ample. *Habiller large,* de vêtements larges. 2. D'une manière peu rigoureuse. *Calculer large. Voir large,* voir grand. – fam. *Être large* : avoir largement le temps, disposer d'une avance. 3. loc. *Elle n'en mène pas large,* elle a peur.

largement adv. 1. Sur une grande largeur, un large espace. *Col largement ouvert.* – *Idée largement répandue,* abondamment. 2. Sans compter. *Donner largement.* 3. Au moins, au minimum. *Ça vaut largement le double.* 4. De beaucoup, de loin. *Être largement battu.*

largesse n. f. 1. Disposition à être généreux. 2. souvent plur. Don généreux (→ large (I, 7)). *Faire des largesses.*

largeur n. f. 1. La plus petite dimension d'une surface (opposé à *longueur*), la dimension moyenne d'un volume (opposé à *longueur* et *hauteur*) ; son étendue. *Largeur d'épaules.* → carrure. *Sur toute la largeur de la rue.* – loc. fam. *Elle se trompe dans les grandes largeurs,* grandement, complètement. 2. Caractère de ce qui n'est pas borné, restreint. *Largeur d'esprit, de vues.*

larghetto [laʀgeto] adv. (mot italien) mus. Un peu moins lentement que largo. – n. m. Morceau exécuté dans ce tempo. *Des larghettos.*

Largillière ou **Largillierre** (Nicolas de) Peintre et dessinateur français (1656-1746). Coloriste raffiné, formé à l'école flamande, il devint le portraitiste favori d'une riche clientèle bourgeoise. *La Belle Strasbourgeoise.*

largo adv. (mot italien → large) mus. Avec un mouvement lent et ample, majestueux. – n. m. Mouvement joué largo. *Des largos.*

Largo Caballero (Francisco) Homme politique espagnol (1869-1946). Il contribua à l'instauration de la république et passa du réformisme au socialisme révolutionnaire après la grève des Asturies. Président du Conseil et ministre de la Guerre en 1936-1937, il s'exila à la victoire de Franco.

largonji n. m. (de *jargon,* transformé par ce code argotique) Argot où la consonne initiale du mot est remplacée par un l, et replacée à la fin du mot. *« En douce » devient « en loucedé » en largonji.*

larguer v. tr. < 1 > (de l'ancien adj. *largue,* de l'italien *largo* → large) 1. Lâcher ou détacher (un cordage). *Larguer les amarres* ; fig. partir. 2. Lâcher, laisser tomber d'un avion. *Larguer des parachutistes.* 3. fig., fam. Se débarrasser de. *Se faire larguer par ses amis.* → abandonner, ¹lâcher. – *Être largué* : ne plus comprendre, ne plus suivre.

Lariboisière (Jean-Ambroise Baston, comte de) Général français (1759-1812). Il participa aux campagnes napoléoniennes et mourut à la fin de la retraite de Russie. ■ **Honoré Charles Baston, comte de Lariboisière.** Homme politique français (1788-1868), fils du précédent. Favorable à la révolution de juillet 1830, il se rallia aux conservateurs puis à Louis Napoléon Bonaparte. Sa femme, **Élisa Roy** (1794-1851), fonda en 1846 l'*hôpital Lariboisière* à Paris.

larigot n. m. (origine inconnue) mus. Jeu d'orgue, appelé aussi *petit nasard.* – loc. adv. → à tire-larigot.

Larionov (Mikhaïl Fedorovitch, dit Michel) Peintre et décorateur français d'origine russe (1881-1964). Lié à Malevitch, il fonda avec sa compagne N. Gontcharova le « rayonnisme », dont il écrivit le manifeste. Figurant parmi les pionniers de la peinture non figurative *(Les Chats),* il réalisa des décors pour les Ballets russes à Paris de 1915 à 1922.

Larissa Ville de Grèce, cap. de la Thessalie. 144 600 habitants. Elle fut, dans l'Antiquité, à la tête de la Confédération thessalienne (–VIe s.).

Laristan ou **Lāristān** n. m. Région montagneuse d'Iran, en bordure du golfe Persique. Royaume indépendant jusqu'au début du XVIIe s., il fut annexé à la Perse par Abbas Ier le Grand.

Larivey (Pierre de) Auteur dramatique et traducteur français (v. 1540-v. 1619). Il traduisit Piccolomini et l'Arétin *(L'Humanité de Jésus-Christ),* et transposa en prose des œuvres du théâtre comique italien *(La Veuve ; Les Esprits ; Le Morfondu).*

Larkin (Philip) Poète et romancier britannique (1922-1985). Avec Thom Gunn et Kingsley Amis, il est l'un des principaux représentants de l'école du « Mouvement ». De forme classique, d'un style volontiers cru, ses poèmes sont d'une impitoyable dureté dans leur description du quotidien. *The Less Deceived ; The Whitsun Weddings ; High Windows.*

larme n. f. (vient du latin *lacrima* → lacrymal) 1. Goutte de liquide salé qui humecte l'œil en permanence, et s'en écoule sous l'effet d'une douleur, d'une émotion. → pleur. *Des larmes de dépit. Verser des larmes.* loc. *Pleurer à chaudes larmes,* abondamment. → sangloter. *Fondre en larmes. Être au bord des larmes,* prêt à pleurer. *« Les compagnes de la volupté, ces douces larmes »* (Rousseau). *Rire aux larmes.* – loc. *Avoir toujours la larme à l'œil* : montrer une sensibilité excessive. – fam. *Larmes de crocodile,* hypocrites. 2. fig., littér. (au plur.) Affliction, chagrin. *Cette vallée de larmes* : le monde terrestre. 3. fam. Très petite quantité (de boisson). → ¹goutte. *Une larme de cognac.*

larme-de-Job ou **larme-du-Christ** n. f. vieux Plante herbacée, exotique, dont la graine est utilisée comme perle pour la confection de colliers, de chapelets. *Des larmes-de-Job, des larmes-du-Christ.*

larmier n. m. 1. techn. Moulure présentant une rainure pour les eaux de pluie. 2. Angle interne de l'œil, d'où les larmes s'écoulent.

larmoiement n. m. (de *larmoyer*) 1. Écoulement continuel de larmes. 2. Pleurnicherie.

Larmor (sir Joseph) Physicien britannique (1857-1942). Spécialiste des effets des charges électriques en mouvement, il calcula l'énergie électromagnétique émise par un électron accéléré et fut le premier à expliquer la multiplication des raies spectrales d'un atome en présence d'un champ magnétique.

Larmor-Plage Commune du Morbihan. 8 277 habitants. Station balnéaire de Lorient.

L

larmoyant, ante adj. 1. Qui larmoie. *Des yeux larmoyants.* 2. fig. Plaintif. *Voix larmoyante.* – D'une sensiblerie extrême. *Un mélo larmoyant.*

larmoyer v. intr. < 8 > 1. Être atteint de larmoiement. 2. fig. Se lamenter. → pleurnicher.

Larnaca Ville de Chypre, sur la côte S.-E. 46 670 habitants. Tombeau de saint Lazare. Aéroport.

La Roche (Mazo De) voir **De La Roche**

La Rochefoucauld (François, duc de) Écrivain moraliste français (1613-1680). Mêlé aux intrigues contre Richelieu, il fut embastillé puis exilé sur ses terres. Blessé lors de sa participation à la Fronde contre Mazarin, il se rallia au roi et fréquenta les salons de Sablé et de Mme de Lafayette. Ses *Maximes* firent scandale par leur vision résolument pessimiste de l'homme, dénonçant les motivations égoïstes des passions, des sentiments ou des relations sociales.

La Rochefoucauld-Liancourt (François Alexandre, duc de) Philanthrope français (1747-1827). Créateur d'une ferme modèle inspirée des méthodes agronomiques anglaises, député de la noblesse aux États généraux de 1789, il soutint les libertés individuelles. Émigré après le 10 août 1792, il rentra en France en 1799.

La Rochejaquelein Famille noble vendéenne. ■ **Henri du Vergier, comte de La Rochejaquelein** (1772-1794). Il fut l'un des principaux chefs de l'insurrection vendéenne à partir de mars 1793. ■ **Louis du Vergier, marquis de La Rochejaquelein** (1777-1815), frère du précédent. Il émigra au début de la Révolution, et fut tué pendant les Cent-Jours en tentant de prendre la tête de l'insurrection en Vendée.

La Rocque (François, comte de) Officier et homme politique français (1885-1946). Colonel de l'armée française, il fut président des Croix-de-Feu en 1931. Après la dissolution des ligues en 1936, il fonda le Parti social français (PSF). D'abord favorable à Pétain en 1940, il prit position contre la collaboration et fut arrêté puis déporté en Allemagne.

Laroque (Pierre) Juriste français (1907-1997). Spécialiste du droit du travail, il prit part à la création de la Sécurité sociale française (1945).

La Rouërie [laʀuəʀi] **(Armand Taffin, marquis de)** Gentilhomme français (1756-1793). Il participa à la guerre de l'Indépendance américaine et contribua à la formation et au développement de la Chouannerie.

Larousse (Pierre) Pédagogue, encyclopédiste et éditeur français (1817-1875). Son œuvre majeure est la création du *Grand Dictionnaire universel du XIXe siècle.*

Larra (Mariano José de) Écrivain et journaliste espagnol (1809-1837). Son œuvre est marquée par un style classique et un ton ironique et pessimiste. *Collection d'articles dramatiques, littéraires, politiques et de coutumes.*

Larreta (Rodríguez de Larreta, dit Enrique) Romancier, poète et essayiste argentin (1873-1961). Il est l'auteur du roman historique *La Gloire de Don Ramiro.*

Larrey (Dominique Jean, baron) Chirurgien militaire français (1766-1842). Chirurgien en chef de la Grande Armée, surnommé « la Providence du soldat », il accompagna Napoléon dans toutes ses campagnes.

larron n. m. (vient du latin *latro, latronis* « voleur » → larcin) vieux Voleur. *Le bon, le mauvais larron,* crucifiés en même temps que le Christ. – prov. *L'occasion fait le larron.* – loc. *S'entendre comme larrons en foire,* à merveille (comme des voleurs de connivence). *Le troisième larron :* la personne qui profite du conflit des deux autres.

L

larsen n. m. (de *Larsen*) phys. et cour. *Effet larsen ; larsen :* oscillations parasites qui se manifestent par un sifflement, dans la diffusion du son par haut-parleurs.

Larsen (Søren Absalon) Physicien danois (1871-1957). Il découvrit l'effet qui porte son nom, phénomène d'auto-oscillation parasite dans les systèmes de reproduction sonore.

Larsson (Carl) Peintre, illustrateur et graveur suédois (1853-1919). Illustrateur, notamment des livres de Strindberg, auteur de compositions monumentales, il a aussi peint des aquarelles d'une grande fraîcheur, utilisées parfois pour illustrer ses propres livres, représentant sa femme, leurs enfants et leur maison.

Larsson (Stieg) Journaliste et écrivain suédois (1954-2004). Engagé contre le racisme et l'extrême droite, il est devenu célèbre avec la publication posthume de sa trilogie *Millenium.*

Lartigue (Jacques Henri)

Jacques Henri Lartigue, *On the promenade* (1894).

Lartet (Édouard) Géologue et paléontologue français (1801-1871). Il fut le fondateur de la paléontologie humaine.

Lartigue (Jacques Henri) Peintre et photographe français (1894-1986). Il représenta essentiellement le milieu grand bourgeois, immortalisant les femmes de la Belle Époque. *Album de famille.*

larvaire adj. **1.** Propre aux larves. *Stade larvaire.* **2.** fig. À l'état d'ébauche. → **embryonnaire.** *Passion à l'état larvaire.*

larve n. f. (latin *larva* « masque » et « fantôme ») **I.** didact. **1.** dans l'Antiquité romaine Esprit des morts, dangereux pour les vivants. → **lémure. 2.** Fantôme. « *Ces larves crépusculaires qui hantent les ruines* » (Hugo). **II. 1.** Forme embryonnaire (des animaux à métamorphoses), à vie libre hors de l'œuf. *Larves d'insectes* (→ **asticot, chenille, ver**). *Larves de batraciens* (→ **têtard**). **2.** fig. et péj. Être inférieur. – Personne molle, sans énergie.

larvé, ée adj. **1.** (maladie) Qui se manifeste par des symptômes atténués. **2.** Qui n'éclate pas, n'éclot pas. → **latent.** *Conflit larvé.*

larvicide adj. (de *larve* et *-cide*) didact. Propre à tuer les larves. – n. m. *Un larvicide.*

laryngé, ée adj. (→ larynx) anat., méd. Du larynx.

laryngectomie n. f. (de *laryng-* et *-ectomie*) chir. Ablation totale ou partielle du larynx.

laryngien, ienne adj. anat. Qui appartient au larynx. → **laryngé.**

laryngite n. f. Inflammation du larynx.

laryng(o)- Élément (du grec *larunx, larungos* « gosier » → larynx) qui signifie « larynx ».

laryngologie n. f. méd. Étude du larynx. → **otorhinolaryngologie.**

laryngologue n. Spécialiste en laryngologie. → **otorhinolaryngologiste.** - syn. **laryngologiste.**

laryngoscope n. m. (de *laryngo-* et *-scope*) méd. Appareil permettant d'examiner la cavité laryngienne. □ n. f. **laryngoscopie**

laryngotomie n. f. (du grec, de *larunx* → larynx et *tomos* « coupure ») chir. Opération consistant à inciser le larynx.

larynx [laʀɛ̃ks] n. m. (grec *larunx, larungos* « gosier ») Partie supérieure du canal respiratoire, entre le pharynx et la trachée, où se trouvent les cordes vocales.

Larzac (causse du) Le plus grand causse du S. du Massif central. Élevage de brebis. Camp militaire.

1las, lasse [lɑ] adj. (vient du latin *lassus* « épuisé ») **1.** Qui éprouve une sensation de fatigue générale et vague. → **fatigué ; lassitude.** *Se sentir las.* – *Avoir les jambes lasses.* **2.** littér. *Las de :* fatigué et dégoûté de. *Las de tout.* → **désenchanté.** – *Las de vivre.*

2las [lɑs] interj. (de 1las « malheureux ») vieux Hélas. « *Las, las !* [elle a] *ses beautés laissé choir* » (Ronsard).

La Sablière (Marguerite Hessein, Mme de) Femme de lettres française (1636-1693). Elle tint un brillant salon et fut notamment la protectrice de La Fontaine. *Lettres.*

lasagne n. f. (de l'italien, d'origine obscure) au plur. Pâtes alimentaires en forme de large ruban. *Lasagnes en gratin.* – Plat fait avec ces pâtes.

La Sale (Antoine de) Conteur français (v. 1386-v. 1462). Il fut le précepteur de Jean d'Anjou, auquel il dédia *Le Petit Jehan de Saintré.*

lascar n. m. (persan *laskari* « soldat », de *laskar* « armée ») fam. **1.** Homme hardi et rusé. **2.** Homme malin, ou qui fait le malin. *Un drôle de lascar.* **3.** argot Jeune homme débrouillard. *Les lascars de banlieue.*

Lascaris ou **Laskaris** Famille byzantine qui donna les empereurs de Nicée Théodore Ier, Théodore II et Jean IV.

Lascaris ou **Laskaris (Jean André)** Érudit grec (v. 1445-1534). Réfugié en Italie après la prise de Constantinople par les Turcs, il voyagea en Grèce d'où il rapporta un grand nombre de manuscrits anciens. À Paris, il fut le maître de Guillaume Budé.

Las Casas (fray Bartolomé de) Religieux et écrivain espagnol (1470-1566). Prêtre à Cuba, puis évêque de Chiapa au Mexique, il écrivit une *Histoire des Indes* et une *Très Brève Relation de la destruction des Indes,* destinée à l'empereur Charles Quint. Défenseur des Indiens opprimés par les conquérants espagnols, il inspira les « nouvelles lois » qui les protégèrent.

Larsson (Carl)

Carl Larsson, *Breakfast in the Open* (1910), coll. privée.

Las Cases [laskaz] **(Emmanuel, comte de)** Écrivain français (1766-1842). Chambellan et comte d'Empire sous Napoléon Ier, il accompagna ce dernier à Sainte-Hélène et nota ses propos, qu'il publia sous le nom de *Mémorial de Sainte-Hélène*.

Lascaux (grotte de) Site préhistorique (paléolithique) de Dordogne. Découverte en 1940, la grotte est ornée de peintures pariétales exécutées entre 15 000 et 14 500 av. J.-C. par des Magdaléniens. Deux répliques fidèles, Lascaux 2 et 4, ont été réalisées à proximité afin de protéger le site ; Lascaux 3 étant une exposition itinérante.

La grotte de Lascaux, classée au patrimoine mondial de l'Unesco.

lascif, ive adj. **(latin *lascivus* « joueur, pétulant » et « provocant »)** **1.** vieilli Fortement enclin aux plaisirs amoureux. **→ sensuel. 2.** Très sensuel. **→ érotique, lubrique.** *Démarche lascive. Regards lascifs.* □ **adv. lascivement** □ **lascivité** ou **lasciveté n. f.** littér.

Lasègue (Charles Ernest) Médecin français (1816-1883). Il fit des recherches sur les maladies mentales : délire de persécution à évolution systématique *(maladie de Lasègue)*, délire alcoolique, hystérie *(syndrome de Lasègue)*.

laser [lazɛʀ] **n. m. (de l'anglais, sigle de *Light Amplification by Stimulated Emission of Radiation*)** phys. Générateur d'ondes lumineuses, émettant des faisceaux très puissants et très fins. **–** appos. cour. *Rayon laser. Impressions lasers.*

▶ À partir d'un principe théorique décrit par Albert Einstein en 1917, l'émission **laser** a été prédite en 1950 par Alfred Kastler et réalisée pour la première fois en 1960 par le physicien américain Theodore Maiman à l'aide d'un cristal de rubis.
La lumière laser présente de nombreuses propriétés spécifiques. Elle est monochromatique (le spectre des longueurs d'onde qu'elle émet est extrêmement étroit). Elle concentre beaucoup d'énergie en un temps très court sur une surface très petite. Elle est « directive » (on peut la diriger de façon précise). Ces deux dernières propriétés sont à l'origine de ses applications : sa « directivité » est utilisée dans les pointeurs lasers ou les lecteurs de disques compacts ; sa « puissance surfacique » est employée pour découper des tôles ou pour confiner la matière et déclencher son ignition dans la recherche sur la fusion thermonucléaire contrôlée.
Comme son sigle l'indique, le faisceau laser provient d'un phénomène d'*amplification* du nombre de photons identiques obtenus en *stimulant* (excitant) les atomes qui émettent ces photons eux-mêmes. C'est une sorte d'effet Larsen optique (photonique, plus exactement), où la lumière est obtenue par emballement de l'émission. Les atomes se désexcitant au fur et à mesure, il est nécessaire de les replacer en permanence dans leur état excité (on appelle ce procédé le « pompage optique »).
Les lasers ont été à leur début largement « victimes » de leur image de « rayon de la mort », véhiculée par certaines œuvres de science-fiction (les « sabres lasers » de *La Guerre des étoiles*...). Leurs nombreuses applications médicales (chirurgie de l'œil) et industrielles (codage et lecture des données numériques) en font désormais des objets omniprésents dans notre environnement.
voir aussi **atome, lumière, particule**

Lask (Emil) Philosophe allemand (1875-1915). De formation néokantienne (il fut l'élève de Rickert), sa philosophie idéaliste influença la phénoménologie.

Laskar (Jacques) Astronome français (né en 1955). Il montra que le mouvement orbital des planètes est chaotique, ce qui rend pratiquement impossible toute prédiction au-delà de quelques dizaines de millions d'années. Académie des sciences.

Lasker (Emmanuel) Joueur d'échecs allemand (1868-1941). Champion du monde de 1894 à 1921, il fut celui qui détint ce titre le plus longtemps.

Lasker-Schüler (Else) Poète allemande (1869-1945). Ses poèmes, par leur forme libre et leur lyrisme, se rattachent à l'expressionnisme. *Ballades hébraïques ; Mon piano bleu.*

Laskine (Lily) Harpiste française (1893-1988). Elle contribua à faire de la harpe un instrument soliste et interpréta notamment Debussy, Ravel, Ibert et Milhaud.

Lassalle (Ferdinand) Homme politique allemand (1825-1864). Fondateur de l'Association générale des travailleurs allemands, il fut partisan d'un socialisme réformiste et dénonça la réduction du salaire ouvrier au strict minimum vital. *Capital et Travail.*

Lassalle (Jacques) Auteur et metteur en scène français (1936-2018). Fondateur du Studio-Théâtre de Vitry (1967), administrateur général de la Comédie-Française (1990-1993), il mit en scène le répertoire classique et contemporain.

lassant, ante adj. Qui lasse. *Cela devient lassant.*

lasser v. tr. **< 1 > (latin *lassare*, de *lassus* → ¹las)** Fatiguer en ennuyant. *Lasser son auditoire.* ■ Décourager, rebuter. *Lasser la patience de qqn.* **–** au p. p. *Un sourire lassé.* ■ **se lasser (de) v. pron.** Devenir las (de). *On se lasse de tout.* **–** *On ne se lasse pas de l'écouter. Sans se lasser.* **→ inlassablement.**

lassi n. m. **(mot hindi)** Boisson indienne à base de yaourt battu dans l'eau. *Lassi à la rose ; lassi salé.*

lassis n. m. **(var. de *lacis*)** Bourre de soie ; étoffe faite avec cette bourre.

lassitude n. f. **1.** État d'une personne lasse. **→ épuisement, fatigue. 2.** Abattement mêlé d'ennui, de découragement. *Répondre avec lassitude.*

lasso n. m. **(de l'espagnol d'Argentine ; famille de *lacs* « lien »)** Longue corde à nœud coulant servant à attraper les chevaux sauvages, le bétail.

Lassus (Roland de) Compositeur franco-flamand (v. 1532-1594). Célébré de son vivant, il s'établit à Munich comme maître de chapelle du duc de Bavière. Son œuvre profane comprend des chants polyphoniques allemands, des chansons françaises (Marot, du Bellay, Ronsard) ainsi que des villanelles et des madrigaux italiens. Sa musique religieuse est plus abondante encore : messes, magnificat, passions, lamentations et surtout plus de mille motets.

Lasswell (Harold Dwight) Sociologue américain (1902-1978). Il étudia les rapports du pouvoir et de la communication, dans une optique béhavioriste. Théoricien de la propagande, il soutenait que la science politique était à même de résorber les crises du monde contemporain. *Pouvoir et société.*

lastex [lastɛks] **n. m. (n. déposé anglais, de *latex* et *elastic*)** Fil de latex recouvert de fibres textiles.

lasting [lastiŋ] **n. m. (mot anglais)** Étoffe rase, en laine peignée, à armure de satin. *« Un méchant paletot de lasting »* (Flaubert).

lasure n. f. **(allemand *Lasur* « glacis », même origine que *azur*)** techn. Produit qui décore et protège le bois sans en masquer les veines. □ **lasurer v. tr. < 1 >**

La Suze (Henriette de Coligny, comtesse de) Femme de lettres française (1618-1673). Elle composa des poèmes dans le goût précieux, notamment en collaboration avec Madeleine de Scudéry.

Las Vegas Ville des États-Unis (Nevada), située au milieu du désert Mojave. 584 000 habitants. Centre touristique, ville des jeux de hasard, elle est devenue une capitale du spectacle de variétés.

Lāt (al-) Déesse du Soleil, adorée par les Arabes avant l'islam.

La Taille (Jean de) Poète dramatique français (v. 1540-apr. 1607). Dans son *Art de la tragédie*, il exposa la règle des trois unités, qui fondera la tragédie classique.

Latakieh voir **Lattaquié**

latanier n. m. **(du caraïbe *alattani*)** Palmier des îles de l'océan Indien.

Latécoère (Pierre) Industriel français (1883-1943). Constructeur d'avions, il établit une liaison aérienne entre la France et Dakar, prolongée ensuite vers le Brésil.

latence n. f. **(→ latent) 1.** Phénomène, sentiment latent. **2.** didact. État de ce qui est caché, latent. **–** psych. *Période de latence*, où la sexualité est latente chez l'enfant (de 5-6 ans à la puberté).

latent, ente adj. **(latin *latens*, p. prés. de *latere* « être caché »)** Qui reste caché, ne se manifeste pas. *À l'état latent. Conflit latent*, qui couve. **→ larvé. –** biol. *Vie latente*, non manifestée. **–** psych. *Le contenu latent d'un rêve*, la signification déduite de son analyse (opposé à *manifeste*).

latéral, ale, aux adj. **(du latin, de *latus, lateris* « côté ») 1.** Qui appartient au côté ; situé sur le côté. *Rue latérale.* **2.** Annexe, secondaire. *Problème latéral.* □ **latéralement adv.** De côté, sur le côté.

latéralisation n. f. didact. Organisation de la latéralité, pendant la petite enfance.

latéralisé, ée adj. **(→ latéral)** didact. Dont la latéralité est (bien ou mal) établie. *Il est mal latéralisé.*

latéralité n. f. **(→ latéral)** didact. Prépondérance droite ou gauche dans l'utilisation d'organes pairs (main, pied, œil).

latérite n. f. **(vient du latin *later* « brique »)** Roche rouge riche en fer et en alumine. **–** Sol fait de cette roche.

latér(o)-, -latère Éléments **(du latin *latus, eris* « côté »).**

latex [latɛks] **n. m.** Liquide visqueux, d'aspect laiteux, sécrété par certains végétaux (surtout l'hévéa). **→ caoutchouc. –** *Latex artificiel, synthétique. Housse en latex.*

laticifère adj. **(du latin *latex, laticis* et de *-fère*)** bot. Qui contient du latex. *Conduits laticifères.*

latifundium [latifɔ̃djɔm] **n. m. (du latin, de *latus* « large » et *fundus* « terre, domaine ») 1.** Dans l'Antiquité romaine, Très grand domaine rural. **2.** Grand domaine agricole privé, souvent insuffisamment cultivé. *Des latifundiums ou des latifundia* (plur. latin). □ **adj. latifundiaire**

Latimer (Hugh) Prélat et théologien anglais (v. 1485-1555). Converti au protestantisme, il devint l'un des principaux conseillers religieux d'Henri VIII et fut nommé évêque de Worcester. Il fut condamné au bûcher sous Marie Tudor.

latin, ine **(latin *latinus*, de *Latium*, p.-ê. famille de *latus* « large ») I. adj. 1.** Qui appartient au Latium, région d'Italie autour de Rome, au pouvoir de Rome, puis à l'Empire romain antique. **→ romain.** *Les peuples latins. La langue latine* (ci-dessous, II). **–** De la langue latine. *Version latine. Dictionnaire latin.*

– *Quartier latin* : quartier de Paris où se trouvent des facultés. **2.** D'origine latine. → **²roman.** *Les langues latines.* ■ Où l'on parle des langues latines. *Amérique latine.* → **latino-américain.** – *Le tempérament latin.* → **méditerranéen.** – **n.** *Les Latins et les Anglo-Saxons.* **II. n. m.** Langue indo-européenne parlée en Italie, puis dans tout l'Empire romain antique, et utilisée comme langue savante et religieuse. *Latin classique. Latin tardif, bas latin. Latin populaire de Gaule* (d'où est issu le français). *Latin d'Église, latin chrétien. Latin médiéval, moderne.* – *Études de latin* (classique). – *Latin de cuisine* : jargon imitant le latin. – **loc.** *Y perdre son latin* : n'y rien comprendre.

Latina Ville d'Italie (Latium), dans les marais Pontins. 107 900 habitants. Commerce. Industrie. Centrale nucléaire.

Latini (Brunetto) Écrivain italien (v. 1220-v. 1294). Maître de Dante, il traduisit Cicéron et vulgarisa l'*Éthique à Nicomaque* d'Aristote. À travers *Li Livres dou Tresor*, encyclopédie des connaissances de l'époque composée en langue d'oïl, il s'imposa comme poète, rhéteur et philosophe autant que comme penseur politique.

latiniser **v. tr.** < 1 > **1.** Revêtir (un mot) d'une forme latine. *Latiniser des mots français.* **2.** Marquer de l'esprit latin. *Latiniser la Bible.* □ **n. f. latinisation**

latinisme **n. m.** Construction ou emploi propre à la langue latine ; emprunt au latin.

latiniste **n.** Spécialiste de philologie ou de littérature latine. ■ Étudiant(e) de latin.

latinité **n. f.** Monde latin, civilisation latine.

latino **n. (mot anglais des États-Unis)** Latino-Américain (dans un contexte nord-américain). *Les Latinos de Los Angeles.* – **adj.** *La musique latino.*

latino-américain, aine **adj.** et **n.** De l'Amérique latine, partie de l'Amérique parlant espagnol ou portugais. – **n.** *Les Latino-Américains.*

Latins **n. m. pl.** Habitants du Latium. Population d'origine indo-européenne, les Latins envahirent l'Italie au IIe millénaire et s'installèrent dans le Latium. Ils subirent au VIe s. av. J.-C. la domination étrusque, puis s'organisèrent en confédérations, dont, au Ve s. av. J.-C., la Ligue latine, qui réunissait 30 cités. Après les guerres samnites, Rome entra en lutte contre les Latins qui furent soumis en –338 et qui devinrent citoyens romains.

latins du Levant (États) Ensemble des États créés par les croisés dans le Proche-Orient de 1098 à 1109 : comté d'Édesse (1098-1144), principauté d'Antioche (1098-1268), royaume latin de Jérusalem (1099-1291) et comté de Tripoli (1109-1289). Ils furent progressivement reconquis par les musulmans, de Nūr al-Dīn à Mehmet II.

Latinus Roi légendaire des premiers habitants du Latium et héros éponyme des Latins selon la tradition romaine.

latitude **n. f. (latin *latitudo*, de *latus* « large »)** **I.** **littér.** *Avoir toute latitude de, pour (+ inf.)* : pouvoir agir à son gré. *Donner, laisser à qqn toute latitude de refuser.* → **facilité, liberté.** **II. 1. (opposé à *longitude*)** Distance angulaire d'un point de la Terre à l'équateur. *Paris est à environ 48° 5′ de latitude nord.* **2. (au plur.)** Région, climat. *Sous nos latitudes.*

latitudinaire **adj.** et **n. (du latin, de *latitudo* → latitude) littér.** D'une morale très large, très relâchée. → **laxiste.**

Latium **n. m.** Région administrative de l'Italie centrale, sur la mer Tyrrhénienne. 17 203 km². 5 112 500 habitants. Chef-lieu : Rome. La région, formée de zones géographiques contrastées, est dominée par l'agglomération de Rome.

latomies **n. f. pl. (du latin, du grec, de *laas* « pierre » et *tomia* → -tomie) Antiq.** Carrières servant de prison. *Les latomies de Syracuse.*

Latone Nom romain de la déesse grecque Léto, mère d'Apollon et de Diane.

latitude

Coordonnées géographiques

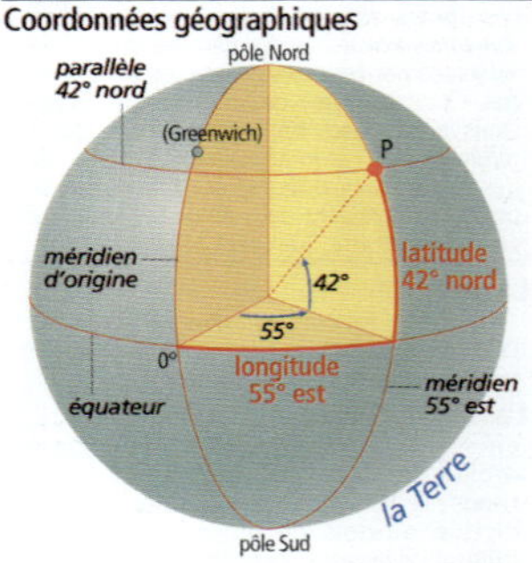

Le parallèle de référence de la latitude est l'équateur (le méridien de Greenwich étant l'équivalent pour la longitude).

lato sensu [latosɛ̃sy] **loc. adv. (mots latins) didact.** Au sens large **(opposé à *stricto sensu*).**

Latouche (Serge) Économiste français (né en 1940). Il est en France l'un des premiers et principaux théoriciens de la décroissance.

La Tour (Georges de) Peintre français (1593-1652). Il fut nommé peintre ordinaire du roi par Louis XIII. Ses œuvres profanes, scènes de genre, généralement présentées sous un éclairage diurne, révèlent une composition minutieusement étudiée, offrant au spectateur des réseaux complexes de regards *(Le Tricheur à l'as de trèfle ; La Diseuse de bonne aventure).* Dans ses tableaux à thème religieux, où l'on devine l'influence du Caravage, il exploite les possibilités expressives de l'éclairage nocturne *(La Madeleine à la veilleuse).*

Georges de La Tour, *La Madeleine à la veilleuse* (v. 1642-44), musée du Louvre, Paris.

La Tour (Maurice Quentin Delatour, dit Quentin de) Pastelliste, peintre et dessinateur français (1704-1788). Il fut reconnu comme le plus grand pastelliste de son siècle, multipliant les portraits des personnages de la cour *(Louis XV ; Le Maréchal de Saxe)* ainsi que du monde des arts et des lettres *(D'Alembert ; J.-J. Rousseau).*

Latour (Bruno) Sociologue des sciences et anthropologue français (1947-2022). Il a mené une réflexion sur le travail de persuasion et les stratégies mises en œuvre dans l'énonciation de la parole religieuse, scientifique, technique et politique. *Nous n'avons jamais été modernes ; Où atterrir ? Comment s'orienter en politique.*

La Tour d'Auvergne Famille française dont les membres les plus illustres furent le duc de Bouillon et Turenne.

La Tour d'Auvergne (Théophile Malo Corret de) Officier français (1743-1800). Héros des guerres de la Révolution, nommé « premier grenadier de la République » par Bonaparte, il fut tué au combat.

La Tour du Pin (René, marquis de) Sociologue français (1834-1924). Fondateur et animateur avec Albert de Mun des cercles d'ouvriers catholiques, il élabora une doctrine sociale chrétienne en faveur d'un régime corporatif et représentatif. *Vers un ordre social chrétien.*

La Tour du Pin (Patrice de) Poète français (1911-1975). Son œuvre, d'inspiration chrétienne, est celle d'un mystique épris d'absolu. *La Quête de joie ; Une somme de poésie ; Une lutte pour la vie.*

La Tour Maubourg (Marie Charles César Florimond de Fay, comte de) Général français (1757-1831). Il adopta des positions libérales aux États généraux de 1789 et fut chargé de ramener le roi à Paris après la fuite à Varennes. Il fut nommé commandant militaire de Cherbourg sous l'Empire puis se rallia aux Bourbons sous la Restauration.

La Tour Maubourg (Marie Victor Nicolas de Fay, marquis de) Général français (1768-1850). Il fut général sous le Premier Empire, puis ministre de la Guerre sous la Restauration.

Latran **n. m.** Site et ensemble architectural de Rome, possession du Vatican. Le palais du Latran fut la résidence des papes à Rome de 313 à 1304 et le siège des cinq conciles œcuméniques du Latran (1123, 1139, 1179, 1215, 1512-1517). La basilique Saint-Jean-de-Latran, fondée par Constantin et plusieurs fois rebâtie, est la cathédrale de Rome.

Latran (accords du) Accords signés le 11 février 1929 entre le Saint-Siège et l'Italie de Mussolini. Ils marquèrent la naissance de l'État de la cité du Vatican, soumis à la seule autorité du pape. Ses accords furent confirmés par le Parlement républicain après la chute du fascisme.

-lâtre, -lâtrie Éléments **(du grec *latreuein* « servir »)** qui signifient « adorateur », « adoration ».

Latreille (Pierre-André) Prêtre et naturaliste français (1762-1833). Il fut l'un des fondateurs de l'entomologie et le collaborateur de Cuvier.

La Trémoille [latʀemuj] **(Georges de)** Homme politique français (v. 1382-1446). Grand chambellan de Charles VI, il tenta d'écarter Jeanne d'Arc. ■ **Louis II de La Trémoille vicomte de Thouars, prince de Talmont.** Homme de guerre français (1460-1525). Il prit part aux guerres d'Italie et fut tué à Pavie.

latrie **n. f. (du latin, du grec *latreia* « adoration ») relig. chrét.** *Culte de latrie* : la forme la plus élevée d'adoration, qui ne doit être accordée qu'à Dieu seul **(opposé à *culte de dulie**).**

latrines **n. f. pl. (du latin, de *lavatrina*, de *lavare* → laver)** Lieux d'aisances sommaires (sans installation sanitaire).

lattage **n. m. 1.** Action de latter. **2.** Ouvrage composé de lattes. → **lattis.**

Lattaquié ou **Latakieh** Ville de Syrie, sur la Méditerranée. 420 000 habitants. Principal port du pays.

¹latte **n. f. (bas latin *latta*, soit germanique, soit de *latum*, supin de *ferre* « porter » → -fère)** **1.** Longue pièce de bois ou d'autre matériau, étroite et plate. → **planche.** *Sommier à lattes.* **2. fam.** Chaussure. – **loc.** *Coup de latte* : coup de pied.

²latte [late] **n. m. (mot italien « lait »)** Café nappé de mousse de lait chaud. *Des lattes.* - **var.** RO **latté.**

latter **v. tr.** < 1 > **1.** Garnir de lattes. **2. fam.** Frapper avec le pied. ■ **latté, ée adj.** Garni de lattes. *Plafond latté.* – **n. m.** *Du latté* (contreplaqué).

Lattes Commune de l'Hérault. 17 674 habitants. Site de Lattara, port actif du –VIe au IIe s. Musée archéologique.

lattis **n. m.** Ouvrage en lattes. *Le lattis d'un toit.*

Lattre de Tassigny (Jean-Marie Gabriel de) Maréchal de France (1889-1952). Interné par le gouvernement de Vichy, il s'évada et participa au débarquement allié en Provence (16 août 1944) à la tête de la Ire armée française. Il reçut pour la France la capitulation allemande à Berlin le 8 mai 1945. Haut-commissaire et commandant en chef en Indochine (1950-1952), il fut nommé maréchal de France à titre posthume en 1952.

Le général de Lattre de Tassigny acclamé par la foule à la libération de Paris (1944).

Latude (Jean Henri, dit Masers de) Aventurier français (1725-1805). Accusé d'intrigues contre Mme de Pompadour, il fut emprisonné durant trente-cinq ans, et resta célèbre pour ses nombreuses tentatives d'évasion.

Laube (Heinrich) Journaliste et écrivain allemand (1806-1884). Il fut l'un des chefs de file du mouvement Jeune-Allemagne, affilié au protestantisme libéral.

Laubeuf (Maxime) Ingénieur français (1864-1939). Il est l'inventeur du submersible le *Narval*, ancêtre du sous-marin.

Laud (William) Prélat anglais (1573-1645). Favori de Charles Ier, il fut nommé archevêque de Canterbury en 1633. Partisan d'une liturgie anglicane proche du catholicisme, il réprima puritains et presbytériens et fut exécuté après avoir déclenché la « guerre épiscopale » de 1637.

Lauda (Andreas Nikolaus dit Niki) Coureur automobile autrichien (1949-2019). Il fut trois fois champion du monde de Formule 1.

laudanum [lodanɔm] **n. m. (altération du latin *ladanum*, grec *ladanon*, n. d'une résine)** Teinture alcoolique d'opium, soporifique et calmante.

laudateur, trice **n. (du latin, de *laudare* → ¹louer)** littér. Personne qui fait un éloge.

laudatif, ive **adj. (du latin → laudateur)** **1.** Qui contient un éloge. → **élogieux, épidictique, louangeur.** *Terme laudatif.* **2.** Qui fait un éloge. *Un critique rarement laudatif.*

laudes [lod] **n. f. pl. (latin ecclés. *laudes*, plur. de *laus* « louange »)** relig. cathol. Partie de l'office divin qui se chante à l'aurore, après matines.

Laue (Max von) Physicien allemand (1879-1960). Il mit en évidence la diffraction des rayons X par les cristaux (1912), permettant ainsi de mesurer la longueur d'onde des rayons X et de mieux connaître la structure des cristaux. Prix Nobel 1914.

Laughton (Charles) Acteur et cinéaste américain d'origine britannique (1899-1962). Monstre sacré du théâtre et du cinéma anglo-saxons, il travailla notamment avec DeMille, Korda, Lloyd et Hitchcock. Il est l'auteur d'un film sombre et envoûtant : *La Nuit du chasseur*.

Launay (Bernard Jordan de) Gentilhomme français (1740-1789). Gouverneur de la Bastille, il fut massacré par les révolutionnaires lors de la prise de la forteresse.

Lauragais **n. m.** Région de collines du S. de la France, séparant le Massif central des Pyrénées. Le Lauragais constitue une zone de contact (seuil) entre le Bassin aquitain et le Languedoc.

Laurana (Luciano) Architecte italien d'origine dalmate (v. 1420-1479). Il édifia un nouvel ensemble dans le palais médiéval d'Urbino. ■ **Francesco Laurana,** sculpteur (v. 1430-v. 1502). Frère de Luciano. Il introduisit en Provence les principes de l'art italien et est l'auteur d'une série de bustes célèbres *(Battista Sforza ; Béatrice d'Aragon ; Isabelle d'Aragon)*.

Laurasie ou **Laurasia** **n. f.** Continent ancien (supercontinent) qui se sépara du reste de la Pangée durant le mésozoïque, et se scinda ensuite pour former l'Amérique du Nord et l'Eurasie.

laure **n. f. (latin médiéval *laura*, du grec « chemin étroit » puis « réunion de cellules où vivaient des ermites »)** Monastère orthodoxe. *La laure de Kiev.*

Laure Dame provençale à laquelle Pétrarque consacra son *Canzoniere*.

lauréat, ate **n. (du latin « couronné de lauriers »)** Personne qui a remporté un prix dans un concours. → **vainqueur.** *Les lauréats du prix Nobel.* – **adj.** *L'étudiante lauréate.*

Laurel (Arthur Stanley Jefferson, dit Stan) Acteur américain d'origine britannique (1890-1965). Dans le célèbre duo qu'il forma avec **Oliver Hardy,** il incarnait le maigre maladroit provoquant les catastrophes.

Stan Laurel et Oliver Hardy dans *Les As d'Oxford* (1940).

Laurencin (Marie) Peintre et poète française (1885-1956). Muse et compagne d'Apollinaire de 1907 à 1912, elle peignit notamment *Apollinaire et ses amis,* œuvre marquée, comme la plupart de ses toiles, par la douceur des couleurs et la fluidité des lignes. Elle réalisa des décors de ballets *(Les Biches)* et illustra des livres (Gide, Lewis Carroll).

Laurens (Henri) Sculpteur, peintre et graveur français (1885-1954). Il participa au cubisme et se révéla notamment un brillant adepte du « papier collé ». Ses œuvres, en particulier des sculptures en terre cuite, en pierre ou en bronze, s'éloignèrent ensuite du traitement cubiste des volumes pour acquérir rondeur et souplesse (séries des *Femmes couchées*, des *Ondines*, des *Sirènes ; Amphion*).

Laurens (Laurence Ruel, dite Camille) Romancière française (née en 1957). Elle évoque dans ses romans, avec émotion et sensibilité, le désir, l'amour, la séparation et la famille. *Dans ces bras-là ; Ni toi ni moi ; Celle que vous croyez.*

Laurent (saint) Diacre romain du IIIe s. Il distribua les richesses de l'Église aux pauvres et subit le supplice du gril.

Laurent (Auguste) Chimiste français (1807-1853). Il fut le précurseur de la chimie organique moderne et de la théorie atomique. Collaborateur de J.-B. Dumas, il découvrit avec lui l'anthracène.

Laurent de Médicis dit **Laurent le Magnifique** voir **Médicis**

Laurentian Hills Localité du Canada (Ontario). 2 789 habitants. Laboratoire de recherche nucléaire.

Laurentides **n. m. pl.** Massif montagneux qui s'étend depuis le détroit de Belle-Isle jusqu'en Ontario. Sports d'hiver. Tourisme.

Laurentides **n. f. pl.** Région administrative du Québec, au N. de Montréal. 20 545 km². 609 421 habitants. Forêts. Parc national. Ville principale : Saint-Jérôme.

laurier **n. m. (de l'ancien français *lor, laur* qui vient du latin *laureus* « laurier »)** **I. 1.** Arbre à feuilles allongées, luisantes, persistantes et aromatiques. *« Nous n'irons plus au bois, les lauriers sont coupés »* (chanson). **2.** Feuilles de cet arbre. *Un bouquet de thym et de laurier* (assaisonnement, d'où *laurier-sauce :* le laurier). ■ *Couronne de laurier,* dont on ornait le front des vainqueurs (→ **lauréat**). – loc. *Être couvert de lauriers.* → **gloire.** *Se reposer, s'endormir sur ses lauriers :* ne plus agir, après un premier succès. **II. 1.** ***Laurier(-)rose*** : arbuste ornemental (toxique) à grandes fleurs roses ou blanches. *Des lauriers(-)roses.* **2.** ***Laurier-cerise*** : prunus aux fruits rouges toxiques.

Laurier (sir Wilfrid) Homme d'État canadien (1841-1919). Chef du Parti libéral, il fut le premier Canadien français à devenir Premier ministre fédéral (1896-1911) et contribua à préserver l'autonomie du Canada.

Lauriston (Alexandre Jacques Bernard Law, marquis de) Maréchal de France (1768-1828). Petit-neveu de J. Law, il fut l'aide de camp de Bonaparte, puis son ambassadeur en Russie. Rallié aux Bourbons en 1814, il participa à l'expédition d'Espagne en 1823.

Lausanne Ville de Suisse, sur le lac Léman, chef-lieu du canton de Vaud. 138 905 habitants ; agglomération 403 200. Au centre de la Suisse romande, elle est le siège

Laurencin (Marie)

Marie Laurencin, *Apollinaire et ses amis* (1909), Musée national d'art moderne, Centre Georges-Pompidou, Paris.

L

Lausanne, le centre ville.

du Tribunal fédéral. Cathédrale gothique du XIIe s. Château du XIVe s. Musées. Université. Siège du Comité international olympique.

Lausanne (traité de) Traité conclu le 24 juillet 1923 entre les Alliés et le gouvernement turc et qui remplaça le traité de Sèvres et attribua à la Turquie la partie orientale de la Thrace.

Lausanne (conférence de) Conférence qui se tint le 9 juillet 1932 et marqua la fin des réparations de guerre dues par l'Allemagne à la suite du traité de Versailles.

Lautaret (col du) Col routier des Hautes-Alpes, reliant l'Oisans au Briançonnais. 2 057 m.

Lauterbur (Paul C.) Chimiste américain (1929-2007). Il découvrit le principe de l'imagerie par résonance magnétique (IRM). Prix Nobel de médecine 2003.

Lautner (John) Architecte américain (1911-1994). Il est l'auteur de somptueuses villas (Chemosphère, Elrod House, en Californie) que le cinéma hollywoodien a souvent utilisées.

L

Lautner (Georges) Réalisateur et scénariste français (1924-2013). Spécialiste du film policier ou d'espionnage comique (la série des *Monocle ; Les Tontons flingueurs*), grands succès des années 1980.

Lautréamont (Isidore Ducasse, dit comte de) Écrivain français (1846-1870). Ses *Poésies* en prose et surtout les *Chants de Maldoror* furent découverts et exaltés par les symbolistes, puis par les surréalistes, qu'inspira cette œuvre marquée par la violence et la révolte.

Lautrec (Odet de Foix, vicomte de) Maréchal de France (1485-1528). Il suivit Louis XII en Italie et fut gouverneur du Milanais. Connu pour sa cruauté, il pilla Pavie et mourut au siège de Naples.

lauze n. f. **(de l'ancien provençal, probablt du gaulois)** Pierre plate et fine, utilisée comme tuile *(toit de lauzes)* ou comme dalle. - var. **lause.**

Lauzun (Antonin Nompar de Caumont), comte puis duc de Maréchal de France (1633-1723). Courtisan, favori de Louis XIV, puis disgracié, il épousa secrètement la Grande Mademoiselle, cousine germaine du roi.

LAV [ɛlave] **n. m. invar. (sigle anglais de *Lymphadenopathy Aids Virus*) anglic.** Virus du sida. → **HIV et (français) VIH.**

lavable adj. Qui peut être lavé.

lavabo n. m. (du latin, futur de *lavare* : « je laverai » → laver) I. Prière dite par le prêtre avant la consécration, au moment où il se lave les mains. **II. 1.** Dispositif de toilette à hauteur de table, avec cuvette, robinets d'eau courante et système de vidange. **2. (surtout au plur.)** Pièce réservée à ce dispositif. ■ Toilettes publiques.

lavage n. m. 1. Action de laver. → **nettoyage ; lessive.** *Produits de lavage* (→ **détergent**). – *Lavage d'estomac.* **2.** *Lavage de cerveau :* actions psychologiques menées pour modifier de force les opinions de qqn. → **endoctrinement.**

Laval (saint François-Xavier de Montmorency-) Prélat français (1623-1708). Il fut le premier évêque de la Nouvelle-France (Canada), dont il organisa le clergé. Il fonda le séminaire de Québec (1663).

Laval (Pierre) Homme politique français (1883-1945). Député socialiste de 1914 à 1919, il évolua vers la droite. Plusieurs fois ministre, président du Conseil à deux reprises (1931-1932, 1935-1936), il fut, avec Pétain, la personnalité la plus importante du régime de Vichy et le principal maître d'œuvre de la politique de collaboration d'État avec l'Allemagne nazie. Soutenu par celle-ci, il devint président du Conseil en 1942 et cumula les portefeuilles de l'Intérieur, de l'Information et des Affaires étrangères. Il instaura le STO (Service du travail obligatoire) et fut aussi le chef officiel de la Milice française. En 1945, il fut condamné à mort puis exécuté.

Laval Ville du Canada (Québec) et région administrative du Québec, dans la banlieue N.-O. de Montréal, sur l'île Jésus. 422 993 habitants.

Laval Chef-lieu de la Mayenne, sur la Mayenne. 49 617 habitants. Vieux Château (XIIIe-XVe s.). Cathédrale en partie romane. Musées. Industries (agroalimentaire, électronique). La ville fut l'un des principaux foyers de l'insurrection vendéenne pendant la Révolution française.

Laval, ville d'art et d'histoire.

Laval (Université) Université du Canada (Québec), située dans la ville de Québec. Fondée en 1852, elle est le plus ancien établissement d'enseignement supérieur du Canada.

La Valette (Jean Parisot de) Grand maître de l'ordre de Malte (1494-1568). Élu grand maître en 1557, il défendit Malte contre les Turcs (1565) et fonda la ville qui porte son nom (1566).

La Valette Capitale de Malte. 5 150 habitants. Port. Fortifications. Palais. Cathédrale Saint-Jean (XVIe s.). Centre administratif et commercial. Tourisme.

La Vallée-Poussin (Charles de) Mathématicien belge (1866-1962). Il a démontré le fameux théorème des nombres premiers, indépendamment de J. Hadamard et la même année que lui (1896).

lavallière n. f. (du n. de Mlle de La Vallière) Cravate large et souple, nouée en deux coques.

La Vallière (Louise Françoise de La Baume Le Blanc, duchesse de) Dame française (1644-1710). Favorite de Louis XIV, elle se retira au carmel en 1674.

lavande n. f. (italien *lavanda* « qui sert à laver », du latin → laver) 1. Arbrisseau vivace aux fleurs bleues en épi, très odorantes. *Un champ de lavande.* – Feuilles et fleurs séchées de cette plante. **2.** Eau, essence de lavande. *Un flacon de lavande.* **3. appos. invar.** *Bleu lavande :* bleu mauve, assez clair.

lavandière n. f. (de *laver*, avec l'élément *-andier, ière*, du latin) 1. Femme qui lave le linge à la main. **2.** Bergeronnette.

lavandin n. m. (du provençal → lavande) Lavande hybride. *Essence de lavandin.*

Lavandou (Le) Commune du Var. 5 980 habitants. Station balnéaire.

lavaret n. m. (d'un mot savoyard, lui-même issu du bas latin *levaricinus*) Poisson de lac à chair très estimée.

lavasse n. f. (de *laver*) fam. Boisson, soupe trop étendue d'eau. *Ce café, c'est de la lavasse.*

Lavater (Johann Kaspar) Écrivain et théologien suisse d'expression allemande (1741-1801). Il devint célèbre grâce à sa *Physiognomonie,* art de découvrir le caractère à partir des traits du visage, vivement critiquée par Lichtenberg puis par Hegel.

Lavaur Commune du Tarn, sur l'Agout. 10 820 habitants. Cathédrale du XIIIe siècle.

lave n. f. (italien *lava*, qui vient du latin *labes* « écoulement », de *labi* « glisser » → labile, laps) 1. Matière en fusion provenant des éruptions volcaniques. *Coulée de lave. Lave refroidie.* **2.** Lave pétrifiée utilisée comme pierre de construction. *Toit de lave.*

lavé, ée adj. 1. Trop délayé. *Couleur lavée.* **– arts** Fait au lavis. **2. fig.** Pâle. *Des yeux d'un bleu lavé.*

lave-auto n. m. (Canada) Station de lavage automatique pour automobiles. *Des lave-autos.*

lave-glace n. m. Appareil qui envoie un jet de liquide sur le parebrise ou la vitre arrière d'une automobile. *Des lave-glaces.*

Lavelanet Commune de l'Ariège. 6 052 habitants. Ancien centre d'industrie textile.

lave-linge n. m. Machine à laver le linge. *Des lave-linges* **ou** *des lave-linge* **(invar.).**

Lavelle (Louis) Philosophe et moraliste français (1883-1951). Philosophe spiritualiste, il fut l'auteur d'un *Traité des valeurs.*

Lavelli (Jorge) Metteur en scène de théâtre français d'origine argentine (né en 1931). Défenseur du répertoire contemporain (Gombrowicz, Arrabal), il dirigea le Théâtre national de la Colline et se tourna également vers la mise en scène d'opéras.

lave-main n. m. ou lave-mains n. m. invar. 1. Petit bassin où l'on se lave les mains. **2.** Petit lavabo placé près des toilettes. *Des lave-mains.*

lavement n. m. (de *laver*) 1. vieux Lavage. **– liturgie cathol.** *Le lavement des mains* (du prêtre). – *Lavement des pieds :* cérémonie du jeudi saint, commémorant l'acte de Jésus lavant les pieds des apôtres par humilité. **2.** Injection d'un liquide dans le gros intestin, par l'anus. *Poire à lavements.* → **aussi clystère.**

laver v. tr. < 1 > (vient du latin *lavare*, confondu avec *lavere* → ablutions, alluvion, déluge, lotion) I. 1. Nettoyer avec de l'eau, avec un liquide. → **décrasser, nettoyer.** *Laver du linge.* – *Machine à laver :* appareil ménager qui brasse le linge dans un détersif. → **lave-linge.** – *Machine à laver la vaisselle.* → **lave-vaisselle. – loc.** *Il faut laver son linge sale en famille,* régler les conflits intimes entre soi, sans témoins. **2. (corps, partie du corps)** *Laver la figure d'un enfant.* → **débarbouiller.** – *Laver une plaie.* **– fig.** *Laver la tête à qqn,* le réprimander vertement. **3.** *Se laver* **(et compl. d'objet).** *Se laver les mains, les dents.* **– loc. fig.** *Se laver les mains de qqch. :* décliner toute responsabilité dans une affaire **(allus. à l'attitude de Ponce Pilate, dans l'Évangile). 4.** *Se laver* **v. pron. (passif)** *La soie se lave à l'eau froide.* **– (réfl.)** Faire sa toilette. *Se laver à grande eau.* **5. fig.** *Laver qqn, se laver d'un soupçon, d'une accusation.* → **disculper. II. 1.** Enlever, faire disparaître au moyen d'un liquide. *Laver une tache.* **2. fig.** *Laver un affront, une injure,* s'en venger.

Laver (Rodney dit Rod) Joueur de tennis australien (né en 1938). Il remporta le grand chelem en 1962 et en 1969.

Lavéra Port pétrolier des Bouches-du-Rhône (commune de Martigues), sur le golfe de Fos. Pétrochimie.

Laveran (Alphonse) Médecin militaire français (1845-1922). Il découvrit l'hématozoaire responsable du paludisme *(hématozoaire de Laveran).* Prix Nobel 1907.

La Vérendrye (Pierre Gaultier de Varennes et de) Explorateur québécois (1685-1749). Il explora la région comprise entre le lac Supérieur et la Saskatchewan. Ses fils poursuivirent son œuvre jusqu'aux montagnes Rocheuses.

laverie n. f. *Laverie automatique* : établissement équipé de machines à laver que les clients font eux-mêmes fonctionner.

lavette n. f. **I.** Morceau de linge servant à nettoyer. **II.** fig., fam. Personne veule, lâche, sans énergie.

laveur, euse n. **1.** Professionnel(le) du lavage. *Laveur de vaisselle.* → **plongeur.** *Laveur de carreaux.* **2.** n. m. techn. Appareil servant à laver.

lave-vaisselle n. m. Machine à laver la vaisselle. *Des lave-vaisselles* ou *des lave-vaisselle* (invar.).

Lavigerie (Charles Martial) Cardinal français (1825-1892). Archevêque d'Alger (1867), désireux d'évangéliser l'Afrique, il fonda la société des Pères blancs (1868) puis celle des Sœurs missionnaires d'Afrique. Chef de l'Église d'Afrique, cardinal, il poursuivit son œuvre missonnaire et sa lutte contre l'esclavage.

Lavillenie (Renaud) Athlète français (né en 1986). Médaille d'or de saut à la perche (5,97 m) aux Jeux olympiques de 2012 et médaille d'argent aux Jeux de 2016. En 2014, il battit le record du monde en sautant à 6,16 m.

Lavinium Ancienne ville du Latium, fondée selon la légende par Énée, d'après le nom de sa femme Lavinia.

lavis n. m. (de *laver*) Passage d'encres ou de couleurs étendues d'eau sur un dessin. *Un lavis de sépia.* – Dessin obtenu par ce procédé.

Lavisse (Ernest) Historien français (1842-1922). Spécialiste de l'histoire de la Prusse, il dirigea une vaste *Histoire de France* et fut l'auteur de nombreux manuels scolaires qui firent longtemps autorité.

lavoir n. m. **1.** Lieu public où on lavait le linge à la main. **2.** Bac en ciment pour laver le linge. **3.** techn. Atelier de lavage du minerai.

Lavoisier (Antoine Laurent de) Savant français (1743-1794). Il créa la chimie moderne en énonçant le principe de la conservation de la masse et des éléments (« rien ne se perd, rien ne se crée, tout se transforme ») et en systématisant l'usage de la balance. Éliminant la théorie du phlogistique, il découvrit l'oxygène (mot qu'il créa) et son rôle dans la combustion puis s'intéressa aux phénomènes de l'oxydation et de la respiration animale, et étudia la composition de l'eau. Avec Laplace, il réalisa les premières mesures calorimétriques. Avec Guyton de Morveau, Fourcroy et Berthollet, il fut l'auteur de la première nomenclature chimique rationnelle, fondée sur la notion d'élément chimique. Fermier général, il fut guillotiné sous la Terreur.

Lavrov (Petr Lavrovitch) Révolutionnaire et philosophe russe (1823-1900). Il est l'auteur, sous le pseudonyme de Mirtov, des *Lettres historiques.*

Lavrovski (Leonid Mikhaïlovitch Ivanov, dit Leonid) Danseur et chorégraphe soviétique (1905-1967). Il est, entre autres, l'auteur de la chorégraphie du *Roméo et Juliette* de Prokofiev.

Law [las] ou [lo] (John) Financier écossais (1671-1729). Estimant que l'État est responsable de la richesse d'un pays, il préconisa la création d'une banque d'État, d'un système de crédit et la circulation de papier-monnaie. C'est en France, sous la Régence, qu'il fonda une banque privée, la Banque générale (1716), autorisée à émettre du papier-monnaie, puis la Compagnie d'Occident (1717). Son « système », unissant ces deux institutions et l'État, connut, à cause des spéculations, une faillite retentissante en 1720.

Lawfeld (bataille de) Bataille remportée, le 2 juillet 1747, à Lawfeld (en Belgique actuelle, près de Maastricht), par le maréchal de Saxe sur le duc de Cumberland.

Lawrence (sir Thomas) Peintre britannique (1769-1830). Avant tout portraitiste, il est considéré comme le continuateur de Reynolds, dont il hérita le titre de peintre du roi. Il exécuta les portraits des principaux adversaires de Napoléon dans un style éclatant, aux accents parfois romantiques.

Lawrence (David Herbert) Écrivain britannique (1885-1930). Ses poèmes et ses romans firent scandale par l'exaltation de l'amour physique et de l'érotisme. En réaction contre l'intellectualisme, il exprima une philosophie naturaliste, dans une prose puissante et évocatrice. *L'Amant de lady Chatterley ; Pornographie et Obscénité ; Femmes amoureuses ; Le Serpent à plumes.*

Lawrence (Thomas Edward) dit **Lawrence d'Arabie** Officier et écrivain britannique (1888-1935). Archéologue passionné par le Proche-Orient, il fut l'organisateur de la révolte arabe contre les Turcs (1917-1918), qu'il raconta dans *Les Sept Piliers de la sagesse.* Après avoir renoncé à son grade lorsque le pacte anglo-arabe fut renié, il s'engagea comme simple soldat dans l'aviation (RAF).

Lawrence d'Arabie portant la tenue traditionnelle des Bédouins.

Lawrence (Ernest Orlando) Physicien américain (1901-1958). Il fut l'inventeur et le constructeur du cyclotron. Prix Nobel 1939.

lawrencium [lɔʀɑ̃sjɔm] n. m. (de E. O. *Lawrence*) chim. Élément atomique, le dernier de la série des actinides.

Lax (Peter D.) Mathématicien américain d'origine hongroise (né en 1926). Il est connu notamment pour ses travaux sur les équations aux dérivées partielles. Prix Abel 2005.

laxatif, ive adj. (du latin médiéval, de *laxare* → [1]lâcher) Qui aide à évacuer les selles. → **purgatif.** *Remède laxatif.* – n. m. *Un laxatif.*

laxisme n. m. (du latin *laxus*, de *laxare* → [1]lâcher) Tendance excessive à la conciliation, à la tolérance (s'oppose à *purisme*). → **laisser-aller.**

laxiste adj. Qui professe ou concerne le laxisme. – n. *Un, une laxiste.*

Laxness (Halldór Guðjónsson, dit Halldór Kiljan) Écrivain islandais (1902-1998). *La Cloche d'Islande*, roman dans lequel il exalte la grandeur de son peuple, est considérée comme son chef-d'œuvre. Prix Nobel 1955.

Laye (Camara) Écrivain guinéen d'expression française (1928-1980). Romancier (*L'Enfant noir ; Le Regard du roi*), il fut également l'auteur d'un recueil de contes de griots (*Le Maître de la parole*).

layer [lɛje] v. tr. <8> techn. **1.** Faire traverser par un layon. *Layer une forêt.* **2.** Marquer (les arbres à épargner) dans une coupe.

layette n. f. (diminutif de l'ancien français *laie* « boîte, coffret », p.-ê. d'origine germanique, ou famille de l'ancien français *laier* → laisser) Linge, habits du nouveau-né. *De la layette.* – appos. invar. *Des robes bleu layette.*

layon n. m. (de [2]*laie*) Sentier en forêt.

Lazare (saint) Dans l'évangile de Jean, frère de Marthe et de Marie de Béthanie. Ami de Jésus, il est ressuscité par ce dernier. La légende en fait le premier évêque de Marseille, où il aurait été martyrisé.

Lazare (Bernard) Écrivain et journaliste français (1865-1903). Il publia en 1898 *La Vérité sur l'affaire Dreyfus*, qui renforça le camp dreyfusard.

Lazareff (Pierre) Journaliste et producteur d'émissions d'information français (1907-1972). Directeur de *France-Soir* à partir de 1944, il contribua au renouveau de la presse française de l'après-guerre.

lazaret n. m. (italien *lazzaretto*, de *Nazareto*, n. d'une île vénitienne, avec influence de *Lazzaro* « Lazare », patron des lépreux → ladre) Établissement où s'effectue le contrôle sanitaire, l'isolement des voyageurs susceptibles de maladies contagieuses. *Subir une quarantaine au lazaret.*

Lazarillo de Tormes Héros et narrateur de *La Vie de Lazarillo de Tormes*, le premier roman picaresque espagnol (1554), chef-d'œuvre parfois attribué à Hurtado de Mendoza.

Lazarsfeld (Paul Felix) Sociologue et statisticien américain d'origine autrichienne (1901-1976). Son travail porta sur la méthodologie des sciences sociales et la critique de leurs concepts fondamentaux. *L'Analyse empirique de la causalité ; L'Analyse des processus sociaux.*

L

Lazes n. m. pl. Peuple caucasien d'origine géorgienne (le laze est un dialecte géorgien), vivant principalement en Turquie (250 000 personnes).

lazurite n. f. (du latin → azur) Lapis-lazuli.

lazzi [la(d)zi] n. m. (mot italien) (surtout au plur.) Plaisanterie, moquerie bouffonne. → **quolibet.** *Des lazzis* ou *des lazzi* (plur. italien).

LCD n. m. (sigle de *Liquid Crystal Display*) anglic. Dispositif d'affichage à cristaux liquides. – appos. *Écran plat LCD.*

LCR voir Ligue communiste révolutionnaire

[1]le, la, les art. déf. (latin *illum, illam*, de *ille* démonstratif) *Le, la* se réduisent à *l'* devant une voyelle ou un *h* muet : *l'école, l'habit.* — *De + le, les* devient *du, des* ; *à + le, les* devient *au, aux* **I.** devant un nom **1.** (devant un nom générique) *L'homme est un mammifère. Aimer les enfants.* ■ (désignant qqch. de connu) *Le soleil et la lune.* **2.** (devant un nom déterminé par la situation) *Ferme le verrou.* → [1]**ce.** *Il partit le lendemain.* – (la situation étant déterminée par la suite de la phrase) *Il vit dans la maison d'à côté.* **3.** (remplaçant l'adj. poss. devant le nom d'une partie du corps) *Je me lave les mains. Elle a mal aux dents.* **4.** (devant un nom propre) – (lieu) *Le Japon, la Provence, la Baltique, le Rhône.* – (devant un nom de personne ou de ville) littér. *Le Paris de ma jeunesse. Le Napoléon de l'exil.* – régional ou rural *Le Pierre. La Marie.* – *Les Dupont* : la famille Dupont. **5.** (pour transformer toute partie du discours en subst.) *Le boire et le manger. Le moi. Le pourquoi du comment. Les moins de vingt ans.* **6.** (valeur distributive) → **chaque, par.** *Trois euros le kilo. Trois fois la semaine* (plus cour. : *par semaine*). **II.** (devant un adj. lorsque le nom n'est pas répété) « *Le vierge, le vivace et le bel aujourd'hui* » (Mallarmé). *Quelle main, la droite ou la gauche ?* **III.** (avec le superl.) *C'est le plus beau. C'est elle qui chante le mieux.* – *Ce jour-là, elle fut la plus heureuse. C'est ce jour-là qu'elle a été le plus heureuse. C'est la femme que j'ai le plus aimée.* **IV.** *L'un... l'autre ; l'un ou l'autre ; l'un et l'autre.* → **autre, un.** – *Le (la) même, les mêmes.* → **même.** – *L'on.* → **on.** – *Tout le, toute la, tous les.* → [1]**tout.** – *Le mien, le tien, etc.* → **mien.** – *La plupart.* → la **plupart.** – *À la...* (légère, etc.). → **à.**

²le, la, les pron. pers. Pronom personnel objet ou attribut de la 3ᵉ personne - *Le, la* sont élidés en *l'* devant une voyelle ou un *h* muet (*je l'entends ; ils l'hébergent ; elle l'y a mis ; je l'en remercie*), sauf après un impér. (*faites-le entrer ; faites-le apporter*). **I.** (objet direct) **1.** (représentant un nom, un pronom qui vient d'être exprimé ou qui va être exprimé) *Claire ? Je la connais.* – (compl. de *voici, voilà*) *« Mon sillon ? Le voilà. Ma gerbe ? La voici »* (Hugo). **2.** *Le*, de valeur neutre. → cela. *Je vais vous le dire.* **3.** (dans des gallicismes) *Je vous le donne en mille. L'échapper belle. Se la couler douce.* **II.** *Le* (attribut). *J'étais naïve, mais je ne le suis plus. Cette femme est mon amie et le sera toujours.* – littér. (accordé) *« La reine ? vraiment oui ; je la suis en effet »* (La Fontaine).

lé n. m. (de l'ancien adj. *lé* « large, vaste » qui vient du latin *latus* → latéral) **1.** Largeur d'une étoffe. – Chaque partie verticale d'une jupe. **2.** Largeur d'une bande de papier peint. *Des lés.*

Lê Nom de deux dynasties vietnamiennes, celle des *Lê antérieurs* (980-1010) et celle des *Lê postérieurs* (1428-1527).

Léa ou **Lia** Personnage biblique. Fille de Laban et sœur de Rachel, elle est la première épouse de Jacob.

Leach (Edmund Ronald) Anthropologue britannique (1910-1989). Il fut l'un des principaux représentants de l'ethnosociologie fonctionnaliste et le premier à décrire la société birmane. *Le Système politique des hautes terres de Birmanie ; Repenser l'anthropologie.*

leader [lidœʀ] ou **leadeur, euse** [lidœʀ, øz] n. (de l'anglais « conducteur », de *to lead*) anglic. **1.** Chef, porte-parole (d'un parti, d'un mouvement politique). *Les leaders de l'opposition.* – *Les leaders d'opinion* : celles et ceux qui orientent l'opinion publique. **2.** Concurrent(e) qui est en tête (course, compétition). **3.** Entreprise qui occupe la première place (dans un domaine). *Le leader mondial des cosmétiques.* → numéro un.

leadership [lidœʀʃip] n. m. (mot anglais → leader) anglic. **1.** Fonction, position de leader. **2.** Position dominante. *Perdre son leadership.*

Leahy (William Daniel) Amiral américain (1875-1959). Ambassadeur des États-Unis à Vichy de 1940 à 1942, il fut ensuite chef d'état-major des présidents Roosevelt et Truman et participa à la conférence de Yalta.

Leakey (Louis Seymour Bazett) Paléontologue britannique (1903-1972). Il découvrit avec sa femme Mary (1913-1996), dans les gorges d'Olduvai, au N. de la Tanzanie, l'*Australopithecus boisei* ou zinjanthrope (1959) et l'*Homo habilis* (1960).

Lean (David) Réalisateur britannique (1908-1991). Son œuvre variée, souvent spectaculaire, rencontra l'adhésion d'un large public. *Brève Rencontre ; Le Pont de la rivière Kwaï ; Lawrence d'Arabie ; Le Docteur Jivago.*

David Lean, *Le Docteur Jivago* (1965), avec Omar Sharif et Julie Christie.

Léandre (saint) Prélat espagnol (début VIᵉ s.-v. 600). Frère aîné de saint Isidore de Séville, il organisa l'Église hispano-wisigothique (concile de Tolède, 589).

leasing [liziŋ] n. m. (de l'anglais, de *to lease* « louer ») anglic. Location, avec achat en option, de biens d'équipement. *Une société de leasing.*

Léaud (Jean-Pierre) Comédien français (né en 1944). Découvert par François Truffaut, il fut le jeune Antoine Doinel dans quatre de ses films dont *Les Quatre Cents Coups*. Il est resté associé à la Nouvelle Vague et, après *La Maman et la Putain* (Eustache) et *La Nuit américaine* (Truffaut), il continua à tourner des films d'auteur. On le retrouve en 2016 dans *La Mort de Louis XIV*.

Léautaud (Paul) Écrivain français (1872-1956). Misanthrope caustique et anticonformiste, auteur d'un important *Journal littéraire*, il fut une figure centrale du *Mercure de France* au XXᵉ siècle.

Leavitt (Henrietta Swan) Astronome américaine (1868-1921). Elle découvrit que la luminosité des céphéides était proportionnelle à leur période de variation d'éclat. Cette relation permet d'évaluer les distances des amas stellaires et des galaxies.

Lebas ou **Le Bas** (Philippe François Joseph) Homme politique et révolutionnaire français (1765-1794). Député de la Montagne, membre du Comité de sûreté générale, il suivit Robespierre dans sa chute le 9 Thermidor.

Lebeau (Joseph) Homme politique belge (1794-1865). Il fut l'un des artisans, lors de la révolution de 1830, de l'indépendance de la Belgique. Chef de l'exécutif en 1831, il proposa, comme roi des Belges, Léopold de Saxe-Cobourg-Gotha (Léopold Iᵉʳ).

lebel n. m. (de *Lebel*, officier qui présenta le premier modèle de cette arme) Fusil à répétition de petit calibre, en usage dans l'armée française jusqu'à la guerre de 1939.

Le Bel (Achille) Chimiste français (1847-1930). Précurseur de la stéréochimie moderne, il a introduit le concept de carbone asymétrique dans les composés optiquement actifs.

Lebesgue (Henri) Mathématicien français (1875-1941). Il fut notamment l'auteur d'une théorie des fonctions mesurables et d'une théorie de l'intégration. *L'intégrale de Lebesgue* est un outil fondamental de l'analyse moderne.

Leblanc (Maurice) Journaliste et romancier français (1864-1941). Il connut le succès grâce au personnage d'Arsène Lupin « gentleman cambrioleur », qu'il mit en scène dans une vingtaine de romans policiers.

Lebon (Philippe) Ingénieur français (1767-1804). Il fut l'inventeur de l'éclairage et du chauffage au gaz.

Le Bon (Gustave) Médecin et sociologue français (1841-1931). Il vulgarisa en France les théories de l'inconscient et le concept de psychologie collective (*La Psychologie des foules*).

Le Brun (Charles) Peintre français (1619-1690). Il étudia à Rome en compagnie de Poussin et devint le premier peintre du roi et le directeur de la manufacture des Gobelins. Il réalisa une partie importante de la décoration du château de Versailles et de celui de Vaux-le-Vicomte, ainsi que de la galerie d'Apollon au Louvre. Il exerça sur les beaux-arts un pouvoir grandissant, tentant d'imposer un nouveau classicisme fondé sur l'imitation de l'antique. *L'Histoire d'Alexandre ; Le Chancelier Séguier avec sa suite.*

Lebrun (Charles François) duc de Plaisance Homme politique français (1739-1824). Troisième consul (avec Bonaparte et Cambacérès), architrésorier de l'Empire, il créa la Cour des comptes (1807) et administra la Hollande de 1810 à 1813. Rallié aux Bourbons, il rejoignit Napoléon lors des Cent-Jours.

Lebrun (Albert) Homme d'État français (1871-1950). Président de la République française de 1932 à 1940, il se retira après la formation du gouvernement de Vichy et fut déporté en 1944.

Lebrun-Pindare (Ponce Denis Écouchard Lebrun, surnommé) Poète français (1729-1807). Il fut l'auteur d'*Odes* (*Ode à Buffon ; Odes républicaines au peuple français*) qui lui valurent son surnom.

le Carré (David John Moore Cornwell, dit John) Écrivain britannique (1931-2020). Agent des services secrets britanniques en Allemagne au début des années 1960, il est l'auteur de romans d'espionnage dont une quizaine a été portée à l'écran. *L'Espion qui venait du froid ; La Taupe ; La Maison Russie ; Un homme très recherché.*

Lecce Ville d'Italie du Sud (Pouilles). 83 300 habitants. Monuments baroques d'un style exubérant (« baroque de Lecce »).

Lecco Ville d'Italie (Lombardie), sur le lac de Côme. 45 500 habitants. Industrie. Tourisme.

léchage n. m. Action de lécher.

Le Chapelier (Isaac René Guy) Homme politique et révolutionnaire français (1754-1794). Avocat, député du tiers état, il rapporta la loi du 14 juin 1791 (*loi Le Chapelier*) qui interdisait l'association de gens de

Le Brun (Charles)

Charles Le Brun, *Le Chancelier Séguier* (v. 1660), musée du Louvre, Paris.

même métier. Émigré en 1792, il fut condamné à la guillotine à son retour.

Le Chatelier (Henry) Chimiste et métallurgiste français (1850-1936). Il a notamment formulé les lois de déplacement des équilibres physico-chimiques en fonction des paramètres physiques *(principe de Le Chatelier)*.

lèche n. f. (de *lécher*) fam. *Faire de la lèche à qqn,* le flatter servilement.

lèche-botte n. fam. Flatteur servile. ➔ **lèche-cul.** *Quelle lèche-botte ! Des lèche-bottes.*

lèche-cul n. fam. Personne servile. ➔ **lèche-botte.** *« Je ne veux pas être de ces lèche-culs qui craignent de déplaire aux pions »* (Baudelaire).

lèchefrite n. f. Ustensile de cuisine placé sous la broche pour recevoir la graisse et le jus.

lécher v. tr. < 6 > (vient du francique *lekkon,* même racine que des mots latin et grec ➔ lichen) **1.** Passer la langue sur (qqch.). *Chien qui lèche un plat.* – fig. et fam. *Se, s'en lécher les babines.* – *Les vagues lèchent la falaise.* ➔ **effleurer. 2.** loc. fam. *Lécher les bottes* (ou vulg. *le cul*) *à qqn,* le flatter bassement. ➔ **lèche ; lèche-botte, lèche-cul.** – fig. *Lécher les vitrines :* faire du lèche-vitrine*. – ***Un ours mal léché*** *:* un individu d'aspect rébarbatif, aux manières grossières (de la légende selon laquelle l'ourse lèche son petit pour le parfaire). **3.** fig. Finir, polir avec un soin trop minutieux. ➔ **fignoler.** – au p. p. *Dessin trop léché.*

lécheur, euse n. péj. Flatteur.

lèche-vitrine n. m. *Faire du lèche-vitrine :* flâner en regardant les vitrines, les étalages. *Des lèche-vitrines.*

lécithine n. f. (du grec *lekithos* « jaune d'œuf ») chim., biol. Lipide phosphoré. *Lécithine de soja.*

Leclair (Jean-Marie) dit l'Aîné Compositeur et violoniste français (1697-1764). Auteur d'un opéra *(Scylla et Glaucus),* de sonates et de concertos, il est considéré comme le fondateur de l'école française de violon.

Leclanché (Georges) Ingénieur français (1839-1882). Il inventa en 1877, la pile électrique qui porte son nom.

Leclerc (Charles Victor Emmanuel) Général français (1772-1802). Proche de Bonaparte, dont il épousa la sœur Pauline, il participa au coup d'État du 18 Brumaire. Il commanda l'expédition de Saint-Domingue, au cours de laquelle il soumit Toussaint-Louverture (1802).

Leclerc (Philippe Marie de Hauteclocque, dit) Maréchal de France (1902-1947). Il rejoignit de Gaulle à Londres et combattit en Normandie après le débarquement allié. Il libéra Paris, à la tête de la 2ᵉ division blindée, puis Strasbourg, en 1944. La dignité de maréchal de France lui fut conférée à titre posthume en 1952.

Le général Leclerc lors de la Seconde Guerre mondiale.

Leclerc (Félix) Chanteur, auteur et compositeur canadien (québécois) (1914-1988). Il renouvela la chanson québécoise de langue française. *Moi, mes souliers ; Le P'tit Bonheur ; Bozo.*

Le Clézio (Jean-Marie Gustave dit J.-M. G.) Écrivain français et mauricien (né en 1940). Dans son œuvre romanesque, il se montre ouvert aux cultures de l'océan Indien, du Mexique et de l'Afrique et critique à l'égard de la société technocratique et de la civilisation occidentale. *Le Procès-Verbal ; Le Chercheur d'or ; Le Rêve mexicain ; Désert ; Les Géants.* Prix Nobel 2008.

Jean-Marie Gustave Le Clézio en 1988.

Lécluse ou **Lescluse** (Charles de) latinisé en **Clusius** Botaniste français (1526-1609). Il acclimata en Europe la pomme de terre, importée du Pérou.

Lecoin (Louis) Militant anarcho-syndicaliste français (1888-1971). Secrétaire de l'Union anarchiste, collaborateur au *Libertaire* de S. Faure, il fonda en 1936 le Comité pour l'Espagne libre et obtint en 1962 le vote du statut des objecteurs de conscience.

Lecomte (Louis) Jésuite français (1656-1729). Ses *Nouveaux Mémoires sur l'état présent de la Chine* dans lesquels il affirmait que les Chinois avaient eu la révélation du vrai Dieu furent censurés et brûlés.

leçon n. f. (latin *lectio, lectionis* « lecture », de *legere* ➔ ¹lire) **1.** Ce qu'un élève doit apprendre. *Réviser ses leçons.* **2.** Enseignement donné par un professeur à une classe, un auditoire. ➔ **conférence, cours.** *Leçon inaugurale.* – loc. anciennt ***Leçons de choses*** *:* activités d'éveil, par l'observation de la nature, des objets usuels, etc. – *Leçons particulières. Prendre des leçons de dessin.* – fig. *Donner des leçons à qqn,* vouloir lui en remontrer. **3.** Conseils, règles de conduite donnés à qqn. *Je n'ai pas de leçons à recevoir de vous.* – loc. *Faire la leçon à qqn,* lui dicter sa conduite ; le réprimander. **4.** Enseignement profitable, morale que l'on peut tirer de qqch. – *Cela lui donnera une leçon, une bonne leçon ; cela lui servira de leçon* (➔ fam. ça lui fera les pieds).

Leconte (Patrice) Réalisateur et scénariste français (né en 1947). Familier des comédies à succès *(Viens chez moi, j'habite chez une copine ; Ma femme s'appelle revient),* il a notamment à son actif la série des *Bronzés* avec l'équipe du Splendid.

Leconte de Lisle (Charles Marie Leconte, dit) Poète français (1818-1894). Chef de file de l'école du Parnasse et traducteur d'Homère, il se fit le défenseur d'une poésie « objective » et intemporelle dans laquelle il évoque le passé légendaire et les grands mythes religieux. Son nom est associé au slogan de « l'art pour l'art ». *Poèmes antiques ; Poèmes barbares ; Poèmes tragiques.*

Le Corbusier (Charles-Édouard Jeanneret, dit) Architecte, urbaniste et théoricien de l'architecture français d'origine suisse (1887-1965). Théoricien du « purisme », il prôna le recours à des volumes simples, des formes dépouillées, des constructions ordonnées comme les « unités d'habitation » (Cité radieuse à Marseille). Il donna par la suite à ses édifices en béton l'aspect de sculptures par l'emploi des obliques et des courbes (Notre-Dame-du-Haut à Ronchamp) et appliqua ses principes d'architecture à l'urbanisme (projet de Chandigarh en Inde). Le Corbusier s'imposa comme l'un des maîtres de l'architecture moderne. *L'Esprit nouveau ; Vers une architecture ; La Ville radieuse.*

Le Corbusier Haus (1957), immeuble de 17 étages de Le Corbusier à Berlin.

Lecouvreur (Adrienne) Actrice française (1692-1730). Elle fut l'une des premières tragédiennes à abandonner la diction emphatique pour une expression naturelle.

lecteur, trice n. (latin *lector,* de *legere* ➔ ¹lire) **I. 1.** Personne qui lit. *Un grand lecteur, une grande lectrice,* une personne qui lit beaucoup. ➔ **liseur.** *« Chaque lecteur est, quand il lit, le propre lecteur de soi-même »* (Proust). – *Le courrier des lecteurs* (dans un journal). – Personne dont la fonction est de lire et de juger des œuvres. *Être lecteur dans une maison d'édition.* **2.** Personne qui lit à haute voix. ■ Assistant étranger, dans l'enseignement supérieur des langues vivantes. **II.** n. m. **1.** Dispositif qui reproduit des sons enregistrés. *Lecteur de disques compacts.* **2.** inform. Appareil permettant la lecture (II, 2) des informations stockées sur un support auxiliaire. *Un lecteur de CD-Rom.* – *Un lecteur de cartes bancaires.*

lectorat n. m. **1.** Ensemble des lecteurs (d'un journal, etc.). **2.** Fonction d'assistant dans l'enseignement des langues étrangères.

Lectoure Commune du Gers. 3 687 habitants. Enceinte du XVIᵉ s. Ancienne cathédrale des XIIᵉ-XIIIᵉ s. Musée.

lecture n. f. (latin médiéval *lectura,* de *legere* ➔ ¹lire, pour *lectio* ➔ leçon) **I. 1.** Action matérielle de lire, de déchiffrer (ce qui est écrit). *Technique de lecture rapide.* – *Livre de lecture* (apprentissage). **2.** Action de lire, de prendre connaissance du contenu (d'un écrit). *La lecture d'un livre, d'un auteur.* – absolt *Aimer la lecture. « N'ayant jamais eu de chagrin qu'une heure de lecture ne m'ait ôté* [...] » (Montesquieu). ■ Livre, ouvrage lu. *Mauvaises lectures. Apporter de la lecture à qqn.* – *Comité de lecture* (chez un éditeur). **3.** Interprétation (d'un texte). *Les différents niveaux de lecture d'un texte.* **4.** Action de lire à haute voix (à d'autres personnes). *Donner lecture d'une proclamation. Faire la lecture à qqn.* **5.** Délibération d'une assemblée législative sur un projet de loi. *Loi adoptée en première, en* *seconde lecture.* **II. 1.** Première phase de la reproduction des sons enregistrés. *Tête de lecture.* **2.** Reconnaissance d'informations par une unité de traitement. **–** *Lecture optique des codes-barres.*

lécythe **n. m.** **(grec *lekuthos* « flacon à huile ») archéol.** Vase grec à anse et col étroit. *Lécythe funéraire.*

Lécythe à fond blanc (modèle attique, 440 av. J.-C.), musée national d'Archéologie, Athènes.

LED **n. f. invar.** ou **led** [lɛd] **n. f. (sigle anglais, de *light emitting diode*) anglic.** Diode* électroluminescente. *Des LED, des led* ou *des leds. Les LED consomment peu et ne chauffent pas.* **– appos.** *Lampes, ampoules LED.*

Léda Dans la mythologie grecque, mère de Castor, Pollux, Hélène et Clytemnestre, fruits de son union avec Zeus, qui avait pris la forme d'un cygne pour la séduire.

Léda et le cygne, mosaïque gréco-romaine (IIe-IIIe s.), musée de Chypre, Nicosie.

Lederberg (Joshua) Biologiste américain (1925-2008). Il découvrit, avec E. Tatum, la recombinaison sexuelle chez les bactéries et mit ensuite en évidence le transfert d'informations génétiques entre bactéries par les virus bactériophages. Prix Nobel 1958.

Lederman (Leon) Physicien américain (1922-2018). Ses travaux ont mis en évidence l'existence de deux types de neutrinos. Prix Nobel 1988.

ledit, ladite voir **dit**

Ledoux (Claude Nicolas) Architecte français (1736-1806). D'abord tourné vers l'architecture privée, il entreprit, à partir de 1774, trois grands chantiers publics : le théâtre de Besançon, les barrières de Paris et la saline royale d'Arc-et-Senans. Son style est marqué par un goût prononcé pour le symbole et pour les formes géométriques pures. *L'Architecture considérée sous le rapport de l'art, des mœurs et de la législation.*

Ledru-Rollin (Alexandre Auguste Ledru, dit) Homme politique français (1807-1874). Fondateur du journal *La Réforme,* il fut, comme député radical, puis comme ministre de l'Intérieur du gouvernement provisoire de 1848, le partisan d'une république démocratique et sociale.

Leduc (Ozias) Peintre canadien (1864-1955). Il se consacra surtout à l'art religieux avec la décoration de nombreuses églises.

Lê Đức Thọ Homme d'État vietnamien (1912-1990). Il participa à la fondation du Viêt-minh en 1941 et négocia avec H. Kissinger les accords de Paris sur le Viêtnam (1973).

Led Zeppelin Groupe de rock britannique (1968-1980) composé de Robert Plant, Jimmy Page, John Paul Jones et John Bonham. Mêlant le blues et des solos électriques déchaînés, il a contribué à la naissance du hard rock. Son inspiration alliait mysticisme hippie et thèmes mythologiques. *Moby Dick ; Since I've been loving you ; Stairway to Heaven.*

Lee (Robert Edward) Général américain (1807-1870). Général en chef des armées confédérées lors de la guerre de Sécession, il défendit Richmond, puis dut se rendre au général Grant à Appomattox en 1865.

Lee (Stanley Martin Lieber, dit Stan) Scénariste de bandes dessinées et de films d'action américain (1922-2018). Il a inventé un nouveau genre : le héros aux superpouvoirs. *Hulk ; X-men ; Spiderman.*

Lee (Tsung-Dao) Physicien américain d'origine chinoise (né en 1926). Il a élaboré l'hypothèse de la « non-conservation de la parité » des particules (elles cessent d'être superposables à leur image en miroir), qui joue un rôle fondamental dans les théories des interactions nucléaires. Prix Nobel 1957.

Lee (David M.) Physicien américain (né en 1931). Il a mis en évidence un second mécanisme responsable de la superfluidité de l'hélium (le premier ayant été découvert par Kapitsa). Prix Nobel 1996.

Lee (Yuan T.) Chimiste taïwanais (né en 1936). Il est l'auteur de travaux sur les réactions unimoléculaires étudiées à l'aide de faisceaux de particules supersoniques. Prix Nobel 1986.

Lee (Jun Fan dit Bruce) Acteur américain (1940-1973). Grand maître des arts martiaux, il mena sa carrière en Chine puis à Hollywood où il fut le premier acteur asiatique à accéder au rang de star. *La Fureur du Dragon* est considéré comme un chef-d'œuvre du genre.

Lee (Shelton Jackson dit Spike) Réalisateur et acteur américain (né en 1957). Il signe des films engagés sur la question raciale dans la société américaine : *Malcom X ; Do The Right Thing ; BlacKkKlansman.*

Leeds Ville du N. de l'Angleterre (West Yorkshire), sur l'Aire. 474 600 habitants. Capitale régionale et centre industriel, Leeds subit la concurrence des villes de Bradford, Sheffield et Manchester.

Leenhardt (Maurice) Missionnaire protestant, ethnographe et linguiste français (1878-1954). À travers l'étude des peuples kanaks de Nouvelle-Calédonie, de leurs langues et de leurs mythes, il voulut dépasser l'opposition entre archaïsme et civilisation. *Gens de la Grande Terre ; Do Kamo.*

Leers Commune du Nord, à la frontière belge. 9 548 habitants.

Leeuwarden Ville des Pays-Bas, chef-lieu de la Frise. 125 500 habitants. Musée. Industries (laitière, chimique).

Le Fauconnier (Henri) Peintre français (1881-1946). Il suivit successivement les nabis, le fauvisme et le cubisme, avant de revenir au style réaliste de ses débuts. *L'Abondance.*

Lefebvre (François Joseph) Maréchal et pair de France (1755-1820). Il fut l'un des principaux soutiens de Bonaparte, durant le coup d'État du 18 Brumaire, et s'illustra lors de différentes campagnes (Iéna, Dantzig).

Lefebvre (Henri) Philosophe et sociologue français (1901-1991). Théoricien marxiste, il étudia les structures des sociétés contemporaines, l'aliénation du peuple par les valeurs bougeoises, et prôna une révolution culturelle permanente. *Critique de la vie quotidienne ; Le Retour de la dialectique.*

Lefebvre (Marcel) Évêque schismatique français (1905-1991). Hostile aux orientations du concile Vatican II, il prit la tête d'un mouvement intégriste, ce qui entraîna son excommunication.

Lefèvre d'Étaples (Jacques) latinisé en **Fabri** ou **Faber Stapulensis** Théologien et humaniste français (1450-1537). Réformiste marqué par les idées de Luther, il fut l'auteur de l'une des premières traductions de la Bible en français (1523).

Leforest Commune du Pas-de-Calais. 7 236 habitants.

Le Fort (Gertrud von) Écrivaine allemande (1876-1971). Elle est l'autrice de récits et de poèmes d'inspiration religieuse, parmi lesquels *La Dernière pour l'échafaud,* œuvre adaptée par G. Bernanos dans *Dialogues des carmélites.*

Lefort (Claude) Philosophe français (1924-2010). Venu du marxisme, il devint, aux côtés de C. Castoriadis, l'un des principaux critiques de l'URSS, et du totalitarisme sous toutes ses formes. Il commenta *L'Archipel du Goulag* de Soljenitsyne dans *Un homme en trop.*

légal, ale, aux **adj. (latin *legalis,* de *lex, legis* → ¹loi) 1.** Qui a valeur de loi, résulte de la loi, est conforme à la loi. **→ juridique, réglementaire ;** s'oppose à *illégal. Formalités légales. Monnaie légale.* **2.** Défini ou fourni par la loi. *Heure légale. Âge légal,* requis par la loi. *« Il n'y a point d'âge légal pour le malheur »* (Chateaubriand). **–** *Tuteur légal.* **3.** *Pays légal,* la partie de la population qui a des droits politiques.

légalement **adv.** D'une manière légale.

légaliser **v. tr. < 1 > 1.** Certifier authentique en vertu d'une autorité officielle. *Faire légaliser sa signature.* **2.** Rendre légal. *Légaliser l'avortement.* □ **n. f. légalisation**

légalisme **n. m.** Attitude légaliste.

légaliste **adj. et n.** Qui pratique un respect absolu de la loi, spécialement de la loi religieuse. **→ rigoriste.**

légalité **n. f. 1.** Caractère de ce qui est légal. *La légalité d'un acte.* **2.** Ce qui est légal. *Sortir de la légalité* **(→ hors-la-loi).**

légat **n. m. (latin *legatus,* de *legare* « envoyer ») 1. Antiq.** Gouverneur de province, sous l'Empire romain. **2.** Ambassadeur du Saint-Siège. **→ nonce.**

légataire **n. (du latin jurid., de *legatum* → léguer)** Bénéficiaire d'un legs. **→ héritier.** *Légataire universel,* de tous les biens de qqn.

légation **n. f. (latin *legatio* → légat) 1.** Charge, fonction de légat (2). **2.** Représentation diplomatique entretenue à défaut d'ambassade. ■ Résidence d'une légation.

légato [legato] **adv. (italien *legato* « lié ») mus.** D'une manière liée, sans détacher les notes. *Chanter légato.* **– n. m.** Passage lié. *Des légatos.* **– var. legato.**

Legault (François) Homme d'État canadien (québécois) [né en 1957]. Fondateur de la Coalition avenir Québec, de centre droit, il est Premier ministre du Québec depuis 2018.

Lège-Cap Ferret Commune de la Gironde, sur le bassin d'Arcachon. 8 334 habitants. Station balnéaire.

légendaire **adj. 1.** Qui n'existe que dans les légendes. **→ fabuleux, imaginaire, mythique.** *Animaux légendaires.* **2.** Qui tient de la légende. *Récit légendaire* (opposé à *histo-*

rique). **3.** Qui est entré dans la légende par sa célébrité. → **célèbre.** – *Paresse légendaire.* → **notoire.**

légende n. f. (du latin chrét. « vie de saint », proprt « ce qui doit être lu », de *legere* → ¹lire) **I. 1.** Récit populaire traditionnel, plus ou moins fabuleux. → **fable, mythe.** *La légende de Faust. Pays de légende.* – *C'est une légende,* une histoire inventée. **2.** Représentation traditionnelle de faits ou de personnages réels, déformée ou amplifiée. *Napoléon est entré dans la légende.* – *Légende vivante :* personne entrée dans la légende de son vivant. *Une légende du rock.* **II. 1.** Inscription d'une médaille, d'une monnaie. **2.** Texte qui accompagne une image et l'explique. **3.** (plans, cartes) Liste explicative de signes conventionnels.

légender v. tr. < 1 > Accompagner (un dessin, une carte...) d'une légende (II).

Legendre (Adrien Marie) Mathématicien français (1752-1833). Ses travaux les plus importants sont consacrés à la théorie des nombres et à la classification des fonctions elliptiques. *Éléments de géométrie.*

Legendre (Louis) Homme politique français (1752-1797). Jacobin, il fut l'un des principaux artisans de la chute de Louis XVI, avant de s'opposer à Robespierre et de fermer le club des Jacobins lors de la Convention thermidorienne.

Legendre (Pierre) Juriste et psychanalyste français (né en 1930) Au carrefour de différents domaines du savoir et de la culture, son œuvre, qui interroge les fondements dogmatiques des sociétés humaines, jette les bases de l'anthropologie dogmatique. *De la société comme texte.*

léger, ère adj. (vient du bas latin *leviarius,* de *levis* « léger » et « frivole ») **I. 1.** Qui a peu de poids, se soulève facilement (opposé à *lourd*). *Léger comme une plume. Sac léger à porter.* – boxe *Poids* léger* (57 à 60 kg). – **adv.** *Voyager léger.* ▪ De faible densité. *Huiles légères.* ▪ Qui ne pèse pas sur l'estomac. *Cuisine légère.* → **allégé. 2.** Qui est peu chargé. *Avoir l'estomac léger.* → **creux.** – fig. *Avoir la tête légère :* être écervelé. – loc. *Le cœur léger :* sans inquiétude ni remords. **3.** Qui se meut avec aisance et rapidité. → **agile, vif.** *Se sentir léger.* – *D'un pas léger.* – loc. *Avoir la main légère :* ne pas faire sentir l'autorité qu'on exerce. **4.** Peu appuyé. *Peindre par touches légères.* → **délicat. 5.** *Soprano léger, ténor léger,* dont la voix monte aisément dans les aigus. **II.** Qui a peu de substance (opposé à *épais*). *Une légère couche de neige.* → **mince.** *Robe légère.* – (opposé à *fort, concentré*) *Thé léger. Tabac léger.* – (opposé à *intense, profond*) *Sommeil léger.* **III.** Peu sensible ; peu important. → **faible, petit.** *Un léger mouvement.* → **imperceptible.** *Un léger goût. Malaise léger.* ▪ (opposé à *grave*) *Blessé léger.* – *Condamné à une peine légère.* – *Un léger doute.* **IV. 1.** Qui a peu de profondeur, de sérieux. → **frivole, superficiel.** *« Je vais passer pour un esprit léger (au jugement des esprits lourds) »* (Léautaud). *Être léger dans sa conduite.* → **irréfléchi.** ▪ fam. *C'est un peu léger.* → **inconsistant, insuffisant. 2.** Qui est trop libre. *Propos légers.* → **grivois, licencieux.** – *Femme légère,* volage, facile. **3.** Qui a de la grâce, de la délicatesse, de la désinvolture. → **désinvolte.** *Ironie légère.* **4.** Gai et facile. *Musique légère.* **5.** ***À la légère*** **loc. adv. :** sans avoir pesé les choses, sans réfléchir. → **inconsidérément, légèrement** (3). *Parler à la légère. Prendre les choses à la légère,* avec insouciance.

Léger (saint) Prélat et martyr gallo-romain (v. 616-v. 677). Évêque d'Autun, il s'opposa au maire du palais Ébroïn et fut assassiné. Sa vie fut relatée dans un poème du Xe s., l'un des premiers textes littéraires en roman.

Léger (Fernand) Peintre français (1881-1955). Il créa une imagerie vigoureuse, assemblant des formes géométriques aux couleurs vives. Il donna une vision optimiste de la réalité sociale en célébrant le travail ouvrier. *Les Constructeurs.*

Léger (Fernand)

Fernand Léger, *Le Mécanicien* (1920), musée des Beaux-Arts du Canada, Montréal.

légèrement adv. **1.** D'une manière légère. *Être vêtu légèrement.* ▪ Sans appuyer, sans violence. *Toucher légèrement qqn.* **2.** Un peu, à peine. *Légèrement blessé.* – (+ compar.) *Il est légèrement plus, moins gros.* **3.** À la légère, inconsidérément. – Avec désinvolture. *Il parle de tout légèrement.*

légèreté n. f. **I. 1.** Caractère d'un objet peu pesant, de faible densité. **2.** Aisance dans les mouvements. → **souplesse.** *Marcher avec légèreté.* **3.** Caractère de ce qui est peu épais. → **finesse.** *La légèreté d'une étoffe.* **4.** Caractère de ce qui est peu grave. *Légèreté d'une punition.* **5.** Délicatesse, grâce. **II. 1.** Manque de profondeur, de sérieux, de constance. → **insouciance, irréflexion ; désinvolture. 2.** Délicatesse et agrément (de la conversation, du ton, du style).

Leggett (Anthony J.) Physicien américano-britannique (né en 1938). Sa théorie démontrant l'existence de trois phases de l'hélium superfluide permit des applications dans d'autres domaines de la physique (théories du chaos). Prix Nobel 2003.

leggins ou **leggings** [legiŋs] n. m. pl. (mot anglais, de *leg* « jambe ») anglic. **1.** Jambières de cuir ou de toile. **2.** Collant sans pieds. *Porter une minijupe sur des leggins.*

leghorn [legɔʀn] n. f. (du n. anglais de la ville italienne de *Livorno,* Livourne) Poule d'une race estimée, bonne pondeuse. *Des leghorns.*

légiférer v. intr. < 6 > (latin *legifer* « législateur » → ¹loi) Faire des lois. *Le pouvoir de légiférer.*

légion n. f. (latin *legio,* de *legere* « choisir » → ¹lire) **I. 1.** hist. (dans l'Antiquité romaine) Corps d'armée composé d'infanterie et de cavalerie. *Les légions romaines et les phalanges grecques.* – mod. Corps de gendarmerie. **2.** *Légion (étrangère) :* en France, Corps composé de volontaires, généralement étrangers. **II.** littér. Grande quantité. → **cohorte, multitude.** *Une légion de cousins.* – loc. *Être légion :* être très nombreux. **III.** *Légion d'honneur :* ordre national français. – Décoration de cet ordre. *Le ruban, la rosette de la Légion d'honneur.*

légionelle n. f. (→ légionellose) biol. Bactérie présente dans l'eau, responsable de la légionellose.

légionellose n. f. (de *Legionella [pneumophila],* n. de la bactérie causant la « maladie du légionnaire », de *[American] Legion,* groupe frappé par la première épidémie reconnue) méd. Maladie pulmonaire grave, associée à divers troubles neurologiques, digestifs, etc., due à la légionelle.

légionnaire n. m. **1.** hist. Soldat d'une légion romaine. **2.** Soldat de la Légion étrangère. **3.** dr. Membre de la Légion d'honneur. **4.** *Maladie du légionnaire.* → **légionellose.**

législateur, trice (du latin, de *legis* → ¹loi et *lator* « celui qui propose », de *latum,* supin de *ferre* « apporter » → -fère) **1. n.** Personne qui fait les lois. – **adj.** *La nation, législatrice et souveraine.* **2. n. m.** Le pouvoir qui fait les lois. → **législatif.**

législatif, ive adj. (anglais *legislative,* du latin *legislativus,* de *lex, legis* → ¹loi) **1.** Qui fait les lois, légifère. *Assemblée législative.* – **n. m.** Le Parlement. *Le législatif et l'exécutif.* – hist. *L'Assemblée législative* et **n. f.** *la Législative.* **2.** Qui concerne l'Assemblée législative. *Élections législatives,* des députés. – **n. f. pl.** *Les législatives.* **3.** Qui a le caractère d'une loi. *Acte législatif.*

législation n. f. (du bas latin, puis de l'anglais → législatif) **1.** Ensemble des lois, dans un pays, un domaine déterminé. → ³**droit.** *La législation du travail.* **2.** Science, connaissance des lois.

législature n. f. (de l'anglais → législateur, législatif) Période durant laquelle une assemblée législative exerce ses pouvoirs.

légiste (du latin médiéval, de *lex, legis* → ¹loi) **1. n.** Spécialiste des lois. → **jurisconsulte, juriste. 2. n. m.** hist. Conseiller juridique d'un roi de France. **3. adj.** *Médecin légiste,* chargé d'expertises en matière légale. – **n.** *La légiste n'a pas encore vu le cadavre.*

légitimation n. f. **1.** Fait de rendre (un enfant) légitime. **2.** littér. Action de légitimer (2).

légitime adj. et n. f. (du latin, de *lex* → ¹loi) **I. 1.** Qui est consacré par la loi ou reconnu conforme au droit. *Union légitime* (opposé à *union libre*). – (opposé à *naturel*) *Père légitime. Enfant légitime.* **2.** Conforme à la justice, à l'équité. → **équitable.** *Salaire légitime,* mérité. – dr. *Légitime défense*.* **3.** Justifié (par le bon droit, la raison, le bon sens). → **juste.** *Colère, satisfaction légitime.* **II. n. f.** fam. Épouse. □ **adv. légitimement**

légitimer v. tr. < 1 > (du latin médiéval → légitime) **1.** Rendre légitime juridiquement. *Légitimer un enfant naturel.* **2.** littér. Faire admettre comme juste, raisonnable, excusable. → **justifier.** *Tenter de légitimer sa conduite.*

légitimiste n. et adj. hist. Partisan d'une dynastie considérée comme seule légitime ; spécialt la branche aînée des Bourbons, après 1830 (opposé à *orléaniste*). □ **n. m. légitimisme**

légitimité n. f. (du latin médiéval → légitime) **1.** État de ce qui est légitime ou considéré comme tel. *La légitimité d'un enfant.* – *Légitimité du pouvoir.* **2.** littér. Qualité de ce qui est juste, équitable. → **bien-fondé.**

Legnica Ville de Pologne (basse Silésie). 105 200 habitants. Industries textile et métallurgique.

Le Goff (Jacques) Historien français (1924-2014). Spécialiste du Moyen Âge, pionnier de la « nouvelle histoire », il s'est intéressé à l'histoire des mentalités et à l'anthropologie historique. *La Civilisation de l'Occident médiéval ; Pour un autre Moyen Âge.*

Legrand (Michel) Pianiste et compositeur français (1932-2019). Il écrivit des arrangements de jazz et composa des musiques de film (notamment ceux de J. Demy).

Legros (Pierre) Sculpteur français (1629-1714). Représentant du style classique, il participa à la décoration sculptée des jardins de Versailles.

legs [lɛg ; lɛ] n. m. (altération de *lais,* d'après *léguer*) **1.** Don par testament. *Le bénéficiaire d'un legs.* → **légataire. 2.** Collections, objets d'un legs. **3.** fig. et littér. *Le legs du passé.* → **héritage.**

léguer v. tr. < 6 > (latin *legare,* de *lex, legis* → ¹loi) **1.** Donner par disposition testamentaire (→ **laisser ; legs ; légataire**). **2.** fig. → **donner, transmettre.** *Léguer une œuvre à la postérité.*

légume (latin *legumen,* d'abord « plante à cosse ») **I. n. m.** Plante potagère dont certaines parties peuvent entrer dans l'alimentation humaine. *Légumes verts. Légumes secs.*

L

Bouillon de légumes. **II. n. f.** fam. *Une grosse légume* : un personnage important, influent (→ une huile). **III. n. m.** fam. Malade dans un état végétatif chronique.

légumier, ière **1. adj.** Relatif aux légumes. **2. n. m.** Plat à légumes. **3. n.** Producteur, productrice de légumes.

légumineuse **n. f.** (du latin bot. → légume) Plante dont le fruit est une gousse (famille des *Légumineuses* ; ex. le haricot, la lentille).

Lehár (Franz) Compositeur autrichien d'origine hongroise (1870-1948). Il est l'auteur d'opérettes célèbres. *La Veuve joyeuse ; Le Pays du sourire.*

Lehmann (Rosamond Nina) Romancière britannique (1901-1990). Ses œuvres évoquent le développement de personnalités féminines, des rêves de l'enfance aux désillusions de la vie. *L'Invitation à la valse ; La Ballade et la Source.*

Lehn (Jean-Marie) Chimiste français (né en 1939). Professeur au Collège de France depuis 1979, il est à l'origine de la chimie supramoléculaire. Prix Nobel 1987.

Lehtonen (Joel) Écrivain finlandais d'expression finnoise (1881-1934). Il évolua du romantisme vers un naturalisme soucieux des questions sociales et politiques. *Les Opprimés.*

lei voir [2]leu

Leiber (Fritz) Romancier américain (1910-1992). Il est l'auteur de textes fantastiques et de science-fiction dans lesquels il dénonce le conservatisme américain. *Cycle des épées ; À l'aube des ténèbres.*

Leibniz (Gottfried Wilhelm) Philosophe allemand (1646-1716). Esprit universel, il fut considéré comme le plus grand intellectuel de son temps. Diplomate au service des ducs de Hanovre, il œuvra pour le rapprochement des deux Églises catholique et réformée. Il est l'auteur d'un projet d'alphabet des pensées humaines, la « caractéristique universelle », et de l'idée de calcul logique qui préfigure la logique mathématique moderne. En mathématique, il inventa, en même temps que Newton, le calcul infinitésimal. Comme physicien, il forgea le concept d'énergie potentielle. Sa métaphysique se présente comme une tentative de réconciliation entre le mécanisme cartésien et certains aspects de la tradition scolastique. Au centre de sa philosophie, se trouvent les « monades » définies comme les « véritables atomes de la nature ». Un Dieu calculateur et créateur est au fondement de cette unité du réel que reflète l'infinité des monades. Le concert de toutes les monades trouve son explication ultime dans la doctrine de l'harmonie préétablie selon laquelle Dieu choisit de faire exister le meilleur d'entre tous les mondes possibles. *Discours de métaphysique ; Monadologie ; Nouveaux Essais sur l'entendement humain.*

Leibovitz (Annie) Photographe américaine (née en 1949). Elle est connue pour ses portraits de célébrités politiques (B. Obama), d'artistes (J. Lennon, C. Deneuve...), de sa compagne la romancière Susan Sontag et de ses représentations de personnages de Disney par des stars.

Leibowitz (René) Compositeur français d'origine polonaise (1913-1972). Élève de Webern, il fut le promoteur du dodécaphonisme de Schoenberg en France.

Leicester [lɛstœʀ] Ville d'Angleterre, chef-lieu du Leicestershire. 443 700 habitants. Industries mécanique et chimique. Ancienne cité romaine (vestiges d'un mur) prospère au Moyen Âge (églises et cathédrale gothique), la ville a subi après la révolution industrielle la concurrence économique de Birmingham et Nottingham.

Leicestershire Comté d'Angleterre dans la plaine des Midlands. 661 500 habitants. Chef-lieu : Leicester.

Leif ou **Leiv Eriksson** dit l'Heureux Explorateur norvégien (v. 970-v. 1021). Fils d'Erik le Rouge, il se rendit au Groenland et aurait découvert le continent américain en l'an 1000.

Leigh (Vivian Mary Hartley, dite Vivien) Actrice britannique (1913-1967). Formée au théâtre, elle devint une star d'Hollywood, et fut dirigée par V. Fleming et E. Kazan. *Autant en emporte le vent ; Un tramway nommé Désir.*

Leine **n. f.** Rivière d'Allemagne, affluent de l'Aller. 281 km.

Leinster **n. m.** Province de la république d'Irlande. 2 858 500 habitants. Chef-lieu : Dublin. Agriculture et industrie agroalimentaire.

Leipzig Ville d'Allemagne (Saxe). 597 400 habitants. Centre économique et universitaire historique de la plaine du N. de l'Allemagne. La ville eut un rôle culturel majeur, notamment à l'époque de la Réforme. En octobre 1813 s'y déroula la « bataille des Nations », qui fut une défaite importante pour Napoléon.

Leiris (Michel) Ethnologue et écrivain français (1901-1990). Son œuvre littéraire à caractère autobiographique rejoint, à travers ses recherches sur le langage et les mythes, les préoccupations de l'ethnologue. *L'Âge d'homme ; La Règle du jeu ; L'Afrique fantôme.*

leishmania ou **leishmanie** **n. f.** (du n. du biologiste anglais Leishman) biol. Protiste flagellé parasite, agent de la leishmaniose.

leishmaniose **n. f.** (de *leishmanie* et [2]-ose) méd. Maladie produite par les leishmanias, provoquant des lésions cutanées.

Leitha **n. f.** Rivière d'Autriche et de Hongrie, affluent du Danube. 180 km. Elle séparait l'empire d'Autriche-Hongrie en Cisleithanie (Autriche) et Transleithanie (Hongrie).

leitmotiv [lɛtmɔtiv ; lajtmɔtif] **n. m.** (mot allemand « motif dominant ») **1.** mus. Motif musical répété dans une œuvre, caractérisant un personnage, une situation, etc. *Les leitmotivs* (ou *leitmotive*, plur. allemand) *dans l'œuvre de Wagner.* **2.** fig. Phrase, formule qui revient à plusieurs reprises.

Le Jeune (Claude) Compositeur français (v. 1530-1600). Auteur de psaumes, de chansons et de motets, musicien à la cour d'Henri IV, il marqua profondément les débuts de l'air de cour, préparant la naissance de l'opéra.

Lejeune (Jérôme) Médecin et généticien français (1926-1994). Grâce aux travaux de Marthe Gautier, il découvrit, avec R. Turpin, l'existence d'un chromosome en trop sur la paire 21, responsable de la trisomie 21.

lek **n. m.** (mot albanais) Unité monétaire de l'Albanie. *Des leks.*

Lek **n. m.** Branche N. du Rhin inférieur, aux Pays-Bas.

Lekain (Henri Louis Cain, dit) Comédien français (1729-1778). Il rechercha le naturel dans la déclamation et la vérité dans la mise en scène.

Lekeu (Guillaume) Compositeur belge (1870-1894). Élève de César Franck, il exprima une sensibilité passionnée dans des compositions d'une grande richesse mélodique. *Sonate* pour violon et piano.

Leloir (Luis Federico) Biochimiste argentin (1906-1987). Il expliqua le mécanisme de la biosynthèse des hydrates de carbone. Prix Nobel 1970.

Lelouch (Claude) Réalisateur et producteur français (né en 1937). Ses films, qu'il écrit, réalise et produit, sont de grands succès populaires. *Un homme et une femme ; Les Uns et les Autres.*

Lely (Pieter Van Der Faes, devenu sir Peter) Peintre anglais d'origine néerlandaise (1618-1680). Inspiré par Van Dyck et Rubens, il fut un brillant portraitiste de cour et exerça une forte influence sur les peintres anglais des siècles suivants.

Lelystad Ville nouvelle des Pays-Bas, chef-lieu du Flevoland. 81 200 habitants.

Lelouch (Claude)

Claude Lelouch (au centre) dirigeant J.-P. Belmondo et R. Anconina dans *Itinéraire d'un enfant gâté* (1988).

Lemaire de Belges (Jean) Poète et chroniqueur français (1473-v. 1525). Grand rhétoriqueur, il composa aussi une histoire mythologique et érudite des peuples de l'Europe, visant à donner à la France une ascendance grecque. *Les Illustrations de Gaule et singularités de Troye.*

Lemaistre ou **Le Maître de Sacy** (Isaac) Prêtre français (1613-1684). Janséniste, faisant partie du groupe des solitaires de Port-Royal, il entreprit une traduction française de la Vulgate qui fit longtemps autorité. Il fut le directeur de conscience de Pascal, avec qui il eut *L'Entretien sur Épictète et Montaigne.*

Lemaître (Antoine Louis Prosper, dit Frédérick) Comédien français (1800-1876). Il fut un grand interprète du mélodrame (Robert Macaire dans *L'Auberge des Adrets*), du drame romantique (Hugo) et de Shakespeare.

Lemaître (abbé Georges Henri) Astrophysicien et mathématicien belge (1894-1966). Il fut l'un des premiers à imaginer un univers en expansion à partir d'un « atome primitif » (1927), théorie popularisée sous le nom de « big bang ».

Lemaître (Pierre) Écrivain français (né en 1951). Après plusieurs romans policiers *(Travail soigné ; Cadres noirs)*, il signe une trilogie historique, composée de *Au revoir là-haut* (prix Goncourt et adapté au cinéma), *Couleurs de l'incendie* et *Miroir de nos peines.*

Lemaître (Christophe) Athlète français (né en 1990). Premier sprinteur blanc de l'histoire à courir le 100 m en moins de dix secondes (2011), il a également remporté la médaille de bronze du 200 m aux JO de 2016.

Léman (lac) ou **lac de Genève** Lac d'Europe, au S.-O. de la Suisse et au N. de la Haute-Savoie en France, traversé par le Rhône. Altitude : 372 m ; longueur : 72 km ; superficie : 582 km^2. La rive nord appartient à la Suisse, la rive sud à la France. Les bords du Léman sont un important lieu de villégiature.

Le lac Léman vu des vignes en terrasses de Lavaux.

Lemelin (Roger) Écrivain canadien (québécois) (1919-1992). Ses romans, pleins de verve et d'esprit satirique, évoquant les milieux populaires de Québec, ont remporté un grand succès. *Au pied de la pente douce ; Les Plouffe.*

Lemercier (Jacques) Architecte français (v. 1585-1654). Il fut premier architecte de Louis XIII en 1618 et architecte du Louvre. La rigueur et la mesure de ses réalisations font de lui l'un des initiateurs du classicisme français. Pavillon de l'Horloge au Louvre ; palais Cardinal (futur Palais-Royal) ; chapelle de la Sorbonne.

Lempicka (Tamara de)

Tamara de Lempicka, *Idylle* (1931), collection particulière.

Lemercier (Valérie) Actrice, scénariste et réalisatrice française (née en 1964). À ses débuts, elle fut essentiellement remarquée pour ses rôles comiques, tant à la télévision, au théâtre qu'au cinéma *(Les Visiteurs)*. Scénariste et metteuse en scène, elle tient le rôle principal de ses films *(Palais Royal ; Marie-Francine ; Aline)*.

Lémery (Nicolas) Apothicaire et chimiste français (1645-1715). Il publia une *Pharmacopée universelle*.

Lemieux (Jean-Paul) Peintre canadien (québécois) (1904-1990). Il exprima la solitude de l'être humain, dans des compositions dépouillées traitant souvent de paysages nordiques.

Lemieux (Marie-Nicole) Contralto canadienne (québécoise) [née en 1975]. Sa voix grave ample et ronde également pourvue d'aigus l'a fait remarquer dans son interprétation de la musique baroque puis dans le répertoire français du XIXe siècle. *Orlando Furioso* de Vivaldi.

lemmatiser v. tr. < 1 > ling. Donner à (un mot variable) la forme canonique qu'il a, par exemple, dans un dictionnaire. → **lemme (2).** □ n. f. **lemmatisation**

lemme n. m. (latin *lemma*, d'un mot grec) **1.** didact. Proposition intermédiaire ou accessoire (d'un raisonnement). – Majeure (d'un syllogisme). **2.** (anglais *lemma*) Forme canonique (masc. sing., infinitif...) d'un mot variable.

lemming n. m. (mot norvégien) Petit rongeur des régions boréales.

Lemnos Île grecque de la mer Égée, entre la côte turque et la Chalcidique. 476 km². 17 500 habitants. Chef-lieu : Myrina (ou Kastro).

Le Moiturier (Pierre Antoine), dit parfois maître Anthoinet Sculpteur français (v. 1425-v. 1500). Influencé par Sluter, il réalisa plusieurs commandes pour le compte du duché de Bourgogne, dont le tombeau de Jean sans Peur.

Lemonnier (Camille) Écrivain belge d'expression française (1844-1913). Influencé par le courant naturaliste français, il sut peindre avec réalisme autant la misère rurale et ouvrière *(Le Mâle)* que la société bourgeoise *(La Fin des bourgeois)*.

Lemoyne ou **Lemoine (François)** Peintre français (1688-1737). Il fut l'un des grands décorateurs de son époque. Églises Saint-Thomas-d'Aquin et Saint-Sulpice à Paris ; salon d'Hercule du château de Versailles.

Lemoyne (Jean-Baptiste) Sculpteur français (1704-1778). Issu d'une famille de sculpteurs, il fut appelé au service de Louis XV et laissa, outre plusieurs bustes du roi, ceux de Réaumur et de Montesquieu.

Le Moyne d'Iberville (Pierre) Navigateur et gouverneur français (1661-1706). Il fonda la Louisiane (1702), dont il fut le premier gouverneur.

Lempdes Commune du Puy-de-Dôme, dans la banlieue E. de Clermont-Ferrand. 8 669 habitants.

Lempicka (Maria Gorska, dite Tamara de) Peintre polonaise (1898-1980). Élève de Maurice Denis et d'André Lhote, elle est célèbre pour les portraits, essentiellement féminins, qu'elle a peints dans les années 1925-1935, dans le style Art déco, très représentatifs des années folles.

Le Muet (Pierre) Architecte français (1591-1669). Ses réalisations et son ouvrage *(Manière de bien bâtir pour toutes sortes de personnes)* constituent d'importants jalons dans la formation de l'architecture classique française. Église du Val-de-Grâce ; la Salpêtrière ; Notre-Dame-des-Victoires.

lémur n. m. (de *lémurien*) zool. Maki.

lémure n. m. (du plur. latin *lemures* « spectres ») Antiq. Chez les Romains, Spectre d'un mort revenant tourmenter les vivants. → **larve.**

lémurien n. m. (latin *lemures* « spectres ») Primate nocturne des régions tropicales, proche du singe (sous-ordre des *Lémuriens*).

Lena n. f. Fleuve de Russie, en Sibérie centrale, qui se jette dans l'océan Arctique. 4 400 km. Importante voie fluviale.

Le Nain (Antoine, Louis et Mathieu) Peintres français du XVIIe s. Redécouverts au XIXe s., les frères Le Nain ont laissé des œuvres qui les firent baptiser « peintres de la réalité ». Auteurs d'œuvres mythologiques, ils peignirent aussi des portraits de groupe et des scènes de la vie paysanne. Les spécialistes ont du mal à différencier leurs tableaux, non signés. *Bacchus et Ariane ; Les Joueurs de trictrac ; La Famille de paysans.*

Lenard (Philipp) Physicien allemand (1862-1947). Ses travaux portèrent initialement sur les rayons cathodiques (flux d'électrons accélérés par une tension électrique), puis sur l'effet photoélectrique. Prix Nobel 1905.

Lenau (Nikolaus Niembsch von Strehlenau, dit Nikolaus) Poète autrichien (1802-1850). Chantre de la mélancolie, il écrivit des poèmes dramatiques. *Faust ; Don Juan.*

Lencloître Commune de la Vienne, à l'O. de Châtellerault. 2 474 habitants. Église romane du XIIe siècle.

Lenclos (Anne, dite Ninon de) Femme de lettres française (1616-1706). Elle tint un important salon et fut l'inspiratrice intellectuelle des « libertins ».

lendemain n. m. (de *l'*, *en* et *demain*) **1.** Jour qui suit immédiatement celui dont il est question. → **demain.** *Le lendemain soir.* – *La pilule* du lendemain.* – loc. *Du jour au lendemain* : en très peu de temps. **2.** L'avenir. *La peur du lendemain.* – *Sans lendemain* : sans suite (→ **éphémère**). **3.** Temps qui suit de très près un évènement. *Au lendemain de la guerre.* – fig. (au plur.) → **conséquence, suite.** *Les heureux lendemains d'une histoire.*

Lendl (Ivan) Joueur de tennis américain d'origine tchèque (né en 1960). Son jeu de fond de court offensif, son analyse méthodique du jeu de l'adversaire lui ont valu 8 victoires en grand chelem entre 1984 et 1990.

L'Enfant (Pierre Charles) Architecte et ingénieur franco-américain (1754-1825). Après avoir rénové l'hôtel de ville de New York, il dessina les plans de la nouvelle capitale fédérale, Washington.

Lenglen (Suzanne) Joueuse de tennis française (1899-1938). Ce fut la plus grande championne de tennis de son temps.

Suzanne Lenglen gagna plus de 80 tournois.

lénifiant, ante adj. **1.** méd. Qui lénifie. → **lénitif. 2.** fig. Apaisant ; qui endort la vigilance. *Propos lénifiants.*

lénifier v. tr. < 7 > (du bas latin, de *lenis* « doux », *cf.* **lénitif**) méd. ou littér. Calmer, apaiser.

Lénine (Vladimir Ilitch Oulianov, dit) Homme politique et théoricien russe (1870-1924). Militant révolutionnaire et membre d'un cercle marxiste dès 1888, Lénine fut déporté durant trois ans en Sibérie (1897-1900) puis s'installa à Genève où il créa le premier journal marxiste russe, *Iskra* (1900). Ses réflexions sur le rôle du

Le Nain

Louis ou Antoine Le Nain, *Famille de paysans dans un intérieur* (1642), musée du Louvre, Paris.

L

Lénine en 1920 à Petrograd.

prolétariat dans le combat révolutionnaire aboutirent à une théorie, inspirée par Marx et Engels, d'un parti nouveau, hostile aux mencheviks et à leurs alliés de la bourgeoisie *(Que faire ?)*. Fondateur du Parti bolchevique et de son organe, la *Pravda* (1912), il organisa la révolution d'Octobre (1917) et imposa le décret sur l'abolition de la propriété privée. Élu président du Conseil des commissaires du peuple, il fonda l'Internationale communiste (1919). Malgré son opposition aux dérives bureaucratiques et autocratiques, il ne put empêcher la prise de pouvoir progressive du secrétaire général du Comité central, Joseph Staline. *Matérialisme et Empiriocriticisme ; L'Impérialisme, stade suprême du capitalisme ; L'État et la Révolution.*

L

Leningrad voir **Saint-Pétersbourg**

léninisme n. m. Doctrine marxiste de Lénine. – appos. *Le marxisme-léninisme.* □ **adj. et n. léniniste**

▶ Le **léninisme** (ou marxisme-léninisme) est l'interprétation par Lénine de la théorie de Karl Marx. Lénine lui donna en effet une nouvelle dimension économique et politique, notamment par la création d'un parti bolchevique, fortement discipliné et centralisé qui allait servir de modèle au développement des différents partis communistes à travers le monde. Selon Lénine, le parti unique est nécessaire pour canaliser la spontanéité des masses et les guider dans le combat politique révolutionnaire du prolétariat. Il développa également une analyse de l'impérialisme (*L'impérialisme, stade suprême du capitalisme*, 1916) : le capitalisme conduit les états à se diviser entre états riches, qui pillent le monde, et les autres qui deviennent dépendants. Il y voit l'origine d'une domination politique et économique à laquelle seule la révolution pourra mettre fin.
Le marxisme-léninisme deviendra avec Staline un corps de formules définissant le « matérialisme dialectique » et le « matérialisme historique » qui sont d'un grand dogmatisme.
voir aussi **marxisme, communisme, totalitarisme**

lénitif, ive adj. (du latin médiéval, de *lenire* « adoucir », de *lenis* → **lénifier**) **1.** méd. Adoucissant. **2.** fig. Qui apaise. → **lénifiant.**

Lennon (John Winston, dit John) Auteur, compositeur et chanteur britannique (1940-1980). Il fonda, avec Paul McCartney, le groupe des *Beatles*, qu'il quitta en 1969. Il se consacra alors, avec sa femme Yoko Ono, à des activités militantes pour la paix et enregistra en solo plusieurs albums *(Imagine)*. Il mourut assassiné.

Lenoir (Alexandre) Archéologue français (1761-1839). Il réunit des éléments de monuments menacés de destruction et fonda en 1796 le musée des Monuments français, qui étendait à l'architecture l'idée alors nouvelle de musée d'art.

Lenoir (Étienne) Ingénieur français (1822-1900). Il réalisa, à partir de 1860, les premiers moteurs à explosion.

Le Nôtre (André) Architecte de jardins français (1613-1700). Jardinier de Louis XIV, puis contrôleur des bâtiments royaux, il redessina le jardin des Tuileries. La création du parc de Vaux-le-Vicomte, puis de celui de Versailles, fit de lui l'inventeur du jardin *à la française.*

Lens Chef-lieu d'arrondissement du Pas-de-Calais. 32 458 habitants (agglomération : 320 000). Centre d'un ancien bassin minier. Industries automobile et agroalimentaire. Antenne du musée du Louvre.

lent, lente adj. (vient du latin *lentus*, d'abord « souple » et « mou », puis « indolent ») **1.** Qui manque de rapidité, met plus, trop de temps (opposé à *rapide*). *L'escargot est lent. Être lent à comprendre, à agir.* → **long.** « *Des sens* [...] *lents à s'enfiévrer, mais lents à s'éteindre* » (Colette). – *Avoir l'esprit lent* : ne pas comprendre vite. – *À pas lents. Rendre plus lent.* → **ralentir. 2.** Qui met du temps à agir, à opérer, à s'accomplir. *Une lente progression. Combustion lente.*

lente n. f. (vient du latin pop. *lenditem*, de *lens, lendis* « pou ») Œuf de pou.

lentement adv. Avec lenteur. « *Que lentement passent les heures* » (Apollinaire).

lenteur n. f. **1.** Déplacement, rythme lent (opposé à *vitesse*). **2.** Manque de rapidité, de vivacité. *Agir avec lenteur* (→ **prendre son temps**). « *Elle part, elle s'évertue* [la tortue] ; / *Elle se hâte avec lenteur* » (La Fontaine). – *Lenteur d'esprit.* – *La lenteur du courrier.* **3.** au plur. Actions, décisions lentes. *Les lenteurs de la procédure.*

lenticulaire adj. (du latin, de *lens, lentis* → **lentille**) didact. Qui a la forme d'une lentille. - syn. **lentiforme.**

lenticule n. f. (du latin → **lentille**) bot. Lentille* d'eau.

lentigo n. m. (mot latin, de *lens, lentis* → **lentille**) méd. Petite tache de la peau, pigmentée et ronde. → **grain** de beauté.

lentille n. f. (vient du latin pop. *lenticula*, diminutif de *lens, lentis* « lentille », cf. **lenticulaire, lentigo**) **I. 1.** Plante aux gousses plates contenant deux graines arrondies. **2.** surtout plur. Graine comestible de la lentille, en forme de disque bombé. *Lentille blonde, verte.* **3.** *Lentille d'eau* : plante flottante à petites feuilles rondes. → **lenticule. II.** Disque transparent à surface courbe, dispositif faisant converger ou diverger un faisceau de rayons qui le traverse. *Lentilles convexes* (convergentes), *concaves* (divergentes). – *Lentilles cornéennes, lentilles de contact*, pour corriger la vision. **III.** Tache de rousseur lenticulaire. → **lentigo.**

Lennon (John)

John Lennon en 1969.

Lentini Ville d'Italie (Sicile), près du *lac Lentini.* 24 750 habitants. Appartenant à la Grande Grèce, elle fut la patrie d'Euclide et de Gorgias.

lentisque n. m. (de l'ancien provençal, du latin *lentiscus*) Pistachier (arbuste) des régions méditerranéennes.

lentivirus n. m. (latin scientifique, de *lentus* « lent » et *virus*) virol. Genre de virus à ARN de la famille des rétrovirus, qui infecte des vertébrés dont il détruit les cellules après une longue période d'incubation. *Le VIH est un lentivirus.*

lento [lɛnto] adv. (mot italien → **lent**) mus. Avec lenteur (plus lentement qu'adagio). – n. m. Passage joué lento. *Des lentos.*

Lenz (Jakob Michael Reinhold) Poète et auteur dramatique allemand (1751-1792). Il fut, avec Goethe, l'un des initiateurs du mouvement préromantique du Sturm und Drang. *Les Soldats.*

Leoben Ville d'Autriche (Styrie). 24 645 habitants. Exploitations minières. Industrie métallurgique. Les préliminaires du traité de Campoformio y furent signés en avril 1797.

Léocharès Sculpteur grec (IVe s. av. J.-C.). Son travail, aux côtés de Scopas, témoigne de la vitalité de la sculpture de l'époque. Mausolée d'Halicarnasse. *Apollon du Belvédère.*

Léognan Commune de la Gironde, dans la banlieue S. de Bordeaux. 10 641 habitants. Viticulture.

Léon Nom de treize papes. ■ **Léon le Grand** (saint). Pape de 440 à sa mort en 461, il eut à lutter, sur le plan spirituel, contre les hérésies pélagiennes et manichéennes et, sur le front militaire, contre les Huns d'Attila (452) et les Vandales de Genséric, qui pillèrent Rome (455). ■ **Léon III** (750-816). Pape de 795 à sa mort, il couronna l'empereur Charlemagne en 800. ■ **Léon IX** (saint) [Bruno d'Eguisheim-Dagsburg] (1002-1054). Pape de 1049 à sa mort, auteur de nombreuses réformes (notamment contre la simonie), il s'attacha à maintenir l'autorité pontificale contre le patriarche de Constantinople, dont l'excommunication mena au schisme d'Orient (1054). ■ **Léon X** [Jean de Médicis] (1475-1521). Pape de 1513 à sa mort, protecteur des lettrés et des artistes, il fut à l'origine de la « querelle des Indulgences » qui l'opposa à Luther (1517-1520). ■ **Léon XIII** (1810-1903). Pape de 1878 à sa mort, surnommé le « pape des ouvriers », il se fit le défenseur d'un catholicisme social et œuvra pour le rapprochement des catholiques avec la République. Il fut l'auteur de nombreuses encycliques *(Rerum novarum).*

Léon Nom de plusieurs empereurs byzantins. ■ **Léon III l'Isaurien** (v. 675-741). Empereur byzantin (717-740). Il défendit Constantinople assiégée par les Arabes, qu'il vainquit. ■ **Léon V l'Arménien** (mort en 820). Empereur byzantin de 813 à sa mort. Il repoussa l'attaque des Bulgares. ■ **Léon VI le Sage** (866-912). Empereur byzantin de 886 à sa mort. Successeur de Basile Ier, poète, législateur, il délaissa l'exercice du pouvoir, fut battu par les Bulgares et céda la Sicile aux Arabes.

Léon l'Africain Érudit et géographe arabe (1483-1554). Né à Grenade, il fit de nombreux voyages en Afrique. Après avoir été mis au service de Léon X à Rome, il écrivit une *Description de l'Afrique*, source de renseignements sur le monde musulman du XVIe siècle.

Léon n. m. ou **pays de Léon** Région côtière du N.-O. de la Bretagne (Finistère), entre Morlaix et Brest. Agriculture.

León n. m. Région historique du N.-O. de l'Espagne, qui forme aujourd'hui, avec une partie de la Castille, la communauté autonome de Castille-et-León (le *royaume de León* fut réuni à la Castille en 1230). Élevage. Cultures céréalières, maraîchères et fruitières.

León Ville d'Espagne (Castille-et-León), chef-lieu de la province de León. 124 000 habitants. Industries textiles. Cathédrale gothique (XIIIe-XVe s.) ; monuments Renaissance.

León Ville du Mexique central. 1 239 000 habitants. Métallurgie. Industrie du cuir.

León Ville du Nicaragua, au N.-O. de Managua. 174 100 habitants. Capitale jusqu'en 1857, ville culturelle et libérale, elle accueillit la première université du pays (1812).

Léonard de Vinci Peintre, architecte, sculpteur et savant italien (1452-1519). Esprit universel et inventeur visionnaire, il eut une influence capitale dans l'histoire de la Renaissance. Il exploita son savoir d'ingénieur en peinture, un art qu'il considérait comme le lieu de convergence de tous les savoirs *(Traité de la peinture)*. Doué d'un sens de l'observation et de qualités graphiques et picturales hors du commun, il résolut par ailleurs d'importants problèmes de dynamique, contribuant ainsi au développement de l'architecture. Il finit sa vie en France, au manoir du Clos-Lucé, près d'Amboise. *La Cène ; La Joconde ; La Vierge aux rochers ; La Dame à l'hermine.*

Léonard de Vinci, *La Dame à l'hermine* (v. 1490), musée Czartoryski, Cracovie.

Leone **(Sergio)** Réalisateur italien (1929-1989). Il est à l'origine du western italien (« western-spaghetti »). *Il était une fois dans l'Ouest.* Son dernier film, *Il était une fois en Amérique,* est une fresque dramatique d'une structure narrative complexe.

Affiche du film de Sergio Leone, *Le Bon, la Brute et le Truand* (1966).

Leonhardt **(Gustav)** Claveciniste, organiste, chef d'orchestre et musicologue néerlandais (1928-2012). Spécialiste de Bach, il enregistra l'intégrale des cantates. Comme soliste, il interpréta de la musique baroque allemande et française.

Leoni **(Leone)** Sculpteur italien (1509-1590). Sculpteur favori de Charles Quint, il laissa des portraits et des bronzes monumentaux qui témoignent de l'influence de Michel-Ange et de Sansovino.

Léonidas Ier Roi de Sparte (mort v. 480 av. J.-C.). Il fut défait par l'armée perse de Xerxès lors de la défense du défilé des Thermopyles. Il se sacrifia avec trois cents hoplites et causa de lourdes pertes dans les rangs perses.

léonin, ine **adj.** **(latin *leoninus,* de *leo* → lion)** **1.** **littér.** Du lion, qui rappelle le lion. **2.** *Contrat léonin :* qui attribue tous les avantages, qui fait la part du lion* à qqn. → **abusif, injuste.**

Leontief **(Wassily)** Économiste américain d'origine russe (1906-1999). Ses travaux ont porté sur l'analyse interindustrielle, utilisée aujourd'hui pour la planification et l'étude de la croissance. Prix Nobel 1973.

Leontiev **(Konstantin Nikolaïevitch)** Philosophe et écrivain russe (1831-1891). Voulant « congeler la Russie pour l'empêcher de pourrir », il s'opposa à l'influence de la démocratie occidentale, vecteur d'athéisme, et défendit l'idée d'une autarcie de la société russe.

léopard **n. m.** **(latin *leopardus,* de *leo* → lion et *pardus* « panthère », mot grec)** **1.** Panthère d'Afrique. ■ Sa fourrure. *Manteau de léopard.* – **appos. invar.** *Tissu léopard,* imitant le pelage du léopard. *Des imprimés léopard.* **2.** *Léopard de mer :* phoque carnivore des mers australes.

Leopardi **(Giacomo, comte)** Écrivain italien (1798-1837). Sous l'influence de Rousseau, il montra dans son œuvre un « pessimisme historique » fondé sur une fracture irréparable entre la nature heureuse et la civilisation. Il est reconnu comme le plus important représentant du romantisme italien. *Operette morali ; Risorgimento.*

Léopold Ier (1640-1705). Archiduc d'Autriche, roi de Hongrie et de Bohême, empereur germanique de 1658 à sa mort. Les luttes qu'il mena contre les Turcs furent victorieuses (Montecuccoli, 1664 ; Karlowitz, 1699), mais il fut vaincu à deux reprises par Louis XIV (Nimègue, 1679 ; Ryswick, 1697). Il mourut au cours de la guerre de Succession d'Espagne.

Léopold II (1747-1792). Archiduc d'Autriche, roi de Bohême et de Hongrie, empereur de 1790 à sa mort. Il était le frère de Marie-Antoinette. Despote éclairé et libéral, il mourut avant la guerre contre la France révolutionnaire.

Léopold Ier de Saxe-Cobourg (1790-1865). Roi des Belges de 1831 à sa mort. Très populaire, il usa de son influence pour protéger la Belgique des prétentions prussiennes et françaises. Il favorisa dans son pays l'union des catholiques et des libéraux.

Léopold II (1835-1909). Roi des Belges de 1865 à sa mort. Il fit accéder la Belgique au rang de puissance coloniale en lui cédant le royaume du Congo dont le congrès de Berlin lui avait reconnu la souveraineté à titre personnel (1885).

Léopold III (1901-1983). Roi des Belges de 1934 à 1951. Après l'invasion du pays (10 mai 1940) par l'Allemagne et une reddition rapide (28 mai 1940), il refusa de collaborer. Il abdiqua en faveur de son fils Baudouin en juillet 1951.

Lepage **(Robert)** Comédien et dramaturge canadien (québécois) [né en 1957]. Adepte du travail collectif, des nouvelles technologies, il crée et met en scène des pièces ouvertes sur le monde contemporain. *La Trilogie des dragons ; La Face cachée de la Lune ; Le Projet Andersen.*

Lépante Ancienne ville de Grèce correspondant à la ville de Naupacte, sur la rive nord du golfe de Corinthe. La *bataille de Lépante* vit la victoire de la flotte chrétienne de la Sainte Ligue sur la flotte turque (1571).

Lepeletier de Saint-Fargeau **(Louis-Michel)** Homme politique français (1760-1793). Député de la noblesse aux États généraux en 1789, il se rallia au tiers état et vota la mort de Louis XVI. Il fut assassiné la veille de l'exécution du roi.

Le Pen **(Jean-Marie)** Homme politique français (né en 1928). Président du Front national (1972-2011), élu cinq fois député européen entre 1984 et 2009, il fut candidat aux élections présidentielles de 1974 à 2007 et obtint 16,8 % des voix au second tour en 2002.

Le Pen **(Marion, dite Marine)** Femme politique française (née en 1968). Elle succéda à son père, Jean-Marie Le Pen, à la tête du Front national (2011-2022) et fit rebaptiser le parti « Rassemblement national » en 2018. Candidate aux présidentielles de 2012, 2017 et 2022, elle se maintint au second tour en 2017 et en 2022.

lépido- Élément **(du grec *lepis, lepidos*)** qui signifie « écaille ».

lépidolithe ou **lépidolite** **n. m.** **(de *lépido-* + *-lithe*)** **minér.** Mica blanc ou rose violacé, le principal minerai de lithium.

lépidoptère **n. m.** **(du latin mod. [Linné], du grec *lepis, lepidos* « écaille » et → -ptère)** Nom savant des papillons (ordre des *Lépidoptères*).

Lépine **(Louis)** Administrateur français (1846-1933). Préfet de police, il créa les brigades cyclistes pour accroître l'efficacité de la police parisienne. Il institua le *concours Lépine,* qui récompense chaque année les inventeurs et fabricants français (1902).

Lépine **(Pierre)** Médecin français (1901-1989). Il mit au point un vaccin contre la poliomyélite.

lépiote **n. f.** **(grec *lepion,* diminutif de *lepis* « petite écaille »)** Champignon dont une espèce (la coulemelle) est comestible.

lépisme **n. m.** **(du latin, du grec *lepis* « écaille »)** **zool.** Insecte aptère, au corps effilé couvert d'écailles argentées, communément appelé *poisson d'argent.*

Le Play **(Frédéric)** Ingénieur, économiste et sociologue français (1806-1882). Principal représentant du catholicisme social conservateur, il soutint la restauration de l'autorité des patrons et des pères de famille. Il influença le mouvement social patronal appelé « paternalisme ».

lèpre **n. f.** **(latin *lepra,* d'un mot grec, de *lepein* « écorcer, peler »)** **1.** Maladie infectieuse et contagieuse due à un bacille. *Vaccin contre la lèpre.* **2.** Ce qui ronge. « *Des murailles grises, mangées d'une lèpre jaune* » (Zola). → **lépreux** (2). **3.** **littér.** Mal qui s'étend et gagne de proche en proche.

lépreux, euse **adj.** **1.** Atteint de la lèpre. → **vieux** **ladre.** – **n.** *Hôpital pour les lépreux.* **2.** Qui présente une surface pelée. → **galeux.** *Murs lépreux.*

Le Prieur **(Yves)** Officier de marine et inventeur français (1885-1963). Il mit au point le premier scaphandre autonome.

Leprince de Beaumont **(Jeanne-Marie)** Femme de lettres française (1711-1780). Elle reste célèbre par ses contes pour la jeunesse. *La Belle et la Bête.*

Leprince-Ringuet **(Louis)** Physicien français (1901-2000). Ses recherches sur les rayons cosmiques lui permirent de déterminer la masse de plusieurs types de mésons.

léproserie **n. f.** Hôpital où l'on soigne les lépreux.

Lepsius **(Karl Richard)** Égyptologue allemand (1810-1884). Il découvrit le « décret de Canope », inscription trilingue qui confirma les résultats obtenus par Champollion dans le déchiffrage des hiéroglyphes.

-leptique Élément (du grec *lêptikos* « qui prend ») qui signifie « qui calme, diminue l'effet », en médecine (ex. *neuroleptique*).

Leptis Magna Ville antique de Tripolitaine, en Libye. Fondée par les Phéniciens, elle tomba sous la domination de Rome. Son rôle commercial fut considérable. Importantes ruines romaines.

lepto- Élément (du grec *leptos* « mince ») servant à former des mots de sciences naturelles, de médecine, de physique.

leptocéphale n. m. (de *lepto-* + *-céphale*) zool. Larve de l'anguille et du congre.

lepton n. m. (du grec *leptos* → lepto- et de *[électr]on*) phys. Particule élémentaire légère, qui ne subit pas d'interactions fortes (opposé à *hadron*).

leptospire n. m. (de *lepto-* et *spire*) biol. Bactérie du groupe des spirochètes, trouvée dans les égouts, les piscines, les eaux naturelles.

leptospirose n. f. méd. Maladie infectieuse causée par les leptospires, transmise par l'eau ou les morsures d'animaux (rats, souris...).

lepture n. m. (grec *leptos* « mince » et *oura* « queue ») zool. Coléoptère longicorne, aux couleurs vives.

lequel, laquelle, lesquels, lesquelles pron. (→ quel) avec les prép. *à* et *de*, *lequel* se contracte en *auquel (auxquels, auxquelles), duquel (desquels, desquelles)* **I. pron. rel.** **1.** (sujet) → **qui.** – littér. (pour éviter une équivoque) *Une de ses amies, laquelle l'a aidé.* **2.** (compl. indir.) *La personne à laquelle vous venez de parler,* à qui. *Il rencontra plusieurs personnes, parmi lesquelles Jean.* → **dont.** **3.** littér. **adj. rel.** *Vous serez peut-être absent, auquel cas vous me préviendrez.* **II. pron. interrog.** *Demandez à un passant, n'importe lequel. Lequel des deux préférez-vous ?*

Leray (Jean) Mathématicien français (1906-1998). Ses travaux de topologie algébrique lui permirent de mettre au jour la notion fondamentale de faisceau.

Leriche (René) Chirurgien français (1879-1955). Spécialiste de la chirurgie du système nerveux sympathique, il fut l'initiateur de la chirurgie vasculaire et l'un des premiers à s'intéresser à la douleur.

Lérida en catalan **Lleida** Ville d'Espagne (Catalogne). 140 400 habitants. Centre agricole. Cathédrale romane de style cistercien.

Lérins [leʀɛ̃s] (îles de) Îles de la Côte d'Azur, au large de Cannes. Les principales sont Sainte-Marguerite et Saint-Honorat, où se trouve un monastère cistercien.

Lermontov (Mikhaïl Iourievitch) Poète et romancier russe (1814-1841). Influencée par le romantisme, son œuvre porte la marque de sa solitude et de sa misanthropie. Il est l'auteur du premier roman psychologique russe, *Un héros de notre temps. La Mort du poète ; Le Démon.*

Lerne Zone marécageuse au fond du golfe d'Argolide (Péloponnèse), en Grèce. Elle est célèbre par la légende de l'Hydre tuée par Héraclès.

Leroi-Gourhan (André) Ethnologue et préhistorien français (1911-1986). Il renouvela les méthodes d'investigation archéologique et présenta une interprétation novatrice de la religion et de l'art préhistoriques. *Le Geste et la Parole ; Préhistoire de l'art occidental.*

LeRoi Jones (Everett) Poète, auteur dramatique et romancier américain (1934-2014). Poète de la négritude, il a accompagné le mouvement de radicalisation de la musique de jazz des années 1960. *L'Esclavage ; Le Peuple du blues.*

lérot n. m. (→ loir) Petit rongeur, hibernant, qui ressemble au loir.

Leroux (Pierre) Philosophe, publiciste et homme politique français (1797-1871). Socialiste, défenseur d'idées égalitaires, il fut collaborateur du journal *Le Globe*, porte-parole du saint-simonisme, et créa la *Revue sociale.* Le coup d'État du 2 décembre 1851 le contraignit à l'exil.

Leroux (Gaston) Romancier français (1868-1927). Auteur de romans policiers, il imagina le personnage du reporter-détective Rouletabille. *Le Mystère de la chambre jaune.*

Le Roy Ladurie (Emmanuel) Historien français (né en 1929). Dans la lignée de l'école des Annales, il se sert des ressources des sciences humaines pour éclairer l'histoire locale sur la longue durée. Il est l'un des initiateurs de la microhistoire et l'une des figures de l'anthropologie historique. *Montaillou, village occitan de 1294 à 1324 ; Le Territoire de l'historien.* Professeur au Collège de France à partir de 1973.

¹les voir ¹le

²les voir ²le

lès voir lez

Lesage (Alain René) Romancier et auteur dramatique français (1668-1747). Inventeur du vaudeville, il écrivit des comédies d'une grande finesse psychologique *(Turcaret)*, brossant une peinture réaliste et satirique des mœurs de la société sous la Régence. Ses romans sont inspirés d'auteurs espagnols dont il fut le traducteur. *Le Diable boiteux ; Histoire de Gil Blas de Santillane.*

Lesage (Jean) Homme d'État canadien (1912-1980). Député libéral, Premier ministre du Québec (1960-1966), il préconisa un réformisme hardi qui marqua la Révolution tranquille.

lesbianisme n. m. (→ lesbien) didact. Homosexualité féminine. → **saphisme.**

lesbien, ienne **I.** adj. didact. De l'île de Lesbos. **II.** (allusion à la poète Sappho, qui vivait à Lesbos) **1.** adj. De l'homosexualité féminine. → **saphique.** *Amour lesbien.* **2.** n. f. Femme qui est attirée sexuellement par les femmes ; femme homosexuelle.

Lesbos ou **Mytilène** Île grecque de la mer Égée, proche de la côte turque. 1 630 km^2. 90 000 habitants. Elle fut, aux VIIe-VIe s. av. J.-C., un foyer intellectuel important, illustré par les poètes Sappho, Alcée, Terpandre, et fut célèbre pour les mœurs réputées libres de ses habitants, en particulier des femmes.

Lescar Commune des Pyrénées-Atlantiques, au N.-O. de Pau. 9 590 habitants. Cathédrale romane du XIIe s. Vestiges de fortifications.

Lescarbot (Marc) Explorateur et écrivain français (v. 1570-1642). Après un voyage en Acadie, il publia la première *Histoire de la Nouvelle-France.*

Lescot (Pierre) Architecte et peintre français (1515-1578). Il contribua à la formation du style caractéristique de la Renaissance française. Il conçut notamment l'aile S.-O. de la tour Carrée du Louvre.

Lescure-d'Albigeois Commune du Tarn. 4 577 habitants. Église des XIe-XIIe siècles.

Lesdiguières (François de Bonne, duc de) Maréchal puis connétable français (1543-1626). Huguenot, il combattit pour Henri IV le duc de Savoie, qu'il vainquit. Il développa le Dauphiné, y restaurant l'autorité royale. Fidèle à Louis XIII, il fut fait connétable de France.

lesdits, lesdites voir dit

lèse- Élément qui, lié à un nom, signifie qu'on a attaqué, lésé ce que celui-ci désigne. → **léser ; lèse-majesté.**

lèse-majesté n. f. (latin *[crimen] laesae majestatis* « de majesté lésée », de *laedere* → léser) **1.** *Crime de lèse-majesté,* atteinte à la majesté du souverain, attentat contre un souverain. **2.** Atteinte grave à qqch. ou à qqn de respectable. *Des lèse-majesté* (invar.) ou *des lèse-majestés.*

Le Senne (René) Philosophe français (1882-1954). S'inscrivant dans le courant dit du spiritualisme français, il imprima à celui-ci une orientation rationaliste et morale. Il fit de l'expérience de la contradiction et de l'obstacle à surmonter le fondement de la vie morale *(Obstacle et Valeur).* Outre sa philosophie des valeurs, on lui doit en psychologie un *Traité de caractérologie* recensant l'ensemble des « dispositions congénitales qui forment le squelette mental d'un homme ».

léser v. tr. < 6 > (latin *laesus*, p. p. de *laedere* « frapper, blesser », cf. lèse-majesté, lésion) **I.** Blesser (qqn) dans ses intérêts, ses droits ; causer du tort à. → **désavantager.** *Être lésé dans un partage.* – *Léser les intérêts de qqn.* → **nuire à.** **II.** concret Blesser (un organe). *La balle a lésé le poumon* (→ lésion). – au p. p. *Organe lésé.*

Leshan ou **Lö-chan** Ville de Chine (Sichuan). 459 500 habitants. Statue du Bouddha (71 m) réalisée sous la dynastie Tang (VIIe-Xe s.).

Lésigny Commune de la Seine-et-Marne, dans l'arrondissement de Melun. 7 125 habitants.

lésine n. f. (de l'italien « alène de cordonnier », dans une satire ; mot d'origine germanique → alène) littér. Épargne sordide. → **avarice, ladrerie.** « *La sottise, l'erreur, le péché, la lésine* [...] » (Baudelaire).

lésiner v. intr. < 1 > Épargner avec avarice. – plus cour. *Il ne lésine pas sur l'éducation de ses enfants.*

Leptis Magna

Ruines de Leptis Magna, l'une des plus belles villes de l'Afrique du Nord au IIIe s. (patrimoine mondial de l'Unesco).

lésion n. f. (latin *laesio,* de *laedere* → léser) Changement grave produit dans un organe par une maladie, un accident. → **blessure, contusion ; brûlure.** *Lésion ulcéreuse, tuberculeuse.*

Leskov (Nikolaï Semenovitch) Écrivain russe (1831-1895). Ses écrits firent de lui un défenseur de l'orthodoxie et un réactionnaire, allié des conservateurs. *Gens d'Église ; Lady Macbeth.*

Lesneven Commune du Finistère, dans le pays de Léon. 7 285 habitants. Maisons des XVIIe-XVIIIe siècles.

Lesotho

n. m. ■ offic. royaume du Lesotho État d'Afrique australe enclavé dans l'Afrique du Sud. 30 355 km². 2 084 000 habitants (les *Lesothans* ou *Lesothiens*). **Population :** Sothos. **Langues :** anglais, sotho. **Religions :** chrétiens, animistes. **Monnaie :** loti. **Capitale :** Maseru. **Régime :** monarchie constitutionnelle.

Pays montagneux, le Lesotho bénéficie d'un climat tempéré. L'économie repose sur l'agriculture vivrière et sur l'élevage. Les mines de diamants et l'énergie hydraulique sont encore peu exploitées.

Au XIXe siècle, les éleveurs sothos, chassés des plaines d'Afrique du Sud par les Zoulous et les Boers, se réfugièrent sur les plateaux et demandèrent la protection de la Grande-Bretagne (1868). Le territoire, appelé *Basutoland,* obtint son indépendance sous le nom de *Lesotho* (1966). Après un coup d'État en 1986, le pays commença à s'ouvrir à la démocratie (1993). De 1998 à 2022, le Congrès démocratique, avec Pakalitha Mosisili, et la Convention des Basotho, avec Tom Thabane, ont alterné au pouvoir à la tête de fragiles coalitions. Un nouveau parti, Révolution pour la prospérité, remporta les législatives de 2022.

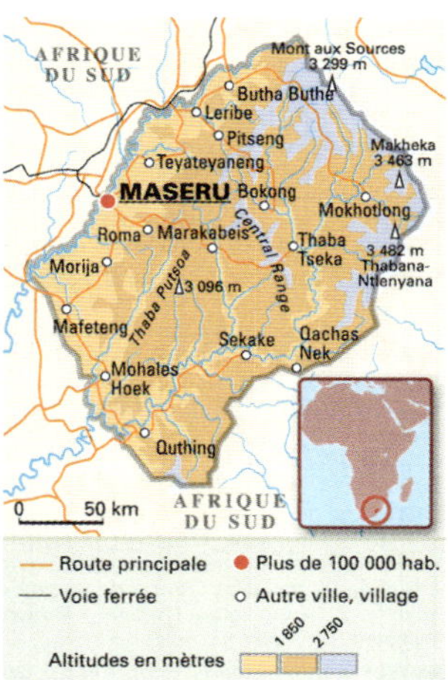

Lesparre-Médoc Chef-lieu d'arrondissement de la Gironde. 5 826 habitants. Château fort. Vin.

Lespinasse (Julie de) Femme de lettres française (1732-1776). Elle tint un salon où se réunissaient, notamment, d'Alembert, Condillac et Condorcet. *Lettres à Guibert.*

Lespugue Commune de la Haute-Garonne. 86 habitants. On découvrit à proximité une statuette sculptée dans l'ivoire d'un mammouth du paléolithique supérieur (entre 25 000 et 19 000 av. J.-C.), dite « Vénus de Lespugue ».

lesquels, lesquelles voir **lequel**

Lesquin Commune du Nord. 9 113 habitants. Aéroport de Lille.

Lespugue

La « Vénus de Lespugue », dont l'original est conservé au musée de l'Homme à Paris.

Les Républicains Parti politique français de droite, nouveau nom adopté par l'Union pour un mouvement populaire en 2015 sous l'impulsion de Nicolas Sarkozy.

Lessay Commune de la Manche, dans l'arrondissement de Coutances. 2 240 habitants. Abbaye bénédictine du XIe siècle.

Lesse n. f. Rivière de Belgique, affluent de la Meuse. 84 km.

Lesseps (Ferdinand Marie, vicomte de) Diplomate français (1805-1894). Créateur de la Compagnie universelle du canal maritime de Suez, il fit percer celui-ci en 1869. En 1889, il échoua dans l'entreprise du percement de l'isthme de Panamá, ce qui provoqua un scandale politique et financier.

Lessines Ville de Belgique (Hainaut). 18 746 habitants. Hôpital Notre-Dame-à-la-Rose (XVIe-XVIIe s.).

Lessing (Gotthold Ephraim) Écrivain et auteur dramatique allemand (1729-1781). Se réclamant de Shakespeare, il formula une nouvelle conception de l'art théâtral contre le classicisme français. Esprit à la fois logique et passionné, défendant un déisme rationaliste et optimiste proche de Spinoza, il exerça en Allemagne une influence considérable sur la littérature et la philosophie allemande postkantienne. *Laokoon ; Nathan le Sage.*

Lessing (Doris) Romancière britannique (1919-2013). Ses récits, marqués par la double influence du marxisme et de la psychanalyse, très souvent autobiographiques, explorent les conflits sociaux et personnels, notamment à travers l'étude de la condition féminine et de la vie coloniale. *Les Enfants de la violence ; Le Carnet d'or.* Prix Nobel 2007.

Doris Lessing en 2000.

lessivable adj. Qui peut être lessivé sans altération des couleurs, des dessins. *Un papier peint lessivable.*

lessive n. f. (vient du latin *lixivia,* de *lixa* « eau pour la lessive », mot p.-ê. étrusque) **1.** Solution, substance alcaline qui sert à nettoyer (notamment le linge). *Paquet, baril de lessive* (→ **détersif**). **2.** Action de lessiver, de laver le linge. → **blanchissage, lavage.** *Faire sa lessive dans une machine à laver.* **3.** Le linge qui doit être lavé, ou qui vient d'être lavé. *Elle a une grosse lessive à étendre.*

lessiver v. tr. < 1 > (de *lessive*) **1.** Nettoyer avec une solution détersive. *Lessiver les murs.* **2.** fam. Dépouiller (son adversaire au jeu) ; éliminer. *Il s'est fait lessiver.* – au p. p. fig., fam. Épuisé, très fatigué. → **vidé.** □ n. m. **lessivage**

lessiveuse n. f. Récipient en métal conçu pour le lavage du linge.

lessiviel, elle adj. comm. Pour le lavage du linge. *Produits lessiviels.*

lessivier, ière n. Personne, entreprise (n. m.) qui fabrique, vend des produits détersifs. *Les grands lessiviers européens.*

lest [lɛst] n. m. (ancien néerlandais *last* « charge ») **1.** Poids dont on charge un navire pour assurer la stabilité. **2.** Corps pesant (sacs de sable, etc.) pour régler le mouvement d'un aérostat. – loc. *Jeter, lâcher du lest,* faire des concessions pour éviter un échec.

leste adj. (italien *lesto*) **1.** Qui a de la souplesse, de la légèreté dans ses mouvements. → **agile, ¹alerte, vif.** *Marcher d'un pas leste,* rapide. – loc. *Avoir la main leste,* être prompt à frapper. **2.** (langage) Qui manque de réserve, de sérieux. → **libre, licencieux.** *Des plaisanteries un peu lestes.* □ adv. **lestement**

lester v. tr. < 1 > (de *lest* ou ancien néerlandais *lasten* → lest) **1.** Garnir, charger de lest (s'oppose à *délester*). **2.** fam. Charger, munir, remplir. *Lester son estomac, ses poches.* □ n. m. **lestage**

L

L'Estoile (Pierre de) Chroniqueur français (1545-1611). Il tint un *Journal* sur les règnes de Henri III et de Henri IV.

Lestrygons n. m. pl. Peuple mythique de géants anthropophages, dans *L'Odyssée* d'Homère. Ils détruisent les vaisseaux des compagnons d'Ulysse, qui lui, parvient à s'échapper.

Le Sueur (Eustache) Peintre, dessinateur et décorateur français (1617-1655). Membre fondateur de l'Académie royale (1648), il se distingua surtout par ses œuvres religieuses empreintes d'une élégance pleine de retenue. Il fut à l'origine du courant appelé aujourd'hui « atticisme ». *Vie de saint Bruno ; Agar et l'ange.*

Lesueur (Jean François) Compositeur français (1760-1837). Son œuvre, visant à faire la synthèse des traditions française, italienne et germanique, exerça une influence profonde sur ses élèves Berlioz et Gounod, ainsi que sur le jeune Liszt. *Paul et Virginie.*

Leszczyński Famille polonaise dont les membres les plus célèbres sont Stanislas Ier et sa fille Marie Leszczyńska, qui épousa Louis XV.

létal, ale, aux adj. (du latin, de *letum* « trépas ») didact. Mortel. *Dose létale d'un produit toxique.* □ n. f. **létalité**

Le Tellier (Michel) Homme politique français (1603-1685). Ministre d'Anne d'Autriche puis de Louis XIV, il réforma l'armée avec l'aide de son fils, Louvois. Devenu chancelier (1677), il s'engagea en faveur de la révocation de l'édit de Nantes (1685).

Le Tellier (Michel) Jésuite français (1643-1719). Il fut le confesseur de Louis XIV, qu'il incita à prendre des mesures contre les protestants (rédacteur de la révocation de l'édit de Nantes) et les jansénistes (destruction de l'abbaye de Port-Royal-des-Champs en 1711).

Leterme (Yves) Homme d'État belge (né en 1960). Membre du parti chrétien-démocrate flamand, il a été Premier ministre quelques mois en 2008 et de novembre 2009 à déc. 2011.

Lê Thái Tông Souverain vietnamien de la dynastie des Lê postérieurs (1423-1442). Il réorganisa le recrutement des mandarins.

Lê Thánh Tông Souverain vietnamien de la dynastie des Lê postérieurs (1442-1497). Il réforma l'administration et combattit les royaumes voisins (Laos, Champa). Lettré, il écrivit des poèmes en vietnamien et en chinois.

léthargie **n. f.** **(du bas latin, du grec, de *lêthargos*, famille de *lêthê* « oubli »)** **1.** Sommeil profond et prolongé dans lequel les fonctions de la vie semblent suspendues. → **catalepsie, torpeur.** *Tomber en léthargie.* **2.** Engourdissement complet. → **apathie, torpeur.**

léthargique **adj.** **1.** Qui tient de la léthargie. *Sommeil léthargique.* **2.** (personnes) Qui manifeste de la léthargie.

Lethbridge Ville du Canada (Alberta). 92 729 habitants (agglomération : 95 196). Centre minier et agricole. Université.

Léthé **n. m.** Dans la mythologie grecque, fleuve mythique séparant le Tartare (les Enfers) des champs Élysées. Boire de son eau faisait oublier aux âmes des morts leur vie terrestre.

Léto Dans la mythologie grecque, descendante des Titans, qui donna à Zeus les jumeaux Apollon et Artémis.

Letourneur (Louis François) Homme politique et général français (1751-1817). Il siégea au Comité de salut public et vota la mort du roi. Après avoir servi Napoléon, il fut exilé sous la Restauration.

L

letton, one **adj.** et **n.** De Lettonie. – **n. m.** *Le letton* : langue indo-européenne du groupe baltique, dite aussi *lette, lettique.*

Lettonie

n. f. ■ offic. république de Lettonie État d'Europe du Nord, l'un des trois pays baltes. 64 589 km^2. 1 893 200 habitants (les *Lettons*). **Langues :** letton (offic.), russe. **Population :** Lettons, 59 % ; Russes, 30 % ; Biélorusses, 4 %. **Religions :** protestants, orthodoxes. **Monnaie :** euro. **Capitale :** Riga. **Régime :** démocratie parlementaire.

Pays de marais et de collines, au climat océanique modéré, la Lettonie est partagée entre les forêts et les cultures (céréales). Sa situation maritime fait sa richesse : dans ses ports (Riga, Ventspils, Liepaja) se concentrent les industries mécaniques et chimiques. La Lettonie abrite une importante minorité russe. Les jeunes émigrent massivement vers l'Europe de l'Ouest.

Au Xe s., les ancêtres des Lettons se convertirent au christianisme orthodoxe, puis le catholicisme y fut introduit (XIIe s.). Au XIIIe s., l'ordre Teutonique conquit la région, qui suivit dès lors les destinées de la Livonie. Au XVIe s., la Lettonie fut touchée par la Réforme. Après la dissolution de la branche livonienne de l'ordre Teutonique (1561), le pays fut partagé entre la Pologne et la Suède, puis annexé par la Russie (traité de Nystad, 1721). Après 1861, le réveil national fit échouer la politique de russification d'Alexandre III. La Première Guerre mondiale aboutit à l'indépendance, reconnue par l'URSS au traité de Riga (11 août 1920). Envahie par l'Armée rouge en juin 1940, occupée par les Allemands (1941), la Lettonie fut de nouveau incorporée à l'URSS (1944). Après une année de vives tensions avec Moscou, la Lettonie proclama son indépendance le 21 août 1991. La forte minorité russe est depuis lors une population que les différents gouvernements ont la difficile tâche de ménager, notamment depuis l'attaque de l'Ukraine par la Russie en 2022. En dix ans, le pays mena d'importantes réformes ; il entra dans l'UE et dans l'Otan en 2004, puis dans l'espace Schengen en 2007 et adopta l'euro en 2014.

---

lettrage **n. m.** Action de disposer les lettres (sur une carte, un schéma).

lettre **n. f.** **(vient du latin *littera* « caractère graphique », qui a pris les sens du grec *grammata* → grammaire)** **I. 1.** Signe de l'écriture. → **caractère.** *Les lettres représentent les sons de la parole. Les 26 lettres de l'alphabet français. Lettre majuscule, minuscule. Lettre qui commence un mot.* → **initiale.** – loc. fam. *Les cinq lettres,* le mot « merde ». ***En toutes lettres*** : sans abréviation. fig. De manière explicite. **2.** Caractère d'imprimerie représentant une lettre. **II.** fig., littér. La forme stricte, le mot à mot (d'un texte). – loc. *Ce qu'on lui a dit est resté **lettre morte**,* inutile. – loc. fig. ***Avant la lettre*** : avant l'état définitif. ■ Le sens strict des mots, la forme (opposé à *l'esprit*). → **littéral.** *« La lettre tue mais l'esprit vivifie »* (épître de Paul aux Corinthiens). – ***À la lettre, au pied de la lettre*** : au sens propre du terme ; rigoureusement. *Suivre le règlement à la lettre.* **III. 1.** Écrit que l'on adresse à qqn pour lui communiquer qqch. → **épître, message, missive ; correspondance.** *Écrire une lettre. Papier à lettres. Lettre anonyme. Envoyer, recevoir une lettre. Boîte aux lettres. Lettre de motivation* (d'un candidat à un poste). *Lettre recommandée, exprès.* – loc. *Passer comme une lettre à la poste,* facilement et sans incident. – ***Lettre ouverte*** : article de journal, souvent polémique, en forme de lettre. **2.** loc. (écrits officiels) *Lettres de noblesse,* par lesquelles le roi conférait la noblesse. fig. *Ce festival a gagné ses lettres de noblesse.* – *Lettre d'embauche. Lettre de démission. Lettres de créance,* accréditant un diplomate. – *Lettre de crédit,* mettant de l'argent à la disposition de qqn. *Lettre de change,* effet de commerce. **IV. *Lettres*** **n. f. pl. 1.** vieux Les études (par les livres). *« J'ai été nourri aux lettres, dès mon enfance »* (Descartes). ■ littér. La culture littéraire. *Avoir des lettres. Les belles-lettres,* la littérature. – *Homme, femme de lettres,* écrivain professionnel. *Société des Gens de lettres.* **2.** (opposé à *sciences*) La littérature, la philosophie, l'histoire, les langues. *Faculté des lettres. Les lettres classiques,* comprenant le grec et le latin.

lettré, ée **adj.** **(de *lettre* [IV] ; *cf.* illettré)** Qui a des lettres, de la culture humaniste. → **cultivé.** – **n.** *Un lettré, des lettrés.*

lettrine **n. f.** **(de l'italien, de *lettera* → lettre)** Grande lettre (ornée, etc.) qui commence un chapitre, un paragraphe.

^{1}**leu** **n. m.** **(forme ancienne de *loup*, qui vient du latin *lupus*)** loc. *À la queue* leu leu.*

^{2}**leu,** plur. **lei** **n. m.** **(mot roumain)** Unité monétaire de la Roumanie et de la Moldavie.

Leucade L'une des îles Ioniennes (Grèce), aujourd'hui rattachée au continent. 23 000 habitants. On l'a identifiée à l'Ithaque de *L'Odyssée.*

Leucate Commune de l'Aude, sur le golfe du Lion. 4 581 habitants. Stations balnéaires de Leucate-Plage, Port-Leucate et de Port-Barcarès (Pyrénées-Orientales). ■ **Étang de Leucate ou de Salses.** Il communique avec la Méditerranée par des graus (10 000 ha).

leucémie **n. f.** **(de l'allemand, du grec → leuc[o]- et -émie)** Maladie caractérisée par l'augmentation considérable des globules blancs dans le sang (« cancer du sang »).

leucémique **adj.** De la leucémie. *État leucémique.* ■ Atteint de leucémie. *Malade leucémique.* – **n.** *Un, une leucémique.*

leucine **n. f.** **(→ leuc[o]-)** biochim. Acide aminé, l'un des vingt constituants des protéines.

Leucippe Philosophe grec (v. 460-370 av. J.-C.). On le présente comme l'inventeur de la notion d'atome et le premier philosophe matérialiste.

leuc(o)- Élément **(du grec *leukos* « blanc brillant »)** qui signifie « blanc ».

leucocytaire **adj.** Des leucocytes. – *Formule leucocytaire* (taux des différents types de leucocytes dans 1 mm^3 de sang).

leucocyte **n. m.** **(→ leuc[o] et -cyte)** Globule blanc à un (mononucléaire) ou à plusieurs (polynucléaire) noyaux, présent dans le sang.

leucocytose **n. f.** **(de *leucocyte* et ^{2}-*ose*)** pathol. Augmentation anormale du nombre de globules blancs dans le sang ou dans une sérosité.

leucome **n. m.** **(du latin, du grec, de *leukos* « blanc » → leuc[o]-)** pathol. Tache blanche sur la cornée de l'œil, provoquée par une plaie, une ulcération.

leucopénie **n. f.** **(du grec *penia* « pauvreté »)** méd. Diminution du nombre des leucocytes du sang.

leucorrhée **n. f.** **(du grec → leuc[o]- et -rrhée)** méd. Écoulement vulvaire blanchâtre, parfois purulent (syn. cour. *pertes blanches*).

leucose **n. f.** **(de *leuc[o]-* et ^{2}-*ose*)** méd. Prolifération leucocytaire (→ **leucocytose**) pouvant entraîner la leucémie.

^{1}**leur** **pron. pers. invar.** **(vient du latin *illorum*, génitif plur. de *ille* → il, ^{1}le)** **pron. pers. compl.** À eux, à elles (au sing. → **lui** (I)). *Les services que nous leur rendons. Je le leur dirai. Donnez-la-leur.*

^{2}**leur,** plur. **leurs** **(→ ^{1}leur)** **1. adj. poss.** Qui est (sont) à eux, à elles. *Elles ont mis leur chapeau, leurs chapeaux. Ils partent chacun de leur côté* (ou *chacun de son côté*). **2. *Le leur, la leur, les leurs*** **pron. poss.** Celui, celle (ceux ou celles) qui est (sont) à eux, à elles. *Ma fille et la leur vont à l'école ensemble. J'étais un des leurs,* un familier. *J'étais des leurs la semaine dernière,* parmi eux.

leurre **n. m.** **(vient du francique *lôthr*)** **1.** Appât utilisé pour la pêche, la chasse. – milit. Objet simulant la présence d'une cible dans les détecteurs de l'armée adverse. **2.** Ce qui abuse, trompe. → **illusion, tromperie.** *Cet espoir n'est qu'un leurre.*

leurrer **v. tr.** < 1 > **(de *leurre*)** Attirer par des apparences séduisantes, de fausses espérances. → **abuser, duper, tromper.** ■ **se leurrer** **v. pron.** Se faire des illusions. → **s'illusionner.** *Il ne faut pas se leurrer, ce sera difficile.*

Leuze-en-Hainaut Ville de Belgique (Hainaut). 13 941 habitants. Industries textile et alimentaire.

lev [lɛv ; lɛf], plur. **leva** [leva] **n. m.** **(mot bulgare)** Unité monétaire bulgare.

levage **n. m.** **1.** Action de lever, de soulever. → **chargement.** *Appareils de levage* (→ **manutention**). **2.** *Le levage de la pâte sous l'effet de la fermentation.*

levain **n. m.** **(vient du bas latin *levamen*, de *levare* → ^{1}lever)** **1.** Pâte de farine qu'on a laissée fermenter ou qu'on a mélangée à de la levure. *Pain sans levain* (→ **azyme**). – Levure.

Levain de bière. **2.** fig., littér. Ce qui est capable d'exciter, d'aviver (les sentiments, les idées). → **ferment, germe.**

Levallois-Perret Commune des Hauts-de-Seine, dans l'arrondissement de Nanterre. 67 258 habitants. Ville résidentielle et centre d'activités tertiaires.

levant, ante adj. et n. m. **1.** adj. *Soleil levant,* qui se lève (opposé à *couchant*). *L'Empire du Soleil levant :* le Japon. ■ **n. m.** Côté de l'horizon où le soleil se lève. → **est, orient.** **2.** *Pont levant,* dont le tablier se relève verticalement.

Levant n. m. Ancien nom du littoral oriental de la Méditerranée.

Levant (États latins du) voir **Latins du Levant (États)**

Levant (île du) Une des îles d'Hyères (Méditerranée). Station d'essais de la marine. Centre naturiste.

levantin, ine adj. (de *levant* [3]) vieilli Qui est originaire du Levant. *Les peuples levantins.* – **n.** *Les Levantins.*

Levasseur Famille de sculpteurs québécois du XVIIIe s. Noël **Levasseur** (1680-1740) décora la chapelle des Ursulines à Québec.

Levassor (Émile) Ingénieur et industriel français (1844-1897). Il créa l'industrie des moteurs à explosion avec René Panhard et celle de l'automobile avec Armand Peugeot.

Le Vau (Louis) Architecte et décorateur français (1612-1670). Il construisit le château de Vaux-le-Vicomte et remania le Louvre puis Versailles. Son œuvre manifeste un souci de la mise en scène monumentale, point de départ du classicisme français.

levé n. m. Action d'établir (une carte, un plan). *Faire un levé de terrains.*

levée n. f. **1.** Remblai (de terre, de pierres...). → **chaussée, digue.** *Levée pour retenir les eaux d'un lac.* **2.** Action d'enlever, de retirer. *La levée des scellés.* – spécialt *La levée du corps* (avant l'enterrement). **3.** Action de mettre fin à. *Levée de séance. Levée d'un embargo.* → **moratoire.** **4.** Collecte des lettres de la boîte. *La levée du matin.* **5.** Action de ramasser les cartes lorsqu'on gagne un coup ; ces cartes. *Ne faire aucune levée.* **6.** Action d'enrôler des troupes. → **enrôlement.** *Levée en masse.*

lève-glace n. m. Dispositif commandant l'ouverture et la fermeture des glaces d'une voiture. *Des lève-glaces.*

Lévêque (Claude) Artiste et plasticien français (né en 1953). À travers des installations qui mêlent son, lumière (notamment le néon) et image, il tente de révéler le réel sous un angle nouveau. Son œuvre se caractérise à la fois par ses fulgurances poétiques et une dénonciation de l'ordre établi.

[1]lever v. < 5 > (vient du latin *levare* « rendre léger », de *levis* → léger, *cf.* élève, levain, levier, soulever) **I.** v. tr. **1.** Faire mouvoir de bas en haut. → **élever, hausser, soulever** (plus cour.). *Lever un fardeau, un poids. Lever l'ancre,* appareiller. **2.** Mettre plus haut, soulever (une partie du corps). *Lever la main pour prêter serment. Lever la main sur qqn* (pour le frapper). *Lever les bras au ciel* (indignation ou impuissance). *Lever le coude :* boire. *Lever le pied* (de l'accélérateur) : ralentir. – au p. p. *Voter à mains levées.* ■ Diriger vers le haut. *Lever la tête, le nez, les yeux.* **3.** Relever de façon à découvrir ce qui est derrière ou dessous. → **soulever.** *Lever le voile.* → **découvrir.** **4.** Rendre (qqch.) vertical. → **[1]dresser.** *Lever une échelle, un pont-levis.* **5.** *Lever un lièvre, une perdrix,* à la chasse, les faire sortir de leur gîte. – fam. Entraîner (qqn) avec soi. *Lever une femme.* → **draguer.** **6.** *Lever une carte, un plan,* l'établir. → **[1]dresser.** **7.** *Lever le camp :* replier les tentes ; s'en aller, fuir. → **décamper.** **8.** Faire cesser. *« Quand on a des doutes, on les lève »* (Musset). – loc. *Lever le siège.* – *Lever une punition.* → **supprimer.** **9.** Remonter pour prendre. *Lever les filets.* ■ Ramasser. *Lever les cartes.* – *Lever des impôts.* → **percevoir.** ■ cuis. Prélever. *Lever des filets de sole.* ■ *Lever une armée, des troupes.* → **mobiliser, recruter.** **II.** v. intr. Se mouvoir vers le haut. → se **dresser, monter.** **1.** (plantes) Commencer à sortir de terre. → **pousser.** *Le blé lève.* **2.** (pâte) Se gonfler sous l'effet de la fermentation. → **fermenter.** *La levure fait lever la pâte.* **3.** *Cela me fait lever le cœur,* me donne envie de vomir. → **soulever** (le cœur). ■ **se lever** v. pron. réfl. **1.** Se mettre debout, se dresser sur ses pieds. *Se lever de table,* quitter la table. **2.** Sortir de son lit (s'oppose à *se coucher*). *Se lever tôt.* **3.** Apparaître à l'horizon (phénomène céleste). *Le soleil se lève.* → **levant.** – *Le jour se lève.* **4.** (vent) Commencer à souffler. *Le vent se lève.* → **fraîchir.**

[2]lever n. m. (de [1]*lever*) **1.** Moment où un phénomène céleste paraît. *Lever de soleil. Le lever du jour.* **2.** Action de se lever, de sortir du lit. *Au lever, à son lever.* **3.** *Le lever du rideau,* début d'un spectacle. – *Un lever de rideau* (courte pièce).

Leverkusen Ville d'Allemagne (Rhénanie-du-Nord-Westphalie), sur le Rhin. 163 900 habitants. Industries chimique et pharmaceutique.

Le Verrier (Urbain) Astronome français (1811-1877). Ses calculs en mécanique céleste furent à l'origine de la découverte par J. G. Galle de la planète Neptune.

Lévesque (René) Homme d'État canadien (québécois) [1922-1987]. Il fonda en 1968 le Parti québécois de tendance indépendantiste. Son projet de « souveraineté-association » fut repoussé par les Québécois lors du référendum de mai 1980. Il fut Premier ministre du Québec de 1976 à 1985.

René Lévesque pendant les élections de 1981.

lève-tard n. invar. fam. Personne qui a l'habitude de se lever tard. *Des lève-tard.*

lève-tôt n. invar. fam. Personne qui a l'habitude de se lever tôt. → **matinal.** *Une lève-tôt.*

lève-vitre n. m. → **lève-glace.** *Des lève-vitres.*

Levi (Carlo) Écrivain italien (1902-1975). Antifasciste, il fut « confiné » dans le sud du pays et tira de cette expérience une chronique romanesque, *Le Christ s'est arrêté à Eboli.* Il fut également l'auteur d'essais et de reportages romancés.

Levi (Primo) Écrivain italien (1919-1987). Ses écrits autobiographiques et ses essais décrivent la guerre et le monde juif. Il restitua l'épreuve des camps de concentration comme lieu de l'incommunicabilité et de l'indicible. Auteur de récits, de poèmes, de réflexions sur la science, il fit constamment preuve d'humanisme. Il se suicida. *Si c'est un homme ; La Trêve ; Le Système périodique.*

Lévi Personnage biblique. Fils de Jacob.

Lévi (Alphonse Louis Constant, dit Éliphas) Écrivain français (1810-1875). Prêtre et professeur de théologie, à la fois mystique et anarchisant, il renonça à la prêtrise et s'orienta vers le spiritisme et l'occultisme. *Œuvres de philosophie occulte.*

Léviathan Monstre marin mentionné dans la Bible. Il donne son titre à l'ouvrage fondateur de la philosophie politique moderne, le *Léviathan* de T. Hobbes.

Levi-Civita (Tullio) Mathématicien italien (1873-1941). Il fut l'inventeur, avec Ricci-Curbastro, du calcul tensoriel.

levier n. m. (de [1]*lever*) **1.** Corps solide, mobile autour d'un point d'appui, permettant de multiplier une force. **2.** Organe de commande (d'une machine, d'un mécanisme). → **commande, manette.** *Levier de changement de vitesse.* – loc. *Être aux leviers de commande,* occuper un poste de direction. **3.** fig. Ce qui sert à vaincre une résistance ; moyen d'action. *L'argent lui a servi de levier.*

Levi-Montalcini (Rita) Biologiste italienne (1909-2012). Elle découvrit le facteur de croissance nerveux (NGF), substance corporelle qui régule la croissance des neurones. Prix Nobel de médecine 1986.

Levinas (Emmanuel) Philosophe français (1905-1995). Influencé par la phénoménologie de Husserl et la pensée de Heidegger, il a élaboré une philosophie de l'existence qui repose sur l'altérité ; la trace de Dieu sur le visage d'autrui est au centre de son éthique. Il a également contribué au renouveau de la pensée théologique juive contemporaine. *Totalité et Infini ; Difficile Liberté.*

Levine (David) Dessinateur humoriste américain (1922-2009). Il a réalisé des caricatures où d'énormes têtes sont posées sur des corps minuscules.

Levine (James) Pianiste de formation et chef d'orchestre américain (1943-2021). Il fut le directeur musical du Metropolitan Opera de New York, de 1976 à 2016, dont il élargit le répertoire à de nombreuses œuvres du XXe siècle.

lévirat n. m. (latin *levir* « beau-frère ») hist. relig. Obligation que la loi de Moïse imposait au frère d'un défunt d'épouser la veuve sans enfants de celui-ci.

Lévis Ville du Canada (Québec), située sur le Saint-Laurent, en face de Québec. 143 414 habitants.

Lévi-Strauss (Claude) Anthropologue français (1908-2009). S'inspirant de la linguistique structurale, il a élaboré une nouvelle méthodologie en ethnologie, qui repose sur la formalisation et la modélisation des relations sociales. Il mit ainsi en évidence le rôle pivot de la prohibition de l'inceste dans l'organisation sociale (*Les Structures de la parenté*). Analysant les mythologies et les pratiques culturelles des sociétés dites primitives, il a montré l'extrême finesse des logiques qui y sont à l'œuvre et rendu impossible l'assimilation de la « pensée sauvage » à une mentalité prélogique. Il a présenté l'anthropologie structurale comme une entreprise visant à étudier scientifiquement certains aspects de la vie de l'homme dans son milieu. *Tristes Tropiques ; Anthropologie structurale.* Académie française.

Claude Lévi-Strauss au Brésil, sur les bords du Machado, dans les années 1930.

Levita (Elie) Linguiste spécialiste de l'hébreu et du yiddish (1468-1549). Il enseigna l'hébreu en Italie et jeta les bases de la lexicographie du yiddish.

lévitation n. f. (de l'anglais, du latin *levis* → léger, d'après *gravitation*) Élévation (de qqn) au-dessus du sol, sans aucune aide.

lévite n. m. (du latin, de l'hébreu *levi*) relig. judaïque Membre de la tribu de Lévi, voué au service du temple.

léviter v. intr. < 1 > S'élever au-dessus du sol, en lévitation.

Lévitique n. m. Troisième livre du Pentateuque dans la Bible.

Levitski (Dmitri Grigorievitch) Peintre russe (1735-1822). Portraitiste virtuose, influencé par l'école française, il devint peintre de la cour de Russie en 1780. *Catherine II ; Diderot.*

levraut n. m. **(d'abord *levrot*, de l'ancienne forme de *lièvre, levre*)** Jeune lièvre. - var. **levreau.**

lèvre n. f. **(vient du latin pop. *labra*, n. f., de *labrum*, neutre, *cf.* labial)** **I. 1.** Chacune des deux parties charnues, plus pigmentées que la face, qui bordent extérieurement la bouche et s'amincissent pour se joindre aux commissures (→ **labial**). *Lèvres charnues, épaisses ; minces. Se mettre du rouge à lèvres.* – loc. *Avoir le sourire aux lèvres. Tremper ses lèvres* (dans une boisson). *Manger du bout des lèvres*, sans appétit. *Avoir le cœur au bord des lèvres* : avoir envie de vomir. ■ *Embrasser sur les lèvres.* « *Je sentis mes lèvres contre les siennes* » (Radiguet). ■ (servant à parler) *Ne pas desserrer les lèvres*, garder le silence. *Être suspendu aux lèvres de qqn*, l'écouter avec une grande attention. *Rire, parler, approuver **du bout des lèvres***, de façon peu convaincue. *Être sur toutes les lèvres* : être le sujet de toutes les conversations. **2.** anat. Partie qui borde la bouche entre les lèvres et le nez *(lèvre supérieure)*, et le menton *(lèvre inférieure)*. **II. 1.** au plur. Bords saillants (d'une plaie). **2.** Repli charnu de la vulve. *Grandes lèvres. Petites lèvres.* → **nymphe (II). 3.** Bords de l'ouverture (d'un coquillage).

levrette n. f. **(de l'ancienne forme de *lièvre*)** **1.** Femelle du lévrier. **2.** Petit lévrier d'Italie. **3.** loc. *En levrette*, se dit d'une position sexuelle où l'homme se place derrière sa (son) partenaire.

lévrier n. m. **(de l'ancienne forme de *lièvre*)** Chien à jambes hautes, au corps allongé, agile et rapide. *Course de lévriers. Femelle du lévrier* (→ **levrette**). *Petit du lévrier* (→ **levron**).

levron, onne n. **(de *lévrier*)** **1.** Petit du lévrier. **2.** Lévrier, levrette de petite taille.

Levroux Commune de l'Indre, au N. de Châteauroux. 2 883 habitants. Maisons des xve et xvie siècles.

levure n. f. **(de *lever* [la pâte])** **I. 1.** sc. Champignon unicellulaire qui se multiplie par bourgeonnement. **2.** cour. Ferment végétal. *Levure de bière. Levure de boulanger.* → **levain.** ■ *Levure chimique.* **II.** régional (Sud-Ouest) *Levure de porc* : grillade.

Lévy (Bernard-Henri) Écrivain, journaliste, essayiste et cinéaste français (né en 1948). Représentant des « nouveaux philosophes » dans les années 1970, il s'est attaqué à toutes les idées totalitaires du xxe siècle (fascisme, nazisme et communisme), et s'est fait le défenseur des peuples opprimés, de la Yougoslavie au Proche-Orient. *La Barbarie à visage humain ; American Vertigo ; Ennemis publics* (avec Michel Houellebecq).

Lévy (Paul) Mathématicien français (1886-1971). Il fut l'auteur de recherches en analyse, en mécanique et en calcul des probabilités.

Levy (Marc) Écrivain français (né en 1961). Il fut reconnu sur la scène internationale avec *Et si c'était vrai*, son premier roman. Passant de la comédie romantique à l'intrigue policière ou au fantastique, il a ensuite écrit une vingtaine de romans caractérisés par une tension narrative et une écriture cinématographique.

Lévy-Bruhl (Lucien) Sociologue français (1857-1937). Dans *La Morale et la science des mœurs*, il forme le projet d'une science positive qui étudierait les règles régissant effectivement les comportements moraux. Il a défendu l'idée d'une mentalité primitive, prélogique et peu apte à l'abstraction, supposée caractériser les sociétés sauvages. *Les Fonctions mentales dans les sociétés inférieures.*

Lewes (George Henry) Philosophe britannique (1817-1878). Disciple d'Auguste Comte, il étudia l'évolutionnisme et écrivit une *Vie de Goethe.*

Lewes Ville d'Angleterre, chef-lieu de l'East Sussex, près de Brighton. 17 200 habitants. Château et demeures médiévales.

Lewin (Kurt) Psychologue et sociologue américain d'origine allemande (1890-1947). Il a formulé une théorie du champ psychologique fondée sur la topologie *(Une théorie dynamique de la personnalité)* et est l'un des inventeurs de la dynamique des groupes.

Lewis (Matthew Gregory) Romancier, auteur dramatique et poète britannique (1775-1818). Ses écrits, inspirés des romans noirs d'Ann Radcliffe, firent scandale. Accusé de satanisme, il suscita plus tard l'enthousiasme des romantiques, puis des surréalistes. *Le Moine.*

Lewis (Gilbert Newton) Physicien et chimiste américain (1875-1946). Il mit au point la théorie électronique des acides et des bases.

Lewis (Percy Wyndham) Peintre et écrivain britannique (1884-1957). Influencé par les cubistes et par les futuristes, il peignit des œuvres non figuratives marquées par l'emploi de couleurs froides et de lignes nettes. *Composition.*

Lewis (Sinclair) Romancier américain (1885-1951). Représentant du Nouveau Réalisme dans la lignée de Sherwood Anderson, il fit dans ses écrits la satire de la société bourgeoise et de ses préoccupations mercantiles. *Elmer Gantry ; Babbitt.* Prix Nobel 1930.

Lewis (Louis Francis Zenon, dit George) Clarinettiste de jazz américain (1900-1968). Il est le musicien le plus représentatif du New Orleans Revival.

Lewis (sir William Arthur) Économiste britannique originaire des Antilles (1915-1991). Ses travaux ont porté sur la croissance et le développement des pays pauvres. Prix Nobel 1979.

Lewis (Edward B.) Biologiste américain (1918-2004). Il découvrit les gènes homéotiques responsables du développement de l'embryon. Prix Nobel 1995.

Lewis (John) Pianiste de jazz américain (1920-2001). Membre fondateur du Modern Jazz Quartet avec le vibraphoniste Milt Jackson, il s'imposa par un jeu et des arrangements raffinés, précis, ouverts aux apports de la musique classique et du free jazz. *Third Stream.*

Lewis (Joseph Levitch, dit Jerry) Acteur comique et cinéaste américain (1926-2017). Il renouvela, après Chaplin et les Marx Brothers, le burlesque américain. *Dr Jerry et Mr Love.*

Lewis (Carlton McHinley, dit Carl) Athlète américain (né en 1961). Huit fois champion du monde, il fut également champion olympique (1984, 1988, 1992 et 1996).

Lewitt (Sol) Dessinateur et sculpteur américain (1928-2007). Marquées au départ par l'influence du constructivisme, ses œuvres se caractérisent par un géométrisme rigoureux.

lexème n. m. **(de *lexique*, d'après *morphème*)** ling. Morphème lexical libre (→ **mot**), ou lié (→ **élément, racine**).

lexical, ale, aux adj. (→ **lexique**) Qui concerne le lexique, le vocabulaire. *Champ lexical* : ensemble des mots d'un texte ayant un thème commun.

se lexicaliser v. pron. Devenir une unité du lexique (mot composé, expression figée, locution, etc.). – au p. p. « *Pomme de terre* » *est une expression lexicalisée.* □ n. f. **lexicalisation**

lexicographe n. Personne qui fait un dictionnaire de langue.

lexicographie n. f. Recensement et étude des mots d'une langue en vue de l'élaboration de recueils (lexiques, dictionnaires, vocabulaires). □ adj. **lexicographique**

Lewis (Carl)

Carl Lewis à Houston, lors de sa dernière course (1997).

lexicologie n. f. Science des mots, de leurs fonctions, de leurs relations dans la langue (→ **lexique**). □ adj. **lexicologique**

lexicologue n. Spécialiste de l'étude du lexique.

lexie n. f. **(grec *lexis* « parole, énoncé ; mot » → lexis)** ling. Unité du lexique (mot, expression...).

Lexington Ville des États-Unis (Kentucky). 296 000 habitants. Commerce du tabac et des chevaux de course.

Lexington Ville des États-Unis (Massachusetts). 31 400 habitants. Lieu de la première bataille de la guerre d'Indépendance, le 19 avril 1775.

lexique n. m. **(grec *lexikon [biblion]* « [livre] des mots », de *lexis* « parole ; mot », de *legein* « cueillir » et « dire » → ^{1}logique, -logie ; *cf. lire* [même métaphore])** **1.** Dictionnaire succinct (d'une science, d'un art ; bilingue). → **vocabulaire. 2.** Ensemble des mots (d'une langue). *Le lexique du français.* – spécialt *Le lexique d'un écrivain.* → **vocabulaire.**

lexis [lɛksis] n. f. **(grec *lexis* « énoncé ») didact.** Énoncé considéré indépendamment de sa vérité.

Leyde Ville des Pays-Bas (Hollande-Méridionale). 125 000 habitants. Université. Église gothique Saint-Pierre. Musées.

Leygues (Georges) Homme d'État français (1857-1933). Plusieurs fois ministre, président du Conseil en 1920-1921, il réorganisa la marine de guerre.

Leysin Ville de Suisse (Vaud). 4 172 habitants. Station d'été et de sports d'hiver.

Leyte Île des Philippines. 7 215 km^2. La flotte japonaise y fut en partie détruite par celle des États-Unis en 1944.

lez, les ou **lès** [lɛ ; le] prép. **(latin *latus* « côté » → latéral) vieux (noms de lieux)** À côté de, près de. *Plessis-lez-Tours.*

Lezama Lima (José) Écrivain cubain (1910-1976). Poète *(La Mort de Narcisse)*, il fonda plusieurs revues et écrivit *Paradiso*, roman complexe aux accents baroques.

lézard n. m. **(vient du latin *lacertus*)** **I. 1.** Petit reptile à longue queue effilée, au corps allongé et recouvert d'écailles. *Lézard gris, lézard vert.* **2.** Peau de cet animal. *Sac à main en lézard.* **II.** fam. vieilli *Il n'y a pas de lézard* : il n'y a pas de problème*.

lézarde n. f. **(*laisarde*, ancien féminin de *lézard*)** Crevasse plus ou moins profonde, étroite et irrégulière, dans un ouvrage de maçonnerie. → **fente, fissure.**

lézardé, ée adj. Fendu par une ou plusieurs lézardes. → **crevassé.** *Un mur lézardé.*

^{1}lézarder v. intr. <1> **(de *lézard*)** fam. Se chauffer au soleil ; rester sans rien faire.

[2]lézarder v. tr. < 1 > (de *lézarde*) Fendre par une ou plusieurs lézardes. *Les intempéries ont lézardé le mur.* → **crevasser.** – pronom. *Le mur s'est lézardé.*

Lézignan-Corbières Commune de l'Aude. 11 112 habitants. Centre vinicole.

Lezoux Commune du Puy-de-Dôme. 6 287 habitants. Céramique gallo-romaine (musée). Beffroi du XVe s. Huilerie.

LGBT **adj. invar.** (sigle) Qui concerne les lesbiennes, les gays, les bisexuels et les transgenres. *Associations LGBT.*

Lhassa ou **Lhasa** Ville de Chine, capitale du Tibet, à 3 650 m d'altitude. 600 000 habitants. Elle fut la résidence du dalaï-lama, jusqu'à sa fuite en Inde. Temple Jokhang ; « palais-montagne » du Potala (XVIIe s.).

Lhassa, la place et le temple du Jokhang (VIIe s.), lieu de pèlerinage bouddhiste.

L'Herbier (Marcel) Cinéaste français (1888-1979). Fondateur de l'Institut des hautes études cinématographiques (Idhec auquel a succédé la Fémis), il voulut associer les recherches de l'avant-garde impressionniste à l'expression humaniste. *Eldorado ; L'Inhumaine.*

L'Hermite (Tristan) voir **Tristan l'Hermite**

Lhomond (abbé Charles François) Érudit et grammairien français (1727-1794). Auteur d'ouvrages sur l'enseignement du latin, il composa le célèbre *De viris illustribus urbis Romae,* « Les hommes illustres de la ville de Rome ».

L'Hospital [lopital] (Michel de) Homme politique français (1504-1573). Ministre de Catherine de Médicis, il poursuivit une double action de réforme administrative et d'apaisement en matière religieuse, menant une politique de tolérance envers les protestants. Mais sa tentative de conciliation (colloque de Poissy, 1561) fut un échec et l'édit de tolérance (1562) ne put éviter le déclenchement des guerres de Religion.

L'Hospital (Guillaume de), marquis de Sainte-Mesme Mathématicien français (1661-1704). Il est l'auteur du premier traité de calcul infinitésimal.

Lhote (André) Peintre et théoricien de l'art français (1885-1962). Influencé par le fauvisme puis par le cubisme, il composa des œuvres aux couleurs vives et à l'agencement rigoureux. *Traité du paysage ; Traité de la figure.*

Lhote (Henri) Ethnologue français (1903-1991). Il réalisa des travaux anthropologiques et archéologiques dans le Hoggar et le Tassili, où il découvrit un exceptionnel ensemble de peintures rupestres.

li n. m. (mot chinois) Mesure itinéraire chinoise (environ 576 m). *Des lis* ou *des li* (invar.).

Li Symbole chimique du lithium.

Li (Blanca Gutiérrez, dite) Danseuse et chorégraphe franco-espagnole (née en 1964). Adepte de nouveauté et de métissage, elle signe des créations qui croisent les disciplines (danse, cinéma, arts plastiques, opéra) et les genres (flamenco, tango, hip-hop, ballet). *Solstice ; Elektro Kif.* Académie des beaux-arts.

Liadov (Anatoli Konstantinovitch) Compositeur russe (1855-1914). Marqué par les influences contrastées de la chanson populaire russe, du lyrisme de Chopin et du symbolisme, il inspira de nombreux musiciens dont S. Prokofiev, son élève, et M. Ravel. *Baba Yaga.*

Li (Blanca)

Blanca Li dans le spectacle *Déesses et Démones* au Théâtre des Champs-Élysées à Paris, en déc. 2015.

liais n. m. (de *lie*) géol. Pierre calcaire dure, d'un grain très fin.

liaison n. f. (de *lier*) **I.** (choses) **1.** Ce qui lie, relie logiquement les éléments du discours. → **enchaînement.** *Manque de liaison dans les idées.* → **cohérence, suite.** – *Mot, terme de liaison,* conjonctions et prépositions. **2.** Rapport logique, psychologique ; corrélation. *Problème en liaison avec un autre.* **3.** Prononciation en discours de la dernière consonne d'un mot (non prononcée devant consonne) unie à la première voyelle du mot suivant (ex. *les petits enfants*). **4.** Épaississement (d'une sauce) par ajout d'ingrédients. **5.** chim. Relation d'interaction entre éléments. **II.** (personnes) **1.** Fait d'être lié avec qqn ; relations que deux personnes entretiennent entre elles. *Liaison d'amitié, d'affaires.* → **relation.** « *Les Liaisons dangereuses* » (roman [par lettres] de Laclos). *Il a rompu toute liaison avec ce milieu.* → **attache, lien.** – *Liaison amoureuse. Avoir une liaison avec qqn.* → **aventure. 2.** Communication (des ordres), transmission (des nouvelles). *Liaisons téléphoniques.* – **En, de liaison.** *Entrer, rester en liaison étroite (avec qqn). Officier, agent de liaison.* **3.** Communication régulière entre deux lieux. *Des liaisons aériennes.*

liaisonner v. tr. < 1 > techn. Remplir (des joints) avec du mortier.

Liamone n. m. Fleuve côtier de Corse. 40 km.

Liancourt Commune de l'Oise, dans la vallée de la Brèche. 7 083 habitants.

liane n. f. (dérivé d'une forme régionale de *lien,* aux Antilles) Plante grimpante des forêts tropicales, de la jungle. *Un fouillis de lianes.*

lianescent, ente adj. bot. Qui a l'aspect d'une liane.

Liang ou **Leang** Nom de plusieurs dynasties chinoises, parmi lesquelles les Liang des Zhanguo (453-225 av. J.-C.), les Liang des Nanbeichao (502-557), les Liang des Wudai (906-923).

Liang Kai ou **Leang** K'ai Peintre chinois (milieu XIIIe s.). Ses œuvres mettent en scène des personnages ébauchés, selon un graphisme léger et allusif.

liant, liante **I.** adj.(personnes) Qui se lie facilement avec autrui. → **affable, sociable.** *Il est peu liant. Un caractère liant.* **II.** n. m. **1.** Caractère de ce qui est élastique, souple. *L'acier a plus de liant que le fer.* **2.** littér. Disposition favorable aux relations sociales. *Avoir du liant.*

Lianyungang ou **Lien-yun-kang** Ville et port de Chine (Jiangsu), sur la mer Jaune. 898 000 habitants. Nœud ferroviaire, fluvial (Huang He) et maritime.

Liao ou **Leao** Nom d'une dynastie chinoise qui régna dans le N. de la Chine de 907 à 1125.

Liaoning ou **Leaoning** n. m. Province du N.-E. de la Chine. Capitale : Shenyang. 43 746 300 habitants. Agriculture (céréales, oléagineux, fruits). Minerais (charbon, fer, diamant). Industrie lourde.

Liaoyuan ou **Leao-yuan** Ville de Chine (Jilin). 390 000 habitants. Complexe industriel.

[1]liard n. m. (probablt de l'ancien adj. *liart* « gris », d'origine germanique, ou famille de *lier*) Ancienne monnaie française (le quart d'un sou). *Pas un liard :* pas un sou.

[2]liard n. m. (pour *l'eyar,* mot angevin qui vient du gaulois *akaros* « érable ») régional (Ouest ; Canada) Variété de peuplier dite aussi *peuplier noir.*

[3]liard n. m. (origine obscure, probablt de l'ancien adj. *liart* « gris » → [1]liard) Poire d'une variété à la peau grise.

lias [ljas] n. m. (mot anglais ; de *liais*) géol. Jurassique inférieur. *Fossiles du lias.* – par ext. Les couches de terrain elles-mêmes. *Lias calcaire.* □ adj. **liasique**

liasse n. f. (de *lier*) Ensemble de papiers superposés (attachés ou non). *Une liasse de lettres, de billets.*

libage n. m. (ancien français *libe* « bloc de pierre », du gaulois *libba*) techn. Bloc de pierre grossièrement équarri utilisé dans les fondations d'une construction.

Liban

n. m. ■ offic. République libanaise Pays du Proche-Orient. 10 452 km². 5 400 000 habitants. **Langues :** arabe (offic.), français, anglais, arménien, kurde. **Religions :** musulmans (chiites, sunnites) ; chrétiens (maronites, grecs orthodoxes, grecs catholiques, arméniens) ; druzes. **Monnaie :** livre libanaise. **Capitale :** Beyrouth. **Régime :** démocratie parlementaire.

GÉOGRAPHIE

L'étroite plaine côtière est la région la plus fertile du pays. À l'E. s'élève parallèlement à la côte le djebel Liban (Kornet el-Saouda, 3 083 m), déclinant lentement vers le S. jusqu'aux monts de Galilée. Des rivières en descendent et y creusent des gorges profondes. Plus à l'E., au-delà de la haute plaine de la Bekaa, se dresse le massif de l'Anti-Liban, plateau désertique dont la ligne de crêtes marque la frontière avec la Syrie. Le versant occidental du djebel Liban est couvert de forêts de pins. Le climat est méditerranéen.

ÉCONOMIE

La guerre civile déclenchée en 1975 ruina l'économie, qui était alors l'une des plus prospères de la région, et les efforts pour une lente reconstruction furent à nouveau mis à mal par le conflit de l'été 2006 avec Israël qui détruisit la banlieue sud de Beyrouth. La diminution des investisseurs étrangers, découragés par les tensions géopolitiques dans la région, la corruption et le manque de réformes dans le secteur bancaire ont engendré une grave crise financière à partir de 2019. Les dépréciations

Vue de Beyrouth reconstruite à partir de 1990, après 15 ans de guerre.

Liban

successives de la monnaie, la crise sanitaire mondiale et une double explosion dévastatrice dans Beyrouth en 2020 laissèrent le pays économiquement exsangue. L'agriculture conserve une place importante dans l'économie (céréales, fruits et légumes, vigne, tabac). L'industrie (textile, agroalimentaire, bois), relativement importante, souffre de la pénurie de main-d'œuvre et de matières premières et du mauvais état des infrastructures.

HISTOIRE

Des Phéniciens aux Ottomans Vers 2000 av. J.-C., les Phéniciens établirent sur la côte des comptoirs qui se développèrent en une série de petits royaumes (Byblos, Tyr, Sidon, Arados). Au VIIe s. av. J.-C., les cités phéniciennes tombèrent sous les coups des Assyriens, avant que le littoral soit occupé par les Babyloniens, les Perses puis les Grecs et les Romains. En 395, la région passa sous domination byzantine et le christianisme s'y développa. Le pays fut conquis par les Arabes (637) puis passa sous l'autorité des Francs (1099-1291). Les croisés furent chassés et les Ottomans devinrent maîtres du pays (1516). Un soulèvement populaire provoqua la déposition de l'émir Bachīr Chihāb II (1789-1840). Le Liban fut dès lors soumis au pouvoir central ottoman. Toutefois, les puissances européennes favorisèrent le développement local des communautés musulmanes et chrétiennes.

L'indépendance En 1920 fut créé l'État du Grand-Liban, placé sous mandat français. Pour tenter d'apaiser les rivalités communautaires, la France promulgua en 1926 une constitution qui, tout en instaurant une république, entérinait la pratique institutionnelle de la primauté maronite. Le Liban obtint l'indépendance en 1943 et un Pacte national fixant les règles du partage du pouvoir entre sunnites, maronites et chiites fut conclu. Le pays connut alors pendant deux décennies une grande prospérité économique. En 1958, les inégalités sociales et communautaires déclenchèrent une insurrection, qui entraîna l'intervention des troupes américaines. Des élections furent organisées et les gouvernements qui en résultèrent tentèrent sans succès de renforcer l'autorité de l'État.

La guerre du Liban L'arrivée massive de réfugiés palestiniens chassés de Jordanie (1970-1971) accentua les tensions, qui aboutirent à la guerre civile (1975). Celle-ci opposa les phalanges chrétiennes aux milices musulmanes, alliées aux Palestiniens ; son aggravation entraîna l'intervention de la Syrie (1976) qui, appelée pour rétablir le calme, se retourna contre les phalanges chrétiennes. La même année, Israël occupa le sud du Liban, puis envahit la totalité du territoire (1982), provoquant l'évacuation des Palestiniens. En 1985, Israël se retira, tandis que la Syrie occupait 60 % du territoire. Le général Aoun, à la tête d'un cabinet militaire, déclencha une « guerre de libération » (1989) contre l'occupant syrien.

Le retour au fonctionnement des institutions En 1989, les accords de Taïf mirent fin à quinze ans de guerre. Un gouvernement d'union nationale fut formé et la Syrie, de nouveau appelée par le gouvernement libanais, signa, en 1991, un « traité de fraternité, de coopération et de coordination » avec le Liban. Israël se retira de la zone sud en 2000, et le Liban se lança dans une vaste entreprise de reconstruction. Sous la pression du peuple libanais, suite à l'assassinat de l'ancien Premier ministre Rafic Hariri, la Syrie accepta de retirer ses troupes (2005). Du 12 juillet au 14 août 2006, Israël, accusant le gouvernement libanais de ne pas pouvoir contenir le Hezbollah, bombarda Beyrouth et le S. du territoire, plongeant le Liban dans une grave crise dont le pays ne sortit qu'en 2008 (élection du président M. Sleimane). Les législatives de 2009 virent le triomphe de la coalition antisyrienne menée par Saad Hariri qui devint Premier ministre. Cependant, ce dernier laissa sa place en 2011 à Najib Mikati, soutenu par le Hezbollah, à qui succéda en 2013 un Premier ministre de consensus, Tammam Salam, chargé de former un gouvernement de transition. Ce n'est qu'en 2016 que, conformément aux institutions, les trois communautés religieuses parvinrent à retrouver une fonction à la tête du pays : Michel Aoun fut élu président de la République tandis que Saad Hariri reprit le poste de Premier ministre et que Nabih Berri conserva la présidence du Parlement. Le pays frôla une nouvelle crise politique fin 2017 lorsque l'Arabie saoudite sunnite, qui mène un bras de fer avec l'Iran chiite pour le contrôle de la région, menaça le Liban de sanctions en réponse aux interventions du Hezbollah en Syrie et en Irak aux côtés des chiites. En octobre 2019, une crise socioéconomique de grande ampleur éclata. Des manifestations dénoncèrent les inégalités et l'enrichissement de la classe dirigeante ayant peu à peu détourné l'argent public et laissé se dégrader services et administrations (transports, électricité, santé, justice). Saad Hariri démissionna et fut remplacé par Hassan Diab en décembre mais la crise bancaire s'aggrava, bientôt doublée d'une crise sanitaire due au coronavirus et de l'exacerbation de la crise politique après l'explosion d'un entrepôt de carburant qui ravagea le port de Beyrouth en août 2020. Bien que la population réclame un renouvellement de la classe politique, Saad Hariri puis Najib Mikati (2021) se virent confier le poste de Premier ministre. Le pays doit également composer avec les milliers de réfugiés palestiniens et de Syriens ayant fui la guerre à partir de 2011.

libanais, aise adj. et n. Du Liban. *La cuisine libanaise.* **–** n. *Les Libanais.*

libanisation n. f. **(de *Liban*, par allusion à la situation politique du Liban)** Transformation d'un pays où différentes communautés s'affrontent violemment. **→ aussi balkanisation.**

libanisme n. m. ling. Fait de langue propre au français parlé au Liban.

libation n. f. **(du latin, de *libare*, apparenté au grec *leibein* « égoutter »)** **1.** Antiq. Action de répandre un liquide en offrande à une divinité, lors d'un sacrifice. **2.** au plur. *Faire des libations,* boire abondamment (du vin, de l'alcool).

Libby (Willard Frank) Chimiste américain (1908-1980). Il élabora la première méthode de datation absolue, par l'analyse du carbone 14. Prix Nobel 1960.

libeccio [libɛtʃjo] n. m. **(mot italien, p.-ê. du grec *libykion*, diminutif de *libykos* « de Libye »)** Vent du sud-ouest soufflant sur les côtes ligures, provençales et corses.

libelle n. m. **(latin *libellus* « petit livre », diminutif de *liber* → ¹livre)** littér. Court écrit satirique, diffamatoire. **→ pamphlet.** *Faire, répandre des libelles contre qqn. Un auteur de libelles* (libelliste n.).

libellé n. m. Termes dans lesquels un texte est rédigé. *Le libellé d'une lettre.*

libeller v. tr. < 1 > **(de *libelle*)** **1.** Rédiger dans les formes. *Libeller un acte, un contrat.* **2.** Exposer, formuler par écrit. **–** au p. p. *Réclamation libellée en termes violents.*

Libération

1. Une vue de Saint-Lô en juillet 1944, lors de sa libération. 2. La place de la Concorde à Paris en août 1945. 3. Le 8 mai 1945, une foule de Parisiens arborant les drapeaux alliés célèbre la victoire en descendant les Champs-Élysées.

libellule n. f. (du latin mod., de *libella* « niveau » [à cause du vol horizontal], de *libra* « poids ; balance » → ²livre) Insecte à tête ronde, à corps allongé, aux quatre ailes transparentes et nervurées, qui vit auprès de l'eau. → **demoiselle.**

liber [libɛʀ] n. m. (mot latin → ¹livre) Partie d'un arbre entre l'écorce et le bois. ▪ Tissu végétal de cette partie, contenant des vaisseaux où circule la sève. → **aubier.**

libérable adj. **1.** Qui peut être libéré (notamment, du service militaire). *Contingent libérable.* **2.** *Permission libérable,* qui anticipe sur la libération d'un soldat.

libéral, ale, aux adj. (du latin, de *liber* → libre) **I.** littér. Qui donne facilement, largement. → **généreux. II. 1.** *Professions libérales* : de caractère intellectuel (architecte, avocat, médecin, etc.) et que l'on exerce librement. **2.** Favorable aux libertés individuelles, en politique, en économie (→ **libéralisme).** *Doctrines, idées libérales.* ▪ **adj. et n.** (personnes) Partisan du libéralisme (2). *La bourgeoisie libérale. Parti libéral.* – **n.** *Un libéral.* **3.** Qui respecte les opinions, l'indépendance d'autrui. → **tolérant.**

libéralement adv. (de *libéral* [I]) **1.** Avec générosité. *Distribuer libéralement.* **2.** Avec tolérance. *Appliquer libéralement un règlement.*

libéraliser v. tr. < 1 > (de *libéral* [II]) Rendre plus libéral (un régime politique, une activité économique). – *Libéraliser l'avortement,* le légaliser. □ **libéralisation** n. f. *La libéralisation des échanges internationaux.*

libéralisme n. m. (de *libéral* [II]) **1.** Attitude, doctrine des libéraux*, partisans des libertés individuelles. **2.** (opposé à *étatisme, socialisme*) Doctrine selon laquelle la liberté économique, le libre jeu de l'entreprise ne doivent pas être entravés. *Le libéralisme préconise la libre concurrence.* → **capitalisme, ultralibéralisme. 3.** Respect à l'égard de l'indépendance, des opinions d'autrui. → **tolérance.**

▶ Le **libéralisme économique** est une doctrine selon laquelle la plus grande liberté d'action individuelle est souhaitable dans le domaine de l'économie. Ses fondements sont de nature philosophique : chaque être humain est maître de lui-même et possède des droits fondamentaux inaliénables. Le droit à la liberté recouvre le droit de chacun à poursuivre librement ses objectifs, à choisir librement les moyens à employer pour y parvenir et à contracter librement. Le droit à la propriété implique la possibilité, pour chaque individu, de disposer des fruits de son activité et des richesses acquises légitimement.

Pour les tenants du libéralisme économique, la recherche par chacun de son propre intérêt aboutit à une situation collectivement optimale. Le libre jeu de la concurrence et les mécanismes de prix conduisent au meilleur usage possible des ressources. En intervenant, l'État ne peut que perturber les mécanismes garantissant cet équilibre. Il doit se contenter de jouer un rôle de régulateur des marchés : assurer la sécurité des transactions et faire respecter la libre concurrence. Les tenants du libéralisme économique pensent également que le libre-échange est souhaitable à l'échelle internationale, parce qu'il permet une amélioration globale du bien-être.

Aux XXe et XXIe siècles, l'apparition de nombreuses et graves défaillances des marchés (révélées en particulier par des crises économiques, dont celles de 1929 et de 2008) a incité les États à intervenir dans le cadre des économies capitalistes (pour stabiliser l'activité, influencer l'allocation des ressources...). Pourtant, depuis la chute de l'Union soviétique et la disparition du bloc communiste, le libéralisme n'est plus concurrencé par aucun système et prédomine dans le monde.

voir aussi **capitalisme, protectionnisme**

libéralité n. f. (de *libéral* [I]) littér. **1.** Disposition à donner généreusement. → **générosité, largesse. 2.** Don généreux.

libérateur, trice (du latin → libérer) **1. n.** Personne qui libère, délivre. *Les libérateurs du pays.* **2. adj.** Qui libère. *Guerre libératrice,* de libération. ▪ **fig.** *Un humour libérateur.*

libération n. f. (du latin, de *liberare* → libérer) **1.** Action de rendre libre. → **délivrance.** *La libération d'otages.* ▪ dr. Mise en liberté (d'un détenu) après l'expiration de sa peine. *Libération conditionnelle.* – Renvoi d'un militaire dans ses foyers à l'expiration de son temps de service. → **¹quille 2.** dr. Délivrance d'une obligation, d'une dette. **3.** fin. Paiement du montant (d'actions...) pour le mettre à la disposition d'une entreprise. **4.** fig. Délivrance d'une sujétion. → **affranchissement.** *Mouvement de libération de la femme* (MLF). *La libération sexuelle.* ▪ Fait de rendre libre (une activité économique). *La libération des échanges.* **5.** Délivrance (d'un pays occupé, d'un peuple). – hist. *La Libération,* celle des territoires français occupés par les troupes allemandes durant la Seconde Guerre mondiale. **6.** Mise en liberté (de matière, d'énergie). *Libération d'énergie.* ▪ Fait de libérer (une substance).

Libération Mouvement de la Résistance française fondé par E. d'Astier de La Vigerie en 1941.

Libération Quotidien français fondé en 1973 par l'Agence Presse-Libération, dirigé par J.-P. Sartre puis, de 1974 à 2006, par Serge July.

libératoire adj. (→ libérer) dr. Qui libère d'une obligation, d'une dette.

Liberec Ville de République tchèque, en Bohême septentrionale. 104 300 habitants. Musée. Industrie.

libérer v. tr. < 6 > (latin *liberare,* de *liber* → libre ; libertin) **1.** Mettre en liberté. → **relâcher.** – Renvoyer (un soldat) dans ses foyers. **2.** Délivrer, dégager de ce qui lie, de ce qui gêne, retient. *Libérer le passage.* ▪ Dégager (une chose, un mécanisme). *Libérer un cran de sûreté.* **3.** Rendre libre, affranchi (d'une servitude, d'une obligation). → **dégager, exempter.** *Je vous libère de vos engagements.* **4.** Délivrer (un pays, un peuple) d'une occupation, d'un asservissement. → **libération.** – Rendre libre (une personne) d'un asservissement moral ou social. **5.** *Libérer sa conscience,* la délivrer du remords (en avouant). → **soulager.** ▪ Laisser se manifester. *Libérer ses instincts.* **6.** sc. Dégager (une substance, une énergie). *Réaction chimique qui libère un gaz.* ▪ **se libérer** v. pron. Être libéré. – (personne) Se rendre libre (I, 4). *Je n'ai pas pu me libérer plus tôt.* ▪ **libéré, ée** adj. **1.** Mis en liberté. – **n.** *Les libérés.* **2.** Délivré d'une occupation militaire. *Pays libéré.* **3.** Affranchi d'une servitude. *Femme libérée.* → **émancipé.**

Libéria ou **Liberia**

n. m. ▪ offic. république du Libéria Pays d'Afrique de l'Ouest. 111 370 km². 5 000 000 habitants (les *Libériens*). **Langues :** anglais (offic.). **Population :** 16 grandes tribus autochtones (95 %), Américano-Libériens (5 %). **Religions :** chrétiens, animistes, musulmans. **Monnaie :** dollar libérien. **Capitale :** Monrovia. **Régime :** présidentiel.

GÉOGRAPHIE

Le territoire est formé d'une plaine côtière au climat presque équatorial qui s'élève lentement jusqu'au mont Nimba. Il est couvert en grande partie par la forêt. L'économie repose sur l'agriculture (riz, manioc, cacao, café), l'exploitation de la forêt (caoutchouc) et du sous-sol (or, diamant, fer), ainsi que sur les revenus liés aux pavillons de complaisance donnés à des bateaux étrangers. Le pays, qui a été ruiné par la guerre (1989-2003), est sorti de la récession en 2017.

HISTOIRE

Les Krous et les Mandés sont les premiers habitants de la région. Au XVe siècle, les Portugais fondèrent des comptoirs et pratiquèrent le commerce des épices, des esclaves et de l'or. En 1822, une colonie d'esclaves noirs américains libérés y fut installée et une république indépendante proclamée (1847). Malgré les revendications, les auto-

Libéria

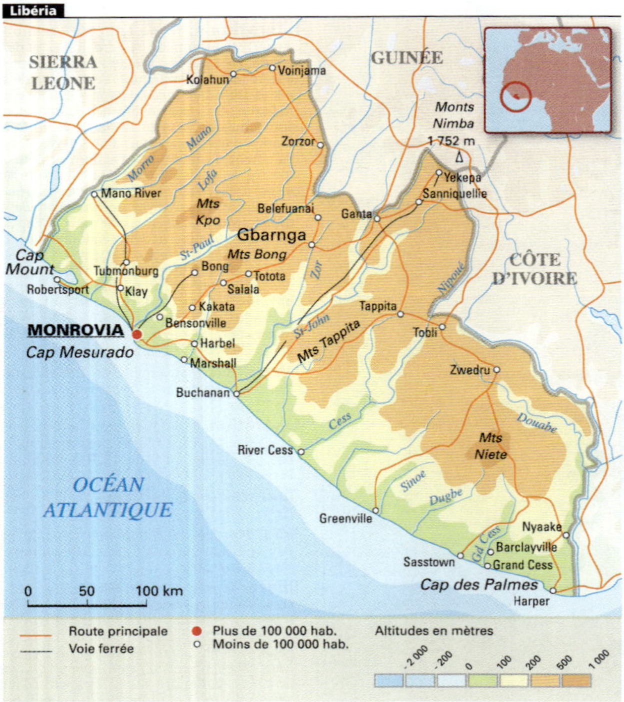

chtones n'obtinrent le pouvoir qu'en 1980, après un coup d'État. Des luttes tribales dégénérèrent en une guerre civile meurtrière (1989-1996). Charles Taylor s'imposa et remporta les élections de 1997, lutta contre la guérilla rebelle, puis fut contraint de se réfugier au Nigeria (2003). Un accord de paix inaugura une période de transition (2003-2005), à l'issue de laquelle Ellen Johnson-Sirleaf accéda à la présidence de la République (2006-2018). Le Tribunal pénal international de La Haye reconnut C. Taylor coupable de crimes contre l'humanité en 2012. L'ex-footballeur George Weah, président depuis janv. 2018, est confronté à une dégradation de la situation économique et à la corruption.

libérien, ienne adj. bot. Du liber. *Tissu libérien.*

libériste n. (du latin *liber* « libre ») Personne qui pratique le vol libre*. *Un libériste sur un deltaplane.* → **deltiste.** – **adj.** *Le milieu libériste.*

Libermann (Ievseï Grigorievitch) Économiste soviétique (1897-1983). Il préconisa une relative autonomie des entreprises dans la planification centralisée. Ses réformes furent adoptées par le gouvernement de Kossyguine (1965).

libéro n. m. (italien *libero* « libre ») sport (football) Défenseur central dont le rôle est de couvrir l'ensemble de sa défense.

libéroligneux, euse adj. (de *liber* et *ligneux*) bot. Composé de liber et de bois. *Le tissu libéroligneux d'une tige.*

libertaire adj. (de *liberté*) Qui n'admet aucune limitation de la liberté individuelle en matière sociale, politique. → **anarchiste.** *Les traditions libertaires.* – **n.** *Un, une libertaire.*

libertarien, ienne adj. (anglais *libertarian*) écon. Qui prône un libéralisme radical. – *Le Parti libertarien* (aux États-Unis). ■ **n.** *Les libertariens.*

liberté n. f. (latin *libertas*, de *liber* → libre) **I. 1.** Situation d'une personne qui n'est pas sous la dépendance de qqn (opposé à *esclavage, servitude*), ou qui n'est pas enfermée (opposé à *captivité*). → **libre.** *Rendre la liberté à un prisonnier.* → **délivrer.** – dr. *Liberté surveillée. Liberté provisoire.* ■ *Élever des animaux en liberté*, sans les enfermer. **2.** Possibilité, pouvoir d'agir sans contrainte ; autonomie. *Liberté de décision, d'action. Il a toute liberté pour agir.* → **facilité, faculté.** *Agir en toute liberté*, librement. – *Pendant ses moments de liberté.* → **loisir.** ■ *Liberté d'esprit*, indépendance d'esprit. *Liberté de langage, de mœurs.* **3.** au plur. Acte accompli sans respecter les règles usuelles. *Prendre des libertés avec...* **II. 1.** Pouvoir d'agir, dans une société organisée, selon sa propre détermination, dans la limite de règles. *Liberté politique.* – ***La liberté*** : absence de contrainte illégitime. *« La liberté, ce bien qui fait jouir des autres biens »* (Montesquieu). *« Liberté, Égalité, Fraternité »*, devise de la République française. *Défenseur de la liberté. Vive la liberté ! « Liberté »* (poème d'Éluard). **2.** Pouvoir que la loi reconnaît aux individus dans un domaine. → **[3]droit.** *Liberté d'opinion. Liberté de la presse. Liberté religieuse*, droit de choisir sa religion, ou de ne pas en avoir *(liberté de conscience).* → **laïcité.** *La défense des libertés et des droits de l'homme.* **3.** Indépendance nationale. *Combattre pour la liberté de sa patrie.* → **libération. III.** philos. Caractère indéterminé de la volonté humaine ; libre arbitre. *La liberté, fondement du devoir, de la responsabilité, de la morale.*

▶ La **liberté** est une notion-clé en philosophie, en droit et en politique, ainsi qu'une des valeurs fondamentales de nos démocraties. Elle peut être définie de façon négative comme absence de contraintes, celles-ci pouvant être extérieures (nature, société, pouvoir politique) ou intérieures (l'homme esclave de ses passions, de ses désirs inconscients), ou au contraire de façon positive comme pouvoir de choisir, comme puissance d'agir ou encore comme autonomie.
La liberté a d'abord désigné un statut : l'homme libre s'oppose à l'esclave dans l'Antiquité gréco-romaine, au serf au Moyen Âge. Les libertés fondamentales (liberté physique, liberté de pensée, de conscience, de religion, d'expression, de circulation, de réunion...) ont été conquises peu à peu. Elles sont reconnues dans la Déclaration des droits de l'homme et du citoyen de 1789, puis dans la Déclaration universelle des droits de l'homme de 1948, qui proclame que « les hommes naissent et demeurent libres et égaux en droits » et que « la liberté consiste à pouvoir faire tout ce qui ne nuit pas à autrui ».
Le principal problème en philosophie politique est de concilier liberté et autorité, en métaphysique liberté et déterminisme, en théologie libre arbitre, grâce et toute-puissance divines.
Pour les stoïciens, la liberté est avant tout liberté de penser ; elle consiste à bien diriger son jugement et à l'accorder avec la raison qui gouverne le monde. Spinoza dénonce les hommes qui se croient libres parce qu'ils ignorent les causes qui les déterminent et les appelle à se libérer par la connaissance. Rousseau et Kant conçoivent la liberté comme autonomie : est libre celui qui agit selon la loi qu'il s'est lui-même prescrite. Pour Sartre, l'homme, « condamné à être libre », doit s'inventer chaque jour et la liberté consiste à assumer seul la responsabilité de ses actes.
voir aussi **droits de l'homme, existentialisme, loi**

liberticide adj. (de *liberté* et *-cide*) Qui porte atteinte aux libertés. *Un décret liberticide.*

libertin, ine adj. et n. (latin *libertinus* « affranchi », de *libertus*, de *liberare* → libérer) **1.** hist. Qui rejette la contrainte, spécialt en matière de religion. – Impie, incrédule. **2.** littér. Qui recherche, avec un certain raffinement, les plaisirs charnels. → **dissolu.** – *Propos, livres, vers libertins.* → **grivois, leste.**

libertinage n. m. **1.** hist. Indépendance d'esprit ; spécialt incrédulité, rationalisme areligieux. **2.** Licence des mœurs.

liberty n. m. (n. déposé ; du n. de l'inventeur et de la firme londonienne Liberty) anglic. Étoffe légère de coton, souvent à dessins ou à petites fleurs. *Chemisier en liberty. Des libertys fleuris.*

libidinal, ale, aux adj. (→ libido) psych. De la libido. *Pulsions libidinales.*

libidineux, euse adj. (du latin, de *libido*, de *libere, lubere* « avoir envie de » → libido, lubie) littér. ou plais. Qui recherche constamment et sans pudeur des satisfactions sexuelles. *Un vieillard libidineux.* – *Regards libidineux.* → **lubrique, vicieux.**

libido n. f. (mot latin → libidineux) **1.** Recherche instinctive du plaisir et, spécialt, du plaisir sexuel. → **désir. 2.** psych. Énergie qui sous-tend les instincts de vie et, en particulier, les instincts sexuels.

ad libitum loc. adv. voir **ad libitum**

Li Bo, Li Po, dit aussi **Li Taibo** Poète chinois (701-762). Libre penseur, personnage excentrique et séducteur, il inspira par sa vie légendaire nombre de récits.

libouret n. m. (origine inconnue) pêche Ligne à plusieurs hameçons utilisée pour pêcher le maquereau.

Libourne Chef-lieu d'arrondissement de la Gironde, sur la Dordogne. 24 432 habitants. Ancienne bastide. Maisons des XVIe et XVIIe s. Vignobles.

libraire n. (latin *librarius*, de *liber* → [1]livre) **1.** vieux Éditeur et marchand de livres. **2.** mod. Commerçant(e) qui vend des livres.

librairie n. f. **1.** vieux Bibliothèque. **2.** mod. Commerce des livres. **3.** Magasin où l'on vend des livres. *Librairie d'occasion, d'ancien. Librairie-papeterie.*

libration n. f. (latin *libratio* « balancement », de *librare* « peser », de *libra* « poids, balance » → [2]livre) astron. Balancement apparent (d'un astre). *La libration de la Lune.*

libre adj. (latin *liber*, adj. sens voisin de *ingenuus* « né libre » → ingénu) **I. 1.** (opposé à *esclave, serf*, ou à *captif, prisonnier*) Qui n'est pas privé de sa liberté. *Rendre libre un esclave.* → **affranchir. 2.** Qui a le pouvoir, le droit de décider, d'agir par soi-même. → **autonome, indépendant.** *« L'homme vraiment libre ne veut que ce qu'il peut »* (Rousseau). – *Libre comme l'air*, tout à fait libre. – *Garder l'esprit libre*, exempt de préoccupations ou de préjugés.

■ loc. (d'apr. l'anglais) antéposé *Libre penseur.* → **libre penseur.** *Libre examen. Libre entreprise.* **3.** littér. ***Libre de*** (+ nom) : libéré, affranchi de. *Esprit libre de préoccupations.* → **exempt.** – ***Libre de*** (+ inf.). *Libre de décider, d'agir.* **4.** Qui n'est pas retenu (par un engagement, une obligation, une occupation). *Se rendre libre. Il, elle est libre,* non engagé(e) par un contrat (de travail, de mariage). → **disponible. 5.** (choses) Qui s'accomplit librement, sans contrainte extérieure. *Mouvements libres. Union libre :* concubinage. – loc. *Donner **libre cours** à sa colère.* ■ Qui se pratique sans appareillage complexe. *Vol libre.* → **deltaplane, parapente. 6.** Qui ne se contraint pas. *Être libre avec qqn,* ne pas se gêner avec lui. – *Avoir des manières libres.* → **spontané. 7.** Qui transgresse les convenances. *Propos libres, un peu libres.* → **²cru, licencieux, osé. II. 1.** Qui n'est pas soumis à une autorité arbitraire, tyrannique ; qui jouit de l'indépendance, de libertés* reconnues et garanties. *Peuple, société, nation libre. « Ils veulent être libres, et ne savent pas être justes »* (Sieyès). – *La France libre :* les Français qui ont continué la lutte après l'armistice de 1940. → **résistance. 2.** Dont le libre exercice est reconnu par la loi. *Enseignement libre. Écoles libres,* écoles privées, religieuses ou non. *Radios libres.* **III.** Qui jouit de liberté (II). *Une presse libre.* **IV.** (choses) **1.** Autorisé, permis (opposé à *interdit, réglementé*). *Accès libre. Entrée libre,* qui n'est soumise à aucune formalité, gratuite. – impers. *Libre à vous (de),* vous êtes libre (de). *Libre à vous de refuser.* **2.** Qui n'est pas attaché, retenu ou serré. *Vêtement qui laisse la taille libre.* **3.** Qui n'est pas occupé, ne présente pas d'obstacle empêchant le passage. *Place libre.* → **vacant, vide.** *La voie est libre.* – *Temps libre,* que l'on peut employer à sa guise. – loc. *À l'air libre,* dehors. **4.** Dont la forme n'est pas imposée. *Vers libres. Figures libres et imposées* (patinage, gymnastique).

libre arbitre n. m. Volonté libre, non contrainte. *Il n'avait pas son libre arbitre, il a agi sous la menace.*

libre-échange n. m. (trad. de l'anglais *free trade*) Système dans lequel les échanges commerciaux entre États sont libres (s'oppose à *protectionnisme*). *Une zone de libre-échange. Des libres-échanges.*

libre-échangisme n. m. Doctrine et pratique du libre-échange. □ **libre-échangiste** adj. et n. *Des libres-échangistes.*

librement adv. **1.** Sans restriction d'ordre juridique ou sans obstacle. *Circuler librement.* **2.** En toute liberté de choix. *Union librement consentie.* **3.** Avec franchise. *Je vous parlerai très librement.* **4.** D'une manière libre (IV).

libre pensée n. f. Attitude d'esprit du libre penseur. - var. **libre-pensée.**

libre penseur, euse adj. et n. (trad. de l'anglais *free thinker*) Personne qui pense librement, ne se fiant qu'à sa raison. - var. **libre-penseur, euse.** *Les libres-penseurs.*

libre-service n. m. (adaptation de l'anglais *self-service*) **1.** Service assuré par le client lui-même, dans un magasin, un restaurant. **2.** Établissement commercial où l'on se sert soi-même. *Des libres-services.*

librettiste n. (de *libretto,* mot italien « petit livre », diminutif de *libro*) Auteur d'un livret d'opéra, d'opérette.

Libreville Capitale et port du Gabon, sur l'estuaire du fleuve Gabon. 703 940 habitants. La ville, fondée en 1849 pour accueillir des esclaves libérés, devint un important comptoir commercial.

Libye

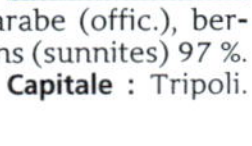

n. f. ■ offic. État de Libye
État d'Afrique du Nord. 1 759 540 km². 6 930 000 habitants (les *Libyens*). **Langues :** arabe (offic.), berbère. **Religion :** musulmans (sunnites) 97 %. **Monnaie :** dinar libyen. **Capitale :** Tripoli. **Régime :** parlementaire.

La Libye est constituée de trois grandes régions : la Tripolitaine (N.-O.), la Cyrénaïque (N.-E.) et le Fezzan (S.-O.). Les 9/10 du territoire sont occupés par le Sahara. Le climat, méditerranéen sur le littoral, est aride à l'intérieur. L'économie repose sur l'exploitation du pétrole, qui permet le financement de grands travaux (barrages, stations de dessalement). Le pays dépend étroitement des importations (agroalimentaire, biens d'équipement). Les guerres civiles de 2011 et de 2014-2020 ont totalement désorganisé l'économie et la situation sécuritaire n'est pas encore stabilisée.

Le territoire est peuplé depuis le IIe millénaire av. J.-C. Les Phéniciens fondèrent des comptoirs sur ses côtes (Xe s. av. J.-C.). Dominée par les Carthaginois, les Grecs, puis les Romains, la région fut conquise par les Arabes (VIIe s.) ; les dynasties se succédèrent, jusqu'à son annexion à l'Empire ottoman (1551-1912). Devenu colonie italienne (1912), le territoire accéda à l'indépendance (1951) et se développa grâce à l'aide de la Grande-Bretagne et des États-Unis, et surtout après la découverte du pétrole (1955), exploité par des compagnies occidentales. En 1969, le colonel Muammar al-Kadhafi s'empara du pouvoir et proclama la République arabe libyenne. Le régime affirma son indépendance, éliminant les bases militaires étrangères et nationalisant le secteur pétrolier. S'étant rapprochée de l'URSS (1973) puis de l'Iran (1979), la Libye entra en guerre contre le Tchad (1979-1989), soutint l'aile radicale de la résistance palestinienne et pratiqua une politique de contingentement au sein de l'Opep. Les États-Unis, accusant la Libye d'être impliquée dans le terrorisme international, bombardèrent Tripoli et Benghazi en 1986. L'ONU lui imposa un embargo aérien en 1992. Ce dernier fut levé en 2003 et Kadhafi s'engagea alors à renoncer aux armes de destruction massive et à soutenir la lutte contre le terrorisme. Les manifestations populaires contre le régime, commencées en janvier 2011, furent réprimées dans le sang et se transformèrent en révolte armée. Une coalition occidentale autorisée par l'ONU, comprenant notamment les États-Unis, le Royaume-Uni, la France, l'Italie, le Canada, le Danemark et aussi les Émirats arabes unis et le Qatar, intervint alors militairement pour protéger les populations civiles (opération « Aube de l'odyssée », mars 2011). Après plusieurs mois de combat, le régime fut renversé en août 2011 et Kadhafi fut tué en octobre. En 2012, la première élection démocratique permit de former un Congrès général national (CGN) mais dès 2014 le pays se divisa et le gouvernement se réfugia à Tobrouk tandis qu'un gouvernement rival s'installait à Tripoli. Après un accord, un gouvernement d'union nationale reconnu par l'ONU fut mis en place à Tripoli. Cependant, de nouveaux affrontements meurtriers marquèrent l'année 2019 car le maréchal Khalifa Haftar, à la tête du gouvernement de Tobrouk et de l'Armée nationale libyenne, tenta de reprendre Tripoli. Il en fut définitivement chassé en 2020 après l'intervention de la Turquie et redéploya ses forces dans l'est (Cyrénaïque). Profitant de la désorganisation du pays, Daech, malmené en Syrie et en Irak, a commencé à faire des zones désertiques de la Libye une base de repli depuis 2015 et constitue une menace persistante.

Libyque (désert) Partie N.-E. du Sahara (Libye, Égypte), entre le Fezzan et le Nil.

Licata Ville d'Italie, sur la côte S. de la Sicile. 38 000 habitants. Habitations troglodytiques.

¹lice n. f. (vient du francique *listia* « barrière ») **1.** Palissade, enclos (autour d'un château, etc.). **2.** hist. Champ clos où se déroulaient des joutes, des tournois. – loc. *Entrer en lice,* s'engager dans une compétition ou intervenir dans un débat.

²lice ou **lisse** n. f. (vient du latin *licia* « fils de trame ») techn. Pièce d'un métier à tisser qui maintient les fils de chaîne. – *Haute lice* (chaîne verticale), *basse lisse* (horizontale).

³lice n. f. (du latin, du grec *lukos* « loup* ») Chien de chasse femelle.

licéité n. f. (du latin *licere* « être permis » → licite) didact. Caractère de ce qui est licite.

licence n. f. (latin *licentia*, de *licere* « être permis » → loisir) **I. 1.** littér. Droit, liberté (de faire, de dire qqch.). **2.** Liberté que prend un écrivain avec les règles de la versification, de la grammaire. *Licence poétique.* **3.** vieilli Désordre moral, anarchie qu'entraîne une liberté sans contrôle. **4.** littér. Absence de décence. *La licence des mœurs* (→ **licencieux**). **II. 1.** Premier cycle universitaire comprenant trois années d'études ; diplôme couronnant ce cycle. *Licence en droit, licence ès lettres. Licence-master-doctorat.* → **LMD. 2.** Autorisation administrative permettant d'exercer une activité réglementée (commerce, sport, etc.). *Licence d'importation.* – *Licence de pêche.* → **permis.**

¹licencié, ée n. **1.** Personne qui a passé avec succès les épreuves de la licence (II). *Une licenciée de physique, en physique, ès sciences physiques.* – **adj.** *Étudiant licencié.* **2.** Titulaire d'une licence (II). *Footballeur licencié.* – (Canada) *Restaurant, café licencié,* autorisé à servir des boissons alcoolisées.

licenciement n. m. Fait de licencier. *Licenciements d'ouvriers.* → **renvoi.** *Licenciement pour raisons économiques.*

licencier v. tr. < 7 > (latin médiéval *licentiare*, d'abord « rendre sa liberté », de *licentia* → licence) **1.** Priver (qqn) de son emploi, de sa fonction. → **congédier, renvoyer.** *Elle s'est fait licencier.* □ **²licencié, ée adj. et n.** *Employés licenciés.* **2.** Protéger (un produit) avec une licence (II).

licencieux, euse adj. (→ licence [I]) littér. Qui manque de pudeur, de décence. → **libertin.** *Propos licencieux.* → **grivois, scabreux.** □ **adv. licencieusement**

liche n. f. (probablt de l'ancien provençal *lecha*, du radical de *lécher*) Poisson osseux à chair estimée, qui vit dans la mer.

lichen [likɛn] n. m. (latin *lichen*, du grec *leikhên* « lèpre ») **1.** méd. *Lichen plan :* maladie cutanée caractérisée par une éruption de petites papules violacées. **2.** Organisme complexe très résistant formé de l'association d'un champignon et d'une algue, qui ressemble à la mousse. □ **adj. lichénique**

licher v. tr. < 1 > (var. de *lécher*) régional et fam. Boire (des boissons alcoolisées).

lichette n. f. (de *licher*) fam. Petite tranche, petit morceau (d'un aliment). *Une lichette de pain, de beurre.*

lichoux, ouse adj. et n. (de *licher*) régional (Ouest) Gourmand.

Licht Ville d'Égypte, dans la province de Gizeh, sur le Nil. La XIIe dynastie y installa sa capitale (XVIIIe s. av. J.-C.).

Lichtenberg (Georg Christoph) Savant et écrivain allemand (1742-1799). Il critiqua volontiers ses contemporains, notamment les représentants du Sturm und Drang et Goethe. Ses *Aphorismes* restent l'un des témoignages les plus vivants sur l'Allemagne du XVIIIe siècle.

Lichtenberger (André) Écrivain français (1870-1940). Il écrivit des romans d'analyse psychologique et des études de mœurs (*Biche*). Ses récits destinés à la jeunesse le firent connaître du grand public. *Mon petit Trott ; Line.*

Lichtenstein (Roy) Peintre et sculpteur américain (1923-1997). S'inspirant de l'iconographie et des thèmes de la publicité et de la bande dessinée, il fut l'un des principaux représentants du pop art. *The Kiss.*

licier, ière ou **lissier, ière** n. (de ²*lice*) techn. Ouvrier, ouvrière qui monte les lices d'un métier à tisser.

licitation n. f. (latin *licitatio* → liciter) dr. Vente aux enchères d'un bien indivis au profit des copropriétaires.

licite adj. (latin *licitus*, de *licere* → licence, loisir) Qui est permis par la loi, par l'autorité établie. → **permis.** *Profits licites et illicites.* □ **adv. licitement**

liciter v. tr. < 1 > (latin juridique *licitari* « mettre une enchère », de *licere* « mettre en vente ») dr. Vendre par licitation.

Lichtenstein (Roy)

Roy Lichtenstein, affiche pour le Aspen Winter Jazz Festival (1967).

licol n. m. (de *lier* et *col, cou* → col, cou) Pièce de harnais qu'on met autour du cou des animaux attelés. *Retenir un cheval par son licol.* - syn. **licou.**

licorne n. f. (italien *alicorno*, d'où *l'alicorne, la licorne*, du latin chrét. *unicornis* « qui a une corne » → uni- et corne) **1.** Animal fabuleux à corps et tête de cheval (ou de cerf), avec une corne unique au milieu du front. ■ *Licorne de mer.* → **narval. 2.** écon. Start-up évaluée à plus d'un milliard de dollars.

La Dame à la licorne : le toucher, tapisserie des Flandres en laine et soie (XVe s.), musée national du Moyen Âge, Paris.

Licra (Ligue internationale contre le racisme et l'antisémitisme) Association fondée en 1927 par Bernard Lecache, surtout vouée à combattre l'antisémitisme.

licteur n. m. (latin *lictor*, famille de *ligare* → lier) Antiq. romaine Garde portant une hache dans un faisceau de verges, qui marchait devant les hauts magistrats (dictateur, etc.).

lidar [lidaʀ] n. m. (sigle de l'anglais des États-Unis, *Light Detecting and Ranging*) anglic., techn. Appareil qui émet un faisceau laser et en reçoit l'écho (comme le radar), permettant de déterminer la distance d'un objet.

Li Dazhao ou **Li Ta-tchao** Intellectuel chinois (1889-1927). Il fut cofondateur du Parti communiste chinois en 1921.

Lidice Village de la République tchèque, à l'O. de Prague. Il fut rasé par les nazis, en 1942, en représailles après l'assassinat de Heydrich par la Résistance. Mémorial.

lido n. m. (mot vénitien, du latin *litus, litoris* « côte » → littoral) géogr. Lagune derrière un cordon littoral ; le cordon littoral. *Des lidos.*

Lido ou **Lido de Venise** Bande de terre qui sépare Venise de l'Adriatique (longueur : 12 km). Station balnéaire. Palais du Festival international du cinéma (Mostra de Venise).

Lidwine (sainte) Mystique hollandaise (1380-1433). Infirme et malade, elle connut extases et visions qui attirèrent de nombreux pèlerins.

lie n. f. (vient du gaulois *liga*, ou famille de *lier* « épaissir ») **1.** Dépôt qui se forme au fond des récipients contenant des boissons fermentées. *Lie de vin.* – **adj. invar.** → **lie-de-vin.** – loc. *Boire la coupe, le calice jusqu'à la lie :* endurer jusqu'au bout une situation pénible. **2.** littér. *La lie de la société.* → **rebut.**

Lie (Jonas) Écrivain norvégien (1833-1908). Ses romans réalistes, au style impressionniste, évoquent des problèmes de société comme celui du couple ou de la condition de la femme. *Le Voyant ; Les Filles du commandant.*

Lie (Sophus) Mathématicien norvégien (1842-1899). Ses travaux, dont l'influence s'exerce encore dans la géométrie et l'analyse contemporaines, portèrent sur les groupes continus de transformation (*groupes de Lie*), et en particulier sur les transformations de contact (*transformation de Lie*).

Lie (Trygve) Homme politique norvégien (1896-1968). Il fut le premier secrétaire général de l'ONU.

Liebermann (Max) Peintre et graveur allemand (1847-1935). Influencé par l'impressionnisme, il passa d'un réalisme marqué par l'emploi de teintes sombres à une peinture plus libre et plus lumineuse.

Liebig (Justus, baron von) Chimiste allemand (1803-1873). Il généralisa la méthode d'analyse des composés organiques de Gay-Lussac et Thenard, ce qui lui permit notamment de découvrir le chloroforme et de devenir l'un des fondateurs de la chimie agricole.

Liebknecht (Wilhelm) Homme politique allemand (1826-1900). Proche de Marx, il fut l'un des fondateurs de la Ire Internationale.

Liebknecht (Karl) Socialiste allemand (1871-1919), fils de Wilhelm Liebknecht. Il fonda, avec Rosa Luxembourg, la Ligue spartakiste puis le Parti communiste allemand (1918-1919). Il fut assassiné après l'insurrection spartakiste de 1919.

Liechtenstein

n. m. ■ offic. principauté du Liechtenstein État d'Europe centrale. → **Suisse** (carte). 160 km². 37 623 habitants (les *Liechtensteinois*). **Langue :** allemand. **Religion :** catholiques. **Monnaie :** franc suisse. **Capitale :** Vaduz. **Régime :** monarchie constitutionnelle.

Le pays est situé au N. des Alpes rhétiques, entre l'Autriche et la Suisse. Des conditions fiscales avantageuses en ont fait le siège de nombreuses multinationales.

Érigé en principauté du Saint Empire en 1719, le Liechtenstein fit partie de la Confédération du Rhin (1808-1815), puis de la Confédération germanique (1815-1866). Il devint indépendant en 1866, mais demeura lié à l'Autriche par une union douanière jusqu'en 1919. Depuis 1924, il est rattaché à la Suisse pour les questions monétaires, postales et douanières. Neutre, il a adhéré à l'ONU (1991), à l'Espace économique européen (1993) et à l'espace Schengen (2011). En 2004, le prince Hans Adam II a nommé son fils Aloïs régent.

lied [lid] n. m. (mot allemand) Chanson ou mélodie populaire allemande. *Les lieds, les lieder* [lidœʀ ; lidɛʀ] (plur. allemand) *de Schubert.*

lie-de-vin adj. invar. (→ lie) Rouge violacé. *Des taches lie-de-vin.*

liège n. m. (vient du latin pop. *levius,* de *levis* → léger) Matériau léger, imperméable et élastique, formé par la couche externe de l'écorce de certains arbres, en particulier du chêne-liège. *Bouchon, flotteur en liège.*

Liège (province de) Province de Belgique (Région wallonne). 3 862 km^2. 1 109 800 habitants. Chef-lieu : Liège. Ancienne région d'industrie lourde (vallée de la Meuse) ; cultures céréalières et betteravières ; exploitation forestière.

Liège Ville de Belgique, chef-lieu de la province de Liège, sur la Meuse. 197 217 habitants. Ville d'art et centre religieux depuis le milieu du Moyen Âge (xe s.) : palais des Princes-Évêques (1538), église Saint-Barthélemy (XIe-XIIe s.). Université. Musées. L'une des plus anciennes capitales industrielles de l'Europe (mécanique, chimie, électronique), la ville s'est aujourd'hui reconvertie dans des activités tertiaires (services, tourisme). Port fluvial, carrefour de communication.

Liège, la place du Marché, avec au fond le dôme de l'ancienne église Saint-André.

liégeois, oise adj. et n. De Liège (ville de Belgique). – loc. *Café, chocolat liégeois,* glace au café, au chocolat, avec de la crème Chantilly.

lien n. m. (vient du latin *ligamen,* de *ligare* → lier, *cf.* limier) **1.** Chose flexible et allongée servant à lier, à attacher qqch. → **attache, [1]bande, corde, courroie, ficelle, sangle ; lier. 2.** fig. Ce qui relie, unit. *Ces faits n'ont aucun lien entre eux. Une affaire en lien avec une autre.* – *Lien de cause à effet.* → **corrélation, liaison. 3.** Ce qui unit des personnes. → **liaison, relation.** *Lien de parenté, de famille. Les liens de l'amitié.* « [...] *le lien / Qui serre de si près mon cœur avec le tien* » (Ronsard). *Être en lien avec qqn.* → **contact. 4.** littér. Élément (affectif, intellectuel) qui attache qqn à qqch. → **affinité. 5.** Ce qui retient, enchaîne. → **servitude. 6.** inform. Relation établie entre des informations telle que l'accès à l'une permet l'accès rapide à une autre. *Lien hypertexte*.*

lientérie ou **lienterie** n. f. (du latin médical, du grec *leienteria,* de *leios* « lisse, fluide » et *enteron* → entérite) méd. Diarrhée caractérisée par des selles contenant des aliments incomplètement digérés. → **dyspepsie.**

Liepaja Ville de Lettonie, sur la mer Baltique. 68 200 habitants. Port. Station balnéaire créée en 1625.

lier v. tr. < 7 > (vient du latin *ligare* → allier, liane, ligue, obliger) **I.** (compl. chose) **1.** Entourer, serrer avec un lien (plusieurs choses ou parties). → **attacher** (opposé à *délier*). *Lier de la paille en bottes, en gerbes. On lui a lié les pieds.* – au p. p. *Pieds et poings liés.* fig. *Avoir les mains liées,* ne pas pouvoir agir. **2.** Assembler, joindre. – au p. p. *Écriture liée. Notes liées.* → **légato. 3.** Joindre à l'aide d'une substance qui opère la réunion ou le mélange. *Lier des pierres avec du mortier.* – *Lier une sauce,* l'épaissir. **4.** fig. Unir par un rapport logique, fonctionnel. *Lier ses idées.* → **coordonner, relier.** – passif et p. p. *Dans cette affaire, tout est lié,* tout se tient. **5.** loc. (compl. sans article) Faire naître (un lien). *Lier connaissance. Lier conversation.* → **nouer.** – loc. *Avoir partie liée* (avec qqn), se mettre ou être d'accord pour une affaire commune. **II.** (compl. personne) **1.** Attacher, enchaîner. *On l'avait lié sur une chaise.* → **ligoter.** loc. *Être fou à lier,* complètement fou. – *Lier à :* attacher. *Lier qqn à un arbre.* **2.** Imposer une obligation juridique, morale à. → **astreindre, obliger.** *Cette promesse me lie.* → **engager.** *Être lié par un serment.* **3.** Unir par des relations d'affection, de goût, d'intérêt. « *Le besoin rapproche mutuellement les hommes, les lie, les réconcilie* » (La Bruyère). – pronom. *Se lier (avec qqn) :* avoir des relations d'amitié. *Elle ne se lie pas facilement.* – au p. p. *Ils sont très liés* (ensemble).

Lier en français **Lierre** Ville de Belgique (province d'Anvers). 36 646 habitants. Église Saint-Gommaire des XVe-XVIe s. (gothique flamboyant brabançon).

lierre n. m. (pour *l'ierre,* ancien français *iedre, iere,* qui vient du latin *hedera, edera*) Arbrisseau rampant et grimpant, à feuilles luisantes et toujours vertes.

liesse n. f. (vient du latin *laetitia,* de *laetus* « gras », « épanoui, joyeux ») littér. Joie collective. – loc. *Peuple, assemblée* ***en liesse.*** → **allégresse.**

Liesse-Notre-Dame Commune de l'Aisne. 1 270 habitants. Basilique Notre-Dame-de-Liesse des XIIIe-XVe s. (gothique flamboyant). Pèlerinage.

Liestal Ville de Suisse, chef-lieu du canton de Bâle-Campagne. 14 260 habitants.

[1]lieu n. m. (vient du latin *locus* → colloque, [1]coucher, milieu) **I. 1.** Portion déterminée de l'espace (considérée de façon générale et abstraite). → **endroit, place.** *Être, se trouver dans un lieu. En tout lieu ; en tous lieux :* partout. *Dans ce lieu.* → **ici, là.** « *Il est des lieux où souffle l'esprit* » (Barrès). *L'heure et le lieu d'un rendez-vous. Nom de lieu* (toponyme). → aussi **chef-lieu, lieudit.** *En lieu sûr,* en sûreté. – *Lieu de promenade, de passage. Lieu de travail. Le lieu de l'action. L'unité de lieu est une des règles du théâtre classique.* – iron. *Lieu de débauche, de perdition. Mauvais lieu,* endroit mal fréquenté. – *Adverbe, complément de lieu,* qui indiquent le lieu. → **[2]locatif.** ■ *Le lieu géométrique d'un point :* l'ensemble des positions qu'il peut occuper. **2.** loc. ***Haut lieu :*** endroit où se sont passées des choses mémorables. – ***En haut lieu :*** auprès des personnes haut placées. *Elle s'est plainte en haut lieu.* – ***Lieu saint :*** temple, sanctuaire. au plur. *Les Lieux saints,* les lieux de la Passion de Jésus ; la Terre sainte. **3.** ***Lieu public :*** lieu qui par destination admet le public (rue, jardin, mairie), ou auquel le public peut accéder (café, cinéma). **II.** ***Les lieux*** (plur. à valeur de sing.). **1.** Endroit précis où un fait s'est passé. *Être sur les lieux,* sur place. **2.** Appartement, maison, propriété. *État des lieux. Quitter, vider les lieux.* **3.** *Lieux d'aisances ;* vieux *les lieux.* → **cabinet(s). III. 1.** Espace ou temps déterminé (dans un ensemble, une succession). *Ce n'est pas le lieu d'en parler. En son lieu,* à son tour. – **loc. adv.** (vieilli) *En temps et lieu,* au moment et à la place convenables. **2.** Point successif d'un discours, d'un écrit. *En premier lieu,* d'abord. *En dernier lieu.* ■ (grec *topoi*) *Les lieux d'un discours :* les passages du texte. – loc. ***Lieu commun*** (log., philos.) : argument, raisonnement applicable à tous les sujets ; (vieux) citation de référence ; (mod.) idée, sujet traité dans tous les textes ; banalité. → **cliché, poncif. 3.** ***Avoir lieu :*** se passer, exister (à un endroit, à un moment). – Être, se faire, s'accomplir. « *La guerre de Troie n'aura pas lieu* » (pièce de Giraudoux). **4. loc. prép.** ***Au lieu de :*** à la place de. *Employer un mot au lieu d'un autre.* → **pour.** – (+ inf., exprime l'opposition) *Vous rêvez au lieu de réfléchir.* **5.** ***Tenir lieu de.*** → **remplacer, servir de.** *Cette pièce me tient lieu de chambre et de salon à la fois.* – ***Avoir lieu de*** (+ inf.) : des raisons de. *Elle n'a pas lieu de se plaindre.* – impers. *Il y a lieu de,* il convient de. *Il y a lieu de s'inquiéter.* – *S'il y a lieu* (de faire qqch.), le cas échéant. *Nous vous rappellerons, s'il y a lieu.* – ***Donner lieu à*** (+ nom) : fournir l'occasion. → **produire, provoquer.** *Avec lui, tout donne lieu à des plaisanteries.*

[2]lieu n. m. (ancien norrois *lyrr*) Poisson de mer carnivore, de la famille du merlan. *Des lieus jaunes.* – *Lieu noir.* → **colin.**

lieudit ou **lieu-dit** n. m. Lieu de la campagne qui porte un nom traditionnel. *L'autocar s'arrête au lieudit des Trois-Chênes. Des lieudits ; des lieux-dits.*

lieue n. f. (vient du latin *leuca, leuga,* du gaulois) **1.** Ancienne mesure de distance (environ 4 km). *Les bottes de sept lieues du Petit Poucet* (contes de Perrault). **2.** loc. ***À vingt, cent lieues à la ronde :*** loin autour (d'un endroit). – fig. *Être à cent, à mille lieues de* (+ inf.), très loin de. *J'étais à cent lieues de le soupçonner.* **3.** *Lieue marine* (5 555 m). « *Vingt Mille Lieues sous les mers* » (roman de Jules Verne).

lieur, lieuse n. agric. **1.** anciennt Personne qui lie les bottes de foin, de paille (botteleur), des gerbes de blé. **2. n. f.** Machine servant à lier les gerbes.

Lieusaint Commune de la Seine-et-Marne. 13 804 habitants.

lieutenant n. m. (de *tenir lieu* « remplacer ») **1.** Adjoint direct (qui peut remplacer le chef). *Les lieutenants d'un conquérant.* ■ hist. *Lieutenant général du royaume,* remplaçant ou représentant le roi. *Lieutenant général :* haut magistrat ; officier (au-dessous du général). **2.** mod. Officier dont le grade est immédiatement inférieur à celui de capitaine, et qui commande une section. *Femme lieutenant.* → **lieutenante.** – *Lieutenant de police :* officier de la Police nationale qui supplée et seconde les commissaires. **3.** *Lieutenant de vaisseau,* officier de marine dont le grade correspond à celui de capitaine dans l'armée de terre.

lieutenant-colonel, elle n. Officier dont le grade est immédiatement inférieur à celui de colonel. *Les lieutenants-colonels ont cinq galons.*

lieutenante n. f. **1.** hist. Femme d'un lieutenant général. **2.** mod. Femme lieutenant. ■ Adjointe.

lieutenant-gouverneur, lieutenante-gouverneure n. Au Canada, Représentant(e) de la Couronne britannique, nommé(e) par le gouverneur général, dans chaque province. *Des lieutenants-gouverneurs.*

Liévin Commune du Pas-de-Calais, dans la banlieue S.-O. de Lens. 30 102 habitants.

lièvre n. m. (vient du latin *lepus, leporis, cf.* lapereau) **1.** Mammifère herbivore voisin du lapin, à l'allure très rapide, et qui vit en liberté. → **hase** (femelle), **levraut** (petit). *Le lièvre vagit.* – Chair (comestible et appréciée) de cet animal. *Civet de lièvre.* **2.** loc. *Courir deux lièvres à la fois,* mener de front deux activités. – *C'est là que gît le lièvre,* là est le nœud de l'affaire. – *Lever, soulever un lièvre,* soulever à l'improviste une question embarrassante. **3.** sports Athlète qui prend la tête d'une course pour imposer un train plus rapide à ses concurrents. **4.** → **bec-de-lièvre.**

Lifar (Serge) Danseur et chorégraphe français d'origine russe (1905-1986). Devenu premier danseur et maître de ballet

Serge Lifar dansant *Icare* à l'Opéra de Paris (1936).

de l'Opéra de Paris en 1929, il fit une carrière marquée par de nombreuses créations (dont *Icare*). Il est également l'auteur d'ouvrages historiques et théoriques (*Le Manifeste du chorégraphe*).

Life Magazine américain, fondé en 1936 par H. Luce. Hebdomadaire puis mensuel, il dut son immense succès à la qualité de ses photographies.

Liffey n. f. Fleuve d'Irlande, qui se jette dans la mer d'Irlande à Dublin. 75 km.

Liffré Commune de l'Ille-et-Vilaine. 8 129 habitants.

lift [lift] n. m. (anglais *lifted shot*, de *to lift* « soulever » et *shot* « coup ») anglic. Effet d'une balle liftée.

lifter v. tr. < 1 > anglic. **1.** sports Au tennis, Frapper (une balle) de bas en haut pour lui faire décrire une courbe assez haute et qui l'accélère quand elle rebondit. – au p. p. *Balle liftée.* **2.** Faire un lifting à (qqn). *Elle s'est fait lifter.*

liftier, ière n. (de l'anglais *lift* « ascenseur ») anglic. Personne qui manœuvre un ascenseur.

lifting n. m. (mot anglais, de *to lift*) anglic. Opération de chirurgie esthétique, visant à remonter et tendre la peau du visage. *Elle s'est fait faire plusieurs liftings.* - recomm. offic. **lissage, remodelage.** ■ fig. Opération de rénovation, de rajeunissement.

ligament n. m. (du latin, de *ligare* → lier) Faisceau de tissu fibreux blanchâtre, très résistant, unissant les éléments (cartilages, os) d'une articulation. *Déchirure des ligaments.*

ligamentaire adj. méd. Relatif aux ligaments. *Déchirures ligamentaires.*

L

ligamenteux, euse adj. anat. Qui est de la nature des ligaments. *Tissu ligamenteux.*

ligand n. m. (mot anglais, du latin *ligandum*, gérondif de *ligare* « lier ») chim. Molécule, ion uni à l'atome central d'un groupement d'atomes.

ligase n. f. (mot anglais → ligand) biochim. Enzyme permettant l'union de deux molécules.

ligature n. f. (du bas latin, de *ligare* → lier) **1.** Opération consistant à réunir, à fixer avec un lien. *Faire une ligature.* – chir. *Stérilisation par ligature des trompes* (femmes), *des canaux déférents* (hommes). **2.** Lien permettant cette opération. **3.** Trait reliant deux lettres (*ff*) ; signe composé de plusieurs lettres liées (*æ*).

ligaturer v. tr. < 1 > Serrer, fixer avec une ligature. *Ligaturer une artère.*

lige adj. (vient du bas latin *laeticus*, de *letus*, *litus*, mot francique « colon semi-libre, cultivateur et mercenaire de Rome ») *Homme lige (de qqn)* : homme entièrement dévoué (à une personne, un groupe). *Être l'homme lige d'un parti.*

ligérien, ienne adj. (du latin *Liger* « Loire ») géogr. Du bassin de la Loire.

Ligeti (György) Compositeur et musicographe hongrois naturalisé autrichien (1923-2006). Dès ses premières œuvres (*Atmosphères* ; *Lux aeterna*), son style dit « statique » se présente comme une recherche sur l'élément sonore, qui tranche avec les principes sériels hérités de A. Webern. *Le Grand Macabre* (opéra) ; *2001 : l'Odyssée de l'espace* (musique de film).

light [lajt] adj. (mot anglais « léger ») anglic. Qui est allégé, et notamment sucré avec des édulcorants. *Boisson light.* ■ Qui contiendrait moins de produits nocifs pour la santé. *Cigarettes lights* ou *light* (invar.).

ligie n. f. (latin sc. *ligia*) zool. Crustacé isopode voisin des cloportes.

lignage n. m. (de *ligne* → lignée) **1.** littér. Ascendance. **2.** didact. Ensemble des descendants d'un ancêtre commun. → **lignée.** **3.** Filiation linéaire.

lignard, arde n. Personne chargée de la pose et de l'entretien des lignes électriques, téléphoniques.

ligne n. f. (vient du latin *linea*, de *lineus*, de *linus* « fil textile ; corde » → lin ; aligner, rectiligne) **I. 1.** Trait continu allongé, sans épaisseur. *Tracer, tirer des lignes. Ligne droite, courbe.* **2.** Trait réel ou imaginaire qui sépare deux choses. → **frontière, limite.** *Ligne de démarcation.* – *Ligne d'horizon.* – *Ligne de flottaison*, qui correspond au niveau normal de l'eau sur la coque d'un navire. – *Ligne blanche* (autrefois *jaune*), marquant la division d'une route en plusieurs bandes. – loc. fig. *Franchir, dépasser la ligne jaune, blanche, rouge* : aller trop loin. ■ absolt L'équateur. *Le passage de la ligne.* **3.** fam. *Ligne de coke* : dose de cocaïne (mince bande de poudre). **4.** Chacun des traits qui sillonnent la paume de la main. *Ligne de vie, de cœur.* **5.** Contour, tracé. → **dessin, forme.** *Harmonie des lignes.* « *Cette ligne bleue des Vosges d'où monte* [...] *la plainte touchante des vaincus* » (J. Ferry, après 1870). **6.** *La ligne*, effet produit par une combinaison de lignes (silhouette, dessin). *La ligne d'une voiture.* – loc. *Garder la ligne*, rester mince. **7.** fig. Élément, point. *Les lignes essentielles, les grandes lignes d'un programme.* **II. 1.** Direction. *En ligne droite.* – loc. fig. *La dernière ligne droite* : les derniers moments avant le but. – fig. *Ligne de conduite.* – *Être dans la ligne (du parti)*, suivre l'orthodoxie qu'il a définie. **2.** Tracé idéal dans une direction déterminée. *Ligne de tir.* **3.** Trajet emprunté par un service de transport ; ce service. *Lignes d'autobus. Ligne aérienne.* loc. *Pilote de ligne.* **III. 1.** Fil (soie, crin, nylon) portant à l'une de ses extrémités un hameçon pour la pêche. *Pêche à la ligne. Ligne dormante. Ligne de fond*, qui repose au fond de l'eau. **2.** Fils ou câbles conduisant et transportant l'énergie électrique. *Ligne électrique, téléphonique.* – *Être en ligne* (avec qqn), en communication téléphonique. **3.** (calque de l'anglais *on line*) inform. *En ligne*, connecté à un réseau, à Internet. *Achat en ligne. Jeux (vidéos) en ligne.* **IV. 1.** Suite alignée (de choses, de personnes). *Être placé **en ligne**, sur **une ligne**. En ligne pour le départ !* – **Hors ligne**, hors pair, supérieur. *Une intelligence hors ligne.* **2.** Série alignée d'ouvrages ou de positions (militaires). *Lignes de fortifications. Première, seconde ligne.* fig. *Être en première ligne*, directement exposé à un danger ; au cœur de l'action. – *Avoir raison, être battu sur toute la ligne*, tout à fait. ■ par analogie (sports) *Ligne d'attaque, de défense.* **3.** Suite de caractères disposés dans la page sur une ligne horizontale. *Point, à la ligne. Aller, revenir à la ligne. De la première à la dernière ligne.* – loc. *Lire entre les lignes*, deviner ce qui est sous-entendu. ■ inform. *Lignes de code.* **4.** loc. *Entrer **en ligne de compte*** : compter, avoir de l'importance. **5.** Suite des degrés de parenté. → **filiation, lignée.** *Descendre en droite ligne d'un homme célèbre.* **6.** comm. Ensemble cohérent de produits. *Une nouvelle ligne de produits de maquillage.*

Ligne (maison de) Famille belge du Hainaut, connue depuis le XIIe siècle.

Ligne (Charles Joseph, prince de) Feld-maréchal autrichien (1735-1814). Il entretint des relations avec de nombreux contemporains célèbres (Catherine II de Russie, Frédéric II, Voltaire, Goethe, Mme de Staël). Il est l'auteur d'écrits en langue française.

Ligne (île de la) en anglais **Line Island** Archipel du Pacifique, aussi appelé **Sporades équatoriales**, dépendant de l'État de Kiribati.

ligné, ée adj. Marqué de lignes. *Papier ligné.*

lignée n. f. (de *ligne* → lignage) **1.** Ensemble des descendants d'une personne. → **descendance, lignage, postérité.** **2.** Filiation spirituelle. *La lignée d'un écrivain.*

ligner v. tr. < 1 > Marquer de lignes, rayer. → **régler.**

lignerolle n. f. mar. Petit filin en fil de caret. – var. RO **lignerole.**

ligneul n. m. (vient du latin pop. *lineolum* « ficelle », de *linea* → ligne) techn. Gros fil enduit de poix à l'usage des cordonniers (pour coudre les cuirs).

ligneur n. m. Bateau équipé pour pratiquer la pêche à la ligne. *Les ligneurs et les fileyeurs.*

ligneux, euse adj. (latin *lignosus*, de *lignum* → ligni-) bot. De la nature du bois. *Plantes ligneuses* (opposé à *herbacées*).

ligni-, ligno- Élément (du latin *lignum* « bois ») qui signifie « bois (matière) ».

lignicole adj. (du latin *lignum* « bois » et de *-cole*) zool. (animal) Qui vit dans le bois. *Insectes lignicoles.*

Lignières Commune du Cher. 1 358 habitants. Château construit par F. Le Vau (v. 1660).

se **lignifier** v. pron. < 7 > (du latin *lignum* → ligni-) bot. Se convertir en bois. – p. p. adj. *Tissus lignifiés.* □ n. f. **lignification**

lignine n. f. (du latin *lignum* « bois ») chim. Substance chimique qui imprègne les éléments ligneux et donne au bois sa consistance.

lignite n. m. (du latin *lignum* → ligni-) Charbon naturel fossile, noir ou brun, compact.

lignomètre n. m. typogr. Règle graduée servant à compter les lignes d'un texte composé.

Lignon n. m. Nom de deux rivières du Massif central, affluents de la Loire : le *Lignon du Forez* et le *Lignon du Velay.*

Ligny-en-Barrois Commune de la Meuse, au S.-E. de Bar-le-Duc. 3 909 habitants. Construction automobile.

ligot n. m. (de l'occitan, famille du latin *ligare* → lier) techn. Petit fagot de bûchettes enduites de résine, servant d'allume-feu.

ligoter v. tr. < 1 > (d'un dérivé du latin *ligare* → lier) **1.** Attacher, lier (qqn) solidement en privant de l'usage des bras et des jambes. *Les voleurs ont ligoté le gardien.* → **saucissonner.** **2.** fig. Priver (qqn) de sa liberté ; contraindre. □ n. m. **ligotage**

ligue n. f. (italien *liga* ; famille du latin *ligare* → lier) **1.** Alliance entre États, pour défendre des intérêts communs, poursuivre une politique concertée. → **alliance, coalition, union.** **2.** Association pour défendre des intérêts politiques, religieux, moraux. *La Ligue des droits de l'homme.*

Ligue ou **Sainte Ligue** ou **Sainte Union** Confédération de catholiques français fondée par Henri de Guise en 1576. Pièce maîtresse de la Contre-Réforme française, la Ligue fut dissoute en 1594, lorsque Henri IV abjura le protestantisme.

Ligue communiste Section française de la IVe Internationale. Issue de deux organisations dissoutes après Mai 1968 (Parti communiste internationaliste et Jeunesse communiste révolutionnaire), elle fut elle-même dissoute en 1973.

Ligue communiste révolutionnaire (LCR) Parti politique français d'inspiration trotskiste, créé en 1974 après la dissolution de la Ligue communiste, représenté par Alain Krivine puis par Olivier Besancenot. Dissoute en 2009, elle est remplacée par le Nouveau Parti anticapitaliste (NPA).

Ligue des droits de l'homme (LDH) Ligue fondée en 1898, dans le but de défendre les droits et libertés de l'homme et du citoyen face à l'arbitraire de la justice et du pouvoir politique. Sa création fut inspirée par le parlementaire républicain L. Trarieux, à l'occasion du procès intenté à Zola pour son article « J'accuse », publié dans *L'Aurore*. Regroupant différentes tendances de la gauche française, la Ligue joua un rôle décisif dans la promotion de la laïcité et du pacifisme.

Ligue des États arabes, dite **Ligue arabe** Organisation panarabe fondée en 1945 par l'Arabie saoudite, l'Égypte, l'Irak, la Jordanie, le Liban, la Syrie et le Yémen du Nord. Quatorze nouveaux États, ainsi que l'OLP (reconnue comme seul représentant légitime de la Palestine), en sont devenus membres depuis.

liguer v. tr. < 1 > (de *ligue*) **1.** Unir dans une ligue. → **allier, coaliser.** **2.** Associer dans un mouvement, dans une action. – pronom. *Ils se sont tous ligués contre leur camarade.*

Lille

Lille, la Grand'Place.

ligueur, euse n. Membre d'une ligue (2).

Ligugé Commune de la Vienne. 3 394 habitants. Saint Martin y fonda le premier monastère de Gaule en 361.

ligule n. f. (latin *ligula*, de *lingula*, diminutif de *lingua* → langue) bot. Petite lame membraneuse à la face supérieure des feuilles des graminées. □ adj. **ligulé, ée**

ligure adj. et n. (latin *Ligur, Liguris*, de *Liguria* « Ligurie ») didact. Relatif à l'ancien peuple qui habitait le sud-est de la Gaule et le nord-ouest de l'Italie. – n. *Les Ligures.* ■ ling. n. m. *Le ligure*, langue ancienne du groupe italo-celtique.

Ligures n. m. pl. Ancien peuple du N. de l'Italie. Ils furent soumis par Rome sous Auguste (14 av. J.-C.).

Ligurie n. f. Région du N.-O. de l'Italie, bordant le golfe de Gênes. 5 416 km^2. 1 572 000 habitants. Chef-lieu : Gênes. Cultures florales et maraîchères ; aciéries et métallurgie lourde. Stations balnéaires de la Riviera, entre la montagne et la mer ligurienne.

like [lajk] n. m. (mot anglais → liker) anglic. Indication par laquelle qqn signifie qu'il apprécie un contenu sur Internet. *Son commentaire a reçu trois cents likes.*

liker [lajke] v. tr. < 1 > (de l'anglais *to like* « aimer ») anglic. Indiquer que l'on apprécie (un contenu) sur Internet en cliquant sur le bouton prévu à cet effet. *Liker une photo.*

Likoud n. m. Parti politique israélien de droite, fondé en 1973. Il fut successivement dirigé par M. Begin, Y. Shamir, B. Nétanyahou et A. Sharon. Celui-ci, suivi par d'autres membres du Likoud, dont E. Olmert, fit scission en 2005 pour former Kadima. B. Nétanyahou le dirige depuis cette date.

Lilar (Suzanne) Écrivaine belge d'expression française (1901-1992). Elle travailla notamment, dans ses romans, pièces et essais, sur les rapports entre les sexes. *Le Malentendu du deuxième sexe.*

lilas n. m. (arabe *lilak*, du persan *nilak*, de *nil* « bleu », sanskrit *nila*) **1.** Arbuste ornemental aux fleurs en grappes très parfumées, violettes ou blanches. – Ces fleurs. *Lilas blanc, violet. « On cueille des lilas / Derniers lilas pareils à des baisers très las »* (Apollinaire). **2.** adj. invar. De couleur violette tirant sur le rose, ou mauve.

Lima

Lima, quartiers résidentiels sur le front de mer.

Lilas (Les) Commune de la Seine-Saint-Denis, au N.-E. de Paris. 23 276 habitants. Fort de Romainville, où de nombreux résistants furent emprisonnés sous l'Occupation.

liliacée n. f. (du bas latin, de *lilium* → lis) bot. Plante arborescente ou herbacée telle que le lis, la tulipe, l'ail, etc. (famille des *Liliacées*).

lilial, iale, iaux adj. (du latin *lilium* → lis) littér. Qui rappelle le lis, par sa blancheur, sa pureté.

Lille Chef-lieu du Nord et de la Région Hauts-de-France. 236 234 habitants (conurbation de Lille-Roubaix-Tourcoing : 1 053 636 habitants). Centre de communications routière et ferroviaire (TGV) avec Bruxelles, Londres, Paris. Centre industriel traditionnel en reconversion (haute technologie) et centre tertiaire. Universités. Église gothique Saint-Maurice (XIVe-XVe s.) ; ancienne Bourse (XVIIe s.) ; citadelle de Vauban ; nombreuses églises et maisons anciennes. Musées d'art. La ville, capitale du comté de Flandre, appartint au duché de Bourgogne (1369) puis aux Habsbourg et à l'Espagne avant d'être rattachée à la France en 1668 et fortifiée par Vauban. Occupée par les Allemands de 1914 à 1918, elle fut endommagée durant la Seconde Guerre mondiale.

Lillebonne Commune de la Seine-Maritime. 8 761 habitants. Vestiges d'un théâtre romain (Ier et IIe s.) ; église du XVIe siècle.

Lillehammer Ville de Norvège, sur le lac Mjøsa. 26 570 habitants. Centre industriel et touristique. Jeux olympiques d'hiver en 1994.

Lillers Commune du Pas-de-Calais. 9 866 habitants. Collégiale romane du XIIe siècle.

Lilliput Pays imaginé par Swift dans *Les Voyages de Lemuel Gulliver*, peuplé d'êtres ne mesurant pas plus de six pouces.

lilliputien, ienne adj. et n. (de l'anglais, de *Lilliput*, création de Swift, dans les « Voyages de Gulliver » ; *cf.* anglais *little*) Très petit, minuscule.

Lilongwe Capitale du Malawi. Env. 1 million d'habitants. Centre agricole et textile.

Lilybée Ville de la Sicile antique fondée par les Carthaginois. C'est aujourd'hui Marsala.

Lima Capitale du Pérou, sur le Pacifique. 270 000 habitants ; agglomération 9,6 millions. Fondée en 1535 par Pizarro, ancienne capitale du vice-royaume du Pérou, la ville conserve un centre riche de nombreux monuments des XVIe, XVIIe et XVIIIe s. et possède plusieurs musées, dont celui de l'Or.

limace n. f. (vient du latin pop., de *limax, limacis* p.-ê. du grec *leimax*) Mollusque gastéropode terrestre, sans coquille. → **loche** (2). *Limace rouge, noire.* – fam., péj. Personne lente et molle.

limaçon n. m. (de *limace*) **1.** vieilli ou régional Escargot. → **colimaçon. 2.** anat. Conduit enroulé en spirale, constituant une partie de l'oreille interne.

Limagne n. f. Plaines d'effondrement du Massif central, arrosées par l'Allier ; la principale est la *Limagne de Clermont* ou *Grande Limagne.* Agriculture (céréales, betterave sucrière, colza) et élevage.

limaille n. f. (de *limer*) Parcelles de métal. *Limaille de fer.*

liman n. m. (mot russe « estuaire », pris au grec *limên* « port ») géogr. Lagune formée par l'estuaire de fleuves, barrée en partie par un cordon littoral. *Les limans de la mer Noire.*

limande n. f. (de l'ancien français *lime*, p.-ê. du latin *lima* → ^{1}lime) Poisson de mer ovale et plat, comestible.

Limassol Ville de Chypre, sur la côte S. de l'île. 94 250 habitants. Château du XIIe s. Principal port du pays. Station balnéaire.

Limay Commune des Yvelines, sur la Seine. 17 112 habitants. Église Saint-Aubin (XIIe-XIVe s.). Pont des XIIe et XVe siècles.

limbe n. m. (latin *limbus* → limbes) **1.** Bord extérieur du disque (d'un astre). *Limbe solaire.* **2.** Partie graduée en arc de cercle (d'instruments de mesure). **3.** bot. Partie supérieure (d'une corolle) ; partie plate (d'une feuille).

limbes n. m. pl. (latin *limbus* « limite » → limbe ; p.-ê. famille de *nimbus, nebula* → nébuleux, nimbe) **1.** théol. cathol. Séjour des âmes des justes avant la Rédemption, ou des enfants morts sans baptême. **2.** littér. Région, situation mal définie. *« Que de choses flottent encore dans les limbes de la pensée humaine »* (Flaubert).

Limbour (Georges) Écrivain français (1900-1970). Inspirée par le surréalisme, son œuvre est dominée par le roman poétique *Les Vanilliers*, qui évoque avec mélancolie la sensualité et l'innocence de l'enfance.

Limbourg (Pol, Jean et Hermann de) Miniaturistes flamands (début XVe s.). Formés dans les ateliers d'enluminure parisiens, ils se mirent au service du duché de Bourgogne, puis de Jean de Berry. *Les Très Riches Heures du duc de Berry* demeurent un

Les frères Limbourg, *Les Très Riches Heures du duc de Berry-Le mois de juin* (v. 1415), musée Condé, Chantilly.

L

chef-d'œuvre de l'art médiéval de l'enluminure.

Limbourg n. m. en néerlandais **Limburg** Province de Belgique (Région flamande). 2 422 km^2. 877 370 habitants. Chef-lieu : Hasselt. Essentiellement agricole, le Limbourg a été tardivement industrialisé (métallurgie, mécanique). Tourisme. Le comté de Limbourg, érigé en duché au XIe s., fut partagé en 1839 en un Limbourg belge et un Limbourg néerlandais.

Limbourg n. m. en néerlandais **Limburg** Province des Pays-Bas. 2 170 km^2. 1 118 300 habitants. Chef-lieu : Maastricht. Agriculture (betterave sucrière, blé) ; industrie automobile et chimique ; raffinerie de pétrole.

Limburg an der Lahn Ville d'Allemagne (Hesse), sur la rivière Lahn. 35 900 habitants. Cathédrale du XIIIe siècle.

[1]lime n. f. **(vient du latin *lima*)** **1.** Outil de métal garni d'aspérités servant à entamer et user par frottement. *Lime d'ajusteur. Lime à ongles.* **2.** zool. Mollusque marin ressemblant à la coquille Saint-Jacques.

[2]lime n. m. ou f. **(du provençal, de l'arabe → limonade)** Citron vert.

Limeil-Brévannes Commune du Val-de-Marne, au S. de Créteil. 28 290 habitants. Église (XIIe-XVe s.).

limer v. tr. < 1 > **(latin *limare* → [1]lime ; élimé)** Travailler à la lime, pour dégrossir, polir, réduire, etc. *Limer une pièce de fer.*

limerick n. m. **(mot anglais désignant les poèmes d'E. Lear [1846] ; du nom propre)** littér. Petite pièce en vers d'un comique absurde (en vogue en Angleterre après 1900).

L

Limerick Ville de la république d'Irlande, chef-lieu de comté, à l'O. de l'île. 61 570 habitants. Cathédrale en partie du XIIIe s. Centre économique.

limes [limɛs] n. m. **(mot latin « frontière » → limite)** hist. Zone frontière d'une province de l'Empire romain.

limette n. f. **(de [2]lime)** Fruit du limettier, à saveur douce et à la chair sans pépins.

limettier n. m. Arbre du genre *Citrus,* qui produit les limettes.

limeur, euse **1.** n. Ouvrier, ouvrière travaillant à limer. *Limeur à la main, à la machine.* **2.** n. f. Machine-outil servant à limer les grosses pièces. **3.** adj. Qui sert à limer.

limicole adj. **(du latin, de *limus* « limon, boue » et → -cole)** zool. (animal) Qui vit dans la vase. *Larve limicole.*

limier n. m. **(ancien français *liemier* « chien en laisse », de *lien*)** **1.** Grand chien de chasse employé à chercher et détourner l'animal. **2.** Celui qui suit une piste. → **détective, policier.** *Un fin limier.*

liminaire adj. **(du latin, de *limen, liminis* « seuil », p.-ê. famille de *limes* → limite)** didact. Placé en tête d'un ouvrage, d'un discours. *Déclaration liminaire.* → **préliminaire.**

liminal, ale, aux adj. **(→ liminaire)** physiol., psych. Qui est au niveau du seuil de perception, qui est tout juste perceptible. → **aussi subliminal.** *Excitation liminale.* - On dit parfois *liminaire.*

limitatif, ive adj. **(du latin médiéval, de *limitare* → limiter)** Qui limite, fixe ou précise des limites. *Énumération, liste limitative.* □ adv. **limitativement**

limitation n. f. **(du latin → limiter)** Action de fixer des limites ; son résultat. → **restriction.** *Limitation des naissances.* → **contrôle.**

limite n. f. **(latin *limes, limitis,* p.-ê. famille de *limen* → liminaire)** **1.** Ligne qui sépare deux terrains ou territoires contigus. → **bord, confins, frontière.** *Établir, tracer des limites. Borne marquant une limite.* **2.** Partie extrême où se termine une surface, une étendue. *« La terre a des limites, mais la bêtise humaine est infinie »* (Flaubert). **3.** Terme extrême dans le temps (commencement ou fin). *Avant lundi midi, dernière limite. Limite d'âge,* âge au-delà duquel on ne peut plus se présenter à un examen, exercer une fonction. – appos. *Date limite de consommation (DLC).* → **péremption.** **4.** Point qu'on ne peut dépasser (activité, influence). → **barrière, borne.** *Les limites du possible. La patience a des limites ! – Dans une certaine limite.* → **mesure.** **5.** au plur. Point que ne peuvent dépasser les possibilités physiques ou intellectuelles. *Connaître ses limites.* → **[1]moyen.** ■ *Sans limites :* illimité. *Une ambition sans limites.* **6.** sc. Grandeur dont une variable peut s'approcher indéfiniment, sans jamais l'atteindre (→ **asymptote**). – cour. *À la limite :* dans les circonstances extrêmes. – **adj.** *Cas limite.* → **extrême.** *Vitesse limite.* **7.** adj. fam. *Être limite :* être tout juste acceptable. *Ta plaisanterie est limite.* ■ **adv.** fam. *Elle est naïve, limite nunuche.*

limiter v. tr. < 1 > **(latin *limitare,* de *limes* → limite)** **1.** Constituer la limite de. → **borner, délimiter.** **2.** Renfermer dans des limites, restreindre en assignant des limites. → **cantonner.** *Limiter le pouvoir de qqn.* – fam. *Limiter les dégâts,* les restreindre. ■ **se limiter** v. pron. **1.** (réfl.) S'imposer des limites. *Se limiter à l'essentiel.* **2.** (passif) Avoir pour limites. *Pour lui le monde se limite à sa famille.* ■ **limité, ée** adj. **1.** Qui a des limites (naturelles ou fixées). → **fini.** *Devoir en temps limité.* **2.** fig. *N'avoir qu'une confiance limitée.* ■ fam. *Elle est un peu limitée* (dans ses moyens, physiques ou intellectuels).

limiteur n. m. techn. Dispositif empêchant une grandeur de dépasser une limite. *Limiteur de vitesse.*

limitrophe adj. **(du bas latin, de *limes* → limite et du grec *trephein* « nourrir » → -trophe, à propos des régions qui devaient nourrir les troupes des frontières)** **1.** Qui est aux frontières. → **frontalier.** **2.** Qui est voisin, qui a des frontières communes. *Départements limitrophes.*

limivore adj. et n. **(du latin *limus* « boue » et de *-vore*)** zool. (animal) Qui se nourrit de matières organiques contenues dans la vase.

Limmat n. f. Rivière de Suisse, issue du lac de Zurich et qui se jette dans l'Aar. 87 km.

limn-, limni-, limno- Élément **(du grec *limnê* « étang, lac »)** qui signifie « d'eau douce ».

limnée n. f. **(du latin *limne* « marais »)** zool. Mollusque gastéropode des eaux douces.

limnologie n. f. didact. Science ayant pour objet l'étude biologique, physique des eaux stagnantes. □ adj. **limnologique**

limogeage n. m. Action de limoger ; son résultat.

limoger v. tr. < 3 > **(de *Limoges,* où Joffre fit résider les généraux qu'il jugeait incapables, en 1916)** Frapper (une personne haut placée) d'une mesure de disgrâce. → **destituer, révoquer.**

Limoges Chef-lieu de la Haute-Vienne, sur la Vienne. 130 592 habitants. Cathédrale Saint-Étienne (XIIIe-XIVe s.). Faïence, porcelaine. Matériel électrique. Musée de la porcelaine. Université.

Limoges, la cathédrale Saint-Étienne.

[1]limon n. m. **(vient du latin pop. *limonem,* accusatif de *limo,* pour *limus*)** Terre ou fines particules, entraînées par les eaux et déposées sur le lit et les rives des fleuves. → **alluvion, dépôt ; limoneux.**

[2]limon n. m. **(d'abord « brancard » ; p.-ê. d'un radical gaulois *lem-* « traverse »)** techn. Chacune des deux pièces de bois entre lesquelles on attelle le cheval. → **brancard.**

limonade n. f. **(de l'ancien n. *limon* « citron » → [2]lime, de l'italien *limone,* du persan *limūn,* par l'arabe)** **1.** Boisson gazeuse d'eau légèrement sucrée et acidulée. **2.** Profession, activité de cafetier.

limonadier, ière n. **1.** Fabricant(e) de limonade, de boissons gazéifiées. **2.** vieilli ou admin. Personne qui tient un café. → **cafetier.** **3.** n. m. Instrument composé d'un tirebouchon, d'une lame qui se replie et d'un décapsuleur.

limonage n. m. agric. Fertilisation par apport de limon.

limonaire n. m. **(n. de l'inventeur)** Orgue mécanique de grande taille. – appos. *Orgue limonaire.*

limoncello [limɔn(t)ʃɛlo] n. m. **(mot italien)** Liqueur de citron, originaire d'Italie.

limonène n. m. **(de l'ancien n. *limon* « citron acide »)** chim. Hydrocarbure qui se trouve dans les essences de citron, de bergamote, etc.

limoner v. tr. < 1 > techn. Gratter la viscosité recouvrant (un poisson...). *Limoner une cervelle.*

limoneux, euse adj. **(de [1]limon)** Qui contient du limon. *Fleuve limoneux.*

limonier n. m. anciennt Cheval destiné à l'attelage.

limonière n. f. techn. Partie de la voiture hippomobile constituée par les limons.

limonite n. f. minér. Minerai de fer, oxyde de fer hydraté se présentant en amas de cristaux. → **hématite.**

limoselle n. f. **(du latin bot., de *limosus* « limoneux » → [1]limon)** Plante herbacée, à toutes petites fleurs blanches ou roses, qui croît dans le limon, la vase.

Limours Commune du S.-O. de l'Essonne. 6 460 habitants.

limousin, ine adj. et n. De la région de Limoges. – *Race limousine* (bovins, ovins et porcins). – n. *Un Limousin, une Limousine.* ■ n. m. *Le limousin :* parler du groupe occitan.

Limousin n. m. Ancienne province française, située autour de Limoges. Passée sous domination anglaise lors du mariage d'Aliénor d'Aquitaine avec Henri II Plantagenêt, elle fut rattachée au royaume de France sous Henri IV (1607). Turgot fut l'un de ses intendants, développant la tapisserie (Aubusson), les manufactures d'armes, l'industrie de la faïence et de la porcelaine.

Limousin Anc. région administrative de la France (jusqu'en 2015). → **Nouvelle-Aquitaine.**

limousine n. f. **(du latin *lemovices,* du gaulois *lema, lima* « orme », à l'origine de *Limoges* et de l'adj. *limousin, ine*)** **I.** vieilli Grande cape (des bergers limousins). **II.** Grande automobile luxueuse.

Limoux Chef-lieu d'arrondissement de l'Aude, sur l'Aude. 10 161 habitants. Église Saint-Martin (portail du XIIe s.). Pont du XIVe s. Vin.

limpide adj. **(latin *limpidus*)** **1.** (liquide) Dont rien ne trouble la transparence. → **clair, pur, transparent ;** - contr. **opaque, [1]trouble.** *Eau, source limpide. – Regard limpide,* clair et pur. **2.** Parfaitement clair, intelligible (contr. **obscur**). *Explication limpide.*

limpidité n. f. **(du bas latin → limpide)** **1.** Clarté, transparence. *La limpidité de l'eau, de l'air.* **2.** Clarté (de la pensée, de l'expression).

Limpopo n. m. Fleuve d'Afrique australe qui se jette dans l'océan Indien. 1 600 km. Il prend sa source en Afrique du Sud, longe le Botswana et le Zimbabwe, puis traverse le Mozambique.

limule n. m. ou f. (latin sc. *limulus*, p.-ê. du diminutif de *limus* « oblique ») Arthropode marin, fouisseur, qui vit près des côtes sur les fonds boueux (des Antilles, de l'océan Indien), appelé aussi *crabe des Moluques*.

lin n. m. (vient du latin *linum* → linceul, linge) **1.** Herbe à fleurs bleues, à graines oléagineuses, cultivée surtout pour les fibres textiles de sa tige. *Filature du lin. Tissus de lin.* – *Huile de lin.* **2.** Tissu, toile de lin. *Chemise de lin. « Vêtu de probité candide et de lin blanc »* (Hugo).

linaigrette n. f. (de *lin* et *aigrette*) Plante herbacée, dont les fleurs forment à maturité une aigrette argentée. - syn. **jonc, lin des marais.**

linaire n. f. (latin bot. *linaria*, de *linum* → lin) bot. Plante herbacée dont les feuilles ressemblent à celles du lin. - syn. **lin sauvage.**

Linares Ville d'Espagne (Andalousie), au N. de Jaén. 57 350 habitants. Mines de sulfure de plomb et de cuivre.

Linas Commune de l'Essonne. 6 864 habitants. Église Saint-Merry (XIIIe-XVIe s.). Circuit automobile de Montlhéry.

Lin Biao ou **Lin Piao** Maréchal chinois (1907-1971). Chef de la première armée rouge (1932), il fut le principal soutien de Mao Zedong pendant la Révolution culturelle.

linceul n. m. (vient du latin *linteolum*, de *linteum* « étoffe de lin », de *linum* → lin) Pièce de toile dans laquelle on ensevelit un mort. *Le linceul du Christ.* → **suaire.**

Lincoln (Abraham) Homme d'État américain (1809-1865). 16e président des États-Unis (1861-1865). Son élection entraîna la sécession des États du Sud (guerre de Sécession). Il mourut assassiné par un sudiste fanatique.

Abraham Lincoln lors de la guerre de Sécession, sur le champ de bataille d'Antietam (1862).

Lincoln (Anna Maria Wooldridge, dite Abbey) Chanteuse de jazz américaine (1930-2010). Elle fut l'une des premières chanteuses à lutter pour les droits civiques des Noirs. *We Insist ! ; Freedom Now Suite* (avec M. Roach).

Lincoln Ville d'Angleterre, chef-lieu du Lincolnshire. 100 000 habitants. Cathédrale gothique du XIIIe s. Industries mécanique et automobile.

Lincoln Ville des États-Unis, capitale du Nebraska. 258 400 habitants. Capitole. Université. Centre de commerce agricole.

Lincolnshire n. m. Comté du centre E. de l'Angleterre. 5 885 km^{2}. 724 500 habitants. Chef-lieu : Lincoln. Agriculture. Tourisme.

lindane n. m. (de T. van der *Linden*, n. d'un chimiste) techn. Pesticide soluble dans l'eau, peu biodégradable et hautement toxique.

Lindau Ville d'Allemagne (Bavière), dans une île du lac de Constance, proche de la frontière autrichienne. 24 430 habitants. Tourisme.

Lindberg (Magnus) Compositeur finlandais (né en 1958). D'abord influencée par le sérialisme, son œuvre abondante et diverse emprunte à l'école spectrale française, à la musique concrète, au free-jazz et aux musiques populaires. *Kraft ; Marea ; Joy.*

Lindbergh (Charles) Aviateur américain (1902-1974). Il effectua la première traversée sans escale de l'Atlantique nord, à bord du monoplan *Spirit of Saint Louis* (1927).

Lindblad (Bertil) Astronome suédois (1895-1965). Il étudia en particulier les nébuleuses spirales et elliptiques, qu'il expliqua par la première théorie de la rotation différentielle des galaxies (1921).

Linde (Karl von) Inventeur et industriel allemand (1842-1934). Il mit au point le premier système de réfrigération (1873) ainsi qu'un procédé de liquéfaction de l'air à destination de la grande industrie (1895).

Lindemann (Ferdinand von) Mathématicien allemand (1852-1939). Il prouva la transcendance du nombre π (1882), permettant ainsi de résoudre définitivement le problème de la quadrature du cercle.

Lindenstrauss (Elon) Mathématicien israélien (né en 1970). Spécialiste des systèmes dynamiques, il a obtenu la médaille Fields en 2010.

Linder (Gabriel Maximilien Leuvielle, dit Max) Acteur, scénariste et cinéaste français (1883-1925). Il fut, par ses personnages de dandy et son goût du burlesque, un précurseur de C. Chaplin. *L'Étroit Mousquetaire.*

Lindet (Jean-Baptiste Robert) Homme politique français (1746-1825). Révolutionnaire, élu à l'Assemblée législative puis à la Convention, il fut le rédacteur du *Rapport sur les crimes imputés à Louis Capet* (procès de Louis XVI).

Lindgren (Astrid) Romancière suédoise (1907-2002). Elle écrivit des romans pour enfants. *Fifi Brindacier.*

Lindsay (Vachel) Poète américain (1879-1931). Il se fit l'apôtre de la poésie « orale » pour le peuple. *The Congo.*

Línea (La) ou **La Línea de la Concepción** Ville d'Espagne (Andalousie), au N. du territoire de Gibraltar. 65 412 habitants.

linéaire (latin *linearis*, de *linea* → ligne) **I.** adj. **1.** Qui a rapport aux lignes, se traduit par des lignes. *Mesure linéaire* (opposé à *mesure de superficie* ou *de volume*). *Perspective linéaire.* ■ didact. *Écriture linéaire* ou n. m. *le linéaire* : écriture syllabique archaïque. *Le linéaire A, B, de Crète.* **2.** fig. Qui suit l'ordre du temps, sans modifications ni prolongements. *Un récit très linéaire.* **3.** *Télévision, radio linéaire,* dont les contenus sont vus, écoutés en direct (opposé à *délinéarisé*). **II.** n. m. Longueur occupée par des marchandises sur les rayonnages d'un magasin. □ adv. **linéairement**

linéament n. m. (latin *lineamentum*, de *linea* → ligne) littér. **1.** Ligne élémentaire, caractéristique d'une forme, d'un aspect général. *Les linéaments d'un paysage.* **2.** fig. Ébauche partielle. *Les linéaments d'un projet.*

linéarité n. f. (→ linéaire) littér. Caractère de ce qui est linéaire.

linéature n. f. (du latin *lineatus* « aligné, rayé », de *linea* → ligne) télév. Nombre de lignes d'une image complète. → **définition.**

linéique adj. (du latin *linea* → ligne) sc. (grandeur) Dont la mesure peut être rapportée à une unité de longueur. *Masse linéique.*

liner [lajnœʀ] n. m. (de l'anglais, de *line* « ligne ») anglic. **1.** Paquebot de grande ligne. **2.** Avion de transport de passagers, à très grande capacité. → **gros-porteur.** - recomm. offic. **avion de ligne.**

linette n. f. Graine de lin.

Ling (Per Henrik) Théoricien du sport suédois (1776-1839). Il exposa sa théorie d'une gymnastique rationnelle (« gymnastique suédoise ») dans *Les Fondements généraux de la gymnastique.*

lingala n. m. Langue bantoue (utilisée comme langue de relation au Congo).

lingam ou **linga** n. m. (sanskrit *liga*, à l'accusatif *ligam*) didact. Symbole phallique du dieu Shiva. *Des lingams, des lingas.*

linge n. m. (de l'ancien français *linge*, adj. « de lin », qui vient du latin *lineus*, de *linum* → lin) **1.** (collectif) Ensemble des pièces de tissu employées aux besoins du ménage. *Linge de maison* (pour le lit, la toilette, la table, la cuisine). *Laver, repasser le linge. Étendre le linge* (sur un séchoir, une *corde à linge*, avec des *pinces à linge*). **2.** Ensemble des sous-vêtements et pièces détachables de l'habillement en tissu léger. *Linge de corps.* → **lingerie.** *Changer de linge. Linge sale.* loc. *Laver* son linge sale en famille.* – loc. fam. *Du beau linge* : des femmes élégantes ; des gens distingués. **3.** (Canada) Ensemble des vêtements. *Le linge d'hiver.* **4.** Pièce de linge (1). *Nettoyer une glace avec un linge humide.* – loc. *Blanc comme un linge,* très pâle.

Lingen Ville d'Allemagne (Basse-Saxe), sur l'Ems. 55 700 habitants. Elle se trouve près du plus ancien gisement pétrolifère du pays.

lingère n. f. Femme chargée de l'entretien et de la distribution du linge (dans une communauté, une grande maison).

lingerie n. f. **1.** Local réservé à l'entretien et au repassage du linge. **2.** Linge de corps (surtout pour femmes). *Le rayon (de la) lingerie d'un grand magasin.*

lingette n. f. (diminutif de *linge*) Petite serviette de cellulose imprégnée d'une solution, jetable après usage. *Lingettes démaquillantes.*

Lingolsheim Commune du Bas-Rhin, dans la banlieue S.-O. de Strasbourg. 19 797 habitants.

Lingons n. m. pl. Peuple de la Gaule établi en Champagne, dont la capitale *Lingones* a donné son nom à Langres.

lingot n. m. (p.-ê. du provençal, dérivé de *lenga* → langue) Masse de métal ou d'alliage coulé. *Lingot de plomb, de fonte. Lingot d'or.*

lingotière n. f. Moule à lingots.

lingua franca [lingwafʀɑ̃ka] n. f. (mots italiens « langue employée autour de la Méditerranée, pendant les croisades ») ling. Langue véhiculaire utilisée sur une aire géographique assez vaste.

lingual, ale, aux [lɛ̃gwal] adj. (bas latin *lingualis* → langue) **1.** anat. Qui a rapport à la langue. *Muscles linguaux.* **2.** phonét. Produit par les mouvements de la langue. *Consonne linguale.*

linguatule [lɛ̃gwatyl] n. f. (bas latin *linguatus* « en forme de langue » → langue) zool. Arthropode en forme de ver, parasite des voies respiratoires des mammifères et des reptiles.

lingue n. f. (du néerlandais *leng*) Poisson des côtes de la Manche et de l'Atlantique, proche de la lotte.

-lingue Élément (du latin *lingua*) qui signifie « langue » (ex. *bilingue*).

linguette n. f. (du latin *lingua* « langue ») pharm. Comprimé destiné à fondre lentement sous la langue.

linguiforme adj. (latin mod. *linguiformis* → langue et forme) didact. En forme de langue, de languette.

linguiste [lɛ̃gɥist] n. (du latin *lingua* → langue) Spécialiste du langage, des langues.

linguistique [lɛ̃gɥistik] (du latin *lingua* → langue, ou de *linguiste*, d'après l'allemand) **I.** n. f. Science qui a la langue (II) pour objet. *Linguistique générale. « La linguistique a pour unique et véritable objet la langue envisagée en elle-même et pour elle-même »* (Saussure). *Linguistique théorique ; appliquée* (traduction ; pédagogie). **II.** adj. **1.** Relatif à la linguistique. *Études linguistiques.* **2.** Propre à la langue ; envisagé du point de vue des langues. *Géographie linguistique.* **3.** Relatif à l'apprentissage des langues étrangères. *Séjour linguistique à l'étranger.*

▶ La **linguistique** (I) est la science de l'ensemble des langues humaines. On dénombre entre 3 000 et 7 000 langues environ, selon les critères choisis pour distinguer langue et dialecte. Si de nombreuses études sur les langues datent de l'Antiquité et se développent jusqu'à l'âge classique (par exemple avec la *Grammaire générale et raisonnée* de Port-Royal pour la description du français), la linguistique acquiert son statut contemporain de science à partir du travail de la linguistique comparative et historique du XIXᵉ siècle (Franz Bopp, August Schleicher, Rasmus Rask). Ce travail prend son essor avec la découverte de la parenté des langues indo-européennes, parmi lesquelles les trois grandes langues classiques (grec, latin et sanskrit) et la plupart des langues parlées en Europe.
Plus près de nous, c'est le *Cours de linguistique générale* de Ferdinand de Saussure (1915) qui établit pour les linguistes des principes de travail clairs. Pour Saussure, une langue est un « système de signes » dont les éléments (sons, mots, etc.) tirent leur valeur des relations d'opposition ou d'équivalence qu'ils entretiennent entre eux. Certains de ces principes dits « structuraux », pour l'étude des langues vont être appliqués par la suite à d'autres sciences humaines (notamment à l'anthropologie, par Claude Lévi-Strauss : *Anthropologie structurale,* 1958).
Un tournant majeur de la linguistique contemporaine est constitué par la grammaire générative de Noam Chomsky (*Structures syntaxiques,* 1957), aussi formalisée que les mathématiques, et qui cherche à rendre explicites des règles et des paramètres universels du fonctionnement des langues.
voir aussi **langue, phonétique, structuralisme**

linguistiquement [lɛ̃gɥistikmɑ̃] **adv.** Du point de vue linguistique.

linier, ière adj. Relatif au lin (en tant que textile). *Industrie linière.*

linière n. f. Champ de lin.

liniment n. m. (du latin, de *linere* « enduire ») pharm. Liquide gras qui contient un médicament, pour frictionner la peau. → **baume, onguent.** *Liniment calcaire :* émulsion à base d'huile d'olive et d'eau de chaux.

linkage [linkaʒ] **n. m. (de l'anglais, de *to link* « lier, attacher, enchaîner ») anglic., biol.** Liaison de plusieurs gènes situés sur le même chromosome.

Linköping Ville de Suède, au S.-O. de Stockholm. 138 600 habitants. Évêché fondé au XIIᵉ s. Grand centre intellectuel et religieux au Moyen Âge. Activités tertiaires et industrielles diversifiées.

links [liŋks] **n. m. pl. (mot écossais correspondant à l'anglais *linch* « bord ») anglic.** Terrain de golf en bord de mer.

Linna (Väinö) Romancier finlandais (1920-1992). Écrivain réaliste d'origine ouvrière, il est l'auteur de deux romans célèbres, *Soldats inconnus* (sur la guerre finno-soviétique) et *Ici, sous l'étoile polaire.*

Linné (Carl von) Naturaliste suédois (1707-1778). Il mit au point en botanique, puis en zoologie une nomenclature binaire fondée sur la répartition des êtres vivants selon leur genre et leur espèce, convaincu de l'invariabilité des espèces.

linnéen, enne adj. biol. De Linné. *La classification linnéenne.*

linogravure n. f. (de *lino,* abrév. de *linoléum*) Gravure utilisant le linoléum comme support. *Les linogravures de Picasso.*

linoléique adj. (du latin *linum* « lin » et *oleum* « huile ») biochim. *Acide linoléique :* acide gras essentiel (constituant de la vitamine F).

linoléum [linɔleɔm] **n. m. (de l'anglais, du latin *linum* → lin et *oleum* → huile)** Toile enduite d'un revêtement imperméable. ■ Tapis, revêtement de sol en linoléum. *Sol recouvert de linoléum. Des linoléums.* - **abrév. lino.**

linon n. m. (de l'ancien français *linomple,* du latin *linum* → lin et *omple* « uni, simple », famille du latin *unus* → un) Tissu fin et transparent, de lin ou de coton. *Mouchoir de linon.*

linotte n. f. (de *lin ;* cet oiseau mange les graines de la plante) 1. Petit passereau au plumage brun et rouge. **2. loc.** *Tête de linotte :* personne écervelée, agissant étourdiment.

linotype n. f. (mot anglais des États-Unis, marque déposée ; de *line of types* « ligne de caractères » → type, typo-) imprim. anc. Machine à composer, fondant d'un seul bloc la ligne. - **abrév. lino.** □ **n. linotypiste**

linotypie n. f. Composition à la linotype.

linsang [lɛ̃sɑ̃g ; linsɑ̃ŋ] **n. m. (mot indonésien de Java)** Petit félin d'Asie tropicale, au pelage fauve tacheté ou rayé.

Linselles Commune du Nord. 8 211 habitants. Industrie textile.

linteau n. m. (de l'ancien français *linter,* qui vient du bas latin *limitaris,* de *limes, limitis* → limite) Pièce horizontale (de bois, pierre, métal) qui forme la partie supérieure d'une ouverture et soutient la maçonnerie. *Linteau de porte.*

linter [lintɛʀ] **n. m. (de l'anglais des États-Unis, de *lint* « lin, fibre ») anglic., techn.** Duvet de fibres très courtes attaché aux graines de coton après l'égrenage.

Linth n. f. Rivière de Suisse, qui se jette dans le lac de Zurich. 53 km.

Linton (Ralph) Ethnologue américain (1893-1953). Il développa, avec le psychanalyste A. Kardiner, la théorie de la « personnalité de base », dans le but d'expliciter la notion d'identité collective.

Lintong ou **Lin-t'ong** District de Chine (Shaanxi), à l'O. de Xian. 563 300 habitants. Aux environs se trouve la tombe de l'empereur Qin Shi Huangdi, et, à proximité, la fosse contenant une « armée de terre cuite » de 7 000 statues de soldats et de chevaux.

Linyi ou **Lin-yi** Ville de Chine (Shandong). 1 186 200 habitants. Mines d'or et de cuivre.

Linz Ville d'Autriche, chef-lieu de la Haute-Autriche, sur le Danube. 191 107 habitants. Église des Frères mineurs de style gothique et rococo. Château du XVᵉ s. Industries sidérurgique et chimique.

lion n. m. (latin *leo, leonis,* du grec *leôn* « félin sauvage ») I. 1. Grand mammifère carnivore, à pelage fauve, à crinière, vivant en Afrique et en Asie. *Le lion rugit. Chasse au lion. « Le Lion »* (roman de J. Kessel). **–** *Fort, courageux comme un lion. Se battre comme un lion.* **– → lionne. 2. loc. (n. m.)** *La part du lion,* la plus grosse part, que s'adjuge le plus fort. → **léonin. – fam.** *Avoir mangé, bouffé du lion,* faire preuve d'une énergie inhabituelle. **3. n. m.** Homme courageux et de caractère noble. *« Vous êtes mon lion superbe et généreux »* (Hugo). **II. 1. n. m. (avec maj.)** Constellation zodiacale et cinquième signe du zodiaque (23 juillet-22 août). **–** *Être Lion,* de ce signe. **2.** *Lion de mer :* otarie à crinière.

Lion Constellation zodiacale de l'hémisphère boréal, dont l'étoile principale est Régulus ; cinquième signe du zodiaque.

Lion (golfe du) Golfe du N.-O. de la Méditerranée, baignant les côtes françaises, entre le cap Creus au S.-O. et le delta du Rhône à l'E.

lionceau n. m. (de *lion*) Petit du lion et de la lionne.

Lion-d'Angers (Le) Commune du Maine-et-Loire. 5 201 habitants. Église Saint-Martin (XIᵉ-XVIᵉ s.).

lionne n. f. 1. Femelle du lion, sans crinière. **2. fig., littér.** Femme noble et courageuse. ■ Femme jalouse. → **tigresse.**

Lions (Pierre-Louis) Mathématicien français (né en 1956). Professeur au Collège de France depuis 2002. Il réalisa des travaux sur la mécanique des fluides très dilués. Médaille Fields 1994.

Lioran (Le) Station d'été et de sports d'hiver du Cantal, sur la commune de Laveissière. 1 153 m d'altitude. Tunnel routier et tunnel ferroviaire (longs de 1 412 m et 1 960 m).

Liotard (Jean-Étienne) Peintre et pastelliste suisse (1702-1789). Il travailla en particulier sur les costumes et les types féminins orientaux. *Femme turque et son esclave.*

Lioubertsy Ville de Russie, dans la banlieue de Moscou. 157 000 habitants. Nœud ferroviaire. Industrie mécanique.

Liouville (Joseph) Mathématicien français (1809-1882). Il publia l'œuvre d'Évariste Galois et démontra l'existence de nombres transcendants. Il fut aussi l'auteur d'une théorie des fonctions elliptiques doublement périodiques.

Lipari voir **Éoliennes (îles)**

liparis [lipaʀis] **n. m. (latin zool., du grec *liparos* « gras, brillant » → lipo-) 1.** Petit poisson de la mer du Nord et de la Baltique appelé aussi *limace de mer.* **2.** Papillon nocturne épais et poilu, dont la chenille ravage les futaies. **3.** Orchidée sauvage d'un vert jaunâtre. *Le liparis des marais.*

lipase n. f. biochim. Enzyme qui active l'hydrolyse d'un lipide. *Lipase pancréatique,* qui joue un rôle dans la digestion des lipides.

Lipatti (Dinu) Pianiste roumain (1917-1950). Il composa des œuvres concertantes pour piano et se distingua surtout par ses interprétations délicates de Mozart, de Chopin et de Bartók.

Lipchitz (Chaim Jacob Lipschitz, dit Jacques) Sculpteur français, puis américain, d'origine lituanienne (1891-1973). D'abord influencé par le cubisme *(Marin à la guitare),* il évolua vers la sculpture non figurative. Installé aux États-Unis (1941), il travailla à des œuvres d'un expressionnisme lyrique et monumental *(Prière).*

Li Peng Homme d'État chinois (1928-2019). Premier ministre de 1988 à 1998 puis président de l'Assemblée nationale populaire de 1998 à 2003.

Lipetsk Ville de Russie, sur la Voronej. 506 000 habitants. Métallurgie. Thermalisme.

lipide n. m. (du grec *lipos* « graisse animale ») biochim. Corps gras. □ **adj. lipidique**

lipidémie n. f. méd. Teneur du sang en lipides.

lipizzan [lipidzɑ̃] **adj. invar. et n. m. (mot allemand, de *Lipizzan,* n. d'un haras [situé près de Trieste])** Cheval de petite taille, de robe blanche à l'âge adulte.

Lipmann (Fritz Albert) Biochimiste américain d'origine allemande (1899-1986). Il mit en évidence le rôle de l'ATP (adénosine triphosphate) dans les transferts d'énergie de la cellule. Prix Nobel 1953.

lip(o)- Élément **(du grec *lipos*)** qui signifie « graisse ».

lipoaspiration voir **liposuccion**

lipochrome [lipokʀom] **n. m. (de *lipo-* + *-chrome*) biochim.** Groupe de pigments dérivés du carotène qui donnent aux graisses une coloration jaune ou verdâtre.

lipogenèse n. f. biochim. Production de corps gras dans l'organisme **(opposé à *lipolyse*).**

lipogramme n. m. (du grec *leipein* « enlever » et *gramma* « lettre » → -gramme) didact. Texte d'où une lettre est bannie. *« La disparition », lipogramme de Georges Perec* (écrit sans la lettre *e*). □ **adj. lipogrammatique**

lipolyse n. f. (de *lipo-* + *-lyse*) biochim. Destruction des graisses, dans un organisme **(opposé à *lipogenèse*).** □ **adj. lipolytique**

lipome n. m. (du grec *lipos* « graisse ») méd. Tumeur bénigne constituée par une prolifération du tissu adipeux.

lipophile adj. chim. Qui retient les substances grasses. - **contr. lipophobe adj.**

lipoprotéine n. f. chim., biol. Molécule complexe résultant de l'union d'une protéine et d'un corps gras. □ **adj. lipoprotéique**

liposarcome n. m. méd. Tumeur mixte composée de tissu graisseux et de tissu embryonnaire.

liposoluble adj. chim. Soluble dans les graisses, les huiles. *Les vitamines A, D et E sont liposolubles.*

liposome n. m. **(de *lipo-* et grec *sôma* « corps » → somatique)** Vésicule formée de lipides, renfermant une substance active.

liposuccion [liposy(k)sjɔ̃] n. f. **(de *lipo-* et *succion*)** Prélèvement d'excès de graisse sous la peau, par aspiration. - syn. **lipoaspiration.** □ **liposucer** v. tr. < 1 >

lipothymie n. f. **(grec *lipothumia*, de *thumos* « esprit » → cyclothymie)** méd. **1.** Brève perte de connaissance. **2.** État de malaise intense sans perte de conscience. □ adj. **lipothymique**

lipotrope adj. **(de *lipo-* + *-trope*)** biol. Qui se fixe sur les substances grasses des cellules vivantes.

lipovaccin n. m. méd. Vaccin constitué par des microbes tués maintenus en suspension dans un liquide huileux.

lippe n. f. **(ancien néerlandais *lippe* « lèvre » et latin *labia, labra* → lèvre)** littér. Lèvre inférieure épaisse et proéminente. – loc. *Faire la lippe,* la moue.

Lippe n. f. Rivière d'Allemagne, affluent du Rhin, au N. de la Ruhr. 250 km. Elle est longée par un canal reliant la Ruhr au Rhin et au canal Dortmund-Ems.

Lippi (fra Filippo) Peintre italien (v. 1406-1469). Maître de Botticelli, qui s'inspira de son utilisation brillante de la couleur et de son trait nerveux, il travailla surtout à représenter des scènes de la vie de la Vierge. *Annonciations.* ■ **Filippino Lippi.** Peintre italien (1457-1504), fils de Filippo Lippi. Formé par son père puis par Botticelli, dont il subit fortement l'influence, il se consacra surtout à la réalisation de fresques et de panneaux pour la décoration d'églises, notamment à Florence. *L'Apparition de la Vierge à saint Bernard.*

Lippmann (Gabriel) Physicien français (1845-1921). Il effectua des recherches en optique (invention de la première plaque photographique couleur) et en électricité. Il étudia les phénomènes d'électrocapillarité et inventa un électromètre capillaire. Prix Nobel 1908.

Lippstadt Ville d'Allemagne (Rhénanie-du-Nord-Westphalie). 67 790 habitants. Églises des XIIe-XIIIe siècles.

lippu, ue adj. Qui a une grosse lèvre inférieure.

Lipscomb (William Nunn) Chimiste américain (1919-2011). Il mit en évidence un nouveau type de liaison chimique, une liaison à trois centres dans laquelle deux électrons sont répartis entre trois atomes. Prix Nobel 1976.

Lipse (Juste) Humaniste flamand (1547-1606). D'abord converti au luthéranisme, après son *De una religione,* il revint au catholicisme. Son *De Constantia* en fait une des figures marquantes du stoïcisme chrétien.

liquation [likwasjɔ̃] n. f. **(bas latin *liquatio*, de *liquare* « liquéfier »)** techn. Opération qui consiste à séparer par fusion des métaux de fusibilité différente.

liquéfacteur n. m. **(de *liquéfaction*)** techn. Appareil permettant la liquéfaction d'un gaz. → **condenseur.**

liquéfaction n. f. **(du latin médiéval → liquéfier) 1.** Passage d'un corps gazeux à l'état liquide. *Point de liquéfaction.* **2.** fig. et fam. Amollissement extrême.

liquéfiable adj. Qui peut être liquéfié. *Gaz liquéfiables.*

liquéfiant, ante adj. Qui produit ou peut produire la liquéfaction.

liquéfier v. tr. < 7 > **(latin *liquefacere* « faire fondre », de *liquere* « être liquide » → liqueur et *facere* → [1]faire) 1.** vieilli Faire passer à l'état liquide (un corps solide). → **fondre. 2.** Faire passer à l'état liquide (un corps gazeux). – pronom. *L'hélium se liquéfie difficilement.* – au p. p. *Gaz liquéfié.* **3. (personnes)** *Se liquéfier* **v. pron.** : perdre toute énergie, toute résistance morale. – Être en sueur.

liquette n. f. **(origine obscure)** fam. Chemise. – Vêtement féminin analogue à une chemise d'homme.

liqueur n. f. **(latin *liquor* → [1]liquide, de *linquere* « laisser aller », *cf.* délinquant, relique) 1.** vieux Liquide. **2.** Solution pharmaceutique. **3.** cour. Boisson sucrée et aromatisée, à base d'alcool ou d'eau-de-vie. → **spiritueux.** – *Vin de liqueur,* liquoreux. **4.** (sens large) comm. Eau-de-vie ou alcool aromatisé (cour. alcool, spiritueux).

liquidambar n. m. **(de l'espagnol, de *liquido* « liquide » et *ambar* « ambre »)** Arbre exotique ornemental dont on tire des résines employées comme stimulants des voies respiratoires. *Baume de liquidambar.*

liquidateur, trice n. dr. Personne qui réalise les opérations préalables au partage d'une indivision. *Liquidateur judiciaire,* nommé par le tribunal.

liquidatif, ive adj. dr. Qui opère la liquidation. *Acte liquidatif.*

liquidation n. f. **1.** Calcul du montant de sommes à régler ; règlement de ces sommes. *La liquidation d'une succession.* → **partage.** ■ *Liquidation judiciaire.* → **redressement** judiciaire. **2.** Vente au rabais en vue d'un écoulement rapide des marchandises. *Liquidation du stock après inventaire.* → **[2]solde(s). 3.** Fait de tuer (une personne) pour s'en débarrasser.

[1]liquide **(latin *liquidus*, de *liquere* « être liquide » ; famille de *liquéfier, liqueur, prolixe,* p.-ê. *limpide*) I. adj. 1.** Qui coule ou tend à couler. → **fluide.** *Rendre liquide.* → **liquéfier.** *Passage de l'état liquide à l'état gazeux.* – *Air liquide,* conservé à l'état liquide par le froid. – **(corps pâteux)** Qui n'a pas assez de consistance. *Lier une sauce trop liquide.* **2. (latin *liquidae litterae*)** phonét. Se dit des consonnes *l* et *r*. **II. n. m. 1.** Corps à l'état liquide. *Tout corps plongé dans un liquide...* → **fluide.** ■ Aliment liquide. **2.** *Liquides organiques,* lymphe, sang, sérosité.

[2]liquide adj. **(italien *liquido*, latin *liquidus* → [1]liquide)** Qui est librement et immédiatement disponible. *Avoir de l'argent liquide,* en espèces. – **n. m.** *Il a réglé en liquide.*

liquider v. tr. < 1 > **(de l'italien, du bas latin *liquidare* → [1]liquide) 1.** Soumettre à une liquidation. *Liquider un compte, une succession.* **2.** Vendre (des marchandises) au rabais. **3.** fam. En finir avec (qqch.). → se **débarrasser.** *Liquider une affaire.* ■ Se débarrasser de (qqn), notamment en tuant. *Liquider un témoin gênant.*

liquidien, ienne adj. didact. De liquide ; relatif aux liquides. *L'apport liquidien dans un régime alimentaire.*

liquidité n. f. **(de [2]liquide) 1.** dr. État d'un bien liquide ([2]). **2.** au plur. Sommes disponibles. *Avoir des liquidités suffisantes.*

liquoreux, euse adj. **(du latin *liquor* → liqueur)** Qui rappelle la liqueur par la saveur douce, le degré élevé d'alcool. *Vins liquoreux.*

liquoriste n. **(d'abord *liqueuriste* ; du latin *liquor* → liqueur)** Personne, entreprise qui fabrique ou vend des liqueurs.

[1]lire v. tr. < 43 > **(vient du bas latin *legere* « ramasser, cueillir », dans une expr. signifiant « lire une liste » ou « assembler les lettres ») I. 1.** Suivre des yeux en identifiant (des caractères, une écriture). → **lecture.** *Lire des lettres, des numéros.* – **absolt** Être capable de lire une écriture. *Savoir lire et écrire.* **2.** Déchiffrer. *Lire un graphique. Lire une partition.* ■ Reconnaître et interpréter (des informations enregistrées, codées). **3.** Prendre connaissance du contenu de (un texte) par la lecture. *Lire une lettre, un roman, un poème. J'ai lu dans le journal qu'il était mort. « N'ayant rien à lire, j'écris »* (Stendhal). – **absolt** *Aimer lire.* → **bouquiner. 4.** Énoncer à haute voix (un texte écrit). *Lire un discours devant l'Assemblée.* → **prononcer.** – Faire la lecture. *Je vais vous lire cet article.* **II. 1.** Déchiffrer, comprendre (ce qui est caché) par un signe extérieur. *Lire les lignes de la main.* **2.** Discerner, reconnaître comme par un signe. → **découvrir, pénétrer.** – **v. pron.** *La joie se lit sur son visage.*

[2]lire n. f. **(italien *lira* → [2]livre)** Unité monétaire italienne (avant l'euro). *Un billet de mille lires.*

lirette n. f. **(probablt d'un dialecte de l'Ouest)** Étoffe ou tapis dont la trame est constituée de lanières de tissu usagé.

L

lis ou **lys** [lis] n. m. **(plur. de l'ancien français *lil*, qui vient du latin *lilium* → liseron) 1.** Plante vivace (liliacée), à feuilles allongées et pointues, à grandes fleurs blanches. *« Les grands lys orgueilleux se balancent au vent »* (Verlaine). **2.** La fleur blanche du lis. *Blanc comme un lis.* – vieilli *De lis :* très blanc. *Un teint de lis et de rose.* **3. *Fleur de lys, de lis :*** figure héraldique formée de trois fleurs de lis schématisées et unies, emblème de la royauté **(→ fleurdelisé).**

lisage n. m. **(de [1]*lire*)** techn. Opération consistant à transposer un dessin sur tissu par un système de perforations.

Lisbonne Capitale du Portugal, sur l'estuaire du Tage. 544 850 habitants (agglomération : 2 020 000). Cathédrale Sé Patriarcal (XIIe s.) ; monastère des Hiéronymites (XVe s.) ; église Saint-Roch (baroque, XVIe s.) ; tour de Belém (XVIe s.). Université ; nombreux musées d'art. Deux ponts, dont le pont Vasco-de-Gama (1998), l'un des plus longs du monde, joignent les deux rives du Tage. Possession des Maures de 716 à 1147, Lisbonne devint capitale en 1255 et connut

Lisbonne

Lisbonne, le quartier historique d'Alfama.

à partir du XVe s. un essor considérable lié aux grandes découvertes. La ville basse fut détruite en 1755 par un tremblement de terre et reconstruite par le marquis de Pombal. Le centre historique fut ravagé par un incendie en 1988. La ville, qui connaît une crise de l'habitat social, domine administrativement et économiquement l'ensemble du pays. Activités portuaires. Industries (chimie, sidérurgie). Tourisme.

Lisburn Ville d'Irlande du Nord (comté d'Antrim), au S.-O. de Belfast. 76 000 habitants. Cathédrale du XVIIe siècle.

lise n. f. (vient du latin pop. *ligitia* « boue », du gaulois *liga* → lie ; enliser) régional (Ouest) Sable mouvant en bord de mer.

liseré ou **liséré** n. m. (de *liserer*, de *lisière*) Ruban étroit dont on borde un vêtement, une étoffe. → **passepoil.** *Liseré de soie.* ■ Bande formant une bordure d'une autre couleur que le fond. *Mouchoir à liseré bleu.*

liserer ou **lisérer** v. tr. < 5 ou 6 > (du radical de *lisière*) Border d'un liseré. – au p. p. *Jupe liserée d'or.* □ n. m. **liserage** ou **lisérage**

liseron n. m. (de *lis*) Plante à tige grimpante. *Liseron des champs, des haies.* → **volubilis.**

lisette n. f. (mot régional [Nord] qui vient du latin *lucere* « luire ») Jeune maquereau.

liseur, euse n. Personne qui a l'habitude de lire beaucoup. → **lecteur.** *C'est une liseuse de romans.*

liseuse n. f. **1.** Couvre-livre interchangeable. *Liseuse en cuir.* **2.** Veste de femme, chaude et légère (pour lire au lit, etc.). **3.** Petite lampe destinée à la lecture (dans un train, une voiture). **4.** Support de lecture d'un texte électronique. - recomm. offic. pour *e-book.*

L

lisibilité n. f. Caractère de ce qui est lisible.

lisible adj. **1.** Qui est aisé à lire, à déchiffrer (s'oppose à *illisible*). *Sa signature est à peine lisible.* → **déchiffrable. 2.** Digne d'être lu. *« Le seul écrivain lisible pour moi était Shakespeare »* (Stendhal). **3.** fig. Compréhensible, intelligible. *Une politique peu lisible.*

lisiblement adv. De manière lisible. *Écrire lisiblement.*

lisier n. m. (du latin *lotium* « urine », famille de *lavare* → laver) agric. Mélange liquide d'excréments d'animaux, utilisé comme engrais. → **purin.**

lisière n. f. (p.-ê. du francique *lisa* « ornière ») **1.** Bordure limitant de chaque côté une pièce d'étoffe. **2.** Partie extrême (d'un terrain, d'une région). → **bord, bordure, limite.** *La lisière d'un champ, d'une forêt.* → **orée.** *À la lisière du bois.*

Lisieux Chef-lieu d'arrondissement du Calvados. 19 755 habitants. Église Saint-Pierre, ancienne cathédrale des XIIe-XIIIe s. Reliques de sainte Thérèse au couvent des Carmélites. Pèlerinage.

Lisle-sur-Tarn Commune du Tarn. 4 693 habitants. Bastide du XIIIe s. Viticulture.

lisp n. m. (mot anglais, de *list processing* « traitement de listes ») anglic., inform. Langage destiné au traitement d'expressions symboliques.

Liss ou **Lyss** (Johann) Peintre allemand (v. 1593-1629 ou 1639). Travaillant à Rome et à Venise, il fut influencé par les Vénitiens et par le Caravage, faisant une synthèse remarquable de leurs différentes façons de traiter la lumière.

Lissagaray (Prosper Olivier) Journaliste français (1839-1901). Critique littéraire, il se rallia à la Commune de Paris en 1871 et dut s'exiler en Angleterre jusqu'à l'amnistie de 1880. *Histoire de la Commune de Paris.*

[1]lissage n. m. (de [2]*lice*) techn. Manière de disposer les lices selon le tissu à obtenir.

[2]lissage n. m. Action de lisser. *Le lissage du poil.*

lissant, ante adj. Qui rend lisse (une partie du corps). *Soin lissant pour les cheveux.*

[1]lisse adj. (de *lisser*) **1.** Qui n'offre pas d'aspérités au toucher. *Surface lisse.* → **égal, uni ;** - contr. **inégal, rugueux.** *Une peau lisse,* douce, unie. *Cheveux lisses.* **2.** fig. Sans rien qui puisse choquer ni étonner. *Un jeune homme lisse et convenu.*

[2]lisse n. f. (vient du francique → [1]lice) **1.** Membrure de la coque d'un navire. **2.** Pièce horizontale d'un garde-fou.

[3]lisse n. f. (de *lisser*) techn. Outil de cordonnier pour polir le cuir. ■ Outil de maçon pour polir les revêtements.

[4]lisse n. f. voir [2]lice

lissé n. m. cuis. Degré de cuisson du sucre qui va entrer en ébullition. *Sucre cuit au petit, au grand lissé.*

lisser v. tr. < 1 > (p.-ê. du latin *lixare*, de *lixa* « eau de lessive » → lessive) Rendre lisse. *L'oiseau lisse ses plumes.* – *Lisser les peaux, les cuirs,* les apprêter en leur donnant le dernier lustre. – au p. p. *Cheveux lissés.* ■ fig. Éliminer les différences de (qqch.). *Lisser des tarifs.*

Lisses Commune de l'Essonne. 7 302 habitants.

lisseur, euse n. **1.** techn. Ouvrier, ouvrière qui lisse (du papier, des étoffes). **2.** n. f. techn. Machine pour lisser le papier, les étoffes, les cuirs. **3.** n. m. Instrument qu'on applique chaud sur les cheveux pour les lisser.

lissier, ière n. voir **licier, ière**

Lissitchansk Ville d'Ukraine, dans le bassin de Donbass, sur le Donets du Nord. 111 450 habitants. Houille. Industries chimiques.

Lissitzky (Eliezer ou Lazar Markovitch, dit El) Peintre et architecte russe (1890-1941). Adepte d'un géométrisme abstrait inspiré de Malevitch, il milita avec les constructivistes pour l'intégration des arts plastiques à l'architecture et contribua à la diffusion de leurs idées en Allemagne. Il laissa des constructions abstraites combinant peinture et relief *(Proun),* ainsi que d'audacieux projets d'édifices (*Tribune pour orateur* à structure oblique en acier).

lissoir n. m. techn. Instrument pour lisser (le papier, les étoffes, le cuir).

List (Friedrich) Économiste allemand (1789-1846). Il fut à l'origine de l'Union douanière allemande (Zollverein), étape décisive vers l'unité économique de l'Allemagne. Il reste le principal théoricien du nationalisme économique.

listage n. m. **1.** Action de lister ; son résultat. *Le listage des noms des candidats.* **2.** Document produit par une imprimante d'ordinateur. *Des listages.* - recomm. offic. pour *listing.*

[1]liste n. f. (germanique *lista* « bordure, bande ») hippol. Bande de poils blancs sur le chanfrein de certains chevaux.

[2]liste n. f. (italien *lista*, d'origine germanique « bordure, lisière ») **1.** Suite de mots, de signes, généralement inscrits les uns au-dessous des autres. → **catalogue, inventaire.** *Dresser une liste. En tête de liste.* – *Liste électorale.* – ***Liste noire*** : liste de gens à surveiller, à abattre. ***Liste rouge*** (nom déposé) : liste d'abonnés au téléphone qui refusent de figurer dans l'annuaire. ■ (abstrait) loc. *Grossir la liste de* : s'ajouter au nombre de. *Grossir la liste des mécontents.* **2.** ***Liste civile*** : somme allouée au chef de l'État pour subvenir aux dépenses et charges de sa fonction. **3.** inform. *Liste de diffusion* : ensemble d'adresses électroniques permettant la diffusion collective d'informations aux internautes intéressés par un même sujet. *S'abonner à une liste de diffusion.*

listel n. m. (italien *listello*, de *lista* → [2]liste, cf. [1]liteau) Petite moulure plate (entre des moulures concaves ou convexes).

lister v. tr. < 1 > **1.** Mettre en liste. → **répertorier.** *Lister des noms.* **2.** inform. Sortir en continu sur une imprimante.

Lister (Joseph, 1er baron) Chirurgien britannique (1827-1912). Il introduisit l'antisepsie, à base de phénol, en chirurgie (1867).

listéria n. f. ou **listeria** n. f. invar. (latin mod., de *Lister*) biol. Bactérie dont un genre est pathogène pour l'homme et les animaux (→ listériose). *Des listérias, des listeria.*

listériose n. f. (de *listeria*) méd., vétér. Infection par des bacilles du genre *Listeria* (entraînant pneumonie, méningite...).

listing n. m. (mot anglais ; famille de *liste*) anglic. → **listage.** ■ par ext. Liste (le plus souvent exhaustive).

liston n. m. (espagnol *listón*, du germanique *lista* → [1]liste) mar. Moulure placée le long de la coque d'un navire, au niveau du pont.

Liszt (Franz) Compositeur et pianiste hongrois (1811-1886). Pianiste virtuose, très tôt introduit dans les cercles romantiques de Paris et de Vienne, il fut maître de chapelle à la cour de Weimar (1848-1861), où il dirigea les plus grandes œuvres de l'art lyrique de son temps et où il connut une activité créatrice exceptionnelle. Révélant après Beethoven et Chopin de nouvelles possibilités du clavier, Liszt, par ses audaces techniques et son inventivité rythmique et harmonique, prépara l'évolution du langage musical du début du XXe s., de Debussy à Bartók. *Douze études d'exécution transcendantes ; Préludes ; Faust-Symphonie.*

Franz Liszt jouant devant la famille impériale à Budapest, peinture anonyme (XIXe s.), coll. Boesendorfer, Vienne.

lit n. m. (vient du latin *lectus*) **I. 1.** Meuble destiné au coucher. → fam. **pageot, [2]pieu, plumard.** *Lit d'une, pour une personne. Ciel de lit* (baldaquin, dais). *Lit d'enfant. Lits jumeaux,* deux lits semblables, à une place. *Lit pliant. Lit parapluie* : lit pliant pour bébé. *Lit-cage. Lit de camp. Canapé-lit.* → **convertible.** – *Lit d'hôpital.* ■ Place couchée. *Un hôpital de 300 lits.* **2.** Literie (sommier, matelas) sur laquelle on s'étend. *Un lit moelleux, dur.* **3.** loc. *Aller, se mettre* ***au lit.*** → se **coucher.** *Allons, les enfants, au lit !* – *Dormir* ***dans*** *son* ***lit*** : chez soi. – *Sortir* ***du lit*** : se lever. *Au saut du lit* : au réveil. *Arracher, tirer qqn du lit.* – *Faire un lit,* disposer la literie. *Border un lit. Un lit défait.* – *Garder le lit,* rester couché*. → **s'aliter.** *Mourir dans son lit,* d'une mort naturelle. **4.** (évoquant l'union sexuelle) *Faire lit à part.* – *Enfants du premier lit,* d'un premier mariage. – fam. *Au lit, c'est une affaire !* **5.** ***Lit de repos*** : siège sur lequel on peut s'allonger pour se reposer. → **canapé, divan, sofa. 6.** Couche où l'on peut s'étendre, dormir. → **litière, natte.** *« Celui qui se fait sur la terre un lit de feuilles odorantes, qui s'y couche et repose »* (Saint-John Perse). **II.** Matière répandue en couche. *Un lit de cendres, de braises.* ■ Couche de matériaux déposés par les eaux, l'érosion. → **dépôt, strate. III.** Creux naturel du sol, canal (dans lequel coule un cours d'eau). *Fleuve qui sort de son lit,* qui déborde. *Lit à sec. Détourner une rivière de son lit.* → **cours.**

Li Tang ou **Li T'ang** Peintre et poète chinois (v. 1050-1130). Peintre officiel de la dynastie Song du Sud, il fut l'un de ses « Quatre Grands Maîtres », pour ses paysages et ses personnages.

Litani n. m. Fleuve le plus important du Liban, qui se jette dans la Méditerranée. 170 km.

litanie n. f. (du latin d'église, du grec *litaneia*, de *litaneuein* « supplier ») **1.** au plur. Prières liturgiques où toutes les invocations sont suivies d'une formule brève récitée ou chantée. **2.** sing. ou plur. Répétition ennuyeuse et monotone (de plaintes, de reproches, de demandes). *Encore les mêmes litanies !*

litas [litɑs] n. m. Unité monétaire lituanienne.

litchi n. m. (mot chinois, par le portugais et l'espagnol) Petit fruit, à peau marron et dure, à chair blanche parfumée, d'un arbuste originaire d'Extrême-Orient. - var. **letchi.**

[1]liteau n. m. (var. de *listel*) **1.** Baguette de bois (support de tablette). – Rectangle de bois. **2.** Raie de couleur (du linge de maison) parallèle à la lisière. *Serviette à liteaux.*

[2]liteau n. m. (de *lit*) chasse Lieu où le loup se repose pendant le jour. → **tanière.**

litée n. f. (de *lit*) chasse Ensemble d'animaux dans un même gîte, un même repaire. *Une litée de lapereaux.*

liter v. tr. < 1 > (de *lit*) techn. Mettre par lits, par couches. – Superposer (des poissons salés) par lits dans des barriques. *Liter des harengs.*

literie n. f. Ensemble des objets qui recouvrent le sommier : matelas, traversin, oreiller, couverture, parfois draps ; matériel de couchage.

litham n. m. (mot arabe) Voile couvrant la partie inférieure du visage. *Le litham des Touaregs.* - var. **litsam.**

litharge n. f. (grec *litharguros* « pierre *[lithos]* d'argent *[arguros]* ») Oxyde naturel de plomb.

-lithe, -lithique, litho- Éléments (du grec *lithos*) qui signifient « pierre ».

lithiase n. f. (grec *lithiasis* « maladie de la pierre », de *lithos* « pierre » → litho-) méd. Formation de concrétions solides (calculs) dans divers conduits ou cavités de l'organisme. *Lithiase rénale, urinaire.* → **gravelle, pierre.** ▫ adj. et n. **lithiasique**

lithine n. f. (de *lithium*) chim. Hydroxyde de lithium. ▫ adj. **lithiné, ée**

lithinifère adj. chim. Qui contient du lithium.

lithique adj. (du grec *lithos* « pierre ») didact. De pierre ; relatif à la pierre. *Rigidité lithique.*

lithium [litjɔm] n. m. (latin mod., créé par Berzelius, du grec *lithos* → -lithe) chim. Corps simple (symb. Li, n° at. 3, masse at. 6,94), métal alcalin blanc, le plus léger des solides.

lithodome n. m. (grec *lithodomos* « qui bâtit *[domos]* avec des pierres ») zool. Mollusque aquatique à coquille cylindrique, qui creuse les roches pour s'y loger.

lithographe n. Personne qui imprime par la lithographie. → **graveur.**

lithographie n. f. **1.** Reproduction par impression sur une pierre calcaire. → **gravure. 2.** *Une lithographie,* feuille, estampe obtenue par ce procédé. *Les lithographies de Daumier.* - abrév. **litho.** ▫ adj. **lithographique**

lithographier v. tr. < 7 > Reproduire par la lithographie. → **graver, imprimer.** – au p. p. *Album lithographié.*

lithophage adj. zool. (animal) Qui creuse les roches dures pour s'y abriter.

lithophanie n. f. (de *litho-* + *-phanie*) techn. Dessin sur une matière rendue translucide par des inégalités d'épaisseur.

lithosphère n. f. géogr., géol. Couche externe de la croûte terrestre constituée de plaques mobiles. ▫ adj. **lithosphérique**

lithothamnium [litotamnjɔm] n. m. (latin sc., du grec *thamnion* « herbe ») bot. Algue marine incrustée de calcaire.

lithotriteur n. m. (de *lithotritie*) méd. Appareil qui détruit les calculs rénaux ou biliaires (aujourd'hui par ultrasons). - syn. **lithotripteur.**

lithotritie [litɔtʀisi] n. f. (de *litho-* et du latin *tritus,* p. p. de *terere* « frotter, broyer » → triturer) méd. Opération qui consiste à broyer les calculs urinaires de la vessie pour en évacuer les fragments par les voies naturelles.

litière n. f. (de *lit*) **1.** anciennt Lit ambulant porté sur un double brancard. → **palanquin. 2.** Paille, fourrage répandu sur le sol d'une écurie, d'une étable pour que les animaux puissent s'y coucher. ■ Gravier absorbant où les chats d'appartement font leurs besoins. *Changer la litière d'un chat.* ■ Matière végétale utilisée dans les toilettes* sèches. **3.** loc. littér. ***Faire litière d'une chose*** : n'en tenir aucun compte, la mépriser, la négliger.

litige n. m. (latin *litigium*) **1.** Contestation donnant matière à procès. *Arbitrer un litige.* **2.** Contestation. → **dispute.** *Question en litige,* controversée.

litigieux, ieuse adj. (latin *litigiosus,* de *litigium* → litige) Qui est ou qui peut être en litige.

litispendance n. f. (du latin médiéval, de *lis, litis* « différend » → litige et *pendere* → pendre) dr. État d'un litige porté simultanément devant deux tribunaux du même degré, également compétents.

litorne n. f. (du picard *lutron* « lambin », du moyen néerlandais *leuteren* « tarder ») Grive à tête cendrée. → **jocasse.** – appos. *Grive litorne.*

litote n. f. (du bas latin, du grec *litotês* « simplicité », de *litos* « simple ») Figure de rhétorique qui consiste à atténuer l'expression de sa pensée (ex. *ce n'est pas mauvais* pour *c'est très bon*).

[1]litre n. f. (du germanique *lista* → [1]liste) relig. Ornement funèbre, large bande noire aux initiales du défunt, qu'on tend autour de l'église pour des funérailles solennelles.

[2]litre n. m. (de *litron*) **1.** Unité (symb. l) des mesures de capacité du système métrique (volume d'un kilogramme d'eau pure sous la pression atmosphérique normale). **2.** Récipient ayant la contenance d'un litre. – cour. *Un litre,* une bouteille d'un litre. **3.** Contenu d'un litre. *Boire un litre de bière. Un litre de (vin) rouge.* → pop. **kil.**

litron n. m. (vient du latin médiéval *litru,* grec de Sicile *litra,* famille du latin *libra* → [2]livre) **1.** hist. Seizième de boisseau (mesure de capacité → [2]litre). **2.** (de *litre*) fam. Litre de vin.

Littell (Jonathan) Écrivain américain (né en 1967). Son roman *Les Bienveillantes* (2006) suscita une violente polémique, ses détracteurs lui reprochant la banalisation du mal à travers un récit proche du documentaire historique où la parole appartient à un bourreau nazi « ordinaire ».

littéraire adj. et n. (latin *litterarius,* de *littera* → lettre) **1.** Qui a rapport à la littérature. *Œuvres littéraires.* – Qui étudie les œuvres, qui traite de littérature. *La critique, l'histoire littéraire.* ■ Qui répond aux exigences esthétiques de la littérature. *Langue littéraire et langue parlée.* **2.** (personnes, esprits) Doué pour les lettres. *Un esprit plus littéraire que scientifique.* – n. *Un, une littéraire.*

littérairement adv. Du point de vue littéraire.

littéral, ale, aux adj. (bas latin *litteralis,* de *littera* → lettre) **1.** Qui utilise les lettres. *Notation littérale.* – *Arabe littéral,* écrit. **2.** Qui suit un texte lettre à lettre. → **textuel.** *Traduction littérale,* qui se fait, qui est faite mot à mot. **3.** Qui s'en tient, est pris strictement à la lettre. *Le sens littéral d'un mot* (opposé à *figuré*). → **propre.**

littéralement adv. **1.** D'une manière littérale (2). **2.** En prenant le mot, l'expression au sens plein, réel. *Il était littéralement fou.*

littéralité n. f. Stricte conformité (d'une interprétation, d'une traduction) à la lettre, au texte.

littérarité n. f. didact. Caractère d'un texte qui appartient à la littérature.

littérateur, trice n. (du latin, de *littera* → lettre) souvent péj. Homme, femme de lettres, écrivain de métier. → **auteur.**

littérature n. f. (latin *litteratura* « écriture », de *littera* → lettre) **I.** Les œuvres écrites, dans la mesure où elles portent la marque de préoccupations esthétiques ; connaissances, activités qui s'y rapportent. **1.** Œuvres littéraires. *La littérature française, allemande.* **2.** Le travail de l'écrivain. *« La littérature n'est* [qu']*un développement de certaines des propriétés du langage »* (Valéry). **3.** Ce qu'on trouve dans les œuvres littéraires et qui ne correspond pas à l'expérience, au réel. – fig. Ce qui est peu sincère, artificiel. *« Et tout le reste est littérature »* (Verlaine). **4.** Ensemble des connaissances concernant les œuvres littéraires, leurs auteurs. – Ouvrage portant sur les œuvres littéraires. **II.** Ensemble des ouvrages publiés (sur une question). → **bibliographie.** *Il existe sur ce sujet une abondante littérature.*

Little Richard (Richard Penniman, dit) Chanteur et pianiste américain de rhythm and blues (1932-2020). Il composa une série de morceaux emblématiques du rock-and-roll naissant. *Tutti Frutti ; Lucille ; Long Tall Sally.*

Little Rock Ville des États-Unis, capitale de l'Arkansas, sur l'Arkansas. 193 500 habitants. Commerce agricole. Carrefour de communication.

Littlewood (Joan) Actrice et metteuse en scène britannique (1914-2002). Après une expérience de théâtre politique, elle fonda en 1942 le Workshop Theatre, destinant le théâtre élisabéthain à un public populaire.

littoral, ale, aux (latin *lit[t]oralis,* de *litus, litoris* « rivage, côte » → lido) **1.** adj. Relatif à la zone de contact entre la terre et la mer. *Cordons littoraux.* – Côtier. *Les régions littorales. Pêche littorale.* **2.** n. m. *Le littoral,* la zone littorale. → **bord, [3]côte, rivage.**

littorine n. f. (du latin *litus, litoris* → littoral) Mollusque comestible, gastéropode à la coquille épaisse, de teinte noire verdâtre. → **bigorneau.**

Littré (Maximilien Paul Émile) Lexicographe français (1801-1881). Linguiste, traducteur, historien, il fut le disciple d'A. Comte, auquel il consacra une étude *(A. Comte et la philosophie positive).* Il est surtout connu pour son *Dictionnaire de la langue française,* qui lui valut son élection à l'Académie française.

Lituanie

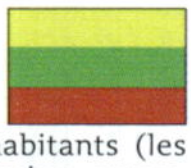

n. f. ■ offic. république de Lituanie État d'Europe du Nord, le plus méridional des pays baltes. 65 200 km². 3 millions d'habitants (les *Lituaniens*). **Langues** : lituanien, russe, polonais. **Population** : Lituaniens, 83 % ; Polonais, 7 % ; Russes, 6 %. **Religion** : catholiques. **Monnaie** : euro. **Capitale** : Vilnius. **Régime** : démocratie parlementaire.

Pays de plaines et de collines, la Lituanie est encore largement agricole (céréales, élevage). La forêt occupe plus de 20 % des terres. Les industries (production d'électricité, chimie, mécanique), implantées durant l'époque soviétique, se sont modernisées et l'économie est en forte croissance.

Les Lituaniens subirent au XIIIe s. les attaques des chevaliers Teutoniques. Au XIVe s. fut constitué le grand-duché de Lituanie, qui s'étendait jusqu'en Ukraine et en Biélorussie. En 1410, Ladislas II Jagellon et les Russes portèrent un coup décisif aux chevaliers Teutoniques. Alexandre Ier Jagellon rétablit l'union polono-lituanienne ; la Lituanie se convertit au catholicisme mais conserva son adminis-

LITTORAL (l'écosystème atlantique)

Les espèces des zones côtières sont soumises à de nombreuses contraintes, subissant les marées, les vents, la salinité de l'eau et de l'air. Une faune et une flore d'une grande richesse peuplent cependant les littoraux. Ceux-ci sont essentiels pour de nombreuses espèces, notamment pour les oiseaux car ils constituent leur site de reproduction. Ils sont fragilisés par des phénomènes naturels comme l'érosion ou des perturbations climatiques. L'urbanisation touche particulièrement ces régions attractives.

L'oursin se nourrit de végétaux qu'il ratisse sur le sol.

Le varech vésiculeux est une algue qui possède des vertus médicinales.

Le phoque veau-marin aime à se reposer sur les rochers ou sur le sable.

Le bernard-l'ermite, un crustacé, protège son corps mou dans des coquilles vides.

Le tournepierre à collier est un limicole migrateur.

Vivant la plupart du temps en haute mer, le macareux moine niche sur les falaises.

L'étoile de mer se délecte de cadavres et de mollusques.

La patelle est parfois appelée « chapeau chinois ».

De petite taille, la sterne naine se fait remarquer par son cri.

Les deux yeux du turbot, un poisson plat, sont situés sur sa face dorsale.

La mouette rieuse, emblématique oiseau de mer, est reconnaissable à son cri rauque caractéristique.

Grâce à son byssus, la moule s'accroche solidement sur différents supports.

Crevette grise.

L'armérie maritime forme des tapis et fleurit de mai à août.

L'huîtrier pie est habile pour ouvrir les coquillages avec son bec.

Les espèces trouvées sur les littoraux varient selon les régions du globe.

tration propre jusqu'à ce qu'elle soit incorporée à la Pologne (1569). L'influence russe grandit et, en 1795, la Lituanie fut annexée par la Russie. Un mouvement nationaliste se développa au XIXe s. et le pays recouvra son indépendance après la Première Guerre mondiale. Occupée par les Allemands (1939), prise par les Soviétiques (juin 1940), elle fut annexée par l'URSS en 1944. La résistance à la soviétisation entraîna la déportation de 400 000 personnes. Après la proclamation de son indépendance (1990), les rapports avec la Russie se détériorèrent. Le président Valdas Adamkus initia le redressement économique qui permit à la Lituanie d'entrer dans l'Otan et dans l'UE en 2004. Elle intégra l'espace Schengen en 2007. Une forte inflation l'empêcha d'adopter l'euro jusqu'en 2015. Deux présidents indépendants soutenus par les conservateurs se sont succédé à la présidence de la République depuis 2009. Le pays a été admis à l'OCDE en 2018.

lituanien, enne adj. et n. (de *Lituanie*) De Lituanie (pays balte). – n. *Un Lituanien, une Lituanienne.* ■ n. m. *Le lituanien* : langue du groupe balte.

liturgie n. f. (du latin relig., du grec *leitourgia*, de *leitos* « public » et *-ourgia* → énergie) relig. chrét. Culte public et officiel institué par une Église. → **cérémonial, culte, service** (divin). *La liturgie anglicane.*

liturgique adj. Relatif ou conforme à la liturgie. *Chants, prières liturgiques. Calendrier, fête liturgique.*

liturgiste n. didact. Personne spécialisée dans l'étude de la liturgie.

Litvak (Michael Anatol Litwak, dit Anatole) Cinéaste américain d'origine russe (1902-1974). Dans des genres très divers (historique, espionnage, thriller), il réalisa des films à succès, en France et aux États-Unis. *Mayerling.*

Litvinov (Maksim Maksimovitch Valach, dit) Diplomate soviétique (1870-1951). Rallié au bolchevisme, commissaire aux Affaires étrangères (1930-1939), il joua un rôle majeur dans les relations de la nouvelle URSS avec la Société des Nations, les États-Unis et la France. Il fut remplacé en 1939 par Molotov.

liure n. f. (→ lier) mar. Amarrage en cordage ou en chaîne reliant entre elles deux pièces d'un navire.

Liu Shaoqi ou **Lieou Chao-k'i** Homme d'État et théoricien communiste chinois (1898-1969). Successeur de Mao Zedong à la présidence de la République (1959), il fut désavoué en raison de sa politique de modération et devint l'une des cibles de la Révolution culturelle. Mort en prison, il fut réhabilité en 1980.

Liutprand Roi des Lombards (?-744). Il conquit Ravenne et tenta d'attaquer Rome à deux reprises. Sous son règne, les Lombards connurent leur plus grande expansion en Italie.

Liu Xiaobo Intellectuel et professeur de littérature chinois (1955-2017). Incarcéré puis interné en camp de rééducation pour avoir été l'un des leaders du mouvement démocratique de Tiananmen en 1989, il fut condamné à onze ans de prison en 2009 en raison de sa participation à la rédaction d'un texte réclamant la démocratisation de la Chine. Prix Nobel de la paix 2010.

Liu Xiaobo en 2009.

Liuzhou ou **Lieou-tcheou** Ville de Chine (Guangxi). 1,4 million d'habitants. Centre industriel.

livarde n. f. (p.-ê. du néerlandais *lijwaarts [zeil]* « [voile] sous le vent ») mar. Espar, longue perche qui sert à tendre une voile aurique. *Voile à livarde.*

livarot n. m. (n. de la commune) Fromage rond, fermenté, à pâte molle, à très forte odeur. *Des livarots.*

Livarot-Pays d'Auge Commune du Calvados, sur la Vie. 6 183 habitants. Fromages.

live [lajv] adj. invar. ou RO adj. (anglais « vivant, en vie ») anglic. (disque, spectacle) Enregistré en public. *Des disques live.* – n. m. invar. ou RO n. m. *Un live* : un enregistrement public. ■ *Reportage live,* en direct.

livèche n. f. (vient du latin pop. *levistica,* d'une altération de *ligusticum* « herbe de Ligurie », de *livere* → ligure) Plante herbacée (ombellifère), vivace, à graines dépuratives. → **ache.**

livédo ou **livedo** n. m. ou f. (latin *livedo* « tache bleue », de *livere* → livide) pathol. Marbrures violacées de la peau, au niveau du tronc et des jambes, dues à des troubles circulatoires. *Des livédos, des livedo* (invar.).

Liverdun Commune de la Meurthe-et-Moselle. 5 749 habitants. Église romane et gothique (fin XIIe s.).

livermorium [livɛʀmɔʀjɔm] n. m. (de *Livermore,* n. d'une ville de Californie) chim. Élément atomique artificiel (symb. Lv ; no at. 116).

Liverpool Ville d'Angleterre, chef-lieu du Merseyside. 552 200 habitants. Cité florissante à l'ère de l'économie coloniale britannique (3e port du pays) et de la révolution industrielle, Liverpool connaît une crise économique et démographique, malgré une reconversion dans le secteur tertiaire et l'industrie chimique.

livide adj. (latin *lividus,* de *livere* « avoir une couleur de plomb ») 1. littér. Qui est de couleur plombée, bleuâtre. 2. D'une pâleur terne. → **blafard, blême, hâve, pâle.** « *C'était le teint livide, exsangue des prisonniers au moyen âge* » (Huysmans).

lividité n. f. État de ce qui est livide. – Coloration violacée de la peau. *Lividité cadavérique.*

living-room [liviŋʀum] n. m. (anglais « pièce *[room]* à vivre *[to live]* ») anglic. Salle de séjour. → **séjour.** *Des living-rooms.* - abrév. cour. **living.** *Des livings.*

Livingston (Milton Stanley) Physicien américain (1905-1986). Il fut l'inventeur, avec E. O. Lawrence, du premier cyclotron.

Livingstone (David) Missionnaire et explorateur britannique (1813-1873). Ses expéditions, d'abord en Afrique du Sud, puis en Afrique centrale, permirent une meilleure connaissance de la géographie du continent. Il s'opposa à l'esclavage. *Voyages et recherches d'un missionnaire dans l'Afrique méridionale.*

Livonie n. f. en allemand **Livland** Ancien nom de la région balte comprenant la Lettonie et l'Estonie. La Livonie, qui acheva d'être christianisée à la fin du XIIIe s., fut revendiquée successivement par les Danois, les Polonais et les Russes, avant d'être partagée en 1918 entre la Lettonie et l'Estonie.

Livourne Ville d'Italie (Toscane). 156 280 habitants. Port de commerce et de voyageurs. Chantiers navals ; industrie automobile (Fiat) ; raffineries.

livrable adj. Qui peut, doit être livré à l'acheteur. *Marchandise livrable à domicile.*

Livradois n. m. Région du Massif central, comprenant le massif du Livradois (1 218 m) et le bassin d'Ambert. Parc naturel régional du Livradois-Forez (créé en 1984).

livraison n. f. (de *livrer*) 1. Remise matérielle (d'un objet) à celui auquel l'objet est dû. *Voiture de livraison. Livraison à domicile.* 2. La marchandise livrée.

[1]livre n. m. (latin *liber* n. m. « pellicule entre le bois et l'écorce, sur laquelle on écrivait » → liber) **I. 1.** Assemblage (broché ou relié) d'un nombre assez grand de pages, à l'exclusion des périodiques. → **[1]écrit, ouvrage, volume ;** fam. **[2]bouquin.** *Des livres et des revues. Livre de poche*. – Livre d'images.* → **album.** *Livres rares, anciens. Amateur de livres.* → **bibliophile.** – loc. *Livre blanc,* recueil de pièces officielles, diplomatiques. ■ ***Le livre*** : l'imprimerie et ses produits. *Les industries du livre.* **2.** Texte imprimé reproduit dans un certain nombre d'exemplaires. *Livre de classe ; livres scolaires.* – *Livres religieux ; livre de messe.* → **missel.** *Les beaux livres* (livres d'art, albums, ouvrages de luxe...). ■ Texte (imprimé dans un livre ou destiné à l'impression, à la lecture). *Écrire un livre. Lire, feuilleter, parcourir un livre.* – loc. *Livre de chevet,* qu'on relit avec plaisir. – ***Les livres*** : la lecture, l'étude, la science, la théorie. – loc. *Parler comme un livre,* savamment. – *À livre ouvert,* couramment. **3.** *Livre numérique* (recomm. offic. pour **e-book**) : texte numérisé consultable sur un support électronique. – Ce support. → **liseuse.** **II. 1.** Grande division (d'un long ouvrage). *Le second livre de « L'Énéide ».* **2.** Cahier, registre. *Livre de comptes. Le livre de bord* d'un navire.* – ***Livre d'or*** : registre destiné à l'inscription de noms célèbres, à la réunion de commentaires élogieux.

Liverpool

Liverpool, le front de mer et les tours du Royal Liver Building.

²livre n. f. (vient du latin *libra* « balance » et « unité de poids », *cf.* niveau, libellule) **I.** Un demi-kilogramme, ou cinq cents grammes. *Une demi-livre,* 250 g. **II. 1.** Ancienne monnaie française. **2.** Unité monétaire britannique. *Des livres sterling* (symb. £). – *Livre irlandaise* (avant l'euro). *Livre égyptienne, turque.*

livrée n. f. (d'abord « vêtements, équipement livrés aux domestiques ») **1.** Vêtements aux couleurs des armes d'un roi, d'un seigneur, que portaient les hommes de leur suite. **2.** Uniforme de certains serviteurs d'une même maison. *Valet en livrée.* **3.** Pelage, plumage (d'un animal).

livrer v. < 1 > (vient du latin *liberare* « affranchir, libérer » et « fournir » → libérer, de *liber,* adj. → libre) **I. v. tr. 1.** Mettre (qqn) au pouvoir de (qqn). *Livrer un coupable à la justice.* → **déférer, remettre.** – au p. p. *Enfants livrés à eux-mêmes.* **2.** Soumettre à l'action de qqch. *Livrer qqn à la mort.* – au p. p. *Pays livré à l'anarchie.* **3.** Remettre (qqn) par une trahison entre les mains de. *Livrer son complice à la police.* → **dénoncer, donner. 4.** Confier à qqn (une partie de soi, une chose à soi). → **donner.** *Il a livré son secret.* **5.** Remettre à l'acheteur (ce qui a été commandé, payé). → **livraison, livreur.** *Livrer une commande, une marchandise à domicile.* ■ *Livrer qqn,* lui apporter ce qu'il a commandé. *Vous serez livré demain. Se faire livrer.* **II. 1.** Engager, commencer (un combat, une bataille). *Livrer bataille.* **2.** ***Livrer passage à*** : laisser passer, permettre de passer. ■ **se livrer** v. pron. **1.** Se mettre au pouvoir de (qqn, une force). → **se rendre, se soumettre.** *Se livrer après une longue résistance. « Je me livre en aveugle au destin qui m'entraîne »* (Racine). **2.** Se confier ; parler de soi. *Elle ne se livre pas facilement.* **3.** ***Se livrer à*** : se laisser aller à (un sentiment, une idée, une activité, etc.). → **s'adonner.** *Se livrer aux pires excès.* ■ Effectuer (un travail, une tâche), exercer (une activité). *Se livrer à un travail, à une étude.* → **se consacrer.**

livresque adj. (de *livre* et suffixe à l'italienne [mot de Montaigne]) péj. Qui vient des livres, qui est purement littéraire, théorique (opposé à *pratique, réel, vécu, vrai*). *Connaissances livresques.*

livret n. m. (diminutif de ¹*livre*) **I. 1.** vieilli Catalogue explicatif. *Le livret d'une exposition.* **2.** Petit registre. → **carnet.** *Livret militaire. Livret de famille,* contenant des informations sur l'état civil des membres de la famille. *Livret scolaire. Livret d'épargne,* compte de dépôt rémunéré. **II.** Texte sur lequel est écrite la musique (d'une œuvre lyrique). *Des livrets d'opéra. Auteur de livrets.* → **librettiste. III.** (Suisse) Table de multiplication.

livreur, euse n. Personne qui livre (I, 5), transporte des marchandises. *Livreur de pizzas.*

Livron-sur-Drôme Commune de la Drôme. 9 254 habitants. Viticulture. Réserve naturelle.

Livry-Gargan Commune de la Seine-Saint-Denis, au N. du Raincy. 45 618 habitants. Commune résidentielle.

lixiviation n. f. (du latin *lixivius,* de *lixa* « lessive » → lessive) chim., techn. Extraction d'un composé soluble à partir d'un produit pulvérisé, par des opérations de lavage et de percolation.

Li Yu Romancier et auteur dramatique chinois (1611-1679). Auteur de romans, il écrivit également des pièces de théâtre pour sa propre troupe de comédiens. *Rouputuan.*

Lizy-sur-Ourcq Commune de la Seine-et-Marne, au N.-E. de Meaux. 3 529 habitants. Imprimerie. Métallurgie.

Ljubljana Capitale de la Slovénie, dans la vallée de la Save. 285 600 habitants. Château du XIIe s. Cathédrale et églises baroques. Palais. Université fondée au XVIe s. La ville, située sur l'axe Vienne-Trieste, a toujours joué un rôle commercial important, mais a connu une industrialisation tardive. Capitale de la République slovène de Yougoslavie, à partir de 1945, elle est devenue en 1991 la capitale de la Slovénie indépendante.

Llandudno Ville du pays de Galles (Conwy). 15 000 habitants. Site préhistorique. Station balnéaire.

Llano Estacado Plateau semi-aride des États-Unis (O. du Texas, E. du Nouveau-Mexique). Agriculture irriguée et élevage extensif. Hydrocarbures.

llanos [ljanos] n. m. pl. (mot espagnol) géogr. Région de plaines herbeuses, en Amérique du Sud. → **savane.**

Lleida voir Lérida

Llivia Village espagnol enclavé en territoire français (Pyrénées-Orientales). 1 641 habitants.

Llobregat n. m. Fleuve côtier d'Espagne (Catalogne) qui se jette dans la Méditerranée. 190 km.

Lloyd (Harold) Acteur américain (1893-1971). Il créa le type du personnage craintif et maladroit, qui se tire avec flegme des situations les plus périlleuses. Il tourna dans plus de 200 films comiques, dont *Monte là-dessus.*

Lloyd George (David), 1er comte Lloyd George of Dwyfor Homme d'État britannique (1863-1945). Auteur de vastes réformes sociales (assurances maladie et chômage, limitation du pouvoir des lords), il fut le principal représentant de la gauche libérale britannique. Successivement chancelier de l'Échiquier (1908-1915), ministre de la Guerre (1916), puis Premier ministre (1916-1922), il joua un rôle décisif durant la Première Guerre mondiale, organisant avec Clemenceau le commandement unifié des forces alliées (1917) et contribuant à l'élaboration du traité de Versailles (1919).

Lloyd's n. f. La plus importante entreprise d'assurances du monde. Elle fut créée à la fin du XVIIe s., à Londres.

Llull (Ramón) voir Lulle (Raymond)

LMD n. m. (sigle de *licence-master-doctorat*) Organisation des diplômes universitaires français, dont les grades sont la licence (bac+3), le master (bac+5) et le doctorat (bac+8).

loa n. m. (mot du créole haïtien) En Haïti, Divinité du culte vaudou.

Loach (Kenneth, dit Ken) Réalisateur britannique (né en 1936). Il s'est imposé dès ses premiers longs-métrages, proposant une vision critique de la société capitaliste contemporaine : destruction de la cellule familiale, chômage de masse, pauvreté. *Family Life ; Raining Stones ; Land and Freedom ; Moi, Daniel Blake.*

Ken Loach, *Le vent se lève* (2006), avec Cillian Murphy et John Crean.

loader ou **loadeur** [lodœʀ] n. m. (anglais *loader,* de *to load* « charger ») anglic., techn. Engin de travaux publics capable d'assurer le chargement des déblais sur des camions. *Des loaders.* - recomm. offic. → **chargeuse.**

loase n. f. méd. Filariose transmise par piqûre d'insecte dans certaines régions d'Afrique, caractérisée par la migration du ver sous la peau.

lob n. m. (mot anglais, de *to lob* « tomber », « se mouvoir lourdement ») anglic. Au tennis, Coup qui consiste à envoyer la balle assez haut pour qu'elle passe par-dessus la tête du joueur opposé.

lobaire adj. anat. Relatif à un lobe.

Lobatchevski (Nikolaï Ivanovitch) Mathématicien russe (1792-1856). Il créa une nouvelle géométrie non euclidienne, dite « pangéométrie » ou géométrie « hyperbolique ».

Lobau Île du Danube, à Vienne, aujourd'hui parc naturel.

lobby n. m. (mot anglais des États-Unis « allée, couloir ») anglic. Groupe de pression. *Des lobbys ou des lobbies* (plur. anglais).

lobbying [lɔbiiŋ] n. m. anglic. Action d'un lobby.

lobbyiste [lɔbiist] n. anglic. Membre d'un lobby.

lobe n. m. (grec *lobos ;* d'abord « cosse, gousse », p.-ê. famille du latin *legumen* → légume) **1.** Partie arrondie et saillante (d'un organe). *Lobes du poumon, du cerveau.* **2.** *Lobe de l'oreille,* prolongement arrondi et charnu du pavillon. **3.** Partie arrondie entre deux échancrures (des feuilles, des pétales).

lobé, ée adj. Divisé en lobes ; qui présente des découpures arrondies. *Feuilles lobées du chêne, du figuier.*

lobectomie n. f. chir. Opération par laquelle on enlève un lobe (du poumon, du cerveau).

lobélie n. f. (de *Lobel,* n. d'un botaniste flamand) Plante exotique dont on extrait plusieurs alcaloïdes aux propriétés expectorantes.

lobéline n. f. pharm. Principal alcaloïde de la lobélie, utilisé comme fortifiant respiratoire.

lober v. < 1 > (de *lob*) **1. v. intr.** Au tennis, Envoyer la balle par un lob. **2. v. tr.** Au football, Envoyer le ballon au-dessus de (un joueur adverse). *Lober le gardien de but.*

Lobito Ville et port d'Angola. 358 000 habitants.

Lobo Antunes (António) Écrivain et médecin portugais (né en 1942). Dans une langue métaphorique et imagée, il évoque la nostalgie de l'enfance, la décolonisation, le désenchantement politique qui suivit la révolution des Œillets et son obsession de la mort. *Le Cul de Judas ; La Splendeur du Portugal ; Traité des passions de l'âme.*

lobotomie n. f. (de *lobe* et *-tomie*) chir. Section de fibres nerveuses à l'intérieur du cerveau.

lobotomiser v. tr. < 1 > chir. Faire subir une lobotomie à (qqn ; un cerveau).

lobule n. m. anat. **1.** Petit lobe. **2.** Unité structurelle et fonctionnelle (d'un organe). *Lobules pulmonaires.* ▫ adj. **lobulaire**

lobuleux, euse adj. anat. Composé de lobules. *Tumeur lobuleuse.* - syn. **lobulé, ée.**

¹local, ale, aux adj. (du bas latin, de *locus* → ¹lieu) **1.** Qui concerne un lieu, une région, lui est particulier. *Averses, éclaircies locales. Coutumes, traditions locales* (opposé à *national*). *La presse locale.* → **régional.** *Produits locaux.* – **adv.** *Consommer local.* ■ **subst.** *Les locaux :* les habitants du lieu. **2.** *Couleur locale.* → **couleur. 3.** Qui n'affecte qu'une partie du corps. *Anesthésie locale* (opposé à *générale*).

²local, aux n. m. Pièce, partie d'un bâtiment à destination déterminée. *Locaux commerciaux, professionnels.*

localement adv. D'une manière locale.

localier, ière n. (de [agence] *locale*) Journaliste, correspondant(e) local(e) d'un journal.

localisable adj. Qu'on peut localiser.

localisateur, trice adj. didact. Qui localise. – Qui permet de localiser (un phénomène). *Symptômes localisateurs d'une lésion cérébrale.*

localisation n. f. **1.** Action de localiser (1) ; fait d'être localisé. **2.** Action de limiter dans l'espace. *La localisation d'un conflit.* **3.** écon. Implantation (d'une entreprise, d'une activité).

localisé, ée adj. Situé en un lieu, en un point. *Un conflit très localisé.*

localiser v. tr. < 1 > (de *local* ; d'abord « mettre en ordre » et « rendre local » ; *cf.* délocaliser) **1.** Placer par la pensée en un lieu déterminé de l'espace (un phénomène, l'origine d'un phénomène). *Localiser un bruit.* – Repérer, par des mesures précises, l'emplacement exact de (qqch.). *Localiser un satellite par radar.* **2.** Circonscrire, renfermer dans des limites. → **limiter.** *Localiser une épidémie, un conflit,* l'empêcher de s'étendre.

localité n. f. (du bas latin, de *localis* → [1]local) **1.** Lieu déterminé. **2.** Petite ville, village. → **agglomération, bourg.**

Locarno Ville de Suisse (Tessin), sur le lac Majeur. 16 122 habitants (agglomération : 55 761). Château des XVe-XVIe s. ; sanctuaire de la *Madonna del Sasso* (le Bramantino). Festival international de cinéma. Station touristique.

Locarno (accords de) Accords signés en 1925 par la Grande-Bretagne, la France, la Belgique, la Pologne, la Tchécoslovaquie, l'Allemagne et l'Italie et qui garantissaient les frontières fixées lors du traité de Versailles.

locataire n. (du latin *locatum,* de *locare* → [2]louer) Personne qui prend à bail une maison, un logement (→ [2]**louer**). *Avoir des locataires.*

Locatelli (Pietro Antonio) Compositeur et violoniste italien (1695-1764). Auteur de concertos et de sonates, il fut particulièrement novateur dans la technique du violon.

[1]locatif, ive adj. (du supin du latin *locare* → [2]louer) dr. Qui concerne la location ou le locataire. *Valeur locative,* revenu que peut rapporter un immeuble donné en location (→ [1]**louer**).

[2]locatif, ive adj. (famille du latin *locus* « lieu ») ling. Qui marque le lieu. *Prépositions locatives* (ex. à, en, dans). – *Cas locatif* et n. m. *le locatif :* dans certaines langues à flexions, cas auquel se met le complément de lieu.

location n. f. (latin *locatio* « louage », de *locare* → [2]louer) **1.** Action de donner ou de prendre à loyer (un logement). *Donner, prendre en location* (→ **locataire,** [1]**locatif**). *Location-vente,* contrat qui permet au locataire de devenir propriétaire de la chose louée. *Des locations-ventes.* → anglic. **leasing.** ▪ *Voiture de location,* louée. **2.** Action de retenir à l'avance une place (dans un théâtre, un train...). → **réservation.**

loc. cit. loc. adv. (abrév. des mots latins *loco citato* « au lieu *[locus]* cité ») didact. À l'endroit déjà cité (dans une référence).

[1]loch [lɔk] n. m. (néerlandais *log* « bûche, poutre », de l'anglais) Appareil pour mesurer la vitesse d'un navire. *Des lochs.*

[2]loch [lɔk] n. m. (mot anglais d'Écosse, du gaélique ; famille du latin *lacus* → lac) En Écosse, lac qui occupe le fond d'une vallée. *Le loch Ness. Des lochs.*

loche n. f. (p.-ê. du gaulois *leuka* « blancheur ») **1.** Petit poisson d'eau douce à chair comestible. *Loche de rivière.* **2.** Limace grise.

locher v. tr. < 1 > (p.-ê. du francique *luggi* « branlant ») régional (Normandie) *Locher un arbre,* le secouer pour en faire tomber les fruits.

Loches Chef-lieu d'arrondissement de l'Indre-et-Loire, sur l'Indre. 6 165 habitants. Ancienne cité fortifiée (porte Royale du XIIIe s., porte des Cordeliers du XVe s.) ; château (donjon du XIe s., logis royaux des XIVe et XVIe s.) ; église Saint-Ours du XIIe siècle.

lochies [lɔʃi] n. f. pl. (grec *lokheia* « accouchement ») méd. Écoulement utérin pendant les deux ou trois semaines qui suivent l'accouchement.

Lochner (Stephan) Peintre allemand (v. 1410-1451). Sous l'influence de l'école gothique de Cologne, il réalisa des toiles religieuses aux coloris éclatants, mis en valeur par l'emploi de fond d'or. *L'Adoration des mages.*

Lochristi Commune de Belgique (Flandre-Orientale). 22 610 habitants. Horticulture.

Locke (John) Philosophe anglais (1632-1704). On le considère comme l'un des principaux représentants de l'empirisme anglais. Dans son *Essai sur l'entendement humain,* il soutint que toutes les idées simples trouvent leur origine dans l'expérience et entreprit une critique radicale de l'innéisme et du cogito cartésiens. Dans le domaine de la philosophie politique, avec ses *Lettres sur la tolérance* et les *Traités sur le gouvernement civil,* il est aussi un des principaux théoriciens du libéralisme politique, soutenant que le contrat social ne saurait annihiler les droits naturels des individus (droit à l'autoconservation, à la propriété, à la liberté).

lockout n. m. ou **lock-out** [lɔkaut] n. m. invar. (anglais *lockout,* de *to lock* « fermer à clé, au verrou » → loquet et *out* « hors de ») anglic. Fermeture temporaire d'une entreprise décidée par des patrons qui refusent le travail à leurs ouvriers. *Des lockouts, des lock-out.* ▫ **lockouter** ou **lock-outer** v. tr. < 1 >

Lockwood (Didier) Violoniste, chef d'orchestre et compositeur de jazz français (1956-2018). Inspiré par Stéphane Grappelli et Herbie Hancock, il mit sa virtuosité au service d'improvisations accompagnées par des instruments électroniques.

Lockyer (sir Joseph Norman) Astrophysicien britannique (1836-1920). Sa collaboration avec Janssen dans l'observation du spectre de la couronne solaire révéla la présence d'un élément alors inconnu sur Terre, l'hélium.

Locmariaquer Commune du Morbihan, à l'entrée du golfe du Morbihan. 1 545 habitants. Monuments mégalithiques. Pêche. Tourisme.

Locminé Commune du Morbihan. 4 578 habitants. Église et ossuaire du XVIe siècle.

loco- Élément (du latin *locus*) qui signifie « lieu ».

locomobile n. f. (de *loco-* et *mobile*) anciennt Machine à vapeur ou à moteur, qui peut se déplacer pour actionner des engins industriels ou agricoles (batteuses, moissonneuses).

locomoteur, trice adj. (de *loco-* et *moteur,* d'après *locomotif, ive,* latin mod. *locomotivus*) Qui permet de se déplacer, qui sert à la locomotion. *Muscles, organes locomoteurs.*

locomotion n. f. (de *loco-* et *motion* → locomoteur) **1.** Action de se mouvoir, de se déplacer d'un lieu vers un autre ; fonction qui assure ce mouvement. *Muscles de la locomotion.* **2.** Action de se déplacer. → **déplacement, transport.** *Moyens de locomotion.*

locomotive n. f. (de *machine locomotive* → locomoteur) **1.** Engin, véhicule de traction servant à remorquer les trains. → **machine, motrice.** *Locomotive électrique, diesel.* - abrév., vieilli **loco. 2.** fig. Personne, chose qui entraîne, joue le rôle d'un élément moteur.

locomotrice n. f. Locomotive à moteur thermique ou électrique.

locorégional, ale, aux adj. méd. *Anesthésie locorégionale :* anesthésie locale touchant un ensemble de nerfs, une partie du corps (opposé à *générale*).

locotracteur n. m. (de *locomotive* et *tracteur*) techn. Petite locomotive à moteur diesel utilisée pour les manœuvres.

Locride n. f. Ancienne région de la Grèce centrale, divisée en *Locride occidentale* (sur les rivages du golfe de Corinthe) et *Locride orientale* (sur les rivages du golfe d'Eubée).

Locronan Village du Finistère. Monuments des XVe et XVIe s. Célèbre pardon.

Loctudy Commune du Finistère, près de Quimper. 3 980 habitants. Église romane. Station balnéaire.

loculaire adj. (de *locule* « loge », du latin, de *locus* → [1]lieu) bot. Partagé en plusieurs loges. *Fruit loculaire,* renfermé dans les alvéoles. - syn. **loculé, ée** et **loculeux, euse.**

locus [lɔkys] n. m. (mot latin « lieu ») biol. Localisation précise d'un gène sur un chromosome. *Des locus* ou *des loci* [-ki ; -si] (plur. latin).

locuste n. f. (latin *locusta* « sauterelle » → langouste) zool. Criquet migrateur.

Locuste Femme romaine (morte en 68). Elle empoisonna Claude à la demande d'Agrippine, et Britannicus à celle de Néron. Elle fut mise à mort sur ordre de Galba.

locustelle n. f. (de *locuste** [l'oiseau se nourrit de sauterelles et son chant évoque la stridulation du criquet]) Passereau insectivore, à chant suraigu.

locuteur, trice n. (latin *locutor,* de *loqui* « parler » → loquace) didact. Personne qui emploie effectivement le langage, qui parle (opposé à *auditeur*). – anglic. *Locuteur natif,* qui parle sa langue maternelle et peut juger de la correction grammaticale des phrases.

locution n. f. (latin *locutio,* de *loqui* → locuteur) Groupe de mots figé ou relativement stable ayant la même fonction qu'un mot. → **expression, formule,** [2]**tour.** *Locution figée.* – *Locution verbale* (ex. avoir l'air, prendre garde), *adverbiale* (ex. en vain, tout de suite), *conjonctive* (ex. dès que, pour que), *prépositive* (ex. auprès de, jusqu'à).

Lod ou **Lydda** Ville d'Israël. 66 800 habitants. Aéroport international de Tel-Aviv-Jaffa. Depuis 2004, les communautés juive et arabe sont séparées par un mur.

loden [lɔdɛn] n. m. (mot allemand, n. d'étoffe et de vêtement dans les langues germaniques anciennes) Tissu de laine épais et imperméable. – Manteau de loden. *Des lodens.*

Lodève Chef-lieu d'arrondissement de l'Hérault. 7 382 habitants. Cathédrale du XIIIe-XIVe siècle.

Lodge (Thomas) Poète, romancier, dramaturge et essayiste anglais (1558-1625). Aventurier, il écrivit *Rosalinde* au cours de l'expédition du capitaine Clarke aux Canaries.

Lodge (Henry Cabot) Homme politique et écrivain américain (1850-1924). Sénateur républicain, il organisa avec succès la lutte contre la ratification du traité de Versailles et l'entrée des États-Unis dans la SDN. ▪ **Henry Cabot Lodge.** Homme politique (1902-1985), petit-fils du précédent. Représentant des États-Unis à l'ONU (1953), il dirigea la délégation américaine à la conférence de Paris sur le Viêtnam (1969).

Lodge (sir Oliver Joseph) Physicien britannique (1851-1940). Ses travaux portèrent sur l'électromagnétique et ses applications en télégraphie sans fil : il perfectionna l'appareil de Branly de manière à en faire un récepteur utilisable industriellement.

Lodge (David) Écrivain britannique (né en 1935). Dans ses romans, il critique avec ironie les intellectuels et les microcosmes universitaires. *Changement de décor ; Jeu de société ; Un tout petit monde.*

Lodi Ville d'Italie, en Lombardie. 40 800 habitants. La *ligue de Lodi,* réunissant Milan, Venise et Florence contre les Français y fut constituée en 1454. Bonaparte y vainquit les Autrichiens le 10 mai 1796.

lods [lo] n. m. pl. (ancien français *los* « consentement », du latin *laus, laudis* « louange ») dr. féodal *Lods et ventes :* droit perçu par le seigneur lors de la vente d'un territoire par un paysan.

Lods (Marcel) Architecte et urbaniste français (1891-1978). Associé d'Eugène Beaudouin, il utilisa des méthodes industrielles dans la construction de bâtiments et développa le préfabriqué. Dans la cité de la Muette à Drancy, il adopta la formule des immeubles-tours dont l'usage se répandit par la suite.

Łódź Ville de Pologne, au S.-O. de Varsovie. 760 250 habitants. Industries textiles, mécaniques et chimiques. Łódź a abrité le gouvernement polonais pendant la reconstruction de Varsovie, après 1945.

Loeb (Sébastien) Pilote de rallye français (né en 1974). Neuf fois champion du monde des rallyes (de 2004 à 2012), il s'est imposé sur tous les types de terrain.

Sébastien Loeb en 2007.

Lœillet Famille de musiciens gantois. Les frères Jean (1680-1730), Jacques (1685-1746) et Jean-Baptiste, dit Lœillet de Gand (né en 1688), composèrent essentiellement des pièces pour flûte. Le premier introduisit la flûte traversière en Angleterre.

lœss [løs] **n. m.** (mot allemand, famille de *los* « détaché ») Limon calcaire, très fin, déposé par le vent. *Plaine de lœss.*

Loewi (Otto) Pharmacologue allemand (1873-1961). En 1936, il reçut avec H. Dale le prix Nobel de physiologie ou de médecine pour ses travaux sur le système nerveux autonome. Il identifia également l'acétylcholine.

Loewy (Raymond) Dessinateur et esthéticien industriel américain d'origine française (1893-1986). Il se spécialisa notamment dans l'esthétique industrielle, dont il fut le pionnier aux États-Unis. *La laideur se vend mal.*

lof **n. m.** (ancien néerlandais *loef*, ou vieux norrois) mar. Côté d'un navire qui reçoit le vent. *Virer lof pour lof* : virer de bord vent arrière.

lofer **v. intr.** < 1 > mar. Faire venir le navire plus près du vent en se servant du gouvernail ; venir au lof*, au vent.

Löffler (Friedrich) Bactériologiste allemand (1852-1915). On lui doit la première description du bacille de la diphtérie *(bacille de Klebs-Löffler).*

Lofoten (îles) Archipel norvégien au large de la côte N.-O. 1 227 km². 23 600 habitants. Pêche.

Îles Lofoten, cabanes de pêche à Mortsund.

loft [lɔft] **n. m.** (mot anglais des États-Unis, d'abord « grenier », apparenté à *to lift* « élever ») anglic. Local à usage commercial ou industriel aménagé en local d'habitation.

Logan (mont) Point culminant du Canada, dans les monts St. Elias, au Yukon. 5 959 m. Son sommet a été atteint pour la première fois en 1925.

logarithme **n. m.** (latin mod. créé par Neper, du grec *logos* → -logie et *arithmos* → arithmétique) Exposant qu'on affecte à un nombre *(la base)* pour en obtenir un autre. *Table de logarithmes.* - abrév. **log.** □ **adj. logarithmique**

loge **n. f.** (vient du francique *laubja* ; famille du latin médiéval *laubia*, italien *loggia* → loggia) **I. 1.** Logement du concierge, du portier. **2.** Pièce où les comédiens se préparent et se reposent. **3.** Compartiment cloisonné. *Les loges d'une écurie, d'une étable.* → ¹**box, stalle. 4.** dans une salle de spectacle Compartiment contenant plusieurs sièges. → **avant-scène, baignoire.** *Loges de balcon, de corbeille.* – loc. fig. *Être aux premières loges* : à la meilleure place. **II.** Association de francs-maçons. **III.** anat. Cavité contenant un organe. *La loge hépatique.*

logeable **adj.** Où l'on peut habiter, être logé. *Un réduit à peine logeable.* – Où l'on peut ranger des objets.

logement **n. m. 1.** Action de loger ou de se loger. → **gîte, logis.** – au sing. collectif *Crise du logement.* **2.** Local à usage d'habitation. → **appartement, domicile, résidence.** *Un logement de deux pièces.* – *Logements sociaux* (→ **HLM**).

loger **v.** < 3 > (de *loge*) **I. v. intr.** Avoir sa demeure (le plus souvent temporaire) en un endroit. → **demeurer, habiter, vivre ;** fam. **crécher, percher.** *Loger chez des amis, à l'hôtel, dans une pension.* **II. v. tr. 1.** Établir (qqn) dans une maison, de manière temporaire ou durable. → **installer.** *Je peux vous loger pour la nuit.* – passif et p. p. *Être bien logé. Être logé et nourri.* – (sujet chose) Être susceptible d'abriter, d'héberger. *Le collège peut loger trois cents élèves.* → **recevoir. 2.** Faire entrer, faire pénétrer. *Loger une balle dans la cible.*

Loges **n. f. pl.** Galeries du Vatican décorées de scènes bibliques peintes par Raphaël.

logeur, euse **n.** Personne qui loue des chambres meublées.

loggia [lɔdʒja] **n. f.** (mot italien ; famille de *loge*) Balcon couvert et fermé sur les côtés. *Des loggias.*

logiciel, ielle (de *logique* et *matériel*, pour remplacer l'anglais *software*) inform. **I. n. m. 1.** Ensemble des programmes et des procédures nécessaires au fonctionnement d'un système informatique. - recomm. offic. pour **software. 2.** Programme informatique. *Logiciel d'application. Logiciel libre,* que l'on peut modifier, copier, diffuser en toute liberté. → anglic. **open source. II. adj.** Relatif à un logiciel.

logicien, ienne **n.** (du latin *logicus* → ²logique) **1.** Spécialiste de la logique. **2.** Personne qui raisonne avec méthode, rigueur, en suivant les règles de la logique.

logicisme **n. m. 1.** didact. Prépondérance accordée à la logique sur la psychologie, la sociologie. **2.** Tendance à réduire les mathématiques à la logique.

logicomathématique **adj.** didact. Qui appartient à la logique et aux mathématiques en tant que systèmes axiomatisés.

logicopositivisme **n. m.** philos. Théorie de la science unifiée par les structures logicomathématiques. → **empirisme, positivisme.**

-logie Élément (du grec *logia* « théorie » → ¹logique) signifiant « science, discours » et servant à former des noms féminins. → **-logue.**

log-in [lɔgin] **n. m. invar.** (anglais *to log in* → se loguer) anglic., inform. Code alphanumérique personnel que donne un utilisateur à un système informatique pour s'identifier. - var. **login n. m.** *Des logins.* - Équivalent français **nom d'utilisateur.**

¹logique **n. f.** (latin *logica*, grec *logikê [tekhnê]*, de *logos* « raison » et « parole ; récit », de *legein* « cueillir » et « dire », famille du latin *legere* → ¹lire) **I. 1.** Étude scientifique, surtout formelle, des normes de la vérité. *Logique formelle.* – *Logique symbolique, mathématique. Logique générale,* épistémologie, méthodologie. **2.** Livre, traité de logique. **II. 1.** Manière de raisonner. → **raisonnement.** *La logique de l'enfant.* **2.** Enchaînement cohérent d'idées, manière de raisonner juste. → **cohérence, méthode.** « *La logique est la géométrie de l'intelligence* » (Hugo). *La logique d'une démonstration.* **3.** fig. Suite cohérente d'évènements. *Pays qui est dans une logique de guerre.*

²logique **adj.** (latin *logicus*, du grec *logikos* → ¹logique) **1.** Conforme aux règles, aux lois de la logique. *Déduction, conclusion logique.* **2.** Conforme au bon sens. *Raisonnement logique.* → **cohérent, conséquent.** ■ Conforme à la nécessité. *La conséquence logique d'un évènement.* → **inévitable. 3.** fam. surtout impers. Qui est dans l'ordre des choses, normal, explicable. *Il est furieux et c'est logique.* **4.** Qui raisonne bien, avec cohérence, justesse. *Vous n'êtes pas logique !* **5.** Qui se rapporte à l'intelligence et à l'entendement. *Esprits logiques et esprits intuitifs.*

▶ Dans la Grèce antique, le discours **logique** (1) se distingue du discours mythique. Les images du mythe décrivent un monde dominé par la volonté des dieux. La logique au contraire appartient aux hommes, elle organise et justifie les faits par la raison humaine.
Parménide et les présocratiques sont les premiers à développer ce mode de raisonnement, en affirmant l'exigence de non-contradiction, qui indique qu'une proposition ne peut être en même temps vraie et fausse. C'est avec Aristote que la logique trouve son premier achèvement. Les traités de l'*Organon* définissent les règles de la démonstration et du raisonnement scientifique (classement des objets et des êtres dans des catégories) et développent la théorie du syllogisme.
Perfectionnée au Moyen Âge, la logique aristotélicienne est remise en cause au début du XXᵉ siècle. La philosophie analytique (B. Russell, W. Quine) et le développement des mathématiques conduisent à l'apparition de nouvelles logiques. La logique modale de S. A. Kripke et H. Sahlqvist supprime l'opposition simpliste entre le vrai et le faux en raisonnant sur des « mondes possibles ». Les logiques multivalentes de J. Łukasiewicz ou L. E. J. Brouwer introduisent entre le vrai et le faux des valeurs de vérité intermédiaires : l'indéterminé, l'aléatoire, le probable.
voir aussi **mythe, science, aristotélisme**

-logique Élément d'adjectifs, correspondant à *-logie.*

logiquement **adv. 1.** Conformément à la logique. *Raisonner logiquement.* **2.** (en tête de phrase, en incise) fam. → **normalement.** *Logiquement, les choses devraient s'arranger.*

logis **n. m.** (de *loger*) littér. Endroit où on loge, où on habite. → **demeure, habitation, logement, maison.** *Quitter le logis familial.* – → **sans-logis.**

logisticien, ienne **n.** didact. **1.** Spécialiste de la logique mathématique. **2.** Spécialiste de la logistique (II).

logistique **n. f.** (du bas latin, du grec *logistikos*, adj. et n.) **I.** Logique symbolique. **II. 1.** milit. Techniques de transport, ravitaillement et logement des troupes. **2.** Moyens et méthodes d'organisation matérielle (d'une entreprise). **3. adj.** *Soutien logistique* (sens II, 1 et 2).

logithèque **n. f.** inform. Collection de logiciels.

Lognes Commune de la Seine-et-Marne. 14 388 habitants.

logo **n. m.** voir **logotype**

logo- Élément (du grec *logos* « mot, discours » → -logie) qui signifie « parole » (ex. *logopathie*) ou « écriture » (ex. *logotype*).

logogramme **n. m.** ling. Dessin correspondant à une notion ou à une suite de sons, dans les écritures dites à idéogrammes (hiéroglyphes, caractères chinois).

logographe **n. m.** (grec *logographos* « qui écrit en prose *[logos]* ») Antiq. **1.** Se dit des premiers prosateurs grecs. **2.** Historien (jusqu'à Hérodote).

logogriphe **n. m.** (de *logo-* et du grec *griphos* « filet ; énigme ») didact. Énigme, procédé consistant à composer plusieurs mots formés des lettres d'un mot principal, qu'il faut deviner. *Avec le mot « orange », on peut former par logogriphe « orage », « rage », « nage », « orge », etc.* ■ fig. et littér. Discours obscur, inintelligible.

logomachie **n. f.** (grec *logos* → -logie et *makhia* « combat ») didact. **1.** Dispute de mots. **2.** Verbalisme, discours creux. □ **adj. logomachique**

Logone **n. m.** Rivière d'Afrique (Cameroun, Tchad), affluent du Chari. 900 km.

logopathie n. f. méd. Trouble de la parole et du langage.

logopédie n. f. (→ ¹pédo-) (Belgique, Suisse) Traitement qui vise à corriger les défauts de prononciation chez les enfants. → **orthophonie.** □ n. **logopédiste** et **logopède**

logorrhée n. f. (du grec → -logie et -rrhée) didact. Flux de paroles. □ adj. **logorrhéique**

logos [lɔgos ; lɔgɔs] n. m. (mot grec → -logie, ¹logique) didact. **1.** Être semi-divin, esprit raisonnable. – théol. Le Verbe* divin. **2.** Langage en tant qu'instrument de la raison.

logotype n. m. (du grec → -logie et type) Groupe de lettres liées. – Symbole graphique d'une marque (abrév. **logo**).

Logroño Ville d'Espagne, capitale de La Rioja, sur l'Èbre. 152 698 habitants. Commerce viticole.

-logue Élément (du grec *logos* « discours » → ¹logique) qui signifie « savant, spécialiste (d'une science) ». → **-logie.**

se **loguer** v. pron. < 1 > (d'après l'anglais *to log on* → log-in) anglic., inform. S'identifier pour entrer dans un système informatique (→ log-in). - Équivalent français **ouvrir une session.**

Lohengrin Héros d'une légende allemande, surnommé « le chevalier au cygne ». Fils de Parzival (Perceval), il donna son nom à une épopée composée vers 1250.

Lohenstein (Daniel Casper von) Poète, romancier et dramaturge allemand (1635-1683). Il fut l'un des principaux créateurs de la tragédie allemande de l'époque baroque. *Cléopâtre ; Agrippine.*

¹loi n. f. (vient du latin *lex, legis,* d'abord « contrat », p.-ê. famille de *legere* → ¹lire) **I.** Règle impérative. **1.** Règle ou ensemble de règles obligatoires établies par l'autorité souveraine d'une société et sanctionnées par la force publique. *« L'Esprit des lois »* (œuvre de Montesquieu). *Les lois d'un État, d'un pays.* → **législation ; ³droit.** *Recueil de lois.* → **code.** *Lois et institutions*. Loi en vigueur, en application. Enfreindre, violer une loi, la loi.* – Disposition prise par le pouvoir législatif (Chambre, Parlement). *Projet de loi,* émanant du gouvernement ; *proposition de loi,* d'initiative parlementaire. – *Loi d'orientation,* établissant des principes à suivre. – ***Loi-cadre*** : servant de cadre à des textes d'application. *Des lois-cadres.* – ***Loi-programme*** : portant sur un programme à long terme. *Des lois-programmes.* **2. *La loi*** : l'ensemble des règles juridiques. → **³droit, législation.** *Conforme à la loi.* → **légal.** *Au nom de la loi, je vous arrête ! Braver la loi. Se mettre en dehors de la loi.* → **hors-la-loi.** – *Homme de loi,* juriste, magistrat. **3.** (après un v. exprimant l'ordre) Commandement que l'on donne. *Dicter, faire la loi à qqn.* – ***Faire la loi*** : commander. *Il ne viendra pas faire la loi chez moi !* **4.** Règle, condition imposée par les choses, les circonstances. *La loi de la jungle. La loi du silence.* → **omerta. 5.** Règle exprimant la volonté de Dieu. → **commandement.** *Les tables de la Loi. Loi islamique*.* → **charia. 6.** au plur. Règles ou conventions établies dans les rapports sociaux, dans la pratique d'un art, d'un jeu, etc. → **règle. II.** Règle exprimant un idéal, une norme. **1.** Règle dictée à l'homme par sa conscience, sa raison. *Loi morale.* → **²devoir, précepte, principe. 2.** *Les lois du beau, de l'art,* les conditions de la perfection esthétique. → **²canon, norme. III.** Formule générale, non impérative, énonçant un rapport constant entre des phénomènes. – sc. *Lois physiques. Découvrir, trouver une loi. C'est un défi aux lois de l'équilibre.* – *Lois biologiques. Lois économiques.*

▶ Les **lois** (I, 1) les plus anciennes présentent trois caractéristiques : elles sont orales, issues de la tradition et elles possèdent un caractère absolu. Respecter la loi, c'est se situer dans « l'ordre sacré » des anciens, qui fonde la communauté. Hors de celle-ci, il n'y a rien : on sort de l'espace humain. La tragédie grecque représente précisément les conséquences d'une transgression de « l'ordre sacré », le châtiment des dieux par exemple.
Progressivement la codification des anciennes coutumes s'est accompagnée d'une désacralisation de la loi. C'est sans doute l'apport majeur des Romains : leur droit se définit d'abord comme une organisation des hommes par les hommes. Le monde moderne conçoit dorénavant la loi comme purement humaine (même si la *charia* appliquée dans certains pays musulmans trouve encore sa légitimité dans une parole divine).
Des différences sensibles perdurent cependant d'un pays à l'autre. En Occident, les pays de *common law* (Royaume-Uni, États-Unis) se distinguent de la tradition du droit romain et germanique. En effet, la *common law* accorde une grande importance à la jurisprudence. Principalement constituée de références à des décisions de justice, elle définit surtout ce que l'on ne peut pas faire. Dans les pays de « droit romain », en France notamment, les lois ne se contentent pas de poser des limites mais décrivent, organisent, réglementent et prévoient précisément ce qui peut ou doit être fait.
voir aussi **justice, norme, tribunal**

²loi n. f. (de ¹*loi,* avec influence de *aloi*) techn. Titre auquel les monnaies peuvent être fabriquées. → **aloi.**

loi-cadre voir **¹loi**

loin adv. et n. m. (vient du latin *longe* « au loin », de *longus* → long) **I.** adv. **1.** À une grande distance (d'un observateur ou d'un point d'origine). *Être loin, très loin* (→ **au bout du monde, au diable**). *Aller trop loin.* → **dépasser.** *Les fuyards sont loin* (→ **hors d'atteinte, de portée**). – loc. *Aller loin* (au futur), réussir. *Elle ira loin.* – *Aller trop loin,* exagérer. *« Le tact dans l'audace, c'est de savoir jusqu'où on peut aller trop loin »* (Cocteau). – *Une affaire qui peut aller loin,* avoir de graves conséquences. **2.** Dans un temps jugé éloigné (du présent ou d'un temps de référence). *L'été n'est plus bien loin.* – *Comme c'est loin !* → **vieux.** – *Sans remonter si loin,* il n'y a pas si longtemps. – *Voir loin,* avoir une grande prévoyance. **II.** n. m. (dans des loc.) **1. *Il y a loin*** : il y a une grande distance. *Il y a loin de l'hôtel à la plage.* fig. *Il y a loin,* il y a une grande différence. **2. *Au loin*** loc. adv. : dans un lieu éloigné. *Aller, partir au loin,* s'éloigner. *Voir, apercevoir qqch. au loin.* → dans le **lointain. 3. *De loin*** loc. adv. : d'un lieu éloigné. *Voir, apercevoir de loin une personne. Suivre de loin les évènements,* sans y être mêlé. – *Revenir de loin,* d'une situation très grave. – *Voir venir qqn de loin,* pénétrer ses intentions secrètes. ■ De beaucoup, par une grande différence. *C'est de loin son meilleur roman.* ■ (dans le temps) *Dater de loin, de très loin,* d'un temps très ancien. **4. *De loin en loin*** loc. adv. : par intervalles. **III. *Loin de*** loc. prép. **1.** À une grande distance. – *Non loin de,* assez près de. – prov. *Loin des yeux, loin du cœur,* les absents sont vite oubliés. – loc. *Loin de moi la pensée de...,* j'écarte cette pensée avec mépris. ***Loin de là*** : bien au contraire. *Il n'est pas désintéressé, loin de là !* **2.** Dans un temps éloigné, à une époque lointaine (future ou passée). **3. *Pas loin de.*** → **presque.** *Il n'est pas loin de minuit.* **4. *Être loin de*** (+ inf.) (négation emphatique). *Elle était loin de s'attendre à cela,* elle ne s'y attendait pas du tout. **IV. *D'aussi loin que, du plus loin que*** loc. conj. : dès que. *D'aussi loin, du plus loin qu'il me vit.*

Loing n. m. Rivière du Bassin parisien, affluent de la Seine, qui traverse Montargis et Nemours. 166 km.

lointain, aine (vient du bas latin *longitanus,* de *longe* → loin) **I.** adj. **1.** Qui est à une grande distance dans l'espace. → **distant, éloigné ; loin ;** s'oppose à *proche. Partir dans un pays lointain. Un lointain exil. Rumeur lointaine.* – *Avoir l'air lointain,* distrait, absent. **2.** fig. Qui n'est pas proche, direct. *Une ressemblance lointaine.* → **³vague. 3.** Très éloigné dans le temps. *Passé, avenir lointain.* □ adv. **lointainement II.** n. m. **1.** Partie d'un tableau représentant des lieux, des objets éloignés du premier plan. *Les lointains de Vinci.* **2.** Plan situé dans l'éloignement. *Dans le lointain, au lointain.* → **arrière-plan, fond.**

loi-programme voir **¹loi**

loir n. m. (vient du latin *glis, gliris,* avec chute du *g*) Petit mammifère rongeur, hibernant, à poil gris et à queue touffue. – loc. fam. *Dormir comme un loir,* beaucoup et profondément.

Loir n. m. Rivière du Bassin parisien, affluent de la Sarthe, en amont d'Angers. 311 km.

Loire n. f. Le plus long fleuve français. 1 012 km. Son bassin couvre environ 1/5 du territoire français. La Loire s'étend sur l'E. du Massif central (où elle prend sa source, au mont Gerbier-de-Jonc), sur le S. du Bassin parisien et sur le S.-E. du Massif armoricain (Loire inférieure) ; à partir de Nantes, sa vallée, le Val de Loire, se transforme en un long estuaire qui rejoint l'Atlantique. La Loire a un régime très irrégulier, pluvionival. Ses principaux affluents sont le Loiret, le Beuvron, le Cher, l'Indre, et la Vienne grossie par la Creuse, sur la rive gauche, et la Maine, formée du Loir, de la Sarthe et de la Mayenne, sur la rive droite. La navigation fluviale, très pratiquée de l'époque romaine jusqu'au XIXe s., ne l'est plus aujourd'hui qu'en aval de Nantes. En amont, ses eaux servent au refroidissement de centrales nucléaires.

Loire n. f. [42] Département français de la Région Auvergne-Rhône-Alpes (→ carte). 4 781 km^2. 768 508 habitants. Chef-lieu : Saint-Étienne. Chefs-lieux d'arrondissement : Montbrison, Roanne. Les plaines de Roanne et du Forez, traversées par la Loire, sont encadrées par les monts de la Madeleine et du Forez à l'O., du Beaujolais et du Lyonnais à l'E. L'élevage bovin domine sur les hauteurs. L'industrie et la population sont concentrées à Roanne et surtout à Saint-Étienne.

Loire (Haute-) n. f. [43] Département français de la Région Auvergne-Rhône-Alpes (→ carte). 4 977 km^2. 227 489 habitants. Chef-lieu : Le Puy-en-Velay. Chefs-lieux d'arrondissement : Brioude, Yssingeaux. Formé du Velay et de la basse Auvergne, le territoire s'étend sur de hautes terres (Devès, Mézenc, Meygal) séparées par la Loire et l'Allier. Outre l'élevage bovin dominant, et la polyculture (dans les bassins), quelques industries sont implantées (mécanique, plastique) mais ne parviennent pas à freiner l'émigration.

Loire (Pays de la) voir **Pays de la Loire**

Loire-Atlantique n. f. [44] Département français de la Région Pays de la Loire (→ carte). 6 979 km^2. 1 445 171 habitants. Chef-lieu : Nantes. Chefs-lieux d'arrondissement : Châteaubriant, Saint-Nazaire. Partie méridionale de la Bretagne historique, la Loire-Atlantique est une terre de plaine littorale parfois marécageuse (Brière) et de collines, traversée par la basse Loire. La pêche et le tourisme animent le littoral ; l'élevage bovin et la viticulture sont développés. La vallée de la Loire est une zone industrielle importante (constructions navales, raffinage d'hydrocarbures), articulée autour du port autonome de Nantes-Donges-Saint-Nazaire.

Loire-Authion Commune du Maine-et-Loire, dans le parc naturel régional Loire-Anjou-Touraine. 16 293 habitants.

Loiret n. m. Rivière du Bassin parisien, résurgence de la Loire qu'elle rejoint en aval d'Orléans. 12 km.

Loiret n. m. [45] Département français de la Région Centre-Val de Loire (→ carte). 6 343 km^2. 682 304 habitants. Chef-lieu : Orléans. Chefs-lieux d'arrondissement : Montargis, Pithiviers. Le Loiret offre un paysage contrasté : le plateau de l'Orléanais est couvert de forêts ; le S. de la Beauce et le Gâtinais sont favorables à la céréaliculture ; la vallée de la Loire est consacrée au maraîchage et à l'arboriculture. Les activités industrielles sont concentrées à Pithiviers, Gien, Montargis, et Orléans qui bénéficie d'infrastructures de communication développées.

Loir-et-Cher n. m. [41] Département français de la Région Centre-Val de Loire (→ carte). 6 343 km^2. 329 357 habitants. Chef-lieu : Blois. Chefs-lieux d'arrondissement : Romorantin-Lanthenay, Vendôme. La vallée de la Loire sépare les bas plateaux du Vendômois et du Blésois (céréaliculture) de la Sologne, forestière et marécageuse (chasse), au S. Outre au maraîchage et à l'arboriculture, elle se consacre à diverses activités industrielles (électronique, mécanique...), et surtout au tourisme (châteaux de Blois, Chambord et Cheverny).

Loiseau (Bernard) Cuisinier français (1951-2003). Dans son restaurant de Saulieu, il a su mettre en valeur les produits du terroir et une cuisine équilibrée.

Bernard Loiseau en 1992.

Loisel (Antoine) Jurisconsulte français (1536-1617). Il publia les *Institutes coutumières,* recueil de coutumes et de maximes.

loisible adj. **(de l'ancien v. *loisir* → loisir)** *Il lui est, il m'est loisible de refuser,* il lui est (il m'est) permis, il a (j'ai) la possibilité de.

loisir n. m. **(de l'ancien v. *loisir,* qui vient du latin *licere* → licence)** **I. 1.** Temps dont on dispose pour faire commodément qqch. *Mes occupations ne me laissent pas le loisir de vous écrire.* **2.** surtout plur. Temps dont on peut librement disposer en dehors de ses occupations habituelles et des contraintes. → **liberté** (I, 2). *Avoir beaucoup de loisirs.* **3.** au plur. Distractions, pendant le temps de liberté. *Des loisirs coûteux.* – *Parc de loisirs.* **II.** ***À loisir, tout à loisir*** **loc. adv. :** en prenant tout son temps, à son aise. – Autant qu'on le désire, avec plaisir et à satiété.

Loisy (Alfred) Exégète français (1857-1940). Il interpréta les dogmes chrétiens dans une perspective historique et fut excommunié en 1908. S'attachant à l'étude d'une « religion de l'humanité », il prôna le rassemblement des croyants au-delà des divisions confessionnelles.

Lo-Johansson (Ivar) Romancier suédois (1901-1990). Ouvrier agricole, autodidacte, il est le représentant le plus significatif du mouvement « prolétaire » suédois, défendant la cause de la justice sociale. *Mona est morte.*

Lokeren Commune de Belgique (Flandre-Orientale). 42 044 habitants. Monuments des XVIIe et XVIIIe siècles.

Lokeśvara Divinité bouddhique vénérée dans le Sud-Est asiatique, considérée tantôt comme une combinaison d'Avalokiteśvara et de Shiva (Cambodge), tantôt comme une forme d'Avalokiteśvara (Tibet).

Loki Dieu ou démon de la mythologie germanique. Causant la mort du dieu de la Lumière, Balder, il est lié, en châtiment, au-dessous d'un serpent dont le venin lui coule sur le visage ; sa douleur produit les tremblements de terre.

Lokman voir **Luqmān**

lolette n. f. (Suisse) Tétine qu'on donne à sucer à un bébé.

lolita n. f. **(de *Lolita,* titre d'un roman de V. Nabokov)** fam. Très jeune fille qui suscite le désir des adultes par l'image d'une féminité précoce. → **nymphette.** *Des lolitas.*

Lolland ou **Låland** Île du Danemark, dans la Baltique. 1 243 km^2. 67 900 habitants. Chef-lieu : Maribo. Agriculture. Industrie agroalimentaire.

Lollobrigida (Gina) Actrice italienne (1927-2023). Devenue célèbre avec *Fanfan la Tulipe,* elle incarna le type de la *ragazza* (« la fille »), alliant la sensualité à la vivacité et à la fantaisie. *Notre-Dame de Paris.*

Gina Lollobrigida jouant Esmeralda dans *Notre-Dame de Paris,* de Jean Delannoy (1956).

lolo n. m. **(onomatopée enfantine)** **1.** Lait. **2.** fam. Sein. *Elle a de gros lolos.*

lombago voir **lumbago**

lombaire adj. Qui appartient aux lombes, se situe dans les lombes. *Région lombaire. Les cinq vertèbres lombaires.* – **n. f.** *La dernière lombaire.* ■ *Ponction lombaire.*

lombalgie n. f. **(de *lombes* et *-algie*)** didact. Douleur lombaire (rénale, vertébrale, nerveuse...). – spécialt Névralgie lombaire. □ **adj. lombalgique**

lombard, arde adj. et n. **(→ Lombardie)** De Lombardie. – archit. *Bandes lombardes,* bandes verticales et plates (style roman). ■ **n.** *Un Lombard, une Lombarde.* – **n. m.** *Le lombard :* dialecte italien parlé en Lombardie.

lombarde (Ligue) Ligue fondée en 1167 par les villes de Lombardie (Milan, Pavie, Crémone, Venise...) sous le patronage du pape Alexandre III pour combattre Frédéric Barberousse, qu'elle vainquit à Legnano (1176). Une seconde Ligue lombarde fut formée en 1226, également sous le patronage du Saint-Siège, pour combattre l'empereur Frédéric II, vaincu à Fossalta (1249).

Lombardie n. f. Région administrative du N. de l'Italie. 23 861 km^2, 9 032 560 habitants. Chef-lieu : Milan. Massifs cristallins au N. ; collines et plaine du Pô au S. Fortement urbanisée, elle constitue la première région économique du pays. Occupée par les Gaulois, les Romains, puis les Lombards (572), qui lui donnèrent son nom, la Lombardie resta un territoire convoité, successivement possession espagnole (1556), autrichienne (1714), française (1797) puis de nouveau autrichienne (1815), avant d'entrer dans le royaume d'Italie en 1859.

Lombardo Famille d'artistes italiens de la Renaissance. On doit à Pietro (1435-1515), sculpteur et architecte, l'église Santa Maria dei Miracoli à Venise, avec son décor plaqué de marbres. Son fils Tullio (1455-1532) est l'auteur du gisant de Guidarello Guidarelli à Ravenne.

Lombards n. m. pl. Ancien peuple germanique (les Longobards) qui conquit le N. de l'Italie au VIe s. Ayant attaqué Rome à plusieurs reprises, les Lombards durent capituler (774) devant Charlemagne, qui prit le titre de roi des Lombards.

lombarthrose n. f. méd. Arthrose des vertèbres lombaires.

lombes n. m. pl. **(latin *lumbus,* plur. *lumbi* « rein » et « dos », *cf.* [1]longe, lumbago)** anat. Régions postérieures de l'abdomen, situées symétriquement à droite et à gauche de la colonne vertébrale. → **rein ; lombaire.**

lomb(o)- Élément **(de *lombes*)** signifiant « des lombes, lombaire ».

Lombok Île d'Indonésie (petites îles de la Sonde). 4 725 km^2. 3 166 685 habitants. Elle est séparée de Bali par le *détroit de Lombok.*

lombosacré, ée adj. **(→ [2]sacré)** méd. Du sacrum et de la dernière (cinquième) vertèbre lombaire. *L'articulation lombosacrée.*

lombosciatique n. f. méd. Sciatique associée à des douleurs lombaires.

lombostat [lɔ̃bɔsta] n. m. **(→ -stat)** méd. Corset orthopédique rigide destiné à soutenir les vertèbres lombaires (hernie discale, lumbago).

lombric n. m. **(latin *lumbricus*)** Ver de terre. *Des lombrics.*

lombricoïde adj. didact. Qui a l'aspect du lombric. *Ascaride lombricoïde.*

lombricomposteur n. m. **(de *lombric* et [2]*composteur*)** Composteur qui utilise l'absorption des matières organiques par les vers de terre pour produire un compost appelé *lombricompost.*

Lombroso (Cesare) Criminologue italien (1835-1909). Fondateur de la criminologie moderne avec E. Ferri, il fit des recherches sur les causes de la criminalité, selon lui de nature physiologique et psychologique. *L'Homme criminel ; Le Crime, causes et remèdes.*

Lomé Capitale du Togo, sur le golfe du Bénin. 921 000 habitants. Université. Port de commerce et d'industrie.

Loménie de Brienne (Étienne Charles de) Prélat et homme politique français (1727-1794). Archevêque de Toulouse, il présida l'Assemblée des notables en 1787 et succéda à Calonne au contrôle des Finances, qu'il dut quitter faute de pouvoir résoudre la crise financière. Devenu archevêque de Sens, puis cardinal, il prêta serment à la Constitution civile du clergé. Il fut cependant emprisonné en 1793.

Lommel Commune de Belgique (Limbourg). 34 245 habitants. Industries électriques.

lomo n. m. **(mot espagnol « échine », du latin → lombes)** Filet de porc mariné et séché (charcuterie espagnole). *Des tranches de lomo.*

Lomond (loch) Lac d'Écosse, d'origine glaciaire, situé au S. des Highlands. 38 km^2.

Lomonossov (Mikhaïl Vassilievitch) Écrivain et chimiste russe (1711-1765). Surnommé le « père de la littérature russe moderne », il est l'auteur de nombreux ouvrages scientifiques, historiques, poétiques et linguistiques. *Sur l'utilité de la chimie ; Guide abrégé de rhétorique ; Grammaire russe.*

London (John Griffith, dit Jack) Romancier américain (1876-1916). Autodidacte, aventurier, il a multiplié les récits en partie autobiographiques, traduisant des convictions à la fois individualistes et socialistes. *Martin Eden ; Croc-Blanc ; Le Loup des mers.*

London (Fritz) Physicien américain d'origine allemande (1900-1954). Ses travaux portèrent sur l'application de la mécanique quantique aux problèmes chimiques, ainsi que sur la supraconductivité et la superfluidité.

London Ville du Canada (Ontario), entre Detroit (États-Unis) et Toronto. 383 822 habitants. Centre financier, industriel et commercial. Université.

Londonderry ou **Derry** Ville d'Irlande du Nord, sur le lough Foyle. 82 700 habitants. Port industriel. La ville est le siège de conflits entre catholiques et protestants depuis 1969.

London (Jack)

Jack London en 1914.

Londres **(Albert)** Journaliste français (1884-1932). Il fut l'un des premiers reporteurs internationaux et écrivit de nombreux livres. *Au bagne ; Pêcheurs de perles.*

Londres Capitale de l'Angleterre et du Royaume-Uni de Grande-Bretagne et d'Irlande du Nord, sur la Tamise. 8 250 200 habitants (Grand Londres). Nombreux monuments (Tour de Londres, du XIe s. ; abbaye et palais de Westminster, des XIIIe-XIVe s. ; cathédrale Saint Paul, du XVIIe s.). The Shard (tour de verre par Renzo Piano). 30 St Mary Axe (aussi appelé « le cornichon », par Norman Foster). Musées (British Museum, National Gallery, Tate Gallery, Tate Modern). Centre commercial et financier d'importance mondiale (la Cité [City]). Bourse. Services (assurances, banques). Université. Tourisme. Principal port britannique. Londres était dès le Ier s. le centre stratégique et économique de la Bretagne romaine, sous le nom de *Londinium ;* son essor reprit à l'époque d'Alfred le Grand, puis après la conquête de Guillaume le Conquérant. Le Londres médiéval a en grande partie disparu, ravagé par l'incendie de 1666 ; les bombardements allemands de la Seconde Guerre mondiale ont également fait d'importants dégâts.

Londres, la City et le Tower Bridge.

Londres **(prix Albert)** Prix annuel, décerné depuis 1933, qui couronne les meilleurs grands reporteurs francophones.

londrès [lɔ̃dʀɛs] **n. m.** **(espagnol *Londres* « de Londres »)** **anciennt** Cigare de La Havane (fabriqué à l'origine pour les Anglais).

Londrina Ville du Brésil (Paraná). 493 500 habitants (733 500 pour l'aire métropolitaine). Industrie agroalimentaire (café).

long, longue [lɔ̃, lɔ̃g] **(vient du latin *longus ;* d'abord *lunc, lonc,* fém. *longe* → allonger, élongation, longer, oblong)** **I. adj.** **(dans l'espace)** **1.** **(avant le n.)** Qui a une étendue supérieure à la moyenne dans le sens de la longueur. → **grand.** *Une longue tige. Un long nez. « Le héron au long bec emmanché d'un long cou »* (La Fontaine). ▪ Qui couvre une grande étendue, qui s'étend sur une grande distance. *Il faisait de longues enjambées.* **2.** **(après le n.)** Dont la grande dimension *(longueur)* est importante par rapport aux autres dimensions **(opposé à *court*).** *Porter les cheveux longs. Robe longue. Muscles longs.* **3.** ***Long de*** *(telle grandeur). Description trop longue d'un tiers.* **4.** **(langage, discours)** *Un long roman.* **– par ext.** *« On n'est jamais trop long quand on dit exactement tout ce qu'on a voulu dire »* (Delacroix). **II. adj.** **(dans le temps)** **1.** Qui a une durée très étendue. *Un long hiver. Il guérira mais ce sera long.* **–** *Trouver le temps long.* **– loc.** **(Canada)** *À l'année longue, à la journée longue* (**correspond à :** à longueur d'année, de journée). ▪ **(opposé à *brève*)** *Syllabe, voyelle, note longue.* → **longue.** ▪ Qui dure longtemps et ne se répète pas souvent. **–** *À de longs intervalles,* de loin en loin. **2.** Qui remonte loin dans le temps. → **ancien, vieux.** *Une longue habitude.* ***De longue date :*** depuis longtemps. **3.** Éloigné dans l'avenir. *À plus ou moins longue échéance.* **–** ***À la longue*** **loc. adv. :** avec le temps. **4.** *Long (à),* lent. *Le feu a été long à s'éteindre.* **– fam.** *C'est long à venir, cette réponse.* **5.** *Être long, longue* **(personnes) :** mettre beaucoup de temps. *Je ne serai pas long, pas longue à revenir.* **6.** ***Long de :*** de telle ou telle durée. *Une absence longue de deux mois.* **III. n. m.** **1.** **(précédé de *au, de, en*)** *Cette table a, mesure 1,20 m de long.* → **longueur.** **–** *Tomber* ***de tout son long :*** en s'allongeant par terre. **–** ***De long en large,*** en faisant des allées et venues dans un espace restreint. *Raconter qqch. en long et en large,* sous tous les aspects, dans le détail. **–** ***Tout du long :*** en suivant sur toute la longueur. **–** ***Au long, tout au long :*** complètement. *Racontez-moi cela tout au long,* en détail. **2.** ***Au long de, le long de, tout le long, tout du long de*** **loc. prép. :** en suivant sur toute la longueur (de). *Il marchait le long des rues.* → **longer, suivre. – (dans le temps)** Durant. *Tout le long du jour,* pendant tout le jour. **IV. adv.** **1.** Beaucoup. *En savoir long. Son attitude en dit long.* **2.** Avec un vêtement long. *Elle est habillée trop long.*

Long **(Marguerite)** Pianiste française (1874-1966). Interprète des plus grands musiciens de son temps (Fauré, Debussy, Ravel), elle enseigna au Conservatoire et fonda avec le violoniste Jacques Thibaud le concours international qui porte leurs noms.

Long **(Richard)** Artiste britannique (né en 1945). Auteur d'œuvres de plein air composées d'éléments naturels, il est l'un des principaux représentants du land art.

longane **n. m.** **(latin bot. *longana,* pris au chinois *long-yen* « œil *[yen]* de dragon *[long]* »)** Fruit d'origine chinoise, voisin du litchi.

longanier **n. m.** Arbre qui produit le longane.

longanime **adj.** **(du bas latin, de *longus* → long et *animus* → âme)** **littér.** D'une patience tolérante.

longanimité **n. f.** **(du bas latin → longanime)** **littér.** Patience à supporter (les souffrances, ce qu'on aurait le pouvoir de réprimer). → **indulgence.**

Long Beach Ville des États-Unis (Californie), au S. de Los Angeles. 462 300 habitants. Industries automobile et aéronautique. Chantiers navals. Station balnéaire.

Longchamp **(hippodrome de)** Hippodrome situé dans le bois de Boulogne, à Paris.

long-courrier **adj.** Se dit d'un bâtiment qui navigue au long cours ; des avions de transport sur les longs parcours. *Avions long-courriers.* **– par ext.** *Vols long-courriers.* **– n. m.** *Des long-courriers* **ou** *des longs-courriers.*

long drink [lɔ̃gdʀink] **n. m.** **(mots anglais « boisson *[drink]* allongée *[long]* »)** **anglic.** Boisson alcoolisée allongée avec de l'eau, du jus de fruit, un soda... *Des long drinks.*

¹longe **n. f.** **(vient du latin pop. *lombea,* de *lumbus* → lombes)** *Longe (de veau, de chevreuil...),* morceau dans la moitié de l'échine.

²longe **n. f.** **(ancien fém. de *long*)** Corde, courroie qui sert à attacher un cheval, un animal domestique. *Mener un cheval par la longe.*

longer **v. tr.** **<3>** **(de *long*)** **1.** Aller le long de (qqch.), en en suivant le bord, en marchant auprès. → **côtoyer.** *Longer les murs pour se cacher.* → **raser.** **2.** **(choses)** Être, s'étendre le long de. → **border, côtoyer.** *La route longe la mer.*

longère **n. f.** **(mot de l'Ouest « mur long »)** **régional** Ensemble de bâtiments de ferme bas, disposés en long. *Une longère bretonne.*

longeron **n. m.** **(de *long*)** Poutre, pièce transversale (d'une charpente, d'un châssis).

longévité **n. f.** **(du bas latin, de *longaevus,* de *longus* → long et *aevium* → âge)** **1.** Longue durée de la vie (d'un individu, d'un groupe, d'une espèce). **– fig.** *La longévité d'une œuvre.* **2.** Durée de la vie.

Longfellow **(Henry Wadsworth)** Poète américain (1807-1882). Son œuvre fut inspirée par l'histoire et le folklore de pays d'Europe et des États-Unis. *Hypérion ; Les Voix de la nuit ; Évangéline ; Hiawatha.*

Longford **n. m.** Comté de la république d'Irlande. 1 043 km². 46 630 habitants. Chef-lieu : Longford.

Longhena **(Baldassare)** Architecte et décorateur italien (1597-1682). Il est notamment l'auteur d'un des chefs-d'œuvre du baroque italien, l'église Santa Maria della Salute à Venise.

Longhi **(Pietro Falca, dit)** Peintre italien (1702-1785). Représentant de l'école vénitienne, il s'attacha surtout à décrire la vie quotidienne. *La Leçon de danse ; Le Pharmacien ; Le Rhinocéros.*

Longhi **(Roberto)** Historien et critique d'art italien (1890-1970). Il réfuta le positivisme de Croce et soutint le mouvement futuriste. *Piero della Francesca ; Viatique pour cinq siècles de peinture vénitienne.*

longi- Élément **(du latin *longus, longi*)** qui signifie « long ».

longicorne **adj.** **(→ corne)** **(insecte)** Qui a de longues cornes, de longues antennes. **– n. m.** *Le capricorne est un longicorne.*

longiligne **adj.** Dont le corps est mince, élancé ; aux membres longs.

Longin **(saint)** Selon la légende, soldat romain qui aurait donné le coup de lance à Jésus crucifié et se serait ensuite converti.

Long Island Île des États-Unis (État de New York), sur laquelle se trouvent deux quartiers de New York : Queens et Brooklyn. 7 200 000 habitants.

longitude **n. f.** **(latin *longitudo* « longueur », de *longus* → long)** Distance angulaire à un méridien d'origine, vers l'est ou l'ouest. *Latitude et longitude.*

longitudinal, ale, aux **adj.** Qui est dans le sens de la longueur. *Raie longitudinale* **(opposé à *transversal*).** ▫ **adv. longitudinalement**

long-jointé, ée **adj.** **vétér.** **(cheval, jument)** Qui a le paturon trop long. *Des chevaux long-jointés.*

Longjumeau Commune de l'Essonne, sur l'Yvette. 21 105 habitants. Église Saint-Martin (XIIIe-XIVe s.). Industrie pharmaceutique. Charles IX y signa la paix avec les protestants en 1568.

Longmen ou **Long-men** Grottes de Chine (Henan), situées sur la rivière Yi, abritant des trésors de sculpture bouddhique du Ve-Xe s. (environ 100 000 statues dans plus de mille grottes).

long métrage **n. m.** Film de cinéma qui dure plus d'une heure. *Des longs métrages.*

Longo (Luigi) Homme politique italien (1900-1980). Opposant au fascisme, il participa à la Résistance et fut président du Parti communiste italien.

Longo (Robert) Peintre, sculpteur et réalisateur américain (né en 1953). Dans la mouvance de la *bad painting,* il représente des personnages pathétiques dans un monde menacé de ruines.

Longo-Ciprelli (Jeannie) Cycliste française (née en 1958). Championne olympique sur route (1996), elle détient une quarantaine de records du monde, dont celui de l'heure (2000), et a remporté treize titres mondiaux (1985-2001), ainsi que trois Tours de France (1987, 1988, 1989).

Jeannie Longo-Ciprelli lors de l'épreuve sur route aux Jeux olympiques d'Athènes en 2004.

longotte **n. f.** **(de *long*)** Tissu de coton épais.

Longpont-sur-Orge Commune de l'Essonne. 6 378 habitants. Église Notre-Dame (XIIe-XIIIe s.).

longrine **n. f.** **(italien *lungarina,* de *lungo* « long »)** **techn.** Pièce de charpente placée dans le sens de la longueur et qui relie d'autres pièces.

Longshan ou **Long-chan** Culture chinoise du néolithique tardif (3000-2000 av. J.-C.), qui s'est développée autour du Shandong. Elle est caractérisée par une céramique fine et noire.

longtemps [lɔ̃tɑ̃] **(de *long* et *temps*)** **I. adv.** Pendant un long espace de temps. *Parler longtemps.* → **longuement.** *Il n'y a plus longtemps à attendre.* → **beaucoup.** *« Longtemps, je me suis couché de bonne heure »* (Proust). **II. n. m. 1. (compl. de prép.)** *Depuis, pendant, pour longtemps. Des coutumes depuis longtemps disparues. Je n'en ai pas pour longtemps.* – ***De longtemps, avant longtemps.*** *Je n'y retournerai pas de longtemps,* pas de sitôt. **2.** *Il y a, voici longtemps.* → **autrefois, jadis.**

Longtin (Michel) Compositeur canadien (né en 1946). Il s'est consacré à la musique électroacoustique et a composé des œuvres pour orchestre. *Trilogie de la montagne ; Autour d'Ainola.*

longue **n. f. 1. mus.** Note longue. *Une longue vaut deux brèves.* **2. ling.** Voyelle, syllabe longue, dont l'émission est plus longue que celle d'une brève*. **3.** ***À la longue.*** → **long** II, 3.

Longue (île) Presqu'île de la rade de Brest sur la presqu'île de Crozon, qui accueille depuis 1970 une importante base militaire (sous-marins nucléaires).

Longue Marche (la) Marche de 12 000 km effectuée entre 1934 et octobre 1935 par les troupes communistes chinoises, menées par Mao Zedong, pour rejoindre Yanan et échapper aux troupes nationalistes de Jiang Jieshi (Tchang Kai-shek).

longuement **adv.** Pendant un long temps, avec longueur et continuité (d'une action). *Il a insisté longuement.*

¹longuet **n. m.** **(diminutif de *long*)** **1. techn.** Marteau long et fin du facteur de pianos. **2.** Petit pain long et fin. → **gressin.**

²longuet, ette **adj. fam.** Un peu long (en dimension ou en durée). *Son histoire est un peu longuette.*

Longueuil Ville du Canada (Québec), sur le Saint-Laurent, au S. de Montréal. 239 700 habitants. Industries (aéronautique, textile).

longueur **n. f.** **(de *long*)** **I. (dans l'espace) 1.** Dimension d'une chose dans le sens de sa plus grande étendue **(opposé à *largeur, hauteur, profondeur*)**. *Dans le sens de la longueur.* → **en long, longitudinal.** *Longueur et largeur d'un rectangle. Longueur d'un cercle.* → **circonférence, périmètre.** – *Saut en longueur.* **2.** Grandeur qui mesure cette dimension. *Une longueur de 10 m ; 10 m de longueur.* **3.** Unité définie par la longueur de la bête, du véhicule, et servant à évaluer la distance qui sépare les concurrents, notamment à l'arrivée d'une course. *Cheval qui gagne d'une longueur.* – **fig.** *Avoir* ***une longueur d'avance*** : un avantage (sur un adversaire). **4.** Grandeur linéaire fondamentale ; grandeur mesurant ce qui n'a qu'une dimension. *Les longueurs, les surfaces et les volumes.* – *Longueur d'onde*.* **II. (dans le temps) 1.** Espace de temps. → **durée.** *Patience et longueur de temps.* – ***À longueur de*** **loc. prép.** : pendant toute la durée de. *Il travaille à longueur d'année.* **2.** Longue durée. *La longueur des heures d'attente. Tirer les choses en longueur,* les faire durer. **III. 1.** Durée (assez grande) nécessaire à la lecture, à l'expression (d'une œuvre). *Excusez la longueur de ma lettre.* **2.** Passage trop long. *Il y a trop de longueurs dans ce film.*

Longueville (Anne Geneviève de Bourbon-Condé, duchesse de) (1619-1679). Sœur du Grand Condé et du prince de Conti, elle participa activement à la Fronde.

longue-vue **n. f.** Lunette d'approche à fort grossissement. *Des longues-vues.*

Longus ou **Longos** **dit le Sophiste** Auteur grec (fin IIe-début IIIe s.). Il est l'auteur de la pastorale *Daphnis et Chloé.*

Longwood Localité de l'île de Sainte-Hélène, où résida Napoléon Ier en exil de 1815 à sa mort.

Longwy [lɔ̃wi] Commune de la Meurthe-et-Moselle, près des frontières belge et luxembourgeoise. 15 117 habitants. Ancien centre minier (fer). Faïences.

Lon Nol Homme d'État cambodgien (1913-1985). Commandant en chef de l'armée, puis Premier ministre, il soutint le coup d'État destituant Norodom Sihanouk et proclama la république (1970). Élu président de la République à vie (1972), il s'exila à partir de 1975, laissant le Cambodge aux Khmers rouges.

Lönnrot (Elias) Érudit et folkloriste finlandais (1802-1884). Il recueillit les anciens poèmes populaires, qu'il arrangea dans le *Kalevala,* et le *Kanteletar.*

Lons-le-Saunier Chef-lieu du Jura. 17 092 habitants. Églises. Hôpital du XVIIIe s. Musées. Industries alimentaires. Station thermale.

looch [lɔk] **n. m.** **(de l'arabe *la 'uq* « potion qu'on lèche »)** **pharm.** Médicament sirupeux (adoucissant), composé essentiellement d'une émulsion et d'un mucilage.

loofa **voir luffa**

look [luk] **n. m.** **(anglais *look* « regard », « apparence », de *to look* « regarder »)** **anglic.** Allure ; apparence. → **¹style.** *Changer de look.*

looping [lupiŋ] **n. m.** **(anglais *looping the loop* « en bouclant la boucle », de *to loop*)** **anglic.** Acrobatie aérienne consistant en une boucle dans le plan vertical. *Faire des loopings.*

Loos (Adolf) Architecte autrichien (1870-1933). Influencé par l'école de Chicago, il condamna l'abus de la décoration (conférence *Ornement et Crime*) et fut l'un des pionniers de l'architecture moderne. Il est l'auteur, à Paris, de la maison de Tristan Tzara et, à Vienne, de la Looshaus, en face du palais impérial.

Loos Commune du Nord, dans la banlieue de Lille. 22 896 habitants. Industries chimique, pharmaceutique. Distilleries.

looser **voir loser**

Lopburi Ville de Thaïlande, ancienne capitale d'un royaume môn. 54 380 habitants. Vestiges khmers des XIe-XIIe s. Palais du roi de Siam (XVIIe s.).

lope **n. f.** **(de *lopaille,* mot d'argot, déformation de *copaille* « homosexuel », de *copain*)** **péj. 1. argot** Homosexuel. **2. fam.** Personne lâche. *« Si tu n'es pas une lope, viens cogner »* (Genet). - **diminutif lopette n. f. (même sens).**

Lope de Vega (Félix Lope de Vega Carpio, dit) Écrivain espagnol (1562-1635). Ses chefs-d'œuvre, marqués par un réalisme vigoureux, sont généralement des comédies de mœurs *(Fuente ovejuna ; Le Chien du jardinier).* Auteur de 1 800 pièces profanes et de 400 drames religieux, Lope de Vega a également écrit des poèmes d'inspiration mystique et satirique *(Le Romancero spirituel ; La Gatomachie),* ainsi qu'un roman pastoral, *L'Arcadie.*

López (Carlos Antonio) Homme d'État paraguayen (1790-1872). Il fut président de la République de 1844 à 1862. ■ **Francisco Solano López** (1827-1870). Fils de Carlos Antonio López, auquel il succéda à la tête de l'État. Il entraîna le pays dans une guerre meurtrière contre l'Argentine, le Brésil et l'Uruguay (1865-1870).

López de Ayala (Pedro) Poète espagnol et grand chancelier de Castille (1332-1407). Il est le principal représentant du *mester de clerecia* (école de poètes laïques et religieux). *Poème du palais.*

López de Legazpi (Miguel) Chevalier espagnol (1505-1572). Il dirigea l'expédition royale pour la conquête des Philippines (1564).

López de Mendoza (Iñigo), marquis de Santillana **voir Santillana (Iñigo López de Mendoza, marquis de)**

lophobranche **n. m.** **(du grec *lophos* « aigrette » et de *branchie*)** **zool.** Poisson à lamelles branchiales élargies et frisées (ordre des *Lophobranches ;* ex. l'hippocampe).

lophophore **n. m.** **(du grec *lophos* et de *-phore*)** **1. zool.** Oiseau de Chine (gallinacé), à plumes et aigrette colorées. **2.** Panache plumeux (d'invertébrés).

lopin **n. m.** **(de l'ancien français *lope* « morceau »** → **¹loupe)** Petit morceau (de terrain), petit champ. *Un lopin de terre.*

loquace **adj.** **(latin *loquax, loquacis,* de *loqui* « parler »** → **locution, éloquence, interloquer)** Qui parle volontiers. → **bavard.**

loquacité **n. f.** **littér.** Disposition à parler beaucoup. → **bagou, bavardage.**

loque **n. f.** **(ancien néerlandais *locke* « mèche, boucle », *cf.* anglais *lock* ; idée de « plier »** → **loqueteux) 1. régional (Belgique ; Nord)** Serpillière ; chiffon. *Loque à poussière.* **2. surtout au plur.** Vêtement usé et déchiré. → **guenille, haillon.** – *Être en loques. Un clochard vêtu de loques.* → **loqueteux. 3.** Personne effondrée, sans énergie. *C'est une loque humaine.*

-loque Élément **(du latin *loqui* « parler, dire »)** qui signifie « qui parle » (ex. *soliloque, ventriloque*).

loquedu, ue **adj.** **(apocope de *loc-du-toc,* largonji de *tocard*)** **argot** Laid, disgracieux ; méprisable. – **n.** *Bande de loquedus !* - **var. locdu, ue.**

loquet **n. m.** **(normand *loc,* d'origine germanique ; *cf.* anglais *to lock* « fermer à clé »)** Fermeture de porte se composant d'une tige mobile dont l'extrémité se bloque dans une pièce fixée. *Abaisser, soulever le loquet de la porte.*

loqueteau **n. m.** **techn.** Petit loquet.

loqueteux, euse **adj.** **(de l'ancien français *loquet* « frange », de *loque*)** **1. (personnes)** Vêtu de loques, de haillons. → **déguenillé. 2. littér.** En loques. *Habit loqueteux.*

loran [lɔʀɑ̃] **n. m.** **(sigle anglais de *Long Range Aid to Navigation*)** **anglic., techn.** Procédé radioélectrique permettant à un avion, à un navire d'obtenir son point par un réseau de stations. *Le loran a précédé le GPS.*

Lorca Ville d'Espagne (Murcie). 95 500 habitants. Château fort du xe s. Commerce agricole.

Lorca (Federico García) voir **García Lorca (Federico)**

lord [lɔʀ(d)] **n. m.** **(mot anglais « maître, seigneur », de l'ancien anglais *hlafweard* « celui qui garde *[weard]* le pain *[hlaf]* »)** Titre de noblesse en Grande-Bretagne. *La Chambre des lords.* – Titre attribué à certains hauts fonctionnaires ou ministres britanniques.

lord-maire [lɔʀ(d)mɛʀ] **n. m.** **(anglais *lord mayor*)** Maire élu de certaines grandes villes britanniques. *Des lords-maires.*

lordose **n. f.** **(du grec, de *lordos* « voûte »)** **méd.** Déformation de la colonne vertébrale.

Lorelei Falaise située sur le Rhin, en amont de Sankt Goarshausen. Selon une légende, la *Lorelei*, une sirène, attirait par ses chants les bateliers, qui venaient faire naufrage sur les rochers.

Loren (Sofia Scicolone, dite Sophia) Actrice italienne (née en 1934). Elle fut l'une des principales vedettes du cinéma italien d'après-guerre. *L'Or de Naples ; Une journée particulière.*

Sophia Loren avec Marcello Mastroianni dans *Mariage à l'italienne* de Vittorio de Sica (1964).

Lorentz (Hendrik Antoon) Physicien néerlandais (1853-1928). Il fut l'un des principaux théoriciens de la physique moderne et le fondateur de la théorie électronique de la matière. Ses formules *(transformation de Lorentz)* furent reprises par Einstein dans la théorie de la relativité restreinte. Prix Nobel 1902.

Lorenz (Konrad) Zoologiste autrichien (1903-1989). Fondateur avec Tinbergen de l'éthologie, il observa les sociétés animales dans leur milieu naturel et tenta d'en tirer des conclusions sur l'homme *(L'Agression, une histoire naturelle du mal)*. Prix Nobel 1973.

Lorenzetti (Ambrogio) Peintre italien (v. 1290-1348). Représentant de l'école siennoise, il est l'auteur des fresques du palais public de Sienne *(Effets du bon et du mauvais gouvernement dans la Cité)*. ■ **Pietro Lorenzetti** (v. 1280-1348). Frère d'Ambrogio. Il manifeste un style plus marqué par l'école florentine. On lui doit les fresques de l'église inférieure d'Assise.

Lorenzo di Credi Peintre italien (1456-1537). Il montra dans ses dessins et ses peintures un style proche de celui de Léonard de Vinci. *Madone entre saint Julien et saint Nicolas.*

Lorenzo Monaco (Piero di Giovanni, dit) Peintre italien (1370-apr. 1422). Moine à Florence, il réalisa des enluminures et des tableaux d'autel inspirés par le style siennois du Trecento : *Annonciation ; Adoration des Mages ; Couronnement de la Vierge.*

Lorestan ou **Luristan** **n. m.** Région de l'O. de l'Iran où furent découverts des bronzes du xixe au xiie s. av. J.-C., témoins de la civilisation nomade des Lurs.

lorette **n. f.** **(du n. de l'église Notre-Dame de Lorette [dans un quartier de Paris où habitaient des femmes de mœurs légères]) vieux ou hist.** Jeune femme élégante et facile. → **courtisane, grisette.**

Lorette **en italien Loreto** Ville d'Italie (Marches). 11 280 habitants. Lieu de pèlerinage marial *(Santa Casa)*.

lorgner **v. tr.** < 1 > **(de l'ancien français *lorgne* « louche », p.-ê. du germanique *lurni*, de *lur* « guetter »)** **1.** Observer de façon particulière (de côté, avec insistance, à l'aide d'un instrument). → **reluquer.** « *Cette dame avait de la fraîcheur* [...] *et mes yeux la lorgnaient volontiers* » (Marivaux). **2.** Avoir des vues sur (qqch. que l'on convoite). → **guigner.** *Lorgner une place.*

lorgnette **n. f.** **(de *lorgner*, d'après *lunette*)** Petite lunette grossissante, au spectacle. → **1jumelle.** – **loc.** *Regarder, voir par le* **petit bout** *de la lorgnette :* avoir un esprit étroit.

lorgnon **n. m.** **(de *lorgner*)** Ensemble de deux lentilles et de leur monture sans branches **(→ binocle, pince-nez).**

Lorgues Commune du Var, à l'O. de Draguignan. 9 280 habitants. Collégiale du xviiie siècle.

lori **n. m.** **(malais *nori*, par le néerlandais, / p.-ê. d'après *loriot*)** Perroquet aux couleurs très vives (d'Indonésie, de Nouvelle-Guinée, d'Australie). *Des loris.* → **loriquet.**

loricaire **n. m.** **(bas latin *loricarius*, de *lorica* « cuirasse »)** Petit poisson au corps recouvert de plaques osseuses, vivant dans les fleuves de l'Amérique tropicale.

Lorient Chef-lieu d'arrondissement du Morbihan, à l'embouchure du Scorff. 57 412 habitants. Cité de la voile Éric-Tabarly. Musée Sous-marin. Port militaire, de commerce et 2e port de pêche français en tonnage. Industries de l'armement. Festival inter-celtique.

loriot **n. m.** **(de *loriol*, pour *l'oriol*, du latin *aureolus* « doré », de *aurum* → 1or, n. m.)** Oiseau plus petit que le merle, au plumage jaune vif sauf les ailes et la base du cou qui sont noires chez le mâle.

loriquet **n. m.** **(diminutif de *lori*)** Petit perroquet qui ressemble au lori.

loris [lɔʀi] **n. m.** **(ancien néerlandais *loeris* « clown »)** Singe de l'Asie du Sud, au corps grêle et dépourvu de queue.

Lorius (Claude) Glaciologue français (né en 1932). Ses travaux sur les bulles d'air emprisonnées dans les glaces polaires ont contribué à mettre en évidence le lien entre le climat et les gaz à effet de serre.

Lorjou (Bernard) Peintre et sculpteur français (1908-1986). Il créa, selon une esthétique expressionniste, de vastes tableaux aux couleurs éclatantes sur des sujets contemporains. *L'Âge atomique ; La Force de frappe.*

Lorme (Marion de) Courtisane française (1611-1650). Elle était célèbre par son esprit et sa beauté. Elle fut compromise dans la Fronde. Victor Hugo en fit l'héroïne d'un de ses drames, *Marion Delorme.*

Lormont Commune de la Gironde, dans la banlieue N.-O. de Bordeaux. 22 913 habitants.

Loroux-Bottereau (Le) Commune de la Loire-Atlantique. 8 517 habitants. Église du xiie s. (fresques du xiiie s.).

lorrain, aine **adj.** De Lorraine. – **n.** *Les Lorrains.*

Lorrain (Claude Gellée, dit le) Peintre, dessinateur et graveur lorrain (1600-1682). Initié à la peinture à Rome, il se consacra au paysage, s'inspirant de la campagne romaine pour y introduire des scènes d'une Antiquité imaginaire *(Énée à Délos)*. Il peignit aussi des ports monumentaux *(Ulysse remet Chryséis à son père)*, où la composition majestueuse contraste avec les effets de lumière diffuse du soleil couchant.

Lorraine **n. f.** Ancienne province de l'E. de la France. Peuplée de Celtes, la région fut envahie par les Romains au ier s. avant J.-C., puis par les Barbares (Alamans et Francs). Elle fit ensuite partie de l'Austrasie puis de la Lotharingie. Intégrée au Saint Empire au xe s., elle fut partagée en Haute-Lotharingie (future Lorraine) et en Basse-Lotharingie (futur Brabant). En 1048, le duché de Haute-Lotharingie passa aux comtes de Metz. Les ducs de Lorraine durent faire face aux convoitises de la France et de la Bourgogne. L'annexion de la Lorraine par la Bourgogne ne fut évitée qu'avec la mort de Charles le Téméraire (1477), mais, en 1552, la France s'empara des Trois-Évêchés (Metz, Toul et Verdun). La Lorraine ne retrouva la paix qu'au traité de Vienne (1738), lorsqu'elle échut à Stanislas Leszczynski. À la mort de Stanislas, elle fut annexée à la France et connut une longue période de prospérité, favorisée par le développement industriel. De 1871 à 1918, une partie de la Lorraine (Moselle) fut annexée par l'Allemagne (Alsace-Lorraine).

Lorraine Anc. région administrative de la France (jusqu'en 2015). → **Grand Est.**

Lorris (Guillaume de) voir **Guillaume de Lorris**

Lorris Commune du Loiret. 2 988 habitants. Église des xiie-xiiie s. Hôtel de ville Renaissance.

lorry **n. m.** **(mot anglais « camion ») anglic., chemin de fer** Wagonnet plat employé dans les travaux de construction de voies ferrées. *Des lorrys* ou *des lorries* **(plur. anglais).**

Lorrain (le)

Le Lorrain, *Port de mer au soleil couchant* (1639), musée du Louvre, Paris.

lors adv. (vient du latin *illa hora* « à cette heure » → heure ; alors) **1.** *Lors de* loc. prép. : au moment de, à l'époque de. *Lors de son mariage.* **2.** loc. conj. *Dès lors que* : du moment que ; étant donné que, puisque. – littér. *Lors même que* (+ indic. ou cond.) : même si, en dépit du fait que. *Lors même que vous insisteriez, elle ne céderait pas.*

lorsque conj. (de *lors* et *que*) Le *e* de *lorsque* s'élide en général devant toutes les voyelles **1.** (simultanéité) Au moment où, quand. *Lorsqu'elle est arrivée, nous finissions de déjeuner.* **2.** (opposition et simultanéité) *On fait des discours lorsqu'il faut agir,* alors qu'il faut agir.

Los ou **Loos (îles de)** Archipel côtier de la Guinée, face à Conakry.

Los Alamos Ville des États-Unis (Nouveau-Mexique), dans la vallée du Rio Grande. 11 900 habitants. Centre de recherches nucléaires. La première bombe atomique y fut expérimentée le 16 juillet 1945.

losange n. m. (p.-ê. du gaulois *lausa* → lause ou d'origine arabe) Parallélogramme dont les côtés sont égaux, en particulier lorsqu'il ne s'agit pas d'un carré. – Objet en forme de losange. *Les losanges de couleur d'une verrière* (→ **losangé**).

losangé, ée adj. Qui est formé de losanges juxtaposés. *Frise losangée.*

Los Angeles Ville des États-Unis (Californie). 3,8 millions d'habitants. Deuxième ville des États-Unis après New York, cette mégapole abrite d'importantes communautés hispanique, afro-américaine et asiatique. Deuxième pôle économique du pays (industries de pointe), elle est également un centre culturel important (studios d'Hollywood, universités, musées).

Los Angeles, Sunset Boulevard, l'artère mythique.

Loschmidt (Johann Josef) Physicien autrichien (1821-1895). Ses principaux travaux ont porté sur la théorie cinétique des gaz et sur la thermodynamique. Il fut le premier à déterminer un ordre de grandeur pour le nombre d'Avogadro.

lose [luz] n. f. (de l'anglais → loser) anglic. fam. Malchance ; échec. *Passer ses vacances sous la pluie, c'est la lose !* - var. **loose** (graphie fautive en anglais).

loser [luzœR] n. m. ou **loseur, euse** [luzœR, øz] n. (anglais *loser*, de *to lose* « perdre ») anglic., fam. Personne qui échoue souvent, qui a une conduite d'échec. → **perdant.** - var. **looser** (graphie fautive en anglais).

Losey (Joseph) Cinéaste américain (1909-1984). Influencé par Brecht, il réalisa des œuvres contestataires *(Haines ; Les Damnés ; The Servant).* Il porta également à l'écran *Don Giovanni* de Mozart.

lost generation n. f. Courant littéraire formé par des écrivains américains exilés en Europe, notamment à Paris, après la Première Guerre mondiale et pendant la Grande Dépression, parmi lesquels Hemingway, Fitzgerald, Pound, Dos Passos, T. S. Eliot.

Losey (Joseph)

Joseph Losey dirigeant Jeanne Moreau dans *La Truite* (1982).

lot n. m. (vient du francique *lot* → loterie, loto) **1.** Partie (d'un tout que l'on partage entre plusieurs personnes). *Diviser un terrain en lots.* → **lotissement. 2.** Quantité (de marchandises). → **stock.** *Un lot de vêtements.* **3.** Groupe (de personnes) plus ou moins homogène. *Il est au-dessus du lot.* **4.** Ce qu'on gagne dans une loterie. *Le* **gros lot** : le plus important (→ **loterie**). **5.** littér. Ce que le hasard, la nature réserve à qqn. → **apanage, destin, sort.** *La souffrance est son lot.*

Lot n. m. Rivière du S. de la France, affluent de la Garonne. 481 km. Le Lot traverse le Massif central et une partie du Bassin aquitain.

Lot n. m. [46] Département français de la Région Occitanie (→ carte). 5 217 km^2. 174 670 habitants. Chef-lieu : Cahors. Chefs-lieux d'arrondissement : Figeac, Gourdon. Plateaux calcaires formant le rebord occidental du Massif central (causses du Quercy), le territoire est traversé par la vallée du Lot (polyculture, viticulture), et celle de la Dordogne au N. Peu peuplé et peu industrialisé, le département présente une économie essentiellement agricole, toutefois soutenue par le tourisme.

lote voir **lotte**

loterie n. f. (néerlandais *loterij*, de *lot* → lot, ou italien *lotteria*, de *lotto* → loto) **1.** Jeu de hasard où des lots sont attribués aux personnes qui sont désignées par le sort. → **loto, tombola. 2.** Ce qui est gouverné, réglé par le hasard. *La vie est une loterie.*

Lot-et-Garonne n. m. [47] Département français de la Région Nouvelle-Aquitaine (→ carte). 5 360 km^2. 330 844 habitants. Chef-lieu : Agen. Chefs-lieux d'arrondissement : Marmande, Nérac, Villeneuve-sur-Lot. Terre de collines séparées par les vallées du Lot et de la Garonne, le Lot-et-Garonne est le domaine de la polyculture, du maraîchage, de l'arboriculture (prune) et de la viticulture. Faiblement urbanisé, il compte toutefois quelques sites industriels modestes (Agen, Marmande, Fumel).

Loth ou **Lot** Personnage biblique, neveu d'Abraham. Il échappe, avec sa femme et ses filles, à la destruction de Sodome. Sa femme, pour avoir désobéi à l'interdiction de se retourner, est changée en statue de sel. Ses filles, qui s'unissent à lui après l'avoir enivré, donnent naissance à Moab et à Ammon.

Lothaire Ier (795-855) Empereur d'Occident (840-855) et roi d'Italie (822-855). Fils de Louis Ier le Pieux. Vaincu par ses frères, Louis le Germanique et Charles le Chauve, il dut accepter en 843 le traité de Verdun, qui partagea l'Empire carolingien. Il fonda la Lotharingie en 855. ■ **Lothaire II** (v. 825-869). Il fut roi de Lotharingie à la mort de son père Lothaire Ier.

Lothaire II ou **III de Supplinburg** ou **de Saxe** (mort en 1137) Roi de Germanie (1125-1137) et empereur germanique (1133-1137). Successeur d'Henri V au détriment des neveux de ce dernier, Frédéric et Conrad de Hohenstaufen, il dut combattre ceux-ci, déclenchant la querelle des guelfes et des gibelins.

Lothaire (941-986) Roi de France (954-986). Fils de Louis IV d'Outre-Mer, il régna sous la tutelle d'Hugues le Grand et lutta contre Othon II empereur germanique, qui avait envahi la Lorraine en 978.

Lotharingie n. f. Royaume constitué en 855 par Lothaire Ier en faveur de son fils Lothaire II, s'étendant des Alpes à la mer du Nord, entre la Meuse, l'Escaut et le Rhin. En 959, il fut partagé par Othon Ier en deux duchés : la Basse-Lotharingie (Lothier) et la Haute-Lotharingie (Lorraine).

¹loti, ie adj. *Être bien, mal loti* : favorisé, défavorisé par le sort.

²loti n. m. Unité monétaire du Lesotho.

Loti (Julien Viaud, dit Pierre) Écrivain français (1850-1923). Officier de marine, il s'inspira dans son œuvre romanesque de ses séjours outre-mer, notamment en Orient et en Extrême-Orient. *Aziyadé ; Madame Chrysanthème ; Pêcheur d'Islande.*

lotier n. m. (latin *lotus* « mélilot » → lotus) Herbe des prés et des talus.

lotion n. f. (latin *lotio*, de *lautus*, p. p. de *lavare* → laver) Liquide utilisé pour rafraîchir le corps, le soigner. *Lotion capillaire. Lotion après rasage.* – Application de ce liquide. → **friction.** *Faire des lotions.*

lotionner v. tr. < 1 > Soumettre à une lotion. *Lotionner une plaie.*

lotir v. tr. < 2 > (de *lot*) **1.** Partager, répartir par lots. *Terrains à lotir,* à mettre en vente par lots. **2.** Mettre (qqn) en possession d'un lot. *Après le partage, chacun a été loti d'une maison.*

lotissement n. m. (de *lotir*) **1.** dr. Division par lots. cour. Vente ou location de parcelles de terrain. **2.** *Un lotissement,* ensemble des parcelles d'un terrain vendues pour la construction d'habitations.

lotisseur, euse n. Personne qui partage des terrains en lots, les vend par lots.

Lotka (Alfred) Démographe et statisticien américain d'origine autrichienne (1880-1949). Il fut l'un des fondateurs de la démographie mathématique. *Théorie analytique des associations biologiques.*

loto n. m. (italien *lotto*, emprunt au français *lot*) **1.** Jeu de hasard où l'on doit pour gagner remplir le premier une carte portant plusieurs numéros, auxquels correspondent de petits cylindres de bois *(boules de loto)* ou des cartons numérotés tirés au hasard. – loc. fam. *Des yeux en* **boules de loto** : tout ronds, surpris. **2.** en France, marque enregistrée *LOTO* : jeu consistant à choisir des numéros en les cochant sur un bulletin, et où les numéros gagnants sont tirés au sort. → **loterie.** *Gagner au LOTO.* – *LOTO sportif,* combiné avec des pronostics sportifs.

Lotophages n. m. pl. Peuple fabuleux dont parle Homère dans *L'Odyssée ;* leurs lotus sont si savoureux que quiconque les mange oublie sa patrie.

lotte n. f. (vient p.-ê. du gaulois *lotta*) Poisson comestible, à peau épaisse, gluante, couverte d'écailles. *Lotte à l'américaine.* - var. **lote.**

Lotti (Antonio) Compositeur italien (v. 1667-1740). D'abord compositeur d'opéras, il est surtout connu pour sa musique polyphonique sacrée (messes, motets, cantates). *Crucifixus à huit voix.*

Lotto (Lorenzo) Peintre italien (1480-1556). Influencé par Bellini, il peignit de grandes et riches compositions religieuses *(Le Mariage de sainte Catherine),* ainsi que des portraits sobres et délicats *(Portrait de jeune homme).*

lotus [lɔtys] n. m. (du latin, du grec *lotos*, n. de plusieurs plantes) Nénuphar blanc (de l'Inde). *Le lotus sacré est un des principaux symboles de l'hindouisme.* – *Position du lotus* : position assise de méditation, au yoga. ■ Nénuphar du Nil. *Lotus bleu.*

Lotze (Rudolf Hermann) Physiologiste et philosophe allemand (1817-1881). Fondateur de la psychophysiologie, il tenta de concilier les résultats des sciences positives déterministes avec une métaphysique idéaliste, téléologique et éthique. *Système de philosophie.*

¹louable adj. (de ¹*louer*) Qui est digne de louange, qui mérite d'être loué. → **estimable.** *De louables efforts.* → **méritoire.** *C'est très louable de sa part.*

²louable adj. Qu'on peut louer (²). *Studio louable au mois.*

louage n. m. (de ²*louer*) dr. Location ; action de louer (²). *Contrat de louage.* – *Voiture de louage.*

louange n. f. (de ¹*louer*) **1.** littér. Action de louer (¹) (qqn ou qqch.) ; fait d'être loué. → **éloge.** « *De toutes les pratiques du monde, la louange est la plus habilement perfide* » (Balzac). *Il faut dire à sa louange que...* **2.** au plur. Témoignage verbal ou écrit d'admiration ou de grande estime. → **compliment, félicitation.** – loc. *Chanter les louanges de qqch.*, ses mérites.

louanger v. tr. ‹ 3 › littér. Couvrir de louanges ; faire l'éloge de. → **¹louer, glorifier.**

louangeur, euse n. et adj. littér. (Personne) qui fait des louanges. – Qui contient ou exprime une louange. → **élogieux, épidictique, laudatif.** *Paroles louangeuses.*

loubard, arde n. (verlan de *balourd*, avec changement de sens) fam. vieilli Jeune vivant dans une banlieue défavorisée, appartenant à une bande dont le comportement est asocial.

Loubet (Émile) Homme d'État français (1838-1929). Président de la République (1899-1906), il gracia Dreyfus.

en **loucedé** loc. adv. (largonji de *en douce*) fam. En douce, sans se faire remarquer.

¹louche adj. (vient du latin *lusca*, fém. de *luscus* « borgne ») Qui n'est pas clair, pas honnête. → **suspect, ¹trouble.** *Affaires, manœuvres louches. Un individu louche. C'est louche*, bizarre et suspect. → fam. **chelou.**

²louche n. f. (var. normande et picarde de l'ancien français *louce*, qui vient du francique *lotja*) **1.** Grande cuillère à long manche pour servir le potage, les mets liquides. ■ loc. *À la louche* : par grosses portions. – fig. *Estimation à la louche*, grossière. **2.** fam. *Serrer la louche à qqn*, la main (→ serrer la cuillère).

loucher v. intr. ‹ 1 › (de ¹*louche* ; sens voisin de *lorgner*) **1.** Être atteint de strabisme convergent ; avoir les axes visuels des deux yeux non parallèles. → fam. **bigler** ; → fam. **avoir un œil qui dit merde à l'autre. 2.** fam. *Faire loucher qqn*, provoquer sa curiosité, son envie. – *Loucher sur, vers* : jeter des regards pleins de convoitise sur (qqn ou qqch.). → **guigner, lorgner.**

loucherbem ou **louchébème** [luʃebɛm] n. m. (de ²*boucher*, en largonji) argot **1.** vieux Boucher. **2.** Argot ancien des bouchers, largonji* en *-em*.

louchet n. m. (de ²*louche*) techn. Bêche à lame étroite et très allongée (pour creuser des tranchées).

loucheur, euse n. Personne qui louche. → **louchon.**

Loucheur (Louis) Homme politique français (1872-1931). Chargé du portefeuille du Travail et de la Prévoyance sociale, il fit adopter, en 1928, une loi sur les habitations à bon marché *(loi Loucheur)*.

louchon n. m. (de *louche* « atteint de strabisme ») fam. et vieilli Personne qui louche. → **loucheur.** « *[...] ce petit louchon d'Augustine* » (Zola).

Loudéac Commune des Côtes-d'Armor. 9 652 habitants. Industries agroalimentaires.

Loudun Commune de la Vienne. 6 702 habitants. Églises (XIIIe-XVIe s.). Maisons anciennes. Musée.

Loue n. f. Rivière de Franche-Comté, affluent du Doubs. 126 km.

Loué Commune de la Sarthe. 2 062 habitants. Aviculture.

louée n. f. régional Assemblée où se louent les ouvriers agricoles, les journaliers.

¹louer v. tr. ‹ 1 › (vient du latin *laudare*, de *laus, laudis* « éloge » → **laudateur, laudatif**) **1.** Déclarer (qqn ou qqch.) digne d'admiration ou de très grande estime. → **exalter, louanger.** *Louer qqn sans mesure.* → **encenser, flatter.** « *On ne loue d'ordinaire que pour être loué* » (La Rochefoucauld). **2.** *Louer qqn de* ou *pour qqch.* → **féliciter. 3.** *Louer Dieu, le Seigneur.* → **bénir, glorifier.** loc. *Dieu soit loué !*, exclamation de joie, de soulagement. ■ **se louer** v. pron. *Se louer de qqch.*, témoigner ou s'avouer la vive satisfaction qu'on en éprouve. → **s'applaudir,** se **féliciter.** – *Se louer de qqn*, être satisfait de lui.

²louer v. tr. ‹ 1 › (vient du latin *locare* « placer », de *locus* → **¹lieu, location, loyer**) **I.** Donner (qqch.) en location. *Louer une chambre meublée à un étudiant.* → aussi **sous-louer.** *Maison à louer.* – pronom. (passif) *Cet appartement doit se louer cher.* **II. 1.** Prendre en location, à bail. *Louer un appartement*, en être locataire. **2.** Réserver, retenir en payant. *Louer sa place dans un train, un avion ; au spectacle.*

loueur, euse n. Personne qui fait métier de donner (des voitures, des sièges, etc.) en location.

loufiat n. m. (d'abord *lofiat*, de *loffe* « nigaud », onomatopée *loff-* « souffle, vent ») pop. Garçon de café.

loufoque adj. (de l'argot, forme largonji de *fou*, finale p.-ê. empruntée à *phoque*) fam. Fou. → **dingue, farfelu.** *Il a l'air un peu loufoque* (var. **louf, louftingue**). – *Une histoire loufoque*, absurde et comique.

loufoquerie n. f. Caractère loufoque. – Acte absurde.

Lougansk ou **Louhansk** anciennement **Vorochilovgrad** Région et chef-lieu de région d'Ukraine, près du Donets, dans le Donbass. 452 800 habitants. Houillères, sidérurgie. ■ **République populaire de Lougansk** Région sécessionniste de l'Ukraine qui proclama son indépendance par référendum, à la suite du conflit russo-ukrainien en 2014. Elle est revendiquée par la Russie qui l'a reconnue en 2022.

lougre n. m. (francisation de l'anglais *lugger*) mar. Petit bâtiment de pêche ou de cabotage à trois mâts.

Louhans Chef-lieu d'arrondissement de la Saône-et-Loire, dans la Bresse. 6 451 habitants. Maisons des XVIIe-XVIIIe s. Hôtel-Dieu (XVIIIe s.). Industrie agroalimentaire et commerce agricole.

louis n. m. (du n. de Louis XIII de France) **1.** Ancienne monnaie d'or, à l'effigie du roi de France. **2.** Pièce d'or française de vingt francs. → **napoléon.** *Des louis d'or.*

Louis (Saint) voir Louis IX

Louis

EMPEREURS D'OCCIDENT

■ **Louis Ier le Pieux** ou **le Débonnaire** (778-840) Empereur d'Occident (814-840). Fils de Charlemagne, il fit de Lothaire son héritier unique, réservant l'Aquitaine et la Bavière à ses autres fils, Pépin et Louis (817). Mais la naissance de Charles le Chauve (823), de son mariage avec Judith de Bavière, provoqua la révolte de Lothaire, Pépin et Louis.

■ **Louis II** (v. 822-875) Empereur d'Occident (855-875). Fils de Lothaire Ier, il fut roi d'Italie à partir de 844. Il combattit avec succès les Sarrasins.

■ **Louis III l'Aveugle** (880-928) Empereur d'Occident (901-905), il fut aveuglé par son rival Bérenger Ier de Frioul. Il fut également roi de Provence (890-928) et roi d'Italie (900-928).

EMPEREUR GERMANIQUE

■ **Louis IV de Bavière** (v. 1286-1347) Roi des Romains (1314-1346) et empereur germanique (1328-1347). Fils de Louis II le Sévère, il fut élu empereur en concurrence avec Frédéric le Beau de Habsbourg, auquel il imposa de renoncer à l'Empire. Excommunié par Jean XXII, il suscita contre ce dernier l'antipape Nicolas V et se fit couronner par lui.

BAVIÈRE

■ **Louis Ier de Wittelsbach** (1786-1868) Roi de Bavière (1825-1848). Ses dépenses, son catholicisme intransigeant et surtout l'emprise de la courtisane Lola Montès, lui attirèrent une opposition qui le fit abdiquer en faveur de son fils Maximilien II. Mécène, il couvrit Munich de monuments néo-classiques.

■ **Louis II de Wittelsbach** ou **de Bavière** (1845-1886) Roi de Bavière (1864-1886). Fils de Maximilien II, il laissa ses ministres mener une politique proprussienne et signa en 1870 la lettre qui proposait au roi de Prusse la couronne impériale. Déposé par un coup d'État du gouvernement et déclaré fou, il fut interné et se noya. Mécène, il combla de faveurs Wagner, qu'il admirait, et fit bâtir de nombreux châteaux à l'architecture fantastique.

ESPAGNE

■ **Louis Ier** (1707-1724) Roi d'Espagne (1724). Fils de Philippe V, qui abdiqua en sa faveur, il mourut quelques mois après être monté sur le trône. Son père reprit la couronne.

FRANCE

■ **Louis Ier** → Louis Ier le Pieux, empereur d'Occident.

■ **Louis II le Bègue** ou **le Fainéant** (846-879) Roi de France (877-879), fils de Charles le Chauve. Il dut multiplier les concessions aux grands vassaux pour se faire reconnaître roi à la mort de son père.

■ **Louis III** (v. 863-882) Roi de France (879-882). Fils de Louis II, il régna avec son frère Carloman et céda à Louis III le Jeune, roi de Germanie, la Lotharingie occidentale (880).

■ **Louis IV d'Outre-Mer** (921-954) Roi de France (936-954). Fils de Charles III le Simple, il régna sous la tutelle du comte de Paris Hugues le Grand.

■ **Louis V le Fainéant** (v. 967-987) Roi de France (986-987). Fils de Lothaire, il fut le dernier des Carolingiens. Hugues Capet fut élu pour lui succéder.

■ **Louis VI le Gros** (v. 1081-1137) Roi de France (1108-1137), fils de Philippe Ier. Il pacifia son domaine d'Île-de-France et s'appuya sur Suger. Il fut vaincu par Henri Ier d'Angleterre, à qui il avait tenté d'enlever la Normandie, mais parvint à faire reculer l'empereur Henri V, qui avait envahi la Champagne.

■ **Louis VII le Jeune** (v. 1120-1180) Roi de France (1137-1180), fils de Louis VI. Il acquit une partie du midi et de l'ouest de la France par son mariage avec Aliénor d'Aquitaine (1137) et participa à la deuxième croisade (1147-1149), confiant la régence à Suger. Il répudia (1152) Aliénor d'Aquitaine, qui, en épousant Henri II Plantagenêt, fit entrer le duché d'Aquitaine dans les possessions anglaises. Sous son règne furent publiées les premières ordonnances royales.

■ **Louis VIII le Lion** (1187-1226) Roi de France (1223-1226), fils de Philippe II Auguste. Il vainquit Jean sans Terre sous le règne de son père (1214). Devenu roi, il enleva aux Anglais le Poitou, l'Aunis, l'Angoumois, le Limousin, le Périgord et une partie de la Gascogne. Il conquit Avignon en 1226, lors de la croisade contre les albigeois.

■ **Louis IX** ou **Saint Louis** (1214-1270) Roi de France (1226-1270). Fils de Louis VIII, il régna d'abord sous la régence (1226-1242) de sa mère, Blanche de Castille, qui mit fin à la guerre contre les albigeois (1229). Il participa à la septième croisade en Égypte, où il fut fait prisonnier (1250) avant d'être libéré contre rançon. Outre la réorganisation de la justice et l'affermissement du pouvoir royal, son règne fut marqué par le règlement de conflits territoriaux. Par le traité de Paris (1259), il céda à l'Angleterre

Saint Louis rendant la justice, miniature extraite de *Vie et miracles de Saint Louis* par Guillaume de Saint-Pathus (v. 1300-1320), Bibliothèque nationale de France, Paris.

le Limousin, le Quercy et le Périgord, et obtint de celle-ci la Normandie, le Maine, l'Anjou, la Touraine et le Poitou, ainsi que reconnaissance de vassalité pour la Guyenne. Il fit construire la Sainte-Chapelle, l'hôpital des Quinze-Vingts, et confirma la fondation de la Sorbonne (1257). Mort devant Tunis lors de la huitième croisade, il fut canonisé en 1297.

■ **Louis X le Hutin** ou **le Querelleur** (1289-1316) Roi de France (1314-1316) et roi de Navarre (1305-1316). Fils de Philippe IV le Bel. Il dut faire face à une puissante réaction féodale, qui fut réglée par des concessions.

■ **Louis XI** (1423-1483) Roi de France (1461-1483). Fils de Charles VII, il se révolta contre ce dernier en participant au soulèvement féodal de 1440 (Praguerie). Sa politique de renforcement de l'autorité royale suscita, en 1465, une coalition féodale (ligue du Bien public), dirigée par son frère Charles de Berry et par Charles le Téméraire. Ce dernier, devenu duc de Bourgogne, prit en 1468 la tête d'une nouvelle révolte et parvint à faire prisonnier le roi à Péronne. Après sa libération, Louis XI signa avec l'Angleterre, alliée de Charles le Téméraire, le traité de Picquigny (1475) et anéantit la puissance des grands féodaux. À la mort de Charles le Téméraire (1477), il étendit le domaine royal par l'héritage de l'Anjou, du Maine et de la Provence (1480-1481) puis par l'acquisition du duché de Bourgogne et de la Picardie (traité d'Arras, 1482). Il créa les parlements de Grenoble, Bordeaux et Dijon, et favorisa le développement de l'économie, en encourageant notamment l'implantation de l'imprimerie et des premières manufactures de soieries.

Louis XI préside le chapitre de l'ordre de Saint-Michel, miniature attribuée à Jean Fouquet (v. 1469), Bibliothèque nationale de France, Paris.

■ **Louis XII** (1462-1515) Roi de France (1498-1515). Fils de Charles d'Orléans, il prit la tête de la Guerre folle pendant la minorité de Charles VIII (régence d'Anne de Beaujeu), fut vaincu et emprisonné (1488), puis se réconcilia avec le roi. Succédant à celui-ci, il épousa sa veuve, Anne de Bretagne, après avoir fait annuler son mariage avec Jeanne de France. Poussé par ses droits sur l'héritage des Visconti (son père était le fils de Valentine Visconti), il conquit le Milanais (1499) et tenta de s'emparer du royaume de Naples. Engagé dans la ligue de Cambrai, il vainquit les Vénitiens à Agnadel (1509). Après un renversement des alliances, il dut faire face à la Sainte Ligue : la France fut vaincue par les Suisses à Novare (1513) et par les troupes d'Henri VIII et de Maximilien à Guinegatte, tandis que la Suisse envahissait la Bourgogne. En 1514, il signa la paix avec l'Angleterre et épousa Marie d'Angleterre, sœur d'Henri VIII. Sans héritier direct, il laissa le trône à son cousin et gendre François d'Angoulême (François Ier).

■ **Louis XIII le Juste** (1601-1643) Roi de France (1610-1643). Fils d'Henri IV, il régna d'abord sous la régence de sa mère Marie de Médicis, que celle-ci exerçait avec Concini. Il fit assassiner ce dernier en 1617 avec l'aide de Luynes, auquel il laissa le pouvoir. S'ensuivit une période de troubles durant laquelle Marie de Médicis mena une révolte des grands, qui se solda par un échec (1620). Après la mort de Luynes, Richelieu s'imposa peu à peu comme ministre (1624). Louis XIII s'employa dès lors à restaurer l'autorité royale et à établir la prédominance française en Europe. À l'intérieur, le roi et son ministre durent faire face à de nombreuses conspirations et poursuivirent la lutte contre les protestants (siège de La Rochelle). Ils réorganisèrent le pouvoir en réduisant, notamment, les prérogatives des parlements. La fiscalité, devenue écrasante, provoqua plusieurs soulèvements durement réprimés (croquants, 1637). À l'extérieur, Louis XIII et Richelieu s'appuyèrent sur les puissances protestantes contre les Habsbourg, entraînant la France dans la guerre de Trente Ans (1635).

■ **Louis XIV le Grand** (1638-1715) Roi de France (1643-1715). Fils de Louis XIII, il régna d'abord sous la régence de sa mère Anne d'Autriche, que celle-ci exerça avec Mazarin, et durant laquelle ces derniers durent faire face aux troubles de la Fronde. Après la mort de Mazarin et l'arrestation de Fouquet (1661), Louis XIV s'attacha à renforcer l'absolutisme royal : il supprima la fonction de principal ministre, s'entoura de ministres issus pour la plupart de la bourgeoisie (Colbert, Le Tellier, Louvois) et gouverna au moyen d'une administration centralisée. Sous son règne, la royauté française vit son prestige accru par l'essor de la vie artistique et littéraire et par l'épanouissement du classicisme français symbolisé par Versailles, où se développa parallèlement le culte du « Roi-Soleil ». Dans le domaine religieux, le roi s'employa à combattre le jansénisme et le protestantisme, signant en 1685 la révocation de l'édit de Nantes. À l'extérieur, sa politique de conquête entraîna la France dans la guerre de Dévolution (1667-1668), la guerre de Hollande (1672-1679), la guerre de la ligue d'Augsbourg (1688-1697) et la guerre de Succession d'Espagne (1701-1714). Cette dernière acheva de briser la prédominance française en Europe et de ruiner le royaume, en proie à une double crise économique et politique à la mort du souverain.

■ **Louis de France, duc de Bourgogne** dit **le Grand Dauphin** (1661-1711) Fils de Louis XIV et de Marie-Thérèse d'Autriche, il eut Bossuet pour précepteur. Il épousa Marie-Anne de Bavière, dont il eut trois fils : Louis, duc de Bourgogne, Philippe, duc d'Anjou (roi d'Espagne sous le nom de Philippe V) et Charles, duc de Berry.

■ **Louis de France, duc de Bourgogne** (1682-1712) Fils du Grand Dauphin et de Marie-Anne de Bavière, il devint Dauphin à la mort de son père. Son précepteur, Fénelon, lui inculqua des idées de réforme. Il est le père de Louis XV.

Louis XIV le Grand

Louis XIV, par H. Rigaud (1701), musée du Louvre, Paris.

■ **Louis XV le Bien-Aimé** (1710-1774) Roi de France (1715-1774). Fils de Louis de France, duc de Bourgogne, il régna à la mort de son arrière-grand-père Louis XIV, d'abord sous la régence de Philippe d'Orléans. À la mort du régent, le pouvoir fut exercé par le duc de Bourbon (1723-1726), auquel succéda le cardinal de Fleury (1726-1743). Le roi exerça ensuite un pouvoir personnel soumis toutefois à l'influence de ses favoris et de ses maîtresses (notamment Mme de Pompadour). Sous son règne, la France fut engagée dans la guerre de Succession de Pologne (1733-1738), qui lui rapporta la Lorraine, dans la guerre de Succession d'Autriche (1740-1748), puis dans la guerre de Sept Ans (1756-1763), qui consacra la suprématie britannique et la fin des possessions coloniales françaises. À l'intérieur, devant le renforcement de l'opposition parlementaire, Choiseul fut renvoyé (1770) et remplacé par le triumvirat Maupeou-Terray-d'Aiguillon. Les mesures prises par ces derniers, notamment celles de Maupeou contre le parlement de Paris, et les dépenses de la cour contribuèrent à l'impopularité de Louis XV à la fin de son règne.

Louis XV, par M. Quentin de La Tour (1748), musée du Louvre, Paris.

■ **Louis de France** appelé **le dauphin Louis** (1729-1765) Fils de Louis XV et de Marie Leszczyńska, il fut éloigné de la scène politique par son père. Il est le père de Louis XVI, Louis XVIII et Charles X.

■ **Louis XVI** (1754-1793) Roi de France (1774-1791) puis roi des Français (1791-1792). Fils du dauphin Louis, époux de Marie-Antoinette, il succéda à son grand-père Louis XV. Il s'entoura de ministres (Turgot, Malesherbes, Vergennes) dont les tentatives de réformes se heurtèrent à une opposition aristocratique grandissante. La participation de la France à la guerre de l'Indépendance américaine, même si elle rehaussa le prestige du pays, accentua une crise financière devant laquelle les politiques de Necker (1776-1781), Calonne (1783-1787) et Loménie de Brienne (1787-1788) échouèrent. Face à cette crise financière, doublée d'une crise politique opposant une réaction nobiliaire à l'absolutisme royal, Louis XVI rappela Necker (1788) et convoqua les États généraux. Contraint d'accepter la formation de l'Assemblée nationale constituante, il marqua cependant son refus d'une monarchie constitutionnelle ; sa fuite manquée à Varennes (1791) acheva de le rendre impopulaire. Devenu roi des Français (1791), il déclara la guerre à l'Autriche (1792). Mais le renvoi du ministère girondin et la publication du manifeste de Brunswick renforcèrent l'hostilité des révolutionnaires à son égard : la journée du 10 août 1792 marqua la chute de la royauté. Prisonnier de la Commune insurrectionnelle de Paris, Louis XVI fut enfermé au Temple avec la famille royale. Condamné à mort, il fut guillotiné le 21 janvier 1793.

■ **Louis XVII [Louis Charles de France]** (1785-1795) Second fils de Louis XVI et de Marie-Antoinette. Devenu dauphin à la mort de son frère aîné en 1789, il fut enfermé au Temple avec sa famille après la journée du 10 août 1792 et mourut en 1795. Les circonstances de sa mort étant mal connues, plusieurs personnages ont tenté par la suite d'usurper son identité.

■ **Louis XVIII** (1755-1824) Roi de France (1814-1815 ; 1815-1824). Fils du dauphin Louis, frère de Louis XVI et du comte d'Artois (futur Charles X), il porta d'abord le titre de comte de Provence. Émigré à partir de 1791, il fut porté au pouvoir, grâce à l'appui de l'Angleterre et de Talleyrand, lors de la déchéance de Napoléon Ier (1814). Il instaura une monarchie constitutionnelle, fondée sur la Charte de 1814, puis dut s'exiler pendant les Cent-Jours (1815). Rentré en France après la seconde abdication de Napoléon, il marqua d'abord sa volonté de concilier les acquis de la Révolution et de l'Empire avec la restauration de la royauté. Sous la pression des ultras, principaux organisateurs de la Terreur blanche, le régime s'engagea dans la voie de la réaction, notamment par les mesures de la Chambre introuvable (1815-1816) et du cabinet Villèle (à partir de 1822), politique autoritaire qui fut encore renforcée à l'avènement de Charles X.

GERMANIE

■ **Louis II le Germanique** (v. 804-876) Roi de Germanie (843-876). Fils de Louis Ier le Pieux, il s'allia avec Charles le Chauve contre Lothaire Ier et reçut par le traité de Verdun (843) les régions à l'est du Rhin.

■ **Louis III le Jeune** ou **Louis de Saxe** (822-882) Roi de Germanie (876-882). Second fils de Louis II, il accrut son territoire en enlevant la Bavière à son frère Carloman et en s'emparant de la Lotharingie occidentale.

■ **Louis IV l'Enfant** (893-911) Roi de Germanie (900-911). Il fut le dernier roi carolingien de Germanie.

HONGRIE

■ **Louis Ier le Grand** (1326-1382) Roi de Hongrie (1342-1382). Il favorisa l'essor économique de son royaume et mena une politique de conquêtes qui lui valut un grand prestige.

■ **Louis II** (1506-1526) Roi de Hongrie et de Bohême (1516-1526), fils de Ladislas VI Jagellon. Il dut lutter contre les Turcs, et mourut à la bataille de Mohács.

MONACO

■ **Louis II** (1870-1949) Prince de Monaco (1922-1949), il succéda à son père Albert Ier.

NAPLES ET SICILE

■ **Louis Ier d'Anjou** (1339-1384) Duc d'Anjou, roi de Sicile et comte de Provence (1382-1384). Fils du roi de France Jean II le Bon, régent de son neveu Charles VI, il eut à faire face, lors de son règne, à la concurrence du duc de Durazzo.

■ **Louis II d'Anjou** (1377-1417) Duc d'Anjou, roi de Naples, de Sicile, de Jérusalem et comte de Provence (1384-1417). Fils de Louis Ier. Il ne parvint pas à s'imposer à Naples contre Ladislas.

■ **Louis III** (1403-1434) Duc d'Anjou, roi de Naples, de Sicile, d'Aragon et comte de Provence. Fils de Louis II. Il réussit à conquérir sur Alphonse V d'Aragon le royaume de Naples dont il était titulaire.

PORTUGAL

■ **Louis Ier** (1838-1889) Roi de Portugal (1861-1889). Il gouverna en monarque constitutionnel et abolit l'esclavage dans les colonies en 1868.

Louis (Nicolas, dit Victor) Architecte, décorateur et dessinateur français (1731-1802). Tenant du néoclassicisme, il opta pour un style directement inspiré de l'architecture grecque, ample et sobre. Il édifia le Grand-Théâtre de Bordeaux ; Stanislas Poniatowski lui confia la transformation du château royal de Varsovie.

Louis (Joseph Dominique, baron) Homme politique français (1755-1837). Ministre des Finances sous la Restauration puis au début de la monarchie de Juillet, il contribua au redressement financier de la France.

Louis (Morris Louis Bernst, dit Morris) Peintre américain (1912-1962). Il est l'auteur de séries abstraites, basées sur l'écoulement libre de la couleur sur la toile. *Veils ; Florals.*

louise-bonne n. f. (du prénom *Louise*, et de [1]*bon*) Poire d'automne, fondante et douce. *Des louises-bonnes.*

Louise de Mecklembourg-Strelitz, dite la reine Louise (1776-1810). Reine de Prusse. Épouse de Frédéric-Guillaume III, elle se distingua par son patriotisme, notamment à l'occasion de la guerre qui opposa la Prusse à Napoléon. Elle prépara la renaissance de la Prusse en soutenant les grands ministres réformateurs.

Louise de Savoie Princesse de la maison ducale de Savoie (1476-1531). Épouse de Charles de Valois, duc d'Angoulême, et mère de François Ier, elle assura la régence lors de l'expédition d'Italie en 1515, puis après la défaite de Pavie (1525). Elle négocia avec Marguerite d'Autriche la paix des Dames (1529).

Louise-Marie d'Orléans Reine des Belges (1812-1850). Fille aînée de Louis-Philippe, elle fut mariée à Léopold Ier (1832).

Louisiade n. f. Groupe d'îles et de récifs coralliens de Papouasie-Nouvelle-Guinée. Environ 15 000 habitants.

Louisiane n. f. État du S. des États-Unis, sur le golfe du Mexique. 134 382 km². 4 534 000 habitants. Capitale : Baton Rouge. Agriculture (riz, canne à sucre). Pêche. Pétrole et gaz naturel.

Colonie de la Couronne de France, la Louisiane occidentale fut cédée à l'Espagne en 1762 et la rive droite du Mississippi à la Grande-Bretagne en 1763. La partie espagnole fut rétrocédée à la France en 1800, puis vendue par Bonaparte aux États-Unis en 1803. Esclavagiste, la Louisiane fit sécession en 1861. L'État est régulièrement frappé par des ouragans dont Katrina en 2005.

Louis Napoléon Bonaparte voir Napoléon III

Louis-Philippe Ier (1773-1850). Roi des Français (1830-1848). Fils de Louis-Philippe Joseph, duc d'Orléans, dit Philippe Égalité, il fut, comme son père, un partisan des idées révolutionnaires. Après s'être distingué à Valmy et à Jemappes en 1792, il s'exila puis revint en France lors de la première Restauration. Après la révolution de juillet 1830, il fut porté au pouvoir par la bourgeoisie d'affaires libérale. Nommé lieutenant général du royaume, il devint, après une

Louis-Philippe présentant le drapeau tricolore, qui fut adopté sous son règne.

révision de la charte constitutionnelle de 1814, roi des Français. Après avoir tenté de gouverner avec les représentants du parti libéral, ou parti du Mouvement, Louis-Philippe s'appuya sur les chefs du parti de la Résistance, hostiles à toutes concessions démocratiques, et qui, avec Guizot, Molé et Casimir Perier, furent au pouvoir jusqu'à la chute de la monarchie de Juillet lors de la révolution de 1848. Après avoir abdiqué en faveur de son petit-fils le comte de Paris, il s'exila en Angleterre.

L

Louisville Ville des États-Unis (Kentucky), sur l'Ohio. 600 000 habitants. Centre industriel.

loukoum [lukum] n. m. (turc *rahat-lokum*, de l'arabe « repos *[raha]* du gosier *[hulqum]* ») Confiserie orientale, faite d'une pâte aromatisée enrobée de sucre en fine poudre.

loulou n. m. (de *loup*, redoublé) **I.** Petit chien d'appartement au museau pointu, à long poil, à grosse queue touffue. *Loulou de Poméranie.* **II.** fam. **1.** terme d'affection (fém. **loulote**). *Mon gros loulou.* → **loup** (I, 2). **2.** vieilli Mauvais garçon. → **loubard, voyou.**

Lounatcharski (Anatoli Vassilievitch) Homme politique et écrivain soviétique (1875-1933). Il fut le premier commissaire du peuple à l'Instruction publique (1918-1929).

lounge [launʒ] n. m. (mot anglais) anglic. Salon-bar à l'ambiance feutrée. *Les lounges des grands hôtels.* – appos. *Bar lounge. Musique lounge,* musique d'ambiance, au rythme lent.

loup n. m. (d'abord *lu, leu* ; vient du latin *lupus*, famille du grec *lukos* → [3]lice) **I. 1.** Mammifère carnivore sauvage, qui ressemble à un grand chien (→ **chien-loup**). *Relatif au loup.* → [2]**lupin.** *Le loup, la louve* et leurs louveteaux. Hurlement de loup.* – loc. *Une faim de loup,* une faim vorace. *Un froid de loup,* très rigoureux. *Être connu comme le loup blanc,* très connu. *Se jeter dans la gueule* du loup.* – fam. *Avoir vu le loup :* ne plus être vierge, en parlant d'une jeune fille. – prov. (du latin) *L'homme est un loup pour l'homme.* ■ fig. *Un jeune loup,* un jeune arriviste. **2.** fam. Terme d'affection. *Mon loup, mon petit loup.* → fam. **loulou. 3.** fam. *Loup de mer :* vieux marin qui a beaucoup navigué. **4.** Poisson comestible de la Méditerranée. → [1]**bar.** *Loup au fenouil.* **II.** Masque de velours noir qu'on porte dans les bals masqués. *« Sous le loup de satin qu'illuminaient ses yeux »* (Hugo). **III.** (idée de « dévorer ») **1.** vieux Chancre. → **lupus. 2.** Défectuosité dans un ouvrage (→ **louper**).

Loup ou **Leu (saint)** (383-478). Moine, évêque de Troyes, il défendit la ville contre Attila en 451.

Loup ou **Leu (saint)** (mort en 623). Archevêque de Sens, il fonda le monastère Sainte-Colombe.

Loup n. m. Fleuve côtier des Alpes-Maritimes. 48 km. Gorges pittoresques.

loupage n. m. fam. Le fait de louper ; chose ratée. → **ratage.**

loup-cervier n. m. (de *cervier*, de *cerf*) Lynx du nord de l'Europe. *Des loups-cerviers.*

^{1}loupe n. f. (p.-ê. d'un radical gallo-romain *lopp-*, ou du francique *luppa* « masse informe ») **1.** Excroissance du bois d'un arbre. → **nœud. 2.** Tumeur, excroissance de la peau.

^{2}loupe n. f. (de ^{1}*loupe*, par analogie de forme, comme *lentille*) Instrument d'optique, lentille convexe et grossissante. *Lire avec une loupe.* – *Regarder une chose à la loupe,* l'examiner avec une grande minutie.

loupé n. m. fam., techn. Raté ; chose ratée. → **loup** (III, 2).

louper v. tr. < 1 > (de ^{1}*loupe* ou de *loup* [III] dans *faire un loup*) fam. **1.** Ne pas réussir (un travail, une action). → **manquer, rater.** *Elle a loupé son examen.* – au p. p. Raté, manqué. *Un plat complètement loupé.* **2.** Ne pouvoir prendre, laisser échapper. *Tu vas louper ton train.* – *Il n'en loupe pas une* (erreur, bêtise). ■ (personnes) Ne pas réussir à rencontrer. *Je l'ai loupé à la gare.* **3.** Ne pas atteindre (une cible). fig. (négatif, pour « toucher, atteindre ») *Les critiques ne l'ont pas loupé.* **4. v. pron.** *Se louper* : se tromper ; échouer ; rater son coup. **5.** intrans. *Tout a loupé. Ça n'a pas loupé,* ça devait arriver.

loup-garou n. m. (renforcement par *loup* de *garou* « homme-loup », du francique *wariwulf*) Personnage malfaisant des légendes populaires, homme-loup qui passait pour errer la nuit dans les campagnes. → **lycanthrope.** *Des loups-garous.*

loupiot, iote ou **iotte** n. (p.-ê. de *loup*) fam. Enfant.

loupiote n. f. (d'abord « bougie » ; de *loupe* « bougie », mot régional) fam. Petite lampe, lumière.

loup-marin n. m. (Canada) Phoque. *Des loups-marins.*

Loup Servat Théologien et érudit (v. 805-v. 862). Abbé de Ferrières, il développa les thèses augustiniennes sur la prédestination et le libre arbitre.

Louqsor voir **Louxor**

lourd, lourde adj. (p.-ê. du latin pop. *lurdus*, de *luridus* « jaune, blême », puis « abasourdi » ; ou encore de *lura* « outre ») **I. 1.** Difficile à déplacer, en raison de son poids (s'oppose à *léger*). → **pesant.** *Une lourde charge. Une valise très lourde.* ■ Qui gêne par une impression de pesanteur. *Tête lourde, estomac lourd.* ■ *Terrain lourd,* compact, difficile à labourer ; en sport, détrempé. **2.** Dont le poids est élevé ou supérieur à la moyenne. *Artillerie lourde. Poids* lourd.* – *Industrie lourde,* grosse industrie (métallurgique, chimique...). ■ Dont la densité est élevée. *Un gaz, un corps plus lourd que l'air.* – **n. m.** *Les plus lourds que l'air* : les engins volants qui n'utilisent pas de gaz plus légers que l'air. **3.** loc. *Avoir la main lourde* : frapper fort ; punir sévèrement. – Peser, verser en trop grande abondance. *Tu as eu la main lourde en te parfumant.* **4.** Grand, important, difficile à supporter. *Avoir de lourdes charges.* → **écrasant.** *Lourde responsabilité. Handicap lourd.* → **sévère.** par ext. fam. *Patients lourds,* gravement atteints. **5.** Qui accable, oppresse, pèse. « *Le temps était lourd, orageux, d'une chaleur suffocante* » (Gautier). fam. *Il fait lourd.* ■ *Aliments lourds.* → **indigeste. 6.** *Lourd (de)* : chargé (de). *Phrase lourde de sous-entendus, de menaces.* → **plein, rempli. 7.** Qui donne une impression de lourdeur, de pesanteur, sur les sens. – (Sur la vue, par son aspect) → **^{1}massif ; épais.** *Un bâtiment lourd.* – (Sur l'ouïe) « *Un coup terrible, lourd, a retenti à la porte* » (Baudelaire). – (Sur l'odorat) *Parfum lourd.* → **^{1}fort.** – (Sur le goût) *Un vin lourd et râpeux.* **8. adv.** *Peser lourd.* → **beaucoup.** *Cette malle pèse lourd.* – loc. *Cela ne pèsera pas lourd dans la balance,* n'aura pas grande importance. – fam. *Il n'en sait, il n'en fait pas lourd,* pas beaucoup. **II.** Maladroit. **1.** (personnes) Qui manque de finesse, de subtilité. → **^{1}balourd, épais, grossier, lourdaud ;** fam. **lourdingue.** – fam. Pénible, ennuyeux. *Qu'est-ce qu'il est lourd !* (en verlan *relou*). **2.** Qui manifeste de la maladresse intellectuelle. → **gros.** *Style lourd.* → **embarrassé. 3.** Qui se déplace, se meut avec maladresse, gaucherie, lenteur. → **empoté.** *Une démarche lourde.*

lourdaud, aude 1. n. Personne lourde, maladroite (au moral et au physique). *C'est un lourdaud.* **2. adj.** → **^{1}balourd.** *Elle est un peu lourdaude.*

lourde n. f. (fém. de *lourd*) fam. Porte. *Il a bouclé la lourde.*

lourdement adv. **1.** De tout son poids, de toute sa force. *Tomber lourdement.* – *Peser lourdement sur,* avoir des conséquences importantes pour. **2.** Avec une charge, un matériel pesants. → **pesamment.** *Camions lourdement chargés.* **3.** Maladroitement. *Appuyer, insister lourdement.* – *Se tromper lourdement.* → **grossièrement.**

lourder v. tr. < 1 > (de *lourde*) fam. Mettre à la porte. *Il s'est fait lourder.* → **licencier.** – Se débarrasser de (qqn, qqch.).

Lourdes Commune des Hautes-Pyrénées. 13 247 habitants. Lieu de pèlerinage sur le site de la grotte Massabielle, où Bernadette Soubirous eut des visions de la Vierge en 1858. Basilique supérieure (1876) et basilique souterraine (1958).

lourdeur n. f. (de *lourd*) **I. 1.** Caractère de ce qui est difficile à supporter. *La lourdeur de l'impôt.* – (Une, des lourdeurs) Impression de pesanteur pénible. *Des lourdeurs d'estomac.* **2.** Caractère massif, pesant. *Lourdeur des formes.* **II.** Gaucherie, maladresse. *Lourdeur de la démarche.* – Manque de finesse, de vivacité, de délicatesse. *Lourdeur d'esprit.* – *La lourdeur d'une phrase, du style.*

lourdingue adj. fam. Lourd, qui manque de finesse. *Des plaisanteries lourdingues.* – **n.** *Un gros lourdingue.* → **lourdaud.**

loure n. f. (vient du latin *lura* « sacoche » ou est emprunté au scandinave *ludr* « cor ») mus., anciennt **1.** Instrument voisin de la musette. **2.** Danse rustique à trois temps, accompagnée par cet instrument.

Lourenço Marques voir **Maputo**

lourer v. tr. < 1 > (d'abord « jouer de la loure » ; de *loure*) mus. Lier les notes en appuyant sur le premier temps de chaque mesure ou sur la première note de chaque temps.

Louria (Isaac Louria Ashkenazi, dit Isaac), dit aussi **ha-Ari** Kabbaliste juif (1534-1572). Sa doctrine, messianique, laisse à l'homme la responsabilité du *tikkun,* la réparation de la brisure consécutive à la Création.

Louria (Aleksandr Romanovitch) Neurologue soviétique (1902-1977). Il étudia le système nerveux central, et en particulier les phénomènes de la mémoire et du langage.

Lou Siun voir **Lu Xun**

lousse adj. (anglais *loose* « desserré, lâche ») (Canada) fam. **1.** (choses) Lâche, mou. *Courroie lousse.* **2.** (animaux) Libre, non attaché. *Laisser son chien lousse.* **3.** (personnes) Prodigue, généreux.

loustic n. m. (allemand *lustig* « gai, joyeux ») Farceur, plaisantin. *Faire le loustic.* ■ fam., péj. Homme, type. *C'est un drôle de loustic.*

loutre n. f. (vient du latin *lutra*) **1.** Petit mammifère carnivore, à pelage brun épais et court, à pattes palmées, se nourrissant de poissons et de gibier d'eau. **2.** Fourrure de cet animal.

Loutsk Ville d'Ukraine. 203 000 habitants. Château (XIIe-XIVe s.). Églises (XVe et XVIIe s.). Industries.

Louvain en néerlandais **Leuven** Ville de Belgique (Brabant flamand). 102 275 habitants. La ville est connue pour ses monuments gothiques et baroques (églises, béguinage, hôtel de ville) et surtout pour son université fondée en 1425, où enseignèrent Érasme, Lessius, Jansénius. En 1968, à la suite de la querelle linguistique, l'université se scinda et les facultés francophones furent transférées à Louvain-la-Neuve.

Louvain-la-Neuve voir **Ottignies-Louvain-la-Neuve**

louve n. f. (vient du latin *lupa* [aussi « prostituée » → **lupanar**], de *lupus* → **loup**) Femelle du loup. *La louve et ses louveteaux.*

Louveciennes Commune des Yvelines. 7 342 habitants. Château de Mme du Barry et pavillon construits par Ledoux.

Louverture (Toussaint-) voir **Toussaint-Louverture**

louvet, ette adj. (de *louve*, à cause de la couleur du poil) (cheval) Qui est d'une couleur jaunâtre mêlée de noir. *Jument louvette.*

Louvet de Couvray (Jean-Baptiste) Homme politique et écrivain français (1760-1797). Il écrivit *Les Amours du chevalier de Faublas,* célèbre roman licencieux, et fonda *La Sentinelle,* journal antiroyaliste.

louveteau n. m. (de *louvet*, diminutif de *loup*) **1.** Petit du loup et de la louve. **2.** Scout de moins de douze ans.

louveter v. intr. < 4 ou RO 5 > Mettre bas, en parlant d'une louve.

louveterie [luvɛtʀi ; luv(ə)tʀi] ou **louvèterie** n. f. (de *loup*, *louve*) vieux Chasse aux loups et aux grands animaux nuisibles. – mod. *Lieutenant de louveterie.* → **louvetier (2).**

louvetier, ière n. **1. n. m.** hist. Officier de la maison du roi, commandant la chasse au loup. **2. n.** mod. Personne chargée de gérer la régulation des espèces nuisibles.

Louvier (Alain) Compositeur français (né en 1945). Il dirigea le Conservatoire national supérieur de musique de Paris de 1986 à 1991. *Clavecin non tempéré.*

Louvière (La) Ville de Belgique (Hainaut). 77 510 habitants. Sidérurgie, électronique.

Louviers Commune de l'Eure, sur l'Eure. 18 636 habitants. Ancienne ville forte, Louviers fut un des berceaux de la manufacture du drap aux XVIIe et XVIIIe siècles.

louvoiement n. m. Action de louvoyer. → **détour.**

Louvois (François Michel Le Tellier, marquis de) Homme politique français (1639-1691). Fils du chancelier Michel Le Tellier, secrétaire d'État à la Guerre, il réorganisa profondément le recrutement de l'armée. Il ouvrit le commandement aux roturiers et créa des écoles militaires. Il exerça une grande influence, notamment en politique étrangère (dévastation du Palatinat, 1689) et encouragea les dragonnades.

louvoyer v. intr. < 8 > (de *louf*, var. de *lof* → **lof**) **1.** Naviguer en zigzag pour utiliser un vent contraire. **2.** Prendre des détours pour atteindre un but. → **biaiser, tergiverser.**

Louvre n. m. Ancienne résidence royale, à Paris, sur la rive droite de la Seine. Forteresse sous Philippe Auguste (1204), transformée en demeure royale, le palais a été agrandi de siècle en siècle. Délaissé au XVIIIe s., réhabilité sous Napoléon Ier, il fit l'objet de nombreux travaux sous Napoléon III (galerie N.). Devenu musée d'art à la fin du XVIIIe s., le Louvre abrite les collections de la Couronne, des œuvres d'art confisquées ou acquises par Napoléon, et d'innombrables achats et legs. Ses huit départements conservent les collections artistiques parmi les plus riches du monde. De 1984 à 1993 a été réalisé l'aménagement du Grand Louvre (entrée par la pyramide de verre de Pei ; ouverture aux collections de l'aile Richelieu ; Carrousel du Louvre). Une extension du musée existe à Lens depuis 2012. Le musée Louvre Abou Dhabi (conçu par Jean Nouvel) a ouvert en 2017.

Louxor, Louksor ou **Louqsor** Ville de la Haute-Égypte, sur le Nil. 269 000 habitants. Centre touristique. Site de l'ancienne Thèbes. La construction du temple d'Amon fut décidée par Aménophis III, au XIVe s. av. J.-C., et poursuivie par Ramsès II, qui

Louvre

La cour Napoléon, au Louvre, avec la pyramide de verre de l'architecte Pei (1988).

ajouta une nouvelle cour, des statues colossales et deux obélisques (l'un d'eux fut élevé place de la Concorde à Paris en 1836).

Louÿs [lwi] **(Pierre Louis, dit Pierre)** Écrivain français (1870-1925). Gendre de Heredia, il fut influencé par la poésie des parnassiens et s'inspira, dans sa peinture de l'amour sensuel, de la littérature grecque érotique. *Chansons de Bilitis ; Aphrodite ; La Femme et le Pantin.*

Lovecraft (Howard Phillips) Écrivain américain (1890-1937). Il fut l'auteur d'une soixantaine de récits fantastiques mettant en scène des puissances monstrueuses extraterrestres venues bouleverser le destin de l'humanité. *Le Cauchemar d'Innsmouth ; Dans l'abîme du temps.*

Lovelace Personnage du roman *Clarisse Harlowe*, de S. Richardson. Il incarne le type du séducteur sans scrupule.

Lovelace (Richard) Poète et auteur dramatique anglais (1618-1657). Son œuvre poétique reflète un idéal galant associé à une recherche de l'honneur. *À Althée, de sa prison ; À Lucasta, en partant pour la guerre.*

lover v. tr. **< 1 > (bas allemand *lofen* ; famille de *lof*) terme de marine** Ramasser en rond (un câble, un cordage). ■ **se lover** v. pron. S'enrouler sur soi-même. – Se pelotonner. *Se lover dans un canapé.*

low cost [lokɔst] **adj. invar. (mot anglais, de *low* « bas » et *cost* « coût ») anglic.** À bas prix **(recommandation offic.)**. *Compagnie aérienne low cost. Vols low cost.*

Lowe (sir Hudson) Général britannique (1769-1844). Gouverneur de Sainte-Hélène, il fut le geôlier de Napoléon.

Lowell (James Russell) Poète et critique américain (1819-1891). Il fut l'un des premiers satiristes de son temps. *Biglow Papers ; A Fable for Critics.*

Lowell (Percival) Astronome américain (1855-1916). Il prédit l'existence de Pluton, qui fut découverte en 1930.

Lowell (Amy) Poète américaine (1874-1925). Sœur de Percival Lowell, elle prit la tête du groupe des imagistes. Ses œuvres critiques *(Tendancies in American Poetry ; Six French Poets)* et ses poèmes novateurs *(What's O'Clock)* eurent un grand retentissement.

Lowell (Robert) Poète américain (1917-1977). Converti au catholicisme, il composa une œuvre de nature mystique et lutta pour le pacifisme et les droits civiques. *Lord Weary's Castle ; The Dolphin ; Notebook.*

Löwendal (Ulrich Frederic Valdemar, comte de) Maréchal de France (1700-1755). Il servit l'Autriche et la Pologne, puis la France. Il se distingua à Fontenoy (1745) et conquit la Flandre.

Lowie (Robert Harry) Ethnologue américain d'origine autrichienne (1883-1957). Il critiqua l'évolutionnisme unilinéaire et fut l'auteur de travaux sur les Indiens d'Amérique du Nord. *Primitive Society.*

Lowlands **n. m. pl.** Région d'Écosse correspondant à une dépression entre les Southern Uplands et les Highlands (au N.). C'est la région d'Écosse la plus densément peuplée.

Lowry (Malcolm) Romancier britannique (1909-1957). Il est surtout connu pour son roman *Au-dessous du volcan*, œuvre majeure qui retrace l'histoire d'une autodestruction.

loxodromie **n. f. (grec *loxodromos*, de *loxos* « oblique » et *dromos* « course » → -drome) mar.** Courbe suivie par un navire lorsqu'il coupe les méridiens sous un même angle **(s'oppose à *orthodromie*)**. □ **adj. loxodromique**

loyal, ale, aux **adj. (vient du latin *legalis* → légal)** Qui obéit aux lois de l'honneur et de la probité. **→ honnête ; opposé à *déloyal*.** *Un ami loyal.* **→ sincère.** – *Remercier qqn pour ses bons et loyaux services.* – **loc.** *Se battre à la loyale* : sans tricher. □ **adv. loyalement**

loyalisme **n. m.** Attachement dévoué à une cause. **→ dévouement.** □ **adj. et n. loyaliste**

loyauté **n. f. (de *loyal*)** Caractère loyal, fidélité à tenir ses engagements. **→ droiture, honnêteté.** *Faire preuve de loyauté envers qqn.*

Loyauté (îles) Archipel corallien français de l'Océanie (Mélanésie), division administrative de la Nouvelle-Calédonie. 1 981 km². 22 000 habitants. Îles principales : Lifou, Ouvéa, Maré et Tiga.

loyer **n. m. (vient du latin *locarium* « prix d'un emplacement », de *locare* → ²louer) 1.** Prix de la location d'un local d'habitation, professionnel. *Habitation à loyer modéré.* **→ HLM.** *Échéance du loyer.* **→ ¹terme.** – Somme correspondant à un terme. *Quittance de loyer.* **2.** *Le loyer de l'argent*, le taux de l'intérêt. **3. dr.** Bail, location (d'une chose quelconque).

Loyola **voir Ignace de Loyola**

Loyson (Charles) dit le père Hyacinthe Prédicateur français (1827-1912). Il s'opposa au dogme de l'infaillibilité pontificale (1869), rompit avec l'Église romaine et fonda une Église gallicane (1879).

Lozère (mont) Massif granitique des Cévennes, en Lozère, culminant à 1 699 m au sommet de Finiels.

Le mont Lozère, source de plusieurs rivières, dont le Tarn.

Lozère **n. f.** [48] Département français de la Région Occitanie (→ carte). 5 167 km², 76 633 habitants. Chef-lieu : Mende. Chef-lieu d'arrondissement : Florac. « Château d'eau » correspondant au S.-E. du Massif central (Aubrac, Margeride, Gévaudan, Cévennes), la Lozère est montagneuse, rurale, enclavée et dépeuplée. L'élevage (bovin et ovin) et le tourisme (parc naturel, gorges du Tarn) sont les principales activités.

Lozi(s) **n. m. pl.** Peuple de langue bantoue de la haute vallée du Zambèze.

Lr Symbole chimique du lawrencium.

LREM **voir République En Marche ! (La)**

LSD **n. m. invar. (anglais des États-Unis, de l'allemand *Lyserg Säure Diäthylamid* « acide lysergique diéthylamide »)** Substance hallucinogène. **→ acide, anglic. speed ; lysergique.**

Lu Symbole chimique du lutécium.

Lualaba **n. m.** Nom donné au fleuve Congo près de sa source.

Luanda Capitale de l'Angola, sur l'Atlantique. 6,7 millions d'habitants. Centre administratif et commercial. Raffinerie de pétrole.

Luang Prabang Ville du Laos, capitale royale jusqu'en 1975, située sur le haut Mékong. 55 000 habitants. Nombreux monuments bouddhiques. Artisanat.

Luanshya Ville de Zambie. 150 000 habitants. Centre industriel. Extraction minière (cuivre).

Luba ou **Baluba** **n. m. pl.** Nom de deux peuples apparentés de la République démocratique du Congo, les Luba du Katanga et les Luba du Kasaï. Ils parlent respectivement le kiluba et le tshiluba.

Lubac (Henri Sonier de) Jésuite français (1896-1991). Théologien et spécialiste d'histoire des religions, il fut expert au concile Vatican II et devint cardinal en 1983. *Le Drame de l'humanisme athée.*

Lubango Ville du S. de l'Angola. 600 000 habitants. Centre de commerce agricole. Minerais (diamant).

Lubbock (sir John), 1er baron Avebury Homme politique, naturaliste et préhistorien britannique (1834-1913). Il introduisit les notions de paléolithique et de néolithique *(L'Homme avant l'histoire).*

Lubbock Ville des États-Unis (Texas). 230 000 habitants. Commerce agricole.

Lübeck Ville d'Allemagne du Nord (Schleswig-Holstein), au fond de l'estuaire de la Trave, ouverte sur la mer Baltique. 213 650 habitants. Port de commerce et d'industrie (mécanique, métallurgie). La ville ancienne est bien conservée (monuments du XIIIe au XVIe s.). Fondée au XIIe s., Lübeck fut, avec Hambourg, la cofondatrice de la Hanse.

Luberon ou **Lubéron** **n. m.** Massif des Alpes françaises, entre les vallées du Coulon et de la Durance. Parc naturel régional.

lubie **n. f. (origine obscure ; p.-ê. latin *libet, lubet* « il est permis » → libidineux, quolibet)** Idée, envie capricieuse, parfois déraisonnable. **→ caprice, fantaisie, ¹folie.** *C'est sa dernière lubie.*

Lubis (Mochtar) Journaliste et écrivain indonésien (1922-2004). Son quotidien satirique *Indonesia Raya* fut interdit par les présidents Sukarno et Suharto et ses critiques sociales lui valurent d'être incarcéré sous les deux régimes. *Route sans fin ; Crépuscule à Jakarta ; Récidiviste.*

Lubitsch (Ernst) Cinéaste américain d'origine allemande (1892-1947). Il adapta avec délicatesse des pièces du théâtre européen et des comédies musicales, mêlant l'ironie à un romantisme parfois proche du tragique. *Haute Pègre ; Sérénade à trois.*

Ernst Lubitsch dirigeant Greta Garbo dans *Ninotchka* (1939).

Lublin Ville de l'E. de la Pologne, au S.-E. de Varsovie. 353 500 habitants. Ancienne ville fortifiée. Université catholique. *L'Union de Lublin* entre la Pologne et la Lituanie y fut scellée en 1569. En 1944, Lublin devint la capitale de la Pologne libre et le siège du gouvernement provisoire.

lubricité n. f. (du bas latin → lubrique) Penchant effréné ou irrésistible pour la luxure, la sensualité brutale. → **impudicité.** *Se livrer à la lubricité.* → **débauche.**

lubrifiant, ante adj. Qui lubrifie. *Liquide, gel lubrifiant.* – **n. m.** *Un lubrifiant.*

lubrification n. f. Action de lubrifier.

lubrifier v. tr. < 7 > (du latin *lubricus* « glissant » → lubrique) Enduire d'une matière onctueuse qui atténue les frottements, facilite le fonctionnement. → **graisser, huiler, oindre.** – *Lubrifier un moteur.*

lubrique adj. (latin *lubricus* « glissant », puis « dangereux » et en latin relig. « qui fait tomber dans le péché, la luxure ») Qui manifeste un fort penchant pour la luxure. → **luxurieux, salace.** – plais. *Un regard lubrique,* concupiscent. □ adv. **lubriquement**

Lubumbashi anciennement **Élisabethville** Ville de la République démocratique du Congo, chef-lieu de la région du Katanga. 1 300 000 habitants. Centre de production de cuivre et de cobalt.

Luc (saint) Médecin d'origine syrienne. Compagnon de saint Paul, il est l'auteur du troisième Évangile, ainsi que des Actes des Apôtres.

Luc (Le) Commune du Var. 11 058 habitants.

Lucain en latin **Marcus Annaeus Lucanus** Poète latin (39-65). Neveu de Sénèque et compagnon de Néron, il fut contraint au suicide après la conjuration de Pison. Il est l'auteur de *Pharsale,* qui retrace la guerre civile entre César et Pompée.

lucane n. m. (latin sc., de *lucanus* « scarabée ») Cerf-volant (insecte).

Lucanie n. f. Région de l'Italie ancienne entre la Campanie, le Bruttium, la mer Tyrrhénienne et le golfe de Tarente.

lucaniste n. (de *lucane*) Amateur de cerfs-volants. → **cerf-voliste.**

lucarne n. f. (vient du francique *lukinna,* de *luk* « trappe, volet ») **1.** Petite fenêtre, pratiquée dans le toit d'un bâtiment. *Les lucarnes d'un grenier.* **2.** Petite ouverture (dans un mur, une paroi). *La lucarne d'un cachot.* **3.** Au football, Chacun des deux angles supérieurs des buts.

Lucas (Robert) Économiste américain (né en 1937). Il voulut refonder la réflexion macroéconomique en postulant un parallèle de principe avec la microéconomie. Il est l'auteur de recherches sur les prévisions rationnelles. Prix Nobel 1995.

Lucas (George) Cinéaste et producteur américain (né en 1944). Réalisateur de *American Graffiti,* il connut un immense succès avec *La Guerre des étoiles* et ses suites.

Lucas-Championnière (Just) Chirurgien français (1843-1913). Il introduisit en France la méthode antiseptique et inventa un pulvérisateur pour soigner les plaies et les blessures.

Lucas de Leyde Peintre, graveur et dessinateur hollandais (1494-1533). Son œuvre, très diverse, manifeste de grandes qualités d'expression et est comparable à celles de Dürer ou de Jérôme Bosch *(Loth et ses filles).* Il fut l'un des initiateurs de la peinture de genre hollandaise *(Les Joueurs de cartes).*

Lucayes (îles) voir **Bahamas**

Lucé Commune de l'Eure-et-Loir, dans la banlieue de Chartres. 15 525 habitants.

¹lucernaire n. m. (latin *lucernarium* « moment où on allume les lampes », de *lucerna* « lampe ») relig. Office que les premiers chrétiens célébraient pendant la nuit du samedi au dimanche.

²lucernaire n. f. (du latin, de *lucerna* « lampe », p.-ê. par analogie de forme) Méduse d'une espèce commune, qui se fixe aux algues par ses huit tentacules courts.

Lucerne (canton de) Canton de Suisse. 1 493 km². 403 397 habitants. Chef-lieu : Lucerne.

Lucerne en allemand **Luzern** Ville de la Suisse centrale, sur la Reuss, à l'extrémité du lac des Quatre-Cantons. 81 000 habitants ; agglomération : 229 407. Chef-lieu du canton de Lucerne. Ancienne capitale de la Suisse. Ponts des XIVe-XVIIe s. Églises, cathédrale du XVIIIe s. Hôtel de ville du XVIIe s. Station touristique. Festival de musique.

Luchini (Robert, dit **Fabrice**) Comédien français (né en 1951). Interprète privilégié d'Éric Rohmer *(Le Genou de Claire ; Les Nuits de la pleine lune),* il possède un goût affirmé pour les textes littéraires qu'il fait résonner sur scène (La Fontaine, Nietzsche, Céline...).

lucide adj. (latin *lucidus* « brillant », de *lux, lucis* « lumière » ; famille de *élucubrer, luire, lune*) **1.** Conscient. *Elle est revenue de son évanouissement, mais elle n'est pas encore entièrement lucide.* **2.** Qui perçoit, comprend, exprime les choses avec clarté, perspicacité. *Esprit, intelligence lucide.* → **clair, clairvoyant, pénétrant, perspicace.** **3.** Clairvoyant sur son propre comportement. *Il est resté très lucide.*

lucidement adv. littér. D'une manière lucide, avec clarté.

lucidité n. f. (du bas latin → lucide) **1.** Fonctionnement normal des facultés intellectuelles. → **conscience.** *Moments de lucidité.* → **raison.** **2.** Qualité d'une personne, d'un esprit lucide. → **acuité, clairvoyance, pénétration.**

Lucie ou **Luce** (sainte) Vierge et martyre à Syracuse, sous Dioclétien (304 ?). Son culte est attesté au VIe s. Selon la légende, ayant rompu avec son fiancé pour se consacrer au Christ, elle est torturée. Dans une autre version, elle s'arrache les yeux et les envoie à son fiancé, la Vierge lui en offrant de plus beaux.

Lucien d'Antioche (saint) Prêtre et martyr (v. 235-312). Traducteur de plusieurs livres bibliques en grec, il fut un exégète dans la tradition antiochienne (fidélité au sens littéral).

Lucien de Samosate Écrivain satirique grec (v. 125-v. 192). Fondateur de l'utopie satirique *(Histoire véritable),* il fustige les phénomènes idéologiques et sociaux de son temps *(Dialogue des morts).*

Lucifer Dans la Vulgate, traduction de l'expression « astre brillant » désignant le roi de Babylone. Le mot a été appliqué à l'étoile du matin, au Christ puis, à partir du Moyen Âge, à Satan.

Lucifer de Cagliari Évêque (mort v. 370). Il défendit la stricte foi de Nicée et, refusant le pardon aux ariens, se sépara de l'Église (« schisme luciférien »).

luciférien, ienne adj. Qui tient de Lucifer, du démon. → **démoniaque, satanique.**

lucifuge adj. (latin *lucifugus,* de *lux, lucis* « lumière » → lucide et *fugere* « fuir ») didact. Se dit des animaux qui fuient la lumière.

lucilie n. f. (du latin, de *lux, lucis* « lumière » → lucide) Insecte diptère appelé communément *mouche verte, mouche dorée.*

Lucilius (Caius) Poète satirique latin (148-103 av. J.-C.). Il donna sa forme définitive à la satire.

luciole n. f. (italien *lucciola,* diminutif, de *luce* « lumière », du latin *lux, lucis* → lucide) Insecte dont l'adulte est ailé et lumineux (parfois confondu avec le ver luisant).

lucite n. f. (du latin *lux, lucis* « lumière » → lucide et de *-ite*) méd. Lésion cutanée due à une exposition prolongée au soleil.

Lucius Nom de plusieurs papes. ■ **Lucius Ier** (saint). Pape de 253 à 254, romain, probablement martyr. ■ **Lucius II** (Gerardo Caccianemici). Pape de 1144 à 1145. ■ **Lucius III** (Ubaldo Allucingoli). Pape de 1181 à 1185. Il réunit à Vérone un concile qui condamna les néomanichéens (cathares), contre qui fut instituée l'Inquisition épiscopale.

Luckner (Nicolas, comte) Maréchal de France (1722-1794). Il commanda l'armée du Rhin, puis l'armée du Nord (1791-1792). Suspecté de trahison, il fut condamné à mort par le Tribunal révolutionnaire.

Lucknow ou **Lakhnau** Ville d'Inde (Uttar Pradesh). 2,5 millions d'habitants. Ancienne capitale du royaume musulman de l'Oudh, elle est l'un des principaux centres de la culture islamique en Inde.

Lucky Luke voir **Morris**

Luçon ou **Luzon** La plus grande île des Philippines. 104 864 km². 39 500 000 habitants. Chef-lieu : Manille.

Luçon Commune de la Vendée. 9 541 habitants. Cathédrale gothique. Palais épiscopal (XVIe s.).

Lucques en italien **Lucca** Ville d'Italie, en Toscane. 81 870 habitants. Cathédrale (XIe-XVIe s.), églises (XIIe-XIVe s.) ; palais gothiques et Renaissance.

lucratif, ive adj. (du latin → lucre) Qui procure un gain, des profits, des bénéfices. → **rémunérateur.** *Travail lucratif.* ■ dr. *Association à but non lucratif,* qui ne peut pas faire des bénéfices. □ adv. **lucrativement**

lucre n. m. (latin *lucrum* « profit », puis péj. « avarice ») littér., péj. Gain, profit recherché avec avidité. *Le goût, l'amour, la passion du lucre.*

Lucrèce Femme romaine (morte en 509 av. J.-C.). Violée par Sextus, fils de Tarquin le Superbe, elle se donna la mort. Ce drame serait à l'origine de la révolution qui renversa la royauté à Rome.

Lucerne

Emblème de la ville de Lucerne, le pont de la Chapelle, l'un des plus vieux ponts en bois d'Europe.

Lucrèce en latin Titus Lucretius Carus Poète et philosophe latin (v. 98-55 av. J.-C.). Dans *De rerum natura,* poème en six chants, il fait un exposé précis et persuasif de la philosophie matérialiste d'Épicure.

Lucrèce Borgia voir Borgia

Lucullus Général romain (v. 106 av. J.-C.-v. 56 av. J.-C.). Il remporta des victoires décisives dans la guerre contre Mithridate et Tigrane, mais dut laisser le commandement à Pompée. Il mena le reste de sa vie dans un luxe et un raffinement restés célèbres.

Lucy Nom donné à un squelette d'australopithèque *(Australopithecus afarensis)* de –3,2 millions d'années découvert en 1974 en Éthiopie par l'équipe d'Y. Coppens, D. C. Johanson et M. Taieb. Cet hominidé mesurait environ 1 mètre et pesait entre 20 et 25 kilos.

Luda Conurbation industrielle et portuaire de Chine (Liaoning), formée de Dalian et de Lüshun.

luddisme n. m. (anglais *luddism,* de John *Ludd,* nom d'un personnage qui, dans un accès de colère, aurait détruit des machines textiles) hist. Organisation et action des *luddites* (de 1811 à 1816), ouvriers révoltés hostiles à la mécanisation et à l'industrialisation, causes de chômage.

Lude (Le) Commune de la Sarthe. 4 100 habitants. Église des XIIe et XVIe s. Château (XIIIe-XIVe s.).

Ludendorff (Erich) Général allemand (1865-1937). Chef d'état-major de Hindenburg en Prusse-Orientale, il dirigea la stratégie allemande en 1917 et 1918. Il défendit ensuite un nationalisme exacerbé, teinté d'antisémitisme, et participa au putsch de Munich (1923).

Ludhiana Ville d'Inde (Panjab). 1,6 million d'habitants. Industries mécanique et textile.

ludiciel n. m. (de *ludique* et *logiciel*) Logiciel de jeu.

ludion n. m. (latin *ludio* « baladin », de *ludere* « jouer » → ludique) Dispositif enfermé dans un bocal, qui monte et descend quand on y fait varier la pression.

ludique adj. (du latin *ludus* « jeu ») **1.** didact. Relatif au jeu. *Activité ludique des enfants.* **2.** Pour jouer. *Parcours ludique.*

ludisme n. m. didact. Activité ludique. → **ludique** (n. m.).

Ludlow (Edmund) Homme politique britannique (1617-1692). Il participa au tribunal qui condamna à mort Charles Ier. Républicain, il perdit son influence politique sous Cromwell et s'exila en Suisse.

ludo- Élément (du latin *ludus*) qui signifie « du jeu, pour jouer ».

ludoéducatif, ive adj. Qui vise à éduquer par le jeu. *Logiciel ludoéducatif.*

ludothèque n. f. (→ -thèque) Centre de prêt de jouets et de jeux.

Ludovic Sforza dit le More Duc de Milan (1451-1508). Soutenu par la France dans l'acquisition du Milanais, il se retourna contre elle lorsque Louis XII revendiqua ses droits sur le territoire. Pris à Novare (1500), il fut emprisonné à Loches. Il fut le protecteur de Bramante et de Léonard de Vinci.

Ludwig (Carl Friedrich Wilhelm) Physiologiste allemand (1816-1895). Il fut l'un des premiers, dans ses travaux sur la sécrétion urinaire et sur la circulation sanguine, à utiliser des instruments d'enregistrement graphique des phénomènes physiologiques.

Ludwig (Emil Cohn, dit Emil) Écrivain et biographe allemand (1881-1948). Il a tenté, de façon très libre, d'analyser la personnalité et l'œuvre d'hommes célèbres. *Goethe ; Napoléon ; Trois Dictateurs : Hitler, Mussolini, Staline.*

Ludwigsburg Ville d'Allemagne (Bade-Wurtemberg), au N. de Stuttgart. 89 430 habitants. Château de style baroque, inspiré du château de Versailles.

Ludwigshafen Ville d'Allemagne (Rhénanie-Palatinat), sur le Rhin, en face de Mannheim. 167 900 habitants. Industrie chimique.

luette n. f. (ancien français *l'uete,* vient du latin pop. *uvitta,* diminutif de *uva* « raisin » → uval) Prolongement vertical du bord postérieur du voile du palais, formant un petit appendice charnu, à l'entrée du gosier. → **uvule.**

lueur n. f. (vient du bas latin *lucor, lucoris,* de *lucere* → luire) **1.** Lumière faible, diffuse, ou encore brusque, éphémère. *Les premières lueurs de l'aube. À la lueur d'un feu.* **2.** Expression vive et momentanée (du regard). *Avoir une lueur de colère dans les yeux.* → **¹éclair, éclat, flamme. 3.** fig. Illumination soudaine, faible ou passagère ; légère apparence ou trace. *Avoir une lueur de raison.* → **¹éclair, étincelle.** – littér. *Des lueurs,* des connaissances superficielles.

luffa [lufa] n. m. (mot arabe) Plante grimpante originaire d'Afrique et d'Asie. – Son fruit, utilisé comme éponge végétale. - var. **loofa.**

Luftwaffe Nom donné à l'armée de l'air allemande depuis le IIIe Reich (1935).

Lugano Ville de Suisse (Tessin), sur la rive N. du lac de Lugano. 63 490 habitants ; agglomération 151 207. Cathédrale San Lorenzo ; église Santa Maria degli Angioli abritant des fresques de Luini. Le lac de Lugano s'étend en Suisse (Tessin) et en Italie (Lombardie), entre le lac de Côme et le lac Majeur, auquel il est relié par la Trésa. 50 km².

luge n. f. (mot savoyard, p.-ê. du gaulois, ou famille du latin *lubricare* « glisser » → lubrique) Petit traîneau à patins relevés à l'avant. *Faire une descente en luge.*

luger v. intr. < 3 > Faire de la luge. □ n. **lugeur, euse**

Lugné-Poe (Aurélien Lugné, dit) Acteur et directeur de théâtre français (1869-1940). Il fonda avec Paul Fort le Théâtre d'art (1890), puis le théâtre de l'Œuvre (1893). Il introduisit sur la scène française des auteurs étrangers (Strindberg, Ibsen).

Lugo Ville d'Espagne (Galice), sur le Miño. 98 001 habitants. Remparts romains, cathédrale du XIIe siècle.

Lugones (Leopoldo) Poète argentin (1874-1938). Principal représentant du modernisme, il se révéla avec le poème *Les Montagnes d'or.*

Lugosi (Béla) Acteur austro-hongrois-américain (1882-1956). Avec son accent de l'Est, son physique inquiétant et sa gestuelle théâtrale, il incarna des personnages de films fantastiques, dont celui du comte *Dracula.* Il tourna huit films avec Boris Karloff, l'interprète du monstre de Frankenstein *(Le Fils de Frankenstein ; Le Monstre de minuit).*

lugubre adj. (latin *lugubris,* de *lugere* « se lamenter ») **1.** littér. Qui est signe de deuil, de mort. → **funèbre, macabre.** « *Voiles, crêpes, habits, lugubres ornements* » (Corneille). **2.** D'une profonde tristesse. → **funèbre, ¹sinistre.** *Mine, air lugubre. Une atmosphère lugubre.* – *Il est lugubre,* d'une tristesse accablante. □ adv. **lugubrement**

lui pron. pers. (vient du latin pop. *illui,* de *illi,* datif de *ille* → il, ¹le) Pronom personnel de la troisième personne du singulier. **I.** (aux deux genres) Représentant un nom de personne ou d'animal (plur. *leur*). **1.** À lui, à elle. *Il lui dit. Nous lui en avons parlé.* – renforçant le nom *Et à Virginie, que lui répondrez-vous ?* ■ compl. d'un v. de perception ou de jugement *Je lui trouve mauvaise mine,* je trouve qu'il a mauvaise mine. – compl. d'un adj. attribut *Il lui est très facile de venir,* c'est très facile pour lui (pour elle). – devant un nom désignant une partie du corps, un élément de la vie psychique *Je lui ai serré la main :* j'ai serré sa main. *Elle lui sauta au cou. Un doute lui effleura l'esprit.* **2.** compl. d'un v. et sujet d'un inf. ayant lui-même un complément *Faites-lui recommencer ce travail. Je lui ai laissé lire cette lettre, je la lui ai laissé lire.* **II.** (masculin → fém. **elle,** plur. **eux**) **1.** sujet « *Les enfants l'adoraient. Lui, ne les aimait point* » (Stendhal). – (sujet d'un v. au p. p. ou d'une proposition elliptique) *Lui arrivé, elle ne sut que dire. Elle est moins raisonnable que lui* (n'est raisonnable). – (appos. au sujet) *Il travaillait avec elle, lui vite, elle plus lentement.* – *Lui, il a refusé.* **2.** (après *c'est*) *C'est, c'était lui qui...* **3.** (compl. direct) *Je ne veux voir que lui.* **4.** À lui, compl. indirect des v. énonçant le mouvement *(aller, arriver, courir),* la pensée *(penser, rêver, songer),* et de quelques transitifs indirects. *Elle renonce à lui* (mais : *elle lui* parle). – compl. d'un v. ayant un autre pronom personnel pour complément d'objet. *Voulez-vous me présenter à lui ?* – (après *c'est*) *C'est à lui de commencer.* – après un nom (possession, appartenance) *Il a une allure bien à lui.* – loc. ***À lui seul, à lui tout seul.*** ■ ***De lui, en lui, par lui,*** *etc. J'ai confiance en lui. Je le fais pour lui.* **5.** réfléchi (au lieu de *soi*) *Un homme content de lui. Il regarda autour de lui.* **6.** *Lui-même.* → **même.**

Luini (Bernardino) Peintre italien (v. 1485-1532). Représentant de la Renaissance lombarde, il introduisit, dans ses compositions religieuses, les gestes quotidiens du peuple. Il fut également un fresquiste remarquable (Milan, Lugano, Saronno).

luire v. intr. < 38 le p. p. est *lui* (invar. > (vient du latin *lucere,* de *lux, lucis* « lumière » → lucide) **1.** Émettre ou refléter de la lumière. → **briller, éclairer.** *Le soleil luit.* – *Luire au soleil,* refléter sa lumière. → **luisant. 2.** littér. Apparaître, se manifester. « *L'espoir luit comme un brin de paille dans l'étable* » (Verlaine).

luisance n. f. littér. Caractère de ce qui luit.

luisant, ante adj. **1.** Qui réfléchit la lumière, qui a des reflets. → **brillant, clair, étincelant.** *Métal luisant.* → **²poli.** *Un crâne luisant.* – n. m. *Le luisant du satin.* **2.** ***Ver luisant*** : insecte qui brille la nuit. *Des vers luisants.*

L

Luis de León Théologien et écrivain espagnol (1527-1591). Moine augustin érudit, il enseigna la théologie scolastique et la philosophie morale. Sa poésie et sa prose sont traversées par un élan mystique. *De los nombres de Cristo.*

Lukács (György) Philosophe, critique et homme politique hongrois d'expression allemande (1885-1971). Il participa au soulèvement communiste hongrois de 1919 et fut ministre de Béla Kun. Auteur d'analyses sociologiques *(Histoire et conscience de classe),* il a jeté les bases d'une esthétique marxiste.

Łukasiewicz (Jan) Logicien et philosophe polonais (1878-1956). Chef de l'école analytique polonaise, il fut un des premiers à construire des logiques polyvalentes et à faire l'histoire de la logique formelle. *Sur le principe de contradiction chez Aristote ; La Logique bivalente.*

Lula (Luiz Inácio Da Silva, dit) Homme d'État brésilien (né en 1945). Ouvrier syndicaliste, il fonda le Parti des travailleurs en 1980 et devint leader de la gauche brésilienne. Il fut président de la République de 2002 à 2010 et fut réélu en 2022.

Luleå Ville du N. de la Suède, sur le golfe de Botnie. 42 800 habitants. Port industriel.

Lulle (Ramón Llull, en français Raymond) Théologien, philosophe et poète catalan (1232-1316). Il se consacra à la propagation du christianisme et exposa, dans son *Ars magna,* la méthode universelle pour prouver les vérités de la foi. Il donna à la langue catalane son prestige littéraire.

Lully (Giovanni Battista Lulli dit en français Jean-Baptiste) Compositeur français d'origine italienne (1632-1687). Nommé surintendant de la musique par Louis XIV, il introduisit en France l'opéra, dont il s'assura le monopole. Il composa une douzaine de tragédies lyriques *(Alceste ; Atys ; Armide),* des divertissements pour les comédies de Molière *(Le Bourgeois gentilhomme),* des ballets et de grands motets *(Miserere).*

Luluwa(s) n. m. pl. Peuple du centre de la République démocratique du Congo, de langue bantoue.

lumière (sciences physiques)

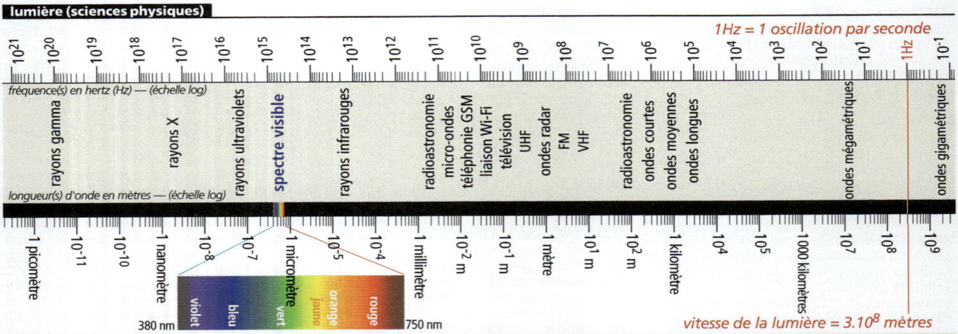

La lumière se propage comme une onde électromagnétique. Les ondes électromagnétiques sont classées en fonction de leur fréquence ou de leur longueur d'onde. L'œil humain ne perçoit qu'une partie infime des ondes électromagnétiques : c'est la lumière « visible ».

lumachelle **n. f.** **(de l'italien, de *lumaca* « escargot »)** **minér.** Roche sédimentaire calcaire formée de coquilles fossiles.

lumbago [lɔ̃bago ; lœ̃bago] ou **lombago** **n. m.** **(bas latin *lumbago*, de *lumbus* → lombes)** Douleur des lombes (→ **fam.** tour de reins). *Souffrir d'un lumbago. Des lumbagos, des lombagos.*

Lumbinī Site du Népal (Teraï népalais) où, selon la tradition, est né le Bouddha.

lumen [lymɛn] **n. m.** **(mot latin → lumière)** Unité de mesure des flux lumineux (symb. lm).

L

Lumet **(Sidney)** Réalisateur américain (1924-2011). Il réalisa des films réalistes et humanistes. *Douze Hommes en colère ; Serpico ; Un après-midi de chien.*

Sidney Lumet, *Le Verdict* (1982), avec James Mason et Paul Newman.

lumière **n. f.** **(vient du latin *luminaria*, plur. neutre de *luminare* → luminaire, de *lumen* « lumière » → lumineux ; famille de *lux* → lucide)** **I. 1.** Ce par quoi les choses sont éclairées. → **clarté.** *Émettre, répandre de la lumière.* → **briller, éclairer, illuminer.** *Source de lumière.* → **éclairage.** *Rai, rayon de lumière. Lumière éblouissante, forte, intense, vive.* → **éclat.** *Lumière diffuse, douce.* → **lueur, reflet.** – *La lumière du soleil, du jour ; d'une lampe. Être éclairé en lumière naturelle, artificielle. Éteindre la lumière.* **allus.** « *Que la lumière soit* » (cf. latin *fiat lux*) : *paroles divines, dans la Genèse.* **2.** (Une, des lumières) Source de lumière, point lumineux. *Les lumières de la ville.* **3.** **sc.** Radiations visibles ou invisibles émises par les corps incandescents ou luminescents. *Intensité, flux de la lumière* (→ **candela, lumen**). – *Vitesse de la lumière* (environ 300 000 km/s). *Année lumière.* → **année-lumière.** **II.** **fig.** **1.** Ce qui éclaire l'esprit. → **clarté, éclaircissement.** *Faire la lumière sur qqch.* → **élucider.** **2.** **loc.** ***En lumière*** : évident pour tous. *Mettre en pleine lumière*, éclairer, signaler. **3.** ***Les lumières de qqn*** : l'intelligence ou le savoir. *Aidez-moi de vos lumières.* – *Le Siècle, la philosophie des lumières*, le XVIIIe siècle (en Europe occidentale). **4.** ***Une lumière*** : personne de grande intelligence, de grande valeur. **loc.** *Ce n'est pas une lumière*, il n'est pas très intelligent.

▶ Vue par le physicien, la **lumière** (I, 3) a deux « visages » : elle se propage comme une onde électromagnétique, mais se comporte également comme si elle était constituée de photons, « grains » d'énergie dépourvus de masse (on parle de « dualité onde-corpuscule »).
C'est dans le vide que la lumière se déplace le plus rapidement, en ligne droite, à une vitesse qui est la même pour tous les observateurs (même s'ils sont en mouvement), et qui vaut par définition 299 792 458 m/s (soit environ 300 000 km/s). La valeur de cette vitesse a été fixée une fois pour toutes et permet de préciser l'étendue du mètre (la durée d'une seconde étant définie par ailleurs). Une autre unité de distance définie grâce à la lumière est l'année-lumière (environ 9 460 milliards de km), qu'elle parcourt dans le vide en une année.
L'œil humain est capable de percevoir des rayonnements dont la longueur d'onde est comprise entre 380 et 750 nanomètres (nm). L'ensemble de ces rayonnements constitue le *spectre visible.* Il existe en effet des lumières invisibles, aux longueurs d'ondes supérieures (infrarouges, micro-ondes, ondes radio) et inférieures (UV, rayons X et γ). On dit que la lumière est *monochromatique* si elle comporte une seule longueur d'onde (laser), *polychromatique* si elle en contient plusieurs (lumière blanche du Soleil, décomposée en une continuité de couleurs dans l'arc-en-ciel).
La lumière est produite naturellement par des phénomènes physiques (électrique pour la foudre, thermique pour la braise, nucléaire pour les étoiles) et chimiques (combustion pour le feu, bioluminescence et chimioluminescence pour les feux follets et les lucioles).
Au XIXe siècle, la maîtrise de l'électricité permit l'invention des lampes à incandescence, dont le principe est fondé sur l'émission de lumière d'un filament de tungstène chauffé par le passage du courant électrique. Plus tard, de nombreuses autres sources, fondées sur des principes différents tels que les décharges électriques dans les gaz rares (tubes fluorescents) ou l'émission de lumière par des semi-conducteurs (diodes), furent développées.
voir aussi **laser, onde, quantique, trou noir, UV**

Lumière **(les frères)** Industriels français. Auguste Lumière, biologiste (1862-1954) et Louis Lumière, chimiste (1864-1948) inventèrent le cinématographe, appareil permettant à la fois la prise de vues et la projection

Affiche pour le film *L'Arroseur arrosé*, de Louis Lumière (1896), Bibliothèque nationale de France, Paris.

de films (*La Sortie des usines Lumière*). Ils réalisèrent la plaque autochrome, premier procédé commercial de photographie en couleurs (1903).

Lumières **n. f. pl.** Courant philosophique qui traverse la pensée européenne au XVIIIe s. Toland et Hume en Angleterre, Wolff, Lessing et Kant en Allemagne, Montesquieu, Diderot, d'Alembert, Rousseau, Voltaire et Buffon en France en sont les principaux représentants. Malgré son extrême diversité, ce mouvement se caractérise par la confiance dans le triomphe de la connaissance et de la raison face au préjugé et à la superstition : le projet de l'*Encyclopédie* (d'Alembert, Diderot) illustre cette démarche.

lumignon **n. m.** **(de l'ancien français *limeignon*, vient du latin pop. *lucinium*, grec *ellukhnion*, de *lukh* « torche » ; influence de *lumen* → lumière)** Lampe qui éclaire faiblement.

luminaire **n. m.** **(du latin *luminare* → lumière)** **1.** **didact.** Ensemble des sources d'éclairage d'une église. **2.** Appareil d'éclairage.

luminance **n. f.** **(de *lumineux*, d'après *brillance*)** **phys.** Quotient de l'intensité lumineuse d'une surface par l'aire apparente de cette surface pour un observateur lointain. – *Luminance énergétique.* → **radiance.**

luminescence **n. f.** **phys.** Émission de lumière par un corps non incandescent.

luminescent, ente **adj.** **(du latin *lumen, luminis* → lumière)** Qui émet de la lumière à froid (après avoir reçu un rayonnement, etc.). *Tube luminescent.* → **fluorescent.**

lumineusement **adv.** De manière lumineuse. → **clairement.**

lumineux, euse **adj.** **(latin *luminosus*, de *lumen* → lumière)** **I. 1.** Qui émet ou réfléchit la lumière. *Corps, point lumineux.* → **brillant.** *Source lumineuse.* – *Enseigne lumineuse.* **2.** Qui reçoit beaucoup de lumière. *Un appartement très lumineux.* **3.** Clair, radieux. *Un regard lumineux.* **4.** De la nature de la lumière (visible). *Rayon lumineux.* **II.** Qui a beaucoup de clarté, de lucidité. *Une intelligence lumineuse.* – *C'est une idée lumineuse, c'est lumineux* : génial ; très clair.

luministe **n.** **(du latin → lumière)** **arts** Peintre spécialiste des effets de lumière.

luminosité **n. f.** **(du latin *luminosus* → lumineux)** **1.** Qualité de ce qui est lumineux, brillant. **2.** **sc.** Puissance lumineuse. *Masse et luminosité des étoiles.*

lumitype **n. f.** **(marque déposée ; de *lumière* et *-type*)** **imprim.** Machine à composer photographique.

lump [lœ̃p] **n. m.** **(mot anglais, de *lump* « bloc, masse », mot germanique)** Poisson nordique de forme massive. *Œufs de lump*, petits œufs de ce poisson présentés comme du caviar.

Lumumba **(Patrice)** Homme d'État du Congo-Kinshasa (1925-1961). Il lutta pour l'indépendance du Congo belge et fut nommé Premier ministre de la République

lumières (Siècle des)

Les Lumières. Le *Dîner des philosophes* (Jean Huber, XVIIIe s., Voltaire Foundation, Oxford) réunissant entre autres, d'Alembert, Voltaire, Diderot et Condorcet.

▶ Dès la première moitié du XVIIIe siècle, l'Europe est gagnée par des idées nouvelles, désignées par la métaphore des **Lumières** (l'*Aufklärung* allemande, l'*Enlightenment* anglais) : ce courant philosophique évoque le passage de l'obscurantisme à la connaissance éclairée par la raison.
L'*Encyclopédie,* à laquelle participent les plus grands érudits français du Siècle des lumières, dresse l'inventaire critique des savoirs. Au-delà de leurs désaccords, les penseurs y affirment des principes communs au travers desquels ils recherchent le bonheur et l'épanouissement de l'individu : la curiosité d'apprendre, la liberté de pensée et de conscience, la nécessité de douter, la tolérance et la confiance dans le progrès (à l'exception de Rousseau pour qui l'avancée de la science ne garantit pas la marche vers le bonheur). Par leurs idées et leurs actes, ces auteurs dénoncent l'arbitraire politique et judiciaire de la monarchie absolue. Ils critiquent également les institutions religieuses et l'esclavage. Ils sont souvent partisans d'une religion naturelle (déisme) et s'interrogent sur la légitimité du pouvoir. Favorables à la souveraineté du peuple, la plupart réservent toutefois le pouvoir à une bourgeoisie qui se distinguerait par le mérite et le savoir.
Les idées de ce mouvement humaniste et savant se diffusent dans les salons, les cafés et les académies, nouveaux cercles de sociabilité où se forge l'opinion publique. Elles influencent même certains souverains de l'époque (Catherine II de Russie, Frédéric le Grand de Prusse). Si les penseurs des Lumières n'ont pas appelé formellement à la révolution, leurs aspirations à davantage de justice, de liberté et d'égalité ont largement inspiré les révolutionnaires de 1789.

voir aussi **Encyclopédie, humanisme**

démocratique du Congo en 1960. Peu après la tentative de sécession du Katanga, il fut assassiné lors du coup d'État organisé par Mobutu.

Luna **(Álvaro de)** Homme politique espagnol (1388-1453). Favori du roi Jean II, connétable, il tenta de soumettre la noblesse et l'entraîna dans la guerre contre les Maures. Disgracié, il fut décapité.

[1]lunaire adj. **(du latin → lune) 1.** Qui appartient ou a rapport à la Lune. *Le sol lunaire. Expédition lunaire.* **2.** Qui évoque la Lune. *Paysage lunaire.* **3.** fig., littér. Qui semble étranger au monde réel. *Pierrot lunaire.* **–** cour. *Une conversation lunaire.*

[2]lunaire n. f. **(du latin, de *luna* → lune, à cause des fruits en forme de disque argenté)** Plante ornementale à grandes fleurs pourpres et à fruits argentés.

lunaison n. f. **(de *lune*)** Mois lunaire (environ 29 jours), intervalle de temps compris entre deux nouvelles lunes consécutives.

lunatique adj. et n. **(bas latin *lunaticus* « qui dure un mois », et « maniaque, par influence de la Lune »)** Qui a l'humeur changeante, déconcertante (comme ceux qui, croyait-on, étaient sous l'influence de la Lune). **→ capricieux, fantasque, versatile.** *Il est très lunatique.* **– n.** *Un, une lunatique.*

Lunceford **(Jimmie)** Saxophoniste, chef d'orchestre et arrangeur de jazz américain (1902-1947). Il fonda son propre orchestre et fut l'une des vedettes du Cotton Club de Harlem. *Rhythm is our Business ; For Dancers Only.*

lunch [lœntʃ ; lœʃ] n. m. **(mot anglais [d'abord « tranche épaisse »], p.-ê. de *lump*)** anglic. Repas léger servi à la place d'un déjeuner. *Des lunchs* ou *des lunches* (plur. anglais).

Lund Ville du S. de la Suède, dans la banlieue de Malmö. 103 300 habitants. Université (fondée en 1666). Cathédrale romane (XIIe s.).

Lunda(s) ou **Balounda(s)** n. m. pl. Peuple de la République démocratique du Congo (Shaba), de langue bantoue. Les Lunda fondèrent au XVIIe s. un vaste royaume dont la puissance reposait sur le commerce de l'ivoire et du cuivre.

Lundberg **(Erik)** Économiste suédois (1907-1987). Il élabora une théorie dynamique de l'équilibre monétaire. *Studies in the Theory of Economic Expansion.*

Lundegårdh **(Henrik)** Botaniste suédois (1888-1969). Spécialiste de la biochimie végétale, il étudia le processus de photosynthèse.

lundi n. m. **(vient du latin pop. *lunis dies* « jour *[dies]* de la Lune »)** Premier jour de la semaine*, qui succède au dimanche. *Magasin fermé le lundi,* tous les lundis. *Le lundi de Pâques, de Pentecôte,* le lendemain de ces fêtes.

Lundkvist **(Artur)** Écrivain suédois (1906-1991). Proche de la tendance « prolétaire », il s'intéressa à tous les courants nouveaux : psychanalyse, surréalisme, panthéisme. *Autoportrait d'un rêveur aux yeux ouverts ; Ascension.*

Lundström **(Johan Edvard)** Inventeur suédois (1815-1888). Il imagina en 1852 l'allumette de sûreté, dite « suédoise ».

lune n. f. **(vient du latin *luna* → lundi, lunette, lunule ; famille de *lucide, lumière*) 1.** Satellite de la Terre, recevant sa lumière du Soleil ; son aspect vu de la Terre. *Pleine lune, nouvelle lune. Croissant de lune.* **–** *Le clair de lune. Nuit sans lune,* sans clair de lune. **– (avec une maj.)** *Atterrir sur la Lune.* **→ alunir. 2.** vieilli Satellite (d'une planète). *Les lunes de Saturne.* **3.** vieux Mois lunaire. **→ lunaison. –** mod. *Lune rousse*.* **4.** loc. fig. *Être* ***dans la lune*** : très distrait (**→** dans les nuages). **–** *Demander, promettre la lune,* l'impossible. *Décrocher la lune :* obtenir l'impossible. ▪ *Vieille lune :* idée ou réalité obsolète. ▪ **(trad. de l'anglais *honey moon*)** *Lune de miel :* les premiers temps du mariage, d'amour heureux. ▪ *Face de lune :* gros visage rond. **5.** fam. Derrière.

Lune n. f. Satellite naturel de la Terre. La Lune est à une distance moyenne de la Terre d'environ 384 400 km. Son diamètre est de 3 474 km. Elle n'a pas de lumière propre mais réfléchit celle du Soleil. Galilée découvrit en 1609 le relief de la Lune (« mers », « continents », « montagnes »), montrant sa ressemblance avec la Terre. L'homme y posa le pied pour la première fois en juillet 1969 (mission Apollo XI).

▶ La **Lune** est le seul satellite naturel de la Terre. Elle tourne autour de la Terre en 29 jours, 12 heures et 44 minutes (le mois lunaire). Cette durée est égale à la rotation de la Lune sur elle-même si bien qu'elle présente toujours la même face à la Terre (à quelques oscillations près, appelées *librations*).
Les phases lunaires dépendent de la façon dont un observateur terrestre voit la Lune éclairée par le Soleil : elles vont d'une configuration où sa portion éclairée est cachée par la Lune elle-même *(lune noire),* à une configuration où elle est totalement visible *(pleine lune).* En position intermédiaire, cette portion éclairée est vue de « profil » : on parle alors de *quartiers de lune.*
La force gravitationnelle de la Lune conjuguée à celle du Soleil est à l'origine des marées.
L'hypothèse d'une collision entre la Terre et un astre de la taille de Mars, provoquant l'éjection de matière, expliquerait la formation de la Lune, plusieurs dizaines de millions d'années après la naissance du système solaire. Il n'y a pas d'atmosphère sur la Lune et on a observé la présence de glace d'eau en 2009.
L'Américain Neil Armstrong est le premier homme à y avoir marché lors de la mission Apollo XI, le 20 juillet 1969. Bien que des drapeaux américains y aient alors été plantés, un traité a fait de la Lune un espace international. Mais il est possible que, dans l'avenir, elle constitue un enjeu important pour l'exploitation de ses ressources minérales.

Lune

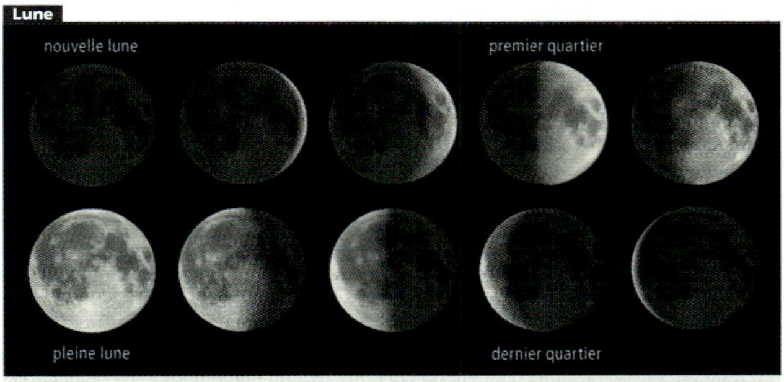

Les phases de la Lune.

L

Le mot *lune* désigne, par ailleurs, les satellites naturels des planètes. Toutes les planètes du système solaire en possèdent à l'exception de Mercure et Vénus ; on en dénombre au moins 67 pour Jupiter et 62 pour Saturne.
voir aussi **gravitation, Soleil, Univers**

luné, ée adj. fam. *Bien, mal luné* : de bonne, de mauvaise humeur. *Il est mal luné aujourd'hui.*

Lunebourg Ville d'Allemagne (Basse-Saxe). 71 700 habitants. Elle est située en bordure des *landes de Lunebourg*, dans la Grande Plaine du Nord, entre l'Elbe et l'Aller.

Lunel Commune de l'Hérault, au N.-E. de Montpellier. 26 356 habitants. Centre vinicole.

Lünen Ville d'Allemagne (Rhénanie-du-Nord-Westphalie), sur la Lippe. 87 000 habitants. Métallurgie.

lunetier, ière n. Fabricant(e), marchand(e) de lunettes (II, 1). → **opticien.** – adj. *Industrie lunetière.* - var. **lunettier, ière.**

lunette n. f. **(d'abord « petit cercle » ; diminutif de *lune*)** **I.** (Ouverture, objet circulaire) **1.** Vitre arrière (d'une automobile). **2.** Ouverture du siège d'aisances ; ce siège. *La lunette des cabinets.* **II. 1.** au plur. Paire de verres (lentilles) enchâssés dans une monture munie de deux branches, posée devant les yeux et servant à corriger ou à protéger la vue. *Porter des lunettes. Lunettes de soleil.* – *Lunettes de plongée, de ski.* **2.** *Lunette* : instrument d'optique grossissant, en forme de tube. *Lunette d'approche.* → **longue-vue, lorgnette.** *Lunette astronomique.*

lunetterie n. f. Métier, commerce du lunetier.

Lunéville Chef-lieu d'arrondissement de la Meurthe-et-Moselle, sur la Meurthe. 17 858 habitants. Château construit par G. Boffrand (XVIIIe s.), remanié par le roi Stanislas, et reconstruit après un incendie en 2003. Église du XVIIIe s. Le 9 février 1801 y fut conclu un traité entre la France et l'Autriche, qui marquait la fin de la deuxième coalition et reconnaissait à la France la possession de la Belgique, de la rive gauche du Rhin, des Républiques cisalpine (Milan et l'O. de la Vénétie) et ligurienne (Gênes).

Lunik Première sonde à atteindre la Lune, lancée en 1959 par l'Union soviétique.

lunisolaire adj. Qui a rapport à la fois à la Lune et au Soleil. *Calendrier lunisolaire.*

Luns (Joseph) Homme politique néerlandais (1911-2002). Il fut l'un des promoteurs de l'unité européenne.

lunule n. f. **(latin *lunula*, diminutif de *luna* → lune)** **1.** Tache blanche en demi-lune, à la base de l'ongle. **2.** math. Aire plane (en forme de croissant) comprise entre deux arcs de cercle sécants de rayons différents.

lunure n. f. techn. Défaut du bois en forme de cercle ou de croissant.

Luo ou **Lwo** n. m. pl. Peuple originaire du Soudan, établi autour du lac Victoria (Kenya, Tanzanie ; 3,4 millions). Sa langue, le luo, appartient à la famille nilo-saharienne.

Luoyang ou **Lo-yang** Ville de Chine (Henan). 1,5 million d'habitants. Ancienne capitale impériale, notamment sous les dynasties Han et Tang, elle est un centre culturel et archéologique important (grottes de Longmen).

Luo Zhenyu ou **Lo Tchen-yu** Historien chinois (1866-1940). Il fut précepteur de l'empereur Puyi.

lupanar n. m. **(mot latin, de *lupa* → louve)** littér. Maison de prostitution. → **bordel.**

lupercales n. f. pl. **(du latin → Lupercus)** Antiq. Fête annuelle à symbolisme sexuel, célébrée à Rome en l'honneur du dieu Lupercus.

Lupercus Dans la mythologie romaine, nom sous lequel était célébré le dieu Faunus, protecteur des troupeaux et des vergers. Une confrérie de prêtres, les Luperques, célébrait le culte de *Faunus Lupercus*, lors des Lupercales, au cours desquelles étaient immolé un bouc.

[1]lupin n. m. **(latin *lupinus* « [herbe] aux loups », de *lupus* → loup)** Plante herbacée des prés à fleurs en grappes.

[2]lupin, ine adj. **(latin *lupinus*, de *lupus* → loup)** didact. ou littér. Relatif au loup. *La rage lupine.*

Lupino (Ida) Comédienne et cinéaste américaine d'origine britannique (1918-1995). Elle joua pour Raoul Walsh *(High Sierra)*, Nicholas Ray, Robert Aldrich, et réalisa plusieurs films novateurs *(Le Voyage de la peur)*.

lupique adj. pathol. **1.** Du lupus. *Éruption lupique.* **2.** Atteint de lupus. – n. *Un lupique.*

lupulin n. m. **(du latin, de *lupus* « houblon » → loup)** techn. Poussière résineuse jaunâtre produite par les cônes de houblon, employée dans la fabrication de la bière.

lupuline n. f. **(du latin → lupulin)** Variété de luzerne à fleurs jaunes, parfois appelée *minette.*

lupus [lypys] n. m. **(mot latin « loup », allusion à l'action dévorante)** Maladie de la peau due au bacille tuberculeux, qui laisse des cicatrices.

Luqmān ou **Lokman** Auteur arabe légendaire, cité dans le Coran, auquel on attribue un recueil de 41 fables.

Lurçat (Jean) Peintre et tapissier français (1892-1966). Influencé par le cubisme puis le surréalisme, il rénova l'art de la tapisserie. Il adopta des formes et des couleurs inspirées de la tradition médiévale, ouvrant sur un nouveau langage symbolique et décoratif. *Le Chant du monde ; La Liberté.* ■ **André Lurçat.** Architecte français (1894-1970). Frère de Jean. Il reconstruisit Maubeuge en 1945.

Jean Lurçat, *Nature morte à la mandoline* (v. 1955), musée départemental de la tapisserie, Aubusson.

Lure (montagne de) Massif calcaire des Préalpes de Provence, au S.-O. de Sisteron. 1 826 m.

Lure Chef-lieu d'arrondissement de la Haute-Saône, sur l'Ognon. 7 960 habitants. Industrie mécanique.

lurette n. f. **(de *l'heurette*, diminutif de *heure*)** loc. *Il y a, depuis **belle lurette**, cela (ça) fait **belle lurette*** : il y a bien longtemps. *Ça fait belle lurette qu'on ne les a pas vus.*

lurex n. m. **(n. déposé ; mot de l'anglais des États-Unis, de *lure* « charme, attrait », de même origine que *leurre*)** Fil textile gainé de polyester qui lui donne un aspect métallique.

Luria (Salvador) Médecin américain d'origine italienne (1912-1991). Il effectua des travaux en biologie moléculaire et notamment sur les bactériophages. Prix Nobel 1969.

Luristan voir **Lorestan**

luron, onne n. **(mot régional, de *lure*, *lurer* « [dire des] mots vides de sens », origine onomatopéique, notamment dans les chansons ; cf. latin *lura* « outre »)** vieilli Personne décidée et énergique. – au masc. *C'est un joyeux, un gai luron*, un bon vivant. → **drille.**

Lusace n. f. Région d'Allemagne orientale, correspondant à la haute vallée de la Spree (Brandebourg et Saxe). On distingue la *Basse-Lusace*, plaine sableuse au N., et la *Haute-Lusace*, ensemble de collines morainiques au S. Les *monts de Lusace*, partie la plus élevée de la Haute-Lusace, forment en partie la frontière entre l'Allemagne et la République tchèque.

Lusaka Capitale de la Zambie. 2,6 millions d'habitants. Centre administratif, commercial et industriel.

Lüshun ou **Liuchouen** Ville portuaire de Chine (Liaoning), appelée aussi Port-Arthur et formant avec Dalian la conurbation de Lüda. 210 000 habitants. Port stratégique, la ville fut le théâtre d'affrontements durant les guerres sino-japonaise et russo-japonaise. Possédée alternativement par la Chine, le Japon et la Russie, elle fut placée sous administration sino-soviétique en 1945, puis redevint chinoise en 1954.

Lusignan Famille française originaire du Poitou, qui régna sur Chypre de 1192 à 1489. ■ **Gui de Lusignan** (1129-1194). Roi de Jérusalem, il fut renversé par Saladin et devint roi de Chypre en 1192.

Lusignan Commune de la Vienne. 2 622 habitants. Vestiges du château des Lusignan.

lusin n. m. **(du néerlandais)** mar. Petit cordage de deux fils de caret entrelacés.

Lusitania Paquebot britannique torpillé le 7 mai 1915 par un sous-marin allemand, au large de l'Irlande. On dénombra 1 200 victimes.

Lusitanie n. f. Ancienne province romaine d'Espagne correspondant à l'actuel Portugal. Auguste en fit une province impériale en 27 av. J.-C.

lusitanien, ienne adj. et n. **(du latin *Lusitania*)** Relatif au Portugal, au portugais. *Études lusitaniennes.*

Lusitaniens ou **Lusitains** n. m. pl. Ancien peuple établi sur l'actuel Portugal. Les Lusitaniens résistèrent longtemps aux Romains ; ils se soumirent définitivement en 137 av. J.-C.

lusophone adj. **(de *Lusitanie* et *-phone*)** Qui parle le portugais. *Les Brésiliens sont lusophones.* – n. *Un, une lusophone.* ■ Dit, écrit en portugais. ■ Où l'on parle portugais. □ n. f. **lusophonie**

Lussac Commune de la Gironde. 1 223 habitants. Viticulture (lussac-saint-émilion).

Lustiger (Jean-Marie) Prélat français (1926-2007). Il fut archevêque de Paris (1981-2005) et cardinal (1983).

lustrage n. m. Action ou manière de lustrer.

lustral, ale, aux adj. **(latin *lustralis*, de *lustrum* → [1]lustre)** littér. Qui sert à purifier. *L'eau lustrale du baptême.*

lustration n. f. **(du latin, de *lustrum* → [1]lustre)** **1.** littér. Purification rituelle. **2.** liturg. Aspersion.

[1]lustre n. m. **(latin *lustrum* « sacrifice fait tous les cinq ans », p.-ê. famille de *lavare* → laver)** **1.** littér. Cinq années. **2.** *Des lustres* : période de temps longue et indéterminée. *Je ne l'ai pas vu depuis des lustres.*

[2]lustre n. m. **(italien *lustro* « gloire » et « luminosité », du latin *lustrare*, famille de *lumen* → lumière ; illustrer)** **I. 1.** Éclat (d'un objet brillant ou poli). *Vernis donnant du lustre.* **2.** fig. Ce qui rehausse, met en valeur. → **gloire, réputation.** *Redonner du lustre à qqch.* **II.** Appareil d'éclairage comportant plusieurs lampes, qu'on suspend au plafond. → **suspension.**

lustrer v. tr. <1> **(de *[2]lustre* [I])** **1.** Rendre brillant, luisant (→ **lustrage**). *Le chat lustre son poil en se léchant.* **2.** Rendre brillant par le frottement, l'usure. – au p. p. *Veste lustrée aux coudes.*

lustrerie n. f. Fabrication, commerce des lustres et appareils d'éclairage.

lustrine n. f. **(italien *lustrino*, de *lustro* → [2]lustre [I])** Tissu de coton glacé sur une face. *Doublure en lustrine.*

lut [lyt] n. m. **(latin *lutum* « argile, boue » ; famille de *polluer*)** techn. Enduit servant à boucher hermétiquement, à protéger du feu.

lutéal, ale, aux adj. (→ lutéine) biol., méd. Du corps jaune* de l'ovaire ; relatif au corps jaune. *Phase lutéale* (du cycle ovarien), qui suit l'ovulation. - syn. **lutéinique.**

Lutèce Ancien nom, latin *(Lutetia)*, de Paris.

lutécium n. m. (de *Lutèce*) chim. Corps simple (symb. Lu, n° at. 71, masse at. 174,96), métal du groupe des terres rares.

lutéine n. f. (du latin *luteus* « jaune d'or ») biochim. **1.** Pigment présent dans le jaune d'œuf et dans certains végétaux. **2.** vieux Progestérone.

luter v. tr. < 1 > (de *lut*) techn. Fermer, boucher hermétiquement. *« La glaise calcinée qui lute l'orifice »* (Nerval).

luth n. m. (arabe *al'ūd*) Instrument de musique à cordes pincées, plus ancien que la guitare. → **oud.** *Des luths.* ■ poét. L'instrument, symbole de la poésie. → **lyre.** *« Poète, prends ton luth et me donne un baiser* [dit la Muse] » (Musset).

Luther (Martin) Réformateur religieux allemand (1483-1546). Moine augustin à Erfurt, il enseigna à l'université de Wittenberg. Il fut à l'origine de la Réforme par ses « 95 thèses », placardées sur les portes du château de Wittenberg en 1517, qui dénonçaient la corruption de l'Église (vente des indulgences) et annonçaient sa doctrine du salut par la seule foi. Après avoir brûlé publiquement la bulle *Exsurge Domine,* il fut excommunié et mis au ban de l'Empire en 1521. Protégé par Frédéric de Saxe, il poursuivit son œuvre, rédigea la *Confession d'Augsbourg* (1530) et entreprit la traduction de la Bible en allemand. *De la liberté du chrétien ; Grand Catéchisme* et *Petit Catéchisme.*

luthéranisme n. m. Protestantisme luthérien.

lutherie n. f. (de *luth*) Fabrication des instruments à cordes et à caisse de résonance (violons, guitares, etc.).

luthérien, ienne adj. De Luther, conforme à sa doctrine. *Église luthérienne.* **– n.** *Les luthériens,* protestants qui professent la religion luthérienne.

luthier, ière n. (de *luth*) Artisan en lutherie. *Stradivarius, Guarnerius, célèbres luthiers.*

luthiste n. Joueur, joueuse de luth.

Luthuli ou **Lutuli** (Albert John) Homme politique sud-africain (1898-1967). Dirigeant du Congrès national africain (1952-1960), il lutta contre l'apartheid dans la non-violence. Prix Nobel de la paix 1960.

lutin n. m. (d'abord *luitin,* altération de *neitun,* du latin *Neptunus* « Neptune ») **1.** Petit démon espiègle et malicieux. → **farfadet, gnome. 2.** fig. Enfant vif et espiègle.

lutiner v. tr. < 1 > (de *lutin*) Taquiner (une femme) de manière érotique. → **peloter.**

Lutosławski (Witold) Compositeur polonais (1913-1994). Attentif au folklore, influencé par Bartók, il a laissé des concertos, quatre symphonies et de la musique vocale.

lutrin n. m. (vient du latin pop. *lectrinum,* de *lectrum* « pupitre », de *lectum* → lecture) **1.** Pupitre sur lequel on met les livres de chant, à l'église. **2.** Pupitre pour consulter les ouvrages de grande taille.

lutte n. f. (de *lutter* et latin *lucta*) **1.** Combat corps à corps. **–** spécialt Sport de combat où les deux adversaires tentent de se terrasser. *Lutte gréco-romaine. Lutte libre.* **2.** Opposition violente entre deux adversaires (individus, groupes), où chacun s'efforce de faire triompher sa cause. *Engager, abandonner la lutte. Luttes politiques, religieuses.* → **affrontement, conflit.** *Lutte armée.* → **bataille, guerre. –** loc. (marxisme) *La lutte des classes* (sociales). *« C'est la lutte finale... »* (E. Pottier, « L'Internationale »). **3.** *Lutte contre, pour...,* action soutenue et énergique. → **effort.** *La lutte d'un peuple pour son indépendance.* **– (trad. de l'anglais, Darwin)** *Lutte pour la vie :* sélection naturelle des espèces. **–** Efforts pour survivre. **4.** Antagonisme entre forces contraires. → [1]**duel.** *La lutte entre le bien et le mal.* **5.** *De haute lutte* **loc. adv. :** avec tous les efforts nécessaires.

Lutte ouvrière (LO) Groupe politique trotskiste issu de Voix ouvrière (mouvement créé en 1956 et dissous après Mai 1968). Arlette Laguiller en a été la porte-parole de 1973 à 2008.

lutter v. intr. < 1 > (vient du latin *luctare,* pour *luctari*) **1.** Combattre à la lutte (1). *Lutter avec, contre qqn.* **2.** S'opposer dans une lutte, un conflit. → se **battre, combattre. –** *Lutter de :* rivaliser par, au moyen de, dans (une activité). *Lutter de vitesse avec qqn.* **3.** Mener une action énergique (contre ou pour qqch.). *Lutter contre la maladie, contre le sommeil. Lutter pour une cause.* → **militer. –** *Lutter contre sa timidité.* **–** absolt *Pour vivre, il faut lutter.*

lutteur, euse n. **1.** Athlète qui pratique la lutte. **2.** fig. Personne qui aime la lutte, l'action. *Tempérament de lutteur.* → [3]**battant.**

Lützen Ville d'Allemagne (Saxe), au S.-O. de Leipzig. 3 700 habitants. Deux batailles décisives y furent menées : en 1632, pendant la guerre de Trente Ans (défaite de Wallenstein), et en 1813, où Napoléon remporta une victoire contre les Russes et les Prussiens.

lux n. m. (mot latin « lumière » → lucide) phys. Unité d'éclairement (symb. lx) équivalant à celui d'une surface qui reçoit perpendiculairement et d'une manière uniforme un flux lumineux de 1 lumen par mètre carré.

luxation n. f. (latin *luxatio* → luxer) Déplacement anormal des surfaces d'une articulation. → **entorse, foulure.** *Luxation de l'épaule, de la hanche.*

luxe n. m. (latin *luxus* « splendeur, faste » et « débauche » → luxure, luxuriant) **1.** Mode de vie caractérisé par de grandes dépenses consacrées au superflu. *Aimer le luxe, vivre dans le luxe. Avoir des goûts de luxe.* **–** fam. *Ce n'est* **pas du luxe** *:* c'est utile, indispensable. *« Là tout n'est qu'ordre et beauté / Luxe, calme et volupté »* (Baudelaire). **2.** Caractère coûteux, somptueux (d'un bien, d'un service). → **somptuosité. –** *De luxe :* qui présente ce caractère. *Produits, articles de luxe.* ■ *Le luxe :* le secteur économique des produits et services de luxe. **3.** *Un luxe,* bien ou plaisir (relativement) coûteux. *Le cinéma est mon seul luxe.* **–** *Se donner,* **se payer le luxe** *de dire, de faire :* se permettre, comme chose inhabituelle et agréable. **4.** *Un luxe de,* abondance ou profusion. *Avec un grand luxe de détails.*

Luxembourg (maisons de) Familles qui régnèrent sur le comté puis sur le duché de Luxembourg. Trois maisons se succédèrent du xe au xve siècle.

Luxembourg (François Henri de Montmorency-Bouteville, duc de) Maréchal de France (1628-1695). Il fut surnommé, pour ses nombreuses victoires, « le Tapissier de Notre-Dame » (on y exposait les drapeaux pris à l'ennemi). Il dirigea notamment la campagne de Hollande (1672) et fut commandant en chef de l'armée de Flandre (1680).

Luxembourg

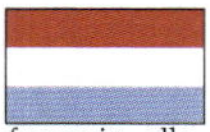

n. m. ■ offic. grand-duché de Luxembourg État d'Europe de l'Ouest. 2 586 km^2. 626 108 habitants (les *Luxembourgeois*). **Langues :** français, allemand, luxembourgeois (offic.). **Monnaie :** euro. **Capitale :** Luxembourg. **Régime :** monarchie constitutionnelle.

GÉOGRAPHIE

Le grand-duché comprend une partie des plateaux ardennais (Oesling) et lorrains (Gutland), entaillés par les vallées de l'Alzette et de la Sûre. Son climat est océa-

L

Luxembourg

nique avec des nuances semi-continentales. Son économie florissante s'appuie sur le secteur financier, qui a pris dans les années 1980 le relais des activités industrielles. De nombreuses entreprises étrangères y sont implantées. Comme les institutions européennes (secrétariat du Parlement européen, Cour de justice, Commission européenne, Cour des comptes, Banque d'investissement), elles emploient de nombreux étrangers.

HISTOIRE

Pays des Trévires (Ier s. av. J.-C.), le territoire fit partie de la Belgique romaine, du royaume de Clovis, de l'Austrasie mérovingienne, de l'empire de Charlemagne, puis de la Lotharingie.

Un duché disputé L'origine de l'État actuel remonte à la fondation d'un « petit château » *(Lützelburg)*, en 963. Le comté devint duché (1354), revint à la maison de Bourgogne (1409), puis échut aux Habsbourg. Confié au gouvernement de Metz (1659), cédé à l'Autriche (1714), il fut annexé par la République française (1795). Rendu à l'Allemagne (1815), il fut érigé en grand-duché. En 1831, la partie orientale fut attribuée au roi de Hollande Guillaume Ier, le reste à la Belgique (province de Luxembourg).

L'indépendance En 1867, il devint un État indépendant. Il fut occupé par l'Allemagne entre 1914 et 1918, puis de 1940 à 1944. Après la guerre, il entra dans l'Otan et participa à la fondation du Benelux et de la CEE (1957). Depuis lors, chrétien-sociaux et socialistes alternent au pouvoir. Le chrétien-social Jean-Claude Juncker a été Premier ministre de 1995 à 2013. Le libéral Xavier Bettel lui a succédé à ce poste. En 2000, le grand-duc Jean de Luxembourg a abdiqué en faveur de son fils Henri.

Luxembourg (province de) Province de Belgique (Région wallonne). 4 439 km². 286 752 habitants. La plus vaste des provinces belges. Chef-lieu : Arlon. Elle comprend une partie de l'Ardenne, la Famenne et le Condroz au N.-O., la Lorraine belge au S. Largement boisée et peu propice à l'agriculture, la province est peu densément peuplée. Élevage bovin. Industries alimentaire et forestière.

Luxembourg Capitale du grand-duché de Luxembourg, sur l'Alzette. 122 300 habitants. Centre politique, administratif (secrétariat du Parlement européen, Cour de justice européenne, Cour des comptes européenne), financier (Banque européenne d'investissement), commercial et industriel (métallurgie, textile, agroalimentaire). Principal centre touristique du pays (musée d'Art moderne Grand-Duc Jean par Pei, Philharmonie par Chr. de Portzamparc), la ville a gardé de nombreux monuments anciens (remparts de la promenade de la Corniche, palais grand-ducal des XVIe-XVIIIe s., cathédrale du XVIIe s.). Évêché. Université.

Luxembourg Palais situé à Paris, sur la rive gauche de la Seine. Commandé à Salomon de Brosse par Marie de Médicis, construit de 1615 à 1620, il fut décoré, entre autres, par Rubens, Poussin et Delacroix. Prison sous la Révolution, il abrita ensuite le Directoire, le Consulat, la Chambre des pairs et, depuis 1958, le Sénat. Il est ceint du jardin du Luxembourg.

Luxemburg (Rosa) Socialiste révolutionnaire allemande (1870-1919). Elle défendit l'initiative des masses dans la révolution, refusant au Parti un rôle de direction *(Grève de masse, parti et syndicat)*. Elle fonda, avec K. Liebknecht, la Ligue spartakiste et participa à la formation du Parti communiste allemand en 1918. Elle fut assassinée lors de la répression de l'insurrection spartakiste de 1919.

Rosa Luxemburg en 1904, au congrès de la IIe Internationale à Amsterdam.

luxer v. tr. < 1 > (latin *luxare*, de *luxus* « démis », même origine que *lugere* → lugubre et que *luere* [d'où *solvere*] → solution) Provoquer la luxation de (certains os, une articulation). → **déboîter.** *Elle s'est luxé la rotule.* → se **démettre.** – **p. p. adj.** *Épaule luxée.*

Luxeuil-les-Bains Commune de la Haute-Saône. 6 644 habitants. Ancienne cité gallo-romaine *(Luxovium)*, réputée pour ses sources thermales.

luxmètre n. m. techn. Appareil servant à mesurer l'éclairement lumineux.

luxueusement adv. De manière luxueuse. *Un appartement luxueusement meublé.*

luxueux, euse adj. Qui se signale par son luxe. → **fastueux, magnifique, somptueux.** *Une villa luxueuse.*

Lu Xun ou **Lou Siun (Zhou Shuren, dit)** Écrivain chinois (1881-1936). Son œuvre engagée et variée (nouvelles, essais, traductions) a largement influencé la littérature chinoise moderne. *Le Journal d'un vieux fou ; Herbe sauvage.*

luxure n. f. (latin *luxuria* « surabondance », de *luxus* « débauche » → luxe) littér. Goût immodéré, recherche et pratique des plaisirs sexuels, considérés comme immoraux. → **lascivité, lubricité.** – Acte luxurieux.

luxuriance n. f. Caractère luxuriant, surabondant. *La luxuriance de la végétation.*

luxuriant, ante adj. (d'abord « luxurieux », puis « surabondant » ; latin *luxurians*, p. prés. de *luxuriare*, de *luxuria* → luxure) Qui pousse, se développe avec une remarquable abondance. → **abondant, riche, surabondant.** *Une végétation luxuriante.*

luxurieux, euse adj. (d'abord « surabondant », du latin *luxuria* → luxure) littér. Adonné ou porté à la luxure. → **débauché, lascif, lubrique.**

Luynes (Charles d'Albert de) Connétable de France (1578-1621). Favori de Louis XIII qu'il poussa au meurtre de Concini, il lutta contre les huguenots. Il mourut en disgrâce.

Luynes Commune de l'Indre-et-Loire. 5 093 habitants. Château des XIIe-XIIIe siècles.

Luzarches Commune du Val-d'Oise. 4 828 habitants. Église des XIIe-XVIe siècles.

luzerne n. f. (du provençal, d'abord « ver luisant », à cause de l'aspect brillant des graines ; du latin *lucerna* → lucarne, de *lucere* → luire) Plante fourragère, à petites fleurs violettes. → **alfalfa, lupuline.** *Champ de luzerne* (luzernière **n. f.**).

Luzhou Ville de Chine (Sichuan), sur le Chang jiang. 742 300 habitants. Port. Hydrocarbures. Industrie chimique. Liqueurs.

Luzi (Mario) Écrivain italien (1914-2005). Il fut l'auteur de poèmes *(Avvento notturno)*, de textes dramatiques et d'essais critiques *(Discorso naturale)*.

Luzon voir **Luçon**

Luz-Saint-Sauveur Commune des Hautes-Pyrénées, sur le gave de Pau. 929 habitants. Église des XIIe-XIVe s. Station thermale.

luzule n. f. (famille de *lumière*) Plante fourragère à feuilles plates et velues, voisine du jonc.

LVF (Légion des volontaires français contre le bolchevisme) Unité militaire au service de la Wehrmacht, formée en juillet 1941 pour lutter sur le front russe.

Lviv anciennement **Lvov** Ville de l'O. de l'Ukraine. 734 000 habitants. Cathédrale gothique et nombreuses églises. Cathédrale arménienne. Université et musées. Industrie (pétrochimie, métallurgie). Fondée en 1256, elle fut possédée alternativement par la Pologne et par l'Autriche de 1349 à son occupation par l'armée soviétique en 1939. Elle subit des bombardements russes en 2022 et 2023.

Lvov (prince Gheorghi Evghenievitch) Homme politique russe (1861-1925). Monarchiste libéral, il dirigea momentanément le gouvernement après la révolution de février 1917.

Lwoff (André) Biologiste français (1902-1994). Ses travaux portent entre autres sur l'embryologie et sur les relations entre le virus et la cellule hôte. Prix Nobel de médecine 1965.

Lý Nom de deux dynasties vietnamiennes. Les *Lý antérieurs* reconquirent l'indépendance du pays face à la Chine de 544 à 602. Les *Lý postérieurs* établirent leur dynastie en 1009 et transférèrent la capitale à Thăng Long, l'actuelle Hanoi.

Lyallpur voir **Faisalabad**

Lyautey (Louis Hubert Gonzalve) Maréchal de France (1854-1934). Chef d'état-major de Gallieni en Indochine puis à Madagascar, il fut nommé résident général au Maroc (1912), qu'il tenta de pacifier par une politique coloniale évitant l'assimilation. Il fut ministre de la Guerre (1916-1917).

Luxembourg

Le centre de la ville de Luxembourg avec le viaduc sur la Pétrusse, dit « la Passerelle ».

Lycabette n. m. Colline de Grèce dominant le centre d'Athènes (277 m). À son sommet s'élevait l'autel d'Apollon lycien. Le Lycée d'Aristote s'étendait à ses pieds.

lycanthrope n. m. (grec « homme-loup », de *lukos* « loup » et *anthrôpos* → -anthrope) didact. Personne qui se croit transformée en loup. → loup-garou.

lycanthropie n. f. (du grec → lycanthrope) didact. **1.** Délire de la personne qui se croit transformée en loup. **2.** Croyance en l'existence des loups-garous.

lycaon [likaɔ̃] n. m. (du latin, du grec *lukaon*, de *lukos* « loup ») zool. Mammifère carnivore d'Afrique, tenant du loup et de l'hyène.

Lycaon Roi légendaire d'Arcadie, réputé pour son impiété. Recevant Zeus métamorphosé en paysan, il lui sert, pour le mettre à l'épreuve, la chair d'un enfant. Indigné, le dieu foudroie Lycaon et ses fils, à l'exception du plus jeune.

Lycaonie n. f. Ancienne région de l'Asie Mineure. Soumise aux Perses, puis aux Séleucides, elle fut conquise par Rome en –25 et rattachée à la province de Galatie.

lycée n. m. (latin *lyceum*, du grec *lukeon*, n. du gymnase où Aristote enseignait et qui signifiait « endroit des loups », de *lukos* « loup », *cf.* lycanthrope) **1.** Établissement public d'enseignement secondaire (général ou professionnel). *Les professeurs d'un lycée.* → athénée (Belgique), cégep (Canada), gymnase (Suisse) ; collège. **2.** Époque des études secondaires. *Elle ne l'a pas revu depuis le lycée.*

Lycée (le) Quartier d'Athènes qui donna son nom à l'école qu'y fonda Aristote en 335 av. J.-C.

lycéen, enne **1.** n. Élève d'un lycée. *Écoliers et lycéens.* **2.** adj. De lycéens. *Une manifestation lycéenne.*

lycène n. f. (du latin, du grec *lukos* → loup) Papillon diurne aux ailes le plus souvent bleues.

lychnis n. m. (du latin, du grec *lukhnos* « lampe », par analogie de forme) Plante herbacée aux nombreuses variétés ornementales.

Lycie n. f. Ancienne région côtière de l'Asie Mineure. Elle fut soumise par les Lyciens, les Séleucides, puis les Rhodiens. Elle entra dans l'Empire romain en 43, et fut réunie à la province de Pamphylie.

Lycomède Roi fabuleux de Skyros, qui recueille le jeune Achille. Selon une tradition, il est l'assassin de Thésée.

Lycon Orateur athénien (Ve s. av. J.-C.). Il fut l'un des trois démagogues qui intentèrent le procès contre Socrate.

lycope n. m. (du latin, du grec *lukos* → loup et *pous, podos* « pied ») bot. Plante herbacée vivace appelée communément *pied-de-loup, chanvre d'eau.*

lycopène n. m. (composé du grec *lukos* → loup et de *-ène*) biochim. Pigment rouge de végétaux, présent dans la tomate, la pastèque...

lycoperdon n. m. (grec *lukos* → loup et *perdesthai* « péter ») bot. Vesse-de-loup.

Lycophron de Chalcis Poète tragique et grammairien grec (fin IVe-IIIe s. av. J.-C.). Dans son poème tragique *Alexandra,* l'héroïne (identifiée à Cassandre) prophétise les malheurs réservés à Troie.

lycopode n. m. (du latin, du grec « pied *[pous, podos]* de loup ») bot. Plante cryptogame à tige grêle, dont les spores renferment un alcaloïde. *Poudre de lycopode* (syn. soufre végétal).

Lycortas Homme politique grec de Megalopolis (mort v. 168 av. J.-C.). Chef de la Ligue achéenne (–185), il ravagea Messène, puis contraignit la Messénie et Sparte à rejoindre la ligue.

lycose n. f. (du latin, du grec *lukos* → loup, à cause de son aspect velu) Araignée qui ne tisse pas de toile et attrape ses proies à la course.

lycra n. m. (marque déposée ; anglais des États-Unis) Tissu synthétique aux propriétés élastiques. *Maillot de bain en lycra.*

Lycurgue Législateur mythique, ayant peut-être vécu au IXe s. av. J.-C. On lui attribue les institutions spartiates.

Lycurgue Orateur et homme politique athénien (v. 390-324 av. J.-C.). Élève d'Isocrate et de Platon, il soutint Démosthène contre les Macédoniens.

Lydda voir Lod

Lydgate (John) Poète et moine anglais (v. 1370-v. 1449). Son œuvre, volumineuse, contribua à l'enrichissement de la langue anglaise. *Testament de John Lydgate ; La Chute des princes.*

Lydie n. f. Ancienne contrée de l'Asie Mineure, sur la mer Égée. Vassale des Phrygiens, la Lydie s'agrandit avec les rois Gygès et Crésus. Envahi par Cyrus le Grand (–546), le royaume fut annexé à l'Empire perse.

Lyell (sir Charles) Géologue britannique (1797-1875). Il fut l'un des fondateurs de la géologie scientifique *(Principes de géologie),* affirmant que l'évolution de la Terre dépendait de phénomènes physico-chimiques.

Lyly (John) Écrivain et auteur dramatique anglais (1553-1606). Il fut le créateur d'un style précieux, l'« euphuisme » *(Euphues ou l'Anatomie de l'esprit).*

Lyman (Théodore) Physicien américain (1874-1954). Il découvrit, en 1906, les raies du spectre de l'hydrogène dans l'ultraviolet *(série de Lyman).*

lymphangite n. f. (de *lymphe, angio-* et *-ite*) méd. Inflammation des vaisseaux lymphatiques.

lymphatique adj. (→ lymphe) **I.** Relatif à la lymphe. *Vaisseaux lymphatiques. Ganglions lymphatiques.* **II.** Apathique, lent. *Un adolescent lymphatique.* – n. *Un, une lymphatique.*

lymphatisme n. m. littér. État d'une personne lymphatique.

lymphe n. f. (latin *lympha,* d'abord « eau », rapproché de *Nymphae* → nymphe) Liquide organique incolore ou ambré, d'une composition comparable à celle du plasma sanguin.

lymph(o)- Élément (tiré de *lymphe*) qui sert à former des mots de médecine.

lymphocyte n. m. (→ -cyte) Petit leucocyte immobile qui prend naissance dans les ganglions lymphatiques, la rate et joue un rôle important dans le processus d'immunité.
□ adj. **lymphocytaire**

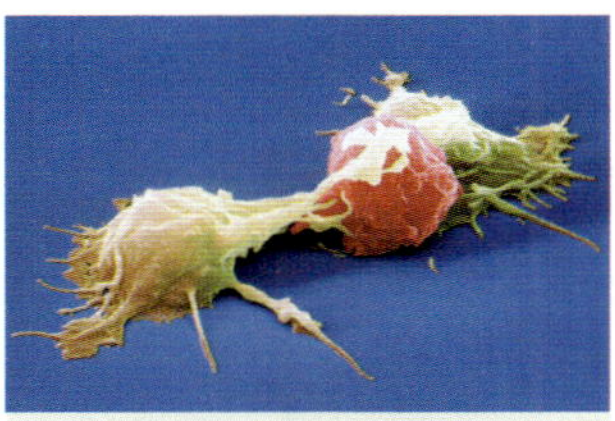
Lymphocytes attaquant une cellule cancéreuse vus au microscope électronique à balayage.

lymphogranulomatose n. f. méd. Maladie des ganglions lymphatiques.

lymphoïde adj. Qui contient des lymphocytes. *Tissu lymphoïde.*

lymphokine n. f. (de *lympho-* et du grec *kinein* « mouvoir ») biol. Substance régulatrice sécrétée par les lymphocytes.

lymphome n. m. (du latin → lymphe) méd. Prolifération cancéreuse qui se développe dans le tissu lymphoïde.

Lyncée L'un des cinquante fils d'Égyptos, époux de l'une des cinquante Danaïdes, le seul à être épargné lors du massacre des jeunes époux. Il devient roi d'Argos.

Lyncée Frère d'Idas, l'un des Argonautes. Sa vue est si perçante qu'il voit à travers la terre (d'où son nom d'« homme aux yeux de lynx »).

Lynch (David) Cinéaste américain (né en 1946). D'abord attiré par le cinéma expérimental, il révèle ensuite un univers entre fantasme et illusion. *Elephant Man ; Lost Highway ; Mulholland Drive.*

David Lynch dirigeant Naomi Watts dans *Mulholland Drive* (2001).

lynchage n. m. Action de lyncher. ■ fig. *Lynchage médiatique* : acharnement des médias à détruire l'image (d'une personnalité...).

lyncher v. tr. < 1 > (anglais des États-Unis *to lynch,* de *Lynch's law* « loi de Lynch », attribuée à Charles Lynch, juge de Virginie) **1.** Exécuter sommairement (qqn, un accusé) sans jugement régulier et par une décision collective. **2.** (foule) Exercer de graves violences sur (qqn). **3.** fig. *Il s'est fait lyncher par la presse.*

Lyndsay ou **Lindsay (sir David)** Poète écossais (1490-1555). Satiriste de la cour et du clergé, il est aujourd'hui considéré comme le poète de la Réforme en Écosse. *Satire des trois états.*

L

Lynen (Feodor) Biochimiste allemand (1911-1979). Il mena des travaux sur le métabolisme du cholestérol et des acides gras. Prix Nobel de médecine ou de physiologie 1964, avec K. Bloch.

lynx [lɛ̃ks] n. m. (du latin, du grec *lunx,* famille de *leussein* « voir », *leukos* « blanc, brillant » ; influence de *Lunkeos,* n. d'un Argonaute qui voyait à travers les nuages) Mammifère carnivore, fort et agile, aux oreilles pointues garnies d'un pinceau de poils. → loup-cervier. – loc. *Avoir des yeux de lynx,* une vue perçante.

Lynx n. m. Constellation de l'hémisphère boréal, située au S.-O. de la Grande Ourse.

Lyon Chef-lieu du Rhône et de la Région Auvergne-Rhône-Alpes, au confluent du Rhône et de la Saône. 522 228 habitants ; agglomération : 1 693 159. Nombreux monuments (quartiers du Vieux Lyon : hôtel de ville du XVIIe s., basilique romane ; quartier de la Croix-Rousse) ; colline de Fourvière (théâtres romains, cathédrale) ; quartier moderne de la Part-Dieu (gare). Musées. Opéra. Industries diverses. Universités. Aéroport international de Lyon-Saint-Exupéry. Ancienne capitale de la Gaule lyonnaise, *Lugdunum* (fondée en –43) fut l'une des résidences principales des empereurs romains, et le foyer de la première église chrétienne de Gaule. Rattachée à la Lotharingie en 842, cédée au Saint Empire en 1032, Lyon accueillit deux conciles œcuméniques (1245 et 1274). La ville, rattachée à

Lyon, la Saône et le quai Saint-Vincent.

la couronne de France en 1312, sous Philippe le Bel, connut, du XVe au XIXe s., une grande prospérité économique grâce aux métiers de la soie. Elle fut par deux fois (1831 et 1834) le théâtre de la révolte des ouvriers de la soie, les canuts. De 1940 à 1944, Lyon fut un centre de la Résistance.

lyonnais, aise adj. De Lyon. *La cuisine lyonnaise.* – n. *Un, une Lyonnaise.*

Lyonnais (monts du) Massif montagneux situé à l'E. du Massif central, près de Lyon (946 m).

lyonnaise (Gaule) Une des quatre provinces de la Gaule romaine. La Lyonnaise ou Celtique s'étendait entre la Loire et la Seine et comprenait l'Armorique et la Normandie.

Lyons-la-Forêt Commune de l'Eure. 709 habitants. Église des XIIe-XVe s. Forêt domaniale.

lyophile adj. (du grec *luein* « dissoudre » → lyse et de *-phile*) didact. (substance) Qui peut être desséché par lyophilisation, puis recouvrer toutes ses propriétés dès la réhydratation.

lyophilisation n. f. Déshydratation, réduction en poudre (d'une substance alimentaire).

lyophiliser v. tr. < 1 > (de *lyophile,* du grec *luein* « dissoudre » → -lyse et -phile) Déshydrater (une substance alimentaire) par dessiccation. – au p. p. *Café lyophilisé.*

Lyot (Bernard) Astronome français (1897-1952). Grâce à ses travaux, les méthodes d'observation de la couronne solaire s'enrichirent des procédés photographique (avec le coronographe) et cinématographique.

Lyotard (Jean-François) Philosophe français (1924-1998). Influencé à la fois par la phénoménologie, la psychanalyse et le marxisme, il entreprit, à partir d'une critique originale de la notion de sujet et des institutions, de dégager la condition postmoderne de l'homme, caractérisée par la fin des grands récits de l'émancipation, l'idolâtrie du consensus et le culte du développement.

lyre n. f. (latin *lyra,* emprunt au grec *lura* « instrument à cordes » et « chant, poésie ») **1.** Instrument de musique antique à cordes pincées, fixées sur une caisse de résonance. *Jouer de la lyre.* **2.** littér. Symbole de la poésie, de l'expression poétique. *« La lyre exprime [...] cet état presque surnaturel, cette intensité de la vie où l'âme chante »* (Baudelaire).

Lyre n. f. Petite constellation boréale, située entre les constellations d'Hercule et du Cygne.

lyrique adj. et n. (latin *lyricus,* grec *lurikos,* de *lura* → lyre) **I. 1.** Qui exprime des sentiments intimes au moyen de rythmes et d'images propres à communiquer au lecteur l'émotion du poète. *Poésie lyrique. Thèmes lyriques. Des envolées lyriques.* ▪ n. Poète lyrique. **2.** Plein d'un enthousiasme, d'une exaltation de poète. → **passionné. II.** Destiné à être mis en musique et chanté, joué sur une scène. *Drame lyrique,* opéra, oratorio. *Comédie lyrique,* opéra-comique, opérette. – *Théâtre lyrique,* réservé à la musique dramatique. *Artiste lyrique,* chanteur, chanteuse d'opéra.

lyriquement adv. littér. Avec lyrisme.

lyrisme n. m. (de *lyrique*) **1.** Poésie, genre lyrique. *Le lyrisme romantique.* – *Le lyrisme de Chopin.* **2.** Manière passionnée, poétique, de sentir, de vivre, d'exprimer qqch.

lys [lis] voir **lis**

Lys n. f. Rivière de France et de Belgique, affluent de l'Escaut. 214 km.

Lysandre Général spartiate (mort en 395 av. J.-C.). Il remporta sur les Athéniens la victoire décisive d'Aigos Potamos (–405), prit Athènes et y installa le gouvernement des Trente.

lyse n. f. (grec *lusis,* de *luein* « dissoudre ») sc. Destruction d'éléments organiques par des agents physiques, chimiques ou biologiques. ▫ **lyser** v. tr. < 1 >

-lyse, -lytique Éléments (du grec *lusis,* de *luein* « dissoudre » → lyse) qui signifient « dissolution » et « qui dissout, détruit » (ex. *électrolyse ; anxiolytique*).

lysergique adj. (de *lyse* et *ergot,* par l'anglais) biochim. *Acide lysergique :* substance provenant des alcaloïdes de l'ergot de seigle, dont est issu le LSD.

Lysias Orateur athénien (v. 440-v. 380 av. J.-C.). Il lutta contre la tyrannie des Trente et pour le rétablissement de la démocratie à Athènes. *Contre Ératosthène.*

lysimaque n. f. (du latin, du grec *lusimakhion*) bot. Plante herbacée des lieux humides, à fleurs jaunes.

Lysimaque Général macédonien (v. 361-281 av. J.-C.). Lieutenant d'Alexandre le Grand, il reçut en partage la Thrace, dont il se fit proclamer roi en –306.

lysine n. f. (de l'allemand ; famille de *lyse*) biochim. **1.** Acide aminé essentiel, l'un des constituants des protéines. **2.** Anticorps ou toxine capable de provoquer la lyse cellulaire.

Lysippe Sculpteur et bronzier grec (v. 390-apr. 310 av. J.-C.). Il fut le portraitiste officiel d'Alexandre le Grand. Attentif au mouvement et au réalisme de l'expression, il modifia le canon de Polyclète en assouplissant ses proportions, et notamment en allongeant le corps par rapport à la tête.

Lysistrata Personnage principal d'une comédie d'Aristophane. Elle parvint, par son opiniâtreté, à convaincre les Athéniens et les Lacédémoniens de signer un traité de paix.

Lys-lez-Lannoy Commune du Nord, dans la banlieue de Roubaix. 13 797 habitants. Industrie.

Łysogóry ou **Świętokrzyskie Góry** n. m. pl. Massif montagneux de Pologne, au N. des Carpates, culminant à 612 m (Łysica).

lysosome n. m. (→ -lyse et -some) biol. Organite cellulaire contenant des enzymes chargées d'assimiler les métabolites.

lysozyme n. m. (de *lyse* et du grec *zumê* → zymo-, par l'anglais) biochim. Enzyme qui dissout certaines bactéries par hydrolyse.

Lyssenko (Trofim Denissovitch) Botaniste et agronome soviétique (1898-1976). Il affirma, à tort, l'influence du milieu et l'hérédité des caractères acquis comme facteurs de l'évolution des espèces. Ses théories, soutenues par le régime, furent abandonnées après la mort de Staline.

lytique adj. sc. Qui provoque une lyse. ▪ *Cocktail lytique :* mélange médicamenteux susceptible de provoquer la mort.

Lytton (Edward George Bulwer Lytton, 1er baron) Romancier et homme politique britannique (1803-1873). Il est surtout célèbre pour son roman historique *Les Derniers Jours de Pompéi.*

M

m [ɛm] **n. m. invar. I.** Treizième lettre, dixième consonne de l'alphabet. **II. 1.** *M.*, abrév. de *monsieur* ; *MM.*, de *messieurs*. **2.** *m* : symbole du préfixe *milli-*. *M* : symbole du préfixe *méga-*. **3.** *m*, symbole de *mètre*. **III.** *M*, chiffre romain (1 000).

M6 (Métropole 6) Chaîne généraliste privée de télévision française. Créée en 1987, elle appartient à RTL Group.

ma voir **mon**

Ma Famille de peintres chinois des XIe-XIIIe siècles. ■ **Ma Fen** (1051-1127). Il peignit des animaux, des personnages et des figures bouddhiques. ■ **Ma Yuan** (1140-v. 1225). Arrière-petit-fils de Ma Fen, il se consacra à la peinture de paysages et de personnages.

Maalouf (Amin) Écrivain franco-libanais (né en 1949). Son œuvre est centrée sur l'héritage culturel et l'histoire du Liban. *Léon l'Africain ; Le Rocher de Tanios*. Académie française.

Maalouf (Ibrahim) Trompettiste franco-libanais (né en 1980). Il puise dans tous les styles de musique : jazz, classique, variété, musique arabe (album en hommage à Oum Kalsoum).

Maar (Henriette Theodora Markovitch, dite Dora) Artiste française (1907-1997). Photographe proche des surréalistes, elle dénonça la misère en Europe puis se tourna vers la peinture à la faveur de sa rencontre avec Picasso (dont elle devint le modèle) en 1936.

Maaseik Ville de Belgique (province de Limbourg), sur la Meuse. 25 310 habitants. Industrie manufacturière.

Maasmechelen Ville de Belgique (province de Limbourg), sur la Meuse. 38 933 habitants. Industrie manufacturière, commerce.

Maastricht ou **Maëstricht** Ville des Pays-Bas, chef-lieu de la province de Limbourg, sur la Meuse. 121 150 habitants. Basilique du Xe s. Église gothique. Université. Musée d'art moderne.

Maastricht (traité de) Accord entre les membres de la Communauté européenne ratifié en 1992-1993. Traité sur l'Union européenne, il concerne principalement l'Union économique et monétaire (instauration d'une Banque centrale européenne et d'une monnaie unique), l'Union politique (politique étrangère et défense commune), l'Europe sociale, la citoyenneté européenne et les questions de justice et de police.

Maathai (Wangari) Femme politique kényane (1940-2011). Militante écologiste, elle lutta contre la déforestation et fut ministre de l'Environnement. Prix Nobel de la paix 2004.

Maazel (Lorin) Chef d'orchestre américain (1930-2014). Il a dirigé de nombreux orchestres (Opéra de Vienne, Orchestre national de France et Orchestre philharmonique de New York).

Mabanckou (Alain) Écrivain franco-congolais (né en 1966). Né au Congo, il a étudié en France et enseigne la littérature aux États-Unis. Ses romans ont trait à l'Afrique. *Bleu-Blanc-Rouge ; Mémoires de porc-épic ; Le Sanglot de l'homme noir ; Petit Piment.*

Alain Mabanckou en 2012.

Mabillon (Jean) Bénédictin français (1632-1707). Auteur du *De re diplomatica*, il fonda la « diplomatique ».

Mably (Gabriel Bonnot de) Philosophe et historien français (1709-1785). Frère de l'abbé de Condillac, il s'opposa aux physiocrates et soutint la nécessité d'entreprendre des réformes, notamment agraires, pour établir plus de justice sociale. *Doutes proposés aux philosophes économistes sur l'ordre naturel et essentiel des sociétés politiques.*

maboul, e **n. et adj. (de l'arabe d'Algérie, de *habila* « devenir fou ») fam.** Fou.

mac **n. m. (diminutif de ²*maquereau*) argot** Souteneur.

macabre **adj. (de *Macabré*, p.-ê. altération de *Macchabées*, n. biblique → macchabée) 1.** Qui évoque la mort. → **funèbre.** *Danse macabre.* **2.** Qui concerne les cadavres, les squelettes. *Scène, plaisanterie macabre.*

macache **adv. (de l'arabe du Maghreb) fam., vieilli** Pas du tout ; rien du tout. → **oualou.** *Macache !*

macadam [makadam] **n. m. (du n. de J. L. McAdam) 1.** Revêtement de routes, de chemins, fait de pierre concassée et de sable agglomérés. **2. mod.** Macadam goudronné. → **asphalte, bitume.**

McAdam (John Loudon) Ingénieur britannique (1756-1836). Il est l'inventeur d'un système de revêtement des chaussées à l'aide de pierres concassées *(macadam)*.

macadamia **n. m. (du latin sc., du n. d'un chimiste australien d'origine écossaise John Macadam)** Arbre originaire d'Australie dont on consomme les noix. *Huile de macadamia.*

macadamiser **v. tr. < 1 >** Recouvrir (une chaussée, une route) avec du macadam.

Macaire Prélat russe (1482-1563). Métropolite de Moscou, il fut l'un des conseillers d'Ivan IV le Terrible. Il initia la réforme cléricale qui accrut le rôle politique de l'Église orthodoxe.

Macaire l'Ancien (saint) Ermite chrétien (v. 301-v. 391). Il attira de nombreux anachorètes dans le désert de Sété (Égypte).

McAleese (Mary) Femme d'État irlandaise (née en 1951). Elle a été présidente de la république d'Irlande de 1997 à 2011.

Macao Territoire du S. de la Chine. 16 km^2. 573 000 habitants. Ancienne enclave portugaise rétrocédée à la Chine en 1999, qui constitue une région sous administration spéciale. Macao est reliée à Hong Kong par un pont maritime de 55 km. Églises du XVIe s. et forteresse du XVIIe siècle.

Macao, façades de la place Leal Senado.

Macapá Ville du Brésil, capitale de l'État d'Amapá, dans le delta de l'Amazone. 381 000 habitants. Port fluvial. Centre commercial. Extraction minière. Exportation de manganèse.

macaque **n. m. (du portugais, d'une langue bantoue) 1.** Singe d'Asie. → **¹magot.** *Un macaque femelle. Le macaque rhésus*.* **2. fam. et péj.** Personne très laide.

macareux n. m. **(probablt altération de *macreuse*)** Oiseau palmipède des mers septentrionales, variété de pingouin.

macaron n. m. **(de l'italien → macaroni)** **1.** Gâteau sec, rond, aux amandes. **2.** Natte de cheveux roulée sur l'oreille. **3.** fam. Insigne rond. – Badge.

macaroni n. m. **(de l'italien, p.-ê. du grec byzantin *makaria* « soupe d'orge », d'abord « banquet funèbre », de *makarios* « bienheureux »)** **1.** Pâte alimentaire en forme de tube. *Manger des macaronis.* **2.** n. injurieux Italien, Italienne.

macaronique adj. **(de l'italien, de *maccherone* → macaroni, au sens de « soupe faite de restes », « pot-pourri »)** *Poésie macaronique,* poésie burlesque italienne ou française, entremêlée de mots latins (XVIe-XVIIe siècle).

MacArthur (Douglas) Général américain (1880-1964). Commandant en chef des forces alliées du Pacifique sud, il reçut la reddition du Japon en 1945. Il fut ensuite à la tête des troupes des Nations unies en Corée (1950-1951).

MacArthur (dame Ellen) Navigatrice britannique (née en 1976). Elle remporta l'épreuve monocoque de la Route du Rhum en 2002 puis établit en 2005 le record du tour du monde à la voile en solitaire (71 jours, 14 h, 18 min).

macassar n. m. **(du n. de Makassar)** **1.** *Huile de macassar :* huile de coco, utilisée autrefois comme cosmétique. **2.** Ébène d'une variété très précieuse, au bois brun veiné de noir.

Macaulay (Thomas Babington, baron) Historien et homme politique britannique (1800-1859). Administrateur en Inde, député, il publia des ouvrages historiques *(Histoire d'Angleterre depuis l'avènement de Jacques II).*

M

McBain (Salvatore Lombino, dit Ed) Écrivain américain (1926-2005). Scénariste des *Oiseaux* de Hitchcock, il est l'auteur de nombreux romans policiers. *Le Sonneur ; Le Fourgue.*

Macbeth (mort en 1057). Roi d'Écosse de 1040 à sa mort. Il monta sur le trône après avoir assassiné Duncan Ier et fut vaincu par le fils de celui-ci, Malcom III. Il inspira une tragédie à Shakespeare.

MacBride (Sean) Homme politique irlandais (1904-1988). Ministre des Affaires étrangères (1948-1951), président d'Amnesty International (1961-1974), il a joué un grand rôle dans la lutte contre la torture. Prix Nobel de la paix 1974.

Maccabée ou **Macabée** Famille de patriotes juifs (IIe s. av. J.-C.). Le surnom fut d'abord donné à Judas, fils du prêtre Mattathias qui lança la révolte contre Antiochos IV Épiphane (–167). À la mort de son père, il prit la tête du mouvement. Ses frères lui succédèrent, d'abord Jonathan, puis Simon, père de Jean Hyrcan, fondateur de la dynastie asmonéenne. Dans la Bible, les deux Livres des Maccabées évoquent la révolte des Juifs contre Antiochos IV.

McCarey (Leo) Cinéaste américain (1898-1969). Il réalisa des films burlesques (avec les Marx Brothers, W. C. Fields), puis des comédies et des mélodrames. *La Route semée d'étoiles ; Elle et lui.*

McCarthy (Joseph Raymond) Homme politique américain (1908-1957). Sénateur républicain en 1947, il mena des campagnes anticommunistes acharnées *(maccarthysme).*

McCarthy (Mary) Écrivaine américaine (1912-1989). Auteur d'essais et de romans engagés *(Le Groupe),* elle milita contre la guerre du Viêtnam.

McCarthy (Cormac) Écrivain américain (né en 1933). Les grands mythes et symboles de l'Ouest américain servent de décor aux questionnements métaphysiques de ses héros. *Suttree ; De si jolis chevaux ; La Route.*

maccarthysme [makkaʀtism] n. m. **(du n. de Joseph McCarthy)** Politique de délation et de persécution menée aux États-Unis dans les années 1950, à l'encontre de personnalités taxées de sympathies communistes. → chasse aux **sorcières.** □ **adj. et n. maccarthyste**

McCartney (sir James Paul McCartney, dit Paul) Chanteur, multi-instrumentiste et auteur-compositeur de pop britannique (né en 1942). Bassiste des Beatles, il écrivit nombre de leurs mélodies, souvent en collaboration avec John Lennon *(With a Little Help from my Friends)* et de leurs textes *(Yesterday).* Il créa ensuite le groupe des Wings *(Silly Love Songs)* avant de faire une carrière en solo (albums *Band on the Run ; Chaos and Creation in the Backyard*).

macchabée [makabe] n. m. **(latin *Macchabeus,* patronyme de personnages bibliques)** fam. Cadavre.

Macchiaioli n. m. pl. Groupe de peintres italiens de la seconde moitié du XIXe s. Rejetant l'académisme et le romantisme, ils prônèrent la représentation du réel et privilégièrent les thèmes de la vie quotidienne, du patriotisme et du paysage toscan.

McClintock (sir Francis Leopold) Explorateur irlandais (1829-1907). Il explora les régions arctiques, où il étudia les phénomènes astronomiques, météorologiques et magnétiques.

McClintock (Barbara) Généticienne américaine (1902-1992). Elle découvrit les transposons, éléments d'ADN mobiles. Prix Nobel 1983.

McCormick (Cyrus Hall) Industriel américain (1809-1884). Il inventa la première moissonneuse pouvant être produite en série.

McCoy (Horace) Romancier et scénariste américain (1897-1955). Son premier roman, *On achève bien les chevaux,* montre l'inhumanité de l'Amérique des années 1930.

McCullers (Carson Smith) Romancière américaine (1917-1967). Son œuvre, centrée sur le thème de l'incommunicabilité, explore les profondeurs de la souffrance humaine. *Le cœur est un chasseur solitaire ; Reflets dans un œil d'or.*

Macdonald (Étienne Jacques Joseph Alexandre) Maréchal de France (1765-1840). Il combattit aux Pays-Bas (1794-1795), s'illustra à la bataille de Wagram et fit la campagne de Russie. Il se rallia aux Bourbons en 1814.

Macdonald (sir John Alexander) Homme d'État canadien (1815-1891). Artisan de la Confédération canadienne, Premier ministre du Canada de 1867 à 1873 et de 1878 à sa mort, il contribua à l'expansion du Canada, notamment par le rattachement des Territoires du Nord-Ouest.

MacDonald (James Ramsay) Homme d'État britannique (1866-1937). Il fut l'un des fondateurs du Parti travailliste et plusieurs fois Premier ministre. Il dirigea un gouvernement d'union nationale de 1931 à 1935.

Macé (Jean) Pédagogue français (1815-1894). Fondateur de la Ligue française de l'enseignement, il milita pour l'école publique laïque et obligatoire.

macédoine n. f. **(du n. de la région des Balkans, dans l'empire d'Alexandre, fait de nations variées)** Mets composé d'un mélange de légumes **(→ jardinière)** ou de fruits. **→ salade.**

Macédoine n. f. Ancienne région historique des Balkans, aujourd'hui partagée entre la Grèce, la Macédoine et la Bulgarie. La Macédoine entra dans l'histoire avec la dynastie des Argéades, qui étendirent leur domaine aux dépens des Illyriens et des Thraces. Soumise aux Perses (513-479 av. J.-C.), elle s'intégra alors au monde grec. Le philhellénisme de ses rois (Alexandre Ier, Archélaos Ier) alla de pair avec la présence macédonienne dans les affaires grecques. La fin de la guerre du Péloponnèse ouvrit une grande période de luttes dynastiques et d'invasions illyriennes, qui se termina par l'avènement de Philippe II (–359), qui conquit la Grèce (victoire de Chéronée, –338). Les successeurs d'Alexandre III, Antipater et Cratère, se rendirent maîtres de la Grèce au cours des guerres lamiaques. Mais, épuisée par les incessantes levées militaires, la Macédoine ne devait plus jouer qu'un rôle effacé. En –146, la Macédoine devint une province romaine.

Macédoine n. f. Région du N. de la Grèce regroupant 3 divisions administratives. 34 178 km^2. 2,7 millions d'habitants. Prise par les Turcs en 1371, elle est rattachée à la Grèce en 1913. Économie diversifiée (artisanat, industrie, services, tourisme). Ville principale : Thessalonique.

Macédoine du Nord

n. f. ■ offic. République de Macédoine du Nord État des Balkans. 25 713 km^2. 2 038 000 habitants (les *Macédoniens*). **Langues :** macédonien (offic.), albanais. **Population :** Macédoniens, 64 % ; Albanais, 25 % ; Turcs, Roms (Tsiganes), Serbes. **Religions :** orthodoxes (65 %), musulmans (33 %). **Monnaie :** denar. **Capitale :** Skopje. **Régime :** république parlementaire.

GÉOGRAPHIE

La vallée du Vardar divise en deux ce territoire montagneux au climat continental : l'E. appartient aux monts Rhodope, l'O. aux Alpes dinariques. L'économie repose sur l'agriculture (fruits et légumes, vigne, tabac), l'élevage et l'industrie traditionnelle (sidérurgie, textile).

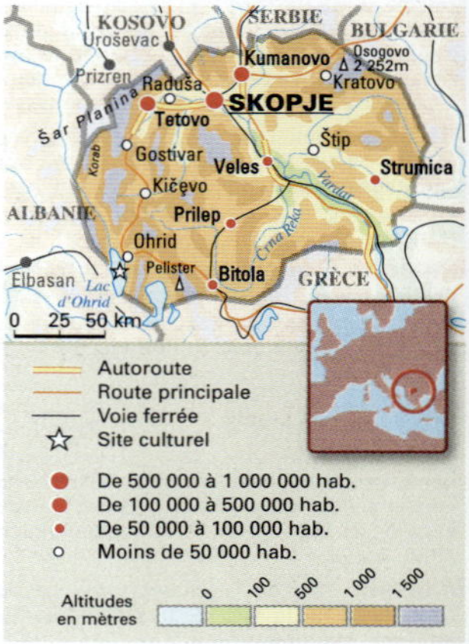

HISTOIRE

Le territoire de l'État actuel correspond à la partie de la Macédoine historique annexée par la Serbie en 1913. Il constitua l'une des républiques de la Yougoslavie (1945-1991). La Macédoine se proclama indépendante en 1991. La Macédoine accueillit des réfugiés albanais, puis kosovars. En 2001, une insurrection des Albanais dans le N.-O. nécessita une médiation internationale. En 2005, la Macédoine fut admise comme candidate par l'Union européenne mais elle se heurta au veto de la Grèce qui refusait de la reconnaître car elle conservait le même nom que l'une de ses régions. La volonté du Premier ministre, Zoran Zaev, social-démocrate élu en 2017, de rebaptiser le pays « république de Macédoine du Nord » fut approuvée par référendum en 2018. Cette nouvelle appellation fut ratifiée par le Parlement national et par le Parlement grec en 2019. Le pays a adhéré à l'Otan en 2020.

macédonien, ienne adj. De la Macédoine. – n. *Les Macédoniens.* – n. m. *Le macédonien* : langue slave du groupe méridional parlée en Macédoine.

Maceió Ville du Brésil, capitale de l'État de l'Alagoas, sur l'océan Atlantique. 932 000 habitants. Université. Port. Exportation de sucre. Industries (alimentaire, chimique).

McEnroe (John) Joueur de tennis américain (né en 1959). Remarquable par son jeu offensif, il est une des grandes figures du tennis des années 1980.

John McEnroe en 1980 au tournoi de Wimbledon.

macérateur n. m. Récipient où l'on fait macérer des plantes, des grains.

macération n. f. (du latin → macérer) **I.** Pratique d'ascétisme qu'on s'impose pour racheter ses fautes. → **mortification.** **II.** Action de macérer (II), son résultat.

macérer v. tr. < 6 > (latin *macerare* « amollir, pétrir » ; famille de *masse* et de *magma*) **I.** relig. Mortifier (son corps). « *Macérant votre chair et domptant votre esprit* » (Leconte de Lisle). **II.** (sens propre du latin) **1.** v. tr. Mettre à tremper. *Macérer des fruits dans l'eau-de-vie.* **2.** v. intr. Tremper longtemps. → **mariner.**

macfarlane n. m. (n. propre écossais) anciennt Manteau d'homme, sorte de cape à grand collet.

Mach [mak] n. propre (du n. de Ernst Mach) *Nombre de Mach,* rapport d'une vitesse à celle du son. ellipt *Voler à Mach 2, à Mach 3,* à 2, à 3 fois la vitesse du son.

Mach (Ernst) Physicien et philosophe autrichien (1838-1916). Il établit le rôle de la vitesse du son en aérodynamique.

Mácha (Karl Ignac, dit Karel Hynek) Poète tchèque (1810-1836). Son poème *Mai,* texte majeur de la littérature tchèque du XIXe s., évoque la dernière nuit d'un condamné.

Machado (Antonio) Poète espagnol (1875-1939). Il voulut faire de sa poésie une « profonde palpitation de l'esprit », intime et dépourvue de toute rhétorique. *Champs de Castille ; Solitudes ; Chants nouveaux.*

Machado de Assis (Joaquim Maria) Poète et romancier brésilien (1839-1908). Romantique et parnassien, il fit dans ses romans une analyse cruelle de la société et de l'âme humaine. *Dom Casmurro.*

machaon [makaɔ̃] n. m. (du latin, du grec, du n. d'un des fils d'Esculape) Grand papillon aux ailes jaune vif rayées de noir, appelé aussi *grand porte-queue.*

Machar (Josef Svatopluk) Poète et essayiste tchèque (1864-1942). Auteur réaliste et combatif, il jeta sur la société tchèque un regard critique et défendit la liberté des femmes. *Magdalena.*

Machault d'Arnouville (Jean-Baptiste de) Homme politique français (1701-1794). Contrôleur général des Finances de 1745 à 1754, il voulut réformer la fiscalité mais se heurta à l'opposition de l'aristocratie et du clergé.

Machaut (Guillaume de) voir Guillaume de Machaut

mâche n. f. (de l'ancien mot *pomâche,* qui vient du latin pop. *pomasca,* de *pomum* « fruit » → [1]pomme) Plante à petites feuilles allongées qui se mangent en salade. – Cette salade.

Mâche (François-Bernard) Compositeur français (né en 1935). Opposé au sérialisme, il s'est intéressé aux sons et aux bruits enregistrés à l'état pur. *Danaé ; Kassandra.*

Machecoul-Saint-Même Commune de la Loire-Atlantique. 7 626 habitants. Ruines du château de Gilles de Rais (XIVe s.). Elle fut l'un des premiers foyers de l'insurrection vendéenne en 1793.

mâchefer [mɑʃfɛʀ] n. m. (p.-ê. de *mâcher* « écraser » et *fer*) Scories, déchets solides provenant de la combustion de la houille.

Machel (Samora Moises) Homme d'État mozambicain (1933-1986). Il présida le Front national de libération du Mozambique à partir de 1970 et devint chef de l'État à l'indépendance du pays en 1975.

Machelen Ville de Belgique (Brabant), au N.-E. de Bruxelles. 15 605 habitants. Industries chimique et électronique. Aéronautique. Transports.

mâcher v. tr. < 1 > (vient du bas latin *masticare* → [2]mastiquer) **1.** Broyer avec les dents, par le mouvement des mâchoires, avant d'avaler (→ **mastication**). *Mâcher du pain, de la viande.* → [2]**mastiquer.** – loc. fig. *Mâcher le travail à qqn,* le lui préparer, le lui faciliter. – *Ne pas mâcher ses mots,* s'exprimer avec une franchise brutale. **2.** Triturer longuement dans sa bouche, avant de rejeter. – *Gomme à mâcher* : chewing-gum.

machette n. f. (de l'espagnol, de *macho* « massue », qui vient du latin pop. *mattea* → [2]masse) Grand coutelas utilisé pour abattre les arbres, se frayer un chemin, ou servant d'arme. → **coupe-coupe.**

mâcheur, euse n. Personne qui mâche (qqch.). *Un mâcheur de chewing-gum.*

machiavel [makjavɛl] n. m. (du n. propre) littér. Homme d'État sans scrupule.

Machiavel (Niccolò Machiavelli dit en français Nicolas) Homme politique et philosophe italien (1469-1527). Secrétaire de la seconde chancellerie de Florence, il fut banni de la ville après la chute de la république et le retour des Médicis au pouvoir (1512). Il écrivit alors une partie de son œuvre *(Le Prince ; Discours sur la première décade de Tite-Live ; Histoire de Florence ; La Mandragore).* Dans *Le Prince,* traité de philosophie politique qu'il dédia à Laurent II de Médicis, il analysait les moyens d'obtenir et de conserver le pouvoir, donnant « des règles de conduite à ceux qui gouvernent ». Selon Machiavel, deux qualités sont essentielles au Prince : la « ruse du renard » et la « force du lion », ainsi qu'une parfaite connaissance de la psychologie humaine, qui lui permet de donner de lui une image capable de séduire.

machiavélique [makjavelik] adj. Rusé et perfide. *Un procédé machiavélique.*

machiavélisme [makjavelism] n. m. **1.** Doctrine de Machiavel. **2.** Attitude d'une personne qui emploie la ruse et la mauvaise foi pour parvenir à ses fins. → **artifice, perfidie.**

machicoulis n. m. (de l'ancien français *mâchecol,* de *mâcher* « meurtrir » et *col*) Balcon au sommet des murailles ou des tours des châteaux forts, percé d'ouvertures à sa partie inférieure (permettant de laisser tomber des projectiles sur l'ennemi). – Les ouvertures elles-mêmes. - var. **mâchicoulis.**

machicoulis

Machicoulis du château de Montsoreau, Maine-et-Loire.

machin n. m. (masculin tiré de *machine*) fam. Objet (quelconque). → [2]**bail, bidule, chose, fourbi, truc.** *Qu'est-ce que c'est que ce machin-là ?* – (pseudo-nom propre) *Tu as vu Machin ? Machin-Chouette.* (au fém.) *J'ai rencontré Machine dans la rue.*

machinal, ale, aux adj. Qui est fait sans intervention de la volonté, de l'intelligence. → **automatique.** *Une réaction machinale.*

machinalement adv. D'une façon machinale.

machination n. f. (de *machiner*) Ensemble de manœuvres secrètes déloyales. → **complot, intrigue,** [1]**manœuvre.**

machine n. f. (latin *machina* « invention, machination », puis « engin », emprunt au grec *makhana, mêkhanê* → **mécanique**) **I.** vieux Ruse, machination. **II. 1.** Objet fabriqué, généralement complexe (→ **mécanisme**), qui transforme l'énergie (→ [2]**moteur**) pour produire un travail (l'appareil et l'outil ne font qu'utiliser l'énergie). *La machine fonctionne, marche, tourne.* – *Machine à vapeur. Machine électrique.* – *Machine à...* (+ inf.). *Machine à laver* (→ **lave-linge**), *à laver la vaisselle* (→ **lave-vaisselle**). *Machine à calculer.* → **calculette.** *Machine à écrire.* – absolt *Une pleine machine* (à laver) *de linge. Taper à la machine* (à écrire). ▪ *Machine à sous* : appareil où l'on mise et où l'on peut gagner des pièces de monnaie. ▪ *Machines agricoles, industrielles.* – *Machine-outil* : machine portant un outil amovible. *Des machines-outils.* – *Machine-transfert* : ensemble de machines-outils coordonnées. – *Machines automatiques.* → **robot.** ▪ spécialt Machine électronique, ordinateur. *Langage* machine.* ▪ *La machine* : le machinisme industriel. → **mécanisation.** « *Pâle ouvrier qu'esquinte la machine* » (Verlaine). **2.** *Les machines* (assurant la propulsion d'un navire). *La salle, la chambre des machines.* → **machinerie.** – loc. *Faire machine arrière, machine en arrière* : reculer ; fig. revenir sur ses pas, sur ses dires. **3.** *Machines de guerre,* engins de guerre. – *Machine infernale,* engin terroriste à base d'explosifs. → [1]**bombe. 4.** Véhicule comportant un mécanisme. ▪ vieux Locomotive. **5.** mécan. *Machines simples* (le levier, le plan incliné, la poulie...) *et machines composées* (l'horloge...). **III. 1.** Être vivant assimilé à un mécanisme. *La théorie des animaux machines, de Descartes.* **2.** Personne qui agit comme un automate. → **robot.** – *Machine à...* (+ inf.) : personne qui fait qqch. de manière quasi automatique. **3.** fig. Ensemble complexe qui fonctionne de façon implacable. *La machine administrative, économique.* ▪ loc. vieux *La machine ronde* : la Terre. **4.** péj. *Une grande machine* : une grande peinture à sujet compliqué. – *Une grosse machine* : un film à gros budget. → **superproduction.**

machine-outil voir machine II, 1.

machiner v. tr. < 1 > (latin *machinari* « combiner » → machine) vieux Former des « machines » (I), des machinations. → **comploter, ourdir, tramer.**

machinerie n. f. **1.** Ensemble des machines réunies en un même lieu et concourant à un but commun. **2.** Salle des machines d'un navire. **3.** Ensemble des appareils utilisés pour les changements de décor, dans un théâtre.

machinisme n. m. hist. Emploi généralisé des machines en remplacement de la main-d'œuvre dans l'agriculture, dans l'industrie.

machiniste n. 1. Personne qui s'occupe des machines, des changements de décor, des truquages, au théâtre, dans les studios de cinéma. - abrév. fam. **machino.** 2. vieilli Conducteur (d'un véhicule). → **mécanicien.**

machisme n. m. Idéologie de la suprématie du mâle ; comportement de macho. → **phallocratie.**

machiste n. et adj. (Personne) qui agit, qui parle en macho. → **phallocrate.**

machmètre [makmɛtʀ] n. m. (→ Mach) Instrument servant à mesurer le nombre de Mach* d'un avion.

macho [matʃo] n. m. (mot espagnol [du Mexique] « mâle », qui vient du latin *masculus* → mâle, masculin) 1. Homme qui prétend faire sentir aux femmes sa supériorité de mâle. 2. adj. Machiste. *Elles sont plus machos que leur frère.*

mâchoire n. f. (de *mâcher*) 1. Chacun des deux arcs osseux, en haut et en bas de la bouche, dans lesquels sont implantées les dents. *Mâchoire supérieure* (fixe), *inférieure* (mobile). → **maxillaire.** – spécialt La mâchoire inférieure. loc. *Bâiller à se décrocher la mâchoire.* ■ *Mâchoires d'animaux.* 2. Chacune des pièces jumelées qui, dans un outil, un mécanisme, s'éloignent et se rapprochent pour serrer, tenir. *Les mâchoires d'un étau.*

mâchon n. m. (de *mâcher*) Restaurant lyonnais où l'on sert un repas léger ; ce repas.

mâchonner v. tr. < 1 > (de *mâcher*) 1. Mâcher lentement, longuement. 2. Prononcer en articulant mal. → **marmonner, marmotter.** □ n. m. **mâchonnement**

mâchouiller v. tr. < 1 > (de *mâcher*) fam. Mâchonner ; mâcher sans avaler. *Il « mâchouillait une paille avec l'expression béate d'un ruminant »* (H. Troyat).

Machu Picchu n. m. Site archéologique inca du Pérou, à 2 045 m d'altitude, dans les Andes. Découvert en 1911, il comprend près de 200 bâtiments et des terrasses aménagées pour l'agriculture.

Vestiges de la cité inca du Machu Picchu, inscrits au patrimoine mondial de l'Unesco.

Macina n. m. Région du Mali formée par le delta intérieur du Niger, grande région agricole (riz, coton). C'était le territoire de l'Empire peul du Macina au XIXe siècle.

Macintosh (Charles) Inventeur et industriel écossais (1766-1843). Il est l'inventeur du tissu imperméable qui porte son nom *(mackintosh).*

macis n. m. (du latin, altération de *macir* « écorce aromatique ») Écorce de la noix de muscade, utilisée comme aromate, comme assaisonnement.

Mack (Karl), baron von Leiberich Général autrichien (1752-1828). Encerclé par les troupes de Napoléon, il capitula à Ulm le 20 octobre 1805.

Macke (August) Peintre allemand (1887-1914). Il évolua de l'impressionnisme à l'expressionnisme. Sa peinture fut marquée par le mouvement du Cavalier bleu et le colorisme de Delaunay.

Mackensen (August von) Feld-maréchal allemand (1849-1945). Il commanda les forces austro-allemandes qui reprirent la Galicie et menèrent l'offensive contre la Serbie (1915).

Mackenzie (sir Alexander) Explorateur écossais (1764-1820). Il explora les régions boréales de l'Amérique du Nord et découvrit le fleuve qui porte aujourd'hui son nom.

Mackenzie (William Lyon) Homme politique canadien (1795-1861). Hostile à la politique britannique, il déclencha en 1837 une rébellion en Ontario et dut se réfugier aux États-Unis.

Mackenzie (sir Compton) Auteur dramatique et romancier britannique (1883-1972). Il est l'auteur de poèmes, de romans *(L'Impasse),* d'essais et d'une autobiographie *(Whisky à gogo).*

Mackenzie n. m. Fleuve du N. du Canada. 4 241 km. Issu du Grand Lac des Esclaves, il se jette dans la mer de Beaufort (océan Arctique) où il forme un delta.

Mackinder (Halford John) Homme politique et géopoliticien britannique (1861-1947). Fondateur de la pensée géopolitique du XXe s., par sa théorie du « pivot géographique de l'histoire », il situa au cœur de l'ensemble eurasiatique le centre du monde.

McKinley (William) Homme d'État américain (1843-1901). Il fut le 25e président des États-Unis (1887-1901). Il mena une politique d'expansion à la faveur de la guerre hispano-américaine (1898).

McKinley (mont) voir **Denali** (mont)

MacKinnon (Roderick) Médecin et biophysicien américain (né en 1956). Il élucida le fonctionnement d'une protéine qui assure le transport des ions potassium à travers la membrane cellulaire. Prix Nobel de chimie 2003.

mackintosh [makintɔʃ] n. m. (du n. de Macintosh) anciennt Manteau imperméable en toile caoutchoutée.

Mackintosh (Charles Rennie) Architecte et décorateur britannique (1868-1928). Il fut l'un des représentants majeurs de l'Art nouveau et de l'architecture moderne en Grande-Bretagne.

McLaren (Norman) Cinéaste canadien d'origine écossaise (1914-1987). Il est l'auteur de films d'animation expérimentaux (images gravées à même la pellicule). *A Little Phantasy ; Blinkity Blank.*

Maclaurin (Colin) Mathématicien écossais (1698-1746). Disciple de Newton, il s'est intéressé à la géométrie, à l'algèbre, au calcul infinitésimal et à la mécanique. *Geometria organica ; Traité des fluxions.*

macle n. f. (vient p.-ê. du francique *maskila,* de *maska* « maille ») I. blason Losange. II. Cristal complexe, formé de cristaux simples de la même espèce orientés différemment.

McLennan (John Ferguson) Ethnologue britannique (1827-1881). Il étudia le totémisme et les relations de parenté, inventant les notions d'endogamie et d'exogamie.

MacLennan (John Hugh) Écrivain canadien d'expression anglaise (1907-1990). Ses écrits ont porté sur l'histoire et la société canadiennes. *Le temps tournera au beau ; Deux Solitudes.*

Macleod (John James Richard) Médecin britannique (1876-1935). Il découvrit l'insuline. Prix Nobel 1923, avec F. Banting.

macler v. tr. < 1 > (p.-ê. du néerlandais, de *maschen* « mélanger ») techn. Brasser (le verre en fusion) pour le rendre homogène. □ n. m. **maclage**

McLuhan (Marshall) Essayiste canadien (1911-1980). Il s'intéressa à l'étude des médias de masse. *La Galaxie Gutenberg ; Pour comprendre les médias.*

Mac-Mahon (Edme Patrice Maurice, comte de) Maréchal et homme politique français (1808-1893). Après s'être distingué à Malakoff (1855) et à Magenta (1859), il fut nommé gouverneur général de l'Algérie (1864-1870). Commandant de l'armée de Versailles, il organisa la répression de la Commune à Paris (mars-mai 1871). Après la chute de Thiers (mai 1873), il fut élu président de la République par la coalition monarchiste de l'Assemblée nationale. Avec le duc de Broglie, président du Conseil, il mena la politique de l'Ordre moral. Contraint de gouverner avec des ministres républicains après les élections d'octobre 1877, il démissionna en janvier 1879 à la suite des élections sénatoriales.

McManus (George) Dessinateur américain (1884-1954). Il est l'auteur de nombreuses bandes dessinées, dont *La Famille Illico (Bringing up Father),* qui témoigne d'un grand sens de la satire sociale.

Macmillan (Harold, comte de Stockton) Homme d'État britannique (1894-1986). Député conservateur, chancelier de l'Échiquier et secrétaire d'État aux Affaires étrangères, il fut Premier ministre de 1957 à 1963.

McMillan (Edwin Mattison) Physicien américain (1907-1991). Il identifia le neptunium, ouvrant la voie à la découverte des actinides, et mit au point un nouveau type d'accélérateur de particules (synchrocyclotron). Prix Nobel 1951, avec G. Seaborg.

McNamara (Robert Strange) Homme politique américain (1916-2009). Secrétaire à la Défense (1961-1968), il fit une réforme complète du système militaire américain.

MacNeice (Louis) Poète irlandais (1907-1963). Ami de W. H. Auden, il fut l'auteur d'une poésie volontiers sardonique, où la gravité se mêle à la légèreté. *Le Tremplin ; Les Trous dans le ciel.*

Macon Ville des États-Unis (Géorgie), sur l'Ocmulgee. 91 350 habitants. Centre commercial et culturel.

mâcon n. m. (du n. de la ville) Vin du Mâconnais. *Du mâcon blanc, rouge.*

Mâcon Chef-lieu de la Saône-et-Loire, sur la Saône. 34 414 habitants. Vestiges d'une cathédrale du XIIe s. Hôtel de ville et hôtel-Dieu du XVIIIe s. Port fluvial. Musées. Centre administratif et industriel.

Mâcon, les quais de Saône.

maçon, onne n. (vient du francique *makjo,* de *makôn* « faire » ; cf. anglais *to make,* allemand *machen*) I. 1. Personne qui bâtit les maisons, fait des travaux de maçonnerie. 2. adj. fig. Se dit de certains animaux constructeurs. *Abeille, fourmi maçonne.* II. → **franc-maçon.**

Mâconnais n. m. Région montagneuse du S. de la Bourgogne, à l'O. de la vallée de la Saône. Vins réputés.

maçonner v. tr. < 1 > 1. Construire ou réparer en maçonnerie. *Maçonner un mur.* 2. Revêtir, boucher avec une maçonnerie. □ n. m. **maçonnage**

maçonnerie n. f. (de *maçonner*) **I. 1.** Partie des travaux de construction comprenant l'édification du gros œuvre et certains travaux de revêtement. *Grosse maçonnerie.* **2.** Construction, partie de construction faite d'éléments assemblés et joints. *Une maçonnerie de briques, de béton.* **II.** Franc-maçonnerie.

maçonnique adj. Relatif à la franc-maçonnerie, aux francs-maçons. *Assemblée, loge* maçonnique.*

Mac Orlan (Pierre Dumarchey, dit Pierre) Écrivain français (1882-1970). Il écrivit des récits réalistes où l'aventure peut surgir du quotidien et où le réel se mêle à l'imaginaire. *Le Quai des brumes ; L'Ancre de miséricorde.*

macoute adj. m. et n. m. (mot créole haïtien, désignant un personnage de croquemitaine, du caraïbe *djacoute* « besace ») *Tonton macoute* ou *macoute* : membre d'une milice répressive créée en Haïti par F. Duvalier.

Macpherson (James) Poète écossais (1736-1796). Il est l'auteur des *Poèmes d'Ossian*, qui eurent une influence considérable sur le préromantisme européen.

McQueen (Lee Alexander) Styliste britannique (1969-2010). Ses créations révèlent son goût pour l'art gothique et baroque et l'époque victorienne. Il fonda sa maison en 1992 et fut le directeur artistique de Givenchy (1996-2001). Il dénonça la futilité de la mode et la vanité humaine au travers de défilés provocateurs conçus comme de véritables spectacles. Il se suicida.

Macquer (Pierre Joseph) Chimiste et médecin français (1718-1784). Il identifia la composition du gypse, étudia la combustion du diamant et de l'hydrogène, et détermina la composition du lait.

macramé n. m. (arabe *maḥrama*) Ouvrage de fils tressés et noués, présentant des jours.

macre n. f. (mot régional d'origine inconnue) Plante aquatique à fleurs blanches (châtaigne d'eau).

macreuse n. f. (du normand *macrolle*, d'origine germanique) **I.** Oiseau palmipède, migrateur, voisin du canard. **II.** (par une analogie obscure) Viande maigre sur l'os de l'épaule du bœuf.

Macrin en latin **Marcus Opellius Macrinus** (164-218). Empereur romain (217-218). Porté au pouvoir par l'armée d'Orient après avoir fait assassiner Caracalla, il fut assassiné par ses soldats.

macro n. f. (abrév.) inform. Macro-instruction. *Créer, enregistrer une macro.*

macro- Élément (du grec *makros* « long, grand » → 1maigre) qui signifie « long, grand » et aussi « mince » (s'oppose à *micro-*).

Macrobe en latin **Ambrosius Macrobius Theodosius** Grammairien latin (ve s.). Il est l'auteur d'un commentaire du *Songe de Scipion* de Cicéron et d'un ouvrage consacré à Virgile (*Saturnales*).

macrobiotique n. f. (du grec *makrobiotês* « longévité » → macro- et bio-) Régime alimentaire à base de céréales, de fruits et de légumes. – adj. *Nourriture macrobiotique.*

macrocéphale adj. (→ -céphale) didact. Qui a une grosse tête. □ n. f. **macrocéphalie**

macrocosme n. m. (de *macro-*, d'après *microcosme*) littér. Le cosmos, l'univers.

macrocosmique adj. didact. **1.** Relatif au macrocosme. **2.** Synthétique, global.

macrocyte n. m. (de *macro-* + *-cyte*) biol. Globule rouge d'un diamètre supérieur à la moyenne.

macrodécision n. f. Décision économique émanant d'un groupe ou de l'État et portant sur des quantités globales.

macroéconomie n. f. Étude des systèmes et des phénomènes économiques à un niveau global (s'oppose à *microéconomie*). □ adj. **macroéconomique**

macrophotographie

1. Queue en spirale du caméléon. 2. Gouttes d'eau sur l'herbe. 3. Libellule (Agrion à larges pattes). 4. Coupe de la coquille d'un nautile.

macrofaune n. f. Ensemble des animaux visibles à l'œil nu (opposé à *microfaune*).

macrographie n. f. techn. Étude de la structure des métaux et des alliages faite avec un faible grossissement (opposé à *micrographie*). □ adj. **macrographique**

macro-instruction n. f. inform. Ordre donné à l'ordinateur, destiné à produire une séquence d'instructions en langage machine. *Des macro-instructions.* - abrév. fam. **macro.**

macromolécule n. f. sc. Très grosse molécule formée de groupements d'atomes répétés (ex. les polymères). □ adj. **macromoléculaire**

Macron (Emmanuel) Homme d'État français (né en 1977). Membre du Parti socialiste jusqu'en 2009, il fut ministre de l'Économie, de l'Industrie et du Numérique de 2014 à 2016, date à laquelle il fonda le mouvement En marche ! (rebaptisé La République En Marche !). Il fut élu président de la République en 2017 et entreprit une réforme du code du travail et du système de retraite. Il fut réélu en 2022.

Emmanuel Macron en 2018, lors d'un discours à Pékin.

macrophage n. m. et adj. (de *macro-* + *-phage*) biol. Grosse cellule issue d'un monocyte du sang, douée du pouvoir de phagocyter des particules étrangères.

macrophotographie n. f. Photographie en grandeur réelle de petits sujets, permettant un fort agrandissement au tirage.

macroscopique adj. (de *macro-*, d'après *microscopique*) didact. **1.** Qui se voit à l'œil nu (opposé à *microscopique*). **2.** Qui est à l'échelle du macrocosme.

macrospore n. f. bot. Spore femelle de certaines plantes cryptogames.

macrostructure n. f. didact. Structure englobant d'autres structures (opposé à *microstructure*).

macroure n. m. (de *macro-* et *-oure*) zool. Crustacé à l'abdomen très développé (sous-ordre des *Macroures* ; ex. la crevette, le homard).

Macta n. f. Région marécageuse du N. de l'Algérie, à l'embouchure du Sig et de l'Habra, près de Mostaganem.

macula n. f. (du latin « tache ») anat. Tache ovale jaune grisâtre du fond de l'œil, située sur la rétine (syn. **tache jaune**).

maculage n. m. **1.** Action de maculer ; son résultat. **2.** imprim. Salissure provoquée par des feuilles fraîchement imprimées.

maculaire adj. anat. Relatif à la macula. *Lésion maculaire.*

maculature n. f. imprim. Feuille de papier grossier qui sert à envelopper le papier en rames. – Feuille intercalaire. → **2macule.**

1macule n. f. (latin *macula* → 1maille, macula) **1.** didact. Tache. spécialt Tache d'encre. **2.** méd. Tache plane, rouge, sur la peau.

2macule n. f. (abrév. de *maculature*) imprim. Feuille intercalaire destinée à éviter le maculage des feuilles fraîchement imprimées.

maculer v. tr. < 1 > (latin *maculare*, de *macula* « tache » → 1macule) littér. Couvrir, souiller de taches. → **salir, souiller, tacher.** – surtout au p. p. *« La table, grasse de sauce, maculée de vin »* (Zola).

Madách (Imre) Écrivain hongrois (1823-1864). Il est l'auteur d'un poème dramatique, *La Tragédie de l'homme.*

Madagascar

■ offic. république de Madagascar État de l'océan Indien, au S.-E. de l'Afrique, composé essentiellement d'une grande île, Madagascar, et d'une petite dépendance, l'île de Nosy-Be. 587 041 km^2. 25 680 300 habitants (les *Malgaches*). **Langues :** malgache, français, anglais (offic.). **Population :** Mérinas (Hovas), Sakalaves, Betsiléos, Betsimisarakas, Baras. **Religions :** animistes, chrétiens, musulmans. **Monnaie :** ariary. **Capitale :** Antananarivo. **Régime :** présidentiel.

GÉOGRAPHIE

Le centre de l'île est formé de hauts plateaux volcaniques, les Hautes Terres, couverts d'une végétation de savane qui abrite une faune spécifique (lémuriens, papillons). Une plaine côtière fertile et très peuplée domine l'O. du pays ; à l'E., la plaine côtière, plus étroite, couverte de forêts, est doublée d'une ligne de lagunes (canal des Pangalanes). Le climat, tempéré sur les Hautes Terres, devient plus sec au S. L'éco-

Madagascar

nomie repose sur l'agriculture vivrière (riz, manioc ; élevage bovin) ou destinée à l'exportation (canne à sucre, café, tabac, vanille, girofle, ilang-ilang), sur la pêche et l'aquaculture. Les richesses du sous-sol sont exploitées (graphite, chrome, zircon, mica, saphir). Le tourisme se développe.

HISTOIRE
On pense que l'île se peupla successivement d'Africains et d'Indonésiens, au Ier millénaire. Des commerçants arabes s'installèrent sur les côtes (XIIe s.). Les Portugais découvrirent l'île en 1500. Les Français de l'île Bourbon voisine (la Réunion) s'y fournirent en esclaves et s'y approvisionnèrent en bétail et en riz (XVIIe-XVIIIe s.). Puis les nombreux petits royaumes qui se partageaient l'île s'unirent (XVIIIe s.) et chassèrent les Européens (1828-1861). Madagascar devint une colonie française (1896), la reine Ranavalona III fut déposée (1897) et une économie de plantations fut développée. Occupée par les Britanniques (1942-1943), l'île fut ensuite rendue à la France qui en fit un territoire d'outre-mer (1946). L'année suivante, un soulèvement populaire fut sévèrement réprimé. Madagascar accéda à l'indépendance en 1960. En 1975, le capitaine Didier Ratsiraka s'empara du pouvoir et imposa une politique économique de type socialiste. Des manifestations entraînèrent son départ (1991). Le chef de l'opposition Albert Zafy lui succéda (1993), puis Ratsiraka fut réélu (1996). À l'issue d'une nouvelle crise, Marc Ravalomanana, opposant de Ratsiraka à l'élection pré-

Madagascar, la fameuse « allée des baobabs », longue de 19 km, près de Morondava sur la côte ouest.

sidentielle de 2001, s'autoproclama président (2002). Reconduit en 2006, il démissionna à la suite d'émeutes sanglantes et le maire d'Antananarivo, Andry Rajoelina, lui succéda en 2009. Fin 2013, Hery Rajaonarimampianina, premier président de la IVe République de Madagascar, fut élu au suffrage universel direct. À la tête d'un mouvement de contestation, Andry Rajoelina revint au pouvoir en 2019.

madame, plur. **mesdames** n. f. (de *ma* et *dame*) **1.** Titre donné à une femme qui est ou a été mariée. *Madame Dupont ; Mme Dupont. Chère madame. Bonsoir mesdames.* **2.** Titre donné par respect à une femme, mariée ou non. *Madame la directrice.* ▪ hist. Titre donné à la femme du frère du roi, à la cour de France. **3.** La maîtresse de maison. *Madame est servie.* **4.** fam. *Une madame* : une dame (plur. *madames*).

Madang Ville de Papouasie-Nouvelle-Guinée, sur la côte N.-E. de l'île de Nouvelle-Guinée. 35 970 habitants. Exportation de coprah, cacao, noix de coco.

madapolam [madapɔlam] n. m. (du n. d'une ville de l'Inde) Étoffe de coton, sorte de calicot fort et lourd.

made in [mɛdin] loc. adj. invar. (mots anglais « fait en... ») anglic. Fabriqué en (tel pays).

Madeira n. m. Rivière du Brésil, affluent de l'Amazone. 3 200 km.

madeleine n. f. (latin *Magdalena*, de *Magdala*, n. d'un bourg de Galilée, dans *Maria Magdalena*) **I.** loc. fam. *Pleurer comme une Madeleine*, pleurer abondamment (comme sainte Marie Madeleine, dans l'Évangile). **II.** Nom de cépages précoces donnant des raisins de table. **III.** (prénom d'une cuisinière) Petit gâteau sucré à pâte molle, de forme arrondie. *« Je portai à mes lèvres une cuillerée du thé où j'avais laissé s'amollir un morceau de madeleine »* (Proust).

Madeleine (sainte) voir **Marie Madeleine (sainte)**

Madeleine (îles de la) Archipel canadien (Québec), dans le golfe du Saint-Laurent. 12 300 habitants.

Madeleine (abri de la) Site préhistorique de la Dordogne. Il a donné son nom au Magdalénien.

Madeleine (La) Commune du Nord, dans la banlieue de Lille. 22 214 habitants.

Madeleine (église de la) Église de Paris située à l'opposé du Palais Bourbon. Commencée en 1763, elle ne fut achevée qu'en 1840.

Madelin (Louis) Historien français (1871-1956). Il fut un spécialiste de l'histoire de la Révolution française et du Premier Empire. *La Révolution ; Histoire du Consulat et de l'Empire.*

mademoiselle, plur. **mesdemoiselles** n. f. (→ demoiselle) **1.** Titre donné aux jeunes filles et aux femmes (présumées) célibataires (abrév. pop. *mam'selle* ou *mam'zelle*). *Mademoiselle Untel ; Mlle Untel. Bonjour, mesdemoiselles.* **2.** hist. Titre de la fille aînée du frère du roi. *La Grande Mademoiselle* : Anne Marie Louise d'Orléans, duchesse de Montpensier.

madère n. m. (du n. de l'archipel) Vin de Madère.

Madère

Les montagnes escarpées de Madère, près du Pico Ruivo, point culminant de l'île à 1 862 m.

Madère en portugais **Madeira** Archipel de l'Atlantique, situé à 1 000 km au S.-O. de Lisbonne, et territoire autonome du Portugal depuis 1976. 794 km^2. 251 000 habitants. Capitale : Funchal. Vins liquoreux. Fruits tropicaux. Tourisme.

madérisé, ée adj. (de *madère*) (vin) Qui a pris une saveur anormalement sucrée.

Maderna (Bruno) Compositeur et chef d'orchestre italien (1920-1973). Adepte du style dodécaphoniste, il a aussi composé de la musique électroacoustique et des œuvres pour le théâtre lyrique *(Hyperion ; Satyricon)*.

Maderno (Carlo) Architecte et décorateur italien (1556-1629). Neveu de D. Fontana, il éleva de nombreuses églises à Rome, et termina la nef et la façade de la basilique Saint-Pierre. Son goût du faste et de l'effet de puissance en font un précurseur de l'art baroque.

Madero (Francisco Indalecio) Homme d'État mexicain (1873-1913). Partisan des réformes sociales et défenseur des libertés démocratiques, il fut élu président de la République en 1911. Il fut assassiné par des révolutionnaires partisans de Huerta.

Mādhāvāchārya Philosophe hindou (1297-v. 1386). Il fut l'auteur de nombreux ouvrages de philosophie, d'une biographie de Śankarāchārya, son maître, et de textes religieux.

Madhya Pradesh n. m. État du centre de l'Inde. 308 144 km^2. 85,35 millions d'habitants. Capitale : Bhopal. Plus grand État du pays, créé en 1956. Moyennes montagnes. Agriculture, élevage. Ressources minières dans le N. (manganèse, bauxite, fer, cobalt).

madiran n. m. (du n. d'une commune des Hautes-Pyrénées) Vin rouge de la vallée de l'Adour, corsé, très riche en tanins.

Madison (James) Homme d'État américain (1751-1836). Créateur, avec Jefferson, du parti républicain, il succéda à ce dernier à la présidence des États-Unis (1809-1817).

Madison Ville des États-Unis, capitale du Wisconsin. 233 000 habitants. Université. Centre administratif, commercial et industriel.

Madiun Ville d'Indonésie, sur l'île de Java. 170 964 habitants. Aéroport militaire.

Mádl (Ferenc) Homme d'État hongrois (1931-2011). Il fut président de la Hongrie de 2000 à 2005.

Mädler (Johann Heinrich) Astronome allemand (1794-1874). Il établit une carte de la Lune, fit d'importantes observations de Mars et chercha le centre dynamique des étoiles.

madone n. f. (italien *madonna*, de *mia donna* « ma dame » → madame) **1.** Représentation de la Vierge. – fig. *Un visage de madone.* **2.** (avec maj.) La Vierge.

Madonna (Madonna, Louise Ciccone, dite) Chanteuse pop américaine (née en 1958). Elle connaît un succès international à partir de 1984 avec *Like a Virgin* et *Like a Prayer*. Elle a également orienté sa carrière vers le cinéma *(Recherche Susan désespérément ; Evita)*.

Madonna en 2006 à Düsseldorf.

Madonna di Campiglio Station de sports d'hiver d'Italie, dans le Trentin.

madras [madʀas] n. m. (du n. de la ville) **1.** Étoffe de soie et coton, de couleurs vives. **2.** Mouchoir noué sur la tête et servant de coiffure (typiquement, aux Antilles).

Madras ■ offic. Chennaï Ville du S.-E. de l'Inde, capitale de l'État du Tamil Nadu. 8,6 millions d'habitants. Port sur le golfe du Bengale. Ancienne capitale de l'Inde du Sud britannique, rebaptisée Chennaï en 1996. Centre administratif et commercial. Industries (matériel ferroviaire, automobile, raffineries de pétrole et chimie). Activités artisanales traditionnelles (tanneries, tissus imprimés). Exportation de bois et de caoutchouc. Tourisme.

Madre (sierra) Nom donné aux trois principales chaînes de montagnes du Mexique : sierra Madre occidentale, sierra Madre orientale et sierra Madre del Sur.

madré, ée adj. (de *madré* « veiné, tacheté » [d'un bois...], d'origine francique) Malin, rusé. *Un paysan madré.*

Madre de Dios n. m. Rivière du S.-E. du Pérou et du N. de la Bolivie. 1300 km. Affluent du río Beni.

madrépore n. m. (de l'italien, de *madre* « mère » et *poro* « pore ») Animal (cnidaire), variété de corail des mers chaudes. □ **madréporique** adj. *L'atoll, île madréporique.*

Madrid Capitale de l'Espagne et de la Communauté autonome de Madrid, au centre du pays, sur le Manzanares. 3 334 700 habitants. Capitale du royaume depuis 1561, elle abrite de nombreux monuments des XVIIe et XVIIIe s. (hôtel de ville, plaza Mayor, palais royal, basilique d'Atocha). Centre administratif, tertiaire et universitaire. Nœud de communication. Banlieue industrielle (automobile et aéronautique, textile, agroalimentaire, industrie plastique). Musée du Prado, musée de la Reine Sofia.

Madrid, la rivière Manzanares avec, au fond, le palais royal (XVIIIe s.).

madrier n. m. (ancien provençal *madier*, qui vient du latin *materium* « bois de construction », de *materia* → matière) Planche très épaisse. → poutre.

madrigal, aux n. m. (de l'italien, p.-ê. du latin *matricalis*, de *matrix* → matrice) **1.** Courte pièce de vers galants. **2.** Pièce musicale vocale, à plusieurs voix, sur un poème profane. *Les livres de madrigaux de Monteverdi.*

madrigaliste n. didact. Auteur de madrigaux.

Ma Duanlin ou **Ma Touan-lin** Encyclopédiste et historien chinois (1245-1322). Il est l'auteur d'une importante encyclopédie, le *Wenxian tongkao*.

Madura Île d'Indonésie, au N.-E. de l'île de Java. 4 500 km^2. 4 millions d'habitants.

Madurai ou **Madura** Ville du S. de l'Inde (Tamil Nadu). 1,4 million d'habitants. Important centre de pèlerinage.

Madurais n. m. pl. Peuple indonésien de langue malayo-polynésienne (environ 9 millions de personnes) habitant l'île de Madura et l'E. de Java. Ils ont été islamisés au XVIe siècle.

Maeght (Aimé) Marchand de tableaux et mécène français (1906-1981). Avec son épouse Marguerite, il créa la Fondation Maeght (Saint-Paul-de-Vence) exposant en plein air des œuvres d'art contemporain (Miró, Giacometti, Calder, Braque).

Maekawa Kunio Architecte et peintre japonais (1905-1986). Élève de Le Corbusier, professeur de Kenzō Tange, il fut d'abord attiré par le fonctionnalisme (Centre culturel de Tōkyō) puis revint à un certain lyrisme, utilisant des éléments de la tradition japonaise (Metropolitan Festival Hall, Tōkyō).

maelstrom ou **malstrom** [malstʀɔm] **n. m.** (du n. propre, du néerlandais *maalen* « tourbillonner » et *strom* « courant », *cf.* anglais *stream*) Courant marin formant un tourbillon. *Des maelstroms.* - var. **malström, maelström** [malstʀøm].

Maelström Dans un chenal des îles Lofoten (Norvège), tourbillon produit par les courants de marée.

Maelwael (Johan) voir **Malouel (Jean)**

Maelzel ou **Mälzel (Johann Nepomuk)** Inventeur allemand (1772-1838). Il est l'inventeur du métronome.

maerl [maɛʀl] ou **merl** [mɛʀl] **n. m.** (du breton, pris à l'ancien français *marle* → marne) géogr. Dépôt littoral formé de fin gravier et de débris d'algues.

Maes (Nicolaes) Peintre hollandais (v. 1634-1693). Élève de Rembrandt, il exécuta surtout des scènes de genre *(Le Bénédicité ; La Dentellière)*. Influencé par Van Dyck, il fut aussi un brillant portraitiste.

maestoso adv. (mot italien) mus. Avec une lenteur majestueuse.

maestria [maɛstʀija] **n. f.** (mot italien, de *maestro**) Maîtrise, facilité et perfection dans l'exécution (d'une œuvre d'art, d'un exercice). → **brio.**

Maëstricht voir **Maastricht**

maestro [maɛstʀo] **n. m.** (mot italien, même origine que *maître*) Compositeur de musique ou chef d'orchestre célèbre. *Des maestros.*

Maeterlinck [mɛtɛʀlɛ̃k] **(Maurice)** Écrivain belge d'expression française (1862-1949). Poète symboliste à ses débuts, il exprime dans ses vers *(Serres chaudes ; Douze Chansons)* et dans ses œuvres dramatiques *(Pelléas et Mélisande)* une méditation métaphysique sur la condition humaine. *Le Trésor des humbles ; Les Sentiers dans la montagne ; La Vie des fourmis.* Prix Nobel 1911.

mafé **n. m.** (mot wolof du Sénégal) Ragoût de viande ou de poisson dans une sauce à la pâte d'arachide (cuisine sénégalaise). - var. **maffé.**

Maffei (Scipione) Érudit et homme de lettres italien (1675-1755). Il est l'auteur de *Mérope*, tragédie en vers.

mafia **n. f.** (mot sicilien, d'abord « allure, audace », origine obscure) **1.** Association secrète d'origine sicilienne servant des intérêts privés par des moyens illicites et recourant à la violence. – Groupe secret analogue. *La mafia japonaise* (→ **yakuza**), *russe.* **2.** Groupe d'intérêt occulte. - var. **maffia.**

▶ La **Mafia** proprement dite est d'origine sicilienne. Elle est constituée, au début du XIXe siècle, de grands propriétaires terriens qui veulent assurer la justice sans passer par les institutions légales. On peut y voir la résistance d'une société traditionnelle à l'avènement de l'État moderne avec ses institutions anonymes et transparentes. Mais la Mafia a vite dégénéré en une association de malfaiteurs. La criminalité organisée a pris en Italie du Sud des formes très élaborées, avec la *'Ndrangheta* calabraise et la *Camorra* napolitaine. Les « parrains » règnent sur leur clan grâce à des valeurs féodales renforcées par la loi du silence *(omerta)* et les vendettas exercées contre les « traîtres » et leurs familles.
À partir de 1910, la Mafia domine l'activité économique et politique de la Sicile. Après la Seconde Guerre mondiale, elle ne cesse de jouer un rôle croissant dans la société italienne, étendant ses activités au marché de la drogue, s'infiltrant de plus en plus dans le monde politique et parvenant même, au début des années 1990, à plonger l'État italien dans une véritable crise, à la suite de l'assassinat de juges et de hauts fonctionnaires.
Avec l'émigration sicilienne, la Mafia s'est développée aux États-Unis dès la fin du XIXe siècle, passant du trafic d'alcool pendant la prohibition à celui de la drogue. D'autres réseaux de type mafieux sont apparus sur la scène mondiale, certains très anciens (triades chinoises), d'autres plus récents (comme ceux des ex-pays communistes).

Magellan

Magellan tenant globe et compas (gravure de 1886).

mafieux, euse adj. (adaptation de l'italien *maffioso, de maffia*) De la Mafia ; d'une mafia. *Des pratiques mafieuses.* – **n.** Membre d'une mafia. - var. **maffieux, euse.**

mafioso **n. m.** (de l'italien → mafia) Membre de la mafia (1). → **mafieux.** *Des mafiosi* (plur. italien) ou *des mafiosos.* - var. **maffioso.**

Magadan Ville de Russie, en Sibérie extrême-orientale, sur la mer d'Okhotsk. 96 000 habitants. Port. Pêche. Industrie mécanique. Équipement minier.

Magallanes (région de) Région administrative du Chili, en Patagonie. 132 000 km². 151 000 habitants. Capitale : Punta Arenas.

magasin **n. m.** (de l'italien ou du provençal, de l'arabe *maghazin*, plur. de *maghzan* « entrepôt ») **I. 1.** Endroit où l'on conserve des marchandises. → **entrepôt.** *Magasin d'armes, d'explosifs.* **2.** Partie creuse (d'un appareil) destinée à être chargée. *Mettre un chargeur dans le magasin d'une arme.* **II.** Local où l'on conserve, où l'on expose des marchandises pour les vendre. → **boutique, commerce.** *Magasin d'alimentation. La vitrine d'un magasin.* – ***Grand magasin*** : grand établissement de vente comportant de nombreux rayons spécialisés. – *Chaîne de magasins. Magasin en libre-service, de grande surface.* → **supermarché, grande surface.** **III.** vieux Magazine. *Le Magasin d'éducation.*

¹magasinage **n. m.** (de *magasin*) **1.** Action de mettre en magasin, en dépôt. **2.** Durée du séjour des marchandises en magasin.

²magasinage **n. m.** (de *magasin*) (Canada) Fait d'aller dans les magasins pour faire des achats (remplace l'anglic. *shopping*).

magasiner v. intr. < 1 > (Canada) Aller faire des achats dans les magasins.

magasinier, ière **n.** (de *magasin* [I]) Personne qui garde les marchandises déposées dans un magasin, un entrepôt.

magazine **n. m.** (mot anglais, emprunt au français *magasin*) **1.** Publication périodique, généralement illustrée. → **revue. 2.** Émission périodique de radio, de télévision, sur des sujets d'actualité.

Magdalena **n. m.** Fleuve de Colombie. 1 550 km. Né dans les Andes, il se jette dans la mer des Antilles.

magdalénien, ienne adj. (du site préhistorique de la Madeleine) didact. D'une période de la préhistoire (paléolithique supérieur) avec une culture propre (civilisation du renne). – **n. m.** *Le magdalénien.*

Magdebourg en allemand **Magdeburg** Ville d'Allemagne, capitale de Saxe-Anhalt, sur l'Elbe. 235 700 habitants. Cathédrale gothique du XIIIe s. Hôtel de ville Renaissance. Port fluvial. Ancien centre sidérurgique, la ville a diversifié son économie (construction mécanique, industrie sanitaire, industrie du bois). Archevêché à partir du Xe s., puis place forte protestante au XVIIe s., Magdebourg fut annexée à la Prusse en 1680. Le centre a été reconstruit après la Seconde Guerre mondiale.

mage **n.** (latin *magus*, du grec *magos*, d'un mot persan) **1. n. m.** Prêtre, astrologue, dans la Babylone antique, en Assyrie. **2.** loc. *Les trois Rois mages.* → **mages** (les Rois). **3. n.** Personne qui pratique les sciences occultes, la magie. → **magicien, sorcier.**

Magelang Ville d'Indonésie, au centre de Java. 118 227 habitants. Académie militaire.

Magellan (Fernão de Magalhães, dit en français Fernand de) Navigateur portugais (v. 1480-1521). Il entreprit le premier voyage autour du monde, et découvrit en 1520 le détroit qui porte son nom. Il traversa l'océan Pacifique et atteignit les Philippines, où il fut tué.

Magellan (détroit de) Détroit de 550 km reliant les océans Pacifique et Atlantique. Il sépare l'Amérique du Sud de la Terre de Feu. Il fut découvert par Magellan en 1520.

Magendie (François) Physiologiste français (1783-1855). Ses principaux travaux portent sur les propriétés des nerfs rachidiens. Il fut le précurseur de la pharmacologie moderne.

magenta [maʒɛ̃ta] **n. m.** (du n. de la ville d'Italie) imprim., photogr. Couleur primaire pourpre rosé. *Le magenta, le cyan et le jaune.*

Magenta Ville d'Italie (Lombardie). 22 840 habitants. Les troupes de Napoléon III y remportèrent une victoire sur les Autrichiens le 4 juin 1859.

mages (les Rois) Dans la tradition chrétienne, les trois rois venus rendre hommage à Jésus : Balthazar, Gaspard et Melchior.

Maghnia ou **Marnia** Ville d'Algérie, près de la frontière marocaine. 87 400 habitants. Agriculture (oliviers, céréales). Tourisme.

Maghreb **n. m.** Ensemble des pays du N.-O. de l'Afrique (Maroc, Algérie, Tunisie). *Le Grand Maghreb* inclut ces trois pays, ainsi que la Libye et la Mauritanie. Un traité créant l'Union du Maghreb arabe (UMA) a été signé en 1989 entre l'Algérie, la Libye, le Maroc, la Mauritanie et la Tunisie.

maghrébin, ine adj. et n. Du Maghreb. – **n.** *Les Maghrébins.* → **nord-africain.**

magicien, ienne **n.** (de *magique*) **1.** Personne qui pratique la magie. → **mage, sorcier. 2.** Personne qui produit, comme par magie, des effets extraordinaires. *Cet écrivain est un magicien.* → **enchanteur.**

magie **n. f.** (latin *magia*, du grec → mage) **1.** Art de produire, par des procédés occultes, des phénomènes inexplicables ou qui semblent tels. → **alchimie, astrologie, sorcellerie.** *Pratiquer la magie.* – *Magie noire* : magie qui ferait intervenir les démons pour produire des effets maléfiques. *Magie blanche*, sans maléfices. – loc. *(Comme) par magie*, d'une manière inexplicable, incompréhensible. **2.** Impression forte, inexplicable (que produisent l'art, la nature, les passions). → **¹charme, prestige, puissance, séduction.** *La magie de l'art.*

▶ Le terme **magie** vient du mot grec *magos* qui désigne, à l'origine, l'art des mages, caste sacerdotale de la Perse antique. Mais, dès la fin du Moyen Âge, on qualifie de magie des pratiques ésotériques considérées par l'Église comme diaboliques et assimilées à la sorcellerie. Qu'elles soient utilisées à des fins maléfiques (magie noire) ou bénéfiques (magie blanche), c'est au nom de la pensée scientifique et de l'idéal cartésien d'objectivité que ces pratiques magiques sont ensuite rejetées. À partir du XVIIIe siècle, la civilisation occidentale oppose ses réussites techniques aux croyances magiques, associées non plus au démon mais à l'archaïsme des peuples primitifs dont elles entraveraient le développement et le progrès.

Il faut attendre la fin du XIXe siècle, avec l'avènement de l'anthropologie (Frazer) et de la psychanalyse (Freud), et le début du XXe siècle avec les travaux de Lévi-Strauss pour que la civilisation occidentale attache de l'importance à la « pensée magique » de cultures éloignées des siennes. Cette forme de pensée ne serait-elle pas discrètement présente dans la vie psychique de tous les hommes, en particulier dans celle de l'enfance ?
Malgré l'extrême diversité de ses représentations et de ses formes qui vont de l'alchimie au chamanisme, la magie s'appuie presque toujours sur la croyance en des forces immanentes à la nature. Pour produire les effets désirés, le magicien manipule ces « forces secrètes » au moyen de rites et de procédés précis : gestes, paroles, incantations, objets. La magie se démarque, dans une large mesure, des pratiques religieuses mais elle se distingue surtout de la science en ce qu'elle repose sur une tradition considérée comme intangible que les démentis de l'expérience ne conduisent pas à modifier.
voir aussi ésotérisme, vaudou

Maginot (ligne) Ligne de fortifications érigée sous l'impulsion du ministre de la Guerre André Maginot (1877-1932) à partir de 1930 *(loi Maginot)*. Bâtie sur la frontière N.-E. de la France, elle ne fut pas poursuivie sur la frontière belge. Elle ne joua pas le rôle escompté lors de la Seconde Guerre mondiale.

magique adj. (latin *magicus*, du grec → mage) **1.** Qui tient de la magie ; utilisé, produit par la magie. → **occulte, surnaturel.** *Pouvoir magique. Formules magiques. – Baguette magique.* **2.** Qui produit des effets extraordinaires. → **étonnant, merveilleux, surprenant.** □ adv. **magiquement**

magistère n. m. (→ magistral) **I. 1.** Dignité de grand maître d'un ordre militaire, et spécialt, de l'ordre de Malte. **2.** didact. Autorité absolue. *Le magistère de l'Église.* **II.** Diplôme universitaire de formation professionnelle supérieure.

magistral, ale, aux adj. (du bas latin, de *magister* → maître, magistère) **1.** D'un maître. *Cours magistral. Un ton magistral.* → **doctoral. 2.** Digne d'un maître, qui fait preuve de maîtrise. *Réussir un coup magistral.* □ adv. **magistralement**

magistrat, ate n. (latin *magistratus* « maîtrise », de *magister* → maître) **1.** Fonctionnaire ou officier civil investi d'une autorité juridictionnelle, administrative ou politique. **2.** Fonctionnaire public de l'ordre judiciaire, ayant pour fonction de rendre la justice ou de réclamer, au nom de l'État, l'application de la loi.

magistrature n. f. **1.** Fonction, charge de magistrat. **2.** Corps des magistrats. – en France *Magistrature debout*, les procureurs, substituts, avocats généraux (le ministère public). *Magistrature assise*, les juges.

magma n. m. (du latin, du grec, famille de *mattein* « pétrir », famille indo-européenne de [1]*masse, maçon*) **1.** Masse épaisse, de consistance pâteuse. ▪ géol. Masse minérale pâteuse, provenant de l'intérieur de la Terre (où s'opère la fusion des roches). **2.** fig. Mélange confus. □ adj. **magmatique**

Magnan (Valentin) Psychiatre français (1835-1916). Il fut l'un des théoriciens de la dégénérescence.

magnanerie n. f. (de l'ancien provençal *magnan* « ver à soie ») Local où se pratique l'élevage des vers à soie.

Magnani (Anna) Comédienne italienne (1908-1973). Elle révéla son tempérament dramatique dans *Rome, ville ouverte* de Rossellini, *Le Carrosse d'or* de Renoir ou *Mamma Roma* de Pasolini.

magnanime adj. (latin *magnanimus*, de *magna* « grande » → magnat, [1]majeur et *anima* → âme) Qui pardonne les injures, est bienveillant envers les faibles. → **généreux.** □ adv. **magnanimement**

magnanimité n. f. Clémence, générosité. *Faire appel à la magnanimité du vainqueur.*

Magnani (Anna)

Anna Magnani dans *Rome, ville ouverte* de Roberto Rossellini (1945).

Magnard (Albéric) Compositeur français (1865-1914). Élève de V. d'Indy, il fut marqué par la technique wagnérienne du leitmotiv et par l'œuvre de Beethoven. Il composa des symphonies, de la musique de chambre, des mélodies et des œuvres lyriques.

Magnasco (Alessandro) dit il Lissandrino Peintre italien (1667-1749). Il a représenté des sujets religieux et des scènes de genre au caractère morbide ou caricatural, peints dans un style tourmenté.

magnat [magna ; maɲa] n. m. (latin *magnates* « les puissants », de *magnus* → [1]majeur) Puissant capitaliste. *Les magnats du pétrole.*

Magne ou **Maïna** n. m. Région du S. de la Grèce, dans le Péloponnèse. Prolongement du massif du Taygète, le Magne s'achève au cap Ténare.

Magnelli (Alberto) Peintre italien (1888-1971). Adepte de l'abstraction géométrique, il peignit des œuvres aux formes angulaires, influencées par le cubisme.

Magnence en latin **Flavius Magnus Magnentius** (v. 303-353). Empereur romain de 350 à sa mort. Il tua l'empereur Constant Ier, à qui il succéda, et fut vaincu par Constance II à Mursa.

se magner voir [2]se manier

magnésie n. f. (latin médiéval *magnesia*, adj. f., de *magnes [lapis]*, du grec « pierre de Magnésie », ville d'Asie Mineure où l'on trouvait des minerais aimantés → magnétique) **1.** chim. Poudre blanche d'oxyde de magnésium, dont un sulfate sert de purgatif. **2.** Carbonate de magnésium utilisé par les sportifs pour augmenter l'adhérence de leurs mains.

Magnésie n. f. Région du N.-E. de la Grèce, en Thessalie.

Magnésie du Méandre Ancienne ville d'Asie Mineure (Ionie). Alliée à Rome contre Mithridate, elle devint une cité libre grâce à Sylla.

Magnésie du Sipyle voir Manisa

magnésite n. f. (de *magnésie* et *-ite*) minér. Carbonate de magnésium naturel.

magnésium [maɲezjɔm] n. m. (→ magnésie) Métal léger (symb. Mg, n° at. 12, masse at. 24,30), blanc argenté, malléable, qui brûle à l'air avec une flamme blanche éblouissante. *L'éclair de magnésium d'un flash.* – Sel de magnésium. *Carence en magnésium.*

magnet [maɲɛt ; magnɛt] n. m. (mot anglais « aimant ») anglic. Petit objet décoratif monté sur un aimant.

magnétique adj. (bas latin *magneticus*, de *magnes [lapis]* → magnésie) **1.** Qui a rapport à l'aimant, en possède les propriétés ; du magnétisme. – *Bande, ruban magnétique d'un magnétophone. – Orage, tempête magnétique :* perturbation du champ magnétique terrestre qui coïncide avec les éruptions solaires et les aurores polaires. **2.** Qui a rapport au magnétisme animal. *Influx, fluide magnétique.* ▪ Qui exerce une influence occulte sur le psychisme ; qui fascine, envoûte.

magnétisable adj. Qui peut être magnétisé.

magnétisant, ante adj. Qui magnétise.

magnétiser v. tr. <1> (de *magnétique*) **1.** Rendre (une substance) magnétique, donner les propriétés de l'aimant à. → **aimanter. 2.** Soumettre (un être vivant) à l'action du magnétisme animal. → **hypnotiser.** □ n. f. **magnétisation**

magnétiseur, euse n. Personne qui pratique le magnétisme animal. → **hypnotiseur.**

magnétisme n. m. (→ magnétique) **1.** Partie de la physique qui étudie les propriétés des aimants (naturels ou artificiels) et les phénomènes qui s'y rattachent. → aussi **électromagnétisme.** – *Magnétisme terrestre*, champ magnétique de la Terre (orienté dans la direction sud-nord). **2.** *Magnétisme animal*, force occulte (fluide*) dont disposeraient les êtres ; phénomènes (hypnose, suggestion) produits par l'action de cette force. *Mesmer mit le magnétisme à la mode, à la fin du XVIIIe siècle.* **3.** Charme, fascination. *Subir le magnétisme de qqn.*

magnétite n. f. (de *magnétique* et *-ite*) minér. Minerai noir, oxyde naturel de fer, magnétique.

1magnéto n. f. (de machine *magnéto-électrique* → magnéto-) Génératrice de courant électrique continu utilisant un aimant.

2magnéto n. m. (abrév.) **1.** Magnétophone. **2.** Magnétoscope.

magnéto- Élément (du grec *magnês, magnêtos* → magnésie) qui signifie « aimant ».

magnétocassette n. m. Magnétophone à cassettes.

magnétodynamique adj. techn. Se dit d'un appareil dans lequel l'excitation magnétique est produite par un aimant permanent.

magnétohydrodynamique n. f. phys. Étude scientifique des fluides conducteurs en mouvement sous l'influence de champs magnétiques ou électriques.

magnétomètre n. m. techn. Instrument de mesure de l'intensité d'un champ magnétique. □ n. f. **magnétométrie**

magnétomoteur, trice adj. phys. *Force magnétomotrice*, produite par un courant circulant dans les spires d'une bobine.

magnéton n. m. (de *magnéto-* et *-on* cf. *électron*) Unité de moment magnétique, utilisée en physique microscopique. *Le magnéton de Bohr.*

magnétophone n. m. (→ magnéto- et -phone) Appareil d'enregistrement et de reproduction des sons par aimantation durable d'un ruban d'acier ou d'un film (bande magnétique).

magnétoscope n. m. Appareil permettant l'enregistrement des images et du son sur bande magnétique. → **vidéo.** □ **magnétoscoper** v. tr. <1>

magnétosphère n. f. phys. Région de l'espace entourant la Terre dans laquelle est confiné le champ magnétique terrestre.

magnétique

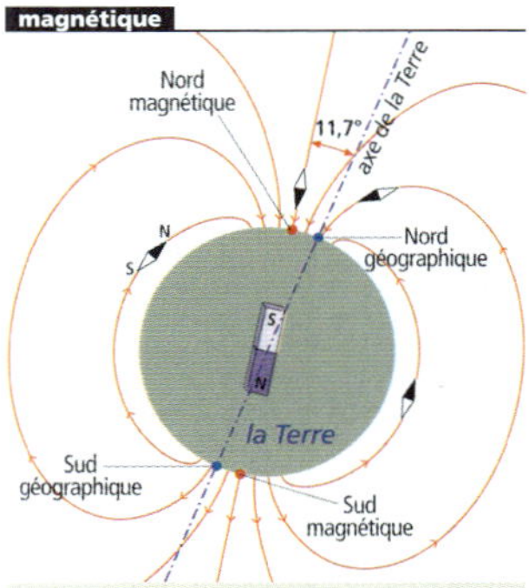

La Terre possède un champ magnétique qui s'apparente à celui d'un aimant droit. L'aiguille d'une boussole pointe vers le nord magnétique.

M

magnétron n. m. (de *magnéto-* et finale de *cyclotron*) électron. Tube à vide soumis à un champ d'induction magnétique, utilisé comme amplificateur de puissance en très haute fréquence.

magnificat [maɲifikat ; magnifikat] n. m. invar. (mot latin « il, elle magnifie » → magnifier) relig. cathol. Cantique de la Vierge Marie. – Musique composée sur ce cantique. *Le « Magnificat » de J.-S. Bach.*

magnificence n. f. (du latin, de *magnificare* → magnifier) 1. Beauté magnifique, pleine de grandeur. → éclat, luxe, splendeur. 2. littér. Disposition à dépenser sans compter. → magnifique (I). *Il nous a reçus avec magnificence.* → prodigalité.

magnifier v. tr. < 7 > (latin *magnificare*, de *magnificus* → magnifique) littér. 1. Célébrer, glorifier. 2. Idéaliser. *La légende magnifie les héros.* → grandir. – *Passé magnifié par le souvenir.*

magnifique adj. (latin *magnificus*, « qui fait de grandes choses », de *magnus* → magnat, ^{1}majeur, et *facere* → ^{1}faire) I. vieux (personnes) Qui est très riche, dépense avec générosité et ostentation. → magnificence (2). *Laurent de Médicis, dit Laurent le Magnifique.* II. 1. Qui est d'une beauté luxueuse, éclatante. → somptueux. *De magnifiques palais.* 2. Très beau. → splendide, ^{2}superbe. *Il fait un temps magnifique.* ■ Remarquable, admirable en son genre.

magnifiquement adv. 1. D'une manière magnifique, somptueuse. → somptueusement, superbement. 2. Très bien. *Elle s'en est magnifiquement tirée.*

Magnitogorsk Ville de Russie (Sibérie), sur l'Oural. 407 700 habitants. Important centre sidérurgique.

magnitude n. f. (du latin, de *magnus* « grand » → magnat, ^{1}majeur) 1. astron. Grandeur qui caractérise l'éclat des astres visibles. *Astre de magnitude 1* (les plus brillants). 2. Nombre qui caractérise l'énergie d'un séisme.

M

Magnol (Pierre) Médecin et botaniste français (1638-1715). Il conçut le classement des plantes par familles.

magnolia n. m. (latin bot., du n. de Magnol) Arbre à feuilles luisantes, à grandes fleurs blanches, très odorantes. *Des magnolias.*

magnum [magnɔm] n. m. (mot latin, neutre de *magnus* « grand » → magnat, ^{1}majeur) Grosse bouteille contenant environ un litre et demi. *Des magnums de champagne.*

Magnus Nom de plusieurs rois de Norvège, de Suède et de Danemark. ■ **Magnus Ier Olavsson le Bon** (1024-1047). Roi de Norvège en 1035, puis de Danemark en 1042, il dut affronter une révolte des sujets et partager le pouvoir avec son oncle et successeur Harald III. ■ **Magnus VII Eriksson** (1316-1374). Roi de Norvège et de Suède en 1319, il dut abdiquer le trône de Norvège en 1343 en faveur de son fils Haakon VI.

Magnus (Olof Månsson) en latin **Olaus Magnus** Religieux et géographe suédois (1490-1557). Il prêcha contre le luthéranisme et contribua à une meilleure connaissance de l'Europe du Nord grâce à sa *Carte marine.*

Magnus (Heinrich Gustav) Physicien allemand (1802-1870). Auteur de travaux sur les gaz et sur le système liquide-vapeur, il étudia également l'action d'un courant fluide sur un solide en rotation *(effet Magnus).*

Magny (Olivier de) Poète français (v. 1529-1561). Proche de Du Bellay et de Ronsard, il est l'auteur de sonnets *(Amours)*, de vers libertins *(Gayetez)* et de poèmes élégiaques *(Soupirs).*

Magny-Cours voir Nevers

Magny-en-Vexin Commune du Val-d'Oise. 5 810 habitants. Églises des xve-xvie s. Maisons et hôtels anciens.

Magny-les-Hameaux Commune des Yvelines, près de Rambouillet. 9 417 habitants. Vestiges de l'ancienne abbaye de Port-Royal. Musée national des Granges de Port-Royal.

Magog Dans la Bible, région située à « l'extrême nord » où règne Gog. → Gog.

Magon Général carthaginois (mort en 203 av. J.-C.). Il seconda ses frères Hannibal et Hasdrubal Barca pendant la deuxième guerre punique.

^{1}**magot** n. m. (de *Magog*) 1. vieux Singe du genre macaque. 2. Figurine trapue de l'Extrême-Orient. *Un magot en jade.*

^{2}**magot** n. m. (p.-ê. de l'ancien français *musgot*, d'origine germanique ; famille de *mijoter*) Somme d'argent amassée et mise en réserve, cachée. → économie(s), trésor.

magouillage n. m. Fait de magouiller ; ensemble de magouilles.

magouille n. f. (de *magouiller*) fam. Manœuvre, tractation malhonnête. → combine.

magouiller v. < 1 > (origine obscure) 1. v. intr. Se livrer à des magouilles. 2. v. tr. Manigancer.

magouilleur, euse n. Personne qui magouille. – adj. *Elle est un peu magouilleuse.*

magret n. m. (en occitan « le petit maigre ») Filet (maigre) de canard ou d'oie.

Magris (Claudio) Écrivain italien (né en 1939). Originaire d'une région au carrefour des cultures italienne, germanique et slave, il se spécialisa dans l'étude des traditions, de la politique et de la littérature d'Europe centrale, et en fit la matière d'une œuvre abondante couronnée de prix dans le monde entier. *Danube ; Microcosmes ; À l'aveugle ; Classé sans suite.*

Magritte (René) Peintre belge (1898-1967). D'abord influencé par les collages de Max Ernst et les peintures métaphysiques de De Chirico, il adhéra ensuite au surréalisme. Faisant surgir l'insolite du banal, ses images constituent, par le biais de l'humour et de l'absurde, une réflexion sur la perception du réel. *Le Thérapeute ; Le Temps menaçant ; La Condition humaine.*

René Magritte, *La Clé des champs* (1936), coll. Thyssen-Bornemiza, Madrid.

Maguilev anciennement **Moguilev** Ville de Biélorussie, sur le Dniepr et capitale de la région du même nom. 363 363 habitants. Nœud ferroviaire. Centre industriel.

magyar, are [magjaʀ] adj. et n. (mot hongrois) Du peuple hongrois ; des Magyars. → hongrois.

Magyars n. m. pl. Nom ethnique des Hongrois, peuple de langue finno-ougrienne. Environ 15 millions (Hongrie, Roumanie, Slovaquie, Serbie et Ukraine).

Mahabalipuram Site ancien de l'Inde sur la côte de Coromandel (Tamil Nadu). Port créé au début du viie s. Rochers en granit sculptés en forme de temples.

Mahā Bandula Général en chef birman (1782-1825). Héros de la résistance birmane contre les Britanniques, il fut tué au cours de la première guerre anglo-birmane (1824-1826).

Mahābhārata n. m. Grand récit épique indien d'environ 120 000 versets remontant à l'époque védique.

Le **Mahābhārata**, long poème sanskrit dont le titre signifie « geste des Bhārata », raconte d'une manière héroïque et lyrique les aventures de cinq frères, les Pāndava, en butte à l'inimitié de leurs cousins, les cent Kaurava, et la guerre que ces deux branches de la dynastie lunaire des Bhārata se livrent. Cette œuvre collective, attribuée à Vyāsa par la tradition, est très difficile à dater : initiée à l'époque védique (vers –1000 ?), elle aurait peut-être été continuée jusqu'au vie s. de notre ère. Elle fait sans doute écho à l'invasion et à l'établissement de tribus indo-européennes dans le bassin indo-gangétique, à leurs luttes intestines et à celles contre d'autres peuplades. C'est en même temps une sorte d'encyclopédie dans laquelle religion, philosophie, morale, politique, droit, coutumes s'entremêlent aux mythes.
Le 6e livre contient la *Bhagavad-gītā*, le grand poème philosophique de l'hindouisme. Le 19e et dernier livre raconte les mythes afférents au dieu Krishna. Le *Mahābhārata* connut une vogue immense, fournissant à la littérature et aux beaux-arts de l'Inde et des pays qui reçurent son influence une source inépuisable de thèmes.
voir aussi **épopée, hindouisme**

Illustration du *Razmnama*, version perse du *Mahābhārata*, British Library, Londres.

Mahajanga ou **Majunga** Ville du N.-O. de Madagascar. 244 700 habitants. Port sur le canal du Mozambique. Centre industriel (textile, coton, cimenterie).

Mahakam n. m. Fleuve de Bornéo (Indonésie). 720 km. Il se jette dans le détroit de Makassar par un vaste delta.

Mahanadi n. f. Fleuve du centre de l'Inde. 800 km. Né dans les Ghâts de l'O., il se jette dans le golfe du Bengale, formant un immense delta.

maharadja ou **maharaja** [ma(a)ʀadʒa] n. m. (de l'hindi, de *mahā* « grand » [famille du latin *magnus* → ^{1}majeur] et *rājā* → radja) Prince hindou. → radja. *Le palais des maharadjas.* - var. maharajah.

mai 1968 (évènements de)

1. Dès la mi-mai, la grève s'installe dans les usines Renault à Boulogne-Billancourt. 2. Le 6 mai, affrontements entre étudiants et forces de l'ordre à Paris, boulevard Saint-Germain. 3. Des milliers d'affiches illustrent la contestation étudiante et les revendications sociales.

▶ On désigne par le terme de « **Mai 68** » une crise économique, sociale, politique et culturelle que connaît la Vᵉ République française en mai et juin 1968. Au printemps, alors qu'une vive contestation secoue le milieu étudiant depuis plusieurs années en France et à l'étranger, l'agitation ne cesse de croître à l'université de Nanterre, avec la naissance du Mouvement du 22 mars mené par Daniel Cohn-Bendit. Le 2 mai, l'université de Nanterre est fermée ; le 3, c'est au tour de la Sorbonne, ce qui provoque des heurts entre étudiants et policiers (émeutes et barricades dans la nuit du 10 au 11 mai au Quartier latin). Le 13 mai, à l'appel des principales centrales syndicales, débute alors un mouvement de grève générale qui paralyse en quelques jours le pays. Cependant des divergences apparaissent entre les mouvements dits « gauchistes » et la CGT et le PCF qui orientent le conflit vers les seules revendications sociales. La signature des accords de Grenelle (27 mai) entre le gouvernement et les représentants syndicaux est mal accueillie par une partie de la « base » qui organise le jour même une manifestation au stade Charléty. Après s'être assuré du soutien de l'armée, le général de Gaulle dissout l'Assemblée nationale, remanie le gouvernement, tandis que ses partisans manifestent en masse sur les Champs-Élysées le 30 mai. Alors que le travail reprend progressivement, la victoire écrasante de l'UDR aux élections législatives (23-30 juin 1968) parachève le renforcement du régime. Malgré tout, cette crise, dénonçant le cycle quotidien travail-consommation, critiquant l'autoritarisme de diverses institutions, pèsera fortement sur l'évolution ultérieure de la société.
voir aussi **Trente Glorieuses**

maharani n. f. (de l'hindi) Princesse hindoue ; épouse d'un maharadja. *Des maharanis.* - var. **maharané.**

Maharashtra n. m. État de l'O. de l'Inde. 307 760 km². 123,1 millions d'habitants. Capitale : Bombay. État agricole comprenant plusieurs villes industrielles (Pone, Ifiane) situées dans l'orbite économique de Bombay.

mahatma n. m. (de l'hindi *mahā* « grand » → maharadja, et *atman* « âme, principe spirituel ») Nom donné, en Inde, à des chefs spirituels. *Le mahatma Gandhi.*

Mahāyāna n. m. Doctrine bouddhique répandue en Inde, en Chine et au Japon, qui prône une interprétation plus étendue et plus universaliste de l'enseignement de Bouddha que la doctrine primitive.

mahdi n. m. (mot arabe) Envoyé d'Allah, attendu pour compléter l'œuvre de Mahomet (Muhammad). ■ Chef revendiquant la qualité de mahdi.

Mahdia en arabe **al-Mahdiya** Ville de Tunisie, sur la Méditerranée. 46 000 habitants. Forteresse du XVIᵉ s. Port de pêche. Station balnéaire.

mahdisme n. m. relig. Croyance en la venue du mahdi. – Doctrine, pratique religieuse de cette tendance de l'islam. □ **adj. et n. mahdiste**

Mahé Ville du S. de l'Inde (Kerala). 41 800 habitants. Comptoir français jusqu'en 1954. Port de pêche.

Mahé Principale île de l'archipel des Seychelles, dans l'océan Indien. 145 km². 85 460 habitants.

Mahfouz (Naguib) Romancier égyptien (1911-2006). Il est l'auteur d'une trilogie (*Impasse des deux palais ; Le Palais du désir ; Le Jardin du passé*) dans laquelle il analyse les transformations de la société égyptienne. Prix Nobel 1988.

Mahinda Nom du frère ou du fils du roi Ashoka, qui aurait importé le bouddhisme à Ceylan.

mah-jong, mahjong voir **majong**

Mahler (Gustav) Compositeur et chef d'orchestre autrichien (1860-1911). Brillant chef d'orchestre, il composa dix symphonies et une cinquantaine de lieder (*Des Knaben Wunderhorn ; Kindertotenlieder*). Il réalisa une synthèse exceptionnelle entre la forme de la symphonie beethovénienne, l'écriture chromatique wagnérienne et les musiques d'origine populaire.

Mahler (Margaret) Psychanalyste américaine (1897-1985). Spécialiste de la psychanalyse des enfants, elle établit une théorie de la psychose symbiotique.

Mahmud Nom de deux sultans ottomans. ■ **Mahmud Iᵉʳ** (1696-1754). Sultan ottoman de 1730 à sa mort. Il mena des guerres contre la Perse et la Russie. ■ **Mahmud II** (1784-1839). Sultan ottoman de 1808 à sa mort. Il résista aux assauts de l'armée russe, réprima le soulèvement serbe et affronta l'insurrection grecque, qui aboutit à l'indépendance de la Grèce en 1830. Ses troupes furent défaites en 1839 par celles du pacha d'Égypte Méhémet Ali.

Mahomet en arabe **Muhammad** Prophète de l'islam (570 ?-632). Membre des Hachémites, il aurait été berger avant d'entrer au service de Khadīja, riche veuve qu'il épousa. Au cours de l'une de ses retraites dans une caverne d'une montagne proche de La Mecque, il reçut sa première révélation (v. 610). Selon la tradition, il vit l'ange Gabriel qui lui transmettait des paroles de Dieu. À la suite de nouvelles révélations, Mahomet se consacra à la prédication et constitua avec ses proches le premier noyau de musulmans, qui accueillit un nombre croissant d'adeptes. Ceux-ci, autour du prophète, durent faire face à l'opposition violente de l'oligarchie mercantile de La Mecque et se réfugièrent à Médine en 622, année de l'Hégire, qui constitue le début de l'ère musulmane. Mahomet s'imposa dès lors comme chef politique et militaire. Après plusieurs victoires contre les troupes mecquoises et les tribus arabes, il parvint à occuper La Mecque et à étendre son autorité sur la péninsule Arabique (630-631). Il réorganisa l'administration et substitua à l'ordre tribal une nouvelle législation religieuse. Il mourut peu après à Médine.

mahométan, ane n. et adj. (de *Mahomet*) vieilli Musulman.

mahométisme n. m. vieilli Religion de Mahomet (Muhammad). → **islam.**

Mahón Ville d'Espagne (Baléares), capitale de l'île de Minorque. 28 789 habitants. Port.

mahonia n. m. (du n. du jardinier américain B. Mac Mahon [1755-1816]) bot. Arbuste buissonnant à feuilles persistantes, à fleurs jaunes en grappes et à petites baies bleues.

mahous voir **maous**

mai n. m. (vient du latin *Maius [mensis]* « [mois] de la déesse Maia, fille de Faunus et femme de Vulcain ») Cinquième mois de l'année. *Muguet du premier mai. Des mais pluvieux.* – *Mai* (cour.), *le mai* (poét.). *« Le mai le joli mai a paré les ruines / De lierre de vigne vierge et de rosiers »* (Apollinaire).

mai 1877 (crise du 16) Crise politique qui opposa le gouvernement de Jules Simon à la volonté du président Mac-Mahon d'occuper une plus grande place dans l'exécutif. Jules Simon dut démissionner et la Chambre des députés, à majorité républicaine, fut dissoute. Les élections d'octobre 1877 consacrèrent un nouveau succès des républicains.

mai 1945 (8) Jour de la capitulation de l'Allemagne, mettant fin à la Seconde Guerre mondiale en Europe.

mai 1958 (crise du 13) Insurrection menée à Alger par les généraux Massu et Salan. Elle conduisit au retour au pouvoir du général de Gaulle.

mai 1968 (évènements de) Mouvement de contestation qui eut lieu en France en mai-juin 1968.

M

maïa n. m. (du latin *maia*) zool. Grand crabe communément appelé *araignée de mer*.

Maïakovski (Vladimir Vladimirovitch) Poète soviétique (1893-1930). Proche des futuristes, il devint à partir de 1917 le chantre des espoirs nés de la révolution d'Octobre. *Nuage en pantalon ; Vladimir Ilitch Lénine ; La Punaise.*

Vladimir Maïakovski en 1925.

Maidenhead Ville d'Angleterre, sur la Tamise, dans la banlieue de Londres. 63 600 habitants. Industries de pointe.

Maidstone Ville d'Angleterre (Kent), sur la Medway, dans la banlieue de Londres. 108 000 habitants.

Maïduguri Ville du N.-E. du Nigeria. 1,1 million d'habitants. Arachides. Élevage. La ville subit les attaques de sectes islamistes, notamment Boko Haram, depuis les années 2000.

maie n. f. (vient du latin *magidem*, accusatif de *magis* « pétrin ») **1.** Coffre à pain. → **huche.** **2.** Table de pressoir.

Maier (Vivian) Photographe américaine (1926-2009). Inconnue de son vivant, elle exerça son talent d'artiste dans la rue, lors de ses promenades, en photographiant des milliers d'anonymes (notamment à Chicago et à New York).

Autoportrait de Vivian Maier.

maïeur, eure ou **mayeur, eure** n. (var. de *majeur*, du latin *major* → maire) (Belgique) Bourgmestre. → **maire.**

maïeuticien, ienne n. (du grec → maïeutique) Professionnel(le) de santé qui exerce comme sage-femme.

maïeutique n. f. (du grec « art de faire accoucher ») **1.** philos. Méthode suscitant la mise en forme des pensées confuses, par le dialogue (Socrate, dans les œuvres de Platon). **2.** méd. Discipline médicale exercée par les sages-femmes.

¹maigre adj. (vient du latin *macrum*, accusatif de *macer*, qui correspond au grec *makros* « mince » → macro-) **1.** Dont le corps a peu de graisse ; qui pèse relativement peu. → **décharné, efflanqué, étique, sec, squelettique ;** opposé à *gros*. *Un homme grand et maigre.* – loc. *Être maigre comme un clou*, très maigre. – **n.** *Les gros et les maigres.* ■ par ext. (parties du corps) Qui a peu de graisse. *Doigts, jambes maigres.* → **¹grêle.** *Un visage maigre.* → **creux, émacié.** **2.** Qui n'a, qui ne contient pas de graisse (opposé à *gras*). *Viande maigre.* **n. m.** *Un morceau de maigre.* – **n. m.** loc. *Faire maigre* : ne manger ni viande ni aliment gras. **3.** Peu épais. *Imprimer en caractères maigres*, **n. m.** *en maigre.* **4.** (végétation) Peu abondant. *Un maigre pâturage.* → **clairsemé.** **5.** De peu d'importance. → **médiocre, piètre.** *De biens maigres résultats. Un maigre salaire.* → **petit.** *C'est maigre, c'est un peu maigre* : c'est peu, bien peu.

²maigre n. m. (de ¹*maigre*) Sciène (poisson).

maigrelet, ette adj. Qui est un peu trop maigre. → **maigrichon, maigriot.** *Un enfant maigrelet.*

maigrement adv. Chichement, petitement. *Être maigrement payé.* → **peu.**

Maigret (le commissaire) Personnage créé en 1929 par Georges Simenon, héros d'un cycle de romans policiers célèbres.

maigreur n. f. **1.** État d'une personne ou d'un animal maigre ; absence de graisse. **2.** Caractère de ce qui est peu fourni, peu abondant. *La maigreur d'une végétation.*

maigrichon, onne adj. fam. Un peu trop maigre.

maigriot, ote adj. fam. Un peu maigre. - var. du fém. **maigriotte.**

maigrir v. < 2 > **I. v. intr.** Devenir maigre. *Suivre un régime pour maigrir.* → **amaigrissant.** – au p. p. *Je te trouve maigri.* **II. v. tr.** Faire paraître maigre. → **amincir.** *Cette robe la maigrit.*

Maïkop Ville de Russie, capitale de la république des Adygués. 144 200 habitants. Industrie alimentaire.

Maïkov (Apollon Nikolaïevitch) Poète russe (1821-1897). Adepte de « l'art pour l'art », il fut l'auteur de poèmes sur la nature et l'Antiquité (*Esquisses de Rome ; La Pêche*) ainsi que d'une tragédie (*Deux Mondes*).

¹mail [maj] n. m. (vient du latin *malleus* « marteau ») **I.** anciennt Maillet pour pousser une boule dans un jeu ; ce jeu, proche du croquet. **II.** (terrain pour le jeu de mail) Allée, promenade bordée d'arbres, dans certaines villes. *Des mails.*

²mail [mɛl] n. m. (abrév. de *e-mail*) anglic. Courrier* électronique. → **e-mail.**

mail-coach [mɛlkotʃ] n. m. (mot anglais « malle-poste : voiture *[coach]* du courrier *[mail]* ») anciennt Berline à quatre chevaux, comportant plusieurs rangs de banquettes sur le toit. *Des mails-coachs* ou *des mail-coaches.*

Mailer (Norman) Romancier et journaliste américain (1923-2007). Polémiste belliqueux, il est l'auteur de romans qui mettent au jour les contradictions de l'Amérique. *Les Nus et les Morts ; Un rêve américain ; Le Chant du bourreau.*

mailing [meliŋ] n. m. (de l'anglais, de *to mail* « poster ») anglic. Prospection auprès d'une clientèle au moyen de documents expédiés par voie postale ou électronique. - recomm. offic. → **publipostage.**

maillage n. m. **1.** pêche Dimension des mailles d'un filet. **2.** Couverture (d'un territoire) par un réseau.

maillant, ante adj. pêche *Filet maillant*, dont les mailles sont conçues pour laisser échapper les poissons trop petits.

Maillart (Robert) Ingénieur suisse (1872-1940). Il fut l'un des pionniers de la construction des ponts en béton armé. Ses constructions se distinguent par leurs lignes élancées et épurées.

¹maille n. f. (vient du latin *macula* « tache », puis « boucle » → macula, ¹macule) **I. 1.** Chacune des petites boucles de matière textile dont l'entrelacement forme un tissu. *Maille à l'endroit, à l'envers* (au tricot). → **²point.** *Une maille qui file.* – au sing. Tissu tricoté. *Ensemble en maille.* → **jersey.** – *L'industrie de la maille*, des textiles tricotés. – *Les mailles d'un filet.* **2.** Trou formé par chaque maille. *Le poisson est passé à travers les mailles.* – par analogie *Les mailles d'un grillage.* **3.** Anneau de métal. loc. *Cotte* de mailles.* – Anneau (d'une chaîne). → **chaînon, maillon. II.** Tache du plumage de certains oiseaux.

²maille n. f. (vient du latin pop. *medialia* → médaille, de *medius* « demi » → mi-) vieux (au Moyen Âge) Un demi-denier. – loc. ***Sans sou ni maille*** : sans argent. *N'avoir ni sou ni maille.* – ***Avoir maille à partir*** *avec qqn*, avoir un différend, une dispute (de l'ancien v. ²*partir* « partager »).

³maille n. f. argot Argent. *Avoir de la maille.*

Maillé Commune de l'Indre-et-Loire. 563 habitants. Les Allemands y massacrèrent 124 personnes le 25 août 1944, par mesure de représailles.

maillechort n. m. (de *Maillot* et *Chorier*, les inventeurs) Alliage inaltérable de cuivre, de zinc et de nickel qui imite l'argent.

mailler v. < 1 > (de ¹*maille*) **I. 1. v. tr.** Fabriquer, réparer en faisant des mailles. **2.** Recouvrir d'un réseau dense (de services, etc.). *Chaîne de magasins qui maille une région.* **II. v. intr.** (filet) Retenir le poisson.

maillet n. m. (de *mail*) Outil fait d'une masse dure emmanchée en son milieu et qui sert à frapper, à enfoncer. → **mailloche, ²masse.** – *Maillet de croquet, de polo.*

Maillet (Antonine) Romancière et dramaturge canadienne (québécoise) [née en 1929]. Ses romans offrent une vision épique de l'Acadie. *La Sagouine ; Pélagie-la-Charrette.*

Antonine Maillet en 1996.

Maillezais Commune de la Vendée. 906 habitants. Ruines d'une ancienne abbaye (XIe s.).

mailloche n. f. **1.** Gros maillet de bois. **2.** Baguette terminée par une boule recouverte de peau, pour frapper un instrument à percussion.

Maillol (Aristide) Sculpteur et peintre français (1861-1944). Il est célèbre pour ses nus féminins aux formes épanouies, alliant la robustesse à la grâce.

Maillol, *Les Trois Nymphes* (1930), jardin des Tuileries, Paris.

maillon n. m. (de *maille*) Anneau (d'une chaîne). → **chaînon.** – loc. *Être un maillon de la chaîne,* un élément d'un ensemble complexe.

maillot n. m. (de *maille,* allusion aux bandes entrecroisées) **I.** anciennt Lange qui enferme les jambes et le corps du nouveau-né jusqu'aux aisselles (→ **emmailloter**). **II. 1.** Vêtement souple porté à même la peau et qui moule le corps. *Maillot de danseur.* → **justaucorps. 2.** Vêtement collant qui couvre le haut du corps. *Maillot de cycliste.* – *Le maillot jaune,* que porte le coureur cycliste qui est en tête du classement du Tour de France ; ce coureur. – *Maillot de corps,* sous-vêtement en tissu à mailles. → **tricot ; débardeur, teeshirt ;** fam. **marcel. 3.** *Maillot (de bain) :* vêtement de bain en mailles extensibles ou tout autre textile. *Maillot de bain une pièce, deux pièces.* → **deux-pièces.**

maillotin n. m. (de *maillot,* var. de *maillet*) Pressoir à olives.

maillure n. f. (de [1]*maille*) **1.** Tache du plumage d'un oiseau. → [1]**maille, moucheture. 2.** Tache dans le bois.

Mailly (Jean de) Architecte et urbaniste français (1911-1975). Il construisit le barrage de Serre-Ponçon et, avec Camelot et Zehrfuss, le CNIT de la Défense, près de Paris.

Maïmon (Salomon) Philosophe lituanien d'expression allemande (1753-1800). Membre d'une secte hassidique, il a développé une philosophie originale caractérisée par un rationalisme sceptique, proche de celui de Hume et nourri de sa relecture critique de la pensée kantienne. *Essai sur la philosophie transcendantale.*

Maïmonide (Moïse, également connu sous le nom de Ramban) Savant, médecin, philosophe et talmudiste (1135-1204). En intégrant l'aristotélisme médiéval au judaïsme, son *Guide des égarés* vise à surmonter la contradiction apparente de la philosophie et de la révélation, tout en maintenant la prééminence de cette dernière.

main n. f. (vient du latin *manus* → **maintenir,** [1] et [2]**manche,** [1]**manier, manière**) **I.** Partie du corps humain, servant à toucher et à prendre, située à l'extrémité du bras et munie de cinq doigts. **1.** *Main droite, gauche. Creux, paume, dos, plat, revers de la main. De grosses mains.* → **patte.** *Petites mains.* → **menotte.** *Mains calleuses. Mains moites. Ouvrir, fermer la main.* – *Baiser la main d'une femme.* → **baisemain.** *Se salir les mains ;* fig. se compromettre. *Se laver les mains ;* fig. *il s'en lave* les mains.* – loc. *À main droite, gauche :* à droite, gauche. – *En un tour* de main.* **2.** (La main qui prend, qui possède) *Prendre qqch. d'une main, des deux mains. Prendre la main de qqn. « Les mains dans les mains restons face à face »* (Apollinaire). *Tendre la main* (pour mendier). – loc. ***À la main.*** *Tenir un sac à la main.* – ***À main*** : qui se tient, se manipule avec la main. *Sac à main. Frein à main.* – ***Mettre la main sur qqn, qqch.,*** le trouver. *Faire* ***main basse*** *sur qqch.,* s'en emparer. – *Elle a été prise la main dans le sac,* en train de voler ; en flagrant délit. ■ *Demander, obtenir la main d'une jeune fille,* le mariage avec elle. – ***En main.*** *Preuve en main :* en montrant une preuve (→ **preuve à l'appui**). *Avoir (une affaire) en main,* la mener comme on veut. *Prendre en main,* en charge, s'occuper de. – ***En bonnes mains*** : sous la responsabilité d'une personne sérieuse. – *Avoir qqch.* ***sous la main*** : à sa portée, à sa disposition. ■ *Tomber aux mains des ennemis,* en leur pouvoir. – *Une main de fer dans un gant de velours :* une autorité très forte sous une apparence de douceur. **3.** (La main qui frappe) loc. *Lever la main sur qqn :* le frapper. *En venir aux mains,* aux coups. – fam. *Ne pas y aller de main morte :* agir avec brutalité ; fig. agir avec excès. ■ *Homme de main,* celui qui commet des actions criminelles pour le compte d'un autre. – *Faire le coup de main,* une attaque rapide. **4.** (La main qui donne, reçoit) *Remettre qqch.* ***en main(s) propre(s),*** au destinataire en personne. ***De la main à la main*** : sans intermédiaire. – ***De première main*** : directement, de la source. *Une voiture d'occasion de seconde main,* qui a eu deux propriétaires. **5.** (La main qui travaille, agit → [1]**manuel**) *« Faire est le propre de la main »* (Valéry). *Être adroit de ses mains.* loc. *Avoir des mains en or :* être très habile. *Avoir la main verte*.* – fig. *Avoir les mains libres :* être libre d'agir. *Avoir les mains liées*.* – *Faire des pieds et des mains :* multiplier les efforts (en vue d'un résultat). – fam. *Avoir un poil dans la main :* être paresseux. – ***Fait (à la) main,*** sans machines. – *À quatre mains :* exécuté par deux personnes ensemble. – *Dessin à main levée,* d'un seul trait. – *Mettre la main à la pâte :* participer à un travail. *Mettre la dernière main à* (un travail), le finir. *Donner un* ***coup de main*** *à qqn,* l'aider (→ **prêter main-forte**). – *Forcer la main à qqn,* le forcer d'agir. ■ (Symbolisant l'habileté professionnelle) *Se faire la main :* apprendre. → **s'exercer.** *Perdre la main. Avoir le coup de main. De main de maître :* parfaitement exécuté. **6.** L'initiative, au jeu. *Avoir, passer la main.* – loc. fig. *Passer la main :* abandonner une activité ; déléguer des pouvoirs. ■ *Avoir une belle main,* un beau jeu. **7.** (La main qui exécute des gestes expressifs ou symboliques) *Faire un signe de la main. Saluer qqn de la main. Une poignée* de main. Se serrer la main* (pour se saluer ou en signe de réconciliation). → **pince.** *Tendre la main à qqn,* fig. lui offrir son amitié, son aide, son pardon. – *Se frotter les mains* (en signe de satisfaction). – *Applaudir des deux mains ;* fig. approuver entièrement. – *Vote à main levée,* en levant la main pour se prononcer. **II.** (objets) **1.** *Main de justice :* sceptre terminé par une main d'ivoire ou de métal précieux. **2.** *Main de Fatma,* amulette arabe en forme de main. **3.** *Main courante :* rampe d'escalier fixée au mur. – Registre sur lequel on note des opérations commerciales (dans un commerce, une banque), des faits, des évènements (dans un commissariat). **4.** Assemblage de vingt-cinq feuilles de papier. **III.** (personnes) *Petite main :* apprentie couturière ; ouvrière débutante. – ***Première main*** : première couturière d'un atelier.

Main n. m. Rivière d'Allemagne, affluent du Rhin. 524 km. Formé par la réunion du Main Rouge et du Main Blanc, il arrose Bayreuth, Francfort et Mayence.

mainate n. m. (du portugais des Indes, d'une langue dravidienne) Oiseau passereau noir au bec orangé, originaire de Malaisie, capable d'imiter la voix humaine.

main-d'œuvre n. f. **1.** Travail de l'ouvrier engagé dans la confection d'un ouvrage. → **façon.** *Le coût des pièces et de la main-d'œuvre.* **2.** Ensemble des salariés, des ouvriers. *Des mains-d'œuvre.*

Maine (Louis Auguste de Bourbon, duc du) Prince français (1670-1736). Fils de Louis XIV et de Mme de Montespan, il prit part sous Louis XV à la conspiration de Cellamare contre le Régent (1718).

Maine (sir Henry James Sumner) Jurisconsulte et sociologue britannique (1822-1888). Il participa à la codification du droit indien.

Maine n. f. Rivière de l'O. de la France formée par la réunion de la Mayenne et de la Sarthe grossie du Loir. 10 km. Elle traverse la ville d'Angers.

Maine n. m. État du N.-E. des États-Unis (Nouvelle-Angleterre). 86 027 km^2. 1,3 million d'habitants. Capitale : Augusta. Industrie du bois. Tourisme.

Maine n. m. Région historique de l'O. de la France, s'étendant sur la Sarthe (haut Maine) et la Mayenne (bas Maine). Ville principale : Le Mans. Érigé en comté en 955, le Maine fut rattaché à l'Anjou (1126). Il subit la domination anglaise, mais fut repris par la France et donné au duc d'Anjou (1290).

Maine de Biran (François-Pierre Gontier de Biran, dit) Philosophe français (1766-1824). S'inscrivant dans la tradition sensualiste issue de Condillac, il s'est fait l'analyste du sens intime, ce moi qui s'éveille avec le « sentiment de l'effort moteur volontaire », et en a fait l'objet d'une psychologie originale fondée sur l'introspection. *Influence de l'habitude sur la faculté de penser.*

Maine-et-Loire n. m. [49] Département français de la Région Pays de la Loire (→ carte). 7 165 km^2. 820 713 habitants. Chef-lieu : Angers. Chefs-lieux d'arrondissement : Cholet, Saumur, Segré-en-Anjou Bleu. Au contact du Massif armoricain, l'O. du département est formé de reliefs vallonnés voués à l'élevage et compte plusieurs gisements de fer. L'E. est formé de sols sédimentaires propices à l'agriculture et, au S., à la viticulture (Saumurois). La Loire traverse le département d'E. en O. et recueille les eaux de l'Eure, du Layon, du Thonet et de la Maine. Les industries se concentrent autour de Cholet (travail du cuir, confection) et d'Angers (industries de pointe).

main-forte ou **mainforte** n. f. sing. loc. ***Donner, prêter main-forte*** *à qqn,* l'assister, lui venir en aide.

mainlevée n. f. dr. Acte qui met fin, qui lève les effets d'une saisie, d'une opposition, d'une hypothèque.

mainmise n. f. Action de s'emparer. → **prise.** *La mainmise d'un État sur des territoires étrangers.* – péj. Influence exclusive. → **emprise.**

mainmortable adj. **1.** hist. Assujetti au droit de mainmorte. *Vassal mainmortable.* **2.** dr. Qui relève d'une mainmorte (2).

mainmorte n. f. **1.** hist. Droit du seigneur sur les biens de son vassal mort. – *Gens de mainmorte :* les serfs. **2.** dr. *Biens de mainmorte :* biens des collectivités qui ont une existence indépendante des personnes qui les constituent (communautés religieuses, associations, etc.), que l'on ne peut pas transmettre et qui échappent aux successions.

maint, mainte adj. (probablt du germanique, cf. anglais *many*) dans des loc. Nombreux. *À maintes reprises. Maintes et maintes fois.* – au sing. *En mainte occasion.*

maintenance n. f. Ensemble des opérations d'entretien d'un matériel technique.

maintenant adv. (p. prés. de *maintenir*) **1.** Dans le temps actuel, au moment présent. → **actuellement, à présent.** *C'est maintenant ou jamais.* – À partir du moment présent (+ futur). *Maintenant, tout ira bien.* – *Dès maintenant. À partir de maintenant.* → **désormais.** – ***Maintenant que*** loc. conj. (+ indic.) : à présent que, en ce moment où. *« Maintenant que la jeunesse / A fui »* (Aragon). **2.** (en tête de phrase, marque une pause où l'on considère une possibilité nouvelle) *Voilà mon conseil ; maintenant, vous faites ce que vous voulez.*

mainteneur, euse adj. rare Qui maintient. – n. *Le mainteneur de la tradition.*

maintenir v. tr. <22> (vient du latin, de *manus* → **main** et *tenere* → **tenir**) **1.** Conserver dans le même état ; faire ou laisser durer. → **entretenir, garder.** *Maintenir la paix.* – *Maintenir un malade en vie.* **2.** Affirmer avec constance, fermeté. → **soutenir.** *Je l'ai dit et je le maintiens.* – *Maintenir ses accusations.* → **confirmer, répéter. 3.** Tenir dans une même position, empêcher de bouger. → **fixer, tenir.** *Maintenir la tête hors de l'eau.* ■ **se maintenir** v. pron. Rester dans le même état ; ne pas aller plus mal. *Le beau temps se maintient.* – *Se maintenir en forme.*

Maintenon (Françoise d'Aubigné, marquise de) Dame française (1635-1719). Petite-fille d'Agrippa d'Aubigné, mariée au poète Scarron, elle fut chargée, après la mort de celui-ci, d'élever les enfants de Louis XIV et de Mme de Montespan. Louis XIV l'épousa secrètement après la mort de

Maison carrée

La Maison carrée de Nîmes, jouxtant le musée d'Art contemporain édifié par Norman Foster.

Marie-Thérèse. Elle exerça dès lors une importante influence, surtout religieuse. À la mort du roi, elle se retira à Saint-Cyr, maison qu'elle avait fondée pour l'éducation des jeunes filles nobles sans fortune.

Maintenon Commune de l'Eure-et-Loir, sur l'Eure. 4 494 habitants. Château Renaissance et classique.

maintien [mɛ̃tjɛ̃] **n. m. 1.** Action de maintenir, de faire durer. *Assurer le maintien de l'ordre.* **2.** Manière de se tenir en société. → **attitude, contenance.** *Un maintien étudié* (→ **pose**). – ancienn*t* *Leçons de maintien.*

maïoral ou **mayoral adj.** (Belgique) Relatif au maïeur. *La fonction maïorale.*

Maipo ou **Maipu n. m.** Fleuve du centre du Chili, au pied du volcan du même nom. 250 km.

Maiquetía Ville du Venezuela, sur la mer des Caraïbes. 67 000 habitants. Aéroport international de Caracas.

maire n. (vient du latin *major* → [1]majeur, major, comparatif de *magnus* « grand ») **1.** Premier officier municipal élu par le conseil municipal, parmi ses membres. *Le maire et ses administrés. Madame le maire, la maire* (→ **mairesse**). - En Belgique, en Suisse, on dit **bourgmestre. 2. n. m.** hist. *Maire du palais :* sous les Mérovingiens, Intendant du palais, jouant le rôle de Premier ministre ou de régent du royaume.

Maire (Edmond) Syndicaliste français (1931-2017). Il fut secrétaire général de la CFDT de 1971 à 1988.

mairesse n. f. 1. vieux Femme du maire. **2.** (Canada) Femme exerçant les fonctions de maire. → **maire.**

Mairet (Jean) Poète dramatique français (1604-1686). Auteur de *Sophonisbe,* première tragédie régulière, il s'orienta ensuite vers la tragicomédie *(Roland furieux).*

mairie n. f. 1. Charge de maire. **2.** Administration municipale. *Secrétaire de mairie.* **3.** Bâtiment où sont les bureaux du maire et de l'administration municipale. → **hôtel** de ville.

mais (d'abord « davantage », → ci-dessous, II, 1 ; vient du latin *magis* « plus » → **désormais, jamais,** de la famille de *magnus* → [1]majeur) **I. conj. 1.** marquant l'opposition (comme transition en tête de phrase) *Mais voyons, c'est tout naturel.* **2.** (introduisant une idée contraire) *Demain oui, mais aujourd'hui non. Je n'en veux pas un, mais deux.* **3.** (restriction, correction, précision) → en **revanche ; cependant, néanmoins, toutefois.** *C'est beau, mais c'est cher. Non seulement..., mais, mais encore, mais aussi, mais même, mais en outre...* **4.** (objection) *Mais pourtant vous étiez prévenu ? Oui, mais...* – **n. m.** *Que signifie ce mais ?* **II. adv. 1.** (1er sens du mot) loc. vieux ou littér. *N'en pouvoir mais :* n'y pouvoir rien. **2.** (renforçant un mot exprimé) *« Tu viens avec moi ? — Mais bien sûr ! »* **III.** exclam. (surprise) *Eh mais ! c'est toi ?* – (défi, menace) *Ah mais !* – (indignation) *Non, mais !*

maïs [mais] **n. m.** (espagnol *maíz, mahiz* dans la langue amérindienne des Taïnos d'Haïti ; on a dit *blé de Turquie, d'Italie, d'Inde*) Céréale de la famille des graminées cultivée pour ses grains comestibles. *Champ de maïs. Épi de maïs. Étudier des maïs OGM.* ■ Les grains de cette plante. *Farine de maïs* (→ **polenta**). *Couleur (de) maïs.* – appos. *Papier maïs :* papier à cigarettes fait à partir de feuilles de maïs.

maïserie n. f. techn. Usine où l'on traite le maïs pour la fabrication de fécule, de glucose.

maison n. f. (vient du latin *mansio, mansionis* « demeure », de *manere* « rester, demeurer » → **manoir**) **I. 1.** Bâtiment d'habitation (→ **immeuble, logement, résidence**) ; spécial*t* bâtiment conçu pour un seul ou un petit nombre de foyers (→ **pavillon, villa**). *La façade, les murs, le toit d'une maison. Une maison pauvre, délabrée.* → **baraque, bicoque, masure.** *Pâté* de maisons.* – *Maison de campagne,* résidence secondaire d'un citadin. – loc. *C'est gros comme une maison,* énorme, évident. **2.** Habitation, logement (qu'il s'agisse ou non d'un bâtiment entier). → **demeure, domicile, foyer, logis ; appartement.** *Les clés de la maison.* – *À la maison :* chez soi. *Rentrer à la maison.* → **bercail.** – *S'occuper de la maison,* y faire les tâches domestiques. **3.** Travail, place (d'un domestique). *Elle a fait de nombreuses maisons.* – loc. *Employé de maison. Les gens de maison :* les domestiques. **II.** (+ adj. ; + *de* et n.) Bâtiment, édifice destiné à un usage spécial. *Maison centrale, de correction, d'arrêt.* → **prison.** – *Maison de santé* (→ **clinique, hôpital**), *de repos.* – *Maison de retraite.* – *Maison de jeux.* → **tripot.** – *Maison de rendez-vous. Maison close, maison de tolérance.* → **bordel. III.** Entreprise commerciale. → **établissement, firme.** *Maison de détail, de gros. La maison mère et ses succursales.* – *La maison ne fait pas de crédit.* ■ L'établissement où l'on travaille. *Les traditions de la maison.* **IV.** fig. **1.** vieux Famille. *Une maison princière.* – loc. *Faire la jeune fille de la maison,* le service au cours d'une réception. **2.** hist. Ensemble des personnes employées au service des grands personnages. *La maison du roi.* **3.** Descendance, lignée des familles nobles. *La maison d'Autriche.* **V.** appos. invar. **1.** Qui a été fait à la maison, sur place. *Tarte maison.* **2.** fam. Particulièrement réussi, soigné. *Une engueulade maison.* **3.** Particulier à une entreprise. *L'esprit maison.*

Maison-Blanche en anglais **White House** Résidence du président des États-Unis, à Washington.

Maison carrée Temple romain de Nîmes, construit entre 16 av. J.-C. et 4 apr. J.-C. Il illustre la fusion des styles étrusque et grec.

maisonnée n. f. Les habitants d'une maison ; famille. *Toute la maisonnée était réunie.*

maisonnette n. f. Petite maison.

Maisonneuve (Paul de Chomedey de) Gentilhomme français (1612-1676). Il fonda Ville-Marie (aujourd'hui Montréal) en Nouvelle-France en 1642.

Maisons-Alfort Commune du Val-de-Marne, sur la Marne. 57 639 habitants. École nationale vétérinaire (depuis 1765).

Maisons-Laffitte Commune des Yvelines, sur la Seine. 23 204 habitants. Hippodrome et centre d'entraînement hippique. Château de Maisons, construit par Mansart.

maistrance n. f. (de l'italien ; famille de *maître*) mar. Ensemble des officiers de la marine nationale française.

Maistre (comte Joseph de) Écrivain français (1753-1821). Hostile à la Révolution française, il est, avec Louis de Bonald, l'un des pères de la pensée contre-révolutionnaire. *Considérations sur la France ; Soirées de Saint-Pétersbourg.*

Maistre (comte Xavier de) Écrivain français (1763-1852). Frère de Joseph de Maistre. On lui doit le *Voyage autour de ma chambre.*

maître, maîtresse n. (vient du latin *magister* → **magistral, magistrat,** probabl*t* de *magis* → **mais**) **I.** Personne qui exerce une domination. **1.** Personne qui a pouvoir et autorité (sur qqn) pour se faire servir, obéir. *Le maître et l'esclave.* – prov. *On ne peut servir deux maîtres à la fois.* – *Parler, agir en maître.* – *Ni Dieu, ni maître,* devise anarchiste. **2.** Possesseur d'un animal domestique. *Ce chien reconnaît son maître et sa maîtresse.* **3.** (Maître de...) Personne qui dirige. → **chef.** – loc. *Maître, maîtresse de maison :* personne (d'une famille) qui dirige la maison. ■ *Le maître d'un pays.* → **dirigeant.** *« Mais Rome veut un maître, et non une maîtresse »* (Racine). *Les maîtres du monde,* ceux qui ont le pouvoir. **4.** *Être (le) maître quelque part :* diriger, commander. *Je suis le maître chez moi.* – loc. *Être seul maître à bord :* être seul à décider. **5.** *Être son maître :* être libre et indépendant. – *Être maître, maîtresse de soi :* avoir de l'empire sur soi-même. → se **maîtriser,** se **dominer.** – *Être maître de ses actes, de son destin.* **6.** Personne qui possède une chose, en dispose. → **possesseur, propriétaire.** – *Voiture de maître,* voiture luxueuse dont l'usager est le propriétaire (opposé à *de louage*). – *Maison de maître,* grande et cossue. – *Se rendre maître de qqch., de qqn.* → **capturer, maîtriser.** – (choses abstraites) *Être maître de la situation.* **II.** Personne compétente pour diriger. **1.** dans des loc. (direction, surveillance) → **chef.** *Maître d'œuvre* (fém. *maître*), personne qui dirige un travail collectif. *Maître de ballet* (fém. *maître* ou *maîtresse*), personne qui dirige un ballet dans un théâtre. *Maître de chapelle*. Maître d'hôtel*.* – Nom donné aux marins officiers. *Premier maître, quartier-maître. Maître d'équipage.* – *Grand maître de l'ordre,* chef d'un ordre militaire. – *Maître de conférences,* qui enseigne dans une université, et qui n'a pas le titre de professeur. **2.** Personne qui enseigne. ancienn*t* *Maître, maîtresse d'école.* → **instituteur, professeur.** – *Maître nageur.* **3. n. m.** Artisan qui dirige le travail et enseigne aux apprentis, dans le système corporatif. ■ loc. *Être, passer maître en, dans :* devenir particulièrement adroit à. *Passer maître dans l'art de mentir. Trouver son maître :* trouver plus fort, plus habile que soi. **4. n. m.** Peintre, sculpteur qui dirigeait un atelier. – *Le Maître de* (et n. de lieu ou d'œuvre), désignation d'un peintre ancien anonyme de qualité. *Le Maître de Moulins.* ■ Artiste, créateur célèbre, qui excellait dans son art, qui a fait école. *Un tableau de maître.* **5. n. m.** Personne dont on est le disciple, que l'on prend pour modèle. *Un maître à penser.*

Maître spirituel. → **gourou.** **III.** (Titre) **n. m.** **1.** vieux Appellatif donné à des hommes, artisans, paysans propriétaires. *Maître Pierre.* **2.** Employé au lieu de Monsieur, Madame, en parlant des gens de loi ou en s'adressant à eux (avocat, huissier, notaire). *Maître X, avocate à la cour.* – Titre que l'on donne en s'adressant à un professeur éminent, à un artiste ou un écrivain célèbre. *Monsieur (Madame) et cher Maître.* **IV.** ***Maître, maîtresse*** appos. ou **adj.** **1.** Qui a les qualités d'un maître, d'une maîtresse. *Une maîtresse femme.* → **déterminé, énergique.** **2.** Qui est le premier, le chef de ceux qui exercent la même profession dans un corps de métier. *Maître queux**. *Maître teinturier.* – fig., vieux → **fieffé.** *Maître escroc.* **3.** (choses) Le plus important, la plus importante. → **principal.** *La maîtresse branche d'un arbre,* la plus grosse. *Maître-autel* (d'une église). – jeux de cartes *Atout maître. Carte maîtresse.* – fig. *La pièce maîtresse d'une collection, d'un dossier.* → **essentiel,** **[1]majeur.** - var. RO **maitre, maitresse.**

maître-à-danser **n. m.** (par analogie, les branches étant comparées aux jambes) techn. Compas d'épaisseur à branches croisées. *Des maîtres-à-danser.* - var. RO **maitre-à-danser.**

maître chanteur, euse **n.** Personne qui exerce un chantage*. *Des maîtres chanteurs.* - var. RO **maitre chanteur, euse.**

maître-chien **n. m.** Personne responsable du dressage d'un chien, et de son emploi pour certains services (garde, sauvetage...). *Des maîtres-chiens.* - var. RO **maitre-chien.**

maîtresse **n. f.** **I.** Féminin de *maître* dans certains emplois. → **maître.** **II.** **1.** vieux (langue classique) Jeune fille ou femme aimée d'un homme. → **bien-aimée, fiancée.** **2.** vieilli Femme qui a des relations amoureuses et sexuelles plus ou moins durables avec qqn sans lui être mariée. *Ils sont amant et maîtresse* (→ **liaison**). – spécialt, mod. Femme qui a des relations sexuelles plus ou moins régulières avec une personne mariée à qqn d'autre. *Son mari avait des maîtresses.* - var. RO **maitresse.**

Maitreya Nom donné au Bouddha du futur dans la cosmogonie bouddhique.

maîtrisable **adj.** Qui peut être maîtrisé, surmonté. *Une peur difficilement maîtrisable.* - var. RO **maitrisable.**

maîtrise **n. f.** **I.** **1.** ***Maîtrise de soi*** : qualité d'une personne qui sait se dominer, se contrôler (→ **sang-froid ; maître** de **soi**). **2.** Contrôle militaire d'un lieu. → **suprématie.** *L'Angleterre avait la maîtrise des mers.* **II.** **1.** École de chant attachée à une église ; le chœur lui-même. → **manécanterie.** **2.** Qualité, grade, fonction de maître, dans certains corps de métiers. **3.** Ensemble des maîtres d'une corporation. ■ ***Agent de maîtrise,*** technicien appartenant aux cadres subalternes d'une entreprise. **4.** Diplôme universitaire du second cycle, qui correspondait à quatre années d'études après le baccalauréat. – Diplôme national de l'enseignement supérieur délivré après validation de la première année d'enseignement du master. *Mémoire de maîtrise.* **5.** Perfection digne d'un maître, dans la technique. → **maestria, virtuosité.** *Exécuté avec maîtrise.* ■ Fait de connaître à fond (un sujet, une langue). - var. RO **maitrise.**

maîtriser **v. tr.** < 1 > **1.** Se rendre maître de, par la contrainte physique. *Maîtriser un cheval.* – *Maîtriser un incendie.* **2.** Dominer (une passion, une émotion, un réflexe). → **contenir, réprimer, surmonter, vaincre.** *Maîtriser sa colère, ses nerfs.* – pronom. → **se contrôler,** se **dominer ; prendre** sur soi. **3.** Dominer (ce que l'on fait, ce dont on se sert). *Il maîtrise parfaitement la langue française.* - var. RO **maitriser.**

Maïwenn Le Besco, dite **Maïwenn** Actrice et réalisatrice française (née en 1976). Comédienne depuis l'enfance, elle passe à la réalisation et tourne *Le Bal des actrices,* en forme de documentaire ; *Polisse,* d'après des cas réels rencontrés par une brigade de protection des mineurs ; *Mon roi* sur une relation amoureuse toxique.

maïzena **n. f.** (marque déposée ; mot anglais, de l'espagnol *maiz* « maïs ») Fécule de maïs utilisée en cuisine.

Majapahit ou **Mojopahit** **n. m.** Ancien État javanais (XIIIe-XVIe s.). Au XIVe s., son influence s'étendit sur tout l'archipel indonésien et sur une partie de la péninsule malaise.

Majdanek ou **Maïdanek** Localité polonaise, dans la banlieue de Lublin. Entre 1941 et 1942 y fut installé le plus grand camp d'extermination de Pologne après Auschwitz.

majesté **n. f.** (latin *majestas,* de *major* → **maire, major**) **I.** **1.** Grandeur suprême. → **gloire.** *La majesté divine.* – arts *Christ en majesté,* représenté de face, sur un trône. **2.** Titre donné aux souverains héréditaires. → **altesse.** *Votre Majesté. Sa Majesté le roi.* **II.** Caractère de grandeur, de noblesse dans l'apparence, l'allure, les attitudes.

majestueusement **adv.** Avec majesté.

majestueux, euse **adj.** **1.** Qui a de la majesté. → **imposant.** *Un air, un port majestueux.* → **[2]fier, noble.** **2.** D'une beauté pleine de grandeur, de noblesse. → **grandiose.** *Un fleuve majestueux.*

[1]majeur, eure (latin *major* → **[2]majeur, major, majuscule,** compar. de *magnus* « grand » → **magnat, magnitude**) **I.** **adj. compar.** (opposé à *mineur*). **1.** Plus grand, plus important. *La majeure partie* (→ **[1]majorité 3**). *En majeure partie :* pour la plupart. **2.** mus. *Intervalle majeur,* plus grand d'un demi-ton chromatique que l'intervalle mineur. *Concerto en sol majeur.* – **n. m.** *Morceau en majeur.* **3.** Très grand, très important. → **primordial.** *Une préoccupation majeure. Un cas de force majeure.* **II.** **n. m.** Le plus grand doigt de la main. → **médius.**

[2]majeur, eure **adj.** (sens juridique du latin *major* → **[1]majeur**) Qui a atteint l'âge de la majorité légale. *Héritier majeur.* – fam. *Il est majeur, il sait ce qu'il fait.* – plais. *Majeur et vacciné.* – **n.** *Majeur incapable.*

Majeur (lac) ou **Verbano (lac)** Lac alpin d'Italie (Piémont, Lombardie) et de Suisse (Tessin). 212 km^2. Il renferme les îles Borromées. Tourisme.

Ma Jianzhong Grammairien chinois (1845-1900). Il fut l'auteur de la première description systématique de la syntaxe et des classes grammaticales du chinois.

majolique **n. f.** (italien *maiolica,* de *Maiorca,* Majorque) Faïence italienne, notamment de la Renaissance.

Majolique à décor polychrome (milieu XVIe s.).

majong ou **mah-jong** [maʒɔ̃g] **n. m.** (mot chinois « je gagne ») Jeu chinois voisin des dominos. *Des majongs, des mah-jongs.* - var. **mahjong.**

major (latin *major* → **[1]majeur**) **I.** **adj.** Supérieur par le rang (dans quelques composés). *Sergent*-major. Infirmière-major. Des médecins-majors.* – → **tambour-major.** **II.** **n.** **1.** **n. m.** (jusqu'en 1975) Officier supérieur chargé de l'administration. – *Major général.* **2.** Chef de bataillon (→ **commandant**), sous l'Ancien Régime français ; et aujourd'hui dans certaines armées. **3.** anciennt Médecin militaire. **4.** Candidat(e) reçu(e) à la première place du concours d'une grande école. *La major de la promotion.* - REM. Au féminin, on écrit aussi *la* **majore.** **III.** **n. f.** (repris à l'anglais) anglic. Entreprise parmi les plus grandes d'un secteur d'activité. *Les majors de l'industrie du disque.*

Major (John) Homme d'État britannique (né en 1943). Chef du parti conservateur, il fut Premier ministre de 1990 à 1997.

John Major devant le 10 Downing Street.

majorant **n. m.** math. Nombre supérieur ou égal à tous les éléments d'un ensemble (s'oppose à *minorant*).

majorat **n. m.** (de l'espagnol, de *mayor* « plus grand » → **[1]majeur**) anciennt Bien inaliénable attaché à un titre de noblesse et transmis avec lui à l'héritier (généralement le fils aîné).

majoration **n. f.** Action de majorer (s'oppose à *minoration*). *Majoration de prix* (→ **augmentation, hausse**), *d'impôts* (→ **redressement**).

majordome **n.** (italien *maggiordomo,* du latin médiéval *major domus* « chef [→ **[1]majeur, major**] de la maison [→ **domestique**] ») Maître d'hôtel de grande maison.

Majorelle (Louis) Ébéniste français (1859-1926). Membre de l'école de Nancy, il créa des meubles dans le style Art nouveau. ■ **Jacques Majorelle.** Peintre et décorateur français (1886-1962). Fils de Louis, il se fixa à Marrakech où il fit édifier une villa de style mauresque entourée d'un jardin botanique *(jardin Majorelle).*

majorer **v. tr.** < 1 > (du latin *major,* d'après *minorer*) Porter à un chiffre plus élevé (s'oppose à *minorer*). *Majorer une facture. Majorer les prix.* → **augmenter.**

majorette **n. f.** (de l'anglais des États-Unis *majorette,* fait d'après le français *tambour-major* et *-ette*) Jeune fille en uniforme militaire de fantaisie, qui défile en maniant une canne de tambour-major.

Majorien en latin **Flavius Julius Valerius Majorianus** (mort en 461). Empereur romain d'Occident, de 457 à sa mort. Il fut assassiné par Ricimer.

majoritaire **adj.** (de **[1]*majorité***) **1.** (système électoral) Dans lequel la majorité l'emporte. *Scrutin majoritaire* (opposé à *proportionnel*). **2.** Qui fait partie d'une majorité ; qui détient la majorité. – **n.** *Les majoritaires d'un parti.* **3.** Qui détient la majorité des parts d'une société. *Gérant majoritaire.* □ **adv. majoritairement**

[1]majorité **n. f.** (latin *majoritas,* de *major* → **[1]majeur, major**) **1.** Groupement de voix qui l'emporte par le nombre, dans un vote. *La majorité des suffrages. Majorité absolue,* réunissant (au moins) la moitié plus un des suffrages exprimés. *Majorité relative,* supérieure en nombre mais inférieure à la majorité absolue. *Majorité qualifiée* ou *renforcée,* exigeant un nombre de voix supérieur à celui de la majorité absolue. **2.** Parti, fraction qui réunit la majorité des suffrages. *La majorité et l'opposition.* **3.** Le plus grand nombre. *Dans la majorité des cas. Assemblée composée en majorité de femmes.* – *Les Français*

M

dans leur immense majorité... L'opinion de la majorité. La majorité silencieuse (invoquée en politique).

[2]majorité n. f. (→ [2]majeur) dr. Âge légal à partir duquel une personne est pleinement capable de tous les actes de la vie civile *(majorité civile)* ou responsable *(majorité pénale)*. – absolt cour. *La majorité,* cet âge (dix-huit ans en France).

Majorque en espagnol **Mallorca** La plus grande île de l'archipel espagnol des Baléares. 3 640 km². 873 414 habitants. Capitale : Palma de Majorque. Annexée au XIVe s. au royaume d'Aragon, cette île montagneuse (1 436 m au Puig-Mayor) est aujourd'hui l'un des hauts lieux du tourisme en Espagne.

majuscule (latin *majusculus,* de *major* → **major**) **adj.** *Lettre majuscule,* plus grande que la minuscule et d'une forme différente, qui se met au commencement des phrases, des noms propres. *Un A majuscule.* – **n. f.** *Une majuscule.* → **capitale.** *Écrire son nom en majuscules.*

Makalu n. m. Sommet de l'Himalaya, sur la frontière entre le Népal et le Tibet. 8 463 m.

Le Makalu, dans l'Himalaya, au nord du Népal.

Makarenko (Anton Semenovitch) Pédagogue et écrivain soviétique (1888-1939). Professeur d'histoire, il se consacra à l'éducation et à la réadaptation des adolescents par le travail en commun. *La Marche de 1930 ; Poème pédagogique.*

Makarios III (Mikhaïl Khristodoulos Mouskos) Prélat et homme d'État chypriote (1913-1977). Archevêque de Chypre, il fut président de la république de Chypre de 1960 à sa mort.

Makassar (détroit de) Détroit d'Indonésie, entre Sulawesi et Bornéo, permettant le passage entre la mer de Célèbes (S. des Philippines) et la mer de Java.

Makassar Ville d'Indonésie, capitale de la province de Sulawesi Selatan. 1,3 million d'habitants. Port. Université. La ville s'est appelée Ujungpandang de 1972 à 2000.

Makeba (Zenzi, dite Miriam) Chanteuse sud-africaine (1932-2008). Choriste des *Black Manhattan Brothers,* elle composa et enregistra *Pata Pata* qui la rendit mondialement célèbre. Ses prises de position contre l'apartheid et le régime sud-africain l'obligèrent à s'exiler en Guinée. Elle ne revint en Afrique du Sud qu'à la libération de Nelson Mandela.

Miriam Makeba à l'Olympia en 1999.

Makeïeff (Macha) Metteuse en scène et autrice française (née en 1953). Elle travailla en collaboration avec Jérôme Deschamps avec lequel elle créa les spectacles des Deschiens. Elle a dirigé le Théâtre national de Marseille, La Criée (2011-2022).

Makhatchkala Ville du S. de la Russie, capitale du Daguestan, sur la mer Caspienne. 572 000 habitants. Port. Centre industriel (raffineries de pétrole, construction navale).

Makhno (Nestor) Anarchiste ukrainien (1889-1935). Après la révolution d'octobre 1917, il prit la tête d'une insurrection paysanne contre les troupes d'occupation allemandes et autrichiennes, puis contre les armées blanches.

[1]maki n. m. (mot malgache) zool. Lémurien de Madagascar, au pelage épais, à queue longue et touffue.

[2]maki n. m. (mot japonais) Rouleau de riz enveloppé d'une feuille d'algue séchée, garni en son centre de poisson, d'omelette, etc. *Makis et sushis*.*

Maki Fumihiko Architecte japonais (né en 1928). Il est l'un des fondateurs du mouvement dit « métaboliste », qui voit la ville comme un organisme vivant. Il a notamment construit le musée national d'Art moderne de Kyōto, le Tōkyō Metropolitan Gymnasium et une tour du Four World Trade Center à New York. Prix Pritzker 1993.

Makiïvka Ville d'Ukraine, dans le Donbass. 376 000 habitants. Important centre sidérurgique et charbonnier.

makimono n. m. (mot japonais) Peinture japonaise sur soie ou papier, beaucoup plus large que haute (→ **kakémono**). - var. **makémono.**

Makine (Andreï) Écrivain français d'origine russe (né en 1957). Ses romans, aux accents proustiens, explorent sa double culture française et russe. *Le Testament français ; Le Pays du lieutenant Schreiber.* Académie française 2016.

Andreï Makine (en 2005), prix Goncourt 1995.

making of [mekiŋɔf] **n. m. invar.** (mot anglais « élaboration de ») anglic. Documentaire ayant pour sujet le tournage d'un film ou la préparation d'un spectacle.

Makriyannis (Yannis) Homme de guerre et écrivain grec (1797-1864). Général pendant la révolution nationale grecque, il fut l'un des protagonistes de l'insurrection qui imposa la Constitution à Othon Ier. Il a laissé des *Mémoires.*

Maksimov ou **Maximoff** (Grigori Petrovitch) Anarchiste russe (1893-1950). Il défendit une ligne anarcho-syndicaliste lors de la révolution d'Octobre et dut s'exiler.

[1]mal, male adj. (vient du latin *malus* « mauvais ») **I.** dans des loc. (vieux au fém.) Mauvais. *Bon gré, mal gré. Bon an, mal an.* ■ vieux *À la male heure :* à l'heure de la mort. *Mourir de male mort,* de mort violente. **II. 1.** Contraire à un principe moral, à une obligation (opposé à *bien*). *C'est mal de* (+ inf.). *C'est mal, ce que tu as fait là. Faire, dire qqch. de mal. Je n'ai rien fait de mal.* **2.** *Pas mal* loc. adj. (avec une négation) : plutôt bien. *Ce tableau n'est pas mal ;* fam. *il est pas mal.*

[2]mal adv. (de [1]*mal*) (opposé à *bien*) **I. 1.** D'une manière contraire à l'intérêt ou au plaisir de qqn. *Ça commence mal ! Ça tombe mal :* cela arrive à un moment inopportun. *Ça a failli mal tourner,* se gâter. **2.** Avec malaise, douleur. *Se sentir mal :* éprouver un malaise. *Être mal dans sa peau.* ***Se trouver mal*** : s'évanouir. *Être* ***au plus mal***, dans un état de santé très grave. ■ (sens atténué) *Vous êtes mal sur ce tabouret, prenez un fauteuil.* – fam. *On est mal !,* en mauvaise posture. **3.** D'une façon défavorable, avec malveillance. *Il est mal vu* (opposé à *bien*). *Être, se mettre mal avec qqn,* se brouiller avec lui. *Ne le prenez pas mal* (→ en mauvaise part). **II. 1.** Autrement qu'il ne convient ; de façon contraire à un modèle. *Travail mal fait. Elle écrit mal.* – *Un écrou mal serré.* – *Parler mal à qqn,* sans respect. ■ (sens moral) *Il s'est mal conduit. Elle a mal tourné.* **2.** Insuffisamment (en qualité ou quantité). → **médiocrement.** *Travail, employé mal payé. J'ai mal dormi.* – Peu, pas. *Être mal à l'aise.* **3.** Difficilement, avec effort. *Le malade respire mal.* → **péniblement.** *Je vous comprends mal.* **III. 1.** ***Pas mal*** (+ négation) loc. adv. : assez bien, bien. – *Cela ne t'irait pas mal du tout.* – ellipt *Comment vas-tu ? — Pas mal, et toi ?* **2.** ***Pas mal*** (sans négation) **loc. adv.** : assez, beaucoup (opposé à *peu*). → **passablement.** *Il a pas mal voyagé. Je m'en moque pas mal.* **3.** ***Pas mal de*** (sans négation) : un assez grand nombre de, beaucoup de.

[3]mal, maux n. m. (de [1]*mal*) **I. 1.** Ce qui cause de la douleur, de la peine, du malheur ; ce qui est mauvais, pénible (pour qqn). → **dommage, perte, préjudice, tort.** *Faire du mal à qqn. « Personne n'est méchant et que de mal on fait ! »* (Hugo). *Rendre le mal pour le mal. Cela n'a jamais fait de mal à personne.* – loc. *Il, elle ne ferait pas de mal à une mouche.* – *Mettre à mal.* → **maltraiter.** ■ ***Un mal, des maux.*** → **malheur, peine.** *C'est un mal nécessaire.* **2.** Souffrance, malaise physique. → **douleur.** *(Avoir un, des) mal, maux de tête* (→ **migraine**), *de gorge.* – *Il y a plus de peur que de mal.* – prov. *Aux grands maux, les grands remèdes.* – ***Avoir mal.*** → **souffrir.** *Où as-tu mal ? J'ai mal au dos.* – *(Avoir le) mal de mer, mal de l'air,* des nausées (en bateau, en avion). – ***Faire mal*** : causer de la douleur. *Se faire mal en tombant.* fig. *Cela me fait mal au cœur :* cela m'inspire de la tristesse. ■ (formule de politesse) *Il n'y a pas de mal,* ce n'est rien, ne vous excusez pas. **3.** Maladie. *Prendre mal, du mal :* tomber malade ; spécialt prendre froid. *Le remède est pire que le mal.* ■ vieux *Le haut mal, le mal sacré :* l'épilepsie. **4.** Souffrance morale. *Des mots qui font du mal.* → **blesser.** *Le mal du siècle,* mélancolie profonde de la jeunesse romantique. *Le mal du pays.* → **nostalgie.** – *Être* ***en mal de*** : souffrir de l'absence, du défaut de qqch. *En mal d'affection.* **5.** Difficulté, peine. *Avoir du mal, beaucoup de mal à faire qqch. Se donner du mal, un mal fou,* fam. *un mal de chien.* **6.** *Dire, penser du mal de qqn.* → **calomnier, médire.** **II.** ***Le mal.*** **1.** Ce qui est contraire à la loi morale, à la vertu, au bien. *Faire le mal pour le mal. Elle voit le mal partout. Je n'y vois aucun mal.* – *Sans penser, sans songer* ***à mal***, sans avoir d'intentions mauvaises. **2.** Ce qui est l'objet de désapprobation ou de blâme. *Le bien et le mal. Satan, incarnation du mal* (→ **malin** I, 1). *« Les Fleurs du mal »,* poèmes de Baudelaire.

mal- Élément (de [1]et [2]*mal*) (ex. *malaise ; malpoli, malmener ; malfaiteur*). → **mé-.** - var. **mau-** (ex. *maudire*) ; souvent opposé à *bien.*

malabar n. m. (du n. propre) fam. Homme très fort. → **costaud.**

Malabar n. m. ou côte de **Malabar** Plaine côtière du S.-O. de l'Inde (850 km). Ports d'exportation (épices, café, thé), rizières.

Malabo anciennement **Santa Isabel** Capitale de la Guinée équatoriale, sur l'île de Bioko. 257 000 habitants. Port. Exportation de café, de cacao et de bois.

malabsorption n. f. méd. Trouble du processus d'absorption des aliments par l'intestin.

Malacca (presqu'île de) Péninsule de l'Asie du S.-E. entre l'océan Indien et la mer de Chine. Séparée de Sumatra par le *détroit de Malacca*, elle est partagée entre la Thaïlande, la Malaisie et la Birmanie.

Malachie (livre de) Livre anonyme de l'Ancien Testament. Il dénonce les dysfonctionnements du culte rendu à Yahvé et annonce le retour du prophète Élie.

Malachie [malaʃi] **(saint)** Prélat d'Irlande (1094-1148). Primat d'Irlande et ami de saint Bernard de Clairvaux, il réforma l'Église irlandaise.

malachite [malaʃit ; malakit] n. f. **(du grec, de *malakhê* « mauve »)** Pierre d'un beau vert diapré, carbonate de cuivre naturel.

malacologie n. f. **(du grec *malakos* « mou » et de *-logie*)** didact. Étude des mollusques.

malacostracé n. m. **(du grec *malakos* « mou » et *ostrakon* « coquille, carapace »)** zool. Crustacé à abdomen distinct du tronc (sous-classe des *Malacostracés* ; ex. le homard, le crabe, le cloporte).

malade (vient du latin *male habitus*, de *male* adv. et p. p. de *habere* → [1]avoir) I. adj. 1. Qui souffre de troubles organiques ou fonctionnels ; qui est en mauvaise santé. *Gravement malade. Un peu malade* (**→ indisposé, souffrant**). fam. *Malade comme une bête, un chien, à crever. Tomber malade. Être malade du cœur.* – *Avoir le cœur malade.* – *Se rendre malade.* ▪ spécialt fam. *Tu es complètement malade !* **→ cinglé, [1]fou.** ▪ *Être malade d'inquiétude, de jalousie.* ▪ (plantes) *La vigne est malade cette année.* **2.** fam. (choses) Détérioré, en mauvais état, très usé. **3.** Dont l'activité, le fonctionnement est gravement compromis. *Une économie, un secteur malade.* **II. n.** Personne malade. *La malade garde la chambre.* ▪ *Malade mental.* **→ aliéné, [1]fou.** *C'est un malade.* **→ désaxé, détraqué.** – fam. *Travailler comme un malade,* énormément. ▪ *Un, une malade imaginaire :* personne qui se croit malade, mais ne l'est pas. **→ hypocondriaque.** « *Le Malade imaginaire* » (comédie de Molière).

Maladetta ou **Maladeta** n. f. Massif des Pyrénées espagnoles (Aragon). 3 404 m au pic d'Aneto. La Garonne y prend sa source.

maladie n. f. **I.** Altération, trouble de l'organisme (**→ affection, [3]mal ; -pathie**). *Une maladie bénigne, grave, incurable. Maladie de cœur, de peau. Maladie infectieuse, contagieuse. Maladie infantile. Maladie génétique. Maladie orpheline*. Maladie mentale :* psychose. *Les symptômes d'une maladie. Attraper, contracter ; transmettre une maladie. Guérir une maladie.* – loc. fam. *En faire une maladie :* être très contrarié. – ***La maladie*** : l'état des organismes malades ; les maladies en général. *Être miné, rongé par la maladie.* ▪ *Les maladies des animaux, des plantes.* **II.** fig. **1.** Ce qui trouble, épuise. « *L'ennui est la grande maladie de la vie* » (Vigny). **2.** Habitude, comportement anormal, excessif. **→ manie.** *Cesse de gigoter ! c'est une maladie !*

maladif, ive adj. **1.** Qui est de constitution fragile, souvent malade ou sujet à l'être. **→ chétif, malingre, souffreteux. 2.** Qui présente le caractère de la maladie. *Pâleur maladive.* **3.** Anormal, excessif et irrépressible. *Timidité ; peur maladive.* **→ pathologique.** ▫ adv. **maladivement**

maladrerie n. f. **(de *malade* et *ladrerie*, de *ladre* au sens premier « lépreux »)** vieux Léproserie.

maladresse n. f. **1.** Manque d'adresse. *La maladresse d'un apprenti.* – *La maladresse d'un dessin.* **2.** Manque d'habileté ou de tact. **→ gaucherie.** *Blesser qqn par maladresse.* **3.** Action maladroite. **→ bêtise, bévue, erreur, impair.** *Une série de maladresses.*

maladroit, oite adj. et n. **(de [2]*mal* et *adroit*) 1.** Qui manque d'adresse, n'est pas adroit. **→ gauche, inhabile, malhabile.** – n. *Il a tout cassé, le maladroit.* **2.** (comportement, relations sociales) *Un amoureux maladroit.* **3.** Qui dénote de la maladresse. *Un geste maladroit. Remarque maladroite.*

maladroitement adv. D'une manière maladroite. **→ gauchement, [2]mal (II).**

malaga n. m. **(du n. de la ville) 1.** Vin liquoreux de la région de Málaga. **2.** Raisin sec de Málaga.

Málaga Ville du S. de l'Espagne (Andalousie), sur la Méditerranée. 578 400 habitants. Forteresses mauresques. Musée. Université. Port de commerce.

mal-aimé, ée adj. Qui n'est pas assez aimé. – n. « *La Chanson du Mal-Aimé* » (poème d'Apollinaire). - var. RO **malaimé, ée.**

malaire adj. **(du latin *mala* « mâchoire, joue »)** anat. Qui a rapport à la joue. *Région malaire.*

malais, aise adj. et n. De Malaisie. – n. m. *Le malais :* langue du groupe indonésien parlée en Malaisie et en Indonésie (à la base de la langue nationale de l'Indonésie).

Malais n. m. pl. Peuple asiatique (plus de 20 millions) parlant une langue malayo-polynésienne, habitant notamment en Malaisie, la péninsule de Malacca, une partie de Sumatra et à Brunei. Ils forment une ethnie minoritaire dans le S. de la Thaïlande, au Cambodge, en Birmanie et au Sri Lanka.

malaisant, ante adj. Qui met mal à l'aise, qui crée un malaise, une gêne. **→ dérangeant, gênant.** *Une situation malaisante.*

malaise n. m. **(de [1]*mal* et *aise*) 1.** Sensation pénible et vague d'un trouble physiologique. **→ dérangement, indisposition.** – spécialt Évanouissement. *Elle a été prise d'un malaise.* **2.** Sentiment pénible et irraisonné dont on ne peut se défendre. **→ angoisse, inquiétude.** *Un sentiment de malaise.* **→** fam. **gênance.** *Provoquer un malaise.* **→ troubler.** – *Il y eut un malaise dans l'assemblée.* **3.** Crise, mécontentement collectif latent. *Le malaise social.*

malaisé, ée adj. **1.** littér. Qui ne se fait pas facilement. **→ difficile.** *Tâche malaisée.* **→ ardu, délicat. 2.** vieilli **→ incommode, pénible.** *Un chemin malaisé.* ▫ adv. **malaisément**

Malaisie

n. f. ▪ offic. Fédération de Malaisie État d'Asie du Sud-Est, comprenant une partie de la péninsule de Malacca (Malaisie occidentale) et le N. de l'île de Bornéo (Malaisie orientale). 329 758 km^2. 32,4 millions d'habitants (les *Malaisiens*). **Langue :** malais. **Population :** Malais et indigènes (60 %), Chinois (30 %), Indiens (9 %). **Religions :** musulmans (religion offic.), bouddhistes, hindouistes, chrétiens. **Monnaie :** ringgit. **Capitale :** Kuala Lumpur (capitale admin. : Putrajaya). **Régime :** monarchie constitutionnelle.

GÉOGRAPHIE

En son centre, la péninsule malaise est occupée par de petits massifs montagneux. Les plaines longeant la côte ouest, relativement larges, sont fertiles ; celles de la côte orientale sont plus étroites. Le N. de Bornéo est occupé par des montagnes élevées et des plaines littorales étroites. La forêt tropicale abrite une faune très variée. Le climat, équatorial, est chaud et humide toute l'année.

ÉCONOMIE

L'agriculture (poivre, huile de palme, cacao) et l'exploitation de la forêt (hévéa, bois) conservent une place importante dans l'économie. Le sous-sol est riche (7e producteur mondial d'étain, pétrole, gaz naturel). L'industrie se diversifie et se modernise (caoutchouc, textile, raffineries, alimentation, électronique) ; le tourisme se développe rapidement. Un programme de transformation économique engagé depuis 2010

M

Malaisie

a permis au pays de devenir la 4e puissance de l'Ansea.

HISTOIRE

Des populations mongoles s'installèrent sur le territoire à l'époque néolithique. La région commerça avec l'Indochine, l'Indonésie, l'Inde, la Chine. Au VIIe siècle, elle entra dans l'aire d'influence de l'empire de Sumatra. Le royaume de Melaka, fondé vers 1400, fut rapidement islamisé. Les Portugais (1511) puis les Hollandais (1641) s'en emparèrent. Les Britanniques en firent un protectorat (XIXe s.). Après l'occupation japonaise (1941-1945), la Fédération de Malaisie fut créée (1948) et obtint son indépendance dans le cadre du Commonwealth (1957). En 1963 fut constituée la Grande-Malaisie (ou *Malaysia*), regroupant la Fédération de Malaisie, les États de Sabah et de Sarawak, ainsi que Singapour (qui s'en retira en 1965). De 1957 à 2018, le pays fut dirigé par la même coalition *(Barisan Nasional)*, qui dut maintenir l'équilibre précaire entre ses différentes composantes ethniques. À partir de 2011, un vaste mouvement populaire réclama la tenue d'élections libres que l'opposition, Alliance de l'espoir, remporta en mai 2018. Les nationalistes revinrent au pouvoir en 2020.

Malakoff Commune des Hauts-de-Seine. 31 230 habitants. Université. Activités tertiaires. Constructions électriques et électroniques.

Malakoff (tour) Ouvrage défensif qui protégeait Sébastopol durant la guerre de Crimée. La tour fut prise par la division de Mac-Mahon le 8 septembre 1855, ce qui entraîna la chute de Sébastopol.

Malala (Malala Yousafzaï, dite) Militante pakistanaise pour les droits des femmes à l'éducation (née en 1997). Elle survécut à une tentative d'assassinat menée par les talibans, en 2012. Exilée à Londres, elle a publié *Moi Malala : Je lutte pour l'éducation et je résiste aux talibans.* Prix Nobel de la paix 2014.

M

Malala reçoit le Prix international de la paix pour les enfants en 2013.

Malamud (Bernard) Écrivain américain (1914-1986). Il prit pour sujet les juifs pauvres de l'Amérique urbaine, qu'il dépeignit avec humour, compassion et compréhension. *The Assistant ; The Fixer.*

Malan (Daniel François) Homme d'État sud-africain (1874-1959). Pasteur de l'Église réformée, il fonda le Parti nationaliste unifié. Devenu Premier ministre en 1948, il opta pour la politique d'apartheid.

malandrin n. m. (de l'italien, de *malandria*, n. d'une maladie) vieilli ou littér. Voleur ou vagabond dangereux. → **bandit, brigand.**

Malang Ville d'Indonésie, sur l'île de Java. 820 243 habitants. Centre administratif et commercial (riz, maïs, légumes et fruits). Industries (métallurgie, textile, agroalimentaire).

Malaparte (Kurt Suckert, dit Curzio) Écrivain italien (1898-1957). Ses romans, dans une veine baroque et morbide, évoquent le thème de la guerre. *Kaputt ; La Peau.*

malappris, ise n. vieilli (rare au fém.) Personne sans éducation. → **malotru, malpoli.** *Espèce de malappris !*

Mälar ou **Mälaren (lac)** Lac du centre de la Suède, communiquant à Stockholm avec la mer Baltique. 1 140 km². Il comprend plus de 200 îles.

malard n. m. (de *mâle*) Canard mâle. - var. **malart.**

malaria n. f. (mot italien « mauvais air ») Paludisme.

Malassez (Louis Charles) Histologiste et physiologiste français (1842-1909). Il fut l'un des premiers à pratiquer le comptage des globules sanguins.

Malassis (coopérative des) Groupe constitué en 1970 par cinq peintres français (Cueco, Fleury, Latil, Parré et Tisserand) qui affirmèrent leurs revendications politiques dans une figuration agressive *(Qui tue ?).*

Malatesta Famille de guerriers *(condottieri)* italiens qui régna sur Rimini et une partie de la Romagne du XIIIe au XVe s. Elle appartenait au parti guelfe.

Malatesta (Errico) Révolutionnaire anarchiste italien (1853-1932). Défenseur du « communisme libertaire », il anima l'Union syndicale italienne et lutta contre le fascisme.

Malatya Ville de Turquie, au pied du Taurus oriental, près de l'Euphrate. 401 700 habitants. Université. Vestiges hittites. Mosquée du XIIIe s. dans l'ancienne ville.

Malaurie (Jean) Ethnologue français (né en 1922). Spécialiste de l'Arctique où il a effectué de nombreuses missions, il est l'auteur d'importants ouvrages sur les civilisations du Grand Nord, notamment sur les Inuits.

Jean Malaurie en 1995.

malavisé, ée adj. littér. Qui n'est pas avisé, qui agit sans discernement. → **étourdi, imprudent.**

Malawi (lac) anciennement **lac Nyasa** Grand lac du S.-E. de l'Afrique. 29 500 km². Situé en grande partie sur le territoire du Malawi, il est partagé à l'E. entre la Tanzanie et le Mozambique. Pêche.

Malawi

n. m. ■ offic. république du Malawi anciennement Nyasaland État d'Afrique du Sud-Est. 119 310 km². 18 millions d'habitants (les *Malawites* ou *Malawiens*). **Langues :** chichewa et anglais (offic.). **Population :** Chewas, Ngounis, Nyanjas, Yaos. **Religions :** chrétiens, animistes, musulmans. **Monnaie :** kwacha, **Capitale :** Lilongwe. **Régime :** présidentiel.

GÉOGRAPHIE

Le pays est constitué de hauts plateaux s'abaissant vers le lac Malawi pour former une étroite plaine. Le climat tropical est modéré par l'altitude. L'économie repose sur l'agriculture (maïs, riz, tabac, thé, coton), l'élevage et la pêche. L'émigration saisonnière, accentuée par la crise alimentaire, est dirigée vers le Transvaal.

HISTOIRE

Des Bantous s'installèrent dans la région au 1er siècle. Plusieurs royaumes s'y formèrent à partir du Xe siècle. Protectorat britannique sous le nom de *Nyasaland* (1891), la région constitua une fédération avec les deux Rhodésies (1953). Elle proclama son indépendance dans le cadre du Commonwealth sous le nom de *Malawi* (1964). Le régime, soumis au parti unique du Dr Banda (Malawi Congress Party), s'ouvrit au multipartisme en 1994. Les présidents démocrates Bakili Muluzi (1994-2004), puis Bingu wa Mutharika (2004-2012) et son frère Peter Mutharika à partir de 2014 ne parvinrent pas à enrayer la famine. Le Malawi Congress Party revint au pouvoir en 2020 avec Lazarus Chakwera.

malaxer v. tr. < 1 > (du latin, du grec *malassein*, de *malakos* « mou, doux » → **malacologie**) **1.** Pétrir (une substance) pour la rendre plus molle, plus homogène. *Malaxer le plâtre.* **2.** Remuer ensemble pour mélanger. *Malaxez le beurre et la farine.* □ **n. m. malaxage**

malaxeur n. m. Appareil, machine servant à malaxer. *Malaxeur à béton.* → **bétonnière.**

malayalam [malajalam] n. m. (mot de cette langue) ling. Langue dravidienne, parlée en Inde, dans le Kerala.

malayo-polynésien, enne adj. (de *malais* et *polynésien*) ling. *Langues malayo-polynésiennes :* groupe de langues formé par l'ensemble indonésien (le malais, le malgache...) et les parlers polynésiens.

Malayu n. m. Ancien royaume de l'île de Sumatra. Il connut une ère de prospérité au VIIe siècle.

malbouffe n. f. fam., péj. Nourriture de qualité médiocre, produite industriellement.

Malawi (lac)

Le lac Malawi, troisième lac d'Afrique par sa taille.

Malawi

malchance n. f. (de [1]*mal* adj.) Mauvaise chance (1). → **déveine ; fam. [2]guigne, poisse.** *Par malchance.* – loc. *Jouer de malchance* (→ jouer de malheur). ■ *Une série de malchances.* → **mésaventure.**

malchanceux, euse adj. Qui a de la malchance. *Un joueur malchanceux.* – **n.** *C'est un malchanceux.*

Malcolm Nom de quatre rois d'Écosse qui régnèrent du xe au xiie s. ■ **Malcolm III Canmore** (v. 1031-1093). Vainqueur de Macbeth, il monta sur le trône en 1058, combattit Guillaume le Conquérant puis Guillaume II le Roux. Il fut vaincu et tué.

Malcolm X (Malcolm Little, dit) Homme politique américain (1925-1965). Il quitta les Black Muslims (« musulmans noirs ») pour fonder une branche dissidente, l'Organisation de l'unité afro-américaine. Il fut assassiné.

Malcolm X en 1965.

malcommode adj. (de [2]*mal* et *commode*) Peu pratique. → **incommode.** *Un meuble malcommode.*

Malczewski (Antoni) Poète polonais (1793-1826). Ami de Byron, il est l'auteur d'un poème romantique et pessimiste, *Maria.*

Maldives

n. f. pl. ■ offic. république des Maldives État insulaire de l'océan Indien. → Asie (carte). 298 km^{2}. 417 500 habitants (les *Maldiviens*). **Langue :** divehi. **Religion :** musulmans, sunnites. **Monnaie :** rufiyaa. **Capitale :** Malé. **Régime :** présidentiel. Parmi les 1200 îles coralliennes qui forment cet archipel au climat tropical, environ 200 sont habitées. L'économie repose sur l'agriculture, la pêche et le tourisme.

HISTOIRE

Protectorat britannique à partir de 1887, les Maldives sont devenues une république indépendante en 1968. Le pays est soumis à une forte propagande islamique. La charia et la peine de mort sont en vigueur depuis 2014.

maldonne n. f. **1.** Mauvaise donne, erreur dans la distribution des cartes. **2.** fig. Erreur, malentendu. *Il y a maldonne !*

mâle (vient du latin *masculus* → **masculin ; macho**) **I. n. m. 1.** Individu appartenant au sexe doué du pouvoir de fécondation. *Le mâle et la femelle.* **2.** fam. Homme d'apparence virile. *Un beau mâle.* **II. adj. 1.** dr. Masculin. *Héritier mâle.* **2.** Du sexe mâle. *Animaux, souris, grenouilles mâles.* – *Hormones mâles.* – *Les organes mâles des fleurs.* **3.** Qui est caractéristique du sexe masculin (force...). → **viril.** *Une mâle résolution.* → **courageux, énergique. 4.** Se dit d'une pièce de mécanisme qui s'insère dans une autre, dite *femelle. Prise (de courant) mâle.*

Mâle (Émile) Historien d'art français (1862-1954). Il fut spécialiste de l'histoire de l'art religieux médiéval (*L'Art religieux de la fin du Moyen Âge en France*) et dirigea une importante *Histoire de l'art.*

Malé Capitale de la république des Maldives, sur l'*île de Malé.* 92 600 habitants. Ancienne résidence du sultan. Conserveries.

Malebranche (Nicolas) Philosophe et théologien français (1638-1715). Sa métaphysique, influencée par le cartésianisme, s'en sépare sur plusieurs points. Il défendit notamment la théorie de l'« occasionnalisme », qui fait de la volonté divine la seule cause efficiente de ce qui se produit dans la nature. *De la recherche de la vérité ; Traité de la nature et de la grâce.*

Malec (Ivo) Compositeur croate (1925-2019). Adepte de l'électroacoustique et des manipulations sonores, il a contribué au renouveau de l'écriture instrumentale, associant souvent la bande magnétique aux instruments. *Sigma ; Dodécaméron.*

malédiction n. f. (du latin, de *male* « mal » et *dicere* « dire », d'après *benedictio* → **bénédiction**) **1.** littér. Paroles par lesquelles on souhaite du mal à qqn en appelant sur lui la colère de Dieu. → **anathème, imprécation.** *Proférer une malédiction contre qqn* (→ **maudire**). – Condamnation au malheur prononcée par Dieu. *Les malédictions des prophètes.* **2.** Malheur auquel on semble voué par le sort. → **fatalité, malchance.** – **interj.** *Malédiction !*

maléfice n. m. (du latin, de *male* « mal » et *facere* « faire ») Opération magique visant à nuire. → **ensorcellement, envoûtement, sort, sortilège.**

maléfique adj. Doué d'une action néfaste et occulte. *Charme, pouvoir maléfique.*

Malegaon Ville du N.-O. de l'Inde (Maharashtra), sur le plateau du Dekkan. 576 600 habitants. Coton. Industrie textile.

malencontreux, euse adj. (de l'ancien français *malencontre,* de *mal* « mauvais » et *encontre* → **à l'encontre ; rencontrer**) Qui se produit, survient mal à propos. → **fâcheux, inopportun** *Geste, mot malencontreux.* □ **adv. malencontreusement**

Malenkov (Gueorgui Maksimilianovitch) Homme d'État soviétique (1902-1988). Il fut président du Conseil de 1953 à 1955.

malentendant, ante n. et adj. (de [2]*mal* et *entendre*) (Personne) qui souffre de troubles de l'audition. *Les sourds et les malentendants.*

malentendu n. m. **1.** Divergence d'interprétation entre personnes qui croyaient se comprendre. → **méprise, quiproquo.** – *C'est un simple malentendu* (le désaccord peut prendre fin). **2.** Mésentente sentimentale.

Malesherbes [mal(ə)zɛʀb] (Chrétien Guillaume de Lamoignon de) Magistrat et homme d'État français (1721-1794). Premier président de la Cour des aides et directeur de la Librairie (1750), il assura la protection de la presse et favorisa la publication de l'*Encyclopédie.* Secrétaire de la Maison du roi (1775), il tenta quelques réformes mais dut démissionner. Il émigra au début de la Révolution et revint pour défendre Louis XVI pendant son procès. Il mourut guillotiné sous la Terreur.

Malesherbois (Le) Commune du Loiret, sur l'Essonne. 8 004 habitants. Château des xive-xviiie siècles.

Malestroit Commune du Morbihan, sur l'Oust. 2 483 habitants. Ancienne ville fortifiée.

Malet (Claude François de) Général français (1754-1812). Il tenta en 1812 d'organiser une conspiration contre Napoléon Ier. Il fut fusillé.

Malet (Léo) Écrivain français (1909-1996). Auteur de romans policiers, il créa le personnage de Nestor Burma. *120, rue de la Gare ; Les Nouveaux Mystères de Paris.*

mal-être n. m. invar. État d'une personne qui se sent mal dans la vie, dans la société.

Maleville (Jacques, marquis de) Homme politique et juriste français (1741-1824). Membre du Conseil des Anciens, il participa à l'élaboration du Code civil (1800).

Malevitch (Kazimir Severinovitch) Peintre russe (1878-1935). Auteur du manifeste du « suprématisme » (1915), il chercha, au moyen d'œuvres non figuratives fondées sur des motifs géométriques simples, à exprimer le « rien devenu question ». *Carré noir sur fond blanc ; Carré blanc sur fond blanc.*

Malevitch, *Tête de paysan (à la croix rouge)* (v. 1930), Musée national russe, Saint-Pétersbourg.

malfaçon n. f. Défaut d'un ouvrage mal exécuté.

malfaisance [malfəzɑ̃s] n. f. (de *malfaisant*) littér. Disposition à faire du mal à autrui.

M

Mali

malfaisant, ante [malfəzɑ̃, ɑ̃t] adj. (de l'ancien v. *malfaire* « nuire, faire le mal », de *mal* et *faire*) 1. Qui fait ou cherche à faire du mal à autrui. → **mauvais, nuisible.** *Un être malfaisant.* 2. Dont les effets sont néfastes. *Idées malfaisantes.* → **pernicieux ; s'oppose à** *bienfaisant.*

malfaiteur n. m. (du latin *malefactor,* de *male* et *facere* → **maléfice**) Personne qui commet des méfaits, des actes criminels. → **bandit, brigand, criminel, gangster.** *Dangereux malfaiteur.* - Le fém. *malfaitrice* est rare.

malfamé, ée adj. (de ²*mal* et de *famé,* de l'ancien français *fame* « réputation », du latin *fama cf.* **fameux**) (lieu) Qui a mauvaise réputation, est fréquenté par des malfaiteurs. *Une rue malfamée.* - var. **mal famé.**

Malfilâtre (Jacques Charles Louis de Clinchamp de) Poète français (1733-1767). Ami de Marmontel, il est l'auteur de plusieurs odes *(Le soleil se fixe au milieu des planètes)* et d'un poème en 4 chants *(Narcisse dans l'île de Vénus).*

malformation n. f. Vice de conformation congénital. → **difformité, infirmité.**

malfrat n. m. (du languedocien, de *maufare* « mal faire ») fam. Malfaiteur. → **truand.** *Un petit malfrat.*

malgache adj. et n. (malgache *malagasy*) De Madagascar. – n. *Les Malgaches.* ■ n. m. Langue parlée à Madagascar, dont une forme, le *merina,* est devenue langue officielle.

Malgoire (Jean-Claude) Chef d'orchestre français (1940-2018). Il fonda en 1966 La Grande Écurie et la Chambre du Roy, ensemble jouant sur des instruments d'époque, qui s'illustre dans le style baroque.

malgracieux, ieuse adj. littér. Qui manque de grâce, d'élégance. → **disgracieux.**

malgré prép. (de ¹*mal* « mauvais » et *gré*) I. 1. Contre le gré de (qqn), en dépit de son opposition, de sa résistance. *Malgré son père. Malgré soi :* à contrecœur ; involontairement. 2. En dépit de (qqch.). *Malgré cela.* → **cependant.** *Malgré la consigne.* – **Malgré tout :** quoi qu'il arrive ; quand même, pourtant. *C'était beau, malgré tout.* II. **Malgré que** loc. conj. (+ subj.). 1. loc. littér. *Malgré que j'en aie :* en dépit de mes réticences. 2. (emploi critiqué) Bien que.

malhabile adj. Qui manque d'habileté, de savoir-faire. → **gauche, inhabile, maladroit.** *Des mains malhabiles.* □ adv. **malhabilement**

Malherbe (François de) Poète français (1555-1628). D'abord proche de la Pléiade *(Les Larmes de saint Pierre),* il devint poète officiel de la cour en 1605 et produisit dès lors des œuvres de circonstance dans lesquelles la clarté s'allie à la pureté de la forme et à la régularité du rythme. Il fut l'un des fondateurs du classicisme français.

malheur n. m. (de ¹*mal* « mauvais » et *heur* « sort ») 1. Événement qui affecte péniblement, cruellement (qqn). → **calamité, catastrophe, désastre, épreuve, infortune, malchance, revers.** *Un grand malheur. Un affreux, un terrible malheur. Quel malheur !* – loc. *Un malheur est si vite arrivé ! Raconter ses malheurs. « Ma naissance fut le premier de mes malheurs »* (Rousseau). ■ Désagrément, ennui, inconvénient. *C'est un petit malheur.* ■ fam. *Faire un malheur,* un éclat. *Retenez-moi ou je fais un malheur !* – fig. Remporter un triomphe. 2. *Le malheur,* situation, condition pénible, triste (opposé à *bonheur*). → **affliction, désespoir, détresse, peine, tristesse.** *Faire le malheur de ses proches. Être dans le malheur.* → **adversité.** 3. Malchance. *Le malheur a voulu qu'il tombe malade. Jouer de malheur :* avoir une malchance persistante. *Pour comble de malheur.* – *Porter malheur.* – *Avoir le malheur de* (+ inf.), la malchance ou la maladresse de. *Si tu as le malheur d'en parler, gare à toi !* – *Par malheur :* par l'effet de la malchance. ■ **De malheur :** qui porte malheur. → **funeste.** *Oiseau* de malheur.* – fam. → **maudit.** *Encore cette pluie de malheur !* 4. **Malheur à.** → **malédiction.** *Malheur aux vaincus !* (en latin : *vae victis !*).

malheureusement adv. Par malheur. *C'est malheureusement impossible.*

malheureux, euse adj. et n. I. 1. Qui est accablé de malheurs. → **infortuné, misérable.** *Les malheureuses victimes.* – n. Personne qui est dans le malheur, spécialt dépourvue de ressources. *Secourir les malheureux.* → **indigent, miséreux.** – Personne qui inspire une pitié un peu méprisante. *Malheureux ! que faites-vous ?* 2. Qui n'est pas heureux. → **désespéré, triste.** loc. *Être malheureux comme les pierres.* – *Traîner une existence malheureuse.* ■ Contrarié, mal à l'aise. *Être malheu-*

reux de ne pouvoir fumer. **3.** (choses) Qui cause du malheur, a de fâcheuses conséquences. → **affligeant, déplorable, désastreux, fâcheux, malencontreux.** *L'affaire a eu des suites malheureuses. Par un malheureux hasard.* – *C'est (bien) malheureux.* → **regrettable.** – *Avoir un mot malheureux,* qui offense ou peine l'interlocuteur. **II.** Qui a de la malchance ; qui ne réussit pas. → **malchanceux.** – *Candidat malheureux,* qui a échoué. – *Initiative, tentative malheureuse.* **III.** (avant le n.) Qui mérite peu d'attention, qui est sans importance, sans valeur. → **insignifiant, misérable, pauvre.** *Quelle histoire pour un malheureux billet de dix euros !*

malhonnête adj. **I.** Qui manque de probité ; qui n'est pas honnête. → **déloyal, voleur.** *Un financier malhonnête.* – *Des procédés malhonnêtes.* **II.** vieux Qui manque à la civilité, aux convenances. ■ spécialt, mod. *Intentions, propositions malhonnêtes,* contraires à la pudeur. → **inconvenant, indécent.**

malhonnêtement adv. D'une manière malhonnête (1).

malhonnêteté n. f. Caractère d'une personne malhonnête. – *Malhonnêteté intellectuelle :* emploi d'arguments déloyaux ; mauvaise foi.

mali n. m. (du latin, de *malus* → ^{3}mal) (Belgique) Déficit. *Des malis.*

Mali

n. m. ■ offic. république du Mali Pays d'Afrique de l'Ouest. 1 240 142 km^2. 20 millions d'habitants (les *Maliens*). **Langues :** français (offic.), bambara, songhaï, dogon, hassanya, berbère. **Population :** Bambaras, Dogons, Malinkés, Songhaïs, Soninkés, Dioulas, Peuls, Maures, Touaregs. **Religions :** musulmans, 90 % ; animistes. **Monnaie :** franc CFA. **Capitale :** Bamako. **Régime :** présidentiel.

GÉOGRAPHIE

Le Mali est occupé au N. par le Sahara ; au centre, la zone sahélienne (savane arbustive) est traversée par le fleuve Niger ; au S., la végétation est plus présente (savane arborée, forêts le long des cours d'eau). L'économie repose largement sur l'agriculture vivrière (mil, maïs, riz, élevage bovin) ou destinée à l'exportation (coton, canne à sucre, arachide). La pêche est pratiquée dans le delta intérieur du Niger. L'orpaillage se développe. Le pays demeure toutefois l'un des plus pauvres du monde.

HISTOIRE

Des populations occupèrent le Sahara durant la préhistoire (v. 5000 ans av. J.-C.) et s'installèrent dans la vallée du Niger (v. 3000 ans av. J.-C.). La région fit partie de l'empire du Ghana (Ve-XIe s.). Au XIIe s., elle forma l'empire du Mali, qui se divisa ensuite en plusieurs royaumes rivaux (XVIe-XIXe s.). La France colonisa la région (1898) et l'intégra dans l'Afrique-Occidentale française (A-OF) sous le nom de *Haut-Sénégal-Niger* (1904) puis de *Soudan français* (1920). Le Mali accéda à l'autonomie interne (1956) puis devint en 1960 une république indépendante, présidée par Modibo Keita. Ce dernier fut renversé en 1968 par le lieutenant Moussa Traoré, qui dut renoncer au pouvoir sous la pression populaire en 1991. Le pays se démocratisa et Alpha Oumar Konaré fut élu président (1992). Très populaire, Amadou Toumani Touré, principal acteur de la démocratisation en 1992, qui lui succéda en 2002, fut renversé en 2012 par une junte de jeunes militaires lui reprochant son incompétence dans la lutte contre l'AQMI dans le nord du pays et contre la rébellion des Touaregs venus de Libye. La France intervint militairement début 2013 avec l'opération Serval pour tenter de juguler l'offensive islamiste (Touaregs du Mouvement national pour la libération de l'Azawad [MNLA], Ansar Din [les « protecteurs de

Mali, la danse des masques en pays dogon.

l'islam »], Mouvement pour l'unicité et le djihad en Afrique [Mujao], dissident de l'AQMI). Le pays est resté la cible d'attentats djihadistes (Bamako en 2015) malgré la présence de nombreuses forces militaires, dont celles des Nations unies (Minusma) et de la France (opérations Serval à partir de 2014 puis Barkhane). Après deux coups d'État, en 2020 puis en 2021, le pays s'enfonça dans une impasse politique qui, doublée d'une corruption massive et des relations de la junte avec l'organisation paramilitaire russe Wagner, amena la France, par ailleurs rejetée par la population, à se retirer.

Malia ou **Mallia** Site archéologique de Crète, à l'E. de Cnossos. Ruines d'un palais minoen (v. –1650) et d'une ville.

Malibran (María de la Felicidad García, dite la) Cantatrice française (mezzo-soprano), d'origine espagnole (1808-1836). Sœur de Pauline Viardot, elle connut d'éclatants succès sur les scènes d'Europe et des États-Unis. Elle inspira à Musset ses *Stances à la Malibran.*

malice n. f. (latin *malitia* « méchanceté », de *malus* → ^{1}mal) **1.** vieux Méchanceté. – loc. mod. *Sans malice :* sans songer à mal. **2.** mod. Tournure d'esprit de la personne qui prend plaisir à s'amuser aux dépens d'autrui. *Une pointe de malice.* **3.** loc. ***Sac à malice*** *:* sac des prestidigitateurs ; fig. ensemble des ressources, des tours dont une personne dispose.

malicieusement adv. D'une manière malicieuse.

malicieux, euse adj. **1.** vieux Méchant, mauvais. → **malin** (I, 1), **malfaisant. 2.** mod. Qui s'amuse, rit volontiers aux dépens d'autrui. → **espiègle, spirituel, taquin.** *Une enfant malicieuse.* – *Un sourire, un regard malicieux.* → **narquois.**

Malick (Terrence) Réalisateur américain (né en 1943). Ses films recèlent un propos philosophique et mystique, développé dans une ode à la nature. *Les Moissons du ciel ; La Ligne rouge ; The Tree of Life.*

Malicorne-sur-Sarthe Commune de la Sarthe. 1 882 habitants. Église romane. Château du XVIIe s. Céramique.

malignité n. f. **1.** Caractère d'une personne qui cherche à nuire à autrui de façon dissimulée. → **malveillance, méchanceté, perfidie, perversité. 2.** Tendance d'une maladie (surtout cancer) à s'aggraver.

Mālik al-ʿĀdil (al-) dit **Sayf al-Dīn** (1145-1218). Sultan ayyubide (1198-1218). Frère de Saladin, il devint à la mort de celui-ci maître de la Syrie, de l'Égypte et de la Mésopotamie.

Maliki (Nouri al-) ou **Jawad al-Maliki** Homme d'État irakien (né en 1950). Exilé sous le régime de Saddam Hussein, il participa à la rédaction de la Constitution irakienne et fut Premier ministre de 2006 à 2014 puis vice-président jusqu'en 2018.

Mālik ibn Anas Juriste arabe (715-795). Fondateur d'une des écoles juridico-religieuses de l'islam sunnite, il rédigea un manuel de droit (*Al-Muwatta,* « Le Chemin aplani ») où il expose la loi coutumière de Médine.

malin, maligne adj. et n. (latin *malignus* « méchant », de *malus* → ^{1}mal) **I. 1.** vieux Mauvais, méchant. – mod. *L'esprit malin* et n. m. *le malin :* Satan. – *Une joie maligne. Prendre **un malin plaisir** à faire souffrir qqn.* **2.** Se dit d'une maladie grave, d'une tumeur, pouvant se généraliser et entraîner la mort (opposé à *bénin*). *Fièvre maligne. Tumeur maligne* (→ **cancer**). **II.** (influence de *malice*) **1.** Qui a de la ruse et de la finesse, pour se divertir aux dépens d'autrui, se tirer d'embarras, réussir. → **astucieux, débrouillard, ^{2}fin, futé, ingénieux, rusé.** *Jouer au plus malin.* ■ Intelligent. *Vous vous croyez malin !* – n. *Une petite maligne.* – ***Faire le malin*** *:* vouloir faire de l'esprit ; faire l'intéressant. **2.** (en attribut) fam. *Ce n'est pas malin d'avoir fait cela !* → **^{2}fin, intelligent.** – par antiphrase *C'est malin ! Tu peux être fier de toi.* ■ *Ce n'est pas bien malin,* pas difficile. → **compliqué.**

malines n. f. (du n. de la ville) Dentelle aux fuseaux, très fine, à motifs bordés d'un fil plat.

Malines en néerlandais **Mechelen** Ville de Belgique (province d'Anvers), sur la Dyle et le canal Louvain-Malines. 86 921 habitants. Cathédrale (XIIIe-XVIe s.). Églises baroques. Hôtel de ville et halle aux draps du XIVe s. Cultures maraîchères. Dentelles.

malingre adj. (p.-ê. de l'ancien français *mingre, haingre* « chétif ») Qui est d'une constitution faible, délicate. → **chétif, frêle, maladif.** *Un enfant malingre.*

Malinkés n. m. pl. Ethnie de l'Afrique de l'Ouest, du groupe des Mandingues. Environ 4 millions d'individus, parlant le malinké, répartis entre le Mali, le Sénégal, la Gambie, la Guinée, la Guinée-Bissau et la Côte d'Ivoire.

malinois n. m. (de *Malines*) Berger belge, grand chien à robe grise ou fauve marquée de noir.

Malinovski (Rodion Iakovlevitch) Maréchal soviétique (1898-1967). Il s'illustra à Stalingrad (1942) et prit Bucarest (1944), Budapest et Vienne (1945). Il fut nommé ministre de la Défense en 1957.

Malinowski (Bronisław Kaspar) Anthropologue britannique d'origine polonaise (1884-1942). Théoricien du fonctionnalisme, il étudia les mœurs et les coutumes des peuples du Pacifique. *Une théorie scientifique de la culture.*

malintentionné, ée adj. Qui a de mauvaises intentions, l'intention de nuire. → **mauvais, méchant.**

Malinvaud (Edmond) Économiste français (1923-2015). Il a effectué des travaux sur la comptabilité nationale, les méthodes statistiques de l'économétrie, la théorie macroéconomique et les problèmes de croissance. Il a été directeur de l'INSEE (1974-1987).

Malipiero (Gian Francesco) Compositeur italien (1882-1973). Influencé par Debussy et Stravinski, il chercha de nouvelles sonorités tout en restant fidèle au baroque italien. Il a composé pour tous les genres (symphonies, musique de chambre ou chorale, ballets et opéras) et a assuré la publication des œuvres de Vivaldi et de Monteverdi.

malique adj. (du latin *malum* « pomme ») biochim. *Acide malique :* acide présent dans de nombreux végétaux, dont la pomme, la poire et le raisin.

Mallard (François Ernest) Minéralogiste français (1833-1894). Il laissa des travaux sur l'isomorphisme et les propriétés optiques des cristaux.

Mallarmé (Étienne, dit Stéphane) Poète français (1842-1898). D'une rigueur absolue, maître des symbolistes, concevant son œuvre comme une expérience métaphysique, à la recherche de la pureté verbale et du « rien qui est la vérité », il se consacra à son projet du « livre » pensé

M

Stéphane Mallarmé en 1898.

comme « œuvre d'art totale ». Il joua un rôle prépondérant dans l'avènement de la poésie moderne. *L'Après-midi d'un faune ; Un coup de dés jamais n'abolira le hasard.*

malle n. f. (du francique *malha* « besace ») **I. 1.** Bagage rigide de grande dimension. → **cantine, coffre.** *Faire sa malle, ses malles,* se préparer à partir ; et fig. partir, s'en aller. – loc. fam. *Se faire la malle* : s'enfuir. **2.** vieilli Coffre d'une automobile. *La malle arrière.* **II. 1.** *Malle-poste* : ancienne voiture des services postaux. *Des malles-poste.* **2.** hist. *La malle des Indes* : service postal entre Londres et les Indes.

Malle (Louis) Réalisateur français (1932-1995). Observateur incisif des relations sociales, il réalisa notamment *Ascenseur pour l'échafaud ; Zazie dans le métro ; Lacombe Lucien* et *Au revoir les enfants.*

Louis Malle avec deux acteurs de *Au revoir les enfants* (1987).

Mallea (Eduardo) Écrivain argentin (1903-1982). Il s'attacha à révéler dans ses textes le secret de l'« argentinité ». *Connaissance et expression de l'Argentine ; La Ville près du fleuve immobile.*

malléabiliser v. tr. < 1 > techn. Rendre plus malléable (un métal, un alliage). □ n. f. **malléabilisation**

malléabilité n. f. Caractère de ce qui est malléable.

malléable adj. (du latin *malleus* « marteau » → ¹mail) **1.** Qui a la propriété de s'aplatir et de s'étendre en lames, en feuilles. → **ductile ;** - contr. **cassant.** *L'or est le plus malléable des métaux.* ■ Qui se laisse modeler, travailler. *L'argile est malléable.* **2.** (personnes) Qui se laisse manier, influencer. → **docile, maniable, souple.** *Un adolescent encore malléable.*

Mallemort Commune des Bouches-du-Rhône, sur la Durance. 6 184 habitants. Centrale hydroélectrique.

malléole n. f. (latin *malleolus,* de *malleus* « marteau » → ¹mail) anat. Saillie osseuse de la cheville. □ adj. **malléolaire**

malle-poste voir **malle** II, 1

Mallet du Pan (Jacques) Publiciste suisse d'expression française (1749-1800). Il fut sous la Révolution française le porte-parole des émigrés et l'agent secret de la Cour auprès des gouvernements européens anti-révolutionnaires.

Mallet-Joris (Françoise) née **Lilar** Écrivaine française d'origine belge (1930-2016). Elle décrivit les passions amoureuses, notamment entre femmes. Avec *Lettre à moi-même, Les Signes et les Prodiges* et *La Maison de papier* (1970), elle livra ses confidences autobiographiques.

Mallet-Stevens (Robert) Architecte et décorateur français (1886-1945). Adepte du style dit international, il édifia des maisons particulières caractérisées par l'emploi du béton armé et par des volumes cubiques (villa Noailles à Hyères).

mallette n. f. Petite valise utilisée pour transporter un nécessaire de voyage ou de travail. → **attaché-case.**

mal-logé, ée n. Personne dont les conditions de logement sont insatisfaisantes. *Les mal-logés et les sans-abris.*

Mallory (George Herbert Leigh) Alpiniste britannique (1886-1924). Lors d'une expédition dans l'Everest en 1922, il atteignit 8 000 m d'altitude, sans inhalateur.

Mallory (debout, 2ᵉ g.), avec ses compagnons d'expédition dans l'Everest en 1924.

Malmaison (bataille de la) Offensive victorieuse lancée par Pétain en octobre 1917. Elle permit aux troupes françaises de s'emparer du fort de la Malmaison, à l'extrémité O. du Chemin des Dames.

Malmedy Ville de Belgique (province de Liège). 12 797 habitants. Église abbatiale du XVIIIᵉ s. Carnaval traditionnel. Rattachée à la France en 1795, prussienne en 1815, elle devint belge en 1919.

Mallet-Stevens (Robert)

Immeubles réalisés par Robert Mallet-Stevens en 1926-1927, dans le XVIᵉ arrondissement de Paris.

malmener v. tr. < 5 > **1.** Traiter (qqn) rudement. → **maltraiter ; brutaliser.** *Il a été malmené par les policiers.* ■ *La critique l'a rudement malmené.* → **éreinter. 2.** Mettre (l'adversaire) en danger, par une action vive.

Malmö Ville du S. de la Suède, sur l'Øresund. Reliée depuis 2000 par un pont à Copenhague. 276 250 habitants. Port de commerce. Forteresse. Industries diversifiées.

malnutrition n. f. Mauvais état nutritionnel dû à une alimentation mal équilibrée ou mal adaptée à un individu ou à une population.

malodorant, ante adj. Qui a une mauvaise odeur. → **nauséabond, puant.**

Malon (Benoît) Homme politique français (1841-1893). Membre de la Commune de Paris, il dirigea *La Revue socialiste* et développa un socialisme humaniste *(Le Socialisme intégral).*

Malory (sir Thomas) Écrivain anglais (v. 1408-1471). Il écrivit, dans un style naïf, huit romans sur la légende d'Arthur *(Mort d'Arthur).*

Malot (Hector) Écrivain français (1830-1907). Romancier à succès, il fut l'un des premiers grands auteurs de littérature pour la jeunesse. *Sans famille ; En famille.*

malotru, ue n. (latin pop. *male astrucus* « né sous un mauvais astre ») Personne de manières grossières. → **goujat, mufle, rustre.**

Malouel (Jean) ou **Maelwael (Johan)** Peintre français originaire des Pays-Bas (mort en 1419). Il contribua à l'élaboration du style franco-flamand qui se développa à la cour de Bourgogne. On lui attribue la *Pietà ronde.*

Malouines (îles) en espagnol **Malvinas,** en anglais **Falkland Islands** Archipel britannique du S. de l'océan Atlantique, au large des côtes de l'Argentine. 12 000 km². 2 380 habitants. Capitale : Port Stanley. Revendiquées par l'Argentine, elles furent l'enjeu d'une guerre anglo-argentine en 1982. Élevage ovin, laine.

maloya [malɔja] n. m. (origine obscure) Danse traditionnelle de la Réunion. – Musique, chant qui l'accompagne.

Malpasset (barrage de) Ancien barrage sur le Reyran, près de Fréjus, dans le Var. Sa rupture, en 1959, causa la mort de 423 personnes.

Malpighi (Marcello) Médecin et anatomiste italien (1628-1694). Considéré comme le fondateur de l'anatomie microscopique, il découvrit dans le rein des glomérules ou pyramides qui portent son nom.

malpighie [malpigi] n. f. (du n. de Malpighi) bot. Arbre tropical, à fruits comestibles appelés *cerises des Antilles.*

Malplaquet Localité du Nord, au N.-O. d'Avesnes. Pendant la guerre de Succession d'Espagne, les Français de Villars y furent vaincus par Marlborough et par le Prince Eugène en 1709.

malpoli, ie adj. et n. fam. Mal élevé, grossier. → **impoli.**

malposition n. f. méd. Position anormale (d'un organe). *Malposition dentaire.*

malpropre adj. **1.** vieilli Qui manque de propreté, de netteté. → **sale.** *Enfant malpropre.* ■ *Travail malpropre,* mal fait. **2.** Qui manque d'honnêteté, de délicatesse. *Un procédé malpropre.* → **malhonnête.** – n. *Se faire renvoyer comme un malpropre,* sans ménagement. □ adv. **malproprement**

malpropreté n. f. Caractère malpropre. → **saleté.**

Malraux (André) Écrivain et homme politique français (1901-1976). Romancier de l'action et de l'énergie révolutionnaire *(La Condition humaine ; L'Espoir),* il combattit en Espagne dans les rangs républicains, puis dans la Résistance. Il est l'auteur d'essais sur

André Malraux avec deux statuettes mexicaines (1960).

l'art conçu comme un « antidestin » *(Les Voix du silence ; La Métamorphose des dieux)* et de textes autobiographiques *(Antimémoires)*. Gaulliste passionné, il fut ministre des Affaires culturelles de 1959 à 1969.

malsain, aine adj. **1.** vieilli Dont la nature n'est pas saine ; qui semble voué à la maladie. ➔ **maladif.** *Des enfants chétifs et malsains.* – *Apparence malsaine.* **2.** Qui n'est pas normal, qui manifeste de la perversité. *Une curiosité malsaine.* ➔ **morbide. 3.** Qui engendre la maladie, est contraire à la santé. ➔ **nuisible.** *Humidité malsaine. Logement malsain.* ➔ **insalubre.** ▪ fig. Pernicieux, qui corrompt l'esprit. *Des influences malsaines.*

malséant, ante adj. (➔ 2séant) littér. Contraire à la bienséance. ➔ **choquant, incongru, inconvenant.** – impers. *Il serait malséant de refuser.* ➔ **déplacé.**

malsonnant, ante adj. (de *sonner* « résonner ») Contraire à la bienséance (bruits, paroles). ➔ **malséant.**

malt [malt] n. m. (mot anglais, d'origine germanique) Orge germée artificiellement et séchée, puis séparée de ses germes. *Whisky pur malt* ou ellipt *du pur malt.* – par ext. *Malt de blé, de seigle.*

maltais, aise adj. **1.** De Malte. – n. m. *Le maltais,* dialecte arabe de Malte. **2.** *Orange maltaise* et n. f. *une maltaise :* variété d'orange juteuse et sucrée.

maltase n. f. (de *malt* et *-ase*) biochim. Enzyme qui hydrolyse le maltose en deux molécules de glucose.

Malte

▪ offic. république de Malte État insulaire de la Méditerranée. **Superficie :** 316 km^2. 519 560 habitants (les *Maltais*). **Langues :** maltais et anglais (offic.). **Monnaie :** euro. **Capitale :** La Valette. **Religion :** catholiques. **Régime :** démocratie parlementaire.

GÉOGRAPHIE
Situé à 80 km au S. de la Sicile, le territoire comprend les îles de Malte (246 km^2), Gozo, Comino et Filfola. L'économie, prospère, bénéficie de l'adhésion à l'UE. Les principales activités sont le tourisme, l'électronique et les services financiers.

HISTOIRE
Occupée par les Phéniciens, les Grecs, puis les Romains, Malte fut envahie par les Ostrogoths. Reconquise par les Byzantins (533), elle fut prise par les Arabes et islamisée (869). Dominée par la Sicile (1091-1530), elle fut ensuite offerte aux Hospitaliers de Saint-Jean-de-Jérusalem, qui devinrent *chevaliers de Malte.* Malte fut conquise par Bonaparte (1798), puis par les Britanniques (1800). Pendant la Seconde Guerre mondiale, bombardée par les Italiens et les Allemands, elle résista et servit de base au débarquement allié en Sicile (1943). En 1947, la Grande-Bretagne lui accorda l'autogouvernement. Elle obtint l'indépendance en 1964 et la république fut proclamée en 1974. Les travaillistes Dom Mintoff et C. Mifsud Bonnici envisagèrent un rapprochement avec les pays arabes (années 1980), puis les nationalistes, au pouvoir de 1987 à 2013, se tournèrent vers l'Union européenne, que le pays intégra en 2004. L'île est critiquée au sein de l'Union pour pratiquer l'évitement fiscal. Un scandale financier ébranla d'ailleurs le pays en 2016 après la parution de documents confidentiels relatifs à l'évasion fiscale et au blanchiment (Paradise Papers) et une journaliste enquêtant sur la corruption fut assassinée en 2017. Le Premier ministre (travailliste) J. Muscat, en poste depuis 2013, fut contraint de démissionner en 2020. Un membre de son parti, R. Abela, lui succéda.

malté, ée adj. **1.** Transformé en malt. *Orge maltée.* **2.** Mêlé de malt. *Levure maltée.*

Malte-Brun (Malte Conrad Bruun, dit Konrad) Géographe danois (1775-1826). Il collabora à la fondation de la Société de géographie. *Précis de géographie universelle.* ▪ Victor Adolphe **Malte-Brun.** Géographe français (1816-1889). Fils du précédent. Secrétaire de la Société de géographie, il publia *La France illustrée* et *L'Allemagne illustrée.*

malter v. tr. ‹ 1 › Transformer (une céréale) en malt. ▫ n. m. **maltage**

malterie n. f. techn. (brasserie) Usine où l'on prépare le malt.

Malthus (Thomas Robert) Pasteur anglican et économiste britannique (1766-1834). Auteur de l'*Essai sur le principe de population,* qui connut un grand succès, il soutenait que la limitation volontaire des naissances était à même de soulager la misère et de remédier aux vices du peuple (malthusianisme).

malthusianisme n. m. **1.** Doctrine de Malthus, qui préconisait la limitation des naissances dans un but social. **2.** *Malthusianisme économique,* restriction volontaire de la production.

malthusien, ienne adj. et n. Du malthusianisme. ▪ Partisan du malthusianisme (1 et 2). – n. *Les malthusiens.*

maltose n. m. (de *malt* et 1*-ose*) biochim. Sucre, dit aussi *sucre de malt,* obtenu par action de l'amylase sur l'amidon.

maltôte n. f. (de l'ancien français *mal* « mauvais » et *tolte* « imposition », de la famille du latin *tollere* « enlever ») hist. Impôt extraordinaire.

maltraitance n. f. Fait de maltraiter (qqn, notamment un enfant) ; mauvais traitements répétés. ➔ **sévices.** *Enfants victimes de maltraitance.*

maltraitant, ante adj. Qui se rend coupable de maltraitance. *Des parents maltraitants.*

maltraiter v. tr. ‹ 1 › **1.** Traiter avec brutalité. ➔ **brutaliser, malmener. 2.** Traiter sévèrement en paroles. ➔ **critiquer, éreinter.**

malus [malys] n. m. (mot latin ➔ 1mal) Majoration d'une prime d'assurance automobile en fonction du nombre d'accidents causés par l'assuré (opposé à *bonus*).

Malus (Étienne Louis) Physicien français (1775-1812). Il est l'auteur de travaux sur la double réfraction de la lumière et la polarisation par réflexion. La *loi de Malus* décrit la variation d'intensité de la lumière après la traversée de deux polariseurs.

Malva n. m. Région de l'O. de l'Inde. Ancien royaume hindou puis musulman. Villes principales : Ujjain, Indore.

malveillance n. f. (➔ malveillant) **1.** Tendance à blâmer autrui, à lui vouloir du mal. ➔ **hostilité.** *Malveillance manifeste.* ➔ **animosité. 2.** Intention de nuire, visée criminelle. – Acte de malveillance.

malveillant, ante adj. (de *mal* et ancien p. prés. de *vouloir*) **1.** Qui a de la malveillance. ➔ **haineux, malintentionné.** – (choses) *Des propos malveillants.* ➔ **aigre, désobligeant, hostile. 2.** inform. Destiné à nuire, à perturber le fonctionnement d'un ordinateur. *Logiciel malveillant :* recomm. offic. pour l'anglic. **malware.**

malvenu, ue adj. **1.** littér. Qui n'est pas fondé à, n'a pas le droit de (faire telle chose). *Vous êtes malvenu de vous plaindre, à vous plaindre.* – impers. *Il serait malvenu d'en parler.* **2.** Mal ou incomplètement développé. *Arbre malvenu.*

malversation n. f. (du latin médiéval *malversari,* de *male* ➔ 2mal et *versari* ➔ verser) Faute grave (spécialt détournement de fonds), commise dans l'exercice d'une charge. *Fonctionnaire coupable de malversations.* ➔ **concussion, exaction, prévarication.**

malvoisie n. f. ou m. (italien *malvasia,* du n. d'une île grecque) Vin grec liquoreux.

malvoyant, ante adj. et n. (Personne) dont l'acuité visuelle est très diminuée. *Aveugles et malvoyants.*

Malte

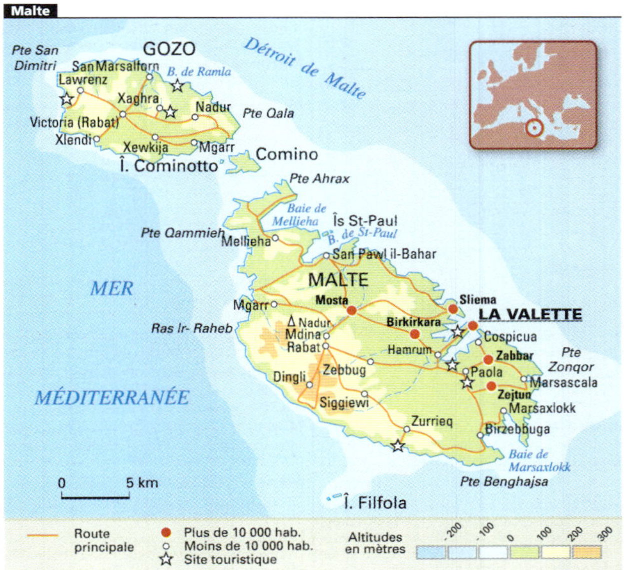

M

Malvy (Louis) Homme politique français (1875-1949). Il fut ministre de l'Intérieur de 1914 à 1917 et en 1926.

Malzéville Commune de la Meurthe-et-Moselle, dans la banlieue de Nancy, sur la Meurthe. 8 036 habitants.

maman n. f. (onomatopée ; *cf.* grec et latin *mamma*) Terme affectueux par lequel on s'adresse à sa mère (notamment les enfants), ou par lequel on la désigne entre intimes. – (avec un déterminant) *Une maman très affectueuse.* – *Une future maman* : une femme enceinte. → **mère.** ■ (appellatifs) *Bonne-maman* : grand-mère. – *Belle-maman* : belle-mère. *Les belles-mamans.*

mamavirus [mamavirys] n. m. (de *mama* « maman », créé par plais. sur *mimivirus*) virol. Virus géant à ADN, plus grand que le mimivirus.

mambo [mɑ̃(m)bo] n. m. (mot espagnol d'Amérique du Sud) Danse à deux temps, apparentée à la rumba ; musique sur laquelle elle se danse. *Des mambos.*

mamelle n. f. (vient du latin *mamilla*, de *mamma* « sein nourricier ») **1.** Organe des femelles des mammifères, sécrétant le lait. → **¹pis, tétine ; mammaire. 2.** vieux Sein de femme. – loc. mod. *Enfant à la mamelle,* nourri au sein. → **nourrisson. 3.** vieux Le même organe, atrophié, chez l'homme. **4.** fig. Ce qui nourrit. allus. *« Les deux mamelles de la France », labourage* et pâturage.*

mamelon n. m. **I.** Bout du sein, chez la femme. **II.** fig. Sommet arrondi d'une colline, d'une montagne.

mamelonné, ée adj. (de *mamelon* II) Couvert, formé de collines arrondies. *« Tout ce pays est bossué, mamelonné »* (Gautier).

mamelouk, e [mamluk] n. m. et adj. (de l'arabe d'Égypte « esclave ») hist. **1.** Cavalier des anciennes milices égyptiennes. – adj. *Cavalerie mamelouke.* **2.** Cavalier de la garde impériale de Napoléon.

Mamelouks n. m. pl. Membres d'une milice d'esclaves parmi lesquels furent choisis les sultans qui régnèrent sur l'Égypte et la Syrie de 1250 à 1517. Deux dynasties se succédèrent, les *Bahrites* (1250-1382) et les *Burjites* (1382-1517).

Jeune mamelouk dans un palais, gravure pour l'ouvrage « Recueil des observations et recherches faites en Égypte pendant l'expédition de l'armée française » (1809-1828).

mamelu, ue adj. Qui a de grosses mamelles, de gros seins.

Mamers Chef-lieu d'arrondissement de la Sarthe. 5 082 habitants. Centre agricole.

Mamet (David) Scénariste, réalisateur et dramaturge américain (né en 1947). On lui doit notamment les scénarios des *Incorruptibles* de Brian de Palma et de *Hannibal* de Ridley Scott.

mamie n. f. (anglais des États-Unis *mammy*) anglic. **1.** Grand-mère. → **bonne-maman, mémé.** *Papi et mamie.* **2.** Vieille femme. *Des petites mamies.* - var. **mamy.** *Des mamys.*

mamillaire (du latin, de *mamilla* → mamelle) **1.** adj. anat. Relatif au mamelon ; qui a la forme d'un mamelon. **2.** n. f. bot. Cactée à grosses fleurs parfumées.

Mamine-Sibiriak (Dmitri Narkissovitch Mamine, dit) Romancier russe (1852-1912). Il est l'auteur de romans réalistes sur la vie des mineurs de l'Oural du XIXe s. *Les Combattants ; Les Frères Gordeïev.*

mamm(o)- Élément (du latin *mamma*) qui signifie « sein, mamelle ». → **masto-.**

mammaire adj. (du latin *mamma* → mamelle) Relatif aux mamelles, aux seins. *Glandes mammaires* (de la lactation).

mammalien, ienne adj. (du latin → mamelle) zool. Qui se rapporte aux mammifères. *La faune mammalienne.*

mammalogie n. f. (du latin *mamma* → mamelle et de *-logie*) zool. Étude des mammifères.

mammectomie n. f. (de *mamm-* et *-ectomie*) chir. Ablation du sein. → **mastectomie.**

Mammeri (Mouloud) Écrivain algérien d'expression française (1917-1989). Il est l'auteur d'une trilogie romanesque, au réalisme teinté de pessimisme. *La Colline oubliée ; Le Sommeil du juste ; L'Opium et le Bâton.*

mammifère n. m. (du latin *mamma* → mamelle, et de *-fère*) Animal vertébré, à température constante, respirant par des poumons, à système nerveux central développé, dont les femelles portent des mamelles. *Mammifères terrestres ; mammifères aquatiques* (cétacés).

mammite n. f. (→ -ite) méd. Inflammation mammaire.

mammographie n. f. méd. Radiographie du sein, chez la femme.

mammoplastie n. f. (→ -plastie) chir. Opération de chirurgie esthétique du sein. *Mammoplastie reconstructrice.*

Mammoth Cave Plus grand ensemble souterrain connu du monde (560 km), dans le Kentucky, aux États-Unis.

mammouth n. m. (mot d'une langue sibérienne, par le russe) **1.** Très grand éléphant fossile de l'ère quaternaire, aux longues défenses recourbées vers le haut. **2.** fig. Chose, institution ancienne, et de très grande dimension.

Mamoré n. m. Rivière de Bolivie, affluent principal du Madeira. 1 800 km.

Mamoudzou Chef-lieu de Mayotte, sur l'île de Grande-Terre. 71 437 habitants *(Mamoudzous).*

Mamoulian (Rouben) Metteur en scène de théâtre et de cinéma américain, d'origine géorgienne (1898-1987). Au théâtre, il mit en scène *Carmen* et *Porgy and Bess ;* au cinéma, il réalisa notamment une adaptation de *Dr Jekyll et Mr Hyde* et *La Reine Christine* (avec Greta Garbo).

mamours n. m. pl. (de *amour*) fam. Démonstrations de tendresse. → **cajolerie, câlinerie, caresse.** *Faire des mamours à qqn.*

man n. m. (du francique *mado* « ver, larve ») zool. Larve du hanneton dite aussi *ver blanc.*

Man (île de) Île de la mer d'Irlande, dépendance de la Couronne britannique. 572 km². 76 300 habitants. Chef-lieu : Douglas.

Man Ville de l'O. de la Côte d'Ivoire, au pied des *montagnes de Man.* 136 000 habitants. Café. Cacao.

mana n. m. (mot maori) didact. Puissance surnaturelle et principe d'action (autorité, etc.), dans certaines religions.

Mana Commune de la Guyane, non loin de l'embouchure du Maroni. 11 605 habitants. Riziculture.

Manaar (golfe de) voir **Mannar** (golfe de)

manade n. f. (du provençal ; famille de *main*) En Provence, Troupeau (de taureaux, de chevaux), conduit par un gardian. *Propriétaire d'une manade (manadier, ière* n.).

Une manade de taureaux en Camargue.

Manado anciennement **Menado** Ville d'Indonésie, sur l'île de Célèbes. Capitale de la province de Sulawesi-Nord. 34 683 habitants. Port de commerce. Université.

management [manaʒmɑ̃ ; manadʒmɛnt] n. m. (mot anglais, de *to manage* « mener, diriger », même origine que *manège*) anglic. **1.** Techniques d'organisation et de gestion des entreprises. **2.** Équipe dirigeante (d'une entreprise). → **direction.**

manager [mana(d)ʒe] v. tr. < 3 > (anglais *to manage* → management) **1.** anglic. Gérer la vie professionnelle de (un sportif, un artiste). **2.** Diriger (une entreprise, une équipe).

manageur, euse [manadʒœʀ, øz] n. ou **manager** [manadʒɛʀ ; manadʒœʀ] n. m. (anglais *manager* → management) anglic. **1.** Personne qui veille à l'organisation matérielle de spectacles, concerts, rencontres sportives, ou qui gère la vie professionnelle et les intérêts d'un artiste (→ **imprésario**), d'un sportif. *Le manageur d'un boxeur.* **2.** Dirigeant(e) d'une entreprise ; personne qui exerce une fonction de management. ■ **managérial, ale, aux** adj. anglic. Du management.

Managua (lac de) Lac du Nicaragua, appelé aussi Xolotlán, au N. de la capitale. 1 035 km². Pêcheries.

Managua Capitale du Nicaragua, sur le *lac de Managua.* 937 500 habitants. Centre administratif, commercial et industriel (agroalimentaire, textile, pétrochimie). La ville fut ravagée en 1831 et en 1972 par des tremblements de terre.

Manakara Ville de Madagascar, sur la côte E. de l'île. Plus de 15 000 habitants. Port. Exportation de riz et de café.

Manama Capitale de l'État de Bahreïn, sur la côte N.-E. de l'île de Bahreïn. 203 000 habitants. Centre commercial et financier. Raffinerie de pétrole. Université.

manant n. m. (p. prés. de l'ancien français *manoir* « demeurer, habiter » → manoir) **1.** hist. (au Moyen Âge) Roturier assujetti à la justice seigneuriale. *Manants et vilains*.* **2.** vieux et péj. Paysan. **3.** fig., vieux Homme grossier, sans éducation. → **rustre.**

Mānasarovar n. m. en tibétain **Mapam Yumtso** Lac de l'O. de la Chine (Tibet), à plus de 4 500 m d'altitude. 500 km². Lieu de pèlerinage chez les hindouistes et les bouddhistes.

Manaslu n. m. Sommet de l'Himalaya, au Népal. 8 163 m.

Manassé Personnage biblique. Fils de Joseph, il est l'ancêtre d'une des tribus d'Israël.

Manāt (al-) Déesse adorée par les Arabes à l'époque antéislamique. Elle serait la plus ancienne divinité du panthéon arabe.

Manaudou (Laure) Nageuse française (née en 1986), sœur de Florent Manaudou. Elle a gagné plusieurs médailles aux Jeux olympiques de 2004 et détenu plusieurs records du monde dans sa spécialité, du 200 m au 1 500 m nage libre et dos.

Manaudou (Florent) Nageur français (né en 1990), frère de Laure Manaudou. Spécialiste de nage libre, il remporta quatre médailles aux Jeux olympiques (or en 2012, argent en 2016, 50 m et 100 m, et en 2021), fut sept fois champion du monde et détint deux records du monde sur 50 m (dos et nage libre).

Manaus Ville du N. du Brésil, capitale de l'État d'Amazonas, sur le río Negro. 1,8 million d'habitants. Port fluvial. Centre industriel (montage électrique et électronique). Université.

mancelle n. f. (du latin, de *manus* → main) techn. Courroie joignant les attelles du collier d'un cheval à chacun des limons de la voiture.

mancenille n. f. (espagnol *manzanilla*, diminutif de *manzana* « pomme » → manzanilla) Fruit du mancenillier, qui a l'aspect d'une petite pomme.

mancenillier n. m. Arbre d'Amérique, qui produit un latex très vénéneux.

[1]**manche** n. f. (vient du latin *manica*, de *manus* → main) **I.** Partie du vêtement qui entoure le bras. *Manches longues ; manches courtes. Un vêtement sans manches.* – loc. *Relever, retrousser ses manches* ; fig. se mettre au travail avec ardeur. – fam. *C'est une autre paire de manches,* c'est tout à fait différent ; c'est plus difficile. **II.** Chacune des parties liées d'un jeu. *La seconde manche.* → **revanche.** **III.** techn. Tuyau souple qui sert à conduire un fluide. *Manche à incendie.* ■ ***Manche à air*** : conduit pour aérer l'entrepont et la cale d'un navire. – Tube en toile pour indiquer la direction du vent.

[2]**manche** n. m. (vient du latin pop. *manicus* « ce qu'on prend avec la main », de *manus* → main) **1.** Partie allongée (d'un outil, d'un instrument) par laquelle on le tient. *Le manche d'une pelle. Manche de couteau, de cuillère.* – *Manche à balai* ; loc. commande manuelle des gouvernails d'un avion. – (situation, affaire) *Branler dans le manche* : marcher mal. **2.** Partie par laquelle on tient un gigot, une épaule, pour découper la viande ; os (de gigot, de côtelette). **3.** Partie (d'un instrument de musique), le long de laquelle sont tendues les cordes. *Manche de violon.*

[3]**manche** n. m. (de [2]*manche,* en argot « membre viril », d'où *tomber sur un manche* « un ennui sérieux » ; *cf.* *couille*) Maladroit, incapable. *Il se débrouille comme un manche.*

[4]**manche** n. f. (italien *mancia* « don », emprunté au français [1]*manche,* de la manche offerte par la dame au chevalier joutant pour elle) loc. fam. ***Faire la manche*** : faire la quête, mendier. *Faire la manche dans le métro.*

Manche n. f. en espagnol **Mancha** Plateau aride du centre de l'Espagne, formant la partie sud-orientale de la région de Castilla-La Mancha.

Manche n. f. en anglais **The Channel** Mer épicontinentale de l'océan Atlantique séparant la Grande-Bretagne de la France. Elle connaît un intense trafic maritime, lié à l'existence de ports importants (Le Havre, Boulogne, Calais, Douvres, Southampton).

Manche (tunnel sous la) Tunnel ferroviaire long de 50 km, dont 39 km sous la Manche, reliant depuis 1994 le N. de la France (Coquelles) à la Grande-Bretagne (Cheriton, dans la banlieue de Folkestone).

Le tunnel sous la Manche (Eurostar à sa sortie du côté français).

Manche n. f. [50] Département français de la Région Normandie (→ carte). 5 947 km^2. 495 093 habitants. Chef-lieu : Saint-Lô. Chefs-lieux d'arrondissement : Avranches, Cherbourg-en-Cotentin, Coutances. Largement baigné par la Manche (300 km de côtes), le département est formé par la presqu'île du Cotentin, prolongé au S.-E. par le Bocage normand. Le relief s'élève au S. (collines de Normandie). C'est un département agricole où domine l'élevage bovin. Nombreux ports de pêche. Port de commerce et base militaire de Cherbourg. Mytiliculture et conchyliculture. Industrie nucléaire (La Hague, Flamanville), construction navale, métallurgie, agroalimentaire. Tourisme (Mont-Saint-Michel, petites stations balnéaires).

[1]**mancheron** n. m. Petite manche couvrant le haut du bras.

[2]**mancheron** n. m. techn. Chacune des deux tiges ou poignées servant à diriger et orienter (une charrue, un motoculteur).

Manchester Ville du N.-O. de l'Angleterre, sur l'Irwell. 510 750 habitants. Centre commercial, financier, industriel et culturel. Grand port maritime relié à la mer par un canal. Université.

Manchester Ville des États-Unis (New Hampshire), sur le Merrimack. 109 600 habitants. Industries diverses.

manchette n. f. (de [1]*manche*) **I. 1.** Poignet à revers d'une chemise. *Boutons de manchettes.* **2.** Manche amovible de protection. *Des manchettes de lustrine.* **3.** sports Coup porté avec l'avant-bras. **II.** Titre très large et en gros caractères, à la une d'un journal.

Manama

Le centre-ville de Manama.

Manchette (Jean-Patrick) Écrivain français (1942-1995). Son œuvre, par l'introduction de thèmes sociologiques et politiques, et par son travail sur le style, a renouvelé le roman policier français. *L'Affaire N'Gustro ; Le Petit Bleu de la côte ouest ; La Position du tireur couché.*

manchon n. m. (de [1]*manche*) **1.** Fourreau cylindrique pour protéger les mains du froid. *Manchon de fourrure.* **2.** techn. Pièce cylindrique (pour assembler ; isoler ; protéger). **3.** cuis. Premier segment de l'aile (d'une volaille). *Des manchons de canard confits.*

manchot, ote (diminutif de l'ancien français *manc, manche,* du latin *mancus* « estropié ») **I.** adj. **1.** Qui est privé d'une ou des deux mains ; d'un bras ou des deux. – n. *Le moignon d'un manchot, d'une manchote.* **2.** fam. Maladroit. → [3]**manche.** *N'être pas manchot* ; fig. être habile, adroit ; ne pas rechigner à la besogne. **II.** n. m. Oiseau marin palmipède des régions antarctiques à moignons d'ailes, incapable de voler. *Manchots et pingouins.*

-mancie ; -mancien, enne Éléments (du grec *manteia*) qui signifient « divination » (ex. *chiromancie ; cartomancienne*).

Mancini Famille italienne dont les membres les plus célèbres sont les nièces de Mazarin, venues en France à la suite de celui-ci. ■ Olympe **Mancini** (1639-1708). Épouse d'Eugène Maurice de Savoie-Carignan, comte de Soissons, elle était la mère du Prince Eugène. ■ Marie **Mancini** (1640-1715). Épouse du prince Colonna, elle fut aimée de Louis XIV.

Manco Cápac Ier Fondateur mythique de l'Empire inca.

Manco Cápac II Dernier souverain inca du Pérou (1513-apr. 1537). Il avait succédé à son frère, Atahualpa.

mandala n. m. (mot sanskrit) didact. Dans le bouddhisme, Représentation symbolique de l'univers, de forme géométrique et symétrique par rapport à son centre, servant de support à la méditation.

Mandala provenant du Potala de Lhassa au Tibet, musée Guimet, Paris.

Mandalay Ville du centre de la Birmanie, sur l'Irrawaddy. 1 225 500 habitants. Nombreux monastères et pagodes. Commerce. Elle fut la capitale du royaume de Birmanie (de 1857 à 1885).

mandale n. f. (p.-ê. de l'argot italien *mandolino* « coup de pied ») argot Gifle.

Mandans n. m. pl. Peuple indien d'Amérique du Nord, de la famille linguistique des Sioux. Établis dans le Dakota du Nord, ils furent décimés en 1837 par la variole.

mandant, ante n. (p. prés. de *mander*) dr. Personne qui confère un mandat à une autre (le mandataire).

mandarin n. m. (du portugais, du sanskrit) **I. 1.** hist. Haut fonctionnaire de l'Empire chinois, recruté parmi les lettrés. **2.** Personne d'un grand savoir, et très puissante. *Les mandarins de la faculté de médecine.* **II.** Chinois littéraire ancien, tel que le pratiquaient les mandarins. – Langue chinoise

Mandarin assis, céramique, école chinoise (XVIe s.), musée Guimet, Paris.

moderne la plus répandue, basée sur le pékinois.

mandarinal, ale, aux adj. **1.** Des mandarins chinois. **2.** Du mandarinat (2).

mandarinat n. m. **1.** Charge de mandarin, dans la Chine ancienne ; ensemble des mandarins. **2.** Corps social prétendant s'ériger en élite et exerçant une autorité intellectuelle. *Le mandarinat universitaire.*

mandarine n. f. **(de l'espagnol « [orange] des mandarins »)** Petit agrume à la peau orange, épaisse et facilement détachable, de saveur douce. → aussi **clémentine.** ■ **adj. invar.** De couleur orange clair.

mandarinier n. m. Arbre dont le fruit est la mandarine.

mandat n. m. **(latin *mandatum*, de *mandare* → mander) 1.** Acte par lequel une personne **(→ mandant)** donne à une autre **(→ mandataire)** le pouvoir de faire qqch. en son nom. → **²pouvoir, procuration.** *Donner mandat à qqn de (+ inf.).* → **mandater. 2.** Mission conférée par voix électorale. *Mandat législatif, parlementaire.* → **députation.** *Le mandat présidentiel.* **3.** *Mandat (de paiement)* : titre par lequel une personne donne à une autre mandat d'effectuer un paiement. – ***Mandat postal*** ou ***mandat-poste*** : titre remis par la Poste contre une somme d'argent qu'elle versera au destinataire ; la somme versée. *Toucher un mandat.* **4.** Ordre écrit émanant de la justice. *Mandat d'arrêt ; d'amener ; de comparution ; de dépôt ; de perquisition.*

mandataire n. **(du latin → mandat)** Personne à qui est conféré un mandat (1). → **agent, commissionnaire, délégué, gérant, représentant.** *Le mandataire et le mandant.*

mandater v. tr. < 1 > Investir d'un mandat. *Mandater qqn pour négocier ; pour une négociation.* → **déléguer.** □ **n. m. mandatement**

mandature n. f. Durée d'un mandat électif.

mandchou, oue adj. et n. **(mot toungouse)** Originaire de Mandchourie. ■ **n. m.** *Le mandchou* (langue toungouse méridionale).

Mandchourie n. f. Région historique du N.-E. de la Chine. Capitale : Shenyang. Grandes richesses naturelles (minéraux, forêts, produits agricoles). Berceau de la dynastie des Qing, qui régna sur la Chine de 1644 à 1911. De 1931 à 1945, le Japon y établit l'État vassal du Mandchoukouo et industrialisa la région.

Mandchous n. m. pl. Groupe ethnique de Mandchourie, apparenté aux Toungouses (env. 10 millions). La dynastie mandchoue des Qing régna sur la Chine de 1644 à 1911.

Mandel (Georges Rothschild dit Georges) Homme politique français (1885-1944). Collaborateur de Clemenceau, plusieurs fois ministre, il s'opposa à l'armistice de juin 1940. Parti en Afrique du Nord, il fut ramené en France, emprisonné de 1940 à 1944, et abattu par des miliciens.

Mandel n. f. Rivière de Belgique, affluent de la Lys. 40 km.

Mandela (Nelson) Homme d'État sud-africain (1918-2013). Chef historique du Congrès national africain (ANC), il fut emprisonné de 1962 à 1990. Devenu, peu après l'abolition des lois sur l'apartheid (1991), le président de l'ANC, il négocia avec F. De Klerk les élections multiraciales qui firent de lui le premier président noir de l'Afrique du Sud (1994-1999). Prix Nobel de la paix 1993, avec F. De Klerk.

Nelson Mandela en 1990 lors d'un meeting à Soweto.

Mandelbrojt (Szolem) Mathématicien français d'origine polonaise (1899-1983). Il étudia les fonctions quasi analytiques et les fonctions de variable complexe.

Mandelbrot (Benoît) Mathématicien franco-américain d'origine polonaise (1924-2010). Il découvrit et étudia les fractales. Il construisit l'ensemble de forme fractale qui porte son nom et dont il découvrit les propriétés.

Mandelieu-la-Napoule Commune des Alpes-Maritimes, près de Cannes. 21 772 habitants. Station balnéaire. Culture du mimosa.

Mandelstam (Ossip Emilievitch) Poète soviétique (1891-1938). Représentant de l'école acméiste, il est l'auteur de poèmes et de textes autobiographiques *(Le Bruit du temps).*

mandement n. m. relig. cathol. Écrit d'un évêque aux fidèles de son diocèse.

mander v. tr. < 1 > **(vient du latin *mandare* « confier », p.-ê. de *manum dare* → main** et **donner,** ***cf.*** **demander)** vieux ou littér. **1.** Transmettre (un ordre, une instruction). *Mander que..., de...* **2.** Faire venir (qqn) par un ordre ou un avis. → **appeler, convoquer.** *Le roi manda ses vassaux.* **3.** *Mander qqch. à qqn,* le lui faire savoir (par lettre, etc.). *« Ma fille me prie de vous mander le mariage de M. de Nevers »* (Mme de Sévigné).

Mandeure Commune du Doubs, sur le Doubs. 4 795 habitants. Vestiges romains (théâtre).

mandibule n. f. **(du bas latin, de *mandere* « manger ») 1.** anat. Maxillaire inférieur. – fam. (au plur.) Mâchoires. loc. *Jouer des mandibules* : manger. **2.** zool. Chacune des deux parties du bec des oiseaux, des pièces buccales de certains arthropodes (insectes, crustacés...). □ **adj. mandibulaire**

Mandingues ou **Mandés** n. m. pl. Groupe ethnique et linguistique d'Afrique occidentale, comprenant notamment les Bambaras, les Malinkés et les Dioulas. L'empire du Mali est aussi appelé *Empire mandingue.*

mandoline n. f. **(de l'italien, diminutif de *mandola*, de même origine que *mandore*)** Instrument de musique de la famille du luth, à caisse de résonance bombée.

mandoliniste n. Personne qui joue de la mandoline.

mandore n. f. **(du latin, du grec *pandoura*)** mus. Instrument de musique à cordes pincées, proche du luth.

mandorle n. f. **(italien *mandorla* « amande », du latin *amygdala* → amande, amygdale)** art relig. Gloire en forme d'amande dans laquelle apparaît le Christ en majesté.

Mandorle en ivoire représentant le Christ tenant une Bible, Bristish Museum, Londres.

mandragore n. f. **(latin *mandragoras*, mot grec, d'origine orientale)** Plante dont la racine fourchue, qui évoque une forme humaine, passait pour avoir des vertus magiques ; cette racine.

mandrill [mɑ̃dʀil] n. m. **(de l'anglais, p.-ê. de *man* « homme » et *drill*, probablt mot d'une langue d'Afrique occidentale)** Singe des forêts d'Afrique tropicale, au museau rouge bordé de raies bleuâtres.

mandrin n. m. **(de l'occitan, de l'ancien provençal *mandre*) 1.** Outil ou pièce métallique cylindrique, utilisée pour forer, emboutir. **2.** Partie d'une machine rotative assurant la fixation d'un outil. *Le mandrin d'une perceuse.*

Mandrin (Louis) Brigand français (v. 1725-1755). Il prit la tête de contrebandiers qui s'attaquèrent aux caisses des impôts et des villes.

manducation n. f. **(latin *manducatio* → ¹manger)** physiol. Action de manger, ensemble des opérations mécaniques qui précèdent l'ingestion et la digestion.

¹-mane Élément **(du latin *manus*)** qui signifie « main » (ex. *quadrumane*).

²-mane, -manie Éléments **(du grec *mania*)** qui signifient « folie, manie » (ex. *cleptomane*).

Manea (Norman) Écrivain roumain (né en 1936). Exilé à New York à partir des années 1990, il écrit essentiellement sur le totalitarisme qu'a connu son pays, sur l'exil, sur l'antisémitisme et sur la littérature. *Sur les clowns : le dictateur et les artistes ; L'Enveloppe noire ; Retour du hooligan ; La Cinquième Impossibilité.*

manécanterie n. f. **(du latin médiéval, de *mane* « le matin » et *cantare* → chanter)** École de chant choral (principalement sacré) pour les jeunes garçons.

manège n. m. **(italien *maneggio*, de *maneggiare*, de *mano*, du latin *manus* → main) I. 1.** Exercice que l'on fait faire à un cheval pour le dresser. → **équitation. 2.** Lieu où l'on dresse, monte les chevaux. *Un manège couvert.* **3.** *Manège (de chevaux de bois)* : attraction foraine, plateforme circulaire tournante garnie d'animaux, de véhicules factices, etc. servant de montures aux enfants. *Faire un tour de manège.* **II.** Comportement rusé pour arriver à ses fins. → **intrigue, machination.**

mânes n. m. pl. (du latin ; famille de *matin*) dans la religion romaine Âmes des morts. → **esprit, lare.** – littér. *Invoquer les mânes des ancêtres.*

Manessier (Alfred) Peintre français (1911-1993). Il peignit des compositions abstraites traitant des thèmes religieux. Il a réalisé des tapisseries et des vitraux d'églises.

Manet (Édouard) Peintre français (1832-1883). Précurseur de l'impressionnisme, il renouvela le traitement de l'espace et la représentation des volumes. Très critiquée de son vivant, son audace picturale pose les bases du modernisme. *Le Déjeuner sur l'herbe ; Olympia ; Le Fifre.*

Édouard Manet, *Nana* (1877), Kunsthalle, Hambourg.

Manéthon Historien égyptien (IIIe s. av. J.-C.). Prêtre d'Héliopolis, il écrivit en grec les *Aiguptiaka*, chronique des souverains et pharaons de l'Égypte des origines à Alexandre le Grand.

maneton n. m. (de *manette*) techn. Partie du vilebrequin sur laquelle est articulée la bielle.

manette n. f. (diminutif de *main*) Clé, levier, poignée de commande manuelle d'un mécanisme. – loc. fam. *À fond les manettes :* à toute allure.

Manfred (1231-1266). Roi de Sicile (1258-1266). Bâtard légitimé de l'empereur Frédéric II, il conquit l'Italie du Sud et la Sicile. Il fut tué par Charles Ier d'Anjou.

Manfredonia Ville d'Italie, dans les Pouilles, sur le *golfe de Manfredonia*. 57 700 habitants. Port.

manga n. m. (mot japonais) Bande dessinée japonaise.

mangaka n. (mot japonais) Dessinateur, dessinatrice de mangas. *Les mangakas.*

Mangalia Ville de Roumanie, sur la mer Noire. 34 500 habitants. Ruines antiques. Musée archéologique. Port. Constructions navales. Tourisme. Thalassothérapie.

Mangalore Ville du S.-O. de l'Inde (Karnataka), sur la mer d'Oman. 623 800 habitants. Ancien comptoir portugais, fondé en 1596. Port d'exportation (café, noix, tissu). Industries de la tuile creuse.

manganate n. m. chim. Sel de l'acide manganique. *Manganate de potassium.*

Manganelli (Giorgio) Écrivain italien (1922-1990). Il est l'auteur d'une œuvre singulière, composée d'essais *(La Littérature comme mensonge)* et de narrations dont le formalisme néobaroque met au jour une certaine angoisse du réel. *Hilarotragoedia ; Aux dieux ultérieurs ; Dell' inferno.*

manganèse n. m. (de l'italien, p.-ê. famille de *magnésie*) Métal gris clair, dur et cassant employé sous forme d'alliages.

manganeux, euse adj. chim. Se dit des composés bivalents du manganèse. *Oxyde manganeux.*

manganin n. m. (marque déposée, de *manganèse*) techn. Alliage de cuivre, de manganèse et de nickel.

manganique adj. chim. Se dit des composés trivalents du manganèse. *Acide manganique.*

manganite (de *manganèse* et *-ite*) **I.** n. m. chim. Oxyde double (MnO_2) du bioxyde de manganèse. **II.** n. f. minér. Hydroxyde de manganèse naturel.

mangeable adj. **1.** rare Qui peut se manger. → **comestible. 2.** cour. Tout juste bon à manger, sans rien d'appétissant.

mangeaille n. f. Nourriture abondante et médiocre. – fam. Nourriture. → **boustifaille.**

mange-disque n. m. Électrophone portatif comportant une fente dans laquelle on glisse un disque 45 tours. *Des mange-disques.*

mange-mil n. m. Passereau mangeur de graines. *Des mange-mils* ou *des mange-mil* (invar.).

mangeoire n. f. Auge pour les aliments de certains animaux domestiques (chevaux, bestiaux, volaille).

1manger v. tr. < 3 > (vient du latin *manducare*, de *mandere* « mâcher, manger ») **I. 1.** Avaler pour se nourrir (un aliment solide ou consistant) après avoir mâché. → **absorber, consommer, 2ingérer, ingurgiter, prendre ;** fam. **bouffer.** *Manger du pain. Bon à manger.* → **comestible, mangeable.** *Ne rien manger.* → **jeûner.** – pronom. *Ce plat se mange froid.* **2.** sans compl. S'alimenter, se nourrir. *Elle refuse de manger.* – (avec adv.) *Manger peu, comme un oiseau. Manger beaucoup, comme quatre, comme un ogre.* – *Donner à manger à qqn, à un animal.* ■ Prendre un repas. → **1déjeuner, 1dîner, 1souper.** *Manger chez des amis, au restaurant.* loc. *Salle à manger.* – loc. fig. *Manger dans la main de qqn*, lui être soumis. **3.** Dévorer (un être vivant, une proie). *Le chat mange la souris.* ■ loc. fig. *Manger qqn des yeux*, le regarder avidement. – *On en mangerait !* on en a envie. – *Il ne vous mangera pas :* il n'est pas si terrible qu'il en a l'air. **II. 1.** Ronger. *Laine mangée par les mites, aux mites.* **2.** Faire disparaître, dissimuler. *Sa barbe lui mange le visage.* – fig. *Manger ses mots*, les prononcer indistinctement. → **avaler.** – *Manger la consigne, la commission*, l'oublier. **3.** Consommer, dépenser. *Une voiture qui mange de l'huile.* → **user.** *Manger son capital.* → **dilapider.** – loc. fam. *Ça (ne) mange pas de pain !*, ça n'engage à rien.

2manger n. m. fam. Nourriture, repas. *Ici on peut apporter son manger.*

mange-tout n. m. invar. Variété de pois, de haricots dont on mange la cosse avec la graine. – adj. invar. *Haricot, pois mange-tout.* - var. RO **mangetout** n. m.

mangeur, euse n. **1.** Personne qui mange (beaucoup, peu). *Un grand, un gros mangeur.* **2.** *Mangeur de... :* personne, animal qui mange (telle ou telle chose). → **-phage, -vore.** *Un mangeur de viande. Mangeurs d'hommes.* → **anthropophage.** – loc. fig. *Une mangeuse d'hommes :* une séductrice.

Mangin (Charles) Général français (1866-1925). Il participa à la bataille de Verdun (1916) aux côtés de Nivelle et contribua à la victoire des forces alliées lors de la seconde bataille de la Marne (Villers-Cotterêts, juill. 1918).

mangle n. f. (mot espagnol, du taïno [langue des Antilles]) Fruit du manglier.

manglier n. m. Espèce de palétuvier abondante dans les mangroves.

mangoustan n. m. (du portugais, du malais) **1.** Arbre des régions tropicales donnant un fruit très estimé. - syn. **mangoustanier** et **mangoustier. 2.** Fruit du mangoustan. → **2mangouste.**

1mangouste n. f. (du portugais, mot d'une langue dravidienne [sud de l'Inde]) Petit mammifère carnivore d'Afrique et d'Asie, proche de la belette, et prédateur des serpents.

2mangouste n. f. Fruit du mangoustan.

mangrove n. f. (mot anglais, p.-ê. d'origine caraïbe) géogr. Forêt impénétrable à base de palétuviers, poussant dans la vase des littoraux tropicaux.

La mangrove constitue une excellente défense contre l'érosion et les inondations.

mangue n. f. (du portugais, du tamoul) Fruit du manguier, à chair jaune très parfumée.

manguier n. m. Arbre tropical originaire de l'Inde, produisant des mangues.

Mangunwijaya (Yusuf Bilyarta) Écrivain indonésien (1929-1999). Prêtre et architecte, il analysa dans ses romans et ses essais les conflits qui animent la société indonésienne. *Les Tisserins.*

Manguychlak (presqu'île de) Plateau désertique du Kazakhstan, sur la rive E. de la mer Caspienne. Industrie pétrolière.

Manhattan District de New York, dans le sud de l'île de Manhattan. Il est bordé par l'Hudson, la baie de New York, l'East River et la Harlem River. 1,6 million d'habitants.

Mani ou **Manès** Prophète perse (216-274 ou 277). Il fonda le manichéisme.

Manhattan

Vue sur les gratte-ciels de Manhattan, depuis le Liberty State Park.

maniabilité n. f. Qualité de ce qui est maniable.

maniable adj. (→ 1manier) **1.** Qu'on manie et utilise facilement. → **2pratique.** *Outil maniable.* ■ (véhicule) Qu'on manœuvre facilement. **2.** fig. Qui se laisse aisément diriger. → **docile, souple.**

maniacodépressif, ive adj. (→ maniaque [I] et dépressif) psych. *Psychose maniacodépressive,* faisant alterner l'excitation maniaque et la dépression. ■ adj. et n. Se dit d'une personne atteinte de cette psychose. → **bipolaire.**

maniaque adj. (latin médiéval *maniacus,* de *mania* → manie) **I.** psych. **1.** Qui est atteint de la maladie mentale appelée manie (I). – n. *Un maniaque dépressif.* → **maniacodépressif.** ■ De la manie (I). *Psychose maniaque.* **2.** Qui a l'esprit troublé par une idée fixe. **II.** cour. **1.** Qui a une manie (II, 1). **2.** Exagérément attaché à ses petites manies, à ses habitudes. – n. *Une maniaque de l'ordre.* ■ Propre à un maniaque. *Soin maniaque.*

maniaquerie n. f. Caractère d'une personne maniaque (II, 2).

manichéen, enne [manikeɛ̃, ɛn] adj. (du n. grec de l'hérésiarque persan Mani, par le latin) **1.** Relatif au manichéisme. *Une vision manichéenne du monde.* → **dualiste. 2.** adj. et n. Partisan du manichéisme.

manichéisme [manikeism] n. m. (→ manichéen) **1.** Religion syncrétique fondée par le Perse Mani, où le bien et le mal sont les deux principes fondamentaux. **2.** didact. Conception du bien et du mal comme deux forces égales et antagonistes. → **dualisme.**

Manicouagan n. f. Rivière du Canada (Québec), affluent du Saint-Laurent (rive gauche). 500 km. Installations hydroélectriques.

M

manie n. f. (du bas latin, du grec, *cf.* 2-mane) **I.** psych. **1.** Maladie mentale caractérisée par divers troubles de l'humeur (exaltation euphorique, incohérence). *Manie délirante.* **2.** Trouble de l'esprit possédé par une idée fixe. → **monomanie, obsession.** *Avoir la manie de la persécution.* **II.** cour. **1.** Goût excessif, déraisonnable (pour qqch.). → **marotte, passion.** *La manie de collectionner.* **2.** Habitude bizarre et tyrannique, souvent agaçante ou ridicule. *À chacun ses (petites) manies.*

-manie voir 2-mane

maniement n. m. **1.** Action ou façon de manier, d'utiliser avec les mains. → **manipulation, usage.** *Le maniement d'un appareil.* – loc. *Maniement d'armes :* suite de mouvements exécutés au commandement par les soldats. **2.** fig., littér. Action, manière d'employer ; de diriger, d'administrer. → **emploi ; direction, gestion.**

1manier v. tr. < 7 > (d'abord *maneier,* dérivé de *main*) **1.** Avoir en main, entre les mains tout en déplaçant, en remuant. *Manier un paquet avec précaution.* → **manipuler. 2.** Utiliser en ayant en main. *Manier des outils, le pinceau.* – *Voiture facile à manier.* → **manœuvrer.** ■ *Manier de l'argent* (→ **1brasser**), *des fonds* (→ **gérer**). **3.** Mener à son gré (qqn). → **diriger, manipuler.** « *Pour manier ces masses* » (Balzac). **4.** fig. Employer plus ou moins habilement. *Savoir manier l'ironie.*

2se manier v. pron. seulement inf. ou **se magner** < 1 > fam. Se remuer, se dépêcher. *Magnez-vous !* – loc. vulg. *Se manier le train* (même sens).

manière n. f. (de l'ancien français *manier, manière* adj., de *main*) **I. 1.** Forme particulière que revêt l'accomplissement d'une action, le déroulement d'un fait. → **façon, 2mode.** *Manière d'agir, de se conduire, d'être, de vivre.* → **conduite.** – loc. *Avoir la manière :* savoir s'y prendre. – loc. adv. *De cette manière :* ainsi. *De toute manière :* en tout cas. *D'une manière générale :* dans la plupart des cas. *En aucune manière :* aucunement. – loc. prép. *À la manière de :* comme. *De manière à* (+ inf.) : afin de (produire telle conséquence). – loc. conj. *De (telle) manière que, de manière (à ce) que* (+ subj.) : de telle sorte que, si bien que. **2.** Forme de comportement personnelle et habituelle. *À sa manière, elle est heureuse.* ■ *La manière d'un peintre,* son mode d'expression caractéristique. → **genre, 1style. 3.** littér. Espèce, sorte. *J'ai dit cela en manière de plaisanterie,* comme une plaisanterie. **4.** *Complément, adverbe de manière,* qui indique la manière dont se fait qqch. (ex. avec joie, à la hâte ; lourdement). **II.** au plur. Comportement considéré surtout dans son effet sur autrui. *Apprendre les bonnes manières.* → **courtoisie, politesse.** *En voilà des manières !* – fam. *Sans manières :* simplement, sans cérémonie. ■ ***Faire des manières*** : être affecté, se faire prier. → **chichi, simagrée.**

Manille

Le centre-ville de Manille, où se font face bâtiments modernes et vieille ville.

maniéré, ée adj. péj. **1.** Qui montre de l'affectation, manque de naturel ou de simplicité. → **affecté, poseur ;** fam. **chichiteux.** – *Politesse maniérée.* **2.** arts Qui manque de spontanéité, est trop recherché. → **apprêté, précieux.** *Style maniéré* (→ **maniérisme**).

maniérisme n. m. **1.** péj. Tendance au genre maniéré en art. **2.** arts Tendance de l'art italien au XVIe siècle, caractérisée par un raffinement technique et la mise en évidence de l'artifice.

Maniérisme, *Hyante et Climène à leur toilette,* Toussaint Dubreuil (1600), musée du Louvre, Paris.

maniériste adj. et n. arts Du maniérisme (2). – n. *Les grands maniéristes du XVIe siècle italien.*

manieur, euse n. (avec un compl.) Personne qui manie (qqch.). *Un manieur d'idées.* – loc. *Un manieur d'argent :* un financier.

manif n. f. (abrév.) fam. Manifestation (II, 2). *Tous à la manif !*

manifestant, ante n. Personne qui participe à une manifestation (II, 2).

manifestation n. f. (du latin relig. → manifester) **I.** Action ou manière de manifester, de se manifester. *Des manifestations de joie, de tendresse.* → **démonstration, marque. II. 1.** Évènement culturel, commercial, organisé pour attirer un large public. **2.** Réunion publique, défilé organisé pour manifester une opinion ou une volonté. → **1marche.** *Une manifestation pour la paix.* - abrév. fam. **manif.**

1manifeste adj. (de *mani-* ou *manufestus* « pris avec la main » → main) Dont l'existence ou la nature est évidente. → **flagrant, indiscutable, patent.** *Erreur manifeste.*

2manifeste n. m. **1.** Déclaration écrite, publique et solennelle, par laquelle une instance politique, un groupement expose son programme, justifie sa position. → **proclamation.** « *Le Manifeste du Parti communiste* » (de Marx et Engels). ■ Exposé théorique lançant un mouvement artistique, littéraire. *Les « Manifestes du surréalisme »* (d'André Breton). **2.** techn. Liste des marchandises constituant la cargaison d'un navire.

manifestement adv. D'une manière manifeste, à l'évidence. → **visiblement.**

manifester v. < 1 > (du latin → 1manifeste) **I.** v. tr. **1.** Faire connaître de façon manifeste. → **déclarer, exprimer.** *Manifester ses intentions.* **2.** Faire ou laisser apparaître clairement. *Manifester de la crainte. Son trouble manifeste un certain désarroi.* → **révéler, trahir. II.** v. intr. Participer à une manifestation (II, 2). *Manifester contre une loi.* ■ **se manifester** v. pron. **1.** Se révéler clairement ; apparaître, se montrer. *Des divergences se sont manifestées.* → **surgir, survenir. 2.** Donner de ses nouvelles. *Elle ne s'est pas manifestée depuis des mois.* – Se faire connaître. *Plusieurs témoins se sont manifestés.*

manifold n. m. (mot anglais, de *manifold paper* « papier à copies multiples ») anglic. Carnet comportant plusieurs séries de feuilles et de papier carbone.

manigance n. f. (p.-ê. du latin *manus* « main ») Manœuvre secrète et suspecte, sans grande portée. → **intrigue ;** fam. **magouille.**

manigancer v. tr. < 3 > Combiner par manigances. → **comploter, machiner, tramer ;** fam. **magouiller.** *Il a bien manigancé son coup.*

maniguette n. f. (vient de l'italien *meleghetta,* de *melega* « sorgo ») Graine au goût poivré utilisée comme condiment, également appelée *graine de paradis.*

Manilius (Marcus) Poète latin (Ier s.). Contemporain d'Auguste et de Tibère, il fut l'auteur de l'*Astronomie,* poème en cinq livres.

1manille n. f. (altération de l'espagnol *malilla* « la petite mauvaise », de *mala* → 3mal) Jeu de cartes où les plus fortes sont le dix *(manille),* puis l'as *(manillon).*

2manille n. f. (vient du latin *manicula,* de *manus* → main) **1.** anciennt Anneau pour assujettir la chaîne (d'un forçat). **2.** techn. Étrier métallique arrondi servant à fixer des câbles, des chaînes.

Manille Capitale des Philippines, dans l'île de Luçon, sur la baie de Manille. 1,78 million d'habitants (agglomération 12 millions d'habitants). Vieille ville espagnole (XVIe-XVIIe s.), architecture nord-américaine. Principal centre commercial, administratif et culturel du pays. Port de commerce.

Manin (Daniele) Homme politique italien (1804-1857). En1848, il prit la tête de la révolution à Venise, y proclama la république et en devint le président. Il capitula devant les Autrichiens en 1849.

manioc n. m. (tupi *manioch*) Arbrisseau des régions tropicales dont la racine fournit une fécule alimentaire, le tapioca. – Farine de cette fécule.

manipulable adj. Que l'on peut manipuler (4). *Des foules manipulables.*

manipulateur, trice I. n. 1. Personne qui procède à des manipulations. → **opérateur.** *Manipulateur de laboratoire.* 2. Prestidigitateur spécialisé dans la manipulation (3). 3. fig. Personne qui en manipule (4) d'autres. II. techn. n. m. Appareil servant à la transmission des signaux télégraphiques.

manipulation n. f. 1. Action, manière de manipuler (des substances, des produits, des appareils). ▪ Expérience de laboratoire. 2. Massage visant à remettre des os déplacés. *Manipulations vertébrales* (→ **chiropractie, étiopathie, ostéopathie**). 3. Branche de la prestidigitation reposant sur la seule habileté des mains. 4. fig. Manœuvre malhonnête. *Manipulations électorales.* ▪ Emprise occulte exercée sur qqn. *La manipulation des foules.* - abrév. **manip.** *C'est le but de la manip,* de l'opération.

manipule n. m. (latin *manipulus* « poignée ») Antiq. Étendard d'une compagnie militaire romaine. ▪ par ext. Unité militaire, division de la cohorte.

manipuler v. tr. < 1 > (famille du latin *manus* → **main**) 1. Manier avec soin en vue d'expériences, d'opérations scientifiques ou techniques. *Manipuler des tubes à essai ; des explosifs.* 2. Manier et transporter (→ **manutention**). *Manipuler des colis.* 3. Procéder à des manipulations sur (qqn). 4. fig. Modifier de façon malhonnête. *Manipuler des statistiques.* → **trafiquer.** 5. fig. Amener habilement (qqn) à faire ce qu'on veut. → [1]**manier** (3). – *Manipuler l'opinion.*

Manipur n. m. État du N.-E. de l'Inde, près de la frontière birmane. 23 356 km^2. 3 millions d'habitants. Capitale : Imphal. Riz. Exploitation forestière.

manique n. f. (vient du latin *manicula* « petite main » → [2]**manille**) 1. Gant, carré de tissu épais, qui sert à saisir des plats chauds. 2. techn. Manchon de protection.

Manisa Ville de Turquie, chef-lieu de province de la vallée du Guediz. 317 000 habitants. Centre commercial et industriel. C'est l'ancienne *Magnésie du Sipyle.*

Manitoba (lac) Lac du Canada (province de Manitoba). 4 706 km^2.

Manitoba n. m. Province du centre du Canada. 647 797 km^2. 1 278 365 habitants. Capitale : Winnipeg. Bordé au N.-E. par la baie d'Hudson, le territoire est parsemé de nombreux lacs. Agriculture (blé). Élevage de bovins. Industries alimentaire, métallurgique et minière (nickel, cuivre, or). Tourisme.

manitou n. m. (mot algonquin « grand esprit ») 1. vieilli Esprit du bien ou du mal, chez les Amérindiens. 2. fig. Personnage important et puissant. *Les (grands) manitous du pétrole.*

manivelle n. f. (vient du latin pop. *manabella*, de *manicula* « petite main » ; famille de *main*) 1. Levier coudé, manœuvré à la main pour imprimer un mouvement de rotation. *La manivelle d'un cric.* – *Retour* de manivelle.* 2. techn. Pièce servant à transmettre un mouvement. *Une manivelle de moteur.* – loc. fam. *Appuyer sur les manivelles,* sur les pédales (d'une bicyclette).

Manizales Ville du S. de la Colombie, au pied du volcan Neivado del Ruiz. 405 230 habitants. Commerce (café). Industrie textile. Centre universitaire.

Mankell (Henning) Écrivain suédois (1948-2015). Il est l'auteur de romans policiers, dans lesquels les enquêtes sont menées par le personnage récurrent de l'inspecteur Kurt Wallander. *Meurtriers sans visage.*

Mankiewicz (Joseph Leo) Cinéaste américain (1909-1993). Disciple de Lubitsch, il réalisa des films donnant au dialogue une importance égale à celle de l'image et questionnant la complexité de la personnalité humaine (*Ève ; La Comtesse aux pieds nus ; Le Limier*).

Manley (Norman) Homme politique jamaïcain (1893-1969). Fondateur du People's National Party, il mena son pays vers l'indépendance de manière pacifique en 1962. ▪ Michael **Manley** (1924-1997). Fils du précédent, il fut Premier ministre de la Jamaïque de 1972 à 1980 et de 1989 à 1992.

Manlius en latin **Marcus Manlius Capitolinus** (mort en 384 av. J.-C.). Consul en –392, il repoussa l'attaque des Gaulois au Capitole (–390). Accusé d'aspirer à la tyrannie, il fut précipité du haut de la roche Tarpéienne.

Manlius en latin **Titus Manlius Torquatus** Homme politique et général romain, trois fois consul entre –235 et –215, dictateur en –208. Lors de la deuxième guerre punique, il repoussa un assaut carthaginois en Sardaigne.

Mann (Heinrich) Écrivain allemand (1871-1950). D'abord attaché à l'esthétisme immoraliste en vogue (*Professeur Unrat*), il se fit ensuite le partisan d'un humanisme social militant (*Le Sujet ; Les Pauvres*). Il s'exila après la victoire de Hitler en 1933 avec son frère Thomas.

Mann (Thomas) Écrivain allemand (1875-1955). Frère de Heinrich Mann, il est l'auteur de romans profonds et ironiques, où l'intelligence et la sensibilité des individus entrent en conflit avec leurs forces vitales. Il s'exila après la victoire de Hitler en 1933 avec son frère Heinrich. *Les Buddenbrook ; La Mort à Venise ; La Montagne magique ; Docteur Faustus.* Prix Nobel 1929.

Mann (Klaus) Écrivain allemand (1906-1949). Fils de Thomas Mann, il lutta contre le fascisme. Il écrivit des romans désespérés (*Méphisto ; Le Volcan*) et une autobiographie (*Le Tournant*), avant de se donner la mort.

Manitoba

Image satellite du lac Manitoba (en bas) et du lac Winnipeg.

Mannar ou **Manaar (golfe de)** Bras de mer de l'océan Indien, entre l'île de Sri Lanka et la côte sud de l'Inde (Tamil Nādu).

[1]**manne** n. f. (du latin chrét., mot araméen, de l'hébreu *man*) Nourriture miraculeuse envoyée aux Hébreux dans le désert. ▪ fig. et littér. Don ou avantage inespéré.

[2]**manne** n. f. (ancien néerlandais *mande*) vieilli Grand panier d'osier. → **banne.**

Manneken-Pis n. m. (en néerlandais « petit homme qui pisse ») Sculpture de Duquesnoy le Vieux (1619), ornant une fontaine de Bruxelles. Elle représente un petit garçon lâchant un filet d'eau.

[1]**mannequin** n. m. (ancien néerlandais *mannekijn* « petit homme », de *man* « homme » et suffixe diminutif *-kijn*) 1. Statue articulée servant de modèle aux artistes. ▪ Forme humaine utilisée pour la confection, l'essayage, la présentation de modèles de vêtements. – appos. *Taille mannequin,* conforme aux proportions du mannequin type. 2. Personne dont le métier est de présenter sur elle-même les modèles des couturiers. → **modèle, top-modèle.** – Pour les femmes, l'usage hésite entre *un mannequin, une mannequin* ou *une mannequine.*

[2]**mannequin** n. m. (du moyen néerlandais) Petit panier d'horticulteur.

mannequinat n. m. Activité du mannequin (2).

Manner (Eeva-Liisa) Poète finlandaise (1921-1995). Pionnière de la poésie moderne, elle oppose, au moyen d'une imagerie complexe, un mysticisme non religieux au rationalisme, qu'elle juge stérile. *Ce voyage ; Chants orphiques.*

Mannerheim (Carl Gustaf Emil, baron) Maréchal et homme d'État finlandais (1867-1951). Il fut aide de camp du tsar Nicolas II, puis mena la guerre contre les bolcheviks en 1917. De 1939 à 1944, il lutta contre l'URSS. Il fut président de la République de 1944 à 1946.

M

Mannheim (Karl) Sociologue et philosophe allemand d'origine hongroise (1893-1947). Son œuvre, inspirée de l'historicisme de Dilthey et du marxisme, consiste en une sociologie de la connaissance et en une réflexion sur l'utopie. *Idéologie et utopie.*

Mannheim Ville d'Allemagne (Bade-Wurtemberg), sur le Rhin. 309 700 habitants. Université. Important port fluvial. Musées. Château du XVIIIe s. Industries (automobile, chimie). Université.

Manning (Henry Edward) Prélat britannique (1808-1892). Anglican converti au catholicisme, il fut archevêque de Westminster (1865) puis cardinal (1875). Il prit parti pour l'infaillibilité pontificale et s'impliqua dans le domaine social (il soutint la grève des dockers).

mannitol n. m. (famille de [1]*manne*) biochim. Polyalcool cristallin blanc, présent dans de nombreux végétaux. - syn. **mannite** n. f.

Mannoni (Maud), née Van der Spoel Psychanalyste française d'origine néerlandaise (1923-1998). Elle se consacra à l'étude et la thérapie des psychoses infantiles, spécialement de l'autisme, et créa une école expérimentale à Bonneuil-sur-Marne. *L'Enfant, sa « maladie » et les autres.*

mannose n. m. (de [1]*manne*) biochim. Sucre naturel contenu dans des baies et graines.

manodétendeur n. m. (de *manomètre* et *détendeur*) techn. Dispositif permettant d'abaisser la pression d'un gaz comprimé et d'en régler l'utilisation.

manœuvrable adj. (bateau, véhicule) Apte à être manœuvré. → **maniable.** □ n. f. **manœuvrabilité**

[1]**manœuvre** n. f. (vient du latin pop. *manu opera* « travail avec la main » → **main** et **œuvre**) I. 1. Action sur les cordages, les voiles, le

gouvernail, etc., destinée à régler le mouvement d'un bateau. ■ par analogie *Faire une manœuvre pour se garer.* – ***Fausse manœuvre*** : erreur de manœuvre ; fig. décision, démarche maladroite et sans résultat. **2.** Opérations permettant la marche d'un appareil, d'une machine. *La manœuvre d'une grue.* **3.** Exercice militaire. *Champ de manœuvre. Grandes manœuvres*, avec de gros effectifs. **II.** Moyen mis en œuvre pour atteindre un but (souvent avec ruse). → **intrigue, machination, manigance.** *Nous avons toute liberté de manœuvre.* – dr. *Des manœuvres frauduleuses.* **III.** surtout au plur. Cordage du gréement d'un navire. *Manœuvres dormantes ; courantes.*

^{2}**manœuvre** n. Ouvrier, ouvrière exécutant des travaux qui n'exigent pas d'apprentissage préalable. *Les manœuvres d'un chantier.*

manœuvrer v. < 1 > **(vient du latin pop. *manu operare* → ^{1}manœuvre) I. v. intr. 1.** Effectuer une manœuvre sur un bateau, un véhicule. *Manœuvrer pour garer sa voiture.* **2.** (militaires) Faire l'exercice. *Les troupes manœuvrent.* ■ Effectuer ou commander le mouvement des troupes. **3.** fig. Employer des moyens adroits pour arriver à ses fins. *Elle a bien manœuvré.* **II. v. tr. 1.** Manier de façon à faire fonctionner. *Manœuvrer le gouvernail, le volant.* – *Manœuvrer une voiture.* **2.** fig. Faire agir (qqn) comme on le veut, par une tactique habile. → **gouverner,** ^{1}**manier.** – *Manœuvrer la presse.*

manœuvrier, ière n. Personne qui manœuvre habilement.

manographe n. m. phys. Manomètre enregistreur.

manoir n. m. **(de l'ancien v. *maneir, manoir* « demeurer », qui vient du latin *manere* « rester » ; famille de *maison, ménage*)** Petit château ancien à la campagne. → **gentilhommière.**

Manolete **(Manuel Rodríguez Sánchez, dit)** Matador espagnol (1917-1947). Il fut considéré comme le plus grand matador de son époque.

manomètre n. m. **(du grec *manos* « peu dense »)** sc. Appareil servant à mesurer la pression d'un fluide dans un espace fermé.

manométrie n. f. phys. Mesure des pressions. □ adj. **manométrique**

manoque n. f. **(mot picard, du latin *manus* → main) 1.** Petite botte de feuilles de tabac. **2.** mar. Pelote de cordage, de fil de ligne.

Manosque Commune des Alpes-de-Haute-Provence, dans la vallée de la Durance. 23 018 habitants. Églises romanes. Vestiges d'une enceinte. Centre commercial, agricole (céréales, olives).

manostat n. m. **(de *manomètre* et *-stat*)** techn. Interrupteur électrique commandé par la pression d'un fluide. *Le manostat de sécurité d'une chaudière.*

manouche n. **(mot tsigane « homme ») 1.** fam. Gitan nomade. → **bohémien ;** péj. **romanichel. 2. n. m.** Langue de gitans (*romani*) à lexique germanisé.

Manouchian **(Missak)** Poète et résistant arménien (1906-1944). Organisateur d'un réseau de résistance en France, il fut fusillé par les Allemands avec ses camarades de combat.

Manoury **(Philippe)** Compositeur français (né en 1952). Il composa plusieurs œuvres à l'Ircam, alliant rigueur et imagination (*Jupiter, Pluton, Neptune*), de la musique de chambre ainsi que des opéras (*60e Parallèle ; K*).

manouvrier, ière n. **(de *mano[u]vrer*, forme ancienne de *manœuvrer*)** vieux Manœuvre (^{2}).

manquant, ante adj. Qui manque, est en moins. *Les pièces manquantes d'une collection.* – loc. *Le chaînon* manquant.*

Manouchian (Missak)

À la suite de l'arrestation du groupe Manouchian, l'« affiche rouge », réalisée par la propagande nazie.

^{1}**manque** n. m. **(de *manquer*) 1.** Fait de manquer, absence ou grave insuffisance d'une chose nécessaire. → **défaut.** *Manque d'argent, de main-d'œuvre.* → **carence, pénurie, rareté.** *Manque de repos, d'imagination.* ■ ***En manque de*** : privé de. *Un enfant en manque d'affection.* ■ ***État de manque*** : état d'un toxicomane privé de drogue ou d'alcool. – loc. *Être en manque.* ■ ***Par manque de*** loc. prép. : faute de. *Il n'est pas venu par manque de temps.* – *Manque de chance* : malchance. **2.** au plur. littér. → **insuffisance, lacune.** *Elle est consciente de ses manques.* **3.** loc. ***Manque à gagner*** : somme que l'on aurait pu gagner ; fig. occasion manquée de faire une affaire profitable. **4.** À la roulette, Première moitié de la série des numéros sur laquelle on peut miser (opposé à *passe*). *Rouge, impair et manque.*

^{2}**manque** adj. **(de l'ancien français *manc*, qui vient du latin *mancus* → manchot) 1.** vieux Défectueux. **2.** loc. ***À la manque.*** fam. Raté, défectueux, mauvais. → fam. à la **gomme,** à la **noix.** *« Cette espèce d'ingénieur et de combinard à la manque »* (Claudel).

^{1}**manqué, ée** adj. **1.** Qui n'est pas réussi. → **loupé, raté.** *Des photos manquées.* – psych. *Acte manqué*, révélateur d'un contenu inconscient. **2.** Où l'on a été absent. *Un rendez-vous manqué.* – *Une occasion manquée*, qu'on a laissé échapper. **3.** Qui n'a pas réalisé sa vocation. – *Garçon* manqué.*

^{2}**manqué** n. m. Biscuit recouvert de pralin ou de fondant. – *Moule à manqué*, plat et rond, à bord assez haut.

manquement n. m. Le fait de manquer à un devoir. → **faute.** *Un manquement à la discipline.*

manquer v. < 1 > **(de l'italien, de *manco*, qui vient du latin *mancus* → manchot) I. v. intr. 1.** Ne pas être, lorsqu'il le faudrait ; être absent, faire défaut. *Si l'eau venait à manquer. Les occasions ne manquent pas.* – impers. *Il manque un bouton. Il en manque un.* – loc. *Il ne manquait plus que cela !, que ça !*, c'est le comble. ■ (personnes) *Il manque trop souvent en classe* (→ **absentéisme**). *Manquer à l'appel* : être absent. **2.** ***Manquer à qqn*** : faire défaut, être insuffisant. *Le temps me manque. Les mots me manquent.* – impers. *Il me manque dix euros.* ■ (nuance affective) *Son frère lui manque.* **3.** (choses) Ne pas tenir, ne plus fonctionner. *Le cœur lui a manqué.* **4.** (choses) Échouer. *« Dix fois de suite l'expérience manqua »* (Baudelaire). → **rater. II. v. tr. ind.** Ne pas avoir, ne pas faire. **1.** ***Manquer de*** : ne pas avoir lorsqu'il le faudrait, ne pas avoir en quantité suffisante. *Elle manque d'amis. Il ne manque de rien.* – absolt *Avoir peur de manquer*, d'être dans le besoin. – Être dépourvu (d'une qualité). *Manquer d'humour.* – fam. *Il ne manque pas d'air, de culot* (→ **culotté**). – *Manquer de respect* à qqn.* ■ *La sauce manque de sel.* **2.** ***Manquer à qqch.*** : ne pas se conformer à (qqch. qu'on doit observer). *Manquer à sa parole. Elle a manqué à tous ses devoirs.* **3.** ***Ne pas manquer de*** **(+ inf.)** : faire de manière certaine. *Je ne manquerai pas de vous informer.* – *Je n'y manquerai pas. Ça n'a pas manqué.* **4.** semi-auxiliaire (+ inf. ; + *de* et inf.) Être tout près de, sur le point de. → **faillir.** *Elle avait manqué mourir, de mourir.* **III. v. tr. dir. 1.** Ne pas réussir. → **rater ;** fam. **louper.** *Manquer son coup.* **2.** Ne pas atteindre, ne pas toucher. *Manquer une marche. Manquer la cible.* – *Manqué !* – pronom. ***Se manquer*** : ne pas réussir son suicide. **3.** Ne pas rencontrer (qqn qu'on voulait voir). *Je vous ai manqué de peu.* ■ *Manquer son train*, arriver après son départ. **4.** Laisser échapper (qqch. de profitable). *Manquer une occasion.* – fam. *Elle n'en manque pas une*, pas une occasion de faire (une maladresse, une gaffe). **5.** *Manquer un cours.* → fam. **sécher.** – *Un spectacle à ne pas manquer.*

Man Ray voir **Ray (Man)**

Manresa Ville d'Espagne (Catalogne). 76 311 habitants. Basilique gothique (XIVe s.). Grotte où saint Ignace de Loyola écrivit en 1522 ses *Exercices spirituels.*

Manrique **(Jorge)** Poète espagnol (v. 1440-1479). Il combattit en faveur d'Isabelle la Catholique et écrivit les stances *Sur la mort de son père*, pleines de désillusions et montrant le néant des choses humaines.

Mans (Le) Chef-lieu de la Sarthe, sur la Sarthe. 145 155 habitants. Cathédrale romane et gothique. Ancienne abbaye. Enceinte gallo-romaine. Maisons anciennes. Industries automobile et agro-alimentaire. Assurances. Le circuit Bugatti accueille la course automobile d'endurance des « Vingt-Quatre Heures » et des épreuves motocyclistes.

Le Mans, vestiges de l'enceinte gallo-romaine.

mansarde n. f. **(de *Mansart*) 1.** Toit brisé à quatre pans. **2.** Chambre aménagée dans un comble et dont un mur est en pente.

mansardé, ée adj. Dont une paroi est inclinée, du fait de la pente du toit. *Une chambre mansardée.*

Mansart **(François)** Architecte français (1598-1666). C'est l'un des représentants majeurs du style classique, alliant un sens subtil des proportions au goût des ordonnances claires. On lui doit des hôtels particuliers (hôtel de la Vrillère), des édifices religieux et des châteaux (Maisons, Blois) ainsi que les plans de l'abbaye du Val-de-Grâce.

Mansart (Jules Hardouin-) voir **Hardouin-Mansart**

manse n. f. **(latin médiéval *mansus*, de *manere* « demeurer »)** hist. Petit domaine féodal constituant une unité d'exploitation agricole.

Manset **(Gérard)** Auteur, compositeur et interprète français (né en 1945). Artiste à l'univers mystérieux et grave, il puise sa source d'inspiration dans ses voyages et ses autres activités (peinture, photographie). *Il voyage en solitaire ; Royaume de Siam ; Jadis et naguère.*

Mansfeld (Ernst, comte von) Chef militaire allemand (1580-1626). Au service du parti protestant durant la guerre de Trente Ans, il remporta une victoire sur Tilly (1622) mais fut battu par les Espagnols (1626).

Mansfield (Kathleen Mansfield Beauchamp, dite Katherine) Nouvelliste et poète néo-zélandaise (1888-1923). Puisant son inspiration dans la vie quotidienne bourgeoise, elle écrivit de nombreuses nouvelles *(Pension allemande ; La Maison de poupée)* ainsi qu'un *Journal* et des *Lettres*.

Mansfield (sir Peter) Physicien britannique (1933-2017). Il mit au point le traitement mathématique permettant l'application à la médecine de l'imagerie par résonance magnétique (IRM) découverte par P. Lauterbur. Prix Nobel de médecine 2003.

Mansfield Ville d'Angleterre (Nottinghamshire) au N. de Nottingham. 77 550 habitants. Industrie textile.

Mansholt (Sicco Leendert) Homme politique néerlandais (1908-1995). Ministre de l'Agriculture (1945-1958), il proposa au sein de la CEE un programme de restructuration de l'agriculture communautaire (*plan Mansholt*, 1968).

mansion n. f. (latin *mansio* « séjour, demeure ») hist. Chaque partie du décor simultané, sur une scène de théâtre, au Moyen Âge.

Mansoura en arabe al-Mansūra Ville d'Égypte, dans le delta du Nil. 548 260 habitants. Centre commercial et industriel (textile, agroalimentaire). Université.

Manstein (Erich von Lewinski, dit von) Maréchal allemand (1887-1973). Il fit adopter par Hitler, en 1940, le plan de débordement de la ligne Maginot par les Ardennes *(plan Manstein)*, et commanda la IIe armée sur le front russe.

mansuétude n. f. (latin *mansuetudo*, de *manus* → main et *suescere* « habituer » → coutume) littér. Disposition à pardonner généreusement. → **bonté, indulgence.** *Juger qqn avec mansuétude.*

Manṣūr (Abū Jaʿfar al-) (mort en 775). Deuxième calife abbasside (754-775). Il est le fondateur de Bagdad (762).

Manṣūr (Muḥammad ibn Abū ʿĀmir al-) en espagnol Almanzor Homme d'État et chef militaire arabe (mort en 1002). Maître du califat omeyade de Cordoue, il remporta plusieurs victoires sur les États chrétiens de l'Espagne du Nord.

Mansur Shah Souverain malais, sultan de Melaka (1459-1477). Sous son règne, Melaka connut son âge d'or et étendit son influence sur les régions islamisées de l'Asie du Sud-Est.

¹mante n. f. (grec *mantis* « prophète ») *Mante (religieuse)* : insecte carnassier à tête triangulaire, à fortes pattes antérieures. *La mante femelle dévore souvent le mâle après l'accouplement.*

²mante n. f. (du latin zool., de l'espagnol *manta* « couverture ») Raie de haute mer qui peut atteindre 6 mètres de long. - var. **manta.** appos. *Raie manta.*

³mante n. f. (de l'ancien provençal ; du latin, fém. de *mantus* → manteau) anciennt Manteau de femme ample et sans manches.

manteau n. m. (d'abord *mantel* ; latin *mantellum*, de *mantus* → ³mante) **I. 1.** Vêtement à manches qui se porte par-dessus les autres vêtements pour protéger du froid. → **capote, pardessus, parka.** *Un manteau de fourrure.* – *Manteau de pluie.* → **ciré, gabardine, imperméable. 2.** fig. Couverture. – *Un manteau neigeux.* **3.** loc. fig. *Sous le manteau* : clandestinement. *Livre vendu sous le manteau.* **II. 1.** *Manteau de cheminée* : partie de la cheminée en saillie au-dessus du foyer. **2.** zool. Dos d'un animal, quand il est d'une autre couleur que le reste du corps. **3.** géol. Enveloppe de la Terre, située au-dessous de la croûte continentale ou océanique.

Mantegna (Andrea) Peintre et graveur italien (1431-1506). Son traitement homogène de l'espace et ses perspectives élaborées eurent une grande influence sur l'art italien de la Renaissance. *Crucifixion ; Le Christ mort.*

mantelé, ée adj. (de *mantel* → manteau) zool. Qui a le dos d'une couleur différente de celle du reste du corps. → **manteau.** *Une corneille mantelée.*

mantelet n. m. (de *mantel* → manteau) **1.** Manteau de prélat, sans manches, fendu par-devant. *Le mantelet violet d'un évêque.* **2.** Courte cape de femme qui couvre les épaules et les bras.

Mantes-la-Jolie Chef-lieu d'arrondissement des Yvelines, sur la Seine. 43 945 habitants. Collégiale des XIIe-XIIIe s. Centre industriel et résidentiel.

Mantes-la-Ville Commune des Yvelines. 20 844 habitants. Constructions mécaniques. Instruments de musique.

Manteuffel (Edwin, baron von) Feld-maréchal prussien (1809-1885). Il fut gouverneur des territoires français annexés d'Alsace-Lorraine (1879-1885).

mantille n. f. (de l'espagnol ; → ³mante) Écharpe de dentelle drapée sur la tête (coiffure féminine). *« Ses grands yeux noirs brillaient sous la noire mantille »* (Hugo).

Mantinée Ancienne ville de Grèce, dans le Péloponnèse. En –362, elle fut le siège d'une défaite des Lacédémoniens face aux Thébains menés par Épaminondas, qui y fut tué.

mantique n. f. (vient du grec *mantikos* « divination ») didact. Pratique divinatoire. → **divination ; -mancie.**

Mantiqueira (serra da) n. f. Chaîne de montagnes du Brésil oriental. 2 892 m au pic de la Bandeira. Le río Grande y prend sa source.

mantisse n. f. (latin *mantissa* « surplus de poids ») math. Partie décimale d'un nombre, spécialt d'un logarithme.

Mantoue en italien Mantova Ville du N. de l'Italie (Lombardie), sur le Mincio. 47 790 habitants. Palais ducal des XIIIe-XVIIe s. (fresques de Mantegna et de Pisanello). Basilique du XVe s. Palais du Té (XVIe s.). Centre commercial et agricole. Industries (chimie, mécanique), raffineries de pétrole. La ville fut gouvernée par les Gonzague de 1328 à 1708.

mantra n. m. (mot sanskrit) didact. (dans l'hindouisme et le bouddhisme) Formule sacrée dotée d'un pouvoir spirituel. *Réciter un mantra.*

Manu Selon la mythologie de l'Inde, ancêtre éponyme de la race humaine, premier roi et législateur *(lois de Manu)*.

manubrium n. m. (mot latin « manche, poignée ») anat. *Manubrium sternal* : segment supérieur du sternum sur lequel s'articulent les deux clavicules.

Manuce (Aldo Manuzio, dit en français Alde) Humaniste et imprimeur italien (1449-1515). Créateur du caractère italique, auteur de grammaires et de traductions, il fonda une imprimerie à Venise et contribua à la diffusion de la culture humaniste en Italie.

manucure n. (du latin *manus* « main » et *curare* « soigner ») **I.** Personne chargée des soins esthétiques des mains, des ongles. **II.** n. f. Ensemble des soins esthétiques des mains, des ongles. *Se faire faire une manucure. Manucure et pédicure.*

manucurer v. tr. < 1 > Faire les mains, les ongles de (qqn).

¹manuel, elle adj. (latin *manualis*, de *manus* → main) **1.** Qui se fait avec la main ; qui nécessite une activité physique. *Travail manuel.* **2.** Qui fait appel à l'intervention humaine (opposé à *automatique*). *Commande manuelle.* **3.** Qui emploie surtout ses mains. *Travailleur manuel.* – n. *Un, une manuel(le)* : personne plus apte, plus disposée à l'activité manuelle qu'à l'activité intellectuelle.

²manuel n. m. (bas latin *manuale* « livre portatif » → ¹manuel) Ouvrage didactique présentant les notions essentielles d'une science, d'une technique. → **abrégé, cours.** *Un manuel de chimie.*

Manuel Ier Comnène (v. 1122-1180). Empereur byzantin (1143-1180). Il soumit les Hongrois et les Serbes et annexa la Dalmatie. Il fut défait par les Turcs à Myriokephalon (1176).

Manuel II Paléologue (1348-1425). Empereur byzantin (1391-1425). Après avoir subi deux sièges de Constantinople, il dut se reconnaître vassal du sultan Murat II (1424).

Manuel Ier le Grand et **le Fortuné** (1469-1521). Roi de Portugal de 1495 à sa mort. Il encouragea les grandes explorations de Vasco de Gama et de Cabral. On a donné le nom de *manuélin* à l'art qui se développa sous son règne.

Manuel II (1889-1932). Dernier roi de Portugal (de 1908 à 1910). Fils de Charles Ier, il fut renversé par la révolution républicaine et s'exila en Angleterre.

Manuel Deutsch (Niklaus) Peintre, poète et homme d'État suisse (1484-1530). S'inscrivant dans la tradition gothique, son œuvre, d'inspiration religieuse, offre parfois des motifs et une fantaisie empruntés à l'art italien. *Le Jugement de Pâris.*

manuélin, ine adj. (du portugais, du n. de *Manuel Ier*) arts Se dit d'un style architectural et décoratif aux influences mauresques et orientales, qui se développa au Portugal autour de 1500 (cf. plateresque).

manuellement adv. En se servant de ses mains ; par une opération manuelle.

manufacture n. f. (du latin médiéval, de *manu* → main et *facere* → ¹faire) **1.** vieux Fabrique, usine. *Les manufactures royales sous Louis XIV.* **2.** Établissement industriel où la qualité de la main-d'œuvre est primordiale. *La manufacture de porcelaine de Sèvres.* □ **n. et adj. manufacturier, ière**

manufacturer v. tr. < 1 > Faire subir à (une matière première) une transformation industrielle. – au p. p. cour. (opposé à *brut*). *Produits manufacturés et semi-manufacturés.*

manu militari loc. adv. (mots latins « par la main, la force militaire ») En employant la force armée, la force publique. *Les grévistes ont été expulsés manu militari.*

Manus Principale île de l'archipel de l'Amirauté, en Papouasie-Nouvelle-Guinée. 1 600 km². 33 000 habitants. Coprah.

manuscrit, ite (latin *manu scriptus* « écrit à la main ») **I.** adj. Écrit à la main. *Notes manuscrites.* **II.** n. m. **1.** Texte, ouvrage écrit ou copié à la main. → **¹écrit.** *Manuscrit enluminé.* **2.** Œuvre originale écrite de la main de l'auteur ou dactylographiée (→ **tapuscrit**).

manutention n. f. (du latin médiéval, de *manu* → main et *tenere* → tenir) **1.** Manipulation, déplacement manuel ou mécanique de marchandises, en vue de l'emmagasinage, de l'expédition ou de la vente. *Engins de manutention.* **2.** Local réservé à ces opérations.

manutentionnaire n. Personne employée aux travaux de manutention.

manutentionner v. tr. < 1 > Préparer (des marchandises) pour la manutention.

Manytch n. m. Fleuve intermittent de Russie qui conflue avec le Don près de la mer de Rostov.

Manzanares n. m. Rivière du centre de l'Espagne. 85 km. Il arrose Madrid.

manzanilla n. m. (mot espagnol, diminutif de *manzana* « pomme », à cause de la variété de raisin utilisée) Vin blanc très sec, variété de xérès*.

Manzanillo Ville du Mexique (État de Colima), sur l'océan Pacifique. 130 000 habitants. Port. Tourisme.

Manzoni (Alessandro) Écrivain italien (1785-1873). Il est l'un des théoriciens du romantisme. Son chef-d'œuvre, *Les Fiancés*, est un ambitieux roman historique décrivant la situation du Milanais sous l'occupation espagnole.

Manzoni (Piero) Artiste italien (1933-1963). Il réalisa des toiles monochromes et des sculptures gonflables. Précurseur de l'Arte Povera, il utilisa les matériaux les plus triviaux pour mieux affirmer la liberté de l'artiste.

Mao adj. invar. et n. (de *Mao Zedong*) **1.** fam. Maoïste. **2.** loc. (appos.) *Col Mao*, col droit semblable à celui des vestes chinoises. *Des cols Mao.*

maoïsme n. m. (de *Mao Zedong*) Mouvement gauchiste se réclamant de la politique de Mao Zedong.

▶ Le **maoïsme** se veut une adaptation du marxisme à la situation chinoise. Il propose de s'appuyer sur la combativité et l'inventivité des masses, et particulièrement des paysans. C'est dans le Hunan, en 1925, que Mao est témoin de révoltes paysannes et qu'il prend conscience du rôle prédominant que peut jouer la paysannerie dans le processus révolutionnaire. Dans *Analyse des classes de la société chinoise* (1926) et *Rapport d'enquête sur le mouvement paysan de Hu-nan* (1927), il met l'accent sur la nécessité d'adapter le marxisme aux conditions locales, ce qui lui vaut d'ailleurs l'opposition des marxistes chinois orthodoxes. Le maoïsme se développe dans un contexte de conflit avec l'URSS (rupture de 1961). Les Chinois refusent à l'URSS le rôle de leader du monde communiste. Ils n'acceptent pas le rapport présenté au XXe Congrès du Parti communiste d'Union soviétique défendant la possibilité d'un passage pacifique au socialisme, le considérant comme du « révisionnisme ». En mariant le communisme avec le nationalisme, le maoïsme influence les mouvements nationaux des pays du tiers-monde. Il reçoit un certain écho en Europe à la fin des années 1960. Mais l'évaluation des résultats désastreux de la Révolution culturelle avec ses millions de victimes y ont décrédibilisé le maoïsme, considéré comme une forme de totalitarisme.
voir aussi **marxisme, totalitarisme**

maoïste adj. et n. Propre au maoïsme ; partisan du maoïsme.

Maoris n. m. pl. Peuple polynésien de Nouvelle-Zélande. Venus de Polynésie à partir du IXe, les Maoris résistèrent à la colonisation britannique (guerres de 1842-1846 et de 1860-1868). Presque disparue à la fin du XIXe s., cette population connut ensuite un essor démographique, notamment par métissage. Ils représentent aujourd'hui 10 % de la population de Nouvelle-Zélande. Leur langue, le maori, est l'une des deux langues officielles du pays.

maous, maousse [maus] adj. (origine inconnue) fam. Gros, énorme. *Il a pêché un poisson maous.* - var. **mahous, ousse.**

Mao Zedong, **Mao** Tsö-tong ou **Mao** Tsé-toung Homme d'État chinois (1893-1976). Issu d'une famille de paysans aisés, il fut aide-bibliothécaire à l'université de Pékin, où il découvrit le marxisme. En 1921, il participa à la fondation du Parti communiste chinois et devint membre du comité central. À la tête d'une petite armée paysanne, il entreprit de mener des insurrections contre les nationalistes (Guomindang) dirigés par Jiang Jieshi (Tchang Kaï-chek). Face aux agressions répétées des troupes nationalistes, Mao renonça à la tactique offensive et opéra une retraite vers le N.-O. du pays (la Longue Marche), durant laquelle il gagna à la cause révolutionnaire les paysans des régions traversées. À la tête du Parti communiste chinois (PCC), il s'allia, face à l'envahisseur japonais, à Jiang Jieshi (1937-1945). Après la capitulation du Japon (1945), le conflit reprit entre les forces du PCC et celles du Guomindang, s'achevant par la victoire de l'Armée populaire de libération. Alors que Jiang Jieshi constituait un gouvernement à Taiwan, Mao proclama la République populaire de Chine à Pékin (1er octobre 1949). Président du Conseil puis de la République (1954-1959), il répondit aux problèmes politiques et économiques du pays par le Grand Bond en avant (1957-1958), politique qui se solda par un échec et par la rupture avec l'URSS. Après avoir abandonné la présidence de la République en 1959, Mao organisa la Révolution culturelle (1965-1968), diffusant sa pensée par le Petit Livre rouge et s'appuyant sur la jeunesse organisée en « Garde rouge ». Malade, il se retira de la vie politique après 1974 et fut relayé par son épouse, Jiang Qing.

Mao Zedong pendant la Longue Marche (1934-1935).

mappemonde n. f. (du latin médiéval, de *mappa* → nappe et *mundi* « du monde ») **1.** Carte plane représentant le globe terrestre divisé en deux hémisphères. → **planisphère. 2.** abusivt Sphère représentant le globe terrestre. → **globe.**

Mapplethorpe (Robert) Photographe américain (1946-1989). Photographe de l'érotisme gay, il est connu pour ses clichés en noir et blanc de corps masculins ainsi que pour ses photos de célébrités (Andy Warhol, Patti Smith, David Hockney...).

Mapuches n. m. pl. Peuple amérindien du Chili. Les Mapuches luttèrent jusqu'à la fin du XIXe s. contre les Espagnols pour conserver leur culture et leur langue (le mapudungun, une langue araucane). Ils représentent aujourd'hui env. 8 % de la population chilienne.

Maputo anciennement Lourenço Marques Capitale du Mozambique, dans le S. du pays, sur l'océan Indien. 1 million d'habitants. Important centre industriel (raffinerie, textile, agroalimentaire). Port de commerce. Université.

maquée n. f. (du radical roman *makk-*) (Belgique) Fromage blanc du genre caillebotte*.

maquer v. tr. < 1 > (de *mac* → [2]maquereau) argot, fam. (surtout passif) *Être maqué avec* : vivre en concubinage avec. *Elle est maquée avec lui depuis deux ans.* ■ **se maquer** v. pron. Se mettre en ménage. *« Elle fout le camp avec le Nelson ! ils se maquent voilà tout ! »* (Céline).

[1]**maquereau** n. m. (origine incertaine, p.-ê. métaphore de [2]*maquereau*) Poisson de mer comestible au dos vert et bleu, vivant en bancs dans les mers tempérées.

[2]**maquereau, elle** n. (du néerlandais, de *makeln* « trafiquer », de *maken* « faire » → maquiller) fam. et vulg. Personne qui vit de la prostitution des femmes. → **mac, proxénète.**

Maquet (Auguste) Homme de lettres français (1813-1888). Il contribua à la rédaction d'une partie des œuvres d'Alexandre Dumas. *Les Trois Mousquetaires ; La Reine Margot ; Le Comte de Monte-Cristo.*

maquette n. f. (italien *macchietta* « esquisse », diminutif de *macchia*, qui vient du latin *macula* « tache » → maculer, maquis) **1.** Modèle en réduction (d'une sculpture). **2.** Modèle réduit (de décor, d'un bâtiment, d'un véhicule). *La maquette d'une ville, d'un avion.* – Modèle réduit servant de jouet. **3.** Projet servant de référence pour la réalisation d'un imprimé. *La maquette d'un livre, d'un journal, d'une publicité.*

maquetter v. tr. < 1 > Réaliser la maquette de (un livre, un journal).

maquettisme n. m. Construction de maquettes (2). → **modélisme.**

maquettiste n. **1.** Personne qui réalise des modèles réduits. → **modéliste. 2.** Personne qui exécute ou conçoit des maquettes (3). *Un maquettiste publicitaire.*

maquignon, onne n. (p.-ê. famille de [2]*maquereau* « courtier ») **1.** Marchand(e) de chevaux. ■ Marchand(e) de bestiaux qui escroque ses clients. **2.** Personne qui fait des affaires frauduleuses ou indélicates.

maquignonner v. tr. < 1 > Vendre (une bête), traiter (une affaire), en employant des procédés malhonnêtes. □ n. m. **maquignonnage**

maquillage n. m. **1.** Action ou manière de maquiller, de se maquiller. *Trousse à maquillage. – Un maquillage léger, discret.* **2.** Ensemble des produits (fond de teint, fards, rouge) servant à se maquiller. **3.** Modification frauduleuse de l'aspect (d'une chose). *Le maquillage d'une voiture volée.*

maquiller v. tr. < 1 > (du picard *maquier*, de l'ancien néerlandais *maken* « faire » [cf. anglais *to make*, allemand *machen*] → [2]maquereau) **1.** Modifier ou embellir (le visage) par des procédés et produits appropriés (s'oppose à *démaquiller*). *Se maquiller les yeux.* – *Se maquiller* v. pron. : se grimer (théâtre) ; se farder. – au p. p. *Une femme très maquillée.* **2.** Modifier de façon trompeuse l'apparence de (qqch.). → **falsifier, truquer. 3.** fig. Dénaturer, fausser volontairement. *Maquiller un meurtre en accident.* → **camoufler.**

maquilleur, euse n. Spécialiste du maquillage. *Une maquilleuse de théâtre.*

maquis n. m. (corse *macchia*, qui vient du latin *macula* « tache » → maculer, maquette) **I. 1.** Végétation d'arbrisseaux touffus, dans les régions méditerranéennes. *« Le maquis est la patrie des bergers corses et de quiconque s'est brouillé avec la justice »* (Mérimée). **2.** fig. Complication inextricable. *Le maquis de la procédure.* **II. 1.** France, sous l'occupation allemande Lieu peu accessible où se regroupaient les résistants. – loc. *Prendre le maquis*, entrer dans la clandestinité. ■ par ext. Organisation de résistance armée. **2.** Restaurant, bar clandestin ou mal famé ; quartier mal famé, en Afrique.

maquisard, arde n. (de *maquis* [II]) Résistant(e) appartenant à un maquis.

Mar (serra do) n. f. Chaîne montagneuse du S.-E. du Brésil. Elle longe le littoral de Santa Catarina jusqu'à Rio de Janeiro.

marabout n. m. (du portugais, de l'arabe) **I. 1.** Pieux ermite, saint de l'islam, dont le tombeau est un lieu de pèlerinage. **2.** (Afrique) Musulman sage et respecté. **3.** Envoûteur, sorcier. **II.** Tombeau d'un saint de l'islam. **III.** Grand échassier d'Afrique au bec épais et au cou déplumé.

marabouter v. tr. < 1 > (Afrique) Envoûter (qqn) en recourant aux pratiques d'un marabout. → **ensorceler.** □ n. m. **maraboutage**

Maracaibo (lac) Vaste lagune du N.-O. du Venezuela. 13 600 km^{2}. Il débouche sur la mer des Antilles par un étroit goulet. Pétrole.

Maracaibo Ville du N.-O. du Venezuela, sur le golfe du Venezuela. Port pétrolier sur le *lac Maracaibo*. 1 610 000 habitants. Centre industriel, commercial et universitaire.

maracas n. f. pl. (espagnol d'Argentine *maracá*) Instrument de percussion composé d'une paire de coques contenant des corps durs, que l'on agite pour marquer le rythme.

marabout

Un marabout dans l'oasis de Tineghir, dans le sud du Maroc.

Maracay Ville du Venezuela, au S.-O. de Caracas. 394 000 habitants. Centre commercial et industriel (textile, agroalimentaire, cosmétique). Base militaire.

maracuja n. m. (mot indien du Brésil, par le portugais) Fruit de la passion*.

Maradi Ville du S. du Niger, proche de la frontière avec le Nigeria. 115 000 habitants. Centre commercial (arachide, coton, bétail). Artisanat (cuir).

Maradona (Diego Armando) Footballeur argentin (1960-2020). Il fit gagner à son pays la Coupe du monde des nations en 1986. Il fut l'un des meilleurs joueurs des années 1980.

Maragheh Ville du N.-O. de l'Iran. 149 930 habitants. Ancienne capitale perse. Observatoire du XIIIe siècle.

maraîchage n. m. Culture des légumes. - var. RO **maraichage.**

maraîcher, ère (de *marais*) n. Exploitant agricole qui cultive des légumes. – adj. *Production maraîchère.* - var. RO **maraicher, ère.**

marais n. m. (vient du francique *marisk*, de *mari*, famille indo-européenne de *mer*) **1.** Nappe d'eau stagnante recouvrant un terrain partiellement envahi par la végétation. → **étang, marécage, marigot, tourbière. 2.** Région marécageuse. ■ hist. *Le Marais*, les modérés, sous la Révolution. → **plaine. 3.** Terrain consacré à la culture maraîchère. → **hortillonnage. 4.** *Marais salant* : bassin creusé à proximité des côtes pour extraire le sel de l'eau de mer par évaporation. → **saline.**

Marais (Marin) Compositeur et violiste français (1656-1728). Élève de Lully, il rejeta la musique italienne et s'inscrivit dans la tradition française. On lui doit des opéras *(Alcide ou le Triomphe d'Hercule)* et des œuvres de musique instrumentale *(5 Livres de pièces à une et deux violes avec basse continue).*

Marais (Jean Villain-Marais dit Jean) Comédien français (1913-1998). Il interpréta notamment les œuvres de Cocteau, au cinéma *(La Belle et la Bête)* comme au théâtre *(Les Parents terribles).* Les films de cape et d'épée *(Le Bossu)* l'ont rendu très populaire.

Marais (le) Quartier du centre de Paris (3e et 4e arrondissements). Ancien quartier aristocratique (hôtel royal des Tournelles) et ecclésiastique (le Temple), il se couvrit à partir de la Renaissance de belles demeures (hôtel Carnavalet, hôtel Lamoignon), puis vit sous Henri IV la création de la place des Vosges.

Marais breton ou **vendéen** n. m. Région du littoral atlantique, dans les départements de la Loire-Atlantique et de la Vendée. Culture de l'oignon, prairies d'élevage, marais salants, ostréiculture.

Marais poitevin n. m. Région du littoral atlantique, dans les départements de la Charente-Maritime et de la Vendée. Ancien golfe progressivement asséché, il se compose, à l'intérieur, du Marais mouillé (bocage, prairies d'élevage, de cultures maraîchères) et, près de l'Océan, du Marais desséché (grandes exploitations agricoles, pacages).

Marajó Île deltaïque située entre l'embouchure de l'Amazone et celle du Tocantins. 48 000 km². Élevage et riziculture.

Maraldi (Giacomo Filippo) Astronome et géographe français d'origine italienne (1665-1729). Neveu de J.-D. Cassini, il participa à la triangulation du méridien français et s'intéressa à la vitesse du son.

Maranhão n. m. État du Brésil (Nordeste). 329 555 km². 6,6 millions d'habitants. Capitale : São Luis. Agriculture (palmiers, riz, coton, élevage). Exportation de minerais.

Marañón n. m. Rivière du Pérou et branche mère de l'Amazone. 1800 km.

Marans Commune de la Charente-Maritime, sur la Sèvre Niortaise. 4 512 habitants. Marché agricole. Port de plaisance.

maranta n. m. (du n. du botaniste Maranta) Plante tropicale d'Amérique dont une espèce fournit une fécule.

Maraş ou **Kahramanmaraş** Ville de Turquie, au centre de l'Anatolie. 412 300 habitants. C'est l'ancienne Markasi, capitale du royaume hittite de Gourgoum (v. –XIIe s.). Industries (agroalimentaire, textile).

marasme n. m. (grec *marasmos*, de *marainein* « s'étouffer ») **I. 1.** Forme très grave de dénutrition infantile. **2.** Accablement, apathie profonde. **3.** fig. Situation stagnante. *Le marasme économique.* **II.** Petit champignon à pied coriace, dont une variété, le mousseron d'automne, est comestible.

marasque n. f. (de l'italien, de *amaro* « amer ») Variété de cerise acide des régions méditerranéennes.

marasquin n. m. (de l'italien, de *marasca*, *amarasca* « cerise » ; famille de *amer*) Liqueur parfumée à la marasque.

Marat (Jean-Paul) Médecin, publiciste et homme politique français (1743-1793). Fondateur de *L'Ami du peuple*, journal révolutionnaire virulent, membre du club des Cordeliers, il appela à la lutte contre les ennemis du peuple et prit une part importante dans les massacres de Septembre (1792). Député montagnard à la Convention, il se fit le porte-parole des sans-culottes et contribua à la chute des Girondins (juin 1793). Il fut assassiné dans sa baignoire par Charlotte Corday.

marathe ou **mahratte** n. m. (mot de cette langue) Langue indo-européenne de l'Inde, rattachée au sanskrit.

marathon n. m. (du n. de la ville) **1.** Course à pied de grand fond (42,195 km) sur route. **2.** fig. Épreuve prolongée qui exige une grande résistance. *Un marathon de danse.* **3.** fig. Délibération longue et laborieuse. *Le marathon budgétaire.* – appos. *Une séance-marathon.*

Marathon Ancienne ville de Grèce (Attique), au N.-E. d'Athènes. Miltiade y vainquit les Perses en 490 av. J.-C., lors de la première guerre médique.

marathonien, ienne n. Coureur, coureuse de marathon.

marâtre n. f. (vient du latin pop. *matrastra*, de *mater* → mère) **1.** vieux Femme du père, par rapport aux enfants qu'il a eus d'un premier mariage. → **belle-mère. 2.** Mauvaise mère.

maraud, aude n. (p.-ê. d'un n. régional du chat, du matou, onomatopée → marmonner) vieux Misérable, vaurien.

maraudage n. m. Action de marauder.

maraude n. f. **1.** Vols, larcins commis en maraudant. « *Un paresseux* [...] *vivant de braconnage et de maraude* » (Zola). **2.** *Taxi en maraude* (→ **marauder (2)**). **3.** Mission d'assistance envers les sans-abris, menée sur le terrain par une équipe mobile. – Cette équipe.

marauder v. intr. < 1 > (de *maraud*) **1.** Voler des fruits, des légumes, des volailles dans les jardins et les fermes. **2.** Circuler à vide, lentement, à la recherche de clients (d'un taxi).

maraudeur, euse n. et adj. **1.** Personne qui maraude. **2.** Membre d'une équipe d'assistance aux sans-abris.

Marbella Ville d'Espagne (Andalousie), sur la Costa del Sol. 147 630 habitants. Port et station balnéaire.

Marboré (massif du) Massif transfrontalier des Pyrénées centrales, qui domine le cirque de Gavarnie. Son point culminant, le mont Perdu (3 348 m), se situe en Espagne.

Marbot (Jean-Baptiste Antoine Marcellin, baron de) Général français (1782-1854). Il participa aux campagnes napoléoniennes, au siège d'Anvers (1832) et à la conquête de l'Algérie.

marbre n. m. (vient du latin *marmor* → marmoréen, du grec) **I. 1.** Roche calcaire, souvent veinée de couleurs variées et susceptible de prendre un beau poli. *Carrière de marbre* (→ **marbrière**). *Colonnes, cheminée de marbre, en marbre.* **2.** Plateau de marbre d'une table, d'une commode. *Le marbre est fêlé.* – Statue de marbre. **3.** loc. *Blanc, froid comme le marbre* (→ **marmoréen**). *Être, rester de marbre*, impassible. **II. 1.** Surface, table (à l'origine en marbre), utilisée pour diverses opé-

Marat (Jean-Paul)

Marat, par J. Boze (1793), musée Carnavalet, Paris.

rations techniques. **2.** En baseball, Plaque au-dessus de laquelle le lanceur doit lancer la balle.

marbré **n. m.** Gâteau moelleux veiné de chocolat.

marbrer **v. tr.** **< 1 >** **1.** Marquer (une surface) de veines, de taches pour donner l'apparence du marbre. **– au p. p.** *Papier marbré.* **2.** Marquer (la peau) de marbrures. **– au p. p.** *Peau marbrée.*

marbrerie **n. f.** **1.** Art, métier du marbrier ; son atelier. **2.** Industrie du marbre. *Marbrerie funéraire.*

marbreur, euse **n.** Ouvrier, ouvrière spécialiste en marbrure (1).

marbrier, ière **I.** **n.** **1.** Ouvrier, ouvrière spécialisé(e) dans le travail du marbre. **2.** Fabricant(e) marchand(e) d'ouvrages de marbrerie. **II.** **adj.** Relatif au façonnage et à l'utilisation du marbre. *L'industrie marbrière.*

marbrière **n. f.** Carrière de marbre.

marbrure **n. f.** **1.** Imitation des veines et taches du marbre (sur du papier, une boiserie...). **2.** Marques sur la peau.

Marburg ou **Marbourg** Ville d'Allemagne (Hesse), sur la Lahn. 76 400 habitants. Église et hôtel de ville gothiques. Château du XIIIe s. Université. Industries (optique, chimie), tourisme.

Marburg (colloque de) Réunion au cours de laquelle les disciples de Luther et ceux de Zwingli tentèrent de définir une doctrine théologique commune (1529). Ils ne purent s'entendre sur la Cène.

Marburg (école de) Fondée par H. Cohen et P. Natorp, elle réunit les représentants de l'école néokantienne au XXe siècle.

¹marc [maʀ] **n. m.** **(francique** ***marka*** **→ mark)** **hist.** Poids de huit onces (244,5 g). *Marc d'argent.*

M

²marc [maʀ] **n. m.** **(de** ***marcher,*** **au sens de « fouler aux pieds, écraser »)** **1.** Résidu des fruits que l'on a pressés. *Marc de raisin.* **2.** Eau-de-vie de marc de raisin distillé. *Du marc de bourgogne. Marc égrappé.* **3.** Résidu (d'une substance que l'on a fait infuser, bouillir). *Lire dans le marc de café* (pour prédire l'avenir).

Marc (saint) L'un des quatre évangélistes (Ier s.). Il est l'auteur, selon la Tradition, du deuxième Évangile. Disciple de Pierre, il aurait évangélisé l'Égypte, aurait été évêque d'Alexandrie et serait mort martyr. Ses reliques furent rapportées à Venise (828) dont il devint le patron. Son emblème est le lion ailé.

Marc (Franz) Peintre allemand (1880-1916). Après sa rencontre avec Kandinsky, il fréquenta le mouvement artistique le Cavalier bleu et évolua vers la non-figuration *(Formes luttant ; Formes brisées).*

Marca (Pierre de) Historien et prélat français (1594-1662). Il condamna formellement les propositions de Jansénius (1655) et fut archevêque de Paris (1662).

Marcabrun Troubadour gascon (début XIIe s.). Il fut l'auteur de vers satiriques et de chants de croisade, dont le *Chant du lavoir.*

Marcadé (Eustache) Poète dramatique français (fin XIVe s.-1440). Sa *Passion d'Arras* est le premier grand mystère inspiré par la Passion du Christ.

marcassin **n. m.** **(famille de** ***marque, marquer,*** **le dos de l'animal étant rayé)** Petit sanglier qui suit encore sa mère.

marcassite **n. f.** **(de l'arabe « pyrite »)** **minér.** Sulfure de fer naturel, cristallin, à structure fibreuse (utilisé en bijouterie).

Marc Aurèle **en latin Marcus Aurelius Antoninus** (121-180). Empereur romain (161-180). Il lutta victorieusement contre les Parthes et les Germains et fut un habile administrateur. Ses *Pensées* constituent l'un des grands textes de la philosophie stoïcienne.

Marceau (François Séverin Marceau-Desgraviers, dit François) Général français (1769-1796). Il participa à la victoire de Fleurus, et prit Coblence.

Marceau (Louis Carette, dit Félicien) Dramaturge, essayiste et romancier français d'origine belge (1913-2012). Son œuvre oppose à l'absurdité de la condition humaine la recherche lucide et amère de la vérité. *Les Élans du cœur ; Creezy.* Académie française 1975.

Marceau (Marcel Mangel, dit Marcel) Mime français (1923-2007). Élève de Decroux, il poursuivit une carrière internationale sous les traits d'un petit homme blanc au chapeau claque, orné d'une fleur rouge.

Le mime Marcel Marceau dans son personnage de Bip.

Marceau (Sophie Maupu, dite Sophie) Actrice française (née en 1966). Révélée à l'âge de 14 ans par *La Boum,* film-culte de toute une génération, elle a tourné avec de nombreux réalisateurs dont A. Corneau *(Fort Saganne)* et M. Pialat *(Police).*

marcel **n. m.** **(du prénom masculin)** **fam.** Maillot de corps masculin. **→ débardeur.**

Marcel Ier (saint) Pape de 308 à 309. Successeur de saint Marcellin après quatre ans de vacance du siège pontifical, il réorganisa le culte.

Marcel (Étienne) Homme politique français (v. 1315-1358). Prévôt des marchands de Paris, il prit la tête d'une révolte contre le pouvoir royal exercé par le Dauphin, futur Charles V (1358). Il mourut assassiné par un partisan du Dauphin.

Marcel (Gabriel) Philosophe et auteur dramatique français (1889-1973). Converti au catholicisme, il fut l'un des représentants français de l'existentialisme chrétien. *Être et avoir ; Homo viator.*

Marcellin (saint) Pape de 296 à 304. Son pontificat vit débuter la persécution de Dioclétien. Il serait mort martyrisé.

Marcello (Benedetto) Compositeur et théoricien italien de la musique (1686-1739). On lui doit l'*Estro Poetico Armonico,* ensemble de paraphrases de psaumes composées dans le style prébaroque. Il a aussi écrit des messes, des oratorios, des cantates et des madrigaux.

Marcellus **en latin Marcus Claudius Marcellus** Homme politique et général romain (v. 268-208 av. J.-C.). Lors de la deuxième guerre punique, il vainquit Hannibal à plusieurs reprises et s'empara de Syracuse (–212), alliée de Carthage.

marcescent, ente **adj.** **(du latin, de** ***marcescere*** **« se flétrir »)** **littér.** Qui se flétrit sur la plante sans s'en détacher. *Feuillage marcescent des jeunes chênes.* □ **n. f. marcescence**

March (Auziàs) Poète catalan (v. 1397-1459). Imitateur de Dante et de Pétrarque, il fut l'un des précurseurs de la langue poétique catalane. *Chants d'amour, de morale, de spiritualité et de mort.*

Marchais (Georges) Homme politique français (1920-1997). Il fut secrétaire général du Parti communiste français de 1972 à 1994.

Marchak (Samouil Iakovlevitch) Poète soviétique (1887-1964). Il écrivit de nombreuses œuvres pour la jeunesse. *La Maison que Jack a bâtie ; Les Enfants en cage.*

marchand, ande **(vient du latin** ***mercatans,*** **de** ***mercatus*** **→ marché, mercantile)** **I.** **n.** Commerçant qui vend des marchandises. **→ fournisseur, vendeur.** *Marchand de gros, en gros* (**→ grossiste**), *au détail* (**→ détaillant**). *Marchande de journaux.* **–** *Marchand de biens* : agent immobilier. *Marchand, marchande des quatre-saisons*.* **–** *Marchand d'ail* (**→ chandail, étym.**). ■ **loc. péj.** *Marchand de canons,* fabricant d'armes de guerre. **–** *Marchand de soupe :* personne qui ne songe qu'au profit. **–** *Marchand de sommeil,* qui loue au prix fort des emplacements pour dormir. **II.** **adj.** **1.** Commercial. *Prix marchand,* prix de facture. *Valeur marchande,* valeur commerciale. **vieux** *« L'endroit le plus marchand de la ville »* (Stendhal). **→ commerçant.** **2.** *Galerie marchande,* où se trouvent de nombreux commerces. **→ commerçant.** **3.** *Marine marchande,* qui effectue les transports commerciaux.

Marchand (Louis) Organiste et compositeur français (1669-1732). Organiste au couvent des Cordeliers puis à la Chapelle royale, il séjourna en Allemagne où il rencontra J.-S. Bach. Il connut une grande notoriété, notamment pour ses talents d'improvisateur.

Marchand (Jean-Baptiste) Général et explorateur français (1863-1934). Parti du Congo en 1897, il explora les cours de l'Oubangui, de l'Ouellé et du Bahr el-Gazhal, puis atteignit Fachoda qu'il dut évacuer en 1898 sous la pression des Britanniques.

marchandage **n. m.** **1.** Discussion pour obtenir ou vendre (qqch.) au meilleur prix. *Faire du marchandage.* **2.** Tractation effectuée sans scrupule. *Un marchandage électoral.*

marchander **v. tr.** **< 1 >** **(de** ***marchand*****)** Essayer d'acheter (une chose) à meilleur marché, en discutant avec le vendeur. *Marchander un bibelot ancien.* **– fig.** *Il ne lui a pas marchandé les éloges,* il l'a beaucoup loué.

marchandeur, euse **n.** **(de** ***marchander*****)** Personne qui marchande beaucoup, souvent.

marchandisage **n. m.** **(adaptation de l'anglais, de** ***to merchandise*** **« faire du commerce »)** Techniques de présentation des marchandises visant à inciter le consommateur à acheter. **- syn. (anglic.) merchandising.**

marchandisation **n. f.** **(de l'anglais → marchandisage)** Transformation en marchandise, en produit commercial. *La marchandisation du sport.*

marchandise **n. f.** **(de** ***marchand*****)** **1.** Objet destiné à la vente. **→ article, denrée.** *Train de marchandises* (**opposé à** ***de voyageurs***). **2.** Ce qu'on veut vendre, placer. **– loc.** *Tromper sur la marchandise.*

marchantia **n. m.** **(de** ***Marchant,*** **n. d'un botaniste français)** **bot.** Plante cryptogame qui croît dans les endroits humides et tempérés.

¹marche **n. f.** **(de** ***marcher*****)** **I.** Surface plane sur laquelle on pose le pied pour passer d'un plan horizontal à un autre. *Les marches d'un escalier.* **→ degré.** **II.** **1.** Action de marcher, mode de locomotion constitué par une suite de pas ; déplacement fait en marchant. *Aimer la marche à pied. Faire une longue marche* (**→ promenade**). **– loc.** ***La marche à suivre :*** série d'opérations, de démarches. **→ procédure.** **2.** Mouvement de personnes marchant dans un ordre déterminé. *Une marche de protestation.* **→ manifestation.** **–** *En avant, marche !* **–** *Ouvrir, fermer la marche.* **3.** Morceau de musique dont le rythme règle la marche. *Une marche militaire.* **4.** **(choses)** Déplacement continu dans une direction déterminée. *Le sens de la marche d'un train. Faire marche arrière :* reculer ; fig. renoncer. *Passer la marche arrière.* ■ Mouvement. *Régler la marche d'une horloge.* **5.** Cours. *La marche du temps.* **6.** Fonctionnement. *Assurer la (bonne) marche d'un service.* – *En état de marche,* capable de fonctionner. **7.** loc. adv. *En marche :* en train d'avancer. fig. *La révolution était en marche.* – En fonctionnement. *Mettre un moteur en marche.* → **démarrer.**

²marche n. f. (germanique *marka* « limite » → marge, marquer, marquis) surtout plur. hist. Région frontière d'un État.

Marche n. f. Ancienne province du centre de la France. Elle correspondait au département de la Creuse et à une partie du département de la Haute-Vienne. Villes principales : Guéret, Bellac.

marché n. m. (vient du latin *mercatus,* de *merx, mercis* « marchandise » → merci, mercier) **I.** Lieu où se tient une réunion périodique des marchands, notamment de denrées alimentaires. *Marché couvert.* → **halle.** *La place du marché. Jours de marché. Faire le, son marché,* faire ses courses (au marché). **II. 1.** Opérations commerciales, financières, concernant une catégorie de biens dans une zone ; cette zone. *Marché financier, des devises* (→ **²Bourse**). *Marché à terme*. Le marché du travail. Économie de marché,* régie par la loi de l'offre et de la demande (→ **capitalisme, libéralisme**). – *Marché noir :* marché clandestin résultant de l'insuffisance de l'offre. – anciennt *Marché commun :* communauté économique européenne (CEE). **2.** Débouché pour un produit. *Conquérir un marché.* → **clientèle.** *Étude de marché* (→ **mercatique** ; anglic. **marketing**). **III. 1.** Accord portant sur la fourniture de marchandises, de valeurs ou de services. → **affaire, contrat.** *Conclure, passer un marché.* – loc. *Mettre* (à qqn) *le marché en main,* le sommer d'accepter ou non. – loc. *Par-dessus le marché,* en plus de ce qui a été convenu ; fig. en plus, en outre. **2.** *À bon marché :* à bas prix. *Fabriquer à meilleur marché,* moins cher. → **bon marché.**

Marche-en-Famenne Ville de Belgique (province de Luxembourg), sur la Wamme. 17 591 habitants. Église de Waha (XIe s.). Centre industriel et commercial.

marchepied n. m. **1.** Degré ou série de degrés qui servent à monter dans une voiture ou à en descendre. **2.** Escabeau.

marcher v. intr. < 1 > (vient du francique *markon* « imprimer l'empreinte du pied », famille de ¹*marche, marquer*) **I. 1.** Se déplacer par mouvements et appuis successifs des jambes et des pieds (→ **¹pas**), sans interrompre le contact avec le sol (par oppos. à *courir*). → **¹marche.** *Enfant qui apprend, qui commence à marcher. Marcher à petits pas rapides.* → **trotter, trottiner.** *Manière de marcher.* → **démarche.** – loc. fig. *Marcher droit :* bien se conduire. – par ext. *Marcher sur les mains.* – fig. *Marcher sur la tête :* agir de façon absurde. **2.** Aller à pied. → **déambuler,** se **promener.** *Marcher sans but, à l'aventure.* → **errer, flâner.** – *Marcher sur* (qqn, l'ennemi), se diriger avec décision et violence. – fig. *Marcher à sa perte.* → **¹aller, ¹tendre. 3.** (choses) Se mouvoir de manière continue. *Le bateau marchait droit contre le vent.* → **naviguer. 4.** (mécanisme) Fonctionner. *La radio ne marche plus.* **5.** Produire l'effet souhaité. *Ses affaires, ses études marchent bien.* → **réussir.** *Ça n'a pas marché.* **II. 1.** Mettre le pied sur (qqch.) tout en avançant. *Défense de marcher sur les pelouses.* – loc. *Marcher sur les traces de qqn,* l'imiter. **2.** Poser le, les pieds. *Marcher dans une flaque d'eau.* **III.** fam. **1.** Acquiescer, donner son adhésion à qqch. → **accepter, consentir.** *Non, je ne marche pas !* **2.** Croire naïvement qqch. *Elle a marché. Faire marcher qqn,* obtenir de lui ce qu'on veut en le trompant. → **berner.**

Marches n. f. pl. en italien **Marche** Région administrative du centre de l'Italie formée des provinces d'Ancône, Ascoli Piceno, Macerata, Pesaro-et-Urbino. 9 694 km². 1 470 600 habitants. Capitale : Ancône. La zone littorale, sur la mer Adriatique, est en plein essor (tourisme) et la zone montagneuse en voie de désertification. Agriculture maraîchère, élevage, pêche. Industrie (raffinerie de pétrole, confection). Ports de San Benedetto-del Tronto et d'Ancône.

marchette n. f. (Canada) Déambulateur.

marcheur, euse 1. n. Personne qui peut marcher longtemps, sans fatigue. *Elle est bonne marcheuse.* **2.** adj. *Oiseaux marcheurs,* qui marchent (et volent difficilement).

Marchiennes Commune du Nord. 4 549 habitants. Vestiges d'une abbaye bénédictine.

Marcien en latin **Flavius Marcianus** (v. 396-457). Empereur d'Orient (450-457). Il combattit le monophysisme et réunit le concile de Chalcédoine (451).

Marcinelle Localité de Belgique dépendant de la ville de Charleroi. La catastrophe minière du Bois du Cazier causa la mort de 263 personnes en 1956.

Marcion Théologien gnostique (v. 85 ?-v. 160). Il soutint l'idée que le Christ a révélé un Dieu différent de celui de l'Ancien Testament, ce qui lui valut d'être excommunié de l'Église romaine en 144. Il fonda une Église dite *marcionite,* qui fut influente jusqu'au Ve s. dans le bassin méditerranéen.

Marckolsheim Commune du Bas-Rhin, sur le grand canal d'Alsace. 4 234 habitants. Mémorial. Musée. Centrale hydroélectrique.

Marco (Tomás) Compositeur espagnol (né en 1942). Élève de Boulez et de Ligeti, fondateur de la revue *Sonda,* il a écrit notamment l'opéra *Selene,* une *Passion selon saint Marc,* des symphonies et des quatuors à cordes.

Marcomans n. m. pl. Peuple germain du groupe des Suèves. Établis à l'origine entre le Main et le Danube, ils gagnèrent la Bohême, puis la Vénétie, et combattirent l'Empire romain jusqu'au IIIe siècle.

Marconi (Guglielmo) Physicien italien (1874-1937). Il construisit le premier poste de télégraphie sans fil. Prix Nobel 1909.

Marcos (Ferdinand) Homme d'État philippin (1917-1989). Il fut président de la République des Philippines de 1965 à 1986 et fut chassé du pouvoir par une révolte populaire après avoir instauré une dictature. ■ **Ferdinand Marcos Jr** (né en 1957). Son fils, président de la République depuis 2022.

marcotte n. f. (de *marcot,* du latin des Gaules *marcus* « cep de vigne ») Tige, branche qui a pris racine, ou qui est destinée à former une plante nouvelle.

marcotter v. tr. < 1 > Multiplier par marcottes. □ n. m. **marcottage**

Marcoussis (Ludwik Markus, dit Louis) Peintre, dessinateur et graveur français d'origine polonaise (1883-1941). Proche de Braque, d'Apollinaire et de Picasso, influencé par le cubisme, il fut un adepte du « papier collé » et de la peinture sur verre.

Marcoussis Commune de l'Essonne, près de Palaiseau. 8 262 habitants. Église du XVe s. Centre national de rugby.

Marcq-en-Barœul Commune du Nord, dans la banlieue de Lille. 38 604 habitants. Industrie (agroalimentaire, télécommunications, mécanique, textile).

Marcus (Rudolph A.) Chimiste américain d'origine canadienne (né en 1923). Ses études théoriques permirent l'élucidation des mécanismes de transfert d'électrons entre les molécules. Prix Nobel 1992.

Marcuse (Herbert) Philosophe américain d'origine allemande (1898-1979). Étudiant de Heidegger, puis membre de l'école de Francfort, il fit la critique des sociétés industrielles par une analyse inspirée à la fois par le marxisme et la psychanalyse. *Éros et civilisation ; L'Homme unidimensionnel.*

Mardan Ville du N.-O. du Pakistan (province de Peshawar). 366 000 habitants. Artisanat textile. Raffineries de sucre.

Mar del Plata Ville d'Argentine, au S. de Buenos Aires, sur l'océan Atlantique. 564 000 habitants. Port de pêche. Centre de commerce et d'industrie agroalimentaire. Importante station balnéaire.

mardi n. m. (vient du latin *Martis [dies]* « [jour] du dieu Mars » → mars) **1.** Deuxième jour de la semaine*, qui succède au lundi. *Il vient le mardi, tous les mardis.* – *Nous partirons mardi (prochain).* **2.** *Mardi gras,* dernier jour du carnaval, qui précède le carême.

Mardin Ville de Turquie, en Anatolie orientale, près de la frontière syrienne. 130 000 habitants. Vestiges romains. Mosquée du XIIe siècle.

Mardonios Général perse (mort en 479 av. J.-C.). Chargé par Darios puis par Xerxès de combattre les Grecs, il fut vaincu et tué à la bataille de Platées.

Marduk Dieu de Babylone, le plus important du panthéon babylonien.

mare n. f. (ancien norrois *mar* « mer » et « lac », cf. allemand *Meer* ; même origine que le latin *mare* → mer) **1.** Petite nappe d'eau peu profonde qui stagne. → **flaque. 2.** Grande quantité (de liquide répandu). *Une mare de sang.*

marécage n. m. (de l'ancien français *maresc* → marais) Lieu inculte et humide où s'étendent des marais.

marécageux, euse adj. De la nature du marécage. → **bourbeux.** *Terrain marécageux.*

Marechal (Leopoldo) Poète et romancier argentin (1900-1970). Écrivain de l'avant-garde argentine des années 1920, il est l'auteur de poèmes *(Odes pour l'homme et pour la femme)* et d'un roman à clés *(Adán Buenosayres).*

M

maréchal, aux n. m. (vient du francique *marhskalk,* de *marh* « cheval » et *skalk* « valet ») **I.** vieux → **maréchal-ferrant. II.** (d'abord « officier chargé des chevaux ») **1.** hist. Officier général. *Maréchal de camp. Maréchal de France :* à l'origine, Fonctionnaire royal, second du connétable. **2.** mod. Officier général qui a la dignité la plus élevée dans la hiérarchie militaire. *Bâton de maréchal.* – au fém., vieux *Maréchale :* femme d'un maréchal.

Maréchal (Pierre Sylvain) Écrivain français (1750-1803). Inspiré par le genre de l'idylle, il exprima dans ses œuvres des positions athées. *Fragments d'un poème sur Dieu ; Le Livre échappé au Déluge.*

maréchal des logis n. m. Sous-officier de cavalerie ou d'artillerie (grade qui correspond à celui de sergent, dans l'infanterie). → **margis.**

maréchalerie n. f. Métier de maréchal-ferrant. – Son atelier.

maréchal-ferrant n. m. (de *maréchal* et de *ferrer*) anciennt Artisan qui ferre les animaux de trait, les chevaux. *Des maréchaux-ferrants.*

maréchaussée n. f. (de *maréchal*) plais. Gendarmerie.

marée n. f. (de *mar* → mer) **1.** Mouvement journalier d'oscillation du niveau de la mer, dû à l'attraction lunaire. *Marée montante* (→ **flux**), *descendante* (→ **jusant, reflux**). *À marée haute, basse. Grandes marées,* à fortes amplitudes. *Coefficient de marée :* grandeur indiquant l'importance des marées en fonction de l'époque. – loc. fig. *Contre vents et marées,* malgré tous les obstacles. **2.** (trad. de l'anglais) *Marée noire :* mazout polluant l'eau de mer et atteignant les côtes ; pollution des rivages. **3.** fig. → **flot.** *Une marée humaine.* **4.** Poissons, crustacés, fruits de mer frais. *Train de marée.*

MARE (l'écosystème européen)

Si les mares sont des écosystèmes de faible taille, elles représentent un réservoir de biodiversité important. Complexe et fragile, leur équilibre peut être perturbé par l'introduction d'espèces ou par la pollution. Cette dernière entraîne parfois la prolifération d'une espèce au détriment des autres. Ainsi, l'excès de nitrates provoque le développement d'algues qui est fatal aux espèces autochtones. Les mares, autrefois utiles pour l'abreuvage des troupeaux, ont souvent été délaissées ou détruites. La plupart des mares subsistantes dans les zones peuplées sont le produit de l'homme, mais les espèces qui y vivent sont proches de celles des mares naturelles.

Se nourrissant dans l'eau d'algues microscopiques, la limnée remonte à la surface pour respirer.

En période nuptiale, la tête des mâles colverts se couvre d'un plumage vert.

La grenouille verte se tapit au fond de l'eau ou sur les berges.

Carnivore, le dytique se nourrit de têtards et autres petits animaux aquatiques.

1

2

Pendant la période de reproduction, le triton mâle arbore une crête dentelée.

Cette punaise, le gerris, parvient à se déplacer sur l'eau.

Pouvant peser 40 kg et mesurer plus d'un mètre, la carpe est un poisson paisible.

Le roseau peut mesurer jusqu'à 3 mètres de hauteur.

1. Solitaires, les hérons se regroupent pour nicher. 2. Flottant en surface, la lentille d'eau se reproduit par division.
3. Camouflée grâce à son plumage, la rousserolle turdoïde se fait remarquer par son chant puissant.
4. Souvent appelée quenouille, la massette est facilement reconnaissable à son épi.

3

4

La cistude d'Europe, discrète et farouche, souffre, dans certaines régions, de l'introduction d'autres espèces de tortues.

Adapté à la vie aquatique, le grèbe huppé nage et plonge pour se nourrir de poissons.

L'ablette, qui vit en bancs, est la proie de nombreux prédateurs.

Marées (Hans von) Peintre et dessinateur allemand (1837-1887). Il réalisa des œuvres religieuses allégoriques ou symboliques, dans des tonalités claires et vibrantes.

marégraphe n. m. (de *marée* et *-graphe*) techn. Appareil enregistrant la hauteur des marées.

marelle n. f. (de l'ancien français *marel* « palet, jeton », du radical *marr-* « caillou » → ¹marron) Jeu d'enfants qui consiste à pousser à cloche-pied un palet dans les cases numérotées d'une figure tracée sur le sol. *Jouer à la marelle.* – La figure tracée.

Maremme n. f. en italien **Maremma** Région d'Italie, le long de la mer Tyrrhénienne, en Toscane. Céréales, plantes fourragères. Tourisme.

marémotrice adj. f. (de *marée* et *moteur*) *Usine marémotrice,* produisant de l'énergie électrique avec la force motrice des marées.

marengo [maʀɛ̃go] n. m. (du n. propre) en appos. *Poulet, veau marengo,* qu'on a fait revenir dans l'huile avec des tomates, des champignons et du vin blanc.

Marengo Localité d'Italie (Piémont), près d'Alessandria. Au cours de la campagne d'Italie, Bonaparte y remporta une victoire sur les Autrichiens (14 juin 1800).

marennes n. f. Huître de Marennes. *Une douzaine de marennes.*

Marennes-Hiers-Brouage Commune de la Charente-Maritime, à l'embouchure de la Seudre. 6 203 habitants. Ostréiculture.

Marenzio (Luca) Compositeur italien (v. 1553-1599). Attaché à la cathédrale de Brescia puis à la cour de Florence, il composa des madrigaux, des villanelles et des motets.

Maret (Hugues Bernard) duc de Bassano Homme politique français (1763-1839). Il soutint le coup d'État du 18 Brumaire, fut ministre des Affaires étrangères sous l'Empire, puis secrétaire d'État pendant les Cent-Jours.

Mareth en arabe **Marith** Localité de Tunisie, au S. de Gabès. Elle donna son nom à une ligne de fortifications construite par la France de 1934 à 1939 face à la Tripolitaine, contre la menace italienne.

Marey (Étienne Jules) Physiologiste et inventeur français (1830-1904). Il développa l'enregistrement graphique des phénomènes physiologiques et étudia l'activité cardiaque. Il créa la chronophotographie (1892), importante étape vers la cinématographie.

mareyage n. m. (de *marée*) Travail de stockage et d'écoulement des produits comestibles de la pêche.

mareyeur, euse n. (de *marée*) Grossiste qui achète sur place les produits de la pêche et les expédie aux marchands de poisson.

margarine n. f. (formé sur le grec *margaron* « perle », var. de *margaritês* → marguerite, à cause de la couleur) Corps gras alimentaire, végétal ou (plus rarement) animal. *Cuisine à la margarine.*

margarita n. f. ou m. (mot espagnol du Mexique) Cocktail à base de téquila, de liqueur d'orange et de jus de citron vert.

Margarita (île) Île du Venezuela, dans la mer des Antilles, face à la péninsule d'Araya. 373 850 habitants. L'île constitue l'État de Nueva Esparta. Capitale : La Asunción. Tourisme.

Margate Ville du S.-E. de l'Angleterre (Kent), sur l'estuaire de la Tamise. 61 220 habitants. Station balnéaire.

margauder voir margoter.

Margaux-Cantenac Commune de la Gironde. 2 832 habitants. Vignobles du Médoc (Château-Margaux).

margay n. m. (mot tupi) Chat sauvage de l'Amérique centrale et méridionale, appelé aussi *chat-tigre.*

marge n. f. (vient du latin *margo, marginis,* d'origine germanique → ²marche, marcher, marque) **1.** Espace blanc (autour d'un texte écrit ou imprimé). → **bord.** *Laissez de grandes marges.* ■ Espace laissé à gauche (d'une page). *Les corrections sont dans la marge.* **2.** Intervalle d'espace ou de temps ; possibilité d'action. *Ça ne nous laisse aucune marge. Avoir de la marge. Marge de sécurité. Marge de manœuvre.* **3.** *En marge de :* en dehors de, mais qui se rapporte à. *Émission en marge de l'actualité.* – **En marge** loc. adv. *Vivre en marge,* sans se mêler à la société (→ **marginal).** **4.** *Marge (bénéficiaire) :* différence entre prix de vente et coût. **5.** géogr. *Marge continentale :* ensemble formé par la plateforme continentale et le talus qui la limite.

margelle n. f. (de *marge*) Assise de pierre qui forme le rebord (d'un puits, du bassin d'une fontaine).

Margeride n. f. Montagne cristalline du S. de l'Auvergne, qui culmine au Truc de Fortunio (1 552 m). Élevage. Gisements d'uranium.

Margerie (Emmanuel Jacquin de) Géologue français (1862-1953). Il est l'auteur d'un traité sur *Les Formes du terrain,* avec G. de la Noé, qui contribua à fonder la géographie physique.

Margerin (Frank) Dessinateur et scénariste de bandes dessinées français (né en 1952). Il publia sa première planche dans *Métal hurlant* et créa le personnage de Lucien, rockeur maladroit et gentil.

Marggraf (Andreas Sigismund) Chimiste allemand (1709-1782). Il obtint le sucre de betterave à l'état solide, découvrit l'acide formique, la magnésie, l'alumine, l'anhydride phosphorique, et réussit à isoler le zinc de ses minerais.

marginal, ale, aux (du latin *margo, marginis* → marge) **I.** adj. **1.** didact. Qui est mis dans la marge. *Note marginale.* **2.** Qui n'est pas central, principal. *Occupations, préoccupations marginales.* → **secondaire. 3.** écon. *Coût marginal,* correspondant à la fabrication d'une unité supplémentaire d'un produit. **II.** n. cour. Personne qui vit en marge de la société. → **asocial.** – adj. *Des groupes marginaux.* □ adv. **marginalement**

marginaliser v. tr. < 1 > Mettre à l'écart, tendre à exclure. – pronom. *Se marginaliser par son style de vie.* □ n. f. **marginalisation**

marginalisme n. m. écon. Théorie selon laquelle la valeur d'échange est déterminée par celle de la dernière unité disponible d'un produit. □ adj. et n. **marginaliste**

marginalité n. f. Situation d'une personne marginale.

margis n. m. (abrév.) argot milit. Maréchal des logis.

margoter ou **margotter** v. intr. < 1 > (de *margot* « pie ») (caille) Pousser son cri. - syn. margauder.

margouillat n. m. (p.-ê. d'une langue africaine) (Afrique) Lézard des savanes africaines.

margouillis n. m. (de l'ancien v. *margouiller* « salir », probablt du gaulois *marga* « boue ») Mélange informe ou répugnant. → **gâchis.**

margoulette n. f. (p.-ê. du v. régional *margouiller* « mâcher » et *goule* → gueule) fam. Figure (d'une personne). – loc. *Se casser la margoulette,* tomber.

margoulin, ine n. (de *margouline* « bonnet », famille de *margoulette,* d'où *margouliner* « colporter ») péj. Individu peu scrupuleux qui fait de petites affaires.

margrave n. (du germanique, de *mark* → ²marche et *graf* « comte ») hist. Ancien titre de princes souverains d'Allemagne. □ n. m. **margraviat**

marguerite n. f. (du latin, du grec *margaritês* « perle », mot oriental) **I.** vieux Perle. **II.** Fleur blanche à cœur jaune, commune dans les prés. → **pâquerette.**

Marguerite (sainte) (IIIe s.). Elle fut martyrisée pour avoir refusé d'épouser Olibrius, préfet d'Orient.

Marguerite Ire ou **Marguerite Valdemarsdotter** Reine de Danemark, de Norvège et de Suède (1353-1412). Fille de Valdemar IV de Danemark et épouse d'Haakon VI de Norvège, elle fut à l'origine de l'Union de Kalmar (1397), qui réunit les États scandinaves sous l'autorité de son neveu Éric de Poméranie.

Marguerite II en danois **Margrethe II** (née en 1940). Reine de Danemark depuis 1972.

Marguerite d'Anjou (1429-1482). Reine d'Angleterre. Fille de René Ier d'Anjou, elle épousa Henri VI d'Angleterre en 1445. Elle s'opposa à Richard d'York pendant la guerre des Deux-Roses.

Marguerite d'Autriche (1480-1530). Duchesse de Savoie, gouvernante des Pays-Bas (1506-1530). Fille de Maximilien Ier et de Marie de Bourgogne, elle fut l'épouse de Philibert le Beau pour lequel, devenue veuve, elle fit élever le monastère de Brou.

Marguerite de Bourgogne (1290-1315). Reine de France. Fille de Robert II de Bourgogne, elle épousa le futur Louis X le Hutin, qui la répudia pour adultère et la fit étrangler.

Marguerite de Parme ou **d'Autriche** (1522-1586). Fille naturelle de Charles Quint, épouse d'Alexandre de Médicis puis d'Octave Farnèse, elle fut gouvernante des Pays-Bas de 1559 à 1567.

Marguerite de Valois, d'Angoulême ou **de Navarre** (1492-1549). Reine de Navarre. Sœur de François Ier, elle épousa Charles, duc d'Alençon, puis Henri d'Albret, roi de Navarre (1527). Elle fit de sa cour un des foyers de l'humanisme et protégea les protestants. Outre *L'Heptaméron,* elle écrivit des poésies et des comédies.

Marguerite de Valois, dite **la reine Margot** (1553-1615). Reine de Navarre. Fille d'Henri II et de Catherine de Médicis, elle fut mariée en 1572 à Henri de Navarre, le futur Henri IV. Ce mariage fut annulé en 1599. Elle a laissé des poèmes et des *Mémoires.*

Marguerite-Marie Alacoque (sainte) (1647-1690). Religieuse visitandine, elle répandit la dévotion au Sacré-Cœur de Jésus, à la suite d'apparitions du Christ.

Margueritte (Victor) Écrivain français (1866-1942). Ses romans, de tendance réaliste, sont centrés notamment sur l'émancipation de la femme. *La Garçonne.*

Marguerittes Commune du Gard, dans les Garrigues nîmoises. 8 564 habitants.

marguillier, ière ou **marguiller, ère** n. (vient du latin *matricularius* « teneur de registre », de *matricula* → matricule) **1.** vieilli ou régional (Canada) Membre du conseil de fabrique d'une paroisse. **2.** mod. Laïc, laïque chargé(e) de la garde et de l'entretien d'une église.

mari n. m. (vient du latin *maritus*) Homme uni par le mariage. → **conjoint, époux ; marital.** *Le mari de Mme C. C'est son ex-mari.*

Mari Ancienne cité de Mésopotamie, sur l'Euphrate (aujourd'hui Tell Hariri, en Syrie). Vestiges (temple, palais). Mari fut au –IIIe et surtout au –IIe millénaire l'une des cités-États les plus puissantes de Mésopotamie. Soumis à l'Empire assyrien, le royaume déclina après sa prise par Hammourabi (–1759).

mariable adj. Qui est en état de se marier.

mariachi [maʀjatʃi] n. m. (mot espagnol du Mexique, du français *mariage*) Musicien d'un petit orchestre ambulant (surtout de cuivres), au Mexique.

mariage n. m. (de *marier*) **I. 1.** Union légitime de deux personnes dans les conditions prévues par la loi. → **¹hymen, union.** *Du mariage.* → **conjugal, matrimonial.** *Mariage*

M

civil ; religieux. Contrat de mariage. – Action, fait de se marier. *Il l'a demandée en mariage.* → demander la **main.** « *De toutes les choses sérieuses, le mariage étant la plus bouffonne* » (Beaumarchais). *Mariage d'amour ; de raison. Mariage blanc.* **2.** Cérémonie du mariage. → **noce.** *Aller, assister, être témoin à un mariage.* **3.** État, situation d'une personne mariée, d'un couple marié **(opposé à *célibat*).** **II.** Alliance, union. *Le mariage entre deux entreprises.* – *Un heureux mariage de mots.*

▶ De tout temps, l'union des sexes et la reproduction ont été encadrées par des normes. Quelle que soit la diversité des conceptions et des formes du **mariage** (I, 1) selon les cultures et les époques, le lien conjugal se voit scellé par une autorité laïque ou religieuse. Des obligations et des droits en découlent, spirituels, moraux et juridiques. S'il réaffirme la règle de l'union monogamique, le mariage en Occident se dégage progressivement de l'emprise de l'Église. Laïcisé et désacralisé, le mariage civil, institué en France en 1792, n'en reste pas moins solennel et ritualisé : c'est un acte social, une institution ayant pour objectifs la constitution d'une famille, la protection et l'éducation des enfants, et souvent la transmission d'un patrimoine.
Avec l'indépendance économique de la femme et l'acceptation par la société des enfants nés hors mariage, la liberté matrimoniale s'impose dans les sociétés modernes : liberté de se marier ou non, liberté de divorcer et de se remarier, le mariage reposant sur la notion de « consentement mutuel ». Affranchi du contrôle social et moins centré sur la procréation, le mariage relève aujourd'hui davantage d'une aspiration individuelle au bonheur.
Le choix de mener une vie commune peut être sanctionné par d'autres formes juridiques, comme en France le pacs (pacte civil de solidarité) qui, depuis 1999, est ouvert à tous les couples majeurs quel que soit le sexe des partenaires.
En 2013, une loi autorisant le mariage aux couples de personnes de même sexe a été adoptée, sous la présidence de F. Hollande.
voir aussi **divorce**

marial, ale adj. Relatif à la Vierge Marie. *Les cultes marials* ou *mariaux.*

Mariamne Reine de Judée (60-29 av. J.-C.). Elle fut l'épouse d'Hérode le Grand qui, la soupçonnant de complot, la fit mettre à mort.

Mariana de la Reina (Juan de) Théologien jésuite et historien espagnol (1536-1624). Il justifia le tyrannicide dans son *De rege et regis institutione* et admit la thèse de la souveraineté du peuple. Il est l'auteur d'une histoire de l'Espagne jusqu'à Charles Quint *(Historia general).*

Marianne Représentation de la République française par un buste placé en évidence dans toutes les mairies de France.

Marianne Hebdomadaire français créé en 1997.

Mariannes (îles) Archipel de Micronésie, dans l'océan Pacifique, à l'E. des Philippines.

Mariannes (fosse des) Fosse océanique du Pacifique occidental, le long de l'archipel des Mariannes. Point de rencontre des plaques océaniques du Pacifique et des Philippines, elle s'étend sur 2 500 km et atteint 11 000 m de profondeur.

Mariannes du Nord État associé autonome des États-Unis, dans le Pacifique occidental formé de 16 îles. 477 km^2. 69 220 habitants. Capitale : Garapan (île de Saipan). Cultures de tubercules, riz, canne à sucre, coprah. Annexées par l'Espagne en 1668, les îles furent vendues à l'Allemagne en 1899, puis sous mandat japonais de 1919 à 1944. Sous tutelle des États-Unis à partir de 1947, elles optèrent pour le statut d'État associé autonome des États-Unis en 1975.

Mariano (Luis) Ténor espagnol (1914-1970). Sa voix et son charme lui acquirent la célébrité et, à la scène comme à l'écran, il triompha dans le répertoire de l'opérette. *La Belle de Cadix ; Le Chanteur de Mexico.*

Marie-Antoinette

Marie-Antoinette, alors archiduchesse d'Autriche, par J. Ducreux (1769), musée du château, Versailles.

Mariánské Lázně en allemand **Marienbad** Ville de la République tchèque, en Bohême occidentale. 13 870 habitants. Station thermale.

Mariazell Ville d'Autriche (Styrie). 1 500 habitants. Station de sports d'hiver. Important centre de pèlerinage.

Maribor Ville de l'E. de la Slovénie, sur la Drave. 97 000 habitants. Cathédrale (XIIe-XVIIIe s.). Château (XVe s.). Important centre industriel (automobile, aéronautique, chimie, textile).

Marica ou **Maritza** n. f. Fleuve de la péninsule des Balkans. 450 km. Née en Bulgarie, elle marque la frontière entre la Turquie et la Grèce (où elle est appelée l'Évros), et se jette dans la mer Égée.

Marīchī Divinité féminine hindoue et bouddhique de l'aube et de la lumière. Au Japon, divinité de la victoire, protectrice des guerriers.

Marie (sainte) Épouse de Joseph, mère de Jésus. Le culte de la Vierge Marie se développa dès les premiers temps de l'Église et surtout au Moyen Âge. L'Immaculée Conception fut érigée en dogme en 1854 par Pie IX, l'Assomption en 1950 par Pie XII.

Marie (Pierre) Médecin français (1853-1940). Professeur de clinique neurologique à la Salpêtrière, il étudia de nombreuses maladies (acromégalie, ostéoarthropathie, hydrocéphalie) ainsi que les troubles du langage.

Marie (Jean-Étienne) Compositeur français (1917-1989). Il fonda le Centre international de recherches musicales. *BSN 240 ; Symphonies.*

marié, ée adj. et n. **1.** Qui est uni, qui sont unis par le mariage **(s'oppose à *célibataire*).** – **n.** ***Jeune marié(e) ; marié(e)*** : celui, celle qui est marié(e) depuis peu. **2. n.** Personne dont on célèbre le mariage. *Robe de mariée. Vive la mariée !*

Marie-Amélie de Bourbon (1782-1866). Fille de Ferdinand Ier de Bourbon, roi des Deux-Siciles, elle épousa en 1809 le duc d'Orléans, futur Louis-Philippe.

Marie-Antoinette (Marie-Antoinette Joseph Jeanne de Lorraine) (1755-1793). Reine de France. Fille de l'empereur germanique François Ier et de Marie-Thérèse d'Autriche, épouse de Louis XVI, elle se rendit impopulaire par ses intrigues (réelles ou supposées), ses maladresses et ses dépenses. On l'impliqua même dans la ténébreuse affaire du Collier (1785-1786). Elle exerça une influence importante sur le roi et le dissuada notamment de se rallier à l'idée d'une monarchie constitutionnelle. Enfermée au Temple (1792) puis à la Conciergerie (1793), elle fut guillotinée.

Marie-Caroline (1752-1814). Reine de Naples. Fille de l'empereur germanique François Ier et de Marie-Thérèse d'Autriche, elle épousa Ferdinand Ier de Bourbon (Ferdinand IV de Naples) et dirigea les affaires de Naples à sa place.

Marie-Christine de Bourbon-Sicile (1806-1878). Reine d'Espagne de 1833 à 1854. Fille de François Ier, roi des Deux-Siciles, elle épousa Ferdinand VII, roi d'Espagne. Elle obtint de son mari qu'il laisse le trône à sa fille Isabelle II et dut faire face à l'insurrection carliste (1833-1839).

Marie-Christine de Habsbourg-Lorraine (1858-1929). Reine d'Espagne. Fille de l'archiduc Ferdinand-Charles d'Autriche, elle épousa Alphonse XII. Elle assura la régence de 1885 à 1902.

marie-couche-toi-là n. f. invar. **fam. et péj.** Femme facile.

Marie d'Agreda (María Coronel, dite María de Ágreda) Religieuse cordelière espagnole (1602-1665). Célèbre pour ses visions, elle écrivit ses révélations dans *La Mystique Cité de Dieu,* ouvrage condamné par l'Église.

Marie d'Angleterre (1496-1534). Reine de France. Fille d'Henri VII, elle fut mariée en 1514 à Louis XII.

Marie d'Anjou (1404-1463). Reine de France. Fille de Louis II d'Anjou, roi de Sicile, elle épousa Charles VII et fut la mère de Louis XI.

Marie d'Autriche (1505-1558). Reine de Hongrie. Fille de Philippe le Beau et de Jeanne la Folle, elle épousa en 1522 Louis II, roi de Bohême et de Hongrie. Elle fut gouvernante des Pays-Bas.

Marie de Bourgogne (1457-1482). Duchesse de Bourgogne (1477-1482). Fille de Charles le Téméraire, elle épousa Maximilien d'Autriche, ce qui lui permit de résister aux annexions de Louis XI et de conserver la Flandre.

Marie Ire de Bragance (1734-1816). Reine de Portugal (1777-1816). Fille de Joseph Ier, elle épousa son oncle Pierre III. Démente, elle laissa la régence à son fils Jean VI.

Marie de France Poète française (1154-1189). Elle est l'autrice de *Lais,* poésies en octosyllabes inspirées de légendes celtiques.

Marie de Guise ou **de Lorraine** (1515-1560). Reine d'Écosse. Fille de Claude de Lorraine, duc de Guise, elle épousa Louis II d'Orléans, puis Jacques V d'Écosse, et devint régente à la mort de celui-ci en 1542. Elle était la mère de Marie Stuart.

Marie de Hongrie (1370-1395). Reine de Hongrie de 1382 à 1387. Fille de Louis Ier le Grand, roi de Hongrie et de Pologne, elle dut faire face à une révolte nobiliaire et laissa le pouvoir à Sigismond, son mari.

Marie de l'Incarnation (bienheureuse) [Barbe Jeanne Avrillot] Dame, puis religieuse française (1566-1618). Aidée de Bérulle, elle installa en France les carmélites réformées par sainte Thérèse. Elle entra au carmel d'Amiens après son veuvage.

Marie de l'Incarnation (sainte) [Marie Guyart] Religieuse française (1599-1672). Elle fut missionnaire en Nouvelle-France où elle fonda le premier couvent d'Ursulines. Elle a laissé des *Relations* et une volumineuse *Correspondance.*

Marie de Médicis (1573-1642). Reine de France. Fille du grand-duc de Toscane, François de Médicis, elle épousa Henri IV et exerça la régence pour son fils Louis XIII. Elle affronta l'agitation des grands du royaume et entra en guerre contre Louis XIII après

Marie de Médicis, d'après Van Dyck (v. 1630), palais des Beaux-Arts, Lille.

l'assassinat de Concini (1617). Réconciliée avec le roi, elle fit entrer Richelieu au Conseil puis tenta de le faire disgracier (journée des Dupes, 1630). Elle dut ensuite s'exiler.

Marie-Galante Île des Antilles françaises, dépendant de la Guadeloupe. 158 km^2. 12 500 habitants. Ville principale : Grand-Bourg. Canne à sucre. Rhum. Tourisme.

marie-jeanne n. f. invar. **(traduction littérale de l'espagnol *Maria Juana* → marijuana)** fam. Marijuana.

Marie Leszczyńska (1703-1768). Reine de France. Fille de Stanislas Ier Leszczyński, roi de Pologne, elle fut mariée à Louis XV en 1725.

Marie Leszczyńska, par J.-M. Nattier (1748), musée du château, Versailles.

Marie-Louise de Habsbourg-Lorraine (1791-1847). Impératrice de France. Fille de l'empereur germanique François II, elle épousa Napoléon Ier en 1810 et lui donna un fils, le roi de Rome, en 1811. Nommée régente en 1813, elle abandonna Napoléon en 1814 et devint duchesse de Parme (1815). Devenue veuve, elle épousa le feld-maréchal autrichien von Neipperg (1821) puis le comte de Bombelles (1834).

Marie Madeleine (sainte) Nom désignant trois personnages dans les Évangiles, souvent confondus : Marie de Magdala, ou la Magdaléenne, devenue disciple du Christ et l'une des saintes femmes qui assistent à sa passion et à sa résurrection ; la pécheresse évoquée dans l'Évangile selon saint Luc, qui parfume les pieds du Christ ; Marie de Béthanie, sœur de Marthe et de Lazare.

Marie-Madeleine de Pazzi (sainte) Carmélite italienne (1566-1607). Célèbre par ses visions et ses extases, elle est l'une des patronnes de la ville de Florence.

Mariën (Marcel) Poète, essayiste et cinéaste belge d'expression française (1920-1993). Influencé par les surréalistes, il mania l'ironie, le paradoxe et la dérision dans ses films *(L'Imitation au cinéma)* et dans ses nouvelles *(Figures de poupe)*.

Marienbad voir **Mariánské Lázně**

marier v. tr. < 7 > **(vient du latin *maritare*, de *maritus* → mari)** **1.** Unir en célébrant le mariage. ■ Donner en mariage. *Ils marient leur fils.* **2.** fig. *Marier deux entreprises.* – Unir. → **assortir, combiner.** *Marier des couleurs.* ■ **se marier** v. pron. **1.** S'unir par le mariage. *Ils se sont mariés à l'église.* → **convoler. 2.** Contracter mariage. *Il va se marier avec elle.* → **épouser. 3.** fig. *Des couleurs qui se marient bien.* → s'**harmoniser.**

marie-salope n. f. **1.** techn. Bateau, chaland à fond mobile destiné à conduire en haute mer les produits de dragage. *Des maries-salopes.* **2.** pop., vieilli Femme malpropre. – Prostituée.

Marie Ire Stuart (1542-1587). Reine d'Écosse (1542-1567) et de France (1559-1560). Fille de Marie de Guise et de Jacques V d'Écosse, elle épousa François II (1538). À sa mort, en 1560, elle regagna l'Écosse où elle dut affronter la révolte presbytérienne et nobiliaire, qui la contraignit, après son mariage avec Bothwell, à abdiquer en faveur de son fils Jacques VI. Emprisonnée pendant dix-huit ans en Angleterre, elle soutint plusieurs complots contre Élisabeth Ire et fut décapitée sur ordre de celle-ci.

Marie II Stuart (1662-1694). Reine d'Angleterre, d'Écosse et d'Irlande de 1689 à 1694. Fille de Jacques II, elle épousa Guillaume III d'Orange et monta sur le trône après la révolution qui chassa son père.

Marie-Thérèse (1717-1780). Reine de Bohême (1743-1780) et de Hongrie (1740-1780), impératrice d'Autriche (1745-1780). Fille de l'empereur Charles VI, elle lui succéda par la pragmatique sanction et dut faire face à la résistance de ses États (guerre de Succession d'Autriche, 1740-1748). En 1745, elle fit élire son mari François de Lorraine empereur germanique (François Ier). Elle entreprit alors la guerre de Sept Ans, qui vit la victoire de Frédéric II en Silésie et qui consacra la suprématie prussienne en Allemagne du Nord. À l'intérieur de ses États, elle mena une politique centralisatrice, luttant contre les particularismes locaux et instituant un Code pénal. Elle imposa le catholicisme comme religion d'État mais s'attacha à limiter les pouvoirs de l'Église (dissolution de la Compagnie de Jésus, 1773). À la mort de François Ier (1765), elle fit couronner empereur son fils Joseph II, avec qui elle partagea le pouvoir. Elle était la mère de Marie-Antoinette.

Marie-Thérèse d'Autriche (1638-1683). Fille de Philippe IV d'Espagne, elle devint reine de France par son mariage avec Louis XIV en 1660.

Mariette (Pierre Jean) Collectionneur, graveur et essayiste français (1694-1774). 1 300 dessins de sa collection sont aujourd'hui au cabinet des Dessins du Louvre.

Mariette (Auguste) Égyptologue français (1821-1881). Il entreprit des fouilles à Saqqara, Tanis, Gizeh et Thèbes. Il mit au jour les plus grandes œuvres d'art de l'Égypte ancienne. Il fonda le musée dont les collections ont formé le fonds de l'actuel musée du Caire.

Marie Ire Tudor (1516-1558). Reine d'Angleterre et d'Irlande (1553-1558). Fille d'Henri VIII et de Catherine d'Aragon, elle succéda à Édouard VI, rétablit le catholicisme et persécuta les protestants. Elle épousa Philippe II d'Espagne en 1554.

marieur, euse n. fam. Personne qui aime s'entremettre pour conclure des mariages. → **entremetteur.**

Marignan en italien **Melegnano** Ville du N. de l'Italie (Lombardie), sur le Lambro. 15 760 habitants. François Ier y remporta une victoire sur les Suisses alliés au duc de Milan en 1515.

Marignane Commune des Bouches-du-Rhône, entre l'étang de Berre et Marseille. 32 515 habitants. Aéroport international de Marseille.

Marignier Commune de la Haute-Savoie, sur le Giffre. 6 333 habitants. Électrométallurgie.

Marigny (Enguerrand de) Homme politique français (v. 1260-1315). Il administra les finances de Philippe IV le Bel. Accusé de sorcellerie après la mort du roi, il fut pendu.

marigot n. m. **(famille de *mare*, probablt d'après un mot caraïbe)** Bras mort d'un fleuve, marais*, eau morte, dans une région tropicale.

Marijac (Jacques Dumas, dit) Scénariste, dessinateur et éditeur français (1908-1994). Fondateur de plusieurs journaux *(Coq hardi)*, il fut une figure importante de la bande dessinée.

marijuana [maʀiʀwana ; maʀiʒɥana] ou **marihuana** [maʀiʀwana ; maʀixwana] n. f. **(mot espagnol d'Amérique, par l'anglais ; de *Maria* et *Juana*, prénoms)** Stupéfiant tiré du chanvre indien. → **haschich ;** fam. **beuh, shit.** *Elle fume de la marijuana.*

Marillac (Michel de) Homme politique français (1563-1632). Garde des Sceaux et l'un des chefs du parti dévot, il fut choisi par Marie de Médicis pour succéder à Richelieu et fut arrêté après la journée des Dupes (1630). Il est l'auteur des ordonnances dites « code Michau ». ■ **Louis de Marillac** (1573-1632). Frère de Michel et maréchal de France, il fut impliqué dans le complot mené par Marie de Médicis contre Richelieu et décapité.

marimba [maʀimba] n. m. **(mot d'une langue africaine)** Xylophone muni de résonateurs en bois.

[1]marin, ine adj. **(vient du latin *marinus*, de *mare* → mer)** **1.** De la mer. *Air marin. Sel marin. Animaux marins.* **2.** Relatif à la navigation sur la mer. *Carte marine. Mille marin* **(→ nœud).** – loc. *Avoir le pied marin,* garder son équilibre sur un bateau.

[2]marin n. m. **(de [1]marin)** **I. 1.** Personne habile dans l'art de la navigation sur mer. → **navigateur. 2.** Personne (surtout homme) dont la profession est de naviguer sur la mer et spécialt, homme d'équipage dans la marine militaire. → **matelot.** *« Ô combien de marins, combien de capitaines* [...] » (Hugo). *Marin pêcheur.* – loc. fam. *Marin d'eau douce,* médiocre marin. **3.** adj. *Costume marin, col marin,* qui rappelle celui des marins. **II.** régional Vent du sud, sur le golfe du Lion.

Marin (John) Peintre américain (1870-1953). Il peignit des paysages lyriques où dominent le ciel, la mer et les grandes constructions (ponts, gratte-ciels). *Îlots du Maine ; Lower Manhattan.*

Marin (Louis) Philosophe et sémiologue français (1931-1992). Il était spécialiste des images, de la peinture et de la pensée du XVIIe s. *La Critique du discours ; Le Portrait du roi.*

Marin (Marguerite, dite Maguy) Danseuse et chorégraphe française (née en 1951). Elle dirigea les centres chorégraphiques de Créteil puis de Rillieux-la-Pape. Son style allie pouvoir du rythme, puissance des images et convictions sociales.

Marin (Le) Chef-lieu d'arrondissement de la Martinique. 8 647 habitants. Église de style jésuite (XVIIIe-XIXe s.).

marina n. f. **(anglais des États-Unis, de l'italien *marina* « plage »)** anglic. Ensemble touristique, comportant un port de plaisance, en bord de mer.

marinade n. f. **(→ mariner)** **1.** Liquide (vin, etc.) salé et épicé dans lequel on fait macérer du poisson, de la viande avant la

M

cuisson. **2.** Aliment mariné. *Une marinade de veau.*

Marin de Tyr Mathématicien et géographe grec (fin du Ie s.). Il remit à l'honneur la géographie mathématique, mettant au point un procédé de projection orthogonale, ancêtre de la *projection de Mercator.*

[1]marine **(fém. de [1]marin)** **I. n. f. 1.** Ce qui concerne l'art de la navigation sur mer. **2.** Ensemble des navires appartenant à une même nation ou entrant dans une même catégorie. *La marine anglaise. La marine militaire française* (**→ la Royale**). *Officiers de marine. Marine marchande, de commerce.* **II. adj. invar.** ***Bleu marine*** **ou** ***marine*** : bleu foncé semblable au bleu des uniformes de la marine. *Des chaussettes bleu marine, marine.* **– n. m.** *Porter du marine.* **III. n. f. (de l'ancien sens « mer »)** Peinture ayant la mer pour sujet ; genre constitué par cette peinture.

[2]marine **n. m. (mot anglais des États-Unis, emprunt au français *[1]marine*)** Soldat de l'infanterie de marine américaine ou anglaise.

mariner **v. intr. < 1 > (italien *marinare*, de *aqua marina* « eau salée, de mer » → [1]marin)** **1.** Tremper dans une marinade. **→ macérer.** **2. fam. (sujet personne)** Rester longtemps dans un lieu ou une situation désagréable. *Ils l'ont laissé mariner trois jours avant de l'interroger.* ■ **mariné, ée adj.** Trempé, conservé dans une marinade. *Harengs marinés* (**→ rollmops**).

Marinetti (Filippo Tommaso) Écrivain italien (1876-1944). Il publia en français le *Manifeste technique de la littérature futuriste* et soutint le fascisme.

Maringá Ville du Brésil (État du Paraná). 350 000 habitants. Université. Centre commercial.

M

maringouin **n. m. (mot tupi) (Tropiques ; Canada)** Moustique, cousin.

Marini (Marino) Sculpteur, dessinateur et peintre italien (1901-1980). Son œuvre, d'un dynamisme retenu, est partiellement inspirée par la statuaire antique archaïque. *Cavaliers ; Jongleurs ; Danseuses.*

marinier, ière **n. (de [1]marin ; d'abord « navigateur »)** **1.** Personne (surtout homme) dont la profession est de naviguer sur les fleuves, les canaux. **→ batelier. 2.** *Officier marinier* : sous-officier de la marine de guerre.

marinière **n. f. (de marinier)** **I. (à la)** ***marinière*** : à la manière des pêcheurs, des marins. *Moules à la marinière* **ou** *moules marinière,* préparées dans leur jus, avec des oignons. **II. 1. (vêtement de marin)** Blouse sans ouverture sur le devant et qui descend un peu plus bas que la taille. **2.** Maillot à rayures horizontales.

Marinina (Alexandra) Écrivaine et criminologue russe (née en 1957). Elle est l'autrice de nouvelles et de romans policiers. *Le Cauchemar ; Je suis mort hier.*

Marino (Giambattista) dit le Cavalier Marin Poète italien (1569-1625). Il mit à la mode le style précieux.

Mario Héros de la série de jeux vidéo *Super Mario* éditée par Nintendo et créée par Shigeru Miyamoto. Petit plombier moustachu reconnaissable à sa salopette bleue, sa casquette rouge et ses gants blancs, il vit avec son frère Luigi au royaume Champignon.

mariole **ou** **mariolle** **adj. et n. (probablt de l'italien *mariolo*, de *Maria*, dans *far le Marie* « faire les Marie, les saintes nitouches ») fam.** Malin. *Faire le mariole,* se vanter, faire l'intéressant.

Marion (Jean-Luc) Philosophe français (né en 1936). Son œuvre conjugue les apports de la phénoménologie et ceux de la théologie catholique. *Dieu sans l'être ; Le Phénomène érotique.* Académie française.

Marion-Dufresne (Nicolas Thomas) Navigateur français (1729-1772). Il découvrit, avant Cook, les îles du Prince-Édouard, Marion et Crozet. Il fut tué par les Maoris en Nouvelle-Zélande.

marionnette **n. f. (de *Marie, Marion*, d'abord « pièce à l'effigie de la Vierge »)** **1.** Figurine représentant un être humain ou un animal, actionnée à la main par une personne cachée. *Marionnettes à fils, à tige, à gaine.* **→ guignol. –** *S'agiter comme une marionnette.* **2.** Personne qu'on manœuvre à son gré. **→ pantin.**

marionnettiste **n.** Montreur, montreuse de marionnettes.

Mariotte (Edme) Physicien français (v. 1620-1684). Il étudia les déformations élastiques des solides et découvrit en optique le point aveugle de l'œil. Il énonça la *loi de Boyle-Mariotte* sur la compressibilité des gaz.

Marioupol **anciennement Jdanov** Ville du S.-E. de l'Ukraine, dans le Donbass, sur la mer d'Azov. 482 500 habitants. Port. Industries (sidérurgie, construction navale, chimie, conserveries). Exportation de houille et de métaux. La ville a été soumise à d'intenses bombardements russes en 2022.

Maris (république des) République de la Fédération de Russie, sur le bassin de la Volga. 23 200 km^2. 696 500 habitants. Capitale : Iochkar-Ola. Agriculture (céréales, pommes de terre). Industries (métallurgie, mécanique, filature du lin). Elle est peuplée à environ 43 % de Maris (ou Tchérémisses), d'origine finno-ougrienne, essentiellement agriculteurs.

marisque **n. f. (latin *marisca* « petite figue » et « tumeur ») pathol.** Petite tumeur molle, ridée, à l'anus (transformation fibreuse d'une hémorroïde).

mariste **n.** Membre de la congrégation religieuse de la Société de Marie.

Maritain (Jacques) Philosophe français (1882-1973). Élevé dans une famille protestante, il fut, après sa conversion au catholicisme, l'une des figures du néothomisme avec Étienne Gilson. *Humanisme intégral.*

marital, ale, aux **adj. (latin *maritalis* → mari)** **1.** Du mari. **2.** *Vie, union maritale,* d'un couple vivant maritalement.

maritalement **adv.** Comme un couple marié. *Vivre maritalement.*

maritime **adj. (latin *maritimus*, de *mare* → mer)** **1.** Qui est au bord de la mer, subit l'influence de la mer. *Ports maritimes et ports fluviaux.* **2.** Qui se fait sur mer, par mer. *Navigation maritime.* **3.** Qui concerne la marine, la navigation. **→ naval.**

Maritimes **n. f. pl. ou Provinces maritimes** Nom donné à trois provinces du Canada situées à l'extrême S.-E. du Québec : le Nouveau-Brunswick, la Nouvelle-Écosse et l'Île-du-Prince-Édouard.

maritorne **n. f. (n. d'une servante repoussante dans *Don Quichotte* de Cervantes) vieux** Femme laide et malpropre. **→ souillon.**

Marius **en latin Caius Marius** Général et homme politique romain (157-86 av. J.-C.). Tribun (–119) puis préteur (–116), lieutenant de Metellus pendant la guerre contre Jugurtha, il rompit avec ce dernier afin d'accéder au consulat. Élu consul (–107) par le parti populaire, il réforma l'armée, élargissant le recrutement, et en fit un puissant instrument pour la conquête de l'empire. Vainqueur de Jugurtha (–105), des Teutons (–102) et des Cimbres (–101), il disputa à Sylla le commandement de la guerre contre Mithridate mais fut contraint de s'exiler en Afrique (–88). Après le départ de Sylla en Orient, il revint à Rome et, nommé consul pour la septième fois, y mourut quelques jours plus tard.

marivaudage **n. m.** Action de marivauder ; propos galants.

marivauder **v. intr. < 1 > (de *Marivaux*)** Tenir, échanger des propos d'une galanterie délicate et recherchée. **→ badiner.**

Marivaux (Pierre Carlet de Chamblain de) Auteur dramatique et écrivain français (1688-1763). Auteur de deux romans réa-

marionnette

L'art millénaire des marionnettes et du théâtre d'ombres, porteur de la diversité des cultures, s'adresse aujourd'hui à tous les publics. 1. Un festival mondial des marionnettes a lieu tous les deux ans à Charleville-Mézières. 2. *Mon Pinocchio* de J.-P. Lescot, une adaptation en théâtre d'ombres du chef-d'œuvre de Collodi. 3. Spectacle de marionnettes à fils en Asie du Sud-Est (ici, à Pagan, en Birmanie).

listes et pénétrants (*La Vie de Marianne* ; *Le Paysan parvenu*), il marqua surtout le théâtre français par ses comédies aux intrigues légères, aux dialogues caustiques et rythmés qu'on a appelés *marivaudages,* dans lesquelles se croisent des personnages colorés et souvent attachants de valets, de servantes et de maîtres. Il fut le peintre souriant de la passion amoureuse naissante autant que de l'injustice sociale. *La Surprise de l'amour* ; *La Double Inconstance* ; *Le Jeu de l'amour et du hasard* ; *Les Fausses Confidences.*

marjolaine **n. f.** **(de *majorane,* latin *maiorana,* altération d'un mot oriental d'après *major*)** Plante sauvage utilisée comme aromate. → **origan.** *Le thym et la marjolaine.*

mark [maʀk] **n. m.** **(de l'allemand → [1]marc, [2]marche, marquer)** Unité monétaire de l'Allemagne, de la Finlande (avant l'euro). *Cent marks.*

Marker **(Christian François Bouche-Villeneuve, dit Chris)** Cinéaste français (1921-2012). Il réalisa notamment des documentaires d'inspiration marxiste et humaniste. *Dimanche à Pékin* ; *Le fond de l'air est rouge.*

marketing [maʀketiŋ] **n. m.** **(mot anglais, de *to market,* de *market* → marché)** **anglic.** Ensemble des techniques qui ont pour objet la stratégie commerciale et notamment l'étude de marché. – *Marketing électoral, politique* : utilisation des techniques de la publicité en politique. – **appos. invar.** *Le service marketing d'une entreprise.* - **recomm. offic.** **mercatique n. f.** - **var.** RO **markéting.**

Markevitch **(Igor)** Chef d'orchestre et compositeur italien d'origine russe (1912-1983). Il composa un *Concerto pour piano* pour Diaghilev, puis des ballets, une cantate, des œuvres symphoniques et de la musique de chambre.

Markham **(sir Clements Robert)** Géographe et voyageur britannique (1830-1916). Il voyagea au Pérou et en Éthiopie, puis devint administrateur des forêts au ministère des Indes.

Markos **(Markos Vafiadhis, dit général)** Révolutionnaire et chef militaire grec (1906-1992). Il dirigea les troupes communistes de l'ELAS, qui participèrent à la libération de la Grèce en 1944.

Markov **(Andreï Andreïevitch)** Mathématicien russe (1856-1922). Il fut notamment l'auteur de travaux sur la théorie des probabilités (*chaînes de Markov*).

Markova **(Lilian Alicia Marks, dite Alicia)** Danseuse britannique (1910-2004). Fidèle à la tradition du ballet romantique, elle dirigea le corps de ballet du Metropolitan Opera de New York et son école de danse.

Alicia Markova avec Anton Dolin dans *Gisèle* (v. 1945).

Marko-Vovtchok **(Maria Aleksandrovna Vilinskaïa-Markovitch, dite)** Romancière ukrainienne (1833-1907). Son œuvre dénonce la misère et l'injustice sociale. *Contes populaires* ; *Maroussia.*

Markowitz **(Harry M.)** Économiste américain (né en 1927). Il a développé avec W. Sharpe une analyse du portefeuille prenant en compte la gestion du risque. Prix Nobel 1990.

Markstein **n. m.** Sommet du S. des Vosges, au N.-O. du Grand Ballon. 1 241 m. Sports d'hiver.

Marl Ville d'Allemagne (Rhénanie-du-Nord-Westphalie), dans la Ruhr. 91 200 habitants. Centre houiller. Fabrication de caoutchouc synthétique. Pétrochimie.

Marlborough **(John Churchill, 1er duc de)** Général et homme politique anglais (1650-1722). Chargé du commandement en chef de l'armée lors de la guerre de Succession d'Espagne, il remporta de nombreuses victoires aux côtés du Prince Eugène. Ses liens avec le parti whig le firent tomber en disgrâce.

Marles-les-Mines Commune du Pas-de-Calais. 5 524 habitants. Ancien centre houiller.

Marley **(Robert Nesta, dit Bob)** Chanteur et compositeur jamaïcain (1945-1981). Adepte du mouvement rasta, il fit connaître la musique reggae dans le monde entier.

Bob Marley, figure de la musique reggae.

marli **n. m.** **(de *Marly,* n. de lieu)** **techn.** Bord intérieur d'un plat, d'une assiette.

marlin **n. m.** **(mot anglais)** Grand poisson des mers chaudes, proche de l'espadon. *Pêche au marlin.*

marlou **n. m.** **(p.-ê. de *marlou* « matou »)** **fam.** Souteneur. → **fam. [2]maquereau.** *Des marlous.*

Marlowe **(Christopher)** Auteur dramatique anglais (1564-1593). Son œuvre tragique célèbre la révolte individuelle et s'en prend à l'obscurantisme religieux. *La Tragique Histoire du docteur Faust* ; *Édouard II* ; *Le Juif de Malte* ; *Tamerlan le Grand.*

Marly Commune de la Moselle, dans la banlieue de Metz. 9 961 habitants.

Marly Commune du Nord, dans la banlieue de Valenciennes. 12 014 habitants.

Marly-la-Ville Commune du Val d'Oise. 5 661 habitants.

Marly-le-Roi Commune des Yvelines, à l'E. de la forêt de Marly. 16 352 habitants. Louis XIV y fit construire par J. Hardouin-Mansart un château, détruit en 1816 (seul subsiste le parc).

Marmagão ou **Mormugão** Ville de l'O. de l'Inde (Goa). 97 000 habitants. Port. Exportation de minerai de fer.

marmaille **n. f.** **(de *marmot*)** **fam.** Groupe nombreux de jeunes enfants bruyants.

Marmande Chef-lieu d'arrondissement du Lot-et-Garonne, sur la Garonne. 17 265 habitants. Église des XIIIe-XVIIe s. Centre maraîcher (tomates). Industrie aéronautique.

Marmara **(mer de)** Mer intérieure de l'O. de la Turquie. Elle communique avec la mer Égée par le détroit des Dardanelles et avec la mer Noire par le détroit de Bosphore. 11 500 km^2.

marmelade **n. f.** **(du portugais, de *marmelo* « coing » qui vient du latin *melimelum,* du grec, de *meli* « miel » et *mêlon* « pomme » → melon)** **1.** Préparation de fruits écrasés et cuits avec du sucre, du sirop. → **compote.** *Marmelade d'oranges.* **2.** ***En marmelade*** : réduit en bouillie. → **en capilotade.**

marmenteau **adj. m.** **(de l'ancien français *merrement,* famille de *matière*)** **techn., dr.** Se dit d'un arbre de haute tige qu'un usufruitier n'a pas le droit d'abattre, de son bois.

Marmion **(Simon)** Peintre et enlumineur français (v. 1425-1489). Il travailla surtout à Amiens, Tournai et Valenciennes. *La Vierge de douleur* ; *Saint Jérôme au donateur.*

marmite **n. f.** **(de l'ancien adj. *marmite* « hypocrite », de l'onomatopée *marm-* et *mite* « chat » → chattemite)** **1.** Récipient muni d'un couvercle et généralement d'anses, dans lequel on fait bouillir l'eau, cuire des aliments. → **[2]cocotte, faitout.** « *La flamme faisait bruire une marmite de fer accrochée à la crémaillère* » (Hugo). – **loc.** *Faire bouillir la marmite,* assurer la subsistance de sa famille. – Aliment cuit et servi dans un bouillon. **2.** **hist.** *Marmite de Papin* (machine à vapeur primitive). **3.** **géol.** *Marmite de géants* : cuvette creusée par érosion tourbillonnaire.

marmiton, onne **n.** Jeune aide de cuisine.

Marmolada **n. f.** Massif et point culminant des Dolomites dans les Alpes italiennes. 3 343 m.

marmonner **v. tr.** **< 1 >** **(de l'onomatopée *marm-* → marmotter, murmurer)** Dire, murmurer entre ses dents, d'une façon confuse. → **bredouiller, marmotter.** *Marmonner des injures.* □ **n. m. marmonnement**

Marmont **(Auguste Frédéric Louis Viesse de), duc de Raguse** Maréchal de France (1774-1852). Général gouverneur de la Dalmatie (1806), il commanda l'armée du Portugal après Masséna et combattit en Espagne puis en Allemagne (1813). En 1814, il négocia la capitulation de Paris avec le tsar Alexandre.

Marmontel **(Jean-François)** Écrivain français (1723-1799). Il est l'auteur de *Contes moraux* et de deux romans idéologiques, *Bélisaire,* qui vante la tolérance, et *Les Incas,* qui stigmatise l'esclavage. Il collabora à l'*Encyclopédie.*

marmoréen, éenne **adj.** **(du latin *marmoreus,* de *marmor* → marbre)** **littér.** Qui a l'apparence (blancheur, éclat, froideur) du marbre.

marmot **n. m.** **(d'abord « singe, figurine grotesque » servant de heurtoir ; p.-ê. de *marmotter,* allusion aux lèvres du singe)** **1.** **fam.** Jeune enfant. **2.** **loc.** **(du sens ancien)** *Croquer le marmot,* attendre longtemps.

marmotte **n. f.** **(probablt de *marmotter*)** **I.** Mammifère rongeur au corps ramassé, au pelage fourni. – **loc.** *Dormir comme une marmotte,* profondément (→ comme un loir). ■ Fourrure de cet animal. **II.** **(p.-ê. de la *boîte à marmotte* des ramoneurs savoyards)** Malle à deux parties qui s'emboîtent. – Boîte à échantillons.

marmotter **v. tr.** **< 1 >** **(var. de *marmonner,* radical onomatopéique *marm-*)** Dire confusément, en parlant entre ses dents. → **bredouiller, marmonner.** *Marmotter des prières.* □ **n. m. marmottement**

marmouset **n. m.** **(famille de *marmot*)** **1.** **vieux** Figurine grotesque. **2.** **vieux, fam.** Petit garçon. ■ Petit homme contrefait.

Marmoutier Commune du Bas-Rhin. 2 712 habitants. Ancienne abbatiale bénédictine (façade des XIe-XIIe s.).

[1]marnage **n. m.** **(de *marner*)** **agric.** Amendement d'une terre par apport de marne.

[2]marnage **n. m.** **(de *marne* « bord », famille de *marge*)** Amplitude maximale entre la haute et la basse mer (correspond à l'estran).

Marne (batailles de la)

Lors de la bataille de la Marne, en septembre 1914, les forces alliées résistent à l'avancée des troupes allemandes.

marne n. f. (altération de *marle,* qui vient du latin pop. *margila,* mot d'origine gauloise) Mélange naturel d'argile et de calcaire.

Marne n. f. Rivière du Bassin parisien née sur le plateau de Langres, affluent de la Seine. 525 km.

Marne (batailles de la) Du 6 au 13 septembre 1914, les armées franco-britanniques commandées par Joffre menèrent une contre-offensive victorieuse face aux troupes allemandes contraintes de se replier. Le 18 juillet 1918, Foch contraignit les Allemands menés par Ludendorff à la retraite.

Marne n. f. [51] Département français de la Région Grand Est (→ carte). 8 162 km². 566 659 habitants. Chef-lieu : Châlons-en-Champagne. Chefs-lieux d'arrondissement : Épernay, Reims, Vitry-le-François. Le département est constitué d'un plateau crayeux que traverse la Marne du sud-est au centre-ouest. Au centre, s'étend la zone agricole de la Champagne crayeuse (céréales, betteraves, colza, luzerne). La région viticole (vins de Champagne) se situe entre la Brie champenoise, parsemée d'étangs, au S.-O., et le Tardenois, au N.-O. La forêt occupe, à l'E., le massif de l'Argonne. La région du Perthois et du pays du Der, au S.-E., abrite un lac-réservoir de 4 800 ha qui permet à la Marne d'assurer l'alimentation en eau de la région parisienne. L'agro-industrie est en voie de développement (bioénergies, biocarburants).

M

Marne (Haute-) n. f. [52] Département français de la Région Grand Est (→ carte). 6 210 km². 171 798 habitants. Chef-lieu : Chaumont. Chefs-lieux d'arrondissement : Langres, Saint-Dizier. Le département, qui occupe l'E. du Bassin parisien, est constitué de plateaux calcaires. Au S., s'élèvent le plateau du Barrois (405 m) et le plateau de Langres (512 m) ; au N.-E. s'étendent les campagnes vallonnées du Bassigny et de la Champagne humide. La forêt, qui couvre 40 % du territoire, est en augmentation du fait de la déprise agricole. Élevage bovin. Industries (métallurgie de transformation, agroalimentaire, travail du cuir et du bois).

Marne-la-Vallée Commune à l'E. de Paris. 325 809 habitants. Troisième pôle tertiaire d'Île-de-France. Université. Première destination touristique d'Europe (Disneyland Paris). La ville fut créée en 1972 à partir du regroupement de 26 communes réparties sur trois départements (Seine-et-Marne, Seine-Saint-Denis, Val-de-Marne).

marner v. intr. < 1 > (de *marne*) **1.** Amender (la terre) avec de la marne. **2.** fig., fam. Travailler dur (→ trimer).

Marnes-la-Coquette Commune des Hauts-de-Seine. 1 756 habitants. Musée. Mémorial La Fayette. Haras.

marneux, euse adj. Qui contient de la marne. *Terrain, sol marneux.*

Marnia voir Maghnia

marnière n. f. (de *marne*) Carrière de marne.

Maroc

n. m. ■ offic. royaume du Maroc État d'Afrique du Nord, le plus occidental du Maghreb. 706 550 km² avec le Sahara-Occidental (266 769 km²). 33 848 242 habitants (les *Marocains*). **Langues :** arabe (offic.), berbère, français, espagnol. **Religion :** musulmans sunnites. **Monnaie :** dirham marocain. **Capitale :** Rabat. **Régime :** monarchie constitutionnelle.

GÉOGRAPHIE

Pays montagneux (chaîne du Rif de Tanger à Melilla ; massif de l'Atlas du S.-O. au N.-E.), le Maroc ne compte que quelques plaines littorales (Gharb et Sous). Du fait de son relief et de l'influence océanique, le Maroc reçoit d'abondantes précipitations ; des oueds permanents (Sebou, Oum er-Rebia...) coulent vers l'Atlantique et la Méditerranée, alimentant des barrages-réservoirs.

Au pied du Haut-Atlas, la ville de Tinerhir, dans la vallée du Todra.

ÉCONOMIE

Grâce à l'irrigation, l'agriculture tient une place essentielle dans l'économie (12 % du PIB, 36 % de la population active en 2021) et fournit une industrie agroalimentaire en expansion. Les céréales, agrumes, oléagineux, fruits et légumes ainsi que des cultures industrielles représentent le quart des exportations. La pêche est un secteur important. Premier exportateur mondial de phosphates, le Maroc possède également quelques gisements d'hydrocarbures. La croissance économique a été relancée par les privatisations et les investissements étrangers, si bien que l'industrie représente aujourd'hui 27 % du PIB. Enfin, le tourisme est l'un des secteurs économiques les plus dynamiques.

HISTOIRE

Des Phéniciens aux Arabes Au XIIe s. av. J.-C., les Phéniciens, puis les Carthaginois établirent des comptoirs côtiers. À l'intérieur des terres, les tribus berbères formèrent plusieurs royaumes (IVe s. av. J.-C.). Après la chute de Carthage (146 av. J.-C.), Rome imposa sa domination. Au IVe s., le christianisme se développa et résista aux invasions vandales (Ve s.). À partir de 681, les armées musulmanes tentèrent de s'emparer du Maroc, soumettant et convertissant les tribus berbères de l'intérieur avant de les enrôler pour conquérir l'Espagne. À la fin du VIIIe s., le roi Idris Ier parvint provisoirement à les unifier sous son gouvernement.

Les dynasties berbères (XIe-XVe s.) Les *Almoravides* (1055-1147), Berbères du Sud marocain, fondèrent un vaste empire englobant l'O. de l'Algérie et l'Espagne musulmane. Les *Almohades* (1147-1269) étendirent l'empire, à son âge d'or, jusqu'à Tunis, Lisbonne et Valence. Les luttes fratricides et la résistance chrétienne en Espagne profitèrent aux *Mérinides* (1269). Ceux-ci ne purent empêcher l'effondrement du royaume musulman de Grenade et les désordres intérieurs permirent aux Portugais et aux Espagnols de s'installer sur les côtes au XVe s. (Ceuta, Tanger, Agadir ; Melilla).

Les dynasties chérifiennes (XVIe-XVIIIe s.) Les *Saadiens,* installés aux confins du Sahara, achevèrent la conquête du pays en 1554. Ahmad al-Mansūr (1578-1603) s'opposa aux Turcs déjà maîtres de l'Algérie et rétablit l'ordre dans le pays. Pourtant, après sa mort, le territoire fut de nouveau partagé. Les *Alaouites* entreprirent la reconquête (prise de Fès en 1666) et fondèrent la dynastie qui règne encore aujourd'hui sur le Maroc. Moulay Ismaïl fit de Meknès la nouvelle capitale, reprit la plupart des places tenues par les Européens et défendit le pays contre les incursions turques. Sidi Mohammed ibn Abd Allah (1757-1790) fortifia les villes de la côte atlantique, sans parvenir à freiner les rébellions et le renforcement des pouvoirs féodaux. Au début du XIXe s., le Maroc se partageait entre le N., sous l'autorité effective du sultan, et les deux tiers restants, peuplés de tribus insoumises.

La pénétration européenne (1830-1912) Un raid français sur Tanger contraignit le sultan Abd al-Rahman (1822-1859), qui avait d'abord prêté main-forte à l'émir Abd el-Kader contre la conquête française en Algérie, à mettre un terme à son soutien. En 1864, un décret autorisa le commerce étranger. La conférence d'Algésiras (1906) plaça le Maroc sous la tutelle des puissances européennes et l'envoi de troupes françaises obligea le sultan à signer, le 30 mars 1912, le traité de protectorat qui mit son pays sous domination française. L'Espagne obtint pour sa part un protectorat sur la région rifaine.

Le protectorat (1912-1956) Le général Lyautey soumit les tribus. Il institua une nouvelle administration pour les contrôler et modernisa l'économie. L'installation de colons provoqua des révoltes nationalistes : Abd el-Krim mena la guerre du Rif (1921-1926), qui fut suivie d'une sévère répression. L'opposition nationaliste se développa au sein du parti de l'Istiqlāl et du Parti démocratique de l'indépendance. En 1952, l'administration française déposa le sultan

Maroc

Mohammed V. Le mouvement nationaliste se radicalisa alors et la répression s'intensifia. Mais, après l'insurrection algérienne, le gouvernement français accepta une solution pacifique : le Maroc obtint son indépendance de la France (3 mars 1956) et de l'Espagne (7 avril 1956).

Le Maroc depuis l'indépendance Mohammed V, rappelé d'exil par le gouvernement français en 1955, assuma la responsabilité du pouvoir et la monarchie fut instituée en 1957. Son successeur Hassan II (1961-1999) réprima le soulèvement de Casablanca (mars 1965). L'opposition de gauche fut décapitée par l'enlèvement et la disparition de Ben Barka à Paris (1965). Après avoir subi deux attentats militaires (Skhirat, 1971 et Rabat, 1972), le roi durcit le régime. De 1975 à 1979, le Maroc occupa le Sahara occidental, affrontant le Front Polisario. Malgré le plan de paix de l'ONU (1988), la situation demeura bloquée. Dans les années 1980, Hassan II limita la censure, organisa des élections et signa des accords économiques avec l'Occident. Le Maroc fut l'un des membres fondateurs de l'Union du Maghreb arabe (1989). La nomination en 1998 du leader socialiste A. Youssoufi comme Premier ministre marqua une relative démocratisation du régime. Mohammed VI succéda à son père en 1999. La décennie suivante, les islamistes du PJD (Parti de la Justice et du Développement) effectuèrent une percée aux différentes élections et finirent par remporter celles qui suivirent le « printemps arabe » en 2011. Les leaders du parti, A. Benkirane puis S. El Othmani, dirigèrent le gouvernement jusqu'en 2021. Le Rassemblement national des indépendants accéda ensuite au pouvoir avec Aziz Akhannouch.

Le roi Mohammed V en 1960.

marocain, aine adj. Du Maroc. – n. *Les Marocains.*

maroilles [marwal] n. m. (du n. propre) Fromage au lait de vache, à pâte molle et croûte lavée, fabriqué en Artois et en Flandres.

Maroilles Commune du Nord. 1 432 habitants. Vestiges d'une ancienne abbaye bénédictine. Fromage (maroilles).

Marois (Pauline) Femme politique canadienne (née en 1949). Chef du Parti québécois de 2007 à 2014, elle a été Première ministre du Québec de 2012 à 2014.

Marolles-en-Brie Commune du Val-de-Marne. 4 737 habitants.

Maromme Commune de la Seine-Maritime, dans la banlieue de Rouen. 10 845 habitants.

Maroni n. m. Fleuve d'Amérique du Sud. 680 km. Il sépare la Guyane française du Suriname.

maronite n. et adj. (de l'arabe du Liban, du n. d'un patriarche) Chrétien appartenant au rite oriental de Syrie et du Liban. – adj. *Prêtre maronite.*

maronner v. intr. < 1 > (famille de *marmonner*) régional Maugréer, protester.

maroquin n. m. (de l'espagnol, de *Marocco* « Maroc ») Peau de chèvre, de mouton, tannée et teinte. *Une reliure en plein maroquin.*

maroquinerie n. f. (de *maroquin*) Industrie des cuirs fins pour la fabrication ou le revêtement d'articles de luxe (portefeuilles, sacs à main, etc.). ▪ Commerce de ces articles. *Une maroquinerie :* le magasin.

maroquinier, ière n. Personne qui fabrique ou qui vend des articles de maroquinerie.

Marot (Clément) Poète français (1496-1544). Ses poèmes, regroupés dans *Adolescence clémentine*, témoignent d'une inventivité et d'une fantaisie verbales exceptionnelles, tout en respectant les formes traditionnelles de la poésie de cour. On lui doit aussi des épîtres et des épigrammes.

marotte n. f. (de *Marie* → mariole, marionnette) **1.** vieux Marionnette. ■ Sceptre surmonté d'une tête à capuchon garni de grelots, attribut des bouffons ou fous. **2.** Tête de femme (en bois, carton...) dont se servent les modistes, les coiffeurs. **3.** mod. Idée fixe, manie. → **^{1}dada, ^{1}folie.**

marouette n. f. (provençal *marouetta* « marionnette » ; famille de *marotte*) Râle d'eau, petit échassier.

maroufler v. tr. < 1 > (de *maroufle*, d'abord « chat », var. de *maraud*) Appliquer (une toile peinte) sur une surface (mur, toile) avec de la colle forte (appelée *maroufle*, n. f.). □ n. m. **marouflage**

Mar-Pa Religieux bouddhiste tibétain. (1012-1096). Il traduisit de nombreux textes religieux indiens. Fondateur d'une secte érémitique, il fut le maître de Milarepa.

marquage n. m. **1.** Opération par laquelle on marque des animaux, des arbres, des marchandises. **2.** sc. Introduction d'un indicateur dans (un corps, une substance) afin de suivre son évolution. *Marquage radioactif.* **3.** sports Action de marquer (I, 8) un joueur.

marquant, ante adj. Qui marque, laisse une trace, un souvenir. → **mémorable, remarquable** ; - contr. **insignifiant.** *Évènement marquant.*

M

marque n. f. (de *marquer* ; remplace *merc, marc*, mot germanique, famille de *marc, marche, marcher*) **I. 1.** Signe matériel, empreinte sur une chose, servant à la distinguer, à la reconnaître ou servant de repère. *Faire des marques sur des papiers, des dossiers.* **2.** sports Trait, repère fait sur le sol ou dispositif pour régler certains mouvements. → anglic. **starting-block.** *À vos marques !* **3.** Signe attestant un contrôle, le paiement de droits. → **cachet, estampille, poinçon.** *La marque de la douane.* **4.** *Marque de fabrique, commerce.* → **étiquette, label** (anglic.). *Marque déposée. Produits de marque*, qui portent une marque connue, appréciée. ■ Entreprise qui fabrique des produits de marque ; ces produits. *Les grandes marques d'automobiles. Sous-marques.* – loc. *Image* de marque.* **II.** Trace naturelle dont l'origine est reconnaissable. → **impression, indice, trace.** *Des marques de pas.* – *Marques de coups sur la peau.* **III. 1.** Objet qui sert à faire reconnaître, à retrouver une chose. *Mettre une marque dans un livre.* → **signet. 2.** (de *marquer*) sports Décompte des points (→ anglic. **score**). *Ouvrir la marque.* **3.** Insigne, signe. *Les marques de sa fonction, de son grade.* – *De marque* : distingué. → de **qualité.** *Hôtes de marque.* **IV. 1.** fig. Caractère, signe particulier qui permet de reconnaître, d'identifier (qqch.). → **critère, indice, symptôme, témoignage.** *Donner des marques d'estime.* → **preuve. 2.** ling. *Le* s *est la marque la plus fréquente du pluriel en français.*

Marquenterre n. m. Plaine littorale de Picardie, entre l'estuaire de la Canche et celui de la Somme. Ports de pêche (Le Crotoy, Étaples). Stations balnéaires (Berck-Plage, Le Touquet). Réserve naturelle et parc ornithologique.

marque-page n. m. **1.** Signe matériel qu'on insère entre deux pages d'un livre pour en retrouver un passage. *Des marque-pages.* **2.** inform. Favori* (II, 5).

marquer v. < 1 > (var. dialectale du normand *merchier*, mot germanique, famille de *^{2}marche, marge* → **marqueterie ; démarquer, remarquer**) **I. v. tr.** concret **1.** Distinguer, rendre reconnaissable au moyen d'une marque (I), d'un repère. → **repérer, signaler.** *Marquer un emplacement d'un signe, d'une croix. Marquer des animaux.* – sc. Procéder au marquage (2) de qqch. *Marquer une molécule.* **2.** fam. Écrire, noter. – *C'est marqué sur l'étiquette.* **3.** Former, laisser une trace, une marque sur (qqch.). *Des traces de doigts marquaient les glaces.* – passif et p. p. fig. *Elle reste marquée par cet échec.* **4.** Indiquer, signaler par une marque, un jalon. *Marquer une limite.* → **délimiter. 5.** (instrument) Indiquer. *Cette montre ne marque pas les secondes.* **6.** *Marquer les points, au cours d'une partie, d'un jeu*, les enregistrer (→ **marque** (III, 2)). *Marquer les coups.* – loc. ***Marquer le coup*** : souligner, par une réaction, l'importance que l'on attache à qqch. ; manifester que l'on a été atteint, touché. – ***Marquer un point***, obtenir un avantage. – sports *Marquer un but* (football), *un essai* (rugby), réussir un but, un essai. **7.** Rendre sensible ou plus sensible. → **accentuer, souligner.** *Marquer la mesure. Marquer une distinction.* loc. ***Marquer le pas*** : piétiner sur place en cadence ; fig. être gêné, ralenti dans son activité. **8.** sports Surveiller les mouvements d'un joueur ; le gêner en le serrant. *Marquer à la culotte.* **II.** fig. **1.** Faire connaître, extérioriser (un sentiment, une pensée). → **exprimer, manifester, montrer.** *Marquer son assentiment, son refus.* **2.** (choses) Faire connaître, révéler par un signe, un caractère. → **dénoter, indiquer, révéler, témoigner.** *« Son visage marquait trois ou quatre ans de plus que son corps »* (Gide). **III. v. intr. 1.** Faire une impression assez forte pour laisser un souvenir. *Des évènements qui marquent.* → **dater ; marquant. 2.** Laisser une trace, une marque. *Ce tampon ne marque plus.* ■ **se marquer** v. pron. Être marqué, se distinguer. ■ **marqué, ée** adj. Pourvu d'une marque. *Linge marqué.* – *Visage marqué*, ridé. ■ Qui se reconnaît facilement. *Une différence très marquée.*

Marquet (Albert) Peintre français (1875-1947). D'abord proche des fauves, il peignit des paysages aux formes simplifiées et aux tons raffinés.

marqueté, ée adj. (de *marquer*) **1.** Bigarré, tacheté. **2.** Formé ou décoré en marqueterie. *Une commode marquetée.*

marqueterie [maʀkɛtʀi ; maʀkətʀi] ou **marquèterie** n. f. (de l'ancien v. *marqueter*, de *marquer*) **1.** Assemblage décoratif de pièces de bois précieux (ou d'écaille, d'ivoire) appliquées sur un fond de menuiserie. *Coffret en marqueterie.* **2.** Technique d'ébénisterie pour produire ce type d'ouvrage. **3.** fig. Mosaïque, patchwork.

marqueteur, euse n. Ébéniste spécialisé(e) dans les ouvrages de marqueterie.

marqueterie

Motif en marqueterie (XVIIIe s.).

Marquette (Jacques) Missionnaire jésuite et explorateur français (1637-1675). Il explora avec Joliet les cours du Wisconsin, puis du Mississippi, et remonta la rivière Illinois.

Marquette-lez-Lille Commune du Nord, dans la banlieue de Lille. 11 105 habitants.

marqueur, euse I. n. 1. Personne qui appose des marques. **2.** Personne qui compte les points, les inscrit. **3.** sports Joueur, joueuse qui marque des buts. **II. n. m. 1.** Instrument pour marquer. **2.** Crayon feutre traçant de larges traits. **3.** sc. Élément repérable. → **traceur.** *Marqueurs radioactifs.* **4.** *Marqueur social* : ce qui indique l'origine sociale de qqn. *Le prénom, les vêtements sont des marqueurs sociaux.*

marquis, ise n. (italien *marchese*, de *marca* mot germanique → ^{1}marche) Noble qui prend rang après le duc et avant le comte. *Monsieur le Marquis. « Tout va très bien, madame la Marquise »* (chanson).

marquisat n. m. **1.** Terre qui conférait à son possesseur le titre de marquis. **2.** Dignité de marquis.

marquise n. f. (fém. de *marquis*) **1.** Auvent généralement vitré au-dessus d'une porte d'entrée, d'un perron. *Les marquises d'une gare*, vitrages qui abritent les quais. **2.** Fauteuil à siège large, profond et à dossier bas. **3.** Gâteau, voisin de la charlotte.

Marquise Commune du Pas-de-Calais. 5 072 habitants. Exploitation de marbre.

Marquises (îles) Archipel de la Polynésie française, dans l'océan Pacifique. Proche de l'équateur, il est formé d'une dizaine d'îles d'origine volcanique. 1 274 km^2. 9 346 habitants. Coprah.

Marquises (îles)

L'archipel des Marquises, formé d'îles volcaniques.

Marrakech

Au centre de la médina de Marrakech, la place Djemáa el-Fna.

marraine n. f. (vient du latin pop. *matrina*, de *mater, matris* → mère) **1.** Femme qui tient (ou a tenu) un enfant (son filleul, sa filleule) à son baptême. *Le parrain et la marraine.* **2.** Celle qui préside au baptême d'une cloche, au lancement d'un navire, etc. **3.** *Marraine de guerre* : jeune fille ou femme qui, en temps de guerre, « adopte » un soldat.

Marrakech Ville du Maroc, au pied du Haut-Atlas. 971 000 habitants. Remparts. Mosquée du XIIe s. Centre commercial et touristique. Résidence des chérifs saadiens à partir du XVIe siècle.

marrane n. (de l'espagnol *marrano* [mot injurieux] « porc », de l'arabe « ce qui est défendu ») didact. Juif d'Espagne ou du Portugal converti au christianisme par contrainte, et resté fidèle à sa religion.

marrant, ante adj. (de *se marrer*) fam. **1.** Amusant, drôle. *Un film marrant.* **2.** Bizarre, curieux, étonnant. ■ (personnes) Dont le comportement, les paroles sont étranges.

Marrast (Armand) Homme politique français (1801-1852). Il fut l'un des organisateurs du banquet du 22 février 1848 dont l'interdiction par Guizot déclencha la révolution de 1848. Il contribua à la rédaction de la Constitution de la IIe République (novembre 1848).

marre adv. (de *marrer* « s'ennuyer » → se marrer) fam. *En avoir marre* : en avoir assez, être dégoûté (→ en avoir ras* le bol). *J'en ai marre de ses histoires.* – impers. *(Il) y en a marre,* en voilà assez. – pop. *C'est marre,* ça suffit, c'est tout.

se marrer v. pron. < 1 > (d'abord « s'ennuyer », d'où « rire jaune » ; p.-ê. de l'espagnol *mareo* « mal de mer » et « ennui, » famille de *mer*) fam. S'amuser, rire. *Ils se sont bien marrés.* → rigoler. – *Faire marrer qqn,* le faire rire. *Tu me fais marrer.*

marri, ie adj. (ancien français *marrir* « se fâcher » qui vient du francique *marrjan* ; idée de « gêne », p.-ê. famille de *amarrer*) vieux ou littér. Triste, fâché.

¹marron n. m. (italien *marrone*, du radical prélatin *marr-* « pierre, caillou » → marelle) **I. 1.** Fruit comestible du châtaignier cultivé. → châtaigne. *Dinde aux marrons.* – *Marrons glacés,* confits dans du sucre. **2.** *Marron d'Inde,* graine non comestible du marronnier d'Inde (qui ressemble à la châtaigne). **3.** adj. invar. D'une couleur brune et foncée. *Des robes marron.* – n. m. *Elle porte du marron.* **II.** fam. Coup de poing. → châtaigne. « *Sa mère* [...] *qui lui avait tant distribué de marrons qu'il en sentait encore les bleus* » (Queneau).

²marron, onne adj. (de l'espagnol *cimarrón* « montagnard » et « animal redevenu sauvage », p.-ê. de *cima* « cime ») **1.** ancienn *Esclave marron,* qui s'était enfui pour vivre en liberté. **2.** Qui se livre à l'exercice illégal d'une profession, ou à des pratiques illicites. *Des avocats marrons.* **3.** adj. m. invar. fam. *Être (fait) marron,* pris, attrapé, trompé, dupé. *Elles sont marron.*

marronnasse adj. péj. D'un vilain marron.

marronnier n. m. (de ¹*marron*) **1.** Châtaignier cultivé. **2.** Grand arbre d'ornement à fleurs blanches ou roses disposées en pyramides. **3.** journalisme Sujet rebattu qui reparaît régulièrement.

marrube n. m. (latin *marrubium*) bot. Plante herbacée, vivace, à odeur musquée, des régions tempérées.

mars [maʀs] n. m. invar. (vient du latin *Martius [mensis]* « [mois] du dieu Mars » → mardi) Troisième mois de l'année dans le calendrier actuel. *Les giboulées de mars.*

Mars Dieu romain de la Guerre, correspondant à l'Arès grec.

Mars de Todi, bronze (Ve s. av. J.-C.), musée du Vatican.

Mars (Anne Boutet, dite Mlle) Comédienne française (1779-1847). Sociétaire de la Comédie-Française, elle interpréta les grands rôles du répertoire classique.

Mars Quatrième planète du système solaire, située entre la Terre et Jupiter. Diamètre : 6 792,4 km (environ la moitié de celui de la Terre). La plus brillante après Vénus, Mars est surnommée *la planète rouge* en raison de la couleur rougeâtre de son sol. Entourée d'une mince atmosphère de gaz carbonique, elle a deux satellites naturels, Deimios et Phobos. Grâce aux missions d'exploration engagées depuis les années 1960, sa géographie est connue, caractérisée par des reliefs imposants dus à une activité volcanique et témoins d'une ancienne présence d'eau liquide.

Marsa el-Brega Ville de Libye, en Cyrénaïque. Port. Raffinerie. Pétrochimie.

Marsais (César Chesneau, sieur du) Pédagogue, grammairien et philosophe français (1676-1756). Son *Traité des tropes* constitue une synthèse des problèmes fondamentaux de la rhétorique. Ses articles dans l'*Encyclopédie* contribuèrent à la réflexion philosophique sur le langage.

Marsal Commune de la Moselle. 245 habitants. Église des XIIe-XIVe s. Fortifications de Vauban.

marsala n. m. (du n. de la ville) Vin doux produit en Sicile.

Marsala Ville d'Italie, en Sicile. 77 800 habitants. Vins doux.

Marsalis (Wynton) Trompettiste et compositeur de jazz américain (né en 1961). Il a pratiqué tous les styles : jazz acoustique, New Orleans, blues, gospel, musique classique avec improvisations de jazz. *Majesty of Blues ; Jump Start and Jazz ; Reeltime.*

Marsan n. m. Ancien pays de Gascogne, qui dépendait des souverains de Béarn. Réuni à la Gascogne en 1607, il est aujourd'hui situé dans le département des Landes.

Marsannay-la-Côte Commune de la Côte-d'Or, proche de Dijon. 5 311 habitants. Viticulture.

Marschner (Heinrich August) Compositeur allemand (1795-1861). Il composa de nombreux opéras romantiques *(Le Vampire ; Hans Heiling).* Il eut une influence importante sur Wagner.

marseillais, aise adj. et n. **1.** adj. De Marseille. *Accent marseillais.* – n. *Les Marseillais.* **2.** n. f. « *La Marseillaise* », l'hymne national français.

Marseillaise (La) Hymne national français (de 1795 à 1805, puis à partir de 1879). Chant patriotique composé en 1792 par Rouget de Lisle sous le titre de « Chant de guerre pour l'armée du Rhin ». Il fut chanté par les fédérés de Marseille marchant sur Paris le 10 août 1792, d'où son nom.

Marseillan Commune de l'Hérault, sur l'étang de Thau. 7 692 habitants. Viticulture. Conchyliculture. Station balnéaire (Marseillan-Plage).

Marseille Chef-lieu des Bouches-du-Rhône et de la Région Provence-Alpes-Côte d'Azur, sur la mer Méditerranée. 1er port industriel

Marseille

Marseille, le Vieux-Port.

M

de France (hydrocarbures). 870 321 habitants (agglomération : 1 618 479). Vestiges grecs et romains. Basilique Notre-Dame-de-la-Garde. Musées, dont le Mucem. Vieux-Port (plaisance). Promenade de la Canebière. Fondée en –600 par les Grecs de Phocée sous le nom de Massalia, la « cité phocéenne » fut ruinée par les guerres de la Révolution et de l'Empire, puis retrouva la prospérité à la suite des conquêtes coloniales et de l'ouverture du canal de Suez. Pôle universitaire. Industries (construction navale, aéronautique, microélectronique, pétrochimie, chimie lourde, agroalimentaire).

Marses n. m. pl. Peuple de Germanie, établi entre la Ruhr et la Lippe. Ils furent vaincus par les Romains au Ier s. av. J.-C.

Marsh (James) Chimiste britannique (1794-1846). Il mit au point un appareil permettant de détecter et de doser l'arsenic.

marshal n. m. (anglais *marshal,* du français *mareschal* → maréchal) anglic. Aux États-Unis, Officier de police fédéral dans un comté ou un district fédéral. → **shérif.**

Marshall (Alfred) Économiste britannique (1842-1924). Ses travaux tentèrent de faire la synthèse entre les principes de l'économie politique classique et ceux du marginalisme, introduisant le facteur temps dans l'analyse économique.

Marshall (George Catlett) Général et homme politique américain (1880-1959). Secrétaire d'État en 1947, il est l'auteur du *plan Marshall,* programme d'aide à la reconstruction des pays européens sinistrés par la Seconde Guerre mondiale, adopté en 1948 et prévu pour quatre ans. Prix Nobel de la paix 1953.

Marshall (îles)

M

■ offic. république des îles Marshall État d'Océanie (→ carte), en Micronésie. 181 km². 59 000 habitants (les *Marshallais*). **Capitale :** Delap-Uliga-Darrit, sur l'atoll de Majuro. L'archipel (32 îles volcaniques et atolls principaux) est formé des îles Ratak à l'E. et des îles Ralik à l'O. La pêche, l'agriculture, le tourisme, les pavillons de complaisance et les aides des États-Unis sont les principales ressources.

HISTOIRE

Explorées en 1788, les îles furent annexées par l'Allemagne (1885-1886), puis par le Japon (1914). Elles connurent de violents combats pendant la Seconde Guerre mondiale. Placées sous la tutelle des États-Unis en 1947, elles sont depuis 1986 un « territoire librement associé ». Les atolls de Bikini et d'Eniwetok ont été des centres d'expérimentation des bombes A et H.

marshmallow [maʀʃmalo] n. m. (mot anglais) anglic. Cube de guimauve de couleur pastel. → **chamallow.** *Des marshmallows.*

Marsile de Padoue Théologien italien (v. 1275-1342). Auteur du *Defensor pacis* contre les prétentions temporelles du pape Jean XXII, il y exposa une conception sécularisée de la vie religieuse. Il fut excommunié en 1327.

Marsillargues Commune de l'Hérault, sur le Vidourle. 6 395 habitants. Château (XIVe-XVIIIe s.). Viticulture.

marsouin n. m. (danois ou suédois *marsvin* « cochon *[svin]* de mer ») Mammifère cétacé des mers froides et tempérées, plus petit que le dauphin.

Marston (John) Poète dramatique anglais (v. 1575-1634). Adepte de la poésie satirique *(Pygmalion),* il se tourna ensuite vers un théâtre où s'expriment désespoir et amertume *Le Mécontent ; La Merveille des femmes.*

marsupial, aux n. m. (du latin *marsupium* « bourse », d'origine grecque) **1.** Mammifère vivipare, dont le développement embryonnaire s'achève dans la cavité ventrale (**marsupium** n. m.) de la mère, qui renferme les mamelles (ordre des Marsupiaux ; ex. le kangourou, le koala). **2.** fam. (à des personnes) *Tas de marsupiaux !*

Marsyas Personnage de la mythologie grecque. Inventeur de la flûte à deux tuyaux, il défie Apollon qui l'écorche vif puis le transforme en fleuve.

martagon n. m. (p.-ê. du turc « turban ») Lis rose tacheté de pourpre, des régions montagneuses. – appos. *Lis martagon.*

marte voir martre

marteau n. m. (vient du latin tardif *martellus, de marculus,* p.-ê. famille de *malleus* → ¹mail, malléable) **I. 1.** Outil pour frapper, composé d'une masse métallique fixée à un manche. *Enfoncer un clou avec un marteau.* – Symbole du travail industriel. *La faucille et le marteau.* **2.** Machine-outil agissant par percussion. ***Marteau pneumatique,*** dans lequel un piston fonctionnant à l'air comprimé frappe avec force sur un outil. ***Marteau-piqueur*** (→ **perforatrice**). *Des marteaux-piqueurs.* – ***Marteau-pilon :*** masse pesante agissant verticalement. *Des marteaux-pilons.* **3.** Petit maillet de commissaire-priseur pour adjuger (en frappant sur la table). **4.** Pièce de bois, dont l'extrémité supérieure garnie de feutre frappe une corde du piano quand on abaisse une touche du clavier. **5.** Heurtoir fixé au vantail d'une porte. **6.** appos. ***Requin marteau,*** dont la tête présente deux prolongements latéraux symétriques portant les yeux. **7.** Un des trois osselets de l'oreille moyenne. **8.** Sphère métallique, reliée à une poignée, que les athlètes lancent en pivotant sur eux-mêmes. *Le lancement, le lancer du marteau.* ■ Cette discipline (concours) d'athlétisme. **II.** adj. (de *avoir reçu un coup de marteau*) fam. *Être marteau,* fou, cinglé.

martel n. m. (italien *martello* → marteau) vieux Marteau. – loc. ***Se mettre martel en tête :*** se faire du souci.

Martel (Édouard Alfred) Spéléologue français (1859-1938). Il fonda la Société de spéléologie en 1895. *La Spéléologie ou la Science des cavernes.*

Martel (Thierry de) Chirurgien français (1875-1940). Il est considéré comme l'un des fondateurs de l'école française de neurochirurgie.

Martel (Yann) Écrivain canadien (québécois) d'origine espagnole (né en 1963). Son roman d'aventures, *L'Histoire de Pi,* a été porté à l'écran par Ang Lee.

martelage n. m. **1.** Opération par laquelle on martèle (1). **2.** fig. *Martelage médiatique.*

martèlement n. m. **1.** Bruit, choc du marteau. **2.** Action de marteler (2).

marteler v. tr. < 5 > (de *martel,* forme ancienne de *marteau*) **1.** Battre, frapper à coups de marteau. *Marteler un métal sur l'enclume.* – au p. p. *Cuivre martelé,* travaillé au marteau. **2.** Frapper fort et à coups répétés sur (qqch.). *Il martelait la table à coups de poing.* **3.** Prononcer en articulant avec force, en détachant les syllabes. *Elle martèle ses mots.* ■ Répéter avec insistance pour convaincre.

Martellange (Étienne Ange Martel, dit) Architecte français (1569-1641). Membre de la Compagnie de Jésus, il édifia notamment les collèges du Puy, de La Flèche, de Roanne et d'Avignon.

Martenot (Maurice) Ingénieur français (1898-1980). Il fut l'inventeur des *ondes Martenot,* instrument de musique électronique à clavier.

Martens (Wilfried) Homme d'État belge (1936-2013). Président du Parti social-chrétien flamand puis du Parti populaire européen, il fut Pemier ministre de 1979 à 1992.

martensite [maʀtɛ̃sit] n. f. (du n. de l'ingénieur allemand A. Martens) techn. Mélange de carbone et de fer qui entre dans la constitution des aciers trempés. □ **adj. martensitique**

Martí (José) Patriote et écrivain cubain (1853-1895). Fondateur du Parti révolutionnaire cubain, il monta en 1895 une expédition contre les Espagnols au cours de laquelle il fut tué. Ses œuvres *(Versos sencillos)* et ses idées en font l'un des héros de l'indépendance hispano-américaine.

martial, ale, aux adj. (latin *martiales,* de *Mars,* dieu de la Guerre → mars) **1.** Relatif à la guerre, à la force armée. *Loi martiale,* autorisant le recours à la force armée. – *Cour martiale,* tribunal militaire exceptionnel. **2.** Qui dénote ou rappelle les habitudes militaires. *Allure, voix martiale.* **3.** (de l'anglais) *Arts martiaux,* sports de combat d'origine japonaise (aïkido, jujitsu, judo, karaté, kung-fu...). – *Arts martiaux mixtes :* sport de combat associant des techniques de différents arts martiaux. - abrév. anglic. **MMA** n. m. (de l'anglais *mixed martial arts*).

Martial en latin Marcus Valerius Martialis Poète latin (v. 40-v. 104). Auteur d'*Épigrammes* incisives, il fut, avec Juvénal, le grand maître de la satire latine.

martien, ienne (du n. de la planète Mars) **1.** adj. De la planète Mars. *L'observation martienne.* **2.** n. Habitant(e) imaginaire de la planète Mars ; extraterrestre. *« Oui, continua Zazie, je serai astronaute pour aller faire chier les Martiens »* (Queneau). – fig. Personne bizarre.

Martignac (Jean-Baptiste Sylvère Gay, comte de) Homme politique français (1778-1832). Il succéda à Villèle à la tête du gouvernement de 1828 à 1829.

Martignas-sur-Jalle Commune de la Gironde. 7 741 habitants. Industrie aéronautique.

Martigny Ville de Suisse (Valais), au confluent de la Drance et du Rhône. 17 998 habitants. Vestiges romains. Métallurgie. Distillerie. Tourisme.

Martigues Commune des Bouches-du-Rhône, sur l'étang de Berre. 48 506 habitants. Canaux divisant la ville en trois quartiers. Églises du XVIIe s. Pêche. Raffineries de pétrole. Centrale thermique sur le golfe de Fos.

Martin (saint) (316-397). Soldat à Amiens, il aurait partagé son manteau avec un pauvre. Évêque de Tours (v. 370-371), il

Martini (Simone)

Simone Martini, détail de la *Maestà* (« Vierge en majesté »), fresque du Palazzo Pubblico de Sienne (1315).

fonda les monastères de Ligugé et de Marmoutier.

Martin Ier (saint) (v. 590-654). Pape de 649 à 654, martyr. Il réunit le concile du Latran (649) qui condamna les hérétiques monothélètes. L'empereur Constant II le fit condamner et exiler.

Martin IV (Simon de Brion) (v. 1210-1285). Pape de 1281 à 1285. Il dut faire face aux Vêpres siciliennes (1282), qui conduisirent à la ruine du parti français qu'il soutenait.

Martin V (Oddone Colonna) (1368-1431). Pape de 1417 à 1431. Son élection mit fin au grand schisme d'Occident.

Martin (John) Peintre, aquarelliste et graveur britannique (1789-1854). Considéré comme le rival de Turner, il fut un représentant du romantisme visionnaire anglais.

Martin (Frank) Compositeur suisse (1890-1974). D'abord influencée par Franck, Fauré et Ravel, son œuvre évolua vers la musique sérielle. Il composa des œuvres lyriques et vocales *(Le Vin herbé)*, des oratorios, de la musique symphonique et un opéra *(La Tempête)*.

Martin (Archer John Porter) Biochimiste britannique (1910-2002). Il est l'inventeur, avec R. Synge, de la chromatographie de partage. Prix Nobel 1952.

Martin (Paul) Homme d'État canadien (né en 1938). Il fut Premier ministre du Canada de déc. 2003 à févr. 2006.

Martin (George R. R.) Écrivain américain de science-fiction et de fantasy et scénariste (né en 1948). Il est l'auteur de la saga inspirée de l'histoire médiévale *Le Trône de fer*, devenue la série télévisée *Game of Thrones.*

Martin (Patrice) Skieur nautique français (né en 1964). Champion du monde à 15 ans, il a obtenu 12 titres mondiaux, 34 titres européens et 26 records du monde.

Martin (cap) Promontoire qui s'avance dans la Méditerranée, entre Menton et Monaco, sur la commune de Roquebrune-Cap-Martin. Résidences de luxe.

Martin du Gard (Roger) Écrivain français (1881-1958). Il est l'auteur du roman *Jean Barois* et doit sa célébrité aux *Thibault,* grande fresque romanesque familiale, morale et sociale, mêlant un réalisme exact à des explorations psychologiques. Il laissa aussi des œuvres dramatiques et une autobiographie fictive, inachevée *(Lieutenant-colonel de Maumort)*. Prix Nobel 1937.

¹martinet n. m. **(du n. propre *Martin* → martin-pêcheur)** Oiseau passereau, à longues ailes, qui ressemble à l'hirondelle.

²martinet n. m. **(→ ¹martinet)** Petit fouet à plusieurs lanières.

Martinet (André) Linguiste français (1908-1999). Il est l'auteur de travaux importants en phonologie et en linguistique fonctionnelle. *Éléments de linguistique générale.*

Martinet (Jean-Louis) Compositeur français (1912-2010). Son œuvre fut influencée par l'école viennoise et le dodécaphonisme. Il composa des symphonies, des pièces pour orchestre, de la musique chorale et des mélodies.

Martínez Campos (Arsenio) Maréchal et homme politique espagnol (1831-1900). Il déclencha le pronunciamiento qui plaça Alphonse XII sur le trône (1874) et écarta les carlistes (1876).

Martin Gaite (Carmen) Écrivaine espagnole (1925-2000). Elle est l'autrice de contes, d'essais et de romans intimistes. *Station balnéaire ; La Chambre du fond.*

martingale n. f. **(provençal *martegalo*, de *Martegal* « habitant de Martigues », considéré comme naïf ou bizarre) I. (de *chausses [culotte] à la martingale* « à l'envers »)** Bande de tissu, de cuir, etc., placée horizontalement dans le dos d'un vêtement, à hauteur de la taille. *Veste à martingale.* **II. (évolution de sens inconnue)** Combinaison basée sur le calcul des probabilités au jeu. *Inventer, suivre une martingale.*

Martinique

martini n. m. **(marque déposée italienne)** **1.** Apéritif (vermouth) produit par la firme de ce nom. *Martini blanc, rouge. Des martinis.* **2.** anglic. Aux États-Unis, Cocktail de gin et de vermouth blanc sec.

Martini (Simone di Martino, dit Simone) Peintre italien de l'école siennoise (v. 1282-1344). Ses œuvres privilégient le rôle décoratif de la surface colorée et le jeu expressif des lignes. *Couronnement de Robert d'Anjou* (à Naples).

Martini (Francesco di Giorgio) Architecte, sculpteur et peintre italien (1439-1502). Élève du peintre et sculpteur Vecchietta, il réalisa notamment l'église du Calcinaio, près de Cortona.

Martini (Giovanni Battista, dit il Padre ou le Père) Compositeur, historien et théoricien italien de la musique (1706-1784). Moine franciscain, il fut le conseiller de plusieurs musiciens, dont Mozart. Il publia une *Histoire de la musique,* inachevée, qui se limita à la musique ancienne.

Martinique n. f. [972] Département et Région français d'outre-mer, dans les Petites Antilles. 1 128 km². 361 225 habitants (les *Martiniquais*). Chef-lieu : Fort-de-France. La Martinique est une île montagneuse au N. (montagne Pelée, pitons du Carbet). Le centre de l'île se resserre pour former la baie de Fort-de-France. Le S. présente un paysage de collines. Le climat, tropical, est beaucoup plus humide au N. qu'au S. La culture de la canne à sucre a presque disparu (mais la distillation de rhum subsiste), relayée par la banane et l'ananas. Exportations de carburants vers la Guadeloupe et la Guyane (raffinerie à Lamentin). Le secteur tertiaire, en particulier le tourisme, et les transferts en provenance de la métropole fournissent désormais l'essentiel de ses revenus.

HISTOIRE

Découverte par Christophe Colomb (1502), la Martinique fut colonisée par les Français (1635). Une économie de plantations, fondée sur le travail d'esclaves noirs, se développa. L'île fut occupée par les Britanniques (1794-1802), et l'esclavage y fut maintenu jusqu'en 1848. En 1946, la Martinique devint un département d'outre-mer, puis une Région en 1982. En 2003, la proposition d'en faire une collectivité territoriale unique fut rejetée par référendum.

Martinique, l'église Saint-Henri aux Anses-d'Arlet, l'une des premières édifiées dans l'île.

Martinon (Jean) Compositeur et chef d'orchestre français (1910-1976). Il dirigea notamment l'Orchestre philharmonique de Londres et l'Orchestre national de France. Il composa de la musique symphonique, des pièces de musique de chambre et des mélodies.

Martinozzi (Laura), duchesse de Modène (1640-1687). Nièce de Mazarin et épouse d'Alphonse IV de Modène, elle maria sa fille, Béatrice d'Este, au futur Jacques II d'Angleterre.

martin-pêcheur **n. m.** **(de *Martin* → ¹martinet et de *pêcheur*)** Petit oiseau à long bec, à plumage bleu et roux, qui se nourrit de poissons. *Des martins-pêcheurs.*

Martinson (Harry) Écrivain suédois (1904-1978). Il fut l'un des principaux représentants de la tendance des prolétaires suédois. Ses romans *(Voyages sans but ; Aniara)* et ses poèmes évoquent les relations entre l'homme, la nature et la technique. Prix Nobel 1974, avec E. Johnson.

Martinů (Bohuslav) Compositeur tchèque (1890-1959). Influencé par le folklore tchèque, puis par Roussel et Stravinski, il composa des symphonies, des concertos, des opéras et de la musique de chambre.

Martonne (Emmanuel de) Géographe français (1873-1955). Il publia un *Traité de géographie physique.*

Martov (Iouli Ossipovitch Zederbaoum, dit) Homme politique russe (1873-1923). À la tête des mencheviks à partir de 1903, il s'opposa à la dictature du Parti communiste après la révolution d'octobre 1917 et dut émigrer.

martre **n. f.** **(du germanique, p.-ê. d'un mot francique)** Mammifère carnivore au corps allongé, au museau pointu, au pelage brun. *Martre blanche* **(→ hermine).** – Sa fourrure. - var. **marte.**

Marty (André) Homme politique français (1886-1956). Il participa à la mutinerie de la flotte française en mer Noire en 1919. Condamné à 20 ans de travaux forcés, il fut amnistié en 1923. Figure majeure du Parti communiste français, il en fut exclu en 1953.

Martyn (Edward) Auteur dramatique irlandais (1859-1923). Il fut l'un des principaux fondateurs du théâtre littéraire irlandais. *Le Champ de bruyère.*

martyr, yre **n.** **(du latin chrét., du grec *martus, marturos* « témoin », « mémoire »)** **1.** Personne qui a souffert, a été mise à mort pour avoir refusé d'abjurer sa foi, sa religion. *Vierge et martyre* **(christianisme).** – loc. *Prendre, se donner des airs de martyr, jouer les martyrs.* **2.** Personne qui meurt, souffre pour une cause. *Être le martyr d'un idéal, de la liberté.* **3.** Personne que les autres maltraitent, martyrisent. **→ souffre-douleur.** – appos. *Enfant martyr,* maltraité par ses parents.

martyre **n. m.** **(du latin chrét., du grec *marturion* → martyr)** **1.** La mort, les tourments qu'un(e) martyr(e) endure pour sa religion, pour une cause. **2.** Peine cruelle, grande souffrance (physique ou morale). **→ calvaire, supplice, torture.** *Sa maladie fut un martyre.* – loc. *Souffrir le martyre.*

martyriser **v. tr.** **< 1 >** **(latin chrét. *martyrizare* → martyr)** Faire souffrir beaucoup, physiquement ou moralement. **→ torturer, tourmenter.**

martyrium [maʀtiʀjɔm] **n. m.** **(→ martyre)** **1.** relig. Crypte, chapelle renfermant le tombeau d'un martyr. **2.** Église placée sous l'invocation d'un martyr.

martyrologe **n. m.** **(→ martyr)** Liste de martyrs.

Marvejols Commune de la Lozère, sur la Colagne. 4 713 habitants. Ancienne capitale royale du Gévaudan. Portes fortifiées (XIVe siècle).

Marvell (Andrew) Poète anglais (1621-1678). Il est l'auteur de pamphlets incisifs et d'une œuvre poétique d'inspiration humaniste. *Le Jardin ; À sa trop hésitante maîtresse.*

Marx (Karl) Philosophe, économiste et homme politique allemand (1818-1883). Son œuvre — en partie écrite avec F. Engels — formula les bases du matérialisme historique et affirma la nécessité d'un dépassement de la philosophie théorique et d'une transformation radicale de la société. Ses analyses économiques *(Contribution à la critique de l'économie politique ; Le Capital),* historiques et politiques *(Les Luttes de classes en France),* ainsi que le célèbre *Manifeste du parti communiste* de 1848 font de lui, à travers les suites mondiales du marxisme, et aussi grâce à l'antimarxisme, le penseur le plus influent du XIXe s. Il rédigea en 1864 le texte fondateur de la Ire Internationale.

Karl Marx en 1875.

Marx (Wilhelm) Homme politique allemand (1863-1946). Il fut à deux reprises chancelier de la république de Weimar (1923-1924 et 1926-1928).

Marx Brothers (les) Acteurs américains : Chico (1887-1961), Harpo (1888-1964), Groucho (1890-1977) et Zeppo (1901-1979) qui quitta le groupe en 1935. Ils ont introduit dans leurs films l'univers de l'absurde, avec sa poésie délirante et son utilisation burlesque du langage. *Monnaie de singe ; La Soupe au canard ; Une nuit à l'Opéra.*

Les Marx Brothers (de g. à dr. Chico, Zeppo, Groucho et Harpo), dans *La Soupe au canard* (1933).

marxisme **n. m.** **(du n. de K. Marx)** Doctrine philosophique, sociale et économique élaborée par Karl Marx, Friedrich Engels et leurs continuateurs.

▶ Le **marxisme** est un système de pensée progressivement érigé au rang de doctrine politique conjuguant le récit historique d'une lutte de classes à la critique de la société capitaliste.

LE « MARXISME » DE MARX. Issu de la postérité libérale de Hegel, Marx rompt avec sa famille intellectuelle en critiquant l'idéalisme hégélien, notamment à travers les assertions : « ce n'est pas la conscience des hommes qui détermine leur existence, c'est au contraire leur existence sociale qui détermine leur conscience [...] » ; « les philosophes n'ont fait qu'interpréter le monde [...] il s'agit désormais de le transformer ». À la suite de son ami Engels, il concentre son analyse sur la dimension économique de la société à partir des travaux d'Adam Smith et de Ricardo. *Le Capital* montre comment, dans le mode de production capitaliste, une part de la valeur produite par le prolétaire est l'objet d'une appropriation privée par la bourgeoisie : l'extorsion de cette plus-value est le fondement de la guerre civile larvée qui agite la société. Aussi, tirant les leçons de la révolution française de 1848 puis de la Commune de Paris, Marx proclame la dictature du prolétariat comme phase de transition nécessaire vers le communisme *(La Guerre civile en France).*

LE MARXISME APRÈS MARX. Si Marx avait lui-même refusé le qualificatif de « marxiste », le marxisme a connu, après sa mort, une grande expansion doublée d'une série de ruptures. Dans le parti socialiste allemand, un courant marxiste orthodoxe, représenté par Kautsky, critique le socialisme réformiste ; en Russie, l'opposition entre bolcheviks et mencheviks conduira à la scission. Avec la prise du pouvoir par les bolcheviks en oct. 1917, Lénine instaure un régime de parti unique. Staline, qui en devient secrétaire général en 1921, codifie sous le nom de « marxisme-léninisme » des principes exposant un « matérialisme dialectique » et un « matérialisme historique » d'un grand dogmatisme.

De Cuba à l'Éthiopie, du Mozambique à l'Afghanistan, le marxisme dans sa version communiste rigidifiée devient une idéologie incontournable du monde moderne influençant les processus de décolonisation et l'affrontement politique des grands « blocs » (Est/Ouest et Nord/Sud).

Au milieu du XXe s., alors que la social-démocratie européenne s'en éloigne de plus en plus, une gauche anarchiste, trotskiste ou maoïste, souvent accusée de gauchisme, y puise un nouveau radicalisme. Philosophiquement, aux marxismes plus ou moins hétérodoxes de Gramsci, de Lukács ou d'Althusser se greffent des pensées qui en renouvellent la portée, comme celle de l'école de Francfort ou l'existentialisme de Sartre. Après la fin du système communiste en URSS et en Europe de l'Est, le marxisme est resté l'idéologie officielle de mouvements et de régimes politiques qui, comme en Chine et au Viêtnam, semblent vouloir combiner la dictature d'un parti unique avec une certaine ouverture à l'économie de marché.

voir aussi **communisme, léninisme, maoïsme**

marxisme-léninisme **n. m.** Doctrine philosophique et politique issue des doctrines de Marx interprétées par Lénine. □ **adj. et n. marxiste-léniniste**

marxiste **adj. et n.** Relatif au marxisme. – **n.** *Un, une marxiste,* partisan du marxisme.

Mary (puy) Montagne volcanique du massif du Cantal. 1 787 m.

Le puy Mary, dans le Parc naturel régional des volcans d'Auvergne.

Mary anciennement **Merv** Ville du Turkménistan, sur le canal de Karakoum. 123 000 habitants. Culture et égrenage du coton. Traitement du cuir. Industries alimentaires. Gaz naturel.

maryland [maʀilɑ̃(d)] **n. m.** **(du n. de l'État)** Tabac à fumer originaire du Maryland.

Maryland **n. m.** État de l'E. des États-Unis, sur l'Atlantique, autour de la baie de Chesapeake. 31 296 km². 5,8 millions d'habitants. Capitale : Annapolis. Ville principale : Baltimore. Céréales, cultures maraîchères, tabac. Houille, industrie lourde.

maryse n. f. (marque enregistrée ; probablt du prénom féminin) Spatule à extrémité souple utilisée en cuisine.

mas [ma(s)] n. m. (mot provençal et languedocien, ancien français *mes* « maison », qui vient du latin *mansum*, de *manere* « demeurer » → manoir, maison) Maison rurale, ferme (en Provence).

Masaccio (Tommaso di ser Giovanni Cassai, dit) Peintre italien (1401-1428). Dans son œuvre, la lumière et la perspective participent à l'élaboration d'un espace qui se fait le prolongement du monde réel. Considéré par Vasari comme le « créateur de la peinture », il exerça une influence directe sur de nombreux artistes. Il réalisa les fresques de la chapelle Brancacci (Florence) et le *Polyptyque de Pise*.

masai voir **massaï**

Masan Ancienne ville de Corée du Sud sur le détroit de Corée, à l'O. de Pusan. Elle est aujourd'hui rattachée à Changwon. Pont à haubans.

Masaryk (Tomáš Garrigue) Homme d'État tchèque (1850-1937). Premier président de la République tchécoslovaque (1918-1935), il fit promulguer la Constitution de 1920.

Masaryk (Jan) Homme politique tchèque. (1886-1948). Fils de Tomáš Masaryk. Ministre des Affaires étrangères à partir de 1945, il se suicida après le coup d'État organisé par les communistes.

Masbate Île des Philippines (archipel des Visayas). 3 268 km². 892 400 habitants. Anciennes mines d'or. Bétail. Agriculture (maïs, riz).

Mascagni (Pietro) Compositeur italien (1863-1945). Il est le créateur du mélodrame vériste *(Cavalleria rusticana)*.

mascara n. m. (mot espagnol, famille de l'italien *maschera* → masque) Fard pour les cils. → **rimmel**.

Mascara Ville de l'O. de l'Algérie, chef-lieu de wilaya. 100 700 habitants. Vins. Centre industriel.

mascarade n. f. (italien *mascherata*, de *maschera* → masque) **1.** Divertissement où les participants sont déguisés et masqués. – Personnes déguisées. **2.** Déguisement, accoutrement ridicule ou bizarre. **3.** Actions, manifestations hypocrites ; mise en scène trompeuse. *Ce procès n'est qu'une mascarade.*

Mascareignes n. f. pl. Archipel de l'océan Indien, formé principalement de l'île Maurice, de l'île de la Réunion et de l'île Rodrigues.

mascaret n. m. (gascon « bœuf tacheté », de *mascara* « tacher », p.-ê. par allusion à l'eau remuée) Longue vague déferlante produite dans certains estuaires par la rencontre du flux et du reflux. *Le mascaret de la Seine.* → **barre**.

Mascaron (Jules) Prélat et prédicateur français (1634-1703). Il fut l'auteur d'*Oraisons funèbres*, dont la vigueur et l'éloquence rappellent Fléchier et Bourdaloue.

mascarpone n. m. (du lombard) Fromage lombard au lait de vache, très crémeux.

Mascart (Éleuthère) Physicien français (1837-1908). On lui doit des études sur le spectre ultraviolet et la construction d'un électromètre à quadrants.

Mascate ou **Masqaṭ** Capitale du sultanat d'Oman, sur le golfe d'Oman. Port de commerce. 26 670 habitants (agglomération : 832 000). Protégée par un mur d'enceinte, elle abrite la résidence du sultan. Opéra (par Zaha Hadid).

mascotte n. f. (provençal *mascoto* « envoûtement », de *masco* « sorcière », famille de *masque* ; mot diffusé par l'opérette d'Audran : *La Mascotte*) Animal, personne ou objet considérés comme portant bonheur. → **fétiche**.

masculin, ine adj. (latin *masculinus*, de *masculus* → mâle) **I. 1.** Qui a les caractères de l'homme (mâle), tient de l'homme (opposé à *féminin*). → **viril**. « *Ce fier, ce terrible* [...] *et pourtant un peu nigaud sexe masculin* » (Beaumarchais). *Les préjugés masculins.* **2.** Qui a rapport à l'homme, est réservé aux hommes. **3.** Composé d'hommes. *La population masculine.* **II.** gramm. **1.** Se dit d'une forme des noms (et adjectifs) qui s'applique aux êtres mâles, ainsi que (en français) à des êtres et des choses sans rapport avec l'un ou l'autre sexe (opposé à *féminin*). *Genre masculin.* – **n. m.** *Le masculin*, le genre masculin. **2.** *Rime masculine*, qui ne se termine pas par un e muet (opposé à *féminine*).

masculiniser v. tr. ‹1› **1.** Rendre masculin, donner des manières d'homme à. → **viriliser**. **2.** biol. Provoquer l'apparition de caractères sexuels masculins dans (un organisme humain). ▫ n. f. **masculinisation**

masculinité n. f. **1.** Qualité d'homme, de mâle. – Ensemble de caractères propres aux hommes. → **virilité**. **2.** Ensemble de caractères, de comportements stéréotypés correspondant à une image sociale traditionnelle des hommes.

Mas-d'Agenais (Le) Commune du Lot-et-Garonne, sur la Garonne. 1 482 habitants. Église romane (*Christ en croix* de Rembrandt).

Mas-d'Azil (Le) Commune de l'Ariège, sur l'Arize. 1 181 habitants. Site préhistorique (grotte).

La grotte du Mas-d'Azil où furent découverts des vestiges préhistoriques de la civilisation *azilienne* (entre le magdalénien et le mésolithique).

Masjid-i Suleiman Ville d'Iran (Khouzistan). 108 700 habitants. Le gisement pétrolier fut le premier à être exploité dans le pays (1908).

Masefield (John) Poète, dramaturge et romancier britannique (1878-1967). Adepte d'un réalisme cru, il est l'auteur de poèmes *(La Miséricorde éternelle)*, de drames *(La Tragédie de Nan)* et de récits de guerre *(La Bataille de la Somme)*.

maser [mazɛʀ] n. m. (mot anglais, sigle de *microwave amplification by stimulated emission of radiation*, cf. laser) phys. Amplificateur de micro-ondes par l'émission stimulée des atomes (ou des molécules) excités par le rayonnement électromagnétique.

Maseru Capitale du Lesotho, dans l'E. du pays. 120 000 habitants. Peaux, laine. Université.

Masevaux-Niederbruck Commune du Haut-Rhin, sur la Doller, au pied des Vosges. 3 682 habitants. Industrie automobile.

Masherbrum n. m. Sommet du Karakorum, massif du Pakistan (Cachemire). 7 821 m.

Masina (Giulietta) Actrice italienne (1921-1994). Épouse et inspiratrice de Fellini, elle joua dans *La Strada, Les Nuits de Cabiria, Juliette des esprits, Ginger et Fred.*

Masinissa ou **Massinissa** Roi de Numidie (v. 240-148 av. J.-C.). Allié des Romains, il favorisa le débarquement en Afrique de Scipion l'Africain (–204) et contribua à la victoire de Zama sur Hannibal (–202).

Masina (Giulietta)

Giulietta Masina dans *Les Nuits de Cabiria* de Federico Fellini (1957).

Masirah (île de) Île du sultanat d'Oman, dans la mer d'Oman. Base aérienne britannique.

maskinongé n. m. (mot algonquin) (Canada) Grand brochet.

maso voir **masochiste**

masochisme n. m. (de l'allemand, du n. de Leopold von Sacher-Masoch) Comportement d'une personne qui trouve du plaisir à souffrir, qui recherche la douleur et l'humiliation, spécialt dans les rapports sexuels (opposé à *sadisme*). → aussi **sadomasochisme**.

masochiste adj. Du masochisme. – **adj. et n.** (Personne) dont le comportement, les goûts relèvent du masochisme. - abrév. fam. **maso**.

Maso di Banco Peintre italien (XIVᵉ s.). Disciple de Giotto, il peignit les fresques de la chapelle Bardi à l'église Santa Croce à Florence.

Masolino da Panicale (Tommaso di Cristoforo Fini, dit) Peintre italien (1383 ?-av. 1447). Il travailla avec Masaccio à la chapelle Brancacci de l'église du Carmine à Florence, puis à Rome (San Clemente).

Mason (James) Acteur britannique (1909-1984). Un jeu sobre, une apparence inquiétante et un humour glacé lui ont permis d'interpréter aussi bien des rôles de traîtres que de héros romantiques. *L'Affaire Cicéron ; Vingt Mille Lieues sous les mers ; Lolita ; Le Verdict.*

Maspero (Gaston) Égyptologue français (1846-1916). Il dirigea le musée de Boulaq, près du Caire, et organisa de nombreuses fouilles. *L'Archéologie égyptienne.*

Maspero (Henri) Sinologue français (1883-1945). Fils de Gaston Maspero. Il publia, entre autres, un ouvrage sur l'histoire de *La Chine antique.*

Maspero (François) Éditeur et écrivain français (1932-2015). Fils d'Henri Maspero. *Les Abeilles et la Guêpe.*

masquage n. m. Action de masquer. – photogr. Retouche au moyen de masques (IV).

masque n. m. (italien *maschera*, d'un radical prélatin *maska* « noir ») **I. 1.** Objet dont on couvre le visage humain pour transformer son aspect naturel. *Masques africains, polynésiens. Masques de théâtre* (Grèce antique, Chine...). *Masques de carnaval.* → **loup**. – loc. *Lever, jeter le masque*, se montrer tel qu'on est. ▪ Personne masquée. **2.** Dehors trompeur. → **apparence**, **²extérieur**. *Un masque de froideur, d'indifférence.* **3.** Aspect du visage. → **physionomie**. *Avoir un masque impénétrable.* → **²air**, **expression**. – *Masque de grossesse* (→ **chloasma**). **II. 1.** Empreinte prise sur le visage d'une personne, en particulier d'un mort. **2.** Appareil qui sert à protéger le visage. *Masque d'escrime, de plongée (sous-marine).* – *Masque médical, chirurgical*, porté pour des raisons sanitaires. ▪ ***Masque à gaz*** : appareil protégeant les voies respiratoires et le visage. ▪ Dispositif placé sur le visage d'une personne pour lui faire respirer des vapeurs anesthésiques. *On l'a endormi au masque. Masque à oxygène.* **3.** Couche de crème, etc., appliquée sur le visage pour resserrer, tonifier, adoucir l'épiderme. **III.** Abri, masse de terre ou obstacle naturel formant écran. *Installer une pièce de mortier derrière un masque.* **IV.** inform. Outil permettant, dans un logiciel graphique, de sélectionner une portion d'image pour la modifier.

masqué, ée adj. **1.** Couvert d'un masque. *Visage masqué. Braqueurs masqués.* – fig. *Avancer masqué.* **2.** *Bal masqué* : où l'on porte des masques. **3.** *Tir masqué,* à pointage indirect.

Masque de fer (homme au) Surnom donné à un prisonnier d'État mystérieux interné au donjon de Pignerol, au fort de l'île Sainte-Marguerite, puis à la Bastille, où il mourut en 1703. Il dut porter un masque muni d'une fermeture en acier pendant toute sa vie et ne fut jamais identifié.

masquer v. tr. < 1 > **1.** Déguiser sous une fausse apparence. → **dissimuler.** *Masquer la vérité.* **2.** Cacher à la vue. *Cette maison masque le paysage.* **3.** Dissimuler une odeur, un goût par un autre de nature différente.

Massa Ville d'Italie, en Toscane, au pied des Apennins. 66 770 habitants. Centre d'exploitation du marbre. Station balnéaire.

Massachusetts n. m. État du N.-E. des États-Unis. 21 408 km^2. 6 550 000 habitants. Capitale : Boston. Carrières de granit. Industries variées. Université (Harvard). Centre de recherche (Massachusetts Institute of Technology).

Massachusetts Institute of Technology (MIT [ɛmite ; ɛmajti]) École américaine spécialisée dans l'enseignement supérieur et dans la recherche en science et en technologie. Fondée en 1861, le MIT se situe à Cambridge (Massachusetts).

massacrant, ante adj. loc. *Humeur massacrante,* très mauvaise. *Être d'une humeur massacrante.*

massacre n. m. (de *massacrer*) **I. 1.** Action de massacrer ; résultat de cette action. → **carnage, hécatombe, tuerie.** *Le massacre d'un peuple, d'une minorité ethnique.* → **extermination ; génocide, holocauste.** *Les massacres de Septembre* (1792). – *Envoyer des soldats au massacre,* les exposer à une mort certaine. – *Le massacre des éléphants.* ■ *Jeu de massacre,* qui consiste à abattre des poupées à bascule, en lançant des balles de son. **2.** fig. Combat dans lequel la personne qui a le dessus met à mal son adversaire. *Ce match de boxe a tourné au massacre.* **3.** Fait d'endommager gravement. *Le massacre d'une forêt.* ■ Travail très mal exécuté. – Exécution ou interprétation qui défigure une œuvre. **II.** Tête (par ext. bois) de cerf, de daim, servant de trophée.

massacrer v. tr. < 1 > (vient du latin pop. *matteuculare,* de *matteuca* → massue) **1.** Tuer avec sauvagerie et en masse (des êtres qui ne peuvent pas se défendre). → **exterminer.** *Ils ont massacré les prisonniers.* **2.** Mettre à mal (un adversaire en état d'infériorité). → fam. **démolir, esquinter. 3.** fam. Mettre (une chose) en très mauvais état. → **abîmer, saccager.** ■ Endommager involontairement par un travail maladroit et brutal. → fam. **bousiller.** *Massacrer un texte en le récitant, en le traduisant.*

massacreur, euse n. Personne qui massacre. → **assassin, tueur.** *Les massacreurs de la Saint-Barthélemy ; de septembre 1792.*

Massada ou **Masada** Site archéologique de l'État d'Israël, sur une falaise surplombant la mer Morte. Des juifs zélotes, assiégés dans la forteresse après la prise de Jérusalem par les Romains, optèrent pour un suicide collectif (73 ou 74).

massage n. m. Action de ^{2}masser ; technique du masseur. – *Massage cardiaque,* opéré en cas d'arrêt du cœur.

massaï ou **masai** [masaj] adj. et n. Relatif aux Massaïs. – n. *Un, une Massaï.* ■ n. m. *Le massaï,* langue nilotique.

Massaï(s) ou **Masai(s)** n. m. pl. Peuple du Kenya et de la Tanzanie, de langue nilotique. Les Massaïs sont des éleveurs nomades constitués en classes d'âges et en clans patrilinéaires.

massala n. m. (mot ourdou d'origine arabe) **1.** Préparation composée d'un mélange d'épices, employée en Inde et dans l'océan Indien. **2.** Plat cuisiné avec cette préparation. *Des massalas d'agneau.* - var. (Réunion) **massalé.**

massaliote adj. (de *Massalia,* n. grec de Marseille) hist. Relatif à Marseille du temps qu'elle était colonie grecque. → **phocéen.**

Massa Marittima Ville d'Italie, en Toscane. 9 800 habitants. Architecture médiévale (cathédrale de style romano-pisan et palais du XIIIe s.).

Massaoua ou **Massawa** Ville d'Érythrée, sur la mer Rouge. 53 000 habitants. Port de commerce relié par voie ferrée à la capitale Asmara.

^{1}masse n. f. (vient du latin *massa* « pâte ; lingot », du grec *maza,* de *massein, mattein* « pétrir » → magma ; ^{2}masser, ^{2}massif) **I. 1.** Quantité relativement grande (de substance solide ou pâteuse) qui n'a pas de forme définie. *Une masse de pâte, de chair.* – loc. *Tomber, s'écrouler comme une masse,* pesamment. ■ Quantité relativement grande (d'une matière fluide). *Masse d'air froid.* – Volume important (de qqch.). – *Pris, taillé dans la masse,* dans un seul bloc de matière. **2.** arts Éléments principaux perçus comme des unités (dans une œuvre). – mus. *Masses instrumentales, vocales.* **3.** *Masse de* (suivi d'un mot au plur.) : réunion de nombreux éléments distincts. → **amas.** *Réunir une masse de documents,* une grande quantité. *La grande masse des...,* la majorité. fam. *Il n'y en a pas des masses,* pas beaucoup. **4.** Somme d'argent. *La masse salariale.* – *La masse monétaire d'un pays.* **II.** Multitude de personnes constituant un ensemble. *Civilisation, culture de masse. Les masses laborieuses, populaires.* ■ *La masse,* la majorité, le grand public. loc. *Faire masse contre qqch.* **III.** *En masse* loc. adv. **1.** En un groupe nombreux. → en **bloc,** en **foule.** *Ils sont arrivés en masse.* **2.** fam. En grande quantité. **IV.** sc. **1.** Quantité de matière (d'un corps) ; rapport constant qui existe entre les forces qui sont appliquées à un corps et les accélérations correspondantes. *Le poids est proportionnel à la masse. Masse spécifique* (de l'unité de volume). → **densité.** – *Masses atomiques, moléculaires. Nombre de masse* : nombre de nucléons dans un noyau d'atome. ■ *Indice de masse corporelle.* → **IMC.** **2.** Conducteur électrique commun auquel sont reliés les points de même potentiel d'un circuit. – loc. fig. *Être à la masse* : être déphasé, déboussolé.

^{2}masse n. f. (vient du latin pop. *mattea,* de *mateola* « bâton » ou p.-ê. de *mattia* « javelot », mot gaulois → massue) **1.** hist. *Masse (d'armes)* : arme de choc. → **massue.** **2.** Gros maillet utilisé pour enfoncer, frapper. *Une masse de sculpteur.* **3.** fam. *Coup de masse* : choc violent, accablant ; prix excessif. *N'allez pas dans ce restaurant, c'est le coup de masse !* **4.** Gros bout d'une queue de billard.

massé n. m. (→ ^{2}masser) Au billard, Coup donné en frappant la boule de haut en bas.

Massé (Félix Marie, dit Victor) Compositeur français (1822-1884). On lui doit des opéras-comiques *(Galatée ; Les Noces de Jeannette).*

Massé (Pierre) Ingénieur et économiste français (1898-1987). Ses travaux ont porté sur la notion « d'optimum économique ». *Le Choix des investissements ; Le Plan ou l'Anti-hasard.*

Masséna (André) Maréchal de France (1758-1817). Il s'illustra à Rivoli (Bonaparte le surnomma « l'enfant chéri de la Victoire »), remporta la bataille de Zurich (1799) et contribua à la victoire de Marengo (1800). Maréchal en 1804, il conquit le royaume de Naples (1806) et participa aux batailles d'Essling et de Wagram (1809). Il se rallia aux Bourbons en 1814.

Massenet (Jules) Compositeur français (1842-1912). D'abord symphoniste *(Scènes hongroises),* il s'illustra surtout par ses œuvres lyriques *(Manon ; Le Cid ; Werther ; Thaïs).*

massepain n. m. (de *marcepain,* de l'italien *marzapane,* p.-ê. d'origine arabe) Pâtisserie faite d'amandes pilées, de sucre et de blancs d'œufs.

^{1}masser v. tr. < 1 > (de ^{1}*masse*) Disposer, rassembler en une masse, en masses. → **amasser, assembler.** – pronom. *La foule s'était massée pour protester.*

^{2}masser v. tr. < 1 > (arabe *massa* « toucher, palper ») Frotter, presser, pétrir (des parties du corps) avec les mains ou à l'aide d'appareils, dans une intention thérapeutique ou hygiénique. *Masser qqn ; se faire masser* (→ **massage).**

masséter [maseтɛʀ] n. m. (mot grec « masticateur ») anat. Muscle élévateur du maxillaire inférieur. → **masticateur.**

massette n. f. (de ^{2}*masse*) **I.** Petite masse. **II.** Plante aquatique à épi compact, brun et velouté.

masseur, euse **1.** n. Personne qui pratique professionnellement le massage. *Le masseur d'un sportif.* → **soigneur.** *Masseur kinésithérapeute.* **2.** n. m. Instrument, appareil servant à masser.

massicot n. m. (du n. de G. Massiquot ou Massicot, imprimeur du XIXe s.) techn. Machine à rogner le papier.

massicoter v. tr. < 1 > techn. Rogner (le papier) au massicot. □ n. m. **massicotage**

^{1}massif, ive adj. (d'abord *massis,* qui vient du latin pop. *massicus* → ^{1}masse) **1.** Dont la masse occupe tout le volume apparent ; qui n'est pas creux (→ **plein).** *Bijou d'or massif. Porte en chêne massif.* **2.** Qui présente l'apparence d'une masse épaisse ou compacte. → **épais, gros, lourd, pesant ;** péj. **mastoc.** *Une colonne massive. Un homme massif.* → **trapu.** **3.** Qui est fait, donné, qui se produit en masse. *Dose massive.*

^{2}massif n. m. (de ^{1}*massif*) **1.** Ouvrage de maçonnerie formant une masse pleine. **2.** Groupe compact (d'arbres, d'arbrisseaux, de fleurs). **3.** Ensemble montagneux de forme massive (opposé à *chaîne*). *Le Massif central.*

Massif armoricain n. m. Massif ancien de l'O. de la France, qui englobe la Bretagne, la Vendée, l'Anjou, le Bas-Maine et l'O. de la Normandie. Le relief, peu marqué, culmine à 416 m (signal des Avaloirs).

Massif central n. m. Région montagneuse du centre et du S. de la France. Massif ancien ayant subi au tertiaire une grande activité volcanique. Malgré d'importantes villes industrielles (Clermont-Ferrand, Saint-Étienne, Limoges), il demeure faiblement peuplé et peu urbanisé. Activités thermales (Vichy, La Bourboule). Élevage bovin et ovin.

massification n. f. didact. Transformation (d'un groupe humain, d'une activité humaine) en masse indifférenciée.

massifier v. tr. < 7 > (de ^{1}*masse*) didact. **1.** Faire une masse anonyme de (un groupe d'individus). **2.** Adapter à la masse. – au p. p. *La littérature massifiée.*

Massignon (Louis) Orientaliste français (1883-1962). Il a laissé d'importants travaux sur la mystique musulmane. *La Passion d'Al-Hallādj ; Les Sept Dormants d'Éphèse.*

Massillon (Jean-Baptiste) Prédicateur français (1663-1742). Prêtre et professeur de rhétorique, il composa des *Oraisons funèbres,* dont celle de Louis XIV, et des *Sermons* à l'éloquence simple et persuasive.

Massine (Léonide) Danseur et chorégraphe américain d'origine russe (1896-1979). Il composa des chorégraphies marquées par l'esthétique de Picasso et du surréalisme, puis participa à la réalisation de films *(Les Chaussons rouges).*

M

Massinger (Philip) Poète dramatique anglais (1583-1640). Il fut l'auteur de comédies et de tragédies, parmi lesquelles *La Dame de la Cité*, qui dépeint la pègre, et *Une nouvelle façon de payer de vieilles dettes*, portrait d'un avare.

massique adj. phys. De la masse. *Volume massique d'une substance.*

Massis [masis] **(Henri)** Écrivain français (1886-1970). Militant de l'Action française, il anima avec J. Bainville *La Revue universelle* de 1920 à 1944. *Les Jeunes Gens d'aujourd'hui.*

massivement adv. **1.** D'une manière massive. **2.** En masse.

mass media [masmedja] **n. m. pl.** (mot anglais des États-Unis, de *mass* → ¹masse et *media* → média) anglic. → **média.** - var. **mass médias.**

Masson (André) Peintre et dessinateur français (1896-1987). D'abord lié aux surréalistes, il réalisa des dessins automatiques et des « tableaux de sable ». Il évolua ensuite vers l'expressionnisme abstrait, avec des œuvres d'une grande richesse chromatique. *Massacres ; Antille ; Paysages provençaux.*

Masson (Loys) Écrivain français (1915-1969). Il est l'auteur de recueils de poésies *(Les Vignes de septembre)* et de romans *(Les Tortues ; La Douve).*

Masson (Gérard) Compositeur français (1936-2021). Influencé à la fois par Berlioz, Varèse et l'école sérielle, il a composé des œuvres symphoniques *(Dans le deuil des vagues I et II)* et un *Quatuor à cordes.*

Masson (Jeffrey) Psychanalyste américain (né en 1941). Critique à l'égard de la théorie freudienne de l'œdipe, il s'est efforcé de montrer que les animaux ont une vie émotionnelle. *Quand les éléphants pleurent.*

massore n. f. (de l'hébreu « tradition », de *masar* « transmettre ») relig. Travail critique sur le texte hébreu de la Bible, fait par des docteurs juifs (**n. m.** *massorète*). - var. **massorah.**

massothérapie n. f. (Canada) Traitement thérapeutique par des massages. □ **n. massothérapeute**

Massoud (Ahmed Shah) Homme politique afghan (1953-2001). Il lutta contre l'occupation soviétique et fut ministre de la Défense (1992-1996). Partisan d'un islam modéré, il s'opposa aux talibans et fut assassiné par des militants islamistes.

Le commandant Massoud (ici en 1983, à gauche) fut surnommé « le lion du Panshir ».

Massu (Jacques) Général français (1908-2002). Coprésident du Comité de salut public à Alger (13 mai 1958), il fut rappelé en métropole, ce qui provoqua la semaine des Barricades (janvier 1960).

massue n. f. (vient du latin pop. *matteuca*, de *mattea* → ²masse, massacrer) **1.** Bâton à grosse tête noueuse, servant d'arme. → **casse-tête, ¹masse.** – fig. *Coup de massue*, évènement imprévu et accablant ; dépense, facture excessive. – appos. invar. *Des* ***arguments massue*** : qui laissent sans réplique. **2.** sport Engin de forme allongée utilisé en gymnastique pour exécuter des lancers et des figures.

Massy Commune de l'Essonne. 50 506 habitants. Grand ensemble résidentiel. Centre tertiaire et industriel (technologie de pointe). Nœud ferroviaire.

mastaba n. m. (mot arabe « banquette ») archéol. Tombeau égyptien en pyramide tronquée.

mastard adj. et n. (var. de *mastoc*) argot Très gros, énorme. – **n.** Individu corpulent et grand. → **balèze, costaud.**

mastectomie n. f. (du grec *mastos* « sein » et de *-ectomie*) chir. Excision ou ablation d'un sein. → **mammectomie.**

¹master [mastœʀ ; mastɛʀ] **n. m.** (mot anglais) anglic. Enregistrement original à partir duquel on réalise des copies.

²master [mastœʀ ; mastɛʀ] **n. m.** (mot anglais) anglic. Grade universitaire entre la licence et le doctorat, sanctionnant cinq années d'études après le baccalauréat ; diplôme national conférant ce grade. *Master professionnel, master de recherche.* → **MBA.**

master class n. f. invar. (mot anglais) anglic., mus. Classe de musique donnée par un maître, un artiste reconnu. – par ext. *Master class d'écriture, de cinéma, de cuisine.* - var. **master classe.** *Des master classes.* - recomm. offic. **classe de maître.**

mastère n. m. (n. déposé ; de l'anglais *master* « maître », par croisement avec *magistère*) Diplôme délivré par les grandes écoles, sanctionnant une année de formation spécialisée.

Masters (Edgar Lee) Poète américain (1869-1950). Il dépeignit les gens du Middle West de manière réaliste et parfois brutale. *Spoon River Anthology.*

mastic n. m. (du bas latin, du grec *mastikhê*, de *mastazein* « mâcher ») **I. 1.** Résine jaunâtre qui s'écoule du lentisque. **2.** Mélange pâteux et adhésif durcissant à l'air. *Mastic pour fixer les vitres aux fenêtres.* **3. adj. invar.** D'une couleur gris-beige clair. *Des imperméables mastic.* **II.** (argot « travail », et « gâchis ») imprim. Erreur d'impression, mélange de caractères ou interversion de deux lignes, de deux passages.

masticateur, trice adj. Qui sert à mâcher. *Muscles masticateurs.* → **masséter.**

mastication n. f. Action de mâcher, de mastiquer.

masticatoire adj. didact. Qui sert à la mastication. ■ **n. m.** Médicament à mâcher.

mastiff n. m. (mot anglais, de l'ancien français *mastin* → mâtin) Chien de garde d'une race voisine du dogue.

¹mastiquer v. tr. < 1 > (de *mastic*) Joindre ou boucher avec du mastic. *Mastiquer des vitres.* □ **n. m. masticage**

²mastiquer v. tr. < 1 > (bas latin *masticare* → mâcher ; famille du grec *mastazein* → mastic) Broyer, triturer avec les dents (un aliment avant de l'avaler ou une substance non comestible qu'on rejette). → **mâcher.** *Il mastique du chewing-gum.*

Mästlin (Michael) Astronome et mathématicien allemand (1550-1631). Maître de Kepler, il fut l'un des premiers défenseurs des idées de Copernic.

masto- Élément (du grec *mastos* « sein ») qui signifie « sein ». → **mammo-.**

mastoc adj. (invar. en genre) (p.-ê. de ¹*massif* et *toc*) péj. Massif et sans grâce. *Des formes mastocs.*

mastocyte n. m. (du grec *mastos* « sein » et de *-cyte*) biol. Cellule du tissu conjonctif, de grande taille, qui participe aux réactions immunitaires.

mastodonte n. m. (du grec *mastos* « mamelle » et *odous, odontos* → -odonte) **1.** Énorme animal fossile proche de l'éléphant et du mammouth. **2.** Personne d'une énorme corpulence. **3.** Machine, véhicule gigantesque.

mastoïde n. f. (du grec, de *mastos* « mamelle » et → -oïde) anat. Partie postérieure de l'os temporal. □ **adj. mastoïdien, ienne**

mastoïdite n. f. (de *mastoïde* et *-ite*) méd. Inflammation de la muqueuse de la mastoïde.

Mastroianni (Marcello) Acteur italien (1924-1996). Il fit des débuts remarqués au théâtre puis s'illustra au cinéma, devenant l'interprète favori de Fellini *(La Dolce Vita ; Huit et demi).*

Marcello Mastroianni dans *Huit et demi* de Federico Fellini (1963).

mastroquet n. m. (mot d'origine germanique, p.-ê. famille de *meister* « maître ») vieux Tenancier de débit de boissons. – Café populaire. → **troquet.**

masturbation n. f. (→ masturber) Pratique qui consiste à provoquer (sur soi-même ou sur un, une partenaire) le plaisir sexuel par des contacts manuels. → **onanisme.** – *Masturbation intellectuelle* : discussion, réflexion intellectuelle jugée stérile.

masturber v. tr. < 1 > (latin *masturbari*) Amener (qqn) au plaisir sexuel par la masturbation. ■ **se masturber v. pron.** Se livrer à la masturbation.

m'as-tu-vu n. invar. et adj. invar. (question entre acteurs) Prétentieux, vaniteux. *« Ce sont de jeunes* m'as-tu-vu, *tout verts, tout fiers »* (H. Michaux).

Masuku ou **Franceville** Ville du S.-E. du Gabon, sur l'Ogooué. 110 570 habitants. Gisement de manganèse et mines d'or et d'uranium dans la région. Université.

Masur (Kurt) Chef d'orchestre allemand (1927-2015). Il dirigea l'Orchestre du Gewandhaus de Leipzig (1970-1996) et mena une carrière internationale après la réunification allemande. Il fut notamment à la tête de l'Orchestre philharmonique de New York (1991-2002), de celui de Londres (2000-2007) et de l'Orchestre national de France (2002-2008).

masure n. f. (latin pop. *masura*, famille de *manere* → manoir ; maison) Petite habitation misérable, maison vétuste et délabrée. → **baraque, cabane.**

¹mat, mate [mat] **adj.** (vient p.-ê. du latin pop. *mattus* « ivre » et « triste, sombre ») **1.** Qui n'est pas brillant ou poli. *Le côté mat et le côté brillant d'un tissu.* **2.** *Teint mat*, assez foncé et peu transparent (contr. **clair**). **3.** (sons, bruits) Qui a peu de résonance. → **sourd.** *Bruit, son mat.*

²mat [mat] **adj. invar. et n. m.** (arabe *māta* « mort », dans *aš-šāh māta* « le roi est mort, » du persan *šāh* → échec ; schah) Se dit, aux échecs, du roi qui est mis en échec et ne peut plus quitter sa place sans être pris. *Le roi est mat. Échec et mat !*

mât n. m. (vient du francique *mast*) **1.** Long poteau dressé sur le pont d'un navire pour porter, à bord des voiliers, les voiles et leur gréement (→ **mâture**), et, à bord des autres bâtiments, les installations radioélectriques, etc. – *Mât de charge* (pour l'embarquement et le débarquement des marchandises). **2.** Long poteau de bois. – Longue perche lisse. *Il a grimpé au mât. Mât de cocagne**.

Matabélé ou **Matabeleland** n. m. Région du S. du Zimbabwe habitée par la population bantoue des Matabélés. 132 087 km². 1,5 million d'habitants.

matabiche n. m. (du portugais, de « tuer *[matar]* la bête *[o bicho]* ») (Afrique) Pourboire, pot-de-vin.

Matadi Ville de la République démocratique du Congo. Au fond de l'estuaire du fleuve Congo, avant-port de Kinshasa. Env. 150 000 habitants.

matador n. m. (mot espagnol « tueur », de *matar* « tuer ») Torero chargé de la mise à mort du taureau. → **espada.** *Des matadors.*

matage n. m. techn. Action de rendre mat ; son résultat. *Matage d'une dorure.*

Mata Hari (Margaretha Geertruida Zelle, dite) Danseuse et aventurière néerlandaise (1876-1917). Impliquée en France dans une affaire d'espionnage au profit de l'Allemagne, elle fut fusillée.

matamore n. m. (espagnol *matamoros* « tueur [→ matador] de Maures », du n. propre) vieilli Faux brave, vantard. → **fanfaron.**

Matamore Personnage de soldat fanfaron de la comédie italienne.

Matamoros Ville du N. du Mexique, à l'embouchure du río Grande del Norte et à la frontière des États-Unis. 450 000 habitants. C'est une zone franche où sont établies de nombreuses entreprises étrangères (mécanique, électronique, commerce).

Matanza (La) Ville d'Argentine, dans l'agglomération de Buenos Aires. 1,12 million d'habitants. Industries.

Matanzas Ville de Cuba, sur le détroit de Floride. 146 100 habitants. Port. Station touristique (Varadero). Centre industriel (raffineries de sucre, textile).

Matapan (cap) voir Ténare

Mataram Ville d'Indonésie, dans l'île de Lombok. 402 843 habitants.

Mataró Ville d'Espagne (Catalogne), sur la Méditerranée. 129 660 habitants. Bonneterie. Construction mécanique.

M

match n. m. (mot anglais d'origine germanique, famille de *to make* → maquiller) Compétition entre deux ou plusieurs concurrents, deux ou plusieurs équipes. *Des matchs* ou *des matches* (plur. anglais). *Match de boxe.* → **combat, ¹rencontre.** *Disputer un match (avec qqn). Faire match nul,* terminer le match à égalité.

matcha [matʃa] n. m. (mot japonais d'origine chinoise) Thé vert finement moulu, utilisé dans la cérémonie du thé japonaise, et comme arôme dans des desserts, des pâtisseries. – en appos. *Thé matcha.*

matchiche n. f. (portugais *maxixe*) Danse d'origine brésilienne, à deux temps, en vogue au début du XXᵉ siècle.

match-play n. m. (mot anglais) anglic. Compétition de golf qui se joue trou par trou. *Des match-plays.*

maté n. m. (mot espagnol, du quichua) Variété de houx dont les feuilles séchées et torréfiées peuvent être infusées ; cette infusion, riche en caféine (comme le thé).

matefaim n. m. (de ¹*mater* et *faim*) régional Galette, crêpe épaisse. *Les matefaims de Montbéliard.*

matelas n. m. (italien *materasso*, de l'arabe *matrah* « tapis », de *taraha* « jeter ») **1.** Pièce de literie, long et large coussin rembourré qu'on étend d'ordinaire sur le sommier d'un lit. *Matelas en mousse, à ressorts.* – *Matelas pneumatique,* enveloppe de toile caoutchoutée qu'on gonfle d'air pour s'y allonger. **2.** fam. *Un matelas de billets,* une grosse liasse.

matelasser v. tr. < 1 > **1.** Rembourrer à la manière d'un matelas. *Matelasser un fauteuil.* **2.** Doubler de tissu ouaté. – au p. p. *Manteau matelassé.* **3.** Garnir, couvrir d'un revêtement épais. *Matelasser une cloison.* □ n. m. **matelassage**

matelassier, ière n. Personne dont le métier est de confectionner ou de réparer les matelas.

matelot n. m. (ancien néerlandais *mattenoot* « compagnon [*noot*] de couche », de *matte*, famille de *natte*) Homme d'équipage d'un navire. → **²marin** ; cf. argot mataf. *Apprenti matelot.* → **³mousse.** ■ spécialt Simple soldat de la marine de guerre.

matelotage n. m. (de *matelot*) Technique des nœuds et ouvrages en cordage.

matelote n. f. (de *à la matelote, de matelot*) Plat composé de poissons coupés en morceaux et accommodés avec du vin rouge et des oignons. *Matelote d'anguille.*

¹mater v. tr. < 1 > (de ²*mat*) **1.** (échecs) Mettre le roi adverse en position de mat. **2.** Rendre définitivement docile (un être, une collectivité). → **dompter, ²dresser. 3.** Réprimer ; abattre (qqch.). *Mater une révolte.* – *Mater ses passions,* les maîtriser.

²mater v. tr. < 1 > (de ¹*mat*) **1.** Rendre mat. → **dépolir. 2.** Comprimer, refouler (un métal) pour rendre un joint étanche.

³mater v. tr. < 1 > (p.-ê. de *mata*, mot d'Afrique du Nord, emprunt à l'espagnol « buisson ») fam. Regarder. *Il aime bien mater les filles. Mate un peu !* → **reluquer, ¹viser.** ■ Surveiller (→ **maton**).

⁴mater [matɛʀ] n. f. (apocope de *la maternelle* « la mère ») fam. (enfants) Mère.

mâter v. tr. < 1 > mar. Pourvoir de mâts (un navire).

Matera Ville d'Italie, en Basilicate. 57 800 habitants. Habitations troglodytiques. Cathédrale (XIIIᵉ s.).

mater dolorosa [matɛʀdɔlɔʀoza] n. f. invar. (mots latins) **1.** arts Vierge au pied de la Croix ou soutenant son fils mort. → **pietà. 2.** fig., fam. Femme mélancolique.

mâtereau n. m. (de *mât*) mar. Petit mât.

matérialisation n. f. Action de matérialiser, de se matérialiser ; son résultat. *La matérialisation de l'énergie, d'une idée.*

matérialiser v. tr. < 1 > (du radical de *matériel*) **I. 1.** Représenter (une idée, une action abstraite) sous forme matérielle. → **symboliser.** ■ pronom. Devenir sensible, réel, matériel. *Si nos projets se matérialisent.* → **se concrétiser, se réaliser. 2.** Figurer par des marques matérielles. *Matérialiser au sol un passage pour piétons.* **II.** phys. Transformer (l'énergie) en matière.

matérialisme n. m. **I.** philos. **1.** Doctrine d'après laquelle il n'existe d'autre substance que la matière (s'oppose à *idéalisme*, à *spiritualisme*). **2.** *Matérialisme historique, matérialisme dialectique,* le marxisme. **II.** État d'esprit caractérisé par la recherche des jouissances et des biens matériels.

matérialiste n. **1.** philos. Personne qui adopte ou professe le matérialisme. – adj. *Philosophie matérialiste.* **2.** Personne qui recherche des jouissances et des biens matériels. – adj. *Il est bassement matérialiste.*

matérialité n. f. dr. Caractère matériel (¹, 3) et vérifiable. *La matérialité du fait* (distinguée de ses motifs).

matériau n. m. (de *matériaux*) **1.** Matière servant à construire, à fabriquer. *Un matériau solide. Matériau écologique.* → **écomatériau. 2.** Élément servant à l'élaboration (de qqch.). *Le matériau d'une étude.*

matériaux n. m. pl. (plur. de *material*, var. ancienne de *matériel*) **1.** Les diverses matières nécessaires à la construction (d'un bâtiment, d'un ouvrage, d'un navire, d'une machine). *Matériaux de construction.* **2.** Éléments constitutifs (d'un tout, d'une œuvre). *Matériaux documentaires.*

¹matériel, elle adj. (latin *materialis*, de *materia* → matière) **1.** didact. Qui est de la nature de la matière, constitué par de la matière (s'oppose à *idéal, spirituel*). *Substance matérielle. Le monde, l'univers matériel.* → **¹physique. 2.** Qui se manifeste dans ou par la matière. *Une impossibilité matérielle de faire qqch.* – *Temps matériel :* temps nécessaire pour accomplir une action. **3.** Qui concerne les aspects extérieurs, visibles, sensibles (des êtres ou des choses). *L'organisation matérielle d'un spectacle.* **4.** Qui est constitué par des biens tangibles (spécialt de l'argent), ou lié à leur possession. *Avantages, biens matériels.* → **concret.** ■ Qui concerne les nécessités de la vie quotidienne. *Gêne, difficultés matérielles,* financières.

²matériel n. m. (de ¹*matériel*) **1.** Ensemble des objets, instruments, machines utilisés dans un service, une exploitation (opposé à *personnel*). → **équipement, outillage.** *Matériel de laboratoire, de bureau.* **2.** inform. *Le matériel :* ensemble des éléments constituant les machines informatiques (opposé à *logiciel*). - recomm. offic. pour **hardware. 3.** Ensemble des objets nécessaires à un exercice (sport, etc.). → fam. **matos.** *Matériel de camping, de pêche.* **4.** Ensemble d'éléments soumis à l'analyse (en sociologie, psychologie, etc.). → **donnée, matériaux.** ■ biol. Support matériel de l'information génétique. *Matériel génétique.*

matériellement adv. **1.** Dans le domaine de la matière. ■ Concrètement, physiquement. « *Je tremble de plus en plus. J'ai beaucoup de mal à écrire, matériellement* » (Flaubert). **2.** En ce qui concerne les biens matériels, l'argent. **3.** En fait, effectivement. → **positivement, pratiquement.** *C'est matériellement impossible.*

maternel, elle adj. et n. f. (latin médiéval *maternalis* ou dérivé de *mater* → mère) **1.** Qui est propre à la mère ; de la mère. *Le lait maternel. Amour, instinct maternel.* **2.** Qui a le comportement, joue le rôle d'une mère. *Être maternel avec qqn.* – *Assistante maternelle :* nourrice de crèche familiale. – *École maternelle* ou n. f. *maternelle :* établissement d'enseignement pour les enfants âgés de deux à six ans. **3.** Qui a rapport à la mère, quant à la filiation (opposé à *paternel*). *Grand-mère maternelle.* **4.** *Langue maternelle,* la première langue apprise par un enfant.

maternellement adv. Comme une mère.

materner v. tr. < 1 > (latin *mater* → mère) Traiter (qqn) comme le ferait une mère. □ n. m. **maternage**

maternisé, ée adj. (latin *maternus*) *Lait maternisé :* lait animal traité pour se rapprocher du lait de femme.

maternité n. f. (latin médiéval *maternitas*, de *mater* → mère) **I. 1.** État, qualité de mère. – dr. Lien entre l'enfant et sa mère. *Recherche de maternité.* **2.** Le fait de porter et de mettre au monde un enfant. → **accouchement.** – *Congé (de) maternité.* **II.** Établissement ou service hospitalier réservé aux femmes qui accouchent.

maternologie n. f. (de *maternité* et *-logie*) méd. Démarche thérapeutique qui s'attache à la dimension psychique de la maternité.

mateur, euse n. (de *mater* « regarder ») fam. Voyeur, voyeuse.

math voir maths

Mathé (Georges) Médecin français (1922-2010). Spécialiste des leucémies, il a mis au point la greffe de moelle osseuse.

mathématicien, ienne n. Spécialiste, chercheur en mathématiques.

mathématique (du latin, du grec *mathematikos*, de *mathêma* « ce qui est enseigné, connaissance », de *manthanein* « apprendre » et « comprendre ») **I.** adj. **1.** Relatif aux mathématiques ; qui utilise les mathématiques. *Raisonnement mathématique.* **2.** Qui présente les caractères de la pensée mathématique. → **¹précis, rigoureux.** *Une précision mathématique.* – fam. Absolument certain, nécessaire. *Elle doit réussir, c'est mathématique.* **II.** n. f. **1.** *Les mathématiques* ou didact. *la mathématique :* ensemble des sciences qui ont pour objet la quantité et l'ordre. → **algèbre, analyse, arithmétique, ²calcul, géométrie, mécanique, probabilité(s) ; nombre.** – *Mathématiques modernes* (fondées sur la théorie des ensembles*). **2.** Classe spécialisée dans l'enseignement des mathématiques. → fam. **maths.** *Mathématiques supérieures* (fam. *maths sup.*), *spéciales* (fam. *maths* *spé.*), préparation aux grandes écoles scientifiques. → [2]**taupe.**

mathématiquement adv. **1.** Selon les méthodes des mathématiques. **2.** Exactement, rigoureusement. ■ fam. De manière certaine, évidente. → **logiquement.**

mathématiser v. tr. **< 1 > (d'abord « faire des calculs astrologiques » ; de *mathématique*)** didact. Appliquer une structure, un procédé mathématique à (un objet de savoir). □ **n. f. mathématisation**

Mather (John C.) Astrophysicien américain (né en 1946). Il est l'auteur de travaux sur le big bang. Il coordonna le lancement du satellite COBE qui prit la première image du rayonnement éléctromagnétique diffus dans lequel baigne l'Univers. Prix Nobel 2006.

Mathesius (Vilém) Linguiste tchèque (1882-1945). L'un des fondateurs du Cercle linguistique de Prague, il défendit une linguistique immanente et fonctionnaliste.

Matheson (Richard) Écrivain et scénariste américain (1926-2013). Il est l'auteur de romans noirs *(Journal d'un monstre)*, de scénarios de séries de science-fiction *(La Quatrième Dimension ; Star Trek)* et de récits d'épouvante *(La Maison des damnés)*.

matheux, euse adj. et n. **(de *maths*)** fam. Qui étudie les maths ; fort(e) en maths.

Mathias Ier Corvin (1440-1490). Roi de Hongrie de 1458 à sa mort. Il étendit le territoire de la Hongrie, annexant la Silésie, la Lusace et la Moravie. Souverain humaniste, influencé par la culture italienne, il fonda l'université de Buda, une bibliothèque et la première imprimerie (1471).

Mathias II (1557-1619). Empereur germanique, roi de Hongrie et de Bohême (1612-1619). Il échoua dans ses tentatives de réconcilier catholiques et protestants. La guerre de Trente Ans commença sous son règne.

Mathieu (Georges Victor Mathieu d'Escaudœuvres, dit Georges) Peintre français (1921-2012). Ses œuvres abstraites, fondées sur une « esthétique de la vitesse » et du geste, évoquent la calligraphie asiatique.

Mathiez (Albert) Historien français (1874-1932). Auteur de travaux sur la Révolution française, il s'est attaché à réhabiliter Robespierre. *La Révolution et l'Église ; Études robespierristes.*

Mathilde dite **la comtesse Mathilde** Marquise de Toscane (v. 1046-1115). Alliée du pape Grégoire VII lors de la querelle des Investitures, elle contribua à la réconciliation de celui-ci avec l'empereur germanique Henri IV. Elle légua ses États au Saint-Siège.

Mathilde ou **Mahaut** (1102-1167). Reine d'Angleterre. Fille d'Henri Ier d'Angleterre, elle épousa l'empereur germanique Henri V (1114) puis Geoffroi V d'Anjou (1128). Héritière légitime du trône d'Angleterre, elle fut spoliée par Étienne de Blois.

Mathilde ou **Mahaut** Comtesse d'Artois (v. 1270-1329). Fille de Robert II d'Artois, elle épousa Othon IV de Bourgogne. À la mort de son père (1302), elle s'empara du comté d'Artois, au détriment de son neveu Robert III.

Mathilde de Flandre dite **la reine Mathilde** Duchesse de Normandie, puis reine d'Angleterre (morte en 1083). Elle épousa Guillaume le Conquérant en 1054. On lui attribua à tort la « tapisserie de Bayeux ».

maths n. f. pl. fam. Mathématiques. - On a écrit **math.**

Mathura ou **Muttra** Ville d'Inde (Uttar Pradesh), sur la Yamuna. 456 700 habitants. Musée archéologique et centre de pèlerinage. C'est l'une des 7 villes saintes de l'hindouisme.

mathusalem [matyzalɛm] **n. m. (du n. propre) I.** littér. Homme très âgé. **II.** Grosse bouteille (de champagne) contenant l'équivalent de huit bouteilles normales (soit 6 l).

Mathusalem ou **Mathusala** Patriarche biblique qui aurait vécu 969 ans.

Mati n. m. Fleuve d'Albanie, tributaire de l'Adriatique. 115 km.

matière n. f. **(vient du latin *materia* → [1]matériel, d'abord « partie dure de l'arbre », de *mater* « tronc d'arbre [mère des branches] », de *mater* → mère) I. 1.** philos., sc. Substance qui constitue le monde sensible, les corps. *Les trois états de la matière,* solide, liquide, gazeux. *La matière est faite de particules et d'énergie.* – *La matière noire :* la matière invisible de nature indéterminée qui composerait une grande partie de l'univers. **2.** Substance que l'on peut connaître par les sens, qu'elle prenne ou non une forme déterminée. *Matière précieuse.* – ***Matière première :*** produit ou substance non encore transformé(e) par le travail, par la machine. – ***Matières grasses :*** graisses alimentaires. **3.** (dans le corps humain) *Matières fécales* et, ellipt, *matières.* → **excrément.** ***Matière grise :*** le cerveau ; fam. l'intelligence, la réflexion. **II.** fig. Ce qui constitue l'objet, le point de départ ou d'application de la pensée. **1.** Contenu, sujet (d'un ouvrage). *« Ami lecteur, je suis moi-même la matière de mon livre »* (Montaigne). – ***Entrée en matière (d'un discours) :*** commencement. – *Table* des matières.* **2.** Ce qui est objet d'études scolaires, d'enseignement. → **discipline, domaine. 3.** (après *en, sur*) Ce sur quoi s'exerce ou peut s'exercer l'activité humaine. → [2]**sujet ;** [1]**point, question.** *Je suis incompétent en la matière, sur cette matière.* → **article, chapitre.** – ***En matière*** (+ adj.). *En matière poétique :* en ce qui concerne la poésie. – ***En matière de*** loc. prép. : dans le domaine, sous le rapport de. *En matière d'art.* **4.** *Avoir, donner* ***matière à...,*** motif, raison. *Sa conduite donne matière à (la) critique.* → [1]**lieu.**

▶ Dans la Grèce antique, il était admis que la **matière** (I, 1) était composée de quatre éléments : l'Eau, l'Air, la Terre et le Feu. À cette conception s'oppose la conception atomiste, selon laquelle la matière tangible est composée de « briques élémentaires » appelées « atomes ». En 1811, Amedeo Avogadro établit que ces derniers peuvent s'assembler pour former des molécules, avant que la physique du XXe siècle ne pousse ses investigations à l'échelle subatomique, suggérant que les atomes sont eux-mêmes composés de douze types de particules, incluant différents fermions et bosons (les seconds servant de vecteurs aux interactions entre les premiers).
La matière se présente sous trois états communs : solide, liquide et gaz. Elle passe d'un état à l'autre lorsque certaines caractéristiques physiques de son environnement varient, telle la pression ou la température. Entre l'état solide et l'état gazeux, sous l'effet de l'augmentation de la température ou de la diminution de la pression, elle perd sa forme et sa consistance au cours de brusques transitions de phases : les molécules qui la composent perdent une partie de leur cohésion, adoptent un mouvement désordonné dans l'état liquide, pour finir par se dissocier presque complètement les unes des autres dans l'état gazeux. Il existe également d'autres états, moins courants, de la matière : plasma, cristaux liquides, état supercritique, superfluide, granulaire...
À la matière tangible, les physiciens opposent l'antimatière, postulée théoriquement puis découverte grâce aux accélérateurs de particules, dont la réaction avec la matière produit de l'énergie. L'astrophysique moderne postule que, lors du big bang, un déséquilibre entre matière et antimatière a pu conduire à l'émergence de l'Univers.
Quant à la matière noire, jamais observée, elle est une hypothèse que les physiciens invoquent pour rendre compte de l'observation de phénomènes inexplicables autrement.
voir aussi **atome, big bang, molécule, nanotechnologies, particule**

MATIF n. m. **(sigle ; d'abord *marché à terme d'instruments financiers*)** Bourse Marché à terme* international de France.

matifier v. tr. **< 7 > (de** [1]***mat*)** Rendre mat. □ **matifiant, ante** adj. *Fond de teint matifiant.*

Matignon (hôtel) Hôtel parisien du XVIIIe s., dans le VIIe arrondissement. C'est la résidence officielle du Premier ministre depuis 1935.

L'hôtel Matignon (côté jardin).

Matignon (accords) Accords conclus au début du Front populaire, le 7 juin 1936, sous la présidence de Léon Blum, entre les représentants du patronat et ceux de la Confédération générale du travail (CGT). Complétés par plusieurs lois sociales (semaine de 40 h, congés payés), ils portaient sur la reconnaissance du droit syndical, l'institution de contrats collectifs de travail, et de délégués du personnel.

matin n. m. **(vient du latin *matutinus [tempus]*, de *Matuta*, déesse de l'Aurore) 1.** Début du jour. → [1]**aube, aurore,** [2]**lever,** [1]**point** du jour. *« Éclatant, le soleil surgit : c'est le matin ! / Amis, c'est le matin splendide* [...] *»* (Verlaine). *La rosée du matin. L'étoile du matin :* Vénus. *Le petit matin :* le moment où se lève le jour. – *De bon matin :* très tôt. – *Du matin au soir :* toute la journée ; continuellement. – *Médicament à prendre matin et soir.* – loc. *Être du matin :* être actif le matin. – **allus.** *Le premier matin du monde.* **2.** La première partie de la journée qui se termine à midi. → **matinée.** *Ce matin :* aujourd'hui, avant midi. *Hier matin. Tous les matins.* – *Tous les dimanches matin(s).* – *Un beau matin :* un beau jour. **3.** (dans le décompte des heures) L'espace de temps qui va de minuit à midi, divisé en douze heures (opposé à *après-midi* ou à *soir*). *Une heure du matin* (abrév. fam. **du mat'**). **4.** fig. Commencement. → **aurore.** *Le matin de la vie.*

mâtin (vient du latin pop. *mansuetinus* « apprivoisé », de *mansuetus* → mansuétude) I. n. m. 1. Grand et gros chien de garde ou de chasse. **2.** (fém. *mâtine*) fam. et vieux Personne malicieuse, turbulente. → **coquin.** *Ah ! la mâtine !* **II.** interj. vieux *« Mâtin, vous ne vous refusez rien, vous »* (Huysmans).

matinal, ale, aux adj. **1.** Du matin. *Gymnastique matinale. Une émission matinale* ou **n. f.** *une matinale.* **2.** Qui s'éveille, se lève tôt. *Vous êtes bien matinal aujourd'hui.* □ **adv. matinalement**

matinée n. f. **1.** La partie de la journée qui va du lever du soleil à midi, considérée dans sa durée. *Début, fin de matinée.* – loc. *Faire la* ***grasse matinée :*** se lever tard, paresser au lit. **2.** Réunion, spectacle qui a lieu avant le dîner, l'après-midi. *Jouer en matinée.*

mâtiner v. tr. **< 1 > (de *mâtin* [I]) 1.** Couvrir (une chienne de race), en parlant d'un chien de race différente. – au p. p. *Chien mâtiné.* **2.** *Mâtiné de :* mêlé de. *Un français mâtiné d'anglicismes.*

matines n. f. pl. **(latin médiéval *matutinae*, fém. plur. de *matutinus*, → matin)** relig. cathol. Office nocturne. *Sonnez les matines !*

matir v. tr. **< 2 > (de** [1]***mat*)** techn. Rendre mat (un métal précieux). – au p. p. *Argent mati.*

Matisse (Henri) Peintre, dessinateur et sculpteur français (1869-1954). Formé par Gustave Moreau, influencé par Cézanne, Gauguin et Lautrec, il fut marqué par les couleurs du monde méditerranéen (Col-

M

Henri Matisse, *Icare* (1946), Musée national d'art moderne, Centre Georges-Pompidou, Paris.

lioure, la Provence, le Maghreb). Chef de file du fauvisme, il s'imposa comme l'un des maîtres de l'art du XXe s., par la perfection et le dynamisme de son dessin et par la force de la composition fondée sur des couleurs franches (*La Danse* ; *La Musique*).

matité n. f. Caractère de ce qui est mat.

Mato Grosso n. m. Plateau de l'O. du Brésil, au centre du continent sud-américain. Élevage intensif.

Mato Grosso n. m. État du centre du Brésil. 901 420 km^2. 3 millions d'habitants. Capitale : Cuiabá. Agriculture (soja), élevage extensif. Mines d'or et de diamants.

Mato Grosso do Sul n. m. État du S.-O. du Brésil. 357 741 km^2. 2 450 000 habitants. Capitale : Campo Grande. Ancienne partie méridionale du Mato Grosso, il a été constitué en État en 1977. Agriculture (soja, blé), élevage. Extraction de fer et de manganèse.

matoir n. m. (de *mater* « rendre mat ») techn. Outil qui sert à matir un métal.

matois, oise adj. (ancien français *mate* « rendez-vous des voleurs », d'un mot germanique « prairie ») littér. Qui a de la ruse sous des dehors de bonhomie. → **finaud, madré.** *Un vieux paysan matois.*

Matola Ville du Mozambique, à l'ouest de Maputo. 1 million d'habitants.

maton, onne n. (de ²*mater*) argot Gardien(ne) de prison.

matos [matos] n. m. (de *matériel*) fam. Équipement nécessaire à une activité. *Des musiciens et leur matos.*

Matoš (Anton Gustav) Écrivain et critique littéraire croate (1873-1914). Par ses essais (*Horizons et Chemins*) et ses nouvelles (*Les Copeaux*), il prôna l'autonomie de l'œuvre d'art.

Matosinhos Ville du Portugal, dans la banlieue de Porto, sur l'océan Atlantique. 49 000 habitants. Port de pêche et d'exportation. Industries (construction navale, raffineries de pétrole, conserveries).

matou n. m. (de *mat-*, *mit-* onomatopée désignant le chat ; → **marmite**) Chat domestique mâle et non châtré. *Un gros matou.* « *Matous des caves et des combles* [...] *le dos en chapelet, avec leurs cous pelés* » (Colette).

matoutou (mot créole) (Antilles) **1.** n. f. Mygale arboricole des Antilles et de la Guyane. *Des matoutous.* **2.** n. m. Crabe de terre. ■ Plat martiniquais à base de crabe de terre.

Mátra (monts) Massif du N. de la Hongrie, proche de la frontière slovaque (1 015 m au mont Kékes).

Matrah Ville portuaire du sultanat d'Oman, sur le golfe d'Oman. 173 500 habitants. Centre commercial. Pêche.

matraquage n. m. **1.** Action de matraquer. *Le matraquage des manifestants.* ■ fig. *Matraquage publicitaire.* **2.** Baisse très importante (des prix) ; soldes massifs.

matraque n. f. (de l'arabe maghrébin, forme de l'arabe *mitraq* « bâton ») Arme contondante assez courte (pour frapper, assommer). → **gourdin, tonfa, trique.** *Coup de matraque.*

matraquer v. tr. < 1 > **1.** Frapper à coups de matraque sur (qqn). **2.** fig. Infliger d'une manière répétée (un message : publicité, thème, musique). *Matraquer une chanson à la radio.*

matraqueur, euse **1.** n. Personne qui matraque (1). ■ sports Joueur, joueuse brutal(e). **2.** adj. *Publicité matraqueuse, répétitive.*

¹matras [matʀɑ] n. m. (probablt du gaulois « javelot », par le latin *mataris*) archéol. Gros trait d'arbalète terminé par une tête cylindrique ou quadrangulaire.

²matras n. m. (arabe *matarah* « outre ») techn. Récipient au col étroit et long (utilisé en alchimie, puis en chimie).

matri- Élément (du latin *mater* → **mère**) signifiant « mère, par la mère ».

matriarcal, ale, aux adj. (→ **matriarcat**) didact. Relatif au matriarcat. *Société matriarcale.*

matriarcat n. m. (latin *mater, matris* → **mère**, d'après *patriarcat*) didact. Régime juridique ou social où la mère est le chef de la famille (opposé à *patriarcat*).

matriarche n. f. (de *matriarcat*, d'après *patriarche*) rare Femme qui joue un rôle important au sein d'une communauté, d'une famille.

matricaire n. f. (latin médiéval *matricaria*, de *matrix* « matrice » [cette plante ayant la réputation de faciliter les menstrues]) Plante aux fleurs en capitules et au feuillage découpé.

matrice n. f. (latin *matrix*, de *mater* → **mère**) **I.** vieux Utérus. ■ fig. « *La terre, inépuisable et suprême matrice* » (Hugo). **II.** Moule qui, après avoir reçu une empreinte particulière en creux et en relief, permet de la reproduire. *La matrice d'un disque, d'une médaille.* **III.** (sens fig. du latin *matrix* « registre » → **matricule**) sc. Tableau rectangulaire de nombres, sur lesquels on définit certaines opérations.

matricer v. tr. < 3 > (de *matrice*) techn. Donner à (un objet) sa forme par la pression d'une matrice. □ n. m. **matriçage**

matricide (du latin → **mère** et **-cide**) **1.** n. m. Crime de la personne qui a tué sa mère. **2.** n. Personne qui a tué sa mère. → **parricide.** – adj. *Fils matricide.*

matriciel, ielle adj. sc. Où interviennent les matrices (III). *Calcul matriciel.*

matriclan n. m. (de *matri-* et *clan*) ethnol. Clan dont le recrutement est assuré par la voie matrilinéaire (opposé à *patriclan*).

matricule n. (bas latin *matricula*, de *matrix* « registre » → **matrice** [III]) **1.** n. f. Registre, liste où sont inscrits des noms avec un numéro. *Inscription sur la matricule.* → **immatriculation.** – adj. *Livret matricule d'un soldat. Numéro matricule.* **2.** n. m. Numéro d'inscription sur un registre matricule. *Le* (prisonnier) *matricule 85.* – loc. fam. *Ça barde, ça va barder pour son matricule* : il a, il va avoir des ennuis.

matrilinéaire adj. (de l'anglais) ethnol. Qui ne reconnaît que l'ascendance maternelle (opposé à *patrilinéaire*). *Société matrilinéaire.*

matrilocal, ale, aux adj. (de l'anglais) ethnol. Se dit du type de résidence d'un couple lorsque celle-ci est déterminée par la résidence de la mère de l'épouse (opposé à *patrilocal*).

matrimonial, ale, aux adj. (du latin, de *matrimonium* « mariage », d'après *patrimonium*) Qui a rapport au mariage. *Lien matrimonial.* → **conjugal.** *Régimes matrimoniaux,* régimes juridiques régissant les patrimoines des époux. – *Agence matrimoniale,* qui met en rapport des personnes désirant se marier.

matriochka n. f. (mot russe « petite mère ») Poupée russe traditionnelle, constituée d'une série de poupées gigognes.

matrone n. f. (latin *matrona* « mère de famille », de *mater* → **mère**) **1.** Antiq. Épouse d'un citoyen romain. **2.** vieilli Femme d'un certain âge, corpulente et vulgaire. *Une grosse matrone.* **3.** vieux Sage-femme.

matronyme n. m. (latin *mater, matris* « mère », d'après *patronyme*) didact. Nom de famille transmis par la mère (opposé à *patronyme*). □ adj. **matronymique**

Matsushima Archipel du Japon formé d'environ 260 îles, dans la baie du même nom. C'est l'un des sites les plus pittoresques du pays.

Matta (Sebastian Echaurren, dit Roberto) Peintre français d'origine chilienne (1911-2002). Influencée par le surréalisme et volontiers engagée, sa peinture d'objets aux formes insolites cherche à exprimer les relations entre le cosmos et l'espace mental. *Les Puissances du désordre* ; *Burn Baby Burn.*

matte n. f. (origine obscure) techn. Mélange de sulfures de fer et de cuivre, provenant de la première fusion d'un minerai sulfuré.

Mattei (Enrico) Homme d'affaires et homme politique italien (1906-1962). Fondateur et président de l'ENI, la compagnie nationale des hydrocarbures italiens, il joua un rôle prépondérant dans la politique énergétique de l'Italie. Il trouva la mort dans un accident d'avion, dans des circonstances obscures.

Matteotti (Giacomo) Homme politique italien (1885-1924). Secrétaire général du Parti socialiste, il fut assassiné par les fascistes après avoir dénoncé leurs méthodes à la Chambre des députés.

Matteucci (Carlo) Physicien et homme politique italien (1811-1868). Il étudia la concomitance entre la production d'électricité et la contraction musculaire. Il fut également ministre de l'Instruction publique (1862).

Mattheson (Johann) Compositeur, théoricien et musicographe allemand (1681-1764). Cantor et chanoine de la cathédrale de Hambourg, il composa des opéras, des oratorios, des cantates, une *Passion,* une messe et des pièces pour clavecin.

Matthieu (saint) L'un des douze apôtres et auteur, selon la Tradition, du premier Évangile. Parfois appelé Lévi, il était publicain à Capharnaüm avant de suivre Jésus. Il mourut martyr. Il est souvent représenté par un homme ailé.

matthiole n. f. (du n. d'un botaniste italien) bot. Giroflée rouge aux fleurs odorantes appelée *giroflée des dunes.*

maturation n. f. (du latin, de *maturare* « mûrir », de *maturus* → **mûr**) **1.** Le fait de mûrir. *Hâter la maturation des fruits.* **2.** techn. *Cave de maturation,* où l'on fait séjourner les fromages. – *Chambre de maturation,* pour la viande de bœuf.

mature adj. (latin *maturus* « mûr ») **I.** didact. *Poisson mature,* prêt à frayer. **II.** (par l'anglais) anglic. **1.** biol. *Cellule mature,* parvenue au terme de son développement. **2.** Qui a une certaine maturité psychologique. → **mûr.** *Enfant mature pour son âge.*

mâture n. f. (de *mât*) Ensemble des mâts (d'un navire).

maturer v. tr. < 1 > (du latin → **mûrir**) **1.** bouch. Conserver (la viande de bœuf) en chambre froide plusieurs semaines pour en améliorer les qualités gustatives. – au p. p.

Viande maturée. – intrans. *Viande qui mature.* **2.** fig. *Maturer un projet.* → **mûrir.**

Maturin (Charles Robert) Écrivain irlandais (1782-1824). Il marqua avec *Melmoth ou l'Homme errant* le genre du roman noir, influençant Balzac.

Maturín Ville du N.-E. du Venezuela (État de Monagas). 325 000 habitants. Gisement de pétrole. Centre commercial.

maturité n. f. (latin *maturitas*, de *maturus* → mûr) **I. 1.** État d'un fruit mûr. *On cueille les bananes avant leur complète maturité.* – État de ce qui est mûr. **2.** fig. Plein développement. *Idée qui vient à maturité. Maturité d'esprit.* **3.** L'âge mûr, qui suit immédiatement la jeunesse. *Il est en pleine maturité* (→ **la force de l'âge**). **4.** Sûreté de jugement. *Tu manques de maturité.* → **circonspection, sagesse.** *Maturité précoce.* **II.** (Suisse) Examen de fin d'études secondaires. - abrév. fam. **matu.**

Matute (Ana María) Romancière espagnole (1926-2014). Sa trilogie (*La Première Mémoire ; Les soldats pleurent la nuit ; La Trappe*) décrit la guerre civile espagnole comme un évènement aux conséquences universelles.

matutinal, ale, aux adj. (latin *matutinus* « du matin ») littér. Du matin, qui a lieu le matin.

maubèche n. f. (mot dialectal [Saintonge] ; var. de *mauvis*) Bécasseau de grande taille du nord de l'Europe.

Maubeuge Commune du Nord, sur la Sambre. 29 625 habitants. Vestiges des fortifications de Vauban. Métallurgie. Construction automobile.

Mauchly (John William) Ingénieur américain (1907-1980). Il inventa et construisit, avec Eckert, le premier ordinateur électronique (1946).

Maucroix (François de) Écrivain français (1619-1708). Proche de Racine, Boileau et La Fontaine, il écrivit des poèmes et fit des traductions.

maudire v. tr. < 2 sauf pour l'inf. et le p. p. *maudit, ite* > (latin chrét. *maledicere*, de *male* → [3]mal et *dicere* → [1]dire) Vouer au malheur ; appeler sur (qqn) la malédiction, la colère divine (s'oppose à *bénir*). *Maudire un ennemi, la guerre.* → **abominer, exécrer.** ▪ Vouer (qqn) à la damnation éternelle. → **condamner.**

maudit, ite adj. **1.** Qui est rejeté par Dieu. – Condamné, repoussé par la société. → **réprouvé.** *Les poètes maudits.* – n. *Les maudits,* ceux qui sont condamnés, rejetés. → **paria.** **2.** (avant le n.) Dont on a sujet de se plaindre. → **détestable, exécrable ;** fam. **damné, [1]fichu, [1]sacré.** *Cette maudite histoire le tracasse beaucoup.*

Mauduit (Jacques) Compositeur et luthiste français (1557-1627). Ami de Ronsard, collaborateur de Baïf et de Mersenne, il composa des œuvres religieuses et des *Chansonnettes mesurées.*

Mauges n. m. pl. Région de l'O. de la France, aux confins de l'Anjou et de la Vendée. Ville principale : Cholet.

Mauges-sur-Loire Commune du Maine-et-Loire, sur la Loire. Château du XVIIIe siècle. 18 083 habitants.

Maugham (William Somerset) Écrivain britannique (1874-1965). Il fut l'auteur de romans réalistes (*Mrs Craddock ; Servitude humaine*) et de pièces de théâtre (*Le Cercle*), que sous-tend une réflexion de nature religieuse ou morale.

maugréer v. intr. < 1 > (de *mau*, forme ancienne de *mal*, et *gré*) Manifester son mécontentement, sa mauvaise humeur, en protestant à mi-voix. → **grogner, pester, ronchonner.**

Mauguio Commune de l'Hérault, dans la plaine du Languedoc, à proximité de l'*étang de Mauguio.* 16 714 habitants. Viticulture.

maul [mol] n. m. (de l'anglais, de *to maul* « malmener, assommer ») anglic. (au rugby) Regroupement autour du porteur du ballon. *Maul pénétrant.*

Maulbertsch ou **Maulpertsch** (Franz Anton) Peintre et décorateur autrichien (1724-1796). Représentant de la peinture baroque, il fut l'un des plus grands décorateurs à fresque de son époque en Europe centrale.

Maulde n. f. Rivière du Limousin, affluent de la Vienne. 72 km.

Maule n. m. Fleuve du Chili. 282 km. Le Maule marquait la limite méridionale de l'Empire inca.

Maule Commune des Yvelines, sur la Mauldre. 5 949 habitants. Église (crypte du XIe s.).

Mauléon-Licharre Commune des Pyrénées-Atlantiques, sur le Saison. 2 953 habitants. Chaussures. Château (XIe s.), hôtel Renaissance.

Maulnier [monje] (Jacques Louis Talagrand, dit Thierry) Journaliste et écrivain français (1909-1988). Proche de Brasillach, il collabora à l'Action française, puis rompit avec ce mouvement pendant l'Occupation. *Au-delà du nationalisme ; L'Étrangeté d'être.*

Maulpoix (Jean-Michel) Poète français (né en 1952). Il se réclame d'un « lyrisme critique », héritier à la fois de Baudelaire, de Rilke et de Celan. Sa poésie est proche du récit : *Une histoire de bleu ; L'Écrivain imaginaire ; Pas sur la neige* (2004).

Mau-Mau n. m. pl. Société secrète des Kikouyous qui se révoltèrent au Kenya contre la minorité blanche à partir de 1952. La révolte fut totalement réduite en 1960. En 2013, le gouvernement britannique décida d'indemniser les victimes des atrocités commises par les forces de répression.

Mauna Kea n. m. Volcan éteint, point culminant de Hawaii, au N. de l'île. 4 205 m.

Le Mauna Kea, du hawaïen « montagne blanche ».

Maunick (Edouard J.) Poète mauricien d'expression française (1931-2021). Son œuvre, marquée par son attachement à l'île Maurice, fait l'éloge du métissage culturel. *Les Manèges de la mer ; En mémoire du mémorable.*

Maunoury (Joseph) Maréchal de France (1847-1923). Il livra contre les Allemands la bataille de l'Ourcq, par laquelle il contribua à la première victoire française sur la Marne (septembre 1914).

Maupas (Charlemagne Émile de) Homme politique français (1818-1888). Nommé préfet de police à Paris par Louis Napoléon Bonaparte, il prit une part active au coup d'État du 2 décembre 1851, puis fut ministre de la Police (1852-1853).

Maupassant (Guy de) Écrivain français (1850-1893). Proche de Flaubert, qui le rallia aux exigences de l'esthétique réaliste et lui fit connaître Huysmans, Daudet et Zola, il s'imposa comme un maître de la nouvelle (*Boule-de-Suif ; Les Contes de la bécasse ; Le Horla*) et du court roman réaliste (*Bel-Ami ; Une vie ; Fort comme la mort*). Atteint de graves troubles nerveux, il sombra dans la folie.

Maupeou (René Nicolas Charles Augustin de) [mopu] Homme politique français. (1714-1792). Chancelier de France en 1768, il forma un triumvirat avec le duc d'Aiguillon et Terray. Il jugula l'agitation parlementaire et imposa des réformes. Il fut renvoyé par Louis XVI en 1774.

Maupertuis (Pierre Louis Moreau de) Mathématicien et naturaliste français (1698-1759). Il dirigea une expédition en Laponie qui confirma l'aplatissement de la Terre aux pôles. En mécanique, il énonça le « principe de moindre action ». En biologie, il fut un précurseur du transformisme.

Maur (saint) Abbé (512-584). Disciple de saint Benoît, il serait l'introducteur en Gaule du monachisme bénédictin.

Maurain (Charles) Physicien français (1871-1967). Directeur de l'Institut de physique du globe, il installa en France un réseau magnétique, destiné à la mesure continue du champ magnétique terrestre.

maurandie n. f. (de *Maurandy*, n. d'un botaniste espagnol) bot. Plante herbacée d'origine mexicaine, cultivée pour ses fleurs à grande corolle.

Maurane (Claudine Luypaerts, dite) Chanteuse belge (1960-2018). Elle s'est imposée dans la chanson francophone par sa voix de chanteuse de blues et son style à la fois mélancolique et énergique. *Toutes les mamas ; L'Un pour l'autre ; Si aujourd'hui.*

Maurane en 2005.

maure adj. et n. (latin *maurus* « habitant de Mauritanie » et « brun, foncé ») **1.** De la Mauritanie romaine. – au Moyen Âge Arabe, sarrasin. **2.** De Mauritanie, région d'Afrique occidentale. *Othello, le Maure de Venise.*

maurelle n. f. (du latin *Maurus* « Maure », « brun foncé ») Croton (plante) donnant un colorant brun appelé *tournesol des teinturiers.*

Maurepas (Jean Frédéric Phélypeaux, comte de) Homme politique français (1701-1781). Secrétaire d'État à la Maison du roi puis à la Marine sous Louis XV, il fut disgracié en 1749. Il fut rappelé comme ministre d'État à l'avènement de Louis XVI (1774).

Maurer (Ingo) Designer et éclairagiste d'art allemand (1932-2019). Il a conçu des installations éphémères (« soirée nomade » à la fondation Cartier à Paris) et d'élégants luminaires dans un style féerique, poétique et parfois humoristique.

Maures n. m. pl. Population saharienne métissée de Berbères, d'Arabes et de Noirs, vivant en Mauritanie, au Maroc, en Algérie, au Sahara-Occidental, au Mali et au Sénégal.

Maures n. m. pl. Massif côtier du Var, s'étendant d'Hyères à Fréjus et culminant au signal de la Sauvette (780 m).

Mauresmo (Amélie) Joueuse de tennis française (née en 1979). Elle a remporté 25 tournois en simple, une médaille d'argent aux Jeux olympiques de 2004 et deux titres du Grand Chelem. Elle a été numéro 1 mondial en 2004 et 2006.

mauresque (espagnol *morisco,* latin médiéval *mauriscus,* de *maurus* → maure) **I. adj.** vieux Arabe, musulman (surtout style d'architecture). **II. n. f. 1.** Femme maure. **2.** Mélange de pastis et de sirop d'orgeat.

Mauriac **(François)** Romancier français (1885-1970). Il est l'auteur de romans traversés par l'inquiétude du chrétien que hante l'idée du péché et du salut. Ses textes livrent une impitoyable critique de la bourgeoisie et une peinture sévère de la pesanteur des relations familiales. *Thérèse Desqueyroux* et *Le Nœud de vipères* comptent parmi les chefs-d'œuvre de la littérature française du xxe s. On lui doit également des chroniques et des souvenirs *(Bloc-Notes).* Prix Nobel 1952.

Mauriac **(Claude)** Écrivain français (1914-1996). Fils de François Mauriac. Il est surtout connu pour le cycle *Le Temps immobile* (1974-1985).

Mauriac Chef-lieu d'arrondissement du Cantal. 3 489 habitants. Église romane.

Maurice en latin **Flavius Mauricius Tiberius** (v. 539-602). Empereur d'Orient de 582 à 602. Gendre et successeur de Tibère II Constantin, il établit les exarchats d'Italie et d'Afrique, et réorganisa l'administration impériale.

Maurice dit **le Maréchal de Saxe** voir **Saxe**

Maurice

■ offic. république de Maurice, anciennement île de France État de l'océan Indien, au N.-E. de la Réunion, formé de l'île Maurice (1 865 km^{2}), de l'île Rodrigues et des îles Agalega et Saint-Brandon, et appartenant à l'archipel des Mascareignes. 2 040 km^{2}. 1 297 000 habitants (les *Mauriciens*). **Langues :** anglais (offic.), français et créole. **Population :** créoles, Indiens (hindous et musulmans), Chinois. **Capitale :** Port-Louis. **Régime :** parlementaire.

Maurice

Maurice, la montagne du Rempart dominant les eaux de la baie de Tamarin, à l'ouest de l'île.

GÉOGRAPHIE

L'île principale, volcanique, est entourée d'une barrière de corail. Le climat chaud et humide subit la mousson. L'agriculture vivrière (maïs, pomme de terre) ou destinée à l'exportation (canne à sucre, thé, tabac, épices) et la pêche sont actives. Les produits manufacturés (textile, jouet) et le tourisme se développent depuis le milieu des années 1990.

HISTOIRE

L'île, connue dès le xe siècle, était déserte quand les Portugais y débarquèrent au début du xvie siècle. Les Hollandais y installèrent un relais sur la route qui les menait vers l'Insulinde (1598). Ils l'abandonnèrent en 1710 et furent remplacés par la Compagnie française des Indes orientales (1715). Possession française (1764) puis britannique (1814), elle obtint son indépendance dans le cadre du Commonwealth en 1968. Maurice devint une république en 1992. Depuis 1982, Aneerood Jugnauth, de l'Alliance du peuple, a occupé plusieurs postes-clés (Premier ministre jusqu'en 1995 puis de 2000 à 2003, président de la République de 2003 à 2012 — avec un gouvernement travailliste à partir de 2005 —, Premier ministre de 2014 à 2017 puis ministre). Son fils, Pravind Jugnauth, occupe la fonction de Premier ministre depuis 2017.

Maurice

Maurice de Nassau, **prince d'Orange** (1567-1625). Stathouder des Provinces-Unies (1584-1625). Fils de Guillaume le Taciturne, il s'imposa comme un grand chef de guerre lors de la prise de Breda (1590) et lors des batailles de Nimègue (1591) et de Groningue (1594).

Mauricie **n. f.** Région administrative du Québec (Canada) située entre Montréal et Québec, dans le bassin du Saint-Maurice. 25 855 km^{2}. 269 300 habitants. Ville principale : Trois-Rivières. Hydroélectricité. Parc national.

Maurienne **n. f.** Vallée des Alpes françaises, formée par l'Arc, affluent de l'Isère. Nombreuses installations hydroélectriques. Tourisme.

Mauritanie ou **Maurétanie** **n. f.** Ancien royaume de l'O. de l'Afrique du Nord. Peuplé par les Maures, berbères semi-nomades, le pays devint province romaine en 40 puis fut divisé en *Mauritanie Tingitane* et *Mauritanie Césarienne.* Après la conquête vandale (ve s.), la Mauritanie passa sous domination byzantine (vi^{e} s.) puis arabe (viie-viiie s.).

Mauritanie

n. f. ■ offic. République islamique de Mauritanie État d'Afrique de l'Ouest. 1 031 000 km^{2}. 4 300 000 habitants (les *Mauritaniens*). **Langues :** arabe hassanya (offic.), peul, wolof, français. **Population :** Arabo-Berbères, Haratines, Wolofs, Peuls, Sarakollés, Toucouleurs. **Religion :** musulmans (sunnites). **Monnaie :** ouguiya. **Capitale :** Nouakchott. **Régime :** présidentiel.

GÉOGRAPHIE

Le désert du Sahara occupe les deux tiers de la Mauritanie, délimités par une succession de plateaux (Adrar, Tagant, Assaba, Afollé) qui traverse le territoire du N. au S. La plaine littorale jouxte une côte sablonneuse. La rive droite du fleuve Sénégal est toutefois la seule zone agricole (mil, sorgo, riz). Le climat, tropical sec, est aride au N. L'élevage (bovins, ovins, chameaux) et la pêche sont des activités importantes. Les ressources du sous-sol (fer, cuivre, pétrole offshore) sont exportées. Les actions terro-

Mauritanie

ristes de l'AQMI (al-Qaida au Maghreb islamique) et le banditisme perturbent les activités touristiques.

HISTOIRE

La région est occupée depuis le paléolithique. Les nomades berbères s'y établirent à partir de 500 av. J.-C. Ils se convertirent à l'islam (VIIe s.) et commercèrent avec le monde arabe, puis se heurtèrent à des tribus originaires d'Arabie (XIIe-XVIIe s.). Les Français pénétrèrent le territoire, en firent un protectorat (1904) puis une colonie de l'Afrique-Occidentale française (A-OF, 1920). La Mauritanie accéda à l'indépendance en 1960, sous l'autorité de Moktar Ould Daddah. En 1976, la Mauritanie et le Maroc se partagèrent le Sahara-Occidental.

En Mauritanie, l'oasis de Chinguetti compte plusieurs bibliothèques coraniques renfermant de précieux manuscrits datant des IXe et Xe s.

M. Ould Daddah fut renversé par un coup d'État en 1978. En 1984, le colonel Maaouya Ould Taya s'imposa à la tête du pays. Il fut évincé par un putsch en 2005. Une nouvelle constitution fut adoptée en 2006 et les élections marquèrent une avancée de la démocratie mais Sidi Ould Cheik Abdallahi, élu président en 2007, fut renversé en 2008 par son chef d'état-major Mohamed Ould Abdel Aziz, qui conserva le pouvoir jusqu'à l'élection de son dauphin, le général Ghazouani, en 2019.

Maurois (Émile Herzog, devenu André) Écrivain français (1885-1967). Il écrivit des récits humoristiques *(Les Silences du colonel Bramble)*, des romans *(Climats)*, des nouvelles, des synthèses historiques et des biographies *(Prométhée ou la Vie de Balzac)*.

Maurolico (Francesco) dit Francesco da Messina Savant italien d'origine grecque (1494-1575). Bénédictin, il est l'auteur de travaux d'optique (prismes, miroirs sphériques, mécanisme de la vision) et de mathématiques (sections coniques, centres de gravité).

Mauron (Charles) Critique littéraire français (1899-1966). Il inventa la méthode psychocritique, fondée sur la recherche des « métaphores obsédantes », révélatrices de la personnalité inconsciente de l'écrivain.

Mauroy (Pierre) Homme d'État français (1928-2013). Socialiste, Premier ministre de 1981 à 1984, il entreprit d'importantes réformes sociales. Il fut premier secrétaire du PS de 1988 à 1992.

Maurras (Charles) Écrivain et homme politique français (1868-1952). Partisan de la monarchie et du « nationalisme intégral », il fonda le mouvement Action française en 1908 et soutint Mussolini, Franco et Pétain. En 1945, il fut radié de l'Académie française et condamné à la détention perpétuelle. Il fut gracié en 1952. *Enquête sur la monarchie ; Mes idées politiques.*

Maury (Jean Siffrein) Prélat français (1746-1817). Célèbre prédicateur, il fut nommé archevêque de Paris en 1810 et soutint la politique de Napoléon Ier au concile de 1811.

Maurya **n. m. pl.** Dynastie indienne fondée au IVe s. av. J.-C. par le souverain Chandragupta Maurya. L'*art maurya* mêle les influences hellénistiques et iraniennes.

mauser [mozɛʀ] **n. m. (du n. de l'inventeur allemand)** Fusil en usage dans l'armée allemande de 1870 à 1945. – Modèle de pistolet automatique. *Des mausers.*

Mausole (mort en 353 av. J.-C.). Satrape de Carie (377-353 av. J.-C.). Il se révolta contre Artaxerxès Mnémon et établit sa capitale à Halicarnasse, où se trouve son tombeau, *le Mausolée.*

mausolée **n. m. (du latin, du grec *mausôleion*, du n. du roi Mausole)** Somptueux monument funéraire de très grandes dimensions. → **tombeau.** *Le mausolée de Lénine, à Moscou.*

Mausolée de Bibi Jawindi, à Uch Sharif au Pakistan (XVe s.).

Mauss (Marcel) Sociologue français (1872-1950). Disciple de Durkheim, il s'intéressa en particulier au phénomène religieux *(Essai sur la nature et la fonction du sacrifice)*, à la magie et aux processus archaïques de l'échange *(Essai sur le don)*.

maussade **adj. (de *mau*, forme anc. de *mal* et ancien français *sade* « agréable, charmant », qui vient du latin *sapidus* → sage)** **1.** Qui n'est ni gai ni aimable. → **grognon, revêche.** *Être d'humeur maussade.* **2.** Qui inspire de l'ennui. → **ennuyeux, terne, triste.** *Ciel, temps maussade.*

maussaderie **n. f.** littér. Caractère de ce qui est maussade (surtout sens 1).

Mauthausen Localité d'Autriche, sur le Danube. 4 972 habitants. Un camp de concentration nazi y fut établi en 1938. Environ 350 000 personnes y furent déportées.

mauvais, aise **adj. (vient du latin pop. *malifatius*, de *malum* → [3]mal et *fatum* « sort », d'abord « oracle » → fatal, fée)** en épithète, *mauvais* est le plus souvent avant le nom **I.** (opposé à *bon*) **1.** Qui présente un défaut, une imperfection essentielle ; qui a une valeur (utilitaire, esthétique, morale, intellectuelle) faible ou nulle. → **défectueux, imparfait.** *Assez mauvais* (→ **médiocre**), *très mauvais* (→ **exécrable, horrible, ignoble, infect).** *Les bons et les mauvais morceaux. Mauvaise affaire*, qui rapporte peu. *Ce film est mauvais*, ne vaut rien. *Mauvais calcul.* → **[1]faux, inexact.** – Qui ne fonctionne pas correctement. *Il a de mauvais yeux*, il ne voit pas bien. *Être en mauvaise santé.* **2.** **n. m.** Ce qui est mauvais. *Il y a du bon et du mauvais.* **3.** (personnes) Qui ne remplit pas correctement son rôle. → **lamentable, nul, pauvre.** *Un mauvais acteur.* **4.** Qui est mal choisi, ne convient pas. *Prendre la mauvaise route.* **II.** (opposé à *bon, beau, heureux*) Qui cause ou peut causer du mal. → **néfaste, nuisible. 1.** Qui annonce du malheur. → **funeste, ¹sinistre.** *De mauvais augure. C'est mauvais signe.* **2.** Qui est cause de mal, de malheur, d'ennuis, de désagrément. → **dangereux, nuisible.** *L'excès d'alcool est mauvais pour lui.* – vieilli *Mauvais à qqn. « La nature, en cuisine comme en amour, nous donne rarement le goût de ce qui nous est mauvais »* (Baudelaire). – *L'affaire prend une mauvaise tournure. Être en mauvaise posture. La mer est mauvaise,* très agitée. – *Mauvaises fréquentations.* **3.** Désagréable aux sens. *Mauvaise odeur, mauvais goût.* – Désagréable au goût. *Pas mauvais,* assez bon. – *Mauvais temps* (opposé à *beau*). → **sale.** *Il fait mauvais.* **4.** Pénible. *Mauvaise nouvelle.* – Qui déplaît. *Faire mauvais effet.* – loc. fam. *La trouver, l'avoir mauvaise* (sous-entendu : la chose, l'affaire). **5.** Peu accommodant. *Mauvaise humeur. Mauvais caractère.* **III.** (opposé à *bon, honnête*) **1.** Qui est contraire à la loi morale. *C'est une mauvaise action. Mauvaise conduite.* **2.** (personnes) Qui fait ou aime à faire le mal. *Elle est mauvaise comme une teigne.* → **méchant.** – ***Mauvais garçon*** : homme prompt à en venir aux coups. – *Une mauvaise langue* (qui calomnie). – (actions, intentions) *Donner le mauvais exemple.* **3.** (peut s'employer après le nom) Qui dénote de la méchanceté, de la malveillance. *Il a eu un rire mauvais. Une joie mauvaise.* → **cruel. IV. adv.** *Sentir mauvais.* – fig. *Ça sent* mauvais.*

mauve (vient du latin *malva*) **I. n. f.** Plante à fleurs roses ou violet pâle. **II. adj.** D'une couleur violet pâle. *Des robes mauves.* – **n. m.** Couleur mauve.

mauvéine n. f. (de *mauve*) chim. Colorant violet dérivé de l'aniline.

M

mauviette n. f. (de *mauvis*) **1.** Alouette ou petit oiseau bon à manger. **2.** Personne chétive, au tempérament délicat, maladif. – Personne poltronne. *Quelle mauviette !*

Mauvignier (Laurent) Écrivain français (né en 1967). Plusieurs de ses romans, caractérisés par des phrases qui s'étirent pour rendre compte des méandres de la pensée, ont été couronnés par des prix littéraires : *Apprendre à finir ; Dans la foule ; Des hommes.* On y retrouve les thèmes de l'incommunicabilité, paradoxe de la mondialisation, de la dignité des démunis, de la violence.

mauvis n. m. (anc. français *mauve* « oiseau, mouette », de l'ancien anglais *maew* ; influence possible du latin *malvis* « mauvais », à propos de la grive pillarde) vieilli Oiseau du genre merle.

Mavrocordatos ou **Maurocordato** (Alexandros) Homme politique grec (1791-1865). Président du Conseil exécutif, il dirigea la défense de Missolonghi en 1822.

max ; maxi voir maximum

Maxence en latin **Marcus Aurelius Valerius Maxentius** (mort en 312). Empereur romain de 306 à 312. Il repoussa les armées de Sévère et de Galère et établit son autorité sur l'Italie, l'Afrique et l'Espagne. Il fut vaincu par Constantin au pont Milvius (312).

maxi- Élément (de *maximum*) signifiant « grand, long ». → **macro-** ; opposé à *mini-*.

maxillaire [maksilɛʀ] n. m. (latin *maxillaris*, de *maxilla* « mâchoire [inférieure] », de *mala* « mâchoire » et « joue ») Os des mâchoires. *Le maxillaire supérieur.* – **adj.** *Os maxillaire.*

maxille [maksil] n. f. (latin *maxilla* « mâchoire ») zool. **1.** Mâchoire des insectes. **2.** Deuxième mâchoire des crustacés, en arrière des mandibules.

Maxim (sir Hiram Stevens) Industriel britannique d'origine américaine (1840-1916). Il inventa le premier fusil automatique et réalisa une « machine volante » actionnée par la vapeur.

maxima voir maximum

à maxima voir a maxima

maximal, ale, aux adj. Qui constitue un maximum. *Températures maximales.*

maximaliser voir maximiser

maximaliste adj. et n. Partisan d'une position extrême. *Les réformistes maximalistes.* – n. *Les maximalistes.* □ n. m. **maximalisme**

maxime n. f. (latin *maxima [sententia]*, de *maximus* → maximum, pour « le plus général ») Formule énonçant une règle de conduite, une règle morale. → **aphorisme, dicton, proverbe, sentence.** *Suivre une maxime.* → **précepte, principe.**

Maxime en latin **Magnus Clemens Maximus** (mort en 388). Empereur romain (383-388). Il tua Gratien, prit l'Italie à Valentinien II, mais fut vaincu et tué par Théodose Ier.

Maxime le Confesseur (saint) Moine byzantin (v. 580-662). Principal théologien du parti opposé aux monothélètes, il fut torturé et exilé.

Maxime Pétrone en latin **Petronius Anicius Maximus** (mort en 455). Empereur romain d'Occident en 455. Il assassina Valentinien III puis, après l'invasion de Rome par les Vandales, fut lapidé par le peuple.

Maximien en latin **Marcus Aurelius Valerius Maximianus** (v. 250-310). Empereur romain (286-305 et 306-310). Il partagea le pouvoir avec Dioclétien, abdiqua en même temps que lui (305), puis reprit le pouvoir. Il conspira contre Constantin Ier qui le contraignit à se donner la mort.

Maximilien Ier (1459-1519). Archiduc d'Autriche, roi des Romains, empereur germanique (1493-1519). Fils de Frédéric III, il hérita de la Bourgogne en épousant Marie de Bourgogne (1477). Pour conserver ses nouvelles possessions, il dut lutter contre Louis XI, dont il obtint la Franche-Comté et les Pays-Bas, puis dut faire face aux révoltes de Gand et de Liège. Il mena une habile politique d'alliances et travailla à la centralisation de son empire, fondant ainsi la puissance des Habsbourg.

Maximilien II (1527-1576). Empereur germanique (1564-1576). Fils de Ferdinand Ier, il se montra favorable à la Réforme tout en restant fidèle au catholicisme. Son règne fut marqué par la lutte contre les Turcs.

Maximilien (1832-1867). Empereur du Mexique. Frère de l'empereur François-Joseph Ier, il reçut la couronne impériale du Mexique de Napoléon III (1864). Il fut fusillé par les partisans de Juárez.

Maximilien de Bade dit **Max de Bade** Homme politique allemand (1867-1929). Nommé chancelier par l'empereur Guillaume II (oct-nov. 1918), il proposa l'armistice au président Wilson et conseilla l'abdication à l'empereur.

Maximilien II Emmanuel (1662-1726). Électeur de Bavière (1679-1726). Il gouverna les Pays-Bas espagnols (1691-1699), et soutint Louis XIV lors de la guerre de Succession d'Espagne.

Maximilien Ier Joseph (1756-1825). Électeur (1799-1806) puis roi de Bavière (1806-1825). Allié à la France à partir de 1801, il obtint de nombreux territoires en même temps que le titre royal. Il se rangea ensuite aux côtés des Alliés et reçut le Palatinat rhénan au congrès de Vienne.

Maximin Ier le Thrace en latin **Caius Julius Verus Maximinus Thrax** (mort en 238). Empereur romain (235-238). Successeur de Sévère Alexandre, il fut assassiné par ses soldats.

Maximin II Daia en latin **Galerius Valerius Maximinus** (mort en 313). Empereur romain (305-313). Neveu de Galère, il persécuta les chrétiens. Vaincu par Licinius, il s'empoisonna.

maximiser v. tr. < 1 > (de *maximum*, par l'anglais *to maximize*) anglic. **1.** didact. Donner la plus haute valeur, la plus grande importance à (qqch.). - syn. **maximaliser. 2.** écon. Porter à son maximum. *Maximiser la production.* □ n. f. **maximisation**

Maximoff (Grigori Petrovitch) voir Maksimov

maximum [maksimɔm] (du latin, de *maximus* « le plus grand », superl. de *magnum*) **1. n. m.** Valeur la plus grande atteinte par une quantité variable ; limite supérieure (s'oppose à *minimum*). → **plafond.** *Maximum de vitesse, de force. Les maximums ou les maxima* (plur. latin). – (avec un n. au plur.) *Le maximum de chances,* le plus grand nombre. ■ ***Au maximum,*** tout au plus, au plus. - abrév. fam. **maxi.** *Cent euros maxi.* – fam. *Ça va lui coûter **un maximum,*** très cher. - abrév. fam. **un max. 2. adj.** Qui constitue un maximum. → **maximal.** *Rendement maximum.* – au fém. *Tension, amplitude maximum* ou *maxima.* – au plur. *Des prix maximums* ou *maxima.*

maxwell [makswɛl] n. m. (du n. propre) phys. Unité de mesure de flux magnétique du système CGS, valant 10^{-8} weber (symb. Mx).

Maxwell (James Clerk) Physicien britannique (1831-1879). Il élabora les quatre *équations de Maxwell,* qui visent à décrire les phénomènes liés au champ électromagnétique.

May (Theresa) Femme d'État britannique (née en 1956). Ministre de l'Intérieur (2010) et leader du Parti conservateur (2016), elle fut nommée Premier ministre après le vote historique du 23 juin 2016 par lequel les Britanniques choisirent de sortir de l'UE. Elle démissionna en juillet 2019 faute d'avoir pu faire adopter un accord de sortie au Parlement.

maya [maja] adj. et n. Qui appartient à une civilisation indienne précolombienne d'Amérique centrale (Yucatán). *Des temples mayas.* – n. *Les Mayas.* ■ n. m. *Le maya* : famille de langues amérindiennes parlées dans cette région.

Mayagüez Ville de Porto Rico, sur la côte O. de l'île, face à la République dominicaine. 57 500 habitants. Port. Université.

Mayapán Site archéologique du Yucatán. La ville fut le siège de la ligue qui domina le « nouvel empire » maya jusque vers 1200.

Mayas n. m. pl. Peuple d'Amérique centrale dont les descendants vivent principalement au Mexique et au Guatemala, et dont la civilisation (deuxième millénaire av. J.-C.-XVIe s.) fut très brillante : art raffiné (sculpture, peinture), architecture remarquable, écriture hiéroglyphique, connaissances mathématiques et astronomiques très avancées. Les Mayas sont connus pour leurs calendriers et pour leurs temples et pyramides (site de Chichén Itzá). Les langues du groupe maya sont parlées du S. du Mexique jusqu'au Honduras. La plus parlée est le quiché du Guatemala, qui est la langue du *Popol Vuh,* document écrit le plus important sur les mythes du peuple maya-quiché. → Mayas (planche).

maye [mɛ] n. f. (var. de *mait* → maie) techn. Auge de pierre destinée à recevoir l'huile d'olive dans un pressoir.

mayen n. m. (latin *maius* « mai ») (Suisse) Pâturage d'altitude moyenne avec bâtiment, où le bétail séjourne au printemps et en automne. – Chalet sur un mayen.

Mayence Ville d'Allemagne (Rhénanie-Palatinat), à la confluence du Rhin et du Main. 217 100 habitants. Cathédrale romane. Musée Gutenberg. Important centre commercial et industriel (chimie, construction mécanique). Port fluvial.

Mayenne (Charles de Lorraine, duc de) Prince français (1554-1611). Il succéda à son frère Henri, duc de Guise, à la tête de

MAYAS (art et civilisation)

Détail de la salle 1 du temple des Fresques (VIIIe s.), Bonampak, Mexique.

Pot à effigie humaine (1600 av. J.-C. - 250), British Museum, Londres.

Masque funéraire trouvé à Tikal (v. 550), musée national d'Archéologie et d'Ethnologie, Ciudad Guatemala.

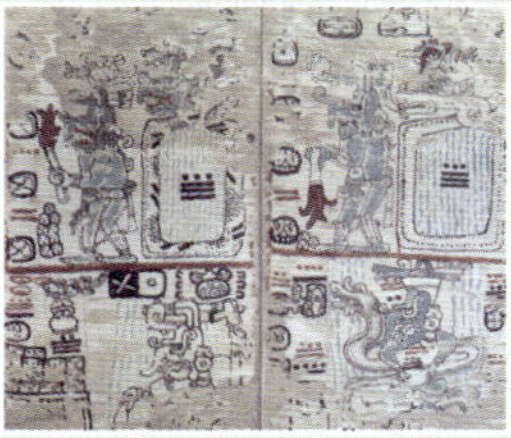
Chaac, dieu de la Pluie, page d'un Codex (v. 900), British Museum, Londres.

L'art très codé de la figuration humaine montre les personnages le visage de profil et le torse de face, dans des attitudes à l'expression un peu forcée. « Stèle de Madrid », bas-relief de Palenque (v. 600-800), musée de l'Amérique, Madrid.

Autel de la stèle D (VIIIe s.), Copan, Honduras.

Vase polychrome du Guatemala (v. 600-800), British Museum, Londres.

La centaine de cités qui constituent la civilisation maya montrent de nombreuses spécificités locales. Les constantes en sont cependant le développement de l'architecture et de la sculpture, autour, d'une part, de l'accompagnement du pouvoir dynastique (le palais), et d'autre part de l'expression religieuse (le temple avec ses pyramides à degrés). L'utilisation de hiéroglyphes très imagés, sur les calendriers sacrés et dans les œuvres plastiques en est une autre grande caractéristique.

la Ligue (1589). Vaincu à Arques et à Ivry, il fit sa soumission à Henri IV.

Mayenne **n. f.** Rivière de l'O. de la France, qui conflue avec la Sarthe pour former la Maine. 200 km.

Mayenne **n. f.** [53] Département français de la Région Pays de Loire (➔ carte). 5 175 km². 306 538 habitants. Chef-lieu : Laval. Chefs-lieux d'arrondissement : Château-Gontier-sur-Mayenne, Mayenne. Formé de plaines vallonnées au S. et de collines aux reliefs plus marqués au N., le département est drainé par la Mayenne, la Sarthe, la Vilaine et l'Erve. Le paysage et dominé par le bocage où se pratique l'élevage (bovin pour l'essentiel). Industries (agroalimentaire, mécanique et électrotechnique).

Mayenne Chef-lieu d'arrondissement de la Mayenne, sur la Mayenne. 12 805 habitants. Château (XIe s., vestiges carolingiens). Basilique (XIIe s. et XVIe s.). Centre commercial. Industries.

Mayer **(Julius Robert von)** Physicien et médecin allemand (1814-1878). Il fut l'un des pionniers de la thermodynamique. Il établit la *relation dite de Mayer* qui relie la masse molaire d'un gaz parfait aux chaleurs spécifiques.

Mayer **(Carl)** Scénariste autrichien (1894-1944). Il fut le collaborateur de Murnau *(Le Dernier des hommes ; L'Aurore)*, dont le nom est associé aux films expressionnistes *(Le Cabinet du docteur Caligari)*.

Mayer **(René)** Homme d'État français (1895-1972). Membre du Comité français de libération nationale, il fut plusieurs fois ministre, et président du Conseil de janvier à mai 1953.

Mayer **(Daniel)** Homme politique français (1909-1996). Secrétaire général de la SFIO, puis ministre du Travail, il présida la Ligue des droits de l'homme et le Conseil constitutionnel.

Mayerling Village d'Autriche, près de Vienne, où l'archiduc héritier Rodolphe de Habsbourg se donna la mort avec la baronne Marie Vetsera.

mayeur voir **maïeur**

Mayfair Quartier de Londres, près de Hyde Park. Commerce de luxe.

Mayflower **n. m.** Navire qui, en 1620, transporta une centaine d'émigrants anglais de Southampton en Amérique du Nord. Ceux-ci débarquèrent près du cap Cod et fondèrent la première ville de Nouvelle-Angleterre, Plymouth.

Maynard ou **Mainard** **(François)** Poète français (v. 1582-1646). Secrétaire de Marguerite de Valois puis disciple de Malherbe, il écrivit des *Odes*, des *Épigrammes* et des *Poésies*.

Maynooth Ville de la république d'Irlande, dans la banlieue de Dublin. 10 900 habitants. Centre universitaire et commercial.

Mayo Comté de l'O. de la république d'Irlande. 5 398 km. 137 230 habitants. Chef-lieu : Castlebar. Élevage ovin extensif.

Mayol **(Félix)** Chanteur français de café-concert (1872-1941). Il fut le créateur de chansons célèbres à la Belle Époque.

Mayon **n. m.** Volcan actif des Philippines, dans l'île de Luçon. 2 462 m.

mayonnaise [majɔnɛz] **n. f.** **(p.-ê. de Port-Mahon, capitale de Minorque prise par le duc de Richelieu en 1756)** Sauce froide composée d'huile, d'œufs et d'assaisonnements (moutarde, ail) battus jusqu'à prendre de la consistance (aussi **adj. :** *sauce mayonnaise*). – loc. *La mayonnaise prend,* au fig. la chose prend tournure, l'action se déclenche. – appos. invar. *Des œufs mayonnaise,* à la mayonnaise. - abrév. fam. **mayo.**

Mayor **(Michel)** Astrophysicien suisse (né en 1942). En collaboration avec Didier Queloz, il fut le premier à détecter en 1995 une exoplanète en orbite autour d'une étoile de type solaire. Prix Nobel 2019.

Mayotte [976] Région et département français d'outre-mer, dans l'océan Indien, à l'E. des Comores, formé de deux îles (Grande-Terre et Petite-Terre). 373 km². 256 518 habitants (les *Mahorais*). Chef-lieu : Mamoudzou. Mayotte vit essentiellement de l'agriculture (ylang-ylang, vanille, bananes) et de la pêche (aquaculture). Elle abrite une base navale française. L'histoire de Mayotte se confond avec celle des Comores jusqu'en 1976. Collectivité territoriale (1976-2001), Collectivité départementale (2001-2007), Collectivité d'outre-mer (2007-2011), elle a obtenu son statut actuel après un référendum. L'île doit faire face à l'immigration clandestine des Comoriens qui comptaient en 2021 pour près de la moitié de la population.

Mayow (John) Médecin et chimiste anglais (1640-1679). Il est l'auteur de théories sur la respiration, la combustion, l'air et les gaz.

mazagran n. m. (n. d'un village d'Algérie, siège d'un combat) vieux Café servi dans une chope ou un verre. ▪ Verre à pied en porcelaine épaisse.

Mazamet Commune du Tarn. 9 953 habitants. Ancien centre de délainage des peaux.

Mazandéran ou **Mazandaran** n. m. Province du N. de l'Iran, sur les bords de la mer Caspienne. 46 645 km². 3,3 millions d'habitants. Chef-lieu : Sāri. Mines de charbon. Agriculture (céréales, riz, coton, thé, agrumes). Agroalimentaire (caviar).

Mazār-é Charīf Ville du N. de l'Afghanistan (province de Balkh). 469 200 habitants. Centre de pèlerinage (tombeau supposé du calife Ali).

Mazarin (Giulio Mazarini, dit en français Jules) Cardinal et homme d'État français d'origine italienne (1602-1661). Nonce à Paris en 1635, il fut nommé cardinal après avoir rencontré Richelieu, dont il devint le collaborateur. Principal ministre d'Anne d'Autriche, régente, il dut faire face à l'hostilité des Grands (cabale des Importants, 1643) mais parvint à mettre un terme à la guerre de Trente Ans (traités de Westphalie, 1648). Devant les difficultés financières du royaume, il multiplia les mesures fiscales dont l'une d'elles, la Paulette, déclencha la Fronde. Contraint de s'exiler après l'arrestation de Condé, il revint à Paris en 1653. Il mit fin à la guerre avec l'Espagne par le traité des Pyrénées (1659). Ayant acquis une immense fortune, il fut un mécène éclairé, et constitua notamment une importante bibliothèque (bibliothèque Mazarine).

Mazarin, école française (XVIIe s.), musée du château, Versailles.

mazarinade n. f. (du n. de Mazarin) hist. Pamphlet, chanson publiés contre Mazarin, pendant la Fronde.

Mazarine (bibliothèque) Bibliothèque située à Paris, dans l'aile gauche du palais de l'Institut. Bibliothèque personnelle de Mazarin, elle fut ouverte au public en 1643 et rattachée à la Bibliothèque nationale en 1930, puis à la bibliothèque de l'Institut en 1945.

Mazatlán Ville du N. du Mexique, sur le golfe de Californie. 381 600 habitants. Célèbre carnaval. Port de commerce, station balnéaire.

Mazdak Religieux iranien (fin du Ve s.). Réformant le manichéisme, il lutta contre la société de castes et le dogmatisme religieux des Sassanides.

mazdéen, enne adj. (ancien perse *mazda* « sage ») relig. Relatif au mazdéisme.

mazdéisme n. m. (persan *mazda* « sage », dans le n. d'un dieu) Religion de l'Iran antique, dualiste, opposant un principe du Bien et un principe du Mal. → **manichéisme.**

Mazeppa ou **Mazepa** (Ivan Stepanovitch) Hetman des Cosaques (v. 1644-1709). Gouverneur de l'Ukraine, d'abord allié à Pierre le Grand, il se rapprocha ensuite du roi de Suède, qui garantissait l'autonomie de l'Ukraine. Il fut défait par les Russes à Poltava (1709).

mazette (p.-ê. du dialectal *mésette* « mésange ») **1.** n. f. vieux Mauvais petit cheval. ▪ Personne faible et malhabile. *« Commençant si tard, vous ne serez jamais qu'une mazette »* (Vallès). **2.** interj. régional Exclamation d'étonnement, d'admiration. *Un million ? Mazette !*

Mazingarbe Commune du Pas-de-Calais. 8 029 habitants. Industrie chimique (engrais).

mazot n. m. (vient du latin *mansus* [→ mas], de *manere* « demeurer ») régional (Savoie ; Suisse) Petit bâtiment rural. – Petit chalet d'alpage.

mazout [mazut] n. m. (mot russe, p.-ê. de l'arabe *mahzulat* « résidu » ou du v. russe *mazatj* « graisser ») Résidu de la distillation du pétrole, liquide épais, visqueux, brun, utilisé comme combustible. → **fioul, huile** lourde. *Chauffage au mazout.* – *Nappe de mazout* (répandu sur l'eau, après le naufrage d'un pétrolier).

mazouter v. ‹ 1 › **1.** v. intr. mar. Faire le plein de mazout (d'un navire). **2.** v. tr. Souiller de mazout. – au p. p. → **marée** noire. *Plages mazoutées. Oiseaux mazoutés.* ▫ n. m. **mazoutage**

Mazovie n. f. Région administrative du centre de la Pologne. Ville principale : Varsovie. Agriculture (pommes de terre, lin).

Mazowiecki (Tadeusz) Homme d'État polonais (1927-2013). Militant de Solidarité, il dirigea le premier gouvernement postcommuniste en Pologne (1989-1990).

Mažuranić (Ivan) Poète croate (1814-1890). Fondateur de la langue croate moderne, il est l'auteur d'un poème épique, *La Mort de Smaïl-age-Čengić.*

Mazurie n. f. Région lacustre du N.-E. de la Pologne, en bordure de la Baltique, à l'E. du delta de la Vistule. Ville principale : Olsztyn.

mazurka n. f. (du polonais, de *mazurek*, de Mazurie, province polonaise) Danse à trois temps d'origine polonaise. – Air sur lequel on la danse. ▪ Composition musicale de même rythme. *Les mazurkas de Chopin.*

Mazzini (Giuseppe) Patriote et révolutionnaire italien (v. 1805-1872). Suspecté de carbonarisme, il fut arrêté puis exilé. Il fonda, en exil, le mouvement Jeune-Italie. Rentré en Italie en 1848, il devint l'un des triumvirs de la République romaine.

MBA [ɛmbie] n. m. invar. (sigle anglais, de *Master of Business Administration*) anglic. Diplôme supérieur d'études de gestion des entreprises.

Mbabane Capitale de l'Eswatini, dans l'O. du pays. 52 000 habitants.

Mbandaka anciennement **Coquilhatville** Ville de la République démocratique du Congo, sur le Congo. 130 000 habitants. Important port fluvial. Commerce (café, cacao).

Mbappé (Kylian) Footballeur français (né en 1998). Attaquant à l'AS Monaco puis au Paris Saint-Germain, il remporte la Coupe du monde avec l'équipe de France en 2018.

Mbeki (Thabo) Homme d'État sud-africain (né en 1942). Président de l'ANC (1977), il succéda en 1999 à Nelson Mandela à la présidence de la République, fut réélu en 2004 et démissionna en 2008.

Mbini n. m. anciennement **Río Muni** Enclave continentale de la Guinée équatoriale, entre le Cameroun et le Gabon. Env. 300 000 habitants. Chef-lieu : Bata.

Mbuji-Mayi anciennement **Bakwanga** Ville du S. de la République démocratique du Congo, dans le Kasaï oriental. 1 million d'habitants. Diamants industriels.

MC Solaar (Claude M'Barali, dit) Rappeur français d'origine tchado-sénégalaise (né en 1969). Il associe ses textes percutants à connotation sociale et pacifiste à des sons empruntés au jazz et à un groove fluide. *Bouge de là ; Caroline ; Solaar pleure.*

Md Symbole chimique du mendélévium.

MDMA n. f. invar. (abrév. de *méthylène-dioxy-méthamphétamine*) Drogue de synthèse dérivée de la méthamphétamine, aussi connue sous le nom d'*ecstasy.*

me pron. pers. (forme du latin *me* → moi) s'élide en *m'* devant une voyelle ou un *h* muet : *il m'accueille, il m'héberge* Pronom personnel complément de la première personne du singulier pour les deux genres (→ **je, moi**). **1.** compl. d'objet dir. (représente la personne qui parle, qui écrit) *On m'a vu. Tu me présenteras à lui.* – *Je me suis préparé.* – *Me voici de retour.* **2.** compl. d'objet indir. À moi. *Il me fait pitié. Elle veut me parler.* – (renforce un ordre) *Va me fermer cette porte !* – (rapport de possession) *Je me lave les mains :* je lave *mes* mains.

mé- ou **més-** (devant voyelle) Préfixe (venant du francique *missi*, idée de divergence, d'où erreur, faute) qui signifie « mauvais » (ex. *mécompte, mésalliance*).

mea-culpa [meakylpa] n. m. invar. (mots latins « par ma faute » → coulpe) *Faire son mea-culpa,* avouer sa faute. - var. **mea culpa.**

Mead (George Herbert) Philosophe et sociologue américain (1863-1931). Proche de J. Dewey, il développa une philosophie d'inspiration pragmatiste et mena une réflexion naturaliste sur les phénomènes psychosociologiques. *La Philosophie du présent ; L'Esprit, le Moi et la Société.*

Mead (Margaret) Anthropologue américaine (1901-1978). Elle étudia les sociétés des îles Samoa, de la Nouvelle-Guinée et de Bali, s'inspirant des méthodes freudiennes et structuralistes.

Margaret Mead en 1953 en Papouasie-Nouvelle-Guinée.

Meade (James Edward) Économiste britannique (1907-1995). Il étudia le commerce international, les mouvements de capitaux, l'inégalité des richesses et des revenus et la stagflation. Prix Nobel 1977.

méandre n. m. (du n. du fleuve) **1.** Sinuosité (d'un cours d'eau). **2.** fig. *Les méandres de la pensée, d'un exposé.* → **détour.** ▫ adj. **méandreux**

Méandre n. m. Nom antique du Büyük Menderes, fleuve de Turquie, en Asie Mineure. 584 km. Il se jette dans la mer Égée.

méat n. m. (latin *meatus* « passage, canal ») anat. Canal, conduit ou orifice d'un canal anatomique. *Méat urinaire.*

Meath Comté de la république d'Irlande, au N.-E. du pays. 2 338 km². 220 300 habitants. Chef-lieu : Drogheda. Région agricole.

Meaux Chef-lieu d'arrondissement de la Seine-et-Marne, sur la Marne. 55 709 habitants. Cathédrale des XIIe-XVIe s. Ancien palais épiscopal. La ville eut pour évêques le réformateur Guillaume Briçonnet (« Cénacles de Meaux ») et Bossuet.

mec n. m. **(d'abord** *mecque, meg* **« homme fort, énergique » ; origine inconnue)** fam. Homme, individu. → **fam. gars, type.** *Un beau mec. Les mecs et les nanas.* – Compagnon, amant, mari. *Elle vient avec son mec.*

mécanicien, ienne n. 1. didact. Physicien(ne) spécialiste de la mécanique (II, 1). 2. Personne qui invente des machines, qui en dirige la construction. *Jacquard est un célèbre mécanicien français.* 3. cour. Personne qui a pour métier de monter, d'entretenir ou de réparer les machines. *Les mécaniciens d'un garage.* → fam. **mécano.** ■ Personne qui conduit une locomotive.

mécanique (du latin, du grec, de *mêkhanê* **→ machine) I. adj. 1.** Qui est exécuté par un mécanisme ; qui utilise des mécanismes, des machines **(opposé à** *manuel*). *Tissage mécanique.* – Mû par un mécanisme. *Escalier mécanique.* **2.** Qui concerne les machines. *Avoir des ennuis mécaniques,* de moteur. **3.** Qui évoque le fonctionnement d'une machine **(opposé à** *réfléchi, intelligent*). → **automatique, machinal.** *Un geste mécanique.* **4.** sc. Qui concerne le mouvement, est produit par un mouvement. *Énergie mécanique.* **II. n. f. 1.** Partie des mathématiques et de la physique qui a pour objet l'étude du mouvement (cinématique, dynamique) et de l'équilibre (statique) des corps, ainsi que la théorie des machines. *La mécanique des fluides* (→ **hydrodynamique**). – Théorie relative aux phénomènes étudiés en mécanique. *La mécanique classique. Mécanique quantique, ondulatoire.* **2.** Science de la construction et du fonctionnement des machines. **3.** Assemblage destiné à produire, transmettre un mouvement. → **mécanisme** (1). *La mécanique d'une horloge.* **4.** fig., vieilli Fonctionnement (de ce qui est comparé à une machine). → **mécanisme (2).** *La mécanique des passions.* ■ loc. fam. *Rouler les* (ou *des*) *mécaniques,* les muscles des épaules ; fig. faire l'important. → **crâner.**

mécaniquement adv. **1.** D'une manière mécanique. – fig. → **automatiquement, machinalement. 2.** didact. Du point de vue de la mécanique.

mécanisation n. f. Action de mécaniser ; son résultat. → **machinisme.**

mécaniser v. tr. < 1 > **(de** *mécanique***)** Rendre mécanique (par l'utilisation de machines). *Mécaniser une production artisanale.*

mécanisme n. m. **(latin** *mechanisma* **ou de** *mécanique* **et** *-isme***) 1.** Combinaison, agencement de pièces, d'organes, montés en vue d'un fonctionnement. → **mécanique** (II, 3). **2.** Fonctionnement de ce qu'on assimile à une machine. *Mécanismes biologiques.* **3.** philos. Théorie selon laquelle tous les phénomènes matériels ou physiques s'expliquent par le mouvement. *Le mécanisme cartésien.* □ **adj. et n. mécaniste**

mécano n. fam. Mécanicien, ienne (3). *Des mécanos. Il, elle est mécano.*

mécano- Élément **(du grec** *mêkhanê* **→ machine, mécanique)** qui signifie « machine ».

mécanographie n. f. Emploi de machines pour les opérations logiques (calculs, tris, classements) effectuées sur des documents. □ **adj. mécanographique**

mécanothérapie n. f. (→ **-thérapie**) méd. Kinésithérapie faisant appel à des appareils mécaniques.

mécatronique n. f. **(mot-valise, de** *mécanique* **et** *électronique***)** didact. Discipline alliant la mécanique, l'électronique et l'informatique pour concevoir des systèmes de production industrielle.

mécénat n. m. **1.** Qualité, comportement d'un mécène. **2.** Soutien financier d'un mécène (2). *Mécénat d'entreprise.*

mécène n. **(du n. propre) 1.** Personne riche et généreuse qui aide les écrivains, les artistes. **2.** (pour remplacer l'anglic. *sponsor*) Personne, entreprise qui soutient financièrement une activité, notamment culturelle.

▶ Le terme de **mécène** vient de *Caius Cilnius Maecenas,* protecteur des arts et des lettres dans la Rome antique. Si son nom est passé à la postérité, c'est que, pour la première fois, le soutien accordé aux lettrés et aux artistes n'était pas réservé au pouvoir suprême. L'empereur Auguste toléra les largesses de son ministre qui demeura son conseiller et son ami.

Pour les grandes familles italiennes de la Renaissance, comme les Médicis à Florence, le mécénat est un moyen d'illustrer un pouvoir dont la légitimité reste fragile. Protégés, soutenus et encouragés, les artistes offrent en retour au mécène le prestige de leurs noms et de leurs œuvres. On lui dédie des poèmes, on célèbre sa grandeur, on le représente lui et ses ancêtres... La montée en puissance de l'État moderne réduit l'espace du mécénat privé : Fouquet, surintendant des Finances et protecteur de La Fontaine, est ainsi puni de ses prétentions par un Louis XIV soucieux de s'arroger le monopole de la protection des artistes. C'est un exemple de la concurrence entre mécénats public et privé qui conduira à la naissance d'une forme de « mécénat d'État », avec par la suite la création de ce qui deviendra en France et ailleurs le ministère de la Culture. Le mécénat privé résiste pourtant. Entre le XVIIe et le XIXe siècle, il permet aux auteurs de ne pas être dépendants du pouvoir et il favorise la constitution d'un marché de l'art. Les commandes privées des grands collectionneurs aident les créateurs les plus audacieux. Le soutien public à la création reste aujourd'hui puissant en Europe, mais l'exemple des fondations américaines met en lumière le dynamisme original du mécénat privé.

voir aussi **Renaissance, musée**

Mécène en latin **Caius Cilnius Maecenas** Chevalier romain (v. 69-8 av. J.-C.). Ministre d'Auguste, il protégea les arts. Il accueillit notamment Virgile, Horace et Properce.

Méchain (Pierre) Astronome français (1744-1804). Il mesura, avec Delambre, la longueur de l'arc de méridien entre Dunkerque et Barcelone, afin de déterminer l'étalon métrique adopté comme unité légale de longueur par l'Assemblée constituante en 1791.

méchamment adv. **1.** Avec méchanceté. → **cruellement, durement. 2. (de** *méchant,* **II, 3)** fam. Fortement, beaucoup. *Il était méchamment soûl.*

méchanceté n. f. **1.** Caractère, comportement d'une personne méchante. → **cruauté, dureté, malveillance.** *« Toute méchanceté vient de faiblesse »* (Rousseau). *C'est de la pure méchanceté.* **2.** *Une méchanceté,* parole ou action par laquelle s'exerce la méchanceté. *Dire des méchancetés.* → **fam. vacherie.**

méchant, ante adj. **(ancien français** *mescheant,* **p. prés. de** *mescheoir* **« arriver malheur », de** *mé-* **et** *cheoir* **→ choir) I. 1.** Qui fait délibérément du mal ou cherche à en faire, le plus souvent de façon ouverte et agressive **(opposé à** *bon*). → **cruel, dur, malfaisant, malin** (I), **malveillant, mauvais** (III, 2) ; fam. **rosse, vache ;** régional **chien, cochon.** *Un homme méchant, un méchant homme.* loc. *Plus bête que méchant. Bête* et méchant.* – *Air, sourire méchant.* → **mauvais ; haineux. 2.** (enfants) Qui se conduit mal, qui est turbulent **(opposé à** *gentil*). → **insupportable, vilain. 3.** (animaux) Qui cherche à attaquer, à mordre, à griffer. *Chien méchant,* dangereux, agressif. **4.** loc. fam. *Ce n'est pas bien méchant,* ni grave ni important. **II.** (avant le nom) **1.** littér. Mauvais, de médiocre qualité. *Un méchant poète de rien du tout.* **2.** Désagréable ou dangereux. *Elle est de méchante humeur.* **3.** fam. Remarquable, extraordinaire. → **terrible.** *Cette voiture a une méchante accélération.* **III. n. 1.** littér. Personne méchante. *Les bons et les méchants. Faire le méchant,* s'emporter, menacer. – lang. enfantin *Oh, la méchante !* **2.** Personne qui tourmente (qqn).

¹mèche n. f. **(vient du latin pop.** *micca,* **p.-ê. de** *myxa,* **grec** *muxa* **« mucosité » et « mèche de lampe » ; famille de** *moisir, moucher, muqueux***) I. 1.** Tresse de fils de coton, de chanvre, imprégnée d'huile, de cire ou de suif qu'on fait brûler. *La mèche d'une lampe à huile, d'une bougie.* **2.** Cordon inflammable servant à mettre le feu à un explosif. ■ loc. fig. *Vendre la mèche :* trahir le secret. **II. 1.** Tige d'acier servant à percer le bois, le métal. → **vrille.** ■ Instrument fin pour aléser les canaux des dents. **2.** mar. Axe du gouvernail. **III. 1.** Cheveux distincts (par la couleur, la disposition) dans l'ensemble de la chevelure. *Mèche rebelle* (→ **épi**), *mèche folle.* **2.** mus. Garniture de l'archet (d'un instrument à cordes).

²de mèche loc. invar. **(p.-ê. de l'italien** *mezzo* **« demi », qui vient du latin** *medius,* **dans** *esser de mezzo* **« être de moitié »)** loc. fam. *Être de mèche avec qqn,* être d'accord en secret. → **complicité, connivence.**

Meched ou **Machhad** Ville du N.-E. de l'Iran. 2 427 300 habitants. Centre de pèlerinage chiite de commerce et d'industrie (textile, chimie, alimentaire). Université.

méchoui n. m. **(arabe du Maghreb** *meshwi,* **de** *shawa* **« griller ») 1.** Mouton rôti à la broche. **2.** Repas collectif où l'on sert ce plat. *Des méchouis.*

mechta n. f. **(mot arabe d'Algérie)** Hameau, en Algérie, en Tunisie. *Des mechtas.*

Mecklembourg n. m. en allemand **Mecklenburg** Ancien État d'Allemagne, au bord de la mer Baltique, au N. du Brandebourg, constituant une partie du land de Mecklembourg-Poméranie. Occupé par les Slaves à partir du VIe s., le territoire resta entre leurs mains jusqu'à ce que la principauté passe à la Réforme (Xe s.) et soit divisée à de multiples reprises. Entrés dans la Confédération du Rhin et devenus grands-ducs en 1815, les princes de Mecklembourg se rangèrent aux côtés de la Prusse et firent partie de l'Empire allemand. Dès lors, son histoire se confond avec celle de l'Allemagne.

M

Mecklembourg-Poméranie-Occidentale n. m. en allemand **Mecklenburg-Vorpommern** État (Land) du N.-E. de l'Allemagne sur la mer Baltique. 1 660 000 habitants. Capitale : Schwerin. Région agricole (céréales, betteraves à sucre, élevage) et peu peuplée.

mécompte [mekɔ̃t] n. m. (→ **compte**) Erreur de prévision ; espoir fondé à tort, espérance trompée. → **déception.** *De graves mécomptes.*

se **méconduire** v. pron. < 38 > **(de** *mé-* **et** *conduire***)** (Belgique) Avoir une conduite répréhensible. *Il s'est méconduit en public avec cette femme.* □ **n. f. méconduite**

méconium [mekɔnjɔm] n. m. **(mot latin, du grec** *mêkônion* **« suc de pavot »)** physiol. Matière pâteuse brunâtre accumulée dans l'intestin du fœtus et qui constituera les premières selles du nouveau-né. □ **adj. méconial, ale, aux**

méconnaissable adj. Qui est si changé (en bien ou, plus souvent, en mal) qu'on a peine à le reconnaître. *Je ne l'avais pas revue depuis sa maladie ; elle est méconnaissable.*

méconnaissance n. f. littér. Action de méconnaître. → **ignorance, incompréhension.**

méconnaître v. tr. < 57 > **(de** *mé-* **et** *connaître***) 1.** littér. Ne pas reconnaître (une chose) pour ce qu'elle est, refuser d'en tenir compte. → **ignorer, négliger.** *Méconnaître les lois.* **2.** Ne pas apprécier (qqn ou qqch.) à sa juste valeur. → **méjuger, mésestimer.** - var. RO **méconnaitre.**

méconnu, ue adj. Qui n'est pas reconnu, estimé à sa juste valeur. *Un génie méconnu.*

mécontent, ente (→ **content**) adj. Qui n'est pas content, pas satisfait. *Elle est rentrée déçue et très mécontente.* → **contrarié, fâché.** – *Mécontent que* (+ subj.). – **n.** *Un perpétuel mécontent.* → **insatisfait.**

mécontentement n. m. Sentiment pénible d'être frustré dans ses espérances, ses droits. → **déplaisir, insatisfaction.** *Sujet de mécontentement,* contrariété, ennui.

mécontenter v. tr. <1> Rendre mécontent. → **contrarier, fâcher.** *Cette réforme a mécontenté tout le monde.*

Mecque (La) en arabe **Makka** Ville de l'O. de l'Arabie saoudite, capitale religieuse de l'islam, au S. de Médine, dans le Hedjaz. 1 294 200 habitants. Patrie du prophète Mahomet. Centre de pèlerinage (environ 2,5 millions de pèlerins par an).

La Mecque, lieu du Grand Pèlerinage (cinquième pilier de l'islam).

mécréant, ante adj. et n. (→ **créance, croire**) **1.** Qui ne professe pas la religion considérée comme vraie. **2.** littér. ou plais. Qui n'a aucune religion. → **athée, irréligieux.** – n. *Un mécréant* (s'oppose à *croyant*).

médaillable adj. et n. Susceptible d'obtenir une médaille dans une compétition sportive. *Équipe médaillable aux JO.*

médaille n. f. (italien *medaglia* ; famille de ^{2}*maille*) **1.** Pièce de métal, généralement circulaire, frappée ou fondue en l'honneur d'un personnage ou en souvenir d'un évènement (→ **monnaie**). *Science des médailles.* → **numismatique. 2.** Pièce de métal donnée en prix à un lauréat. *Médaille d'or, d'argent, de bronze. Médaille olympique.* – Titre correspondant. – Compétiteur ayant obtenu le titre. ■ Décoration. *Médaille militaire,* décoration française décernée aux sous-officiers et soldats les plus méritants. **3.** Petite pièce de métal portée autour du cou. *Médaille pieuse.*

médailler v. tr. <1> Décorer, honorer d'une médaille. *Il s'est fait médailler.* □ **n. et adj. médaillé, ée** *Les médaillés militaires, olympiques.*

médaillier ou **médailler** [medaje] n. m. **1.** Petit meuble à tiroirs plats pour ranger des médailles. **2.** Collection de médailles.

médaillon n. m. (italien *medaglione* → **médaille**) **1.** Portrait ou sujet sculpté, dessiné ou gravé dans un cadre circulaire ou ovale. → **camée. 2.** Bijou de forme ronde ou ovale. **3.** Tranche mince et ronde (de viande, de poisson). *Un médaillon de foie gras.*

Medan Ville d'Indonésie, sur l'île de Sumatra. Port sur le détroit de Malacca. 2 millions d'habitants. Exportation (hévéa, café, fruits et légumes).

Médan Commune des Yvelines. 1 332 habitants. Maison d'Émile Zola (musée).

Médard (saint) (v. 456-v. 545). Évêque de Vermand puis de Noyon et Tournai.

Medawar (sir Peter Brian) Biologiste britannique (1915-1987). Il est l'auteur de travaux sur la tolérance immunologique acquise, et sur la cause du rejet des greffes. Prix Nobel de médecine 1960.

mède adj. et n. (latin *Medus,* grec *Mêdos*) hist. De la Médie. → **médique.** *Les rois mèdes.* – n. *Les Mèdes et les Perses.*

Médéa Ville d'Algérie, chef-lieu de wilaya, dans l'Atlas tellien. 145 400 habitants. Vignobles. Industrie pharmaceutique.

médecin n. m. (de *médecine*) Personne qui exerce la médecine, est titulaire du diplôme de docteur en médecine. → **docteur, praticien, thérapeute ;** fam. **toubib.** *Médecin de famille. Médecin traitant,* qui suit le malade. – *Médecin généraliste, spécialiste* (→ **-iatre, -logue**). – *Médecin hospitalier,* travaillant à l'hôpital (par opposition à *médecin de ville*). – Le fém., rare, est *la médecin.* ■ par métaphore *Médecin de l'âme, des âmes :* prêtre, confesseur.

médecine n. f. (latin *medicina,* de l'adj. *medicinus* → **médicinal,** de *medicus* → **médical,** de *mederi* « soigner » ; famille de *méditer*) **I.** vieux ou régional Médicament, remède. *« Je vendais souvent aux hommes de bonnes médecines de cheval »* [dit Figaro] (Beaumarchais). **II. 1.** Science qui a pour objet la conservation et le rétablissement de la santé ; art de prévenir et de soigner les maladies de l'homme (→ **médecin ; médical**) ; soin(s), thérapeutique. *Étudiant en médecine.* → fam. **carabin.** – *Médecine clinique. Médecine préventive. Médecine sociale, médecine du travail. Médecine mentale.* → **psychiatrie.** *Médecine générale,* qui s'occupe de l'ensemble de l'organisme. *Médecine interne*.* – *Médecine légale,* exercée pour aider la justice, notamment en cas de crime supposé. → **médico-légal.** ■ *Médecine allopathique, homéopathique.* **2.** Études de médecine. *Faire sa médecine.* **3.** Profession du médecin.

médecine-ball [med(ə)sinbol] n. m. (anglais *medicine ball* « ballon de médecine ») anglic. Ballon lesté qui sert à la rééducation, à la gymnastique. *Des médecine-balls.*

Médecins du monde Association humanitaire internationale fondée en 1980 par des médecins issus de Médecins sans frontières. Regroupant des personnels bénévoles de la santé, elle a pour but de venir en aide aux victimes de catastrophes.

Médecins sans frontières (MSF) Association humanitaire internationale d'aide médicale fondée en 1971 par des médecins français. MSF vise à porter secours aux victimes de catastrophes et de guerres. Prix Nobel de la paix 1999.

L'association Médecins sans frontières s'appuie sur la participation bénévole de professionnels de la santé.

Médée Magicienne de la mythologie grecque, liée au cycle des Argonautes. Fille du roi de Colchide, elle s'éprend de Jason et l'aide à s'emparer de la Toison d'or. Sa légende inspira notamment Euripide, Sénèque et Corneille.

MEDEF n. m. (Mouvement des entreprises de France) Organisation patronale représentant la majorité des entrepreneurs français. Ce syndicat, créé en 1946, portait avant 1998 le nom de Conseil national du patronat français (CNPF).

Medellín Ville du centre de la Colombie, dans la Cordillère des Andes. 2,3 millions d'habitants. Centre industriel (textile, chimie, sidérurgie, agroalimentaire), commercial et universitaire.

Médenine Ville du S.-E. de la Tunisie, dans la plaine de Djeffara. 61 700 habitants. Artisanat (tapis).

médersa n. f. (mot arabe « collège ») Établissement d'enseignement religieux musulman. *Des médersas.*

Mèdes n. m. pl. Ancien peuple nomade d'Iran. Au –VIIe s., Phraorte réalisa l'union des tribus mèdes et soumit les Perses. Son fils Cyaxare mit fin à l'empire assyrien (–612) et constitua un puissant empire dont la capitale était Ecbatane. Cyrus II le Grand substitua à l'Empire mède l'Empire perse (–550).

média n. m. (de l'anglais des États-Unis, du latin *media,* plur. de *medium* → ^{1}**médium**) anglic. Moyen, technique et support de diffusion massive de l'information (presse, radio, télévision, cinéma...). *Les médias de masse.* → **mass media.** *Un évènement couvert par les médias. Un nouveau média.*

▶ « La lecture des journaux du matin est la prière quotidienne de l'homme moderne », disait Hegel. L'émergence des **médias** de masse — la presse au XIXe siècle, la radio dans les années 1920 et la télévision dans les années 1940 — a révolutionné le rapport de l'humanité avec l'information. Elle était rare, elle est devenue abondante ; elle était lente, elle est devenue rapide ; et, grâce à la multiplication des supports, relativement fiable. La presse et les médias acquièrent ainsi à l'époque contemporaine une puissance considérable. Ce « quatrième pouvoir » apparaît comme l'une des structures fondamentales de la vie démocratique ; d'où la tentation pour les politiques et le monde des affaires de le contrôler.

médersa

La médersa Attarine (XIVe s.) à Fès (Maroc).

Après 1945, le rapide essor de la télévision provoque un déclin relatif de la presse quotidienne, mais la presse magazine prend le relais ; aujourd'hui, on sait qu'un média n'en remplace pas un autre. Le déploiement d'*Internet* dans les années 1990 constitue pourtant une nouvelle révolution, qui a déjà bouleversé en profondeur le paysage médiatique et remet en question ses modèles économiques avec le développement de la gratuité. Là où le support (papier, radio, télévision) cadrait l'information, la soumettait à ses contraintes temporelles (périodicité), à son genre (émission de radio ou article de journal) et enfin à ses propres limites physiques (une pagination ou une durée limitée), Internet dématérialise l'information et s'affranchit des contraintes physiques, mêle les genres (avec le multimédia), impose sa réactivité, mais aussi et surtout multiplie les sources, ce qui pose un problème de fiabilité. Le lecteur passif, qui recevait l'information comme une « révélation », peut et doit désormais construire son propre univers médiatique en diversifiant les supports et en sélectionnant les sources et les contenus.

voir aussi **journalisme, Internet, censure, propagande**

médial, ale, aux (latin *medius* « central, au milieu » → **médio-, mi-**) **I.** adj. ling. Qui occupe le milieu d'un mot. *Syllabe médiale.* **II.** n. f. statist. Valeur qui partage un ensemble d'éléments en deux groupes égaux.

médian, ane adj. (latin *medianus* → [1]**moyen**) **1.** Qui est situé, placé au milieu. *Ligne médiane.* **2.** anat. *Nerf médian* : nerf de la flexion du membre supérieur.

Médian n. m. Région d'Arabie saoudite, entre Médine et le golfe d'Akaba.

médiane n. f. **1.** Segment de droite joignant un sommet d'un triangle au milieu du côté opposé. **2.** statist. Médiale.

médianoche n. m. (de l'espagnol, de *media* et *noche* « nuit » ; cf. *minuit*) anciennt Repas pris au milieu de la nuit. → **réveillon.**

Mediapart Journal numérique d'information payant créé en 2008 par plusieurs journalistes, dont Edwy Plenel. Il est accompagné d'un blog animé par les internautes et s'est fait remarquer par des enquêtes polémiques documentées de façon rigoureuse.

médiaplanning n. m. (de l'anglais) anglic. Choix et achat de supports en vue d'une campagne publicitaire. - recomm. offic. **plan média.**

médiastin n. m. (du latin, de *mediastinus* « qui se tient au milieu ») anat. Région du thorax située entre les deux poumons.

médiat, ate adj. (de *immédiat*) didact. Qui se fait indirectement, par intermédiaire.

médiateur, trice n. (latin *mediator* → **médiation**) **I.** Personne qui s'entremet pour résoudre un conflit, faciliter un accord. → [1]**arbitre, conciliateur, facilitateur, intermédiaire.** adj. *Commission médiatrice.* ■ (France) *Médiateur de la République* : autorité indépendante chargée de résoudre des désaccords entre les particuliers et l'Administration. **II.** biochim. *Médiateur chimique* : substance libérée par une cellule et agissant sur l'organisme. → **neuromédiateur, neurotransmetteur.**

médiathèque n. f. (de *média* et *-thèque*) Lieu où sont consultables des données rassemblées sur des supports variés, correspondant aux différents médias. □ n. **médiathécaire**

médiation n. f. (du bas latin, de *mediare*, de *medius* « au milieu » → **mi-**) Entremise destinée à mettre d'accord, à concilier ou à réconcilier des personnes, des partis, des États. → **arbitrage, conciliation ; médiateur.**

médiatique adj. **1.** Qui concerne les médias, est transmis par les médias. *Campagne médiatique.* **2.** Qui produit un bon effet dans les médias. *Un sport médiatique.* □ adv. **médiatiquement**

[1]**médiatiser** v. tr. < 1 > (de *médiat*) didact. Rendre médiat, constituer un intermédiaire. □ n. f. [1]**médiatisation**

[2]**médiatiser** v. tr. < 1 > (de *média, médiatique*) Diffuser, faire connaître par les médias. – *Évènement médiatisé.* □ n. f. [2]**médiatisation**

médiator n. m. (mot latin → **médiateur**) Lamelle utilisée pour faire vibrer les cordes de certains instruments de musique (banjo, guitare...). → **plectre.**

médiatrice n. f. (fém. de *médiateur*) Droite perpendiculaire à un segment de droite en son milieu.

médical, ale, aux adj. (latin médiéval *medicalis*, de *medicinalis* → **médicinal**) Qui concerne la médecine, relève de la médecine. *Soins médicaux. Visite médicale.* – → aussi **paramédical.**

médicalement adv. Du point de vue de la médecine.

médicaliser v. tr. < 1 > Développer l'action médicale dans (un domaine), pour (des personnes). ■ **médicalisé, ée** adj. **1.** Qui relève d'un traitement par la médecine. *Accouchement médicalisé.* **2.** Doté de personnel ou d'équipement médical. *Résidence médicalisée.* □ n. f. **médicalisation**

médicament n. m. (latin *medicamentum*, de *medicus* « propre à soigner » → **médecine**) Substance spécialement préparée pour servir de remède. → **médication, remède ;** fam. **drogue,** [2]**médoc.** *Ordonner, prescrire un médicament à un malade.*

médicamenteux, euse adj. didact. **1.** Qui a des propriétés thérapeutiques. *Substances médicamenteuses.* **2.** Relatif aux médicaments. ■ Causé par des médicaments. – *IVG médicamenteuse* (opposé à *chirurgicale*).

médication n. f. (latin *medicatio*, de *medicari* « soigner », de *medicus* → **médecine**) Emploi d'agents médicaux dans une intention thérapeutique. → **traitement.**

médicinal, ale, aux adj. (latin *medicinalis*, de *medicina* → **médecine**) Qui a des propriétés curatives. *Les plantes médicinales.*

Medicine Hat Ville du Canada (Alberta), sur la Saskatchewan Sud. 63 260 habitants. Centre agricole. Gisements de gaz naturel. Industrie alimentaire.

Medici Riccardi (palais) Palais édifié à Florence à partir de 1430 par Michelozzo pour Cosme l'Ancien et les Médicis et agrandi au XVIIe s. par le marquis de Riccardi.

Médicis n. m. pl. Famille de marchands et de banquiers italiens qui domina l'histoire de Florence du XVe au XVIIIe s. ■ **Cosme** ou **Cosimo de Médicis,** dit **l'Ancien** (1389-1464). Il domina la politique de Florence à partir de 1434 et consacra une partie de sa fortune au mécénat. ■ **Laurent** ou **Lorenzo de Médicis,** dit **Laurent le Magnifique** (1449-1492). Petit-fils de Cosme l'Ancien, il dut affronter une guerre contre le pape. Protecteur des artistes et des savants, il fut lui-même poète. ■ **Julien** ou **Giuliano de Médicis, duc de Nemours** (1478-1516), fils de Laurent le Magnifique. Il revint au pouvoir, après la révolution de Savonarole, grâce à Jules II et à la Sainte Ligue. ■ **Laurent** ou **Lorenzo II de Médicis** (1492-1519). Petit-fils de Laurent le Magnifique, il gouverna pour le compte de Léon X. Il était le père de Catherine de Médicis, reine de France. ■ **Alexandre** ou **Alessandro de Médicis** (v. 1510-1537). Il exerça une dictature impopulaire et fut assassiné par son cousin Lorenzino, dit Lorenzaccio. ■ **Cosme Ier** ou **Cosimo de Médicis** (1519-1574). Soumis à Charles Quint, il réprima la révolte des Strozzi (1538) et conquit Sienne et Lucques. Il fut fait grand-duc de Toscane en 1569. ■ **Ferdinand Ier** ou **Ferdinando de Médicis** (1549-1609). Grand-duc de Toscane en 1587, il protégea Jules Romain et Galilée et maria sa nièce Marie à Henri IV de France. ■ **Ferdinand II** ou **Ferdinando de Médicis** (1610-1670). Grand-duc de Toscane (1621-1670), il protégea Galilée et Torricelli, et fonda la première Académie des sciences naturelles en Europe (1657). ■ **Jean Gaston** ou **Gian Gastone de Médicis** (1671-1737). Dernier descendant mâle des Médicis. Sa succession passa à François III, duc de Lorraine, mari de Marie-Thérèse d'Autriche.

Laurent de Médicis, par G. Vasari (XVIe s.), galerie des Offices, Florence.

Médicis (villa) Villa de Rome, sur le mont Pincio, édifiée vers 1560. Achetée par Bonaparte en 1801, siège de l'Académie de France à Rome, elle continue d'accueillir des artistes.

médico- Élément (du latin *medicus*) qui signifie « médical ».

Médicis (villa)

La villa Médicis (côté jardin), lieu de résidence et de création pour de jeunes artistes français.

M

médicolégal, ale, aux adj. Relatif à la médecine légale. *Institut médicolégal,* la morgue.

médicopédagogique adj. Se dit d'un établissement scolaire médicalisé.

médicosocial, ale, aux [medikosɔsjal, o] adj. Relatif à la médecine sociale, à la médecine du travail.

Médie n. f. Région de l'Asie ancienne, au N.-O. de l'Iran actuel.

médiéval, ale, aux adj. (du latin *medium aevum* « âge moyen ») Relatif au Moyen Âge. → **moyenâgeux.** *Art médiéval. Études médiévales.*

médiéviste n. didact. Spécialiste, notamment historien, du Moyen Âge.

médina n. f. (mot arabe « ville ») Partie ancienne d'une ville, en Afrique du Nord (spécialt au Maroc).

Medina del Campo Ville d'Espagne (Castille-et-León). 21 515 habitants. Château de la Mota (XVe s.). Marché agricole. Nœud ferroviaire.

Medina Sidonia (Alonso Pérez de Guzman, duc de) Amiral espagnol (1550-1619). Il fut à la tête de *l'Invincible Armada* en 1588.

Médine Ville d'Arabie saoudite, chef-lieu de province, dans le Hedjaz. 918 900 habitants. Ville sainte de l'islam (tombeaux de Mahomet et de Fatima). Pèlerinage.

Médinet el-Fayoum Ville du N. de l'Égypte, dans le *Fayoum.* 475 139 habitants. Industries textiles, tanneries, manufactures de tabac. C'est l'ancienne *Crocodilopolis* des Grecs, *Arsinoé* à l'époque ptolémaïque.

Médinet-Habou Site archéologique d'Égypte, constitué par une partie de l'ancienne Thèbes. L'édifice principal est le temple de Ramsès III.

M

Médinet-Habou, le temple de Ramsès III dans la nécropole de Thèbes.

médio- Élément (du latin *medius*) qui signifie « moyen ».

médiocratie [medjɔkʀasi] n. f. (de *médio[cre]* et *-cratie*) péj. Gouvernement, domination exercée par les médiocres. □ adj. **médiocratique**

médiocre adj. (latin *mediocris* « moyen », de *medius* « au milieu » → mi-) **1.** vieux Moyen. « *Bien meilleure est souvent la médiocre vie / Sans pompe, sans honneur* [...] » (Ronsard). **2.** mod. Qui est au-dessous de la moyenne, qui est insuffisant. → **étriqué, mesquin.** *Un salaire médiocre.* → **modeste, modique, petit.** ■ Assez mauvais. → **faible, pauvre, piètre.** *Travail médiocre. Ce vin, ce repas est médiocre.* → **quelconque. 3.** (personnes) Sans aucun talent, qui ne dépasse pas ou même n'atteint pas la moyenne. → **inférieur.** *Esprit médiocre.* – n. *C'est un médiocre.*

médiocrement adv. Assez peu, assez mal. *Il joue du piano médiocrement.*

médiocrité n. f. (latin *mediocritas* « juste milieu » et « caractère insuffisant » → médiocre) **1.** vieux Situation moyenne. – Modération, juste milieu. **2.** mod. État de ce qui est médiocre (2). – Insuffisance de qualité, de valeur. → **imperfection, pauvreté, petitesse.**

médique adj. hist. anc. Qui concerne les Mèdes (et par ext. les Perses) ou la Médie.

médiques (guerres) Conflits qui opposèrent les cités grecques à l'Empire perse au Ve s. av. J.-C. La *première guerre médique* se solda par la victoire grecque de Marathon (–490). La *deuxième guerre médique* vit l'incendie d'Athènes et la défaite de la flotte perse à Salamine (–480). La paix de Callias (449-448 av. J.-C.) mit fin aux guerres.

médire v. intr. <37 sauf *vous médisez*> (de *mé-* et *dire*) Dire (de qqn) le mal qu'on sait ou croit savoir sur son compte. *Médire de, sur qqn.* → **attaquer, critiquer, dénigrer ; calomnier.**

médisance n. f. (de *médisant*) **1.** Action de médire. → **dénigrement, diffamation. 2.** Propos d'une personne qui médit. → **ragot.**

médisant, ante adj. (p. prés. de *médire*) Qui médit. *Être médisant.* – n. *Des médisants.* ■ *Propos médisants.*

méditatif, ive adj. (du latin médiéval → méditer) Qui est porté à la méditation. *Un vieil homme méditatif.* – n. *Un méditatif.* ■ *Esprit méditatif. Avoir un air méditatif.* → **pensif, préoccupé, rêveur.**

méditation n. f. (du latin → méditer) Réflexion qui approfondit un sujet, mûrit un projet. *Cette œuvre est le fruit de ses méditations.* – *Pratiquer la méditation philosophique, mystique, religieuse.*

méditer v. <1> (latin *meditari,* de *mederi* « donner ses soins » ; famille de *médecin, médical* → préméditer) **I.** v. tr. **1.** Soumettre (qqch.) à une longue et profonde réflexion. → **approfondir.** *Méditez ce que je vous ai dit.* **2.** Préparer par une longue réflexion (une œuvre, une entreprise). *Méditer un projet.* → **combiner.** *Méditer de faire qqch.* → **projeter. II.** v. intr. S'absorber dans la méditation ; penser longuement (sur un sujet). → **réfléchir.**

Méditerranée n. f. Mer intérieure entre l'Afrique, l'Asie et l'Europe. 2,9 millions de km^2. Elle communique avec l'océan Atlantique par le détroit de Gibraltar, avec la mer Noire par les Dardanelles et le Bosphore. Le canal de Suez la relie à la mer Rouge.

méditerranéen, enne adj. et n. Qui appartient, se rapporte à la Méditerranée, à ses rivages. *Un climat méditerranéen. Les peuples méditerranéens.* – n. *Les Méditerranéens.* – *Régime méditerranéen :* régime à base de fruits, de légumes, d'huile d'olive (dit aussi *régime crétois*).

¹médium [medjɔm] n. m. (latin *medium* « milieu », de *medius* « au milieu » → mi-) **1.** Registre moyen d'un instrument, d'une voix, entre le grave et l'aigu. *Haut médium, bas médium.* **2.** (→ média) Média (lorsqu'on considère cette forme comme un pluriel).

²médium [medjɔm] n. (de l'anglais, du latin *medium* → ¹médium ; média) Personne réputée douée du pouvoir de communiquer avec les esprits (→ télépathie). □ n. f. **médiumnité** □ adj. **médiumnique**

³médium [medjɔm] n. (de l'anglais *medium density fibres*) techn. Aggloméré de fibres de bois présenté sous forme de panneaux. *Meubles en médium.*

médius [medjys] n. m. (latin *medius [digitus]* « [doigt] du milieu » → mi-) Doigt du milieu de la main. → **¹majeur.**

Medjerda n. f. Fleuve d'Afrique du Nord. Née en Algérie, elle traverse la Tunisie et se jette dans le golfe de Tunis.

medley [mɛdlɛ] n. m. (mot anglais « mélange », du français → mêler) anglic. vieilli Pièce musicale regroupant des extraits de différents morceaux. → **pot-pourri.** *Un medley de ses plus grands succès.*

¹médoc n. m. Bordeaux rouge de la région du Médoc. *Les grands médocs.*

²médoc n. m. (croisement vraisemblable de *médic[ament]* et de *doc[teur]*) fam. Médicament.

Médoc n. m. Région viticole de la Gironde, dans le Bordelais. Vins rouges réputés.

médullaire adj. (du latin, de *medulla* → moelle) sc. Qui a rapport à la moelle épinière ou à la moelle des os, des plantes. *Canal médullaire.* ■ Relatif à la partie centrale de certains organes (opposé à *cortical*).

médullosurrénale n. f. (du latin *medulla* → moelle et de *surrénale*) anat. Partie interne des capsules surrénales, sécrétant l'adrénaline.

méduse n. f. (du n. propre, de *medein* « songer, être préoccupé » ; famille du latin *mederi* → médecine, méditer) **1.** Animal marin nageur (cnidaire), formé de tissus transparents d'apparence gélatineuse, ayant la forme d'une cloche (→ **ombrelle**) sous laquelle se trouvent la bouche et les tentacules. *Piqûre de méduse.* **2.** Forme libre et sexuée des hydrozoaires.

Méduse L'une des trois Gorgones. Son regard pétrifie quiconque ose la fixer.

Tête de Méduse, mosaïque des thermes de Dar Smala (IIe s.), Musée archéologique de Sousse (Tunisie).

méduser v. tr. <1> (→ méduse) Frapper de stupeur. → **pétrifier, stupéfier.** – au p. p. *Il en est resté médusé.*

Medvedev (Dmitri) Homme d'État russe (né en 1965). Vice-Premier ministre de V. Poutine depuis 2005, il succéda à ce dernier à la présidence de la république en 2008. Il redevint Premier ministre de 2012 à 2020 puis fut nommé vice-président du Conseil de sécurité russe.

Meerhout Ville de Belgique (province d'Anvers), sur la Grande Nèthe et le canal Albert. 10 326 habitants. Industrie chimique.

Meerut ou **Mirath** Ville du N. de l'Inde (Uttar Pradesh). 1 420 900 habitants. Elle est située dans la zone industrielle de Delhi (produits chimiques, textile). Elle fut en 1857 le point de départ de la révolte des cipayes.

Mée-sur-Seine (Le) Commune de la Seine-et-Marne, dans la banlieue de Melun. 20 677 habitants.

meeting [mitiŋ] n. m. (mot anglais, de *to meet* « se rencontrer ») anglic. **1.** Réunion publique politique, sociale. **2.** Démonstration, réunion sportive pour un nombreux public. *Meeting d'athlétisme, meeting aérien.*

méfait n. m. (→ ²fait) **1.** Action mauvaise, nuisible à autrui ; délit. *Il a commis de graves méfaits.* **2.** Résultat pernicieux. *Les méfaits du tabac.*

Mefano (Paul) Compositeur français (1937-2020). Élève de Messiaen et de Milhaud, il a également travaillé avec Stockhausen, Pousseur et Boulez. *Incidences ; Micromégas.*

méfiance n. f. (de *méfiant*) Disposition à se méfier ; état d'une personne qui se méfie (s'oppose à *confiance*). → **défiance, doute.** « *Il était expérimenté / Et savait que la méfiance / Est mère de la sûreté* » (La Fontaine).

méfiant, ante adj. (de *se méfier*) Qui se méfie, est enclin à la méfiance (s'oppose à *confiant*). → **défiant, soupçonneux.**

se méfier v. pron. < 7 > (→ mé- et [1]fier) **1.** *Se méfier de* : ne pas se fier (à qqn) ; se tenir en garde (contre les intentions de qqn). → **se défier.** *Se méfier d'un concurrent, d'un flatteur. Je me méfie de ses bonnes paroles.* → **douter. 2.** Être sur ses gardes.

méforme n. f. (de *mé-* et *forme*) Mauvaise condition physique.

méga voir **mégaoctet**

még(a)-, mégalo- ; -mégalie Éléments (du grec *megas*) qui signifient « grand » (*még(a)-* : « un million », dans les noms d'unités physiques ; 2^{20}, en informatique).

mégacéros [megaseʀɔs] n. m. (du grec *keras* « corne » → **kérat[o]-**) paléont. Grand cervidé fossile (ruminant) du quaternaire, aux bois immenses.

mégacôlon n. m. méd. Dilatation anormale du gros intestin.

mégadonnées n. f. pl. Recomm. offic. pour *big* data.*

mégahertz [megaɛʀts] n. m. sc. Unité de fréquence valant 1 million de hertz (symb. MHz).

mégalithe n. m. (→ -lithe) didact. Monument de pierre brute de grandes dimensions (ex. dolmen, menhir). □ **mégalithique** adj. *Monuments mégalithiques.*

mégalomane adj. Atteint de mégalomanie. – Qui a la folie des grandeurs, est d'un orgueil excessif. – n. *C'est un, une mégalomane.* - abrév. fam. **mégalo.** *Elles sont complètement mégalos.*

mégalomanie n. f. (→ manie) **1.** Comportement pathologique caractérisé par le désir excessif de gloire, de puissance (folie des grandeurs). **2.** Ambition, orgueil démesurés. □ **mégalomaniaque** adj. *Délire mégalomaniaque.*

mégalopole n. f. (anglais *megalopolis*, du grec *polis* « cité » → [1]politique) didact. Très grande agglomération urbaine formée de plusieurs grandes villes proches. → **mégapole.**

Megalopolis Ville de Grèce, en Arcadie. Env. 5 800 habitants. Bâtie par Épaminondas au IVe s. av. J.-C., elle fut la capitale de l'Arcadie unifiée, barrière contre Sparte.

mégaoctet n. m. inform. Unité de capacité de mémoire valant 2^{20} octets (symb. Mo). - abrév. **méga.** *Fichier de deux mégas.*

mégaphone n. m. (→ -phone) Appareil servant à amplifier les sons. → **porte-voix.**

mégapole n. f. (contraction de *mégalopole*) Agglomération urbaine gigantesque de plusieurs millions d'habitants. *Tōkyō, New York, mégapoles modernes.*

mégaptère n. m. (→ -ptère) zool. Mammifère cétacé du type de la baleine (baleine à bosse). → **jubarte.**

Mégara Hyblaea Ancienne ville de Sicile, sur la côte ionienne. Colonie de Mégare, elle fut détruite vers –483 par les Syracusains.

par mégarde loc. adv. (de *mé-* et *garde*) Par inattention, sans le vouloir. → par **erreur,** par **inadvertance.** *J'ai pris votre livre par mégarde.*

Mégare Ville de Grèce, en Attique, près d'Athènes. 26 500 habitants. Elle connut dans l'Antiquité une importante période de prospérité (VIIIe s.-Ve s. av. J.-C.), fondant de nombreuses colonies (Sicile, Bosphore et

mégalithes

1. Dolmen de Poulnabrone, comté de Clare, Irlande (2 500 av. J.-C.). 2. Menhirs de Callandish, île de Lewis, Écosse (3 500 av. J.-C.). 3. Statue-menhir de Filitosa, Corse (3 000 av. J.-C.).

▶ Les **mégalithes** sont des constructions monumentales faites de grandes pierres érigées par les hommes dès la préhistoire (en Europe de l'Ouest en particulier). Parmi celles-ci, les menhirs désignent des pierres dressées qui s'élèvent isolées dans la nature ou forment des alignements rectilignes (Carnac) ou encore des figures circulaires (cromlech de Stonehenge). Parfois, les menhirs sont coiffés d'une pierre horizontale (*taulas* des Baléares, *trilithes* de Stonehenge) et ornés de gravures (spirales, figures humaines). Humbles ou imposants, ces sites mégalithiques ont sans doute été des sanctuaires aux fonctions religieuses mais aussi astronomiques.
Les dolmens (Locmariaquer) sont également des architectures mégalithiques. Constitués de dalles verticales supportant des plaques horizontales, ils s'allongent parfois jusqu'à former de véritables allées couvertes. Ce sont des chambres funéraires qui peuvent être enfouies sous un tumulus.
Apparu vers le Ve millénaire av. J.-C. en Europe occidentale et en Afrique centrale, le phénomène mégalithique s'épanouit entre 3500 à 1500 av. J.-C. et gagna divers foyers en Méditerranée (Malte, Corse, Sardaigne), en Afrique du Nord, en Amérique du Sud et en Asie.
En dépit des recherches, des questions demeurent partout sur la façon dont les hommes ont pu déplacer et lever ces énormes pierres qui tiennent sans mortier.

voir aussi **préhistoire**

Pont-Euxin). Elle fut affaiblie par la lutte contre Athènes puis par la guerre du Péloponnèse.

Mégasthènes Historien et géographe grec (IIIe s. av. J.-C.). Envoyé en Inde par Séleucos Nicator, il rapporta sur ces régions un des plus importants témoignages de l'époque.

mégathérium [megateʀjɔm] n. m. (du grec *thêrion* « bête sauvage ») paléont. Grand mammifère fossile des ères tertiaire et quaternaire, de la taille d'un éléphant.

mégatonne n. f. Unité de puissance destructrice d'un explosif nucléaire, équivalant à celle d'1 million de tonnes de TNT (symb. Mt). *Une bombe H de 5 mégatonnes.*

mégavirus n. m. virol. Virus géant à ADN, doté d'un génome contenant plusieurs centaines de gènes.

Mégawati Sukarnoputri Femme d'État indonésienne (née en 1947). Fille de Sukarno, elle fonda le Parti démocratique indonésien et fut la première femme à accéder à la présidence de la République (2001-2004).

mégawatt [megawat] n. m. techn. Unité de puissance électrique valant 1 million de watts (symb. MW).

mégenrer v. tr. < 1 > (de *mé-* et *genrer*) didact. Ne pas attribuer à (qqn) le genre qui correspond à son identité de genre. *Mégenrer une personne non binaire.*

mégère n. f. (latin *Megaera*, du grec *Megaira*, n. d'une Érinye, en latin Furie, déesse de la Vengeance) Femme méchante et criarde. → **chipie, furie.** « *La Mégère apprivoisée* » (titre français d'une pièce de Shakespeare).

Megève Commune de la Haute-Savoie, à 1 113 m d'altitude. 2 999 habitants. Station de sports d'hiver.

Meghalaya n. m. État du N.-E. de l'Inde, bordé au S. par le Bangladesh. 22 489 km². 3,6 millions d'habitants. Capitale : Shillong. Agriculture vivrière. Exploitation de houille.

mégir ou **mégisser** v. tr. < 2 ; 1 > (de *mégis*) techn. Tanner et blanchir (une peau, un cuir) avec une préparation à base d'alun. – au p. p. *Cuir, chevreau mégi.*

mégis n. m. (ancien français *mégier*, qui vient du latin *medicare* → **médecin, médical**) techn. Bain d'alun, de cendre et d'eau utilisé pour mégir les peaux.

mégisserie n. f. **1.** Préparation des cuirs utilisés par la ganterie et la pelleterie. → **tannerie. 2.** Industrie, commerce de ces cuirs. □ n. **mégissier, ière**

mégot n. m. (p.-ê. apparenté à *meg*, forme ancienne de *mec*) fam. Bout de cigarette ou de cigare restant de ce qu'on a fumé. → fam. **clope.**

mégoter v. tr. < 1 > (de *mégot*) fam. Lésiner. *Elle ne mégote pas sur les cadeaux.* □ n. m. **mégotage** □ n. **mégoteur, euse**

méharée n. f. (de *méhari*) Expédition faite avec des méharis.

méhari n. m. (arabe du Maghreb *mahri*, plur. *mahara* « de la tribu de Mahra, en Arabie ») Dromadaire de selle en Afrique du Nord, au Sahara. *Des méharis* ou *des mehara* [me-] (plur. arabe).

méhariste [meaʀist] n. (de *méhari*) Personne qui monte un méhari.

Méhémet Ali ou **Muḥammad ʿAlī** (1769-1849). Vice-roi d'Égypte (1805-1849). Reconnu pacha d'Égypte par le sultan ottoman, il réduisit les Mamelouks en 1811. Il lutta contre les pirates de la mer Rouge et conquit le N. du Soudan. Défait à Navarin par les flottes britannique, française et

M

Meier (Richard)

Richard Meier, le Getty Center (1997) sur les hauteurs de Los Angeles.

russe (1827), il obtint cependant la Crète. Il envoya son fils Ibrāhīm conquérir la Palestine et la Syrie contre les Turcs (1831-1832), provoquant l'intervention des grandes puissances européennes. Le traité de Londres (1840) lui imposa d'évacuer la Syrie, la Crète et la Hedjaz, mais lui accorda la possession héréditaire de l'Égypte et du Soudan. Ses nombreuses réformes, notamment agraires, et ses réalisations (industrialisation, développement du réseau routier) font de lui le fondateur de l'Égypte moderne.

Mehmet Nom de sultans ottomans. ■ **Mehmet II al-Fatih** (1432-1481). Sultan de 1444 à 1446 puis de 1451 à sa mort. Il prit Constantinople en 1453, mettant ainsi fin à l'Empire romain d'Orient. ■ **Mehmet IV** (1642-1692). Sultan de 1648 à 1687. Son règne fut troublé par les intrigues et les révoltes, dont celle qui le déposa après la défaite de Mohács. ■ **Mehmet V** (1844-1918). Sultan de 1909 à 1918. Il accepta le régime constitutionnel proposé par le parti jeune-turc et ne joua plus alors qu'un rôle secondaire. ■ **Mehmet VI** (1861-1926). Dernier sultan ottoman, de 1918 à 1922. Il fut destitué par Mustafa Kemal.

Mehta (Zubin) Chef d'orchestre indien (né en 1936). Il fut le directeur musical de plusieurs orchestres philharmoniques (Los Angeles, New York, Israël).

Méhul (Étienne) Compositeur français (1763-1817). Auteur d'opéras (*Joseph*), il composa aussi des hymnes patriotiques sous la Révolution française, dont le *Chant du départ*.

Mehun-sur-Yèvre Commune du Cher, en Champagne berrichonne. 6 502 habitants. Vestiges du château (XIVe s.) où mourut Charles VII.

Meier (Gerhard) Écrivain suisse (1917-2008). Il a dépeint dans ses romans le quotidien provincial et la nature. *Die Besuch.*

Meier (Richard Alan) Architecte américain (né en 1934). Maître de la transparence et de la lumière, il a conçu des édifices d'une blancheur immaculée (musée d'Art d'Atlanta, Getty Center à Los Angeles, église « Dives in misericordia » à Rome). Prix Pritzker 1984.

Meije n. f. Massif des Alpes françaises (Oisans), aux confins de l'Isère et des Hautes-Alpes. 3 983 m au Grand Pic de la Meije.

Meiji Tennō (1852-1912). Empereur du Japon de 1867 à sa mort. Il fit de Tōkyō sa capitale, abolit le shogunat des Tokugawa et accepta une constitution de type moderne (1889). Il favorisa l'industrialisation et remporta la guerre contre la Chine (1894-1895) puis contre la Russie (1904-1905). Il fut le fondateur du Japon moderne *(ère Meiji)*.

Meilhac [mɛjak] **(Henri)** Auteur dramatique français (1831-1897). En collaboration avec Ludovic Halévy, il est l'auteur des livrets de nombreux opéras bouffes dont Offenbach composa la musique.

Meillant Commune du Cher. 673 habitants. Château (XVe s.).

Meillet (Antoine) Linguiste français (1866-1936). Ses travaux portèrent notamment sur la comparaison des langues indo-européennes. *Introduction à l'étude comparative des langues indo-européennes.*

meilleur, eure adj. **(vient du latin *melior* → améliorer, compar. de *bonus*, famille de *multus* « beaucoup » → moult, multiple)** **I.** Comparatif de supériorité de *bon* **(contr. pire)**. **1.** Qui l'emporte (en bonté, qualité, agrément). *Elle a trouvé une meilleure place que nous. Être de meilleure humeur. Meilleur marché* **(compar. de *bon marché*)**. **–** *Rêver d'un monde meilleur.* **2. adv.** *Il fait meilleur aujourd'hui qu'hier*, le temps est meilleur, plus clément. **II.** ***Le meilleur, la meilleure.*** Superlatif de *bon*. **1. (+ *de* ou adj. poss.)** *C'est la meilleure de toutes. Je vous envoie mes meilleurs vœux.* **– (avec nom + *que* + subj.)** *C'est le meilleur film que j'aie jamais vu.* **2. (après un nom)** *Ils choisissent les vins les meilleurs.* **3. (sans nom, avec *de*)** *« Tout va pour le mieux dans le meilleur des mondes possibles »* (d'après Leibniz). **– loc.** *J'en passe et des meilleures*, je ne dis pas ce qu'il y a de plus intéressant, de plus amusant. **4. (sans nom et sans *de*)** *Être le meilleur.* **–** ***La meilleure*** : l'histoire la plus étonnante. *Tu connais la meilleure ?* **– (personnes)** ***Le meilleur, les meilleurs.*** *Que le meilleur gagne !* ■ ***Le meilleur*** : la partie la meilleure. **–** *Pour le meilleur et pour le pire* : pour toutes circonstances de la vie (notamment, lorsqu'on se marie). **III. (seul, suivi d'un nom)** Superlatif de *bon* dans les formules de souhaits. *Meilleurs vœux !*, acceptez mes vœux les meilleurs. *Meilleure santé !*

Meiningen Ville du centre de l'Allemagne (Thuringe), sur la Werra. 22 400 habitants. Église du Xe s. Château des XVIe-XVIIe siècles.

Mein Kampf allemand **« Mon combat »** Ouvrage rédigé en prison par Adolf Hitler en 1924 où sont exposés les principes du national-socialisme.

Meinong (Alexius) Philosophe et psychologue autrichien (1853-1920). Élève de F. Brentano, il fonda le premier laboratoire de psychologie en Autriche, et élabora une théorie de l'objet de la connaissance visant à dépasser l'opposition entre réalisme et idéalisme. *La Théorie de l'objet : présentation personnelle.*

méiose n. f. **(de l'anglais, du grec *meiôsis* « décroissance ») biol.** Division de la cellule **(→ mitose)** en deux étapes, avec réduction de moitié du nombre de chromosomes. □ **adj. méiotique**

Meir (Golda Myerson, Golda) Femme politique israélienne (1898-1978). Plusieurs fois ministre, secrétaire général du parti travailliste Mapaï (1965), elle fut Premier ministre de 1969 à 1974.

Meissen Ville de l'E. de l'Allemagne (Saxe), sur l'Elbe, au N.-O. de Dresde. 29 510 habitants. Cathédrale gothique. Château du XVe s. Manufacture de porcelaines depuis le XVIIIe siècle.

Meissonier (Jean-Louis Ernest) Peintre français (1815-1891). Il se spécialisa dans la peinture de scènes militaires d'un réalisme minutieux.

Meissonnier (Juste Aurèle) Peintre, sculpteur, décorateur et ornemaniste français d'origine italienne (1695-1750). Il fut

méiose

Chez l'homme, le noyau contient 23 paires de chromosomes.

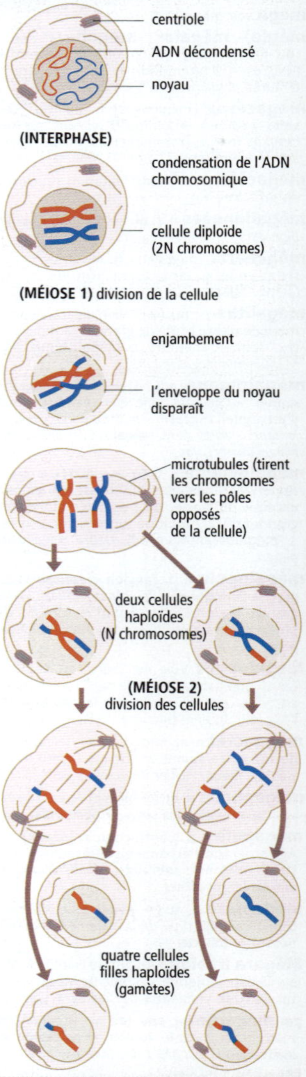

Lors de la méiose, chaque cellule ne donne que la moitié de son patrimoine génétique aux cellules filles. Un brassage intra- et interchromosomique assure la diversité génétique des gamètes formés.

Meir (Golda)

Golda Meir avec Shimon Peres et Anouar al-Sadate, en 1977 à la Knesset.

nommé par Louis XV dessinateur du cabinet du roi. C'est l'un des principaux représentants du style rocaille.

Meitner (Lise) Physicienne autrichienne (1878-1968). Spécialiste de physique nucléaire, elle découvrit, avec O. Hahn, le protactinium et étudia la fission de l'uranium.

meitnerium [majtneʀjɔm] n. m. (du n. de Lise Meitner) chim. Élément atomique artificiel (symb. Mt ; n° at. 109 ; masse at. 268).

méjuger v. tr. <3> (→ juger) **1.** v. tr. ind. *Méjuger de :* estimer trop peu. → **sous-évaluer, sous-estimer.** *Méjuger de qqn.* **2.** v. tr. dir. Juger mal. → **méconnaître, mésestimer.** *On l'a méjugé.* ■ se **méjuger** v. pron. Se sous-estimer.

Mekhithar ou **Mechithar** (Pierre Manouk, dit) Moine et théologien arménien (1670-1749). Fondateur de la congrégation des *mékhitharistes* (moines catholiques), il publia une édition de la Bible en arménien.

Meknès Ville du N. du Maroc, à une centaine de kilomètres à l'E. de Rabat. 632 079 habitants. Monuments du XVIIe s. (enceinte, ruines de l'ancienne cité impériale). Centre commercial, agricole et touristique.

Meknès, la porte Bab al-Mansour (1732).

Mékong n. m. Fleuve d'Asie. 4 200 km. Il naît sur le plateau du Tibet oriental, traverse le Yunnan, le Laos, le Viêtnam, et se jette dans la mer de Chine orientale, formant un vaste delta.

mélæna voir **méléna**

Melaka en anglais **Malacca** Ville de Malaisie, capitale de l'État du même nom, sur le détroit de Malacca. 369 200 habitants. Port de commerce et de pêche.

mélamine n. f. (allemand *Melamine*, de *-amine* et *melam* désignant un produit) chim. Composé cyclique obtenu à partir de la cyanamide servant à la fabrication de résines synthétiques. → **formica.** – Ces résines. □ adj. **mélaminé, ée**

mélampyre n. m. (grec *melampuron*, de *melas* « noir » et *puros* « blé ») bot. Plante herbacée dont certaines espèces comme le *mélampyre des prés* vivent en parasites des céréales.

mélan- voir **mélan(o)-**

Melanchthon (Philipp Schwarzerd, hellénisé en) Réformateur religieux allemand (1497-1560). Disciple de Luther, il rédigea la *Confession d'Augsbourg*, et devint chef de l'Église luthérienne à la mort de celui-ci. *Loci communes theologiae.*

mélancolie n. f. (du latin, du grec *melankholia* « bile noire », de *melas, melanos* « noir » et *kholê* « bile ») **1.** vieux Bile noire, hypocondrie. **2.** littér. État de tristesse vague accompagné de rêverie. *« Le soleil noir de la mélancolie »* (Nerval). *Accès, crises de mélancolie.* **3.** Caractère de ce qui inspire un tel état. *La mélancolie d'un paysage.* **4.** psych. État d'asthénie dépressive aiguë.

mélancolique adj. **1.** vieux Atrabilaire, hypocondriaque. **2.** Qui manifeste de la mélancolie (2). → **triste.** **3.** Qui engendre la mélancolie. *Une chanson mélancolique.* □ adv. **mélancoliquement**

Mélanésie n. f. Ensemble d'îles du S.-O. du Pacifique (Océanie), comprenant principalement la Nouvelle-Guinée, la Nouvelle-Calédonie, les îles Fidji et les îles Salomon. Environ 965 000 km^2.

mélanésien, ienne adj. et n. (de *Mélanésie*) De Mélanésie. ■ n. m. *Le mélanésien :* ensemble des langues parlées en Mélanésie.

Mélanésiens n. m. pl. Population de la Mélanésie regroupant des sociétés diverses ayant en commun une organisation de type clanique. Leurs langues appartiennent en général au groupe malayo-polynésien.

mélange n. m. (de *mêler*) **1.** Action de mêler, de se mêler. *Opérer le mélange de divers éléments.* → **association, combinaison, fusion, union.** ■ *Sans mélange :* pur, parfait. *Substance à l'état isolé et sans mélange. Un bonheur sans mélange.* **2.** Ensemble résultant de l'union de choses différentes, d'éléments divers. → **amalgame.** *Un mélange de farine et d'œufs.* **3.** fig. Réunion (d'éléments distincts) ; son résultat. → **assemblage, composé, mixte.** *Un curieux mélange de courage et de faiblesse.* **4.** plur. Réunion d'écrits sur des sujets variés.

mélanger v. tr. <3> **1.** Unir (des choses différentes) de manière à former un tout (s'oppose à *séparer, trier*). → **associer, combiner, mêler, réunir.** *Mélanger une chose à une autre, avec une autre.* – pronom. → **s'amalgamer.** *Les deux liquides se mélangent bien.* **2.** fam. Mettre ensemble (des choses) sans chercher ou sans parvenir à (les) ordonner. → **brouiller** ; - contr. **classer, trier.** – Mettre en désordre. *Mélanger les cartes.* → **battre.** – fig. *Vous mélangez tout !*, vous confondez. – loc. fam. *Se mélanger les pédales, les pinceaux,* s'embrouiller. ■ **mélangé, ée** adj. Hétéroclite, disparate. *Des sentiments mélangés,* complexes, contradictoires.

mélangeur, euse n. **1.** Appareil servant à mélanger diverses substances. – appos. *Robinet mélangeur.* **2.** Dispositif mêlant et dosant les courants reçus de différents micros. → **mixage.**

mélanine n. f. (de *mélan-*) biol. Pigment brun foncé (peau, cheveux, iris).

mélanique adj. biol., méd. Relatif à la mélanine, caractérisé par la présence de mélanine. *Tumeur mélanique.* → **mélanome.**

mélanisme n. m. (de *mélan-*) méd. Pigmentation anormalement foncée (des peaux claires).

mélan(o)- Élément (du grec *melas, melanos*) qui signifie « noir ».

mélanocyte n. m. (de *mélano-* + *-cyte*) biol. Cellule capable de produire la mélanine.

mélanodermie n. f. (de *mélano-* + *-dermie*) méd. Pigmentation excessive de la peau et des muqueuses. → **mélanisme.** *Mélanodermie parasitaire.*

mélanome n. m. (→ -ome) pathol. Tumeur issue des mélanocytes (tumeur mélanique). *Mélanome bénin,* grain de beauté. → **nævus.** *Mélanome malin.*

mélanose n. f. (→ ^{2}-ose) **1.** pathol. Accumulation anormale de mélanine dans les tissus. → **mélanisme.** **2.** Maladie de la vigne se manifestant par des taches sombres sur les feuilles.

mêlant, ante adj. (Canada) Difficile à comprendre. → **confus, embrouillé.** – loc. fam. *C'est pas mêlant :* c'est bien simple.

mélasse n. f. (latin médiéval *meliacea*, du bas latin *mellaceus*, de *mel* → miel) **I.** Résidu sirupeux de la cristallisation du sucre. **II.** fig., fam. **1.** Brouillard épais. **2.** Situation pénible et inextricable. *Être dans la mélasse.* → fam. **panade, pétrin.**

mélatonine n. f. (de l'anglais, de *méla[no]-*, *ton[ic]* et *-ine*) biol. Neurotransmetteur régulateur des rythmes biologiques.

melba adj. invar. (du n. propre) *Pêches, fraises Melba,* dressées dans une coupe sur une couche de glace et nappées de crème Chantilly. – n. f. *Des melbas.*

Mékong

Dans le delta du Mékong, le marché flottant de Phụng Hiệp.

Melba (Helen Mitchell, dite Nellie) Cantatrice australienne (1861-1931). Elle triompha sur toutes les scènes du monde. La *pêche Melba* fut créée en son honneur.

Melbourne (William Lamb, 2e vicomte) Homme politique britannique (1779-1848). Premier ministre (1834,1835-1841), il fit l'éducation politique de la reine Victoria.

Melbourne Ville du S.-E. de l'Australie, capitale de l'État de Victoria, sur le détroit de Bass. 3 371 900 habitants. Port. Centre culturel et industriel.

Melbourne, la gare centrale et le clocher de la cathédrale anglicane Saint Paul.

Melchior L'un des trois Rois mages de la tradition chrétienne, généralement décrit sous les traits d'un vieillard, portant l'or à l'enfant Jésus.

Melchior (Hommel Lebrecht, dit Lauritz) Ténor américain d'origine danoise (1890-1973). Spécialiste du répertoire wagnérien, il fut l'un des grands interprètes de Tristan et de Siegfried.

Melchisédech [mɛlkisedɛk] Personnage biblique, grand-prêtre et roi de Salem (Jérusalem). Dans la tradition chrétienne, il préfigure le Christ.

melchite ou **melkite** [mɛlkit] n. (du syriaque « impérial », de *malkâ* « roi, empereur ») relig. Chrétien catholique ou orthodoxe de l'Église byzantine des patriarcats d'Alexandrie, Jérusalem et Antioche.

méléagrine n. f. (de *Méléagre*, héros mythologique) zool. Mollusque lamellibranche, huître perlière. → **pintadine.**

mêlécasse ou **mêlé-casse** n. m. (de *mêler* et *cassis*) **1.** anciennt Mélange d'eau-de-vie et de cassis. *Des mêlécasses, des mêlés-casses.* **2.** loc. fam. *Voix de mêlécasse,* rauque, cassée.

mêlée n. f. **1.** Combattants mêlés dans un corps à corps. – Lutte, conflit. *Se jeter dans la mêlée.* → **arène.** – loc. *Rester au-dessus de la mêlée,* considérer un conflit sans prendre parti. **2.** Phase du jeu de rugby, dans laquelle plusieurs joueurs de chaque équipe se font face arc-boutés, pour récupérer le ballon. *Demi de mêlée.*

méléna ou **mélæna** [melena] n. m. (du latin, du grec *melaina,* fém. de *melas* « noir » → **mélan[o]-**) méd. Évacuation de selles noirâtres, contenant du sang digéré (symptôme d'une hémorragie du tube digestif).

Mélenchon (Jean-Luc) Homme politique français (né en 1951). Sénateur puis député européen socialiste, ministre dans le gouvernement de L. Jospin. Il se présenta aux élections présidentielles de 2012 (pour le Front de gauche : alliance entre son parti et le parti communiste), de 2017 (pour la France insoumise qu'il fonda en 2016) et de 2022.

Meléndez (Luis Egidio) Peintre et dessinateur espagnol (1716-1780). Il réalisa des natures mortes aux motifs simples, qui révèlent un sens méticuleux de l'observation.

Meléndez Valdés (Juan Antonio) Poète espagnol (1754-1871). Sa poésie (églogues, odes, romances), d'inspiration lyrique et pastorale, en fit l'un des grands poètes espagnols de son temps.

mêler v. tr. < 1 > (vient du latin pop. *misculare,* de *miscere* « mélanger, troubler » ; → **démêler, emmêler ; mélange, pêle-mêle**) **1.** rare en emploi concret Unir, mettre ensemble (plusieurs choses différentes) de manière à former un tout (opposé à *isoler, séparer, trier*). → **amalgamer, combiner, mélanger.** *Mêler des substances.* ■ Réunir (des choses abstraites) réellement ou par la pensée. **2.** Mettre en désordre. → **brouiller, embrouiller.** – *Mêler les cartes.* → **battre. 3.** *Mêler* (qqch.) *à, avec,* ajouter (une chose) à une autre, mettre (une chose) avec une autre, et les confondre. – Manifester à la fois (des choses différentes, opposées). → **allier, joindre.** *Il mêle la bêtise à l'ignorance.* **4.** *Mêler* (qqn) *à* : faire participer à. *On l'a mêlé à une affaire douteuse.* ■ **se mêler** v. pron. **1.** (choses) Être mêlé, mis ensemble. *Parfums, senteurs qui se mêlent.* → **fusionner.** – *Se mêler à, avec* : se joindre, s'unir à, pour former un tout. **2.** (personnes) Se joindre à (un ensemble de gens), aller avec eux. *Se mêler à un groupe, à la foule.* **3.** *Se mêler de* : s'occuper de (qqch.), notamment lorsqu'on ne le devrait pas. *Mêlez-vous de vos affaires !* ■ **mêlé, ée** adj. **1.** Qui forme un mélange. *Couleurs mêlées.* **2.** *Mêlé de* : qui est mélangé à (qqch.). *Une gravité mêlée d'humour.* **3.** (Canada) fam. Qui est dans la confusion. *Elle était toute mêlée.*

mêle-tout n. invar. (de *mêler* et *tout*) régional (Nord, Belgique) Personne qui se mêle des affaires d'autrui, qui est indiscrète. - var. RO **mêletout** n.

mélèze n. m. (mot dauphinois, d'un préroman *melix, melice,* du radical gaulois *mel-* et latin *larix*) Arbre (conifère) à cônes dressés des montagnes d'Europe.

mélia n. m. (grec *melia* « frêne ») bot. Petit arbre d'Asie occidentale appelé aussi *lilas des Indes,* à fleurs odorantes pourpres. *Des mélias.*

Méliès (Georges) Cinéaste français (1861-1938). Illusionniste de formation, il réalisa, entre 1896 et 1913, plus de 500 petits films *(Le Voyage dans la Lune)* remarquables d'invention et de poésie. Créateur de la mise en scène et des trucages au cinéma, c'est l'un des pionniers du septième art.

Melilla Enclave espagnole sur la côte méditerranéenne du Maroc. 87 000 habitants. Port franc. La ville fut prise par les Espagnols en 1496.

mélilot n. m. (du latin, du grec *melilôtos,* de *meli* « miel » et *lôtos* « lotus ») Plante herbacée à fleurs très odorantes employées en pharmacie et en parfumerie.

méli-mélo n. m. (de l'ancien français *meslemesle* → **mêler**) fam. Mélange très confus et désordonné. → **embrouillamini, fouillis.** *Des mélis-mélos.* - var. RO **mélimélo.**

Méline (Jules) Homme d'État français (1838-1925). Ministre de l'Agriculture (1883-1885 et 1915-1916), il créa le Mérite agricole et mena une politique protectionniste. Il fut président du Conseil de 1896 à 1898.

mélinite n. f. (du latin, du grec *mêlinos* « couleur de coing ») Puissant explosif à base d'acide picrique fondu.

mélioratif, ive adj. (du latin, de *melior* → **meilleur,** d'après *péjoratif*) ling. Qui présente de manière avantageuse, valorisante. *Adjectifs mélioratifs* (ex. délicieux, merveilleux, parfait). - contr. **péjoratif.**

mélisse n. f. (bas latin *melissa,* grec *melissophullon,* de *melissa* « abeille », de *meli* « miel » et *phullon* « feuille ») **1.** Plante mellifère aromatique. → **citronnelle.** *Mélisse des bois.* → **mélitte. 2.** *Eau de mélisse :* médicament antispasmodique à base d'essence de mélisse.

Mélissos de Samos Philosophe grec de l'école d'Élée (v. 470 av. J.-C.- ?). Proche de Parménide, il se distingua pourtant de celui-ci en soutenant que l'être est illimité. Il ne reste que quelques fragments de son œuvre.

Melitopol Ville du S.-E. de l'Ukraine, au S. de Zaporojie. 159 300 habitants. Métallurgie. Centre commercial.

mélitte n. f. (du grec *melitta* « abeille ») Plante mellifère, aromatique et diurétique, dite aussi *mélisse des bois* ou *mélisse sauvage.*

Melk Ville d'Autriche, sur le Danube, à l'O. de Vienne. 5 257 habitants. Abbaye bénédictine reconstruite dans le style baroque.

Melkart ou **Melqart** Dieu phénicien, vénéré à Tyr et dans ses colonies. Il fut assimilé par les Grecs à Héraclès.

melkite voir **melchite**

Mellan (Claude) Graveur et dessinateur français (1598-1688). Il répandit en France la technique de gravure au burin à une seule taille.

Melle Commune des Deux-Sèvres, sur la Béronne. 6 018 habitants. Trois églises de style roman poitevin.

mellifère adj. (latin *mellifer,* de *mel* → **miel**) didact. **1.** Qui produit du miel. *Insectes mellifères.* **2.** *Plante mellifère,* dont le nectar est utilisé par les abeilles pour élaborer le miel.

mellification n. f. (du latin *mellificare,* de *mel* → **miel**) didact. Élaboration du miel par les abeilles.

melliflu, ue ou **melliflue** adj. (du latin, de *mel* → **miel** et *fluere* « couler » → **flux, fluide**) vieux **1.** Qui distille, produit du miel. **2.** fig. Qui a la suavité du miel. – péj. → **doucereux, fade.**

Mello (Craig C.) Médecin et biologiste américain (né en 1960). Il a découvert le mécanisme permettant de réguler la transmission des informations génétiques dans les organismes vivants. Prix Nobel 2006.

Melloni (Macedonio) Physicien italien (1798-1854). Il améliora le galvanomètre, ainsi que la pile thermoélectrique, ce qui lui permit d'étudier les propriétés de la chaleur rayonnante (rayons infrarouges).

Melmoth Personnage du roman de C. R. Maturin, *Melmoth l'errant,* dont le thème évoque à la fois celui de Faust et celui de Don Juan. Il inspira, entre autres auteurs, Balzac *(Melmoth réconcilié).*

Melnikov (Pavel Ivanovitch) dit **Andreï Petcherski** Romancier russe (1819-1883). Il écrivit des contes *(Les Contes de la grand-mère)* et des romans *(Dans la forêt)* évoquant le folklore et la vie du peuple russe.

Melnikov (Konstantin Stepanovitch) Architecte soviétique (1890-1974). Il fut l'un des représentants du courant fonctionnaliste et réalisa la construction du pavillon de l'Union soviétique à l'Exposition des Arts décoratifs à Paris en 1925.

mélo n. m. fam. Mélodrame. *Des mélos larmoyants.*

mélo- Élément (du grec *melos*) signifiant « chant », d'où « musique » (ex. *mélomane*).

mélodie n. f. (du bas latin, du grec *melôdia,* de *melôdos,* de *melos* « membre », puis « phrase musicale, chant, poésie » et *adein* « chanter » → **aède, ode**) **1.** Ensemble de sons successifs (par oppos. à *harmonie*) formant une suite musicale reconnaissable et agréable. → ^{3}**air.** *La mélodie et le rythme d'un* *morceau.* **2.** Pièce vocale composée sur le texte d'un poème, avec accompagnement. → **¹chant ; chanson, lied.**

La **mélodie** est une suite de sons de hauteurs différentes, organisés dans le temps de manière à créer une phrase musicale intelligible.
Dans la musique occidentale classique, toutes les mélodies sont générées à partir des douze notes de la gamme chromatique tempérée (par demi-tons égaux entre eux). Dans le courant du XVIe siècle, notamment à partir de Monteverdi, la ligne mélodique de la partie la plus aiguë acquiert une valeur propre. L'accompagnement lui est subordonné.
Parallèlement, la mélodie s'affranchit de ses origines vocales. La musique va pendant plusieurs siècles travailler le rapport entre la mélodie et l'harmonie en le complexifiant. À partir d'Arnold Schoenberg, les compositeurs donnent à entendre des lignes mélodiques souvent surprenantes pour une oreille non exercée.
Certaines cultures musicales extra-européennes comme celle de l'Inde sont exclusivement centrées sur la mélodie, et font une large part à la diversité modale et à l'ornementation.
Le terme de mélodie peut s'entendre également en tant que genre musical ; il s'agit alors d'une forme chantée à une voix, généralement courte, dans laquelle un texte poétique est mis en valeur par un accompagnement instrumental (piano ou orchestre). Henri Duparc, Gabriel Fauré et Maurice Ravel sont les plus célèbres représentants de la mélodie française.
voir aussi **composition, harmonie, notes, rythme, voix**

mélodieux, euse adj. (son, musique) Agréable à l'oreille. → **harmonieux.** *Une voix mélodieuse.*

mélodique adj. **1.** Qui a rapport à la mélodie. *Période, phrase mélodique.* **2.** Qui a les caractères de la mélodie. *Ce morceau est plus rythmique que mélodique.* □ adv. **mélodiquement**

mélodiste n. mus. Compositeur, compositrice dont les œuvres sont marquées par l'importance de la mélodie.

mélodramatique adj. **1.** Du mélodrame. *Le genre mélodramatique.* **2.** fig. *Emphase, expression mélodramatique.*

mélodrame n. m. (de *mélo-* et *drame,* d'après l'italien *melodramma* « drame chanté, opéra ») **1.** Drame populaire que caractérisent l'invraisemblance et le pathétique de l'intrigue, l'outrance des caractères et du ton. → fam. **mélo.** *« Vive le mélodrame où Margot a pleuré »* (Musset). **2.** fig. Situation réelle analogue. *Nous voilà en plein mélodrame.*

méloé n. m. (latin mod. *meloe,* p.-ê. du grec *melas* « noir ») zool. Insecte vésicant (coléoptère), noir ou bleu, à élytres très courts.

mélomane n. (de *mélo-* et *-mane*) Personne qui connaît et aime la musique, spécialt classique. – adj. *Public mélomane.*

melon n. m. (bas latin *melo, melonis,* de *melopepo,* grec *mêlopêpon,* de *mêlon* « fruit » et *pêpon* « mûr ») **1.** Gros fruit rond à chair juteuse et sucrée, d'une plante herbacée (cucurbitacée). *Culture de melons sous cloche.* – *Melon d'eau.* → **pastèque.** *Melon d'hiver* ou *melon d'Espagne,* à peau et à chair jaune ou d'un vert pâle. **2.** *Chapeau melon* ou *melon,* chapeau d'homme en feutre rigide, de forme ronde et bombée. *Des chapeaux melon ; des melons.*

melonnière n. f. Serre, champ, terrain pour la culture des melons.

mélopée n. f. (du bas latin, du grec *melopoiia,* de *poiein* « faire » → **poésie**) Chant, mélodie monotone et mélancolique.

mélophage n. m. (du latin, du grec *mêlon* « mouton » et → *-phage*) zool. Insecte parasite du mouton.

Melpomène Muse de la Tragédie dans la mythologie grecque.

Melsbroek Localité de Belgique, dépendant de la commune de Steenokkerzeel (Brabant flamand). 2 300 habitants. Aéroport militaire.

Melsens (Louis) Physicien belge (1814-1886). Il est l'inventeur des paratonnerres à pointes, à raccordements terrestres et à conducteurs multiples.

melting-pot [mɛltiŋpɔt] n. m. (mot anglais des États-Unis, de *to melt* « fondre » et *pot* « récipient » → **pot**) anglic. **1.** hist. Brassage et assimilation des divers éléments démographiques, lors du peuplement des États-Unis. **2.** Lieu de brassage humain. *Des melting-pots.*

Meltzer (Donald) Psychanalyste britannique (1922-2004). Ses travaux portèrent sur l'autisme chez l'enfant.

Melun Chef-lieu de la Seine-et-Marne, sur la Seine. 41 609 habitants. Églises du XIe s. et du XVIe s. Centre industriel et tertiaire (université). École des officiers de la gendarmerie.

Mélusine Personnage légendaire des contes populaires du Moyen Âge. À la suite d'une faute, cette fée est condamnée à se transformer tous les samedis en femme-serpent.

Melville (Herman) Écrivain américain (1819-1891). Ancien matelot sur une baleinière, il est l'auteur de nouvelles *(Billy Budd ; Bartleby)* et de romans, parmi lesquels son chef-d'œuvre, *Moby Dick ou la Baleine blanche,* récit dans lequel l'aventure prend une dimension symbolique.

Melville (Jean-Pierre Grumbach, dit Jean-Pierre) Cinéaste français (1917-1973). Il réalisa des adaptations de Vercors *(Le Silence de la mer),* Cocteau *(Les Enfants terribles)* et des films à la construction rigoureuse influencés par le cinéma américain *(Le Doulos ; Le Samouraï).*

Melville (île) Île de la côte N. de l'Australie, exclue du territoire australien depuis 2003. Réserve aborigène.

Melville (île) Île du Canada, dans l'océan Arctique. Elle fait partie de l'archipel de la Reine-Élisabeth. 42 149 km². Gaz naturel.

membrane n. f. (latin *membrana,* de *membrum* → **membre**) **1.** Tissu organique animal, mince et souple, qui forme ou enveloppe un organe, tapisse une cavité. ■ Tissu végétal formant enveloppe, cloison. **2.** Couche cytoplasmique différenciée constituant une limite. *Membrane cellulaire ; nucléaire.* **3.** chim., phys. Mince cloison. *Membrane semi-perméable.* ■ *Membrane vibrante* (d'un haut-parleur). □ adj. **membranaire**

membraneux, euse adj. Qui est de la nature d'une membrane (1).

membre n. m. (latin *membrum* « partie du corps ») **I. 1.** Chacune des quatre parties appariées du corps humain qui s'attachent au tronc. *Les membres supérieurs* (→ **bras**), *inférieurs* (→ **jambe**). – Chacune des quatre parties articulées (ailes, pattes ; moignons sous la peau : serpents) qui s'attachent au corps des vertébrés tétrapodes. **2.** vieux Partie du corps, organe. – loc. mod. *Membre viril,* ou absolt *membre.* → **pénis. II. 1.** Personne qui fait nommément partie (d'un corps). *Il n'est plus membre du parti.* – Personne (qui appartient à une communauté). *Tous les membres de la famille. Elle est membre de l'équipe.* - REM. On rencontre parfois *une membre* en parlant d'une femme : *C'est une membre active du comité.* **2.** Groupe, pays qui fait librement partie (d'une union). *Les membres d'une fédération. Les membres de l'ONU.* – appos. *Les pays membres.* **III. 1.** Fragment (d'énoncé). *Un membre de phrase.* **2.** Partie constitutive d'un édifice ; ornement architectural (→ **moulure**). **3.** math. Chacune des parties d'une équation ou d'une inégalité. □ adj. **membré, ée**

membron n. m. (de *membre* III, 2) techn. Baguette de recouvrement en plomb ou en zinc, dans un faîtage.

membru, ue adj. littér. Aux membres gros et forts. *Une femme épaisse et membrue.*

membrure n. f. (de *membre*) **1.** (avec un adj.) Ensemble des membres (d'une personne). *Avoir une membrure puissante.* **2.** Ensemble des poutres transversales attachées à la quille et soutenant le pont d'un navire.

mème n. m. (anglais *meme,* formé sur le grec *mimêma* « variation ») Image, vidéo ou texte humoristique diffusé largement sur Internet et faisant l'objet de nombreuses variations.

même (vient du latin pop. *metipsimu[s],* de *metipse,* emphatique de *ipse* → **ipso facto**) **I.** adj. indéf. **1.** (devant le nom) Identique ou semblable. *Relire les mêmes livres. En même temps. Être du même avis.* **2.** (après le nom ou le pronom) *Ce sont les paroles mêmes qu'il a prononcées.* → **propre.** *« Manon* [Lescaut] *était la douceur et la complaisance même »* (abbé Prévost). – *Elle(s)-même(s), eux-mêmes,* etc. *Il est toujours égal à lui-même,* le même. – loc. *De lui-même, d'elle-même,* de sa propre décision, spontanément. *Par lui-même, par elle-même,* par ses propres moyens. **II.** pron. indéf. **1.** *Le, la, les même(s). Ce n'est pas le même, c'en est un autre.* **2.** loc. *Cela revient au même,* c'est exactement pareil. **III.** adv. **1.** Marquant un renchérissement, une gradation. *Ça ne coûte même pas, pas même cinq euros.* **2.** Exactement, précisément. *Je l'ai rencontré ici même. Aujourd'hui même.* – **À même :** directement sur (qqch.). *Elle dort à même le sol.* **3.** loc. adv. **De même :** de la même façon. → **ainsi, pareillement.** *Vous y allez ? Moi de même.* → **aussi.** – *Tout de même :* néanmoins, pourtant. – **Quand même :** malgré tout. *Quand bien même* (+ cond.). *Quand bien même il serait venu, serait-il venu,* même s'il était venu. – interj. fam. *Elle aurait pu le dire, quand même !* ou *tout de même !* **4.** loc. conj. **De même que :** ainsi que, comme. – *De même qu'il n'a pas voulu y aller hier, (de même) il n'ira pas demain.* – **Même si** (introduisant une proposition concessive). *Même si je lui dis, cela ne changera rien.* **5.** *À même de* loc. prép. : en état, en mesure de. *Elle n'est pas à même de répondre.* → **capable.** ■ **mêmement** adv. Pareillement, de même.

mémé n. f. (de *mère* → **mémère**) fam. **1.** Grand-mère, pour les enfants. → **mamie, mémère.** *Oui, mémé. Ta mémé va venir.* **2.** Femme qui n'est ni jeune ni élégante. → **mémère.** – en attribut *Elle fait mémé, coiffée comme ça.* → **mémère.**

Memel voir **Klaipėda**

mémento [memɛ̃to] n. m. (mot latin « souviens-toi », de *meminisse* « se souvenir, » de *memini* → **réminiscence**) **1.** relig. Prière de souvenir. *Le mémento des morts.* **2.** Agenda. *Des mémentos.* **3.** Résumé, aide-mémoire. *Mémento d'histoire, d'orthographe.*

mémère n. f. (de *mère*) fam. **1.** vieilli Grand-mère, pour les enfants. → fam. **mamie, mémé.** **2.** Femme commune d'un certain âge. – en attribut *Elle fait mémère.* → **mémé.**

Memling ou **Memlinc (Hans)** Peintre flamand (v. 1433-1494). Inspiré par Van Eyck et Van der Weyden, il composa à Bruges des tableaux d'une grande perfection formelle où domine une religiosité paisible. *Le Mariage mystique de sainte Catherine ; Bethsabée au bain.*

Memmi (Albert) Écrivain tunisien d'expression française (1920-2020). Dans ses essais *(Portrait du colonisé ; Portrait d'un juif)* comme dans ses romans *(La Statue de sel ; Agar),* il analyse les heurts entre les cultures arabe, juive et européenne.

Memmingen Ville d'Allemagne (Bavière), en Souabe. 41 100 habitants. Enceinte et tours médiévales. Centre commercial et industriel.

Memnon Héros de la guerre de Troie, roi des Éthiopiens. Venu pour secourir son oncle Priam, il est tué par Achille.

Memnon (colosses de) Statues colossales d'Aménophis III (–xve s.), seuls vestiges du temple funéraire du pharaon près de Thèbes.

Les colosses de Memnon marquent l'entrée du temple disparu d'Aménophis III.

mémo voir **mémorandum**

[1]mémoire n. f. **(vient du latin *memoria*, de *memor* « qui se souvient »)** **I. 1.** Faculté de conserver et de rappeler des choses passées et ce qui s'y trouve associé ; l'esprit, en tant qu'il garde le souvenir du passé. → **[2]souvenir ; mnémo-.** *Évènement vivant dans les mémoires. Elle a beaucoup de mémoire. Si j'ai bonne mémoire...* – loc. *Une mémoire d'éléphant,* excellente. *Un trou de mémoire. Il a perdu la mémoire.* → **amnésique.** – ***De mémoire*** loc. adv. : sans avoir sous les yeux les signes concernés. *Réciter, jouer de mémoire.* → **par cœur.** ■ psych. Ensemble des fonctions psychiques de représentation du passé reconnu comme tel. *Niveaux de mémoire. Mémoire affective ; mémoire volontaire, involontaire.* **2.** inform. Dispositif permettant de recueillir et de conserver les informations ; le support de telles informations. *Mémoire morte* (à informations non modifiables). *Mémoire vive. Mémoire tampon*. Mémoire cache*.* **II. 1.** *La mémoire de,* le souvenir (de qqch., de qqn). *Garder la mémoire d'un évènement* (→ **mémorable**). – *Mémoire collective. Lieu de mémoire. Devoir de mémoire.* **2.** Souvenir qu'une personne laisse d'elle à la postérité. → **renommée.** « *Je me flatte que ma mémoire s'effacera de la mémoire des hommes* » (Sade). – *À la mémoire de qqn,* pour perpétuer, honorer sa mémoire. **3.** (en phrase négative) *De mémoire d'homme,* d'aussi loin qu'on s'en souvienne. **4.** ***Pour mémoire :*** à titre de rappel, d'indication. *Signalons ceci, pour mémoire.*

[2]mémoire n. m. **(de [1]*mémoire*)** **I. 1.** État des sommes dues. → **[2]facture. 2.** dr. Exposé ou requête d'un plaideur. **3.** Dissertation sur un sujet savant. **II.** plur. Relation écrite des évènements dont une personne (→ **mémorialiste**) a été témoin. → **annales, [2]chronique(s).** *Les Mémoires de Saint-Simon.*

mémorable adj. **(du latin, de *memoria* → [1]mémoire)** Dont le souvenir est durable, mérite de l'être. → **fameux, historique, ineffaçable, inoubliable.** *Jour mémorable.* – iron. *Une cuite mémorable.*

mémorandum [memɔʀɑ̃dɔm] n. m. **(mot latin « qui est à rappeler », de *memorare* « rappeler » → commémorer)** **1.** Note écrite d'un diplomate pour exposer le point de vue de son gouvernement sur une question. *Des mémorandums.* **2.** Note prise pour se souvenir (abrév. fam. **mémo**). – Recueil de ces notes.

mémorial, iaux n. m. **(latin *memoriale,* de *memorialis,* de *memoria* → [1]mémoire)** **1.** Monument commémoratif. *Mémorial élevé en l'honneur des victimes de la guerre.* **2.** Livre relatant des faits mémorables. « *Le Mémorial de Sainte-Hélène* » (de Las Cases).

mémorialiste n. Auteur de mémoires historiques (→ **chroniqueur, historien**) ou d'un témoignage sur son temps.

mémoriel, ielle adj. **(du latin → [1]mémoire)** **1.** Relatif à la mémoire. **2.** Relatif aux mémoires d'un ordinateur. *Capacité mémorielle.*

mémorisation n. f. didact. Acquisition volontaire par la mémoire. *Procédés de mémorisation.* → **mnémotechnique.**

mémoriser v. tr. < 1 > **(du latin *memoria* → [1]mémoire)** didact. **1.** Fixer dans la mémoire. **2.** inform. Mettre en mémoire (des informations). □ adj. **mémorisable**

Memphis Ancienne ville d'Égypte, sur la rive gauche du Nil, à 30 km au S. du Caire. Résidence des pharaons pendant l'Ancien Empire, elle fut déchue du rang de capitale au profit de Thèbes.

Memphis Ville des États-Unis (Tennessee), sur le Mississippi. 647 000 habitants. Centre commercial. Port fluvial. Elle fut le berceau du blues.

Mena (Juan de) Poète et chroniqueur espagnol (1411-1456). Il est l'auteur du *Labyrinthe,* poème inspiré de Dante, Virgile et Lucain, célébrant l'histoire d'Espagne.

menaçant, ante adj. **1.** Qui menace, exprime une menace. *Des bandes armées menaçantes. Air menaçant.* **2.** (choses) Qui constitue une menace, un danger. → **dangereux, inquiétant.** – *Le temps est menaçant.*

menace n. f. **(vient du latin pop. *minacia,* de *minax,* de *minae* « saillie, rocher en surplomb » ; famille de *éminent, imminent*)** **1.** Manifestation signifiant une intention hostile, le projet de nuire. → **avertissement.** *Obtenir qqch. par la menace. Menace de mort. Sous la menace.* **2.** Signe qui présage un danger, qqch. de fâcheux. *Menaces de guerre, d'inflation.*

menacer v. tr. < 3 > **(vient du latin pop. *minaciare* → menace)** **1.** Chercher à intimider par des menaces. **2.** Mettre en danger, représenter un risque (pour qqn). « *Songez-vous aux malheurs qui nous menacent tous ?* » (Racine). **3.** Présager, laisser craindre (quelque mal). *Son discours menace d'être long.* → **risquer.** *Menacer ruine*.* – *L'orage menace.*

ménade n. f. **(latin d'origine grecque *maenas, maenadis*)** Antiq. Prêtresse de Bacchus. → **[1]bacchante.**

ménage n. m. **(de l'ancien français *maneir, manoir* « demeurer » → manoir, influence de *mesnie* « famille », qui vient du latin pop. *mansionata,* de *mansio* → maison)** **I. 1.** vieux Administration, économie. « *Il sait profondément le ménage de la campagne* » (Mme de Sévigné). **2.** mod. Ensemble des choses domestiques, spécialt des travaux d'entretien et de propreté dans un intérieur. *Faire le ménage,* nettoyer un local ; fig., fam. réorganiser, assainir qqch. – *Faire des ménages,* faire le ménage chez d'autres moyennant rétribution. *Femme*, homme de ménage.* **3.** *Tenir son ménage,* son intérieur. – (vieilli) ***De ménage :*** fait à la maison. *Jambon de ménage.* ■ → **remue-ménage. II. 1.** (dans des loc.) Vie en commun d'un couple. *Scène* de ménage.* (vieilli) *Se mettre en ménage,* vivre ensemble, se marier. – *Faire bon, mauvais ménage avec qqn,* s'entendre bien, mal avec qqn. **2.** Couple constituant une communauté domestique. *Un jeune ménage.* ■ Famille, foyer. – Unité de population (famille, personne seule) en tant que consommateur.

Ménage (Gilles) Érudit et écrivain français (1613-1692). Auteur de vers galants, il fut raillé par Molière. On lui doit le premier grand dictionnaire étymologique du français.

ménagement n. m. **(de [2]*ménager*)** **1.** Réserve dans le comportement envers qqn (par respect, par intérêt). → **circonspection, prudence.** *Traiter qqn sans ménagement,* brutalement. **2.** Procédé envers qqn que l'on veut ménager ([2], I). → **attention, égard.**

[1]ménager, ère adj. **(de *ménage*)** **1.** vieux Qui emploie avec économie. « *Le sage est ménager du temps et des paroles* » (La Fontaine). **2.** mod. (choses) Qui a rapport aux soins du ménage, à l'entretien de la maison. *Travaux ménagers.* – *Appareils* ménagers* (→ **électroménager**). **3.** Qui provient du ménage, de la maison. *Eaux, ordures ménagères.*

[2]ménager v. tr. < 3 > **(de *ménage* → aménager, déménager)** **I. 1.** Employer (un bien) avec mesure, avec économie. → **économiser, épargner ; ménage** (I, 1). *Ménager ses vêtements. Ménager ses forces, son temps.* **2.** Dire avec mesure. *Ménagez vos expressions !* **3.** Employer ou traiter (un être vivant) avec le souci d'épargner ses forces ou sa vie. **4.** Traiter (qqn) avec égard, prudence ou modération, avec indulgence. *Il cherche à ménager tout le monde. Ménager la susceptibilité de qqn.* **II. 1.** Régler avec soin, habileté. *Ménager ses effets. Ménager une entrevue à, avec qqn.* → **arranger. 2.** S'arranger pour réserver, laisser. *Ménager, se ménager du temps pour faire qqch.* **3.** Installer, disposer. → **aménager.** *Ménager un passage, une ouverture.* ■ **se ménager** v. pron. Avoir soin

Mende

Mende, le centre-ville et la cathédrale aux clochers asymétriques.

de sa santé, ne pas abuser de ses forces. *Vous devriez vous ménager.*

ménagère n. f. (de [1]*ménager*) **1.** Femme qui tient une maison, s'occupe du ménage. – loc. *Le panier de la ménagère*, les provisions pour la maison ; les produits alimentaires achetés quotidiennement. – *La ménagère de moins de 50 ans* (type social des enquêtes publicitaires). **2.** Service de couverts de table dans un coffret.

ménagerie n. f. (d'abord « administration » puis « dépendance d'une ferme » ; de [2]*ménager*) Lieu où sont rassemblés des animaux rares, soit pour l'étude, soit pour la présentation au public ; ces animaux. *La ménagerie d'un cirque.*

Menai (détroit de) Détroit séparant l'île d'Anglesey de la côte galloise.

Ménandre Poète comique grec (342-292 av. J.-C.). Il composa des comédies dont les ressorts sont l'argent et la galanterie et qui tournent souvent à la farce. *La Samienne ; L'Arbitrage.*

Ménandre Écrivain et historien byzantin (fin du VIe s.). Il rédigea une *Histoire des règnes de Justin et Tibère.*

Menant (Joachim) Orientaliste français (1820-1899). Il fut l'un des fondateurs en France de l'assyriologie. *Éléments d'épigraphie assyrienne.*

Ménard (Louis) Savant et écrivain français (1822-1901). Esprit universel, il découvrit le collodion, écrivit des ouvrages philosophiques, historiques et des poèmes à l'orthographe simplifiée *(Rèveries d'un paien mistiqe).*

Menars Commune du Loir-et-Cher, sur la Loire. 630 habitants. Château (XVIIe-XVIIIe s.) ayant appartenu à Mme de Pompadour.

Menat Commune du Puy-de-Dôme. 536 habitants. Vestige d'un monastère bénédictin.

menchevik [mɛnʃevik] n. (mot russe, de *menchistvo* « minorité ») hist. Membre du parti ouvrier social-démocrate russe hostile à Lénine (opposé à *bolchevik*). – adj. *La position menchevik.*

Menchikov ou **Mentchikov (Aleksandr Danilovitch, prince)** Homme politique et feld-maréchal russe (1673-1729). Favori de Catherine Ire, il exerça une véritable dictature personnelle, mais fut exilé en Sibérie peu après l'avènement de Pierre II.

Menchikov (Aleksandr Sergueïevitch) Amiral et diplomate russe (1787-1869). Chargé du commandement de la guerre de Crimée, il fut battu à l'Alma, à Balaklava et à Inkerman.

Menchú (Rigoberta) Femme politique guatémaltèque (née en 1959). Indienne maya, elle milite en faveur du respect des droits des peuples autochtones. Prix Nobel de la paix 1992.

Mencius voir **Mengzi**

Mendaña de Neyra ou **de Neira (Alvaro de)** Navigateur espagnol (1541-1595). Il découvrit l'archipel des îles Salomon et les îles Marquises.

Mende Chef-lieu de la Lozère, sur le Lot. 12 336 habitants. Cathédrale des XIVe-XVIIe siècles.

Mendel (Johann, en religion Gregor) Botaniste et religieux autrichien (1822-1884). Ses recherches sur l'hybridation d'espèces végétales le conduisirent à découvrir les lois fondamentales de la génétique *(lois de Mendel).*

Mendeleïev (Dmitri Ivanovitch) Chimiste russe (1834-1907). On lui doit la classification périodique des éléments chimiques (1869).

Mendele Moïkher Sforim (Shalom Yaakov Abramovitch, dit) Écrivain russe de langue hébraïque et yiddish (1836-1917). Il est l'un des fondateurs de la littérature moderne dans ces deux langues. *Les Voyages de Benjamin III ; Fishké le Boiteux.*

mendélévium [mɛ̃delevjɔm] n. m. (du n. de Mendeleïev) chim., phys. Élément chimique radioactif (symb. Md ; no at. 101) de la série des actinides, produit artificiellement.

Mendelsohn (Erich) Architecte britannique d'origine allemande (1887-1953). Il adhéra au style moderniste appelé « purisme », qu'il tempéra par des jeux de courbes.

Mendelssohn (Moses) Philosophe allemand de confession juive (1729-1786). Il contribua à adapter la pensée juive à l'universalisme des Lumières. Il fut un ardent défenseur de l'émancipation politique des Juifs, de la tolérance et de la séparation des Églises et de l'État. *Traité sur l'évidence dans les sciences métaphysiques.*

Mendelssohn-Bartholdy (Felix) Compositeur et chef d'orchestre allemand (1809-1847). Nommé directeur de la musique du Gewandhaus de Leipzig en 1835, il y fonda, avec R. Schumann, un conservatoire réputé. Ses compositions le placent parmi les grandes figures du romantisme. Son œuvre comprend des ouvertures *(Les Hébrides)*, des symphonies *(Réformation ; Écossaise)*, des concertos, des pièces pour piano *(Romances sans paroles)*, de la musique de scène *(Le Songe d'une nuit d'été)*, de la musique de chambre et des lieder.

Menderes (Adnan) Homme politique turc (1899-1961). Premier ministre de 1950 à 1960, il fut renversé par l'armée et exécuté.

Mendès (Catulle) Écrivain français (1841-1909). Il fonda *La Revue fantaisiste*, premier groupement des futurs poètes parnassiens. Il est l'auteur de livrets d'opéra *(Gwendoline)*, de romans, de poèmes *(Philoméla)* et de pièces de théâtre *(Scarron).*

Mendes da Rocha (Paulo) Architecte brésilien (1928-2021). Il a notamment contribué à renouveler l'architecture de São Paulo (pinacothèque, Musée brésilien de la sculpture, rénovation de la place du Patriarche) en utilisant des matériaux « simples, courants » tels que le béton et l'acier.

Paulo Mendes da Rocha en 2006.

Mendès France (Pierre) Homme d'État français (1907-1982). Député radical-socialiste, il fut président du Conseil en 1954-1955. Son gouvernement mit fin à la guerre d'Indochine (accords de Genève, juillet 1954), se prononça contre le traité de la CED et dut faire face aux débuts de la guerre d'Algérie. Il négocia le traité devant mener à l'indépendance de la Tunisie.

mendiant, ante n. **1.** Personne qui mendie habituellement pour vivre. → fam. **mendigot** ; vieux **truand.** – par ext. Personne qui quémande. – adj. *Ordres* (religieux) *mendiants*, qui faisaient profession de ne vivre que d'aumônes. **2.** (d'abord *quatre mendiants*) Mélange d'amandes, de noisettes, de figues et de raisins secs.

mendicité n. f. (latin *mendicitas*, de *mendicus* → mendier) **1.** Condition de la personne qui mendie. *Être réduit à la mendicité.* **2.** Action de mendier.

mendier v. < 7 > (vient du latin *mendicare*, de *mendicus* « pauvre », de *mendum*, *menda* « défaut ») **1.** v. intr. Demander l'aumône, la charité. → **quêter** ; fam. faire la **manche. 2.** v. tr. Solliciter (qqch.). – péj. Demander de façon servile, humiliante ou avec insistance. → **quémander.** *Mendier des voix, des compliments.*

mendigot, ote n. (de *mendier*, et suffixe populaire) fam., péj. et vieilli Mendiant. □ **mendigoter** v. intr. et tr. < 1 >

Mendoza (Iñigo López de) marquis de Santillana voir **Santillana** (marquis de)

Mendoza (Diego Hurtado de) voir **Hurtado de Mendoza** (Diego)

Mendoza (Eduardo) Écrivain espagnol (né en 1943). Son œuvre, qui a pour toile de fond Barcelone, offre une véritable réflexion sur l'évolution industrielle et sociale de la ville depuis la fin du XIXe siècle. Le genre de la narration est souvent celui des romans noirs. *La Vérité sur l'affaire Savolta ; La Ville des prodiges.*

Mendoza Ville de l'O. de l'Argentine, sur le contrefort oriental des Andes, capitale de la province de Mendoza. 699 000 habitants. Centre commercial au cœur d'une région agricole et viticole. Industries (raffineries de pétrole, métallurgie). Université.

Mendrisio Ville de Suisse (Tessin), entre le lac de Lugano et le lac de Côme. 15 110 habitants. Industrie textile.

Mené ou **Menez (monts du)** Petit massif de Bretagne, au S.-E. de Saint-Brieuc, culminant à 339 m.

M

meneau n. m. (ancien français *meienel*, de *meien*, forme ancienne de *moyen*) archéol., techn. Montant qui divise la baie d'une fenêtre. *Fenêtre à meneaux.*

Ménechme Mathématicien grec (375-325 av. J.-C.). Il étudia le problème de la duplication du cube, qui consiste à construire, à l'aide d'une seule règle et d'un compas, un cube dont le volume est deux fois celui d'un cube donné, et s'intéressa à la terminologie des mathématiques.

menée n. f. (de *mener*) **1.** vén. Voie que prend un cerf en fuite. **2.** au plur. Agissements secrets dans un dessein nuisible. → **intrigue, machination.** *Menées subversives.* **3.** (Suisse) Congère.

Ménélaos ou **Ménélaüs d'Alexandrie** Mathématicien et astronome grec (fin du Ier s.). Il fonda la première géométrie non euclidienne à deux dimensions et la trigonométrie sphérique.

Ménélas Roi fondateur de Sparte dans la mythologie grecque. L'enlèvement de son épouse Hélène par Pâris déclenche la guerre de Troie.

Mendès France (Pierre)

Pierre Mendès France (à dr.) avec Édouard Daladier au congrès du Parti radical de 1955.

Ménélik II (1844-1913). Empereur d'Éthiopie de 1889 à 1909. Roi de Choa (1865), successeur de Johannès IV comme négus d'Éthiopie (1889), il dénonça un traité signé avec les Italiens en 1889 et écrasa ceux-ci à Adoua (1896).

Menem (Carlos) Homme d'État argentin (1930-2021). Il fut président de la République de 1989 à 1999.

Menéndez Pidal (Ramón) Critique littéraire, philologue et linguiste espagnol (1869-1968). Il est l'auteur d'un important *Manuel de grammaire historique espagnole.*

Menéndez y Pelayo (Marcelino) Essayiste et critique espagnol (1856-1912). Il est une figure de la pensée conservatrice espagnole. *Historia de los Heterodoxos ; Histoire des idées esthétiques en Espagne.*

Menenius Agrippa Homme politique romain (VIe-Ve s. av. J.-C.). Par son apologue *(Les Membres et l'Estomac),* il apaisa la plèbe qui refusait l'obéissance aux consuls.

mener v. tr. < 5 > (vient du latin *minare,* de *minari* → menacer ; se démener, promener) I. Faire aller (qqn) avec soi. 1. *Mener à, en, dans ; mener* (+ inf.) : conduire en accompagnant ou en commandant. → amener, emmener. *Mener un enfant à l'école.* 2. Être en tête de (un cortège, une série, un résultat sportif). loc. *Mener la danse.* – absolt *Cette équipe mène deux (à) zéro.* 3. Diriger. *Mener qqn au doigt* et à l'œil.* – « *Ce sont les idées qui mènent le monde* » (Renan). II. Faire aller en contrôlant. → piloter. loc. *Mener sa barque.* ▪ fig. Faire marcher, évoluer sous sa direction. *Mener rondement une affaire.* – *Mener à... Mener qqch. à bien.* III. (choses) 1. Transporter. → amener, conduire. *Un taxi vous mènera à la gare.* 2. Permettre d'aller d'un lieu à un autre. *Où mène cette route ?* – *Cela peut vous mener loin,* avoir de graves conséquences. IV. géom. Tracer. *Mener une parallèle à une droite.*

M

Ménès D'après la tradition grecque, roi qui aurait unifié l'Égypte au IIIe millénaire av. J.-C. et fondé Memphis. Il est identifié au pharaon Narmer.

ménestrel n. m. (vient du bas latin *ministerialis,* de *ministerium* → ministère) au Moyen Âge Musicien et chanteur ambulant. → jongleur.

ménétrier n. m. (var. régionale de *ménestrel*) anciennt Violoniste de village, qui escortait les noces. → violoneux.

meneur, euse n. 1. vieux Conducteur, guide. 2. *Meneur de jeu,* animateur d'un spectacle ou d'une émission ; capitaine d'une équipe sportive. 3. souvent péj. Personne qui, par son autorité, prend la tête d'un mouvement populaire. → chef, dirigeant. 4. *Un meneur, une meneuse d'hommes,* personne qui sait mener, manier les hommes.

Mengelberg (Willem) Chef d'orchestre néerlandais (1871-1951). Il fut un promoteur des œuvres de Richard Strauss et de Mahler.

Menger (Carl) Économiste autrichien (1840-1921). Il fonda l'école marginaliste autrichienne ou école de Vienne.

Mengistu (Hailé Mariam) Homme d'État éthiopien (né en 1937). Président de la République de 1987 à 1991, il imposa un régime de terreur et fut renversé par les rebelles du Tigré. Il fut condamné à mort par contumace.

Mengs (Anton Raphael) Peintre, pastelliste et théoricien de l'art allemand (1728-1779). Il contribua à l'élaboration des théories néoclassiques, prônant le retour à la simplicité et à la noblesse antiques *(Réflexions sur la beauté).*

Mengzi en latin **Mencius** Philosophe chinois, disciple de Confucius (v. 370-v. 290 av. J.-C.). Il développa les aspects idéalistes du confucianisme et élabora une théorie morale fondée sur l'accord entre la nature humaine et le Ciel.

menhir [meniʀ] n. m. (mot breton, de *men* « pierre » [→ dolmen] et *hir* « long ») Monument mégalithique, pierre allongée dressée verticalement. *Les dolmens et les menhirs.*

Meniaa (El-) Oasis du Sahara algérien, à l'E. du Grand Erg occidental. 21 800 habitants. Palmeraie.

Ménilmontant Quartier du N.-E. de Paris (XXe arrondissement), annexé à la capitale en 1860.

ménin, ménine [menɛ̃, menin] n. (de l'espagnol, du portugais *menino* « enfant ») hist. Jeune homme, jeune fille noble attaché(e) à une maison princière espagnole. « *Les Ménines* » (tableau de Vélasquez). - var. menin, ine [me-].

Menin en néerlandais **Menen** Ville de Belgique (Flandre-Occidentale), sur la Lys, à la frontière française. 33 540 habitants. Industrie textile. Brasserie.

méninge n. f. (du latin, du grec *meninx, meningos* « membrane ») 1. Chacune des trois membranes qui entourent le cerveau et la moelle épinière. → arachnoïde, dure-mère, pie-mère. 2. fam. au plur. Le cerveau, l'esprit. *Elle ne s'est pas fatiguée les méninges.*

méningé, ée adj. Relatif aux méninges (1). *Syndrome méningé.*

méningiome n. m. (de *méninge* et *-ome*) méd. Tumeur méningée bénigne.

méningite n. f. Inflammation aiguë ou chronique des méninges. *Méningite cérébrospinale, tuberculeuse, virale.*

méningocoque n. m. (→ coque) méd. Bactérie (diplocoque) agent de la méningite cérébrospinale.

Ménippe Philosophe et poète grec de l'école cynique (IVe-IIIe s. av. J.-C.). Il est l'auteur d'écrits bouffons, à l'origine d'un genre appelé « satire ménippée ».

ménisque n. m. (grec *meniskos* « croissant », diminutif de *mên* « mois ; lune ») 1. Lentille de verre convexe d'un côté, concave de l'autre. 2. anat. Cloison fibro-cartilagineuse disposée entre deux surfaces articulaires mobiles. *Les ménisques du genou.* ▫ adj. méniscal, ale, aux

Menlo Park Ville des États-Unis (Californie) dans la Silicon Valley. 30 800 habitants. Siège social de Facebook.

Mennecy Commune de l'Essonne. 15 669 habitants. Manufacture de céramique réputée au XVIIIe siècle.

mennonite n. et adj. (du n. du fondateur de la secte, Menno Simonsz) relig. Membre d'un mouvement anabaptiste fondé dans la première moitié du XVIe s., implanté aux Pays-Bas et aux États-Unis.

méno- Élément (du grec *mên, mênos* « mois ») qui signifie « menstruation ».

ménopause n. f. (du latin médical, du grec *mêniaia* « règles », de *mêniaios* « mensuel », de *mên,* même origine que le latin *mensis* → mois, et de *pausis* « cessation » → pause) Cessation des règles et de la fonction ovarienne ; époque où elle se produit (syn. retour d'âge). ▫ adj. ménopausique ▫ adj. et n. f. ménopausé, ée

ménorragie n. f. (→ -rragie) méd. Exagération de l'abondance ou de la durée de l'écoulement menstruel (opposé à *aménorrhée*). ▫ adj. ménorragique

menotte n. f. (diminutif de *men,* forme ancienne de *main*) 1. au plur. Bracelets métalliques réunis par une chaîne, qui se fixent aux poignets d'un prisonnier. *Passer les menottes à un suspect.* 2. Main d'enfant ; petite main.

menotter v. tr. < 1 > (de *menotte*) Passer les menottes à (qqn). ▫ n. m. menottage

Menotti (Gian Carlo) Compositeur américain d'origine italienne (1911-2007). Il est notamment l'auteur d'opéras. *Le Médium ; Le Consul.*

mense [mɑ̃s] n. f. (latin *mensa* « table », spécialisé en latin ecclés. → commensal) 1. hist. relig. *Mense épiscopale* : revenus affectés à la table d'un évêque. 2. dr. canonique Revenu ecclésiastique.

mensonge n. m. (vient du latin pop., de *mentio* « mensonge » → mention) 1. Assertion sciemment contraire à la vérité. → contrevérité, tromperie. *Dire un mensonge.* → mentir. *Un grossier mensonge. Mensonge pour rire.* → ²blague, canular. – loc. *Pieux mensonge,* inspiré par la piété ou la pitié. – *Mensonge par omission,* qui consiste à taire la vérité. 2. *Le mensonge,* l'acte de mentir ; les fausses affirmations. « *Le mensonge est essentiel à l'humanité* » (Proust). 3. Ce qui est trompeur, illusoire. *Le bonheur est un mensonge.*

mensonger, ère adj. Qui repose sur des mensonges ; qui trompe. → fallacieux, ¹faux. *Déclaration mensongère.* ▫ adv. mensongèrement

menstruation n. f. Fonction physiologique caractérisée par les règles (menstrues), de la puberté à la ménopause, chez la femme non enceinte.

menstruel, elle adj. Qui a rapport aux menstrues. *Flux, sang menstruel.* – *Coupe* menstruelle. Culotte menstruelle.*

menstruer v. intr. < 1 > (de *menstrues*) Avoir ses menstrues, ses règles. – p. p. adj. *Personnes menstruées.*

menstrues n. f. pl. (du latin, de *menstruus* « mensuel », de *mensis* → mois) Écoulement sanguin périodique chez la femme. → règle(s).

mensualiser v. tr. < 1 > 1. Payer (qqn) au mois. 2. Rendre mensuel (un impôt, un paiement). ▫ n. f. mensualisation

mensualité n. f. Somme payée mensuellement ou perçue chaque mois.

mensuel, elle adj. 1. Qui a lieu, arrive tous les mois. *Paiement mensuel. Revue mensuelle.* – n. m. Publication qui paraît chaque mois. 2. Calculé pour un mois et payé chaque mois. *Salaire mensuel.* – n. m. Salarié au mois. ▫ adv. mensuellement

mensuration n. f. (du latin, de *mensurare* → mesurer) Détermination et mesure des dimensions caractéristiques ou importantes du corps humain ; ces mesures. → anthropométrie. *Prendre les mensurations de qqn.*

mental, ale, aux adj. (bas latin *mentalis,* de *mens, mentis* « principe pensant » → dément, mention, mentir) 1. Qui se fait dans l'esprit seulement, sans expression orale ou écrite. *Calcul mental.* 2. Qui a rapport aux fonctions intellectuelles, au psychisme. *Les processus mentaux. Maladie mentale.* → psychique. *Débiles mentaux.* – fam. *Elle a cinq ans d'âge mental !* : elle est infantile. 3. n. m. *Le mental.* → ¹moral.

mentalement adv. 1. Par la pensée. 2. Du point de vue mental (2). *Il est mentalement atteint.*

mentalisation n. f. (du latin, de *mens, mentis* → mental) psych. Prise de conscience, fait de pouvoir se représenter mentalement des phénomènes, des conflits psychiques.

mentalité n. f. (de *mental,* d'après l'anglais *mentality*) 1. Ensemble des croyances et habitudes d'esprit d'une collectivité. *La mentalité d'une époque.* 2. Dispositions psychologiques ou morales ; état d'esprit. *Sa mentalité me déplaît.* – fam. Morale qui indigne. *Jolie mentalité !*

Mentana Ville d'Italie (Latium). 16 300 habitants. Les armées franco-pontificales y vainquirent les troupes de Garibaldi en 1867.

Mentawai Archipel indonésien, au S.-O. de Sumatra. 76 421 habitants. Population de langue malayo-polynésienne.

menterie n. f. (de *mentir*) vieilli ou régional Mensonge.

menteur, euse **1.** n. Personne qui ment, qui a l'habitude de mentir. *C'est un grand menteur, un vrai mythomane.* **2.** adj. Qui ment. → **[1]faux, hypocrite.** – (choses, actes) *Un sourire menteur.* → **trompeur.**

menthe n. f. (vient du latin *mentha*, du grec *minthê*) **1.** Plante très aromatique, qui croît dans les lieux humides. *Feuille de menthe. Thé à la menthe.* – *Alcool de menthe.* – en appos. *Vert menthe.* **2.** Sirop de menthe. *Menthe à l'eau. Diabolo menthe.* – Essence de menthe.

menthol n. m. Alcool terpénique extrait de l'essence de menthe poivrée.

mentholé, ée adj. Additionné de menthol. *Dentifrice mentholé.*

Menthon-Saint-Bernard Commune de la Haute-Savoie, sur le lac d'Annecy. 1 884 habitants. Château (XIIIe-XIXe s.). Station estivale et climatique.

mention n. f. (latin *mentio, mentionis* → **mensonge**; famille de *mens, mentis* « esprit » → **mental**) **1.** Action de nommer, de citer. *Il n'en est pas fait mention dans cet ouvrage.* **2.** Brève note donnant une précision, un renseignement. *Rayer les mentions inutiles* (sur un questionnaire). **3.** Indication d'une appréciation favorable de la part d'un jury d'examen. *Mention bien, très bien.*

mentionner v. tr. < 1 > Faire mention de. → **citer, nommer, signaler.** *Ne faire que mentionner une chose,* la signaler seulement, sans commentaires. – impers. *Il est mentionné de* (+ inf.), *que.*

mentir v. intr. < 16 > (vient du latin pop. *mentire*, de *mentiri* « se tromper », de *mens, mentis* « esprit » → **mensonge, mental, mention**) **1.** Faire un mensonge, affirmer ce qu'on sait être faux ou nier ce qu'on sait être vrai, taire ce qu'on devrait dire (→ **mensonge**). « *Il faut bonne mémoire après qu'on a menti* » (Corneille). *Mentir par intérêt, par dérision.* loc. *Mentir comme un arracheur* de dents. Elle ment comme elle respire,* continuellement. – *Mentir à qqn,* le tromper par un mensonge. – *Sans mentir...,* en vérité, vraiment, sans exagérer. **2.** (choses) Exprimer une chose fausse. *Son sourire ment.* – loc. *Vous faites mentir le proverbe,* ce que vous faites contredit le proverbe.

mentisme n. m. (du latin, de *mens, mentis* « principe pensant ») psych. Trouble de la pensée caractérisé par un défilement rapide et incontrôlé de pensées ou d'images ne permettant pas à l'attention de se fixer. - syn. cour. **fuite des idées.**

menton n. m. (vient du latin pop. *mento, mentonis*, de *mentum*; probablt famille de *éminent, menace*) Partie saillante du bas du visage, constituée par l'avancée du maxillaire inférieur. *Menton en galoche, pointu.* – *Double, triple menton,* plis de chair sous le menton.

Menton Commune des Alpes-Maritimes, sur la Méditerranée. 30 679 habitants. Rattachée à la France en 1860, la ville est une importante station touristique de la Côte d'Azur. Église baroque. Musées. Agriculture (agrumes, oliviers).

mentonnet n. m. techn. Pièce saillante (d'un mécanisme).

mentonnier, ière adj. anat. Du menton. *Nerf mentonnier.*

mentonnière n. f. **1.** Jugulaire. ■ méd. Bandage du menton. **2.** Plaquette fixée à la base d'un violon, sur laquelle s'appuie le menton.

mentor [mɛ̃tɔʀ] n. m. (du n. du personnage) littér. Guide, conseiller sage et expérimenté. → **pygmalion.** *Des mentors.*

Mentor Personnage de *L'Odyssée*, ami d'Ulysse et précepteur de son fils Télémaque.

[1]menu, ue adj. (vient du latin *minutus*, de *minuere* → **amoindrir, diminuer; amenuiser, menuisier, minutie**) littér. **1.** Qui a peu de volume. → **[2]fin, mince, petit.** *Couper qqch. en menus morceaux.* – (personnes) Petit et mince. *Elle est toute menue.* **2.** Qui a peu d'importance, peu de valeur. *Menus détails. Menue monnaie.* – n. m. *Par le menu :* en détail. *Raconter sa vie par le menu.* **3.** adv. En menus morceaux. *Viande, oignons hachés menu.*

[2]menu n. m. (de *par le menu* → **[1]menu**) **1.** Liste des mets dont se compose un repas. – *Menu de restaurant* (à prix fixe); opposé à *carte.* **2.** Liste d'options, d'opérations proposées sur l'écran d'un ordinateur à l'utilisateur. *Menu déroulant*.* **3.** fig. Programme, ordre du jour.

Menucourt Commune du Val-d'Oise. 5 998 habitants.

menuet n. m. (de l'ancien adj. *menuet, menuette*, diminutif de *menu*) **1.** Ancienne danse à trois temps. **2.** Morceau instrumental à trois temps, dans la suite, la forme sonate.

Menuhin (sir Yehudi) Violoniste américain d'origine russe (1916-1999). Il fit une carrière d'enfant prodige et s'imposa comme l'un des plus grands violonistes de son temps.

Yehudi Menuhin en récital en URSS (1987).

Menuires (Les) Station de sports d'hiver des Alpes françaises (Savoie), dans les Trois-Vallées (1800-2880 m).

menuise n. f. (vient du latin *minutia* « parcelle ») techn. **1.** Menu plomb de chasse. → **cendrée.** **2.** Petit bois, petits rondins. **3.** Petit poisson à frire. → **sprat.**

menuiser v. tr. < 1 > (vient du latin pop. *minutiare*, de *minutus* → **[1]menu** et **amenuiser**) techn. Travailler en menuiserie. □ **menuisé, ée** adj. *Des boiseries bien menuisées.*

menuiserie n. f. (→ **menuisier**) **1.** Travail (assemblage) du bois pour la fabrication des meubles, la décoration des maisons. *Atelier de menuiserie.* **2.** Ouvrages ainsi fabriqués. *Plafond en menuiserie,* en bois travaillé. **3.** *Menuiserie métallique,* fabrication d'éléments de fermeture en métal.

menuisier, ière n. (de l'ancien français *menuise*, qui vient du latin *minutia*, de *minutus* → **[1]menu**; d'abord « ouvrier en travaux fins, minutieux ») Artisan(e), ouvrier, ouvrière qui travaille le bois équarri en planches. *Menuisier de bâtiment. Menuisier d'art.* → **ébéniste.**

ménure n. m. (du latin, du grec *mênê* « croissant de lune » et *oura* « queue ») zool. Grand oiseau d'Australie, dont le mâle a une queue à plumes disposées en forme de lyre. → **oiseau-lyre.**

ményanthe n. m. (du latin, du grec *minuanthês [triphullon]* « trèfle qui fleurit peu de temps » et → **-anthe**) bot. Plante herbacée aquatique, à feuilles alternes trilobées, dite aussi *trèfle d'eau.*

Menzaleh (lac) Lagune de la Basse-Égypte, bordant le delta du Nil entre Damiette et Port-Saïd. 1 800 km².

Menzel (Adolf von) Peintre, dessinateur et graveur allemand (1815-1905). Il peignit des tableaux historiques et pittoresques (*Le Repas à Sans-Souci*), des intérieurs (*Escalier*) et des vues urbaines (*Théâtre du Gymnase*).

Menzel-Bourguiba Ville au N.-E. de la Tunisie, sur le lac de Bizerte. 47 800 habitants. Pétrochimie. Complexe industriel.

Menzies (sir Robert Gordon) Homme d'État australien (1894-1978). Fondateur du Parti libéral, il fut Premier ministre de 1939 à 1941 et de 1949 à 1966.

Méphistophélès Personnage de la légende de *Faust* incarnant le diable.

Méphistophélès, par E. Delacroix (lithographie de 1828), musée Eugène-Delacroix, Paris.

méphistophélique adj. Qui évoque Méphistophélès, semble appartenir au démon. → **diabolique, satanique.**

méphitique adj. (du bas latin, de *Mefitis*, n. d'une divinité des lieux volcaniques) (vapeur, exhalaison) Qui sent mauvais et est toxique. – *Des odeurs méphitiques.*

méplat n. m. (de *mé-* et *plat*, adj.) Partie plate, plane (du visage, d'une forme représentée). *Le méplat de la tempe.*

se **méprendre** v. pron. < 58 > (de *mé-* et *prendre*) littér. Se tromper, prendre une personne, une chose pour une autre. *Elle s'est méprise sur leur compte.*

mépris n. m. (de *mépriser* → **[1]priser**) **1.** Fait de considérer comme indigne d'attention. → **indifférence.** *Le mépris du danger, des richesses.* – *Au mépris de* loc. prép. : sans tenir compte de. **2.** Sentiment par lequel on considère (qqn) comme indigne d'estime, comme moralement condamnable. → **dédain, dégoût.** « *Le mépris outrage plus que la haine, et la haine le sait bien* » (Barbey d'Aurevilly).

méprisable adj. Qui mérite le mépris (2). → **honteux, indigne.**

méprisant, ante adj. Qui exprime le mépris. → **arrogant, dédaigneux.**

méprise n. f. (du p. p. de *méprendre*) Erreur d'une personne qui se méprend. → **confusion, malentendu, quiproquo.**

mépriser v. tr. < 1 > (de *mé-* et *priser* « apprécier ») **1.** Estimer indigne d'attention ou d'intérêt. → **dédaigner, négliger**; s'oppose à *priser* (littér.), à *apprécier*. *Mépriser le danger.* → **braver.** *Cet avis n'est pas à mépriser.* **2.** Considérer (qqn) comme indigne d'estime, comme moralement condamnable (s'oppose à *estimer*).

mer [mɛʀ] n. f. (vient du latin *mare*, apparenté aux mots germaniques signifiant « lac, lagune » → **marais, mare; amerrir, marée**) **1.** Vaste étendue d'eau salée qui couvre une grande partie de la surface du globe. → **océan; [1]marin, maritime.** « *La mer, la mer, toujours recommencée* » (Valéry). *Poissons de mer. Haute, pleine mer,* partie éloignée des rivages. → **large** (II, 4). *Eau de mer.* – *Passer ses vacances au bord de la mer, à la mer. Gens de mer :* marins. *Prendre la mer :* partir sur mer.

M

MERS (l'écosystème océanique)

Les mers et les océans, qui couvrent 71 % de la surface de la Terre et constituent 96,4 % de ses masses d'eau, abritent les plus grands organismes. La vie de ces êtres colossaux dépend de celle d'espèces de tailles beaucoup plus modestes. Les océans jouent un rôle important dans les phénomènes climatiques car ils constituent un lieu d'échanges thermiques avec l'atmosphère. Utilisées parfois comme une décharge où la pollution se diluerait ou considérées comme une source de richesses inépuisables, ces larges étendues d'eau et leurs habitants ne sont pourtant pas invulnérables.

Le grand labbe se nourrit de poissons et s'attaque à certains oiseaux et à de petits animaux.

Grand voyageur, le puffin des Anglais parcourt les eaux du nord au sud avant de regagner sa colonie pour se reproduire.

Excellent planeur, le fou de Bassan plonge pour pêcher à une vitesse de 100 km/h.

À sa naissance, le petit de la baleine à bosse pèse environ 700 kg et mesure environ 4 m.

Le grand dauphin, ce cétacé que l'homme n'effarouche guère, aime les régions côtières.

Géant marin (20 à 27 m de longueur), le rorqual commun se déplace à une vitesse atteignant 40 km/h.

Le merlan évolue au fond de l'eau et préfère les eaux froides.

La langoustine vit dans des galeries creusées dans les fonds.

Le grand requin blanc, le plus grand des poissons prédateurs, a des dents adaptées pour saisir ses victimes.

Le spirographe est un tube, orné d'un panache, qui abrite un ver de mer.

Rôdant dans les récifs et les épaves, le congre bondit sur ses proies, les happe et les déchiquette.

L'anémone de mer verte capture de petits animaux grâce à ses tentacules.

L'algue rouge est parfois dénommée « feuille de châtaigner » en raison de sa forme.

Lieu de reproduction de nombreuses espèces, les champs de zostères sont une véritable prairie sous-marine.

Aujourd'hui vulnérable, la morue est la proie de mammifères marins et de poissons mais aussi de l'homme.

– loc. *Un homme à la mer*, tombé dans la mer. **– par métaphore** *La mer des passions.* **→ océan.** **2.** *Une mer*, partie de la mer, délimitée (moins grande qu'un océan). *La mer du Nord.* **3.** Vaste étendue. *La mer de Glace* : grand glacier des Alpes.

Mer Commune du Loir-et-Cher, sur la Tronne. 6 211 habitants.

Merano Ville d'Italie, dans le Trentin-Haut-Adige, sur l'Adige. 33 600 habitants. Tourisme thermal.

Merapi **n. m.** Nom de deux volcans d'Indonésie, dans les îles de Java et de Sumatra.

Méray **(Charles)** Mathématicien français (1835-1911). Il s'intéressa à l'arithmétisation des mathématiques.

Merca ou **Merka** Ville de Somalie, sur l'océan Indien. 500 000 habitants. Port bananier.

Mercadante **(Saverio)** Compositeur italien (1795-1870). Musicien fécond, il composa des opéras *(Élisa et Claudio ; Les Brigands)*, de la musique sacrée, des symphonies et des cantates.

mercanti **n. m. (sabir méditerranéen, mot italien, plur. de *mercante*, du latin *mercans* → marchand)** Commerçant malhonnête ; profiteur. *Des mercantis.*

mercantile **adj. (de l'italien, de *mercante* → marchand)** Digne d'un commerçant avide, d'un profiteur.

mercantilisme **n. m. 1. littér.** Esprit mercantile. **2. hist.** Ancienne doctrine économique (des XVIe et XVIIe siècles) fondant la richesse des États sur l'accumulation des réserves en or et argent. □ **adj. et n. mercantiliste**

Mercanton **(Jacques)** Écrivain suisse d'expression française (1910-1996). Il est l'auteur d'essais (sur Joyce, T. S. Eliot et Thomas Mann) et de romans *(Thomas l'incrédule ; L'Été des Sept Dormants)*.

Mercantour **n. m.** Massif des Alpes françaises du Sud. 3 143 m. Parc national.

Dans le parc national du Mercantour, le lac de Vens.

Mercati **(Michele)** Savant italien (1541-1593). Médecin du pape Clément VII, directeur du jardin botanique du Vatican, il créa en 1585 la première galerie minéralogique d'Europe.

mercatique **n. f. (du latin *mercatus* → marché)** Recommandation officielle pour remplacer l'anglicisme *marketing.* □ **n. mercaticien, ienne**

Mercator **(Gerhard Kremer, dit Gerardus)** Géographe flamand (1512-1594). Fondateur de la géographie mathématique, il inventa un système de projection graphique représentant la surface sphérique de la Terre sur un plan *(projection de Mercator)*.

Mercator **(Nikolaus Kauffmann, dit)** Mathématicien allemand (1620-1687). Il calcula l'aire de l'hyperbole et étudia les logarithmes.

mercenaire **(latin *mercenarius* « qui fait un métier rémunéré », de *merces* « prix » et « récompense » → merci) I. adj. littér.** Qui n'agit que pour un salaire, est inspiré par le profit. *Troupes mercenaires.* **→ vénal. II. n. m.** Soldat à la solde d'un gouvernement étranger.

Mercenaires **(guerre des)** Révolte des mercenaires de Carthage (240-238 av. J.-C.) après la première guerre punique. Elle inspira à Flaubert son roman *Salammbô.*

mercerie **n. f. (→ mercier) 1.** Ensemble des marchandises servant aux travaux de couture. **2.** Commerce, boutique de mercier.

merceriser **v. tr. < 1 > (anglais *to mercerize*, du n. de John Mercer) techn.** Traiter (le fil de coton) en l'imprégnant d'une solution de soude caustique qui lui donne un aspect brillant. □ **mercerisé adj.** *Coton mercerisé.* □ **n. m. mercerisage**

merchandising [mɛʀʃɑ̃dajziŋ ; mɛʀʃɑ̃diziŋ] **n. m. (mot anglais, de *to merchandise* « promouvoir les ventes ») anglic., comm. → marchandisage.**

Merchtem Ville de Belgique (Brabant flamand). 16 766 habitants. Église gothique.

merci **n. f. et m. (vient du latin *merces* → mercenaire, famille de *merx* → marchand, mercier) I. n. f. 1. littér.** Pitié, grâce. *« La Belle Dame sans merci »* (poème d'Alain Chartier). ***À la merci de* loc. prép.** : dans une situation où l'on dépend entièrement de (qqn, qqch.). *Chacun est à la merci d'une erreur.* **2. *Dieu merci* loc. adv.** : grâce à Dieu. **3. *Sans merci*** : impitoyable **(lutte, combat).** *Une lutte sans merci.* **II. (même évolution que l'espagnol *gracias*) 1. n. m.** Remerciement. *Un grand merci pour ton aide.* **2. interj.** *Merci beaucoup. Merci pour tout. Merci de* **(+ inf.)** : je vous remercie de bien vouloir... ■ Formule de politesse accompagnant un refus. *Non merci, sans façons.*

Merci **(ordre de)** ou **mercédaires** Ordre religieux fondé à Barcelone au XIIIe s. par Pierre Nolasque et Raymond de Peñafort pour le rachat des chrétiens prisonniers des Maures.

Mercie **n. f.** en anglais **Mercia** Royaume fondé par les Angles vers la fin du VIe s., dans le centre de l'Angleterre. La Mercie fut annexée au IXe s. par le Wessex.

Mercié **(Antonin)** Sculpteur et peintre français (1845-1916). Élève de Falguière, il fut l'un des sculpteurs officiels de la IIIe République.

mercier, ière **n. (de l'ancien français *merz* « marchandise », qui vient du latin *merx*, famille de *merces* → merci ; commerce, marchand)** Marchand(e) d'articles de mercerie.

Mercier **(Louis Sébastien)** Écrivain français (1740-1814). Auteur du *Tableau de Paris*, description de la société parisienne à la veille de la Révolution française, il célébra le progrès et les idées républicaines dans *L'An 2440, rêve s'il en fut jamais.*

Mercier **(Désiré)** Prélat belge (1851-1926). Professeur de philosophie à Louvain, évêque de Malines et cardinal, il fut un artisan du renouveau thomiste demandé par Léon XIII. Il présida les Conversations de Malines sur l'œcuménisme (1921-1925).

Merckx **(Eddy)** Coureur cycliste belge (né en 1945). Titulaire d'un remarquable palmarès, il fut cinq fois vainqueur du Tour d'Italie (en 1968, 1970, 1972-1974) et du Tour de France (1969-1972, 1974).

Mercœur **(Philippe-Emmanuel de Lorraine, duc de)** Homme de guerre français (1558-1602). Gouverneur de Bretagne, il prit la tête de la Ligue dans sa province, puis se soumit à Henri IV.

Mercosur (en espagnol) ou **Mercosul** (en portugais) **[Mercado Común del Sur (Sul) « Marché commun du Sud »]** Union douanière entre le Brésil, l'Argentine, l'Uruguay et le Paraguay, entrée en vigueur en 1995, rejointe par le Venezuela en 2006 (suspendu en 2017). La Bolivie, le Chili, la Colombie, l'Équateur, le Guyana, le Suriname et le Pérou sont des États associés.

Mercouri **(Maria Amalia, dite Melina)** Actrice et femme politique grecque (1923-1994). Actrice de théâtre, puis de cinéma *(Jamais le dimanche)*, elle fut aussi ministre socialiste de la Culture (1981-1989 et 1993-1994).

mercredi **n. m. (latin *Mercuri dies* « jour du dieu Mercure »)** Troisième jour de la semaine*, qui succède au mardi.

mercure **n. m. (latin *Mercurus*, n. du dieu, du latin *merx* → mercier et marché ; à cause de la mobilité du métal, appelé *vif argent*, Mercure étant le messager des dieux)** Métal d'un blanc argenté, liquide à la température ordinaire (symb. Hg). *Baromètre à mercure.* **– par métonymie** Thermomètre. *Le mercure est en baisse.* □ **adj. mercuriel, ielle**

Mercure Dieu romain protecteur des Marchands et des Voyageurs. Il correspond à l'Hermès grec.

Mercure coiffé du chapeau des voyageurs, tenant une bourse et le caducée ailé, bronze (IVe s. av. J.-C.).

Mercure Planète du système solaire, la plus proche du Soleil. Diamètre : 4 879,4 km. La sonde Mariner 10 permit de découvrir (1974) sa surface semblable à celle de la Lune. Le cœur est un noyau métallique à base de fer.

Mercure de France Revue littéraire française fondée en 1889 par Alfred Vallette. Elle cessa de paraître en 1965.

mercureux **adj. m. chim.** Se dit des composés du mercure monovalent **(opposé à *mercurique*).**

Mercurey Commune de la Saône-et-Loire. 1 231 habitants. Vins.

¹mercuriale **n. f. (latin *mercurialis [herba]* « herbe de Mercure ») bot.** Plante herbacée à fleurs verdâtres, mauvaise herbe des jardins.

²mercuriale **n. f. (latin *mercurialis* « du mercredi ») 1. anciennt** Assemblée semestrielle des cours de justice, où le président devait faire la critique de la justice et des juges. **2. fig. et littér.** Remontrance, vive réprimande. *Prononcer une mercuriale contre qqn.*

³mercuriale **n. f. (latin *mercurialis* « membre du collège des marchands », de *Mercure* dieu du Commerce) comm.** Tableau hebdomadaire portant les prix courants des denrées vendues sur un marché public ; le cours officiel de ces denrées.

mercurique adj. chim. Se dit des composés du mercure bivalent (opposé à *mercureux*).

mercurochrome [mɛʀkyʀokʀom] n. m. (n. déposé ; de *mercure* et *-chrome*) Composé chimique rouge vif utilisé comme antiseptique externe.

Mercury (Farrokh Bulsara, dit **Freddie**) Chanteur britannique d'origine indienne (1946-1991). Doté d'une voix au vibrato exceptionnel et couvrant plus de trois octaves, de ténor à baryton, il fut le chanteur du groupe Queen. Il mourut du sida.

Freddie Mercury lors d'un concert à Los Angeles (1982).

merde (vient du latin *merda*) fam. **I.** n. f. **1.** Matière fécale. → **excrément.** *Une merde de chien.* → **crotte. 2.** Être ou chose méprisable, sans valeur. *Son livre, c'est de la merde. Il ne se prend pas pour une merde.* – *De merde* : mauvais. *Il a fait un temps de merde.* **3.** Situation mauvaise et confuse. loc. *Foutre la merde* (quelque part) : mettre la pagaille. – Ennui. → **emmerdement. II.** interj. **1.** Exclamation de colère, d'impatience, de mépris. → fam. **crotte ; lettre** (les cinq lettres). *Le général Cambronne répondit merde ! aux Anglais qui le sommaient de se rendre* (→ le mot de **Cambronne**). **2.** Exclamation d'étonnement, d'admiration.

merder v. intr. < 1 > (de *merde*) très fam. **1.** Éprouver des difficultés, ne pas savoir répondre. *Merder à une interro de maths.* → **sécher. 2.** (choses) Échouer, rater. → **foirer, merdoyer.** *L'affaire a complètement merdé.*

merdeux, euse adj. fam. **1.** Sali d'excréments. – Honteux. *Se sentir merdeux.* **2.** Mauvais. → fam. **foireux.** *Une affaire merdeuse.* **3.** n. Jeune personne prétentieuse, blanc-bec. *Petit merdeux !*

merdier n. m. fam. Grand désordre, confusion inextricable.

merdique adj. fam. Mauvais, sans valeur, sans intérêt.

merdoyer v. intr. < 8 > fam. S'enferrer maladroitement, s'embrouiller. → fam. **vasouiller.**

mère n. f. (vient du latin *matrem*, accusatif de *mater* ; mot indo-européen parallèle à *pater* → **père**) **I. 1.** Femme qui a mis au monde un ou plusieurs enfants. → **maman ; maternel, maternité.** *Mère de famille.* – relig. chrét. *La mère de Dieu* : la Vierge Marie. *Bonne mère !*, exclamation (régional : Provence). ■ par ext. *Mère adoptive.* – *Mère porteuse*.* **2.** Femelle qui a un ou plusieurs petits. *Une mère lionne et ses lionceaux.* **3.** Femme qui est comme une mère. **4.** Titre donné à une religieuse (supérieure d'un couvent, etc.). – appellatif *Oui, ma mère.* **5.** Appellation familière pour une femme d'un certain âge. « *C'est la mère Michel qui a perdu son chat* » (chanson). **II. 1.** *La mère patrie*, la patrie d'origine (d'émigrés, etc.). **2.** Origine, source. – appos. *Branche mère. Des maisons mères.* **III.** *Mère de vinaigre* : pellicule formée à la surface d'un liquide alcoolique par les mycodermes de la fermentation acétique.

-mère, -mérie, méro- Éléments (du grec *meros*) signifiant « partie » (ex. *oligomère, polymère, polymérie*).

Méré (Antoine Gombaud, chevalier de) Écrivain et moraliste français (1607-1684). Ami de Ménage et de Pascal, il théorisa les rapports en société et fixa l'idéal de l'« honnête homme ». *Conversations ; La Vraie Honnêteté.*

Meredith (George) Poète, journaliste et romancier britannique (1828-1909). Ses textes portent sur l'amour, les rapports entre les sexes, et la comédie. *L'Égoïste ; L'Épreuve de Richard Feverel.*

mère-grand n. f. vieux (ou dans les contes de fées) Grand-mère. *Des mères-grand.*

Merejkovski (Dmitri Sergueïevitch) Écrivain russe (1866-1941). Il affirma la nécessité d'une synthèse entre le christianisme et le paganisme. *Le Christ et l'Antéchrist ; La Naissance des dieux.*

Merelbeke Ville de Belgique (Flandre-Orientale), sur l'Escaut. 24 756 habitants.

merengué ou **merengue** [meʀɛnge ; meʀɛ̃ge] n. m. (de l'hispano-américain *merengue*) Danse antillaise à deux temps.

Mérévillois (Le) Commune de l'Essonne, sur la Juine. 3 307 habitants. Château (XVe-XVIIIe s.) entouré d'un parc à l'anglaise. Cressonnières.

Mergenthaler (Ottmar) Inventeur américain d'origine allemande (1854-1899). Il mit au point la première linotype (1885).

merguez [mɛʀgɛz] n. f. (mot arabe du Maghreb et d'Espagne) Petite saucisse à base de bœuf, de mouton, fortement pimentée. *Servir le couscous avec des merguez.*

Mergui (archipel) Archipel du S. de la Birmanie, face aux îles Mergui, dans la mer des Andaman. Il comprend plus de 800 îles, pour la plupart inhabitées. Huîtres perlières.

Mergui Ville du S. de la Birmanie, sur la côte occidentale de la presqu'île de Malacca. Env. 200 000 habitants. Port. Université.

mergule n. m. (du latin, de *mergus* « plongeon [palmipède] ») Oiseau marin noir et blanc de l'Atlantique nord, voisin du pingouin. *Mergule nain.*

Meri (Veijo Väinö Valvo) Romancier finlandais (1928-2015). Il renouvela la prose finnoise, décrivant l'absurdité de la guerre (*Une histoire de corde ; La Base*) et les vanités de la vie (*Une femme dessinée sur le miroir*).

Méribel-les-Allues Station de sports d'hiver des Alpes françaises (Savoie), dans les Trois-Vallées (1450-2700 m).

Méricourt Commune du Pas-de-Calais, dans la banlieue de Lens. 11 374 habitants. Ancien centre houiller.

Mérida (cordillère de) Chaîne de montagnes du Venezuela. Elle prolonge la cordillère des Andes au S.-E. du lac Maracaibo. 4 981 m.

Mérida Ville du S.-E. de l'Espagne, capitale de l'Estrémadure. 59 500 habitants. Ruines romaines.

Mérida Ville du S. du Mexique, capitale du Yucatán. 777 600 habitants. À proximité des sites mayas de Chichén Itzá et d'Uxmal. Université.

Mérida Ville de l'O. du Venezuela, capitale de l'État de Mérida, dans la cordillère des Andes. 196 000 habitants. Marché agricole. Centre tertiaire et universitaire.

méridien, ienne (du latin, de *meridies* « midi ») **I.** adj. vieux ou littér. De midi. – cour. *Pause méridienne.* ■ *Plan méridien* (que le Soleil coupe à midi), plan défini par l'axe de rotation de la Terre et la verticale du lieu. – Relatif au plan méridien. *Hauteur méridienne d'un astre.* **II.** n. m. **1.** Cercle imaginaire passant par les deux pôles terrestres. *Heure du méridien de Greenwich* (abrév. anglaise **GMT**). – Demi-cercle joignant les pôles. *Méridiens et parallèles sur les cartes.* **2.** Ligne de flux énergétique, en acuponcture.

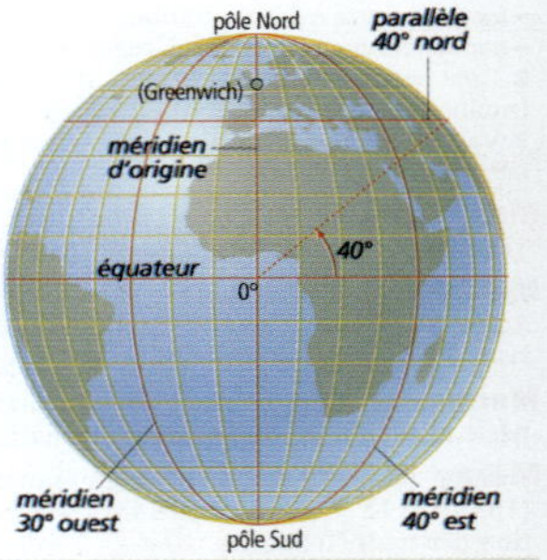

Le méridien de Greenwich a été défini comme référence conventionnelle pour mesurer la longitude. L'équateur est le parallèle de référence naturel pour mesurer la latitude.

méridienne n. f. (de *méridien*) **1.** vieilli Sieste du milieu du jour. **2.** Canapé à deux chevets de hauteur inégale. ■ Canapé à un chevet, sur lequel on peut étendre ses jambes.

méridional, ale, aux adj. (du bas latin, de *meridies* → **méridien**) **1.** Qui est au sud (s'oppose à *septentrional*). **2.** Qui est du Midi, propre aux régions et aux gens du Sud (d'un pays ; de la France). *Accent méridional.* – n. *Les Méridionaux.*

Mériel Commune du Val-d'Oise, près de Pontoise. 5 211 habitants. Musée Jean-Gabin.

Mérignac Commune de la Gironde, dans la banlieue de Bordeaux. 74 009 habitants. Aéroport. Industries de pointe.

Mérimée (Prosper) Écrivain français (1803-1870). Auteur de mystifications littéraires (*Le Théâtre de Clara Gazul, comédienne espagnole*) et de récits historiques (*Chroniques du règne de Charles IX*), il est surtout connu pour ses nouvelles concises et fortes (*Mateo Falcone ; Le Vase étrusque ; La Vénus d'Ille*) et pour ses deux brefs romans *Colomba* et *Carmen*. Exploitant les thèmes du romantisme (goût de l'exotisme et du fantastique, évocation de passions violentes et fatales), il adopta un style sobre jusqu'à la sécheresse. C'est l'un des grands prosateurs de son temps.

Mérinas n. m. pl. Population de Madagascar d'origine austronésienne, occupant avec les Betsiléos la partie centrale du plateau. Les Mérinas pratiquent la riziculture. Leur société est hiérarchisée en castes.

Mérida

Mérida, ville d'Espagne, les ruines inscrites au patrimoine mondial de l'Unesco.

meringue n. f. (p.-ê. famille du latin *merenda* « collation », de *merere* « recevoir » → mérite) Gâteau très léger fait de blancs d'œufs battus et de sucre, cuit au four.

meringué, ée adj. Enrobé, garni de meringue.

Mérinides ou **Marinides** n. m. pl. Dynastie berbère qui régna sur le Maroc du XIIIe au XVe s. Abu al-Hasan, le plus grand souverain mérinide (1331-1351), entreprit la conquête du Maghreb et occupa Tlemcen (1337) puis Tunis (1347).

mérinos [meʀinos] n. m. (de l'espagnol, p.-ê. du latin *merus* « pur », en parlant d'une race de moutons) Mouton de race espagnole (originaire d'Afrique du Nord) à toison épaisse ; sa laine.

merise n. f. (de *amerise*, de *amer* et *cerise*) Petite cerise sauvage, rose ou noire.

merisier n. m. **1.** Cerisier sauvage. **2.** Bois de cet arbre. *Une armoire en merisier.*

méristème n. m. (grec *meristos* « partagé ») bot. Tissu jeune, à cellules serrées, qui engendre les autres tissus végétaux.

méritant, ante adj. souvent iron. Qui a du mérite (I, 1).

mérite n. m. (latin *meritum*, de *merere* « recevoir, gagner », p.-ê. famille du grec *meros* « part ») **I. 1.** Ce qui rend (une personne) digne d'estime, de récompense. → **vertu.** *Avoir du mérite à faire qqch. Il n'en a que plus de mérite.* – ***Se faire un mérite de*** (+ n. ou inf.) : se glorifier de. **2.** Ce qui rend (une conduite) digne d'éloges. *Sa persévérance n'est pas sans mérite.* **II. 1.** Ensemble de qualités intellectuelles et morales (d'une personne) particulièrement estimables. *Un homme de mérite.* → **valeur.** – Qualité estimable. *Vanter les mérites de qqn, de qqch.* **2.** Avantage (de qqch.). *Cela a au moins le mérite d'exister.* **III.** Nom de certains ordres et décorations françaises.

Mérite (ordre national du) Ordre français créé en 1963 pour récompenser toute personne s'étant distinguée dans la fonction publique ou dans l'exercice d'une activité privée.

mériter v. tr. < 1 > (de *mérite*) **1.** (personnes) Être, par sa conduite, en droit d'obtenir (un avantage) ou exposé à subir (un inconvénient). → **encourir.** *Mériter l'estime, la reconnaissance de qqn.* – *Il l'a bien mérité* (→ c'est bien fait, il ne l'a pas volé). – au p. p. *Un repos bien mérité.* – *Elle méritait de réussir.* ■ (choses) *Ceci mérite réflexion.* – loc. prov. *Tout travail mérite salaire.* **2.** Être digne d'avoir (qqn) à ses côtés, dans sa vie. *Elle ne méritait pas de tels amis.*

méritocratie n. f. (→ -cratie) didact. (souvent iron.) Hiérarchie sociale fondée sur le mérite individuel. □ adj. **méritocratique**

méritoire adj. (latin *meritorius* → mérite) (choses) Où le mérite est grand ; qui est digne d'éloge. → [1]**louable.** *Œuvre, effort méritoire.*

Merkel (Angela) Femme d'État allemande (née en 1954). Présidente de la CDU (2000-2018), elle fut chancelière de 2005 à 2021. Elle imposa des politiques d'austérité tant en Europe qu'en Allemagne et défendit une politique d'accueil des migrants.

Merksplas Commune de Belgique (province d'Anvers). 8 588 habitants. Taille du diamant. Pénitencier.

merlan n. m. (de *merle*, suffixe germanique *-anc, -ange* → mésange) **I.** Poisson de mer comestible, à chair légère. – fam. *Faire des yeux de merlan frit,* rouler, écarquiller les yeux de façon ridicule. **II.** (à cause de la poudre et du merlan enfariné) fam., vieilli Coiffeur.

merle n. m. (vient du latin *merula* « oiseau » et « poisson » → merlan) Oiseau passereau au plumage généralement noir chez le mâle.

Merlin l'Enchanteur

Merlin l'Enchanteur avec deux compagnons, miniature du *Roman du Roy Meliadus de Leonnoys,* Hélie de Borron, British Library, Londres.

Siffler comme un merle. – *Merle blanc :* chose, personne rare.

Merle (Robert) Écrivain français (1908-2004). Nombre de ses romans de guerre ou de science-fiction ont été portés à l'écran. *Week-end à Zuydcoote ; Malevil.*

Merleau-Ponty (Maurice) Philosophe français (1908-1961). Influencé par la lecture de Husserl, il conclut, dans sa thèse sur la *Phénoménologie de la perception,* que toute existence est incarnée et enracinée dans une expérience individuelle du monde vécu, où l'esprit et le corps ne sont pas séparables. Dans ses réflexions sur la philosophie de l'histoire, nourries de sa lecture de Hegel et de Marx, il montre que l'individu, enraciné dans un monde historique et intersubjectif, ne saurait en être le simple produit ni se poser face à lui comme un sujet absolument libre. *Sens et Non-Sens.*

merlette n. f. rare Femelle du merle.

Merlimont Commune du Pas-de-Calais, sur la Manche. 3 389 habitants. Station balnéaire.

[1]**merlin** n. m. (vient du latin *marculus* « marteau ») Masse pour assommer les bœufs.

[2]**merlin** n. m. (moyen néerlandais *meerlijn,* de *marren* « lier ») mar. Petit cordage composé de trois fils de caret.

Merlin (Philippe Antoine, comte) dit **Merlin de Douai** Homme politique français (1754-1838). Député du tiers état aux États généraux de 1789 puis à la Convention (1792), il fut l'un des instigateurs de la réaction thermidorienne et devint Directeur (1797). Il fut proscrit comme régicide à la Restauration.

Merkel (Angela)

Angela Merkel en 2007 à Berlin.

Merlin (Antoine Christophe) dit **Merlin de Thionville** Homme politique français (1762-1833). Député montagnard à la Convention (1792), il contribua à la chute de Robespierre et soutint la réaction thermidorienne.

Merlin l'Enchanteur Personnage mythique du *cycle breton.* Épris de la fée Viviane, il demeure en son pouvoir.

merlon n. m. (italien *merlone,* de *merlo* « merle ») techn. Partie pleine d'un parapet (entre deux créneaux).

merlot n. m. (de *merle,* par comparaison avec la couleur bleu-noir de cet oiseau) Cépage noir à grains sphériques. – Vin produit avec ce cépage.

merlu n. m. (p.-ê. de *merlan* et de l'ancien français *luz* « brochet », qui vient du latin *lucius, cf.* morue) régional Colin (poisson).

merluche n. f. (var. de *merlu*) Morue séchée.

Mermnades n. m. pl. Dynastie de Lydie fondée au VIIe s. av. J.-C. par Gygès, fils de Mermnas. Les Mermnades étendirent la domination lydienne sur la moitié occidentale de l'Asie Mineure jusqu'à la conquête perse (–546).

Mermoz (Jean) Aviateur français (1901-1936). Pionnier de la ligne Rio de Janeiro-Santiago du Chili par-dessus la cordillère des Andes, il effectua en 1930 la première liaison postale aérienne directe Afrique-Amérique du Sud. Il disparut dans l'Atlantique sud à bord de son hydravion *Croix-du-Sud.*

M

Jean Mermoz, surnommé « l'Archange ».

méro- voir -mère

Méroé Ancienne ville de Nubie, au N. du Soudan, sur le Nil. Capitale du royaume de Koush, elle a laissé d'importants vestiges (temples, palais et pyramides).

mérostome n. m. (du latin, du grec *mêros* « cuisse » et *stoma* « bouche ») zool. Arthropode aquatique dont la bouche s'ouvre entre la base des pattes (classe des *Mérostomes ;* ex. la limule).

mérou n. m. (espagnol *mero,* origine inconnue) Grand poisson des côtes de la Méditerranée, à la chair très délicate. *Des mérous.*

Mérovée Roi supposé des Francs Saliens (milieu du Ve s.). Il a donné son nom à la dynastie des *Mérovingiens.*

mérovingien, ienne adj. et n. (de *Mérovée, Merowig,* tribu de Francs Saliens) Relatif aux Mérovingiens. – n. Membre des Mérovingiens.

Mérovingiens **n. m. pl.** Première dynastie des rois francs qui régna de 481 à 751 sur la Gaule. Elle fut fondée par Clovis, petit-fils de Mérovée. Childéric III, dernier roi mérovingien, fut déposé par Pépin le Bref, fondateur de la dynastie carolingienne.

Mérovingiens, *Dagobert Ier observant les travaux d'agrandissement de la basilique de Saint-Denis*, enluminure des *Grandes Chroniques de France* (1350), British Library, Londres.

merrain **n. m.** **(vient du latin *materiamen*, de *materia* « bois de construction » → madrier, matière)** **1.** techn. Bois de chêne débité en planches. **2.** vén. Tige centrale de la ramure (du cerf).

Merrifield **(Robert Bruce)** Chimiste américain (1921-2006). Il effectua des travaux sur la synthèse des peptides et développa une méthode de synthèse chimique sur matrice solide. Prix Nobel 1984.

Merrimack **n. m.** Fleuve du N.-E. des États-Unis. 280 km. Il prend sa source dans les montagnes du New Hampshire et se jette dans l'Altantique.

Mersa Matrouh Ville d'Égypte, sur la Méditerranée. 144 961 habitants. Station balnéaire.

Mersch Ville du Luxembourg, chef-lieu de canton, sur l'Alzette. 7 000 habitants. Château fort médiéval reconstruit au XVIe siècle.

Merseburg Ville d'Allemagne (Saxe-Anhalt), sur la Saale. 43 200 habitants. Cathédrale (XIIIe s.). Château (XVe s.). Industries chimiques.

Mers el-Kébir en arabe **Marsa al-Kabir** Ville d'Algérie, sur le golfe d'Oran. 18 000 habitants. Le 3 juillet 1940, les Britanniques y bombardèrent une escadre française qui avait refusé de continuer la guerre contre l'Axe ou de se laisser désarmer : 1 300 marins furent tués. Base navale militaire française jusqu'en 1967.

Mersenne **(abbé Marin)** Philosophe et savant français (1588-1648). Il entretint une abondante correspondance avec les savants de son temps (Descartes, Pascal, Torricelli). Il est l'auteur de travaux sur l'acoustique et la musique. *L'Harmonie universelle*.

Mersey **n. f.** Fleuve d'Angleterre. 130 km. Elle se jette dans la mer d'Irlande par un estuaire traversant Liverpool.

Merseyside Comté du N.-O. de l'Angleterre, de part et d'autre de l'estuaire de la Mersey, correspondant à la conurbation de Liverpool. 652 km². 1,3 million d'habitants.

Mersin Ville du S.-E. de la Turquie, en Asie Mineure, sur la Méditerranée. 1 million d'habitants. Port. Raffinerie de pétrole. Centre industriel.

Mers-les-Bains Commune de la Somme, sur la Bresle, près du Tréport. 2 573 habitants. Station balnéaire.

Mertens **(Pierre)** Écrivain belge d'expression française (né en 1939). Il est l'auteur de romans et de nouvelles de structure complexe, quasi musicale. *Terre d'asile ; Une paix royale*.

Merthyr Tydfil Ville du pays de Galles, au N. de Cardiff. 30 480 habitants. Ce fut le plus grand centre sidérurgique du monde au XIXe siècle.

Merton **(Robert King)** Sociologue américain (1910-2003). Il mena de nombreux travaux, notamment sur la déviance et la bureaucratie, dans une perspective fonctionnaliste. *Éléments de théorie et de méthode sociologiques*.

Merton **(Robert)** Économiste américain (né en 1944). Ses travaux portent sur les décisions d'investissement et de consommation. Prix Nobel 1997.

Merton Faubourg résidentiel du S.-O. de Londres. 188 000 habitants.

Méru Commune de l'Oise. 14 354 habitants. Église gothique avec clocher roman.

mérule **n. m. ou f.** **(du latin bot., de *merula* « merle »)** bot. Champignon qui se fixe sur le bois et le détruit.

Merulo **(Claudio Merlotti, dit)** Compositeur italien (1533-1604). Il composa de la musique vocale religieuse et profane et de la musique instrumentale, notamment des pièces pour orgue dans un style annonçant Frescobaldi.

Merv voir **Mary**

merveille **n. f.** **(vient du latin pop. *mirabilia*, de *mirabilis* « admirable », de *mirus* « étonnant » → admirer, miracle, mirer)** **I.** Chose qui cause une intense admiration. *Les merveilles de la nature, de l'art. Les Sept Merveilles du monde* (pour les Anciens : pyramides d'Égypte, phare d'Alexandrie, jardins de Babylone, temple de Diane à Éphèse, tombeau de Mausole, statue de Zeus par Phidias, colosse de Rhodes). *C'est une pure merveille.* – loc. *Faire merveille :* obtenir ou produire des résultats remarquables. – *À* ***merveille*** loc. adv. : parfaitement. *Il se porte à merveille.* **II.** régional Beignet léger de pâte frite découpée.

Merveilles **(vallée des)** Vallée du S. des Alpes françaises (massif du Mercantour), au pied du mont Bégo. Gravures rupestres.

merveilleusement **adv.** Admirablement, parfaitement.

merveilleux, euse **I.** **adj.** **1.** Qui étonne par son caractère inexplicable, surnaturel. → **magique, miraculeux.** **2.** Qui est admirable au plus haut point, exceptionnel. → **divin, extraordinaire, mirifique, prodigieux.** **II.** **1.** **n. m.** Ce qui, dans une œuvre littéraire, se réfère à l'inexplicable, au surnaturel. **2.** **n. f.** hist. Femme élégante et excentrique, pendant le Directoire. *Les Merveilleuses et les Incroyables.* **3.** **n. m.** Pâtisserie traditionnelle du nord de la France, faite de meringue recouverte de crème fouettée et de copeaux de chocolat.

Merville Commune du Nord, sur la Lys. 9 692 habitants. Textile. Constructions mécaniques.

Méry **(Joseph)** Écrivain français (1798-1866). Antimonarchiste, il collabora au journal satirique *La Némésis* et publia de virulents pamphlets. On lui doit des romans *(La Chasse au chastre)*, des livrets d'opéra et des œuvres dramatiques.

mérycisme **n. m.** **(du latin mod., du grec *mêrukismos* « rumination »)** méd. Retour anormal des aliments de l'estomac dans la bouche.

Méryon **(Charles)** Graveur français (1821-1868). Ses eaux-fortes sur Paris, d'inspiration romantique, suscitèrent l'intérêt de Baudelaire.

Méry-sur-Oise Commune du Val-d'Oise. 9 983 habitants. Église (XVe s.) et château (XIVe-XVIe s.).

Merz **(Mario)** Artiste italien (1925-2003). Il participa au lancement de l'*arte povera* (« art pauvre ») en 1967 et réalisa des assemblages à l'aide de néons et d'objets divers. *Igloo de Giap*.

merzlota **n. f.** **(mot russe)** géogr. Couche du sol et du sous-sol qui ne dégèle jamais. → **pergélisol, permafrost.** *La merzlota de la toundra sibérienne.*

mes **adj. poss.** voir **mon**

més- voir **més(o)-**

mésa ou **mesa** [mesa] **n. f.** **(de l'espagnol, du latin *mensa* « table »)** géogr. Plateau formé par les restes d'une coulée volcanique, quand l'érosion a abaissé les terrains environnants.

Mesabi Range **n. f.** Chaîne de collines du N. des États-Unis (Minnesota), au N.-E. de Duluth. Exploitations de minerai de fer.

mésadapté, ée **adj. et n.** (Canada) (Personne) qui manifeste des difficultés d'adaptation à un environnement social.

mésalliance **n. f.** **(→ mésallier ; alliance)** Mariage avec une personne considérée comme socialement inférieure.

mésallier **v. tr.** **< 7 >** **(de *més-* → mé- et *allier*)** Marier (qqn) à une personne de condition inférieure. – pronom. *Se mésallier.*

mésange **n. f.** **(vient du francique *meisinga*, même suffixe que *merlan*)** Petit oiseau (passereau), qui se nourrit d'insectes, de graines et de fruits. *La mésange zinzinule.*

mésangette **n. f.** Piège, cage à trébuchet pour prendre les petits oiseaux.

mésaventure **n. f.** Aventure fâcheuse, évènement désagréable. → **accident, malchance.**

Merveilles (vallée des)

Vallée des Merveilles, gravures rupestres de l'âge du bronze.

Mesa Verde

Mesa Verde, vestiges d'habitations troglodytes taillées dans le grès.

Mesa Verde Parc national des États-Unis (Colorado). 210 km². Vestiges de la culture pueblo à son apogée (1100-1300).

mescal [mɛskal] **n. m.** **(de l'espagnol, de l'aztèque *mexcalli* « agave » → mescaline)** Alcool tiré de l'agave. **→ pulque.**

mescaline **n. f.** **(de l'allemand *Mescalin* → mescal)** Substance (alcaloïde) qui provoque des hallucinations (hallucinogène).

Meschacebé **n. m.** Ancien nom du Mississippi.

mesclun [mɛsklœ̃] **n. m.** **(du latin *misculare* → mêler)** Mélange de salades (laitue, mâche, trévise...).

mesdames, mesdemoiselles [medam, med(ə)mwazɛl] **n. f.** Pluriel de *madame, mademoiselle.*

mésenchyme [mezɑ̃ʃim] **n. m.** **(de *més-* et *-enchyme*, du grec *enkhuma* « infusion, injection », d'après *parenchyme*)** biol. Tissu conjonctif embryonnaire **(→ mésoderme)** qui donne le tissu conjonctif adulte, les cartilages, les os, les muscles.

mésentente **n. f.** Défaut d'entente ou mauvaise entente. **→ brouille, désaccord, mésintelligence.** *Il y a une légère mésentente entre eux.*

mésentère **n. m.** **(grec, de *mesos* → més[o]- et *enteron* « intestin » → entéro-)** anat. Repli de la membrane du péritoine qui enveloppe l'intestin. □ **adj. mésentérique**

mésestime **n. f.** littér. Défaut d'estime, de considération (pour qqn ou qqch.).

mésestimer **v. tr. < 1 >** littér. Ne pas apprécier (une personne, une chose) à sa juste valeur. **→ méconnaître, sous-estimer.** *Ne mésestimez pas les difficultés.*

Meseta **n. f.** Plateau du centre de la péninsule Ibérique couvrant près de la moitié de l'Espagne.

Meseta marocaine **n. f.** Région de plateaux dans l'O. du Maroc.

Mésie **n. f.** Ancienne région d'Europe du Sud-Est (Grèce du Nord, Bulgarie).

mésintelligence **n. f.** littér. Défaut d'accord, d'entente entre les personnes. **→ discorde, dissentiment, mésentente.**

Meslier **(Jean, dit le curé)** Philosophe français (1664-1729). Curé d'une paroisse rurale, il laissa après sa mort un mémoire où il se déclare ouvertement athée et dénonce la misère sociale de son temps. *Le Testament.*

Mesmer **(Franz Anton)** Médecin allemand (1734-1815). Il prétendit avoir découvert le fluide du « magnétisme animal », capable de guérir toutes les maladies.

mesmérisme **n. m.** **(du n. de Mesmer)** didact. Doctrine de Mesmer sur le magnétisme* animal. □ **adj. et n. mesmériste**

Mesnil-le-Roi (Le) Commune des Yvelines, au N. de Saint-Germain-en-Laye. 6 304 habitants.

més(o)- Élément **(du grec *mesos*, qui correspond au latin *medius* → mi-)** signifiant « milieu, moyen » (ex. *mésencéphale* **n. m.**).

Mésoamérique **n. f.** Région de l'Amérique, située entre l'isthme de Panamá et le N. de la vallée de Mexico. Elle fut le berceau des civilisations précolombiennes (Olmèques, Toltèques, Zapotèques, Aztèques, Mayas).

mésocarpe **n. m.** **(de *méso-* + *-carpe*)** bot. Couche moyenne du péricarpe d'un fruit.

mésoderme **n. m.** **(de *méso-* + *-derme*)** embryol. Lame cellulaire de l'embryon, formée à la fin du stade de la gastrula*. - syn. **mésoblaste.**

Mésogée **n. f.** Région de plaines et de collines à l'E. de l'Hymette, en Grèce.

Mésogée voir **Téthys**

mésolithique **n. m.** **(grec *lithos* « pierre »)** didact. Période de la préhistoire entre le paléolithique et le néolithique. **– adj.** *Les temps mésolithiques.*

mésomorphe **adj.** **(de *méso-* + *-morphe*)** sc. Se dit d'un état de la matière intermédiaire entre l'état amorphe et l'état cristallin.

méson **n. m.** **(de l'anglais, du grec *mesos* → més[o]- et *-on* de *électron, neutron*)** phys. Particule de masse intermédiaire entre celle de l'électron (très faible) et celles du proton et du neutron.

Mésopotamie **n. f.** Ancienne région d'Asie, entre le Tigre et l'Euphrate, corne de l'est du Croissant fertile, correspondant à l'Irak actuel. Berceau d'une civilisation, au Vᵉ millénaire avant notre ère, supplantée au IVᵉ millénaire par les Sumériens et les Sémites, elle connut son apogée avec l'empire d'Hammourabi (XVIIᵉ-XVIᵉ s. av. J.-C.) qui rayonna autour de Babylone. Après la conquête d'Alexandre (–331), la Mésopotamie échut aux Séleucides, mais l'hellénisation resta superficielle. Le pays fut conquis en –141 par les Parthes, qui se heurtèrent à l'expansion romaine. Après la conquête arabe (637-641), la Mésopotamie devint le Iraq al-Arabi.

▶ Plus de 4 000 ans avant notre ère, sur un territoire correspondant à l'actuel Irak, la **Mésopotamie**, disputée par plusieurs cités-États (Assur, Babylone, Sumer, Akkad, Ébla, Mari), voit se développer une civilisation originale, marquée par la double influence des Sumériens et des Akkadiens : ces derniers, renforcés par d'autres populations sémites (Amorrites), absorbent les premiers en une synthèse symbolisée par le règne unificateur de Sargon (v. –2450). En contact, souvent en guerre, avec d'autres populations (Élamites, Hittites puis Mèdes et Perses), contestant l'hégémonie de l'Égypte sur la Palestine, le « pays entre les fleuves », où la Bible place le paradis terrestre puis la tour de Babel, nous a laissé une littérature (épopée de Gilgamesh), un droit (code d'Hammourabi, v. –1750) et une science (mathématique, astronomie) que les textes cunéiformes ont fait connaître tardivement, mais dont les civilisations classiques (Grèce, Rome, Judée) avaient recueilli l'héritage.

voir aussi **Antiquité, Gilgamesh**

Mésopotamie argentine **n. f.** Région du N. de l'Argentine, entre les fleuves Uruguay et Paraná.

mésopotamien, enne **adj.** De Mésopotamie. *Art mésopotamien.*

Mésopotamie (Croissant fertile)

M

MÉSOPOTAMIE (art et civilisation)

L'art de la Mésopotamie accompagne, durant plus de six millénaires, le développement d'une des plus hautes civilisations antiques. Son architecture, dominée par l'usage de la brique crue, a permis la naissance des premières villes et des premières cités-États. Essentiellement au service de la religion et du pouvoir royal, les arts plastiques évoluent à travers la sculpture (ronde-bosse mais surtout reliefs). Les quelques peintures qui nous sont parvenues se rapprochent des bas-reliefs. Les scènes de victoires, commémorant des batailles réelles ou mythiques, sont les thématiques les plus répandues. L'art majeur mésopotamien est cependant la glyptique, qui produit les sceaux et les rouleaux permettant de diffuser l'écriture.

Ci-dessus, lion d'Ishtar, panneau de la voie processionnelle de Babylone (règne de Nabuchodonosor II, 605-562 av. J.-C.), musée du Louvre, Paris.

Éléments de collier, trouvés dans le temple d'Ishtar à Mari (v. 2500 av. J.-C.), musée du Louvre, Paris.

Stèle de victoire du roi d'Akkad, Naram-Sin, trouvée à Suse (v. 2250 av. J.-C.), musée du Louvre, Paris.

Harpe à tête de taureau, trouvée dans la tombe de la reine Puabi à Ur (2600-2400 av. J.-C.), British Museum, Londres.

Taureau androcéphale ailé, gardien de porte du palais de Sargon II (700 av. J.-C.) à Dur-Sharrukin (copie réalisée en 1857), musée du Louvre, Paris.

Casque-perruque de Meskalamdug, trouvé dans une tombe royale d'Ur (v. 2500 av. J.-C.), The Granger Collection, New York.

Statuette de Goudéa assis, trouvée à Tello (v. 2150 av. J.-C.), musée du Louvre, Paris.

Reconstitution de la porte d'Ishtar, dont l'original est au musée Pergamon de Berlin (règne de Nabuchodonosor II, 605-562 av. J.-C.), site de Babylone.

Statuette de bélier dans un buisson, trouvée dans une tombe royale d'Ur (v. 2800-2450 av. J.-C.), British Museum, Londres.

Statuette de l'intendant Ebih-il, trouvée dans le temple d'Ishtar à Mari (v. 2400 av. J.-C.), musée du Louvre, Paris.

Sceau-cylindre de l'empire d'Akkad : le dieu des Flots au vase jaillissant (v. 2200 av. J.-C.), musée du Louvre, Paris.

Tablette à écriture précunéiforme (IVe millénaire av. J.-C.), musée du Louvre, Paris.

Mésorée n. f. Plaine du centre de Chypre, occupée aujourd'hui en grande partie par la République turque de Chypre du Nord.

mésoscaphe n. m. (de *méso-* et du grec *scaphê* « barque » → scaphandre) techn. Engin permettant l'exploration des mers à profondeur moyenne.

mésosphère n. f. sc. Couche de l'atmosphère terrestre, au-delà de la stratosphère.

mésothéliome n. m. (de *mésothélium*) méd. Tumeur provoquée par la prolifération désordonnée d'un mésothélium.

mésothélium [mezoteljɔm] n. m. (de *méso-* et *[épi]thélium*) anat. Couche de cellules aplaties qui tapissent la surface interne d'une membrane séreuse.

mésothérapie n. f. (de *méso[derme]* et *thérapie*) méd. Traitement local (de la cellulite, par ex.) par injection d'une substance médicamenteuse au moyen de courtes aiguilles groupées.

mésothorax [mezotɔraks] n. m. zool. Segment moyen du thorax (des insectes), qui porte les ailes supérieures.

mésozoïque adj. et n. m. (grec *zôon* → zoo-) géol. (Ère) secondaire.

mesquin, ine adj. (italien *meschino* ou espagnol *mezquino*, de l'arabe *miskin* « pauvre ») 1. (personnes) Qui est attaché à ce qui est petit, médiocre ; qui manque de générosité. *Un esprit mesquin.* → **étriqué, étroit, petit.** *Des idées mesquines.* 2. Qui témoigne d'avarice. □ adv. **mesquinement**

mesquinerie n. f. 1. Caractère d'une personne, d'une action mesquine. → **bassesse, médiocrité.** 2. *Une mesquinerie* : attitude, action mesquine.

mess n. m. (mot anglais, de l'ancien français *mes* → mets) Lieu où se réunissent les officiers ou les sous-officiers d'une même unité, pour prendre leur repas en commun. → **cantine** ; fam. **popote.**

message n. m. (ancien français *mes*, qui vient du bas latin *missus*, de *mittere* « envoyer » → mettre) 1. Charge de dire, de transmettre (qqch.). → **ambassade, commission.** *S'acquitter d'un message.* 2. Information, paroles transmises. → **annonce, avis, communication.** *Message écrit.* → **dépêche, lettre.** *Message publicitaire.* – *Message envoyé par téléphone portable.* → ²**texto** ; anglic. **SMS.** – *Message électronique.* → **courriel** ; anglic. **e-mail,** ²**mail.** – *Message sur un forum, un réseau social.* → anglic. **post, tweet.** *Message privé (MP).* 3. Contenu de ce qui est révélé, transmis au public. *Le message d'un écrivain. Chanson à message.*

messager, ère n. 1. Personne chargée de transmettre une nouvelle, un objet. 2. littér. Ce qui annonce (qqch.). → **avant-coureur.** *Les oiseaux migrateurs, messagers de l'hiver.* 3. biol. *ARN messager* : forme de l'acide ribonucléique transportant l'information génétique.

Messager (André) Compositeur et chef d'orchestre français (1853-1929). Élève de Saint-Saëns, chef d'orchestre, il fut notamment l'auteur d'opéras-comiques et d'opérettes. *La Basoche* ; *Véronique.*

Messager (Annette) Artiste française (née en 1943). Dans ses installations utilisant un étonnant répertoire de matériaux (photos, tissus, peluches, animaux naturalisés) elle crée des univers tout à la fois ludiques, oniriques et tragiques.

messagerie n. f. (de *messager*) 1. Service de transports de colis et de voyageurs. *Messageries maritimes, aériennes.* 2. *Messageries de presse* : organismes chargés de la distribution de la presse dans les points de vente. 3. Service assurant la transmission de messages par l'intermédiaire d'un réseau informatique. *Messagerie électronique.* → **courriel.** – *Messagerie vocale.* → **répondeur.**

Messagier (Jean) Peintre et graveur français (1920-1999). D'abord influencé par l'impressionnisme, il évolua vers la peinture abstraite. *Les Rutileurs d'automne.*

Messali Hadj (Ahmed) Homme politique algérien (1898-1974). Fondateur du Parti populaire algérien (1937), il créa en 1946 le Mouvement pour le triomphe des libertés démocratiques puis, en 1954, le Mouvement national algérien.

Messaline en latin **Valeria Messalina** Impératrice romaine (morte en 48). Femme de Claude, mère d'Octavie et de Britannicus, elle fut exécutée sur ordre de l'empereur à cause de ses débauches.

messe n. f. (vient du latin chrét. *missa*, p. p. fém. de *mittere* « laisser aller » → mettre ; d'abord « congé donné après l'office : *ite, missa est* ») 1. Célébration rituelle du culte catholique commémorant le sacrifice de Jésus-Christ. *Aller à la messe. Messe de minuit,* pour Noël. 2. *Messe noire* : parodie sacrilège du saint sacrifice. 3. Ensemble de compositions musicales sur les paroles des chants liturgiques de la messe. *La Messe en si de J.-S. Bach.* 4. loc. *Faire des messes basses* : parler à voix basse, en aparté.

messeigneurs n. m. Pluriel de *monseigneur.*

Messène Ancienne ville de Grèce, capitale de la Messénie. Fondée par Épaminondas (–371), elle fut ravagée en –185 par Lycortas, chef de la Ligue achéenne.

Messénie n. f. Région grecque, dans le sud-ouest du Péloponnèse. 2 991 km². 167 000 habitants. Chef-lieu : Kalamata. Trois guerres (–VIIIe s., –VIIe s. et –Ve s.) l'opposèrent à Sparte, qui soumit la région. Celle-ci fut libérée par Épaminondas (–371).

messeoir [meswaʀ] v. intr. < 26 seulement 3e pers. prés. et p. prés. > (de *més-* → mé- et *seoir*) littér. (surtout négatif) Ne pas convenir ; n'être pas séant. *Cette couleur ne messied pas à votre teint.*

Messerschmitt (Willy) Ingénieur allemand (1898-1978). Il construisit le *chasseur Messerschmitt 109* et le premier chasseur à réaction (1938), utilisé dans les combats à partir de 1944.

Messi (Lionel) Footballeur argentin (né en 1987). Attaquant au Football club de Barcelone de 2004 à 2021, il fut sept fois Ballon d'or (2009, 2010, 2011, 2012, 2015, 2019, 2021). Il joua ensuite en club au Paris-Saint-Germain. Avec la sélection argentine, il remporta la médaille d'or aux JO de 2008 et la Coupe du monde en 2022.

Messiaen [mɛsjɑ̃] (Olivier) Compositeur français (1908-1992). Son œuvre, abondante, est caractérisée par l'innovation du langage et la spiritualité religieuse (*Quatuor pour la fin du temps* ; *Vingt Regards sur l'Enfant Jésus* ; *Saint François d'Assise*). Son travail de notation musicale du chant des oiseaux servit de base à certaines de ses compositions (*Réveil des oiseaux* ; *Catalogue des oiseaux*).

messianisme n. m. (→ messie) didact. Croyance selon laquelle un messie viendra affranchir les hommes du péché et établir le royaume de Dieu sur la terre. *Le messianisme juif.* – fig. *Le messianisme révolutionnaire.* □ adj. **messianique**

messidor n. m. (du latin *messis* « moisson » et du grec *dôron* « présent ») Dixième mois du calendrier révolutionnaire (19-20 juin au 19-20 juillet).

messie n. m. (latin chrét. *Messias*, en rapport avec l'hébreu *masuh* « oindre », *cf.* chrétien et oint) Libérateur désigné et envoyé par Dieu. – spécialt *Le Messie* : Jésus-Christ.

il **messied** voir **messeoir**

Messier (Charles) Astronome français (1730-1817). Il découvrit 21 comètes et réalisa un catalogue de 103 objets célestes (surtout des nébuleuses).

messieurs [mesjø] n. m. Pluriel de *monsieur.*

Messine Ville d'Italie, sur le *détroit de Messine*, en Sicile. 252 000 habitants. Cathédrale d'origine normande (XIIe s.). Université. Port de passagers.

messire n. m. (de *mes* « mon » et *sire*) anciennt Dénomination honorifique réservée aux personnes de qualité.

Messmer (Pierre) Homme d'État français (1916-2007). Ministre des Armées (1960-1969) puis des Départements et Territoires d'outre-mer (1971-1972), il fut Premier ministre de 1972 à 1974. Académie française.

messti n. m. (de l'alsacien, *cf.* l'allemand *Messetag*) régional (Alsace) Fête annuelle (d'un village, d'une ville).

Mesta n. f. en grec **Nestos** Fleuve de Bulgarie et de Grèce. 240 km. Il se jette dans la mer Égée.

mesurable adj. Qui peut être mesuré. *Une grandeur mesurable.*

mesurage n. m. techn. Action de mesurer (une longueur, une surface ou un volume). *Le mesurage d'un champ.*

mesure n. f. (vient du latin *mensura*, de *mensum*, supin de *metiri* « mesurer, estimer ») I. 1. Action de déterminer la valeur (de certaines grandeurs) par comparaison avec une grandeur constante de même espèce. → **évaluation ; -métrie.** *Système de mesure.* 2. Grandeur (dimension) déterminée par la mesure. *Les mesures d'une personne.* → **mensuration.** – *(Fait) sur mesure* : adapté à une personne ou à un but. *Costume sur mesure.* fig. *Rôle sur mesure,* bien adapté à la personnalité d'un comédien. 3. Valeur, capacité appréciée ou estimée. *Donner sa mesure,* montrer ce dont on est capable. *Prendre la mesure, la juste mesure de qqn.* 4. loc. *À la mesure de* : qui correspond, est proportionné à. → **échelle.** *Un adversaire à sa mesure.* – *Dans la mesure de..., où...* : dans la proportion de, où ; pour autant que. *Dans la mesure du possible. Dans une certaine mesure. À mesure* : progressivement. – loc. *Au fur* et à mesure. À mesure que...* : à proportion que ; en même temps que. II. 1. Quantité, unité représentable par un étalon concret. *Mesures de longueur, de capacité.* 2. Récipient de capacité connue ; ce qu'il contient. 3. *Commune mesure* (en phrase négative) : rapport. *Il n'y a aucune commune mesure entre ces deux événements.* 4. Appréciation par un étalon. *« L'homme est la mesure de toute chose »* (trad. de Protagoras). III. 1. Quantité, dimension normale, souhaitable. *La juste, la bonne mesure. Dépasser, excéder la mesure,* exagérer. – loc. *Outre mesure* : excessivement. 2. Modération dans le comportement. → **précaution, retenue** ; s'oppose à *démesure. Avoir de la mesure,* être mesuré (2). *Dépenser avec, sans mesure.* 3. *Une mesure,* manière d'agir proportionnée à un but à atteindre ; acte officiel. → **disposition,** ²**moyen ; demi-mesure.** *Prendre des mesures d'urgence.* 4. Division de la durée musicale en parties égales. → **cadence, mouvement.** – *En mesure* loc. adv. : en suivant la mesure, en cadence. ■ Chacune de ces parties. *Mesure binaire, à deux, à quatre temps*.* 5. Distance correcte, pour parer les coups, en escrime. *Garder, perdre les mesures.* – loc. fig. *(être) en mesure de* : avoir la possibilité de ; être en état. *Je ne suis pas en mesure de te répondre.*

▶ Dans le domaine des sciences et de l'épistémologie, la **mesure** est la procédure par laquelle on assigne une ou plusieurs valeurs numériques à une propriété ou à un phénomène. Le terme désigne aussi bien la procédure elle-même que son résultat. On fixe une unité conventionnelle et on établit une correspondance entre ses variations et celles des valeurs de l'échelle de mesure utilisée : la mesure de la température en un lieu et un temps donné se fait par exemple en enregistrant la hauteur du mercure sur une colonne graduée.

M

Mais la *mesure* est également la qualité de modération qui se manifeste ou doit se manifester dans la conduite. Depuis Aristote, on lui associe l'idée de *juste milieu* par laquelle on tente d'éviter les conséquences nuisibles de comportements excessifs (la démesure).
Les acceptions morale et scientifique du terme se rejoignent dans une commune volonté d'éviter le caractère arbitraire d'une appréciation simplement subjective des évènements du monde. De même que l'humeur capricieuse du moment ne peut raisonnablement guider nos jugements, nos sensations ne nous permettent pas de décrire avec précision les phénomènes que nous observons.
L'avantage essentiel de la mesure scientifique est qu'elle permet d'établir des relations strictes entre les phénomènes ; elle est par suite omniprésente dans toutes les sciences, leur permettant de dépasser les approches qualitatives (fort, faible ; clair, sombre...) ou comparatives (plus fort, plus faible...), de forger des lois et des prévisions précises, soumises ensuite et en retour à l'épreuve de l'expérimentation, c'est-à-dire à de nouvelles mesures.
Une valeur mesurée est rarement fournie de manière brute ; la mesure s'accompagne presque toujours de son incertitude, qui dépend elle-même du phénomène mesuré, de l'appareil utilisé, du contrôle des conditions extérieures et du nombre d'observations identiques réalisées.
voir aussi **science, météorologie, statistiques, temps**

mesurer v. tr. < 1 > (vient du bas latin *mensurare* → **mesure**) **I. 1.** Évaluer (une longueur, une surface, un volume) par une comparaison avec un étalon de même espèce. *Mesurer une longueur, un volume. Mesurer qqch. au mètre* (→ **métrer**). **2.** Déterminer la valeur de (une grandeur mesurable) par l'observation directe, le calcul. **3.** fig. Juger par comparaison. → **estimer, évaluer.** *Mesurer la portée, l'efficacité d'un acte.* **4.** intrans. Avoir pour mesure. *Il mesure un mètre quatre-vingts.* **II.** fig. *Mesurer qqch. à* (qqn, qqch.). **1.** Donner, régler avec mesure. → **compter.** *Il lui mesure l'aide qu'il lui donne.* **2.** Donner, répartir avec modération, en restreignant. → **compter, régler.** – *Mesurez vos propos !* ■ **se mesurer** v. pron. **1.** (passif) Être mesurable. *Cette distance se mesure en kilomètres.* ■ fig. Être apprécié, estimé. **2.** (réfl.) (personnes) *Se mesurer avec, à qqn,* se comparer à lui par une épreuve de force. → **se battre, lutter.** ■ **mesuré, ée** adj. **1.** Évalué par la mesure. **2.** Qui montre de la mesure (III, 2). → **circonspect, modéré.** *Elle est mesurée en tout.* – *Des éloges mesurés.*

mesurette n. f. **1.** Petit récipient permettant de doser (une poudre, un liquide). **2.** fam. Mesure (III, 3) considérée comme insuffisante, inefficace. → **demi-mesure.**

mesureur, euse n. **1.** techn. Personne qui mesure, est chargée de mesurer. **2.** n. m. Appareil de mesure. – adj. *Verre mesureur.*

mésuser v. tr. < 1 > (→ **user**) littér. Faire mauvais usage (de).

méta n. m. (n. déposé ; abrév. de *métaldéhyde*) Métaldéhyde, combustible solide qui brûle sans laisser de résidu.

méta- Élément (du grec *meta*) qui exprime la succession, le changement ou encore « ce qui dépasse, englobe » (un objet de pensée ; une science).

Meta (río) Rivière de Colombie. 1 046 km. Issu de la cordillère des Andes, le río Meta conflue avec l'Orénoque.

Métabief [-bjɛ] Commune du Doubs, dans le mont d'Or (Jura). 1 411 habitants. Station d'été et de sports d'hiver (1 010-1 460 m).

[1]**métabole** n. f. (du bas latin, du grec *metabolê* « déplacement, changement », de *ballein* « se déplacer » → **baller**) didact. Répétition de mots dans un ordre différent, d'une même idée en termes différents.

[2]**métabole** adj. (→ **métabolisme**) zool. (insecte) Qui subit des transformations importantes au cours de son développement. – n. *Un métabole.*

métaboliser v. tr. < 1 > (de *métabolisme*) biol. Transformer (une substance au cours du métabolisme).

métabolisme n. m. (grec *metabolê* « déplacement, changement », de *meta* → **méta-** et *ballein* « se déplacer » et « danser » → **bal**) physiol. Ensemble des transformations chimiques et biologiques qui s'accomplissent dans l'organisme. □ **métabolique** adj. *Troubles métaboliques.*

▶ Le **métabolisme** regroupe toutes les réactions, facilitées par des enzymes, qui permettent aux cellules d'assurer leur survie et/ou leur prolifération. Parmi elles, les réactions d'*anabolisme* permettent la synthèse de molécules à partir de briques élémentaires ; elles consomment de l'énergie.
À l'inverse, le *catabolisme* désigne les réactions de dégradation moléculaire ; elles produisent de l'énergie (glycolyse, lipolyse) et consistent généralement en des réactions d'oxydation.
En fonction de la présence ou de l'absence de dioxygène, les cellules adoptent un métabolisme *aérobie* ou *anaérobie.* Le premier se caractérise par un haut rendement énergétique et la production d'une grande quantité de CO_2. Le second a un rendement énergétique plus faible et libère des sous-produits : acide lactique dans les muscles, éthanol chez les levures... Dans ce dernier cas, on parle de fermentation.
Afin de garantir une utilisation optimale des nutriments et de l'énergie chimique, le métabolisme est soumis à de nombreuses régulations : présence ou absence des enzymes nécessaires à la réaction, présence d'hormones ou de transporteurs qui permettent de réguler l'entrée de certaines substances dans les cellules, comme l'insuline pour le glucose.
Pour un organisme, le *métabolisme de base* est la quantité minimale d'énergie (en kilojoules) nécessaire à sa survie durant une journée. Sa valeur dépend du sexe, de l'âge (elle diminue avec l'âge), de la taille et du poids ainsi que de nombreux facteurs génétiques et environnementaux. Le métabolisme de base, pour un homme mesurant 1,75 m et pesant 70 kg est de 6 200 kJ en moyenne. Celui d'une femme de même âge (1,65 m, 60 kg) est de 5 500 kJ.
voir aussi **chimiosynthèse, photosynthèse, vie**

métabolite n. m. (de *métabolisme*) biol. Substance organique formée au cours du métabolisme ou qui y participe.

métacarpe n. m. (grec *metakarpion* → [2]**carpe**) anat. Ensemble des os (dits *métacarpiens*) de la main entre le poignet et les phalanges. □ adj. **métacarpien, ienne**

métacentre n. m. phys. Point d'application de la résultante des forces qui s'exercent sur un corps solide flottant.

métadonnée n. f. inform. Caractéristique formelle normalisée et structurée utilisée pour la description et le traitement des contenus des ressources numériques.

métagramme n. m. (de *méta-* + *-gramme*) Jeu consistant à trouver une série de mots dont seule une lettre change.

métairie n. f. (→ **métayer**) Domaine agricole exploité selon le système du métayage*. ■ Bâtiment d'un tel domaine. → [2]**ferme.**

métal, aux n. m. (latin *metallum*, du grec *metallon* ; d'abord « mine », « carrière ») **1.** Corps simple, doué d'un éclat particulier (éclat métallique), bon conducteur de la chaleur et de l'électricité, et formant, par combinaison avec l'oxygène, des oxydes basiques (s'oppose à *métalloïde,* à *non-métal*). *Métaux précieux,* argent, or, platine. *Métaux radioactifs. Métaux lourds* (le plomb, le mercure...). *Le minerai d'un métal.* **2.** Substance métallique (métal ou alliage). *Industrie des métaux,* métallurgie. *Lame, plaque de métal.*

métalangage n. m. didact. Langage qui sert à décrire une langue naturelle.

métalangue n. f. didact. Langue naturelle qui joue le rôle d'un métalangage.

métaldéhyde n. m. ou f. (de *méta-* et *aldéhyde*) chim. Composé solide de l'aldéhyde, corps blanc inflammable. → **méta.**

métalinguistique adj. ling. Du métalangage. *Mots métalinguistiques,* qui se désignent eux-mêmes comme signes (ex. *dire, nom, grammatical*).

métallier, ière n. techn. Spécialiste de la fabrication et de la pose d'ouvrages métalliques pour le bâtiment. → **chaudronnier, serrurier.**

métallifère adj. (→ **-fère**) didact. Qui contient un métal. *Gisement métallifère.*

métallique adj. (latin *metallicus,* de *metallum* → **métal**) **1.** Qui est fait de métal. *Monnaie métallique,* les pièces de monnaie. **2.** Qui appartient au métal, a l'apparence du métal. *Éclat, reflet métallique.* **3.** (son) Qui semble venir d'un corps fait de métal. *Bruit, son métallique.*

métalliser v. tr. < 1 > (de *métal*) techn. Couvrir d'une couche de métal ; donner un éclat métallique à. – au p. p. *Peinture métallisée.* □ n. f. **métallisation**

métallo n. m. (de *métallurgiste*) fam. Ouvrier métallurgiste. *Des métallos.*

métallo- Élément (du latin *metallum*) qui signifie « métal ».

métallochromie [metalɔkʀɔmi] n. f. (de *-chromie*) techn. Technique de la coloration des surfaces métalliques.

métallographie n. f. Étude de la structure et des propriétés des métaux.

métalloïde n. m. (de *métal* et *-oïde*) chim. **1.** vieux Non-métal. **2.** Corps simple qui a certaines propriétés des métaux et des propriétés opposées.

métallophone n. m. (→ **-phone**) mus. Instrument de musique composé d'un jeu de lames ou de plaques de métal vibrantes. → **vibraphone.**

métalloplastique adj. techn. Qui a certaines caractéristiques d'un métal et d'une matière plastique.

métalloprotéine n. f. biochim. Hétéroprotéine combinée à un métal (fer, cuivre, magnésium, zinc).

métallurgie n. f. (de *métal* et du latin *urgia,* du grec *ourgia* [cf. grec *metallourgos* « mineur »], de *ergon* « travail » → **énergie**) Ensemble des industries et des techniques qui assurent la fabrication des métaux et leur mise en œuvre. *La métallurgie du fer.* → **sidérurgie.** □ adj. **métallurgique**

métallurgiste n. **1.** Ouvrier, ouvrière qui travaille dans la métallurgie (ex. ajusteur, chaudronnier, fondeur). → fam. **métallo. 2.** Industriel(le) de la métallurgie.

métalogique adj. didact. Qui étudie les valeurs de vérité en logique. – n. f. Étude formalisée des logiques, grâce à un métalangage.

métamathématique n. f. (allemand *Metamathematik*) didact. Étude formalisée des structures des mathématiques.

métamère n. m. (de *-mère*) zool. Chacun des anneaux d'un arthropode, d'un ver. ■ embryol. Segment résultant de la division primitive du mésoderme de l'embryon.

métamorphique adj. (de *méta-* et du grec *morphê* « forme ») didact. Se dit d'une roche qui a été modifiée dans sa structure par l'action de la chaleur et de la pression.

métamorphisme n. m. didact. Ensemble des phénomènes qui donnent lieu à la formation des roches métamorphiques.

métamorphose n. f. (du latin, du grec, de *metamorphein* « se transformer », de *meta* → **méta-** et *morphê* « forme » → **-morphe**) **1.** Changement de forme, de nature ou de structure telle que l'objet, la chose n'est plus reconnaissable. *La métamorphose d'un homme en animal.* **2.** Changement brusque survenant dans l'organisme (de batraciens, d'insectes), dans son développement. *Stades* *de la métamorphose des insectes* (larve, insecte adulte). **3.** Changement complet (d'une personne, d'une chose) dans son état, ses caractères. → **transformation.**

métamorphoser v. tr. < 1 > **1.** Faire passer (un être) de sa forme primitive à une autre forme. → **changer, transformer. 2.** Changer complètement (qqn, qqch.). – pronom. *La petite fille s'est métamorphosée en femme.* □ adj. **métamorphosable**

métaphase n. f. (→ phase) biol. Deuxième phase de la mitose.

métaphore n. f. (du latin, du grec *metaphora* « changement de sens » → méta- et -phore) Procédé de langage (figure, trope) qui consiste dans une modification de sens (terme concret dans un contexte abstrait) par substitution analogique. → **image.**

métaphorique adj. **1.** Qui tient de la métaphore. **2.** Qui abonde en métaphores. *Style métaphorique.* → **imagé.** □ adv. **métaphoriquement**

métaphosphorique adj. chim. *Acide métaphosphorique* (PO_3H), l'un des acides dérivés du phosphore.

métaphyse n. f. (de *méta-* et *-physe* → épiphyse) anat. Partie d'un os long comprise entre la diaphyse et l'épiphyse.

métaphysicien, ienne n. Philosophe qui s'occupe de métaphysique.

métaphysique (du latin médiéval, du grec *meta* [→ méta-] *ta phusika* « après les choses de la nature », désignant le traité d'Aristote qui vient « après la physique » → ²physique) **I.** n. f. **1.** Recherche rationnelle ayant pour objet la connaissance de l'être (esprit, nature, Dieu, matière...), des causes de l'univers et des principes premiers de la connaissance. → **ontologie, philosophie. 2.** Réflexion abstraite ; abus de l'abstraction théorique. **II.** adj. Qui relève de la métaphysique. *Le problème métaphysique du temps, de la liberté.*

métaplasie n. f. (de *-plasie*) physiol. Transformation d'un tissu différencié en un autre, anormal par sa localisation.

Métaponte Ancienne ville d'Italie, port sur le golfe de Tarente. Occupée par Hannibal (-212), elle fut reconquise par Rome (-207) puis saccagée par Spartacus.

métapsychique [metapsiʃik] (→ psychique) didact. **1.** adj. Qui concerne les phénomènes psychiques inexpliqués (télépathie, etc.). **2.** n. f. → **métapsychologie, parapsychologie.**

métapsychologie [metapsikɔlɔʒi] n. f. (allemand *Metapsychologie* [Freud]) didact. **1.** Psychologie profonde (de l'inconscient). → **psychanalyse. 2.** Psychologie dont l'objet est au-delà du donné de l'expérience.

métastable adj. (allemand *metastabil* → stable) chim. Se dit d'un système chimique dont la vitesse de transformation est très faible et qui a l'apparence de la stabilité.

métastase n. f. (du grec « changement de place », de *stasis* → stable) méd. Foyer secondaire éloigné d'un foyer initial (spécialt à propos du cancer).

Métastase (Pietro Trapassi, dit Metastasio, dit en français Pierre) Poète et dramaturge italien (1698-1782). Son œuvre théâtrale, abondante *(Didon et Énée ; Caton à Utique ; Démétrios)*, inspira de nombreux musiciens (*La Clémence de Titus*, mise en musique par Gluck et Mozart).

métastaser v. intr. < 1 > méd. Produire des métastases.

métatarse n. m. (→ tarse) anat. Ensemble des os (dits *métatarsiens*) du pied entre le talon et les phalanges des orteils. □ adj. **métatarsien, ienne**

métathèse n. f. (du grec → thèse) ling. Altération d'un mot ou d'un groupe de mots par déplacement, interversion d'un phonème, d'une syllabe.

métathorax n. m. zool. Troisième anneau du thorax (d'un insecte).

Métaure n. m. Fleuve de l'Italie centrale. 110 km. Né dans les Apennins, il se jette dans l'Adriatique.

métavers [metavɛʀ] ou **metaverse** [metavɛʀs] n. m. (de *méta-* et *univers*, anglais *metaverse*) anglic., inform. Univers virtuel tridimensionnel persistant offrant à ses utilisateurs, représentés par des avatars, une expérience interactive et immersive.

Metaxas (Ioannis) Général et homme politique grec (1871-1941). Premier ministre en 1936, il abolit la Constitution et instaura un régime dictatorial.

métayage n. m. (→ métayer) Mode d'exploitation agricole, louage d'un domaine rural à un métayer qui le cultive pour une partie du produit.

métayer, ère n. (ancien français *moitoier*, de *moitié* « celui qui partage par moitié ») Personne qui prend à bail et fait valoir un domaine (→ **métairie**) sous le régime du métayage.

métazoaire n. m. zool. Organisme animal formé de plusieurs cellules (opposé à *protiste, protozoaire*).

Metchnikov (Ilia Ilitch ou **Élie)** Biologiste russe (1845-1916). Il travailla en France avec Pasteur, s'intéressa au système immunitaire, et découvrit la phagocytose. Prix Nobel de médecine 1908.

méteil n. m. (vient du bas latin *mistilium* « mélange », de *mistus* pour *mixtus* → mixte) Mélange de seigle et de blé.

métempsychose ou **métempsycose** [metɑ̃psikoz] n. f. (du bas latin, du grec, de *meta* → méta- et *empsuchôsis* « animation », de *psukhê* « âme » → psych(o)-) didact. Doctrine selon laquelle une même âme peut animer successivement plusieurs corps (humains ou animaux). → **réincarnation.**

métencéphale n. m. (→ encéphale) embryol. Partie de l'encéphale embryonnaire (à l'origine du cervelet).

météo (abrév.) **1.** n. f. Météorologie. *Les prévisions de la météo.* – Temps prévu. *Météo maussade toute la semaine.* **2.** adj. invar. Météorologique. *Bulletins météo.*

météore n. m. (grec *meteôra* « phénomènes et corps célestes », d'abord « ceux d'en haut », de *meta* → méta- et *aeirien* « lever » → aérien) **1.** didact. Phénomène atmosphérique, objet de la météorologie. **2.** cour. Corps céleste rendu lumineux par son passage dans l'atmosphère terrestre. → **astéroïde, étoile filante, météorite.**

Météores n. m. pl. Cité de monastères chrétiens orthodoxes bâtis en Thessalie (Grèce) à partir du XIVe s., au sommet de hauts pitons rocheux également nommés *Météores.*

Les Météores, un monastère perché.

météorique adj. Relatif aux météores (1 et 2). - var. **météoritique.**

¹météorisation n. f. (grec *meteôra* « phénomène céleste » → météore) sc. Ameublissement des roches résistantes par fragmentation ou par altération due aux agents climatiques.

météoriser v. tr. < 1 > (grec *meteôrizein*, de *meteôros* → météore) méd., vétér. Gonfler l'abdomen de (un être humain, un animal) par l'accumulation du gaz à l'intérieur. → **ballonner.** *La luzerne humide météorise les vaches.* □ n. f. **²météorisation**

météorisme n. m. (du grec « action de lever » → météore, d'où « gonflement ») méd. Gonflement de l'abdomen par des gaz gastriques et intestinaux.

météorite n. m. ou f. Fragment de corps céleste qui traverse l'atmosphère et atteint la croûte terrestre. → **aérolithe, météore (2).** *Chute d'un météorite.*

▶ La nature des **météorites**, qui inquiétaient déjà les Anciens, ne commença à être élucidée qu'au début du XIXe siècle, grâce aux travaux du physicien Jean-Baptiste Biot. Différentes des météores, ces « pierres de nuages » sont des fragments de roches ou d'alliages métalliques issus du système solaire qui pénètrent dans l'atmosphère terrestre. Lorsque leur diamètre excède 50 m, on les nomme « astéroïdes ». Elles résultent de collisions ou d'impacts de corps solides sur des corps célestes (Lune, Mars...), ou encore de la fragmentation de comètes lors de leur passage près du Soleil.

Chaque jour, 3 000 météorites de plus d'1 kg pénètrent dans l'atmosphère terrestre. La plupart s'y désagrègent, échauffées par la friction de l'air et précipitées par la gravitation sous forme d'étoiles filantes. Les plus massives peuvent exceptionnellement atteindre le sol, provoquant dégagement de poussières, séismes ou tsunamis, et laissant en témoignage de leur impact cratères et roches extraterrestres ; on a retrouvé sur Terre les traces géologiques d'une douzaine de tels cataclysmes.

La composition chimique des météorites renseigne sur leur origine. Certaines, formées de silicates, de nickel et de fer, ont l'âge du système solaire (4,55 milliards d'années) et leur étude contribue à une meilleure compréhension de sa formation. Si les scientifiques avancent parfois l'hypothèse de la chute d'un astéroïde pour expliquer l'extinction des dinosaures et des ammonites, il y a 65 millions d'années, ils soupçonnent également les météorites d'être à l'origine de la vie sur Terre. Certaines météorites carbonées renferment en effet des acides aminés, bases moléculaires de la vie telle que nous la connaissons.

voir aussi **atmosphère, planète, univers, vie**

Fragment d'une météorite de fer (autrefois appelée « sidérite »).

météorologie n. f. (du grec, de *meteôros* « qui est en haut » → météore) **1.** Étude scientifique des phénomènes atmosphériques ou *météores* (1). *Prévision du temps par la météorologie.* **2.** Service qui s'occupe de météoro-

M

logie. → **météo.** □ **adj. météorologique** □ **n. météorologiste**

▶ La **météorologie** se fonde sur l'observation des phénomènes atmosphériques et sur l'étude des lois qui régissent les comportements des gaz de l'atmosphère (déplacements, changements d'état et échanges océaniques).
Enjeu de taille pour les récoltes et pour prévenir les effets des tempêtes ou des inondations, la prévision du temps a toujours préoccupé l'homme. Le premier ouvrage de météorologie date de 3000 avant J.-C. Pourtant, longtemps laissée aux oracles et aux devins, elle n'est devenue science à part entière qu'à la fin du XIXe siècle, grâce à l'utilisation d'instruments de mesure (pluviomètre, baromètre) et au développement au milieu du XXe siècle de réseaux opérationnels (satellites, radars).
Mais c'est l'utilisation informatique de modèles numériques qui a permis de rendre les prévisions réellement performantes. La prévision du temps repose ainsi sur des équations mathématiques dont la résolution permet de rendre compte des phénomènes atmosphériques réels. L'augmentation des capacités de calcul permet à la fois d'intégrer un nombre croissant d'observations physicochimiques, mais aussi de prendre en compte des équations (théoriques ou empiriques) de plus en plus réalistes. Cependant, l'atmosphère générant de nombreux mécanismes chaotiques, les prévisions précises de la météorologie ne peuvent dépasser une dizaine de jours.
voir aussi **effet de serre, climatiques (phénomènes), dioxyde de carbone (CO_2), modèle**

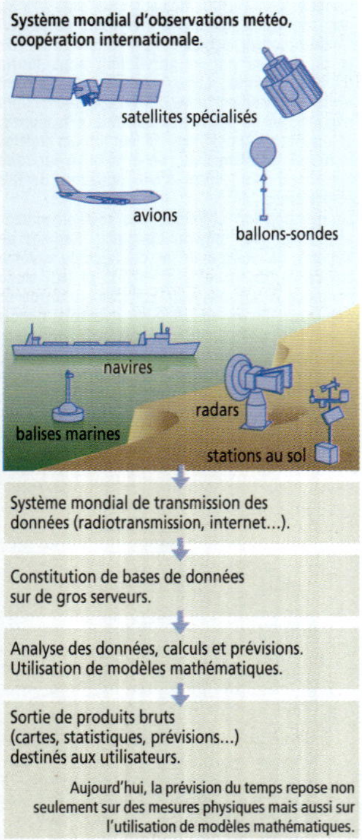

Aujourd'hui, la prévision du temps repose non seulement sur des mesures physiques mais aussi sur l'utilisation de modèles mathématiques.

Météosat Famille de satellites européens destinés aux observations météorologiques.

métèque **n. m.** (grec *metoikos* « qui change de maison », de *meta* → méta- et *oikos* « maison, patrie » → éco-) **1.** Antiq. grecque Étranger résidant à Athènes sans avoir les droits d'un citoyen. **2.** péj. Étranger (surtout méditerranéen) dont l'aspect physique, les allures sont jugés déplaisants (terme xénophobe).

Métezeau Famille d'architectes français. ■ **Thibaut Métezeau** (v. 1533-1593). Il travailla à l'édification de la sépulture des Valois à la basilique de Saint-Denis. ■ **Louis Métezeau** (v. 1562-1615). Architecte d'Henri IV, il réalisa l'aqueduc de Rungis et les façades de brique et de pierre de la place Royale (actuelle place des Vosges) à Paris. ■ **Clément II Métezeau** (1581-1652). Il est l'auteur des plans de la place ducale de Charleville et sans doute de la façade de l'église Saint-Gervais-et-Saint-Protais à Paris.

méthacrylique **adj.** (de *méth[ylique]* et *acrylique*) chim. Se dit de composés thermoplastiques. *Résines méthacryliques* (verre de sécurité : plexiglas).

méthadone **n. f.** (→ **méthyle, amine** et **-one**) méd. Substance de synthèse, hypnotique et analgésique, voisine de la morphine, utilisée comme drogue de substitution dans le traitement de certains toxicomanes.

méthamphétamine **n. f.** (abrév. de *méthylamphétamine*) Drogue de synthèse dérivée de l'amphétamine. → **ecstasy, MDMA.**

méthane **n. m.** (du radical de *méthylène*) Carbure d'hydrogène (appelé parfois *gaz des marais*), gaz incolore, inflammable. → **grisou.**

méthanier **n. m.** Cargo destiné à transporter du gaz (méthane) liquéfié.

méthanisation **n. f.** techn. Transformation (de matières organiques) en méthane (→ **biogaz**), par fermentation. *Méthanisation des déchets ménagers.* ■ **méthaniser** **v. tr.** <1>

méthanol **n. m.** Alcool méthylique.

méthémoglobine **n. f.** (→ **hémoglobine**) méd. Hémoglobine oxydée dans laquelle le fer a perdu son pouvoir de fixer l'oxygène.

méthionine **n. f.** (de l'anglais → **méthyle** et **thio-**) biochim. Acide aminé soufré indispensable à l'organisme humain.

méthode **n. f.** (du bas latin, du grec *methodos* « poursuite, recherche », de *meta* → **méta-** et *hodos* « route, direction » → **période**) **1.** sc. Ensemble de démarches que suit l'esprit pour découvrir et démontrer la vérité. → **¹logique.** *Méthode analytique* (analyse), *synthétique* (synthèse). **2.** Ensemble de démarches raisonnées, suivies pour parvenir à un but. → **système.** *Méthode de travail. Agir avec méthode.* **3.** (surtout plur.) Procédé technique, scientifique. *Méthodes thérapeutiques.* **4.** Règles, principes sur lesquels repose l'enseignement, la pratique (d'une technique, d'un art). *Méthode de violon ; de comptabilité.* – Livre qui contient ces règles. **5.** Moyen. *Indiquer à qqn la méthode à suivre, la bonne méthode.* → **formule, procédé.**

Méthode (saint) voir **Cyrille** (saint) dit le Philosophe

méthodique **adj.** (du bas latin, du grec *methodikos* → **méthode**) **1.** Fait selon une méthode (s'oppose à *empirique*). *Démonstration, vérifications méthodiques.* **2.** Qui agit, raisonne avec méthode. *Esprit méthodique.*

méthodiquement **adv.** Avec méthode (2).

méthodiste **adj. et n.** (de l'anglais, de *method* → **méthode**) D'un mouvement religieux protestant issu de l'anglicanisme et cherchant une pureté de doctrine plus systématique. □ **n. m. méthodisme**

méthodologie **n. f.** didact. Étude des méthodes scientifiques, techniques (→ **épistémologie**). – abusivt Manière de procéder, méthode. □ **adj. méthodologique**

méthyle **n. m.** (grec *methu* « boisson alcoolisée » et *hulê* « forêt, bois ») chim. Radical monovalent $-CH_3$. ■ **méthylique adj.** *Alcool méthylique* (méthanol, méthylène).

méthylène **n. m.** (→ **méthyle, suffixe** *-ène*) **1.** Alcool méthylique dérivé du méthane (esprit de bois). **2.** chim. Radical bivalent dérivé du méthane. – loc. cour. *Bleu de méthylène,* colorant aux propriétés antiseptiques.

metical [metikal] **n. m.** (mot portugais) Unité monétaire du Mozambique. *Des meticals.* - var. **RO métical.**

méticuleux, euse **adj.** (latin *meticulosus*, de *metus* « crainte ») Très attentif aux détails. → **minutieux, pointilleux.** – *Un soin méticuleux.* □ **adv. méticuleusement**

méticulosité **n. f.** littér. Caractère méticuleux.

métier **n. m.** (vient du latin *ministerium*, de *minister* → **ministre** ; d'abord « service divin » et en général « fonction, service ») **I. 1.** Genre de travail déterminé, reconnu ou toléré par la société et dont on peut tirer des moyens d'existence. → **emploi, fonction, gagne-pain, profession** ; fam. **²boulot, job** (anglic.). *Métier manuel, intellectuel. Le métier de cultivateur, de comédien.* – *Il est garagiste de son métier.* → **état.** *Être du métier,* être spécialiste. *Il connaît son métier.* **2.** Occupation permanente. *Le métier de roi.* → **fonction, rôle.** – *Le métier de parents.* **3.** Habileté technique que confère l'expérience d'un métier. *Il a du métier.* **4.** Secteur d'activité dans lequel une entreprise est implantée. *Les métiers du groupe.* **II.** Machine servant à travailler les textiles. *Métier à tisser.* – fig. *« Vingt fois sur le métier remettez votre ouvrage »* (Boileau).

métis, isse [metis] **adj.** (vient du bas latin *mixticius*, de *mixtus* → **mixte** ; **méteil**) **I. 1.** (personnes) Dont les parents sont de couleur de peau différente. ■ **n.** *Un(e) métisse.* **2.** (animaux) Issu du croisement de races différentes. *Chien métis.* → **bâtard, corniaud, ²croisé** ; régional **zinneke.** ■ (plantes) Hybride. *Œillet métis.* **II.** appos. *Toile métisse* ou **n. m.** *métis :* toile de coton et de lin. *Drap métis.*

métissage **n. m. 1.** Mélange, croisement de groupes ethniques (personnes), de races (animaux), de variétés (plantes). **2.** fig. *Le métissage des cultures.*

métisser **v. tr.** <1> **1.** Unir par métissage. **2.** zool., bot. Croiser (des individus de races, de variétés différentes). *Métisser des lapins.* **3.** abstrait (surtout p. p.) *Langues, cultures métissées.*

Metlaoui Ville du S. de la Tunisie, au S.-O. de Gafsa. 37 100 habitants. Usine de traitement des phosphates.

Metohija **n. f.** en albanais **Dukagjin** Plaine du Kosovo. Population albanaise à 93 %.

métonymie **n. f.** (du bas latin, du grec « changement de nom », de *meta* → **méta-** et *onoma* « nom » → **-onyme**) didact. Figure par laquelle on exprime un concept au moyen d'un terme désignant un autre concept qui lui est uni par une relation nécessaire (cause et effet, inclusion, ressemblance, etc.). *« Boire un verre »* (boire le contenu) *est une métonymie.* □ **adj. métonymique**

métope **n. f.** (du latin, du grec *metopê*, de *meta* → **méta-** et *opê* « ouverture, trou », du radical signifiant « voir » → **optique**) archéol. Intervalle, souvent sculpté, entre deux triglyphes.

Métope sud du Parthénon à Athènes : *Centaure combattant un Lapithe* (v. 447 av. J.-C.).

Métra (Olivier) Compositeur français (1830-1889). Il composa, outre des opérettes et des ballets-divertissements, des quadrilles, des polkas, des mazurkas et des valses (*La Valse des roses*).

métrage **n. m.** (de *mètre*) **1.** Action de mesurer au mètre. **2.** Longueur de tissu vendu au mètre (la largeur étant connue).

3. *Le métrage d'un film,* la longueur de la pellicule. → **court métrage, long métrage, moyen métrage.**

Métraux (Alfred) Anthropologue français d'origine suisse (1902-1963). Il est l'auteur de travaux sur l'île de Pâques, sur les Amérindiens et sur le vaudou.

^{1}mètre n. m. **(du latin, du grec *metron* « mesure » ; famille de *mesure*)** **1.** Élément de mesure des vers grecs et latins. **2.** Structure du vers ; type de vers d'après le nombre de syllabes et la coupe.

^{2}mètre n. m. **(repris en 1791 au grec *metron* « mesure »)** **1.** Unité principale de longueur, base du système métrique (symb. m) (à l'origine, la dix millionième partie du quart du méridien terrestre ; aujourd'hui longueur parcourue par la lumière en une fraction à 9 décimales de la seconde [1/299 792 458 s]). – *Un cent mètres,* une course de cent mètres. ■ *Mètre carré,* unité de superficie (symb. m^2). *Mètre cube,* unité de volume (symb. m^3). **2.** Objet concret servant à mesurer le mètre. – Règle ou ruban gradué en centimètres. *Un mètre pliant.*

-mètre, -métrie Éléments **(du grec *metron*)** qui signifient « mesure ; qui mesure ».

métré n. m. **(de *métrer*)** techn. **1.** Mesure d'un terrain, d'un ouvrage de construction. **2.** Devis détaillé des travaux, dans le bâtiment.

métrer v. tr. < 6 > Mesurer au mètre. *Métrer un terrain.*

métreur, euse n. Personne qui mètre (spécialt les constructions).

^{1}métrique n. f. **(du latin, du grec *metrikos* → ^{1}mètre)** Étude de la versification fondée sur l'emploi des mètres ; système de versification. → **prosodie.**

^{2}métrique adj. **(de ^{2}*mètre*)** Qui a rapport au mètre, unité de mesure. *Système métrique,* système décimal qui a le mètre pour base (appelé aujourd'hui *système international d'unités* → **SI**).

métrite n. f. **(du grec *mêtêr* « mère » et « utérus »)** Maladie inflammatoire de l'utérus.

^{1}métro n. m. **(de ^{2}*métropolitain*)** Chemin de fer électrique, en général souterrain, qui dessert une grande ville. *Station, bouche de métro.* ■ Rame de métro. *Rater le dernier métro.*

^{2}métro adj. et n. **(de ^{1}*métropolitain*)** Métropolitain (dans les départements et collectivités français d'outre-mer). *Les métros et les touristes.*

métro- Élément **(grec *metron*)** qui signifie « mesure ».

métrologie n. f. **(de *métro-* + *-logie*)** Science des mesures. □ adj. **métrologique**

métronome n. m. **(du grec *metron* « mesure » et *-nomos* → -nome ; le grec *metronomos* désigne un contrôleur des mesures)** Petit instrument servant à marquer la mesure pour l'exécution d'un morceau de musique. □ adj. **métronomique**

métropole n. f. **(du bas latin, du grec *mêtropolis* « ville [*polis*] mère », de *mêtêr, mêtros* « mère »)** **I. 1.** relig. Ville pourvue d'un archevêché. **2.** Ville principale d'une région, d'un État. → **capitale.** *Les grandes métropoles économiques.* **II.** Territoire d'un État considéré par rapport à ses colonies, aux territoires extérieurs.

^{1}métropolitain, aine adj. **(du bas latin, du grec *mêtropolis* → métropole)** **I.** relig. D'une métropole (I, 1). *Église métropolitaine.* **II.** D'une métropole (II). *Le territoire métropolitain et les départements d'outre-mer* (France). – n. → ^{2}**métro.**

^{2}métropolitain adj. m. **(anglais *metropolitan*, du grec → métropole)** vieux *Chemin de fer métropolitain.* – n. m. admin. *Le métropolitain.* → ^{1}**métro.**

Metropolitan Museum of Art (Met) Musée de New York. Fondé en 1870, il abrite la plus importante collection d'objets d'art des États-Unis. Le musée des Cloîtres, dépendance du Metropolitan Museum of Art, est consacré à l'art médiéval européen.

Façade du Metropolitan Museum of Art de New York.

Metropolitan Opera (Met) Opéra de New York ouvert à Broadway en 1883, le premier en date des États-Unis. Il fut transféré dans le Lincoln Center en 1966.

métropolite n. m. **(du bas latin, du grec, de *mêtropolis* → métropole)** Archevêque de l'Église orthodoxe.

métrorragie n. f. **(de *-rragie*)** méd. Hémorragie anormale d'origine utérine.

mets n. m. **(vient du latin *missum*, de *missus*, p. p. de *mittere* « envoyer » : « chose servie à table » → mettre ; *cf.* mess)** littér. Chacun des aliments qui entrent dans un repas. → ^{1}**plat.** *Un mets délicieux.*

métro

Ligne 14 du métro parisien, entièrement automatisée.

Metsu (Gabriel) Peintre hollandais (1629-1667). Il peignit des sujets religieux et des scènes de la vie familière inspirées par Vermeer.

Metsys, Matsys ou **Massys (Quentin** ou **Quinten)** Peintre flamand (v. 1465-1530). Tout en s'inscrivant dans la tradition flamande du XVe s., il assimile les innovations venues d'Italie. *Le Changeur et sa femme ; La Légende de sainte Anne.*

mettable adj. **(vêtements)** Qu'on peut mettre. *Ce manteau n'est plus mettable.* → **portable.**

Metternich (Klemens Wenzel Nepomuk Lothar, prince de Metternich-Winneburg, dit) Homme d'État autrichien (1773-1859). Ministre des Affaires étrangères (1809), il pratiqua une politique d'alliance, scellée par le mariage de Marie-Louise avec Napoléon Ier. Partisan d'une Europe fondée sur l'équilibre des nations, il défendit cette politique au congrès de Vienne (1815) et parvint à maintenir la paix grâce à la Quadruple-Alliance (Grande-Bretagne, Autriche, Prusse et Russie). Toutefois, le retrait de la Grande-Bretagne (1825), l'indépendance de la Grèce et les révolutions de 1830 marquèrent la fin de son système. Chancelier (1821), il fut chassé du pouvoir par la révolution viennoise de 1848.

metteur, euse n. **1.** techn. ***Metteur, metteuse en œuvre*** : technicien(ne) qui réalise un projet, un plan. ■ ***Metteur, metteuse en pages*** : typographe qui effectue la mise en pages. **2.** cour. ***Metteur, metteuse en scène*** : personne qui dirige la représentation sur scène d'une œuvre, la réalisation d'un film. → **cinéaste, réalisateur.**

mettre v. tr. < 56 > **(vient du latin *mittere* « laisser aller, lâcher », puis « lancer, jeter » et « envoyer » ; nombreux composés → admettre, commettre, promettre ; hormis, mise, mission)** **I.** Faire changer de lieu. **1.** Faire passer (une chose) dans un lieu, dans un endroit, à une place (où elle n'était pas). → ^{1}**placer** ; fam. ^{2}**ficher,** ^{2}**flanquer,** ^{1}**foutre.** *Mettez cela ici, là.* ■ ***Mettre sur.*** → **poser.** *Mettre une casserole sur le feu.* – *Mettre la main sur qqch.,* le retrouver. ■ ***Mettre sous.*** → **glisser.** – *Mettre qqch. sous clé.* → **enfermer.** ■ ***Mettre dans.*** → **enfoncer, insérer, introduire.** *Mettre la clé dans la serrure.* ■ ***Mettre en.*** *Mettre qqch. en lieu sûr. Mettre les mains en l'air. Mettre en terre* : planter ou enterrer. ■ ***Mettre à*** *(un endroit). Mettre chaque chose à sa place.* → ^{1}**ranger.** ■ *Mettre devant, derrière qqch. Mettre près de.* → **approcher.** *Mettre loin de.* → **éloigner.** *Mettre avec.* → **joindre.** *Mettre un objet entre deux autres.* → **intercaler.** *Mettre par terre.* ■ *Mettre dessus, dessous. Mettre ailleurs.* → **déplacer.** *Mettre ensemble.* → **assembler. 2.** Placer (qqn) à un endroit. → **installer.** *Mettre un enfant sur sa chaise, dans son lit. Mettre en prison* (emprisonner). *Mettre dehors*, à la porte*.* – *Mettre au monde* : donner naissance à. – fig. *Mettre qqn sur la voie, sur la piste,* l'aider à comprendre, à trouver qqch. **II.** Ajouter, apporter (qqch.). **1.** Placer (un vêtement, un produit) sur qqn, sur soi. *Mettre son manteau. Mettre du parfum.* **2.** Ajouter une chose à une autre. *Mettre un bouchon à une bouteille. Mettre un ingrédient dans un plat.* **3.** Installer. *Mettre une alarme, le chauffage central.* **4.** ***Mettre... à*** : ajouter, apporter (un élément moral, affectif). → **user** de. *Mettre du cœur à l'ouvrage.* – *Y mettre du sien* : faire preuve de bonne volonté. **5.** ***Mettre... dans, en, à*** : placer dans, faire consister en. *Mettre de grands espoirs en qqn.* → **fonder.** *Mettre ses forces dans qqch.* – *Mettre un point d'honneur* à.* **6.** ***Mettre*** *(un certain temps, de l'argent)* ***à*** : dépenser, employer, utiliser. *Mettre plusieurs jours à un travail, à faire qqch.* ■ Engager (de l'argent). *Mettre de l'argent dans une affaire.* → **investir,** ^{1}**placer. 7.** Provoquer, faire naître. *Mettre le doute, le trouble, le désordre.* → ^{1}**causer, créer, semer.** *Mettre fin à qqch.* ■ Amorcer, déclencher. *Mettre le contact.* **8.** Écrire. *Mettre son nom sur une liste.* **9.** fam. Donner. *Mettez-moi un kilo de cerises.* – *Mettre* une raclée à qqn. → [2]flanquer. **10.** fam. *Mettons que :* admettons que. *Mettons que je n'ai rien dit.* **III. 1.** Placer dans une position nouvelle. *Mettre qqch. à l'envers. Mettre les bras en croix.* – fig. *Mettre qqch., un projet sur pied*.* ▪ (animaux) *Mettre bas :* accoucher. **2.** Placer, disposer d'une manière particulière. *Mettre le verrou,* le pousser. *Mettre le frein à main,* le serrer. ▪ *Mettre le couvert, mettre la table.* → **[1]dresser. IV.** Faire passer dans un état nouveau, une situation nouvelle. **1.** (choses) avec *à, en* *Mettre une horloge à l'heure. Mettre en pièces*. Mettre en ordre :* ranger. – absolt Faire fonctionner. *Elle met la radio tous les matins. Mettre le chauffage.* ▪ ***Mettre... à*** (+ inf.) : faire commencer à. *Mettre le linge à sécher.* **2.** (abstrait) *Mettre en action, en pratique. Mettre en circulation, en service, en vente. Mettre en scène*.* ▪ *Mettre en lumière, en valeur. Mettre en doute. Mettre en cause, en jeu.* **3.** (personnes) *Mettre qqn dans une situation gênante. Mettre à mort. Mettre son adversaire hors de combat. Mettre un détenu en liberté.* ▪ *Mettre en colère, au désespoir. Mettre à l'aise, en confiance.* ■ **se mettre** v. pron. **1.** Venir occuper un lieu, une situation. → **se placer.** *Se mettre dans un fauteuil, à la fenêtre. Elle s'est mise au lit.* – loc. *Ne plus savoir où se mettre :* être embarrassé, gêné. ▪ *Se mettre à l'abri. Se mettre au service de qqn. Se mettre dans une sale affaire.* – fam. *Se mettre avec qqn,* vivre maritalement avec. **2.** passif (sujet chose) Avoir pour place habituelle. → **se ranger.** *Les assiettes se mettent dans le buffet.* **3.** (personnes) Devenir. *Elle s'est mise en colère.* – *Se mettre bien, mal avec qqn :* être en bons, mauvais termes. **4.** Prendre une position. *Se mettre debout, à genoux. Mettez-vous en rang.* **5.** Prendre un état, une apparence. *Mets-toi à l'aise. Se mettre en smoking.* ▪ *Se mettre en quatre*.* – (choses) *Le temps se met au beau.* **6.** (faux pronom.) Placer sur soi. *Se mettre un pansement. Se mettre un chapeau sur la tête.* – loc. *N'avoir rien à se mettre* (pour s'habiller). **7.** ***Se mettre en*** (+ n.) : commencer (un mouvement). *Se mettre en marche. Se mettre en route.* **8.** ***Se mettre à*** : commencer à faire. *Elle s'est mise à l'informatique.* ▪ (à + infinitif) Commencer. *Se mettre à pleurer.* – impers. *Il se met à pleuvoir.* □ **mis, mise** → **mis.**

Metz Chef-lieu de la Moselle, sur la Moselle. 120 211 habitants. Évêché. Cathédrale (XIIIe-XVe s.). Églises médiévales. Place d'Armes (XVIIIe s.). Musée. Centre Pompidou-Metz. Metz fut la capitale de l'Austrasie et l'un des foyers de la renaissance carolingienne. Intégrée au Saint-Empire en 923, elle fut annexée par Henri II en 1552 et fut intégrée au royaume en 1633. Elle a été occupée par l'Allemagne de 1871 à 1918 et de 1940 à 1944. Important centre industriel (construction mécanique, automobile, agroalimentaire) et tertiaire (université). Port fluvial.

Metz, les quais de la Moselle et le temple protestant, dit le « Temple neuf », sur l'île du Petit Saulcy.

Metzinger (Jean) Peintre et graveur français (1883-1956). Il s'imposa comme l'un des principaux représentants du cubisme. *Femme, face-profil ; La Femme à la guitare.*

meublant, ante adj. dr. *Meubles meublants :* effets mobiliers destinés « à l'usage et à l'ornement des appartements » (Code civil).

Mexico

La place centrale de Mexico, le « Zocalo », et la cathédrale métropolitaine de style baroque espagnol, la plus grande d'Amérique latine.

[1]meuble adj. (vient du latin *mobilis* → mobile) **1.** *Un sol, une terre meuble,* qui se remue, se laboure facilement. **2.** (latin *res mobiles,* en droit) dr. Se dit d'un bien qui peut être déplacé (opposé à *immeuble*). *Des biens meubles et immeubles.*

[2]meuble n. m. **I. 1.** vieux Objet utile pour la maison. **2.** dr. Bien meuble. **II.** cour. Objet mobile de formes rigides servant à l'aménagement de l'habitation, des locaux. → **ameublement, mobilier.** *Des meubles de cuisine, de jardin. Des meubles rustiques.*

meublé, ée adj. Garni de meubles. *Louer une chambre meublée.* – n. m. Logement loué meublé. *Habiter un meublé.*

meubler v. tr. < 1 > **1.** Garnir de meubles (II). *Meubler sa maison.* **2.** Constituer le mobilier de. *« L'unique chaise qui meublait sa cellule »* (Mac Orlan). **3.** fig. Remplir ou orner. *Meubler ses loisirs avec quelques bons livres.* → **occuper.** ■ **se meubler** v. pron. Acquérir des meubles. *Ils n'ont pas d'argent pour se meubler.*

Meucci (Antonio) Inventeur américain d'origine italienne (1808-1889). Il découvrit le principe du téléphone en 1849, puis mit au point un appareillage qu'il ne put faire breveter faute de moyens. Le Congrès américain lui a reconnu en 2002 l'antériorité de son invention sur celle de A. G. Bell.

Meudon Commune des Hauts-de-Seine. 45 825 habitants. Observatoire astrophysique, laboratoires du CNRS. Musées. Tombeau de Rodin.

meuf n. f. (verlan de *femme*) fam. Femme, jeune fille. → **nana.** ▪ Épouse, compagne.

meuglement n. m. Cri sourd et prolongé des bovins. → **beuglement, mugissement.**

meugler v. intr. < 1 > (latin *mugilare,* de *mugire* → mugir) (bovins) Crier, pousser des meuglements. → **beugler, mugir.**

meuh interj. (onomatopée ; d'abord *meu*) Onomatopée imitant le meuglement de la vache. – *Boîte à meuh :* boîte cylindrique pourvue d'un mécanisme qui produit un meuglement quand on la retourne.

meulage n. m. Opération d'ajustage par friction d'une meule rotative. *Meulage d'une couronne dentaire.*

Meulan Commune des Yvelines, sur la Seine. 9 080 habitants. Église en partie des XIIe-XIIIe siècles.

meule n. f. (vient du latin *mola,* de *molere* → moudre ; famille de *moulin, meunier, molaire* et de *immoler*) **I. 1.** Cylindre plat et massif, servant à broyer, à moudre. *Meules de moulin.* **2.** Disque en matière abrasive, à grains très fins, servant à user, à aiguiser, à polir. *Affûter un couteau sur la meule.* → **meuler. 3.** Grand fromage en forme de cylindre plat. *Une meule de gruyère.* **4.** fam. Cyclomoteur. **II.** (analogie de forme) **1.** Gros tas de foin, de gerbes. **2.** Tas de bois servant à la confection du charbon de bois. **3.** Champignonnière.

Meulebeke Commune de Belgique (Flandre-Occidentale). 10 833 habitants. Marché agricole. Industrie textile.

meuler v. tr. < 1 > (de *meule* [I]) Passer, dégrossir, affûter à la meule.

meuleuse n. f. techn. Machine-outil servant à meuler.

meulière adj. f. et n. f. (de *meule* [I]) **1.** *Pierre meulière* ou n. f. *meulière :* pierre calcaire à surface rugueuse employée en maçonnerie. *Un pavillon en meulière.* **2.** n. f. Carrière de pierre meulière.

meulon n. m. (de *meule*) **1.** régional Meule (II, 1). **2.** techn. Tas de sel extrait d'un marais salant. → **mulon.**

meunerie n. f. (de *meunier*) **1.** Industrie de la fabrication des farines. → **minoterie. 2.** Ensemble des meuniers.

Meung (Jean de) voir **Jean de Meung**

Meung-sur-Loire Commune du Loiret, sur la Loire. 6 567 habitants. Château des évêques d'Orléans (XIIe-XVIIIe s.). Église romane.

meunier, ière n. (d'abord *molnier,* qui vient du bas latin *molinarius,* de *molinum* → moulin ; *meu-* d'après *meule*) **I. 1.** Personne qui possède, exploite un moulin à céréales, ou qui fabrique de la farine. → **minotier.** *« Meunier, tu dors »* (chanson enfantine). **2.** cuis. *(À la) meunière :* frit après avoir été passé dans la farine. *Des soles meunière.* **3.** adj. Qui a rapport à la meunerie. *L'industrie meunière.* **II. 1.** n. m. Chevesne, poisson qui vit près des moulins. **2.** n. f. Mésange bleue.

Meunier (Constantin) Peintre et sculpteur belge (1831-1905). Ses œuvres puissantes révèlent la dureté de la condition ouvrière. *Le Coup de grisou ; Herscheur.*

meurette n. f. (mot régional, de l'ancien français *muire,* qui vient du latin *muria* → saumure) Sauce au vin rouge (pour les œufs, le poisson). *Des œufs en meurette.*

Meurisse (Catherine) Illustratrice et autrice française (née en 1980). Elle a mené en parallèle une carrière d'autrice de bandes dessinées *(Mes hommes de lettres ; Le Pont des Arts),* et de dessinatrice de presse pour *Charlie Hebdo,* activité à laquelle elle a renoncé après l'attentat qui a frappé la rédaction en 2015 pour poursuivre son travail sur l'histoire de l'art *(Delacroix).* Académie des beaux-arts.

Meuron (Pierre de) Architecte suisse (né en 1950). Il créa avec Jacques Herzog l'agence Herzog & de Meuron. → **Herzog.**

meursault n. m. (n. d'une commune) Vin blanc ou rouge de la région de Beaune. *Des meursaults premier cru.*

Meursault Commune de Bourgogne (Côte-d'Or). 1 404 habitants. Vins blancs.

Meurthe n. f. Rivière de Lorraine, affluent de la Moselle. 160 km. Elle draine une vallée industrialisée.

Meurthe n. f. Ancien département du N.-E. de la France.

Meurthe-et-Moselle n. f. [54]. Département français de la Région Grand Est (→ carte). 5 279 km^2. 732 590 habitants. Chef-lieu : Nancy. Chefs-lieux d'arrondissement : Lunéville, Toul, Val de Briey. Le département a été formé en 1871 par la réunion des fractions françaises des départements de la Meuse et de la Moselle. Le N. est constitué de plateaux calcaires où est pratiquée la polyculture. L'E. est occupé par les Côtes de la Moselle et par la vallée de la Moselle, le S.-O. par l'avancée des Côtes de Meuse (viticulture). Au S. de Nancy, le plateau lorrain est entaillé par la Meurthe et par la Moselle. Exploitation forestière sur les plateaux gréseux. Industries (sidérurgie, mécanique, extraction et transformation de sel, agroalimentaire, imprimerie).

meurtre n. m. (→ meurtrir) Action de tuer volontairement un être humain. → **assassinat, crime, [2]homicide.**

meurtrier, ière (de *meurtrir*) **I.** n. Personne qui a commis un ou des meurtres. → **assassin, criminel. II.** adj. (choses) **1.** Qui cause, entraîne la mort de nombreuses personnes. → **destructeur, funeste, sanglant.** *Des combats meurtriers.* **2.** Où de nombreuses personnes trouvent la mort. *Une route meurtrière.* **3.** Qui pousse à tuer. *Une folie meurtrière.*

meurtrière n. f. (de l'adj. *meurtrier*) Fente verticale pratiquée dans un mur de fortification pour jeter des projectiles ou tirer sur les assaillants.

meurtrir v. tr. < 2 > (vient du francique *murthrjan*, d'un v. germanique « faire mourir », *cf.* allemand *morden*, anglais *murder* ; famille du latin *mors* → [1]mort, mourir) **1.** Blesser, serrer, heurter au point de laisser une marque sur la peau. → **contusionner.** *Elle lui serrait le poignet à le meurtrir.* **2.** Endommager (un fruit, un légume). **3.** fig., littér. Blesser. – au p. p. *Avoir le cœur meurtri.*

meurtrissure n. f. **1.** Marque sur une peau blessée. → **bleu, contusion, coup, noir.** *Le corps couvert de meurtrissures.* ▪ par ext. Trace laissée par la fatigue, la maladie, la vieillesse. **2.** Tache sur des fruits, des végétaux endommagés.

Meuse n. f. en néerlandais **Maas** Fleuve de France, de Belgique et des Pays-Bas. 950 km. Elle prend sa source au plateau de Langres, arrose Verdun, traverse les Ardennes, Liège, Maastricht, et se jette dans la mer du Nord, dans un delta qui se mêle à celui du Rhin.

Meuse n. f. [55] Département français de la Région Grand Est (→ carte). 6 220 km^2. 183 001 habitants. Chef-lieu : Bar-le-Duc. Chefs-lieux d'arrondissement : Commercy, Verdun. Situé dans le prolongement septentrional de la Champagne humide, le département est principalement constitué de plateaux calcaires qu'entaille, du N. au S., la vallée de la Meuse. Il se prolonge au N. jusqu'à la forêt d'Argonne et, au S., jusqu'au Barrois. La plaine de la Woëvre, à l'E., s'étend au-delà des Hauts-de-Meuse (385 m). La céréaliculture et l'élevage sont importants sur les plateaux et les plaines, tandis que les vallées concentrent les activités industrielles.

Meusnier de la Place (Jean-Baptiste) Officier, géomètre et chimiste français (1754-1793). Il participa au travail de Lavoisier sur l'hydrogène. On lui doit une étude géométrique de la courbure des surfaces (*théorème de Meusnier*).

meute n. f. (vient du latin *movita*, du p. p. de *movere* ; → mouvoir ; ameuter, émeute) **1.** Troupe de chiens dressés pour la chasse à courre. **2.** par ext. Bande de chiens ou d'autres animaux proches. *Les loups vivent en meute.* **3.** fig. Bande, troupe de gens acharnés à la poursuite, à la perte de qqn. *La meute des photographes.*

mévente n. f. Insuffisance des ventes.

mexicain, aine adj. Du Mexique. – n. *Les Mexicains.*

Mexicali Ville du N.-O. du Mexique (Basse-Californie), à la frontière des États-Unis. 689 800 habitants. Centre agricole situé au cœur d'une région désertique. Université.

Mexico Capitale du Mexique. 8 850 000 habitants (agglomération : 20 000 000). Construite sur le site de Tenochtitlán, capitale des Aztèques rasée par les conquistadors (1521), la ville a conservé dans son agglomération certains villages coloniaux (Coyoacán, San Angel). Elle a connu au xxe siècle une expansion tentaculaire, qui la rend particulièrement vulnérable à la pollution et aux séismes (le séisme de 1985 a causé 30 000 morts).

Mexique (golfe du) Golfe de la partie occidentale de l'océan Atlantique, qui baigne la côte S. des États-Unis, la côte E. du Mexique et Cuba.

Mexique

n. m. ▪ offic. États-Unis mexicains État d'Amérique du Nord et centrale. 1 972 546 km^2. 126,6 millions d'habitants (les *Mexicains*). **Langues :** espagnol (offic.), langues indiennes. **Religions :** catholiques, 76 % ; protestants, 6 %. **Monnaie :** peso. **Capitale :** Mexico. **Régime :** présidentiel. Le Mexique est une république fédérale (Constitution de 1917) comprenant un District fédéral (México) et 31 États.

GÉOGRAPHIE

Bien que situé pour l'essentiel en Amérique du Nord (séparée de l'Amérique centrale par l'isthme de Tehuantepec), le Mexique appartient à l'aire culturelle et linguistique de l'Amérique latine. Son territoire, relativement étendu, se caractérise par la diversité de ses paysages : à l'aridité du N. s'opposent les forêts denses du S., aux plaines littorales les hautes montagnes qui traversent le pays (Sierra Madre au N., hauts plateaux et volcans au centre, culminant à 5 610 m). On oppose ainsi non seulement le N. aride au S. humide, mais aussi les terres chaudes (*tierras calientes*, sèches au N., forestières au S.), les terres tempérées (*tierras templadas*, de 800 à 1 600 m d'altitude, aptes à toutes les cultures, les plus peuplées) et les terres froides (*tierras frías*, entre 1 600 et 3 000 m d'altitude, où le maïs est cultivé par les Indiens). Le pays est régulièrement touché par des catastrophes naturelles (séismes, volcanisme, cyclones tropicaux, sécheresses).

ÉCONOMIE

L'économie fait du Mexique un pays émergent : l'industrie est développée et diversifiée (automobile, sidérurgie, textile, agroalimentaire), l'agriculture est très performante dans certaines régions (agrumes, café, canne à sucre, maïs), le tourisme balnéaire et culturel est un grand pourvoyeur de devises et d'emplois. L'essor économique des vingt dernières années est largement lié à l'intégration économique et commerciale nord-américaine, avec l'Accord de libre-échange nord-américain (Alena) entré en vigueur en 1994 (triplement des échanges avec les États-Unis entre 1994 et 2006). Fondé sur la demande du marché des États-Unis, il entraîne toutefois une forte dépendance. Il a en outre bouleversé la géographie économique du pays, transformant les régions arides du N. en espaces industriels modernes et prospères (*maquiladoras*), alors que les régions du S. voient leur retard de développement s'aggraver. Le traité a fait l'objet de nouvelles négociations avec l'accession de D. Trump à la présidence des États-Unis et a été remplacé par l'ACEUM en 2020.

Ancienne ville minière, aujourd'hui réputée pour son université, Guanajuato est riche en monuments coloniaux.

SOCIÉTÉ

La société mexicaine est marquée par un fort dualisme entre ceux qui participent au développement économique et en bénéficient, et ceux qui, du fait de l'accroissement démographique et de la crise des campagnes, en restent à l'écart. Ces derniers sont, pour certains, des ruraux — paysans sans terres ou propriétaires de micro-propriétés —, pour les autres des habitants des bidonvilles des périphéries urbaines, issus de l'exode rural. Nombreux sont ceux qui tentent de passer la frontière vers les États-Unis le long de laquelle une barrière est en construction. En conséquence, les plus grandes villes du Mexique, où vivent trois habitants sur quatre, sont marquées par la criminalité et par des mécanismes de ségrégation particulièrement forts. La mégapole de México (20 000 000 habitants) fut qualifiée de « monstruopole » après sa croissance fulgurante et incontrôlée des années 1970 et 1980. La population est confrontée à de sérieux problèmes sécuritaires dus aux cartels de la drogue.

HISTOIRE

Les civilisations précolombiennes Dès le xxe millénaire avant notre ère, des sociétés dites « archaïques » existaient dans la vallée de México. Les premières civilisations agricoles se développèrent autour de la culture du maïs entre 10000 et 2000 av. J.-C. Plusieurs civilisations urbaines se succédèrent ou coexistèrent sur le territoire actuel du Mexique jusqu'à la conquête espagnole : Olmèques (2000-500 av. J.-C.), Mayas (1600 av. J.-C.-1500), Toltèques (x^{e}-xiie s.), Aztèques (x^{e}-xvie s.).

La période coloniale H. Cortés débarqua en 1519 et imposa la suzeraineté espagnole à l'aide d'alliés indiens. Il fit raser Tenochtitlán, la capitale aztèque, et fonda México sur ses ruines. Le Mexique devint en 1535 la vice-royauté de la Nouvelle-Espagne. Les Indiens furent décimés ou réduits en esclavage, et brutalement évangélisés. Le monopole espagnol fut de plus en plus contesté, tant par les Blancs que par les Indiens et les métis.

L'indépendance Un mouvement s'organisa en 1810 pour chasser les Espagnols ; il obtint l'indépendance en 1821. La république fut proclamée en 1824. Une époque de troubles et de coups d'État militaires s'instaura. Les luttes de classes, opposant l'oligarchie terrienne et militaire à la bourgeoisie, s'ajoutèrent aux conflits ethniques, alimentant une incessante guerre civile. Cette situation facilita les ingérences extérieures. Les États-Unis annexèrent la moitié N., du Texas à la Californie (1848). Napoléon III imposa un empire (1864-1867), au bénéfice de Maximilien d'Autriche. La dictature de Porfirio Díaz (1876-1911) assura la stabilité et permit le développement économique, tout en accentuant les inégalités.

Mexique

La révolution mexicaine Une révolution éclata, sous la conduite d'Emiliano Zapata et Pancho Villa, déclenchant une guerre civile qui fit un million de victimes (1910-1920). Le Parti révolutionnaire institutionnel (PRI), qui émergea dans les années 1920, instaura un régime de parti unique d'une remarquable stabilité (1929-1988), grâce à un fort encadrement politique et syndical de la société et de l'économie qui maintenait un compromis entre la bourgeoisie et les classes populaires. Le président Lázaro Cárdenas (1934-1940) relança la réforme agraire au profit des petits paysans et nationalisa les hydrocarbures (1938).

Pancho Villa et ses troupes entrant dans la ville de Torreón, en 1914, durant la révolution mexicaine.

Démocratisation et libéralisation Après une révolte des étudiants (1968) et une grave crise économique (années 1980), le pouvoir dut accepter de se démocratiser et s'engagea dans un processus de libéralisation économique. Les accords de l'Alena, signés en 1992, entrèrent en vigueur en 1994. En 2000 fut élu le premier président issu d'un parti d'opposition, Vicente Fox (Parti d'action nationale [PAN]), qui négocia la paix avec les Indiens de la région du Chiapas, en révolte depuis 1994. Felipe Calderón, successeur de V. Fox à la tête du PAN, fut élu président en 2006, à l'issue d'un scrutin très serré. Le PRI revint au pouvoir en 2012 avec l'élection à la présidence d'Enrique Peña Nieto. Les réformes engagées mécontentèrent une partie de la population (ouverture de l'exploitation pétrolière aux compagnies étrangères). Trafic de drogue, violence et chômage ont subsisté et la pauvreté a augmenté. C'est donc l'un des leaders historiques de la gauche, López Obrador, qui remporta la présidentielle de 2018 mais il fut très critiqué pour sa gestion de la pandémie de Covid-19 et son incapacité à faire diminuer la criminalité.

Mexique (guerre du) Intervention militaire française décidée par Napoléon III en 1862 pour établir au Mexique un empire au bénéfice de Maximilien d'Autriche. Face à une guérilla mexicaine soutenue par les États-Unis, les Français durent retirer leurs troupes en 1867, et Maximilien fut fusillé la même année à Querétaro. L'expédition fut l'un des grands échecs de la politique extérieure de Napoléon III.

Meyer (Conrad Ferdinand) Écrivain suisse d'expression allemande (1825-1898). Poète, il est également l'auteur de romans et de nouvelles qui témoignent d'un souci d'objectivité et de rigueur. *Le Saint ; Les Noces du moine.*

Meyer (Viktor) Chimiste allemand (1848-1897). Il mit au point une méthode de mesure des densités de vapeur et améliora notablement les connaissances en chimie organique et inorganique.

Meyer (Adolf) Psychiatre américain d'origine suisse (1866-1950). Il s'opposa à la théorie freudienne, reprenant des thèses évolutionnistes.

Meyer (Yves) Mathématicien français (né en 1939). Il a joué un rôle majeur dans le développement de la théorie des ondelettes, qui ont permis des avancées dans la compression et le traitement de données et d'images (format JPEG ; images du télescope Hubble) et dans la détection de signaux d'ondes gravitationnelles. Prix Abel 2017.

Meyerbeer (Jakob Liebmann Beer, dit Giacomo) Compositeur allemand (1791-1864). Établi à Paris, il excella dans les opéras mettant en scène de grands épisodes historiques (*Robert le Diable ; Les Huguenots*).

Meyerhof (Otto) Physiologiste allemand (1884-1951). Il étudia le métabolisme musculaire et les mécanismes permettant d'extraire l'énergie du glucose en l'absence d'oxygène. Prix Nobel 1922.

Meyerhold (Vsevolod Emilievitch) Metteur en scène et scénographe soviétique (1874-1940). Il monta des pièces d'avant-garde dans des mises en scène constructivistes. Arrêté en 1939, il fut exécuté.

Meyers (Peter) Sculpteur belge (né en 1945). Il réalise des sculptures monumentales de personnages ou d'animaux (chats, chiens, oiseaux en mouvement) en acier découpé, tordu ou plié. Il s'intéresse au langage du corps, à une reproduction des impressions et des émotions plutôt qu'à une reproduction esthétique.

Meyerson (Émile) Philosophe et épistémologiste français d'origine polonaise (1859-1933). S'opposant au conventionnalisme issu de la tradition positiviste, il s'attacha à défendre une conception réaliste de l'explication scientifique, en redonnant à la notion de causalité une place centrale dans la science. *Identité et Réalité*.

Meyerson (Ignace) Philosophe français (1888-1983) Premier traducteur de Freud en France, il fut le créateur de la psychologie historique.

Meylan Commune de l'Isère, dans la banlieue de Grenoble. 18 221 habitants. Technopôle (micro-informatique, électronique).

Meyrink (Gustav) Romancier autrichien (1868-1932). Il écrivit des romans fantastiques et sataniques, inspirés de récits cabalistiques. *Le Golem ; La Nuit de Walpurgis*.

Meyrueis Commune de la Lozère. 794 habitants. Centre touristique.

Meyzieu Commune du Rhône, dans la banlieue de Lyon. 35 134 habitants.

mézail n. m. (origine inconnue) archéol. Armure de tête, visière mobile d'un casque fermé.

Mèze Commune de l'Hérault, sur l'étang de Thau. 12 385 habitants. Conchyliculture. Port. Tourisme.

Mézenc n. m. Massif volcanique du S.-O. du Velay. 1 754 m.

Mézières Ancien chef-lieu du département des Ardennes, réuni en 1966 à Charleville pour former la ville de Charleville-Mézières.

mézigue pron. (de *mes* et *sigue, zigue*) argot Moi.

mezzanine [mɛdzanin] n. f. (italien *mezzanino* « entresol », de *mezzo* « milieu, moitié ») **1.** Petit entresol. ■ Étage entre l'orchestre et le premier balcon (d'un théâtre, etc.). → **corbeille** (II, 2). **2.** Petite plateforme aménagée dans une pièce haute de plafond. *Un studio avec mezzanine.*

mezza-voce [mɛdzavɔtʃe] loc. adv. (mot italien, de *mezza* « moyenne » et *voce* « voix ») mus. À mi-voix. *Chanter mezza-voce.*

mezzé ou **mezze** [me(d)ze] n. m. (grec et turc *meze*, du persan *mazze* « saveur ») Assortiment de hors-d'œuvre à l'orientale (Grèce, Turquie, Liban et Moyen-Orient). *Des mezzés.*

mezzo [mɛdzo] n. (mot italien « moyen ») n. m. Voix de femme, entre le soprano et le contralto (aussi *mezzo-soprano*). – n. f. Chanteuse qui a cette voix. – adj. *Elle est mezzo.*

Mezzogiorno n. m. Ensemble des régions du S. de l'Italie (S. du Latium, Abruzzes, Campanie, Basilicate, Calabre, Pouilles), de la Sicile et de la Sardaigne. Ces régions sont marquées par un sous-développement relatif par rapport au N. du pays.

mezzotinto [mɛdzotinto] n. m. (mot italien « demi-teinte ») arts Gravure dite *à la manière noire*, exécutée en grattant une planche grenée noire pour obtenir des blancs purs et des gris. *Des mezzotintos* ou *des mezzotinto* (invar.).

Mg Symbole du magnésium.

mi n. m. invar. (étym. → ut) Note de musique, troisième son de la gamme naturelle. *Mi bémol.*

mi- (vient du latin *medius* « au milieu », même racine que le grec *mesos* → més[o]-) **1.** suivi d'un nom et formant un nom composé Le milieu de. *La mi-janvier.* **2.** loc. adv. *À mi-* (suivi d'un nom) : au milieu, à la moitié de. *À mi-hauteur.* **3.** (formant un adj. composé) À moitié. *Étoffe mi-fil, mi-coton. Yeux mi-clos.*

MI6 voir Intelligence Service

Miaja Menant (José) Général espagnol (1878-1958). Commandant des troupes républicaines lors du soulèvement franquiste (1936), il participa à la défense de Madrid.

Miami Ville des États-Unis (Floride), sur la côte Atlantique. 399 500 habitants. Grand centre touristique. Importante population hispanophone d'origine cubaine.

Miami

Miami, le centre-ville, le long de la Miami River.

miam ou **miam-miam** interj. (onomatopée) fam. Exclamation qui exprime le plaisir de manger. *« Miam-miam, dit un voyageur en dégustant le fin fond de son assiette »* (Queneau).

Miaos ou **Hmongs** n. m. pl. Groupe ethnique et linguistique de l'Asie du Sud-Est (Chine, Thaïlande, Laos, Viêtnam), originaire du S. de la Chine. Les Miaos pratiquent la riziculture sur brûlis et la culture du pavot.

miaou n. m. (onomatopée, d'abord écrite *miault* → miauler) Cri du chat. → **miaulement**. *Des miaous.*

Mias (Lucien) Rugbyman français (né en 1930). Il remporta le Tournoi des cinq nations en 1959 et fut le premier joueur à battre toutes les grandes équipes de son époque (Nouvelle-Zélande, Afrique du Sud et pays de Galles).

Miaskovski (Nikolaï Iakovlevitch) Compositeur russe (1881-1950). Élève de Rimski-Korsakov, il est l'auteur d'une œuvre comprenant symphonies, musique militaire et musique chorale, conforme aux directives du réalisme soviétique.

miasme n. m. (grec *miasma*, de *miainein* « souiller ») **1.** vieux Émanation censée causer maladies et épidémies. **2.** Gaz putride provenant de substances en décomposition.

miaulement n. m. **1.** Cri du chat. → **miaou**. **2.** Léger grincement.

miauler v. intr. < 1 > (de *miau, miault*, onomatopée évoquant le cri du chat → miaou) **1.** Pousser un cri, en parlant du chat et de certains félins. **2.** Siffler, faire un bruit de miaulement.

mi-bas n. m. invar. Chaussette montante. *Porter des mi-bas.*

à **mi-bois** loc. adv. techn. *Assemblage à mi-bois*, réalisé en entaillant deux pièces de bois à la moitié de leur épaisseur.

mica n. m. (latin *mica* « parcelle » → 1mie, miette ; miche) **1.** Minerai (silicate) constituant des roches volcaniques et métamorphiques. *Roche à mica.* **2.** Plaque de mica blanc transparent pouvant servir de vitre.

micacé, ée adj. minér. De la nature du mica ; qui contient du mica. *Du sable micacé.*

mi-carême n. f. Jeudi de la troisième semaine de carême, fête pour laquelle les enfants se déguisent. *Des mi-carêmes.*

micaschiste n. m. (de *schiste*) géol. Roche composée de mica et de quartz.

micelle n. f. (allemand *Micell* [créé par Naegeli], du latin *mica* → mica) **1.** Particule en suspension dans une solution colloïdale. **2.** Très grosse molécule (→ **macromolécule**).

Michalik (Alexis) Comédien, dramaturge et metteur en scène franco-britannique (né en 1982). Remarqué à Avignon avec *Une folle journée* de Beaumarchais (2005), il a ensuite monté ses propres pièces avec un succès constant : *Le Porteur d'histoire ; Le Cercle des illusionnistes ; Edmond* (qu'il a porté à l'écran en 2019).

Michals (Duane) Photographe américain (né en 1932). Son œuvre est centrée sur les thèmes du double, de l'effacement, de la disparition.

Michaud (Andrée A.) Écrivaine canadienne (québécoise) [née en 1957]. Ses romans policiers à l'écriture élaborée ont été salués par de nombreux prix. *Le Ravissement ; Bondrée ; Tempêtes.*

Michaux (Henri) Poète et peintre français d'origine belge (1899-1984). Animé d'une défiance à l'égard du monde et du langage, il écrivit des poèmes riches en sarcasmes et en inventions lexicales, évoquant le voyage *(Ecuador ; Un barbare en Asie)*, l'expérience intérieure *(La nuit remue)*, la difficulté de vivre *(Plume)* et des mondes imaginaires *(Ailleurs)*. Dans son œuvre picturale, il se fit également l'explorateur de l'inconscient et du rêve.

miche n. f. (vient du latin *micca*, de *mica* « parcelle, morceau » → mica) **1.** Pain rond assez gros. **2.** fam. Fesse.

miché n. m. (de *Michel*, employé comme sobriquet péj.) argot Client d'une prostituée. → **micheton**. – Homme qui n'est pas du milieu et qu'on peut tromper, exploiter.

Michée Personnage biblique, prophète au temps des rois Achaz et Ézéchias (VIIIe-VIIe s. av. J.-C.).

Michel (saint) Archange des traditions juive et chrétienne. Il est souvent représenté terrassant un dragon.

M

Michel

EMPIRE BYZANTIN

■ **Michel Ier Rangabé** (mort en 843) Empereur byzantin (811-813). Défavorable aux iconoclastes, il fut déposé par Léon V après sa défaite devant les Bulgares.

■ **Michel II le Bègue** (mort en 829) Empereur byzantin (820-829). Il fit assassiner Léon V et fonda la dynastie d'Amorion.

■ **Michel III l'Ivrogne** (839-867) Empereur byzantin (842-867). Il entreprit avec succès la conversion des Slaves et précipita le schisme avec Rome (867).

■ **Michel VII Doukas Parapinakès** Empereur byzantin (1071-1078). Il laissa le pouvoir à ses ministres. Son royaume fut menacé par les Normands.

■ **Michel VIII Paléologue** (1224-1282) Empereur byzantin de Nicée (1259) et de Constantinople (1261-1282). Fondateur de la dernière dynastie byzantine, il reconnut la primauté romaine (concile de Lyon, 1274) et contribua aux Vêpres siciliennes (1282).

■ **Michel IX Paléologue** (1277-1320) Empereur byzantin (1295-1320). Il fut associé au trône par son père Andronic II.

PORTUGAL

■ **Michel Ier** en portugais **Dom Miguel** (1802-1866) Roi de Portugal (1828-1834). Il dut faire face à une guerre civile qui le conduisit à abdiquer.

ROUMANIE

■ **Michel Ier** (1921-2017) Roi de Roumanie (1927-1930 et 1940-1947). Il dut faire face à la dictature d'Antonescu, puis à l'institution du régime communiste.

RUSSIE

■ **Michel III Fedorovitch** (1596-1645) Tsar de Russie (1613-1645). Premier tsar de la dynastie des Romanov, il s'attacha à pacifier le pays et fit la paix avec la Suède (1617) et la Pologne (1634).

Michel **(Georges) dit Michel de Montmartre** Peintre et dessinateur français (1768-1843). Ses tableaux des environs de Paris et des moulins de Montmartre en font l'un des initiateurs du paysage romantique et de l'école de Barbizon.

Michel **(Louise)** Révolutionnaire anarchiste française (1830-1905). Membre de la 1re Internationale, elle participa à la Commune de Paris. Déportée en Nouvelle-Calédonie (1873), elle fut amnistiée en 1880.

L'Arrestation de Louise Michel, par Jules Girardet (1871), musée d'Art et d'Histoire, Saint-Denis.

Michel **(Charles)** Homme d'État belge (né en 1975). Francophone et d'orientation libérale, il fut Premier ministre de la Belgique de 2014 à 2019, puis président du Conseil européen.

Michel-Ange **(Michelangelo Buonarroti, dit en français)** Sculpteur, peintre, architecte et poète italien (1475-1564). Son œuvre, en partie inspirée par le néoplatonisme, célèbre le divin à travers la puissance et la sensualité du corps humain. Se définissant lui-même comme un sculpteur, il fut aussi bien l'auteur du monumental *David* que des troublants *Esclaves*, qu'un mouvement de torsion paraît arracher à leur gangue de pierre. On lui doit l'émouvante *Pietà*, dont se dégage une étrange sérénité, mêlée de sensualité, ainsi que le puissant *Moïse* du tombeau de Jules II. Il fut aussi le peintre inégalé de la voûte de la chapelle Sixtine, composition complexe figurant l'humanité avant la Loi, sous la Loi et sous la Grâce, et du *Jugement dernier*, où des corps nus et comme tordus par le péché entourent la figure rayonnante du Christ. Il composa également des *Sonnets*, qui révèlent un esprit tourmenté par l'amour, le péché et l'idéalité du beau.

Michelet **(Jules)** Historien et écrivain français (1798-1874). Chef de la section historique aux Archives nationales et professeur au Collège de France, il fut destitué de ses fonctions après 1851 pour son anticléricalisme et ses idéaux démocratiques. Il mit ses vertus lyriques et épiques d'écrivain au service d'une vision nationale et romantique *(Histoire de la Révolution française ; Histoire de France)*. Il a aussi publié des essais inspirés *(L'Oiseau ; La Mer ; La Sorcière)*.

Michelin Famille d'industriels français. ■ André (1853-1931) créa en 1900 le *Guide Michelin*, puis une série de cartes routières. ■ Édouard (1859-1940) son frère, réalisa le premier pneumatique démontable, destiné d'abord à la bicyclette (1891), puis à l'automobile (1895).

Michelin **(Guide)** **n. m.** Guide gastronomique français créé en 1900. Il possède sa propre classification dont la plus haute note, trois étoiles, consacre les grands chefs cuisiniers.

micheline **n. f.** **(du n. de la firme *Michelin*)** anciennt Automotrice montée sur pneumatiques. → **autorail.**

Michelozzo **(Michelozzo di Bartolomeo Michelozzi, dit)** Architecte, sculpteur et ornemaniste italien (1396-1472). Disciple de Brunelleschi, il reconstruisit à Florence le couvent de San Marco et développa, au Palazzo Vecchio comme au palais Medici Riccardi, le thème du *cortile* (cour).

Michels **(Robert)** Sociologue italien d'origine allemande (1876-1936). Il fut l'un des fondateurs de la sociologie politique. *Les Partis politiques ; Cours de sociologie politique.*

Michelson **(Albert)** Physicien américain (1852-1931). Il mesura avec Edward Morley la vitesse de la lumière. Ses expériences d'optique furent décisives dans l'élaboration de la théorie de la relativité. Prix Nobel 1907.

à mi-chemin **loc. adv.** Au milieu du chemin, du trajet. → **à mi-course.** – fig. Sans avoir atteint son but. *S'arrêter à mi-chemin.*

Michener **(James Albert)** Écrivain américain (1907-1997). Romancier à succès *(Tales of the South Pacific)*, il analysa le mythe américain *(La Ruée vers l'or)* et l'histoire américaine *(Rien moins que justice)*.

micheton **n. m.** fam. Miché, client d'un(e) prostitué(e).

michetonner **v. intr.** **< 1 >** argot Se livrer occasionnellement à la prostitution.

Michigan **(lac)** L'un des Grands Lacs de l'Amérique du Nord, aux États-Unis. 57 994 km^2. Chicago et Milwaukee sont situées sur sa rive ouest.

Michigan **n. m.** État du centre N. des États-Unis, formé par deux péninsules sur le *lac Michigan*. 250 504 km^2. 9 884 000 habitants. Capitale : Lansing. Industries automobile, alimentaire et chimique. Extraction minière (fer, cuivre, argent). Tourisme.

Michoacán **n. m.** État du centre du Mexique. 59 928 km^2. 4 351 000 habitants. Capitale : Morelia. Richesses naturelles (volcan Paricutín, lac de Pátzcuaro) et culturelles (Indiens tarasques ou purepechas). Tourisme.

Michon **(Pierre)** Écrivain et poète français (né en 1945). Qu'elles soient réelles ou fictives, les vies de ses personnages lui servent à peindre la complexité humaine avec une écriture dense et ciselée. *Vies minuscules ; Les Onze.*

Michoustine **(Mikhaïl)** Homme d'État russe (né en 1966). Il occupe le poste de Premier ministre depuis 2020.

Mickey Mouse Personnage de dessin animé puis de bande dessinée, créé par Walt Disney. Les films mettant en scène cette souris espiègle eurent une influence durable sur le cinéma d'animation.

Mickiewicz **(Adam)** Poète polonais (1798-1855). Patriote, il lutta contre l'oppression tsariste, et s'exila à partir de 1825, devenant le chef spirituel des Polonais émigrés. *Monsieur Thadée.*

mi-clos, mi-close **adj.** littér. À moitié fermé. *Les yeux mi-clos.*

micmac **n. m.** **(altération de *mutemacque* « émeute », du néerlandais *muyte maken* « faire une émeute »)** **1.** fam. Agissements suspects. → **manigance.** **2.** Désordre, situation embrouillée. *Quel micmac !*

Micmacs **n. m. pl.** Amérindiens du Canada oriental (provinces maritimes, Gaspésie). Intégrés pour la plupart dans la société canadienne, ils parlent le *micmac*, une langue du groupe algonquien.

micocoulier **n. m.** **(mot provençal, du grec moderne *mikrokoukouli*)** Arbre du genre orme, des régions chaudes et tempérées.

à mi-corps [amikɔʀ] **loc. adv.** Au milieu du corps, jusqu'au niveau de la taille. *Elle entra dans l'eau jusqu'à mi-corps.*

à mi-côte **loc. adv.** Au milieu, à la moitié de la pente d'une côte.

à mi-course **loc. adv.** Au milieu du parcours, de la course. → **à mi-chemin.**

micro **n. (abrév.)** **1. n. m.** Microphone. *Parler, chanter au micro, devant, dans un micro. Micro-cravate.* **2. n. m.** Micro-ordinateur. *Des micros.* **3. n. f.** Micro-informatique.

micro- Élément **(du grec *mikros*, p.-ê. famille du latin *mica* → mica, ^{1}mie, opposé à *makros* → macro-)** qui signifie « petit ». → **mini-.** ■ spécialt Élément divisant (une unité) par 10^6 (ex. *microgramme* **n. m.** « un millionième de gramme »).

microanalyse **n. f.** sc. Analyse chimique portant sur des masses extrêmement faibles.

microbalance **n. f.** techn. Balance dont le seuil de sensibilité est de l'ordre du millionième de gramme (microgramme).

microbe **n. m.** **(du grec *mikros* → micro- et *bios* « vie » → bio-)** **1.** Micro-organisme unicellulaire pathogène. → **bacille, bactérie, virus.** **2.** fam. Personne chétive, petite. → **avorton.**

microbien, ienne **adj.** Relatif aux microbes. *Culture microbienne.* – Causé par les microbes. *Maladie microbienne.*

microbille **n. f.** techn. Particule très fine (d'une substance micronisée). *Des microbilles de verre.*

microbiologie **n. f.** **(de *microbe* et *biologie*)** Science des micro-organismes et des structures biologiques de très petite taille. ▫ **adj. microbiologique**

microbiome **n. m.** **(de *micro-* et *biome*)** biol. **1.** Aire biotique occupée par les microbiotes d'un individu. **2.** Ensemble des microbiotes

Michel-Ange

1. *La Sibylle d'Érythrée*, détail de la fresque au plafond de la chapelle Sixtine, Vatican. 2. *Moïse* (1513-1515), tombeau de Jules II, basilique Saint-Pierre-aux-Liens, Rome.

Michigan (lac)

Le lac Michigan, au centre (vue prise de la navette Columbia).

d'un individu. **3.** Ensemble des génomes d'un microbiote.

microbiote n. m. biol. Ensemble des micro-organismes vivant dans un écosystème donné. *Le microbiote intestinal.* → **flore, microflore.**

microblog n. m. anglic., inform. Blog qui permet de communiquer en temps réel en publiant de courts messages (→ **tweet**). - recomm. offic. **microblogue.**

microbrasserie n. f. Établissement artisanal produisant de la bière en petite quantité.

microcéphale adj. (de *micro-* + *-céphale*) sc. Qui a une tête anormalement petite. – n. *Un microcéphale.* □ n. f. **microcéphalie**

microchimie n. f. sc. Ensemble des procédés qui permettent l'analyse de très petites quantités de substances chimiques.

microchirurgie n. f. Chirurgie des structures vivantes microscopiques.

microcircuit n. m. techn. Circuit électrique imprimé et miniaturisé.

microclimat n. m. Conditions climatiques particulières d'une petite zone géographique. *Ici, nous bénéficions d'un microclimat.* □ adj. **microclimatique**

microcosme n. m. (du bas latin, du grec *mikrokosmos,* de *mikros* → **micro-** et *kosmos* « univers » → **cosmique, cosmos**) littér. Abrégé, image réduite du monde, de la société. ■ fig. Petite société. → **landerneau.** *Le microcosme politique.*

microcoupure n. f. électr. Baisse importante et de très courte durée d'une tension d'alimentation.

micro-cravate n. m. Microphone miniature qui s'accroche sur le vêtement. *Des micros-cravates.*

microcrédit n. m. Prêt de faible montant accordé à des personnes démunies pour financer un projet.

microdissection n. f. sc. Dissection des organismes microscopiques, des cellules vivantes.

microéconomie n. f. Étude de l'activité et des comportements économiques, au niveau des individus (s'oppose à *macroéconomie*). □ adj. **microéconomique**

microédition n. f. Ensemble des techniques informatiques pour assister l'édition en utilisant des micro-ordinateurs.

microélectronique n. f. Ensemble des techniques qui permettent la réalisation des circuits intégrés. – adj. *Circuits microélectroniques.*

microentreprise n. f. Entreprise individuelle ou de très petite taille. □ n. **microentrepreneur, euse**

microfaune n. f. didact. Faune microscopique (opposé à *macrofaune*).

microfibre n. f. Fibre textile synthétique extrêmement fine. *Veste en microfibre.*

microfiche n. f. Photographie en format très réduit d'un document à archiver. → **microfilm.**

microfilm [mikʀofilm] n. m. Film photographique contenant des reproductions de documents au format très réduit. → **microfiche ; microphotographie.** □ **microfilmer** v. tr. <1>

microfinance n. f. Ensemble de services financiers accessibles aux personnes démunies. → **microcrédit.**

microflore n. f. biol. Ensemble des micro-organismes végétaux qui vivent sur les tissus ou dans les cavités naturelles de l'organisme. *La microflore intestinale.*

micrographie n. f. (de *micro-* + *-graphie*) **1.** didact. Microscopie appliquée à l'étude des matériaux. **2.** Technique de reproduction à de très petits formats. → **microphotographie.** □ adj. **micrographique**

microgravité n. f. astron. Gravité beaucoup plus faible que sur la Terre.

microgrenu, ue adj. géol. *Roches microgrenues :* roches volcaniques formées de petits minéraux cristallins à peine visibles à l'œil nu, sans résidu vitreux (opposé à *microlithique*).

micro-informatique n. f. Informatique des micro-ordinateurs. → **micro** (3).

micro-injection n. f. biol. Injection dans une cellule isolée. – spécialt Introduction d'un spermatozoïde dans l'ovocyte (procréation médicalement assistée). *Des micro-injections.*

microline n. f. (de *micro-* et du grec *klinein* → **incliner**) minér. Feldspath potassique ou sodique.

microlithe ou **microlite** n. m. (de *micro-* + *-lit(h)e*) **1.** géol. Petit élément cristallin des roches microlithiques. **2.** paléont. Petit outil de silex taillé, au paléolithique.

microlithique ou **microlitique** adj. (de *micro-* + *-lit(h)ique*) géol. *Roches microlithiques :* roches volcaniques semi-cristallines, dans lesquelles des petits cristaux (microlithes) sont noyés dans une masse vitreuse (opposé à *microgrenu*).

micromanipulation n. f. sc. Opération effectuée sur un objet microscopique, à l'aide d'instruments et de dispositifs spéciaux. → **microchirurgie, microdissection.**

micromètre n. m. **1.** Appareil utilisé pour mesurer les dimensions microscopiques. **2.** Unité de longueur valant un millionième de mètre (symb. µm). → anciennt **micron.**

micrométrie n. f. didact. Mesure d'objets microscopiques à l'aide du micromètre (1). □ adj. **micrométrique**

microminiaturisation n. f. électron. Réduction maximum des dimensions et de la masse des systèmes électroniques.

micron n. m. (grec *mikron,* neutre de *mikros* → **micro-**) anciennt Micromètre (2).

Micronésie n. f. Ensemble d'îles du Pacifique, à l'E. des Philippines, comprenant notamment les îles Mariannes, Carolines, Marshall. Environ 500 000 habitants.

Micronésie

n. f. ■ offic. États fédérés de Micronésie État insulaire d'Océanie (→ carte), comprenant l'archipel des îles Carolines sauf les Palaos. 701 km^2. 104 500 habitants (les *Micronésiens*). **Langue :** anglais (offic.). **Capitale :** Palikir.

La Micronésie est constituée de quatre petits États (Kosrae, Pohnpei, Chuuk et Yap) formés d'îles montagneuses et d'atolls situés juste au N. de l'équateur. L'archipel fut découvert au XVIe s. par les Espagnols, qui le vendirent à l'Allemagne (1899). Il fut placé sous mandat du Japon (1921), puis sous celui des États-Unis (1947). Les États fédérés de Micronésie, créés en 1979, accédèrent à l'autonomie en 1986, demeurant toutefois associés aux États-Unis.

microniser v. tr. <1> Réduire (un corps) en particules de l'ordre du micromètre. □ n. f. **micronisation**

micronucléus n. m. (de *micro-* et de *nucleus,* du latin *nux, nucis* → **noix**) biol. Le plus petit des deux types de noyaux des cellules de ciliés. - syn. **micronoyau.**

micro-ondable adj. Que l'on peut passer au four à micro-ondes. *Du plastique micro-ondable.* - var. RO **microondable.**

^{1}**micro-onde** n. f. Onde électromagnétique de très petite longueur. *Four à micro-ondes.* - var. RO **microonde.**

^{2}**micro-onde** n. m. ou **micro-ondes** n. m. invar. Four à micro-ondes. *Réchauffer un plat au micro-onde. Des micro-ondes.* - var. RO **microonde.**

▶ Les **micro-ondes** sont des ondes électromagnétiques de fréquences intermédiaires entre celles des infrarouges et celles des ondes radio. Développées pour les premiers radars, les sources de micro-ondes sont nombreuses. Elles peuvent être produites par le *magnétron* (sorte d'antenne de forme ronde et creuse) : c'est la source utilisée dans le four à micro-ondes, qui en constitue l'application la plus évidente. Mais il existe bien d'autres applications des micro-ondes, notamment dans le domaine des télécommunications : téléphones mobiles, Bluetooth, GPS, Wifi...
Apparu en 1955, bien qu'étudié depuis le début du siècle par Debye, le four à micro-ondes a longtemps eu mauvaise réputation. Faire chauffer très rapidement des aliments dans un appareil qui restait froid semblait suspect, ce qui conférait au four une image « anti-naturelle ». Le principe en est pourtant simple et inoffensif : l'augmentation de la température de l'aliment est due à l'action des micro-ondes sur les molécules d'eau. L'énergie qui leur est transmise les fait tourner sur elles-mêmes, ce qui provoque une augmentation de l'agitation moléculaire et donc de la température de l'aliment.
Bien qu'ils soient aujourd'hui omniprésents, une certaine méfiance subsiste à l'égard des appareils à micro-ondes. Pour les appareils de faible puissance, comme les téléphones mobiles, les risques et les dangers effectifs qui leur sont liés sont sujets à controverse ; on les accuse d'être à l'origine de diminution de l'attention, de migraines, voire de cancers. Si les données épidémiologiques sont peu convaincantes, des expérimentations sur des rats mettent pourtant en évidence des effets. Quoi qu'il en soit, comme pour toute technologie nouvelle, l'usage modéré de ces appareils est vraisemblablement préférable, tout comme l'implantation raisonnée des émetteurs de forte puissance,

tels que les antennes-relais pour la téléphonie mobile.
voir aussi **télécommunications, lumière**

micro-ordinateur n. m. Ordinateur de format réduit, surtout destiné à l'usage individuel. → **micro (2)** ; anglic. **²PC.** *Des micro-ordinateurs.* - var. RO **microordinateur.**

micro-organisme n. m. didact. Organisme microscopique. → **bactérie, microbe.** *Des micro-organismes.* - var. RO **microorganisme.**

micropaiement n. m. Paiement d'un faible montant, effectué au moyen d'un service télématique. *Micropaiement par SMS surtaxé.*

microparticule n. f. Particule dont la taille est de l'ordre de un micron.

microphage adj. (de *micro-* + *-phage*) didact. Qui se nourrit de très petites proies.

microphone n. m. (de *micro-* + *-phone*) Appareil électrique qui amplifie les ondes sonores. → **micro (1).** □ **adj. microphonique**

microphotographie n. f. Photographie à fort coefficient de réduction (par exemple pour obtenir des microfilms).

microphysique n. f. Partie de la physique qui étudie l'atome et les phénomènes atomiques.

micropilule n. f. Pilule contraceptive ne contenant que des progestatifs.

microplastique n. m. souvent plur. Très petit fragment, particule de plastique. *Présence de microplastiques dans le sang.*

microporeux, euse adj. techn. Qui présente des pores de très petites dimensions. *Du crépi microporeux.*

microprocesseur n. m. (anglais des États-Unis *microprocessor*, de *processor*, de *to process* « traiter ») Circuits intégrés de très petite dimension (→ **microcircuit**) formant une unité de traitement de l'information. → **puce.**

M

microprogrammation n. f. inform. Programmation de la séquence des phases nécessaires à l'exécution d'une instruction par un processeur.

micropyle n. m. (du grec *pylê* → ¹porte) bot. Orifice de l'ovule des plantes par lequel pénètre le tube pollinique lors de la fécondation.

microscope n. m. (latin mod. *microscopium*, du grec *mikros* → **micro-** et *skopein* → **-scope**) Instrument d'optique qui permet de voir des objets invisibles à l'œil nu par agrandissement grâce à un système de lentilles. – *Microscope électronique,* dans lequel un faisceau d'électrons remplace le rayon lumineux. – *Examiner qqch. au microscope,* avec la plus grande minutie.

microscopie n. f. didact. Technique de l'observation au microscope.

microscopique adj. **1.** didact. Qui se fait à l'aide du microscope. *Examen, opération microscopique.* **2.** Visible seulement au microscope. ■ Très petit, minuscule.

Midi (aiguille du)

L'aiguille du Midi, accessible par un téléférique, héberge des antennes de télécommunication.

microséisme [mikʀoseism] n. m. Séisme que l'on ne peut détecter qu'à l'enregistrement.

microsillon [mikʀosijɔ̃] n. m. Disque (33 et 45 tours/minute) au sillon en spirale très petit. → **vinyle.**

microsociologie n. f. didact. Étude des formes de la sociabilité au sein des petits groupes.

Microsoft Entreprise multinationale américaine d'informatique, implantée à Redmond (État de Washington) fondée par Bill Gates en 1975. Microsoft a mis au point le premier système d'exploitation grand public (MS-DOS, 1981) pour les micro-ordinateurs PC, puis a développé le système Windows (à partir de 1985), ainsi qu'un ensemble de logiciels bureautiques très largement répandus.

microsonde n. f. sc. Sonde permettant le dosage des éléments et l'analyse sur des quantités de matière très petites.

microsporange n. m. bot. Organe des plantes cryptogames où se forment les microspores.

microspore n. f. bot. Spore mâle de certaines plantes cryptogames.

microstructure n. f. didact. Structure faisant partie d'une structure plus vaste (opposé à *macrostructure*).

microtome n. m. (de *micro-* + *-tome*) sc. Instrument qui sert à couper dans des tissus animaux ou végétaux des lames très minces afin de les observer au microscope.

micro-trottoir n. m. Enquête effectuée dans la rue, sous forme d'interview auprès des passants, par la radio ou la télévision. *Des micros-trottoirs.*

microtubule n. m. (du latin *tubulus* → **tube**) biol. Composant du cytosquelette, formé par polymérisation de la tubuline.

microscope

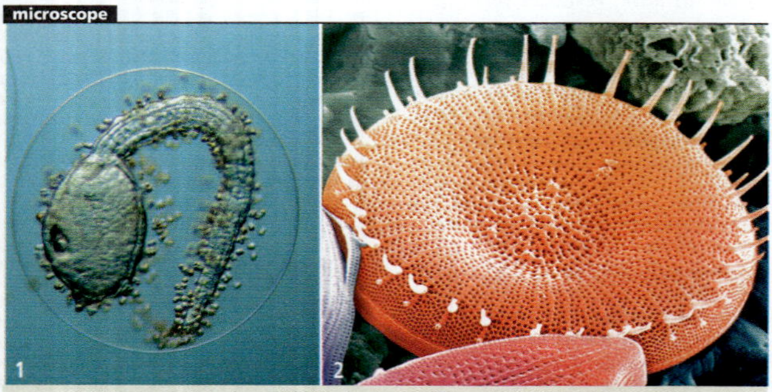

1. Microscope optique : larves d'ascidies dans leurs œufs, agrandies 100 fois. 2. Microscope électronique à balayage (MEB) : diatomée, algue microscopique planctonique, agrandie 3 000 fois.

miction n. f. (du bas latin, de *minctio, minctionis*, de *mingere* « uriner ») méd. Action d'uriner. *Miction douloureuse.*

Midam (Michel Ledent, dit) Dessinateur et scénariste de bande dessinée belge (né en 1963). Il est l'auteur de la série de bande dessinée humoristique *Kid Paddle.*

Midas Roi de Phrygie (VIIIᵉ s. av. J.-C.). D'après la légende, il change en or tout ce qu'il touche. Apollon l'affuble d'oreilles d'âne, Midas ayant déclaré Marsyas meilleur musicien dans un concours qui opposait ce dernier au dieu.

Middelburg Ville des Pays-Bas, chef-lieu de la Zélande, sur le canal de Walcheren. 49 200 habitants. Hôtel de ville (XVIᵉ s.). Abbaye des XIIᵉ, XIVᵉ et XVIᵉ s. Activités tertiaires (commerce, culture, loisirs).

Middlesbrough Ville du N.-E. de l'Angleterre, sur la mer du Nord. 174 700 habitants. Port ferry et terminal pétrolier. Sidérurgie, métallurgie et raffinage pétrolier.

Middleton (Thomas) Auteur dramatique anglais (v. 1570-1627). Réalisme et pureté de langage caractérisent ses comédies de mœurs *(Une chaste jeune fille à Cheapside),* ses drames *(Que les femmes se défient des femmes)* et ses tragédies *(L'Enfant échangé).*

Middle West ou **Midwest** n. m. Région du centre des États-Unis, au S. des Grands Lacs, entre les Appalaches à l'E. et les montagnes Rocheuses à l'O. Zone de culture et d'élevage à faible densité de population.

Midhat Pacha Homme d'État ottoman (1822-1884). Chef des Jeunes-Turcs, il devint grand vizir (1872), renversa le sultan Abdülaziz et promulgua une nouvelle Constitution. Il fut renversé en 1877.

¹midi n. m. (de l'ancien français *mi-* → **mi-** et *di*, qui vient du latin *dies* → **lundi, mardi, etc.**) **I. 1.** Milieu du jour entre le matin et l'après-midi. « *Midi, Roi des étés, épandu sur la plaine* » (Leconte de Lisle). *Le repas de midi. Tous les midis.* **2.** Heure du milieu du jour, douzième heure. *Il est midi. Midi un quart* (12 h 15) ; *midi dix* (minutes). *Après midi* (→ **après-midi**). – loc. *Chercher midi à quatorze heures,* chercher des difficultés où il n'y en a pas, compliquer les choses. **II. 1.** Sud, exposition d'un lieu au sud. *Coteau exposé au midi.* **2.** *Le Midi,* la région qui est au sud d'un pays, d'une zone géographique. – spécialt La région du sud de la France. *Avoir l'accent du Midi.* → **méridional.**

²midi n. m. invar. (mot anglais, sigle de *musical instrument digital interface*) mus., inform. Interface qui permet l'échange d'instructions entre instruments et logiciels de musique électronique. ■ **adj. invar.** *Des fichiers midi.*

Midi (aiguille du) Sommet des Alpes françaises septentrionales (Haute-Savoie), dans le massif du Mont-Blanc. 3 842 m.

Midi (canal du) appelé parfois **canal du Languedoc** Canal, construit au XVIIe s., qui relie, par la Garonne, l'Atlantique à la Méditerranée. 241 km.

Midi de Bigorre (pic du) Sommet des Pyrénées centrales françaises (Hautes-Pyrénées), en haut du col du Tourmalet. 2 876 m. Observatoire astronomique.

Midi d'Ossau (pic du) Sommet des Pyrénées centrales françaises (Pyrénées-Atlantiques), dominant la vallée d'Ossau. 2 884 m.

midinette **n. f.** **(de [1]*midi* et *dînette* ; proprt « qui fait une simple dînette à midi »)** Jeune fille de la ville, simple, sentimentale ou frivole (type social ancien). *Conversations de midinettes.*

Midi-Pyrénées Anc. région administrative de la France (jusqu'en 2015). → **Occitanie.**

Midlands **n. f. pl.** Région industrielle du centre de l'Angleterre. Villes principales : Birmingham, Coventry, Nottingham. Affectée par l'épuisement des réserves du sous-sol, la région s'est progressivement reconvertie vers les emplois tertiaires.

Midouze **n. f.** Rivière d'Aquitaine, affluent de l'Adour. 43 km.

midship [midʃip] **n. m.** **(de l'anglais *midshipman* « homme *[man]* du milieu *[mid]* du navire *[ship]* »)** mar. **1.** Aspirant dans la marine anglaise. **2.** Enseigne de vaisseau de deuxième classe, dans la marine française.

Midway (îles) Archipel américain du Pacifique, formé de deux atolls coralliens. Environ 40 habitants. Une victoire aéronavale des États-Unis sur le Japon y eut lieu en juin 1942.

Midway (bataille de) Victoire remportée en juin 1942 par les forces aéronavales américaines sur les Japonais au large des îles Midway (Pacifique nord).

Midwest voir **Middle West**

[1]mie (→ [2]**mie**) vieux **I. n. f.** Miette. **II.** Particule négative. *Ne... mie.* → [1]**goutte,** [2]**pas.** *« N'écoutez mie »* (La Fontaine).

[2]mie **n. f.** **(vient du latin *mica* « parcelle » → mica, miche, mitonner ; p.-ê. famille de *minor* → [1]mineur et du grec *mikros* → micro-)** Partie molle à l'intérieur du pain. *La croûte et la mie. Pain de mie* (de farine de gruau).

[3]mie **n. f.** **(de *amie* sous la forme *m'amie* « mon amie » devenu *ma mie*)** vieux Amie, femme aimée. *« Pour gagner le cœur de sa mie »* (Daudet).

miel **n. m.** **(vient du latin *mel* « miel » et « douceur, charme », famille du grec *meli* → mélisse, hydromel, oxymel)** Substance sirupeuse et sucrée, de couleur ambrée, élaborée par les abeilles avec le nectar des fleurs. – loc. *Être tout sucre tout miel,* mielleux. *Lune* de miel.* – *Faire son miel de qqch.,* en faire son profit.

miellat **n. m.** Excrétion sucrée d'insectes parasites vivant sur certaines plantes, recueillie par les abeilles. *Du miel de miellat.*

miellé, ée **adj.** littér. Qui contient du miel, est sucré au miel. ■ Qui rappelle le miel. *Une boisson miellée.*

miellée **n. f.** **1.** Nectar butiné que rapportent les abeilles. **2.** Exsudation sucrée qui apparaît en été sur les bourgeons et les feuilles de certains arbres.

mielleux, euse **adj.** **(de *miel*)** péj. Qui a une douceur affectée. → **doucereux.** *« Des flatteries empressées et mielleuses »* (Stendhal).
□ **adv. mielleusement**

mien, mienne **(vient du latin *meum,* de *meus* → mon)** **I. adj. poss. de la 1re pers. du sing.** → **je, moi** À moi. **1.** littér. épithète *Un mien cousin.* **2.** attribut *Ses idées que j'ai faites miennes.* **II. pron. poss.** *Le mien, la mienne (les miens, les miennes). Ce livre n'est pas le mien. Votre fils et le mien.* **III. n. m. 1.** loc. *J'y ai mis du mien,* j'ai fait un effort (→ **sien**). **2.** *Les miens :* mes parents, mes amis, mes partisans.

Miereanu (Costin) Compositeur français d'origine roumaine (né en 1943). Il a écrit notamment *Rosenzeit* pour orchestre et la fantaisie lyrique *La Porte du paradis.*

Mieres Ville d'Espagne (Asturies). 42 425 habitants. Mines. Sidérurgie.

Mierosławski (Ludwik) Général polonais (1814-1878). Il organisa le soulèvement de Poznań en 1848, puis l'insurrection polonaise de 1863.

Miescher (Johann Friedrich) Biochimiste suisse (1844-1895). Il découvrit (1869), dans le noyau cellulaire, l'acide nucléique qui sera reconnu plus tard comme étant de l'ADN ou de l'ARN.

Mies van der Rohe (Ludwig) Architecte allemand naturalisé américain (1886-1969). Considéré comme le maître de l'architecture en fer et en verre, il a réalisé des gratte-ciels à ossature d'acier et paroi vitrée (New York), le pavillon allemand de l'Exposition de Barcelone de 1929, le Crown Hall à Chicago.

Mies van der Rohe, le pavillon allemand pour l'Exposition universelle de Barcelone de 1929.

Mieszko Ier ou **Mieczysław** Prince de Pologne (v. 960-992). Il introduisit, par sa conversion (966), le catholicisme en Pologne.

miette **n. f.** **(de *mie*)** **1.** Petit morceau (de pain, de gâteau...) qui tombe quand on le coupe. *Mettre du pain en miettes.* → **émietter. 2.** *Les miettes* (d'une fortune, d'un partage), le peu qu'il en reste. → **bribe. 3.** Petit fragment. *Mettre, réduire un verre en miettes.* → **morceau, pièce. 4.** loc. fam. *Pas une miette :* rien du tout. *Ne pas perdre une miette d'un spectacle.*

mieux **adv.** **(latin *melius,* de *melior* → meilleur)** Comparatif de *bien.* **I. 1.** D'une manière plus accomplie, meilleure (s'oppose à *plus mal*). *Cette lampe éclaire mieux.* – ***Aller mieux*** *:* être en meilleure santé ; dans un état plus prospère. – ***Faire mieux de*** (au cond.) : avoir intérêt, avantage à. *Vous feriez mieux de vous taire.* – *Aimer mieux :* préférer. – (aux enchères) *Qui dit mieux ? :* qui propose davantage ? **2.** ***Mieux que...*** *Il travaille mieux que son frère. Mieux que jamais.* ■ Plus. *« Elle était mieux qu'indolente ; elle était indifférente »* (Barbey d'Aurevilly). **3.** (avec *plus, moins*) *Moins elle mange, mieux elle se porte.* **4.** loc. adv. *On ne peut mieux,* parfaitement. – *De mieux en mieux,* en progressant dans la qualité. – *À qui mieux mieux,* à qui fera mieux (ou plus) que l'autre. **II.** ***Le mieux*** **1.** De la meilleure façon. *Le mieux qu'il peut. Le mieux du monde. La solution la mieux adaptée.* **2.** loc. ***Au mieux*** *:* dans le meilleur des cas. – *Être au mieux (avec qqn),* en excellents termes. *Faites au mieux.* **3.** ***Pour le mieux*** *:* le mieux possible, très bien. *Tout va pour le mieux.* **III. adj.** attribut **1.** (personnes) En meilleure santé. *Se sentir mieux.* – Plus beau ; plus intéressant. *Elle est (beaucoup, cent fois) mieux que son frère.* – Plus à l'aise. *Mettez-vous là, vous serez mieux.* **2.** (choses) Préférable, d'une plus grande qualité, d'un plus grand intérêt (s'oppose à *pire*). *Nous ne nous voyons plus : c'est mieux ainsi.* ■ ***De mieux*** *:* de meilleur, qui soit mieux. *Si vous n'avez rien de mieux à faire.* **3.** loc. ***Qui mieux est*** *:* ce qui est mieux encore (s'oppose à *pis*). **IV. nominal 1.** (sans article) Quelque chose de mieux, une chose meilleure. *En attendant mieux. Il y a* (fam. *y a*) *mieux, mais c'est plus cher. Faute de mieux. Il a changé en mieux,* à son avantage. **2. n. m. invar.** ***Le mieux*** *:* ce qui est meilleur. prov. *Le mieux est l'ennemi du bien.* – *Un mieux. Le médecin a constaté un léger mieux,* une amélioration. – *De mon (ton, son) mieux,* aussi bien qu'il est en mon (ton, son) pouvoir. *Faire de son mieux, du mieux qu'on peut.*

mieux-disant **n. m.** Offre supérieure. *Le mieux-disant culturel. Des mieux-disants.*

mieux-être [mjøzɛtʀ] **n. m. invar.** État plus heureux, amélioration du bien-être*.

mièvre **adj.** **(ancien français *esmievre* ; p.-ê. de l'ancien scandinave *snaefr* « vif »)** D'une grâce enfantine et fade. *Poésie mièvre.*

mièvrerie **n. f.** Grâce puérile, fade et recherchée.

Mifune Toshirō Acteur de cinéma japonais (1920-1997). Il joua notamment dans les films de Kurosawa *(Rashōmon ; Les Sept Samouraïs.).*

Toshirō Mifune dans *Les Sept Samouraïs* d'Akira Kurosawa (1954).

M

Migennes Commune de l'Yonne, au N. d'Auxerre. 7 274 habitants. Centre ferroviaire de Laroche-Migennes.

Migjeni (Millosh Gjergj Nikolla, dit) Écrivain albanais (1911-1938). Il chanta, en dialecte guègue, la combativité de son peuple *(Les Vers libres).* Il écrivit aussi de courts récits *(Nouvelles de la ville du Nord).*

migmatite **n. f.** **(du suédois, du grec *migma* « mélange »)** minér. Roche métamorphique d'aspect mélangé, formée d'une base sombre et d'un apport magmatique clair (feldspaths, quartz). → **gneiss.**

mignard, arde **adj.** **(de *mignon*)** vieux Gentil, mignon. – Affecté.

Mignard (Pierre) Peintre et décorateur français (1612-1695). Il réalisa de nombreux portraits d'aristocrates (Mme de La Vallière, Mme de Sévigné, Colbert, Bossuet) et la voûte du Val-de-Grâce, à Paris.

mignardise **n. f.** **1.** Délicatesse, grâce affectée. *Des mignardises.* → **chichi, manière, minauderie. 2.** Petit œillet à fleurs odorantes. – appos. *Des œillets mignardise.* **3.** Petite friandise servie à la fin du repas. *Café et mignardises.*

Migne (abbé Jacques Paul) Ecclésiastique et éditeur français (1800-1875). Il publia une *Bibliothèque universelle du clergé,* des dictionnaires et encyclopédies *(Encyclopédie théologique),* et une monumentale édition des patrologies latine et grecque.

Mignet (Auguste) Historien français (1796-1884). Rédacteur du *Courrier français,* collaborateur avec Thiers au *National,* il est l'auteur d'une *Histoire de la Révolution française.*

mignon, onne **(d'un radical expressif *mign-,* p.-ê. d'origine germanique ou celtique)** **I. adj. 1.** (personnes jeunes, objets sans grande valeur) Qui a de la grâce et de la délicatesse. → **charmant, gracieux, joli. 2.** Aimable, gentil. *Sois mignonne, aide-moi à mettre le couvert.* **3.** ***Filet mignon*** *:* morceau coupé dans la pointe du filet. **II. n. 1.** Personne mignonne. **– appellatif** « *Mignonne, allons voir si la rose* [...] » (Ronsard). **2. n. m. hist.** *Les mignons d'Henri III*, les favoris homosexuels de ce roi.

mignonnet, ette **adj.** Petit et mignon.

mignonnette **n. f. 1.** Œillet mignardise*. Saxifrage ombreuse. Chicorée sauvage. **2.** Poivre grossièrement concassé. **3.** Fin gravier. **4.** Flacon miniature, échantillon (d'alcool, d'apéritif). *Une mignonnette de cognac.*

mignoter **v. tr. < 1 > (ancien français *mignot* → mignon) vieilli** Traiter délicatement, gentiment. **→ cajoler, choyer, dorloter.**

Migot (Georges) Compositeur et musicologue français (1891-1976). Il est l'auteur de symphonies *(Les Agrestides)*, de pièces pour piano *(Petit Livre d'Anne-Marie)* et d'oratorios christiques.

migraine **n. f. (vient du bas latin *hemicrania*, mot grec, de *hêmi* → hémi- et *kranion* → ¹crâne) 1.** Douleur intense qui affecte généralement un seul côté de la tête et qui survient sous forme de crises. **→ céphalée. 2. par ext.** Mal de tête. *J'ai une légère migraine.* □ **adj. et n. migraineux, euse**

migrant, ante **1. adj.** Qui participe à une migration. **2. n.** Personne qui s'expatrie pour des raisons économiques. **→ émigrant, immigrant.** ▪ Personne qui fuit son pays pour échapper à un conflit armé. **→ réfugié.**

migrateur, trice **adj. et n. m. (animaux)** Qui émigre. *Passage d'oiseaux migrateurs.* **– n. m.** *Les migrateurs.*

migration **n. f. (latin *migratio*, de *migrare* → migrer) 1.** Déplacement de populations qui passent d'un pays dans un autre pour s'y établir. **→ émigration, immigration.** *Migrations et invasions du Moyen Âge.* **–** Déplacement massif de personnes d'un endroit à un autre. *Les grandes migrations des vacances.* **2.** Déplacement, généralement saisonnier, qu'accomplissent certaines espèces animales (oiseaux, poissons...). **3. fig.** *La migration des capitaux.*

▶ L'image d'une humanité immobile, aux peuples enracinés dans un territoire, et où toute **migration** (1) serait exclue, est une vue de l'esprit, car la population mondiale n'a jamais cessé de se déplacer.
La génétique suggère que l'humanité moderne est sortie d'Afrique il y a entre cinquante ou cent mille ans, à l'assaut de continents encore vierges. L'Asie continentale et l'Europe ont été peuplées par vagues successives. Les populations du Caucase seraient issues des toutes premières de ces vagues en Europe ; les dernières sont les fameuses « invasions barbares » dans les derniers siècles de l'Empire romain. Le peuplement de l'Asie du Sud-Est et d'une bonne partie de l'Océanie est parti de Taiwan il y a une dizaine de milliers d'années. Les Amériques ont été peuplées depuis l'Asie un peu plus tôt. Bien plus tard (après 1492), l'Amérique connaîtra une nouvelle migration de colons européens et d'esclaves africains.
Même si elle s'accompagne d'obstacles administratifs et de contrôle aux frontières, la formation des États modernes n'a pas empêché les flux migratoires d'exploser à partir du XIXe siècle. L'espoir d'une vie meilleure, d'une plus grande tolérance religieuse ou politique, les facilités nouvelles des transports vont nourrir une importante migration européenne (du Sud et de l'Est) vers l'Allemagne, la France, et surtout les Amériques. La décolonisation puis la montée des inégalités économiques et les guerres créent aujourd'hui de nouveaux flux migratoires des pays les plus pauvres ou les plus instables vers les pays développés.
voir aussi **démographie, exclusion, étranger**

migratoire **adj.** Relatif aux migrations. *Les flux migratoires.*

migrer **v. intr. < 1 > (latin *migrare* → migration)** Changer de région. **→ émigrer.**

M

Mikhalkov (Nikita)

Nikita Mikhalkov sur le tournage d'*Urga*, Lion d'or à la Mostra de Venise (1991).

Mihailović (Draža) Général yougoslave (1893-1946). Il constitua des forces de résistance serbes *(tchetniks)* qui luttèrent à la fois contre les Allemands et contre les partisans de Tito. Condamné pour trahison, il fut fusillé.

Mihalovici (Marcel) Compositeur français d'origine roumaine (1898-1985). Élève de V. d'Indy, il s'inspira du folklore roumain dans une œuvre ouverte au chromatisme, à l'atonalité et au dodécaphonisme. On lui doit des opéras, des œuvres pour orchestre, des œuvres pour piano, de la musique de chambre.

mihrab **n. m. (mot arabe)** Niche pratiquée dans la muraille d'une mosquée et orientée vers La Mecque.

Mihura (Miguel) Journaliste, dramaturge et scénariste espagnol (1905-1977). Fondateur du journal satirique *La Codorniz*, il écrivit des farces et des comédies influencées par la comédie italienne *(Carlota)*.

à mi-jambe **loc. adv.** Au niveau du milieu de la jambe. *Avoir de l'eau jusqu'à mi-jambe* (**aussi** *à mi-jambes*).

mijaurée **n. f. (mot régional, de *migeoler*, var. de *mijoter*)** Femme, jeune fille aux manières affectées et ridicules. **→ pimbêche.** *Elle fait sa mijaurée.*

mijoter **v. tr. < 1 > (mot régional, d'abord « faire mûrir », du germanique *musganda*) I. 1.** Faire cuire ou bouillir lentement. *Mijoter un ragoût.* ▪ **par ext.** Préparer un mets avec soin. **→ mitonner.** *Elle nous mijote de bons petits plats.* **2. fam.** Mûrir, préparer avec réflexion et discrétion (une affaire, un mauvais coup, une plaisanterie). **→ fricoter.** *Qu'est-ce qu'elle mijote ?* **II. intrans.** Cuire à petit feu. *Le ragoût mijote.*

mikado **n. m. (mot japonais « souverain », de *mi-*, préfixe honorifique et *kado* « porte ») 1.** Empereur du Japon. **2.** Jeu d'adresse d'inspiration japonaise, voisin du jonchet.

Mikhaïlovski (Nikolaï Konstantinovitch) Sociologue russe (1842-1904). Hostile au capitalisme, il imagina une société socialiste sans prolétariat, fondée sur la communauté paysanne. *Qu'est-ce que le progrès ? ; Lutte pour l'individualité.*

Mikhalkov (Nikita Sergueïevitch) Réalisateur russe (né en 1945). Figure importante du cinéma soviétique des années 1980 *(Quelques jours de la vie d'Oblomov ; Les Yeux noirs)*, il acquit une renommée internationale avec *Urga, Soleil trompeur* et *Le Barbier de Sibérie.*

Mikszáth (Kálmán) Écrivain hongrois (1847-1910). Il écrivit des nouvelles *(Frères slovaques ; Les Bons Palotz)* et des romans *(La Ville noire)*.

¹mil voir **¹mille**

²mil **n. m. (vient du latin *milium*) 1. vieux** Millet. **2. mod.** Céréale à petits grains (sorgo, millet) cultivée en Afrique. *Bière de mil.*

Mila Ville d'Algérie, chef-lieu de wilaya, dans la vallée de l'oued el-Kebir. 63 250 habitants. Huileries. Céréaliculture.

milan **n. m. (de l'ancien provençal, du latin, de *milvus*)** Rapace diurne, à plumage brun.

Milan en italien **Milano** Ville du N. de l'Italie (Lombardie). 1 256 200 habitants. Capitale économique de l'Italie. Nombreux édifices anciens : cathédrale du gothique flamboyant *(il Duomo)* ; basilique du XIe s. Musées. Bibliothèque Ambrosienne. Théâtre de la Scala. Centre industriel (sidérurgie, automobile [Alfa Romeo], chimie, textile) et financier. Fondée par les Gaulois vers –400, Milan fut conquise par les Romains en –222. Capitale de l'Italie, centre religieux, elle fut ruinée par Attila (452) puis par les Ostrogoths (539), et passa sous la domination lombarde (569-774). Devenue indépendante au XIIe s., la ville prit la tête de la Ligue lombarde contre Frédéric Barberousse. Dominée par les Visconti puis par les Sforza, elle fut convoitée, avec le Milanais, par Louis XII puis par François Ier. Occupée par les Espagnols à partir du XVIe s., Milan devint capitale du royaume d'Italie en 1805 et s'intégra dans l'unité italienne en 1861.

milanais, aise **adj. 1.** De Milan. ▪ **n.** *Les Milanais.* **2. loc. adv. et adj.** *(À la) milanaise* : se dit de plats panés à la manière lombarde (œufs, mie de pain, parmesan). *Des escalopes milanaises.*

Milanais **n. m.** Région du N. de l'Italie.

Milan Obrénovitch ou **Obrenović** (1854-1901). Prince (1868-1882) puis roi (1882-1889) de Serbie. Il fit reconnaître l'indépendance de la Serbie au congrès de Berlin (1878).

Milan

Le Dôme de Milan, de style gothique, classique et néogothique (XIVe-XIXe s.), l'une des cathédrales les plus vastes et les plus hautes du monde.

Milarepa ou **Mi-la-ras-pa** Ascète tibétain (XIe s.). Disciple de Mar-pa, il aurait fondé la secte bouddhiste qui donna naissance au lamaïsme.

Milazzo Ville d'Italie, en Sicile, sur la mer Tyrrhénienne. 32 100 habitants. Port de pêche. Huileries. Raffineries de pétrole. Station balnéaire. C'est l'antique *Myles*, théâtre de la victoire des Romains sur les Carthaginois en –260.

mildiou n. m. (anglais *mildew*, famille de *dew* « rosée, bruine ») Maladie causée par des champignons minuscules, et qui attaque diverses plantes. – spécialt Maladie de la vigne (rouille des feuilles). □ **mildiousé, ée** adj. *Vigne mildiousée.*

mile n. m. (mot anglais → [2]mille) Mesure anglo-saxonne de longueur (1 609 m). → [2]**mille.** *Dix miles.*

Milet Ancienne ville d'Asie Mineure (Ionie). Cité commerciale importante, centre de l'école philosophique ionienne au –VIe s. (Thalès de Milet) et foyer littéraire actif, elle fut ravagée par les Perses pendant les guerres médiques (–Ve s.), puis dévastée par Alexandre le Grand en –334.

Milford Haven Ville du S.-O. du pays de Galles, sur la baie du même nom. 15 000 habitants. Port pétrolier. Terminal méthanier.

Milhaud (Darius) Compositeur français (1892-1974). Désireux de renouveler le langage harmonique, il s'inspira de diverses formes musicales (jazz, folklore sud-américain, métrique grecque) pour composer une œuvre abondante et très personnelle, servie par une écriture très expressive. *Le Bœuf sur le toit ; La Création du monde.*

miliaire adj. (latin *miliarius*) méd. Qui présente l'aspect d'un grain de mil. *Éruption miliaire. Fièvre miliaire.*

Miliana Ville d'Algérie, sur les pentes du Zaccar. 43 370 habitants. Remparts médiévaux. Vignobles. Vergers.

milice n. f. (latin *militia*, de *miles* « soldat » → militaire) **1.** vieux Armée. **2.** Troupe de police supplétive qui remplace ou renforce une armée régulière. – hist. *Milices communales,* au Moyen Âge. – spécialt (italien *milicia*) *La Milice* : corps de volontaires français qui soutint les occupants allemands contre la Résistance. **3.** Formation paramilitaire ou policière non officielle. *Une milice privée. Milices populaires.* **4.** (Belgique) Service militaire.

Milice française Organisation paramilitaire fondée en janvier 1943 par le gouvernement de Vichy à l'instigation de J. Darnand. Elle participa activement à la politique de collaboration avec l'Allemagne, menant une lutte acharnée contre la Résistance.

milicien, ienne n. Membre d'une milice (et spécialt de la Milice).

milieu n. m. (de *mi-* et *lieu*) **I.** Ce qui est à mi-distance. **1.** Partie à égale distance des extrémités. *Scier une planche par le milieu, en son milieu. Le milieu d'une pièce.* → **centre.** – anciennt *Le milieu du monde.* **2.** Position centrale. *Le doigt du milieu.* **3.** Période également éloignée du commencement et de la fin. *Le milieu du jour, de la nuit.* → [1]**midi, minuit. 4.** *Au milieu* : à mi-distance des extrémités (dans l'espace et le temps). – *Au milieu de. Au milieu de la route. Au milieu du repas. Au milieu de nulle part* : dans un endroit perdu. – *En plein milieu, au beau milieu* : exactement au milieu. – fig. *Au milieu de...,* parmi. *Au milieu des siens.* **5.** (football) *Milieu de terrain* : joueur intermédiaire entre les défenseurs et les attaquants. **II.** Position moyenne. **1.** Ce qui est éloigné des extrêmes, des excès ; position, état intermédiaire. *Il y a un milieu, il n'y a pas de milieu entre...* **2.** *Le juste milieu* : la moyenne, la position non extrême. spécialt Gouvernement modéré de Louis-Philippe (*juste-milieu* n. m. et adj.). **III.** (d'abord en sciences : « ce qui transmet une action ») Ce qui entoure. **1.** phys. « Espace matériel dans lequel un corps est placé » (d'Alembert). **2.** (d'abord *milieu ambiant*) Ensemble des objets matériels, des circonstances physiques qui entourent et influencent un organisme vivant. → **environnement.** *Adaptation au milieu.* **3.** Entourage matériel et moral (d'une personne, d'un groupe). → **ambiance, atmosphère.** *Le milieu ambiant.* ■ Groupe social. *Un milieu modeste, défavorisé.* – au plur. *Les milieux scientifiques, littéraires.* → **sphère. 4.** *Le milieu,* groupe social formé en majorité d'individus vivant de trafics illicites, de la prostitution, du vol... → **pègre.** *L'argot du milieu.*

Milieu (empire du) Ancien nom désignant la Chine.

Milioukov (Pavel Nikolaïevitch) Historien et homme politique russe (1859-1943). Chef du Parti constitutionnel-démocrate (1907-1917), il fut ministre des Affaires étrangères dans le gouvernement provisoire (1917).

militaire (latin *militaris*, de *miles, militis* « soldat » → milice) **I.** adj. **1.** Relatif à la force armée, à son organisation, à ses activités. → **guerrier.** *École militaire. Service militaire. Opération militaire.* **2.** Fondé sur la force armée. *Gouvernement, dictature militaire. Coup d'État militaire.* **II.** n. Personne qui fait partie des forces armées. → **soldat ;** [1]**officier, sous-officier.**

militairement adv. **1.** D'une manière militaire. **2.** Par l'emploi de la force armée. *Occuper militairement un territoire.*

militance n. f. (de *militant*) Activité militante. → **militantisme.**

militant, ante adj. et n. **1.** relig. chrét. *L'Église militante* (opposé à *triomphante*), qui combat par la foi. **2.** Qui combat activement dans les luttes idéologiques. → [1]**actif.** *Doctrine, politique militante.* **3.** n. *Militant communiste, chrétien.* – *Militante politique.*

militantisme n. m. Attitude de ceux, de celles qui militent activement au sein d'une organisation, d'un parti.

militariser v. tr. < 1 > Organiser d'une façon militaire ; pourvoir d'une force armée (s'oppose à *démilitariser*). – p. p. *Zone militarisée.* □ n. f. **militarisation**

militarisme n. m. **1.** Exaltation des valeurs militaires. **2.** péj. Prépondérance de l'armée, de l'élément militaire (s'oppose à *pacifisme*). → **bellicisme. 3.** Système politique qui s'appuie sur l'armée.

militariste adj. et n. Favorable au militarisme. – adj. Empreint de militarisme. *Un nationalisme militariste.*

militaro- Élément tiré de *militaire* (ex. *militaro-industriel*).

militer v. intr. < 1 > (latin *militare* « être soldat », de *miles* → milice, militaire) **1.** (choses) *Militer pour, contre...* : constituer une raison, un argument (pour ou contre). **2.** (personnes) Agir, lutter sans violence pour ou contre (une cause). ■ Être un militant, une militante.

milkshake [milkʃɛk] n. m. (anglais des États-Unis *milk shake*, de *milk* « lait » et *to shake* « secouer ») anglic. Boisson sucrée aromatisée, à base de lait et de crème glacée. *Des milkshakes à la fraise.* → aussi **smoothie.** - var. **milk-shake.** *Des milk-shakes.*

Mill (James) Historien, philosophe et économiste britannique (1773-1836). Il fut un disciple de Bentham en morale et en économie politique, et de Hume en philosophie.

Mill (John Stuart) Philosophe, logicien et économiste britannique (1806-1873). Fils de James Mill. Théoricien de l'utilitarisme en morale et en économie, il élabora une conception strictement empiriste de la connaissance ainsi qu'une doctrine libérale en politique, insistant notamment sur la nécessaire libération de la femme. Sa *Logique* est l'un des fondements de la sémantique moderne. *L'Utilitarisme ; De l'assujettissement des femmes ; Principes d'économie politique.*

millage [milaʒ] n. m. (de [2]*mille*, d'après *kilométrage*, et l'anglais *mileage*) (Canada) Mesure en milles* ; nombre de milles parcourus (par une voiture).

Millais (sir John Everett) Peintre britannique (1829-1896). Il fut, avec Rossetti, l'un des fondateurs de l'école préraphaélite. *Ophélie.*

Millardet (Alexis) Botaniste français (1838-1902). Pour lutter contre le phylloxéra, il réalisa l'hybridation des cépages français et américains et mit au point le traitement cuprique du mildiou.

millas [mijɑs] n. m. (de *mil*, « céréale ») régional **1.** Bouillie de maïs. **2.** Gâteau de farine de blé ou de maïs. - var. **millasse, millasse** n. f.

Millau Chef-lieu d'arrondissement de l'Aveyron, au confluent du Tarn et de la Dourbie. 21 482 habitants. Travail du cuir. Le *viaduc de Millau*, conçu par N. Foster et reliant le Larzac au Causse rouge, est l'un des plus hauts ponts suspendus à haubans du monde (hauteur : 270 m ; longueur : 2 460 m).

Millay (Edna Saint Vincent) Poète américaine (1892-1950). Elle incarna le féminisme romantique et révolté des années 1920. *The Harp Weaver ; Fatal Interview.*

[1]**mille** [mil] (vient du latin *mille* « un millier ») **I.** adj. invar. **1.** Numéral cardinal (1 000) ; dix fois cent. *Mille deux cents. Cinq*

Millau

Millau, le viaduc, achevé en décembre 2004.

M

mille. **2.** Un grand nombre, une grande quantité (➔ **trente-six, [1]cent**). « *Mille et mille baisers donne-moi je te prie* » (Ronsard). – loc. *Je vous le donne en mille* : vous n'avez pas une chance sur mille de deviner. **3. adj. numéral ordinal** ➔ **millième.** *Page mille.* – (dans une date ; parfois écrit *mil*) *L'an deux mille.* **II. n. m. invar. 1.** Le nombre mille. – *Pour mille* (précédé d'un numéral) : proportion par rapport à mille. *Natalité de 15 pour mille (15 ‰).* **2.** Partie centrale d'une cible, marquée du chiffre 1 000. *Mettre dans le mille,* dans le but. **3.** Millier. *Objets vendus à tant le mille.* – fam. *Des mille et des cents* : beaucoup d'argent.

[2]mille [mil] **n. m.** (du latin, de *mille passus* « mille pas » ➔ [1]mille) **1.** Nom d'anciennes mesures de longueur. *Mille romain* (1 481,5 m). **2.** *Mille anglais.* ➔ **mile.** – *Mille marin* (1 852 m).

Mille (les) Troupes de Garibaldi, appelées aussi *Chemises rouges,* formées de volontaires internationaux, qui conquirent Naples et la Sicile en 1860.

Mille et Une Nuits (Les) Recueil de contes arabes ayant pour héroïne Schéhérazade.

Les Mille et Une Nuits, l'un des plus illustres ensembles de contes de la littérature orientale, s'organise autour d'une « histoire cadre », celle de Schéhérazade. Afin de ne pas être exécutée à son réveil par son époux, le roi Châhriyâr, Schéhérazade lui raconte chaque nuit un conte aussi captivant qu'étonnant, en prenant soin d'en réserver la fin pour la nuit suivante. Pendant mille et une nuits, elle va ainsi imaginer des récits pleins de merveilleux et de fantastique, des romans d'aventures, des histoires d'amour, des anecdotes, des fables animalières. Sa première histoire a pour thème un marchand menacé de mort pour avoir tué le fils d'un génie avec un noyau de datte. Plus célèbres sont les voyages de Sindbad le Marin, les aventures d'Aladin ou celles d'Ali Baba et des quarante voleurs. Mentionnée pour la première fois au xe s., cette œuvre collective, composée sur plusieurs siècles, a au moins trois origines : un fond indo-persan, marqué par une subtile influence grecque ; une partie qui a pour théâtre la ville fastueuse de Bagdad aux VIIIe-IXe s. et met en scène des personnages historiques tel le calife Haroun al-Rachid ; enfin, un apport égyptien, datant de l'époque fatimide, qui mêle pittoresque et satire sociale. C'est la traduction française (1704-1717) d'Antoine Galland qui révéla *Les Mille et Une Nuits* à l'Occident.

voir aussi **conte, Orient**

[1]millefeuille n. f. (latin *millefolium*) Achillée à longues feuilles étroites très découpées. *Des millefeuilles.* - var. **mille-feuille.**

[2]millefeuille n. m. Gâteau alternant pâte feuilletée et crème pâtissière. *Des millefeuilles.* – par ext. *Millefeuille de saumon, de courgettes.* ■ fig. Entassement, superposition. – péj. (France) *Millefeuille territorial* : accumulation des niveaux administratifs.

millefiori [mi(l)lefjɔʀi] **n. m.** (mot italien, proprt « mille fleurs ») Objet décoratif en verre mosaïqué. *Des millefioris* ou *des millefiori* (plur. italien). - var. RO **milléfiori.**

millefleur n. f. ou **mille-fleurs n. f. invar.** Tapisserie à décor de verdure semé de fleurettes (à la mode au xve siècle).

millénaire (latin *millenarius,* de *millenus* « millier », de *mille* ➔ [1]mille) **1. adj.** Qui a mille ans (ou plus). *Une tradition plusieurs fois millénaire.* **2. n. m.** Période de mille ans. – Millième anniversaire.

millénarisme n. m. (latin *millenarius*) didact. Croyance en un millénium*. – par ext. *Millénarisme politique, syndical.* □ **adj. et n. millénariste**

millénial, ale, aux n. et adj. (anglais *millennial,* de *millennial generation* « génération du millénaire ») anglic. sociol. Personne devenue adulte aux environs de l'an 2000. – **adj.** *La génération milléniale* (cf. *La génération* Y).* - var. **millennial, als.**

millénium n. m. (du latin mod., de *mille* « mille » et *annum* « année ») didact. Règne messianique de mille ans attendu par les millénaristes. – Nouvelle ère, commençant par une mutation.

millepatte n. m. Myriapode du groupe des scolopendres (vingt et un segments, quarante-deux pattes). *Des millepattes.* - var. **mille-pattes** (invar.).

millepertuis n. m. (ancien français *pertuis* « trou, passage ») Plante dont la feuille est criblée de petits pores. - var. **mille-pertuis** (invar.).

Millepied (Benjamin) Danseur étoile français (né en 1977). Il mène une brillante carrière aux États-Unis (étoile du New York City Ballet, chorégraphe du film *Black Swan*) où il a fondé la compagnie L. A. Dance Project. Il a été directeur de la danse à l'Opéra de Paris de 2014 à 2016.

Benjamin Millepied en 2013.

millépore n. m. (de *mille-pores*) zool. Polypier calcaire des mers chaudes.

Miller (Johann Martin) Poète et romancier allemand (1750-1814). Son roman *Siegwart* est, par sa sentimentalité, l'une des œuvres représentatives du Sturm und Drang.

Miller (Henry) Écrivain américain (1891-1980). Il est l'auteur d'une œuvre autobiographique d'une ampleur épique, marquée par l'érotisme. *Tropique du Cancer ; Tropique du Capricorne ; La Crucifixion en rose* (trilogie contenant *Sexus, Plexus* et *Nexus*).

Miller (Glenn) Musicien de jazz américain (1904-1944). Chef d'orchestre et tromboniste, il marqua profondément la période « swing ».

Miller (Arthur) Auteur dramatique américain (1915-2005). Ses personnages, souvent confrontés à une expérience traumatisante, voient leur identité remise en question dans un contexte social oppressant. *Les Sorcières de Salem ; Mort d'un commis voyageur ; Les Désaxés* (dont il écrivit également le scénario tourné par John Huston et interprété par Marilyn Monroe avec laquelle il était marié).

Miller (Merton) Économiste américain (1923-2000). On lui doit des travaux sur la finance des entreprises. Prix Nobel 1990.

Miller (Claude) Réalisateur français (1942-2012). Il a tourné des films empreints d'une grande finesse psychologique. *Mortelle Randonnée ; L'Effrontée ; Garde à vue ; Un secret.*

milleraie n. m. Tissu à rayures ou à côtes très fines. *Des milleraies.* – appos. *Des velours milleraies.* - var. **mille-raies** (invar.).

Millerand (Alexandre) Homme politique français (1859-1943). Député radical puis socialiste, il prit ensuite la tête du « Bloc national » conservateur au lendemain de la Première Guerre mondiale (1919). Président du Conseil (1920) puis président de la République (1920-1924), il démissionna après la victoire du Cartel des gauches.

millerandage n. m. (latin *millium* « millet » et *granum* « grain ») agric. Avortement partiel ou développement incomplet d'une partie des grains du raisin. □ **millerandé, ée adj.** *Grappes millerandées.*

millésime n. m. (latin *millesimus* ➔ millième) **1.** Chiffre exprimant le nombre mille, dans l'énoncé d'une date. **2.** Les chiffres qui indiquent la date d'une monnaie, d'un timbre-poste, d'un vin. *Les grands millésimes.* ➔ **[1]cru.**

millésimé, ée adj. Qui porte un millésime. *Champagne millésimé,* sans mélange, d'une année remarquable.

millet n. m. (de *mil*) Nom courant de plusieurs céréales (maïs, sarrasin, etc.). ➔ **[2]mil.**

Millet (Jean-François) Peintre, pastelliste, dessinateur et graveur français (1814-1875). Ses tableaux, au réalisme puissant et dans lesquels il s'attacha surtout à peindre les occupations familières des paysans *(Les*

Millet (Jean-François)

Millet, *L'Angélus* (1857-1859), musée d'Orsay, Paris.

Glaneuses ; L'Angélus), firent de lui l'un des maîtres de l'école de Barbizon.

Millevaches (plateau de) Plateau du Limousin. 976 m. La Creuse, la Vienne, la Vézère et la Corrèze y prennent leur source. Parc naturel régional.

Millevoye [mil(ə)vwa] **(Charles Hubert)** Poète français (1782-1816). Il fut l'auteur d'une poésie mélancolique annonçant le lyrisme romantique. *Élégies.*

milli- Élément **(du latin *mille*)** qui signifie « un millième » (ex. *millimètre*).

milliaire **adj. (latin *milliarius*) Antiq. romaine** Qui marque la distance d'un mille* romain. *Borne, colonne milliaire.*

milliampère **n. m.** électr. Millième d'ampère (symb. mA).

milliampèremètre **n. m.** électr. Ampèremètre très sensible, gradué en milliampères.

milliard **n. m. (de *million*, suffixe *-ard*)** Nombre ou somme de mille millions. *Dix milliards d'euros.* **–** *Des milliards* : une quantité immense.

milliardaire **adj.** Qui possède un milliard (ou plus) d'une unité monétaire. **– n.** *Un, une milliardaire.*

milliardième **adj. 1. adj.** numéral ordinal Qui occupe le rang marqué par le nombre d'un milliard. *Le milliardième visiteur.* **2.** Se dit de chaque partie d'un tout divisé en un milliard de parties égales. **→ nano-. – n. m.** *Un milliardième.*

milliasse voir **millas**

millibar **n. m.** Ancienne unité de pression atmosphérique d'un millième de bar. **→ hectopascal.**

millième **adj. (vient du latin *millesimus*, de *mille* → [1]mille) 1. adj.** numéral ordinal Qui occupe le rang indiqué par le nombre mille. **2.** Se dit de chacune des parties d'un tout divisé en mille parties égales. *La millième partie.* **– n. m.** *Un millième.*

millier **n. m. (de [1]*mille* ou vient du latin *milliarius*)** Nombre, quantité de mille ou d'environ mille. *Des centaines de milliers de personnes.* **– loc. adv.** ***Par milliers*** : en très grand nombre.

milligramme **n. m.** Millième partie du gramme (symb. mg).

Millikan (Robert Andrews) Physicien américain (1868-1953). Il s'intéressa au rayonnement cosmique, détermina la charge de l'électron et la valeur de la constante de Planck. Prix Nobel 1923.

millilitre **n. m. (→ [2]litre)** didact. Millième partie du litre (symb. ml).

millimètre **n. m.** Millième partie du mètre (symb. mm). *Millième de millimètre.* **→ micromètre. –** *Film en huit, seize millimètres* (selon la largeur de la pellicule). **– fig.** Distance infime. *Ne pas bouger d'un millimètre.* **→ pouce.**

millimétré, ée **adj.** Gradué, divisé en millimètres. *Papier millimétré.*

millimétrique **adj. 1. → millimétré. 2.** De l'ordre du millimètre.

million **n. m. (italien *millione*, augmentatif de *mille*)** Mille fois mille. « *Des millions de soleils éclairent des milliards de mondes* » (Voltaire). **–** Un million d'euros, d'unités monétaires. *Être riche à millions.*

millionième **adj. 1. adj.** numéral ordinal Qui occupe le rang marqué par le nombre d'un million. *Le dix millionième visiteur.* **2.** Se dit de chaque partie d'un tout divisé en un million de parties égales. **– n. m.** *Un millionième de millimètre.*

millionnaire **adj.** Qui possède un ou plusieurs millions (d'une unité monétaire). *Il est plusieurs fois millionnaire.* **→ multimillionnaire. – n.** *Un, une millionnaire.*

millivolt **n. m.** didact. Millième de volt (symb. mV).

millivoltmètre **n. m.** didact. Appareil gradué en millivolts, utilisé pour mesurer les différences de potentiel très faibles.

Mills (Charles Wright) Sociologue américain (1916-1962). Il fut l'un des représentants majeurs de la sociologie critique aux États-Unis. *Les Cols blancs ; L'Élite du pouvoir.*

Milly-la-Forêt Commune de l'Essonne. 4 620 habitants. Halles en bois (xve s.). Chapelle (xiie s.) décorée par J. Cocteau. *Cyclop* de J. Tinguely et N. de Saint-Phalle dans le bois communal.

Milne (Edward Arthur) Astrophysicien britannique (1896-1950). Il laissa des travaux sur la structure interne des étoiles et sur l'atmosphère du Soleil.

Milne-Edwards (Henri) Physiologiste français d'origine belge (1800-1885). Il étudia les mollusques et les crustacés et fut partisan de la théorie de la fixité des espèces. ■ **Alphonse Milne-Edwards.** Naturaliste français (1835-1900). Fils d'Henri. Ses travaux portèrent sur l'ornithologie et les mammifères.

Milnor (John Willard) Mathématicien américain (né en 1931). Ses travaux ont porté sur la topologie différentielle. Médaille Fields 1962. Prix Abel 2011.

Milo en grec **Mílos** Île grecque des Cyclades. 151 km^2. 4 500 habitants. On y découvrit en 1820 la *Vénus de Milo.*

Vénus de Milo, marbre (130-120 av. J.-C.), musée du Louvre, Paris.

Milon en latin **Titus Annius Papianus Milo** Homme politique romain (95-48 av. J.-C.). Gendre de Sylla, tribun du peuple (–57), il fit voter le rappel de Cicéron. Accusé du meurtre de Clodius, il fut défendu par Cicéron *(Pro Milone)* mais exilé.

Milon de Crotone Athlète et général grec (vi^{e}-ve s. av. J.-C.). Lutteur, plusieurs fois couronné aux jeux Olympiques, il participa à la guerre entre Crotone et Sybaris. Il serait mort dévoré par les loups, les mains retenues dans un tronc qu'il voulait fendre.

milonga **n. f. (mot amérindien)** Musique et danse argentines, variété de tango. ■ Lieu où l'on danse le tango.

milord [milɔʀ] **n. m. (de l'anglais, de *my lord* « mon seigneur »)** vieux Titre donné en France aux lords et pairs d'Angleterre, et par ext. à un étranger riche.

Milošević (Slobodan) Homme d'État serbe (1941-2006). Président de la république de Serbie puis de la république fédérale de Yougoslavie (1997-2000), il mena une politique nationaliste et violente au Kosovo, à l'égard des Albanais, en Bosnie et en Croatie. En 2001, il fut livré au Tribunal pénal international de La Haye pour crimes contre

Slobodan Milošević en 2001 devant le tribunal de La Haye.

l'humanité. Il mourut en détention avant la fin de son procès.

Milosz (Oscar Vladislas de Lubicz-Milosz, dit O. V. de L.) Poète français d'origine lituanienne (1877-1939). Il est l'auteur d'une œuvre d'inspiration mystique. *Épître à Storge ; Ars Magna ; Arcanes.*

Miłosz (Czesław) Poète et écrivain polonais naturalisé américain (1911-2004). Auteur d'une *Anthologie de la poésie polonaise*, il écrivit aussi de nombreux essais *(La Pensée captive ; La Prise du pouvoir).* Prix Nobel 1980.

milouin **n. m. (p.-ê. latin *miluus* « milan »)** Oiseau palmipède des régions arctiques, canard sauvage à plumage noir, à tête et cou de couleur rousse.

mi-lourd **adj. et n. m.** Se dit d'un sportif (boxeur, etc.) de 72 à 79 kilos, dont la catégorie est comprise entre les (poids) moyens et les lourds. *Les mi-lourds.*

Milstein (Nathan) Violoniste américain d'origine russe (1904-1992). Interprète virtuose, il se consacra surtout à la musique classique et romantique.

Milstein (Cesar) Médecin britannique d'origine argentine (1927-2002). Il parvint, en faisant fusionner des lymphocytes, à créer des clones sécrétant des anticorps monoclonaux, très utiles en biologie et en médecine. Prix Nobel 1984.

Miltiade Stratège athénien (540-489 av. J.-C.). Il s'illustra à la victoire de Marathon sur les Perses (–490).

Milton (John) Écrivain anglais (1608-1674). Il est l'auteur de poèmes et d'écrits politiques et polémiques alliant puritanisme chrétien et prise de position pour une monarchie constitutionnelle. Après avoir occupé une fonction au Conseil d'État et aux Affaires étrangères et devenu aveugle, il dicta son chef-d'œuvre, *Le Paradis perdu*, poème biblique faisant l'apologie de la révolte et annonçant le satanisme romantique.

Milton Keynes Ville nouvelle du S. de l'Angleterre (Buckinghamshire), fondée en 1967 au N. de Londres. 172 000 habitants. Centre commercial. Industrie diversifiée (automobile, informatique, chimie).

Milvius (pont) Pont sur le Tibre, non loin de Rome. Constantin y vainquit Maxence en 312, assurant le triomphe du christianisme.

Milwaukee Ville du N. des États-Unis (Wisconsin), sur le lac Michigan. 595 000 habitants (conurbation avec Racine 1,7 million). Centre commercial et industriel. Port de marchandises.

mime **(latin *mimus*, grec *mimos*) I. n.** Acteur qui s'exprime par les attitudes et les gestes, sans paroles. *Le mime Marceau.* **–** Imitateur. **II. n. m.** Spectacle sans paroles. **→ pantomime.**

mimer **v. tr. < 1 >** Exprimer ou reproduire par des gestes, des jeux de physionomie, sans le secours de la parole. **– au p. p.** *Monologue mimé.*

mimétisme **n. m. (grec *mimeisthai* « mimer », de *mimos* → mime) 1.** Propriété que possèdent certaines espèces animales, pour assurer leur protection, de se rendre semblables par l'apparence au milieu environnant ou à une autre espèce. *Le mimétisme du caméléon.* **2.** Imitation involontaire ; fait de se conformer à qqn d'autre. *Agir par mimétisme.* □ **adj. mimétique**

mimi **n. m. (de *minet*) 1. lang. enfantin** Chat. → **1mimine, minet. 2. fam.** Baiser, caresse. **3. adj. (invar. en genre) fam.** Mignon. *Des robes très mimis. C'est mimi tout plein.*

1mimine **n. f. (de *mimi*, croisé avec *mine* « chatte » [régional]) fam.** Chatte.

2mimine **n. f. (de *main*) lang. enfantin** Main. → **menotte.**

mimique **n. f. (du latin, du grec *mimikos* → mime) 1. didact.** Ensemble des gestes expressifs et des jeux de physionomie qui accompagnent ou remplacent le langage oral. **– adj.** *Langage mimique.* **2. cour.** Expression du visage. → **grimace.**

mimivirus **n. m. (de l'anglais *mi[micking] mi[crobe] virus* « virus qui imite le microbe ») virol.** Virus géant à ADN, de la taille d'une petite bactérie.

Mimizan Commune des Landes. 7 321 habitants. Vestiges d'un prieuré bénédictin. Station balnéaire (Mimizan-Plage). Papeterie.

mimodrame **n. m. didact.** Œuvre dramatique mimée, sans paroles, mais avec accompagnement musical.

mimolette **n. f. (probablt de *mollet* adj.)** Fromage de Hollande à pâte demi-tendre, orangée.

mimologie **n. f. (→ mime) 1. didact.** Art de l'imitation par le geste, la voix. **2.** Langage mimique utilisé par les sourds. → **langue des signes.**

mimosa **n. m. (du latin mod., de *mimus* → mime) 1.** Arbre ou arbrisseau des régions chaudes, variété d'acacia portant des fleurs jaunes en petites boules ; ces fleurs. *Un bouquet de mimosa.* **2. appos.** *Œuf mimosa* : œuf dur à la mayonnaise, dont le jaune est écrasé. *Des œufs mimosas* **ou** *mimosa* **(invar.). 3.** Cocktail à base de champagne et de jus d'orange.

M

mimosacée **n. f. bot.** Plante (légumineuse) des régions chaudes, à fleurs petites et régulières (sous-famille des *Mimosacées* ; ex. l'acacia, le mimosa).

Mimoun **(Alain)** Athlète français (1921-2013). Vainqueur du marathon olympique en 1956, il mena une carrière de coureur de fond d'une durée exceptionnelle.

Mimouni **(Rachid)** Écrivain algérien d'expression française (1945-1995). Dans ses romans, il analyse les réalités de l'Algérie contemporaine. *Le Fleuve détourné ; Tombeza ; L'Honneur de la tribu.*

mi-moyen **adj. et n. m.** Se dit d'un sportif (boxeur, etc.) de 63,5 à 67 kg, dont la catégorie est immédiatement inférieure à celle des poids moyens. **– n. m.** *Championnat de judo des mi-moyens.*

1min [min] **n. m. (mot chinois) ling.** Groupe de dialectes chinois parlés au Fujian, à Taiwan.

2min Symbole de la minute, unité de temps.

Mīnā' al-Aḥmadī Ville du Koweït. 31 000 habitants. L'un des plus grands ports pétroliers du monde, bombardé par les États-Unis puis par l'Irak pendant la guerre du Golfe de 1991. Raffinerie.

minable **adj. et n. (de *miner* « user, accabler ») fam.** Très médiocre. → **lamentable, piteux.** *Des résultats minables.* **– n. (personnes)** *Une bande de minables.* □ **adv. minablement**

minage **n. m. 1.** Pose de mines explosives **(opposé à *déminage*).** *Le minage d'un pont.* **2. (anglais *mining*) inform.** Validation, en échange d'une rémunération, d'un ensemble de transactions effectuées en cryptomonnaie avant inscription sur une blockchain. *Le minage du bitcoin.*

minahouet [minawɛ] **n. m. (du breton, de *min* « pointe ») mar.** Petite mailloche servant à fourrer les cordages minces.

Minamata Ville du Japon (Kyūshū). 26 900 habitants. Les rejets de mercure d'une usine pétrochimique dans la baie de Minamata entre 1932 et 1966 entraînèrent une catastrophe écologique et l'empoisonnement de la population *(maladie de Minamata).*

Minamoto ou **Genji** **n. m. pl.** Clan japonais qui joua un rôle important dans l'histoire du Japon du XIe au XIIIe siècle.

Minangkabau **n. m.** Région de Sumatra (Indonésie), correspondant approximativement à la province de Sumatra-Ouest et dominée par les monts Barisan à l'est.

Minangkabau(s) **n. m. pl.** Peuple du centre et de l'O. de l'île de Sumatra, en Indonésie, et de Malaisie (env. 7 millions de personnes). De langue malayo-polynésienne et de confession musulmane, les Minangkabaus forment la plus grande société de structure matrilinéaire au monde.

minaret **n. m. (du turc, de l'arabe *manāra* « phare », puis « tour de mosquée, » de *nara* « luire »)** Tour d'une mosquée du haut de laquelle le muezzin invite les fidèles musulmans à la prière.

Minaret de la mosquée Habib Bourguiba, à Nabeul (Tunisie).

Minas de Río Tinto Ville d'Espagne (Andalousie), au pied de la sierra Morena. 4 126 habitants. Les mines (cuivre, fer), exploitées depuis l'Antiquité, ont fermé en 2001.

Minas Gerais **n. m.** État du S.-E. du Brésil. 586 624 km^2. 19,6 millions d'habitants. Capitale : Belo Horizonte. Villes coloniales, parmi lesquelles Ouro Preto. Élevage bovin. Ressources minières. Industrie métallurgique.

Minatitlán Ville du Mexique, sur la baie de Campeche. 112 000 habitants. Ville pétrolière (raffineries, pétrochimie).

minauder **v. intr. < 1 > (de 1*mine* « manière affectée »)** Prendre des manières affectées pour attirer l'attention, plaire, séduire.

minauderie **n. f. 1.** Action de minauder ; caractère d'une personne qui manque de naturel en voulant plaire. → **1affectation. 2. (surtout au plur.)** Air, attitude, manière, geste affectés d'une personne qui minaude. → **chichi, façon.**

minaudier, ière **adj. et n.** Qui minaude. *Elle est trop minaudière.*

minaudière **n. f. (n. déposé)** Petit sac de soirée ou coffret contenant un nécessaire de maquillage.

minbar [minbaʀ] **n. m. (de l'arabe « estrade ») didact.** Chaire d'une mosquée. *Minbar sculpté.*

minbar

Minbar de la mosquée de Lyon.

mince **adj. (de l'ancien v. *mincier*, qui vient du latin *minutiare*, de *minutus* → 1menu) I. 1. (opposé à *épais*)** Qui a peu d'épaisseur ; fin. *Couper qqch. en tranches minces* (→ **émincer). 2. (opposé à *large*)** Étroit, filiforme. **3. (personnes ; parties du corps)** Qui a des formes relativement étroites pour leur longueur, et donne une impression de finesse. → **élancé, gracile, svelte.** « *Vit-on jamais au bal une taille plus mince ?* » (Baudelaire). **4.** Qui a peu d'importance, peu de valeur. → **insignifiant, médiocre.** *Pour un mince profit. Un prétexte bien mince.* **II. (de l'argot *mince que... « un peu que... »*) interj. fam.** Exclamation de surprise, de dépit. → **zut.**

minceur **n. f.** Caractère de ce qui est mince. ■ **(personnes)** *La minceur d'un mannequin.*

Minchō **(Chō Densu, dit)** Peintre japonais (1352-1431). Célèbre pour ses peintures à l'encre de Chine, il fut à l'origine de l'école dite *Minchō ryū.*

Mincio **n. m.** Rivière d'Italie, affluent du Pô. 194 km. Né dans le massif de l'Adamello, il traverse le lac de Garde et arrose Mantoue.

mincir **v. intr. < 2 >** Devenir plus mince. → **amincir.**

Mindanao Île du S. des Philippines. 94 627 km^2. 22 000 000 habitants. Mines, industrie du bois, agriculture, élevage, pêche.

Minden Ville d'Allemagne (Rhénanie-du-Nord-Westphalie), sur la Weser. 81 600 habitants. Cathédrale des XIe-XIIe s. Industries mécanique, textile et chimique. Port fluvial.

Mindon (1814-1878). Roi de Birmanie (1853-1878). Pacifiste et bouddhiste fervent, il accomplit une série de réformes visant à moderniser son pays.

Mindoro Île des Philippines, proche de Luçon. 9 735 km^2. 1 062 100 habitants. Marbre, riz, tourisme.

Mindszenty **(József)** Prélat hongrois (1892-1975). Primat de Hongrie, il s'opposa au gouvernement communiste et fut emprisonné de 1948 à 1956. Il s'exila ensuite à Vienne en 1971.

1mine **n. f. (p.-ê. breton *min* « museau » [→ minauder, minois] ou famille du latin *miniare* « rougir » → minium) I. (aspect physique)** Aspect extérieur, apparence (opposé à la nature profonde, aux sentiments). → **2extérieur. – loc.** *Ça ne paie pas de mine* : ça a mauvaise apparence. **–** ***Faire mine de* (+ inf.)** : paraître disposé à faire qqch. → **faire semblant de. – fam.** *Mine de rien* : sans en avoir l'air. **II. 1.** Aspect du visage, selon l'état de santé. *Avoir bonne, mauvaise mine.* **2.** Aspect du visage, expression du caractère ou de l'humeur. → **figure, physionomie.** *Une mine renfrognée, soucieuse.* **– loc.** *Faire* ***grise mine*** *à qqn*, l'accueillir avec froideur, déplaisir.

III. *Des mines* : jeux de physionomie, attitudes, gestes. → **façon, minauderie.**

[2]mine n. f. (vient p.-ê. du gaulois *meina* « minerai ») **I. 1.** vieux Minerai. **2.** Petit bâton d'une matière laissant une trace, qui constitue la partie centrale d'un crayon. *Crayon à mine dure, tendre.* – loc. fam. (Canada) *Avoir de la mine dans le crayon* : être viril. **II. 1.** Terrain d'où l'on peut extraire un métal, du charbon, etc., en grande quantité. → **gisement.** *Mine de fer, de houille. Mine à ciel ouvert.* → **minière.** – plus cour. Un tel gisement, souterrain (opposé à *carrière*) ; cavité pratiquée dans le sous-sol et ensemble d'ouvrages souterrains aménagés pour l'extraction d'un minerai. *Galerie, puits de mine.* – spécialt *Il travaille à la mine* (de charbon). → **charbonnage(s), houillère ; [2]mineur.** – *Les Mines* : administration spécialisée dans l'étude des terrains et l'exploitation du sous-sol. *L'École des mines.* **2.** fig. *C'est une mine de renseignements.* **III.** Engin explosif (sur terre ou dans l'eau). *Mines antipersonnel. Le camion a sauté sur une mine.*

Mine de cuivre à ciel ouvert de Bingham Canyon dans l'Utah aux États-Unis.

[3]mine n. f. (bas latin *mina*, du grec *hemina*, de *hemi* « à demi » → **hémi-**, pour « moitié d'une mesure ») anciennt Mesure de capacité pour les grains.

miner v. tr. < 1 > (p.-ê. famille du latin *minare* → **mener**, influencé par **[2]mine**) **I. 1.** Creuser, attaquer la base ou l'intérieur de (une chose). → **creuser, [1]saper.** *La mer mine les falaises.* **2.** fig. Attaquer, affaiblir par une action progressive et sournoise. → **consumer, user.** *Il est miné par le souci.* – pronom. *Il se mine.* **3.** (anglais *to mine*) inform. Procéder au minage (d'une cryptomonnaie). *Miner du bitcoin.* **II.** Garnir de mines explosives (contr. **déminer**). – au p. p. *Terrain miné.* fig. Domaine dangereux, périlleux.

minerai n. m. (de *minière* « mine », du latin médiéval *minera* → **minéral** ou de **[2]mine**) Minéral qui contient des substances qu'on peut isoler, extraire. *Minerai en filon, en gisement.* → **[2]mine.** *Extraire un métal d'un minerai.*

minéral, ale, aux (latin *mineralis*, de *minera*, p.-ê. du gaulois → **[2]mine, minerai**) **I.** adj. **1.** Constitué de matière inorganique (opposé à *végétal*). *Huiles minérales. Sels minéraux.* **2.** Relatif aux corps minéraux. *Chimie minérale.* **3.** *Eau minérale*, provenant d'une nappe souterraine et contenant des matières minérales. **II.** n. m. Élément ou composé naturel inorganique, constituant de l'écorce terrestre. → **minerai, pierre, roche.** *Étude des minéraux.* → **minéralogie.**

minéralier n. m. (de *minéral*, d'après *pétrolier*) Cargo conçu pour le transport des minerais.

minéralisateur, trice adj. techn. Qui transforme un métal en minerai.

minéraliser v. tr. < 1 > (de *minéral*) techn. **1.** Faire passer (un métal) à l'état de minerai. **2.** au p. p. Chargé d'éléments minéraux solubles. *Une eau faiblement minéralisée.* □ n. f. **minéralisation**

minéralogie n. f. (de *minéral*) Science des minéraux constituant les matériaux de l'écorce terrestre (faisant partie de la géologie). □ n. **minéralogiste**

minéralogique adj. **I.** Relatif à la minéralogie. *Collection minéralogique.* **II.** (de service des *Mines*) en France *Numéro minéralogique* : numéro d'immatriculation d'un véhicule à moteur (d'abord affecté par le service des Mines). *La plaque minéralogique d'une voiture.*

minéralurgie n. f. (de *minéral* et *sidérurgie*) techn. Production de minéraux utilisables par l'industrie, à partir des minerais bruts. □ adj. **minéralurgique**

minerval n. m. (d'abord à propos des écoliers de Rome ; « qui concerne *Minerve* ») (Belgique) Frais de scolarité payés par les élèves de certaines écoles. *Des minervals.*

minerve n. f. (latin *Minerva*, famille de *mens, mentis* « esprit » → **mental**) Appareil orthopédique servant à maintenir la tête en bonne position.

Minerve Déesse romaine de la Raison et de l'Intelligence. Elle correspond à l'Athéna grecque.

minervois n. m. Vin récolté dans le Minervois.

Minervois n. m. Région du Languedoc, entre la montagne Noire et la vallée de l'Orb. Vins réputés.

minestrone n. m. (mot italien, de *minestra* « soupe », de *minestrare* « servir à table », latin *ministrare* « servir » → **administrer, ministre**) Soupe au riz ou aux pâtes et aux légumes (recette italienne).

minet, ette n. (de *min-*, élément expressif → **miaou, miauler**) **1.** Petit chat. → fam. **minou.** **2.** (personnes) terme d'affection *Mon minet.* **3.** fam. n. m. Jeune homme élégant, un peu efféminé. – n. f. Jeune fille.

[1]minette n. f. (de **[2]mine**) régional Minerai de fer, en Lorraine.

[2]minette n. f. (mot normand, du radical expressif de *minet*) régional Luzerne lupuline.

[1]mineur, eure adj. (latin *minor* → **moindre**) (opposé à *majeur*) **I. 1.** D'importance, d'intérêt secondaire. *Problème, souci mineur. Peintre, poète mineur.* **2.** en musique *Intervalle mineur*, plus réduit que le majeur. *Tierce mineure. Tons mineurs. En mineur.* – *Sonate en fa mineur.* **II.** (personnes) Qui n'a pas atteint l'âge de la majorité (18 ans, en France). → **minorité** (I). – n. *Détournement de mineur. Mineurs de 15 ans*, âgés de moins de 15 ans.

[2]mineur n. m. (de **[2]mine** [II]) **1.** Ouvrier qui travaille dans une mine, spécialt de houille. *Mineur de fond. Cité de mineurs.* → **coron.** **2.** inform. Personne ou entreprise qui pratique le minage (de cryptomonnaies).

Ming n. m. pl. Dynastie chinoise (1368-1644). Fondée par Zhu Yuanzhang (empereur Taizu), elle succéda aux Yuan et compta seize empereurs, siégeant à Nankin puis à Pékin. Une révolte paysanne mit un terme à son règne, laissant la place aux Qing.

Minghetti (Marco) Homme politique italien (1818-1886). Conseiller de Cavour, il prit une part active à l'unification du pays. Il fut président du Conseil de 1863 à 1864 puis de 1873 à 1876.

Mingora Ville du nord du Pakistan. 696 900 habitants. Centre commercial. Tourisme.

Mingus (Charles dit aussi Charlie) Contrebassiste, chef d'orchestre et compositeur américain de jazz (1922-1979). Il est l'un des plus grands représentants du be-bop. *Passions of a Man.*

Minho n. m. en espagnol **Miño** Fleuve du N.-O. de la péninsule Ibérique. 275 km. Né en Galice, il sépare l'Espagne du Portugal avant de se jeter dans l'Atlantique.

Minho n. m. Région du N.-O. du Portugal.

mini adj. (de *minimum*) Très petit. *Bijoux à prix minis* ou *mini* (invar.). *Une robe, une jupe mini.* → **minijupe.** ■ adv. *S'habiller mini.*

mini- Élément (de *minimum*) qui signifie « (plus) petit » (ex. *minijupe*). → **micro-** ; opposé à *maxi-*.

miniature n. f. (de l'italien, de *miniare* « décorer », de *minium* « rouge » → **minium** ; influence du latin *minor, minus* « petit ») **I. 1.** Peinture fine de petits sujets servant d'illustration aux manuscrits, aux missels. → **enluminure.** **2.** Genre de peinture délicate de très petit format ; cette peinture. *Une miniature.* **II.** (d'après le latin *minus* « petit ») Chose, personne très petite. loc. *En miniature* : en très petit, en réduction. – appos. *Train miniature.*

Renart et les jambons, miniature du *Roman de Renart* (XIVe s.), Bibliothèque nationale de France, Paris.

miniaturé, ée adj. Orné de miniatures.

miniaturiser v. tr. < 1 > (de *miniature* [II]) Donner à (un objet, un mécanisme) les plus petites dimensions possibles. □ n. f. **miniaturisation**

miniaturiste n. Peintre de miniatures.

minibar n. m. (n. déposé ; de *mini-* et **[2]bar**) **1.** Chariot roulant pour les boissons (dans un train, un avion). **2.** Petit réfrigérateur rempli de boissons, dans les chambres d'hôtel.

minibus n. m. (de *bus*) Petit autobus.

minicar n. m. Petit autocar.

minicassette **1.** n. f. Cassette magnétique de petit format. **2.** n. m. Petit magnétophone portatif.

minichaîne n. f. Chaîne haute-fidélité dont les éléments sont de petite taille. - var. RO **minichaine.**

minidisque n. m. Disque compact de petite dimension.

minidosé, ée adj. (médicament) Faiblement dosé (en principes actifs). *Pilule minidosée.*

Minieh ou **Minieh-ebn-Khasib** en arabe **al-Minya** Ville du N.-E. de l'Égypte, sur le Nil. 283 000 habitants. Égrenage du coton, huileries, savonneries. Université.

minier, ière adj. (de **[2]mine**) **1.** Qui a rapport aux mines ([2]). *Gisement minier.* **2.** Où il y a des mines. *Pays minier.*

minière n. f. dr. Mine peu profonde ou à ciel ouvert.

minigolf n. m. Golf miniature. *Des minigolfs.*

mini-invasif, ive adj. chir. Se dit d'une opération pratiquée par une voie très étroite, à l'aide d'instruments miniaturisés. - var. RO **miniinvasif, ive.**

minijupe n. f. Jupe très courte. *Des minijupes.* - abrév. **mini.** *Des minis.*

minima voir **minimum**

a minima voir **a minima**

minimal, ale, aux adj. (de *minimum*) Qui constitue un minimum (s'oppose à *maximal*). *Températures minimales.*

minimaliser v. tr. < 1 > Réduire au minimum. *Minimaliser des coûts.* □ n. f. **minimalisation**

minimalisme n. m. (anglais *minimalism*) **1.** arts École de peinture qui réduit au minimum les éléments d'un tableau. **2.** Sim-

M

Minimalisme, *Abstract Painting, Blue*, Ad Reinhardt (1952), galerie Pace Wildenstein, New York.

plification extrême (d'une décoration, d'une façon de procéder). **3.** Mode de vie consistant à limiter ses possessions et sa consommation. □ **minimaliste adj. et n.** *Un décor minimaliste.*

M

minime (latin *minimus*, famille de *minor* → [1]**mineur, moindre**) **1. adj.** Très petit, peu important. → **infime.** *Des faits minimes.* **2. n.** Jeune sportif dont la catégorie d'âge (13 à 15 ans) se situe entre les benjamins et les cadets.

minimessage n. m. (→ **message**) télécomm. Bref message écrit échangé entre téléphones portables. → **SMS,** [2]**texto.**

minimex n. m. (abrév. de *minimum de moyens d'existence*) (Belgique) Aide financière et sociale allouée aux personnes démunies. □ **adj. et n. minimexé, ée**

minimiser v. tr. < 1 > (de *minime*) Réduire l'importance de (qqch.). *Minimiser un incident ; le rôle de qqn.* □ **n. f. minimisation**

minimum [minimɔm] (mot latin, neutre de *minimus* → **minime**) **1. n. m.** Valeur la plus petite atteinte par une quantité variable ; limite inférieure (s'oppose à *maximum*). *Un minimum de frais. Les minimums ou les minima* (plur. latin) *atteints.* – fam. *S'il avait un minimum de savoir-vivre.* → le **moindre.** – loc. ***Au minimum*** : au moins, pour le moins. *Les travaux dureront au minimum trois jours.* – ***Minimum vital*** : le plus petit revenu permettant de subsister (selon les critères d'une société donnée). – admin. *Minima sociaux* : ensemble des allocations versées aux personnes les plus démunies. **2. adj.** Minimal. *Âge minimum.*

minipilule n. f. Pilule contraceptive faiblement dosée en hormones (notamment en œstrogène). → aussi **minidosé.**

minispace n. m. (de *mini-*, d'après *monospace*) Petit monospace.

ministère n. m. (latin *ministerium*, de *minister* → **ministre**) **I. 1.** Corps des ministres et secrétaires d'État. → **cabinet, gouvernement.** *Former un ministère.* – (suivi du n. du Premier ministre) *Le ministère Untel.* **2.** Partie des affaires de l'administration centrale dépendant d'un ministre. *Le ministère des Affaires étrangères.* – Bâtiment, services d'un ministère. **3.** Fonction de ministre. → **portefeuille. II.** ***Ministère public*** : magistrats qui défendent les intérêts de la société, l'exécution des décisions (avocat général, procureur, etc.). → **parquet. III.** Charge remplie par le prêtre, le pasteur (→ **ministre** (II) ; **sacerdoce**).

ministériel, elle adj. (de *ministère*, d'après le bas latin *ministerialis*) Relatif au ministère (I), au gouvernement. *Crise ministérielle.* – Partisan du ministère. *Député ministériel.* → **gouvernemental.** – Relatif à un ministère ; qui émane d'un ministre. *Arrêté ministériel.*

ministrable adj. et n. Qui a des chances de devenir ministre.

ministre n. (latin *minister, ministri* « serviteur, domestique », d'après *magister* ; famille du latin *minus* → **diminuer,** [1]**menu, mince, moins**) **I. 1.** Agent supérieur du pouvoir exécutif ; homme ou femme d'État placé(e) à la tête d'un ministère. *Le Conseil des ministres.* → **cabinet, gouvernement, ministère.** *Le, la ministre de l'Éducation nationale. Madame la* (ou *le*) *ministre.* – *Premier ministre, Première ministre* : chef du gouvernement. ■ (n. m.) appos. invar. *Bureau ministre* : bureau de grande taille. ■ fam. *Un emploi du temps de ministre*, très chargé. **2.** Agent diplomatique de rang immédiatement inférieur à celui d'ambassadeur, à la tête d'une légation. *Ministre plénipotentiaire.* **II. n. m.** (latin chrét. *minister*) *Ministre du culte* : prêtre. – *Ministre* : pasteur protestant.

minitel n. m. (n. déposé ; de *min-* dans *terminal* et *tel* → **téléphone**) en France Petit terminal de consultation de banques de données. *Des minitels.*

minium [minjɔm] n. m. (mot latin d'Hispanie « cinabre, vermillon » → **miniature**) Peinture rouge, à l'oxyde de plomb, préservant le fer de la rouille.

minivague n. f. (*mini-vague* n. déposé ; → [1]**vague**) Permanente très souple.

Min jiang ou **Min-kiang** n. m. Fleuve de Chine, né dans le Sichuan, qui se jette dans la mer de Chine orientale. 400 km.

Minkowski (Hermann) Mathématicien allemand (1864-1909). Il apporta de nombreuses contributions à la théorie des nombres et à la physique mathématique, et inventa une *géométrie des nombres.* Il créa un espace à quatre dimensions, regroupant l'espace et le temps, qui servit à son ancien élève Albert Einstein pour développer la théorie de la relativité.

Minne (George, baron) Sculpteur et graveur belge (1866-1947). Influencé par le symbolisme, il composa des œuvres d'inspiration spiritualiste et mystique. *La Fontaine aux agenouillés ; Monument à la reine Astrid.*

Minneapolis Ville du N. des États-Unis (Minnesota), sur le Mississippi. 382 600 habitants (conurbation avec Saint Paul 2,97 millions). Centre industriel et marché céréalier. Université. Musées. Parc de loisirs.

Minnelli (Vincente) Cinéaste américain (1903-1986). Il marqua la comédie musicale de l'Amérique des années 1950. *Un Américain à Paris ; Tous en scène.* ■ **Liza Minnelli** (née en 1946), fille de V. Minnelli et de Judy Garland, comédienne et chanteuse de music-hall. *Cabaret.*

minnesinger [minezinɡɛʀ] n. m. (mot allemand, de *Minne* « amour » et *Sänger* « chanteur ») Poète chanteur allemand, au Moyen Âge. → **trouvère.**

Minnesota n. m. État du N. des États-Unis, à la frontière canadienne. 217 736 km^2. 5,3 millions d'habitants. Capitale : Saint Paul. Agriculture et élevage. Ressources minières (fer). Production d'électricité.

Mino da Fiesole Sculpteur italien (1429-1484). Artiste au style gracieux, il sculpta notamment des bustes (Pierre de Médicis, Niccolò Strozzi, Jean de Médicis) et des tombeaux (évêque Salutati, comte Ugo).

minoen, enne [minɔɛ̃, ɛn] adj. (anglais *minoan*, de *Minos*) hist. Relatif à la période archaïque de la civilisation crétoise et grecque. *L'art minoen.* ■ **n. m.** *Le minoen ancien* (2600-2000 av. J.-C.).

Art minoen, tête de taureau en stéatite (1550-1500 av. J.-C.), musée d'Héraklion, Crète.

minois n. m. (de [1]*mine*) Jeune visage délicat, éveillé, plein de charme. *Un joli petit minois.* → **frimousse.**

minorant n. m. math. Nombre inférieur ou égal à tous les éléments d'un ensemble (s'oppose à *majorant*).

minoratif, ive adj. (latin *minorativus*) didact. Qui déprécie, diminue l'importance.

minoration n. f. (s'oppose à *majoration*) Action de minorer. *Minoration d'une taxe.* → **baisse.**

minorer v. tr. < 1 > (bas latin *minorare*, de *minor* → [1]**mineur**) didact. Diminuer l'importance, la valeur de (qqch.) (s'oppose à *majorer*).

minoritaire adj. De la minorité. *Groupe, tendance minoritaire.*

minorité n. f. (latin médiéval *minoritas*, de *minor* → [1]**mineur** [II]) **I.** (opposé à [2]*majorité*) État d'une personne qui n'a pas encore atteint l'âge où elle sera légalement considérée comme pleinement capable et responsable de ses actes (→ [1]**mineur** (II)). – Temps pendant lequel un individu est mineur. **II.** (anglais *minority*, du latin) **1.** Groupement (de voix) qui est inférieur en nombre dans un vote, une réunion de votants. *Une petite minorité d'électeurs.* – *Gouvernement mis en minorité*, qui ne recueille pas la majorité des voix. ■ Parti, groupe qui n'a pas la majorité des suffrages. **2.** *La, une minorité de* : le plus petit nombre de, le très petit nombre. *Dans la minorité des cas.* **3.** Groupe englobé dans une collectivité plus importante. *Minorités ethniques. Droits des minorités.*

Minorque en espagnol **Menorca** Île espagnole, dans l'archipel des Baléares, au N.-E. de Majorque. 668 km^2. 88 434 habitants. Ville principale : Mahón. Vestiges romains. Tourisme.

Minos Roi légendaire de Crète, fils de Zeus et d'Europe. Il devient après sa mort l'un des juges des Enfers (avec Éaque et Rhadamante).

[1]**minot** n. m. (breton *min* « bec, pointe ») mar. Arc-boutant sur lequel passe l'amure de la misaine.

[2]**minot** n. m. (du radical latin *min-* [*cf.* latin *minor* « plus petit »]) régional, fam. Petit enfant. → **gamin.**

Minotaure n. m. Monstre de la mythologie grecque, mi-homme, mi-taureau, né de l'union de Pasiphaé, épouse de Minos, et d'un taureau. Enfermé dans le Labyrinthe, il est tué par Thésée.

minoterie n. f. (de *minotier*) **1.** Établissement industriel pour la transformation des grains en farine. → **moulin. 2.** Meunerie.

minotier, ière n. (de l'ancien mot *minot* « moitié d'une mine de grains » → [3]mine) Industriel(le) qui exploite une minoterie. → **meunier.**

minou n. m. (→ minet) fam., lang. enfantin Petit chat. → **minet.** *Des minous.*

Minoussinsk Ville de Russie, en Sibérie orientale, sur l'Ienisseï. 69 300 habitants. Centre d'industrie métallurgique dès l'âge de bronze.

minque n. f. (du flamand) (Belgique) Halle publique pour la vente du poisson.

Minsk Capitale de la Biélorussie, sur la rivière Svislotch. 1,9 million d'habitants. Théâtre d'une importante bataille entre Soviétiques et Allemands durant la Seconde Guerre mondiale, la ville a été complètement reconstruite après 1945. C'est le centre économique (industrie lourde, textile, agroalimentaire), culturel, (musées, opéra) et scientifique (université, Académie des sciences) du pays.

Minsk, façades de la vieille ville et pont sur la rivière Svislotch.

minuit n. m. (de *mi-* et *nuit* ; *cf.* médianoche) **1.** Milieu de la nuit. *Bain de minuit.* – *Le soleil de minuit* (au-delà du cercle polaire, l'été). **2.** Heure du milieu de la nuit, la douzième après midi (24 heures ou 0 heure).

minus [minys] n. m. (mot latin → moins, dans *minus habens* « ayant moins [d'intelligence] ») fam. Individu incapable ou peu intelligent. *Bande de minus !* → **crétin, débile.** - syn. vieilli **minus habens** (latin).

minuscule adj. (latin *minusculus*, de *minor* → [1]mineur) **1.** *Lettre minuscule* (opposé à *majuscule*) : lettre courante, plus petite et d'une forme distincte de celle de la majuscule. – n. f. *Une minuscule.* **2.** Très petit. → **infime, lilliputien, microscopique.** – *Des soucis minuscules.*

[1]minute n. f. (latin médiéval *minuta*, de *minutus* [→ [1]menu, mince], p. p. de *minuere*, de *minus* → moins) **1.** Division du temps, soixantième partie de l'heure (symb. min). *La minute se divise en soixante secondes.* **2.** Court espace de temps. → **[2]instant, [1]moment.** *Jusqu'à la dernière minute. Je reviens dans une minute.* – loc. ***D'une minute à l'autre*** : dans un futur imminent. – en appos. invar. Préparé rapidement. *Des entrecôtes minute.* – interj. fam. *Minute !* : attendez une minute. **3.** Unité de mesure des angles ; soixantième partie d'un degré de cercle (symb. ′). *Angle de deux degrés et cinq minutes* (2° 5′).

Minotaure

Le Minotaure, peinture sur vase attique (515 av. J.-C.), coll. privée.

[2]minute n. f. (du latin médiéval, idée de « petite écriture » → [1]minute) dr. Original d'un acte. *Consulter les minutes d'un procès.* ▫ **minutaire** adj. *Testament minutaire.*

minuter v. tr. < 1 > Organiser (un évènement, un travail) selon un horaire précis. – au p. p. *Emploi du temps strictement minuté.* ▫ n. m. **minutage**

minuterie n. f. Appareil électrique (spécialt éclairage) destiné à assurer un contact pendant un nombre déterminé de minutes. *La minuterie d'un escalier.*

minuteur n. m. Minuterie (d'un appareil ménager). *Le minuteur d'un four.*

minutie [minysi] n. f. (latin *minutia*, de *minutus* → [1]menu) Application attentive aux menus détails. → **méticulosité, soin.** *Faire un travail avec minutie.*

minutier n. m. dr. **1.** Registre contenant les minutes des actes d'un notaire. **2.** Local affecté au dépôt des archives notariales de plus de cent vingt-cinq ans.

minutieux, euse [minysjø, øz] adj. **1.** (personnes) Qui s'attache, s'arrête avec minutie aux détails. → **méticuleux, tatillon.** **2.** (choses) Qui marque ou suppose de la minutie. → **attentif, soigneux.** *Une vérification minutieuse.* ▫ adv. **minutieusement**

Minyana (Philippe) Dramaturge français (né en 1946). Il a écrit une trentaine de pièces dont *Inventaires, La Maison des morts, La Petite dans la forêt profonde.* Son théâtre fait évoluer des figures ordinaires, des êtres sans noms, archétypaux, désignés par ce qu'ils représentent (la femme, la mère).

miocène n. m. (anglais *miocene*, du grec *meiôn* « moins » et *kainos* « récent » → -cène) géol. Période (tertiaire) intermédiaire entre l'oligocène et le pliocène.

mioche n. (de *mie*, après *mion*, pour « miette », puis « petit enfant ») fam. Enfant. → fam. **[1]gosse, môme.**

mi-parti, ie adj. (de l'ancien v. *mipartir* « partager en deux moitiés ») hist. de France *Chambres mi-parties,* instituées par l'édit de Nantes et composées, par moitié, de juges catholiques et de juges protestants.

mips [mips] n. m. (sigle de *million d'instructions par seconde*) inform. Unité de mesure de la puissance d'un processeur, exprimant le nombre de millions d'instructions traitées par seconde. *Puissance de 20 MIPS* ou *mips.*

Mique (Richard) Architecte, décorateur et paysagiste français (1728-1794). À Versailles, il construisit le couvent des Ursulines, décora le Petit Trianon et aménagea les jardins de Marie-Antoinette.

Miquelon Archipel français, dans l'Atlantique, près de Terre-Neuve. Il est constitué par deux îles, la *Grande Miquelon* et la *Petite Miquelon.*

mir n. m. (mot russe) hist. Organisme de propriété collective rurale (avant la révolution russe de 1917).

Mir Station orbitale russe, lancée le 20 février 1986 et détruite en 2001.

Mirabeau (Victor Riqueti, marquis de) Économiste français (1715-1789). Auteur d'un traité sur la population *(L'Ami des hommes),* il prit parti contre les fermiers généraux dans sa *Théorie de l'impôt.*

Mirabeau (Honoré Gabriel Riqueti, comte de) Homme politique français (1749-1791). Brillant orateur, député du tiers-état aux États généraux de 1789, il favorisa l'instauration de la liberté de la presse et participa à la rédaction de la *Déclaration des droits de l'homme et du citoyen.* Partisan d'une monarchie constitutionnelle, il fut introduit à la cour et y joua le rôle de conseiller secret.

Mirabel Ville du Canada (Québec), au N.-O. de Montréal. 50 513 habitants. Aéroport de fret.

mirabelle n. f. (de *Mirabel* n. de lieu, de l'occitan, de *mira* « regarder » → mirer et de *bel* [beau]) **1.** Petite prune ronde et jaune. *Confiture de mirabelles.* **2.** Eau-de-vie de ce fruit.

mirabellier n. m. Prunier à mirabelles.

mirabilis [miʀabilis] n. m. (mot latin « admirable », de *mirari*) bot. Plante herbacée ornementale, à grandes fleurs s'ouvrant la nuit, appelée couramment belle-de-nuit.

miracle n. m. (latin *miraculum*, de *mirari* « être étonné », de *mirus* « étonnant ») **1.** Fait extraordinaire où l'on croit reconnaître une intervention divine. → **[1]mystère, prodige.** *Les miracles de Lourdes.* – « *Inouï ! C'est extraordinaire ! Pour moi, cela tient du miracle* » (Ionesco). *Comme par miracle.* – fam. *Croire aux miracles* : être crédule et optimiste. **2.** Drame médiéval sacré, au sujet emprunté à la vie des saints. **3.** Chose étonnante et admirable qui se produit contre toute attente. *Faire des miracles d'ingéniosité. Crier miracle, au miracle.* – appos. *Des solutions miracles* ou *miracle* (invar.). – ***Par miracle*** loc. adv. : d'une façon inattendue et heureuse.

miraculer v. tr. < 1 > (latin *miraculus* → miracle) rare Guérir par un miracle. ■ **miraculé, ée** adj. et n. (Personne) sur qui s'est opéré un miracle (1).

miraculeusement adv. Comme par miracle. → **extraordinairement.**

miraculeux, euse adj. (latin *miraculus* → miracle) **1.** Qui est le résultat d'un miracle. → **surnaturel.** *Apparition miraculeuse.* **2.** Qui produit comme par miracle l'effet souhaité. → **merveilleux.**

mirador n. m. (de l'espagnol, d'un mot catalan, de *mirar* « regarder » → mirer) **1.** Belvédère. **2.** Poste d'observation, de surveillance (dans un camp, une prison).

mirage n. m. (de *mirer*) **1.** Phénomène optique pouvant produire l'illusion d'une nappe d'eau s'étendant à l'horizon. **2.** Apparence séduisante et trompeuse. → **chimère, illusion.**

Miramas Commune des Bouches-du-Rhône. 26 433 habitants. Ruines d'un château du XIIIe s. à *Miramas-le-Vieux.*

Miranda (Francisco) Patriote vénézuélien (1750-1816). Il participa à la guerre de l'Indépendance américaine (1779-1781) puis combattit sous Dumouriez pendant la Révolution française. Il fit voter la Déclaration d'indépendance du Venezuela (1811) mais fut battu par les Espagnols (1812) et mourut en prison à Cadix.

Miranda État du N. du Venezuela, à l'E. de Caracas, au bord de la mer des Caraïbes. 7 950 km^2. 2 330 100 habitants. Capitale : Los Teques.

Mirande Chef-lieu d'arrondissement du Gers, sur la Grande-Baïse. 3 445 habitants. Bastide fondée au XIIIe siècle. Festival de musique country.

Mirath voir **Meerut**

miraud, aude voir **miro**

mirbane n. f. (origine inconnue) techn. (parfumerie) *Essence de mirbane.* → **nitrobenzène.**

Mirabeau

Mirabeau, par J. Boze (1789), musée du château, Versailles.

M

Mirbeau (Octave) Écrivain français (1848-1917). Opposé aux valeurs de la bourgeoisie, il écrivit des romans (*Le Journal d'une femme de chambre*) et des pièces de théâtre (*Les affaires sont les affaires*), réalistes et violemment satiriques.

Mirbel (Charles François Brisseau de) Botaniste français (1776-1854). Il fit des recherches sur la cellule végétale et sur le développement embryonnaire.

Mirditë ou **Mirdita** n. f. Région montagneuse du N. de l'Albanie ayant donné son nom au district de Mirditë. 869 km^2. Environ 35 000 habitants. Capitale : Rrëshen.

mire n. f. (de *mirer* ; d'abord « image idéale que l'on contemple, modèle ») **1.** *Ligne de mire*, ligne droite imaginaire déterminée par l'œil du tireur. ■ loc. fig. *En ligne de mire, dans la ligne de mire* : sous étroite surveillance ; pour objectif. – *Point de mire* : centre d'intérêt, d'attention. **2.** Signal fixe servant à déterminer une direction par une visée. **3.** Image fixe de télévision servant à vérifier la qualité de la transmission.

Mirecourt Commune des Vosges, sur le Madon. 4 819 habitants. Centre renommé de lutherie et d'archèterie.

Mireille (Mireille Hartuch, dite) Chanteuse française (1906-1996). Elle renouvela par ses compositions le style de la chanson française et fonda, en 1954, le Petit Conservatoire de la chanson, destiné à former des artistes de variétés.

mire-œuf n. m. (→ mirer) techn. Appareil qui sert à mirer les œufs. *Des mire-œufs.*

mirepoix n. m. (du n. du duc de Mirepoix) cuis. Préparation à base de légumes et d'épices, pour corser une viande. – adj. *Sauce mirepoix*, n. f. *une mirepoix.*

Mirepoix Commune de l'Ariège. 3 114 habitants. Bastide édifiée à partir de 1279. Cathédrale reconstruite au xve siècle.

mirer v. tr. < 1 > (latin *mirari* « s'étonner », d'où « regarder [avec étonnement, admiration] », de *mirus* « étonnant, étrange » → admirer, miracle, mirage, miroir) **1.** vieux Regarder attentivement. ■ Lorgner, convoiter. **2.** spécialt Examiner (un œuf à contre-jour) pour vérifier sa fraîcheur. → mire-œuf. ■ **se mirer** v. pron. littér. Se regarder, se refléter (dans l'eau, etc.).

mirette n. f. (de *mirer*) fam. Œil. – loc. *En avoir plein les mirettes* : être ébloui (sens propre et figuré).

Miribel Commune de l'Ain, dans la banlieue de Lyon, sur le Rhône. 10 202 habitants.

mirifique adj. (latin *mirificus*, de *mirus* [→ miracle, mirer] et *-ficus*, de *facere* → ^{1}faire) plais. Merveilleux. → **mirobolant.** *Des promesses mirifiques.* □ adv. **mirifiquement**

mirliflore n. m. (latinisation de *mille-fleurs*) vieux Jeune élégant prétentieux. → **gandin.**

mirliton n. m. (origine inconnue ; p.-ê. refrain de chansons) Tube creux garni à ses deux extrémités d'une membrane, dans lequel on chantonne un air. – *Vers de mirliton*, mauvaise poésie.

mirmidon voir **myrmidon**

mirmillon n. m. (latin *mirmillo*) Antiq. romaine Gladiateur armé d'un bouclier, d'une épée et d'un casque. *Mirmillons et rétiaires.*

Mirny Ville de Russie, dans la république de Sakha. 33 500 habitants. Industrie des diamants.

miro adj. et n. (de *mirauder*, de *mirer*) fam., péj. Qui voit très mal. → **bigleux, myope.** *Elles sont miros.* - var. **miraud, aude.**

Miró (Joan) Peintre, sculpteur et céramiste espagnol (catalan) (1893-1983). Après avoir adhéré au mouvement surréaliste, il pratiqua l'automatisme pictural et élabora un univers très personnel souvent plein d'humour, de fantaisie et de gaieté.

mirobolant, ante adj. (de *myrobolan*, mot grec, de *muron* « parfum » et *balanos* « gland » ; influence de *mirer*, *admirer*) fam. Incroyablement magnifique ; trop beau pour être vrai. → **extraordinaire, mirifique.** *Des gains mirobolants.*

Miroglio (Francis) Compositeur français (1924-2005). Adepte de la forme ouverte et de l'aléatoire, il composa des pièces pour cordes, percussions et orchestre.

miroir n. m. (de *mirer*) **1.** Objet constitué d'une surface polie qui sert à réfléchir la lumière, à refléter l'image des personnes et des choses. → **glace,** ^{1}**psyché.** *Se regarder dans le miroir. Miroir déformant, grossissant. Miroir de courtoisie* (à l'avant d'un véhicule, derrière le pare-soleil côté passager). – loc. *Miroir aux alouettes* : fig. ce qui trompe en attirant, en fascinant. **2.** littér. Surface unie (eau, marbre...) qui réfléchit la lumière ou les objets. *« Le miroir azuré des lacs »* (Nerval). – *Miroir d'eau* : pièce d'eau géométrique (dans un jardin, un parc). **3.** fig. Ce qui offre à l'esprit l'image des personnes, des choses, du monde. → **reflet.** *Les yeux sont le miroir de l'âme.* **4.** Pâtisserie recouverte d'un nappage qui lui donne un aspect brillant. *Un miroir aux fraises.* **5.** *En miroir* : en fournissant une image inversée.

miroitant, ante adj. Brillant, chatoyant. *La surface miroitante de la mer.*

miroitement n. m. Éclat, reflet de ce qui miroite. → **chatoiement, reflet, scintillement.**

miroiter v. intr. < 1 > (de *miroir*) **1.** Réfléchir la lumière en produisant des reflets scintillants. → **briller, chatoyer, étinceler, scintiller.** *Vitre, eau qui miroite.* **2.** loc. fig. *Faire miroiter* : proposer (qqch.) de manière à séduire, appâter. *Il lui a fait miroiter divers avantages.*

miroiterie n. f. (de *miroir*) Commerce, industrie des miroirs et des glaces.

miroitier, ière n. (de *miroir*) Personne, entreprise qui fabrique, vend des miroirs.

Miromesnil (Armand Thomas Hue de) Homme politique français (1723-1796). Magistrat, il s'opposa à la réforme de Maupeou concernant les parlements. Il fut garde des Sceaux sous Maurepas (1774-1787).

Miron (Gaston) Poète canadien (québécois) (1928-1996). Il manifesta dans un lyrisme imagé son engagement politique pour l'indépendance du Québec. *L'Homme rapaillé.*

miroton n. m. (p.-ê. famille du latin *mirare* → mirer, au sens de « surveiller ») Bœuf bouilli aux oignons. – appos. *Du bœuf miroton.* - altération fam. **mironton** (d'après le refrain de chanson *mironton, mirontaine*).

Mirrlees (James A.) Économiste britannique (1936-2018). On lui doit des travaux sur la fiscalité et la redistribution des revenus. Prix Nobel 1996.

Miró (Joan)

Joan Miró, *Le Gentleman* (1924), Kunstmuseum, Bâle.

MIRV n. m. invar. (mot anglais, sigle de *Multiple Independently Targetable Reentry Vehicle*) Dernier étage d'un missile, comprenant plusieurs têtes nucléaires pouvant être guidées indépendamment vers leurs objectifs.

Mirzakhani (Maryam) Mathématicienne iranienne (1977-2017). Ses recherches ont porté sur la géométrie, en particulier sur les surfaces de Riemann. En 2014, elle reçut la médaille Fields. Elle fut la première femme à recevoir cette distinction.

Maryam Mirzakhani reçoit la médaille Fields, le 12 août 2014.

Mirzapur Ville d'Inde (Uttar Pradesh), sur le Gange. 247 000 habitants. Industrie textile.

mis, mise adj. (p. p. de *mettre*) (personnes) Vêtu, habillé (attribut ou avec adv. : *bien, mal mis*).

mis- voir **mis(o)-**

misaine n. f. (ancien français *migenne*, du catalan *mitjana* « moyenne », de *mitjan*, qui vient du latin *medianus* → médian ; influence de l'italien *mezzana*, même origine) Voile basse du mât de l'avant (d'un navire). *Le mât de misaine.*

misandre adj. et n. (de *miso-* + *-andre*) Qui éprouve, manifeste de l'aversion pour les personnes de sexe masculin (opposé à *misogyne*). □ n. f. **misandrie**

misanthrope (du grec → mis[o]- et -anthrope) **1.** n. Personne qui manifeste de l'aversion pour le genre humain. *« De ces misanthropes qui haïssent tout le monde, et qui ne s'aiment pas eux-mêmes »* (Scarron). ■ par ext. Personne qui aime la solitude, évite la société. → **ours, sauvage, solitaire.** *« Le Misanthrope »* (pièce de Molière). **2.** adj. Qui évite de fréquenter ses semblables. → **insociable.**

misanthropie n. f. (→ misanthrope) **1.** didact. Aversion pour le genre humain. **2.** Caractère d'une personne misanthrope. □ adj. **misanthropique**

miscellanées n. f. pl. (latin *miscellanea* « choses mêlées », de *miscere* → mêler) didact. Recueil varié de textes littéraires ou scientifiques.

miscible adj. (latin *miscere* « mêler ») sc. Qui peut se mêler à une autre substance en un mélange homogène. □ n. f. **miscibilité**

mise n. f. (du p. p. de *mettre*) **I.** avec un compl. **1.** (avec *en*) Action de mettre (quelque part). *Mise en place. Mise en bouteilles.* – loc. fig. et fam. *Mise en boîte*, moquerie. ■ *Mise en scène* : organisation matérielle de la représentation ; choix des décors, places, mouvements et jeu des acteurs, etc. (théâtre ; cinéma, télévision → **réalisation ; metteur** en scène). **2.** (dans quelques loc.) Action de mettre (dans une position nouvelle). *La mise sur pied d'un programme.* – *Mise à pied*, sanction pouvant aboutir à un renvoi. ■ *Mise bas.* → **parturition.** **3.** loc. (avec *en*, *à*) Action de mettre (dans un état nouveau, une situation nouvelle). *Mise au net. Mise en état, en ordre. Mise au point**. *Mise à prix* (avant des enchères). **II. 1.** (employé seul) Action de mettre de l'argent au jeu ou dans une affaire ; cet argent. → **enjeu ; miser.** *Déposer une mise. Doubler la mise. Rafler la mise.* – fig. *Sauver la mise* *à qqn,* lui épargner un désagrément. ▪ loc. *Mise de fonds :* investissement, placement. **2.** *De mise :* qui a cours, est reçu, accepté (souvent au négatif). *Ces manières ne sont plus de mise.* **3.** (employé seul → mis) Manière d'être habillé. → **habillement, tenue, toilette.** *Soigner sa mise.*

Misène (cap) Cap d'Italie (Campanie) qui ferme au N.-O. le golfe de Naples.

miser v. tr. < 1 > (de *mise*) **1.** Déposer, mettre (un enjeu). → **parier ; mise** (II, 1). *Miser dix euros.* – *Miser sur un cheval, aux courses.* **2.** fam. *Miser sur,* compter, faire fond sur. *Miser sur un succès.*

misérabilisme n. m. Tendance artistique à la représentation des aspects les plus misérables de la réalité sociale.

misérabiliste adj. **1.** arts Qui appartient au misérabilisme littéraire. *Un auteur, une œuvre misérabiliste.* **2.** par ext. Qui donne une impression de pauvreté sordide. *Un décor misérabiliste.*

misérable adj. et n. (latin *miserabilis,* de *miserari* « avoir pitié » → miserere, de *miseria* → misère) **1.** Qui inspire ou mérite d'inspirer la pitié ; qui est dans le malheur, la misère. → **lamentable, malheureux, pitoyable.** « *Je péris la dernière et la plus misérable* » (Racine). ▪ (choses) Triste, pénible. *Une misérable existence.* **2.** Qui est dans une extrême pauvreté. *Une population misérable.* → **pauvre ; indigent.** – n. vieilli *Secourir les misérables.* « *Les Misérables* » (roman de Hugo). ▪ Qui indique une grande pauvreté. *Un logement misérable.* **3.** Sans valeur, sans mérite. → **insignifiant, méprisable, piètre.** *Un salaire misérable.* ▪ (avant le n.) → **malheureux, méchant, pauvre.** *Tant d'histoires pour un misérable billet de cinq euros !* **4.** n. vieilli Personne méprisable. → **malheureux.** *C'est un misérable.* – plais. *Ah, petite misérable !*

misérablement adv. **1.** Pitoyablement, tristement. **2.** Dans l'extrême pauvreté. *Vivre misérablement.*

misère n. f. (latin *miseria,* de *miser* « malheureux ») **1.** littér. Sort digne de pitié ; malheur extrême. → **adversité, détresse.** *La misère des temps. Quelle misère !* – interj. *Misère !, misère de nous !* – régional (cour. au Canada) *Avoir de la misère à* (+ inf.) : avoir de la difficulté, du mal* à. **2.** Évènement malheureux, douloureux. → **malheur, peine.** *Les petites misères du quotidien.* → **ennui.** – *Faire des misères à qqn,* le tracasser. → **méchanceté, taquinerie.** **3.** Extrême pauvreté, pouvant aller jusqu'à la privation des choses nécessaires. → **besoin, indigence.** *Être, tomber dans la misère. Misère noire.* – loc. *Crier, pleurer misère,* se plaindre. *Salaire de misère,* très insuffisant. **4.** *Une misère,* chose, somme de peu d'importance. → **babiole, bagatelle, broutille.** **5.** bot. → **tradescantia.**

miserere [mizeʀeʀe] n. m. invar. (mot latin « aie pitié », de *miserari* → misérable) relig. Psaume par lequel le croyant implore la pitié de Dieu. – Musique sur ce psaume. - var. **miséréré** n. m. *Des miséréré*s.

miséreux, euse adj. (de *misère*) Qui donne l'impression d'une grande pauvreté. → **famélique, misérable, pauvre.** *Un mendiant miséreux. Quartiers miséreux.* – n. *Un miséreux.*

miséricorde n. f. (latin *misericordia,* de *miseria* → misère et *cor, cordis* → cœur) **1.** Sensibilité au malheur d'autrui. → **commisération, compassion, pitié.** **2.** Pitié par laquelle on pardonne au coupable. → **clémence, indulgence.** *Demander, obtenir miséricorde.* **3.** interj. Exclamation qui marque une grande surprise accompagnée de douleur, de regret.

miséricordieux, ieuse adj. Qui a de la miséricorde, de la compassion ; qui pardonne facilement. → **clément.** □ adv. **miséricordieusement**

Mishima Yukio (Hiraoka Kimitake, dit) Écrivain japonais (1925-1970). Attaché à la tradition, hostile au modernisme de son époque et habité par une vue pessimiste du

Mishima en 1961 à Tōkyō.

monde, il se suicida publiquement. *Le Pavillon d'or ; Le Tumulte des flots.*

Mishnah ou **Michna** n. f. Dans le judaïsme, compilation des enseignements et des décisions de rabbins interprétant la Torah. Composée de soixante-trois traités, elle constitue le noyau du Talmud.

Misiones Province d'Argentine. 29 801 km^2. 966 000 habitants. Capitale : Posadas.

Miskolc Ville du N.-E. de la Hongrie. 167 000 habitants. Temple gothique (XVe s.). Université. Industrie alimentaire. Sidérurgie.

Misnie n. f. en allemand **Meissen** Ancienne province d'Allemagne. Elle fut réunie à la Saxe en 1423.

miso n. m. (mot japonais) Préparation à base de pâte de soja fermenté, utilisée dans la cuisine japonaise. – appos. *Soupe miso.*

mis(o)- Élément (du grec *misein* « haïr ») qui signifie « qui déteste » (ex. *misanthrope, misogyne*).

misogyne adj. et n. (du grec → mis[o]- et -gyne) Qui a de l'hostilité ou du mépris pour les femmes (opposé à *misandre*). – n. *Un, une misogyne.*

misogynie n. f. Hostilité ou mépris envers les femmes.

Mi Son Site archéologique du centre du Viêtnam. Sanctuaires de briques chams (VIIe-XIIIe s.).

misonéisme n. m. (du grec *neos* → néo-) didact. Hostilité à la nouveauté, au changement. □ adj. et n. **misonéiste**

mispickel n. m. (de l'allemand) minér. Pyrite arsenicale.

miss n. f. (mot anglais, de *mistress,* de l'ancien français *maistresse* → maîtresse) **1.** Mademoiselle, en parlant d'une Anglaise, d'une Américaine. *Miss Smith. Des miss.* **2.** Titre donné aux jeunes reines de beauté élues dans des concours. *Miss France.*

missel n. m. (latin chrét. *missalis [liber],* de *missa* → messe) Livre liturgique qui contient les prières et les lectures de la messe pour l'année entière. → **paroissien.**

missi dominici n. m. pl. (mots latins « envoyés du maître ») hist. Inspecteurs royaux qui visitaient les provinces, sous les Carolingiens.

missile n. m. (mot anglais des États-Unis, du latin *missilis,* de *mittere* « envoyer » → mettre) Engin de destruction autopropulsé et dirigé par autoguidage ou téléguidage. → **fusée.** *Des missiles sol-air.*

missilier, ière n. Militaire spécialiste des missiles.

mission n. f. (latin *missio,* de *mittere* « envoyer » → mettre) **1.** Charge donnée à qqn d'aller accomplir qqch., de faire qqch. → **mandat.** *On l'a chargé d'une mission. Mission impossible.* – *Mission scientifique.* → **expédition.** **2.** Charge de propager une religion ; prédications et œuvres accomplies à cet effet. *Pays de mission.* **3.** Groupe de personnes ayant une mission. *Faire partie d'une mission.* ▪ spécialt Organisation de religieux chargés de la propagation de la foi. → **missionnaire.** *Mission catholique.* **4.** Bâtiment où logent les missionnaires. **5.** Action, but auquel un être semble destiné. → **fonction, vocation.** *La mission de l'artiste.*

missionnaire n. (de *mission*) **1.** Prêtre, religieux, religieuse chargé de propager la foi. *Un missionnaire catholique.* – *La position du missionnaire :* position sexuelle dans laquelle l'homme est couché sur la femme. **2.** adj. Qui a la mission de propager sa religion, son idéal. *L'esprit missionnaire.*

M

missionner v. tr. < 1 > Charger d'une mission, envoyer en mission. *L'assureur va missionner un expert.*

Missions étrangères de Paris (société des) Association religieuse catholique, fondée au XVIIe s. par Mgr Pallu et Mgr Lambert de La Motte. Elle vise à former les prêtres à l'exercice des activités missionnaires.

Mississauga Ville du S.-E. du Canada (Ontario), dans la banlieue de Toronto. 721 599 habitants. Centre commercial, industriel et résidentiel.

Mississippi n. m. Fleuve des États-Unis, qui traverse le pays du N. au S. 3 780 km. Né au N. du Minnesota, il se jette dans le golfe du

Mississippi

Delta du Mississippi (vue satellite), à droite, en jaune, la ville de La Nouvelle-Orléans située en partie sous le niveau de la mer.

Mexique, formant un immense delta. Il arrose notamment Minneapolis, Saint Paul, Natchez, Baton Rouge et La Nouvelle-Orléans.

Mississippi **n. m.** État du S. des États-Unis. 123 584 km^2. 2 967 000 habitants. Capitale : Jackson. État agricole (coton, élevage). Gisement de pétrole et de gaz naturel.

missive **n. f.** **(vient du latin *missus*, p. p. de *mittere* → mettre)** **littér.** Lettre. *Recevoir une missive.*

Missolonghi Ville de l'O. de la Grèce (Étolie) sur le golfe de Patras. 30 000 habitants. Lieu essentiel de la résistance contre les Turcs (1821-1826).

Missouri **n. m.** Rivière du centre des États-Unis, affluent du Mississippi. 3 767 km. Né dans les Rocheuses (parc de Yellowstone), il conflue à Saint Louis. Il arrose notamment Omaha, Kansas City, Jefferson City.

Missouri **n. m.** État du centre des États-Unis. 180 456 km^2. 5 989 000 habitants. Capitale : Jefferson City. État agricole (élevage). Importantes richesses minérales (plomb). Tourisme.

Miss.Tic Artiste française (1956-2022). Pionnière du street art en France, elle a orné les rues de Paris de portraits de femmes au pochoir, légendés de courtes phrases percutantes.

MIST Acronyme anglais désignant un groupe de pays émergents à croissance accélérée : Mexique, Indonésie, Corée du Sud, Turquie.

Mistassini **n. f.** Rivière du Canada (Québec). 296 km. Elle prend sa source à l'E. du lac Mistassini et se jette dans le lac Saint-Jean.

Mistassini (lac) Lac du Canada (Québec), où naît la rivière Rupert. 2 336 km^2.

M

mistelle **n. f.** **(espagnol *mistela*, de *misto* « mélangé », du latin *mixtus*)** Moût de raisin dont la fermentation a été arrêtée par une addition d'alcool.

Misti **n. m.** Volcan éteint des Andes occidentales, dans le S. du Pérou (5 822 m). Il domine la ville d'Arequipa.

mistigri **n. m.** **(ancien français *miste* → miston et *gris*)** **1.** **vieilli** Chat. **2.** Valet de trèfle. **–** Jeu de cartes (où ce valet domine).

Mistinguett (Jeanne Bourgeois, dite) Vedette française de music-hall (1875-1956). Chanteuse célèbre *(Mon homme)*, elle devint la plus grande meneuse de revue du Paris de l'entre-deux-guerres.

Mistler (Jean) Écrivain et homme politique français (1897-1988). Plusieurs fois ministre, il est l'auteur d'études sur le fantastique et sur le romantisme allemand. Il écrivit également des romans *(Châteaux en Bavière)* et des ouvrages historiques *(Napoléon et l'Empire)*. Académie française.

miston, onne **n.** **(ancien français *miste*, de *mite* n. du chat → marmite, mistigri)** **régional, fam.** Gamin, mioche.

mistoufle **n. f.** **(origine obscure ; p.-ê. de *emmitoufler*)** **pop.** **1.** Méchanceté. *Faire des mistoufles à qqn.* **2.** Pauvreté, misère.

Mistra Ancienne cité du Péloponnèse (Grèce), non loin de Sparte. Important centre intellectuel sous les Paléologues, elle fut détruite par les Turcs en 1825 mais conserve des vestiges byzantins.

mistral **n. m.** **(ancien provençal *maestral*, qui vient du bas latin *magistralis* → magistral)** Vent violent qui souffle du nord ou du nord-ouest vers la mer, notamment dans la vallée du Rhône et sur la Méditerranée. *Le mistral et la tramontane.*

Mistral (Frédéric) Écrivain français d'expression provençale (1830-1914). Membre du Félibrige, il célébra la beauté de la Provence et travailla à promouvoir la langue et la culture occitanes. *Mireille ; Les Îles d'or ; Trésor du Félibrige* (dictionnaire du provençal). Prix Nobel 1904.

Mistra

Ruines de Mistra, inscrites au patrimoine mondial de l'Unesco.

Mistral (Lucila Godoy y Alcayaga, dite Gabriela) Poète chilienne (1889-1957). D'inspiration chrétienne, elle célébra l'amour et la maternité, mêlant au lyrisme des accents nostalgiques. *Tendresse.* Prix Nobel 1945.

Mistry (Rohinton) Écrivain canadien d'origine indienne (né en 1952). Ses romans, véritables comédies humaines, abordent les questions politiques et religieuses de l'Inde. *L'Équilibre du monde ; Une simple affaire de famille.*

MIT [ɛmite ; ɛmajti] voir **Massachusetts Institute of Technology**

mitage **n. m.** **(de *miter*)** **urbanisme** Prolifération anarchique des constructions.

mitaine **n. f.** **(ancien français *mite*, n. du chat ; idée de « fourrure » et « patte du chat »)** **1.** Gant qui laisse à nu les deux dernières phalanges des doigts. **2.** **régional** Moufle.

mitan **n. m.** **(de *mi-* et *tant*)** **1.** **vieux** ou **régional** Milieu, centre. *Au mitan, en plein mitan de...* **2.** **argot** Le Milieu (des malfaiteurs).

Mitanni **n. m.** Empire de l'Antiquité qui régna sur le N. de la Syrie actuelle aux XVe et XIVe s. av. J.-C. Il tomba sous les dominations assyrienne et hittite.

mitard **n. m.** **(ancien argot *mite* « cachot », d'origine incertaine)** **argot** Cachot, cellule disciplinaire, dans une prison.

Mitchell (mont) Point culminant des Appalaches, en Caroline du Nord. 2 037 m.

Mitchell (Margaret) Romancière américaine (1900-1949). Elle fut l'auteur d'un unique roman, *Autant en emporte le vent*, adapté au cinéma par Victor Fleming.

Mitchell (William Ormond) Écrivain canadien d'expression anglaise (1914-1998). Ses romans pleins d'humour célèbrent l'innocence des enfants et des excentriques. *Qui a vu le vent.*

Mitchell (Peter) Chimiste britannique (1920-1992). On lui doit d'importants travaux sur la respiration cellulaire. Il contribua, en particulier, à élucider le mécanisme par lequel l'ADP (adénosine diphosphate) est transformée en ATP (adénosine triphosphate), le vecteur d'énergie de la cellule. Prix Nobel 1978.

Mitchell (Joan) Peintre américaine (1925-1992). Elle fit partie de la seconde génération de peintres expressionnistes abstraits américains. Sa peinture haute en couleur, fortement gestuelle, aux effets de texture alternant opacités et fluidités, est la remémoration de paysages.

Mitchell (Claude Moine, dit Eddy) Chanteur et comédien français (né en 1942). Il fonda un groupe de rock, les Chaussettes noires, puis poursuivit sa carrière en solo. Présentateur de télévision *(La Dernière Séance)*, il joua aussi dans plusieurs films *(Coup de torchon)*.

Mitchourine (Ivan Vladimirovitch) Agronome russe (1855-1935). À l'encontre de la biologie moderne, il affirma que le milieu est capable de modifier les caractères héréditaires des hybrides. Ses idées furent reprises par Lyssenko.

Mitchourinsk Ville du S.-O. de la Russie, dans la région de Tambov. 99 000 habitants. Travail des métaux. Industrie alimentaire.

Mitchum (Robert) Acteur américain de cinéma (1917-1997). Il joua dans des films policiers, des westerns. *Rivière sans retour ; La Nuit du chasseur.*

1mite **n. f.** **(de l'ancien néerlandais, de *mit* « couper, ronger » ; famille de *mitraille*)** **1.** Petit papillon blanchâtre de la famille des teignes, dont les larves rongent les étoffes et les fourrures. *Habit mangé par les mites, troué aux mites.* **2.** Arthropode (acarien ou arachnide) parasite de matières végétales ou animales. *Mite de la farine.*

2mite **n. f.** **(origine incertaine ; p.-ê. de 1*mite*)** **vieux, fam.** Chassie (de l'œil). *Avoir la mite à l'œil.*

mité, ée **adj.** Troué par les mites. *Fourrure mitée.*

mi-temps **n. f. invar.** **I.** **1.** Temps de repos au milieu d'un match (dans les sports d'équipes : football, rugby, hockey, etc.). → **pause.** **2.** Chacune des deux moitiés du temps réglementaire d'un match. **II.** *À mi-temps* **loc. adv.** *Travailler à mi-temps*, pendant la moitié de la durée normale du travail **(opposé à *à plein temps*)**. **– n. m. invar.** *Un mi-temps :* un travail à mi-temps.

se miter **v. pron.** <1> Être attaqué, rongé par les mites. → **mité.**

miteux, euse **adj.** **(de 2*mite* ; d'abord « chassieux »)** En piteux état ; d'apparence misérable. → **minable, pauvre, piètre.** *Un hôtel miteux.* **– n. fam.** Personne pauvre, pitoyable.

Mithra Dieu solaire de l'ancien Iran, équivalent du Mitra indien, dont le culte se répandit dans le monde hellénistique et romain. Il est représenté coiffé d'un bonnet phrygien, immolant un taureau.

mithriacisme **n. m.** **(latin *mithriacus*, de *Mithra*)** **didact.** Culte de Mithra. - **syn.** **mithracisme.**

mithriaque **adj.** **(latin *mithriacus*, de *Mithra*)** **didact.** Relatif au culte de Mithra. *La religion mithriaque.*

Mithridate Nom de princes et souverains de l'époque hellénistique et romaine. ■ **Mithridate VI Eupator** dit le Grand (v. 132-63 av. J.-C.). Roi du Pont (v. 111-63 av. J.-C.). Il mena plusieurs guerres contre Rome dont il voulait écarter la domination en Asie. Battu par Sylla (–86) et par Pompée (–66), il tenta en vain de s'empoisonner (il était immunisé). Il se fit alors tuer par un de ses soldats.

mithridatiser v. tr. < 1 > (de *Mithridate*) didact. Immuniser en accoutumant à un poison. □ **mithridatisation** n. f. et **mithridatisme** n. m.

Mitidja n. f. Plaine d'Algérie, arrière-pays d'Alger. Riche région agricole (agrumes, vignoble, tabac).

mitigation n. f. didact. Action de mitiger. – dr. *Mitigation des peines* : substitution, en raison de l'état de santé du condamné, d'une peine plus douce à la peine infligée.

mitigé, ée adj. 1. vieux Adouci, atténué. 2. Moins strict. → **relâché.** *Un zèle mitigé.* 3. (emploi critiqué) Mêlé, mélangé. *Des sentiments mitigés.*

mitiger v. tr. < 3 > (latin *mitigare* « amollir » et « calmer », de *mitis* « doux ») vieux Rendre plus doux, moins rigoureux. – dr. *Mitiger une peine* (→ **mitigation**).

mitigeur n. m. Robinet à une seule manette, qui permet de régler indépendamment la température de l'eau et son débit.

Mitla Site archéologique du Mexique, non loin d'Oaxaca. Monuments des cultures zapotèque et mixtèque.

Mito Ville du Japon (Honshū), au N.-E. de Tōkyō. 270 800 habitants. Port de pêche et carrefour ferroviaire. Jardin célèbre.

mitochondrie [mitɔkɔ̃dʀi] n. f. (grec *mitos* → mitose et *khondros* « cartilage ») biol. Granule du cytoplasme, indispensable aux réactions énergétiques de la cellule. □ adj. **mitochondrial, ale, aux**

mitogène adj. et n. m. (de *mitose* et de *-gène*, d'après l'anglais) Se dit d'une substance qui stimule la prolifération cellulaire.

mitonner v. < 1 > (de *miton* « mie de pain », mot normand dérivé de ²*mie*, d'où *mitonnée* « panade [cuite longtemps] ») I. v. intr. Cuire longtemps à petit feu. → **bouillir, mijoter.** II. v. tr. 1. Préparer soigneusement en faisant cuire longtemps. *Il nous a mitonné un bon petit dîner.* 2. fig. Préparer tout doucement (une personne, une chose) pour un résultat. *Mitonner une affaire.*

mitose n. f. (de l'allemand, du grec *mitos* « fil ») biol. Division de la cellule au cours de laquelle chaque chromosome se dédouble. □ adj. **mitotique**

mitoyen, enne adj. (ancien français *moitoien*, de *moitié*, d'après *mi-*) Qui est entre deux choses, commun à l'une et à l'autre. *Mur mitoyen.* – par ext. *Maisons mitoyennes.* → **contigu.** □ n. f. **mitoyenneté**

mitraillade n. f. Tir, décharge de mitrailleuse. → **mitraille.**

Mithra

Groupe en marbre représentant le dieu Mithra (IIe s.), British Museum, Londres.

mitraillage n. m. Action de mitrailler.

mitraille n. f. (de l'ancien français *mitaille*, de *mite* « petite monnaie » → ¹mite) 1. anciennt Ferraille, balles de fonte qu'on utilisait dans les canons comme projectiles. 2. Décharge d'artillerie, de balles. *Fuir sous la mitraille.* 3. fam. Petite monnaie de métal. → **ferraille.**

mitrailler v. tr. < 1 > 1. Prendre pour objectif d'un tir de mitrailleuse. *Mitrailler un avion.* ■ fig. *Mitrailler qqn de questions*, le harceler de questions. 2. fam. Photographier ou filmer sans arrêt. *La star fut mitraillée par les photographes.*

mitraillette n. f. 1. Arme portative à tir automatique. → **pistolet-mitrailleur.** 2. (Belgique) Sandwich contenant de la viande et des frites.

mitrailleur 1. n. m. vieux Celui qui mitraille, tire à mitraille. 2. Militaire qui se sert d'une mitrailleuse, spécialt sur un bombardier. 3. adj. m. (arme automatique) Qui peut tirer par rafales. – → aussi **fusil-mitrailleur, pistolet-mitrailleur.**

mitrailleuse n. f. Arme automatique, sur support, à tir rapide. *Mitrailleuse légère, lourde.*

mitral, ale, aux adj. anat. En forme de mitre. – *Valvule mitrale du cœur.* ■ De la valvule mitrale. *Insuffisance mitrale.*

mitre n. f. (du latin, du grec *mitra* « bandeau ») 1. Haute coiffure triangulaire de cérémonie portée par les évêques. *La mitre épiscopale.* 2. Coiffure antique formée d'un bandeau. 3. techn. Chapeau triangulaire surmontant une cheminée. 4. zool. Mollusque des mers tropicales à coquille longue et pointue.

Mitre (Bartolomé) Homme d'État argentin (1821-1906). Il fut président de la République de 1862 à 1868 et fonda le journal *La Nación.*

mitré, ée adj. relig. Qui a le droit de porter la mitre. *Un abbé mitré.*

mitron n. m. (de *mitre*, à cause du bonnet) 1. Garçon boulanger ou pâtissier. 2. Poterie de forme circulaire couronnant un conduit de cheminée.

Mitropoulos (Dimitri) Chef d'orchestre américain d'origine grecque (1896-1960). Il dirigea le Philharmonique de Minneapolis puis celui de New York, contribuant à la diffusion d'œuvres modernes (Berg, Stravinski).

Mitry-Mory Commune de la Seine-et-Marne. 20 620 habitants.

Mitscherlich (Eilhard) Chimiste allemand (1794-1863). Il découvrit l'isomorphisme des cristaux.

Mitscherlich (Alexander) Psychanalyste allemand (1908-1982). Directeur de l'Institut Freud de Francfort, il étudia le phénomène nazi. Il chercha en outre à lier la psychanalyse à la condition sociale de l'homme moderne.

Mitsubishi Groupe bancaire et industriel japonais (automobile, électronique, transport), créé en 1870.

Mitteleuropa (allemand « Europe centrale ») Nom donné au XIXe siècle aux territoires d'Europe centrale. Il désignait moins un espace géographique qu'un ensemble politique, économique et culturel de langue allemande qui s'étendait de la Vistule aux Vosges, et de la Baltique au sud de l'Autriche-Hongrie.

Mittellandkanal n. m. Canal du centre de l'Allemagne. 325 km. Creusé de 1905 à 1930, il est relié au canal Dortmund-Ems et traverse l'Allemagne jusqu'à l'Elbe.

Mitterrand (François) Homme d'État français (1916-1996). Plusieurs fois ministre sous la IVe République, il prit, à partir de 1958, la tête de l'opposition de gauche au général de Gaulle. Premier secrétaire du Parti socialiste (1971), il fut élu président de la République en 1981, et réélu en

François Mitterrand saluant la foule au Panthéon, le 21 mai 1981.

1988. Ses deux septennats furent marqués par une accélération de la construction européenne et par d'importantes réformes à l'intérieur (abolition de la peine de mort, décentralisation), mais également par la persistance de la crise économique. Il dut cohabiter avec la droite de 1986 à 1988 et de 1993 à 1995, terme du second mandat qui le vit se retirer de la vie politique.

à **mi-voix** loc. adv. D'une voix faible. *Parler à mi-voix.*

mixage n. m. anglic. Regroupement sur une même bande de tous les éléments sonores d'un film, d'une chanson, etc.

mixer v. tr. < 1 > (anglais *to mix* « mélanger », de *mixed*, du français *mixte*) anglic. 1. Procéder au mixage de. *Mixer une chanson.* ■ Manipuler (des sons, des rythmes) en vue de créer des effets musicaux. – absolt *Elle mixe dans des soirées privées.* 2. Passer (un aliment) au mixeur.

mixeur n. m. (mot anglais, de *to mix* → mixer) anglic. Appareil électrique servant à mélanger, à broyer des aliments. → **batteur** (II), **mélangeur.**

mixité n. f. Caractère de ce qui est mixte (2). *La mixité scolaire.*

mixologie n. f. (anglais *mixology*, de *mix* « mélange ») Art de confectionner des cocktails. □ n. **mixologue** ou **mixologiste**

mixte adj. et n. m. (latin *mixtus*, p. p. de *miscere* → mêler) 1. Formé de plusieurs éléments de nature différente. → **combiné, mélangé.** *Mariage mixte*, entre deux personnes d'origines ou de religions différentes. ■ n. m. → **mélange.** « *Ce mixte de morale et de logique, qu'est le bon sens* » (R. Barthes). 2. Qui comprend des personnes des deux sexes. *École, classe mixte.*

Mixteca n. f. Région montagneuse du S. du Mexique, pays des Mixtèques.

Mixtèques [miʃtɛk] n. m. pl. Population de l'ancien Mexique (civilisation d'Oaxaca). Agriculteurs sédentaires, ils pratiquaient un art raffiné (enluminure de manuscrits, céramique, orfèvrerie). Ils refoulèrent les Zapotèques vers l'est mais furent supplantés par les Aztèques. Quelque 300 000 Mixtèques vivent encore dans les États d'Oaxaca, Guerrero et Puebla.

mixtion n. f. (latin *mixtio* « mélange », de *miscere* → mêler) didact. Action de mélanger plusieurs substances, spécialt pour la composition d'un médicament (*mixtionner* v. tr. < 1 >). – par ext. Produit de ce mélange. → **mixture.**

mixture n. f. (latin *mixtura*, de *mixtus* → mixte) 1. Mélange de plusieurs substances chimiques, pharmaceutiques. 2. péj. Mélange comestible (boisson ou aliment)

M

dont on reconnaît mal les composants. *Une étrange mixture.*

Miyake Issey Couturier japonais (1938-2022). Il est célèbre pour son invention du plissé permanent et régulier, adapté à des coupes minimalistes, et pour ses créations mêlant styles japonais et occidental.

Miyamoto Musashi Guerrier et peintre japonais (1584-1645). Il fut le plus fameux escrimeur de l'histoire japonaise. Son *Livre des cinq anneaux* demeure un classique de la tactique. Ses peintures d'oiseaux sont également célèbres.

Miyamoto Shigeru Designer de jeux vidéo japonais (né en 1952). Directeur artistique de Nintendo, il a créé le jeu d'arcade *Donkey Kong* et les personnages Zelda, Star Fox et surtout Mario, le petit plombier à la salopette bleue devenu l'emblème de la société.

Miyazaki Hayao Réalisateur japonais de dessins animés (né en 1941). Il est reconnu comme l'un des maîtres du film d'animation. *Le Voyage de Chihiro* ; *Le vent se lève.*

Miyazaki, *Le Château ambulant* (2003).

Mizoguchi Kenji Cinéaste japonais (1898-1956). D'un style raffiné, ses films humanistes aux images superbes accusent l'injustice et la cruauté de la société, associant le réalisme au sens de la légende et de l'épopée. *Les Contes de la lune vague après la pluie* ; *Les Amants crucifiés* ; *La Rue de la honte.*

Mizoram n. m. État du N.-E. de l'Inde. 21 087 km^2. 1,2 million d'habitants. Capitale : Aizawl. Région frontalière du Bangladesh et de la Birmanie, habitée par les Mizos.

Mjøsa (lac) Le plus grand lac de Norvège, au N. d'Oslo. 362 km^2.

MLF (Mouvement de libération des femmes) Mouvement féministe français, créé en 1968, dont Antoinette Fouque fut l'une des cofondatrices.

Manifestation à l'appel du MLF pour le droit à l'IVG.

Mlle Abréviation de *mademoiselle.*

MMA voir **martial**

Mme Abréviation de *madame.*

MMS n. m. (mot anglais, sigle de *Multimedia Messaging Service*) anglic. Service qui permet d'envoyer des photos, des messages multimédias d'un téléphone mobile à un autre ; message ainsi échangé. *Recevoir des MMS.*

Mn Symbole chimique du manganèse.

mnémo-, -mnèse, -mnésie Éléments (du grec *mnêmê* « mémoire ») qui signifient « mémoire ; se souvenir ».

mnémonique adj. (du grec → mnémo-) didact Relatif à la mémoire. → **mnésique.** – Qui sert à aider la mémoire. → **mnémotechnique.**

Mnémosyne Mère des neuf Muses dans la mythologie grecque, déesse de la Mémoire.

mnémotechnique adj. (de *mnémo-* et du grec *tekhnê* → technique) Capable d'aider la mémoire par des procédés d'association mentale. *Procédés, moyens mnémotechniques.*

Mnésiclès Architecte athénien (ve s. av. J.-C.). Il construisit les Propylées de l'Acropole à Athènes.

mnésique adj. (grec *mnêsis,* de *mnêmê* → -mnésie) didact. De la mémoire. *Les processus mnésiques.*

Mnouchkine (Ariane) Metteuse en scène française de théâtre (née en 1939). Fondatrice et animatrice du Théâtre du Soleil, elle a monté des pièces classiques (Shakespeare, Eschyle) et des créations inspirées des traditions orientales, remarquables pour leurs aspects visuels et sonores. *Une chambre en Inde.* Au cinéma, elle a réalisé *1789* et *Molière.*

Ariane Mnouchkine mettant en scène *Méphisto* de Klaus Mann (festival d'Avignon, 1979).

Mo 1. Symbole chimique du molybdène. 2. Abréviation de *mégaoctet.*

Moab Personnage biblique. Fils de Loth, il est l'ancêtre éponyme des Moabites.

Moabites n. m. pl. Peuple sémitique de l'E. de la mer Morte (XIVe-XIIIe s. av. J.-C.), descendants de Moab.

Moanda ou **Mouanda** Ville du S.-E. du Gabon, près de Masuku. 59 150 habitants. L'un des plus importants gisements mondiaux de manganèse.

Moberg (Vilhelm) Écrivain suédois (1898-1973). Il fut un représentant de la tendance « prolétaire » suédoise. *Le Soldat au fusil brisé* ; *À cheval ce soir.*

mobile (latin *mo[vi]bilis,* de *movere* → mouvoir ; ^{1}meuble) I. adj. 1. Qui peut être mû, dont on peut changer la place ou la position. *Pièces fixes et pièces mobiles d'un mécanisme. Un téléphone mobile* (ou n. m. *un mobile*). → **portable.** *Mobile multifonction* : recomm. offic. pour *smartphone.* 2. Dont la date, la valeur peut être modifiée, est variable. *Les fêtes mobiles du calendrier.* 3. (personnes) Qui se déplace ou peut se déplacer. *La gendarmerie mobile.* 4. Dont l'apparence change sans cesse. → **mouvant.** *Reflets mobiles.* → **changeant.** *Visage, regard mobile,* plein de vivacité. II. n. m. 1. sc. Corps qui se déplace, considéré dans son mouvement. *Calculer la vitesse d'un mobile.* 2. Ce qui porte, incite à agir. → **impulsion.** *Le mobile d'un crime.* 3. Œuvre d'art ou décorative, ensemble d'éléments articulés, construits en matériaux légers et pouvant prendre des dispositions variées. *Les mobiles de Calder.*

Mobile Ville des États-Unis (Alabama), sur le golfe du Mexique. 195 000 habitants. Port et zone pétrolière.

mobile home [mɔbilom] n. m. (mot anglais « maison *[home]* mobile ») anglic. Maison légère transportable, s'installant de façon durable et possédant souvent des raccordements d'eau et d'électricité. *Des mobile homes.* - recomm. offic. **maison mobile.**

mobilier, ière (de *mobile*) I. adj. (s'oppose à *immobilier*) 1. Qui consiste en biens meubles (I). *Fortune mobilière.* 2. dr. Qui est de la nature des biens meubles. *Valeurs mobilières.* II. n. m. cour. Ensemble des meubles (II) destinés à l'usage et à l'aménagement d'une habitation. → **ameublement.** *Mobilier de bureau.* – *Mobilier urbain,* objets, installations disposés sur la voie ou dans les lieux publics.

mobilisable adj. 1. Susceptible d'être mobilisé (1). 2. À quoi on peut faire appel. *Les énergies mobilisables.*

mobilisateur, trice n. et adj. Qui mobilise (1 ou 2), effectue ou organise une mobilisation. *Un projet mobilisateur.*

mobilisation n. f. 1. Opération qui a pour but de mettre une armée, une troupe sur le pied de guerre. *Décréter la mobilisation générale.* 2. Rassemblement et mise en action. *La mobilisation des ressources, des énergies.* 3. méd. Action de faire bouger (un membre, une articulation). 4. fin. Action de mobiliser (4). *La mobilisation d'un crédit.*

mobiliser v. tr. <1> (de *mobile* ; d'abord « rendre meuble », en droit) 1. Mettre sur le pied de guerre (une armée) ; affecter (des citoyens) à des postes militaires. 2. Faire appel à, mettre en action (des personnes, des idées...). *Le syndicat a mobilisé ses militants.* 3. méd. Faire bouger (un membre, une articulation). 4. fin. Rendre disponible (une somme, des ressources).

mobilité n. f. (latin *mobilitas,* de *mobilis* → mobile) 1. Caractère de ce qui peut se mouvoir, changer de place, de position (s'oppose à *immobilité*). – *Personnes à mobilité réduite (PMR).* 2. Caractère de ce qui change rapidement d'aspect ou d'expression. *La mobilité d'un visage.* ▪ par ext. *Mobilité des sentiments, de l'humeur.* → **fluctuation, inconstance, instabilité.** 3. Moyen de locomotion. *Les mobilités douces,* respectueuses de l'environnement.

Möbius (August Ferdinand) Astronome et mathématicien allemand (1790-1868). En mathématique, il participa au développement de la géométrie projective. En topologie, il conçut la *bande* (ou *ruban*) *de Möbius,* à une seule face.

Mobutu (Joseph Désiré) Maréchal et homme d'État zaïrois (1930-1997). Chef de l'armée (1960), il devint président de la République après un coup d'État en 1965 et exerça un pouvoir autoritaire soutenu par un parti unique, le Mouvement populaire pour la révolution. Il fut renversé par L.-D. Kabila en 1997.

mobylette n. f. (marque déposée, de *mobile* et *bicyclette*) Cyclomoteur. - abrév. fam. **mob.**

mocassin n. m. (d'abord au Canada ; de l'algonquin *makisin*) 1. Chaussure des Indiens d'Amérique du Nord, en peau non tannée. 2. Chaussure basse, sans attaches.

Mocenigo Famille noble de Venise dont plusieurs membres furent doges entre 1474 et 1778.

moche adj. (de *amocher* « défigurer », de l'ancien français *moche, moque* « écheveau », qui vient du francique *mokka* « masse informe ») fam. 1. Laid, laide. *Il est vraiment moche.* 2. Regrettable, fâcheux. *C'est moche, ce qui lui arrive.* 3. Moralement critiquable. → **méprisable.**

mocheté n. f. fam., péj. Personne ou chose laide.

mochi n. m. (mot japonais) Petite boule de pâte de riz gluant (pâtisserie japonaise). *Mochi fourré à l'azuki. Mochis glacés.*

Mochicas n. m. pl. Amérindiens de la côte N. du Pérou, représentants d'une culture qui s'épanouit du IIe au VIIIe s., célèbre pour ses poteries.

mocktail [mɔktɛl] n. m. (mot-valise anglais, de *mock* « feint, faux » et *cocktail*) anglic. Cocktail sans alcool.

Mocky (Jean Mokiejewski, dit Jean-Pierre) Réalisateur français (1929-2019). Il a dénoncé les travers de la société dans des

Modène

Modène, la Piazza Grande, centre historique de la ville, inscrite au patrimoine mondial de l'Unesco.

comédies impertinentes féroces. *Un drôle de paroissien ; À mort l'arbitre ; Le Miraculé.*

Moctezuma ou **Montezuma II** (1466-1520). Neuvième empereur aztèque (v. 1502-1520). Il reconnut la suzeraineté de Charles Quint mais ne put empêcher le soulèvement de son peuple contre les troupes de Cortés.

modal, ale, aux adj. (de ^{2}*mode*) **1.** Qui a rapport aux modes (en philosophie, logique, grammaire). *Logique modale. Auxiliaires modaux,* qui expriment le nécessaire, le probable, le contingent (ex. *pouvoir, devoir*). → **modalité. 2.** *Musique modale,* où l'organisation en modes est primordiale (opposé à *tonal*).

modaliser v. tr. < 1 > **1.** didact. Différencier selon des modes, des modalités. **2.** ling. Former (un énoncé) en exprimant son point de vue par rapport au contenu (ex. : transformer *il est venu* en *je crois qu'il est venu*). □ **n. f. modalisation**

modalité n. f. (de *modal*) **1.** Forme particulière (d'un acte, d'un fait, d'une pensée, d'un objet). → **circonstance, manière.** *Modalités de paiement, d'inscription.* **2.** *Adverbe de modalité,* qui modifie le sens d'une phrase entière (ex. *probablement*). **3.** Caractère d'un morceau de musique dépendant du mode (→ ^{2}**mode**) (opposé à *tonalité*).

Modane Commune de la Savoie. 3 010 habitants. Accès au tunnel du Fréjus reliant la France et l'Italie. Soufflerie aéronautique.

^{1}**mode** n. f. (latin *modus* « mesure » et « modération » → **modérer, modeste,** puis « manière, façon ») **1.** vieux ou régional Manière, façon. *« Fais à ta mode »* (Bernanos). **2.** Manière collective de faire. *Les modes de l'époque.* – *Tripes à la mode de Caen.* **3.** absolt Goûts collectifs, manières passagères de vivre, de sentir qui paraissent de bon ton dans une société déterminée. *Les engouements de la mode.* → ^{1}**vogue.** – loc. *À la mode :* conforme au goût du jour (→ **dans le vent**). *Chanson à la mode. Passé de mode.* → **démodé. 4.** Habitudes collectives et passagères en matière d'habillement. *La mode féminine, masculine. Suivre la mode.* **5.** Commerce, industrie du vêtement. → **couture, prêt-à-porter.** *Elle travaille dans la mode.*

^{2}**mode** n. m. (latin *modus* [→ ^{1}**mode**], dans des emplois techn.) **1.** philos. Manière d'être (d'une substance). *Les modes de l'être* (latin *modi essendi*) *et de la signification* (→ **modiste**). **2.** mus. Chacune des dispositions particulières de la gamme caractérisée par la disposition des tons et demi-tons. *Mode majeur, mineur.* **3.** ling. Caractère d'une forme verbale susceptible d'exprimer l'attitude du sujet vis-à-vis des évènements exprimés. *Les modes personnels* (indicatif, subjonctif, conditionnel, impératif) *et impersonnels* (infinitif, participe). **4.** cour. *Mode de...,* forme particulière sous laquelle se présente un fait, s'accomplit une action. → **forme.** *Mode de vie, d'existence.* → **genre,** ^{1}**style.** – *Mode d'emploi,* manière de se servir de qqch. → **indication. 5.** inform. Type de fonctionnement (d'un ordinateur, d'un périphérique). *Le mode économique d'une imprimante.* – *Téléphone en mode avion.*

Model (Walter) Maréchal allemand (1891-1945). Commandant du front ouest (1944), il refusa de se rendre à Eisenhower et se suicida.

Model (Elise Seybert, dite **Lisette)** Photographe américaine d'origine autrichienne (1906-1983). Elle renouvela l'esthétique du reportage de mode.

modelage n. m. Action de modeler (une substance malléable).

modèle n. m. (italien *modello,* du latin *modulus* → **module**) **I.** Ce qu'on doit imiter. **1.** Ce qui sert ou doit servir d'objet d'imitation pour faire ou reproduire qqch. → ^{2}**étalon, exemple, référence.** *Sa conduite doit être un modèle pour nous. Servir de modèle. Prendre qqn comme, pour modèle. Sur le modèle de,* à l'imitation de... – adj. *Des employés modèles.* → ^{2}**exemplaire, parfait. 2.** Personne ou objet dont l'artiste reproduit l'image. → ^{2}**sujet.** *Dessin, dessiner d'après le modèle.* ■ Personne dont la profession est de poser pour des peintres, des photographes (→ anglic. **cover-girl**). – par ext. Mannequin. → **top-modèle. 3.** *Modèle de :* personne, fait, objet possédant des caractéristiques qui en font le représentant d'une catégorie. *Elle est, c'est un modèle de fidélité, de générosité.* **II. 1.** Catégorie, classe définie par un ensemble de caractères. → **type.** *Les différents modèles d'organisation industrielle.* **2.** Type déterminé selon lequel des objets semblables peuvent être reproduits. → **prototype.** *Modèle reproduit en grande série.* – *Modèle déposé.* **3.** Objet de même forme qu'un objet plus grand. → **maquette.** – ***Modèle réduit.*** *Construire des modèles réduits de bateaux* (→ **modélisme**). **4.** sc. Représentation simplifiée, souvent formalisée, d'un processus, d'un système. *Modèles mathématiques en économie.* **5.** Type d'organisation et de fonctionnement socioéconomique. *Le modèle libéral.*

▶ On appelle **modèle** (II, 4), dans les sciences de la nature comme dans les sciences de l'homme, toute représentation délibérément simplifiée ou idéalisée d'une réalité étudiée. Il peut être théorique, empirique ou expérimental, mathématique, matériel ou schématique.
Il n'est pas exigé d'un modèle scientifique qu'il ressemble au champ des phénomènes qu'il explore, à la façon dont une image ressemble à l'objet qu'elle représente, mais il doit rendre compte du réel à l'aide de concepts et de processus (lois, régulations, propriétés de fonction ou de structure...) et permettre d'en dériver des phénomènes tels que l'on pourra les observer, du moins dans leurs manifestations essentielles. La première condition fait d'un modèle une *fiction utile et provisoire* pour l'explication d'un phénomène, la seconde en fait un *instrument de prédiction* que l'on soumet au verdict des faits expérimentaux.
Notons toutefois l'usage spécifique, en logique, du terme « modèle », qui n'est pas conçu comme une représentation mais, à l'inverse, comme une construction *purement* formelle se trouvant décrite par une théorie.
L'illustration canonique de l'idée de modèle est fournie par la théorie cinétique des gaz, proposée au XIXe siècle par J. C. Maxwell puis L. Boltzmann : les gaz parfaits sont décrits comme des collections de petits corps élastiques invisibles (comparables à des boules de billard) et comme des points matériels (sphères parfaites) indépendants les uns des autres et animés entre deux chocs d'un mouvement de translation uniforme. On cherche, grâce à cette schématisation à l'échelle microscopique, à dériver certaines des propriétés macroscopiques du gaz (pression, viscosité par exemple).
voir aussi **hypothèse, complexité, science**

modelé n. m. **1.** Relief des formes (dans une sculpture, un dessin, une peinture). **2.** géogr. Configuration du relief. *Le modelé d'une région.*

modeler v. tr. < 5 > (de *modèle*) **1.** Façonner (un objet) en donnant une forme déterminée à une substance molle. *Modeler une poterie.* → **modelage.** – peint. Rendre le relief, le modelé. **2.** Pétrir (une substance malléable) pour lui imposer une certaine forme. *Modeler de la terre glaise. Pâte à modeler.* **3.** Conférer une certaine forme à (qqch.). *L'érosion modèle le relief.* ■ fig. *Modeler son goût sur, d'après celui de qqn.* → **conformer, régler.** – pronom. ***Se modeler sur qqn, qqch.*** : se façonner en empruntant les caractères. → se **conformer.**

M

modeleur, euse n. **1.** Sculpteur, sculptrice qui exécute des modèles (en terre, en cire). **2.** techn. Ouvrier, ouvrière qui confectionne des modèles (de machines, etc.).

modélisation n. f. didact. Présentation (d'un phénomène complexe) sous forme de modèle formel.

modéliser v. tr. < 1 > didact. Établir le modèle (II, 4) de, présenter sous forme de modèle formel.

modélisme n. m. Conception et construction des modèles réduits. → **maquettisme.**

modéliste n. **1.** Personne qui fait ou dessine les modèles, dans la couture. **2.** Personne qui fabrique des modèles réduits.

modem n. m. (abrév. de *modulateur-démodulateur,* de *modulateur*) inform. Appareil qui convertit des signaux afin de transmettre des données entre ordinateurs par le réseau téléphonique ou le réseau câblé.

MoDem (Mouvement Démocrate) n. m. Parti politique français centriste créé en 2007 par François Bayrou, issu de l'UDF.

modénature n. f. (de l'italien, de *modano* « modèle ») archit. Profil d'un ensemble de moulures dont les reliefs créent des jeux d'ombres et de lumière.

Modène Ville du N. de l'Italie (Émilie-Romagne). 175 500 habitants. Université. Cathédrale romane (XIe-XIIe s.). Musées. Centre industriel (automobile, textile) et pôle tertiaire. Gouvernée par les Este de 1288 à 1796 et érigée en duché en 1452, Modène appartint ensuite à la République cisalpine jusqu'en 1814, date à laquelle le duché revint à un Habsbourg. Son rattachement au nouveau royaume d'Italie fut voté en 1860.

Moder n. f. Rivière du N. de l'Alsace, affluent du Rhin. 80 km.

modérantisme n. m. hist. Doctrine politique modérée, notamment sous la Révolution française. □ **adj. et n. modérantiste**

modérateur, trice n. et adj. (latin *moderator* → modérer) **1.** Personne, chose qui tend à modérer ce qui est excessif, à concilier les partis opposés. – spécialt Personne qui veille à la qualité des messages sur un forum, un réseau social. ■ **adj.** *Une influence modératrice.* – *Ticket modérateur,* quote-part de frais laissée à la charge du malade par la Sécurité sociale (en France). **2. n. m.** mécan. Mécanisme qui a pour fonction de régulariser un fonctionnement. → **régulateur. 3. n. m.** Corps qui, dans une pile atomique, permet de régler une réaction en chaîne.

modération n. f. (latin *moderatio* → modérer) **1.** Comportement éloigné de tout excès. → **mesure, pondération, réserve, retenue.** « *L'esprit de modération doit être celui du législateur* » (Montesquieu). – *À consommer avec modération.* **2.** Action de modérer, de diminuer (qqch.). *La modération des prix.* → **diminution. 3.** Fait de modérer des contenus sur Internet.

modérato [mɔdeʀato] adv. (mot italien « modéré ») mus. Mouvement modéré, entre l'andante et l'allégro. *Allégro modérato.* – **n. m.** Passage joué modérato. *Des modératos.* - var. **moderato.** « *Moderato cantabile* » (roman de M. Duras).

modéré, ée adj. **1.** Qui fait preuve de mesure, qui se tient éloigné de tout excès. → **mesuré, pondéré.** *Des propos modérés.* **2.** Qui professe des opinions politiques éloignées des extrêmes et conservatrices ou modérément réformistes. *Un parti modéré.* – **n.** *Les modérés.* **3.** Peu intense, assez faible. → [1]**moyen.** *Prix modéré.* → [1]**bas.**

modérément adv. Avec modération. *Boire, manger modérément.*

modérer v. tr. < 6 > (latin *moderari,* de *modus* → [1] et [2]mode) **1.** Diminuer l'intensité de (un phénomène, un sentiment), réduire à une juste mesure (ce qui est excessif). → **adoucir, mitiger, pondérer, tempérer.** *Modérez vos paroles. Modérer l'allure, la vitesse,* ralentir. – pronom. *Modérez-vous !* → se **calmer,** se **contenir. 2.** Contrôler le contenu des messages diffusés sur (un forum, un réseau social).

M

moderne adj. (latin *modernus,* de *modo* « justement ; peu après » → comme, de *modus* → [1]mode) **I. 1.** Actuel, contemporain ou récent. *La société moderne.* « *Pour un homme du* XIIIe *siècle, le gothique était moderne* » (Malraux). **2.** Qui bénéficie des progrès récents. → [2]**neuf, nouveau.** *Les techniques modernes.* → de **pointe. 3.** Qui est conçu selon les habitudes contemporaines ; qui correspond au goût actuel. *Mobilier, décor moderne.* **4.** (personnes) Qui tient compte de l'évolution récente, dans son domaine ; qui est de son temps. – *Des goûts, des idées modernes.* **II. 1.** didact. Qui appartient à une époque postérieure à l'Antiquité. *Les Temps modernes. Le grec moderne.* – spécialt **n.** *Les Modernes :* les écrivains modernes, au XVIIe siècle, opposés aux Anciens*. **2.** hist. *Histoire moderne,* de la fin du Moyen Âge à la Révolution française, début de l'époque dite *contemporaine.* **3.** (opposé à *classique*) *Enseignement moderne,* qui inclut les sciences et les langues vivantes.

modernisateur, trice adj. Qui modernise. *Un projet modernisateur.* – **n.** *Les réformateurs et les modernisateurs.*

moderniser v. tr. < 1 > **1.** Rendre moderne. **2.** Organiser d'une manière conforme aux besoins, aux moyens modernes. *Moderniser l'enseignement.* → **actualiser.** □ **n. f. modernisation**

modernisme n. m. **1.** Goût de ce qui est moderne ; recherche de la modernité. **2.** Mouvement chrétien préconisant une nouvelle interprétation des croyances et des doctrines traditionnelles. □ **adj. moderniste**

modernité n. f. Caractère de ce qui est moderne, notamment en art. *Une œuvre d'une grande modernité.*

modern style n. m. invar. et adj. invar. (mot anglais « style moderne ») anglic. Tendance artistique du début du XXe siècle, caractérisée par l'utilisation de courbes naturelles stylisées, inspirées de la flore (syn. **style nouille, Art nouveau**).

modeste adj. (latin *modestus,* de *modus* « mesure » → [1]mode) **I. 1.** Qui est simple, sans faste ou sans éclat. *Mise, tenue modeste.* ■ Qui concerne les couches sociales peu favorisées. *Un milieu modeste.* **2.** Peu important. *Un salaire très modeste.* → **médiocre, modique.** *Un modeste employé.* → **simple. II.** (personnes) Qui a une opinion modérée, réservée, de son propre mérite. → **effacé, humble ; modestie.** « *Sois modeste ! c'est le genre d'orgueil qui déplaît le moins* » (J. Renard). *Air, mine modeste.* → [1]**discret, réservé.**

modestement adv. De manière modeste. *Ils sont logés très modestement.* – *Parler, se comporter modestement.* → **simplement.**

modestie n. f. (du latin → modeste) Modération, retenue dans l'appréciation de soi-même. → **humilité, réserve.** – *Fausse modestie,* modestie affectée.

modeux, euse n. fam. Personne qui se passionne pour la mode (→ **fashionista**) ou qui travaille dans le secteur de la mode.

Modi (Narendra) Homme d'État indien (né en 1950). Issu du BJP, droite nationaliste hindoue, il occupe le poste de Premier ministre depuis 2014. Il est critiqué pour sa politique envers les musulmans.

Modiano (Patrick) Écrivain français (né en 1945). Ses romans, en partie autobiographiques, sont une méditation sensible sur les évènements douloureux du passé et la quête de l'identité. *La Place de l'Étoile ; Rue des boutiques obscures ; Un pedigree.* Prix Nobel 2014.

modicité n. f. (du latin → modique) **1.** Caractère de ce qui est modique (pécuniairement). → **petitesse.** *La modicité de son revenu.* **2.** Médiocrité, petitesse.

modifiable adj. Qui peut être modifié.

modificateur, trice adj. Qui a la propriété de modifier. *Une convention modificatrice.*

modificatif, ive adj. Qui modifie. *Texte modificatif.*

modification n. f. (du latin → modifier) **1.** Changement (qui n'affecte pas l'essence de ce qui change). → **altération, variation.** *Modification matérielle ; quantitative, qualitative.* ■ *Modification rapide, lente d'une situation.* **2.** Changement apporté à qqch. *Modifications apportées à un texte.* → **correction, rectification, remaniement.** - abrév. fam. **modif.**

modifier v. tr. < 7 > (latin *modificare,* de *modus* → [1]mode et *facere* → [1]faire) Changer (une chose) sans en altérer la nature. *Modifier ses plans.* ■ se **modifier** v. pron. *Une impression qui se modifie sans cesse.* → **changer, varier.**

Modigliani (Amedeo) Peintre et sculpteur italien (1884-1920). Ses portraits, ses nus féminins et ses sculptures se caractérisent par l'élongation des corps et la stylisation des traits. Rappelant les masques africains, ses visages dégagent une grâce mélancolique. Il vécut et mourut à Paris.

Modigliani (Franco) Économiste américain d'origine italienne (1918-2003). Il s'intéressa à l'épargne et aux marchés financiers, établissant la théorie du cycle de vie. Prix Nobel 1985.

modillon n. m. (italien *modiglione,* qui vient du latin pop. *mutilio*) archit. Ornement placé sous une corniche, un support.

modique adj. (latin *modicus* « modéré, modeste », de *modus* → [1]mode) (somme d'argent) Peu considérable. → **faible, minime.** *Un salaire modique. Pour la modique somme de deux euros.* □ **modiquement** adv. *Être modiquement payé.*

Modigliani (Amedeo)

Modigliani, *Hanka Zborowska avec une chandelle* (1919), galerie Daniel Malingue, Paris.

modiste n. (de [1]*mode*) Fabricant(e), marchand(e) de chapeaux pour femmes. *Atelier, boutique de modiste.*

modulant, ante adj. Qui module.

modulateur n. m. Appareil qui module un courant, une onde. *Modulateur-démodulateur.* → **modem.**

modulation n. f. (du latin → moduler) **1.** Chacun des changements de ton, d'accent, d'intensité, de hauteur dans l'émission d'un son ; action ou façon de moduler. **2.** mus. Passage d'une tonalité à une autre. **3.** Modification de qqch. selon les circonstances. *Modulation des tarifs.* **4.** Variation (d'amplitude, d'intensité, de fréquence) d'un phénomène physique. *Émission en modulation de fréquence.*

module n. m. (latin *modulus,* de *modus* → [1]mode, [2]moule) **1.** archit. Unité déterminant des proportions. – Dimension. *Cigare de gros module.* **2.** phys. Coefficient de résistance des matériaux. *Module de rigidité.* **3.** math. *Le module d'un vecteur.* → **norme. 4.** Unité constitutive d'un ensemble. ■ Élément d'un véhicule spatial. *Module lunaire.* ■ inform. *Module d'extension,* ajouté à une application pour étendre ses fonctions. ■ Unité d'enseignement universitaire. □ **adj. modulaire**

moduler v. tr. < 1 > (latin *modulari,* de *modulus* → module) **1.** Articuler, émettre (une mélodie, un son varié) par une suite de modulations. **2.** intrans. mus. Passer d'une tonalité à une autre. **3.** techn. Faire varier les caractéristiques de (un courant électrique ou une onde). **4.** Adapter (qqch.) à des situations diverses. *Moduler des tarifs.* □ **adj. modulable**

modulor n. m. (de *module* et *[nombre d']or*) didact. Système de mesures architecturales fondé sur le nombre d'or.

modus vivendi [mɔdysvivɛ̃di] n. m. invar. (mots latins « mode de vivre » → [2]mode ; vivre) Transaction mettant d'accord deux parties en litige.

Moe (Jørgen Ingebrechtsen) Écrivain norvégien (1813-1882). Pasteur, il publia avec Asbjørnsen les *Contes populaires norvégiens.*

Mœbius voir **Giraud** (Jean)

Moëlan-sur-Mer Commune du Finistère. 6 748 habitants. Chapelle et calvaire du XVIe s. Conchyliculture. Tourisme.

moelle [mwal] **n. f. (vient du latin *medulla* → médullaire) I. 1.** Substance molle et grasse de l'intérieur des os. *Relatif à la moelle osseuse.* → **myéloïde.** *Os à moelle,* contenant de la moelle. – **fig.** *« La substantifique* moelle »* (Rabelais). **2. loc.** *Être glacé jusqu'à la moelle (des os),* l'intérieur du corps. **II.** ***Moelle épinière :*** cordon nerveux qui va de l'encéphale aux vertèbres lombaires, par l'épine* dorsale (canal rachidien ; → **médullaire**). **III. bot.** Substance molle située au centre de la tige et de la racine. *La moelle du sureau.*

moelleux, euse [mwalø, øz ; mwe-] **adj. (de *moelle* ; d'abord « qui contient de la moelle », puis « vigoureux » et « doux ») 1.** Qui a de la douceur et de la mollesse au toucher. → **doux, ^{1}mou.** *Étoffe moelleuse. Siège, lit moelleux,* où l'on s'enfonce confortablement. ■ **n. m.** Gâteau de consistance moelleuse. *Un moelleux au chocolat.* **2.** Agréable au palais, au goût. → **onctueux, savoureux.** *Un vin moelleux.* **3.** Qui a une sonorité pleine et douce. *Son moelleux.* **4. (formes naturelles ou artistiques)** Qui a de la mollesse et de la grâce. → **gracieux, souple.** *Ligne, touche moelleuse.* □ **adv. moelleusement**

moellon [mwalɔ̃] **n. m. (de *moilon,* qui vient du latin pop. *mutulio,* de *mutulus* « saillie d'un mur »)** Pierre de construction maniable (par son poids, son encombrement).

moere ou **moère** [mwɛʀ] **n. f. (du moyen néerlandais, de l'anglo-saxon *mor*) régional (Flandre)** Lagune d'eau douce comblée, asséchée et mise en culture.

Moero ou **Mweru (lac)** Lac d'Afrique centrale, formant la frontière entre la République démocratique du Congo et la Zambie. 4 850 km^2. Pêcheries.

Moers Ville du N.-O. de l'Allemagne (Rhénanie-du-Nord-Westphalie). 104 000 habitants. Houillères. Constructions électriques. Industries textiles.

mœurs [mœʀ(s)] **n. f. pl. (vient du latin *mores,* de *mos, moris* « comportement » → ^{1}moral) I.** Habitudes (d'une société, d'un individu) relatives à la pratique du bien et du mal. → **conduite, morale.** *« Les mœurs et les manières sont des usages que les lois n'ont point établis »* (Montesquieu). *Des mœurs dissolues.* – **dr.** *Outrages aux bonnes mœurs.* – *Police, brigade des mœurs,* **ou ellipt** *les Mœurs* (réglementation de la prostitution). ■ **absolt vieux** Bonnes mœurs. **II. 1.** Habitudes de vie, coutumes (d'un peuple, d'une société, d'un groupe). → **usage(s).** *Cette habitude est entrée dans les mœurs.* – *Comédie, peinture* **de mœurs,** qui décrivent les habitudes d'une société. **2.** Habitudes de vie individuelle, comportement (d'une personne). *Avoir des mœurs simples.* **3.** Habitudes de vie (d'une espèce animale).

mofette **n. f. (italien *moffetta,* de *muffa* « moisissure », mot longobard [germanique]) I. géol.** Gaz impropre à la respiration, émanant d'une zone volcanique. → **fumerolle. II.** Mouffette (animal).

Mofolo (Thomas) Écrivain du Basutoland, l'actuel Lesotho (1876-1948). Son roman historique, *Chaka,* retrace l'épopée d'un conquérant zoulou.

Mogadiscio Capitale de la Somalie, dans le S.-E. du pays, sur l'océan Indien. Env. 2,3 millions d'habitants. Port. Centre commercial. Industrie de construction. Raffinerie de pétrole. Les djihadistes, chassés de la ville depuis 2011, y poursuivent des attentats dont celui au camion piégé en 2017 (500 morts, plus de 300 blessés) qui a été le plus meurtrier.

Mogador voir **Essaouira**

Moghols ou **Mogols** **n. m. pl.** Dynastie timuride musulmane qui régna sur le N. de l'Inde de 1526 à 1858. Parmi les *Grands Moghols,* souverains de cette dynastie fondée par Babur, les plus célèbres sont Akbar, Shāh Jahān et Aurangzeb.

Mohács Ville du S. de la Hongrie, sur le Danube. 19 230 habitants. Industrie métallurgique.

Mohács (bataille de) Victoire remportée le 29 août 1526 par Soliman le Magnifique sur Louis II de Hongrie à Mohács (Hongrie).

mohair **n. m. (mot anglais, de l'espagnol *mocajardo,* pris à l'arabe *muhayyar* « tissu en poil de chèvre » → moire)** Poil de la chèvre angora. – **appos. invar.** *Laine mohair.* ■ Étoffe de mohair.

Mohammadia anciennement **Perrégaux** Ville du N.-O. de l'Algérie, au pied du Tell. 62 400 habitants. Agrumiculture.

Mohammadzaï **n. m. pl.** Dynastie afghane, fondée par Dōst Mohammad, qui régna sur Kaboul de 1826 à 1839 et de 1843 à 1973.

Mohammed voir **Mahomet**

Mohammed V [Muḥammad ibn Yūsuf] (1909-1961). Sultan (1927-1953) puis roi (1957-1961) du Maroc. Figure du nationalisme marocain, proche de l'Istiqlāl, il fut exilé en 1953 sur ordre du gouvernement français. Son retour en 1955 fut suivi de l'accession du Maroc à l'indépendance (1956).

Mohammed VI (Sidi Mohammed) Roi du Maroc (né en 1963). Il succéda à son père Hassan II en 1999.

Le roi Mohammed VI en 2004, lors du 5e anniversaire de son accession au trône.

Mohammedia Ville du N.-O. du Maroc, sur l'Atlantique. 208 600 habitants. Port annexe de Casablanca. Raffinerie de pétrole. Cultures maraîchères. Brasseries.

Mohave voir **Mojave**

Mohaves ou **Mojaves** **n. m. pl.** Peuple amérindien du S.-O. des États-Unis. Établis autrefois le long du fleuve Colorado, les Mohaves vivent aujourd'hui dans des réserves de l'Arizona ou en Californie.

Mohawk **n. f.** Rivière des États-Unis. 257 km. Elle se jette dans l'Hudson.

Mohawks **n. m. pl.** Peuple amérindien du Canada (Québec et Ontario) et des États-Unis (État de New York), membre de la Fédération iroquoise. Ils vivent dans l'Ontario et au S.-O. de Montréal.

Mohéli La plus petite île de l'archipel des Comores. 290 km^2. 20 000 habitants. Capitale : Fomboni.

Mohenjo-Daro Site archéologique du Pakistan. Vestiges de la civilisation de la vallée de l'Indus (2500-1500 av. J.-C.).

Mohicans **n. m. pl.** Peuple amérindien d'Amérique du Nord, du groupe algonquien, originaire du N.-E. des États-Unis, dont quelques descendants sont aujourd'hui établis dans le Wisconsin. Leur quasi-disparition inspira *Le Dernier des Mohicans* de Fenimore Cooper.

Mohl (Hugo von) Botaniste allemand (1805-1872). Ses travaux portèrent sur la cellule et la respiration végétale.

Moholy-Nagy (László) Artiste hongrois (1895-1946). Peintre abstrait, il subit l'influence du constructivisme et utilisa la lumière et le mouvement dans ses créations plastiques. Il fut l'un des premiers à réaliser des œuvres cinétiques.

Mohorovičić (Andrija) Géologue croate (1857-1936). Il mit en évidence le changement dans les propriétés des roches situées entre la croûte et le manteau terrestres (*discontinuité de Mohorovičić* ou *Moho*).

moi **pron. pers. et n. m. invar. (ancien français *mei,* qui vient du latin *me,* accusatif de *ego* « je » → ego ; je ; me) I.** Pronom personnel de la première personne du singulier et des deux genres **(→ aussi me)** représentant la personne qui parle ou qui écrit. → **je ; fam. ^{2}bibi, ma pomme. 1. (compl. d'objet après un impér.)** *Regarde-moi* (mais : *ne me* regarde pas*). – **(après un autre pron. pers.)** *Donnez-la-moi.* ■ **emphatique** *Regardez-moi ça !* **2. (sujet)** *Moi, faire cela ? « Qui est là ? — Moi. »* – **renforçant** *je Moi, je... – Moi qui... Moi qui vous parle...* **3. (coord. à un n., un pron.)** *Mon frère et moi.* **4. (dans une phrase compar.)** *Plus, moins que moi. Ne faites pas comme moi.* **5. (attribut)** ***C'est moi...*** **(+ proposition rel.)** *C'est moi qui vous le dis.* **6. (précédé d'une prép.)** *Avec moi, chez moi. L'idée n'est pas de moi.* – *Pour moi,* à mon égard ; pour ma part. – *Pour moi (selon moi, d'après moi), il est fou.* – *Chez moi.* → **chez-moi.** – *À moi :* mien. *Ce stylo est à moi. Un ami à moi* (→ un mien* ami). – *De vous à moi* (→ entre nous). **7. (renforcé) loc.** ***Moi-même :*** forme renforcée de *moi.* – ***Moi seul.*** *C'est moi seul qui suis responsable.* – ***Moi aussi. Moi non plus.*** **II. n. m. invar. 1.** ***Le moi :*** ce qui constitue l'individualité, la personnalité d'un être humain. → **esprit, individu.** *« Le moi est haïssable... mais il s'agit de celui des autres »* (Valéry). **2.** Forme que prend une personnalité à un moment particulier. *Notre vrai moi.* **3. psych.** Instance psychique qui arbitre les conflits entre pulsions, interdits et impératifs de la réalité. → **ego.**

Moi (Daniel Arap) Homme d'État kényan (1924-2020). Il fut président de la République de 1978 à 2002.

moignon **n. m. (de l'ancien français *moing,* du radical *munnio-* « émoussé », gaulois ou antérieur) 1.** Extrémité d'un membre amputé. *Le moignon d'un manchot.* **2.** Ce qui reste d'une grosse branche cassée ou coupée. **3.** Membre rudimentaire. *Les moignons d'ailes des pingouins.*

moindre **adj. compar. (vient du latin *minor* → ^{1}mineur) I. compar.** Plus petit (en quantité, en importance), plus faible. → **inférieur.** *Un moindre mal.* **II. superl.** ***Le moindre :*** le plus petit, le moins important. *Je n'en ai pas la moindre idée. C'est le moindre de mes soucis.* → **cadet, dernier.**

moindrement **adv.** *Le moindrement :* le moins* du monde. *« On se saisit* [...] *sans s'être consultés le moindrement »* (Céline).

moine **n. m. (vient du bas latin *monachus,* du grec *monakhos* « qui vit seul », de *monos* → mon[o]- ; monastère, monazite) I.** Religieux chrétien vivant à l'écart du monde, en général en communauté. → **religieux ; monacal ; monastère.** *Des moines et des ermites.* – **par ext.** *Des moines bouddhistes.* → **bonze. II. fig. 1.** Variété de phoque des mers chaudes. **2.** Ustensile comportant un récipient à braises pour chauffer un lit.

moineau **n. m. (de *moine,* à cause du plumage brun) 1.** Oiseau passereau à livrée brune, striée de noir. → **pierrot ; fam. piaf.** *Manger comme un moineau,* très peu. **2. fig., vieilli** *Vilain, sale moineau :* individu désagréable. → **oiseau.**

Moines (île aux) Île française de l'Atlantique, dans le golfe du Morbihan. 320 hectares. L'île aux Moines forme une commune du Morbihan, L'Île-aux-Moines (527 habitants). Dolmens. Ostréiculture.

moinillon **n. m. fam.** Jeune moine.

Moinot (Pierre) Écrivain français (1920-2007). Haut fonctionnaire, il est l'auteur de romans marqués par les thèmes de la chasse et du voyage. *La Chasse royale ; Le Guetteur d'ombre.*

moins adv. (vient du latin *minus*, neutre de *minor* → [1]mineur, moindre) **I.** (compar. de *peu*) Plus faiblement, d'une manière moins importante (s'oppose à *plus*). *Elle travaille moins. Il est moins grand que son frère. Beaucoup moins, un peu moins. Trois fois moins cher. – Non moins que.* → **ainsi** que, **comme.** *Rien* moins, rien de moins que. – Pas moins :* autant. – loc. *Plus ou moins :* à peu près. *Ni plus ni moins.* **II. 1.** *Le moins* (superl. de *peu*). *C'est le pull le moins cher que j'aie trouvé.* – loc. *Pas le moins du monde :* pas du tout. → **moindrement. 2.** *Au moins,* s'applique à ce qui atténuerait ou corrigerait ce qu'on déplore. *Si, au moins, elle était arrivée à temps !* → **seulement.** *Il y a au moins une heure,* une heure au minimum. → [1]**bien.** *Tout au moins, à tout le moins. Pour le moins :* au minimum. – *Du moins, tout du moins :* néanmoins, en tout cas. **III.** nominal **1.** Une quantité moindre ; une chose moindre. *Cela coûte moins. On s'agacerait à moins. Ni plus ni moins :* exactement autant. – *Moins de. Moins de vingt kilos. Les moins de vingt ans :* ceux qui ont moins de vingt ans. – *De moins, en moins. Cinq de moins, en moins. De moins en moins.* **2.** loc. *À moins de, que :* sauf si. **IV.** n. m. **1.** *Le moins :* la plus petite quantité, la moindre chose. – *C'est le moins qu'on puisse dire.* **2.** *Le signe moins* (–) : le signe de la soustraction. **V.** adj. attribut *C'est moins qu'on ne dit. – C'est moins que rien :* c'est insignifiant. – subst. *Un, une moins que rien :* une personne sans aucune valeur. **VI.** prép. **1.** En enlevant, en ôtant, en soustrayant. *Six moins quatre font deux.* – *Deux heures moins dix.* (en sous-entendant l'heure) *Dépêchez-vous, il est presque moins dix.* fam. *Il était moins une :* il s'en est fallu de peu. **2.** (introduisant un nombre négatif) *Il fait moins dix (degrés). – Dix puissance moins deux* (10^{-2}).

M

moins-disant, ante (opposé à *mieux-disant*) **1.** adj. dr., admin. Qui fait l'offre la plus basse dans une adjudication. **2.** n. m. Révision à la baisse. *Moins-disant social, salarial.*

moins-perçu n. m. dr., fin. Ce qui, étant dû, n'a pas été perçu (opposé à *trop-perçu*). *Les moins-perçus.*

moins-value n. f. écon., comm. Diminution de la valeur d'une chose ; perte de valeur (opposé à *plus-value*). *Des moins-values.*

Mo-I-Rana ou **Mo** Ville du N. de la Norvège, au fond du Ranafjord. 25 500 habitants. Sidérurgie en déclin.

moire n. f. (altération de l'anglais *mohair* → **mohair**) **1.** Apprêt (de tissus) par écrasement irrégulier du grain. – Tissu qui présente des parties mates et brillantes. **2.** littér. Aspect changeant, chatoyant (d'une surface).

moirer v. tr. < 1 > **1.** techn. Traiter (une étoffe) pour lui donner les reflets de la moire. **2.** littér. Rendre chatoyant. « *Un soleil étincelant moirait la mer de rubans de feu* » (Lamartine). □ adj. **moiré, ée** □ n. m. **moirage**

Moires n. f. pl. en grec **Moirai** Divinités grecques du Destin, correspondant aux Parques romaines.

moirure n. f. **1.** Effet de ce qui est moiré. **2.** littér. Reflet, chatoiement.

mois n. m. (vient du latin *mensis*, famille de *metiri* « mesurer » et du grec *mên* « mois ») **1.** Chacune des douze divisions de l'année (→ **janvier, février, mars, avril, mai, juin, juillet, août, septembre, octobre, novembre, décembre**). *Pendant les mois d'été. Période de trois mois* (→ **trimestre**), *de six mois* (→ **semestre**). **2.** Espace de temps égal à trente jours environ. **3.** Rétribution correspondant à un mois de travail. → **mensualité.** – Somme payable chaque mois. *Un mois de loyer.*

moise n. f. (vient du latin *mensa* « table » → **mense**) techn. Pièce d'assemblage double qui relie et maintient d'autres pièces. □ **moiser** v. tr. < 1 > *Moiser une charpente.*

moïse n. m. (du n. de Moïse, qui fut retrouvé enfant dans une petite nacelle, sur le Nil, selon la Bible) Corbeille capitonnée qui sert de berceau portatif. → **couffin.** *Des moïses.*

Moïse en hébreu **Môshèh** Personnage biblique, prophète et législateur d'Israël (XIIIe s. av. J.-C.). Hébreu né en Égypte, il est berger dans le Sinaï quand il assiste à la manifestation de Yahvé dans le « buisson ardent ». Celui-ci l'envoie en Égypte délivrer le peuple d'Israël pour le mener vers la Terre promise (Exode). À son retour, Moïse reçoit les tables de la Loi (Décalogue). Devant l'infidélité des Hébreux au culte de Yahvé, il ne cesse de rappeler l'Alliance conclue entre Dieu et son peuple.

Moïse recevant les tables de la Loi, enluminure de la Bible historiale de Guiart Desmoulins (1305), Bodleian Library, Oxford.

moisir v. < 2 > (vient du latin *mucere*, famille de *mucus*) **I.** v. intr. **1.** Se gâter sous l'effet de l'humidité, en se couvrant de moisissure. **2.** fam. Demeurer longtemps dans une situation d'attente. → **croupir, languir,** se **morfondre, stagner. II.** v. tr. Gâter, détériorer en couvrant de moisissure. *L'humidité moisit le pain.* ■ **moisi, ie** adj. Gâté par la moisissure. *Fruit moisi.* – n. m. *Une cave « sentant le moisi et l'humidité »* (Barbusse).

moisissure n. f. Corruption d'une substance par de petits champignons ; ces champignons, qui forment une mousse veloutée. *Les moisissures du roquefort.*

Moissac Commune du Tarn-et-Garonne, sur le Tarn. 13 738 habitants. Église et cloître roman riche en sculptures.

Moissan (Henri) Pharmacien et chimiste français (1852-1907). Il inventa le four électrique à arc industriel, et parvint à isoler le fluor. Prix Nobel 1906.

Moïsseïev (Igor Aleksandrovitch) Danseur et chorégraphe russe (1906-2007). Le *Ballet Moïsseïev* s'est mis au service de la danse populaire russe.

moissine n. f. (p.-ê. de la famille du latin *mensa* ; cf. *moise*) agric. Grappe cueillie avec un bout de sarment, par lequel on peut la suspendre.

moisson n. f. (vient du latin *messis*, de *metere* « couper, récolter ») **1.** Travail agricole qui consiste à récolter les céréales parvenues à maturité. – Les céréales qui sont ou seront l'objet de la moisson. – Époque de cette récolte. *Moisson tardive.* **2.** fig. *Une moisson de souvenirs.*

moissonner v. tr. < 1 > Couper et récolter (des céréales). → **faucher.** *Moissonner les blés, un champ.* □ n. m. **moissonnage**

moissonneur, euse n. **1.** Personne qui fait la moisson. **2.** n. f. Machine agricole qui sert à moissonner.

moissonneuse-batteuse n. f. Machine agricole qui sert à récolter les céréales et à les battre pour séparer les grains de la paille. *Des moissonneuses-batteuses.*

moissonneuse-lieuse n. f. Machine agricole qui sert à récolter les céréales et à les lier en bottes. *Des moissonneuses-lieuses.*

Moissy-Cramayel Commune de la Seine-et-Marne. 17 982 habitants. Industrie aéronautique.

moite adj. (vient p.-ê. du latin *mucidus* « moisi » ; famille de *moisir, moucher, mucus*) Légèrement humide. *Des mains moites. Une chaleur moite.*

moiteur n. f. Légère humidité. *La moiteur de l'air.*

moitié n. f. (vient du latin *medietas*, de *medius* → **médio-, médiéval, métayer, mi-, mitoyen**) **1.** L'une des deux parties égales d'un tout. → **demi-, mi-, semi-.** *Le diamètre partage le cercle en deux moitiés. Cinq est la moitié de dix. – Une bonne, une petite moitié :* un peu plus, un peu moins de la moitié. **2.** *À moitié :* à demi, partiellement. *Un verre à moitié plein.* – *À moitié prix :* pour la moitié du prix. ■ *Moitié... moitié...* « *Une vieille petite rue, moitié escalier, moitié sentier de chèvre* » (Loti). – *Faire moitié-moitié :* partager également (qqch.) avec qqn. – *De moitié, pour moitié.* – *Partager par moitiés.* **3.** fam. vieilli ou plais. *Sa moitié :* son conjoint, sa conjointe.

Moivre (Abraham de) Mathématicien britannique d'origine française (1667-1754). Précurseur de la théorie des probabilités, il participa aussi à l'introduction des nombres complexes en trigonométrie *(formule de Moivre).*

Mojave ou **Mohave** (désert) Région du S.-E. de la Californie (États-Unis), bordée à l'O. par la sierra Nevada et au N. par la Vallée de la Mort.

mojito [mɔxito] n. m. (mot espagnol, de *mojar* « mouiller ») Cocktail à base de rhum, d'eau gazeuse, de citron vert, de sucre et de feuilles de menthe. *Des mojitos.*

moka (arabe *muha*, n. d'un port du Yémen) **1.** n. m. Café d'Arabie. **2.** n. m. Gâteau fourré d'une crème au beurre parfumée au café. *Des mokas.* **3.** n. f. Cafetière à pression.

Moka Ville du Yémen, à l'entrée de la mer Rouge. 17 000 habitants. Port exportateur d'aromates et de café au XVIIIe siècle.

Mokp'o ou **Mogbo** Ville de Corée du Sud, sur la mer Jaune. 224 500 habitants. Port. Pêche, industrie alimentaire.

[1]**mol** voir [1]**mou**

[2]**mol** Symbole chimique de la mole.

Mol Commune de Belgique (province d'Anvers), sur le canal de la Campine. 37 022 habitants. Église du XVe s. Abbaye. Centre d'études de l'énergie atomique.

[1]**molaire** n. f. (latin *molaris* « en forme de meule », de *mola* → **meule**) Dent de la partie postérieure de la mâchoire, dont la fonction est de broyer.

[2]**molaire** adj. chim. Relatif à la mole. *Masse molaire.*

molarité n. f. (de [2]*molaire*) sc. Nombre de moles d'un soluté contenues par unité de volume du solvant.

molasse n. f. (de l'adj. *mollasse* ou forme péj. de *meulière*) sc. ou techn. Grès tendre, mêlé d'argile, de quartz. - var. **mollasse.**

Mola Vidal (Emilio) Général espagnol (1887-1937). Gouverneur de Pampelune (1936), il soutint le soulèvement nationaliste de Franco, apportant l'appui des forces carlistes.

Molay (Jacques de) Templier français (v. 1243-1314). Dernier grand maître de l'ordre des Templiers, il fut arrêté, torturé et brûlé sur l'ordre de Philippe IV le Bel.

Moldau voir **Vltava**

Moldavie n. f. Région historique et géographique de la Roumanie orientale, entre les Carpates et la mer Noire. Principauté fondée au XIVe s. par Bogdan Ier, la Moldavie fut soumise par les Turcs au XVIe s. Une partie de ses territoires passa ensuite à l'Autriche (1774) et à la Russie (1812). En 1859, la Moldavie et la Valachie furent réunies, sous la direction du prince moldave Alexandre Jean Cuza, pour former la Roumanie.

Moldavie

n. f. ■ offic. république de Moldavie État d'Europe de l'Est. 33 700 km^2. 4 090 000 habitants (les *Moldaves*). **Langues :** roumain ou moldave (offic.), russe, ukrainien. **Population :** Moldaves, 78 % ; Ukrainiens, 8,5 % ; Russes, 6 % ; Gagaouzes, 4,5 % ; Bulgares. **Religions :** orthodoxes (98 %), juifs. **Monnaie :** leu. **Capitale :** Chisinau. **Régime :** démocratie parlementaire.

La Moldavie, qui occupe l'essentiel de la Bessarabie, est un pays de collines et de plaines irriguées par le Dniestr. Son climat est continental. Malgré son agriculture vivrière et son industrie (métallurgie, mécanique), elle est dépendante de l'Ukraine et de la Russie.

La Moldavie fut constituée en 1940, à partir de l'ancienne république autonome de Moldavie (qui faisait partie de l'Ukraine) et d'une grande partie de la Bessarabie enlevée à la Roumanie. Occupée par l'armée roumaine, alliée de l'Allemagne (1941-1944), elle devint en 1944 l'une des républiques d'URSS. La Moldavie accéda à l'indépendance en 1991. Les Russes de Transnistrie constituèrent en 1992 un État échappant au contrôle de Chisinau et les Gagaouzes, au S., obtinrent l'autonomie en 1995. Depuis la démission du président communiste Vladimir Voronine (2001-2009), la population est divisée entre pro-européens et défenseurs de l'autonomie. En 2014, le président pro-européen Nicolae Timofti, signa un accord d'association avec l'UE. Un président pro-russe, Igor Dodon, lui succéda en 2016 mais l'alternance ramena les libéraux au pouvoir en 2020 avec Maia Sandu. L'invasion de l'Ukraine par la Russie accélérant le processus d'adhésion, l'ancienne république soviétique obtint le statut de candidat à l'UE en juin 2022.

mole [mɔl] n. f. (→ molécule) métrologie Unité SI de mesure de quantité de matière (symb. mol) équivalant à celle d'un système contenant autant d'entités élémentaires qu'il y a d'atomes dans 12 g de carbone 12. *Depuis 2019, la mole est définie par le nombre* d'Avogadro.*

[1]môle [mɔl] n. f. (latin *mola* « meule ») pathol. Croissance anormale du placenta qui peut aboutir à l'avortement précoce. □ **môlaire adj.** *Grossesse môlaire.*

[2]môle [mol] n. m. (italien *molo*, famille du latin *moles* → molécule, molester) Construction en maçonnerie, destinée à protéger l'entrée d'un port. → **brise-lame, digue, jetée.** ■ Quai d'embarquement.

[3]môle [mol] n. f. (latin *mola* « meule ») Gros poisson des mers chaudes, appelé aussi *poisson-lune*, au corps en forme de disque aplati.

Molé (Louis Mathieu, comte) Homme politique français (1781-1855). Représentant du parti de la Résistance, il succéda à Thiers comme président du Conseil (1836-1839).

moléculaire adj. De la molécule. *Formule moléculaire d'un corps.*

molécule n. f. (du latin, de *moles* « masse » → [2]môle) 1. vieux Corpuscule. 2. chim. La plus petite partie d'un corps susceptible d'exister à l'état isolé en gardant les caractères de ce corps. *Une molécule est formée d'atomes. Une molécule d'eau. Grosse molécule.* → **macromolécule, micelle.**

Les **molécules** ont une taille de l'ordre du milliardième de mètre et ne peuvent donc être détectées que par des microscopes très puissants, ou par des méthodes spectroscopiques. L'air que nous respirons est constitué d'environ 3 x 10^{22} molécules par litre : il faudrait dix mille milliards de siècles pour les compter à raison d'une par seconde !

Les molécules sont constituées d'un nombre d'atomes bien défini, liés entre eux par des liaisons chimiques. Un *corps pur*, contrairement à un *mélange*, est constitué d'un seul type de molécules juxtaposées. Un corps pur *simple*, contrairement à un corps pur *composé*, est constitué de molécules dont les atomes sont tous identiques.

Toutes les substances ne sont toutefois pas moléculaires : tel est le cas des empilements d'ions, dans les cristaux du sel de cuisine par exemple, ou des juxtapositions d'atomes, aussi grandes que l'on veut, qui constituent les métaux.

On attribue à chaque molécule une formule chimique indiquant sa constitution atomique (O_2 pour l'oxygène, O_3 pour l'ozone, CO_2 pour le dioxyde de carbone, H_2O pour l'eau...). Une réaction chimique se caractérise par la rupture de liaisons entre atomes dans les molécules participant à la réaction, puis par le réarrangement de ces atomes qui établissent ainsi de nouvelles liaisons, permettant la formation d'une ou de plusieurs molécules nouvelles.

Les macromolécules (ADN, protéines, matières plastiques) peuvent comporter des centaines, voire des centaines de milliers d'atomes. La compréhension des enchaînements correspondants, mais également des structures tridimensionnelles de ces molécules, est essentielle pour comprendre leurs propriétés.

voir aussi **ADN, atome, carbone, matière, oxygène, ozone, nanotechnologies**

Molenbeek-Saint-Jean Commune de Belgique (Bruxelles-Capitale), sur le canal de Bruxelles-Charleroi. 97 979 habitants. Industries diversifiées.

molène n. f. (p.-ê. pour *molaine*, de *mol* « mou ») bot. Plante herbacée, à feuilles isolées et molles, à fleurs en épis. *Molène commune.* → **bouillon-blanc.**

Molène Île et commune du Finistère entre Ouessant et la pointe Saint-Mathieu. 264 habitants. Réserve naturelle.

moleskine n. f. (anglais *moleskin* « peau [*skin*] de taupe [*mole*] ») Toile revêtue d'un enduit imitant le cuir.

molester v. tr. < 1 > (du bas latin, de *molestus* « pénible », de *moles* → [2]môle, molécule) Maltraiter physiquement.

molécules

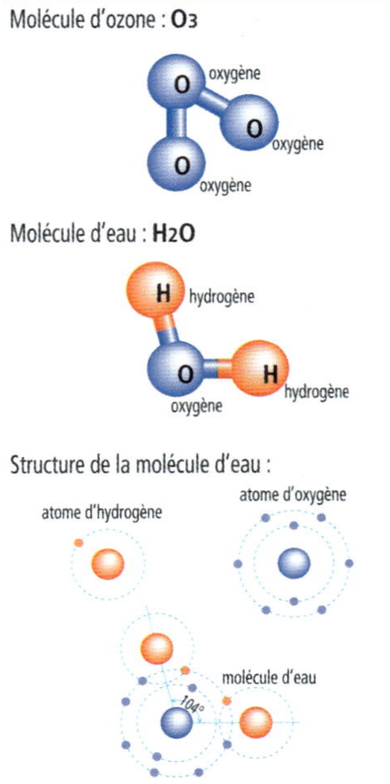

Dans une molécule, des liaisons se forment entre les atomes par la mise en commun d'électrons périphériques.

moleter [mɔl(ə)te] v. tr. < 4 ou RO 5 > (de *molette*) techn. 1. Travailler à la molette. 2. Faire des stries à la molette sur (une tête de vis, un boulon, etc.). □ **adj. moleté, ée** □ **n. m. moletage**

molette n. f. (de *meule*, d'après le latin *mola*) 1. Roue étoilée, à l'extrémité de l'éperon. 2. Outil fait d'une roulette mobile au bout d'un manche. 3. Roulette striée servant à manœuvrer un dispositif mobile. *Clé à molette.*

Molfetta Ville d'Italie, dans les Pouilles, sur l'Adriatique. 62 500 habitants. Cathédrale romane. Port de pêche et de commerce.

Molière (Jean-Baptiste Poquelin, dit) Auteur dramatique et comédien français (1622-1673). Il fonda avec Madeleine Béjart l'Illustre-Théâtre (1643) et connut, une fois installé à Paris et protégé de la famille royale, son premier grand succès en 1659 avec *Les Précieuses ridicules*. La troupe, longtemps itinérante, se fixa au Palais-Royal. Il composa alors de très nombreuses

Molière, par J.-B. Mauzaisse (1841), musée du château, Versailles.

M

comédies, parfois proches de la farce, souvent d'une grande finesse psychologique (*L'École des femmes ; Les Fourberies de Scapin ; Le Médecin malgré lui ; Amphitryon ; George Dandin.*), toujours caustiques, s'en prenant aux dévots (*Tartuffe*) ou ridiculisant le bourgeois (*Le Bourgeois gentilhomme*) et, pour certaines d'entre elles, pourvues d'une dimension tragique (*Dom Juan*). Il mourut peu après une représentation du *Malade imaginaire*. La troupe de Molière fut réunie à celle de l'hôtel de Bourgogne en 1680 pour former la Comédie-Française. Le théâtre de Molière, plein de liberté et d'impertinence, est, tant pour la beauté de sa langue que pour la réussite de ses personnages, devenus archétypes (Harpagon dans *L'Avare*, Alceste dans *Le Misanthrope*, les *Femmes savantes*.), un sommet de la littérature comique de langue française.

Molina (Luis) Théologien jésuite espagnol (1536-1600). Il élabora la doctrine controversée de la *grâce suffisante*, qui conditionne la prédestination aux mérites des individus.

Molina (Mario J.) Chimiste mexicain et américain (1943-2020). Avec F. S. Rowland, il alerta la communauté scientifique sur la destruction de la couche d'ozone par les CFC (chlorofluorocarbures). Prix Nobel 1995.

moliniste **n. et adj. (de Luis *Molina*)** Catholique partisan des opinions de Molina sur la grâce (prédestination conciliable avec le libre arbitre). – **adj.** *Doctrine moliniste.* □ **n. m. molinisme**

Molinos (Miguel de) Théologien espagnol (1628-1696). Sa doctrine, condamnée par Innocent XI, serait à l'origine du quiétisme. *Guide spirituel.*

Molise **n. m. ou f.** Région d'Italie, voisine des Abruzzes. 4 438 km^2. 320 600 habitants. Chef-lieu : Campobasso. Elle comprend les provinces de Campobasso et Isernia.

M

Molitor (Gabriel Jean Joseph, comte) Maréchal de France (1770-1849). Gouverneur de la Hollande, il défendit celle-ci mais dut l'évacuer (1813). Il fut promu maréchal après avoir participé à l'expédition d'Espagne (1823).

mollah **n. m. (mot arabe « maître »)** Chef religieux islamique. *Des mollahs.*

mollard **n. m. (famille de *moelle*) pop. et vulg.** Crachat épais.

[1]mollasse **adj. (de *mol* → [1]mou et suffixe péj.)** **1.** Mou et flasque. **2.** Mou, sans énergie. → **indolent.**

[2]mollasse voir **molasse**

mollasson, onne **n. fam.** Personne molle, indolente.

mollement **adv.** **1.** Sans énergie, sans conviction. *Il travaille mollement.* **2.** Avec douceur et abandon. → **indolemment.**

Mollendo Ville du S. du Pérou, sur l'océan Pacifique. 22 700 habitants. Port de commerce. Station balnéaire.

mollesse **n. f.** **1.** Caractère de ce qui est mou. *La mollesse d'un matelas.* **2.** Paresse physique, intellectuelle ; manque d'énergie. → **indolence.**

[1]mollet, ette **adj. (de *mol* → [1]mou)** **1.** Agréablement mou. **2.** *Œuf mollet,* à peine cuit dans sa coquille.

[2]mollet **n. m. (de [1]*mollet*)** Partie charnue de la jambe, entre le jarret et la cheville.

Mollet (Guy) Homme d'État français (1905-1975). Secrétaire général de la SFIO (1946-1969), il fut président du Conseil en 1956-1957. Il dut affronter la crise de Suez et mena une politique de durcissement en Algérie.

molletière **n. f.** Jambière qui s'arrête en haut du mollet. ■ **(adj.)** ***Bande molletière,*** qu'on enroule autour du mollet.

molleton **n. m. (de [1]*mollet*)** Tissu épais, moelleux et chaud.

molletonné, ée **adj.** Doublé, garni de molleton. *Couvre-lit molletonné.*

Mollien (Nicolas François, comte) Homme politique français (1758-1850). Conseiller financier de Napoléon, il fut ministre du Trésor public de 1806 à 1814 et pendant les Cent-Jours.

mollir **v. intr. < 2 > (de *mol* → [1]mou)** **1.** Perdre sa force. *Sentir ses jambes mollir. Faire mollir.* → **amollir.** – **mar.** *Le vent mollit.* **2.** Commencer à céder. → **faiblir.** *« Toute autorité qui mollit est perdue »* (Michelet). – **fam.** Hésiter, flancher. → se **dégonfler.**

mollo **adv. (de *mollement*) fam.** Doucement. *Vas-y mollo !*

molluscum [mɔlyskɔm] **n. m. (mot latin « nœud de l'érable ») méd.** Petite tumeur fibreuse de la peau. *Des molluscums.*

mollusque **n. m. (du latin, de *molluscus*, de *mollis* → [1]mou)** **1.** Animal invertébré au corps mou (embranchement des *mollusques* : céphalopodes, gastéropodes, bivalves). *Étude des mollusques.* → **malacologie.** **2. fam.** Personne molle. → **mollasson.**

Molnár (Ferenc) Auteur dramatique et écrivain hongrois (1878-1952). Son œuvre, pénétrée de mysticisme, est pleine de fantaisie. *Les Garçons de la rue Pál ; Liliom.*

moloch [mɔlɔk] **n. m. (du n. du dieu Moloch) zool.** Reptile saurien des déserts australiens, hérissé d'épines écailleuses. *Des molochs.*

Moloch (le) Divinité cananéenne mentionnée dans la Bible à qui l'on sacrifiait des enfants.

molosse **n. m. (du latin, du grec « chien de Molossie », en Épire) littér.** Gros chien de garde.

Molotov (Viatcheslav Mikhaïlovitch Skriabine, dit) Homme politique soviétique (1890-1986). Commissaire du peuple aux Affaires étrangères (1939-1949 et 1953-1957), il signa le pacte germano-soviétique (1939). Vice-président du Conseil des commissaires du peuple, il fut accusé par Khrouchtchev d'activités « antiparti » et dut se retirer de la vie politique en 1957.

Molotov, entouré de Staline (à g.) et Vorochilov (à dr.), lors d'une conférence au Kremlin en 1936.

Molotov voir **Perm**

Molsheim Chef-lieu d'arrondissement du Bas-Rhin, sur la Bruche. 9 352 habitants. Église gothique (XVIe-XVIIe s.). Viticulture. Construction aéronautique.

Moltke (Helmuth, comte von) Maréchal prussien (1800-1891). Chef de l'état-major (1857-1888) et créateur de la stratégie prussienne, il contribua à la victoire des Prussiens contre l'Autriche en 1866, puis contre la France en 1870-1871. ■ **Helmuth von Moltke dit le Jeune.** Général allemand (1848-1916). Neveu du maréchal von Molkte. Chef de l'état-major (1906-1914), il appliqua le *plan Schlieffen* mais fut battu à la bataille de la Marne.

Moluques **n. f. pl.** Archipel d'Indonésie, le plus oriental. 74 505 km^2. 3,1 millions d'habitants. Capitale : Ambon. Ancienne colonie hollandaise, les Moluques furent de 1999 à 2002 le théâtre de violents affrontements entre chrétiens et musulmans.

molybdène **n. m. (du latin, du grec, de *molubdos* « plomb »)** Métal blanc (symb. Mo, n° at. 42, masse at. 95,94), dur, peu fusible, utilisé dans la fabrication d'aciers spéciaux. □ **adj. molybdique**

MoMA voir **Museum of Modern Art**

Mombasa ou **Mombassa** Ville du S.-E. du Kenya, sur l'océan Indien. Port. 1,2 million d'habitants. La vieille ville occupe une petite île. Raffinerie de pétrole. Cimenterie. Tourisme.

môme **(radical *mom-* → marmonner) fam.** **1. n.** Enfant. → [1]**gosse.** – **adj.** *Elle est encore toute môme.* **2. n. f.** Jeune fille, jeune femme. *« Jolie Môme »* (chanson de Léo Ferré).

[1]moment **n. m. (du latin, de *movimentum*, de *movere* → mouvoir)** **1.** Espace de temps limité. → [2]**instant.** *Le moment où un évènement s'est produit. Un long moment. – Les succès du moment* (→ **actuel**). **2.** Court instant. *« Plaisir d'amour ne dure qu'un moment »* (Florian). *Un éclat d'un moment* (→ **passager**). *En un moment. Dans un moment.* **3.** Circonstance, temps (caractérisé par son contenu). *De bons moments.* **4.** Point de la durée (en rapport avec un évènement). *C'est le moment ou jamais.* → **occasion.** **5. loc. prép.** *Au moment de.* → **lors.** – **loc. conj.** *Au moment où.* ***Du moment où, que*** : puisque, dès lors que. – **loc. adv.** ***À tout moment*** : sans cesse. ***En ce moment*** : à présent, maintenant. ***Sur le moment*** : au moment où une chose a eu lieu. ***Par moments*** : de temps à autre. ***D'un moment à l'autre*** : bientôt.

[2]moment **n. m. (latin *momentum* « poussée » → [1]moment) sc.** **1. math.** *Moment d'un bipoint* (A, B) *par rapport à un point* O : le produit vectoriel des vecteurs $\overrightarrow{OA}$ et $\overrightarrow{AB}$. **2. phys.** *Moment d'une force* : capacité d'une force à faire tourner un système mécanique autour d'un point.

momentané, ée **adj. (du bas latin → [1]moment)** Qui ne dure qu'un moment. → [1]**court, temporaire.** *Des difficultés momentanées.*

momentanément **adv.** Provisoirement, temporairement.

momerie [mɔmʀi] **n. f. (de l'ancien français *momer* « se déguiser ») littér.** Attitude, pratique hypocrite ou ridicule.

mômerie **n. f. fam.** Enfantillage.

momie **n. f. (latin médiéval *mummia*, mot arabe « mélange de poix et de bitume servant à embaumer »)** Cadavre desséché et embaumé. *La momie de Ramsès II.*

Momie inca parée de bijoux en or, Museo de Oro, Lima.

momification **n. f.** Action de momifier. – Fait de se momifier.

momifier **v. < 7 >** **1. v. tr.** Transformer en momie. → **embaumer.** – **p. p. adj.** *Cadavre momifié.* **2. *Se momifier*** **v. pron.** Se figer.

Monaco (principauté de)

Monaco, où résident des ressortissants de plus de 125 nationalités.

Mommsen (Theodor) Historien allemand (1817-1903). Également philologue, il est l'auteur d'une *Histoire romaine* qui fait encore référence. Prix Nobel de littérature 1902.

Mompou (Federico) Compositeur espagnol (1893-1987). D'abord influencé par la musique française, il affirma toutefois un style personnel dans une œuvre qui doit beaucoup aux folklores espagnol et catalan.

mon, ma, mes adj. poss. (vient du latin *meum, meam* → mien) **I.** sens subjectif **1.** Qui est à moi, qui m'appartient. *Mon livre. Mon opinion.* – (mon pour ma, devant voyelle) *Mon écharpe.* – Qui m'est habituel. *Mon café du matin.* – Auquel j'appartiens. *Ma génération.* **2.** (devant un n. de personne ; parenté, relations variées) *Mon père. Mes voisins.* **3.** (en s'adressant à qqn) *Viens, ma fille. Mon cher ami.* **II.** sens objectif De moi, relatif à moi. *Mon juge* : celui qui me juge. *Elle est venue à mon aide.*

Môn n. m. État de Birmanie, au N. du Ténassérim. 12 297 km². 2 000 000 habitants. Capitale : Moulmein.

Møn Île du S.-E. du Danemark, dans la mer Baltique, au S.-E. de l'île de Sjæland. 209 km². 10 300 habitants. Chef-lieu : Stege. Blé, betterave à sucre.

monacal, ale, aux adj. (du latin, de *monacus* → moine) **1.** Relatif aux moines. → **monastique. 2.** Digne d'un moine. *Une vie monacale* : recluse, ascétique.

monachisme [mɔnaʃism ; -kism] n. m. (du latin, de *monachus* « moine ») relig. État, vie de moine ; institution monastique.

Monaco (principauté de)

État d'Europe de l'Ouest, enclavé dans le département français des Alpes-Maritimes. → Provence-Alpes-Côte d'Azur (carte). 1,5 km². 37 308 habitants (les *Monégasques*). **Langue :** français. **Religion :** catholique. **Monnaie :** euro. **Capitale :** Monaco. **Régime :** principauté parlementaire.

S'étendant sur une bande côtière de 3 km de long, la principauté est divisée en six quartiers. Monaco-Ville est située en partie sur un promontoire rocheux (le *Rocher*) entouré de remparts. Le pays tire ses ressources du casino de Monte-Carlo et du tourisme (congrès, plaisance).

Le site accueillit une colonie phénicienne, puis grecque. En 1297, elle devint possession de la famille Grimaldi. Annexée à l'Espagne (1524-1641) puis à la France (1793-1814), elle recouvra son indépendance en 1861, mais se plaça sous protection française. Le prince Rainier III régna de 1949 à 2005 ; son fils Albert II lui a succédé en 2005.

monade n. f. (mot grec, de *monos* → mon[o]-) philos. Chez le philosophe Leibniz, Substance indivisible qui constitue l'élément dernier des choses.

monadelphe adj. (de *mon[o]-* et grec *adelphos* « jumeau ») bot. Dont les étamines sont soudées en un seul faisceau.

monadologie n. f. Théorie des monades* (Leibniz).

Monaghan en gaélique **Mhuineachain** Comté de la république d'Irlande, en Ulster. 64 830 habitants. Chef-lieu : Monaghan.

monarchie n. f. (du bas latin, du grec « gouvernement d'un seul » → **monarque**) Régime politique dans lequel un roi ou une reine héréditaire est à la tête de l'État. → **royauté.** *Monarchie absolue, constitutionnelle, parlementaire.* ▪ État ainsi gouverné. → **royaume.** *La Suède est une monarchie.*

Aristote et Platon définissent la **monarchie** comme « le gouvernement par un seul ». Le monarque antique consulte et décide seul, à la différence des régimes aristocratique et démocratique où l'on pratique le débat. Au fil du temps, la question du mode de prise de décision s'est déplacée vers celle de la souveraineté : à qui appartient vraiment le pouvoir ? La fin du Moyen Âge voit l'affirmation progressive de la nature divine du pouvoir royal, qui trouve son expression la plus achevée au XVIIe siècle avec la doctrine française de l'absolutisme et le règne de Louis XIV. Aujourd'hui encore, la légitimité de certaines dynasties, comme les Hachémites en Jordanie, est de nature religieuse. Mais dès le XVIIe siècle, en Europe, la révolution d'Angleterre (1688), l'affirmation théorique de la souveraineté du peuple (Locke, Rousseau) ainsi que la résistance de la noblesse et de la bourgeoisie parlementaire à un pouvoir royal dénoncé comme arbitraire conduisent à reformuler la définition des monarchies modernes.
La Belgique, le Danemark, la Suède et la Norvège sont de bons exemples des monarchies dites « constitutionnelles » qui font généralement une large place à un parlement élu. C'est le peuple qui confère son pouvoir au roi, quelle que soit l'ancienneté de la dynastie. Souvent symbolique (Élisabeth d'Angleterre est ainsi reine du Canada et de l'Australie), ce pouvoir fait du monarque le gardien des institutions, garant de leur équilibre et de leur pérennité, cependant que le pouvoir exécutif réel est assuré par le chef du gouvernement. La transmission héréditaire peut fonder une légitimité historique qui, dans les situations de crise, permet au monarque de jouer un rôle pacificateur (Juan Carlos d'Espagne à la mort de Franco, en 1975). À l'inverse, les dictatures du XXe siècle ont souvent vu le passage d'une forme républicaine à une forme autoritaire (Salazar au Portugal, Hitler en Allemagne), sans les contrepouvoirs qui équilibrent les monarchies historiques européennes.
voir aussi **démocratie, dictature, État, constitution**

monarchie de Juillet Nom donné au règne de Louis-Philippe Ier (1830-1848). Régime parlementaire instauré après la révolution de juillet 1830, la monarchie de Juillet fut marquée par une agitation politique importante : elle dut faire face à l'opposition des légitimistes (tentative de la duchesse de Berry, 1832), des bonapartistes (affaires de Strasbourg et de Boulogne, 1836 et 1840) et des républicains (juin 1832, avril 1834, attentat de Fieschi en 1835, mai 1839). Après avoir gouverné avec les représentants du parti du Mouvement, Louis-Philippe s'entoura des chefs du parti de la Résistance (Casimir Perier, Molé, Thiers, Guizot). Pratiquant une politique extérieure plutôt pacifique, le régime étendit les colonies françaises (conquête de l'Algérie et acquisition de comptoirs en Afrique, en Extrême-Orient et dans le Pacifique). Une crise économique et financière (1846-1847), doublée d'une crise politique (campagne des Banquets, 1847-1848), conduisit à la révolution de février 1848, qui provoqua la chute de Louis-Philippe et la proclamation de la IIe République.

monarchique adj. De la monarchie.

monarchisme n. m. Doctrine des monarchistes.

monarchiste n. et adj. Partisan de la monarchie. → **royaliste.**

monarque n. (du bas latin, du grec *monarkhês* → mon[o]- et -arque) **1.** Chef de l'État, dans une monarchie. → **empereur, impératrice, prince, princesse, reine, roi, ¹souverain.** *Monarque absolu.* → **autocrate. 2.** n. m. Papillon diurne.

monastère n. m. (du latin, du grec, famille de *monos* « seul » → mon[o]- ; moine, monazite) Établissement où vivent des religieux appartenant à un ordre. → **couvent.**

Monastier-sur-Gazeille (Le) Commune de la Haute-Loire. 1 754 habitants. Ancienne abbatiale romane et gothique.

monastique adj. (du latin, du grec, famille de *moine*) Qui concerne les communautés de moines, de moniales. → **monacal.** *La discipline monastique.*

Monastir Ville du N.-E. de la Tunisie, sur une presqu'île du S. du golfe de Hammamet. 71 600 habitants. Grande Mosquée des IXe-XIIe s. Port. Station balnéaire. Ancienne cité punique puis romaine, elle fut un temps la ville sainte de la Tunisie.

Monatte (Pierre) Syndicaliste français (1881-1960). Syndicaliste révolutionnaire, il fonda la revue *La Vie ouvrière.*

monaural, ale, aux adj. (de l'anglais, de *mon[o]-* et du latin *auris* « oreille ») **1.** acoust. → **monophonique. 2.** physiol. Relatif à une seule oreille (pour l'audition).

monazite n. f. (allemand *Monazit,* du grec *monazein* « être seul, rare ») minér. Phosphate naturel, minerai de terres rares (surtout de thorium).

monbazillac n. m. (du n. de la ville) Vin blanc liquoreux de la région de Monbazillac.

Monbazillac Commune de la Dordogne. 800 habitants. Vins blancs liquoreux.

Monboddo (James Burnett, lord) Juriste, linguiste et anthropologue britannique (1714-1799). Son œuvre majeure, *Of the Origin and Progress of Language,* décrit les civilisations dites primitives et annonce le thème de l'évolutionnisme.

monceau n. m. (vient du bas latin *monticellus,* de *mons, montis* « montagne » → **monticule**) Élévation formée par une grande quantité de choses entassées. → **amas.** *Des monceaux d'ordures.*

Moncey (Bon Adrien Jeannot de) Maréchal de France (1754-1842). Inspecteur général de la gendarmerie sous l'Empire, il fit échouer les conspirations royalistes contre Napoléon. Il servit à plusieurs reprises en Espagne (1795 ; 1808 ; 1823).

Mönchengladbach Ville du centre-ouest de l'Allemagne (Rhénanie-du-Nord-Westphalie), entre le Rhin et la Meuse. 255 100 habitants. Abbatiale des XIe-XIIIe s. Centre industriel. L'un des quartiers généraux de l'Otan.

Monclova Ville du N. du Mexique (État de Coahuila), au N.-O. de Monterrey. 215 270 habitants. Grand centre métallurgique.

Moncontour Commune des Côtes-d'Armor. 752 habitants. Vestiges de remparts. Le chef des chouans, Boishardy, y combattit contre les républicains en 1793.

Moncton Ville du S.-E. du Canada (Nouveau-Brunswick) sur le Petitcodiac. 71 889 habitants. Université francophone. Carrefour ferroviaire, centre de transport et d'industrie.

mondain, aine adj. (latin *mundanus*, de *mundus* → monde) **1.** Relatif à la société des gens fortunés, à ses divertissements. *La vie mondaine. Alcoolisme mondain,* dû à une vie mondaine. **2.** Qui aime les mondanités. *Il est très mondain.* – **n.** *Les mondains. Une mondaine.* – → **demi-mondaine. 3.** anciennt *Police, brigade mondaine,* **n. f.** *la mondaine,* chargée de la répression du trafic de la drogue et du proxénétisme.

mondanité 1. n. f. Caractère de ce qui est mondain. **2. n. f. pl.** Habitudes, comportements des gens du monde (III, 2). *Fuir les mondanités.*

monde n. m. (latin *mundus*, adj. « propre » → **émonder, immonde,** et n. « parure », puis « univers », d'après le grec *kosmos*) **I. 1.** L'ensemble formé par la Terre et les astres visibles, conçu comme un système organisé. → **cosmos.** – Tout corps céleste comparé à la Terre. → **planète.** *« La Guerre des mondes »* (roman d'anticipation de H. G. Wells). **2.** L'ensemble de tout ce qui existe. → **univers.** *La vision du monde de qqn. L'homme et le monde.* → **nature.** ▪ (qualifié) *Le monde visible ; le monde des apparences.* **3.** Ensemble de choses considéré comme formant un domaine à part. *Le monde de la politique.* → **landerneau, microcosme.** *Le monde végétal.* ▪ loc. *Faire tout un monde de qqch.,* toute une affaire. – fam. *C'est un monde !* (marque l'indignation). **II.** (La Terre, habitat de l'être humain ; l'humanité) **1.** La planète Terre, sa surface. *Les cinq parties du monde.* → **²continent.** *Faire le tour du monde.* – *Le Nouveau Monde :* les deux Amériques. *L'Ancien Monde :* l'Europe, l'Afrique et l'Asie. ▪ *Le monde, ce monde, ce bas monde* (opposé à *l'autre monde* → **au-delà**). *« Mon royaume n'est pas de ce monde »* (Évangile selon saint Jean). *Il n'est plus de ce monde :* il est mort. **2.** (Lieu et symbole de la vie humaine) *Être seul au monde.* – *Venir au monde :* naître. **3.** La communauté humaine. → **humanité.** *Le monde entier s'en est ému.* prov. *Il faut de tout pour faire un monde.* – *Le monde antique.* ▪ ***Du monde.*** *C'est le meilleur homme du monde.* – ***Au monde.*** *Unique au monde. Pour rien au monde :* en aucun cas. **III. 1.** relig. La vie profane. *Renoncer au monde.* **2.** La vie en société, dans ses aspects de luxe et de divertissement ; ceux qui vivent cette vie. *Sortir dans le monde. Beau monde.* – *Un homme, une femme du monde.* → **mondain. 3.** Milieu, groupe social particulier. *Le monde des lettres.* **IV. 1.** ***Le monde, du monde :*** les gens, des gens ; un certain nombre de personnes. *J'entends du monde dans l'escalier. Il y a beaucoup de monde.* – Beaucoup de personnes. *Cela attire du monde.* **2.** ***Tout le monde :*** chacun. *Elle ne fait rien comme tout le monde. Monsieur Tout-le-monde :* n'importe qui.

Monde (Le) Quotidien français fondé en 1944 par Hubert Beuve-Méry.

Mondego n. m. Fleuve du Portugal. 225 km. Né dans la serra da Estrela, il passe par Coimbra et se jette dans l'Atlantique.

Mondrian (Piet)

Piet Mondrian, *Composition en rouge, jaune et bleu* (1927), Annely Juda Fine Art, Londres.

Mondelange Commune de la Moselle. 5 701 habitants. Port sur la Moselle. Constructions métalliques et mécaniques.

monder v. tr. < 1 > (du latin, de *mundus* « pur » → monde) vieux Purifier. – mod. au p. p. *Amandes mondées :* décortiquées. *Orge mondé :* nettoyé.

Mondeville Commune du Calvados, banlieue est de Caen, 10 054 habitants. Industrie automobile.

mondial, ale, aux adj. (latin *mundialis*, de *mundus* → monde) Relatif à la terre entière. → **international, planétaire.**

mondialement adv. Partout dans le monde. → **universellement.**

mondialisation n. f. Le fait de devenir mondial. *La mondialisation d'un conflit.* – spécialt Phénomène d'ouverture des économies nationales sur un marché mondial, entraînant une interdépendance croissante des pays. → **globalisation** (anglic.). *Opposition à la mondialisation* (→ **altermondialisme, antimondialisation**).

▶ La **mondialisation** est la conséquence des progrès rapides de la communication, mais aussi de la fin de la guerre froide et de l'essor industriel de certains pays en voie de développement. Sur le plan économique, elle se traduit par trois phénomènes : l'abaissement des barrières douanières, négocié dans le cadre de l'Organisation mondiale du commerce (OMC) ; l'internationalisation des entreprises et de leurs réseaux de sous-traitants, qui peut entraîner des délocalisations ; et enfin la mobilité croissante des capitaux. Il existe désormais un marché du travail mondial, qui compte environ trois milliards d'individus selon l'Organisation internationale du travail. Pour la planète, ce mouvement implique une croissance forte mais, dans les pays industrialisés, cette concurrence nouvelle pose la question de l'adaptation des économies et du devenir des emplois industriels.
Cependant, la mondialisation n'est pas qu'une affaire d'économie. La naissance d'une opinion publique et de références culturelles mondiales atteste l'existence, au-delà du local ou du national, d'une communauté globale. À l'heure d'Internet et de la télévision, l'« homme » un peu abstrait évoqué dans la tradition humaniste a gagné en réalité. C'est bien l'humanité tout entière qui est confrontée à des évènements comme le 11 septembre 2001 ou qui prend conscience de l'existence d'enjeux « globaux », comme le réchauffement planétaire ou la crise financière.
voir aussi **délocalisation, internet, multinationale**

mondialiser v. tr. < 1 > Rendre mondial.

mondialisme n. m. **1.** Doctrine visant à constituer l'unité politique du monde. **2.** Perspective de politique économique et sociale s'appliquant au monde entier. □ **adj. et n. mondialiste**

Mondino dei Liucci ou **Raimondino dei Liuzzi** Anatomiste italien (v. 1270-1326). Il rédigea l'un des premiers grands traités d'anatomie.

Mondonville (Jean Joseph Cassanéa de) Compositeur et violoniste français (1711-1772). On lui doit des opéras *(Titon et l'Aurore)*, de la musique instrumentale et vocale (sonates pour violon, pièces pour clavecin, motets).

Mondor (Henri) Chirurgien et écrivain français (1885-1962). Il rédigea des ouvrages sur des savants français (Pasteur) mais aussi sur des écrivains comme Mallarmé, Paul Valéry. Académie française.

Mondorf-les-Bains Ville du Luxembourg. 3 640 habitants. Station thermale et touristique. Casino.

Mondovi Ville du N.-O. de l'Italie, dans le Piémont. 21 880 habitants. Aciéries, gisement d'uranium. Bonaparte y remporta une victoire sur les Piémontais (1796).

Monet (Claude)

Claude Monet, *Londres, le Parlement. Trouée de soleil dans le brouillard* (1904), musée d'Orsay, Paris.

mondovision **n. f.** Transmission d'images de télévision en diverses parties du globe grâce à des satellites de télécommunications.

Mondragon Ville d'Espagne (Pays basque espagnol). 22 000 habitants. Le complexe coopératif créé dans les années 1960 est le premier pôle économique du Pays basque.

Mondrian (Pieter Cornelis Mondriaan, dit Piet) Peintre néerlandais (1872-1944). Inspiré par la théosophie, il manifesta d'abord des tendances symbolistes puis cubistes. Il chercha à exprimer la pureté absolue et une éthique artistique rigoureuse dans ses œuvres abstraites, dominées par des formes carrées et rectangulaires et par l'utilisation des trois couleurs primaires (rouge, jaune et bleu). *Composition en rouge, bleu et blanc II*, 1937.

monégasque **adj. et n. (de l'italien, du latin *Monoecu* « Monaco »)** De Monaco. **– n.** *Les Monégasques.*

Monein Commune des Pyrénées-Atlantiques. 4 417 habitants. Vins (jurançon). Fruits.

monel **n. m. (n. déposé ; de *Monell*, n. propre)** **techn.** Alliage de cuivre et de nickel contenant un peu d'étain et résistant à la corrosion.

monème **n. m. (de *mon[o]-*, d'après *morphème*)** **ling.** Unité significative minimale. **→ morphème. –** (Chez A. Martinet) *Monème lexical* **(→ lexème)**, *grammatical* **(→ morphème).**

Moneo (Rafael) Architecte espagnol (né en 1937). Sa conception de l'architecture, entre modernité et tradition, est liée au respect de l'environnement et du contexte urbain. Musée national d'art romain à Mérida ; gare d'Antocha et expansion du musée du Prado à Madrid. Prix Pritzker 1996.

monergol **n. m. (de *mon[o]-* et *[prop]ergol*)** **aéron.** Propergol ne contenant qu'un seul ergol, apte à la propulsion d'un moteur de fusée.

Monet (Claude) Peintre français (1840-1926). Marqué par Pissarro, Renoir, puis Constable et Turner, il fut le peintre de portraits, de scènes d'intérieur et surtout de paysages où se combinent brumes et lumières normandes, méditerranéennes, anglaises. Son œuvre, profondément novatrice, imposa une vision subjective de la nature : *Impression, soleil levant* (d'où le terme d'« impressionniste » qu'un critique lui appliqua). Pour étudier les variations de la forme suivant les changements d'éclairage, il réalisa des séries *(Les Meules ; La Cathédrale de Rouen)*, allant jusqu'à la quasi-abstraction *(Nymphéas)*. Maître de l'impressionnisme, précurseur de l'art non figuratif, Monet est l'un des plus grands peintres français du tournant du XXe siècle.

monétaire **adj. (du latin, de *moneta* → monnaie)** Relatif à la monnaie. *Le système monétaire international.*

monétarisme **n. m. (de *monétaire*)** **écon.** Théorie économique donnant à la monnaie une place déterminante. □ **adj. et n. monétariste**

Monêtier-les-Bains (Le) Commune des Hautes-Alpes, sur la Guisanne. 1 062 habitants. Centre de ski et d'alpinisme.

monétique **n. f. (de *monnaie* et *[informa]tique*)** Ensemble des moyens informatiques et électroniques utilisés dans les transactions bancaires.

monétiser **v. tr. < 1 > (du latin, de *moneta*, d'après *démonétiser*)** **1.** **écon.** Transformer en monnaie. *Monétiser un métal.* **2.** Associer des publicités à (un contenu). *Monétiser des vidéos.* □ **n. f. monétisation**

Monfreid (Daniel de) Peintre et graveur français (1856-1929). Ami de Gauguin, il illustra son livre sur la civilisation maorie, *Noa-Noa.*

Monfreid (Henry de) Écrivain français (1879-1974), fils de Daniel de Monfreid. Il mena une vie aventureuse sur les rives de la mer Rouge et en Éthiopie. *Les Secrets de la mer Rouge ; Pilleurs d'épaves.*

Monge (Gaspard), comte de Péluse Mathématicien français (1746-1818). Considéré comme le créateur de la géométrie descriptive, il est également l'auteur de plusieurs théories en géométrie analytique. Il fut l'initiateur de l'École polytechnique où il enseigna la géométrie infinitésimale.

Möngke ou **Mongka** ou **Mangu** (1208-1259). Grand khan des Mongols (1251-1259). Petit-fils de Gengis Khan, il poursuivit les conquêtes mongoles vers l'Irak et vers la Chine.

Mongkut (1804-1868). Roi de Siam (1851-1868), sous le nom de Rāma IV. Il ouvrit son pays à l'influence occidentale et le modernisa.

mongol, ole **adj. et n. (mot mongol)** De Mongolie. **– n.** *Les Mongols.* ■ **n. m.** *Le mongol* (langue).

mongol (Empire) Empire fondé au début du XIIIe s. par Gengis Khan qui allait de la Chine du Nord à la Volga. Les descendants de Gengis Khan étendirent leurs conquêtes du N. de l'Iran à la Corée, à la Géorgie, aux principautés russes (Moscou, Kiev), à l'Anatolie et à la Chine, conquêtes qui s'achevèrent sous le règne de Koubilaï Khan. Mais les querelles de succession minèrent peu à peu l'empire et celui-ci se scinda en khanats antagonistes. La dynastie mongole des Yuan, qui régnait sur la Chine, fut alors expulsée et remplacée par les Ming. L'Empire mongol disparut en 1370.

La prise de Bagdad par les Mongols en 1258, miniature du XIVe s., Staatsbibliothek, Berlin.

Mongolie **n. f.** Région de l'Asie centrale, partagée entre la Chine *(Mongolie-Intérieure)* et la république de *Mongolie* (ancienne Mongolie-Extérieure).

Mongolie

n. f. ■ **anciennement Mongolie-Extérieure** État d'Asie du Centre-Est. 1 565 000 km². 3 300 000 habitants (les *Mongols*). **Langue :** khalkha. **Population :** Mongols, 95 % ; Turkestanais, 5 %. **Religions :** bouddhistes majoritaires ; chrétiens, musulmans. **Monnaie :** tugrik. **Capitale :** Oulan Bator. **Régime :** république parlementaire.

Le territoire de la Mongolie est en large partie occupé par des hauts plateaux, interrompus par des chaînes montagneuses (Altaï, monts Khangaï). Des lacs et des forêts couvrent l'O. du pays, tandis que le plateau central est le domaine de la steppe. Le désert de Gobi s'étend à l'E., longeant la frontière avec la Chine. Le climat, continental, est particulièrement sec.

L'agriculture (céréales, pommes de terre, légumes) et surtout l'élevage, souvent nomade, sont encore des activités importantes. L'extraction des richesses du sous-sol (charbon, pétrole, cuivre, fluor, or) se développe, de même que l'industrie (textile, alimentaire, industrie du bois, matériaux de construction). Les services (commerce,

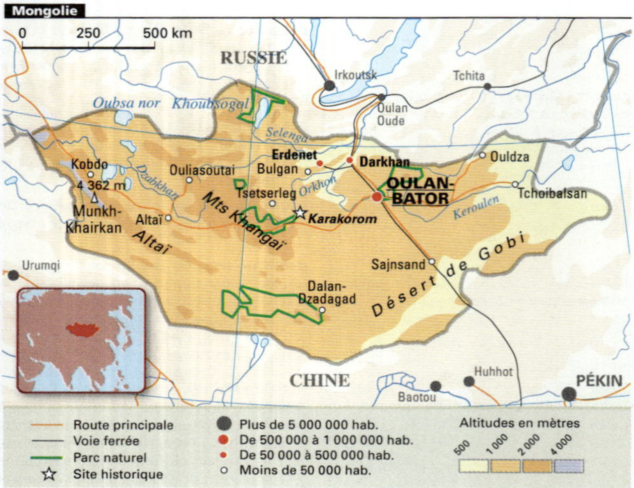

banques) réalisent la moitié du PIB. L'économie repose aujourd'hui sur le secteur privé (96 % des entreprises).

Les Mongols, convertis au bouddhisme (XVIe s.), se soumirent aux chefs chinois mandchous (1635-1691). La *Mongolie-Extérieure*, devenue protectorat chinois en 1911, fut occupée par l'URSS (1921). Elle obtint son indépendance (1924), reconnue en 1946 par la Chine, et rejoignit l'ONU (1961). La chute du parti communiste (1990) provoqua une grave crise économique. La Constitution (1992) adopta le suffrage universel et le pays prit le nom de *Mongolie*. Les troupes russes quittèrent le territoire et la Chine reconnut la frontière (1992). Les démocrates élus en 1996 menèrent une politique d'ouverture économique. Évincés par le Parti révolutionnaire du peuple mongol (PRPM) en 2000, ils revinrent au pouvoir de 2009 à 2021. La peine de mort fut abolie en 2017. Le PRPM, rebaptisé Parti du peuple mongol, dirige le pays depuis 2021.

M

Mongolie-Intérieure n. f. Région autonome du N. de la Chine. 1 183 000 km². 24 710 000 habitants. Capitale : Hohhot.

mongolien, ienne adj. **(de *Mongolie*, n. propre, par compar. avec le type physique des Mongols)** Du mongolisme. ▪ **vieilli** Atteint de trisomie 21 **(→ trisomique). – n.** *Un mongolien.*

mongolisme n. m. **vieilli** Trisomie* 21.

mongoloïde adj. et n. **(de *mongol* et *-oïde*) méd.** Qui présente des traits anormaux rappelant le mongolisme*.

Mongols n. m. pl. Ensemble de peuples d'Asie centrale et de la région du lac Baïkal (Sibérie). Ces tribus, de même origine que les Huns, établirent au XIIIe s. un empire immense sous la conduite de Gengis Khan. Ils comptent aujourd'hui env. 10 millions d'individus et parlent des langues de la famille altaïque. Seules certaines tribus de Mongolie mènent encore une vie nomade.

moniale n. f. **(latin *[sancti] monialis [virgo]* « religieuse ») relig.** Religieuse contemplative qui vit cloîtrée.

Monicelli (Mario) Cinéaste italien (1915-2010). Il mit en scène de brillantes comédies, souvent interprétées par Toto. *Gendarmes et Voleurs ; Le Pigeon ; La Grande Guerre.*

Monique (sainte) (v. 331-387). Mère de saint Augustin. Chrétienne, elle influença la conversion de son fils.

monisme n. m. **(allemand *Monismus*, du grec *monos* « seul » ; famille de *moine* et *monastère*) philos.** Système qui considère l'ensemble des choses comme réductible à un seul principe **(opposé à *dualisme, pluralisme*).** □ **adj. et n. moniste**

Monistrol-sur-Loire Commune de la Haute-Loire. 8 962 habitants. Ancien château des évêques du Puy (XVe et XVIe s.).

¹moniteur, trice n. **(latin *monitor*, de *monere* « faire penser » → monstre, montrer, famille de *mens* « esprit » → mental)** Personne qui enseigne certains sports ou certaines activités. *Moniteur de voile, d'autoécole. Elle est monitrice dans une colonie de vacances.* - **abrév. fam. mono.**

²moniteur n. m. **(anglais *monitor*, du latin → ¹moniteur) 1. inform.** Programme de contrôle. **2. méd.** Appareil électronique de surveillance. *Moniteur cardiaque.* **3.** Écran d'un ordinateur.

Moniteur universel (Le) Journal politique, fondé en 1789 par C. J. Panckoucke, dans lequel furent publiés les débats de l'Assemblée nationale constituante. Il fut le journal officiel du gouvernement français de 1799 à 1869.

monition [mɔnisjɔ̃] n. f. **(latin *monitio*, de *monere* → ¹moniteur, monument)** Dans l'Église catholique, Avertissement que l'autorité ecclésiastique adresse avant d'infliger une censure.

monitoire n. m. **(latin *monitorius* → monition) relig.** Lettre d'un juge ecclésiastique qui sommait les fidèles de révéler au juge séculier ce qui pouvait éclairer la justice sur certains faits criminels. – **adj.** *Une lettre monitoire.*

monitorage n. m. **(adaptation de l'anglais *monitoring*, de ²*moniteur*)** Recommandation officielle pour *monitoring**.

monitorat n. m. Formation pour la fonction de moniteur ; cette fonction.

monitoring n. m. **(mot anglais, de *monitor* « surveillant » → ²moniteur) anglic., méd.** Surveillance à l'aide d'un moniteur (2). - **recomm. offic. monitorage n. m.**

Monk ou **Monck (George) 1er duc d'Albemarle** Général et homme politique anglais (1608-1670). Après la mort de Cromwell, il restaura la royauté en rétablissant Charles II sur le trône (1660).

Monk (Thelonious) Pianiste et compositeur américain de jazz (1917-1982). Pionnier du be-bop, il exerça une influence décisive sur l'évolution du jazz.

Môn-khmers n. m. pl. Groupe de peuples de l'Inde et du S.-E. de l'Asie, répartis entre le Cambodge, la Birmanie, le Laos, le Viêtnam et la péninsule malaise.

Monluc ou **Montluc (Blaise de Lasseran de Massencome, seigneur de)** Maréchal de France et chroniqueur français (v. 1500-1577). Il défendit Sienne en 1555 et dirigea la répression contre les protestants en France. Il rédigea sept livres de *Commentaires.*

Monmouth (James Scott, duc de) Fils présumé de Charles II Stuart (1649-1685). Protestant, il fut opposé comme prétendant au trône au duc d'York. Il dut s'exiler en Hollande, revint à l'avènement de Jacques II, et fut décapité.

monnaie n. f. **(vient du latin *moneta* → monétaire, monition, surnom de Junon « celle qui avertit », famille de *monere* → ¹moniteur ; on frappait la monnaie dans le temple de la déesse) 1.** Pièces* de métal garanties, moyen d'échange et unité de valeur. *Monnaie d'or. Pièces de monnaie.* **2.** Instrument de mesure et de conservation de la valeur, moyen légal d'échange des biens **(→ argent ; monétaire).** *Monnaie métallique.* – *Monnaie fiduciaire, de papier* (billets). – *Monnaie électronique* **(→ monétique).** ▪ Unité de valeur admise et utilisée dans un pays, un ensemble de pays. *Valeurs relatives des monnaies.* **→ change, cours, parité.** ▪ **loc.** *Servir de monnaie d'échange.* – **fig.** *C'est monnaie courante :* c'est courant, banal. **3.** ***Fausse monnaie*** : contrefaçon frauduleuse de la monnaie (pièces, billets) **(→ faussaire, faux-monnayeur). 4.** Ensemble de pièces, de billets de faible valeur. *Petite, menue monnaie.* **→ fam. ferraille, mitraille.** ▪ Somme constituée par les pièces ou billets représentant la valeur d'une seule pièce, d'un seul billet ou la différence entre un billet, une pièce et une somme moindre. **→ appoint.** *Faire la monnaie de dix euros ; rendre la monnaie sur dix euros.* – **loc.** *Rendre à qqn la monnaie de sa pièce,* lui rendre le mal qu'il a fait. **→ se venger.**

▶ La **monnaie** (2) est un bien économique qui est accepté en paiement de biens et services et en remboursement de dettes. Une tendance historique à la dématérialisation de la monnaie apparaît nettement : la monnaie est constituée à l'origine de coquillages (cauris), d'animaux ou de métaux avant de devenir fiduciaire (monnaie de papier), scripturale (chèques...), puis électronique. Cette évolution traduit une augmentation de la confiance dans le système de paiement.
La monnaie exerce trois grandes fonctions au sein de l'économie : elle est un intermédiaire des échanges et fluidifie les transactions, contrairement au troc qui les ralentit ; elle est une unité de compte et permet ainsi d'étalonner les valeurs ; enfin, elle joue un rôle de réserve de valeur pour faire face à des situations imprévues, voire pour spéculer. En certaines circonstances, la détention de monnaie peut être plus avantageuse que la détention de titres financiers (si les taux d'intérêt augmentent alors que le cours des titres baisse).
Le fait que la monnaie puisse être ou non désirée pour elle-même constitue le cœur d'une controverse théorique sur sa neutralité : quels sont les effets d'une variation de la quantité de monnaie en circulation ? Provoque-t-elle seulement une variation proportionnelle des prix, ou bien peut-elle avoir un impact positif sur l'activité et, si oui, à quelle échéance ? La plupart des économistes s'accordent à penser que la monnaie n'est pas neutre à court terme, mais qu'elle l'est à long terme (c'est-à-dire que son effet s'atténue avec le temps).
voir aussi **dollar, euro, franc, Bourse, inflation**

Monnaie (hôtel de la) Hôtel de Paris, situé quai de Conti, édifié par J.-D. Antoine de 1768 à 1774. Centre de la fabrication monétaire en France, il renferme un musée et édite des médailles.

Monnaie **(Théâtre royal de la)** Salle d'opéra de Bruxelles, l'une des plus grandes maisons d'opéra d'Europe.

monnayable **adj.** **1.** Que l'on peut monnayer. **2.** Dont on peut tirer de l'argent.

monnayage **n. m.** Fabrication de la monnaie à partir d'un métal ou d'un alliage monétaire. *Faux monnayage :* fabrication de fausse monnaie. → **faux-monnayeur.**

monnayer **v. tr.** **< 8 >** **(de *monnaie*)** **1.** Convertir en monnaie. ■ **(Afrique)** Faire la monnaie de (une somme). **2.** Tirer de l'argent de (qqch.). *Elle ne veut pas monnayer son talent.*

monnayeur, euse **n. 1.** rare Ouvrier, ouvrière qui travaille à la fabrication de la monnaie de l'État. → **faux-monnayeur.** **2. n. m.** Appareil permettant de faire automatiquement la monnaie. → **changeur.** – Appareil commandé par l'introduction d'une pièce de monnaie.

Monnerville **(Gaston)** Homme d'État français (1897-1991). Il fut président du Conseil de la République (1947-1958) puis du Sénat (1958-1968).

Monnet **(Jean)** Homme politique et économiste français (1888-1979). Secrétaire général adjoint de la Société des Nations de 1919 à 1923, il coordonna l'effort de guerre franco-britannique et participa à l'organisation de la défense alliée pendant la Seconde Guerre mondiale. Il jeta les bases de la Communauté européenne du charbon et de l'acier (créée en 1951), initia le premier plan de modernisation et d'équipement français (*plan Monnet*, 1946-1952) et œuvra en faveur de la construction européenne.

J. Monnet lors d'une allocution radiophonique (1954).

Monnet **(Marc)** Compositeur français (né en 1947). Concepteur anticonformiste, il est l'auteur d'œuvres à l'écriture discontinue et incisive. *Musiques en boîte ; Patatras ! ; Pan* (opéra).

Monk (Thelonious)

Thelonious Monk en 1975 à New York.

Monnier **(Henri)** Écrivain et caricaturiste français (1799-1877). Il créa un personnage de bourgeois ridicule (*Grandeur et décadence de M. Joseph Prudhomme*) et fut un observateur exceptionnel de la société du milieu du XIXe siècle.

Monnoyer **(Jean-Baptiste, dit Baptiste)** Peintre et dessinateur français (1634-1699). Spécialiste des compositions florales, il contribua à la décoration de nombreux châteaux (Vincennes, Saint-Cloud, Trianon, Marly, palais de Kensington).

[1]mono **adj. invar.** Monophonique (s'oppose à *stéréo*). *Des disques mono.*

[2]mono voir **[1]moniteur ; monoski.**

mon(o)- Élément **(du grec *monos*)** qui signifie « seul, unique ». → **uni-.**

monoacide **adj.** chim. Qui ne possède qu'un seul atome d'hydrogène acide par molécule.

monoamine **n. f.** biochim. *Monoamine oxydase :* enzyme inactivant certains neurotransmetteurs **(→ IMAO).**

monoatomique **adj.** chim. Dont la molécule n'a qu'un atome.

monobloc **adj.** D'une seule pièce, d'un seul bloc. *Des châssis monoblocs.*

monocâble **n. m. et adj.** techn. Transporteur aérien à un seul câble sans fin. – **adj.** Qui n'a qu'un seul câble. *Téléférique monocâble.*

monocamérisme **n. m.** **(de *mono-* et du latin *camera* « chambre »)** didact. Système parlementaire à une seule chambre. - syn. **monocaméralisme.** □ **adj. monocaméral, ale, aux**

monocépage **adj. et n. m.** Se dit d'un vin produit à partir d'un seul cépage.

monochromatique **adj.** phys. Qui ne contient qu'une fréquence ou une longueur d'onde déterminée.

monochrome [mɔnokʀom] **adj.** didact. Qui est d'une seule couleur. □ **n. f. monochromie**

monocle **n. m.** **(bas latin *monoculus* « qui n'a qu'un œil », de *oculus* → œil)** Petit verre optique que l'on fait tenir dans une des arcades sourcilières.

monoclinique **adj.** **(de *mono-* et du radical du grec *klinein* « incliner »)** phys. *Système cristallin monoclinique :* prisme oblique à quatre faces latérales en parallélogramme et deux bases rectangulaires.

monoclonal, ale, aux **adj.** **(→ clone)** biol. Qui appartient à un même clone cellulaire.

monocolore **adj.** **(de l'italien)** polit. Se dit d'un gouvernement composé de membres d'un seul parti.

monocoque **1. n. m.** Bateau à une seule coque. **2. adj.** autom. Sans châssis, dont la coque assure à elle seule la rigidité. *Voiture monocoque.*

monocorde **adj.** **(du latin, du grec *monokhordion*, de *khordê* → corde)** Qui est sur une seule note, n'a qu'un son. → **monotone.** *Une voix monocorde.*

monocorps **n. m.** Automobile dont la carrosserie ne présente pas de décrochement à l'avant ni à l'arrière. → **monospace.**

monocotylédone **n. f.** **(→ cotylédon)** bot. Plante qui n'a qu'un seul cotylédon (classe des *Monocotylédones* ; ex. l'iris).

monocratie [mɔnɔkʀasi] **n. f.** **(de *mono-*, d'après *aristocratie*)** Forme de gouvernement où le pouvoir effectif réside dans la volonté du chef de l'État. □ **adj. monocratique**

monocristal, aux **n. m.** didact. Cristal élémentaire (d'une structure cristalline complexe). – Cristallisation de glace.

monoculaire **adj.** **(du latin → monocle)** **1.** Relatif à un seul œil. *Strabisme monoculaire.* **2.** Pourvu d'un seul oculaire. *Microscope monoculaire* (s'oppose à *binoculaire*).

monoculture **n. f.** agric. Culture d'une seule plante, d'un seul produit.

monocycle **adj.** Qui n'a qu'une roue. – **n. m.** Vélo à une seule roue, encore utilisé dans les cirques.

monocyclique **adj.** biol. Se dit d'espèces animales ne présentant qu'un cycle sexuel par an.

monocylindrique **adj.** mécan. À un seul cylindre. *Moteur monocylindrique.* - syn. **monocylindre.**

monocyte **n. m.** **(→ -cyte)** Leucocyte mononucléaire de grande taille.

Monod **(Théodore)** Naturaliste et explorateur français (1902-2000). Explorateur du Sahara, il publia des ouvrages où sa curiosité du monde s'allie à la méditation humaniste et à des préoccupations écologistes. *L'Émeraude des Garamantes ; Le Chercheur d'absolu.*

Théodore Monod au Niger, dans le désert du Ténéré.

Monod **(Jacques)** Biochimiste français (1910-1976). Il découvrit avec F. Jacob l'ARN messager, et écrivit *Le Hasard et la Nécessité*, réflexion philosophique sur la génétique. Prix Nobel 1965.

monodie **n. f.** **(du latin, du grec, de *ôdê* « chant »)** mus. Chant à une seule voix sans accompagnement. □ **adj. monodique**

monœcie [mɔnesi] **n. f.** **(du grec *oikia* « maison »)** État d'une plante monoïque.

monogame **adj.** **(du bas latin, du grec → -game)** **1.** Qui n'a qu'un seul conjoint à la fois (opposé à *bigame, polygame*). – **n.** *Un, une monogame.* **2.** zool. Qui pratique la monogamie.

monogamie **n. f. 1.** Régime juridique où un homme ou une femme ne peut avoir plusieurs conjoints en même temps. **2.** zool. État des animaux qui forment un couple exclusif, au moins pendant la période du rut. □ **adj. monogamique**

monogatari **n. m.** **(mot japonais)** Genre littéraire japonais, récit (conte, roman) d'une grande ampleur.

monogénique **adj.** biol. Qui implique un seul gène.

monogénisme **n. m.** **(→ -génie)** didact. Doctrine selon laquelle toutes les races humaines dérivent d'un type primitif commun (s'oppose à *polygénisme*).

monogramme **n. m.** **(du bas latin, du grec, de *gramma* « lettre » → gramme)** Chiffre composé de lettres d'un nom entrelacées. ■ **monogrammé, ée adj.** *Un mouchoir monogrammé.*

monographie **n. f.** Étude complète et détaillée sur un sujet précis.

monoï [mɔnɔj] **n. m. invar.** ou RO **n. m.** **(mot polynésien)** Huile parfumée fabriquée à partir des fleurs d'une plante polynésienne (appelée *tiaré*), et de noix de coco.

monoïque adj. (du grec *oikos* « demeure ») bot. *Espèce monoïque*, dont tout individu peut produire des gamètes de chacun des deux sexes.

monokini n. m. (par plais., de *bikini* en donnant à *bi-* la valeur de « deux ») Maillot de bain féminin qui ne comporte qu'une culotte.

monolingue adj. **1.** didact. Qui ne parle qu'une langue. **2.** En une seule langue. *Dictionnaire monolingue.* ➔ **unilingue.** □ **n. m. monolinguisme**

monolithe (du grec *lithos* « pierre ») **1.** adj. didact. Qui est d'un seul bloc de pierre. *Colonne monolithe.* **2.** n. m. Monument monolithe. ➔ aussi **mégalithe.**

Église monolithe Saint-Jean d'Aubeterre, en Charente.

monolithique adj. **1.** ➔ **monolithe.** **2.** fig. Qui forme un ensemble rigide, homogène. *Parti monolithique.*

monologue n. m. (de *mono-*, d'après *dialogue*) **1.** (théâtre) Scène à un personnage qui parle seul. **2.** Long discours d'une personne qui ne laisse pas intervenir d'interlocuteur. **3.** Discours d'une personne seule qui parle, pense tout haut. ➔ **soliloque.** **4.** *Monologue intérieur*, longue suite de pensées, rêverie. ■ littér. Discours censé transcrire les pensées d'un narrateur.

monologuer v. intr. < 1 > Parler seul, ou comme si l'on était seul.

monomaniaque ou **monomane** adj. et n. (de *monomanie*) Qui a une manie, un goût exclusif, une habitude dominante.

monomanie n. f. (de *mono-* + *-manie*) Idée fixe, obsession.

monôme n. m. (de *mono-*, d'après *binôme*) **I.** math. Expression algébrique à un seul terme. **II.** Cortège formé d'une file d'étudiants se tenant par les épaules. *Formez le monôme !*

monomère adj. et n. m. (de *mono-* et *polymère*) chim. Se dit d'un composé constitué de molécules simples, et capable de former des polymères.

monométallisme n. m. (de *mono-* et *métal*) Système monétaire fondé sur la reconnaissance d'un seul métal étalon (opposé à *bimétallisme*). *Monométallisme or, argent.* □ **adj. monométalliste**

Monomotapa Ancien État d'Afrique, connu pour sa richesse (or, cuivre, ivoire), qui s'étendit sur le territoire du Zimbabwe au XVe siècle.

monomoteur adj. techn. Qui n'a qu'un seul moteur. ■ n. m. Avion à un moteur.

mononucléaire adj. biol. (cellule) Qui n'a qu'un seul noyau. *Leucocyte mononucléaire* : monocyte.

mononucléose n. f. (de *mononucléaire*) méd. *Mononucléose infectieuse* : maladie d'origine virale (leucocytose) caractérisée par l'augmentation du nombre des monocytes.

monoparental, ale, aux adj. sociol. (famille) Où il y a un seul parent. □ **n. f. monoparentalité**

monopartisme n. m. (de *mono-* et *parti*) didact. Système politique basé sur un parti unique (s'oppose à *multipartisme*).

monophasé, ée adj. et n. m. électr. Se dit du courant alternatif simple ne présentant qu'une phase. – n. m. *Du monophasé* (s'oppose à *polyphasé*).

monophonique adj. (système électroacoustique) Qui comporte un seul canal d'amplification (opposé à *stéréophonique*). ➔ **¹mono.** □ **n. f. monophonie**

monophysite adj. (du grec *phusis* « nature ») relig. chrét. Qui ne reconnaît qu'une nature au Christ.

monoplace adj. et n. (véhicule) Qui n'a qu'une place. *Voiture, avion monoplace.* – n. *Un, une monoplace.*

monoplan n. m. Avion qui n'a qu'un seul plan de sustentation.

monoplégie n. f. (de *mono-*, d'après *hémiplégie*) méd. Paralysie d'un seul membre ou d'un seul groupe musculaire.

monopole n. m. (du latin, du grec, de *pôlein* « vendre ») **1.** Situation où une seule entreprise est maître de l'offre ; cette entreprise. *Les grands monopoles.* **2.** Privilège exclusif.

▶ Le **monopole** est une situation dans laquelle un seul vendeur est face à de nombreux acheteurs. Dans cette structure de marché, l'offreur est en mesure de déterminer seul les quantités vendues et de fixer leur prix afin de maximiser son profit. La théorie économique montre que, dans cette situation, la recherche du profit maximum par le monopole conduit à un rationnement des quantités offertes et à un prix plus élevé (par référence à une situation de concurrence). Il en résulte une perte en termes de bien-être pour les consommateurs.
On appelle *monopole discriminant* la situation dans laquelle le même produit est proposé par un seul vendeur à des prix différents sur plusieurs marchés. Le *monopole naturel* est une situation dans laquelle une seule entreprise satisfait toute la demande ; une autre entreprise de taille inférieure ne pourrait s'installer durablement sur le même marché, car le coût moyen de sa production serait supérieur à celui de la première entreprise. En effet, du fait de l'importance des coûts fixes (infrastructures...) et de l'existence d'économies d'échelle, le coût moyen est toujours supérieur au coût marginal. L'efficacité économique et l'intérêt public sont parfois mieux garantis si la production est confiée à un monopole contrôlé par l'État : le monopole public pourra facturer au coût marginal s'il est subventionné par l'administration. En dehors des monopoles naturels (publics ou réglementés), toujours susceptibles d'être remis en cause par l'évolution technique, il n'existe pas de monopole absolu sur les marchés de grande taille.
voir aussi **consommation, multinationale**

monopoleur, euse n. écon. Bénéficiaire d'un monopole, vendeur sans concurrent. - syn. **monopoliste.**

Monopoli Ville d'Italie, dans les Pouilles, sur l'Adriatique. 47 000 habitants. Port. Station balnéaire. Cimenteries.

monopoliser v. tr. < 1 > Exercer un monopole sur. ■ S'attribuer comme une possession exclusive. ➔ **accaparer, préempter.** *Monopoliser qqn. Monopoliser la parole.* □ **n. f. monopolisation** □ **n. monopolisateur, trice**

monopoliste voir **monopoleur**

monorail adj. techn. Qui n'a qu'un seul rail. *Train monorail.* – n. m. *Des monorails.*

monoroue adj. et n. m. Se dit d'un véhicule à une roue.

Monory (Jacques) Peintre français (1924-2018). Influencé par le pop art, il est l'un des principaux représentants de la Figuration narrative. *Meurtre.*

monosaccharide [mɔnɔsakaʀid] n. m. biochim. Ose. - var. RO **monosaccaride.**

monoski n. m. Ski unique, planche sur laquelle reposent les deux pieds. ■ Sport pratiqué sur ce ski. - abrév. fam. **mono.**

monospace n. m. (de *mono-* et *espace*) Automobile spacieuse et monocorps. ➔ **monocorps.**

monosperme adj. bot. Qui ne contient qu'une seule graine. *Fruit monosperme.*

monosyllabe adj. Qui n'a qu'une syllabe. – n. m. Mot d'une syllabe.

monosyllabique adj. Monosyllabe. ■ Qui ne contient que des monosyllabes. *Langue monosyllabique.*

monothéisme n. m. (➔ théisme) Croyance des monothéistes.

▶ On distingue le **monothéisme** du polythéisme, du panthéisme, de l'hénothéisme (qui rend un culte à un dieu suprême tout en reconnaissant l'existence d'autres dieux) ou encore des doctrines philosophiques qui ramènent l'ensemble des réalités à un principe unique. Peut-on qualifier de monothéiste la tentative du pharaon Akhenaton, au XIVe s. av. J.-C., d'imposer comme seul culte celui d'Aton, le disque solaire ? La question fait débat.
Les trois grandes religions monothéistes sont le judaïsme, le christianisme et l'islam. Elles partagent la même croyance en un Dieu unique, créateur, transcendant, infini et tout-puissant, qui veille sur le monde et auquel le fidèle peut s'adresser directement par la prière. Toutes trois sont des religions révélées et se sont constituées en opposition à des polythéismes.
Le judaïsme, la plus ancienne d'entre elles, se serait formé par étapes à partir du XIIe s. av. J.-C. Il trouve son affirmation la plus nette dans la partie du Livre d'Isaïe qui date de l'exil à Babylone (VIe s. av. J.-C.) : « Avant moi aucun dieu ne fut formé et il n'y en aura pas après moi. Moi, moi, je suis Yahvé, il n'y a pas d'autre sauveur que moi. » Le christianisme réaffirme l'unicité de Dieu et introduit le mystère de la Trinité : un Dieu unique, présent en trois personnes, le Père, le Fils et le Saint-Esprit. Ce dogme a fait l'objet de nombreuses disputes (arianisme, socinianisme...). L'islam défend avec une extrême vigueur le monothéisme. La profession de foi des musulmans l'énonce clairement : « Il n'y a de dieu que Dieu et Mahomet est l'Envoyé de Dieu. »
voir aussi **polythéisme, judaïsme, christianisme, islam**

monothéiste n. et adj. (➔ théiste) (Personne) qui croit en un dieu unique. – *Religions monothéistes* (judaïsme, christianisme, islam).

monothélisme n. m. (du grec ➔ mono- et *thelein* « vouloir ») relig. chrét. Doctrine qui reconnaît dans le Christ une seule volonté tout en admettant sa double nature. □ **adj. et n. monothéliste**

monotone adj. (du bas latin, du grec *monotonos*, de *tonos* ➔ **²ton**) **1.** Qui est toujours sur le même ton, ou dont le ton est peu varié. ➔ **monocorde.** *Un chant monotone.* **2.** Qui lasse par son uniformité, par la répétition. ➔ **uniforme.** *Paysage monotone. Une vie monotone.* **3.** math. Qui varie dans le même sens. *Fonction monotone*, soit croissante, soit décroissante.

monotonie n. f. Caractère de ce qui est monotone ; uniformité lassante.

monotrème n. m. (de *mono-* et du grec *trêma* « orifice ») zool. Mammifère ovipare, au corps couvert de poils ou de piquants et au bec corné (ordre des *Monotrèmes* ; ex. l'ornithorynque).

¹monotype n. m. (de *mono-* + *-type*) **I.** arts Procédé de gravure permettant d'obtenir par impression un exemplaire unique. – *Les monotypes de Degas.* **II.** Petit voilier de série.

²monotype n. f. (n. déposé ; d'après *linotype*) imprim. Machine à composer qui fondait les caractères isolément.

monovalent, ente adj. chim. Dont la valence est égale à un.

monoxyde n. m. chim. Oxyde contenant un seul atome d'oxygène dans sa molécule. *Monoxyde de carbone* : gaz (CO) incolore, inodore, très toxique. *Monoxyde d'azote* (NO).

monozygote adj. (de *zygote*) biol. Se dit de jumeaux issus du même œuf. *Jumeaux monozygotes* (cour. : *vrais jumeaux*). → **univitellin.**

Monpazier Commune de la Dordogne, sur le Dropt. 452 habitants. Ancienne bastide, fondée au XIIIe s. par Édouard Ier d'Angleterre.

Monreale Ville d'Italie, en Sicile, près de Palerme. 32 000 habitants. Cathédrale du XIIe s. (mosaïques).

Monroe (James) Homme d'État américain (1758-1831). Républicain, il fut président des États-Unis de 1817 à 1825. Ses principes de politique étrangère, réunis dans la *doctrine de Monroe*, s'opposaient à toute intervention européenne dans les affaires du continent américain.

Monroe (Norma Jean Mortenson puis Baker, dite Marilyn) Actrice américaine (1926-1962). Elle a incarné le mythe de la star hollywoodienne. *Les hommes préfèrent les blondes ; Certains l'aiment chaud ; Les Désaxés.*

Monrovia Capitale du Liberia, sur l'Atlantique. 843 800 habitants. Université. Principal port du pays. Centre industriel et commercial. Raffinerie de pétrole.

Mons en néerlandais **Bergen** Ville de Belgique, chef-lieu de la province de Hainaut. 95 887 habitants. Collégiale du XVe s., beffroi baroque. Activités tertiaires. Centre culturel et universitaire. Grand Quartier général des puissances alliées en Europe de l'OTAN.

monseigneur, plur. **messeigneurs** n. m. Titre donné à certains personnages éminents (prélats, princes des familles souveraines).

Mons-en-Barœul Commune du Nord, dans la banlieue de Lille. 21 564 habitants. Industrie agroalimentaire.

Mons-en-Pévèle Commune du Nord. 2 105 habitants. Philippe le Bel y vainquit les Flamands en 1304.

monsieur [məsjø], plur. **messieurs** [mesjø] n. m. (de *mon* et *sieur*) **I. 1.** Titre autrefois donné aux hommes de condition élevée. – absolt *Monsieur* : l'aîné des frères du roi. **2.** Titre donné à un homme à qui l'on s'adresse. *Bonjour, monsieur. Cher monsieur. Mesdames et messieurs.* - altération pop. **môssieu. 3.** Titre qui précède le nom ou la fonction d'un homme dont on parle. *Monsieur

Monroe (Marilyn)

Marilyn Monroe dans une scène légendaire du film *Sept Ans de réflexion* de Billy Wilder (1955).

Durand est arrivé. Adressez-vous à monsieur le directeur.* **4.** Titre respectueux donné à un homme. *Monsieur désire ?* **II. 1.** vieilli *Un monsieur* : un homme de la bourgeoisie. ▪ mod. *C'est un (grand) monsieur*, un homme remarquable. **2.** Homme quelconque. *Un vieux monsieur.* ▪ sports appos. (épreuve sportive) *La descente messieurs* (opposé à *dames*). ▪ lang. enfantin *Dis merci au monsieur.* ▪ *Un joli, un vilain monsieur* : un individu méprisable.

Monsieur (paix de) ou **paix de Beaulieu** ou **paix de Loches** Accord signé en 1576 entre catholiques et protestants, par l'intermédiaire de Monsieur, duc d'Alençon, frère du roi Henri III.

monsignor [mɔ̃siɲɔʀ] ou **monsignore** [mɔ̃siɲɔʀe] n. m. (mot italien) relig. cathol. Prélat, haut dignitaire de la cour papale. *Des monsignors. Un monsignore, des monsignori* (plur. italien).

Monsigny (Pierre Alexandre) Compositeur français (1729-1817). Il est l'auteur d'une douzaine d'opéras-comiques, d'une inspiration fraîche et naïve. *Les Aveux indiscrets ; Rose et Colas ; Le Déserteur.*

monstre (latin *monstrum* « prodige », de *monere* « faire penser à », « avertir » ; famille de *montrer, monument, prémonitoire*) **I.** n. m. **1.** Être, animal fantastique et terrible (des légendes, des mythologies). – Animal réel gigantesque ou effrayant. *Monstres marins* : grands cétacés. **2.** Être vivant ou organisme de conformation anormale. *Un monstre de foire. Étude des monstres.* → **tératologie. 3.** Personne d'une laideur effrayante. **4.** fig. Personne effrayante par sa méchanceté. ▪ par ext. *Un monstre d'égoïsme.* **5.** (de « *Les Monstres sacrés* », pièce de Cocteau) loc. *Monstre sacré* : comédien célèbre ; personnalité importante. **II. 1.** adj. fam. Très important ; extraordinaire. *Un travail monstre.* → **monstrueux. 2.** n. m. fam. *Service d'enlèvement des monstres*, des objets volumineux. → **encombrant.**

Monstrelet (Enguerrand de) Chroniqueur français (v. 1390-v. 1453). Sa *Chronique*, qui relate les évènements de 1400 à 1444, s'inscrit dans la lignée de celles de Froissart.

monstrueusement adv. D'une manière monstrueuse. – *C'est monstrueusement cher.*

monstrueux, euse adj. (latin *monstruosus* → monstre) **1.** Qui a la conformation d'un monstre. → **difforme.** – Qui rappelle les monstres. **2.** D'une taille prodigieuse, extraordinaire. *Une ville monstrueuse.* → **colossal, énorme. 3.** Qui choque extrêmement la raison, la morale. → **effroyable, horrible.** *Un crime monstrueux.* – par exagér. *Des prix monstrueux.*

monstruosité n. f. **1.** Anomalie congénitale grave. **2.** Caractère de ce qui est monstrueux. ▪ *Une monstruosité* : une chose monstrueuse.

Monsu Desiderio Nom d'artiste de deux peintres lorrains actifs à Naples dans la première moitié du XVIIe siècle. ▪ **Didier Barrat** (né en 1590), peignit des vues de Naples. ▪ **François de Nomé** (né en 1593) est l'auteur de scènes bibliques ou hagiographiques (*Destruction de Jérusalem ; Incendie de Sodome*).

M

mont n. m. (vient du latin *mons, montis*, du radical *men-* « être saillant » ; famille de *éminent, menacer, menton, monter*) **1.** vieux ou dans des loc. Montagne. *Du haut des monts.* – loc. ***Par monts et par vaux*** : à travers tout le pays ; partout. *Promettre **monts et merveilles**,* des avantages considérables. **2.** fig., anat. Petite éminence charnue. – *Mont de Vénus.* → **pénil.**

montage n. m. (de *monter*) **1.** Opération par laquelle on assemble les pièces (d'un objet complexe) pour qu'il fonctionne. *Le montage d'un moteur. Chaîne de montage.* **2.** Assemblage d'éléments (textes, images...) pour obtenir un document complexe. *Montage photographique.* **3.** Choix et assemblage des plans (d'un film), des éléments (d'une émission) (→ **monteur (2)**). **4.** Fait de mettre sur pied (un projet). *Un montage difficile.* ▪ Organisation d'une affaire sur un plan particulier. *Montage financier, juridique.*

Montagna (Bartolomeo) Peintre italien (v. 1450-1523). Il est l'auteur de puissantes compositions monumentales. *Pietà ; Nativité ; Présentation au temple.*

Montagnac Commune de l'Hérault. 4 318 habitants. Viticulture.

Montagnais ou **Innus** n. m. pl. Peuple amérindien du Canada, de langue algonquienne, établi dans le Labrador et le N. de la province de Québec.

montagnard, arde adj. et n. **1.** Qui vit dans les montagnes. *Peuple montagnard.* – n. *Les montagnard(e)s.* **2.** Relatif à la montagne. *La vie montagnarde.*

Montagnards n. m. pl. Députés qui siégeaient sur les plus hauts bancs de la Convention (la « Montagne ») pendant la Révolution française. Représentés notamment par Marat, Robespierre et Saint-Just, ils s'opposèrent aux Girondins en s'appuyant sur la Commune insurrectionnelle de Paris et les sans-culottes. Après la proscription des Girondins (2 juin 1793), ils adoptèrent des mesures de salut public, instaurant, par la légalisation de la Terreur, une véritable dictature révolutionnaire. Leur

Montagnards

La Convention montagnarde (31 mai-2 juin 1793), gravure du XVIIIe siècle.

chute, le 9 thermidor an II (27 juill. 1794), fut suivie de la réaction thermidorienne.

Montagnards **n. m. pl.** Nom donné aux députés de gauche sous la IIe République.

montagne **n. f.** **(vient du bas latin *montanea*, de *mons* → mont)** **1.** Importante élévation de terrain. → **éminence, hauteur, mont.** *Les deux versants d'une montagne. Chaîne, massif de montagnes. « N'avoir pas de montagnes perdait absolument Paris à mes yeux »* (Stendhal). – loc. *(Se) faire une montagne de qqch.*, en exagérer les difficultés, l'importance. ■ fig. *Une montagne de livres.* **2.** ***Les montagnes, la montagne :*** ensemble de montagnes ; région de forte altitude. *Pays de montagne.* → **montagneux.** *Passer ses vacances à la montagne.* – loc. *La **montagne à vaches** :* les zones d'alpages, où paissent les troupeaux. ■ hist. *La Montagne :* les députés appelés Montagnards*, sous la Révolution. *La Montagne et la Plaine** (ou le *Marais**). **3.** loc. ***Montagnes russes :*** attraction foraine, suite de montées et de descentes parcourues à grande vitesse par un véhicule sur rails.

Montagne Blanche Colline proche de Prague. Elle fut le théâtre de la première bataille de la guerre de Trente Ans, qui vit la défaite de l'armée protestante de Frédéric V par les Impériaux conduits par Tilly (8 novembre 1620).

Montagne Noire Massif cristallin du S. du Massif central qui culmine au pic de Nore (1 211 m).

Montagnes Noires **n. f. pl.** Ligne de crêtes de l'O. de la France, dans le Finistère (318 m).

montagneux, euse **adj.** Où il y a des montagnes ; formé de montagnes. *Région montagneuse.*

Montagnier **(Luc)** Médecin français (1932-2022). Il identifia, avec son équipe de l'Institut Pasteur, le virus HIV responsable du sida (1983). Prix Nobel 2008.

Montague **(John)** Poète irlandais d'origine américaine (1929-2016). Son œuvre a pour thème les malédictions qui ont frappé l'Irlande. *Poisoned Lands ; The Dead Kingdom.*

Montaigne **(Michel Eyquem de)** Écrivain français (1533-1592). Après avoir exercé plusieurs charges, à la Cour des aides de Périgueux puis au parlement de Bordeaux, où il rencontra Étienne de La Boétie, il se consacra à son œuvre littéraire. Une morale humaniste de la tolérance, exaltant les valeurs antiques, une virtuosité dans l'emploi des citations (de Plutarque, Sénèque, etc.), jointe à une sincérité primesautière, ont valu à ses *Essais* des critiques (Pascal) et de durables admirations (Voltaire, Diderot). Son style savoureux, « à sauts et à gambades », reste marqué par l'influence latine. Sa pensée, faite de prudence sceptique, de morale stoïque et de pragmatisme, eut un retentissement considérable dans le domaine de la philosophie.

Montaigu ou **Montagu** **(Jean de)** Homme politique français (v. 1349-1409). Chargé de la garde de Paris, il conserva la ville au parti armagnac. Arrêté sur l'ordre de Jean sans Peur, il fut décapité.

Montaigus voir **Capulet**

Montaigu-Vendée Commune de la Vendée. 20 578 habitants. Musée (archéologie et histoire locale). Industries diversifiées. Combats pendant les guerres de Vendée.

montaison **n. f.** **(de *monter*)** Migration de certains poissons qui remontent les cours d'eau pour aller frayer. *La montaison des saumons, des anguilles.*

Montale **(Eugenio)** Poète italien (1896-1981). Son œuvre démonte les conventions qui enserrent le langage. Ses audaces lexicales et son sens du rythme font de lui l'un des grands poètes italiens du XXe s. *Os*

Montaigne

Montaigne, école française (XVIe s.), musée Condé, Chantilly.

de seiche ; Les Occasions ; Satura. Prix Nobel 1975.

Montalembert **(Charles Forbes, comte de)** Journaliste et homme politique français (1810-1870). D'abord proche de Lacordaire et de Lamennais, il prit la tête du catholicisme libéral et se prononça pour la liberté religieuse et la liberté de l'enseignement. Député à l'Assemblée constituante après la révolution de 1848, il se rallia à Louis Napoléon Bonaparte et fit partie du Corps législatif (1852-1857). Il dirigea le journal catholique *Le Correspondant.*

Montan voir **Montanus**

Montana **n. m.** État du N.-O. des États-Unis. 381 087 km^2. 990 000 habitants. Capitale : Helena. Traversé par les chaînes des Rocheuses à l'O., il s'ouvre sur les Grandes Plaines à l'E., drainées par le Missouri et la Yellowstone. Importantes richesses minières (cuivre, zinc, or, gaz naturel, pétrole).

Montana-Vermala Commune de Suisse (Valais), l'une des six localités formant la station de sports d'hiver de Crans-Montana (1 500-2 600 m).

Montand **(Ivo Livi, dit Yves)** Comédien et chanteur français d'origine italienne (1921-1991). Il connut la consécration au music-hall avant d'entamer une grande carrière au théâtre et au cinéma *(Le Salaire de la peur ; Z ; L'Aveu ; Le Cercle rouge ; César et Rosalie ; Jean de Florette).*

Yves Montand en 1981 à l'Olympia de Paris.

Montañés **(Juan Martínez)** Sculpteur espagnol (1568-1649). Il est l'auteur d'une œuvre essentiellement religieuse, très influencée par l'esprit de la Renaissance. *Le Christ de la clémence* (cathédrale de Séville).

montant, ante **I. adj.** Qui monte (I). **1.** Qui se meut de bas en haut. *Marée montante.* → **flux.** *Gamme montante.* – *La génération montante.* **2.** Qui va, s'étend vers le haut. – *Chaussures montantes.* **II. n. m. 1.** Pièce verticale dans un dispositif, une construction (opposé à *traverse*). *Les montants d'une fenêtre.* **2.** Chiffre auquel monte, s'élève un compte. → ¹**somme, total.** *Le montant des frais.* – fin. *Montants compensatoires monétaires* (MCM).

Montanus ou **Montan** Hérésiarque phrygien (IIe-IIIe s.). Il fut le propagateur du *montanisme*, hérésie qui prônait un ascétisme rigoureux dans l'attente du Jugement dernier et contestait le droit de l'Église à pardonner aux pécheurs. Cette doctrine se propagea en Asie Mineure et en Afrique où Tertullien l'adopta (v. 207).

Montargis Chef-lieu d'arrondissement du Loiret, sur le Loing. 14 738 habitants. Musée (œuvres de Girodet). Miel du Gâtinais.

Montataire Commune de l'Oise, dans la banlieue de Creil. 13 683 habitants. Centre industriel.

Montauban Chef-lieu du Tarn-et-Garonne. 61 677 habitants. Évêché. Cathédrale (XVIIe s.), abritant le *Vœu de Louis XIII* d'Ingres. Musées (dont le musée Ingres). Montauban fut au XVIe s. une place de sûreté protestante, dont Richelieu fit détruire les fortifications. Centre administratif et commercial. Marché agricole.

Montauban, la cathédrale en pierre blanche et, au premier plan, le musée Ingres.

Montauban-de-Bretagne Commune de l'Ille-et-Vilaine. 6 246 habitants. Fromagerie.

Montausier **(Charles de Sainte-Maure, duc de)** Gentilhomme français (1610-1690). Il fut gouverneur du Dauphin, fils de Louis XIV. Il fit composer *La Guirlande de Julie* pour Julie d'Angennes, qu'il épousa.

Montbard Chef-lieu d'arrondissement de la Côte-d'Or sur la Brenne et le canal de Bourgogne. 4 831 habitants. Château des ducs de Bourgogne (XIVe s.). Musée des Beaux-Arts. Métallurgie.

Montbel **(Guillaume Isidore Baron, comte de)** Homme politique français (1787-1861). Membre du cabinet Polignac, il signa les ordonnances de Saint-Cloud, qui furent à l'origine de la révolution de 1830.

Montbéliard Chef-lieu d'arrondissement du Doubs, sur le canal du Rhône au Rhin. 25 726 habitants. Château du XVe s. Construction automobile. Saucisse fumée réputée. Plus ancien temple de France (1607).

Montbenoît Commune du Doubs. 398 habitants. Abbatiale des XIIe-XVIe siècles.

mont-blanc **n. m.** **(du n. du mont Blanc)** Crème de marrons garnie de crème fouettée. *Des monts-blancs.*

Mont-Blanc voir **Blanc (mont)**

Mont-Blanc **(massif du)** Massif des Alpes situé en France (Haute-Savoie et Savoie), en Italie (vallée d'Aoste) et en Suisse (Valais), compris entre l'Arve et la Doire Baltée. Il culmine au mont Blanc (4 807,80 m).

Dans les régions montagneuses, les organismes sont adaptés au froid, au vent, au relief escarpé. Le climat particulièrement inhospitalier durant l'hiver conduit certaines espèces à émigrer ou à hiberner. La végétation y est généralement plus petite qu'en plaine ; certaines plantes forment des touffes se protégeant mutuellement des intempéries. Les arbres résineux et feuillus ont une grande importance, ils stabilisent notamment les sols, sujets à l'érosion sous l'action du gel. À très haute altitude, faune et flore se font de plus en plus rares, laissant la place aux neiges éternelles et aux glaciers.

1. Edelweiss.
2. Gentiane acaule.
3. Arnica.
4. Androsace alpine.

1

2

3

4

Excellent acrobate aérien, le chocard à bec jaune plane en profitant des courants ascendants.

Tichodrome échelette.

Lagopède alpin.

Hermine.

Accenteur alpin.

Le tétras lyre est réputé pour ses parades nuptiales singulières.

Vivant en altitude l'été, le chamois descend dans les forêts pour hiverner.

Vulnérable et déjà disparu dans plusieurs régions, l'apollon a besoin de froid en hiver, de soleil en été.

La morsure de la vipère aspic est fatale pour ses proies et entraîne douleur, œdème, voire syncope chez l'homme.

Le lièvre variable est un spécialiste du camouflage, sa livrée grise blanchit pendant l'hiver.

La marmotte vit entre les pierres et les éboulis, sans jamais trop s'éloigner de son terrier.

Les montagnes ont des histoires et des structures géologiques très diverses.

En zone alpine, l'aigle royal se nourrit principalement de marmottes.

Espèce emblématique des Alpes, le bouquetin ne craint ni la neige, ni les massifs escarpés.

Les loups vivent en meute où les statuts et les rôles sont strictement définis.

Montbrison Chef-lieu d'arrondissement de la Loire. 15 943 habitants. Ancienne capitale du Forez. Église gothique. Musée. Centre commercial.

Montbrun (Charles du Puy, seigneur de) Homme de guerre français (v. 1530-1575). Converti au protestantisme, il prit la tête des huguenots du Dauphiné et mourut décapité.

Montcalm (pic de) Pic des Pyrénées, à la frontière espagnole, dominant la vallée de Vicdessos en Ariège. 3 077 m.

Montcalm de Saint-Véran (Louis-Joseph, marquis de) Général français (1712-1759). Commandant des troupes françaises en Nouvelle-France (1756), il fut tué par les Anglais devant Québec (bataille des plaines d'Abraham).

Montceau-les-Mines Commune de la Saône-et-Loire, sur la Bourbince et le canal du Centre. 17 239 habitants. Monument aux morts par Bourdelle. Centre industriel (construction mécanique, électronique).

Mont-Cenis Massif des Alpes occidentales, entre la Maurienne et la vallée de Suse. 3 612 m.

Le massif du Mont-Cenis dominant la station de Val-Cenis, en Haute-Maurienne.

Montchanin Commune de la Saône-et-Loire, entre la Dheune et la Bourbince. 4 992 habitants. Fonderies. Gare de triage et gare TGV.

Montchrestien (Antoine de) Auteur dramatique et économiste français (v. 1575-1621). Ses tragédies, influencées par Robert Garnier et Malherbe, révèlent un style épuré *(Sophonisbe)*. Il forgea l'expression d'« économie politique » *(Traité d'économie politique)*.

Mont-Dauphin Commune des Hautes-Alpes. 173 habitants. Citadelle construite par Vauban, sur un promontoire dominant la Durance.

Mont-de-Marsan Chef-lieu des Landes, au confluent de la Douze et du Midou. 29 953 habitants. Musées. Centre agricole et administratif. Centre d'expériences aériennes militaires.

Mont-de-Marsan, confluence de la Douze et du Midou.

mont-de-piété n. m. (trad. de l'italien *monte di pietà* « mont de pitié » et « de piété ») Établissement de prêt sur gage. *Il a engagé sa montre au mont-de-piété* (→ mettre au clou*). *Des monts-de-piété.*

Montdidier Chef-lieu d'arrondissement de la Somme. 6 051 habitants. Église des XVe-XVIe s. Centre commercial.

Montdidier (bataille de) Offensive allemande déclenchée le 21 mars 1918 par Hindenburg et Ludendorff, non loin de Montdidier (Somme). Les armées alliées, conduites par Foch, répliquèrent par une contre-offensive victorieuse le 8 août 1918.

Mont-Dol Commune de l'Ille-et-Vilaine, au S. de la baie du Mont-Saint-Michel. 1 082 habitants. L'église renferme des fresques des XIIe et XIVe siècles.

Mont-Dore ou **Monts Dore** Massif volcanique d'Auvergne culminant au puy de Sancy (1 885 m).

Mont-Dore Commune du Puy-de-Dôme, sur la Dordogne, au pied du puy de Sancy. 1 274 habitants. Station thermale. Station de sports d'hiver.

monte n. f. (de *monter*) **1.** Accouplement chez les équidés et les bovidés. → **saillie. 2.** Fait, manière de monter un cheval en course. *La monte d'un jockey.*

Monte (Philippe de) Compositeur flamand (1521-1603). Maître du contrepoint, il est surtout connu pour ses madrigaux, profanes et spirituels.

Monte Albán Site archéologique du Mexique, à proximité d'Oaxaca. Il fut le centre de la culture zapotèque avant d'être occupé par les Mixtèques.

Montebello della Battaglia Commune d'Italie, en Lombardie. 1 650 habitants. Les Autrichiens y furent battus par Lannes en 1800 puis par le général Forey en 1859.

Monte-Carlo Quartier de la principauté de Monaco. Casino (XIXe s.). Rallye automobile.

Montecatini-Terme Ville d'Italie, en Toscane. 19 900 habitants. Station thermale.

Montech Commune du Tarn-et-Garonne. 6 669 habitants. Église des XIVe-XVe siècles.

monte-charge n. m. Appareil servant à monter des marchandises, des fardeaux, d'un étage à l'autre. → **élévateur.** *Des monte-charges.*

Montéclair (Michel Pignolet de) Compositeur français (1666-1737). Rival de Rameau, il composa des opéras-ballets et le premier opéra biblique français, *Jephté.*

Montecristo Île de l'archipel toscan, en Italie, dans la mer Tyrrhénienne. 10 km^{2}. Le roman d'A. Dumas père la rendit célèbre.

Montecuccoli (Raimondo, prince) Homme de guerre italien (1609-1680). À la tête des Impériaux pendant la guerre de Trente Ans, il se distingua contre les Turcs et contre Turenne.

montée n. f. **1.** Action de monter, de se hisser. → **escalade, grimpée** ; opposé à *descente. Une pénible montée.* – (choses) Fait de s'élever. → **ascension.** *La montée des eaux.* → **crue. 2.** Augmentation en quantité, en valeur, en intensité. *Montée des prix.* ■ *La montée du racisme.* – loc. fig. *Montée en puissance* : progression spectaculaire. **3.** Pente que l'on gravit. → **²côte, grimpée, rampe. 4.** (Afrique) Début de la journée de travail.

monte-en-l'air n. m. invar. fam. et vieilli Cambrioleur.

Montego Bay Ville de la Jamaïque, au N.-O. de l'île. Environ 185 000 habitants. Port. Aéroport international. Station balnéaire.

Montéhus (Gaston Brunschwig, dit) Auteur, compositeur et interprète français (1872-1952). Ses chansons anticléricales et antimilitaristes firent de lui le chanteur « social » engagé le plus populaire du début du XXe siècle.

Montel (Paul) Mathématicien français (1876-1975). Ses travaux portèrent essentiellement sur les fonctions analytiques complexes.

Montélimar Commune de la Drôme. 39 790 habitants. Château du XIIe s. Centre commercial ; plateforme logistique. Constructions mécaniques. Industrie textile. Nougat.

Montemayor (Jorge de) Écrivain espagnol d'origine portugaise (1520-1561). Il est l'auteur de *La Diane,* roman pastoral qui connut un grand succès en Europe.

monte-meuble n. m. Rampe élévatrice à moteur, utilisée lors des déménagements. *Des monte-meubles.*

Montendre Commune de la Charente-Maritime. 3 222 habitants. Vestiges d'un château du XIIe siècle.

Monténégro

n. m. État de l'Europe balkanique. 13 812 km^{2}. 621 000 habitants. **Langue :** monténégrin. **Population :** Monténégrins (43 %), Serbes (32 %), Bosniaques (8 %), Albanais (5 %), Roms. **Monnaie :** euro. **Capitale :** Podgorica.

Le littoral est voué au tourisme balnéaire et aux cultures méditerranéennes (oliviers, agrumes, vigne). Le reste du territoire est constitué de montagnes et de hauts plateaux. L'industrie s'est développée à l'époque yougoslave (sidérurgie, aluminium).

La région forma l'État de la Zeta (XIe-XIVe s.) au sein de la Grande Serbie. Du XVIe au XIXe s., gouverné par des princes-évêques, le Monténégro ne paya qu'épisodiquement tribut aux Ottomans. La principauté se sécularisa au XIXe s. et Nicolas Ier (1860-1918) se proclama roi en 1910. Le Monténégro fut englobé dans la Yougoslavie dont il devint une république fédérée en 1946. En 1992, il reconstitua avec la Serbie une République fédérale de Yougoslavie, devenue Union de Serbie-et-Monténégro en 2003. Il redevint indépendant en 2006, avec Filip Vujanovic à la présidence, auquel succéda l'ancien Premier ministre Milo Đukanović en 2018, tous deux du Parti démocratique socialiste. Il fut admis comme candidat à l'Union européenne en 2010 et entra dans l'Otan en 2017. Le chef de la coalition pro-serbe, Zdravko Krivokapic, fut nommé Premier ministre en 2020, marquant ainsi une première étape vers l'alternance. Il fut renversé quatorze mois plus tard en raison de la défection de ses alliés dont le mouvement citoyen URA (écologiste pro-européen) vit son leader, Dritan Abazović, accéder au pouvoir.

Montépin (Xavier de) Romancier français (1823-1902). Il écrivit des romans-feuilletons sentimentaux et mélodramatiques. *La Porteuse de pain.*

monte-plat n. m. Petit monte-charge qui sert à faire monter ou descendre les plats d'une cuisine. *Des monte-plats.*

monter v. < 1 > (vient du bas latin *montare,* de *mons, montis* → mont) **I. v. intr.** (auxiliaire *être* ou *avoir*) (êtres vivants) **1.** Se déplacer dans un mouvement de bas en haut, vers un lieu plus haut (opposé à *descendre*). → ^{1}**grimper.** *Monter au grenier. Monter à, sur une échelle.* fig. *Monter au créneau*. Elle est montée se coucher.* – *Monter à cheval.* absolt *Il monte bien.* → **monte** (2). – *Monter dans une voiture, en voiture ; monter à bicyclette.* **2.** fam. Se déplacer du sud vers le nord (en raison de l'orientation des cartes). *Ils sont montés de Lyon à Lille.* ■ (Afrique) Commencer sa journée de travail. **3.** Progresser dans l'échelle sociale, s'élever dans l'ordre moral, intellectuel. *Monter en grade.* → **avancer.** – fam. *La vedette qui monte.* **II. v. intr.** (choses) **1.** S'élever dans l'air, dans l'espace. *Le soleil monte au-dessus de l'horizon.* – (sons, odeurs, impressions) *Les bruits qui montent de la rue.* – (humeurs, émotions) *Les larmes lui montaient aux yeux.* – loc. *Monter à la tête :* exalter, griser, troubler. **2.** S'élever en pente. *La route monte.* – S'étendre (jusqu'à une certaine hauteur). *Ses bottes montent à, jusqu'à mi-cuisse.* **3.** Gagner en hauteur. *Le niveau monte.* **4.** (fluides) Progresser, s'étendre vers le haut. *La rivière, la mer a monté.* **5.** (sons) Aller du grave à l'aigu. *Monter la gamme.* – *Le ton monte,* la discussion tourne à la dispute. **6.** (prix) Aller en augmentant* ; valoir plus cher (biens, marchandises, services). – Atteindre un total (→ **montant**). **III. v. tr.** (auxiliaire *avoir*) **1.** Parcourir en s'élevant, en se dirigeant vers le haut. → **gravir.** *Monter une côte.* → ^{1}**grimper. 2.** Être sur (un animal). → ^{1}**monture.** *Ce cheval n'a jamais été monté.* – (trad. de l'anglais) *Police montée,* à cheval (police fédérale canadienne). **3.** (quadrupèdes ; surtout cheval) Couvrir (la femelle). → **saillir ; monte** (1). *L'étalon monte la jument.* **4.** Porter, mettre (qqch.) en haut. *Monter une malle au grenier.* **5.** Porter, mettre plus haut, à un niveau plus élevé. → **élever, remonter.** *Monter une étagère d'un cran.* ■ cuis. *Monter les blancs en neige.* ■ loc. fig. ***Monter la tête*** *à qqn,* ***monter*** *qqn,* l'animer, l'exciter contre qqn. – pronom. *Se monter la tête, le bourrichon :* s'exalter. **IV. v. tr. 1.** Mettre en état de fonctionner, de servir, en assemblant les différentes parties (opposé à *démonter*). → **ajuster, assembler ; montage, monteur.** *Monter la tente.* → ^{1}**dresser.** – *Monter un film.* → **montage** (3). **2.** *Monter une pièce de théâtre,* en préparer la représentation, la mettre en scène. – *Monter une affaire, une société,* constituer, organiser. *Monter un coup.* **3.** Fournir, pourvoir de tout ce qui est nécessaire. *Monter son ménage.* **4.** Fixer définitivement. *Monter un diamant sur une bague.* → **sertir ;** ^{2}**monture.** ■ **se monter v. pron. 1.** S'élever à un certain total. → **atteindre.** *Les dépenses se sont montées à deux cents euros.* **2.** Se fournir, se pourvoir (en...). *Se monter en vaisselle.* ■ **monté, ée adj.** *Pièce* montée. Collet* monté.* ■ En colère. *Elle est très montée contre lui.*

Montereau-Fault-Yonne Commune de la Seine-et-Marne, au confluent de l'Yonne et de la Seine. 21 888 habitants. Métallurgie. Centrale thermique.

Montérégie n. f. Région administrative du Québec, sur la rive sud du Saint-Laurent. 11 128 km^2. 1 550 534 habitants. Industries. Agriculture diversifiée. Ville principale : Longueuil.

Monterey Ville des États-Unis (Californie), sur le Pacifique. 27 800 habitants. Elle fut la capitale de la Californie aux XVIIIe et XIXe s. Industries électroniques. Station balnéaire.

Montería Ville du N. de la Colombie. 389 000 habitants. Plantations. Élevage de bovins. Université.

Monterrey Ville du N. du Mexique, capitale de l'État de Nuevo León, au pied de la sierra Madre orientale. 1 135 500 habitants. Centre commercial et industriel (industries métallurgique et chimique ; raffineries de pétrole).

Montes ou **Montez** (Maria Dolores Eliza Gilbert, dite Lola) Aventurière irlandaise (1818-1861). Elle fut la maîtresse de Louis Ier de Wittelsbach de Bavière. Son influence sur le roi contraignit ce dernier à abdiquer à la suite d'une insurrection populaire (1848).

Montespan (Françoise Athénaïs de Rochechouart de Mortemart, marquise de) Dame française (1641-1707). Maîtresse de Louis XIV, elle eut huit enfants du roi, dont six furent légitimés. Compromise dans l'affaire des Poisons, elle fut remplacée par Mme de Maintenon.

Madame de Montespan et ses enfants, par Ch. de La Fosse (v. 1677), musée du château, Versailles.

Montespan Commune de la Haute-Garonne. 460 habitants. Grotte ornée découverte par Norbert Casteret en 1922.

Montesquieu (Charles de Secondat, baron de La Brède et de) Écrivain français (1689-1755). Ses *Lettres persanes* proposent une brillante satire de la France du XVIIIe s. Dans *De l'esprit des lois,* il fit une typologie des régimes politiques et défendit le principe de la séparation des pouvoirs.

Montesquieu, école française (1728), musée du château, Versailles.

Montesquieu-Volvestre Commune de la Haute-Garonne, sur l'Arize. 3 109 habitants. Église fortifiée (XIVe s.) avec portail Renaissance.

Montesquiou (Pierre de) comte d'Artagnan Maréchal de France (1645-1725). Cousin du mousquetaire d'Artagnan, il se distingua à Malplaquet et à Denain et fit partie du conseil de régence.

Montesson Commune des Yvelines. 14 811 habitants. Cultures maraîchères.

Montessori (Maria) Médecin et éducatrice italienne (1870-1952). Elle a donné son nom à une méthode pédagogique fondée sur l'éducation sensorielle, le développement de la mémoire et le respect de la liberté de l'enfant. *Pédagogie scientifique ; De l'enfant à l'adolescent.*

Maria Montessori vers 1951.

monteur, euse n. (de *monter* [IV]) **1.** Personne qui monte des appareils, des machines ; qui effectue des opérations de montage. *Monteur électricien.* **2.** Spécialiste chargé(e) du montage des films. *Chef monteuse.*

Monteux (Pierre) Chef d'orchestre français naturalisé américain (1875-1964). Il créa des œuvres de Ravel, Debussy, Stravinsky et fonda avec Cortot, en 1929, l'Orchestre symphonique de Paris qu'il dirigea jusqu'en 1938.

Monteux Commune du Vaucluse. 12 979 habitants. Vestiges de remparts. Produits maraîchers.

Monteverdi (Claudio) Compositeur italien (1567-1643). Maître de chapelle à Saint-Marc de Venise, il composa des opéras *(Orfeo ; Le Couronnement de Poppée),* de la musique religieuse *(Vêpres de la Vierge Marie)* et des madrigaux. S'inspirant de la polyphonie du XVIe s., il inventa une nouvelle expression lyrique, souple et mélodieuse. Sa grande science musicale en fait le précurseur du mélodrame et de l'opéra moderne.

Montevideo Capitale de l'Uruguay, sur le río de La Plata et l'océan Atlantique. 1 270 000 habitants. Port de commerce. Centre industriel (textile, agroalimentaire). Universités. Fondée en 1726 par les Espagnols, elle concentre aujourd'hui plus de la moitié de la population du pays.

Monteynard Commune de l'Isère. 496 habitants. Barrage sur le Drac et centrale hydroélectrique.

Montezuma II voir **Moctezuma II**

Montfaucon (Bernard de) Religieux et érudit français (1655-1741). Disciple de Mabillon et membre de la congrégation de Saint-Maur, il publia des répertoires de sources pour l'archéologie et un ouvrage de méthode paléographique.

Montfaucon Ancien lieudit, situé jadis à l'extérieur de Paris (N.-E.), où s'élevait un gibet qui fut utilisé du XIIe au XVIIe siècle.

Montfaucon-d'Argonne Commune de la Meuse. 293 habitants. Victoire des Américains en septembre 1918 (mémorial).

Montfermeil Commune de la Seine-Saint-Denis, à l'E. de Paris. 28 006 habitants.

Montferrand Faubourg de Clermont-Ferrand. Édifices médiévaux et Renaissance.

Montferrat Famille lombarde qui se distingua pendant les croisades. ■ Guillaume V **de Montferrat** dit Longue-Épée (mort en 1185). Il participa à la troisième croisade. ■ Boniface Ier ou III **de Montferrat** (mort en 1207). L'un des chefs de la quatrième croisade, il participa à la prise de Constantinople et devint roi de Thessalonique (1204-1207).

Montfort (Simon IV, comte de) Homme de guerre français (v. 1150-1218). Il fut le chef de la croisade contre les albigeois. ■ Simon, comte **de Leicester.** Homme de guerre français (v. 1200-1265). Fils de Simon IV et gendre d'Henri III d'Angleterre, il prit la tête de la révolte des barons contre celui-ci,

Montgomery of Alamein

Le maréchal Montgomery en Égypte en novembre 1942.

mais fut vaincu et tué au cours d'une bataille.

Montfort-l'Amaury Commune des Yvelines. 2 903 habitants. Ruines d'un château (x^{e}-xve s.). Maison de Maurice Ravel (musée).

Montfort-sur-Meu Commune de l'Ille-et-Vilaine. 6 743 habitants. Vestiges de fortifications. Écomusée. Abattoir. Salaisons.

Montgenèvre Commune des Hautes-Alpes, au *col du Montgenèvre*, qui relie Briançon à Turin. 452 habitants. Station de sports d'hiver.

Montgeron Commune de l'Essonne. 23 943 habitants. Ville résidentielle.

Montgolfier (les frères de) Industriels et inventeurs français. Joseph (1740-1810) et Étienne (1745-1799) sont les inventeurs des premiers aérostats ou *montgolfières*. On leur doit aussi le bélier hydraulique et des perfectionnements dans la technique papetière.

montgolfière [mɔ̃gɔlfjɛʀ] **n. f. (du n. des frères de Montgolfier)** Aérostat, ballon formé d'une enveloppe remplie d'air chauffé.

M

Premier vol habité d'une montgolfière — au château de Versailles le 19 septembre 1783 —, avec à bord un mouton, un canard et un coq, musée d'Art et d'Histoire, Meudon.

Montgomery (Gabriel de Lorges, comte de) Homme de guerre français (v. 1530-1574). Capitaine de la garde écossaise, il causa involontairement la mort d'Henri II au cours d'un tournoi (1559). À la tête des huguenots, il fut vaincu, condamné à mort et exécuté.

Montgomery (Lucy Maud) Romancière canadienne d'expression anglaise (1874-1942). Son roman *Anne of Green Gables* remporta un grand succès.

Montgomery (John Leslie, dit Wes) Guitariste de jazz américain (1925-1968). Après des débuts dans l'orchestre de Lionel Hampton, il fut le guitariste de jazz le plus marquant des années 1960. *The Incredible Guitar of Wes Montgomery.*

Montgomery Ville des États-Unis, capitale de l'Alabama. 206 000 habitants. Centre et marché agricole. Le mouvement de protestation contre la ségrégation raciale conduit par Martin Luther King y débuta en 1955.

Montgomery of Alamein (Bernard Law Montgomery, 1er vicomte) Maréchal britannique (1887-1976). À la tête de la VIIIe armée en Égypte, il vainquit Rommel à El-Alamein (1942). Il combattit ensuite en Normandie et dirigea un groupe d'armées qu'il mena jusqu'en Allemagne. Il fut commandant adjoint des forces atlantiques en Europe de 1951 à 1958.

Montherlant (Henry Millon de) Écrivain français (1895-1972). Il est l'auteur de romans célébrant un idéal de vie héroïque se défiant de l'amour et des femmes *(Les Célibataires ; Pitié pour les femmes)*. Ses pièces de théâtre mettent en scène des personnages assoiffés d'absolu *(La Reine morte ; Port-Royal)*. Académie française.

Monthey Ville de Suisse (Valais), sur la Vièze. 17 563 habitants. Vestiges d'un château du xe s. Industries (chimie, pharmacologie).

Montholon (Charles Tristan, comte de) Général français (1783-1853). Chambellan du palais (1815), il accompagna Napoléon Ier à Sainte-Hélène. En 1840, il participa à la tentative de coup d'État de Louis Napoléon Bonaparte. Il est l'auteur de mémoires et de *Récits de la captivité de Napoléon.*

Monti (Vincenzo) Poète italien (1754-1828). Son œuvre néoclassique célèbre notamment l'Italie napoléonienne. *Prométhée ; Le Barde de la Forêt-Noire.*

Monti (Mario) Homme d'État italien (né en 1943). Économiste partisan de la libre concurrence, il a succédé à S. Berlusconi à la présidence du Conseil italien (2011-2013).

Monticelli (Adolphe) Peintre français (1824-1886). Il peignit à Barbizon et se lia avec Cézanne. Son œuvre, admirée de Van Gogh, annonce l'expressionnisme.

monticole adj. (du latin, de *mons, montis* et de *-cola* → -cole) didact. (animaux, végétaux) Qui vit dans les montagnes.

monticule n. m. (bas latin *monticulus*, diminutif de *mons* → mont) **1.** Petite bosse de terrain. **2.** Tas. *Un monticule de pierres.*

Montignac Commune de la Dordogne, sur la Vézère. 2 757 habitants. Château fort. Musée. Aux environs, se trouve la grotte de Lascaux.

Montigny-le-Bretonneux Commune des Yvelines. 31 854 habitants.

Montigny-lès-Cormeilles Commune du Val-d'Oise. 22 186 habitants. Industries.

Montigny-lès-Metz Commune de la Moselle, dans la banlieue de Metz. 21 788 habitants. Jardin botanique de Metz.

Montigny-le-Tilleul Commune de Belgique (province de Hainaut), sur la Sambre, près de Charleroi. 10 132 habitants. Bâtiment et travaux publics. Électronique.

Montivilliers Commune de la Seine-Maritime. 15 500 habitants. Église des XIe et XVe s. (vestige d'une abbaye fondée en 682).

Montjuïc n. m. Colline située dans le S. de Barcelone. Installations sportives. Fondation Miró.

Montlhéry Commune de l'Essonne. 8 561 habitants. Tour (vestige d'un château fort des xe-xie s.). Autodrome.

Mont-Louis Commune des Pyrénées-Orientales. 144 habitants. Citadelle créée par Vauban. Four solaire. Station d'été et de sports d'hiver.

Montlouis-sur-Loire Commune de l'Indre-et-Loire. 10 895 habitants. Viticulture.

Montluc voir **Monluc**

Montluçon Chef-lieu d'arrondissement de l'Allier, sur le Cher. 33 822 habitants. Église des XIIe-XIIIe s. Ancien château des ducs de Bourbon (XVe-XVIe s.). Musée. Industries diversifiées.

Montluel Commune de l'Ain, dans la Dombes. 6 864 habitants. Ruines d'un château du XIe siècle.

Montmagny Commune du Val-d'Oise, près de Deuil-la-Barre. 14 550 habitants. Église d'A. Perret (1925).

Montmajour Écart de la commune d'Arles (Bouches-du-Rhône). Ancienne abbaye bénédictine, fondée au xe siècle.

Montmartre Quartier du N. de Paris, dans le 18e arrondissement, sur la *colline Montmartre* ou *butte Montmartre.* Basilique du Sacré-Cœur (fin XIXe s.). Église Saint-Pierre (XIIe s.). Longtemps prisé des artistes, le quartier, avec le Bateau-Lavoir, fut le berceau du cubisme.

Montmaurin Commune de la Haute-Garonne, dans le Comminges. 197 habitants. Vestiges d'une importante villa gallo-romaine.

Montmédy Commune de la Meuse, sur la Chiers. 2 040 habitants. Ancienne place forte transformée par Vauban. Musées.

Montmélian Commune de la Savoie, sur l'Isère. 4 064 habitants. Ancienne place forte. Viticulture.

Montmirail Commune de la Marne, sur le Petit Morin. 3 561 habitants. Matériel électrique. Château du XVIe s., où naquit le cardinal de Retz. En 1814, Napoléon y vainquit les armées russe et prussienne.

Montmartre

La « butte Montmartre » avec le Sacré-Cœur, site des plus visités à Paris.

montmorency n. f. (du n. de la ville) Cerise d'une variété acide. → **griotte.**

Montmorency Famille noble française. ■ Matthieu II, baron **de Montmorency.** Connétable de France (1174-1230). Il conquit la Normandie sur les Anglais et se distingua à la bataille de Bouvines (1214). ■ Anne, 1er duc **de Montmorency.** Connétable de France (1493-1567). Favori de François Ier, il se distingua à Ravenne (1512), à Marignan (1515) et à La Bicoque (1522). Il fut tué en combattant Condé. ■ Henri Ier, 3e duc **de Montmorency,** d'abord appelé Damville (1534-1614). Fils d'Anne. Il favorisa l'avènement d'Henri IV. ■ Henri II, 4e et dernier duc **de Montmorency** (1595-1632). Filleul d'Henri IV. Il intrigua avec Gaston d'Orléans, prit les armes contre Richelieu et fut exécuté.

Montmorency Commune du Val-d'Oise, à la lisière de la *forêt de Montmorency.* 21 688 habitants. Église du XVIe s. Château du XVIIe s. où Rousseau vécut de 1756 à 1762.

Montmorillon Chef-lieu d'arrondissement de la Vienne, sur la Gartempe. 5 914 habitants. Églises (XIe-XIVe s., avec fresques de la fin du XIIe s.).

Montmort-Lucy Commune de la Marne, sur le Surmelin. 624 habitants. Église gothique. Château du XVIe siècle.

montoir n. m. vieux Grosse pierre, banc pour monter à cheval.

Montoir-de-Bretagne Commune de la Loire-Atlantique. 7 216 habitants. Terminal méthanier. Chimie.

Montoire (entrevues de) Rencontres qui eurent lieu, en octobre 1940, à Montoire-sur-le-Loir (Loir-et-Cher), la première entre Hitler et Laval (22 oct.), la seconde entre Hitler et Pétain (24 oct.), afin de décider le principe d'une collaboration entre la France et l'Allemagne.

Montparnasse Quartier du S.-O. de Paris, dans le 14e arrondissement, autour du cimetière du même nom. Il fut très fréquenté par les peintres et les sculpteurs entre les deux guerres. Centre administratif et commercial de la *tour Montparnasse.* Gare.

Montpellier Chef-lieu de l'Hérault. 299 096 habitants. Cathédrale gothique (XIVe s.). Hôtels des XVIIe et XVIIIe s. Nombreux musées. Jardin des plantes (le plus ancien de France). Université. Aéroport. Industries de pointe (informatique, pharmacologie, chimie). Centre protestant, la ville fut soumise par Louis XIII en 1622.

Montpellier, le quartier Antigone, œuvre de Ricardo Bofill, avec l'Hôtel de Région, inspiré de l'Arc de triomphe de l'Étoile à Paris.

Montpensier (Catherine Marie de Lorraine, duchesse de) Dame française (1552-1596). Sœur d'Henri de Guise, elle participa à la Ligue, puis se rallia à Henri IV.

Montpensier (Anne Marie Louise d'Orléans, duchesse de) dite **la Grande Mademoiselle** (1627-1693). Fille de Gaston d'Orléans, nièce de Louis XIII, elle prit part à la Fronde, et fit tirer le canon de la Bastille sur les troupes royales pour défendre Condé (bataille du faubourg Saint-Antoine, 1652). Elle épousa secrètement Lauzun. *Mémoires.*

Montpezat-de-Quercy Commune du Tarn-et-Garonne. 1 600 habitants. Place à arcades. Maisons anciennes. Collégiale du XIVe siècle.

Montpezat-sous-Bauzon Commune de l'Ardèche. 737 habitants. Église romane (XIIe-XIIIe s.). Centrale hydroélectrique.

montrable adj. Qui peut être montré. → **présentable.** *Il n'est guère montrable.*

montrachet [mɔ̃ʀaʃɛ] n. m. (du n. du vignoble) Vin blanc prestigieux de Bourgogne.

Montrachet Vignoble de la côte de Beaune, en Bourgogne. Vins blancs réputés.

montre n. f. (de *montrer ;* d'abord « modèle, exemple ») **I. 1.** vieux Démonstration. *« Pour la montre, pour la gloire, pour être célébré, exalté »* (Michelet). ■ loc. *Faire montre de :* faire preuve de. *Elle a fait montre de compréhension.* **2.** comm. *En montre :* en vitrine. ■ (Canada) *Salle de montre.* → anglic. **show-room.** **II.** plus cour. **1.** Petite boîte à cadran qu'on porte sur soi pour savoir l'heure. *Montre de précision.* → **bracelet-montre, chronomètre.** *Montre à quartz. Mettre sa montre à l'heure.* **2.** loc. *Montre en main,* en mesurant le temps avec précision. ■ *Course contre la montre,* où chaque coureur part seul, le classement s'effectuant d'après le temps ; fig. activité urgente. – n. m. invar. *Un contre-la-montre* (mêmes sens).

Montréal Ville du S.-E. du Canada (Québec) et région administrative du Québec, dans l'île de Montréal, sur le Saint-Laurent. 1 704 694 habitants (agglomération : 4,1 millions). Premier port du Canada. Deuxième ville francophone du monde. Nombreux monuments anciens (Vieux séminaire de Saint-Sulpice ; Château De Ramezay ; église du Sault-au-Récollet). Tour de la Bourse. Universités (dont deux de langue anglaise). Musées. Grand centre culturel, commercial, industriel et financier. Aéroport international. La ville fut fondée en 1642 par Paul de Chomedey, sieur de Maisonneuve, sous le nom de Ville-Marie.

Montréal Commune du Gers. 1 178 habitants. Une des premières bastides de Gascogne (1256).

montre-bracelet n. f. → **bracelet-montre.** *Des montres-bracelets.*

Montréjeau Commune de la Haute-Garonne, sur la Garonne. 2 726 habitants. Ancienne bastide, fondée en 1272.

montrer v. tr. < 1 > (vient du latin pop. *monstrare,* de *monstrum* → **monstre**) **I. 1.** Faire voir, mettre devant les yeux. *Montrer un objet à qqn. Montrer ses richesses.* → **1étaler, exhiber.** – Faire voir de loin, par un signe, un geste. → **désigner, indiquer.** *Montrer qqch. du doigt. Montrer le chemin, la voie.* **2.** (sujet chose) Laisser voir. *Robe qui montre les bras, le cou.* → **découvrir.** **II.** (Faire connaître) **1.** Faire imaginer. → **représenter.** *L'auteur montre dans ses livres toute une société.* → **décrire, dépeindre.** **2.** Faire constater, mettre en évidence. → **démontrer, prouver.** *Montrer ses torts à qqn, lui montrer qu'il a tort. Signes, indices qui montrent qqch.* → **annoncer.** **3.** Faire connaître volontairement par sa conduite. *Montrer ce qu'on sait faire. Montrer l'exemple.* **4.** Laisser paraître ; révéler. → **exprimer, manifester, témoigner.** *Montrer son étonnement, son émotion. Montrer de l'humeur.* **5.** Faire comprendre ; apprendre (qqch. à qqn) par l'explication, l'exemple. → **expliquer.** *Montre-moi comment ça marche.* ■ **se montrer** v. pron. **1.** Se faire voir. → **paraître.** *Se montrer sous un jour favorable, tel qu'on est.* **2.** *Se montrer* (+ attribut), être effectivement, pour un observateur. → **1être.** *Se montrer courageux, habile. – La médecine s'est montrée impuissante.* → **s'avérer.**

Montrésor Commune de l'Indre-et-Loire, sur l'Indrois. 316 habitants. Château du XVe siècle.

Montreuil anciennement **Montreuil-sous-Bois** Commune de la Seine-Saint-Denis, à l'E. de Paris. 111 367 habitants. Église gothique (XIIe-XVIIe s.). Musée historique. Industries diversifiées (textile, édition, construction mécanique).

Montreuil ou **Montreuil-sur-Mer** Chef-lieu d'arrondissement du Pas-de-Calais, sur la Canche. 1 913 habitants. Citadelle (XIIIe-XVIIe s.). Églises.

Montreuil-Bellay Commune du Maine-et-Loire, sur le Thouet. 3 705 habitants. Ancien château des Du Bellay (XIIIe et XVe s.). Église de style gothique flamboyant.

montreur, euse n. Personne qui fait métier de montrer en public (une curiosité). *Montreur d'ours.*

Montreux Ville de Suisse (canton de Vaud), sur le lac Léman. 26 574 habitants. Vignobles. Station climatique. Festival de jazz. Festival d'humour. La *convention de Montreux,* signée le 20 juillet 1936, autorisa la remilitarisation des détroits turcs du Bosphore et des Dardanelles.

Montrevault-sur-Èvre Commune du Maine-et-Loire. 15 732 habitants. Électronique.

Montreynaud (Florence) Écrivaine et militante féministe française (née en 1948). Elle lança en 1999 le mouvement Les Chiennes de garde, en lutte contre les violences verbales ou symboliques (images, publicités sexistes) faites aux femmes.

Montrichard Val de Cher Commune du Loir-et-Cher, sur le Cher. 3 675 habitants. Donjon du XIIe s. Églises médiévales. Négoce des vins de Touraine.

Montréal

Sur la place d'Armes à Montréal, la statue de Maisonneuve, l'un des fondateurs de la ville, face à la basilique Notre-Dame (XVIIIe-XIXe s.).

M

Montriond Village de la Haute-Savoie. Station touristique au bord du *lac de Montriond.*

Montrose (James Graham, 5e comte, puis 1er marquis de) Général écossais (1612-1650). Il passa du parti des presbytériens à celui de Charles Ier, puis de Charles II. Trahi, il fut exécuté.

Montrouge Commune des Hauts-de-Seine, dans la banlieue S. de Paris. 47 907 habitants. Constructions mécaniques et électriques. Informatique et électronique.

Monts (Pierre Du Gua, de) Colonisateur français (v. 1568-1628). Avec Samuel de Champlain, il fonda en Acadie le premier établissement français, Port-Royal (1604).

Mont-Saint-Aignan Commune de la Seine-Maritime, dans la banlieue de Rouen. 19 686 habitants. Centre universitaire.

Mont-Saint-Michel (Le) Commune de la Manche, sur un îlot rocheux relié au continent par une passerelle. 27 habitants. Abbaye bénédictine de style gothique, dont les principales constructions datent des XIIe et XIIIe s. Église abbatiale. Remparts des XIIIe et XVe s. Centre touristique.

Montsauche-les-Settons Commune de la Nièvre, dans le Morvan. 515 habitants. Centre touristique. La ville fut détruite en 1944 par les Allemands.

Montségur Village de l'Ariège. Ruines du château où les albigeois furent vaincus et massacrés en 1244.

Montserrat n. m. Massif montagneux du N.-E. de l'Espagne (Catalogne), près de Barcelone. Abbaye bénédictine, lieu de pèlerinage où est vénérée une Vierge noire.

Montserrat Île britannique des Petites Antilles, au N.-O. de la Guadeloupe. 103 km^2. 9 340 habitants. Depuis 1995, les éruptions répétées du volcan de la Soufrière ont rendu le S. de l'île inhabitable.

M

Montsoreau Village du Maine-et-Loire, sur la Loire. Église du XIIIe s. Château du XVe siècle.

Montt (Manuel) Homme d'État chilien (1808-1880). Président de la République (1851-1861), il réforma et modernisa le pays.

montueux, euse adj. **(du latin, de *mons* → mont) vieilli** Qui présente des monts, des hauteurs. *Un pays montueux.*

[1]monture n. f. **(→ monter [I])** Bête sur laquelle on monte pour se faire transporter (cheval, âne, mulet, dromadaire, éléphant...). *Le cavalier et sa monture.*

[2]monture n. f. **(→ monter [IV])** Partie (d'un objet) qui sert à fixer, à supporter l'élément principal. *Monture de lunettes,* qui maintient les verres en place.

Montval-sur-Loir Commune de la Sarthe. 5 903 habitants. Viticulture.

Moon (Sarah)

Sarah Moon en 2004.

Monty Python Groupe britannique de comédiens et réalisateurs, dont Terry Gilliam et Terry Jones, formé dans les années 1970. Leur humour débridé et irrévérencieux se caractérise par un goût pour la transgression et le travestissement. *Sacré Graal ; La Vie de Brian ; Le Sens de la vie.*

monument n. m. **(latin *monumentum* ; famille de *monstre, montrer*)** **1.** Ouvrage d'architecture, de sculpture, etc., destiné à perpétuer un souvenir. *Monument funéraire.* → **mausolée, stèle, tombeau.** – *Monument aux morts,* commémorant les morts (d'une guerre, d'une catastrophe) appartenant à une communauté. **2.** Édifice remarquable. → **bâtiment, [1]palais.** *Monument historique. Monument public.* ■ **fam.** Objet énorme. **3.** Œuvre imposante, digne de durer. – **iron.** *Un monument d'absurdité, d'extravagance.*

monumental, ale, aux adj. **1.** Relatif aux monuments. *Histoire monumentale.* **2.** Qui a un caractère de grandeur majestueuse. → **grand, imposant.** *L'œuvre monumentale de Victor Hugo.* **3. fam.** Énorme. → **colossal, gigantesque, immense.** – *Erreur monumentale.* □ **n. f. monumentalité**

Monza Ville du N. de l'Italie (Lombardie), proche de Milan. 120 200 habitants. Cathédrale (XIIIe-XVe s.). Circuit automobile. Centre industriel.

mooc n. m. ou **MOOC** [muk] n. m. invar. **(mot anglais, abrév. de *Massive Online Open Course* « cours en ligne ouvert massivement ») anglic.** Cours d'enseignement diffusé sur Internet. - **recomm. offic. cours en ligne ouvert à tous, cours en ligne ouvert massivement (CLOM).**

Moodie (Susanna), née Strickland Écrivaine canadienne d'origine anglaise (1803-1885). Émigrée au Canada en 1832 avec son mari et sa sœur Catherine Traill, elle relata dans une œuvre autobiographique l'établissement dans le milieu canadien. *Roughing It in the Bush.*

Moody's Agence de notation financière créée en 1900 par John Moody qui eut, le premier, l'idée d'évaluer l'endettement des compagnies de chemin de fer américaines grâce à des lettres.

mook [muk] n. m. **(nom déposé ; mot-valise anglais, de *magazine* et *book* « livre ») anglic.** Publication périodique intermédiaire entre la revue et le livre.

Moon (Sarah) Photographe française (née en 1941). Ancien mannequin, elle a commencé sa carrière de photographe dans la mode *(Harper's Bazar ; Vogue ; Elle),* avant de se tourner vers une esthétique plus personnelle. Des clichés flous, utilisant le procédé du vignetage, du grattage, créent une atmosphère onirique et exotique, pleine de mélancolie. Elle a également réalisé des films *(Mississippi One).*

Moon (secte) Secte religieuse fondée en 1954 à Séoul par Sun Myung Moon (1920-2012). Elle fut rebaptisée Fédération pour la paix universelle en 2005 et compte plus de 2 millions de membres.

Moon Jae-in Homme d'État sud-coréen (né en 1953). Issu du Parti démocrate qu'il dirigeait depuis 2015, il fut président de la République de 2017 à 2022. Sa tentative de rapprochement entre les deux Corées, avec une rencontre historique avec son homologue nord-coréen, Kim Jong-un, en 2018, n'aboutit pas.

Moore (Thomas) Poète irlandais (1779-1852). Auteur d'une romance orientale *(Lalla Rookh),* il écrivit également des épigrammes satiriques.

Moore (George Augustus) Écrivain irlandais (1852-1933). Poète marqué par Baudelaire *(Fleurs de passion),* il publia aussi des romans, des nouvelles et une autobiographie.

Moore (Henry) Sculpteur britannique (1898-1986). Il traita les volumes avec une grande liberté, explorant les liens entre le plein et le vide. *Figures couchées ; Forme intérieur-extérieur.*

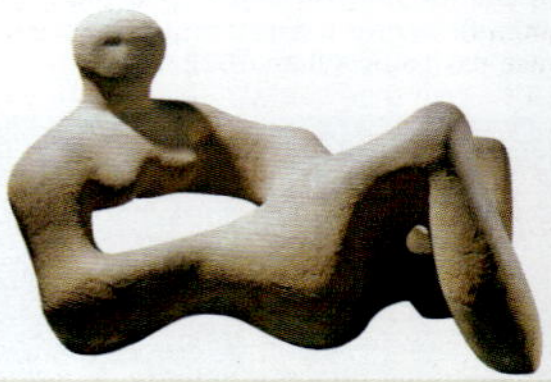

Henry Moore, *Figure allongée* (1938), Tate Britain, Londres.

Moore (Stanford) Biochimiste américain (1913-1982). Il parvint, avec W. Stein, à élucider la composition de la ribonucléase. Ses travaux portèrent sur le lien entre la structure chimique de cette enzyme et son activité catalytique. Prix Nobel 1972.

Moore (Brian) Romancier canadien d'origine irlandaise (1921-1999). Ses romans brossent des portraits ironiques de personnages désespérés en rupture avec leur milieu. *Judith Hearne.*

Moore (Alan) Scénariste de bande dessinée britannique (né en 1953). Il est notamment le créateur de *V pour Vendetta,* dont l'intrigue politique détonna dans le paysage de la BD des années 1980, de *Watchmen* et de *La Ligue des gentlemen extraordinaires.*

Mont-Saint-Michel (Le)

Le Mont-Saint-Michel, haut lieu touristique, inscrit au patrimoine mondial de l'Unesco.

Moore (Michael) Auteur et réalisateur américain (né en 1954). Il a réalisé des documentaires qui portent un regard critique sur la société américaine. *Roger et moi ; Bowling for Columbine ; Farenheit 9/11.*

Michael Moore sur le tournage de *Bowling for Columbine* (2002).

Moorea Île de Polynésie française, dans l'archipel de la Société, à l'O. de Tahiti. 136 km². 7 000 habitants. Agriculture. Tourisme.

Moose Jaw Ville du S.-O. du Canada (Saskatchewan), à l'O. de Regina. 33 890 habitants. Carrefour routier et ferroviaire. Pôle commercial et industriel. Base aérienne militaire.

Mopti Ville du centre du Mali, sur le Niger. Env. 100 000 habitants. Port de pêche. Rizerie.

¹moque n. f. **(néerlandais *mok* « bloc de bois »)** mar. Bloc de bois percé intérieurement d'un trou par lequel passe un cordage.

²moque n. f. **(néerlandais *mok*, aujourd'hui « chope »)** régional Récipient servant de mesure. *Une moque de bière.*

moquer v. tr. < 1 > **(p.-ê. d'un radical *mok-* exprimant le mépris)** littér. Tourner en ridicule. → **railler, ridiculiser.** *Ceux qui le moquaient...* – passif *« Nous prêtons à rire [...] Mais il ne me déplaît pas d'être moqué »* (Gide). ■ **se moquer (de)** v. pron. cour. **1.** Tourner (qqn) en ridicule, rire de. *Les enfants se moquaient de lui, de son allure. Se moquer de soi-même.* **2.** Ne pas s'intéresser à, ne pas se soucier de (qqn, qqch.). → **dédaigner, mépriser.** *Je m'en moque* (→ je m'en balance, je m'en fiche, ça m'est égal). *Se moquer du qu'en-dira-t-on. Il se moque que j'aie raison.* **3.** Tromper ou essayer de tromper (qqn) avec désinvolture. → **¹avoir, berner, mystifier, rouler.** *Elle s'est bien moquée de vous.* **4.** absolt littér. Plaisanter. *Vous vous moquez !*

moquerie n. f. **1.** Action, habitude de se moquer. → **ironie, raillerie. 2.** Action, parole par laquelle on se moque. → **plaisanterie.** *Être sensible aux moqueries.*

Môquet (Guy) Militant communiste français (1924-1941). Fils du député communiste Prosper Môquet, il fut arrêté à Paris le 13 octobre 1940 et transféré en prison à la Santé, à Clairvaux puis au camp de Châteaubriant. Il y fut fusillé le 22 octobre 1941 en représailles à l'assassinat d'un commandant nazi par des résistants.

moquette n. f. **(p.-ê. de *moche, moque* « écheveau »)** Tapis relativement ras, souvent uni, couvrant généralement toute la surface d'une pièce. – loc. fig. et fam. *Fumer la moquette :* délirer, comme sous l'influence du haschich.

moquetter v. tr. < 1 > Recouvrir de moquette.

moquettiste n. Spécialiste de la pose de moquette.

¹moqueur, euse adj. **1.** Qui a l'habitude de se moquer (1). → **blagueur, goguenard, gouailleur. 2.** Inspiré par la moquerie. → **ironique, narquois, railleur.** *Regard, rire moqueur.*

²moqueur n. m. **1.** Oiseau d'Amérique, du groupe des merles, qui imite le chant des autres oiseaux. **2.** En Afrique, Oiseau à longue queue, dont le plumage présente des reflets métalliques.

Moradabad Ville du centre de l'Inde (Uttar Pradesh), à 150 km de Delhi. 888 000 habitants. Usines métallurgiques et textiles.

moraillon n. m. **(de *moraille*, du provençal, du latin pop. *murru* « visière »)** techn. Plaque mobile à charnière, percée d'une fente dans laquelle passe un anneau.

moraine n. f. **(d'un mot savoyard, du radical *mur-* « tertre »)** Débris de roche entraînés par un glacier et formant un grand amas. ▫ adj. **morainique**

Morais (Francisco de) Écrivain portugais (v. 1500-1572). Il est l'auteur d'un roman de chevalerie qui connut un grand succès, *Palmerin d'Angleterre.*

¹moral, ale, aux adj. **(du latin, de *mores* → mœurs)** **I. 1.** Qui concerne les mœurs*, les règles admises et pratiquées dans une société. *Sens moral :* discernement du bien et du mal. *Les valeurs morales. Principes moraux.* **2.** Qui concerne l'étude philosophique de la morale (I, 1). → **éthique. 3.** Qui est conforme aux mœurs, à la morale (I, 2). → **honnête, juste ;** opposé à *amoral* et à *immoral. Une histoire morale,* édifiante. **II.** Relatif à l'esprit, à la pensée (opposé à *matériel*). → **intellectuel, spirituel.** *Force morale. Portrait moral.* → **psychologique.** – dr. *Personne* morale.*

²moral n. m. Disposition temporaire à supporter plus ou moins bien les difficultés, à être plus ou moins heureux. *Le moral des troupes est bon.* ■ Disposition psychique. → **mental** (3). – fam. *Avoir le moral à zéro, ne pas avoir le moral,* avoir mauvais moral (→ **démoraliser**).

morale n. f. **I. 1.** Science du bien et du mal ; théorie de l'action humaine soumise au devoir et ayant pour but le bien. → **éthique.** *La morale stoïcienne, chrétienne.* **2.** Ensemble de règles de conduite considérées comme bonnes. → **²bien, valeur.** *« La morale est la faiblesse de la cervelle »* (Rimbaud). *Conforme à la morale :* bien, bon. *Une morale sévère, rigoureuse.* → **rigorisme. 3.** Ensemble des règles de conduite découlant d'une conception de la morale (I, 1). *Une morale astreignante, sévère ; relâchée, laxiste.* **II. 1.** loc. ***Faire la morale, de la morale à qqn,*** lui faire une leçon de morale. → **sermonner. 2.** Ce qui constitue une leçon de morale. → **apologue, maxime, moralité.** *La morale d'une fable. La morale de cette histoire, c'est...* → **moralité.**

moralement adv. **I.** Conformément à une règle de conduite. *Acte moralement condamnable.* **II. 1.** Sur le plan spirituel, intellectuel. **2.** Du point de vue moral (II), psychique. → **mentalement, psychologiquement.** *Physiquement et moralement.*

Morales (Luis de) Peintre espagnol (v. 1510-1586). Influencé par les peintres flamands et par le maniérisme italien, il insista sur le caractère émouvant de ses sujets religieux. *Pietà ; Ecce homo.*

Morales (Cristóbal de) Compositeur espagnol (v. 1510-1553). Chef de l'école andalouse, il est l'auteur d'importantes œuvres de musique sacrée (messes, motets).

Morales (Evo) Homme d'État bolivien (né en 1959). Il fut le premier président d'origine amérindienne (aymara) [2006-2019]. Il fut chassé par l'armée mais son successeur sortit des rangs de son parti, le Mouvement vers le socialisme (MAS).

moralisant, ante adj. Qui moralise.

moralisateur, trice adj. Qui fait la morale. → **édifiant.** *Influence moralisatrice.* – n. *C'est un moralisateur insupportable.*

moralisation n. f. **1.** Édification. **2.** Fait de devenir (plus) moral (I, 3). *La moralisation de la vie politique.*

moraliser v. tr. < 1 > **I.** vieux Faire des leçons de morale à. → **morigéner, sermonner. II.** Rendre (plus) moral, meilleur. *« Éclairer le peuple, c'est le moraliser »* (Hugo).

moralisme n. m. **1.** philos. Attitude qui consiste à faire prévaloir la valeur morale sur les autres valeurs. **2.** cour. Attachement strict et formaliste à une morale.

moraliste n. **1.** Auteur de réflexions sur les mœurs, la nature et la condition humaines. **2.** Personne qui, par ses paroles, son exemple, donne des leçons de morale. → **moralisateur.** – adj. *Elle a toujours été moraliste.*

moralité n. f. **(du bas latin → ¹moral)** **I. 1.** Caractère moral, valeur au point de vue éthique. → **mérite. 2.** Attitude, conduite ou valeur morale. *Faire une enquête sur la moralité de qqn.* ■ Sens moral. → **conscience, honnêteté.** *Témoins, certificat de moralité.* **3.** Enseignement moral (d'un évènement, d'un récit). *La moralité d'une fable.* → **morale** (II, 2). *Moralité : soyez prudent.* **II.** hist. littér. Pièce de théâtre édifiante, au Moyen Âge.

Morand (Paul) Écrivain français (1888-1976). Cosmopolite, il publia des romans et des récits de voyage dans une écriture impressionniste marquée par la hardiesse des images et la discontinuité du rythme. *Ouvert la nuit ; L'Homme pressé ; Venises.* Académie française.

Moorea

Vue aérienne de Moorea, une des îles du Vent, à l'ouest de Tahiti.

Morandi (Giorgio) Peintre italien (1890-1964). Il est connu pour ses natures mortes (bouteilles, vases...) sur fonds abstraits.

Morane (les frères) Industriels et aviateurs français. Léon Morane (1885-1918) et Robert Morane (1886-1968) créèrent en 1910, avec l'ingénieur Raymond Saulnier (1881-1964), la firme de construction aéronautique Morane-Saulnier, spécialisée dans l'étude de prototypes d'avions et d'hydravions.

Morante (Elsa) Écrivaine italienne (1912-1985). Son œuvre est habitée par la douleur de l'enfant à la lisière du monde adulte. *Mensonge et Sortilège ; L'Île d'Arturo ; La Storia.*

Elsa Morante en 1961 à Rome.

morasse n. f. (italien *moraccio*, de *moro* « noir ») imprim. Dernière épreuve d'un journal.

Morat en allemand **Murten** Ville de Suisse (canton de Fribourg), au bord du *lac de Morat*. 8 168 habitants. Remparts du xve s. Les Suisses, alliés à Louis XI, y vainquirent Charles le Téméraire en 1476.

Moratín (Leandro Fernández de) dit le Jeune Auteur dramatique espagnol (1760-1828). Il écrivit des comédies (*Le Vieillard et la Jeune Fille*) et donna des traductions de Shakespeare et de Molière.

moratoire (latin tardif *moratorium*, de *mora* « délai » ; famille de *demeurer*) **I.** adj. dr. Qui accorde un délai. – *Intérêts moratoires*, dus pour retard de paiement de la créance. **II.** n. m. **1.** dr. Suspension des actions en justice, des obligations de paiement. **2.** Accord sur la suspension d'une activité. *Moratoire sur le commerce de l'ivoire.* - syn. vieilli **moratorium** [mɔʀatɔʀjɔm] n. m.

Morava n. f. Rivière d'Europe centrale. 378 km. Née en Moravie, elle forme la frontière entre la République tchèque et la Slovaquie, puis entre la Slovaquie et l'Autriche, et se jette dans le Danube.

Morava n. f. Rivière de Serbie. 245 km. Formée de la réunion de la *Morava de l'Ouest* et de la *Morava du Sud*, elle traverse la Serbie et se jette dans le Danube.

Moravia (Alberto Pincherle, dit Alberto) Écrivain italien (1907-1990). Il est l'auteur de romans qui explorent l'inquiétude existentielle de l'homme, déstabilisé par les nouvelles valeurs du monde contemporain. *La Belle Romaine ; Le Mépris ; L'Ennui.*

Moravie n. f. Région de l'E. de la République tchèque. 26 094 km^2. 2,3 millions d'habitants. Villes principales : Brno, Ostrava. D'abord peuplée par des Celtes (Ier s. av. J.-C.), elle fut finalement occupée par des Slaves, les Moraves (ve s.). Le royaume de Grande-Moravie, fondé au ixe s., fut détruit par les Hongrois (xe s.). La Moravie, rattachée à la Bohême depuis 1029 et érigée en margraviat (fin du xiie s.), partagea l'histoire de la Bohême jusqu'à son rattachement à la République tchèque après la Seconde Guerre mondiale. Agriculture, bassins houillers (Ostrava), gisements de pétrole et de gaz.

Moray (Jacques Stuart, 1er comte de) voir **Murray**

morbide adj. (du latin, de *morbus* « maladie ») **1.** didact. Relatif à la maladie. *État morbide.* → **pathologique.** **2.** Anormal, dépravé. *Curiosité, imagination morbide.* → **maladif, malsain.**

morbidesse n. f. (italien *morbidezza*, de *morbido* « doux, souple ») **1.** littér. Grâce pleine de langueur, de nonchalance. **2.** peint. Délicatesse et souplesse dans le modelé des traits.

morbidité n. f. **1.** Caractère maladif. **2.** démogr. Nombre des malades dans un groupe donné et pendant un temps déterminé. *Tables de morbidité.* **3.** Caractère malsain. *La morbidité d'un film.*

morbier n. m. (n. d'une commune du Jura) **I.** Fromage de vache à pâte pressée. **II.** (Suisse) Grande horloge à balancier.

Morbihan (golfe du) Golfe du S. de la Bretagne, constituant une mer intérieure parsemée de nombreuses îles (dont Gavrinis et l'île aux Moines). Tourisme. Ostréiculture.

Morbihan n. m. [56] Département français de la Région Bretagne (→ carte). 6 763 km^2. 764 161 habitants. Chef-lieu : Vannes. Chefs-lieux d'arrondissement : Lorient, Pontivy. Le territoire est formé de collines et de plateaux taillés dans la pénéplaine armoricaine. Le relief s'élève au N. et à l'O. (303 m dans les Montagnes Noires). Le département est traversé par plusieurs fleuves côtiers (Scorff, Blavet, Oust, Vilaine). Le littoral, très découpé, est ponctué d'îles. Nombreux ports de pêche, port militaire et de commerce de Lorient. Industries (agroalimentaire, armement, construction navale). Stations balnéaires.

morbleu interj. (altération de *mort [de] Dieu*) Ancien juron (→ **palsambleu**).

morceau n. m. (de l'ancien français *mors* « action de mordre ») **1.** Partie séparée ou distincte (d'un corps ou d'une substance solide). → **bout, fraction, fragment, partie, portion.** *Un morceau de ficelle. Couper, déchirer, mettre qqch. en morceaux.* – (d'un aliment) → **bouchée, part.** *Un morceau de pain, de sucre. Les bons morceaux.* – « *Pas un seul petit morceau / De mouche ou de vermisseau* » (La Fontaine). – fig., fam. *Manger, casser, lâcher le morceau* : avouer, parler. **2.** Fragment, partie (d'une œuvre littéraire). → **extrait, passage.** – loc. ***Morceaux choisis*** : recueil de passages d'auteurs ou d'ouvrages. → **anthologie.** **3.** Œuvre musicale. *Un morceau de piano.*

morceler v. tr. < 4 ou RO 5 > (de *morsel* → *morceau*) Partager (une étendue de terrain) en plusieurs parties. → **démembrer, partager.** – au p. p. *Terrain morcelé.* □ adj. **morcelable**

morcellement n. m. Action de morceler ; état de ce qui est morcelé. → **division, fractionnement, partage.** *Le morcellement en lots* (lotissement). - var. RO **morcèlement.**

Morcenx-la-Nouvelle Commune des Landes. 4 976 habitants. Gare de triage. Industrie du bois.

mordache n. f. (du latin → *mordre*) techn. **1.** Morceau d'une matière tendre (plomb, bois, cuivre...) que l'on place sur les mâchoires d'un étau pour ne pas endommager l'objet à serrer. **2.** Extrémité (de certaines pinces ou tenailles).

mordacité n. f. (du latin ; famille de *mordre*) littér. Causticité.

mordancer v. tr. < 3 > (de *mordant*) techn. Imprégner (une étoffe) d'un mordant en vue de l'impression ou de la teinture. □ n. m. **mordançage**

mordant, ante **I.** adj. **1.** vieux Qui mord. – fig. *Un froid mordant.* **2.** Qui attaque, avec une violence qui blesse. → **acerbe, acide, aigre, incisif, vif.** *Ironie mordante.* – (personnes) « *Mordante à l'excès, elle avait peu d'amis* » (Balzac). **II.** n. m. **1.** techn. *Le mordant d'une scie.* **2.** Énergie dans l'attaque ; vivacité. *Avoir du mordant.* **3.** techn. Substance utilisée en teinture pour fixer le colorant sur la fibre.

mordicus [mɔʀdikys] adv. (mot latin, de *mordere* → *mordre*) fam. *Affirmer, soutenir qqch. mordicus*, obstinément, sans démordre.

mordiller v. tr. < 1 > Mordre légèrement et à plusieurs reprises. □ n. m. **mordillage** et **mordillement**

mordoré, ée adj. et n. m. (de *more* → *maure* et *doré*) D'un brun chaud avec des reflets dorés.

Mordovie n. f. République autonome de Russie, dans l'O. de la fédération. 26 200 km^2. 790 000 habitants. Capitale : Saransk. Pêche. Agriculture. Élevage.

mordre v. < 41 > (vient du latin *mordere* → *morceau, morpion ; démordre*) **I.** v. tr. **1.** Saisir et serrer avec les dents de manière à blesser, à entamer, à retenir. → **morsure.** *Mon chien l'a mordu.* → régional **niaquer.** *Elle s'est fait mordre.* **2.** Avoir l'habitude d'attaquer, de blesser avec les dents. *Chien qui mord.* **3.** Blesser au moyen d'un bec, d'un crochet, d'un suçoir. *Se faire mordre, être mordu par un serpent.* → **piquer.** **4.** Entamer. *La lime, l'acide mord le métal.* **II.** **1.** v. tr. ind. ***Mordre à*** : saisir avec les dents. *Poisson qui mord à l'appât* et, sans compl., *qui mord*, qui se laisse prendre. – fig. *Mordre à l'hameçon**. **2.** v. intr. ***Mordre dans*** : enfoncer les dents. *Mordre à belles dents dans une pomme.* **3.** ***Mordre sur*** *(une chose, une personne)* : agir, avoir prise sur elle, l'attaquer. – Empiéter sur. ■ **se mordre** v. pron. réfl. Se blesser soi-même avec les dents. – faux pronom. *Je me suis mordu la langue.*

mordu, ue adj. **1.** Qui a subi une morsure. **2.** Amoureux. *Il est mordu, bien mordu.* – n. fam. ***Mordu(e) de*** : personne qui a un goût extrême pour (qqch.). *C'est une mordue de jazz.*

more voir **maure**

More (saint Thomas) Homme politique et humaniste anglais (1478-1535). Chancelier du royaume, catholique, il s'opposa au divorce du roi Henri VIII, qui le fit emprisonner et exécuter. Il est l'auteur de l'*Utopie.*

Moréas (Ioannis Papadiamantopoulos, dit Jean) Poète français d'origine grecque (1856-1910). D'abord proche des symbolistes (*Les Cantilènes*), il renoua avec la tradition gréco-latine et fonda avec Charles Maurras l'« école romane ». *Le Pèlerin passionné ; Les Stances.*

moreau, elle adj. (vient du latin pop. *maurellus* « brun comme un Maure » → *maure*) Se dit d'un cheval dont la robe est d'un noir luisant. *Jument morelle.*

Moreau (Jean-Baptiste) Compositeur français (1656-1733). Maître de musique de la maison de Saint-Cyr, il composa de la musique pour des œuvres de Racine, notamment pour les tragédies bibliques. *Esther* et *Athalie.*

Moreau (Louis Gabriel) dit **Moreau l'Aîné** Peintre et graveur français (1740-1806). Il peignit des vues des environs de Paris.

Moreau (Jean-Michel) dit **Moreau le Jeune** Dessinateur et graveur français (1741-1814). Frère de Moreau l'Aîné. Dessinateur du Cabinet du roi, il grava les planches des fêtes du mariage et du sacre de Louis XVI et illustra de plus de deux mille vignettes les œuvres de Rousseau, Molière et Voltaire.

Moreau (Jean Victor) Général français (1763-1813). Commandant en chef de l'armée du Rhin (1800), il remporta la victoire de Hohenlinden. S'opposant à Bonaparte, il se rapprocha des royalistes Cadoudal et Pichegru. Arrêté en 1804, il s'exila aux États-Unis puis fut appelé comme conseiller par le tsar Alexandre Ier.

Moreau **(Gustave)** Peintre français (1826-1898). Influencé par les miniatures orientales et les émaux du Moyen Âge, il est l'auteur d'une œuvre d'un esthétisme raffiné et sensuel, chargée de détails décoratifs, ouvrant la voie aux symbolistes et aux surréalistes. *L'Apparition ; Œdipe et le Sphinx.*

Gustave Moreau, *Hélène sur les remparts de Troie* (v. 1880-1886), musée Gustave-Moreau, Paris.

Moreau **(Jeanne)** Comédienne française (1928-2017). Elle tourna sous la direction de nombreux réalisateurs (Malle, Truffaut, Vadim, Kazan) tout en poursuivant une carrière théâtrale. *Ascenseur pour l'échafaud ; Jules et Jim ; La Nuit ; Le Journal d'une femme de chambre.*

Jeanne Moreau dans *Le Temps qui reste* de François Ozon (2005).

Moreau-Nélaton **(Étienne)** Peintre, collectionneur et historien d'art français (1859-1927). Il est surtout connu pour ses monographies sur Corot, Delacroix, Manet et Millet et pour la collection dont il fit don aux Musées nationaux.

Morée **n. f.** Ancien nom du Péloponnèse, attribué à la région après la quatrième croisade.

Morelia Ville du centre du Mexique, capitale de l'État de Michoacán. 597 500 habitants. Cathédrale baroque (XVIIe-XVIIIe s.). Industrie alimentaire. Université.

morelle **n. f.** **(du latin → moreau)** **bot.** Plante à petites fleurs en étoile, dont de nombreuses variétés sont cultivées comme plantes comestibles. *L'aubergine, la pomme de terre, la tomate sont des morelles.*

Morellet **(André)** Écrivain et philosophe français (1727-1819). Il collabora à l'*Encyclopédie* (articles sur la religion).

Morellet **(François)** Artiste français (1926-2016). Il fut l'un des principaux représentants français de l'art cinétique et s'inscrivit dans la tendance minimaliste.

Morelos **n. m.** État du centre du Mexique, au S. de México. 4 950 km^{2}. 1 777 220 habitants. Capitale : Cuernavaca.

Morena **(sierra)** **n. f.** Chaîne montagneuse du S. de l'Espagne qui marque la frontière N. de l'Andalousie.

Moreno **(Lucie Marguerite Monceau, dite Marguerite)** Comédienne française (1871-1948). Elle fut l'épouse de Marcel Schwob et l'amie de Colette et créa au théâtre *La Folle de Chaillot,* de Giraudoux.

Moreno **(Jacob Levy)** Psychosociologue américain d'origine roumaine (1892-1974). Il développa la sociométrie *(Sociométrie, méthode expérimentale et science de la société)* et inventa le psychodrame en thérapie.

Moreno **(Roland)** Inventeur français (1945-2012). On lui doit l'invention de la carte à puce (1975).

Moreri **(Louis)** Érudit français (1643-1680). Il est l'auteur d'un *Grand Dictionnaire historique* qui parut en 1674.

moresque voir **mauresque**

Morestin **(Hippolyte)** Chirurgien français (1869-1919). Pionnier de la chirurgie esthétique, il dirigea au Val-de-Grâce, à Paris, le service de réparation des « gueules cassées » pendant la Première Guerre mondiale.

Moret **(Norbert)** Compositeur suisse (1921-1998). Ses compositions (musique de chambre, concertos) célèbrent la nature.

Moret-Loing-et-Orvanne Commune de la Seine-et-Marne, sur le Loing. 12 507 habitants. Ancienne ville fortifiée. Église des XIIe et XIVe s. Façade Renaissance.

Moreto y Cabaña **(Agustín)** Poète dramatique espagnol (1618-1669). Ses comédies, qui ont pour cadre les fêtes de la cour, furent imitées par les auteurs français et anglais du XVIIe s. *Dédain pour dédain.*

Moretti **(Giovanni dit Nanni)** Réalisateur, scénariste et comédien italien (né en 1953). Souvent autobiographiques, ses films jettent un regard ironique sur la société et la politique italiennes. *Palombella rossa ; Journal intime ; La Chambre du fils ; Habemus Papam ; Mia madre ; Tre Piani.*

Nanni Moretti en 2001, sur le tournage de *La Chambre du fils.*

Morez Commune du Jura, sur la Bienne. 5 226 habitants. Instruments de précision. Électronique. Station de sports d'hiver.

morfal, ale, als **adj. et n.** **(du v. argotique *morfaler,* var. de *morfier* → morfler)** **fam.** Qui dévore, qui a un appétit insatiable. **→ goinfre.**

morfil **n. m.** **(de *mort* et *fil*)** **techn.** Petites parties d'acier, barbes métalliques qui restent au tranchant d'une lame affûtée.

morfler **v.** **< 1 >** **(p.-ê. d'un mot germanique, du lombard *murfen* « ronger »)** **1. v. tr.** **argot** Subir (des coups). **2. v. intr.** **fam.** Subir un inconvénient. – Souffrir. – Être endommagé.

se morfondre **v. pron.** **< 41 >** **(du provençal, du radical *murr-* « museau » et de *fondre*)** S'ennuyer, être triste par ennui. **→ languir.** *Se morfondre à attendre.*

Morgan **(Lewis Henry)** Anthropologue américain (1818-1881). Ses enquêtes sur le système de parenté de tribus indiennes en font l'un des créateurs de l'anthropologie. Théoricien de l'évolutionnisme, il inspira Engels.

Morgan **(John Pierpont)** Financier et industriel américain (1837-1913). Il fonda le trust américain de l'acier et fut un grand collectionneur d'œuvres d'art. ■ **John Pierpont Morgan.** Financier américain (1867-1943). Fils du précédent. Il soutint l'effort de guerre des Alliés durant la Première Guerre mondiale.

Morgan **(Jacques de)** Archéologue et préhistorien français (1857-1924). Il dirigea le Service des antiquités en Égypte, et poursuivit, en Perse, les fouilles de Suse.

Morgan **(Thomas Hunt)** Biologiste américain (1866-1945). Ses expériences sur les mutations de la mouche du vinaigre firent de lui l'un des fondateurs de la génétique moderne. Prix Nobel 1933.

Morgan **(Simone Roussel, dite Michèle)** Actrice française (1920-2016). Elle acquit sa notoriété au cinéma avec notamment *Le Quai des Brumes* et *Remorques.*

Michèle Morgan avec Jean Gabin en 1939, sur le tournage de *Remorques* de Jean Grémillon (1941).

Morgan **(Jason W.)** Géologue américain (né en 1935). Il formula en 1967, avec le géophysicien français Xavier Le Pichon, le premier modèle synthétique de la tectonique des plaques.

morganatique **adj.** **(du latin médiéval, de l'allemand *Morgen* « matin » et *Gabe* « don »)** Se dit de l'union contractée par un prince et une femme de condition inférieure (qui n'a pas les privilèges d'une épouse). *Mariage morganatique.* – *Épouse morganatique.*

Morgane **(la fée)** Personnage de fée bienveillante du *cycle breton.*

morganite **n. f.** **(du n. propre *Morgan*)** **minér.** Béryl d'une variété de couleur rose.

Morgarten **(bataille du)** Bataille remportée le 15 novembre 1315 au S.-E. du lac d'Aegeri (Suisse) par les confédérés des cantons de Schwyz, Unterwald et Uri sur Léopold Ier de Habsbourg, duc d'Autriche.

Morgenstern **(Christian)** Poète allemand (1871-1914). Il écrivit des poèmes humoristiques et satiriques *(Tous les chants de la potence)* et des poèmes d'inspiration religieuse *(Mélancolie).*

Morgenstern **(Oskar)** Économiste américain d'origine allemande (1902-1977). Il publia des travaux d'économie politique, avec J. von Neumann, sur la théorie des jeux et des comportements économiques.

Morgenthau **(Henry)** Homme politique américain d'origine allemande (1891-1967). L'un des artisans du *New Deal,* secrétaire d'État au Trésor (1934-1935), il fut à l'origine de la conférence de Bretton Woods (1943), de la création de la Banque mondiale et de celle du Fonds monétaire international.

Morges Ville de Suisse (canton de Vaud), sur le lac Léman. 15 889 habitants. Château (XIIIe et XVIe s.). Port. Station touristique. Vignobles.

[1]morgue n. f. (de l'ancien v. *morguer*, qui vient du latin *murricare*, du radical *murr-* « museau ») Contenance hautaine et méprisante. → **arrogance, hauteur, insolence.**

[2]morgue n. f. (p.-ê. de [1]*morgue*, idée de « regarder ») Lieu où les cadavres non identifiés sont exposés pour les faire reconnaître. → institut **médicolégal.** – Salle où reposent momentanément les morts.

Morhange Commune de la Moselle. 3 390 habitants. Industrie des matières plastiques.

moribond, onde adj. (latin *moribundus*, de *mori* → mourir) Qui est près de mourir. → **agonisant, mourant.** – n. *Être au chevet d'un moribond.*

moricaud, aude (de *more*) 1. adj. vieux Basané. 2. n. péj. et raciste Personne de couleur ou basanée.

Móricz (Zsigmond) Écrivain hongrois (1879-1942). Ses romans et nouvelles décrivent la vie des paysans et l'atmosphère des petites villes. *Sept Sous ; Sois sage jusqu'à la mort.*

Morienval Commune de l'Oise. 1 096 habitants. Église romane des XIe et XIIe s. (voûtes d'ogives romanes rares).

morigéner v. tr. < 6 > (du latin médiéval, de *morem gerere* « supporter l'humeur » → mœurs ; gérer) 1. vieux Moraliser, sermonner. 2. littér. Réprimander (qqn) au nom de la morale.

Morigny-Champigny Commune de l'Essonne, sur la Juine. 4 376 habitants. Ruines d'une ancienne abbatiale (XIe et XIIIe s.)

Mörike (Eduard) Écrivain allemand (1804-1875). Poète romantique, il est aussi l'auteur d'un roman d'éducation *(Le Peintre Nolten)* et d'une nouvelle *(Voyage de Mozart à Prague)*, dont la tonalité lyrique laisse transparaître la hantise de la mort.

morille n. f. (vient du bas latin *mauricula*, de *maurus* → maure) Champignon comestible très apprécié, au chapeau criblé d'alvéoles.

morillon n. m. (ancien français *morel* « brun » → moreau) 1. Variété de raisin noir. 2. Canard sauvage à plumage noir. 3. Petite émeraude brute.

Morin (Paul) Poète canadien (québécois) (1889-1963). Ses poèmes furent inspirés par l'école du Parnasse. *La Rose au jardin smyrniote ; Le Paon d'émail.*

Morin (Edgar Nahoum, dit Edgar) Sociologue et essayiste français (né en 1921). Il s'est intéressé à de nombreux sujets de société, notamment aux problèmes de la communication de masse *(La Rumeur d'Orléans)* et a mené des réflexions philosophiques sur l'anthropologie.

Morin (Grand et Petit) n. m. Affluents de la Marne. Le *Grand Morin* (112 km) arrose Coulommiers. Le *Petit Morin* (90 km) traverse Montmirail.

Morins n. m. pl. Ancien peuple de la Gaule belgique, établi dans l'actuel Boulonnais et soumis par César en –55.

morio n. m. (p.-ê. de *maure*) zool. Papillon aux ailes brunes bordées de jaune.

Mori Ōgai (Mori Rintarō, dit) Écrivain japonais (1862-1922). Traducteur de Goethe, Schiller et Ibsen, il est l'auteur de nouvelles, de romans, de pièces historiques et d'essais. *L'Oie sauvage ; Vita sexualis.*

morion n. m. (espagnol *morrión*, de *morra* « sommet de la tête ») anciennt Casque léger, à bords relevés en pointe.

Morisot (Berthe) Peintre française (1841-1895). Modèle de Manet, elle peignit des portraits et des scènes intimistes *(Derrière la jalousie ; Le Berceau).*

morisque n. (de l'espagnol, du latin *maurus* → maure) hist. Musulman espagnol converti par force au catholicisme au XVIe s.

Moritz (Karl Philipp) Écrivain allemand (1757-1793). Il laissa des lettres de voyage, un récit autobiographique *(Anton Reiser)*, des drames et un traité d'esthétique.

Morlaàs Commune des Pyrénées-Atlantiques. 4 353 habitants. Église romane et gothique.

Morlaix Chef-lieu d'arrondissement du Finistère, sur la *rivière de Morlaix*. 14 709 habitants. Port. Église de style gothique flamboyant. Industrie alimentaire. Constructions mécaniques et électriques.

Morlanwelz [mɔʀlɑ̃we] Commune de Belgique (province de Hainaut). 19 125 habitants. Ruines d'une abbaye. Industries diversifiées.

Morley (Thomas) Compositeur, éditeur et théoricien anglais de la musique (v. 1557-v. 1602). Marqué par l'influence italienne, il composa de nombreux madrigaux.

Morley (Edward Williams) Physicien et chimiste américain (1838-1923). Il reprit l'expérience de Michelson visant à montrer qu'il n'existe pas d'espace absolu.

Mormant Commune de la Seine-et-Marne. 5 104 habitants. Église gothique. En février 1814, les troupes françaises menées par Victor et Oudinot y remportèrent une victoire sur les Austro-Russes.

mormon, one n. et adj. (de *Book [Livre] of Mormon*, n. du prophète dont Joseph Smith disait avoir traduit le message) Membre d'un mouvement religieux d'origine américaine d'inspiration chrétienne. – adj. *La doctrine mormone.*

Mormugão voir **Marmagão**

morna n. f. (mot du créole portugais) Musique du Cap-Vert nostalgique, au rythme lent.

Mornay (Philippe de) voir **Duplessis-Mornay**

[1]morne adj. (de l'ancien français *morner*, d'un mot germanique « déplorer » ; *cf.* anglais *to mourn*) 1. Qui est d'une tristesse ennuyeuse. → **abattu, [1]morose, sombre, triste.** *Un air morne et buté.* 2. (choses) Triste et maussade. *Un temps morne. « Waterloo, Waterloo, Waterloo, morne plaine »* (Hugo).

[2]morne n. m. (p.-ê. altération de l'espagnol *morro* ; famille de *moraine*) aux Antilles Petite montagne isolée, de forme arrondie.

Morne-à-l'Eau Commune de la Guadeloupe, sur la côte N.-E. de l'île de Grande-Terre. 16 223 habitants.

Morny (Charles Auguste Louis Joseph, comte, puis duc de) Homme politique français (1811-1865). Demi-frère de Napoléon III, il participa activement au coup d'État du 2 décembre 1851. Ministre de l'Intérieur, puis président du Corps législatif (1854-1865), il se montra favorable à la libéralisation du Second Empire.

Moro (Antoon Mor Van Dashorst, dit Antonio) Peintre néerlandais (v. 1517-1576). Portraitiste de cour, il travailla aux Pays-Bas, en Espagne, au Portugal. Ses portraits, caractérisés par l'austérité, la retenue et la noblesse des personnages pourraient avoir influencé Vélasquez.

Moro (Aldo) Homme politique italien (1916-1978). Démocrate-chrétien, il fut président du Conseil de 1963 à 1968 puis de 1974 à 1976. Il fut enlevé et assassiné par les Brigades rouges.

Morón Ville d'Argentine, dans l'agglomération de Buenos Aires. 641 000 habitants. Centre industriel.

Moroni (Giovanni Battista) Peintre italien (v. 1520 ou 1530-1578). Il réalisa essentiellement des retables et des portraits, dénotant l'influence de Titien.

Moroni Capitale des Comores, sur la côte S.-O. de la Grande-Comore (ou Ngazidja). 111 000 habitants. Port de pêche. Grande mosquée.

[1]morose adj. (latin *morosus*, de *morus*, spécialt « humeur chagrine » → mœurs) 1. Qui est d'une humeur triste, que rien ne peut égayer. → **[1]chagrin, [1]morne, renfrogné.** 2. fig. *Un marché morose.*

[2]morose adj. (latin *morosus*, de *mora* « délai », famille de *demeurer*) relig. *Délectation morose* : plaisir pris à demeurer dans la tentation.

morosité n. f. 1. Humeur, atmosphère morose. → **mélancolie.** 2. fig. Climat politique terne, manque de dynamisme (dans un groupe social).

-morphe voir **morph(o)-**

Morphée Dans la mythologie grecque, dieu des Songes, fils d'Hypnos (le Sommeil).

morphème n. m. (anglais des États-Unis *morpheme* → morph[o]-) ling. Forme minimum douée de sens (mot simple ou élément de mot). → **morphologie.** – spécialt Cet élément, quand il a une fonction grammaticale (l'ensemble, avec les « lexèmes », étant alors appelé « monèmes » [chez A. Martinet]).

morphine n. f. (de *Morphée*, dieu du sommeil, n. grec, tiré de *morphê* « forme », à cause de ses métamorphoses) Substance tirée de l'opium, douée de propriétés soporifiques et calmantes.

morphing [mɔʀfiŋ] n. m. (mot anglais → morph[o]-) anglic. Procédé numérique consistant à transformer progressivement une image en une autre. *Un logiciel de morphing.* - recomm. offic. **morphose, n. f.**

morphinique adj. Relatif à la morphine. *Un antidouleur morphinique.*

Moroni

Moroni, le centre historique avec la Grande Mosquée du Vendredi.

morphinomane adj. et n. (Personne) qui s'intoxique à la morphine.

morphinomanie n. f. didact. Toxicomanie à la morphine.

morphisme n. m. (de *homomorphisme*) math. Homomorphisme.

morph(o)-, -morphe, -morphique, -morphisme Éléments (du grec *morphê*) signifiant « forme ». → **-forme.**

morphogène adj. (de *morpho-* + *-gène*) biol. Qui détermine la forme, la structure d'un organisme vivant.

morphogenèse n. f. sc. Développement des formes, des structures d'une espèce vivante. □ adj. **morphogénétique**

morphologie n. f. (de l'allemand, mot de Goethe → morph[o]- et -logie) **1.** Étude de la configuration et de la structure externe (d'un organe ou d'un être vivant, d'un objet naturel). *Morphologie végétale, animale.* **2.** Forme, apparence extérieure. **3.** ling. Étude de la formation des mots (par des morphèmes) et de leurs variations de forme.

morphologique adj. Relatif à la morphologie, aux formes.

morphopsychologie n. f. didact. Étude des correspondances entre la psychologie et les types physiques, chez l'être humain. □ adj. **morphopsychologique**

morphosyntaxe n. f. (de *morphologie* et *syntaxe*) ling. Étude des règles morphologiques et syntaxiques de la formation des énoncés. □ adj. **morphosyntaxique**

morpion n. m. (de *mords* → mordre et *pion* « soldat ») **1.** Pou du pubis. **2.** Gamin, garçon très jeune. **3.** Jeu à deux joueurs, où gagne le premier qui a placé cinq signes d'affilée sur une grille.

Morrice (James Wilson) Peintre canadien (1865-1924). Ses tableaux, inspirés des paysages canadiens et des vues de Paris, sont marqués par l'influence de Matisse et du fauvisme. *The Ferry, Quebec.*

Morricone (Ennio) Compositeur italien (1928-2020). Il a composé de la musique de film, notamment pour Sergio Leone (*Il était une fois dans l'Ouest ; Il était une fois en Amérique*), et reçut un Oscar pour *Les Huit Salopards* de Tarentino.

Morris (William) Écrivain, peintre, décorateur et théoricien politique britannique (1834-1896). Militant socialiste, il s'attacha à renouveler et à revaloriser la production artisanale dans le domaine de la décoration. Sa conception des arts appliqués exerça une influence importante sur l'Art nouveau ainsi que sur l'esthétique des objets usuels.

Morris (Charles William) Philosophe et sémioticien américain (1901-1979). Il dirigea avec Otto Neurath l'*International Encyclopedia of Unified Science.*

Morris (Maurice de Bévère, dit) Dessinateur belge de bandes dessinées (1923-2001). Il est le créateur du personnage de Lucky Luke.

Morris, lors de l'exposition « Lucky Luke et la conquête de l'Ouest » en 1985.

Morris (Robert) Sculpteur américain (1931-2018). Ses œuvres (structures temporaires, ready-made) se rattachent à l'art minimal et au « Performance Art ». *Labyrinthe ; Tenture.*

Morrison (Toni) Romancière américaine (1931-2019). Son œuvre romanesque constitue une quête de l'identité noire américaine, entre l'histoire et la réalité sociale contemporaine. *Beloved ; Jazz.* Prix Nobel 1993.

Toni Morrison en 2004 à New York.

Morrison (James Douglas Morrison, dit Jim) Chanteur de rock américain (1943-1971). Membre du groupe *The Doors*, il fait aujourd'hui l'objet d'un véritable culte.

Jim Morrison en 1970, lors d'un concert des *Doors* à New York.

mors n. m. (vient du latin *morsum*, de *mordere* → mordre ; d'abord « action de mordre » → morsure) **1.** Pièce du harnais, levier qui passe dans la bouche du cheval et sert à le diriger. **2.** loc. *Prendre **le mors aux dents** :* s'emballer, s'emporter.

Mors Île du N.-O. du Danemark. 363 km^2. 22 160 habitants. Ville principale : Nykøbing Mors.

Morsang-sur-Orge Commune de l'Essonne. 20 149 habitants.

[1]**morse** n. m. (du russe, du lapon) Grand mammifère marin des régions arctiques, amphibie, que l'on chasse pour son cuir, sa graisse et l'ivoire de ses défenses.

[2]**morse** n. m. (du n. de l'inventeur) Système de télégraphie électromagnétique et de code de signaux (utilisant des combinaisons de points et de traits). *Signaux en morse.* – appos. *Alphabet morse.*

Morse (Samuel Finley Breese) Physicien américain (1791-1872). Il réalisa un télégraphe électrique et conçut l'alphabet de signaux qui porte son nom.

Morselli (Guido) Romancier italien (1912-1973). Son œuvre, posthume, comprend notamment des récits d'imagination : *Rome sans pape ; Dissipatio.*

morsure n. f. (de *mors*) **1.** Action de mordre. *La morsure d'un chien.* – *Morsures d'insectes* (→ **piqûre**). **2.** Blessure, marque faite en mordant.

Morsztyn (Jan Andrzej) Poète polonais (v. 1621-1693). Il est considéré comme le principal représentant de la littérature baroque en Pologne. *La Canicule ; Le Luth.*

[1]**mort** n. f. (vient du latin *mors, mortis* → mourir) **I. 1.** Cessation de la vie (humains et animaux). → **trépas ; mourir.** – (Conçue comme une entité) *Voir la mort de près.* ■ physiol. Arrêt des fonctions de la vie (circulation sanguine, respiration, activité cérébrale...). *Mort apparente :* arrêt temporaire des fonctions cardiaques et respiratoires. *Mort biologique. Mort cérébrale. Mort cellulaire par nécrose, par apoptose.* – (Personnifiée) « *Ô Mort, vieux capitaine, il est temps ! levons l'ancre* » (Baudelaire). – (Personnage mythique : squelette armé d'une faux, etc.) « *La mort, spectre masqué, n'a rien sous sa visière* » (Hugo). **2.** Fin d'une vie humaine, circonstances de cette fin. *Depuis la mort de ses parents.* → **décès, disparition.** *Mort naturelle, accidentelle. Mort subite.* – loc. *Mourir de sa belle mort,* de vieillesse et sans souffrance. – *Être à l'article de la mort,* tout près de mourir. → à l'**agonie ; moribond, mourant.** – *C'est une question de vie ou de mort,* une affaire où il y va de la vie. – *À **mort** :* d'une façon qui entraîne la mort. → **mortellement.** *Être frappé, blessé à mort.* fam. *À **mort** :* intensément (quelques emplois). – loc. *À la vie (et) à la mort,* pour toujours. **3.** Cette fin provoquée. → **assassinat, crime, [2]homicide, meurtre, suicide ; euthanasie.** *Donner la mort.* → **assassiner, tuer.** *Engin de mort. Peine de mort. Mettre qqn à mort. À mort !,* cri par lequel on réclame la mort de qqn. **II.** fig. **1.** Destruction (d'une chose). *C'est la mort du petit commerce.* → **[1]fin, ruine. 2.** en loc. Douleur mortelle. → **agonie.** – loc. *Souffrir mille morts. Faire qqch. la mort dans l'âme,* contre son gré, avec souffrance (→ à **contrecœur**). **3.** loc. ***La petite mort*** *:* l'orgasme.

▶ Suicide cellulaire ou *apoptose* (du grec : *apo-* au loin et *ptosis* chute), la **mort cellulaire** est un processus au cours duquel la cellule, sensible à ses propres anomalies ou à des signaux externes, déclenche en son sein une cascade de réactions qui entraînent sa destruction. Cette dernière se caractérise par des modifications morphologiques et fonctionnelles de la cellule : déstructuration partielle de la membrane cellulaire, fragmentation de l'ADN au niveau de certaines séquences spécifiques, libération dans le cytoplasme de complexes moléculaires de dégradation, etc.
Mais contrairement à la *nécrose,* la mort cellulaire programmée est contrôlée pour éviter de déclencher une réponse inflammatoire. Des signaux émis par la cellule en apoptose provoquent ensuite sa prise en charge par des cellules « de nettoyage », les macrophages. Certaines cellules anormales sont ainsi éliminées naturellement : présence d'une protéine en excès, endommagement de l'ADN par le rayonnement ultra-violet sont autant de facteurs qui peuvent faire entrer une cellule en apoptose.
Paradoxalement, ce processus intervient également lors de l'embryogenèse et de la morphogenèse : les organes sont d'abord formés grossièrement, puis ils se dessinent grâce à la mort de certaines cellules. Par exemple, les mains sont palmées au début de leur formation, avant que ne meurent les cellules situées entre les doigts.
Les cellules cancéreuses ont la particularité d'avoir perdu la capacité d'entrer en apoptose. Elles vont donc proliférer dans l'organisme, en dépit d'anomalies importantes. Des altérations du processus d'apoptose sont à l'origine de nombreuses autres pathologies (maladies auto-immunes, sida, etc.).
voir aussi **ADN, cellule (souche), chromosome, embryon, vie**

[2]**mort, morte** (vient du latin *mortuus,* p. p. de *mori* → mourir) **I.** adj. **1.** Qui a cessé de vivre. → **défunt, [2]feu, trépassé ;** s'oppose à *vivant. Il est mort depuis longtemps.* → **décédé.** *Tomber (raide) mort :* mourir subitement. *Elle est morte et enterrée.* – *Arbre mort. Feuilles mortes.* – *Peau morte, cellules mortes.* **2.** Qui semble avoir perdu la vie. *Ivre mort. Mort de fatigue,* épuisé. *Plus mort que vif :* effrayé. – *Mort de peur,* paralysé par la peur. **3.** (choses) Sans activité, sans vie. *Eau morte.* → **stagnant.** – loc. *Poids* mort. Temps* mort.* **4.** Qui appartient à un passé révolu. *Langue morte.* ■ loc. fam. *C'est mort :* c'est fini, il n'y a plus d'espoir. **5.** fam. Hors d'usage. → **cassé, usé ;** fam. **[1]fichu, foutu, [2]naze.** *La bagnole est morte.* **II.** n. **1.** Dépouille mortelle d'un être humain. → **cadavre, corps.** *Ensevelir, incinérer les morts.* « *Les morts, les pauvres morts, ont de grandes douleurs* » (Baudelaire). – *Être pâle comme un mort.* **2.** Être humain qui ne vit plus que dans la mémoire des hommes ou

qui est supposé être dans l'au-delà. → **défunt.** *Culte, religion des morts.* → **ancêtre.** – mythol. *Le royaume, le séjour des morts :* les enfers. → **[1]ombre, spectre. 3.** Personne tuée. *L'accident a fait un mort et trois blessés.* → **victime.** – *La place du mort,* dans une voiture, la place avant, à côté du conducteur. – loc. *Faire le mort,* faire semblant d'être mort ; fig. ne pas intervenir. **4. n. m.** Joueur qui étale ses cartes et ne participe pas au jeu.

Mort (Vallée de la) en anglais **Death Valley** Vallée désertique des États-Unis (Californie), au N. du désert Mojave.

mortadelle n. f. (italien, du latin *murtatum,* de *murta* → myrte) Gros saucisson de porc et de bœuf.

Mortagne-au-Perche Chef-lieu d'arrondissement de l'Orne. 3 758 habitants. Église de style gothique flamboyant. Vestiges de fortifications.

Mortagne-sur-Sèvre Commune de la Vendée, sur la Sèvre Nantaise. 6 063 habitants. Ruines d'un château des XIVe et XVe siècles.

Mortain-Bocage Commune de la Manche. 2 932 habitants. Abbaye fondée au XIIe siècle.

mortaise n. f. (p.-ê. arabe *murtazza,* p. p. de *tazza* « insérer ») Entaille faite dans une pièce de bois ou de métal pour recevoir une autre pièce (ou sa partie saillante → **tenon**). □ **mortaiser** v. tr. < 1 > □ n. m. **mortaisage**

mortaiseuse n. f. techn. Machine-outil destinée au mortaisage.

mortalité n. f. (du latin, de *mortalis* → mortel) **1.** vieux Fait d'être mortel (opposé à *immortalité*). **2.** Mort d'un certain nombre d'hommes ou d'animaux, succombant pour une même raison (épidémie, fléau). **3.** *Taux de mortalité* ou *mortalité,* rapport entre le nombre des décès et le chiffre de la population dans un lieu et un espace de temps déterminés. *Mortalité infantile.*

mort-aux-rats [mɔʀɔʀa] n. f. invar. Préparation empoisonnée destinée à la destruction des rongeurs.

mort-bois n. m. techn. Bois de petite dimension qu'on ne peut employer à aucun ouvrage. *Des morts-bois.*

Morte (mer) Lac aux eaux très salées, situé à environ 400 m au-dessous du niveau de la mer, partagé entre Israël et la Jordanie.

Morte (manuscrits de la mer) Manuscrits découverts à partir de 1947 dans des grottes du désert de Judée, près de Qumrân. Publiés entre 1955 et 2002, ils constituent une source fondamentale pour l'étude de la langue, de la littérature, des croyances et du mode de vie des Juifs aux alentours de l'ère chrétienne.

Morteau Commune du Doubs, dans le Jura. 6 851 habitants. Saucisses fumées réputées.

morte-eau [mɔʀto] n. f. *Marée de morte-eau :* marée de faible amplitude. – *La morte-eau, les mortes-eaux :* l'époque de cette marée.

Mortefontaine Commune de l'Oise. 875 habitants. Château reconstruit au XIXe s. en style Renaissance.

mortel, elle adj. (latin *mortalis,* de *mors* → [1]mort) **1.** Qui doit mourir. *Tous les hommes sont mortels* (s'oppose à *immortel*). ■ (choses) Sujet à disparaître. → **éphémère, périssable.** ■ **n.** Être humain. → **homme, [1]personne.** *Un heureux mortel,* un homme qui a de la chance. *Le commun* des mortels.* **2.** Qui cause la mort, entraîne la mort. → **fatal.** *Maladie mortelle. Poison mortel.* – *Ennemi mortel,* qui cherche la mort de son ennemi. – relig. cathol. *Péché mortel,* qui entraîne la mort de l'âme, la damnation (opposé à *véniel*). **3.** fig. D'une intensité dangereuse ou pénible. *Un froid mortel.* ■ fam. Extrêmement ennuyeux. → **lugubre, [1]sinistre.** *Une soirée mortelle. C'était mortel.* **4.** fam. Très bon. *Mortel, son dernier disque !*

Mort (Vallée de la)

La Vallée de la Mort, à 86 m au-dessous du niveau de la mer, est la zone la plus basse du continent américain et l'une des plus chaudes et des plus arides de la planète.

mortellement adv. **1.** Par un coup mortel. → **à mort. 2.** D'une façon intense, extrême. *Il était mortellement pâle.*

Mortensen (Richard) Peintre danois (1910-1993). Il se tourna vers l'art abstrait et fonda le groupe et la revue *Linien,* qui joua un rôle important dans la diffusion de l'art moderne au Danemark.

morte-saison n. f. Période d'activité réduite (dans un secteur de l'économie). *Les mortes-saisons.*

Mort-Homme n. m. Massif (286 m) situé au N. de Verdun, sur lequel se déroulèrent de violents combats pendant la bataille de Verdun.

mortier n. m. (vient du latin *mortarium*) **I.** Mélange de chaux éteinte (ou de ciment) et de sable, délayé dans l'eau et utilisé en construction pour lier ou recouvrir les pierres. **II.** Récipient servant à broyer certaines substances. *Mortier de pharmacien.* **III.** (analogie de forme) **1.** Pièce d'artillerie portative à tir courbe, à canon court. *Obus de mortier.* **2.** anciennt Toque (de certains dignitaires). *Président à mortier.*

Mortier (Édouard Adolphe Casimir Joseph) **duc de Trévise** Maréchal de France (1768-1835). Il se distingua notamment lors de la campagne de Prusse (1807). Président du Conseil et ministre de la Guerre (1834-1835), il fut tué dans l'attentat de Fieschi contre Louis-Philippe.

Mortier (Gérard) Homme de théâtre belge (1943-2014). Il a dirigé le Théâtre de la Monnaie à Bruxelles, le festival de Salzbourg, puis l'Opéra de Paris (2004-2009) et le Théâtre royal de Madrid (2010-2013).

mortifère adj. (latin *mortifer* « qui apporte *[fer]* la mort ») didact. **1.** Qui cause, provoque la mort. → **létal, mortel.** *Venin mortifère.* **2.** fig. Nocif, dangereux. *Une relation mortifère.*

mortifiant, ante adj. Humiliant, vexant.

mortification n. f. **1.** relig. Souffrance que s'imposent les croyants pour faire pénitence. **2.** Souffrance d'amour-propre. → **humiliation, vexation. 3.** méd. Nécrose. **4.** cuis. Faisandage.

mortifier v. tr. < 7 > (du latin, de *mortis* → [1]mort et *facere* → [1]faire) **1.** relig. Soumettre (son corps, ses sens) à la mortification. *Mortifier sa chair.* – pronom. *Elle se mortifiait.* **2.** Faire cruellement souffrir (qqn) dans son amour-propre. → **blesser, froisser, humilier.** *Votre mépris l'a mortifié* (→ **mortifiant**). **3.** cuis. Faisander légèrement. – Attendrir (la viande).

Mortillet (Gabriel de) Archéologue et préhistorien français (1821-1898). Il établit une chronologie du paléolithique fondée sur la succession des types d'outils.

Mortimer (Roger de), **1er comte de La Marche** Gentilhomme gallois (v. 1287-1330). Amant de la reine Isabelle de France, épouse du roi d'Angleterre Édouard II, il fit assassiner ce dernier et prit le pouvoir. Il fut arrêté par Édouard III et exécuté.

Mortimer (Anne de) (début XVe s.). Descendante d'Édouard III, elle transmit ses droits au trône à son mari Richard d'York et fut ainsi à l'origine de la guerre des Deux-Roses.

mortinatalité n. f. (du latin *mors, mortis* et de *natalité*) didact. Nombre d'enfants mort-nés au sein d'une population et pendant une période donnée.

mort-né, mort-née adj. **1.** Mort(e) en venant au monde. *Enfants mort-nés.* **2.** (choses) Qui échoue, avorte dès le début. *Une entreprise mort-née.*

Morton (James Douglas, 4e comte de) Homme d'État écossais (v. 1525-1581). Grand chancelier, il se révolta contre Marie Stuart. Devenu régent, il fut accusé du meurtre de Darnley et exécuté.

Morton (Ferdinand Joseph Lamotte, dit **Jelly Roll**) Pianiste et compositeur américain de ragtime et de jazz (1885-1941). Pionnier du jazz, il se produisit dès 1902 à La Nouvelle-Orléans. Son orchestre, les Red Hot Peppers, eut une influence considérable sur le jazz orchestral.

Mortsel [mɔʀtsɛl] Commune de Belgique (province d'Anvers). 26 157 habitants. Industries alimentaires et chimiques. Constructions métalliques.

mortuaire adj. (du latin, de *mors* → [1]mort) Relatif aux morts, aux cérémonies en leur honneur. → **funèbre, funéraire.** *Couronne mortuaire.*

mort-vivant, morte-vivante n. Mort qui se manifeste parmi les vivants, selon certaines croyances et dans les récits fantastiques. *Les vampires sont des morts-vivants.* ■ spécialt → **zombie.**

morue n. f. (p.-ê. d'un mot gaulois, de *mor* « mer » et *luz* → merlu) **1.** Grand poisson (du même genre que le colin, le merlan...), qui vit dans les mers froides. *Morue fraîche* (→ **cabillaud**), *séchée* (→ **merluche**). **2.** injurieux Prostituée. – Femme.

morula n. f. (du latin mod. « petite mûre » → mûre) embryol. Premier stade de l'embryon (masse ronde).

morutier, ière n. m. et adj. **1. n. m.** Homme faisant la pêche à la morue. **2. n. m.** Bateau équipé pour la pêche à la morue. **3. adj.**

M

Relatif à la morue, à sa pêche. *L'industrie morutière.*

Morvan **n. m.** Région montagneuse formant l'extrémité N.-E. du Massif central, au cœur de la Bourgogne. Elle chevauche les départements de la Nièvre, de la Côte-d'Or et de Saône-et-Loire et culmine à 901 m. Parc naturel régional. Site gaulois de Bibracte, au mont Beuvray.

morve **n. f.** (p.-ê. de l'occitan *vorm* → gourme) **1.** vétér. Grave maladie contagieuse des chevaux. **2.** cour. Liquide visqueux qui s'écoule du nez. → **mucosité, mucus.**

morveux, euse **adj. et n. 1.** Qui a de la morve (2) au nez. *Enfant morveux.* – *Se sentir morveux :* n'être pas très fier de soi. **2. n.** fam. (injure) Gamin, gamine. *Sale morveuse.* ■ Jeune prétentieux.

Morzine Commune de la Haute-Savoie, sur la Dranse. 2 690 habitants. Station de sports d'hiver.

MOS [mos] **n. m.** (sigle de l'anglais *Metal Oxyde Semiconductor*) anglic., électron. Transistor à effet de champ, à grille isolée par une couche d'oxyde de silicium.

[1]mosaïque **n. f.** (de l'italien, du latin médiéval, de *opus musivum* « œuvre des Muses » ; famille de *muse, musée, musique*) **1.** Assemblage décoratif de petites pièces rapportées multicolores (pierre, marbre...) dont la combinaison figure un dessin. *Les mosaïques byzantines de Ravenne.* – appos. invar. *Parquet mosaïque,* fait de petites lames de bois collées. ■ Art des mosaïques (art de la couleur, comme la peinture, la tapisserie). *« La mosaïque, mère du vitrail »* (Malraux). **2.** fig. Ensemble d'éléments divers juxtaposés. *Une mosaïque d'ethnies.* **3.** bot. Maladie des plantes (taches jaunes). *La mosaïque du tabac.* **4. adj.** biol. Qui se juxtapose sans que l'un domine l'autre (en parlant des caractères héréditaires). *Organisme mosaïque.*

Mosaïque romaine, pierre et marbre (Ier ou IIe s. av. J.-C.), Museo Nazionale Romano, Rome.

[2]mosaïque **adj.** (du latin, de *Moses* « Moïse ») De Moïse. *La loi mosaïque.*

mosaïqué, ée **adj.** Qui ressemble à une mosaïque. *Reliure mosaïquée.*

mosaïsme **n. m.** (de *[2]mosaïque*) relig. Ensemble des doctrines et institutions religieuses que les Juifs reçurent de Moïse.

mosaïste **n.** Artiste qui fait des mosaïques. → **[1]mosaïque.** *Les grands mosaïstes byzantins.*

mosan, ane **adj.** (de *Mosa,* n. latin de la Meuse) géogr. De la région de la Meuse. – arts *Art mosan :* forme d'art roman de cette région (sculpture sur ivoire, gravure, arts du métal).

Mosca (Gaetano) Sociologue italien (1858-1941). Il rédigea des travaux sur les régimes politiques. *Éléments de science politique ; Traité de droit constitutionnel.*

Moscheles (Ignaz) Pianiste et compositeur tchèque (1794-1870). On lui doit plusieurs pièces pour piano, dont la transcription du *Fidelio* de Beethoven.

Moscou

Moscou, la Moskova et, au fond, le Kremlin et ses dix-neuf tours.

Moschos (Jean) Ascète chrétien (mort en 619). Il est l'auteur d'un récit édifiant sur les ermites d'Orient, *Pré spirituel.*

Moscou en russe **Moskva** Capitale de la Russie, sur la Moskova. 11,5 millions d'habitants. Centre administratif, culturel, industriel et scientifique. Universités, très nombreux musées, théâtres dont le célèbre Bolchoï, et monuments historiques dont le Kremlin, au centre de la ville, en bordure duquel se trouve la place Rouge (mausolée de Lénine ; cathédrale Basile-le-Bienheureux ; cathédrale du Christ-Sauveur). Grande mosquée. Centre de communication (3 ports fluviaux sur le canal de Moscou et la Volga, 4 aéroports). Capitale de la Moscovie au XIIIe s., abandonnée au profit de Saint-Pétersbourg en 1715, la ville fut incendiée en 1812 devant l'avancée des troupes de Napoléon. Capitale de l'URSS de 1922 à 1991, elle résista avec acharnement, en 1941, contre les troupes nazies.

Moscovie **n. f.** Nom donné à la grande-principauté de Moscou à partir de laquelle est né l'Empire russe du XVIIIe siècle.

moscovium [mɔskɔvjɔm] **n. m.** (de *Moscou*) chim. Élément atomique artificiel (symb. Mc ; n° at. 115).

Moseley (Henry Gwyn Jeffreys) Physicien britannique (1887-1915). Il découvrit une formule reliant les fréquences des rayons X émis par un atome avec le numéro atomique de cet atome.

Moselle **n. f.** Rivière d'Europe occidentale. 550 km. Née dans les Vosges, elle traverse le N.-E. de la France (Épinal, Metz), forme la frontière entre le Luxembourg et le Land allemand de Rhénanie-Palatinat puis arrose celui-ci. Elle se jette dans le Rhin à Coblence.

Moselle **n. f.** [57]. Département français de la Région Grand Est (→ carte). 6 216 km^2. 1 049 155 habitants. Chef-lieu : Metz. Chefs-lieux d'arrondissement : Forbach, Sarrebourg, Sarreguemines, Thionville. Le département s'étend en grande partie sur le plateau lorrain, favorable à la polyculture. L'O. est formé de reliefs calcaires (Côte de Moselle) où les vallées de la Fensch et de l'Orne concentrent les activités sidérurgiques. Au N.-E., dominent les Vosges gréseuses (bassin houiller du Warndt) et, au S.-E., les Vosges mosellanes. Industrie du sel dans la vallée de la Seille. Tourisme.

Moser (Koloman, dit Kolo) Peintre et dessigner autrichien (1868-1918). Ses tableaux sont influencés par l'impressionnisme, tandis que son mobilier, ses affiches et ses reliures se situent dans la ligne du Jugendstil.

Mosi-oa-tunya voir **Victoria** (chutes)

Mosjoukine (Ivan Ilitch) Acteur et cinéaste russe (1889-1939). Il fut une importante vedette du muet, d'abord en Russie *(Le Père Serge),* puis en France *(Le Brasier ardent)* où il s'exila.

Moskova **n. f.** Rivière de Russie, qui traverse Moscou. 473 km.

Moskova (bataille de la) Bataille qui se déroula le 7 septembre 1812 à Borodino, à l'O. de Moscou. Elle vit la victoire de l'armée de Napoléon sur les Russes commandés par Koutouzov.

mosquée **n. f.** (italien *moscheta,* emprunt à l'espagnol, de l'arabe *masjid* « lieu d'adoration ») Sanctuaire consacré au culte musulman. *Le minaret, le mihrab, le minbar d'une mosquée.*

M

La Grande Mosquée de Kairouan (IXe s.), en Tunisie.

Mosquitos (côte des) Région d'Amérique centrale, sur la mer des Antilles, partagée entre le Honduras et le Nicaragua. Elle est habitée par les Indiens miskitos (ou Mosquitos).

Moss Ville de Norvège, sur le fjord d'Oslo. 30 300 habitants. Port. Centre commercial et industriel.

Mossad **n. m.** Organisation israélienne de renseignements et d'opérations spéciales, fondée en 1951 par Ben Gourion.

Mossadegh ou **Mossadeq** (Muḥammad) Homme d'État iranien (1882-1967). Premier ministre (1951-1953), il nationalisa l'industrie pétrolière, malgré l'opposition du chah Muḥammad Rizā. Il fut arrêté et condamné à trois ans de prison.

Mössbauer (Rudolf) Physicien allemand (1929-2011). Il a utilisé les rayons gamma pour caractériser les matériaux grâce à un effet qu'il a mis en évidence et qui porte son nom. Prix Nobel 1961.

Mosse (George Lachmann) Historien américain d'origine allemande (1918-1999). Il lia la montée du fascisme à la « brutalisation » des sociétés européennes durant la Première Guerre mondiale. *De la Grande Guerre au totalitarisme.*

Mossely **(Estelle)** Boxeuse française (née en 1992). Médaille d'or pour les poids légers aux Jeux olympiques de 2016, elle est la première boxeuse française à avoir remporté ce titre.

Estelle Mossely affrontant la russe Anastasia Belyakova aux Jeux olympiques de Rio, en août 2016.

Mosset **(Olivier)** Peintre suisse (né en 1944). Il est cofondateur du groupe BMPT, qui vise à atteindre le degré zéro de la peinture (art minimaliste). *Cercle noir sur fond blanc.*

Mossi(s) **n. m. pl.** Peuple du Burkina Faso et de Côte d'Ivoire, parlant une langue soudanaise, le moré. Ils sont environ 11 millions. Les Mossis formèrent plusieurs royaumes du XIIe au XIXe s. Les masques géométriques et les statuettes aux traits fins sont caractéristiques de leur art.

Mossoul Ville du N. de l'Irak, sur le Tigre. 1 100 000 habitants. Université. Centre commercial et industriel. Troisième ville du pays, elle a été fortement endommagée pendant la guerre avec l'Iran (1980-1988) et lors de l'invasion américaine (2003). En 2014, elle fut envahie par Daech et plusieurs milliers de civils durent fuir la ville. L'organisation terroriste y saccagea les antiquités du musée (2015) et détruisit la mosquée al-Nouri. L'armée irakienne, soutenue par la coalition internationale formée par les États-Unis, reprit le contrôle de la ville à partir de janvier 2017.

Most Ville du N.-O. de la République tchèque, sur la Bílina. 61 300 habitants. Gisements de lignite à ciel ouvert. Industrie pétrochimique.

Mostaganem Ville du N. de l'Algérie, chef-lieu de wilaya, sur le golfe d'Arzew. 144 140 habitants. Port. Centre commercial et industriel.

Mostar Ville du S. de la Bosnie-Herzégovine, sur la Neretva. 65 300 habitants. Pont du XVIe s. détruit en 1993 par les forces croates puis reconstruit.

Le pont de Mostar, inscrit au patrimoine mondial de l'Unesco.

mot **n. m.** **(vient du bas latin *muttum*, de *muttire*, de l'onomatopée *mu-* « marmonner » → muet)** **1.** Chacun des sons ou groupes de sons (de lettres ou groupes de lettres) correspondant à un sens isolable spontanément, dans le langage ; **(par écrit)** suite ininterrompue de lettres, entre deux blancs. *Une phrase de dix mots. Mots familiers, populaires ; savants. Mot nouveau, courant, rare.* → **²terme, vocable.** *Mot mal écrit, illisible.* **loc.** *Les grands mots,* les mots emphatiques. *Gros mot* : mot grossier. *Articuler, manger ses mots.* – *Rapporter un propos mot pour mot,* textuellement. *Mot à mot,* un mot après l'autre, littéralement. – **(énoncé)** *Ne pas dire un (seul) mot* : ne pas parler. *À demi-mot.* → **demi-mot.** ■ *Mot de passe.* **loc.** *Se donner le mot.* **2.** Élément du lexique, en tant que signe **(opposé à *pensée*, à *réalité*...).** *« Ce n'est point avec des idées que l'on fait des vers... c'est avec des mots »* (Mallarmé, d'après Valéry). *Les mots et les actes.* – *La forme, les sons, le sens des mots.* **3.** **dans des loc.** Phrase, parole. *Je lui en dirai, en toucherai un mot,* je lui en parlerai brièvement. *En un mot* : en une courte phrase. – *C'est mon dernier mot,* je ne ferai pas une concession de plus. *Avoir le dernier mot,* ne plus avoir de contradicteur. – *Prendre qqn au mot,* se saisir d'une proposition faite sans penser qu'elle serait retenue. **4.** Court message. *Je lui ai glissé un mot sous sa porte.* **5.** Parole, énoncé, phrase exprimant une pensée de façon concise et frappante. *Mots célèbres, historiques.* → **allusion.** *Mot d'enfant.* – **loc.** *Le mot de la fin,* l'expression qui résume la situation. *Bon mot, mot d'esprit,* parole drôle et spirituelle. *Elle a toujours le mot pour rire.* **6.** **inform.** **(du sens 1, mot graphique)** Séquence de caractères traités comme un seul bloc.

Motagua **n. m.** Fleuve du Guatemala. 400 km. Né dans le S. de la Cordillère centrale, il se jette dans l'Atlantique, dans le golfe du Honduras.

motard, arde **n.** **(de *moto*)** Motocycliste.

mot-clé **n. m.** **1.** Mot renvoyant à une notion importante (d'un texte, d'un discours). **2.** Mot choisi pour identifier une notion dans l'indexation d'un document. *Des mots-clés.*

motel **n. m.** **(mot anglais des États-Unis, de *motor hotel* « hôtel pour les voitures ») anglic.** Hôtel situé au bord d'une route, destiné aux automobilistes.

motet **n. m.** **(diminutif de *mot*)** Chant d'église à plusieurs voix.

¹moteur, trice **n. m. et adj.** **(latin *motor*, du supin de *movere* → mouvoir)** **1.** **n. m.** **vieux** Ce qui donne le mouvement. ■ Mobile, cause agissante. ■ **(personnes)** Agent, instigateur. *Elle est le moteur de l'entreprise.* **2.** **adj.** Qui engendre le mouvement. *Nerfs moteurs. Muscles moteurs des yeux.* – *Troubles moteurs,* de la motricité. ■ *Voiture à deux, quatre roues motrices.*

²moteur **n. m.** **cour.** **1.** Appareil servant à transformer une énergie quelconque en énergie mécanique. *Moteurs à combustion interne* (**dits** *moteurs à explosion*). *Moteurs électriques.* **2.** **spécialt** Cet appareil, à explosion et à carburation. *Moteur à 4 cylindres. Moteur de 750 cm³* (de cylindrée). *Avions à moteurs* (**→ bi-, quadri-, trimoteur**) *et avions à réaction.* – **en appos.** *Bloc moteur.* → **bloc-moteur.** *Des blocs moteurs.* **3.** **(calque de l'anglais *engine*) inform.** *Moteur de recherche* : logiciel qui permet de rechercher des informations sur Internet.

▶ Un **moteur** (1) est une machine qui transforme une forme d'énergie en une autre : une énergie chimique, électrique ou lumineuse en énergie mécanique par exemple. L'efficacité d'un moteur est décrite par son *rendement,* qui compare la quantité d'énergie utilisée à la quantité d'énergie produite. La thermodynamique montre que le rendement d'un moteur a une valeur théorique maximale inférieure à 100 %.

Les moulins, qui transmettent la force de l'eau, du vent ou d'un animal pour faire tourner une meule, figurent parmi les premiers moteurs conçus par l'homme. Dans *la machine à vapeur,* c'est la vapeur produite par une chaudière qui actionne ensuite un piston dans un cylindre. Utilisée dès le XVIIIe siècle, elle a ouvert la voie à l'industrialisation des activités humaines et au développement de la thermodynamique.

Le *moteur à explosion,* ou *moteur à combustion interne,* est ensuite le plus répandu. Le premier brevet décrivant son fonctionnement fut déposé en 1807 par François Isaac de Riva. La source d'énergie peu encombrante et facile à réapprovisionner de ces moteurs, qui n'ont jamais cessé d'être améliorés depuis, en a fait l'équipement de prédilection des petits véhicules. Leur fonctionnement entraîne néanmoins le rejet de polluants et leur rendement est faible, comparé à ceux des *moteurs électriques.*

Ces derniers peuvent prendre des formes très variées, pour la propulsion de trains, les mouvements d'horlogerie ou même la réalisation de nanomachines.

Mais il existe encore bien d'autres types de moteurs, tels que les moteurs à inertie, à ressorts, à air comprimé, à réaction ou même des moteurs moléculaires (flagelles, cils vibratiles). Seuls les moteurs à mouvement perpétuel resteront toujours, pour des raisons théoriques fondamentales, impossibles à inventer.

voir aussi **nanotechnologie, force, hydrogène, dioxyde de carbone (CO_2)**

moteur-fusée **n. m.** **aéron.** Propulseur à réaction emportant le combustible et le comburant nécessaires à son fonctionnement. *Des moteurs-fusées.*

Motherwell **(Robert)** Peintre américain (1915-1991). Proche de Newman et de Rothko, il réalisa des collages et des peintures abstraites. *La Traversée ; Élégie pour la république espagnole.*

motif **n. m.** **(de l'ancien adj. *motif, ive*, du latin *motivus*, de *movere* → mouvoir)** **1.** Mobile d'ordre intellectuel, raison d'agir. *Les motifs d'une conduite.* → **cause, explication.** *Un motif valable.* ■ **dr.** Exposé des raisons qui déterminent les magistrats à rendre un jugement. **2.** Sujet d'une peinture. *Travailler sur le motif.* **3.** Ornement servant de thème décoratif. *Tissu imprimé à grands motifs de fleurs.* **4.** **mus.** Passage remarquable par son dessin (mélodique, rythmique). → **leitmotiv.**

motilité **n. f.** **(du latin *motus*, de *movere* → mouvoir) didact.** Faculté du mouvement. – Ensemble des mouvements spécifiques d'un organe, d'un système. *Motilité intestinale.*

motion **n. f.** **(bas latin, de *movere* → mouvoir)** **I.** **vieux** Impulsion. **II.** **(de l'anglais)** Proposition faite dans une assemblée délibérante par un de ses membres. *Faire, rédiger une motion.* – **(en France)** *Motion de censure,* par laquelle l'Assemblée nationale met en cause la responsabilité du gouvernement.

motivation **n. f.** Ce qui motive un acte, un comportement. – Ce qui pousse qqn à agir.

motiver **v. tr.** **< 1 >** **(de *motif*)** **1.** **(personnes)** Justifier par des motifs. *Motiver une action, une démarche.* **2.** **(choses)** Être, fournir le motif de (qqch.). → **¹causer, expliquer.** *Voilà ce qui a motivé notre décision.* **3.** Faire en sorte que qqch. incite (qqn) à agir. ■ **motivé, ée** **adj.** **1.** Dont on donne les motifs. *Un refus motivé.* – Qui a un motif. *Des plaintes motivées.* → **fondé, justifié.** **2.** **(personnes)** Qui a des motivations pour faire qqch. *Elle est très motivée dans son travail.* □ **adj.** **motivant, ante**

moto **n. f.** **(abrév. de *motocyclette*)** Véhicule à deux roues, à moteur à essence de plus de 125 cm³. *Être à, en moto. Course de motos.* – Pratique, sport de la moto. *Elle aime la moto.*

moto- Élément **(du latin *motor* → ¹moteur)** qui signifie « à moteur ».

motoball [motobol] **n. m.** Sport d'équipe analogue au football, qui se pratique à motocyclette.

Motherwell (Robert)

Robert Motherwell, toile de la série *Élégie pour la république espagnole* (1957-1960), musée d'Art moderne, San Francisco.

motocross n. m. (de *moto[cyclette]* et *cross*) Course de motos sur parcours accidenté. *Des motocross.* - var. **moto-cross.** *Des motos-cross.* - abrév. → **cross.**

motocrotte ou **moto-crotte** n. f. fam. Moto équipée d'un dispositif pour aspirer les excréments des chiens dans les rues. → **caninette.**

motoculteur n. m. (de *motoculture* « culture utilisant des engins à moteur ») Petit engin motorisé à deux roues, dirigé à la main, servant à labourer, biner.

motocycle n. m. admin. Véhicule automobile à deux ou trois roues (motocyclette, scooter, etc.). *Cycles et motocycles.*

motocyclette n. f. (de *moto-* et *bicyclette*) vieilli Véhicule à deux ou trois roues, de cylindrée supérieure à 50 m^3. → **moto, scooter.**

motocycliste n. Personne qui conduit une motocyclette. → **motard.** *Casque de motocycliste.*

motomarine n. f. (de [1]*marine*) (Canada) Petit engin à moteur, pour se déplacer sur l'eau. → **scooter** des mers.

motonautisme n. m. sport Navigation sur petits bateaux à moteur. □ **adj. motonautique**

motoneige n. f. (Canada) Petit véhicule motorisé avec des skis à l'avant, sur chenilles, pour se déplacer sur la neige. - syn. **motoski n. f.**

motoneurone n. m. (de l'anglais, de *motor neurone*) physiol. Neurone de grande taille qui innerve une fibre musculaire.

motopompe n. f. Pompe entraînée par un moteur. *Motopompe électrique.*

motor-home [mɔtɔʀom] n. m. (mot anglais « maison *[home]* à moteur ») anglic. Véhicule automobile aménagé pour y vivre. → **camping-car.** *Des motor-homes.* - recomm. offic. **autocaravane.**

motoriser v. tr. < 1 > Munir de véhicules à moteur, de machines automobiles. *Motoriser l'agriculture.* → **mécaniser.** ■ **motorisé, ée adj.** *Troupes motorisées,* transportées par véhicules à moteur (camions, etc.). – fam. *Être motorisé,* se déplacer avec un véhicule à moteur. □ **n. f. motorisation**

motoriste n. techn. **1.** Spécialiste des moteurs. **2.** Personne qui construit des moteurs d'avion.

motoski voir **motoneige**

motrice n. f. (abrév. de *locomotrice*) Voiture à moteur qui en entraîne d'autres. *Motrice de tramway.*

motricité n. f. (du fém. de *moteur*) Ensemble des fonctions qui assurent les mouvements.

mots croisés n. m. pl. (calque de l'anglais *crossword [puzzle]*) Mots qui se recoupent sur une grille de telle façon que chacune des lettres d'un mot horizontal entre dans la composition d'un mot vertical. – Exercice consistant à reconstituer cette grille, en s'aidant de courtes suggestions, dites « définitions ». *Amateur de mots croisés.* → **cruciverbiste, mots-croisiste.**

mots-croisiste n. Cruciverbiste. *Des mots-croisistes.*

Mott (sir Nevill Francis) Physicien britannique (1905-1996). Ses travaux portèrent sur les propriétés magnétiques des systèmes amorphes, et sur la *transition de Mott,* processus qui permet à des métaux de devenir isolants. Prix Nobel 1977.

Motta (Giuseppe) Homme politique suisse (1871-1940). Conseiller fédéral aux Affaires étrangères (1920-1940), il fut un partisan de l'adhésion de la Suisse à la SDN. Il assura plusieurs fois la présidence de la Confédération.

motte n. f. (p.-ê. d'un radical *mutt-* « tertre, amas de terre ») **1.** Morceau de terre compacte, comme on en détache en labourant. **2.** *Motte de beurre,* masse de beurre des crémiers, pour la vente au détail.

se **motter** v. pron. < 1 > (de *motte*) (animaux) Se cacher, se blottir derrière les mottes.

Motte-Servolex (La) Commune de la Savoie. 12 377 habitants. Cultures fruitières.

motteux n. m. (de *motte*) Oiseau passereau, variété de traquet.

Motteville (Françoise Bertaut de) Dame française (1621-1689). Confidente d'Anne d'Autriche, elle écrivit des *Mémoires pour servir à l'histoire d'Anne d'Autriche.*

motu proprio loc. adv. et n. m. invar. (loc. latine « de son propre mouvement ») **1.** loc. adv. didact. Spontanément, de plein gré. **2.** n. m. invar. relig. Lettre apostolique expédiée par le pape, de sa propre initiative.

motus [mɔtys] interj. (du latin mod., de *mot*) Interjection pour inviter qqn à garder le silence. *Motus et bouche cousue !*

mot-valise n. m. Mot composé de morceaux non signifiants de deux ou plusieurs mots (ex. *courriel,* de *courrier électronique*). *Des mots-valises.*

[1]**mou** ou **mol** devant voyelle ou *h* muet, **molle** (vient du latin *mollis* « tendre » → **amollir, mouiller** et mots en *moll-*) **I. adj. 1.** Qui cède facilement à la pression, au toucher ; qui se laisse entamer sans effort (s'oppose à *dur*). *Substance molle. Rendre mou.* → **amollir, ramollir.** – Qui s'enfonce (trop) au contact. loc. *Un mol oreiller.* → **moelleux. 2.** Qui plie, se déforme facilement (s'oppose à *rigide*). → **souple.** *Tige molle.* → **flexible.** *Chapeau mou.* – *Avoir les jambes molles,* faibles. ■ *De molles ondulations de terrain,* arrondies, douces ou imprécises. **3.** (personnes) Qui manque d'énergie, de vitalité (s'oppose à *actif, énergique*). → **amorphe, apathique, avachi,** [1]**mollasse, nonchalant.** – *De molles protestations.* – Faible, lâche. *Il est trop mou avec ses enfants.* **4.** (style, exécution d'une œuvre) Qui manque de fermeté, de vigueur. *Dessin mou.* **5.** Qui manque de rigueur, de précision. *Sciences* molles* (s'oppose à *dures*). **II. adv.** fam. Doucement, sans violence. *Vas-y mou.* → fam. **mollo. III. n. m. 1.** fam. Homme faible. *C'est un mou.* **2.** (corde, fil) *Avoir du mou,* n'être pas assez tendu. *Donner du mou.*

[2]**mou** n. m. (de [1]*mou*) **1.** Poumon des animaux de boucherie (abats). *Mou de veau.* **2.** loc. fam. *Bourrer le mou à qqn,* lui en faire accroire, lui mentir.

mouais interj. (de *ouais* et *mais*) fam. Exprime un accord réservé, sans adhésion réelle.

Moubarak (Hosni) Homme d'État égyptien (1928-2020). Successeur de Sadate, il fut président de la République de 1981 à 2011. Il fut jugé en 2012 pour avoir fait tirer sur les manifestants lors du soulèvement de 2011 ayant abouti à sa chute mais fut acquitté en 2017.

Hosni Moubarak, entouré de Bill Clinton et Boris Eltsine, en 1996 au sommet de Charm el-Cheikh.

moucharabieh ou **moucharabié** [muʃaʀabje] n. m. (arabe *machrabiya*) Balcon en avant-corps, muni d'un grillage (fréquent dans l'architecture arabe).

Moucharabieh dans une ville du Sud tunisien.

mouchard, arde n. (de *mouche* « espion ») **1.** fam. Dénonciateur. → **indicateur ;** fam. **mouton. 2.** Appareil de contrôle, de surveillance.

moucharder v. tr. < 1 > fam. Surveiller en vue de dénoncer ; dénoncer. □ **n. m. mouchardage**

mouche n. f. (vient du latin *musca*) **I. 1.** Insecte ailé (diptère), aux formes ramassées, aux nombreuses espèces. *Mouche domestique* (absolt *mouche*). *Mouche bleue. Mouche tsétsé**. **2.** dans des loc. *Pattes de mouche,* écriture très petite, difficile à lire. – *Faire la mouche du coche* (d'après une fable de La Fontaine), s'agiter sans aider personne. – *Prendre la mouche :* s'emporter. *Quelle mouche te pique ?,* pourquoi te fâches-tu soudain ? – *Il ne ferait pas de mal à une mouche,* il est très doux. **II. 1.** Petite tache ronde (→ **moucheter**). ■ Petit morceau de taffetas noir que les femmes mettaient sur la peau pour en faire ressortir la blancheur. **2.** (pêche) Appât fait de plumes de couleurs fixées à un hameçon. *Pêcher à la mouche.* **3.** escrime Bouton que l'on fixe à la pointe d'un fleuret pour le rendre inoffensif. → **moucheter. 4.** *Faire mouche :* toucher le centre de la cible (→ **mettre dans le mille**). **5.** Touffe de poils au-dessous de la lèvre inférieure. *Napoléon III portait la mouche.* **III. 1.** fig., vieux Espion. – loc. *Fine mouche :* personne habile et rusée. **2.** appos. *Bateau-mouche :* bateau de passagers (touristes) sur la Seine, à Paris. *Des bateaux-mouches.* **3.** *Poids mouche,* catégorie de boxeurs (48-51 kilos). *Des poids mouches.*

moucher v. tr. < 1 > (vient du latin *muccare,* de *muccus* → **mucus**) **I. 1.** Débarrasser (le nez) de ses mucosités en soufflant par les narines. *Mouche ton nez !* **2.** Rejeter par le nez. *Moucher du sang* (→ **saigner du nez**). **3.** *Se moucher* **v. pron.** Moucher son nez. « *Le vieux musicien semblait donner du cor, quand il se mouchait* » (Balzac). **4.** Couper la mèche de (une chandelle, une lampe), pour éteindre. *Moucher la chandelle* (avec des *mouchettes* **n. f. pl.**). **II.** Réprimander (qqn) durement. *Elle s'est fait moucher.* □ **n. m. mouchage**

moucheron n. m. **1.** Insecte volant de petite taille. **2.** fam. Petit garçon. → **moustique.**

moucheronner v. intr. < 1 > (de *moucheron*) (poissons) Sauter hors de l'eau pour attraper des mouches, des moucherons.

Mouchet (mont) Sommet d'Auvergne, dans le N. des monts de Margeride (Haute-Loire). 1 497 m. Monument national des maquis de France.

moucheter v. tr. < 4 ou RO 5 > (de *mouche*) **1.** Parsemer de petites marques, de petites taches rondes. – au p. p. *Laine mouchetée.* → **chiné. 2.** escrime Garnir une lame d'une mouche (II, 3).

mouchetis n. m. (de *moucheter*) techn. Crépi fait au balai et présentant de petites saillies.

moucheture n. f. **1.** Petite marque, tache d'une autre couleur que le fond. **2.** Tache naturelle sur un animal.

Mouchez (Ernest) Amiral et astronome français (1821-1892). Directeur de l'Observatoire de Paris, il mit au point le projet d'une carte photographique du ciel.

mouchoir n. m. (de *moucher*) **1.** Morceau de linge, de papier qui sert à se moucher, à s'essuyer le visage. *Mouchoir brodé* (décoratif). → **pochette.** – loc. *Grand comme un mouchoir de poche,* très petit. **2.** *Mouchoir (de cou, de tête),* pièce d'étoffe dont les femmes se couvrent la tête, les épaules. → **²fichu, foulard.**

mouclade n. f. (de *moucle,* forme régionale de *¹moule*) régional Moules cuites au vin blanc, à la crème (plat charentais).

moudjahid [mudʒaid] n. m. (mot arabe, de *djihad* « guerre sainte » → **djihad**) Combattant de certains mouvements de libération nationale du monde musulman (Afghanistan, Algérie). *Des moudjahids* ou *des moudjahidines.* - var. **moudjahidine.**

Moulins

Moulins, les rives de l'Allier et les hauts clochers de l'église du Sacré-Cœur et de la cathédrale Notre-Dame.

moudre v. tr. < 47 > (vient du latin *molere,* de *mola* → **meule ;** famille de *émoulu, moulin, rémouleur, vermoulu*) Broyer (des grains) avec une meule. → **écraser, pulvériser.** *Appareil pour moudre.* → **moulin.** *Moudre du café, du poivre* (→ **moulu**).

moue n. f. (vient du francique *mauwa*) Grimace faite en avançant, en resserrant les lèvres. *Une moue boudeuse.* loc. *Faire la moue* (*à qqn*).

mouette n. f. (de l'ancien français d'Angleterre *mauve,* du vieil anglais *maew,* mot germanique → **mauviette**) Oiseau de mer, palmipède voisin du goéland.

moufeter voir **moufter**

mouffette ou **moufette** n. f. (italien *mofetta,* de *muffa* « moisissure ») Petit mammifère carnivore d'Amérique qui, comme le putois, projette en cas de danger un liquide malodorant.

moufle (bas latin *muffula* « mitaine », d'origine germanique ; p.-ê. famille de *mufle*) **I.** n. f. Sorte de gant sans séparation pour les doigts sauf pour le pouce. *Moufles de skieur.* **II.** n. m. ou f. techn. Assemblage de poulies.

mouflet, ette n. (p.-ê. du radical *muff* « gonflement » → **moutard, mufle**) fam. Petit enfant. → **mioche, moutard.**

mouflon n. m. (mot sarde, du bas latin *mufro, mufronis,* d'une langue antérieure au latin) Mammifère ruminant ongulé, très proche du bouquetin.

moufter v. intr. < 1 surtout inf. et temps composés, et en emploi négatif > (origine obscure, p.-ê. famille de *moufle, mufle*) fam. Broncher, protester. *Elle n'a pas moufté.* - var. **moufeter.**

Mougins Commune des Alpes-Maritimes, près de Cannes. 20 180 habitants. Porte romane (XIIe s.). Musée de la Photographie.

mouillage n. m. **I. 1.** Action de mettre à l'eau. *Le mouillage des ancres, d'une mine.* **2.** (navire) Emplacement favorable pour mouiller (3). → **abri. II. 1.** Action de mouiller (qqch.). **2.** Addition d'eau dans un liquide. → **coupage.** *Le mouillage frauduleux du lait.*

mouillant, ante adj. techn. Se dit d'un produit permettant à un liquide d'imprégner ou de s'étaler plus aisément. *Le pouvoir mouillant d'une huile.*

mouille n. f. mar. Avarie d'une cargaison par inondation ou humidité.

mouiller v. tr. < 1 > (vient du bas latin *molliare,* de *mollia* « mie de pain », de *mollis* → **¹mou**) **1.** Imbiber, mettre en contact avec de l'eau, avec un liquide très fluide. → **arroser, humecter, inonder, tremper.** *Mouiller un linge, une serviette. Mouiller son doigt de salive.* – loc. *Mouiller sa chemise,* ne pas se ménager, dans le travail. *Mouiller sa culotte :* uriner ; fig. avoir peur. **2.** Étendre d'eau (un liquide). → **couper, diluer.** *Mouiller une sauce.* **3.** mar. Mettre à l'eau. *Mouiller l'ancre.* – absolt *Ce paquebot mouille en grande rade.* – Immerger (des mines). **4.** *Mouiller une consonne,* l'articuler en rapprochant la langue du palais comme pour émettre le son [j]. **5.** fig. et fam. Compromettre (qqn). *Il est mouillé jusqu'au cou.* ■ **se mouiller v. pron. 1.** S'imbiber d'eau (ou d'un liquide très fluide), entrer en contact avec l'eau, entrer dans l'eau. **2.** fam. Se compromettre, prendre des risques. *Elle ne veut pas se mouiller.* ■ **mouillé, ée adj. 1.** Humide, trempé. *Avoir les cheveux mouillés.* **2.** *Consonnes mouillées.*

Mouilleron-Saint-Germain Commune de la Vendée. 1 786 habitants. Georges Clemenceau et le maréchal de Lattre de Tassigny y sont nés.

mouillette n. f. Petit morceau de pain long et mince qu'on trempe dans un liquide. *Un œuf à la coque et des mouillettes.*

mouilleur n. m. *Mouilleur de mines :* navire aménagé pour le mouillage des mines.

mouillure n. f. **1.** Action de mouiller. → **mouillage.** – État de ce qui est mouillé. **2.** *Une mouillure :* trace laissée par l'humidité. **3.** Caractère d'une consonne mouillée. *La mouillure du « n » dans « agneau ».*

mouise n. f. (d'un mot dialectal de l'Est, p.-ê. famille de *moût*) fam. Misère, pauvreté. → fam. **débine, dèche, panade.** *Il est dans une sacrée mouise !*

moujik n. m. (mot russe « petit homme ») Paysan russe. *Des moujiks.*

moujingue n. m. (origine inconnue) fam. vieilli Enfant. → **môme, mouflet, moutard.**

Moukden ou **Mukden (bataille de)** Bataille de la guerre russo-japonaise qui se déroula à Moukden (auj. Shenyang, en Chine) du 21 février au 11 mars 1905. Elle vit la victoire de l'armée japonaise sur les Russes.

moukère voir **mouquère**

moulage n. m. **1.** Action de mouler, de fabriquer avec un moule. **2.** Objet, ouvrage obtenu au moyen d'un moule. *Prendre un moulage d'un objet* (l'objet servant de moule). → **empreinte.**

moulant, ante adj. Qui moule (3) le corps. → **ajusté, collant.** *Une jupe moulante.*

Moulay-Idriss Ville du Maroc, au N. de Meknès. Mausolée du marabout Idris Ier. Pèlerinage.

¹moule n. f. (vient du latin *musculus ;* p.-ê. famille de *muscle*) **1.** Mollusque comestible, aux valves oblongues d'un bleu ardoise, qui vit fixé sur les rochers. *Parc à moules. Moules de bouchot* (piquet d'élevage) (→ **mytiliculture**). **2.** fam. Personne molle ; imbécile. *Quelle moule !* → **nouille.**

²moule n. m. (vient du latin *modulus* → **module, modèle,** de *modus* → **²mode**) **1.** Corps solide creusé et façonné, dans lequel on verse une substance liquide ou pâteuse qui, solidifiée, conserve la forme ; objet plein sur lequel on applique une substance plastique pour qu'elle en prenne la forme. → **forme, matrice ; mouler.** *Moule à tarte.* **2.** fig. Modèle, type. *Ils sont fabriqués sur le même moule.* – Forme imposée de l'extérieur (à la personnalité, à une œuvre). *Elle refuse d'entrer dans le moule.*

Moule (Le) Commune de la Guadeloupe, sur la côte atlantique de l'île de Grande-Terre. 22 230 habitants. Rhumerie. Pêche.

mouler v. tr. < 1 > (de *²moule*) **1.** Obtenir (un objet) en versant dans un moule creux une substance liquide qui en conserve la forme après solidification. *Mouler des briques.* ■ au p. p. *Ornements moulés en plâtre.* – *Pain moulé.* **2.** Reproduire (un objet, un modèle plein) en y appliquant une substance plastique qui en prend les contours. *Mouler un buste.* **3.** (sujet chose) Épouser étroitement les contours de. → s'ajuster. *Robe qui moule les formes.* **4.** *Mouler une lettre, un mot,* l'écrire d'une écriture parfaitement formée. – au p. p. *Lettres moulées.*

mouleur, euse n. techn. Ouvrier, ouvrière qui moule des ouvrages de sculpture, des pièces de fonderie.

moulière n. f. (de [1]*moule*) Lieu situé au bord de la mer, dans lequel on pêche ou on élève des moules.

moulin n. m. (vient du bas latin *molinum,* de *mola* « meule ») **1.** Machine, appareil servant à moudre* le grain des céréales ; bâtiment qui abrite ces machines. *Meule de moulin. « Les Lettres de mon moulin »* (d'Alphonse Daudet). *Moulin à eau, à vent.* – loc. fig. *Se battre contre des moulins à vent :* s'en prendre à des ennemis imaginaires (comme don Quichotte). – *Apporter de l'eau au moulin de qqn,* lui donner involontairement des arguments dans un débat. ■ *L'exploitant d'un moulin.* → **meunier, minotier. 2.** Installation, appareil servant à broyer, à extraire le suc par pression. *Moulin à huile* (→ **pressoir**). – Appareil ménager pour écraser, moudre. *Moulin à café* (→ **broyeur**). *Moulin à légumes.* → **moulinette.** – loc. fig. ***Moulin à paroles*** *:* personne trop bavarde. **3.** (religion bouddhiste) ***Moulin à prières*** *:* cylindre que l'on fait tourner pour acquérir les mérites attachés à la répétition de la formule sacrée qu'il contient. **4.** fam. Moteur d'automobile, d'avion.

Moulin (Jean) Résistant français (1899-1943). Préfet d'Eure-et-Loir (1940), il se rallia au général de Gaulle qui le chargea d'unifier la Résistance française. Président du Conseil national de la Résistance (1943), il fut arrêté par les Allemands à la suite d'une trahison, fut torturé et mourut au cours de son transfert en Allemagne. Ses cendres sont au Panthéon depuis 1964.

Jean Moulin photographié par son ami Marcel Bernard (1939).

Moulin de la Galette (le) Ancien moulin de Montmartre, nom d'un bal célèbre évoqué par un tableau de Renoir.

mouliner v. tr. < 1 > **1.** techn. Tordre et filer mécaniquement (la soie grège). **2.** fam. Écraser, passer au moulin à légumes. **3.** inform., fam. Traiter un grand nombre de données. □ n. m. **moulinage**

moulinet n. m. **I.** Objet ou appareil qui fonctionne selon un mouvement de rotation. *Le moulinet d'un treuil, d'une canne à pêche.* **II.** Mouvement de rotation rapide (qu'on fait avec un bâton, une épée, un sabre) pour écarter l'adversaire. – *Faire des moulinets avec ses bras.*

moulinette n. f. (marque déposée) Moulin à légumes, à viande.

Moulinié (Étienne) Compositeur français (v. 1600-1669). Il est l'auteur de ballets, d'airs de cour, d'une messe et de motets.

Moulin-Rouge (le) Salle parisienne de bal puis de spectacle (à Montmartre, place Blanche), berceau du french cancan, créée en 1889 et immortalisée par Toulouse-Lautrec. Les revues de Jacques-Charles, animées par J. Baker, Mistinguett ou M. Chevalier, lui valurent une grande renommée.

Moulins Chef-lieu de l'Allier, sur l'Allier. 19 444 habitants. Cathédrale de style gothique flamboyant, abritant le triptyque du Maître de Moulins. Les ducs de Bourbon s'y installèrent à partir du XIVe s. Centre commercial et tertiaire.

Moulins (Maître de) Peintre du XVe s. dont l'identité reste obscure. Influencé par l'art flamand, il est l'auteur du *Couronnement de la Vierge* de la cathédrale de Moulins. Ses œuvres, inspirées de la tradition sculpturale médiévale, révèlent une grande attention portée au détail. *Portraits de Pierre de Bourbon et Anne de France ; Enfant en prière.*

Moulmein officiellement **Mawlamyine** (depuis 1989) Ville de Birmanie, à l'embouchure de la Saouen. 253 000 habitants. Port. Constructions navales. Industries diversifiées.

mouloud n. m. (mot arabe maghrébin, de *mawlid* « naissance [du Prophète] ») Fête musulmane commémorant la naissance du Prophète.

Moulouya (oued) Fleuve du Maroc. 450 km. Né dans le Moyen Atlas, il se jette dans la Méditerranée.

moult [mult] adv. (vient du latin *multum* → **multiple**) vieux ou plais. Beaucoup, très. *« Timide mais brave et moult habile »* (P. Klossowski). – **adj. indéf.** De nombreux, plusieurs. *Après moult hésitations.*

moulu, ue adj. (p. p. de *moudre*) **1.** Réduit en poudre. *Café moulu.* **2.** fig. Accablé de coups, brisé de fatigue. → **fourbu, rompu.** *Je suis moulu.*

moulure n. f. (de *moule*) Ornement allongé à profil constant, en relief ou en creux. *Les moulures d'un plafond. Profil des moulures.* → **modénature.**

moulurer v. tr. < 1 > Garnir de moulures.

moumoute n. f. (de *moutonne* « perruque », de *mouton*) fam. **1.** Cheveux postiches, perruque. **2.** Fourrure de mouton ou matière d'aspect similaire. – Veste ou manteau de cette matière.

Mounana Ville du S.-E. du Gabon. 4 300 habitants. Gisement d'uranium.

Moundou Ville du S. du Tchad, sur le Logone occidental. Environ 140 000 habitants. Centre commercial. Complexe industriel. Égrenage du coton.

Mounet-Sully (Jean Sully Mounet, dit) Comédien français (1841-1916). Sociétaire de la Comédie-Française, il se rendit célèbre par ses interprétations de Hugo, Shakespeare et Sophocle.

Mounier (Jean-Joseph) Homme politique français (1758-1806). Député du tiers état aux États généraux, il fut à l'origine du serment du Jeu de paume (20 juin 1789). Président de l'Assemblée nationale constituante, il fut l'un des principaux représentants du groupe des monarchiens.

Mounier (Emmanuel) Philosophe français (1905-1950). Influencé par Bergson, Maritain et Péguy, il fonda la revue *Esprit* (1932) ainsi que le mouvement « personnaliste », qui tente de faire une synthèse entre le socialisme et le christianisme.

Mountain View Ville des États-Unis (Californie) dans la Silicon Valley. 81 000 habitants. Siège social de Google.

Mountbatten of Burma (Louis Mountbatten, 1er comte) Amiral britannique (1900-1979). Commandant en chef interallié pour l'Asie du Sud-Est pendant la Seconde Guerre mondiale, il chassa les Japonais de Birmanie et fut le dernier vice-roi des Indes (1946-1947). Il fut tué en mer dans un attentat organisé par l'IRA.

Mount Isa Ville du N.-E. de l'Australie (Queensland). 18 860 habitants. Centre minier (cuivre, plomb, argent, zinc).

Mount Vernon Domaine situé dans l'État de Virginie-Occidentale, sur le Potomac du Sud. Tombeau de G. Washington.

mouquère n. f. (mot arabe algérien, de l'espagnol *mujer*) fam. et sexiste, vieilli Femme. - var. **moukère.**

Mourad ou **Murād** Fondateur de la dynastie *mouradite,* qui régna sur la Tunisie ottomane de 1640 à 1704.

mourant, ante adj. **1.** Qui se meurt ; qui va mourir. → **agonisant, expirant.** – **n.** *Les dernières volontés d'un mourant.* **2.** littér. Qui cesse, s'arrête, finit. → **éteint.** *Une flamme mourante.*

Mourenx Commune des Pyrénées-Atlantiques. 5 903 habitants.

Mouret (Jean Joseph) Compositeur français (1682-1738). Opérant une synthèse entre les goûts français et italien après la mort de Lully, il rénova la musique française à travers ses symphonies, sa musique de chambre, d'église et de théâtre. Ses nombreux « divertissements » préfigurent l'opéra-comique français.

Mourgab n. m. Fleuve d'Asie centrale. 978 km. Né en Afghanistan, il disparaît dans les sables du Karakoum, au Turkménistan.

Mourguet (Laurent) Marionnettiste français (1769-1844). Il créa le personnage de Gnafron puis celui de Guignol.

mourir v. intr. < 19 > (latin *moriri*) **1.** Cesser de vivre, d'exister, d'être. → [1]**mort ; décéder, disparaître, s'éteindre, expirer, périr, succomber, trépasser ;** fam. **clamser, claquer, crever ;** → casser sa pipe. *Naître, vivre et mourir. Être sur le point de mourir* (→ **moribond, mourant**). *« Et puis, mourir n'est rien, c'est achever de naître »* (Cyrano de Bergerac). – *Faire mourir* (→ **tuer**). – *Mourir de faim, de maladie, de vieillesse. Mourir assassiné.* – *Mourir jeune.* ■ Vivre les derniers moments de sa vie. *Mourir subitement.* **2.** (végétaux) Cesser de vivre (plantes annuelles) ; perdre sa partie aérienne sans cesser de vivre (plantes vivaces). **3.** fig. Souffrir, dépérir. – ***À mourir*** *:* au point d'éprouver une grande souffrance. *Triste à mourir. S'ennuyer à mourir.* – ***Mourir de*** *:* être très affecté par ; souffrir de. *Mourir de chagrin, de peur.* – *Mourir de faim, de soif :* avoir très faim, soif. *Mourir d'envie de* (et l'inf.). – *C'est à mourir de rire !* **4.** (choses) Cesser d'exister, d'être, par une évolution lente, progressive. *Civilisation qui meurt.* → **disparaître.** – *Les vagues viennent mourir sur le sable.* – *Bruit, voix qui meurt.* → **s'affaiblir, diminuer. 5.** ***Se mourir*** **v. pron.** littér. Être sur le point de mourir. – *Se mourir d'amour.* → **languir.**

Mourmansk Ville du N.-O. de la Russie, sur la mer de Barents, au-delà du cercle polaire. 307 260 habitants. Port de pêche et d'exportation (minerai de fer). Chantier naval. Institut d'océanographie polaire.

Mourmansk, la plus importante des agglomérations situées au nord du cercle polaire arctique.

Mourmelon-le-Grand Commune de la Marne, sur le Seu. 5 163 habitants. Camp militaire.

mouroir n. m. Lieu où sont réunis des mourants. – péj. Service hospitalier, hospice où les personnes en fin de vie reçoivent un minimum de soins et d'attentions.

mouron n. m. (de l'ancien néerlandais *muer*) **1.** Plante des régions tempérées, à fleurs rouges ou bleues. *Mouron d'eau.* – *Mouron blanc* ou *mouron des oiseaux* (→ ^{2}**stellaire**). **2.** loc. fam. *Se faire du mouron,* du souci.

Mourou (Gérard) Physicien français (né en 1944). Il a élaboré une génération d'impulsions optiques ultracourtes de grande intensité utilisées entre autres dans la chirurgie de l'œil (myopie et cataracte). Prix Nobel 2018.

mourre n. f. (italien dialectal *morra* « troupeau ») anciennt Jeu de hasard dans lequel deux personnes se montrent simultanément des doigts dressés en criant un chiffre (celui qui donne le chiffre juste pour l'autre gagne).

Mouscron en néerlandais **Moeskroen** Ville de Belgique (province de Hainaut). 58 767 habitants. Centre commercial et de services. Industries textiles.

Mouskouri (Ioánna, dite Nana) Chanteuse grecque (née en 1934). Dotée d'une voix claire et cristalline, elle a abordé tous les styles de musique, dont le folklore grec qu'elle a interprété dans de nombreuses langues *(Quand tu chantes ; Le Tournesol).*

mousmé ou **mousmée** n. f. (mot japonais) vieilli Jeune fille, jeune femme japonaise.

mousquet n. m. (de l'italien, de *moschetta,* d'abord « petite mouche » puis « flèche d'arbalète, » de *mosca* « mouche ») Ancienne arme à feu portative.

mousquetaire n. m. **1.** hist. Cavalier armé d'un mousquet et faisant partie des troupes de la maison du roi. *« Les Trois Mousquetaires »* (roman d'A. Dumas). **2.** (pièce d'habillement) *À la mousquetaire* : à revers. *Gants, bottes à la mousquetaire.*

Un mousquetaire, gravure (XVIIe s.) d'Abraham Bosse.

Mousquetaires (les) Nom donné aux quatre joueurs de tennis français (Jean Borotra, Jacques Brugnon, Henri Cochet et Jean René Lacoste), qui remportèrent la coupe Davis à six reprises, de 1927 à 1932.

mousqueterie [muskɛtʀi ; muskətʀi] ou **mousquèterie** n. f. (de *mousquet*) vieux Décharge simultanée de mousquets, de fusils. → **salve.**

mousqueton n. m. (de *mousquet*) **1.** Fusil à canon court. **2.** Boucle métallique à système de fermeture rapide et sécurisé.

moussaillon n. m. (de ^{3}*mousse*) fam. Petit mousse, très jeune marin.

Mousquetaires (les)

Les Quatre Mousquetaires dans les années 1930.

moussaka [musaka] n. f. (mot turc) Plat originaire des Balkans, composé d'aubergines et d'un hachis de viande gratinés.

moussant, ante adj. Qui mousse. *Bain moussant.*

^{1}**mousse** n. f. (francique *mosa,* qui vient p.-ê. du latin *mulsa,* de *mel* → **miel**) **I.** Plante rase et douce, généralement verte, sans fleurs, formant tapis. *Mousses et lichens.* – appos. invar. *Vert mousse.* **II. 1.** Bulles accumulées à la surface d'un liquide (→ **écume**) ; spécialt d'un liquide sous pression. *Mousse de la bière.* ■ *Mousse de savon.* ■ Produit moussant. *Mousse à raser.* **2.** fam. Verre de bière. → **demi. 3.** Entremets ou dessert à base de blancs d'œufs en neige. *Mousse au chocolat.* ■ Pâté léger et mousseux. **4.** (Matière spongieuse). appos. *Caoutchouc mousse.* – *Matelas en mousse* (synthétique).

^{2}**mousse** adj. (d'abord *mosse ;* vient du latin pop. *muttius,* famille de *mutilus* « tronqué » → **mutiler**) vieux ou techn. Qui n'est pas aigu ou tranchant. → **émoussé.** *Pointe mousse.*

^{3}**mousse** n. m. (d'un mot espagnol, p.-ê. de la famille d'*émoussé,* par l'image du jeune animal sans cornes, d'où « petit garçon ») Jeune garçon qui fait, sur un navire de commerce, l'apprentissage du métier de marin. → **moussaillon.**

mousseline n. f. (de l'italien, pris à l'arabe « [toile] de *Mossoul* ») **1.** Tissu fin, souple et transparent (coton, soie...). *Voile de mousseline.* **2.** fig. appos. *Pommes mousseline* : purée de pommes de terre fouettée.

mousser v. intr. < 1 > **1.** Produire de la mousse (II, 1). *Savon qui mousse.* → **moussant. 2.** fam. *Faire mousser (qqn, qqch.)* : vanter, mettre exagérément en valeur. *Se faire mousser.*

mousseron n. m. (bas latin *mussirio[nem] ;* p.-ê. famille de ^{1}*mousse*) Champignon comestible à chapeau et à lamelles, qui pousse en cercle dans les prés, les clairières.

mousseux, euse adj. (de ^{1}*mousse*) **1.** Qui mousse, produit de la mousse. *Eau mousseuse.* → **écumeux.** *Vins mousseux,* rendus mousseux par fermentation naturelle. → **pétillant.** – n. m. *Du mousseux,* tout vin mousseux, à l'exclusion du champagne*. → **crémant. 2.** fig. Qui a un aspect léger, vaporeux. *Une dentelle mousseuse.*

moussoir n. m. techn. Ustensile de cuisine en bois pour faire mousser, pour délayer. *Moussoir à chocolat.*

mousson n. f. (du portugais, pris à l'arabe *mawsim* « saison ») **1.** Vent tropical régulier qui souffle alternativement pendant six mois de la mer vers la terre *(mousson d'été,* humide) et de la terre vers la mer *(mousson d'hiver,* sèche). **2.** Époque du renversement de la mousson.

Moussorgski (Modest Petrovitch) Compositeur russe (1839-1881). Membre du groupe des Cinq, il composa une musique particulièrement expressive, qui s'inspire souvent des inflexions de la voix humaine : mélodies, œuvres chorales, pièces pour piano *(Tableaux d'une exposition,* orchestrés par Ravel), œuvres symphoniques *(Une nuit sur le mont chauve),* opéras *(Boris Godounov ;* la *Khovanchtchina).*

moussu, ue adj. Couvert de mousse (→ ^{1}**mousse (I)**). *Pierres moussues.*

moustache n. f. (de l'italien, du grec *mustakhion,* de *mustax* « lèvre supérieure ») **1.** Poils qui garnissent la lèvre supérieure de l'homme. → fam. ^{2}**bacchante.** *Porter la moustache, des moustaches.* ■ fig. Trace laissée autour des lèvres par un liquide. **2.** Longs poils tactiles du museau de certains carnivores et rongeurs. *Les moustaches du chat* (→ **vibrisse**), *du phoque.*

moustachu, ue adj. Qui porte la moustache, a de la moustache. – n. m. *Un moustachu.*

Moustaki (Yussef Mustacchi, dit Georges) Auteur-compositeur-interprète et guitariste français d'origine grecque (1934-2013). Il composa pour les plus grands artistes français, dont É. Piaf, S. Reggiani et Barbara. *Le Métèque.*

moustérien, ienne adj. (de *Le Moustier,* village de la Dordogne) De la période préhistorique du paléolithique moyen (homme de Neandertal). → **néandertalien.** – n. m. *Le moustérien.*

Racloirs moustériens en silex (100 000-35 000 av. J.-C.), musée d'Archéologie nationale, Saint-Germain-en-Laye.

Moustiers-Sainte-Marie Commune des Alpes-de-Haute-Provence. 718 habitants. Église romane et gothique. Faïence.

moustiquaire n. f. **1.** Tulle, mousseline qu'on dresse autour d'un lit pour se préserver des moustiques. **2.** Toile métallique placée aux fenêtres pour empêcher les insectes d'entrer.

moustique n. m. (espagnol *mosquito,* de *mosca* « mouche » → **mousquet**) **1.** Insecte diptère dont la femelle pique la peau pour aspirer le sang. → ^{2}**cousin. 2.** fig., fam. Enfant, personne minuscule. → **moucheron.**

moût n. m. (vient du latin *mustum,* de *mustus* « nouveau » → **moutarde**) **1.** Jus de raisin qui n'a pas encore subi la fermentation alcoolique. **2.** Suc végétal préparé pour subir la fermentation alcoolique. *Moût de betterave.* - var. RO **mout.**

moutard n. m. (mot dialectal, p.-ê. même radical que *mouflet*) fam. Petit garçon. – au plur. Enfants. → **môme, mioche.**

moutarde n. f. (de *moût*) **1.** Plante crucifère à fleurs jaunes, dont plusieurs espèces sont cultivées pour leurs graines (cuisine, pharmacie). **2.** Condiment préparé avec des graines de moutarde, du vinaigre, etc. *Moutarde forte.* **3.** appos. (invar.) De couleur jaune verdâtre.

moutardier n. m. **1.** vieilli Fabricant de moutarde. **2.** Petit pot pour présenter la moutarde à table.

Mouthe Commune du Doubs. 1 022 habitants. Station d'été et de sports d'hiver (940-1180 m).

moutier n. m. (du latin pop., de *monasterium*) vieux (ou dans des noms de lieux) Monastère. *Saint-Pierre-le-Moutier.*

Moutier en allemand **Münster** Ville de Suisse (canton de Berne), sur la Birse. 7 586 habitants. Chapelle romane. Mécanique de précision.

Moutier-d'Ahun Village de la Creuse. Église abbatiale romane et gothique abritant des boiseries du XVIIe siècle.

Moûtiers ou **Moûtiers-Tarentaise** Commune de la Savoie, au confluent du Doron et de l'Isère. 3 467 habitants. Cathédrale du XVe s. Musée.

mouton n. m. (vient du gaulois *multo*, d'abord « mâle châtré ») **I. 1.** Mammifère ruminant domestiqué, à toison laineuse et frisée (→ **ovidé ; agneau, bélier, brebis**). *Troupeau de moutons. Le mouton bêle. La tonte des moutons.* ■ (opposé à *bélier, brebis, agneau*) Bélier châtré, élevé pour la boucherie. – loc. fig. *Revenons à nos moutons*, à notre sujet (allusion à « *La Farce de Maître Pathelin* »). **2.** Fourrure de mouton. *Veste en mouton.* – Peau de mouton. → **basane. 3.** Chair, viande de mouton. *Gigot de mouton. Mouton à la broche* (→ **méchoui**). **II.** fig. **1.** *C'est un mouton*, une personne qui se laisse mener passivement, n'a pas d'opinion personnelle. – allus. littér. *Les moutons de Panurge**. **2.** Compagnon de cellule que la police donne à un détenu, avec mission de rapporter. → **délateur, espion, mouchard.** « *Le mouton est un mouchard* [...] *dont l'habileté proverbiale consiste à se faire prendre pour un ami* » (Balzac). **3.** (souvent au plur.) Petite vague surmontée d'écume. – Petit nuage blanc et floconneux. **4.** Flocon de poussière. **III.** (idée du *bélier*) techn. Lourde masse servant à enfoncer (→ **bélier**), à tester la résistance de matériaux.

Mouton (Georges) comte de Lobau Maréchal de France (1770-1838). Il se distingua pendant les campagnes de l'Empire, notamment lors de la prise de l'île de Lobau (1809). Député libéral sous la Restauration, puis commandant de la Garde nationale, il fut fait maréchal (1831) et pair de France (1833) par Louis-Philippe.

Mouton-Duvernet (Régis Barthélemy, baron) Général français (1769-1816). Il prit part à toutes les guerres de la Révolution et de l'Empire. Rallié à Napoléon au moment des Cent-Jours, il fut fusillé après le retour des Bourbons.

moutonner v. intr. < 1 > **1.** Se couvrir de moutons (II, 3). *Mer qui moutonne.* → **écumer. 2.** Évoquer par son aspect une toison. ■ **moutonné, ée adj.** Qui présente un aspect irrégulier. *Ciel moutonné.* → **pommelé.** □ n. m. **moutonnement**

moutonnerie n. f. Caractère moutonnier, naïveté ; esprit d'imitation et passivité.

moutonneux, euse adj. (de *moutonner*) Qui moutonne. « *La mer bleue, moutonneuse à son habitude* » (Mac Orlan).

moutonnier, ière adj. Qui suit aveuglément les autres, les imite sans discernement. → **grégaire ; mouton** (II, 1). *Une foule moutonnière.*

mouture n. f. (vient du latin pop., de *molere* → **moudre**) **1.** Opération de meunerie qui consiste à réduire en farine des grains de céréales. – Produit qui en résulte. – par ext. *Mouture du café.* **2.** fig. Reprise sous une forme plus ou moins différente (d'un sujet déjà traité). *C'est la dernière mouture de son article.* → **version.**

mouvance n. f. (de *mouvoir*) **I. 1.** féodalité Dépendance d'un fief par rapport à un autre. → **tenure. 2.** fig. Sphère d'influence. *État dans la mouvance d'une grande puissance.* **II.** didact. Caractère de ce qui est mouvant.

mouvant, ante adj. (de *mouvoir*) **1.** Qui change sans cesse de place, de forme, d'aspect. *Une ombre mouvante.* – Qui évolue sans cesse. *Société mouvante.* **2.** Qui n'est pas stable, qui s'écroule, s'enfonce. *Sables mouvants.* – fig. *Avancer en terrain mouvant.*

mouvement n. m. (de *mouvoir*) **I.** (opposé à *arrêt, immobilité*) **1.** Changement de position dans l'espace ; « action par laquelle un corps passe d'un lieu à un autre » (Descartes). *Étude du mouvement* (→ **cinématique, dynamique, mécanique**). *Le mouvement d'un corps.* → **course, déplacement, trajectoire.** *Force, intensité d'un mouvement.* → **vitesse.** *Mouvement rapide, lent.* **2.** Changement de position ou de place effectué par le corps ou une de ses parties (→ [1]**geste**). *Des mouvements vifs, lents, aisés, maladroits. Un mouvement du bras, du cou, de la jambe. Être gêné dans sa liberté de mouvements.* – loc. *Faux mouvement* : mouvement maladroit, mal adapté ou entraînant une douleur. – *Mouvements de danse, de natation. Mouvement inconscient, automatique.* → **automatisme, réflexe.** – loc. fig. *En deux temps, trois mouvements* : très rapidement. ■ *Le mouvement* : la capacité ou le fait de se mouvoir. *Aimer le mouvement* : être actif, remuant. – *Se donner, prendre du mouvement.* → **exercice. 3.** Déplacement en masse. *Le mouvement d'une foule. Mouvements de population.* → **migration.** – Déplacement réglé. *Mouvements de troupes.* → **évolution,** [1]**manœuvre.** – (véhicules) *Le mouvement des avions sur un aérodrome.* → **circulation. 4.** *En mouvement* : qui se déplace, bouge (opposé à *au repos*). *Mettre un mécanisme en mouvement*, le faire marcher. – *Toute la maison est en mouvement.* **II. 1.** (récit, œuvre d'art) Ce qui traduit le mouvement, donne l'impression du mouvement, de la vie. *Le mouvement d'un drapé* (en peinture, sculpture...). *Le mouvement dramatique d'une pièce.* → [1]**action. 2.** Degré de rapidité qu'on donne à la mesure, en musique. → **rythme, tempo.** *Le mouvement est indiqué sur la partition.* – loc. fig. *Presser le mouvement.* → **se dépêcher.** *Suivre le mouvement*, le rythme, le comportement des autres. ■ Partie d'une œuvre musicale devant être exécutée dans un mouvement précis. *Le premier mouvement d'un concerto.* **3.** Ligne, courbe. *Mouvement de terrain.* → **accident. III.** Mécanisme qui produit, entretient un mouvement régulier. *Un mouvement d'horlogerie.* **IV.** fig. Changement, modification. **1.** littér. *Les mouvements de l'âme, du cœur* : les différents états de la vie psychique. → [1]**élan, émotion, sentiment.** – cour. *Un mouvement d'humeur.* – loc. *Un bon mouvement* : une action généreuse, désintéressée, ou simplement amicale. – *Le premier mouvement.* → **impulsion, réaction.** – *Il y a eu des mouvements dans l'auditoire*, des réactions vives. **2.** Changement dans l'ordre social. *Le parti du mouvement* (opposé à *conservateur*). → **progrès.** – loc. fam. *Être dans le mouvement* : suivre les idées en vogue. **3.** Action collective (spontanée ou dirigée) tendant à produire un changement social. *Des mouvements de grève.* – Organisation qui mène cette action. *Mouvement syndical. Mouvement littéraire, artistique.* **4.** Changement quantitatif. → **variation.** *Mouvements démographiques.* – *Mouvements des prix.* **5.** Circulation des biens, de l'argent. *Mouvement de fonds.*

Mouvement (parti du) Parti appelé au pouvoir par Louis-Philippe sous la monarchie de Juillet (1831-1832). Défenseur d'une politique libérale, il fut rapidement évincé par le parti de la Résistance. Ses principaux représentants furent O. Barrot, Laffitte et La Fayette.

Mouvement des entreprises de France voir **MEDEF**

mouvementé, ée adj. **1.** Qui présente des mouvements (II, 3). *Terrain mouvementé.* → **accidenté. 2.** Qui a du mouvement (II, 1), de l'action. *Récit mouvementé.* → **vivant.** – Agité, qui présente des péripéties variées. *Poursuite mouvementée.*

Mouvement républicain populaire (MRP) Parti politique français fondé en 1944, de tendance démocrate-chrétienne. Il s'imposa comme l'un des principaux partis aux élections de 1945 et joua un rôle important sous la IVe République. Divisés sur la question algérienne, ses membres se rallièrent majoritairement au gaullisme.

mouvoir v. tr. < 27 rare sauf inf., prés. de l'indic. et participes > (vient du latin *movere* → **amovible, locomotion,** [1]**meuble, meute,** [1]**moment**) **1.** Faire changer de place, mettre en mouvement. → **actionner, remuer.** *Mouvoir ses membres.* **2.** fig., littér. Mettre en action, faire agir. → **animer, pousser.** *Les impulsions qui le meuvent.* ■ **se mouvoir v. pron. 1.** Être en mouvement. → **bouger, se déplacer.** *Elle peut à peine se mouvoir.* **2.** fig. Évoluer, vivre.

Mouy Commune de l'Oise, sur le Thérain. 5 270 habitants. Église des XIIe et XVIe siècles.

Mouzon Commune des Ardennes, dans une île formée par la Meuse et le canal de l'Est. 2 227 habitants. Église (XIIIe s.) de style gothique champenois. Musée du Feutre.

Movida n. f. Mouvement culturel festif et contestataire apparu en Espagne au début des années 1980. Gagnant tous les domaines artistiques, la Movida illustra le renouveau démocratique du pays.

moviola n. f. (n. déposé ; mot anglais des États-Unis, de *movie* « cinéma » et *pianola*) cinéma Visionneuse sonore en format réduit, utilisée pour le montage.

Mowat (Farley) Écrivain canadien (ontarien) d'expression anglaise (1921-2014). Il a écrit en faveur de la cause des Inuits et pris la défense d'espèces en voie de disparition, en particulier les baleines et les loups. *Never Cry Wolf.*

mox n. m. (sigle de l'anglais *mixed oxide*) Combustible nucléaire contenant des oxydes de plutonium et d'uranium.

moxa n. m. (japonais *mogusa*, variété d'armoise) méd. En médecine chinoise, Bâtonnet ou branche d'armoise, qui, brûlé au contact de la peau, a des effets comparables à ceux de l'acuponcture.

Mo Yan (Guan Moye dit) Écrivain chinois (né en 1955). Issu d'un village pauvre, il a dépeint la vie paysanne orchestrée par le régime communiste des années 1950 à nos jours. Son style caustique et ironique s'est exprimé dans des nouvelles et des romans dont beaucoup s'apparentent à des contes ou des farces (*Beaux Seins Belles Fesses*, 1996 ; *La Dure Loi du Karma*, 2006). Prix Nobel 2012.

M

moye ou **moie** [mwa] n. f. (de *moyer* « partager par le milieu », du latin *mediare*) techn. Couche tendre au milieu d'une pierre, qui la fait déliter.

moyé, ée [mwaje] adj. (de *moyer* → **moye**) techn. *Pierre moyée* : pierre de taille sciée par le milieu ou altérée par une moye.

[1]**moyen, enne** adj. (vient du latin *medianus* → **médian,** de *medius* → **mi-**) **I. 1.** Qui se trouve entre deux extrêmes. → **médian ; intermédiaire.** *Le cours moyen d'un fleuve* (opposé à *supérieur* et à *inférieur*). – *Moyen terme* : parti intermédiaire entre deux solutions, deux prétentions opposées. → **milieu.** – (en France) ***Cours moyen première, deuxième année*** *(CM1, CM2)* : classes précédant directement la sixième. – (dans le temps) Entre ancien et moderne. *Le moyen français*, en usage du XIVe au XVIe siècle. – → **Moyen Âge. 2.** Qui, par ses dimensions ou sa nature, tient le milieu entre deux extrêmes. *Taille moyenne. Âge moyen.* – *Cadre moyen.* – *Classes moyennes* : petite et moyenne bourgeoisies. **3.** Qui est du type le plus courant. → [1]**courant, ordinaire.** *Le lecteur moyen*, représentatif de l'ensemble des lecteurs. **4.** Qui n'est ni bon, ni mauvais. → **médiocre** (1). *Qualité moyenne.* → **correct.** *Des résultats moyens.* → **honnête, passable.** – *Elle est très moyenne en français.* **II.** Que l'on établit, calcule en faisant une moyenne*. *Température moyenne annuelle.*

[2]**moyen** n. m. (de [1]*moyen* « intermédiaire ») **1.** Ce qui sert pour arriver à un résultat, à une fin. → **procédé, voie.** *La fin et les moyens.* – *Les moyens de faire qqch. Par quel moyen ?* → **comment.** *Trouver un moyen.* → **méthode, recette ;** fam. **système, truc.** – *Trouver moyen de* : parvenir à. – *S'il en avait le moyen, les moyens* : s'il le pouvait. *Elle a essayé tous les moyens* (→ **remuer ciel et terre**). – loc. *Se débrouiller avec les moyens du bord. Employer les grands moyens*, ceux dont l'effet doit être décisif. ■ ***Il y a moyen ; il n'y a pas moyen de*** : il est possible ; il est impossible de. *Il n'y a pas moyen de le calmer, qu'il soit à l'heure. Pas moyen !*, rien à faire ! ■ *Moyens d'action. Moyens d'expression.* – *Moyens de transport.*

– *Moyen de paiement.* ■ ***Par le moyen de*** : par l'intermédiaire de, grâce à. – ***Au moyen de*** : à l'aide de (qqch. de concret). → **avec, grâce à.** *Se diriger au moyen d'un GPS.* **2.** dr. Argument sur lequel se fonde une partie dans un procès. **3.** au plur. Aptitudes, capacités (de qqn). → **faculté, force.** *Les moyens physiques d'un sportif.* – loc. *Perdre (tous) ses moyens.* – *Par ses propres moyens* : sans aide étrangère. **4.** au plur. Ressources pécuniaires. *C'est au-dessus de ses moyens.* – fam. *Avoir les moyens,* (Canada) *être en moyens* : avoir beaucoup d'argent.

Moyen Âge [mwajɛnɑʒ] **n. m.** **(traduction du latin mod. *medium aevum*)** Période (de l'histoire de l'Occident) comprise entre l'Antiquité et les Temps modernes (v^e^-xve siècle). *Du Moyen Âge.* → **médiéval, moyenâgeux.**

▶ Les débuts du **Moyen Âge** se confondent avec la fin de la période dite « Antiquité tardive ». Deux dates ont été retenues : soit 313 (date de l'édit de Milan par lequel Constantin autorise la religion chrétienne), soit, plus généralement, 476 (date de la déposition du dernier empereur romain d'Occident). La fin du Moyen Âge correspondrait à 1453 (chute de Constantinople) ou à 1492 (arrivée de Christophe Colomb sur le continent américain).
Le Moyen Âge, qui désigne traditionnellement la période s'étendant du ve au xve siècle, recouvre en réalité des époques fort disparates. En France, on établit souvent la distinction entre le *haut Moyen Âge* (v^e^-xe s.) et le *bas Moyen Âge* (xie-xve s.). La première période correspond à la genèse, à partir des royaumes barbares, des grands peuples européens. La seconde coïncide avec un important essor démographique et économique qui prend fin, aux xive et xve s. *(« Moyen Âge tardif »)*, avec les grandes famines, l'épidémie de la Peste noire, la guerre de Cent Ans et la crise de l'autorité pontificale. Mais la terminologie employée varie selon les pays et les historiens. Quoi qu'il en soit, la notion de « Moyen Âge » ne s'applique qu'à l'Europe et reste inopérante pour les autres continents. Dans les faits, il s'agit d'un phénomène unissant l'ensemble des pays européens, au moins en Occident (puisque le fossé entre Occident romain et Orient byzantin n'a cessé de se creuser, avant comme après le grand schisme de 1054).
La civilisation médiévale est originale et brillante. Une série de traits peuvent la caractériser : la conscience de l'unité de la chrétienté, dont l'idéal universaliste est véhiculé dans le monde savant à travers la langue latine ; l'hégémonie religieuse de l'Église catholique romaine, qui légitime le pouvoir politique, dispose d'une puissance économique et contrôle l'espace social (par exemple, en désignant les hérésies, mises au ban de la société) ; la prédominance de la féodalité comme lien social et politique ; le rôle religieux, économique, social et artistique du monachisme ; une architecture particulière (cathédrale, château fort) ; une synthèse culturelle des influences celtique, germanique et gréco-romaine. Sur le plan de l'organisation sociale et juridique, la société médiévale est divisée en trois ordres : ceux qui prient, ceux qui combattent, ceux qui produisent. Elle subit l'influence du droit romain dans les États naissants, et les pouvoirs temporel et spirituel, bien qu'interdépendants, sont souvent en conflit.
Dès l'époque moderne, le Moyen Âge a été décrié. Les xviie et xviiie s. ont voulu y voir (sous le vocable de « gothique ») une période obscurantiste. Le xixe siècle romantique l'a réhabilité mais lui a associé de multiples poncifs. De nos jours, même si l'adjectif « moyenâgeux », à la connotation négative, est encore parfois employé à tort à la place de « médiéval », l'historiographie et une partie de la littérature contemporaines se sont employées à corriger ces préjugés.
voir aussi **Antiquité, féodalité**

moyenâgeux, euse [mwajɛnɑʒø, øz] **adj.** **1.** vieilli Du Moyen Âge. → **médiéval. 2.** Qui a les caractères du Moyen Âge ; qui évoque le Moyen Âge. *Costume moyenâgeux.* **3.** péj. Archaïque, vétuste. *Des procédés moyenâgeux.*

Mozambique

moyen-courrier **n. m.** Avion de transport utilisé sur les moyennes distances (inférieures à 2 000 km). *Des moyen-courriers* ou *des moyens-courriers.*

moyen métrage **n. m.** Film dont la durée se situe entre 30 et 60 minutes. *Des moyens métrages.*

Moyenmoutier Commune des Vosges. 3 065 habitants. Église abbatiale baroque.

moyennant **prép.** **(de l'ancien v. *moyenner* « procurer »)** Au moyen de, par le moyen de, à la condition de. *Moyennant récompense* (→ en échange de). – *Moyennant finances* : en payant. – loc. *Moyennant quoi* : en échange de quoi, grâce à quoi.

moyenne **n. f. 1.** Quotient de la somme de plusieurs valeurs par leur nombre. *Calculer la moyenne.* – *Rouler à une moyenne de 70 km/h.* fam. *Faire 70, du 70 de moyenne.* ■ *La moyenne* : la moitié des points qu'on peut obtenir. *Avoir la moyenne à un examen.* – fam. (en parlant de ce qui n'est pas mesurable) *Cela fait une moyenne* : cela compense. – ***En moyenne*** : en évaluant la moyenne. *Elle dort en moyenne 8 heures par nuit.* **2.** Type également éloigné des extrêmes et, en général, le plus courant. *La moyenne des Français. Être dans la moyenne.*

moyennement **adv.** D'une manière moyenne, à demi, ni peu ni beaucoup ; par euphémisme, médiocrement, peu. *Être moyennement convaincu.*

moyenner **v. tr.** < 1 > **1.** loc. fam. *Il n'y a pas moyen de moyenner* : c'est impossible. **2.** Calculer la moyenne de. *Moyenner des résultats.*

Moyen-Orient **n. m.** Aire culturelle, géographique et politique recouvrant les pays du Croissant fertile, ceux de la péninsule Arabique, la Turquie, le Pakistan, l'Iran, l'Afghanistan, la Libye et l'Égypte.

moyette [mwajɛt] **n. f.** **(vient du latin *meta* « pyramide, cône »)** Petite meule provisoire qu'on dresse dans un champ.

moyeu **n. m.** **(vient du latin *modiolus*, de *modius* « mesure » → muid)** Partie centrale d'une roue ou d'une pièce qui tourne, que traverse l'essieu, l'axe de rotation.

Moynier **(Gustave)** Philanthrope suisse (1826-1910). Il participa avec H. Dunant à la fondation de la Croix-Rouge et créa en 1873 l'Institut de droit international.

mozabite adj. et n. **1.** Du Mzab. – **n.** *Les Mozabites.* **2.** Musulman appartenant à un mouvement schismatique et puritain dont la terre d'élection est le Mzab. **3. n. m.** Parler berbère en usage au Mzab. - var. **mzabite.**

Mozac Commune du Puy-de-Dôme. 3 874 habitants. Abbatiale bénédictine fondée au VIIe s. et reconstruite (XIIe, XVe s.).

Mozambique (canal de ou du) Bras de mer de l'océan Indien, entre la côte S.-E. de l'Afrique et Madagascar.

Mozambique

n. m. ■ offic. république du Mozambique État du sud de l'Afrique. 799 380 km². 27,9 millions d'habitants (les *Mozambicains*). **Langues :** portugais (offic.), langues bantoues et nilotique. **Population :** Makouas, Malawis, Shonas, Yaos, Thongas, Portugais, Indiens. **Religions :** animistes, chrétiens, musulmans. **Monnaie :** metical. **Capitale :** Maputo. **Régime :** présidentiel.

Le Mozambique est formé d'une longue plaine côtière bien irriguée et très boisée ; elle s'élève au N. en plateaux (mont Namuli). Le climat tropical et la mousson en font un pays favorable à l'agriculture (céréales, riz, banane, sisal, oléagineux). La forêt est exploitée ; l'hydroélectricité (barrage de Cahora Bassa, sur le Zambèze) est en large partie exportée.

Des vestiges datant de 40 000 ans ont été découverts dans la vallée du Zambèze. Des peuples bantous s'installèrent sur les plateaux (début de notre ère). Les Arabes commercèrent avec le royaume du Zimbabwe (VIIIe s.). À la fin du XVe s., les Portugais s'établirent sur les côtes. Ils pratiquèrent le commerce et organisèrent la traite des esclaves (XVIe-XVIIIe s.). En 1951, le Mozambique devint une province portugaise d'outre-mer. En 1962, un front de libération marxiste (Frelimo) déclencha une guérilla, puis obtint l'indépendance du pays (1975). En 1977, un mouvement d'opposition (Renamo), soutenu par l'Afrique du Sud, combattit le Frelimo au pouvoir ; le Mozambique sombra dans la guerre civile, jusqu'à l'adoption d'une constitution pluraliste (1990) et la signature d'un accord de paix (1992). Joaquim Chissano (Frelimo), principal acteur de la démocratisation, fut élu président en 1994. Il se retira en 2004 et Armando Guebuza (Frelimo) qui lui succéda (2004-2014), réprima violemment les émeutes déclenchées par la hausse du prix du pain à Maputo en 2010. En 2013, les ex-rebelles de la Renamo ont dénoncé l'accord de paix après la destruction par l'armée de leur quartier général. Filipe Nyusi (Frelimo), président depuis 2015, est confronté aux attentats terroristes commis par les shebab dans le nord du pays.

mozarabe n. et adj. **(de l'ancien espagnol, de l'arabe *musta'rib* « arabisé ») hist.** Espagnol chrétien qui avait le droit de pratiquer sa religion au temps de l'occupation arabe. – *Art mozarabe :* art chrétien d'Espagne influencé par l'art musulman (XIe, XIIe siècle).

Mozart (Leopold) Violoniste et compositeur allemand (1719-1787). Père de Wolfgang Amadeus Mozart, et vice-maître de chapelle à la cour de Salzbourg, il a laissé une œuvre volumineuse (opéras, oratorios, symphonies, concertos, sérénades).

Mozart (Wolfgang Amadeus) Compositeur allemand (1756-1791). Élevé dans la musique par son père Leopold, instrumentiste prodige célébré dès l'âge de 6 ans dans les cours européennes, il s'adonna très jeune à la composition. Musicien universel, il composa une œuvre immense et brilla dans tous les genres : symphonies, opéras (*Les Noces de Figaro, Don Giovanni ; La Flûte enchantée*), sonates pour piano, musique de chambre, concertos, musique religieuse (*Messe du Couronnement ; Grande Messe en ut mineur ; Requiem* [inachevé]). En dépit de ses

Mozart accompagnant au clavecin la chanteuse Caterina Cavalieri (gravure du XVIIIe s.), Museum der Stadt Wien, Vienne.

succès, Mozart finit sa vie dans le dénuement. Compositeur de génie, il réussit la synthèse de deux siècles de musique européenne et unit, dans son œuvre, la grâce de l'enfance avec le sentiment profond des grands drames de l'existence humaine.

Mozi ou Mo-tseu (Mo Di ou Mo-ti, dit) Philosophe chinois (v. 468-v. 381 av. J.-C.). Sa doctrine sociale, opposée à celle de Confucius, prônait l'amour universel et fit école aux IVe et IIIe s. av. J.-C.

mozzarella [mɔdzaʀela ; mɔdzaʀɛlla] **n. f. (mot italien, de *mozzare* « couper » ; famille de *émousser* → ²mousse)** Fromage italien de lait de bufflonne ou de vache, à pâte non fermentée.

MP3 n. m. (mot anglais, sigle de *mpeg-1 audio layer 3*) Format de compression qui permet de réduire la taille des fichiers audionumériques. – Fichier audio de ce format. *Télécharger des MP3.*

Mrożek (Sławomir) Écrivain et auteur dramatique français d'origine polonaise (1930-2013). Il a raillé la bêtise des individus et des systèmes, s'en prenant aussi bien aux exilés *(Les Émigrés)* qu'aux dictatures communistes *(La Police).*

MRP voir **Mouvement républicain populaire**

M'sila Ville d'Algérie, chef-lieu de wilaya, dans les hauts plateaux du Hodna. 133 000 habitants. Agriculture.

MST n. f. (sigle) Maladie sexuellement transmissible. → **vieilli** maladie **vénérienne.**

MTS n. m. (sigle de *mètre, tonne, seconde*) appos. *Système MTS :* ancien système d'unités physiques.

mu n. m. invar. Lettre de l'alphabet grec (M, μ), correspondant au *m* français.

mû, mue Participe passé du v. *mouvoir.*

Mu'āwiya ou Mouawiya Ier Fondateur de la dynastie des Omeyades de Damas (v. 603-680). Secrétaire de Mahomet puis gouverneur de Syrie (641), il organisa un État monarchique, dont la capitale était Damas.

Mucem (Musée des civilisations de l'Europe et de la Méditerranée) Musée situé à Marseille, conçu par Rudy Ricciotti, ouvert en 2013.

Mucha (Alfons) Peintre et affichiste tchèque (1860-1939). Il fut l'un des plus grands représentants de l'Art nouveau par ses affiches, illustrations, panneaux décoratifs, vitrines, bijoux et robes.

mucilage n. m. (du bas latin, de *mucus* → mucus) didact. Substance végétale visqueuse, utilisée en pharmacie, comme excipient et comme laxatif.

mucilagineux, euse adj. Formé de mucilage ; qui en a l'aspect.

mucine n. f. (de *mucus*) biol. Substance semi-fluide élaborée par le tissu muqueux et qui se trouve dans le mucus.

Mucius Scaevola en latin **Caius Mucius Scaevola « le gaucher »** Héros légendaire romain (VIe s. av. J.-C.). Durant la guerre contre les Étrusques, il s'introduisit dans le camp ennemi pour tenter de tuer le roi Porsenna. Fait prisonnier, il se laissa brûler la main droite plutôt que de dénoncer ses complices, d'où son surnom.

mucolytique adj. et n. m. (de *mucus* et *-lytique*) Se dit d'un médicament qui fluidifie les sécrétions bronchiques, les écoulements séreux des otites et des sinusites.

mucor n. m. (mot latin « moisissure ») bot. Champignon qui se développe sur les matières organiques humides.

mucosité n. f. (du latin médiéval, de *mucus*) Amas de substance épaisse et filante (constituée surtout de mucus) qui tapisse certaines muqueuses. → **glaire, morve.**

mucoviscidose n. f. (de l'anglais, du latin *mucus* et *viscum* → visqueux, suffixe *-ose*) méd. Maladie génétique héréditaire caractérisée par l'épaississement des sécrétions muqueuses, provoquant des troubles digestifs et respiratoires.

mucron n. m. (latin *mucro*) bot. Petite pointe raide qui termine certains organes végétaux. □ **adj. mucroné, ée**

mucus [mykys] **n. m. (mot latin, de *mucere* « moisir » ; famille de *mèche, moucher*)** Substance visqueuse sécrétée par les glandes muqueuses et servant d'enduit protecteur à la surface des muqueuses.

Mudanjiang ou Mou-tan-kiang Ville du N.-E. de la Chine (Heilongjiang), sur le Mudan Jiang. 790 600 habitants. Complexe sidérurgique. Industrie forestière. Réserve naturelle.

M

mudéjar [mudexaʀ ; mydeʒaʀ] **(de l'espagnol, de l'arabe *md ǎyyǎn* « pratiquant ») 1. n. hist.** Musulman d'Espagne devenu sujet des chrétiens après la reconquête. **2. adj.** *Art mudéjar :* art chrétien influencé par l'art musulman antérieur dans l'Espagne reconquise (XIIe-XVIe s.).

mue n. f. (de *muer*) 1. Changement qui affecte la carapace, la peau, le plumage, le poil, etc., de certains animaux à des époques déterminées ; cette époque. **2.** Dépouille (d'un animal qui a mué). *Mue de serpent.* **3.** Changement dans le timbre de la voix humaine au moment de la puberté (surtout sensible chez les garçons).

muer v. < 1 > (vient du latin *mutare* → ³muter) I. v. intr. 1. Subir la mue (1). *Les libellules muent.* **2.** Changer de timbre au moment de la puberté. *Sa voix mue.* – *Les garçons muent entre onze et quatorze ans.* **II. v. tr. littér.** *Muer en :* transformer en. – **pronom.** *« Un malaise qui, petit à petit, se muait en terreur »* (Duhamel).

muesli [mysli ; myɛsli] **n. m. (mot alémanique de Suisse, de l'allemand *Mus* « compote »)** Mélange de céréales (flocons d'avoine) et de fruits consommé avec du lait, du yaourt. → **aussi granola.** - var. **musli** [mysli].

muet, ette adj. (de l'ancien français *mu, mue,* qui vient du latin *mutus* → mutisme) I. 1. Qui est privé de l'usage de la parole. *Muet de naissance.* → **vieilli sourd-muet.** – **n.** *Un muet, une muette.* – **loc. fig.** *La grande muette :* l'armée. **2.** Qui est momentanément incapable de parler, de s'exprimer. → **coi.** *Être muet de stupeur.* **3.** Qui s'abstient volontairement de parler, de répondre. *L'accusé est resté muet.* **loc.** *Muet comme une carpe, comme une tombe.* – *Rôle muet,* sans texte à dire. **II. 1.** Qui ne s'exprime pas par la parole. *De muets reproches.* – *Douleur muette.* **2.** Qui ne contient aucune précision concernant une question. *Le règlement est muet sur ce point.* **3.** Qui, par nature, ne produit aucun son. ■ *Cinéma, film muet* (opposé à *parlant*).

– **n. m.** *Le muet* : le cinéma muet. **4.** Qui ne se fait pas entendre dans la prononciation. *E, H muet.* **5.** Qui ne porte pas d'inscription. *Médaille muette.* – Où ne figurent pas les indications habituelles. *Carte muette,* sans les prix (au restaurant).

muette **n. f.** **(de *muete,* ancienne orthographe de *meute*) vieux** **1.** Petite maison qui servait de logis aux chiens de meute. **2.** Pavillon de chasse.

muezzin [mɥɛdzin] **n. m.** **(du turc, de l'arabe *mu 'addin,* de *addana* « appeler [à la prière] »)** Fonctionnaire religieux musulman attaché à une mosquée, chargé d'appeler, du haut du minaret, les fidèles à la prière. - **var.** RO **muezzine.**

muffin [mœfin] **n. m.** **(mot anglais) anglic.** Petit gâteau rond. *Des muffins.*

mufle **n. m.** **(de *moufle,* qui vient du germanique *muffel* « museau »)** **I.** Extrémité du museau (de certains mammifères). *Le mufle du bœuf.* **II.** Individu mal élevé, grossier et indélicat. → **goujat, malotru.** – **adj.** **(opposé à *galant*)** *Ce qu'il est mufle !*

muflerie **n. f.** Caractère, action, parole d'un mufle. → **goujaterie, grossièreté.**

muflier **n. m.** **(de *mufle*) bot.** Plante herbacée, à fleurs solitaires ou en grappes, rappelant la forme d'un mufle. → **gueule-de-loup.**

mufti **n. m.** **(mot arabe)** Jurisconsulte, interprète officiel du droit canonique musulman. *Des muftis.*

mug [mœg] **n. m.** **(mot anglais) anglic.** Grande tasse cylindrique. *Des mugs.*

Mugabe (Robert Gabriel) Homme d'État du Zimbabwe (1924-2019). Élu président de la République en 1987, il effectua six mandats et instaura un régime dictatorial. Il fut contraint de démissionner en nov. 2017 sous la pression populaire.

Le président Mugabe en 2007 à New York, lors de l'Assemblée générale des Nations unies.

muge **n. m.** **(du provençal, du latin *mugil*)** Poisson appelé aussi *mulet**.

Mugello **n. m.** Vallée d'Italie, en Toscane, dont le centre est Borgo San Lorenzo.

mugir **v. intr.** **< 2 > (latin *mugire,* de l'onomatopée *mu-*)** **1.** **(bovidés)** Pousser le cri sourd et prolongé propre à leur espèce. → **beugler, meugler.** **2.** Faire entendre un bruit qui ressemble à un mugissement. *Une sirène qui mugit.*

mugissant, ante **adj.** Qui mugit. *Un troupeau mugissant.*

mugissement **n. m.** **1.** Cri d'un animal qui mugit. → **beuglement, meuglement.** **2.** **fig.** *Le mugissement des flots.*

muguet **n. m.** **(p.-ê. de *noix muguette* « noix muscade », famille de *musc*)** **I.** Plante aux petites fleurs blanches en clochettes, groupées en grappes. *Un brin de muguet. Le muguet du 1er Mai.* – Parfum qui en est extrait. **II.** **méd.** Inflammation des muqueuses, due à une levure.

Muḥammad voir **Mahomet**

Muḥammad al-Ṣadūq (1812-1882). Bey de Tunis (1859-1882). Il fut contraint de signer en 1881 le traité du Bardo, qui imposa le protectorat français sur la Tunisie.

Muḥammad Rizā Chāh (1919-1980). Chah d'Iran (1941-1979). Il modernisa l'économie et la société de son pays, tout en réprimant les mouvements d'opposition. Renversé par la révolution islamique, il dut s'exiler.

Muharrak (al-) Ville principale de l'île du même nom, dans l'archipel de Bahreïn, dans le golfe Persique. 76 000 habitants. Pêche de perles. Centre commercial. Aéroport international.

Mühlberg (bataille de) Victoire remportée par Charles Quint en 1547 à Mühlberg an der Elbe (Allemagne) sur les protestants commandés par l'Électeur Jean-Frédéric de Saxe.

muid **n. m.** **(vient du latin *modius* « mesure de capacité » → [1]mode, moyeu ; famille de *méditer, mode, moule*)** **1.** **anciennt** Mesure de capacité des grains et liquides. **2.** Futaille de la capacité d'un muid.

Muir (Edwin) Poète et critique écossais (1887-1959). Auteur d'essais critiques sur le roman *(La Structure du roman),* traducteur de Kafka, il fut également un poète visionnaire, reprenant les grands mythes de la culture occidentale.

Mukallā ou **Makalla** Ville du Yémen, sur le golfe d'Aden. Env. 520 000 habitants. Centre urbain. Port de pêche et de commerce (café, tabac).

Mukařovský (Jan) Linguiste et sémiologue tchèque (1891-1975). Il analysa la création littéraire grâce aux concepts linguistiques développés par le Cercle linguistique de Prague dont il fut membre. *La Fonction, la norme et la valeur comme faits sociaux.*

Mukden voir **Moukden**

Mukwege (Denis) Médecin gynécologue congolais (né en 1955). Il a fondé en 1999 un hôpital où il a soigné et sauvé des femmes et des enfants victimes de violences sexuelles en temps de guerre. Prix Sakharov 2014 et prix Nobel de la paix 2018.

Denis Mukwege en 2010 à Bukavu (république démocratique du Congo), où il a fondé l'hôpital de Panzi.

mulard, arde **n. m. et adj.** **(de [1]mulet)** Hybride du canard commun et du canard musqué. – **adj.** *Une cane mularde.*

mulassier, ière **adj.** **(ancien français *mulasse,* de *mul* → [1]mulet)** **1.** Qui a rapport au mulet, est composé de mulets. *Cheptel mulassier.* **2.** Qui produit des mulets. *Jument mulassière.*

mulâtre **n.** **(portugais *mulato,* de *mulo* « hybride » ; suffixe *-âtre*)** Personne née de l'union d'un homme blanc avec une femme noire ou d'un homme noir avec une femme blanche. → **métis.** – **adj.** *Fillette mulâtre.*

mulâtresse **n. f.** **vieilli ou péj.** Femme mulâtre.

Mulde **n. f.** Rivière de l'E. de l'Allemagne, qui se jette dans l'Elbe. 260 km.

Mulder (Gerardus Johannis) Chimiste néerlandais (1802-1880). Ses travaux sur la chimie animale et les protéines en firent l'un des fondateurs de la chimie agricole.

[1]mule **n. f.** **(vient du latin *mulleus* « soulier rouge », de *mulleus* « pourpre »)** Pantoufle laissant le talon découvert. – *La mule du pape* : mule blanche brodée d'une croix.

[2]mule **n. f.** **(vient du latin *mula,* fém. de *mulus* → [1]mulet)** Hybride femelle de l'âne et de la jument (ou du cheval et de l'ânesse), généralement stérile. – **loc. fam.** *Têtu comme une mule. Tête de mule* : personne très entêtée.

mule-jenny **n. f.** **(mot anglais, de *mule* → [1]mule et de *jenny* → jenny) techn.** Machine à mouvement automatique pour la filature du coton et de la laine. *Des mule-jennys.*

[1]mulet **n. m.** **(de l'ancien français *mul,* qui vient du latin *mulus* → [2]mule)** Hybride mâle de l'âne et de la jument *(grand mulet)* ou du cheval et de l'ânesse *(petit mulet),* toujours inféconde. – **loc. fam.** *Être chargé comme un mulet* (→ comme un baudet).

[2]mulet **n. m.** **(de l'ancien français *mul,* qui vient du latin *mullus* « rouget » → [1]mule)** **1.** Poisson des mers tempérées à chair blanche et délicate. → **muge.** **2.** **(anglais *mullet*)** Coupe de cheveux courts sur le dessus et les côtés, et laissés plus longs sur la nuque. – **appos.** *Coupe mulet.*

muléta [myleta] ou **muleta** [muleta ; myleta] **n. f.** **(espagnol *muleta,* de *mula* → [2]mule, « jeune mule », et au fig. « bâton », par la même image que *chevalet*)** Pièce d'étoffe rouge tendue sur un bâton dont le matador se sert pour provoquer et diriger les charges du taureau. *Passes de muléta.*

muletier, ière **1.** **n.** Conducteur, conductrice de mulets, de mules. **2.** **adj.** *Chemin, sentier muletier,* étroit et escarpé.

mulette **n. f.** **(de *moulette,* diminutif de [1]moule)** Mollusque à épaisse coquille nacrée, appelé aussi *moule d'eau douce,* qui peut produire des perles.

Mulhacén **n. m.** Sommet espagnol, dans la sierra Nevada, point culminant de la péninsule Ibérique (3 482 m).

Mülheim an der Ruhr Ville du centre-ouest de l'Allemagne (Rhénanie-du-Nord-Westphalie), dans la Ruhr, près d'Essen. 171 160 habitants. Église du XIe s. Château (XIe-XIIe s.). Important centre industriel.

Mulhouse Chef-lieu d'arrondissement du Haut-Rhin, sur l'Ill et le canal du Rhône au Rhin. 108 038 habitants (agglomération 230 000). Hôtel de ville du XVIe s. Nombreux musées. Industries textiles, chimiques et automobiles. Technologies de l'information et de la communication. Université de Haute-Alsace. Aéroport de Bâle-Mulhouse.

Mulisch (Harry) Écrivain néerlandais (1927-2010). Poète, philosophe, essayiste, romancier, il est notamment l'auteur de *La Découverte du ciel,* adaptation du mythe de Prométhée.

Mullen (Johnny Rodney) Skateur américain (né en 1966). Très technique, il a inventé ou perfectionné de nombreuses figures comme le « ollie » (saut avec la planche).

Muller (Hermann Joseph) Biologiste américain (1890-1967). Collaborateur de T. H. Morgan, il découvrit que les rayons X causent des dégâts et des mutations dans les chromosomes. Après la Seconde Guerre mondiale, il alerta l'opinion publique sur les dangers de la radiation. Prix Nobel 1946.

Müller (Gerhard Friedrich) Voyageur, géographe et historien russe d'origine allemande (1705-1783). Il participa à une expédition scientifique en Sibérie et au Kamchatka, de 1733 à 1748. *Histoire de Sibérie.*

Müller (Friedrich) dit **Maler-Müller** et parfois **Teufels Müller** Peintre et poète allemand (1749-1825). Connu pour ses récits paysans *(La Tonte des moutons),* il fut l'un des représentants du Sturm und Drang.

Müller (Johannes von) Historien suisse (1752-1809). Il fut nommé secrétaire d'État du royaume de Westphalie à l'instigation de Napoléon. Il a laissé une *Histoire universelle.*

Müller (Wilhelm) Écrivain et poète allemand (1794-1827). Schubert mit en musique deux cycles de ses lieder, *La Belle Meunière* et *Le Voyage d'hiver.*

Müller (Johannes Peter) Physiologiste allemand (1801-1858). Il réalisa d'importants travaux sur l'embryogenèse des invertébrés marins et sur la physiologie nerveuse.

Müller (Friedrich Max) Linguiste et mythologue allemand (1823-1900). Établi en Angleterre, il se consacra à l'étude des religions de l'Inde.

Müller (Paul Hermann) Biochimiste suisse (1899-1965). Il découvrit le caractère insecticide du DDT et permit ainsi d'éradiquer localement des maladies comme le typhus ou la malaria. Prix Nobel de médecine 1948.

Müller (Karl Alexander) Physicien suisse (né en 1927). Il découvrit les propriétés supraconductrices de certaines céramiques apparaissant à 35 kelvins (–238 °C). Prix Nobel 1987.

Müller (Heiner) Auteur dramatique allemand (1929-1995). Marxiste, il passa des thèmes empruntés au monde ouvrier à des sujets mythiques *(Horace ; Mauser ; Ciment ; Hamlet-Machine)*. Il est également l'auteur d'essais.

Müller (Herta) Écrivaine allemande d'origine roumaine (née en 1953). Poursuivie par le régime de Ceausescu, elle s'exila en Allemagne en 1987. Elle dénonce dans son œuvre l'oppression sous les dictatures communiste et nazie. *L'homme est un grand faisan sur terre ; Le renard était déjà le chasseur ; La Bascule du souffle.* Prix Nobel 2009.

Herta Müller recevant le prix Nobel de littérature en décembre 2009.

Mulligan (Gerald Joseph, dit Gerry) Saxophoniste et chef d'orchestre américain de jazz (1927-1996). Représentant du cool jazz, il joua avec différents musiciens, dont Miles Davis, et forma un quartette célèbre avec Chet Baker (1952).

Mulliken (Robert Sanderson) Chimiste et physicien américain (1896-1986). Il élabora la théorie des orbitales moléculaires (surface occupée par l'électron assurant une liaison entre les atomes). Prix Nobel 1966.

Mullis (Kary B.) Chimiste américain (1944-2019). Il mit au point une méthode qui permet de multiplier à des millions d'exemplaires un segment d'ADN. Prix Nobel 1993.

mulon n. m. (de l'ancien français, du latin *mulutus* « modillon ») régional Tas de sel extrait d'un marais salant. → **meulon.**

mulot n. m. (de l'ancien français *mul*, d'origine germanique, p.-ê. francique) Petit mammifère rongeur, appelé aussi *rat des champs.*

Mulroney (Martin Brian) Homme d'État canadien (né en 1939). À la tête du Parti conservateur, il fut Premier ministre de 1984 à 1993.

mulsion n. f. (latin *mulsio*, de *mulgere* « traire ») didact. Action de traire un animal.

Multan Ville du centre du Pakistan. 1 871 800 habitants. Centre commercial (coton, laine, indigo) et industriel (fonderie, raffinerie de pétrole, textile). Artisanat.

Multatuli (Eduard Douwes Dekker, dit) Écrivain néerlandais (1820-1887). Fonctionnaire aux Indes néerlandaises, il démissionna et dénonça dans son roman *Max Havelaar* les dérives du colonialisme.

multi- Élément (du latin *multus* → moult) qui signifie « qui a plusieurs, beaucoup de... ». → **pluri-, poly- ;** - contr. **mono-, uni-.**

multicarte adj. Se dit d'un représentant qui travaille pour plusieurs entreprises.

multicaule adj. (latin *multicaulis*) bot. Qui a de nombreuses tiges. *Un mûrier multicaule.*

multicellulaire adj. biol. Composé de nombreuses cellules. → **pluricellulaire.**

multicolore adj. (latin *multicolor* → multi- ; couleur) Qui présente des couleurs variées. → **polychrome.** *Étoffe multicolore.* → **bariolé.**

multiconfessionnel, elle adj. Où coexistent plusieurs confessions religieuses. *L'Inde, la France, pays multiconfessionnels.*

multicoque n. m. Bateau comportant plusieurs coques assemblées (ex. catamaran, trimaran).

multicouche adj. Formé de plusieurs couches.

multicritère adj. Qui combine plusieurs critères. *Recherches multicritères.*

multiculturalisme n. m. didact. Coexistence de plusieurs cultures dans un même pays. □ adj. **multiculturaliste**

multiculturel, elle adj. Qui relève de plusieurs cultures différentes. → **pluriculturel.** *Une société multiculturelle.*

multidimensionnel, elle adj. (anglais *multidimensional*) **1.** math. Se dit d'un espace à plus de trois dimensions. **2.** didact. Qui concerne plusieurs niveaux, plusieurs dimensions de l'expérience, du savoir. *Analyse multidimensionnelle.*

multidisciplinaire adj. Qui concerne plusieurs disciplines ou spécialités. → **pluridisciplinaire.**

multiethnique adj. Où coexistent plusieurs ethnies. → **multiracial, pluriethnique.**

multifilaire adj. (→ fil) techn. Formé de plusieurs fils ou brins. *Un câble multifilaire.*

multifonction adj. Qui remplit plusieurs fonctions. *Des fours multifonctions. Mobile multifonction :* recomm. offic. pour *smartphone.*

multiforme adj. (latin *multiformis*, de *multus* et *forma* → forme, multi-) Qui se présente sous des formes variées, des aspects nombreux.

multigrade adj. (de l'anglais, de *grade* « degré ») anglic. *Huile multigrade :* huile pour moteur utilisable à toutes températures.

multilatéral, ale, aux adj. Qui concerne plusieurs parties contractantes, spécialt plusieurs États. *Accords multilatéraux.*

multilatéralisme n. m. didact. Attitude politique qui privilégie le règlement multilatéral des problèmes mondiaux (opposé à *unilatéralisme*).

multilinéaire adj. math. Se dit d'une application linéaire par rapport à chacune des variables affectées.

multilingue adj. (de *multi-* et du latin *lingua* → langue) **1.** Qui est en plusieurs langues. → **plurilingue. 2.** Qui parle plusieurs langues. → **polyglotte. 3.** Où l'on parle plusieurs langues. *Les pays africains sont multilingues.* □ n. m. **multilinguisme**

multimédia 1. adj. Qui concerne ou utilise plusieurs médias. **2.** n. m. Technique intégrant sur un même support des données de différentes natures (son, texte, image), consultables de manière interactive.

multimètre n. m. techn. Appareil regroupant plusieurs instruments de mesure électrique.

multimilliardaire adj. Plusieurs fois milliardaire. – n. *Un(e) multimilliardaire.*

multimillionnaire [myltimiljɔnɛʀ] adj. Plusieurs fois millionnaire. – n. *Un(e) multimillionnaire.*

multinational, ale, aux adj. **1.** Qui concerne plusieurs pays. **2.** Qui a des activités dans plusieurs pays. – n. f. *Une multinationale :* une firme multinationale.

Une firme **multinationale** (ou FMN) est une entreprise qui possède ou qui contrôle des filiales ou bien des actifs physiques ou financiers dans au moins deux pays. À la fin du XIXe siècle déjà, les investissements directs à l'étranger atteignent des niveaux élevés et de nombreuses entreprises (Bayer, Singer...) développent des implantations dans plusieurs pays. Sous l'impulsion des États-Unis, le phénomène s'amplifie dans les années 1950. Il existe aujourd'hui environ 80 000 firmes multinationales qui contrôlent au total près de 850 000 filiales. Parmi les plus grandes entreprises multinationales figurent Apple, Microsoft, IBM, Amazon, Tesla, Nike ou Toyota.
Les facteurs déterminants de la « multinationalisation » sont nombreux : l'entreprise peut rechercher un accès direct à des matières premières ; elle peut vouloir contourner des obstacles de nature protectionniste ou monétaire, rapprocher la production des consommateurs, s'implanter sur un site national où les coûts de production sont plus faibles, les infrastructures et les services collectifs de meilleure qualité...
Les firmes multinationales prennent aujourd'hui part à deux transactions internationales sur trois. Dans le cadre d'une division internationale du processus de production, le commerce intra-firme représente un tiers du commerce mondial. Ainsi, les multinationales constituent de véritables réseaux transnationaux, qui échappent de plus en plus au contrôle des États (notamment en matière d'impôt) voire surpassent leur pouvoir.
voir aussi **mondialisation, délocalisation, monopole**

multinorme adj. et n. m. (Téléviseur) qui peut recevoir des émissions de normes différentes. *Des multinormes.* - syn. **multistandard.**

multipare adj. et n. f. (→ -pare) didact. **1.** (femelle) Qui met bas plusieurs petits en une portée (opposé à *unipare*). **2.** (femme) Qui a déjà enfanté plusieurs fois. – n. f. *Une multipare.* □ n. f. **multiparité**

M

multipartisme n. m. (de *multi-* et *parti*) Système politique dans lequel il existe plus d'un parti. → **pluripartisme.** □ adj. **multipartite**

multiple adj. (latin *multiplex*, de *multi-*, *plex*, famille de *plier*) **1.** (opposé à *simple*) Qui est composé de plusieurs éléments de nature différente, ou qui se manifeste sous des formes différentes. → **divers.** *Une réalité multiple.* **2.** Qui est constitué de plusieurs éléments analogues. *Prise* (électrique) *multiple.* **3.** *Multiple de :* qui contient plusieurs fois exactement un nombre donné. *21 est multiple de 7.* – n. m. *Tout multiple de deux est pair.* **4.** (avec un nom au plur.) (opposé à *unique*) Nombreux. *Des activités multiples.* – *À de multiples reprises.* → **maint.**

multiplet n. m. (de *multiple*) **1.** techn. Ensemble de raies voisines dans un spectre d'absorption ou d'émission. **2.** inform. Ensemble de plusieurs bits.

multiplex [myltiplɛks] adj. (mot latin → multi- ; duplex) techn. Qui fait intervenir simultanément des participants situés dans des lieux éloignés. – n. m. *Émission de radio en multiplex entre Bruxelles et Montréal.*

multiplexage n. m. techn. Regroupement, sur une voie unique, d'informations, de signaux issus de plusieurs voies.

multiplexe n. m. (de *multi-* et *complexe*) Complexe cinématographique à nombreuses salles.

multiplexeur n. m. techn. Système qui permet d'effectuer un multiplexage.

multipliable adj. Qui peut être multiplié.

multiplicande n. m. (du latin → multiplier) Dans une multiplication, celui des facteurs qui est énoncé le premier.

multiplicateur, trice adj. (du latin → multiplier) Qui multiplie, sert à multiplier. – n. m. Dans une multiplication, celui des facteurs qui est énoncé le second.

multiplicatif, ive adj. (du latin → multiplier) Qui multiplie, marque la multiplication. *Signe multiplicatif* (×). – *Préfixe multiplicatif* (ex. bi-, tri-...).

multiplication n. f. (du latin → multiplier) **1.** Augmentation en nombre. → **accroissement. 2.** biol. Reproduction d'êtres vivants. → **prolifération.** *Multiplication cellulaire.* → **mitose. 3.** math. Opération qui a pour but d'obtenir à partir de deux nombres *a* et *b* (le multiplicande et le multiplicateur) un troisième nombre (le produit) égal à la somme de *b* termes égaux à *a*. *Tables de multiplication.* **4.** mécan. Rapport qui existe entre les vitesses angulaires de deux arbres d'un système de transmission, dont l'un transmet le mouvement à l'autre.

multiplicité n. f. (du latin → multiple) *Multiplicité de :* caractère de ce qui est multiple ; grand nombre. → **¹abondance, pluralité, quantité.**

multiplier v. tr. < 7 > (du latin → multiple) **1.** Augmenter le nombre, la quantité de. → **accroître.** – *Multiplier les essais, les démarches.* → **répéter. 2.** Faire la multiplication (3) de. – au p. p. *Sept multiplié par neuf* (7×9) : sept fois neuf. ■ **se multiplier** v. pron. **1.** Être augmenté, se produire en grand nombre. → **s'accroître, proliférer. 2.** (êtres vivants) Se reproduire. *« Croissez et multipliez-vous »* (Bible). **3.** (personnes) fig. Être partout à la fois, avoir une activité débordante.

multipoint adj. techn. (Serrure) qui comporte plusieurs pênes actionnés simultanément avec une seule clé. *Des serrures multipoints.*

multipolaire adj. Qui comporte plus de deux pôles. *Une dynamo multipolaire.*

multiprise n. f. Prise* multiple.

multiprocesseur n. m. (anglais *multiprocessor*) inform. Système informatique ayant plusieurs unités centrales de traitement.

multiprogrammation n. f. inform. Technique d'exploitation permettant l'exécution de plusieurs programmes sur un ordinateur.

multipropriété n. f. Régime de propriété collective où chaque propriétaire jouit de son bien pendant une période déterminée de l'année. *Acheter un studio à la montagne en multipropriété. Des multipropriétés.*

multiracial, iale, iaux adj. Dans lequel plusieurs groupes raciaux humains coexistent. → **multiethnique.**

multirécidiviste adj. et n. dr. et cour. Qui a commis plusieurs récidives, a été plusieurs fois condamné. *Un délinquant multirécidiviste.*

multirisque adj. Se dit d'une assurance qui couvre plusieurs risques. *Des assurances multirisques.*

multisalle [myltisal] adj. Qui comporte plusieurs salles de projection. *Complexe multisalle.* → **multiplexe.** *Des cinémas multisalles.*

multistandard voir **multinorme**

multisupport [myltisypɔʀ] adj. **1.** fin. *Contrat multisupport :* contrat d'assurance-vie composé de placements variés. – n. m. Contrat de ce type. **2.** Se dit d'un contenu qui peut être exploité sur différents supports. *Édition multisupport* (papier, web, multimédia).

multitâche adj. inform. Se dit d'un système d'exploitation capable de faire fonctionner simultanément plusieurs applications.

multitraitement n. m. inform. Mode d'exploitation d'un ordinateur dans lequel plusieurs tâches sont exécutées simultanément par plusieurs processeurs.

multitube adj. techn. Se dit d'un canon lance-fusée à plusieurs tubes.

multitubulaire adj. techn. Se dit d'une chaudière de machine à vapeur qui a de nombreux tubes.

multitude n. f. (latin *multitudo*, de *multus* → moult, multi-, multiple) **1.** Grande quantité (d'êtres, d'objets). *Une multitude de visiteurs entra (ou entrèrent).* → **armée, flot, nuée.** – *Pour une multitude de raisons.* → **quantité. 2.** (sans compl.) Rassemblement d'un grand nombre de personnes. → **foule.** – littér. Le commun des hommes. → **peuple.** *« Évitons d'avoir rien de commun avec la multitude »* (La Bruyère).

multivarié, ée adj. didact. *Analyse multivariée :* méthode d'analyse de données quantitatives permettant de dégager l'importance de chaque facteur et les interactions entre facteurs.

multivers [myltivɛʀ] n. m. (anglais *multiverse*) phys. Ensemble des univers possibles. *La théorie du multivers.*

Multscher (Hans) Peintre et sculpteur souabe (v. 1400-1467). Délaissant la grâce du gothique tardif, il adopta le réalisme des Flamands en manifestant un grand souci d'expressivité. *Retable de Wurzach.*

Mumbai voir **Bombay**

Mummius en latin **Lucius Mummius** Général romain (IIe s. av. J.-C.). Consul en –146, il anéantit la Ligue achéenne et acheva la conquête de la Grèce, qui devint la province romaine d'Achaïe.

Mun (Albert, comte de) Homme politique français (1841-1914). Représentant du catholicisme social, il fut député et œuvra pour la législation en faveur des travailleurs.

Munch (Edvard) [munk] Peintre et graveur norvégien (1863-1944). Il chercha à traduire son sentiment tragique de la vie dans des tableaux préfigurant l'expressionnisme. *Le Cri ; La Jalousie.*

Edvard Munch, *Désespoir* (1893), musée Munch, Oslo.

Munch (Charles) Chef d'orchestre français (1891-1968). Il dirigea la Société des concerts du Conservatoire puis l'Orchestre symphonique de Boston, et fonda l'Orchestre de Paris en 1967.

Münchhausen (Karl Friedrich Hieronymus, baron von) Officier allemand (1720-1797). Il est connu pour son caractère fanfaron et par le récit de ses aventures extraordinaires.

Münchinger (Karl) Chef d'orchestre allemand (1915-1990). Fondateur de l'orchestre de chambre de Stuttgart (1945), il explora surtout le domaine de la musique baroque (Bach, Vivaldi).

Munda Ancienne ville d'Espagne (Bétique). César y vainquit Sextus Pompée (–45).

Mundell (Robert) Économiste canadien (1932-2021). Il s'est essentiellement intéressé aux politiques monétaires et fiscales. Prix Nobel 1999.

Mundt (Theodor) Écrivain allemand (1808-1861). Membre du groupe Jeune-Allemagne, il en a exprimé les idées dans ses œuvres. *Madonna ou les Entretiens avec une sainte.*

Munich en allemand **München** Ville du S. de l'Allemagne, capitale du Land de Bavière, sur l'Isar. 1 348 300 habitants (troisième ville d'Allemagne). Édifices de styles Renaissance et baroque. Musées de peinture (Alte et Neue Pinakothek) et de sculpture (Glyptothek). Centre culturel, artistique, financier, industriel (constructions mécaniques et électriques, industries de pointe). Fondée vers 1158, Munich devint en 1255 la résidence des ducs de Wittelsbach et capitale de la Bavière. La ville fut un centre artistique important au XIXe s. et au début du XXe s. En 1923, elle fut le cadre d'un putsch déclenché par Hitler (« putsch de la brasserie »), qui échoua.

Munich, la place de la Mairie *(Marienplatz)*, et la tour néogothique de l'hôtel de ville *(Neus Rathaus)*.

Munich (accords de) Conférence internationale tenue à Munich les 29 et 30 septembre 1938. Elle réunit les représentants de la France (Daladier), de la Grande-Bretagne (Chamberlain), de l'Italie (Mussolini) et de l'Allemagne (Hitler). Les démocraties occidentales, par crainte d'un conflit, y acceptèrent l'annexion des Sudètes par Hitler.

Accords de Munich, le Premier ministre britannique Chamberlain serrant la main de Hitler.

munichois, oise adj. et n. **1.** De Munich. **2.** n. hist. Partisan des accords de Munich.

municipal, ale, aux adj. (du latin, de *municipium*, de *munia* « charges officielles », de *munus* [famille de *commun, immunité, rémunérer*] et de *capere* « prendre » → chasser) **1.** Relatif à l'administration d'une commune. → **communal.** *Conseil municipal. Police municipale. Élections municipales,* ou **n. f. pl.** *les municipales.* **2.** Qui appartient à la commune. *Piscine municipale.*

municipaliser v. tr. < 1 > Soumettre au contrôle de la municipalité. *Municipaliser la police.* □ n. f. **municipalisation**

municipalité n. f. **1.** Le corps municipal ; l'ensemble des personnes (en France, le maire, ses adjoints, les conseillers municipaux) qui administrent une commune. – vieux Siège de l'administration municipale. → **mairie. 2.** La circonscription administrée par le corps municipal. → **commune.**

municipe n. m. Antiq. Cité annexée par Rome et dont les habitants jouissaient des droits civils (et non politiques) de la citoyenneté romaine.

munificence n. f. (du latin, de *munificus* « généreux », de *munus* « charge » → municipal et *facere* → ¹faire) littér. Grandeur dans la générosité. *« Grâce à la munificence de nos rois, Paris s'embellit tous les jours »* (Gautier).

munificent, ente adj. littér. Qui est d'une générosité grandiose.

munir v. tr. < 2 > (vient du latin *munire*, de *moenia* « murailles, enceinte » → **démunir, prémunir**) *Munir (qqn, qqch.)* **de** : pourvoir, garnir de (ce qui est nécessaire, utile pour une fin déterminée). → **doter, équiper, nantir.** ■ **se munir (de)** v. pron. Prendre. *Munissez-vous de vos papiers.* – fig. *Se munir de patience.* → **s'armer.**

munition n. f. (latin *munitio*, de *munire* → **munir**) **1.** vieux Ensemble des moyens de subsistance et de défense dont on munit une troupe, une place. – *Munitions de bouche.* → **provision, vivres. 2.** plur. Explosifs et projectiles nécessaires au chargement des armes à feu (balles, cartouches, obus) ou lâchés par un avion (bombes). *Entrepôt d'armes et de munitions.* → **arsenal.**

Munk (Andrzej) Cinéaste polonais (1921-1961). Il fut l'un des cinéastes les plus représentatifs du cinéma polonais de l'après-guerre. *Un homme sur la voie ; Éroïca ; De la veine à revendre.*

Münnich (Burkhard Christoph, comte de) Feld-maréchal russe (1683-1767). Il conduisit le siège de Gdańsk (1734) et remporta plusieurs victoires contre les Turcs.

Munro (Alice) née **Laidlaw** Écrivaine canadienne d'expression anglaise (née en 1931). Elle est surtout connue pour ses nouvelles dans lesquelles les femmes, confrontées à leurs désirs mais soumises au poids des croyances et des mœurs, sont en conflit avec elles-mêmes, entre acceptation et révolte. *L'Amour d'une honnête femme ; Fugitives.* Prix Nobel 2013.

munster n. m. (du n. de Munster, en Alsace) Fromage fermenté à pâte molle et à odeur forte. *Munster au cumin.*

Munster n. m. Province du S. de la république d'Irlande. 24 127 km^2. 1,34 million d'habitants. Capitale : Cork.

Munster Commune du Haut-Rhin, au confluent de la Petite et de la Grande Fecht. 4 711 habitants. Fromage réputé.

Münster (Sebastian) Théologien et cosmographe allemand (1489-1552). Il adhéra à la Réforme et enseigna l'hébreu et les mathématiques à l'université de Bâle. *Biblia hebraïca ; Cosmographia universalis.*

Münster Ville de l'O. de l'Allemagne (Rhénanie-du-Nord-Westphalie), sur l'Aa et le canal Dortmund-Ems. Environ 289 000 habitants. Cathédrale des XIIe-XIIIe s. Hôtel de ville gothique. Maisons à arcades. Centre commercial et industriel (machines, industrie textile, agroalimentaire).

Muntaner (Ramon) Chroniqueur catalan (1265-1336). Sa *Chronique du règne de Jacques Ier* est l'une des œuvres majeures de la littérature catalane.

Munténie n. f. Région du S. de la Roumanie où se situe Bucarest, correspondant à la partie orientale de la Valachie.

Munthe (Axel) Écrivain suédois (1857-1949). Médecin militaire durant la Première Guerre mondiale, il exprima dans ses œuvres sa hantise de la mort *(Croix Rouge et Croix de fer ; Le Livre de San Michele)* et son amour des bêtes *(Hommes et Bêtes).*

muntjac [mœ̃tʒak] n. m. (de l'anglais, de *minchek*, mot d'une langue malayo-polynésienne) Petit cervidé des forêts d'Asie du Sud-Est.

Munychie L'un des trois ports de l'antique Athènes.

Münzer ou **Müntzer** ou **Muncerus** (Thomas) Réformateur religieux allemand (1489-1525). Il contribua à la fondation de l'anabaptisme. Ayant mené une révolte de paysans, il fut exécuté.

muon n. m. (du n. de la lettre grecque *mu* et *-on* de *électron*) phys. Particule élémentaire légère (lepton) de même charge, positive ou négative, que l'électron.

muphti voir **mufti**

Mu Qi ou **Mou-K'i** (Fachang ou Fa-Tcháng, dit) Moine et peintre chinois (mort v. 1280). Spécialiste de la peinture monochrome, il peignit des animaux, des fleurs, des oiseaux et des personnages.

muqueuse n. f. Membrane qui tapisse les cavités de l'organisme (tube digestif, fosses nasales, bronches, anus...) qui se raccorde avec la peau au niveau des orifices naturels, et qui est lubrifiée par la sécrétion de mucus.

muqueux, euse adj. (du latin, de *mucus*) **1.** Qui a le caractère du mucus, des mucosités. **2.** Qui sécrète du mucus. *Glande muqueuse.*

mur n. m. (vient du latin *murus*, p.-ê. d'origine étrusque) **1.** Ouvrage de maçonnerie qui s'élève sur une certaine longueur et qui sert à enclore, à séparer ou à supporter une poussée. *Construire, bâtir, élever, abattre un mur. Un mur de pierres sèches, de briques, de béton. Fermer un lieu de murs.* → **murer, emmurer.** – *Mur à hauteur d'appui.* → **parapet.** – *Mur d'enceinte.* → **muraille, rempart.** *Mur porteur*, servant de support à la construction. – loc. *Raser les murs* : pour se cacher, se protéger. – *Sauter, faire le mur* : sortir sans permission (de la caserne, d'un internat, etc.). – *Mettre qqn au pied du mur*, l'acculer, lui enlever toute échappatoire. *Les murs ont des oreilles* : on peut être épié sans qu'on s'en doute. ■ *Les murs* : la ville, la partie de la ville circonscrite par des murs. **2.** Face intérieure des murs, des cloisons d'une habitation. *Mettre des tableaux aux murs. Horaire affiché au mur* (→ **mural**). – loc. *Entre quatre murs*, en restant enfermé dans une maison. **3.** fig. Ce qui sépare, forme obstacle. *Un mur de manifestants.* – *Un mur d'incompréhension.* **4.** *Le mur du son* : ensemble des phénomènes (ponctués par un choc sonore) qui se produisent lorsqu'un engin atteint la vitesse du son. *Franchir le mur du son.* **5.** au football Ligne des joueurs placés entre le tireur et le but lors d'un coup franc*.

Mur n. f. Rivière d'Europe centrale. 445 km. Issue des Alpes autrichiennes, elle arrose Graz et se jette dans la Drave, en Slovénie.

mûr, mûre adj. (vient du latin *maturus* → **maturité ; mûrir**) **1.** (fruit, graine) Qui a atteint son plein développement (→ **maturation, maturité**). *Un fruit mûr* (opposé à *vert*) ; *trop mûr.* → **blet. 2.** (abcès, furoncle) Qui est près de percer. **3.** fig. Qui a atteint le développement nécessaire à sa réalisation, à sa manifestation. *Le projet est mûr.* – (personnes) *Être mûr pour* : être préparé, prêt à. **4.** *L'âge mûr* : où la personne a atteint son plein développement. → **adulte.** – par ext. *L'homme mûr.* **5.** *Esprit mûr.* → **mature.** – par ext. *Une enfant très mûre pour son âge.* → **raisonnable, réfléchi.** (opposé à *immature*) – loc. *Après mûre réflexion* : après avoir longuement réfléchi. **6.** fam. → **ivre, soûl.** *Il est complètement mûr.* - var. du fém. **mure.** - var. du plur. **murs, mures.**

Murad (Ferid) Pharmacologue américain (né en 1936). Ses travaux ont porté sur les propriétés de la nitroglycérine et d'autres dérivés nitrés. Il a montré que le monoxyde d'azote agit comme un signal moléculaire pour le système cardiovasculaire. Prix Nobel 1998.

Murad (Nadia) Militante des droits de l'homme irakienne (née en 1993). Elle fut enlevée par Daech en août 2014 tandis que sa famille était massacrée car appartenant à la minorité yézidie. Elle fut vendue comme esclave et parvint à s'évader. Elle milite contre les violences sexuelles utilisées comme armes de guerre. Prix Sakharov 2016 avec Lamia Haji Bachar. Prix Nobel de la paix 2018.

Murād Bey (v. 1750-1801). Chef des mamelouks d'Égypte. Vaincu par Bonaparte à la bataille des Pyramides (1798), il s'entendit avec Kléber qui lui laissa le gouvernement de la Haute-Égypte.

murage n. m. Action de murer. *Le murage d'une porte.*

muraille n. f. (de *mur*) **1.** Étendue de murs épais et assez élevés. *Une haute muraille.* – loc. *(Un manteau, etc.) couleur (de) muraille*, se confondant avec celle des murs. ■ Mur de fortification. → **rempart.** *Murailles crénelées.* **2.** fig. Ce qui forme une surface verticale abrupte. → **mur** (3), **obstacle, paroi.** « *Derrière la muraille immense du brouillard* » (Baudelaire).

Muraille (Grande) ou **Muraille de Chine** Muraille défensive élevée entre le IIIe s. av. J.-C. et le XVIIe s. sur la frontière entre la Chine et la Mongolie. Environ 20 000 km.

M

Murakami Haruki Écrivain et traducteur japonais (né en 1949). Imprégné de culture occidentale, il est l'auteur de récits souvent fantastiques. *La Course au mouton sauvage ; Chroniques de l'oiseau à ressort ; Kafka sur le rivage ; 1Q84 ; Le Meurtre du Commandeur.*

Murakami Takashi Plasticien japonais (né en 1962). Adepte de la performance, de la peinture et de la sculpture monumentale, il a créé un univers pop aux couleurs acidulées, mêlant références bouddhistes et culture manga, techniques traditionnelles et technologie de pointe.

mural, ale, aux adj. (latin *muralis*, de *murus* → **mur**) **1.** Qui est appliqué sur un mur, comme ornement. *Peintures murales* (→ **fresque**). **2.** Qui est fixé au mur et ne repose pas par terre. *Pendule murale.*

Muraille (Grande)

La Grande Muraille de Chine, inscrite au patrimoine mondial de l'Unesco, la plus grande œuvre architecturale au monde par sa longueur et sa surface.

muralisme n. m. arts Mouvement artistique mexicain, né vers 1920, caractérisé par la réalisation de peintures murales monumentales d'intention didactique. □ **adj. et n. muraliste**

Muralt (Béat Louis de) Écrivain suisse d'expression française (1665-1749). Officier au service de Louis XIV, il fut l'auteur d'ouvrages polémiques, dont *Lettres sur les Anglais et les Français,* œuvre très favorable à l'Angleterre.

Murano Agglomération de la commune de Venise (Italie), dans une île de la lagune. Basilique du XIIe s. Centre de verrerie d'art depuis le XIIIe siècle.

Murasaki Shikibu Dame d'honneur à la cour impériale japonaise (v. 978-v. 1015). Elle est l'autrice du *Genji monogatari,* roman sur la vie et les mœurs à la cour de Heian.

Murat Nom de plusieurs sultans ottomans. ■ **Murat Ier** (v. 1319-1389). Sultan ottoman (1359-1389). Il élargit le territoire de l'Empire en Europe et soumit l'Asie Mineure. ■ **Murat II** (v. 1401-1451). Sultan ottoman (1421-1451). Il dirigea l'offensive turque dans les Balkans et en Asie Mineure. ■ **Murat III** (1546-1595). Sultan ottoman (1574-1595). Son règne fut marqué par d'importantes victoires contre la Perse. ■ **Murat IV** (v. 1609-1640). Sultan ottoman (1623-1640). Il enleva Bagdad aux Iraniens (1638).

Murat (Joachim) Maréchal de France (1767-1815). Commandant de la garde consulaire, il épousa Caroline Bonaparte en 1800 et fut fait maréchal en 1804. Commandant en chef en Espagne, il devint roi de Naples en 1808. Après le congrès de Vienne (1815), qui restitua le royaume de Naples aux Bourbons, il tenta de débarquer en Calabre, mais fut arrêté et fusillé sur ordre de Ferdinand IV.

M

Murat (Bernard) Metteur en scène français (né en 1941). Son éclectisme l'a conduit à monter aussi bien des comédies que des dramatiques, classiques ou contemporaines. Il a dirigé les plus grands comédiens, dont certains, comme Pierre Arditi, à de nombreuses reprises.

Murat Commune du Cantal, sur l'Alagnon. 1 815 habitants. Église du XVe s. Industries agroalimentaire et chimique.

Muratori (Ludovico Antonio) Historien et homme de lettres italien (1672-1750). Prêtre, bibliothécaire, archiviste, il publia les sources de l'histoire italienne dans ses *Rerum italicarum scriptores.*

Muray (Philippe) Essayiste et écrivain français (1945-2006). Il se fit le contempteur, souvent avec humour et dérision, des dérives de la modernité, notamment avec la figure de l'Homo festivus à travers laquelle il a dénoncé le « festivisme » des sociétés contemporaines. Face à l'« empire du bien », il entend réintroduire le négatif dont l'évacuation moderne empêche la compréhension du monde. *Le XIXe siècle à travers les âges ; L'Empire du Bien ; Festivus, festivus.*

Murcie en espagnol **Murcia** Ville du S.-E. de l'Espagne, sur la Segura. 459 400 habitants. Université. Cathédrale gothique. Musée. Centre industriel et minier (étain).

Mur des lamentations Vestiges du mur d'enceinte ouest construit par Hérode autour du Temple de Jérusalem. Situé dans la vieille ville, près du Saint des Saints, il est un haut lieu du judaïsme.

Murdoch (William) Ingénieur britannique (1754-1839). Il mit au point l'exploitation du gaz dégagé par la combustion de charbon.

Murdoch (Iris) Romancière britannique (1919-1999). Ses récits mêlent la réflexion philosophique, l'héritage du roman picaresque et la technique du roman policier. *La Mer, la mer ; Les Cloches.*

Murdoch (sir Rupert) Homme d'affaires américain d'origine australienne (né en 1931). Il dirigea de nombreux journaux britanniques *(The Sun ; The Times),* américains *(Wall Street Journal)* et australiens et plusieurs chaînes de télévision (dont Fox News).

Murdock (George Peter) Ethnologue américain (1897-1985). Fondateur de la revue *Ethnology,* il a tenté de donner une méthodologie rigoureuse à l'ethnologie comparée.

Mure (La) Commune de l'Isère. 4 899 habitants. Centre commercial. Ancienne mine d'anthracite.

mûre n. f. **(vient du bas latin *mora,* fém. de *morum,* du grec *moron*)** **1.** Fruit du mûrier (utilisé en pharmacie). **2.** Fruit noir de la ronce des haies, comestible, qui ressemble au fruit du mûrier. → **mûron.** - var. RO **mure.**

Mureaux (Les) Commune des Yvelines, sur la Seine. 33 543 habitants. Construction aéronautique. Tuilerie.

mûrement adv. Avec beaucoup de concentration et de temps. *J'y ai mûrement réfléchi.* - var. RO **murement.**

murène n. f. **(du latin, du grec *muraina*)** Poisson long et mince, sans écailles, armé de fortes dents et très vorace.

murénidé n. m. zool. Poisson à corps allongé et cylindrique dépourvu de nageoires abdominales (famille des *Murénidés* ; ex. la murène).

murer v. tr. **< 1 > (de *mur*)** **1.** Entourer de murs. **2.** Fermer, clore par un mur, une maçonnerie. *Murer une porte.* – au p. p. *Une fenêtre murée.* **3.** Enfermer (qqn) en bouchant les issues. → **emmurer.** ■ **se murer v. pron.** S'enfermer (en un lieu), s'isoler. → se **cacher,** se **cloîtrer.** *Il s'est muré chez lui.* ■ fig. Se renfermer. – au p. p. *Murée dans son orgueil.*

Mureş n. m. Rivière d'Europe centrale. 803 km. Né dans les Carpates orientales, il irrigue la Roumanie et la Hongrie, avant de rejoindre la Tisa.

muret n. m. Petit mur. - syn. **murette n. f.**

Muret (Marc-Antoine) Humaniste français (1526-1585). Il fut, à Bordeaux, le professeur de Montaigne et laissa des éditions de poésies françaises, un commentaire des *Amours* de Ronsard et des poésies latines *(Juvenilia ; Hymnorum sacrum liber).*

Muret Chef-lieu d'arrondissement de la Haute-Garonne, au confluent de la Louge et de la Garonne. 24 762 habitants. Industries diversifiées. En 1213, Simon de Montfort y défit les albigeois.

murex n. m. **(latin *murex* « coquillage » et « pourpre »)** zool. Mollusque gastéropode à coquille hérissée d'épines, dont les Anciens tiraient la pourpre.

murge n. f. **(de *se murger*)** fam. Ivresse. → **biture, cuite.**

se murger v. pron. **< 1 > (du nom d'Alphonse Murge, donné à une rue de Paris voisine des entrepôts de vin de Bercy)** fam. S'enivrer. → se **biturer,** se **cuiter.**

Murger (Henri) Écrivain français (1822-1861). Ses *Scènes de la vie de bohème* connurent un grand succès, et inspirèrent à Puccini son opéra *La Bohème.*

muridé n. m. **(latin *mus, muris* « souris »)** zool. Petit rongeur caractérisé par une queue longue couverte de poils ras, et qui vit caché (famille des *Muridés* ; ex. le hamster, le rat, la souris).

mûrier n. m. **(d'abord *morier* → mûre)** **1.** Arbre d'Orient acclimaté dans le bassin méditerranéen, dont le fruit est la mûre (1). **2.** abusivt Ronce produisant des mûrons*. - var. RO **murier.**

Murillo (Bartolomé Esteban) Peintre espagnol (1617-1682). Il réalisa des tableaux de dévotion *(Éducation de la Vierge ; Nativité de la Vierge),* des scènes de genre, des paysages et des portraits.

mûrir v. **< 2 > (vient du latin *maturare* → maturation, maturité, mûr)** **I. v. tr. 1.** Rendre mûr. *Le soleil mûrit les fruits.* **2.** fig. Mener (une chose) à point en y appliquant sa réflexion. → **approfondir.** *Mûrir une pensée, un projet.* → **méditer. 3.** Donner de la maturité d'esprit à. *Les épreuves l'ont mûri.* **II. v. intr. 1.** Devenir mûr, venir à maturité. *Les blés mûrissent.* **2.** fig. Se développer, atteindre son plein développement. *Laisser mûrir une idée.* **3.** Acquérir de la maturité d'esprit. - var. RO **murir.** □ **n. m. mûrissage** ou RO **murissage** et **mûrissement** ou RO **murissement**

mûrissant, ante adj. Qui devient mûr. *Des fruits mûrissants.* – (personnes) Qui n'est plus jeune. *Femme mûrissante.* - var. RO **murissant, ante.**

mûrisserie n. f. Lieu où on laisse mûrir certains fruits, notamment les bananes. - var. RO **murisserie.**

murmel n. m. **(mot allemand « marmotte »)** Fourrure de marmotte, dont l'aspect rappelle le vison.

murmurant, ante adj. (choses) Qui murmure. *Des eaux murmurantes.*

murmure n. m. **(latin *murmur* ou de *murmurer*)** **I. 1.** Bruit sourd, léger et continu de voix humaines. → **chuchotement.** *Pas un murmure dans la salle.* **2.** Commentaire fait à mi-voix par plusieurs personnes. *Un murmure d'approbation, de protestation.* **II.** Bruit continu léger, doux et harmonieux. → **bruissement.**

murmurer v. **< 1 > (du latin, de *murmur,* d'abord « grondement », onomatopée du son grave et fort *[mour-],* puis faible)** **I. v. intr.** (personnes) **1.** Faire entendre un murmure. *Des enfants qui murmurent.* **2.** Émettre une plainte, une protestation sourde. → fam. **bougonner.** *Obéir sans murmurer.* → **broncher. II. v. tr.** Dire, prononcer à mi-voix ou à voix basse. → **chuchoter, susurrer ; marmonner.** *Murmurer une prière.*

Murnau (Friedrich Wilhelm Plumpe, dit F. W.) Cinéaste allemand (1888-1931). Il s'imposa, avec *Nosferatu le vampire,* comme l'un des maîtres du cinéma muet et de l'expressionnisme allemand. Aux États-Unis, il réalisa notamment *L'Aurore* et *Tabou* (avec R. Flaherty), méditation sur l'amour impossible, la fatalité et la mort.

Murner (Thomas) Théologien alsacien (1475-v. 1537). Prédicateur, poète et publiciste, il traita du thème de la folie humaine dans la plupart de ses écrits. *La Conjuration des fous ; Corporation des coquins ; Le Grand Fou luthérien.*

Muromachi Période de l'histoire japonaise comprise entre 1333 et 1573, pendant laquelle le Japon fut dirigé par les shoguns de la famille des Ashikaga.

mûron n. m. **(de *mûre*)** Fruit de la ronce, couramment appelé *mûre.* - var. RO **muron.**

Murray ou **Moray (Jacques Stuart, 1er comte de)** (v. 1531-1570). Fils naturel de Jacques V d'Écosse, il fut d'abord le conseiller de sa demi-sœur Marie Stuart, puis se révolta contre celle-ci. Nommé régent d'Écosse quand la reine abdiqua (1567), il mourut assassiné.

Murray (James) Général britannique (v. 1720-1794). Il fut le premier gouverneur militaire de Québec, de 1763 à 1766.

Murray (sir James Augustus Henry) Philologue et lexicographe britannique (1837-1915). Il dirigea la publication du *New English Dictionary,* dictionnaire historique de la langue anglaise.

Murray (Joseph) Chirurgien américain (1919-2012). Il réussit la première greffe de rein entre faux jumeaux en 1959. Prix Nobel 1990.

Murray n. m. Fleuve du S.-E. de l'Australie. 2 508 km. Né dans les Alpes australiennes, il trace la frontière entre l'État de Victoria et celui de Nouvelle-Galles du Sud, pénètre dans l'État d'Australie méridionale et traverse le lac Alexandrina avant de se jeter dans l'océan Indien.

Murray Bay voir **La Malbaie**

Murugan Divinité hindoue du S. de l'Inde, identifiée comme étant Subrāhmanya, un des fils de Shiva. Dieu de la Beauté et de la Guerre, vénéré des Tamouls, il est représenté armé de la lance et de l'arc et monté sur un paon faisant la roue.

Mururoa Atoll de l'archipel des Tuamotu, en Polynésie française. Base française d'essais nucléaires de 1966 à 1996.

Murviedro voir **Sagonte**

Mürzzuschlag Ville de l'E. de l'Autriche (Styrie), au pied du Semmering. 8 663 habitants. Station de sports d'hiver.

musacée n. f. (latin bot. *musa* « banane ») bot. Plante monocotylédone, dont le bananier est le type, caractérisée par la présence de cinq étamines.

musagète adj. (du latin, du grec, de *mousa* → muse et *hêgeisthai* « conduire ») didact. (Antiq.) *Apollon musagète*, « conducteur des Muses ».

Mūsā ibn Nuṣayr Général arabe (v. 640-718). Il dirigea la conquête de la péninsule Ibérique pour le calife omeyade de Damas (711-715).

Musala (pic) anciennement **pic Staline** Sommet de Bulgarie, point culminant du Rhodope. 2 925 m.

musaraigne n. f. (latin *musaraneus* « souris araignée » [par la réputation d'animal venimeux], de *mus* → [1]moule, muscle et *araneus* → araignée) Petit mammifère insectivore, de la taille d'une souris.

musarder v. intr. < 1 > (de *muser*) Perdre son temps à des riens. → **flâner, muser.** □ **musarderie** n. f. littér.

musardise n. f. Comportement d'une personne qui musarde. *« Les Musardises »* (poèmes de E. Rostand).

musc n. m. (du latin, emprunt au grec *moskhos*, du persan) **1.** Substance brune très odorante, sécrétée par les glandes abdominales d'un cervidé. *Grains de musc séché.* **2.** Parfum à base de musc (naturel ou synthétique).

muscade adj. f. et n. f. (ancien provençal, de *musc*) **1.** *Noix muscade* ou ellipt *muscade* : graine du fruit du muscadier, employée comme épice. **2.** n. f. Petite boule utilisée dans les tours de passe-passe. – loc. *Passez muscade* : le tour est joué.

muscadelle n. f. (ancien occitan *muscadela*, de *musc*) Cépage blanc de la Gironde et de la Dordogne.

muscadet n. m. (de *muscade*) Vin blanc sec de la région de Nantes.

muscadier n. m. Arbre des régions tropicales, à feuilles persistantes, qui produit un fruit dont la graine est la muscade.

muscadin n. m. (italien *moscardino* « pastille parfumée au musc ») vieux Jeune fat d'une coquetterie ridicule. – spécialt Nom donné, sous la Révolution, aux royalistes à l'élégance recherchée.

muscadine n. f. Chocolat fin fourré qui imite l'aspect de la noix muscade.

muscardin n. m. (italien *moscardino*, de *moscado* « musc ») Petit mammifère rongeur, variété de loir au pelage roux.

muscardine n. f. (provençal *muscardino*) techn. Maladie mortelle des vers à soie, due à un champignon parasite.

muscari n. m. (latin *muscus* → musc) bot. Plante à fleurs bleues très parfumées, disposées en grappes.

muscarine n. f. (latin sc. *muscaria [amanita]* « amanite tue-mouche », du latin *musca* « mouche ») chim. Alcaloïde toxique de certains champignons vénéneux qui provoque l'asphyxie.

muscat, ate adj. et n. m. (mot provençal, de *musc*) **1.** *Raisin muscat*, à odeur de musc. – n. m. *Une grappe de muscat.* **2.** *Vin muscat* : vin de liqueur, produit avec des raisins muscats. – n. m. *Un verre de muscat.*

muscidé n. m. (vient du latin *musca* « mouche ») zool. Insecte diptère à antennes courtes, communément appelé *mouche* (famille des *Muscidés*).

muscinée n. f. (latin *muscus* « mousse ») bot. Plante cryptogame telle que les mousses et les hépatiques (embranchement des *Muscinées*).

muscle n. m. (latin *musculus*, diminutif de *mus* « souris ») **1.** anat. Structure organique formée de fibres contractiles assurant le mouvement (→ **my(o)-**). *Muscles striés, volontaires. Muscles lisses, viscéraux.* **2.** cour. Muscle apparent sous la peau. *Contracter un muscle.* – *Être tout en muscles*, sans graisse.

musclé, ée adj. **1.** Qui est pourvu de muscles bien visibles et puissants. → [1]**fort.** **2.** fig. Énergique, puissant. *Du rock musclé.* – *Une déclaration musclée.* **3.** fig., fam. Qui utilise la force, la contrainte. *Une arrestation musclée.*

muscler v. tr. < 1 > **1.** Pourvoir de muscles développés, puissants. *Des exercices pour muscler le ventre.* – pron. *Elle fait du sport pour se muscler.* **2.** Rendre plus fort, plus énergique. *Muscler un projet.*

musculaire adj. (du latin *musculus* → muscle) Relatif aux muscles. *Tissu musculaire. Force musculaire. Renforcement musculaire.*

musculation n. f. Développement d'un muscle, d'une partie du corps grâce à des exercices physiques. – Ces exercices. *Faire de la musculation.* → **bodybuilding, culturisme** ; fam. **gonflette.** - abrév. fam. **muscu.**

musculature n. f. Ensemble et disposition des muscles (d'un organisme ou d'un organe). *La musculature du dos.*

musculeux, euse adj. (latin *musculosus* → muscle) **1.** anat. Qui est fait de muscles. *Un organe musculeux.* **2.** (partie du corps) Aux muscles développés, forts. → **musclé.**

musculo- Élément (du latin *musculus*) qui signifie « muscle ».

musculosquelettique adj. méd. Relatif aux muscles et au squelette. *Troubles musculosquelettiques* (abrév. **TMS**) : affections liées à une sollicitation excessive des articulations. *Troubles musculosquelettiques du coude, de l'épaule. Les TMS sont souvent liés à l'activité professionnelle.*

muse n. f. (latin *musa*, du grec *Mousa*) **1.** (avec une majuscule) mythol. → **les Muses.** **2.** littér. L'inspiration poétique, souvent évoquée sous les traits d'une femme. *« J'allais sous le ciel, Muse ! et j'étais ton féal »* (Rimbaud). – loc. *Taquiner la muse* : faire de la poésie en amateur. **3.** Inspiratrice (d'un écrivain, d'un artiste).

muséal, ale, aux adj. didact. Du musée ; des musées. *Architecture muséale.*

museau n. m. (de *mus*, qui vient du bas latin *musus*) **1.** Partie antérieure de la face de certains mammifères (→ **groin, mufle, truffe**) et de poissons lorsqu'elle est saillante. ■ *Museau de porc* (→ **hure**), *de bœuf*, préparation de charcuterie. **2.** fam. Visage, figure. → **frimousse, minois.**

musée n. m. (d'abord *museum* ; mot latin, du grec *mouseion* « temple des Muses ») **1.** Établissement dans lequel sont rassemblées et classées des collections d'objets d'intérêt historique, technique, scientifique, artistique, en vue de leur conservation et de leur présentation au public. → **collection ; pinacothèque.** *Exposition temporaire dans un musée. Conservateur de musée.* – loc. *Pièce de musée* : objet digne d'un musée. **2.** Lieu rempli d'objets rares, précieux. *Cette ville est un musée.* – appos. *Une ville-musée.* – loc. fam. *C'est le musée des horreurs.*

▶ Le **musée** au sens actuel n'existe ni dans l'Antiquité ni au Moyen Âge. Le *mouseion* d'Alexandrie, à l'époque hellénistique, est un lieu consacré aux Muses, divinités grecques incarnant les arts ; savants et poètes fréquentent sa bibliothèque et son observatoire. C'est plus tard, à la Renaissance, que naissent en Italie les premiers « cabinets de curiosités » qui seront à l'origine des musées modernes. Constitués par des princes ou de riches amateurs comme Niccolo Niccoli, les Médicis ou les Farnèse, ils réunissent des curiosités exotiques, des objets historiques (pièces, médailles, portraits d'hommes illustres) et des œuvres d'art. Ces collections disparates ne sont admirées que de quelques visiteurs choisis, mais des galeries sont construites pour mettre en scène les œuvres.
L'humaniste italien Paolo Giovio est, au début du XVIe siècle, le tout premier à construire un bâtiment pour abriter sa collection. Ce premier « musée » remporte un grand succès et, jusqu'au XVIIIe siècle, de nombreux autres sont érigés, images du prince ami des arts ou de l'« honnête homme », curieux et cultivé.
En 1683, les collections d'Elias Ashmole, à Oxford, sont ouvertes au public. En France, il faut attendre la Révolution pour que le Louvre fasse de même (1793). En passant du domaine privé à l'espace public, les musées évoluent. Gestion publique, spécialisation des collections, importance croissante d'une approche savante marquent les musées modernes. Les muséums de sciences naturelles et les musées des beaux-arts se séparent. Une approche patrimoniale vouée à la conservation (British Museum, Galerie des Offices) se distingue d'une approche de collection visant à réunir le meilleur (Fondation Barnes).
Une discipline nouvelle, la muséographie, décline les différentes fonctions du musée, de la pédagogie à la mise en scène en passant par le travail de mémoire et la conservation des œuvres.
voir aussi **patrimoine, mécène**

Musée Poète grec qui vécut probablement en Égypte vers la fin du Ve s. Son poème *Héro et Léandre* fut très populaire à l'époque byzantine.

museler v. tr. < 4 ou RO 5 > (de *musel*, ancienne forme de *museau*) **1.** Empêcher (un animal) d'ouvrir la gueule, de mordre en lui emprisonnant le museau (→ **muselière**). **2.** fig. Empêcher de parler, de s'exprimer. → **bâillonner.** *Museler l'opposition.*

muselet n. m. (de *museau*) Armature de fils métalliques qui maintient le bouchon des bouteilles de boissons alcoolisées gazeuses (champagne, cidre, bière...).

muselière n. f. (de *musel*, ancienne forme de *museau*) Appareil servant à museler un animal.

musellement n. m. Action de museler (1 et 2). - var. RO **musèlement.**

muséographie n. f. didact. Ensemble des techniques de conception et d'organisation des musées. → **muséologie.** □ adj. **muséographique**

muséologie n. f. didact. Ensemble des connaissances concernant la conservation, le classement et la présentation des collections de musées. → **muséographie.** □ adj. **muséologique**

muser v. intr. < 1 > (origine incertaine, p.-ê. de *mus* → museau ; amuser) littér. Perdre son temps à des bagatelles, à des riens. → **flâner, musarder.** *« L'allégresse [...] de muser sur une longue route »* (Colette).

muserolle n. f. (italien *museruola*, de *muso* → museau) techn. Pièce de la bride qui protège la partie antérieure de la tête du cheval. - var. RO **muserole.**

Muses n. f. pl. Les neuf filles de Zeus et de Mnémosyne dans la mythologie grecque, divinités protectrices des arts et des sciences : Calliope (poésie épique), Clio (his-

M

jouer. → **formation, orchestre.** mod. *La musique d'un régiment,* les musiciens du régiment. → **clique, fanfare. 4.** fam. (en parlant des discours) *C'est toujours la même musique.* → **chanson, disque, histoire.** – fam. *Connaître la musique,* savoir de quoi il retourne, savoir comment s'y prendre. **II. 1.** Suite, ensemble de sons rappelant la musique. → **bruit, harmonie, mélodie.** *La musique des cigales.* **2.** Harmonie. *La musique d'un poème.*

musiquette n. f. péj. Musique facile, sans valeur artistique.

Musk (Elon) Homme d'affaires canadien d'origine sud-africaine (né en 1971). Il a créé de nombreuses entreprises dont Tesla (automobiles électriques) ou SpaceX qui collabore avec la Nasa et a envoyé pour la première fois des touristes dans l'espace en 2021. Il a racheté le réseau social Twitter en 2022.

musli voir **muesli**

musoir n. m. (de *museau*) Pointe extrême, arrondie, d'une digue, d'une jetée ou d'un môle. – Tête d'une écluse.

musqué, ée adj. **1.** Parfumé au musc. **2.** (animaux) Dont l'odeur rappelle celle du musc. *Rat musqué.* → **ondatra.** *Bœuf musqué.* → **ovibos.**

Musset (Alfred de) Écrivain français (1810-1857). Proche de Nodier et de Vigny, il écrivit une œuvre théâtrale *(Les Caprices de Marianne ; Lorenzaccio ; On ne badine pas avec l'amour)* rassemblée sous le titre *Comédies et Proverbes*, et considérée aujourd'hui comme la contribution la plus originale du romantisme français à l'art dramatique. Sa liaison avec George Sand lui inspira le roman *La Confession d'un enfant du siècle,* et donna toute sa gravité à l'épanchement lyrique des *Nuits,* recueil de poèmes. Habitée par la passion, son œuvre oscille entre la tentation de la débauche et la nostalgie de la pureté.

Alfred de Musset, par Ch. Landelle (1878), musée du château, Versailles.

Mussidan Commune de la Dordogne, sur l'Isle. 2 788 habitants. Musée.

Musso (Guillaume) Écrivain français (né en 1974). Auteur à succès, il a écrit une quinzaine de romans à suspense dans lesquels l'amour joue un rôle central et dont les intrigues se déroulent pour beaucoup aux États-Unis. *La Jeune Fille et la Nuit ; Et après ; La Vie secrète des écrivains.*

Mussolini (Benito Amilcare Andrea) Homme d'État italien (1883-1945). Instituteur, militant socialiste engagé dans l'action syndicale, il devint journaliste et dirigea l'*Avanti !* (1912), organe du Parti socialiste. Partisan de l'intervention italienne dans la Première Guerre mondiale, il dut démissionner du parti. En 1919, il fonda les Faisceaux italiens de combat et, en 1921, le Parti fasciste. Après la marche sur Rome (1922), il obtint du roi Victor-Emmanuel III de prendre la tête du gouvernement et prit le

Benito Mussolini en 1938, lors d'une cérémonie de sa garde personnelle, les « Moschettieri del Duce ».

titre de *Duce.* Investi des pleins pouvoirs (nov. 1922), il instaura un régime totalitaire (meurtre de Matteotti, opposant socialiste ; lois de 1925 et 1926 établissant la dictature) et se lança dans une politique d'expansion à partir de 1936, date de la conquête de l'Éthiopie. En rupture avec les démocraties occidentales, il noua une alliance de plus en plus étroite avec l'Allemagne nazie (axe Rome-Berlin, 1936 ; pacte d'Acier, 1939) et engagea le pays dans la Seconde Guerre mondiale (juin 1940). Devant les défaites militaires italiennes, il fut mis en minorité par le Grand Conseil fasciste et arrêté sur l'ordre du roi (1943). Délivré par un commando allemand, Mussolini fut placé par Hitler à la tête d'une « République sociale italienne » à Salo. Arrêté peu après la chute du Reich, il fut exécuté par des partisans communistes.

Mussoorie ou **Masūrī** Ville du N. de l'Inde (Uttaranchal), dans l'Himalaya. 33 700 habitants. Station climatique. Centre touristique.

must [mœst] n. m. (marque déposée, mot anglais « devoir ») anglic., fam. Ce qu'il faut avoir ou faire pour être à la mode (→ **impératif**) ; ce qu'il y a de mieux. → [2]**top.** *Le must de la saison.*

Mustafa Nom de plusieurs sultans ottomans. ■ **Mustafa II** (1664-1703). Sultan ottoman (1695-1703). Sous son règne, les troupes turques essuyèrent des défaites en Hongrie (1699) et en Russie (1700). Il fut renversé et empoisonné par les janissaires. ■ **Mustafa III** (1717-1774). Sultan (1757-1774). Il mena une guerre ruineuse contre la Russie (1768-1774).

Mustafa Kemal Pacha dit Kemal Atatürk Homme d'État turc (1881-1938). Nommé général pendant la Première Guerre mondiale, il s'opposa à la décision du sultan Mehmet VI de placer la Turquie sous la protection des grandes puissances (1919) et prit la tête d'un gouvernement nationaliste. À la suite d'une offensive des Grecs en Anatolie, il remporta sur ces derniers plusieurs victoires (1920-1922) et put négocier avec les Alliés de nouvelles frontières pour la Turquie (traité de Lausanne, 1923). Après avoir aboli le sultanat (1922), il fonda le Parti républicain du peuple et se fit élire président de la République (1923). Il pratiqua une politique de réformes visant à laïciser l'État et à occidentaliser la société.

Mustagh n. m. L'une des chaînes formant le massif himalayen du Karakoram, partagée entre le N. du Pakistan et la Chine occidentale. 7 273 m à la tour de Mustagh (Chine).

mustang [mystɑ̃g] n. m. (de l'anglais des États-Unis, de l'espagnol *mestengo,* du radical latin *mixtus* « cheval sans maître ») Cheval à demi sauvage des prairies d'Amérique. *Des mustangs.*

Mustapää (Martti Haavio, dit P.) Poète finlandais (1899-1973). Il est connu pour ses travaux universitaires sur le folklore, les mythes et les religions. Il écrivit des poèmes d'inspiration mythologique. *Adieu, Arcadie ; L'Armoise et l'Églantine.*

mustélidé n. m. (du latin, de *mustela* « belette ») zool. Mammifère carnivore de petite taille, bas sur pattes, au corps étroit et allongé, à belle fourrure (famille des *Mustélidés ;* ex. la belette, le blaireau, l'hermine).

musulman, ane (du turc, de l'arabe *muslim* « soumis [à la volonté de Dieu] ») **I.** adj. **1.** Qui professe la religion de Mahomet (Muhammad), l'islam*. *Arabes, Indiens musulmans.* **2.** Propre à l'islam, relatif ou conforme à sa loi, à ses rites. → **islamique. II.** n. Adepte de l'islam.

mutabilité n. f. (du latin, de *mutare* « changer » → muer, [3]muter) **1.** littér. Caractère de ce qui est sujet au changement. **2.** sc. Aptitude d'une forme vivante à subir une mutation. □ adj. **mutable**

mutage n. m. (de *muter* v. tr.) techn. Action de muter (un moût). *Mutage à l'alcool.* → **mistelle.**

mutagène adj. (du radical de *mutation* et *-gène*) biol. Capable de provoquer des mutations. – n. m. *Un mutagène chimique.*

mutagenèse n. f. (du radical de *mutation* et *-genèse*) biol. Production de mutations sous l'action d'agents physiques ou chimiques.

Mutanabbī (Aḥmad Abū al-Ṭayyib al-) Poète arabe (915-965). Il renouvela les anciens genres, dans des vers concis et précis, au souffle épique.

mutant, ante I. adj. biol. Qui présente, qui a subi une mutation (II). *Gènes mutants.* **II.** n. Dans la littérature d'anticipation, Être résultant d'une mutation de l'espèce humaine.

M

Mutare Ville de l'E. du Zimbabwe. 224 800 habitants. Industrie du bois. Centre agricole. Tourisme.

mutation n. f. (latin *mutatio,* de *mutare* → [3]muter) **I. 1.** Changement, évolution. *Une économie en pleine mutation.* **2.** Affectation d'un employé à un autre poste. **3.** Transmission d'un droit de propriété ou d'usufruit. *Droits de mutation.* **4.** mus. *Jeu de mutation :* jeu d'orgue utilisant pour une touche un ou plusieurs tuyaux faisant entendre des harmoniques du son fondamental. **II.** (de l'allemand ; mot créé par de Vries) biol. Variation brusque d'un caractère héréditaire (propre à l'espèce ou à la lignée) par changement dans le nombre ou dans la qualité des gènes. □ adj. **mutationnel, elle**

Mustafa Kemal Pacha

Mustafa Kemal avec sa femme en 1923, près d'Ankara.

mutationnisme n. m. (de *mutation* [II]) biol. Théorie d'après laquelle l'évolution* se fait de manière discontinue, par mutations héréditaires, et non par adaptation. □ adj. et n. **mutationniste**

mutatis mutandis [mytatismytɑ̃dis] loc. adv. (mots latins « ce qui doit être changé étant changé ») En écartant les différences pour rendre la comparaison possible.

1muter v. tr. < 1 > (latin *mutare* → muer) techn. Arrêter la fermentation alcoolique dans les moûts de raisin par addition d'alcool ou d'anhydride sulfureux.

2muter v. tr. < 1 > (latin *mutare* → muer) Affecter (qqn) à un autre poste, à un autre emploi. → **déplacer.** *Il a été muté en province.*

3muter v. intr. < 1 > (de *mutation* II) biol. Subir une mutation (II). *Gène qui mute.*

Muti (Riccardo) Chef d'orchestre italien (né en 1941). Il a notamment été directeur de l'Orchestre philharmonique de Londres, de l'Orchestre de Philadelphie, de la Scala de Milan et de l'Orchestre symphonique de Chicago.

Riccardo Muti en 2007, dirigeant l'orchestre du Teatro San Carlo de Naples.

mutilant, ante adj. méd. Qui peut produire une mutilation. *Plaie, cicatrice mutilante.*

mutilation n. f. (du latin → mutiler) **1.** Ablation ou détérioration (d'un membre, d'une partie externe du corps). **2.** Dégradation. *Mutilation de statues.* **3.** Altération, perte (d'un fragment de texte).

mutiler v. tr. < 1 > (latin *mutilare*, de *mutilus* « écorné », du radical *mutti-* → émousser, 2mousse, mozzarella ; p.-ê. apparenté à *mouton*) **1.** Altérer (un être humain, un animal) dans son intégrité physique par une grave blessure. *Il a été mutilé du bras droit.* **2.** Détériorer, endommager. *Mutiler un arbre.* **3.** Altérer (un texte, un ouvrage littéraire) en retranchant une partie essentielle. → **tronquer.** ■ **mutilé, ée** adj. *Bras mutilé.* – *Blessés gravement mutilés.* ■ n. *Mutilé de guerre.* → **blessé, invalide.** □ adj. et n. **mutilateur, trice**

mutin, ine (de *meute* au sens ancien « émeute ») **I.** n. m. Personne qui se révolte avec violence. → **rebelle** ; **mutinerie.** **II.** adj. (affaiblissement de sens) littér. Qui est d'humeur taquine, qui aime à plaisanter. → **1badin, espiègle, malicieux.** – *Un petit air mutin.*

se **mutiner** v. pron. < 1 > Se dresser collectivement contre une autorité, avec violence. → se **rebeller,** se **révolter.** ■ **mutiné, ée** adj. et n. Révolté. *Des marins mutinés.*

mutinerie n. f. Action de se mutiner ; son résultat. → **insurrection, révolte.** *Mutinerie de troupes, de prisonniers.*

mutisme n. m. (du latin *mutus* → muet) **1.** Refus ou incapacité psychologique de parler (→ muet). **2.** Attitude, état d'une personne qui se tait, refuse de parler. *S'enfermer dans un mutisme obstiné.* □ adj. **mutique**

mutité n. f. (→ mutisme) Impossibilité physiologique de parler. → **surdimutité** ; **aphasie.**

mutualiser v. tr. < 1 > (du radical latin de *mutuel*) Répartir (un risque, des frais) solidairement parmi les membres d'un groupe. – Mettre en commun. *Mutualiser les expériences.* → **partager.** □ n. f. **mutualisation**

mutualisme n. m. Doctrine économique basée sur la mutualité. □ **mutualiste** adj. et n. *Assurances mutualistes.*

mutualité n. f. (du radical latin de *mutuel*) Forme de prévoyance volontaire par laquelle des personnes s'assurent réciproquement. → **association, mutuelle.**

mutuel, elle adj. (du latin *mutuus* « réciproque », de *mutare* « changer » → muer, 1muter) **1.** Qui implique un rapport double et simultané, un échange d'actes, de sentiments. → **réciproque.** *Tolérance mutuelle. Des concessions mutuelles.* **2.** Qui repose sur la mutualité. *Établissement, société d'assurance mutuelle.* – n. f. *Une mutuelle,* société de mutualité.

mutuellement adv. D'une manière qui implique un échange. → **réciproquement.**

Mutzig Commune du Bas-Rhin, près de Molsheim, sur la Bruche. 6 083 habitants. Porte du XIVe s. Château des Rohan (XVIIe s.). Brasserie.

Muybridge (Edward James Muggeridge, dit Eadweard) Photographe américain d'origine britannique (1830-1904). Inventeur d'un « fusil photographique », il décomposa les mouvements par la photo (cheval au galop, montée d'escalier).

Muzaffarpur Ville du N. de l'Inde (Bihar), dans la plaine du Gange. 396 600 habitants. Université. Centre commercial.

MW Symbole du mégawatt.

Mwanza Ville du N. de la Tanzanie, au bord du lac Victoria. 706 500 habitants. Port de commerce. Pêche. Textile. Commerce de l'or et des diamants de la région.

Mweru voir **Moero**

Mx Symbole du maxwell.

myalgie n. f. (de *my[o]-* + *-algie*) méd. Douleur musculaire. *Myalgie du torticolis.* □ adj. **myalgique**

Myanmar voir **Birmanie**

myasthénie n. f. (de *my[o]-* et *asthénie*) méd. Affection évoluant par poussées et caractérisée par une fatigabilité musculaire excessive. □ adj. **myasthénique**

Myatt (John) Peintre britannique (né en 1945). Faussaire de génie, il peignit deux cents tableaux (à la manière de Giacometti, Picasso, Monet, Chagall, Braque, etc.) qui abusèrent les experts jusqu'à son arrestation en 1995.

mycélium [miseljɔm] n. m. (du latin, du grec *mukês* → myco-) bot. Appareil végétatif filamenteux élaboré par de nombreux champignons. □ adj. **mycélien, ienne**

Mycènes Ancienne ville de Grèce, dans le Péloponnèse. Capitale de l'Argolide achéenne, elle fut le principal foyer de la civilisation *mycénienne,* première civilisation hellénique. Florissante dès le –XVIe s., Mycènes étendit sa domination sur le monde hellénique, notamment après la chute de Cnossos (–XIVe ou –XIIIe s.), capitale de la Crète. Elle fut détruite vers le –XIIe s. par les Doriens. Les ruines, mises au jour au XIXe s., témoignent d'une architecture originale et les tombes ont livré des trésors d'orfèvrerie et d'armurerie d'une facture remarquable.

mycénien, ienne **1.** adj. De Mycènes, de sa civilisation. *Art mycénien.* **2.** n. m. Langue grecque archaïque.

myc(o)-, -myce, -mycète Éléments (du grec *mukês, mukêtos*) signifiant « champignon ».

mycobactérie n. f. biol. Bactérie filamenteuse au mycélium rudimentaire (sans spores), pouvant être pathogène.

mycoderme n. m. bot. Champignon unicellulaire proche des levures, mais qui ne produit pas d'asques. □ adj. **mycodermique**

mycologie n. f. didact. Étude des champignons. □ n. **mycologue** □ adj. **mycologique**

mycoplasme n. m. (→ plasma) biol. Bactérie dépourvue de paroi, responsable d'infections.

mycorhize n. f. (de *myco-* et du grec *rhiza* « racine ») bot. Association symbiotique entre un champignon et les parties souterraines d'un végétal supérieur (ex. truffe et chêne). □ adj. **mycorhizal, ale, aux**

mycose n. f. (de *myco-* + 2*-ose*) méd. Infection provoquée par des champignons microscopiques. □ adj. **mycosique**

Mydorge (Claude) Mathématicien français (1585-1647). Ami de Descartes, il s'intéressa à l'optique et à la géométrie. Il est l'auteur d'un *Traité des coniques.*

mydriase n. f. (grec *mudriasis*) méd. Dilatation de la pupille, naturelle, pathologique ou provoquée. □ adj. **mydriatique**

mye [mi] n. f. (du latin, du grec *muax* « moule », de *mus* « souris » et « moule ») zool. Mollusque bivalve marin comestible (une espèce est la clovisse).

myélencéphale n. m. anat. Zone postérieure de l'encéphale qui comprend le bulbe rachidien. □ adj. **myélencéphalique**

myéline n. f. (de *myél-* + *-ine*) anat. Substance lipidique et protidique complexe qui forme la gaine de certaines fibres nerveuses. □ adj. **myélinique**

myélite n. f. (de *myél-* + *-ite*) méd. Inflammation de la moelle épinière. *Myélite de la substance grise.* → **poliomyélite.**

myél(o)- Élément (du grec *muelos*) signifiant « moelle ».

myélocyte n. m. (→ -cyte) physiol. Cellule de la moelle osseuse dont dérivent les leucocytes polynucléaires.

myélogramme n. m. méd. Examen des éléments cellulaires de la moelle osseuse ; son résultat.

myélographie n. f. méd. Radiographie de la moelle épinière.

myéloïde adj. (→ -oïde) méd. Relatif à la moelle osseuse. – Des cellules de la moelle osseuse. *Leucémie myéloïde.*

myélome n. m. (→ -ome) pathol. Tumeur, souvent cancéreuse, de la moelle osseuse. *Myélome multiple.*

myélopathie n. f. (→ -pathie) pathol. Maladie de la moelle épinière ou osseuse.

mygale n. f. (du latin, du grec *mugaleê* « musaraigne », de *mus* « souris » et *galeê* « belette ») Grande araignée fouisseuse, velue, des régions chaudes. → **régional matoutou.**

Mycènes

Palais de Mycènes, la « porte des Lions » (v. 250 av. J.-C.).

Mykérinos Pharaon de la IVe dynastie égyptienne (v. 2609 av. J.-C.). Fils de Khéphren, il fit construire à Gizeh la moins élevée des trois pyramides.

Mykolaïv Ville du S. de l'Ukraine, sur l'estuaire du Boug, non loin de son débouché dans la mer Noire. 509 000 habitants. Port maritime et fluvial. Industrie métallurgique. Cimenterie.

Mykonos Île grecque de la mer Égée, dans l'archipel des Cyclades. Capitale : Mykonos. 85 km^{2}. 10 000 habitants. Centre touristique.

Le port de Mykonos.

mylar n. m. (n. déposé) techn. Polyester très résistant fournissant des films très fins.

my(o)- Élément (du grec *mus, muos*) signifiant « muscle ».

myocarde n. m. (de *myo-* et du grec *kardia* « cœur ») Muscle qui constitue la partie moyenne de la paroi du cœur. *Infarctus du myocarde.*

myocastor n. m. (du grec *mus* « rat » et → castor) zool. Ragondin. - syn. **myopotame.**

myofibrille n. f. anat. Fibrille contractile que l'on trouve dans le cytoplasme des fibres musculaires.

myoglobine n. f. physiol. Protéine du tissu musculaire qui en assure l'oxygénation.

myologie n. f. didact. Partie de l'anatomie qui traite des muscles. □ adj. **myologique**

myome [mjom] n. m. (de *my[o]-* + *-ome*) pathol. Tumeur bénigne constituée de fibres musculaires. *Myome de l'utérus* (appelé improprement *fibrome*).

myopathie n. f. (→ -pathie) méd. Maladie provoquant une faiblesse et une fonte musculaire. – spécialt *Myopathie (primitive progressive)* : atrophie progressive des muscles. □ adj. et n. **myopathe**

myope adj. et n. (du latin, du grec *muôps, muôpos* « qui cligne des yeux », de *muein* « fermer » et *ôps* « œil » ; famille de *mystère, mystique*) Qui est atteint de myopie ; qui ne voit distinctement que les objets rapprochés (s'oppose à *presbyte*). fam. *Il, elle est myope comme une taupe.* – n. *Un, une myope.* ■ fig. Qui manque de perspicacité, de largeur de vue.

myopie n. f. Anomalie visuelle du myope. ■ fig. *Myopie intellectuelle.*

myorelaxant, ante adj. et n. m. méd. Se dit d'un produit visant à la détente des muscles.

myosine n. f. (de *myo-*, s de liaison et *-ine*) biochim. Protéine qui joue un rôle important dans la contraction des muscles.

myosis n. m. (mot latin, du grec *muein* « cligner de l'œil » → myope) méd. Contraction de la pupille (opposé à *mydriase*). □ adj. **myotique**

myosite n. f. (de *myo-* + *-ite*) pathol. Inflammation du tissu musculaire.

myosotis [mjɔzɔtis] n. m. (du latin, du grec *muosôtis* « oreille *[ous, ôtos]* de souris *[mus]* ») Plante à petites fleurs généralement bleues qui croît dans les lieux humides.

Myrdal (Karl Gunnar) Homme politique et économiste suédois (1898-1987). Ses travaux portèrent sur l'analyse des crises économiques et les conditions du retour à l'équilibre monétaire. Prix Nobel 1974.

Mysore

Mysore, l'entrée du palais du maharadja.

myria-, myrio- Élément (du grec *murias*) qui signifie « dizaine de mille ».

myriade n. f. (du latin, du grec *murias* → myria-) Très grand nombre ; quantité immense.

myriapode n. m. (→ -pode) zool. Animal arthropode à nombreuses pattes comme la scolopendre (classe des *Myriapodes*). → **millepatte.**

myriophylle n. m. (du grec, par le latin → myrio- et -phylle) bot. Herbe aquatique à feuilles en fines lanières, appelée *volant d'eau*, utilisée pour la décoration des aquariums.

myrméco- Élément (du grec *murmêx*) signifiant « fourmi » (ex. *myrmécologie* **n. f.** ; *myrmécophile* **adj.** qui vit en association avec les fourmis).

myrmidon n. m. (latin *Myrmidones*, du grec *Murmidones*, rapproché de *murmêx* « fourmi ») fam. et vieilli Petit homme chétif, insignifiant (opposé à *colosse, géant, hercule*). → **nain.** - var. **mirmidon.**

Myrmidons n. m. pl. Ancien peuple de Thessalie. Commandés par Achille lors de la guerre de Troie, ils se montrèrent des combattants intrépides.

myrobolan n. m. (du latin, grec *murobalanos*, de *muron* « parfum » et *balanos* « gland ») Fruit séché d'arbres exotiques utilisé en tannerie et autrefois comme purgatif.

Myron Sculpteur grec de l'Antiquité (ve s. av. J.-C.). Il est l'auteur du célèbre *Discobole.*

myroxyle n. m. (du grec *muron* « parfum » et *xulon* « bois ») bot. Arbre d'Amérique du Sud dont le tronc fournit une résine odorante, appelée *baume de Tolu ; baume du Pérou.* - syn. **myroxylon.**

myrrhe n. f. (du latin, du grec *murra*, racine sémitique « amer ») Gomme résine aromatique fournie par le balsamier.

myrte n. m. (latin *myrtus*, du grec *murtos*, emprunt sémitique ou d'une autre langue orientale) **1.** Arbre ou arbrisseau à feuilles persistantes, à petites fleurs blanches odorantes. **2.** Feuille de myrte (consacrée à Vénus et associée au laurier comme emblème de gloire).

myrtille n. f. (du latin, diminutif de *myrtus* → myrte) Baie noire comestible produite par un arbrisseau des montagnes. → **airelle, bleuet** (Québec). *Tarte aux myrtilles.* ■ Arbrisseau qui produit cette baie.

Mysie n. f. Ancienne région du N.-O. de l'Asie Mineure. Elle fut successivement sous la domination des Perses, des Séleucides, de Pergame et de Rome.

Mysore Ville du S. de l'Inde (Karnataka). 1 million d'habitants. Grand palais. Elle donna son nom à un État princier de l'Inde du Sud, l'actuel Karnataka.

mystagogue n. m. (du latin, du grec *mustagôgos*, de *mustês* → mystique et *agein* « conduire » → -agogue) didact. Prêtre, personne qui initie aux mystères sacrés, à un savoir ésotérique. □ n. f. **mystagogie**

[1]mystère n. m. (du latin, du grec *mustêrion*, famille de *muein* « se fermer » → myope, mystifier) **I. 1.** Rite, culte religieux secret. *Les mystères d'Orphée.* **2.** relig. chrét. Dogme révélé, inaccessible à la raison. *Le mystère de la Trinité.* **II.** Chose cachée, secrète. **1.** Ce qui est (ou est cru) inaccessible à la raison humaine. *Le mystère de la nature. « Puisque ces mystères me dépassent, feignons d'en être l'organisateur »* (Cocteau). **2.** Ce qui est inconnu, caché (mais qui peut être connu de quelques personnes) ou difficile à comprendre. → **[2]secret.** *Il y a un mystère là-dessous. Voilà la clé du mystère.* → **énigme. 3.** Ce qui a un caractère incompréhensible, très obscur. **4.** Ensemble des précautions que l'on prend pour rendre incompréhensible, pour cacher. *S'envelopper, s'entourer de mystère.* loc. fam. *Mystère et boule de gomme !* **III.** (n. déposé) Glace meringuée et entourée de pralin.

[2]mystère n. m. (confusion entre *mysterium* → [1]mystère et *ministerium* → ministère) littér. (au Moyen Âge) Genre théâtral qui mettait en scène des sujets religieux. → **miracle** (2).

mystérieusement adv. D'une manière mystérieuse, cachée, secrète.

mystérieux, euse adj. (de [1]*mystère*) **1.** Qui est incompréhensible ou évoque la présence de forces cachées. → **énigmatique, impénétrable, [1]secret. 2.** Qui est difficile à comprendre, à expliquer. → **difficile.** *Voilà des propos bien mystérieux.* **3.** Dont la nature, le contenu sont tenus cachés. → **[1]secret. 4.** Qui cache, tient secret qqch. → **[1]secret.** *Un homme très mystérieux.*

mysticète n. m. (du grec, de *kêtos* « baleine » → cétacé) zool. Cétacé à fanons et à double évent (sous-ordre des *Mysticètes* ; ex. la baleine, le rorqual ; s'oppose à *odontocète*).

mysticisme n. m. (de *mystique*) **1.** Croyances et pratiques se donnant pour objet une union intime de l'homme et du principe de l'être (divinité, nature, idée...). → **contemplation, extase ; mystique.** *Mysticisme chrétien, islamique.* **2.** Croyance, doctrine philosophique faisant une part essentielle au sentiment, à l'intuition.

M

▶ La vie religieuse a une forme publique avec des institutions et des dogmes officiels, des rites et des pratiques collectifs. Mais cette dimension sociale se distingue d'une intuition immédiate et intime de la présence divine, qui se vit par exemple dans la prière. C'est cette expérience que cherche à développer le **mysticisme** (1).
La Kabbale, puis le hassidisme juif, le soufisme musulman et, chez les chrétiens, le quiétisme de Molina et de madame Guyon, le piétisme luthérien, l'illuminisme... proposent différentes manières de se rapprocher de Dieu : exercices spirituels, piété, purification intérieure, et même mortification physique amènent le fidèle à « recevoir » la présence divine. Les mouvements mystiques ont en général été marginalisés par rapport aux religions officielles : dans le cas du catholicisme notamment, ils ont souvent été « mal vus » par une Église qui insiste sur la médiation sacerdotale dans l'accès au divin.
La voie spirituelle proposée par le mysticisme prend son modèle dans une expérience exceptionnelle, d'une intensité inexprimable. Les poèmes de saint Jean de la Croix et *Le Château intérieur* de sainte Thérèse d'Ávila tentent de dire ce « ravissement » : l'âme est emportée, le moi anéanti se fond dans l'« Aimé » divin. En sculptant sa *Sainte Thérèse*, le Bernin a mis en lumière la sensualité de cette extase qui rappelle la transe des religions païennes, du fait des manifestations qui peuvent lui être associées : état hypnotique, stigmates, délire, hallucination.
voir aussi **kabbale, catholicisme, réforme (protestante)**

mystifiant, ante adj. Qui mystifie (2). *Une propagande mystifiante.*

mystificateur, trice n. (→ mystifier) Personne qui aime à mystifier. → **farceur, [2]fumiste.** *Un mystificateur littéraire.* – **adj.** *Intentions mystificatrices.*

mystification n. f. (→ mystifier) **1.** Acte ou propos destiné à mystifier qqn, à abuser de sa crédulité. → fam. **[2]blague, canular.** *Être le jouet d'une mystification.* **2.** Tromperie collective. *Considérer la religion comme une mystification.*

mystifier v. tr. < 7 > (du grec *mustês* → [1]**mystère, mystique**) **1.** S'amuser aux dépens de (qqn) en abusant de sa crédulité (s'oppose à *démystifier*). → **abuser, duper, leurrer.** *Les naïfs qu'on mystifie.* **2.** Tromper collectivement sur le plan intellectuel, moral, social. *Mystifier les foules par la propagande.* – Tromper par des promesses. □ **adj. mystifiable**

mystique (latin *mysticus*, du grec, de *mustês* « initié » ; famille de *mystère*) **I. adj. 1.** Qui concerne les pratiques, les croyances visant à une union entre l'homme et la divinité. *Extase, expérience mystique.* **2.** (personnes) Prédisposé au mysticisme, à une foi intense et intuitive. ■ **n.** *Un, une mystique. Les grands mystiques chrétiens, musulmans.* **3.** Qui a un caractère exalté, absolu, intuitif. *Amour, patriotisme mystique.* **II. n. f. 1.** Pratiques du mysticisme. **2.** Système d'affirmations absolues à propos de ce à quoi on attribue une vertu suprême. *La mystique de la paix. Mystique révolutionnaire.*

mythe n. m. (du latin, du grec *muthos* « récit de fiction ») **1.** Récit fabuleux, souvent d'origine populaire, qui met en scène des êtres (dieux, demi-dieux, héros, animaux, forces naturelles) symbolisant des énergies, des puissances, des aspects de la condition humaine. → **fable, légende ; mythologie.** *Les grands mythes grecs* (Orphée, Prométhée...). *Les mythes amérindiens.* ■ Représentation de faits ou de personnages réels ou imaginaires déformés ou amplifiés par la tradition. → **légende.** *Le mythe de Faust, de don Juan.* **2.** Chose imaginaire. fam. *Son oncle richissime ? C'est un mythe !*, il n'existe pas. **3.** Représentation idéalisée de l'état de l'humanité. *Le mythe de l'âge d'or.* → **utopie.** – Image simplifiée que des groupes humains élaborent ou acceptent au sujet d'un individu, d'un groupe, d'un fait. *Le mythe du progrès.*

▶ **Mythes** (1) sumériens, grecs, védiques, germaniques, amérindiens, mélanésiens, dogons, aborigènes : il n'est pas un groupe humain, un peuple qui n'ait forgé de mythes. Le mythe est un récit qui met en scène des dieux, des héros, des créatures hors du commun et parle d'un autre temps, d'un « temps primordial, le temps fabuleux des "commencements" » (M. Eliade). Inscrits dans un système traditionnel de croyances, de valeurs et de pratiques, les mythes font partie de la mémoire collective d'un groupe. Réinventés à chaque récitation, ils se transmettent oralement de génération en génération. Leur fonction est souvent explicative : ils racontent d'une façon qui frappe l'imagination l'origine du monde (cosmogonie), des dieux (théogonie) et des hommes, la fondation d'une cité, d'une institution, d'un rite, l'invention d'une technique, attribuent une cause aux évènements marquants de la vie ou aux phénomènes naturels qui étonnent et effraient les hommes, expliquent la place de ces derniers dans le monde. Il est fréquent qu'ils remplissent une fonction d'exemple : la description qu'ils peuvent faire des exploits d'un héros véhicule des valeurs, offre un modèle de conduite. D'autres mythes servent à justifier l'ordre social, le pouvoir d'une dynastie, etc.
Opposé depuis Platon au *logos* (discours rationnel), le *muthos*, discours mythique, a été remplacé sur le plan de la compréhension du monde par le discours scientifique. Mais la psychanalyse, la philosophie, l'histoire des religions, l'anthropologie, l'ethnologie ont montré, au XXe siècle, le caractère essentiel de l'activité mythologique dans les comportements humains, qu'ils soient individuels ou collectifs. Les mythes d'Œdipe ou de Faust, par exemple, ont irrigué la pensée et la création occidentales.
Parmi les travaux qui ont marqué le XXe siècle, on peut citer ceux de Dumézil, qui a étudié de manière comparative les mythes indoeuropéens et y a retrouvé régulièrement les trois mêmes fonctions : la souveraineté magique et juridique, la force guerrière et la fécondité.
voir aussi **Déluge, Gilgamesh, Héraclès, Isis, Œdipe, Prométhée, Vénus**

mythifier v. tr. < 7 > (de *mythe*) didact. Instaurer en tant que mythe.

mythique adj. (de *mythe*) **1.** Du mythe. *Un héros mythique. Animal mythique.* → **fabuleux, imaginaire, légendaire ;** s'oppose à *réel*, à *historique*. **2.** Très célèbre. *Un film mythique.*

mytho- Élément (du grec *muthos*) qui signifie « fable, légende ».

Mỹ Tho Ville du S. du Viêtnam, dans le delta du Mékong. 130 000 habitants. Importante industrie alimentaire (rizeries, huileries). Élevage de serpents.

mythologie n. f. (du bas latin, du grec *mutholοgia*, de *muthos* → **mythe ; -logie**) **1.** Ensemble des mythes (1), des légendes (propres à un peuple, à une civilisation, à une religion). *La mythologie hindoue, grecque.* – spécialt La mythologie gréco-latine. **2.** Étude des mythes. **3.** Ensemble de mythes (3). *La mythologie du self-made-man.* « *Mythologies* » (ouvrage de R. Barthes). □ **n. mythologue**

mythologique adj. Qui a rapport ou appartient à la mythologie. → **fabuleux.** *Divinités mythologiques.*

mythomane adj. et n. (→ [2]-mane) Qui est atteint de mythomanie. – **n.** *Un, une mythomane.* - abrév. fam. **mytho.** *Elles sont mythos.*

mythomanie n. f. (→ -manie) Tendance pathologique à la fabulation, à la simulation par le mensonge. □ **adj. mythomaniaque**

Mytichtchi Ville de Russie, dans la banlieue N. de Moscou. 176 160 habitants. Industries mécanique et chimique.

Mytilène voir **Lesbos**

mytil(i)-, mytilo- Élément (du latin *mytilus*, pris au grec *mutilos* « moule ») qui signifie « coquillage, moule ».

mytiliculture n. f. didact. Élevage des moules. □ **n. mytiliculteur, trice**

myx(o)- Élément (du grec *muxa* « morve, mucosité ») qui signifie « mucus ».

myxœdème [miksedɛm] n. m. (→ œdème) méd. Troubles dus à une insuffisance thyroïdienne (œdème, goitre, anomalies sexuelles, intellectuelles). □ **adj. et n. myxœdémateux, euse**

myxomatose n. f. (de *myxome* → myx[o]-) didact. Grave maladie infectieuse et contagieuse du lapin, due à un virus.

myxomycète n. m. (→ -mycète) bot., zool. Champignon inférieur (classe des *Myxomycètes*).

Mzab n. m. Région du N. du Sahara algérien, autour de Ghardaïa qui en est la ville principale. Palmeraies, artisanat.

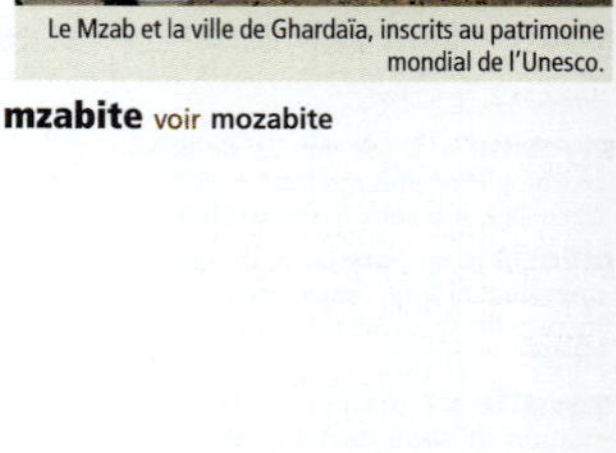
Le Mzab et la ville de Ghardaïa, inscrits au patrimoine mondial de l'Unesco.

mzabite voir **mozabite**

N

n [ɛn] **n. m. invar. 1.** Quatorzième lettre, onzième consonne de l'alphabet. **2.** *N.*, abréviation de *Nord*. **3. abrév.** *N° ou n°* : numéro. **4. (symboles mathématiques)** *n* : désigne un nombre indéterminé. → **énième.** – ℕ : ensemble des entiers naturels.

n' voir **ne.**

na interj. (onomatopée) fam. Exclamation enfantine renforçant une affirmation ou une négation.

naan [nan] **n. m. (mot hindi, du farsi)** Galette de pain cuite au four (cuisine indienne). *Des naans au fromage.*

Naas Ville de la république d'Irlande, au S.-O. de Dublin. 22 250 habitants.

nabab [nabab] **n. m. (mot hindi, emprunt à l'arabe) 1. hist.** Titre donné dans l'Inde musulmane aux grands dignitaires, aux gouverneurs de provinces. **2.** Personnage très riche qui vit avec faste.

Nabatéens n. m. pl. Ancien peuple de l'Arabie du Nord-Ouest. Ils contrôlèrent à partir du –VIIe s. le trafic caravanier entre l'Arabie et le bassin méditerranéen. Vers le –Ve s., Pétra devint leur capitale. Trajan les soumit en 106 et les incorpora à la province romaine d'Arabie.

Naberejnye Tchelny Ville de Russie (république du Tatarstan), sur la Kama. 510 000 habitants. Industrie automobile (camions) ; barrage hydroélectrique.

Nabeul Ville de Tunisie, sur le golfe d'Hammamet, sur la côte sud du cap Bon. 56 400 habitants. Artisanat. Tourisme.

nabi n. m. (mot hébreu « prophète ») 1. relig. Prophète, chez les Hébreux. **2. arts** Nom adopté en 1888 par un groupe de jeunes peintres indépendants (tels Maurice Denis, Bonnard, Vuillard).

nabis n. m. pl. Groupe d'artistes formé en 1888 autour de Maurice Denis et Paul Sérusier, influencé par Van Gogh et Gauguin. Ils cherchèrent, par des techniques picturales innovantes, à révéler une vérité dépassant la perception du réel.

nable n. m. (du néerlandais *nagel* « cheville ») mar. Trou de vidange d'une embarcation.

Nabokov (Vladimir) Écrivain russe naturalisé américain (1899-1977). Auteur inventif et plein d'ironie, il construisit son œuvre sur l'illusion et la parodie. *La Méprise* ; *Lolita*.

Nabonide Dernier roi de Babylone (VIe s. av. J.-C.). Il fut fait prisonnier par Cyrus.

Nabopolassar (mort en 605 av. J.-C.). Roi de Babylone (625 av. J.-C. à sa mort). Fondateur de l'Empire néo-babylonien, il conquit son pays sur les Assyriens.

nabis

Nabis, É. Vuillard, *Le Liseur, Portrait de K.-X. Roussel* (1890-1891), musée d'Orsay, Paris.

nabot, ote n. et adj. (probablt altération de *nain bot*) péj. Personne de très petite taille. → **nain.**

nabuchodonosor [nabykɔdɔnɔzɔʀ] **n. m. (du n. du personnage biblique)** Grosse bouteille de champagne d'une contenance de vingt bouteilles ordinaires (soit quinze litres).

Nabuchodonosor II Roi de Babylone (605-562 av. J.-C.). Son règne marqua l'apogée de l'Empire néo-babylonien. Il prit Jérusalem (–597) et déporta le peuple juif à Babylone.

nacarat n. m. (espagnol *nacarado* « nacré », de *nacar* → nacre) littér. Couleur d'un rouge clair aux reflets nacrés. **– adj. invar.** *Des tissus nacarat.*

nacelle n. f. (vient du bas latin *navicella*, diminutif de *navis* « bateau » → nef) 1. vieux ou poét. Petit bateau à rames, sans voile. **2.** Panier fixé sous un aérostat, où se tiennent les passagers. **3.** Dispositif suspendu ou élevé permettant d'effectuer des travaux dans des lieux difficiles d'accès. **4.** Partie d'un landau ou d'une poussette destinée à coucher ou asseoir le bébé.

nacho [natʃo] **n. m. (mot espagnol d'Amérique) au plur.** Chips (pétales) de maïs, de forme ronde ou triangulaire. *Nachos au guacamole.*

Nachtigal (Gustav) Explorateur allemand (1834-1885). Il explora le Frezzan, le Tibesti, le Bornou, la région du lac Tchad et l'Égypte.

Nachtwey (James) Photographe américain (né en 1948). Il couvrit de nombreux conflits dans le monde entier. On retient ses photographies des tours jumelles de Manhattan en flammes après l'attentat terroriste du 11 septembre 2001.

nacre n. f. (italien *naccaro*, emprunt à l'arabe) Substance irisée qui tapisse intérieurement la coquille de certains mollusques. **– en appos.** *Des dents nacre*, de la couleur de la nacre.

nacré, ée adj. Qui a l'aspect irisé de la nacre.

nacrer v. tr. < 1 > (de *nacre*) 1. Traiter (les fausses perles) de façon à leur donner l'aspect de la nacre. **2. littér.** Iriser.

Nadal (Rafael) Joueur de tennis espagnol (né en 1986). Célèbre pour son redoutable coup droit lifté, il a remporté entre 2005 et 2022 vingt-deux tournois du Grand Chelem (dont quatorze fois les Internationaux de France à Roland-Garros) et la médaille d'or aux Jeux olympiques de Pékin (2008).

Rafael Nadal en 2008 au tournoi de Roland-Garros.

Nadar (Félix Tournachon, dit) Photographe français (1820-1910). Il marqua les débuts de la photographie en publiant, sous le titre de *Panthéon Nadar*, des portraits de célébrités contemporaines. Il réalisa en 1858 les premières photographies prises d'aérostat.

Nádas (Péter) Écrivain hongrois (né en 1942). Il a établi un parallèle entre histoire collective et histoires individuelles bouleversées par le chaos des barbaries nazie et soviétique *(Le Livre des mémoires)*.

Nagasaki

Nagasaki, grande ville portuaire, depuis le le xvie s.

Nadaud (Gustave) Musicien et chansonnier français (1820-1893). Il est l'auteur de près de trois cents chansons. *Les Deux Gendarmes ; La Garonne.*

Nadeau (Maurice) Éditeur, critique littéraire et écrivain français (1911-2013). Il révéla Samuel Beckett, Henri Michaux, Raymond Queneau, Georges Perec, Claude Simon et Michel Houellebecq, parmi d'autres. *Histoire du surréalisme.*

Nader (Ralph) Avocat américain (né en 1934). Il s'attaqua à la mauvaise qualité des produits alimentaires industriels et aux abus des industries et de la publicité. Il fut à l'origine des mouvements de défense des consommateurs aux États-Unis puis en Europe.

Nādêr Chāh (Nādêr Kuli Beg, dit) (1688-1747). Chah de Perse (1736-1747). Guerrier au service des chahs, il se proclama chah en 1736. Il conquit l'Afghanistan et envahit le N.-O. de l'Inde. Il tenta d'unifier son empire en réconciliant chiites et sunnites. Despote impitoyable, il fut assassiné.

nadir n. m. **(arabe *nazir* « opposé [au soleil] », par le latin médiéval)** didact. Point du ciel à la verticale de l'observateur, vers le bas (opposé à *zénith*).

Nadjd ou **Najd** voir **Nedjd**

Nador Ville du Maroc, sur la Méditerranée, au S. de Melilla. 161 700 habitants. Port. Complexe sidérurgique. Centre d'affaires.

nævus [nevys] **n. m. (mot latin)** Tache naturelle sur la peau. → **envie, grain** de beauté. *Des nævus ou des nævi* [nevi] (plur. latin).

Nagai Kafū Écrivain japonais (1879-1959). Il dépeint avec tendresse la vie des petites gens de Tōkyō. *Le Renard ; La Rivière Sumida.*

Nagaland n. m. État d'Inde, au N.-E. du pays, frontalier de la Birmanie. 16 127 km^2. 2,2 millions d'habitants. Capitale : Kohima. Créé en 1963, son nom vient des Nagas, tribus formant 85 % de la population.

Nagano Ville du Japon (Honshū). 373 250 habitants. Sports d'hiver. La ville a accueilli les Jeux olympiques d'hiver en 1998.

Nagano (Kent) Chef d'orchestre américain (né en 1951). Il a dirigé l'Orchestre symphonique de Berlin de 2000 à 2006, celui de Montréal de 2006 à 2020. Depuis 2015, il est à la tête de celui de Hambourg et de son Opéra.

Nagano Osami Amiral japonais (1880-1947). Chef d'état-major de la marine japonaise pendant la Seconde Guerre mondiale, il fut condamné en 1945 pour crimes de guerre et emprisonné.

nagari voir **devanagari.**

Nāgārjuna Philosophe bouddhiste indien (iie-iiie s. ?). Premier penseur important du bouddhisme à s'être exprimé en sanskrit et non en pâli, il fut le fondateur de l'école de la Voie médiane *(Madhyamaka)*, à mi-chemin entre les tendances ascétiques et hédonistes du bouddhisme.

Nagasaki Ville du Japon (Kyūshū), sur la mer de Chine orientale. 409 305 habitants. Important port de pêche. Chantiers navals. Les Américains lancèrent sur la ville, le 9 août 1945, la seconde bombe atomique, tuant 35 000 personnes le même jour : le bilan officiel porte à près de 146 000 le nombre de victimes des radiations.

nage n. f. (de *nager*) 1. Action, manière de nager. → **natation ; brasse, crawl.** *Nage sur le dos.* ■ **loc. adv.** *À la nage :* en nageant. **2.** fig., cuis. *Coquilles Saint-Jacques à la nage :* cuites au court-bouillon. **3.** *Être en nage,* inondé de sueur.

nageoire n. f. (de *nager*) Organe membraneux qui sert d'appareil propulseur aux poissons et à certains animaux marins. *Nageoire caudale, dorsale, ventrale.*

nager v. intr. < 3 > (vient du latin *navigare* → naviguer ; a remplacé l'ancien français *noer*, famille du latin *natare* « nager ») I. (de l'ancien sens « naviguer ») mar. Faire avancer un bateau à la rame. → **[1]ramer. II.** cour. **1.** (êtres vivants) Se mouvoir sur ou dans l'eau par des mouvements appropriés. *Nager comme un poisson. Elle ne sait pas nager.* – loc. *Nager entre deux eaux :* ménager deux partis, ne pas s'engager à fond. → **louvoyer.** ■ trans. Pratiquer (un genre de nage) ; parcourir (à la nage). *Nager le crawl. Nager un cent mètres.* **2.** Être immergé dans un liquide (trop) abondant. *Légumes qui nagent dans la sauce.* **3.** fig. Être dans la plénitude d'un sentiment, d'un état. → **baigner.** *« Ivre d'amour* [mon cœur] *nage dans la tristesse »* (Rousseau). **4.** fam. Être au large (dans ses vêtements). *Il nage dans son costume.* **5.** fam. Être dans l'embarras. → **patauger.**

Nagercoil ou **Nagarkoil** Ville du S. de l'Inde (Tamil Nadu). 225 000 habitants. Grand centre de pèlerinage hindou.

nageur, euse n. Personne qui nage, qui sait nager. – appos. *Maître* nageur.*

Nag Hammadi ou **Najʿ Ḥammādī** Ville de Haute-Égypte, sur le Nil. 55 767 habitants. On y découvrit en 1945 de nombreux manuscrits, livres gnostiques et textes apocryphes.

Nagoya Ville du Japon (Honshū). Port sur le golfe d'Ise. 2 333 400 habitants (conurbation de plus de 8 millions). Sanctuaires shinto. Universités. Grand centre industriel.

Nagpur Ville du centre de l'Inde (Maharashtra). 2,4 millions d'habitants. Industries (textile, papeterie, métallurgie).

naguère adv. (soudure de *n'a guère[s]* « il n'y a guère ») 1. littér. Il y a peu de temps. → **récemment. 2.** abusivt Autrefois.

Nagy (Imre) Homme politique hongrois (1896-1958). Président du Conseil, de 1953 à 1955 puis après le mouvement révolutionnaire d'octobre 1956, il mena une politique de libéralisation. Il fut condamné à mort et exécuté. Il fut réhabilité en 1989.

Naharin (Ohad) Danseur et chorégraphe américain d'origine israélienne (né en 1952). À la tête du Batsheva Dance Company de Tel-Aviv, il a créé un langage du mouvement qui connecte plaisir et effort nommé « Gaga ».

Naḥḥās Pacha (Mustafa) Homme politique égyptien (1876-1965). Chef du parti Wafd, il milita pour l'indépendance de l'Égypte et la fin de la monarchie absolue. Il fut plusieurs fois Premier ministre du roi Farouk.

nahuatl n. m. (mot de cette langue) Langue amérindienne (aztèque) parlée au Mexique.

Nahuel Huapí (lac de) Lac d'Argentine, dans les Andes de Patagonie. 549 km^2. Parc national et centre touristique.

Nahum Prophète biblique. Le Livre de Nahum contient des oracles annonçant la ruine de Ninive.

naïade n. f. (latin, du grec *naias, naiados*, de *naein* « couler ») 1. mythol. Divinité féminine des rivières et des sources. → **nymphe. 2.** littér. ou plais. Baigneuse, nageuse.

[1]naïf, naïve adj. (vient du latin *nativus* → natif, supin de *nasci* → naître) 1. littér. Qui est naturel, sans artifice, spontané. ■ *Art naïf,* art populaire, folklorique. – *Un peintre naïf.* **2.** cour. Qui est plein de confiance et de simplicité par ignorance, par inexpérience. → **candide, ingénu, simple.** – Qui exprime des choses simples que tout le monde sait. *Remarque naïve.* → **simpliste. 3.** Qui est d'une crédulité, d'une confiance excessive, irraisonnée. → **crédule, niais.** – **n.** *Vous me prenez pour un naïf !*

Art naïf, Camille Bombois, *L'Athlète forain* (v. 1930), Musée national d'art moderne, Centre Georges-Pompidou, Paris.

[2]naïf adj. et n. (sigle de *Né Après l'Interdiction des Farines*) Se dit d'un animal né après l'interdiction d'utiliser des farines de viande dans l'alimentation des ruminants.

nain, naine (vient du latin *nanus* → nanisme, du grec *nanos* → nano-) I. n. 1. Personne d'une taille excessivement petite ou atteinte de nanisme* (REM. on dit aussi *personne de petite taille*). – fig. Personne insignifiante. *« Que de nains couronnés paraissent des géants ! »* (Voltaire). **2.** Personnage légendaire de taille minuscule (gnome, farfadet, lutin). *Blanche-*

Namib (désert du)

Désert du Namib, les dunes de Sossusvlei.

Neige et les sept nains. **II. adj. 1.** (personnes) *Elle est presque naine.* **2.** (espèces végétales, animales) *Rosier nain. Poule naine.* **3.** *Étoile naine,* petite et de forte densité.

Naipaul (sir Vidiadhar Surajprasad) Écrivain britannique d'origine indienne (1932-2018). Il est l'auteur de nombreux récits de voyages. Son œuvre romanesque explore le thème du déracinement. *À la courbe du fleuve.* Prix Nobel 2001.

Nairobi Capitale du Kenya. 4,4 millions d'habitants. Carrefour économique. Université. Centre touristique (réserve d'animaux ; musée Karen Blixen).

naissain **n. m.** (→ naître) Embryons ou larves des huîtres, des moules, des coquillages d'élevage. *Du naissain d'huîtres.*

naissance **n. f.** (de *naître*) **I. 1.** Commencement de la vie hors de l'organisme maternel. *Donner naissance à* : enfanter. – ***De naissance*** : qui n'est pas acquis. → **congénital.** *Aveugle de naissance.* ■ *Nombre des naissances.* → **natalité.** *Contrôle des naissances.* → **contraception.** ■ (animaux) *La naissance d'un poussin,* sa sortie hors de l'œuf. **2.** Mise au monde d'un enfant. → **accouchement ; natal.** *Naissance à terme.* **3.** vieilli Origine, extraction. *Être de haute naissance.* **II.** fig. **1.** Commencement, apparition. *Naissance d'un conflit.* → **début.** *Prendre naissance* : commencer. *Donner naissance à.* → **créer, engendrer, provoquer. 2.** Point, endroit où commence qqch. *La naissance du cou.*

naissant, ante **adj. 1.** Qui commence à apparaître, à se développer. *Barbe naissante.* **2.** chim. *État naissant,* d'un corps qui vient d'être libéré dans une réaction.

naître **v. intr.** < 59 > (vient du latin tardif *nascere,* du classique *nasci*) **I. 1.** Venir au monde, sortir de l'organisme maternel. *Enfant qui vient de naître,* nouveau-né. *Le pays où l'on est né.* → **natal ; natif.** « *Naître, vivre et mourir dans la même maison* » (du Bellay). « *Suis-je né trop tôt ou trop tard ? / Qu'est-ce que je fais en ce monde ?* » (Verlaine). – *Naître infirme, aveugle...* – impers. *Pays où il naît plus de filles que de garçons.* – *Naître, être né de* : être l'enfant de. **2.** littér. ***Naître à*** : s'éveiller à. *Naître à l'amour.* **II.** fig. (choses) Commencer à exister. *Une nouvelle science est née.* – *Faire naître* : susciter, provoquer. – ***Naître de*** : être causé par. « *L'ennui naquit un jour de l'uniformité* » (Houdar de La Motte). - var. **RO naitre.**

naïvement **adv.** D'une manière naïve. → **ingénument.**

naïveté **n. f.** (de *naïf*) **1.** vieux Caractère naturel, simple et vrai (→ [1]naïf [1]). **2.** Simplicité, grâce naturelle empreinte de confiance et de sincérité. → **candeur, ingénuité. 3.** Excès de confiance, de crédulité. *Il est d'une naïveté touchante.* – *Il a eu la naïveté de le croire.* – *Dire des naïvetés,* des propos naïfs.

naja **n. m.** (mot de Ceylan, de l'hindi *nag* « serpent ») zool. Cobra.

Najaf ou **Nedjef** Ville d'Irak, au S. de Bagdad. 747 000 habitants. Centre de pèlerinage chiite.

Najībullāh ou **Nadjībollāh** (Mohammad) Homme politique afghan (1947-1996). Chef de l'État de 1986 à la chute du régime communiste (1992), il fut exécuté par les talibans.

Nakache (Olivier) Scénariste et réalisateur français (né en 1973). Il coréalise avec Éric Toledano des comédies entre humour et émotion qui rencontrent un vif succès populaire : *Nos jours heureux ; Intouchables ; Le Sens de la fête.*

Nakasone Yasuhiro Homme d'État japonais (1918-2019). Conservateur, il fut Premier ministre de 1982 à 1987.

Nakhitchevan **n. m.** République autonome de l'Azerbaïdjan, dont elle est séparée par l'Arménie. 5 500 km². 300 000 habitants. Capitale : Nakhitchevan.

Nakhodka Ville russe, en Sibérie extrême-orientale, sur la mer du Japon. 149 300 habitants. Port. Pêche et conserveries.

Nakhon Pathom Ville de Thaïlande, à l'O. de Bangkok, sur le fleuve Moun. 120 800 habitants. Site archéologique ; le stoupa de Phra Pathom est le monument bouddhique le plus haut du monde (127 m).

Naktong ou **Nakdong** **n. m.** Fleuve de Corée du Sud. 520 km. Il se jette dans la mer du Japon.

Nalan Xingde ou **Na-lan** Sing-tö Poète chinois d'origine mandchoue (1654-1685). Il est l'auteur de poèmes à chanter.

Nałkowska (Zofia) Écrivaine polonaise (1884-1954). Elle écrivit de nombreux romans à thèmes sociaux et psychologiques (*Les Femmes ; La Frontière*). *Les Médaillons* offrent un témoignage sur les camps nazis.

Namaland ou **Namaqualand** **n. m.** Région désertique de l'Afrique du Sud et de la Namibie, le long de l'océan Atlantique. Elle est habitée par les Namas. Mines de diamant.

Namangan Ville d'Ouzbékistan dans le bassin du Fergana. 376 600 habitants. Industries textile et alimentaire.

Namas ou **Namaquas** **n. m. pl.** Peuple hottentot d'Afrique australe.

Nam Định Ville du Viêtnam, sur le delta du Sông Hông, au S.-E. de Hanoi. 193 800 habitants. Centre commercial et industriel.

Namib (désert du) Région côtière aride de la Namibie.

Namibie

n. f. État du sud de l'Afrique. 824 268 km². 2 400 000 habitants (les *Namibiens*). **Langues :** anglais (offic.), allemand, afrikaans, langues khoïsanes, ovambo. **Population :** Ovambos (50 %), Kavangos, Hereros, Damaras, Boschimans, Européens. **Religion :** chrétiens. **Monnaie :** dollar namibien. **Capitale :** Windhoek. **Régime :** présidentiel.

Le territoire est formé à l'O. par le désert du Namib, au centre par des plateaux couverts de savane, à l'E. par le désert du Kalahari et au N.-E. par la bande marécageuse de Caprivi qui rejoint le Zambèze. Le pays, au climat tropical aride, possède toutefois des nappes d'eau souterraines. L'agriculture (mil, sorgo, maïs), l'élevage (bovins, ovins) et la pêche dominent. Le sous-sol, très riche (diamant,

Namibie

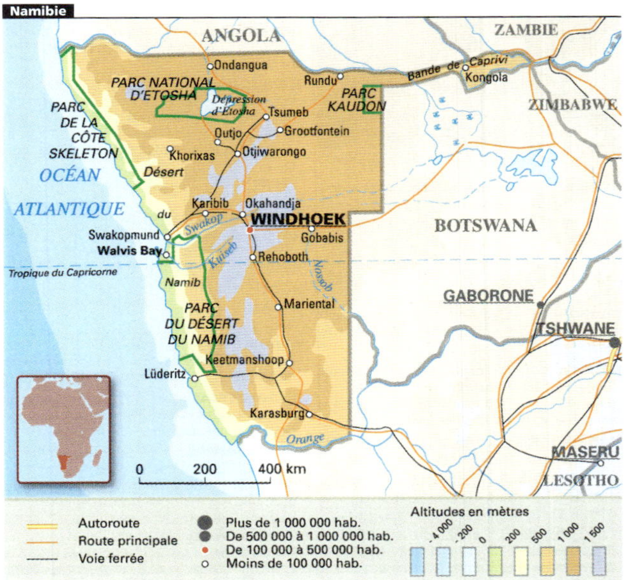

N

uranium, gaz naturel), est encore peu exploité.

La région fut d'abord occupée par les Boschimans (1500 av. J.-C.), puis par les Ovambos (VIe s.). Au début du XIXe s., les Européens aménagèrent un port à Walvis Bay. Le pays devint une colonie allemande sous le nom de *Sud-Ouest africain* (1890). L'Union sud-africaine (actuelle Afrique du Sud) l'occupa à partir de 1915 et lui imposa le régime d'apartheid (1949). Le pays prit le nom de *Namibie* et revendiqua son indépendance en 1968, déclenchant une guérilla. En 1979, l'apartheid fut aboli et l'ONU exigea le retrait de l'Afrique du Sud. Le mouvement nationaliste (SWAPO), dominé par les Ovambos, remporta les élections législatives en 1989 et la Namibie obtint l'indépendance dans le cadre du Commonwealth (1990). Au président Sam Nujoma (1990-2004) succéda Hifikepunye Pohamba (SWAPO) puis, en 2015, son Premier ministre, Hage Geingob, qui fut réélu en 2019.

Namouk Kemal Écrivain turc (1840-1888). Membre du mouvement des Jeunes-Turcs, il fut influencé par le romantisme français et laissa une œuvre abondante animée d'un patriotisme ardent. *Vatan* (« Patrie ») ; *Odes à la liberté et à la patrie.*

Nampo Ville de Corée du Nord, avant-port de la capitale Pyongyang. 310 500 habitants. Centre industriel. Port de commerce.

Nampula Ville du Mozambique. 663 200 habitants. Capitale de la riche province agricole de Nampula dont elle est le centre commercial.

Namur (province de) Province du S. de la Belgique. 3 666 km². 495 832 habitants. Chef-lieu : Namur. Elle est divisée en 3 arrondissements : Dinant, Namur, Philippeville.

Namur en néerlandais **Namen** Ville de Belgique, capitale de la Région wallonne et chef-lieu de la province de Namur, au confluent de la Sambre et de la Meuse. 111 432 habitants. Édifices religieux (cathédrale classique, église baroque) et civils (halle aux viandes du XVIe s., citadelle du XVIIIe s.).

Namur, la cathédrale Saint-Aubin (XVIIIe s.).

nana n. f. **(diminutif du prénom *Anne, Anna*)** fam. Jeune fille, jeune femme. *Les mecs et les nanas. C'est sa nana,* son amie, sa compagne.

Nānak Poète mystique indien et réformateur religieux (1469-1539). Il fut le fondateur de la secte des sikhs et l'auteur de leur livre sacré, *l'Ādi-granth.*

nanan n. m. **(origine onomatopéique)** vieilli *C'est du nanan :* c'est très agréable, très facile.

nanar n. m. **(par redoublement de la syllabe finale de l'argot *panard* « vieil homme », de *panet* « chiffon, loque »)** Marchandise sans valeur. – Mauvais film. → **navet.**

Nānā Sāhib Prince indien (1825-1862) du Maharashtra. Il prit la tête de la révolte des Cipayes contre les Britanniques en 1857.

Nançay Commune du Cher. 813 habitants. Observatoire de radioastronomie.

Nanchang ou **Nan-tch'ang** Ville de Chine (province du Jiangxi) sur le Gan Jiang. 2,2 millions d'habitants. Centre industriel. Carrières de granit et de quartz.

Nanchong ou **Nan-Tch'ong** Ville de Chine (province du Sichuan). 890 400 habitants. Sel gemme. Industries alimentaire et textile (soie). Raffinerie de pétrole.

Nancy Chef-lieu de la Meurthe-et-Moselle, sur la Meurthe, en Lorraine. 104 403 habitants. Évêché. Nombreuses œuvres architecturales du XVIIIe s. (cathédrale, place Stanislas, place de la Carrière). Musées. Université. Ancienne capitale de la sidérurgie, Nancy s'est reconvertie dans les technologies de pointe. Résidence des ducs de Lorraine à partir du XIIIe s. Charles le Téméraire, qui la convoitait, mourut à ses portes lors du siège de 1477. D'importants travaux d'embellissement y furent entrepris par Stanislas Leszczynski au XVIIIe s. La ville devint française en 1766.

Nancy, l'Opéra national de Lorraine, sur la place Stanislas, inscrite au patrimoine mondial de l'Unesco.

Nancy (école de) École fondée par É. Gallé à la fin du XIXe s. dans le but de renouveler les arts décoratifs en s'inspirant des formes végétales et animales de la nature et en faisant collaborer de nombreux corps de métier. Assise de l'Art nouveau en France, elle compte parmi ses membres Majorelle, les frères Daum.

Nanda Devi n. m. Sommet de l'Himalaya (7 816 m), dans la chaîne du Garhwal. Parc national.

nandou n. m. **(mot amérindien du Brésil [tupi-guarani], par l'espagnol)** zool. Grand oiseau coureur (plus petit que l'autruche). *Des nandous.*

nandrolone n. f. **(de *n[or]andro[stéro]lone*)** pharm. Stéroïde anabolisant.

nanifier v. tr. **< 7 > (latin → nain)** techn. Empêcher (une plante) de grandir. – au p. p. *Le bonsaï est un arbre nanifié.*

nanisme n. m. **(du latin *nanus* → nain)** Anomalie caractérisée par une taille de plus de 20 % inférieure à la moyenne **(→ nain).**

nankin n. m. **(n. de la ville chinoise) 1.** Étoffe de coton unie, souvent jaune. **2.** appos. D'une couleur jaune clair.

Nankin en chinois **Nanjing** Ville de Chine, sur le Chang Jiang, capitale de la province du Jiangsu. 5,8 millions d'habitants. Vestiges architecturaux de l'ère Ming (enceinte), durant laquelle Nankin fut la capitale. Port. La ville est aujourd'hui un centre culturel, commercial et industriel de la Chine orientale.

Nanning ou **Nan-ning** Ville de Chine, capitale de la région autonome de Guangxi. 2,6 millions d'habitants. Port fluvial. Industries alimentaire, textile et chimique.

nano- 1. Élément **(du grec *nannos*)** qui signifie « petit ». **2.** Élément divisant une unité par un milliard.

nanomètre n. m. Unité égale à un milliardième de mètre (symb. nm). □ adj. **nanométrique**

nanoréseau n. m. **(n. déposé)** inform. Réseau local destiné à l'interconnexion d'un petit nombre de micro-ordinateurs.

nanosciences n. f. pl. didact. Ensemble des sciences qui étudient les objets et structures de taille nanométrique, ainsi que les procédés de manipulation de la matière à l'échelle de l'atome. *Nanosciences et nanotechnologies.*

nanoscope n. m. techn. Microscope permettant d'observer des objets de taille nanométrique.

nanoseconde n. f. Unité de temps égale à un milliardième de seconde (10^{-9} seconde).

nanotechnologie n. f. Technologie qui s'intéresse aux objets à l'échelle moléculaire ou atomique.

nanotube n. m. chim. Structure de forme tubulaire dont le diamètre n'excède pas 10 nanomètres.

Nansen (Fridtjof) Explorateur et homme politique norvégien (1861-1930). Il réalisa la traversée du Groenland d'est en ouest (1888) et explora l'Arctique (1893-1896). Il participa à la séparation de la Norvège et de la Suède, et, délégué à la SDN après la Première Guerre mondiale, il s'occupa du problème des réfugiés. Prix Nobel de la paix 1922.

nansouk [nɑ̃suk] n. m. **(hindi *nansuk* « plaisir *[sukh]* des yeux *[nain]* »)** Toile de coton légère d'aspect soyeux.

Nanterre Chef-lieu des Hauts-de-Seine, sur la Seine. 95 782 habitants. Son université fut l'un des foyers de la révolte étudiante de Mai 1968. Centre industriel et activités tertiaires. Salle U Arena. Le quartier d'affaires de la Défense s'étend en partie sur la commune.

Nantes Chef-lieu de la Loire-Atlantique et de la Région Pays de la Loire, sur l'estuaire de la Loire. 320 732 habitants. Évêché. Château gothique et Renaissance. Cathédrale (gothique flamboyant). Musée des Beaux-Arts. Festival musical. Port. Université. Important centre tertiaire. Industries diversifiées (construction navale, agroalimentaire, aéronautique, informatique). Capitale du duché de Bretagne, Nantes fut rattachée à la couronne de France en 1532. Aux XVIIe et XVIIIe s., la ville portuaire bâtit son essor grâce au commerce triangulaire. Pendant la guerre de Vendée, acquise aux idées révolutionnaires, elle fut le théâtre de nombreux combats entre royalistes et républicains. En 1793, le Tribunal révolutionnaire fit exécuter plusieurs milliers de suspects, en organisant, notamment, des noyades collectives. Au cours de la Seconde Guerre mondiale, les bombardements endommagèrent de nombreux quartiers.

Nantes, le château des ducs de Bretagne.

Nantes (édit de) Édit signé par Henri IV à Nantes en 1598 et qui mit fin aux guerres de Religion. Il fixait légalement le statut des protestants de France : ces derniers jouissaient de la liberté de culte dans les domiciles seigneuriaux, dans deux villes ou villages par bailliage, et dans les villes où le culte réformé existait de fait ; ils recouvraient leurs droits civiques et avaient accès à toutes les charges.

nanotechnologie

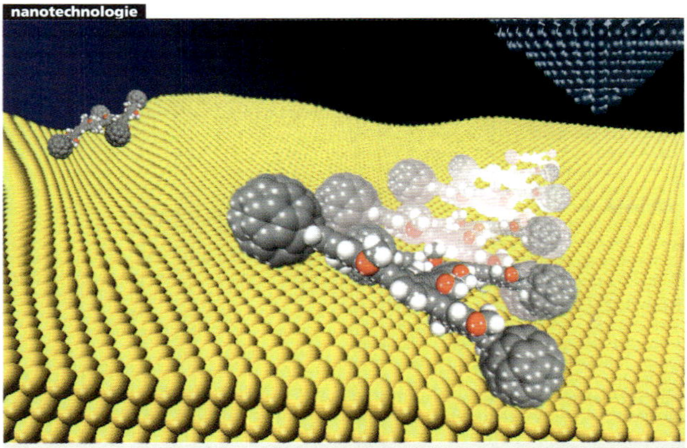

Issue des recherches en nanotechnologie, la « nanovoiture » fonctionne comme un vrai véhicule ; elle devrait permettre d'atteindre des lieux difficiles d'accès (dans le corps humain par exemple).

▶ Le terme **nanotechnologie** qui vient du grec *nano* (« nain ») est apparu dans les années 1980 avec le microscope à effet tunnel. Les nanotechnologies regroupent les théories et les méthodes qui permettent d'observer et de manipuler des objets à l'échelle du nanomètre (le milliardième d'un mètre), c'est-à-dire de quelques dizaines d'atomes.

Les microtechnologies utilisées couramment aujourd'hui (circuits intégrés par exemple) sont issues d'une voie dite descendante *(top-down)*, où les composants sont obtenus en « sculptant » la matière. Cette méthode s'est affinée pour obtenir des objets de plus en plus petits (moins de 100 nm). À l'inverse, les nanotechnologies sont issues d'une voie ascendante *(bottom-up)*, où un composant aux propriétés originales est créé par l'assemblage de la matière atome par atome.

De par son échelle, ce « nanomonde » ne connaît pas les mêmes phénomènes que ceux qui prédominent dans la physique classique, car les effets de surface et les lois décrites par la physique quantique y jouent des rôles déterminants. C'est en cela que les nanotechnologies sont révolutionnaires et qu'elles ne constituent pas une simple étape supplémentaire dans la miniaturisation des objets : en permettant d'exploiter de manière inédite les propriétés de la matière, elles ouvrent un champ d'applications extraordinaire, dans des domaines très divers. Celui des matériaux (nanotubes de carbone) ou de l'électronique (transistors moléculaires), de la médecine, de l'armement...

Compte tenu de ces propriétés inédites, aux conséquences potentielles mal connues, le secteur des nanotechnologies est l'un des premiers à avoir fait l'objet du principe de précaution et de larges consultations citoyennes, avant même la diffusion massive de ses applications. Des recherches sur la santé et les risques pour l'environnement sont désormais menées en parallèle à celles qui visent à développer les nanotechnologies.

voir aussi **carbone, matière, molécule, télécommunications**

Nantes **(révocation de l'édit de)** Signé à Fontainebleau, en 1685, par Louis XIV, cet édit supprimait tous les avantages accordés par Henri IV aux protestants. Leur culte fut interdit, les pasteurs bannis. Plus de 200 000 protestants émigrèrent, notamment en Hollande et en Prusse.

Nantes à Brest **(canal de)** Canal de Bretagne, reliant Nantes à Brest, mis en service en 1838. 360 km dont 227 km navigables.

Nanteuil **(Robert)** Graveur et pastelliste français (1623-1678). Graveur de Louis XIV, il est l'auteur d'environ deux cents portraits des membres de la cour et des grands dignitaires.

Nanteuil **(Célestin Le Bœuf-Nanteuil, dit Célestin)** Peintre, dessinateur et graveur français (1813-1873). Il fut l'un des plus brillants illustrateurs de la poésie romantique (Gautier, Nerval, Hugo).

nantir **v. tr. < 2 > (de l'ancien français *nant* « gage, caution », origine scandinave)** Mettre (qqn) en possession de qqch. → **munir, pourvoir.** *On l'a nanti d'un titre.* □ **nanti, ie adj.** *Des gens nantis, bien nantis,* riches. – **n. péj.** *Les nantis.*

Naples

Image radar de Naples et de sa baie ; au centre, le cratère du Vésuve.

nantissement **n. m.** Garantie en nature que le débiteur remet à un créancier. → **gage.**

Nantua Chef-lieu d'arrondissement de l'Ain. 3 453 habitants. Ancienne abbatiale bénédictine (portail roman). Centre de villégiature.

Nantucket Île des États-Unis (Massachusetts), au S.-E. du cap Cod. 148 km^2. Ancien centre de pêche à la baleine. Tourisme.

Nao **(cap de la)** Cap espagnol, sur la Méditerranée, entre Alicante et Valence.

naos **n. m. (mot grec « lieu où réside un dieu »)** **1.** Partie intérieure d'un temple grec. **2.** Loge destinée à recevoir la statue du dieu, dans un temple égyptien.

Naos aux 12 divinités, paroi ouest d'une tombe à Deir el-Medineh (Égypte).

napalm [napalm] **n. m. (mot anglais des États-Unis, de *naphtenate* → naphte et *palmitate,* famille de *palme*)** Essence solidifiée. *Bombes au napalm.*

napel **n. m. (latin *napellus,* de *napus* → navet)** Aconit d'une espèce très commune. – **appos.** *L'aconit napel est vénéneux.*

naphtalène **n. m. (de *naphtaline*)** Hydrocarbure ($C_{10}H_8$) extrait du goudron de houille, à odeur pénétrante.

naphtaline **n. f. (mot anglais ; famille de *naphte*)** Produit antimite fait de naphtalène impur.

naphte **n. m. (latin, du grec « bitume », de l'araméen *naphta, nephta,* emprunt à l'akkadien)** **1.** Pétrole brut. **2.** Produit distillé du pétrole, utilisé comme combustible, dissolvant ou dégraissant.

Naples Ville d'Italie (capitale de la Campanie), au pied du Vésuve, sur la mer Tyrrhénienne, au fond du *golfe de Naples.* 1 004 500 habitants. Nombreux édifices médiévaux et baroques : Castel dell' Ovo (XIIe s.), palais royal (XVIIe s.) ; Castel Nuovo (XVe s.) ; cathédrale San Gennaro (XIVe s.). Musée archéologique national ; galerie nationale de Capodimonte. Université. Industries (chimie, mécanique, textile et alimentaire). Port commercial et touristique. Proximité de Capri, des ruines de Pompéi et de Paestum. Fondée vers –600 par des Grecs, alliée de Rome, Naples fut prise au VIe s. par Byzance. Elle devint normande en 1137 puis, sous les Angevins, fut la capitale du royaume de Naples puis du royaume des Deux-Siciles. Elle rejoignit l'État italien en 1861.

Naples **(royaume de), puis royaume des Deux-Siciles** Ancien royaume d'Italie (sud de la Péninsule et Sicile). Après une période de domination normande (XIe-XIIIe s.), il eut à sa tête la famille d'Anjou (XIIIe-XVe s.), puis devint possession espagnole (XVe-XVIIIe s.). Napoléon en chassa les Bourbons (1806-1815), confiant le royaume à Joseph Bonaparte, puis à Murat. Le royaume rejoignit l'Italie en 1861, à la suite de l'expédition des Mille (1860) de Garibaldi.

N

Napoléon Ier

L'Empereur Napoléon Ier en costume de sacre, F. Gérard (1805), musée du château, Fontainebleau.

Naplouse, Nablus ou **Nābulus** Ville de Cisjordanie, au N. de Jérusalem. 164 800 habitants. Occupée par Israël à la suite de la guerre des Six Jours, Naplouse est sous contrôle palestinien depuis 1995.

Napo n. m. Rivière de l'Amérique du Sud. 1 020 km. Né dans les Andes, en Équateur, il traverse la forêt amazonienne et conflue avec l'Amazone au Pérou.

napoléon n. m. Ancienne pièce d'or de vingt francs à l'effigie de Napoléon. *Des napoléons.*

Napoléon Ier (Napoléon Bonaparte) (1769-1821). Premier consul à vie (1802-1804), puis empereur des Français (1804-1815). Fils de Charles Marie Bonaparte et de Marie Letizia Romolino, issu de la petite noblesse corse, il étudia à l'école militaire de Brienne (1779-1784), puis à celle de Paris. Sa brillante conduite lors de la prise de Toulon (déc. 1793) lui valut d'être nommé général de brigade et commandant en chef de l'armée d'Italie (1794). Le 13 vendémiaire (5 oct. 1795), il réprima l'insurrection royaliste dirigée contre le Directoire, obtenant en retour la direction de l'armée de l'intérieur. La campagne d'Italie (1796-1797), qui révéla son génie militaire et dont il tira une immense popularité, inquiéta le Directoire, qui l'écarta en lui confiant le commandement de l'expédition d'Égypte (1798-1799). Dès son retour, il s'empara du pouvoir lors du coup d'État du 18 Brumaire (9 nov. 1799). Premier consul, adossé à une Constitution autoritaire taillée à sa mesure, Napoléon Bonaparte réorganisa les finances, la justice, l'administration, créa les lycées, la Légion d'honneur, la Banque de France, fit promulguer un Code civil. À l'extérieur, une seconde campagne d'Italie lui permit de battre les Autrichiens, contraignant leur allié britannique à signer la paix d'Amiens (mars 1802). Après s'être concilié les milieux catholiques en signant un concordat avec l'Église (avr. 1801), il fut nommé consul à vie (2 août 1802). Il triompha des tentatives de restauration royaliste (assassinat du duc d'Enghien, 21 mars 1804) et se fit sacrer empereur des Français (2 déc. 1804). À partir de 1805, le destin de Napoléon est celui d'un conquérant et se confond avec la politique européenne. Son règne est en effet une suite de guerres, ponctuée de victoires (Ulm, Austerlitz, Iena, Friedland) et de défaites (Trafalgar, Leipzig). Il fut vaincu par l'Europe coalisée en 1814, après la sanglante occupation de l'Espagne et la désastreuse campagne de Russie. Forcé d'abdiquer, il garda son titre d'empereur et reçut la souveraineté de l'île d'Elbe. Il réussit à rentrer en France et à reprendre le pouvoir en 1815 (Cent-Jours), mais fut définitivement vaincu à Waterloo et déporté à Sainte-Hélène. Il a laissé d'importants écrits dont des *Mémoires* et une abondante correspondance.

Napoléon II (François Charles Joseph Napoléon Bonaparte) Fils de Napoléon Ier et de Marie-Louise de Habsbourg-Lorraine (1811-1832). Proclamé roi de Rome dès sa naissance, il fut reconnu par les chambres au terme des Cent-Jours sous le nom de Napoléon II (1815). Il vécut auprès de son grand-père François II, empereur d'Autriche, sous le nom de duc de Reichstadt. Il mourut de la tuberculose.

Napoléon III (Charles Louis Napoléon Bonaparte) (1808-1873). Empereur des Français (1852-1870). Fils de Louis Bonaparte, frère de Napoléon Ier, et d'Hortense de Beauharnais. Il passa sa jeunesse en exil, se considérant, après la mort du duc de Reichstadt, comme le chef du parti bonapartiste. Exilé au Brésil puis en Grande-Bretagne après l'échec de la conspiration de Strasbourg (1836) contre la monarchie de Juillet, il revint en 1840 pour une seconde tentative (conspiration de Boulogne). Condamné à la prison à vie, il fut enfermé au fort de Ham, où il rédigea *L'Extinction du paupérisme,* ouvrage influencé par l'œuvre de Saint-Simon. Ayant réussi à s'évader, il vécut à Londres puis revint en France après la révolution de 1848 et fut élu président de la République (10 déc. 1848). Ne pouvant obtenir une révision de la Constitution, qui lui aurait permis de se faire réélire en 1852, il perpétra le coup d'État du 2 déc. 1851, ratifié par un plébiscite, qui éliminait les opposants royalistes et républicains et lui permettait de s'appuyer sur une nouvelle Constitution (janv. 1852) pour restaurer l'empire, proclamé le 2 déc. 1852 après un nouveau plébiscite. Devenu empereur des Français sous le nom de Napoléon III, il exerça tout d'abord un pouvoir autoritaire, bientôt suivi de concessions pour libéraliser le régime qui aboutirent (début 1870) à une tentative d'Empire parlementaire, avec Émile Ollivier pour Premier ministre. À l'intérieur, il entreprit de moderniser l'économie du pays (essor de l'industrie, des finances, du commerce, développement des chemins de fer, rénovation des grandes villes, grands travaux d'urbanisation). À l'extérieur, il pratiqua une politique belliqueuse (conquête de l'Algérie, guerre de Crimée, campagne d'Italie, guerre du Mexique). La guerre franco-allemande aboutit à la défaite et à la capitulation de Sedan (2 sept. 1870). L'Assemblée proclama la déchéance de l'empereur (4 sept. 1870), qui, après une courte captivité en Allemagne, s'exila en Angleterre.

Napoléon III

Napoléon III, d'après Winterhalter (fin XIXe s.), musée du Louvre, Paris.

Napoléon (Eugène Louis) Prince impérial (1856-1879). Fils de Napoléon III et de l'impératrice Eugénie. Intégré dans l'armée britannique, il fut tué par les Zoulous.

Napoléon (route) Route empruntée par Napoléon Ier à travers les Alpes, entre Golfe-Juan et Grenoble, lors de son retour de l'île d'Elbe (1815).

napoléonien, ienne adj. Qui a rapport à Napoléon Ier ou à Napoléon III.

napolitain, aine adj. et n. (italien, de *Napoli* « Naples ») **1.** De Naples. – n. *Les Napolitains.* ■ n. m. *Le napolitain* (dialecte). **2.** *Tranche napolitaine* : glace disposée en couches diversement parfumées.

Napolitano (Giorgio) Homme d'État italien (né en 1925). Ancien membre du Parti communiste italien, président de la Chambre des députés et sénateur, il a été président de la République de 2006 à 2015.

nappe n. f. (vient du latin *mappa* « serviette de table » cf. mappemonde) **I.** Linge qui sert à couvrir la table du repas. – *Nappe en papier.* **II.** fig. Vaste couche ou étendue plane (de fluide). *Nappes de brume.* – *Nappe d'eau. Nappe phréatique**. **III.** techn. Bande de textile cardé qui sort de la machine. – Ensemble des fils de chaîne sur le métier. **IV.** mus. Accord (parfois note) tenu joué au synthétiseur.

napper v. tr. < 1 > (de *nappe*) Recouvrir (un mets) d'une couche de sauce, de gelée, etc. □ **nappage** n. m. *Nappage au chocolat.*

napperon n. m. (diminutif de *nappe*) Petit linge décoratif isolant un objet du meuble qui le supporte.

Naqch-é Rustam Nécropole située en Iran, à proximité de Persépolis. Tombeaux d'empereurs achéménides creusés dans les falaises.

Nara Ville du Japon (île de Honshū). 354 830 habitants. Ville d'art (temples). Nara fut la capitale impériale au VIIIe s., pendant la *période de Nara,* âge d'or de la civilisation nippone.

Nārada Sage des temps mythiques de l'Inde, poète musicien et messager des dieux de l'hindouisme.

Narayan (Rasipuram Krishnaswami) Écrivain indien de langue anglaise (1907-2001). Il dépeignit la société de l'Inde du Sud avec humour et tendresse. *Swami et ses amis ; Le Professeur d'anglais.*

Narayanan (Kocheril Raman) Homme d'État indien (1921-2005). Il fut le premier président de l'Union indienne (1997-2002) issu de la caste des intouchables.

Narayanganj Ville du Bangladesh, sur la rivière Meghna. Faubourg industriel de Dacca. 700 000 habitants. Constructions navales, textile. Port fluvial.

Narbada voir Narmada

Narbonnaise n. f. Province de la Gaule romaine, formée en –27 par Auguste et englobant la Provence, le Languedoc, le Roussillon, la vallée du Rhône et les Alpes.

Narbonne Chef-lieu d'arrondissement de l'Aude. 56 123 habitants. Palais des archevêques ; cathédrale gothique (inachevée). Marché viticole. Station balnéaire à Narbonne-Plage.

narcisse n. m. (latin, du grec *narkissos,* du n. propre) **I.** Plante bulbeuse à fleurs blanches très odorantes, ou jaunes. → **coucou, jonquille. II.** littér. Personne qui se contemple, s'admire.

Narcisse Dans la mythologie grecque, jeune homme célèbre pour sa beauté. Insensible à l'amour, il s'éprend de sa propre image, reflétée dans une fontaine. Il meurt de désespoir devant son idole insaisissable.

narcissique adj. et n. (de *narcissisme*) Qui relève du narcissisme.

narcissisme n. m. (→ narcisse [II]) **1.** Admiration, contemplation de soi-même. **2.** psych. Fixation affective à soi-même.

narco- Élément (du grec *narkê*) qui signifie « engourdissement » et par ext. « narcotique, drogue ».

narcoanalyse n. f. (de *narco-* et *analyse*) méd. Investigation de l'inconscient d'un sujet subissant l'effet d'un narcotique.

narcodollars n. m. pl. (de *narco-* et *dollar*) Profits tirés du trafic de la drogue. *Des narcodollars.*

narcolepsie n. f. (de *narco-* et du grec *lêpsis* « crise ») méd. Accès pathologiques de sommeil, brusques et irrésistibles. → **hypersomnie.** □ adj. **narcoleptique**

narcose n. f. (grec *narkôsis* → narco-) méd. Sommeil provoqué artificiellement (par un narcotique, l'hypnose...).

narcoterrorisme n. m. (→ narco-) Terrorisme financé par le trafic de drogue.

narcothérapie n. f. (de *narco-* et *-thérapie*) Traitement (d'une affection mentale...) par un sommeil artificiel prolongé.

narcotique (grec, de *narkê* → narco-) **1.** adj. Qui assoupit, engourdit la sensibilité. **2.** n. m. Médicament qui provoque la narcose. → **barbiturique, hypnotique.** *Narcotiques et stupéfiants.*

narcotrafic n. m. (de *narco-* et *trafic*) Trafic de stupéfiants.

narcotrafiquant, ante n. Trafiquant(e) de drogue de grande envergure.

nard n. m. (latin, du grec *nardos*, mot hébreu, de l'akkadien) **1.** Plante aromatique originaire de l'Inde *(nard indien)*. **2.** Parfum tiré de cette plante.

Narew n. m. Rivière de Pologne. 484 km. Né en Biélorussie, le Narew reçoit le Boug près de son confluent avec la Vistule.

narguer v. tr. < 1 > (vient probablt du latin pop. *naricare*, du latin *naris* → narine) Braver avec un mépris moqueur. → [1]**défier, provoquer.** *Narguer qqn, le danger.*

narguilé [naʀgile] n. m. (mot persan, p.-ê. du sanskrit *nalikera* « noix de coco ») Pipe orientale, à long tuyau souple communiquant avec un flacon d'eau aromatisée que la fumée traverse avant d'arriver à la bouche du fumeur. - var. **narghilé.**

narine n. f. (vient du latin pop. *narina*, de *naris* « narine, nez ») Chacun des deux orifices extérieurs du nez. *Narines du cheval.* → **naseau.**

Narita Ville du Japon (île de Honshū). 133 000 habitants. Aéroport international de Tōkyō.

Narmada ou **Narbada** n. f. Fleuve du N. de la péninsule Indienne. 1 200 km. Fleuve sacré pour les hindous.

narquois, oise adj. (p.-ê. de *narquin* « voleur », mot d'argot) Moqueur et malicieux. → **ironique, railleur.** *Sourire narquois.* – *Il est souvent un peu narquois.* □ adv. **narquoisement**

Narragansett Baie profonde du N.-E. des États-Unis, sur l'océan Atlantique. On y trouve plusieurs îles (dont Rhode Island).

narrateur, trice n. (latin *narrator* → narrer) Personne qui raconte (certains évènements). → **conteur.** *Le narrateur :* dans un texte littéraire, celui qui dit « je ».

narratif, ive adj. (latin → narrer) **1.** Composé de récits ; propre à la narration. **2.** Qui étudie le récit et ses caractéristiques. *Grammaire narrative.* □ n. f. **narrativité**

narration n. f. (latin → narrer) **1.** Exposé écrit et détaillé d'une suite de faits, dans une forme littéraire. → **récit, relation. 2.** Exercice scolaire de rédaction. **3.** didact. Récit, texte narratif.

narrer v. tr. < 1 > (latin *narrare* → inénarrable, p.-ê. de *gnarrus* « qui connaît » → ignare, ignorer) littér. Raconter. → **conter, relater.**

Narsès Général byzantin d'origine arménienne (v. 478-568 ou 573). Il contribua avec Bélisaire à l'échec de la sédition Nika (532) et vainquit Totila, roi des Ostrogoths (552).

narthex [naʀtɛks] n. m. (mot grec, n. d'une plante, puis « boîte, étui ») archit. Vestibule d'une église, entre le portail et la nef.

Narthex de la basilique Sainte-Marie-Madeleine de Vézelay.

Naruhito Empereur du Japon depuis 2019 (né en 1960). Il est le fils d'Akihito.

Naruse Mikio Cinéaste japonais (1905-1969). Il décrivit la vie des petites gens et la condition de la femme japonaise. *Okasan ; Nuages flottants ; Vie de femme.*

Narváez (Pánfilo de) Conquistador espagnol (v. 1470-1528). Il combattit Cortés, qui le fit prisonnier, puis tenta de conquérir la Floride (1527).

narval, als n. m. (islandais ou ancien norrois, de *nar* « corps » et *hvalr* « baleine ») Grand cétacé, appelé communément *licorne de mer*, dont le mâle possède une longue défense horizontale.

Narvik Ville de Norvège (Nordland), sur la mer de Norvège. 14 000 habitants. Port d'exportation de minerai de fer suédois. En avril 1940, la *bataille de Narvik* opposa les Allemands aux Alliés.

La bataille de Narvik (photo prise en avril 1940).

Naryn n. m. Fleuve du Kirghizistan. 807 km. Né dans les monts Tian shan, il prend au Kazakhstan le nom de Syr-Daria.

Nasa n. f. (National Aeronautics and Space Administration) Agence gouvernementale fondée en 1958 et dirigeant la plupart des programmes et des recherches aéronautiques et spatiales civiles des États-Unis.

nasal, ale, aux adj. (du latin *nasus* → nez) **1.** Du nez. *Fosses nasales,* les deux cavités par lesquelles l'air pénètre en venant des narines. **2.** Dont la prononciation comporte une résonance de la cavité nasale. *Consonnes (m, n, gn), voyelles nasales (an, en, in, on, un).* – n. f. *Une nasale.*

nasalisation n. f. didact. Fait de nasaliser (un son).

nasaliser v. tr. < 1 > (de *nasal*) didact. Rendre nasal (un son, une prononciation). – pronom. *La première syllabe de* dandy *se nasalise en français.*

nasalité n. f. didact. Caractère nasal (d'un phonème).

nasard n. m. (du latin *nasus* → nez) Jeu de mutation de l'orgue, à son flûté.

nasarde n. f. (du latin *nasus* → nez) vieux Chiquenaude sur le nez.

Nasdaq n. f. (National Association of Securities Dealers Automated Quotation System « système de cotation automatisée de l'association nationale des négociants boursiers ») Indice boursier du marché électronique des valeurs mobilières aux États-Unis, créé en 1971.

nase voir [1]**naze** et [2]**naze**

naseau n. m. (du latin *nasus* → nez) Narine (de certains grands mammifères : cheval, etc.).

Nāser al-Dīn (1831-1896). Chah de Perse (1848-1896). Il tenta de moderniser la Perse mais, contraint d'abandonner l'Afghanistan aux Britanniques et Merv aux Russes, s'attira la haine des nationalistes. Il mourut assassiné.

Nāser-é Khosrū Philosophe et poète persan du XIe s. Chef des ismaïliens au Khorassan, il écrivit des poèmes ainsi que des traités théologiques et philosophiques.

Nash (Paul) Peintre britannique (1869-1946). Son œuvre, influencée par le surréalisme, célèbre les objets, souvent représentés sur fond de paysages soigneusement peints.

Nash (John Forbes) Mathématicien américain (1928-2015). Il a établi la théorie des jeux « non coopératifs », utilisée en analyse microéconomique. Prix Nobel d'économie 1994 ; prix Abel de mathématiques 2015.

Nashe ou **Nash (Thomas)** Romancier, auteur dramatique et satiriste anglais (1567-1601). Il critiqua le classicisme *(L'Anatomie de l'absurdité)* et prit parti contre les puritains dans une série de pamphlets. Il est l'auteur d'un roman picaresque, *Le Voyageur malheureux ou Jack Wilton.*

nashi n. m. (mot japonais « poire ») Fruit d'un arbre originaire de Chine, en forme de poire, à la chair croquante et juteuse.

Nashville Ville des États-Unis (Tennessee). 689 440 habitants (agglomération 1,2 million). Berceau de la musique country. Universités. Centre industriel et financier.

Nasik Ville d'Inde (Maharashtra), sur la Godavari. 1,5 million d'habitants. Centre de pèlerinage hindou. Grottes bouddhiques et jaïns (Ier-VIIe s.).

nasillard, arde adj. Qui nasille.

nasiller v. intr. < 1 > (du latin *nasus* → nez) **1.** Parler du nez. **2.** (sujet chose) Faire entendre des sons qui rappellent la voix d'une personne parlant du nez. **3.** Pousser son cri, en parlant du canard. □ n. m. **nasillement**

nasique n. m. (latin *nasica* « au grand nez », de *nasus* → nez) Grand singe de Bornéo au nez pointu très proéminent.

nasonnement n. m. (de *nasonner*, var. de *nasiller*, d'après *chantonner*) phonét. Trouble de la phonation caractérisé par une légère nasalisation.

nasopharynx n. m. (du latin *nasus* « nez » et *pharynx*) anat. Rhinopharynx.

Nasrallah (Hassan) Homme politique et militant libanais (né en 1960). Il dirige le Hezbollah depuis 1992.

Nasreen (Taslima) Écrivaine du Bangladesh (née en 1962). Médecin de formation, elle milite pour les droits des femmes. Elle est l'objet d'une fatwa depuis la publication de son roman *Lajja* (« La Honte ») et a dû s'exiler en 1994. *Libres de le dire,* avec Caroline Fourest.

Taslima Nasreen en 2008.

Nasrides n. f. pl. Dernière dynastie arabe de l'Espagne, qui régna à Grenade de 1238 à 1492. Les Nasrides succédèrent aux Almohades et furent chassés lors de la prise de Grenade par Ferdinand II d'Aragon.

Nassau (maison de) Famille d'origine allemande. Issue du Palatinat, elle se divisa en deux branches au XIIIe s. : la ligne walramienne (de *Walram II,* mort en 1276), qui régna sur le duché de Nassau, et règne aujourd'hui sur le grand-duché de Luxembourg ; la ligne othonienne, qui acquit la principauté française d'Orange en 1530, devenant la ligne d'*Orange-Nassau,* et dont les descendants règnent sur les Pays-Bas.

Nassau Capitale des Bahamas, sur l'île de New Providence. 246 330 habitants. Centre touristique et financier.

nasse n. f. (vient du latin *nassa*) **1.** Panier de pêche oblong, muni à son entrée d'un goulet. **2.** fig. *Être dans la nasse,* dans une situation difficile.

Nasser (Gamal Abdel) Homme d'État égyptien (1918-1970). Il écarta le général Néguib, qu'il avait porté au pouvoir après le putsch contre le roi Farouk (1952), et fut élu président de la République en 1956. Il nationalisa le canal de Suez en juillet 1956, provoquant une crise internationale majeure. Défenseur du panarabisme et soutien actif des mouvements de libération, il forma avec la Syrie la République arabe unie (1958-1961). Il mit en place une économie étatique, mena une réforme agraire, nationalisa l'industrie et lança de grands travaux publics dont le barrage d'Assouan. Nasser est considéré comme le grand libérateur et le réformateur de l'Égypte moderne.

Nasser annonçant la nationalisation de la Compagnie de Suez, en 1956 à Alexandrie.

Nat (Yves) Pianiste français (1890-1956). Il fut un remarquable interprète de la musique romantique (sonates de Beethoven).

natal, ale, als adj. (latin *natalis,* du supin de *nasci* → naître) **1.** Où l'on est né. *La maison natale d'un écrivain.* – *Langue natale :* langue maternelle. **2.** Relatif à la naissance.

Natal n. m. Ancienne région d'Afrique du Sud, aujourd'hui dans la province du *KwaZulu-Natal.* Canne à sucre. Peuplé par les Zoulous, le Natal passa de la domination des Boers (1838) à celle des Britanniques (1843). Proclamée colonie séparée (1856), la région entra dans l'Union sud-africaine en 1910.

Natal Ville du Brésil, capitale du Rio Grande do Norte, au N. de Recife sur l'Atlantique. 808 800 habitants (1 256 000 pour l'aire métropolitaine). Port de commerce. Forteresse fondée en 1597. Université.

nataliste adj. (de *natal, natalité*) Qui cherche à favoriser la natalité.

natalité n. f. Rapport entre le nombre des naissances et le chiffre de la population. *Taux de natalité.*

Nataniya ou **Netanya** Ville d'Israël, sur la côte méditerranéenne, au N. de Tel-Aviv. 173 800 habitants. Port. Grand centre industriel. Station balnéaire.

natation n. f. (latin médiéval, de *natare* « nager ») Exercice, sport de la nage. *Épreuves de natation.* – *Natation synchronisée,* comportant figures imposées et ballet.

natatoire adj. didact. Qui sert à la nage. – zool. *Vessie* natatoire.*

Natchez n. m. pl. Ancienne tribu d'Indiens d'Amérique du Nord, originaire du bas Mississippi et parlant une langue isolée, le natchez.

natel n. m. (marque déposée ; mot allemand de Suisse, de *national* et *Telefon*) (Suisse) Téléphone portable. *Des natels.*

Nathan Prophète biblique, conseiller de David. Il reproche à ce dernier le meurtre d'Urie et son adultère avec Bethsabée.

Nathan (Tobie) Ethnopsychiatre français d'origine égyptienne (né en 1948). Il créa en 1979 la première consultation d'ethnopsychiatrie en France, où il appliqua une méthode d'aide aux patients étrangers à partir de leurs références culturelles.

natif, ive adj. (latin *nativus* → ¹naïf) **1.** *Natif de (tel lieu) :* qui est né à. → **originaire.** *« Un fakir célèbre, natif de Rueil »* (Queneau). – n. *Les natifs d'Alsace.* **2.** Qu'on a de naissance. → **inné, naturel. 3.** *Métal natif,* qui se trouve naturellement à l'état pur. *Or natif.*

nation n. f. (latin *natio* « naissance », puis « personnes nées dans le même lieu », du supin de *nasci* → naître) **1.** Groupe humain assez vaste, qui se caractérise par la conscience de son unité et la volonté de vivre en commun. → **peuple.** – loc. *La sagesse* des nations.* **2.** Communauté politique établie sur un territoire défini, et personnifiée par une autorité souveraine. → **État, ¹pays ; puissance.** *Organisation des Nations unies* (ONU). – *Adresser un appel à la nation,* à l'ensemble des individus qui la composent. → **population.**

▶ À la différence du peuple ou de l'ethnie, qui se définissent par référence à une certaine communauté géographique, linguistique et historique de fait, ou de l'État, qui est une institution, la **nation** désigne une entité culturelle qui tient à la conscience et à la volonté des individus qui en font partie. Cette conception politique et non pas ethnique de la nation a été énoncée par Ernest Renan (*Qu'est-ce qu'une nation ?,* 1882) d'abord comme un désir de vivre ensemble.
Certes tourné vers l'avenir, ce désir s'ancrerait aussi dans le sentiment d'une origine commune. L'étymologie du mot *nation* (« naissance ») semble accréditer la confusion entre ce que l'on est ou l'on décide d'être, et d'où l'on vient. Voilà pourquoi la nation, qui se nourrit de symboles (drapeaux, hymnes), semble à la fois faire le lien entre l'État (du côté du rationnel, du juridique), et le peuple (du côté de l'ethnique, des mœurs, de la tradition) tout en s'en distinguant. En témoigne le rôle de la langue nationale dans l'opposition entre la nation et les régions. En France, par exemple, l'emploi d'une langue officielle (le français), transmise par les canaux de l'école et de l'administration, se présente comme un bien commun hérité de l'histoire et le fruit de la lutte contre les particularismes.
À partir du XIXe siècle, la valorisation d'une histoire commune comme autre fondement essentiel de l'unité nationale a marqué le début des nationalismes.
Au XXe siècle, sous-tendue par l'idée d'une nature humaine universelle, apparaît la notion de citoyen du monde qui primerait sur la nationalité d'une personne. Au niveau politique, la Société des Nations, créée après la Première Guerre mondiale, est une première tentative de regroupement des nations du monde ayant comme objectif le règlement pacifique des conflits. L'actuelle Organisation des Nations unies en est l'héritière. Aujourd'hui, les entités plurinationales réunissant de vastes régions, comme l'Union européenne, constituent une tentative de réponse politique aux tensions alimentées par les nationalismes.
voir aussi **État, étranger**

national, ale, aux adj. (de *nation*) **1.** Qui appartient à une nation. *Le territoire national. Fête nationale.* **2.** Qui intéresse la nation entière, qui appartient à l'État (opposé à *local, régional, privé*). *Défense nationale. Assemblée nationale.* – *Route nationale* (abrév. **RN**) ou n. f. *une nationale.* **3.** Qui est issu de la nation, la représente. *La représentation nationale :* les élus. **4.** n. m. pl. Personnes de telle nationalité. *Les nationaux et ressortissants français.*

National Gallery Musée de peinture de Londres. Fondé en 1824, il abrite l'une des plus riches collections du monde (peinture italienne, hollandaise, allemande, française et anglaise).

National Gallery of Art Musée de Washington. Ouvert en 1941, il réunit des peintures des maîtres italiens, flamands, hollandais, espagnols et français, ainsi que des œuvres contemporaines.

La section est de la National Gallery of Art, à Washington, par l'architecte I. M. Pei.

National Geographic Magazine mensuel américain de reportages consacrés à la géographie, et plus largement à l'exploration du monde et à la science, créé en 1888 par la National Geographic Society.

nationalisable adj. Qui peut être nationalisé.

nationalisation n. f. Transfert à la collectivité nationale de la propriété de moyens de production privés (s'oppose à *privatisation*). → **étatisation.**

nationaliser v. tr. < 1 > Opérer la nationalisation de (opposé à *privatiser*). □ **nationalisé, ée** adj. *Banques nationalisées.*

nationalisme n. m. **1.** Doctrine, mouvement politique qui revendique pour une nationalité le droit de former une nation. **2.** Exaltation du sentiment national ; attachement passionné à la nation (→ **chauvinisme, patriotisme**) ; doctrine fondée sur ce sentiment.

nationaliste adj. Relatif au nationalisme ; partisan du nationalisme. *Parti nationaliste.* – n. *Des nationalistes.*

nationalité n. f. **1.** Groupe humain uni par une communauté de territoire, de langue, de traditions, d'aspirations, et qui maintient ou revendique son existence en tant que nation. **2.** État d'une personne qui est membre d'une nation. *Être de nationalité helvétique. Avoir la double nationalité. Nationalité* *acquise.* → **naturalisation.** *Sans nationalité légale.* → **apatride.**

National Security Agency voir **NSA**

national-socialisme n. m. **(calque de l'allemand → nazi)** Doctrine du « parti ouvrier allemand » de Hitler. → **nazisme.** □ **national-socialiste** adj. et n. (invar. en genre) *Les nationaux-socialistes.*

▶ Le **national-socialisme** (par contraction : *nazisme*) est un mouvement politique, né en Allemagne entre les deux guerres mondiales, ou l'idéologie de ce mouvement. Il est profondément lié à la personne d'Adolf Hitler, qui fut à la fois le chef du NSDAP (*Nationalsozialistische Deutsche Arbeiterpartei*, « parti national-socialiste des travailleurs allemands », unique parti autorisé en Allemagne de 1933 à 1945) et le « théoricien » du *nazisme* (*Mein Kampf*, « Mon combat »).
Le national-socialisme se pare d'accents socialistes, prétendant à travers le nom de son parti, défendre les « travailleurs allemands ». Il exploite ainsi habilement la crise économique de 1929 qui frappe l'Allemagne, comme toute l'Europe. Mais, dans le même temps, il est farouchement anticommuniste. Hitler, au pouvoir, met en place un régime raciste et antisémite, son projet étant avant tout la domination du monde par les peuples dits « aryens » et l'inféodation ou la suppression des autres « races ».
La volonté de puissance *nazie* s'est d'abord exercée sur le peuple allemand lui-même, enrégimenté (par exemple dans les *Hitlerjugend*, « Jeunesses hitlériennes ») et contrôlé dans tous les aspects de son existence : en cela, il fut un régime totalitaire antidémocratique, comme le fascisme auquel il est régulièrement comparé.
Hitler s'appuya sur une propagande de masse, orchestrée par le Führer lui-même. Son accession au pouvoir et l'adhésion du peuple allemand doivent d'ailleurs beaucoup à ses talents d'orateur. Il s'est également adjoint les services de Goebbels comme directeur de la propagande du régime. Celui-ci est sans doute le premier à avoir théorisé et appliqué les principes modernes de communication politique de masse : recours à l'affect, désignation de boucs émissaires, contrôle de l'image du chef, grandes manifestations exacerbant les sentiments collectifs, etc.
Le *nazisme* est responsable d'un nombre de crimes sans précédent, et au premier chef de la *Shoah*, c'est-à-dire l'extermination méthodique, systématique (« solution finale »), des Juifs d'Europe, qui a conduit, après la guerre, à la création de la notion juridique de « crime contre l'humanité ». Les camps de concentration bâtis par les *nazis* en Europe centrale furent également le théâtre de l'extermination de Tsiganes, de Slaves, d'homosexuels, de handicapés et d'opposants politiques. Toutes ces exterminations ne sont pas une simple péripétie du *national-socialisme* ; elles en sont inséparables.
Totalitaire, belliqueux, eugéniste, esclavagiste, raciste, génocidaire, le régime national-socialiste est vu à juste titre comme le pire cauchemar du xxe siècle.
voir aussi **totalitarisme, antisémitisme, dictature**

nativisme n. m. **(de *natif*)** didact. Théorie selon laquelle la perception de l'espace est naturelle, donnée par la sensation (opposé à *généticisme*).

nativité n. f. **(bas latin, de *nativus* → natif ; ¹naïf)** relig. chrét. Naissance (de Jésus, de la Vierge, de saint Jean-Baptiste) ; fête qui la commémore. *La Nativité,* celle du Christ ; fête de Noël.

NATO voir **Otan**

Natoire (Charles Joseph) Peintre, dessinateur et décorateur français (1700-1777). Il fut l'un des maîtres de la peinture rococo (*Histoire de Psyché*) et dirigea l'Académie de France à Rome.

Natorp (Paul) Philosophe allemand (1854-1924). Représentant de l'école néokantienne de Marburg, il tenta de fonder les mathématiques sur des bases logiques. *Introduction à l'idéalisme ; Les Fondements logiques de la science exacte.*

natron [natʀɔ̃] ou **natrum** [natʀɔm] n. m. **(espagnol *natrum*, de l'arabe)** chim. Carbonate naturel hydraté de sodium cristallisé.

Natsume Sōseki Écrivain japonais (1867-1916). Poète renommé de haïkus, il fut également romancier. *Je suis un chat ; Botchan ; Le Pauvre Cœur des hommes.*

Natta (Giulio) Chimiste italien (1903-1979). Il synthétisa des polymères cristallins réguliers en trois dimensions. Prix Nobel 1963.

nattage n. m. Action de natter ; son résultat.

natte n. f. **(vient du latin médiéval *natta*, probablt de *matta*, mot sémitique) 1.** Pièce d'un tissu fait de brins végétaux entrelacés, servant de tapis, de couchette. *Natte de raphia.* **2.** Tresse plate. **3.** Tresse de cheveux.

natter v. tr. < 1 > **(de *natte*)** Entrelacer, tresser. – au p. p. *Des cheveux nattés.*

nattier, ière n. Personne qui fabrique des nattes (1).

Nattier (Jean-Marc) Peintre français (1685-1766). Portraitiste attitré de la famille royale, il s'inspira de la mythologie pour composer ses portraits d'apparat.

naturalisation n. f. **I. 1.** Action de conférer la nationalité d'un pays donné à une personne qui ne la possède pas en raison de sa naissance. **2.** Acclimatation durable d'une espèce (animale, végétale) dans un nouvel environnement. **II.** Opération par laquelle on conserve un animal mort, une plante coupée, en lui donnant l'apparence de la nature vivante. → **empaillage, taxidermie.**

naturaliser v. tr. < 1 > **(du latin *naturalis* → naturel) I. 1.** Assimiler (qqn) aux nationaux d'un État par naturalisation. **2.** Acclimater durablement (une espèce végétale ou animale). **II.** Conserver (un animal, une plante) par naturalisation. → **empailler.**

naturalisme n. m. **(du latin *naturalis* → naturel)** Représentation réaliste de la nature en peinture. ■ hist. littér. Doctrine, école qui proscrit toute idéalisation du réel en littérature. → **réalisme, vérisme.**

▶ C'est dans le sillage du réalisme balzacien que se développe vers 1870 le **naturalisme**, ce mouvement littéraire lié à l'œuvre d'Émile Zola. L'expression se trouve déjà chez Diderot. Elle est associée à une philosophie refusant tout idéalisme et ne trouvant de vérité que dans la nature et dans la science. Inspiré de la méthode expérimentale du médecin Claude Bernard, mais aussi des travaux de Darwin et de Renan, le naturalisme de Zola est donc bien plus que l'« enquête sociale » des frères Goncourt.
Dans une série d'articles (*Le Roman expérimental*, 1880), Zola précise l'ambition scientifique de romans conçus comme l'observation des relations entre un personnage, marqué par un héritage génétique connu, et un milieu. Ainsi donne-t-il à son cycle romanesque *Les Rougon-Macquart* le sous-titre *Histoire naturelle et sociale d'une famille sous le Second Empire.*
Théoricien, Zola est également un chef d'école. Ses principaux disciples sont P. Alexis, H. Céard, L. Hennique, J.-H. Rosny, J.-K. Huysmans et G. de Maupassant, qui publient avec lui un recueil aux allures de manifeste, *Les Soirées de Médan* (1880). Mais la force du naturalisme n'est pas seulement le respect des préceptes du maître. Chacun développe sa voie propre, Maupassant glissant vers le fantastique et Huysmans vers la spiritualité : *À rebours* (1884) quitte déjà les rives du naturalisme pour celles du symbolisme. Le naturalisme peut alors être envisagé comme une libération littéraire : des sujets jusqu'alors ignorés, touchant au corps, à la folie, au peuple, à sa misère et à sa langue, acquièrent droit de cité dans le roman, renouvelant profondément ses thèmes et son écriture. Zola choque terriblement ses contemporains et ses romans font scandale, mais la voie qu'il ouvre sera empruntée par des écrivains aussi différents que Tourgueniev, Strindberg, Ibsen, Thomas Mann ou Giovanni Verga.
voir aussi **réalisme, symbolisme**

naturaliste **(du latin *naturalis* → naturel) I.** n. **1.** Spécialiste des sciences naturelles. → **botaniste, minéralogiste, zoologiste. 2.** Empailleur, taxidermiste. **II.** adj. Qui s'inspire du naturalisme. → **réaliste.** *Écrivain naturaliste.*

nature n. f. **(latin *natura*, de *natus*, p. p. de *nasci* → naître) I. 1.** Ensemble des caractères, des propriétés qui définissent un être, une chose concrète ou abstraite. → **essence.** *Connaître la nature d'une substance, la nature exacte de son action. – La nature humaine.* ■ *De cette nature* : de ce genre. *De toute nature* : de toute sorte. ■ loc. *De nature à* : propre à. **2.** Ensemble des caractères innés de l'espèce, spécialt de l'espèce humaine. « *Nous ne saurions faillir à suivre la nature* [...] *le souverain précepte, c'est de se conformer à elle* » (Montaigne). *La nature de qqn, une nature* : ensemble des éléments innés d'un individu. → **caractère, naturel, tempérament.** *Ce n'est pas sa vraie nature. – Chez lui, le mensonge est une seconde nature.* – ***De nature, par nature*** : de manière innée. **3.** par ext. *Une nature* (qualifié) : une personne de tel ou tel tempérament. *C'est une heureuse nature. Une petite nature* : une personne faible physiquement ou moralement. – absolt *C'est une nature,* une forte personnalité. **II. 1.** Principe actif qui anime, organise l'ensemble de ce qui existe selon un certain ordre. *Les lois de la nature.* « *La nature se suffit à elle-même, elle n'a nullement besoin d'un auteur* » (Sade). – vieilli *Vices contre nature* : perversions sexuelles. ■ philos. Ensemble des choses qui sont indépendantes des sociétés humaines, dans la mesure où elles manifestent un ordre, des lois, et fondent les jugements normatifs. *L'état de nature chez Rousseau* (opposé à *la société*). « *Votre nature* [...] *n'est qu'un mot inventé pour signifier l'universalité des choses* » (Voltaire). **2.** Tout ce qui existe dans l'univers hors de l'être humain et de son action ; le milieu physique où vit l'humanité (→ **environnement, milieu ; Terre**). *Protection de la nature.* → **écologie.** – Les paysages, source d'émotion esthétique. *Aimer la nature.* ■ spécialt La campagne. ■ fam. *Elle a disparu dans la nature* : on ne sait pas où elle est. **3.** Modèle que l'art se propose de suivre ou de reproduire. *Dessiner **d'après nature**. Grandeur* nature.* **4.** loc. ***En nature*** : en objets réels, dans un échange, une transaction, et non en argent. *Paiement en nature.* **III.** adj. invar. **1.** Préparé simplement ; sans accompagnement, au naturel. *Des yaourts nature.* **2.** fam. Naturel. *Ils sont nature,* spontanés, francs.

Nature Revue scientifique britannique hebdomadaire créée en 1869 et consacrée à la science et à la technologie. Elle est réputée pour publier les travaux et avancées scientifiques significatives, ce qui fait d'elle une référence incontestée.

naturel, elle **(latin *naturalis*, de *natura* → nature) I.** adj. **1.** Qui appartient à la nature d'un être, d'une chose. *Caractères naturels.* **2.** Relatif à la nature (II). *Phénomènes naturels. Sciences* naturelles* (→ **naturaliste**). **3.** Propre au monde physique, à l'exception de l'homme et de ses œuvres (opposé à *humain, artificiel*). *Frontières* naturelles.* ■ spécialt Qui n'a pas été modifié, traité par l'homme ou altéré. → **brut.** *Eau minérale naturelle. Manger des produits naturels.* → **²bio, biologique. 4.** math. *Nombre entier naturel* : nombre entier positif de la suite 1, 2, 3, 4... **5.** Qui correspond à l'ordre habituel, est considéré comme normal. *Votre étonnement est naturel. C'est (tout) naturel* : cela va de soi. **6.** *Enfant naturel,* né hors mariage. **II.** adj. **1.** Relatif à la nature humaine. *Langage naturel et langage formel, et langages informatiques.* – Relatif aux fonctions de la vie. *Besoins naturels.* **2.** Qui est inné en une personne (opposé à *acquis, appris*). *Sa gentillesse naturelle. – Ce comportement lui est naturel.* **3.** Qui appartient réellement à qqn, n'a pas été modifié. *C'est son teint naturel. – Mort naturelle* (opposé à *accidentel, provoqué*). **4.** Qui traduit la nature d'un individu en excluant toute affectation. → **sincère, spontané.** *Attitude naturelle. Savoir rester naturel.* **III.** n. m. **1.** Ensemble des caractères physiques et moraux qu'un individu possède en naissant. → **caractère, humeur, nature, tempérament.** *Elle*

nature morte

Nature morte aux raisins et aux pommes, attribué à G. Ruoppolo (XVIIe s.), musée du Louvre, Paris.

est d'un naturel méfiant. – prov. « *Chassez le naturel, il revient au galop* » (Destouches). **2.** Aisance avec laquelle on se comporte, spontanéité sans affectation. *Manquer de naturel.* **3.** loc. ***Au naturel*** : sans assaisonnement, non préparé. *Thon au naturel.* – En réalité. *Elle est mieux au naturel qu'en photo.*

naturellement adv. **1.** De par sa nature. *Elle est naturellement blonde.* **2.** Par un enchaînement logique ou naturel. *Cela s'est fait tout naturellement.* – fam. Bien sûr, forcément. *Naturellement, il a oublié.* **3.** Avec naturel. *Il joue très naturellement.*

nature morte n. f. Peinture qui représente des objets ou des êtres inanimés. *Des natures mortes.*

N

naturemortiste n. didact. Peintre de natures mortes.

naturisme n. m. Doctrine prônant le retour à la nature dans la manière de vivre (vie en plein air, aliments naturels, nudisme).

naturiste n. et adj. Personne qui pratique le naturisme. – adj. *Revue naturiste.*

naturopathe n. Spécialiste de la naturopathie.

naturopathie n. f. (anglais *naturopathy*, mot-valise, de *nature* et *hydropathy*) Thérapeutique par des moyens naturels (diététique, phytothérapie...).

Naucratis Ancienne ville d'Égypte, sur le Nil. Elle servit de comptoir commercial entre la Grèce et l'Égypte avant la fondation d'Alexandrie.

Naudin (Charles Victor) Botaniste français (1815-1899). Fondateur, en même temps que Mendel, de la génétique, il hybrida de nombreuses espèces et variétés de plantes.

naufrage n. m. (latin *naufragium*, de *navis* → nef et *frangere* « briser » → fraction) **1.** Perte d'un navire par un accident de navigation. *Faire naufrage.* → **couler, sombrer. 2.** fig. Ruine totale. *Le naufrage de ses espoirs.*

naufragé, ée adj. Qui a fait naufrage. – n. *Sauvetage des naufragés.*

naufrageur, euse n. Personne qui cause volontairement un naufrage.

Nauloque Ancien port de Sicile, au S. de Messine. Agrippa y remporta une victoire navale sur Sextus Pompée en 36 av. J.-C.

naumachie n. f. (latin, du grec *naumakhia*, de *naus* « navire » et *makhê* « combat ») Antiq. Représentation d'un combat naval ; bassin où se déroulait cette représentation.

Nauman (Bruce) Peintre et vidéaste américain (né en 1941). Artiste conceptuel, il exprime dans son œuvre provocante une critique acerbe des comportements humains.

Naundorff ou **Naundorf** (Karl Wilhelm) Aventurier prussien (1787-1845). Il se fit passer pour Louis XVII. Venu en France en 1834, il en fut expulsé.

naupathie n. f. (du grec *naus* « navire » et de *-pathie*) méd. Mal de mer. □ adj. **naupathique**

Nauplie Ville de Grèce (Péloponnèse). 13 000 habitants. Port d'Argos.

Naurouze (seuil de) Passage situé sur la ligne de partage des eaux entre la Méditerranée et l'Atlantique, reliant le Languedoc au Bassin aquitain. 194 m.

Nauru

■ offic. république de Nauru État d'Océanie (→ carte), situé en Micronésie, formé d'une île de 22 km^2. 11 500 habitants. **Langues :** nauruan (offic.), anglais. **Capitale :** Yaren. **Régime :** démocratie parlementaire.

Les terres de cette île corallienne ont été rendues stériles par l'exploitation du phosphate.

L'île fut reconnue par les Britanniques (1798), annexée par l'Allemagne (1888). Placée sous mandat britannique en 1920, elle fut administrée conjointement par l'Australie, la Nouvelle-Zélande et la Grande-Bretagne (1947), avant d'accéder à l'indépendance en 1968. Elle est membre de l'ONU, depuis 1999, et du Forum du Pacifique.

nauséabond, onde adj. (latin, de *nausea* → nausée) **1.** Qui cause des nausées, écœure. *Odeur nauséabonde.* → **fétide.** *Cave nauséabonde,* à l'odeur nauséabonde. **2.** fig. Qui dégoûte, rebute. *Un écrit nauséabond.*

nausée n. f. (latin *nausea* → noise, du grec *nautia* « mal de mer », de *naus* → nautique) **1.** Envie de vomir. → **haut-le-cœur.** *Avoir la nausée, des nausées.* **2.** Sensation de dégoût insurmontable. *Ce livre est ignoble, il donne la nausée.*

nauséeux, euse adj. **1.** Qui provoque des nausées. **2.** (personnes) Qui souffre de nausées. **3.** fig. Qui provoque le dégoût.

Nausicaa Dans la mythologie grecque, fille du roi de Phéacie, héroïne d'un épisode célèbre de *L'Odyssée*. Éprise d'Ulysse, elle renonce à lui, apprenant qu'il est marié.

-naute, -nautique Éléments (du grec *nautês* « navigateur » et *nautikos* « relatif à la navigation ») (ex. *aéronaute, argonaute, cosmonaute*).

nautile n. m. (latin [*cf.* le *Nautilus*, navire sous-marin du capitaine Nemo, dans Jules Verne], du grec *nautilos* « marin », de *naus* « navire ») zool. Mollusque céphalopode à coquille cloisonnée.

nautique adj. (latin *nauticus*, du grec *nautikos*, de *naus* « navire ») **1.** Relatif à la navigation. *La science nautique.* – *Mille nautique* ou, n. m., *un nautique* : mille* marin. **2.** Relatif aux sports de l'eau. *Les sports nautiques. Ski nautique.*

nautisme n. m. L'ensemble des sports nautiques, et en particulier la navigation de plaisance.

nautonier n. m. (ancien provençal, du latin pop. *nauto, nautonis*, de *nauta* → -naute) vieux Personne qui conduit un bateau, une barque. → **nocher.** – mythol. *Charon, le nautonier des Enfers.*

navaja n. f. (mot espagnol, du latin *novare* « renouveler », de *novus* → ^{2}neuf) Long couteau à lame effilée.

Navajos n. m. pl. Amérindiens du S.-O. des États-Unis. Apparentés aux Apaches, les Navajos, chasseurs-cueilleurs, se sédentarisèrent au contact de leurs voisins Pueblos. Ils forment aujourd'hui la communauté indigène la plus nombreuse des États-Unis et vivent dans une vaste réserve en Arizona.

naval, ale, als adj. (latin *navalis*, de *navis* → nef) **1.** Qui concerne les navires, la navigation. *Chantiers navals.* **2.** Relatif à la marine militaire. *Forces navales.* → ^{1}**flotte,** ^{1}**marine.** *Combat naval.*

navarin n. m. (calembour sur *navet* et la bataille de *Navarin*) Mouton en ragoût.

Navarin Ancien nom de Pylos, ville et port de Grèce. Une bataille navale y opposa en 1827 une escadre anglo-franco-russe aux Turco-Égyptiens. La défaite de ces derniers contribua à la ratification de l'indépendance de la Grèce.

navarque n. m. (latin, du grec *nauarkhos*, de *naus* « navire » et *arkhein* « commander ») hist. Commandant d'un vaisseau ou d'une flotte, dans l'Antiquité grecque.

Navarre n. f. Communauté autonome d'Espagne. 10 421 km^2. 661 190 habitants. Capitale : Pampelune. Agriculture et élevage. Industries (métallurgie et alimentaire). Le *royaume de Navarre* fut annexé à l'Espagne en 1515 par Ferdinand d'Aragon, la *Basse-Navarre* revenant à la France avec l'avènement d'Henri IV.

Navarrenx Commune des Pyrénées-Atlantiques, sur le gave d'Oloron. 1 053 habitants. Forteresse bastionnée du XVIe siècle.

Navarro (Theodore, dit Fats) Trompettiste de jazz américain (1923-1950). L'un des premiers trompettistes du be-bop, il joua dans les formations de Lionel Hampton et de Coleman Hawkins.

Navas de Tolosa (bataille de Las) Victoire remportée en 1212 par la Castille, l'Aragon et la Navarre sur les Almohades, au N. de Jaén (Espagne). Elle marqua une étape décisive de la Reconquista.

navel n. f. (mot anglais « nombril ») Orange d'une variété comprenant un petit fruit secondaire imbriqué dans la partie extérieure du fruit. – appos. *Orange navel.*

navet n. m. (de l'ancien français *nef* « navet », qui vient du latin *napus*) **1.** Plante cultivée pour ses racines comestibles ; cette racine. **2.** fam. Œuvre sans valeur (spécialt, mauvais film...). → **nanar.**

navette n. f. (dérivé ancien de *nef* « navire », par analogie de forme) **1.** Instrument de tissage en forme de barquette, qui engage la trame entre les fils de chaîne et se déplace selon un mouvement alternatif horizontal. **2.** *Faire la navette* : faire régulièrement l'aller-retour entre deux lieux déterminés. ■ dr. constitutionnel *La navette parlementaire* : les examens successifs d'un projet de loi par les deux assemblées. **3.** Véhicule assurant des liaisons fréquentes entre deux lieux peu éloignés. *Navette gratuite.* ■ *Navette spatiale :* vaisseau spatial récupérable. **4.** régional (Marseille) Biscuit sec, de forme allongée, parfumé à la fleur d'oranger.

navetteur, euse n. régional (Belgique, Luxembourg) Personne qui fait régulièrement la navette entre son domicile et son lieu de travail, situé dans une autre ville.

Navez (François Joseph) Peintre et dessinateur belge (1787-1869). Élève de David, il réalisa des portraits remarquables par l'élégance du trait et la finesse du chromatisme. *La Famille de Hemptine-Larivière ; David.*

navicert n. m. (mot anglais, de *navigation certificate*) Permis de naviguer sur mer, délivré en temps de guerre aux navires de commerce.

naviculaire adj. anat. Qui a la forme allongée d'une nacelle.

navicule n. f. (latin *naviculus* « petit navire ; nacelle », diminutif de *navis*) bot. Algue brune microscopique.

navigabilité n. f. **1.** État d'un cours d'eau navigable. **2.** État d'un navire en mesure de naviguer ; d'un avion en mesure de voler.

navigable adj. (latin → **naviguer**) Où l'on peut naviguer. *Voies* navigables.*

navigant, ante adj. mar., aviat. Qui navigue. *Le personnel navigant* (opposé à *au sol, rampant*).

navigateur, trice n. (latin → **naviguer**) **I. 1.** Personne qui fait de longs voyages sur mer. *Navigateur solitaire.* **2.** Membre de l'équipage d'un navire ou d'un avion chargé(e) de la direction à suivre. **II.** n. m. **1.** *Navigateur (automatique) :* appareil déterminant le point* d'un avion, d'un navire. *Navigateur par satellite.* → **GPS. 2.** inform. Logiciel conçu pour naviguer (5) sur le web. → régional **fureteur.**

navigation n. f. (latin → **naviguer**) **I. 1.** Fait de naviguer, de se déplacer sur l'eau à bord d'un bateau. *Navigation au long cours, maritime, fluviale, de plaisance.* **2.** Manœuvre, pilotage des navires. **3.** Trafic maritime. *Lignes, compagnies de navigation.* **4.** Circulation aérienne. – *Navigation spatiale.* **5.** inform. Fait de naviguer (5). *Logiciel de navigation.* **II.** Repérage et calcul d'un itinéraire après détermination du point où l'on se trouve. **1.** mar. *S'occuper de la navigation.* → **navigateur** I. **2.** autom. *Système de navigation intégré.* → **GPS.**

naviguer v. intr. < 1 > (latin *navigare* → **nager**, de *navis* → **nef**) **1.** (navires et passagers) Se déplacer sur l'eau. **2.** Voyager comme marin sur un navire. **3.** Diriger la marche d'un bateau, d'un avion. – fig. *Savoir naviguer :* être débrouillard. **4.** fig., fam. Voyager, se déplacer beaucoup, souvent. → **bourlinguer. 5.** inform. Consulter un document électronique (CD-ROM, page web...) au moyen des liens hypertextes. → **surfer ;** régional **fureter.**

naviplane n. m. (n. déposé) Véhicule de transport amphibie sur coussin d'air. → **aéroglisseur.**

navire n. m. (de l'ancien français *navilie*, qui vient du latin pop. *navilium*, de *navigium* « flotte ») Bateau de fort tonnage, ponté, destiné aux transports sur mer. → **bâtiment ; cargo, paquebot ; vaisseau.**

navisphère n. f. (de *navi[gation]* et *sphère*, d'après *planisphère*) mar. Instrument représentant la voûte céleste, que le navigateur oriente pour identifier une étoile.

navrant, ante adj. **1.** Affligeant, désolant. *« Mais, vrai, j'ai trop pleuré ! Les aubes sont navrantes »* (Rimbaud). **2.** Tout à fait fâcheux. *Il n'écoute personne, c'est navrant.*

Navratilova (Martina) Joueuse de tennis américaine d'origine tchèque (née en 1956). Elle remporta 59 titres du Grand Chelem (18 en simple, 31 en double dames et 10 en double mixte).

navrement n. m. littér. Profonde tristesse.

navette

La navette spatiale américaine Discovery.

navrer v. tr. < 1 > (de *nafrer* « blesser gravement en transperçant », d'origine incertaine) **1.** Affliger profondément. → **attrister, désoler.** *Sa détresse me navre.* **2.** passif et p. p. *Être navré de,* désolé, contrarié par. *Je suis navré de vous avoir dérangé.*

Naxos Île grecque, dans la mer Égée, la plus grande des Cyclades. 428 km^2. 18 000 habitants. Agriculture. Extraction de marbre.

Naypyidaw ou **Nay Pyi Taw** Capitale de la Birmanie depuis 2006. 1 million d'habitants.

Nazarbaïev (Noursoultan Abichevitch) Homme d'État kazakh (né en 1940). Président du Kazakhstan à partir de 1990, il mena une politique de modernisation et de réformes tout en concentrant les pouvoirs et se retira officiellement en 2019.

Noursoultan Nazarbaïev, réélu président du Kazakhstan en 2007.

Nazaré Ville du Portugal. 10 000 habitants. Port de pêche artisanale. Tourisme.

nazaréen, enne adj. De Nazareth. – n. *Le Nazaréen :* Jésus.

Nazareth Ville d'Israël, en Galilée, au S.-O. du lac de Tibériade. 64 800 habitants. Centre de tourisme et de pèlerinage. D'après les Évangiles, Jésus y passa son enfance.

[1]naze ou **nase** n. m. (de l'italien ou du provençal, du latin *nasus* → **nez**) fam. Nez. → **blair, [2]pif.**

[2]naze ou **nase** adj. (p.-ê. de *faux nase* « maladie des chevaux, des moutons, morve », du latin *nasus* → **nasal ; nez**) fam. **1.** En très mauvais état. *La télé est naze.* → **[2]fichu.** – (personnes) Très fatigué. → **crevé. 2.** Sans valeur. → **nul.** *Un film naze.* – n. *Ce type est un vrai naze.*

nazi, ie n. (abrév. allemande de *Nationalsozialist*) Membre du parti national-socialiste de Hitler. *Les nazis.* – adj. *Les victimes de la barbarie nazie.*

nazillon, onne n. fam., péj. Petit nazi, petit fasciste.

nazisme n. m. Mouvement, régime nazi. → **national-socialisme.**

Nazor (Vladimir) Écrivain croate (1876-1949). Il célèbre la beauté de son pays dans ses poèmes (*Les Rois croates ; L'Ours Brundo*). Il est aussi l'auteur de contes (*Contes d'Istrie ; Nouvelles de Zagreb*) et de romans.

NB voir **nota bene**

NBC (National Broadcasting Company) Réseau de télévision des États-Unis fondé en 1926, en concurrence avec ABS, CBS et Fox.

NDiaye (Marie) Écrivaine française (née en 1967). Elle est l'autrice de romans, de nouvelles et de pièces de théâtre. *Rosie Carpe ; Mon cœur à l'étroit ; Trois Femmes puissantes* (prix Goncourt 2009).

Marie NDiaye en 2005.

N'Djamena ou **N'Djaména** anciennement **Fort-Lamy** Capitale du Tchad, sur le Chari, à la frontière du Cameroun. 820 000 habitants. Université. Port fluvial. Marché agricole.

Ndola Ville de Zambie, près de la frontière zaïroise. 574 000 habitants. Industries métallurgiques (cuivre et cobalt). Université.

N'Dour (Youssou) Auteur-compositeur-interprète et homme politique sénégalais (né en 1959). Star internationale engagée dans de grandes causes humanitaires, doté d'une voix exceptionnelle, légèrement « cassée », il marie les rythmes syncopés typiquement sénégalais (le « mbalax ») à la pop et le wolof à l'anglais. *Seven seconds ; Kirikou et la Sorcière* (musique du film).

'Ndrangheta Organisation criminelle mafieuse, implantée en Calabre. Le trafic de drogue est sa première source de revenus. Une guerre entre ses différents clans est à l'origine du taux de criminalité extrêmement élevé de la région.

ne (ou **n'** devant une voyelle ou un h muet) **adv. de négation** (vient du latin *non* → **non**) *ne* précède immédiatement le verbe conjugué ; seuls les pron. pers. compl. et les adv. *y* et *en* peuvent s'intercaler entre *ne* et le verbe **I.** exprimant une négation **1.** *Ne... pas, ne point* (vieux), *ne... plus, ne... guère, ne... jamais, ne... que. Il n'était pas*, plus*, jamais* là. Je n'en ai point*. Je ne veux pas que tu y ailles.* → **aussi guère, [2]goutte, mais, [1]mie.** *N'est-ce pas ?* → **n'est-ce pas. 2.** NE, avec un indéfini à sens négatif, avec *ni* répété, etc. *Je n'ai aucune nou-*

N

velle. Il ne veut voir personne. Vous ne direz rien. Rien n'est encore fait. Nul ne l'ignore. « *Ni l'or ni la grandeur ne nous rendent heureux* » (La Fontaine). **3.** employé seul avec certains verbes *Je n'ose, je ne peux l'affirmer.* – après le *si* conditionnel *Si je ne me trompe. Si je ne m'abuse.* **4.** toujours employé seul, dans quelques loc. *N'ayez crainte ! N'empêche qu'il est furieux. On ne peut mieux.* **II.** NE explétif* **1.** dans une phrase affirmative, et après des verbes exprimant la crainte, l'impossibilité. *Je crains qu'il ne se fâche. Pour éviter qu'elle ne se blesse.* **2.** dans une phrase négative, après des verbes ou des expressions verbales exprimant le doute ou la négation. « *Nul doute que ce ne soit un mage* » (A. France). **3.** après un compar. d'inégalité introduit par *autre, autrement, meilleur, mieux, moindre, moins, pire, pis, plus.* « *L'exemple touche plus que ne fait la menace* » (Corneille). **4.** avec *avant que, à moins que. Décidez-vous avant qu'il ne soit trop tard.*

né, née adj. **1.** Venu au monde. → **premier-né, dernier-né.** ■ vieilli *Bien né,* qui a un bon naturel ; qui est de haute naissance. ■ *Mme Dupont née Durand,* dont le nom de jeune fille est Durand. ■ ***Né pour*** : doté d'aptitudes pour. **2.** (comme second élément d'un mot composé) De naissance, par un don naturel. *Un orateur-né.*

Neagh (lough) Lac d'Irlande du Nord, le plus grand du Royaume-Uni. 388 km². Pêche ; tourisme.

Neandertal Vallée de l'Allemagne occidentale (Rhénanie-du-Nord-Westphalie) dans laquelle furent découverts en 1856 des ossements humains. *L'homme de Neandertal* désigne plus généralement un hominidé datant du paléolithique, apparu vers –150 000 et éteint vers –35 000.

néandertalien, ienne adj. Relatif à l'homme de Neandertal. - var. **néanderthalien, ienne.**

néanmoins adv. et conj. (de *néant* et *moins*) Malgré ce qui vient d'être dit. → **cependant, pourtant, toutefois.**

néant n. m. (vient p.-ê. du latin *nec entem,* de *ens* « étant », ou vient de *ne gentem,* de *gens*) **I.** dans des loc. Rien. *Réduire qqch. à néant.* → **anéantir, annihiler.** – ellipt *Néant* : rien à signaler. *Signes particuliers : néant.* **II. 1.** Valeur, importance nulle ; chose, être de valeur nulle. **2.** Ce qui n'est pas encore ou n'existe plus. « *Il est frappant* [...] *que la langue nous fournisse un néant de* choses ("Rien") *et un néant* d'êtres humains ("Personne") » (Sartre). *Retourner au néant.* **3.** philos. Non-être. « *Il n'y a pas de néant* [...] *Tout est quelque chose. Rien n'est rien* » (Hugo).

néantiser v. tr. < 1 > **1.** philos. Anéantir ; concevoir comme non-être. **2.** Faire disparaître, éliminer, supprimer.

Néarque Navigateur grec et lieutenant d'Alexandre le Grand (IVe s. av. J.-C.). Il explora l'Inde et le golfe Persique.

Nebbio n. m. Région côtière du N. de la Corse, au S. du golfe de Saint-Florent.

nebka n. f. (arabe *nabkah* « tertre, monticule ») Amas de sable autour d'un obstacle, dans un désert.

Nébo n. m. Dans la Bible, montagne du pays de Moab. Moïse y meurt après avoir vu de loin la Terre promise.

Nebraska n. m. État du centre des États-Unis, dans les Grandes Plaines. 200 018 km². 1,96 million d'habitants. Capitale : Lincoln. Agriculture (élevage). Pétrole et gaz naturel.

nébuleuse n. f. (de *nébuleux*) **1.** astron. Amas de gaz et de poussières interstellaires. ■ vieilli Immense amas d'étoiles. (vieux) *Nébuleuse spirale.* → **galaxie. 2.** fig. Amas diffus.

nébuleux, euse adj. (latin *nebulosus,* de *nebula* « brouillard ») **1.** Obscurci par les nuages ou le brouillard. → **brumeux, nuageux.** *Ciel nébuleux.* **2.** Constitué de nuages, de vapeurs ou qui en a l'aspect. → **vaporeux. 3.** fig. Qui manque de clarté, de netteté. → **confus, flou, ³vague.** *Idées nébuleuses.*

nébuliser v. tr. < 1 > (anglais *to nebulize,* du latin *nebula* → **nébuleux**) techn. Disperser (un liquide) en très fines gouttelettes. □ n. f. **nébulisation**

nébuliseur n. m. (anglais → **nébuliser**) Vaporisateur projetant une substance en très fines gouttelettes. → **aérosol, atomiseur.**

nébulosité n. f. (bas latin → **nébuleux**) **1.** État, caractère de ce qui est nébuleux. **2.** Couverture nuageuse.

nébuleuse

La nébuleuse du Crabe, vue ici par le télescope spatial Hubble, résulte de l'explosion d'une étoile en supernova.

nécessaire (latin *necessarius,* de *necesse [est],* p.-ê. de *cedere* « marcher » ou « reculer », c'est-à-dire « impossibilité d'agir [d'avancer ou de reculer] ») **I.** adj. **1.** Se dit d'une condition, d'un moyen dont seule la présence ou l'action rend possible un but ou un effet. *Condition nécessaire et suffisante.* **2.** *Nécessaire à* : dont l'existence, la présence est requise pour répondre au besoin de qqn, au fonctionnement de qqch. → **indispensable, utile.** *Les outils nécessaires à l'électricien, à une opération, pour faire qqch.* **3.** Dont on ne peut se passer ; qui s'impose (s'oppose à *inutile,* à *superflu*). → **essentiel, primordial.** « *Ils manquèrent de tout ce qui est nécessaire* » (Diderot). – *Se sentir nécessaire.* – *Mal nécessaire* : inconvénient inévitable pour obtenir un résultat. – impers. *Il devient nécessaire d'en parler, que nous en parlions.* **4.** didact. Qui doit se produire immanquablement. *Effet nécessaire.* → **inéluctable, inévitable. II.** n. m. **1.** Bien dont on ne peut se passer (opposé à *luxe, superflu*). *Le strict nécessaire.* **2.** Ce qu'il faut faire ou dire, et qui suffit. *Nous ferons le nécessaire.* **III.** n. m. Boîte, étui renfermant les ustensiles indispensables (à la toilette, à un ouvrage).

nécessairement adv. Par une obligation imposée (→ **absolument**) ; par voie de conséquence (→ **forcément, inévitablement**).

nécessité n. f. (latin *necessitas,* de *necesse [est]* « il est indispensable » → **nécessaire**) **I. 1.** Caractère nécessaire (d'une chose, d'une action). → **obligation.** *Se trouver dans la nécessité d'accepter. Sans nécessité.* → **gratuitement, inutilement. 2.** Besoin impérieux. *Dépenses de première nécessité.* → **indispensable. II.** absolt **1.** Les forces qui contraignent, entraînent l'homme (besoin, destin...). ■ philos. Enchaînement des causes et des effets. « *Le Hasard et la Nécessité* » (ouvrage de J. Monod). **2.** État de contrainte. loc. *Faire de nécessité vertu* : accepter une situation contraignante avec courage.

nécessiter v. tr. < 1 > (latin médiéval → **nécessité**) (sujet chose) Rendre indispensable, nécessaire. → **exiger, réclamer, requérir.** *Cette lecture nécessite beaucoup d'attention.*

nécessiteux, euse adj. et n. (de *nécessité*) vieilli Qui est dans le dénuement, manque du nécessaire. → **indigent, pauvre.** – n. *Aider les nécessiteux.*

Néchao ou **Nékao** Nom de deux pharaons de la XXVIe dynastie saïte. ■ **Néchao Ier.** Il fut établi par les Assyriens comme prince de Saïs et de Memphis vers –670. ■ **Néchao II** (v. 609-594 av. J.-C.). Il soumit la Palestine et la Syrie, mais fut écrasé par Nabuchodonosor II à Karkemish (–605).

neck n. m. (mot anglais « cou ») Piton de lave provenant d'une cheminée de volcan.

Neckar n. m. Rivière d'Allemagne, affluent du Rhin. 370 km. Elle arrose Stuttgart.

Necker (Jacques) Financier et homme d'État genevois (1732-1804). Banquier installé à Paris, il succéda à Turgot comme directeur du Trésor royal (1776) puis des Finances (1777). Il opta pour une politique d'économie et d'emprunt et tenta de réformer l'impôt. Contraint de démissionner (1781), il fut rappelé par Louis XVI en 1788. Son renvoi (11 juill. 1789) déclencha l'insurrection du 14 juillet (prise de la Bastille). Immédiatement rappelé, il démissionna en 1790 et se retira en Suisse avec sa fille Mme de Staël.

nec plus ultra [nɛkplysyltʀa] n. m. invar. (loc. latine « rien *[nec]* au-delà » → **ultra**) Ce qu'il y a de mieux. → **summum.**

nécr(o)- Élément (du grec *nekros* ; *cf.* **¹noyer**) qui signifie « mort ».

nécrobie n. f. (de *nécro-* et *-bie*) zool. Petit coléoptère vivant sur les matières en décomposition.

nécrologe n. m. didact. Liste des morts. – spécialt Liste des victimes d'une catastrophe.

nécrologie n. f. (de *nécro-* et *-logie*) **1.** Notice biographique consacrée à une personne morte récemment. **2.** Liste ou avis des décès publiés par un journal. - abrév. fam. **nécro.** □ adj. **nécrologique**

nécrologue n. Auteur, autrice de nécrologies.

nécromancie n. f. (latin, du grec → nécr[o]- et -mancie) Divination par l'évocation des morts. → **spiritisme.**

nécromant n. m. (grec, de *nekros* → nécr[o]-) Magicien qui évoque les morts. - syn. **nécromancien, ienne n.**

nécrophage adj. (de *nécro-* + *-phage*) Qui se nourrit de cadavres.

nécrophilie n. f. (de *nécro-* + *-phile*) Perversion sexuelle dans laquelle le plaisir est recherché avec des cadavres. □ adj. et n. **nécrophile**

nécrophore n. m. (grec *nekrophoros* → nécro- et -phore) Coléoptère qui pond ses œufs sur des charognes qu'il a d'abord enfouies.

nécropole n. f. (grec *nekropolis* → nécr[o]- et -pole) Antiq. ou didact. Vaste cimetière.

nécrose n. f. (grec *nekrosis* → nécr[o]-) didact. Mort d'un tissu vivant. → **gangrène.**

nécroser v. tr. < 1 > didact. Provoquer la nécrose de. – pronom. *Tissu qui se nécrose.*

nectaire n. m. (latin savant *nectarium*, du grec → nectar) bot. Élément (des plantes) qui sécrète le nectar (3), turgescence de la feuille ou de la fleur (*nectaires extrafloraux* et *floraux*).

Nectanébo Nom de deux pharaons de la XXXe dynastie. ■ **Nectanébo Ier** (v. 378-360 av. J.-C.). Il fonda la XXXe dynastie et fit échouer une tentative de reconquête perse. ■ **Nectanébo II** (v. 359-341 av. J.-C.). Une offensive d'Artaxerxès III le força à s'enfuir en Haute-Égypte (–342). Il fut le dernier pharaon indépendant.

nectar n. m. (mot latin, du grec *nektar*) **1.** mythol. Breuvage des dieux antiques. *Le nectar et l'ambroisie.* – littér. Boisson exquise. **2.** Boisson à base de jus ou de purée de fruit. *Nectar d'abricot.* **3.** bot. Liquide sucré que sécrètent les nectaires*.

nectarine n. f. (mot anglais, du grec → nectar) Pêche à peau lisse, à noyau non adhérent. → **brugnon.**

necton n. m. (de l'allemand, du grec *nêktos* « qui nage », d'après *plancton*) zool. Partie de la faune marine qui nage activement. *Le necton et le plancton.*

Nedjd, Nadjd ou **Najd** n. m. Vaste plateau semi-désertique du centre de l'Arabie saoudite. À l'exception de quelques oasis, la ville principale est Riyad, capitale du pays.

Nedjef voir **Najaf**

Nédoncelle (Maurice) Philosophe et théologien français (1905-1976). Il fut l'un des principaux représentants du personnalisme chrétien. *La Réciprocité des consciences ; Intersubjectivité et ontologie.*

Needham (Joseph) Sinologue britannique (1900-1995). Il est l'auteur de travaux fondamentaux sur l'histoire des sciences et des techniques chinoises. *La Science chinoise et l'Occident.*

Néel (Louis) Physicien français (1904-2000). Il étudia le ferromagnétisme et contribua, par ses travaux, au progrès des matériaux magnétiques isolants. Prix Nobel 1970.

néerlandais, aise adj. et n. (de *Néerlande*, francisation de *Nederland* « Pays-Bas ») Des Pays-Bas. → **hollandais.** ■ n. m. *Le néerlandais* (langue germanique).

néerlandophone adj. et n. (→ -phone) **1.** Qui parle le néerlandais. – n. *Les néerlandophones de Belgique.* **2.** Où l'on parle le néerlandais. *La Belgique néerlandophone.*

Neerwinden (batailles de) Victoire remportée en 1693 à Neerwinden (Brabant flamand) par le maréchal de Luxembourg sur Guillaume III d'Orange. ■ Bataille qui opposa, en 1793, les troupes de Dumouriez à celles de Frédéric de Saxe-Cobourg. Dumouriez, vaincu, dut évacuer la Belgique.

nef n. f. (vient du latin *navis* « navire » → naviguer) **I.** vieux ou poét. Navire à voiles. **II.** Partie (d'une église) comprise entre le vestibule et la croisée du transept*. *Nef centrale, principale. Nef latérale.* → **bas-côté.**

La nef romane à onze travées de la basilique Saint-Remi à Reims.

néfaste adj. (latin *nefastus* « non favorable » → ²faste) **1.** littér. Marqué par des événements malheureux. *Jour néfaste.* **2.** Qui cause du mal. → **funeste, mauvais.** *Influence néfaste. Néfaste à.* → **nuisible.** – *Individu néfaste.* → **dangereux.**

Néfertari Reine d'Égypte (XIIIe s. av. J.-C.). Elle fut la première épouse de Ramsès II.

Néfertiti Reine d'Égypte (XIVe s. av. J.-C.). Épouse d'Aménophis IV Akhenaton, elle reste célèbre pour sa beauté, dont témoignent de nombreux portraits en ronde-bosse découverts à Tell el-Amarna.

Buste de la reine Néfertiti (v. 1340 av. J.-C.), Ägyptisches Museum, Berlin.

nèfle n. f. (altération de *mesle*, qui vient du latin *mespila*, du grec *mespilon*) Fruit du néflier, qui se consomme blet. – loc. fam. *Des nèfles !*, rien du tout.

néflier n. m. (de *nèfle*) Arbre des régions tempérées (famille des *Rosacées*), au tronc tordu, qui produit les nèfles.

Néfoud ou **Nufud** n. m. Désert de sable du N. de l'Arabie saoudite, entre le désert de Syrie et le Nedjd. Environ 50 000 km².

négateur, trice n. et adj. littér. Personne qui nie, a l'habitude de nier. – adj. *Esprit négateur.*

négatif, ive adj. (latin *negativus*, de *negare* → nier) **I.** (opposé à *affirmatif*) **1.** Qui exprime un refus. *Réponse négative.* – Qui exprime la négation. *Particules négatives* (ne, non). **2.** n. f. *La négative. Répondre par la négative.* – loc. adv. *Dans la négative* : si c'est non. **3.** adv. milit. Non. « *Est-ce que vous êtes en vue de l'objectif ? – Négatif.* » **II.** (opposé à *positif*) **1.** Qui est dépourvu d'éléments constructifs, se définit par le refus. *Une attitude négative.* – (personnes) Qui ne fait que des critiques. **2.** Qui ne se définit que par l'absence de son contraire. *Résultat négatif.* → **nul.** – méd. *Examen négatif*, qui ne révèle pas d'éléments pathologiques. *Réaction négative*, qui ne se produit pas. *Cuti négative.* **3.** (anglais *negative*) Qui a des effets nuisibles, mauvais. → **néfaste, nocif.** **4.** math. *Nombre négatif* : nombre réel inférieur à zéro, affecté du signe moins (ex. –10). – *Température négative. Solde négatif.* **5.** Se dit de ce qui peut être considéré comme opposé, inverse. *Ion négatif.* ■ Se dit d'une image photographique sur laquelle les parties lumineuses des objets correspondent à des taches sombres et inversement. – n. m. *Un négatif*, le support (film, plaque) d'une telle image.

négation n. f. (latin *negatio*, de *negare* → nier) **1.** Acte de l'esprit qui consiste à nier, à rejeter. « *La négation n'est qu'une attitude prise par l'esprit vis-à-vis d'une affirmation éventuelle* » (Bergson). *Négation des valeurs.* → **nihilisme.** **2.** Ce qui va à l'encontre de qqch. « *L'admission d'un fait sans cause* [est] *la négation de la science* » (Cl. Bernard). **3.** Manière de nier, de refuser ; mot ou groupe de mots qui sert à nier. *Adverbes de négation* (ne, non).

négationnisme n. m. Position idéologique consistant à nier l'existence des camps d'extermination nazis. → **révisionnisme.** □ adj. et n. **négationniste**

négativement adv. De façon négative (I et II).

négativisme n. m. Attitude négative, de refus.

négativité n. f. **I.** État d'un corps chargé d'électricité négative. **II.** didact. **1.** Caractère de ce qui est négatif (II, 1). **2.** Activité de la négation (dans un processus dialectique ; dans le langage et le sens).

négaton n. m. (de *négat[if]* et *[électr]on*) phys. Électron de charge négative (opposé à *positron*).

négatoscope n. m. (de *négatif* et *-scope*) méd. Écran lumineux pour l'examen des radiographies.

négligé n. m. **1.** État d'une personne mise sans recherche. – péj. → **débraillé.** **2.** Tenue féminine légère portée dans l'intimité. → **déshabillé.**

négligeable adj. Qui peut être négligé, qui ne vaut pas la peine qu'on en tienne compte. → **dérisoire, insignifiant.** *Risque non négligeable.* – loc. *Quantité* négligeable.*

négligemment [negliʒamɑ̃] adv. **1.** D'une manière négligente, sans soin. **2.** Sans s'y appliquer, avec une négligence voulue ou feinte. *Foulard négligemment noué.* **3.** Avec un air d'indifférence.

négligence n. f. (latin → négliger) **1.** Attitude, état d'une personne dont l'esprit ne s'applique pas à ce qu'elle fait ou devrait faire. → **désinvolture.** **2.** *Une négligence* : faute non intentionnelle, due à un oubli, au manque de soin. *Accident dû à une négligence.*

négligent, ente adj. (latin *neglegens*, *negligens* → négliger) Qui fait preuve de négligence. → **inattentif.** *Il est trop négligent* (opposé à *appliqué*, *consciencieux*).

négliger v. tr. < 3 > (latin *negligere* ou *neglegere*, de *nec* particule négative, et *legere* « recueillir, choisir » → ¹lire) **1.** Laisser (qqch.) manquer du soin, de l'application, de l'attention qu'on lui devrait ; ne pas accorder d'importance à. *Négliger sa santé.*

N

→ se **désintéresser** de. – pronom. *Se négliger :* ne pas avoir soin de sa personne, de sa mise. – *Négliger de* (+ inf.) : ne pas prendre soin de. *Elle a négligé de nous prévenir.* → **omettre, oublier.** 2. Porter à (qqn) moins d'attention, d'affection qu'on le devrait. *Il néglige sa femme.* → **délaisser.** 3. Ne pas tenir compte, ne faire aucun cas de. → **dédaigner.** *Cet avantage n'est pas à négliger.* – Laisser passer. *Négliger une occasion.* □ **négligé, ée adj.** Laissé sans soin. – spécialt (personnes) Peu soigné. vieilli *Une beauté négligée.*

négoce n. m. (d'abord « activité utile » ; latin *negotium*, de *neg*, *nec* particule négative et *otium* « loisir » → **oiseux**) vieilli Commerce. – mod. Import-export. *Le négoce des céréales.*

négociabilité n. f. comm. Caractère (de certains titres ou créances) qui les rend transmissibles. → **cessibilité.**

négociable adj. Qui peut être négocié.

négociant, ante n. (italien, de *negoziare* → **négocier**) Personne qui se livre au négoce, au commerce en gros. → **commerçant, marchand.** *Une négociante en vins.*

négociateur, trice n. (latin → **négocier**) Personne qui a la charge de négocier (une affaire ; un accord, un traité).

négociation n. f. (latin *negotiatio* « commerce » → **négocier**) 1. Opération d'achat et de vente portant sur un effet de commerce. 2. Série d'entretiens, de démarches qu'on entreprend pour parvenir à un accord, pour conclure une affaire. *Négociations internationales.* → **pourparlers.** – *Être partisan de la négociation.* → **dialogue.**

négocier v. < 7 > (latin *negotiare*, de *negotium* → **négoce**) I. v. intr. 1. vieux Faire du négoce. 2. mod. Mener une négociation (2). *Gouvernement qui négocie avec une puissance étrangère.* → **traiter.** II. v. tr. 1. Établir, régler (un accord) entre deux parties. *Négocier un contrat.* 2. Transmettre à un tiers (un effet de commerce). 3. *Négocier un virage,* manœuvrer de manière à bien prendre son virage à grande vitesse.

N

négondo n. m. (du malais, par le portugais) Érable d'Amérique du Nord, à feuilles panachées de blanc.

nègre, négresse n. et adj. (espagnol *negro* « noir », du latin *niger* → **noir**) I. 1. vieilli et péj. Noir, Noire. Terme devenu raciste, sauf quand il est employé et revendiqué par les Noirs eux-mêmes. « *Le nègre* [...] *est acculé à l'authenticité : insulté, asservi, il se redresse, il ramasse le mot de "nègre" qu'on lui a jeté comme une pierre, il se revendique comme noir* [...], *dans sa fierté* » (Sartre). → **négritude.** ■ Esclave noir. *Traite des nègres.* → **esclavage.** – loc. *Travailler comme un nègre,* très durement. 2. n. m. fig. vieilli Personne qui ébauche ou écrit entièrement les ouvrages signés par un autre. → écrivain **fantôme, prête-plume.** 3. *Petit-nègre :* français à la syntaxe simplifiée (verbes à l'infinitif, par ex.) parlé par les Noirs africains dans les anciennes colonies françaises. II. adj. (fém. NÈGRE) vieilli ou péj. Qui appartient, est relatif aux Noirs. – mod., sans péjoration *Art nègre,* des Noirs d'Afrique.

Nègre (Charles) Photographe français (1820-1880). Il réalisa de nombreuses scènes de genre, des vues d'architecture et des paysages. Il publia un album, *Le Midi de la France.*

Negri (Antonio) Philosophe et écrivain italien (né en 1933). Il fut, dans les années de plomb, l'un des représentants des mouvements autonomistes italiens et fut emprisonné à deux reprises par l'État italien pour son engagement politique. Sa réflexion porte sur les valeurs artistiques et le capitalisme.

négrier, ière I. adj. Relatif au commerce des esclaves noirs. II. 1. n. m. Marchand d'esclaves. – Navire qui servait à la traite des Noirs. 2. n. fig. Personne qui traite ses employés comme des esclaves.

Nehru

Nehru libérant une colombe, symbole de la paix, pour son 66e anniversaire.

Négrier (François de) Général français (1788-1848). Il participa aux campagnes de l'Empire et servit ensuite en Algérie. Il fut tué lors de l'insurrection de juin 1848 à Paris.

négrillon, onne n. vieilli et péj. Enfant noir(e).

Negrín López (Juan) Homme politique espagnol (1887-1956). Il présida à plusieurs reprises le gouvernement républicain entre 1937 et 1945.

négritude n. f. (de *nègre*, répandu par L. S. Senghor) littér. Ensemble des caractères culturels propres aux Noirs ; appartenance à la communauté noire. « *La négritude, non plus un indice céphalique, ou un plasma, ou un soma, mais mesurée au compas de la souffrance* » (Césaire).

Negro (río) Rivière d'Amérique du Sud. 2 200 km. Né en Colombie, le río Negro marque la frontière avec le Venezuela et se jette dans l'Amazone en aval de Manaus (Brésil).

Negro (río) Fleuve d'Argentine. 635 km. Formé par les ríos Limay et Neuquén, il se jette dans l'Atlantique près de Viedma.

négro n. m. péj. (injure raciste) Personne noire.

négro-africain, aine adj. et n. Relatif aux Noirs d'Afrique. *Langues négro-africaines.* – n. *Les Négro-Africains.*

négro-américain, aine adj. et n. Relatif aux Noirs d'Amérique. – n. *Les Négro-Américains.* → **afro-américain.**

négroïde adj. Qui présente certaines caractéristiques physiques propres aux Noirs.

negro-spiritual [negʀospiʀitɥɔl] n. m. (mot anglais des États-Unis, de *negro* « noir » et *spiritual* « cantique ») Chant chrétien des Noirs des États-Unis. → **gospel.** *Des negro-spirituals.* - var. RO **négrospiritual.**

Néguev n. m. Région désertique formant la moitié S. de l'État d'Israël. Agriculture intensive. Industries minières.

Néguib ou **Nagīb** (Muḥammad) Général égyptien (1901-1984). Il contraignit le roi Farouk à abdiquer (1952) et proclama la république (1953). Il fut écarté du pouvoir par Nasser (1954).

négus [negys] n. m. (mot éthiopien « roi [des rois] ») Titre porté par les souverains éthiopiens.

Néhémie Personnage biblique, gouverneur de Juda (445 av. J.-C.).

Nehru (Jawaharlal) Homme d'État indien (1889-1964). Proche de Gandhi, dirigeant du Congrès national indien, il œuvra pour l'indépendance de l'Inde et fut Premier ministre de 1947 à sa mort. À l'intérieur, il tenta de définir une « troisième voie » entre le communisme et le capitalisme. À l'extérieur, il défendit la doctrine du « non-alignement » dans le contexte de la guerre froide et promut la solidarité des pays du tiers-monde (conférence de Bandung, 1955).

neige n. f. (de *neiger*) 1. Eau congelée dans les hautes régions de l'atmosphère, et qui tombe en flocons blancs et légers. → **niv(o)-.** *Accumulation de neige.* → **congère, névé.** ■ La neige, répandue sur le sol. « *Mais où sont les neiges d'antan ?* » (Villon). – appos. invar. spécialt *Pneus neige,* antidérapants. *Les sports de neige. Classe* de neige.* ■ *Neige artificielle,* substance chimique qui simule la neige. *Neige carbonique. Neige industrielle ou de pollution,* produite par la condensation de la vapeur d'eau au contact des polluants atmosphériques. ■ *De neige* loc. adj. invar. D'une blancheur parfaite. 2. argot Cocaïne en poudre. 3. *Battre des blancs (d'œufs) en neige,* de manière à obtenir une mousse blanche et ferme. *Œufs à la neige,* entremets fait de blancs d'œufs battus et pochés, servis avec une crème. 4. Points blancs sur un écran de télévision, en l'absence d'émission captée.

Neige (crêt de la) Point culminant du Jura (Ain). 1 720 m.

neiger v. impers. < 3 > (vient du bas latin *nivicare*, de *nivere*, de *nix*, *nivis* « neige ») (neige) Tomber. « *Il neigeait. L'âpre hiver fondait en avalanche.* [...] *Il neigeait, il neigeait toujours !* [...] » (Hugo).

Neiges (piton des) Ancien volcan de la Réunion, point culminant de l'île. 3 071 m.

Le piton des Neiges.

neigeux, euse adj. Couvert de neige, constitué par de la neige. *Cimes neigeuses.* – fig. « *Une effraie au ventre neigeux* » (Genevoix).

Neijiang ou **Nei-kiang** Ville de Chine (Sichuan). 696 200 habitants. Canne à sucre. Céréales. Industries alimentaire et textile.

Neill (Alexander Sutherland) Pédagogue britannique (1883-1973). Fondateur de l'école de Summerhill, il développa une pédagogie fondée sur la liberté et la responsabilité de l'enfant. *Libres Enfants de Summerhill.*

Neipperg (Adam Albrecht, comte von) Général autrichien (1775-1829). Grand-maître du palais de l'impératrice Marie-Louise, il épousa celle-ci après la mort de Napoléon Ier (1821).

Neisse de Lusace n. f. en polonais Nysa Łużycka Rivière d'Europe centrale. 256 km. Née en République tchèque, elle marque la frontière entre la Pologne et l'Allemagne et se jette dans l'Oder.

Neiva Ville de Colombie, au S.-O. de Bogotá, sur le Magdalena. 336 000 habitants. Commerce. Universités.

Nekrassov (Nikolaï Alekseïevitch) Journaliste et poète russe (1821-1877). Il relança *Le Contemporain*, revue créée par Pouchkine, et dirigea *Les Annales de la patrie*. Son œuvre de poète, inspirée par les chansons populaires *(Les Colporteurs)*, dénonce la misère du peuple *(Le Gel au nez rouge)*.

Nekrassov (Viktor Platonovitch) Écrivain russe (1911-1987). Il est l'auteur d'un roman célèbre, *Dans les tranchées de Stalingrad*.

Nélaton (Auguste) Chirurgien français (1807-1873). Il fut chirurgien de Napoléon III et de Garibaldi. Précurseur en chirurgie abdominale et pelvienne, il inventa une sonde pour détecter la localisation de projectiles dans le corps.

Nelligan (Émile) Poète canadien (québécois) [1879-1941]. Son œuvre est marquée par l'influence de Rimbaud, de Baudelaire et de Verlaine. *Le Vaisseau d'or ; La Romance du vin*.

Nellore Ville d'Inde (Andhra Pradesh), à 150 km au N. de Madras, sur le fleuve Penner. 558 500 habitants. Port de pêche, exploitation du mica.

nélombo n. m. (d'un mot cinghalais) Plante aquatique à fleurs roses ou blanches. *Des nélombos.*

Nelson (Horatio, vicomte) Amiral britannique (1758-1805). Il remporta de brillantes victoires navales : il vainquit les Français à Aboukir (1798), les Danois et les Russes à Copenhague (1801), et les flottes française et espagnole à Trafalgar (1805), où il fut tué.

Nelson n. m. Fleuve du Manitoba (Canada). 650 km. Émissaire du lac Winnipeg, il se jette dans la baie d'Hudson. Installations hydroélectriques.

Nelson Mandela Bay Métropole d'Afrique du Sud, dans la baie d'Algoa (Cap oriental). Elle englobe notamment Port Elizabeth. 652 000 habitants. Centre industriel.

nem [nɛm] n. m. (mot vietnamien) Pâté* impérial (cuisine vietnamienne).

némale n. m. (du grec *nêma, nêmatos* « fil ») Algue rouge gélatineuse qui croît dans les eaux à cours rapide.

némathelminthe n. m. (du grec *nêma, nêmatos* « fil » et de *helminthe*) zool. Ver cylindrique non segmenté, appelé couramment *ver rond* (embranchement des *Némathelminthes* ; ex. le nématode).

nématode n. m. (grec *nêmatôdes*, de *nêma, nêmatos* « fil ») zool. Ver parasite des animaux et des végétaux. *Les nématodes forment une classe de némathelminthes.*

Němcová (Božena) Romancière tchèque (1820-1862). Elle est l'autrice de *Contes populaires*, d'inspiration romantique, et surtout de récits réalistes à thèmes sociaux *(Baruška ; La Grand-Mère)*.

Némée Localité de Grèce (Argolide). Dans la légende grecque, Héraclès débarrasse la région d'un redoutable lion. Des jeux s'y célébrèrent à partir du -VIe s. *(jeux Néméens)*.

Nemeiri (Djafar al-) Général et homme d'État soudanais (1930-2009). Il fut président de 1969 à 1985.

Némésis Déesse grecque de la Vengeance.

Németh (László) Écrivain hongrois (1901-1975). Dans ses romans *(Le Deuil ; Le Crime)*, les personnages, tourmentés par des drames intérieurs, sont voués à l'autodestruction. Il est aussi l'auteur d'essais.

Nemirovitch-Dantchenko (Vladimir Ivanovitch) Auteur dramatique et metteur en scène soviétique (1858-1943). Il fonda avec Stanislavski le Théâtre d'art de Moscou. Metteur en scène de Tchekhov et de Gorki, il exerça dans son pays une influence durable sur l'art dramatique. *Le Prix de la vie*.

Némirovsky (Irène) Romancière russe d'origine juive d'expression française (1903-1942). Auteur à succès dans les années 1930, elle a laissé une fresque minutieuse et féroce sur l'exode et l'Occupation. *David Golder ; Le Bal ; Suite française* (posthume).

Irène Némirovsky (ici v. 1930) reçut à titre posthume en 2004 le prix Renaudot.

Nemours (Louis Charles Philippe d'Orléans, duc de) Prince français (1814-1896). Deuxième fils de Louis-Philippe, pressenti pour le trône de Grèce (1824) puis pour celui de Belgique (1831), il prit part au siège d'Anvers (1832), puis à la conquête de l'Algérie (1834-1842).

Nemours Commune de la Seine-et-Marne, sur le Loing. 12 966 habitants. Musée de préhistoire d'Île-de-France. Château du XIIe s. (musée).

Nemrod Personnage biblique, grand chasseur, roi de Babel et fondateur de Ninive.

néné n. m. (du radical expressif *nan-, nen-*) fam. Sein de femme. → **nichon.**

1nénette n. f. (de *comprenette*, de *comprendre*) fam. Tête. *Se casser la nénette.*

2nénette n. f. (p.-ê. de *nana*) fam. Jeune fille, jeune femme. → **nana.**

nenni adv. (de *nen*, ancienne forme de *non*, et *il*) vieux Non, non pas. – mod. repris plaisamment *Que nenni ! :* sûrement pas !

Nenni (Pietro) Homme politique italien (1891-1980). Militant socialiste, rédacteur en chef d'*Avanti !*, il présida le Parti socialiste italien. Il fut plusieurs fois ministre des Affaires étrangères et vice-président du Conseil.

nénuphar ou **nénufar** n. m. (latin médiéval *nenuphar*, de l'arabe, du persan *nilufar*, emprunt au sanskrit) Plante aquatique à grandes feuilles rondes étalées sur l'eau. → **nymphéa.**

néo- Élément (du grec *neos*) qui signifie « nouveau ».

néoblaste n. m. (de *néo-* et du grec *blastos* « germe ») biol. Cellule qui, chez certains animaux, assure la reconstitution des parties amputées.

néo-calédonien, ienne adj. et n. De la Nouvelle-Calédonie. → **kanak.**

néocapitalisme n. m. écon. Capitalisme moderne qui se veut progressiste et inventif, tirant sa puissance des réseaux, de la mobilité (à l'opposé du capitalisme productif). □ adj. **néocapitaliste**

néoclassicisme n. m. Mouvement littéraire (fin XIXe s.) préconisant le retour au classicisme. – Formes d'art (XVIIIe-XIXe s.) imitées ou renouvelées de l'Antiquité classique.

néoclassique adj. Qui ressemble à l'art classique, cherche à l'imiter.

néocolonialisme n. m. Nouvelle forme de colonialisme qui impose la domination économique à une ancienne colonie devenue indépendante. □ adj. **néocolonialiste**

néocomien, ienne adj. (de *Neocomum*, n. latin de Neuchâtel, en Suisse) géol. Relatif à une division stratigraphique du crétacé inférieur.

néocortex n. m. anat. Couche de substance grise, qui constitue la paroi des hémisphères cérébraux chez les mammifères.

néocriticisme n. m. philos. Doctrine philosophique renouvelée du kantisme.

néodarwinisme n. m. didact. Théorie selon laquelle les espèces évoluent par sélection naturelle, sans hérédité des caractères acquis.

néodyme n. m.(allemand *Neodym* → **néo-** et **didyme**) chim. Corps simple, l'un des éléments du groupe des terres rares (symb. Nd ; n° at. 60 ; masse at. 144,24).

néofascisme n. m. Mouvement politique inspiré du fascisme italien. □ adj. et n. **néofasciste**

néoformation n. f. biol. **1.** Formation de tissus nouveaux. **2.** Tumeur, bénigne ou non. → **néoplasme.**

néogène n. m. géol. Période du tertiaire qui précède le quaternaire, comprenant le miocène et le pliocène.

néogothique adj. archit. Qui imite le gothique.

néogrec, néogrecque adj. didact. **1.** Qui a rapport à la Grèce moderne. *La langue néogrecque :* le grec. **2.** Qui imite l'art de la Grèce ancienne.

néo-impressionnisme n. m. Mouvement pictural issu de l'impressionnisme. → **divisionnisme, pointillisme.** □ adj. **néo-impressionniste**

néokantisme n. m. philos. Théorie épistémologique, morale, dérivée du criticisme de Kant.

néolibéral, ale, aux adj. Qui prône une forme de libéralisme qui admet une intervention limitée de l'État.

néolibéralisme n. m. écon., polit. Doctrine ; politique néolibérale.

néolithique adj. (anglais *neolithic*, de *neo-* → **néo-** et *lithic*, du grec *lithos* « pierre » → **-lithe**) Relatif à l'âge de la pierre polie, période la plus récente de l'âge de pierre (après le *paléolithique* et le *mésolithique*). – n. m. *Le néolithique.*

néologie n. f. (de *néo-* et *-logie*) didact. Création de mots nouveaux et d'expressions ou de constructions nouvelles, dans une langue. □ adj. **néologique**

néologisme n. m. (de *néo-* et *-logisme ;* d'abord « abus de néologie ») Mot nouveau ou sens nouveau.

néoclassicisme

Néoclassicisme : *Psyché ranimée par le baiser de l'Amour*, A. Canova (1787), musée du Louvre, Paris.

N

néon n. m. (du grec *neos* « nouveau » → néo-) Gaz de la série des gaz rares. *Enseigne lumineuse au néon.* – abusivt *Néon, tube au néon :* tout tube fluorescent.

néonatal, ale, als adj. didact. Du nouveau-né. *Médecine néonatale.*

néonatologie n. f. (anglais *neonatology*) didact. Branche de la médecine qui s'occupe du nouveau-né. - syn. (de *natal*) **néonatalogie.**

néonazisme n. m. Courant politique d'extrême droite qui s'inspire du nazisme. □ **adj. et n. néonazi, ie**

néonicotinoïde n. m. (de *néo-*, *nicotine* et *-oïde*) chim. Insecticide neurotoxique dérivé de la nicotine.

néophyte n. et adj. (latin ecclés., du grec *neophutos*, proprt « nouvellement planté » → néo- et -phyte) Personne qui a récemment adhéré à une doctrine, un parti, une association. → **novice, prosélyte.**

néoplasme n. m. (de *néo-* et du grec *plasma* « chose façonnée » → plasma) méd. Tumeur cancéreuse. □ **adj. néoplasique**

néoplatonisme n. m. didact. Doctrine inspirée de la philosophie de Platon, qui se développa vers le IIIe siècle. □ **adj. et n. néoplatonicien, ienne**

néopositivisme n. m. philos. Théories positivistes du XXe siècle, aussi appelées *positivisme logique.*

néoprène n. m. (n. déposé) Caoutchouc synthétique thermoplastique. *Colle au néoprène.*

Néoptolème voir **Pyrrhos**

néoréalisme n. m. Théorie artistique, littéraire, renouvelée du réalisme. – spécialt École cinématographique italienne caractérisée par le réalisme des situations et des décors, les préoccupations sociales. □ **adj. et n. néoréaliste**

▶ Le **néoréalisme** est un mouvement cinématographique italien qui commence pendant la Seconde Guerre mondiale et dure jusque dans les années 1950. Il entre en réaction contre une production cinématographique dominée à l'époque mussolinienne par une vision artificielle et bourgeoise du monde (films surnommés « téléphones blancs »), en contradiction totale avec la réalité sociale de l'Italie dans l'immédiat après-guerre. Les réalisateurs emblématiques du mouvement, Luchino Visconti, Roberto Rossellini, Vittorio De Sica, Giuseppe De Santis, transforment une absence de moyens matériels (tournages rapides, en extérieurs, souvent sans éclairage et sans accessoires ou décors, acteurs amateurs) en force esthétique. Le terme « néoréalisme » traduit bien le rapport au réel que ces cinéastes entendent renouveler. Ils donnent à voir, de manière directe, la vie la plus humble dans des œuvres pour lesquelles la simplicité du constat n'exclut ni lyrisme ni invention formelle. Aux spectateurs de juger de ces vies ordinaires dans une Italie économiquement et politiquement fragile, à peine sortie des brutalités du fascisme et de la guerre. On retiendra surtout *Ossessione* (1943) et *La terre tremble* (1948) de Visconti, *Rome, ville ouverte* (1945) et *Allemagne année zéro* (id.) de Rossellini, *Chasse tragique* (1948) et *Riz amer* (1949) de De Santis, *Le Voleur de bicyclette* (1948) de De Sica.
Le néoréalisme aura une influence importante sur la Nouvelle Vague française et sur le *Free Cinema* britannique.
voir aussi **cinéma**

N

néorural, ale, aux n. et adj. Citadin qui décide de s'établir en milieu rural et d'y travailler.

néoténie n. f. (de l'allemand, du grec, de *teinein* « étendre, prolonger ») biol. Persistance des formes larvaires chez un animal adulte.

néottie n. f. (grec *neotteia* « nid d'oiseau ») Orchidée sans chlorophylle, qui croît dans l'humus des hêtraies.

Néouvielle (massif du) Massif des Pyrénées centrales françaises, culminant au pic Long (3 192 m).

Népal

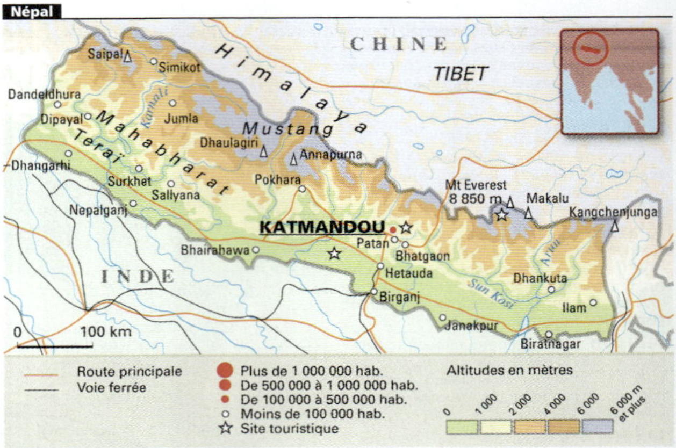

NEP n. f. (russe « nouvelle politique économique ») Politique économique mise en place par Lénine en 1921, rétablissant partiellement le libéralisme. Elle fut dénoncée par Staline en 1928.

Népal

n. m. ■ offic. République du Népal
Pays d'Asie situé entre l'Inde et la Chine (Tibet). 147 181 km^2. 29 304 000 habitants (les *Népalais*). **Langue :** népali. **Religions :** hindouistes, 81 % ; bouddhistes, 10 % ; musulmans, 4 %. **Monnaie :** roupie népalaise. **Capitale :** Katmandou. **Régime :** république fédérale.

GÉOGRAPHIE

Le Népal est formé au N. par la chaîne de l'Himalaya (Everest, 8 850 m). Plus au S. se trouvent de larges vallées et des bassins, comme celui de Katmandou. Les altitudes se relèvent de nouveau dans la chaîne du Mahabharat, qui domine le Teraï, région marécageuse où se concentre l'essentiel de la population. Le climat est sujet à la mousson.

ÉCONOMIE

En altitude, l'élevage domine (ovins et bovins). L'agriculture est pratiquée sur les versants (orge, pomme de terre) et dans les vallées (maïs, blé, fruits ; riz dans le Teraï). L'essor industriel est récent (cimenteries, textile). Le tourisme a connu une croissance spectaculaire, mais le Népal demeure l'un des pays les plus pauvres du monde.

HISTOIRE

Après une première dynastie (VIIe s.), des principautés indiennes furent créées (XIVe-XVIIIe siècles), puis unies en un seul royaume (1768). Ce dernier résista à la Chine avec l'aide de la Grande-Bretagne, qui reconnut son indépendance (1923). Le roi Tribhuvana Bir Bikram organisa un coup d'État et établit une monarchie constitutionnelle (1951). Après plusieurs périodes d'émeutes (1979, 1990), Mahendra Bir Bikram, qui avait succédé à son père en 1955, dut accepter une libéralisation du régime. En 2001, le roi Mahendra fut assassiné par son fils. Son frère Gyanendra monta sur le trône et durcit le régime, sans toutefois venir à bout de la guérilla maoïste qui troublait le pays depuis 1996. Les rebelles maoïstes acceptèrent de déposer les armes en 2007 pour pouvoir participer au gouvernement. Ils obtinrent alors la transformation de la monarchie en une république fédérale qui fut proclamée en mai 2008. Cependant, en raison des tensions entre les partis politiques, religieux et ethniques, ce n'est qu'en 2015 qu'une nouvelle Constitution fut promulguée, mais l'instabilité politique demeure. Les deux principaux partis sont le Parti communiste et le parti du Congrès (centre-gauche). Le pays fut gravement atteint par une crise sismique en avril et mai 2015 (8 500 morts).

Népal, habitation traditionnelle dans la région de Pokhara, au pied de la chaîne des Annapurna.

nèpe n. f. (latin *nepa* « scorpion ») Insecte des eaux stagnantes. - syn. **punaise d'eau, scorpion d'eau.**

népenthès n. m. (du grec « qui dissipe la douleur ») **1.** Chez les Grecs, Breuvage magique qui dissipait la tristesse, la colère. **2.** Plante carnivore qui croît à Madagascar et en Asie du Sud-Est, dont les feuilles se terminent par des urnes où peuvent tomber les proies.

Neper ou **Napier** (John) Mathématicien écossais (1550-1617). Cherchant à simplifier les calculs trigonométriques des astronomes, il découvrit les logarithmes dits *népériens* (1614) dont la *constante de Neper* ou *nombre de Neper* (e, égal à 2,718...), est la base.

népérien, ienne adj. (de *Neper*, n. propre) math. *Logarithme népérien,* ayant pour base le nombre de Neper, *e.* - syn. **logarithme naturel.**

népète n. f. (latin *nepeta*) Plante à forte odeur qui comprend de nombreuses espèces, dont la cataire.

néphélion n. m. (du grec « petit nuage ») méd. Tache translucide de la cornée.

Néphérités Nom grec de deux pharaons de la XXIXe dynastie (IVe s. av. J.-C.).

néphrectomie n. f. (de *néphr-* + *-ectomie*) Ablation chirurgicale d'un rein.

néphrétique adj. (bas latin, du grec → néphr[o]-) méd. Relatif au rein. *Colique* néphrétique.*

[1]néphrite n. f. (grec *nephritis* → néphr[o]-) méd. Inflammation du rein.

[2]néphrite n. f. (grec *nephritis* → néphr[o]-) minér. Jade d'une variété orientale qui passait pour guérir les reins.

néphr(o)- Élément (du grec *nephros*) qui signifie « rein ».

néphrographie n. f. (→ néphr[o]-) méd. Radiographie du rein pratiquée après l'injection d'une substance opaque aux rayons X dans les voies urinaires ou dans les artères du rein.

néphrologie n. f. (→ néphr[o]-) Étude de la physiologie et de la pathologie du rein. *Néphrologie et urologie.*

néphrologue n. méd. Spécialiste de néphrologie.

néphron n. m. (grec *nephros*) physiol., anat. Unité fonctionnelle du rein, constituée d'un glomérule et des tubes rénaux qui s'y rattachent.

néphropathie n. f. (de *néphro-* + *-pathie*) didact. Affection du rein.

Nepos (Cornelius) voir **Cornelius Nepos**

népotisme n. m. (italien, de *nepote* « neveu », du latin *nepos* → neveu) didact. Abus qu'une personne en place fait de son influence en faveur de sa famille, de ses amis. → **favoritisme.**

Neptune Dieu romain de la Mer, identifié au Poséidon grec.

Neptune Planète du système solaire, huitième dans l'ordre croissant des distances au Soleil. Diamètre : 49 528 km. Découverte en 1846 grâce aux calculs de J. Adams et U. Le Verrier, Neptune a une atmosphère très mouvementée, composée essentiellement d'hydrogène, d'hélium et de méthane. Elle possède 13 satellites et est entourée de six anneaux.

neptunium [nɛptynjɔm] n. m. (de *Neptune*, n. de la planète, d'après *uranium*) chim. Élément chimique (symb. Np ; n° at. 93 ; masse at. 237,04) obtenu artificiellement à partir de l'uranium.

Nérac Chef-lieu d'arrondissement du Lot-et-Garonne, sur la Baïse. 6 854 habitants. Viticulture. Capitale de la seigneurie d'Albret (1306) et place protestante au XVIe s.

nerd [nœʀd] n. (mot anglais « ringard ») anglic. Personne passionnée de sciences et techniques, notamment d'informatique, et qui y consacre la plus grande partie de son temps. *Les geeks* et les nerds.*

Nérée Dans la mythologie grecque, dieu primitif de la Mer, fils de Gaïa (la Terre) et père des Néréides.

néréide n. f. (latin, du grec, de *Nereos*, n. du fils de Poséidon) zool. Ver marin qui vit dans les fonds vaseux.

Néréides n. f. pl. Divinités marines grecques, filles de Nérée, au nombre de cinquante. Les plus célèbres d'entre elles sont Amphitrite, Thétis et Galatée.

nerf [nɛʀ] n. m. (vient du latin *nervus*, même racine indo-européenne que le grec *neuron* → neur[o]-) **I. 1.** vieux Ligament, tendon des muscles. *Viande pleine de nerfs.* → **nerveux.** **2.** *Nerf de bœuf* : matraque faite d'un ligament de bœuf desséché. **3.** fig. (influence du sens II) Force active, énergie. *Avoir du nerf.* – fam. *Allons, du nerf !* – loc. *Le nerf de la guerre*.* **4.** reliure Cordelette au dos d'un livre relié, qui forme une saillie (→ **nervure**). **II. 1.** Filament qui relie un centre nerveux (moelle, cerveau) à un organe ou à une structure organique. → **neur(o)-.** *Nerf moteur, nerf sensitif. Le nerf sciatique.* **2.** *Les nerfs,* considérés comme ce qui supporte les excitations extérieures ou les tensions intérieures. *Avoir les nerfs fragiles, solides.* – loc. *C'est un paquet de nerfs,* une personne très nerveuse. *Porter, taper sur les nerfs.* → **exaspérer.** *Avoir les nerfs à vif,* fam. *en pelote ; à fleur de peau* : être facilement énervé. *Être, vivre sur les nerfs. Passer ses nerfs sur qqn,* reporter son énervement sur qqn. *Être à bout de nerfs,* surexcité. – ***Crise de nerfs*** : cris, pleurs, gestes désordonnés (→ **hystérie**). *Piquer une crise de nerfs.* – *La guerre* des nerfs.*

Neri (saint Philippe) voir **Philippe Neri** (saint)

Néris-les-Bains Commune de l'Allier. 2 588 habitants. Nécropole mérovingienne. Station thermale.

néritique adj. (allemand *neritisch*, du grec *nêritês* « coquillage », de *nereis* → néréide) géol. Relatif à la zone marine peu profonde, située au-dessus de la plateforme continentale.

Nernst (Walther) Physicien et chimiste allemand (1864-1941). Il effectua des mesures aux très basses températures pour la détermination des chaleurs spécifiques. Selon le principe, dit *de Nernst* (ou « troisième principe de la thermodynamique »), la variation d'entropie dans une transformation est nulle au zéro absolu. Prix Nobel 1920.

néroli n. m. (du n. d'une princesse italienne) Fleur d'oranger destinée à la distillation.

Néron en latin **Lucius Domitius Claudius Nero** (37-68). Empereur romain (54-68). Fils de Domitius Ahenobarbus et d'Agrippine la Jeune, il succéda à l'empereur Claude. Après un début de règne heureux, il se livra à des extravagances et commandita de nombreux assassinats (Britannicus, 55 ; Agrippine, 59). Soumis à l'influence de Poppée, qu'il avait épousée après avoir répudié Octavie, il sombra dans un despotisme sanglant, déclenchant la persécution des chrétiens après l'incendie de Rome (64). Il déjoua plusieurs complots, dont celui de Pison (65), mais, en 68, Galba fut proclamé empereur. Déclaré ennemi public, Néron quitta Rome et se fit donner la mort par un de ses affranchis.

néronien, ienne adj. littér. Digne de Néron, de sa réputation de cruauté.

nerprun n. m. (vient du latin pop. *niger prunus* « prunier noir ») Arbrisseau vivace à fruits noirs.

Neruda (Jan) Poète, conteur et critique littéraire tchèque (1834-1891). Il écrivit de courts récits pleins de poésie et d'humour évoquant la ville de Prague. *Arabesques ; Les Chants cosmiques.*

Neruda (Ricardo Neftalí Reyes, dit Pablo) Poète chilien (1904-1973). Politiquement engagé (il combattit aux côtés des républicains pendant la guerre d'Espagne et milita au parti communiste), il célébra dans une œuvre lyrique la terre, la nature, l'amour et les valeurs révolutionnaires *(L'Espagne au cœur)*. Dans son œuvre principale, *Le Chant général,* il exalte le Nouveau Continent et dénonce l'exploitation de ses peuples par les conquérants. Prix Nobel 1971.

Nerva en latin **Marcus Cocceius Nerva** (26-98). Empereur romain (96-98). Il adopta Trajan, qu'il choisit comme successeur, fondant la dynastie des Antonins.

Nerval (Gérard Labrunie, dit Gérard de) Écrivain français (1808-1855). Son œuvre en prose et en vers, teintée d'ésotérisme et

Gérard de Nerval, par Nadar (1854).

de symbolisme, mêle le rêve à la réalité, préfigurant le surréalisme, puis, dans un deuxième temps, révélant un univers hanté, par la folie qui le menace. *Aurélia ; Les Filles du feu ; Voyage en Orient.*

nervation n. f. (→ nerf) didact. Disposition des nervures d'une feuille, d'une aile d'insecte.

nerveusement adv. **1.** Par l'action du système nerveux. **2.** D'une manière nerveuse, excitée.

nerveux, euse adj. et n. (latin *nervosus*, de *nervus* → nerf) **I.** (sens I de *nerf*) **1.** Qui a des tendons vigoureux, apparents. *Mains nerveuses.* – *Viande nerveuse,* qui présente des tendons, qui est trop dure. **2.** (influence du sens II) Qui a du nerf, de l'énergie. → **vigoureux.** *Un coureur nerveux.* – *Voiture nerveuse,* qui a de bonnes reprises. – *Style nerveux,* concis et vigoureux. **II. 1.** Relatif au nerf, aux nerfs (II). *Cellule nerveuse* : neurone. ***Système nerveux*** : ensemble des structures, des éléments de tissu nerveux qui commandent les fonctions vitales (sensibilité, motricité, nutrition, respiration, etc.) et, chez les mammifères supérieurs, notamment l'homme, les facultés intellectuelles et affectives. **2.** Qui concerne les nerfs, supports de l'émotivité, des tensions psychologiques. *Des rires nerveux.* – *Maladies nerveuses* (→ **névrose**). *Dépression nerveuse. Grossesse* nerveuse.* **3.** Émotif et agité, qui ne peut garder son calme. *« La maladie m'avait rendu nerveux et irritable »* (A. Daudet). → **énervé, fébrile.** – n. *C'est une grande nerveuse.* ■ Qui a des réactions vives, incontrôlées. → **énervé.**

nervi n. m. (mot provençal « nerf ; vigueur », d'origine latine) Homme de main, tueur.

Nervi (Pier Luigi) Ingénieur et architecte italien (1891-1979). Attaché au fonctionnalisme, il s'imposa comme l'un des maîtres de l'architecture en béton armé. Il créa des structures très variées, dont le palais du Travail à Turin.

nervosité n. f. (latin, de *nervosus* → nerveux ; d'abord « énergie vitale ») État d'excitation nerveuse passagère. → **énervement, irritation, surexcitation.** *La nervosité des marchés.* → **inquiétude.**

nervure n. f. (de *nerf* [I, 1]) **1.** Fine saillie traversant la feuille d'une plante. **2.** (insectes) Filet corné qui se ramifie et soutient la membrane de l'aile. **3.** archit. Moulure arrondie, arête saillante (d'une voûte). *Les nervures d'une voûte gothique.* – → aussi **nerf** (I, 4).

nervuré, ée adj. Qui présente des nervures. □ v. tr. **nervurer** <1>

Nesbø (Jo) Écrivain norvégien (né en 1960). Dans la lignée de Mankell, Larsson ou encore Indridason, il a contribué à mettre à l'honneur le polar nordique. *L'Homme chauve-souris* ouvre la série des enquêtes menées par le dépressif et solitaire inspecteur Harry Hole.

nescafé n. m. (marque déposée) Café préparé au moyen d'une poudre soluble ; cette poudre. - abrév. fam. **nes** [nɛs] n. m.

Neshat (Shirin) Photographe et vidéaste iranienne (née en 1957). Installée à New York pour fuir la révolution islamique, elle a cherché à montrer, dans des séries de portraits en noir et blanc recouverts de textes en farsi, la condition féminine dans une société patriarcale *(Femmes d'Allah ; Le Livre des Rois)*.

Nesle (tour de) [nɛl] Ancienne défense de l'enceinte de Philippe Auguste, à Paris. Elle se situait à l'emplacement de l'actuel palais de l'Institut, face à une tour du Louvre.

Ness (loch) Lac d'Écosse, près d'Inverness. La légende du monstre Nessie contribue à la célébrité du site.

Nesselrode (Karl Vassilievitch, comte) Homme politique russe (1780-1862). Ministre des Affaires étrangères (1816-1856), il encouragea la lutte contre les mouvements nationaux en Europe occidentale.

N

Nessos ou **Nessus** Dans la mythologie grecque, centaure tué par Héraclès pour avoir tenté de violer Déjanire, l'épouse du héros grec. De son sang répandu sur sa tunique, Nessos fait l'instrument de sa vengeance et le poison qui tue Héraclès.

n'est-ce pas adv. interrog. (→ [1]être) Formule requérant l'adhésion, une réponse positive. *Vous viendrez, n'est-ce pas ? N'est-ce pas que j'ai raison ?*

Neste d'Aure ou **Grande Neste** n. f. Rivière des Pyrénées centrales, née dans le massif du Néouvielle. 65 km. Elle draine la vallée d'Aure et alimente le *canal de la Neste* avant de se jeter dans la Garonne.

Nestlé Groupe agroalimentaire multinational, créé en Suisse en 1867 par Henri Nestlé.

Nestor Roi légendaire de Pylos. Il participe à l'expédition des Argonautes et à la guerre de Troie, où il excelle comme conseiller.

Nestorius Hérésiarque chrétien (v. 380-451). Patriarche de Constantinople, il fut condamné et banni par le concile d'Éphèse (431) pour avoir défendu la thèse de la séparation des deux natures, humaine et divine, du Christ *(nestorianisme)*.

Nestroy (Johann) Acteur et auteur dramatique autrichien (1801-1862). Son théâtre fut tour à tour satirique, féerique et parodique. *L'Homme déchiré.*

[1]net, nette [nɛt] (vient du latin *nitidus* « brillant ») **I. adj. 1.** Que rien ne ternit ou ne salit. → **propre.** *Rendre net.* → **nettoyer.** – loc. fig. *Avoir la conscience nette :* n'avoir rien à se reprocher. **2.** Qui est débarrassé (de ce qui salit, encombre). *Faire place nette :* vider les lieux. – loc. ***En avoir le cœur net,*** en être assuré. **3.** Dont on a déduit tout élément étranger (opposé à *brut*). *Poids net.* – invar. *Il reste net 140 euros.* – **Net de :** exempt de. *Net d'impôt.* **4.** (dans l'ordre intellectuel) Clair. *Avoir des idées nettes. Explication claire et nette.* → **lumineux.** *Avoir la sensation très nette que... Une nette amélioration,* très sensible. *Une différence très nette.* → **marqué.** ▪ Qui ne laisse pas de place au doute, à l'hésitation. *Ma position est nette.* → **catégorique.** – *Elle a été très nette* (en paroles). ▪ (personnes) Moralement ambigu. *Il n'est pas net.* **5.** Clair, précis et distinct. *L'image n'est pas nette* (→ **flou**). – *Diction très nette.* **II. adv. 1.** D'une manière précise, tout d'un coup. *S'arrêter net. La balle l'a tué net.* **2.** *Je lui ai dit **tout net** ce que j'en pensais,* franchement. → **carrément, crûment.**

[2]net adj. invar. (mot anglais « filet ») anglic., sports Se dit d'une balle qui touche le haut du filet.

[3]Net n. m. (mot anglais « réseau » → Internet) anglic. *Le Net :* le réseau Internet.

Netanya voir **Nataniya**

Nétanyahou (Benyamin) Homme politique israélien (né en 1949). Dirigeant du Likoud, il fut Premier ministre (1996-1999), ministre des Affaires étrangères (2002-2003), ministre des Finances (2003-2005) et à nouveau Premier ministre (2009-2021 et depuis 2022). Il a mené une politique de colonisation.

Netchaïev (Sergueï Guennadievitch) Révolutionnaire russe (1847-1882). Fondateur d'un groupe révolutionnaire nihiliste et terroriste, il exerça une profonde influence sur Bakounine et collabora à son *Catéchisme révolutionnaire.*

Nèthe n. f. Rivière de Belgique, affluent du Rupel. 76 km.

nétiquette n. f. (de l'anglais, mot-valise, de *net[work]* « réseau » et *etiquette*) inform. Règles de savoir-vivre en usage sur Internet.

Neto (Agostinho) Homme politique et poète angolais (1922-1979). Cofondateur en 1956 du Mouvement populaire pour la libération de l'Angola, il fut président de la République de 1975 à sa mort.

nettement adv. **1.** Avec clarté. → **clairement.** *S'expliquer nettement.* – D'une manière qui paraît claire, incontestable. – Beaucoup, très. *Il va nettement mieux.* **2.** D'une manière claire, très visible. → **distinctement.**

netteté n. f. Caractère de ce qui est net. → **clarté, précision.**

nettoiement n. m. Ensemble des opérations ayant pour but de nettoyer. → **assainissement, nettoyage.**

nettoyage n. m. **1.** Action de nettoyer ; son résultat. *Nettoyage d'une façade* (→ **ravalement**), *du linge* (→ **blanchissage, lavage**). *Nettoyage à sec.* – *Nettoyage par le vide.* **2.** milit. Action de débarrasser un lieu d'ennemis. *Le nettoyage d'une position.*

nettoyant, ante adj. et n. m. Qui nettoie, détache. – n. m. *Nettoyant ménager.*

nettoyer v. tr. <8> (de *net,* suffixe *-oyer ;* remplace l'ancien français *noiier,* qui vient du latin pop., de la même famille) **1.** Rendre net, propre. *Nettoyer des vêtements* (→ **laver**), *la maison* (→ **faire le ménage**). **2.** fam. Vider (un lieu) de son contenu. – Priver (qqn) de son argent. *Se faire nettoyer au jeu.* **3.** Débarrasser (un lieu) de gens dangereux, d'ennemis. *L'armée a nettoyé la région.* – fam. Éliminer en tuant. → **liquider.**

nettoyeur, euse 1. n. Personne qui nettoie. **2.** n. m. Appareil servant à nettoyer. **3.** n. m. (Canada) Établissement où l'on nettoie et repasse les vêtements. → **pressing, teinturerie.**

Netzahualcóyotl Ville du Mexique, dans l'agglomération de Mexico. 1 104 600 habitants. Elle a longtemps constitué le plus important bidonville du monde.

Neubourg (Le) Commune de l'Eure, dans la plaine de Neubourg. 4 254 habitants. Grande culture, élevage. Aux environs, château du Champ-de-Bataille (1686-1701).

Neubrandenburg Ville d'Allemagne, au N. de Berlin (Mecklembourg-Poméranie-Antérieure). 64 000 habitants. Carrefour de communication et centre industriel.

Neuchâtel (canton de) Canton de l'O. de la Suisse. 803 km^2. 178 567 habitants. Chef-lieu : Neuchâtel. Culture fruitière, viticulture. Industrie. Horlogerie. Possession de la Prusse (1707-1806 ; 1814-1848), la région de Neuchâtel entra en 1815 dans la Confédération suisse.

Neuchâtel Ville de Suisse, au pied du Jura, au bord du *lac de Neuchâtel* (216 km^2). 33 772 habitants. Château (XIIe-XVIe s.), collégiale (XIIe-XIIIe s.), maison des Halles (XVIe s.). Centre administratif et universitaire. Station touristique. Horlogerie.

Neuengamme Lieu-dit au S.-E. de Hambourg (Allemagne). Un camp de concentration y fut établi de 1939 à 1945.

Nétanyahou (Benyamin)

Benyamin Nétanyahou en 2007 à la Knesset.

Neue Zürcher Zeitung Quotidien suisse germanophone fondé à Zurich en 1780.

[1]neuf (vient du latin *novem*) **1. adj. numéral cardinal invar.** Huit plus un (9). *Les neuf Muses.* – loc. *Neuf fois sur dix.* **2. adj. numéral ordinal invar.** Neuvième. *Le chapitre neuf.* **3. n. m. invar.** Le nombre neuf. *La preuve par neuf.* – Le chiffre, le numéro neuf. *Neuf arabe* (9), *romain* (IX). – Carte marquée de neuf points. *Le neuf de cœur.*

[2]neuf, neuve (vient du latin *novus,* adj. et *novum,* n. [→ nouveau, novateur, rénover], même racine que le grec *neos* → néo-) **I. adj. 1.** Qui vient d'être fait et n'a pas encore servi (opposé à *ancien, vieux ; usé*). *Livres neufs et livres d'occasion.* – *À l'état neuf ; tout neuf ;* loc. *flambant neuf :* en très bon état, qui semble n'avoir jamais servi. – fig. *Un regard neuf. Elle est toute neuve dans le métier.* → **inexpérimenté. 2.** Qui est nouveau, original. *« On croit [...] qu'il suffit qu'une idée soit neuve pour qu'elle soit nouvelle [...] Quelle erreur »* (Péguy). **3.** fam. ***Qqch. de neuf :*** des faits récents pouvant amener un changement. *Alors, quoi de neuf ? Rien de neuf.* **II. n. m. sing. 1.** *Le neuf :* ce qui est neuf. *Il ne vend que du neuf.* **2. *De neuf :*** avec qqch. de neuf. *Être vêtu de neuf.* **3. *À neuf :*** de manière à rendre l'état ou l'apparence du neuf. *Studio refait à neuf.* → **rafraîchir, rénover.**

Neuf-Brisach [nøbʀizak] Commune du Haut-Rhin, sur le canal du Rhône au Rhin. 1 955 habitants. Ancienne place forte construite par Vauban en 1699.

Neufchâteau [nøʃato] Chef-lieu d'arrondissement des Vosges, au confluent de la Meuse et du Mouzon. 6 644 habitants. Église des XIIe-XIIIe s., hôtel de ville du XVIe siècle.

neufchâtel [nøʃatɛl] n. m. (du n. de la ville de *Neufchâtel-en-Bray*) Fromage de vache à pâte molle, fabriqué en Normandie.

Neuhof ou **Neuhoff (Theodor, baron de),** dit **le roi Théodore** Aventurier allemand (1694-1756). Officier, il participa à une expédition en Corse, où il se fit nommer roi (1736) sous le nom de Théodore Ier.

Neuilly-sur-Marne Commune de la Seine-Saint-Denis. 36 535 habitants. Église gothique (XIIe-XIIIe s.).

Neuilly-sur-Seine Commune des Hauts-de-Seine, au N. du bois de Boulogne. 59 388 habitants. Île de la Grande Jatte, hôpital américain de Paris. Ville résidentielle et tertiaire. ▪ **Le traité de Neuilly** fut signé le 27 nov. 1919 entre les Alliés et la Bulgarie. Celle-ci cédait des territoires à la Grèce, à la Roumanie et à la Yougoslavie, et devait réduire son armée.

Neumann (Johann Balthasar) Architecte allemand (1687-1753). Il dirigea la construction de la résidence des princes Schönborn à Würzburg, ainsi que de nombreux châteaux de style baroque tardif ou rococo.

Neumann (Johannes devenu **John von)** Mathématicien américain d'origine hongroise (1903-1957). Il présenta la mécanique quantique sous une forme axiomatique *(Fondements mathématiques de la mécanique quantique),* participa à l'essor de la cybernétique et s'intéressa à la théorie des jeux (*Théorie des jeux et du comportement économique,* avec O. Morgenstern).

neume n. m. (latin médiéval, du grec *pneuma* « souffle » → pneumatique) hist. mus. Signe (note carrée) servant à noter le plain-chant.

Neumeier (John) Danseur et chorégraphe américain (né en 1939). Directeur du Ballet de Hambourg depuis 1973, il est l'auteur de mises en scène inventives d'œuvres classiques et néoclassiques. *La Dame aux camélias.*

Neumünster Ville d'Allemagne (Schleswig-Holstein). 79 900 habitants. Centre industriel.

neuneu adj. invar. en genre (p.-ê. redoublement analogue à *nunuche,* à rapprocher de *[tête de] nœud*) fam. Niais, un peu bête. *Elles sont un peu neuneus.*

Neuquén Ville d'Argentine, au confluent du *río Neuquén* et du *río Limay*, qui forment le río Negro. 203 000 habitants.

neural, ale, aux adj. (→ neur[o]-) biol. Relatif au système nerveux.

neurasthénie n. f. (→ asthénie) vieilli État durable d'abattement accompagné de tristesse.

neurasthénique adj. vieilli Abattu, triste sans motifs précis et de manière durable. → **déprimé.** – n. *Un, une neurasthénique.*

Neurath (Konstantin, baron von) Homme politique allemand (1873-1956). Ministre des Affaires étrangères (1932-1938), il devint protecteur de Bohême-Moravie en 1939. Il fut condamné à 15 ans de prison au procès de Nuremberg.

Neurath (Otto) Philosophe et logicien allemand d'origine autrichienne (1882-1945). Membre du cercle de Vienne, il dirigea à Chicago l'*International Encyclopedia of Unified Science,* aux côtés de R. Carnap et de C. Morris.

neur(o)- Élément (du grec *neuron* « tendon ») qui signifie « nerf ». - var. anc. **névr(o)-.**

neurobiologie n. f. Étude du fonctionnement des cellules et des tissus nerveux. □ n. **neurobiologiste**

neuroblaste n. m. (de *neuro-* et du grec *blastos* « germe ») biol. Cellule nerveuse embryonnaire.

neurochimie n. f. Science qui étudie les constituants chimiques du système nerveux.

neurochirurgie n. f. Chirurgie des nerfs, des centres nerveux. □ adj. **neurochirurgical, ale, aux**

neurochirurgien, ienne n. Chirurgien qui pratique la neurochirurgie.

neurodégénératif, ive adj. méd. Qui provoque la dégénérescence du système nerveux. *Maladies neurodégénératives.*

neurodépresseur n. m. (de *neuro-* et du radical de *dépression* + suffixe) méd. Médicament qui fait baisser la tension, ralentit diverses activités cérébrales, en agissant sur le système nerveux central. → **sédatif, tranquillisant.**

neuroendocrinien, ienne adj. (→ endocrine) méd. Relatif aux phénomènes engendrés dans l'organisme par le système nerveux et les glandes endocrines.

neuroendocrinologie n. f. Science qui étudie les effets exercés sur l'organisme par le système nerveux et les glandes endocrines.

neurofibromatose n. f. (de *neuro-, fibrome* et ²*-ose*) méd. Maladie génétique qui se manifeste par des tumeurs nerveuses et des taches cutanées.

neuroleptique adj. et n. m. (de *neuro-* et du grec *leptikos* « qui prend ») méd. (médicament) Qui exerce une action calmante globale sur le système nerveux. – n. m. *Les neuroleptiques entrent dans le traitement des psychoses.*

neurolinguistique n. f. Étude des relations entre les facteurs neurologiques des troubles du langage et leur expression.

neurologie n. f. Branche de la médecine qui étudie le système nerveux et ses maladies.

neurologique adj. Qui a rapport aux nerfs ou à la neurologie.

neurologue n. Médecin spécialisé en neurologie.

neuromédiateur n. m. physiol. Médiateur chimique assurant la transmission de l'influx nerveux. → **neurotransmetteur.**

neuromoteur, trice adj. Relatif aux nerfs moteurs.

neuromusculaire adj. Qui concerne les muscles et leurs commandes nerveuses.

neuronal, ale, aux adj. Du neurone.

neurone

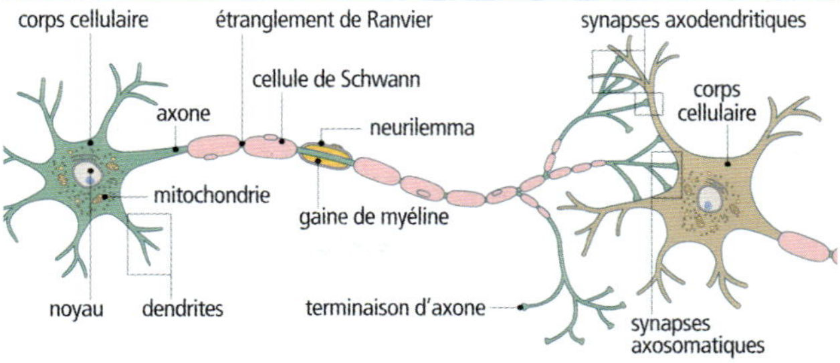

Les dendrites reçoivent des informations d'autres neurones. Les messages nerveux générés se propagent le long des axones et sont transmis au niveau des synapses.

neurone n. m. (grec *neuron* → neur[o]-) Cellule nerveuse. – fig. et fam. *Se torturer les neurones :* réfléchir.

neuropathie n. f. (de *neuro-* + *-pathie*) didact. Maladie du système nerveux.

neuropeptide n. m. biol. Peptide synthétisé par les neurones.

neurophysiologie n. f. didact. Physiologie du système nerveux.

neuropsychiatre n. didact. Spécialiste de neuropsychiatrie.

neuropsychiatrie n. f. didact. Discipline médicale qui englobe la psychiatrie, la neurologie et leurs relations.

neuropsychologie n. f. Étude des phénomènes psychiques en liaison avec la physiologie nerveuse, notamment celle du cerveau.

neurosciences n. f. pl. didact. Ensemble des disciplines étudiant le système nerveux. □ adj. et n. **neuroscientifique**

neurotoxine n. f. biol. Toxine qui agit spécifiquement sur le système nerveux.

neurotoxique adj. *Gaz neurotoxique :* gaz toxique qui atteint le système nerveux. – n. m. *Un neurotoxique.*

neurotransmetteur n. m. physiol. Substance qui assure la transmission de l'influx nerveux. → **neuromédiateur.**

neurotrope adj. (de *neuro-* + *-trope*) biol. (germe, virus) Qui se fixe surtout sur le système nerveux. *Virus neurotropes.*

neurovégétatif, ive adj. physiol. *Système neurovégétatif,* qui contrôle les grandes fonctions involontaires (vie végétative) : circulation, excrétion, etc.

neurula n. f. (de *neur[o]-*, d'après *morula*) embryol. Stade du développement embryonnaire des vertébrés, où se forme l'ébauche du système nerveux (après la *gastrula*).

Neusiedl (lac de) ou **lac de Fertö** Lac situé à la frontière austro-hongroise. Environ 300 km². Base de loisirs.

Neuss Ville d'Allemagne (Rhénanie-du-Nord-Westphalie), sur le Rhin, face à Düsseldorf. 153 100 habitants. Église romane (XIIIe s.). Port fluvial. Centre industriel actif.

Neustrie n. f. Royaume franc mérovingien constitué à la mort de Clotaire Ier (561) et limité par la mer du Nord, la Meuse et la Loire. La Neustrie s'opposa à l'Austrasie.

Neutra (Richard Joseph) Architecte américain d'origine autrichienne (1892-1970). Adepte du plan libre et de la structure métallique, il étudia les procédés de préfabrication et s'imposa dans la construction de maisons particulières, notamment des résidences luxueuses.

neutralisant, ante adj. Qui neutralise.

neutralisation n. f. **1.** Action de neutraliser, d'équilibrer. **2.** Action de déclarer neutre (un territoire), de retirer (à qqn) la qualité de belligérant.

neutraliser v. tr. < 1 > (du latin *neutralis,* de *neuter* → neutre) Rendre neutre. **1.** Assurer la qualité de neutre à (un État, un territoire, une ville). **2.** Empêcher d'agir, par une action contraire qui tend à annuler les efforts ou les effets ; rendre inoffensif. *Neutraliser l'adversaire. Neutraliser un terroriste,* le maîtriser ; par euphémisme l'abattre. – *Neutraliser la circulation,* l'arrêter momentanément. – v. pron. (récipr.) *Effets qui se neutralisent.* ■ chim. *Neutraliser une solution* (→ **neutre** (III, 1)). – *Neutraliser une couleur.*

neutralisme n. m. (pays, État) Doctrine qui tend à maintenir la neutralité vis-à-vis de puissances antagonistes.

neutraliste adj. Favorable à la neutralité. *Les pays neutralistes.* – n. *Les neutralistes.*

neutralité n. f. (du latin *neutralis,* de *neuter* → neutre) **1.** Caractère, état d'une personne qui reste neutre (2). – spécialt *Neutralité bienveillante* (de l'analyste au cours d'une cure). **2.** État d'une nation qui ne participe pas à une guerre.

neutre adj. (latin *neuter* « aucun des deux ») **I. 1.** Qui ne participe pas à un conflit. *Pays neutre.* – n. *Les neutres :* les nations neutres. – *Navire neutre.* **2.** Qui s'abstient de prendre parti. → **impartial, ¹objectif.** *Rester neutre dans un débat.* **II.** Qui appartient à une catégorie grammaticale où ne se manifestent pas les formes du masculin et du féminin. *Le genre neutre en latin.* – n. m. *Le neutre.* **III.** Qui n'est ni positif ni négatif. **1.** chim. Qui n'est ni acide, ni basique. *Solution neutre.* **2.** sc., techn. Qui n'a pas de charge électrique. *Particule neutre.* → **neutron. IV.** Sans caractère affirmé. **1.** *Couleur neutre,* indécise, sans éclat (opposé à *vif*). **2.** Dépourvu de passion ; froid, détaché, objectif. *Répondre d'un ton neutre.* **V.** *Le sexe neutre,* celui des personnes intersexuées. → **intersexe.**

N

neutrino n. m. (italien [créé par E. Fermi], diminutif de *neutro* → neutre) Particule élémentaire neutre, de masse infime.

neutron n. m. (mot anglais [créé par W. Sutherland], de *neuter* → neutre, suffixe *-on* cf. **électron, proton**) Particule élémentaire, électriquement neutre, constitutive du noyau atomique (sauf du noyau d'hydrogène normal). *Neutrons et protons. Bombe à neutrons.* □ adj. **neutronique**

neutrophile adj. et n. m. (de *neutre* et *-phile*) didact. Qui retient le mélange de colorants acides et basiques (opposé à *acidophile* et à *basophile*). – n. m. *Les neutrophiles :* les leucocytes polynucléaires du sang.

neuvain n. m. (de ¹*neuf*) Strophe, poème de neuf vers.

neuvaine n. f. (de ¹neuf) relig. cathol. Série d'exercices de piété et de prières poursuivie pendant neuf jours.

Neuvic Commune de la Corrèze. 1 664 habitants. Musée de la Résistance. Barrage de *Neuvic-d'Ussel.* Station climatique.

neuvième adj. **1.** adj. numéral ordinal Qui suit le huitième. loc. *Le neuvième art :* la bande dessinée. – *Être neuvième dans un classement.* – n. *Le, la neuvième.* **2.** (fraction) *La neuvième partie d'un tout.* □ adv. **neuvièmement**

Neuvy-Saint-Sépulchre Commune de l'Indre. 1 651 habitants. Église collégiale du XIe siècle.

Neva n. f. Fleuve de Russie. 74 km. Issue du lac Ladoga, la Neva traverse Saint-Pétersbourg et se jette dans le golfe de Finlande.

Lumière hivernale sur la Neva gelée à Saint-Pétersbourg.

Nevada (sierra) n. f. Chaîne montagneuse du S. de l'Espagne, culminant au Mulhacén (3 482 m).

Nevada (sierra) n. f. Chaîne montagneuse de l'O. des États-Unis, culminant au mont Whitney (4 418 m).

Nevada n. m. État de l'O. des États-Unis, dans le Grand Bassin (Rocheuses). 286 367 km². 3,1 millions d'habitants. Capitale : Carson City. État très aride, le Nevada connaît une forte activité touristique (Las Vegas). Importantes ressources minières.

Nevada de Santa Marta (sierra) n. f. Massif montagneux de Colombie atteignant 5 780 m au Pico C. Colón.

ne varietur [nevaʀjetyʀ] loc. adv. et loc. adj. invar. (mots latins « pour qu'il ne soit pas changé ») didact. Sans possibilité de changement. – *Édition ne varietur,* dans sa forme définitive.

névé n. m. (provençal ; famille du latin *nix, nivis* « neige » → neiger) Amas de neige durcie qui alimente parfois un glacier.

Nevelson (Louise) née **Berliawsky** Sculptrice américaine d'origine russe (1900-1988). Elle appliqua certains principes de l'art mexicain dans ses reliefs muraux et, dans ses dernières œuvres, utilisa l'acier et le plexiglas. Elle est surtout connue pour ses « murs » faits d'objets du quotidien récupérés.

Nevers Chef-lieu de la Nièvre, au confluent de la Nièvre et de la Loire. 32 284 habitants. Cathédrale romane et gothique. Palais ducal Renaissance. Musées. Aux environs, circuit automobile de Nevers-Magny-Cours. Centre commercial et industriel. Faïences d'art.

Nevers, le pont de Loire et la cathédrale Saint-Cyr-et-Sainte-Julitte (VIe-XXe s.).

neveu n. m. (vient du latin *nepos, nepotis* → népotisme) Fils du frère, de la sœur ou (par alliance) du beau-frère ou de la belle-sœur. *Neveux et nièces.* – loc. *Neveu à la mode de Bretagne* : fils d'un cousin germain ou d'une cousine germaine. ■ loc. fam. *Un peu, mon neveu !* (→ et comment !).

névralgie n. f. (de *névr[o]-* et *-algie*) **1.** Douleur ressentie sur le trajet d'un nerf sensitif. *Névralgie faciale.* **2.** (abusif en méd.) Mal de tête. → migraine.

névralgique adj. **1.** Relatif à la névralgie. *Douleur névralgique.* **2.** loc. fig. *Point névralgique* : endroit le plus sensible. – *Manhattan est le centre névralgique des affaires à New York.*

névrite n. f. Lésion inflammatoire des nerfs (→ polynévrite).

névr(o)- voir neur(o)-

névroglie n. f. (de *névr[o]-* et du grec *gloios* « glu », par l'allemand) anat. Tissu conjonctif de soutien du système nerveux, qui se trouve entre les neurones.

névropathe adj. et n. (→ -pathe) vieilli Qui souffre de névrose. → névrosé.

névrose n. f. (d'abord *neurose ;* du grec *neuron* « nerf » → neur[o]- et de *-ose*) psych. Affection caractérisée par des troubles affectifs et émotionnels sans cause anatomique, et intimement liée à la vie psychique du sujet. *Névrose obsessionnelle. Les névroses et les psychoses.*

névrosé, ée adj. et n. psych. Qui souffre d'une névrose.

névrotique adj. Relatif à une névrose. – *Un comportement névrotique.*

Nevski voir Alexandre Nevski

Newark Ville des États-Unis (New Jersey), près de New York. 311 540 habitants. Centre commercial, financier et culturel. Universités. Le port fait partie de celui de New York. 3e aéroport de New York.

Newcastle Ville d'Australie (Nouvelle-Galles du Sud), sur la mer de Tasman. 288 800 habitants. Important port et centre industriel au cœur du gisement houiller de Hunter.

Newcastle upon Tyne Ville d'Angleterre (Tyne et Wear), sur la mer du Nord. 260 000 habitants. Industries chimique et automobile.

Newcomb (Simon) Mathématicien et astronome américain (1835-1909). Il étudia les planètes et découvrit des constantes fondamentales en astronomie (précession, parallaxe solaire).

Newcomen (Thomas) Mécanicien anglais (1663-1729). Il fut, avec T. Savery, l'inventeur de la première machine à vapeur commercialisée, utilisée pour vider l'eau des mines.

New Deal n. m. Politique socioéconomique préconisée aux États-Unis par F. D. Roosevelt en réponse à la crise économique de 1929. Le New Deal (« nouvelle donne ») se caractérisa par une forte intervention de l'État fédéral dans la vie économique et sociale.

New Delhi Capitale de l'Inde, partie de l'agglomération de Delhi. 295 000 habitants. Construite par les Britanniques au S. de la vieille ville, elle a été inaugurée en 1931.

New Hampshire n. m. État du N.-E. des États-Unis, en Nouvelle-Angleterre. 24 192 km². 1,37 million d'habitants. Capitale : Concord.

Newhaven Ville du S.-E. de l'Angleterre (East Sussex), à l'E. de Brighton, sur la Manche. 9 000 habitants. Port et station balnéaire.

New Haven Ville des États-Unis (Connecticut), sur le détroit de Long Island. 134 000 habitants. Port. Université Yale.

Ne Win Général et homme d'État birman (1911-2002). À la suite d'un coup d'État contre U Nu, il devint Premier ministre (1962-1973), puis chef de l'État (1973-1981).

New Jersey n. m. État de l'E. des États-Unis, sur la côte Atlantique. 21 300 km². 9,28 millions d'habitants. Capitale : Trenton. Industries diverses. Tourisme (Appalaches). Université de Princeton.

new-look ou **newlook** [njuluk] n. m. invar. et adj. invar. (mot créé par Christian Dior d'après l'anglais « nouvel aspect » → look) anglic. **1.** Se dit du style de vêtements créé par Christian Dior à la fin des années 1940. **2.** vieilli ou iron. Se dit de ce qui présente un aspect nouveau (sur le plan social, politique...).

Newman (John Henry) Théologien britannique (1801-1890). Prêtre anglican, il anima le Mouvement d'Oxford qui visait à rapprocher l'Église d'Angleterre du catholicisme. Il introduisit l'Oratoire en Angleterre (1848) et devint cardinal (1879). *Grammaire de l'assentiment.*

Newman (Baruch, dit Barnett) Peintre et sculpteur américain (1905-1970). Il fonda l'école de New York avec M. Rothko. Ses toiles, souvent très grandes et recouvertes de vastes plages de couleurs, sont d'un style abstrait volontiers mystique. *Shining Forth (to George)* (bichromie en blanc et noir).

Newman (Paul) Acteur et cinéaste américain (1925-2008). Il joua notamment pour Arthur Penn *(Le Gaucher),* Otto Preminger *(Exodus),* Robert Rossen *(L'Arnaqueur),* Alfred Hitchcock *(Le Rideau déchiré).* Il réalisa lui-même quelques films *(Rachel, Rachel).*

Paul Newman dans *Butch Cassidy et le Kid* de George Roy Hill (1969).

New Orleans voir Nouvelle-Orléans (La)

Newport Ville du N.-E. des États-Unis (Rhode Island). 27 000 habitants. Festival de jazz. Centre nautique.

Newport Ville de Grande-Bretagne, dans le pays de Galles (Gwent), sur l'estuaire de la Severn. 137 000 habitants. Amphithéâtre romain, cathédrale. Important centre industriel.

Newport News Ville des États-Unis (Virginie), sur la côte N. du port de Hampton Roads. 186 240 habitants. Chantiers navals.

newsletter [njuzlɛtœʀ] n. f. (mot anglais, de *news* « nouvelles » et *letter* « lettre ») anglic. Lettre d'information périodique d'un site web. → régional infolettre. *S'abonner à la newsletter d'un musée.* - recomm. offic. lettre d'information.

newsmagazine [njuzmagazin] n. m. (mot anglais, de *news* « nouvelles » et *magazine*) anglic. Magazine hebdomadaire consacré à l'actualité.

New Taipei City ou **Nouveau Taipei** Ville de l'île de Taiwan, créée en 2010, qui entoure Taipei, la capitale. 3,9 millions d'habitants.

newton [njutɔn] n. m. (du n. d'Isaac Newton) sc. Unité de mesure de force (symb. N), correspondant à une accélération de 1 m/s² communiquée à une masse de 1 kg.

Newton (sir Isaac) Mathématicien, physicien et astronome anglais (1642-1727). Il découvrit la loi de gravitation universelle, établissant les fondements de la physique moderne (avant les bouleversements liés à la physique quantique au XXe s.). Ayant défini les notions de masse et de force, il énonça les trois lois de la dynamique (principe d'inertie, proportionnalité de la force et de l'accélération, loi de l'action et de la réaction). En mathématiques, il élabora le calcul infinitésimal. Dans le domaine de l'optique, il perfectionna le télescope et découvrit la décomposition de la lumière blanche. *Principes mathématiques de la philosophie naturelle ; Optique.*

Newton **(Helmut Neustädter, dit Helmut)** Photographe australien d'origine allemande (1920-2004). Il travailla pour plusieurs magazines *(Vogue ; Elle)*, renouvelant le style de la photo de mode.

Helmut Newton en 2002, devant l'une de ses photographies, *Le Collier de perles*.

newtonien, ienne **adj. et n. 1.** Relatif à Newton, à son système. **2.** Partisan des théories de Newton.

Newtownabbey Ville d'Irlande du Nord (comté d'Antrim), dans la banlieue N. de Belfast. 65 900 habitants. Industrie informatique.

new wave [njuwɛv] **n. f. invar. (mots anglais « nouvelle vague ») anglic.** Courant musical né à la fin des années 1970, caractérisé par l'utilisation des instruments électroniques. – appos. *Des concerts new wave.* - var. **new-wave.**

New Westminster Ville du Canada (Colombie-Britannique), près de Vancouver. 70 996 habitants. Port d'exportation (bois, cuivre, zinc, céréales). Industrie du bois.

New York **n. m.** État du N.-E. des États-Unis. 127 433 km^2. 19,4 millions d'habitants. Capitale : Albany. Premier État du pays pour l'industrie, le commerce et les activités financières, il a pour ville principale New York.

New York Ville des États-Unis (État de New York), à l'embouchure de l'Hudson, sur l'Atlantique. 8,8 millions d'habitants (agglomération 21,2 millions). La ville se compose de cinq districts (Manhattan, Bronx, Queens, Brooklyn, Richmond) et comprend plusieurs petites îles dont Liberty Island où se trouve la statue de la Liberté, Manhattan étant l'île principale. Cosmopolite et multiraciale, New York est une place financière de premier plan (Wall Street), possède l'un des premiers ports du monde, et connaît une activité culturelle intense (Metropolitan Museum of Art, Museum of Modern Art, musée Guggenheim, New York Philharmonic Orchestra...). Le 11 septembre 2001, al-Qaida précipita deux avions dans les tours du World Trade Center. Un mémorial est construit à cet emplacement. La ville de New York abrite le siège de l'Organisation des Nations unies.

New York Herald Tribune Quotidien américain, né en 1924 de la fusion du *New York Herald* et du *New York Tribune*. Il ne subsiste aujourd'hui de ce journal que l'*International Herald Tribune*, son édition internationale.

New York Times Quotidien américain, fondé en 1851. Il a donné naissance à l'un des principaux groupes multimédias des États-Unis.

Ney **(Michel) duc d'Elchingen, prince de la Moskova** Maréchal de France (1769-1815). Il s'illustra lors des guerres napoléoniennes, notamment à Elchingen et à Ulm (1805), à Friedland (1807) et à la Moskova, lors de la campagne de Russie (1812). Il se rallia à Louis XVIII, qui le fit pair de France, puis rejoignit l'Empereur pendant les Cent-Jours et participa à la bataille de Waterloo. Il fut condamné à mort par la Chambre des pairs et fusillé.

Neymar **(Neymar da Silva Santos Junior dit)** Footballeur brésilien (né en 1992). Au FC Barcelone, où il remporta la Ligue des champions 2015, il forma avec Messi et Suarez le célèbre trio d'attaque MSN. Il devint en 2017 le joueur le plus cher du monde avec son transfert au Paris Saint-Germain.

nez **n. m. (vient du latin *nasus* → nasal)** **I. 1.** Partie saillante du visage, entre le front et la lèvre supérieure, et qui abrite l'organe de l'odorat (fosses nasales). → fam. ^{2}**pif**, ^{2}**tarin.** *Le bout du nez.* – fam. *Les trous de nez* : les narines. – *Nez droit, grec. Nez camus. Nez aquilin, en bec d'aigle. Nez en trompette. Grand, gros nez. La tirade du nez du « Cyrano » de Rostand.* – *Se boucher le nez*, pour ne pas sentir une odeur désagréable. – *Parler du nez.* → **nasiller.** *Saigner du nez.* – loc. *Ça sent le gaz **à plein nez**,* très fort. – *Avoir le nez bouché. Nez qui coule.* ■ allus. *« Le nez de Cléopâtre : s'il eût été plus court, toute la face de la terre aurait changé »* (Pascal) : elle aurait été moins belle, Antoine ne l'aurait pas aimée, etc. **2.** loc. fig. *Mener qqn par le bout du nez*, le mener à sa guise. – *Ne pas voir plus loin que le bout de son nez* : manquer de discernement, de clairvoyance. – *À vue de nez* : à première estimation. – *Cela lui pend au nez* : cela va lui arriver. ■ fam. *Les doigts dans le nez* : sans aucune difficulté. – *Se bouffer le nez* : se disputer violemment. *Avoir un verre dans le nez* : être éméché. **3.** Face, figure, visage (dans des loc.). *Montrer son nez, le bout de son nez* : se montrer à peine ; fig. se manifester. *Mettre le nez, son nez à la fenêtre.* – fam. (surtout négatif) *Mettre le nez dehors* : sortir. – *Piquer du nez*, laisser tomber sa tête en avant (en s'endormant). ■ fig. *Fourrer son nez partout* : être très curieux, indiscret. – *Se casser le nez* : trouver porte close ; essuyer un échec. – *Se trouver **nez à nez** avec qqn*, le rencontrer brusquement, à l'improviste. – *Au nez de qqn* : devant lui, sans se cacher (avec une idée de bravade, d'impudence). *Elle lui a ri au nez.* – (choses) *Passer sous le nez*, échapper à (qqn) après avoir semblé être à sa portée. **4.** (le nez, organe de l'odorat) loc. fam. *Avoir qqn dans le nez*, le détester. – (symbole du flair, de la perspicacité) loc. *Avoir du nez ; avoir le nez creux.* ■ (personnes) Créateur de parfums. – Goûteur de vins. **5.** (animaux) → **mufle, museau ; groin. II.** par analogie Partie saillante située à l'avant (de qqch.). → ^{2}**avant.** *L'avion pique du nez.*

New York

New York, la statue de la Liberté sur Liberty Island et, en arrière-plan, les gratte-ciels de Manhattan.

Neymar

Neymar pendant le match de Coupe de France opposant le PSG à Rennes, le 7 janvier 2018.

Nézet-Séguin **(Yannick)** Chef d'orchestre canadien (québécois) [né en 1975]. Il dirige l'Orchestre métropolitain de Montréal depuis 2000, l'Orchestre de Philadelphie depuis 2012 et a pris la tête du Metropolitan Opera de New York en 2018.

Nezval **(Vítězslav)** Poète tchèque (1900-1958). D'abord influencé par le surréalisme *(Prague aux doigts de pluie)*, il s'orienta vers le réalisme socialiste *(Staline ; Le Chant de la paix)*.

NFT **n. m. (sigle anglais, de *Non Fungible Token*) anglic.** Certificat cryptographique associé à un objet numérique (image, vidéo, musique...) dont l'authenticité et la traçabilité sont garanties par la blockchain. *Les œuvres d'art numériques s'échangent sous forme de NFT.* – Cet actif numérique. *Le marché des NFT.*

Ngô Báo Châu Mathématicien français d'origine vietnamienne (né en 1972). Auteur de recherches sur les liens entre l'arithmétique, l'analyse et la géométrie, il a obtenu la médaille Fields en 2010.

Ngô Đình Diệm Homme d'État vietnamien (1901-1963). Il proclama en 1955 la république du Viêtnam du Sud et fut président de 1956 à 1963. Renversé par un putsch, il fut assassiné.

Ngorongoro **(cratère du)** Vaste caldeira du N. de la Tanzanie, occupée par un lac salé. Réserve d'animaux.

Le cratère du Ngorongoro, zone protégée de plateaux et de savanes.

N

Nguyễn Grande famille du Viêtnam, qui unifia le pays et lui donna son nom en 1804.

Nguyễn Du Poète vietnamien (1765-1820). Son *Histoire de Kieu*, roman en vers, est un chef-d'œuvre de la littérature vietnamienne.

Nguyễn Trãi Homme politique et lettré vietnamien (1380-1442). Il contribua à l'élaboration de la langue nationale.

Nguyễn Văn Thiệu Général et homme d'État vietnamien (1923-2001). Il fut président de la république du Viêtnam du Sud de 1967 à 1975.

Nha Trang Ville du S. du Viêtnam, sur la mer de Chine méridionale. 292 700 habitants. Université. Port de commerce.

ni conj. (vient du latin *nec*, de *neque* « et… ne pas ») Conjonction servant à nier *et* et *ou*. **I.** *NI* accompagné de *NE* **1.** joignant deux (ou plusieurs) mots ou groupes de mots à l'intérieur d'une proposition négative (avec *ne… pas, point, rien*) *Je n'ai pas de cigarettes ni de feu. Rien de doux ni d'agréable.* – (avec *ne* seul ; *ni* est répété devant chaque terme) *Je n'ai ni cigarette ni feu. Ne dire ni oui ni non. Ce n'est ni bon ni mauvais. Elle ne veut ni manger ni boire. Ni elle ni lui ne me plaisent.* n. m. *La politique du ni…ni*, ni gauche ni droite. (accord au sing. lorsque les sujets s'excluent) *Ce n'est ni ton projet ni le sien qui sera choisi.* – **Ni même** (*même* renforce *ni*). *Je ne crois pas le connaître, ni même en avoir entendu parler.* **2.** littér. (joignant plusieurs propositions négatives) « *Il n'avance ni ne recule* » (Maupassant). **II.** *NI*, sans *NE* **1.** dans des propositions sans verbe *Irez-vous ? Ni ce soir ni demain.* **2.** loc. (après *sans, sans que* + subj.) *Du thé sans sucre ni lait. Elle est partie sans que toi ni moi le sachions.* **3.** (avec un compar. d'inégalité) « *Patience et longueur de temps / Font plus que force ni que rage* » (La Fontaine).

niable adj. (surtout négatif) Qui peut être nié (opposé à *indéniable*).

Niagara n. m. Rivière du Canada, au S. de l'Ontario. 54 km. Le Niagara forme une partie de la frontière entre les États-Unis et le Canada, et joint le lac Ontario au lac Érié. Il est coupé par les *chutes (du) Niagara*.

Niagara Falls Ville du Canada (Ontario), à la frontière canado-américaine. 96 880 habitants. Tourisme (chutes Niagara). Un pont routier et ferroviaire relie la ville canadienne à son homonyme américain.

Niagara Falls Ville des États-Unis (État de New York), à la frontière canadienne. 48 670 habitants. Tourisme (chutes du Niagara).

Les chutes (du) Niagara, « tonnerre des eaux » en iroquois, sont les plus puissantes d'Amérique du Nord.

niais, niaise adj. (vient du latin *nidax, nidacis*, de *nidus* → nid ; d'abord « [jeune faucon] pris au nid ») Dont la simplicité, l'inexpérience va jusqu'à la bêtise. → **nigaud, simplet** ; fam. **godiche**. – n. *Pauvre niais ! – Air, sourire niais.* → **béat.**

niaisement adv. D'une façon niaise.

niaiser v. < 1 > (de *niais*) (Canada) fam. **1.** v. intr. Perdre son temps à des futilités ; ne rien faire. **2.** v. tr. Faire marcher, taquiner (qqn). ■ n. m. **niaisage**

niaiserie n. f. **1.** Caractère d'une personne ou d'une chose niaise. → **bêtise, crédulité.** **2.** *Une, des niaiseries* : action, parole de niais. → **ânerie, bêtise.** – Sujet futile. *S'occuper à des niaiseries.*

niaiseux, euse adj. (Canada) Niais, sot. – Sans intérêt.

niakoué, ée n. (mot vietnamien « paysan ») péj. et injurieux Vietnamien, vietnamienne. – par ext. Asiatique. *Une niakoué* ou *une niakouée*. - abrév. **niak** n.

Niamey Capitale du Niger, à l'O. du pays, sur le fleuve Niger. 1,3 million d'habitants. Port fluvial et centre commercial. Université. Industries (métallurgie, textile et travail du cuir, alimentation).

Grande Mosquée de Niamey, la plus vaste du Niger.

niaouli n. m. (mot de Nouvelle-Calédonie) Arbrisseau d'Océanie, qui fournit une essence utilisée en pharmacie.

niaque n. f. (mot du Sud-Ouest, de *gnacá* → niaquer) fam. Combativité, volonté de gagner. *Avoir la niaque.* - var. **gnac** n. m., **gnaque** n. f.

niaquer v. tr. < 1 > (occitan *gnacá*) régional (Sud) fam. Mordre. - var. **gnaquer.**

Niazov (Saparmourad) Homme d'État turkmène (1940-2006). Président du Turkménistan à partir de 1990, il avait été nommé président à vie en 1999.

nib adv. (abrév. de *nibergue*, pour *niberque*, déformation de *bernique*) argot vieilli Rien. – *Nib de nib*, rien de rien. *J'y comprends que nib !* → que **dalle.**

nibard ou **nibar** n. m. (de *nichon* + suffixe argotique *-bar*) argot fam. Sein de femme. → **nichon.** - abrév. **nib.**

Nibelungen n. m. pl. Nains de la mythologie germanique, détenteurs d'un trésor que le héros Siegfried cherche à conquérir. Wagner s'inspira de leur légende pour sa *Tétralogie*.

Siegfried vainqueur du dragon, épisode de l'épopée des Nibelungen, lithographie de F. Stassen (début xxe s.).

Nicaise (saint) Évêque de Reims, il aurait été massacré devant son église lors d'une invasion des Vandales (407) ou des Huns (451).

Nicaragua

n. m. État d'Amérique centrale. 139 682 km². 5 676 000 habitants (les *Nicaraguayens*). **Langues :** espagnol (offic.), langues indiennes. **Population :** métis, Blancs d'origine espagnole, Noirs, Amérindiens. **Religion :** catholiques. **Monnaie :** córdoba. **Capitale :** Managua. **Régime :** présidentiel.

GÉOGRAPHIE

Traversé du N. au S. par une chaîne volcanique, le Nicaragua est bordé par des plaines littorales forestières et presque désertes à l'E., très peuplées à l'O., autour des lacs Managua et Nicaragua. Le climat est tropical. L'urbanisation a été accélérée par la guerre civile, les populations déplacées trouvant refuge dans les villes. La densité moyenne (40 hab./km²) reste assez faible pour l'Amérique centrale. L'économie repose largement sur l'agriculture. Les meilleures terres, dans les plaines de l'O., sont consacrées aux cultures d'exportation (café, banane, canne à sucre) alors que les cultures vivrières (maïs, haricot) et l'élevage bovin occupent les montagnes. Le développement industriel (agroalimentaire, textile), encore embryonnaire, se concentre autour de la capitale, Managua.

HISTOIRE

La région, découverte par Christophe Colomb, fut colonisée par les Espagnols à partir du XVIe siècle. Elle obtint son indépendance (1821) au sein des Provinces-Unies d'Amérique centrale (avec le Guatemala), dont elle se détacha en 1838. Les interventions étrangères, motivées par le projet d'un canal interocéanique, se succédèrent (Britanniques en 1848, Américains en 1855-1857 puis de 1912 à 1932). Le pays sombra dans la dictature du clan Somoza (1936-1979) jusqu'à l'insurrection sandiniste de 1979. Le régime sandiniste, socialiste, lié à Cuba et à l'URSS, organisa une ambitieuse réforme agraire et nationalisa l'économie, mais échoua face à la crise économique et surtout à la guerre civile (au moins 50 000 morts) menée par la *Contra*, soutenue par les États-Unis. Le gouvernement de Daniel Ortega chuta au profit des conservateurs (Violeta Chamorro, 1990-1997 ; Arnoldo Alemán, 1997-2002 ; Enrique Bolaños, 2002-2006). Malgré un redressement économique très sensible depuis 2001, le Nicaragua reste un des pays les plus pauvres d'Amérique centrale. L'ancien président sandiniste Daniel Ortega, allié pour la circonstance à la droite et soutenu par l'Église, fut réélu en 2006. Face à l'insurrection sociale réclamant sa démission, en 2018, il organisa une répression violente destinée à affaiblir durablement l'opposition et remporta ainsi la présidentielle de 2021.

Niccolini (Giovanni Battista) Auteur italien de tragédies (1782-1861). Il est l'auteur d'un théâtre de forme classique, au contenu libertaire et anticlérical. *Antonio Foscarini ; Beatrice Cenci.*

Niccolò dell'Abate Peintre italien (1509-1571). Appelé en 1552 en France, disciple du Primatice, il travailla pour François Ier. Il fut un des maîtres de l'école de Fontainebleau.

Nice Chef-lieu des Alpes-Maritimes, sur la baie des Anges. 343 477 habitants. Évêché. Nombreux musées. Quartier pittoresque du vieux Nice. Station touristique. Pôle commercial, universitaire et technologique. Aéroport. Rattachée au comté de Provence en 970, Nice passa sous la domination des Angevins puis de la Savoie avec le *comté de Nice* (1388). Réunie à la France en 1793, elle revint au Piémont en 1814, puis redevint française en 1860. Le 14 juillet 2016, un attentat revendiqué par Daech tua 86 personnes. Une attaque au couteau eut lieu dans la basilique Notre-Dame en oct. 2020.

Nicaragua

Nice (traité de) Traité signé le 26 févr. 2001 par les États membres de l'Union européenne afin d'assurer un bon fonctionnement des institutions en vue de l'élargissement de l'Union.

Nicée aujourd'hui **İznik** Ancienne ville d'Asie Mineure, aujourd'hui en Turquie. 22 180 habitants. Elle fut la capitale de l'*empire de Nicée* (1204-1261), fondé par Théodore Ier Lascaris. Le *premier concile de Nicée* (325) condamna l'arianisme et adopta un symbole de foi, le *Symbole* ou *Credo de Nicée.* Le *second concile de Nicée* (787) mit un terme à la querelle de l'iconoclasme en autorisant le culte des images.

Nicéphore (saint) (758-829). Patriarche de Constantinople (806-815). Commissaire impérial au second concile de Nicée, il défendit le culte des images *(Réfutations)*, fut déposé puis exilé. Il est l'auteur d'une chronique de l'Empire byzantin.

Nicéphore Nom de plusieurs empereurs byzantins. ■ **Nicéphore Ier le Logothète** (mort en 811). Empereur byzantin (802-811). Il dut renoncer à l'Italie (803), payer tribut à Haroun al-Rachid (807) et combattre les Bulgares. Il fut vaincu et tué par le khan bulgare Krum. ■ **Nicéphore II Phocas** (v. 912-969). Empereur byzantin (963-969). Il reconquit notamment la Cilicie, Chypre et Antioche. Il fut assassiné par Jean Ier Tzimiskès. ■ **Nicéphore III Botaniate** (mort apr. 1081). Empereur byzantin (1078-1081). Alexis Ier Comnène se révolta contre lui et le contraignit à abdiquer.

Nichapour, Nichapūr ou **Neychabur** Ville du N.-E. de l'Iran (Khorassan). 208 860 habitants. Mausolées. Centre agricole et administratif. Mines de turquoise.

¹niche n. f. (de *nicher* ou italien *nicchio*) **1.** Enfoncement pratiqué dans l'épaisseur d'une paroi pour abriter un objet décoratif. **2.** Petit abri où couche un chien. **3.** *Niche écologique :* milieu occupé par une espèce, du point de vue de ses relations avec les autres espèces et de son mode d'alimentation. **4.** *Niche fiscale :* situation procurant un avantage fiscal.

Nice

Nice, la plus grande ville de la Côte d'Azur, à 30 km de la frontière italienne.

²niche n. f. vieilli Tour malicieux et sans méchanceté. → **²farce, ²tour.**

nichée n. f. Les oiseaux d'une même couvée qui sont encore au nid. *Une nichée de poussins.*

nicher v. < 1 > (vient du latin tardif, de *nidus* « nid ») **I.** v. intr. **1.** (oiseau) Faire son nid. → **nidifier.** – Se tenir dans son nid, y couver. **2.** fam. (personnes) Habiter, loger. **II.** *Se nicher* v. pron. **1.** (oiseau) Faire son nid. **2.** Se blottir, se cacher.

nichet n. m. (de *nicher*) agric. Œuf factice qu'on met dans les nids, les poulaillers pour que les poules aillent y pondre.

Nichiren Religieux bouddhiste japonais (1222-1282). Il créa en 1253 une secte piétiste, appelée Nichiren ou Hokkeshū.

nichoir n. m. (de *nicher*) **1.** Cage, panier pour faire couver les oiseaux. **2.** Endroit où nichent les oiseaux.

Nichols (Mike) Réalisateur américain (1931-2014). *Qui a peur de Virginia Woolf ?* (avec Elizabeth Taylor) et *Le Lauréat* (avec Dustin Hoffman), films cultes des années 1960, valurent un Oscar à leurs interprètes.

Nicholson (William) Physicien britannique (1753-1815). Avec Carlisle, il découvrit l'électrolyse de l'eau (1800).

Nicholson (Ben) Peintre et sculpteur britannique (1894-1982). Il peignit des tableaux à géométrie abstraite.

Nicholson (Jack) Acteur et cinéaste américain (né en 1937). Incarnant souvent des personnages au comportement excessif, il s'est fait remarquer aussi bien dans des drames que des comédies. *Easy Rider ; Vol au-dessus d'un nid de coucou ; Shining ; Les Infiltrés.*

Jack Nicholson dans *Vol au-dessus d'un nid de coucou* de Miloš Forman (1975).

N

nichon n. m. (de *se nicher*) fam. Sein (de femme). → **néné.**

nichrome n. m. (n. déposé ; de *nickel* et *chrome*) techn. Alliage de nickel et de chrome avec un peu de fer.

nickel n. m. (de l'allemand, de *Kupfernickel* « cuivre *[Kupfer]* du lutin *Nickel* [Nicolas] » ; *cf.* *nixe*) **1.** Métal d'un blanc argenté, malléable et ductile. **2.** adj. invar. fam. D'une propreté parfaite. ■ Parfait. *Une organisation nickel.*

¹nickelé, ée adj. (de *nickeler*) Qu'on a nickelé. *Acier nickelé.*

²nickelé, ée adj. (altération de *niclé, anicl*é, mot dialectal « noué, arrêté dans sa croissance ») loc. *Avoir les pieds nickelés :* être paresseux, inactif. « *Les Aventures des Pieds-Nickelés* » (bande dessinée de Forton).

nickeler v. tr. < 4 ou RO 5 > Couvrir d'une mince couche de nickel. □ **nickelage** n. m. → **galvanisation, galvanoplastie.**

Nicobar Groupe d'îles de l'océan Indien. 1 953 km². Elles constituent avec les îles Andaman un territoire de l'Union indienne (Andaman-et-Nicobar, 277 000 habitants). Pêche ; culture de cocotiers.

nicodème n. m. (du n. d'un pharisien qui posa des questions naïves à Jésus, avec influence de *nigaud*) fam. Niais.

niçois, oise adj. et n. De la ville de Nice. – *Salade niçoise,* préparée avec des olives, des tomates, des anchois, etc. ■ **n.** *Les Niçois.* – **n. m.** *Le niçois,* dialecte provençal de Nice.

nicol n. m. **(de W. *Nicol*) opt.** Instrument d'optique taillé dans du cristal (spath d'Islande) et utilisé pour étudier la polarisation de la lumière. → **prisme.**

Nicol (William) Physicien britannique (1768-1851). Il réalisa le premier polariseur *(prisme de Nicol)* en 1828.

Nicola Pisano Sculpteur et architecte italien (v. 1220-v. 1283). Il créa un style architectural inspiré de l'art romain classique (chaire du baptistère de Pise). Il forma son fils, Giovanni Pisano.

Nicolas (saint) Évêque de Myre, en Lycie (début IVe s.). D'après la légende, il ressuscite trois petits enfants égorgés par un aubergiste (ou un boucher). Dans les pays nordiques, il est le Père Noël *(Santa Claus).* Il est également le patron de la Russie.

Nicolas Ier le Grand (saint) (800-867). Pape de 858 à 867. Il définit la primauté pontificale et lutta contre l'anarchie féodale italienne.

Nicolas V [Tommaso Parentuccelli] (1397-1455). Pape de 1447 à 1455. Il mit fin au concile schismatique de Bâle (1449) mais ne put empêcher la chute de Constantinople (1453). Il fonda la bibliothèque Vaticane.

Nicolas ou **Nikita Ier Petrović Njegoš** (1841-1921). Prince (1860-1910) puis roi du Monténégro (1910-1918). Il obtint l'indépendance de son pays et se proclama roi. Il fut déchu lors de la réunion du Monténégro et de la Serbie en 1918.

Nicolas Ier Pavlovitch (1796-1855). Empereur de Russie (1825-1855). Fils de Paul Ier, il se fit le champion de l'autocratie et le « gendarme de l'Europe » : il écrasa l'insurrection de Varsovie (1831), obligea la Turquie à fermer les Détroits aux puissances occidentales (1833) et réprima le mouvement national hongrois (1848-1849). En 1854, il engagea la guerre de Crimée contre la France et la Grande-Bretagne.

Nicolas II Aleksandrovitch (1868-1918). Dernier empereur de Russie (1894-1917). Fils d'Alexandre III, il poursuivit la politique européenne de ce dernier, confirmant l'alliance franco-russe. Il engagea son pays dans la guerre russo-japonaise (1904-1905), qui vit la défaite des Russes et fut suivie de la révolution de 1905. En 1914, il entraîna la Russie dans la Première Guerre mondiale. Dominé par la tsarine Alexandra Fedorovna, Nicolas II subit l'influence néfaste de Raspoutine. Il fut contraint d'abdiquer après la révolution de février 1917. Arrêté peu après, il fut transféré à Iekaterinbourg, où il fut exécuté avec sa famille par les bolcheviks (17 juill. 1918).

Le tsar Nicolas II et la famille impériale en 1909.

Nicolas de Cuse ou **de Kues (Nikolaus Krebs** ou **Chrypffs dit)** Théologien, savant et philosophe allemand (1401-1464). Dans le *De concordantia catholica,* il tint un juste milieu entre le pouvoir pontifical et les droits du concile. Il affirma la croyance en un Dieu unique, au-delà de la diversité des confessions *(De pace fidei).* Dans le *De docta ignorantia,* il critiqua la cosmologie d'Aristote en se fondant sur le caractère fini et limité de l'intelligence humaine.

Niemeyer (Oscar)

Oscar Niemeyer, siège du Parti communiste français, place du Colonel-Fabien à Paris.

Nicole (Pierre) Moraliste, logicien et théologien français (1625-1695). Janséniste de Port-Royal, il fut l'auteur, avec Arnauld, de la *Logique de Port-Royal.*

Nicolle (Charles) Bactériologiste français (1866-1936). Il découvrit le virus filtrant de la grippe et mit au point des procédés nouveaux de vaccins contre la coqueluche et le chancre mou (chancrelle). Prix Nobel 1928.

Nicomède Nom de quatre rois de Bithynie (IIIe-Ier s. av. J.-C.). ■ **Nicomède IV Philopator.** Roi de Bithynie (91-74 av. J.-C.). Chassé de ses États par Mithridate, il fut rétabli par les Romains, auxquels il légua son royaume (–75).

Nicomédie voir **İzmit**

Nicopolis (bataille de) Victoire remportée le 28 sept. 1396 à Nicopolis (aujourd'hui Nikopol, en Bulgarie) par Bayazid Ier sur les croisés menés par Sigismond de Luxembourg. Elle laissa libre champ aux Ottomans dans les Balkans.

Nicosie Capitale de Chypre, sur la Pedias. 118 000 habitants. La ville est partagée depuis 1974 par un mur de démarcation entre la République de Chypre (au S.) et la République turque de Chypre du Nord, autoproclamée. Cathédrale Sainte-Sophie (XIIIe s.) et autres monuments gothiques. Centre administratif et commercial.

Nicosie, dans la partie turque, l'ancienne cathédrale Sainte-Sophie (XIIIe s.), devenue la mosquée Selimiye.

Nicot (Jean), seigneur de Villemain Diplomate français (v. 1530-1600). Ambassadeur de François II au Portugal, il introduisit en France le tabac. Il est l'auteur d'un *Trésor de la langue française.*

nicotine n. f. **(de *herbe à Nicot* « tabac », du n. de Jean Nicot)** Alcaloïde du tabac.

nicotinique adj. **chim.** De la nicotine. *Intoxication nicotinique.* → **nicotinisme.**

nicotinisme n. m. **méd.** Ensemble des phénomènes pathologiques qui résultent d'un empoisonnement aigu par la nicotine ou d'une intoxication chronique par le tabac. → **tabagisme.**

nictation n. f. **(latin *nictatio,* de *nictare* « clignoter ») 1. zool.** Clignotement des paupières. **2. méd.** Clignements fréquents et de durée prolongée (dus à la contraction spasmodique des muscles des paupières). - **syn. nictitation.**

nictitant, ante adj. **(du latin, de *nictare* « clignoter ») zool.** *Paupière nictitante* : paupière qui, chez les oiseaux nocturnes, préserve l'œil d'une lumière trop vive, par un clignotement constant.

nid n. m. **(vient du latin *nidus* → niais, nicher, nidifier) 1.** Abri que les oiseaux se construisent pour y pondre, couver leurs œufs et élever leurs petits (→ **nicher**). – **loc.** *Nid d'hirondelle**. – **loc. fig.** *Nid d'aigle* : construction en un lieu élevé, escarpé. – *Nid-de-poule* : petite dépression dans une chaussée. *Des nids-de-poule.* – **prov.** *Petit à petit, l'oiseau fait son nid,* les choses se font progressivement. **2.** Abri de certains animaux. *Un nid de souris. Nid de guêpes* (guêpier). ■ **fig.** *Nid-d'abeilles* : broderie en forme d'alvéoles de ruche. **3.** Logis intime. *Un petit nid douillet.* **4.** *Nid de* : endroit où sont rassemblées des personnes ou des choses dangereuses. → **repaire.** *Un nid d'espions.* **5. fam.** *Nid à* : lieu propice à l'accumulation de (**surtout dans** *nid à poussière*).

nidation n. f. **(latin *nidus* « nid ») biol.** Implantation de l'œuf fécondé des mammifères dans la muqueuse utérine.

nidicole adj. **(de *nid* et *-cole*) zool.** Se dit des jeunes oiseaux qui restent au nid tant qu'ils ne savent pas voler.

nidifier v. intr. < 7 > **(latin *nidificare,* de *nidus* → nid) didact. (oiseau)** Faire son nid. → **nicher.** □ **n. f. nidification**

nidifuge adj. **(de *nid* et *-fuge*) zool.** Se dit des jeunes oiseaux qui quittent le nid peu après l'éclosion.

nidoreux, euse adj. **(latin *nidorosus,* de *nidor* « odeur de mets qui brûle ») méd.** Qui a une odeur, un goût de pourri.

nidulant, ante adj. **(latin *nidulans,* de *nidulari* « nicher », de *nidus* « nid ») zool. (insectes)** Qui construit un nid.

Nidwald voir **Unterwald**

Niebuhr (Reinhold) Théologien protestant américain (1892-1971). Disciple de K. Barth, il insista sur la nécessité de l'engagement du chrétien dans le monde social.

nièce n. f. **(vient du bas latin *neptia,* de *neptis* « petite-fille », de *nepos, nepotis* → neveu)** Fille du frère ou de la sœur ou (par alliance) du beau-frère ou de la belle-sœur. *Ses neveux et nièces.*

Niederbronn-les-Bains Commune du Bas-Rhin. 4 369 habitants. Musée (vestiges gallo-romains). Station thermale.

Niel (Adolphe) Maréchal de France (1802-1869). Il prit part à la guerre de Crimée et se distingua à la bataille de Solferino (1859). Ministre de la Guerre (1867), il réorganisa l'armée.

¹nielle n. m. (de *nieller*) techn. Incrustation décorative d'émail noir dans une plaque de métal.

²nielle n. f. (vient du latin *nigella*, de *niger* « noir ») bot. **1.** Nigelle. **2.** Maladie de l'épi des céréales. *La nielle du blé.*

nieller v. tr. < 1 > (ancien français *neel* « émail noir », qui vient du latin *nigellus*, de *niger* → nègre, noir) techn. Orner, incruster de nielles.

Nielsen (Carl August) Compositeur et chef d'orchestre danois (1865-1931). Son œuvre comprend des opéras, des concertos, de la musique de chambre et de remarquables symphonies.

Niemcewicz (Julian Ursyn) Écrivain et patriote polonais (1757-1841). Auteur très prolixe, il écrivit une comédie politique (*Le Retour du député*), des romans, des fables, des ouvrages historiques (*Chants historiques*, sorte de manuel populaire d'histoire nationale).

nième voir énième

Niémen n. m. en russe **Neman** ou **Nieman** Fleuve d'Europe orientale. 937 km. Né en Biélorussie, il arrose la Lituanie, séparant celle-ci de la région de Kaliningrad (Russie), et se déverse dans la mer Baltique.

Niemeyer (Oscar) Architecte brésilien (1907-2012). Influencé par Le Corbusier, il est l'auteur de nombreux édifices à Brasília (Parlement, ministères, cathédrale), ainsi que du siège du Parti communiste français à Paris.

Niemöller (Martin) Pasteur et théologien allemand (1892-1984). Il prit position contre l'idéologie nazie et fut interné en camp de concentration (1937). Après la Libération, il milita contre le réarmement de l'Allemagne.

Niépce (Nicéphore) Physicien français (1765-1833). Il obtint des images positives sur métal au moyen de bitume de Judée en 1820 et s'associa avec Daguerre en 1829. Il est considéré comme l'inventeur de la photographie.

nier v. tr. < 7 > (vient du latin *negare*, de *neg*, *nec* → ni) Rejeter (une proposition) ; penser, se représenter comme inexistant ; déclarer irréel (→ **contester, démentir ; dénégation, négation**). *Nier l'évidence. Nier un fait. Nier un crime, un génocide* (→ **négationnisme**). ▪ absolt « *L'homme est la créature qui, pour affirmer son être et sa différence, nie* » (Camus). – *L'accusé persiste à nier* (ce dont on l'accuse). – (+ inf. passé) *Elle nie avoir vu l'accident.* – **Nier que** (+ indic.). *Il nie qu'il est venu à quatre heures.* – (+ subj.) *Je ne nie pas qu'il ait du talent.*

niet [njɛt] adv. et n. m. invar. (mot russe « non », d'abord en contexte politique) fam. Non. *C'est niet !* – **n. m.** Refus catégorique. *Un niet ferme et définitif.*

Nietzsche (Friedrich) Philosophe allemand (1844-1900). Fils de pasteur, ami de Wagner et influencé par Schopenhauer, il fut brièvement professeur de philologie à Bâle avant de se consacrer pleinement à ses écrits philosophiques. Son œuvre atypique, composée d'essais polémiques, d'aphorismes et de textes poétiques, se présente comme une critique radicale des grands systèmes religieux, moraux et philosophiques. Tous ces systèmes ont en commun d'exprimer leur ressentiment à l'égard de ce monde-ci en érigeant des « arrière-mondes » métaphysiques, ce qui conduit nécessairement au « nihilisme ». Nietzsche

Friedrich Nietzsche en 1875.

oppose une philosophie des « esprits libres » et enseigne la nécessité de poser de nouvelles valeurs (*Par-delà bien et mal*). Les thèmes de la mort de Dieu (*Le Gai Savoir*), de la volonté de puissance, de l'éternel retour et de l'avènement du surhomme (*Ainsi parlait Zarathoustra*) s'inscrivent ainsi dans un projet de réhabilitation de la vie. Bien que souvent détournée et caricaturée, notamment par les propagandistes du fascisme et du national-socialisme, sa pensée exerça une influence profonde sur la plupart des intellectuels du XXe siècle.

Nieuport (Édouard de Niéport, dit Édouard) Aviateur et ingénieur français (1875-1911). Un des premiers constructeurs d'avions (1909), il contribua à l'essor de l'aviation par ses études aérodynamiques.

Nieuwpoort ou **Nieuport** Ville de Belgique (province de Flandre-Occidentale), à l'embouchure de l'Yser. 11 636 habitants. Port de pêche et de plaisance. Station touristique.

Nievo (Ippolito) Écrivain italien (1831-1861). Il écrivit des romans, des nouvelles et des poèmes. Dans *Confessions d'un octogénaire*, il évoque la lutte pour l'indépendance italienne.

Nièvre n. f. Rivière de France, affluent de la Loire, confluant à Nevers. 53 km.

Nièvre n. f. [58] Département français de la Région Bourgogne-Franche-Comté (→ carte). 6 817 km². 202 670 habitants. Chef-lieu : Nevers. Chefs-lieux d'arrondissement : Château-Chinon, Clamecy, Cosne-Cours-sur-Loire. Le territoire s'étend des contreforts du Massif central à l'O. au massif granitique du Morvan à l'E., largement boisé. Des dépressions bocagères (Bazois), la Sologne bourbonnaise et les collines du Nivernais se partagent le centre. L'Allier, la Loire, la Nièvre, l'Yonne et la Cure drainent le département, qui est le moins peuplé de la région bourguignonne. L'élevage bovin, associé à la culture céréalière (au centre) et à la viticulture (à l'O.), domine. L'industrie est regroupée autour des villes principales (constructions mécaniques et électriques, chimie, travail du bois). Tourisme vert.

nigaud, aude adj. (p.-ê. famille de *niais*, ou prononciation régionale et abrév. du prénom *Nicodème*) Qui se conduit d'une manière niaise. → **sot.** ▪ **n.** → **benêt, niais.** – (avec une nuance affectueuse, en parlant à un enfant) → **²bêta.** *Allons, gros nigaud, ne pleure pas !* ▫ **n. f. nigauderie**

Niğde Ville de Turquie, en Anatolie centrale. 157 600 habitants. Ruines d'une citadelle seldjoukide. Centre de commerce.

nigelle n. f. (latin *nigella* → ²nielle) bot. Plante herbacée aux graines parfumées. *La nigelle de Damas, appelée « cheveux de Vénus ».*

Niger n. m. Fleuve d'Afrique occidentale, arrosant la Guinée, le Mali, le Bénin et le Nigeria. 4 200 km. Il prend sa source au S. de la Guinée, traverse le Mali, le Niger et le Nigeria puis se jette dans le golfe de Guinée, formant un vaste delta marécageux.

Niger

n. m. ▪ offic. république du Niger État d'Afrique de l'Ouest. 1 267 000 km². 23 196 000 habitants (les *Nigériens*). **Langues :** français (offic.). **Population :** Haoussas, Songhaïs, Peuls, Touaregs. **Religion :** musulmans (95 %). **Monnaie :** franc CFA. **Capitale :** Niamey. **Régime :** présidentiel.

N

GÉOGRAPHIE

Vaste pays enclavé, le Niger est occupé au N. par le Sahara (Ténéré), au S. par les steppes du Sahel. Il est traversé par le plateau de l'Aïr, qui sépare la cuvette du lac Tchad à l'E., du bassin du fleuve Niger au S.-O. Le climat, soudanais sur les rives du fleuve, est désertique sur le reste du territoire. L'économie repose sur l'élevage et sur

Niger

l'agriculture (mil, sorgo, arachide, tabac, coton). Les richesses du sous-sol (uranium, phosphates, or) constituent les principales sources de devises, mais l'insécurité entrave la production. L'exploitation du pétrole (à l'E.) doit donner lieu à la construction d'un oléoduc relié au Bénin. Toutefois, le Niger demeure l'un des pays les plus pauvres du monde.

HISTOIRE

La région développa une civilisation prospère au cours du Ier millénaire. Le royaume de Gao (fondé au VIIe s. sur la rive gauche du fleuve Niger) et le royaume de Kanem (fondé au IXe s. dans la cuvette tchadienne) se disputèrent le pays haoussa (dans le S.), zone de commerce transsaharien. En 1904, le territoire fut inclus dans l'Afrique-Occidentale française (AOF). Le Niger accéda à l'indépendance en 1960, sous la présidence d'Hamani Diori. Ce dernier fut renversé en 1974 par Seyni Kountché, à qui succéda Ali Saïbou en 1987. À la suite d'un soulèvement touareg (1991), le multipartisme fut instauré et une nouvelle constitution adoptée (1992). Mahamane Ousmane, élu président en 1993, fut renversé par Ibrahim Baré Maïnassara (1996), lui-même assassiné lors d'un coup d'État en 1999. Son successeur, Mamadou Tandja, fut renversé par l'armée en 2010. Son opposant historique, Mahamadou Issoufou, dirigea le pays de 2011 à 2021 et mena une lutte active contre la menace islamiste de Boko Haram, Aqmi et Daech. Mohamed Bazoum, également du parti nigérien pour la démocratie et le socialisme (parti unique) lui succéda en 2021.

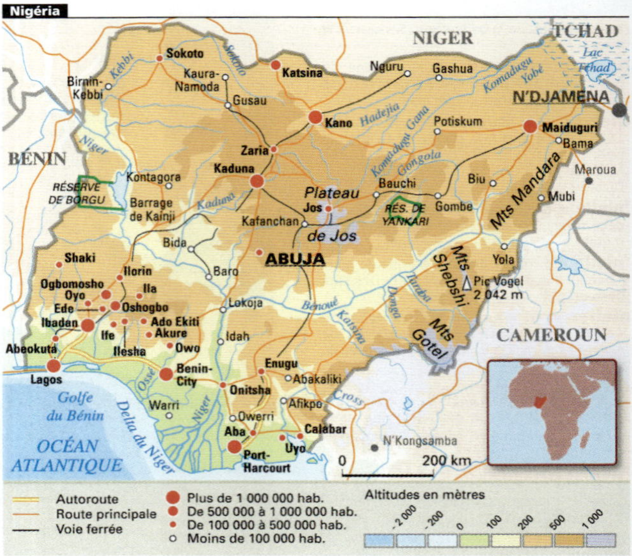

Nigéria ou Nigeria

n. m. ■ offic. République fédérale du Nigéria État d'Afrique de l'Ouest. 923 773 km². 216 millions d'habitants (les *Nigérians*). **Langues :** anglais et français (offic.), haoussa, yorouba, ibo, fulani. **Population :** Yoroubas, Haoussas, Ibos, Peuls. **Religions :** musulmans (80 %), chrétiens, animistes. **Monnaie :** naira. **Capitale fédérale :** Abuja. **Régime :** présidentiel (militaire).

GÉOGRAPHIE

La dépression en forme de Y constituée par la vallée du fleuve Niger et celle de son principal affluent, la Bénoué, sépare le territoire en deux régions : au N., le plateau de Jos, au climat sahélien, est couvert de savane arborée ; le S. est occupé par le delta du Niger, au climat équatorial (forêt, mangrove). Les Haoussas et les Peuls, musulmans, sont principalement établis dans le N., les Yoroubas et les Ibos, animistes ou chrétiens, occupent respectivement le S.-O. et le S.-E. Le pays est le plus peuplé d'Afrique.

ÉCONOMIE

L'économie repose en partie sur l'agriculture, vivrière (mil, sorgo, riz, manioc ; élevage) ou commerciale (coton, arachide, tabac). La forêt équatoriale est source de richesses (ébène, hévéa ; palmier à huile, cacaoyer). L'exploitation du sous-sol (zinc, niobium, charbon ; hydrocarbures au large du delta du Niger) assure la quasi-totalité des recettes à l'exportation. Le pays reste très inégalitaire malgré l'apparition d'une classe moyenne.

HISTOIRE

De la préhistoire au royaume du Bénin La région est riche en vestiges préhistoriques. La métallurgie du fer y fut pratiquée dès 500 av. J.-C. et le site minier de Nok a livré les plus anciennes sculptures en terre cuite connues au S. du Sahara (v. 500-200 av. J.-C.). Les Yorubas (Ife, XIIe-XVe s. ; Oyo, XVIe-XVIIe s.) dominèrent le sud du territoire ; ils furent à l'origine de la fondation du royaume du Bénin, au S.-E. (XVe-XVIIIe s.). Des populations haoussas s'installèrent au N. (VIIe-XIe s.) et furent intégrées à l'empire Kanem, avant que leurs principautés ne fussent réformées par le Peul Ousman dan Fodio (XIXe s.).

Du protectorat britannique à l'indépendance À partir du XVIe s., les Européens pratiquèrent le commerce de l'ivoire et des esclaves depuis le littoral, qui prit le nom de « Côte des Esclaves ». Un protectorat britannique y fut établi (1885), puis élargi aux sultanats haoussas (1900), avant que le N. et le S. ne fussent réunis (1914). La Fédération du Nigéria, créée en 1954, obtint l'indépendance en 1960 et la république fut proclamée en 1963.

La guerre du Biafra Des tensions interethniques provoquèrent en 1967 la sécession des Ibos, qui créèrent l'État du Biafra (importants gisements pétroliers). Une guerre civile (près de un million de victimes) opposant le Biafra au reste du pays s'acheva en janvier 1970, lorsque la rébellion ibo fut écrasée. Elle conféra un poids considérable à l'armée, qui multiplia les coups d'État (Mohammed, 1975 ; Obasanjo, 1976 ; Buhari, 1984 ; Babangida 1985).

Depuis 1993 En 1993, le général Babangida autorisa des élections pluralistes, mais contesta la victoire du musulman Moshood Abiola. Le général Sani Abacha prit le pouvoir et instaura un régime dictatorial (épuration au sein de l'armée, emprisonnement des opposants...). À la mort d'Abacha (1998), Obasanjo (emprisonné) fut libéré puis élu président en 1999 (réélu en 2003). En 2007, une élection contestée porta à la présidence Umaru Yar'Adua dont la maladie, en 2009, puis la mort en 2010 donnèrent le pouvoir au vice-président Goodluck Jonathan. Celui-ci se montra incapable de juguler les tensions entre le Sud, majoritairement chrétien, où la corruption est liée au partage des revenus pétroliers, et le Nord musulman, beaucoup plus pauvre, ensanglanté par le groupe terroriste Boko Haram (deux millions et demi de personnes se sont déplacées vers le Tchad, le Niger et le Cameroun). Le Peul et musulman sunnite Muhammadu Buhari, ancien général putschiste, fut élu en 2015 avec le ferme espoir qu'il parvienne à surmonter le paradoxe qui fait du Nigéria, pays le plus peuplé et le plus riche d'Afrique, l'obligé de ses trois voisins (Niger, Cameroun, Tchad) dans la lutte contre la secte islamiste. Il fut réélu en 2019.

Nigg (Serge) Compositeur français (1924-2008). Influencé par Stravinski et Messiaen, il fut d'abord attiré par le dodécaphonisme, puis composa des œuvres de caractère néoromantique. *Histoire d'œuf, conte musical ; Visage d'Axël.*

night-club [najtklœb] **n. m. (mot anglais « club de nuit [*night*] ») anglic.** Boîte de nuit. *Fréquenter les night-clubs.*

Nightingale (Florence) Infirmière britannique (1820-1910). Elle créa des hôpitaux militaires de campagne pendant la guerre de Crimée, la guerre de Sécession et la guerre franco-allemande de 1870-1871.

nigri-, nigro- Élément **(du latin *niger, nigris* → nègre)** qui signifie « noir ».

nihilisme n. m. (latin *nihil* « rien » → annihiler ; repris au russe *niguilism* [Tourgueniev] en polit.) 1. Idéologie qui rejette toute croyance ; qui refuse toute contrainte sociale. **2.** Disposition d'esprit caractérisée par le pessimisme et le désenchantement moral.

▶ Le terme de **nihilisme** a servi à désigner des réalités très différentes, voire contraires. Sur le plan politique, le nom de nihiliste est donné à la génération des jeunes intellectuels révolutionnaires russes des années 1850-1860, influencée par Pissarev, Dobrolioubov, Tchernychevski. C'est Tourgueniev qui est à l'origine de la diffusion du terme : dans son roman *Père et Fils* (1862), il l'utilise pour qualifier le personnage de Bazarov, un révolté radical. Par extension, on appelle *nihilistes* les révolutionnaires qui luttèrent contre le tsarisme à la fin du XIXe siècle et dont un courant eut recours au terrorisme (assassinat d'Alexandre II).
Dans le domaine philosophique, le nihilisme a été analysé par Nietzsche comme la volonté d'anéantir des valeurs suprêmes. Le philosophe allemand voit déjà le nihilisme à l'œuvre dans la tradition issue de Platon et dans le judéo-christianisme, tous deux animés, selon lui, d'une haine de la vie et de ce monde. Nietzsche annonce la « mort de Dieu » (tous les idéaux en lesquels l'homme croyait sont ébranlés) et distingue un nihilisme passif, pour lequel tout semble vain (qui se demande « à quoi bon ? ») ; et le nihilisme actif, qui détruit les anciennes valeurs pour en créer de nouvelles.
voir aussi **absurde**

nihiliste adj. 1. Relatif au nihilisme. ■ **n. et adj.** Adepte du nihilisme. *Les nihilistes russes de la fin du XIXe siècle.* **2.** Pessimiste et désenchanté.

Nihon ou **Nippon** Nom japonais désignant le Japon.

nihonium [niɔnjɔm] **n. m. (du japonais *Nihon* « Japon ») chim.** Élément atomique artificiel (symb. Nh ; n° at. 113).

Nijinski (Vaslav Fomitch) Danseur et chorégraphe russe d'origine polonaise (1889-1950). Son talent exceptionnel s'affirma lorsqu'il dansa pour les Ballets russes de Diaghilev. Ses interprétations du *Spectre de la rose*, de *L'Après-Midi d'un faune* et du *Sacre du printemps* restent des modèles du genre.

Vaslav Nijinski dans *L'Après-Midi d'un faune* de Debussy, aquarelle de Léon Bakst (1912), bibliothèque du musée de l'Opéra, Paris.

Nijlen Commune de Belgique (province d'Anvers), près de Malines. 22 936 habitants. Taille du diamant.

Nijnekamsk Ville de Russie (république du Tatarstan), sur la Kama. 234 000 habitants. Pétrochimie. Pneumatiques.

Nijni-Novgorod anciennement **Gorki (de 1932 à 1990)** Ville de Russie, à l'E. de Moscou, au confluent de la Volga et de l'Oka. Grand port fluvial. 1,25 million d'habitants. Citadelle (XIIIe s.), palais (XVIIe s.), églises (XIIIe s.). Université. Industries mécanique, pétrolière et alimentaire.

Nijni-Novgorod, le pont Kanavinsky sur l'Oka et la cathédrale de la Nativité (1698-1719).

Nijni Taguil Ville de Russie, dans l'Oural, sur la *Taguil*. 361 800 habitants. Centre d'industrie sidérurgique et mécanique.

Nika (sédition) Insurrection du peuple de Constantinople, déclenchée en 532 sous le règne de Justinien Ier.

Nikkō Ville du Japon (île de Honshū), au N. de Tōkyō. 77 000 habitants. Parc national. Temples de l'époque Tokugawa.

Nikolais (Alwin) Chorégraphe américain (1912-1993). Ancien marionnettiste, il prôna une chorégraphie « totale », utilisant tous les artifices du théâtre. Il concevait ses spectacles comme des jeux corporels, des modelages de formes et de sonorités. *Kaléidoscope ; Imago.*

Nikopol Ville d'Ukraine, sur le Dniepr. 158 000 habitants. Exploitation de manganèse.

Nil n. m. Fleuve d'Afrique, le deuxième fleuve du monde par sa longueur, après l'Amazone. 6 671 km. Né au N. du lac Tanganyika (Burundi), il traverse les lacs Victoria, Kioga et Albert. Au Soudan, il prend le nom de *Nil Blanc*, et, à la hauteur de Khartoum, s'accroît du *Nil Bleu*. Le Nil traverse les régions désertiques de Nubie et de Haute-Égypte par une succession de boucles puis, au-delà de Khartoum, franchit une succession de cataractes, ou rapides. À Assouan, ses eaux retenues par un barrage forment le lac Nasser. Du Caire à son embouchure, il forme un delta de 24 000 km^2.

Les rives du Nil dans la région d'Assouan.

nilgaut [nilgo] **n. m. (de l'hindi, du persan « bœuf bleu »)** Mammifère ongulé voisin de l'antilope. - var. **nilgau.**

Nilgiri n. m. Région montagneuse de l'Inde. Partie la plus haute et la plus large des Ghâts de l'O., s'élevant jusqu'à 2 600 m. Plantations de théiers. Stations touristiques.

nilotique adj. (latin *niloticus*) géogr. Relatif au Nil, aux régions riveraines. **– ling.** *Langues nilotiques*, parlées dans la région du haut Nil.

nimbe n. m. (latin *nimbus* « nuage ») Zone lumineuse qui entoure la tête (dans les représentations de Dieu, des anges, des saints). **→ auréole.**

nimber v. tr. < 1 > Orner d'un nimbe. **→ auréoler. –** au p. p. *Apparition nimbée de lumière.*

nimbostratus n. m. (de *nimbus* [→ nimbe] et *stratus*) météorol. Nuage bas formant une épaisse couche sombre.

nimbus [nɛ̃bys] **n. m. (mot latin → nimbe)** Gros nuage gris porteur de pluie ou de neige. *Des nimbus et des cumulus* **(→ cumulonimbus).**

Nimègue Ville des Pays-Bas (Gueldre), sur le Waal. 179 000 habitants. Université. Port fluvial et centre industriel.

Nimègue (traités de) Suite de traités signés en 1678-1679 entre la France, les Provinces-Unies, l'Espagne et l'Empire, et mettant fin à la guerre de Hollande. Ils consacrèrent la prééminence de la France de Louis XIV en Europe.

Nîmes Chef-lieu du Gard. 147 496 habitants. Nombreux monuments romains (arènes, Maison carrée, château d'eau) ; vieux Nîmes. Musée de la Romanité. Industries chimique, textile, agroalimentaire. Devenue romaine au –IIe s., la ville connut un rapide essor. Elle dépendit ensuite des comtes de Toulouse, puis de la maison d'Aragon, et fut rattachée au domaine royal en 1229. Important foyer du calvinisme au XVIe s., elle fut le théâtre de conflits religieux jusqu'au XVIIIe siècle.

Nimier (Roger) Romancier et journaliste français (1925-1962). Auteur cynique et volontiers provocateur, il dépeint la jeunesse désengagée du monde issu de la Seconde Guerre mondiale. *Le Hussard bleu ; Les Épées.*

Nimier (Marie) Écrivaine française (née en 1957). Autrice d'une dizaine de romans, la fille de Roger Nimier évoque son père disparu dans *La Reine du silence*. La jeune fille suicidaire de *Sirène* est également confrontée au fantôme du père.

Marie Nimier, sur le plateau de l'émission *La Grande Librairie* (France 5) en novembre 2008.

Nimitz (Chester William) Amiral américain (1885-1966). Commandant en chef de la flotte du Pacifique lors de la Seconde Guerre mondiale, il reçut avec MacArthur la capitulation du Japon (1945).

n'importe (qui, quel, quoi) voir **²importer**

Nin (Anaïs) Écrivaine américaine (1903-1977). Autrice de poèmes, de nouvelles et de romans, elle est surtout connue pour son *Journal*, qui tient à la fois de l'auto-analyse et de la recherche d'une écriture « au féminin ».

Niña (La) voir **Niño (El)**

ninas n. m. (espagnol *niñas*, fém. plur. de *niño* « enfant ») Petit cigare fait avec des débris de tabac. **→ cigarillo.**

Nin-Culmell (Joaquín) Compositeur et pianiste américain d'origine cubaine (1908-2004). Frère d'Anaïs Nin. Il a notamment composé des pièces pour piano et de la musique religieuse.

Ningbo ou **Ning-po** Ville de Chine (province de Zhejiang), au S. de Shanghai. 2,5 millions d'habitants. Port sur la mer de Chine. Industries textile et mécanique.

Ningxia ou **Ning-hia n. m.** Région autonome du N. de la Chine, traversée par le Huang he. 66 400 km^2. 6,3 millions d'habitants. Capitale : Yinchuan. Le tiers de sa population est formé par les Hui, peuple musulman chinois. Importantes ressources minérales (gypse, pétrole, charbon, phosphore) et agricoles (céréales, pommes de terre, oléagineux).

Ninive Ancienne ville d'Assyrie, sur le Tigre. Capitale de l'Empire assyrien, elle fut détruite en –612 par les Mèdes et les Néo-Babyloniens. Une partie du site a été

Nîmes

Nîmes, le centre-ville et les arènes.

dévastée en 2016 par les djihadistes de Daech.

ninja [ninʒa] **n. m. (mot japonais « espion »)** Guerrier japonais du Moyen Âge, spécialiste des opérations d'espionnage. *Un film de ninjas.*

Niño (El) Courant chaud de l'E. du Pacifique sud apparaissant au mois de décembre (en particulier sur les côtes du Pérou et de l'Équateur). Le terme désigne aujourd'hui l'ensemble des phénomènes climatiques qu'il provoque, à l'échelle mondiale, lorsqu'il se manifeste avec une durée et une intensité inhabituelles. À l'inverse, La Niña est un courant anormalement froid de la surface des eaux de l'E. du Pacifique. Tous deux ont aussi des effets opposés sur les conditions météorologiques sur terre.

Ninove Ville de Belgique (province de Flandre-Orientale), sur la Dendre. 39 251 habitants. Église abbatiale (XVIIe-XVIIIe s.).

Niobé Dans la mythologie grecque, fille de Tantale et épouse d'Amphion, roi de Thèbes. Mère de sept fils et de sept filles, elle se vante d'être supérieure à Léto. Pour venger leur mère, Apollon et Artémis tuent les enfants de Niobé à coups de flèches.

niobium [njɔbjɔm] **n. m. (de l'allemand ; de *Niobé*) chim.** Corps simple (symb. Nb, n° at. 41, masse at. 92,91), métal blanc brillant, rare et toujours associé avec le tantale dans ses minerais.

niolo **n. m. (de *Niolo*)** Fromage au lait de brebis ou de chèvre, à saveur piquante, fabriqué en Corse.

Niolo **n. m.** Région montagneuse du centre de la Corse, parcourue par le cours supérieur du Golo.

Niort Chef-lieu des Deux-Sèvres sur la Sèvre Niortaise. 58 966 habitants. Donjon des XIIe-XVe s. (musée d'ethnologie régionale). Activités tertiaires (assurances mutualistes).

Niort, les rives de la Sèvre Niortaise avec, au fond, le Donjon double (XIIe s.).

Nipigon (lac) Lac du Canada (Ontario), qui se déverse dans le lac Supérieur par la rivière Nipigon. 4 848 km^2.

Nipissing (lac) Lac du Canada (Ontario), qui se déverse dans le lac Huron par la rivière des Français. 850 km^2.

nippe **n. f. (p.-ê. de *guenipe*, var. de *guenille*) au plur., fam. et vieilli** Les vêtements.

nipper **v. tr. < 1 > fam. et vieilli** Habiller. → **fringuer.** – **pronom.** *Se nipper de neuf.* → **se saper.** – **au p. p.** *Être bien, mal nippé.*

nippon, one **adj. et n. (japonais *nippon* « soleil levant »)** Japonais. - **var. du fém. nipponne.**

Nippon voir **Nihon**

Nippur aujourd'hui **Nuffar** Ancienne ville de basse Mésopotamie. Nippur fut le principal centre religieux de Sumer à la fin du –IVe et au –IIIe millénaire. Ruines. De nombreuses tablettes cunéiformes y ont été exhumées.

niqab **n. m. (mot arabe)** Long voile porté par certaines musulmanes (Moyen-Orient, Afrique du Nord, Asie du Sud-Est) comportant une fine fente horizontale au niveau des yeux.

nique **n. f. (onomatopée ; p.-ê. influence de *negare* « nier »)** *Faire la nique à qqn,* lui faire un signe de mépris, de bravade.

niquedouille **n. et adj. (de *nig[aud]* et *-douille*, de *douillet* « délicat, mou ») fam.** Nigaud, niais.

niquer **v. tr. < 1 > (mot arabe passé en sabir) fam. et vulg. 1.** Posséder charnellement. → **[1]baiser.** ■ **loc.** *Nique ta mère !, nique ta race !* (insultes). **2. fig.** Attraper, posséder (qqn). → **[1]avoir, [1]baiser (fig.).** *Il s'est fait niquer.* **3.** Abîmer, détériorer ; détruire.

nirvana **n. m. (mot sanskrit « extinction ») 1. (bouddhisme)** Extinction du désir humain, entraînant la fin du cycle des réincarnations. **2. cour.** État de sérénité complète. *Atteindre le nirvana.*

Niš Ville de Serbie, sur la Nišava. 183 100 habitants. Ruines byzantines. Forteresse ottomane. Centre commercial, universitaire et industriel.

nisan [nizɑ̃] ou [nisan] **n. m. (mot hébreu) didact.** Septième mois de l'année civile et premier mois de l'année sacrée, chez les Hébreux.

Nisard (Désiré) Critique littéraire français (1806-1888). Brillant universitaire, il est l'auteur d'une *Histoire de la littérature française.*

nitelle **n. f. (latin mod. *nitella*, p.-ê. du radical du latin *nitere* « briller ») bot.** Algue des étangs et des eaux courantes, à tige parfois très longue.

Niterói Ville du Brésil, ancienne capitale de l'État de Rio de Janeiro, sur la côte S.-E. de la baie de Guanabara. 487 300 habitants.

nitescence **n. f. (latin *nitescere* « briller ») didact. ou littér.** Lueur, clarté, rayonnement. □ **adj. nitescent, ente**

Nithard Chroniqueur franc (mort v. 844). Son *Histoire des fils de Louis le Pieux* contient le texte des *Serments de Strasbourg.*

nitouche **n. f.** voir **sainte nitouche**

Nitra Ville de l'O. de la Slovaquie, sur la *Nitra.* 76 000 habitants. Château fondé au IXe s. Université.

nitrate **n. m. (de *nitre*)** Sel de l'acide nitrique. *Nitrate de potassium* (→ **salpêtre).** *Nitrates utilisés comme engrais.* – *Nitrate d'argent,* utilisé en médecine.

nitrater **v. tr. < 1 > sc. 1.** Ajouter du nitrate à. – **au p. p.** *Engrais nitratés.* **2.** Convertir en nitrate. **3.** Traiter au nitrate d'argent. *Nitrater des peaux pour les colorer.* □ **n. f. nitratation**

nitration **n. f. (de *nitrate*) chim.** Introduction de dioxyde d'azote (radical NO_2) dans des composés organiques.

nitre **n. m. (latin *nitrum* « soude ; potasse », du grec *nitron*, d'où arabe *natrun*, ancien français *natron*) vieux** Salpêtre (nitrate de potassium).

nitré, ée **adj. chim., vieux** Qui contient du nitre. – **mod.** Qui contient le radical NO_2 (substitué à l'hydrogène).

nitreux, euse **adj. (latin *nitrosus*) chim.** Qui contient de l'azote. *Acide nitreux :* acide oxygéné de l'azote (HNO_2).

nitrification **n. f. chim.** Transformation en nitrates de l'ammoniac et des sels ammoniacaux. → **nitration, nitrosation ; nitrobactérie.**

nitrifier **v. tr. < 7 > (de *nitre*) chim.** Transformer en nitrates.

nitrique **adj.** *Acide nitrique :* acide dérivé de l'azote, très corrosif.

nitrite **n. m. (de *nitre*) chim.** Sel de l'acide nitreux. *Nitrite d'amyle :* ester de l'acide nitreux (utilisé comme calmant).

nitrobactérie **n. f. (→ bactérie) biol.** Bactérie du sol qui exerce une action spécifique sur l'ammoniac.

nitrobenzène **n. m. (→ benzène) techn.** Dérivé nitré du benzène, liquide toxique et huileux. *Le nitrobenzène est utilisé dans l'industrie chimique.* → **aniline.**

nitrobenzolisme **n. m. méd.** Intoxication par inhalation de vapeurs de nitrobenzène.

nitrocellulose **n. f. (→ cellulose) techn.** Nitrate de cellulose, ester nitrique de la cellulose (utilisé dans la fabrication de vernis, d'explosifs). → **coton-poudre, fulmicoton.**

nitrogénase **n. f. (de *nitrogène* vieux « azote » + *-ase*) biochim.** Enzyme détruite par l'oxygène et responsable de la fixation de l'azote atmosphérique.

nitroglycérine **n. f. (de *glycérine*)** Nitrate triple de glycérine, explosif puissant sous l'effet d'un choc (constituant essentiel de la dynamite).

nitrosation **n. f. (latin *nitrosus*) chim.** Introduction du groupement NO dans une molécule. *La nitrosation constitue le premier temps de la nitrification* naturelle.*

nitrotoluène **n. m. (→ toluène) techn.** Dérivé nitré du toluène. *L'un des nitrotoluènes, le trinitrotoluène, est un explosif puissant.* → **[1]TNT.**

nitrure **n. m. (de *nitre*) chim.** Composé défini d'azote et d'un métal ; solution d'azote dans un métal.

Niue Île de Polynésie occidentale. 258 km^2. 1 600 habitants. Elle devint en 1974 un État libre associé à la Nouvelle-Zélande.

nival, ale, aux **adj. (latin *nivalis* → niv[o]-) géogr.** De la neige. *Régime nival,* des cours d'eau alimentés par les neiges.

nivaquine **n. f. (n. déposé ; latin *niva* « neige » et *quinine*)** Médicament antipaludéen à base de quinine.

nivéal, ale, aux **adj. (→ niv[o]-) bot.** Qui fleurit dans la neige, en hiver.

niveau **n. m. (d'abord *nivel*, altération de *livel*, qui vient du latin pop. *libellus*, de *libella*, diminutif de *libra* « balance » et « niveau » → [2]livre) I.** Instrument qui sert à vérifier l'horizontalité. *Un niveau à bulle* (d'air). **II. 1.** Degré d'élévation, par rapport à un plan horizontal. → **hauteur.** *Jauge indiquant le niveau d'essence. Inégalité de niveau* (→ **dénivellation).** – **loc.** *Être au même niveau que...,* à fleur, à ras de. *Mettre de niveau* (→ **niveler).** – **loc.** *Passage* à niveau.* – *Niveau de la mer :* niveau à partir duquel on évalue les altitudes (noté par le zéro). ■ ***Au niveau de :*** à la même hauteur que. *L'eau lui arrivait au niveau de la taille.* – À côté de. *Arrivé au niveau du groupe, il ralentit.* **2.** Étage d'un bâtiment. *Centre commercial sur deux niveaux.* **III. fig. 1.** Élévation comparative, degré comparatif (selon un jugement d'importance, de valeur). *Mettre au même niveau,* sur le même plan. **2.** *Niveau social :* degré de l'échelle sociale. ■ Degré hiérarchique. *Consigne qui vient du plus haut niveau.* ■ *Niveau intellectuel* (culture, intelligence). *Des élèves de même niveau. Niveau bac + 4.* – *Niveau de langue.* → **[1]style.** ■ Degré atteint. *Mesurer le niveau de pollution.* ■ ***Au niveau de :*** à l'échelon, au plan, sur le plan de. *Se mettre au niveau de qqn,* à sa portée. *Au niveau de la commune ou du département.* – **(emploi critiqué)** En ce qui concerne. *Au niveau des finances.* **(par plais.)** *Au niveau du vécu.* **3.** ***Niveau de vie :*** façon de vivre selon le revenu moyen, dans un pays.

niveler **v. tr. < 4 ou RO 5 > (de *nivel* → niveau) 1.** Mettre de niveau, rendre horizontal, plan, uni (une surface). → **aplanir, égaliser.** *L'érosion tend à niveler les reliefs.* **2. fig.** Mettre au même niveau (III), rendre égal. → **égaliser.** *Niveler les profits, les revenus. Niveler les salaires par le bas.* □ **nivelage n. m.** *Nivelage d'une planche de bois.* → **nivellement.**

niveleur, euse **1. n.** Personne qui nivelle. **2. n. f. techn.** Engin de terrassement servant à niveler.

Nivelle (Georges Robert) Général français (1856-1924). Il s'illustra lors de la bataille de Verdun (1916). Remplaçant Joffre à la tête des armées du Nord et du Nord-Est, il lança en avril 1917 l'offensive du Chemin des Dames, qui échoua.

Nivelle de La Chaussée (Pierre Claude) Dramaturge français (1692-1754). Il est considéré comme le créateur du drame bourgeois et de la « comédie larmoyante ». *Le Préjugé à la mode.*

nivellement n. m. **1.** techn. Mesure des hauteurs relatives de différents points d'un terrain. **2.** Action d'égaliser (une surface). *Le nivellement d'un terrain.* **3.** fig. *Le nivellement des conditions sociales. Nivellement par le bas.* - var. RO **nivèlement.**

Nivelles Ville de Belgique (province du Brabant wallon), sur la Thines. 28 883 habitants. Collégiale (XIe-XIIe s.). Musée d'archéologie.

nivéole n. f. (latin *niveus* « neigeux ») Plante des bois et des prés, voisine du perce-neige.

Nivernais n. m. Région historique de Bourgogne, située entre le massif du Morvan et la vallée de la Loire, et correspondant approximativement à l'actuel département de la Nièvre.

niv(o)- Élément (du latin *nix, nivis* → neiger) qui signifie « neige ».

nivoglaciaire adj. (→ glaciaire) géogr. *Régime nivoglaciaire,* des cours d'eau alimentés par les neiges et les glaciers.

nivopluvial, iale, iaux adj. (→ pluvial) géogr. *Régime nivopluvial,* des cours d'eau alimentés par les neiges et les pluies.

nivôse n. m. (latin *nivosus* « neigeux ») Quatrième mois du calendrier républicain (du 21 ou 22 décembre au 20 ou 21 janvier).

nixe n. f. (de l'allemand ; *cf.* nickel) didact. Nymphe (ou génie) des eaux, dans les mythologies germaniques. → **ondine.**

Nixon (Richard Milhous) Homme d'État américain (1913-1994). Républicain, vice-président d'Eisenhower (1953-1961), il fut élu président des États-Unis en 1968. Sous l'influence de Henry Kissinger, il favorisa le désengagement de la guerre du Viêtnam, instaura des relations diplomatiques avec la Chine et négocia des accords sur l'emploi des armes atomiques avec Moscou. Réélu en 1972, il dut démissionner en 1974 après le scandale du Watergate.

Richard Nixon en 1970 à Savannah (Géorgie).

Nizāmī ou **Nezāmī** (Abū Muḥammad Ilyas) Poète persan (1141-1209). Il composa des épopées romanesques dans une langue originale et riche en images. *Les Sept Idoles ; Le Livre d'Alexandre.*

Ni Zan ou **Ni** Tsan Peintre, poète et calligraphe chinois (1301-1374). Il excella dans la peinture de paysages de l'époque Yuan.

Nizan (Paul) Écrivain français (1905-1940). Auteur de romans et de textes politiques antibourgeois et anticolonialistes *(Aden Arabie ; La Conspiration),* il quitta le Parti communiste français après la signature du pacte germano-soviétique et mourut au combat.

Nkomo (Joshua Mqabuko Nyogolo) Homme politique du Zimbabwe (1917-1999). Fondateur (1957) et président du Conseil national africain, il fut vice-président du Zimbabwe de 1990 à sa mort.

N'Kongsamba Ville du Cameroun. 104 050 habitants. Café. Tourisme.

nô (théâtre)

Le nô, né au Japon au XIVe s., est interprété par des acteurs masqués, accompagnés d'un orchestre et d'un chœur.

▶ D'origine religieuse, le théâtre **nô** se développe au Japon, du XIIIe au XVIe siècle, période à laquelle son répertoire et ses codes sont fixés et sont transmis jusqu'à l'époque contemporaine. Dès le départ lié à l'aristocratie japonaise (les acteurs de nô exerçaient leur art sous la protection des shoguns), le théâtre nô véhicule des thèmes et des valeurs propres au Japon ancien : piété filiale, vertu des samouraïs, relation des divinités avec les hommes... Sa dramaturgie est très codifiée. Organisé en « journée », le théâtre nô se compose de cinq pièces qui mettent en scène des figures obligées (guerriers, dieux, femmes, démons). Les acteurs utilisent des masques. Très nombreux, ils permettent d'exprimer à la fois le type de personnage et le sentiment qui l'habite à un moment donné du drame. Malgré le caractère hiératique et symbolique de ce jeu de masques, le théâtre nô exige des artistes des dons pour la danse, la pantomime et parfois le chant, même si celui-ci est généralement assuré par un chœur et est accompagné de musiciens jouant de tambourins et d'une flûte.
Après avoir été détrôné par l'autre forme importante de théâtre japonais — le kabuki —, le nô a malgré tout traversé les siècles jusqu'à aujourd'hui. En Europe, l'intérêt pour ce théâtre a eu pour relais Claudel, qui le découvre lors de son séjour comme diplomate au Japon. Stanislavski, Meyerhold, ou Brecht ont également été frappés par la singularité du nô. La dramaturgie occidentale y a, par leur intermédiaire, trouvé de nouvelles inspirations, que ce soit le recours aux masques, des structures narratives inédites ou un rapport particulier à la « théâtralité ».
voir aussi **théâtre**

Nkrumah (Kwame) Homme d'État ghanéen (1909-1972). Figure de la décolonisation de l'Afrique subsaharienne, il fut à l'origine de la Conférence des États africains indépendants d'Accra (1958). Il fut président de la République de 1960 à 1966.

Nkurunziza (Pierre) Homme d'État du Burundi (1964-2020). Il fut président de la République de 2005 à sa mort, réprimant toute dissidence.

NKVD n. m. (sigle russe, « Commissariat du peuple aux affaires intérieures ») Organisme de police soviétique, qui absorba la Guépéou en 1934. Il joua un rôle important dans les purges ordonnées par Staline et dans les déportations au Goulag.

No Symbole chimique du nobélium.

No (lac) Cuvette lacustre du Soudan méridional où se forme le Nil Blanc.

nô n. m. (mot japonais) Drame lyrique japonais de caractère traditionnel.

Noah (Yannick) Joueur de tennis et chanteur français (né en 1960). Grâce à un jeu spectaculaire d'attaquant, il gagna Roland-Garros en 1983. Il fut le capitaine de l'équipe de France masculine qui remporta la Coupe Davis en 1991, 1996 et 2017. Il s'est reconverti dans la chanson.

Noailles Famille française originaire de Noailles (Corrèze). ■ Anne Jules **de Noailles,** comte **d'Ayen** et 2e duc **de Noailles** (1650-1708). Gouverneur du Languedoc, il y appliqua la politique des dragonnades. ■ Louis Antoine **de Noailles** (1651-1729). Archevêque de Paris (1695) puis cardinal (1700), il s'opposa à la bulle *Unigenitus.* ■ Adrien Maurice **de Noailles,** comte **d'Ayen** et 3e duc **de Noailles** (1678-1766). Maréchal de France, il fut ministre des Affaires étrangères en 1744-1745. ■ **Noailles** (Louis Marie, chevalier d'Arpajon, vicomte de). Général français (1756-1804). Député de la noblesse aux États généraux de 1789, il se prononça pour l'abolition des privilèges (nuit du 4 août 1789).

Noailles (Anna, princesse Brancovan, comtesse Mathieu de) Femme de lettres française (1876-1933). Elle développa dans ses poèmes des thèmes romantiques comme la fuite du temps ou la solitude. *Le Cœur innombrable ; La Nouvelle Espérance.*

Nobel (Alfred) Chimiste et industriel suédois (1833-1896). Il mit au point la dynamite et instaura par testament des prix annuels *(prix Nobel)* pour récompenser les plus grands talents dans les domaines de la physique, de la chimie, de la physiologie ou de la médecine, de la littérature et de la paix. Le prix Nobel de sciences économiques fut créé en 1968.

nobélisable adj. (de [prix] *Nobel*) Susceptible d'obtenir un prix Nobel. **– n.** *Un nobélisable.*

Noah (Yannick)

Yannick Noah en 2003.

nobélisé, ée adj. (de [prix] *Nobel*) Qui a obtenu un prix Nobel. – n. *Un nobélisé.*

nobélium [nɔbeljɔm] n. m. (du n. d'Alfred Nobel) chim. Élément chimique (symb. No, n° at. 102, masse at. 254).

Nobile (Umberto) Aviateur, explorateur et général italien (1885-1978). Il survola le pôle Nord à deux reprises (1926 et 1928) à bord d'un dirigeable.

nobiliaire adj. (latin *nobilis* → noble) Propre à la noblesse. *Particule nobiliaire.*

noblaillon, onne n. (de *noble*, n.) péj. Noble de petite noblesse. → **nobliau.**

noble (latin *nobilis*, de *noscere* « connaître* » [« connaissable », d'où « connu, illustre »]) **I.** adj. **1.** littér. Dont les qualités morales sont grandes. → **¹beau, élevé.** *Un cœur noble et généreux.* – *De nobles causes.* **2.** *Le noble art* (d'après l'anglais) : la boxe. **3.** Qui commande le respect, l'admiration, par sa distinction, son autorité naturelle. → **distingué, imposant, majestueux.** *Noble prestance.* **4.** (opposé à *bas*) *Genre, style noble*, qui rejette la vulgarité. → **élevé, soutenu. 5.** (dans des expr.) Qui est considéré comme supérieur. *Matières nobles*, naturelles (non synthétiques) et appréciées : pierre, bois... *Métaux nobles* (argent, or, platine). **II. 1.** adj. Qui appartient à une classe privilégiée (sociétés hiérarchisées, féodales, etc.) ou qui descend d'un membre de cette classe (opposé à *roturier*). **2.** n. *Un, une noble.* → **aristocrate.** *Les nobles.* → **noblesse. 3.** adj. Qui appartient, qui est propre aux nobles. *Être de sang noble.*

noblement adv. D'une manière noble (I, 1), avec noblesse. → **dignement, fièrement.**

noblesse n. f. **I. 1.** Grandeur des qualités morales, de la valeur humaine. *Noblesse d'âme.* **2.** Caractère noble (comportement, expression, aspect physique). → **dignité, distinction, majesté.** « *Son beau front plein de noblesse* » (Balzac). **II. 1.** Condition du noble (II). *Titres de noblesse. Quartiers* de noblesse. Noblesse d'épée, de robe.* – loc. prov. *Noblesse oblige*, la noblesse crée le devoir de faire honneur à son nom. – *Lettres* de noblesse.* **2.** Classe sociale des nobles. → **aristocratie.** hist. *Les trois états : noblesse, clergé et tiers état. Noblesse d'Empire*, qui tient ses titres de Napoléon Ier.

N

nobliau n. m. péj. Noble de petite noblesse. → **noblaillon.** *Des nobliaux.*

noce n. f. (vient du latin pop. *noptiae*, du latin class. *nuptiae* → nuptial) **1.** (dans des loc.) *Les noces* : mariage. *Épouser qqn en secondes noces.* – loc. *Convoler* en justes noces.* – *Nuit de noces. Voyage de noces.* **2.** Ensemble des réjouissances qui accompagnent un mariage. *Repas de noce.* – loc. fig. *Ne pas être à la noce* : être dans une mauvaise situation. **3.** au plur. Fête anniversaire d'un mariage. *Noces d'argent* (25e), *d'or* (50e), etc. **4.** loc. fam. *Faire la noce* : faire une partie de plaisir ; mener une vie de débauche.

nocébo n. m. (forme latine « je nuirai » → nuire, d'après *placébo*) méd. *Effet nocébo* : apparition de troubles après l'ingestion d'un produit inactif. → aussi **placébo.** - var. **nocebo** [-se-].

noceur, euse n. et adj. fam. (Personne) qui aime faire la noce (4). → **fêtard.**

nocher n. m. (du génois, qui vient du latin, du grec *naukleros* « propriétaire d'un navire », de *naus* ; famille de *nef*) poét. Celui qui dirige une embarcation. *Charon, le nocher des Enfers.*

nociceptif, ive adj. (de l'anglais, du latin *nocere* [→ nuire] et de l'anglais *receptive*) physiol. Relatif à la nociception. *Troubles nociceptifs.*

nociception n. f. (de *nociceptif*) physiol. Réaction des récepteurs sensitifs provoquée par des stimulus qui menacent l'intégrité de l'organisme. *Douleur par excès de nociception* (brûlure, par exemple).

nocif, ive adj. (du latin, de *nocere* → nuire) (choses) Qui peut nuire. → **dangereux, nuisible.** *Gaz nocif.* → **délétère, toxique.** – *Théories, influences nocives.* → **pernicieux.**

nocivité n. f. Caractère de ce qui est nuisible. *La nocivité du tabac.*

noctambule n. et adj. (du latin médiéval, de *nox, noctis* → nuit et *ambulare* « marcher » → ambulant) (Personne) qui se promène ou se divertit la nuit. □ n. m. **noctambulisme**

noctiluque (bas latin *noctilucus* « qui luit pendant la nuit », de *nox, noctis* [→ nuit] et *lucere* [→ luire]) zool. **1.** adj. Qui émet une lueur dans l'obscurité. *Le ver luisant est un lampyre noctiluque.* **2.** n. f. Protozoaire luminescent qui a l'aspect d'une sphère minuscule et molle et qui vit dans la mer.

noctuelle n. f. (famille de *nox, noctis* → nuit) Papillon de nuit de couleur terne, qui comprend plusieurs espèces.

noctule n. f. (latin *noctua* « chouette » → nocturne) Grande chauve-souris qui vit en Europe et en Asie.

nocturne (du latin, de *nox, noctis* → nuit) **I.** adj. (opposé de *diurne*) **1.** Qui est propre à la nuit. – Qui a lieu pendant la nuit. *Tapage nocturne.* **2.** (animaux) Qui veille, se déplace, chasse pendant la nuit. *Oiseaux nocturnes ou de nuit.* **II.** n. m. Morceau de piano mélancolique, de forme libre. *Les nocturnes de Chopin.* **III. 1.** n. m. ou f. Compétition qui a lieu en soirée. – loc. adv. *En nocturne.* **2.** n. f. Ouverture en soirée de magasins, d'expositions.

nocuité n. f. (latin *nocuus* « nuisible » → nuire) méd. Caractère de ce qui est nocif, nuisible. → **nocivité.**

nodal, ale, aux adj. (d'abord *jointure nodale* « qui forme un nœud » ; du latin *nodus* « nœud ») Qui constitue le point essentiel (d'un sujet, etc.).

Nodier (Charles) Écrivain français (1780-1844). Il fit de son salon de l'Arsenal, à Paris, le centre du mouvement romantique. Conscient de la puissance du rêve, il écrivit des œuvres mêlant le fantastique au réel. *Contes ; La Fée aux miettes.*

nodosité n. f. (du latin, de *nodus* « nœud ») **1.** méd. Formation pathologique arrondie et dure. **2.** État d'un végétal noueux. – Nœud (III, 1).

nodulaire adj. (d'abord n. « sorte d'algue » ; de *nodule*) méd. Relatif aux nodules.

nodule n. m. (du latin, de *nodus* → nœud) **1.** anat. Nodosité. **2.** géol. Concrétion.

noduleux, euse adj. (de *nodule*) **1.** didact. (végétaux) Qui comporte beaucoup de petits nodules. *Tige noduleuse.* **2.** géol. Qui contient des nodules.

Noé Patriarche biblique, père de Sem, Cham et Japhet. Il est le seul juste à échapper au Déluge, grâce à l'*arche de Noé* dans laquelle il embarque toutes les espèces animales, et devient la souche d'une humanité nouvelle.

noël n. m. (d'abord *nael*, qui vient du latin *natalis [dies]* « [jour] de naissance » → natal) **1.** Fête commémorant la naissance de Jésus, célébrée par les chrétiens le 25 décembre. → **nativité.** *Le réveillon de Noël. Joyeux Noël !* loc. *Arbre de Noël*, sapin ou épicéa que l'on décore à l'occasion de la fête de Noël ; par méton. évènement festif organisé peu avant Noël. *L'arbre de Noël d'une entreprise.* – *Le père Noël* : personnage imaginaire qui est censé déposer des cadeaux dans les souliers des enfants (correspond à saint Nicolas dans certains pays chrétiens). – loc. *Croire au père Noël* : être très naïf. – *La fête de Noël* ou n. f. *la Noël.* – *Vacances de Noël.* **2.** Cantique de Noël. **3.** fam. *Le noël, le petit noël* (d'un enfant) : cadeau de Noël.

Noël (Marie Rouget, dite Marie) Poète française (1883-1967). Elle exprima sa foi chrétienne dans des poèmes inspirés de la spiritualité franciscaine. *Les Chansons et les Heures ; Chants d'arrière-saison.*

Noël (Bernard) Écrivain français (1930-2021). Dans ses poèmes et ses romans, son intérêt pour le corps, et particulièrement pour la dimension physique de l'acte d'écrire, se traduit par une forte tonalité érotique (*Le Château de Cène ; Extraits du corps*).

noème n. m. (grec *noêma* « pensée ») philos. (phénoménologie) Ce qui est pensé.

nœud n. m. (vient du latin *nodus* → nodosité, nodule) **I. 1.** Enlacement d'une chose flexible (fil, corde, cordage) ou entrelacement de deux objets flexibles qui se resserre si l'on tire sur les extrémités (→ **nouer**). *Nœud simple, double nœud. Le nœud coulant d'un lasso. Corde à nœuds* (pour le grimper). – *Nœud de cravate.* – loc. *Nœud gordien* (nœud d'attelage inextricable du char du roi légendaire Gordias, qu'Alexandre trancha d'un coup d'épée) : difficulté, problème quasi insoluble. – loc. fam. *Sac de nœuds.* **2.** (la ligne de loch étant ponctuée de *nœuds*) mar. Unité de vitesse correspondant à 1 mille marin à l'heure. *Navire qui file vingt nœuds.* **3.** Ruban noué ; ornement en forme de nœud. *Nœud qui retient les cheveux* (→ **catogan**). *Nœud papillon.* **4.** loc. *Nœud de vipères*, emmêlement de vipères dans le nid. **II.** fig. **1.** vieux Attachement très étroit entre des personnes. → **chaîne, lien.** « *Et je romps tous les nœuds qui m'attachent à vous* » (Racine). **2.** Point essentiel (d'une difficulté). *Le nœud de l'affaire.* ■ *Le nœud de l'action* : péripétie qui amène l'action dramatique à son point culminant. **3.** (concret) Endroit où se croisent plusieurs grandes voies de communication. *Un nœud ferroviaire, routier, aérien* (anglic. *hub*). **III. 1.** Protubérance à la partie externe d'un arbre. → **nodosité ; noueux.** ■ Partie très dense et dure, vestige de cette protubérance, à l'intérieur de l'arbre. – loc. fam. (Canada) *Frapper un nœud* : rencontrer une difficulté, un obstacle. **2.** fam. Extrémité de la verge. → **gland.** – vulg. (injure) *Tête de nœud !*

Nœux-les-Mines Commune du Pas-de-Calais, près de Béthune. 11 638 habitants. Ancienne houillère. Base de loisirs.

Nogaret (Guillaume de) Homme politique français (v. 1270-1313). Chancelier puis garde du sceau royal sous Philippe IV le Bel, il lutta contre le pape Boniface VIII et fut à l'origine de l'arrestation des Templiers (1307).

Nogent anciennement **Nogent-en-Bassigny** Commune de la Haute-Marne, sur la Traine. 3 567 habitants. Centre de coutellerie depuis le XVIe siècle.

Nogent-le-Roi Commune de l'Eure-et-Loir. 3 990 habitants. Église de style gothique flamboyant.

Nogent-le-Rotrou Chef-lieu d'arrondissement de l'Eure-et-Loir, sur l'Huisne. 9 433 habitants. Château (XIe-XIIIe s.). Laboratoires pharmaceutiques, industries alimentaires.

Nogent-sur-Marne Chef-lieu d'arrondissement du Val-de-Marne, sur la Marne. 33 578 habitants. Son église (XIe -XVe s.) abrite le tombeau de Watteau.

Nogent-sur-Oise Commune de l'Oise, au N. de Creil. 21 589 habitants.

Nogent-sur-Seine Chef-lieu d'arrondissement de l'Aube, sur la Seine. 5 946 habitants. Centrale nucléaire.

Nogi Maresuke (comte) Général japonais (1849-1912). Vainqueur des Russes à Port-Arthur et à Moukden (1904-1905), il se suicida lors de la mort de l'empereur Meiji.

Noguchi Isamu Sculpteur et paysagiste américain d'origine japonaise (1904-1988). Il composa le jardin de pierres japonais du palais de l'Unesco à Paris.

Noguès (Charles Auguste Paul) Général français (1876-1971). Président général au Maroc (1936), il organisa la résistance au débarquement allié (nov. 1942). Rallié à Darlan et à Giraud, il fut contraint de démissionner en 1943.

Noguès (Maurice) Pilote français (1889-1934). Il réalisa la première liaison commerciale Bucarest-Constantinople-Ankara (1922) et inaugura le premier service postal France-Indochine (1931).

Noguez **(Dominique)** Écrivain français (1942-2019). Son œuvre se compose de récits, d'essais et de romans. *Les Martagons ; Amour noir.*

Nohant-Vic Commune de l'Indre, regroupant deux villages, Nohant et Vic. 448 habitants. George Sand vécut à Nohant.

noir, noire (vient du latin *niger, nigris* → nègre, noircir ; *cf.* espagnol *negro*) **I. adj. 1.** Se dit de la couleur la plus foncée qui existe, de l'aspect d'une surface ne réfléchissant aucune lumière (→ **noirceur ; mélan[o]-**). *Noir comme (du) jais, de l'encre, du charbon. Des yeux noirs. Chat noir.* **2.** Qui est plus sombre (dans son genre). *Raisin noir. Café noir* (sans lait ou très fort). ■ **n. m.** fam. *Un (petit) noir,* une tasse de café noir. ■ *La rue était noire de monde. Savon noir. Lunettes noires.* **3.** Qui, pouvant être propre, se trouve sali. → **sale.** *Des ongles noirs* (→ en deuil). – *Noir de... Mur noir de suie.* **4.** Privé de lumière. → **obscur, sombre.** *Une pièce noire.* loc. *Cabinet noir.* fig. *Chambre* noire. Nuit noire,* sans lune, sans étoiles. – loc. *Il fait noir comme dans un four.* – sc. Qui ne renvoie aucune radiation. *Corps noir.* **II. adj.** abstrait **1.** Assombri par la mélancolie. *Humeur noire. Avoir, se faire des idées noires.* loc. *Regarder qqn d'un œil noir,* avec hostilité et colère. **2.** (dans des expr.) Marqué par le mal. *Magie noire. Messe noire.* – Où règne une atmosphère macabre. *Roman, film noir.* – *Humour noir.* **3.** (personnes) fam. Ivre. *Il est complètement noir.* **4.** Non déclaré, non légal. → **clandestin.** *Marché noir.* – *Travail au noir.* **III. n. m. 1.** Couleur noire. *Un noir profond. Être en noir, porter du noir.* – loc. *C'est écrit noir sur blanc,* de façon visible, incontestable. – *Film en noir et blanc* (opposé à *en couleurs*). **2.** L'obscurité, la nuit. *Avoir peur dans le noir, du noir.* **3.** Matière colorante noire. *Noir de fumée.* – loc. *Broyer* du noir.* – (salissure) *Avoir du noir sur la joue.* – *Se mettre du noir aux yeux* (maquillage). – *Les noirs d'un tableau.* **4.** *Voir tout en noir,* être pessimiste. **IV. adj. et n.** Qui appartient à un groupe humain caractérisé par une peau très pigmentée. – **n.** *Des Noirs africains, antillais.* → anglic. **black.** *Des Noirs américains* (des États-Unis), *brésiliens.* – Propre aux personnes de ce groupe.

Noir **(Yvan Salmon, dit Victor)** Journaliste français (1848-1870). Son assassinat par le prince Pierre Bonaparte déclencha une manifestation républicaine contre le régime de Napoléon III.

Noir **(causse)** Partie des Grands Causses entre la Jonte et la Dourbie.

noirâtre **adj.** D'une couleur tirant sur le noir.

noiraud, aude **adj. et n.** Qui est noir de teint, de type très brun. → péj. **moricaud.**

noirceur **n. f. 1.** littér. Couleur de ce qui est noir. *La noirceur du corbeau.* **2.** (Canada) Obscurité. *À la noirceur :* à la nuit tombée. **3.** littér. Méchanceté odieuse. → **perfidie.** *La noirceur d'une trahison.*

noircir **v.** < 2 > (vient du latin pop. *nigricire,* pour *nigrescere,* de *niger* → noir) **I. v. intr.** Devenir noir ou plus foncé. *La peinture a noirci.* **II. v. tr. 1.** Colorer ou enduire de noir. *La fumée a noirci les murs.* → **salir.** – loc. *Noircir du papier :* écrire beaucoup. **2.** littér. Calomnier, dire du mal de (qqn). **3.** Décrire d'une manière pessimiste. *Vous noircissez la situation.*

noircissement **n. m.** (concret) Action de noircir.

noircissure **n. f.** Tache de noir, d'un produit noir. – spécialt Altération du vin qui prend une teinte noire.

noire **n. f. 1.** Femme noire. → **noir** (IV). **2.** mus. Note à corps noir et à queue simple dont la valeur est de deux croches, d'une demi-blanche.

Noire **(mer)** anciennement **Pont-Euxin** Mer intérieure située entre l'Europe et l'Asie. 461 000 km². Bordée par l'Ukraine et la Russie au N., la Géorgie à l'E., la Roumanie et la Bulgarie à l'O. et la Turquie au S., elle communique avec la Méditerranée par les détroits du Bosphore et des Dardanelles.

Noiret **(Philippe)** Acteur français (1930-2006). Après des débuts au théâtre, il eut une importante carrière cinématographique, incarnant des personnages malicieux ou inquiétants. Il a notamment joué dans *Zazie dans le métro ; La Grande Bouffe ; Cinema Paradiso,* et dans de nombreux films de B. Tavernier.

Philippe Noiret, avec Salvatore Cascio, dans *Cinema Paradiso* de Giuseppe Tornatore (1989).

Noirmoutier Île de l'Atlantique, au S. de l'estuaire de la Loire. 9 200 habitants. Elle constitue un canton de la Vendée. Pêche. Ostréiculture. Marais salants. Cultures maraîchères et florales. Réunie à la couronne de France en 1720, l'île fut le théâtre d'affrontements entre vendéens et républicains pendant la Révolution française. Elle est reliée au continent par un pont depuis 1971.

Noirmoutier-en-l'Île Commune de la Vendée, sur l'île de Noirmoutier. 4 486 habitants. Église romane et gothique. Château (donjon du XIe s.). Port et station balnéaire.

noise **n. f.** (p.-ê. du latin *nausea* « mal de mer » → nausée, ou famille de *nocere* → nuire) loc. *Chercher noise* (ou *des noises*) *à qqn,* lui chercher querelle.

noiseraie **n. f.** (de *noyer*) rare Terrain planté de noyers ou de noisetiers.

noisetier **n. m.** Arbrisseau des bois et des haies, qui produit la noisette. → **coudrier.**

noisette **n. f.** (de *noix*) **1.** Fruit du noisetier, petite coque contenant une amande comestible. *Casser des noisettes* (→ **casse-noisette**). ■ fig. *Une noisette de beurre :* un petit morceau de beurre. ■ adjectivt *Pommes noisettes.* ■ Café noir avec une goutte de lait. **2. adj. invar.** Brun clair. *Des yeux noisette.*

noisettine **n. f.** Gâteau fourré d'une crème frangipane à la noisette.

Noisiel Commune de la Seine-et-Marne, sur la Marne. 15 750 habitants.

Noisy-le-Grand Commune de la Seine-Saint-Denis, à l'E. de Paris. 68 930 habitants.

Noisy-le-Sec Ville de la Seine-Saint-Denis, au N.-E. de Paris. 45 043 habitants. Gare de triage. Métallurgie.

noix **n. f.** (vient du latin *nux, nucis*) **I. 1.** Fruit du noyer, constitué d'une écale verte, d'une coque, et d'une amande comestible formée de quatre quartiers. *Gauler des noix. Coquille de noix.* – *Noix fraîche, sèche. Huile de noix.* ■ fig. *Une noix de beurre.* **2.** (dans des composés) Se dit d'autres fruits comestibles à coque. *Des noix de coco. Noix de cajou. Noix muscade.* **3.** Partie saillante. *Noix de veau,* partie arrière du cuisseau. *La noix d'une côtelette.* **II.** fam. et vieilli Imbécile. (souvent appellatif : *Salut, vieille noix !*) – loc. *À la noix :* de mauvaise qualité, sans valeur. *Des excuses à la noix.*

Nok Ancienne civilisation du Nigeria, dans la *vallée de Nok.* Les sculptures en terre cuite de Nok (500-200 av. J.-C.) sont les plus anciennes découvertes à ce jour au S. du Sahara. Elles sont associées à des vestiges de métallurgie du fer.

Nola Ville d'Italie (Campanie), près de Naples. 33 000 habitants. Auguste y mourut en 14.

Nolan **(Christopher)** Cinéaste anglo-américain (né en 1970). Expert de la science-fiction et des films à grand spectacle : *Batman* (trilogie) ; *Interstellar ; Dunkerque ; Tenet.*

Noland **(Kenneth)** Peintre américain (1924-2010). En réaction à l'*action painting* et à l'expressionnisme abstrait, il privilégia dans ses œuvres un tracé géométrique strict, niant la perspective illusionniste.

Nolay Commune de la Côte-d'Or, sur la Cuzanne. 1 426 habitants. Halles du XIVe siècle.

Nolde **(Emil Hansen, dit Emil)** Peintre et graveur allemand (1867-1956). Représentant de l'expressionnisme allemand, il peignit des scènes de mœurs (*Dans la loge ; Villageois à l'auberge*), des paysages tourmentés (*La Mer*), des scènes allégoriques ou religieuses (*Siméon ; Vie du Christ*).

nolens volens [nɔlɛ̃svɔlɛ̃s] **adv.** (expression latine formée des participes présents de *nolo* « je ne veux pas » et de *volo* « je veux ») didact. Bon gré, mal gré.

Nolhac **(Pierre Girauld de)** Poète, érudit et historien français (1859-1936). Il est l'auteur d'ouvrages sur les humanistes (Érasme, Pétrarque, Ronsard) et sur les personnages liés à la cour de Versailles. Il écrivit des recueils de poèmes dans le style de l'école parnassienne (*Paysages de France et d'Italie*).

Noli **(Fan)** Écrivain, homme politique et prélat albanais (1882-1965). Hiératique de l'Église orthodoxe d'Albanie, il la transforma en Église autocéphale en 1922. Il fut président d'un gouvernement démocratique jusqu'en 1924. *Chant au Salep-Sultan ; Israélites et Philistins.*

noli me tangere [nɔlimetɑ̃ʒeʀe] **n. m. invar.** (expression latine « ne me touche pas » [ce qu'a dit Jésus ressuscité à Marie-Madeleine]) Balsamine des bois. → **impatiente.**

noliser **v. tr.** < 1 > (de l'italien, du latin *naulum* « fret ») Affréter (un bateau, un avion). – au p. p. *Avion nolisé* (anglic. *charter*).

Nollet **(abbé Jean Antoine)** Physicien français (1700-1770). Il prouva que l'eau conduit les ondes sonores, découvrit la pression osmotique et inventa le premier électroscope. Il fut le premier à utiliser l'électricité en thérapeutique.

nom **n. m.** (vient du latin *nomen, nominis*) **I.** Mot ou groupe de mots servant à désigner un objet individuel. *Nom propre* (pour distinguer du sens II) : nom particulier (d'une personne, d'une chose, d'un lieu). *Étude des noms (propres).* → **onomastique. 1.** Mot servant à nommer une personne (anthroponyme). *Avoir, porter tel nom.* → **s'appeler, se nommer.** *Connaître qqn de nom,* ne le connaître que de réputation. – *Nom de famille* (→ **patronyme**). *Nom de baptême* ou *petit nom.* → **prénom.** *Se cacher sous un faux nom. Nom d'emprunt.* → **¹alias, pseudonyme, surnom.** *Nom de code*.* – *Agir* **au nom** *de qqn,* comme son représentant, son interprète. **2.** spécialt Patronyme. *Nom, prénom et domicile. Nom de jeune fille* (d'une femme mariée). **3.** (dans des loc.) Notoriété, renommée. *Se faire un nom.* **4.** (jurons) *Nom de Dieu !* – fam. *Nom de nom ! Nom d'une pipe ! Nom d'un chien !* **5.** Désignation individuelle d'un animal, d'un lieu, d'un objet. *Noms de lieux* (→ **toponymie**). *Noms de chevaux de course.* – *Noms de produits, de marques. Nom déposé*.* ■ inform. *Nom d'utilisateur* (→ **identifiant,** anglic. **log-in**), *nom de domaine sur le web* (→ **nommage**). **II. 1.** Forme du langage, mot ou expression correspondant à une notion, et servant à désigner les êtres, les choses d'une même catégorie. → **appellation, dénomination, désignation.** *Quel est le nom de cet arbre ? Noms scientifiques, techniques.* → **nomenclature ; ²terme, terminologie.** – loc. *Appeler* les choses par leur nom.* – *Sans nom :* qu'on ne peut qualifier. *Une terreur sans nom,* trop intense pour être nommée. *Une attitude sans nom.* → **inqualifiable ; innommable.** – loc.

Traiter qqn de tous les noms, l'accabler d'injures. **2.** (par oppos. à la chose nommée) *Le nom ne fait rien à la chose. Il n'est patron que de nom.* **3.** ***Au nom de...*** : en considération de..., en invoquant... *Au nom de la loi. Au nom de notre amitié.* **III. 1.** (dans le langage) Mot (partie du discours) qui peut être le sujet d'un verbe, être précédé d'un déterminatif. *Noms propres. Noms communs* (→ **substantif**). *La déclinaison des noms en latin, en allemand* (→ **²cas**). *Nom complément, nom attribut. Mot remplaçant un nom.* → **pronom.** *Complément de nom.* **2.** (sens large) didact. Mot pouvant avoir les mêmes fonctions, incluant des formes verbales (noms verbaux) et les adjectifs.

nomade (du latin, du grec *nomas, nomados,* de *nemein* « attribuer [les pâtures] » → -nome) **I. 1. adj.** (groupe humain) Qui n'a pas d'habitation fixe (opposé à *sédentaire*). *Tribu nomade.* – (animaux) → **migrateur. 2. adj.** *Vie nomade,* d'une personne en déplacements continuels. → **²errant, itinérant. 3. n.** *« Les nomades aux lentes caravanes [...] dans un décor vierge, le soir, dressaient leur tente »* (Saint-Exupéry). **II.** (anglic.) **adj.** Se dit d'une technique permettant l'échange d'informations sans branchement à une installation fixe (→ **mobile, portable**). *L'informatique nomade.*

nomadiser v. intr. < 1 > Vivre, se déplacer en nomade(s).

nomadisme n. m. Genre de vie des nomades (opposé à *sédentarité*).

no man's land [nomanslɑ̃d] **n. m. invar.** (expr. anglaise « terre *[land]* d'aucun homme ») anglic. Zone comprise entre les premières lignes de deux armées ennemies. – Zone frontière. ■ Terrain abandonné, inhabité. ■ fig. Terrain neutre. – Zone d'incertitude.

nombrable adj. Qui peut être compté. → **dénombrable.**

nombre n. m. (vient du latin *numerus* « catégorie », qui a pris tous les sens du grec *arithmos* → **arithmétique**) **1.** Symbole caractérisant une unité ou une collection d'unités considérée comme une somme. *Écriture des nombres* (→ **chiffre**). *Étude des nombres* (→ **arithmétique**). *Nombres entiers (pairs, impairs), décimaux. Nombre premier,* qui ne peut être divisé que par lui-même et par 1. *Élever un nombre au carré. Nombre cardinal, ordinal.* ■ math. (élargissement du concept) Notion fondamentale de l'arithmétique et des sciences, liée à celles de pluralité, d'ensemble, de correspondance. *Nombres algébriques, imaginaires, irrationnels. Théorie des nombres.* ■ *Nombre d'Avogadro* : nombre d'entités élémentaires (molécules, atomes, ions) contenues dans une mole (égal à $6,022.10^{23}$). ■ ***Nombre d'or*** : dans le partage asymétrique d'une composition picturale, Rapport entre la plus grande des deux parties et la plus petite, égal au rapport entre le tout et la plus grande. **2.** Nombre concret. *Nombre de fois* (→ **fréquence**). *Un certain nombre de...* : plusieurs. *Un petit nombre* : peu. *Un grand nombre* : beaucoup. – **loc. prép.** *Être* ***au nombre de dix*** : être dix. – ***Au*** (ou ***du***) ***nombre de...*** → **parmi ; entre.** *Serez-vous au* (ou *du*) *nombre des invités ?* ellipt *Serez-vous du nombre ?* – ***Sans nombre*** : sans possibilité d'être dénombré. → **innombrable.** *Des ennuis sans nombre.* **3.** *Le nombre,* pluralité, grand nombre. → **quantité.** *Céder sous le nombre. Faire nombre.* – ***En nombre*** : en grande quantité. *Ils sont en nombre.* – ***Nombre de*** : beaucoup, maint. *Depuis nombre d'années.* **4.** Catégorie grammaticale du singulier et du pluriel. *L'adjectif s'accorde en genre et en nombre.*

Nombres (livre des) Quatrième livre du Pentateuque (Bible). Il décrit le séjour du peuple d'Israël dans le désert entre le Sinaï et les plaines de Moab.

nombreux, euse adj. **1.** Qui est formé d'un grand nombre d'éléments. → **abondant, considérable.** *Foule nombreuse. Famille nombreuse.* **2.** En grand nombre. *Venez nombreux !* – (épithète ; avant le n.) *Dans de nombreux cas.* → **beaucoup.**

nombril [nɔ̃bʀi(l)] **n. m.** (altération de *omblil, nomblil,* qui vient du latin pop. *umbilicus,* diminutif de *umbilicus* → **ombilic**) Cicatrice arrondie sur le ventre des mammifères, à l'endroit où le cordon ombilical a été sectionné. ■ loc. fig. et fam. *Se regarder le nombril* (→ **nombrilisme**). – *Se prendre pour le nombril du monde.* → **centre.**

nombrilisme n. m. fam. Attitude égocentrique. □ **adj. et n. nombriliste**

nome n. m. (grec *nomos* « portion de territoire », de *nemein* « distribuer, partager » → -nome) **1.** hist. Division administrative de l'Égypte ancienne. **2.** Ancienne circonscription administrative de la Grèce moderne.

-nome, -nomie, -nomique Éléments (du grec, de *nemein* « distribuer, administrer ») (ex. *économe, agronomie, gastronomique*).

nomenclature n. f. (du latin, de *nomenclator,* de *nomen* → **nom** et *calare* « appeler » → **intercaler**) **1.** Termes employés dans une science, un art, etc., méthodiquement classés. → **terminologie.** – Liste méthodique. → **inventaire, répertoire. 2.** Ensemble des termes faisant l'objet d'un article distinct (dans un dictionnaire, un glossaire, un vocabulaire).

nomenklatura [nɔmɛnklatuʀa] **n. f.** (mot russe « liste de noms » → **nomenclature**) Liste de personnes privilégiées, dans les pays de l'Est, du temps du régime soviétique. – par ext. Ensemble de privilégiés (d'un régime, d'une société).

nominal, ale, aux adj. (latin *nominalis,* de *nomen* → **nom**) **I.** Relatif au nom (I). *Appel nominal. Liste nominale.* → **²nominatif. II. 1.** didact. Relatif aux mots, aux noms (II) et non aux choses. *Erreur nominale.* **2.** Qui existe seulement de nom et pas en réalité. *Autorité nominale.* **3.** écon. *Valeur nominale d'une action,* sa valeur d'émission (par oppos. à *cours actuel*). *Salaire nominal* (en unités monétaires) *et salaire réel* (pouvoir d'achat). **III.** gramm. Qui a la fonction d'un nom (III). *Formes nominales du verbe* (infinitif, participes). *Syntagme nominal.* – **n. m.** *Un nominal* : un pronom.

nominalement adv. **1.** Par son nom. **2.** De nom (et pas en fait). **3.** gramm. En fonction de nom.

nominaliser v. tr. < 1 > gramm. Transformer (une phrase verbale) en groupe nominal. – au p. p. *« La beauté du paysage » est la forme nominalisée de « le paysage est beau ».* □ **n. f. nominalisation**

nominalisme n. m. philos. Doctrine qui ramène les idées générales à l'emploi des signes, des noms, leur refusant une réalité dans l'esprit ou hors de lui (alors opposé à *réalisme*). □ **nominaliste adj. et n.** *Les philosophes nominalistes du Moyen Âge.*

¹nominatif n. m. (du latin, de *nomen* → **nom**) gramm. Cas d'un substantif, adjectif ou pronom qui est sujet ou attribut (dans une langue à déclinaisons).

²nominatif, ive adj. (latin *nominare* → **nommer**) Qui contient le nom, les noms (I). *Liste nominative.* → **nominal.** *Carte nominative. Titre nominatif* (opposé à *au porteur*). □ **adv. nominativement**

nomination n. f. (du latin, de *nominare* → **nommer**) **1.** Action de nommer (qqn) à un emploi, à une fonction, à une dignité. → **désignation.** *Nomination à un poste supérieur* (→ **promotion**). *Elle vient d'obtenir sa nomination.* **2.** Le fait d'être nommé parmi des lauréats.

nominé, ée adj. (anglais *nominee* « personne désignée », de *to nominate,* du latin *nominare*) anglic. (personne, œuvre) Retenu comme candidat pour recevoir un prix. *Film nominé aux Oscars.* – **n.** *Les nominés sont...* - recomm. offic. **sélectionné, nommé.**

nominer v. tr. < 1 > (anglais *to nominate*) Sélectionner (une personne, une œuvre) pour la présenter à un prix. - recomm. offic. **sélectionner.**

nominette n. f. (marque déposée) (Belgique) **1.** Bandelette de tissu fixée sur un vêtement, qui porte le nom de son propriétaire. **2.** Badge, insigne indiquant l'identité de la personne qui le porte.

Nominoé, Nomenoé ou **Nominoë** Comte de Rennes puis duc de Bretagne (mort en 851). Il vainquit Charles le Chauve et se fit proclamer roi d'Armorique.

nommage n. m. (d'après l'anglais *naming,* de *to name* « nommer ») inform. Attribution d'un nom permettant d'identifier un objet. *Nommage d'un site Internet* : attribution du nom de domaine*.

nommément adv. En nommant, en désignant (qqn) par son nom.

nommer v. tr. < 1 > (vient du latin *nominare,* de *nomen* → **nom**) **I.** Désigner par un nom. → **appeler. 1.** Distinguer (une personne) par un nom ; donner un nom à (qqn). → **dénommer.** *Ses parents l'ont nommé Paul.* → **prénommer. 2.** Donner un nom à (qqch.). *Nommer une comète* (→ **nom propre**). – Affecter un nom, un terme à (une classe de choses, une notion distincte). **3.** Mentionner (une personne, une chose) en disant ou en écrivant son nom. → **citer, désigner, indiquer.** *L'accusé refuse de nommer ses complices.* **II.** Désigner, choisir (une personne) pour remplir une fonction (opposé à *élire*). *On l'a nommée directrice.* – *Nommer qqn son héritier.* – *Nommer d'office un expert.* → **commettre.** ■ **se nommer v. pron.** Avoir pour nom. → **s'appeler.** *« Car le passé s'appelle haine et l'avenir se nomme amour »* (Hugo). ■ **nommé, ée adj. I. 1.** (suivi du n. propre) Qui a pour nom. *Un médecin nommé X.* – **n.** *Le nommé Dubois.* **2.** Désigné par son nom. *Les personnes nommées plus haut.* → **susdit. 3.** loc. ***À point nommé*** : au moment voulu, à propos. *Arriver à point nommé.* **II. 1.** Désigné, choisi par nomination. *Magistrats nommés et magistrats élus.* **2.** Recomm. offic. pour *nominé.*

nomo- Élément (du grec *nomos* « loi, usage ») qui signifie « loi ».

nomographie n. f. (grec *nomographia*) **1.** didact. Traité sur les lois et sur leur interprétation. **2.** math. Procédé de résolution de certains problèmes de calcul par l'emploi d'un graphique coté (*nomogramme*).

nomologie n. f. (de *nomo-* + *-logie*) didact. Étude des lois.

nomophobie n. f. (anglais *nomophobia,* de *no mobile* « sans portable » et *phobia* → **phobie**) anglic. didact. Dépendance extrême au téléphone portable. □ **n. et adj. nomophobe**

non adv. de négation (vient du latin *non,* de *ne unus* « pas un* » [comme *ne**]) **I. 1.** Réponse négative, refus. *Non, n'insistez pas. Mais non ! Non merci.* – fam. (interrogatif) N'est-ce pas ? *C'est triste, non ?* **2.** compl. dir. d'un verbe déclaratif *Elle ne sait pas dire non.* fam. *Je ne dis pas non* : je veux bien. – *Je vous dis que non. Voter non.* **3.** fam. Exclamatif, marquant l'indignation, la protestation. *Non, par exemple ! Non, mais !* – Marquant l'étonnement. *Il est nommé directeur. — Non !* (→ sans blague !, pas possible !, c'est pas vrai !). **II.** (en phrase coordonnée ou juxtaposée) ***Et non ; mais non.*** *C'est pour moi et non pour vous.* – ***Ou non,*** marquant une alternative. *Que vous le vouliez ou non.* – (en fin de phrase) → **²pas.** *Hier j'aurais pu ; aujourd'hui, non.* – **Non plus** (remplace *aussi* dans une proposition négative). *Toi non plus, tu ne sais pas ?* – ***Non, non pas (point), non seulement... mais...*** *« Non seulement vos vers sont mauvais, mais il m'est démontré que vous n'en ferez jamais de bons »* (Diderot). – ***Non sans...,*** avec un peu de... *Non sans peine.* – **Non que loc. conj.** (+ subj.), sert à écarter une explication possible. *Elle n'y arrivera pas ; non qu'elle soit incapable, mais elle est trop distraite.* **III.** ***Non*** : qui n'est pas, est le contraire de. *Un risque non négligeable.* → **non-. IV. n. m. invar.** *Une majorité de non. Un non catégorique.* → **refus.** – loc. *Pour un oui* ou pour un non.*

non- Élément indiquant l'absence, le défaut ou le refus (ex. *non-activité* **n. f.** ; *non-exécution* **n. f.** ; *non-ingérence* **n. f.** ; *non-inscrit, ite* **adj.** et **n.** ; *non-viable* **adj.**). - REM. Un code en usage dans l'édition et l'imprimerie propose d'écrire les adjectifs sans trait d'union (ex. : *les pays non alignés*) et les substantifs avec (ex. : *les non-alignés*).

nonagénaire adj. et n. (latin, de *nonageni*, de *nonaginta* → **nonante**) Dont l'âge est compris entre quatre-vingt-dix et quatre-vingt-dix-neuf ans.

non-agression [nɔnagʀesjɔ̃] n. f. Fait de ne pas recourir à l'agression (contre tel ou tel pays). *Pacte de non-agression.*

non-aligné, ée [nɔnaliɲe] adj. et n. Qui pratique le non-alignement. *Les pays non-alignés.*

non-alignement [nɔnaliɲmɑ̃] n. m. Fait pour un pays de ne pas se conformer à une politique commune. → **non-engagement.**

nonante adj. numéral cardinal invar. (vient du latin *nonaginta* « quatre-vingt-dix » → **¹neuf**) vieux ou régional (Belgique, Suisse) Quatre-vingt-dix. □ adj. numéral ordinal **nonantième**

non-appartenance n. f. Fait de ne pas appartenir (à un groupe).

non-assistance [nɔnasistɑ̃s] n. f. dr. Délit qui consiste à ne pas secourir volontairement. *Non-assistance à personne en danger.*

non-belligérance n. f. État d'une nation qui, sans observer une stricte neutralité, s'abstient de prendre part effectivement à un conflit armé.

non-belligérant, ante adj. Qui s'abstient de prendre part à un conflit. – n. *Les neutres et les non-belligérants.*

nonce n. m. (de l'italien, du latin *nuntius* « envoyé » ; famille de *annoncer*) *Nonce (apostolique)* : archevêque ambassadeur du Vatican. → **légat.**

nonchalamment adv. Avec nonchalance.

nonchalance n. f. **1.** Caractère, manière d'agir nonchalante ; manque d'ardeur, de soin. → **indolence, langueur, mollesse, paresse. 2.** Lenteur, mollesse nuancée d'indifférence. *Répondre avec nonchalance.* – Grâce alanguie. → **abandon.**

nonchalant, ante adj. (de *nonchaloir* vieux « négliger », de *chaloir* → **peu me chaut**) Qui manque d'activité, d'ardeur, par insouciance, indifférence. → **indolent, ¹mou.** *D'un pas nonchalant.* → **lent, alangui.**

nonchaloir n. m. (de *non* et du v. *chaloir* substantivé) vieux ou littér. Nonchalance.

nonciature n. f. (italien *nunziatura* → **nonce**) Charge de nonce. – Résidence du nonce.

non-combattant, ante adj. et n. *Personnel militaire non-combattant*, qui ne prend pas une part effective aux combats. – n. *Les non-combattants d'une armée.*

non-comparution n. f. dr. Fait de ne pas comparaître en justice.

non-conciliation n. f. dr. Défaut d'accord entre deux parties.

non-conformisme n. m. Attitude non-conformiste.

non-conformiste n. Personne qui ne se conforme pas aux usages établis. → **anticonformiste, ²original.** *Des non-conformistes.* – adj. *Attitude non-conformiste.*

non-conformité n. f. Défaut de conformité.

non-contradiction n. f. philos., log. *Principe de non-contradiction*, par lequel une chose n'est pas autre qu'elle-même. → **cohérence.**

non-croyant, ante n. et adj. (Personne) qui n'a pas de croyance religieuse. → **agnostique, athée.** *Des non-croyants.*

non-cumul n. m. Fait de ne pas cumuler (deux ou plusieurs choses). *Non-cumul des peines* : principe du droit pénal en vertu duquel on ne prononce que la plus forte des peines de même nature. *Non-cumul des mandats* (électifs).

non-directif, ive adj. Qui n'est pas directif. *Chef non-directif.* – *Psychothérapie non-directive.*

non-discrimination n. f. Refus d'appliquer des traitements différents selon les appartenances ethniques, politiques, etc. *Principe de non-discrimination à l'embauche.*

non-dit n. m. Ce qui n'est pas dit, ce qui reste caché dans le discours de qqn. *Des non-dits.*

non-droit n. m. *Zone de non-droit*, dans laquelle la légalité n'est pas respectée.

none n. f. (latin *nona hora* « neuvième heure ») relig. Office de la neuvième heure (vers 15 h).

non-engagé, ée adj. et n. **1.** Qui n'est pas engagé. *Un écrivain non-engagé.* **2.** Qui n'est pas engagé dans un conflit international. *Nations non-engagées.*

non-engagement n. m. **1.** Absence d'engagement (moral, politique). **2.** Politique de neutralité à l'égard des grandes puissances. → **non-alignement.**

non-être n. m. invar. philos. Fait de ne pas être ; état de ce qui n'est pas. → **néant.**

non-euclidien, ienne [nɔnøklidjɛ̃, jɛn] adj. Qui n'obéit pas au postulat d'Euclide sur les parallèles. *Géométries non-euclidiennes.*

non-évènement ou **non-événement** n. m. Évènement faisant l'objet d'une communication publique (notamment par les médias) et qui s'avère inintéressant. *Des non-évènements.*

non-exécution n. f. dr. Défaut d'exécution.

non-existence n. f. Fait de ne pas être, de ne pas exister.

non-figuratif, ive adj. arts Qui ne représente pas le monde extérieur. → **abstrait.** – *Peintre non-figuratif.* – n. m. *Les non-figuratifs.*

non-fumeur, euse n. Personne qui ne fume pas. *Les non-fumeurs.* – appos. *Espace non-fumeurs.*

non-gage n. m. *Certificat de non-gage*, certifiant qu'une voiture n'est pas gagée (et peut être revendue).

nonidi n. m. (latin *nonus* « neuvième » et finale de *lundi, mardi...*) hist. Neuvième jour de la décade du calendrier républicain.

non-ingérence n. f. Absence d'intervention dans la politique intérieure d'un État étranger. → **non-intervention.**

non-initié, iée n. Personne qui n'est pas initiée. → **profane.** *Les non-initiés.*

non-inscrit, ite n. polit. Élu qui n'est pas inscrit à un groupe politique ou parlementaire. – adj. *Les députés non-inscrits.*

non-intervention [nɔnɛ̃tɛʀvɑ̃sjɔ̃] n. f. Attitude d'un État qui s'abstient d'intervenir dans les affaires d'un pays étranger. → **non-ingérence.**

non-interventionniste adj. Favorable à la non-intervention. – n. *Les non-interventionnistes.*

non-jouissance n. f. dr. Privation de jouissance.

non-lieu n. m. dr. Décision par laquelle le juge d'instruction déclare qu'il n'y a pas lieu de poursuivre en justice. *Ordonnance de non-lieu. Des non-lieux.*

non-métal, aux n. m. chim. Élément qui ne présente pas les propriétés d'un métal* (mauvais conducteur, etc.). *Le soufre, l'azote sont des non-métaux.*

non-moi n. m. invar. philos. L'objet ou le monde extérieur en tant que distinct du sujet.

nonne n. f. (vient du latin, de *nonnus* « moine », terme affectueux ; *cf.* grec *nannê* « tante ») vieux ou plais. Religieuse.

nonnette n. f. **1.** fam. Jeune nonne. **2.** (analogie entre le plumage gris de cet oiseau et le costume de certaines religieuses) Variété de mésange. **3.** Petit gâteau rond en pain d'épice, autrefois fabriqué dans les couvents.

Nonnos Poète grec (Vᵉ s.). Il est l'auteur d'un poème épique consacré à la vie de Dionysos (*Les Dionysiaques*) et d'une *Paraphrase de l'Évangile selon saint Jean.*

Nono (Luigi) Compositeur italien (1924-1990). Il recourut à la technique sérielle pour composer une musique qu'il voulait militante et libératrice. Il composa des ballets (*Le Manteau rouge* ; *Intolleranza*), des œuvres instrumentales (*Polifonica-Monodica-Ritmica* ; *Incontri*) et de la musique vocale (*La Victoire de Guernica* ; *Sul ponte di Hiroshima*).

nonobstant (de *non*, et ancien français *obstant*, du latin *obstans*, de *obstare* « faire obstacle » → **obstacle**) **1.** prép. vieux ou dr. Sans être empêché par qqch., sans s'y arrêter. → en **dépit** de, **malgré. 2.** adv. vieux ou littér. → **cependant, néanmoins.**

non-paiement n. m. dr. Défaut de paiement.

nonpareil, eille adj. vieux Qui est sans égal dans son genre.

non-prolifération n. f. Limitation de la quantité (d'armes nucléaires dans le monde). *Traité de non-prolifération.*

non-recevoir voir **¹fin** (II, 3) **de non-recevoir**

non-résident, ente adj. et n. Qui ne réside pas en permanence, n'est pas domicilié (en un lieu). – n. *Les non-résidents.*

non-respect n. m. Fait de ne pas respecter (un engagement, une obligation). *Des non-respects.*

non-retour n. m. *Point de non-retour* : moment où il n'est plus possible de revenir en arrière (dans une série d'actes, de décisions).

non-rétroactivité n. f. Caractère de ce qui n'est pas rétroactif.

N

non-sens n. m. invar. **1.** Défi au bon sens, à la raison. → **absurdité. 2.** Ce qui est dépourvu de sens (phrase, raisonnement). *Faire un non-sens.* → **contresens. 3.** *Le non-sens* : l'absurde, le paradoxe.

non-stop [nɔnstɔp] adj. invar. (mot anglais) anglic. **1.** Se dit d'un vol sans escale. → **direct. 2.** Qui se déroule de façon ininterrompue. *Des débats non-stop.* ■ loc. adv. *En non-stop* : sans arrêt.

non-tissé n. m. Matériau obtenu par assemblage de fibres textiles, sans tissage ni tricotage. *Des non-tissés.*

Nontron Chef-lieu d'arrondissement de la Dordogne. 3 040 habitants. Château restauré au XVIIIᵉ s. ; remparts. Coutellerie.

non-violence n. f. Doctrine qui exclut toute violence dans l'action politique (→ **résistance passive**).

non-violent, ente adj. et n. **1.** adj. Qui procède par la non-violence. **2.** n. Partisan de la non-violence. *Les non-violents.*

non-voyant, ante n. et adj. Aveugle (→ **malvoyant**). *Des non-voyants.*

noologique adj. (du grec *noos* « esprit » et *-logie*) didact. Qui a rapport à l'esprit, qui a pour objet le monde de l'esprit (par oppos. à *cosmologique*, etc.).

Noone (Jimmie) Clarinettiste de jazz américain (1895-1944). Considéré comme l'un des plus grands clarinettistes de jazz, il possédait une technique remarquable et un vibrato caractéristique de l'école créole.

Nooteboom (Cees) Écrivain néerlandais (né en 1933). Il est l'auteur de romans philosophiques et d'essais journalistiques. *L'Histoire suivante* ; *Le Jour des morts.*

nopal n. m. (de l'espagnol, mot aztèque) Cactus (oponce) à fruits comestibles (figues de Barbarie). *Des nopals.*

Nord (cap)

Le cap Nord, surplombant de 300 m l'océan glacial Arctique, est l'un des lieux les plus visités de Norvège.

Nora (Pierre) Historien français (né en 1931). Fondateur et directeur de la revue *Le Débat,* éditeur, il s'est consacré à l'histoire du sentiment national et a promu « la nouvelle histoire ». *Lieux de mémoire.* Académie française.

noradrénaline **n. f.** (de *normal* et *adrénaline*) biochim. Neuromédiateur précurseur de l'adrénaline, sécrété par la médullosurrénale.

Norbert (saint) (v. 1080-1134). Il fonda en 1120 l'ordre des Prémontrés ou « chanoines blancs » et fut nommé évêque de Magdeburg en 1126.

nord (anglais *north,* mot germanique) **I. n. m. invar. 1.** Celui des quatre points cardinaux correspondant à la direction de l'Étoile polaire, du pôle de l'hémisphère où est située l'Europe (à l'opposé du sud). *Vents du nord. Pièce exposée au nord.* – *Nord magnétique,* indiqué par l'aiguille aimantée de la boussole. – loc. fig. *Perdre le nord :* s'affoler. – ***Au nord de.*** *Au nord de la Loire.* **2.** Partie d'un ensemble géographique qui est la plus proche du nord. *Les peuples du Nord.* → **nordique.** *Afrique, Amérique du Nord.* – *Le Grand Nord,* la partie du globe située près du pôle Nord. → **arctique.** – (à l'intérieur d'un pays) *L'Allemagne, l'Italie du Nord.* – *Le Nord et le Midi.* (en France) *Les gens du Nord* (Flandre, Picardie...), régional de *ch'Nord* (→ **chtimi**). ■ Les pays industrialisés. *Dialogue Nord-Sud.* **II. adj. invar.** Qui se trouve au nord. → **septentrional.** *L'hémisphère Nord.* → **boréal.** *Le pôle Nord. Latitude nord.*

▶ L'opposition géopolitique **Nord**/Sud a une histoire. Au XVIIIe siècle l'Europe se voit au centre du monde comme le cœur de la civilisation, par opposition aux peuples « sauvages » du Sud colonisés au siècle suivant. Mais elle se trouve excentrée quand, en 1918, elle est dépassée économiquement par les États-Unis, puis quand elle est prise entre deux « blocs » durant la guerre froide. L'Ouest et l'Est définissent alors deux alliances géostratégiques, mais aussi deux modèles de développement, tandis que le tiers-monde, issu des décolonisations, émerge peu à peu.
L'effondrement du bloc soviétique (1991) révèle une autre division du monde avec une opposition majeure entre le Nord, prospère, et le Sud, pauvre. Malgré son imprécision géographique (la Chine est au nord, l'Australie au sud), cette représentation définit le « Nord » comme un ensemble développé ayant changé son ancienne domination, surtout politique et militaire, en suprématie économique. Mais la mondialisation reconfigure aujourd'hui l'ordre international : des pays « émergents » comme la Chine et l'Inde, mais aussi l'Afrique du Sud et le Brésil sont désormais des puissances de premier plan et à l'opposition Nord/Sud s'ajoutent des tensions Sud/Sud.
voir aussi **Sud, Occident, Orient, mondialisation**

Nord (mer du) Mer bordière de l'océan Atlantique, dans le N.-O. de l'Europe. 570 000 km². Bordée à l'O. par la Grande-Bretagne, les îles Orcades et Shetland, et à l'E. par la France, les Pays-Bas, l'Allemagne et le Danemark, elle constitue une grande voie de passage vers les pays d'Europe occidentale et joue un rôle économique important. Deux des trois plus grands ports mondiaux, Londres et Rotterdam, se trouvent sur ses rives. Elle comporte d'importantes réserves de pétrole et de gaz.

Nord (canal du) Détroit entre la côte N.-E. de l'Irlande et la côte S.-O. de l'Écosse, d'une largeur de 35 km.

Nord (canal du) Canal reliant l'Oise à la Scarpe, de Noyon à Douai. 95 km.

Nord (cap) Cap de Norvège, sur la côte N. de l'île de Magerøy. C'est le point le plus septentrional d'Europe.

Nord (île du) voir **Nouvelle-Zélande**

Nord (Territoire du) Territoire d'Australie, situé dans le centre N. du pays. 1 304 200 km². 157 300 habitants. Villes principales : Darwin et Alice Springs. Zone aride. Nombreuses réserves d'aborigènes. Élevage. Ressources minières (bauxite, gaz naturel, uranium). Tourisme.

Nord **n. m.** [59] Département français de la Région Hauts-de-France (→ carte). 5 738 km². 2 607 746 habitants. Chef-lieu : Lille. Chefs-lieux d'arrondissement : Avesnes-sur-Helpe, Cambrai, Douai, Dunkerque, Valenciennes. Le département s'étend le long de la frontière belge, depuis la Côte d'Opale et la plaine de Flandre au N.-O. jusqu'aux premières hauteurs des Ardennes au S.-E. L'agriculture et l'élevage sont omniprésents sur ces terres plates, seulement animées par les monts de Flandre et les vallonnements du Hainaut, de la Thiérache et de l'Avesnois. Malgré la crise des industries anciennes, le secteur industriel est dynamique et diversifié, notamment autour de l'agglomération lilloise et à Dunkerque (important port).

Nord (guerre du) Conflit qui opposa, de 1700 à 1721, la Suède à une coalition réunissant la Russie, le Danemark et la Pologne.

nord-africain, aine **adj.** et **n.** D'Afrique du Nord. – **n.** *Les Nord-Africains.* → **maghrébin.**

nord-américain, aine **adj.** et **n.** D'Amérique du Nord. – **n.** *Les Nord-Américains.* → **américain ; états-unien ; canadien.**

nord-coréen, enne **adj.** et **n.** De la Corée du Nord ; coréen du Nord. – **n.** *Les Nord-Coréens.*

Nord-du-Québec Région administrative du Québec. 718 228 km². 44 561 habitants. Elle couvre un peu plus de la moitié de la superficie totale du Québec. Ville principale : Chibougamau.

Nordenskjöld ou **Nordenskiöld (Adolf Erik, baron)** Explorateur et naturaliste suédois (1832-1901). Il parcourut l'Arctique et découvrit le passage maritime du Nord-Est (1878-1880). ■ **Otto Nordenskjöld** ou **Nordenskiöld** (1869-1928). Neveu d'Adolf Erik, il explora l'Arctique et l'Antarctique.

nord-est [nɔʀɛst] **n. m. invar.** et **adj. invar. 1.** Point de l'horizon situé à égale distance entre le nord et l'est. **2.** Région située dans cette direction. *Le nord-est de la France.* – **adj.** *La partie nord-est du pays.*

Nord-Est (passage du) Passage maritime de l'Europe vers l'Asie par l'océan Arctique et le détroit de Béring.

Nordeste **n. m.** Région du N.-E. du Brésil, très peuplée (48 millions d'habitants) mais économiquement sous-développée. 1 546 058 km².

nordet **n. m.** (de *nord-est*) mar. Vent qui vient du nord-est.

nordicité **n. f.** Caractère nordique ; particularités (humaines, climatiques...) de la zone froide de l'hémisphère Nord, notamment au Canada.

nordique **adj.** et **n. 1.** Des pays du nord de l'Europe. *Langues nordiques* (anciennes : le *nordique* **n. m.**). – **n.** *Un, une Nordique* (Scandinave, Islandais, Finlandais). **2.** (Canada) Des régions les plus au nord du pays.

nordiste **n. m.** et **adj.** Partisan des États du Nord (yankees), lors de la guerre de Sécession aux États-Unis. *Nordistes et Sudistes.*

Nördlingen Ville d'Allemagne (Bavière), au N.-O. d'Augsbourg, sur l'Eger. 20 600 habitants. Ancienne ville impériale ayant conservé de nombreux édifices médiévaux.

Nördlingen (batailles de) Batailles de la guerre de Trente Ans qui se déroulèrent à Nördlingen, en Allemagne. La première vit la victoire des impériaux sur les Suédois en 1634. Le seconde opposa en 1645 Condé et Turenne aux impériaux, qui furent vaincus.

nord-ouest **n. m. invar.** et **adj. invar. 1.** Point de l'horizon situé à égale distance entre le nord et l'ouest. *Vent du nord-ouest.* → **noroît. 2.** Région située dans cette direction. *Le nord-ouest de l'Italie.* – **adj.** *La côte nord-ouest.*

Nord-Ouest (passage du) Passage maritime à travers l'archipel Arctique canadien, la mer de Beaufort et le détroit de Béring. Roald Amundsen fut le premier à le parcourir pour passer de l'Atlantique au Pacifique (1903-1906).

Nord-Ouest (Territoires du) Région administrative du N. du Canada, à l'E. du Yukon et à l'O. du Nunavut. 1 346 106 km². 41 786 habitants. Capitale : Yellowknife. Formés d'une partie continentale et de plusieurs milliers d'îles, les Territoires du Nord-Ouest sont gérés par le gouvernement fédéral.

Nord-Pas-de-Calais Anc. région administrative de la France (jusqu'en 2015). → **Hauts-de-France.**

nord-vietnamien, ienne **adj.** et **n.** hist. De l'État du Viêtnam du Nord (avant la réunification du pays). – **n.** *Les Nord-Vietnamiens.*

Norfolk **n. m.** Comté du S.-E. de l'Angleterre, entre le golfe du Wash et la mer du Nord. 5 355 km². 870 150 habitants. Chef-lieu : Norwich. Région céréalière et fourragère. Activité touristique sur le littoral.

Nørgård (Per) Compositeur danois (né en 1932). Il est l'auteur de *Constellations* pour 12 cordes, de quatuors à cordes, de symphonies et d'opéras (*Divine Circus ; Nuit des hommes*).

Norge (Georges Mogin, dit Géo) Poète belge d'expression française (1898-1990). Ses vers imitent la diction populaire et reflètent le langage enfantin. *La Langue verte.*

nori **n. m.** (mot japonais) Algue marine rouge utilisée séchée dans la cuisine japonaise.

noria **n. f.** (mot espagnol, de l'arabe *na'wrah*) **1.** Machine hydraulique à godets, qui sert à élever l'eau, à irriguer. **2.** Allées et venues fréquentes (de véhicules, etc.).

Norique **n. m.** Ancienne région d'Europe centrale, entre le Danube, la Pannonie et la Rhétie. Habité par les Celtes tauriques, le Norique devint province romaine en –16.

normal, ale, aux **adj.** et **n. f.** (latin *normalis* « fait à l'équerre ; conforme à la règle », de *norma* → **norme**) **I.** didact. **1.** math. *Droite normale à,* perpendiculaire à. – **n. f.** *Une normale.* **2.** (En France) *École normale,* où l'on formait les instituteurs (aujourd'hui IUFM*). – *L'École normale supérieure,* formant des professeurs (secondaire, université) et des chercheurs. – **n. f.** *Normale Lettres, Sciences* (→ **normalien**). **II.** cour. **1.** Qui est dépourvu de tout caractère exceptionnel ; qui est conforme au type le plus fréquent (→ **norme**) ; qui se produit selon l'habitude (s'oppose à *anormal*). *Il n'est pas normal :* il est bizarre. – *État normal.* – *Tout est normal. En temps normal.* → **ordinaire.** – *Sa réaction est normale.* → **²logique.** – (+ inf.) *Ce n'est pas normal de dormir autant.* – (avec *que* + subj.) *Il est normal qu'elle soit fatiguée.* **2. n. f.** ***La normale*** *:* la moyenne. → **norme.** *Intelligence au-dessus de la normale. Revenir à la normale.* – météorol. *Les normales saisonnières.*

normalement **adv.** D'une manière normale. – En temps normal. → **habituellement.**

normalien, ienne **n. 1.** anciennt Élève d'une école normale. **2.** Élève de l'École normale supérieure.

Normandie

normalisation n. f. Fait de (se) normaliser. *La normalisation des relations entre deux pays. – La normalisation des produits fabriqués.* → anglic. **standardisation.**

normaliser v. tr. ‹ 1 › **1.** Soumettre (une production) à des normes (3). → **standardiser. 2.** Faire devenir ou redevenir normal.

normalité n. f. didact. Caractère de ce qui est normal. → **norme.**

Norman (Jessye) Cantatrice américaine (1945-2019). Elle s'est illustrée autant dans le lied et la mélodie qu'à l'opéra. Sa voix majestueuse a entre autres servi les opéras de Wagner, Mozart et Verdi.

normand, ande adj. et n. (ancien norrois *nord man* « homme du Nord ») De Normandie. *Armoire normande. Le dialecte normand* ou *le normand.* ■ **n.** *Les Normands.* – loc. *Une réponse de Normand,* qui ne dit ni oui ni non.

Normandie n. f. Ancienne province française, située au N.-O. du territoire. Peuplée de Celtes, la Normandie fut conquise par les Romains (56 av. J.-C.), puis par les Francs (Ve s.) et rattachée à la Neustrie. Cédée aux Normands en 911 par le roi Charles III le Simple, elle devint un duché (945). Unie à l'Angleterre (1066) par Guillaume le Conquérant, duc de Normandie, elle passa aux Plantagenêts (1144), puis fut reprise par Philippe II Auguste (1204). Champ de bataille de la guerre de Cent Ans, le duché de Normandie fut annexé au domaine royal en 1468 par Louis XI.

Normandie Région administrative de l'O. de la France formée de cinq départements : Calvados, Eure, Manche, Orne, Seine-Maritime. 29 906 km². 3 325 522 habitants. Chef-lieu : Rouen. ■ **Basse-Normandie** La région est constituée, au S. d'une ligne Cherbourg-Nogent-le-Rotrou, des roches granitiques du Massif armoricain et, au N., des plateaux sédimentaires du Bassin parisien. Elle présente un paysage de collines et de bocages, à l'exception des forêts du sud (parc naturel régional de Normandie-Maine). La pointe déchiquetée de La Hague contraste avec la baie évasée du Mont-Saint-Michel, les plages de sable de la baie de Seine et les dunes et marais du Cotentin. Le climat est océanique. La Basse-Normandie est une région fortement agricole (15 % de la population active ; élevage bovin, cidre et calvados, camembert et pont-l'évêque), dont les productions alimentent un secteur agroalimentaire dynamique. Les industries se concentrent dans les régions de Caen (électronique et automobile) et de Cherbourg (construction navale militaire, nucléaire à La Hague et Flamanville). Si les services accusent un léger retard, le tourisme se développe (Mont-Saint-Michel, Deauville, Cabourg et les plages du débarquement). Seule grande ville, Caen domine une région peu urbanisée. ■ **Haute-Normandie** De part et d'autre de la basse vallée de la Seine, la région repose sur des plateaux crayeux entaillés par de profondes vallées. Des falaises abruptes (Étretat) dominent la Manche et ses plages de galets. Les forêts sont étendues et les sols fertiles s'apparentent aux plaines du Bassin parisien. Le climat est océanique, avec des précipitations décroissant de la côte vers l'intérieur. Bénéficiant de la proximité de l'Île-de-France, la population régionale est en hausse. Elle se concentre largement dans l'agglomération rouennaise. Les échanges O.-E. vers Paris prennent le pas sur les liaisons N.-S. L'agriculture repose sur quelques activités dominantes (betterave sucrière, blé, lin, élevage bovin). La basse vallée de la Seine, par l'importance de son trafic portuaire (port maritime du Havre et port fluvial de Rouen), structure l'activité économique. Le port de Dieppe complète cette activité vers la mer. En découle une importante activité de raffinerie de pétrole, de chimie et de pétrochimie, alors que la construction navale a disparu. Deux centrales nucléaires, Penly et Paluel, sont implantées sur la côte. L'industrie traditionnelle se maintient (bois, papier, verre) et l'industrie automobile s'est développée. Les services sont concentrés dans le commerce, le tourisme demeurant secondaire (stations balnéaires d'Étretat ou du Tréport ; Giverny).

Normandie (débarquement de) Opération dite *Overlord* commandée par Eisenhower à partir du 6 juin 1944 lors de la Seconde Guerre mondiale. Les armées alliées débarquèrent sur les côtes normandes entre Saint-Martin-de-Varreville (Cotentin) et Ouistreham.

Normandie (Basse-) Anc. région administrative de la France (jusqu'en 2015). → **Normandie.**

Normandie (Haute-) Anc. région administrative de la France (jusqu'en 2015). → **Normandie.**

Normands **n. m. pl.** Nom donné aux Vikings qui envahirent le nord de l'Europe, du IXe au XIe s., tandis que d'autres (Varègues) allèrent jusqu'en Orient. Excellents marins, se déplaçant sur leurs rapides snekkja, ou drakkars, ils pillèrent les côtes de l'Occident, s'installant en Écosse, Irlande, France, d'autres en Islande et au Groenland. Au IXe s., la France fut victime des assauts des « hommes du Nord ». Remontant la Seine, le long de laquelle ils établirent des camps fortifiés, ils mirent à sac Rouen, Paris et Noyon (857-859). Charles II le Chauve tenta vainement de les repousser. En 911, le pays entre l'Epte et la Seine échut au chef normand Rollon (traité de Saint-Clair-sur-Epte) qui, étendant son territoire jusqu'à la Bretagne, constitua le futur duché de Normandie. Un siècle plus tard, les Normands envahirent l'Angleterre, menés par Guillaume le Conquérant (1066).

normatif, ive **adj.** didact. Qui constitue une norme (1), est relatif à la norme, établit des règles. *Grammaire normative et grammaire descriptive.*

norme **n. f.** **(latin *norma* « équerre ; ligne de conduite » → normal)** **1.** didact. Type concret ou formule abstraite de ce qui doit être. → **¹loi, modèle, principe, règle.** *Norme juridique.* – *La norme des puristes* (en matière de langage). **2.** État habituel, conforme à la majorité des cas. → **normal.** *S'écarter de la norme.* – *Les normes sociales. Les usages et les normes linguistiques.* **3.** Ensemble de règles techniques, de critères définissant un type d'objet, un produit, un procédé (→ **normaliser**). *Appareil conforme aux normes françaises NF.* **4.** math. Nombre réel correspondant à la mesure d'un objet.

▶ La vie en société est régie par des **normes** qui ne se contentent pas de définir une « normalité », mais organisent le monde et lui donnent une forme.
On peut distinguer les normes informelles — par exemple la politesse, les usages — et les normes formelles, qui sont écrites. Parmi celles-ci, certaines ont une valeur générale et s'imposent à tous sur un territoire donné : ce sont les lois, mais aussi les conventions internationales qui prennent aujourd'hui une importance grandissante. D'autres normes formelles sont dites « privées », comme le règlement intérieur d'un immeuble, d'une entreprise ou d'une association.
Les sociétés prémodernes se caractérisent par la valeur absolue de la norme, envisagée sous une forme religieuse et ritualisée. Politique, droit, religion et morale se confondent ; un fort contrôle social garantit l'observance des usages et des règles qui fondent et structurent la communauté.
Le monde contemporain se caractérise à la fois par un affaiblissement des anciennes prescriptions (les normes informelles morales ou sociales) et par la multiplication des normes juridiques et techniques. Le travail salarié, par exemple, est régi à la fois par les règles de l'Organisation internationale du travail, le droit national du travail, les normes sanitaires nationales et internationales, des accords sociaux (et bien souvent aussi par des règles de métier, une charte éthique, des normes de qualité et des objectifs chiffrés). Nombreuses, inégalement connues, plus ou moins contraignantes, ces normes peuvent parfois entrer en contradiction les unes avec les autres.
voir aussi **loi, éthique, liberté**

normé, ée **adj.** math. *Espace vectoriel normé,* muni d'une norme. *Vecteur normé,* dont la norme est égale à un.

normographe **n. m.** **(latin *norma* « règle » et *-graphe*)** Plaquette dans laquelle les contours de lettres, de figures ont été évidés pour qu'on puisse en reproduire le tracé.

Nornes **n. f. pl.** Divinités féminines du destin, dans la mythologie germanique. Elles se nomment Urd, Wertandi et Skuld.

Norodom Sihanouk Souverain et homme d'État cambodgien (1922-2012). Roi du Cambodge (1941), il obtint l'indépendance de son pays en 1953 puis abdiqua en 1955. Plusieurs fois Premier ministre, chef de l'État de 1960 à 1970, il s'allia aux Khmers rouges en 1975 mais dut se retirer du pouvoir. Il lutta contre le régime instauré par le Viêtnam en 1979, forma un gouvernement de coalition en 1982, et créa en 1991 un Conseil national suprême, dont il assura la présidence. Rétabli sur le trône en 1993, il se retira en 2004. ■ **Norodom Sihamoni.** Roi du Cambodge (né en 1953). Fils de Norodom Sihanouk, il lui succéda en 2004.

Norodom Sihanouk en 1995.

noroît **n. m.** **(var. régionale de *nord-ouest*)** mar. Vent du nord-ouest. - var. RO **noroit.**

Norris (Frank) Journaliste et romancier américain (1870-1902). Il est l'auteur de récits naturalistes. *La Pieuvre ; La Fosse.*

Norrköping Ville du S.-E. de la Suède, sur la mer Baltique, au S.-O. de Stockholm. 125 500 habitants. Grand port maritime. Centre industriel.

Norrland **n. m.** Région septentrionale de la Suède, au N. de la Dalécarlie.

norrois ou **norois** **n. m.** **(origine germanique → nord)** ling. Langue germanique ancienne dont une forme est le vieil islandais.

Northampton Ville du centre de l'Angleterre, chef-lieu du Northamptonshire, sur la Nene, entre Londres et Birmingham. 215 170 habitants. Industrie du cuir. Construction mécanique.

Northrop (John Howard) Biochimiste américain (1891-1987). Étudiant la nature des enzymes, il mit au jour la pepsine, la trypsine et la chymotrypsine. Il élabora une méthode de préparation d'enzymes et de protéines virales à l'état pur. Prix Nobel 1946, avec J. Sumner et W. Stanley.

Northumberland **n. m.** Comté du N.-O. de l'Angleterre, à la frontière de l'Écosse. 5 033 km². 307 200 habitants. Chef-lieu : Morpeth. Parc national.

Northumbrie **n. f.** Royaume fondé au Ve s. par les Angles. Il fut annexé en 827 par Egbert le Grand, roi de Wessex.

Norton (Thomas) Auteur dramatique anglais (1532-1584). Il écrivit la première tragédie profane de la littérature anglaise, *Gorboduc ou Ferrex et Porrex.*

Norvège

n. f. ■ offic. royaume de Norvège État d'Europe du Nord, comprenant notamment les îles Svalbard et la terre de la Reine-Maud en Antarctique. 385 155 km². 5 391 300 habitants (les *Norvégiens*). **Langue :** norvégien. **Religion :** luthériens en majorité. **Monnaie :** couronne norvégienne. **Capitale :** Oslo. **Régime :** monarchie parlementaire. Le royaume est divisé en 11 comtés *(fylke).*

GÉOGRAPHIE

Le territoire s'étend sur 1 750 km du N.-E. au S.-O. Son relief est particulièrement accidenté : la chaîne de montagnes scandinave occupe 62 % de sa superficie ; sur la côte, très découpée, les vallées glaciaires ont formé des fjords qui constituent le principal attrait touristique du pays mais limitent les communications terrestres ; le pays compte 165 000 lacs. Le climat est maritime, avec des hivers doux et, grâce au passage d'une dérive du Gulf Stream, les ports du nord du pays sont rarement pris par les glaces. Les précipitations sont très importantes le long de la côte (jusqu'à 2 000 mm/an à Bergen). Le transport maritime joue encore un rôle important (50 % des transports de marchandises), même si le transport aérien s'est beaucoup développé. La population est de plus en plus concentrée dans la région d'Oslo et le long du littoral du S.-O. Les pouvoirs publics tentent de limiter le dépeuplement des régions du N. par des subventions et le maintien de services, dans le cadre d'un système social solidaire.

ÉCONOMIE

Le niveau de vie est parmi les plus élevés du monde. Avec un sous-sol pauvre en minerais, le pays doit son développement industriel à son potentiel hydroélectrique, mais c'est surtout l'exploitation du pétrole et du gaz naturel (50 % des exportations) qui a fait décoller l'économie dans les années 1970. Les principales plateformes sont situées en mer du Nord, en mer de Norvège et en mer de Barents. L'industrie navale a souffert de la crise mondiale mais la construction de plateformes a pris le relais. Les activités liées à la mer restent prépondérantes, même si les pavillons de complaisance remplacent de plus en plus souvent le pavillon norvégien qui impose plus de contraintes. La Norvège est une grande nation de pêche mais celle-ci ne contribue que pour moins de 1 % au PIB.

HISTOIRE

L'histoire de la Norvège n'est connue qu'à partir du IXe s., quand les Vikings partirent des côtes scandinaves pour des expéditions dans toute l'Europe ainsi que jusqu'au Groenland. Leurs petits royaumes furent unifiés (872), puis christianisés (XIe s.). Le XIIIe siècle marqua l'apogée de la Norvège, qui dominait un vaste empire s'étendant sur le Groenland et l'Islande. Le déclin s'amorça au XIVe s., au profit de la Hanse qui contrôla vite toute l'économie. La peste noire ravagea le pays qui passa à la Suède, puis au Danemark (1363), avant d'entrer dans l'Union de Kalmar (1397).

De la domination danoise à l'indépendance La rupture de cette union (1523) plaça la Norvège sous la domination du Danemark, qui imposa le luthéranisme et la contraignit à céder aux Suédois le Jämtland, l'Härjedalen (1645) et le Boshuslän (1658). Le traité de Kiel (1814) marqua le passage à la domination suédoise, que le Danemark avait tenté d'empêcher en établissant un parlement, le *Storting,* et la constitution d'Eidsvold (1814). Cette Constitution favorisa la montée du sentiment national, qui amena en 1905 la rupture de l'union avec la Suède et l'avènement de Haakon VII au trône de Norvège. Le pays parvint à maintenir sa neutralité en 1914. Il fut occupé par l'Allemagne en 1940, malgré une résistance active de la population.

L'alternance politique Après la guerre, les travaillistes, qui avaient exercé le pouvoir depuis 1935, le retrouvèrent. Le pays adhéra à l'Otan (1949) et au Conseil nordique (1957). En 1957, Olav V succéda à Haakon VII sur le trône. Les élections de 1965 virent la victoire d'une coalition de droite. À deux reprises (1972, 1992), la demande d'adhésion du pays à l'Union européenne dut être retirée, une majorité de

Paysage du comté de Møre og Romsdal, au centre-ouest de la Norvège.

Norvégiens s'étant prononcée contre par référendum. En 1991, Harald V succéda à Olav V. Depuis la démission de la travailliste Gro Harlem Brundtland (Première ministre de 1990 à 1996), l'alternance est respectée. Entre 2005 et 2013, le travailliste Jens Stoltenberg a été à la tête d'une coalition de centre gauche, jusqu'à ce qu'Erna Solberg, chef de file du parti conservateur, lui succède et durcisse les conditions d'accueil des migrants. Le travailliste Jonas Gahr Støre, vainqueur des législatives, a pris les rênes du gouvernement en 2021.

norvégien, ienne adj. et n. De Norvège. **– n.** *Les Norvégiens.* ■ **n. m.** *Le norvégien* (langue scandinave).

Norwich Ville du S.-E. de l'Angleterre (Norfolk), sur le Wensum. 182 680 habitants. Cathédrale (XIe s., remaniée au XVe s.), donjon du XIIe s. Université. Centre industriel.

Norwid (Cyprian Kamil) Poète, auteur dramatique, peintre et sculpteur polonais (1821-1883). Il écrivit un dialogue philosophique en vers *(Promethidion)*, des poèmes *(Le Piano de Chopin)* et des drames historiques *(Wanda ; Cléopâtre)*.

nos voir **notre**

Noske (Gustav) Homme politique allemand (1868-1946). Il organisa la répression de l'insurrection spartakiste (1919).

noso- Élément **(du grec *nosos*)** qui signifie « maladie ».

nosocomial, ale, aux adj. **(latin *nosocomium,* du grec *nosokomeion* « hôpital ») didact.** *Infection nosocomiale,* contractée en milieu hospitalier.

nosographie n. f. **(de *noso-* + *-graphie*) méd.** Description et classification méthodique des maladies.

nosologie n. f. **(de *noso-* + *-logie*) méd.** Discipline médicale qui étudie les maladies afin de les classifier.

Nosra (al-) Organisation salafiste djihadiste proche d'al-Qaida apparue en avril 2011 dans le contexte de la révolution syrienne contre Bachar al-Assad.

N

Nossack (Hans Erich) Écrivain allemand (1901-1977). Ses poèmes, drames et romans mêlent le réalisme au fantastique. *Spirale ; Le Frère cadet.*

nostalgie n. f. **(latin, du grec *nostos* « retour » et *algos* « souffrance » → -algie)** **1.** Mal du pays. **2.** Regret mélancolique (d'une chose révolue ou de ce qu'on n'a pas connu) ; désir insatisfait. **→ mélancolie.** *Avoir la nostalgie de son enfance.*

nostalgique adj. et n. Empreint de nostalgie. **– n.** *Un nostalgique de la monarchie.*

Nostradamus (Michel de Nostre-Dame, dit) Médecin et astrologue français (1503-1566). Médecin de Charles IX, il est célèbre pour ses prédictions. *Centuries astrologiques.*

Nosy Be Île du canal du Mozambique, au N.-O. de Madagascar, dont elle dépend depuis 1896. 388 km². 30 000 habitants.

nota bene [nɔtabene] **n. m. invar. (mots latins « notez [bien] », de *notare* → noter)** Note, remarque. - **abrév. NB.**

notabilité n. f. Personne notable, qui occupe un rang supérieur dans une hiérarchie. **→ notable, personnalité.**

notable **(latin *notabilis,* de *notare* → noter)** **1. adj.** Qui est digne d'être noté, remarqué. *De notables progrès.* **→ appréciable, important, sensible. – (personnes)** Important. **2. n.** Personne à laquelle sa situation sociale confère une certaine autorité dans les affaires publiques. **→ notabilité, personnalité.**

notablement adv. D'une façon sensible, appréciable.

notaire n. **(latin *notarius* « secrétaire », de *nota* → note)** Officier public chargé d'établir tous les actes et contrats auxquels on doit ou on veut donner un caractère authentique. *Étude, clerc de notaire. Maître Suzanne X, notaire.*

notamment adv. (de *notant,* ancien adj. tiré de *noter*) En remarquant parmi d'autres. → **particulièrement.**

notarial, iale, iaux adj. Relatif à la charge de notaire.

notariat n. m. (du latin *notarius* → notaire) Fonction de notaire. – Corps des notaires.

notarié, ée adj. (→ notaire) Fait par un notaire, devant notaire. *Actes notariés.* → **authentique.**

notation n. f. (latin → noter) **1.** Action, manière de noter, de représenter par des symboles ; système de symboles. *Notation numérique ; notation par lettres. Notation musicale.* **2.** Ce qui est noté (par écrit) ; courte remarque. → **note. 3.** Action de donner une note. *La notation d'un devoir.* **4.** fin. *Agence de notation,* qui établit les indices permettant d'évaluer la solvabilité des entreprises ou des pays.

note n. f. (latin *nota* « marque, empreinte », de *noscere* « apprendre à connaître » → connaître) **I. 1.** *Note (de musique) :* signe qui sert à caractériser un son. *Savoir lire ses notes.* → **déchiffrer. 2.** Son figuré par une note. *Les notes de la gamme* (do, ré, mi, fa, sol, la, si). – Son musical. *Une note cristalline.* ■ loc. *Fausse note.* → fam. **canard, couac.** fig. Élément qui ne convient pas à un ensemble. *Note juste :* détail vrai, approprié. – *Forcer la note,* exagérer. *Donner la note,* donner le ton. – *Être dans la note,* dans le style, en accord avec. → ^{2}**ton. 3.** Touche d'un clavier. **4.** fig. Détail, élément. *Les rideaux de couleur vive mettaient une note gaie dans la pièce.* **5.** techn. Caractéristique de la fragrance (d'un parfum, du bouquet d'un vin). *Une note florale.* **II. 1.** Mot, phrase se rapportant à un texte et qui figure à côté de ce texte. → **annotation.** *Note marginale.* – Bref éclaircissement ou élément informatif supplémentaire (d'un texte). *Notes en bas de page. Appel de note :* chiffre ou signe placé après un mot. **2.** Brève communication écrite. → **avis, communiqué, notice.** *Note de service.* **3.** Brève indication recueillie par écrit (en écoutant, en étudiant, en observant). → **observation, réflexion.** *Prendre des notes pendant un cours.* – *Prendre note d'une adresse.* → **noter. 4.** Détail d'un compte ; papier sur lequel il est écrit. → **compte,** ^{2}**facture.** *Note de restaurant.* → **addition. 5.** Appréciation chiffrée donnée selon un barème préalablement choisi. *Note sur 10, sur 20.*

▶ L'origine des **notes** de musique remonte à l'Antiquité : certains hiéroglyphes égyptiens (v. 2500 av. J.-C.), ou des tablettes mésopotamiennes (v. 2000 av. J.-C.) contiennent des indications d'ordre musical. Dès le VIIIe siècle de notre ère, les instrumentistes chinois mettent au point un système de tablatures, qui indiquent à l'instrumentiste les positions des doigts sur l'instrument. Un système analogue est utilisé à la Renaissance par les luthistes ; il l'est encore de nos jours par les guitaristes. Plus commode que les *neumes,* signes graphiques utilisés du VIIIe au XIVe siècle, la portée, développée par Guido d'Arezzo au XIe siècle, autorise la notation de différentes parties vocales ou instrumentales avec l'indication de la hauteur et de la durée relative de chaque son. Son usage prévaut encore à l'époque moderne, aussi bien dans le jazz que dans la musique contemporaine. Il existe également une notation en braille pour les musiciens non-voyants.
La notation permet au compositeur de fixer ses idées et les indications nécessaires à l'exécution d'une œuvre. Elle est à cet égard un outil précieux pour l'interprète. Elle permet aux musicologues d'appréhender l'œuvre musicale comme objet d'étude, indépendamment de son interprétation par les instrumentistes ou les chanteurs, mais aussi de redécouvrir des œuvres du passé qui avaient disparu du répertoire.
voir aussi **musicologie, solfège**

Noteć n. f. Rivière de Pologne, affluent de la Warta. 388 km.

noter v. tr. < 1 > (latin *notare* « marquer », de *nota* → note) **1.** Marquer d'un signe ou écrire (ce dont on veut garder l'indication, se souvenir). *Noter une adresse.* → **consigner, inscrire.** – *Notez que nous serons absents cet été.* **2.** Prêter attention à (qqch.). → **constater, remarquer.** *Notez bien :* remarquez. *Ceci mérite d'être noté.* **3.** Apprécier par une observation, une note chiffrée. *Noter un élève.*

Nothomb (Amélie) Autrice belge d'expression française (née en 1967). Elle a écrit une trentaine de romans dans lesquels le burlesque côtoie le tragique. *Hygiène de l'assassin ; Stupeur et tremblements ; Métaphysique des tubes ; Soif ; Frappe-toi le cœur ; Premier Sang.*

Amélie Nothomb en 2004.

notice n. f. (latin *notitia,* de *noscere* → note) Bref exposé écrit, ensemble d'indications sommaires. → **abrégé.** *Lire attentivement la notice.*

notificatif, ive adj. Qui sert à notifier.

notification n. f. **1.** Action de notifier. **2.** Texte qui notifie qqch. **3.** Court message informatif envoyé automatiquement par voie numérique. *Recevoir une notification sur son téléphone.* → aussi ^{2}**alerte.**

notifier v. tr. < 7 > (latin *notificare,* de *noscere* → note) **1.** Faire connaître expressément. *On lui notifia son renvoi.* → **signifier. 2.** dr. Porter à la connaissance de qqn, dans les formes légales (un acte juridique). → **intimer, signifier.**

notion n. f. (latin *notio,* de *noscere* → note) **1.** surtout au plur. Connaissance élémentaire. → **élément, rudiment.** *Avoir des notions d'anglais.* **2.** Connaissance intuitive, assez imprécise (d'une chose). *Perdre la notion du temps.* **3.** Objet général de connaissance. → **concept, idée.** *Le mot et la notion. La notion de justice.*

notionnel, elle adj. didact. De la notion (3).

notoire adj. (latin juridique *notorius,* de *noscere* → note) **1.** Qui est connu d'une manière sûre par un grand nombre de personnes. → **connu, évident, public.** *Son étourderie est notoire.* – impers. *Il est notoire que...* **2.** (personnes) Reconnu comme tel. *Un criminel notoire.* □ adv. **notoirement**

notonecte n. m. ou f. (grec *notôs* « dos » et *nêktos* « nageur ») Punaise d'eau, qui nage sur le dos.

notoriété n. f. (latin *notorius* → notoire) **1.** Caractère de ce qui est notoire (1). loc. *Il est de notoriété publique que... :* tout le monde sait que... – dr. *Acte de notoriété.* **2.** Fait d'être connu avantageusement. → **célébrité, renom, réputation.** *Accéder à la notoriété.*

notre, plur. **nos** (latin *noster,* de *nos* → nous) Adjectif possessif de la première personne du pluriel et des deux genres, correspondant au pronom personnel *nous.* **I.** Qui est à nous, qui nous appartient. **1.** (se référant à deux ou plusieurs personnes, dont celle qui parle) *Nos parents. C'est à notre tour.* **2.** (se référant à un groupe de personnes ou à tous les humains) *À notre époque.* – *« Notre Père, qui es (ou qui êtes) aux cieux » (prière).* → **Pater. II.** emplois stylistiques **1.** (marquant la sympathie personnelle, l'intérêt) *Notre héros parvint à s'échapper.* **2.** (représentant une seule personne ; correspond à *nous* de majesté ou de modestie) *Tel est notre bon plaisir.*

nôtre (d'abord *nostre ;* vient du latin *nostrum* → notre) Qui est à nous, nous appartient. **1.** adj. poss. littér. À nous, de nous. *Nous avons fait nôtres ces opinions.* **2.** pron. poss. *Le nôtre, la nôtre, les nôtres :* l'être ou l'objet qui est en rapport de possession, de parenté, d'intérêt, etc., avec le groupe formé par celui qui parle *(je, moi)* et une ou plusieurs autres personnes *(nous). Ils ont leurs soucis, et nous (avons) les nôtres.* **3.** n. *Nous y mettons chacun du nôtre,* nous faisons un effort (→ **sien**). – *Les nôtres :* nos parents, amis, partisans. *Soyez des nôtres :* joignez-vous à nous.

Notre-Dame n. f. invar. sans article relig. cathol. La Vierge Marie. – Nom d'églises dédiées à la Vierge.

Notre-Dame-de-Bellecombe Commune de la Savoie. 474 habitants. Station d'été et de sports d'hiver.

Notre-Dame-de-Bondeville Commune de la Seine-Maritime, dans la banlieue N.-O. de Rouen. 6 966 habitants. Industrie pharmaceutique.

Notre-Dame-de-Gravenchon Ancienne commune de la Seine-Maritime, aujourd'hui dans Port-Jérôme-sur-Seine. 10 264 habitants. Raffinerie de pétrole.

Notre-Dame de Paris (cathédrale) Église métropolitaine de Paris, située dans l'île de la Cité. De style gothique, elle fut entreprise par l'évêque Maurice de Sully en 1163, achevée en 1345, et restaurée au XIXe s. par Viollet-le-Duc. La façade occidentale comporte nombre de statues et reliefs illustrant l'Histoire sainte. L'intérieur, très vaste, abrite vingt-neuf chapelles autour de la nef, et des vitraux dont certains datent du XIIIe s. Des arcs-boutants de 15 m de volée entourent son chevet. Un violent incendie a sérieusement endommagé l'édifice en avril 2019. La charpente et la toiture ont été détruites et la flèche, inaugurée en 1859, s'est effondrée.

La cathédrale Notre-Dame de Paris (XIIe-XIIIe s.).

Notre-Dame-des-Landes Commune de la Loire-Atlantique appartenant au site retenu pour la réalisation de l'aéroport du Grand Ouest. Le projet, initié dans les années 1960, suscita l'opposition des riverains et des mouvements écologistes (biodiversité menacée) et fut abandonné en 2018.

Nottingham Ville du centre de l'Angleterre, sur la Trent. 289 000 habitants. Université. Château du XIe s. reconstruit au XVIIe s. Ancien centre charbonnier en reconversion (industries pharmaceutique, électronique, mécanique, textile). Parc scientifique BioCity (sciences de la vie).

notule n. f. (du bas latin, de *nota* → note) didact. Petite annotation.

Nouadhibou Ville de Mauritanie (capitale économique), sur l'océan Atlantique. 118 200 habitants. Port de pêche et de commerce (exportation de minerai de fer). Aéroport international.

nouaison n. f. (de *nouer*) Transformation de l'ovaire de la fleur en fruit. - syn. **nouure** n. f.

Nouakchott

Pirogues de pêcheurs alignées sur la côte, à Nouakchott.

Nouakchott Capitale de la Mauritanie, près de la côte atlantique. 958 400 habitants. Centre administratif et commercial.

nouba n. f. (mot arabe) **1.** anciennt Musique militaire des régiments de l'armée française au Maghreb. **2.** (d'abord argot militaire) loc. fam. *Faire la nouba.* → **fête, ¹java. 3.** mus. Suite de poèmes chantés et de pièces instrumentales, dans la musique classique du Maghreb.

nouer v. tr. < 1 > (vient du latin *nodere, de nodus* → nœud) **I. 1.** Arrêter (une corde, un fil, un lien) ou unir les deux bouts de (une corde, un lien) en faisant un nœud. → **attacher, lier.** *Nouer ses lacets.* **2.** Serrer, entourer (qqch.), réunir (un ensemble de choses) en faisant un ou plusieurs nœuds. *Nouer un bouquet avec un ruban.* **II.** fig. **1.** Serrer comme par un nœud. *L'émotion lui nouait la gorge.* **2.** Établir, former (un lien moral). *Nouer une alliance.* – *Nouer la conversation.* **3.** Établir le nœud d'une action au théâtre pour l'amener à son point culminant. – pronom. *L'intrigue se noue au IIe acte.* ■ **noué, ée adj. 1.** *Foulard, mouchoir noué.* **2.** fig. *Avoir l'estomac noué.* ■ (personnes) Contracté (par la nervosité, l'angoisse).

noueux, euse adj. (vient du latin *nodosus, de nodus* → nœud) **1.** *Bois, arbre noueux,* qui a beaucoup de nœuds, de nodosités. **2.** Dont les articulations sont saillantes. *Mains noueuses.*

Nougaro (Claude) Auteur, compositeur et interprète français (1929-2004). Il mêla différents styles musicaux, s'inspirant notamment du jazz et de la musique brésilienne. *Toulouse ; Le Jazz et la Java ; Bidonville.*

nougat n. m. (mot provençal ; famille du latin *nux* → noix) **I. 1.** Confiserie fabriquée avec des amandes (ou des noix, des noisettes) et du sucre caramélisé, du miel. **2.** loc. fam. *C'est du nougat !,* c'est très facile. **II.** pop. *Les nougats :* les pieds.

nougatine n. f. Nougat brun, dur, utilisé en confiserie et en pâtisserie.

Nougé (Paul) Écrivain belge d'expression française (1895-1967). Figure de proue du surréalisme bruxellois, il défendit dans ses écrits théoriques *(Histoire de ne pas rire)* et dans son œuvre poétique *(L'expérience continue)* la rigueur de l'écriture maîtrisée.

nouille n. f. (allemand *Nudel*) **1.** au plur. Pâtes* alimentaires, plates ou rondes, de longueur moyenne. **2.** fig., fam. Personne molle et niaise. *Quelle nouille !* – **adj.** *Ce qu'il peut être nouille !* **3.** appos. invar. *Style nouille :* style décoratif 1900 où dominent les courbes, dit aussi *art nouveau.*

Noukous Ville d'Ouzbékistan, proche de la frontière avec le Turkménistan. Capitale de la République autonome de Karakalpakie. 199 000 habitants. Industries alimentaire et textile.

Nouméa Chef-lieu de la Nouvelle-Calédonie, dans le S.-O de l'île, sur la mer de Corail. 94 285 habitants. Centre de la culture kanake Jean-Marie Tjibaou. Port. Centre administratif, commercial et industriel (production de cobalt et de nickel).

Nouméa, le Centre culturel Tjibaou, réalisé par Renzo Piano, et dédié à la culture kanake.

noumène n. m. (de l'allemand, du grec *nooumena, de noein* « penser ») philos. Chez Kant, Réalité intelligible (opposée au phénomène sensible) ; chose en soi. □ **adj. nouménal, ale, aux**

nounou n. f. (syllabe initiale de *nourrice,* redoublée) lang. enfantin Nourrice. *Des nounous.*

nounours n. m. (de *un ours,* redoublé) lang. enfantin Ours en peluche.

Noureïev ou **Noureev (Rudolf)** Danseur et chorégraphe d'origine soviétique, naturalisé autrichien (1938-1993). Danseur étoile de la troupe du théâtre Kirov de Leningrad, il interpréta notamment *Le Lac des cygnes* et *La Bayadère.* Il fut directeur de la danse à l'Opéra de Paris de 1983 à 1989.

Noureïev en 1974 dans *Apollon musagète* de Stravinski.

Nourissier (François) Écrivain français (1927-2011). Critique littéraire et essayiste, il était également romancier. *Un malaise général ; À défaut de génie.*

Nouristan ou **Nūristān** n. m. Région de l'E. de l'Afghanistan, anciennement Kafiristan, renommée après sa conquête par les Afghans en 1896. 112 000 habitants.

nourrain n. m. (vient du latin pop. *nutrimen* « action de nourrir ») techn. **1.** Jeunes poissons utilisés pour repeupler un étang. **2.** Cochon de lait qu'on engraisse.

nourrice n. f. (vient du latin tardif *nutricia, de nutrire* → nourrir) **I. 1.** Femme qui allaite un enfant en bas âge *(un nourrisson).* **2.** Femme qui, par profession, garde et élève des enfants en bas âge (→ **assistante maternelle**). *Mettre un enfant* ***en nourrice.*** ■ *Épingle* de nourrice (qui attachait les langes).* **II.** Réservoir mobile. → **bidon, jerricane.**

nourricerie n. f. techn. Lieu où l'on élève de jeunes animaux.

nourricier, ière adj. (de *nourrice*) **I.** *Père nourricier :* père adoptif. **II. 1.** Qui fournit, procure la nourriture. *La terre nourricière.* **2.** Qui contribue à la nutrition. → **nutritif.** *Lait nourricier.*

nourrir v. tr. < 2 > (vient du latin *nutrire* → nourrice, nourrisson, nourriture, nutritif, nutrition) **I.** vieux Élever, éduquer. **II. 1.** Élever, alimenter (un nouveau-né) en l'allaitant. **2.** Entretenir, faire vivre (une personne, un animal) en lui donnant à manger. → **alimenter, sustenter.** *Nourrir un enfant à la cuillère.* – *Poulet nourri au grain.* – Procurer, fournir les aliments. → **ravitailler.** *La pension loge et nourrit dix personnes.* ■ Pourvoir (qqn) de moyens de subsistance. → **entretenir.** *Il a trois personnes à nourrir,* à sa charge. – loc. *Ce métier ne nourrit pas son homme.* **3.** absolt Constituer une subsistance pour l'organisme. *Le pain nourrit* (→ **nourrissant**). **4.** littér. Entretenir (une chose) en augmentant l'importance, ou en faisant durer. *Nourrir le feu,* l'alimenter en combustible. – *Nourrir un récit de détails.* → **étoffer. III.** fig. **1.** Pourvoir (l'esprit) d'une nourriture spirituelle. *La lecture nourrit l'esprit.* **2.** Entretenir en soi (un sentiment, une pensée). *Nourrir l'espoir de (+ inf.). Nourrir un soupçon.* ■ **se nourrir v. pron. 1.** Absorber (des aliments). *Elle se nourrit surtout de légumes.* – absolt *Il faut vous nourrir.* → **s'alimenter, ¹manger, se sustenter. 2.** fig. → **s'abreuver, se repaître.** *Se nourrir de rêves.* ■ **nourri, ie adj. 1.** Alimenté. – loc. *Nourri, logé, blanchi.* **2.** fig. *Tir nourri ; conversation nourrie.* → **dense.**

nourrissage n. m. Action ou manière de nourrir des bestiaux.

nourrissant, ante adj. **1.** Qui nourrit plus ou moins. → **nutritif.** *Aliment peu nourrissant* (→ **allégé**). **2.** absolt Qui nourrit beaucoup. → **substantiel.** *Plat nourrissant.*

nourrisseur, euse n. Personne qui engraisse du bétail pour la boucherie.

nourrisson n. m. (vient du latin tardif *nutritio* « nourriture » → nutrition) Enfant nourri(e) au lait, qui n'a pas atteint l'âge du sevrage. → **bébé, nouveau-né.**

nourriture n. f. (vient du bas latin *nutritura, de nutrire* → nourrir) **1.** Ce qui entretient la vie d'un organisme en lui procurant des substances à assimiler (→ **alimentation, subsistance**) ; ces substances (→ **aliment**). *Nourriture des hommes.* → **vivres, victuaille.** *Nourriture des animaux.* → **pâtée, pâture.** – *Absorber, prendre de la nourriture :* manger, se nourrir. – Ce qu'on mange habituellement aux repas. → fam. **²bouffe.** *La nourriture médiocre de la cantine.* **2.** fig., littér. *Nourritures intellectuelles.* – « *Les Nourritures terrestres* » (de Gide).

Noursoultan voir **Astana**

nous (vient du latin *nos*) Pronom personnel de la première personne du pluriel (représente la personne qui parle et une ou plusieurs autres, ou un groupe auquel la personne qui parle appartient → **on**). **I. pron. pers. 1.** employé seul (sujet) « *Mes deux frères*

N

et moi, nous étions tout enfants » (Hugo). ■ (attribut) *C'est nous qui l'avons appelé.* ■ (compl.) *Il nous regarde.* – (compl. indir.) *Il nous a écrit* (cf. à nous). – avec prép. *Il est venu vers nous. C'est à nous.* → **nôtre.** – *Entre* nous.* – (récipr. ; réfl.) *Nous nous sommes regardés en silence.* **2.** renforcé *Nous, nous n'irons pas.* – ***Nous-même(s).*** *Nous l'ignorons nous-mêmes.* – ***Nous autres*** [nuzotʀ], marque une distinction très forte (employé avec un terme en apposition) *Nous autres, citadins.* – (précisé par un numéral cardinal) *À nous trois, nous y arriverons.* **II.** emplois stylistiques **1.** Employé pour *je* (plur. de majesté ou de modestie). *Le Roi dit : nous voulons.* **2.** Employé pour *tu, vous.* « *Eh bien, madame la baronne, comment allons-nous ?* » (Maupassant). **3.** Employé pour *il, elle,* par un avocat, un notaire qui représente les intérêts d'une personne.

noure voir nouaison

nouveau ou **nouvel** (devant un n. commençant par une voyelle ou un *h* muet), **nouvelle** adj. (vient du latin *novellus,* diminutif de *novus* → ^{2}neuf) **I. 1.** (après le nom) Qui apparaît pour la première fois ; qui vient d'apparaître. → ^{2}**neuf, récent ; néo-.** *Pommes de terre nouvelles. Mot nouveau.* → **néologisme.** prov. *Tout nouveau, tout beau* : ce qui est nouveau est apprécié (et délaissé ensuite). *Quoi de nouveau ?* → ^{2}**neuf.** – fam. *Ça alors, c'est nouveau !* – n. m. *Il y a du nouveau dans l'affaire X.* → **inattendu.** *Faire du nouveau.* → **innover. 2.** (devant le n.) Qui est depuis peu de temps ce qu'il est. *Les nouveaux riches. Les nouvelles recrues.* → **bleu.** – (devant un participe) *Les nouveaux mariés.* → **jeune. 3.** n. ***Le nouveau, la nouvelle*** : personne qui vient d'arriver (dans une collectivité). « *Le proviseur entra, suivi d'un nouveau habillé en bourgeois* » (Flaubert). **4.** (après le n. et souvent qualifié) Qui tire de son caractère récent une valeur d'invention. → **hardi, insolite,** ^{2}**original.** *Un art tout à fait nouveau.* ■ (Vin) Qui provient de la dernière vendange. *Le beaujolais nouveau.* **5.** ***Nouveau pour qqn*** : qui était jusqu'ici inconnu de qqn ; dont on n'a pas l'habitude. → **inaccoutumé, inhabituel, inusité.** *C'est pour moi une expérience nouvelle.* **II.** (devant le n., en épithète) **1.** Qui apparaît après un autre qu'il remplace, au moins provisoirement, dans notre vision, nos préoccupations (opposé à *ancien, vieux*). – *Le nouvel an. La nouvelle lune,* la phase durant laquelle elle est invisible puis commence à grandir (opposé à *pleine lune*). *Le Nouveau Monde* : l'Amérique. *Le Nouveau Testament.* – *La nouvelle vague*.* ■ (personnes) D'un type inédit. *Les nouveaux pères, les nouveaux pauvres.* **2.** Qui a succédé, s'est substitué à un(e) autre. *Sa nouvelle voiture. Son nouveau mari.* **3.** *C'est un nouveau César.* → **autre, second. III.** loc. adv. **1.** ***De nouveau*** : pour la seconde fois, une fois de plus. → **derechef, encore. 2.** ***À nouveau*** : une nouvelle fois, de nouveau. – D'une manière différente, sur de nouvelles bases.

Nouveau (Germain) Poète français (1851-1920). Ses poèmes alternent amour sensuel et mysticisme. *Doctrine de l'amour ; Valentines.*

Nouveau-Brunswick n. m. en anglais **New Brunswick** Province de l'E. du Canada, sur l'Atlantique. 72 908 km^2. 747 101 habitants. Capitale : Fredericton. Industries du bois et du traitement du poisson ; industries agroalimentaires.

Nouveau-Mexique n. m. État du S.-O. des États-Unis. 315 115 km^2. 2 millions d'habitants. Capitale : Santa Fe. Extraction minière (pétrole, gaz naturel, potasse, cuivre, uranium), industries (électronique, mécanique, agroalimentaire). Artisanat (communautés indiennes). Centre de recherche atomique de Los Alamos.

nouveau-né, nouveau-née 1. adj. Qui vient de naître. *Des chiots nouveau-nés. Une petite fille nouveau-née.* **2.** n. m. → **bébé, nourrisson ; néonatal.** – spécialt Bébé qui a moins de 28 jours. – REM. On rencontre parfois *une nouvelle-née, des nouveaux-nés, des nouvelles-nées.*

Nouvel (Jean)

Réalisation de Jean Nouvel, le musée du Quai Branly, inauguré en 2006 à Paris.

Nouveau Parti anticapitaliste (NPA) Parti politique français d'extrême gauche, créé en 2009 à la suite de la dissolution de la Ligue communiste révolutionnaire.

nouveau roman n. m. Mouvement littéraire français né dans les années 1950.

▶ Il a suffi d'une photo de groupe, prise en 1959 devant les éditions de Minuit, pour donner corps à un mouvement littéraire — le **nouveau roman** — réunissant Alain Robbe-Grillet, Nathalie Sarraute, Michel Butor, Claude Simon, Robert Pinget, Claude Ollier et Samuel Beckett. Pourtant ces écrivains (auxquels on ajoute parfois Marguerite Duras, Raymond Jean et Claude Mauriac) n'ont jamais prétendu constituer une école. Leurs styles très différents ne se laissent pas réduire aux tentatives de théorisation qu'ont pu donner Robbe-Grillet (*Pour un nouveau roman,* 1963) et Jean Ricardou (*Pour une théorie du nouveau roman,* 1971).
Un certain nombre d'éléments unissent cependant des œuvres aussi diverses que *Tropismes* (1939) de Sarraute, *Molloy* (1951) de Beckett, *Les Gommes* (1953) de Robbe-Grillet, *La Modification* (1957) de Butor, *La Route des Flandres* (1960) de Claude Simon ou *L'Inquisitoire* (1962) de Pinget. En rupture avec le cadre traditionnel du roman, l'intrigue disparaît, et avec elle la conception classique des personnages : une psychologie, des origines, un milieu. On a parfois parlé d'« école du regard » : décrites de l'extérieur, les situations sont envisagées dans leur opacité énigmatique, à laquelle se heurte un narrateur ne parvenant pas à maîtriser son objet ; il n'en possède que des fragments sensoriels, quelquefois perdus dans sa mémoire (*L'Herbe* de Claude Simon, 1958), et qu'il tente de réunir. Multipliant les points de vue, l'écriture ne déroule pas une histoire mais progresse dans l'« aventure de dire » (Ricardou).

nouveauté n. f. (de *nouveau*) **I. 1.** Caractère de ce qui est nouveau. *Objet qui plaît par sa nouveauté.* → **originalité. 2.** Ce qui est nouveau. *L'attrait de la nouveauté.* **II. 1.** Chose nouvelle. *C'est une nouveauté !* **2.** Ouvrage, produit nouveau qui vient de sortir. **3.** vieilli Production nouvelle de l'industrie de la mode. *Magasin de nouveautés,* d'articles de mode.

Nouvel (Jean) Architecte français (né en 1945). On lui doit notamment l'Institut du monde arabe, le musée du Quai Branly, la Philharmonie de Paris et le palais des Congrès de Tours, le Concert Hall de Copenhague, le Louvre Abou Dhabi surmonté d'une coupole ajourée en acier, le musée national du Qatar à Doha en forme de rose des sables et le musée d'art de Pudong à Shanghai. Il a rénové l'Opéra de Lyon.

^{1}**nouvelle** n. f. (vient du latin pop., de *novellus* → **nouveau**) **1.** Premier avis qu'on donne ou qu'on reçoit (d'un évènement récent) ; cet évènement porté pour la première fois à la connaissance de la personne intéressée, ou du public. *Annoncer une nouvelle.* – *Bonne, mauvaise nouvelle* : annonce d'un évènement heureux, malheureux. – spécialt *La bonne nouvelle* : l'Évangile. **2.** *Les nouvelles,* ce que l'on apprend par la rumeur publique, par la presse, les médias. *Écouter les nouvelles à la radio.* → **information(s). 3.** au plur. Renseignements concernant l'état ou la situation de qqn qu'on n'a pas vu depuis quelque temps. *Ne plus donner de ses nouvelles.* → **signe** de vie. – loc. prov. *Pas de nouvelles, bonnes nouvelles* : faute de nouvelles, on peut supposer qu'elles sont bonnes. – *Vous aurez de mes nouvelles !* (menace). *Vous m'en direz des nouvelles* : vous m'en ferez des compliments.

^{2}**nouvelle** n. f. (italien *novella,* même origine que ^{1}*nouvelle*) Court récit écrit présentant une unité d'action et peu de personnages. *Les nouvelles de Maupassant.*

Nouvelle-Amsterdam (île de La) voir Amsterdam (île)

Nouvelle-Angleterre n. f. en anglais **New England** Région du N.-E. des États-Unis correspondant aux colonies anglaises fondées au XVIIe s. sur la côte atlantique et formée par les États qui en sont issus (Connecticut, Maine, Massachusetts, New Hampshire, Rhode Island, Vermont). Ville principale : Boston.

Nouvelle-Aquitaine Région administrative de la France formée de douze départements : Charente, Charente-Maritime, Corrèze, Creuse, Deux-Sèvres, Dordogne, Gironde, Haute-Vienne, Landes, Lot-et-Garonne, Pyrénées-Atlantiques, Vienne. 84 059 km^2. 6 033 952 habitants. Chef-lieu : Bordeaux. ■ **Aquitaine** La région occupe la façade atlantique du Bassin aquitain, de l'estuaire de la Gironde à l'Espagne. La côte, longue de plus de 250 km et parsemée d'étangs (Lacanau, Biscarosse), s'ouvre sur l'océan par le bassin d'Arcachon. Elle borde l'immense plaine sableuse et boisée des Landes (15 000 km^2), limitée au S. par le Béarn et les Pyrénées. Au N. de la vallée de la Garonne, les plateaux du Périgord sont entaillés par la Dordogne et ses affluents. Le climat y est doux et humide. 1re région agricole française (maïs, élevage, exploitation forestière), l'Aquitaine possède aussi une puissante industrie agroalimentaire. Le vignoble bordelais est le 3e producteur de France en volume mais au 1er rang pour les AOC. Les vallées (Garonne, Lot, Dordogne) concentrent les cultures fruitières et maraîchères. Le déclin des activités traditionnelles (raffineries, exploitation du gaz de Lacq) et la concurrence de Toulouse ont obligé l'industrie à se reconvertir (aérospatiale, informatique). Les agglomérations de Bordeaux, Bayonne-Biarritz et Pau concentrent 1/3 de la population, ainsi que les principales fonctions administratives et universitaires. Le tourisme est très développé sur la côte (stations balnéaires, tha-

Nouvelle-Aquitaine

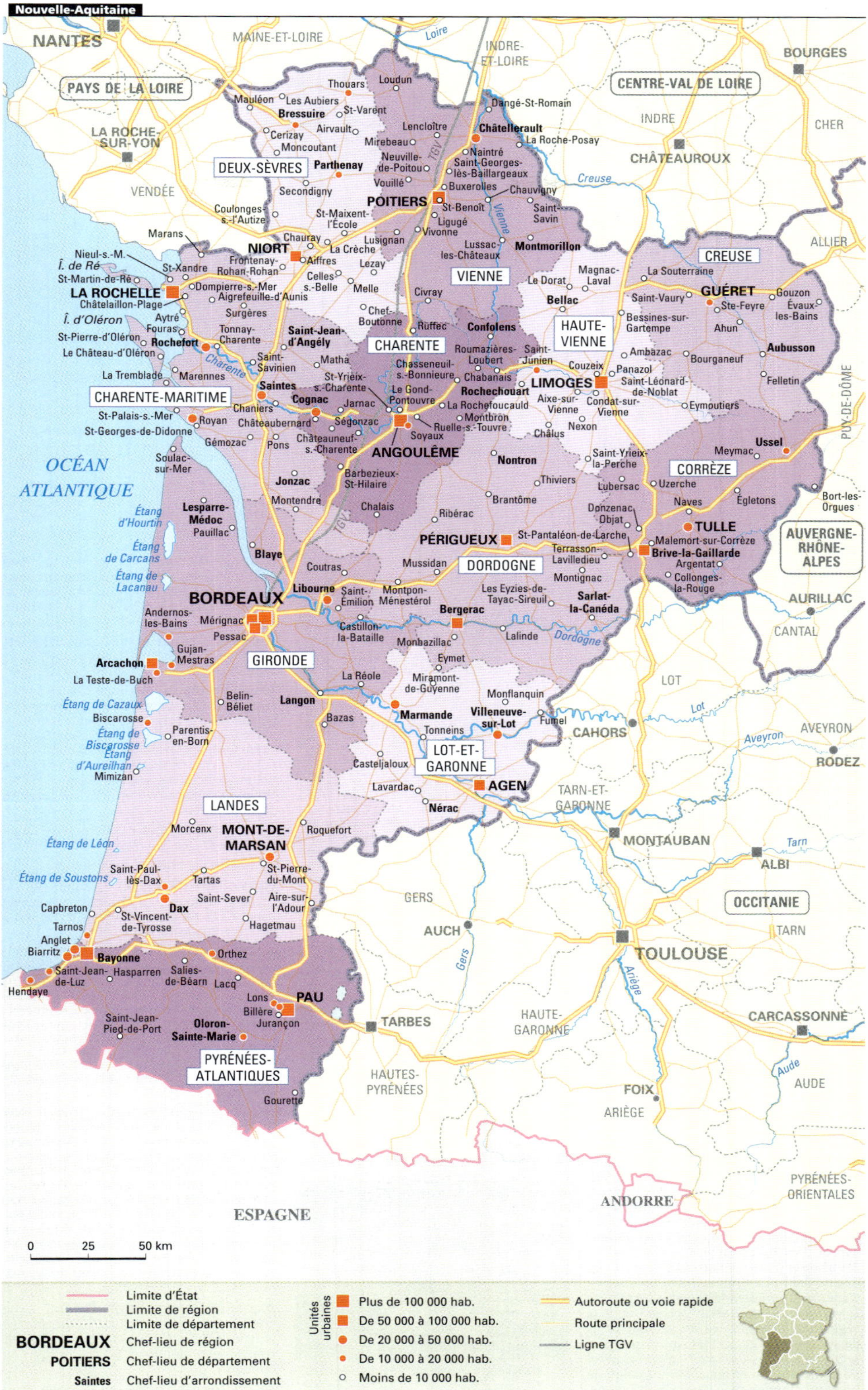

N

lassothérapie), dans les parcs naturels (Pyrénées, Landes) et les nombreux sites préhistoriques de la Dordogne (Lascaux, les Eyzies). ■ **Limousin** Partie occidentale du Massif central, la région est constituée de plateaux forestiers qui, de la montagne granitique (Millevaches, 976 m), s'inclinent vers les bas plateaux du Berry, du Poitou et de l'Aquitaine, entaillés par des vallées encaissées (Vézère, Corrèze), et s'achevant au S. par le bassin de Brive. Le climat, froid et humide, devient méridional au S. Médiocres, les sols favorisent les étendues herbagères (élevage bovin) et forestières. L'industrie se concentre autour de Limoges (agroalimentaire, appareillage électrique, travail du cuir, automobile) ; elle a su moderniser certaines activités traditionnelles (porcelaine, travail du cuir, armement). Les services sont sous-représentés malgré les efforts entrepris pour favoriser la recherche-développement et de réels atouts pour le tourisme culturel et le « tourisme vert ». La région, dominée par Limoges, seule grande ville, connaît un déclin et un vieillissement démographique. L'autoroute A20 la traverse du N. au S. afin de faciliter son désenclavement. ■ **Poitou et Charentes** La région s'étend sur quatre régions naturelles, les plaines et plateaux du S.-O. du Bassin parisien et du N.-O. du Bassin aquitain étant bordés par les flancs du Massif armoricain au N. et du Massif central à l'E. Le relief se caractérise par une succession de campagnes ouvertes et d'ondulations bocagères, de la Touraine au Bordelais, traversées par la vallée de la Charente et s'inclinant à l'O. vers l'océan Atlantique. La côte est constituée de marais (poitevin, charentais, de Saint-Ciers) et de promontoires, prolongés par les îles d'Aix, d'Oléron et de Ré, ces deux dernières étant reliées au continent par un pont. Le climat océanique est doux et humide. De densité relativement faible, la population de la région se concentre dans les trois agglomérations de La Rochelle, d'Angoulême et de Poitiers. L'agriculture se partage entre cultures (céréales, fourrage), élevage laitier (beurre, fromage) et vignoble, à l'origine du pineau et du cognac (exportation). La région occupe le premier rang pour l'élevage des huîtres et des moules (Marennes, Oléron). Malgré le succès de quelques initiatives locales (automobile à Angoulême et à Châtellerault), l'industrie traditionnelle est en déclin (mécanique, électricité, papeterie, cuir). Les activités de services (assurances, mutuelles) et le tourisme (stations balnéaires, Futuroscope, patrimoine architectural, manifestations culturelles, tourisme vert) se développent.

Nouvelle-Bretagne **n. f.** en anglais **New Britain** Île de l'archipel Bismarck (Papouasie-Nouvelle-Guinée). 37 000 km². 404 700 habitants. Volcans actifs de plus de 2 000 m. Elle fait partie de la Papouasie-Nouvelle-Guinée depuis 1975.

Nouvelle-Calédonie **n. f.** Collectivité territoriale française d'Océanie, en Mélanésie. 18 575 km². 271 407 habitants (les *Néo-Calédoniens*) dont 44 % de Mélanésiens (*Kanaks* ou *Canaques*), 34 % d'Européens ; minorités indonésienne, polynésienne, asiatique. Chef-lieu : Nouméa.

Nouvelle-Calédonie

GÉOGRAPHIE

L'île principale, la Grande Terre, au N. du tropique du Capricorne, s'étire sur 400 km de long. Elle compte plusieurs dépendances : les îles Loyauté, l'île des Pins, les îles Bélep et plusieurs îlots coralliens (Huon, Chesterfield). La Grande Terre est formée d'une longue arête montagneuse qui oppose le versant oriental (abrupt et arrosé, à la végétation exubérante) au versant occidental (gradins et collines, au climat plus sec, domaine de la savane). Le Parc naturel de la mer de Corail recouvre la totalité de l'espace maritime de la Nouvelle-Calédonie.

ÉCONOMIE

L'agriculture vivrière (igname, taro, manioc) ou destinée à l'exportation (café, coprah ; élevage extensif) occupe un tiers de la population active. La pêche (crevette) est en pleine expansion. L'extraction minière (nickel, 75 % des exportations ; chrome, cobalt, cuivre) demeure l'activité principale. Le tourisme se développe.

HISTOIRE

L'île, peuplée de Mélanésiens, fut découverte par James Cook (1774). Elle devint une possession française en 1853, fut rattachée aux Établissements français d'Océanie puis devint colonie autonome (1860) et servit de pénitencier (1864-1896).

La révolte des Kanaks En 1878, l'abus des concessions de terres aux colons entraîna une révolte des Kanaks, durement réprimée. La Nouvelle-Calédonie fut érigée en Territoire français d'outre-mer (TOM) en 1946, obtint l'autonomie de gestion (1976), puis un statut d'autonomie interne (1984). En 1984, après le boycott des élections par les indépendantistes kanaks, menés par Jean-Marie Tjibaou, des violences éclatèrent.

Vers l'autodétermination Le maintien de la Nouvelle-Calédonie dans la République française fut décidé par référendum en 1987. En 1988, un accord entre J.-M. Tjibaou et son opposant Jacques Lafleur décida de la concession progressive d'une plus grande autonomie. Il ne fut pas remis en question par l'assassinat de J.-M. Tjibaou (1989). Un nouvel accord fut signé en 1998 à Nouméa, pour la tenue de trois autres référendums sur l'accession à l'indépendance. Le non l'emporta aux référendums de 2018, de 2020 et de 2021.

Les bâtiments d'une usine de nickel dans le sud de la Nouvelle-Calédonie.

Nouvelle-Écosse **n. f.** en anglais **Nova Scotia** Province de l'E. du Canada, sur l'Atlantique. 55 284 km². 923 592 habitants. Capitale : Halifax. Forêts. Mines de charbon. Pêche.

Nouvelle-France **n. f.** Terme désignant certaines possessions françaises d'Amérique du Nord, aux XVIIe et XVIIIe siècles.

Nouvelle-Galles du Sud **n. f.** en anglais **New South Wales** État du S.-E. de l'Australie, baigné par l'océan Pacifique. 801 428 km². 7,4 millions d'habitants. Capitale : Sydney. La Nouvelle-Galles du Sud est le premier État australien par sa population et par son économie. Agriculture. Élevage. Centres industriels. Exploitations minières (or, argent, plomb, charbon).

Nouvelle-Géorgie **n. f.** Principale île de la chaîne O. des Salomon. 3 300 km².

Nouvelle-Grenade voir **Colombie**

Nouvelle-Guinée **n. f.** Grande île de l'océan Pacifique (775 210 km²), peuplée de Papous. Elle est partagée entre l'Indonésie à l'O. et la Papouasie-Nouvelle-Guinée à l'E.

Nouvelle-Irlande **n. f.** Île de Papouasie-Nouvelle-Guinée dans l'archipel Bismarck. 9 600 km². 194 000 habitants. Elle fut découverte par les Hollandais en 1616. Protectorat allemand en 1884 (Nouveau-Mecklembourg), elle fut sous administration australienne de 1921 à 1975.

nouvellement **adv.** (seulement devant un p. p., un passif) Depuis peu de temps. → **récemment.**

Nouvelle-Orléans (La) en anglais **New Orleans** Ville du S. des États-Unis (Louisiane), sur le Mississippi. 383 990 habitants. Grand port fluvial. Le quartier ancien, appelé « le Vieux Carré », témoigne de son passé français et espagnol (nombreuses maisons de style créole). La ville fut vendue aux États-Unis par Napoléon Ier en 1803. Elle fut le berceau du jazz (début du XXe s.), puis du « New Orleans Revival » (après 1945). En août 2005, elle fut ravagée par l'ouragan Katrina. Les quartiers noirs sont les grands oubliés de la reconstruction.

Nouvelle Revue française (La) Revue littéraire fondée en 1909. La *NRF* fut animée notamment par A. Gide et J. Copeau. Elle fit connaître de nombreux talents, français ou étrangers.

Nouvelles-Hébrides voir **Vanuatu**

Nouvelle-Orléans (La)

La Nouvelle-Orléans, le quartier français du Vieux Carré, centre historique de la ville.

nouvelle vague **n. f.** Désignation d'un groupe de cinéastes des années 1960, soucieux de renouveler le cinéma en s'affranchissant des codes professionnels et narratifs en vigueur.

▶ La **nouvelle vague**, expression lancée par Françoise Giroud en 1958 dans *L'Express*, désigne un mouvement cinématographique initié par de jeunes critiques aux *Cahiers du cinéma* devenus réalisateurs. Dans une volonté de rupture avec le cinéma traditionnel français, ils renouvelèrent le genre dans les années 1960 et affirmèrent leur vision personnelle dans un cinéma d'auteur.
Le mouvement, centré sur François Truffaut, Claude Chabrol, Jean-Luc Godard, Jacques Rivette et Éric Rohmer, engloba également Alain Resnais, Jean-Pierre Melville et Jacques Rozier. Ces réalisateurs proposèrent une nouvelle esthétique, plus proche du réel, par l'utilisation de techniques légères (magnétophone portable, caméra 16 mm), le tournage en décor extérieur, le jeu plus naturel d'acteurs jeunes (Jean-Paul Belmondo, Jean-Claude Brialy) et la transgression des lois narratives classiques. Le montage, qui alternait style heurté, longs plans et fausses coupes, rappelait la nature artificielle du cinéma au spectateur, interpellé par les mises en abyme et les « regards caméra ». La nouvelle vague, soutenue par des producteurs dynamiques (Pierre Braunberger, Georges de Beauregard...), a inspiré de nombreux cinéastes (André Téchiné, Quentin Tarantino, Arnaud Desplechin...).
voir aussi **cinéma**

Nouvelle-Zélande

n. f. État insulaire d'Océanie. 270 534 km². 5,12 millions d'habitants (les *Néo-Zélandais*). **Langues :** anglais, maori et langue des signes (offic.), langues polynésiennes. **Population :** Blancs d'origine européenne, 70 % ; Maoris, 8 %. **Monnaie :** dollar néo-zélandais. **Capitale :** Wellington. **Régime :** démocratie parlementaire.

GÉOGRAPHIE

La Nouvelle-Zélande, séparée de l'Australie par la mer de Tasman, est formée de l'île du Nord (114 453 km²), l'île du Sud (150 718 km²), l'île Stewart et les îles Chatham, ainsi que de plusieurs territoires extérieurs. Les deux îles principales sont très montagneuses, avec des côtes déchiquetées. Les volcans actifs, sources chaudes et geysers de l'île du Nord lui valent le surnom d'« île Fumante ». L'île du Sud, ou « île de Jade » (présence de néphrite), est traversée du N. au S. par les Alpes néo-zélandaises. On y trouve de nombreuses vallées glaciaires aux lacs allongés. Ces montagnes surplombent deux grandes plaines agricoles (Canterbury et Méridionale). Le climat tempéré et humide est altéré par des influences subtropicales au N., froides au S.

ÉCONOMIE

L'élevage ovin et bovin est l'une des activités principales du pays, qui figure parmi les premiers exportateurs de viande, de laine et de produits laitiers du monde. L'agriculture se diversifie (blé, maïs, avoine ; viticulture et arboriculture sur l'île du Nord). La pêche et l'exploitation forestière alimentent de petites industries. Les ressources naturelles assurent une quasi-indépendance énergétique (hydroélectricité, géothermie, gaz naturel, pétrole).

HISTOIRE

Le territoire était peuplé de Maoris depuis le VIIᵉ s. quand le Hollandais A. Tasman découvrit l'île du Sud (1642). J. Cook l'explora (1769) et la revendiqua au nom de la Grande-Bretagne ; cet état de fait fut reconnu par le traité de Waitangi (1840). L'installation de colons britanniques provoqua des guerres avec les Maoris (1843-1847 et 1860-1869).

De la colonisation à l'autonomie D'abord administrée depuis la Nouvelle-Galles du Sud (Australie), la Nouvelle-Zélande devint une colonie (1851) dotée d'une assemblée élue et d'une Constitution (1852). On y adopta des lois nouvelles (suffrage universel, 1889 ; droit de vote des femmes, 1893 ; retraite, 1898). Le pays accéda à l'autonomie (1907), participa à la guerre des Boers et aux deux guerres mondiales aux côtés des Alliés. Il accéda à l'indépendance en 1931.

La Nouvelle-Zélande indépendante Depuis 1945, le Parti travailliste et le Parti national (conservateur) ont alterné au pouvoir, menant une politique néolibérale. La coalition de gauche d'Helen Clark (1999-2005) a adopté des mesures sociales. Le chef de file du parti conservateur, John Key, lui a succédé en 2008. Les travaillistes sont revenus

Nouvelle-Zélande

au gouvernement en 2017 avec Jacinda Ardern, à laquelle succéda Chris Hipkins en 2023. Aujourd'hui, la Nouvelle-Zélande valorise la culture maorie et entend jouer un rôle moteur dans la région, grâce à ses atouts géographiques et ethniques.

Nouvelle-Zemble n. f. en russe **Novaïa Zemlia** Archipel arctique de la Russie, situé entre la mer de Barents et la mer de Kara. 82 600 km^2. Zone d'expérimentations nucléaires depuis 1955. Stations météorologiques.

nouvelliste n. Auteur de nouvelles ([2]).

Nouvel Observateur (Le) Hebdomadaire politique et culturel français fondé en 1964, à la suite de *L'Observateur*, par Jean Daniel.

Nouzi ou **Nuzi** Site archéologique de Mésopotamie. On y découvrit des tablettes cunéiformes écrites en akkadien datant du IIIe millénaire av. J.-C.

Nouzonville Commune des Ardennes, sur la Meuse. 5 635 habitants.

nova, plur. **novæ** [nɔve] n. f. (mot latin, fém. de *novus* → [2]neuf) astron. Étoile qui présente brusquement un éclat très vif. *Nova de très grande magnitude* (→ **supernova**). *Des novæ* (ou RO *novas*).

Nova Iguaçu Ville du Brésil (État de Rio de Janeiro), dans la banlieue pauvre du N. de Rio. 786 500 habitants.

Novák (Vitězslav) Compositeur tchèque (1870-1949). Élève de Dvořák, il composa des symphonies, des poèmes symphoniques, quatre opéras (dont *La Lanterne*) et de la musique de chambre.

Novalis (Friedrich, baron von Hardenberg, dit) Poète allemand (1772-1801). Influencé par l'idéalisme de Fichte, il mêla le sentiment de la nature à la foi chrétienne. *Hymnes à la nuit ; Heinrich von Ofterdingen*

Novare Ville d'Italie (Piémont). 101 000 habitants. Monuments anciens. Centre industriel et commercial.

Novarina (Valère) Dramaturge, metteur en scène et peintre franco-suisse (né en 1947). Il a inventé une langue poétique et singulière, mélange de mots du langage enfantin, de chansons, de paroles prophétiques ou blasphématoires, où les sonorités s'entrechoquent. *L'Atelier volant ; Le Discours aux animaux ; L'Origine rouge ; Le Jeu des ombres.*

novateur, trice n. (latin *novator*, de *novare*, de *novus* → [2]neuf) Personne qui innove. → **créateur, innovateur.** – adj. *Esprit novateur.*

Novatien Prêtre romain et antipape (IIIe s.). Il se fit nommer évêque de Rome contre le pape Corneille (251) et constitua une Église schismatique dite *novatienne.*

novation n. f. (du latin, de *novare*, de *novus* → [2]neuf) **1.** dr. Convention qui éteint une obligation par une autre qui la remplace. **2.** didact. Chose nouvelle. → **innovation.**

novatoire adj. (du latin, de *novare*, de *novus* → [2]neuf) dr. Relatif à une novation.

novelette n. f. (italien *novella* « récit » → [2]nouvelle et du n. de la cantatrice Clara Novello) mus. Courte pièce pour piano. *Les novelettes de Poulenc.*

novélisation n. f. (anglais *novelization*, de *novel* « roman ») anglic. Adaptation (d'un film, d'un scénario) sous la forme d'un roman. - var. **novellisation.** ◻ **novéliser** v. tr. < 1 > - var. **novelliser.**

novembre n. m. (vient du latin *november* « neuvième mois de l'année » [*cf.* septembre], de *novem* → [1]neuf) Onzième mois de l'année, de trente jours. *Le 1er novembre, fête de la Toussaint. Le 11 Novembre, anniversaire de l'armistice de 1918.*

Noverre (Jean Georges) Danseur et chorégraphe français (1727-1810). Grand théoricien de la danse, il la définit comme « une peinture vivante des passions, des mœurs, des usages » *(Lettres sur la danse et sur les ballets).*

Novgorod aujourd'hui **Veliki Novgorod** Ville de Russie, à l'E. de Moscou, sur le Volkhov. 223 200 habitants. Kremlin (XIe-XVe s.). Cathédrale Sainte-Sophie (XIe s.). Nombreuses églises anciennes. Nœud ferroviaire. Centre commercial et industriel (chimie, agroalimentaire). Administrée par les grands princes de Kiev, la ville devint au IIe s. une république féodale et connut un florissant commerce. Elle fut annexée par Ivan III, prince de Moscou, en 1478.

Novgorod, les fortifications du kremlin, inscrit au patrimoine mondial de l'Unesco.

novice n. et adj. (latin *novicius*, de *novus* → [2]neuf) **1.** n. relig. Personne qui passe un temps d'épreuve (ou *noviciat* **n. m.**) dans un couvent, avant de prononcer des vœux définitifs. **2.** Personne qui aborde une chose dont elle n'a aucune habitude. → **apprenti, débutant.** **3.** adj. Qui manque d'expérience. → **ignorant, inexpérimenté.** *Elle est encore novice dans le métier.*

noviciat n. m. Temps d'épreuve imposé aux novices (1). → **probation.**

Novi Ligure Ville d'Italie (Piémont), au pied de l'Apennin. 27 230 habitants. Centre sidérurgique et nœud ferroviaire.

novillada n. f. Corrida de novillos, réservée aux novilléros.

novilléro ou **novillero** [nɔvijeʀo] n. m. (espagnol *novillero*) Toréro qui n'est pas encore confirmé. - REM. Pour une femme, on emploie *une novilléra* ou *une novillera.*

novillo n. m. (mot espagnol, de *novo* « nouveau ») Jeune taureau de combat (de quatre ans).

Novi Sad Ville de Serbie (province de Voïvodine), sur le Danube. 231 800 habitants. Port fluvial et centre industriel.

novo- Élément (du latin *novus*) qui signifie « nouveau ».

novocaïne n. f. (marque déposée ; de *novo-* et *cocaïne*) Anesthésique local dérivé de la cocaïne.

Novokouznetsk anciennement **Kouznetsk** et, de 1932 à 1961, **Stalinsk** Ville de Russie, située en Sibérie occidentale, dans le Kouzbass, sur le Tom. 548 000 habitants. Industries métallurgique, chimique, houillère et mécanique. Nœud ferroviaire.

Novomeský (Laco) Poète et homme politique slovaque (1904-1976). Il écrivit des poèmes d'inspiration sociale *(Dimanche ; Rhomboïdes).* Commissaire à l'éducation et à la culture, il fut arrêté en 1950 et libéré en 1956.

Novomoskovsk anciennement **Bobriki** et, de 1934 à 1961, **Stalinogorsk** Ville de Russie, dans la région de Toula, au S. de Moscou. 134 000 habitants. Industries chimique et alimentaire. Centrale thermique.

Novorossisk ou **Novorossiisk** Ville de Russie, sur la mer Noire. 231 900 habitants. Port (exportation de pétrole et de blé). Fabrication de ciment.

Novossibirsk ou **Novosibirsk** Ville de Russie, en Sibérie occidentale, sur l'Ob. 1,6 million d'habitants. Port fluvial. À proximité, centre scientifique d'Akademgorod.

novotique n. f. (de *novo-*, d'après *informatique, télématique*, etc.) Ensemble des techniques et des phénomènes économiques liés aux microprocesseurs et à l'informatique.

Novotný (Antonín) Homme d'État tchécoslovaque (1904-1975). Secrétaire général du Parti communiste à partir de 1953, il fut président de la République de 1957 à 1968.

Nowa Huta [nɔvauta] Ville industrielle de Pologne créée en 1949, près de Cracovie dont elle est devenue un quartier.

noyade n. f. (de *noyer*) **1.** Fait de (se) noyer ; mort accidentelle par immersion dans l'eau. *Sauver qqn de la noyade.* **2.** fig. *Une entreprise au bord de la noyade.*

noyau n. m. (vient du bas latin *nucalis*, de *nux, nucis* → noix) **I.** Partie dure dans un fruit, renfermant l'amande (→ [1]**graine**) ou les amandes de certains fruits (→ **drupe**). *Fruits à noyau et fruits à pépins. Noyaux de cerises. Retirer le noyau.* → **dénoyauter.** **II.** par analogie Partie centrale, fondamentale (d'un objet). → **centre, cœur ; nucl(é)o- ; nucléaire.** **1.** astron. Partie centrale (d'une comète, d'une galaxie). – géol. Partie centrale du globe terrestre. **2.** biol. Partie centrale de la cellule (→ **nucléique**), qui contient les chromosomes (→ **mononucléaire, polynucléaire**). *Division du noyau.* → **méiose, mitose.** **3.** phys. (d'après anglais *nucleus*) Partie centrale de l'atome, constituée de protons et de neutrons. **III.** Groupe de personnes. **1.** Groupe humain, considéré quant à sa permanence, à la fidélité de ses membres. *« Pour faire partie du "petit noyau", du "petit groupe", du "petit clan" des Verdurin* [...] *»* (Proust). **2.** Très petit groupe considéré par rapport à sa cohésion, à l'action qu'il mène (au sein d'un milieu hostile). *Noyaux de résistance.* **3.** (métaphore du sens I) *Le noyau dur*, la partie la plus intransigeante d'un groupe.

noyautage n. m. Introduction dans un milieu neutre ou hostile de propagandistes isolés chargés de le désorganiser et, le cas échéant, d'en prendre la direction.

noyauter v. tr. < 1 > (de *noyau*) Soumettre au noyautage.

Noyelles-sous-Lens Commune du Pas-de-Calais, dans la banlieue de Lens. 6 590 habitants.

[1]**noyer** v. tr. < 8 > (vient du latin *necare* « tuer », même racine que *nocere* → nuire et que le grec *nekros* → nécr[o]-) **1.** Tuer par asphyxie en immergeant dans un liquide. *Qui veut noyer son chien l'accuse de la rage* (prov.). – loc. fig. *Noyer le poisson* : embrouiller volontairement une affaire. **2.** Recouvrir de liquide. → **inonder, submerger.** – *Noyer le carburateur* (par excès d'essence). ■ fig. *Noyer qqn sous un déluge de paroles.* – loc. *Noyer une révolte dans le sang*, la réprimer de façon sanglante. *Noyer son chagrin dans l'alcool* : s'enivrer pour oublier. **3.** Faire disparaître dans un ensemble vaste ou confus. – au p. p. *Cri noyé dans le tumulte.* ■ **se noyer** v. pron. **1.** Mourir asphyxié par l'effet de l'immersion dans un liquide (→ **noyade**). – loc. fig. *Se noyer dans un verre d'eau* : être incapable de surmonter les moindres obstacles. **2.** fig. Se perdre. ■ **noyé, ée** **1.** adj. *Marins noyés en mer.* → **disparu.** – fig. *Être noyé*, dépassé par la difficulté d'un travail. → **perdu.** **2.** n. Personne morte noyée ou qui est en train de se noyer.

[2]**noyer** n. m. (vient du latin pop., de *nux* → noix) **1.** Arbre de grande taille, dont le fruit est la noix. **2.** Bois de cet arbre. – *Ronce* de noyer.*

Noyon Commune de l'Oise. 13 197 habitants. Cathédrale du premier style gothique (XIIe-XIVe s.). Maison natale de Jean Calvin (musée). Charlemagne y fut couronné roi des Francs (768). Un traité d'alliance y fut signé entre François Ier et Charles Quint (1516).

Noyori Ryoji Chimiste japonais (né en 1938). Il a été l'un des pionniers dans la recherche de synthèses chimiques asymétriques que l'on retrouve dans la fabrication des antibiotiques et d'autres médicaments. Prix Nobel 2001, avec W. Knowles et B. Sharpless.

Nozay Commune de la Loire-Atlantique. 4 216 habitants. Carrières de schiste. Menhirs.

NPA voir **Nouveau Parti anticapitaliste**

NRF voir **Nouvelle Revue française**

NSA n. f. **(National Security Agency)** Agence de renseignement des États-Unis dont les moyens de surveillance sont destinés à la lutte contre le terrorisme et à l'espionnage des pays étrangers.

¹nu **n. m. invar.** Treizième lettre de l'alphabet grec (N, ν), correspondant à la lettre *n*.

²nu, nue (vient du latin *nudus* → **nudisme, nudité**) **I. adj. 1.** Qui n'est couvert d'aucun vêtement. *Être tout nu.* – loc. *Nu comme un ver.* – *À demi nu. Bras nus. Torse nu. Être nu-pied, nu-tête.* **2.** dans des loc. Dépourvu de son complément habituel. *Épée nue,* hors du fourreau. – loc. *À l'œil nu* : sans instrument d'optique. *Se battre à mains nues,* sans arme. **3.** Dépourvu d'ornement, de parure. *Un arbre nu,* sans feuilles. *Mur nu.* **4.** fig. Sans apprêt, sans fard. *La vérité toute nue.* → **²cru, pur. 5.** *À nu* **loc. adv.** : à découvert. *Mettre à nu.* → **dénuder, dévoiler. II. n. m.** Corps humain dépouillé de tout vêtement. – Représentation artistique du corps humain nu. *Un nu de Rodin.*

Nu (U) Homme politique birman (1907-1995). Premier ministre de 1948 à 1958 et de 1960 à 1962, il fut renversé par le général Ne Win.

nuage n. m. (de *nue*) **1.** Amas de vapeur d'eau condensée en fines gouttelettes maintenues en suspension dans l'atmosphère. → littér. **nue, nuée ; cumulus, nimbus, stratus.** *« J'aime les nuages... les nuages qui passent... là-bas... là-bas... les merveilleux nuages ! »* (Baudelaire). *Nuage de grêle, de pluie.* – loc. *Être dans les nuages* : être distrait. → **dans la lune.** *Être sur un petit nuage* : être ravi. ■ fig. Ce qui trouble la sérénité. *Bonheur sans nuage.* **2.** par analogie *Un nuage de poussière.* – *Nuage de tulle.* – *Nuage de lait* : petite quantité de lait qui prend l'aspect d'un nuage avant de se mélanger avec le café, le thé. – *Nuage de sauterelles.* → **nuée.**

nuageux, euse adj. Partiellement couvert de nuages. → **nébuleux.**

nuance n. f. (de l'ancien v. *nuer* « nuancer », de *nue*) **1.** Chacun des degrés par lesquels peut passer une même couleur. → **tonalité.** *Toutes les nuances de bleu.* → **gamme. 2.** État intermédiaire par lequel peut passer qqn, qqch. (→ **degré**) ; différence subtile. *Esprit tout en nuances.* → **finesse.** – *Il y a une nuance,* une différence. ellipt *Nuance !* ■ Ce qui apporte une légère modification. *Avec dans le regard une nuance d'ironie.* **3.** mus. Degrés divers de douceur ou de force à donner aux sons. → **forte, ²piano.**

nuancer v. tr. < 3 > (de *nuance*) **1.** Introduire une nuance. *Un bleu nuancé de vert.* **2.** Exprimer en tenant compte des différences les plus délicates. *Nuancer sa pensée.* ■ **nuancé, ée adj.** Qui tient compte des différences ; qui n'est pas net, tranché. *Jugement nuancé.*

nuancier n. m. Présentoir de coloris proposés en échantillonnage.

Nubie n. f. Région désertique d'Afrique s'étendant entre Assouan en Égypte *(Basse-Nubie)* et Khartoum, au Soudan *(Haute-Nubie)*. Elle couvre le bassin du Nil de la 1re à la 6e cataracte et les déserts avoisinants, désert Libyque et désert Arabique. La Nubie était connue sous le nom de « pays de Coush » à l'époque des pharaons ; les Grecs et les Romains l'appelèrent Éthiopie. Au VIIIe s. av. J.-C., le roi de Coush Chabako annexa l'Égypte à la Nubie. La XXVe dynastie coushite, renversée par les Assyriens au VIIe s. av. J.-C., continua de régner sur la Nubie jusqu'au IVe s. av. J.-C., où le royaume disparut sous les coups du roi éthiopien d'Aksoum.

nuage

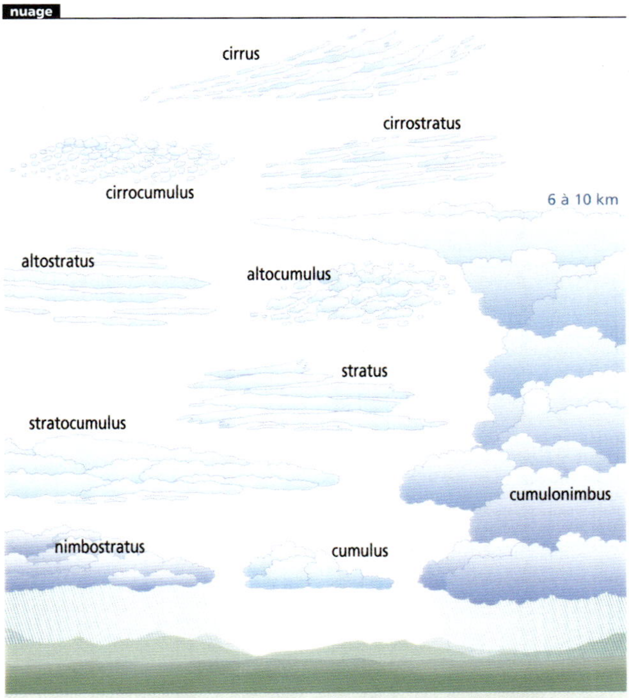

Les nuages sont classés en deux groupes principaux : les cumulus, aux contours bien délimités, et les stratus, généralement gris et pouvant couvrir plusieurs milliers de kilomètres. Chaque groupe est divisé en quatre classes, définies par l'altitude de la base des nuages.

nubile adj. (latin *nubilis,* de *nubere* « se marier ») (personnes) Qui est en âge d'être marié ; qui est apte à la reproduction. → **pubère.** – *Âge nubile* : fin de la puberté.

nubilité n. f. didact., littér. Âge nubile ; état d'une jeune fille nubile.

nubuck n. m. (p.-ê. anglais des États-Unis, de *new* « nouveau » et *buck* « daim ») Cuir bovin d'aspect velouté.

nucal, ale, aux adj. anat. De la nuque.

nucelle n. m. (latin *nux, nucis* → **noix**) bot. Partie centrale de l'ovule des spermaphytes.

nucléaire adj. (latin *nucleus,* diminutif de *nux* → **noix**) **1.** biol. Relatif au noyau de la cellule. **2.** phys. Relatif au noyau de l'atome. *Physique nucléaire. Énergie nucléaire,* fournie par une réaction nucléaire. *Déchets nucléaires.* – **n. m.** *Le nucléaire* : l'énergie nucléaire. **3.** Qui utilise ou concerne l'énergie nucléaire. → **atomique.** *Centrale nucléaire. Armes nucléaires.* → bombe **atomique ; thermonucléaire.** – *Catastrophe nucléaire.* **4.** sociol. *Famille nucléaire,* composée du père, de la mère et des enfants.

▶ La découverte du neutron en 1932 par le physicien britannique James Chadwick a donné naissance à la **physique nucléaire**, qui s'attache à élucider les propriétés des noyaux atomiques. Les réactions nucléaires impliquent les constituants des noyaux de ces atomes et les transforment en atomes d'autre nature (correspondant à d'autres éléments chimiques). Les réactions de fission (à l'origine de la radioactivité naturelle sur Terre) permettent ainsi d'obtenir deux noyaux plus légers à partir d'un seul noyau ; les réactions de fusion (responsables de l'activité des étoiles) conduisent à un noyau plus lourd à partir de deux noyaux initiaux.
Qu'elles soient naturelles ou provoquées, ces réactions doivent s'appliquer à des catégories d'éléments chimiques différentes pour produire de l'énergie nucléaire (à des atomes plus lourds que le fer pour la fission, plus légers pour la fusion). Les réactions nucléaires ont des applications variées, des plus bénéfiques (radiothérapie) aux plus destructrices (bombes atomique [A] et thermonucléaire [H]).
Si, grâce à sa très grande efficacité et à la faiblesse de ses rejets de gaz à effet de serre, la fission nucléaire est aujourd'hui encore une des voies privilégiées pour résoudre les crises énergétiques (avec la réduction de la consommation et les énergies renouvelables), les menaces que constituent les centrales nucléaires et les réels problèmes de traitement des déchets demeurent préoccupants. Produire de l'énergie grâce à la fusion constitue certes un espoir pour l'avenir, mais les technologies nécessaires ne sont encore ni parfaitement maîtrisées, ni totalement exemptes d'impacts environnementaux.
voir aussi **atome, déchets, énergie, fusion**

nucléariser v. tr. (anglais *to nuclearize* → **nucléaire**) Pourvoir (un pays) de l'énergie nucléaire, d'un armement nucléaire. – au p. p. *Pays nucléarisés.* □ **n. f. nucléarisation**

nucléase n. f. (allemand, de *Nucle[oproteïd]* et *-ase*) biochim. Enzyme qui catalyse la scission des acides nucléiques.

nucléé, ée adj. (latin, de *nucleus* « noyau ») biol. Qui possède un ou plusieurs noyaux. *Cellule nucléée.*

nucléide n. m. (de *nuclé-* + *-ide*) Noyau atomique caractérisé par son nombre de protons et de neutrons. - syn. **nuclide n. m.**

nucléique adj. (de *nuclé[o]-*) biol. *Acides nucléiques* : constituants fondamentaux du noyau de la cellule, porteurs de l'information génétique. → **ADN, ARN.**

nuclé(o)- Élément (du latin *nucleus* → **nucléaire**) qui signifie « noyau ».

nucléole n. m. (latin *nucleus*) biol. Petit corps sphérique qui se trouve dans les noyaux cellulaires.

nucléon n. m. (de *nuclé-* + *-on*) Particule (proton ou neutron) constitutive du noyau atomique. □ **adj. nucléonique**

N

nuisances sonores

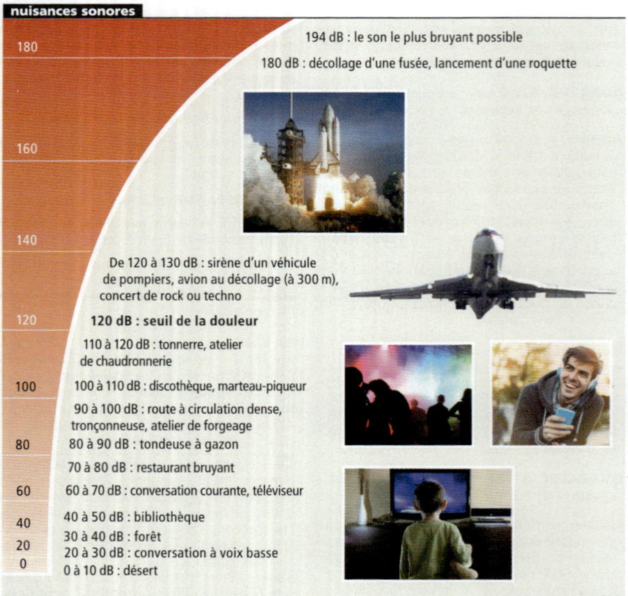

Échelle des décibels (dB). Fréquente et répétée, une exposition à un niveau sonore supérieur à 85 dB peut entraîner une perte progressive et définitive de l'acuité auditive.

nucléophile adj. et n. m. (de *nucléo-* + *-phile*) chim. Se dit d'une particule chimique ayant de l'affinité pour un noyau avec lequel elle partage un ou plusieurs électrons.

nucléoprotéine n. f. (allemand, de *nucleo* → nucléo- et *Proteïn* → protéine) biochim. Substance qui résulte de l'association d'une protéine avec un acide nucléique.

N

nucléoside n. m. (allemand, de *nucleo* → nucléo- et *Glucosid*) biochim. Élément constitutif des acides nucléiques, constitué d'une base azotée associée à un sucre (ribose pour l'ARN et désoxyribose pour l'ADN).

nucléosome n. m. (de *nucléo-* + *-some*) Unité élémentaire de la chromatine, composée d'ADN et d'histones.

nucléotide n. m. (allemand, de *nucleo* → nucléo- et *-id* → -ide) biochim. Constituant élémentaire des acides nucléiques, formé par un nucléoside* associé à un phosphate.

nucléus n. m. (latin *nucleus* « nucelle ») préhist. Noyau de silex, mis en forme pour l'extraction d'éclats, de lames. *Des nucléus.*

nuclide voir nucléide

nudisme n. m. (latin *nudus* → ²nu) Pratique de la vie au grand air dans un état de complète nudité. → **naturisme.**

nudiste adj. Relatif au nudisme. – n. *Camp de nudistes.* → **naturiste.**

nudité n. f. (bas latin *nuditas*, de *nudus* → ²nu) **1.** État d'une personne nue. **2.** État de ce qui n'est pas recouvert, pas orné. *La nudité d'un mur.* – *La nudité d'un style.* – fig., littér. *Vices qui s'étalent dans toute leur nudité,* sans se cacher.

nue n. f. (latin pop. *nuba*, du latin class. *nubes*) **1.** vieux ou littér. Nuage. – par ext. Ciel. **2.** loc. *Mettre, porter* qqn, qqch. *aux nues* : louer avec enthousiasme. – *Tomber des nues* : être extrêmement surpris, décontenancé par un évènement inopiné.

nuée n. f. (de *nue*) **1.** littér. Gros nuage. **2.** fig. Multitude formant un groupe compact. *Des nuées de sauterelles.* ■ Très grand nombre. *Une nuée de photographes.*

nuement voir **nûment**

nue-propriété n. f. dr. Propriété d'un bien sur lequel une autre personne a un droit d'usufruit. *Des nues-propriétés.*

Nuers n. m. pl. Peuple nilotique du Soudan. Environ 1 million d'individus. Semi-nomades, éleveurs de bétail, les Nuers vivent dans les plaines marécageuses du haut Nil, du Sobat et du Bahr al-Ghazal.

Nuevo Laredo Ville du N. du Mexique (État de Tamaulipas), sur le río Grande del Norte, jumelle de la ville américaine de Laredo (Texas). 373 700 habitants. Important centre industriel et commercial (*maquiladores*).

Nufud voir Néfoud

nugget n. m. (mot anglais « pépite ») anglic. Croquette panée et frite.

nuire v. tr. ind. < 38 > (vient du latin pop. *nocere* → nocif ; innocent, innocuité ; aussi ¹noyer) *Nuire à.* **1.** Faire du tort, du mal (à qqn). → **léser.** *Nuire à qqn, par ext. à la réputation de qqn.* – absolt *Mettre qqn hors d'état de nuire,* le maîtriser, le désarmer. **2.** (choses) Constituer un danger ; causer du tort. « *Tout m'afflige et me nuit, et conspire à me nuire* » (Racine). *Cette accusation lui a beaucoup nui. Fumer nuit à la santé.* → **ruiner.** ■ **se nuire** v. pron. Se faire du mal, se causer du tort. – réfl. (à soi-même) – récipr. *Elles se sont nui.*

nuisance n. f. (de *nuire*) **1.** vieux Caractère de ce qui est nuisible. **2.** (anglais *nuisance*, du français) Ensemble de facteurs d'origine technique (bruit, pollution, etc.) ou sociale (encombrement, promiscuité) qui nuisent à la qualité de la vie.

nuisette n. f. (de *nuit*) Chemise de nuit très courte et légère.

nuisible adj. (vient du latin *nocibilis*, de *nocere* → nuire) Qui nuit (à qqn, à qqch.). → **dangereux, néfaste.** *Climat nuisible à la santé.* → **insalubre, malsain.** ■ *Animaux nuisibles,* parasites ou destructeurs (d'animaux ou de végétaux utiles). – n. m. *Les nuisibles.*

nuit n. f. (vient du latin *nox, noctis* → noctambule, nocturne) **I.** Obscurité qui enveloppe quotidiennement une partie de la Terre du fait de sa rotation. *Le jour et la nuit. Il fait nuit. La nuit tombe. À la nuit tombante.* → **crépuscule, soir.** *Nuit noire,* très obscure. *Nuit étoilée.* « *Et nous avons des nuits plus belles que vos jours* » (Racine). – loc. *C'est le jour* et la nuit. La nuit des temps,* se dit d'une époque très reculée, dont on ne sait rien. ■ fig., poét. *La nuit du tombeau, la nuit éternelle* : la mort. « *Ô Seigneur ! ouvrez-moi les portes de la nuit* » (Hugo). **II.** Espace de temps qui s'écoule depuis le coucher jusqu'au lever du soleil. *Les longues nuits polaires. Jour et nuit ; nuit et jour* [nɥitəʒuʀ] : continuellement. *En pleine nuit.* – « *Les Mille* et une Nuits* », recueil de contes arabes. – *Nuit blanche,* sans sommeil. → **veille.** – *Vivre, sortir la nuit* (→ **noctambule**). *Il en rêve la nuit. J'ai passé la nuit dehors.* – *Bonne nuit !* → **bonsoir.** ■ ***De nuit*** : qui a lieu, se passe la nuit. → **nocturne.** *Travail de nuit.* « *Vol de nuit* » (roman de Saint-Exupéry). – Qui travaille la nuit. *Veilleur de nuit.* – Qui sert pendant la nuit. *Chemise de nuit.* – Qui est ouvert, qui fonctionne pendant la nuit. *Boîte* de nuit.* – Qui vit, reste éveillé la nuit. *Oiseaux de nuit.*

nuitamment adv. littér. Pendant la nuit, à la faveur de la nuit.

nuitée n. f. Nuit passée dans un lieu d'hébergement payant (hôtel, camping...).

nuiteux, euse n. fam. Personne qui effectue un service de nuit.

Nuits (côte de) Région de Bourgogne (Côte-d'Or), au N. de la côte de Beaune. Vins (gevrey-chambertin, chambolle-musigny, vougeot, vosne-romanée, nuits-saint-georges).

Nujoma (Sam) Homme d'État namibien (né en 1929). Il lutta pour l'indépendance de la Namibie, acquise en 1990, et fut président de la République de 1990 à 2004.

Nuku'Alofa Capitale des îles Tonga, sur la côte N. de l'île Tongatapu. 24 200 habitants.

Nuku Hiva La plus grande des îles Marquises. 117 km². Port principal : Hakapehi.

nul, nulle (vient du latin *nullus*) **I. 1.** adj. indéf. (placé devant le n.) littér. Pas un. → **aucun.** – (avec *ne*) *Nul homme n'en sera exempté.* → ²**personne.** *Je n'en ai nul besoin.* → ²**pas.** ■ ***Nul autre.*** « *La mort a des rigueurs à nulle autre pareilles* » (Malherbe). – (sans verbe exprimé) *Nul repos pour lui.* – (avec *sans*) *Sans nul doute.* → **sûrement.** – ***Nulle part*.*** **2.** pron. indéf. sing. (employé comme sujet) Pas une personne. → **aucun,** ²**personne.** *Nul n'est censé ignorer la loi.* – loc. *À l'impossible nul n'est tenu.* **II.** adj. qualificatif (placé après le nom) **1.** Qui est sans existence, se réduit à rien, à zéro. *Les risques sont nuls.* → **inexistant.** – *Match nul,* où il n'y a ni gagnant ni perdant. – dr. Qui n'a pas d'effet légal. **2.** (ouvrage, travail, etc.) Qui ne vaut rien, pour la qualité. *Un devoir nul.* ■ (personnes) Sans mérite intellectuel, sans valeur. → **nullité.** « *Il est nul, c'est un âne, un demeuré* » (Cocteau). – *Nul en* : très mauvais dans (un domaine particulier). *Élève nul en français.* – n. *C'est un nul.* **3.** fam. Mauvais, déplaisant, ennuyeux, laid. *C'est vraiment nul,* vulg. *nul à chier.*

nullard, arde adj. fam. Tout à fait nul, qui n'y connaît rien. – n. → **nullité** (3).

nullement adv. Pas du tout, en aucune façon. → **aucunement.** *Cela ne me gêne nullement* (→ pas le moins du monde).

nullipare adj. et n. f. (de *nulli-*, du latin *nullus* « nul » et *-pare*) didact. (femme) Qui n'a jamais porté d'enfant et accouché. – n. f. *Une nullipare.*

nullité n. f. (latin médiéval *nullitas*, de *nullus* → nul) **1.** dr. Inefficacité (d'un acte juridique). *Nullité d'un contrat.* **2.** Caractère de ce qui est nul, sans valeur. *La nullité d'un raisonnement.* – (personnes) Défaut de talent, de connaissances, de compétence. **3.** *Une nullité* : personne nulle.

Numance Ville de l'ancienne Espagne (près de l'actuelle Soria). Elle fut rasée par Scipion Émilien (133 av. J.-C.).

Numa Pompilius Deuxième roi légendaire de Rome (v. 715-v. 672 av. J.-C.). Inspiré par la nymphe Égérie, il aurait organisé la vie religieuse romaine.

nûment ou **nuement** adv. littér. Sans déguisement, sans fard. « *Je vous dirai tout nûment que je le trouve le plus barbifiant des raseurs* » (Proust). - var. **nuement.**

numéraire n. m. (du latin pop., de *numerus* → nombre) Monnaie ayant cours légal. → **espèce(s)**. *Payer en numéraire*, en argent liquide.

numéral, ale, aux adj. (du bas latin, de *numerus* → nombre) Qui désigne, représente un nombre, des nombres arithmétiques. *Système numéral*. ■ gramm. *Adjectifs numéraux*, indiquant le nombre (→ **¹cardinal**), le rang (→ **¹ordinal**). – n. m. *Un numéral.*

numérateur n. m. (du bas latin, de *numerus* → nombre) Nombre supérieur d'une fraction. *Numérateur et dénominateur d'une fraction.*

numération n. f. (du latin, de *numerare* « compter » → **énumérer**) **1.** Système permettant d'écrire et de nommer les divers nombres. *Numération décimale.* **2.** Action de compter ; son résultat. → **compte**. – méd. *Numération globulaire.*

numérique adj. (latin *numerus* → nombre) **1.** Qui est représenté par un nombre, se fait avec des nombres. *Valeur numérique. Calcul numérique.* **2.** Évalué en nombre. → **quantitatif**. *La supériorité numérique de l'ennemi.* **3.** techn. Se dit de la représentation de données, de grandeurs physiques sous forme de nombres (opposé à *analogique*), ainsi que des procédés utilisant ce mode de représentation. → **²digital**. *Traitement numérique de l'information* (→ **numériser**). ■ Qui est codé sous forme de nombres. *Son numérique. Images numériques.* – *Caméra, appareil photo numérique*, recourant à ce type de représentation (s'oppose à *argentique*). ■ n. m. *Le numérique* : l'ensemble des techniques utilisant des signaux numériques.

numériquement adv. Du point de vue du nombre.

numériser v. tr. < 1 > techn. Coder sous forme numérique (3). → **digitaliser**. *Numériser un son, une image.* ▫ n. f. **numérisation**

numériseur n. m. techn. Appareil servant à numériser des documents. - recomm. offic. pour *scanner*.

numéro n. m. (italien *numero*, du latin *numerus* → nombre) **I. 1.** Nombre attribué à une chose pour la caractériser parmi des choses semblables, ou la classer (abrév. *N°*, *n°*, devant un nombre). *Le numéro d'immatriculation d'une voiture.* – *Numéro de téléphone. Composer un numéro.* **2.** Ce qui porte un numéro. *Habiter au numéro 10* (maison). – *Tirer le bon, le mauvais numéro*, dans un tirage au sort. **3.** loc. adj. invar. *Numéro un* : principal. *L'ennemi public numéro un.* – n. *Le numéro un mondial du logiciel.* → **leader**. **4.** Partie d'un ouvrage périodique qui paraît en une seule fois et porte un numéro. *Numéro d'une revue.* – loc. *La suite au prochain numéro*, la suite de l'article paraîtra dans le numéro suivant ; fig., fam. la suite à une autre fois. **II. 1.** Division du programme d'un spectacle. *Un numéro de prestidigitation.* **2.** fig., fam. Spectacle donné par une personne qui se fait remarquer. → **cinéma**, **cirque**. **III.** fam. Personne bizarre, originale. → **phénomène**. *C'est un sacré numéro !*

numérologie n. f. (du radical du latin *numerus* « nombre ») Étude divinatoire basée sur les nombres. ▫ n. **numérologue**

numérotage n. m. Action de numéroter.

numérotation n. f. **1.** → **numérotage**. **2.** Ordre des numéros.

numéroter v. tr. < 1 > Marquer, affecter d'un numéro. *Numéroter les pages d'un manuscrit.* – au p. p. *Siège numéroté.*

numéroteur n. m. **1.** Appareil servant à imprimer des numéros. **2.** Dispositif permettant de composer les numéros d'appel.

numerus clausus n. m. (mots latins « nombre fermé ») Limitation du nombre de personnes admises à une fonction, un grade, une profession, en vertu d'une disposition réglementaire ; ce nombre. - var. RO **numérus clausus**.

numide adj. et n. De Numidie. – n. *Les Numides.*

Numidie n. f. Ancien royaume d'Afrique du Nord s'étendant entre le territoire de Carthage à l'E. et l'oued Moulouya à l'O., et correspondant à une partie de l'Algérie actuelle. Masinissa, soutenu par Rome, réalisa l'unité du royaume numide au IIe s. av. J.-C. Sous l'autorité des Romains, ses héritiers se partagèrent le territoire. L'un d'eux, Jugurtha, voulant reconstituer le royaume, s'opposa à Rome et fut vaincu par Sylla (–105). Après la défaite du roi Juba Ier à Thapsus (–46) contre César, la Numidie forma la province romaine d'*Africa Nova*.

numismate n. (de *numismatique*) didact. Spécialiste, connaisseur des médailles et monnaies.

numismatique n. f. et adj. (latin d'origine grecque *numisma, numismatis* « pièce de monnaie ») didact. Connaissance des médailles et des monnaies. – adj. *Recherches numismatiques.*

Numitor Roi légendaire d'Albe, grand-père de Romulus et Remus.

nummulite n. f. (du latin, de *nummus* « monnaie ») Protozoaire fossile (foraminifère) du début du tertiaire, à coquille ronde divisée en loges spiralées.

Nunavik n. m. Territoire du Québec (Canada), bordé par la baie d'Hudson à l'O., le détroit d'Hudson et la baie d'Ungava au N. 500 000 km². Env. 12 000 habitants, en majorité des Inuits. La création d'un gouvernement autonome se poursuit depuis 1999. Ville principale : Kuujjuaq.

Nunavut n. m. Territoire autonome du Canada (1999), 2 093 190 km², formé de l'île de Baffin, de l'île d'Ellesmere et de la plupart des îles de l'Arctique canadien. Il est peuplé surtout d'Inuits (35 944 habitants). Capitale : Iqaluit.

Nunavut, l'entrée de la ville d'Alert.

nunchaku [nunʃaku] n. m. (mot japonais) Arme d'origine japonaise, formée de deux bâtons reliés par une chaîne ou une corde.

Nunes (Pedro) Astronome et mathématicien portugais (1492-1577). Il inventa le *nonius*, instrument permettant de mesurer avec précision les petits angles (1542).

Nunes (Emanuel) Compositeur portugais (1941-2012). Il a notamment écrit des œuvres pour piano (*Litanies du feu et de la mer n° 1*), pour flûte (*Grund*) et pour orchestre.

Núñez de Arce (Gaspar) Homme politique, poète et dramaturge espagnol (1834-1903). Son œuvre est centrée sur les conflits entre la religion et la science, la morale et l'instinct. *Ramon Lull.*

Nungesser [nœ̃ʒesɛʀ] (Charles) Officier et aviateur français (1892-1927). Il s'illustra pendant la Première Guerre mondiale. Il disparut avec Coli, à bord de son avion *L'Oiseau blanc*.

nunuche adj. (p.-ê. de *nul*) fam. Niais, simplet. → **cucul**. *Il est un peu nunuche.* – n. f. Jeune fille peu dégourdie.

nuoc-mam n. m. (mot vietnamien « eau de poisson ») Sauce de poisson macéré dans une saumure (cuisine vietnamienne). - var. **nuoc-mâm** ou RO **nuocmam**.

nu-pied n. m. Sandale laissant nu le dessus du pied. *Des nu-pieds.*

nu-propriétaire, nue-propriétaire n. dr. Personne à qui appartient la nue-propriété d'un bien. *Des nus-propriétaires.*

nuptial, ale, aux adj. (latin *nuptialis*, de *nuptiae* → noce) **1.** Relatif aux noces, à la célébration du mariage. *Bénédiction nuptiale.* **2.** zool. Relatif à l'accouplement. *Parade nuptiale.*

nuptialité n. f. didact. Nombre relatif des mariages dans une population.

nuque n. f. (du latin médiéval, de l'arabe *nŭhă* « moelle épinière ») Partie postérieure du cou, au-dessous de l'occiput.

nuraghe, plur. **nuraghi** [nyʀag ; nuʀage, i] n. m. (mot sarde) archéol. Tour antique propre à la Sardaigne. *Des nuraghi.* - var. RO **nuraghé**. *Des nuraghés.*

Nūr al-Dīn Maḥmūd Atabeg (haut dignitaire) d'Alep (1118-1174). Il secourut Damas, menacée par les croisés, acheva la conquête du comté d'Édesse et fit occuper l'Égypte, où Saladin se proclama sultan (1171).

Nuremberg Ville du S. de l'Allemagne (Bavière), sur la Pegnitz. 515 500 habitants. Constructions mécaniques et électriques. Produits alimentaires. Manufactures de jouets. Tourisme. Ville médiévale (église gothique, château impérial) partiellement reconstituée après 1945. Maison d'A. Dürer. Métropole commerciale et artistique, elle connut son apogée aux XIVe-XVIe s. Hitler en fit le siège du congrès annuel du Parti national-socialiste.

Nuremberg (procès de) Procès intenté, devant le tribunal militaire international, à 24 dirigeants et à 8 organisations de l'Alle-

Nuremberg (procès de)

Le banc des accusés au procès de Nuremberg, dont les juges et les procureurs furent nommés par chacune des quatre puissances alliées.

N

magne nazie (20 nov. 1945-1er oct. 1946). Les accusations portaient sur des crimes de guerre et des crimes contre la paix et contre l'humanité. Le tribunal prononça douze condamnations à mort (Göring, Keitel, Ribbentrop, Frick...), sept condamnations à des peines de prison (Hess, Speer, Dönitz...) et trois acquittements (Papen, Fritzsche et Schacht). La Gestapo, le Parti national-socialiste et les SS furent condamnés à titre collectif.

Nūrī **(ʿAbd al-Mālik)** Écrivain iraquien (1921-2002). Chef de file de l'école réaliste iraquienne, il est l'auteur de pièces de théâtre *(Les Messagers de l'humanité)*, de nouvelles et de romans *(Le Petit Homme ; Le Chant de la terre)*.

Nurmi **(Paavo)** Athlète finlandais (1897-1973). Coureur de fond et de demi-fond, il remporta neuf médailles d'or et trois d'argent aux Jeux olympiques d'Anvers (1920), de Paris (1924) et d'Amsterdam (1928).

nursage **n. m. (calque de l'anglais *nursing*)** méd. Ensemble des soins destinés à assurer le confort et l'hygiène des personnes dépendantes. - recomm. offic. pour **nursing.**

nurse [nœʀs] **n. f. (mot anglais « infirmière », emprunt au français *nourrice*)** Domestique qui s'occupe exclusivement des enfants. → **bonne** d'enfants, **gouvernante.**

Nurse **(sir Paul Maxime)** Biologiste britannique (né en 1949). Il identifia la fonction des kinases dépendantes des cyclines, l'un des facteurs clés de la régulation du cycle cellulaire. Prix Nobel 2001, avec L. H. Hartwell et R. T. Hunt.

nurserie ou **nursery** [nœʀsəʀi] **n. f. (anglais *nursery*, de *nurse*)** anglic. Pièce réservée aux jeunes enfants. *Des nurseries, des nurserys.*

nutation **n. f. (du latin, de *nutare* « se balancer »)** astron. Oscillation périodique de l'axe de rotation de la Terre.

nutriment **n. m. (latin, de *nutrire* « nourrir » → nutrition)** didact. Substance alimentaire pouvant être directement assimilée.

nutritif, ive **adj. (du latin médiéval, de *nutrire* → nourrir)** **1.** Qui a la propriété de nourrir. *Principes nutritifs d'un aliment.* – par ext. Qui nourrit beaucoup. → **nourrissant, riche.** **2.** didact. Relatif à la nutrition. *Les besoins nutritifs de l'homme.*

nutrition **n. f. (bas latin *nutritio* → nourrisson, de *nutrire* → nourrir)** **1.** Transformation et utilisation des aliments dans l'organisme. *Mauvaise nutrition.* → **malnutrition.** **2.** physiol. Ensemble des phénomènes (assimilation, excrétion, respiration) qui ont lieu dans un organisme vivant, permettant la production d'énergie vitale. □ **adj. nutritionnel, elle**

nutritionniste **n.** didact. Spécialiste des problèmes de nutrition. → **diététicien.**

Nuuk anciennement **Godthåb** Capitale du Groenland, sur le détroit de Davis. 14 720 habitants. Université. Port de pêche. Industrie de la pêche. Base scientifique.

nyctalope **adj. et n. (du latin, du grec *nuktalôps*, de *nux, nuktos* « nuit » et *-ôps* « vision » → optique)** didact. Qui voit la nuit. *Le hibou est nyctalope.*

nyctalopie **n. f.** didact. Faculté de bien voir dans l'obscurité.

nycthémère **n. m. (du grec, de *nux, nuktos* « nuit » et *hêmera* « jour »)** didact. Espace de temps comprenant un jour et une nuit (24 h) et correspondant à un cycle biologique. □ **adj. nycthéméral, ale, aux**

Nyerere **(Julius)** Homme d'État tanzanien (1922-1999). Élu président de la République du Tanganyika en 1962, puis de l'Union de la République de Tanzanie en 1964, il fut réélu jusqu'en 1985. Il lança l'idée d'un socialisme africain.

Nyíregyháza Ville de Hongrie, dans le N.-E. du pays. 118 800 habitants. Tourisme thermal. Centre économique.

Nyköping Ville de Suède, au S. de Stockholm, sur la Baltique. 50 200 habitants. Une des plus anciennes villes de Suède. Musée.

nylon **n. m. (mot de l'anglais des États-Unis ; marque déposée)** Fibre synthétique (polyamide). *Fil de nylon.* – **appos. invar.** *Des bas nylon.*

nymphe **n. f. (du latin, du grec *numphê* « jeune fille nubile »)** **I. 1.** mythol. Divinité féminine d'un rang inférieur. → **dryade, naïade, néréide, oréade.** **2.** plais. Jeune fille ou jeune femme au corps gracieux. **II.** anat. au plur. Petites lèvres de la vulve. **III.** zool. Deuxième stade de la métamorphose des insectes, entre la larve et l'imago. *Nymphe de papillon.* → **chrysalide.** □ **adj. nymphal, ale, aux**

nymphéa **n. m. (latin d'origine grecque *nymphea*)** Nénuphar blanc. *Les nymphéas peints par Claude Monet.*

nymphéacée **n. f. (de *nymphéa* et *-acé*)** Plante aquatique à larges feuilles nageant sur les eaux douces (famille des *Nymphéacées* ; ex. : le nélombo, le nénuphar).

nymphée **n. m. ou f. (de *nymphe*)** archéol. Grotte abritant une source, une fontaine ; sanctuaire consacré aux nymphes.

nymphette **n. f.** Très jeune fille au physique attrayant ; adolescente aux manières aguicheuses, à l'air faussement candide. → **lolita.**

nymphomane **adj. f. et n. f.** Femme ou femelle atteinte de nymphomanie.

nymphomanie **n. f. (grec *numphê* → nymphe + *-manie*)** Exagération pathologique des désirs sexuels chez la femme ou chez des femelles de mammifères.

nymphose **n. f.** zool. Transformation d'une larve d'insecte en nymphe.

Nyon Ville de Suisse (canton de Vaud), sur le lac Léman. 20 272 habitants. Vestiges romains. Château (XVI-XVIIe s.). Centre commercial et touristique. Vignobles.

Nyons Chef-lieu d'arrondissement de la Drôme, sur l'Eygues. 6 737 habitants. Quartier ancien (maisons du XIVe s.). Marché agricole, viticulture.

Nyrop **(Kristoffer)** Linguiste danois (1858-1931). Il est l'auteur d'une *Grammaire historique de la langue française*, écrite en français.

Nysse Ancienne ville d'Asie Mineure, près d'Éphèse. Ruines romaines.

Nystad **(traité de)** Traité signé le 10 septembre 1721 à Nystad, en Finlande, qui mit fin à la guerre du Nord. La Suède cédait à la Russie la Livonie, l'Estonie, l'Inguie et la Carélie occidentale.

nystagmus **n. m. (grec *nustagmos* « somnolence », de *nustazein* « baisser la tête, s'assoupir »)** méd. Mouvements saccadés et involontaires des globes oculaires, dus à la fatigue, à des lésions nerveuses, etc.

O

o [o] **n. m. invar. 1.** Quinzième lettre, quatrième voyelle de l'alphabet. **2.** *O.*, abréviation de *ouest*. **3.** *O*, symbole de l'oxygène.

O (François, marquis d') Homme politique français (1535-1594). Favori du roi Henri III, il fut surintendant des Finances et contribua à la conversion d'Henri IV au catholicisme.

ô [o] **interj. (latin *o*)** Interjection servant à invoquer, ou traduisant un vif sentiment. *« Ô rage, ô désespoir* [...] *»* (Corneille).

Oahu Île d'Hawaii (États-Unis). 1 573 km^2. 818 000 habitants. Île la plus peuplée de l'archipel, Oahu abrite la capitale, Honolulu, et la base de Pearl Harbor.

Oakland Ville des États-Unis (Californie), dans l'agglomération de San Francisco. 440 640 habitants. Port de commerce et centre industriel.

Oak Ridge Ville des États-Unis (Tennessee), près de Knoxville. 29 300 habitants. Ancien centre militaire (recherches nucléaires).

Oakville Ville du Canada (Ontario). 193 832 habitants. Industrie automobile (Ford).

oaristys [ɔaʀistis] **n. f. (mot grec) littér.** Poème d'amour, proche de l'idylle. **–** Entretien amoureux. *« Ah ! les oaristys ! les premières maîtresses ! »* (Verlaine).

OAS (Organisation armée secrète) Organisation clandestine constituée en 1961 après l'échec du putsch militaire d'Alger. Sous l'autorité des généraux Salan et Jouhaud, elle tenta de s'opposer par tous les moyens, y compris le terrorisme, à la politique algérienne du général de Gaulle.

oasis [ɔazis] **n. f. (grec *oasis*, de l'égyptien ancien) 1.** Endroit d'un désert qui présente de la végétation, un point d'eau. *Les oasis sahariennes.* **2. fig.** Lieu ou moment reposant, agréable (dans un milieu hostile, une situation pénible). *« L'oasis de repos tant espérée depuis longtemps »* (Baudelaire). □ **adj. et n. oasien, ienne**

Oates (Joyce Carol) Romancière et essayiste américaine (née en 1938). Son œuvre romanesque, abondante, décrit la condition féminine dans l'Amérique contemporaine. *Eux ; Le Pays des merveilles ; Blonde ; Les Chutes.*

Oaxaca Ville du S. du Mexique. 255 000 habitants. Vestiges de l'époque coloniale (xvie-xviiie s.). Site de Monte Albán à proximité.

Ob ou **Obi n. m.** Fleuve de Russie (Sibérie). 3 650 km. Né dans l'Altaï, il draine un bassin d'environ 3 000 000 km^2 et se jette dans l'océan Arctique. L'Irtych est son principal affluent.

oba n. m. (mot d'une langue du Bénin) Roi traditionnel, dans l'ancien empire africain du Bénin.

Obaldia (René de) Poète, auteur dramatique et romancier français (1918-2022). Ses romans dénoncent avec ironie les atrocités de l'histoire *(Fugue à Waterloo ; Tamerlan des cœurs)*. Ses pièces raillent les stéréotypes de la société de consommation *(Le Satyre de la Villette)*. Académie française.

oasis

Oasis près de Dunhuang, dans le désert de Gobi.

Obama (Barack Hussein) Homme d'État américain (né en 1961). Sénateur (démocrate) de l'Illinois depuis 2005, il fut président des États-Unis de janvier 2009 à janvier 2017. Il fut le premier Africain-Américain à accéder à ce poste. Il entreprit une réforme de la santé, engagea des opérations militaires contre Daech au Moyen-Orient et renoua des relations avec Cuba. Prix Nobel de la paix 2009.

Barack Obama, lors de son investiture en 2009.

Oban Ville d'Écosse (Argyll and Bute), sur l'Atlantique. 8 500 habitants. Station balnéaire.

obéché n. m. (mot d'une langue africaine) Grand arbre poussant en Afrique, dont le bois jaune, léger, est utilisé en placage ; ce bois.

obédience [ɔbedjɑ̃s] **n. f. (latin → obéir) 1. relig.** Obéissance (d'un religieux) à un supérieur ecclésiastique. **2.** Fidélité à une puissance spirituelle, politique *(dans l'obédience, d'obédience...)*. *Il est d'obédience chrétienne.* □ **adj. obédientiel, ielle**

Obeid (tell El-) Site archéologique de basse Mésopotamie, près d'Ur, aujourd'hui en Irak. La civilisation d'El-Obeid représente le stade le plus ancien de la civilisation sumérienne protohistorique (– IVe millénaire).

Obeïd (El-) Ville du centre du Soudan, dans le Kordofan. 420 000 habitants.

obéir v. tr. ind. < 2 > **(vient du latin *oboedire* « prêter l'oreille » ; famille de *ouïr*)** ***Obéir à.*** **1.** Se soumettre à (qqn) en se conformant à ce qu'il (elle) ordonne ou défend. *Elle n'obéit qu'à sa mère. Se faire obéir de qqn.* → **écouter.** – absolt *Il faut obéir.* **2.** Se conformer, se plier à (ce qui est exigé par autrui ou par soi-même). *Obéir à un ordre.* → **obtempérer.** – *Obéir à une impulsion.* → **céder** à. **3.** (choses) Être soumis à (une nécessité, une force, une loi naturelle). *Les corps obéissent à la loi de la gravitation. Les freins n'obéissent plus.* → **répondre.**

obéissance n. f. Fait, action d'obéir. → **soumission.** *Vous lui devez l'obéissance.*

obéissant, ante adj. Qui obéit (enfants). → **discipliné, docile, sage, soumis.**

obel ou **obèle** n. m. **(grec *obelos* « broche » → obélisque)** didact. Signe évoquant une broche, utilisé en paléographie pour signaler un passage interpolé, dans un manuscrit ancien.

obélisque n. m. **(grec *obeliskos* « petite broche à rôtir », diminutif de *obelos* → obel)** **1.** Dans l'art égyptien, Colonne en forme d'aiguille quadrangulaire surmontée d'une pointe pyramidale. *L'obélisque de Louksor.* **2.** Monument ayant cette forme.

L'obélisque de Louksor, érigé sous le règne de Ramsès II (XIIIe s. av. J.-C.).

Oberammergau Ville d'Allemagne (Bavière), dans les Préalpes. 5 370 habitants. *Mystère de la Passion* joué par les habitants tous les dix ans (depuis le XVIIe s.).

obérer v. tr. < 6 > **(d'abord au p. p. *obéré*, latin *obaeratus* « endetté »)** littér. **1.** Faire peser une lourde charge financière sur. **2.** Compromettre le développement de, nuire à. *Cette décision obère nos chances de réussite.*

Oberhausen Ville d'Allemagne (Rhénanie-du-Nord-Westphalie), dans la Ruhr, sur le canal Rhin-Herne. 220 000 habitants. Métallurgie. Musée de l'industrie du Rhin.

Oberkampf (Christophe Philippe) Industriel français d'origine bavaroise (1738-1815). Il créa la première fabrique de toiles peintes à Jouy-en-Josas (toiles de Jouy) et la première filature de coton à Essonnes.

Oberland bernois n. m. Région montagneuse de Suisse (canton de Berne) formée par la haute vallée de la Sarine et le bassin supérieur de l'Aar. Élevage. Tourisme.

Obernai Commune du Bas-Rhin. 12 015 habitants. Beffroi et halle aux blés du Moyen Âge. Hôtel de ville des XVe-XVIe siècles.

Obéron Personnage de chanson de geste (*Huon de Bordeaux*), nain et roi des elfes, Obéron a inspiré, notamment, Shakespeare (*Le Songe d'une nuit d'été*) et, en musique, Weber (*Obéron*).

Oberth (Hermann) Ingénieur allemand (1894-1989). Il est l'un des précurseurs de l'astronautique. Il calcula notamment les vitesses d'éjection des gaz à la sortie des tuyères et les consommations d'ergol, données qui furent reprises par les ingénieurs des premières générations de fusées.

obèse adj. et n. **(latin *obesus*)** (personnes) Atteint d'obésité. – par ext. Qui est excessivement gros. → **énorme.** – n. *Un, une obèse.*

obésité n. f. État d'une personne obèse ; accumulation excessive de graisse, dans un organisme (humain).

▶ L'**obésité** relève d'un état pathologique défini par des critères objectifs : une masse corporelle d'au moins 25 % supérieure à la normale ou un indice de masse corporelle (calculé selon la formule suivante : IMC = poids/taille^2) supérieur à 30. Un IMC compris entre 25 et 30 indique un surpoids. Cet excès de masse adipeuse, qui résulte d'un déséquilibre entre les apports caloriques et les dépenses énergétiques, peut avoir des causes multiples : la malnutrition (en particulier un apport en lipides et en sucre trop important), des prédispositions physiologiques (troubles hormonaux ou du métabolisme, souvent héréditaires), le manque d'exercice physique et le stress. L'obésité augmente de façon significative les risques de maladies cardiovasculaires et articulaires. Elle favorise la survenue du diabète et de troubles psychologiques. C'est une maladie au traitement long et difficile.
Parce qu'elle touche une part croissante de la population (700 millions d'adultes dans le monde en 2016, plus d'une personne sur trois aux États-Unis et deux sur dix en France), l'obésité est aujourd'hui considérée comme l'un des principaux problèmes de santé publique. Soutenus par l'Organisation mondiale de la santé (OMS), les professionnels de la santé mettent désormais l'accent sur la prévention, qui consiste à repérer, dès le plus jeune âge, les comportements alimentaires et les pratiques sociales à risque.
voir aussi **diabète, métabolisme, cœur, hormone**

Obey (André) Auteur dramatique français (1892-1975). Son œuvre s'inspira de personnages légendaires ou mythiques. *Le Viol de Lucrèce ; Lazare.*

obi n. f. **(mot japonais)** Large ceinture de soie du costume japonais traditionnel.

obier n. m. **(var. de *aubier*)** bot. Arbrisseau (viorne), à fleurs en boules blanches compactes. → **boule-de-neige.**

obit [ɔbit] n. m. **(latin *obitus* « arrivée » et « mort », de *obire* « aller *[ire]* vers [la mort] »)** relig. Service religieux pour l'âme d'un mort.

obituaire **(du latin → obit)** relig. **1.** adj. Relatif au décès. → **mortuaire.** **2.** n. m. Registre des morts inscrits pour un obit.

objectal, ale, aux adj. **(du latin *objectum* → objet)** psych. Extérieur à la personne du sujet et indépendant de lui. → ^{1}**objectif (1).**

objecter v. tr. < 1 > **(du latin → objet)** **1.** Opposer un argument (→ **objection**) pour réfuter une opinion, une affirmation. *Objecter de bonnes raisons à, contre un argument. Objecter que* (+ indic.). → **répondre, rétorquer.** **2.** Opposer (un fait, un argument) à une demande, un projet, pour le repousser. → **invoquer, prétexter.** *On lui objecta son jeune âge ;* (avec *que* + indic.) *qu'elle était trop jeune.*

objecteur, trice n. **(de *objecter*) (trad. de l'anglais *conscientious objector*)** ***Objecteur, objectrice de conscience*** : personne qui refuse d'accomplir des obligations militaires, en objectant son respect absolu de la vie humaine.

^{1}**objectif, ive** adj. **(du latin → objet)** **1.** philos. Qui existe hors de l'esprit, est indépendant de l'esprit (opposé à *subjectif*). *La réalité objective.* → **objectal.** **2.** Se dit d'une description de la réalité (ou d'un jugement sur elle) indépendante des intérêts, des goûts, des préjugés de la personne qui la fait. *Un récit objectif.* → **impartial.** – *Une information objective et détaillée.* **3.** (personnes) Dont les jugements ne sont altérés par aucune préférence d'ordre personnel. → **impartial, neutre.** *Historien objectif.* – *Ce livre n'est pas objectif.*

^{2}**objectif** n. m. **(ellipse de *verre objectif* « système optique dirigé vers l'objet observé »)** **I.** Système optique formé de lentilles qui donne une image réelle des objets photographiés. *L'objectif d'un appareil photo. Obturateur, diaphragme d'un objectif.* → aussi **grand-angle, téléobjectif.** **II.** (But à atteindre) **1.** Point contre lequel est dirigée une opération militaire stratégique ou tactique. *Bombarder des objectifs militaires.* **2.** But précis que se propose l'action. → **objet.** *Atteindre son objectif.*

objection n. f. **(du latin → objecter)** **1.** Argument pour réfuter (une affirmation, une opinion). → ^{2}**critique.** *Formuler, soulever une objection.* → **objecter.** **2.** Ce que l'on allègue pour ne pas faire qqch. *Si vous n'y voyez pas d'objection...* → **inconvénient, obstacle.** **3.** *Objection de conscience* : principe sur lequel se fondent les objecteurs* de conscience.

objectivement adv. D'une manière objective.

objectiver v. tr. < 1 > Rendre (plus) objectif ; rapporter à un objet. ▫ adj. **objectivable** ▫ n. f. **objectivation**

objectivisme n. m. didact. **1.** Attitude qui s'en tient aux données objectives, qui tente d'éliminer la subjectivité. **2.** Théorie philosophique admettant l'existence de données objectives (s'oppose à *subjectivisme*).

objectivité n. f. **(de ^{1}*objectif*)** **1.** philos. Caractère de ce qui existe indépendamment de l'esprit, d'un sujet pensant. **2.** Caractère de ce qui représente fidèlement un objet sensible. *L'objectivité scientifique.* **3.** Qualité de ce qui est impartial, d'une personne impartiale. → **impartialité.** *Vous manquez d'objectivité.* – *L'objectivité d'un rapport.*

objet n. m. **(latin *objectum*, de *objicere*, de *ob* « contre » et *jacere* → gésir, jeter)** **I.** **1.** concret Chose solide ayant unité et indépendance et répondant à une certaine destination. → **chose ;** fam. **bidule, machin, truc.** *Forme, matière, taille d'un objet.* « *Objets inanimés, avez-vous donc une âme* [...] ? » (Lamartine). – ***Les objets trouvés*** : ceux qui, perdus, laissés dans un lieu public, sont récupérés et conservés à la disposition des propriétaires. – *Objet volant non identifié* (ovni*). – ***Objets d'art***, ayant une valeur artistique (à l'exception des œuvres et des meubles). **2.** appos. *Une femme*-objet.* **II.** abstrait **1.** Ce qui se présente à la pensée, qui est occasion ou matière pour l'activité de l'esprit. *L'objet de ses réflexions.* → **matière,** ^{2}**sujet.** **2.** philos. Ce qui est donné par l'expérience, existe indépendamment de l'esprit (→ ^{2}**objectif**). *Le sujet et l'objet.* **3.** *Objet de* : être ou chose à quoi s'adresse (un sentiment). *Un objet de mépris.* **4.** Ce vers quoi tendent les désirs, la volonté, l'effort et l'action. → **but,** ^{1}**fin,** ^{2}**objectif.** *L'objet de nos désirs.* ▪ *Cette plainte est **sans objet**,* n'a pas de raison d'être. – ***Faire, être l'objet de*** : subir. *Faire l'objet de nombreuses critiques.* **5.** ***Complément d'objet*** *(d'un verbe)*, désignant la chose, la personne, l'idée sur lesquelles porte l'action marquée par le verbe. *Complément d'objet direct*, directement rattaché au verbe (ex. je prends *un crayon*). *Complément d'objet indirect*, rattaché au verbe par l'intermédiaire d'une préposition (ex. j'obéis *à vos ordres*). **6.** inform. Entité logicielle comprenant à la fois des données et les sous-programmes qui les traitent. *Programmation (par) objets.*

objurgation n. f. **(latin *objurgatio*, famille de *jus* « droit » → juridique)** surtout au plur. littér. Prière pressante (surtout pour dissuader).

oblast n. m. **(du vieux slave)** Division administrative de certains pays d'Europe de l'Est (Bulgarie, Russie, Ukraine...). *Des oblasts.*

oblat, ate n. (latin ecclés. *oblatus* « offert », p. p. de *offerre* → offrir) Personne qui s'est agrégée à une communauté religieuse, mais sans prononcer les vœux.

oblatif, ive adj. (latin → oblat) psych. Qui pousse à donner, à se sacrifier. *Amour oblatif.* □ n. f. **oblativité**

oblation n. f. (latin → oblat) relig. **1.** Offrande faite à Dieu. **2.** Acte par lequel le prêtre offre à Dieu le pain et le vin de l'eucharistie, avant de les consacrer. → **offertoire.**

obligataire (→ obligation) dr., fin. **1.** n. Créancier titulaire d'une obligation (II). **2.** adj. Relatif aux obligations. *Marché obligataire.*

obligation n. f. (du latin jurid. → obliger) **I. 1.** dr. Ce qui contraint une personne à donner, à faire ou à ne pas faire qqch. *Contracter une obligation juridique.* **2.** Lien, devoir moral ou social. *Satisfaire à ses obligations.* **3.** *Obligation de* (+ inf.). → **nécessité.** *Elle est dans l'obligation d'emprunter.* – (+ n.) *Jeu sans obligation d'achat.* → **engagement.** **4.** surtout au plur. Lien moral envers qqn pour qui on a de la reconnaissance. *J'ai des obligations envers lui.* → **obligé. II.** Titre négociable représentant un emprunt. *Actions* et obligations.*

obligatoire adj. (du latin jurid. → obliger) **1.** Qui a la force d'une obligation. *L'école gratuite et obligatoire.* **2.** fam. Inévitable, nécessaire. → **forcé, obligé.**

obligatoirement adv. **1.** D'une manière obligatoire. **2.** fam. Forcément. → **fatalement, inévitablement.**

obligeamment adv. Avec obligeance.

obligeance n. f. Disposition à se montrer obligeant, à rendre service. *Elle a eu l'obligeance de m'accompagner.* – (formule de politesse) *Veuillez avoir l'obligeance de me suivre.* → **amabilité, bonté.**

obligeant, ante adj. Qui aime rendre service. → **complaisant, serviable ; obliger** (II). – par ext. *Propos, termes obligeants.* → **flatteur.**

obliger v. tr. < 3 > (latin *obligare* « attacher à ; lier », de *ligare* → lier) **I. 1.** Contraindre ou lier (qqn) par une obligation morale, légale. *La loi nous oblige à faire cela.* – loc. prov. *Noblesse* oblige.* ■ pronom. *Elle s'oblige à rembourser.* **2.** Mettre (qqn) dans la nécessité de faire qqch. → **astreindre, contraindre, forcer.** *Rien ne vous oblige à venir.* **II.** Attacher (qqn) en rendant service. → **aider ; obligeant.** « *Il faut autant qu'on peut obliger tout le monde* » (La Fontaine). ■ **obligé, ée** p. p. **I.** (personnes) **1.** Tenu, lié par une obligation, une nécessité. *Être, se sentir obligé de* (+ inf.). **2.** Reconnaissant (d'un service reçu). → **redevable.** – n. *Je suis votre obligé.* **II.** (choses) Qui résulte d'une obligation, d'une nécessité ; qui est commandé par l'usage, par les faits. → **indispensable, obligatoire.** *C'est une conséquence obligée. Le musée du Louvre est un passage obligé pour qui visite Paris.* ■ fam. *C'est, c'était obligé !*, c'est, c'était forcé.

oblique adj. (latin *obliquus*) **1.** Qui n'est pas perpendiculaire (à une ligne, à un plan) et, notamment, qui n'est ni vertical ni horizontal. *Ligne oblique* (ou n. f. *une oblique*). *Rayons obliques du soleil couchant.* ■ *Regard oblique,* peu franc. **2.** *En oblique* loc. adv. : dans une direction oblique, en diagonale.

obliquement adv. Dans une direction ou une position oblique. → **de biais, de côté.**

obliquer v. intr. < 1 > Prendre une direction oblique. → **dévier.** *La moto a obliqué vers la gauche.*

obliquité [ɔblik(ɥ)ite] n. f. Caractère ou position de ce qui est oblique. → **inclinaison.**

oblitérateur, trice adj. **I.** Qui oblitère, obstrue. **II. 1.** Qui sert à oblitérer. **2.** n. m. Appareil pour oblitérer les timbres.

oblitération n. f. **1.** Action d'oblitérer. *L'oblitération d'une artère.* → **obstruction, occlusion. 2.** Fait d'oblitérer (un timbre).

oblitérer v. tr. < 6 > (latin *oblitterare*, famille de *littera* → lettre) **1.** vieilli Effacer par une usure progressive. **2.** méd. Obstruer, boucher (un canal...). **3.** *Oblitérer un timbre,* le rendre impropre à servir une seconde fois par l'apposition d'un cachet. – au p. p. *Timbre oblitéré.*

oblong, oblongue [ɔblɔ̃, -ɔ̃g] adj. (latin *oblongus ;* famille de *long*) Qui est plus long que large. → **allongé.**

obnubiler v. tr. < 1 > (latin *obnubilare* « couvrir de nuages », de *nubes* → nue) Envahir l'esprit de (qqn). → **obséder.** *Ce rêve l'obnubile.* – passif *Être obnubilé par une idée.* □ n. f. **obnubilation**

Obodrites ou **Abodrites** n. m. pl. Population slave établie à partir du VIIe s. entre l'Elbe inférieure et la mer Baltique. Vaincus par Henri le Lion au XIIe s., les Obodrites passèrent sous domination germanique.

obole n. f. (grec *obolos*, n. d'une monnaie) Modeste offrande, petite contribution en argent.

obombrer v. tr. < 1 > (latin, de *ob* « devant » et *umbra* → ¹ombre) littér. Mettre dans l'ombre, rendre ombreux.

Obradović (Dositej) Écrivain serbe (1742-1811). Influencé par la philosophie des Lumières, il fonda à Belgrade la première université serbe (1808).

Obrénovitch ou **Obrenović** Dynastie serbe, rivale des Karageorgévitch, qui régna de 1817 à 1842 et de 1858 à 1903.

O'Brien (William Smith) Homme politique irlandais (1803-1864). Partisan de l'indépendance, il prit la tête du mouvement de la Jeune-Irlande et, après l'échec du soulèvement paysan de 1848, fut déporté en Tasmanie.

O'Brien (Flann) Romancier irlandais (1911-1966). Il écrivit des romans comiques. *Kermesse irlandaise ; Le Troisième Policier.*

O'Brien (Edna) Romancière irlandaise (née en 1932). Son œuvre est centrée sur l'Irlande, la religion et la condition féminine. *Les Filles de la campagne ; Les Petites Chaises rouges.*

obscène adj. (latin *obscenus* « de mauvais augure ») **1.** Qui représente brutalement, directement des images ou des manifestations d'ordre sexuel. → **licencieux, pornographique.** *Geste obscène.* → **impudique, inconvenant, indécent. 2.** fam. Très indélicat. *Un étalage de richesse obscène.*

obscénité n. f. **1.** Caractère de ce qui est obscène. → **indécence. 2.** Parole obscène. *Dire des obscénités.* → **grossièreté.**

obscur, ure adj. (latin *obscurus*) **I. 1.** Qui est privé (momentanément ou habituellement) de lumière. → **noir, sombre.** *Une cour obscure.* – loc. *Les salles obscures :* les salles de cinéma. **2.** Qui est foncé, peu lumineux. → **sombre.** « *Des yeux obscurs* » (Baudelaire). → aussi **clair-obscur. II.** fig. **1.** Qui est difficile à comprendre, à expliquer (par sa nature ou par la faute de celui qui expose). → **incompréhensible.** *Des phrases obscures.* – Qui n'est pas connu. *Mot d'origine obscure.* **2.** Qui n'est pas net ; que l'on sent ou conçoit confusément. → **ambigu, ³vague.** *Un obscur sentiment d'envie.* **3.** (personnes) Qui n'a aucun renom. → **ignoré, inconnu.** *Un poète obscur.* ■ littér. Qui reste inconnu par sa discrétion. → **simple, humble.** *Une vie obscure.*

obscurantisme n. m. (de *obscurant*, d'un ancien v. *obscurer*) Attitude des personnes qui s'opposent à la diffusion de l'instruction, de la culture. □ adj. et n. **obscurantiste**

obscurcir v. tr. < 2 > **I. 1.** Priver de lumière, de clarté ; rendre sombre. → **assombrir, obombrer, ombrer.** *Ce gros arbre obscurcit la pièce.* – pronom. *Le ciel s'obscurcit.* **2.** littér. Troubler, affaiblir (la vue). – au p. p. « *Les yeux obscurcis de larmes* » (Zola). → **voilé. II.** fig. Rendre peu intelligible. *Commentaires qui obscurcissent un raisonnement.*

obscurcissement n. m. **1.** Action d'obscurcir ; perte de lumière, d'éclat. **2.** fig. Fait de rendre peu intelligible.

obscurément adv. **1.** D'une manière peu intelligible. **2.** D'une manière vague, insensible. → **confusément. 3.** En restant ignoré, inconnu. → **anonymement.**

obscurité n. f. (du latin → obscur) **I.** Absence de lumière ; état de ce qui est obscur. → **noir, nuit, ténèbres.** *Obscurité complète. L'obscurité d'une cave. Se perdre dans l'obscurité.* **II.** fig. **1.** Défaut de clarté, d'intelligibilité. → **hermétisme. 2.** Passage, point obscur. *Les obscurités d'un texte.*

obsécration n. f. (latin, de *obsecrare* « supplier », de *ob* « devant » et *sacrare* → ¹sacrer) relig. Prière par laquelle on implore Dieu, on conjure au nom de Dieu. → **déprécation, supplication.**

obsédant, ante adj. Qui obsède.

obsédé, ée n. Personne qui est en proie à une idée fixe, à une obsession. → **maniaque.** *Un obsédé sexuel.*

obséder v. tr. < 6 > (latin *obsidere* « assiéger », de *ob* « devant » et *sedere* → seoir) **1.** vieux (personnes) Tourmenter de manière incessante. **2.** (sentiment, idée...) Imposer sans répit à la conscience. → **hanter, poursuivre.** *Elle est obsédée par la peur d'échouer* (→ **obsession**).

obsèques n. f. pl. (latin *obsequiae*, famille de *sequi* → suivre) Cérémonie et convoi funèbres. → **enterrement, funérailles.** *Obsèques nationales,* réservées à un grand personnage.

obséquieux, ieuse adj. (du latin → obsèques) Qui exagère les marques de politesse, par servilité ou hypocrisie. → **¹plat, rampant.** – *Une politesse obséquieuse.* □ adv. **obséquieusement**

obséquiosité n. f. Attitude, comportement d'une personne obséquieuse. → **platitude, servilité.**

observable adj. Qui peut être observé (II). □ n. f. **observabilité**

observance n. f. **1.** Action d'observer habituellement, de pratiquer (une règle religieuse). → **observation** (I), **¹pratique. 2.** Respect des prescriptions d'un médecin. *La stricte observance d'une prescription médicale.*

observateur, trice (du latin → observer) **1.** n. Personne qui observe un ou des évènements. → **témoin.** *Un observateur attentif.* – *Observateur diplomatique.* **2.** adj. Qui sait observer. *Elle est très observatrice.*

observation n. f. (du latin → observer) **I.** Action d'observer (I) ce que prescrit une loi, une règle. → **obéissance, observance, respect.** *L'observation d'une consigne.* **II. 1.** Action de considérer avec une attention soutenue, afin de mieux connaître. → **examen.** « *L'attention qu'exige l'observation du cœur humain* » (Mme de Staël). *Elle a l'esprit d'observation.* – Ce qui exprime le résultat de cette action. → **note, réflexion. 2.** Parole, déclaration par laquelle on fait remarquer qqch. à qqn. *Des observations critiques.* → **objection.** ■ Remarque de reproche. → **réprimande, reproche. 3.** Action d'observer scientifiquement (un phénomène) ; compte rendu des phénomènes constatés. *Instruments d'observation. L'observation et l'expérience*. Observations météorologiques.* **4.** Surveillance attentive à laquelle on soumet un être vivant. *Mettre un malade en observation.* **5.** Surveillance des activités d'un ennemi. *Observation aérienne.*

observationnel, elle adj. Fondé sur l'observation (scientifique).

observatoire n. m. (de *observer*) **1.** Établissement destiné aux observations scientifiques (astronomie, météorologie...). *Cou-*

O

observatoire

Coupoles des télescopes et coronographe de l'observatoire astronomique du pic du Midi.

pole, télescope d'un observatoire. – par ext. *Un observatoire économique. Observatoire du français contemporain.* **2.** Lieu favorable à l'observation ; poste d'observation. *Observatoire d'artillerie.*

observer v. tr. < 1 > (du latin, de *servare* → conserver ; famille de *servir*) **I.** Se conformer de façon régulière à (une prescription). *C'est une règle qu'il faut observer.* – *Observer le silence.* → **garder. II. 1.** Considérer avec attention. → **examiner, regarder.** ■ Soumettre à l'observation scientifique. *Observer un phénomène.* **2.** Examiner en surveillant. *Il observait tous nos gestes.* **3.** Constater, remarquer par l'observation. → **noter.** – *Je vous fais observer que* (+ indic.). ■ **s'observer** v. pron. (réfl.) Se prendre pour sujet d'observation. *Il s'observe trop.* – (récipr.) *Ils s'observent sans arrêt.* → se **surveiller.**

obsessif, ive adj. Qui relève de l'obsession. → **obsessionnel** (plus fort).

O

obsession n. f. (du latin → obséder) **1.** Idée, image, mot qui s'impose à l'esprit sans relâche. → **hantise, idée** fixe ; **obséder. 2.** psych. Représentation, accompagnée d'états émotifs pénibles, qui tend à accaparer le champ de la conscience. → **manie, phobie.**

obsessionnel, elle adj. Propre à l'obsession. – psych. *Névrose obsessionnelle. Trouble obsessionnel compulsif (toc).* ■ (personnes) *Elle est un peu obsessionnelle.*

obsidienne n. f. (latin, du n. propre *Obsius*) Roche éruptive de couleur foncée. – Bijou fait de cette pierre.

obsidional, ale, aux adj. (latin, de *obsidio* « fait d'assiéger » → obséder) didact. Relatif aux sièges des villes. – loc. *Fièvre obsidionale :* panique collective d'une population assiégée.

obsolescence n. f. (latin, famille de *obsoletus* → obsolète) didact. Fait d'être, de devenir périmé, déprécié (machine, procédé). → **désuétude.** – *Obsolescence programmée :* limitation de la durée de vie d'un bien, conçue par le fabricant pour assurer un certain taux de renouvellement. □ adj. **obsolescent, ente**

obsolète adj. (latin *obsoletus* « usé ; banal », puis repris à l'anglais) Dépassé, périmé. *Une technique obsolète.*

obstacle n. m. (latin *obstaculum*, de *obstare* → ôter) **1.** Ce qui s'oppose au passage, gêne le mouvement. *Contourner un obstacle.* – Chacune des difficultés d'un parcours hippique. – loc. *Course d'obstacles.* **2.** abstrait Ce qui s'oppose à l'action, ce qui empêche d'atteindre un résultat. → **difficulté, empêchement, opposition.** *Franchir un obstacle.* – loc. *Faire obstacle à :* empêcher, gêner.

obstétricien, ienne n. Médecin spécialiste de l'obstétrique. – appos. *Gynécologue obstétricien.* → **accoucheur.**

obstétrique n. f. (du latin *obstetrix* « sage-femme », de *obstare* → ôter) Partie de la médecine relative à la grossesse et à l'accouchement. □ adj. **obstétrical, ale, aux**

obstination n. f. (latin → s'obstiner) Caractère, comportement d'une personne obstinée. → **entêtement, opiniâtreté, ténacité.**

obstiné, ée adj. **1.** Qui s'attache avec énergie et de manière durable à une manière d'agir, à une idée. → **opiniâtre ; entêté, têtu.** – n. *C'est une obstinée.* **2.** (choses) *Travail obstiné.* → **assidu.**

obstinément adv. Avec obstination.

s'obstiner v. pron. < 1 > (latin *obstinare*, de *ob* « devant » et dérivé de *stare* → station ; famille de *obstacle*) Persister dans une idée, une décision, une attitude. → **s'entêter.** *Elle s'obstine dans son idée.* → se **buter.** *S'obstiner à mentir.*

obstructif, ive adj. (→ obstruction) méd. Qui cause une obstruction. → **occlusif.** *Lésion obstructive.*

obstruction n. f. (du latin → obstruer) **1.** Gêne ou obstacle à la circulation (dans un conduit de l'organisme). → **engorgement, occlusion.** *L'obstruction d'une artère.* **2.** Pratique qui consiste à entraver les débats (dans une assemblée, un groupe). *Faire de l'obstruction systématique.*

obstructionnisme n. m. Tactique parlementaire consistant à faire de l'obstruction de manière systématique.

obstruer v. tr. < 1 > (latin, de *ob* « devant » et *struere* « bâtir » ; famille de *construire*) Boucher en faisant obstacle. → [1]**barrer, encombrer.**

obtempérer v. tr. ind. < 6 > (du latin → tempérer) admin. **Obtempérer à :** obéir à (une injonction, un ordre). *Obtempérer à un ordre.* – absolt *Refus d'obtempérer.*

obtenir v. tr. < 22 > (latin *obtinere* → tenir) **1.** Parvenir à se faire accorder ou donner (ce qu'on veut avoir). → **acquérir, conquérir, recevoir ;** fam. **décrocher.** *Elle a obtenu une augmentation.* → [1]**avoir.** *J'ai obtenu de partir, que ma sœur parte avec moi.* – ***Obtenir** qqch. **à**, pour qqn. Il lui a obtenu une promotion.* – pronom. (passif) *Cette autorisation ne s'obtient pas facilement.* **2.** Réussir à atteindre (un résultat), à produire (qqch.). → **parvenir** à. *Obtenir un résultat.*

obtention n. f. (→ obtenir) didact. Fait d'obtenir.

obturateur, trice 1. adj. Qui sert à obturer. **2.** n. m. Dispositif servant à obturer. – spécialt Dispositif à ouverture réglable permettant de maîtriser la durée d'exposition de la surface sensible (appareil photo). *Obturateur focal, obturateur à rideau.*

obturation n. f. Action d'obturer. *L'obturation d'une brèche.* – *Obturation dentaire.* → **plombage.**

obturer v. tr. < 1 > (latin *obturare*) Boucher (une ouverture, un trou).

obtus, use adj. (latin *obtusus* « émoussé ») **I.** littér. Émoussé, arrondi. *Pointe obtuse.* ■ géom. ***Angle obtus**,* plus grand qu'un angle droit (opposé à *aigu*). → **obtusangle. II.** fig. Qui manque de finesse, de pénétration. → **borné.** *Esprit obtus.*

obtusangle [ɔptyzɑ̃gl] adj. (latin → obtus et angle) géom. Qui a un angle obtus (d'un triangle).

obus n. m. (mot d'origine tchèque) Projectile d'artillerie, le plus souvent creux et rempli d'explosif. *Obus incendiaire, fumigène. Éclat d'obus. Trou d'obus.*

obusier n. m. Canon court pouvant exécuter un tir courbe. → **mortier.**

obvie adj. (latin *obvius* « qui vient devant » → obvier) didact. Dont la signification est évidente ; qui vient naturellement à l'esprit. *Le sens obvie d'un texte.*

obvier v. tr. ind. < 7 > (latin *obviare* « aller au-devant », de *ob* « devant » et *via* → voie) littér. ***Obvier à** :* mettre obstacle à, parer à. → **prévenir.** « *Pour obvier à ces dangers, / Mon mieux est, je crois, de partir* » (Villon).

Obwald voir **Unterwald**

oc particule affirmative (mot occitan « oui », qui vient du latin *hoc* → oïl) ***Langue d'oc** :* ensemble des dialectes du sud de la France, où l'on dit *oc* pour « oui ». → **occitan.** *Langue d'oc et langue d'oïl*.*

Ocagne (Maurice d') Mathématicien français (1862-1938). Il fut l'inventeur de la nomographie (1884), procédé de résolution des équations par des représentations graphiques.

Ocampo (Victoria) Essayiste argentine (1890-1979). Auteur d'essais impressionnistes et autobiographiques, elle a laissé une importante correspondance littéraire.

Ocampo (Silvina) Peintre et écrivaine argentine (1903-1993). Sœur de Victoria Ocampo. Elle publia des nouvelles et des recueils de poésie (*Mémoires secrètes d'une poupée*).

ocarina n. m. (mot italien, de *oca* « oie ») Petit instrument à vent, ovoïde, en terre cuite, en bois ou en métal, percé de trous et muni d'un bec.

O'Casey (Sean) Auteur dramatique irlandais (1880-1964). Ses pièces traitent de la classe ouvrière et des aspirations nationales irlandaises. *La Charrue et les Étoiles ; Derrière le rideau vert.*

Occam (Guillaume d') voir **Guillaume d'Occam**

occase n. f. fam. Occasion (2). *Une belle occase.* – *D'occase :* d'occasion.

occasion n. f. (latin *occasio*, de *occidere* « tomber » → occident) **1.** Circonstance qui vient à propos, qui convient. → anglic. **opportunité** (2). *L'occasion ne s'est pas présentée. Profiter de l'occasion, d'une occasion. Avoir l'occasion de* (+ inf.). fam. *Elle a sauté sur l'occasion. Il ne manque jamais une occasion de se vanter.* – prov. *L'occasion fait le larron :* les circonstances peuvent inciter à mal agir. – ***À l'occasion** loc. adv. :* quand, si l'occasion se présente (→ le cas échéant). – *À la première occasion :* dès que l'occasion se présente. **2.** Marché avantageux pour l'acheteur ; objet de ce marché. ■ ***D'occasion** :* qui n'est pas neuf. *Livre, voiture d'occasion* (→ de seconde main). – *Une occasion :* objet acheté d'occasion. → fam. **occase. 3.** *Occasion de :* circonstance qui détermine (une action), provoque (un évènement). → **cause.** *Être l'occasion d'une fête :* donner lieu à une fête. – ***À l'occasion de** loc. prép.* → **pour.** « *Il y avait un bal costumé* [...] *C'était à l'occasion de la mi-carême* » (Maupassant). – *Toutes les occasions lui sont bonnes pour s'amuser.* → [2]**prétexte. 4.** Circonstance. → [1]**cas.** *En maintes occasions. En toute occasion.* – ***Par occasion*** : par hasard. – ***D'occasion** :* accidentel, occasionnel. *Des amours d'occasion.* ■ loc. ***Les grandes occasions** :* les circonstances importantes de la vie sociale.

occasionnel, elle adj. Qui résulte d'une occasion, se produit, se rencontre par hasard. → **fortuit, inhabituel.** *Un congé occasionnel.* → **exceptionnel.**

Occitanie

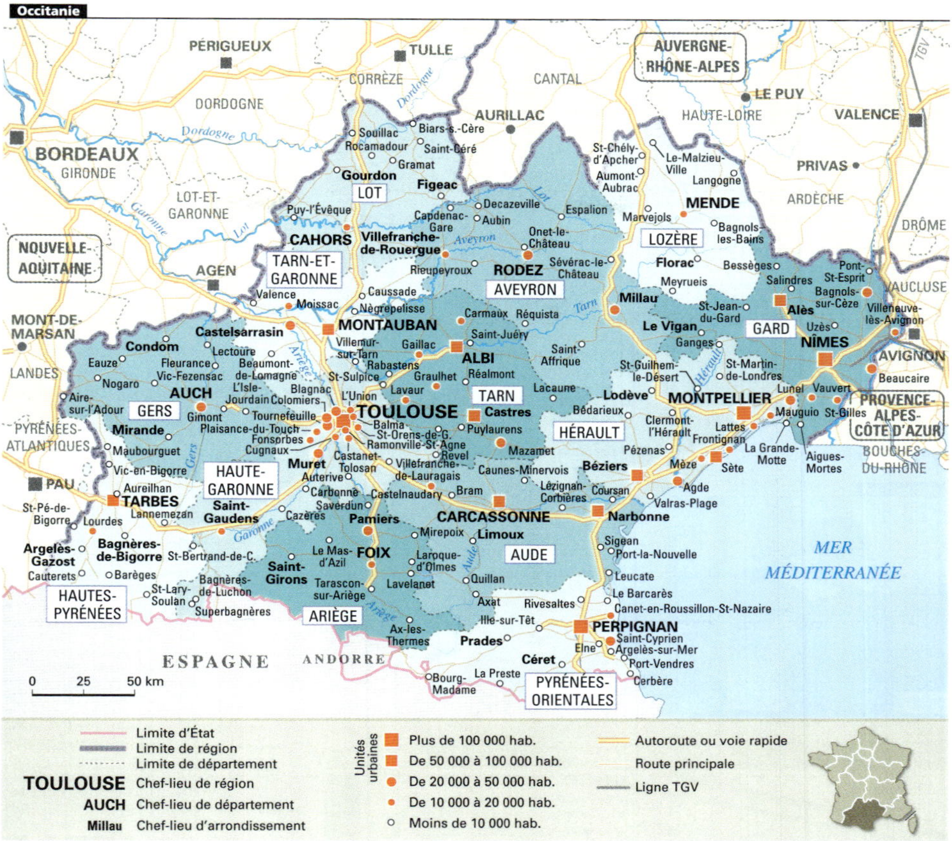

occasionnellement adv. D'une manière occasionnelle (et non habituelle).

occasionner v. tr. < 1 > Être l'occasion de (qqch. de fâcheux). → **¹causer, déterminer.**

occident n. m. (latin *occidens*, de *occidere* « tomber », de *cadere* → choir) **1.** poét. Un des quatre points cardinaux ; côté où le soleil se couche. → **couchant, ouest. 2.** (avec maj.) Région située vers l'ouest, par rapport à un lieu donné (opposé à *Orient*). – *L'Empire romain d'Occident.* ■ spécialt, hist. L'Europe de l'Ouest et l'Amérique du Nord et, plus généralement, les membres de l'Organisation du traité de l'Atlantique nord (Otan) (autrefois opposé à *Est, pays de l'Est*). → **Ouest.** *L'Occident et le tiers-monde* (→ **nord** (I, 2)).

▶ La notion d'**Occident** s'est constituée historiquement plutôt que par référence à la géographie, car toute région possède son orient et son occident.
L'Occident fut d'abord limité à la partie de l'Europe qui se reconnaissait dans certaines valeurs culturelles et politiques communes : l'ascendance gréco-latine, l'héritage chrétien, puis la foi en un progrès lié à la diffusion des Lumières et du libéralisme politique. C'est ainsi que les limites de l'Occident se sont étendues à l'Amérique du Nord.
La contestation politique et philosophique de la colonisation a conduit plus tard à une certaine critique du rôle des pays dits *occidentaux* : penser que les valeurs occidentales sont universelles (ou doivent l'être) est une conception ethnocentriste.
Depuis quelques décennies, l'opposition Orient/Occident tend à s'effacer devant l'opposition Nord/Sud qui distingue pays industrialisés (Europe, Amérique du Nord, Japon...) et pays moins développés, souvent appelés *pays du Sud.*
voir aussi **Orient, Nord, Sud**

Occident (Empire romain d') Nom donné à la partie occidentale de l'Empire romain à l'issue de son partage, en 395, à la mort de Théodose. Disparu en 476, il fut rétabli au couronnement de Charlemagne (800).

occidental, ale, aux adj. **1.** Qui est à l'ouest. *Afrique occidentale.* **2.** Originaire de l'Occident ; qui se rapporte à l'Occident, spécialt à l'Europe, à l'Amérique du Nord. – **n.** *Les Occidentaux.* – **loc. adv.** *S'habiller à l'occidentale.*

occidentaliser v. tr. < 1 > Modifier selon les habitudes de l'Occident. – pronom. *Le Japon s'est occidentalisé.* □ **n. f. occidentalisation**

occipital, ale, aux adj. (→ occiput) Qui appartient à l'occiput. *Os occipital* et, **n. m.,** *l'occipital.*

occiput [ɔksipyt] n. m. (mot latin, de *caput* « tête » → chef) Partie postérieure et inférieure de la tête.

occire v. tr. < seulement inf. et p. p. *occis, ise* > (vient du latin *occidere*, de *caedere* « tuer » → -cide) vieux ou plais. Tuer.

occitan, ane adj. (→ oc) **1. n. m.** Langue romane du groupe gallo-roman parlée essentiellement dans le sud de la France. **2. adj.** Relatif à l'occitan, aux dialectes d'oc. *Littérature occitane.* – **n.** *Les Occitans.*

Occitanie n. f. Ensemble des régions du centre et du S. de la France où l'on parlait la langue d'oc.

Occitanie Région administrative du S.-O. de la France formée de treize départements : Ariège, Aude, Aveyron, Gard, Gers, Haute-Garonne, Hautes-Pyrénées, Hérault, Lot, Lozère, Pyrénées-Orientales, Tarn, Tarn-et-Garonne. 72 724 km². 5 973 969 habitants. Chef-lieu : Toulouse. ■ **Languedoc** et **Roussillon** Ils s'étendent le long de la Méditerranée (golfe du Lion), des Pyrénées orientales jusqu'au Rhône. Au S., le relief s'élève depuis la plaine du Roussillon jusqu'à la Cerdagne, à la frontière espagnole. À l'E. du seuil du Lauragais, le bas Languedoc, formé de gradins calcaires, est le domaine de la garrigue. Au N., les Cévennes et le Gévaudan appartiennent au Massif central. Le climat méditerranéen donne son unité à cette région, marquée par les fortes pluies et la violence des vents continentaux (mistral et tramontane). Les cultures (vigne, fruits et légumes, blé dur) dominent face à l'élevage (ovins), mais elles souffrent de la concurrence des pays du S. de l'Europe. L'industrie, en difficulté (houillères, sidérurgie, textile), se reconvertit autour du pôle universitaire de Montpellier (informatique, chimie, pharmaceutique). Le tourisme est une activité essentielle grâce au littoral balnéaire, au « tourisme vert » (Cévennes, gorges du Tarn), au patrimoine antique (Nîmes, pont du Gard) et médiéval (Carcassonne, Aigues-Mortes). La population se concentre sur le littoral, notamment à Montpellier, Nîmes et Perpignan, situées sur l'axe de communication Espagne-Rhône. ■ **Midi** et **Pyrénées** Ce territoire se compose de trois ensembles géographiques très différents : au S., les Pyrénées centrales (hauts sommets à plus de 3 000 m) ; au N., l'extrémité méridionale du Massif central (Rouergue, Causses, Montagne Noire) ; et à l'O., la partie intérieure du Bassin aquitain et ses plateaux intermédiaires (Quercy, Albigeois, Lannemezan). Elle englobe la vallée de la haute Garonne et de ses affluents (Gers, Aveyron, Tarn, Ariège). Le climat, de type aquitain, est montagnard au S. et offre certaines tendances méditerranéennes à l'E. La métropole toulousaine connaît une forte croissance démographique (solde migratoire positif). Les cultures (maïs, blé, vigne) et l'élevage sont à l'origine d'un secteur agroalimentaire spécialisé dans les produits de luxe (foie gras, armagnac, roquefort). L'industrie traditionnelle (laine, houillères, sidérurgie) a laissé place aux technologies de pointe (aérospatiale, aéronautique, électronique). Les services se sont développés et Toulouse est un pôle universitaire majeur. Le tourisme régional est très actif : stations de ski, thermalisme, sites naturels (Gavarnie, Padirac, Niaux), lieu de pèlerinage (Lourdes), tourisme vert, villes d'art et d'histoire comme Toulouse, Albi et Cahors.

occitanisme n. m. Mouvement en faveur de la culture, de l'identité politique de l'ancienne Occitanie. □ **adj. et n. occitaniste**

occlure v. tr. < 35 sauf p. p. *occlus, use* > (latin *occludere*, de *claudere* « fermer » → clore) chir. Pratiquer l'occlusion de. → **fermer.**

occlusif, ive adj. (du latin *occlusum*, supin de *occludere* → occlure) **1.** méd. Qui produit une occlusion. **2.** phonét. *Consonne occlusive*, qui s'articule à l'aide d'une occlusion momentanée du canal buccal ([p], [t], [k], [b], [d], [g]). – **n. f.** *Une occlusive.*

occlusion n. f. (latin → occlure) **1.** chir. Opération consistant à rapprocher les bords d'une ouverture naturelle. **2.** Fermeture complète d'un conduit ou d'un orifice. *Occlusion intestinale.*

occultation n. f. Action d'occulter. – fig. *L'occultation d'un fait historique.* → **dissimulation.**

occulte adj. (latin ; famille de *celer*) **1.** Qui est caché et inconnu par nature. → **ésotérique, mystérieux.** *Puissances occultes.* **2.** Qui se cache, garde le secret. → **clandestin.** *Financement occulte des partis politiques.* **3.** *Sciences occultes :* doctrines et pratiques secrètes faisant intervenir des forces qui ne sont reconnues ni par la science, ni par la religion (alchimie, magie...). → **occultisme.**

occulter v. tr. < 1 > (du latin → occulte) **1.** Cacher ou rendre peu visible (une source lumineuse). **2.** fig. Dissimuler ; rendre obscur. *Occulter un souvenir.*

occupation

1. Le 28 juin 1940, Hitler est à Paris pour une unique visite. 2. Le drapeau nazi flotte sur les Champs-Élysées en juin 1940. 3. Dans les villes, l'Occupation entraîne aussi un problème de ravitaillement, une malnutrition et le « marché noir ».

▶ La convention d'armistice signée à Rethondes le 22 juin 1940 divise la France en une zone libre (au sud) et une zone occupée par la Wehrmacht (au nord), séparées par une ligne de démarcation ; elle prévoit le versement à l'Allemagne d'une forte indemnité destinée à couvrir les frais d'**occupation** (400 millions de francs par jour en 1940). Un ambassadeur (Otto Abetz) s'installe à Paris auprès des autorités allemandes. Ces dernières imposent la livraison de denrées alimentaires, de matériel de guerre et bientôt de main-d'œuvre (*Service du travail obligatoire*, 1943). L'Alsace et la Moselle sont traitées en régions annexées, tandis qu'une « zone interdite » (Nord et Est), est coupée du reste du pays. Également « zone interdite », le littoral est réservé à la construction du *mur de l'Atlantique*. En zone nord, l'administration française, théoriquement dépendante du gouvernement de Vichy, est de fait subordonnée à l'occupant et sollicitée pour traquer les opposants et les Juifs (*rafle du Vel'd'Hiv'*, 16-17 juill. 1942). La population civile souffre de la pénurie de biens de consommation, du rationnement (qui favorise le « marché noir »), mais aussi des bombardements alliés sur les villes. Après le débarquement allié en Afrique du Nord, la zone sud est à son tour occupée (11 nov. 1942). Les débarquements alliés en Normandie (6 juin 1944) et en Provence (15 août 1944) permettent la libération progressive du territoire, achevée le 1er mai 1945 avec la capitulation des dernières poches de résistance allemande sur l'Atlantique.
voir aussi **Seconde Guerre mondiale, Résistance, Libération**

occultisme n. m. Croyance aux sciences occultes ; ensemble des sciences occultes et des pratiques qui s'y rattachent. → **ésotérisme, spiritisme.** □ **n. et adj. occultiste**

occupant, ante 1. n. Personne qui habite un lieu. *Le premier occupant.* – Personne qui est dans un véhicule. **2.** adj. Qui occupe militairement un pays, un territoire. – **n. m.** *Les occupants, l'occupant.* → **envahisseur ; colon, colonisateur.** *Lutter contre l'occupant.*

occupation n. f. **I.** Ce à quoi on consacre son activité, son temps. *Vaquer à ses occupations.* – Travail susceptible d'occuper. *Chercher une occupation.* **II. 1.** Action d'occuper, de s'installer par la force. *Armée d'occupation.* – spécialt (avec maj.) Période (1940-1945) pendant laquelle la France fut occupée par les Allemands. *Pendant, sous l'Occupation.* **2.** Fait d'habiter effectivement. *Occupation illégale d'un logement* (→ **¹squat**). **3.** Prise de possession (d'un lieu). *Grève avec occupation des locaux.*

occupationnel, elle adj. (d'après l'anglais *occupational*) méd. Qui soigne les troubles nerveux, psychiques, par une activité organisée, par le travail.

occuper v. tr. < 1 > (latin, de *capere* « prendre » → capter, chasser) **1.** Prendre possession de (un lieu). *Occuper le terrain. Occuper un pays vaincu*, le soumettre à une occupation militaire. → **envahir.** – *Occuper une usine.* **2.** Remplir, couvrir (un certain espace). *Occuper de la place.* → **prendre.** – (durée) *Occuper ses loisirs à peindre.* **3.** Habiter (un lieu). – Mobiliser pour soi. *Elle occupe la salle de bains pendant des heures.* ■ Tenir (une place, un rang). *Occuper un emploi.* **4.** *Occuper (qqn) à :* intéresser, employer à. *Occuper qqn à classer des livres.* – absolt *Lis, ça t'occupera !* ■ **s'occuper** v. pron. *S'occuper de (qqch.)*, y employer son temps, son activité. → **se consacrer à, travailler à.** *Ne vous occupez pas de cela*, n'en tenez pas compte ; ne vous en mêlez pas. – fam. *Occupe-toi de tes affaires, de tes fesses*, de ce qui te regarde. → **se mêler.** *T'occupe ! :* ne t'en occupe pas. – *« La géométrie ne s'occupe pas de solides naturels »* (H. Poincaré). → **traiter.** ■ *S'occuper de (qqn)*, veiller sur lui ou le surveiller. ■ absolt *S'occuper :* passer son temps à une activité précise. ■ **occupé, ée** adj. **1.** Qui est très pris, a beaucoup à faire. **2.** (choses) Dont on a pris possession. *Zone libre et zone occupée.* – *Appartement occupé.* – (au téléphone) *Ça sonne occupé.*

occurrence n. f. (du latin *occurrens* ; famille de *courir*) **1.** loc. *En l'occurrence :* dans le cas présent. *Le responsable, en l'occurrence M. Untel.* **2.** ling. Apparition (d'une forme linguistique, d'un mot...) dans le discours.

OCDE (Organisation de coopération et de développement économiques) Organisme créé en 1961, succédant à l'OECE (Organisation européenne de coopération économique) fondée en 1948. L'OCDE a pour fonction de coordonner les politiques économiques de ses États membres (38 en 2023).

océan n. m. (latin *oceanus*) **1.** Vaste étendue d'eau salée qui couvre une grande partie de la surface du globe terrestre. → **mer.** *L'océan Atlantique, Pacifique, Indien.* **2.** fig. *Océan de :* vaste étendue de (qqch.). *Un océan de verdure.*

océane adj. f. (de l'adj. latin → océan) littér. Qui concerne l'océan. *Les profondeurs océanes.* → **océanique.**

Océanides n. f. pl. Nymphes de la mythologie grecque. Elles personnifient la mer, les sources et les ruisseaux.

Océanie n. f. Une des six parties du monde, située dans l'océan Pacifique, entre le continent asiatique et le continent américain. Elle comprend l'Australie, la Nouvelle-Zélande, la Nouvelle-Guinée et quelque 10 000 îles regroupées en trois grands ensembles : la Mélanésie, la Micronésie et la Polynésie. La majorité d'entre elles se trouvant au S. de l'équateur, l'Océanie répond à l'appellation géopolitique de « Pacifique-Sud ». Superficie : 8,5 millions de km². Population : 45 millions d'habitants.

Océanie

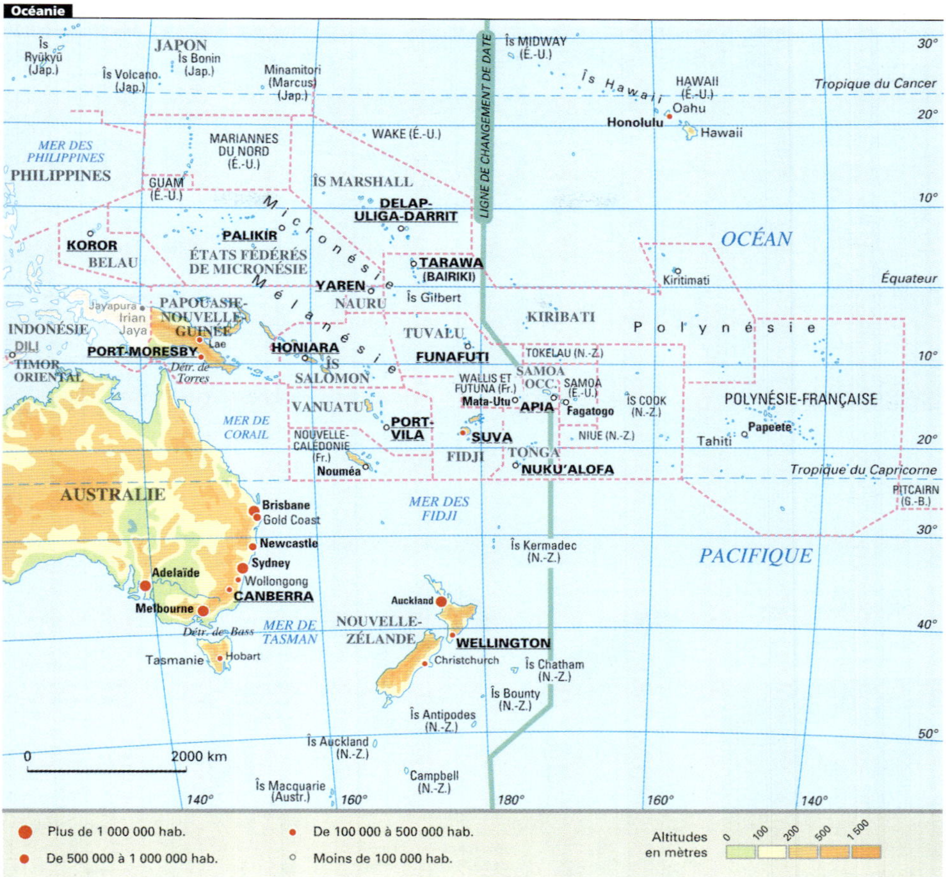

GÉOGRAPHIE
L'Océanie et ses nombreux micro-États, parfois constitués d'une seule île, s'organisent de plus en plus autour d'un pôle économique et culturel constitué par l'Australie (90 % des terres émergées, 60 % de la population) et la Nouvelle-Zélande, qui a redécouvert sa vocation polynésienne en favorisant le renouveau de la culture maorie. Les États-Unis (Hawaii, un des 50 États ; les îles Mariannes, Samoa...), la France (Polynésie française, Nouvelle-Calédonie et Wallis-et-Futuna) et le Royaume-Uni (île Pitcairn, influence par le biais du Commonwealth) y sont encore largement présents. Le Japon multiplie les investissements, notamment touristiques, en Micronésie et en Mélanésie.

HISTOIRE
Dotées d'un peuplement ancien et d'une culture propre (→ Océanie [planche]) ces îles furent découvertes à partir du XVIe s. par les Européens, qui les explorèrent au XVIIIe s. et les colonisèrent au XIXe s. Dans les années 1960, après l'Australie (1901) et la Nouvelle-Zélande (1907), plusieurs d'entre elles accédèrent à l'indépendance ou à l'autonomie et se réunirent dans une organisation régionale, le Forum du Pacifique-Sud fondé en 1971 et devenu le Forum des Îles du Pacifique. Aujourd'hui de nombreuses petites îles sont menacées par la montée des eaux due au réchauffement climatique.

Océanie (Établissements français de l') Nom donné de 1885 à 1958 à la Polynésie française.

océanien, ienne adj. et n. De l'Océanie.

océanique adj. (latin *oceanicus*, de *oceanus* → océan) **1.** De l'océan. *Les fonds océaniques.* → ¹marin. **2.** *Climat océanique*, qui subit l'influence de l'océan.

océanographe n. Spécialiste d'océanographie.

océanographie n. f. Étude scientifique des mers et océans. □ adj. **océanographique**

▶ Grâce aux instruments d'observation récemment mis au point — navires **océanographiques**, balises, satellites pourvus de radiomètres et de radars... —, la connaissance de l'océan progresse rapidement : on sait aujourd'hui qu'il recouvre 361 millions de km^2, soit près de 70 % de la surface de la Terre. Sa profondeur moyenne est de 3 800 mètres et il est constitué de quelque 1 370 millions de km^3 d'eau, répartis en 5 océans qui communiquent entre eux et qui sont traversés par des courants de surface ou profonds, de salinité variable. Il abrite un monde minéral, végétal et animal extraordinairement riche.
Science jeune, l'océanographie est née dans la seconde moitié du XIXe siècle. Les premières expéditions ont permis la découverte de fonds marins de plus de 8 000 mètres et le recensement d'environ 4 500 espèces. Un siècle plus tard, la mise en évidence des dorsales et des fosses sous-marines confirme une théorie avancée peu de temps auparavant : la croûte terrestre est formée de plaques en mouvement qui se chevauchent. En 1977, un robot plongé à 2 600 mètres de profondeur observe pour la première fois une partie de la faille active qui ceinture le globe au milieu des océans Atlantique et Pacifique : de celle-ci s'écoulent les remontées de magma basaltique en provenance du manteau profond. Les scientifiques comprennent alors que le fond des océans se renouvelle régulièrement. L'océanographie contribue ainsi à la compréhension de l'évolution du relief terrestre. De la même façon, grâce aux recherches pluridisciplinaires associant la thermodynamique, la géologie, la biologie, la chimie et la physique, les océanographes soulignent aujourd'hui le rôle fondamental des océans dans l'évolution du climat et la régulation du cycle du carbone.
Désormais accessibles, les fonds océaniques peuvent être exploités, au risque de nouvelles menaces environnementales. Outre les gisements gaziers et pétroliers sous-marins, les nodules polymétalliques, riches en manganèse, cobalt, nickel ou chrome, et les éléments précieux dissous comme l'uranium constituent un enjeu économique considérable. Quant aux ressources halieutiques, seules des réglementations sévères et des avancées dans le domaine de l'aquaculture permettront à l'avenir de les préserver.
voir aussi **abysses, climatiques (phénomènes), continent, dioxyde de carbone (CO_2)**

océanologie n. f. Ensemble des activités scientifiques et techniques relatives à l'étude et à l'exploitation du milieu marin. □ adj. **océanologique**

océanologue n. Spécialiste d'océanologie.

ocelle n. m. (latin « petit œil », diminutif de *oculus* → œil) didact. **1.** Tache arrondie bicolore (évoquant un œil) sur un plumage, une aile d'insecte. **2.** Œil simple de certains arthropodes.

ocellé, ée adj. didact. Parsemé d'ocelles.

ocelot n. m. (mot d'origine aztèque) Grand chat sauvage à pelage roux tacheté de brun. → chat-tigre. – Fourrure de cet animal.

OCÉANIE (art et civilisation)

La plus grande caractéristique de l'art océanien est sans doute l'immense diversité de ses formes, qui se développent selon des règles très éloignées des canons esthétiques occidentaux. Qu'elles proviennent de Mélanésie, d'Australie ou de Polynésie, les créations artistiques ont d'abord une fonction religieuse animiste. Son éloignement des formes classiques a fait de l'art océanien, au début du xxe s., avec l'art africain, une grande source d'inspiration pour l'art moderne européen. Il existe aujourd'hui un art spécifique et vivant en Océanie, qui produit des chefs-d'œuvre de façon parfaitement autonome (Australie, Vanuatu...).

Ci-dessus, fête culturelle annuelle sing-sing au mont Hagen (2007), Papouasie-Nouvelle-Guinée.

Sculpture anthropomorphe (moai) du volcan Ranoraraku, île de Pâques.

Fronton peint d'une maison des esprits dans la région du Sepik, Papouasie-Nouvelle-Guinée.

Effigie (malanggan) utilisée lors de cérémonies dans l'archipel Bismarck (xixe s.), musée du Quai Branly, Paris.

Fragment de montant de grenier (pataka) maori (milieu xixe s.), musée du Quai Branly, Paris.

Symbole du dieu de la Guerre Kukailimoku, rapporté d'Hawaii par l'expédition James Cook au xviiie s., musée d'Ethnographie, Berlin.

Masque (tomban) porté pour les sing-sing en Papouasie-Nouvelle-Guinée (début xxe s.), musée du Quai Branly, Paris.

Bouclier incrusté de nacre des îles Salomon (début xixe s.), musée du Quai Branly, Paris.

Effigie funéraire (rambaramp) du Vanuatu (début xxe s.), musée du Quai Branly, Paris.

Flèche de faîtage kanake, musée du Quai Branly, Paris.

Statuette anthropomorphe de Nukuoro (fin xviiie s.), musée du Quai Branly, Paris.

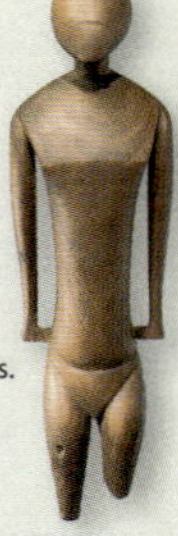

Sculpture anthropomorphe (moai) de l'île de Pâques, musée du Quai Branly, Paris.

Óc Eo ou **Gò Óc Eo** Site archéologique du S. du Viêtnam, près de la côte O. de la presqu'île de Cà Mau. Les découvertes ont révélé l'existence d'un comptoir commercial important, étape entre l'Occident, l'Inde et l'Extrême-Orient (à partir du Ier s.).

Och Ville du Kirghizstan, dans la vallée du Fergana. 217 000 habitants. Pèlerinage musulman.

Ochozias Roi d'Israël (v. 852 av. J.-C.), fils d'Achab.

Ochozias Roi de Juda (v. 842 av. J.-C.), fils d'Athalie.

ochronose [ɔkʀonoz] **n. f.** **(du grec → ocre)** méd. Maladie de la peau, des cartilages..., donnant des zones jaunâtres ou grises.

Ochs (Pierre) Homme politique suisse (1752-1821). Il fut chargé par Bonaparte de préparer la Constitution de la République helvétique (1797).

OCI (Organisation de coopération islamique) Organisation fondée en 1971 dans le but de promouvoir la solidarité entre États musulmans. Elle regroupe 57 États. Son siège est en Arabie saoudite.

Ockeghem (Johannes) Compositeur franco-flamand (v. 1420-v. 1495). Maître de chapelle à la cour de France, il composa des œuvres de musique sacrée et excella dans l'art du contrepoint.

O'Connell (Daniel) Homme politique irlandais (1775-1847). Avocat, il milita pour l'indépendance de l'Irlande et obtint de Wellington le *Bill* d'émancipation des catholiques (1829). Il fut élu député aux Communes et maire de Dublin.

O'Connor (Feargus Edward) Homme politique irlandais (v. 1794-1855). Leader du chartisme, journaliste, il fut un orateur populaire.

O'Connor (Mary Flannery) Romancière américaine (1925-1964). Ses œuvres, inspirées par un catholicisme fervent, traitent, sur un ton très personnel, des rapports de l'homme et du divin dans le Sud rural *(A Good Man Is Hard to Find)*.

ocre **(grec ôkhra, de ôkhros « jaune pâle »)** **1. n. f.** Colorant minéral naturel, jaune, brun ou rouge. **2. n. m.** Couleur d'un brun jaune ou orange. **– adj. invar.** *Des fards ocre.*

ocré, ée **adj.** Teint en ocre ; de couleur ocre. □ **ocrer v. tr. < 1 >**

ocreux, euse **adj.** Qui contient de l'ocre.

oct-, octa-, octo- Élément **(grec oktô et latin *octo* → huit)** qui signifie « huit ».

octaèdre **n. m.** **(→ -èdre)** Polyèdre à huit faces.

octal, ale, aux **adj.** **(dérivé du latin *octo* → oct-)** inform. Qui a pour base le nombre huit. *Système octal de numération.* **– n. m.** *Convertir un nombre binaire en octal.*

octane **n. m.** **(→ -ane)** chim. Hydrocarbure saturé présent dans l'essence de pétrole. – cour. *Indice d'octane :* échelle caractérisant le pouvoir antidétonant d'un carburant.

octant **n. m.** **(latin *octans* « huitième partie », de *octo* → oct-)** mar. Ancien instrument de mesure de la hauteur des astres, composé d'un huitième de cercle gradué. → **sextant.**

octante **adj. numéral cardinal invar.** **(de l'ancien français *oitante*, qui vient du latin *octoginta* « quatre-vingts »)** vieux ou régional Quatre-vingts.

octave **n. f.** **(latin médiéval *octava*, de *octo* → oct-)** mus. Intervalle parfait de huit degrés de l'échelle diatonique (par ex., de do à do).

Octave voir **Auguste**

Octavie Sœur d'Auguste (v. 70-11 av. J.-C.). Elle épousa Antoine, qui la délaissa pour Cléopâtre.

Octavie (v. 42-62). Fille de Claude et de Messaline, elle fut mariée à Néron, qui la répudia pour épouser Poppée, et la contraignit au suicide.

octavier **v. intr. < 7 >** mus. Jouer à l'octave (inférieure ou supérieure). – trans. *Octavier un passage.*

odalisque

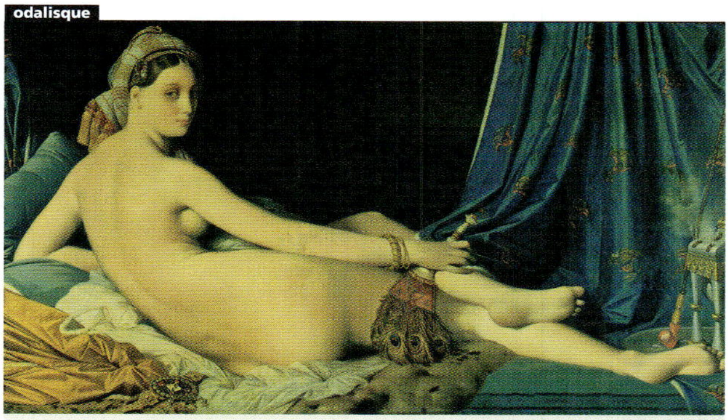

La Grande Odalisque, par Ingres (1814), musée du Louvre, Paris.

octet **n. m.** **(→ oct-)** inform. Base de huit bits. → aussi **gigaoctet, mégaoctet.**

octette **n. m.** **(mot anglais)** mus. Formation de huit musiciens, en jazz. → **octuor.**

octidi **n. m.** **(du latin *octo* → oct-, d'après *lundi, mardi...*)** Huitième jour de la décade, dans le calendrier républicain.

octo- voir **oct-**

octobre **n. m.** **(latin *october* « huitième mois de l'année » *cf.* septembre, de *octo* → huit)** Dixième mois de l'année.

Octobre (révolution d') voir **révolution russe de 1917**

octobre 1789 (journées des 5 et 6) Journées révolutionnaires durant lesquelles le peuple marcha sur Versailles, contraignant Louis XVI à s'installer aux Tuileries.

octocoralliaire **n. m.** zool. Anthozoaire à huit tentacules (ex. le corail rouge, la gorgone...).

octogénaire **adj. et n.** **(latin *octogenarius*, de *octo* → oct-)** (Personne) qui a entre quatre-vingts et quatre-vingt-neuf ans.

octogonal, ale, aux **adj.** Qui a huit angles. – Dont la base est un octogone.

octogone **n. m.** **(→ 1-gone)** Polygone à huit côtés.

octopode **adj. et n. m.** **(→ -pode)** zool. Qui a huit pieds ou huit tentacules. **– n. m.** *Un octopode* (sous-ordre de mollusques, les *Octopodes ;* ex. la pieuvre).

octosyllabe [ɔktosi(l)lab] **adj.** Qui a huit syllabes. **– n. m.** Vers de huit syllabes.

octroi **n. m.** **(→ octroyer)** **1.** littér. Action d'octroyer, de donner. *L'octroi d'une faveur.* **2.** anciennt Contribution indirecte perçue par une municipalité sur les marchandises de consommation locale (droits d'entrée). – Administration chargée de percevoir cette taxe. – Lieu où elle était perçue. *La barrière de l'octroi.*

octroyer **v. tr. < 8 >** **(vient du latin ; famille de *autoriser*)** Accorder à titre de faveur, de grâce. → **concéder.** *S'octroyer un répit.*

octuor **n. m.** **(de *oct-*, d'après *quatuor*)** **1.** Morceau de musique à huit parties. **2.** Ensemble vocal ou instrumental de huit musiciens. → **octette.**

octuple **adj.** **(latin *octuplus* → oct-)** math. Égal à huit fois (un nombre donné). **– n. m.** *Seize est l'octuple de deux.*

oculaire **(du latin, de *oculus* → œil)** **I. adj. 1.** De l'œil. *Le globe oculaire.* **2.** *Témoin oculaire,* qui a vu de ses propres yeux. **II. n. m.** Lentille ou système de lentilles (d'un instrument optique) devant lequel on applique l'œil.

ocularíste **n.** techn. Fabricant de prothèses oculaires.

oculiste **n.** **(du latin *oculus* → œil)** Médecin spécialiste des troubles de la vision et de leur correction. → **ophtalmologue.**

oculomoteur, trice **adj.** **(du latin *oculus* → œil et de *-moteur*)** physiol. Des mouvements des yeux. *Paralysie oculomotrice.*

oculus [ɔkylys] **n. m.** **(mot latin « œil » → œil)** archit. Fenêtre, ouverture ronde. → **œil-de-bœuf.** *Des oculus gothiques* (ou plur. latin des oculi).

ocytocine **n. f.** **(du grec *ôkutokos* « qui facilite l'accouchement » + *-ine*)** biol. Hormone hypophysaire qui provoque les contractions de l'utérus lors de l'accouchement. □ **adj. ocytocique**

Oda Eiichirō (né en 1975). Auteur japonais du manga culte *One Piece* (aventures comiques de pirates en quête d'un trésor).

odalisque **n. f.** **(mot turc, de *oda* « chambre »)** hist. Esclave attachée au service des femmes d'un harem. – (abusivt) cour. Femme d'un harem. « *L'Odalisque couchée* » (tableau d'Ingres).

Oda Nobunaga Seigneur de guerre japonais (1534-1582). Il déposa le dernier des shoguns Ashikaga (1573). Chef militaire du Japon, il mena une politique d'unification.

ode **n. f.** **(grec *ôdê* ; famille de *mélodie*)** **1.** littér. grecque Poème lyrique destiné à être accompagné de musique. *Les odes de Pindare.* **2.** Poème lyrique d'inspiration élevée. *Petite ode.* → **odelette.**

odelette **n. f.** littér. Petite ode gracieuse.

Odenath ou **Odheinat (Septimius)** Prince de Palmyre (mort en 267). Chef arabe d'origine nabatéenne, il fut chargé de la défense de l'Orient romain et reçut le titre d'*imperator.*

Odense Ville du Danemark, chef-lieu de la Fionie. 152 060 habitants. Cathédrale et église du XIIIe s. Musée Andersen. Port.

Odenwald **n. m.** Massif montagneux boisé d'Allemagne (Hesse).

odéon **n. m.** **(grec *ôdeion*, de *ôdê* → ode)** Antiq. Édifice consacré au chant et à la musique.

Odéon (théâtre de l') Théâtre parisien inauguré en 1782. Il est entièrement subventionné par le ministère de la Culture.

Oder **n. m.** en polonais et en tchèque **Odra** Fleuve d'Europe centrale. 854 km. Né en République tchèque, il forme avec la Neisse, son affluent, la frontière entre la Pologne et l'Allemagne *(ligne Oder-Neisse)*, et se jette dans la Baltique.

Odessa Ville d'Ukraine, principal port de la mer Noire. 1 007 150 habitants. Base navale russe fondée en 1794, Odessa fut un foyer révolutionnaire en 1905 (épisode du cuirassé Potemkine). Après l'indépendance de l'Ukraine, la Russie a entretenu la question de l'autonomie et soutenu militairement les séparatistes à partir de 2014. Elle a bombardé la ville dès le début de la guerre en 2022 afin de priver l'Ukraine de son seul grand port.

Odet n. m. Fleuve côtier du Finistère. 56 km. Il traverse Quimper et se jette dans l'Atlantique à Bénodet.

Odets (Clifford) Auteur dramatique américain (1906-1963). Il est l'auteur d'un théâtre prolétarien d'inspiration marxiste. *Éveille-toi et chante.*

odeur n. f. (latin *odor* → **odorat**) Émanation volatile perçue par les organes de l'odorat. *Une odeur puissante, forte, légère. Avoir une bonne, une mauvaise odeur.* → **parfum, puanteur ; sentir** (bon, mauvais). *Une odeur de renfermé. Chasser une odeur* (→ **désodoriser**). *Sans odeur* (→ **inodore**). – prov. *L'argent* n'a pas d'odeur.* ■ loc. fig. *Mourir en odeur de sainteté,* en état de perfection spirituelle. – *Ne pas être en odeur de sainteté auprès de qqn,* en être mal vu.

Odheinat voir **Odenath**

odieusement adv. D'une manière odieuse. → **abominablement, ignoblement.**

odieux, euse adj. (latin, de *odi* « je hais ») **1.** Qui excite l'aversion, le dégoût, l'indignation. → **détestable, exécrable, ignoble.** *Un homme odieux.* – *Un crime odieux.* **2.** Très désagréable. *Un enfant odieux.* → **insupportable.**

Odile (sainte) Religieuse alsacienne (v. 660-v. 720). Elle fonda le monastère de Hohenburg (au mont Sainte-Odile, en Alsace).

Odilon (saint) Religieux français (962-1049). Cinquième abbé de Cluny, il développa l'ordre clunisien. Il institua la Trêve de Dieu et la fête des morts.

Odin en allemand **Wotan** Dieu germanique de la Guerre, de l'Écriture et de la Poésie.

Odoacre (v. 433-493). Roi des Hérules (476-493). Il se révolta contre l'empereur romain Romulus Augustule, qu'il déposa (476). Théodoric l'assiégea dans Ravenne (490-493) et l'assassina.

odologie n. f. (du grec *ôdê* → **ode**) didact. Étude physiologique, acoustique de la voix dans le chant. □ adj. **odologique**

odomètre n. m. (du grec *hodos* « route » → **méthode, période**) techn. Appareil qui mesure une distance parcourue à pied ou en voiture, et la vitesse de déplacement. – Dispositif mesurant et décrivant les déplacements d'un robot.

Odon (saint) Religieux français (v. 879-942). Deuxième abbé de Cluny (927), il en fit le centre de la réforme monastique.

odonate n. m. (→ **-odonte**) zool. Insecte à pièces buccales broyeuses, à longues ailes (ordre des *Odonates* ; ex. la libellule).

odontalgie n. f. (→ **-algie**) méd. Douleur dentaire.

-odonte, odonto- Éléments (du grec *odous, odontos*) qui signifient « dent ».

odontocète n. m. (de *odonto-* et grec *kêtos* « baleine » → **cétacé**) zool. Cétacé muni de dents, comme le dauphin, le cachalot (sous-ordre des *Odontocètes* ; s'oppose à *mysticète*).

odontoïde adj. anat. En forme de dent.

odontologie n. f. didact. Étude et traitement des dents ; médecine dentaire. → **dentisterie.** □ adj. **odontologique**

odontologiste n. Spécialiste d'odontologie. - syn. **odontologue.**

odontomètre n. m. Règle graduée permettant de déterminer le nombre de dentelures des timbres-poste et de mesurer leur écartement.

odontostomatologie n. f. méd. Médecine de la bouche et de la dentition. → **dentisterie, stomatologie.** □ adj. RO **odontostomatologique**

odontostomatologiste n. Spécialiste d'odontostomatologie. - syn. **odontostomatologue.**

odorant, ante adj. (de l'ancien v. *odorer* → **odeur**) Qui exhale une odeur (généralement bonne). → **odoriférant.**

odorat n. m. (du latin → **odeur**) Sens qui permet de percevoir les odeurs. → **olfaction ; flair ; nez.** *Avoir un odorat développé.*

Odoric de Pordenone (bienheureux) Théologien et missionnaire italien (v. 1265-1331). Il rédigea un récit de ses voyages en Extrême-Orient *(Itinéraire).*

odoriférant, ante adj. (du latin → **odeur** et **-fère**) Qui répand une odeur agréable. *Des plantes odoriférantes.* → **aromatique.**

Odra voir **Oder**

odyssée n. f. (du n. propre) Long voyage mouvementé, aventureux (comme celui d'Ulysse). – Longue période pleine de péripéties, d'évènements extraordinaires.

Odyssée (L') n. f. Épopée grecque en vingt-quatre chants, attribuée à Homère. Son sujet est le retour d'Ulysse dans sa patrie après la guerre de Troie.

▶ Œuvre vraisemblablement composée après *L'Iliade*, **L'Odyssée** comporte trois parties, poèmes primitifs sans doute réunis postérieurement en un seul. Le cycle des aventures d'Ulysse s'ouvre par la « Télémachie » (chants I à IV) : Télémaque, conseillé par Mentor, part aux nouvelles de son père Ulysse à Pylos et à Sparte, tandis qu'à Ithaque, les prétendants à la succession du roi Ulysse absent se disputent la main de son épouse Pénélope et dilapident sa fortune.
La partie centrale (chants V à XII), appelée « Récits d'Ulysse », relate l'errance d'Ulysse sur la mer Méditerranée : libéré par la nymphe Calypso, le héros fait naufrage sur les côtes de l'île des Phéaciens. Il est accueilli par le roi Alcinoos et entend un aède raconter l'histoire du cheval de Troie. Il fait alors le récit de ses aventures aux pays des Cicones, des Lotophages, des Cyclopes, des Lestrygons, des Cimmériens, aux Enfers, de l'ensorcellement de ses compagnons par la magicienne Circé, de ses stratagèmes pour échapper à l'envoûtement des Sirènes, aux écueils de Charybde et Scylla, enfin de son idylle avec Calypso qui le retint huit ans.
Dans la troisième partie, la « Vengeance d'Ulysse » (chants XIII à XXIV), le héros, rentré à Ithaque après des années d'absence, rencontre son père Laërte, puis s'introduit déguisé en mendiant dans son palais, se fait reconnaître des siens, remporte une épreuve de tir à l'arc, massacre les prétendants et rétablit la paix dans son royaume.
L'Odyssée appartient au *cycle troyen* et reprend nombre de mythes antérieurs ; les tribulations d'Ulysse et des Achéens dessinent une géographie fabuleuse de la Méditerranée antique et constituent un roman d'aventures sans égal. Histoire de la perte et du retour, cette épopée, au même titre que *L'Iliade,* marque profondément la culture occidentale : Aristote l'érige en modèle, Virgile en tire son *Énéide,* Boileau en préconise l'imitation dans son *Art poétique,* Fénelon s'en inspire *(Les Aventures de Télémaque).* Au xxe siècle, James Joyce la parodie *(Ulysse).*
voir aussi **Iliade, Énéide, épopée**

OEA (Organisation des États américains, en anglais OAS [Organization of American States]) Organisation fondée en 1948 et rassemblant 35 États. Elle a pour but le maintien de la paix entre les États du continent américain et le règlement des problèmes communs, notamment dans les domaines économique et politique.

Oecolampade Humaniste et réformateur religieux allemand (1482-1531). Ayant adhéré aux idées de la Réforme, il réorganisa l'Église et l'université de Bâle.

œcuménicité [ekymenisite ; øky-] n. f. didact. Caractère œcuménique.

œcuménique [ekymenik ; øky-] adj. (latin ecclés. « universel », du grec *oikoumenê [gê]* « [la terre] habitée », de *oikein* « habiter » → **éco-**) relig. **1.** Universel. *Concile œcuménique,* de tous les évêques catholiques. **2.** Relatif à l'œcuménisme. □ adv. **œcuméniquement**

œcuménisme [ekymenism ; øky-] n. m. (→ **œcuménique**) **1.** relig. Mouvement favorable à la réunion de toutes les Églises chrétiennes en une seule. **2.** Rapprochement de religions, de croyances différentes.

œdème [edɛm ; ødɛm] n. m. (grec *oidêma,* de *oidein* « enfler ») Gonflement pathologique causé par une infiltration séreuse. *Œdème du poumon.* □ adj. **œdémateux, euse** [edematø, øz ; øde-]

œdicnème [ediknɛm] n. m. (du grec *oidein* → **œdème** et *knêmê* « jambe ») zool. Oiseau échassier voisin du pluvier, aussi appelé *courlis de terre.*

œdipe [edip ; ødip] n. m. (du n. propre) psych. Synonyme de *complexe d'Œdipe.* → **complexe.** *Un œdipe mal résolu.* □ adj. **œdipien, ienne**

Œdipe Personnage de la mythologie grecque, fils de Laïos, roi de Thèbes, et de Jocaste.

▶ Pour punir le roi Laïos, Apollon condamne **Œdipe**, avant sa naissance, à tuer son père et à épouser sa mère. Pensant pouvoir éviter l'accomplissement de l'oracle, Laïos et Jocaste abandonnent leur enfant nouveau-né sur le mont Cithéron. L'enfant est recueilli par Polybos, roi de Corinthe, et sa femme, Mérope. Devenu adulte, Œdipe apprend de l'oracle de Delphes la terrible prédiction qui pèse sur lui et fuit sa patrie. Il croise un voyageur avec qui il se querelle, et le tue, sans savoir qu'il s'agit de Laïos. Arrivé devant Thèbes, il affronte et vainc le Sphinx qui terrorisait les habitants. Ces derniers, reconnaissants, le proclament roi et la reine Jocaste, sa mère, devient son épouse. L'oracle d'Apollon est pleinement accompli. Œdipe se lance alors à la recherche du meurtrier de Laïos et découvre que le coupable n'est autre que lui-même. À cette nouvelle, Jocaste se pend et Œdipe se crève les yeux. Œdipe est destitué et chassé par ses fils Étéocle et Polynice et par Créon, le frère de Jocaste. Il se réfugie à Colone, conduit par sa fille Antigone.
De nombreux auteurs ont repris ce mythe. Dans l'œuvre de Sophocle *(Œdipe roi, Œdipe à Colone),* le châtiment du héros symbolise l'ironie tragique et l'impuissance humaine face au destin. De la trilogie que lui a consacrée Eschyle, il ne subsiste que *les Sept contre Thèbes,* évocation de la rivalité d'Étéocle et Polynice. Euripide *(Les Phéniciennes,* –408) comme Sénèque *(Œdipe)* font la part belle à la terreur et à la pitié pour le héros. Corneille, avec *Œdipe* (1659), confère au mythe une dimension politique, religieuse et philosophique. Suivront Voltaire *(Œdipe,* 1718), qui insiste sur la culpabilité des dieux, Gide *(Œdipe,* 1931) puis Cocteau avec *Œdipe Roi* (1925-1927) et *La Machine infernale* (1934).
L'interprétation du mythe que propose Freud est fondamentale en psychanalyse : le « complexe d'Œdipe » dit l'attachement jaloux de l'enfant pour le parent du sexe opposé et l'ambivalence affective à l'égard de l'autre. Œdipe serait exemplaire des pulsions sexuelles qui structurent l'affectivité humaine et mettent en question la place ambivalente du père.
voir aussi **mythe, tragédie, psychanalyse**

Œdipe et le Sphinx (ve s. av. J.-C.), musée du Vatican.

Oehlenschläger (Adam Gottlob) Poète et auteur dramatique danois (1779-1850). Chef de file du romantisme danois, il s'inspira de la mythologie nordique. Il adapta *Aladin et la lampe merveilleuse.*

Œhmichen (Étienne) Ingénieur français (1884-1955). Il fut le premier à parcourir en hélicoptère un kilomètre en circuit fermé.

œil [œj], plur. **yeux** [jø] n. m. (vient du latin *oculus* → oculaire) I. 1. Organe de la vue (globe oculaire et ses annexes, logés dans l'orbite, nerf optique). *Avoir de bons yeux,* qui voient bien. → **vision, vue ; voir.** *Se fatiguer les yeux à lire. Perdre un œil, les deux yeux,* devenir borgne, aveugle. *Maladie, médecine des yeux.* → **ophtalm(o)-.** – Partie visible de l'œil (globe oculaire seul ou entouré des paupières). *De grands, de petits yeux. Yeux globuleux, enfoncés. Ses yeux brillent. La couleur des yeux,* de l'iris. – loc. *Pour les beaux yeux de qqn,* par amour pour lui. *Tenir à qqch. comme à la prunelle* de ses yeux.* ■ *Lever, baisser les yeux.* → **regard.** – *Faire les gros yeux (à qqn)* : regarder d'un air mécontent, sévère. ■ (mouvement des paupières) *Ouvrir, fermer les yeux. Cligner des yeux, de l'œil* (→ clin d'œil, œillade). *Des yeux ronds,* agrandis par l'étonnement. *Écarquiller les yeux* (même sens). – fig. *Ouvrir l'œil :* être très attentif, vigilant. – *Ne pas fermer l'œil de la nuit,* ne pas dormir. – *Fermer les yeux sur qqch.,* faire, par tolérance, etc., comme si on n'avait pas vu. – *J'irais là-bas les yeux fermés* (tant le chemin m'est familier). *Accepter qqch. les yeux fermés,* en toute confiance. ■ (dans l'action de la vue) *Voir une chose de ses yeux, de ses propres yeux.* – loc. ***À l'œil nu*** : sans l'aide d'aucun instrument d'optique. ***À vue d'œil*** : d'une manière très visible ; approximativement. – *Surveiller du **coin de l'œil,*** d'un regard en coin. 2. Regard. *Chercher, suivre qqn des yeux. Sous mes yeux,* à ma vue, devant moi. *Aux yeux de tous.* – loc. ***Mauvais œil*** : regard réputé porter malheur. ■ ***Coup d'œil*** : regard rapide. *Remarquer qqch. au premier coup d'œil. Jeter un coup d'œil sur le journal.* – *Le coup d'œil* : le discernement. – par ext. Vue qu'on a sur un paysage. *D'ici, le coup d'œil est très beau.* 3. (dans des expr.) Attention portée par le regard. *Cela attire l'œil. « L'œil écoute »* (critiques d'art de Claudel). – *Ne pas avoir les yeux dans sa poche* : tout observer. – *N'avoir d'yeux que pour qqn,* ne s'intéresser qu'à lui. – fam. *Avoir, tenir qqn à l'œil,* le surveiller. – *Elle a l'œil à tout.* – *L'œil de Dieu, de la conscience. « L'œil était dans la tombe et regardait Caïn »* (Hugo). 4. abstrait Disposition, état d'esprit, jugement. *Voir qqch. d'un bon, d'un mauvais œil,* d'une manière favorable, défavorable. *Un œil critique.* – *Aux yeux de qqn,* selon son appréciation. 5. loc. ***Faire de l'œil*** *à qqn,* des clins d'œil. – ***Tourner de l'œil,*** s'évanouir. – *Je m'en bats l'œil,* je m'en moque. – *Entre quatre yeux* (fam. *entre quat'z'yeux*), en tête à tête. – fam. *Sortir par les yeux à qqn,* être écœurant par la répétition. – *Œil pour œil, dent pour dent,* expression de la loi du talion*, de la vengeance. ■ fam. ***À l'œil*** : gratuitement. – ***Mon œil !*** (incrédulité, refus). II. 1. *Œil de verre,* œil artificiel (prothèse). 2. *Œil électrique,* cellule photoélectrique. 3. *L'œil d'une porte.* → **judas.** III. (Objet, espace rond) 1. Ouverture, trou rond. *L'œil d'une aiguille.* → **chas.** ■ au plur. *Les yeux du gruyère.* – *Les yeux du bouillon,* ronds de graisse qui surnagent. 2. Bourgeon naissant. → **œilleton.** 3. Centre d'un cyclone (zone de calme). ■ Pluriel des composés de *œil : des œils-de-* (compl. au singulier).

œil-de-bœuf n. m. Fenêtre, lucarne ronde ou ovale. → **oculus.** *Des œils-de-bœuf.*

œil-de-chat n. m. Pierre précieuse, quartz chatoyant ou chrysobéryl. *Des œils-de-chat.*

œil-de-perdrix n. m. Cor entre les doigts de pied. *Des œils-de-perdrix.*

œil-de-pie n. m. mar. Œillet pratiqué dans une voile, pour y passer un filin. *Des œils-de-pie.*

œil-de-tigre n. m. Quartz à reflets dorés. *Des œils-de-tigre.*

œillade [œjad] n. f. Regard ou clin d'œil plus ou moins furtif, signe de connivence ou de séduction. – Clin d'œil constituant une invite amoureuse ou coquette.

œillère [œjɛʀ] n. f. 1. Plaque de cuir empêchant le cheval de voir sur le côté. 2. fig. loc. ***Avoir des œillères*** : être borné.

œil

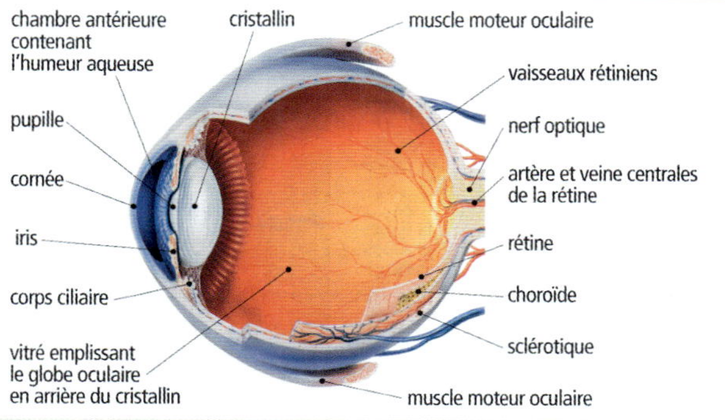

Coupe d'un œil.

œillet [œjɛ] n. m. (diminutif de *œil*) I. Petit trou pratiqué dans une étoffe, du cuir, etc. servant à passer un lacet, etc. *Les œillets d'une ceinture.* ■ Bordure rigide qui entoure cette ouverture. – Anneau de papier servant à consolider les perforations d'une feuille de papier. II. (de *œil* en botanique : III, 2) 1. Plante cultivée pour ses fleurs très odorantes ; ces fleurs. 2. *Œillet d'Inde,* plante ornementale à fleurs orangées ou jaunes.

œilleton [œjtɔ̃] n. m. I. bot. Bourgeon de certaines plantes, utilisé pour leur multiplication. II. Petit viseur circulaire. – Œil d'une porte. → **judas.**

œilletonner v. tr. < 1 > 1. Couper les bourgeons à bois ou à feuilles de (une plante). 2. Multiplier (une plante) en séparant ses œilletons. □ n. m. **œilletonnage**

œillette [œjɛt] n. f. (d'une forme ancienne de *huile**) Pavot cultivé pour ses graines dont on extrait une huile, *l'huile d'œillette.* – Cette huile.

Ōe Kenzaburō Romancier japonais (1935-2023). Il a excellé dans la critique sociale et la mise en scène de personnages marginaux. *Une affaire personnelle ; Dites-nous comment survivre à notre folie ; Une existence tranquille.* Prix Nobel 1994.

œkoumène voir **écoumène**

Oelze (Richard) Peintre allemand (1900-1980). Formé au Bauhaus, il s'orienta ensuite vers le surréalisme. Il est l'auteur de paysages étranges et angoissants. *L'Attente.*

œnanthe [enɑ̃t] n. f. (du grec → œno- et -anthe) Plante herbacée (ombellifère) dont les racines sont vénéneuses.

œnanthique [enɑ̃tik] adj. (de *œno-* « vin » + *-anthe* « fleur », cf. l'expression le *bouquet* du vin) didact. Relatif à l'arôme des vins. – *Acides, éthers œnanthiques,* responsables du bouquet d'un vin.

œno- [eno] Élément (grec *oinos*) qui signifie « vin ».

œnolique adj. (→ œno-) chim. *Acides œnoliques,* colorant le vin rouge. ■ pharm. *Médicament œnolique,* dont l'excipient est le vin.

œnolisme n. m. (de *œno-*, d'après *alcoolisme*) didact. Alcoolisme au vin.

œnologie [enɔlɔʒi] n. f. Étude des techniques de fabrication et de conservation des vins. □ adj. **œnologique**

œnologue [enɔlɔg] n. Spécialiste d'œnologie.

œnométrie n. f. didact. Analyse et mesure des composants chimiques des vins ; spécialt mesure de la teneur des vins en alcool. □ adj. **œnométrique**

œnothéracée [enɔteʀase] n. f. bot. Plante des lieux humides (famille des *Œnothéracées* ; ex. l'épilobe, le fuchsia, l'onagre). - syn. **onagracée.**

œnothère [enɔtɛʀ] n. m. (du grec) bot. Onagre (²).

œrsted [œʀstɛd] n. m. (du n. de C. Ørsted) phys. Unité CGS d'intensité de champ magnétique.

Oersted (Christian) voir **Ørsted** (Christian)

Oesling ou **Ösling** Région N. du Luxembourg, s'opposant au Gutland.

œsophage [ezɔfaʒ, øzɔ-] n. m. (grec *oisophagos* « qui transporte ce que l'on mange » → -phage) Partie du tube digestif qui va du pharynx à l'estomac. □ adj. **œsophagien, ienne**

œsophagite [ezɔfaʒit ; øzɔ-] n. f. méd. Inflammation de l'œsophage (maladie digestive).

œstradiol ou **estradiol** [ɛstʀadjɔl] n. m. (de *œstrus*) biol. Hormone œstrogène la plus puissante, sécrétée par les follicules de l'ovaire.

œstre [ɛstʀ] n. m. (latin *œstrus* « taon » → œstrus) zool. Grosse mouche dont les larves peuvent vivre en parasites (des moutons, des chevaux).

œstrogène ou **estrogène** [ɛstʀɔʒɛn] n. m. et adj. (→ œstrus et -gène) physiol. Hormone qui provoque l'œstrus*. – adj. *Hormones œstrogènes.*

O

œstrone ou **estrone** [ɛstʀɔn] n. f. (de *œstrus*) chim. Folliculine, hormone œstrogène sécrétée par l'ovule et le placenta.

œstrus [ɛstʀys] n. m. (mot latin d'origine grecque « taon » et fig. « fureur ») physiol. Période de l'ovulation (et du rut). □ adj. **œstral, ale, aux**

Oeta ou **Iti** n. m. Massif montagneux de la Grèce centrale. 2 152 m.

œuf [œf], plur. **œufs** [ø] n. m. (vient du latin *ovum* → ovale, ove, ovo-) I. 1. Corps dur et arrondi que produisent les femelles des oiseaux, qui contient le germe de l'embryon et des substances nutritives. – *Coquille d'œuf ; le blanc, le jaune de l'œuf. Œuf de poule, de pigeon, de cane.* 2. spécialt Œuf de poule. *Œufs frais.* – *Œuf dur. Œuf mollet. Œuf à la coque. Œufs brouillés. Une omelette de six œufs. Œufs au plat, sur le plat, au miroir. Œufs congelés, en poudre...* → **ovoproduit.** ■ loc. *Crâne d'œuf,* chauve. *Tête d'œuf* (terme d'injure). – *Plein comme un œuf,* rempli. – *Marcher sur des œufs,* avec précaution. – *Mettre tous ses œufs dans le même panier* : mettre tous ses moyens dans une même entreprise (en s'exposant ainsi à tout perdre). – *L'œuf de Colomb* : une idée en apparence banale, mais ingénieuse (comme dans l'anecdote où Christophe Colomb fait tenir debout un œuf dont il coupe l'extrémité). (Belgique) *Avoir un œuf à peler avec qqn* : avoir un conflit à résoudre avec qqn. – ***Dans l'œuf*** (latin *ab ovo*) : dans le principe, avant l'apparition de qqch. *Il faut étouffer cette affaire dans l'œuf.* 3. Produit des femelles ovipares. *Œuf de reptile, de batracien. Œufs de poisson. Œufs d'esturgeon* (→ **caviar**), *de saumon, de lump, de cabillaud* (→ **tarama**). *Œufs d'insecte.* → **couvain.** *Œufs de pou.* → **lente.** 4. (Objet en forme d'œuf de poule) *Œuf de Pâques*, en chocolat, en sucre. ■ *Position en œuf* : en ski, position de recherche de vitesse. ■ au plur. Installation de télécabines à deux ou quatre sièges. **II.** biol. Première cellule d'un être vivant à reproduction sexuée, née de la fusion des noyaux de deux cellules reproductrices. *La segmentation de l'œuf aboutit à l'embryon.* – spécialt Ovule. *Centre d'étude et de conservation des œufs et du sperme* (CECOS).

œufrier [œfʀije] **n. m. 1.** Ustensile de cuisine pour cuire plusieurs œufs à la coque. **2.** Compartiment à trous ou à alvéoles pour ranger des œufs, dans un réfrigérateur.

œuvé, ée [œve] **adj.** zool. Se dit d'un poisson femelle qui porte des œufs.

œuvre (vient du latin *opera* → opéra, plur. de *opus, operis* → opérer, œuvrer ; opus ; ouvrage, ouvrer, ouvrier) **I. n. f. 1.** vieux Activité, travail. – loc. *À l'œuvre. Être à l'œuvre*, au travail. – *Maître d'œuvre*, personne qui dirige un travail. *Main-d'œuvre**. – *Mettre en œuvre* : employer de façon ordonnée. *Il mettra tout en œuvre pour que l'affaire réussisse.* **2.** (au plur.) Action humaine, jugée au regard de la loi religieuse ou morale. – *Bonnes œuvres*, actions charitables que l'on fait. – *Une œuvre (de bienfaisance)*, organisation ayant pour but de faire du bien à titre non lucratif. **3.** Ensemble d'actions effectuées par qqn ou qqch. *La satisfaction de l'œuvre accomplie.* **4.** Résultat sensible d'une action ou d'une série d'actions orientées vers une fin. loc. prov. *« À l'œuvre, on connaît l'artisan »* (La Fontaine). ■ Création intellectuelle, littéraire, artistique (d'une personne). → **ouvrage.** *L'œuvre d'un savant.* – *Une œuvre capitale, maîtresse.* → **chef-d'œuvre.** – spécialt Œuvre littéraire. *Œuvres choisies* (d'un écrivain). ■ *Œuvre d'art*, résultat de la création esthétique d'un artiste. **II. n. m. 1.** *Le gros œuvre* : les fondations, les murs et la toiture d'un bâtiment. – *Le second œuvre* : ouvrages d'achèvement (plomberie, électricité, peinture...). **2.** littér. Ensemble des œuvres d'un artiste. *L'œuvre gravé de Rembrandt.* **3.** *Le grand œuvre* : en alchimie, la transmutation des métaux en or, la recherche de la pierre philosophale. *L'œuvre au noir* : le premier stade du grand œuvre.

O

œuvrer v. intr. < 1 > (d'abord *ovrer* ; vient du latin *operare* → opérer, de *opus* → œuvre) littér. Travailler, agir. *Œuvrer pour les générations futures.*

***off** adj. invar. (anglais *off [screen]* « hors de [l'écran] ») **1.** anglic., cinéma Hors champ*. *Une voix off.* **2.** Se dit d'un spectacle donné en marge d'un programme officiel. *Le festival off, à Avignon.* **3.** journalisme Se dit de paroles tenues devant un journaliste, destinées à ne pas être rapportées. *Des conversations off* (ou RO offs).

Offaly Comté du centre de la république d'Irlande. 1 997 km^2. 82 660 habitants. Chef-lieu : Tullamore.

Offenbach (Jacques) Compositeur français d'origine allemande (1819-1880). Dans ses opérettes, il excella dans l'art du pastiche moqueur de la société parisienne du second Empire *(Orphée aux Enfers ; La Belle Hélène ; La Vie parisienne ; La Périchole)*. Il est aussi l'auteur des *Contes d'Hoffmann*, opéra fantastique.

Offenbach-sur-le-Main Ville d'Allemagne (Hesse), près de Francfort. 118 000 habitants.

offensant, ante adj. Qui offense. → **blessant, injurieux.**

offense n. f. (latin « choc, heurt », du p. p. de *offendere* ; famille de *défendre*) **1.** Parole ou action qui attaque l'honneur, la dignité. → **affront, injure, insulte, outrage.** *Faire offense à qqn.* **2.** Péché (qui offense Dieu). *« Pardonne-nous nos offenses »* (prière du « Notre Père »). **3.** dr. Outrage envers un chef d'État.

offensé, ée adj. Qui a subi, qui ressent une offense. – **n.** *L'offenseur et l'offensé.*

offenser v. tr. < 1 > **1.** Blesser (qqn) dans sa dignité ou dans son honneur. → **froisser, humilier, injurier, outrager, vexer.** *Soit dit sans vous offenser.* **2.** littér. Manquer gravement à (une règle, une vertu). → **braver.** *Sa conduite offense le bon sens.* ■ **s'offenser v. pron.** Réagir par un sentiment d'amour-propre, d'honneur blessé (à une offense). → se **fâcher**, se **formaliser**, se **froisser**, se **vexer.**

ogive

1. Voûte en ogive, cathédrale Saint-Pierre de Beauvais (XIIIe-XIVe s.). 2. Arche en ogive, entrée de la mosquée al-Kāẓimayn à Bagdad (XVIe s.).

offenseur, euse n. Personne qui fait une offense. → **agresseur.**

offensif, ive adj. **1.** Qui attaque, sert à attaquer. *Armes offensives. Guerre offensive.* – fig. *Le retour offensif du froid.* **2.** (personnes) *Il est trop offensif dans ses questions.* → **agressif, batailleur.**

offensive n. f. **1.** Action d'attaquer l'adversaire. → **attaque.** – *Une offensive* : une attaque de grande envergure. **2.** Campagne d'une certaine ampleur. *Offensive publicitaire.*

offertoire n. m. (du latin médiéval → offrir) Partie de la messe, ensemble des rites et des prières qui accompagnent la bénédiction du pain et du vin (→ **oblation**).

office n. m. (latin *officium*, famille de *opus* → œuvre et *facere* → [1]faire) **I. 1.** vieux Fonction que qqn doit remplir. – loc. (choses) *Remplir son office* : jouer son rôle. *Faire office de* : tenir lieu de. **2.** Fonction publique conférée à vie. → **charge.** *Office ministériel. Office de notaire.* **3.** loc. *D'office* : par le devoir de sa charge ; sans l'avoir demandé. *Avocat commis d'office.* – Par l'effet d'une mesure générale ou autoritaire. *Être mis à la retraite d'office.* **4.** Livres envoyés périodiquement par un éditeur aux libraires. **5.** Lieu où l'on remplit les devoirs d'une charge ; agence, bureau. *Office commercial.* – Service doté de l'autonomie financière et confié à un organisme. *Office départemental.* **6.** Pièce attenante à la cuisine où se prépare le service de la table. **II.** *Bons offices* : démarches d'un État, pour amener d'autres États en litige à négocier. → **conciliation, médiation.** – fam. *Monsieur bons offices* : le médiateur. **III. 1.** Prières de l'Église catholique réparties aux heures de la journée. **2.** Cérémonie du culte.

Offices (palais des) Palais de Florence construit par Vasari de 1560 à 1580 pour servir de siège aux bureaux *(ufizzi)* de l'administration. ■ **le musée des Offices** abrite, à l'intérieur du palais, une des plus riches collections de tableaux du monde, en particulier de l'école italienne, réunie par les Médicis jusqu'au XVIIe siècle.

official n. m. (latin jurid. → officiel) relig. Juge ecclésiastique délégué par un évêque, dont la juridiction (l'*officialité* **n. f.**) s'étend sur un diocèse.

officialiser v. tr. < 1 > Rendre officiel. □ **n. f. officialisation**

officiant, ante n. Personne qui célèbre un office (III). → **célébrant, prêtre.**

officiel, elle adj. (du latin → office) **I.** (choses) **1.** Qui émane d'une autorité constituée (gouvernement, administration). *Documents officiels.* – (En France) *Journal* officiel de la République française*, contenant les textes officiels (lois, décrets...). - abrév. **JO.** – *Langue officielle*, dont l'emploi est statutairement reconnu dans un État pour la rédaction de ses textes officiels. **2.** Certifié par l'autorité. *La nouvelle est officielle depuis hier.* – Donné pour vrai par l'autorité. *La version officielle de l'incident.* **3.** Organisé par les autorités. *Chef d'État en visite officielle.* **4.** Annoncé, déclaré publiquement. *Leurs fiançailles sont maintenant officielles.* – *La raison officielle de son départ*, celle qui sert d'alibi. **II.** (personnes) **1.** Qui a une fonction officielle. *Le porte-parole officiel du gouvernement.* → **autorisé. 2. n.** Personnage officiel. *La tribune des officiels.*

officiellement adv. À titre officiel, de source officielle.

[1]officier, ière n. (→ office) **1.** Militaire ou marin d'un grade égal ou supérieur à celui de sous-lieutenant ou d'enseigne de seconde classe. *Officiers, sous-officiers et soldats. Élève-officier. Officiers supérieurs ; officiers subalternes. Officier de marine. Elle est officier* ou *elle est officière.* **2.** Titulaire d'un grade (plus élevé que chevalier) dans un ordre honorifique. *Officier de la Légion d'honneur.* **3.** admin. *Officier public, ministériel* (huissier, notaire...). – *Officier de police (judiciaire).* **4.** *Col officier* : col droit et étroit.

[2]officier v. intr. < 7 > (→ office) **1.** Célébrer l'office divin, présider une cérémonie sacrée. **2.** fig. *« Un restaurant* [...] *où officie quelque chef désireux de se tailler une réputation »* (H. Lefebvre).

officieux, euse adj. **1.** vieux Qui cherche à rendre service (→ **bons offices**). **2.** Communiqué sans garantie officielle par une source autorisée. □ **adv. officieusement**

officinal, ale, aux adj. Utilisé en pharmacie. *Plantes officinales.* – *Préparation officinale*, faite par un pharmacien.

officine n. f. (latin *officina* ; famille de *office*) **1.** Lieu où un pharmacien vend, entrepose et prépare les médicaments. **2.** péj. Lieu où se prépare discrètement qqch.

offrande n. f. (latin médiéval *offerenda*, de *offerre* → offrir) **1.** Don à une divinité ; don religieux. **2.** Don, présent. *Verser une offrande.* → **obole.**

offrant, ante n. loc. *Le plus offrant* : la personne qui offre le plus haut prix. *Vendre au plus offrant.*

offre n. f. (de *offrir*) **1.** Action d'offrir ; ce que l'on offre. *Une offre avantageuse. Faire des offres de service. Une offre d'emploi.* → **proposition.** – Prix que l'on propose pour qqch. **2.** Quantité de produits ou de services offerts sur le marché. *L'offre et la demande.* **3.** dr. Fait de proposer (à qqn) un contrat. – *Offre publique d'achat* (OPA*), *d'échange* (OPE), *de vente* (OPV). – *Répondre à un appel d'offres.*

offreur, euse n. écon. Personne, entreprise qui offre un bien, un service moyennant finances. → **vendeur.** *Les offreurs et les demandeurs.* – appos. *Société offreuse de services.*

offrir v. tr. < 18 > (vient du latin *offerre*, de *ob* « devant » et *ferre* « porter » → -fère) **1.** Donner en cadeau. *Je lui ai offert des fleurs pour sa fête. Je vais m'offrir un pull.* → se **payer.** ■ pronom. (récipr.) *Elles se sont offert des fleurs.* **2.** Proposer ou présenter (une chose) à qqn ; mettre à la disposition (de qqn). *Offrir des rafraîchissements. Offrir ses services.* – pronom. *Il s'est offert comme guide.* **3.** Mettre à la portée de qqn. → **procurer, proposer.** *On lui a offert l'occasion de s'exprimer.* – (sujet chose) *Cette situation offrirait des avantages.* – pronom. *Ce qui s'offre à l'esprit.* → se **présenter. 4.** Proposer en contrepartie de qqch. *Je vous en aurais offert cent euros.* **5.** littér. Exposer à la vue, à l'esprit. → **montrer.** « *Elle offre l'image d'une gaîté naïve et franche* » (Laclos). – pronom. *Un spectacle superbe s'offrait à nos yeux.* **6.** Exposer (à quelque chose de pénible, de dangereux). *Offrir une cible à la critique.*

offset [ɔfsɛt] n. m. (mot anglais « report ») anglic. Procédé d'impression où l'image, le texte à imprimer est reporté sur un rouleau spécial, puis sur le papier. – appos. *Presse offset.*

offsettiste n. techn. Technicien, technicienne spécialiste de l'offset.

offshore [ɔfʃɔʀ] (mot anglais, de *off* « en dehors » et *shore* « rivage ») anglic. **1.** adj. Qui s'effectue en pleine mer, sur des plates-formes de forage pétrolier. *Exploitation pétrolière offshore.* – n. m. Une telle installation. **2.** n. m. Sport nautique sur des bateaux à moteur très puissants et rapides ; ce type de bateaux. → **cigare** des mers. *Des offshores.* **3.** adj. Extraterritorial (établissement financier, banque). *Sociétés offshores.*

offusquer v. tr. < 1 > (latin « obscurcir », de *fuscus* « sombre ») Indisposer, choquer. *Il est offusqué.* – pronom. Se froisser, se formaliser. → s'**offenser.**

oflag n. m. (mot allemand, abrév. de *Offizierlager* « camp [*lager*] pour officiers ») hist. Camp allemand de prisonniers officiers, pendant la Seconde Guerre mondiale. *Les oflags et les stalags.*

O'Flaherty (Liam) Romancier irlandais (1896-1984). Il participa à la guerre civile irlandaise dans le camp républicain. Son œuvre, d'un réalisme noir, décrit l'histoire tourmentée de son pays. *Le Mouchard ; Le Puritain.*

Ogaden n. m. Région de l'E. de l'Éthiopie, constituée de hauts plateaux couverts d'une steppe. L'Ogaden a été l'objet d'un conflit entre la Somalie et l'Éthiopie (1977-1978).

oganesson n. m. (du n. de *Oganessian*, physicien russe) chim. Élément atomique artificiel (symb. Og ; n° at. 118).

Ogata Kōrin Peintre japonais (1661-1716). Calligraphe et laqueur de talent, artiste de l'école de Rinpa, il est connu pour ses grandes compositions aux couleurs vives et aux motifs originaux.

Ogbomosho Ville du Nigeria (État d'Oyo). 560 000 habitants.

ogham [ɔgam] n. m. (mot celtique, du n. de son inventeur mythique) ling. Se dit d'une écriture celtique d'Irlande et du pays de Galles, ressemblant aux runes (Ve-VIIe siècles). ▫ adj. **oghamique**

Ogier (Sébastien) Pilote de rallye français (né en 1983). Huit fois champion du monde des rallyes (2013 à 2018, 2020 et 2021).

Ogier le Danois Personnage de chansons de geste, allié puis ennemi de Charlemagne.

Ogino Kyūsaku Médecin japonais (1882-1975). Il inventa une méthode permettant théoriquement de calculer les périodes probables de fécondité de la femme (*méthode Ogino* ou *Ogino-Knauss*).

ogival, ale, aux adj. **1.** De l'ogive (1) ; caractérisé par l'emploi d'ogives. *Une voûte ogivale.* **2.** vieux Gothique.

ogive n. f. (p.-ê. d'origine arabe) **1.** Arc diagonal sous une voûte gothique, qui en marque l'arête. **2.** Arc brisé (opposé à *arc en plein cintre*). **3.** Partie supérieure de projectiles oblongs (balles, obus...). *Ogive nucléaire.*

Oglio n. m. Rivière d'Italie, affluent de la rive gauche du Pô. 280 km.

OGM [oʒeɛm] n. m. (sigle) « Organisme génétiquement modifié », dont le génome a été modifié pour lui conférer une nouvelle propriété (→ **transgénique**). – spécialt Plante ainsi transformée ; (au plur.) cultures de telles plantes. *Champ d'OGM.*

▶ Depuis une cinquantaine d'années, les généticiens savent isoler un gène et l'introduire dans le génome d'un autre organisme, qui devient ainsi « génétiquement modifié » (**OGM**). Il est également possible de faire produire à un organisme une quantité plus ou moins importante du produit de l'un de ses gènes. Cette biotechnologie permet une modification de l'espèce plus ciblée, plus précise et plus rapide que les méthodes de sélection naturelle qui consistent à croiser les espèces pour en obtenir d'autres de qualité supérieure, techniques artificielles dont les produits sont cependant issus d'une fécondation naturelle.
La première manipulation génétique (l'introduction d'un gène de virus de singe dans une bactérie) fut effectuée en 1972, et la première plante transgénique (un tabac résistant à un virus) mise au point en 1983. Depuis lors, de nombreuses variétés d'espèces ont été élaborées : tomates au mûrissement ralenti, maïs sécrétant des pesticides naturels ou résistant à la sécheresse, riz vitaminés, saumons résistant au froid...
Aujourd'hui, des plantes transgéniques sont cultivées sur une centaine de millions d'hectares dans le monde. Toutefois, la plupart des OGM font l'objet de recherches et d'études. En effet, les plantes génétiquement modifiées cultivées en plein champ peuvent parfois féconder certaines espèces voisines en disséminant leur pollen, voire transmettre leurs gènes à d'autres espèces. La culture d'OGM fait l'objet du principe de précaution dans plusieurs pays : un moratoire a pour objectif de prendre le temps de mesurer leurs réels impacts sur la santé et l'environnement avant d'en autoriser la production et la commercialisation. En France, la culture commerciale d'OGM est interdite depuis 2008. Les risques sont par ailleurs d'ordre socioéconomique, les semences OGM risquant de supplanter les semences traditionnelles et de ruiner les agriculteurs qui ne pourraient les acheter.

voir aussi **clonage, gène, biotechnologies**

ognette voir **onglette**

Ogooué n. m. Fleuve du Congo et du Gabon qui se jette dans l'Atlantique. 1 200 km.

ogre, ogresse n. (p.-ê. du latin *Orcus*, n. d'une divinité des Enfers) Géant des contes de fées, à l'aspect effrayant, se nourrissant de chair humaine. – loc. *Manger, dévorer comme un ogre. Un appétit d'ogre.* « *L'Ogre avait sept filles, qui n'étaient encore que des enfants. Ces petites Ogresses avaient toutes le teint fort beau* » (*Le Petit Poucet*, Ch. Perrault).

oh interj. (var. de *ô**) Interjection de surprise, d'admiration, ou renforçant l'expression d'un sentiment.

Ohana (Maurice) Compositeur français (1914-1992). Privilégiant le son par rapport au système imposé par la musique sérielle, il s'est inspiré des musiques traditionnelles méditerranéennes. *Llanto por Ignacio Sánchez Mejías ; Cantigas ; La Célestine.*

ohé interj. (de *ô* et *hé*) Interjection servant à appeler. → **hé, hep.**

O. Henry (William Sydney Porter, dit) Écrivain américain (1862-1910). Il est l'auteur de nombreuses nouvelles humoristiques. *Des choux et des rois ; Pierres qui roulent.*

O'Higgins (Bernardo) Homme d'État chilien (1776-1842). Il libéra le Chili avec San Martín, prit le pouvoir et proclama l'indépendance du pays (1818). Il fut renversé en 1823.

OGM

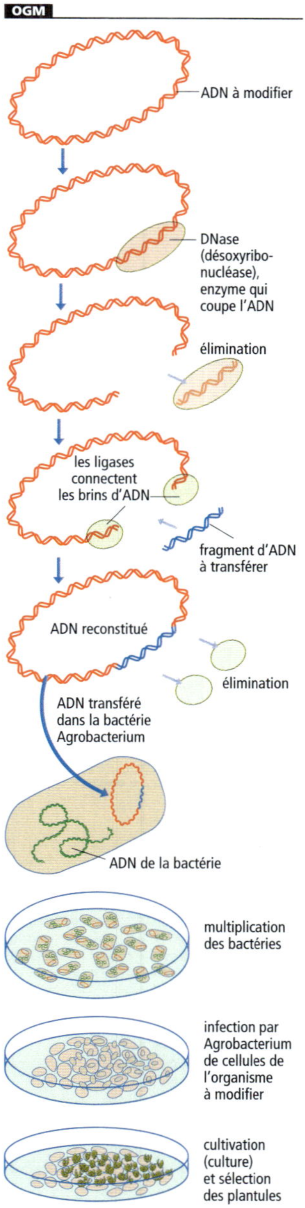

Pour fabriquer un OGM, on introduit une séquence d'ADN d'intérêt dans le génome d'un organisme (ici, un plasmide ou ADN circulaire d'*Agrobacterium tumefaciens* est introduit dans le génome de cellules végétales).

Ohio n. m. Rivière des États-Unis, affluent du Mississippi. 1 580 km. Formé à Pittsburgh par la réunion de l'Allegheny et de la Monongahela, l'Ohio arrosse Cincinnati et Louisville.

Ohio n. m. État des États-Unis (région des Grands Lacs). 106 289 km². 11,79 millions d'habitants. Capitale : Columbus. Villes principales : Cleveland, Cincinnati.

Ohlin (Bertil) Économiste et homme politique suédois (1899-1979). Ministre du Commerce (1944-1945), il étudia le commerce international. Prix Nobel 1977.

ohm [om] **n. m.** **(du n. propre)** Unité de mesure de résistance électrique (symb. Ω).

Ohm (Georg Simon) Physicien allemand (1789-1854). Il découvrit la relation de proportionnalité entre la tension et l'intensité dans un circuit électrique *(loi d'Ohm)*, définissant les concepts de résistance et de résistivité.

ohmique **adj.** électr. Relatif à l'ohm ; mesurable en ohms (d'une résistance électrique). *La valeur ohmique d'une résistance.* – *Conducteur ohmique* : composant électronique (résistance) pour lequel la loi d'Ohm* se vérifie.

ohmmètre **n. m.** techn. Appareil de mesure de la résistance électrique.

Ohře **n. f.** en allemand **Eger** Rivière d'Allemagne et de République tchèque, affluent de l'Elbe. 310 km.

Ohrid ou **Okhrid** Ville de Macédoine du Nord, sur le *lac d'Ohrid.* 43 000 habitants. Foyer chrétien important aux IXe-Xe s. Cathédrale et églises byzantines.

Ohrmazd ou **Ormuzd** voir **Ahura Mazda**

-oïde, -oïdal Éléments **(du grec *-eidês*, de *eidos* « aspect, forme »)** qui signifient « qui a telle forme ».

oïdium [oidjɔm] **n. m.** **(mot latin, du grec *ôon* « œuf » → oo-)** bot. **1.** Moisissure microscopique, parasite des plantes, qui prend l'aspect d'une poussière grisâtre. *L'oïdium du rosier.* **2.** Maladie (des plantes) due à cette moisissure.

oie **n. f.** **(vient du latin *auca* ; famille de *oiseau*)** **1.** Oiseau palmipède, au long cou, dont une espèce est domestiquée. *Un troupeau d'oies.* – La femelle de cette espèce. *Le jars, l'oie et les oisons. Gaver des oies. Confit d'oie. Foie* gras d'oie.* – *Plume d'oie*, utilisée autrefois pour écrire. **2.** ***Jeu de l'oie*** : jeu où chaque joueur fait avancer un pion, selon le coup de dés, sur un tableau formé de cases numérotées. **3.** loc. *Couleur caca* d'oie.* **4.** fam. et péj. Personne très sotte. – *Oie blanche*, jeune fille innocente, niaise. → **oiselle.**

Oignies Commune du Pas-de-Calais, au N. de Lens. 10 130 habitants.

oignon ou **ognon** [ɔɲɔ̃] **n. m.** **(vient du latin *unio, unionis* → union)** **I. 1.** Plante potagère vivace, à bulbe ; ce bulbe (utilisé en cuisine). *Éplucher des oignons. Soupe à l'oignon.* – loc. *En rang d'oignons* : sur une ligne. *Aux petits oignons* : très bien. – fam. *Occupe-toi de tes oignons* : mêle-toi de ce qui te regarde. **2.** Bulbe (de plantes d'ornement). *Oignons de tulipes.* **II. 1.** anciennt Grosse montre bombée. **2.** Grosseur qui se développe à l'articulation des orteils. → **²cor, durillon.**

oignonade ou **ognonade** **n. f.** Plat, préparation à base d'oignons.

oignonière ou **ognonière** **n. f.** Terrain où poussent des oignons.

oïl [ɔjl] **particule affirmative** **(mot d'ancien français « oui », qui vient du latin *hoc* « cela » [→ oc], renforcé par *il**)** *Langue d'oïl* : langue, dialectes des régions (Belgique, moitié nord de la France) où l'on disait *oïl* pour « oui » (et non *oc**).

oindre **v. tr.** **< 49 ne s'emploie plus qu'à l'inf. et au p. p. *oint, ointe* > (vient du latin *unguere* « enduire » → onction, onctueux, onguent)** **1.** vieux Frotter d'une substance grasse. **2.** Toucher (une partie du corps : le front, les mains) avec les saintes huiles pour bénir ou sacrer **(→ onction ; extrême-onction).**

oint, ointe **adj.** Frotté d'une substance grasse. ▪ Consacré par une onction. – **n. m.** relig. *Les oints du Seigneur* : les rois, les prêtres.

Oïrats **n. m. pl.** Groupe de peuples turco-mongols, vivant aujourd'hui dans l'Altaï, en Mongolie et au Xinjiang. Soumis à Gengis Khān en 1207, les Oïrats furent écrasés par les Mandchous au XVIIIe s. La branche kalmouke se détacha au XVIIe siècle.

Oiron Village des Deux-Sèvres, près de Bressuire. Collégiale (gothique flamboyant et Renaissance). Château (XVIe-XVIIe s.).

Oisans **n. m.** Région des Alpes françaises au S.-E. de Grenoble. Élevage. Tourisme (Alpe-d'Huez, Deux-Alpes, col du Lautaret).

Oise **n. f.** Rivière du Bassin parisien, affluent de la Seine. 302 km. Elle prend sa source en Belgique, arrose Compiègne, Creil, et rejoint la Seine en aval de Conflans-Sainte-Honorine. Elle est presque entièrement navigable.

Oise **n. f.** [60] Département français de la Région des Hauts-de-France (→ carte). 5 860 km². 829 699 habitants. Chef-lieu : Beauvais. Chefs-lieux d'arrondissement : Clermont, Compiègne, Senlis. S'étendant sur les plateaux limoneux du N. du Bassin parisien, le territoire est favorable aux grandes cultures céréalières et sarclées. La proximité parisienne favorise le développement industriel (Creil, Beauvais) et touristique (Chantilly, Compiègne).

oiseau **n. m.** **(d'abord *oisel* ; vient du latin *avicellus*, diminutif de *avis* « oiseau »)** **1.** Animal (vertébré à sang chaud) au corps recouvert de plumes, dont les membres antérieurs sont des ailes et qui a un bec. → **aviaire, ornitho-.** *Oiseaux de bassecour.* → **volaille, volatile.** *Oiseaux dressés pour la chasse.* → **fauconnerie.** *Oiseaux diurnes, nocturnes. Jeune oiseau.* → **oisillon.** *Le chant* des oiseaux.* – loc. *Oiseau de malheur* : personne qui fait des prédictions funestes. – ***À vol d'oiseau*** **loc. adv.** : en ligne droite. **2.** fam., péj. Individu. *Un drôle d'oiseau.* – *Un oiseau rare* : une personne étonnante.

oiseau-lyre **n. m.** Ménure. *Des oiseaux-lyres.*

oiseau-mouche **n. m.** Colibri. *Des oiseaux-mouches.*

oiseler **v.** **< 4 ou RO 5 > (de *oisel* → oiseau)** **1. v. tr.** Dresser (un oiseau) pour la chasse. **2. v. intr.** Chasser les petits oiseaux avec des pièges.

oiselet **n. m.** **(→ oiseau)** littér. Petit oiseau, jeune oiseau. → **oisillon.**

oiseleur, euse **n.** **(→ oiseau)** anciennt Personne qui prend des petits oiseaux.

oiselier, ière **n.** **(→ oiseau)** Personne qui élève et vend des oiseaux.

oiselle **n. f.** **(→ oiseau)** **1.** littér. Femelle d'oiseau. **2.** Jeune fille sotte. → **oie blanche.**

oisellerie **n. f.** **(→ oiseau)** **1.** vieux Lieu où l'on élève les oiseaux. **2.** Métier d'oiselier ; vente des oiseaux.

oiseux, euse **adj.** **(vient du latin *otiosus* « inactif ; inutile » *cf.* oisif)** Qui ne mène à rien, est inutile, fait perdre du temps. → **inutile, vain.** *Question oiseuse.*

oisif, ive **(famille de *oiseux*)** **1. adj.** Qui est dépourvu d'occupation, n'exerce pas de profession. → **désœuvré, inactif, inoccupé.** – *Mener une vie oisive.* **2. n.** Personne qui a beaucoup de loisir. « *L'angoisse de la mort est un luxe qui touche beaucoup plus l'oisif que le travailleur* » (Camus). ▫ **adv. oisivement**

oisillon **n. m.** **(de *oisel* → oiseau)** Jeune oiseau.

oisiveté **n. f.** État d'une personne oisive. → **désœuvrement, inaction.** *Vivre dans l'oisiveté.* – prov. *L'oisiveté est (la) mère de tous les vices.*

oison **n. m.** **(de l'ancien français *osson*, qui vient du latin, de *auca* → oie, refait d'après *oiseau*)** Petit de l'oie.

Oissel Commune de la Seine-Maritime, dans la banlieue de Rouen. 12 266 habitants.

Oïstrakh (David Fedorovitch) Violoniste soviétique (1908-1974). Considéré comme l'un des plus grands violonistes de son temps, il fut aussi chef d'orchestre. Il créa des œuvres de Chostakovitch et de Prokofiev et joua avec Richter et Rostropovitch.

OIT (Organisation internationale du travail) Organisation créée en 1919, rattachée à l'ONU en 1946. Elle est dirigée par une Conférence générale et un Conseil d'administration composés de délégués des gouvernements et de représentants des travailleurs et des employeurs. Le Bureau international du travail (BIT) est son secrétariat permanent. L'OIT a pour but d'améliorer les conditions de travail et de promouvoir la justice sociale dans le monde. Prix Nobel de la paix 1969.

Oita Ville du Japon (Kyūshū). 475 800 habitants. Ville ancienne, dans laquelle les Portugais débarquèrent au XVIe siècle.

Ojeda (Alonso de) voir **Hojeda (Alonso de)**

Ojibwés Amérindiens de la région des Grands Lacs, aux États-Unis et au Canada (plus de 160 000 individus). Leur langue appartient à la même famille que l'algonquin.

Ojos del Salado **n. m.** Sommet des Andes, au Chili. 6 880 m. C'est le plus haut volcan du monde.

OK [ɔke ; ɔkɛ] **adv.** **(mot anglais des États-Unis, de *oll korrect* « tout est bien », altération de *all correct*)** anglic., fam. D'accord. *À demain ? — OK.* – **adj. invar.** *C'est OK* : ça va, c'est bien.

oka **n. m.** **(n. de lieu, au Québec, près de Montréal)** Fromage pressé, à pâte ferme, fabriqué au Québec.

Oka **n. f.** Rivière de Russie, affluent de la Volga. 1 500 km.

Okakura **Kakuzō, dit Tenshin** Lettré et esthète japonais (1862-1913). Il fonda l'Institut des beaux-arts de Tōkyō en 1898. *Le Livre du thé.*

okapi **n. m.** **(mot du Congo)** Mammifère ruminant de la famille des girafes (au cou moins long).

Okavango **n. m.** Fleuve d'Afrique australe. 1 600 km. Né en Angola sous le nom de Cubango, il forme la frontière entre l'Angola et la Namibie, traverse le désert de Kalahari et disparaît en un delta marécageux au N. du Botswana.

Okayama Ville du Japon (Honshū). 725 100 habitants. Château du XVIe s. Industrie.

Okazaki Ville du Japon (Honshū). 384 800 habitants.

O'Keeffe (Georgia) Peintre américaine (1887-1986). Proche des régionalistes, elle peignit notamment des séries de fleurs en gros plan *(White Rose)*, des ossements *(Cow's Skull : Red, White and Blue)* et des paysages *(Lake George Window)*. Ses montagnes, arides et roses, prennent l'allure de replis de chair humaine.

O'Kelly (Sean) Homme d'État irlandais (1882-1966). Fondateur du parti Sinn Féin en 1905, il devint président de l'Eire, puis de la république d'Irlande, de 1945 à 1959.

Okhotsk (mer d') Mer intérieure formée par le Pacifique au N.-E. de l'Asie, délimitée par la côte de la Sibérie, la presqu'île du Kamtchatka, les îles Kouriles et l'île de Sakhaline.

Okhrid voir **Ohrid**

Okinawa Île principale de l'archipel japonais des Ryūkyū. 1 468 400 habitants. Elle fut le théâtre de violents combats entre Américains et Japonais en 1945.

Oklahoma **n. m.** État du centre des États-Unis. 181 090 km². 3,95 millions d'habitants. Capitale : Oklahoma City. Blé. Pétrole. La région fit partie de la Louisiane française.

Oklahoma City Ville des États-Unis, capitale de l'Oklahoma. 681 000 habitants. Université. Centre commercial et industriel. Ressources pétrolières.

Okoudjava (Boulat Chalvovitch) Poète russe (1924-1997). Il acquit une grande popularité grâce à ses chansons exprimant la haine de la guerre et le goût de la liberté *(Le Joyeux Tambour)*. Il relata ses souvenirs du front *(La Cuiller)* et écrivit des romans historiques *(Un banquet pour Napoléon)*.

okoumé **n. m.** **(mot du Gabon)** Arbre d'Afrique équatoriale ; bois de cet arbre, aux reflets rouges.

Oldenburg (Claes)

Claes Oldenburg et Coosje van Bruggen, *Dropped Bowl with Scattered Slices and Peals* (1990), Miami.

okra n. m. (mot d'une langue africaine) Plante tropicale dont les fruits, cueillis verts, sont employés comme légumes. → **gombo.** - var. **ocra.**

Ōkuma Shigenobu Homme politique japonais (1838-1922). Président du Conseil, il déclara la guerre à l'Allemagne en août 1914, puis signa en 1916 avec la Russie un traité d'alliance en vue d'un partage de la Chine.

OKW n. m. (en allemand **Oberkommando der Wehrmacht « commandement suprême des forces armées »**) Organisme qui, de 1938 à 1945, remplaça le ministère de la Guerre et le commandement en chef des armées en Allemagne.

-ol Élément de mots de chimie (tiré de *alcool*) indiquant la présence d'une fonction alcool*.

ola n. f. (mot espagnol, « vague ») Manifestation d'enthousiasme du public, dans un stade, les bras levés puis baissés progressivement figurant la propagation d'une vague.

Öland Île de Suède, dans la mer Baltique, en face de Kalmar. 24 500 habitants.

Olaus Petri (**Olof Petersson,** latinisé en) Réformateur suédois (1493-1552). Chancelier du roi Gustave Ier Vasa, il contribua à implanter la Réforme en Suède. *Chronique suédoise.*

Olav Nom de plusieurs rois de Danemark. ■ **Olav Ier Hunger.** Roi de Danemark (1086-1095). Une grande famine toucha le pays sous son règne, ce qui lui valut le surnom de *Hunger* (faim). ■ **Olav II Haakonsson** (1370-1387). Il devint roi de Danemark en 1376 et roi de Norvège en 1380 sous la tutelle de sa mère, Marguerite Valdemarsdotter.

Olav Nom de plusieurs rois de Norvège. ■ **Olav Ier Trygvesson** (v. 964-1000). Roi de Norvège (995-1000). Il tenta d'introduire le christianisme en Norvège. ■ **Olav II Haraldsson, dit le Gros ou le Saint** (v. 995-1030). Roi de Norvège (1015-1028). Il tenta d'imposer le christianisme par la force, mais fut battu par les nobles soutenus par le roi danois Canut le Grand. Il fut tué alors qu'il tentait de reconquérir le royaume.

Oldenbourg n. m. en allemand **Oldenburg** Ancien État d'Allemagne, en bordure de la mer du Nord. Gouverné par les *comtes d'Oldenbourg* (XIe s.-1667), puis par le roi de Danemark, il devint duché du Saint Empire et entra dans l'Empire allemand en 1871. Aujourd'hui, la région est intégrée au Land de Basse-Saxe.

Oldenbourg Ville d'Allemagne (Basse-Saxe). 159 000 habitants. Industrie alimentaire. Château (XVIIe-XVIIIe s.). Ancienne capitale de l'Oldenbourg.

Oldenburg (**Claes**) Artiste américain d'origine suédoise (1929-2022). Vedette du pop art (*The Store*), il réalisa, notamment, des sculptures molles (*Typewriter ; Soft Saxophone*).

Oldham Ville d'Angleterre, dans la banlieue N. de Manchester. 96 500 habitants. Industrie mécanique.

Olduvai (**gorges d'**) Site préhistorique du N. de la Tanzanie où furent découverts, notamment par Louis et Mary Leakey, les restes de plusieurs hominidés de l'espèce *Homo habilis,* datant d'environ 1,8 million d'années.

olé interj. (mot espagnol) Exclamation espagnole qui sert à encourager. - var. **ollé.**

olé-, oléi-, oléo- Éléments (du latin *oleum* → **huile**) qui signifient « huile ».

oléacée n. f. bot. Plante gamopétale (famille des *Oléacées ;* ex. l'olivier, le frêne, le troène, le lilas).

oléagineux, euse adj. (du latin *oleum* → **olé-**) Qui contient de l'huile. *Graines, plantes oléagineuses.* → **oléifère.** – n. m. *L'arachide, le colza sont des oléagineux.*

oléate n. m. chim. Sel ou ester de l'acide oléique.

olécrane n. m. (du grec, de *ôlenê* « bras ; coude » et *kranion* → **¹crâne**) anat. Apophyse du cubitus, formant la saillie du coude.

oléfine n. f. chim. Carbure éthylénique, caractérisé par une double liaison carbone-carbone. → **alcène.**

oléiculture n. f. Culture de l'olivier, ou de plantes oléagineuses. □ n. **oléiculteur, trice**

oléifère adj. Qui fournit de l'huile, ou une graisse végétale (plantes). → **oléagineux.**

oléine n. f. (de *olé-* + *-ine* de *glycérine*) chim. Ester de l'acide oléique et du glycérol, constituant de corps gras (beurre, huiles).

oléique adj. chim. *Acide oléique :* acide organique non saturé qui se trouve dans des corps gras sous forme d'oléine.

Olenek ou **Oleniok** n. m. Fleuve de Russie, en Sibérie. 2 292 km. Il se jette dans l'océan Arctique (mer des Laptev).

oléoduc n. m. (de *oléo-,* d'après l'anglais *oil* « pétrole » et *aqueduc*) Conduite pour le pétrole. → anglic. **pipeline.**

olé olé adj. invar. (→ **olé**) fam. Qui est libre dans son langage, ses manières. *Elles sont un peu olé olé.* - var. **ollé ollé.**

oléomètre n. m. techn. Appareil de mesure de la densité des huiles.

oléopneumatique adj. techn. Qui fonctionne par l'action d'une huile et d'un gaz comprimé. *Suspension oléopneumatique* (d'une automobile).

oléoprotéagineux, euse adj. (plante) Dont les graines, les fruits sont riches en huile (lipides) et en protéines. – n. m. *Le soja est un oléoprotéagineux.*

Oléron (**île d'**) Île de la Charente-Maritime, dans l'océan Atlantique. 175 km^2. 21 889 habitants. Elle est reliée au continent par un pont. Ostréiculture. Viticulture. Tourisme.

oléum [ɔleɔm] n. m. (mot latin « huile » → **huile**) chim. Acide sulfurique fumant, d'aspect huileux.

olfactif, ive adj. (du latin *olfactus* « odorat ») didact. Relatif à l'odorat. *Sens olfactif.* → **odorat, olfaction.**

olfaction n. f. (→ **olfactif**) didact. Odorat.

Oli ou **Olid** (**Cristóbal de**) Navigateur et conquistador espagnol (1488-1524). Il participa à la conquête du Mexique et fut chargé par Cortés d'une expédition au Honduras, qu'il déclara indépendant. Il fut tué sur ordre de Cortés.

olibrius [ɔlibʀijys] n. m. (de *Olybrius*) fam., péj. Homme qui se fait fâcheusement remarquer. → **²original, phénomène.**

Olier (**Jean-Jacques,** connu sous le nom de **Monsieur**) Prêtre français (1608-1657). Curé de Saint-Sulpice, à Paris, il y créa un séminaire et fonda la Compagnie des prêtres de Saint-Sulpice (sulpiciens).

olifant n. m. (forme ancienne de *éléphant*) ancient Cor d'ivoire des chevaliers, taillé dans une défense d'éléphant. *L'olifant de Roland.*

oligarchie n. f. (→ **-archie**) Régime politique dans lequel la souveraineté appartient à une classe restreinte et privilégiée ; ce groupe. *L'oligarchie stalinienne.* – spécialt Système des oligarques*, après la dissolution de l'URSS. □ adj. **oligarchique**

oligarque n. Personnage puissant, membre d'une oligarchie. – spécialt Membre du système qui s'est mis en place dans les années 1990 en ex-Union soviétique, par lequel quelques personnes se sont emparées du pouvoir économique.

oligiste adj. et n. m. (grec *oligistos* « très peu », de *oligos* → **oligo-**) minér. *Fer oligiste* ou n. m. *oligiste :* hématite rouge, oxyde naturel de fer.

olig(o)- Élément (du grec *oligos*) qui signifie « petit ; en petit nombre ».

oligocène n. m. (→ **-cène**) géol. Période de l'ère tertiaire qui succède à l'éocène.

oligochète [ɔligɔkɛt] n. m. (de *oligo-* et du grec *khaitê* « chevelure ») Ver annélide, terrestre ou aquatique, portant un petit nombre de soies (classe des *Oligochètes ;* ex. le lombric).

oligoélément n. m. physiol. Élément chimique présent en très faible quantité dans l'organisme, indispensable au métabolisme (ex. le fer, le magnésium).

oligomère n. m. (→ **-mère**) chim. Polymère formé d'un petit nombre de monomères.

oligophrénie n. f. (→ **-phrénie**) méd. vieilli Arriération mentale. □ n. et adj. **oligophrène**

oligopole n. m. (de *oligo-* et *monopole*) écon. Marché où un petit nombre de vendeurs ont le monopole de l'offre, les acheteurs étant nombreux. - contr. **oligopsone.** □ adj. **oligopolistique**

oligopsone n. m. (de *oligo-* et du grec *opsônia* « approvisionnement ») écon. Marché caractérisé par un petit nombre d'acheteurs, les vendeurs étant nombreux. - contr. **oligopole.** □ adj. **oligopsonique**

oligosaccharide n. m. biochim. Composé contenant de deux à dix sous-unités d'oses liés de façon covalente. - var. RO **oligosaccaride.**

oligospermie n. f. méd. Insuffisance de la production de sperme, ou faible quantité de spermatozoïdes dans le sperme. - terme recommandé **oligozoospermie n. f.**

oligurie n. f. (de *olig-* + *-urie*) méd. Diminution ou insuffisance de la quantité d'urine émise.

Olinda Ville du Brésil, dans l'agglomération de Recife (Pernambouc). 368 000 habitants. Églises baroques des XVIIe et XVIIIe siècles.

olivaie n. f. Plantation d'oliviers. → **oliveraie.**

olivaison n. f. agric. Récolte des olives ; saison où se fait cette récolte.

Olivares (**Gaspar de Guzmán, comte et duc d'**) Homme politique espagnol (1587-1645). Favori de Philippe IV, il exerça le pouvoir de 1621 à 1643. Il échoua par une politique belliqueuse et fut banni.

olivâtre adj. Qui tire sur le vert olive. – péj. *Teint olivâtre,* mat et foncé.

olive n. f. (vient du latin *oliva* « olivier ; olive ») **I.** Petit fruit comestible, oblong, verdâtre puis noirâtre à maturité, à peau lisse. *Olives vertes, noires. Huile d'olive.* **II.** adj. invar. *Vert olive, olive,* d'une couleur verte tirant sur le brun.

Oliveira (**Manoel Pinto de**) Cinéaste portugais (1908-2015). Il a réalisé des films d'une grande qualité esthétique, souvent

O

teintés d'ironie. Il fut censuré par le régime de Salazar. *Val Abraham ; La Lettre.*

Oliver (Joe, dit King) Musicien américain de jazz (1885-1938). Il constitua le Creole Jazz Band, dans lequel jouèrent Louis Armstrong et Johnny Dodds. Cornettiste, compositeur, il libéra le style Nouvelle-Orléans de son répertoire folklorique. *Dippermouth Blues ; New Orleans Shout.*

oliveraie n. f. Plantation d'oliviers. → **oliveraie, olivette.**

olivet n. m. (du n. propre) Fromage de lait de vache, à pâte molle et à croûte lavée, fabriqué dans l'Orléanais.

Olivet Commune du Loiret, sur le Loiret. 22 503 habitants.

olivétain n. m. relig. Moine bénédictin appartenant à un ordre (l'ordre du *Mont-Olivet*) fondé au XIVe siècle à Sienne, en Italie.

Olivétan (Pierre Robert, dit) Érudit français (1506-1538). Il adhéra à la Réforme et traduisit la Bible en français d'après des textes originaux.

olivette n. f. I. Oliveraie. **II.** Vigne à raisins oblongs ; ces raisins. ■ Petite tomate oblongue et ferme.

olivier n. m. 1. Arbre ou arbrisseau à tronc noueux, à feuilles vert pâle et dont le fruit est l'olive. *Culture de l'olivier.* → **oléiculture.** *Le rameau d'olivier, symbole de la paix.* **2.** Bois de cet arbre.

Olivier (François) Homme politique français (1487-1560). Chancelier, il favorisa la politique des Guises et réprima sévèrement la conjuration d'Amboise.

Olivier (sir Laurence Kerr, dit Laurence) Acteur, metteur en scène et cinéaste britannique (1907-1989). Spécialiste du théâtre de Shakespeare, il porta à l'écran *Henri V, Hamlet* et *Richard III.* Il fut directeur du National Theatre.

Laurence Olivier dans *Hamlet* en 1948.

Olivier (Jean-Michel) Romancier et essayiste suisse (né en 1952). Il est l'auteur de romans *(L'Homme de cendre ; La Mémoire engloutie)*, d'essais *(Virus de la photographie)* et de poèmes *(L'Œil nu)*.

Oliviers (mont des) Colline à l'E. de Jérusalem. Dans les Évangiles, le Christ s'y rend pour prier avec ses disciples avant son arrestation.

olivine n. f. minér. Minéral (péridot) de couleur vert olive.

Oliwa ou **Oliva (traité d')** Traité signé en 1660 à Oliwa (aujourd'hui faubourg de Gdańsk, en Pologne) par la Suède, la Prusse et la Pologne. Cette dernière céda la Livonie à la Suède et renonça à la suzeraineté sur la Prusse orientale.

ollaire adj. (du latin, de *olla* « pot ») *Pierre ollaire,* pierre facile à travailler et très résistante à la chaleur.

olla-podrida n. f. (mots espagnols, « pot pourri ») vieux **1.** Plat espagnol, ragoût de viande et de légumes cuits ensemble. **2.** fig. Mélange informe. *Des ollas-podridas.* - var. RO **ollapodrida.**

ollé voir **olé**

ollé ollé voir **olé olé**

Ollier (Claude) Écrivain français (1922-2014). Son œuvre narrative est rattachée au nouveau roman. *La Mise en scène ; Enigma.*

Ollioules Commune du Var. 13 991 habitants. Ruines d'un château du XIIIe s. Église de style roman provençal.

Ollivier (Émile) Homme politique français (1825-1913). Député de l'opposition républicaine sous le second Empire, il fonda le Tiers Parti en 1863. Chargé de former un ministère (janv. 1870), il fit voter la déclaration de guerre à la Prusse (juill. 1870) et se retira après les premiers échecs de l'armée française.

Olmedo (José Joaquín) Homme politique et poète équatorien (1780-1847). Ami de Bolívar, il rédigea la Constitution de l'Équateur.

Olmèques n. m. pl. Peuple précolombien de la jungle tropicale du Mexique, dont la civilisation serait apparue au début du IIe millénaire av. J.-C. et s'est épanouie entre 1200 et 500 av. J.-C. La culture olmèque, connue grâce aux sites de Tres Zapotes, La Venta et San Lorenzo, est célèbre pour le travail du jade, la sculpture sur pierre (énormes têtes monolithiques) et le culte du jaguar.

Olmert (Ehud) Homme politique israélien (né en 1945). Il succéda à A. Sharon comme Premier ministre de 2006 à 2009. Il fut condamné pour corruption en 2016.

Olmi (Ermanno) Réalisateur italien (1931-2018). Dans la lignée du néoréalisme, il a réalisé notamment *L'Arbre aux sabots,* fresque paysanne, et *La Légende du saint buveur.*

Olmo (Lauro) Écrivain espagnol (1922-1994). Il est l'auteur d'un livre de contes (*Doce cuentos y uno más,* « Douze Contes et encore un ») et de pièces de théâtre (*La Camisa,* « La Chemise »).

Olmütz (reculade d') Conférence qui se tint à Olmütz (auj. Olomouc) les 28 et 29 nov. 1850, au cours de laquelle le roi de Prusse Frédéric-Guillaume IV, sous la pression autrichienne, renonça à ses visées sur l'Europe du Nord.

olographe adj. (de *holo-* + *-graphe*) dr. *Testament olographe,* écrit en entier de la main de son auteur. - var. **holographe.**

Olomouc en allemand **Olmütz** Ville de la République tchèque, au N. de la Moravie. 106 000 habitants. Cathédrale du XIIe s. Églises baroques. Hôtels de style Renaissance. Industries (mécanique, agroalimentaire).

Oloron (gave d') Torrent des Pyrénées-Atlantiques. 130 km. Formé par la réunion des gaves d'Aspe et d'Ossau, il se jette dans le gave de Pau.

Oloron-Sainte-Marie Chef-lieu d'arrondissement des Pyrénées-Atlantiques, au confluent des gaves d'Aspe et d'Ossau (gave d'Oloron). 10 653 habitants. Église romane. Industrie (aéronautique).

OLP (Organisation de libération de la Palestine) Organisation palestinienne fondée en 1964 dans le but d'obtenir la création d'un État palestinien. Après avoir encouragé le recours à la lutte armée, l'OLP s'engagea dans une voie diplomatique et signa en 1993 avec Israël les accords d'Oslo inaugurant le processus de paix. Elle fut dirigée par Y. Arafat, auquel succéda Mahmoud Abbas en 2004.

Olszewski (Karol) Physicien et chimiste polonais (1846-1915). Il parvint à liquéfier certains gaz dits alors « permanents » (azote, oxygène, oxyde de carbone).

Olsztyn Ville du N.-E. de la Pologne. 170 200 habitants. Industries (alimentaire, mécanique, chimique).

Olt n. m. Rivière de Roumanie. 736 km. Né en Transylvanie, l'Olt se jette dans le Danube.

Olténie Région de Roumanie située au S.-O. de l'Olt. Grande région agricole.

Olybrius (Anicius) Empereur romain d'Occident (mort en 472). Il fut élevé à l'Empire par Ricimer en 472.

Olympe n. m. en grec **Ólimbos** Massif montagneux de Grèce, entre la Thessalie et la Macédoine. Point culminant de la Grèce (Pantheon, 2 911 m). ■ Dans la mythologie grecque, montagne sacrée qui abritait le palais de Zeus et où se réunissaient les dieux *olympiens.*

Olympia Salle de spectacle parisienne fondée en 1893 boulevard des Capucines. Figurant parmi les premiers music-halls parisiens, c'est un haut lieu de la chanson française et internationale.

olympiade n. f. (du grec → olympique) 1. Période de quatre ans entre deux célébrations des Jeux olympiques. **2.** souvent au plur. Jeux olympiques.

Olympias Reine de Macédoine (v. 375-316 av. J.-C.). Épouse de Philippe II, mère d'Alexandre le Grand, elle disputa le pouvoir au régent Antipatros pendant les campagnes d'Alexandre. Après la mort de ce dernier, elle prit le pouvoir par la force et fut tuée sur l'ordre de Cassandre.

Olympie Ville de la Grèce antique, dans le Péloponnèse. On y célébrait les *jeux Olympiques.* Sanctuaire renommé, Olympie fut aussi un centre diplomatique et artistique. Son site archéologique est l'un des plus importants de Grèce.

Olmèques

Tête colossale olmèque (3,10 m de haut), sur le site de La Venta (État de Tabasco, Mexique).

olympien, ienne adj. (de *Olympe*) **1.** Relatif à l'Olympe, à ses dieux. **2.** Noble, majestueux. *Calme olympien.*

olympique adj. (du grec, du n. de Olympie) **1.** Antiq. grecque *Les jeux Olympiques :* concours gymniques qui étaient célébrés tous les quatre ans près d'Olympie, à partir de 776 av. J.-C. **2.** mod. *Les Jeux olympiques :* rencontres sportives internationales qui ont lieu tous les quatre ans (→ **olympiade**). *Jeux olympiques d'hiver, d'été.* - abrév. **JO.** – *Champion olympique. Comité international olympique* (CIO). *Ville olympique.* – n. m. (Canada) *Les Olympiques.* ■ Conforme aux règles des Jeux olympiques. *Piscine olympique.* – *Elle est dans une forme olympique, ce matin.*

▶ Quatre cités de la Grèce antique organisaient des jeux qui attiraient des athlètes venus de toute la Grèce : Delphes (*jeux Pythiques*), Corinthe (*jeux Isthmiques*), Némée (*jeux Néméens*) et Olympie (**jeux Olympiques**), dont les jeux étaient les plus prestigieux. L'origine de ces jeux reste incertaine : une tradition les dit fondés par Pélops, fils de Tantale, ou par Héraclès (Hercule) sous la conduite d'Apollon. Les jeux Olympiques étaient l'occasion d'une trêve sacrée (la *trêve olympique*), par laquelle les cités grecques pouvaient vivre un temps de paix. Les vainqueurs des diverses épreuves (course, saut, lancer, lutte...) recevaient une couronne de branches d'olivier tressées. Ils étaient chantés dans des odes triomphales (ou *épinicies*).

Les Jeux modernes, réintroduits par P. de Coubertin en 1896 et déclinés depuis en Jeux d'été et Jeux d'hiver, ont vocation à rassembler les nations dans un pays d'accueil différent tous les quatre ans. Mais, malgré les symboles (les cinq anneaux entrelacés figurant les cinq continents ; la flamme qui passe de main en main tout autour du monde), les JO reflètent fortement les nationalismes et certains ont été associés à des évènements de nature politique : Berlin en 1936, sous les drapeaux nazis ; Mexico en 1968, avec deux poings d'athlètes noirs levés en forme de protestation ; Munich en 1972, et ses assassinats sur fond de conflit israélo-palestinien...

Longtemps réservés aux compétiteurs amateurs, afin de respecter l'inspiration antique et la formule de leur créateur moderne (« L'essentiel est de participer »), les JO accueillent également depuis le début des années 1990 les sportifs professionnels. Leur portée économique et médiatique est immense. Les Jeux paralympiques, réunissant des athlètes en situation de handicap, ont été créés en 1960.

voir aussi **sport**

olympisme n. m. Ensemble des évènements liés à l'organisation des Jeux olympiques ; état d'esprit, règles, statuts qui régissent les Jeux.

Olynthe Ancienne ville de Grèce, en Chalcidique. Prise par Philippe II de Macédoine en –348, elle fut rasée, et ses habitants vendus comme esclaves.

Om n. m. Rivière de Russie (Sibérie occidentale), affluent de l'Irtych. 1 091 km.

Omaha Ville des États-Unis (Nebraska), sur le Missouri. 486 000 habitants. Université. Commerce agricole.

Omalius d'Halloy (Jean-Baptiste Julien, baron d') Administrateur et géographe belge (1783-1875). Il réalisa, à la demande de Napoléon Ier, la carte géologique de l'empire français.

Oman (mer d') ou **mer d'Arabie** Mer formée au S.-O. de l'Asie par l'océan Indien, bordée par la péninsule Arabique, le Pakistan et l'Inde.

Oman (golfe d') Golfe situé au débouché du golfe Persique, avec lequel il communique par le détroit d'Ormuz.

Oman

■ offic. sultanat d'Oman ; jusqu'en juillet 1970 sultanat de Mascate-et-Oman État de la péninsule Arabique. → Arabie (carte). 212 460 km^2. 4,8 millions d'habitants (les *Omanais*). **Langue :** arabe. **Religion :** musulmans (de rite ibadite, 70 % ; sunnites, 25 % ; chiites, 5 %). **Monnaie :** riyal omanais. **Capitale :** Mascate. **Régime :** monarchie.

GÉOGRAPHIE

Le sultanat commande le détroit d'Ormuz par un promontoire rocheux (cap Musandam) séparé du reste du pays par les Émirats arabes unis. Au N. se dresse le djebel Akhdar (« la montagne verte »). Une zone aride longue de 800 km relie le N. du pays au Dhofar, composé d'une étroite bande côtière et de montagnes. Le climat est tropical dans le Dhofar (dattes, bananes, noix de coco), chaud et sec au N. (agrumes, vigne, olivier ; agriculture irriguée) ; les montagnes sont le domaine de l'élevage. Le sultanat est riche en minerais (cuivre, manganèse, phosphate) ; toutefois, depuis les années 1970, le pétrole et le gaz sont les véritables moteurs de son économie (70 % du PNB, 90 % des exportations). Les réserves étant limitées, le sultanat contrôle leur exploitation ; soucieux de son indépendance, il n'est pas membre de l'Opep.

HISTOIRE

Il y a 3 000 ans avant notre ère, Oman était déjà un royaume. Il fut conquis par les Perses (536 av. J.-C.). Islamisé au VIIe s., il se rallia au kharidjisme (dissidence islamique, aujourd'hui *rite ibadite*). Les Portugais occupèrent partiellement la région (XVIe s.) jusqu'en 1650. Le sultanat de Mascate-et-Oman, fondé en 1793, s'enrichit grâce au commerce pratiqué sur la côte orientale de l'Afrique et à Zanzibar. Il conclut un traité d'amitié avec les Britanniques (1798). Affaibli, le pays fut divisé en deux États : Mascate et Oman. Le sultan d'Oman résista à plusieurs tentatives de restauration d'un régime religieux (imamat) grâce au soutien britannique. En 1970, le sultan Sa'īd ibn Taymūr fut déposé par son fils, Qābūs, qui entreprit la modernisation du pays grâce aux revenus du pétrole. Bien que membre de la Ligue arabe, le pays affirma son indépendance en conservant des relations diplomatiques avec l'Égypte après les accords de Camp David (1978), avec l'Iran et l'Irak (années 1980), et avec Israël jusqu'en 2000. À la mort du sultan Qābūs, en 2020, son cousin, Haitham ben Tarek, lui succéda.

Omar Ier Deuxième calife des musulmans (v. 581-644). Sous son califat, la conquête de la Mésopotamie, de la Syrie, de la Palestine et de l'Égypte fut achevée. Il instaura l'ère de l'Hégire.

ombelle n. f. (latin *umbella* « ombrelle » ; famille de *ombre*) Ensemble de petites fleurs groupées formant coupole, sphère.

ombellé, ée adj. bot. Disposé en ombelle.

ombellifère n. f. (→ -fère) Plante à fleurs en ombelles (famille des *Ombellifères ;* ex. la carotte, le cerfeuil, le persil).

ombelliforme adj. didact. Qui a la forme d'une ombelle.

ombellule n. f. bot. Ombelle partielle qui fait partie d'une ombelle composée.

ombilic n. m. (latin *umbilicus* → nombril) **I. 1.** anat. Nombril. **2.** fig., littér. Point central. **II.** bot. Plante vivace, à racine tubéreuse, dont une variété à fleurs pendantes est appelée *nombril de Vénus.*

ombilical, ale, aux adj. anat. Relatif à l'ombilic. *Cordon* ombilical.*

ombiliqué, ée adj. didact. Qui présente en son centre une dépression évoquant un ombilic. *Feuille ombiliquée.*

omble n. m. (vient du bas latin *amulus*) Poisson de rivière, de lac, voisin du saumon. *Omble chevalier.*

ombrage n. m. **I. 1.** littér. Ensemble de branches et de feuilles qui donnent de l'ombre. *Se reposer sous l'ombrage.* **2.** L'ombre que donnent les feuillages. **II.** loc. *Prendre ombrage de qqch.*, en concevoir du dépit, de la jalousie. ■ *Porter, faire ombrage à qqn,* l'éclipser, lui donner du dépit.

ombrager v. tr. < 3 > (feuillage) Faire, donner de l'ombre. – au p. p. *Jardin ombragé.*

ombrageux, euse adj. **1.** *Cheval ombrageux,* qui s'inquiète, qui s'effraie (d'une ombre, etc.). **2.** (personnes) Susceptible, méfiant. – *Caractère ombrageux.*

[1]ombre n. f. (vient du latin *umbra* → ombelle, ombrelle) **I. 1.** Zone sombre créée par un corps opaque qui intercepte les rayons lumineux ; absence de lumière (surtout celle du Soleil) dans une telle zone. *Ombre partielle.* → **clair-obscur, demi-jour, pénombre.** *L'ombre des arbres. Une ombre épaisse.* ■ loc. *À l'ombre. 30 degrés à l'ombre.* – fam. *Mettre qqn à l'ombre,* l'emprisonner. – *Vivre dans l'ombre de qqn,* près de lui, dans l'effacement de soi. – *Laisser une chose dans l'ombre,* dans l'incertitude. *De nombreuses zones d'ombre subsistent dans cette affaire. Faire de l'ombre à qqn,* l'éclipser. **2.** Représentation d'une zone sombre, en peinture, en dessin, en gravure... *Les ombres et les clairs.* → **clair-obscur.** – loc. *Il y a une ombre au tableau,* la situation comporte un élément inquiétant. ■ *Ombre à paupières :* fard à paupières. **II. 1.** Zone sombre reproduisant le contour plus ou moins déformé (d'un corps qui intercepte la lumière). « *Mon ombre* [...] *s'élançait devant moi, se raccourcissait, glissait sous mes pieds, prenait ma suite* » (Beckett). – loc. *Avoir peur de son ombre :* être très craintif. *Suivre qqn comme son ombre.* **2.** au plur. *Ombres chinoises :* projection sur un écran de silhouettes découpées. – *Théâtre d'ombres.* **3.** Apparence changeante, trompeuse ou fragile (d'une réalité). – loc. *Abandonner, laisser **la proie pour l'ombre**,* un avantage pour une espérance vaine. **4.** loc. *(pas) l'ombre de :* (pas) la plus petite quantité de. → **soupçon, trace.** *Il n'y a pas l'ombre d'un doute.* **5.** Dans certaines croyances, Apparence d'une personne qui survit après sa mort. → **âme, fantôme.** *Le royaume des ombres.* **6.** Reflet affaibli (de ce qui a été). *N'être plus que l'ombre de soi-même.*

[2]ombre n. m. Poisson de rivière, voisin du saumon et de l'omble. – abusivt *Ombre chevalier,* omble* chevalier.

[3]ombre n. f. Ocre brune utilisée en peinture. → **terre de Sienne.** - syn. **terre d'ombre.**

ombrelle n. f. (de l'italien, du latin *umbella* → ombelle, avec influence de *umbra* → [1]ombre) **1.** Petit parasol portatif de femme. **2.** zool. Partie convexe, généralement transparente, de la masse d'une méduse, d'où partent les tentacules.

ombrer v. tr. < 1 > Marquer de traits ou de zones représentant les ombres, en peignant, en dessinant.

ombrette n. f. Oiseau échassier d'Afrique, au plumage sombre.

ombreux, euse adj. **1.** littér. Qui donne de l'ombre. **2.** Qui est à l'ombre ; où il y a beaucoup d'ombre. → **sombre, ténébreux.**

Ombrie n. f. Région du centre de l'Italie. 8 456 km^2. 825 830 habitants. Chef-lieu : Pérouse. L'Ombrie, enclavée dans la péninsule, vit essentiellement de l'agriculture et du tourisme.

ombrien, enne adj. et n. **1.** De l'Ombrie, de ses habitants. – n. *Les Ombriens.* – n. m. Dialecte de l'italien parlé en Ombrie. **2.** n. m. ling. Langue ancienne du groupe italique, proche de l'osque.

ombrière n. f. Dispositif destiné à faire de l'ombre.

ombrine n. f. Poisson marin au corps argenté, comestible.

ombudsman [ɔmbydsman] n. m. (mot suédois) Dans les pays scandinaves, Personne chargée de défendre les droits des citoyens face aux pouvoirs publics. → **média-**

O

Si on se perd en conjectures sur les origines des JO, on sait que c'est à partir de 776 av. J.-C. que l'on entre dans l'histoire des Jeux, dès lors que les Grecs commencent à compter en olympiades. Leur restauration en 1896 par Pierre de Coubertin ouvre la période moderne des Jeux, qui seront organisés régulièrement, interrompus seulement lors des deux guerres mondiales.

Athènes, Paris, Saint Louis, Londres, Stockholm, Anvers, Paris, Amsterdam, Los Angeles, Berlin, Londres, Helsinki, Melbourne, Rome, Tokyo, Mexico, Munich, Montréal, Moscou, Los Angeles, Séoul, Barcelone, Atlanta, Sydney, Athènes, Pékin, Londres, Rio, Tokyo, Paris, Los Angeles

1896, 1900, 1904, 1908, 1912, 1920, 1924, 1928, 1932, 1936, 1948, 1952, 1956, 1960, 1964, 1968, 1972, 1976, 1980, 1984, 1988, 1992, 1996, 2000, 2004, 2008, 2012, 2016, 2020, 2024, 2028

Chamonix, St-Moritz, Lake Placid, Garmisch-Partenkirchen, St-Moritz, Oslo, Cortina d'Amp., Squaw Valley, Innsbruck, Grenoble, Sapporo, Innsbruck, Lake Placid, Sarajevo, Calgary, Albertville, Lillehammer, Nagano, Salt Lake City, Turin, Vancouver et Whistler, Sotchi, Pyeonchang, Pékin

Ci-dessus, une flamme et des anneaux, la symbolique olympique.

1. Le discobole, symbole de l'athlète grec.
2. Coubertin, le restaurateur des JO.
3. Les premiers Jeux modernes, Athènes, 1896.
4. Paris, 1924, sans l'Allemagne.
5. La « vitrine » de l'Allemagne, Berlin, 1936.
6. Helsinki, 1952, 1re participation de l'URSS.
7. Grenoble, 1968, un bon millésime français.
8. Mexico, 1968, innovation dans le saut en hauteur.
9. Montréal, 1976, boycott par 27 pays africains.
10. Pékin, 2008 : le BMX, une nouvelle épreuve olympique.
11. Pékin 2008, jeux paralympiques.

Jeux olympiques d'été
Jeux olympiques d'hiver

4

5

6

3

7

8

2

9

10

11

1

teur. *Des ombudsmans* ou *des ombudsmen* [ɔmbydsmɛn] (d'après l'anglais).

OMC (Organisation mondiale du commerce) Organisation fondée en 1994 pour veiller à la mise en œuvre des accords commerciaux conclus dans le cadre du GATT. Son siège est à Genève.

Omdourman ou **Omdurman** Ville du Soudan, sur le Nil, face à Khartoum. 1 271 000 habitants.

-ome Élément (de l'élément grec *-oma*) qui sert à former des mots de médecine désignant des tumeurs.

oméga n. m. invar. (grec « *o* grand » → méga-) **1.** invar. Dernière lettre de l'alphabet grec (Ω, ω), qui note en grec ancien le *o* long ouvert. → aussi **omicron.** – *L'alpha* et l'oméga.* **2.** au plur. Famille d'acides gras insaturés, aux effets bénéfiques pour la santé. *Les oméga* (ou *omégas*) *sont présents dans les poissons gras.*

omelette n. f. (famille de *lamelle ;* sans rapport avec *œufs mêlés*) Œufs battus et cuits à la poêle. *Omelette au jambon. Omelette baveuse.* – loc. prov. *On ne fait pas d'omelette sans casser des œufs,* on n'obtient rien sans un minimum de sacrifices. ■ *Omelette norvégienne :* entremets glacé et meringué.

omerta n. f. (mot sicilien, italien *umiltà* « humilité ») **1.** Loi du silence (de la Mafia, etc.). **2.** Silence gardé sur un sujet compromettant ou tabou. *L'omerta sur la corruption.*

omettre v. tr. < 56 > (latin *omittere,* de *mittere* → mettre) S'abstenir ou négliger de considérer, de mentionner ou de faire. → **oublier, taire.** *Elle a omis de nous prévenir.* – au p. p. *Ajouter une référence omise.*

Omeyades ou **Umayyades** n. m. pl. Dynastie de califes arabes qui régna à Damas de 650 à 750, puis à Cordoue de 756 à 1030. Les Omeyades étendirent considérablement leur empire, de l'Atlantique au seuil du monde chinois.

omicron [ɔmikʀɔn] n. m. invar. Quinzième lettre de l'alphabet grec (Ο, ο), qui note en grec ancien le *o* bref fermé. → aussi **oméga.**

omis, ise adj. voir **omettre**

omission n. f. (du latin → omettre) Le fait, l'action d'omettre qqch. ; la chose omise. *Omission volontaire ; involontaire.* → **absence, lacune, [1]manque, négligence, oubli.** *Un mensonge par omission.* – loc. *Sauf erreur ou omission.*

ommatidie n. f. (du grec *ommation,* diminutif de *omma* « œil ») zool. Chacune des unités optiques élémentaires formant l'œil composé des arthropodes. → **facette.**

omni- Élément (du latin *omnis*) qui signifie « tout ».

omnibus [ɔmnibys] n. m. (mot latin « pour tous », forme de *omnis* → omni-) Train qui dessert toutes les stations. – adj. *Ce train est omnibus entre Boulogne et Calais.*

omnidirectionnel, elle adj. techn. (appareil) Qui peut être utilisé dans toutes les directions avec les mêmes caractéristiques. *Antenne omnidirectionnelle.*

omnipotence n. f. (du latin, de *omnis* et *potentia* « puissance ») littér. Puissance absolue. → **toute-puissance.** □ adj. **omnipotent, ente**

omnipraticien, ienne n. didact. Médecin généraliste*.

omniprésence n. f. littér. Présence en tout lieu. → **ubiquité.**

omniprésent, ente adj. littér. Qui est partout, qui accompagne en tout lieu.

omniscient, ente [ɔmnisjɑ̃, ɑ̃t] adj. (du latin, famille de *scire* « savoir » → science) littér. Qui sait tout. □ **omniscience** n. f. littér.

omnisport ou **omnisports** adj. Où l'on peut pratiquer tous les sports. *Des clubs omnisports.*

omnium [ɔmnjɔm] n. (mot latin → omni-) **I.** n. m. Compétition cycliste sur piste, combinant plusieurs courses. *Des omniums.* **II.** n. f. (Belgique) Assurance tous risques.

omnivore adj. (→ -vore) Qui se nourrit indifféremment d'aliments d'origine animale ou végétale.

Omo n. m. Rivière d'Éthiopie qui se jette dans le lac Turkana. De nombreux ossements d'hominidés (australopithèques et hommes) ont été recueillis dans ses sédiments.

omoplate n. f. (grec *ômoplatê*) Os plat triangulaire de l'épaule, en haut du dos. → **scapula.**

Omphale Reine légendaire de Lydie. Elle s'éprend d'Héraclès, son esclave, et l'épouse.

Omphale et Hercule, fresque romaine provenant d'Herculanum (Ier s.), Musée national d'archéologie, Naples.

Omre (Arthur) Romancier norvégien (1887-1967). Ses romans et ses nouvelles explorent les origines sociales et psychologiques du crime. *Contrebandiers ; Le Pont des soupirs.*

OMS (Organisation mondiale de la santé) Organisation internationale dépendant de l'ONU, créée en 1948 dans le but d'amener les peuples au niveau de santé le plus élevé possible. Son siège est à Genève.

Omsk Ville de Russie (Sibérie occidentale), port sur l'Irtych. 1,1 million d'habitants. Industrie. Raffinerie de pétrole. Omsk fut la capitale de la Sibérie avant Novosibirsk.

on pron. indéf. (vient du latin *homo* → homme) Pronom personnel indéfini de la 3e personne, invariable, faisant toujours fonction de sujet **I.** (marquant l'indétermination) **1.** Les hommes en général, les gens, l'opinion. *On dit que :* le bruit court que (→ on-dit, qu'en-dira-t-on). – *Comme on dit :* selon l'expression consacrée. **2.** Une personne quelconque. *On m'a volé mes papiers.* **II.** (représentant une ou plusieurs personnes déterminées) **1.** Tu, toi, vous. *Eh bien ! on ne s'en fait pas !* **2.** Je, moi, nous. *Tu sais bien qu'on t'aime. Oui, oui ! on y va. On est arrivées.* – (dans un écrit) *On montrera dans ce livre que...* – fam. *Nous, tu sais, on ne fait pas toujours ce qu'on veut.*

-on Élément (de *électron*) utilisé en physique pour former les noms de particules élémentaires (ex. *proton*).

onagracée voir **œnothéracée**

[1]onagre n. m. (grec *onos* « âne » et *agrios* « sauvage ») Âne sauvage de grande taille.

[2]onagre n. f. Plante à grandes fleurs jaunes, appelée aussi *herbe aux ânes.* → **œnothère.**

onanisme n. m. (de *Onan,* personnage de la Bible) didact. Masturbation.

onc, oncques ou **onques** adv. (vient du latin *unquam* « un jour », adv. de sens négatif) vieux ou par plais. Jamais.

[1]once n. f. (vient du latin, de *unus* → un) **1.** Mesure de poids anglo-saxonne qui vaut la seizième partie de la livre, soit 28,349 g (symb. oz). **2.** *Une once de :* une très petite quantité de. *Il n'a pas une once de bon sens.* → **grain.**

[2]once n. f. (déformation de *lonce,* du latin *lynx* → lynx) Mammifère carnivore (félin) des montagnes d'Asie, de grande taille, au pelage clair et tacheté.

onchocercose [ɔ̃kosɛʀkoz] n. f. méd. Maladie tropicale parasitaire due à l'onchocerque, qui provoque des lésions cutanées et de graves lésions oculaires.

onchocerque [ɔ̃kosɛʀk] n. m. (du grec *ogkos* « crochet » et *kerkos* « queue ») zool., méd. Ver nématode (filaire), parasite des mammifères, responsable de l'onchocercose.

oncial, ale, aux adj. (du latin ; famille de [1]*once*) didact. Se dit d'une écriture calligraphique médiévale en capitales arrondies.

oncle n. m. (vient du latin *avunculus* « oncle maternel » → avunculaire, de *avus* → aïeul) Frère du père ou de la mère ; mari de la tante ou de l'oncle. → **tonton.** *Relatif à un oncle.* → **avunculaire.** *L'oncle et ses neveux et nièces.*

onco- Élément (du grec *ogkos* « grosseur ») qui signifie « tumeur ».

oncogène adj. (→ -gène) didact. Qui favorise le développement des tumeurs. → **cancérigène.** *Gène oncogène* ou n. m. *un oncogène.*

oncologie n. f. didact. Étude des tumeurs cancéreuses. → **cancérologie, carcinologie.** □ n. **oncologue**

oncotique adj. (du grec → onco-) biochim. *Pression oncotique,* pression osmotique* liée à la présence des protéines, dans une solution.

oncques voir **onc**

onction n. f. (latin *unctio,* de *unguere* → oindre) **1.** Rite qui consiste à oindre* une personne ou une chose (d'huile sainte). → **extrême-onction.** **2.** littér. Douceur dans les gestes, les paroles, qui dénote la piété, la dévotion (parfois hypocrites).

onctueux, euse adj. (latin, de *unguere* → oindre) **1.** Qui est de la nature d'un corps gras. **2.** Qui fait au toucher, au palais, une impression douce et moelleuse. *Potage onctueux.* ■ fig. (souvent iron.) *Avoir des manières onctueuses.* → **mielleux.**

onctuosité n. f. Caractère de ce qui est onctueux.

Ondaatje (Michael) Romancier, cinéaste et poète canadien d'expression anglaise (né en 1943). D'origine sri-lankaise, il cultive une écriture pleine d'exotisme et d'éclectisme, parfois proche du surréalisme. *Le Patient anglais ; Le Fantôme d'Anil.*

ondatra n. m. (mot huron) Petit mammifère rongeur originaire de l'Amérique du Nord, voisin du castor. → **rat musqué.**

onde n. f. (vient du latin *unda* « eau courante » → inonder ; ondée, ondin, ondulation ; redondant) **I.** littér. et vieilli L'eau dans la nature (mer, lac, rivière...). *Onde limpide, transparente.* **II.** **1.** sc. Déformation, ébranlement ou vibration qui se propage dans un milieu donné (→ **ondulatoire**). *Crête, creux d'une onde. Amplitude, période d'une onde.* – *Ondes liquides,* ondes concentriques dans l'eau. → **ride, rond.** – *Ondes sonores,* du son*. – ***Ondes électromagnétiques,*** qui ne nécessitent aucun milieu matériel connu pour leur propagation. – ***Ondes hertziennes*** ou ***radioélectriques :*** ondes électromagnétiques utilisées pour la propagation de messages et de sons (→ [1]**radio**). *Ondes courtes, ondes moyennes ; petites ondes, grandes ondes. Longueur d'onde.* – fam. *Être sur la même longueur d'onde,* se comprendre. – *Onde de choc :* sillage d'un objet se déplaçant dans l'air à une vitesse supersonique ; fig. ensemble des répercussions, souvent fâcheuses, d'un évènement. – *Ondes gravitationnelles :* variations de la courbure de l'espace-temps causées par la collision d'objets célestes. ■ *Les ondes :* la radiodiffusion. *Metteur en ondes.* – (Canada) *Être en ondes,* à l'antenne. **2.** littér. Sensation qui se propage comme une onde. *Une onde de plaisir.*

Selon leur nature, les **ondes** sont visibles ou invisibles, rapides ou lentes, progressives ou stationnaires. Elles se propagent sur des supports matériels ou immatériels et sont nommées en fonction des phénomènes qui leur donnent naissance. Les ondes mécaniques, capillaires, sis-

miques, sonores et électromagnétiques régissent ainsi respectivement le mouvement de la houle sur l'océan, les ronds dans l'eau, les tremblements de terre, la musique des cordes de guitare et l'efficacité des communications sans fil.
En dépit de cette grande diversité, elles possèdent des propriétés communes qui permettent de les caractériser par une longueur, une fréquence, une amplitude et une vitesse de propagation. Ondulations continues ou ondes de choc, elles transportent de l'information et de l'énergie.
Les ondes sonores ne se propagent pas dans le vide. Elles sont audibles ou non par l'humain, ce qui lui permet de distinguer les sons des infra-sons et des ultra-sons. La maîtrise de ces derniers permet, grâce aux techniques de l'échographie et du sonar, de « voir » nos organes, les fonds marins ou le sous-sol.
Les ondes dites « électromagnétiques » nous environnent, interfèrent, occupent l'espace et se propagent sans support matériel jusqu'aux confins de l'univers, à la vitesse ultime de la lumière. L'œil est sensible à certaines d'entre elles, que l'on regroupe sous le terme de « lumière visible ». Au-delà, on trouve les ultra-violets, les rayons X et les très énergétiques rayons gamma ; en deçà, les infrarouges qui transportent la chaleur, les micro-ondes et les ondes radio, ces deux derniers types d'ondes se trouvant au cœur de tous nos systèmes d'information.
L'utilisation de certaines ondes fait parfois l'objet de polémiques violentes. Si les ondes électromagnétiques les plus énergétiques sont dangereuses par leur action destructrice des structures moléculaires du vivant, les autres n'interagissent que faiblement avec la matière, de manière très douce.
voir aussi **micro-ondes, lumière**

Onde
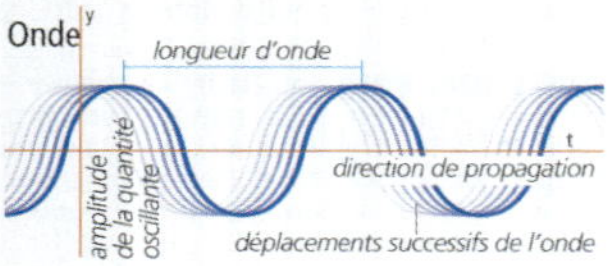

Onde électromagnétique
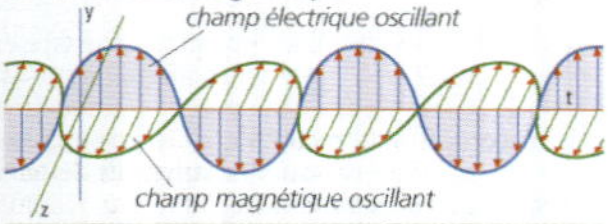

La longueur d'onde est une grandeur physique, homogène à une longueur, utilisée pour caractériser des phénomènes périodiques.

ondé, ée adj. littér. Qui présente des ondes, des ondulations. → **onduleux.**

ondée n. f. Pluie soudaine et de peu de durée. → **averse.**

ondemètre n. m. techn. Appareil servant à mesurer la longueur d'onde d'une émission radioélectrique.

ondin, ine n. (de *onde*) Génie, déesse des eaux de la mythologie nordique (rare au masc.).

ondinisme n. m. Tendance érotique dans laquelle le plaisir est provoqué par la vue ou le contact de l'eau ou de l'urine.

on-dit n. m. invar. Bruit qui court. → **racontar, rumeur.**

ondoiement n. m. **1.** Mouvement de ce qui ondoie. **2.** relig. cathol. Baptême d'urgence où seule l'ablution baptismale est faite.

ondoyant, ante adj. **1.** Qui ondoie. **2.** littér. Changeant. *L'homme, sujet « divers et ondoyant »* (Montaigne).

ondoyer v. < 8 > (de *onde* « vague ») **1.** v. intr. littér. Se mouvoir en s'élevant et s'abaissant alternativement. *Les blés ondoyaient.* → **¹flotter, onduler. 2.** v. tr. relig. cathol. Baptiser par ondoiement.

ondulant, ante adj. Qui ondule. → **ondoyant.**

ondulation n. f. (du latin *undula*, diminutif de *unda* → **onde**) **1.** Mouvement alternatif de ce qui s'élève et s'abaisse en donnant l'impression d'un déplacement. → **ondoiement. 2.** Forme sinueuse, faite de courbes alternativement concaves et convexes. *Les ondulations des cheveux.* → **cran.** – *Ondulation du sol.* → **pli. 3.** Action de friser les cheveux.

ondulatoire adj. (→ **ondulation**) sc. **1.** Qui a les caractères d'une onde. *Mouvement ondulatoire du son.* **2.** Qui se rapporte aux ondes. ***Mécanique ondulatoire*** *:* théorie selon laquelle toute particule est associée à une onde.

ondulé, ée adj. Qui fait des ondulations. → **onduleux.** – *Tôle* ondulée.* – *Cheveux ondulés.*

onduler v. intr. < 1 > (→ **ondulation**) **1.** Avoir un mouvement sinueux d'ondulation. → **ondoyer. 2.** Présenter des ondulations (2). *Ses cheveux ondulent naturellement.* **3.** trans. Donner à (qqch.) un aspect ondulé. *Onduler des cheveux au fer.* → **boucler, friser.**

onduleur n. m. électr. Appareil qui transforme un courant continu en courant alternatif.

onduleux, euse adj. **1.** Qui présente de larges ondulations. → **courbe, sinueux. 2.** Qui ondule. → **ondoyant, ondulant.**

-one Élément très productif en chimie, notamment (de *acétone*) pour former les noms des cétones et (de *carbone*) pour former des noms de composés.

Onega (lac) Lac de Russie, en Carélie. 9 700 km². Il est relié à la mer Blanche par le canal Baltique-mer Blanche.

O'Neill Famille royale irlandaise dont une branche régna sur l'Ulster. ■ **Hugh O'Neill, 2ᵉ comte de Tyrone** Homme de guerre irlandais (v. 1540-1616). Il se rebella contre les Anglais, mais fut vaincu par eux en 1603. ■ **Owen Roe O'Neill.** Homme de guerre irlandais (1590-1649). Neveu de Hugh, il prit la tête de la révolte irlandaise et forma la Confédération de Kilkenny (1642). À sa mort, Cromwell envahit le pays, mettant fin à l'indépendance.

O'Neill (Eugene) Auteur dramatique américain (1888-1953). D'abord influencé par le naturalisme, il s'orienta ensuite vers un symbolisme poétique. Ses pièces révèlent la dimension tragique de la vie familiale. *Le deuil sied à Électre ; Long Voyage vers la nuit.* Prix Nobel 1936.

one man show [wanmanʃo] n. m. (expression anglaise « spectacle *[show]* d'un seul *[one]* homme *[man]* ») anglic. Spectacle de variétés centré sur un(e) artiste. → aussi **stand-up.** *Des one man shows.* – On emploie aussi *one woman show* [wanwumanʃo] n. m. dans le cas d'une vedette féminine. - recomm. offic. **spectacle solo, solo** ou **seul(e) en scène.**

onéreux, euse adj. (du latin, de *onus, oneris* « charge » *cf.* **exonérer**) **1.** Qui impose des frais, des dépenses. → **cher, coûteux, dispendieux. 2.** dr. *À titre onéreux :* sous la condition d'acquitter une charge, une obligation.

one-step [wanstɛp] n. m. (expr. anglaise « un pas ») anglic., vieux Danse d'origine américaine, sur une musique à deux temps syncopée, à la mode en France après la guerre de 1914-1918. *Des one-steps.*

Onetti (Juan Carlos) Écrivain uruguayen (1909-1994). Son œuvre romanesque explore la misère et la solitude urbaines. Il est également l'auteur de nombreuses nouvelles. *La Vie brève ; Le Chantier.*

Onfray (Michel) Philosophe français (né en 1959). Prônant une philosophie matérialiste et hédoniste, il se fait également le partisan d'un athéisme militant et d'un individualisme libertaire. *La Sagesse tragique : du bon usage de Nietzsche ; Journal hédoniste ; Contre-histoire de la philosophie.*

ONG [oɛnʒe] n. f. invar. (sigle de *organisation non gouvernementale*) Organisme financé essentiellement par des dons privés, qui se consacre à l'action humanitaire.

▶ Le *Comité international de la Croix-Rouge*, créé à Genève en 1863, est généralement considéré comme l'ancêtre des **ONG**. Son mode d'action a été précisé par les conventions de Genève qui, depuis 1864, tentent de définir les règles du droit international humanitaire. Pourtant, les ONG ne disposent toujours pas de statut précis dans le droit international, pas plus que dans le droit français (même si la plupart des ONG françaises sont des associations loi 1901). Plusieurs traits communs peuvent toutefois être relevés : les ONG sont des organismes à but non lucratif indépendants des pouvoirs publics et des États ; elles interviennent généralement à titre de personne morale à une échelle internationale pour apporter une aide humanitaire (alimentaire, médicale, économique ou technique : *Action contre la faim, Handicap international...*) ou pour défendre l'intérêt public (droits, idées, valeurs ou environnement : *Ligue des droits de l'homme, Reporters sans frontières, WWF...*).
Longtemps tenues à la neutralité, les ONG ont, à la suite de *Médecins sans frontières* lors de la guerre du Biafra, défendu le principe du « droit d'ingérence ». En réaction, s'appuyant sur les fondements du droit international qui stipulent qu'un État n'est lié à une règle de droit que s'il l'a acceptée, certains pays dénoncent la position ambiguë des ONG, au nom du respect de leur souveraineté nationale. Cette contradiction n'ayant pas été résolue, le meilleur appui, à la fois moral, financier et symbolique, pour des organisations comme *Greenpeace, Médecins sans frontières* ou *Amnesty International*, demeure l'opinion publique.
voir aussi **humanitaire, ingérence**

ongle n. m. (vient du latin *ungula*, de *unguis* → **ungui-**) **1.** Lame cornée à l'extrémité des doigts (mains, pieds). *Vernis à ongles. Se ronger les ongles* (→ **onychophagie**). *Coup d'ongle. Avoir les ongles noirs, en deuil* (sales). – loc. *Être qqch.* ***jusqu'au bout des ongles,*** l'être tout à fait. – *Elle connaît le sujet sur le bout des ongles,* à fond. – loc. fig. *Payer rubis* sur l'ongle.* **2.** Griffe (des carnassiers).

onglé, ée adj. didact. Qui a des ongles, est pourvu d'ongles. → **ongulé.**

onglée n. f. Engourdissement douloureux de l'extrémité des doigts, provoqué par le froid. *Avoir l'onglée.*

onglet n. m. (de *ongle*) **I. 1.** Petite bande de papier (permettant d'insérer une feuille dans un livre). **2.** Entaille, échancrure (sur un instrument, une lame...). ■ Échancrure dans les feuilles d'un livre, d'un cahier pour signaler une section. – inform. Élément d'une fenêtre permettant d'accéder facilement à des documents, des fonctions... **II.** Morceau de bœuf à griller (muscles du diaphragme).

onglette n. f. Petit outil de graveur (burin), appelé aussi *ognette* **n. f.**

onglier n. m. Ensemble d'instruments, d'accessoires pour la toilette et le soin des ongles ; étui qui les contient.

onglon n. m. zool. Sabot des ruminants, des porcins et des éléphants.

onguent n. m. (latin, de *unguere* → **oindre**) Médicament de consistance pâteuse que l'on applique sur la peau. → **liniment, pommade.**

onguiculé, ée adj. zool. (mammifères) Qui a des ongles ou des griffes (et non des sabots). *Mammifères onguiculés* (ex. le chien).

ongulé, ée adj. (latin, de *ungula* → **ongle**) zool. (animaux) Dont les pieds sont terminés par des productions cornées (sabots). – n. m. pl. *Les Ongulés :* ordre de mammifères porteurs de sabots.

onguligrade adj. (→ **-grade**) zool. (animaux) Qui marche sur des sabots. → **ongulé.**

onirique adj. **1.** Relatif aux rêves. **2.** Qui évoque un rêve, semble sorti d'un rêve.

onirisme n. m. **1.** méd. Activité mentale pathologique caractérisée par des visions, des hallucinations. **2.** Caractère onirique. *L'onirisme d'une œuvre.*

onir(o)- Élément (du grec *oneiros*) qui signifie « rêve ».

onirologie n. f. didact. Étude des rêves. □ n. **onirologue**

oniromancie n. f. didact. Divination par les songes. □ n. **oniromancien, ienne**

Onitsha Ville du Nigeria, sur le Niger. 1,15 million d'habitants. Marché agricole et centre industriel.

onlay [ɔnlɛ] n. m. (mot anglais, de *on* « sur » et *to lay* « déposer ») anglic., chir. dentaire Prothèse dentaire qui recouvre la dent (opposé à *inlay*). *Des onlays.* - terme conseillé **prothèse extrinsèque.**

Ono Yoko Artiste américaine (née en 1933). Compositrice, chanteuse, réalisatrice de films documentaires et plasticienne, elle fut l'épouse de John Lennon et milita pour les droits des femmes.

Yoko Ono pose devant l'une de ses œuvres, en 1967.

onomasiologie n. f. ling. Étude des significations à partir de l'idée, de la notion, du concept pour en déterminer l'expression (opposé à *sémasiologie*). □ adj. **onomasiologique**

onomastique (du grec, de *onoma* → -onyme) 1. n. f. didact. Étude des noms propres (de personnes → **anthroponymie** ; de lieux → **toponymie**). 2. adj. Relatif aux noms propres, à leur étude.

onomatopée n. f. (grec « création de mots », de *onoma* → -onyme) Mot qui évoque par le son la chose dénommée (son ou cause d'un son). *« Boum », « crac », « snif » sont des onomatopées. « Vrombir » est un verbe formé à partir d'une onomatopée.* □ adj. **onomatopéique**

Onon n. m. Rivière de Mongolie et de Russie. 1 032 km. L'Onon rejoint l'Ingoda pour former la Chilka.

onques voir **onc**

Onsager (Lars) Physicien et chimiste américain d'origine norvégienne (1903-1976). Il fut l'un des fondateurs de la thermodynamique des processus irréversibles. Prix Nobel 1968.

Ontake San n. m. Sommet du massif central des « Alpes japonaises », sur l'île de Honshū. 3 063 m.

Ontario (lac) Le plus oriental et le plus petit des Grands Lacs américains, séparant le Canada des États-Unis. 18 000 km^2. Toronto, Rochester et Hamilton se trouvent sur ses rives.

Ontario n. m. Province du Canada. 1 076 395 km^2. 13 448 494 habitants. Capitale : Toronto. C'est la plus peuplée des provinces canadiennes et la première région économique du pays pour le commerce et l'industrie. L'Ontario possède une agriculture diversifiée (céréales, élevage) et une industrie importante.

ontique adj. (du grec *ontos* → onto-) philos. (Chez Heidegger) De l'être concret, de l'expérience (s'oppose à *ontologique*).

onto- Élément (du grec *ontos*) qui signifie « l'être, ce qui est ».

ontogenèse n. f. biol. Développement de l'individu, depuis la fécondation de l'œuf jusqu'à l'état adulte (s'oppose à *phylogenèse*). - syn. **ontogénie.** □ adj. **ontogénétique** - syn. **ontogénique.**

ontologie n. f. 1. philos. Partie de la métaphysique qui traite de l'être indépendamment de ses déterminations particulières. 2. inform. Ensemble structuré de concepts permettant de donner un sens aux informations. □ adj. **ontologique**

ONU (Organisation des Nations unies, en anglais **UNO)** Organisation internationale, créée en 1945, dont le but est de maintenir la paix et la sécurité dans le monde en arbitrant les conflits régionaux et en favorisant la coopération internationale. Elle tient son mandat de la *charte des Nations unies*, signée à San Francisco le 26 juin 1945. Son siège est à New York. Ses principaux organes sont l'Assemblée générale, qui comprend les pays membres, le Conseil de sécurité, et le Secrétariat général. L'ONU compte 193 États membres depuis 2011, son secrétaire général est António Guterres. Prix Nobel de la paix 2001 avec Kofi Annan. Le Programme alimentaire mondial (PAM) des Nations unies a reçu le prix Nobel de la paix en 2020.

▶ Avant même la fin de la Seconde Guerre mondiale, les Alliés décident de créer une nouvelle instance internationale chargée de régler les conflits. En effet, l'ancien modèle d'équilibre des puissances, né en 1648 avec les traités de Westphalie, a disparu en 1914 et la Société des Nations (SDN), créée en 1919 sur une idée du président américain Thomas Woodrow Wilson, s'est caractérisée par son impuissance. L'**ONU** se voit ainsi dotée de la possibilité d'intervenir militairement pour protéger les populations civiles menacées par des conflits. Depuis 1948, elle dispose d'une force de maintien de la paix, les « Casques bleus », qui est intervenue pour la première fois en 1956 lors de la crise de Suez. Réunissant presque tous les pays du monde, l'Assemblée générale adopte des résolutions que les autres organes — le Conseil de sécurité, le Conseil économique et social, le Conseil de tutelle et la Cour internationale de justice — sont chargés d'appliquer. Le plus influent, le Conseil de sécurité, compte 15 membres, parmi lesquels 5 permanents qui disposent d'un droit de veto (Grande-Bretagne, États-Unis, France, Chine et URSS, remplacée par la Russie en 1992). Ce droit de veto, qui a souvent empêché l'Organisation d'intervenir sur des dossiers pourtant brûlants, fait l'objet d'une demande d'encadrement de la part de plusieurs pays dont la France et le Mexique. Association d'États et non gouvernement mondial, l'ONU a fait évoluer sa doctrine, en particulier en définissant le droit d'ingérence dans les années 1990. Conçue pour gérer les conflits interétatiques dans un monde encore marqué par la colonisation, elle tente aujourd'hui de s'adapter au nouvel ordre mondial : puissances émergentes, importance croissante des acteurs non étatiques dans les relations internationales, nouveaux problèmes globaux comme le terrorisme, l'environnement, les risques financiers. À côté des institutions financières (Banque mondiale, Fonds monétaire international), des agences spécialisées (Organisation mondiale de la santé, Fonds des Nations unies pour l'enfance), des programmes (programme pour le développement durable ; Programme alimentaire mondial, prix Nobel de la paix 2020) et des agences régionales ont été créés afin de mener des actions sur le terrain. En 2001, l'ONU et son secrétaire général Kofi Annan (1997-2006) reçurent le prix Nobel de la paix.

voir aussi **FMI, pacifisme, désarmement, Banque mondiale, Cour pénale internationale**

onusien, ienne adj. (de *ONU*) De l'Organisation des Nations unies ou ONU. *Les forces onusiennes* : les casques bleus.

onychophagie [ɔnikɔfaʒi] n. f. (grec *onux* → onyx + *-phagie*) méd. Habitude de se ronger les ongles. □ adj. et n. **onychophage**

-onyme, -onymie, -onymique Éléments (du grec *onoma* « nom » *cf.* **onomastique, onomatopée**) qui signifient « nom » (ex. *homonyme, paronyme*).

onyx [ɔniks] n. m. (grec *onux* « ongle ») Agate présentant des zones concentriques régulières de diverses couleurs.

onyxis [ɔniksis] n. m. (du grec *onux* « ongle » → onyx) méd. Inflammation du derme sous l'ongle.

onzain n. m. didact. Strophe ou poème de onze vers.

***onze** (vient du latin *undecim*, de *unus* → un et *decem* → dix) I. adj. numéral invar. 1. cardinal Nombre correspondant à dix plus un (11). *Un enfant de onze ans. Onze cents* (syn. **mille cent**). 2. ordinal → **onzième.** *Louis XI. Chapitre onze.* II. n. m. invar. *Onze plus deux. Le onze. Le 11 octobre.* – Équipe de onze joueurs, au football. *Le onze de France.*

***onzième** 1. adj. Qui vient immédiatement après le dixième. – n. *Il est le onzième.* 2. n. m. La onzième partie. □ adv. **onzièmement**

oo- Élément (du grec *ôon*) qui signifie « œuf ». → **ovo-** (du latin).

Oô (lac d') Lac des Pyrénées, près de Luchon.

oocyte [ɔɔsit] voir **ovocyte**

oogone [ɔɔgɔn ; oogon] n. f. (→ ²-gone) bot. Organe dans lequel se forment les cellules femelles (→ **oosphère**), chez les algues et les champignons.

Ōoka Shōhei Écrivain japonais (1909-1988). Il est l'auteur de récits de guerre. *Les Feux.*

oolithe ou **oolite** [ɔɔlit] n. f. ou m. (→ -lithe) minér. Calcaire formé de grains sphériques. □ adj. **oolithique** ou **oolitique**

(*)oolong [ulɔ̃g] n. m. (mot chinois « dragon noir ») Thé chinois aux feuilles semi-fermentées, aussi appelé *thé bleu-vert.*

Oort (Jan Hendrik) Astronome néerlandais (1900-1992). Auteur de travaux sur la cinématique de la Galaxie, il découvrit sa rotation différentielle (1926) et sa forme spirale, et détermina sa masse. Il révéla l'existence d'une vaste concentration de comètes (*nuage de Oort*), à une distance de 0,6 à 2,3 années-lumière du Soleil.

oosphère [ɔɔsfɛʀ] n. f. (→ -sphère) bot. Cellule reproductrice femelle des plantes.

Oostkamp Commune de Belgique (Flandre-Occidentale). 23 805 habitants. Église romane.

oothèque [ɔɔtɛk] n. f. (→ -thèque) zool. Coque produite lors de la ponte, qui contient les œufs de certains insectes (blattes, mantes).

OPA [opea] n. f. invar. (sigle de *offre publique d'achat*) fin. Opération d'acquisition de parts d'une société cotée en Bourse où l'acquéreur fait connaître publiquement ses intentions d'achat. – fig. Prise de contrôle (de qqch.). → **mainmise.**

opacifiant, ante adj. techn. Qui rend opaque, augmente l'opacité de. *Agent opacifiant.* – n. m. *Opacifiants iodés utilisés en radiographie.*

opacification n. f. méd. 1. Diminution de la transparence de la cornée ou du cristallin de l'œil. → **cataracte, taie.** 2. Examen radiologique (d'un organe) par injection d'un produit opaque aux rayons X. *Opacification du côlon.*

opacifier v. tr. < 7 > Rendre opaque. – pronom. *S'opacifier* : devenir opaque.

opacimétrie n. f. techn. Mesure de l'opacité d'une substance (au moyen d'un *opacimètre* n. m.).

opacité n. f. 1. Propriété d'un corps opaque à la lumière. 2. fig. et littér. Caractère de ce qui est secret, obscur. *Opacité en matière de salaires.* – *L'opacité d'un texte.*

opale n. f. (latin *opalus*, du grec) Pierre précieuse à reflets irisés.

opalescence n. f. littér. Aspect, reflet opalin.

opalescent, ente adj. littér. ou techn. Qui a la couleur, les reflets de l'opale. → **opalin.**

opalin, ine adj. Qui a l'aspect de l'opale. → **blanchâtre, laiteux.**

opaline n. f. Substance vitreuse dont on fait des objets décoratifs. ■ *Une opaline* : un objet en opaline.

opaliser v. tr. < 1 > techn. Donner un aspect opalin à (une matière). □ n. f. **opalisation**

O

opaque adj. (latin *opacus*) **1.** Qui s'oppose au passage de la lumière. *Verre opaque.* – sc. *Opaque à :* qui s'oppose au passage de (radiations). *Corps opaque aux rayons ultraviolets.* **2.** Très sombre. « *La nuit opaque nous enveloppa* » (Gracq). **3.** fig. Qui ne se laisse pas connaître, comprendre. *Un message opaque.*

Oparine (Alexandr Ivanovitch) Chimiste et biologiste russe (1894-1980). Il formula une théorie chimique de l'origine de la vie fondée sur l'évolution des molécules simples de l'atmosphère primitive.

op art [ɔpaʀt] n. m. (abrév. de l'anglais *optical art* « art optique ») anglic. Art pictural qui utilise les propriétés de l'œil et des effets optiques (illusions d'optique) pour donner l'impression du mouvement, d'une vibration lumineuse. *Op art et art cinétique*.*

Opava en allemand **Troppau** Ville de la République tchèque, sur l'Opava. 55 100 habitants. Cathédrale gothique et église du XIIIe s. Musée. Industrie.

op. cit. loc. nominale (abrév. du latin *opus citatum* « œuvre citée ») L'œuvre déjà citée (dans une référence).

OPCVM n. m. invar. (sigle de *organisme de placement collectif en valeurs mobilières*) (En France) Organisme qui a pour objet la gestion collective de fonds investis en valeurs mobilières (actions, obligations…).

ope n. f. ou m. (du latin) archit. Trou dans un mur destiné à recevoir une poutre.

OPE [opeø] n. f. invar. (sigle de *offre publique d'échange*) fin. Opération par laquelle une société propose au public l'échange de ses propres titres contre ceux d'une société qu'elle veut contrôler.

-ope, -opie Éléments (du grec *ôps, opis* « vue ») qui signifient « vision ».

opéable adj. fin. Se dit d'une société susceptible de faire l'objet d'une OPA ou d'une OPE.

open [ɔpɛn] adj. invar. (mot anglais « ouvert ») anglic. **1.** sports Se dit d'une compétition ouverte aux professionnels et aux amateurs. – n. m. *Un open de tennis.* **2.** *Billet open :* billet d'avion non daté et utilisable à n'importe quelle date.

openfield [ɔpœnfild] n. m. (mots anglais « champ ouvert ») géogr. Paysage agricole à champs ouverts (comme on en trouve dans le nord de la France, en Champagne…).

open source [ɔpœnsuʀs] adj. invar. (mots anglais, de *open* « ouvert ; libre » et *source*) anglic. inform. *Logiciel open source :* logiciel* libre (recomm. offic.). – *Des programmes open source.*

Opep (Organisation des pays exportateurs de pétrole) Organisation créée en 1960 pour fixer les prix du pétrole. Elle regroupe 13 États : Arabie saoudite, Iran, Irak, Koweït, Venezuela, Libye, Nigeria, Émirats arabes unis, Algérie, Gabon, Angola, Guinée équatoriale et Congo (depuis 2018). L'Indonésie a été suspendue.
■ **Opep+** Alliance des membres de l'Opep et de dix pays producteurs non membres, créée en 2016. L'Opep+ contrôle 60 % de la production mondiale.

opéra n. m. (italien *opera*, mot latin → œuvre) **1.** Ouvrage dramatique mis en musique, composé de récitatifs, d'airs, de chœurs avec accompagnement d'orchestre. *Les opéras de Mozart. Opéra bouffe*.* → **opéra-comique, opérette.** *Le livret d'un opéra.* – *Aimer l'opéra.* **2.** Théâtre où l'on joue des opéras. *La Scala de Milan, célèbre opéra italien.*

▶ L'**opéra** emprunte à l'art poétique, vocal, instrumental, dramatique, chorégraphique, décoratif et architectural. Art complexe, il fascine et repousse tour à tour : à ceux qui, tel Wagner, le conçoivent comme « art total » répondent ses détracteurs, pour qui « l'alliance de la musique, du spectacle et des paroles » est « contraire à la musique » (Nietzsche). Dès « l'invention » de cette forme, attribuée à Monteverdi (*Orfeo*, 1607, après l'*Euridice* de Peri, 1600), la primauté est donnée tantôt à la musique et plus spécifiquement à la voix, tantôt au drame : les récitatifs permettent à l'action de progresser mais l'attention du public est concentrée sur les arias, qui mettent à l'épreuve les capacités virtuoses des chanteurs (par exemple, les castrats). Cette conception donnera naissance à l'opéra bouffe, puis à l'opéra-comique et à l'opérette. En France, la tragédie lyrique se développe parallèlement, illustrée par Lully et Rameau. Gluck propose de simplifier la musique et de la placer au service de la poésie et de l'action. Mozart opère la synthèse de ces différentes formes.
L'après-Mozart correspond à l'épanouissement d'un genre plus unifié, avec pour l'Italie Rossini, Verdi et Puccini, pour l'Allemagne Beethoven et Wagner, pour la France Berlioz, Gounod, Bizet. Le romantisme constitue ainsi un moment privilégié pour l'opéra, dans le rêve d'un syncrétisme entre les arts, qui culmine dans le drame wagnérien (*L'Anneau des Nibelungen*), au moment où, sur le modèle de la Scala de Milan (1778), fleurissent les opéras de Paris, Vienne, etc.
Le statut de diva, prolongeant celui des castrats, adulés dans la Venise du XVIIIe siècle, manifeste l'importance culturelle populaire du genre.
Debussy remodèle profondément la conception de l'opéra avec *Pelléas et Mélisande*, et ouvre la voie à Ravel, Webern, Berg et Messiaen. En Russie, Moussorgski, avant Prokofiev, exprime une autre tradition culturelle. L'opéra demeure une forme vivante, qui s'est « démocratisée » avec Gershwin ou les « opéras rocks », et séduit les compositeurs du XXIe siècle.
voir aussi voix

Opéra (théâtre de l') Monument construit à Paris par Charles Garnier (1862-1875), siège de l'Académie nationale de musique et de danse. Son architecture est caractéristique du Second Empire.

Opéra Bastille Théâtre lyrique construit place de la Bastille, à Paris, par Carlos Ott, inauguré en 1989.

opérable adj. Qui peut être opéré (2).

opéra-comique n. m. Drame lyrique composé d'airs chantés avec accompagnement orchestral, alternant parfois avec des dialogues parlés. *Des opéras-comiques.*

Opéra-Comique (théâtre de l') Théâtre parisien reconstruit en 1898 sur l'emplacement de l'ancienne salle Favart et dédié aux œuvres lyriques.

opérande n. m. didact. Quantité, donnée qui entre dans une opération arithmétique, une instruction informatique.

opérant, ante adj. Qui opère, agit.

opérateur, trice n. **I. 1.** Personne qui exécute des opérations techniques déterminées, fait fonctionner un appareil. **2.** (au cinéma) *Opérateur (de prise de vues) :* cadreur (→ anglic. **caméraman**). *Chef opérateur.* **3.** fin. Actionnaire principal (qui décide des opérations). – Agent, courtier qui effectue des opérations financières. **4.** n. m. Entreprise qui exploite commercialement un réseau de télécommunications. **II.** n. m. **1.** math. Symbole indiquant une opération à réaliser. *+ est l'opérateur de l'addition.* **2.** biol. Segment d'ADN susceptible de se lier à une protéine par un gène effecteur. → **opéron.**

opération n. f. (latin → **opérer**) **1.** Action (d'un pouvoir, d'une fonction, d'un organe) qui produit un effet. « *La mémoire est nécessaire pour toutes les opérations de la raison* » (Pascal). – loc. *Par l'opération du Saint-Esprit*, par un moyen mystérieux. **2.** Acte ou série d'actes (matériels ou intellectuels) pour obtenir un résultat. → **entreprise, [1]travail.** *Opérations industrielles.* **3.** math. Processus déterminé qui, à partir d'éléments connus, permet d'en engendrer un nouveau. → **[2]calcul.** *Opérations (arithmétiques) fondamentales*, addition, soustraction, multiplication, division *(les quatre opérations)*, élévation à une puissance, extraction d'une racine (carrée, etc.). **4.** *Opération (chirurgicale)*, acte chirurgical. → **chirurgie ; intervention.** *Subir une opération. Table d'opération.* → fam. **billard. 5.** Mouvements, manœuvres militaires, combats (→ **bataille, campagne**). *Le théâtre des opérations.* – *Opération de police.* ■ fig. Mesures coordonnées. **6.** Affaire commerciale ou financière. *Une bonne opération.* → **affaire.**

opérationnel, elle adj. **1.** Relatif aux opérations militaires. *Base opérationnelle.* **2.** *Recherche opérationnelle :* analyse scientifique (mathématique) des phénomènes d'organisation. **3.** Qui est prêt à être mis en service. – (personnes) Capable de remplir une fonction. *Il sera rapidement opérationnel.*

opératique adj. didact. Relatif à l'opéra en tant que genre. → **lyrique.**

opératoire adj. **1.** Relatif aux opérations chirurgicales. *Le bloc opératoire d'un hôpital* (salles et installations). – *Choc* opératoire.* **2.** *Mode opératoire :* manière de procéder.

operculaire adj. sc., techn. Relatif à un opercule ; qui fait office d'opercule, de couvercle.

opercule n. m. (latin *operculum*, de *operire* → **ouvrir**) **1.** zool., bot. Ce qui forme couvercle (pièce du corps d'animaux, etc.). **2.** (objets) Pièce formant couvercle. *L'opercule d'une canette de bière.*

operculé, ée adj. sc., techn. Muni d'un opercule.

opérer v. tr. < 6 > (latin *operari* « travailler », de *opus* → **œuvre**) **1.** Accomplir (une action), effectuer (une transformation) par une suite ordonnée d'actes. → **exécuter, [1]faire, réaliser.** *Opérer un choix. Il ne fallait pas opérer ainsi.* → **procéder.** – absolt *Le charme a opéré*, a fait son effet. **2.** Soumettre à une opération chirurgicale. *On l'a opéré de l'appendicite.* ■ au p. p. *Malade opéré. Chatte opérée*, stérilisée chirurgicalement. – n. *Les opérés en convalescence.* **3.** anglic. Exploiter. *Compagnie qui opère des vols long-courriers.* ■ **s'opérer** v. pron. Avoir lieu.

opérette n. f. (italien, diminutif de *opera* → **opéra**) Opéra-comique dont le sujet et le style, légers et faciles, sont empruntés à la comédie. – loc. adj. invar. fig., iron. *D'opérette*, qu'on ne peut pas prendre au sérieux.

opéron n. m. (de **opérer**) biol. Ensemble de gènes contigus sur le chromosome, dont les fonctions sont reliées.

ophicléide n. m. (de **ophi-** et du grec *kleis, kleidos* « clé ») Gros instrument de musique à vent, en cuivre.

ophidien, ienne adj. (→ **ophi[o]-**) zool. Relatif aux serpents ; de la nature du serpent. ■ n. m. Reptile de la classe des *Ophidiens.*

ophi(o)- Élément (du grec *ophis*) qui signifie « serpent ».

ophioglosse n. m. (→ **-glosse**) bot. Fougère à longue feuille ovale qui vit dans les lieux humides, appelée communément *langue-de-serpent.*

ophiolâtrie n. f. didact. Culte, adoration du serpent.

ophite n. m. (latin *ophites*, du grec) minér. Roche magmatique de couleur vert sombre.

ophiure n. f. (du grec → **ophi[o]-** et **-ure**) zool. Échinoderme marin possédant cinq longs bras grêles et mobiles.

ophrys [ɔfʀis] n. m. ou f. (mot latin, du grec) bot. Orchidée dont les fleurs offrent l'aspect d'un insecte. *Ophrys frelon, ophrys mouche.*

ophtalmie n. f. méd. Affection, maladie inflammatoire de l'œil.

ophtalmique adj. méd. Relatif à l'œil, aux yeux. – *Migraine ophtalmique*, associée à des troubles visuels.

ophtalm(o)-, -ophtalmie Éléments (du grec *ophtalmos* « œil ») qui signifient « œil ; des yeux ».

ophtalmologie n. f. Étude de l'œil ; médecine de l'œil. □ adj. **ophtalmologique**

ophtalmologue n. Médecin spécialiste de l'œil. → **oculiste.** - syn. **ophtalmologiste.** - abrév. fam. **ophtalmo.**

ophtalmométrie n. f. méd. Mesure de la courbure de la cornée de l'œil (au moyen d'un *ophtalmomètre* n. m.), qui permet d'évaluer le degré d'astigmatisme.

Opéra Bastille

L'Opéra Bastille est avec l'Opéra Garnier l'une des deux salles affectées à l'Opéra national de Paris.

ophtalmoscope n. m. méd. Instrument servant à éclairer les milieux internes de l'œil pour les examiner.

ophtalmoscopie n. f. méd. Examen des milieux internes de l'œil, notamment de la partie postérieure de la rétine (fond d'œil), au moyen d'un instrument (→ **ophtalmoscope**).

Ophüls (Max Oppenheimer, dit Max) Réalisateur français d'origine allemande (1902-1957). Il est l'auteur de films dont l'élégance et la vivacité se mêlent à la mélancolie. *La Ronde ; Madame de ; Lola Montès.* ■ Marcel **Ophüls** (né en 1927), son fils, s'est orienté vers le documentaire historique. *Le Chagrin et la Pitié.*

opiacé, ée adj. (de *opium* et *-acé*) didact. Qui contient de l'opium. – n. m. *Un opiacé :* un médicament contenant de l'opium.

opilion n. m. (latin *opilio* « berger ») zool. Arachnide aux longues pattes grêles, aussi appelé *faucheur* ou *faucheux.*

opimes adj. f. pl. (latin *opimus* « copieux, riche ») hist. ***Dépouilles opimes*** : dépouilles d'un général ennemi tué par un général romain.

opinel n. m. (n. déposé) Couteau pliant, à manche de bois.

opiner v. < 1 > (latin *opinari* « être d'avis que » → opinion) **1.** v. tr. ind. littér. *Opiner à :* donner son assentiment à. → **adhérer, approuver.** *Il opinait à tout ce qu'elle disait.* **2.** v. intr. loc. *Opiner du bonnet* : manifester son approbation.

opiniâtre adj. (du latin *opinio* → opinion) **1.** littér. Tenace dans ses idées, ses résolutions. → **acharné, obstiné, persévérant.** **2.** (choses) Qui ne cède pas, que rien n'arrête. *Opposition opiniâtre.* → **irréductible, obstiné.** *Toux opiniâtre.* → **persistant, tenace.** □ adv. **opiniâtrement**

opiniâtreté n. f. Persévérance tenace. → **détermination, fermeté, ténacité.** *Travailler avec opiniâtreté.* → **acharnement.**

opinion n. f. (latin *opinio,* de *opinari* → opiner) **I. 1.** Manière de penser, de juger. → **avis ; conviction, croyance, idée, jugement, [1]pensée, point de vue.** *Avoir une opinion, l'opinion que...* → **considérer, croire, estimer, juger, [1]penser** (verbes dits d'opinion). *Adopter une opinion.* plais. *« C'est mon opinion, et je la partage »* (H. Monnier). *Divergences d'opinions.* – *Défendre, soutenir une opinion.* – *Opinions toutes faites.* → **préjugé. 2.** Idée ou ensemble des idées que l'on a, dans un domaine déterminé. → **doctrine, système, [1]théorie.** *Opinions politiques.* – *Liberté d'opinion.* **3.** *Avoir (une) haute, bonne, mauvaise opinion de qqn,* le juger bien, mal. **II. 1.** Jugement collectif, ensemble de jugements de valeur (sur qqch. ou qqn). – *L'opinion,* les jugements portés par la majorité d'un groupe social. *Braver l'opinion.* **2.** Ensemble des attitudes d'esprit dominantes dans un groupe, une société. *L'opinion (publique). Sondage d'opinion.* – *Alerter l'opinion.*

opioïde adj. biochim. Se dit de substances dont les effets physiologiques sont similaires à ceux de l'opium. – n. m. *La morphine est un opioïde.*

opiomane n. Toxicomane qui se drogue à l'opium.

opiomanie n. f. Toxicomanie par usage d'opium.

opistho- Élément (du grec *opistho-,* de *opisthe* « derrière ») qui signifie « derrière ; en arrière ».

opisthobranche n. m. (→ branchie) Mollusque gastéropode marin dont les branchies se trouvent en arrière du corps (s'oppose à *prosobranche*).

opisthodome n. m. (mot grec, de *opistho-* et *domos* « maison ») archéol. Partie postérieure d'un temple grec, qui abritait le trésor du temple.

opisthographe adj. didact. Se dit d'un manuscrit couvert d'écriture sur les deux faces.

Opitz (Martin) Poète et auteur dramatique allemand (1597-1639). Il contribua à l'évolution du théâtre allemand comme théoricien (*Livre de la poésie allemande*) et comme auteur de traductions (*Les Troyennes,* d'Euripide).

opium [ɔpjɔm] n. m. (mot latin, du grec *opion,* de *opos* « suc ») Suc du fruit d'un pavot, utilisé comme stupéfiant. *Une pipe à opium.* – allus. *« La religion est l'âme du monde sans cœur* [...]. *C'est l'opium du peuple »* (trad. de Karl Marx).

Opium (guerres de l') Guerres qui opposèrent à la Chine la Grande-Bretagne (*première guerre de l'Opium,* 1839-1842) puis la Grande-Bretagne alliée à la France (*seconde guerre de l'Opium,* 1856-1860). Le traité de Nankin (1842) puis ceux de T'ien-tsin (1858) et de Pékin (1860) imposèrent l'ouverture commerciale et politique de la Chine.

opodeldoch [ɔpɔdɛldɔk] n. m. (mot latin, p.-ê. du grec *opos* « suc » → opium) pharm. Baume à base de savon et d'ammoniaque, utilisé en frictions.

Opole Ville du S.-O. de la Pologne, sur l'Odra, au cœur de la *Silésie d'Opole.* 128 000 habitants. Carrefour ferroviaire et fluvial.

oponce n. m. (latin bot. *opuntia,* du grec, d'un n. de lieu) Cactus à raquettes, dont une espèce est le figuier de Barbarie. → **nopal.** - syn. bot. **opuntia** [ɔpɔ̃sja] n. m.

opopanax n. m. (du grec *opos* « suc » → opium et *panax,* n. de plante) Plante méditerranéenne (ombellifère) dont on extrait une gomme-résine aromatique ; cette gomme-résine.

opossum [ɔpɔsɔm] n. m. (mot algonquin) Sarigue à pelage noir, blanc et gris. – Sa fourrure.

opothérapie n. f. (du grec *opos* « suc » → opium et de *-thérapie*) méd. Emploi thérapeutique de cellules d'origine animale provenant de tissus, d'organes, ou de leurs extraits (par exemple, des hormones). → **hormonothérapie.**

Oppenheim (Dennis) Artiste américain (1938-2011). Adepte du land art, de l'art conceptuel et de l'art corporel, il est l'auteur de « traces dans le paysage » (*Devil's Hole,* en Californie), et de sculptures.

Oppenheimer (Julius Robert) Physicien américain (1904-1967). Nommé directeur du centre de Los Alamos en 1943, il élabora avec son équipe (Projet Manhattan) la première bombe atomique (bombe A).

Oppenord, Oppenordt ou **Oppenoordt** (Gilles-Marie) Architecte et décorateur français (1672-1742). Élève de Mansart, maître du style rococo, il participa à la construction de l'église Saint-Sulpice, à Paris.

oppidum [ɔpidɔm] n. m. (mot latin) didact. Ville fortifiée (d'époque romaine). *Des oppidums.*

opportun, une adj. (latin *opportunus,* de *portus* → [1]port, proprt « qui mène au port ») Qui vient à propos. → **convenable.** *Au moment opportun.* → **favorable, propice.**

opportunément adv. À propos.

opportunisme n. m. (de *opportun*) Comportement ou politique qui consiste à tirer parti des circonstances, en transigeant, au besoin, avec les principes. *« Pour une chose mal conçue il fallait un vocable mal conçu : on l'a appelée "opportunisme" »* (Gambetta).

opportuniste 1. n. et adj. Partisan de l'opportunisme ; qui se comporte avec opportunisme. **2.** adj. anglic., biol. (germe) Qui manifeste sa virulence sur des organismes aux défenses immunitaires affaiblies.

opportunité n. f. **1.** Caractère de ce qui est opportun. → **à-propos.** *L'opportunité d'une mesure.* **2.** anglic. Circonstance qui convient. → **occasion.** *Profiter d'une opportunité.*

opposable adj. **1.** Qui peut être mis en face, vis-à-vis. *Le pouce est opposable aux autres doigts de la main.* **2.** Qui peut être opposé. □ n. f. **opposabilité**

opposant, ante adj. Qui s'oppose (à une mesure, une autorité). *La minorité opposante.* ■ n. *Les opposants au régime.* → **adversaire.** – didact. Dans un récit, Personnage qui s'oppose à celui qui accomplit l'action. *Les opposants et les adjuvants.*

opposé, ée adj. et n. m. **I.** adj. **1.** Se dit de choses situées de part et d'autre d'un axe réel ou imaginaire et qui sont orientées face à face, dos à dos. → **symétrique.** *Les pôles sont diamétralement opposés.* (sing.) *Le mur opposé à la fenêtre. En sens opposé.* → **contraire, inverse. 2.** Aussi différent que possible (dans le même ordre d'idées). → **contraire.** *Ils ont des goûts opposés.* – math. *Nombres opposés,* de même valeur absolue et de signe contraire (ex. +5 et –5). **3.** Qui s'oppose (à), se dresse (contre). → **adversaire, ennemi** de, **hostile.** *Je suis opposé à cette politique.* **II.** n. m. **1.** Côté, sens opposé. *L'opposé du nord est le sud.* **2.** abstrait Ce qui est opposé. → **contraire.** *Soutenir l'opposé d'une opinion.* → **contrepied.** *Elle est tout l'opposé de son frère.* **3.** loc. ***À l'opposé (de)*** : du côté opposé (à) ; abstrait contrairement (à).

opposer v. tr. < 1 > (latin *opponere,* de *ponere* « placer » → pondre) **1.** Alléguer (une raison contraire). → **objecter, prétexter.** *Il n'y a rien à opposer à cela.* → **répondre. 2.** Mettre en face, face à face pour le combat. *Opposer une armée puissante à l'ennemi.* – *Opposer une personne à une autre.* → **[1]dresser, exciter** contre. – (choses) *Match qui oppose deux équipes. Des questions d'intérêt les opposent.* → **diviser. 3.** Placer (qqch.) en face pour faire obstacle. *Opposer une digue à la mer.* – *À ses reproches, j'ai préféré opposer le silence.* – (choses) Présenter (un obstacle). *La résistance qu'oppose le mur.* **4.** Placer en face de ou tout près de (ce qui s'oppose). *Opposer deux objets, un objet à un autre.* **5.** Montrer ensemble, comparer (deux choses différentes) ; présenter comme contraire. → **confronter.** *Opposer l'ordre à (et) la liberté.* ■ **s'opposer** (à) **v. pron. 1.** (personnes) Faire, mettre obstacle. → **contrarier, contrecarrer, empêcher, interdire.** *Ses parents s'opposent à son mariage. Je m'oppose formellement à ce que vous y alliez.* – Agir contre, résister (à qqn) ; agir à l'inverse (de qqn). → **braver, résister. 2.** (choses) Faire obstacle. → **empêcher,** [1]**entraver.** *Leur religion s'y oppose.* → **défendre, interdire. 3.** Faire contraste ; être différent. → **opposé.** – Être le contraire. *« Haut » s'oppose à « bas ».*

à l'opposite (de) **loc.** (du latin → **opposer**) Dans une direction opposée (à). → en **face, vis-à-vis.**

opposition **n. f.** (du latin → **opposer**) **I. 1.** Rapport de choses opposées qui ne peuvent coexister sans se nuire ; de personnes que leurs opinions, leurs intérêts opposent. → **désaccord.** *L'opposition de deux adversaires.* → **hostilité, rivalité.** – *En opposition. Entrer en opposition avec qqn.* → **conflit, dispute. 2.** Effet produit par des objets, des éléments très différents juxtaposés. → **contraste.** *Opposition de couleurs, de sons.* **3.** Rapport de deux choses opposées, qu'on oppose ou qui s'opposent. → **différence.** *L'opposition des contraires, de deux principes* (→ **antithèse**). – *En opposition. Sa conduite est en opposition avec ses idées.* – ***Par opposition (à)*** **loc.** : par contraste (avec), d'une manière opposée (à). *On emploie ce mot par opposition à tel autre.* **II. 1.** Action, fait de s'opposer en mettant obstacle, en résistant. *Faire opposition à qqch.* **2.** dr. Manifestation de volonté destinée à empêcher l'accomplissement d'un acte juridique. *Opposition à un mariage.* – ***Faire opposition** à un chèque,* empêcher qu'il soit débité de son compte. ■ Voie de recours pour un justiciable ayant fait l'objet d'un jugement par défaut. **3.** Les personnes qui s'opposent à un gouvernement, un régime politique, une majorité. → **opposant.** *Les partis de l'opposition. Rallier l'opposition.*

O

oppositionnel, elle **adj.** Relatif à l'opposition (en politique, en psychologie).

oppressant, ante **adj.** Qui oppresse. *Une chaleur oppressante.* – *Crainte oppressante.*

oppresser **v. tr.** < 1 > (→ **oppression**) **1.** Gêner (qqn) dans ses fonctions respiratoires. → **accabler, étouffer.** *L'effort, la chaleur l'oppressaient.* – au p. p. *Se sentir oppressé. Respiration oppressée.* **2.** Accabler, étreindre. *Le chagrin l'oppressait.*

oppresseur **n. m.** Personne, groupe qui opprime. → **tyran.** *L'oppresseur et les opprimés.* – **adj. m.** *Un régime oppresseur.* → **oppressif.**

oppressif, ive **adj.** Qui opprime. *Autorité oppressive.* → **tyrannique.**

oppression **n. f.** (latin → **opprimer**) **1.** Action, fait d'opprimer. *L'oppression du faible par le fort.* → **domination.** – absolt *La résistance à l'oppression.* **2.** Gêne respiratoire, sensation d'un poids qui oppresse la poitrine. → **suffocation.** ■ fig. Malaise psychique, accompagné d'une sensation de crispation dans la poitrine (→ avoir le cœur serré*).

opprimant, ante **adj.** rare Qui opprime. → **oppressif.**

opprimer **v. tr.** < 1 > (latin *opprimere* [supin *oppressum* cf. **oppression**], de *premere* → **presser**) **1.** Soumettre à une autorité excessive et injuste, persécuter. → **asservir, écraser, tyranniser.** *Opprimer un peuple.* **2.** Empêcher de s'exprimer, de se manifester. → **étouffer.** *Opprimer les consciences.* ■ **opprimé, ée adj.** Qui subit une oppression. *Populations opprimées.* – **n.** *Défendre les opprimés.*

opprobre **n. m.** (latin *opprobrium* « honte », de *probrum* « reproche ») **1.** littér. Ce qui humilie à l'extrême, publiquement. → **honte.** *Couvrir qqn d'opprobre.* **2.** Sujet de honte.

OPR [ɔpeɛʀ] **n. f. invar.** (sigle de *offre publique de retrait*) fin. Opération par laquelle un actionnaire majoritaire propose de racheter tous les titres d'une société qu'il veut contrôler.

-opsie Élément (du grec *opsis*) qui signifie « vue ».

opsine **n. f.** biochim. Protéine entrant dans la composition de la rhodopsine, ou pourpre* rétinien.

opsonine **n. f.** biochim. Protéine soluble du sang qui se fixe sur les bactéries et en facilite la phagocytose par les globules blancs.

optatif, ive **adj.** (latin → **opter**) ling. Qui exprime le souhait. *« Qu'il parte ! » est une proposition optative.*

opter **v. intr.** < 1 > (latin *optare* « choisir », de *opiare* → **option**) Faire un choix (entre deux ou plusieurs choses qu'on ne peut avoir ou faire ensemble). → **choisir,** se **décider.** *Elle a opté pour des études littéraires.*

opticien, ienne **n.** (de *optique*) Personne qui fabrique, vend des instruments d'optique, des lunettes, des lentilles de contact.

optimal, ale, aux **adj.** (→ **optimum**) Qui est un optimum.

optimiser **v. tr.** < 1 > (de l'anglais, du latin *optimus* → **optimum**) anglic. Donner les meilleures conditions de fonctionnement à. - syn. **optimaliser** (anglic.). □ **n. f. optimalisation, optimisation**

optimisme **n. m.** (du latin *optimus* → **optimum**) **1.** Tournure d'esprit qui dispose à prendre les choses du bon côté, en négligeant leurs aspects fâcheux. **2.** Sentiment de confiance dans l'issue d'une situation.

optimiste **adj.** Qui fait preuve d'optimisme. – **n.** *Un, une optimiste.*

optimum [ɔptimɔm] (mot latin, neutre de l'adj. *optimus* « le meilleur », superlatif de *bonus* → [1]**bon**) **1. n. m.** État le plus favorable pour atteindre un but ou par rapport à une situation. *Des optimums* ou *des optima* (plur. latin). **2. adj.** Qui est le plus favorable, le meilleur possible. → **optimal.** *Température optimum* ou *optima.*

option **n. f.** (latin *optio*, de *opiare* → **opter**) **1.** Possibilité de choisir. → **choix.** – *À option.* → **optionnel.** *Matières à option à l'examen.* ■ Action de choisir ; son résultat. *Ses options politiques ont changé.* **2.** Accessoire (d'un produit) qu'on peut choisir. *Toit ouvrant en option.* **3.** dr. Promesse unilatérale de vente à un prix déterminé sans engagement de la part du futur acheteur. *Prendre une option sur un appartement.* **4.** fin. Contrat à terme conditionnel dans lequel un opérateur peut demander l'exécution d'une opération convenue ou y renoncer moyennant une prime.

optionnel, elle **adj.** Qui donne lieu à un choix. – Qu'on peut acquérir facultativement (avec autre chose).

optique (grec *optikos*, du radical *op-*, même racine indo-européenne que *oculus* → **œil**) **I. adj. 1.** Relatif à la vision. *Nerf optique. Angle optique* (syn. **visuel**). **2.** Relatif à l'optique (II). *Verres optiques. Fibre* optique.* ■ **n. f.** Partie optique d'un appareil. **3.** Qui fonctionne grâce à l'optique (II) et à l'électronique. *Crayon optique. Lecture optique.* □ **adv. optiquement II. n. f. 1.** Science qui a pour objet l'étude de la lumière et de la vision. *Instruments d'optique* (lentille, oculaire, microscope...). → **-scope.** – **loc.** *Illusion* d'optique.* ■ Commerce (→ **opticien**), fabrication, industrie des appareils d'optique. *Optique médicale, astronomique, photographique.* **2.** Ensemble des conditions de la vision dans un cas particulier. → **perspective.** – abstrait Manière de voir, point de vue. *Dans cette optique. Changer d'optique.*

opto- Élément (du grec *optos* « visible ») qui signifie « vue, vision ».

optoélectronique électron. **I. n. f.** Ensemble des techniques et dispositifs qui lient l'optique et l'électronique. **II. adj.** De l'optoélectronique. *Détecteur optoélectronique.*

optomètre **n. m.** techn. Appareil qui permet de détecter les anomalies de la vision.

optométrie **n. f.** didact. Étude de la vision et mesure des anomalies de la vision ; techniques qui permettent cette mesure. □ **adj. optométrique**

optométriste **n.** Opticien(ne) qui pratique l'optométrie. – **appos.** *Opticien optométriste.* – Au Canada, Docteur en optométrie.

optronique **n. f.** (mot-valise, de *optique* et *électronique*) Mise au point de systèmes alliant l'optique et l'électronique. – **adj.** *Systèmes optroniques.*

opulence **n. f.** (latin → **opulent**) **1.** Grande abondance de biens. → **aisance, richesse.** *Vivre, nager dans l'opulence.* **2.** fig. Caractère ample, généreux (des formes). → **ampleur ; rondeur.**

opulent, ente **adj.** (latin, de *ops, opis* « richesse ») **1.** Qui est très riche, qui est dans l'opulence. *Vie opulente.* **2.** fig. (formes) Qui a de l'ampleur. *Poitrine opulente.* → **généreux, plantureux.**

opuntia [ɔpɔ̃sja] **n. m.** voir **oponce**

opus [ɔpys] **n. m.** (mot latin → **œuvre**) Indication utilisée pour désigner un morceau de musique dans l'œuvre complète d'un compositeur. *Beethoven, opus 106. Numéro d'opus.* – Œuvre (cinématographique, musicale). *Son dernier opus est un triomphe.*

opuscule **n. m.** (du latin, diminutif de *opus* → **opus**) Petit ouvrage, petit livre. → **brochure.**

Opus Dei **n. m.** Institution catholique fondée en 1928 par Josemaría Escrivá de Balaguer et placée sous l'autorité du pape. Formé de laïques et d'ecclésiastiques, l'Opus Dei prône la sanctification par les activités séculières.

opus incertum [ɔpysɛ̃sɛʀtɔm] **n. m. invar.** (mots latins « ouvrage irrégulier ») techn. Assemblage de moellons de forme et de dimension irrégulières.

opus spicatum [ɔpysspikatɔm] **n. m. invar.** (mots latins « ouvrage en épi ») techn. Assemblage de moellons disposés en épis (appareil *en épi*, dit aussi *en arête de poisson*).

OPV [opeve] **n. f. invar.** (sigle de *offre publique de vente*) fin. Opération par laquelle des actionnaires proposent de vendre au public des titres d'une société.

Opwijk Commune de Belgique (Brabant flamand). 14 746 habitants. Marché agricole. Constructions métalliques.

[1]**or** **n. m.** (vient du latin *aurum* → **auréole, aurifère, dorer, orfèvre**) **I. 1.** Métal précieux jaune, brillant, inaltérable et inoxydable (→ **chryso-**). *Pépites d'or. Mine d'or. Chercheurs d'or* (→ **orpailleur**). *La ruée vers l'or. Titre de l'or* (→ **carat**). – *Or jaune, blanc ; rose, rouge, gris* (alliages). – *Lingot d'or. Bijou en or massif, en plaqué or. Pièce, louis d'or.* ■ (Comme monnaie). *Le cours de l'or.* – *Étalon or.* **2.** (Symbole de richesse, de fortune) *« J'aurai de l'or : je serai oisif et brutal »* (Rimbaud). – **loc.** *Acheter, vendre **à prix d'or**,* très cher. – *Valoir son pesant d'or* : avoir une grande valeur (au propre et au fig.). – *Une affaire **en or**,* très avantageuse. – ***Rouler sur l'or*** : être riche. *Être cousu* d'or.* – *Pour tout l'or du monde* (après une négation) : à aucun prix. → **jamais. 3.** Substance ayant l'apparence de l'or. – appos. invar. *Peinture or.* → **doré. II. fig. 1.** (En parlant de ce qui a une couleur, un éclat comparables à ceux de l'or) *L'or des blés.* **2.** Chose précieuse, excellente, rare (dans des loc.). *D'or. Le silence est d'or.* – *Parler d'or* : dire des choses très sages. – *Un cœur d'or. Noces* d'or.* – *Règle* d'or.* – *Nombre* d'or.* – ***En or*** : excellent. *Un mari en or.* ■ ***Âge d'or*** : temps heureux d'une civilisation (ancien ou à venir). – *L'âge d'or du cinéma.* – *Siècle d'or,* époque brillante de prospérité et de culture (notamment à propos de l'Espagne). **3.** (Désignant une source de richesse) *L'or noir* : le pétrole. – *L'or blanc* : la neige, les

ressources apportées par les stations de sports d'hiver. – *L'or bleu* : l'eau. – *L'or vert* : les ressources agricoles.

^{2}or conj. (vient du latin ; famille de *heure* ; d'abord *ore* cf. ores) Marque un moment particulier d'une durée (dans un récit) ou d'un raisonnement. *Or, un jour, il arriva que... – Vous prétendez la connaître ; or je sais qu'il n'en est rien.* → **cependant, pourtant.**

oracle n. m. (latin *oraculum*, de *orare* → oraison) **1.** Antiq. Réponse qu'une divinité donnait aux personnes qui la consultaient. *Les oracles de la pythie.* – Cette divinité ou son interprète ; son sanctuaire. *L'oracle de Delphes.* **2.** littér. Opinion qui jouit d'un grand crédit. **3.** Personne qui parle avec autorité. **4.** Jeu de cartes illustrées utilisé pour la divination. □ adj. **oraculaire**

Oradea Ville de Roumanie, près de la frontière hongroise, sur le Criş Rapide. 187 700 habitants. Cathédrale du XVIIIe s. Centre industriel.

Oradour-sur-Glane Commune de la Haute-Vienne, au N.-O. de Limoges. 2 478 habitants. Le 10 juin 1944, en représailles contre les attaques de maquisards, les SS massacrèrent ses 642 habitants.

Ruines du village d'Oradour-sur-Glane, lieu de mémoire et de souvenir.

orage n. m. (de l'ancien français *ore* « vent », qui vient du latin *aura* « souffle, brise » → aura) **1.** Perturbation atmosphérique violente, caractérisée par des phénomènes électriques (éclairs, tonnerre), souvent accompagnée de pluie, de vent. → **tempête.** *L'orage menace, éclate, gronde. Une pluie d'orage.* ■ *Orage magnétique**. – *Orage solaire**. **2.** fig. Trouble qui éclate ou menace d'éclater. – loc. fam. *Il y a de l'orage dans l'air.* → **électricité. 3.** méd. *Orage cytokinique* : choc* cytokinique.

orageux, euse adj. **1.** Qui annonce l'orage ; qui a les caractères de l'orage. *Le temps est orageux.* **2.** fig. Tumultueux. *Discussion orageuse.* → **agité, mouvementé.**

oraison n. f. (latin *oratio*, de *orare* « prier » → oracle, orateur ; adorer) **1.** vieux ou relig. Prière. **2.** *Oraison funèbre* : discours religieux prononcé à l'occasion des obsèques d'un personnage illustre (→ **panégyrique**).

oral, ale, aux adj. (du latin *os, oris* « bouche » cf. orée) **1.** (opposé à *écrit*) Qui se fait, se transmet par la parole. → **verbal.** *Tradition orale. – Épreuves orales d'un examen.* – n. m. *L'écrit et l'oral. Les résultats des oraux.* **2.** De la bouche. → **buccal.** *Par voie orale.* – psych. *Stade oral*, premier stade de la libido, précédant le stade anal, selon Freud. □ n. f. **oralité**

Oral anciennement **Ouralsk** Ville du Kazakhstan, sur l'Oural. 195 500 habitants. Industrie.

oralement adv. D'une manière orale (→ **de vive voix**).

oraliser v. tr. < 1 > ling. Dire ou lire à voix haute (un texte).

oralité n. f. **1.** didact. Caractère oral (de la parole, du langage...). *L'oralité d'une tradition.* **2.** psych. Relatif à la bouche, au stade oral*.

-orama Élément (du grec *orama*) qui signifie « vue » (parfois abrégé en *-rama* ; ex. *panorama ; cinérama*).

Oran en arabe **Wahrān** Ville d'Algérie, sur le golfe d'Oran. 759 600 habitants. Université. Port industriel et de commerce. La ville fut fondée en 903 par des musulmans andalous. Elle fut occupée par les Espagnols de 1509 à 1790.

orange n. f. (du persan, par l'arabe) **1.** Fruit comestible de l'oranger, agrume d'un jaune tirant sur le rouge. *Écorce d'orange.* → **zeste.** *Orange sanguine. Jus d'orange.* **2.** adj. invar. De la couleur de l'orange. *Des rubans orange.* ■ n. m. *Un orange vif.* – spécialt *Feu de signalisation qui passe à l'orange.*

Orange n. m. Fleuve d'Afrique australe. 1 860 km. Il prend sa source dans le Lesotho, sert de frontière entre l'Afrique du Sud et la Namibie et se jette dans l'Atlantique.

Orange Commune du Vaucluse. 28 454 habitants. Vestiges romains (théâtre et arc de triomphe du Ier s.). Ancienne cathédrale (XIIe s.). Les *chorégies d'Orange*, festival annuel de musique, ont été créées en 1869. Ancienne bourgade celte, la ville devint une colonie romaine sous Auguste. Elle fut une principauté du XIIIe au XVIe siècle.

Orange (**État libre d'**) voir **État libre**

orangé, ée 1. adj. D'une couleur nuancée d'orange. **2.** n. m. didact. Couleur du spectre solaire entre le jaune et le rouge.

orangeade n. f. Boisson à base de jus ou de sirop d'orange.

orangeat n. m. Écorce d'orange hachée finement et confite.

oranger n. m. Arbre fruitier qui produit les oranges. – *Eau de fleur d'oranger*, préparée avec des fleurs d'oranger. → **néroli.**

orangeraie n. f. Plantation d'orangers cultivés en pleine terre.

orangerie n. f. **1.** Serre où l'on abrite des orangers cultivés en caisses. **2.** Partie d'un parc où les orangers sont placés pendant la belle saison.

orangette n. f. **1.** Orange cueillie avant maturité et utilisée en confiserie. **2.** Morceau d'écorce d'orange confite enrobé de chocolat.

orangiste n. **1.** hist. Partisan de la dynastie d'Orange. **2.** Membre d'associations de protestants d'Irlande du Nord. □ n. m. **orangisme**

orang-outan [ɔʀɑ̃utɑ̃] n. m. (du malais « homme des bois ») Grand singe d'Asie, à longs poils roux, aux membres antérieurs très longs. *Des orangs-outans.* - var. **orang-outang.**

Oranienburg-Sachsenhausen Camp de concentration nazi établi en 1933 à Oranienburg (aujourd'hui ville du Brandebourg), au N. de Berlin.

orant, ante n. (de l'ancien v. *orer* « prier », du latin *orare* → oraison) arts (art chrétien primitif) Personnage représenté en prière, les bras étendus. – adj. *Vierge orante.* ■ Statue funéraire représentant un personnage en prière, à genoux (s'oppose à *gisant*).

orateur, trice n. (latin *orator*, de *orare* « parler, prier » → oraison) **1.** Personne qui compose ou prononce des discours. → **conférencier ; prédicateur ; tribun. 2.** Personne éloquente, qui sait parler en public. *Un bon orateur.* **3.** Président de la Chambre des communes, au Canada. → **speaker.**

^{1}oratoire adj. (latin *oratorius*, de *orator* → orateur) Qui concerne l'art de parler en public, l'éloquence. *Joute oratoire.* – loc. *Précautions oratoires* : moyens employés pour ménager et se concilier l'auditeur ou le lecteur.

^{2}oratoire n. m. (latin chrét. *oratorium*, de *orare* → oraison) **1.** Petite chapelle. **2.** Nom de congrégations religieuses.

Oratoire (**l'**) Congrégation de prêtres fondée en 1575 à Rome par saint Philippe Neri. L'Oratoire de France fut fondé en 1611 par le cardinal de Bérulle sur le modèle de l'Oratoire italien.

oratorien n. m. Membre de l'Oratoire.

oratorio n. m. (mot italien cf. ^{2}oratoire) Drame lyrique sur un sujet en général religieux.

Orb n. m. Fleuve du S. de la France. 145 km. Né dans le causse du Larzac, il arrose Béziers et se jette dans la Méditerranée.

Orbán (**Viktor**) Homme d'État hongrois (né en 1963). Il fut Premier ministre de 1998 à 2002, après la victoire électorale du Fidesz, parti qu'il fonda en 1988. Il a été réinvesti en 2010, puis deux fois réélu, et mène une politique autoritaire, anti-immigration et anti-européenne.

Orbay (**François d'**) Architecte, dessinateur et graveur français (1634-1697). Élève puis collaborateur de Le Vau, il est l'auteur de l'hôpital de la Trinité et des Carmélites de Lyon ainsi que de la cathédrale de Montauban.

^{1}orbe adj. (vient du latin *orbus* « privé de ; aveugle ») techn. *Mur orbe*, sans aucune ouverture. → **aveugle.**

^{2}orbe n. m. (latin *orbis* « cercle » → orbite) vieux ou littér. Cercle ; globe, sphère.

Orbe n. f. Rivière du Jura suisse. 57 km. Elle prend sa source dans le Jura français, arrose le bourg d'Orbe, puis prend le nom de *Thièle*.

Orange

Le théâtre antique d'Orange, théâtre romain le mieux conservé en Occident, est inscrit au patrimoine mondial de l'Unesco.

ORCHESTRE (symphonique)

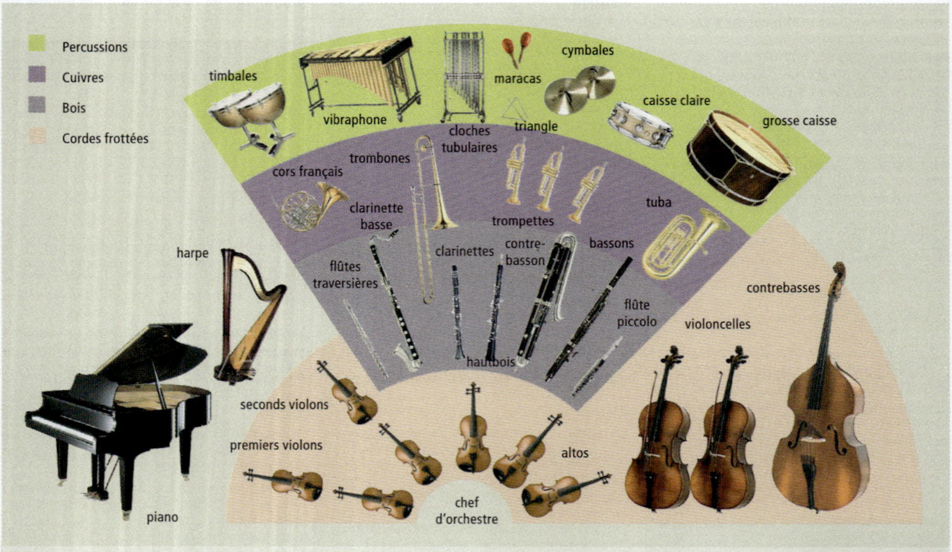

L'orchestre symphonique est constitué de quatre familles d'instruments : les cordes, les bois, les cuivres et les percussions. La composition classique de l'orchestre dépend de l'œuvre exécutée. Chaque famille comprend un premier soliste dont le rôle est de jouer les parties solo d'une partition orchestrale, mais aussi de diriger des répétitions de son pupitre. Les autres musiciens sont appelés des tuttistes. Le « premier violon solo » a un rôle hiérarchique : il représente l'orchestre devant le chef (qui le salue lors des concerts) et devant le public (il commande les levers des musiciens et accueille le chef d'orchestre). Il est de tradition que cela soit lui qui demande le « la », en général au hautbois pour vérifier l'accord des instruments.

orbicole adj. rare Qui peut vivre sur tous les points du globe terrestre. *Plante orbicole.*

orbiculaire adj. didact. En forme de cercle, d'anneau. → **rond.**

Orbigny **(Alcide Dessalines d')** Naturaliste, paléontologue et ethnologue français (1802-1857). Élève de Cuvier, il fut l'un des fondateurs de la paléontologie stratigraphique et émit l'hypothèse des créations successives.

orbitaire adj. anat. Relatif à l'orbite (I) de l'œil.

orbital, ale, aux adj. De l'orbite (II). *Vitesse orbitale.* – *Station orbitale* : engin spatial qui décrit une orbite.

orbitale n. f. phys. Fonction d'onde d'un électron, définissant son comportement spatial.

orbite n. f. **(du latin, de *orbis* → ^{2}orbe)** **I.** Cavité osseuse dans laquelle se trouve l'œil. *Yeux qui sortent des orbites.* → **exorbité.** **II. 1.** Trajectoire courbe (d'un corps céleste) ayant pour foyer un autre corps céleste. *L'orbite de la Terre.* – *Mettre un engin spatial sur, en orbite,* lui faire décrire l'orbite calculée. → ^{1}**lancer ; satelliser.** – phys. *L'orbite d'un électron,* sa révolution autour du noyau. **2.** fig. Milieu où s'exerce l'influence de qqn. *Graviter dans l'orbite d'un haut personnage.* → **sphère.**

orbitèle n. f. **(du latin *orbis* → ^{2}orbe et *tela* → toile)** Araignée qui tisse une toile polygonale faite de fils concentriques.

orbiter v. intr. didact. Graviter selon une orbite.

orbiteur n. m. Partie d'un engin spatial mise en orbite autour d'un astre.

Orcades (îles) n. f. pl. Archipel britannique au N. de l'Écosse. 19 250 habitants. 70 îles (environ 30 habitées). Chef-lieu : Kirkwall. Pétrole offshore.

Orcades du Sud n. f. pl. Archipel du Territoire britannique de l'Antarctique, à la limite des océans Atlantique et Antarctique.

Orcagna **(Andrea di Cione Arcangelo, dit)** Peintre, sculpteur et architecte florentin (connu de 1343 à 1368). Il reste de lui le retable de Santa Maria Novella et le tabernacle gothique d'Orsanmichele.

orcanète ou **orcanette** n. f. **(mot d'origine arabe)** Plante des régions méditerranéennes dont la racine rouge fournit une matière colorante.

Orcha Ville de Biélorussie, sur le Dniepr. 117 000 habitants. Industrie.

orchestique [ɔʀkɛstik] n. f. **(grec *orkhêstikê* « qui concerne la danse »)** Antiq. grecque Art de la danse et des mouvements, au théâtre.

orchestral, ale, aux [ɔʀkɛstʀal, o] adj. Propre à l'orchestre symphonique. *Musique orchestrale.* – *Style orchestral.*

orchestrateur, trice [ɔʀkɛstʀatœʀ, tʀis] n. Musicien, musicienne qui fait une orchestration.

orbite

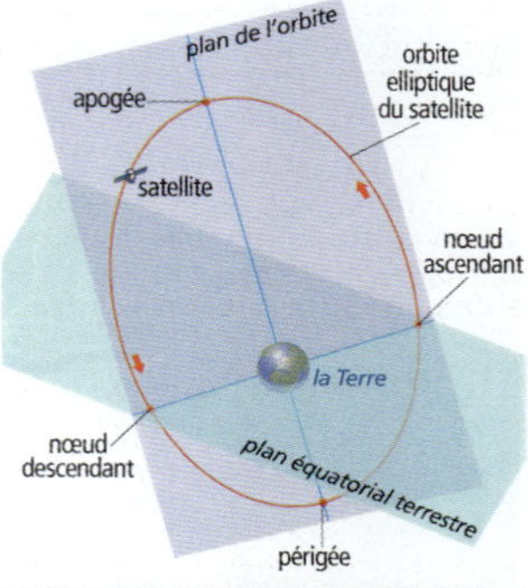

L'orbite d'un satellite en projection sur la sphère céleste. La Lune et les satellites artificiels qui gravitent autour de la Terre suivent une trajectoire elliptique.

orchestration [ɔʀkɛstʀasjɔ̃] n. f. **1.** Action, manière d'orchestrer. → **instrumentation. 2.** Adaptation pour l'orchestre. → **arrangement. 3.** fig. *L'orchestration d'une campagne publicitaire.*

orchestre [ɔʀkɛstʀ] n. m. **(latin *orchestra* emprunt au grec *orkhêstra,* d'un v. signifiant « danser »)** **I. 1.** Espace compris entre le public et la scène, un peu en contrebas (théâtre). *La fosse d'orchestre.* **2.** Les places du rez-de-chaussée (salle de spectacle). *Un fauteuil d'orchestre* (ou un orchestre). – Le public de l'orchestre. *Les applaudissements de l'orchestre.* **II.** Groupe d'instrumentistes qui exécute de la musique polyphonique. → **ensemble, formation.** *Chef d'orchestre. Orchestre symphonique, philharmonique. Concerto pour violon et orchestre. Orchestre à cordes. Orchestre de jazz.*

orchestrer [ɔʀkɛstʀe] v. tr. < 1 > **1.** mus. Composer (une partition) en combinant les parties instrumentales. – Adapter pour l'orchestre. → **arranger.** *Orchestrer un air populaire.* **2.** fig. Organiser en vue de donner le maximum d'ampleur, de retentissement. *Orchestrer une campagne de presse.*

orchidée [ɔʀkide] n. f. **(du latin *orchis* → orchis)** Plante des climats chauds dont les fleurs sont recherchées pour leur beauté et l'originalité de leur forme (famille des *Orchidacées*) ; fleur de cette plante.

orchidophilie [ɔʀkidofili] n. f. Culture et collection des orchidées. □ **n. et adj. orchidophile**

Orchies Commune du Nord, au S.-E. de Lille. 8 529 habitants.

orchis [ɔʀkis] n. m. **(mot latin, emprunt au grec *orkhis* « testicule »)** bot. Orchidée.

orchite [ɔʀkit] n. f. **(du latin *orchis* → orchis + *-ite*)** méd. Inflammation du testicule.

Orchomène Ancienne ville de Grèce, en Arcadie. Florissante au –Ve s. av. J.-C., elle fut prise et ravagée par les Athéniens pendant la guerre du Péloponnèse.

Orchomène Ancienne ville de Grèce, en Béotie. Capitale des Minyens, elle fut l'une des villes les plus riches de la Grèce. Importants vestiges.

Orcières Commune des Hautes-Alpes, près de Gap. 680 habitants. Station de sports d'hiver.

Orcival Commune du Puy-de-Dôme. 247 habitants. Basilique romane du XIIe siècle.

ordalie n. f. (anglo-saxon *ordal*) Au Moyen Âge, Jugement de Dieu sous la forme d'épreuves (par l'eau, par le feu...).

ordalique adj. anthropol., psych. Se dit d'un comportement dans lequel le sujet prend des risques mortels, comme pour défier la mort.

Orderic Vital Historien français (v. 1075-apr. 1143). Il a laissé une *Histoire ecclésiastique* allant de la naissance de Jésus-Christ à 1140.

ordinaire (latin *ordinarius*, de *ordo, ordinis* → ordre) **I.** adj. **1.** Conforme à l'ordre normal, habituel des choses. → **[1]courant, habituel, normal, usuel.** *La façon ordinaire de procéder.* – *Pas ordinaire* (fam. en épithète) : étonnant, remarquable. – Coutumier (à qqn). « *La duplicité ordinaire aux princes* » (Michelet). **2.** Dont la qualité ne dépasse pas le niveau moyen le plus courant ; qui n'a aucun caractère spécial. → **banal, commun.** *Du vin ordinaire. Le modèle ordinaire.* → **[1]standard.** – *Les gens ordinaires.* – péj. *Des gens très ordinaires,* de condition sociale très modeste, ou peu distingués. **II.** n. m. **1.** Ce qui n'a rien d'exceptionnel. *Une intelligence au-dessus de l'ordinaire* (→ **moyenne**). – *Sortir de l'ordinaire :* changer, être remarquable. **2.** Ce que l'on mange habituellement (surtout contexte communautaire). *Améliorer l'ordinaire.* **3.** *L'ordinaire de la messe,* l'ensemble des prières invariables. **III.** *D'ordinaire ; à l'ordinaire* loc. adv. : de façon habituelle, le plus souvent. → **d'habitude.** ■ *Comme à son ordinaire :* comme il, elle le fait d'habitude.

ordinairement adv. D'une manière ordinaire, habituelle. → **généralement, habituellement.**

[1]ordinal, ale, aux adj. (latin *ordinalis,* de *ordo, ordinis* → ordre) Qui marque l'ordre, le rang. *Nombre ordinal,* qui désigne le rang d'un nombre cardinal, d'un élément dans un ensemble. – gramm. *Adjectif numéral ordinal* (ex. premier, centième). – n. m. *Un ordinal.*

[2]ordinal, aux n. m. (mot anglais, du latin → [1]ordinal) relig. Livre de prières et de formules d'ordination de l'église anglicane.

ordinand n. m. (du latin → ordonner) relig. cathol. Celui qui reçoit l'ordination, qui est ordonné prêtre.

ordinant n. m. (du latin → ordonner) relig. cathol. Celui qui est chargé de l'ordination.

ordinariat n. m. relig. chrét. Fonction, pouvoir judiciaire d'un évêque.

[1]ordinateur, trice (latin *ordinator,* de *ordinare* → ordonner) **1.** adj. didact. Qui ordonne, met en ordre. **2.** n. m. relig. Ordinant.

[2]ordinateur n. m. (du latin *ordinare* → ordonner) Machine électronique de traitement de l'information, capable de classer, calculer et mémoriser, exécutant à grande vitesse les instructions d'un programme. *Le clavier, la souris, l'écran, les terminaux, la mémoire d'un ordinateur* (→ **[2]matériel**). *Le langage, les programmes d'un ordinateur* (→ **logiciel**). *Le système d'exploitation d'un ordinateur. Ordinateur individuel.* → **micro-ordinateur.** *Ordinateur portable. Conception, publication assistée par ordinateur.* - abrév. fam. **ordi.**

ordination n. f. (latin → ordonner) Acte par lequel est administré le sacrement de l'ordre, spécialt la prêtrise (→ **ordonner ; ordinand, ordinant**).

ordinogramme n. m. inform. Représentation schématique (organigramme) des opérations d'un programme.

ordo n. m. (mot latin → ordre) relig. cathol. Calendrier des offices. *Des ordo* (invar.) ou *des ordos.*

ordres

Les trois ordres architecturaux grecs. 1. dorique : temple de Sélinonte, Sicile (VIe s. av. J.-C.) ; 2. ionique : temple d'Athéna Niké sur l'Acropole (Ve s. av. J.-C.) ; 3. corinthien : ancienne cité romaine de Jerash, Jordanie (IVe s. av. J.-C.).

ordonnance n. f. **I.** didact. Mise en ordre ; disposition selon un ordre. → **agencement, arrangement, disposition, ordonnancement, organisation.** *L'ordonnance des idées. L'ordonnance d'un repas :* la suite des plats. – arts Composition, disposition d'ensemble. – *L'ordonnance d'un appartement.* **II.** (Prescription) **1.** Texte législatif émanant de l'exécutif. → **constitution, [1]loi.** – *Ordonnance de police.* ■ Décision émanant d'un juge. *Ordonnance de non-lieu.* **2.** Prescriptions d'un médecin ; écrit qui les contient. *Médicament délivré sur ordonnance.* **3.** milit. *Revolver d'ordonnance,* conforme au règlement. ■ *Officier d'ordonnance,* qui remplit les fonctions d'aide de camp. **4.** anciennt (souvent masc.) Soldat attaché au service d'un officier.

ordonnancement n. m. **1.** admin. Acte donnant ordre de payer une dépense publique préalablement liquidée. **2.** techn. Organisation méthodique (de la fabrication, d'un processus). **3.** didact. Façon dont une chose est ordonnée.

ordonnancer v. tr. < 3 > **1.** Disposer dans un ordre ; organiser. **2.** admin. Donner l'ordre de payer (le montant d'une dépense publique).

ordonnancier n. m. (de *ordonnance* II, 2) **1.** Registre où le pharmacien consigne les produits prescrits sur ordonnance. **2.** Bloc spécial sur lequel un praticien rédige ses ordonnances.

ordonnateur, trice n. **1.** Personne qui dispose, met en ordre. *L'ordonnatrice d'une fête.* – *Ordonnateur des pompes funèbres.* **2.** fin. Fonctionnaire qui prescrit l'exécution des dépenses et recettes publiques.

ordonné, ée adj. **1.** En bon ordre. *Maison bien ordonnée.* **2.** Qui a de l'ordre (opposé à *désordonné*). *Un enfant ordonné.*

ordonnée n. f. math. Coordonnée verticale servant à définir la position d'un point. *L'abscisse et l'ordonnée.*

ordonner v. tr. < 1 > (latin *ordinare,* de *ordo, ordinis* → ordre) **I.** Disposer, mettre dans un certain ordre. → **arranger, classer, organiser, [1]ranger.** – pronom. *Le cortège s'ordonnait peu à peu.* ■ math. *Ordonner un polynôme,* écrire ses termes suivant les puissances croissantes ou décroissantes d'un terme. **II.** Élever (qqn) à l'un des ordres de l'Église (→ **consacrer ; ordination**). *Ordonner un prêtre.* **III.** Prescrire par un ordre. → **commander, enjoindre, prescrire.** *Ordonner qqch. à qqn. Je vous ordonne de vous taire.* → **[1]sommer.** *Ordonner que* (+ subj.). – *Médecin qui ordonne un régime.* – dr. *Ordonner le huis clos.*

Ordos n. m. Plateau de Chine du Nord, dans la boucle du Huang he, autrefois fief des Mongols orientaux. Il fut le berceau, au –IIe millénaire, d'une culture du bronze.

ordovicien n. m. (de *Ordovices,* n. latin d'un peuple du pays de Galles) géol. Période de l'ère paléozoïque comprise entre le silurien et le cambrien.

ordre n. m. (latin *ordo, ordinis* cf. ordonner ; ourdir) **I.** (Relation organisée entre plusieurs termes → **structure**) **1.** Disposition, succession régulière. → **arrangement, distribution.** *Mettre dans un certain ordre* (→ **ordonner**). *Procédons par ordre. Ordre chronologique, logique, alphabétique. Dans l'ordre d'entrée en scène.* – absolt *Procédons par ordre,* point par point. ■ math. *Relation d'ordre :* toute relation à la fois réflexive, antisymétrique et transitive. – Disposition d'une troupe sur le terrain. *Ordre de marche, de bataille. Ordre serré, dispersé.* fig. *En ordre dispersé :* de manière désordonnée. – *Ordre du jour :* sujets dont une assemblée doit délibérer. – *À l'ordre du jour :* d'actualité. **2.** Disposition qui satisfait l'esprit, semble la meilleure possible ; aspect régulier, organisé. « *Là tout n'est qu'ordre et beauté, / Luxe, calme et volupté* » (Baudelaire). – *En ordre :* rangé, ordonné. – loc. fig. *Mettre bon ordre à* (une situation). **3.** Qualité d'une personne qui a une bonne organisation, de la méthode ; spécialt qui range les choses à leur place (→ **ordonné**). **4.** Principe de causalité ou de finalité du monde. « *L'ordre prodigieux de la nature* » (Voltaire). – loc. *C'est dans l'ordre des choses :* c'est normal, inévitable. **5.** Organisation sociale. *L'ordre établi.* ■ Stabilité sociale ; respect de la société établie. *Les partisans de l'ordre. L'ordre mondial.* – *Service d'ordre,* qui assure l'ordre dans une réunion publique. *Les forces de l'ordre.* → **armée, [1]police.** – allus. « *L'ordre règne à Varsovie* » (adaptation d'une déclaration du ministre de Louis-Philippe, Sebastiani, après la répression polonaise de 1831). – ***L'ordre public :*** la sécurité publique, le bon fonctionnement des services publics. *Troubler l'ordre public.* **6.** Norme, conformité à une règle. *Tout est rentré dans l'ordre. Rappeler qqn à l'ordre,* à ce qu'il convient de faire. → **réprimander.** **II.** (Catégorie, classe d'êtres ou de choses) **1.** (choses abstraites) Espèce. → **genre, nature, sorte.** *Dans le même ordre d'idées.* – *Ordre de grandeur.* **2.** (dans des loc.) Qualité, valeur. → **[2]plan.** *C'est un écrivain **de premier ordre**. Une œuvre **de second ordre**,* mineure. **3.** Système architectural antique ayant une unité de style. *Ordres grecs :* dorique, ionique, corinthien. *Ordres romains :* toscan, composite. **4.** bot., zool. Division intermédiaire entre la classe et la famille. **5.** Division de la société française sous l'Ancien Régime. *Les trois ordres,* noblesse, clergé, tiers état. **6.** Groupe de personnes soumises à des règles professionnelles, morales. → **corporation, corps.** *L'ordre des médecins. Le conseil de l'ordre. – Ordres de chevalerie.* ■ Association honorifique qui récompense le mérite. *L'ordre de la Légion d'honneur.* **7.** Communauté de religieux, de religieuses. *La règle d'un ordre.* **8.** L'un des degrés de la hiérarchie cléricale catholique. *Ordres mineurs ; majeurs* (→ **prêtrise**). *Entrer dans les ordres :* se faire moine, prêtre ou religieuse (→ **ordination**). ■ relig. Sacrement par lequel une personne est admise dans un ordre ; spécialt un homme est admis à la prêtrise. **III. 1.** Acte (déclaration) par lequel une autorité manifeste sa volonté ; disposition impérative. → **commandement, prescription.** *Donner un ordre, l'ordre de...* → **ordonner** (III) ; **¹imposer.** *Exécuter, transgresser un ordre. – Être* ***aux ordres*** *de qqn,* être, se mettre à sa disposition ; agir pour son compte. *– Être* ***sous les ordres*** *de qqn,* être son inférieur, dans la hiérarchie. – (sans article) *Il est en faction avec ordre de ne pas bouger. –* ***Jusqu'à nouvel ordre*** : jusqu'à ce qu'un ordre, un fait nouveau vienne modifier la situation. **2.** Décision de faire une opération financière, commerciale. *Ordre de vente. Billet* à ordre. –* Endossement d'un effet de commerce. *Chèque à l'ordre de X.* **3.** ***Mot d'ordre*** : consigne, résolution commune aux membres d'un parti.

Ordre (parti de l') Parti conservateur constitué en France après l'insurrection de juin 1848. Il soutint la candidature de Louis Napoléon Bonaparte à la présidence de la République (déc. 1848).

ordré, ée adj. (Suisse) Qui a de l'ordre (personnes) ; qui est en ordre. → **ordonné.**

Ordre moral (l') Expression désignant la politique de coalition monarchiste et conservatrice qui renversa Thiers (24 mai 1873) et porta Mac-Mahon à la présidence de la République.

Ordu Ville de l'E. de la Turquie, sur la mer Noire. 183 000 habitants. Centre de commerce.

ordure n. f. (de l'ancien français *ord* « sale », qui vient du latin *horridus,* de *horrere* « frissonner » ; famille de *horreur*) **1.** Matière qui souille et répugne. → **immondice, saleté.** – spécialt Excrément. **2.** au plur. Choses de rebut dont on se débarrasse. → **détritus.** *Ordures ménagères* (→ **poubelle ; vide-ordures**). *Collecte des ordures par les éboueurs. Recyclage des ordures. Dépôt d'ordures.* → **décharge, dépotoir.** – *Mettre aux ordures,* jeter. **3.** Propos, écrit, action sale ou obscène. → **grossièreté, saleté. 4.** Personne abjecte (injure violente). *Espèce d'ordure !*

ordurier, ière adj. Qui dit ou écrit des choses sales, obscènes. → **grossier.** – *Plaisanteries ordurières.*

öre ou **øre** [øʀə] n. m. Monnaie divisionnaire de la Suède, du Danemark et de la Norvège.

oréade n. f. (grec, de *oros* « montagne » → oro-) mythol. grecque Nymphe des montagnes et des bois.

Örebro Ville de Suède, à l'O. de Stockholm, au bord du lac Hjälmaren. 129 000 habitants. Basilique du XIIIe siècle.

orée n. f. (vient du latin *ora* « bord », de *os, oris* → oral) *L'orée du bois, de la forêt,* la bordure. → **lisière.**

Orée d'Anjou Commune du Maine-et-Loire. 16 468 habitants.

Oregon n. m. État du N.-O. des États-Unis. 249 281 km². 4,23 millions d'habitants. Capitale : Salem. Agriculture (maraîchage, élevage). Ressources minières et forestières. Industrie.

oreillard n. m. Petite chauve-souris aux longues oreilles.

oreille n. f. (vient du latin pop. *auricula* « oreille » *cf.* auriculaire) **I. 1.** Chacun des deux organes constituant l'appareil auditif (→ **auriculaire ; ot[o]-**). *Sifflement d'oreilles.*

oreille

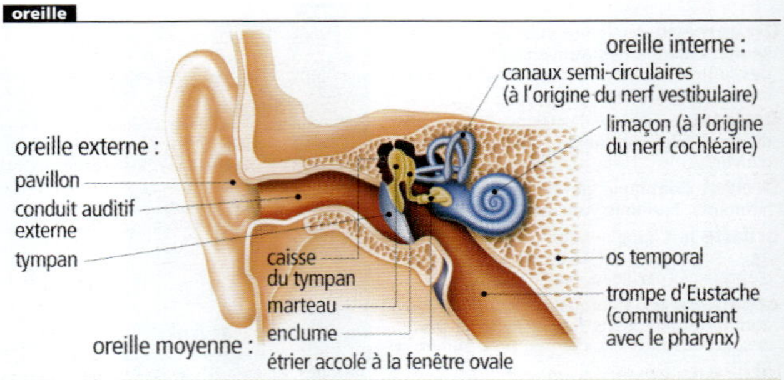

Anatomie de l'oreille.

– *L'oreille interne :* la partie interne de l'organe, située dans le rocher. – par plais. *Les oreilles ont dû vous tinter, vous siffler* (tellement nous avons parlé de vous). ■ loc. *Écouter de toutes ses oreilles. N'écouter que d'une oreille, d'une oreille distraite. Prêter l'oreille, une oreille attentive :* écouter. *Faire la sourde oreille,* faire comme si on n'entendait pas ; ignorer une demande. *Casser* les oreilles à qqn. Rebattre les oreilles à qqn de qqch. Parler, dire qqch. à qqn dans le creux de l'oreille,* de sorte qu'il soit seul à entendre. *Ne pas en croire* ses oreilles. Cela lui entre par une oreille et lui sort par l'autre :* il ne fait pas attention à ce qu'on lui dit, ne le retient pas. *Ce n'est pas tombé dans l'oreille d'un sourd :* ces paroles ont été ou seront mises à profit. – prov. *Ventre affamé n'a pas d'oreilles :* celui qui a faim n'écoute plus rien. – *Avoir l'oreille de qqn,* en être écouté favorablement. → **confiance, faveur. 2.** Ouïe. *Être dur d'oreille. Avoir l'oreille fine. Avoir de l'oreille :* être apte à saisir les sons musicaux et leurs combinaisons. *Avoir l'oreille absolue :* être capable d'identifier une note musicale en l'absence de référence. **3.** Pavillon de l'oreille. *Oreilles décollées. Le lobe de l'oreille. Des boucles d'oreilles.* – loc. fig. *Se faire tirer l'oreille :* se faire prier. – *Dormir sur ses deux oreilles :* ne pas s'inquiéter. *Chauffer, échauffer les oreilles à qqn,* l'irriter. ■ (animaux) *Les longues oreilles du lièvre.* – loc. fig. *Ne pas bouger une oreille :* rester immobile ; ne pas réagir, ne pas intervenir. **II. 1.** Élément (d'un objet) évoquant la forme d'une oreille, et qui se présente en paire. *Les oreilles d'une marmite.* → **anse.** *Un écrou à oreilles.* **2.** *Oreille de mer.* → **²ormeau.** *Oreille de souris.* → **myosotis.**

oreiller n. m. Pièce de literie pour poser la tête, coussin rembourré, généralement carré. *Taie d'oreiller.* – loc. *Sur l'oreiller :* au lit ; dans l'intimité. loc. fam. *Avoir une panne d'oreiller :* ne pas se réveiller à l'heure prévue.

oreillette n. f. **I.** Partie d'un chapeau qui protège les oreilles. *Toque à oreillettes.* **II.** Chacune des deux cavités supérieures du cœur, communiquant avec les ventricules. **III.** Petit récepteur qui s'adapte à l'oreille.

oreillon n. m. Moitié d'abricot dénoyauté.

oreillons n. m. pl. Maladie infectieuse contagieuse, caractérisée par une inflammation et des douleurs dans l'oreille (→ **ourlien**).

Orekhovo-Zuevo Ville de Russie, à l'E. de Moscou, sur la Kliazma. 120 600 habitants.

Orel Ville de Russie, au S. de Moscou, sur l'Oka. 317 700 habitants. Industries alimentaire et mécanique.

orémus [ɔʀemys] n. m. (latin *oremus* « prions », forme du v. *orare* → oraison) fam. et vieux Prière. *Des orémus.*

Orenbourg anciennement **Tchkalov** Ville de Russie, sur l'Oural. 548 300 habitants. Industries mécanique et alimentaire. Nœud ferroviaire.

Orénoque n. m. en espagnol **Orínoco** Fleuve du Venezuela. 2 800 km. Né dans la sierra Parima, à la frontière brésilienne, il sépare le Venezuela de la Colombie et se jette dans l'Atlantique par un vaste delta.

Orense Ville d'Espagne (Galice), sur le Minho. 107 314 habitants. Cathédrale du XIIIe siècle.

ores adv. (→ ²or) vieux Maintenant. – mod. ***D'ores et déjà*** : dès maintenant, dès à présent.

Oresme (Nicolas ou **Nicole)** Philosophe et prélat français (v. 1320-1382). Précepteur du futur Charles V, puis évêque de Lisieux (1377), il traduisit des ouvrages d'Aristote et écrivit un traité de géométrie et de cosmographie *(De caelo et mundo)* dans lequel il envisage la possibilité de la rotation de la Terre autour de son axe.

Oreste Personnage de la mythologie grecque, fils d'Agamemnon et de Clytemnestre. Poussé par sa sœur Électre, il tue sa mère et Égisthe, son complice, pour venger le meurtre de son père.

Øresund ou **Sund** n. m. Détroit unissant la mer Baltique au Kattegat, entre l'île de Sjælland (Danemark) et l'extrémité S. de la Suède. Un pont relie Malmö à Copenhague.

orfèvre n. (de **¹or** et de l'ancien français *fèvre* « artisan », qui vient du latin *faber* → fabrique) Personne qui fabrique ou vend des objets en métaux précieux. *Orfèvre-joaillier, orfèvre-bijoutier.* – loc. *Être orfèvre en la matière,* s'y connaître parfaitement.

orfévré, ée adj. Façonné, travaillé par un orfèvre.

orfèvrerie n. f. **1.** Art, métier, commerce de l'orfèvre. **2.** Ouvrages de l'orfèvre.

Orff (Carl) Compositeur allemand (1895-1982). Sa musique, riche en percussions, accompagne des textes anciens, dans une atmosphère souvent incantatoire. *Carmina burana ; Catulli carmina.*

Orfila (Mathieu Joseph Bonaventure) Médecin et chimiste français d'origine espagnole (1787-1853). Il mena des travaux sur la toxicologie. *Traité de médecine légale.*

orfraie n. f. (latin *ossifraga* « qui brise les os », de *ossum* → os et *frangere* « briser » → fraction) Rapace diurne à queue blanche. – loc. (par confusion avec *effraie*) *Pousser des cris d'orfraie,* des cris perçants ; fig. protester vivement.

orfroi n. m. (vient du latin, de « or [*aurum* → ¹or] phrygien ») didact. Bande de broderie d'or.

organdi n. m. (d'un n. propre, ville du Turkestan) Mousseline de coton, très légère et empesée.

organe n. m. (latin *organum* → orgue, emprunt au grec *organon* « instrument, outil ») **I. 1.** Voix (surtout d'un chanteur, d'un orateur). *Un bel organe.* **2.** Voix autorisée d'un porte-parole. *Le ministère public est l'organe de l'accusation.* – Publication périodique qui donne l'opinion (de). *L'organe d'un parti.* → **journal. II. 1.** Partie d'un être vivant (organisme) remplissant une fonction particulière. *Greffe d'organe.* – allus. *La fonction* crée l'organe. – Organes génitaux.* → **sexe.** *L'œil, organe de la vue.* **2.** Institution chargée de faire fonctionner une catégorie de services. **3.** Mécanisme.

organeau n. m. mar. Anneau de fer d'une ancre, permettant d'amarrer un câble.

organelle n. f. biol. Élément différencié de la cellule vivante. → **organite.**

organicien, enne n. didact. Spécialiste de la chimie organique. – appos. *Un chimiste organicien.*

organicisme n. m. **1.** didact. Théorie qui applique le modèle biologique d'organisme à une réalité complexe. **2.** méd. Doctrine selon laquelle toute maladie a pour cause la lésion d'un ou plusieurs organes. □ **adj. et n. organiciste**

organigramme n. m. (→ organiser et -gramme) Tableau schématique des diverses parties d'un ensemble complexe, et de leurs rapports mutuels.

organique adj. (du bas latin, du grec → organe) **1.** Relatif aux organes. *Trouble organique* (opposé à *fonctionnel*). **2.** Propre aux êtres organisés. *Phénomènes organiques.* **3.** Qui provient de tissus vivants. *Engrais organique* (opposé à *chimique*). – ***Chimie organique***, qui étudie les composés du carbone, corps contenu dans tous les êtres vivants (opposé à *chimie minérale*). **4.** *Loi organique*, qui touche la structure des organes de l'État. □ **adv. organiquement**

organisable adj. Qui peut être organisé.

organisateur, trice n. Personne qui organise, sait organiser. – adj. *Esprit organisateur.*

organisation n. f. **1.** Action d'organiser (qqch.) ; son résultat. → **agencement, aménagement, coordination.** *L'organisation du travail.* – absolt *Manque d'organisation.* ■ Façon dont un ensemble est constitué en vue de son fonctionnement. → **ordre, structure.** *Les types d'organisation familiale.* **2.** Association, groupement qui se propose des buts déterminés. → **organisme, société.** *Une organisation syndicale.* – *L'Organisation des Nations unies* (ONU).

Organisation de coopération et de développement économiques voir OCDE

Organisation de coopération islamique voir OCI

Organisation de libération de la Palestine voir OLP

Organisation de l'unité africaine voir OUA

Organisation des États américains voir OEA

Organisation des Nations unies voir ONU

Organisation des pays exportateurs de pétrole voir Opep

Organisation du traité de l'Asie du Sud-Est voir OTASE

Organisation du traité de l'Atlantique Nord voir Otan

Organisation internationale du travail voir OIT

Organisation mondiale de la santé voir OMS

Organisation mondiale du commerce voir OMC

organisationnel, elle adj. Qui concerne l'organisation. *Problèmes organisationnels.*

Organisation pour la sécurité et la coopération en Europe voir OSCE

Organisation pour l'interdiction des armes chimiques (OIAC) Organisation internationale fondée en 1997, chargée de mettre en œuvre la Convention sur l'interdiction des armes chimiques signée en 1993. Prix Nobel de la paix 2013.

organisé, ée adj. **1.** biol. Qui est de la nature d'un organisme vivant ; pourvu d'une structure correspondant aux fonctions vitales. *Les êtres organisés.* **2.** Qui est disposé ou se déroule suivant un ordre, une méthode déterminés. *Voyage organisé.* – *Une personne bien organisée.* **3.** Qui appartient à, a reçu une organisation. *Des bandes organisées.*

organiser v. tr. ‹ 1 › (de *organe*) **1.** Doter d'une structure, d'une constitution déterminée, d'un mode de fonctionnement. *Organiser les éléments d'un système.* → **agencer, ordonner, structurer.** – *Organiser le travail.* → **coordonner. 2.** Soumettre à une façon déterminée de fonctionner. *Organiser ses loisirs.* – pronom. *Il ne sait pas s'organiser.* **3.** Préparer (une action) selon un plan. *Organiser une fête ; une rencontre* (→ **²ménager**) ; *un complot.* – pronom. *Le projet commence à s'organiser.*

organiseur n. m. **1.** Agenda à feuillets mobiles. **2.** Agenda électronique (ordinateur de poche).

organisme n. m. (de *organe*) **I. 1.** Ensemble des organes qui constituent un être vivant. – spécialt Le corps humain. **2.** Être vivant organisé. *Organisme microscopique.* – *Organisme génétiquement modifié* (→ **OGM**). **II. 1.** Ensemble organisé. *L'organisme social.* **2.** Ensemble des services affectés à une tâche. → **organisation.** *Les grands organismes internationaux.*

organiste n. (latin → orgue) Instrumentiste qui joue de l'orgue.

organite n. m. biol. Élément cellulaire différencié assurant une fonction déterminée (ex. : le noyau).

organo- Élément (du latin *organum* → organe) qui signifie « organe » ou « organique ».

organochloré, ée [ɔʀganoklɔʀe] adj. Se dit d'un composé organique de synthèse dérivé du chlore. – n. m. *Pollution par les organochlorés.*

organogenèse n. f. biol. Formation et développement des différents organes (d'un organisme).

organoleptique adj. didact. Qui affecte les organes des sens.

organologie n. f. (du grec *organon* « instrument » → organe) didact. Étude des instruments de musique.

organométallique adj. et n. m. chim. Se dit d'un composé chimique dans lequel un métal est lié à un ou plusieurs atomes de carbone.

organophosphoré, ée adj. Se dit d'un composé organique de synthèse dérivé du phosphore. – n. m. *Intoxication par des organophosphorés.*

organsin n. m. (même origine que *organdi**) techn. Fil de soie torse, destiné à former la chaîne des étoffes.

organsiner v. tr. ‹ 1 › techn. Tordre (la soie) pour obtenir de l'organsin. – au p. p. *Fil organsiné.*

orgasme n. m. (grec *orgasmos*, de *orgê* « mouvement naturel ; passion ») Point culminant du plaisir sexuel. □ **adj. orgasmique** ou **orgastique**

orge n. f. (vient du latin *hordeum*) **1.** Plante herbacée à épi simple, cultivée comme céréale. **2.** Grain de cette céréale, utilisé surtout en brasserie (→ **malt**). – n. m. *Orge perlé**. **3.** *Sucre* d'orge.*

Orge n. f. Rivière d'Île-de-France, affluent de la Seine. 50 km.

orgeat n. m. *Sirop d'orgeat* ou *orgeat* : sirop préparé avec une émulsion d'amandes douces (autrefois avec de l'orge).

orgelet n. m. (vient du bas latin « grain d'orge », diminutif de *hordeum* → orge) Petit furoncle sur le bord de la paupière. → **compère-loriot.**

orgiaque adj. littér. Qui tient de l'orgie, évoque l'orgie.

orgie n. f. (latin *orgia*, mot grec) **1.** (au plur.) Antiq. Fêtes solennelles en l'honneur de Dionysos, de Bacchus. **2.** Partie de débauche. – Repas long, copieux et arrosé à l'excès. → **beuverie, ripaille. 3.** *Orgie de* : usage excessif de. → **excès.** *Faire une orgie de fraises.* – *Une orgie de couleurs.*

orgue n. m. (souvent fém. au plur.) (latin ecclés. *organum* → organe) **I. 1.** Grand instrument à vent composé de nombreux tuyaux que l'on fait résonner par l'intermédiaire de claviers, en y introduisant de l'air au moyen d'une soufflerie (→ **organiste**). – (dans une église) *Les grandes orgues. Monter aux orgues, à l'orgue*, à la tribune où est l'orgue. ■ *Orgue de Barbarie*, instrument mobile dont on joue au moyen d'une manivelle. → **limonaire.** – *Orgue électrique* (sans tuyaux). – *Orgue électronique*, produisant les sons à l'aide de circuits électroniques ou de dispositifs numériques. **2.** mus. ***Point d'orgue*** : temps d'arrêt qui suspend la mesure sur une note ou un silence dont la durée peut être prolongée à volonté ; signe (𝄐) qui marque ce temps d'arrêt. – fig. Temps d'arrêt. – Dernière partie et sommet (d'un évènement). → **apothéose. II.** (par analogie de forme) *Orgues basaltiques* : coulées de basalte en forme de tuyaux serrés les uns contre les autres.

Grand orgue de l'église Sainte-Marthe de Tarascon (buffet Louis XIV de Charles Boisselin).

orgueil [ɔʀgœj] n. m. (vient du francique) **1.** Opinion très avantageuse qu'une personne a de sa propre valeur aux dépens de la considération due à autrui. → **arrogance, présomption, suffisance.** *Être bouffi d'orgueil.* – (sens positif) → **amour-propre, fierté. 2.** *L'orgueil de* : la satisfaction d'amour-propre que donne (qqn, qqch.). → **fierté.** *Tirer (grand) orgueil de* (→ **s'enorgueillir**). – Ce qui motive cette fierté. « *Les chats puissants et doux, orgueil de la maison* » (Baudelaire).

orgueilleux, euse [ɔʀgøjø, øz] adj. Qui a de l'orgueil (→ **²fier**) ; qui montre de l'orgueil. → **arrogant, ¹hautain, prétentieux, vaniteux.** loc. *Orgueilleux comme un paon.* – n. *C'est une orgueilleuse.* □ **adv. orgueilleusement**

Orhy (pic d') Sommet des Pyrénées-Atlantiques, à la frontière espagnole. 2 017 m.

Oribase Médecin grec (325-403). Il écrivit une encyclopédie médicale qui fit référence jusqu'au XVIIe siècle.

orichalque [ɔʀikalk] n. m. (grec *oreikhalkos* « cuivre de montagne » → oro- et chalco-) didact. **1.** Métal fabuleux des Anciens. **2.** Cuivre, alliage de cuivre.

oriel n. m. (mot anglais, pris à l'ancien français *oriol* « galerie ») Fenêtre en encorbellement. → **bay-window, bow-window.**

orient [ɔʀjɑ̃] n. m. (latin *oriens*, de *oriri* « se lever » cf. origine) **I. 1.** poét. Côté où le soleil se lève. → **levant ; est.** *L'orient et l'occident.* **2.** (avec maj.) Région située vers l'est, par rapport à un lieu donné (opposé à *Occident*). hist. *L'empire d'Orient* : l'Empire byzantin. – spécialt L'Asie, certains pays du bassin méditerranéen ou de l'Europe centrale. *L'Extrême-Orient. Le Moyen-Orient, le Proche-Orient.* **II.** *Grand Orient* : loge centrale de la franc-maçonnerie. **III.** Reflet nacré des perles.

▶ Étymologiquement, l'**Orient** est le lieu où « se lève » le soleil. Mais il n'existe d'Orient que pour un regard occidental qui se tourne vers l'est, d'où la lumière renaît chaque jour. Dès l'Antiquité, le terme prend une signification symbolique. La localisation des Lieux saints de la chrétienté (au Proche-Orient ou *Levant*) n'a fait qu'accentuer la fascination des Occidentaux pour cet Orient au cours du Moyen Âge.
L'Orient n'a pas alors de contours précis : il s'étend de l'Empire ottoman à la Chine et au Japon ; il inclut aussi la péninsule Arabique et le nord de l'Afrique jusqu'aux sources du Nil. Plus tard, géographes et politologues ont tenté de distinguer de façon plus nette Proche-Orient (de la Turquie à la péninsule Arabique et à l'Égypte), Moyen-Orient (le Proche-Orient élargi à la Libye à l'ouest, à l'Iran, l'Afghanistan et le Pakistan à l'est) et Extrême-Orient (Chine, Corée et Japon, auxquels on ajoute parfois le sud de l'Asie, de l'Inde au Viêtnam).
L'attrait pour l'Orient s'est parfois nourri d'un goût romantique pour l'exotisme : orientalisme en peinture et en décoration, valorisation des mœurs raffinées et des sagesses orientales.
voir aussi **Occident**

Orient (forêt d') Massif forestier de la Champagne, à l'E. de Troyes, où se trouve un lac destiné à régulariser le cours de la Seine.

Orient (question d') Nom donné à l'ensemble des problèmes politiques posés à la diplomatie européenne à partir du XVIIIe s. par la dislocation de l'Empire ottoman.

orientable [ɔʀjɑ̃tabl] **adj.** Qui peut être orienté.

oriental, ale, aux [ɔʀjɑ̃tal, o] **adj. et n. 1.** Qui est à l'est. *Pyrénées orientales.* **2.** Originaire de l'Orient ; qui se rapporte à l'Orient. *Musique orientale.* – **n.** *Les Orientaux.* ■ Qui évoque l'Orient.

orientaliste [ɔʀjɑ̃talist] **1. n.** didact. Spécialiste des civilisations de l'Orient. **2. adj.** arts *Peintre orientaliste,* dont les sujets sont empruntés à l'Orient. □ **orientalisme n. m.** *L'orientalisme dans l'art du XIXe siècle.*

orientation [ɔʀjɑ̃tasjɔ̃] **n. f. 1.** Détermination des points cardinaux d'un lieu (pour se repérer, se diriger). *Avoir le sens de l'orientation.* **2.** fig. Fait de donner une direction déterminée. *L'orientation professionnelle. Conseillère d'orientation.* **3.** Fait d'être orienté d'une certaine façon. *L'orientation d'une maison.* → **exposition.** – fig. *L'orientation d'une politique.*

orientement **n. m.** didact. Action d'orienter (selon une direction) ; son résultat. *L'orientement des voiles d'un navire.*

orienter [ɔʀjɑ̃te] **v. tr.** < 1 > **(de *orient*) 1.** Disposer par rapport aux points cardinaux, à une direction, à un objet déterminé. *Orienter une maison au sud.* – *Orienter un éclairage.* **2.** Indiquer à (qqn) la direction à prendre. → **conduire, diriger, guider.** – fig. *Orienter un élève vers les sciences.* ■ **s'orienter v. pron. 1.** *S'orienter vers :* se tourner, se diriger vers (une direction déterminée). – fig. *S'orienter vers la recherche.* **2.** Déterminer sa position. *S'orienter à l'aide d'une boussole.* – *Savoir s'orienter* (→ sens de l'orientation). ■ **orienté, ée p. p. 1.** *Maison orientée à l'ouest ; bien orientée.* **2.** fig. Qui a une tendance doctrinale marquée, n'est pas objectif. *Un article orienté.*

orienteur, euse **n.** Personne qui s'occupe d'orientation scolaire ou professionnelle.

orifice **n. m. (latin *orificium*, de *os, oris* → oral) 1.** Ouverture qui fait communiquer une cavité avec l'extérieur. *L'orifice d'un puits.* – *Boucher, agrandir un orifice.* **2.** anat. Ouverture servant d'entrée ou d'issue à certains organes.

oriflamme **n. f. (famille de ¹*or* et de *flamme*)** Drapeau, bannière d'apparat.

origami **n. m. (mot japonais)** didact. Art japonais traditionnel du papier plié. *Origami et kirigami.*

origan **n. m. (latin, emprunt au grec *origanon*)** Plante aromatique. → **marjolaine.**

Origène Théologien de langue grecque (v. 185-v. 254). Père de l'Église, auteur de traités ascétiques, dogmatiques et polémiques, il est surtout célèbre pour ses ouvrages d'exégèse *(Homélies, Commentaires).* Le concile de Constantinople condamna en 553 plusieurs points de sa doctrine.

Origène Philosophe grec (IIIe s.). Condisciple de Plotin, il est parfois confondu avec son homonyme chrétien. Souvent classé comme philosophe néoplatonicien païen, il aurait cependant soutenu, à la différence de Plotin, que le principe premier était l'Intellect suprême et non l'Un.

originaire **adj. (du latin → origine) 1.** (choses, personnes) *Originaire de :* qui tire son origine, vient de (tel pays, tel lieu). **2.** didact. Qui apparaît à l'origine, date de l'origine. → **originel.**

originairement **adv.** À l'origine. → **originellement.**

¹original, aux **n. m. (du latin → origine) 1.** Ouvrage de la main de l'homme, dont il est fait des reproductions. *Copie conforme à l'original.* – *La traduction est fidèle à l'original.* – (œuvre d'art) *L'original est au Louvre.* **2.** Personne réelle, objet naturel représentés ou décrits par l'art. → **modèle.**

²original, ale, aux **adj. (→ ¹original) 1.** littér. → **originel. 2.** Qui émane directement de l'auteur, est l'origine des reproductions. *Édition originale :* première édition d'un texte inédit. **n. f.** *Une originale numérotée.* – *Film en version originale* (non doublée). **3.** Qui paraît ne dériver de rien d'antérieur, qui est unique. → **inédit, ²neuf, nouveau, personnel.** *Idée originale.* – (personnes) *« Être original, c'est être soi »* (Léautaud). **4.** Qui paraît bizarre, peu normal. → **curieux, étrange, excentrique, singulier.** – **n.** *C'est une originale.* → **numéro, phénomène.**

originalement **adv.** D'une manière originale (3 et 4).

originalité **n. f. I. 1.** Caractère de ce qui est original, d'une personne originale (3). **2.** Étrangeté, excentricité, singularité. **II.** *(Une, des originalités).* Élément original. → **particularité.**

origine **n. f. (latin *origo, originis*, de *oriri* → orient) I. 1.** Ancêtres ou milieu humain primitif auquel remonte la généalogie d'un individu, d'un groupe. → **ascendance, extraction, souche.** *Être d'origine française. Pays d'origine.* – (animaux) Pedigree. **2.** Milieu social d'où est issu qqn. *Être d'origine modeste.* **3.** Époque, milieu d'où vient qqch. *Une coutume d'origine médiévale.* – *L'origine d'un mot.* → **étymologie. 4.** Point de départ. → **provenance.** *L'origine d'un appel téléphonique.* – *L'origine d'un produit.* – *Appellation d'origine.* **II. 1.** Commencement, première apparition ou manifestation. → **création, naissance.** – ***À l'origine*** **loc. adv.** : au début. – ***D'origine*** **loc. adj.** : qui date du début. *La toiture n'est pas d'origine.* ■ **au plur.** Commencements (d'une réalité qui se modifie). *Les origines de la vie.* **2.** Ce qui explique l'apparition ou la formation (d'un fait nouveau). → **cause, source.** *Affection d'origine virale.*

originel, elle **adj. (même origine que ²*original*)** Qui date ou vient de l'origine. → **initial, originaire, ²original (1) ; premier, primitif.** – relig. chrét. Du premier homme créé par Dieu. *Le péché originel.*

originellement **adv.** Dès l'origine, à l'origine. → **originairement, primitivement.**

s'originer **v. pron.** < 1 > didact. Avoir son origine (dans qqch. d'abstrait).

orignal, aux **n. m. (du basque)** Élan* de l'Amérique du Nord.

Orihuela Ville d'Espagne (communauté autonome de Valence), sur le Segura. 79 889 habitants. Cathédrale gothique des XIVe-XVe s. Palais épiscopal du XVIIIe siècle.

orin **n. m. (mot d'origine obscure, p.-ê. du néerlandais) 1.** Cordage reliant une ancre à la bouée qui en indique l'emplacement. **2.** Câble servant à maintenir une mine immergée.

Oriola (Christian d') Fleurettiste français (1928-2007). Quatre fois champion du monde et deux fois champion olympique (individuel et équipe), il est considéré comme l'un des plus grands escrimeurs de l'histoire.

Orion Géant de la mythologie grecque, chasseur renommé. Tué par un scorpion envoyé par Artémis, il est changé en constellation.

Orion Constellation de la zone équatoriale comportant plusieurs étoiles et formations visibles à l'œil nu *(Nébuleuse d'Orion, Épée d'Orion* et *Baudrier d'Orion).*

oripeaux **n. m. pl. (famille de ¹*or* et de *peau*)** Vêtements voyants, vieux habits avec un reste de clinquant.

Orissa **n. m.** État du N.-E. de l'Inde. 155 722 km². 46,3 millions d'habitants. Capitale : Bhubaneshwar.

Orizaba (pic d') ou **Citlaltépetl** **n. m.** Pic volcanique du Mexique, à l'E. de Puebla. Point culminant du pays (5 675 m). À ses pieds se trouve la ville d'Orizaba (120 800 habitants).

Örkény (István) Écrivain hongrois (1912-1979). Dans ses nouvelles, l'ironie tourne au grotesque *(Minimythes)* ou au burlesque *(La Famille Tot).*

ORL [oɛʀɛl] **(abrév.) 1. n. f.** Otorhinolaryngologie. **2. n.** Otorhinolaryngologiste.

Orlan Artiste plasticienne française (née en 1947). Fondatrice de l'« art charnel », elle prend son propre corps comme objet de sculpture et utilise comme performances ses opérations de chirurgie esthétique qu'elle filme.

Orlando (Vittorio Emanuele) Homme d'État italien (1860-1952). Président du Conseil de 1917 à 1919, il participa à la conférence de Versailles (1919) et dut démissionner devant le refus des Alliés d'attribuer à l'Italie les « terres irrédentes » (Dalmatie et Istrie).

Orlando Ville des États-Unis (Floride). 307 570 habitants. Parc d'attractions Disney World.

Orléanais **n. m.** Ancienne province de France. Capitale : Orléans. Rattaché au domaine royal en 1626, l'Orléanais couvrait les départements actuels du Loiret, de Loir-et-Cher et d'Eure-et-Loir.

orléaniste **n.** hist. Personne qui soutenait les droits de la famille d'Orléans au trône de France (s'oppose à *légitimiste*).

Orléans Chef-lieu du Loiret et de la Région Centre-Val de Loire, sur la Loire. 117 026 habitants. Cathédrale gothique (reconstruite au XVIIe s.). Nombreuses églises. Musées. Ville royale sous les Capétiens, dans le parti des armagnacs durant la guerre de Cent Ans, Orléans fut prise par les Anglais en 1428 puis délivrée par Jeanne d'Arc en 1429. Elle connut à partir du XVIe s. une grande prospérité (commerce, industrie). Éprouvée par les bombardements de la Seconde Guerre mondiale, la ville bénéficia après 1945 de décentralisations industrielles puis tertiaires.

Orléans (maison d') Nom de quatre familles princières françaises. La première fut représentée par Philippe (1336-1375), duc d'Orléans (1344-1375), fils de Philippe VI, et mort sans postérité. La deuxième est issue de Louis (mort en 1407), frère de Charles VI et grand-père de Louis XII. La troisième eut pour seul membre Gaston, frère de Louis XIII. La quatrième, issue de Philippe, frère de Louis XIV, compte parmi ses membres le Régent (→ **Orléans [Philippe,** duc d'**]**) et Louis-Philippe Ier.

Orléans (Charles d') Poète français (1394-1465). Fils de Louis d'Orléans (frère de Charles VI) et père de Louis XII, il fut fait prisonnier à Azincourt (1415) et demeura vingt-cinq ans en Angleterre. Son exil lui inspira de remarquables poèmes *(En regardant vers le pays de France).* Il fit de sa cour de Blois un centre de poésie.

Orléans (Gaston, comte d'Eu, duc d') (1608-1660). Troisième fils d'Henri IV et frère de Louis XIII, il intrigua contre Richelieu puis contre Mazarin, qui le fit exiler à Blois (1652).

Orléans (Philippe, duc d') (1640-1701). Second fils de Louis XIII et frère de Louis XIV, il eut pour fils le futur Régent.

Orléans (Philippe, duc d'), dit le Régent (1674-1723). Régent de France (1715-1723). Fils de Philippe d'Orléans et de Charlotte Élisabeth de Bavière, il exerça le pouvoir pendant la minorité de Louis XV. La Régence fut une période de libéralisation du régime, tant dans le domaine religieux (libération des jansénistes emprisonnés) que dans le domaine politique (concession du droit de remontrance au Parlement). Elle connut une situation financière critique, accentuée par l'échec du système de Law. La politique étrangère du Régent s'appuya sur l'alliance avec l'Angleterre et les Provinces-Unies qui contrecarra les prétentions espagnoles sur la couronne de France.

Orléans (Louis Philippe Joseph, duc d'), dit Philippe Égalité (1747-1793). Député de la noblesse aux États généraux de 1789, il se rallia parmi les premiers au tiers état. Élu député à la Convention (1792), il vota la mort de Louis XVI, son cousin. Arrêté par les Montagnards après l'émigration de son fils, le futur Louis-Philippe, il fut condamné à mort et guillotiné.

orlon n. m. (n. déposé) Fibre textile synthétique.

Orly Commune du Val-de-Marne, au S. de Paris. 24 361 habitants. Aéroport.

ormaie n. f. Lieu planté d'ormes. - syn. **ormoie n. f.**

orme n. m. (vient du latin *ulmus*) **1.** Grand arbre à feuilles dentelées. **2.** Bois de cet arbre.

¹ormeau n. m. (de *orme*) Petit orme, jeune orme.

²ormeau n. m. (vient du latin) Mollusque marin comestible, à coquille plate.

Ormesson (Lefèvre d') Famille française de magistrats fondée au XVIe s. par Olivier Lefèvre d'Ormesson, conseiller de Michel de L'Hospital. ■ **Olivier III Lefèvre d'Ormesson** Magistrat français (1617-1686). Rapporteur du procès de Fouquet, il refusa la peine de mort pour l'accusé.

Ormesson (Wladimir Olivier Lefèvre, comte d') Diplomate et écrivain français (1888-1973). Collaborateur au *Figaro* et au *Temps*, il a publié plusieurs ouvrages *(Le Clergé et l'Académie)*. Académie française.

Ormesson (Jean Lefèvre, comte d') Journaliste et écrivain français (1925-2017). Directeur du *Figaro* (1974-1977), il est l'auteur de romans et d'essais. *Au revoir et merci ; Au plaisir de Dieu ; Histoire du Juif errant*. Académie française.

Ormesson-sur-Marne Commune du Val-de-Marne. 10 528 habitants. Château des XVIe et XVIIIe s., dont le parc fut dessiné par Le Nôtre.

Ormiya ou **Urmia** Ville d'Iran, près de la frontière avec la Turquie et l'Irak. 736 200 habitants. Lieu de naissance de Zarathoustra selon certaines traditions. Ormiya abrite aujourd'hui une importante minorité chrétienne de rite chaldéen. Le *lac d'Ormiya* est le plus grand lac d'Iran (5 775 km^2).

ormoie voir **ormaie**

Ormuz (détroit d') Passage reliant le golfe Persique à la mer d'Oman, large d'une soixantaine de kilomètres. L'île iranienne d'Ormuz (37 km^2) lui a donné son nom.

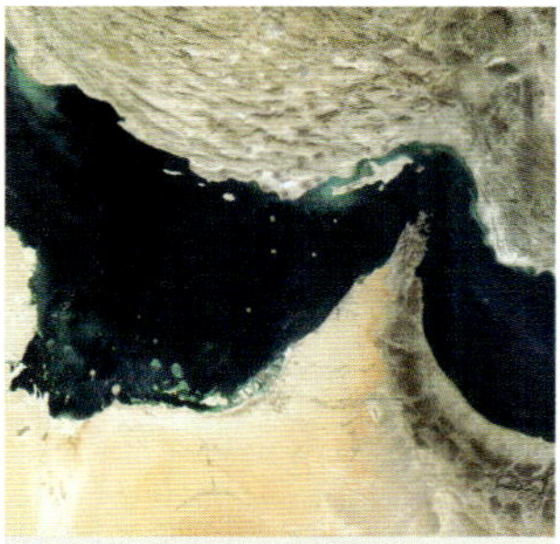

Le détroit d'Ormuz, passage stratégique pour le trafic pétrolier international.

Ornain n. m. Rivière de Lorraine, sous-affluent de la Marne. 120 km.

Ornano Famille d'origine corse. ■ **Sampiero d'Ornano** ou **Sampiero Corso** (1501-1567). Il tenta d'arracher la Corse à la domination génoise et fut assassiné. ■ **Jean-Baptiste d'Ornano, comte de Monlaur.** Maréchal de France (1581-1626). Il prit part aux complots de Gaston d'Orléans, fut impliqué dans la conspiration de Chalais, et mourut en prison.

Ornans Commune du Doubs. 4 422 habitants. Musée Courbet.

orne n. m. (latin *ornus*) Frêne à fleurs blanches odorantes.

Orne n. f. Fleuve de Normandie qui arrose Argentan et Caen, et se jette dans la Manche. 169,6 km.

Orne n. f. [61] Département français de la Région Normandie (➔ carte). 6 103 km^2. 278 475 habitants. Chef-lieu : Alençon. Chefs-lieux d'arrondissement : Argentan, Mortagne-au-Perche. Outre les plaines d'Argentan et d'Alençon (céréaliculture), le territoire est formé de collines bocagères (Ouche, Perche) et forestières (Bellême, Écouves). L'agriculture et l'élevage dominent l'économie du département qui, malgré le développement de quelques sites industriels (Flers, Alençon), ne parvient pas à freiner son dépeuplement.

Orléans

Orléans, la cathédrale Sainte-Croix et le pont George V, sur la Loire.

ornemaniste n. (de *ornement*) arts Spécialiste du dessin ou de l'exécution de motifs décoratifs.

ornement n. m. (vient du latin *ornamentum*, de *ornare* ➔ **orner**) **1.** rare Action d'orner ; décoration. – cour. *Plantes* ***d'ornement***. ➔ **décoratif. 2.** Ce qui orne, s'ajoute à un ensemble pour l'embellir. *Sans ornement* (➔ **dépouillé, sobre**). **3.** Motif accessoire (d'une composition artistique). **4.** mus. Groupe de notes qui s'ajoute à une mélodie sans en modifier la ligne (ex. le trille).

ornemental, ale, aux adj. **1.** Qui a rapport à l'ornement, qui utilise des ornements. *Style ornemental.* **2.** Qui sert à orner. ➔ **décoratif.** *Plantes ornementales.*

ornementation n. f. Action d'ornementer ; ce qui orne. ➔ **décoration.**

ornementer v. tr. < 1 > Garnir d'ornements ; embellir par des ornements (surtout au p. p.). ➔ **décorer, orner.**

orner v. tr. < 1 > (latin *ornare*) Mettre en valeur, embellir (une chose) par des ajouts décoratifs. ➔ **agrémenter, décorer, ¹parer.** *Des fleurs ornent le balcon.* – « *Je l'ornais de vertus qu'elle n'avait pas* » (Maurois). ■ **orné, ée p. p.** *Bras orné de bracelets.* – *Lettres ornées.* ➔ **historié.** – *Style trop orné.* ➔ **tarabiscoté.**

ornière n. f. (vient du latin pop. *orbitaria*, de *orbita* ➔ **orbite**) **1.** Trace que les roues de voitures creusent dans les chemins. **2.** fig. ➔ **routine.** *Sortir de l'ornière,* d'une situation où l'on s'est enlisé.

ornitho- Élément (du grec *ornis, ornithos*) qui signifie « oiseau ».

ornithogale n. m. (grec *ornithogalon* « lait *[gala]* d'oiseau ») Plante bulbeuse à fleurs blanches, jaunes ou orangées, aussi appelée *étoile de Bethléem.* ➔ **dame-d'onze-heures.**

ornithologie n. f. Partie de la zoologie qui étudie les oiseaux. □ **adj. ornithologique**

ornithologue n. Spécialiste de l'ornithologie. - syn. **ornithologiste.**

ornithomancie n. f. (➔ **-mancie**) Divination par le vol ou le chant des oiseaux.

ornithorynque n. m. (de *ornitho-* + grec *runkhos* « bec ») Mammifère amphibie et ovipare, à bec corné, à longue queue plate, à pattes palmées et griffues (Australie, Tasmanie).

ornithose n. f. méd. Maladie infectieuse des oiseaux, transmissible à l'être humain, chez qui elle prend la forme d'une pneumopathie.

oro- Élément (du grec *oros* cf. **oréade**) qui signifie « montagne ».

Oro (monte d') Sommet du centre de la Corse. 2 389 m.

orobanche n. f. (du latin, pris au grec, de *orobos* « vesce » et *ankhein* « étouffer ») bot. Plante sans chlorophylle, vivant en parasite sur des racines de végétaux.

Orode II Roi des Parthes (55-37 av. J.-C.). Son règne marqua l'apogée de l'Empire parthe (victoire sur les Romains à Carrhes en –53).

orogenèse n. f. géol. Processus de formation des reliefs de l'écorce terrestre. - syn. **orogénie n. f.**

orographie n. f. Étude des reliefs montagneux. □ **adj. orographique**

oronge n. f. (de l'occitan ➔ **orange**) Amanite*. *Oronge vraie* (comestible). *Fausse oronge :* amanite tue-mouche (vénéneuse).

Oronte n. m. en arabe **Nahr al'Asi** Fleuve du Liban, de Syrie et de Turquie. 571 km. Né dans la Bekaa, il se jette dans la Méditerranée après avoir arrosé Antakya (Antioche).

oronymie n. f. didact. Étude des noms de montagnes.

O

Orsay (musée d')

Le musée d'Orsay, aménagé sous la direction de Gae Aulenti.

oropharynx n. m. anat. Partie moyenne du pharynx.

Orose (Paul) Historien et apologiste chrétien (v. 390-v. 418). Proche de saint Augustin, il écrivit une *Histoire contre les païens*.

Oroya (La) Ville du Pérou, dans la cordillère des Andes. 19 200 habitants. Mines de cuivre. Métallurgie.

Orozco (José Clemente) Peintre mexicain (1883-1949). Auteur de nombreuses décorations murales dans lesquelles il manifesta des préoccupations sociales, il contribua au développement d'un expressionnisme spécifiquement mexicain.

orpaillage n. m. Travail des orpailleurs.

orpailleur, euse n. (p.-ê. de ¹or et de l'ancien v. *harpailler, harper* « saisir ») Ouvrier, ouvrière qui recueille par lavage les paillettes d'or dans les alluvions aurifères. → **pailleteur.** ■ Chercheur, chercheuse d'or.

Orphée Aède de la mythologie grecque, fils de Calliope. Descendu aux Enfers pour y obtenir le retour à la vie de son épouse Eurydice, il charme les divinités infernales par son chant. Lorsqu'il perd une nouvelle fois Eurydice, il reste inconsolable et solitaire. Le mythe d'Orphée a inspiré de nombreuses œuvres littéraires et musicales.

Orphée charmant les animaux, mosaïque romaine (IIe s.), Musée lapidaire, Vienne (France).

orphelin, ine n. et adj. (vient du latin *orphanus*, emprunt au grec) **I. 1.** n. Enfant qui a perdu son père et sa mère, ou l'un des deux. *Une orpheline de père.* – loc. *Défendre la veuve et l'orphelin* : protéger les opprimés. **2.** adj. *Un enfant orphelin.* **II.** adj. *Maladie orpheline* : maladie chronique rare, pour laquelle aucun traitement efficace n'est disponible.

orphelinat n. m. Établissement où l'on élève des orphelins.

orphéon n. m. (du n. propre *Orphée* → **orphisme**) Fanfare.

orphéoniste n. Membre d'un orphéon.

orphie n. f. (du néerlandais) Aiguillette* (poisson).

orphisme n. m. (du n. de *Orphée*) Doctrine ou secte religieuse de l'Antiquité qui s'inspire de la pensée d'Orphée. □ adj. **orphique**

orpiment n. m. (latin *auripigmentum* « couleur d'or » → ¹**or** et **pigment**) techn. Sulfure naturel d'arsenic, jaune vif ou orangé.

orpin n. m. (de *orpiment*) Plante charnue qui croît sur les toits et les murs. → **joubarbe, sedum.**

orque n. f. (latin *orca*) Grand cétacé carnivore de la famille des dauphins. → **épaulard.**

Orry (Philibert) Homme politique français (1689-1747). Contrôleur général des finances sous Louis XV (1730-1745), il joua un rôle important dans le redressement de l'économie pendant le ministère de Fleury.

Orsay Commune de l'Essonne, sur l'Yvette. 15 554 habitants. Université et laboratoires scientifiques. Commissariat à l'énergie atomique.

Orsay (musée d') Musée national français. Installé en 1986 à Paris dans l'ancienne gare d'Orsay, il est consacré à l'art européen de la seconde moitié du XIXe siècle.

orseille n. f. (catalan *orxella*) Lichen qui fournit une matière colorante de couleur pourpre.

Orsenna (Erik Arnoult, dit Erik) Écrivain français (né en 1947). Il est l'auteur prolixe de romans (*Une comédie française* ; *L'Exposition coloniale* ; *Voyage au pays du coton* ; *Deux Étés* ; *Les Chevaliers du Subjonctif*) et d'essais. Académie française.

Erik Orsenna à l'Académie française en 1998.

Orsini Famille romaine guelfe, rivale des Colonna, qui fournit trois papes à l'Église : Célestin III, Nicolas III et Benoît XIII.

Orsini (Felice) Révolutionnaire italien (1819-1858). Affilié à la Jeune-Italie, il organisa un attentat contre Napoléon III (14 janv. 1858), fut condamné à mort et exécuté.

Orsk Ville de Russie, sur l'Oural, à la frontière avec le Kazakhstan. 250 000 habitants. Industries (métallurgique, pétrolière).

Ørsted (Christian) Physicien danois (1777-1851). Il découvrit l'électromagnétisme en observant qu'un courant électrique faisait tourner l'aiguille d'une boussole.

Ors y Rovira (Eugenio d') Essayiste et critique d'art espagnol d'origine catalane (1882-1954). Il est l'auteur d'essais philosophiques (*Civilisation dans l'histoire*) et d'une théorie du baroque (*Du baroque*).

Ortega (Daniel) Homme d'État nicaraguayen (né en 1945). Militant sandiniste, il participa à la chute du dictateur Somoza. Il devint coordinateur de la junte en 1981 et fut président de la République de 1985 à 1990. Il a été réélu en 2006, 2011, 2016 et 2021.

Daniel Ortega en 2007 à Santiago du Chili.

Ortega y Gasset (José) Écrivain et philosophe espagnol (1883-1955). Fondateur de la *Revista de Occidente*, il défendit une conception libérale de la civilisation moderne, dans laquelle raison et culture doivent être placées au service de l'homme. *La Révolte des masses* ; *Histoire comme système*.

orteil n. m. (vient du latin *articulus* → **article**) Doigt de pied. *Le gros orteil* : le pouce du pied.

Orthez Commune des Pyrénées-Atlantiques, sur le gave de Pau. 10 466 habitants. Église (XIIe-XVe s.). Vestiges d'une forteresse.

orth(o)- Élément (du grec *orthos*) qui signifie « droit, correct ».

orthocentre n. m. géom. Point d'intersection des trois hauteurs d'un triangle.

orthodontie [ɔʀtodɔ̃ti ; ɔʀtodɔ̃si] n. f. (→ **-odonte**) didact. Traitement des anomalies de position des dents.

orthodontiste n. didact. Dentiste spécialiste d'orthodontie.

orthodoxe adj. (du latin ecclés., emprunt au grec, de *orthos* → **orth[o]-** et *doxa* « opinion ») **1.** Conforme au dogme, à la doctrine d'une religion. *Foi orthodoxe.* – n. *Les orthodoxes et les hérétiques.* **2.** Conforme à une doctrine, aux usages établis. → **conformiste, traditionnel.** *Une morale orthodoxe.* – *Historien orthodoxe.* – (avec négation) *Sa méthode n'est pas très orthodoxe.* **3.** Se dit des Églises chrétiennes des rites d'Orient séparées de Rome au XIe siècle. *L'Église orthodoxe russe.* – *Clergé orthodoxe* (→ **métropolite, patriarche, pope**). – n. *Les orthodoxes grecs.*

▶ Les Églises chrétiennes d'Orient réunissent environ 200 millions de fidèles. On les trouve principalement en Russie, en Ukraine, en Bulgarie, en Grèce, en Roumanie et en Serbie, mais aussi en Syrie, au Liban et en Égypte. Des communautés sont également présentes en Australie et aux États-Unis. Alors que l'Église catholique est centralisée et reconnaît l'autorité spirituelle du pape, les **Églises orthodoxes** sont autonomes et organisées en communautés « autocéphales » ou « métropolitaines ». Une autorité particulière est toutefois reconnue à deux patriarcats, celui de

Constantinople et celui de Moscou (créé en 1589). Constituées au départ dans le cadre de l'Empire byzantin, les Églises d'Orient se sont séparées de Rome graduellement, bien avant le schisme d'Orient (1054).
Outre quelques caractéristiques comme le baptême par immersion, l'usage de la langue grecque ou la façon de faire le signe de croix, le rite orthodoxe se distingue des autres rites chrétiens en autorisant les hommes mariés à accéder à la prêtrise et en accordant une grande importance aux icônes. La théologie orthodoxe insiste peu sur le péché originel et refuse un élément du credo catholique, le *filioque*. Pour les orthodoxes, le Saint-Esprit procède, dans la Trinité de Dieu, du Père, tandis que pour les catholiques, le Saint-Esprit procède du Père et du Fils (en latin, *« ex Patre Filioque procedit »*). Il existe de fortes différences culturelles entre les Églises orthodoxes qui ont souvent été isolées les unes des autres (en terre d'islam par exemple) ou ont été victimes de périodes de répression (en Russie et en Ukraine). Cette histoire spécifique les a rapprochées des fidèles, auxquels elles offraient un refuge ou un lieu de solidarité communautaire. De retour sur le devant de la scène, elles profitent aujourd'hui de cette légitimité politique pour intervenir dans les affaires publiques, comme en Russie, ou même conserver le monopole de l'état civil, comme en Grèce.
voir aussi **christianisme, catholicisme, byzantin (Empire)**

orthodoxie n. f. **1.** Ensemble des doctrines, des opinions considérées comme vraies par la fraction dominante d'une Église et enseignées officiellement. → **dogme.** **2.** Caractère orthodoxe (dans une matière non religieuse).

orthodromie n. f. (du grec « courir *[dromein]* en ligne droite ») didact. Chemin le plus court entre deux points du globe terrestre (spécialt pour un navire, un avion). *Orthodromie et loxodromie**. □ **adj. orthodromique**

orthoépie n. f. (de *ortho-* et du grec *epos* « parole ») didact. Phonétique normative, qui décrit les prononciations correctes. □ **adj. orthoépique**

orthogenèse n. f. didact. Théorie selon laquelle l'évolution des organismes vivants est prédéterminée.

orthogénie n. f. didact. Régulation des naissances. → **planning familial.**

orthogénisme n. m. didact. Étude scientifique de l'orthogénie.

orthogonal, ale, aux adj. (latin d'origine grecque → ¹-gone) géom. Qui forme un angle droit, se fait à angle droit. → **perpendiculaire.** – *Projection orthogonale*, obtenue au moyen de perpendiculaires abaissées sur une surface. □ **adv. orthogonalement**

orthographe n. f. (latin *orthographia*, mot grec « écriture droite » → -graphe) **1.** Manière d'écrire un mot qui est considérée comme la seule correcte. *Faute d'orthographe. Réforme de l'orthographe.* – Capacité d'écrire sans fautes. *Être bon en orthographe.* – Façon d'écrire, avec ou sans fautes. *Avoir une mauvaise orthographe.* **2.** Manière dont un mot est écrit. → **graphie.** *Ce mot a deux orthographes possibles.* □ **adj. orthographique**

orthographier v. tr. < 7 > Écrire selon les règles de l'orthographe. – au p. p. *Mot mal orthographié.*

orthonormé, ée adj. Se dit d'un repère dont les vecteurs de base sont orthogonaux et de même mesure.

orthopédagogue n. (Canada) Personne dont le métier consiste à corriger les troubles de l'apprentissage.

orthopédie n. f. (→ ¹péd[o]-) **1.** didact. Médecine du squelette, des muscles et des tendons. **2.** cour. Médecine et prothèse des membres inférieurs. □ **orthopédique adj.** *Appareil orthopédique.*

orthopédiste n. **1.** Médecin qui pratique l'orthopédie. – adj. *Médecin orthopédiste.* **2.** Personne qui fabrique ou vend des appareils orthopédiques.

orthophonie n. f. (→ -phonie) Traitement qui vise à la correction des défauts d'élocution.

orthophoniste n. Spécialiste de l'orthophonie.

orthopnée n. f. (de *ortho-* et du grec *pnein* « respirer » → **apnée, dyspnée**) méd. Difficulté à respirer (dyspnée) en position couchée, qui oblige à rester debout ou assis.

orthoptère n. m. (→ -ptère) zool. Insecte dont les ailes postérieures sont pliées dans le sens de la longueur (ordre des *Orthoptères* ; ex. le grillon).

orthoptie n. f. (→ opto-) méd. Traitement qui vise à la correction des défauts de la vision binoculaire. □ **adj. orthoptique**

orthoptiste n. didact. Spécialiste de l'orthoptie.

orthorhombique adj. minér. Se dit d'un cristal qui possède trois axes de symétrie binaires perpendiculaires entre eux.

orthoscopique adj. photogr. Se dit d'un objectif photographique qui évite toute déformation de l'image.

orthose n. f. ou m. minér. Feldspath potassique blanc ou rose abondant dans le granit.

orthostatique adj. didact. Relatif à la station debout ; qui se produit pendant la station debout.

orthosympathique adj. anat. *Système nerveux orthosympathique.* → **sympathique.**

ortie [ɔʀti] n. f. (vient du latin *urtica* → **urticaire**) Plante velue qui renferme un liquide irritant transmis par des piquants minuscules. – *Ortie blanche* (→ **lamier**). – loc. fig. *Jeter qqch. aux orties*, s'en débarrasser sans hésitation.

ortolan n. m. (de l'italien ; famille du latin *hortus* « jardin » → **horticole**) Petit oiseau à chair très estimée. → **bruant.**

Oruro Ville de Bolivie, dans les Andes, au S. de La Paz. 232 000 habitants. Centre minier (étain).

orvale n. f. (origine incertaine) Sauge à grandes feuilles velues, appelée aussi *toute-bonne.*

Orvault Commune de la Loire-Atlantique, dans la banlieue de Nantes. 27 438 habitants.

orvet n. m. (mot d'origine obscure) Reptile saurien dépourvu de membres, ressemblant à un serpent.

orviétan n. m. (italien *orvietano* « d'Orvieto » : « remède inventé par un charlatan d'Orvieto ») littér. *Marchand, vendeur d'orviétan* : charlatan, imposteur.

Orvieto Ville d'Italie (Ombrie). 20 700 habitants. Cathédrale romane et gothique du XIIIe s. (fresques de Signorelli et de Fra Angelico).

Orwell (Eric Arthur Blair, dit George) Essayiste et romancier britannique (1903-1950). Son roman le plus célèbre, *1984*, écrit en 1948, évoque la menace du totalitarisme sur le monde moderne. Dans *La Ferme des animaux*, il utilise l'allégorie pour dénoncer la dictature prolétarienne.

Ory (Edward, dit Kid) Tromboniste et chef d'orchestre américain de jazz (1886-1973). Il est l'un des principaux représentants du New Orleans Revival. *Muskrat Ramble ; Ory's Creole Trombone.*

oryctérope n. m. (du grec « fouisseur ») Mammifère nocturne d'Afrique au long museau et à la langue gluante.

oryx n. m. (mot latin, du grec *orux*) Antilope des déserts d'Afrique et d'Arabie.

Orzeszkowa (Eliza) Romancière polonaise (1841-1910). Elle est l'autrice de romans à thèse sur les problèmes économiques et sociaux, sur la condition des femmes ou encore sur la vie des Juifs *(Meir Ezofowicz).*

os [ɔs] n. m. (vient du latin *ossum*, de *os, ossis* « os ; fond de l'être » → **ossature, ossuaire**) **1.** Chacune des pièces rigides qui forment le squelette* (→ **ostéo- ; ossature**). *Les os du pied. Petit os.* → **osselet.** – méd. *Maladie des os*

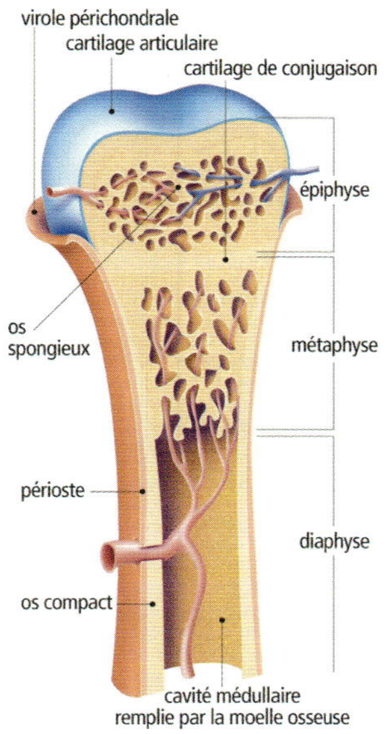

Structure d'un os.

de verre : maladie génétique caractérisée par une très grande fragilité des os. ■ loc. *N'avoir que la peau sur les os. Un sac d'os* : une personne très maigre. – *Se rompre les os* : se blesser grièvement dans une chute. – *En chair* et en os.* – *Il ne fera pas de vieux os* : il ne vivra pas longtemps. – *Trempé jusqu'aux os*, complètement. – fam. *L'avoir dans l'os* : ne pas obtenir ce qu'on voulait. ■ (os des animaux) *Viande vendue sans os* (→ **désossé**). *Os à moelle.* – *Chien qui ronge un os.* – loc. fam. *Tomber sur un os ; il y a un os !*, une difficulté. *Être à l'os* : ne plus avoir de ressources. **2.** *Les os* : restes d'un être vivant, après sa mort. → **carcasse, ossements.** **3.** (De l'os, en os) *Couteau à manche en os.* **4.** *Os de seiche* : lame calcaire qui constitue la coquille interne dorsale (de la seiche).

OS [oɛs] n. (sigle) Ouvrier, ouvrière spécialisé(e).

Ōsaka Ville du Japon (Honshū), au fond de la baie d'Ōsaka. 2 754 700 habitants. Port de commerce et d'industrie (métallurgie, mécanique, électronique). Aéroport sur une île artificielle, près de la côte. Château. Musée.

Vue d'Ōsaka.

Osasco Ville du Brésil, dans la banlieue de São Paulo. 666 500 habitants. Industrie.

Osborne (John) Auteur dramatique britannique (1929-1994). Chef de file des Jeunes Gens en colère, il décrit dans son théâtre la vanité de l'anticonformisme et l'échec de la révolte. *La Paix du Dimanche ; Une certaine indifférence.*

Oscar n. m. (marque déposée ; n. propre) Récompense cinématographique décernée chaque année à Hollywood. *L'Oscar du meilleur réalisateur. La cérémonie des Oscars.*

Oscar (saint) voir **Anschaire**

O

Oscar Nom de plusieurs rois de Suède. ■ **Oscar Ier** (1799-1859). Roi de Suède et de Norvège (1844-1859). Il tenta de réformer le système parlementaire, mais échoua en raison de l'opposition de la noblesse. ■ **Oscar II** (1829-1907). Roi de Suède (1872-1907) et de Norvège (1872-1905). Son règne fut marqué par la rupture de l'union entre la Norvège et la Suède (1905).

OSCE (**Organisation pour la sécurité et la coopération en Europe**) Organisation politique créée en 1973 pour instaurer un dialogue entre les États membres de l'Otan et les États membres du pacte de Varsovie. La conférence d'Helsinki (1973-1975) s'acheva par l'adoption d'un Acte final portant, notamment, sur la reconnaissance et la sécurité des frontières. En 1990, la conférence de Paris permit la signature d'un traité de désarmement et entérina la fin de la division de l'Europe en deux blocs. Appelée jusqu'en 1995 CSCE (Conférence sur la sécurité et la coopération en Europe), l'OSCE se consacre désormais au désarmement, à la défense des valeurs démocratiques et à la prévention des conflits par l'arbitrage. Elle compte 57 États participants de trois continents, Amérique du Nord, Europe et Asie, en 2023.

oscìètre n. m. (russe *ossiotr*) **1.** Espèce d'esturgeon. **2.** Caviar provenant de cet esturgeon, d'une couleur dorée.

oscillant, ante [ɔsilɑ̃, ɑ̃t] adj. Qui oscille.

oscillateur n. m. phys. Dispositif générateur d'oscillations (électriques, mécaniques...).

oscillation [ɔsilasjɔ̃] n. f. **1.** Mouvement d'un corps qui oscille. → **balancement.** *Les oscillations d'un balancier.* → **battement.** – phys. *Amplitude, période d'une oscillation.* **2.** fig. Fluctuation, variation. *Les oscillations de l'opinion.*

oscillatoire [ɔsilatwaʀ] adj. sc. De la nature de l'oscillation.

osciller [ɔsile] v. intr. <1> (bas latin *oscillari*) **1.** Aller de part et d'autre d'une position moyenne par un mouvement de va-et-vient. *Le pendule oscille.* → se **balancer.** – *Elle oscilla et tomba sur le trottoir.* → **chanceler, vaciller. 2.** Varier entre deux limites. *La température extérieure oscille entre 25 et 30 °C.* **3.** fig. Varier en passant par des alternatives. *Osciller entre deux positions, deux partis.* → **hésiter.**

oscillo- Élément de mots (de *osciller, oscillation*).

oscillogramme n. m. Image fournie, courbe tracée par un oscillographe.

oscillographe n. m. Appareil qui permet d'étudier et d'enregistrer les variations d'une grandeur physique en fonction du temps.

oscillomètre n. m. Appareil médical servant à mesurer les oscillations de la pression artérielle.

oscilloscope n. m. phys. Appareil de mesure permettant de visualiser les variations d'une tension.

oscule n. m. (latin *osculum*, diminutif de *os, oris* « bouche » → oral) zool. Orifice par lequel les éponges rejettent l'eau.

ose n. m. (subst. tiré de [1]-*ose*) chim. Glucide le plus simple, non hydrolysable (opposé à *oside*).

[1]-ose Élément tiré de *glucose*, servant à former les noms des glucides (ex. *cellulose, saccharose*).

[2]-ose Élément (du grec *-ôsis*) servant à former des noms de maladies non inflammatoires (→ aussi **-ite**).

osé, ée adj. (de *oser*) **1.** Qui est fait avec audace. *Tentative osée.* → **hardi, risqué. 2.** Qui risque de choquer les bienséances. *Un décolleté osé.*

Osée Personnage biblique, prophète d'Israël entre 750 et 725 av. J.-C.

Osée Dernier roi d'Israël (v. 730-721 av. J.-C.). Il fut détrôné par Salmanazar, roi d'Assyrie.

oseille n. f. (vient du latin *acidula* → acidulé) **1.** Plante cultivée pour ses feuilles comestibles au goût acide. → aussi **oxalide.** *Soupe à l'oseille.* **2.** fam. Argent*.

oser v. tr. <1> (vient du bas latin *ausare* ; famille de *audace*) **1.** littér. Entreprendre avec assurance (une chose difficile, périlleuse). → **risquer. 2.** (+ inf.) Avoir l'audace, le courage de. *Je n'ose plus rien dire.* – *Elle a osé me faire des reproches.* – (précaution oratoire) → se **permettre.** *Si j'ose m'exprimer ainsi.* – (comme souhait) *J'ose l'espérer.* **3.** absolt Se montrer audacieux, prendre des risques. *Il faut oser !*

oseraie n. f. Terrain planté d'osiers.

Oshawa Ville du Canada (Ontario), sur le lac Ontario. 159 458 habitants. Industries automobile et électronique.

Ōshima Nagisa Cinéaste japonais (1932-2013). Il a réalisé des films anticonformistes, d'une violence et d'un érotisme subversifs. *L'Empire des sens ; Furyo.*

Osiander (**Andreas Hosemann**, dit **Andreas**) Théologien protestant allemand (1498-1552). Il participa à la diète d'Augsbourg (1530) et signa le traité de Schmalkalden. Sa doctrine sur la justification suscita de vives polémiques et fut condamnée en 1566.

oside n. m. chim. Glucide composé de deux ou plusieurs oses, décomposable par hydrolyse (opposé à *ose*).

osier n. m. (vient du francique, de *alisa* « aulne ») **1.** Saule de petite taille, aux rameaux flexibles. *Branches d'osier.* **2.** Rameau d'osier, employé en vannerie. *Panier d'osier.*

osiériculture n. f. didact. Culture de l'osier.

Osijek Ville de Croatie, sur la Drave. Port fluvial. 84 100 habitants. Centre industriel.

Osiris Dieu égyptien des Forces végétales, époux d'Isis et père d'Horus. Assassiné par son frère Seth, ressuscité par les soins d'Anubis et d'Isis, il règne sur les morts.

Osiris sur un socle, tombeau de Sennedjem à Deir el-Medineh (XIVe s. av. J.-C.).

Öskemen Ville du Kazakhstan, au pied de l'Altaï, sur l'Irtych. 310 900 habitants. Industrie (métallurgie, mécanique).

Osler (**sir William**) Médecin britannique d'origine canadienne (1849-1919). Il effectua des recherches sur l'endocardite infectieuse maligne à évolution lente *(maladie d'Osler)* et sur l'angiomatose hémorragique familiale *(maladie de Rendu-Osler).*

Oslo Capitale de la Norvège, au S.-E. du pays, au fond d'un fjord ouvrant sur le Skagerak. 699 800 habitants. Port. Université. Forteresse Akershus. Cathédrale (fin XVIIe s., restaurée). Musées. Aéroport international Oslo-Gardermoen. Détruite par un incendie en 1624, la ville fut reconstruite par Christian IV et prit le nom de *Christiania*, qu'elle conserva jusqu'en 1925.

Osman Ier Gazi Sultan ottoman (1259-1326). Il fut le fondateur de la dynastie ottomane.

Osmaniye Ville de Turquie, à l'E. d'Adana. 198 800 habitants.

osmium n. m. (du grec *osmê* « odeur », à cause de la forte odeur de son oxyde) chim. Élément, métal (symb. Os, n° at. 76, masse at. 190,2), que l'on trouve dans la nature associé au platine et à l'iridium.

osmomètre n. m. Appareil servant à mesurer la pression osmotique.

osmonde n. f. (mot du nord de la France, d'origine inconnue) Fougère vivace, de grande taille, dite aussi *fougère aquatique.*

osmose n. f. (mot anglais, du grec *ôsmos* « poussée ») **1.** sc. Phénomène de diffusion dans lequel une membrane entre deux liquides ou solutions laisse passer le solvant mais non la substance dissoute. **2.** fig. Interpénétration, influence réciproque. *Osmose entre deux courants de pensée.*

osmotique adj. sc. De l'osmose (1). *Pression osmotique*, résultant de la différence de concentration des deux liquides.

Osnabrück Ville d'Allemagne (Basse-Saxe). 163 000 habitants. Cathédrale (XIIIe s.). Commerce et industrie.

Osny Commune du Val-d'Oise. 17 111 habitants.

Osorno Volcan du centre du Chili. 2 652 m.

Osorno Ville du Chili. 132 000 habitants. Tourisme. Industrie agroalimentaire.

osque adj. Relatif aux Osques*. – n. m. *L'osque* : langue de ce peuple, du groupe italique.

Osques n. m. pl. Peuple de l'Italie ancienne. Établis en Campanie, ils furent influencés par les Grecs et soumis par les Samnites.

Ossa n. m. Massif montagneux de Grèce (Thessalie) qui culmine au Kissavos à 1 978 m.

ossature n. f. (du latin *os, ossis* → os) **1.** Ensemble des os, tels qu'ils sont disposés dans le corps. → **squelette.** *Une ossature robuste.* **2.** Ensemble de parties essentielles qui soutient un tout. → **charpente.** *L'ossature en béton d'un immeuble.* – abstrait *L'ossature sociale. L'ossature d'un discours.*

Ossau (**gave d'**) Torrent des Pyrénées-Atlantiques. 80 km. Il arrose la *vallée d'Ossau* et rejoint le gave d'Aspe à Oloron-Sainte-Marie.

osséine n. f. biochim. Substance protéique qui entre dans la composition des os.

osselet n. m. (diminutif de *os*) **1.** rare Petit os. *Les osselets de l'oreille.* **2.** *Les osselets* : jeu d'adresse consistant à lancer puis à rattraper de petits objets (semblables à des osselets).

ossements n. m. pl. (du latin → os) Os décharnés et desséchés de cadavres d'hommes ou d'animaux.

Osservatore Romano (**L'**) Journal du Saint-Siège, fondé en 1861 et imprimé dans la cité du Vatican depuis 1930.

Ossètes n. m. pl. Peuple du Caucase central (Ossétie), descendant des Alains. Ils parlent l'ossète, une survivance du scythe, appartenant à la famille indo-iranienne. Environ 526 000 individus.

Ossétie du Nord-Alanie République de la Fédération de Russie, dans le Caucase. 8 000 km². 650 000 habitants. Capitale : Vladikavkaz.

Ossétie du Sud Région autonome de Géorgie. 3 900 km². 54 000 habitants. Capitale : Tskhinvali. La population est constituée d'environ 66 % d'Ossètes et de 29 % de Géorgiens. L'Ossétie du Sud proclama son indépendance en 1994, mais celle-ci ne fut reconnue que par la Russie (2006). En août 2008, un nouveau conflit armé entre la Géorgie et l'Ossétie du Sud entraîna l'intervention de la Russie, les forces armées russes entrant en territoire géorgien. Le Nicaragua, le Venezuela et la Syrie ont également reconnu l'indépendance de l'Ossétie du Sud, indépendance non reconnue par les puissances occidentales.

osseux, euse adj. **1.** De l'os, des os. *Tissu osseux*, formé de *cellules osseuses*. **2.** *Poisson osseux* (opposé à *cartilagineux*), qui possède des arêtes. **3.** Constitué par des os. *Carapace osseuse*. **4.** cour. Dont les os sont saillants. → **¹maigre.** *Un visage osseux.*

Ossian Barde écossais légendaire du IIIe s. Les *Poèmes d'Ossian*, en réalité écrits par James Macpherson, eurent une immense influence sur le romantisme européen.

ossianique adj. littér. Des poèmes attribués à Ossian* ; qui évoque les poèmes d'Ossian.

ossifier v. tr. < 7 > (→ **os**) Transformer en tissu osseux. – pronom. *S'ossifier.* → se **calcifier.** □ n. f. **ossification**

osso buco [ɔsobuko] n. m. invar. (italien « os à trou ») Jarret de veau servi avec l'os à moelle, cuisiné avec des tomates (plat italien). - var. RO **ossobuco** n. m.

ossu, ue adj. Qui a de gros os.

ossuaire n. m. (du bas latin → **os**) **1.** Amas d'ossements. **2.** Excavation (→ **catacombe**), bâtiment où sont conservés des ossements humains.

Ossuaire de Hallstatt en Autriche.

ost n. m. (vient du latin *hostis* « ennemi » → **hostile**) hist. Armée (à l'époque féodale). – *Service d'ost* : service militaire dû par les vassaux à leur suzerain. - Ce mot a été remplacé par *armée*.

ostéalgie n. f. Douleur osseuse profonde.

ostéichtyen n. m. Poisson osseux (de la classe des *Ostéichtyens*, qui comprend l'immense majorité des poissons ; s'oppose à *chondrichtyen*).

ostéite n. f. Inflammation des os. → **carie, ostéomyélite.**

Ostende en néerlandais **Oostende** Ville de Belgique (Flandre-Occidentale), sur la mer du Nord. 71 647 habitants. Principal port de pêche de Belgique. Musées. Industrie. Station balnéaire. ■ Le canal d'Ostende relie Bruges à Ostende. 23 km.

ostensible adj. (du latin *ostensum, ostentum*, supin de *ostendere*, de *ob* « devant » et *tendere* → **¹tendre**) littér. Qui est fait sans se cacher ou avec l'intention d'être remarqué. → **apparent, visible.** – *Signes religieux ostensibles.* □ adv. **ostensiblement**

ostensoir n. m. (du latin *ostensum* → **ostensible**) Pièce d'orfèvrerie destinée à exposer l'hostie.

ostentation n. f. (du latin, de *ostentare*, de *ostendere* → **ostensible**) Mise en valeur excessive et indiscrète d'un avantage. → **étalage.** *Agir avec ostentation* (→ **vanité**).

ostentatoire adj. (→ **ostentation**) littér. Qui est fait, montré avec ostentation.

ostéo- Élément (du grec *osteon*) qui signifie « os ».

ostéoblaste n. m. biol. Cellule osseuse peu différenciée, qui produit l'osséine au cours de l'ossification (opposé à *ostéocyte*).

ostéoclasie n. f. (de *ostéo-* et du grec *klasis* « cassure ») chir. Opération chirurgicale où l'on fracture certains os pour redresser des déformations.

ostéocyte n. m. biol. Cellule osseuse arrivée à maturité (opposé à *ostéoblaste*).

ostéodensitométrie n. f. méd. Examen médical d'évaluation de la densité des os. *Ostéodensitométrie et dépistage de l'ostéoporose.*

ostéogenèse n. f. biol. Formation et développement des os. – *Ostéogenèse imparfaite* : maladie des os* de verre.

ostéologie n. f. Partie de l'anatomie qui traite des os.

ostéomalacie n. f. (de *ostéo-* et du grec *malakia* « mollesse ») méd. Ramollissement généralisé des os dû à une déminéralisation. → (enfant) **rachitisme.**

ostéomyélite n. f. (→ **myélite**) méd. Inflammation d'un os causée par des germes pathogènes.

ostéopathe n. Personne (parfois médecin) qui effectue des manipulations des os. - abrév. fam. **ostéo.** *Des ostéos.*

ostéopathie n. f. méd. **I.** Affection osseuse. **II.** Thérapeutique faisant appel à des manipulations sur les os. □ adj. **ostéopathique**

ostéophyte n. m. (→ **-phyte**) méd. Production osseuse pathologique au voisinage des articulations.

ostéoplastie n. f. (→ **-plastie**) chir. Opération réparatrice du squelette, à l'aide de fragments osseux.

ostéoporose n. f. (→ **pore** et **²-ose**) méd. Raréfaction pathologique du tissu osseux.

ostéosarcome n. m. méd. Tumeur maligne d'un os.

ostéosynthèse n. f. Réunion des fragments d'un os fracturé, au moyen d'objets métalliques.

Ostermeier (Thomas) Metteur en scène allemand (né en 1968). Codirecteur de la Schaubühne de Berlin. Il monte des pièces d'auteurs contemporains (Lars Norén, Jon Fosse) et des versions très modernisées de pièces plus classiques (Tchekhov, Büchner, Ibsen, Shakespeare).

Ostermeyer (Micheline) Athlète et pianiste française (1922-2001). Elle remporta trois médailles aux Jeux olympiques de 1948 (poids, disque, saut en hauteur) puis se consacra à sa carrière de concertiste.

Östersund Ville du centre de la Suède, au bord du lac Storsjön. 58 600 habitants. Industrie. Tourisme.

ostiak n. m. Langue finno-ougrienne parlée par les Ostiaks*. - var. **ostyak.**

Ostiaks ou **Ostyaks** n. m. pl. Tribus de chasseurs de Sibérie, dans la moyenne vallée de l'Ob.

Ostie Localité d'Italie, près de l'embouchure du Tibre. Station balnéaire. Vestiges de l'Ostie romaine, port de Rome qui connut son apogée au Ier siècle.

ostraciser v. tr. < 1 > Frapper (qqn) d'ostracisme. → **exclure.** □ n. f. **ostracisation**

ostracisme n. m. (du grec, de *ostrakon* « coquille ; tesson » : on écrivait le n. du banni sur un tesson) Rejet hostile, par une collectivité, d'un de ses membres.

Ostrava Ville de la République tchèque (Moravie), sur l'Odra. 282 450 habitants. Église du XIIIe s. Industries (métallurgie, chimie).

ostréi- Élément (du latin *ostrea* → **huître**, du grec *ostreon*) qui signifie « huître ».

ostréicole adj. Qui a rapport à l'ostréiculture.

ostréiculteur, trice n. Personne qui pratique l'ostréiculture.

ostréiculture n. f. Élevage des huîtres.

ostréidé n. m. Mollusque lamellibranche (famille des *Ostréidés* ; ex. l'huître).

ostrogoth, othe [ɔstʀɔgo ; ostʀogo, ɔt] n. (bas latin *ostrogothus* cf. **gothique**) vieux Personne ignorante et bourrue. – Personnage extravagant. → **olibrius.**

Ostrogoths Ancien peuple germanique (« Goths de l'Est »). Soumis par les Huns (375) et intégrés à leur empire jusqu'à la mort d'Attila (453), les Ostrogoths conquirent l'Italie sous Théodoric le Grand (488-493). Leur royaume fut reconquis par les généraux byzantins Bélisaire et Narsès pour le compte de l'empereur Justinien (555).

Ostrołęka Ville de Pologne, sur le Narew. 49 800 habitants. En 1807, l'armée de Napoléon Ier y remporta une victoire sur les troupes russes.

Ostrovski (Aleksandr Nikolaïevitch) Auteur dramatique et metteur en scène russe (1823-1886). Auteur d'œuvres d'inspiration populaire, il enrichit le théâtre russe d'un répertoire national. *Pauvreté n'est pas vice ; La Forêt.*

Ostrovski (Nikolaï Alekseïevitch) Romancier soviétique (1904-1936). Son roman autobiographique, *Et l'acier fut trempé*, exalte la lutte pour le triomphe de la révolution et du socialisme.

Ostwald (Wilhelm) Chimiste allemand (1853-1932). Il travailla sur la catalyse et élabora une méthode de préparation industrielle de l'acide nitrique à partir de l'ammoniac. Prix Nobel 1909.

Ostwald Commune du Bas-Rhin. 12 985 habitants.

ostyak voir **ostiak**

Oswald (saint) (602-642). Roi de Northumbrie (635-642), il battit les Gallois et favorisa le christianisme. Il fut vaincu et tué par Penda, roi de Mercie.

Oswy ou **Oswiu** (mort en 670). Roi de Northumbrie (642-670). Frère de saint Oswald, il vainquit Penda, roi de Mercie, et favorisa le christianisme.

otage n. (de *hôte**) **1.** Personne livrée ou reçue comme garantie, ou qu'on détient pour obtenir ce qu'on exige. → **gage, garant.** – *Hold-up avec prise d'otages. Une otage a été libérée.* **2.** fig. *Être l'otage de* : être l'objet d'un chantage, d'une pression.

otalgie n. f. méd. Douleur d'oreille.

Otan (Organisation du traité de l'Atlantique nord, en anglais NATO [North Atlantic Treaty Organization]) Organisation fondée en 1949 dans le but d'assurer la paix et la sécurité de ses États membres, et garantissant aux Européens l'alliance des États-Unis contre toute agression. Elle regroupe 30 États. Son siège est à Bruxelles. À l'origine, l'Otan regroupait la Belgique, le Canada, le Danemark, les États-Unis, la France, la Grande-Bretagne, l'Islande, l'Italie, le Luxembourg, la Norvège, les Pays-Bas et le Portugal. Elle fut étendue en 1952 à la Turquie et à la Grèce, en 1955 à la République fédérale d'Allemagne et, en 1982, à l'Espagne. En 1996, la France, qui s'était retirée en 1966, reprit sa place au sein du Comité militaire. En 1999 furent intégrées la Pologne, la République tchèque et la Hongrie, en 2004 la Bulgarie, l'Estonie, la Lettonie, la Lituanie, la Roumanie, la Slovaquie et la Slovénie, en 2009 l'Albanie et la Croatie, en 2017 le Monténégro, en 2020 la Macédoine du Nord. En 2022, cinq pays demandèrent leur adhésion : Bosnie-Herzégovine, Finlande, Géorgie, Suède et Ukraine. Dès juillet 2022, les Alliés signèrent les protocoles d'accession de la Finlande et de la Suède, ce processus étant le plus rapide de l'histoire récente de l'Otan en raison de la guerre menée par le président Poutine contre l'Ukraine, brisant la paix en Europe.

otarie n. f. (grec *ôtarion*, de *ous, ôtos* « oreille » → **ot[o]-**) Mammifère marin du Pacifique et des mers du Sud.

OTASE (Organisation du traité de l'Asie du Sud-Est) Alliance défensive, créée en 1954, qui regroupait l'Australie, la Nouvelle-Zélande, les États-Unis, la Grande-Bretagne, la France, les Philippines, la Thaïlande et le

Pakistan (qui se retira en 1973). Elle fut dissoute en 1977.

ôter v. tr. < 1 > **(vient du latin *obstare* « se tenir devant » → obstacle, obstétrique, nonobstant, de *ob* « devant » et *stare* → station)** **1.** Enlever* (un objet) de la place qu'il occupait. → **déplacer, retirer.** – fig. *Ôter un poids* à qqn,* le soulager d'une inquiétude. – *On ne m'ôtera pas de l'idée que...,* j'en suis convaincu. **2.** vieilli ou régional → **enlever.** *Ôter son manteau.* – au p. p. (invar.) *6 ôté de 10 égale 4.* ■ **s'ôter** v. pron. *Ôtez-vous de là.*

Otero (Blas de) Écrivain espagnol (1916-1979). Sa poésie dénonce les injustices de l'Espagne de Franco. *Cantiques spirituels ; Je demande la paix et la parole.*

Othe (pays d') Massif boisé de l'E. du Bassin parisien, situé au S. de Troyes.

Othello Personnage du drame de Shakespeare *(Othello ou le Maure de Venise).* Général maure au service de Venise, il est amené à douter de la fidélité de sa femme, Desdémone, par les insinuations malveillantes de son officier Iago. La jalousie le conduit à étrangler Desdémone puis, comprenant qu'il a été abusé, il se poignarde.

Othis Commune de la Seine-et-Marne. 6 737 habitants. Église du XVe siècle.

Othon en latin **Marcus Salvius Otho** Empereur romain (32-69). Il succéda à Galba, qu'il fit assassiner. Battu par les légions de Vitellius, il se donna la mort.

Othon ou **Otton** Nom de plusieurs empereurs germaniques. ■ **Othon** ou **Otton Ier le Grand** (912-973). Roi de Germanie (936-973) et premier empereur du Saint Empire romain germanique (962-973). Il se fit couronner empereur par le pape Jean XII (962), fondant le Saint Empire romain germanique. ■ **Othon** ou **Otton II** (955-983). Roi de Germanie (961-973) et empereur germanique (973-983). Fils d'Othon Ier, il chercha à se rendre maître de l'Italie, mais fut vaincu par les Sarrasins au cap Colonne (982). ■ **Othon** ou **Otton III** (980-1002). Roi de Germanie (983) et empereur germanique (983-1002). Fils d'Othon II, il régna d'abord sous la régence de sa mère Théophano, puis de sa grand-mère Adélaïde. Il fit de Rome sa capitale et, sous l'influence du pape Sylvestre II, rêva de reconstituer l'empire chrétien. ■ **Othon** ou **Otton IV de Brunswick** (v. 1174-1218). Roi des Romains (1198) et empereur germanique (1209-1218). Élu roi des Romains par le parti guelfe, il entreprit la conquête du royaume de Sicile, contrairement à ses accords avec le Saint-Siège, et fut excommunié (1210). En 1214, il fut défait à Bouvines par les armées de Philippe Auguste.

O

Othon ou **Otton Ier** (1815-1867). Roi de Grèce (1832-1862). Fils de Louis Ier de Bavière, il fut renversé par une révolte en 1862.

Othoniel (Jean-Michel) Artiste français (né en 1964). Il a réalisé des sculptures en perles ou en briques de verre soufflé (bouche du métro Palais-Royal à Paris ; *La Grande Vague*). Académie des beaux-arts.

Jean-Michel Othoniel préparant l'exposition *My Way* dans son atelier parisien (2011).

Othrys n. m. Massif montagneux de Grèce, entre la Phtiotide et la Thessalie. 1 726 m.

otique adj. (du grec → ot[o]-) anat. Relatif à l'oreille.

Ottawa

Ottawa, la colline du Parlement, composée d'édifices néogothiques, surplombant la rivière des Outaouais.

otite n. f. Inflammation de l'oreille.

ot(o)- Élément (du grec *ous, ôtos*) qui signifie « oreille ».

otocyon n. m. (de *oto-* et du grec *kuôn* « chien ») zool. Mammifère carnassier d'Afrique, voisin du renard, au museau pointu et aux grandes oreilles.

otocyste n. m. (de *oto-* + *-cyste*) zool. Organe sensoriel des invertébrés, qui renseigne l'animal sur sa position dans l'espace.

otolithe n. m. (de *oto-* + *-lithe*) anat. Concrétion minérale de l'oreille interne, qui sert à l'équilibration. - var. RO **otolite.**

otologie n. f. méd. Partie de la médecine qui étudie l'oreille.

otorhinolaryngologie n. f. Partie de la médecine qui s'occupe des maladies de l'oreille, du nez et de la gorge. → **ORL.** - var. **oto-rhino-laryngologie.** □ adj. **otorhinolaryngologique** ou **oto-rhino-laryngologique**

otorhinolaryngologiste n. Médecin spécialisé en otorhinolaryngologie. → **ORL (2).** *Des otorhinolaryngologistes.* - var. **oto-rhino-laryngologiste.** *Des oto-rhino-laryngologistes.* - abrév. fam. **otorhino** ou **oto-rhino.** *Des otorhinos, des oto-rhinos.*

otorragie n. f. (de *oto-* + *-rragie*) méd. Écoulement de sang par l'oreille.

otorrhée ou **otorrée** n. f. (de *oto-* + *-rr(h)ée*) méd. Écoulement par l'oreille.

otoscope n. m. méd. Instrument utilisé pour examiner le conduit auditif (examen dit *otoscopie* **n. f.**).

Otrante (canal d') Détroit reliant l'Adriatique à la mer Ionienne, d'une largeur de 70 km.

Otrante Ville d'Italie (Pouilles), sur le canal d'Otrante. 5 300 habitants. Cathédrale (XIIe-XVe s.) abritant des mosaïques du XIIe siècle.

Ottawa Capitale fédérale du Canada (Ontario), sur la rivière des Outaouais. 934 243 habitants (agglomération Ottawa-Gatineau 1 323 783). Parlement de style néogothique (incendié en 1916 et reconstruit). Musée des Beaux-Arts. Universités. Administration. Industrie. Haute technologie. Tourisme. La reine Victoria choisit la ville comme capitale du Canada-Uni en 1857.

Ottawa (conférence d') Conférence qui se tint entre la Grande-Bretagne et ses dominions (1932) et aboutit aux *accords d'Ottawa* établissant le principe de « préférence impériale » accordée par la Grande-Bretagne aux produits du Commonwealth.

Ottignies-Louvain-la-Neuve Ville de Belgique (Brabant wallon), sur la Dyle. 31 316 habitants. Université catholique francophone. Parc industriel et scientifique.

Otto (Nikolaus) Ingénieur allemand (1832-1891). Il mit au point le moteur à quatre temps (1876).

Otto (Rudolf) Philosophe et historien des religions allemand (1860-1937). Il donna une description phénoménologique du sentiment religieux en montrant son caractère non rationnel et ambivalent *(Le Sacré).*

Ottobeuren Ville d'Allemagne (Bavière). 7 500 habitants. Abbaye bénédictine fondée au VIIIe s. et transformée au XVIIIe s. (style baroque).

Ottokar Přemysl Nom de plusieurs rois de Bohême. ■ **Ottokar Ier Přemysl** (mort en 1230). Roi de Bohême (1197-1230). Il favorisa dans ses États la colonisation allemande. ■ **Ottokar II Přemysl** (v. 1230-1278). Roi de Bohême (1253-1278). Petit-fils d'Ottokar Ier Přemysl, il agrandit son royaume par de nombreuses conquêtes. Sa puissance fut brisée par l'empereur germanique Rodolphe Ier de Habsbourg, dont il avait contesté l'élection.

^{1}ottoman, ane adj. (de l'arabe) hist. Turc.

^{2}ottoman n. m. (→ ^{1}ottoman) Étoffe de soie à grosses côtes, à trame de coton.

ottoman (Empire) Ancienne puissance méditerranéenne (XIIIe s.-1922). En 1299, Osman Ier se proclama sultan indépendant de l'autorité des Seldjoukides, constitua une puissante armée et étendit son territoire aux Dardanelles et à une partie de la Thrace. Murat Ier (1359-1389) agrandit les possessions (Macédoine, Thrace orientale, Bulgarie) et créa une administration centralisée, dirigée par un grand vizir et le corps des janissaires. Bayazid Ier (1389-1403) envahit l'Europe balkanique mais fut vaincu par Tamerlan. Murat II (1421-1451) conquit l'Asie Mineure. En 1453, Mehmet II (1451-1481), s'empara de Constantinople (1453) et y installa sa capitale. Il imposa sa domination sur le Péloponnèse, l'Albanie, la Bosnie et la Moldavie. Sélim Ier (1512-1520) occupa l'Anatolie, l'Azerbaïdjan, le Kurdistan, la Syrie, la Palestine et l'Égypte. L'Empire atteignit son apogée avec Soliman II, Soliman le Magnifique (1520-1566), qui établit son autorité sur les pays arabo-musulmans et occupa Belgrade, Rhodes, la Hongrie et la Transylvanie. Dès lors, malgré quelques conquêtes (Chypre), se succédèrent d'importantes défaites (Lépante, 1571 ; Vienne, 1683) et plusieurs pertes, dont celle de la Hongrie. Peu à peu, l'Empire russe imposa sa domination. Malgré les tentatives de réformes (suppression du corps des janissaires ; inauguration par Abdülmacid Ier [1839-1861] de la période des *Tanzimat,* réformes législatives, administratives et scolaires), le déclin s'accentua. L'Empire dut faire face aux mouvements nationalistes : indépendance de la Grèce (1830), autonomie de l'Égypte et du Soudan (1840), formation de la Roumanie (1862), indépendance de la Serbie (1878). Les territoires d'Afrique du Nord furent partagés entre la Grande-Bretagne, la France et l'Italie. En 1908 les Jeunes-Turcs prirent le pouvoir, forçant Abdülhamid II (1876-1909) à abdiquer en faveur de son frère Mehmet II (1909-1918) et entraînant l'Empire dans la Première Guerre mondiale aux côtés de l'Allemagne (1914). En 1915-1916, ils organisèrent le génocide arménien. La défaite de l'Empire ottoman fut entérinée par le traité de Sèvres (1920), qui déclencha la révolte de Mustafa Kemal. En 1922, celui-ci abolit le sultanat, et, en 1923, la république de Turquie fut proclamée.

ottomane n. f. Canapé à dossier arrondi.

Otton voir **Othon**

Otway (Thomas) Poète dramatique anglais (1652-1685). Il adapta des pièces de Corneille, de Racine et de Molière. Ses œuvres marquèrent profondément le drame élisabéthain. *L'Orpheline ; Venise sauvée.*

ottoman (Empire)

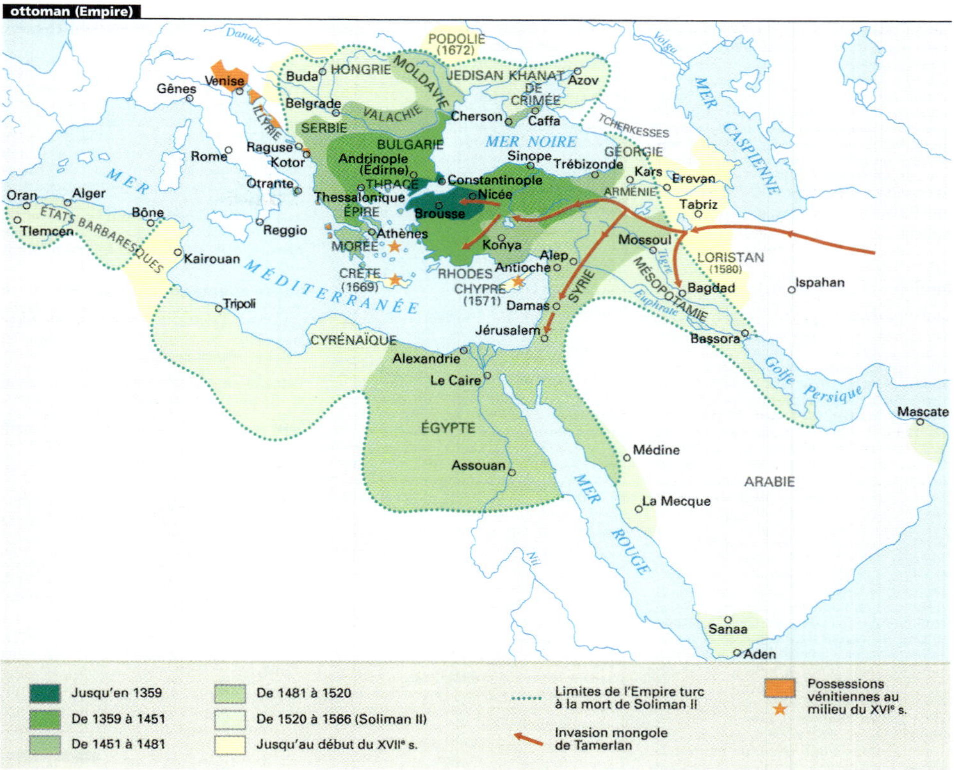

Ötztal n. m. Massif montagneux autrichien, dans le Tyrol. Il culmine à 3 768 m à la Wildspitze.

ou conj. (vient du latin *aut*) Conjonction qui joint des termes, membres de phrases ou propositions analogues, en séparant les idées exprimées. **1.** (équivalences de désignations) Autrement dit. *La coccinelle, ou bête à bon Dieu.* **2.** (indifférence) *Donnez-moi le rouge ou (bien) le noir, peu importe. Son père ou sa mère pourra* (ou *pourront*) *l'accompagner.* **3.** (évaluation approximative) *Un groupe de quatre ou cinq hommes.* → **à. 4.** (alternative) → **soit.** *C'est l'un ou l'autre* (si c'est l'un, ce n'est pas l'autre). *« Il faut qu'une porte soit ouverte ou fermée »* (comédie [proverbe] de Musset). *Acceptez-vous, oui ou non ?* ■ (après un impér. ou un subj.) → **sans** ça, **sinon.** *Donnez-moi ça ou (alors) je me fâche.* ■ ***Ou... ou...*** *Ou c'est lui, ou c'est moi* (l'un exclut l'autre).

où pron., adv. rel. et interrog. (vient du latin *ubi* → **ubiquité**) **I.** pron., adv. rel. **1.** Dans un lieu (indiqué ou suggéré par l'antécédent). → **dans** lequel, **sur** lequel. *Le pays où il est né. Elle le retrouva là* où elle l'avait laissé.* – *De là où vous êtes* (mais : *c'est là que vous êtes*). – + inf. *Je cherche une villa où passer mes vacances.* **2.** (indiquant un état, une situation) *Dans l'état où elle est. Au prix où est le beurre,* auquel est... **3.** (indiquant le temps) *Au moment où il arriva.* **II.** adv. **1.** Là où, à l'endroit où. → **là.** *J'irai où vous voudrez.* – ***Où que...*** (indéfini ; + subj.). *Où que vous alliez,* en quelque lieu. **2.** (temporel) *Mais où j'ai été surpris, ce fut quand...* **3.** ***D'où,*** marquant la conséquence. *D'où vient, d'où il suit que, d'où il résulte que* (+ indic.). – (sans verbe) *Je n'étais pas prévenu : d'où mon étonnement.* → de **là. III.** adv. interrog. **1.** (interrogation directe) En quel lieu ?, en quel endroit ? *Où est votre frère ? Où trouver cet argent ? D'où vient-il ? Par où est-elle passée ?* **2.** (interrogation indirecte) *Dis-moi où tu vas.* – *Dieu sait où, je ne sais où :* dans un endroit inconnu, (péj.) peu adéquat.

OUA (Organisation de l'unité africaine) Organisation créée en 1963 et ayant pour but d'assurer l'unité et la coopération des États africains, dans le respect de leur souveraineté. Elle a été remplacée en 2002 par l'Union africaine.

Ouachita ou **Wachita** (monts) Région de collines dans le centre S. des États-Unis, dans l'Arkansas et l'Oklahoma.

Ouaddaï ou **Ouadaï** n. m. Région du Tchad, formée de plateaux granitiques. Ville principale : Abéché. Ancien royaume du Soudan tchadien, l'Ouaddaï fut rattaché au Tchad en 1912.

Ouadi Natroum ou **Wādī Natrūm** n. m. Région de la Basse-Égypte, à l'O. du Nil, formée d'une quinzaine de lacs.

Ouad-Médani Ville du Soudan, sur le Nil Bleu, au S. de Khartoum. 1 million d'habitants. Industrie cotonnière.

Ouagadougou Capitale du Burkina Faso. 2,41 millions d'habitants. Industrie agroalimentaire. Aéroport international. Festival de cinéma.

[1]ouah interj. (onomatopée) Interjection évoquant les aboiements d'un chien.

[2]ouah interj. (anglais des États-Unis *wow,* onomatopée) fam. Interjection exprimant la joie, l'admiration.

ouailles n. f. pl. (vient du latin *ovis* « brebis », par métaphore ; *cf.* le sens fig. de *pasteur*) Les chrétiens, par rapport au prêtre.

ouais interj. (p.-ê. de *oui*) fam. (iron., sceptique ou négligé) Oui. → **mouais.**

oualou ou **ouallou** interj. (mot arabe algérien « rien, néant ») fam. Rien du tout. → **macache.** - var. **walou, wallou.**

ouananiche n. f. (mot amérindien) (Canada) Saumon d'eau douce.

ouaouaron n. m. (mot iroquois [huron]) (Canada) Grenouille d'Amérique du Nord, de grande taille, aussi appelée *grenouille-taureau.*

Ouargla Oasis du Sahara algérien. 129 400 habitants. Au S.-E., gisements pétroliers d'Hassi Messaoud.

Ouarzazate Ville du Maroc, entre le Haut-Atlas et l'Anti-Atlas. 71 000 habitants. Artisanat. Studios de cinéma. Aéroport.

ouate n. f. (origine incertaine ; p.-ê. de l'arabe *wada'a*) **1.** Laine, soie ou coton préparé pour garnir des doublures, pour rembourrer. *De la ouate* ou *de l'ouate.* **2.** Coton préparé pour les soins d'hygiène. → **coton.**

ouaté, ée adj. **1.** Garni d'ouate. ■ (Canada) *Coton ouaté :* tissu de coton gratté, molleton. – par ext. Sweat-shirt. **2.** fig. *Une atmosphère ouatée,* feutrée.

ouater v. tr. < 1 > Doubler, garnir d'ouate.

ouatine n. f. Étoffe molletonnée utilisée pour doubler certains vêtements.

ouatiner v. tr. < 1 > Doubler de ouatine. – au p. p. *Peignoir ouatiné.*

Ouattara (Alassane) Homme d'État ivoirien (né en 1942). Premier ministre de 1990 à 1993, il devint président de la République en 2011 et fut réélu à deux reprises.

Oubangui n. m. Rivière d'Afrique équatoriale, affluent du Congo. 1 100 km. L'Oubangui baigne Bangui et sépare la République démocratique du Congo de la République centrafricaine et du Congo.

Oubangui-Chari n. m. Ancien territoire de l'Afrique-Équatoriale française, devenu indépendant sous le nom de République centrafricaine en 1958.

oubli n. m. (de *oublier*) **1.** Défaillance de la mémoire, portant soit sur des connaissances ou aptitudes acquises, soit sur les souvenirs ; fait d'oublier. → **absence, lacune, trou** de mémoire. *L'oubli d'un nom, d'une date.*

O

– « *La mémoire* [...] *avec toutes ses couches superposées de sentiments défunts, mystérieusement embaumés dans ce que nous appelons l'oubli* » (Baudelaire). ■ Absence de souvenirs dans la mémoire collective. *Tomber dans l'oubli.* **2.** *L'oubli de ses promesses.* → **abandon, manquement.** ■ *Un oubli.* → **distraction, étourderie.** *Excusez-le, c'est un oubli. Réparer un oubli.* **3.** Fait de ne pas prendre en considération. *L'oubli de soi.* ■ Pardon. *Pratiquer l'oubli des injures.*

oubliable adj. Qui peut être oublié.

oublie n. f. (vient du latin *oblata* « offrande », p. p. fém. de *offerre* → offrir) anciennt Petite gaufre cylindrique.

oublier v. tr. < 7 > (vient du latin pop. *oblitare*) **1.** Ne pas avoir, ne pas retrouver le souvenir de (une chose, un évènement, une personne). *J'ai oublié le titre de cet ouvrage. Je n'ai rien oublié.* ■ Ne plus conserver dans la mémoire collective. – p. p. adj. *Mourir complètement oublié.* – *Se faire oublier*, faire en sorte qu'on ne parle plus de soi. **2.** Ne plus savoir pratiquer (des connaissances, une technique). *J'ai tout oublié en physique.* **3.** Cesser de penser à (ce qui tourmente). *Oubliez vos soucis.* – absolt *Boire pour oublier.* **4.** Ne pas avoir à l'esprit (ce qui devrait tenir l'attention en éveil). → **négliger, omettre.** *Oublier l'heure et se mettre en retard.* – (+ inf.) *Elle a oublié de nous prévenir.* – (avec *que* + indic.) *Vous oubliez que c'est interdit.* ■ Négliger de mettre. → **omettre.** *Tu as oublié le sel* (tu n'as pas mis de sel). – Négliger de prendre. → **laisser.** *J'ai oublié mon parapluie (chez moi).* **5.** Négliger (qqn) en ne s'occupant pas de lui. *Oublier ses amis.* → **délaisser, se détacher, laisser.** – Ne pas donner qqch. à (qqn). *N'oubliez pas le guide !* – subst. *Les oubliés de la croissance.* **6.** Refuser de faire cas de, de tenir compte de. *Vous oubliez vos promesses.* ■ Pardonner. *N'en parlons plus, j'ai tout oublié.* ■ **s'oublier** v. pron. **1.** (passif) Être oublié. *Tout s'oublie.* **2.** Ne pas penser à soi, à ses propres intérêts. – *Elle ne s'est pas oubliée*, elle s'est réservé sa part d'avantages. **3.** Manquer aux convenances, aux égards dus à autrui ou à soi-même. *Vous vous oubliez !* **4.** Faire ses besoins dans un endroit qui ne convient pas.

O

oubliette n. f. anciennt, souvent au plur. Cachot où l'on enfermait les personnes condamnées à la prison perpétuelle, ou dont on voulait se débarrasser. – fam. *Jeter, mettre aux oubliettes*, laisser de côté.

oublieux, euse adj. Qui oublie, néglige de se souvenir de. – *Oublieux de ses devoirs.* → **négligent.**

ouche n. f. (vient du latin *olca* « parcelle », probablt d'origine gauloise) régional Terrain cultivé en potager ou planté d'arbres fruitiers.

Ouche (pays d') Région vallonnée, en Normandie, qui correspond à la haute vallée de la Risle.

oud [ud] n. m. (mot arabe « morceau de bois » → luth) Instrument à cordes pincées voisin du luth, utilisé dans la musique arabe classique.

Oud (Jacobus Johannes Pieter) Architecte et styliste néerlandais (1890-1963). Il lança l'architecture fonctionnelle aux Pays-Bas, créant notamment des logements sociaux et des grands ensembles.

Oudenaarde en français **Audenarde** Ville de Belgique (Flandre-Orientale), sur l'Escaut. 31 612 habitants. Hôtel de ville du XVIe s. Églises des XIIIe et XVe s. Brasserie.

Oudh n. m. Ancien royaume du N. de l'Inde, au centre de l'Uttar Pradesh. Ce fut l'un des plus anciens foyers de la civilisation aryenne en Inde.

Oudin (César) Érudit et traducteur français (mort en 1625). Secrétaire et interprète du futur Henri IV, il traduisit le *Don Quichotte* de Cervantès. ■ **Antoine Oudin.** Érudit et traducteur français (mort en 1651). Fils de César, il est notamment l'auteur d'un recueil de locutions familières (*Curiositez françoises*).

Oudinot (Nicolas Charles), duc de Reggio Maréchal de France (1767-1847). Il se distingua lors des guerres napoléoniennes, notamment à Austerlitz, à Friedland et à Wagram. Rallié à Louis XVIII, il fut fait pair de France, et devint gouverneur des Invalides en 1842. ■ **Nicolas Charles Victor Oudinot, duc de Reggio.** Général français (1791-1863). Fils de Nicolas Charles, il contribua à renverser la République romaine (1849).

Oudmourtes ou **Votiaks** n. m. pl. Peuple ouralien, établi entre la Viatka et la Kama. Ils parlent l'oudmourte, une langue finno-ougrienne (permienne). Environ 700 000 Oudmourtes sont répartis entre l'Oudmourtie et le Tatarstan.

Oudmourtie n. f. République de la Fédération de Russie, sur la rive droite de la Volga. 42 100 km^2. 1,6 million d'habitants. Population : Russes (60 %), Oudmourtes, Tatars. Capitale : Ijevsk.

Oudry (Jean-Baptiste) Peintre animalier français (1686-1755). Outre des animaux, il peignit des paysages et des natures mortes, et illustra les *Fables* de La Fontaine. Peintre des chasses royales, il fut également surinspecteur de la manufacture des Gobelins (1736) et conçut plusieurs séries de cartons (*Les Chasses de Louis XV*).

oued [wɛd] n. m. (de l'arabe) Rivière d'Afrique du Nord, du Proche-Orient. *Des oueds.*

Oued (El-) Oasis du Sahara algérien, près de la frontière tunisienne. 70 900 habitants. Tourisme.

Ouellé voir **Uele**

Ouellette (Fernand) Écrivain canadien (québécois) [né en 1930]. Poète inspiré par le romantisme allemand, il est aussi critique, théoricien et essayiste. *Poésie ; En la nuit, la mer.*

Ouellette (Caroline) Hockeyeuse canadienne (québécoise) [née en 1979]. Attaquante dans l'équipe nationale féminine, elle a remporté 6 championnats du monde et 4 médailles d'or aux JO en 2002, 2006, 2010 et 2014.

Ouenza (djebel) Montagne de l'E. de l'Algérie, proche de la Tunisie. 1 288 m. Minerai de fer.

Ouessant Île de Bretagne (Finistère), au large de la côte de Léon. 15 km^2. 832 habitants. L'île forme un canton du Finistère englobé dans le parc naturel régional d'Armorique.

ouest [wɛst] (anglais *west*) **I.** n. m. invar. **1.** Celui des quatre points cardinaux (abrév. O.) qui est situé vers le couchant*. → **occident.** *Vent d'ouest.* – ***À l'ouest de*** : dans la direction de l'ouest par rapport à. *Dreux est à l'ouest de Paris.* **2.** Partie d'un ensemble géographique la plus proche de l'Ouest. *L'ouest de la France. L'Ouest américain* (→ Far West). – (avec maj.) polit. L'Europe occidentale et l'Amérique du Nord. → **occident (2).** **3.** loc. fig. et fam. *Être à l'ouest*, déboussolé, sans repères. **II.** adj. invar. Qui est à l'ouest. *La côte ouest de la Corse.* → **occidental.**

ouest-allemand, ande adj. et n. hist. De l'ancienne République fédérale d'Allemagne, dite *Allemagne de l'Ouest. Les lands ouest-allemands.* - syn. (mieux formé) **allemand de l'Ouest, allemande de l'Ouest.**

Ouezzane ou **Ouezzan** Ville du Maroc, au S. du Rif. 58 000 habitants.

¹ouf interj. (onomatopée) Interjection exprimant le soulagement. *Ouf ! bon débarras.* – loc. *Il n'a pas eu le temps de dire ouf*, de prononcer un seul mot.

²ouf adj. et n. (verlan de *fou*) fam. Fou, folle ; très bizarre. *T'es ouf ou quoi ?* – n. *Un vrai ouf, ce type !*

Oufa Ville de Russie, capitale de la Bachkirie, sur la Belaïa à sa jonction avec l'Oufa (918 km). 1,04 million d'habitants. Université. Industrie pétrolière.

Oufkir (Muhammad) Général marocain (1920-1972). Il fut accusé d'avoir organisé l'enlèvement de Ben Barka, puis d'avoir été l'instigateur d'un complot contre le roi Hassan II.

Ouganda

n. m. ■ offic. république de l'Ouganda État d'Afrique de l'Est. 241 038 km^2. 41,5 millions d'habitants (les *Ougandais*). **Langues :** anglais (offic.), bantoues et nilotiques. **Population :** Bagandas, Banyakole, Basogas, Bakigas, Itesos. **Religions :** catholiques (33 %), protestants (33 %), animistes (18 %), musulmans (16 %). **Monnaie :** shilling ougandais. **Capitale :** Kampala. **Régime :** présidentiel.

Ouganda

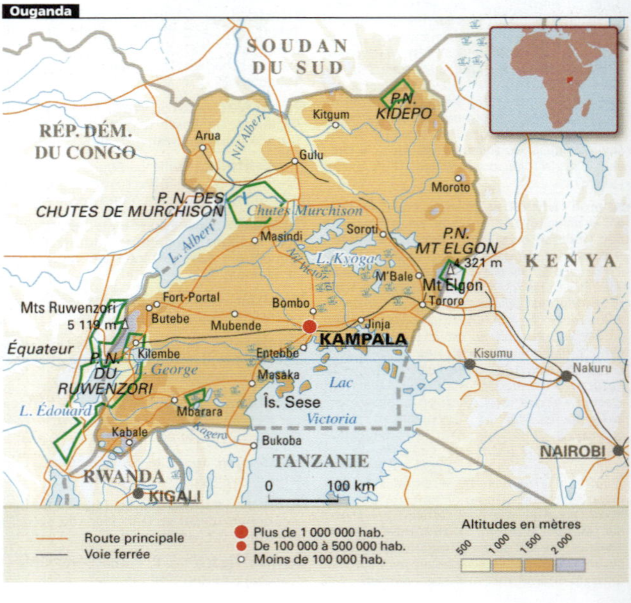

GÉOGRAPHIE
Pays de hauts plateaux enserrés par le Rift, l'Ouganda se trouve au cœur de la région des grands lacs. Élevé à l'O., constitué de collines très peuplées au S. et sur les bords du lac Victoria, le relief s'adoucit vers le N., se couvrant d'une végétation de savane pour devenir aride au N.-E. L'ensemble de l'Ouganda est drainé par les eaux du haut Nil. Le pays possède la moitié du lac Victoria, dont l'émissaire (le Nil Victoria) se jette dans le lac Albert. Son climat, équatorial, est tempéré par l'altitude.

ÉCONOMIE
Elle repose sur une agriculture vivrière (banane plantain, patate douce, millet, manioc), l'élevage, la pêche et les cultures destinées à l'exportation (café, canne à sucre, coton, thé). L'usine hydroélectrique des chutes d'Owen fournit de l'énergie aux petites industries de la région de Kampala.

HISTOIRE
Au début de notre ère, les Bantous s'établirent sur les rives du lac Victoria tandis que des populations nilotiques, vivant de l'élevage, s'installèrent au N. Au royaume de Bunyoro (XVIe s.) succéda celui de Buganda (XVIIe s.), au commerce florissant. Atteint par les explorateurs britanniques Speke et Grant (1862), le Buganda fut associé à la région septentrionale d'Equatoria pour devenir un protectorat britannique (1894). Le pays accéda à l'indépendance dans le cadre du Commonwealth (1962). En 1966, avec l'aide de son chef d'état-major Idi Amin Dada, le Premier ministre M. Obote déposa le président Mutesa II, puis proclama la république (1967). Amin Dada s'empara du pouvoir et établit une dictature sanglante (1971-1979). Il fut renversé par la Tanzanie, qui restaura un régime civil ; pourtant les coups d'État se succédèrent jusqu'à ce que le général Museveni s'impose à la tête de l'État en 1986. Il aida militairement le Front patriotique rwandais à prendre le pouvoir (1994) et les forces de Kabila à s'emparer de l'ex-Zaïre (1997). Museveni entama un sixième quinquennat en 2021.

Ougarit voir **Ugarit**

Oughtred (William) Mathématicien anglais (1574-1660). Il introduisit le signe × de la multiplication et contribua à l'utilisation des abréviations trigonométriques.

ougrien, ienne **adj.** Relatif aux Ougriens*. *Langues ougriennes :* les langues sibériennes (l'ostiak et le vogoul) et le hongrois. → **finno-ougrien.**

Ougriens **n. m. pl.** Désignation d'une fraction des peuples ouralo-altaïens, comprenant les Ostiaks et les Vogoules.

oui **particule d'affirmation invar.** (de *oïl**) **I.** Adverbe équivalant à une proposition affirmative qui répond à une interrogation non accompagnée de négation (s'il y a négation → [2]si). **1.** (dans une réponse positive à une question) → **certainement, certes ;** fam. **ouais ;** → comment donc, bien sûr, sans doute, d'accord, entendu, OK. *As-tu faim ? — Oui.* **–** (renforcé) *Mais oui. Oui, bien sûr. Ma foi, oui. Ah oui, alors !* **2.** (interrogatif) *Ah oui ?,* vraiment ? *Tu viens, oui ?, oui ou non ?* **3.** (compl. direct) *Elle dit toujours oui.* → **accepter.** **–** *Ne dire ni oui, ni non. Répondre par oui ou par non.* **–** *Il semblerait que oui.* **II.** **n. m. invar.** *Les oui d'un référendum.* **–** loc. *Pour un oui (ou) pour un non,* à tout propos.

Ouidah Ville du Bénin, sur le golfe de Guinée. 162 000 habitants. La ville fut l'un des principaux centres du commerce des esclaves jusqu'au XIXe siècle.

ouï-dire **n. m. invar.** (de *ouïr* et *dire*) Ce qu'on connaît pour l'avoir entendu dire. → **on-dit, rumeur.** **–** *Par ouï-dire :* par la rumeur publique.

ouïe [wi] **n. f.** (de *ouïr*) **I.** Celui des cinq sens qui permet la perception des sons. → **audition.** *Organe de l'ouïe.* → **oreille.** *Son perceptible à l'ouïe.* → **audible.** *Avoir l'ouïe fine.* **–** fam., plais. *Je suis tout ouïe :* j'écoute attentivement. **II.** **1.** au plur. Orifices externes de l'appareil branchial des poissons, sur les côtés de la tête. → **branchie.** **2.** Ouverture de la table supérieure (d'un violon), en forme de S.

ouïgour, e **adj.** Relatif aux Ouïgours*. **– n. m.** Langue turque de l'Asie centrale. - var. **ouïghour, e.**

Ouïgours ou **Ouïghours** **n. m. pl.** Peuple d'origine turque et musulman sunnite, principalement établi en Chine. Peuplant l'Asie centrale vers le VIIIe s., les Ouïgours se replièrent dans la région de Dunhuang devant l'invasion des Kirghiz. Ils vivent aujourd'hui pour la plupart dans la région autonome ouïgoure du Xinjiang où ils subissent une répression.

ouille **interj.** (onomatopée) Exclamation exprimant la douleur. → **aïe.**

ouiller **v. tr.** < 1 > (dérivé ancien de *œil,* au sens de « bonde [d'un tonneau] ») Remplir (un tonneau de vin) à mesure que le niveau baisse (par évaporation, etc.).

ouillère **n. f.** (provençal *ouliero ;* famille de *orée*) agric. *Vigne en ouillère,* dans laquelle les ceps sont disposés en lignes parallèles, avec des cultures intercalaires. - var. **ouillière** et **oullière n. f.**

***ouin** [wɛ̃] **interj.** Onomatopée exprimant un bruit de pleur, de sanglot. (souvent redoublé) *Ouin ouin, personne ne m'aime !*

ouïr **v. tr.** < 10 seulement inf. et p. p. > (vient du latin *audire* → **audience, audio-, auditeur ;** obéir) vieux Entendre, écouter. **–** mod. *J'ai ouï dire que...* (→ **ouï-dire**). ▪ dr. *Ouïr un témoin.*

***ouistiti** **n. m.** (mot d'une langue africaine ; n. donné par Buffon) Singe de petite taille, à longue queue. **–** fig. et fam. *Un drôle de ouistiti,* de personnage.

Ouistreham Commune du Calvados, à l'embouchure de l'Orne. 9 438 habitants. Port de pêche et de plaisance. Église du XIIe s. Musée du Débarquement. Station balnéaire (Riva-Bella).

Oujda Ville du Maroc, à la frontière algérienne. 494 200 habitants.

Oujhorod Ville d'Ukraine, sur l'Ouj, à la frontière slovaque. 117 000 habitants. Université. Industrie.

oukase **n. m.** (du russe *okazat'* « publier ») **1.** hist. Édit promulgué par le tsar. **2.** fig. Décision arbitraire, ordre impératif. → **diktat.** - var. **ukase** [ukaz].

Oulan-Bator anciennement **Ourga** Capitale de la Mongolie. 1 417 000 habitants. Industrie (agroalimentaire, mécanique). Fondée au XVIIe s., Ourga fut une capitale religieuse (bouddhisme lamaïque) puis une étape caravanière (XIXe s.), avant de devenir la capitale de la Mongolie indépendante (1924).

Oulan-Oude Ville de Russie, capitale de la Bouriatie, sur la Selenga. 404 400 habitants. Industrie ferroviaire.

Ouled Naïl (monts des) Massif montagneux de l'Algérie, dans l'Atlas saharien. Ils sont habités par des tribus nomades et semi-nomades, les *Ouled Naïl.*

ouléma voir **uléma**

Oulianovsk voir **Simbirsk**

oulipien, ienne **adj.** littér. Relatif à l'OuLiPo.

OuLiPo (« Ouvroir de littérature potentielle ») Groupe d'expérimentation littéraire créé en 1960 par François Le Lionnais et Raymond Queneau. Il chercha à réintroduire les contraintes formelles dans la création littéraire. I. Calvino, G. Perec, J. Roubaud en firent partie.

Oullins Commune du Rhône, dans la banlieue de Lyon. 26 994 habitants.

Oulu Ville de Finlande, sur le golfe de Botnie. 131 600 habitants. Cathédrale (XVIIIe s.). Université. Port. Industries (du bois, agroalimentaire, électronique).

Oum er-Rebia (oued) **n. m.** Fleuve du Maroc, qui se jette dans l'Atlantique. 556 km.

Oum Kalsoum ou **Umm Kulthum** (Fatima Ibrahim, dite) Chanteuse égyptienne (1898-1975). Surnommée « l'Astre de l'Orient », elle régénéra le chant arabe traditionnel grâce à sa voix exceptionnelle.

Oum Kalsoum en 1967 à l'Olympia, Paris.

ouolof voir **wolof**

Ouolofs voir **Wolofs**

oups **interj.** (de l'anglais *oops,* onomatopée) Exclamation de surprise devant une maladresse, un raté.

Our voir **Ur**

Oulan-Bator

Oulan-Bator abrite près de 40 % de la population mongole, certains habitants vivant dans des yourtes à la périphérie de la ville.

O

ouragan n. m. (espagnol *huracan,* mot amérindien) **1.** Forte tempête avec un vent très violent. → **cyclone, tornade, typhon.** – Vent violent accompagné de pluie. → **bourrasque, tourmente. 2.** par métaphore *« Cette bonne femme [...] c'est un ouragan »* (Sartre).

Oural n. m. Chaîne de montagnes de Russie généralement considérée comme la limite entre l'Europe et l'Asie. 1 895 m. L'Oural s'étend sur 2 000 km de longueur du N. au S. Au N., l'Oural polaire culmine à 1 895 m à la montagne Narodnaïa ; l'Oural méridional est dominé par le mont Iamantaou (1 640 m). Importants foyers industriels dus à sa richesse en minerais.

Oural n. m. Fleuve de Russie et du Kazakhstan qui, né dans l'Oural, se jette dans la mer Caspienne. 2 428 km.

ouralien, ienne adj. De l'Oural. – *Langues ouraliennes* et, **n. m.,** *l'ouralien :* l'ensemble formé par les langues finno-ougriennes et samoyèdes.

Ouranos Personnification du Ciel dans la mythologie grecque. De l'union d'Ouranos avec Gaïa naissent les Titans, les Cyclopes et les Géants. Ouranos correspond à l'*Uranus* des Romains.

Ourartou voir **Urartu**

Ourcq n. m. Rivière d'Île-de-France, affluent de la Marne. 80 km. Le *canal de l'Ourcq* (108 km) fait communiquer l'Ourcq avec la Seine, qu'il rejoint à Paris.

ourdir v. tr. < 2 > (vient du latin pop. *ordire,* du latin class. *ordiri,* apparenté à *ordo* → **ordre** et à *ornare* → **orner**) **1.** techn. Réunir les fils de chaîne en nappe et les tendre, avant le tissage. **2.** fig., littér. Disposer les premiers éléments de (une intrigue). → **tramer.**

ourdissage n. m. techn. Préparation de la chaîne pour le tissage.

ourdissoir n. m. techn. Appareil servant à étaler en nappe et à tendre les fils de la chaîne.

ourdou n. m. (mot de cette langue « camp ») Langue, forme de l'hindi occidental utilisée au Pakistan, notée en écriture arabe. - var. **urdu** [uRdu].

-oure Élément (du grec *-ouros,* de *oura*) qui signifie « queue ».

ourler v. tr. < 1 > (vient du latin pop. *orulare,* de *ora* → **orée**) Border d'un ourlet. *Ourler un mouchoir.* ■ **ourlé, ée** adj. *Mouchoirs ourlés.* – fig. et littér. *Une vague ourlée d'écume.*

ourlet n. m. Repli d'étoffe cousu, terminant un bord.

ourlien, ienne adj. (de l'ancien mot *orles* « oreillons », famille de *ourler*) méd. Relatif aux oreillons.

Ouro Preto Ville du Brésil (Minas Gerais). 61 000 habitants. Églises et maisons baroques (XVIIIe s.). La ville doit son essor à la découverte d'or, en 1694. Tourisme.

Ourouk voir **Uruk**

Ouroumtsi voir **Urumqi**

ours [uRs] n. m. (vient du latin *ursus*) **1.** Mammifère carnivore de grande taille, au pelage épais, aux membres armés de griffes, au museau allongé ; le mâle adulte. *Femelle* (→ **ourse**), *petit* (→ **ourson**) *de l'ours.* – *Ours gris, ours brun* (→ **grizzli**). *Ours polaire, ours blanc.* ■ loc. *Vendre la peau de l'ours (avant de l'avoir tué),* disposer d'une chose que l'on ne possède pas encore. **2.** Jouet d'enfant ayant l'apparence d'un ourson. → **nounours.** *Un ours en peluche.* **3.** Personne insociable, qui fuit la société. → **misanthrope, sauvage.** – **adj.** *Il est un peu ours.* **4.** Encadré où figurent, dans une publication, la liste des collaborateurs.

Ours (Grand Lac de l') Lac du Canada (Territoires du Nord-Ouest), sur le cercle arctique. 31 328 km^2.

ourse n. f. **1.** Femelle de l'ours. *Une ourse et ses petits.* **2.** *La Petite, la Grande Ourse* (syn. **Petit, Grand Chariot**), constellations.

Ourse (Grande) Constellation boréale dont les sept étoiles principales rappellent la forme d'un chariot avec sa caisse.

Ourse (Petite) Constellation boréale de même forme que la Grande Ourse. Elle comprend l'étoile Polaire.

oursin n. m. (diminutif de *ours*) Animal marin, échinoderme, sphérique, muni de piquants.

ourson, onne n. (diminutif de *ours*) Jeune ours.

Ourthe n. f. Rivière de Belgique, qui se jette dans la Meuse à Liège. 165 km.

Oury (Max Gérard Tenenbaum, dit Gérard) Réalisateur français (1919-2006). Il est l'auteur de comédies à succès, comme *Le Corniaud* et *La Grande Vadrouille* ou *Les Aventures de Rabbi Jacob.*

Ousman dan Fodio Réformateur musulman (1754-1817). Fondateur de l'empire du Sokoto (Afrique occidentale), il soumit, au nom de la guerre sainte, les principales cités haoussas.

Oussouri n. m. Rivière d'Asie orientale, affluent de l'Amour. 897 km. L'Oussouri marque la frontière entre la Russie et la Chine.

Oussourisk anciennement **Vorochilov** Ville de Russie, en Sibérie extrême-orientale, sur l'Oussouri. 157 800 habitants. Industries (ferroviaire, alimentaire, pétrolière).

Oust n. m. Rivière de Bretagne, affluent de la Vilaine. 155 km.

***ouste** interj. (onomatopée) fam. Interjection pour chasser ou presser qqn. - var. ***oust.**

Oustiourt n. m. Plateau désertique d'Asie centrale (Kazakhstan et Ouzbékistan), entre la mer d'Aral et la mer Caspienne.

out [aut] (mot anglais « dehors ») anglic. **1. adv.** tennis Hors des limites du court. – **adj. invar.** *La balle est out.* **2. adj. invar.** Hors circuit, dépassé (opposé à *in*). *Ils sont complètement out.*

Outaouais n. m. Région administrative du Québec comprise entre l'Ontario, les Laurentides et Montréal, le long de la *rivière des Outaouais.* 30 760 km^2. 392 785 habitants. Ville principale : Gatineau.

outarde n. f. (vient du latin *avis tarda* « oiseau lent » ; famille de *oiseau* et de *tard*) Oiseau échassier au corps massif, à pattes fortes et à long cou.

outil [uti] n. m. (vient du bas latin *usitilium,* du latin class. *utensilia* → **ustensile**) **1.** Objet fabriqué qui sert à agir sur la matière, à faire un travail. → **engin, instrument, ustensile.** *Boîte à outils.* ■ inform. *Barre d'outils :* rangée d'icones affichée à l'écran, donnant rapidement accès à certaines fonctions. **2.** Ce qui permet de faire un travail. *Sa voiture est son outil de travail.* **3.** fam. Pénis.

outillage n. m. Assortiment d'outils nécessaires à un métier, à une activité. → **équipement, ²matériel.**

outiller v. tr. < 1 > Munir des outils, des équipements nécessaires à un travail, une production. → **équiper.** *Outiller un atelier, une usine.* – au p. p. *Ouvrier bien, mal outillé.* ■ **s'outiller** v. pron. S'équiper. *Il s'est outillé pour la pêche.*

outilleur, euse n. Personne, professionnel(le) qui fabrique et met au point des calibres, moules, outillages et montages de fabrication. *Outilleur-ajusteur.*

outing [autiŋ] n. m. (mot anglais) anglic. Révélation publique par un tiers de l'homosexualité d'une personne (→ aussi **coming out**).

outlaw [autlo] n. m. (mot anglais, de *out* « hors de » et *law* « loi ») anglic., hist. Hors-la-loi, dans les pays anglo-saxons.

outplacement [autplasmɑ̃] n. m. (mot anglais) anglic. Aide au reclassement professionnel, proposée par une entreprise à un salarié qu'elle licencie.

output [autput] n. m. (mot anglais « sortie ») anglic. **1.** inform. Sortie des données, dans un système informatique. **2.** écon. Bien ou service issu de l'activité de production. – opposé à *input.*

outrage n. m. (de ²*outre*) **1.** Offense ou injure extrêmement grave (de parole ou de fait). → **affront, insulte.** – fig., littér. → **atteinte, dommage.** *« Pour réparer des ans l'irréparable outrage »* (Racine). **2.** dr. Délit par lequel on met en cause l'honneur d'un personnage officiel dans ses fonctions. → **offense** (2). *Outrage à magistrat.* **3.** Acte gravement contraire (à une règle, à un principe). → **violation.** – dr. *Outrage aux bonnes mœurs,* atteinte à la moralité publique (délit).

outrageant, ante adj. Qui outrage. → **injurieux, insultant.**

outrager v. tr. < 3 > Offenser gravement par un outrage (actes ou paroles). → **bafouer, injurier, insulter, offenser.** – au p. p. *Prendre un air outragé.*

outrageusement adv. (de l'ancien adj. *outrageux* « excessif », de *outrage*) Excessivement.

outrance n. f. (de *outrer*) **1.** Chose ou action outrée. → **excès.** *Une outrance de langage.* **2.** Démesure, exagération. *« En matière d'art, j'avoue que je ne hais pas l'outrance »* (Baudelaire). ■ *À outrance* loc. adv. : avec excès.

outrancier, ière adj. Qui pousse les choses à l'excès. → **excessif, outré.**

¹outre n. f. (latin *uter, utris*) Peau d'animal cousue en forme de sac et servant de récipient. – fam. *Être plein comme une outre,* avoir trop bu, mangé.

²outre prép. et adv. (vient du latin *ultra* « au-delà » → **ultra-**) **1.** (dans des expr. adv.) Au-delà de. *Outre-Atlantique, outre-Rhin. Les « Mémoires d'outre-tombe »* (œuvre posthume de Chateaubriand). **2. adv.** *Passer outre :* aller au-delà, plus loin. – *Passer outre à qqch. :* ne pas tenir compte de (une opposition, une objection). → **braver. 3. prép.** En plus de. *Outre les bagages, nous avions les chiens avec nous.* – ***Outre que*** (+ indic.) ; ***outre le fait que,*** sans parler du fait que. **4. *Outre mesure*** loc. adv. : excessivement, au-delà de la normale. → à l'**excès, trop.** *Ça ne l'a pas étonné outre mesure.* **5. *En outre*** loc. adv. : en plus. → **aussi, également.**

outré, ée adj. (de *outrer**) **1.** Qui va au-delà de la mesure. → **exagéré, excessif, outrancier. 2.** Indigné, scandalisé.

Outreau Commune du Pas-de-Calais, dans la banlieue de Boulogne-sur-Mer. 13 178 habitants.

outrecuidance n. f. (→ **outrecuidant**) littér. **1.** Confiance excessive en soi. → **fatuité, orgueil, présomption. 2.** Désinvolture impertinente envers autrui. → **audace, effronterie.**

outrecuidant, ante adj. (de l'ancien v. *outrecuider* « croire *[cuider]* au-delà ») littér. Qui montre de l'outrecuidance. → **fat, impertinent, prétentieux.**

outremer [utRəmɛR] n. m. (de *outre* et *mer :* « au-delà des mers ») Couleur d'un bleu intense. – **adj. invar.** *Bleu outremer. Des yeux outremer.*

outre-mer [utRəmɛR] adv. Au-delà des mers, par rapport à une métropole. *Les départements français d'outre-mer* (DOM). – **n. m. invar.** *Les outre-mer* ou *l'outre-mer :* l'ensemble des départements et collectivités d'outre-mer. *Ministère des Outre-mer.*

Outremont Ancienne ville du Canada (Québec), dans l'île de Montréal, devenue aujourd'hui un arrondissement de Montréal.

outrepasser v. tr. < 1 > Aller au-delà de (ce qui est possible, permis). → **dépasser, transgresser.**

outrer v. tr. < 1 > (de ²*outre*) **1.** littér. Exagérer, pousser (qqch.) au-delà des limites raisonnables. *Outrer un effet.* → **forcer ; outré. 2.** (aux temps composés) Indigner, mettre (qqn) hors de soi. → **révolter, scandaliser ; outré** (2).

outsider [autsajdœR] n. m. (mot anglais « qui est à l'écart », de *side* « côté ») anglic. Cheval de course ou concurrent(e) qui ne

tations constituant un programme complet, et assuré pour un prix forfaitaire.

packageur, euse [paka(d)ʒœʀ, øz] n. ou **packager** [paka(d)ʒœʀ] n. m. anglic. Personne, entreprise spécialisée dans la réalisation ou l'adaptation d'ouvrages pour le compte d'une maison d'édition.

packaging [paka(d)ʒiŋ] n. m. anglic. **1.** Technique d'emballage qui soigne la présentation dans une perspective publicitaire. **2.** Activité du packageur.

Paco de Lucia (Francisco Sánchez Gómez, dit) Guitariste espagnol de flamenco (1947-2014). Doué d'une technique et d'une musicalité exceptionnelles, il a fait évoluer le flamenco vers de nouvelles formes, tout en préservant son authenticité.

Pacôme (saint) (286-346). Fondateur du cénobitisme, à Tabennisi. Sa *Règle* copte, connue par une version de saint Jérôme, influença le monachisme.

pacotille n. f. (p.-ê. de l'espagnol ; famille de *paquet*) Produits manufacturés de peu de valeur. → **camelote, verroterie.** – *De pacotille :* sans valeur. fig. *Un héroïsme de pacotille.*

pacquer v. tr. < 1 > (→ paquet) techn. Entasser (le poisson salé) dans un baril. - var. RO **paquer.** □ n. m. **pacquage** ou RO **paquage**

pacs [paks] n. m. (sigle) (en France) « Pacte civil de solidarité », conclu par deux personnes non mariées pour régler leur vie commune.

se **pacser** v. pron. < 1 > Se lier par un pacs. ■ au p. p. *Couple pacsé.* □ n. **pacsé, ée**

pacson n. m. (de *paquet*) argot Paquet.

pacte n. m. (latin *pactum* ; famille de *paix*) **1.** Accord, entente de nature formelle. *Conclure, signer un pacte.* → **marché.** **2.** Convention entre États.

pactiser v. intr. < 1 > **1.** Conclure un pacte, un accord (avec qqn). **2.** Agir de connivence (avec qqn) ; composer (avec qqch.). → **transiger.** *Pactiser avec le crime.*

pactole n. m. (du n. propre) **1.** littér. Source de richesse, de profit. **2.** fam. Grosse somme d'argent. *Toucher le pactole.*

Pactole n. m. Dans la mythologie, rivière de Lydie, qui roulait des paillettes d'or.

Pacuvius (Marcus) Poète dramatique latin (220-v. 132 av. J.-C.). Il est l'auteur de tragédies influencées par Euripide et d'une tragédie romaine, dont il ne reste que des fragments (400 vers).

Pacy-sur-Eure Commune de l'Eure. 5 042 habitants. Église du XIIe siècle.

Padang Ville d'Indonésie, capitale de la province de Sumatra-Ouest. 799 750 habitants. Université. Port ; exportations (café, coprah).

Paddington Quartier d'habitation londonien, dans le West End.

paddle [padœl] n. m. (mot anglais « pagaie ») anglic. **1.** Sport nautique consistant à se déplacer debout sur une planche à l'aide d'une pagaie. – Ensemble constitué de cette planche et de cette pagaie. *Des paddles.* - recomm. offic. **planche à rame.** **2.** → **padel.**

paddock n. m. (mot anglais « enclos ») **1.** Enclos aménagé dans une prairie pour les juments poulinières et leurs poulains. ■ Enceinte d'un hippodrome dans laquelle les chevaux sont promenés avant l'épreuve. **2.** fam. vieilli Lit. → fam. **pageot,** ²**pieu.**

paddy n. m. (de l'anglais, du malais) Riz non décortiqué. *Des paddys.*

padel ou **paddle** [padœl] n. m. (anglais *paddle* « pagaie ; raquette ») anglic. Sport de raquette apparenté au tennis, qui se joue en double dans un court plus petit et fermé.

Paderborn Ville d'Allemagne (Rhénanie-du-Nord-Westphalie), sur la Pader. 151 800 habitants. Cathédrale (XIe-XVIe s.) ; hôtel de ville (XVIIe s.). Université. Centre industriel.

Ruines du temple de Cérès (500 av. J.-C.), sur le site de Paestum, inscrit au patrimoine mondial de l'Unesco.

Paderewski (Ignacy Jan) Homme politique et pianiste polonais (1860-1941). Il œuvra pour l'indépendance de la Pologne, et fut notamment président du Conseil, puis, après 1939, chef du gouvernement polonais en exil.

padine n. f. (origine inconnue) Algue brune, dont les frondes irrégulières s'étalent en éventail.

Padirac (gouffre de) Gouffre du Lot, profond de 75 m. Site touristique. Spéléologie.

padishah ou **padischah** n. m. (mot persan) hist. Titre que portait l'empereur des Turcs. - var. RO **padichah.**

Padma n. f. Fleuve du Bangladesh et d'Inde. Environ 300 km. Il est le principal bras du delta du Gange.

Padoue en italien **Padova** Ville d'Italie (Vénétie). 204 870 habitants. Basilique Saint-Antoine, dite *il Santo,* du XIIIe s. (tombeau de saint Antoine de Padoue) ; chapelle des Scrovegni (fresques de Giotto) ; statue de Donatello ; palais de justice des XIIIe-XVe s. Université. Centre commercial et industriel. Tourisme.

Padoue, la basilique Saint-Antoine et ses coupoles byzantines, sa façade romane, ses clochers gothiques.

pad thaï n. m. (mot thaï) Plat traditionnel thaïlandais à base de nouilles de riz. *Des pad thaïs aux crevettes.*

Paea Commune de Tahiti, en Polynésie française. 13 021 habitants.

paella [paela ; pae(l)ja] n. f. (mot espagnol « poêle ») Plat espagnol à base de riz avec des moules, des crustacés, des viandes, etc. - var. RO **paélia.**

Paepe (César de) Socialiste belge (1842-1890). Influencé par Marx et Proudhon, il fonda la société « Le Peuple », qui devint la section belge de la Ire Internationale, et créa le Parti ouvrier belge.

Paesiello (Giovanni) voir **Paisiello**

Paestum Ville de l'Italie ancienne, au S. de Naples. Fondée par les colons grecs, elle devint colonie romaine en 273 av. J.-C. Temples grecs, dont le pseudo-temple de Poséidon (Ve s. av. J.-C.), témoignage de l'architecture grecque classique.

¹**paf** interj. (onomatopée) Interjection qui exprime un bruit de chute, de coup.

²**paf** adj. (de *paffer,* famille de *empiffrer*) fam. Ivre. *Des mecs pafs.*

pagaie n. f. (malais des Moluques) Aviron de pirogue, de canoë, de kayak, sans appui sur l'embarcation. → **pagayer.**

pagaille n. f. (de *pagaie,* à cause des mouvements) fam. Grand désordre. ■ loc. *En pagaille :* en grande quantité.

Pagalu voir **Annobón**

Pagan ou **Bagan** Ville de Birmanie centrale. Ancienne capitale du royaume de Pagan. Important site bouddhique (2 000 monuments). Artisanat de la laque.

Paganini (Niccolò) Violoniste et compositeur italien (1782-1840). Considéré comme le plus grand virtuose de son temps, il se produisit dans toute l'Europe et connut un succès phénoménal. Il composa des œuvres pour violon d'une grande technicité, dont 24 *Caprices.*

paganiser v. tr. < 1 > (famille de *païen*) didact. Rendre païen, revêtir d'un caractère païen.

paganisme n. m. (famille de *païen*) Religion des païens (pour les chrétiens). → **animisme, polythéisme.**

Pagasétique (golfe) Golfe de la mer Égée, en Grèce. Sites archéologiques.

pagayer v. intr. < 8 > (→ pagaie) Ramer à l'aide d'une pagaie. □ n. **pagayeur, euse**

¹**page** n. f. (vient du latin *pagina*) **1.** Chacun des deux côtés d'une feuille de papier, généralement numéroté. → **recto, verso.** *Les pages d'un livre.* – *Mise en pages :* opération par laquelle on dispose définitivement le texte, les illustrations d'un livre (avant de l'imprimer). → **maquette.** – loc. *Être à la page :* être au courant de l'actualité ; suivre la dernière mode. **2.** Texte inscrit sur une page. *Lire deux ou trois pages d'un livre.* ■ inform. *Page web :* ensemble des informations d'un site Internet qui apparaissent à l'écran. *Page d'accueil :* première page d'un site web. *La page de qqn, d'une entreprise, etc. :* la page web d'un réseau social sur laquelle il, elle publie des informations. **3.** Feuille. *Corner une page.* – loc. fig. *Tourner la page :* passer à autre chose. **4.** Passage d'une œuvre litté-

raire ou musicale. *Les plus belles pages d'un écrivain.* → **anthologie, morceaux** choisis. **5.** Épisode de la vie d'une personne ou de l'histoire d'une nation. → **^{2}fait.** *Une page glorieuse de l'histoire de France.*

^{2}page **n. m.** **(origine obscure)** ancienn^t Jeune garçon noble placé auprès d'un seigneur, d'une grande dame, pour apprendre le métier des armes, faire le service d'honneur. → **écuyer.**

pageot **n. m.** **(de l'argot *pagnot,* famille de *pan* [de chemise])** fam. Lit. → fam. **^{2}pieu.** - var. **pajot, page.**

se **pageoter** **v. pron.** < 1 > fam. Se mettre au lit. → se **pieuter.**

Pagès (Bernard) Sculpteur français (né en 1940). Adepte du « nouveau réalisme », il s'orienta par la suite vers le structuralisme *(Nomenclatures ; Assemblages).* Il travailla d'abord des matériaux simples, tel le bois, puis se tourna vers les matériaux lourds et bruts *(Abri de jardin).*

pagination **n. f.** Action de paginer ; ordre des pages.

paginer **v. tr.** < 1 > (→ **^{1}page**) Disposer (un livre, une revue, etc.) en pages numérotées ; numéroter les pages de. → **folioter.**

pagne **n. m.** **(de l'espagnol, famille de *pan*)** Vêtement d'étoffe ou de feuilles, attaché à la ceinture.

Pagnol (Marcel) Écrivain et réalisateur français (1895-1974). Auteur d'une comédie de mœurs, *Topaze,* de deux célèbres évocations de Marseille, *Marius* et *Fanny,* qui lui valurent un grand succès populaire, il réalisa plusieurs films d'après ses pièces et certaines œuvres de Giono *(Regain ; La Femme du boulanger).* Il publia ensuite ses souvenirs d'enfance et de jeunesse *(La Gloire de mon père ; Le Château de ma mère ; Le Temps des secrets).*

Marcel Pagnol dans les années 1940.

pagode **n. f.** **(du portugais, d'une langue du sud de l'Inde)** **1.** Temple des pays d'Extrême-Orient. **2.** appos. (invar.) *Manches pagode,* qui vont en s'évasant (comme un toit de pagode).

pagre **n. m.** **(du latin, du grec *phagros*)** Poisson de mer, voisin de la dorade.

pagure **n. m.** **(du latin, du grec *pagouros* « qui a la queue en forme de corne »)** zool. Crustacé couramment appelé *bernard-l'ermite.*

pagus [pagys], plur. **pagi** [pagi] **n. m.** **(mot latin « territoire, pays »)** Circonscription rurale, dans l'Antiquité romaine. *Des pagi* (ou *des* RO *pagus*).

Pahang **n. m.** État de la Fédération de Malaisie. 35 965 km^2. 1,23 million d'habitants. Capitale : Kuantan. Exploitation forestière, cultures maraîchères, mines d'or, pêche, tourisme.

pahlavi voir **pehlvi**

Pahlavī ou **Pahlevi** Dynastie qui régna sur l'Iran (1925-1979). Elle fut fondée par Riza Chah, auquel succéda son fils, Muhammad Riza Chah.

Pahouins **n. m. pl.** Ensemble de peuples de langue bantoue d'Afrique équatoriale (Cameroun, Guinée, Gabon), comprenant notamment les Fangs.

paie voir **paye**

paiement **n. m.** Action de payer. *Paiement par chèque. Paiement électronique.* → **télépaiement.** *Paiement sans contact,* par simple effleurement du terminal de paiement avec une carte de paiement ou un téléphone mobile. *Facilités de paiement :* crédit. - var. **payement** [pɛj-].

païen, ïenne **adj.** **(vient du latin *paganus* « paysan »)** **1.** Relatif à une religion polythéiste (par opposition au christianisme, à l'islam, au judaïsme). → **idolâtre.** *Dieux, rites païens* (→ **paganisme**). **– n.** par ext. *Les païens :* les hommes de l'Antiquité païenne (Grecs, Romains). **2.** Sans religion. → **impie.**

paierie **n. f.** Services, bureau d'un trésorier-payeur.

Päijänne (lac) Lac de Finlande méridionale, d'une surface de 1 054 km^2. Il baigne Jyväskylä au nord.

Paik Nam June Artiste américain d'origine sud-coréenne (1932-2006). Il est l'auteur de happenings mêlant travail visuel et sons électroniques. Il fut l'un des pionniers de l'art vidéo, dont il se servit notamment pour détourner les images télévisuelles. *Moon is the oldest TV.*

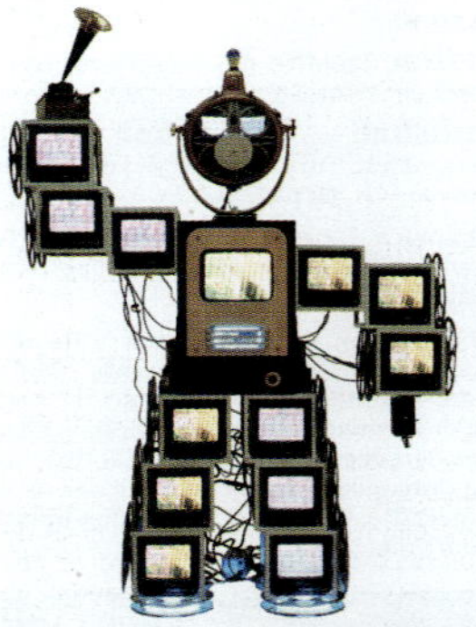

Nam June Paik, *Installation vidéo* (1993), Kunstmuseum, Wolfsburg.

paillage **n. m.** agric. Action de pailler.

paillard, arde **adj.** **(d'abord « vagabond qui couche sur la paille ») (personnes)** plais. D'un érotisme actif, gai et vulgaire. **– n.** *Un vieux paillard.* ■ (choses) → **grivois, obscène.** *Chansons paillardes.*

pagode

Pagode japonaise en bois, avec superposition d'avant-toits (temple Seiganto-ji, dans les monts Kii).

paillardise **n. f.** **1.** Débauche, grivoiserie. **2.** vieilli Action ou parole paillarde.

^{1}paillasse **n. f.** (→ **paille**) **I.** Enveloppe garnie de paille, de feuilles sèches, qui sert de matelas. **II. 1.** Partie d'un évier à côté de la cuve. **2.** Plan de travail. *Les paillasses d'un laboratoire.*

^{2}paillasse **n. m.** **(italien *Pagliaccio* « personnage vêtu en sac de paille »)** littér. Clown.

Paillasse Personnage de la farce (*Paggliaccio* en napolitain), valet de Pantalon, réputé pour sa sottise.

paillasson **n. m.** (→ **^{1}paillasse**) **I. 1.** Natte de paille, destinée à protéger certaines cultures des intempéries. **2.** Natte rugueuse servant à s'essuyer les pieds. → **tapis-brosse.** **3.** Tresse de paille pour faire les chapeaux. **4.** appos. *Pomme paillasson :* galette de pomme de terre râpée, cuite à la poêle. *Des pommes paillasson.* **II.** fig. Personnage rampant, servile. → **carpette, lèche-botte.**

paillassonner **v. tr.** < 1 > agric. Garnir, couvrir de paillassons (I, 1). □ **n. m. paillassonnage**

paille **n. f.** **(vient du latin *palea* « fétu »)** **1.** Ensemble des tiges des céréales quand le grain en a été séparé. → **chaume.** *Brin de paille.* **–** *Vin de paille,* fait de raisins mûris sur un lit de paille. **–** loc. fig. *Être sur la paille,* dans la misère. *Mettre qqn sur la paille,* le ruiner. **2.** Fibres végétales ou synthétiques tressées, utilisées en vannerie. *Chapeau de paille. Chaise de paille.* → **paillé.** **3.** Petite tige pleine ou creuse. *Tirer à la courte paille :* tirer au sort au moyen de brins de longueur inégale. **–** Petit tuyau servant à boire. **–** fam., iron. *Une paille :* peu de chose. ■ loc. (Bible) *La paille et la poutre,* un petit défaut (chez autrui) dénoncé par une personne qui en a un beaucoup plus gros. **4.** ***Homme de paille :*** personne qui sert de prête-nom dans une affaire peu honnête. **5.** **adj. invar.** De la couleur jaune de la paille de blé. **6.** ***Paille de fer :*** fins copeaux de fer réunis en paquet. **7.** Défaut (dans une pierre fine, une pièce de métal, de verre).

paillé, ée **adj.** Garni de paille.

paille-en-queue **n. m.** Phaéton (oiseau). *Des pailles-en-queue.*

^{1}pailler **n. m.** **(du latin → paille)** **1.** Meule de paille. **2.** Hangar ou cour de ferme où l'on entrepose de la paille.

^{2}pailler **v. tr.** < 1 > **1.** Garnir de paille tressée. *Pailler des chaises* (→ **rempailler**). **2.** Couvrir ou envelopper de paille, de paillassons*.

Pailleron (Édouard) Auteur dramatique français (1834-1899). Il est l'auteur de comédies de mœurs satiriques. *L'Étincelle ; La Souris ; Cabotins.*

paillet **n. m.** *Vin paillet* ou *paillet :* vin clairet.

pailleté, ée **adj.** Orné de paillettes.

pailleter **v. tr.** < 4 ou RO 5 > Orner, parsemer de paillettes (1). □ **n. m. pailletage**

pailleteur, euse **n.** techn. Ouvrier, ouvrière qui recueille les paillettes d'or dans les sables aurifères. → **orpailleur.**

paillette **n. f.** (→ **paille**) **1.** Lamelle de métal brillant, de nacre, de plastique, servant d'ornement (sur un tissu, un maquillage, etc.). ■ fig. *Les paillettes :* les apparences clinquantes, flatteuses (du show-business, etc.). **2.** Parcelle d'or dans des sables aurifères. **3.** par analogie *Lessive en paillettes.*

pailleux, euse **adj.** agric. *Fumier pailleux,* qui contient encore de la paille non décomposée.

paillis **n. m.** agric. Couche de paille destinée à préserver l'humidité du sol, à protéger certains fruits (fraises, etc.) du contact de la terre.

paillon **n. m.** **1.** Enveloppe de paille pour les bouteilles. **2.** Fond de métal avivant l'éclat d'une pierre fine, d'un émail, etc.

paillote n. f. Cabane, hutte de paille ou d'une matière analogue. → **case.**

Paimpol Commune des Côtes-d'Armor, près de Saint-Brieuc, sur la Manche. 7 142 habitants. Tourisme. Ostréiculture. Ancien port de pêche à la morue.

Paimpont Commune de l'Ille-et-Vilaine, à l'O. de Rennes. 1 784 habitants. La forêt de Paimpont, de 7 060 ha, a été identifiée comme étant celle de Brocéliande.

pain n. m. (vient du latin *panis*) **1.** Aliment fait de farine, d'eau, de sel et de levain, pétri, levé et cuit au four. *« À genoux, cinq petits — misère ! — / Regardent le Boulanger faire / Le lourd pain blond »* (Rimbaud). *Un pain,* masse de cet aliment ayant une forme donnée. → **baguette, bâtard, couronne, ficelle, flûte, miche.** *Pain de seigle. Pain de campagne. Pain brioché. Pain de mie*. – Du pain frais, rassis. Pain grillé.* → **rôtie, toast.** *Pain sec,* sans aucun accompagnement. *Pain azyme*.* ■ loc. *Je ne mange pas de ce pain-là :* je refuse ce genre de procédés. *Avoir du pain sur la planche,* beaucoup de travail devant soi. *Se vendre comme des petits pains,* très facilement. ■ Symbole de la nourriture. *Gagner son pain,* sa vie. → **gagne-pain.** *Long comme un jour sans pain,* interminable. **2.** Pâtisserie simple, faite avec une pâte levée. *Pain au chocolat.* **3.** ***Pain d'épice(s)*** : gâteau fait avec de la farine de seigle, du miel, du sucre et de l'anis. **4.** cuis. Préparation moulée en forme de pain. *Pain de viande, de légumes.* ■ Masse (d'une substance) comparée à un pain. *Pain de plastic, d'explosif. Pain de savon.* – ***En pain de sucre*** : en forme de cône. **5.** bot. *Arbre à pain.* → **artocarpe.** ■ *Pain de singe* : pulpe du fruit du baobab. **6.** fam. Coup, gifle.

Pain de Sucre en portugais **Pão de Açúcar** **n. m.** Relief granitique de forme conique, à l'entrée de la baie de Guanabara, à Rio de Janeiro. 395 m.

Paine (Thomas) Homme politique et écrivain britannique (1737-1809). Émigré en Amérique, il publia des pamphlets antimonarchiques (*Le Bien public* ; *Le Sens commun*). De retour en Angleterre, il fut accusé de haute trahison et se réfugia en France, où il siégea à la Convention. Envoyé en prison par Robespierre, il retourna aux États-Unis en 1802.

Painlevé (Paul) Mathématicien et homme d'État français (1863-1933). Ses travaux portèrent principalement sur les équations différentielles. Défenseur de la possibilité du plus lourd que l'air, il obtint du Parlement le premier crédit pour l'aviation. Plusieurs fois ministre, il fut également président du Conseil en 1917 et en 1925.

Païolive (bois ou **rochers de)** Chaos calcaire près des Vans, en Ardèche.

[1]pair n. m. (vient du latin *par, paris* « égal ») **I. 1.** Personne qui a la même situation sociale ou fonction. **2.** En Grande-Bretagne, Membre de la *Chambre des pairs* ou Chambre des lords. **3.** En France, jusqu'en 1831, Membre de la *Chambre des pairs* et conseiller du roi. **II.** (dans des loc.) Égalité. → **parité. 1.** ***Hors de pair*** (vieilli), ***hors pair*** : sans égal. – ***Aller de pair,*** ensemble, sur le même rang. **2.** ***Au pair*** : en échangeant un travail contre le logement et la nourriture. *Jeune fille au pair.* **III.** écon. Rapport d'une valeur (monnaie, titre) à un étalon de référence ou à une autre valeur. *Le pair d'une monnaie.* → **cours, parité, taux.** – Bourse Égalité entre le capital nominal d'une valeur et son cours actuel.

[2]pair, paire adj. (du latin → [1]pair) **1.** Se dit d'un nombre entier naturel divisible par deux (opposé à *impair*). – *Jours pairs.* **2.** anat. *Organes pairs,* au nombre de deux (ex. les yeux, les poumons).

paire n. f. (vient du latin, famille de [1]*pair*) **1.** Réunion (de deux choses, de deux personnes semblables qui vont ensemble). *Une paire de chaussettes.* – jeu Réunion de deux cartes de même valeur. ■ *Une paire d'amis.* loc. *Les deux font la paire :* ils s'entendent très

Paix (rivière de la)

Les méandres de la rivière de la Paix, en Alberta.

bien ; péj. ils ont les mêmes défauts. **2.** Objet unique composé de deux parties semblables et symétriques. *Une paire de lunettes, de ciseaux.* **3.** loc. fam. *Se faire la paire :* s'enfuir.

pairesse n. f. Épouse d'un pair (I, 2 et 3). – Femme titulaire d'une pairie, en Grande-Bretagne.

pairie n. f. Titre et dignité de pair (I, 2 et 3).

pairle n. m. (origine inconnue) blason Pièce en forme d'Y dont les branches atteignent les angles supérieurs de l'écu.

Pair-non-Pair Grotte préhistorique ornée, dans la commune de Marcamps, en Gironde. Gravures pariétales.

País (El) Un des plus importants quotidiens espagnols. Créé en 1976, il est proche du centre gauche.

paisible adj. (famille de *paix*) **1.** Qui demeure en paix, ne s'agite pas, n'est pas agressif. → [2]**calme, tranquille.** ■ *Un visage paisible.* → [1]**serein. 2.** (choses) Qui ne trouble pas la paix. *Des mœurs paisibles.* → **pacifique.** ■ Qui donne une impression de paix. – Dont rien ne vient troubler la paix. *Une vie paisible.* □ adv. **paisiblement**

Paisiello ou **Paesiello (Giovanni)** Compositeur italien (1740-1816). Rival de Pergolèse et de Cimarosa, maître de chapelle de Catherine II puis de Ferdinand IV, maître de musique du Premier consul, il tomba en disgrâce au retour des Bourbons. Plus connu pour ses opéras, sentimentaux et préromantiques, il est également l'auteur de musique sacrée et de musique de chambre. *La Bella Molinara ; Nina ossia la pazza.*

Paisley (Ian Richard) Homme d'État d'Irlande du Nord (1926-2014). Pasteur, violemment anticatholique, fervent partisan de l'union entre la Grande-Bretagne et l'Ulster, il a été le leader du mouvement protestant extrémiste et a fondé le DUP (Parti démocrate unioniste). Député, il s'est opposé aux accords de paix de 1998. Il a accepté de devenir Premier ministre d'un gouvernement partagé entre catholiques et protestants (2007-2008).

Paisley Ville d'Écosse. 76 800 habitants. Abbaye de style gothique rayonnant. Université. Chimie, agroalimentaire.

paissance n. f. (de *paître*) dr. forestier Action de faire paître des animaux domestiques en forêt.

paître v. intr. < 57 pas de passé simple ni de subj. imp. ; pas de p. p. > (vient du latin *pascere* « nourrir, développer » → **pacage, pâture**) **1.** (animaux) Manger l'herbe sur pied, les fruits tombés. → **brouter ; pâturage. 2.** loc. fam. ***Envoyer paître*** *qqn,* le rejeter, l'éconduire (→ envoyer promener). - var. RO **paitre.**

paix n. f. (vient du latin *pax, pacis*) **I. 1.** Rapports entre personnes qui ne sont pas en conflit. → **accord, concorde.** *Faire la paix :* se réconcilier. *Vivre en paix avec son entourage.* **2.** Rapports calmes entre citoyens ; absence de troubles, de violences. *La paix sociale.* – anciennt ***Gardien de la paix*** : agent de police. **II. 1.** Situation d'une nation, d'un État qui n'est pas en guerre. *« Guerre et Paix »* (roman de Tolstoï). *En temps de paix. Aimer, défendre la paix.* → **pacifique. 2.** Accord terminant l'état de guerre. *Faire, signer la paix, après un armistice*. Traité de paix.* **III. 1.** État d'une personne que rien ne trouble. → [1]**calme, repos, tranquillité.** *Laisser qqn en paix.* fam. *Fichez-moi la paix !* ou ellipt *La paix !,* laissez-moi tranquille ! **2.** État de l'âme qui n'est troublée par aucun conflit, aucune inquiétude. → **apaisement, quiétude.** *Avoir la conscience en paix.* **3.** Absence d'agitation, de bruit. → [1]**calme ; paisible.**

Paix (rivière de la) Rivière du Canada (1 920 km env.), affluent de la rivière des Esclaves. Hydroélectricité.

pajot voir **pageot**

Pajou (Augustin) Sculpteur français (1730-1809). Il réalisa plusieurs portraits de Mme du Barry dont il fut le sculpteur officiel, la décoration sculptée de l'Opéra de Versailles, ainsi que des statues de grands hommes.

Pakistan

n. m. ■ offic. République islamique du Pakistan Pays d'Asie du Sud. 796 095 km^2. 207 774 520 habitants (les *Pakistanais*). **Langues :** ourdou, anglais (offic.) et penjabi. **Religion :** musulmans (97 %). **Monnaie :** roupie pakistanaise. **Régime :** présidentiel. **Capitale :** Islamabad.

GÉOGRAPHIE

Le Pakistan est constitué dans sa plus grande partie par la plaine de l'Indus, bordée à l'est par la frontière avec l'Inde et au sud par la mer d'Oman. Bien irrigué, le nord de la plaine correspond à la province du Panjab, essentiellement agricole, qui concentre plus de la moitié de la population du pays ; au sud, la province du Sind accueille la ville industrielle de Karachi. Frontalière de la Chine, du Tadjikistan et de l'Afghanistan, la province frontière du Nord-Ouest est constituée de chaînons himalayens (8 611 m au K2). Dans le Baluchistan, à la frontière avec l'Iran, vivent des populations semi-nomades aux revendications autonomistes. Dans le Cachemire, la région bordant l'Afghanistan constitue une « zone tribale » difficile à contrôler pour le gouvernement fédéral. À la frontière nord-est avec la Chine et l'Inde s'étend l'Azad-Cachemire. Ces territoires sont revendiqués par l'Inde.

HISTOIRE

Formé à l'origine du Pakistan-Oriental et du Pakistan-Occidental (deux territoires distants de 1 600 km), le Pakistan a été fondé le 14 août 1947 lors de la partition de l'Inde. Après une période d'instabilité politique marquée par une alternance de dictatures militaires et de brefs retours à la démocratie, la République islamique du Pakistan (1956) fut dirigée de 1958 à 1969 par le général Ayyb Khān. En 1971, les visées indépendantistes du Pakistan-Oriental entraînèrent l'intervention de l'armée indienne et conduisirent à la création du Bangladesh (déc. 1971).

Au Pakistan, les très nombreux bus sont particulièrement décorés.

P

Pakistan

Entre gouvernements civils et militaires
Formé en 1971, le gouvernement civil social-démocrate d'Ali Bhutto fut renversé en 1977 par le coup d'État du général Zia Ul-Hak. Durant l'occupation soviétique en Afghanistan (1979-1989), le Pakistan devint la tête de pont de l'aide internationale et accueillit près de 3 millions de réfugiés afghans. Après la mort accidentelle du général Zia (1988), la fille de Bhutto, Benazir, accéda démocratiquement à la tête du gouvernement (1988-1990, 1993-1996). L'élection de Nawaz Sharif en 1997 marqua le retour au pouvoir de la droite islamique, alors que les tensions entre l'Inde et le Pakistan au sujet du Cachemire aboutirent en 1999 à de violentes opérations militaires.

Porté au pouvoir par un coup d'État (oct. 1999), le général Pervez Musharraf accepta après les attentats du 11 septembre 2001 une importante aide économique des États-Unis en échange d'une lutte contre les terroristes afghans. Cette position entraîna le durcissement des partis religieux fondamentalistes.

À l'occasion des élections législatives, Benazir Bhutto rentra d'exil pour faire campagne au nom du Parti du peuple pakistanais (PPP) — parti démocratique — mais elle fut assassinée le 27 décembre 2007 lors d'un meeting électoral. Néanmoins, le 18 février 2008, la coalition d'opposition menée par le PPP remporta une large victoire électorale. À la suite de la démission de P. Musharraf, Asif Ali Zardari, époux de B. Bhutto, fut élu président en 2008, fonction qu'il conserva jusqu'en 2013 lorsque son parti, le PPP, perdit les législatives. Le poste de Premier ministre revint à N. Sharif, de la Ligue musulmane. La même année, P. Musharraf fut inculpé pour sa responsabilité dans le meurtre de B. Bhutto, mais parvint à quitter le pays. Accusé de corruption, Nawaz Sharif démissionna en 2017 et la Ligue musulmane dut céder le pouvoir au Mouvement du Pakistan pour la justice jusqu'à son retour en 2022 avec l'élection de Shehbaz Sharif (frère de Nawaz) au poste de Premier ministre. Durant l'été, des inondations sans précédent affectèrent plus de 33 millions de personnes. Le poids de l'intégrisme islamiste (mouvement des talibans pakistanais) est source de violence dans le pays.

Pakse ou **Pakxe** Ville du sud du Laos. 68 000 habitants. Anc. capitale du royaume de Champasak. Café, thé, centre économique et touristique.

¹pal n. m. (latin *palus* « poteau ») **1.** Longue pièce de bois ou de métal aiguisée par un bout. → **¹pieu.** *Le pal, ancien instrument de supplice* (→ **empaler).** *Des pals.* **2.** agric. *Pal injecteur,* servant à injecter dans le sol des liquides insecticides.

²pal n. m. (sigle anglais de *phase alternating line*) audiovisuel Standard de télévision, utilisé dans les pays anglo-saxons, pour les caméscopes, les magnétoscopes. *Pal et secam.*

Pāla n. m. pl. Dynastie indienne de rois du Bengale, bouddhistes, qui régnèrent de 750 jusque vers 1200.

palabre n. f. ou m. (de l'espagnol, du latin *parabola* → **¹parabole) 1.** Discussion interminable et oiseuse. **2.** En Afrique, Assemblée coutumière où se discutent des sujets concernant la communauté. *Arbre* à palabres.*

palabrer v. intr. < 1 > Discourir, discuter interminablement.

palace n. m. (de l'anglais, de *palais*) Hôtel de grand luxe.

Palacký (František) Historien et homme politique tchèque (1798-1876). Son *Histoire de la Bohême* contribua à faire de la promotion de la langue tchèque une cause nationale.

Palade (George Emil) Médecin et biologiste américain d'origine roumaine (1912-2008). Il découvrit les ribosomes, qui contrôlent la synthèse cellulaire des protéines. Prix Nobel 1974.

paladin n. m. (de l'italien ; famille de *palais*) Chevalier généreux et vaillant.

Paladru (lac de) Lac de l'Isère (390 ha), au S.-E. de La Tour-du-Pin. Sites archéologiques. Tourisme.

palafitte n. m. (de l'italien, du latin, de *palus* → **¹pieu** et *fingere* « façonner ») archéol. Construction lacustre du néolithique récent.

Palafox (José de), duc de Saragosse Général espagnol (1776-1847). Il s'illustra face aux Français, contre lesquels il défendit avec héroïsme Saragosse en 1809.

¹palais n. m. (vient du latin ; du mont Palatin à Rome) **1.** Vaste et somptueuse résidence. → **château. –** Grand édifice public. *Le palais des Sports.* **2.** *Palais (de justice),* édifice où siègent les cours et tribunaux. absolt *Le Palais.* **3.** hist. Résidence des rois francs.

²palais n. m. (vient du latin *palatium,* altéré) **1.** Partie supérieure interne de la bouche. **2.** Organe du goût. *Gourmet qui a le palais fin.*

Palais (Le) Commune du Morbihan, sur la côte E. de Belle-Île. 2 536 habitants. Citadelle du XVIᵉ s. remaniée par Vauban au XVIIᵉ s. Port. Tourisme.

Palais (Grand et Petit) Édifices parisiens construits pour l'Exposition universelle de 1900. Le **Grand Palais** est caractéristique de l'Art nouveau avec sa grande verrière. Il abrite les *Galeries nationales du Grand Palais* où se tiennent de prestigieuses expositions, ainsi que le palais de la Découverte. Le **Petit Palais,** édifié par Ch. Girault et décoré par M. Denis et A. Besnard, abrite le musée des Beaux-Arts de la Ville de Paris ainsi que des expositions temporaires.

Palais-Bourbon voir **Bourbon (palais)**

Palais idéal Édifice d'inspiration fantastique construit avec des cailloux à Hauterives, dans la Drôme, par le facteur Joseph Ferdinand Cheval dit le Facteur Cheval (1836-1924).

Palais-Royal Ensemble de bâtiments et de jardins, à Paris. Bâti et aménagé pour Richelieu sur les plans de J. Lemercier en 1633, et alors appelé le *Palais-Cardinal,* il changea de nom en 1643 lorsque Anne d'Autriche y habita avec Louis XIV. Modifié à plusieurs reprises, notamment par Contant d'Ivry pour Philippe d'Orléans, il s'enrichit de jardins et de galeries puis du théâtre du Palais-Royal et de la salle du Théâtre-Français qui y furent construits entre 1787 et 1790. Il abrite aujourd'hui le Conseil d'État, le Conseil constitutionnel et le ministère de la Culture. Les colonnes de Buren sont installées dans la cour d'honneur.

Palaiseau Chef-lieu d'arrondissement de l'Essonne. 34 750 habitants. Église des XIIᵉ et XVᵉ s. École polytechnique. Centre résidentiel.

Palakkad voir **Palghat**

Palamas (Kostis) Poète grec (1859-1943). Figure dominante de la littérature grecque du début du XXᵉ s., il prit la tête de l'école athénienne, qui généralisa l'usage de la langue démotique en littérature. D'abord parnassien, il adhéra par la suite au symbolisme. On lui doit de grandes compositions (*Les Douze Paroles du Tzigane ; La Flûte du roi*), des *Exercices satiriques,* un drame ainsi que des études critiques.

Palamas (Gregorios) voir **Grégoire Palamas**

Palamède Héros de la guerre de Troie. Il déjoue la ruse d'Ulysse qui simulait la folie, s'attirant ainsi la haine de ce dernier, qui l'accuse de trahison et le fait lapider par les Grecs.

palan n. m. (de l'italien ; famille de *phalange*) Appareil permettant de soulever et déplacer de très lourdes charges au bout d'un câble ou d'une chaîne.

palanche n. f. (mot régional, du latin pop. *palanca* → **palan)** techn. Tige de bois légèrement incurvée pour porter deux fardeaux, deux seaux, accrochés à chacune des extrémités.

palançon **n. m.** **(de *palan*)** techn. Chacune des pièces de bois qui retiennent un torchis.

palangre **n. f.** **(du provençal, origine incertaine)** pêche Grosse ligne de fond à laquelle pendent, sur toute sa longueur, des cordelettes munies d'hameçons. *Petite palangre* (palangrotte **n. f.**).

palanque **n. f.** **(de l'italien, venant du latin pop. → palanche)** techn. En fortification, Mur de retranchement, fait de troncs d'arbres, de gros pieux plantés verticalement.

palanquée **n. f.** **1.** mar. Ensemble des fardeaux réunis par une élingue. **2.** Groupe de plongeurs sous-marins. **3.** fig. Grande quantité, multitude.

palanquer **v.** < 1 > **(de *palenc*, ancienne forme de *palan*)** **1. v. intr.** Se servir d'un palan. **2. v. tr.** techn. Munir de palanques.

palanquin **n. m.** **(du portugais, du sanskrit)** Chaise ou litière portée à bras d'hommes ou à dos d'animal, dans les pays d'Asie.

Palanquin avec sa passagère et les deux porteurs (Japon, 1880).

Palaos

n. f. pl. **Palau** ou **Belau** ■ offic. république des Palaos État de l'Océanie (→ carte). 488 km^2. 17 600 habitants (les *Palauans*). **Capitale :** Melekeok.

Les Palaos sont un archipel formé de 26 îles principales, parmi lesquelles Babelthuap (368 km^2) et Koror (8 km^2 ; 9 442 hab.), la plus peuplée. République autonome depuis 1981, les Palaos ont signé un contrat de libre association avec les États-Unis et sont devenues membre de l'ONU en 1994.

palastre **n. m.** **(latin *pala* « pelle » → [2]pale)** techn. Boîtier métallique contenant le mécanisme d'une serrure. - var. **palâtre.**

palatal, ale, aux **adj.** **(du latin → [2]palais)** **1.** phonét. Se dit des phonèmes dont l'articulation se fait dans la région antérieure du palais (palais dur). *Voyelles palatales* (ex. [i, e, ɛ, y, ø, œ, a]). **– n. f.** *Une palatale.* **2.** Relatif au palais. *Voûte palatale.*

palataliser **v. tr.** < 1 > phonét. Modifier un phonème en reportant son articulation dans la région antérieure du palais. **–** au p. p. *Consonne palatalisée.* □ **n. f. palatalisation**

[1]palatin, ine **adj.** **(du latin → [1]palais)** **1.** hist. Revêtu d'un office, d'une charge, dans le palais d'un souverain. **–** *Comtes palatins d'Allemagne*, institués par les empereurs. ■ **n. m.** *Les palatins de Pologne :* gouverneurs de province. **–** En Hongrie, Vice-roi. **2.** didact. Dépendant d'un palais. *Chapelle palatine.*

[2]palatin, ine **adj.** **(du latin → [2]palais)** anat. Relatif au palais. **→ palatal.** *Fente palatine :* bec-de-lièvre.

Palatin **(mont)** Une des sept collines de Rome, située entre le Tibre et le Forum. Partie la plus anciennement habitée de Rome, il fut partiellement recouvert au XVIe s. par le palais et les jardins des Farnèse.

palatinat **n. m.** hist. Dignité de comte palatin (**spécialt** allemand ou polonais).

Palatinat **n. m.** en allemand **Pfalz** Région historique d'Allemagne, sur la rive gauche du Rhin. Le terme, qui désignait à l'origine les domaines des comtes palatins représentant l'autorité impériale, fut réservé au XIIe s. au domaine du comte palatin du Rhin. La région connut une période de prospérité et prit, avec Frédéric IV et Frédéric V, la tête de l'Union évangélique. En 1805, Maximilien Ier Joseph échangea son titre d'électeur contre celui de roi de Bavière, région dont son prédécesseur avait hérité. Le Palatinat, qui dut donner une grande partie de son territoire à la Sarre en 1919, fait aujourd'hui partie du Land de Rhénanie-Palatinat.

Palais (Grand et Petit)

Le Grand et le Petit Palais, dans le VIIIe arrondissement de Paris.

Palatine **(école)** ou **école du Palais** École de la cour carolingienne qui regroupa des érudits autour d'Alcuin et favorisa la renaissance carolingienne.

Palatine **(princesse)** voir Anne de **Gonzague**

palâtre voir **palastre**

Palau voir **Palaos**

Palavas-les-Flots Commune de l'Hérault. 5 748 habitants. Station balnéaire.

Palawan Île des Philippines, couverte de forêts et très peu peuplée. 14 000 km^2. 1 104 000 habitants. Chef-lieu : Puerto Princesa. Pêche, tourisme.

Palazzeschi **(Aldo Giurlani, dit Aldo)** Écrivain italien (1885-1974). Futuriste, il écrivit *Il Codice di Perelà*, puis des œuvres plus classiques *(Les Sœurs Materassi)*, avant de revenir à une inspiration plus fantasque. Il laissa également des poèmes.

[1]pale **n. f.** **(du provençal, famille de *pelle* cf. palet, palette)** **1.** Partie d'un aviron, d'une roue à aubes qui pénètre dans l'eau. **2.** Partie d'une hélice qui agit sur l'air ou sur l'eau. *Les pales d'un hélicoptère.* **3.** techn. Vanne (d'une écluse, d'un bief).

[2]pale **n. f.** **(du latin chrét., de *palla* « manteau »)** liturg. cathol. Linge sacré, carré et rigide qui recouvre la patène et le calice pendant la messe.

pâle **adj.** **(latin *pallidus* « jaune clair »)** **1.** (teint, peau, visage) Blanc, très peu coloré. *Un peu pâle.* **→ pâlichon, pâlot. –** (personnes) Qui a le teint pâle. ■ loc. fam. *Se faire porter pâle,* malade. **2.** Qui a peu d'éclat. ■ Peu vif ou mêlé de blanc. **→ clair.** *Bleu pâle.* **3.** abstrait Fade, terne. *Une pâle imitation.*

palé, ée **adj.** **(de *pal*)** blason Qui est divisé verticalement de parties égales et en nombre pair d'émaux alternés.

pale-ale [pɛlɛl] **n. f.** **(mot anglais)** Bière anglaise blonde, ale claire. *Des pale-ales.*

[1]palée **n. f.** **(de *pal*)** techn. Rang de pieux fichés en terre pour soutenir un ouvrage en terre, en maçonnerie, former une digue, etc.

[2]palée **n. f.** **(latin médiéval *palatea*, de *pelaica*)** Poisson des lacs de Neuchâtel, Bienne et Morat, à la chair très appréciée.

palefrenier, ière **n.** **(famille de *palefroi*)** Valet, employé chargé du soin des chevaux. **→ lad.**

palefroi **n. m.** **(du latin médiéval, de *veredus* « cheval de voyage » et du grec *para* → [1]para-)** (au Moyen Âge) Cheval de promenade, de parade, de cérémonie (opposé à *destrier*).

Palembang Ville d'Indonésie, capitale de la province de Sumatra-Sud. 1,4 million d'habitants. Port. Université. Centre commercial et industriel (raffineries de pétrole, caoutchouc, café).

palémon **n. m.** **(du n. grec *Palaimôn*, personnage mythologique changé en dieu marin)** Crevette rose. **→ [2]bouquet.**

Palencia Ville d'Espagne (Castille-et-León), chef-lieu de province. 78 140 habitants. Cathédrale gothique. Centre industriel. Tourisme.

Palenque Site archéologique du Yucatán, au N. du Chiapas (Mexique). Vestiges (VIe-Xe s.) d'une cité maya.

paléo- Élément **(du grec *palaios* « vieux »)** qui signifie « ancien ». **→ archéo-.**

paléoanthropologie **n. f.** didact. Science des origines et de l'évolution de la lignée humaine. □ **n. paléoanthropologue**

paléobiologie **n. f.** didact. Partie de la biologie qui concerne les formes de vie disparues, aux époques géologiques. □ **n. paléobiologiste**

paléobotanique **n. f.** didact. Partie de la paléontologie qui étudie les éléments végétaux fossiles. □ **n. paléobotaniste**

paléocène **n. m.** **(de *éocène*)** géol. Étage géologique correspondant au paléogène inférieur.

paléochrétien, ienne [paleokʀetjɛ̃, jɛn] **adj.** didact. Des premiers chrétiens.

paléoclimat **n. m.** didact. Climat d'une ancienne époque géologique. □ **n. f. paléoclimatologie**

paléoécologie **n. f.** didact. Étude des écosystèmes des temps reculés et des modes de vie des animaux fossiles.

paléogène **n. m.** **(→ -gène)** géol. Première partie de l'ère tertiaire.

paléogéographie **n. f.** didact. Partie de la géographie qui concerne la description du globe aux temps géologiques. □ **adj. paléogéographique** □ **n. paléogéographe**

paléographe **n.** Spécialiste des écritures anciennes.

paléographie **n. f.** Science des écritures anciennes. □ **adj. paléographique**

paléohistologie **n. f.** didact. Étude des tissus animaux des fossiles, pour la connaissance de l'évolution.

paléolithique **adj.** **(de l'anglais, du grec *lithos* « pierre » → lithographie)** Relatif à l'âge de la pierre taillée. **– n. m.** *Les premières sociétés humaines organisées apparurent au paléolithique.*

P

Paléologue Famille byzantine qui régna sur Constantinople de 1261 à 1453, en alternance avec les Cantacuzènes. Elle donna aussi des souverains au despotat de Mistra et, par mariage, une nouvelle maison de Montferrat.

paléomagnétisme n. m. didact. Magnétisme terrestre aux temps géologiques ; son étude.

paléontologie n. f. Science des êtres vivants ayant existé sur la Terre aux temps géologiques, fondée sur l'étude des fossiles*. □ adj. **paléontologique**

paléontologue n. Spécialiste de la paléontologie. - syn. **paléontologiste.**

paléosol n. m. géol. Sol résultant d'une évolution ancienne, formé dans des conditions disparues, et pouvant affleurer à la surface ou être recouvert de dépôts plus récents.

paléothérium [paleɔteʀjɔm] n. m. (grec *thêrion* « bête sauvage ») didact. Mammifère fossile de l'éocène.

paléozoïque adj. (→ -zoïque) didact. Relatif aux fossiles animaux les plus anciens. – n. m. *Le paléozoïque :* la période des terrains primaires. → **primaire.**

paléozoologie n. f. didact. Partie de la paléontologie qui étudie les animaux fossiles et leur mode de vie. □ n. **paléozoologiste**

Palerme Ville d'Italie, chef-lieu de la Sicile et de la province de Palerme, sur la côte N. de l'île. 686 730 habitants. Nombreux monuments : églises de styles arabe et byzantin, chapelle Palatine (mosaïques du XIIe s.) dans le palais des Normands ; catacombes des Capucins ; musée archéologique. Port ; exportations (agrumes, vin, soufre) ; centre industriel ; université. Conquise par les Arabes en 831, elle intégra le royaume normand en 1072. Elle passa ensuite aux Angevins, aux Aragonais puis aux Bourbons de Naples, avant de rejoindre le royaume d'Italie en 1861.

paleron n. m. (famille de *pale*) Morceau du bœuf, situé près de l'omoplate. → **palette.**

Palestine n. f. Région du Proche-Orient située au sud du Liban et limitée à l'ouest par la Méditerranée. Ses frontières ont varié au cours de l'histoire. Elle englobait, sous le mandat britannique — entre les deux guerres mondiales — le territoire de l'actuel État d'Israël, la Cisjordanie et la bande de Gaza. À l'époque romaine, la Palestine correspondait à l'antique État hébreu.

HISTOIRE

La Palestine, occupée dès le IIIe millénaire par les Cananéens (Sémites), connut, à partir du IIe millénaire, une longue série d'invasions (Akkadiens, Hyksos, Égyptiens, Hittites...), avant l'arrivée des Philistins puis des Hébreux (XIIe s. av. J.-C.), venus d'Égypte. Passée sous domination romaine à partir de 64 av. J.-C., la région — baptisée Palestine par les Romains — fut le théâtre de deux révoltes des Juifs contre l'occupant (66-70 et 132-135). La seconde aboutit au massacre de nombreux Juifs et à une émigration massive, le pays devenant la province de Syro-Palestine, colonie romaine interdite aux Juifs. Un temps possession byzantine, la Palestine fut ensuite conquise par les Arabes (636), reprise par les croisés (XIe s.), par Saladin (1187), avant de tomber sous la domination des Mamelouks (XIIIe s.). Elle fut ensuite rattachée à l'Empire ottoman pendant quatre siècles, de 1516 à 1922, date à laquelle elle passa sous mandat britannique.

Dès la fin du XIXe s., la région était devenue un enjeu de la politique des puissances occidentales, qui encouragèrent l'immigration juive, organisée par le mouvement sioniste et entérinée par la déclaration Balfour (1917) stipulant la création d'un Foyer national juif en Palestine. Des heurts, parfois sanglants, opposèrent dès lors les populations juives aux populations palestiniennes arabes. Après 1945, la question du Foyer national juif fut portée devant l'ONU, qui décida le partage de la Palestine en deux États, arabe et juif (1947). Le refus des États arabes déclencha une guerre civile judéo-arabe et le début de l'exode des **Palestiniens.**

L'État d'Israël fut proclamé (1948), sans que ses frontières soient définies. Aussitôt éclata la première guerre israélo-arabe (1948-1949). La défaite arabe entraîna un exode massif des Palestiniens vers les États voisins à la suite de l'annexion de la Cisjordanie par la Jordanie. Après la guerre des Six Jours (1967), la Cisjordanie et la bande de Gaza furent occupées par Israël. En 1974, l'OLP (Organisation de libération de la Palestine, fondée en 1964), dirigée par Yasser Arafat, et réclamant la création d'un État palestinien, fut reconnue par l'ONU. En 1987, les Palestiniens des territoires occupés se soulevèrent (première Intifada).

Les accords de paix et de reconnaissance mutuelle, signés à Washington en 1993, aboutirent au retrait d'Israël d'une partie de Gaza et de plusieurs villes de Cisjordanie. Ces territoires passèrent sous contrôle de l'Autorité palestinienne, dont Yasser Arafat devint le premier président. Mais l'enlisement des négociations, la montée de la violence, l'installation de nouvelles colonies juives provoquèrent une radicalisation du conflit et une deuxième Intifada, très meurtrière (2000). Israël rejeta l'Autorité palestinienne, isola militairement Arafat à Ramallah et envahit les territoires palestiniens, tandis que, en retour, se multipliaient en Israël les attentats-suicides. Israël riposta en construisant un mur de sécurité séparant la Cisjordanie de l'État d'Israël, ce qui aggrava la situation de la population palestinienne.

À la mort d'Arafat (2004), Mahmoud Abbas (leader du Fatah) fut élu à la tête de l'Autorité palestinienne, mais les législatives de 2006 furent remportées par le mouvement islamiste Hamas. En réaction à l'élection d'un parti jugé radical, Israël et l'Occident gelèrent l'aide internationale à l'Autorité palestinienne, paralysant l'économie. À Gaza et en Cisjordanie, l'antagonisme entre le Hamas et le Fatah dégénéra en guerre civile. En juin 2007, le président Abbas dut nommer un nouveau gouvernement et transférer l'Autorité palestinienne en Cisjordanie en raison de la prise totale de contrôle de la bande de Gaza par le Hamas. Depuis, le peuple palestinien est géographiquement coupé en deux. La Palestine a été admise à l'Unesco en 2011 et en tant qu'État observateur non-membre à l'ONU en 2012. Suite à ce vote, l'Autorité palestinienne a décidé de s'appeler désormais « Palestine ». Un règlement du désaccord entre le Hamas et le Fatah est régulièrement envisagé mais n'aboutit pas. La colonisation, bien qu'illégale en regard du droit international, se poursuit en Cisjordanie. → **Hébreux, israélo-arabes (guerres).**

Palerme

Palerme, la cathédrale Notre-Dame-de-l'Assomption et son porche gothique catalan.

palestre n. f. (du grec, idée de « lutter ») Antiq. Lieu public où l'on s'entraînait à la lutte, à la gymnastique. → **gymnase.**

Palestrina (Giovanni Pierluigi da) Compositeur italien (v. 1525-1594). Il fut successivement directeur de la musique à Saint-Jean-de-Latran, à Sainte-Marie-Majeure, et à Saint-Pierre de Rome. On lui doit une centaine de messes *(Messe du pape Marcel)*, plus de 600 motets et des madrigaux.

Palestrina Ville d'Italie, dans le Latium. 17 230 habitants. Site de tombes étrusques.

palet n. m. (→ ²pale) **1.** Objet plat et rond avec lequel on vise un but (dans un jeu). **2.** Gâteau sec rond et plat.

paletot n. m. (vieil anglais *paltok cf.* paltoquet) **1.** Vêtement de dessus, généralement assez court, boutonné par-devant. → **par-dessus.** – régional Veste, manteau. **2.** fam. *Tomber sur le paletot à qqn,* se jeter sur lui (pour le prendre à partie).

palette n. f. (→ ²pale) **I. 1.** Plaque mince percée d'un trou pour passer le pouce et sur laquelle un peintre étend et mélange ses couleurs. ▪ Ensemble des couleurs et nuances propres à un peintre. *La palette de Rubens.* **2.** fig. *Une palette de saveurs.* **3.** inform. *Palette graphique :* logiciel permettant de traiter et de modifier des images. **II.** Pièce de viande de mouton, de porc, provenant de l'omoplate. **III.** Plateau de chargement servant à la manutention ; son chargement.

palettiser v. tr. < 1 > techn., comm. **1.** Mettre sur palettes (une marchandise). **2.** Organiser par l'emploi de palettes. *Palettiser le magasinage.* □ n. f. **palettisation** □ adj. **palettisable**

palétuvier n. m. (mot indien du Brésil « arbre courbé ») Grand arbre des régions tropicales, à racines aériennes (→ **mangrove**).

pâleur n. f. Couleur, aspect d'une personne, d'une chose pâle.

Palghat ou **Palakkad** Ville d'Inde (Kerala). 293 500 habitants. Elle se situe sur la *trouée de Palghat,* seul passage facile à travers la chaîne montagneuse des Ghâts. Centre commercial.

pali n. m. (mot hindi) Ancienne langue religieuse de l'Inde méridionale et du Sri Lanka. – adj. *Langue palie.*

pâlichon, onne adj. fam. Un peu pâle. → **pâlot.**

palier n. m. (vient de l'ancien français *paele* → ²poêle) **1.** Plateforme entre deux volées d'un escalier. *Voisins de palier.* → **étage. 2.** fig. Phase intermédiaire de stabilité dans une évolution. *Progresser par paliers.*

palière adj. f. *Marche palière,* de plain-pied avec le palier. – *Porte palière,* qui s'ouvre sur le palier.

Palikao Pont près de Pékin où, le 21 septembre 1860, l'armée franco-britannique remporta sur les Chinois une victoire décisive, qui lui ouvrait la voie de Pékin.

palilalie n. f. (grec *palin* → pali[n]- et *lalein* « parler ») méd. Trouble de la parole, répétition involontaire d'un ou de plusieurs mots.

palimpseste n. m. (du grec, de *palin* « de nouveau » et *psên* « gratter ») didact. Parchemin dont on a effacé la première écriture pour pouvoir écrire un nouveau texte.

pali(n)- Élément (du grec *palin*) qui signifie « de nouveau ».

palindrome n. m. (du grec, « qui revient sur ses pas ») didact. Mot ou groupe de mots qui peut se lire indifféremment de gauche à droite ou de droite à gauche en gardant le même sens (ex. la mariée ira mal ; Roma Amor).

palingénésie n. f. (du grec ; famille de *genèse*) 1. didact. Renaissance des êtres ou des sociétés conçue comme source d'évolution. ■ Théorie de l'éternel retour. 2. littér. Retour à la vie.

palinodie n. f. (du grec ; famille de *ode*) surtout au plur. littér. Changement d'opinion. → **rétractation.**

pâlir v. < 2 > I. v. intr. 1. (personnes) Devenir pâle. → **blêmir.** – fig. *Faire pâlir qqn de jalousie.* 2. (choses) Perdre son éclat. *Les couleurs ont pâli.* → [2]**faner, passer, ternir.** II. v. tr. Rendre pâle, plus pâle.

palis n. m. (de *pal*) Petit pieu pointu qu'on enfonce en alignement avec d'autres pour former une clôture. – Cette clôture.

palissade n. f. (de *palis*) 1. Clôture faite d'une rangée serrée de perches ou de planches. 2. Mur de verdure.

palissader v. tr. < 1 > Entourer, fermer, protéger au moyen d'une palissade. ■ Masquer par une palissade d'arbres.

palissadique adj. bot. *Parenchyme palissadique* : parenchyme à cellules étroites et serrées de la face supérieure des feuilles.

palissandre n. m. (du néerlandais, d'une langue indienne) Bois dur tropical, d'une couleur violacée, nuancée de noir et de jaune.

pâlissant, ante adj. Qui pâlit.

palisser v. tr. < 1 > techn. Étendre et lier les branches de (un arbre, un arbuste) contre un support pour leur imposer une direction. *Palisser une vigne.* □ n. m. **palissage**

palisson n. m. (de *palis*) techn. Instrument de fer, en forme de demi-cercle, qui sert à chamoiser (ou *palissonner* v. tr. < 1 >) les peaux.

Palissy (Bernard) Céramiste et savant français (v. 1510-1589 ou 1590). Après des années de recherche, il découvrit le secret de la composition des émaux. On lui doit plusieurs traités, dont un sur le cycle de l'eau et un autre sur la fabrication des poteries. Il fut aussi le précurseur de la paléontologie.

Palitana Ville d'Inde (Gujarat), dans la péninsule du Kathiawar. 69 500 habitants. Centre de pèlerinage pour les adeptes du djaïnisme.

paliure n. m. (du latin, du grec) Arbrisseau épineux, appelé aussi *épine du Christ,* qui croît en Europe méridionale, en Asie occidentale et dont on fait des haies.

Palk (détroit de) Détroit large d'environ 100 km, entre le Sri Lanka et l'Inde, qui fait communiquer le golfe du Bengale et celui de Manaar.

palladien, ienne adj. (du n. de Palladio) Relatif à l'architecte Palladio, à son style.

Palladio (Andrea di Pietro dalla Gondola, dit Andrea) Architecte italien (1508-1580). Fondateur de l'architecture néoclassique, il sut adapter des éléments antiques à la réalisation de palais, de villas, d'églises et de théâtres conformes aux goûts de son temps. Il travailla surtout à Vicence (villa Rotonda ; théâtre Olympique) et à Venise (églises Saint-Georges-Majeur et du Rédempteur). Maître de la synthèse des classicismes grec et romain, il exerça une très forte influence sur l'architecture européenne.

La basilique Saint-Georges-Majeur, à Venise, par Palladio.

[1]**palladium** [paladjɔm] n. m. (du latin, du grec *palladion*) 1. Antiq. Statue de Pallas considérée par les Troyens comme le gage du salut de leur ville. 2. littér. Garantie, bouclier, sauvegarde.

[2]**palladium** [paladjɔm] n. m. (du n. de la déesse Pallas [Athéna]) Métal léger (symb. Pd, n° at. 46, masse at. 106,42), blanc, voisin du platine.

Pallas Surnom de la déesse Athéna dans la mythologie grecque.

Pallas Affranchi et favori de l'empereur Claude (mort en 60). Il poussa l'empereur à épouser Agrippine et à adopter Néron, puis l'empoisonna, avec l'aide d'Agrippine, avant d'être lui-même assassiné par Néron.

Pallava Dynastie de l'Inde du S.-E. qui régna dans la région de Madras du IIIe au IXe siècle.

palléal, ale, aux adj. (du latin *palla* « manteau ») zool. Relatif au manteau des mollusques (→ **pallium).**

palliatif, ive adj. et n. m. (→ pallier) 1. adj. méd. Qui atténue les symptômes d'une maladie sans agir sur sa cause. *Soins palliatifs,* donnés à des malades que l'on ne peut pas guérir, quand on ne peut plus agir sur la maladie. 2. n. m. Mesure qui n'a qu'un effet passager. → [2]**expédient.**

Pallice (La) Avant-port et faubourg industriel de La Rochelle. Pont reliant l'île de Ré au continent.

pallidectomie n. f. (de *pallidum* et *-ectomie*) chir. Destruction du pallidum, en vue de supprimer les symptômes de la maladie de Parkinson.

pallidum [palidɔm] n. m. (latin *pallidus* « pâle ») anat. Formation grise interne du noyau lenticulaire du cerveau, appelée parfois *globus pallidus.*

pallier v. tr. < 7 > (bas latin *palliare* « couvrir d'un manteau », de *pallium* → pallium, [3]poêle) Compenser (un manque), apporter une solution provisoire à. *Pallier les inconvénients d'une solution.* - *Pallier à* est fréquent mais critiqué.

pallium [paljɔm] n. m. (mot latin « manteau ») 1. (en liturgie, dans l'Antiquité) Manteau. 2. zool. Manteau d'un mollusque. – anat. Partie du cerveau.

Palma ou **Palma de Majorque** Ville d'Espagne, capitale de la Communauté autonome des Baléares, sur la côte S. de Majorque. 422 500 habitants. Cathédrale gothique (XIIIe-XVIIe s.) ; cloître roman ; ancien palais des rois de Majorque. Station touristique.

Palma (île de La) Île volcanique de l'archipel espagnol des Canaries. 726 km^2. 87 163 habitants. Chef-lieu : Santa Cruz de La Palma. Le Cumbre Vieja (2 426 m) a connu des éruptions en 1949, 1971 et 2021.

palmaire adj. (du latin *palma* → paume) anat. Relatif à la paume.

Palma le Vieux (Iacopo Negretti, dit en italien Palma il Vecchio et en français) Peintre italien (v. 1480-1528). Inspiré par les peintres de Bergame et particulièrement Giorgione, il acheva les œuvres de ce dernier, peignit de vastes compositions religieuses et des portraits. *Madones ; Trois Sœurs ; Polyptyque de sainte Barbe.* ■ **Palma le Jeune** (Iacopo di Antonio Negretti, dit en italien Palma il Giovane et en français), petit-neveu du précédent (1544-1628). Il peignit de grandes compositions religieuses, à la manière du Tintoret, et participa à la décoration du palais des Doges. Il est un représentant caractéristique du maniérisme à Venise.

palmarès n. m. (du latin « ceux qui méritent la palme », de *palma* → palme) Liste des lauréats (d'une distribution de prix) ; liste de récompenses.

Palmas (Las) Ville d'Espagne, sur l'île de Grande Canarie, capitale de la province du même nom. 381 271 habitants. Port ; centre touristique.

palmatifide voir **palmifide**

palmature n. f. (du latin *palmus* « palmé ») voir **palmure**

Palm Beach Ville des États-Unis (Floride), sur l'océan Atlantique. 10 000 habitants. Station balnéaire.

palme n. f. (latin *palma* ; famille de *paume*) I. 1. Feuille de palmier. 2. *Vin de palme, huile de palme,* de palmier. 3. *La palme,* symbole de la victoire. → **palmarès.** *Remporter la palme.* 4. Insigne d'une décoration en forme de palme stylisée. *Les palmes académiques.* II. Nageoire qui se fixe au pied pour la nage sous-marine.

Palme (Olof) Homme d'État suédois (1927-1986). Social-démocrate, il fut Premier ministre de 1969 à 1976 et de 1982 à son assassinat en 1986, non élucidé.

palmé, ée adj. 1. bot. Qui est disposé comme les doigts autour de la paume. 2. zool. Dont les doigts sont réunis par une membrane. *Les pattes palmées du canard* (→ **palmipède).** 3. Qui a reçu la Palme d'or du festival de Cannes. *Réalisateur palmé.*

[1]**palmer** [palmɛʀ] n. m. (du n. de l'inventeur) Instrument de précision, mesurant les épaisseurs.

[2]**palmer** v. intr. < 1 > (de *palme*) Se mouvoir dans l'eau en agitant ses palmes. – *Randonnée palmée :* recomm. offic. pour *snorkeling.*

Palmer (Samuel) Peintre et dessinateur britannique (1805-1881). Romantique, auteur de paysages symboliques, il développa notamment une relecture originale du thème de la pastorale. *Le Pommier magique ; Bergers sous la pleine lune.*

P

palmeraie n. f. Plantation de palmiers.

Palmerston (Henry Temple, 3e vicomte) Homme politique britannique (1784-1865). Ministre des Affaires étrangères, il se distingua par sa grande fermeté, notamment face à la France et à la Russie. Premier ministre lors de la guerre de Crimée (1854-1855), il remporta de brillants succès, mais il ne put empêcher Napoléon III de bénéficier de l'unité italienne.

palmette n. f. 1. archit. Ornement en forme de feuille de palmier. 2. arbor. Forme de taille des arbres fruitiers en espalier.

palmi- Élément (du latin *palma*) qui signifie « palme ».

palmier n. m. (→ palme) 1. Grand arbre des régions chaudes, à tige simple, nue et rugueuse, à grandes feuilles en bouquet. *Palmier dattier.* ■ *Cœur de palmier.* → **palmiste.** 2. Gâteau sec de pâte feuilletée sucrée, doré au four (en forme de palme).

palmifide adj. (latin *findere* → fendre) bot. Se dit d'une feuille à nervures palmées dont les divisions vont jusqu'au milieu du limbe. - syn. **palmatifide.**

palmilobé, ée adj. (→ lobé) bot. Se dit d'une feuille palmée aux divisions arrondies.

palmiparti, ie adj. (latin *partitus* « divisé ») bot. Se dit d'une feuille palmée dont les divisions vont presque à la base du limbe. - var. **palmipartite.**

palmipède adj. (du latin → -pède) Dont les pieds sont palmés. *Oiseaux palmipèdes.* – n. m. *Le canard, l'oie sont des palmipèdes.*

Pamir

Le Pamir vu du côté chinois. L'élevage du mouton est la première ressource économique dans le massif.

Palmira Ville de Colombie, dans la vallée du Cauca. 275 250 habitants. Centre agricole.

palmiste n. m. **(de l'espagnol → palme)** I. 1. Palmier dont le bourgeon terminal (*chou palmiste* ou cœur de palmier) est tendre et comestible. 2. Palmier à huile. – L'amande de son fruit. II. appos. *Rat palmiste.* → **xérus.**

palmite n. m. **(du créole des Antilles, de l'espagnol ou du portugais *palmito*)** Moelle comestible du palmier.

palmitine n. f. chim. Ester de la glycérine et de l'acide palmitique, substance solide, grasse, constituant de l'huile de palme.

palmitique adj. **(de *palmitine*)** chim. *Acide palmitique :* acide gras saturé, très abondant dans les graisses animales et les huiles végétales.

palmure n. f. 1. zool. Membrane qui joint les doigts des palmipèdes, de quelques mammifères aquatiques et de certains animaux terrestres. 2. méd. Bride cutanée due à une malformation ou à une brûlure grave. *Palmure interdigitale.* - syn. **palmature.**

Palmyre Oasis du désert de Syrie, au N.-E. de Damas. Vestiges de l'ancienne ville, qui, grâce au commerce caravanier, connut, avant d'être détruite par Rome en 273, une grande période de prospérité après la chute de Pétra (106). La cité antique, inscrite au patrimoine mondial de l'Unesco, a été en partie détruite par Daech entre 2015 et 2017.

Les ruines de Palmyre avant les destructions de Daech et le château-fort Qalat ibn Maan (XVIe s.).

Palo Alto Ville des États-Unis (Californie), au S. de la baie de San Francisco. 58 600 habitants. Université de Stanford, à l'origine du développement de la Silicon Valley.

Palomar (mont) Montagne des États-Unis (Californie), au N.-E. de San Diego. 1 871 m. Observatoire astronomique possédant un télescope avec un objectif de 5 m d'ouverture.

palombe n. f. **(ancien gascon *paloma* ; famille de *pâle*) régional (Sud-Ouest)** Pigeon ramier.

palonnier n. m. **(famille de *pal*)** 1. autom. *Palonnier compensateur de freinage :* dispositif servant à égaliser l'action des freins sur chacun des tambours. 2. aviat. Dispositif de commande du gouvernail de direction d'un avion, manœuvré avec les pieds.

Palos (cap) Promontoire du S.-E. de l'Espagne, au N. de Carthagène.

Palos ou **Palos de Moguer** Petit port d'Espagne, aujourd'hui ensablé, au fond du golfe de Cadix, d'où Christophe Colomb s'embarqua pour l'Amérique (le 3 août 1492).

palot n. m. Bêche étroite servant à retirer les vers, coquillages, etc., du sable, de la vase.

pâlot, otte adj. Un peu pâle.

palourde n. f. **(vient du latin, du grec)** Mollusque comestible bivalve. → **clam, clovisse.**

palpable adj. **(du bas latin → palper)** 1. Dont on peut s'assurer par le toucher. → **concret, tangible ;** s'oppose à *impalpable.* 2. Que l'on peut vérifier avec certitude. *Des preuves palpables.*

palpation n. f. 1. méd. Action de palper (le corps humain). 2. Fouille sommaire effectuée par la police sur une personne.

palpe n. m. **(du latin → palper)** zool. Organe sensoriel des arthropodes qui sert à la préhension (des aliments).

palpébral, ale, aux adj. **(du bas latin, de *palpebra* → paupière)** anat. Relatif aux paupières.

palper v. tr. **< 1 > (latin *palpare*)** 1. Examiner en touchant, en tâtant avec la main, les doigts. 2. fam. Toucher, recevoir (de l'argent). absolt *Il a déjà assez palpé dans cette affaire.*

palpeur n. m. Dispositif opérant par contact pour mesurer.

palpitant, ante adj. 1. Qui palpite. – n. m. fam. *Le palpitant :* le cœur. 2. Qui excite l'émotion, un vif intérêt. *Un film palpitant.*

palpitation n. f. 1. Frémissement convulsif. 2. Battement de cœur plus fort et plus rapide que dans l'état normal. *Avoir des palpitations.*

palpiter v. intr. **< 1 > (du latin ; famille de *palper*)** 1. Être agité de frémissements. 2. (cœur) Battre très fort.

palplanche n. f. **(de *pal* et *planche*)** techn. 1. Planche grossièrement équarrie servant au boisage des galeries de mines. 2. Poutrelle qui s'emboîte bord à bord avec d'autres pour former une cloison étanche (→ **batardeau**) utilisée en terrain meuble ou immergé.

palsambleu interj. **(de *par le sang de Dieu*)** vieux Ancien juron. → **parbleu.**

Palsgrave (John) Humaniste anglais (v. 1480-1554). Il est l'auteur de la première grammaire française, écrite en anglais.

paltoquet n. m. **(famille de *paletot*)** vieilli Homme insignifiant et prétentieux, insolent.

palu voir **paludisme**

paluche n. f. **(famille de *pale*)** fam. Main.

se **palucher** v. pron. **< 1 > (de *paluche*)** 1. vulg. Se masturber (en parlant d'un homme). 2. fam. *Se palucher qqch.,* faire qqch. de pénible manuellement, sans l'intervention d'un système d'automatisation. *Se palucher le tri des colis.*

palud n. m. **(vient du latin *palus, paludis* « marais, étang »)** vieux Marais. - var. **palude.**

paludéen, éenne adj. **(du latin → palud)** Relatif au paludisme. – Atteint de paludisme. – n. *Un paludéen.*

paludier, ière n. techn. Personne qui travaille aux marais salants.

paludine n. f. zool. Mollusque (gastéropode) qui vit dans les étangs, les marais, les cours d'eau.

paludique adj. méd. Relatif au paludisme ; atteint de paludisme. → **impaludé, paludéen.**

paludisme n. m. **(du latin *palus, paludis* → palud)** Maladie infectieuse tropicale, due à un parasite transmis par la piqûre de certains moustiques (anophèles) et qui cause des accès de fièvre. → **malaria.** *Crise de paludisme.* - abrév. fam. **palu.**

▶ Le **paludisme** est une infection parasitaire due à un protozoaire du genre *Plasmodium,* qui se transmet à l'homme par la piqûre d'un moustique (l'anophèle femelle), lui-même infecté après avoir piqué une personne impaludée. Parmi les quatre espèces de *plasmodium* — *vivax, ovale, malariæ* et *falciparum* — c'est cette dernière qui est responsable des formes les plus graves.

La maladie est caractérisée par des périodes de fièvre, continue lors de la première invasion, puis intermittente sous forme d'accès palustres à rechutes. La découverte du parasite dans le sang observé au microscope permet d'affirmer le diagnostic. Le traitement des accès fébriles repose sur la quinine, ses dérivés et d'autres produits antipaludéens. Le diagnostic et le traitement précoces permettent de réduire l'intensité de la maladie et le risque de décès.

Fléau mondial auquel la moitié de l'humanité est exposée, responsable d'environ 445 000 décès chaque année, surtout des enfants, le paludisme sévit dans les zones d'habitat de l'anophèle, essentiellement les zones intertropicales. Un peu plus de la moitié de tous les décès palustres dans le monde étaient enregistrés dans quatre pays africains : le Nigéria (31,9 %), la République démocratique du Congo (13,2 %), la Tanzanie (4,1 %) et le Mozambique (3,8 %).

L'éradication mondiale du paludisme n'a pu être réalisée mais le renforcement des mesures de prévention et de lutte ont permis de réduire la charge palustre dans certains endroits. Les mesures collectives concernent l'assainissement ou la suppression des eaux stagnantes et la réalisation de programmes visant à supprimer l'anophèle et à traiter simultanément tous les sujets infestés dans des zones bien ciblées.

Les mesures individuelles sont les plus efficaces et comportent deux volets : éviter les piqûres de moustiques par l'emploi de moustiquaires imprégnées d'insecticide, de répulsifs cutanés et d'insecticides dans les pièces d'habitation ; éviter le développement du plasmodium dans l'organisme par la chimioprophylaxie antipaludéenne. Toutefois, les progrès dans la lutte mondiale contre la maladie sont menacés par l'émergence d'une résistance de l'anophèle aux insecticides. Les zones infestées sont classées en zone 1, 2 ou 3 selon le degré de résistance du parasite aux médicaments et les informations actualisées concernant les modalités de ce traitement préventif pour chaque pays sont disponibles sur les sites officiels et dans les agences de voyage.

L'absence de chimioprophylaxie ou sa mauvaise observance est responsable en France métropolitaine de quelques milliers de cas annuels de paludisme dit d'importation. Le paludisme pouvant se déclarer dans les deux mois suivant l'arrivée d'un pays infesté, toute fièvre apparaissant dans ce délai est a priori un paludisme jusqu'à preuve du contraire.

palustre adj. **(du latin → palud)** 1. Qui se rapporte aux marais. *Plantes palustres.* 2. méd. Relatif au paludisme. → **paludéen.**

palynologie n. f. (de l'anglais, du grec *palunein* « répandre [de la farine] ») didact. Étude des pollens actuels et fossiles.

se **pâmer** v. pron. < 1 > (vient du latin *spasmare,* de *spasmus* → spasme) 1. vieilli Perdre connaissance. → défaillir, s'évanouir. 2. Être sous le coup d'une sensation, d'une émotion très agréable. *Se pâmer d'admiration.* → s'extasier.

Pamiers Chef-lieu d'arrondissement de l'Ariège, sur l'Ariège. 15 938 habitants. Évêché ; cathédrale (XIIe-XVIIe s.) ; église du XVIIe s. Marché agricole. Métallurgie.

Pamir n. m. Massif d'Asie centrale, s'étendant du Tadjikistan à la Chine (Xingjiang) où il culmine au Kongur Tagh (7 719 m).

pâmoison n. f. littér. ou plais. Fait de se pâmer. *Tomber en pâmoison.*

Pampa n. f. Vaste plaine du centre de l'Argentine, dont elle couvre 1/5 de la superficie. Agriculture (blé, maïs, soja), élevage de bovins (viande, lait, cuir, laine).

Pampelune en espagnol **Pamplona** Ville d'Espagne (Navarre). 203 900 habitants. Cathédrale gothique (XIVe-XVIe s.) ; cloître du XIVe s. Université. Centre commercial et industriel.

pampéro n. m. (de l'espagnol, de *pampa*) Vent violent soufflant du sud et de l'ouest, qui amène les pluies d'hiver en Argentine.

pamphlet n. m. (de l'anglais ; du prénom *Pamphile*) Texte court et violent attaquant les institutions, un personnage connu. → diatribe, satire.

pamphlétaire n. Auteur de pamphlets. → polémiste.

Pamphylie n. f. Ancienne région côtière du sud de l'Asie Mineure, entre la Cilicie et la Lycie.

pampille n. f. (d'un radical *pamp-,* idée de « pendiller ») Chacune des petites pendeloques groupées en franges, servant d'ornement.

pamplemousse n. m. (du néerlandais « gros *[pompel]* citron *[limoes]* ») 1. bot. Arbre exotique épineux ; son fruit, consommé confit. 2. Gros agrume jaune et légèrement amer. → pomélo.

pamplemoussier n. m. Arbre à pamplemousses.

pampre n. m. (ancien français *pampe,* qui vient du latin *pampinus*) Branche de vigne avec ses feuilles et ses grappes.

Pamuk (Orhan) Écrivain turc (né en 1952). Il évoque les déchirements de la société turque *(Le Livre noir)* et ses rapports à l'Occident, notamment à travers un retour sur le passé ottoman *(Le Château blanc ; Mon nom est Rouge ; Neige ; Le Musée de l'innocence ; Les Nuits de la peste).* Prix Nobel 2006.

Ohran Pamuk en 2004 à Istanbul.

Pamukkale Site archéologique de Turquie, à l'emplacement de l'ancienne Hiérapolis. Vestiges romains et byzantins. Cascades et sources d'eau chaude.

1pan n. m. (vient du latin *pannus*) 1. Grand morceau d'étoffe ; partie flottante ou tombante (d'un vêtement). *Un pan de chemise.* 2. *Pan de mur,* partie plus ou moins grande d'un mur. – *Pan coupé :* surface oblique remplaçant l'angle que formerait la rencontre de deux murs. 3. fig. « *De grands pans du passé sortent ainsi du champ de ma conscience* » (Gide).

2pan interj. Onomatopée qui exprime un bruit sec, un coup de fusil.

pan-, pant(o)- Élément (du grec *pan, pantos* « tout ») qui signifie « tout ».

Pan Dieu des Bergers et des Troupeaux dans la mythologie grecque. Divinité de la Fécondité, il est représenté comme un démon, mi-homme mi-bouc.

Pan et la Nymphe, fresque, Pompéi (v. 50 apr. J.-C.), Musée national archéologique, Naples.

panacée n. f. (du grec → pan- et *akos* → pharmacie) Remède universel ; formule par laquelle on prétend résoudre tous les problèmes. - REM. *Panacée universelle* est à éviter (pléonasme).

panachage n. m. 1. Action de panacher. 2. Possibilité, pour l'électeur, de choisir des candidats sur les différentes listes en présence.

panache n. m. (de l'italien ; famille de *pinacle*) 1. Faisceau de plumes flottantes, qui servait à orner une coiffure, un dais, un casque (→ empanaché). allusion « *Ralliez-vous à mon panache blanc !* » (attribué à Henri IV). ▪ *La queue en panache d'un écureuil.* 2. fig. Brio, allure spectaculaire. *Avoir du panache,* avoir fière allure.

panaché, ée adj. 1. Qui présente des couleurs variées. 2. Composé d'éléments différents. 3. *Un demi panaché* ou n. m. *un panaché,* mélange de bière et de limonade.

panacher v. tr. < 1 > (→ panache) 1. Orner de couleurs variées. 2. Composer d'éléments divers. *Panacher une liste électorale* (→ panachage 2).

panachure n. f. didact. Tache, semis de taches de couleur sur un fond de couleur différente.

panade n. f. (du provençal ; famille de *pain*) 1. Soupe faite de pain, d'eau et de beurre. 2. fam. *Être dans la panade,* dans la misère. → mouise.

panafricain, aine adj. polit. Relatif à l'unité des peuples d'Afrique.

panafricanisme n. m. polit. Doctrine qui tend à développer l'unité et la solidarité africaines.

Panahi (Jafar) Réalisateur iranien (né en 1960). Primé à Cannes pour *Le Ballon blanc* (1995), il a l'interdiction de quitter son pays où il est censuré depuis 2011 mais continue à tourner clandestinement et filme les personnages les plus vulnérables : *Ceci n'est pas un film ; Taxi Téhéran.*

panais n. m. (vient du latin *pastinaca*) Plante herbacée (ombellifère) dont la racine blanche, odorante et charnue est comestible.

panama n. m. (du n. du pays) Chapeau d'été, large et souple, tressé avec la feuille d'un palmier d'Amérique. – Chapeau de paille de même forme. *Des panamas.*

Panamá (golfe de) n. m. Golfe formé par le Pacifique sur la côte méridionale de l'isthme de Panamá. Il abrite notamment l'archipel des Perles.

Panamá (canal de) Canal reliant l'Atlantique au Pacifique à travers l'isthme de Panamá, sur une longueur de 79,6 km. Après l'échec de F. de Lesseps, les Américains reprirent les travaux et le canal fut inauguré en 1914. L'ancienne zone du canal, administrée par les États-Unis depuis 1903, fut restituée au Panamá en 1999. Il dut être élargi (2016) pour grossir son volume d'activité.

Panamá

n. m. Pays d'Amérique centrale. 75 517 km². 4 000 000 d'habitants (les *Panaméens*). **Langues :** espagnol (offic.), anglais et langues amérindiennes. **Religion :** catholique. **Monnaie :** balboa. **Capitale :** Panamá. **Régime :** présidentiel.

GÉOGRAPHIE

Le Panamá s'étire sur 725 km de long (90 km de large au plus étroit). Cet isthme continental entre l'Amérique centrale et celle du Sud est devenu avec l'ouverture du canal (1914) un isthme interocéanique artificiel.

Panamá

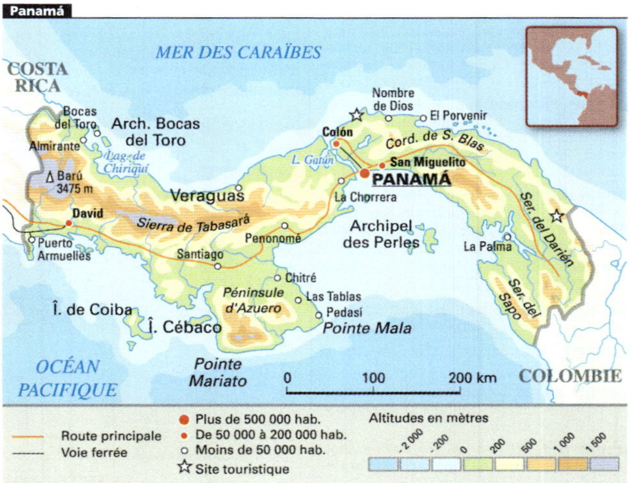

Le peuplement et les activités se concentrent autour de ce passage stratégique : zones franches, services aux navigateurs, pavillon de « complaisance » (1re flotte mondiale), mais aussi contrebande et blanchiment d'argent. D'importants travaux ont permis l'élargissement du canal (2016) pour faire face au commerce maritime grandissant. En termes géopolitiques, l'importance du canal entraîne l'ingérence des États-Unis dans les affaires panaméennes. Cette tutelle est également monétaire : le balboa, indexé sur le dollar, n'existe pas sous forme de monnaie fiduciaire. Les plaines rurales sont occupées par des plantations tropicales (bananes, canne à sucre, café).

HISTOIRE
La région, découverte (1501) et colonisée par les Espagnols, fut rattachée à la vice-royauté du Pérou puis à la Nouvelle-Grenade. Lorsque celle-ci obtint son indépendance sous le nom de Colombie (1821), Panamá y fut inclus. Dès l'époque coloniale, l'isthme devint une plaque tournante majeure du commerce international. Son rôle de voie de passage interocéanique fut renforcé par la construction d'un chemin de fer (1850-1855) puis du canal (1904-1914) par les États-Unis. Avec l'appui de ceux-ci, Panamá obtint son indépendance (1903) mais l'influence politique et économique nord-américaine resta forte (intervention militaire en 1989 contre le général Noriega). Le canal, d'abord géré directement par les États-Unis, est cogéré avec le Panamá depuis 1977. La « zone du canal » a été restituée et a donc disparu en 2000.

Panamá Capitale du Panamá, sur le golfe de Panamá et au débouché du canal du même nom. 430 300 habitants. Maisons coloniales. Port ; centre industriel, commercial et financier mondial.

Panamá (congrès de) Congrès réuni en 1826 par Bolívar, dans le but de fédérer l'ensemble des États d'Amérique latine. Il se solda par un échec.

Panamá (affaire de) Le plus important scandale financier de la IIIe République, lié à la construction du canal de Panamá par F. de Lesseps. Il mit en cause des personnalités politiques et des industriels français, et ruina, en 1892, plus de 85 000 souscripteurs.

P

Paname Nom populaire de Paris.

panaméricain, aine adj. **1.** polit. Qui concerne les nations du continent américain tout entier. *Congrès panaméricain.* **2.** *Route panaméricaine,* qui traverse le continent américain.

Panaméricaine (route) Réseau routier qui relie les principales villes d'Amérique latine. Commencée en 1936, elle part de Laredo, au Texas, et va jusqu'au Chili (Santiago).

panaméricanisme n. m. polit. Système qui vise à placer toutes les nations américaines sous l'influence des États-Unis et à empêcher toute ingérence dans les affaires américaines.

panarabisme n. m. polit. Système qui tend à unir tous les peuples de langue ou de civilisation arabe (différent de *panislamisme*). □ **adj. panarabe**

panard n. m. (origine obscure) fam. Pied. – fig. *C'est le panard :* c'est le pied.

panaris n. m. (du latin, du grec) Infection aiguë d'un doigt ou d'un orteil.

panasiatique adj. polit. Qui concerne la totalité de l'Asie.

panathénées n. f. pl. (du grec, de *Athênai*) Antiq. Fêtes données à Athènes en l'honneur de la déesse Athéna.

panax n. m. (du latin, du grec) Arbre originaire d'Asie, dont une espèce fournit le ginseng.

Panay Île des Philippines, dans l'archipel des Visayas. 11 515 km². 4,4 millions d'habitants. Ville principale : Iloilo City. Agriculture (riz, canne à sucre, cocotiers, maïs).

Panazol Commune de la Haute-Vienne, dans la banlieue de Limoges. 11 002 habitants.

pan-bagnat n. m. (du provençal, de *pan* « pain » et *bagnat* « baigné [d'huile] ») Petit pain rond garni de salade niçoise. *Des pans-bagnats.*

panca ou **panka** n. m. (de l'hindi) Écran suspendu au plafond, qui se manœuvre au moyen de cordes et est utilisé comme ventilateur, dans les pays chauds.

pancake [pankɛk] n. m. (mot anglais, de *pan* « casserole » et *cake* « gâteau ») Petite crêpe épaisse.

pancarte n. f. (famille de *charte*) Écriteau qui donne une information, présente une inscription. → **panonceau.**

Pañcatantra n. m. Recueil de contes indiens en prose écrits en sanskrit entre le Ier et le VIe siècle.

pancetta [pɑ̃(t)ʃeta] n. f. (mot italien) Charcuterie italienne faite de poitrine de porc roulée et séchée.

Pančevo Ville de Serbie, en Voïvodine, sur le Tamiš. 76 200 habitants. Raffinage pétrolier et industrie chimique.

panchen-lama [panʃɛnlama] n. m. (origine incertaine → ²lama) Second personnage de la hiérarchie du bouddhisme tibétain. *Des panchen-lamas.*

Panchiao ou **Banqiao** Ville de l'île de Taiwan, dans la banlieue de Taipei. 547 630 habitants. Industries textile et mécanique.

panchromatique [pɑ̃kʀɔmatik] adj. photogr. Qui est sensible à toutes les couleurs du spectre. - abrév. **panchro.** *Des pellicules panchros.*

Panckoucke Libraire et éditeur français (1736-1798). Il publia notamment une édition des œuvres de Voltaire et de celles de Buffon, ainsi que l'*Encyclopédie* de Diderot. Il acheta *Le Mercure de France* et fonda *Le Moniteur universel.*

panclastite n. f. (grec *klastos* « brisé ») techn. Explosif liquide constitué de peroxyde d'azote et d'une substance combustible.

Pancol (Katherine) Écrivaine française (née en 1954). *Les Yeux jaunes des crocodiles, La Valse lente des tortues, Les écureuils de Central Park sont tristes le lundi* et *Muchachas* constituent une saga aux protagonistes en mal de réussite et d'amour.

pancrace n. m. (du grec → -crate, -cratie) Antiq. grecque Sport qui combinait la lutte et le pugilat.

pancréas [pɑ̃kʀeɑs] n. m. (du grec, de *kreas* « chair ») Glande de l'appareil digestif située entre l'estomac et les reins.

pancréatectomie n. f. chir. Ablation du pancréas.

pancréatine n. f. biochim. Enzyme du suc pancréatique.

pancréatique adj. Du pancréas.

pancréatite n. f. méd. Inflammation du pancréas.

panda n. m. (du népalais) Mammifère des forêts d'Inde et de Chine. *Petit panda. Grand panda,* au pelage noir et blanc.

pandanus [pɑ̃danys] n. m. (du latin mod., du malais) Arbre ou arbuste des régions chaudes, dont une espèce fournit des fibres textiles.

Pandateria ou **Pandataria** Île volcanique de la mer Tyrrhénienne, au large de Cumes (Campanie). Julia, fille d'Auguste, et Agrippine l'Aînée, épouse de Germanicus, y furent exilées.

pandémie n. f. (grec *demos* « peuple ») méd. Épidémie qui atteint un grand nombre de personnes, dans une zone géographique très étendue (→ aussi **endémie, épidémie**). □ **adj. pandémique**

pandémonium [pɑ̃demɔnjɔm] n. m. (de l'anglais, du grec → démon) littér. **1.** *Le Pandémonium :* la capitale imaginaire de l'enfer. **2.** Lieu où règne la corruption, un désordre infernal.

pandiculation n. f. (du latin, de *pandere* « étendre ») didact. Mouvement qui consiste en un étirement de tous les membres accompagné d'un bâillement.

pandit [pɑ̃di(t)] n. m. (du sanskrit) Titre honorifique donné en Inde à un fondateur de secte, à un sage (brahmane). *Le pandit Nehru.*

pandoravirus n. m. (du grec *Pandôra* « Pandore » et de *virus ;* allus. au mythe de la boîte de Pandore) virol. Virus géant à ADN, le plus grand connu actuellement.

¹pandore n. f. (du latin, du grec) Instrument de musique à cordes pincées, de la famille du luth, en usage aux XVIe et XVIIe siècles.

²pandore n. m. (n. propre, dans une chanson) vieux, iron. Gendarme.

Pandore Dans la mythologie grecque, première femme de l'humanité, envoyée par Zeus comme châtiment aux hommes qui avaient reçu le feu dérobé par Prométhée. Elle ouvre la boîte contenant les misères humaines, qui se répandent alors sur la Terre.

Pane (Gina) Artiste française d'origine italienne (1939-1990). Elle fut l'un des créateurs de l'art corporel.

panégyrique n. m. (du grec → agora) Discours à la louange de qqn. → **apologie.** *Faire le panégyrique de qqn.* → **éloge.**

panégyriste n. Personne qui loue, qui vante qqn ou qqch.

panel n. m. (mot anglais → panneau) anglic. **1.** Échantillon* de personnes auprès desquelles est faite une enquête d'opinion. **2.** Groupe de spécialistes animant une discussion devant un auditoire.

paner v. tr. < 1 > (→ pain) Couvrir (un aliment) de panure avant de le faire frire. ■ **pané, ée adj.** *Escalopes panées.*

panerée n. f. vieilli Contenu d'un panier.

panathénées

Panathénées sur une frise du Parthénon (v. 445-438 av. J.-C.), musée du Louvre, Paris.

paneterie n. f. Lieu où l'on conserve et distribue le pain, dans les communautés, les grands établissements. ■ hist. Office de panetier.

panetier n. m. hist. Officier chargé du pain.

panetière n. f. **1.** vieux Gibecière, sac où l'on met du pain, des aliments. **2.** Coffre à pain.

Panétius ou **Panaitios de Rhodes** Philosophe stoïcien grec (v. 180-v. 110 av. J.-C.). Disciple de Diogène de Babylonie, on ne connaît son œuvre qu'à travers l'usage qu'en fit Cicéron dans son *Traité des devoirs*. Il aurait œuvré dans le sens d'un assouplissement de la doctrine morale du stoïcisme. Il a exercé une influence sur les élites cultivées romaines.

paneton n. m. Petit panier garni de toile où l'on met les pâtons, pour donner sa forme au pain.

panettone n. m. (mot italien) Gâteau brioché italien, garni de raisins secs et de zestes confits, servi traditionnellement à Noël.

paneuropéen, enne adj. polit. Relatif à l'unité européenne.

Pangée n. m. Massif montagneux de Grèce, en Macédoine. 1 956 m.

Pangée n. f. Continent unique existant à la fin du paléozoïque et qui se serait fractionné en deux blocs : la Laurasie au N., et le Gondwana au S.

pangermanisme n. m. polit. Système visant à grouper dans un État unique tous les peuples supposés d'origine germanique.

pangermaniste adj. et n. polit. Relatif au pangermanisme. – Partisan du pangermanisme.

pangolin n. m. (du malais, proprt « celui qui s'enroule ») Mammifère insectivore d'Asie et d'Afrique, au corps couvert d'écailles, qui se roule en boule en cas de danger.

Pangu ou **P'an-kou** Démiurge de la mythologie chinoise, considéré comme l'ancêtre du peuple chinois et, pour les taoïstes, comme le créateur de l'univers.

Panhard (René) Ingénieur et industriel français (1841-1908). Il fonda avec Émile Levassor (1844-1897) la société Panhard et Levassor, en 1886, qui construisit la première automobile à essence (1891).

panhellénique adj. Antiq. Qui se rapportait, appartenait à l'ensemble des Grecs.

panic n. m. (du latin) Plante herbacée, annuelle ou vivace, cultivée comme céréale ou plante fourragère. → **millet.**

panicaut n. m. (du provençal, du latin, de *panis* « pain » et *carduus* « chardon ») Plante herbacée aux feuilles de chardon, appelée communément *chardon Roland* (pour « chardon roulant »).

panicule n. f. (du latin, de *panus* « épi ») bot. Grande inflorescence en grappes, ramifiée et lâche. □ adj. **paniculé, ée**

panier n. m. (vient du latin *panarium* « corbeille à pain » → pain) **1.** Réceptacle de vannerie servant à contenir, à transporter des marchandises. *Panier à provisions.* → **cabas, couffin.** – *Mettre au panier* : jeter. – loc. fig. *Mettre* (plusieurs personnes) *dans le même panier*, porter sur elles le même jugement (négatif). **2.** *Panier à salade* : récipient métallique à claire-voie pour égoutter la salade ; fig., fam. voiture cellulaire*. **3.** loc. fig. *Panier percé* : personne très dépensière. **4.** Contenu d'un panier. – *Panier-repas* : repas froid distribué à des voyageurs. – loc. *Le panier de la ménagère* : la part du budget familial consacrée à l'alimentation et à l'entretien. **5.** Armature qui servait à faire gonfler les jupes. *Robe à paniers.* → **crinoline, vertugadin.** ■ fam. Derrière, fesses. **6.** au basketball Filet sans fond, fixé à un panneau de bois.

panière n. f. Grande corbeille à anses ou malle en osier.

panifiable adj. Qui peut servir de matière première dans la fabrication du pain.

panification n. f. Transformation en pain.

panifier v. tr. < 7 > (→ pain) Transformer en pain.

Panine (Nikita Ivanovitch, comte) Homme d'État russe (1718-1783). Il contribua à l'accession au trône de Catherine II, dont il fut ministre des Affaires étrangères de 1763 à 1781.

panini n. m. (de l'italien) Sandwich italien au pain blanc précuit, qui se mange grillé et chaud. *Des paninis.*

Pāṇini Grammairien indien (v. le IVe s. av. J.-C.). Il est l'auteur d'un traité de grammaire sanskrite, remarquable par son caractère raisonné et la rigueur de sa formalisation.

paniquant, ante adj. Qui fait paniquer, entraîne la panique.

paniquard, arde n. fam., péj. Personne qui se laisse facilement gagner par la panique.

panique (du grec ; du n. du dieu Pan, dont l'apparition était terrifiante) **I.** adj. Qui trouble subitement et violemment l'esprit. *Peur panique.* **II. 1.** n. f. Terreur extrême et soudaine, souvent collective. → **effroi, épouvante. 2.** fam. Affolement. *On va être en retard, c'est la panique !*

paniquer v. < 1 > **1.** v. tr. fam. Affoler, angoisser. – au p. p. *Elle est complètement paniquée.* **2.** v. intr. Être pris de panique. *Il panique facilement.*

panislamisme n. m. Système politique tendant à l'union de tous les peuples musulmans (différent de *panarabisme*). □ adj. **panislamique**

panisse n. f. (du provençal, famille de *pain*) Préparation culinaire faite d'une bouillie de farine de pois chiche à l'huile d'olive, refroidie, découpée et passée à la friture.

Panjab, Pendjab, Penjab ou **Punjab** n. m. Région partagée entre le Pakistan et l'Inde, au pied de l'Himalaya. Traversée par cinq rivières, c'est une région agricole très productive, grâce notamment aux travaux d'irrigation. En 1947, le partage entre l'Inde et le Pakistan du Panjab, peuplé de sikhs, de musulmans et d'hindous, a provoqué d'importants déplacements de population.

Panjab n. m. Province du N.-E. du Pakistan. Capitale : Lahore. 110 millions d'habitants, soit la moitié de la population pakistanaise.

Panjab n. m. État du N. de l'Inde. 50 300 km². 30,1 millions d'habitants. Capitale : Chandigarh.

panka voir **panca**

Pankhurst (Emmeline Goulden, Mrs) Féministe britannique (1858-1928). Elle milita pour le droit de vote des femmes dans son pays (obtenu en 1918).

Pankow Quartier du N.-E. de Berlin. Il fut le siège des instances de la RDA.

panmixie n. f. (de *pan-* et du grec *mixia*, de *mixis* « mélange », par l'allemand) didact. Reproduction de l'espèce humaine par des unions faites au hasard, en l'absence de sélection naturelle.

panna cotta ou **pannacotta** n. f. (mot italien « crème cuite ») Entremets italien à base de crème fraîche gélifiée et de sucre, servi avec un coulis de fruits frais.

¹panne n. f. (vient du latin *penna* « plume, aile », « partie latérale », en marine « vergue ») **1.** mar. *Mettre, être en panne* (navire), à l'arrêt (les vergues étant tournées). **2.** Arrêt de fonctionnement dans un mécanisme, un moteur ; impossibilité accidentelle de fonctionner. loc. *Tomber en panne. Panne d'essence* (ou *panne sèche*). – *Panne d'électricité.* **3.** fam. *Être en panne*, momentanément arrêté. – *Être en panne de qqch.*, en manquer.

²panne n. f. (famille de ¹*pan*, *panneau*) **1.** Étoffe à poils couchés brillants. **2.** Graisse qui se trouve sous la peau du cochon.

³panne n. f. (latin *patena*, du grec) techn. Pièce de charpente.

Panne (La) en flamand **De Panne** Commune de Belgique (Flandre-Occidentale), à la frontière française. 11 147 habitants. Station balnéaire.

panneau n. m. (famille de ¹*pan*) **1.** chasse Morceau d'étoffe ou filet utilisé pour prendre le gibier. ■ loc. *Tomber, donner dans le panneau*, dans le piège ; se laisser tromper. **2.** Partie d'une construction, constituant une surface délimitée. *Panneaux préfabriqués.* ■ *Panneau solaire* : élément d'un dispositif transformant l'énergie solaire en énergie électrique. **3.** Surface plane (de bois, de métal, de toile tendue) destinée à servir de support à des inscriptions. → **pancarte, panonceau.** *Panneaux électoraux. Panneaux de signalisation.* **4.** cout. Élément d'un vêtement fait de plusieurs morceaux.

panneauter v. intr. < 1 > chasse Chasser avec des panneaux. □ n. m. **panneautage**

Pannecière (barrage de) Barrage sur l'Yonne, dans la Nièvre, qui forme une retenue de 520 ha. Site touristique.

panneton n. m. (de *pennon*) techn. Partie de la clé qui pénètre dans la serrure et agit sur le pêne.

pannicule n. m. (du latin, de *pannus* « pan ») anat. *Pannicule adipeux* : tissu graisseux souscutané.

Pannini ou **Panini** (Giovanni Paolo) Peintre italien (1691-1765). Il peignit des *vedute* (vues de ville), des cérémonies publiques (*Benoît XIV recevant Charles III, roi de Naples*), des monuments antiques et des compositions fantaisistes de ruines.

Pannonie n. f. Ancienne région de l'Europe centrale, correspondant aujourd'hui à l'O. de la Hongrie et à une partie de la Croatie. Conquise par les Romains entre 35 et 9 av. J.-C., elle fut envahie par les Huns, les Ostrogoths et les Lombards, avant de revenir aux Hongrois en 894.

pannonien (Bassin) ou **Plaines pannoniennes** Ensemble de plaines entre les Alpes et les Carpates, partagé entre la Hongrie, la Serbie et la Roumanie.

Panofsky (Erwin) Historien et théoricien de l'art américain d'origine allemande (1892-1968). Ses essais historiques s'attachent à mettre l'art en regard de l'ensemble de la culture (*Albrecht Dürer*). Il élabora une théorie générale de la représentation artistique. *Essais d'iconologie.*

panonceau n. m. (de *pennon*) **1.** Écusson, plaque métallique placée à la porte d'un officier ministériel. **2.** Petit panneau, enseigne.

panophtalmie n. f. méd. Inflammation purulente de la totalité du globe oculaire.

panoplie n. f. (du grec, de *hoplon* « arme ») **1.** Ensemble d'armes présenté sur un panneau et servant de trophée. **2.** Jouet d'enfant comprenant un déguisement et des accessoires présentés sur un carton. **3.** Ensemble de moyens matériels. *La panoplie du parfait bricoleur.* – *Une panoplie de mesures contre le chômage.*

panoptique adj. (→ optique) techn. Qui permet de voir sans être vu.

panorama n. m. (mot anglais, du grec *pan* et *horama* « spectacle ») **1.** Tableau circulaire peint en trompe-l'œil. **2.** Vaste paysage que l'on peut contempler de tous côtés. **3.** fig. Vue d'ensemble, étude complète.

panoramique **I.** adj. Qui permet d'embrasser l'ensemble d'un paysage. *Vue panoramique.* – *Restaurant panoramique.* ■ *Écran panoramique* : grand écran (de télévision, d'ordinateur). **II.** n. m. cinéma Mouvement de balayage réalisé par rotation de la caméra. ■ Plan filmé grâce à ce mouvement.

panoramiquer v. intr. < 1 > Faire un panoramique.

panorpe n. f. (de *pan-* et du grec *orpêx* « aiguillon ») Insecte à longues pattes, tacheté de jaune et de noir.

P

panosse n. f. (latin *pannucia* « guenille ») régional (Sud-Est ; Suisse) Serpillière. □ **panosser** v. intr. < 1 >

Panova (Vera Fedorovna) Écrivaine soviétique (1905-1973). Elle est l'autrice de romans, de nouvelles et de pièces de théâtre d'une grande finesse psychologique. *Les Compagnons ; Le Roman sentimental.*

pansage n. m. Action de panser (un cheval).

panse n. f. (vient du latin *pantex* « tripes ») **1.** Premier compartiment de l'estomac des ruminants. **2.** Partie renflée. *La panse d'une cruche.* **3.** fam. Gros ventre. *S'en mettre plein la panse,* manger beaucoup.

pansement n. m. **1.** Action de panser (une plaie, un blessé). **2.** Linge, compresse servant à protéger une plaie. *Petit pansement au doigt.* → **poupée.** *Pansement adhésif.* → **sparadrap.**

panser v. tr. < 1 > (de *penser à* « prendre soin ») **1.** Donner à (un cheval) des soins de propreté. → **bouchonner, étriller. 2.** Soigner (qqn, une plaie) en appliquant un pansement. *Panser la main de qqn.* → **bander.** – fig. *Panser les blessures d'amour-propre.*

panseur, euse n. Infirmier, infirmière qui fait les pansements.

Panshir ou **Pandjchir** n. m. Province d'Afghanistan, au N.-E. de Kaboul, parcourue par la rivière du même nom. Le commandant Massoud en fit un bastion de la résistance armée aux talibans.

panslave adj. didact. Relatif à l'ensemble des peuples slaves.

panslavisme n. m. didact. Système politique qui tend à grouper tous les peuples slaves sous l'autorité de la Russie.

panspermie n. f. (de *pan-* et du grec *sperma* « germe » → **sperme**) didact. Théorie selon laquelle la vie sur terre provient de germes venus d'ailleurs.

pansu, ue adj. **1.** Qui a un gros ventre. → **ventru. 2.** Renflé comme une panse. → **ventru.** *Un vase pansu.*

pantacourt n. m. (de *pantalon* et *court*) Pantalon qui arrive à mi-mollet.

Pantagruel Héros de Rabelais qui apparaît dans *Les Horribles et Épouvantables Faits et Prouesses du très renommé Pantagruel* (1532). Il est le fils du géant Gargantua.

P

Pantagruel enfant, gravure d'après Gustave Doré (1873).

pantagruélique adj. (de *Pantagruel*) Digne d'un très gros mangeur. *Un repas pantagruélique.* → **gargantuesque.**

pantalon n. m. (de l'italien, n. du personnage de farce) Culotte longue descendant jusqu'aux pieds. → fam. **falzar, froc, futal.**

Pantalon Personnage de la commedia dell'arte, type de vieillard avare et salace.

pantalonnade n. f. (→ **pantalon**) **1.** Farce burlesque. **2.** Démonstration hypocrite d'un sentiment.

Pantanal n. m. Plaine inondable d'Amérique du Sud parcourue par le fleuve Paraguay, s'étendant sur plus de 150 000 km^2. Réserve naturelle au Brésil, en Bolivie et au Paraguay. Élevage bovin transhumant, chasse et pêche.

pantelant, ante adj. (de *panteler*) **1.** Qui respire avec peine, convulsivement. → **haletant. 2.** Suffoqué d'émotion. **3.** Qui palpite encore. *Chair pantelante* (d'un être qui vient d'être abattu).

panteler v. intr. < 4 ou RO 5 > (de l'ancien français → **pantois**) **1.** vieux Haleter, suffoquer. **2.** littér. Palpiter dans l'agonie.

Pantelleria Île italienne, entre la Tunisie et la Sicile. 83 km^2. 7 680 habitants.

pantenne n. f. (de l'ancien provençal) mar. *En pantenne :* en désordre. *Mettre les vergues en pantenne en signe de deuil.* - var. **pantène.**

Panthalassa n. f. Océan unique de la fin du paléozoïque, qui entourait la Pangée.

panthéisme n. m. (famille de *panthéon*) **1.** Doctrine selon laquelle Dieu est l'unité du monde. **2.** Culte de la nature divinisée. □ **adj. et n. panthéiste**

panthéon n. m. (du grec, de *pan-* et *theos* « dieu » → **théo-**) **1.** Antiq. Temple consacré à tous les dieux. **2.** Ensemble des dieux d'une religion polythéiste. *Le panthéon des anciens Grecs.* **3.** Monument consacré à la mémoire des grands hommes d'une nation. – fig. *« Mon nom restera au panthéon de l'histoire »* (Danton).

Panthéon n. m. Temple de Rome dédié à l'ensemble des dieux, construit par Agrippa en –27, reconstruit par Hadrien et restauré par Antonin le Pieux et Septime Sévère. Le pape Boniface IV en fit, au VIIe s., une église appelée *Santa Maria Rotonda.*

Panthéon n. m. Monument de Paris sur la montagne Sainte-Geneviève. Destiné à remplacer l'église Sainte-Geneviève, l'édifice fut construit en majeure partie par Soufflot et par Rondelet entre 1764 et 1789. L'église fut transformée durant la Révolution en panthéon consacré aux grands hommes et rendue au culte catholique au XIXe s., avant d'être de nouveau vouée, depuis les funérailles de Victor Hugo en 1885, au souvenir des grandes personnalités.

panthère n. f. (du grec, d'origine orientale) Grand mammifère carnassier d'Afrique et d'Asie, au pelage noir ou jaune moucheté de taches noires. *Panthère d'Afrique.* → **léopard.** ■ Fourrure de cet animal.

Panthères noires en anglais **Black Panthers Party** Organisation de protection et de libération de la communauté noire aux États-Unis (1966-1973). Mêlant action sociale et action violente, le mouvement, affaibli par des dissensions internes, fut victime d'une intense répression policière.

Membres des Panthères noires en 1968.

pantière n. f. (du latin d'origine grecque *panthera* « large filet ») chasse Filet tendu verticalement pour prendre les oiseaux.

pantin n. m. (p.-ê. famille de [1]*pan*) **1.** Jouet d'enfant d'apparence humaine (d'abord figurine en carton dont on agite les membres en tirant un fil). → **fantoche. 2.** Personne qui change d'opinions, d'attitudes sous l'influence d'autrui. → **girouette.**

Pantin Commune de la Seine-Saint-Denis, près de Bobigny. 60 419 habitants. Port sur le canal de l'Ourcq. Centre national de la danse.

pant(o)- voir **pan-**

pantocrator adj. m. et n. m. (du grec « tout-puissant » → **pan-** et **-crate**) didact. Se dit du Christ en gloire, tel qu'il est représenté dans l'art byzantin.

pantographe n. m. (de *panto-* + *-graphe*) techn. **1.** Instrument composé de tiges articulées, qui sert à reproduire mécaniquement un dessin. **2.** Appareil installé sur le toit d'une motrice électrique et qui transmet le courant de la caténaire aux organes moteurs.

pantoire n. f. (famille de *pente*) mar. Fort bout de cordage tombant le long d'un mât et terminé par un œillet à boucle.

pantois, oise adj. (de l'ancien français *pantoisier* « haleter » [→ **panteler**], famille de *phantasme, fantasme*) Dont le souffle est coupé par l'émotion, la surprise. → **ahuri,** [1]**interdit, stupéfait.**

pantomètre n. m. (de *panto-* + *-mètre*) techn. Instrument d'arpenteur servant à la mesure des angles.

pantomime n. f. (du grec → **mime**) **1.** Jeu, spectacle de mime*. **2.** Attitude affectée, outrée.

Pantomime d'Yvonne Printemps et Sacha Guitry dans *Deburau*, au théâtre Sarah-Bernhardt, Paris (1923).

pantothénique adj. (grec *pantothen* « de toutes parts ») biochim. *Acide pantothénique :* vitamine B5, essentielle à la croissance cellulaire.

pantouflard, arde adj. fam. Qui aime rester chez soi, qui tient à son confort, à sa tranquillité. → **casanier.** – **n.** *Quel pantouflard !*

pantoufle n. f. (p.-ê. de *pattoufle* → **patte** ou famille de [1]*pan*) **1.** Chaussure d'intérieur, chausson sans talon. → **savate. 2.** Situation de qqn qui pantoufle.

pantoufler v. intr. < 1 > (de *pantoufle*) Quitter le service public pour entrer dans une entreprise privée.

pantoum n. m. (du malais) didact. Poème composé de quatrains à rimes croisées, dans lesquels le deuxième et le quatrième vers sont repris par le premier et le troisième vers de la strophe suivante.

pantoute adv. (de *pas en tout*) (Canada) fam. (avec une négation : *pas, rien*) Du tout. *C'est pas vrai pantoute.* ■ Pas du tout.

Pánuco n. m. Fleuve du Mexique central, long de 680 km. Il prend sa source dans la sierra Madre orientale et se jette dans le golfe du Mexique, à Tampico.

panure n. f. (→ **pain**) Chapelure.

Panurge Personnage de Rabelais, compagnon de Pantagruel, ingénieux et sans scrupule.

Papeete

La ville de Papeete et sa rade.

panurgisme n. m. didact. Comportement d'une personne qui imite systématiquement les autres (comme les moutons de Panurge).

panzer [pɑ̃(d)zɛʀ] n. m. (mot allemand « blindé ») Char de l'armée allemande.

Panzini (Alfredo) Écrivain italien (1863-1939). Son œuvre témoigne d'une Italie traditionnelle et idyllique. *La Lanterne de Diogène ; Voyage d'un pauvre homme de lettres.*

Paoli (Pasquale ou Pascal) Patriote corse (1725-1807). Général de l'armée corse, il vainquit les Génois, puis organisa et développa son pays. Quand la France acquit la Corse (1768), il combattit les Français, dut s'exiler, revint en Corse en 1790 et s'allia aux Britanniques, qui l'évincèrent.

Paolozzi (sir Eduardo) Artiste britannique (1924-2005). Introducteur du pop art en Grande-Bretagne, il a réalisé des collages, des assemblages de déchets fondus, et des « personnages mécaniques ».

paon, fém. rare **paonne** [pɑ̃, pan] n. (vient du latin *pavo, pavonis*) **1.** Oiseau originaire d'Asie, de la taille d'un faisan, dont le mâle porte une longue queue ocellée qu'il redresse et déploie en éventail dans la parade. *Paon qui fait la roue.* ■ loc. *Pousser des cris de paon,* très aigus. *Être vaniteux, fier comme un paon* (→ se **pavaner**). – *Se parer des plumes du paon :* se prévaloir de mérites qui appartiennent à autrui. **2.** *Paon-de-jour.* → **vanesse.** *Paon-de-nuit.* → **saturnie.**

Paoustovski (Konstantin Gueorguievitch) Écrivain soviétique (1892-1968). On lui doit des romans et des contes empreints d'un profond humanisme. *Navires qui se rencontrent ; La Neige.*

papa n. m. (latin *papa* « père nourricier ») **1.** surtout lang. enfantin Père. *Oui, papa. Où est ton papa ?* – *Grand-papa, bon-papa :* grand-père. **2.** loc. fam. *À la papa :* tranquillement. → fam. **pépère** (II). – *De papa :* désuet, périmé. *Le cinéma de papa.*

papable adj. fam. Susceptible d'être élu pape.

Papadiamandis (Alexandros) Écrivain grec (1851-1911). Ses nouvelles réalistes et empreintes d'une grande religiosité, qui évoquent le peuple de son île natale de Skiatos (Sporades), lui ont valu une très grande popularité. *L'Infanticide ; Nouvelles de Pâques ; Nouvelles de Noël.*

Papadopoulos (Georgios) Général et homme d'État grec (1919-1999). À la tête du coup d'État du 21 avril 1967, il devint chef du gouvernement l'année suivante. En juin 1973, il proclama la république et fut nommé président pour huit ans. Renversé la même année, il fut condamné à mort, puis gracié.

Papagos (Alexandros) Maréchal grec (1883-1955). Ministre de la Guerre et chef d'état-major de l'armée, il prit la tête de l'armée grecque durant la Seconde Guerre mondiale, repoussa les Italiens, mais fut capturé et fait prisonnier par les Allemands. Il dirigea les opérations contre les communistes durant la guerre civile et prit la tête du gouvernement de 1952 à 1955.

papaïne n. f. (→ papaye) biochim. Enzyme extraite du latex du papayer.

papal, ale, aux adj. Du pape. → **pontifical.**

papamobile n. f. (mot italien) fam. Véhicule blindé servant aux déplacements du pape.

Papandréou (Georgios) Homme d'État grec (1888-1968). Chef du gouvernement d'union nationale en exil en 1944, il créa le Parti libéral démocratique en 1959 et fut président du Conseil de 1963 à 1965. Il fut contraint de démissionner par le roi Constantin II. ■ **Papandréou** (Andréas) (1919-1996). Fils de Georgios. Fondateur du Parti socialiste panhellénique (PASOK), il fut Premier ministre de 1981 à 1989 et de 1993 à 1996. Il démocratisa le pays.

Retour en Grèce d'Andréas Papandréou, après la chute du régime des colonels en 1974.

paparazzi [papaʀadzi] n. (mot italien, plur. de *paparazzo* « reporteur photographe ») Photographe qui prend des photos indiscrètes de personnes connues. *Des paparazzis* ou *des paparazzi* (plur. italien).

papauté n. f. **1.** Dignité, fonction de pape. → **pontificat. 2.** Gouvernement ecclésiastique où l'autorité suprême est le pape (catholicisme romain).

▶ L'Église catholique fait remonter la **papauté** à saint Pierre, premier évêque de Rome. Mais les premières communautés chrétiennes ne reconnaissent d'autre autorité que celle de leur évêque, qu'on nomme familièrement, d'un terme grec, *pappas* « père, prêtre ». Dogme et liturgie sont fixés par les conciles. Au IVe siècle, des tensions liées au dogme surgissent entre les patriarches de Rome et de Constantinople. Le concile de Chalcédoine (451) voit s'affirmer l'autorité spirituelle de Constantinople, prééminence contestée par Léon Ier. Ces tensions aboutissent au schisme d'Orient (1054), et donnent naissance à l'Église orthodoxe, qui ne reconnaît pas l'autorité du pape, désormais installé à Rome.
Rome n'est cependant pas le seul siège de la papauté. De 1309 à 1378 des papes français résident en Avignon. En 1378, une crise connue sous le nom de grand schisme d'Occident aboutit à l'établissement d'un pape à Rome et d'un deuxième pape en Avignon.
Les papes du Moyen Âge et de la Renaissance sont des chefs spirituels, mais aussi des souverains temporels qui interviennent dans les affaires diplomatiques et règnent sur l'Italie centrale et le Comtat Venaissin. Il faudra les conquêtes napoléoniennes, l'unification italienne et enfin les accords de Latran (1929) pour réduire les États pontificaux au seul État du Vatican.
Mise en cause au XVIe siècle par la Réforme protestante, la papauté lance la Contre-Réforme pour réaffirmer les traditions de l'Église romaine et influencer les souverains catholiques puis, à partir du XIXe siècle, peser dans le jeu parlementaire. Son pouvoir spirituel s'affirme avec le concile de Vatican I (1867), qui soutient l'infaillibilité du pape en matière de foi et de morale. Mais une attitude ambiguë du Vatican envers les régimes fascistes compromet son crédit. La deuxième partie du XXe siècle voit les papes opter pour une plus grande neutralité politique et reconquérir une autorité morale qui dépasse aujourd'hui le seul monde catholique.
voir aussi **catholicisme, Réforme, orthodoxes (Églises)**

papaver [papavɛʀ] n. m. (mot latin) bot. Pavot.

papavéracée n. f. (de *papaver* et *-acée*) bot. Plante herbacée à suc aqueux ou lactescent (famille des *Papavéracées ;* ex. le pavot).

papavérine n. f. (de *papaver*) biochim. Un des alcaloïdes de l'opium utilisé comme antispasmodique et comme anesthésique.

papaye [papaj] n. f. (mot caraïbe) Fruit tropical de la taille d'un gros melon, à la chair rouge orangé.

papayer [papaje] n. m. Arbre tropical qui produit les papayes.

pape n. m. (du latin, du grec « père » → papa) **1.** Chef suprême de l'Église catholique romaine. → souverain **pontife.** *Sa Sainteté le pape. Bulle, encyclique du pape.* **2.** Chef dont l'autorité est indiscutée.

papé ou **papet** n. m. (mot occitan) régional (sud de la France) Grand-père.

Pape-Carpantier (Marie) Pédagogue française (1815-1878). Directrice de l'École normale maternelle puis inspectrice générale des « salles d'asile » (écoles maternelles destinées aux enfants des milieux déshérités), elle publia des ouvrages pédagogiques.

Papeete Chef-lieu de la Polynésie française, sur la côte N.-O. de l'île de Tahiti. 26 926 habitants. Port. Base aéronavale française. Centre touristique.

[1]**papelard, arde** adj. (origine obscure) littér. Faux, doucereux, mielleux. □ n. f. **papelardise**

[2]**papelard** n. m. (→ papier) fam. Morceau de papier ; écrit ; document administratif.

Papen (Franz von) Homme politique allemand (1879-1969). Officier, député du Centre catholique, il fut appelé à la chancellerie par le maréchal Hindenburg en 1932 mais démissionna et soutint Hitler, dont il fut le vice-chancelier de 1933 à 1934. Ambassadeur en Autriche (1934-1938), il prépara l'Anschluss. Il fut acquitté à Nuremberg, mais condamné par un tribunal allemand.

paperasse n. f. (→ papier) plur. ou collectif Papiers écrits, considérés comme inutiles ou encombrants.

paperasserie n. f. Accumulation de paperasses.

paperassier, ière adj. Qui accumule, écrit des paperasses.

papesse n. f. **1.** Femme pape, selon la légende. *La papesse Jeanne.* **2.** Femme chef de file (d'un mouvement). → **prêtresse.** *La papesse de l'avant-garde.*

papet voir **papé**

papeterie [papɛtʀi ; pap(ə)tʀi] **n. f. 1.** Fabrication du papier. ▪ Fabrique de papier. **2.** Magasin où l'on vend des fournitures de bureau, d'école. *Librairie-papeterie.*

papetier, ière [pap(ə)tje, jɛʀ] **n.** Personne ou **(n. m.)** entreprise qui fabrique, vend du papier.

Paphlagonie n. f. Ancienne région du N. de l'Asie Mineure. Ville principale : Sinope.

Paphos Ville de la côte O. de Chypre, fondée par les Phéniciens puis colonisée par les Grecs, célèbre pour son temple d'Aphrodite.

papi n. m. (de *papa*) 1. lang. enfantin Grand-père. **2.** fam. Homme âgé. - var. **papy.**

papier n. m. (vient du latin *papyrus,* du grec → papyrus) I. 1. Matière fabriquée d'abord avec du chiffon, puis avec des fibres végétales (bois) réduites en pâte, traitée pour former une feuille mince. *Pâte à papier. Papier recyclé. Papier à lettres. Papier d'emballage. Papier de soie*. Papier buvard. Mouchoir en papier.* → **kleenex.** *Papier absorbant.* → **essuie-tout, sopalin.** – *Papier hygiénique, papier-toilette,* utilisé dans les WC (fam. *papier-cul*). → fam. **PQ.** – ***Papier-monnaie*** : billets de banque. ▪ *Papier à musique,* à portées imprimées. *Papier carbone. Papier collant. Papier de verre*. Papier peint,* pour tapisser les murs. ▪ ***Papier mâché*** : pâte de papier formant une substance malléable, puis durcie. loc. *Une mine de papier mâché* : un teint blafard. **2.** Feuille très mince. *Papier d'aluminium.* **II. *Un, des papiers* 1.** Feuille, morceau de papier. *Je l'ai noté sur un papier.* **2.** Écrit officiel. – ***Papiers (d'identité)*** : ensemble des documents (carte, livret, passeport...) qui prouvent l'identité d'une personne. *Avoir ses papiers sur soi.* ▪ fam. Article de presse. **3.** loc. *Être dans les petits papiers de qqn,* jouir de sa faveur.

papilionacé, ée n. f. et adj. (du latin → papillon) bot. Plante légumineuse dont la corolle a cinq pétales inégaux (sous-famille des *Papilionacées*). – **adj.** *Corolle papilionacée.*

papille n. f. (latin *papilla*) Petite éminence à la surface de la peau ou d'une muqueuse, qui correspond à une terminaison vasculaire ou nerveuse. *Papilles gustatives.* ▫ **adj. papillaire**

papillomavirus n. m. (de *papillome* et *virus*) biol. Virus responsable d'affections de la peau, des muqueuses (→ **papillome**).

papillome n. m. (de *papille* et *-ome*) méd. Tumeur bénigne de la peau ou d'une muqueuse (ex. la verrue).

papillon n. m. (vient du latin *papilio*) 1. Insecte ayant quatre ailes, après métamorphose de la chenille. → **lépidoptère.** *Papillons de nuit.* – *Effet papillon* : effet considérable né d'une cause minime et lointaine. – loc. fam. *Minute papillon !,* une minute ; attendez ! *Avoir des papillons dans le ventre* : ressentir une vive émotion ; spécialt avoir le trac. **2.** *Nœud papillon,* nœud plat servant de cravate, en forme de papillon. *Des nœuds papillons.* abrév. fam. *Un nœud pap. Des nœuds pap.* **3.** Feuille de papier jointe à un livre, un texte. **4.** fam. Avis de contravention. **5.** techn. Écrou à ailettes. *Papillons d'une roue de bicyclette.* **6.** Style de nage où les bras effectuent ensemble des moulinets, et les jambes des battements (syn. **brasse papillon**).

papillonnage n. m. Fait de papillonner, de s'éparpiller. - syn. **papillonnement.**

papillonnant, ante adj. Qui papillonne.

papillonner v. intr. < 1 > 1. Aller d'une personne, d'une chose à une autre sans s'y arrêter. → **folâtrer. 2.** fig. Passer d'un sujet à l'autre, sans rien approfondir.

papillotage n. m. Battements précipités des paupières.

papillotant, ante adj. 1. Qui éblouit par un grand nombre de points lumineux. **2.** (yeux, regard) Qui papillote.

papillote n. f. (famille de *papillon*) 1. anciennt Petit rouleau de papier pour tenir les cheveux (→ **bigoudi**). **2.** Papier servant d'enveloppe à un bonbon. **3.** Papier beurré ou huilé, feuille d'aluminium enveloppant certains aliments cuits au four. *Truites en papillotes.*

papillotement n. m. Éparpillement de points lumineux qui papillotent ; effet qu'il produit.

papilloter v. intr. < 1 > 1. Scintiller comme des paillettes. **2.** Être sans cesse en mouvement (en parlant des yeux, des paupières). → **ciller.**

Papin (Denis) Savant et inventeur français (1647-1714). Il découvrit la force élastique de la vapeur d'eau, réalisa une « marmite » munie d'une soupape de sûreté et établit le principe de la machine à vapeur à piston.

Papineau (Louis-Joseph) Homme politique canadien (québécois) (1786-1871). Il défendit les droits des Canadiens français et fut l'un des instigateurs de la rébellion de 1837.

Louis-Joseph Papineau, chef du Parti canadien, en 1840, lors de son exil en France.

Papineau-Couture (Jean) Compositeur canadien (québécois) (1916-2000). Il écrivit des œuvres d'inspiration néoclassique avant de s'orienter vers le style « constructiviste », organisant ses compositions autour d'un pivot rythmique ou mélodique. *Miroirs ; Slano.*

Papini (Giovanni) Écrivain italien (1881-1956). Après sa conversion au catholicisme, ses essais traduisent sa ferveur religieuse mais furent parfois controversés. *Histoire du Christ ; Le Diable.*

papion n. m. (latin mod. *papio,* altération de *babouin*) zool. Nom générique de singes dont le babouin est une espèce. → **cynocéphale.**

papiste n. (→ pape) hist., péj. (surtout employé par les protestants) Partisan inconditionnel de la papauté. ▪ Catholique romain. ▫ **n. m. papisme**

papotage n. m. Propos légers, insignifiants. → **bavardage.**

papoter v. intr. < 1 > (famille du latin *pappare* « manger ») Parler beaucoup en disant des choses insignifiantes. → **bavarder.**

Papouasie n. f. en indonésien **Papua** Province d'Indonésie depuis 2003, sur l'île de Nouvelle-Guinée. 442 000 km^2. 2 833 381 habitants. Capitale : Jayapura.

Papouasie-Nouvelle-Guinée

n. f. État d'Océanie, en Mélanésie. 462 840 km^2. 8 606 000 habitants (les *Papouasiens-Néoguinéens*). **Langues :** pidgin mélanésien, anglais, motu (offic.) ; et 820 dialectes. **Population :** Papous en Nouvelle-Guinée, Mélanésiens dans les îles. **Religions :** animisme, christianisme. **Monnaie :** kina. **Capitale :** Port Moresby. **Régime :** démocratie parlementaire.

GÉOGRAPHIE

Le territoire se compose de la partie orientale de la Nouvelle-Guinée et de plusieurs îles (Entrecasteaux, Trobriand, Woodlark, Bougainville ; archipels Bismarck et de la Louisiade). Une chaîne volcanique traverse la Nouvelle-Guinée et s'abaisse brusquement au N. sur des plaines marécageuses. La côte méridionale est très découpée. À l'E., une barrière de corail voisine avec des fosses sous-marines profondes. Îles et montagnes de Papouasie, au climat équatorial, sont couvertes d'une forêt dense.

ÉCONOMIE

À l'agriculture vivrière sur brûlis (taro, patate douce, banane) s'ajoutent des plantations (café, cacao, caoutchouc). L'exploitation des richesses minières (cuivre, or, argent) est freinée par l'insuffisance des infrastructures de transport. L'économie est dépendante de l'extérieur, spécialement de l'Australie et de la Chine.

HISTOIRE

La région est habitée depuis la préhistoire. Vers 1500 av. J.-C., elle devint un centre de diffusion de la culture Lapita (poterie). Les Portugais la découvrirent en 1526 ; Cook visita ses côtes en 1773, puis l'intérieur des terres fut exploré au XIXe siècle.

La colonisation La région fut partagée entre Néerlandais à l'O. (Irian Jaya, 1828), Allemands (côte N.-E. et archipel Bismarck,

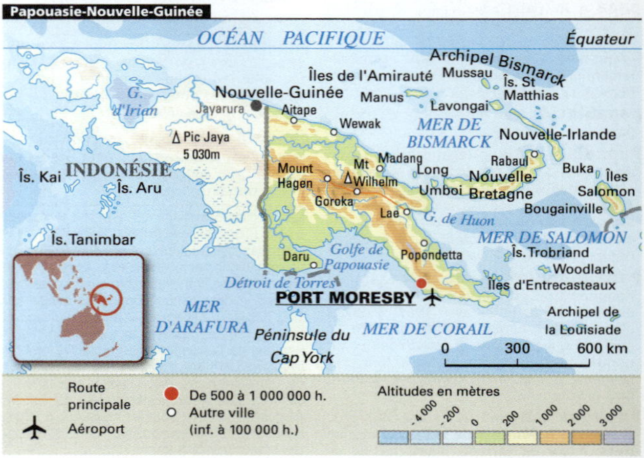

1885), et Britanniques au S.-E. (Papouasie, 1906). Les Australiens se virent confier la partie allemande (1921).

Indépendance et guérilla Dès 1949, l'ONU préconisa l'union des différents territoires. La Papouasie-Nouvelle-Guinée devint indépendante en 1975 dans le cadre du Commonwealth. Mais des tensions séparatistes dans l'île de Bougainville ouvrirent un conflit armé causant des milliers de morts, jusqu'à la signature d'un accord en 2000 et l'élection d'un gouvernement autonome en 2005. Cette île vota pour l'indépendance lors du référendum de 2019.

Papouasie occidentale n. f. ou **Irian Jaya** Ancienne province de l'Indonésie (de 1969 à 2003), située dans la partie occidentale de l'île de Nouvelle-Guinée. En réponse aux revendications autonomistes de l'OPM (Organisation pour la libération de la Papouasie), elle a été divisée en deux provinces : la Papouasie et la Papouasie occidentale.

Papouasie occidentale n. f. en indonésien **Papuat Barat** Province d'Indonésie depuis 2003, sur l'île de Nouvelle-Guinée. 115 300 km². 1 134 000 habitants. Capitale : Manokwari.

papouille n. f. (même radical que *papoter*) fam. Petite caresse, chatouille.

Papous n. m. pl. Population de Nouvelle-Guinée et des îles voisines. Chasseurs-cueilleurs nomades, mais aussi, de plus en plus, agriculteurs sédentaires, ils parlent une centaine de dialectes différents. On appelle également Papous les habitants de la Papouasie-Nouvelle-Guinée.

Pappus ou **Pappos d'Alexandrie** Mathématicien grec (IVe s.). Il a laissé une *Collection mathématique*, source précieuse pour la connaissance des mathématiques grecques.

paprika n. m. (mot hongrois, du serbe ; famille de *poivre*) Piment doux en poudre.

papule n. f. (du latin → papille) méd. Lésion de la peau, caractérisée par une petite saillie ferme. □ adj. **papuleux, euse**

papy voir papi

papyboom ou **papy-boom** [papibum] n. m. (de *papy* et *boom*) fam. Forte augmentation de la proportion de personnes âgées dans une population. *Des papybooms, des papy-booms.* - var. RO **papyboum.**

papyrologie n. f. didact. Science qui étudie les papyrus. □ n. **papyrologue**

papyrus [papiʀys] n. m. (mot latin [→ papier], du grec) **1.** Plante des bords du Nil dont la tige servait à fabriquer des feuilles pour écrire. **2.** Manuscrit sur papyrus.

pâque n. f. (de l'hébreu, par le grec et le latin) Fête juive qui commémore le départ d'Égypte des Hébreux, où l'on mange le pain azyme.

paquebot n. m. (anglais *packet* « paquet » et *boat* « bateau ») Grand navire principalement affecté au transport de passagers.

pâquerette n. f. (de *Pâques*) Petite plante des prairies, à fleurs blanches ou rosées, au cœur jaune.

Pâques (→ pâque) **1.** n. f. pl. Fête chrétienne commémorant la résurrection du Christ (→ ¹pascal). *Joyeuses Pâques !* **2.** n. m. sing. (sans article) Le jour, la fête de Pâques. *Pâques est célébré entre le 22 mars et le 25 avril.* – loc. *À Pâques ou à la Trinité* : très tard, jamais.

Pâques (île de) Île du Pacifique, à l'O. du Chili, dont elle dépend depuis 1888. 118 km². 6 300 habitants. Elle est célèbre pour ses statues géantes érigées, il y a un millénaire, par des immigrants polynésiens.

paquet n. m. (mot germanique, anglais ou néerlandais) **1.** Assemblage de choses attachées ou enveloppées ensemble ; objet emballé. *Un paquet de cigarettes. Un paquet de linge.* → **ballot.** *Envoyer un paquet par la poste.* → **colis.** – fig. *Paquet fiscal* : ensemble de mesures d'allègement fiscal. **2.** *Paquet de* : grande quantité de. *Il a touché un paquet de billets.* ■ Masse informe. *Des paquets de neige. Paquet de mer* : masse d'eau de mer. – fam. *Un paquet de nerfs*, une personne nerveuse. ■ loc. fam. *Mettre le paquet* : employer les grands moyens. – *Risquer le paquet*, le tout pour le tout.

paquetage n. m. Effets d'un soldat pliés et placés de manière réglementaire.

paqueté, ée adj. (Canada) fam. Trop plein, rempli à l'excès. *Autobus paqueté.* ■ fig. Ivre. → **bourré.**

par prép. (vient du latin *per* « à travers ; pendant ») **I. 1.** (lieu) À travers. *Regarder par la fenêtre.* – (En parcourant un lieu) → **dans.** *Voyager par, de par le monde.* – (Sans mouvement) *Être assis par terre* (→ **à**). – (Avec ou sans mouvement) *Voitures qui se heurtent par l'avant. Par ici, par là.* – loc. *Par-ci par-là.* → ¹ci. **2.** (temps) Durant, pendant. *Par une belle matinée de printemps.* **3.** (emploi distributif) *Plusieurs fois par jour. Marcher deux par deux.* **II. 1.** (introduisant le compl. d'agent) Grâce à l'action de. *Faire faire qqch. par qqn. Il a été gêné par les arbres. Je l'ai su par mes voisins.* **2.** (moyen ou manière) *Obtenir qqch. par la force.* → au **moyen** de. *Répondre par oui ou par non. Elle est venue par le train.* – (+ inf.) *Elle a fini par rire*, elle a enfin ri. – loc. *Par exemple*. Par conséquent*. Par suite*. Par ailleurs*. Par contre*.* **3.** À cause de. *Fidèle par devoir.* **III.** (altération de *part*) *De par le roi, la loi*, de la part, au nom du roi, de la loi. **IV.** adv. *Par trop* : vraiment trop. *Elle est par trop égoïste.*

¹para- Élément (grec *para* « auprès de ; vers ; contre ») qui signifie « à côté de » (ex. *paraphrase*).

²para- Élément (→ pare-) qui signifie « protection contre » (ex. *parachute*).

para voir **parachutiste**

Pará n. m. État du N. du Brésil. 1 246 833 km². 7,6 millions d'habitants. Capitale : Belém. Élevage bovin, caoutchouc, noix du Brésil, poivre. Usines d'alumine ; minerais de fer et de manganèse, or, bauxite. Nœud routier et ferroviaire.

parabase n. f. (grec *parabasis* « action de s'avancer ») didact. Discours du coryphée par lequel l'auteur faisait connaître ses opinions personnelles.

parabellum [paʀabelɔm] n. m. (mot allemand, du latin *para bellum* « prépare la guerre » → ¹parer et belliqueux) Pistolet automatique. *Des parabellums.*

paraben [paʀabɛn] n. m. (de *parahydrobenzoate*) chim. Substance chimique, ester utilisé comme conservateur.

parabiose n. f. (de ¹*para-* et du grec *biôsis* → bio-) biol. Greffe dite « siamoise », par laquelle on soude deux organismes.

¹parabole n. f. (du latin [→ parole], du grec « comparaison ») Récit allégorique des livres saints sous lequel se cache un enseignement. *Les paraboles de l'Évangile.*

²parabole n. f. (→ ¹parabole) **1.** Courbe dont chacun des points est situé à égale distance d'un point fixe (foyer) et d'une droite fixe (directrice). **2.** Antenne parabolique*.

parabolique adj. **1.** Relatif à la parabole (²). **2.** En forme de parabole. *Miroir parabolique. Antenne parabolique*, qui capte les programmes retransmis par satellite. **3.** n. m. Radiateur à réflecteur parabolique.

paraboloïde n. m. (de *parabole*) géom. Surface du second degré engendrée par une parabole se déplaçant de manière telle que son plan reste constamment parallèle à lui-même et que son sommet décrive une autre parabole fixe dont le plan est perpendiculaire au plan de la parabole mobile.

Paracas Péninsule de la côte méridionale du Pérou, qui a donné son nom à une culture précolombienne datée de –1200 à 100. Nécropoles ; momies entourées de tissus décorés.

Paracelse (**Theophrast Bombast von Hohenheim**, dit en latin **Philippus Aureolus Theophrastus Paracelsus** et en français) Médecin et alchimiste suisse (v. 1493-1541). Il appliqua à la médecine la théorie alchimique des correspondances entre microcosme (le corps humain) et macrocosme (l'univers), critiquant Galien et Avicenne. Il contribua au développement de la chimie.

paracentèse [paʀasɛ̃tɛz] n. f. (grec *parakentêsis* « ponction ») chir. Ponction pratiquée dans une cavité du corps pour en retirer du liquide en excédent.

paracétamol n. m. (de *para-acétylaminophénol*) pharm. Médicament antalgique et antipyrétique (contre la douleur et la fièvre). → régional **acétaminophène.**

parachever v. tr. < 5 > Conduire au point le plus proche de la perfection. → **parfaire.** □ n. m. **parachèvement**

parachronisme n. m. (de ¹*para-* et *anachronisme*) didact. Anachronisme qui consiste à placer un évènement plus tard qu'il ne faudrait.

parachutage n. m. Action de parachuter (qqn, qqch.).

parachute n. m. (→ ²para- et chute) Équipement permettant de ralentir la chute d'un avion personne ou d'un objet largué d'un avion. *Saut en parachute.* ■ *Parachute en or* ou *parachute doré* : indemnité généreuse versée à un dirigeant d'entreprise lors de son départ.

parachuter v. tr. < 1 > **1.** Lâcher d'un avion avec un parachute. *Parachuter des soldats.* **2.** fam. Nommer à un poste ou désigner (qqn) de manière inattendue.

Pâques (île de)

Île de Pâques, moaïs (statues géantes en basalte) mesurant jusqu'à 9 m de hauteur, sur le site de Tongariki.

P

Au paradis, Adam et Ève succombent à la tentation du serpent, vitrail du Bon Samaritain (XIIIe s.) de la cathédrale Saint-Étienne, à Bourges.

parachutisme n. m. Technique du saut en parachute.

parachutiste n. Personne qui pratique le saut en parachute. ■ spécialt Soldat d'une unité aéroportée, entraîné à combattre après avoir été parachuté. - abrév. fam. **para.**

paraclet n. m. (du grec *paraklêtos* « avocat », de *kalein* « appeler ») relig. *Le Paraclet* : le Saint-Esprit.

Paraclet (Le) Abbaye fondée en 1129 par Abélard et dont Héloïse fut la première abbesse.

¹parade n. f. (→ ¹parer) **1.** vieilli Fait de montrer avec ostentation, pour se faire valoir. – loc. *Faire parade de qqch.* → **¹étaler, exhiber.** – *De parade* : destiné à être utilisé dans les occasions solennelles. *Habit de parade.* **2.** Cérémonie militaire où défilent les troupes en grande tenue. → **défilé, revue.** **3.** Exhibition avant une représentation, pour attirer les spectateurs. *La parade d'un cirque.* **4.** Comportement des animaux préludant au rapprochement sexuel. *Parade nuptiale des oiseaux.*

²parade n. f. (→ ²parer) Action, manière de parer, d'éviter un coup. ■ fig. → **¹défense, riposte.** *Il a trouvé la parade.*

parader v. intr. < 1 > (→ ¹parade) Se montrer en se donnant un air avantageux.

paradigme n. m. (du latin, du grec *paradeigma* « exemple ») **1.** gramm. Mot-type donné comme modèle pour une déclinaison, une conjugaison. ■ Ensemble des formes fléchies de ce mot-type. **2.** ling. Ensemble des termes substituables en un même point du discours. **3.** didact. Modèle de pensée. *Le paradigme newtonien.* □ adj. **paradigmatique**

paradis n. m. (du persan « enclos », par le grec et le latin) **1.** relig. Lieu où les âmes des justes jouissent de la béatitude éternelle. → **ciel** ; s'oppose à *enfer.* **2.** fig. Séjour enchanteur. *Cette île est un paradis.* – « *Les paradis artificiels* » (Baudelaire) : les stupéfiants. ■ loc. *Paradis fiscal* : lieu, pays où l'on paie peu d'impôts. **3.** *Le* **paradis** *terrestre*, jardin où, dans la Genèse, Dieu plaça Adam et Ève. → **éden.** **4.** Galerie supérieure d'un théâtre. → **poulailler.** **5.** *Graine de paradis.* → **maniguette.** **6.** *Oiseau de paradis.* → **paradisier.**

▶ Venu du persan par la Grèce, le **paradis** évoque d'abord le jardin merveilleux de « l'Eden » ; mais, pour les premiers chrétiens il désigne vite le lieu de séjour des morts dans l'au-delà. À la différence des champs Élysées grecs ou du Walhalla scandinave, le paradis des chrétiens ou des musulmans n'est pas destiné d'abord aux guerriers : il accueille tous ceux qui ont été fidèles à Dieu. On passe ainsi d'une fonction sociale du paradis — commémorer la gloire des hommes illustres — à une fonction théologique — récompenser la foi. Parmi les monothéistes, les juifs ne font pas référence au paradis pour les âmes immortelles, avant la venue du Messie qui leur apportera le salut. Chrétiens et musulmans croient au paradis car ils ont au contraire reçu la promesse de ce salut, qui est la rédemption du péché originel commis par Adam et Ève.
Figure symétrique de l'Éden originel, le paradis fait ainsi entrevoir une mort qui ne serait pas séparation mais au contraire réunion, retour à l'unité originelle des hommes et du divin. C'est, pour les croyants, un lieu de consolation, où la corruption des hommes s'efface devant la justice divine. Les injustices sont réparées, les justes sont récompensés. Richesse et pouvoir n'y sont plus rien, seules règnent la vertu et la foi.
voir aussi **Enfer, christianisme, islam, âme**

Paradis (Grand) en italien **Gran Paradiso** Massif des Alpes italiennes occidentales. 4 061 m. Parc national. Centre touristique.

Paradis (Vanessa) Chanteuse et actrice française (née en 1972). Avec une voix enfantine et une grâce touchante, elle a chanté des textes de Roda-Gil, Gainsbourg et Kravitz (*Joe le taxi* ; *Tandem* ; *Be My Baby*). Elle s'est fait remarquer au cinéma (*Noce blanche* ; *La Fille sur le pont*).

Vanessa Paradis en 2008 en concert à Nîmes.

paradisiaque adj. **1.** Qui appartient au paradis. **2.** Digne du paradis. *Un endroit paradisiaque.* → **enchanteur.**

paradisier n. m. Oiseau de la Nouvelle-Guinée, aux riches couleurs, appelé aussi *oiseau de paradis.*

Paradjanov (Sarkis Iossifovitch Paradjanian, dit Sergueï) Réalisateur géorgien d'origine arménienne (1924-1990). Il est surtout connu pour *Les Chevaux de feu.* Il subit la censure soviétique pour son film *Sayat Nova* puis la prison, avant de pouvoir reprendre sa carrière en 1984.

parados n. m. (de ²*para-* et *dos*) fortifications Terrassement destiné à parer les coups qui pourraient prendre à revers les occupants d'une tranchée.

paradoxal, ale, aux adj. **1.** Qui tient du paradoxe. **2.** Qui recherche le paradoxe. *Esprit paradoxal.* **3.** *Sommeil paradoxal*, phase du sommeil correspondant à une intense activité cérébrale (rêves). □ adv. **paradoxalement**

paradoxe n. m. (grec *paradoxos*, de *doxa* « opinion ») **1.** Opinion qui va à l'encontre de l'opinion communément admise. **2.** Association de deux faits, de deux idées contradictoires.

parafe ; parafer ; parafeur voir **paraphe ; parapher ; parapheur**

paraffine n. f. (de l'allemand, du latin *parum affinis* « qui a peu d'affinités ») Substance solide blanche, tirée du pétrole, utilisée dans la fabrication des bougies et pour imperméabiliser le papier. – *Huile de paraffine* (lubrifiant).

paraffiner v. tr. < 1 > Enduire de paraffine. – p. p. adj. *Papier paraffiné.* □ n. m. **paraffinage**

parafiscalité n. f. admin. Ensemble des taxes et cotisations obligatoires distinctes des impôts et non comptabilisées au budget de l'État. □ adj. **parafiscal, ale, aux**

parafoudre n. m. techn. Appareil qui sert à protéger des effets de la foudre. → **paratonnerre.**

¹parage n. m. (de ¹*pair*) vieux loc. *De haut parage* : de haute naissance. → **extraction.**

²parage n. m. techn. Action de parer les morceaux de viande.

parages n. m. pl. (ancien provençal, du latin *parare* → ²parer) **1.** Espace maritime défini par la proximité d'une terre. **2.** *Dans les parages (de)* : aux environs de ; dans les environs.

paragraphe n. m. (du grec *paragraphos* « écrit [→ -graphe] à côté ») **1.** Division d'un écrit en prose, où l'on passe à la ligne. *Les paragraphes d'un chapitre* (→ **alinéa**). **2.** Signe typographique (§) présentant le numéro d'un paragraphe.

paragrêle n. m. Dispositif qui protège les cultures en transformant la grêle en pluie. – adj. *Canon, fusée paragrêle.*

Paraguaná (péninsule de) Péninsule du Venezuela, dans la mer des Caraïbes. Oléoducs et grandes raffineries de pétrole ; salines.

Paraguay n. m. Rivière d'Amérique du Sud, affluent du Paraná. 2 200 km. Il prend sa source dans le Mato Grosso, au Brésil, traverse le Paraguay, dont il suit la frontière avec le Brésil puis avec l'Argentine.

Paraguay

n. m. État d'Amérique du Sud. 406 752 km². 7 000 000 habitants (les *Paraguayens*).
Langues : espagnol et guarani (offic.). **Population** : Indiens guaranis et métis. **Religion** : catholiques (90 %), protestants. **Monnaie** : guarani. **Capitale** : Asunción. **Régime** : démocratie présidentielle.

GÉOGRAPHIE

Le fleuve Paraguay occupe le centre du territoire, du peuplement et des activités du pays. Les aménagements hydroélectriques transfrontaliers sont nombreux, tant avec le Brésil (barrage d'Itaipú) qu'avec l'Argentine (barrage de Yaciretá). Les villes, le peuplement, les cultures (maïs et manioc de plus en plus remplacés par le soja ; coton) et l'élevage sont concentrés sur la partie orientale de sa vallée. Le reste du territoire, à l'O. avec la plaine du Chaco assez aride et à l'E. avec les collines forestières en cours de défrichement intensif, reste encore à l'écart des principaux échanges. Le faible niveau de développement s'explique moins par la faiblesse des ressources naturelles que par l'enclavement géographique et par l'histoire. Le pays reste l'un des plus pauvres d'Amérique du Sud.

HISTOIRE

La région était peuplée d'Indiens guaranis à l'arrivée des Espagnols (début du XVIe siècle). Elle fut ensuite rattachée à la vice-royauté du Pérou. Les jésuites arrivèrent en 1585 et parvinrent, entre 1610 et 1767, à réunir les Indiens en « réductions », sortes de communautés théocratiques sous la direction des Pères. Ce mode de colonisation paternaliste contribua à préserver la culture et la langue des Guaranis, autant parlée aujourd'hui que l'espagnol. Néanmoins, l'opposition des colons espagnols conduisit à l'expulsion des jésuites en 1767. Le Paraguay devint indépendant en 1811, puis subit plusieurs dictatures et plusieurs guerres contre le Brésil, l'Argentine, l'Uruguay (1865-1870) et la Bolivie (1932-1935). La longue dictature du général Stroessner (1954-1989) s'acheva par un coup d'État. Un régime démocratique, au pouvoir du parti Colorado (libéral), se mit progressivement en place malgré les difficultés : tentative de coup d'État (1996), crise politique majeure (1998), assassinat

Paraguay

du vice-président (1999), grave corruption. En 2008, le parti Colorado perdit la présidence de la République avec l'élection du candidat de gauche Fernando Lugo (démis de ses fonctions en juin 2012), mais il retrouva la faveur des électeurs aux municipales de 2010 et aux présidentielles de 2013 et 2018 avec, respectivement, l'élection de Horacio Cartes et celle de Mario Abdo Benitez.

Paraíba n. m. État du N.-E. du Brésil. 53 952 km^2. 3,77 millions d'habitants. Capitale : João Pessoa. Canne, coton, sisal, ananas. Pêche. Tourisme.

Paraíba do Sul n. m. Fleuve du Brésil. 1 058 km. Il traverse l'État de Rio de Janeiro. Axe industriel important.

Parain (Brice) Philosophe français (1897-1971). Il s'est attaché à analyser de manière critique les grands mouvements de pensée du XXe s. Soulignant la duplicité du langage, il en dénonce les dangers. *Essai sur la misère humaine ; Recherche sur la nature et les fonctions du langage.*

paraître v. intr. < 57 > (vient du latin, famille de *parere* « apparaître ») **I.** Devenir visible. **1.** Se présenter à la vue. → **apparaître.** *Le soleil paraît à l'horizon.* **2.** (imprimé) Être mis à la disposition du public (mis en vente, distribué...). *Faire paraître un ouvrage,* l'éditer, le publier. *Son livre est paru* ou *a paru cette année* (→ **parution**). **II.** Être visible, être vu. **1.** (surtout négatif) *Dans quelques jours il n'y paraîtra plus.* – ***Faire, laisser paraître*** : manifester, montrer. *Laisser paraître ses sentiments.* **2.** (personnes) Se montrer dans des circonstances où l'on doit remplir une obligation. *Elle n'a pas paru à la réunion.* **3.** (personnes) Se donner en spectacle. → **briller.** **III.** (verbe d'état suivi d'un attribut) **1.** Sembler, avoir l'air. *Cela m'a paru louche.* **2.** (opposé à *être*) Passer pour. « *Il s'agit d'être grand, et non de le paraître* » (R. Rolland). **3.** impers. *Il me paraît préférable que vous sortiez.* – ***Il paraît, il paraîtrait que*** (+ indic.) : le bruit court que. *C'est trop tard, paraît-il* ; fam. *à ce qu'il paraît.* **IV.** n. m. didact. *Le paraître* : l'apparence. *L'être et le paraître.* - var. RO **paraitre.**

paralangage n. m. didact. Moyen de communication naturel non langagier (mimique, gestuelle, etc.).

paralittérature n. f. didact. Ensemble des textes sans finalité utilitaire que la société ne considère pas comme de la littérature (romans populaires, bandes dessinées, etc.). □ adj. **paralittéraire**

parallaxe n. f. (du grec, de *allassein* « changer ») **1.** astron. Déplacement de la position apparente (d'un corps céleste) dû au changement de position de l'observateur ; angle qui le mesure. **2.** opt. Angle de deux axes optiques visant un même objet. □ adj. **parallactique**

parallèle adj. (du grec, de *para* → ^{1}**para-** et *allêlôn* « les uns les autres ») **I. 1.** géom. Se dit de lignes, de surfaces qui ne se rencontrent pas. *Deux droites parallèles* et n. f. *deux parallèles.* **2.** n. m. Cercle imaginaire de la sphère terrestre, parallèle au plan de l'équateur, servant à mesurer la latitude. *Parallèles et méridiens.* **II. 1.** Qui a lieu en même temps, porte sur le même objet. *Marché parallèle* (au marché officiel). *Police parallèle,* secrète. **2.** au plur. (choses) Qui peuvent être comparés. → **semblable.** *Des expériences parallèles.* **3.** n. m. Comparaison suivie entre deux ou plusieurs sujets. *Établir un parallèle entre deux projets.* – loc. *Mettre en parallèle* : comparer.

parallèlement adv. D'une manière parallèle.

parallélépipède n. m. (du grec, de *epipedon* « surface plane ») Polyèdre dont les six faces sont des parallélogrammes parallèles deux à deux (ex. le cube). □ adj. **parallélépipédique**

parallélisme n. m. **1.** État de lignes, de surfaces parallèles. *Le parallélisme des roues d'une voiture.* **2.** Progression semblable ou ressemblance suivie entre choses que l'on compare. **3.** inform. Utilisation simultanée de plusieurs processeurs.

parallélogramme n. m. Quadrilatère dont les côtés sont parallèles deux à deux (ex. le losange, le rectangle).

paralogisme n. m. (du grec, de *logismos* « raisonnement ») didact. Faux raisonnement fait de bonne foi (opposé à *sophisme*).

paralympique adj. *Jeux paralympiques* : compétition similaire aux Jeux olympiques, pour des athlètes en situation de handicap (→ **handisport**).

paralysant, ante adj. Qui paralyse. *Gaz paralysant.* – *Peur paralysante.*

paralysé, ée adj. Atteint de paralysie. *Jambes paralysées.* – n. *Les paralysés.* → **paralytique.**

paralyser v. tr. < 1 > **1.** Frapper de paralysie. *L'accident qui l'a paralysé.* ■ par ext. Immobiliser. *Le froid paralyse les membres.* **2.** fig. Rendre incapable d'agir ou de s'exprimer. → **tétaniser.** – *La grève a paralysé les transports en commun.*

paralysie n. f. (du grec, de *para* → ^{1}**para-** et *luein* « détruire » → **-lyse**) **1.** Diminution ou privation complète de la capacité de mouvement, de la sensibilité. *Paralysie partielle* (→ **hémiplégie, paraplégie**), *complète.* **2.** fig. Impossibilité d'agir, de s'extérioriser, de fonctionner. *La paralysie des transports.*

paralytique adj. (→ **paralysie**) Atteint de paralysie. → **impotent, paralysé.** – n. *Un paralytique.*

paramagnétique adj. phys. Qui a la propriété de s'aimanter faiblement. □ n. m. **paramagnétisme**

Paramaribo Capitale du Suriname. 242 900 habitants. Port. Université. Centre commercial et industriel.

paramécie n. f. (du latin, du grec *paramêkês* « oblong ») zool. Protozoaire de grande taille porteur de cils vibratiles.

parallaxe

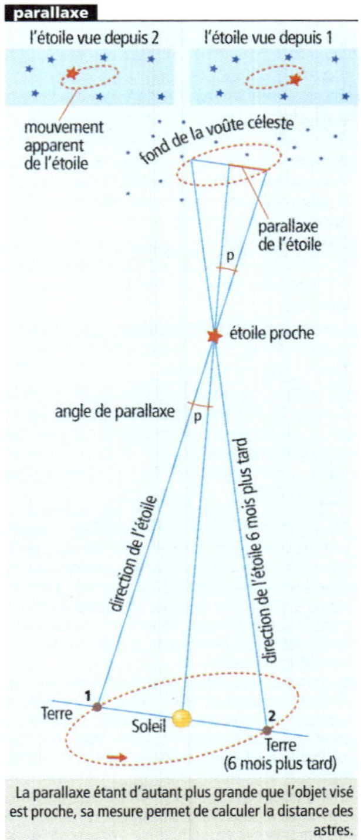

La parallaxe étant d'autant plus grande que l'objet visé est proche, sa mesure permet de calculer la distance des astres.

P

paramédical, ale, aux adj. Qui concerne les activités annexes de la médecine. *Professions paramédicales* (kinésithérapeutes, infirmiers, etc.).

paramètre n. m. (→ -mètre) 1. math. Variable dont dépendent les coefficients de certaines équations. → **variable**. 2. inform. Valeur, option dont le choix permet d'adapter une application, un périphérique à l'environnement de travail. 3. fig. Élément variable pris en compte pour expliquer un phénomène. → **²facteur**.

paramétrer v. tr. < 6 > Déterminer les paramètres de (qqch.). ■ inform. Régler les paramètres de (une application, un périphérique). □ n. m. **paramétrage**

paramétrique adj. math. Relatif à un paramètre ; qui contient un paramètre.

paramilitaire adj. Qui est organisé selon la discipline et la structure d'une armée. *Des formations paramilitaires.* → **milice**.

Paraná n. m. Fleuve d'Amérique du Sud qui rejoint le río de la Plata. 4 500 km. Bassin de 3,1 millions de km². Il forme la frontière entre le Paraguay et le Brésil (barrage d'Itaipú), puis entre le Paraguay et l'Argentine.

Paraná n. m. État du S. du Brésil. 200 000 km². 10,4 millions d'habitants. Capitale : Curitiba. Cataractes de Foz de Iguaçu, les plus imposantes d'Amérique du Sud. Usine hydroélectrique sur le barrage d'Itaipú, à la frontière avec le Paraguay. Caféiers, blé, soja, volailles.

Paraná Ville d'Argentine, capitale de la province d'Entre Ríos, sur le Paraná. 320 000 habitants. Port. Centre commercial.

Paranaíba n. m. Rivière du Brésil. 957 km. Il conflue avec le río Grande pour former le Paraná.

parangon n. m. (de l'italien, du grec *akonan* « aiguiser ») littér. Modèle. *Un parangon de vertu.*

parangonner v. tr. < 1 > (de *parangon*) typogr. Aligner correctement (des caractères d'imprimerie de différents corps). □ n. m. **parangonnage**

paranoïa n. f. (de l'allemand, du grec, de *para* → ¹para- et *noia* « esprit ») 1. psych. Trouble mental engendrant un délire et des réactions d'agressivité. 2. cour. Méfiance excessive à l'égard de menaces réelles ou imaginaires. - abrév. fam. **parano**.

paranoïaque psych. et cour. 1. adj. Relatif à la paranoïa. *Délire, psychose paranoïaque.* 2. adj. et n. Atteint de paranoïa. - abrév. fam. **parano**.

paranoïde adj. (de *paranoïa* et *-oïde*) psych. Se dit d'une forme de schizophrénie caractérisée par une faible cohérence des troubles.

paranormal, ale, aux adj. Qui n'est pas explicable par les lois, les mécanismes normaux. → **parapsychique**.

Littéralement « hors des lois naturelles connues », le **paranormal** désigne tout phénomène ou évènement se produisant apparemment selon des processus inconnus de la « science officielle », voire contradictoires avec ses connaissances validées.
Il regroupe notamment tout un ensemble de pouvoirs psychiques que pourraient posséder certains individus, innés ou bien acquis par initiation ou par apprentissage : communication directe d'informations ou de pensées d'esprit à esprit (télépathie), voyance ou connaissance de l'avenir (prémonition), déplacement d'objets par la concentration psychique (psychokinésie), guérison à distance...
Il concerne également une variété de manifestations « surnaturelles », que seuls certains seraient aptes à observer : OVNI, fantômes et esprits, combustions spontanées, espèces animales mythiques étudiées par la cryptozoologie...
L'attrait pour le paranormal n'est pas incompatible avec la formation scientifique de certains de ses adeptes, alors même qu'il évoque des forces et des agents qui défient les modèles explicatifs usuels de la science.
La parapsychologie, considérée en France comme une « pseudoscience », fait l'objet de recherches universitaires dans d'autres pays, notamment en Grande-Bretagne, en Allemagne, aux Pays-Bas et aux États-Unis.
voir aussi **science, magie**

parapente n. m. Aéronef composé d'un parachute rectangulaire conçu pour pratiquer le vol libre en s'élançant du sommet d'une montagne, d'une falaise, etc. ■ Sport pratiqué avec cet appareil. □ n. **parapentiste**

parapet n. m. (de l'italien, de *petto* « poitrine ») 1. fortifications Massif destiné à protéger les combattants. 2. Mur à hauteur d'appui destiné à empêcher les chutes. → **garde-fou**.

parapharmacie n. f. Ensemble des produits sans usage thérapeutique que l'on peut trouver en pharmacie. □ adj. **parapharmaceutique**

paraphasie n. f. (→ aphasie) didact. Trouble du langage dans lequel le malade altère les mots ou substitue des mots paronymiques.

paraphe ou **parafe** n. m. (→ paragraphe) 1. Trait, marque ajouté(e) à une signature. 2. Signature abrégée.

parapher ou **parafer** v. tr. < 1 > Marquer, signer d'un paraphe (2).

paraphernal, ale, aux adj. (du bas latin, du grec *parapherna* « à côté de la dot ») anciennt, dr. Se disait des biens d'une femme mariée qui ne faisaient pas partie de la dot.

parapheur ou **parafeur** n. m. Classeur pour les documents présentés à la signature.

paraphimosis n. m. méd. Étranglement du gland par le prépuce, pouvant constituer une complication du phimosis.

paraphrase n. f. (du grec → phrase) 1. Reprise d'un texte sous une autre forme (en général plus développée, et plus explicative). → **glose**. ■ péj. Explication, commentaire qui ne fait que reprendre son modèle en l'allongeant. 2. ling. Phrase synonyme d'une autre. □ adj. **paraphrastique**

paraphraser v. tr. < 1 > Faire une paraphrase de (un texte).

paraphrénie n. f. (de ¹*para-* et *-phrénie*) psych. Maladie mentale caractérisée par un état délirant chronique.

paraphyse n. f. (de ¹*para-* et du grec *phusa* « vessie ») bot. Cellule allongée et stérile de l'hyménium des champignons.

paraplégie n. f. (du grec, de *plêgê* « choc ») Paralysie des membres, et particulièrement des membres inférieurs.

paraplégique adj. Atteint de paraplégie. – n. *La rééducation des paraplégiques.*

parapluie n. m. (de ²*para-*) Objet portatif constitué par une étoffe tendue sur une armature pliante à manche, et qui sert d'abri contre la pluie. → fam. **²pépin**. – loc. *Ouvrir le parapluie* : dégager sa responsabilité en cas d'ennuis. – appos. *Lit* parapluie.* ■ fig. *Parapluie nucléaire* : protection qu'une grande puissance nucléaire assure à ses alliés.

parapsychique adj. didact. Se dit des phénomènes psychiques inexpliqués (télépathie, voyance, etc.).

parapsychologie [paʀapsikɔlɔʒi] n. f. (→ ¹para-) Étude des phénomènes parapsychiques. □ adj. **parapsychologique**

parascève n. f. (grec *paraskeuê* « préparation ») relig. Veille du sabbat.

parascolaire adj. (→ ¹para-) En marge des activités strictement scolaires, des programmes scolaires. *Activités parascolaires.*

parasexualité n. f. biol. Ensemble des phénomènes de la sexualité primitive (sans fécondation).

parasismique adj. (→ ²para-) Conçu pour résister aux secousses sismiques. → **antisismique**.

parasitaire adj. Causé par les parasites (II). *Maladie parasitaire* (→ **parasitose**).

parasite (du grec, de *-sitos* « qui mange ») I. n. péj. Personne qui vit dans l'oisiveté, aux dépens d'une communauté ou d'une autre personne. II. 1. n. m. Être qui vit aux dépens d'un autre (→ **hôte**) sans le détruire (ex. le pou, le ténia). – adj. *Le gui est une plante parasite.* 2. adj. Superflu et gênant. *« Cette église parasite, monstrueux champignon de pierre »* (Gautier). III. adj. *Bruits parasites* et n. m. pl. *parasites* : perturbations dans la réception des signaux radioélectriques. → fam. **friture**.

parasiter v. tr. < 1 > 1. Habiter (un être vivant) en parasite (II). 2. Perturber par des parasites (III).

parasiticide adj. et n. m. (→ -cide) didact. Qui tue les parasites. – n. m. *Les vermifuges sont des parasiticides.*

parasitisme n. m. 1. Mode de vie du parasite (I). 2. État d'un être vivant qui vit sur un autre en parasite (II).

parasitologie n. f. (→ -logie) didact. Science qui étudie les parasites.

parasitose n. f. (→ ²-ose) méd. Affection provoquée par des parasites.

parasol n. m. (de l'italien, de *sole* « soleil ») 1. Grande ombrelle destinée à protéger du soleil. 2. *Pin parasol*, dont les branches s'étalent en forme de parasol.

parastatal, ale, aux adj. (Belgique) admin. Semi-public.

parasympathique adj. et n. m. (→ sympathique) anat. Se dit de la partie du système neurovégétatif qui comprend deux centres nerveux, aux deux extrémités de l'axe cérébrospinal.

parasynthétique adj. et n. m. (→ synthétique) ling. Se dit d'un mot composé par l'addition de plusieurs affixes à une base (ex. *incollable*).

parataxe n. f. (de ¹*para-*, d'après *syntaxe*) ling. Juxtaposition de propositions sans mot de liaison.

paratexte n. m. didact. Ensemble des éléments éditoriaux qui accompagnent un texte publié (préface, notes, etc.).

parathormone n. f. physiol. Hormone sécrétée par la parathyroïde.

parathyroïde n. f. anat. Chacune des quatre petites glandes endocrines situées près de la thyroïde et qui sécrètent la parathormone.

paratonnerre n. m. Appareil destiné à préserver les bâtiments des effets de la foudre, fait de tiges métalliques fixées au toit et reliées au sol. → **parafoudre**.

parâtre n. m. (bas latin *patraster* « second mari de la mère », de *pater* → père) 1. vieux Mari de la mère, par rapport aux enfants qu'elle a eus d'un premier mariage. 2. Père méchant.

paratyphoïde adj. et n. f. méd. Se dit d'une fièvre rappelant la fièvre typhoïde, de gravité moindre et provoquée par des bacilles différents. □ adj. **paratyphique**

paravalanche n. m. techn. Dispositif destiné à protéger un lieu, une voie des avalanches. *Des paravalanches.* - var. **pare-avalanches** (invar.).

paravent n. m. (de l'italien, de *vento* → vent) 1. Meuble fait de panneaux verticaux mobiles, destiné à protéger contre les courants d'air, à isoler. 2. fig. Ce qui protège en cachant.

Paray (Paul) Chef d'orchestre et compositeur français (1886-1979). Chef d'orchestre des Concerts Lamoureux, puis des Concerts Colonne, il dirigea à partir de 1950 l'orchestre de Detroit.

Paray-le-Monial Commune de la Saône-et-Loire. 9 218 habitants. Basilique romane (XIIe s.). Pèlerinage du Sacré-Cœur.

P

Paray-Vieille-Poste Commune de l'Essonne. 7 823 habitants. Constructions mécaniques.

parbleu interj. (de *par Dieu !*) vieilli Exclamation pour exprimer l'assentiment, l'évidence. → fam. **pardi.**

parc n. m. (vient du latin médiéval *parricus*) **I. 1.** Étendue de terrain entretenu, entièrement clos, dépendant généralement d'un château, d'une grande habitation. *Les allées d'un parc. Parc public.* → **jardin.** – *Parc zoologique.* → **zoo.** *Parc de loisirs, d'attractions.* **2.** (anglais des États-Unis *park*) *Parc national, régional :* zone rurale étendue, soumise à des réglementations particulières visant à la sauvegarde de la faune et de la flore. → **réserve. II. 1.** Clôture légère et transportable formant une enceinte. *Parc à moutons* (→ **parquer**). **2.** Enclos où est enfermé le bétail. *Un parc à bestiaux.* ■ Bassin où sont engraissés ou affinés des coquillages. *Parc à huîtres, à moules* (→ **bouchot**). **3.** Petite clôture formant une enceinte dans laquelle les enfants en bas âge peuvent jouer sans danger. **4.** *Parc de stationnement* (pour les véhicules). → anglic. **parking. 5.** Ensemble des véhicules dont dispose une armée, une collectivité, etc. *Le parc automobile français.* ■ par ext. *Parc immobilier. Le parc informatique d'une entreprise.*

parcage n. m. **1.** agric. Méthode de fertilisation du sol par les déjections des moutons parqués pendant la nuit. **2.** Fait de parquer (une voiture). → **stationnement.**

Parc des Princes Stade parisien (16e arrondissement), reconstruit en 1972 sur le site d'un vélodrome.

parcellaire adj. Fait par parcelles. *Plan parcellaire.*

parcelle n. f. (vient du latin, famille de *particule*) **1.** Très petit morceau. *Des parcelles d'or.* → **paillette. 2.** Portion de terrain de même culture, constituant l'unité cadastrale.

parcelliser v. tr. < 1 > Diviser en parcelles. → **fractionner.** □ n. f. **parcellisation**

parce que loc. conj. Exprime la cause. → [1]**attendu que,** [1]**car, puisque.** « *une pierre tombe parce qu'elle est pesante* » (Stendhal). – absolt Marque le refus d'une explication. « *Pourquoi dites-vous cela ? — Parce que* ». ■ par ext. fam. C'est que. « *Vous en avez pour longtemps avec lui ? — Non. — Parce que j'aurais pu vous attendre* » (Romains).

parchemin n. m. (du latin, du grec, du n. de Pergame) **1.** Peau d'animal (mouton, chèvre, veau) préparée pour l'écriture, la reliure (→ **vélin**). **2.** Écrit rédigé sur cette matière. ■ fam. Diplôme (sur papier).

parcheminé, ée adj. Qui a la consistance ou l'aspect du parchemin. *Papier parcheminé.* – *Peau ridée et parcheminée.*

parcimonie n. f. (du latin, de *parcere* « retenir » et *monere* « faire penser » → [1]**moniteur**) Épargne, économie extrême, minutieuse.

parcimonieux, euse adj. Qui dénote la parcimonie. → **mesquin.** □ adv. **parcimonieusement**

par-ci par-là voir [1]**ci**

parcmètre [paʀkmɛtʀ] n. m. (de *parc* [à voitures]) Compteur de stationnement payant, pour les voitures. → **horodateur.** - syn. **parcomètre.**

parcourir v. tr. < 11 > (du latin ; famille de *courir*) **1.** Aller dans toutes les parties de (un lieu, un espace). → **traverser, visiter.** *J'ai parcouru toute la région.* **2.** Accomplir (un trajet déterminé). *Distance à parcourir.* **3.** Lire rapidement. *Parcourir un journal.*

parcours n. m. (du latin → **parcourir**) **1.** Chemin pour aller d'un point à un autre. → **itinéraire, trajet. 2.** Distance déterminée à suivre (dans une épreuve). *Parcours de golf.* – *Parcours du combattant,* parcours semé d'obstacles que doit accomplir un soldat en armes dans un temps donné ; fig. série d'épreuves. – loc. *Incident de parcours :* difficulté imprévue. **3.** fig. Suite des activités qui caractérisent la vie d'une personne.

par-delà ; par-derrière ; par-dessous ; par-dessus voir **delà ;** [1]**derrière ;** [1]**dessous ;** [1]**dessus**

pardessus [paʀdəsy] n. m. Manteau d'homme.

par-devant ; par-devers voir [1]**devant ; devers**

pardi interj. (de *pardieu*) fam. Exclamation renforçant une déclaration. → **parbleu.**

pardieu interj. (de *par* et *Dieu*) vieux Exclamation qui renforce.

pardon n. m. (de *pardonner*) **I. 1.** Action de pardonner. → **absolution, grâce.** *Accorder son pardon à qqn.* → **indulgence. 2.** *Je vous demande pardon* ou ellipt *pardon :* formule de politesse par laquelle on s'excuse. – *Pardon ?,* pouvez-vous répéter ? → **comment ;** fam. **hein, quoi. 3.** fam. Exclamation superlative. *Le père était déjà costaud, mais le fils, pardon !* **II.** (« pardon accordé par Dieu ») **1.** Fête religieuse bretonne. **2.** *Le grand Pardon :* fête juive de l'expiation.

pardonnable adj. Que l'on peut pardonner (opposé à *impardonnable*). → **excusable.**

pardonner v. tr. < 1 > (latin ; famille de *donner*) **1.** Tenir (une offense, une faute) pour nulle, renoncer à punir, à se venger. → **oublier.** *Pardonner les péchés.* → **remettre.** – prov. *Faute avouée est à moitié pardonnée.* – ***Pardonner qqch. à qqn ; pardonner à qqn.*** *Elle cherche à se faire pardonner.* → **absoudre. 2.** Juger avec indulgence, en minimisant la faute de. → **excuser.** *Pardonnez(-moi) mon indiscrétion.* – (formule de politesse) *Pardonnez-moi, mais je ne suis pas d'accord.* **3.** → **épargner.** *C'est une maladie qui ne pardonne pas,* mortelle. – *Une erreur qui ne pardonne pas,* irréparable.

Pardubice Ville de la République tchèque, sur l'Elbe. 89 600 habitants. Maisons Renaissance. Carrefour ferroviaire. Industries (pétrochimie, agroalimentaire et textile).

-pare, -parité Éléments (du latin, de *parere* « produire ») qui signifient « engendrer » (ex. *ovipare*).

pare- Élément (de [2]**parer**) qui signifie « éviter, protéger contre ». → [2]**para-.**

Paré (Ambroise) Chirurgien français (v. 1509-1590). Chirurgien d'Henri II, de François II, de Charles X et d'Henri III, il inventa la méthode de ligature des artères. Il est considéré comme le père de la chirurgie moderne.

paréage voir **pariage**

pare-avalanches voir **paravalanche**

pare-balle adj. et n. m. ou **pare-balles** adj. invar. et n. m. invar. Qui protège des balles. *Un gilet pare-balle* ou *pare-balles.* – n. m. Plaque de protection contre les balles. *Des pare-balles.*

pare-boue n. m. Bande de caoutchouc fixée derrière les roues arrière d'un véhicule pour empêcher les projections de boue. *Des pare-boues* ou *des pare-boue* (invar.).

parebrise n. m. ou **pare-brise** n. m. invar. Vitre avant d'un véhicule. *Des parebrises, des pare-brise.*

pare-buffle n. m. Grosse barre frontale de protection à l'avant des quatre-quatre. *Des pare-buffles.*

parechoc n. m. ou **pare-chocs** n. m. invar. Élément placé à l'avant et à l'arrière d'un véhicule pour amortir les chocs.

pare-douche n. m. Panneau repliable qui évite les projections d'eau lorsqu'on se douche. *Des pare-douches.*

pare-éclats n. m. invar. ou **pare-éclat** n. m. techn. Dispositif destiné à protéger des éclats (d'obus, de projectiles...). *Des pare-éclats.*

pare-étincelles n. m. invar. ou **pare-étincelle** n. m. Écran que l'on place devant une cheminée pour empêcher les étincelles de s'échapper. *Des pare-étincelles.*

pare-feu n. m. **1.** Dispositif de protection contre la propagation du feu. → **coupe-feu.** *Des pare-feux.* **2.** inform. Dispositif qui protège un système informatique connecté à Internet des tentatives d'intrusion qui pourraient en provenir. - syn. (anglic.) **firewall** [fajəʀwol] n. m.

pare-fumée n. m. Dispositif canalisant ou absorbant la fumée. *Des pare-fumées* ou *des pare-fumée* (invar.).

parégorique adj. (grec « qui calme ») *Élixir parégorique,* médicament à base d'opium utilisé contre les douleurs d'intestin.

pareil, eille (du latin ; famille de *pair*) **I.** adj. **1.** Semblable (par un ou plusieurs aspects). → **identique, similaire.** *Elle est pareille à lui. Ils ne sont pas pareils.* – loc. *À nul autre pareil :* sans égal. – adv. fam. *Elles sont habillées pareil.* **2.** De cette nature, de cette sorte. → **tel.** *En pareil cas. À une heure pareille !,* si tard. **II. 1.** n. Personne de même sorte. → [1]**pair, semblable.** *Il n'a pas son pareil :* il est extraordinaire, unique. – ***Sans pareil(le) :*** qui n'a pas son égal. **2.** n. f. ***Rendre la pareille :*** faire subir (à qqn) un traitement analogue à celui qu'on a reçu. **3.** n. m. loc. fam. *C'est du pareil au même :* c'est la même chose. → **kifkif.**

pareillement adv. De la même manière. → **aussi, également.**

parélie voir **parhélie**

parement n. m. (de [1]*parer*) **1.** techn. Face extérieure (d'un mur) revêtue de pierres de taille. **2.** Revers sur le col, les manches (d'un vêtement).

parementer v. tr. < 1 > techn. Revêtir (un mur) d'un parement.

parementure n. f. techn. **1.** Bande de tissu qui prolonge le revers d'un vêtement jusqu'en bas. **2.** Doublure qui assure le maintien des parements d'un costume.

parémiologie n. f. (grec *paroimia* « proverbe ») didact. Étude des proverbes.

Parempuyre Commune de la Gironde. 9 786 habitants. Viticulture.

parenchyme n. m. (du grec, de *enkhein* « verser ») **1.** anat. Tissu d'un organe qui assure son fonctionnement. **2.** bot. Tissu cellulaire spongieux et mou des végétaux. □ adj. **parenchymateux, euse**

parent, ente (vient du latin ; famille de *part* [idée de « don »]) **I.** n. **1.** au plur. ***Les parents :*** le père et la mère. *Ses parents.* ■ Le couple responsable d'un ou plusieurs enfants. **2.** Personne avec laquelle on a un lien de parenté. → **famille.** *Des parents éloignés.* – loc. *Traiter qqn en parent pauvre,* moins bien que les autres. **II.** adj. Avec qui on a un lien de parenté. fig. *Les langues romanes sont parentes.*

Parent (Claude) Architecte français (1923-2016). Il a remis en question les formules de l'architecture moderne en créant l'architecture oblique (théâtre Silvia-Montfort, à Paris).

parental, ale, aux adj. Des parents.

parentales n. f. pl. (latin *parentalia* → **parent**) Antiq. romaine Fêtes annuelles en l'honneur des morts. - syn. **parentalies.**

parentalité n. f. didact. Qualité, statut de parent (du point de vue social, juridique...).

parenté n. f. (vient du latin → **parent**) **1.** Rapport entre personnes descendant les unes des autres, ou d'un ancêtre commun. *Liens de parenté.* → **lignée, sang. 2.** Rapport équivalent établi par la société. *Parenté par alliance.* **3.** Ensemble des parents et des alliés de qqn. *Toute sa parenté.* **4.** Rapport d'affinité, d'analogie. *Une parenté d'esprit.*

parentèle n. f. (latin *parentela* → **parent**) littér. Ensemble des parents.

parentéral, ale, aux adj. (de 1*para-* et *entéral*) méd. Qui est introduit dans l'organisme par une voie autre que le tube digestif. - contr. **entéral.**

parenthèse n. f. (du grec → 1para- ; famille de *thèse*) **1.** Insertion, dans une phrase, d'un élément accessoire qui interrompt la construction syntaxique ; cet élément. ■ par ext. Phrase ou épisode accessoire dans un discours. → **digression. 2.** fig. Épisode de l'existence considéré comme accessoire à son déroulement. **3.** Chacun des deux signes typographiques entre lesquels on place l'élément qui constitue une parenthèse : ( ). *Ouvrir, fermer la parenthèse.* – fig. *Entre parenthèses* : en passant. → **incidemment.**

Parentis-en-Born Commune des Landes. 6 928 habitants. Exploitation du plus important gisement de pétrole français, aujourd'hui en déclin.

paréo n. m. (mot tahitien) **1.** Pagne tahitien en tissu imprimé. **2.** Vêtement de plage imitant le paréo tahitien.

1parer v. tr. < 1 > (vient du latin *parare* « préparer » ; famille de *parent*) **I. 1.** Apprêter, arranger (qqch.) de manière à rendre plus propre à un usage, à un effet. → **préparer.** – techn. *Parer un morceau de viande. Parer une étoffe.* **2.** mar. *Parez à* (+ inf.) : commandement préparatoire à une manœuvre. *Parez à virer !* **II.** cour. **1.** Vêtir (qqn) avec recherche (→ **parure**). – pronom. *Elle « voulut s'habiller et se parer comme pour un jour de fête »* (Balzac). **2.** fig. Attribuer (une qualité). *Parer qqn de toutes les vertus.* → **orner.**

2parer v. tr. < 1 > (italien, même origine que 1*parer*) **1.** *Parer un coup*, l'éviter ou le détourner (→ **2parade**). **2.** v. tr. ind. *Parer à* : faire face à. *Parer à toute éventualité* : prendre toutes les dispositions nécessaires. loc. *Parer au plus pressé.* – *Nous sommes parés (contre le froid)*, protégés.

parère n. m. (de l'italien, du latin *parere* « paraître, assister ») dr. Certificat établissant l'existence d'un usage déterminé.

parésie n. f. (grec *paresis* « relâchement ») méd. Paralysie partielle ou légère, se manifestant par une diminution de la force musculaire.

pare-soleil n. m. invar. ou RO n. m. (→ 2parer) Écran protégeant des rayons du soleil.

paresse n. f. (vient du latin *pigritia*) **1.** Goût pour l'oisiveté ; comportement d'une personne qui évite l'effort. → **fainéantise** ; fam. **flemme.** – prov. *La paresse est la mère de tous les vices. Paresse d'esprit.* **2.** Lenteur anormale à fonctionner, à réagir. *Paresse intestinale.*

paresser v. intr. < 1 > (personnes) Se laisser aller à la paresse ; ne rien faire. → **fainéanter.**

paresseusement adv. **1.** Avec paresse. **2.** Avec lenteur.

paresseux, euse I. adj. **1.** Qui montre habituellement de la paresse ; qui évite l'effort. → **fainéant** ; fam. **flemmard.** *Paresseux comme une couleuvre.* ■ n. *Un paresseux, une paresseuse.* **2.** (organes) Qui fonctionne, réagit avec une lenteur anormale. *Estomac paresseux.* **II.** n. m. Mammifère d'Amérique du Sud à mouvements très lents, qui vit dans les arbres. → **aï.**

paresthésie n. f. (de 2*para-* et du grec *aisthêsis* « sensibilité ») méd. Trouble de la sensibilité se traduisant par des sensations de fourmillements ou de brûlures.

Pareto (Vilfredo) Sociologue et économiste italien (1848-1923). Représentant du courant néo-classique, on lui doit le concept de l'« optimum de Pareto » qui qualifie la situation d'équilibre dans laquelle le bien-être d'aucun individu ne peut être augmenté sans que cela ne réduise celui d'un autre individu. *Manuel d'économie politique ; Traité de sociologie générale.*

parfaire v. tr. < 60 seulement inf. et temps composés > (latin *perficere*, de *per* → par et *facere* « faire* ») Achever, de manière à conduire à la perfection. → **parachever, polir.**

Paris

Paris avec, de part et d'autre de la Seine, le Trocadéro et la tour Eiffel.

parfait, aite (du latin, de *perficere* → parfaire) **I.** adj. **1.** (choses) Qui est au plus haut, dans l'échelle des valeurs ; tel qu'on ne puisse rien concevoir de meilleur (→ **perfection**). *Une réussite parfaite. Filer le parfait amour.* → **idéal.** *Une ressemblance parfaite.* → **total.** – *Parfait !* : très bien ! **2.** (personnes) Sans défaut, sans reproche. *Personne n'est parfait.* **3.** (avant le nom) Qui correspond exactement à (ce que désigne le nom). → **accompli, complet.** *Un parfait imbécile.* → **fieffé. 4.** phys. *Gaz parfait* : gaz théorique dont se rapprochent tous les gaz à des pressions très basses. **II.** n. m. ling. Le passé simple ou composé (opposé à *imparfait*). **III.** n. m. Entremets glacé à la crème.

parfaitement adv. **1.** D'une manière parfaite ; très bien. → **admirablement. 2.** Absolument, complètement. → **très. 3.** Oui, certainement, bien sûr. *Parfaitement, c'est comme ça.*

parfiler v. tr. < 1 > (→ filer) anciennt Effiler (un tissu d'or ou d'argent) en tirant les fils de métal précieux. □ n. m. **parfilage**

parfois adv. (de *par fois*) À certains moments, dans certains cas, de temps en temps. → **quelquefois.** – (répété) *Elle est parfois gaie, parfois triste.* → **tantôt.**

parfondre v. tr. < 41 > (du latin *per-* « jusqu'au bout » et de *fondre*) techn. Faire fondre (de l'émail) en y incorporant des colorants.

parfum n. m. (de *parfumer*) **1.** Odeur agréable et pénétrante. → **senteur.** *Le parfum de la rose.* **2.** Goût de ce qui est aromatisé. → **arôme.** *Des glaces à tous les parfums.* **3.** Substance aromatique très peu diluée. → **essence.** *Un flacon de parfum.* **4.** loc. fam. *Être au parfum*, informé, au courant.

parfumer v. tr. < 1 > (du latin *fumare* → 1fumer) **1.** Remplir, imprégner d'une odeur agréable. → **embaumer. 2.** Imprégner de parfum (3). – pronom. *Il se parfume.* – au p. p. *Une femme parfumée.* **3.** Aromatiser. – au p. p. *Une glace parfumée au café.*

parfumerie n. f. **1.** Industrie de la fabrication des parfums et des produits de beauté. ■ Produits de cette industrie. **2.** Usine où l'on fabrique des produits de parfumerie. **3.** Boutique de parfumeur.

parfumeur, euse n. Fabricant(e) ou marchand(e) de parfums.

parhélie ou **parélie** n. m. (du latin, du grec, de *hêlios* « soleil ») didact. Phénomène optique, tache lumineuse due à la réfraction des rayons du soleil.

pari n. m. (de *parier*) **1.** Convention par laquelle deux ou plusieurs personnes s'engagent à donner qqch., à verser une certaine somme à celle qui aura raison. *Faire un pari.* → **parier.** *Tenir un pari*, l'accepter. *Je fais le pari que...* ■ philos. *Le pari de Pascal* : argument selon lequel en pariant pour l'existence de Dieu on n'a rien à perdre mais tout à gagner. **2.** Forme de jeu où le gain dépend de l'issue d'une épreuve sportive, d'une course de chevaux ; action de parier. (en France) *Pari mutuel (urbain).* → **PMU.**

paria n. (mot tamoul) **1.** En Inde, Individu hors caste, dont le contact est considéré comme une souillure. → **intouchable. 2.** fig. Personne méprisée, écartée d'un groupe. *Vivre en paria.*

Paria (golfe de) Golfe du Venezuela, au N. du delta de l'Orénoque, délimité par l'île de la Trinité et la péninsule du Paria.

pariade n. f. (de *parier* « accoupler ») Saison où les oiseaux se réunissent par paires avant de s'accoupler ; cet accouplement. ■ par ext. Couple d'oiseaux.

pariage ou **paréage** n. m. (du latin *pariare* « aller de pair ») féodalité Seigneurie partagée entre plusieurs personnes ayant des droits égaux.

parian n. m. (mot anglais « de Paros ») techn. Porcelaine dont l'aspect rappelle le marbre de Paros.

Parícutin n. m. Volcan actif du Mexique, dans la Sierra Madre, né d'une éruption qui dura de 1943 à 1952. 430 m de hauteur à 2 800 m d'altitude.

paridé n. m. (du bas latin, de *parra* « mésange ») zool. Oiseau (passereau) communément appelé *mésange* (famille des *Paridés*).

paridigitidé, ée adj. et n. (du latin *par* « égal, pareil » et *digitus* « doigt ») zool. Se dit des mammifères ongulés ayant un nombre pair de doigts à chaque patte. → **artiodactyle**

parier v. tr. < 7 > (famille de *pair*) **1.** Engager (un enjeu) dans un pari. *Je parie une bouteille de champagne qu'il acceptera.* – *Parier sur un cheval.* → **jouer.** – absolt *Parier aux courses.* **2.** Affirmer avec vigueur ; être sûr. *Je parie que c'est lui.* – *Vous avez soif, je parie ?*, je suppose, j'imagine.

pariétaire n. f. (du latin, de *paries* « mur » → paroi) Plante (urticacée) qui pousse sur les murs, couramment appelée *casse-pierre* ou *perce-muraille.*

pariétal, ale, aux adj. (du latin *paries* « mur » → paroi) **1.** anat. Qui a rapport à la paroi d'une cavité. *Os pariétal* : chacun des deux os plats de la partie moyenne et supérieure de la voûte du crâne. **2.** didact. *Peintures pariétales*, faites sur une paroi de roche. → **rupestre.**

Parieu (Marie Louis Esquirou de) Homme politique français (1815-1893). Il fut ministre de l'Instruction publique après Falloux, dont il fit voter la loi sur la liberté de l'enseignement, en 1850.

parieur, euse n. Personne qui parie (1). → **turfiste.**

parigot, ote adj. fam. Parisien (et populaire, souvent faubourien). *Accent parigot.* **– n.** *Les Parigots.*

Parini (Giuseppe) Poète italien (1729-1799). Il est l'auteur de nombreuses *Odes* et d'un long poème composé de quatre chants, peinture critique de la noblesse milanaise *(Le Jour).*

paripenné, ée adj. (du latin *par* « pareil » et de *penné*) bot. Se dit des feuilles pennées se terminant par deux folioles opposées.

Paris Capitale de la France, sur la Seine, chef-lieu de la Région Île-de-France et département [75]. Paris est découpé en 20 arrondissements. Située au centre du Bassin parisien, la ville s'est développée à proximité de la confluence de la Seine et de ses affluents, l'Oise et la Marne, et des voies de communication. 105 km^2. 2 145 906 habitants (agglomération 10 858 874). Paris est le siège du gouvernement et des grandes administrations, le plus gros centre commercial, politique, économique et culturel de la France. C'est la ville la plus touristique du monde. Important centre de services, elle abrite le siège de nombreuses entreprises nationales, compte 500 000 étudiants et 17 universités, ainsi que de nombreux musées (musée du Louvre, musée national d'Art moderne, musée d'Orsay, musée du Quai Branly, Grand Palais et Petit Palais). Aéroports Paris-Charles-De-Gaulle et Paris-Orly. La ville a connu plusieurs graves attentats islamistes : en 1995, dans le RER, et en 2015 (journal Charlie Hebdo, salle de spectacle du Bataclan...). Elle a accueilli les Jeux olympiques de 2024.

La ville s'est développée de manière concentrique autour de l'île de la Cité, où se trouve Notre-Dame, et de l'île Saint-Louis, sur la Seine. Rive droite, le quartier des Halles, où avait lieu, depuis le XIIe s., un grand marché aujourd'hui transféré à Rungis, abrite l'église Saint-Eustache. À côté, le Centre Georges-Pompidou a été érigé en 1977, sur le plateau Beaubourg ; dans le quartier du Marais, on trouve la place des Vosges et les hôtels de Sens, de Carnavalet, de Sully, de Rohan-Soubise. Plus à l'O., le Louvre, les Tuileries, la Concorde, l'Opéra Garnier et la Madeleine, puis l'avenue des Champs-Élysées, qui mène de la place de la Concorde à l'Arc de Triomphe, jusqu'à la Grande Arche de la Défense. Rive gauche, le Quartier latin, dont le pivot est la Sorbonne, a conservé sa vocation intellectuelle. On y trouve également le Collège de France, l'église Saint-Germain-des-Prés et l'ancien hôtel des abbés de Cluny, près des thermes romains. Au S. s'élève la tour Montparnasse, le plus haut édifice de Paris (210 m) après la tour Eiffel (330 m). À l'O. se trouvent le Palais-Bourbon, l'hôtel des Invalides, le Champ-de-Mars et la tour Eiffel. Depuis les années 1980, l'est de Paris s'est modernisé (salle de spectacles Paris-Bercy, Opéra Bastille, Bibliothèque nationale de France, Cinémathèque française, coulée verte). La Métropole du Grand Paris a vu le jour en 2016. → **Île-de-France.**

▶ C'est avec la fondation de la ville gallo-romaine de Lutèce, sur la montagne Sainte-Geneviève, au début du Ier s., que naquit **Paris**. Menacée par les Huns, la ville se développa avec Clovis, qui en fit sa capitale en 486, puis avec les Capétiens (987). Centre théologique de la chrétienté au Moyen Âge, elle devint un foyer d'agitation pendant la guerre de Cent Ans. Résidence royale sous François Ier, elle fut embellie par Henri IV, puis délaissée par Louis XIV, qui lui préféra Versailles. Avec la prise de la Bastille (14 juillet 1789), Paris devint le théâtre principal de la Révolution, et fut également au centre des journées révolutionnaires de 1830 à 1848. Napoléon y effectua des travaux ambitieux, mais c'est le Second Empire, et les travaux d'Haussman, qui donnèrent à la capitale sa physionomie de métropole moderne. En 1870, la ville fut assiégée par les Prussiens puis connut l'insurrection de 1871. Elle fut occupée par les Allemands dès juin 1940 et fut libérée le 24 août 1944. En 1975, Paris a changé de statut et est devenu une collectivité territoriale. Un maire y est élu depuis 1977. Une loi sur le statut de Paris et l'aménagement métropolitain fut promulguée en 2017 afin, notamment, de renforcer les pouvoirs du maire et fusionner les Ier, IIe, IIIe et IVe arrondissements.

Paris (traités de) Traité signé entre Louis IX et Raymond VII de Toulouse en 1229, qui mit fin à la croisade des albigeois. — Traité signé le 10 février 1763 par la France, la Grande-Bretagne et le Portugal, qui mit fin à la guerre de Sept Ans. — Traité signé le 30 mai 1814, après l'abdication de Napoléon Ier, entre les Alliés (Grande-Bretagne, Autriche, Prusse, Russie) et la France, laquelle retrouvait ses frontières de 1792. Le second traité de Paris fut signé le 20 novembre 1815, après les Cent-Jours, entre les Alliés et la France, qui perdait une grande partie de son territoire, devait verser une indemnité de 700 millions et entretenir l'armée d'occupation pendant trois ans. — Traité signé le 30 mars 1856 à l'issue du *congrès de Paris,* marquant la fin de la guerre de Crimée. — Traités signés en 1947 entre les puissances victorieuses et l'Italie, la Roumanie, la Bulgarie, la Hongrie et la Finlande.

Paris (conférences de) Conférence de la paix (18 janvier 1919-10 août 1920) qui réunit, à la fin de la Première Guerre mondiale, les vingt-sept puissances victorieuses. Elle élabora le pacte de la SDN et les traités de Versailles, de Saint-Germain-en-Laye, de Neuilly, de Trianon, de Sèvres. — Conférence qui réunit, après la Seconde Guerre mondiale (du 25 avril au 12 juillet 1946), les ministres des Affaires étrangères des États-Unis, de la France, de la Grande-Bretagne et de l'URSS. Elle fixa les frontières de la Bulgarie, de la Hongrie et de la Roumanie. — Conférence qui réunit, du 29 juillet au 15 octobre 1946, les 21 nations qui avaient combattu l'Axe. Elle prépara les traités de Paris (1947).

Paris sur le climat (accord de) Traité sur le climat, adopté lors de la COP21 en 2015 et entré en vigueur en nov. 2016, pour favoriser la contribution des nations à la lutte contre le réchauffement planétaire. Il prévoit un soutien financier et technique des pays développés aux pays en développement. → **Kyōto** (protocole de)

Paris (école de) Nom donné, vers 1925, aux artistes étrangers venus rejoindre, à Paris, l'école moderne française. Modigliani, Chagall, Soutine, Brancusi en firent partie. La « seconde école de Paris » désigne les peintres abstraits postérieurs à la Seconde Guerre mondiale (Atlan, Estève, de Staël, Vieira da Silva).

Paris (Gaston) Érudit français (1839-1903). Il contribua à promouvoir un enseignement scientifique de la philologie. On lui doit de nombreux travaux sur le Moyen Âge et l'ancien français ainsi que des éditions de textes.

Paris (prince Henri Robert d'Orléans, comte de) Chef de la maison de France (1908-1999). Fils de Jean d'Orléans, duc de Guise, et d'Isabelle d'Orléans, tous deux arrière-petits-enfants de Louis-Philippe, il vécut en exil de 1926 à 1950.

Pâris Fils de Priam et d'Hécube, dans la mythologie grecque. Choisi comme arbitre par les dieux pour départager Héra, Athéna et Aphrodite, qui se disputaient la pomme d'or, Pâris choisit Aphrodite, qui lui avait promis en échange l'amour d'Hélène. Il enleva celle-ci, provoquant ainsi la guerre de Troie.

Pâris [paʀi] **(les frères)** Financiers français dont le plus connu est **Joseph Pâris**, dit **Pâris-Duverney** (1684-1770). Il s'opposa au système de Law, après la chute duquel il joua un grand rôle dans la réorganisation des finances. Il fonda la première école militaire.

Pâris (François de) dit le diacre Pâris Religieux français (1690-1727). Janséniste, il consacra sa vie à l'instruction du peuple et à la bienfaisance. Sa tombe, au cimetière de Saint-Médard, à Paris, attira les *convulsionnaires,* qui attendaient du religieux des guérisons miraculeuses.

paris-brest n. m. invar. (des n. propres) Pâtisserie composée d'une couronne en pâte à chou fourrée de crème pralinée et décorée d'amandes.

parisette n. f. (de *Paris*) Plante des bois à baies bleuâtres.

parisianisme n. m. Particularité de langage ou culturelle propre aux Parisiens.

parisien, ienne 1. n. Personne née à Paris ou qui y habite. → fam. **parigot.** *Les Parisiens.* **2.** adj. De Paris. *Banlieue parisienne.*

parisien (Bassin) n. m. Vaste région sédimentaire française, qui s'étend entre le Massif armoricain, le Massif central, les Ardennes et les Vosges. Il occupe le quart du territoire français et se divise en quatre ensembles : l'Île-de-France, constituée de plateformes tertiaires recouvertes de limons au N., la Picardie et la Normandie, plateaux crayeux recouverts de limons à l'O., les pays de la Loire au S., et à l'E., la Bourgogne, la Champagne et la Lorraine.

Parisien (Le) Quotidien d'information populaire né en 1944 du mouvement de Résistance Organisation civile et militaire (OCM). Il parut sous le titre *Le Parisien libéré* jusqu'en 1986, date du passage à la couleur et de la modernisation de la maquette. Une édition nationale, « Aujourd'hui en France », a été lancée en 1994.

parisis adj. (du bas latin) anciennt Se disait de la monnaie frappée à Paris, valant un quart de plus que celle frappée à Tours. *Denier parisis et denier tournois.*

Parisis n. m. Petit pays de l'Île-de-France, au N.-O. de Paris. Il fait partie du Val-d'Oise.

parisyllabique adj. (du latin *par* « pareil » et de *syllabe*) gramm. (en latin, grec) Qui a le même nombre de syllabes au nominatif et au génitif.

paritaire adj. (→ parité) Formé d'un nombre égal de représentants des parties en présence. *Commission paritaire.*

paritarisme n. m. didact. Tendance à la gestion des problèmes sociaux par des organismes paritaires.

parité n. f. (du latin ; famille de *pair*) **1.** didact. Fait d'être pareil (en parlant de deux choses). **2.** math. Caractère d'un nombre pair. **3.** Égalité de répartition. *La parité hommes-femmes.* **4.** écon. Égalité de la valeur d'échange des monnaies de deux pays dans chacun de ces pays.

▶ La **parité** hommes-femmes, notion qui a émergé dans les années 1980, repose sur un principe de discrimination positive fondée sur des quotas. Elle part du constat que, dans les entreprises et les partis politiques notamment, la progression hiérarchique des femmes s'interrompt fréquemment à partir d'un certain seuil de responsabilité. Différentes réponses politiques ou de management ont été proposées pour remédier à ces inégalités persistantes, mais les appels à la bonne volonté se heurtent à des logiques sociales complexes.
S'inspirant du modèle scandinave, la France a décidé de mettre en œuvre la parité dans le domaine politique, notoirement inégalitaire. Une loi votée en 2000 a imposé aux partis politiques de présenter aux élections un nombre égal de candidats et de candidates. Cette loi a parfois été détournée en jouant sur l'ordre d'inscription sur les listes électorales (les derniers candidats d'une liste étant rarement élus), mais son objectif n'était pas tant de réaliser l'égalité parfaite que de faire progresser les pratiques. Dans le même esprit, des accords ont été signés au sein de certaines grandes entreprises sur les règles de recrutement ou de promotion des femmes ; mais, le plus souvent, on a préféré la notion de diversité aux objectifs chiffrés associés à la parité.
voir aussi **féminisme, discrimination**

P

Parizeau (Jacques) Homme d'État canadien (québécois) [1930-2015]. Indépendantiste, il fut ministre des Finances de 1976 à 1984 puis Premier ministre du Québec de 1994 à 1996. Il démissionna quelques mois après l'échec du référendum de 1995 sur la souveraineté du Québec.

Jacques Parizeau en 1995 à la Convention du Parti québécois.

parjure (du latin → jurer) littér. 1. n. m. Faux serment, violation de serment. **2. n.** Personne qui commet un parjure. → **traître. – adj.** *Un témoin parjure.*

se parjurer v. pron. < 1 > Faire un parjure, violer son serment.

Park (Mungo) Chirurgien et explorateur britannique (1771-1806). Son journal est une source de documentation précieuse sur les Maures et les peuples de Sénégambie et des bords du Niger.

parka n. m. ou f. (de l'inuit, par l'anglais) Court manteau imperméable muni d'un capuchon.

Park Chung-Hee Général et homme d'État sud-coréen (1917-1979). Il fut président de la République de 1961 jusqu'à son assassinat.

Parker (Charlie) dit Bird ou Yardbird Saxophoniste alto et compositeur américain de jazz (1920-1955). Il forma un quintette avec Dizzy Gillespie qui fut à l'origine du be-bop, puis joua notamment avec Miles Davis. Son style a renouvelé le jazz, dont il fut l'un des plus grands improvisateurs.

Charlie Parker dans les années 1940.

Parker (William Anthony Parker II, dit Tony) Basketteur français (né en 1982). Meneur de jeu, détenteur de trois bagues de champion, il est le premier Français à avoir intégré la NBA, la principale ligue de basketball nord-américaine.

parkérisation n. f. (n. déposé ; de l'anglais) techn. Protection superficielle de pièces métalliques au moyen de phosphates complexes. → **phosphatation.**

parking n. m. (mot anglais « action de garer », de *to park*, emprunt au français *parc*) anglic. Parc de stationnement pour les automobiles.

parkinson [paʀkinsɔn] **n. m. (de *maladie de Parkinson*, du n. du médecin) méd.** Affection neurologique dégénérative caractérisée par des tremblements et une raideur musculaire. - syn. **parkinsonisme.** □ **adj. parkinsonien, ienne**

▶ La **maladie de Parkinson** est une maladie dégénérative du système nerveux qui survient après 50 ans ; en France, sa prévalence chez les sujets de plus de 65 ans est de 2 % environ. Si l'on ignore sa cause, on sait que ce sont les neurones utilisant la dopamine comme neurotransmetteur (localisés dans les noyaux gris centraux de la base du cerveau) qui sont atteints.
La maladie de Parkinson se manifeste essentiellement par des tremblements, une rigidité musculaire et une akinésie. Le tremblement régulier (4 à 7 secousses par seconde) touche les extrémités, d'abord les mains et les poignets, puis les pieds. Souvent asymétrique, il se produit au repos et disparaît lors des mouvements volontaires et du sommeil ; il est augmenté par l'émotion et les efforts. La rigidité musculaire entraîne une tendance à la flexion de tous les muscles atteints (les mains et les poignets, puis le cou, les membres inférieurs et les muscles périrachidiens). L'akinésie musculaire a pour conséquence le figement du visage, la rareté et la lenteur des mouvements, le timbre monocorde de la voix. Elle modifie la démarche qui se fait à petits pas avec perte du balancement des bras.
La maladie peut rester stationnaire, ne porter que sur un côté du corps ou au contraire s'aggraver et s'étendre à tout le corps. Elle évolue sur dix à trente ans sans altérer les capacités intellectuelles. Toutefois, en entravant les relations sociales, elle peut avoir de graves répercussions sur l'équilibre psychologique. Le traitement le plus efficace repose sur l'administration de L-Dopa, précurseur de la dopamine. Il ne ralentit pas l'évolution de la maladie mais apporte un réel confort ; malheureusement, ses effets s'atténuent avec le temps. L'implantation intracérébrale d'électrodes est parfois proposée dans certains cas très invalidants. Des études de thérapie génique sont en cours.
voir aussi **cerveau**

Parkinson (James) Médecin britannique (1755-1824). Il décrivit la paralysie agitante, appelée depuis *maladie de Parkinson.*

parkour n. m. (marque enregistrée) Sport qui consiste à se déplacer en franchissant des obstacles (naturels ou artificiels) avec adresse, rapidité et fluidité. *Faire du parkour.*

Parks (Rosa Louise) Couturière américaine (1913-2005). En octobre 1955, elle refusa de céder sa place à un Blanc dans un bus de Montgomery et fut emprisonnée. Les Afro-Américains, emmenés par Martin Luther King, jeune pasteur encore inconnu à l'époque, boycottèrent les bus de la ville jusqu'à ce que la ségrégation raciale y soit déclarée contraire à la Constitution en novembre 1956.

Rosa Parks, le jour de son arrestation à Montgomery, le 1er décembre 1955.

parlant, ante adj. 1. Qui reproduit, après enregistrement, la parole. *Horloge parlante.* – *Cinéma parlant* (opposé à *muet*). **2.** Très expressif. *Un regard parlant.* **3.** Éloquent, qui se passe de commentaire. *Les chiffres sont parlants.*

parlé, ée adj. Qui se réalise par la parole. → **oral.** *La langue parlée et la langue écrite.*

parlement n. m. (de *parler*) 1. hist. (en France) Cour provinciale de justice (des Capétiens jusqu'à la Révolution), institution associée au pouvoir du roi. *Le parlement de Paris.* **2. (anglais *parliament*, emprunt au français)** Assemblée ou ensemble des chambres qui détiennent le pouvoir législatif. *En France, le Parlement est composé de l'Assemblée nationale et du Sénat.*

▶ Dans la France d'Ancien Régime, le **parlement** de Paris réunit les conseillers juridiques du roi, qui examinent et enregistrent les ordonnances royales. Ils possèdent un « droit de remontrance », mais aucune souveraineté ne leur est attachée : celle-ci émane des états généraux du royaume, rarement convoqués et, au fil des siècles, elle se rattache toujours plus étroitement à la personne du roi. Malgré ses limites, cette activité parlementaire fut un apprentissage de la démocratie. Parlementaire bordelais, Montesquieu élabora la théorie de la « séparation des pouvoirs », qui insistait sur l'indépendance et la souveraineté du Parlement face au pouvoir exécutif. Inspirés de cette théorie et de l'expérience du Royaume-Uni où la monarchie dut reconnaître dès la fin du XVIIe siècle la souveraineté du Parlement, les États modernes ont fait de cet organe le lieu central de la démocratie.
Comme son nom l'indique, le Parlement est d'abord un lieu où l'on parle : le peuple s'y exprime, par la voix de ses représentants élus. Les parlementaires sont les dépositaires du pouvoir législatif : ils discutent les lois avant de voter leur adoption ou leur rejet. Dans la plupart des démocraties, le Parlement, parfois appelé « Congrès » ou « Diète », est composé d'une « chambre basse » (Assemblée nationale française, chambre des Communes anglaise ou canadienne, Bundestag allemand) et d'une « chambre haute » (Sénat, chambre des Lords, Bundesrat) dont les membres sont désignés selon une procédure différente. On parle de bicamérisme. Pour certains sujets (en particulier les évolutions constitutionnelles), le vote des deux chambres est requis, mais le rôle de la chambre haute est souvent consultatif. Dans l'Union européenne, l'initiative des lois (appelées « directives ») revient à la Commission ; le pouvoir du Parlement européen est de ce fait limité.
voir aussi **Sénat, démocratie, loi, élection**

Parlement (Court) en anglais Short Parliament Nom du Parlement anglais convoqué par Charles Ier d'avril à mai 1640. Il s'opposa au roi, qui le renvoya.

Parlement (Long) Nom du Parlement anglais convoqué par Charles Ier, de 1640 à 1648.

1parlementaire (de *parlement*) 1. adj. Relatif au Parlement. *Démocratie parlementaire.* **2. n.** Membre du Parlement. → **député, sénateur.**

2parlementaire n. (de *parlementer*) Personne chargée de parlementer avec l'ennemi. → **délégué, 1émissaire.**

parlementarisme n. m. Régime parlementaire (1).

parlementer v. intr. < 1 > 1. Entrer en pourparlers avec l'ennemi. → **négocier, traiter. 2.** Discuter en vue d'un accommodement. **3.** Parler longuement (pour vaincre une résistance). *Il fallut parlementer avec le gardien pour pouvoir entrer.*

1parler v. < 1 > (vient du latin *parabolare* → 1parabole, parole) I. v. intr. 1. Communiquer, s'exprimer par la parole (→ aussi **1dire**). *Cet enfant commence à parler. Parler distinctement.* → **articuler.** *Parler doucement, tout bas* (→ **chuchoter, murmurer**), *parler fort* (→ **crier**). *Parler en français.* – **loc.** *C'est une façon de parler,* il ne faut pas prendre à la lettre ce qui vient d'être dit. *Il parle d'or,* sagement.

2. absolt Révéler ce qu'on tenait caché. *Son complice a parlé.* **3.** *Parlant* (précédé d'un adv.) : en s'exprimant (de telle manière). *Juridiquement parlant.* **4.** S'exprimer. *Les muets parlent par gestes.* **5.** (sujet chose) Être éloquent. *Les chiffres parlent d'eux-mêmes* (→ **parlant**). **II. v. tr. ind. 1.** *Parler de qqn, de qqch. Parlez-moi de vous, de vos projets.* loc. *Sans parler de,* en plus de, outre. *N'en parlons plus !* – par ext. *De quoi parle ce livre ?* **2.** *Parler de* (+ inf.) : annoncer l'intention de. *Il parlait d'émigrer au Mexique.* **3.** *Parler à qqn,* lui adresser la parole. *Laissez-moi lui parler.* – loc. *Trouver à qui parler,* avoir affaire à un adversaire difficile. – pronom. *Nous ne nous parlons plus,* nous sommes brouillés. **4.** fam. *Tu parles ! :* exprime le doute ou le mépris. *Tu parles d'un idiot ! Tu parles si je m'en fiche ! Son talent, tu parles !* **III. v. tr. dir. 1.** Pouvoir s'exprimer au moyen de (telle langue). *Je ne parle pas anglais. Elle parle et elle écrit l'arabe.* **2.** Aborder, traiter (un sujet). *Parler politique.* → **discuter.**

^{2}**parler** n. m. (de ^{1}parler) **1.** Manière de parler. *Les parlers régionaux.* **2.** Ensemble des moyens d'expression particuliers à une région, à un milieu social, etc. → **dialecte, idiome, patois.**

Parler (Peter) Architecte allemand (1330-1399). Maître d'œuvre de la cathédrale Saint-Guy de Prague, il construisit également un pont sur la Vltava.

parleur n. m. **1.** loc. péj. *Beau parleur :* celui qui aime faire de belles phrases. → **phraseur. 2.** rare → **locuteur.**

parloir n. m. Local où sont admis les visiteurs qui veulent s'entretenir avec un pensionnaire ou un détenu.

parlophone n. m. (marque déposée ; de *parler* et *-phone*) Appareil assurant la communication entre une porte d'entrée et l'intérieur d'un bâtiment, d'un appartement. → **interphone.**

parlote n. f. Échange de paroles insignifiantes. → **causette.** - var. **parlotte.**

parlure n. f. (Canada) Manière de parler.

parme (du n. de la ville) **1. adj. invar.** Mauve comme la violette de Parme. – **n. m.** Cette couleur. **2. n. m.** Jambon de Parme.

Parme Ville d'Italie (Émilie-Romagne), sur la Parma. 163 460 habitants. Université fondée au XVe s. Cathédrale du XIIe s., baptistère romano-gothique ; église Saint-Jean-l'Évangéliste des XVIe-XVIIe s. (fresques du Corrège) ; église Santa Maria della Steccata, du XVIe s. (fresques du Parmesan). Industries alimentaire, chimique et mécanique. Tourisme. La région produit le jambon de Parme et le parmesan. Fondée par les Étrusques, la ville fut colonisée par les Romains en 183 av. J.-C. Elle fut annexée par le Saint-Siège en 1511. Les Farnèse y régnèrent de 1545 à 1731.

Parker (Tony)

Tony Parker jouant pour l'équipe de France (2005).

Parmegiani (Bernard) Compositeur français (1927-2013). Il a consacré l'essentiel de son travail à l'électroacoustique. *Capture éphémère ; Le Présent composé.*

parmélie n. f. (latin *parma* « petit bouclier rond ») bot. Lichen des régions froides.

Parménide en grec **Parmenidês** Philosophe grec (v. 544-v. 450 av. J.-C.). Il aurait été l'élève de Xénophane, d'Anaximène ou des pythagoriciens. Il eut Zénon d'Élée pour principal disciple. Il a fondé une école dans laquelle il enseignait la séparation stricte de la vérité et de l'opinion. Il est considéré comme l'un des précurseurs de la réflexion philosophique sur l'être. Platon a intitulé un de ses dialogues le *Parménide.* Seuls 155 hexamètres de son *Poème* intitulé *De la Nature* ont été conservés.

Parménion Général macédonien (mort v. 330 av. J.-C.). Au service de Philippe II puis d'Alexandre le Grand, il contribua aux victoires macédoniennes. Impliqué dans un complot, il fut exécuté.

parmentier n. m. (du n. de Parmentier) Hachis* parmentier.

Parmentier (Antoine Augustin) Savant français (1737-1813). Il étudia la composition de la pomme de terre et en répandit la culture. Il publia en outre des études sur la conservation des vins, des farines et des produits laitiers, et promut la vaccination antivariolique.

parmesan n. m. (italien « de Parme ») Fromage à pâte dure, fabriqué dans les environs de Parme.

Parmesan (Francesco Mazzola, dit en italien **il Parmigianino,** et en français **le**) Peintre italien (1503-1540). Influencé par le Corrège, avec lequel il travailla à Parme, sa ville de naissance, mais aussi par Raphaël et Michel-Ange, il développa un style vigoureux et sophistiqué, d'une grande élégance. Il fut l'un des maîtres du maniérisme. *La Vierge au long cou ; La Femme au turban ;* fresques de Santa Maria della Steccata à Parme.

parmi prép. (de *par* et *mi-*) **1.** Au milieu de. → **entre.** *Nous souhaitons vous avoir parmi nous.* → **avec, près de. 2.** Dans, au milieu des éléments d'un ensemble. *C'est une solution parmi (tant) d'autres.*

Parnaíba n. m. Fleuve du N. du Brésil. 1 414 km. Hydroélectricité.

Parnasse n. m. Montagne du centre de la Grèce. 2 457 m. Comme Delphes, située sur son versant S., le mont était consacré à Apollon. Dans la mythologie grecque, c'était le séjour favori des Muses.

Parnasse contemporain (Le) Recueil de vers en trois volumes, parus en 1866, 1871 et 1876. Il constitue le manifeste des parnassiens, groupe littéraire français de la fin du XIXe s., qui recherchait la perfection formelle et affirmait, avec Gautier, la gratuité de l'art. Leconte de Lisle, Banville, Heredia et Coppée en sont les membres les plus célèbres.

parnassien, ienne I. n. Poète de l'école du Parnasse. – **adj.** *L'école parnassienne.* **II. n. m.** Papillon commun des montagnes. → **apollon.**

Parnell (Charles Stewart) Homme politique irlandais (1846-1891). Défenseur de la cause irlandaise, député aux Communes, il prit la tête du Parti autonomiste irlandais et joua un grand rôle en utilisant la tactique de l'obstruction parlementaire. Il prit la tête de la Irish Land League et promut l'idée de Home Rule (régime d'autonomie).

Parny (Évariste Désiré de Forges, vicomte de) Poète français (1753-1814). Il est l'auteur de *Poésies érotiques* et de *Chansons madécasses* (malgaches), dont certaines ont été mises en musique par Ravel.

parodie n. f. (du grec ; famille de *ode*) **1.** Imitation burlesque (d'une œuvre sérieuse). **2.** Contrefaçon grotesque. → **caricature.** *Une parodie de réconciliation.* □ **adj. parodique**

parodier v. tr. < 7 > Imiter (une œuvre, un auteur) en faisant une parodie.

parodiste n. Auteur d'une parodie.

parodonte n. m. (de ^{1}*par[a]-* et du grec *odous, odontos* « dent ») anat. Ensemble des tissus de soutien qui relient la dent au maxillaire. □ **adj. parodontal, ale, aux**

parodontologie n. f. (→ parodonte) didact. Partie de la médecine dentaire qui étudie le parodonte et traite ses affections. - syn. **parodontie.** □ **n. parodontologue** et **parodontologiste**

paroi n. f. (vient du latin pop., de *paries* « mur » → **pariétal**) **1.** Séparation intérieure dans une maison (→ **cloison**) ou face intérieure d'un mur. *Appuyer son lit contre la paroi.* **2.** Terrain à pic, comparable à une muraille. *Une paroi rocheuse.* **3.** Surface interne (d'un contenant). *Les parois d'un vase.* **4.** anat. Partie qui limite une cavité ; tissu d'un organe creux. *La paroi abdominale.*

paroir n. m. techn. Instrument, outil qui sert à parer (I, 1).

paroisse n. f. (vient du latin chrét. *parochia,* du grec) Circonscription ecclésiastique dont un curé, un pasteur a la charge.

paroissial, iale, iaux adj. De la paroisse. *Église paroissiale.*

paroissien, ienne n. **1.** Personne qui dépend d'une paroisse. *Le curé et ses paroissiens.* → **ouailles. 2. n. m.** Livre de messe. → **missel.**

parole n. f. (vient du latin *parabola* → ^{1}**parabole**) **I.** *Une, des paroles :* élément de langage parlé. **1.** Élément du langage articulé. → **mot ; expression.** *Des paroles aimables.* → **propos.** *Peser ses paroles.* – loc. *En paroles :* verbalement. *Il est courageux en paroles.* – *De belles paroles :* des promesses verbeuses. **2.** au plur. Texte (d'un morceau de musique vocale). *L'air et les paroles d'une chanson.* ■ *Histoire sans paroles :* suite d'images qui se passe de légende. **3.** Pensée exprimée à haute voix, en quelques mots. *Une parole historique.* **4.** *Parole (d'honneur),* engagement, promesse sur l'honneur. *Donner, tenir sa parole.* – *Sur parole,* sans autre garantie que la parole donnée. – **interj.** *Ma parole ! Parole !,* je le jure. **II.** *La parole,* expression verbale de la pensée. **1.** Faculté de communiquer la pensée par un système de sons articulés émis par la voix. *Perdre la parole,* devenir muet. **2.** Fait de parler. *Avoir la parole facile,* être éloquent. *Adresser la parole à qqn. Prendre la parole. Couper la parole à qqn.* → **interrompre.**

parolier, ière n. Auteur des paroles (I, 2) d'une chanson, d'un livret d'opéra (→ **librettiste**).

paronomase n. f. (du grec) rhét. Figure qui consiste à rapprocher des mots de sonorités voisines (paronymes) dans une phrase (ex. *Qui s'excuse s'accuse*).

paronyme adj. et n. m. (du grec → -onyme) didact. Se dit de mots presque homonymes (ex. *éminent* et *imminent*).

paronymie n. f. didact. Caractère des mots paronymes. □ **adj. paronymique**

paronyque n. f. (du grec, de *onux* « ongle ») Plante annuelle ou vivace qui passait pour guérir les panaris.

paros [paros ; parɔs] n. m. Marbre blanc de l'île de Paros.

Paros Île grecque de l'archipel des Cyclades, dans la mer Égée. 194 km^2. Env. 11 000 habitants. Chef-lieu : Paros. Église byzantine (VIe-Xe s.). Marbre. Tourisme.

Parot (Jean-François) Écrivain français (1946-2018). Il a écrit une série de romans policiers dont les intrigues se déroulent à Paris au XVIIIe siècle et sont démêlées par le commissaire Nicolas Le Floch.

P

parotide n. f. (du latin, du grec *parôtis* « près de l'oreille ») anat. Glande salivaire paire, située au-dessous du conduit auditif externe. – appos. *La glande parotide.* □ adj. **parotidien, ienne**

parotidite n. f. (→ -ite) méd. Inflammation de la glande parotide.

parousie n. f. (grec *parousia* « présence ») relig. Second avènement du Christ.

paroxysme n. m. (du grec, de *oxus* « pointu, aigu » → oxy-) **1.** méd. Période d'une maladie où les symptômes sont les plus aigus. **2.** Le plus haut degré (d'une sensation, d'un sentiment). → **exacerbation. 3.** Le plus haut degré (d'un phénomène). *La tempête est à son paroxysme.* □ adj. **paroxysmal, ale, aux, paroxysmique** et **paroxystique**

paroxyton adj. m. et n. m. (→ oxyton) ling. Se dit d'un mot qui a l'accent tonique sur l'avant-dernière syllabe.

parpaillot, ote n. (p.-ê. de *parpaillon* « papillon ») vieux péj. Protestant(e).

parpaing [paʀpɛ̃] n. m. (vient du latin *perpetaneus*, de *perpes* « ininterrompu » → perpétuel) Bloc (de pierre, de béton creux) formant l'épaisseur d'une paroi.

parque n. f. (latin *Parca*) mythol. Chacune des trois Parques*. *« La Jeune Parque »* (poème de Valéry).

parquer v. < 1 > **I.** v. tr. **1.** Mettre (des animaux) dans un parc. **2.** Enfermer (des personnes) dans un espace étroit et délimité. → **entasser. 3.** Ranger (une voiture) dans un parc de stationnement. → **garer. II.** v. intr. (animaux) Être dans un parc.

Parques Dans la mythologie romaine, divinités du Destin, au nombre de trois, identifiées avec les Moires grecques.

Les trois Parques, représentées sur une base de trépied romain (Ier-Ve s.), musée du Louvre, Paris.

parquet n. m. (diminutif de *parc* ; d'abord « enceinte d'un tribunal ») **I.** Groupe des magistrats (procureur de la République et substituts) chargés de requérir l'application de la loi. **II.** agric. Enclos pour l'élevage des volailles. **III.** (d'abord « panneau ») Assemblage d'éléments de bois (lames, lattes) qui garnissent le sol d'une pièce. → ^{1}**plancher.** *Parquet flottant,* qui n'est pas fixé sur son support.

parqueter v. tr. < 4 ou RO 5 > Garnir d'un parquet (II). □ n. m. **parquetage**

parqueterie n. f. techn. Fabrication, pose des parquets.

parqueteur, euse n. techn. Personne qui fabrique ou pose des parquets.

parqueur, euse n. techn. Personne qui s'occupe des huîtres d'un parc.

Parr (Martin) Photographe britannique (né en 1952). Il a imposé la photo documentaire en Grande-Bretagne, s'attachant à rendre le banal digne d'intérêt. *Common Sense ; The Coast of Living.*

parrain n. m. (vient du latin pop. *patrinus*, de *pater* → père) **1.** Celui qui tient (ou a tenu) un enfant sur les fonts baptismaux. *Le parrain, la marraine et leur filleul.* **2.** Celui qui préside au lancement d'un navire, au baptême d'une cloche. **3.** Celui qui présente qqn dans un cercle, un club, pour l'y faire inscrire. **4.** Chef d'un groupe illégal. *Un parrain de la maffia.*

parrainage n. m. **1.** Fonction, qualité de parrain (1 et 2) ou de marraine. **2.** Appui moral accordé à une œuvre. → **patronage.** *Comité de parrainage.* **3.** Soutien financier apporté à une manifestation, une organisation dans un but publicitaire. → **sponsoring. 4.** Soutien écrit d'un élu, d'un militant à un candidat à une élection.

parrainer v. tr. < 1 > Accorder son parrainage à. → **sponsoriser.**

parraineur, euse n. Personne ou société qui fait un parrainage (3) (recomm. offic. pour **sponsor**).

Parreno (Philippe) Artiste plasticien (né en 1964). Il appartient au courant collectif des années 1990 qui a repensé le format de l'œuvre. Nourri des univers cinématographique et télévisuel, il joue de l'image, du son, de la parole, de la lumière pour créer des expositions chorégraphiées proposant à la fois la performance de l'instant et la durée du récit *(Speech Bubbles ; Ann Lee ; Park Avenue Armory).*

parricide (du latin → père et -cide) **1.** n. m. Meurtre du père ou de la mère (→ **matricide**). **2.** n. Personne qui a commis un parricide. – adj. *Fils parricide.*

Parrocel (Joseph) Peintre, dessinateur et graveur français (1646-1704). Membre de l'Académie, il peignit surtout des batailles et des scènes de la vie de camp, caractérisées par une touche grasse et nerveuse.

Parrot (André) Pasteur protestant et archéologue français (1901-1980). Directeur des fouilles de Lagash (1931-1933) et surtout de Mari (1933-1957), il fut conservateur en chef du musée du Louvre. Il a laissé plusieurs ouvrages d'archéologie. *Archéologie mésopotamienne ; Mission archéologique de Mari.*

Parry (îles) Partie de l'archipel arctique canadien, comprenant les îles Bathurst, Cornwallis, Melville et du Prince-Patrick.

parsec n. m. (de *par[allaxe]* et ^{2}*se[conde]*) astron. Unité de mesure de longueur (symb. pc) valant 3,26 années-lumière.

parsemer v. tr. < 5 > (de *semer*) **1.** Couvrir par endroits. → **consteller, émailler. 2.** (choses) Être répandu çà et là sur (qqch.).

parsi, ie n. et adj. (mot persan) En Inde, Descendant des zoroastriens chassés de Perse par les musulmans.

Parsifal voir **Perceval**

parsisme n. m. didact. Religion des parsis. → **mazdéisme, zoroastrisme.**

Parsons (sir Charles Algernon) Ingénieur britannique (1854-1931). Il inventa un type de turbine à vapeur et à réaction, comportant plusieurs étages dans lesquels la vapeur se dilate successivement, encore utilisé sur des navires.

Parsons (Talcott) Sociologue américain (1902-1979). Il élabora une sociologie de l'action sociale et de ses motivations. *The Structure of the Social Action ; The Social System.*

part n. f. (vient du latin *pars, partis*) **I.** Ce qui, après un partage*, revient à qqn. **1.** Ce qu'une personne possède ou acquiert en propre. *Recevoir la meilleure part.* – ***Avoir part à*** : participer à. *Un acte où la volonté a peu de part.* – ***Prendre part à*** : jouer un rôle dans (une affaire). → **participer.** *Prendre part à un travail.* → **contribuer.** – S'associer (aux sentiments d'autrui). *Je prends part à votre douleur.* → **compatir ; sympathie.** – ***Pour ma part*** : en ce qui me concerne. **2. *Faire part à deux*** : partager. – ***Faire part de qqch. à qqn,*** faire connaître (→ **faire-part**). **3.** Partie attribuée à qqn ou consacrée à tel ou tel emploi. → **lot, morceau, portion.** *Diviser en parts.* → **partager.** ■ Partie de capital possédée par un associé. *Acheter des parts dans une entreprise.* → ^{2}**action. 4.** Ce que chacun doit donner. → **écot, quote-part.** ■ Unité de base servant à déterminer le montant de l'impôt sur le revenu. **5. *Faire la part de*** : tenir compte de. *Faire la part des choses.* **II.** Partie. *Il a perdu une grande part de sa fortune.* – loc. *Pour une large part* : en grande partie. **III.** Côté, lieu (dans des loc.). **1. *De la part de (qqn)*** : au nom de (qqn), pour (qqn). *Elle est venue de la part de sa mère. De la part de qui ?* (au téléphone). – ***De toutes parts*** ou ***de toute part*** : de tous les côtés. – ***D'une part... d'autre part ; d'une part..., de l'autre,*** en comparant (deux idées ou deux faits). → **côté.** – ***D'autre part*** (en début de phrase). → **d'ailleurs,** par **ailleurs,** en **outre.** – ***De part et d'autre*** : des deux côtés. – ***De part en part*** : d'un côté à l'autre. → à **travers.** – ***En bonne, en mauvaise part*** : en bien, en mal. **2.** (avec un adj. indéf.) ***Nulle part*** : en aucun lieu (s'oppose à *quelque part*). – ***Autre part*** : dans un autre lieu. → **ailleurs.** – ***Quelque part*** : en un lieu indéterminé. **3. *À part*** loc. adv. : à l'écart. *Mettre à part.* → ^{1}**écarter.** *Prendre qqn à part,* en particulier, seul à seul. – loc. prép. Excepté. *À part lui, nous ne connaissons personne.* – adjectivt Qui est séparé d'un ensemble. *Occuper une place à part.*

Pärt (Arvo) Compositeur autrichien d'origine estonienne (né en 1935). Après s'être intéressé à la musique sérielle, il s'orienta vers le collage puis la musique des XIVe, XVe et XVIe s. *Perpetuum Mobile ; Collage Teemal Bach ; Passion selon saint Jean.*

partage n. m. (de ^{2}*partir*) **I.** Action de partager ou de diviser ; son résultat. **1.** Division (d'un tout) en parts. → **répartition.** *Le partage d'un domaine. Ligne de partage des eaux.* **2.** Fait de partager (qqch. avec qqn). *Un partage équitable.* ■ ***Sans partage*** : sans réserve. **II. 1.** Ce qui revient à qqn. – ***En partage.*** *Donner* (→ **impartir**) *en partage.* **2.** littér. Le lot, le sort (de qqn).

partageable adj. Qui peut être l'objet d'un partage.

partageant, ante n. dr. Personne qui participe à un partage.

partager v. tr. < 3 > (de *partage*) **1.** Diviser (un ensemble) en éléments pour les distribuer, les employer à des usages différents. *Partager un domaine.* → **morceler.** *Partager son temps entre plusieurs occupations.* **2.** Partager qqch. avec qqn, lui en donner une partie. **3.** Rendre accessible ; faire connaître. *Partager une recette. Partager son expérience.* REM. *Partager qqch. à qqn* est critiqué. **4.** Avoir part à (qqch.) en même temps que d'autres. *Partager le repas de qqn.* – fig. Prendre part à. *Partager les torts avec qqn.* – au p. p. *Un amour partagé,* mutuel. **5.** (sujet chose) Diviser (un ensemble) de manière à former plusieurs parties séparées ou non. → **couper.** *Une cloison partage la pièce.* **6.** au passif (sujet personne) Être divisé entre plusieurs sentiments contradictoires. *Elle était partagée entre l'amitié et la rancune.* – (sujet chose) loc. *Les avis sont partagés,* très divers. ■ **se partager** v. pron. **1.** (passif) Être partagé. *Ce gâteau ne se partage pas facilement.* **2.** (réfl.) *Se partager entre diverses tendances. Partagez-vous en deux groupes !* **3.** (récipr.) *Ils se sont partagé l'héritage.*

partageur, euse adj. Qui partage volontiers ce qu'il (elle) possède. *Cet enfant n'est pas partageur.*

partageux, euse n. vieilli ou plais. Personne qui préconise le partage, la communauté des biens.

partance n. f. (de ^{1}*partir*) ***En partance*** : qui va partir (bateaux, grands véhicules). *En partance pour* : à destination de.

^{1}**partant, ante 1.** n. Personne qui part. **2.** n. Personne, cheval au départ d'une course. *Les partants d'une course cycliste.* **3.** adj. D'accord (pour), disposé (à). *Je ne suis pas partant, c'est trop risqué.*

[2]partant conj. littér. Ainsi, donc. « *Plus d'amour, partant, plus de joie* » (La Fontaine).

partenaire n. (anglais *partner*) **1.** Personne avec qui l'on est allié contre d'autres joueurs. *Mon partenaire à la belote.* ■ Personne avec qui on pratique une activité (danse, sport...). **2.** Personne avec qui on a des relations sexuelles. **3.** Pays associé, allié commercial. *Les partenaires européens.* **4.** *Les partenaires sociaux* : les représentants des syndicats et du patronat.

partenariat n. m. (de *partenaire*) Association d'entreprises, d'institutions en vue de mener une action commune. □ adj. **partenarial, ale, aux**

parterre n. m. (de *terre*) **I.** Partie d'un jardin où l'on a aménagé des compartiments de fleurs. **II. 1.** Partie du rez-de-chaussée d'une salle de théâtre, derrière les fauteuils d'orchestre ; les spectateurs placés au parterre. – loc. fam., vieilli (jeu de mots) *Prendre un billet de parterre* : tomber. **2.** fig. Assistance, public.

Parthenay Chef-lieu d'arrondissement des Deux-Sèvres, sur le Thouet. 10 108 habitants. Collégiale du XIIe s. Vestiges de l'ancienne citadelle (XIIIe s.), d'églises du XIIe s. et des XIIe-XVe s., et d'un château du XIIIe s. Marché agricole (pommes, bovins).

parthénogenèse n. f. (du grec, de *parthenos* « vierge » et → -genèse) biol. Reproduction sans fécondation (sans mâle), dans une espèce sexuée. □ adj. **parthénogénétique**

Parthénon n. m. Temple d'Athéna sur l'Acropole, à Athènes. Bâti au Ve s. av. J.-C., à l'instigation de Périclès et sous la direction de Phidias, qui en assuma la décoration, c'est un temple périptère, chef d'œuvre de l'ordre dorique. Il fut transformé en église de la Vierge au VIe s. Au XVIIe s., il subit de graves dommages puis fut transformé en mosquée.

Parthénopéenne (république) République créée par Championnet le 23 janvier 1799 sur le territoire du royaume de Naples, alors gouverné par les Bourbons. La ville fut reprise le 13 juin.

Parthes n. m. pl. Ancien peuple semi-nomade d'Iran, qui constitua un empire (v. 250 av. J.-C.-224 apr. J.-C.). Leur puissance s'étendit en Iran (–160) et en Babylonie (–141), puis parvint à son apogée (–53), lorsqu'ils vainquirent les Romains. Ils allèrent jusqu'en Syrie, en Palestine et en Arménie. L'empire s'éteignit, battu par les Sassanides.

[1]parti n. m. (de *partir* « partager » ; *cf. partie*) **I. 1.** littér. Solution proposée ou choisie pour résoudre une situation. *Il hésitait entre deux partis.* **2.** *Prendre le parti de* : se décider à. → **décision, résolution.** *Prendre le parti d'en rire. Hésiter sur le parti à prendre.* – *Prendre parti* : prendre position. – *Prendre son parti* : se déterminer. *En prendre son parti,* s'y résigner. – *Faire un mauvais parti à qqn* : le malmener, le maltraiter. – *Parti pris* : opinion préconçue, choix arbitraire. → **préjugé, prévention.** *Juger sans parti pris. Être de parti pris.* → **partial. II.** loc. *Tirer parti de* : exploiter, utiliser. *Savoir tirer parti de qqch.* **III.** Personne à marier, du point de vue de la situation sociale et financière. *Un beau parti.*

[2]parti n. m. (de *partir* « partager ») **1.** Groupe de personnes défendant la même opinion, le même intérêt. → **camp.** *Se ranger du parti de qqn,* défendre la même opinion. → **partisan. 2.** plus cour. Organisation dont les membres mènent une action commune à des fins politiques. → **formation, mouvement, rassemblement, union.** *Les partis politiques. Esprit de parti,* loyauté, solidarité envers son parti ; péj. partialité, sectarisme.

[3]parti, ie adj. (de *partir*, I, 6) fam. Légèrement ivre. → **gai.**

partiaire [parsjɛr] adj. (latin *partiarius* « qui participe à » puis « métayer », de *pars* « part ») anciennt, dr. *Colon partiaire* : fermier qui partageait les récoltes avec le propriétaire. → **métayer.**

partial, ale, aux adj. (du latin, dérivé de *pars* → part) Qui prend parti sans souci de justice ni de vérité. *Un juge ne doit pas être partial.* □ adv. **partialement**

partialité n. f. Attitude partiale, manque d'équité. *Partialité en faveur de qqn* (→ **favoritisme**), *contre qqn* (→ **injustice, [1]parti pris**).

Particelli (Michel) Financier français (1596-1650). Il servit Richelieu et Mazarin, et remplit plusieurs charges de contrôleur des finances.

participant, ante adj. Qui participe à (qqch.). ■ n. *Les participants à une compétition.* → **concurrent.** – *Les participants d'une association.* → **adhérent.**

participatif, ive adj. **1.** Qui implique une participation des personnes intéressées. *Démocratie participative* : implication des citoyens dans la vie publique par la voie de consultations, d'associations. **2.** Qui concerne, correspond à une participation financière. *Fonds participatif.*

participation n. f. (du latin → participe) **1.** Action de participer ; action en commun. → **collaboration.** *Participation aux frais.* → **contribution.** – Fait de participer à un vote. *Taux de participation élevé.* **2.** Action de participer à un profit ; son résultat. *Participation aux bénéfices.* **3.** absolt Droit de regard et de libre discussion dans une communauté.

participe n. m. (du latin, de *pars* → part et *capere* « prendre » → capter) gramm. Forme modale du verbe, qui « participe » à la fois de l'adjectif et du verbe. *Participe présent à valeur verbale* (ex. *étant* de *être*), *à valeur d'adjectif* (ex. *brillantes* de *briller*). *Participe passé à valeur verbale* (ex. *fait* de *faire*), *à valeur d'adjectif* (ex. *fardées* de *farder*). *L'accord du participe.*

participer v. tr. ind. < 1 > (du latin → participe) **I.** *Participer à* **1.** Prendre part à (qqch.). *Participer à un travail.* → **collaborer, coopérer.** – fig. *Participer au chagrin d'un ami,* s'y associer. → **partager.** – absolt *Cet élève ne participe pas suffisamment.* **2.** Payer une part de. *Tous les convives participent aux frais.* **3.** Recevoir une part de. *Participer aux bénéfices.* **II.** littér. (sujet chose) *Participer de* : tenir de la nature de. *Cette fête participe des plus anciennes traditions populaires.*

participial, iale, iaux adj. gramm. Du participe. *Formes participiales.* – *Proposition participiale* : proposition ayant son sujet propre, et son verbe au participe présent ou passé.

particulariser v. tr. < 1 > Différencier par des traits particuliers. → **individualiser.** – pronom. Se singulariser. □ n. f. **particularisation**

particularisme n. m. (de *particulier*) **1.** Attitude d'une communauté, d'un groupe qui veut conserver ses usages particuliers, son autonomie. □ adj. et n. **particulariste** **2.** Caractère, trait particulier. *Particularisme culturel.*

particularité n. f. Caractère singulier, particulier à qqn, qqch. → **caractéristique.**

particule n. f. (latin *particula*, diminutif de *pars* → part, parcelle) **I.** Très petite partie, infime quantité (d'un corps). *Particules de calcaire. Particules fines,* en suspension dans l'air. ■ sc. Constituant (d'un système physique) considéré comme élémentaire. – *Physique des particules,* étudiant les composants fondamentaux de la matière (quarks...) et du rayonnement (photons...). **II.** Petit mot invariable, élément de composition (→ **préfixe, suffixe**) ou de liaison. *Particule privative.* – *Particule nobiliaire* ou *particule,* la préposition *de (du, de la)* précédant un nom de famille.

La définition de l'atome comme constituant ultime de la matière a été remise en cause par la découverte de la radioactivité naturelle à la fin du XIXe siècle, suivie de la description des entités plus petites, les **particules**, protons et électrons d'abord, neutrons ensuite, qui le constituaient. Puis, en 1938, avec la possibilité de scinder artificiellement les noyaux atomiques en les bombardant avec des neutrons, c'est tout un pan de la recherche fondamentale, doublé d'une industrie nucléaire sophistiquée, qui vit le jour. La physique des particules était née, avec l'objectif d'étudier les rayonnements de hautes énergies, les constituants élémentaires de la matière et les forces agissant entre eux ou par leur intermédiaire.
L'histoire de cette discipline est aussi riche que fulgurante. En moins d'un siècle, elle allait décrire des propriétés inédites de la matière en produisant plusieurs nouvelles théories fondamentales permettant de prévoir l'existence de dizaines de particules. Celles-ci allaient être mises en évidence dans les plus larges dispositifs expérimentaux jamais construits, grâce à des collaborations internationales sans précédent : les accélérateurs de particules.
Des neutrinos aux gravitons et autres gluons, c'est toute une « zoologie » de particules qui fut alors élaborée, et scindée en trois familles : les quarks et les leptons d'une part, qui possèdent une masse, et les bosons de jauge d'autre part, médiateurs des diverses interactions.
Tout comme le neutrino, si certaines particules ou messagers des interactions ont été prédites en théorie elles sont encore traquées par les physiciens. C'est le cas du boson de Higgs dont la nature est à rapprocher des bosons Z et W, médiateurs des interactions faibles. À cette fin, des moyens colossaux continuent d'être injectés dans ce domaine de la recherche, sans manquer de susciter parfois des polémiques quant à la légitimité de ces investissements.
voir aussi **atome, fission, fusion, matière, quantique, Univers**

particulier, ière (du latin, de *particula* → particule) **I.** adj. **1.** Qui appartient en propre (à qqn, qqch. ou à une catégorie d'êtres, de

Parthénon

Le Parthénon (Ve s. av. J.-C.) abritait une statue d'Athéna en or et en ivoire.

P

choses). → **personnel, propre.** *L'insouciance qui lui est particulière.* **2.** Qui ne concerne qu'un individu (ou un petit groupe). → **individuel.** *Des leçons particulières.* – ***En particulier*** **loc. adv.** : à part. *Je voudrais vous parler en particulier,* seul à seul. **3.** Qui présente des caractères hors du commun. → **remarquable, spécial.** *Une manière très particulière de voir les choses. Des amitiés particulières* (homosexuelles). – péj. *C'est d'un goût particulier.* – ***En particulier*** : spécialement, surtout. **4.** Qui concerne un cas précis (opposé à *général*). *Signe particulier. Rien de particulier.* → **spécial.** – **n. m.** *Aller du général au particulier.* – ***En particulier*** : d'un point de vue particulier. *Je ne veux rien en particulier.* **II. n.** (rare au fém.) Personne privée. *Vente aux particuliers.* – fam. Individu quelconque.

particulièrement adv. **1.** D'une manière particulière (I, 3). → **notamment, ^{1}surtout.** *Il aime tous les arts, particulièrement la peinture.* **2.** D'une manière spéciale, différente. → **spécialement.** *J'attire tout particulièrement votre attention sur ce point.*

partie [parti] **n. f.** (de *partir* « partager » *cf.* ^{1}et ^{2}*parti*) **I. 1.** Élément (d'un tout), unité séparée ou abstraite (d'un ensemble). → **morceau, parcelle, part.** *« Je tiens impossible de connaître les parties sans connaître le tout »* (Pascal). *Voilà une partie de la somme. Téléfilm en deux parties.* → **épisode.** – loc. *Une petite, une grande partie de,* un peu, beaucoup. *La majeure partie.* → la **plupart.** – loc. ***En partie.*** → **partiellement.** ■ math. *Partie d'un ensemble* : sous-ensemble de cet ensemble. ■ mus. Rôle d'une voix, d'un instrument dans une polyphonie. *La partie d'alto.* **2.** ***Faire partie de*** : être du nombre de, compter parmi. → **appartenir.** *Cela fait partie de mes attributions.* **3.** Élément constitutif (d'un être vivant). *Les parties du corps.* – fam. *Les parties,* ellipt pour *parties sexuelles masculines.* **4.** (avec un poss.) Domaine d'activités. *Elle est très forte dans sa partie.* → **branche, métier, spécialité. II. 1.** Personne physique ou morale qui participe à un acte juridique, est engagée dans un procès (→ **plaideur**). *Les parties au contrat. La partie adverse. La partie civile,* celle qui demande réparation. – loc. *Être juge et partie,* avoir à juger une affaire où l'on est impliqué (→ **partial**). **2.** loc. ***Prendre qqn à partie*** : s'en prendre à lui, l'attaquer. **3.** Adversaire. – loc. *Avoir affaire à forte partie,* à un adversaire redoutable. **III. 1.** Durée (d'un jeu) à l'issue de laquelle sont désignés gagnants et perdants (parfois distingué de *revanche* et *belle*). *Faire une partie de cartes. Gagner, perdre la partie.* ■ Lutte, combat. *Une partie inégale. J'abandonne la partie.* **2.** Divertissement organisé à plusieurs. *Une partie de chasse. Partie de plaisir.* **3.** loc. *Se mettre, être de la partie. Ce n'est que partie remise,* la chose est différée mais se fera.

partiel, elle adj. (ancien français *partial* → **part** « incomplet ») Qui n'existe qu'en partie, ne concerne qu'une partie d'un tout. *Éclipse partielle. Examen partiel* ou **n. m.** *un partiel. Élections partielles,* qui ne portent que sur un ou quelques sièges. □ **adv. partiellement**

parti pris voir ^{1}**parti** (I, 2)

^{1}**partir** v. intr. < 16 > (de ^{2}*partir* « diviser », d'où « séparer ») **I. 1.** Se mettre en mouvement pour quitter un lieu ; s'éloigner. → s'en **aller,** se **retirer.** *Partir de chez soi. Partir en hâte.* → **s'enfuir,** se **sauver.** *Partir sans laisser d'adresse. Partir à pied.* absolt *« Partir, c'est mourir un peu »* (Edmond Haraucourt). – ***Partir pour.*** *Partir pour la chasse. Partir pour Londres.* – ***Partir à.*** *Partir à la guerre.* – ***Partir en.*** *Ils sont partis en Chine, en vacances.* – ***Partir*** (+ inf.). *Il est parti déjeuner.* → ^{1}**sortir.** – (choses) *La lettre est partie hier.* **2.** Passer de l'immobilité à un mouvement rapide. *« À vos marques ! Prêts ? Partez ! ». La voiture ne veut pas partir.* → **démarrer. 3.** (choses ; surtout temps composés et p. p.) Se mettre à progresser, à marcher. *L'affaire est bien, mal partie.* → **commencer.** *C'est assez mal parti.* **4.** (projectiles) Être lancé, commencer sa trajectoire. *Le coup n'est pas parti.* **5.** fam. Commencer (à faire qqch.). → se **mettre.** *Elle est partie pour nous raconter sa vie.* **6.** Mourir. *Mon père est parti le premier.* – Perdre conscience (→ ^{3}**parti**). **II.** ***Partir de.*** **1.** Venir, provenir (d'une origine). *L'avion est parti de Londres.* **2.** Avoir son principe dans. *Cela part d'un bon sentiment.* **3.** Commencer un raisonnement, une opération. *En partant de ce principe* (→ ^{2}**partant**). **4.** ***À partir de*** : en prenant pour point de départ dans le temps. → ^{1}**de, depuis, dès.** *À partir d'aujourd'hui,* désormais. **III.** (choses) Disparaître. *La tache est partie.*

^{2}**partir** v. tr. seulement inf. (vient du latin *partire,* de *pars* → **part ; départir,** ^{1}**répartir**) vieux Partager. ***Avoir maille à partir.*** → ^{2}**maille.**

partisan, ane (de l'italien ; famille de *part*) **1. n.** Personne qui prend parti pour une doctrine, une théorie. → **adepte, défenseur.** *Les partisans du libéralisme économique.* – **adj.** *Ils, elles sont partisans d'accepter. Elle n'en est pas partisane.* **2. n. m.** Soldat de troupes irrégulières, qui se battent en territoire occupé. → **franc-tireur.** *Guerre de partisans* (→ **guérilla**). *« Le Chant des partisans »,* des résistants. **3. adj.** Qui témoigne d'un parti pris. *Querelles partisanes.*

partisanerie n. f. (Canada) Esprit partisan, attitude partisane. - var. **partisannerie.**

partita n. f. (mot italien « partie » ; même origine que ^{2}*partir*) mus. Pièce musicale pour un instrument solo ou accompagné, généralement formée d'une suite de danses ou de variations. *Une partita de Bach. Des partitas,* ou plur. italien *des partite* [partite].

partiteur n. m. (du latin *partire* « partager » → ^{2}**partir**) techn. Appareil destiné à répartir l'eau d'un canal d'irrigation entre les utilisateurs.

partitif adj. m. (du latin → ^{2}**partir**) gramm. ***Article partitif,*** qui détermine une partie non mesurable (ex. *manger du pain, boire de l'eau*).

^{1}**partition** n. f. (latin *partitio* « partage », de *partiri* → ^{2}**partir**) **I.** vieux Division. ■ mod., blason Division de l'écu par des lignes droites. **II.** (par l'anglais *partition*) anglic. **1.** Partage (d'un pays, d'un territoire). *La partition de Chypre.* **2.** math. Partage d'un ensemble en parties non vides, disjointes deux à deux et dont la réunion reconstitue cet ensemble. ■ inform. Partage, subdivision logique d'un disque dur. *Partition active,* qui contient le disque dur.

^{2}**partition** n. f. (de l'italien, du latin « partage ») Notation de l'ensemble des parties d'une composition musicale.

partout adv. (de *tout*) **1.** En tous lieux ; en de nombreux endroits. *On ne peut être partout à la fois.* **2.** jeu Pour chaque adversaire. *Quarante partout,* égalité (au tennis).

partouze n. f. fam. Relations sexuelles en groupe. - abrév. **touze.** - var. **partouse.**

parturiente [partyrjɑ̃t] n. f. (→ **parturition**) méd. Femme en train d'accoucher.

parturition n. f. (du latin, de *parere* « créer, produire » → **parent**) méd. Accouchement naturel. → **enfantement.** – Mise bas (des animaux).

paru, ue Participe passé du verbe *paraître.*

parure n. f. (de *parer*) **I. 1.** Ensemble des vêtements, des ornements, des bijoux d'une personne en grande toilette. **2.** Ensemble de bijoux assortis (boucles, collier, broche...). *Une parure de diamants.* **3.** Ensemble assorti de pièces de linge. *Parure de lit.* **II. n. f. pl.** techn. Ce qu'on retranche en parant la viande (os, graisse...) ou le poisson (tête, arêtes...).

parurerie [paryrri] n. f. techn., comm. Fabrication, commerce d'articles de fantaisie, de mode, servant à orner le vêtement féminin. □ **n. parurier, ière**

parution n. f. (de *paraître*) Moment de la publication (d'un document, d'informations, d'un livre, d'un article...). → **sortie.** *Dès parution des résultats officiels.* – Ce qui est paru. *Liste de nos dernières parutions.*

Pārvatī Divinité hindoue de la nature. Fille de l'Himalaya, elle peut prendre plusieurs aspects, dont ceux de Kālī et Durgā.

Pārvatī, statuette en bronze, Inde (xve s.), musée d'Ethnographie, Genève.

parvenir v. tr. ind. < 22 > (du latin ; famille de *venir*) ***Parvenir à*** **1.** Arriver (en un point déterminé), dans un déplacement. → **atteindre.** *Parvenir au sommet d'une montagne.* **2.** (choses) Arriver à destination. → **arriver.** *Faire parvenir un paiement.* – Se propager à travers l'espace (jusqu'à un lieu donné, jusqu'à quelqu'un). *Le bruit de la rue lui parvenait à peine.* **3.** (personnes) Arriver à (un but, un résultat qu'on se proposait). → **accéder** à. *Parvenir à ses fins, à ce qu'on voulait.* – (+ inf.) *Je ne suis pas parvenu à le voir.* **4.** Atteindre naturellement. *Parvenir à un âge avancé.*

parvenu, ue n. péj. Personne qui s'est élevée à une condition supérieure sans en acquérir les manières. → nouveau **riche.**

parvis n. m. (du latin *paradisus* → **paradis**) Place située devant la façade (d'une église, d'une cathédrale). *Le parvis de la cathédrale.* ■ Espace dégagé réservé aux piétons, dans un ensemble urbain. → **esplanade.**

^{1}**pas** n. m. (vient du latin *passus* → **passer,** de *pandere* « déployer » → **répandre**) **I.** ***Un, des pas*** **1.** Action de faire passer l'appui du corps d'un pied à l'autre, dans la marche. *Faire quelques pas en avant. Les premiers pas d'un enfant. Faire de grands pas.* → **enjambée.** – loc. *À pas de loup* : silencieusement. – *À chaque pas* : à chaque instant. – ***Pas à pas, à pas comptés*** : lentement, avec précaution. – *Faire les cent pas* : marcher de long en large. – loc. *Revenir **sur ses pas**,* en arrière. **2.** ***Faux pas*** : pas où l'appui du pied manque ; fait de trébucher. – fig. Écart de conduite. → **faute. 3.** Trace laissée par un pied. *Des pas dans la neige.* **4.** Longueur d'un pas. → **enjambée.** *C'est à deux pas (d'ici),* tout près. → à **proximité. 5.** fig. Chaque élément, chaque temps d'une progression, d'une marche. → **étape.** *Les discussions ont fait un pas en avant.* → **progresser.** – loc. *Faire les premiers pas* : prendre l'initiative. – prov. *Il n'y a que le premier pas qui coûte.* **II. 1.** ***Le pas*** : la façon de marcher. → **allure, démarche.** *Allonger, ralentir le pas.* – loc. *J'y vais de ce pas,* sans plus attendre. – ***Au pas.*** *Aller au pas,* à l'allure du pas normal. *Au pas de course,* rapidement. → au **galop,** au **trot.** *Marcher au pas,* réglementairement, en cadence. – loc. *Mettre qqn au pas,* le forcer à obéir. **2.** Ensemble des pas d'une danse. *Pas de valse.* – ***Pas de deux*** : partie d'un ballet dansée à deux. **3.** Allure, marche la plus lente (d'un animal). **III.** (au sens de *passage*) **1.** loc. *Prendre le pas sur qqn,* le précéder ; fig. prendre le dessus, l'avantage sur lui. *Céder le pas à qqn,* le laisser passer devant ; fig. lui laisser l'avantage. **2.** Passage. → **col** (III). *Franchir le pas.* ■ *Le pas de Calais* (détroit). **3.** loc. *Se tirer d'un **mauvais pas**,* d'une situation périlleuse, grave. **4.** ***Le pas de la porte*** : le seuil. – fig. *Pas-de-porte :* somme payée au détenteur d'un bail pour avoir accès à un fonds de commerce. *Des pas-de-porte.* **5.** Tours d'une rainure en spirale. *Un pas de vis.* → **¹filet.** ■ géom. Distance de deux spires consécutives d'une spirale, mesurée parallèlement à l'axe. *Hélice à pas variable.*

²pas adv. de négation (de ¹*pas*) **I.** *Ne...pas, ne pas* (négation du verbe). → **³point.** *Je ne parle pas. Je ne vous ai pas vu.* – (+ inf.) *Il espère ne pas le rencontrer.* – loc. *Ce n'est pas que* (+ subj. ; pour introduire une restriction). *Ce n'est pas qu'il ait peur, mais...* **II.** *Pas* **1.** ellipt (réponses, exclamations) *Non pas. Absolument pas. Pas du tout. Pas de chance ! Pourquoi pas ? Ils viennent ou pas ?* → **non.** – *Pas un* (→ **aucun, nul**). *Pas un bruit.* – *Il est paresseux comme pas un,* plus que tout autre. **2.** (devant un adj. ou un participe) *Une fille pas bête (du tout).* **III.** *Pas* (employé sans *ne*). fam. (parlé) *Pleure pas ! On sait pas.*

Pasadena Ville des États-Unis (Californie), dans la banlieue de Los Angeles. 138 600 habitants (9,5 millions pour la zone urbaine). Centre commercial et résidentiel. Siège de l'université privée California Institute of Technology. Station balnéaire.

Pasargades Ancienne cité royale de Perse, détrônée par Persépolis.

¹pascal, ale, als ou **aux** adj. (du latin → **pâque**) **1.** Relatif à la Pâque juive. *L'agneau pascal.* **2.** Relatif à la fête de Pâques des chrétiens. *La communion pascale.*

²pascal n. m. (de Blaise Pascal) inform. Langage de programmation pour applications scientifiques.

³pascal, als n. m. (de Blaise Pascal) Unité de mesure de contrainte et de pression (symb. Pa) correspondant à une force de 1 newton exercée perpendiculairement sur une surface plane de 1 m².

Pascal (Blaise) Physicien, mathématicien, philosophe et écrivain français (1623-1662). Il conçut, à dix-neuf ans, une machine arithmétique, la *machine de Pascal,* capable d'effectuer les quatre opérations, et réalisa d'importants travaux concernant le vide, la pesanteur de l'air, l'hydrostatique. On lui doit également un *Traité du triangle arithmétique,* les bases du calcul infinitésimal et d'importants résultats en géométrie projective. Il fonda avec Fermat le calcul des probabilités. Bouleversé par son extase mystique de 1654, il fit retraite à Port-Royal et se rapprocha des jansénistes, qu'il défendit contre les jésuites dans *Les Provinciales.* Il est surtout célèbre pour ses *Pensées,* publiées après sa mort. Dans un style à la fois dépouillé et éloquent, il y évoque la « misère de l'homme sans Dieu » et engage son lecteur à miser sur l'existence de Dieu (argument du « pari »).

Blaise Pascal, par François Quenel le Jeune (XVIIe s.), musée du château, Versailles.

Pascal Ier (saint) Pape de 817 à 824. Romain, il obtint une Constitution garantissant à la papauté la possession perpétuelle de ses territoires et son indépendance face à l'Empire.

Pascal II [Rainier] (v. 1050-1118). Pape de 1099 à 1118. Il poursuivit la querelle des Investitures, s'opposant successivement aux empereurs Henri IV puis Henri V.

Pasch (Moritz) Logicien allemand (1843-1930). On lui doit l'une des premières axiomatisations de la géométrie.

Pascin (Julius Pinkas, dit Jules) Peintre américain d'origine bulgare (1885-1930). Dessinateur satirique, il rapporta de ses voyages sur le continent américain des scènes quotidiennes d'un humour féroce. Représentatif de l'école de Paris, il mena par la suite une vie de bohème entre Paris et l'Afrique du Nord, célébrant les corps féminins dans des œuvres d'abord très crues puis plus immatérielles dans sa manière dite « cendrée ». *Deux Femmes.*

Pascoli (Giovanni) Poète italien (1855-1912). Il est l'auteur de poèmes lyriques d'inspiration bucolique et antique. *Myricae ; Les Chants de Castelvecchio ; Poèmes italiques.*

pas-d'âne n. m. invar. (de *pas* n. m., *de* et *âne*) **1.** bot. Nom courant du tussilage. **2.** vétér. Instrument servant à maintenir ouverte la bouche d'un cheval quand on l'examine. **3.** vieux Garde d'une épée qui protège la main.

pas de Calais n. m. Détroit entre la France et la Grande-Bretagne, large de 31 km et long de 180 km. Il permet le passage de la Manche à la mer du Nord.

Pas-de-Calais n. m. [62] Département français de la Région Hauts-de-France (→ carte). 6 671 km². 1 462 167 habitants. Chef-lieu : Arras. Chefs-lieux d'arrondissement : Béthune, Boulogne-sur-Mer, Calais, Lens, Montreuil-sur-Mer, Saint-Omer. Le département est formé d'un plateau calcaire qui s'abaisse doucement depuis le littoral sur la Manche, au N.-O., jusqu'au seuil d'Arras au S.-E. La côte est constituée au centre d'une succession de caps et de falaises. Entre les stations balnéaires (Le Touquet, Berck-Plage) s'insèrent de petits ports et des villes importantes (Boulogne-sur-Mer, Calais). L'intérieur du pays est occupé par le bombement de l'Artois (213 m). On y pratique l'élevage et l'agriculture (betterave, céréales). Les secteurs industriels traditionnels (textile, métallurgie et sidérurgie) sont entrés en crise dans les années 1960. La reconversion a porté vers la construction automobile et la chimie, autour de grands pôles urbains.

Pas de la Case n. m. Site touristique à la frontière d'Andorre et des Pyrénées-Orientales. 2 091 m d'altitude. Commerce frontalier.

Pasdeloup (Jules Étienne) Chef d'orchestre français (1819-1881). Attaché à proposer la musique classique au plus grand nombre, il créa en 1861 les Concerts populaires au Cirque d'hiver, devenus en 1920 les Concerts Pasdeloup.

pas-de-porte n. m. invar. voir **¹pas** (III, 4)

pashmina [paʃmina] n. m. (du perse *pašmīn* « en laine ; laineux », de *pašmin* « laine ») Laine très fine et très chaude provenant du duvet d'une chèvre des hauts plateaux de l'Himalaya et de Mongolie. – Étole faite avec cette laine.

Pashtouns voir **Pachtouns**

pasionaria voir **passionaria**

Pasionaria voir **Ibárruri** (Dolorès)

Pasiphaé Dans la mythologie grecque, fille d'Hélios et épouse de Minos. Elle est surtout célèbre pour sa passion pour un taureau, inspirée par Poséidon ; de cette union naît le Minotaure.

Pasmore (Victor) Peintre britannique (1908-1998). D'abord proche de l'impressionnisme, il s'orienta vers l'art abstrait, créant des « espaces irrationnels » en utilisant les décrochements et les plans cassés. *Motif ovale en ocre, brun et rose ; Prospective Paintings.*

paso doble [pasodɔbl] n. m. invar. (espagnol « pas redoublé ») Danse de couple sur une musique de caractère espagnol. - var. RO **pasodoble** n. m.

Pasolini (Pier Paolo) Cinéaste et écrivain italien (1922-1975). Ses films (*Œdipe roi ; Théorème ; Salò ou les Cent Vingt Journées de Sodome*) sont à la fois lyriques et provocateurs. Son œuvre littéraire comprend des poèmes (*Les Cendres de Gramsci*), des récits (*Les Enfants de la vie ; Une vie violente*) et des essais.

Pier Paolo Pasolini (à dr.) dirigeant Orson Welles dans *La Ricotta* (1962).

Pasqua (Charles) Homme politique français (1927-2015). Député UDR, RPR puis UMP, sénateur, député européen, il a été ministre de l'Intérieur (1986-1988 ; 1993-1995). Il a fondé le Rassemblement pour la France en 1999. En 2010, il a été condamné pour complicité d'abus de biens sociaux et recel.

Pasquier (Étienne) Avocat, humaniste et historien français (1529-1615). Il étudia, dans les neuf tomes de ses *Recherches de la France,* les origines des institutions françaises et l'évolution de l'autorité royale.

Pasquier (Étienne, baron puis duc) Homme politique français (1767-1862). Conseiller d'État et préfet de police sous l'Empire, il se rallia aux Bourbons et fut ministre de la Justice, puis ministre des Affaires étrangères.

Pasquin Type de valet de la commedia dell'arte, rusé et insolent.

passable adj. Qui peut passer, qui convient à peu près. → **acceptable, ¹moyen.**

passablement adv. **1.** Pas trop mal. → **moyennement. 2.** Plus qu'un peu, assez.

passacaille n. f. (espagnol *pasacalle*) Danse de théâtre à trois temps au rythme modéré, en faveur en France au XVIIe s. ■ mus. Pièce voisine de la chaconne*.

passade n. f. (de l'italien ; famille de *passer*) Liaison amoureuse de courte durée. – fig. Engouement passager (pour qqch.). → **tocade.**

passage n. m. **I.** Action, fait de passer. **1.** (En traversant un lieu, en passant par un endroit) *Passage interdit. Un lieu de passage.* ■ astron. Moment où un astre passe devant un autre ou traverse un méridien. – ***Au passage :*** au moment où qqn, qqch. passe à un endroit. – fig. *Saisir une occasion au passage.* – ***De passage :*** qui ne fait que passer, ne reste pas longtemps. **2.** Traversée (sur un navire). *Payer le passage.* **3.** ***Examen de passage,*** pour passer dans la classe supérieure. **4.** Fait de passer d'un état à un autre. *Le passage du jour à la nuit.* – psych. ***Passage à l'acte :*** déclenchement d'une action. **5.** loc. ***Passage à vide :*** relâchement, perte momentanée de la volonté au cours d'une action. **II. 1.** Endroit par où l'on passe. *Se frayer un passage. Objet qui encombre le passage. Passage obligé :* que

P

l'on ne peut éviter. – *Sur le passage de :* sur le chemin de qqn. **2.** Petite voie pour les piétons, qui unit deux artères ; galerie marchande. **3.** *Passage à niveau :* croisement sur le même niveau d'une voie ferrée et d'une route. – *Passage souterrain :* tunnel sous une voie de communication. – *Passage protégé, passage pour piétons* ou vieilli *passage clouté**. – *Passage à faune,* aménagé pour permettre aux animaux le franchissement d'une voie de communication. **III.** Fragment (d'une œuvre, d'un texte). → **extrait, morceau.**

Passage (Le) Commune du Lot-et-Garonne, sur la Garonne. 9 352 habitants. Pont édifié sous Napoléon.

passager, ère I. n. Personne transportée à bord d'un navire, d'un avion, d'une voiture et qui ne fait pas partie de l'équipage (pour un train, on dit *voyageur, euse*). *Passager clandestin.* **2. adj.** Dont la durée est brève. → [1]**court, éphémère.** *Un bonheur passager.* → **fugace.**

passagèrement adv. Pour peu de temps.

Passamaquoddy (baie de) Baie du Nouveau-Brunswick, à la frontière des États-Unis et du Canada.

passant, ante I. n. Personne qui passe dans un lieu, dans une rue. → **promeneur. II. n. m.** Anneau, pièce cousue pour maintenir une courroie, une ceinture, etc. en place. **III. adj.** Où passent beaucoup de personnes, de véhicules (voies, rues...).

Passard (Alain) Chef cuisinier français (né en 1956). Longtemps réputé pour son talent de rôtisseur, il décida en 2000 de concentrer tous ses efforts sur un champ encore inexploré de la gastronomie : le légume.

Passarowitz Ville de Serbie, où l'Autriche, Venise et la Turquie conclurent un traité en 1718. La Turquie cédait à l'Autriche le Banat, la Valachie occidentale et la Serbie du Nord, mais reprenait la Morée à Venise.

passation n. f. 1. dr. Action de passer (un acte). → **passer (VI, 9).** *La passation d'un contrat.* **2.** *Passation de pouvoirs,* transmission de pouvoirs à un autre, d'autres.

Passau Ville d'Allemagne (Bavière), à la frontière avec l'Autriche, sur le Danube. 52 410 habitants. Port fluvial. Monuments baroques. Université.

passavant n. m. (de *passer* et *avant*) 1. dr., comm. Document autorisant la circulation en franchise d'une marchandise soumise à certaines taxes (contributions indirectes, droits de douane), sur un parcours et pour un temps déterminés. → **laissez-passer.** *Des passavants.* **2.** mar., ancienn^t^ Partie du pont supérieur qui servait de passage entre l'avant et l'arrière du navire. ■ mod. Passerelle légère, souvent amovible, reliant un rouf à un autre.

[1]**passe n. f. I.** Action de passer. **1.** escrime Action d'avancer sur l'adversaire. ■ fig. *Passe d'armes :* échange d'arguments, de répliques vives. **2.** loc. *Mot de passe :* formule convenue qui permet de passer librement ; inform. combinaison de caractères qui permet d'accéder à un réseau, un ordinateur, un programme. **3.** Prestation d'un prostitué, d'une prostituée. *Maison de passe,* de prostitution. **4.** Mouvement de mains (d'un prestidigitateur, d'un magnétiseur...). **5.** Action de passer la balle à un partenaire. **6.** Mouvement par lequel le matador fait passer près de lui le taureau. **7.** techn. Passage d'une pièce dans une machine. *Usinage en plusieurs passes.* **II. 1.** Passage étroit ouvert à la navigation. → **canal, chenal.** ■ Passage, en montagne. → **col. 2.** loc. *Être en passe de,* en position, sur le point de. – *Être dans une mauvaise passe,* dans une période d'ennuis. **III.** jeu **1.** Mise que les joueurs doivent faire à chaque coup dans certains jeux. **2.** À la roulette, Deuxième moitié de la série des numéros (de 19 à 36) sur laquelle on peut miser (opposé à **manque**).

[2]**passe n. m. (anglais *pass*)** Permis, attestation permettant de franchir un contrôle et donnant accès à un lieu, un service. *Ce passe donne accès à dix musées. Passe sanitaire, vaccinal.* - var. **pass** (anglic.).

[3]**passe n. m.** voir **passe-partout**

[1]**passé n. m. I. 1.** Ce qui a été, précédant un moment donné, ce qui s'est passé. *Le passé et l'avenir. La connaissance du passé. Avoir le culte du passé,* être conservateur, traditionaliste (→ **passéisme).** fam. *C'est du passé.* **2.** Vie passée, considérée comme un ensemble de souvenirs. **II. 1.** Partie du temps, cadre où chaque chose passée aurait sa place. *Le passé, le présent et l'avenir. Le passé le plus reculé.* – *Par le passé :* autrefois. **2.** gramm. Temps révolu où se situe l'action ou l'état exprimé par le verbe ; formes de ce verbe. *Le passé simple* (il fit), *le passé composé* (il a fait) *et le passé antérieur* (il eut fait).

[2]**passé, ée (de *passer,* III, 1) I. adj.** Qui n'est plus, est écoulé. *Il est huit heures passées,* plus de huit heures. **II. prép.** Après, au-delà, dans l'espace ou le temps. *Passé minuit.*

[3]**passé, ée adj. (de *passer,* III, 3)** Éteint, fané. → **défraîchi.** *Des couleurs passées.*

passe-bande adj. techn. *Filtre passe-bande,* qui ne laisse passer qu'une bande de fréquences. *Des filtres passe-bande* (invar.) ou *passe-bandes.*

passe-bas adj. invar. (de *passer* et *bas* [basse fréquence]) techn. *Filtre passe-bas,* qui ne laisse passer que les basses fréquences (contr. **passe-haut**).

passe-crassane n. f. Poire d'hiver juteuse, à la peau grumeleuse d'un brun jaune terne. *Des passe-crassanes.*

passe-droit n. m. Faveur accordée contre le règlement, contre le droit. *Profiter de nombreux passe-droits.*

passée n. f. (→ passer) chasse **1.** Trace laissée en passant (par certains animaux). **2.** Passage de certains oiseaux autour du lever et du coucher du soleil. *L'heure de la passée.*

passe-haut [pɑsəo] **adj. invar. (de *passer* et *haut* [haute fréquence])** techn. *Filtre passe-haut,* qui ne laisse passer que les hautes fréquences (contr. **passe-bas**).

passéisme n. m. (de [1]*passé*) didact. Préférence exclusive accordée au passé. □ **passéiste adj.** *Attitude passéiste.* – **n.** *Un, une passéiste.*

passe-lacet n. m. Grosse aiguille à long chas et pointe plate arrondie servant à introduire un lacet, un cordon dans un œillet, une coulisse. *Des passe-lacets.*

passement n. m. (de *passer*) Galon de fils mêlés, ganse qui borde, orne, sert de garniture (→ **passementerie).**

passementerie n. f. (de *passement,* dérivé de *passer*) 1. Ouvrages de fil destinés à l'ornement, en couture ou en décoration. **2.** Commerce, industrie de ces ouvrages.

passementier, ière techn., comm. **1. n.** Personne qui fabrique ou vend de la passementerie. **2. adj.** De la passementerie. *Industrie passementière.*

passe-montagne n. m. Coiffure de tricot enveloppant la tête et le cou, ne laissant qu'une partie du visage à découvert. → **cagoule.** *Des passe-montagnes.*

passe-partout n. m. invar. 1. Clé servant à ouvrir plusieurs serrures. → **crochet.** - abrév. **passe. 2.** techn. Scie à bois à lame large présentant une poignée verticale à chaque extrémité sans monture. **3.** techn. Cadre à fond amovible pouvant recevoir des gravures, dessins, estampes, etc. d'un même format. **4.** fig. Ce qui convient partout. – **adj. invar.** *Une tenue passe-partout.* - var. **RO passepartout n. m.**

passe-passe n. m. invar. (de *passer*) *Tour de passe-passe :* tour d'adresse des prestidigitateurs. ■ fig. Tromperie habile. - var. **RO passepasse n. m.**

passe-pied n. m. ancienn^t^ Danse folklorique française à trois temps, vive et gaie, semblable au menuet. *Des passe-pieds.*

passe-plat n. m. Guichet pour passer les plats, les assiettes d'une cuisine à la salle où l'on mange. *Des passe-plats.*

passepoil n. m. Liseré, bordure de tissu pris en double formant relief entre deux pièces cousues. □ **passepoilé, ée adj.** *Boutonnière passepoilée.*

passeport n. m. (de *passer* et *port* « issue ») Pièce certifiant l'identité et la nationalité, délivrée par une autorité administrative à un ressortissant pour lui permettre de se rendre à l'étranger.

passer v. <1> (du latin, de *passus* → [1]pas) I. v. intr. (auxiliaire *être ;* parfois *avoir*) Se déplacer d'un mouvement continu. **1.** Être momentanément (à tel endroit), en mouvement. *Passer à Paris, dans les environs. Le train va passer ; il est passé.* – *Ne faire que passer,* rester très peu de temps. – *En passant :* au passage ; sans s'attarder. – *Soit dit en passant,* par parenthèse. **2.** Être projeté (film), diffusé (émission). *C'est passé à la télévision.* **3.** (avec certaines prép.) *Passer sous, dessous. Passer sous un porche.* – *Passer sous une voiture,* être écrasé. – *Passer sur, dessus. Passer sur un pont.* – fig. *Passer sur le corps de qqn,* lui nuire pour parvenir à ses fins. ■ Ne pas s'attarder sur (un sujet). *Passer rapidement sur les détails.* absolt *Passons !* – Ne pas tenir compte de, oublier volontairement (qqch.). – *Passer outre.* → [2]**outre ; outrepasser.** – *Passer à (au) travers :* traverser. *Passer à travers bois.* → **couper, prendre.** – *Passer au travers de difficultés,* les éviter, y échapper. – *Passer près, à côté de qqn, de qqch.* – *Passer entre (deux personnes, deux choses).* – *Passer devant, derrière :* précéder, suivre (dans l'espace). *Je passe devant pour vous montrer le chemin.* – *Passer avant, après :* précéder, suivre (dans le temps). – (abstrait) Être plus important. *Sa mère passe avant sa femme.* **4.** absolt Franchir un endroit difficile, interdit. *Stop ! on ne passe pas !* – *Laisser passer :* faire en sorte que qqn, qqch. passe. ■ (sujet chose) Traverser un filtre (liquide). *Le café est en train de passer.* – (aliments) Être digéré. *Mon déjeuner ne passe pas.* – fam. *Le, la sentir passer,* souffrir, trouver pénible. **5.** absolt Être accepté, admis. – *Passe, passe encore :* cela peut à la rigueur être admis. **6.** *Passer par :* traverser (un lieu) à un moment de son trajet. *Passer par Calais pour se rendre en Angleterre.* → **via.** *Il est passé par l'université,* il y a fait des études. – loc. *Une idée m'est passée par la tête,* m'a traversé l'esprit. – fig. *Passer par la voie hiérarchique. Je suis passé par là,* j'ai eu les mêmes difficultés. ■ *Y passer :* subir nécessairement (une peine, un sort commun). – spécialt, fam. Mourir. **7.** *Passer inaperçu,* rester inaperçu. **II. v. intr.** (Aller) **1.** *Passer de... à, dans, en... :* quitter (un lieu) pour aller dans (un autre). → **se rendre.** *Passer d'une pièce dans une autre. La rumeur est passée de bouche en bouche.* → **circuler.** – (changement d'état) *Passer de vie à trépas :* mourir. *Il passe d'un extrême à l'autre.* **2.** (sans *de*) *Passer à, dans, en, chez ; quelque part,* aller. *Passons à table. Je passerai chez vous.* – (le passage étant définitif) S'établir, s'installer. *Passer à l'ennemi. Usage qui passe dans les mœurs.* ■ Accéder. *Elle est passée dans la classe supérieure.* → **passage (I, 3). 3.** *Passer* (+ inf.) : aller (faire qqch.). *Je passerai te prendre à midi.* **4.** (choses) *Y passer :* être utilisé à. *Elle aime le cinéma, tout son argent y passe.* **5.** *Passer à :* en venir à. *Passer à l'action. Passons à autre chose.* **6.** (suivi d'un attribut) Devenir. *Il est passé maître dans cet art.* **7.** interrogatif Être dans un lieu inconnu. *Où sont passées mes clés ?* **III. v. intr.** (sans compl.) sens temporel **1.** S'écouler (temps). *Comme le temps passe ! « Passent les jours et passent les semaines* [...] *»* (Apollinaire). **2.** Cesser d'être. → **disparaître.** *La douleur va passer. Faire passer à qqn le goût, l'envie de qqch.* **3.** (couleur) Perdre son éclat. → **pâlir.** *Le bleu passe au soleil.* **IV.** verbe d'état (auxiliaire *avoir*) *Passer pour :* être considéré comme, avoir la réputation de. *Passer pour un imbécile.* – *Elle l'a fait passer pour une idiote. Se faire passer pour fou.* ■ (choses) Être pris pour. *Cela peut passer pour vrai.* **V. v. tr.** (Traverser ou dépasser) **1.** Traverser (un lieu, un obstacle).

→ **franchir.** *Passer une rivière, un col* (→ [1]**passe**). *Passer la frontière.* ■ littér. Aller le long de, s'en aller par. *Passez votre chemin !* **2.** *Passer un examen,* en subir les épreuves. *Elle vient de passer l'oral.* **3.** Employer (un laps de temps), se trouver dans telle situation pendant (une durée). *Passer la soirée chez qqn.* – *Passer le temps** à (+ inf.). → **employer.** *Passer le temps :* s'occuper. **4.** Satisfaire (un besoin). *Passer sa rage sur qqn.* → **assouvir. 5.** Abandonner (un élément d'une suite). → **oublier, sauter.** *Passer une ligne en lisant. Passer son tour.* – au jeu *Je passe.* **6.** *Passer (qqch.) à qqn.* → **permettre.** *Ses parents lui passent tout. Passez-moi l'expression* (se dit pour s'excuser). **7.** Dépasser (dans l'espace). – loc. *Passer le cap de,* franchir (un âge, une étape critique, une difficulté). – *Passer les bornes,* aller trop loin. → **outrepasser.** – (dans le temps) *Elle a passé la limite d'âge.* **VI. v. tr.** (Faire passer) **1.** Faire traverser (qqch.). *Passer des marchandises en transit.* – Faire aller, fonctionner. *Passer l'aspirateur.* **2.** *Passer* (qqch.) *sur,* étendre. *Passer une couche de peinture sur un mur.* **3.** *Passer* (qqn, qqch.) *par, à :* soumettre à l'action de. *Passer un instrument à la flamme. Passer qqn par les armes,* le fusiller. **4.** Faire traverser un filtre (en parlant d'un liquide). *Passer le café.* **5.** Projeter, diffuser. *Passer un film.* **6.** Mettre rapidement. → **enfiler.** *Passer une veste.* **7.** Enclencher (les commandes de vitesse d'un véhicule). *Passer la troisième.* **8.** *Passer qqch. à qqn,* remettre. → **donner.** *Passe-moi le sel.* – pronom. récipr. *Ils se sont passé le mot,* ils se sont mis d'accord. – *Passer la parole à qqn,* la lui donner. – fam. *Passer un coup de fil à qqn,* lui téléphoner. *Passez-moi M. le Directeur,* mettez-moi en communication avec lui. ■ *Passer une maladie à qqn,* la lui donner par contagion. → **transmettre. 9.** Faire, établir. *Passer un contrat, une commande.* → **passation.** ■ **se passer v. pron. I. 1.** S'écouler (cf. ci-dessus, III). *Des jours qui se passent dans l'attente.* – Prendre fin. *Il faut que jeunesse se passe.* **2.** Être (en parlant d'une action, d'un évènement qui a une certaine durée). → **se produire.** *L'action se passe au XVI*e *siècle. Cela s'est bien, mal passé.* – loc. fam. *Ça ne se passera pas comme ça,* je ne le tolérerai pas. – impers. *Qu'est-ce qui se passe ?,* qu'est-ce qu'il y a ? **II.** *Se passer de* **1.** Vivre sans (en s'accommodant de cette absence). *Se passer d'argent.* – *Nous nous passerons d'aller au théâtre.* → **s'abstenir.** *Je m'en passerais bien.* **2.** (choses) Ne pas avoir besoin. *Cela se passe de commentaires !*

passerage n. f. (de *passer* et *rage*) Plante (crucifère) considérée autrefois comme un remède contre la rage, appelée aussi *cresson alénois.*

passereau n. m. (de l'ancien français *passer,* du latin *passer* « moineau ») Oiseau généralement de petite taille (ordre des *Passereaux* ou *Passériformes ;* ex. l'alouette, l'hirondelle, le moineau).

passerelle n. f. (de *passer*) **1.** Pont étroit, réservé aux piétons. **2.** Plan incliné mobile par lequel on peut accéder à un navire, un avion. **3.** Superstructure la plus élevée d'un navire. *Le commandant est sur la passerelle.* **4.** inform. Système logiciel ou matériel permettant de passer d'un environnement à un autre.

passerine n. f. (latin *passer, passeris* « moineau » → **passereau**) **1.** Plante appelée communément *langue de moineau, herbe à l'hirondelle,* proche du daphné. **2.** Passereau d'Amérique, aux couleurs vives, appelé aussi *pape.*

Passero (cap) Cap de l'extrémité S.-E. de la Sicile.

passerose n. f. (de *passer* « surpasser » et [1]*rose*) régional Rose trémière. *Des passeroses.* - var. **passe-rose.** *Des passe-roses.*

passe-temps n. m. invar. Ce qui fait passer agréablement le temps. → **amusement, divertissement.** - var. RO **passetemps.**

passe-tout-grain n. m. invar. (de *passer, tout* et *grain* [de raisin]) Vin rouge, parfois rosé, de Bourgogne, mélange de cépages (essentiellement gamay et pinot).

passeur, euse n. **1.** Personne qui fait passer une rivière. → **batelier. 2.** Personne qui fait passer clandestinement une frontière à qqn ou qqch. **3.** sport Personne qui passe le ballon, fait une passe. **4.** Intermédiaire qui fait le lien entre deux époques, deux cultures.

passe-velours n. m. invar. régional Amarante.

passible adj. (du latin, de *pati* « souffrir » → **pâtir**) ***Passible de* 1.** Qui doit subir (une peine). *Être passible d'une amende.* → **encourir. 2.** Susceptible d'entraîner l'application d'une peine. *Délit passible d'emprisonnement.*

passif, ive (du latin, de *pati* « subir » → **passion, pâtir**) **I. adj. 1.** Qui se contente de subir, n'agit pas, ne prend pas d'initiative. *Il reste passif devant le danger,* il ne réagit pas (→ **passivité**). – *Résistance* passive. Défense* passive.* **2.** Qui n'accomplit pas d'action. *Observateur actif et observateur passif.* Se dit des formes verbales présentant l'action comme subie par le sujet. *Voix* passive.* – **n. m.** *Le passif :* voix, conjugaison passive. *Un verbe au passif.* **II. n. m.** Ensemble de dettes et charges financières. *Succession dont le passif est supérieur à l'actif. Le passif du bilan d'une société :* capitaux propres, dettes à long, moyen et court terme, avances...

passiflore n. f. (latin « fleur de la passion ») Plante à larges fleurs étoilées qui évoquent les clous de la Passion (II). *Fruit de la passiflore* (→ **fruit de la passion***).

passim [pasim] adv. (mot latin) Çà et là (dans tel ouvrage), en différents endroits (d'un livre). *Page 9 et passim.*

passing-shot [pasiŋʃɔt] n. m. (mot anglais « coup *[shot]* passant [passing] ») anglic. Au tennis, Balle rapide en diagonale ou près d'un couloir, destinée à dépasser un joueur monté au filet pour faire une volée. *Des passing-shots.*

passion n. f. (latin *passio* « fait de souffrir », de *pati* → **passif, pâtir**) **I. 1.** surtout plur. État affectif et intellectuel assez puissant pour dominer la vie mentale. *Obéir, résister à ses passions, vaincre ses passions.* → **désir.** ■ « *La passion est toute l'humanité* » (Balzac). → **affectivité, sentiment. 2.** Amour intense. *Déclarer sa passion.* → **flamme.** *Passion subite.* → coup de **foudre. 3.** Vive inclination vers un objet auquel on s'attache de toutes ses forces. *La passion du jeu.* **4.** Affectivité violente, qui nuit au jugement. *Discuter sans passion.* – *Céder aux passions politiques.* **5.** *La passion,* ce qui, dans une œuvre, est le signe de la sensibilité, de l'enthousiasme de l'artiste. → **émotion, vie. II. 1.** relig. *La Passion,* souffrance et supplice du Christ. **2.** *Arbre de la passion,* la passiflore*. *Fleur de la passion,* sa fleur. (cour.) *Fruit de la passion.* → **grenadille, maracuja.**

passionaria ou **pasionaria** n. f. (espagnol *pasionaria* « la passionnée ») Militante qui défend de façon parfois violente et spectaculaire une cause politique.

passioniste voir **passionniste**

passionnant, ante adj. Qui passionne. → **captivant, palpitant.** *Des nouvelles pas passionnantes,* sans intérêt. – *Des gens passionnants.*

passionné, ée adj. Animé, rempli de passion. *Un amoureux passionné.* – **n.** *C'est un passionné.* ■ *Passionné de, pour,* qui a une vive inclination pour (qqch.). → **fanatique.** – **n.** *C'est une passionnée de moto.* ■ *Un récit passionné.*

passionnel, elle adj. **1.** Relatif aux passions (I, 1), qui évoque la passion. **2.** par euphémisme Inspiré par la passion (I, 2) amoureuse. *Crime passionnel.* → **féminicide.** □ **adv. passionnellement**

passionnément adv. Avec passion. *Ils s'aiment passionnément.* → **follement.** – *Désirer passionnément qqch.*

passionner v. tr. < 1 > **1.** Éveiller un très vif intérêt. *Ce sujet m'a passionné.* **2.** Empreindre de passion (I, 4). *Passionner un débat.* ■ **se passionner v. pron.** *Se passionner pour :* prendre un intérêt très vif à.

passionniste n. relig. Membre d'une congrégation fondée par saint Paul de la Croix pour conserver le souvenir de la Passion du Christ. - var. **passioniste.**

passivation n. f. (mot anglais, de *to passivate* « rendre passif ») anglic. **1.** techn. Préparation de la surface d'un métal pour le prémunir de la corrosion (traitement au phosphate notamment), avant la peinture. **2.** ling. Transformation par mise au passif du verbe.

passivement adv. D'une manière passive.

passivité n. f. État ou caractère de celui, de celle ou de ce qui est passif. → **inertie.**

passoire n. f. (de *passer*) Récipient percé de trous, utilisé pour égoutter des aliments, pour filtrer des liquides. → **chinois.** ■ fig. Ce qui ne retient rien. *Ce gardien de but est une vraie passoire. Sa mémoire est une passoire.* – *Passoire énergétique :* bâtiment mal isolé.

Passy (Hippolyte Philibert) Homme politique et économiste français (1793-1880). Ministre des Finances et du Commerce, il fit partie de la commission contre l'esclavage et promut le libre-échange.

Passy (Frédéric) Économiste français (1822-1912). Neveu d'Hippolyte Philibert Passy. Auteur d'ouvrages d'économie politique, il fonda la *Ligue internationale de la paix* et la *Société pour l'arbitrage entre les nations.* Prix Nobel de la paix 1901.

Passy Commune de la Haute-Savoie. 11 350 habitants. Centrale hydroélectrique. Réserve naturelle. Station climatique.

Passy Ancienne commune du département de la Seine, absorbée par la ville de Paris (16e arrondissement) en 1860.

[1]**pastel** n. m. (mot provençal ; du bas latin *pasta* → **pâte, cette plante étant réduite en pâte**) Plante (crucifère) dont les feuilles et les tiges contiennent un principe colorant bleu (→ **guède, isatis**). – (avec influence de [2]*pastel*) *Bleu pastel,* ellipt *pastel :* couleur, teinture bleu clair de pastel. *Des robes pastel,* bleu pastel.

[2]**pastel** n. m. (de l'italien ; famille de *pastille*) **1.** Pâte faite de pigments colorés façonnés en bâtonnets. *Des portraits au pastel.* **2.** appos. (invar.) *Des tons pastel,* doux et clairs comme ceux du pastel. **3.** Œuvre faite au pastel.

Pastel d'Eugène Delacroix, *Nègre au turban* (v. 1828), musée Eugène Delacroix, Paris.

pastelliste n. Peintre de pastels.

pastenague n. f. (provençal *pastenago,* du latin *pastinaca* « carotte » → **panais**) régional Raie à longue queue. → [2]**raie.** – par appos. *Raie pastenague.*

pastèque n. f. (de l'arabe) Gros fruit comestible à peau verte et luisante, à chair rouge et juteuse (syn. **melon d'eau**) d'une plante méditerranéenne ; cette plante.

Pasternak (Boris Leonidovitch) Écrivain soviétique (1890-1960). Poète, il célébra la révolution *(L'Année 1905).* Revenu, dans les années 1930, à une inspiration plus personnelle, il publia ses souvenirs *(Sauf-Conduit)*

Boris Pasternak apprenant qu'il a reçu le prix Nobel de littérature (1958).

et des recueils de poèmes lyriques. Paru en Italie, son grand roman, *Le Docteur Jivago*, fut interdit en URSS jusqu'en 1988. Prix Nobel 1958.

pasteur (latin *pastor* → pâtre, de *pascere* → paître) **1.** n. m. littér. Celui qui fait paître le bétail. → **berger, pâtre.** **2.** n. m. relig. *Le Bon Pasteur* : le Christ. **3.** n. : au féminin *pasteur* ou (Canada) *pasteure* Ministre du culte protestant. Charge de pasteur (→ **pastorat**).

Pasteur (Louis) Chimiste et biologiste français (1822-1895). Fondateur de la microbiologie, il découvrit l'existence des ferments et le moyen de les détruire, procédé appelé la *pasteurisation*. Il mit au point le vaccin contre la rage, premier vaccin de type préventif, ce qui lui valut une gloire mondiale.

Louis Pasteur, par Albert Edelfelt (1885), musée d'Orsay, Paris.

Pasteur (Institut) Établissement scientifique français fondé en 1888, sur souscription internationale, selon le vœu de Pasteur. Financé par l'État, les redevances industrielles et les dons privés, il a pour mission la recherche fondamentale, la production de sérums et de vaccins ainsi que des services (analyses, transfusions sanguines...). Outre la maison mère, située à Paris, il existe 32 instituts Pasteur en France et à l'étranger.

pasteurella n. f. (du n. de Louis Pasteur) biol. Bacille responsable des pasteurelloses*.

pasteurellose n. f. (de *pasteurella* et [2]*-ose*) vétér. Infection des animaux domestiques d'origine bactérienne (→ **pasteurella**).

pasteurien, ienne (du n. de Louis Pasteur) **1.** adj. méd. Relatif aux théories de Pasteur et à leurs applications (→ **pasteurisation**). **2.** n. Personne travaillant à l'institut Pasteur. - syn. **pastorien, ienne.**

pasteurisation n. f. Opération qui consiste à chauffer un liquide fermentescible et à le refroidir brusquement, de manière à détruire un grand nombre de germes pathogènes.

pasteuriser v. tr. < 1 > (du n. de Louis Pasteur) Traiter par pasteurisation. – au p. p. *Lait pasteurisé.*

Pasteur Vallery-Radot (Louis) Médecin et écrivain français (1886-1970). Petit-fils de Louis Pasteur, dont il publia les écrits, il se spécialisa dans l'étude de l'anaphylaxie et des maladies du rein.

pastiche n. m. (italien *pasticcio* « pâté » → pastis) Imitation ou évocation du style, de la manière (d'un écrivain, d'un artiste, d'une école) ; œuvre qui résulte de cette imitation.

pasticher v. tr. < 1 > Imiter la manière, le style de. □ n. **pasticheur, euse**

pastilla n. f. (mot espagnol « pâte odorante » → pastille) Plat marocain fait de pâte feuilletée fourrée de morceaux de pigeon, de raisins et d'amandes.

pastillage n. m. techn. **1.** Fabrication des pastilles, à la main ou à la machine. – Modelage d'un objet en pâte de sucre. **2.** Procédé de décoration par des ornements modelés ou moulés à part et collés sur la surface à décorer.

pastille n. f. (de l'espagnol ; famille de *pâte*) **1.** Petit morceau d'une pâte pharmaceutique ou d'une préparation de confiserie. → **bonbon.** **2.** Dessin en forme de petit disque. → **pois.** **3.** techn. Pièce en forme de petit disque. **4.** Émission de radio ou de télévision de très courte durée. → **capsule.**

pastilleur, euse n. techn. **1.** Ouvrier, ouvrière qui met une pâte en pastilles. **2.** n. f. Machine à fabriquer des pastilles. – n. m. Emporte-pièce pour la fabrication des pastilles.

pastis [pastis] n. m. (provençal « tracas », de l'occitan « pâté » → pastiche) **1.** Boisson alcoolisée à l'anis, qui se consomme avec de l'eau. **2.** fam. Situation délicate ou difficile.

Pasto ou **San Juan de Pasto** Ville de Colombie, dans le S. de la cordillère des Andes. 308 000 habitants. Université. Région agricole ; élevage.

pastoral, ale, aux adj. et n. f. (du latin, de *pastor* → pasteur) littér. **1.** Relatif aux bergers. ■ agric. Dont l'élevage est l'activité économique dominante. *Une économie pastorale.* → **pastoralisme.** **2.** Qui évoque les mœurs champêtres. – n. f. Ouvrage (littéraire, pictural...) dont les personnages sont des bergers. → **bergerie.** **3.** relig. Relatif aux pasteurs spirituels, spécialt aux évêques.

pastoralisme n. m. didact. Économie pastorale ; mode d'exploitation agricole fondé sur l'élevage en pâturages naturels.

pastorat n. m. (du latin *pastor*) relig. Dignité, fonction de pasteur spirituel, et spécialt de pasteur protestant.

pastorien, ienne voir **pasteurien**

pastoureau, elle (de *pasteur*) **I.** n. littér. Petit berger, petite bergère. **II.** n. f. Chanson de la littérature médiévale faisant dialoguer un chevalier et une bergère.

Pastoureau (Michel) Historien de l'art français (né en 1947). Spécialiste du bestiaire et des blasons médiévaux. Il a étudié les animaux, en tant que mythes ou en tant qu'acteurs de l'Histoire (*Bestiaires du Moyen Âge*), et la symbolique des couleurs.

pastrami n. m. (mot anglais des États-Unis) Poitrine de bœuf cuite et fumée, marinée et épicée, souvent présentée en tranches très fines. *Des pastramis.*

Pasture (Rogier de la) voir **Van der Weyden**

pat [pat] adj. invar. et n. m. (italien *patta* « quitte » [jeu] ; latin *pactum* « accord ») échecs Se dit du roi qui, sans être mis en échec, ne peut pourtant plus bouger sans être pris. – n. m. Coup qui amène le roi dans cette position.

patache n. f. (de l'espagnol, de l'arabe) anciennt Diligence à bon marché.

patachon n. m. (de *patache*) *Mener une vie de patachon*, dissolue, consacrée aux plaisirs.

patagium [pataʒjɔm] n. m. zool. Repli de peau, formant surface portante, qui relie les membres au flanc ou les membres entre eux chez certains reptiles et mammifères, et qui leur permet de voler ou de planer. - syn. **membrane alaire.**

Patagonie n. f. Région du S. du Chili et de l'Argentine s'étendant de part et d'autre de la cordillère des Andes. 800 000 km². Ville principale : Bahia Blanca. Élevage extensif d'ovins. Importantes ressources naturelles en Argentine (pétrole, fer, cuivre, uranium, charbon).

Pāṭaliputra voir **Patna**

Patan anciennement **Lalitpur** Ville du Népal, dans la vallée de Katmandou, sur le fleuve Bagmati. 163 000 habitants. Ancienne ville royale abritant de nombreux temples et monastères.

Patañjali Grammairien et philosophe indien (v. IIe s. av. J.-C.). Il a commenté les ouvrages du grammairien Pānini. La tradition lui attribue le premier traité de yoga, le *Yogasūtra.*

pataouète n. m. (p.-ê. de *Bab el Oued*, n. d'un quartier d'Alger) fam. Parler populaire spécifique des Français d'Algérie dont le fond emprunte à plusieurs langues méditerranéennes.

pataphysique n. f. (composé plais., de *épi* + *métaphysique*) Science fictive des épiphénomènes, « des solutions imaginaires », inventée plaisamment par Alfred Jarry.

patapouf n. m. (onomatopée) fam. Personne, enfant gros et gras. → **pataud.**

Patan

Durbar Square, centre historique de Patan, inscrit au patrimoine mondial de l'Unesco.

Patagonie

Patagonie, dernières terres habitées avant le pôle Sud.

pataquès n. m. (de *je ne sais pas-t-à qu' [« qui »] est-ce*) **1.** Liaison fautive (ex. « huit-z-enfants »). → **cuir.** – Faute grossière de langage. → **barbarisme. 2.** Gaffe grossière.

pataras [pataʀa] n. m. (d'un mot occitan, probablt de *patte* « pièce de renfort ») mar. Hauban supplémentaire fixé à l'arrière du bateau et réglé en fonction de la force du vent.

patate n. f. (d'une langue indienne d'Haïti) **I.** *Patate douce* : plante tropicale, cultivée pour ses gros tubercules comestibles ; le tubercule. **II.** fam. **1.** Pomme de terre. **2.** Personne stupide. **3.** loc. fam. *En avoir **gros sur la patate**,* sur le cœur. – *Refiler la **patate chaude** à qqn* : se défausser d'une affaire embarrassante sur qqn. – (Canada) *Être dans les patates* : être dans l'erreur ; être perdu. *Faire patate* : échouer. **4.** math. Schéma courbe, fermé, de forme irrégulière, symbolisant un ensemble.

patati, patata interj. (onomatopée) fam. Évoque un long bavardage peu intéressant. *Et patati ! et patata !*

patatras [patatʀa] interj. (onomatopée) Évoque le bruit d'un corps qui tombe avec fracas. → **badaboum.**

pataud, aude (proprt « qui a de grosses pattes » ; de *patte*) **I.** n. **1.** n. m. Jeune chien à grosses pattes. **2.** Personne à la démarche pesante et aux manières embarrassées. → **patapouf. II.** adj. Qui est lent et lourd dans ses mouvements. → **gauche, maladroit.** *Une allure pataude.*

Pataud Abri-sous-roche de Dordogne, dont l'importante stratigraphie a permis d'établir la chronologie des débuts du paléolithique supérieur. On y a trouvé des restes d'*Homo sapiens sapiens* et de nombreuses œuvres d'art.

pataugas [patogas] n. m. (marque déposée ; de *patauger*) Chaussure montante, en toile robuste et à semelle épaisse, destinée à la marche.

pataugeoire n. f. Bassin peu profond prévu pour les enfants.

patauger v. intr. < 3 > (de *patte*) **1.** Marcher sur un sol détrempé, dans une eau bourbeuse. → **barboter.** *Patauger dans les flaques.* **2.** fig. S'embrouiller dans des difficultés.

Patay Commune du Loiret, près d'Orléans. 2 270 habitants. Les Anglais y furent défaits par Jeanne d'Arc le 18 juin 1429.

patch n. m. (mot anglais « pièce ») anglic. **1.** Dispositif dermique autocollant qui diffuse un médicament, une substance à travers la peau. *Patch contraceptif. Patch à la nicotine* (antitabac). → **timbre. 2.** Morceau de tissu organique utilisé pour élargir le diamètre d'un vaisseau sanguin ou en chirurgie cardiaque. - recomm. offic. **pièce. 3.** inform. Ajout de code pour corriger un défaut dans un programme. → **rustine.** - recomm. offic. **retouche, correctif.**

Patch (Alexander McCarrell) Général américain (1889-1945). Il débarqua en Provence en août 1944, libéra la Franche-Comté, puis entra en Allemagne, où il conquit la Bavière.

patchouli n. m. (du tamoul) Plante tropicale dont on extrait un parfum ; ce parfum.

patchwork [patʃwœʀk] n. m. (mot anglais, de *patch* « pièce » et *work* « travail ») anglic. **1.** Ouvrage de couture rassemblant des carrés de couleurs et de matières différentes. **2.** fig. Assemblage d'éléments hétérogènes.

pâte n. f. (latin *pasta,* du grec) **I. 1.** Préparation plus ou moins consistante, à base de farine délayée, que l'on consomme après cuisson. *Pétrir une pâte. Pâte à pain.* **2.** *Pâtes, **pâtes alimentaires*** : préparation culinaire à base de blé dur, vendue sous diverses formes. → **coquillette, macaroni, nouille, spaghetti, tagliatelle, vermicelle ; ramen, soba, udon ; cannelloni, lasagne, ravioli.** *Des pâtes à l'italienne.* **3.** loc. *Mettre la **main à la pâte*** : travailler soi-même à qqch. – *Être comme un **coq en pâte*** : mener une vie confortable, heureuse. **II. 1.** Préparation, mélange plus ou moins mou. *Fromage à pâte dure. Pâte de fruits,* friandise. – *Pâte dentifrice. Pâte à papier* (pour fabriquer le papier). *Pâte à modeler.* **2.** Matière formée par les couleurs travaillées. *Ce peintre a une pâte extraordinaire.* **3.** loc. *Une bonne pâte,* personne accommodante, très bonne. – *Une pâte molle,* personne sans caractère.

pâté n. m. (de *pâte*) **I. 1.** *Pâté* ou *pâté en croûte* : préparation (de viande, etc.) cuite dans une pâte, consommée chaude. – *Pâté impérial* : crêpe de riz fourrée de viande, de soja, et frite (→ **nem**). **2.** Préparation de charcuterie, hachis de viandes épicées cuit et consommé froid. *Pâté de campagne. Pâté de foie, de lapin. Chair à pâté.* – loc. fig. *Ça sent* le pâté.* **II. 1.** Grosse tache d'encre. *Faire des pâtés en écrivant.* **2.** ***Pâté de maisons*** : ensemble de maisons formant bloc. **3.** *Pâté de sable* ou absolt *pâté,* sable moulé à l'aide d'un seau, d'un moule.

pâtée n. f. (de *pâte*) **1.** Mélange d'aliments formant une pâte dont on nourrit certains animaux domestiques. **2.** Volée de coups ; défaite écrasante.

[1]patelin, ine adj. (d'abord « langage, discours » ; p.-ê. onomatopée *pat-* → **patati, patata**) littér. Doucereux, flatteur. *Un ton patelin.* → **hypocrite, mielleux.**

[2]patelin n. m. (de l'ancien français *pastiz* « petit pâturage » → **pâtis** ; famille du latin *pascere* → **paître**) fam. Village, localité, pays. *Un patelin perdu.* → **bled, trou.**

patella [patela ; patɛlla] n. f. (1634 ; mot latin « petit plat ») anat. Rotule.

patelle n. f. (du latin → **patella**) Mollusque à coquille conique qui vit fixé aux rochers. → **[1]bernique.**

patène n. f. (du latin ; famille de *patine*) Petite assiette servant à présenter l'hostie avant de la consacrer.

Patenier ou **Patinir (Joachim)** Peintre flamand (v. 1480-1524). Élève de Quentin Metsys, inscrit à la guilde d'Anvers, il intégra ses scènes religieuses dans de vastes paysages qu'il fit primer sur les figures. Il est considéré comme le premier paysagiste européen. *La Tentation de saint Antoine ; La Fuite en Égypte.*

patenôtre n. f. (du latin *Pater noster* « notre Père » → **Pater**) iron. Prière.

patent, ente adj. (latin *patens*) littér. Évident, manifeste. *Une injustice patente.* → **flagrant.**

patentage n. m. (de l'anglais *patent ;* même origine que *patente*) techn. Traitement thermique spécial des fils d'acier pour en améliorer la plasticité.

patente (→ **patent**) **I. 1.** adj. et n. f. *Lettre patente* ou *patente* : écrit public émanant du roi qui établissait un droit ou un privilège. **2.** n. f. Ancien impôt direct annuel, auquel étaient assujettis les commerçants, artisans, etc., remplacé aujourd'hui par la *taxe* professionnelle* ; quittance de cet impôt. **II.** (Canada) fam. Chose, objet quelconque. → **bidule, machin, truc.**

patenté, ée adj. **1.** Soumis à la patente ; qui paye la patente. **2.** fam. Connu (comme tel). *Des imbéciles patentés.*

patenter v. tr. < 1 > (de *patente*) **I.** admin. Soumettre à la patente ; délivrer une patente à quelqu'un. **II.** (anglais *to patent*) (Canada) fam. **1.** Installer avec les moyens du bord. → **bricoler. 2.** Réparer grossièrement. → **arranger, rafistoler. 3.** Protéger par un brevet d'invention. → **breveter.**

Pater [patɛʀ] n. m. invar. (mot latin « père » cf. **patenôtre**) Prière qui commence (en latin) par les mots *Pater noster* (notre Père).

Pater (Jean-Baptiste Joseph) Peintre et dessinateur français (1695-1736). Il imita Watteau, dont il fut l'élève, et réalisa des scènes galantes et des fêtes villageoises d'une facture légère.

Pater (Walter Horatio) Critique, essayiste et romancier britannique (1839-1894). Figure de l'esthétisme de la fin du XIXe s., vouant un culte à la beauté, il enseigna à Oxford et étudia les chefs-d'œuvre de la Renaissance dans *Studies in the History of the Renaissance.* On lui doit aussi *Marius l'Épicurien* et *Portraits imaginaires.*

patère n. f. (latin *patera* « coupe ») **1.** Antiq. Vase sacré pour offrir les libations. **2.** Pièce de bois ou de métal fixée à un mur, qui sert à suspendre les vêtements.

pater familias [patɛʀfamiljas] n. m. invar. (mots latins « père de famille ») **1.** hist. Chef de la famille romaine. **2.** littér., plais. Père de famille autoritaire. - var. RO **paterfamilias.**

paternalisme n. m. (de l'anglais → **paternel**) **1.** Conception patriarcale du rôle de chef d'entreprise. **2.** Tendance à imposer un contrôle, une domination sous couvert de protection. □ adj. **paternaliste**

paterne adj. (du latin, de *pater* → **père**) littér. Qui montre ou affecte une bonhomie doucereuse.

paternel, elle adj. et n. m. (du latin, de *pater* → **père**) **1.** Qui est propre au père ; du père. *Autorité paternelle.* – Qui semble venir d'un père. *Une attitude paternelle.* **2.** Du côté du père. *Oncle paternel.* **3.** n. m. fam. Père. □ adv. **paternellement**

paternité n. f. (du latin, de *pater* → **père**) **1.** État, qualité de père ; sentiment paternel. **2.** dr. Lien qui unit le père à son enfant. *Paternité légitime. Paternité civile* (de l'adoption). **3.** Fait d'être l'auteur (de qqch.). *La paternité d'un ouvrage.*

Paterson Ville des États-Unis (New Jersey). 159 730 habitants. Centre résidentiel et commercial. Industries.

pâteux, euse adj. **1.** Qui a la consistance de la pâte. *Substance pâteuse.* – Trop épais. *Vernis pâteux.* **2.** fig. *Style pâteux,* lourd. **3.** loc. *Avoir la bouche, la langue pâteuse,* une salive épaisse, la langue embarrassée.

Pathé (les frères) Ingénieurs français. Émile PATHÉ (1860-1937) et Charles PATHÉ (1863-1957). Ils fondèrent l'industrie phonographique française, remplaçant le cylindre par le disque. Charles fabriqua les premières pellicules pour le cinéma et inventa le premier journal d'actualités cinématographiques.

Pathelin (La Farce de maître Pierre) Farce française d'auteur inconnu, composée entre 1456 et 1469, considérée comme la première comédie française.

pathétique (du grec, de *pathos* → **patho-**) **1. adj.** Qui suscite une émotion intense (douleur, pitié, horreur, terreur, tristesse). → **poignant, [2]touchant.** ■ par ext. Qui inspire une pitié méprisante. → **pitoyable.** *Son arrogance est pathétique.* **2. n. m.** littér. Caractère de ce qui est propre à émouvoir fortement. → **pathos** (péj.). □ **n. m. pathétisme** □ **adv. pathétiquement**

Pathet Lao (Parti révolutionnaire populaire lao) n. m. Mouvement nationaliste procommuniste laotien, fondé en 1950 par le prince Souphanouvong. Après avoir lutté contre la France, puis contre le gouvernement pro-américain de Souvanna Phouma, il prit le pouvoir en 1975 et est le seul parti légal.

-pathie, -pathique, -pathe Éléments (du grec *pathos*) qui signifient « ce qu'on éprouve » (ex. *antipathie, apathie, homéopathie, névropathe, psychopathe, sympathie, télépathie*).

patho- Élément (→ **-pathie**) qui signifie « maladie ».

pathogène adj. (→ **-gène**) Qui peut causer une maladie.

pathogénie n. f. (de *patho-* + *-génie*) méd. Étude du processus par lequel une cause pathogène agit sur l'organisme et détermine une maladie ; le processus lui-même. - syn. **pathogenèse.** □ **adj. pathogénique**

pathognomonique [patɔgnɔmɔnik] **adj.** (grec *pathognômonikos* « qui fait reconnaître la maladie ») méd. *Signe pathognomonique* : symptôme ou signe clinique spécifique d'une maladie déterminée et qui suffit à en établir le diagnostic.

pathologie n. f. 1. Science liée à la physiologie et à l'anatomie, qui a pour objet l'étude et la connaissance des maladies (causes, mécanismes, symptômes). *Pathologie mentale.* → **psychopathologie. 2.** Trouble, maladie. □ **n. pathologiste**

pathologique adj. 1. Relatif à la maladie ; dû à la maladie. *État pathologique.* → **morbide. 2.** fam. (comportement) Anormal. *Elle a une peur pathologique de l'eau.* → **maladif.** □ **adv. pathologiquement**

pathomimie n. f. (de *patho-* et *mime*) psych. Simulation consciente ou inconsciente d'une maladie.

pathos [patos ; patɔs] **n. m.** (mot grec « souffrance » → **-pathie**) littér. péj. Ton pathétique* excessif, dans un discours, un écrit.

Patiala Ville d'Inde (Panjab). 446 200 habitants. Ancienne capitale (XVIIIe s.) d'un État princier sikh. Centre commercial et industriel.

patibulaire adj. (du latin *patibulum* « gibet ») **1.** Antiq. *Fourches patibulaires,* gibet. **2.** Qui semble appartenir à un criminel (visage, apparence). → **inquiétant, [1]sinistre.**

patiemment [pasjamɑ̃] **adv.** Avec patience, d'une manière patiente.

[1]patience [pasjɑ̃s] **n. f.** (du latin, de *pati* → **pâtir**) **I. 1.** vieux Résignation ; courage pour supporter. – loc. *S'armer de patience.* **2.** Aptitude à persévérer dans une activité, un travail de longue haleine, sans se décourager. → **constance.** « *Patience et longueur de temps / Font plus que force ni que rage* » (La Fontaine). **3.** Qualité d'une personne qui sait attendre, en gardant son calme. *Perdre patience.* → **s'impatienter. 4.** *Patience ! :* interjection pour exhorter à la patience. **5.** *Jeu de patience :* exercice que l'on fait seul et qui consiste à remettre en ordre des éléments mêlés (ex. puzzle). **II.** *Une patience :* exercice exécuté seul et consistant à remettre en ordre un jeu de cartes selon certaines règles. → **réussite.**

[2]patience [pasjɑ̃s] **n. f.** (latin *lapatium*) *Patience sauvage :* plante proche de l'oseille, dont les feuilles sont toniques et dépuratives.

patient, ente (→ **[1]patience**) **I. adj. 1.** Qui a de la patience, fait preuve de patience. → **[2]calme, persévérant. 2.** (choses) Qui manifeste de la patience. *Un patient labeur.* **II. n.** Personne qui est l'objet d'un traitement, d'un examen médical, d'une opération chirurgicale. *Le médecin et ses patients.* → **client, malade.** *Patient zéro**.

patienter v. intr. < 1 > (de *patient*) Attendre (avec patience). *Faites-le patienter un instant.*

patin n. m. (de *patte*) **I. 1.** Pièce de tissu sur laquelle on pose le pied pour se déplacer sur un parquet sans le salir. **2.** ***Patin à glace*** ou ***patin :*** dispositif formé d'une lame verticale fixée à la chaussure et destiné à glisser sur la glace. – ***Patin (à roulettes) :*** dispositif monté sur roulettes qui se fixe à la chaussure. → **roller.** ■ *Le patin :* le patinage. **3.** *Patin de frein,* organe mobile dont le serrage contre la jante d'une roue permet de freiner. **II.** fam. Baiser langue en bouche. *Rouler un patin.* → **pelle.**

Patin (Gui) Médecin et écrivain français (1601-1672). Doyen de la faculté de Paris, il est connu pour ses *Lettres,* qui constituent une chronique de son époque.

patinage n. m. 1. Sport du patin à glace. *Patinage artistique. Patinage de vitesse. Piste de patinage.* → **patinoire. 2.** Action de patiner. *Patinage à roulettes.*

patine n. f. (de l'italien ; famille de *patène*) **1.** Dépôt qui s'est formé progressivement sur certains objets ; couleur prise avec le temps. *La patine d'un meuble.* **2.** Vernis, coloration artificielle destinée à décorer, protéger certains objets.

[1]patiner v. intr. < 1 > (de *patin*) **1.** Glisser avec des patins (2). **2.** (roue de véhicule) Glisser sans tourner ; tourner sans avancer. → **chasser, déraper ; riper.** – (embrayage) Glisser sans entraîner les roues. **3.** (Canada) Éluder une question, éviter d'y répondre.

[2]patiner v. tr. < 1 > (de *patine*) Couvrir de patine. *Le temps a patiné la pierre.* – pronom. *Des sculptures qui commencent à se patiner.*

patinette n. f. Instrument fait d'une plateforme allongée montée sur deux roues et munie d'un guidon. → **trottinette.**

patineur, euse n. Personne qui fait du patin à glace ou à roulettes.

Patinkin (Don) Économiste israélien d'origine américaine (1922-1995). Il exposa un modèle économique construit autour de quatre types de biens : les services du travail, les produits, biens et services, la monnaie et les titres. *Money, Interest and Prices.*

patinoire n. f. Piste de patinage sur glace. – fig. Espace très glissant.

patio [pasjo ; patjo] **n. m.** (mot espagnol) Cour intérieure d'une maison de style espagnol.

pâtir v. intr. < 2 > (latin *pati* → **[1]patience ; passif, passion**) *Pâtir de :* souffrir à cause de ; subir les conséquences fâcheuses, pénibles de. *Pâtir de l'injustice d'une décision.* → **endurer.** *Sa santé pâtira de ses excès.* – *Le secteur a pâti de la crise immobilière.*

pâtis [pɑti] **n. m.** (latin *pasticium,* de *pascere* « paître » → **pâturage**) vieux ou régional Terre inculte (friche, lande) où l'on fait paître le bétail. → **pacage.**

pâtisser v. intr. < 1 > (latin *pasticiare,* de *pasta* → **pâte**) rare Travailler la pâte ; faire de la pâtisserie.

pâtisserie n. f. (de *pâtisser* « travailler la pâte », de *pâte*) **1.** Préparation de la pâte pour la confection de gâteaux ; préparation des gâteaux. *Rouleau à pâtisserie.* **2.** *Une pâtisserie :* préparation sucrée de pâte travaillée. → **gâteau. 3.** Commerce, industrie de la pâtisserie ; fabrication et vente de gâteaux frais. ■ Magasin où l'on fabrique et où l'on vend des gâteaux. *Boulangerie-pâtisserie.* **4.** Moulage en stuc décorant un plafond.

pâtissier, ière (→ **pâtisserie**) **1. n.** Personne qui fait, qui vend de la pâtisserie, des gâteaux. **2. adj.** *Crème pâtissière,* utilisée pour garnir certaines pâtisseries (choux, éclairs). – *Chocolat pâtissier,* pour la cuisine.

pâtisson n. m. (de l'occitan *pastitz* « pâté ») Courge dont le fruit à peau claire, rond et aplati, à bord crénelé, est appelé aussi *artichaut d'Espagne, bonnet de prêtre.*

Patmos Île grecque de l'archipel du Dodécanèse dans la mer Égée. 34 km^2. 3 000 habitants. Selon la tradition, saint Jean y aurait écrit l'Apocalypse. Le monastère, fondé par Alexis Ier Comnène (XIe s.), fut un centre théologique important.

Patna Ville d'Inde, sur le Gange, capitale du Bihar. Fondée sur l'ancien site de Pâtaliputra, c'est une ville sacrée pour les sikhs. 2 millions d'habitants. Centre commercial, industriel et administratif.

Patočka (Jan) Philosophe tchécoslovaque (1907-1977). Son œuvre philosophique s'inscrit dans la tradition phénoménologique de Husserl. Opposé au régime communiste, il fut membre fondateur de la « Charte 77 ». *Essais hérétiques sur la philosophie de l'histoire ; Liberté et sacrifice : écrits politiques.*

patois n. m. (origine obscure) Parler local employé par une population généralement peu nombreuse, souvent rurale. → **dialecte.** « *Je définis un patois une ancienne langue qui a eu des malheurs* » (Sainte-Beuve). – **adj.** *Patois, oise. Mot patois, expression patoise.*

patoisant, ante adj. et n. (de *patoiser,* de *patois*) (Personne) qui parle patois.

pâton n. m. (de *pâte*) techn. ou régional Morceau de pâte (spécialement destiné à former un pain). ■ agric. Morceau de pâte, de graisse, servant à l'engraissement des volailles.

Patou (Jean) Couturier français (1887-1936). Principal concurrent de Chanel, il imposa le style sportwear qui permettait aux femmes de mettre en valeur leur féminité. Il créa également des parfums.

Jean Patou, lors d'un casting de mannequins aux États-Unis (1924).

patouiller v. < 1 > (de *patte* → **patauger, patrouiller**) **1. v. intr.** fam. Patauger. **2. v. tr.** Manier maladroitement, brutalement ou indiscrètement. → fam. **tripatouiller, tripoter.**

patraque adj. (de l'italien) fam. Un peu malade. → **souffrant.**

Patras Ville de Grèce (Péloponnèse), sur le golfe de Corinthe. 175 000 habitants. Port. Université. Centre administratif ; cimenteries.

pâtre n. m. (vient du latin *pastor* → **pasteur**) Celui qui fait paître le bétail. → **berger, pasteur.**

patr(i)- Élément (du latin *pater, patris* → **père ; Pater**) qui signifie « père ».

patriarcal, ale, aux adj. (→ **patriarche**) **1.** relig. Relatif à la dignité de patriarche. **2.** Relatif aux patriarches de la Bible. **3.** sociol. Organisé selon les principes du patriarcat.

patriarcat n. m. (de *patriarche*) **1.** sociol. Forme de famille fondée sur la parenté par les mâles et l'autorité prépondérante du père. ■ Organisation sociale fondée sur la famille patriarcale (opposé à *matriarcat*). **2.** Dignité de patriarche (2). – Circonscription d'un patriarche (→ **archevêché**).

patriarche n. m. (du latin, du grec, de *patêr* → **père** et *arkhês* « chef » → **-arque**) **1.** dans la Bible Nom donné aux pères de l'humanité

(Adam, Noé, Abraham...). ▪ Vieillard qui mène une vie simple et paisible, entouré d'une nombreuse famille. **2.** Titre accordé, dans l'Église romaine, à certains évêques titulaires de sièges très importants. – Archevêque des Églises orientales.

patrice n. m. (latin *patricius*, de *pater* « chef de famille noble » → patricien) hist. romaine Titulaire d'une dignité instituée par l'empereur Constantin. □ **adj. patricial, iale, iaux**

patriciat n. m. (latin *patriciatus*) **1.** hist. romaine Dignité de patrice, de patricien. – Ordre des patriciens (opposé à *plèbe*). **2.** littér. Élite, aristocratie.

patricien, ienne (de *patrice*, n. m., même sens, du latin, de *pater* → père) **1.** n. et adj. (Personne) qui appartenait, de par sa naissance, à la classe supérieure des citoyens romains. *Patriciens et plébéiens.* **2.** adj. littér. Aristocrate.

Patrick ou **Patrice** (saint) Évangélisateur et patron de l'Irlande (v. 389-461).

patriclan n. m. (du latin *pater* « père » et de *clan*) ethnol. Clan dont le recrutement est assuré par la voie patrilinéaire* (opposé à *matriclan*).

patrie n. f. (latin *patria* « pays du père ») **1.** Communauté sociale et politique à laquelle on appartient ou on a le sentiment d'appartenir ; pays habité par cette communauté. *La patrie et la nation*. L'amour de la patrie.* → **patriotisme.** *Ils ont la même patrie.* → **compatriote.** *Sans patrie.* → **apatride.** *Quitter sa patrie.* → s'**expatrier. 2.** Lieu (ville, région) où qqn est né.

patrilinéaire adj. (de l'anglais → patri- et linéaire) ethnol. Se dit d'un type de filiation, d'un type d'organisation sociale fondé sur l'ascendance paternelle (opposé à *matrilinéaire*).

patrilocal, ale, aux adj. (de l'anglais → patri- et [1]local) ethnol. Se dit du type de résidence d'un couple lorsque celle-ci est déterminée par la résidence du père du mari (opposé à *matrilocal*). – par ext. *Organisation, société patrilocale.*

patrimoine n. m. (du latin, de *pater* → père) **1.** Biens de famille, biens hérités de ses parents. → **fortune. 2.** Ce qui est considéré comme une propriété transmise par les ancêtres. *Le patrimoine culturel d'un pays :* œuvres, monuments, traditions. **3.** *Le patrimoine héréditaire, génétique d'un individu :* les caractères hérités. → **génotype.**

▶ Le **patrimoine** est un héritage du passé dont les hommes jouissent et qu'ils lèguent aux générations futures. À l'échelle individuelle ou au sein de la famille, il peut s'agir de biens matériels mais aussi d'un capital génétique que les parents transmettent à leurs enfants. À l'échelle d'une collectivité, la notion de patrimoine culturel et historique apparaît dès le XVIIIe siècle : la communauté se préoccupe alors d'abriter peintures et sculptures dans les premiers musées. Dès 1830, en France, l'Inspection des monuments historiques répertorie les édifices endommagés lors de la Révolution et nécessitant une restauration.
À la suite du philosophe Henri Bergson, la notion de patrimoine est étendue aux biens communs de l'humanité entière. En 1972, l'Unesco établit une liste mondiale des sites, monuments et œuvres d'art (pyramides d'Égypte par exemple) à sauvegarder. Cet organisme aide financièrement et techniquement les États à agir. Depuis, la définition du patrimoine a été élargie aux paysages d'exception (Grand Canyon), aux centres historiques de villes (Salzbourg), aux documents de « mémoire du monde » (anciens manuscrits, films des frères Lumière...) et même aux biens immatériels remarquables, menacés d'oubli (traditions, langues, musiques).
voir aussi **musée, humanité**

patrimonial, iale, iaux adj. (du latin → patrimoine) dr. Du patrimoine (1).

patriote n. (latin « compatriote » → patrie) Personne qui aime sa patrie et la sert avec dévouement. – adj. *Être très patriote.*

Patriote français (Le) Journal fondé en mai 1789 par Brissot. Il fut l'un des principaux organes des Girondins.

Patriotes (ligue des) Ligue nationaliste fondée en 1882 par Déroulède. Antiparlementaire, elle défendit le boulangisme, fut dissoute puis reconstituée en 1895 sous le nom de Ligue patriotique des intérêts français.

patriotique adj. Qui exprime l'amour de la patrie ou est inspiré par lui. □ **adv. patriotiquement**

patriotisme n. m. Amour de la patrie ; désir, volonté de se dévouer, de se sacrifier pour la défendre.

patristique n. f. et adj. (du latin, du grec *patêr, patros* « père [de l'Église] ») didact. Étude, connaissance de la doctrine, des ouvrages, de la biographie des Pères de l'Église. → **patrologie.** – adj. Qui a rapport aux Pères de l'Église.

Patrocle Héros de *L'Iliade*. Compagnon d'Achille, il fut tué par Hector.

patrologie n. f. (du latin, du grec *patêr, patros* « père ») didact. **1.** Collection complète des ouvrages des Pères de l'Église. **2.** Patristique*.

[1]patron, onne n. (du latin, de *pater* → père) **I.** Saint, sainte dont on a reçu le nom au baptême, qu'un groupe reconnaît pour protecteur, à qui est dédiée une église. *Saint Éloi, patron des orfèvres.* **II. 1.** Personne qui commande à des employés, des domestiques. *Patron de pêche.* → **capitaine. 2.** Personne qui dirige une maison de commerce. *La patronne d'un café.* **3.** Chef d'une entreprise. *Le (grand) patron.* → **PDG, président ; directeur.** ▪ Employeur, employeuse. *Rapports entre patrons et employés* (→ **patronat**). ▪ fam. Supérieur(e) hiérarchique. → **chef. 4.** Professeur de médecine, chef de service. **5.** Personne qui dirige des travaux intellectuels, artistiques. *Patron de thèse.* **III.** n. m. Antiq. romaine Patricien protecteur d'hommes de condition inférieure appelés « clients ».

[2]patron n. m. (de [1]*patron*) **1.** Modèle de papier ou de toile préparé pour tailler un vêtement. *Le patron d'un manteau.* **2.** Modèle d'après lequel un objet artisanal ou industriel est fabriqué. → **forme.** *Des patrons de tapisserie.* → **carton. 3.** Carton ajouré pour le coloriage. → **pochoir.**

patronage n. m. (de [1]*patron*) **1.** Appui donné par un personnage puissant, un organisme. *Gala placé sous le haut patronage d'un ministère.* → **parrainage.** – relig. Protection d'un saint. **2.** Œuvre qui donne une formation morale à des jeunes, organise leurs loisirs. → **foyer.** – péj. *Un spectacle de patronage,* naïf.

patronal, ale, aux adj. **1.** D'un saint patron. *Fête patronale.* **2.** D'un chef d'entreprise ; du patronat. *Cotisation patronale.*

patronat n. m. Ensemble des chefs d'entreprise (par oppos. à *salariat*).

patronner v. tr. < 1 > (de [1]*patron*) Donner sa protection, son crédit à (→ **patronage**). *Être patronné par un personnage influent.* → **protéger.** *Patronner une candidature.* → **appuyer.**

patronnesse adj. f. (→ [1]patron) souvent iron. ***Dame patronnesse,*** qui se consacre à des œuvres de bienfaisance.

patronyme n. m. (du latin → père et -onyme) littér. Nom de famille (nom du père). □ **adj. patronymique**

patrouille n. f. (de *patrouiller*) **1.** Ronde de surveillance faite par un détachement de police ; ce détachement. **2.** Déplacement d'un groupe de soldats chargé de remplir une mission ; ce groupe. *Patrouille de reconnaissance.* – *Avions envoyés en patrouille. Patrouille de chasse.*

patrouiller v. intr. < 1 > (var. de *patouiller*, dérivé de *patte* → patauger) Aller en patrouille, faire une patrouille.

patrouilleur, euse n. **1.** Soldat qui fait partie d'une patrouille. **2.** n. m. Avion de chasse, navire de guerre d'escorte ou de surveillance.

Patru (Olivier) Avocat français (1604-1681). Académicien, il est à l'origine de la tradition du discours de remerciement. Il est l'auteur de *La Vie de Perrot d'Ablancourt* et l'un des rédacteurs du *Dictionnaire* de Richelet.

patte n. f. (radical onomatopéique « bruit des pas ») **I. 1.** (animaux) Membre qui supporte le corps, sert à la marche (→ **jambe**). *Les quatre pattes des quadrupèdes. Les pattes palmées des canards.* – loc. (personnes) *Marcher **à quatre pattes**,* en posant les mains et les pieds (ou les genoux) par terre. ▪ Appendice servant à la marche (insectes, arthropodes, crustacés). *Les millepattes ont en fait quarante-deux pattes.* **2.** fam. Jambe. *Être court sur pattes.* – loc. *Avoir une patte folle,* boiter. *Traîner la patte.* – *Un estomac sur pattes* (ou *à pattes*) : une personne qui a un appétit insatiable. *Un cœur sur pattes :* une personne très généreuse. **3.** fam. Main. ***Bas les pattes !*** : ne touchez pas. **4.** loc. *Retomber sur ses pattes,* se tirer sans dommage d'une affaire fâcheuse. – *Montrer patte blanche,* présenter des garanties pour être admis (dans un groupe...). – *Tirer dans les pattes de qqn, à qqn,* lui susciter des difficultés. – ***Coup de patte*** : coup de main habile, manière (d'un artiste). **II. 1.** Poils qui poussent devant l'oreille. → **favori(s). 2.** Languette d'étoffe, de cuir (servant à fixer, à fermer). *La patte d'un portefeuille.* **3.** Attache de fer scellée, chevillée ou clouée.

patté, ée adj. (de *patte*) Dont les branches s'élargissent en s'incurvant (terme de blason).

patte-d'oie n. f. **1.** Carrefour d'où partent plusieurs routes. **2.** Petites rides divergentes au coin externe de l'œil. *Des pattes-d'oie.*

pattemouille n. f. (du mot régional *patte* « chiffon » et *mouiller*) Linge humide dont on se sert pour repasser les vêtements.

pattern [patɛʀn] n. m. (mot anglais « modèle ») anglic. Modèle simplifié d'une structure, en sciences humaines.

Patti (Adelina) Cantatrice italienne (1843-1919). Soprano léger, célèbre dans le monde entier, elle interpréta notamment les rôles de Chérubin des *Noces de Figaro,* Zerline de *Don Giovanni,* Marguerite de *Faust, Aïda* de Verdi.

pattinsonage [patinsɔnaʒ ; patɛ̃sɔnaʒ] n. m. (de *Pattinson*, n. d'un chimiste anglais) techn. Mode de traitement du plomb argentifère, pour séparer l'argent du plomb par cristallisation fractionnée.

Patton (George) Général américain (1885-1945). Il débarqua au Maroc (1942), puis commanda la IIIe armée américaine après le débarquement en Normandie (1944). Il est considéré comme le chef militaire le plus hardi de la Seconde Guerre mondiale.

Le général Patton en 1942 en Afrique du Nord.

pattu, ue adj. (animaux) Qui a de grosses pattes. *Chien pattu.* – (oiseaux) Dont la patte porte une touffe de plumes.

pâturable adj. Qui peut servir de pâture. *Prairie pâturable.*

pâturage n. m. (de *pâturer* « paître » → pâture) Lieu couvert d'une herbe qui doit être consommée sur place par le bétail. → **pacage, prairie, pré ; herbage.**

pâture n. f. (latin *pastura* ; famille de *paître*) **1.** Ce qui sert à la nourriture des animaux. *L'oiseau apporte leur pâture à ses petits.* **2.** fig. Ce qui sert d'aliment (à une faculté, à un besoin, à une passion). – loc. ***En pâture.*** *Livrer sa vie privée en pâture aux journalistes.*

P

pâturer v. tr. et intr. < 1 > Paître. *Vaches qui pâturent.* – *Prairie pâturée,* où les animaux peuvent paître.

pâturin n. m. agric. Herbe qui constitue un bon fourrage.

paturon n. m. (de l'ancien français *pasture* désignant l'entrave du cheval → empêtrer) Partie du bas de la jambe du cheval. - var. **pâturon.**

Pátzcuaro Ville du Mexique central (État de Michoacán). 55 300 habitants. Monuments coloniaux ; musée des Arts populaires.

Pau Chef-lieu des Pyrénées-Atlantiques, sur le gave de Pau. 75 665 habitants (149 860 pour l'agglomération). Ancienne capitale du Béarn. Château du XIIIe s. Musée des Beaux-Arts. Université. Électronique, pétrochimie, textile, aéronautique.

Pau, le château où naquit Henri IV.

Pau (gave de) n. m. Rivière des Pyrénées occidentales. 120 km. Il arrose Argelès, Lourdes, Pau, Orthez, et se jette dans l'Adour. Aménagements hydroélectriques.

P

pauchouse voir **pochouse**

pauciflore adj. (du latin *pauci* « peu » et *-flore*) bot. Qui ne porte que peu de fleurs.

Pauillac Commune de la Gironde. 5 084 habitants. Port sur la Gironde. Vins réputés (château-lafite, château-latour, mouton-rothschild).

Paul (saint) Apôtre du christianisme (entre 5 et 15 - entre 62 et 68), dont la vie est connue à travers les Épîtres et les Actes des Apôtres. Pharisien, il se convertit à la suite d'une vision qu'il eut sur le chemin de Damas. Surnommé l'« Apôtre des gentils », il s'adressa aux non-juifs, attitude qui lui fut reprochée mais lui permit de fonder plusieurs communautés chrétiennes en Asie Mineure, en Macédoine et en Grèce. Arrêté à Jérusalem par les Romains, il fut probablement exécuté après 62. L'œuvre de Paul contribua à faire du christianisme une religion nouvelle, en affirmant qu'Israël n'était pas le seul peuple élu. Il est l'auteur des lettres aux Romains, aux Corinthiens, aux Galates, aux Philippiens, de la première lettre aux Thessaloniciens, et de la lettre à Philémon ; certains ajoutent la deuxième lettre aux Thessaloniciens et la lettre aux Colossiens ; les lettres à Timothée et à Tite seraient dues à des disciples. Les Actes et l'Apocalypse de Paul sont apocryphes.

Paul III [Alessandro Farnese] (1468-1549). Pape de 1534 à sa mort. Il fut à l'origine de la Contre-Réforme. Il prépara et réunit le concile de Trente, approuva la Compagnie de Jésus, réorganisa l'Inquisition. Il fit élever le palais Farnèse et commanda à Michel-Ange le *Jugement dernier* pour la chapelle Sixtine et les fresques de la chapelle Pauline.

Paul IV [Gian Pietro Carafa] (1476-1559). Pape de 1555 à 1559. Fondateur, avec saint Gaétan de Thiène, de l'ordre des Théatins, il publia un catalogue de livres prohibés.

Paul V [Camillo Borghese] (1552-1621). Pape de 1605 à 1621. Il fit appliquer les décrets du concile de Trente sur la résidence des clercs, excommunia le doge et le Sénat de Venise et condamna les théories de Galilée et de Copernic.

Paul VI (saint) [Giovanni Battista Montini] (1897-1978). Pape de 1963 à 1978. Souhaitant poursuivre dans la voie de son prédécesseur Jean XXIII, il continua le IIe concile du Vatican, dont il perpétua l'esprit œcuménique, notamment en rencontrant le patriarche de Constantinople Athênagoras. Il fut béatifié en 2014 et canonisé en 2018.

Paul Ier (1901-1964). Roi de Grèce de 1947 à 1964. Successeur de son frère Georges II, il servit dans la marine grecque lors de l'expédition en Asie Mineure (1920) et pendant la Seconde Guerre mondiale.

Paul Ier Petrovitch (1754-1801). Empereur de Russie de 1796 à 1801. Fils de Catherine II la Grande, il prit le contrepied de sa politique intérieure, prenant notamment des mesures en faveur des paysans et rétablissant les peines corporelles pour les nobles. Ennemi de la Révolution française, il adhéra à la deuxième coalition contre la France mais s'allia par la suite avec Bonaparte. Il fut assassiné.

Paul (Wolfgang) Physicien allemand (1913-1993). Il inventa un « piège » ionique qui porte son nom et qui permet d'isoler des ions, ainsi qu'un aimant hexapolaire. Prix Nobel 1989.

Paul-Boncour (Joseph) Homme politique français (1873-1972). Ministre du Travail, militant à la SFIO, il fonda l'Union socialiste républicaine. Sénateur, délégué de la France à la SDN, il vota contre les pleins pouvoirs au maréchal Pétain et signa, pour la France, la charte des Nations unies en 1946.

Paul de la Croix (saint) [Paolo Francesco Danei] Religieux italien (1694-1775). Il fonda la congrégation des Passionistes. Sa règle, d'une grande austérité, fut finalement approuvée par Benoît XIV.

Paul Diacre (Paul Warnefried, dit) Historien (v. 720-799). Il est l'auteur d'une *Chronique des Lombards* et de l'hymne *Ut queant laxis.*

Paul Émile Général romain (mort en 216 av. J.-C.). Consul en –219 puis en –216 avec Varron, il fut tué à la bataille de Cannes lors de la deuxième guerre punique. ■ **Paul Émile le Macédonique** (227-160 av. J.-C.). Fils du précédent. Il vainquit Persée à Pydna et s'empara de la Macédoine.

paulette n. f. (de *Paulet,* n. d'un fermier général) hist. Impôt annuel que devaient payer les titulaires d'une charge de justice.

Paulhan (Jean) Écrivain français (1884-1968). Directeur de *La Nouvelle Revue française,* il fut l'« éminence grise de la littérature française ». Théoricien de la littérature, éditeur, il abandonna la direction de la NRF en 1940 et fonda la revue clandestine *Les Lettres françaises* sous l'occupation allemande. On lui doit notamment *Entretien sur des faits divers, Les Fleurs de Tarbes* et des essais sur l'art *(Braque le patron ; Fautrier l'enragé).*

Pauli (Wolfgang) Physicien suisse d'origine autrichienne (1900-1958). Il fut l'un des fondateurs de la mécanique quantique. Il est connu pour le principe qui porte son nom (ou *principe d'exclusion*), qui permet de comprendre la structure des atomes et valide a posteriori la théorie de Mendeleïev. Il a émis l'hypothèse de l'existence du neutrino. Prix Nobel 1945.

paulien, ienne adj. (latin *pauliana,* de *Paulus,* n. d'un jurisconsulte romain) dr. romain *Action paulienne :* action en réparation de préjudice que les créanciers pouvaient intenter contre un débiteur frauduleux.

Paulin de Nole (saint) en latin **Meropius Pontius Paulinus** Poète latin chrétien (353-431). Disciple d'Ausone, évêque de Nole en 393, il a laissé des *Épîtres à Ausone,* des poèmes et une *Correspondance.*

Pauline (chapelle) Chapelle vaticane édifiée pour Paul III par Antonio da Sangallo le Jeune et sur les murs de laquelle Michel-Ange peignit *La Conversion de saint Paul* et *La Crucifixion de saint Pierre.*

Pauling (Linus Carl) Chimiste américain (1901-1994). Il fit des découvertes concernant la liaison chimique et la structure des molécules. Il établit en outre qu'il existe deux types de chaînes protéiques. Militant contre les essais atomiques, il a été le premier à recevoir deux prix Nobel. Prix Nobel 1954 ; prix Nobel de la paix 1962.

paulinien, ienne adj. Relatif à saint Paul.

paulinisme n. m. Doctrine de saint Paul.

pauliste adj. et n. (de l'anglais *paulist*) Membre d'une congrégation catholique américaine dédiée à saint Paul.

paulownia [polɔnja] n. m. (de Anna *Pavlovna,* fille du tsar Paul Ier) Grand arbre à fleurs bleues ou mauves.

paume n. f. (vient du latin *palma* → palme) **I.** Intérieur de la main. → **creux. II.** Sport (ancêtre du tennis) pratiqué en salle et qui consiste à se renvoyer une balle de part et d'autre d'un filet, au moyen d'une raquette et selon certaines règles. *Jouer à la paume.* – *Jeu de paume,* salle de jeu de paume.

paume (serment du Jeu de) voir **Jeu de paume (serment du)**

paumé, ée adj. fam. Perdu, égaré. *Il est complètement paumé,* il ne sait plus où il en est. – n. *Une bande de paumés* (marginaux, exclus...). ■ *Un bled paumé,* isolé.

paumelle n. f. (ancien provençal ; famille de *palme, paume*) techn. **1.** Charnière de métal réunissant le gond (d'un volet, d'une fenêtre, d'une porte) à la pièce où il s'articule (œil). **2.** Bande de cuir renforcée de métal au creux de la main, servant à protéger la paume des selliers, voiliers...

paumer v. tr. < 1 > (de *paume ;* d'abord « prendre [dans la main] ») fam. Perdre. *J'ai paumé tout le fric.* – pronom. Se perdre. *Elle s'est paumée en route.*

paumier, ière n. m. et adj. (du latin *palma* « paume ») vén. Daim de cinq ans, dont les andouillers supérieurs sont aplatis et forment l'empaumure. – adj. *Bête paumière.*

paumoyer v. tr. < 8 > (de *paume*) mar. Haler à la main (un cordage, une chaîne d'ancre...).

paupérisation n. f. (anglais, du latin *pauper* → pauvre) écon. Abaissement du niveau de vie ; appauvrissement d'une classe sociale. *La paupérisation des chômeurs* (→ nouveau pauvre).

paupériser v. tr. < 1 > (du latin *pauper,* d'apr. l'anglais *to pauperize*) didact. Frapper de paupérisation.

paupérisme n. m. (du latin *pauper,* d'apr. l'anglais *pauperism*) didact. État de pauvreté d'une société, d'une partie de celle-ci.

paupière n. f. (vient du latin class. *palpebra*) Chacune des deux parties mobiles qui recouvrent et protègent l'œil. *Battre des paupières. Fard à paupières.*

paupiette n. f. (italien *polpetta* « boulette de viande hachée » ; famille de *pulpe*) Tranche de viande roulée et farcie. *Paupiettes de veau.*

Paurāva voir **Poros**

Pausanias Général spartiate de la famille des Agides (mort v. 470 av. J.-C.). Il remporta la victoire de Platées, puis enleva aux Perses une grande partie de Chypre et de Byzance. Suspect de complicité avec Xerxès, il dut se réfugier dans le temple d'Athéna, où il fut emmuré.

Pausanias Voyageur et géographe grec (IIe s.). Sa *Description de la Grèce* en dix livres constitue un témoignage précieux sur la Grèce à l'époque romaine.

Pavarotti (Luciano)

Luciano Pavarotti en 2004 à Las Vegas.

pause n. f. (latin *pausa*, du grec *pauein* « arrêter ») **1.** Interruption momentanée (d'une activité, d'un travail, etc.). → **arrêt, halte.** *Faire une pause.* – fam. *La* ***pause café*** *(pour prendre le café). Des pauses café.* **2.** Temps d'arrêt dans les paroles. → **silence.** *Marquer une pause entre deux phrases.* **3.** mus. Silence correspondant à la durée d'une ronde ; figure, signe qui sert à le noter. *Une pause vaut quatre soupirs.* **4.** Fonction permettant d'interrompre la lecture d'un support d'enregistrement, le visionnage de la télévision et de les reprendre ultérieurement. *Mettre un film sur pause.* – fig. *Mettre sa carrière sur pause.*

pauser v. intr. < 1 > Faire une pause, un arrêt.

pauvre (vient du latin *pauper*, famille de *paucus* → peu) **I.** adj. **1.** épithète (après le n.) ou attribut d'un n. de personne Qui n'a pas (assez) d'argent. → **indigent, nécessiteux ;** fam. **fauché ;** - contr. **riche.** *Il est très pauvre, pauvre comme Job.* → **misérable, miséreux.** – (lieux, communautés) *Les pays pauvres.* → **sous-développé, ¹PMA. 2.** (choses) Qui a l'apparence de la pauvreté. *Une pauvre maison.* **3.** ***Pauvre de*** : qui n'a guère de. → **dénué, dépourvu, privé.** *Il est un peu pauvre d'esprit.* – ***Pauvre en.*** *Une ville pauvre en distractions.* **4.** Qui fournit ou produit trop peu. *Terre pauvre.* → **¹maigre, stérile. 5.** épithète, avant le n. Qui inspire de la pitié. → **malheureux.** *Un pauvre malheureux. La pauvre bête ! Un pauvre sourire,* triste, forcé. – (en s'adressant à qqn) *Ma pauvre chérie ! Mon pauvre ami !* (affectueux ou méprisant). – loc. *Pauvre de moi !* – **n.** *Le pauvre, la pauvre ! Mon, ma pauvre,* exprime la commisération. **6.** Pitoyable, lamentable. *C'est un pauvre type.* **II.** n. **1.** vieilli ***Un pauvre, une pauvresse*** : personne qui vit de la charité publique. → **indigent, mendiant. 2.** ***Les pauvres*** : les personnes sans ressources, qui ne possèdent rien. *Les nouveaux pauvres* : les victimes récentes de crises économiques, du chômage.

pauvrement adv. D'une manière pauvre. → **misérablement.**

pauvresse voir **pauvre** (II)

pauvret, ette n. et adj. (diminutif de commisération) fam. ou régional Pauvre petit(e).

pauvreté n. f. (vient du latin → pauvre) **1.** État d'une personne qui manque de moyens matériels, d'argent ; insuffisance de ressources. → **indigence, misère, nécessité ;** fam. **dèche, mouise.** *Vivre en dessous du seuil de pauvreté. La pauvreté augmente dans certains pays.* → **paupérisation.** – loc. prov. *Pauvreté n'est pas vice* (« *Parbleu ! Un vice est agréable* » [Léautaud]). ▪ Aspect pauvre, misérable. *La pauvreté d'un quartier.* **2.** Insuffisance matérielle ou morale. *La pauvreté du sol.* → **stérilité.** *Pauvreté intellectuelle.*

pavage n. m. **1.** Travail qui consiste à paver. **2.** Revêtement d'un sol. → **carrelage, dallage. 3.** sc. Couverture d'une surface par un réseau régulier de lignes.

pavane n. f. (italien *pavana*, de *Padova* « Padoue ») Ancienne danse (XVIe et XVIIe siècles), de caractère lent et solennel ; musique de cette danse. « *Pavane pour une Infante défunte* » (de Ravel).

se **pavaner** v. pron. < 1 > (de *pavane*, avec influence de *paon*) Marcher avec orgueil, avoir une attitude pleine de vanité. → **parader.**

Pavarotti (Luciano) Ténor italien (1935-2007). Interprète de l'opéra italien du XIXe s. au timbre lumineux et à la technique parfaite, il a mené une brillante carrière internationale.

pavé n. m. (de *paver*) **I. 1.** *Le pavé* : ensemble des blocs (pierre...) qui forment le revêtement du sol. → **pavage, pavement.** *Le pavé de marbre d'une église.* **2.** La partie d'une voie publique ainsi revêtue, la rue. → **chaussée, trottoir.** *Pavé glissant.* – loc. *Tenir le haut du pavé,* occuper le premier rang. – *Être sur le pavé,* sans domicile, sans emploi. *Battre le pavé,* marcher au hasard ou longtemps (dans une ville). **3.** ***Un pavé*** : bloc de pierre, de bois, taillé et préparé pour revêtir un sol. – loc. fam. *Un pavé dans la mare* : un évènement inattendu qui jette le désarroi. – *Le pavé de l'ours* (allusion à une fable de La Fontaine), une aide qui dégénère en catastrophe. **II. 1.** Épaisse tranche de bœuf. *Pavé au poivre.* **2.** fam. Gros livre épais. → régional **brique.** *Un pavé de 800 pages.* **3.** Publicité, article de presse encadré dans la page.

pavée n. f. (mot dialectal, de *pave*, de l'ancien français *paveil* « jonc », du latin *papyrus*) régional (Ouest) Digitale pourprée.

Pavelić (Ante) Homme politique croate (1889-1959). À la tête du mouvement nationaliste des oustachis, il organisa l'assassinat du roi Alexandre Ier en 1934. Chef de l'État croate en 1941, il dirigea le massacre des Serbes et des Juifs de Croatie. Il s'enfuit en 1945.

pavement n. m. (de *paver*) Sol pavé. – Pavage artistique. *Pavement de mosaïque.*

paver v. tr. < 1 > (vient du latin pop. *pavare* ; d'abord « battre la terre, aplanir ») Revêtir (un sol) d'éléments, de blocs assemblés (pavés, pierres, mosaïque). – au p. p. *Une route pavée.* □ **n. paveur, euse**

Pavese (Cesare) Écrivain italien (1908-1950). Il est l'auteur de poèmes *(Travailler fatigue)* où apparaissent déjà la solitude du poète et sa lutte contre la tentation de la mort. On retrouve dans son journal *(Le Métier de vivre)* et dans ses romans, d'un style sobre et grave *(La Plage ; Le Bel Été)*, la même difficulté d'être. Il se suicida.

pavie n. f. (du n. d'une commune du Gers) Pêche dont la chair adhère au noyau. – appos. invar. *Pêches pavie.*

Pavie (Auguste Jean-Marie) Diplomate et explorateur français (1847-1925). Il contribua à étendre l'influence française en Indochine et explora l'Annam, le Tonkin et le Yunnan.

Pavie Ville d'Italie (Lombardie), sur le Tessin. 71 220 habitants. Université fondée au XIVe s. Églises du XIIe s. Tombeau de saint Augustin. Au N. de la ville, chartreuse fondée au XIVe s., chef-d'œuvre de l'art lombard. Capitale des Lombards (572-774), puis cité gibeline (Xe-XIVe s.), Pavie fut annexée par les Visconti de Milan (1360). François Ier y fut vaincu par Charles Quint en 1525.

pavillon n. m. (vient du latin *papilio* « papillon » et « tente » [à cause des ailes] → papillon) **I.** Petit bâtiment isolé ; petite maison dans un jardin, un parc. → **villa.** *Pavillon de chasse. Les pavillons d'un hôpital.* ▪ Maison particulière, en général en milieu urbain. *Pavillon de banlieue.* **II. 1.** Extrémité évasée (de certains instruments à vent). *Le pavillon d'une trompette.* – Conduit acoustique ouvert aux deux extrémités, de section régulièrement croissante. *Pavillon d'un haut-parleur.* **2.** Partie visible de l'oreille externe (de l'homme et des mammifères). ▪ anat. Partie terminale de la trompe de Fallope, qui recueille l'ovocyte expulsé par l'ovaire. **III.** Pièce d'étoffe que l'on hisse sur un navire pour indiquer son origine, faire des signaux (→ **drapeau**). *Ensemble de pavillons.* → **grand pavois.** – loc. *Baisser pavillon devant qqn,* céder.

Pavillon (Nicolas) Prélat français (1597-1677). Évêque d'Alet en 1639, il refusa de signer le formulaire antijanséniste et s'opposa à Louis XIV dans l'affaire de la régale.

pavillonnaire adj. Formé de pavillons (I). *Une zone pavillonnaire.*

pavillonnerie n. f. mar. Atelier où l'on confectionne les pavillons pour les navires ; magasin où on les garde.

Pavillons noirs voir Hō

Pavillons-sous-Bois (Les) Commune de la Seine-Saint-Denis, sur le canal de l'Ourcq. 23 904 habitants.

pavimenteux, euse adj. (du latin *pavimentum* « pavement ») didact. **1.** Employé pour le pavage. *Roche pavimenteuse.* **2.** biol. *Épithélium pavimenteux,* à plusieurs couches cellulaires et dont les cellules superficielles sont aplaties.

Pavin (lac) Lac de cratère du Massif central, à 1 197 m d'altitude, dans les monts Dore. 44 ha.

Pavlodar Ville du Kazakhstan, sur l'Irtych. 300 500 habitants. Industries alimentaire et mécanique ; métallurgie (aluminium) ; fonderies.

Pavlov (Ivan Petrovitch) Physiologiste russe (1849-1936). Il formula la notion de réflexe conditionné, en établit les lois et en donna une explication physiologique. Il affirma que la psychologie humaine est régie par les mêmes lois que la psychologie animale. Prix Nobel 1904.

Pavlova (Anna) Danseuse russe (1881-1931). D'une grâce émouvante et fragile, elle interpréta les grands rôles du répertoire : *Le Lac des cygnes ; La Belle au bois dormant.* Elle fut la partenaire de Nijinski dans la compagnie des Ballets russes de Diaghilev. Elle fonda sa propre compagnie à Londres.

Anna Pavlova danse *Giselle* en 1905.

pavois n. m. (italien « objet de Pavie ») **1.** hist. Grand bouclier des Francs. – loc. *Élever, hisser qqn* ***sur le pavois,*** lui donner le pouvoir, le glorifier. **2.** mar. Partie de la coque qui dépasse le niveau du pont, sur les anciens navires. **3.** ***Grand pavois*** : ensemble des pavillons hissés sur un navire comme signal de réjouissance. *Hisser le grand pavois.* → **pavoiser.**

pavoisement n. m. rare. Fait de pavoiser.

pavoiser v. tr. < 1 > Orner de drapeaux (un édifice public, une rue, etc.), à l'occasion d'une fête. *Pavoiser les rues.* ▪ **v. intr.** fig., fam. Manifester une grande joie. *Il n'y a pas de quoi pavoiser,* se réjouir.

pavot n. m. (vient du latin *papaver*) Plante cultivée pour ses fleurs, ses graines et la sève de ses capsules, qui fournit l'opium. *Pavot des champs* : coquelicot.

Pawnees n. m. pl. Peuple indien des États-Unis, qui vivaient dans le Nebraska. Éclaireurs pour l'armée américaine après la guerre de l'Indépendance, ils furent déportés après la « guerre des plaines » en Oklahoma, dans le Territoire indien.

Paxton (sir Joseph) Jardinier et architecte britannique (1803-1865). Chef jardinier du duc de Devonshire, il construisit la grande serre de Chatsworth et le pavillon du Crystal Palace, présenté à l'Exposition universelle de 1851. L'audace et le fonctionnalisme de ces réalisations ont fait de lui un précurseur de l'architecture moderne.

Paxton (Robert Owen) Historien américain (né en 1932). Spécialiste du régime de Vichy, il a montré ce que la « révolution nationale » et la politique de collaboration devaient aux initiatives proprement françaises. *L'Armée de Vichy ; La France de Vichy ; Le Fascisme en action.*

payable adj. Qui doit être payé.

payant, ante adj. **1.** Qui paie. *Spectateurs payants.* **2.** Qu'il faut payer. *Billet payant* (opposé à *gratuit*). **3.** fam. Qui profite, rapporte. *C'est payant.* → **rentable.**

paye [pɛj] ou **paie** n. f. **1.** Action de payer un salaire, une solde. *Le jour de paye.* **2.** fam. Temps écoulé entre deux payes. loc. *Ça fait une paye,* il y a longtemps. **3.** Ce que l'on paie aux militaires (→ **¹solde**), aux employés et ouvriers (→ **salaire**). *Feuille de paye.*

payement voir **paiement**

Payen (Anselme) Chimiste français (1795-1871). Il reste célèbre pour avoir isolé, avec Persoz, la première enzyme.

payer v. tr. < 8 > **(vient du latin *pacare* « faire la paix ; apaiser, satisfaire », de *pax* → paix)** **I.** avec compl. dir. **1.** *Payer qqn,* lui remettre ce qui lui est dû. *Payer un employé.* → **rémunérer.** *Être payé à l'heure, au mois. Payer qqn quinze euros de l'heure.* ▪ fig. *Je suis (bien) payé pour savoir que,* j'ai appris à mes dépens que. – *Payer qqn de retour,* reconnaître ses sentiments, etc., par des sentiments semblables. *Son dévouement n'a pas été payé de retour.* **2.** *Payer qqch. :* s'acquitter par un versement de (ce que l'on doit). *Payer ses dettes.* → **rembourser.** prov. *Qui paie ses dettes s'enrichit.* **3.** Verser de l'argent en contrepartie de (qqch. : objet, travail). *Il n'a pas payé tout ce qu'il a acheté. Payer qqch. cher, bon marché.* – au p. p. *Travail bien payé. Congés payés.* **4.** fam. *Payer qqch. à qqn.* → **offrir.** *Je te paie un verre ?* **5.** fig. *Elle me le paiera !,* je l'en punirai. **II.** sans compl. dir. **1.** Verser de l'argent. *Payer comptant, cash. Pouvoir payer* (→ **solvable**). – ***Payer de*** *:* payer avec. *Payer de ses deniers, de sa poche.* loc. fig. *Payer de sa personne,* s'employer activement à qqch. – ***Payer pour*** *qqn. Payer pour un autre. Payer pour qqch.* **2.** Subir en compensation. → **expier.** *Il faudra payer un jour ou l'autre.* **3.** (choses) Rapporter, être profitable. *Le crime ne paie pas.* → **payant.** ▪ **se payer** v. pron. **1.** passif *Les commandes se paient à la livraison.* fig. *Tout se paye,* s'expie. **2.** réfl. *Voilà cent euros, payez-vous.* **3.** réfl. indir. S'offrir. *On va se payer un bon repas.* – fam. *S'en payer une tranche,* s'offrir du bon temps. – fam. *Se payer la tête de qqn,* se moquer de lui.

Payette (Julie) Astronaute canadienne [québécoise] (née en 1963). Ingénieur en génie électrique et chercheuse en informatique, elle a été la première Canadienne à monter à bord de l'ISS. Elle fut gouverneure générale du Canada de 2017 à 2021.

Julie Payette à bord de la navette spatiale Endeavour en 2009.

payeur, euse n. **1.** Personne qui paie ce qu'elle doit. *Mauvais payeur.* **2.** Personne chargée de payer pour une administration. *Trésorier-payeur général.*

¹pays [pei] n. m. **(vient du latin médiéval *pagensis* « paysan », de *pagus* « pays, canton » → païen)** **1.** Territoire d'une nation, délimité par des frontières. → **État.** *Pays étrangers. Pays riches et pays pauvres. Les pays du tiers-monde.* → **¹PMA.** *Pays émergents.* ▪ avec un poss. *Elle aime son pays.* → **patrie.** *« Mon pays ce n'est pas un pays, c'est l'hiver »* (Gilles Vigneault). **2.** Région ; partie précise d'une province. *Le pays de Caux, les pays de Loire. Vin de pays.* → **¹cru.** *Produits du pays.* → **terroir.** **3.** Les habitants du pays (1 et 2). → **région.** *Tout le pays en parle.* **4.** ***Le pays de qqch.*** *:* milieu riche en. *La France, pays de la bonne cuisine.* → **patrie.** **5.** Région géographique, dans son aspect physique. → **contrée.** *Les pays tempérés.* – loc. *Pays de cocagne,* pays fabuleux où tous les biens sont en abondance. **6.** Petite ville ; village. *Un petit pays.* → fam. **bled, ²patelin. 7.** (Grande étendue) loc. *Voir du pays :* voyager.

²pays, payse [pei, peiz] n. **(de ¹*pays*)** régional ou plais. Personne du même pays (2 et 6). → **compatriote.**

paysage n. m. **(de *pays*) 1.** Partie d'un pays que la nature présente à un observateur. → **site, vue.** *Un beau paysage. Admirer le paysage.* – *Paysage urbain.* **2.** Tableau représentant la nature. *Peintre de paysages.* → **paysagiste. 3.** fig. Aspect général. → **situation.** *Paysage politique.* → **scène.** *Le paysage audiovisuel français* (sigle **PAF**) [paf].

paysagé, ée adj. Paysager. *Parc paysagé,* qui crée un effet de paysage naturel. *Bureaux paysagés.*

paysager, ère adj. Destiné à produire un effet de paysage naturel. *Jardin, parc paysager.* → **paysagé.**

paysagiste [peizaʒist] n. **1.** Peintre de paysages. *Les paysagistes hollandais.* **2.** Personne qui élabore des plans d'aménagement des espaces verts urbains. appos. *Architecte paysagiste.*

paysan, anne (de *pays*) 1. n. Homme, femme vivant à la campagne du travail de la terre. → **agriculteur, cultivateur, exploitant** agricole, **fermier, métayer. 2.** adj. Propre aux paysans, relatif aux paysans. → **rural, rustique, terrien.** *Syndicats paysans.* → **agricole.** *Révolte paysanne.* → **jacquerie** (hist.). **3.** adj. et n. péj. (Personne) qui a des manières grossières. → **rustre.**

paysannat n. m. Condition de paysan.

paysannerie n. f. Ensemble des paysans.

Paysans (guerre des) Révolte des paysans allemands, entre 1524 et 1526. Luther, qui avait tenté de jouer un rôle de médiateur, appela à sa répression, qui fit plus de 100 000 morts.

Pays-Bas

n. m. pl. ▪ en néerlandais Nederland, offic. royaume des Pays-Bas Pays de l'Europe du Nord-Ouest. 41 526 km², dont 18 % d'espaces aquatiques. 17 500 000 habitants (les *Néerlandais*). **Capitale :** Amsterdam, La Haye étant le siège du gouvernement. **Langues :** néerlandais (offic.) et frison. **Régime :** monarchie constitutionnelle. **Monnaie :** euro. Le pays est composé de 12 provinces : Brabant-Septentrional, Drenthe, Flevoland, Frise, Groningue, Gueldre, Hollande-Méridionale, Hollande-Septentrionale, Limbourg, Overijssel, Utrecht, Zélande ; et de territoires insulaires dans les Antilles : Aruba et les Antilles néerlandaises (constituées de cinq îles principales : Bonaire, Curaçao, Saba, Saint-Eustache et la partie méridionale de l'île de Saint-Martin).

GÉOGRAPHIE

Le pays culmine à 321 m, mais dépasse rarement 50 m. Un quart du territoire est situé en-dessous du niveau de la mer. Les régions littorales conquises sur la mer (polders) en sont séparées par un cordon sableux. L'eau joue un rôle essentiel, source de danger mais aussi de profit. Le climat est océanique, frais. Les précipitations et les vents sont fréquents.

ÉCONOMIE

Un strict contrôle de l'hydrographie permet à l'agriculture d'être depuis longtemps l'un des atouts du pays. Moderne et intensive, elle représente le quart de la valeur des exportations (horticulture, élevage hors-sol de porcs et de volailles, cultures maraîchères). L'agroalimentaire constitue la principale branche industrielle. La chimie à base de pétrole a connu un grand développement dans les ports (Rotterdam), l'électronique constitue un autre point fort. Le secteur tertiaire est fortement exportateur, mais tant dans la banque que dans le transport aérien, les champions nationaux à la surface financière insuffisante ont eu tendance à se faire racheter par des fonds et des entreprises étrangers. En revanche, depuis 2018 plusieurs entreprises ont quitté la Grande-Bretagne pour installer leur siège aux Pays-Bas en raison du Brexit.

Les vieux moulins à vent de Kinderdijk (1740), inscrits au patrimoine mondial de l'Unesco.

HISTOIRE

Terre celte, la « Germanie inférieure » fut conquise par les Romains qui apprirent à drainer les terres et à creuser des canaux. La christianisation fut lente. Après la mort de Charlemagne, l'Escaut servit de frontière entre les royaumes de Charles le Chauve et de Lothaire. Au XIIIe s., le lac Flevo devint un golfe, le Zuiderzee. Les bouleversements qui en résultèrent favorisèrent les grands féodaux. Les communes acquirent peu à peu leur indépendance et s'enrichirent, les principaux ports s'affilièrent à la Hanse.

Les Pays-Bas passèrent à la Bourgogne par héritage, en 1384. Charles le Téméraire (1433-1477) tenta de reconstituer la Lotharingie en annexant la Lorraine pour réunir ses États de « par-deçà » (Pays-Bas) à ceux de « par-delà » (Bourgogne, Franche-Comté). Cette politique échoua. Les Pays-Bas passèrent ensuite sous la domination des Habsbourg, qui avec Charles Quint complétèrent le bloc des Pays-Bas, dix-sept provinces groupées autour de la Bourgogne (1548). Luthéranisme et calvinisme provoquèrent à la même époque le rétablissement de l'Inquisition. La Zélande et la Hollande, refuge des calvinistes, firent sécession avec Guillaume d'Orange (1572). La pacification de Gand (1576) redonna au pays son unité. Flandre et Hainaut devinrent calvinistes et l'Autriche évacua les provinces du Sud (1577).

Les catholiques formèrent la *confédération d'Arras* pour lutter contre les orangistes qui lui opposèrent l'*Union d'Utrecht,* acte de naissance des Provinces-Unies. Avec la trêve de Douze Ans (1609), leur autonomie fut entérinée. L'Espagne leur céda en 1648 le Brabant-Septentrional et la Flandre zélandaise.

Ce fut le début de l'hégémonie hollandaise sur mer. Pour ruiner les empires coloniaux portugais et espagnol, des sociétés par actions avaient été créées dès 1602 (Compagnie des Indes orientales). Les îles de la Sonde devinrent les *Indes néerlandaises.* Des colons partirent pour l'Afrique australe ; d'autres fondèrent, à l'embouchure de l'Hudson, la Nouvelle-Amsterdam, future New York. Des banques créées au début du XVIIe s. financèrent l'aménagement de polders.

Tolérante, la Hollande devint la « librairie générale de l'Europe ». Son prestige culturel fut renforcé par la venue de Descartes et les œuvres de Spinoza et de Grotius. Dans la peinture, la tradition médiévale évolua avec l'abandon des sujets religieux au profit de la peinture de genre (Steen, Metsu, de Hooch), de la nature morte, du paysage (Ruysdael) ou du portrait (Hals). Vermeer ne fut reconnu qu'au XIXe s., Rembrandt connut la gloire de son vivant.

Pays-Bas

En 1652, une guerre éclata avec l'Angleterre. La paix de Westminster et l'*acte de Navigation* de Cromwell portèrent un coup au commerce maritime des Pays-Bas, qui firent alliance avec la France (1662). La flotte anglaise fut vaincue. Les Pays-Bas reçurent l'Insulinde et le Suriname mais perdirent La Nouvelle-Amsterdam. Le XVIIe et le XVIIIe s. furent marqués par la rivalité avec la France, qui envahit le pays à plusieurs reprises. La victoire française de Fleurus (1794) aboutit à l'instauration d'une République Batave (1795). Les Anglais s'emparèrent des colonies, qui furent restituées en 1814 (sauf Le Cap, Ceylan et une partie de la Guyane). En 1814 fut admis le principe de la réunion des Provinces-Unies avec les anciens Pays-Bas autrichiens et l'évêché de Liège. Mécontents, les éléments belges catholiques et libéraux lancèrent la révolution belge de 1830. À cette époque furent entrepris de gigantesques travaux (canaux, polders).

Pendant la Première Guerre mondiale, les Pays-Bas restèrent neutres. L'entre-deux-guerres fut une période de prospérité économique avec notamment l'assèchement du Zuiderzee. Envahi en 1940, le pays fut occupé par l'Allemagne. Au lendemain de la guerre, il décida la suppression des barrières douanières : la conférence du Benelux eut lieu à La Haye en mars 1949. Les Pays-Bas adhérèrent au Conseil de l'Europe (1949), à la CECA (1951), ratifièrent le traité de Rome (1957). Un système très avancé de protection sociale fut créé et les colonies reçurent leur indépendance. Libéraux, chrétiens-démocrates et travaillistes alternent au pouvoir. Le libéral Mark Rutte est Premier ministre depuis 2010.

En 1980, Beatrix prit la succession de sa mère, la reine Juliana. La bonne santé économique du pays, depuis, n'a pas empêché l'émergence de mouvements populistes et le pays est gouverné par différentes coalitions qui se succèdent. En juin 2005, les Néerlandais se sont prononcés contre le projet de Constitution européenne. Beatrix a abdiqué en 2013 en faveur de son fils Willem-Alexander.

Pays de Belvès Commune de la Dordogne. 1 337 habitants. Ville fortifiée du XIe s. ; beffrois du XVe s. ; sites troglodytiques.

pays de Galles voir **Galles (pays de)**

Pays de la Loire Région administrative de l'O. de la France, formée de 5 départements : la Loire-Atlantique, le Maine-et-Loire, la Mayenne, la Sarthe et la Vendée. 32 082 km². 3 832 120 habitants. Chef-lieu : Nantes.

La Région repose en grande partie sur les terrains anciens du Massif armoricain. Elle est formée de bocages fertiles (Anjou) et de collines boisées, bien irrigués par la Loire et ses affluents. À l'est, le plateau crayeux du Saumurois s'ouvre sur des vignobles et de riches cultures maraîchères. La côte, bordée des îles de Noirmoutier et d'Yeu, comporte de nombreux marais (Marais poitevin, Grande-Brière, Marais breton). Le climat est doux et humide. La région conserve une image relativement rurale, mais les deux tiers de sa population vivent dans les agglomérations urbaines (Le Mans, Angers, Nantes-Saint-Nazaire).

Deuxième région agricole française (pépinières, horticulture, viticulture), les Pays de la Loire sont spécialisés dans l'élevage (bovins, porcins). La Région, dotée depuis longtemps d'une industrie agroalimentaire, a compensé un certain déclin des chantiers navals de Saint-Nazaire par l'implantation

P

Pays de la Loire

d'activités nouvelles (haute technologie, confection, mécanique). Nantes (capitale administrative et universitaire) constitue avec Saint-Nazaire (port) un pôle industriel et commercial important. Le tourisme est particulièrement développé sur le littoral.

Paz **(Octavio)** Poète et essayiste mexicain (1914-1998). Lié aux surréalistes, il a célébré dans son œuvre poétique *(Pierre de soleil)* l'amour et la liberté mêlés au « cauchemar de l'histoire ». D'ascendances indienne et hispanique, il explore la déchirure entre les deux cultures dans son essai *Le Labyrinthe de la solitude*, recherche passionnée de l'« essentiel mexicain ». Prix Nobel 1990.

Paz (La) Capitale gouvernementale de la Bolivie, située à 3 800 m d'altitude dans les Andes. 760 000 habitants (1 600 000 pour l'agglomération). Université. Carrefour commercial ; centre industriel. Elle fut fondée par les Espagnols en 1548.

Paz (La) Ville du Mexique, sur le golfe de Californie. 215 200 habitants. Pêche ; centre touristique.

Pazardžik Ville de Bulgarie, sur la Marica. 55 700 habitants. Musée ethnographique. Caoutchouc ; machines-outils.

Paz Estenssoro **(Víctor)** Homme d'État bolivien (1907-2001). Membre fondateur du Mouvement nationaliste révolutionnaire et président de la République de 1952 à 1956, il nationalisa les grandes mines d'étain, engagea la réforme agraire et donna le droit de vote aux Indiens. De nouveau président de 1960 à 1964 et de 1985 à 1989, il mena une politique néolibérale.

Pazzi Famille guelfe de banquiers florentins, rivale des Médicis. Le complot de Francesco de' Pazzi (1444-1478), fomenté contre les Médicis en 1478, valut à la famille d'être bannie.

Pb Symbole chimique du plomb.

¹PC **n. m. (sigle)** Poste de commandement.

²PC **n. m. (sigle de l'anglais *personal computer*)** anglic. Ordinateur personnel. → **micro-ordinateur.**

PCF voir **communiste français** (parti)

PCV **n. m. (abrév. de *à percevoir*)** Communication téléphonique payée par le destinataire après l'accord de celui-ci. *Appeler en PCV.*

Pd Symbole chimique du palladium.

PDF **n. m. invar. (sigle de l'anglais *Portable Document Format*)** inform. Format de fichier permettant de conserver les caractéristiques d'un document. *Document en PDF.* – appos. *Fichier PDF.*

PDG ou **P.-D. G.** **n. (sigle)** fam. Président-directeur général. *Des PDG. Femme PDG.* → fam. **pédégère.** *La PDG.*

Peace River Village du centre-ouest de l'Alberta. 6 315 habitants. Sables bitumeux.

Peacock **(Thomas Love)** Écrivain britannique (1785-1866). Adversaire des lakistes, il s'employa à les caricaturer dans des récits sarcastiques. *L'Abbaye de cauchemar ; Mélincourt.*

péage **n. m. (latin pop. *pedicatum* ; proprt « droit de mettre le pied dans un lieu »)** **1.** Droit que l'on paye pour emprunter une voie de communication. *Autoroute, pont à péage.* – *Chaînes de télévision à péage,* payantes (→ **chaîne cryptée**). **2.** L'endroit où se perçoit le péage. *S'arrêter au péage de l'autoroute.*

péagiste **n.** Personne qui perçoit le péage d'une autoroute.

Peano **(Giuseppe)** Logicien et mathématicien italien (1858-1932). Il présenta l'ensemble des domaines mathématiques dans un langage formalisé. Il est à l'origine de l'un des premiers exemples de fractale.

Pearl Harbor Base navale des États-Unis dans les îles Hawaii, près de Honolulu. La flotte américaine y fut en partie détruite par une attaque surprise des Japonais, le

Le port de Pearl Harbor juste après l'attaque des bombardiers japonais, le 7 décembre 1941.

7 décembre 1941, ce qui provoqua l'entrée en guerre des États-Unis.

Pearson **(Karl)** Mathématicien britannique (1857-1936). Il est considéré comme l'un des fondateurs de la statistique. Auteur d'une généralisation de la notion d'écart en calcul des probabilités, il découvrit en outre les bases du calcul des corrélations.

Pearson **(Lester Bowles)** Homme d'État canadien (1897-1972). Ministre des Affaires extérieures de 1948 à 1957, chef du Parti libéral en 1957, Premier ministre de 1963 à 1968, il joua un rôle d'intermédiaire entre les États-Unis et la Grande-Bretagne lors de la crise de Suez et se montra favorable à l'Otan. Prix Nobel de la paix 1957.

Peary **(Robert Edwin)** Explorateur américain (1856-1920). Il est reconnu comme le premier à avoir atteint le pôle Nord (1909).

Peary en 1909, sur son bateau, le *Roosevelt*.

peau n. f. (vient du latin *pellis* « fourrure, cuir ») **I.** **1.** Enveloppe extérieure du corps des animaux vertébrés, constituée par une partie profonde (le derme) et par une couche superficielle (l'épiderme). *Relatif à la peau.* → **cutané, épidermique ; derm(o)-.** *Reptile qui change de peau.* → **mue.** *Enlever la peau d'un animal.* → **dépiauter, écorcher.** **2.** L'épiderme humain. *Peau claire, foncée, noire. Le grain, la couleur de la peau. Peau sensible. Peau mature. Types de peau* (grasse, sèche, mixte). – loc. fam. *N'avoir que la peau et les os. Attraper qqn par la peau du cou, du dos,* le retenir au dernier moment. fam. *Coûter* la peau des fesses, du cul. Avoir qqn dans la peau,* l'aimer passionnément. – loc. *Se sentir bien (mal) dans sa peau,* satisfait ou non de ce qu'on est. *Faire peau neuve,* changer complètement. *Risquer, sauver sa peau,* sa vie. *Se faire trouer la peau,* se faire tuer. – fam. *Faire la peau à qqn,* le tuer. **3.** injurieux *Vieille peau,* femme d'un âge certain. **4.** Morceau de peau. *Couper les peaux autour d'un ongle.* → **envie.** *Peaux mortes qui se détachent.* → **squame ; desquamation.** **5.** Dépouille d'animal destinée à fournir la fourrure, le cuir (→ **peausserie, pelleterie).** *Traiter les peaux* (→ **corroyer, tanner ; mégisserie).** *Peau de chamois. Veste en peau de mouton.* – absolt Cuir fin et souple. *Des gants de peau.* ■ loc. fam. *Une peau de vache,* une personne méchante. **II.** Enveloppe extérieure (des fruits). *Enlever la peau d'un fruit.* → **peler.** – *Une peau de saucisson.* – *La peau du lait,* pellicule qui se forme sur le lait bouilli. **III.** loc. fam. ***Peau de balle, la peau*** : rien du tout.

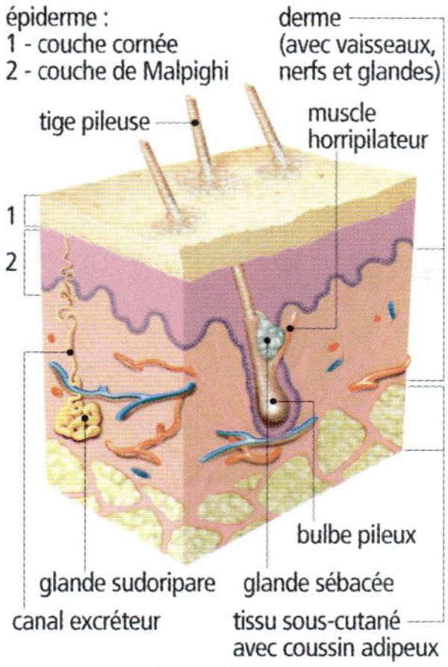

Les trois couches principales de la peau.

peaucier, ière adj. et n. m. anat. *Muscle peaucier,* qui s'attache à la face profonde du derme. – *Le peaucier du cou.*

peaufiner v. tr. < 1 > (de *peau* et [1]*fin*) **1.** Nettoyer avec une peau de chamois. **2.** fig. Soigner dans les moindres détails (un travail). → fam. **fignoler.**

peau-rouge n. vieilli et péj. Membre des peuples autochtones du Canada et des États-Unis. → **amérindien.** *Les Peaux-Rouges.* – adj. *Tribus peaux-rouges.*

peausserie n. f. **1.** Commerce, métier, travail des peaux, des cuirs. **2.** (Une, des peausseries) Peau travaillée.

peaussier, ière n. (de *peau*) Personne qui travaille les peaux pour les transformer en cuir.

pébrine n. f. (du provençal *pebrino,* de *pebre* « poivre ») Maladie des vers à soie.

pébroc ou **pébroque** n. m. fam. Parapluie. → [2]**pépin.**

Peć Ville du Kosovo. 68 200 habitants. Monuments byzantins. Artisanat du cuir.

pécaïre [pekaiʀ] interj. (provençal *pecaire* « pécheur » → **peuchère**) régional (Provence) Exclamation exprimant la commisération affectueuse ou ironique.

pécan [pekɑ̃] n. m. (anglais des États-Unis *pecan,* de l'algonquin) Fruit du pacanier, contenant une noix comestible. – *Noix de pécan.*

pécari n. m. (mot caraïbe) **1.** Cochon sauvage d'Amérique. **2.** Cuir de cet animal. *Des gants de pécari.*

peccable adj. (du latin ecclés. *peccare* « pécher ») didact. Sujet à pécher.

peccadille n. f. (espagnol *peccadillo* « petit péché » ; famille de *péché*) littér. Faute bénigne, sans gravité.

peccant, ante adj. (du latin médiéval *peccans,* de *pécher*) méd., vieux *Humeurs peccantes,* mauvaises.

pechblende [pɛʃblɛ̃d] n. f. (allemand, de *Pech* « poix » et *Blende* « minerai de zinc ») Minerai d'uranium.

[1]pêche n. f. (vient du latin, de *persicum* « de Perse ») **1.** Fruit du pêcher, à noyau très dur et à chair fine. *Pêche blanche. Pêche-abricot.* → aussi **brugnon, nectarine.** *Pêche de vigne*. Pêche plate,* de forme aplatie. – loc. *Peau, teint de pêche,* rose et velouté. *Peau de pêche :* tissu très doux. *Rembourré avec des noyaux de pêche :* très dur (siège, lit). **2.** fam. *Se fendre la pêche* (« visage, bouche ») : rire. **3.** loc. fam. *Avoir la pêche :* être en forme (→ **la frite**). **4.** fam. Coup, gifle.

[2]pêche n. f. (de [2]*pêcher*) **1.** Action ou manière de pêcher ([2]). *Pêche maritime, fluviale. Pêche sous-marine. Pêche à la ligne, au filet, au chalut. Pêche à la truite.* – *Aller à la pêche* (à la ligne). **2.** Poissons, fruits de mer pêchés.

péché n. m. (vient du latin chrét. *peccatum* « faute ») **1.** relig. Acte conscient par lequel on fait ce qui est interdit par la loi divine. *Confesser ses péchés. Les sept péchés capitaux,* avarice, colère, envie, gourmandise, luxure, orgueil, paresse. *Péché véniel*.* – ***Péché mignon*** : petit travers. → **faible.** *Le chocolat, c'est son péché mignon.* **2.** ***Le péché*** : l'état où se trouve la personne qui a commis un péché. *Vivre dans le péché.* → [3]**mal.**

pécher v. intr. < 6 > (vient du latin chrét. *peccare* → **péché**) **1.** Commettre un péché. *Pécher par orgueil.* **2.** (sujet chose) Commettre une erreur. *Ce devoir pèche par une grande confusion d'idées.*

[1]pêcher n. m. (de [1]*pêche*) Arbre d'origine tropicale cultivé pour ses fruits, les pêches.

[2]pêcher v. tr. < 1 > (vient du latin pop. *piscare,* de *piscis* → **poisson**) **1.** Prendre ou chercher à prendre (du poisson, des animaux aquatiques, etc.). *Pêcher la truite.* ■ absolt S'adonner à la pêche. *Pêcher à la ligne.* – loc. *Pêcher en eau trouble,* profiter d'un état de désordre, de confusion. **2.** fam. Chercher, prendre, trouver. *Je me demande où il va pêcher ces histoires.*

pêcherie n. f. Lieu, entreprise de pêche.

P

Paz (La)

La Paz (Bolivie), capitale la plus haute du monde, dominée par le volcan Illimani.

pêchette n. f. (de [2]*pêcher*) régional Petit filet à écrevisses.

pécheur, pécheresse n. Personne qui est dans l'état de péché. - var. du fém. RO **pècheresse.**

pêcheur, pêcheuse n. Personne qui s'adonne à la pêche, par métier ou par plaisir. *Marin pêcheur.* – *Pêcheur de corail. Pêcheuse de perles.*

Pech-Merle Site de la commune de Cabrerets (Lot) où fut découverte, en 1922, une grotte ornée de peintures préhistoriques.

Pechstein (Max) Peintre et graveur allemand (1881-1955). Influencé par Van Gogh et Gauguin, il fit partie du groupe expressionniste Die Brücke. Il réalisa des portraits, des nus, des scènes de plage et des paysages, caractérisés par la dureté du trait et la vivacité des couleurs. *Jeune Fille en maillot jaune et noir.*

pêchu, ue adj. fam. Qui a la pêche, est en forme, dynamique.

pécile voir **pœcile**

Peck (Eldred, dit Gregory) Acteur américain (1916-2003). Il a su donner de l'humanité à ses personnages, souvent héroïques, parfois tourmentés, voire antipathiques, et fut l'une des plus grandes stars du cinéma des années 1950. *La Maison du Dr Edwardes ; Le Mur invisible ; Vacances romaines.*

Pecker (Jean-Claude) Astrophysicien français (1923-2020). Il a déterminé la température minimale du Soleil, dont il a fait son objet d'étude privilégié. Professeur au Collège de France. Académie des sciences.

Peckinpah (Sam) Réalisateur américain (1926-1984). Ses westerns, d'un réalisme parfois violent, s'attachent à démythifier la figure du héros. *Coups de feu dans la Sierra ; La Horde sauvage ; Pat Garrett et Billy the Kid ; Les Chiens de paille.*

pécoptéris n. m. (du grec *pekos* « toison » et *pteris* « fougère ») paléont. Fougère arborescente fossile des terrains carbonifères.

pécore n. (italien, du latin *pecora*, de *pecus, pecoris* « bétail ») **1.** n. f. vieilli Femme sotte et prétentieuse. → **pimbêche. 2.** fam. et péj. Paysan. → **péquenaud.**

P

pécorino ou **pecorino** n. m. (italien *pecorino*, de *pecora* « mouton, brebis ») Fromage de brebis italien, voisin du parmesan. *Des pécorinos, des pecorini* (plur. italien).

Pecq (Le) Commune des Yvelines, sur la Seine. 15 792 habitants. Centre résidentiel.

Pecquencourt Commune du Nord, sur la Scarpe. 6 225 habitants.

Pecqueur (Constantin) Économiste français (1801-1887). Saint-simonien, puis fouriériste, il collabora au *Phalanstère* de 1832 à 1835, et critiqua la propriété privée et la concentration industrielle. *Des améliorations matérielles dans leurs rapports avec la liberté ; Catéchisme communiste.*

Pécs Ville de Hongrie près de la frontière croate. 142 800 habitants. Université du XIVe s. Cathédrale du XIe s., église du XIIe s., mosquée du XVIe s. Centre industriel (charbon). Vin.

pecten [pɛktɛn] n. m. (mot latin) Mollusque appelé couramment *peigne.*

pectine n. f. (du grec *pêktos* « figé ») Substance mucilagineuse présente dans de nombreux végétaux. *Pectine pour confitures.* → **gélifiant.**

pectiné, ée n. m. et adj. (du latin *pectinatus* « en forme de peigne ») **1.** anat. *Pectiné* ou adj. *muscle pectiné* : muscle abducteur, fléchisseur et rotateur externe de la cuisse. **2.** didact. En forme de peigne.

pectique adj. (de *pectine*) De la nature de la pectine. *Acides pectiques*, présents dans les fruits mûrs et issus de la transformation de la pectine par un ferment.

pectoral, ale, aux adj. et n. m. (latin, de *pectus* « poitrine » → [1]**pis**) **I.** adj. **1.** De la poitrine. *Muscles pectoraux* ou n. m. pl. *les pectoraux.* abrév. fam. *Les pecs* [pɛk]. au sing. *Le pec droit.* **2.** De la face ventrale des animaux. *Nageoires pectorales.* **3.** Qui combat les affections pulmonaires. *Sirop pectoral.* **II.** n. m. Ornement porté sur la poitrine.

Un taumi, pectoral de guerrier tahitien, British Museum, Londres.

péculat n. m. (du latin *peculatus* « malversation » → **pécule**) didact. Détournement des deniers publics.

pécule n. m. (latin, diminutif de *pecus* « bétail » cf. **pécuniaire**) **1.** Somme d'argent économisée peu à peu. *Amasser un petit pécule.* **2.** Argent qu'on acquiert par son travail, mais dont on ne peut disposer que dans certaines conditions. *Le pécule d'un détenu.* **3.** (Belgique) *Pécule de vacances* : prime de vacances octroyée par l'employeur.

pécuniaire adj. (latin, famille de *pecus* « bétail » cf. **pécule**) **1.** Relatif à l'argent. → **financier. 2.** En argent. *Une aide pécuniaire.* □ adv. **pécuniairement**

pédagogie n. f. (du grec *paidagôgia* → **pédagogue**) **1.** Science de l'éducation des enfants (et, par ext., des adultes) ; méthode d'enseignement. *Pédagogie des langues vivantes.* **2.** Qualité du bon pédagogue. *Il manque de pédagogie.*

pédagogique adj. (du grec *paidagôgikos* → **pédagogue**) **1.** Qui a rapport à la pédagogie. → **éducatif. 2.** Qui répond à des normes de pédagogie. *Ce professeur a un grand sens pédagogique.* □ adv. **pédagogiquement**

pédagogue n. (du grec *paidagôgos* « qui conduit les enfants » → [1]**péd[o]-** et **-agogue**) **1.** Personne qui a le sens de l'enseignement. – adj. *Un professeur peu pédagogue.* **2.** Spécialiste de la pédagogie, de l'éducation.

pédale n. f. (italien, du latin *pes, pedis* → **pied**) **I. 1.** Dispositif de commande ou de transmission qui s'actionne avec le pied. *Pédale d'embrayage d'une voiture.* – spécialt L'un des deux organes d'une bicyclette sur lequel on appuie pour la faire mouvoir (→ **pédalier**). – loc. fam. *Perdre les pédales*, perdre ses moyens, se tromper dans une explication. **2.** Touche (d'un instrument de musique) actionnée au pied. *Les pédales d'un piano. Pédale douce.* → **sourdine. II.** (de *pédéraste*) fam. et injurieux Homosexuel.

pédaler v. intr. < 1 > **1.** Actionner les pédales d'une bicyclette ; rouler à bicyclette. **2.** fam. Aller vite. *Il a fallu pédaler vite pour terminer le travail à temps.* **3.** loc. fam. *Pédaler (dans la choucroute, la semoule...)*, se démener de manière désordonnée et en pure perte.

pédaleur, euse n. Cycliste considéré(e) dans sa manière de pédaler.

pédalier n. m. **1.** Ensemble formé par les pédales, le pignon et le(s) plateau(x) d'une bicyclette. **2.** Clavier inférieur de l'orgue, actionné au pied.

pédalo n. m. (marque déposée) Petite embarcation à flotteurs mue par une roue à pales qu'on actionne au moyen de pédales.

pédant, ante (italien *pedante* ; p.-ê. famille de *pédagogue*) **1.** n. Personne qui fait étalage d'une érudition livresque. → **cuistre. 2.** adj. Qui manifeste prétentieusement une affectation de savoir. *Elle est un peu pédante.* ■ (choses) *Un ton pédant.* → **pédantesque.**

pédanterie voir **pédantisme**

pédantesque adj. littér. Propre au pédant. → **doctoral, emphatique, pédant.**

pédantisme n. m. Prétention propre au pédant ; caractère de ce qui est pédant. - syn. **pédanterie** n. f.

-pède Élément (du latin *pes, pedis* → **pied** ; **pédi-**) qui signifie « pied » (ex. *bipède, palmipède, quadrupède, vélocipède*). → **pédi-, podo-.**

pédé n. m. fam. et injurieux. Homosexuel.

pédégère n. f. fam. Femme PDG.

pédéraste n. m. (grec, de *pais, paidos* → [1]**péd[o]-** et *erastês* « qui aime » ; famille de *érotique*) vieilli **1.** Homme qui a des relations sexuelles avec de jeunes garçons. → **pédophile. 2.** par ext., abusivt Homosexuel. → fam. **pédé.**

pédérastie n. f. vieilli **1.** Pratique homosexuelle entre un homme et un jeune garçon. **2.** par ext. Homosexualité masculine.

pédestre adj. (latin, de *pes* → **pied**) Qui se fait à pied. *Randonnée pédestre.* □ adv. **pédestrement**

pédi- Élément (du latin *pes, pedis* → **pied** ; **-pède**) qui signifie « pied » (ex. *pédicure*). → **-pède, podo-.**

pédiatre n. (de *pédiatrie*) Médecin spécialiste des soins aux enfants.

pédiatrie n. f. (de [1]*péd[o]-* et *-iatrie*) Médecine des enfants. □ adj. **pédiatrique**

pedibus [pedibys] adv. (latin *pedibus* « à pied ») fam. À pied. - var. RO **pédibus.**

pédicellaire n. m. (de *pédicelle*) zool. Pince des échinodermes (astéries et oursins).

pédicelle n. m. (latin *pedicellus*, diminutif de *pes* → **pied**) bot. Ramification du pédoncule se terminant par une fleur.

pédicellé, ée adj. bot. Muni d'un pédicelle. *Fleur pédicellée.*

pédiculaire n. f. et adj. (du latin *pedicularius*, de *pediculus* « pou ») **1.** n. f. Plante qui passait pour donner des poux aux bestiaux. **2.** adj. Relatif aux poux, aux lésions qu'ils provoquent.

pédicule n. m. (latin *pediculus*, diminutif de *pes* → **pied**) **1.** bot. Support allongé et grêle (d'une plante). → **queue, tige.** *Le pédicule d'un champignon.* → **pied. 2.** anat. Ensemble de conduits aboutissant à un organe. *Pédicules pulmonaires.*

pédiculé, ée adj. didact. Pourvu d'un pédicule.

pédiculose n. f. méd. Lésion de la peau due aux poux.

pédicure n. (de *pédi-* et latin *curare* « soigner » → [1]**cure**) **1.** Personne qui soigne les affections des pieds. **2.** n. f. Ensemble des soins esthétiques des pieds. *Pédicure et manucure.*

pédicurie n. f. Soins du pédicure.

pédieux, ieuse adj. (du latin *pes, pedis* « pied ») didact. Qui a rapport au pied. *Artère pédieuse.*

pedigree ou **pédigrée** [pedigʀe] n. m. (anglais *pedigree*, emprunt au français *pied de grue* « marque, signe ») Généalogie (d'un animal de race pure) ; document qui l'atteste.

pédiluve n. m. (du latin *pediluvium*) Bac peu profond destiné au lavage des pieds.

pédiment n. m. (anglais *pediment* « fronton ») géol. Glacis d'érosion, développé sur des roches dures, typique des régions désertiques.

pédipalpe n. m. (de *pédi-* et *palpe*) zool. Organe sensoriel de la préhension et de la gustation chez les arachnides.

[1]péd(o)- Élément (du grec *pais, paidos*) qui signifie « enfant ». → **puér(i)-.**

[2]pédo- Élément (du grec *pedon*) qui signifie « sol ».

pédocriminalité n. f. didact. Criminalité à caractère sexuel à l'encontre des enfants. □ **adj. et n. pédocriminel, elle**

pédodontie n. f. (de *[1]péd[o]-* et du grec *odous, odontos* « dent » → **odonto-, -odonte**) didact. Soins dentaires aux enfants.

pédogenèse n. f. (de *[2]pédo-* et *-genèse*) géol. Étude des processus de formation et d'évolution des sols.

pédologie n. f. (→ [2]pédo-) Partie de la géologie qui étudie les caractères chimiques et physiques des sols.

pédologue n. (→ [2]pédo-) géol. Spécialiste de l'étude des sols.

pédonculaire adj. didact. Relatif à un pédoncule.

pédoncule n. m. (latin *pedunculus*, diminutif de *pes* → **pied**) **1.** anat. Cordon de substance nerveuse unissant deux organes ou deux parties d'organes. *Pédoncules cérébraux.* **2.** bot. Queue d'une fleur ; axe supportant les pédicelles.

pédonculé, ée adj. Qui porte un pédoncule.

pédophile adj. et n. (→ [1]péd[o]- et -phile) **1.** Qui ressent une attirance sexuelle pour les enfants. **2.** Qui recherche et pratique des relations sexuelles avec des enfants. – n. *Réseau de pédophiles.* → **pédocriminel.**

pédophilie n. f. **1.** Attirance sexuelle (d'adultes) pour les enfants. ■ spécialt Pédérastie (1). **2.** Activité d'une personne pédophile (2). *Lutte contre la pédophilie sur Internet.* → **pédocriminalité.**

pédopornographie n. f. didact. Pornographie mettant en scène des mineurs. □ **adj. pédopornographique**

pédopsychiatre n. (→ [2]pédo-) méd. Spécialiste de la pédopsychiatrie.

pédopsychiatrie n. f. méd. Psychiatrie de l'enfant et de l'adolescent.

Pedrell (Felipe) Musicologue et compositeur espagnol (1841-1922). Son travail sur le folklore de son pays a joué un rôle important dans la renaissance de la musique espagnole. Il a laissé plus de 300 ouvrages.

pédum n. m. (latin *pedum* « houlette ») **1.** Bâton en forme de crosse, attribut de plusieurs divinités champêtres, dans l'Antiquité. **2.** zool. Variété de mollusques lamellibranches des mers chaudes, appelée aussi *houlette*.

Peduzzi (Richard) Scénographe français (né en 1943). Il travailla avec Patrice Chéreau à partir de 1967, utilisant des éléments architecturaux auxquels il confère une portée symbolique.

pedzouille n. (mot d'origine inconnue) fam. et péj. Paysan. → **péquenaud, plouc.** ■ Personne ignorante des usages de la ville. → **rustre.**

Peel (sir Robert) Homme politique britannique (1788-1850). Député tory, il fut secrétaire d'État pour l'Irlande. Plusieurs fois ministre entre 1834 et 1846, il créa une police londonienne et prit de nombreuses mesures économiques. Il a contribué au passage de son pays à l'ère industrielle.

peeling [piliŋ] n. m. (mot anglais de *to peel* « peler ») anglic. Opération esthétique qui consiste à faire desquamer l'épiderme du visage pour en atténuer les défauts, les rides.

Peenemünde Ville d'Allemagne, sur la Baltique. Elle fut une importante base d'essais de V1 et de V2 durant la Seconde Guerre mondiale.

peep-show [pipʃo] n. m. (mot anglais « spectacle osé ») anglic. Établissement qui propose la location de cabines individuelles où l'on peut voir, à travers une vitre, un spectacle pornographique. *Des peep-shows.* - var. RO **peepshow.**

Pei (Ieoh Ming)

Ieoh Ming Pei. Le *Rock and Roll Hall of Fame and Museum* de Cleveland, ouvert en 1995.

Peer Commune de Belgique (province de Limbourg), sur la Dommel. 16 298 habitants. Hôtel de ville du XVIIe s. Élevage bovin, industrie textile.

Pef (Pierre Elie Ferrier dit) Auteur et illustrateur de littérature de jeunesse (né en 1939). Il a collaboré avec la chanteuse Anne Sylvestre, puis à la série des *Pastagums* pour la télévision. Il a publié des contes humoristiques dont le héros, le prince de Motordu, tient un langage bizarre (il mélange les mots, déforme les expressions et confond le sens propre et le sens figuré).

pégase n. m. (du n. propre) zool. Petit poisson de l'océan Indien, à deux nageoires pectorales en forme d'ailes.

Pégase Cheval ailé, symbole de l'inspiration poétique, dans la mythologie grecque. Né du sang de Méduse, dompté par Bellérophon, il l'aide à tuer la Chimère.

Bellérophon et Pégase, plaque de Milo (v. 470-430 av. J.-C.), musée du Louvre, Paris.

Pégase Constellation boréale très étendue, voisine d'Andromède, figurant un cheval.

pegmatite n. f. (du grec *pegma, pegmatos* « concrétion ») minér. Roche magmatique à très gros cristaux granitiques, contenant souvent des éléments rares (lithium, uranium...).

Pégou Ville de Birmanie, dans la province du même nom. 150 530 habitants. Centre de pèlerinage bouddhiste. Industries légères ; artisanat.

Pégoud (Adolphe) Aviateur français (1889-1915). Il effectua, en 1913, le premier saut en parachute, et le premier looping.

pègre n. f. (au masc. « voleur » ; mot d'origine obscure) Monde de voleurs, d'escrocs formant une sorte de classe. → **canaille, racaille.** *La pègre et le milieu.*

péguer v. intr. < 6 > (du provençal *pegar* « enduire de poix ») régional (Midi) Être collant, poisseux. *Attention, ça pègue !*

pégueux, euse adj. Collant, poisseux.

Péguy (Charles) Écrivain français (1873-1914). Dreyfusard, fondateur des *Cahiers de la quinzaine*, il associa son socialisme à une mystique de la patrie française. Catholique, patriote, il est l'auteur d'une œuvre politique et sociale écrite dans une prose scandée et répétitive (*Notre patrie ; L'Argent*). Ses vers conservent ce caractère de litanie, notamment dans les versets puissants du *Mystère de la charité de Jeanne d'Arc*, de *La Tapisserie de Notre-Dame* et d'*Ève*.

pehlvi n. m. (de l'ancien perse *pahlavik* « des Parthes ») ling. Langue parlée en Perse sous les Sassanides, moyen iranien occidental. - syn. **pahlavi.**

Pei (Ieoh Ming) Architecte américain d'origine chinoise (1917-2019). Inspiré par Le Corbusier, fasciné par les formes pyramidales et triangulaires, il a notamment réalisé la pyramide en verre du Louvre, à Paris, et le musée d'Art islamique de Doha.

peignage n. m. Action de peigner les fibres textiles.

peigne n. m. (vient du latin *pecten, pectinis*) **I. 1.** Instrument à dents fines et serrées qui sert à démêler et à lisser la chevelure. → **démêloir.** *Se donner un coup de peigne.* – loc. *Passer qqch. au peigne fin,* examiner minutieusement. ■ Instrument analogue servant à retenir les cheveux. **2.** Instrument pour le peignage des fibres textiles (lin, chanvre, laine) dans le filage à la main. – *Peigne à myrtilles,* pour récolter les baies. **II.** Mollusque dont les deux valves présentent des dentelures, dont certaines variétés sont comestibles. → **coquille** Saint-Jacques. – Pecten.

peigné, ée adj. *Laine peignée,* aux fibres allongées et parallèles, à l'aspect lisse. – n. m. *Du peigné,* du tissu en laine peignée.

peigne-cul n. m. vulg. Personne mesquine, ennuyeuse ; ou grossière, inculte. *Des peigne-culs.*

peignée n. f. **1.** techn. Quantité de fibres textiles que l'on passe au peigne dans le filage à la main. **2.** fam. Volée de coups. → **raclée.**

peigner v. tr. < 1 > (vient du latin *pectinare*, de *pecten* → **peigne**) **1.** Démêler, lisser (les cheveux) avec un peigne. → **coiffer.** – *Peigner qqn,* ses cheveux. **2.** Démêler (des fibres textiles). *Peigner la laine.* ■ **se peigner** v. pron. *« La pucelle doucement se peigne au soleil »* (Valéry).

peigneur, euse n. techn. Personne qui peigne les fibres textiles, qui travaille sur une peigneuse. ■ n. f. Machine à peigner (les fibres textiles).

peignier, ière n. techn. Ouvrier, ouvrière qui façonne à la main les peignes de corne ou d'écaille.

peignoir n. m. (de *se peigner*) **1.** Vêtement en tissu éponge, long, à manches, que l'on met en sortant du bain. ■ Ample vêtement de protection, à manches, en usage chez les coiffeurs et dans les instituts de beauté. **2.** Vêtement léger d'intérieur, porté par les femmes. → **déshabillé.** *Un peignoir en soie.*

peignures n. f. pl. rare Cheveux qui tombent quand on les peigne. → **démêlure.**

peille n. f. (du latin *pileum* « bonnet d'homme ») techn. (surtout au plur.) Chiffon utilisé dans la fabrication de la pâte à papier.

peinard, arde adj. (de *peine*) fam. Paisible, qui se tient à l'écart des ennuis. → **tranquille.** – *Un boulot peinard.* → fam. **pépère.** ■ *Un père peinard :* un homme tranquille. - var. **pénard, arde.**

peindre v. tr. < 52 > (vient du latin *pingere*) **I.** Couvrir, colorer avec de la peinture. *Peindre un mur en bleu. Peindre qqch. de plusieurs couleurs.* → **barioler ;** fam. **peinturlurer.** ■ absolt *Peindre au rouleau, au pistolet, au pinceau.* **II. 1.** Figurer au moyen de peinture. *Peindre un numéro sur une plaque.* **2.** Représenter, reproduire par l'art de la peinture. *Peindre des paysages.* – absolt Faire de la peinture. *Peindre sur soie, sur porcelaine.* **III.** fig. **1.** Représenter par le discours, en s'adressant à l'imagination. → **décrire, dépeindre.** *Un roman qui peint la société.* **2. Se peindre** v. pron. Revêtir une forme sensible ; se manifester à la vue. → **apparaître.** *La consternation se peignit sur les visages.*

peine n. f. (vient du latin *poena* « réparation, punition », du grec) **I. 1.** Sanction appliquée à titre de punition ou de réparation pour une action jugée répréhensible. → **châtiment, condamnation, pénalité ; pénal.** *Peine sévère, juste.* **2.** Sanction prévue par la loi et applicable aux personnes en infraction. → droit **pénal.** *Être passible d'une peine. Infliger une peine, condamner. Peine pécuniaire.* → **amende.** *Peine privative de liberté,* emprisonnement. → **prison.** *Peine capitale, peine de mort. Juge de l'application des peines. Purger sa peine.* **3.** *Sous peine de* loc. prép. *Défense d'afficher sous peine d'amende.* **II. 1.** Souffrance morale. → [2]**chagrin, douleur,** [3]**mal, malheur,** [1]**souci, tourment.** *Peine de cœur,* chagrin d'amour. *Les joies et les peines.* **2.** *La peine :* sentiment de tristesse et de dépression. → **douleur.** *Avoir de la peine.* – *Faire de la peine à qqn.* → **affliger, peiner.** *Je partage votre peine.* → [2]**chagrin. 3.** loc. *Être comme une âme en peine,* très triste, inconsolable. *Il errait comme une âme en peine,* seul et tristement. **III.** Fatigue. Dur travail ; difficulté. **1.** Activité qui coûte, qui fatigue. → **effort.** *Se donner de la peine, beaucoup de peine.* → se **décarcasser,** se **démener.** – *Prenez donc la peine d'entrer* (formule de politesse). **2.** loc. *N'être pas au bout de ses peines,* avoir encore des difficultés à surmonter. *Pour votre peine, pour la peine,* en compensation. *Homme de peine,* qui effectue des travaux de force. → [2]**manœuvre.** *Valoir la peine* (→ fam. **valoir le coup**). *Cela n'en valait pas la peine. C'était bien la peine de tant travailler,* le résultat ne valait pas tant de travail. fam. *C'est pas la peine :* ça ne sert à rien. *C'est peine perdue,* c'est inutile, vain. **3.** Difficulté qui gêne (pour faire qqch.). → **embarras,** [3]**mal.** *Avoir de la peine à parler. J'ai (de la) peine à le croire.* **4.** loc. *Avec peine. À grand-peine.* → **difficilement.** *Il a monté l'escalier à grand-peine.* – ***Sans peine.*** → **aisément, facilement.** *Je le crois sans peine.* – *Il n'est pas en peine pour,* il n'a pas de mal à. **IV.** ***À peine*** **loc. adv. 1.** Presque pas, très peu. *Ils ont à peine de quoi vivre.* – (avec un numéral) Tout au plus. *Il y a à peine huit jours.* **2.** Depuis très peu de temps. → **juste.** *J'ai à peine commencé. À peine rentrée, à peine chez elle, elle s'est couchée.*

▶ Les sociétés traditionnelles appliquent la **peine de mort** dans le cadre d'une conception de la justice comme réparation, dont l'exemple type est la loi du talion : « Œil pour œil, dent pour dent ». Sous l'Ancien Régime, les nobles ont le privilège d'être décapités, les autres sont pendus. L'introduction de la guillotine pendant la Révolution française correspond à une première inflexion historique (dont les techniques contemporaines de mise à mort — chaise électrique, injection létale, gaz — sont le prolongement) : nul besoin de vouloir faire souffrir un condamné, puisque c'est au nom de l'humanité qu'on le condamne. Mais, sous la Terreur, la guillotine est associée à des exécutions en chaîne et une prise de conscience se fait dès la fin du xviiie s. pour souhaiter la disparition de la peine capitale. Elle est associée à la valorisation de la vie humaine et relayée par quelques grandes voix « abolitionnistes » dont celle de Victor Hugo, qui sera suivie plus tard de bien d'autres, comme celle d'Albert Camus.
La peine de mort est contestée à la fois dans son principe et dans son utilité. Une société civilisée a-t-elle le droit de faire mourir un être humain, fût-il un terrible criminel ? Le risque de mourir est-il vraiment dissuasif ? À ces deux questions, la plupart des pays développés ont répondu par la négative, mais la peine de mort reste appliquée dans certains grands pays comme la Chine, les États-Unis, l'Inde, l'Indonésie, l'Arabie saoudite, l'Égypte, la Libye, l'Irak, l'Iran, le Pakistan ou l'Afghanistan. On comptait en 2023 110 pays ayant aboli la peine de mort pour tous les crimes, comme la France depuis 1981, ou de fait comme l'Italie depuis 1947.

voir aussi **justice, humanité**

Peine Ville d'Allemagne (Basse-Saxe). 50 000 habitants. Sidérurgie. Raffinerie de pétrole.

peiner v. < 1 > (de *peine*) **1. v. intr.** Se donner de la peine, du mal. *Elle a peiné toute sa vie pour élever ses enfants. Il peinait pour s'exprimer.* – *La voiture peine dans les montées.* → **faiblir. 2. v. tr.** Donner de la peine à (qqn). → **affliger, attrister, fâcher.** *Cette nouvelle nous a beaucoup peinés.* – au p. p. *Nous en sommes très peinés.*

peint, peinte adj. Couvert de peinture. *Meubles peints.* – *Papier* peint.* – *Ongles peints,* vernis.

peintre n. (vient du latin, de *pictor* → **pictural, pittoresque,** d'après *pingere* → **peindre**) **1.** Ouvrier ou artisan qui applique de la peinture sur une surface, un objet. *Peintre en bâtiment,* qui fait les peintures d'une maison, colle les papiers. **2.** Artiste qui fait de la peinture. *La peintre Suzanne Valadon. Peintre figuratif ; peintre abstrait. L'atelier d'un peintre.*

peinture n. f. (vient du latin *pinctura,* de *pictura* → **pictural**) **I.** Action, art de peindre. **1.** Opération qui consiste à couvrir de couleur une surface. *Peinture d'art. Peinture en bâtiment. Peinture au rouleau.* **2.** ***En peinture :*** en portrait peint, en effigie. loc. *Ne pas pouvoir voir qqn en peinture,* ne pas pouvoir le supporter. **3.** Description évocatrice d'images. *« Je ne retiens que ce qui est peinture du cœur humain »* (Stendhal). **II. 1.** ***La peinture :*** représentation, suggestion du monde visible ou imaginaire sur une surface plane au moyen de couleurs ; organisation d'une surface par la couleur ; œuvres qui en résultent (→ **aquarelle, fresque, gouache, lavis,** [2]**pastel ; pictural**). *Peinture à l'huile, à l'eau.* – (genres, styles) *Peinture figurative, abstraite. La peinture flamande.* – *Exposition, galerie de peinture* (→ **musée**). **2.** ***Une peinture :*** ouvrage de peinture. → **tableau, toile.** *Peintures rupestres*.* – *Mauvaise peinture.* → **croûte.** ■ Surface peinte. *Refaire les peintures d'un appartement.* **III. 1.** Couche de couleur dont une chose est peinte. *Faire un raccord de peinture.* **2.** Couleur préparée avec un liquide pour pouvoir être étendue. *Un pot de peinture. Appliquer plusieurs couches de peinture. Peinture fraîche,* qui vient d'être posée.

peinturer v. tr. < 1 > **1.** vieux ou régional (Belgique, Canada, Antilles, Louisiane) Couvrir de couleur, peindre. **2.** Barbouiller de peinture. → fam. **peinturlurer.**

peinturlurer v. tr. < 1 > fam. Peindre avec des couleurs criardes. → **barbouiller, peinturer.** – pronom. *Se peinturlurer* (le visage), se maquiller à l'excès et mal.

Peiper (Tadeusz) Essayiste polonais (1891-1969). L'un des chefs de file de l'avant-garde polonaise, il inscrivit la poésie dans une conception constructiviste du monde. *Bouches nouvelles ; Là.*

Peïpous ou **Tchoudsk** (lac) Lac de Russie et d'Estonie. Sa superficie, d'environ 3 600 km^2, varie périodiquement. Pêche.

Peirce (Charles Sanders) Philosophe et logicien américain (1839-1914). Fondateur du pragmatisme, il considère que les doctrines philosophiques doivent être jugées selon leur portée pratique. Il a fondé la théorie générale des signes, ou sémiotique, reposant sur la relation du signe, de l'objet et de l'interprétant. *Collected Papers ; Écrits sur le signe.*

péjoratif, ive adj. (vient du latin, de *pejor* → **pire**) (mot, expression) Qui déprécie la chose ou la personne désignée. *Mot péjoratif. Le suffixe -ard (ex. chauffard) est péjoratif.* → **dépréciatif.** □ adv. **péjorativement**

péjoration n. f. didact. Action de donner une valeur péjorative à un mot ; fait de prendre une connotation péjorative.

Pekalongan Ville d'Indonésie, sur la côte N. de Java. 274 839 habitants. Industries alimentaire et textile (batiks).

pékan n. m. (mot algonquin) Martre du Canada ; fourrure de cet animal.

Pekan Baru Ville d'Indonésie, dans l'île de Sumatra, sur le Siak. 882 045 habitants. Industrie pétrolière.

péket voir **péquet**

pékin n. m. (provençal *pequin ; cf.* espagnol *pequeño* « petit ») fam., péj. Civil (opposé à *militaire*). – fam. Homme, individu quelconque. - var. RO **péquin.**

Pékin en chinois **Beijing** Capitale de la Chine. 16 446 900 habitants (municipalité autonome : 16 800 km^2 ; 19 612 400 habitants). La ville historique se compose de deux parties distinctes : la ville tartare, ou intérieure, avec en son centre la Cité interdite (reconvertie en musée du Palais), entourée de la Cité impériale avec sa colline de Contemplation et le parc impérial des Trois Mers ; la ville chinoise, ou extérieure, qui abrite des quartiers populaires et commerçants et les temples du Ciel et de l'Agriculture. Au S. de la Cité interdite se trouve la place Tiananmen, où se déroulèrent les manifestations étudiantes de 1989. Centre politique, culturel, universitaire et industriel. Considérablement modernisée depuis les années 1970-1980 (tours, grands hôtels, centres d'affaires, deux aéroports), la ville a accueilli les Jeux olympiques d'été de 2008 et ceux d'hiver de 2022. Fondée sous les Zhanguo au ve s. av. J.-C., Pékin devint capitale sous la dynastie mongole des Yuan *(Cambaluc)* puis se développa sous les Ming au xive s. Elle fut capitale de l'Empire (1421-1912), puis de la République populaire de Chine depuis 1949.

pékiné, ée adj. (de *Pékin,* où l'on fabriquait une soie de ce nom) *Tissu pékiné* ou **n. m.** *du pékiné :* tissu présentant des rayures alternativement mates et brillantes.

pékinois n. m. (de *Pékin*) Petit chien à face aplatie et à poil long.

Pékin

Pékin, l'entrée de la Cité interdite, au centre de la ville.

Pelée (montagne)

La montagne Pelée, et, sur la baie, la ville de Saint-Pierre, reconstruite après l'éruption de 1902.

pékinologue n. didact. Spécialiste de la politique chinoise.

Pekkanen (Toivo Rikhard) Écrivain finlandais d'expression finnoise (1902-1957). S'inspirant de son passé d'ouvrier, il mena dans son œuvre une réflexion sur les conflits sociaux. *À l'ombre de l'usine ; Aux rives de ma Finlande ; Le Pays des souhaits accomplis.*

pekoe ou **pékoe** [peko] n. m. (mot chinois) Thé noir de qualité supérieure, fourni par les jeunes feuilles du bourgeon terminal.

PEL [peøɛl ; pɛl] n. m. invar. (sigle) Plan d'épargne*-logement.

pelade n. f. (famille de *poil*) Maladie qui fait tomber par plaques les poils et les cheveux. → **alopécie, teigne.**

pelage n. m. (famille de *poil*) Ensemble des poils (d'un mammifère). → **fourrure, poil, robe, toison.**

pélagien, ienne adj. et n. (de *Pélage*, n. d'un moine breton) relig. Relatif à la doctrine de Pélage (le *pélagianisme*) qui minimise le rôle de la grâce divine en insistant sur celui du libre arbitre.

pélagique adj. (du grec *pelagos* « haute mer » ; famille de *plage*) didact. Relatif à la pleine mer, à la haute mer. *Dépôts, sédiments pélagiques,* des fonds marins.

pélagos ou **pelagos** n. m. (mot grec « haute mer » → **pélagique**) didact. Ensemble des organismes marins vivant en pleine mer loin du fond. → **plancton.**

pélamide n. f. (du grec *pêlamus*) zool. **1.** Poisson marin voisin du thon. → **bonite.** **2.** Serpent venimeux des mers tropicales. - var. **pélamyde.**

pelard adj. m. et n. m. techn. *Bois pelard* ou n. m. *pelard* : bois qu'on a dépouillé de son écorce pour en faire du tan.

pélardon n. m. (mot d'origine inconnue) Petit fromage de chèvre fabriqué dans les Cévennes.

pélargonium [pelaʀgɔnjɔm] n. m. (du grec *pelargos* « cigogne ») Plante cultivée pour ses fleurs (improprement appelée *géranium*).

Pélasges n. m. pl. Nom donné par des écrivains grecs aux habitants primitifs de la Grèce avant l'arrivée des Hellènes.

pelé, ée adj. **1.** Qui a perdu ses poils, ses cheveux. ■ n. « *Ce pelé, ce galeux* [...] » (La Fontaine). – loc. fam. ***Quatre pelés et un tondu*** : un très petit nombre de personnes. **2.** Dépourvu de végétation. *Terrain pelé.*

Pelé (Edson Arantes do Nascimento, dit) Footballeur brésilien (1940-2022). Il est considéré comme l'un des meilleurs joueurs de tous les temps. Il fut ministre des Sports du Brésil (1994-1998).

Pelée (montagne) Volcan du N. de la Martinique (1 397 m). Son éruption en 1902 entraîna la destruction complète de la ville de Saint-Pierre et fit 29 000 morts.

Pélée Roi légendaire des Myrmidons, fils d'Éaque. Il épouse Thétis et de leur union naît Achille.

péléen, enne adj. (du n. de la *montagne Pelée*) géogr. Se dit d'un volcan du même type que la montagne Pelée, dont la lave très visqueuse se solidifie en forme d'aiguille rocheuse.

pêle-mêle (de l'ancien français *mesle mesle* → **mêler**) **I.** adv. Dans un désordre complet. *Marchandises présentées pêle-mêle.* → en **vrac.** **II.** n. m. invar. Cadre destiné à recevoir plusieurs photos. - var. RO **pêlemêle adv. et n. m.**

peler v. < 5 > (d'abord « ôter les poils de » ; vient du bas latin *pilare*, de *pilus* → **poil**) **1.** v. tr. Dépouiller (un fruit) de sa peau. *Peler une pomme.* → **éplucher ; pelure.** **2.** v. intr. (sujet personne ou partie du corps) Perdre son épiderme par parcelles. *Avoir le nez qui pèle.* ■ fig. et fam. *Peler de froid* : avoir très froid. → **cailler.**

pèlerin, ine n. (vient du latin *pelegrinus*, de *peregrinus* → **pérégrination**) Personne qui fait un pèlerinage.

pèlerinage n. m. (→ **pèlerin**) **1.** Voyage à un lieu saint dans un esprit de dévotion. *Aller en pèlerinage à Jérusalem. Le pèlerinage de La Mecque* (des musulmans). **2.** Voyage fait pour rendre hommage à un lieu, à un grand homme.

Voyage religieux existant dans presque toutes les religions, le **pèlerinage** a pour destination un lieu sacré : ce peut être un endroit où, pour les croyants, le divin s'est manifesté (miracle), le site d'un épisode de l'histoire religieuse, le tombeau d'un saint, d'un martyr ou le lieu de conservation d'une relique. Jérusalem, Rome, Saint-Jacques-de-Compostelle, Lourdes comptent parmi les hauts lieux de pèlerinage chrétiens ; Bénarès et Hardwar accueillent de nombreux pèlerins hindous ; le grand pèlerinage vers La Mecque constitue le cinquième pilier de l'islam. Quant à Bouddha, il aurait exhorté les croyants à visiter les lieux de sa naissance, de son « éveil », de son premier sermon et de son « extinction ».
Divers motifs peuvent pousser le fidèle à entreprendre un pèlerinage : célébration de Dieu, quête de biens matériels (guérison) ou spirituels (pénitence, renforcement de la foi). Cette marche vers Dieu, par les efforts à fournir, les rites à suivre, s'apparente à une ascèse et à un rite de passage, qui rompt avec la vie quotidienne. Expérience spirituelle, elle comporte aussi une dimension sociale et économique évidente, et parfois une dimension politique.
voir aussi **bouddhisme, christianisme, hindouisme, islam**

pèlerine n. f. (de *pèlerin*) Manteau sans manches, ample, souvent muni d'un capuchon. → **cape.**

Peletier du Mans (Jacques) Humaniste français (1517-1582). Traducteur d'Horace, il tenta dans son œuvre de concilier l'influence des poètes anciens et de ceux de la Pléiade.

péliade n. f. (du grec *pelios* « noirâtre ») Vipère à museau arrondi, commune dans la moitié nord de la France.

Pélias Roi légendaire d'Iolcos, fils de Poséidon. Sur les conseils d'un oracle, il envoie Jason, le fils de son frère Éson, à la conquête de la Toison d'or et oblige Éson à se donner la mort. Médée venge Jason en incitant les filles de Pélias à dépecer leur père et à jeter les morceaux dans un chaudron d'eau bouillante pour lui rendre la jeunesse.

pélican n. m. (grec, de *pelekus* « hache » [forme du bec]) Oiseau palmipède au bec très long, crochu, et muni d'une poche où il emmagasine la nourriture de ses petits.

Peligot (Eugène Melchior) Chimiste français (1811-1890). Il découvrit l'uranium en 1841.

Pélion ou **Pilion** n. m. Massif montagneux boisé de Grèce (Thessalie), formant une péninsule qui isole le golfe Pagasétique de la mer Égée.

pelisse n. f. (bas latin *pellicia* « vêtement de peau », de *pellis* → **peau**) Manteau orné ou doublé d'une peau garnie de ses poils. → **fourrure.**

Pélissier (Aimable Jean Jacques) Maréchal de France (1794-1864). Il fut nommé à la tête de l'armée de Crimée. La prise de Sébastopol, en 1855, lui valut le bâton de maréchal et le titre de duc de Malakoff.

Pella Ancienne ville de Grèce. Elle connut son apogée pendant le règne de Philippe II et d'Alexandre le Grand. Elle disparut au VIe siècle.

pellagre n. f. (du latin *pellis* « peau » et grec *agra* « prise » et d'après *podagre*) Maladie due à une carence en vitamine PP, caractérisée par des lésions eczémateuses de la peau, une inflammation des muqueuses, des troubles digestifs et nerveux. □ adj. et n. **pellagreux, euse**

Pellan (Alfred) Peintre, graveur et décorateur canadien (1906-1988). Son style figuratif original a été influencé par le cubisme et le surréalisme.

pelle n. f. (vient du latin *pala* « bêche ») **I. 1.** Outil composé d'une plaque mince ajustée à un manche. *Pelle à poussière.* – *Pelle à tarte.* **2.** *Pelle mécanique,* machine pour les gros travaux de terrassement. → **excavateur, pelleteuse. 3.** loc. fig. ***À la pelle*** : en abondance. *On en ramasse à la pelle.* **II.** (origine obscure) fam. **1.** *Rouler une pelle à qqn,* lui faire un baiser profond. **2.** *Ramasser, (se) prendre une pelle,* tomber ; échouer.

Pelléas Héros d'un drame de Maeterlinck, *Pelléas et Mélisande* (1902), qui inspira à Debussy un opéra. Pelléas tombe amoureux de Mélisande, jeune femme de son demi-frère Golaud, et est tué par ce dernier.

pelle-pioche n. f. Outil muni d'un fer en forme de pioche d'un côté et de houe de l'autre. *Des pelles-pioches.*

peller v. tr. < 1 > régional (Suisse, Franche-Comté) Pelleter.

Pellerin (Jean Charles) Imprimeur français (1756-1836). Il est célèbre pour les images populaires qu'il composa dès la Révolution.

Pellerin (Fred) Conteur canadien (né en 1976). Dans la tradition des conteurs populaires, il invente des légendes sur le petit village québécois de Saint-Élie-de-Caxton où il est né. Ses personnages hauts en couleur ont été portés au cinéma : *Babine* et *Ésimésac.*

pellet [pelɛ] n. m. (mot anglais « pilule ») anglic. **1.** méd. Petit comprimé médicamenteux destiné à être implanté sous la peau pour une meilleure diffusion du produit. → **implant. 2.** Petite boule de minerai de fer

P

destinée à améliorer la teneur en fer d'un minerai et à faciliter sa réduction en haut-fourneau. **3.** Granulé de sciure de bois compactée, servant de combustible.

Pelletan (Eugène) Homme politique français (1813-1884). Théoricien du progrès continu, il fut membre du gouvernement de la Défense nationale (1870-1871). ■ **Camille Pelletan.** Fils d'Eugène. Homme politique français (1846-1915). Il fut député radical et rédacteur au journal *La Justice.*

pelletée [pɛlte] **n. f.** Quantité de matière qu'on peut prendre d'un seul coup de pelle.

pelleter [pɛlte] **v. tr.** < 4 ou RO 5 > Déplacer, remuer avec la pelle (I). → régional **peller.** □ **n. m. pelletage**

pelleterie [pɛltʀi ; pelɛtʀi] **n. f.** (de *pelletier*) **1.** Préparation des peaux destinée à les transformer en fourrure. **2.** Commerce des fourrures.

pelleteur, euse **n. 1.** Ouvrier, ouvrière qui travaille avec une pelle. **2. n. f.** Pelle mécanique pour charger, déplacer les matériaux.

pelletier, ière **n.** (de *pel* → peau) Personne qui s'occupe de pelleterie.

Pelletier (Pierre Joseph) Pharmacien français (1788-1842). Spécialiste de physiologie végétale, il découvrit avec Caventou de nombreuses molécules (strychnine, brucine, quinine).

Pelletier-Doisy (Georges) Général et aviateur français (1892-1953). Il fut un pionnier des grandes liaisons aériennes internationales (Constantinople-Paris, 1919 ; Paris-Tōkyō, 1924).

Pellico (Silvio) Écrivain italien (1789-1854). Libéral, patriote, il fut condamné à mort par les Autrichiens, emprisonné puis gracié. Il devint en Italie le symbole du patriote martyrisé par les despotes étrangers. *Francesca da Rimini* (tragédie) ; *Mes prisons* (Mémoires).

pelliculage **n. m.** techn. Application d'une pellicule transparente autour d'un produit.

pelliculaire **adj. 1.** Qui forme des pellicules (I). **2.** Qui forme une pellicule (II, 1).

pellicule **n. f.** (latin *pellicula,* de *pellis* → peau) **I.** Petite écaille qui se détache du cuir chevelu. *Shampooing contre les pellicules* (→ **antipelliculaire**). **II. 1.** Couche fine à la surface d'un liquide, d'un solide. *Une pellicule de glace.* **2.** Feuille mince formant le support souple à une couche sensible (en photo et cinéma). → **film ;** ¹**bande.** – *Une pellicule :* bobine de pellicule photographique.

pelliculé, ée **adj.** Revêtu d'une mince pellicule de protection transparente.

Pelliot (Paul) Sinologue et archéologue français (1878-1945). Il découvrit de nombreux manuscrits chinois et tibétains (VIe-IXe s.) dans les grottes de Dunhuang.

Pellisson (Paul) Avocat et écrivain français (1624-1693). Il fut incarcéré pour avoir défendu Fouquet, puis amnistié. Il devint historiographe de Louis XIV.

pelloche ou **péloche** **n. f.** fam. Pellicule photographique.

Pelloutier (Fernand) Syndicaliste français (1867-1901). Adhérent au Parti ouvrier français, anarchiste, secrétaire de la Fédération des Bourses du travail, il fit adopter le principe de grève générale. *Histoire des Bourses du travail.*

pellucide **adj.** (du latin → lucide) didact. Transparent, translucide. – *Membrane pellucide,* qui entoure l'ovule.

pélobate **n. m.** (du grec *pêlos* « boue » et *bainein* « aller, marcher ») zool. Batracien anoure, qui peut s'enfoncer dans les sols meubles.

pélodyte **n. m.** (du grec *pêlos* « boue » et *dutes* « plongeur ») zool. Sorte de crapaud qui creuse des galeries dans le sol.

Péloponnèse **n. m.** ou **Morée** **n. f.** Presqu'île du S. de la Grèce rattachée au continent par l'isthme de Corinthe. Composant une des régions géographiques du pays, le Péloponnèse comprend l'Arcadie, l'Argolide, la Corinthie, la Laconie et la Messénie. 21 379 km². 2 000 000 habitants. Région de montagnes aux côtes découpées. Élevage, cultures dans les plaines (fruits, vigne, agrumes, primeurs), tourisme (Épidaure, Olympie, Mycènes). Théâtre de nombreuses invasions (Égéens, Ioniens), le Péloponnèse vit se développer, v. 1700 av. J.-C., la civilisation de Mycènes, et prit son essor avec Corinthe et Sparte. Conquis par l'Empire byzantin (XIIIe s.), il devint ensuite une principauté franque, puis passa sous domination turque. Il fut rattaché à la Grèce en 1829.

Péloponnèse (guerre du) Conflit opposant Athènes et Sparte (431-404 av. J.-C.), qui se disputaient l'hégémonie sur le monde grec. Après une période indécise, qui aboutit à la paix de Nicias (421 av. J.-C.), les hostilités reprirent. Athènes connut quelques succès, mais, en 405 av. J.-C., la flotte athénienne fut anéantie à l'embouchure de l'Aigos Potamos. Athènes, assiégée pendant de longs jours, dut capituler. Elle perdit son hégémonie sur les cités grecques.

Pélops Héros de la mythologie grecque, fils du roi de Lydie, Tantale. Il donna son nom au Péloponnèse.

pelotage **n. m.** fam. Attouchements sensuels (→ **peloter**).

pelotari **n. m.** (mot basque) Joueur de pelote.

pelote **n. f.** (vient du bas latin *pilotta,* diminutif de *pila* « boule ») **I. 1.** Boule formée de ficelle, cordelette ou fil enroulé sur lui-même. → **peloton** (I). *Pelote de laine.* – loc. *Avoir les nerfs en pelote :* être très énervé. **2.** Coussinet sur lequel on peut planter des épingles. **3.** Balle du jeu de paume et de pelote basque. **II.** *Pelote* ou *pelote basque :* jeu, sport où les joueurs envoient la balle rebondir contre un mur (fronton), à main nue ou à l'aide de la chistéra.

peloter **v. tr.** < 1 > (de *pelote*) fam. Caresser, palper, toucher sensuellement. □ **n. peloteur, euse**

peloton **n. m.** (diminutif de *pelote*) **I.** Petite pelote de fils roulés. **II. 1.** Groupe de soldats, troupe en opérations. → **section.** – *Peloton d'exécution,* groupe chargé de fusiller un condamné. **2.** Groupe compact (de concurrents dans une compétition). *Coureur cycliste qui prend la tête du peloton.* – loc. fig. *Être dans le peloton de tête,* dans les premiers (compétition, concours).

pelotonnement **n. m.** Action de se pelotonner ; fait d'être pelotonné.

se **pelotonner** **v. pron.** < 1 > Se ramasser en boule, en tas (en pelote ou en peloton). → se **blottir.**

pelouse **n. f.** (provençal, du latin *pilosus* → pileux) **1.** Terrain couvert d'une herbe serrée. → **gazon.** *Tondre la pelouse.* **2.** Partie d'un champ de courses, généralement gazonnée, ouverte au public.

Pelouze (Théophile Jules) Chimiste français (1807-1867). Il découvrit les nitriles et obtint la synthèse des acides carboxyliques.

pelta ou **pelte** **n. f.** (du latin *pelta,* pris au grec *peltê*) archéol. Petit bouclier en forme de croissant, dans l'Antiquité grecque.

peltaste **n. m.** (de *pelta*) Dans l'Antiquité grecque, Soldat armé de la pelta.

pelté, ée **adj.** (de *pelta*) bot. Se dit d'une feuille dont le pétiole est fixé au milieu du limbe.

Peltier (Jean Charles Athanase) Physicien français (1785-1845). Il découvrit l'effet chauffant ou refroidissant du courant électrique passant à travers deux métaux différents *(effet Peltier).*

Pelton (Lester Allen) Ingénieur américain (1829-1908). Il inventa une turbine hydraulique destinée aux très hautes chutes d'eau *(turbine Pelton).*

peluche **n. f.** (de l'ancien français *peluchier* → éplucher) **1.** Tissu à poils moins serrés et plus longs que ceux du velours. ■ *Ours en peluche* (→ **nounours**). – *Une peluche :* animal en peluche. **2.** Flocon de poussière ; amas de fibres détaché d'une étoffe.

peluché, ée **adj.** (tissu) Qui a de longs poils, qui ressemble à de la peluche. - var. **pluché, ée.**

pelucher **v. intr.** < 1 > (de *peluche*) Former de petits amas de fibres. *Cette étoffe peluche beaucoup.* → **boulocher.** - var. **plucher.**

pelucheux, euse **adj.** Qui donne au toucher la sensation de la peluche ; qui peluche. *Tissu pelucheux.* - var. **plucheux, euse.**

pelure **n. f.** (de *pel* → peau) **1.** Peau (d'un fruit, d'un légume pelé). → **épluchure.** *Pelures d'orange. Pelures d'oignon.* **2.** fam. Habit, vêtement ; manteau. **3.** *Papier pelure,* fin et translucide.

Péluse Ancienne ville et port d'Égypte, sur la branche la plus orientale du Nil, à 35 km au S.-E. de Port-Saïd.

pelvien, enne **adj.** anat. Relatif au pelvis.

pelvigraphie **n. f.** (de *pelvis*) méd. Radiographie du petit bassin.

pelvimétrie **n. f.** (de *pelvis*) méd. Mesure du diamètre du bassin d'une femme enceinte.

pelvipéritonite **n. f.** méd. Inflammation du péritoine du bassin, souvent liée à une infection des ovaires ou des trompes.

pelvis [pɛlvis] **n. m.** (mot latin « bassin de métal ») anat. Bassin.

Pelvoux **n. m.** ou **massif des Écrins** Massif des Alpes françaises situé dans le parc national des Écrins. 4 102 m à la barre des Écrins.

Pematangsiantar Ville d'Indonésie, au N. de Sumatra. 234 698 habitants. Université. Centre administratif et commercial.

Pemba Île de l'océan Indien formant autrefois avec la ville de Zanzibar l'État de Zanzibar (aujourd'hui en Tanzanie). 984 km². 384 000 habitants.

Pembroke (comtes de) Famille anglaise. ■ **Richard de Clare, 2e comte de Pembroke, dit Richard Strongbow** (1130-1176). Allié du roi irlandais Dermot Mac Murrough, il lui succéda en 1171. ■ **William Marshal, comte de Pembroke** (1146-1219). Il devint régent d'Angleterre en 1216 à la mort de Jean sans Terre.

Pembroke Ville du pays de Galles (Pembrokeshire). 7 500 habitants. Château restauré du XIe siècle.

pemmican **n. m.** (mot anglais, de l'algonquin) Viande concentrée et séchée.

pénal, ale, aux **adj.** (latin *poenalis,* de *poena* → peine) Relatif aux peines*, aux délits qui entraînent des peines. *Code pénal. Responsabilité pénale.* – **n. m.** *Le pénal :* la juridiction pénale.

pénalement **adv.** En matière pénale, en droit pénal.

pénalisant, ante **adj.** Qui pénalise, désavantage.

pénalisation **n. f.** (anglais → pénaliser) Dans un match, désavantage infligé à un concurrent qui a contrevenu à une règle. *Au football, le coup franc et le pénalty sont des pénalisations.*

pénaliser **v. tr.** < 1 > (anglais, même origine que *pénal*) **1.** Infliger une peine, une punition à (qqn). *Pénaliser un joueur.* **2.** Mettre dans une situation désavantageuse (→ **pénalisant**).

pénaliste **n.** Spécialiste du droit pénal. – Appos. *Avocat pénaliste.*

P

pénalité n. f. (de *pénal*) **1.** Peine ; sanctions applicables à un délit fiscal. *Pénalité de retard.* **2.** Pénalisation. *Coup de pied de pénalité.* → anglic. **pénalty.**

pénalty ou **penalty** n. m. (anglais *penalty* → **pénalité**) anglic. **1.** (au football) Sanction d'une faute commise en défense dans la surface de réparation ; coup de pied tiré directement au but, en face du seul gardien. *Des pénaltys, des penalties* (plur. anglais). **2.** au plur. Épreuve complémentaire pour départager deux équipes à égalité.

Peña Nevada n. f. Sommet de la sierra Madre orientale, au Mexique (3 540 m).

Penang en malais **Pulau Pinang** Île de Malaisie (État de Penang). Capitale : Georgetown.

pénard voir **peinard**

Peñarroya-Pueblonuevo Ville d'Espagne, en Andalousie. 11 639 habitants. Important gisement houiller et métallifère.

pénates n. m. pl. (latin *penates*, de *penus, penoris* « provisions de bouche ») **1.** Divinités romaines protectrices du foyer. **2.** plais. Demeure. → **foyer, maison.** *Regagner ses pénates.*

penaud, aude adj. (de *peine*) Honteux à la suite d'une maladresse ; déconcerté à la suite d'une déception. → **confus, déconfit.**

pence voir **penny**

penchant n. m. **1.** Inclination naturelle (vers un objet ou une fin). → **faible n. m., goût, propension, tendance.** *Mauvais penchants.* → **défaut, vice.** *Avoir un penchant à la paresse,* y être enclin. **2.** littér. Mouvement de sympathie. *Avoir un penchant pour qqn.* → **affection, amour.**

pencher v. < 1 > (vient du latin *pendicare*, de *pendere* → **pendre**) **I.** v. intr. **1.** (par rapport à la verticale) Être ou devenir oblique en prenant un équilibre instable ou une position anormale. *Ce mur penche.* **2.** (par rapport à l'horizontale) S'abaisser. *Ce tableau penche à droite.* – loc. fig. *Faire pencher la balance* en faveur de qqch.* **3.** (sujet personne) *Pencher vers* (vieux), *pour :* être porté à choisir (qqch., qqn). → **penchant.** *Il penche pour la deuxième hypothèse.* → **préférer. II.** v. tr. Faire aller vers le bas. → **incliner.** *Pencher une carafe pour verser de l'eau. Pencher la tête.* → **courber.** ■ au p. p. *Penché, ée. La tour penchée de Pise. Écriture penchée.* – loc. *Avoir, prendre un air penché, des airs penchés,* un air pensif, rêveur. ■ **se pencher** v. pron. **1.** S'incliner. *Défense de se pencher par la portière.* **2.** fig. *Se pencher sur :* s'occuper de qqn avec sollicitude ; s'intéresser (à qqn ou à qqch.) avec curiosité. *Se pencher sur un problème.* → **étudier, examiner.**

Penck (Albrecht) Géographe allemand (1858-1945). Spécialisé en géomorphologie, il étudia la glaciation du quaternaire dans les Alpes. ■ **Walter Penck.** Fils du précédent. Géographe allemand (1888-1923). Spécialisé également en géomorphologie, il étudia la tectonique de l'Asie Mineure et de l'Atacama.

pendable adj. (d'abord « qui mérite d'être pendu » ; de *pendre*) loc. *Jouer un tour pendable à qqn,* un mauvais tour.

pendage n. m. techn. Inclinaison d'une couche sédimentaire, d'un filon, dans une mine.

pendaison n. f. **1.** Action de pendre qqn. *Le supplice de la pendaison.* – Ce supplice. *Être condamné à la pendaison.* → **gibet, potence.** ■ Action de se pendre (suicide). *Mort par pendaison.* **2.** Action de pendre, de suspendre qqch. *Pendaison de crémaillère*.*

¹pendant, ante adj. (de *pendre*) **1.** Qui pend. *Les jambes pendantes.* **2.** *Affaire, question pendante,* qui n'a pas reçu de solution.

²pendant n. m. (de *pendre*) **1.** *Pendants d'oreilles,* bijoux suspendus aux oreilles. → **pendeloque. 2.** Chacun des deux objets d'art formant une paire. *Ce tableau est le pendant de l'autre.* **3.** *Faire pendant à ; se faire pendant :* être symétrique. *Les deux tours du château se font pendant.*

³pendant prép. (de **¹pendant**) **I. 1.** Dans le temps de. *Il est arrivé pendant la nuit.* → **au cours de. 2.** Tout le temps qu'a duré (le complément). → **durant.** *J'ai attendu pendant deux heures,* deux heures durant. *Pendant ce temps. Avant, pendant et après la guerre.* **II.** *Pendant que* loc. conj. : dans le même temps que ; dans tout le temps que. *Pendant que j'y pense, je dois vous dire...,* puisque j'y pense. – Alors que, tandis que. *Les uns s'amusent pendant que d'autres travaillent.*

pendard, arde n. (de *pendre ;* d'abord syn. de *pendable**) vieux Coquin, fripon, vaurien.

pendeloque n. f. (d'un diminutif de *pendre*) **1.** Bijou suspendu à une boucle d'oreille, un bracelet. **2.** Ornement suspendu à un lustre.

pendentif n. m. Bijou que l'on porte suspendu à une chaîne, un collier.

Penderecki [-ʀɛtski] (Krzysztof) Compositeur polonais (1933-2020). Profondément originale et d'une grande diversité, son œuvre évolue de l'avant-garde au néo-romantisme. *Threnos* (à la mémoire des victimes d'Hiroshima) ; *Passion selon saint Luc ; Les Diables de Loudun* (opéra).

penderie n. f. Petite pièce, placard où l'on suspend des vêtements. → **garde-robe, dressing-room.**

pendiller v. intr. < 1 > Être suspendu en se balançant, en s'agitant en l'air. → **pendouiller.**

pendillon n. m. **1.** Tige qui transmet le mouvement au pendule d'une horloge. **2.** théâtre Pièce de tissu que l'on met de chaque côté de la scène pour la réduire (appelée aussi *pendrillon*).

Pendjab ou **Penjab** voir **Panjab**

pendoir n. m. Corde ou crochet pour suspendre la viande dans une boucherie.

pendouiller v. intr. < 1 > fam. Pendre mollement ou d'une manière ridicule. → **pendiller.** *Mèche qui pendouille devant les yeux.*

pendre v. < 41 > (vient du latin *pendere*) **I.** v. intr. (choses) **1.** Être fixé par le haut, la partie inférieure restant libre. → **tomber.** *Casserole qui pend à un clou. Laisser pendre ses jambes.* **2.** Descendre plus bas qu'il ne faudrait, s'affaisser. *Sa jupe pend par-derrière.* **3.** loc. fam. *Ça lui* ***pend au nez,*** se dit d'un désagrément dont qqn est menacé (par sa faute). **II.** v. tr. **1.** Fixer (qqch.) par le haut, la partie inférieure restant libre. → **suspendre.** – au p. p. *Du linge pendu aux fenêtres.* **2.** Mettre à mort (qqn) en suspendant par le cou au moyen d'une corde. → **pendaison.** – (dans des expr.) *Dire pis que pendre de qqn.* → **médire.** – fam. *Je veux bien être pendu si... :* c'est impossible, faux... **3.** loc. (au p. p.) *Avoir la langue* ***bien pendue*** : être très bavard. ■ **se pendre** v. pron. **1.** Se tuer, se suicider par pendaison. **2.** Se tenir en laissant pendre (I) son corps. *Se pendre par les mains à une barre fixe.* → **se suspendre.** ■ fig. au p. p. *Être pendu, ue à :* ne pas quitter, ne pas laisser. *Être tout le temps pendu au téléphone.*

pendrillon voir **pendillon**

pendu, ue n. Personne qui a été mise à mort par pendaison, ou qui s'est pendue. *« La Ballade des pendus »* (de Villon). – loc. *Parler de corde dans la maison d'un pendu,* évoquer une chose gênante, qu'il fallait taire.

pendulaire adj. Relatif au pendule.

¹pendule n. m. (d'abord *funependule ;* du latin, « corde [*funis* → **funambule, funiculaire**] qui pend ») **1.** Masse suspendue à un point fixe par un fil tendu, qui oscille dans un plan fixe. *Oscillations d'un pendule. Le pendule d'une horloge,* balancier. **2.** *Pendule de sourcier, de radiesthésiste,* servant à déceler les « ondes ».

²pendule n. f. (de **¹pendule**) Petite horloge, souvent munie d'un carillon qu'on pose ou qu'on applique. – loc. *Remettre les pendules à l'heure :* mettre les choses au point. fam. *En chier une pendule :* accorder trop d'importance à (qqch.). → **en faire un fromage, un plat.**

penduler v. intr. < 1 > En alpinisme et en spéléologie, Basculer ou osciller comme un pendule.

pendulette n. f. Petite pendule portative.

pêne n. m. (de l'ancien français *pesle,* du latin *pessulus* « verrou ») Pièce mobile d'une serrure, qui s'engage dans une cavité (gâche) et tient fermé l'élément (porte, fenêtre) auquel la serrure est adaptée.

Pénée n. m. Nom de deux fleuves de Grèce, l'un en Thessalie, l'autre dans le Péloponnèse.

Pénélope Femme d'Ulysse et mère de Télémaque, dans *L'Odyssée.* Elle est le symbole de la fidélité conjugale.

Pénélope à son métier à tisser, avec Télémaque (Vᵉ s. av. J.-C.), Musée archéologique, Chiusi (Italie).

pénéplaine n. f. (du latin *paene* « presque » et de *plaine*) Région faiblement onduleuse.

pénétrabilité n. f. littér., didact. Caractère de ce qui est pénétrable.

pénétrable adj. **1.** Où il est possible de pénétrer. *Milieu pénétrable à la lumière.* → **perméable. 2.** Que l'on peut comprendre. → **compréhensible.**

pénétrance n. f. biol. Fréquence avec laquelle se manifestent les gènes non dominants.

pénétrant, ante adj. **1.** Qui transperce les vêtements, contre quoi on ne peut se protéger. *Une pluie pénétrante.* **2.** Qui procure une sensation, une impression puissante. *Des regards pénétrants.* → **perçant. 3.** (personne, esprit) Qui pénètre dans la compréhension des choses. → **clair, clairvoyant, perspicace.** *Un esprit très pénétrant.*

pénétrante n. f. Grande voie de communication (autoroute) allant de la périphérie au cœur d'un centre urbain.

pénétration n. f. (latin → **pénétrer**) **1.** Mouvement par lequel un corps pénètre dans un autre. *La force de pénétration d'un projectile.* – absolt *La pénétration* (du pénis dans le vagin). → **coït.** *Pénétration anale.* → **sodomie.** ■ fig. *Favoriser la pénétration d'idées nouvelles.* – *Taux de pénétration* (d'un produit, d'un message publicitaire) *dans une population donnée.* **2.** Facilité à comprendre, à connaître. → **clairvoyance, perspicacité.**

pénétré, ée adj. Rempli, imprégné profondément (d'un sentiment, d'une conviction). *Un ton pénétré.* → **convaincu.** – péj. Imbu. *Être pénétré de son importance.*

pénétrer v. < 6 > (latin *penetrare,* de *penus* → **pénates**) **I.** v. intr. **1.** (choses) Entrer profondément, en passant à travers ce qui fait obstacle. → **s'enfoncer, s'insinuer.** *Faire pénétrer qqch. dans...* → **introduire.** *Le soleil pénètre dans la chambre.* **2.** (êtres vivants) Entrer. *Pénétrer dans une maison.* **3.** fig. *Une habitude qui pénètre dans les mœurs.* **II.** v. tr. **1.** (sujet chose) Passer à travers, entrer profondément dans. *Liquide qui pénètre une substance.* → **imbiber, imprégner.** – Procurer une sensation forte, intense à (qqn). → **transpercer.** *« Quelle est cette langueur / Qui pénètre mon cœur ? »* (Verlaine). → **remplir.** ■ *Pénétrer les défenses* *ennemies.* – écon. *Pénétrer un marché.* **2.** (sujet personne) Parvenir à connaître, à comprendre d'une manière poussée. → **approfondir, percevoir, saisir.** *Pénétrer les intentions de qqn.* → **deviner, sonder.** ■ **se pénétrer** v. pron. *Se pénétrer de,* s'imprégner de (une idée).

pénétromètre n. m. techn. Instrument qui mesure, par pénétration, la dureté d'un corps.

Penfield (Wilder Graves) Neurologue canadien (1891-1976). Il consacra sa vie à l'étude du traitement chirurgical de l'épilepsie. Il fonda l'Institut de neurologie de Montréal.

Peng Dehuai ou **P'eng Tö-houai** Maréchal chinois (1898-1974). L'un des chefs historiques de l'Armée de libération populaire, il fut torturé pendant la Révolution culturelle. Il fut réhabilité en 1978.

Penghu Nom chinois de l'archipel taïwanais des Pescadores, dans le détroit de Taïwan.

pénibilité n. f. didact. Caractère de ce qui est plus ou moins pénible ; quantité d'effort pénible à fournir.

pénible adj. (de *peine*) **1.** Qui se fait avec peine, avec fatigue. → **ardu, difficile.** *Travail pénible.* **2.** Qui cause de la peine, de la douleur ou de l'ennui ; qui est moralement difficile. → **désagréable ; cruel, déplorable, dur, triste.** *Vivre des moments pénibles.* **3.** (personnes) fam. Difficile à supporter. *Elle a un caractère pénible, elle est pénible.*

péniblement adv. **1.** Avec peine, fatigue ou difficulté. **2.** Avec douleur, souffrance. → **cruellement. 3.** À peine, tout juste.

péniche n. f. (anglais *pinnace,* emprunt au français *pinasse**) Bateau de transport fluvial, à fond plat. → ^{1}**barge,** ^{1}**chaland.** – Bâtiment militaire à fond plat.

pénichette n. f. Petite péniche de tourisme fluvial.

pénicillé, ée adj. (du latin *penicillum*) didact. Qui est en forme de pinceau.

pénicilline n. f. (anglais [créé par Fleming], du latin *penicillum* « pinceau ») Antibiotique provenant d'une moisissure ou obtenu par synthèse, utilisé dans le traitement de nombreuses maladies infectieuses.

pénicillium n. m. (latin *penicillum*) bot. Champignon qui forme une moisissure verdâtre sur certaines matières exposées à l'humidité. *Pénicillium du roquefort.* - var. **penicillium.**

pénicillorésistant, ante adj. Se dit d'un germe pathogène qui n'est pas détruit par la pénicilline.

pénien, ienne adj. Relatif au pénis. – *Étui pénien :* gaine entourant le pénis chez certains peuples d'Afrique et d'Amérique du Sud.

pénil n. m. (vient du latin *pectiniculum,* diminutif de *pecten* → **peigne**) anat. Saillie arrondie au-dessus du sexe de la femme (syn. **mont de Vénus**).

péninsulaire adj. Relatif à une péninsule, à ses habitants.

péninsule n. f. (latin, de *paene* « presque » et *insula* → **île**) Grande presqu'île ; région ou pays qu'entoure la mer de tous côtés sauf un. → **cap, presqu'île.** *La péninsule Ibérique,* l'Espagne et le Portugal.

pénis n. m. (latin *penis*) Organe de la miction et de la copulation chez le mâle du mammifère, chez l'homme. → **phallus, sexe, verge.**

pénitence n. f. (latin, probablt famille de *paene* → **pénurie**) **1.** *La pénitence,* profond regret, remords d'avoir offensé Dieu, accompagné de l'intention de réparer ses fautes. → **contrition,** ^{2}**repentir.** *Faire pénitence :* se repentir. *Sacrement de la pénitence.* → **confession ; absolution. 2.** Une pénitence. Peine que le confesseur impose au pénitent. – Pratique pénible que l'on s'impose pour expier ses péchés. → **mortification. 3.** (hors du contexte religieux) Châtiment, punition. – loc. *Par pénitence :* pour se punir. *Pour ta pénitence :* comme punition.

pénitencerie n. f. relig. Tribunal ecclésiastique qui siège à Rome pour donner l'absolution en cas de péchés que seul le pape peut absoudre.

pénitencier n. m. (d'abord « lieu où l'on fait pénitence ») Prison ; bagne. ■ anciennt Maison de correction.

pénitent, ente n. (latin → **pénitence**) **1.** Personne qui confesse ses péchés. **2.** Membre d'une confrérie s'imposant volontairement des pratiques de pénitence. → **repentant.**

pénitentiaire adj. (de *pénitence*) Qui concerne les prisons, les détenus. *Régime pénitentiaire.* → **carcéral.** *Établissement pénitentiaire.* → **pénitencier, prison.**

Penmarc'h [pɛ̃maʀ] Commune du Finistère proche de la *pointe de Penmarc'h.* 5 139 habitants. Église du XVIe siècle.

Penn (William) Quaker anglais (1644-1718). Fondateur d'une colonie en Amérique du Nord (1682), la *Pennsylvanie,* et de la ville de Philadelphie, il formula la Constitution et les lois d'un État démocratique et libéral (*Frames of government,* 1682-1701), qui inspirèrent en partie la législation des États-Unis.

Penn (Irving) Photographe américain (1917-2009). Ses photographies de mode, notamment pour *Vogue,* se caractérisent par un style dépouillé et des éclairages subtils.

Penn (Arthur) Cinéaste américain (1922-2010). Après des débuts au théâtre et à la télévision, il s'affirma comme l'un des jeunes cinéastes américains les plus prometteurs des années 1960 et 1970. *Le Gaucher ; Bonnie and Clyde ; Little Big Man.*

Penn (Sean) Acteur, réalisateur et scénariste américain (né en 1960). Acteur d'une grande sensibilité, il campe souvent des marginaux fragiles et instinctifs *(Outrages ; La Dernière Marche ; 21 grammes ; Mystic River ; Harvey Milk).* Il a réalisé *The Indian Runner, Crossing Guard, Into the Wild.*

Sean Penn dans *L'Interprète* de Sydney Pollack (2005).

Penna (Sandro) Poète italien (1906-1977). Ses poésies chantent, dans un style délicat et musical, l'amour homosexuel. *Étrangetés ; Le Voyageur sans sommeil.*

Pennac (Daniel Pennacchioni, dit Daniel) Écrivain français (né en 1944). Créateur d'une saga policière burlesque et trépidante *(La Fée Carabine ; La Petite Marchande de prose ; Monsieur Malaussène),* il est aussi l'auteur de romans pour enfants, d'essais et d'un récit autobiographique *(Chagrin d'école).*

^{1}**penne** n. f. (latin *penna* → **empennage**) Grande plume des ailes (→ **rémige**) et de la queue des oiseaux.

^{2}**penne** [pene] n. f. (mot italien, plur. de *penna* « plume ») au plur. Pâtes italiennes creuses, striées et coupées en biseau.

penné, ée adj. (famille de *penne*) bot. *Feuille pennée :* feuille composée dont les folioles sont disposées de part et d'autre d'un axe central.

Penne-d'Agenais Commune du Lot-et-Garonne. 2 395 habitants. Basilique Notre-Dame-de-Peyragude (lieu de pèlerinage).

Pennes-Mirabeau (Les) Commune des Bouches-du-Rhône. 21 897 habitants.

penniforme adj. (de ^{1}*penne* et *-forme*) bot. *Feuille penniforme,* en forme de plume.

Pennine (chaîne) ou **Pennines (Les)** Chaîne de moyennes montagnes du N. de l'Angleterre. Point culminant : Cross Fell (893 m). Gisements houillers.

pennon [penɔ̃] n. m. (de ^{1}*penne*) hist. Drapeau triangulaire à longue pointe, que les chevaliers du Moyen Âge portaient au bout de leur lance.

Pennsylvanie n. f. État du N.-E. des États-Unis. 117 413 km^{2}. 13 millions d'habitants. Capitale : Harrisburg. Villes principales : Philadelphie, Pittsburgh. Alternance de plaines (lac Érié), de vallées (Great Valley) et de montagnes (Appalaches). Importante production agricole, forte population rurale. Nombreux gisements miniers (charbon, fer), acier, pétrole, gaz naturel, gaz de schiste. William Penn, qui reçut le territoire en 1681, en fit un État démocratique et tolérant, notamment vis-à-vis des Indiens. Le territoire joua un grand rôle dans la révolution américaine.

penny [peni], plur. **pence** [pɛns] n. m. (mot anglais) Monnaie anglaise, le centième de la livre sterling.

pénombre n. f. (du latin *paene* « presque » [*cf.* **péninsule, pénitence, pénurie**] et *umbra* → ^{1}**ombre**) Lumière faible, tamisée. → **demi-jour ; clair-obscur.**

penon n. m. (de ^{1}*penne*) mar. Petit ruban indiquant la direction du vent.

Penone (Giuseppe) Sculpteur italien (né en 1947). Représentant de l'Arte povera (« art pauvre »), il travaille sur le lien de l'homme à la nature, utilisant des végétaux (arbres, feuilles, pierres).

Penrose (sir Roger) Mathématicien et physicien britannique (né en 1931). Ses travaux sur la symétrie d'ordre 5 ont mené à la découverte des quasi-cristaux. Il s'est intéressé également à la relativité générale et a calculé de nombreuses propriétés des trous noirs. Prix Nobel de physique 2020.

pensable adj. (surtout en tournure négative) Que l'on peut admettre, imaginer. → **concevable, possible.** *Ce n'est pas pensable.*

pensant, ante adj. **1.** Qui a la faculté de penser. → **intelligent.** *L'homme « est un roseau pensant »* (Pascal). **2.** *Bien pensant :* qui pense conformément à l'ordre établi. *Des gens bien pensants.* – *Une revue bien pensante.* – n. (avec trait d'union) *Les bien-pensants.*

pense-bête n. m. Marque, note manuscrite destinée à rappeler ce que l'on doit faire. *Des pense-bêtes.*

^{1}**pensée** n. f. (de *penser*) **I.** *La pensée* **1.** Ce que qqn pense, sent, veut. *Laisse-moi deviner ta pensée. Transmission de pensée* (→ **télépathie**). – L'esprit. *Chasser qqn de sa pensée.* – *En pensée, par la pensée :* en esprit (et non réellement). **2.** Activité psychique, faculté ayant pour objet la connaissance. → **esprit, intelligence, raison ; entendement.** *Le langage exprime et organise la pensée.* **3.** *La pensée de qqn,* sa réflexion, sa façon de penser ; sa capacité intellectuelle ; sa position intellectuelle. → **opinion, point de vue.** *La pensée d'un philosophe* (→ **philosophie**), *d'un savant* (→ ^{1}**théorie**). **4.** Manière de penser. *Pensée originale, profonde.* – (propre à un groupe, une époque) *Les grands courants de la pensée contemporaine.* **II.** *Une, des pensées* **1.** Représentations, images, dans la conscience d'une personne. → **idée, sentiment.** *Ce front « rempli de hautes pensées »* (Stendhal). – (affectif) *Avoir une pensée émue pour qqn. Affectueuses pensées.* ■ au plur. Réflexions. *Mettre de l'ordre dans ses pensées. Perdre le fil de ses pensées. Lire dans les pensées de qqn. Être perdu dans ses pensées.* → **méditation. 2.** Expression brève d'une idée. → **maxime, sentence.** *Les « Pensées » de Pascal.* **III.** *La pensée de (qqn, qqch.) :* le fait de penser à.

La pensée de ses enfants le réconforta. Se réjouir à la pensée que les vacances approchent.

[2]pensée n. f. (de [1]*pensée* : « plante du souvenir ») Plante ornementale aux fleurs veloutées et très colorées.

[1]penser v. < 1 > (latin *pensare*, de *pendere* → peser) **I.** v. intr. **1.** Appliquer son esprit à concevoir, à juger qqch. → **juger, raisonner, réfléchir.** *La faculté de penser.* – loc. *Une chose qui laisse, qui donne à penser,* qui fait réfléchir. → **méditer.** – *La façon de penser de qqn,* son opinion. *Je vais te dire ma façon de penser.* **2.** Exercer son activité cérébrale, avoir des pensées. *« Je pense, donc je suis »* (Descartes). *Les animaux pensent-ils ?* **II.** v. tr. ind. *Penser à.* → **songer** à. **1.** Appliquer sa réflexion, son attention à. → **réfléchir.** *Penser à ce que l'on fait. À quoi pensez-vous ? N'y pensons plus :* oublions cela. ***Sans y penser*** : machinalement. **2.** Évoquer par la mémoire ou l'imagination. *Je pense souvent à vous.* – ***Faire penser à.*** → **évoquer, suggérer.** *Elle me fait penser à qqn.* **3.** S'intéresser à. → **s'occuper** de. *Penser aux autres ; à l'avenir. Ne penser qu'à soi, qu'à s'amuser.* **4.** Avoir en mémoire. *J'essaierai d'y penser.* → se **souvenir.** ▪ Avoir présent à l'esprit. – *Sans penser à mal :* innocemment. *Ne penser à rien :* avoir l'esprit complètement libre. **5.** Considérer en vue d'une action ou de l'avenir. *Il a pensé à tout.* → **prévoir.** *Je n'avais pas pensé à cela* (→ faire **attention,** prendre **garde**). *C'est simple, mais il fallait y penser.* **III.** v. tr. **1.** Avoir pour opinion, pour conviction. → **estimer.** *Voilà ce que je pense.* → **croire.** – *Penser du bien, du mal de qqn, de qqch. Qu'en pensez-vous ?* – loc. *Il ne dit rien mais il n'en pense pas moins :* il tait son opinion ou ce qu'il sait. **2.** (sens affaibli) Avoir l'idée de. → **croire, imaginer, présumer, supposer.** *Elle n'est pas si naïve qu'on le pense.* – exclam., absolt *Tu penses !* (→ fam. tu parles !). *Penses-tu !, pensez-vous ! :* mais non, pas du tout. – ***Penser que*** : croire, avoir l'idée, la conviction que. *Vous pensez bien que je n'aurais jamais accepté ! Je pense que c'est possible.* – *Je ne pense pas que* (+ subj.). – *Il ne pensait pas le rencontrer ici.* → **espérer, imaginer.** – *Il pensa se trouver mal.* **3.** Avoir dans l'esprit (comme idée, image, sentiment, volonté, etc.). *Elle ne dit pas ce qu'elle pense.* – euphémisme *Un coup de pied où je pense,* au derrière. – ***Penser que*** : imaginer. *Pensez qu'elle n'a que seize ans !* **4.** (+ inf.) Avoir l'intention, avoir en vue de. → **compter, projeter.** *Que pensez-vous faire à présent ?* **5.** littér. Considérer clairement, organiser par la pensée. → **concevoir.** *Penser une œuvre.* – au p. p. *Un dispositif (bien) pensé,* intelligemment conçu, pratique.

[2]penser n. m. (de [1]*penser*) vieux ou littér. Pensée.

penseur, euse n. **1.** Personne qui s'occupe, s'applique à penser. *« Le Penseur »* (sculpture de Rodin). ▪ Personne qui a des pensées neuves et personnelles sur les problèmes généraux. → **philosophe, savant. 2.** → **libre penseur.**

pensif, ive adj. Qui est absorbé dans ses pensées. → **songeur.** – *Un air pensif.* → **absent, préoccupé, rêveur.**

pension n. f. (du latin, de *pendere* « peser ; payer » → peser) **I.** Allocation périodique versée à une personne. → **dotation ; [1]retraite ; [1]bourse.** *Pension alimentaire. Pension d'invalidité.* **II. 1.** (dans des expr.) Fait d'être nourri et logé chez qqn. *Prendre pension dans un hôtel.* – ***En pension.*** *Prendre qqn chez soi en pension.* – *Payer la pension,* les frais de pension. **2.** ***Pension de famille*** : établissement hôtelier où les conditions d'hébergement, de nourriture ont un aspect familial. **3.** Établissement scolaire assurant hébergement et nourriture. → **internat, pensionnat.**

pensionnaire n. **1.** Acteur, actrice qui reçoit un traitement fixe. *Pensionnaires et sociétaires de la Comédie-Française.* **2.** Personne qui prend pension chez un particulier ou dans un hôtel. **3.** Élève interne dans une pension. *Les pensionnaires, les demi-pensionnaires et les externes.*

pensionnat n. m. Établissement d'enseignement privé où les élèves sont logés et nourris. → **internat, pension.**

pensionné, ée n. et adj. (Personne) qui bénéficie d'une pension (I).

pensionner v. tr. < 1 > Pourvoir (qqn) d'une pension.

pensivement adv. D'une manière pensive, d'un air pensif.

pensum [pɛ̃sɔm] n. m. (mot latin « poids ; tâche ») **1.** vieilli Travail supplémentaire imposé à un élève par punition. *Des pensums.* **2.** littér. Travail ennuyeux. → **corvée.**

pent(a)- [pɛ̃ta] Élément (du grec *pente*) qui signifie « cinq » (ex. *pentamètre* n. m. « vers de cinq pieds », *pentadactyle* adj. « qui a cinq doigts »).

pentacle [pɛ̃takl] n. m. (latin médiéval *pentaculum* → pent-) didact. Étoile à cinq branches (en occultisme).

pentacrine [pɛ̃takʀin] n. m. (du latin savant, du grec *pente* « cinq » et *krinon* « lis ») zool. Échinoderme crinoïde vivant en eau très profonde.

pentaèdre [pɛ̃taɛdʀ] n. m. et adj. (de *penta-* + *-èdre*) géom. Polyèdre à cinq faces. – adj. *Un solide pentaèdre.*

pentagonal, ale, aux [pɛ̃tagɔnal, o] adj. En forme de pentagone (1) ; dont la base est un pentagone.

pentagone [pɛ̃tagɔn ; -gon] n. m. (du grec → [1]-gone) géom. Polygone qui a cinq côtés.

Pentagone n. m. Bâtiment en forme de pentagone situé à Washington, abritant l'état-major général des forces armées des États-Unis.

pentamère [pɛ̃tamɛʀ] adj. (du grec → penta- et -mère) zool. (insecte) Qui a cinq articles à tous les tarses.

pentane [pɛ̃tan] n. m. (→ penta-) chim. Hydrocarbure saturé (C_5H_{12}), cinquième terme de la série des alcanes.

pentanol [pɛ̃tanɔl] n. m. (de *pentane*) chim. Alcool saturé à cinq atomes de carbone, dont il existe plusieurs isomères (→ **amylique**).

pentarchie [pɛ̃taʀʃi] n. f. (du grec → pent- et -archie) didact., Antiq. Gouvernement de cinq chefs (de cités grecques).

Pentateuque [pɛ̃tatøk] n. m. Nom de l'ensemble des cinq premiers livres de la Bible (Genèse, Exode, Lévitique, Nombres, Deutéronome), traditionnellement attribués à Moïse.

pentathlon [pɛ̃tatlɔ̃] n. m. (du grec, de *athlon* → athlète) Ensemble de cinq épreuves sportives. ▫ n. **pentathlonien, ienne**

pentatome [pɛ̃tatɔm ; -tom] n. m. ou f. (du latin mod. → penta- et -tome) zool. Insecte à l'odeur forte et désagréable, appelé aussi *punaise des bois.*

pentatonique [pɛ̃tatɔnik] adj. (→ [2]ton) mus. Qui est formé de cinq tons.

pentavalent, ente [pɛ̃tavalɑ̃, ɑ̃t] adj. **1.** chim. Qui possède cinq valences. **2.** *Vaccin pentavalent,* qui protège contre cinq maladies.

pente n. f. (vient du latin pop. *pendita,* de *pendere* → pendre) **I. 1.** Inclinaison (d'une surface) par rapport à l'horizontale. → **déclivité.** *Pente douce, raide, rapide.* – (route) *Une pente de dix pour cent.* **2.** Direction de l'inclinaison selon laquelle une chose est entraînée. *Suivre la pente* (en descendant). **3.** ***En pente*** : qui n'est pas horizontal. *Terrain en pente* (→ **pentu**). **II.** Surface oblique. **1.** Surface inclinée. *Gravir une pente.* → **[2]côte.** *Dévaler la pente.* → **descente.** – *La pente d'un toit.* **2.** fig. Ce qui incline la vie vers la facilité, le mal. loc. *Être sur une (ou la) mauvaise pente. Remonter la pente :* rétablir au prix d'un effort une situation compromise.

Pentecôte n. f. (vient du latin ecclés., du grec « cinquantième [jour] », de *pente* « cinq ») **1.** Fête chrétienne célébrée le septième dimanche après Pâques pour commémorer la descente du Saint-Esprit sur les apôtres. **2.** Fête juive célébrée sept semaines après le deuxième jour de la pâque.

pentecôtisme n. m. relig. Mouvement religieux protestant apparu au début du XXe siècle, qui accorde une large place au Saint-Esprit et aux charismes. ▫ adj. et n. **pentecôtiste**

Pentélique n. m. Montagne de Grèce, au N.-E. d'Athènes, réputée pour son marbre blanc, utilisé notamment pour l'Acropole.

Penthésilée Reine des Amazones. Elle participe à la guerre de Troie aux côtés des Troyens.

Achille tuant Penthésilée, amphore d'Exékias (v. 530-525 av. J.-C.), British Museum, Londres.

Penthièvre (Louis Jean-Marie de Bourbon, duc de) Amiral de France (1725-1793). Gouverneur de Bretagne, il se distingua à la bataille de Fontenoy (1745).

Penthièvre n. m. Ancien comté de Bretagne s'étendant de Guingamp à Lamballe.

penthotal [pɛ̃tɔtal] n. m. (de *penthiobarbital* → pent[a]-, thio- et barbiturique) Barbiturique communément appelé *sérum* de vérité.*

penthouse [pɛntaus] n. m. (mot anglais des États-Unis, de *pentice* [→ appentis] et *house* « maison ») anglic. Appartement luxueux construit sur le toit-terrasse d'un immeuble élevé.

P

penthrite voir **pentrite**

pentode [pɛ̃tɔd] n. f. (de *pent-* et *[électr]ode*) électron. Tube électronique comprenant cinq électrodes. - var. **penthode** [pɛ̃tɔd].

pentose [pɛ̃toz] n. m. (de *pent-* + [1]*-ose*) biochim. Glucide (ose) à cinq atomes de carbone.

pentrite [pɛ̃tʀit] n. f. (→ pent-) Explosif constitué par un ester nitrique très puissant et très sensible. - var. **penthrite** [pɛ̃tʀit].

pentu, ue adj. En pente, fortement incliné.

penture n. f. (de *pente*) Ferrure décorative d'un battant (porte, fenêtre).

pénultième [penyltjɛm] adj. (du latin, de *paene* « presque » et *ultimus* → ultime) didact. Avant-dernier. – n. f. Avant-dernière syllabe. *La pénultième et l'antépénultième.*

pénurie n. f. (latin *penuria,* p.-ê. famille de *paene* → pénombre) Manque de ce qui est nécessaire. *Pénurie de blé.* → **carence, défaut ; rareté.** *Période de pénurie.* – *Pénurie de devises.*

Penza Ville de Russie, sur la Soura. 518 000 habitants. Construction mécanique. Bois et papier.

Penzias (Arno A.) Physicien américain (né en 1933). Il découvrit un rayonnement thermique uniforme du fond du ciel à 3 kelvins, en concordance avec les prévisions de la théorie du big bang. Prix Nobel 1978.

péon n. m. (de l'espagnol, du bas latin *pedo* « piéton » → ²pion) Gardien de bétail, ouvrier agricole, paysan pauvre, en Amérique du Sud.

people [pipœl] (mot anglais, de *people* [« personnes [célèbres] »] *journalism*, genre journalistique) anglic. **1. adj. invar.** Qui concerne les célébrités (dans les médias). *La presse people.* **2. n. m. pl.** Ces célébrités. – parfois au sing. *Un people.*

Peoria Ville des États-Unis (Illinois). 113 150 habitants. Port sur l'Illinois. Centre industriel.

Pepe (Guglielmo) Général italien (1783-1855). Partisan de la Révolution, il prit part aux campagnes d'Italie aux côtés des Français.

pépé n. m. (de *père*) fam. **1.** lang. enfantin Grand-père. *Pépé et mémé.* **2.** Homme âgé.

pépée n. f. (de *poupée*) fam. et vieilli Femme, jeune fille. *Une belle pépée.*

pépère (de *père*) fam. **I. n. m. 1.** lang. enfantin Grand-père. → **pépé. 2.** Gros homme, gros enfant paisible, tranquille. *Un gros pépère.* **II. adj.** Agréable, tranquille. → **peinard.** *Un petit coin pépère.* – *Un boulot pépère.*

pépètes n. f. pl. (origine obscure) fam. et vieilli Argent. → **fric.**

pépette n. f. (probablement de *pépée*) fam. Jeune fille, petite fille (terme d'affection). → **²nénette.**

Pépi Nom de deux pharaons de la VIe dynastie (Ancien Empire), **Pépi Ier** (v. –2400), et **Pépi II** (v. –2300).

pépie n. f. (vient du latin *pituita* « mucus ») fam. *Avoir la pépie* : avoir très soif.

pépiement n. m. Petit cri des jeunes oiseaux. – spécialt Cri du moineau.

pépier v. intr. <7> (onomatopée) (jeunes oiseaux) Pousser de petits cris brefs et aigus.

¹pépin n. m. (d'un radical onomatopéique *pep-* « petit ») **1.** Graine de certains fruits (raisins, baies, agrumes, pommes, poires, etc.). *Ôter les pépins* (→ **épépiner**). **2.** (allusion au pépin qui reste en travers du gosier) fam. Ennui, complication, difficulté.

²pépin n. m. (origine obscure) fam. Parapluie.

Pépin le Bref (v. 715-768). Maire du palais (741-751), puis roi des Francs, premier des Carolingiens (751-768). Fils de Charles Martel, il reçut la Neustrie, la Bourgogne et la Provence, puis annexa l'Austrasie après l'abdication de son frère, Carloman (747). Il déposa Childéric III et, avec le consentement du pape, se fit élire roi (751). En 752, il fut sacré par saint Boniface à Soissons. Il vint au secours de la papauté en menant deux expéditions contre les Lombards et leur prit Ravenne. Il donna à la papauté les territoires pris aux Lombards, qui constituèrent l'embryon des États pontificaux. Marié à Berthe au grand pied, il est le père de Charlemagne.

Le Sacre de Pépin le Bref, enluminure de Jean Fouquet (XVe s.), Bibliothèque nationale de France, Paris.

Pépin (777-810). Fils de Charlemagne, roi des Lombards de 781 à sa mort.

Pépin Nom de deux rois d'Aquitaine. ■ **Pépin Ier** (803-838). Roi d'Aquitaine (817-838). Fils de Louis le Pieux, il se révolta contre son père en 830 et 833. ■ **Pépin II** (v. 823-apr. 864). Roi d'Aquitaine (838-852). Fils de Pépin Ier. Il s'allia à Lothaire contre Charles le Chauve, qui le dépouilla de son royaume.

pépinière n. f. (de ¹*pépin*) **1.** Terrain où l'on fait pousser de jeunes arbres destinés à être replantés ou à recevoir des greffes. **2.** fig. Ce qui fournit un grand nombre de personnes qualifiées. *Ce pays est une pépinière de savants.* → **vivier. 3.** *Pépinière d'entreprises* : structure offrant des aides pratiques, des conseils pour aider les jeunes entreprises.

pépiniériste n. Personne qui cultive une pépinière (¹). → **arboriculteur.**

Pépin l'Ancien ou **de Landen** (mort v. 640). Maire du palais d'Austrasie, il est l'ancêtre des Carolingiens.

Pépin le Jeune ou **de Herstal** (mort en 714). Maire du palais d'Austrasie, petit-fils de Pépin l'Ancien, il est le père de Charles Martel.

Pepinster Commune de Belgique (province de Liège). 9 693 habitants. Châteaux.

pépite n. f. (de l'espagnol, du radical *pep-* → ¹pépin) Morceau d'or natif (naturel) sans gangue. – par ext. *Une glace aux pépites de chocolat.* ■ fig. Morceau de choix, élément précieux. *Les pépites d'un discours.*

péplum [peplɔm] n. m. (latin *peplum*, du grec) **1.** Antiq. grecque Vêtement de femme, sans manches, qui s'agrafait sur l'épaule. *Des péplums.* **2.** Film à grand spectacle sur l'Antiquité.

péponide n. f. (latin *pepo, onis* « courge ») bot. Fruit des cucurbitacées.

peppermint [pepɛʀmɛ̃t ; pepœʀmint] n. m. (mot anglais « poivre-menthe ») anglic. Liqueur de menthe poivrée. - syn. **pippermint** [pipœʀmint] (marque déposée).

pepperoni [pepe-] n. m. (mot italien des États-Unis, de *peperoni* → **poivron**) anglic. Saucisse de porc et de bœuf pimentée. *Pizza au pepperoni.* - var. RO **pepperoni.**

peps [pɛps] n. m. (mot anglais des États-Unis, de *pepper* « poivre ») anglic. Dynamisme, allant. *Elle a du peps.* → **²punch, tonus.** - var. **pep.**

pepsine n. f. (de l'allemand, du grec *pepsis* « digestion » → **dyspepsie**) Enzyme du suc gastrique qui décompose les protéines en peptides.

peptide n. m. (de *pep[sine]* et *[pro]tide*) biochim. Protide formé par un nombre restreint d'acides aminés. □ **adj. peptidique**

peptique adj. (du latin, du grec) biochim., méd. Relatif à la pepsine. *Digestion peptique*, qui se fait dans l'estomac sous l'effet de la pepsine. – par ext. Qui a trait à la digestion, qui en résulte.

peptone n. f. (du grec, de *pessein* « digérer ») biochim. Mélange obtenu par la dégradation des viandes (*peptonisation* **n. f.**) sous l'effet d'enzymes (pepsine, pancréatine, papaïne).

Pepusch (John Christopher) Compositeur britannique d'origine allemande (1667-1752). Il est célèbre pour son arrangement d'airs populaires formant la partition de *L'Opéra des gueux (Beggar's Opera)* de J. Gay.

Pepys (Samuel) Mémorialiste anglais (1633-1703). Élu au Parlement en 1679, il est connu pour son *Journal (Pepys' Diary)* relatant avec précision les années 1659-1669 (couronnement de Charles II, peste, incendie de Londres).

péquenaud, aude n. (origine obscure) fam. et péj. Paysan. - var. RO **pèquenaud, aude, péquenot, otte** ou RO **pèquenot, otte.**

péquet n. m. (mot wallon « genévrier ; eau-de-vie de genièvre ») régional (Ardennes ; Wallonie) Eau-de-vie de grain aromatisée aux baies de genévrier. - var. **péket.**

péquiste adj. et n. (de *P[arti] q[uébécois]*) Du Parti québécois. – (Personne) favorable au Parti québécois, au Canada.

per- Élément (du latin *per-* → **par**) qui signifie « à travers », « au-delà de ».

peracide n. m. (de *per-* et *acide*) chim. Acide correspondant au degré d'oxydation le plus élevé (d'un élément).

pérail n. m. (mot dialectal languedocien d'origine inconnue) Fromage à pâte molle, au lait de brebis, fabriqué en Aveyron. *Des pérails affinés.*

Perak État de Malaisie, sur le détroit de Malacca, dans la péninsule malaise. 21 000 km². 2 030 000 habitants. Capitale : Ipoh. Agriculture, mines d'étain, pêche, tourisme.

péramèle n. m. (du latin mod., du grec *pêra* « sac » et du latin *meles* « martre ») zool. Mammifère (marsupial) à museau allongé, de la taille d'un lapin.

perborate n. m. (→ **borate**) Sel contenant plus d'oxygène que le borate. *Perborate de sodium*, ou absolt *perborate*, utilisé comme désinfectant et produit de blanchiment.

perçage n. m. Opération par laquelle on perce (une matière).

percale n. f. (de l'anglais, du persan par l'Inde) Tissu de coton, fin et serré.

percaline n. f. Toile de coton lustrée, souvent utilisée en doublure.

perçant, ante adj. **1.** Qui voit au loin. *Avoir une vue perçante.* – *Des yeux perçants*, vifs et brillants. **2.** (son) Aigu et fort. *Des cris perçants.* → **strident.** *Voix perçante.*

perce n. f. (de *percer*) loc. *Mettre en perce* : faire une ouverture à (un tonneau) pour en tirer le vin.

Percé (rocher) Rocher rectangulaire de plus de 400 m de long sur 88 m de haut, creusé d'arches naturelles, sur la côte de la Gaspésie (Québec, Canada).

percée n. f. (de *percer*) **1.** Ouverture qui ménage un passage ou une perspective. *Ouvrir une percée dans une forêt.* → **trouée. 2.** Action de percer, de rompre les défenses d'un adversaire. *Tenter une percée.* **3.** fig. Progrès spectaculaire.

percement n. m. Action de percer, de pratiquer (une ouverture, un passage). *Le percement d'un tunnel.*

perce-muraille n. f. Pariétaire (plante). *Des perce-murailles.*

perce-neige n. m. ou f. Plante à fleurs blanches qui s'épanouissent à la fin de l'hiver. *Des perce-neige* (invar.) ou *des perce-neiges.*

perce-oreille n. m. Insecte inoffensif dont l'abdomen porte une sorte de pince. → **forficule.** *Des perce-oreilles.*

perce-pierre n. f. Plante vivant sur les rochers ou les murs (ex. la saxifrage). *Des perce-pierres.*

percept [pɛʀsɛpt] n. m. (latin *perceptum*, d'après *concept*) philos. Objet de la perception, sans référence à une chose en soi (opposé à *concept*).

percepteur, trice n. (du latin *perceptus*, de *percipere* → **percevoir**) Fonctionnaire chargé(e) de la perception des impôts directs, des amendes.

perceptible adj. (du latin → **perception**) **1.** Qui peut être perçu par les sens. → **visible ; audible ; appréciable, sensible.** *Des détails perceptibles à l'œil nu.* **2.** Qui peut être compris, saisi par l'esprit. *Une ironie à peine perceptible* (→ **imperceptible**). □ **n. f. perceptibilité**

perceptif, ive adj. didact. Relatif à la perception (I).

perception n. f. (du latin, de *percipere* → **percevoir**) **I. 1.** Réunion de sensations en images mentales (→ **percevoir** (I, 2)). *Perception auditive. Troubles de la perception.* **2.** littér. Prise de connaissance, sensation, intuition. *« Elle eut une perception à la fois physique et* *morale de l'absence de son mari* » (Balzac). **II. 1.** Opération par laquelle l'Administration du fisc recouvre les impôts directs (**→ percepteur**). *Recette-perception.* **2.** Emploi, fonction de percepteur. – Bureau du percepteur. **→ recette.**

percer v. < 3 > (vient du latin *pertusiare* → **pertuis**) **I. v. tr. 1.** Faire un trou dans (un objet). **→ perforer, trouer.** *Percer un mur.* – Traverser, trouer (une partie du corps). *Se faire percer les oreilles. Percer un abcès.* **→ inciser, ouvrir. 2.** vieilli Blesser à l'aide d'une arme pointue. *Percer qqn de nombreux coups.* **→ cribler.** – loc. fig. *Percer le cœur* : affliger, faire souffrir. **3.** Pratiquer dans (qqch.) une ouverture pouvant servir de passage, d'accès. *Percer un coffre-fort.* **4.** Traverser (une protection, un milieu intermédiaire). **→ transpercer.** *Le soleil perce les nuages.* – *Cri qui perce le tympan* (**→ perçant ; déchirer**). **5.** littér. Parvenir à découvrir (un secret, un mystère). **→ déceler, pénétrer.** – loc. *Percer à jour.* **6.** Pratiquer, faire (une ouverture). *Percer un trou. Percer un tunnel, une fenêtre.* **II. v. intr. 1.** Se frayer un passage en faisant une ouverture, un trou. – *Ses premières dents ont percé. Abcès qui perce.* **→ crever.** – (personnes) *L'avant-centre perce* (**→ percée**). **2.** fig. Se déceler, se manifester, se montrer. *Rien n'a percé de leur entretien.* **→ filtrer, transpirer. 3.** Acquérir la notoriété. **→ réussir.** *Un acteur qui commence à percer.* ■ **percé, ée adj.** loc. *Panier* percé.* – *Chaise* percée.*

perceur, euse n. **1.** Personne qui perce à l'aide d'un outil. **2. n. f.** Machine-outil (foreuse, fraiseuse) utilisée pour percer des trous, pour la finition de pièces. **→ vilebrequin.**

percevable adj. didact. Qui peut être perçu (argent).

Perceval Héros du roman inachevé de Chrétien de Troyes, *Le Roman de Perceval ou le Conte du Graal* (v. 1180), qui raconte l'initiation du jeune chevalier Perceval au mystère du Graal. Une continuation de ce roman a été écrite au XIIIe s. par le minnesinger Wolfram von Eschenbach, qui inspira l'opéra *Parsifal* à Wagner.

percevoir v. tr. < 28 > (vient du latin *percipere,* de *capere* « prendre » → **capter, chasser**) **I. 1.** Comprendre, parvenir à connaître. **→ discerner, distinguer, saisir, sentir.** *Percevoir une intention, une nuance.* **2.** Avoir conscience de (une sensation) (**→ sentir ; perception**). *Il perçut une lueur indécise.* – *Les chiens perçoivent les ultrasons.* **II.** Recevoir (une somme d'argent). **→ encaisser.** *Percevoir un loyer.* **→ [1]toucher.** – spécialt Recueillir (le montant d'un impôt, d'une taxe) (**→ [1]lever, recouvrer ; percepteur, perception**). – au p. p. *Droits perçus.*

perchaude n. f. (mot de l'Ouest, de *perche*) régional (Anjou ; Canada) Perche (poisson) commune.

[1]perche n. f. (vient du latin *perca,* du grec) Poisson d'eau douce, à chair estimée.

[2]perche n. f. (vient du latin *pertica*) **1.** Grande tige de bois. **→ gaule ; [1]gaffe ; tuteur.** – *Les perches d'un téléski.* – *Perche à son,* qui supporte le micro. ■ ***Saut à la perche*** : saut en hauteur en prenant appui sur une perche (**→ perchiste**). **2.** loc. ***Tendre la perche à qqn,*** lui fournir une occasion de se tirer d'embarras. **3.** fam. péj. Personne grande et maigre. **→ échalas.**

Perche n. m. Région de l'O. du Bassin parisien partagée entre les départements de l'Orne, de la Sarthe et d'Eure-et-Loir. Forêts, élevage de chevaux et de bovins.

perchée n. f. (de *[2]perche*) vitic. Petite tranchée entre deux billons, dans laquelle on plante les ceps de vigne.

percher v. < 1 > (de *[2]perche*) **I. v. intr. 1.** (oiseaux) Se mettre, se tenir sur une branche, un perchoir. **2.** fam. (personnes) Loger, habiter. **→ demeurer.** *Où est-ce qu'il perche ?* **II. v. tr.** fam. Placer à un endroit élevé. **→ jucher.** *Pourquoi percher ce vase sur l'armoire ?* ■ **se percher v. pron.** Se mettre, se tenir sur un endroit élevé. **→ se jucher, [1]grimper.** ■ **perché, ée p. p. 1.** « *Maître corbeau, sur un arbre perché* » (La Fontaine). – *Une femme perchée sur de hauts talons.* **2.** *Une voix haut perchée,* aiguë. **3.** fam. Fou. *Elle est un peu perchée. Un film perché.*

percheron, onne (de *Perche,* région française) **n. m.** Grand et fort cheval de trait. – **adj.** *Jument percheronne.*

percheur, euse adj. Qui a l'habitude de percher. *Un oiseau percheur.*

perchis [pɛʀʃi] **n. m.** (de *[2]perche*) techn. **1.** Clôture faite avec des perches. **2.** Futaie dont les arbres ont une taille convenable pour faire des perches.

perchiste n. **1.** Sauteur à la perche. **2.** Personne qui tient la perche à son (recomm. offic. pour **perchman**). **3.** Personne qui vérifie le paiement et tend les perches d'un remonte-pente aux skieurs.

perchlorate [pɛʀklɔʀat] **n. m.** (**→ chlorate**) chim. Sel de l'acide perchlorique.

perchlorique [pɛʀklɔʀik] **adj.** (**→ chlorique**) chim. *Acide perchlorique* : acide du chlore dans lequel le chlore a son degré d'oxydation le plus élevé.

perchoir n. m. (de *percher*) **1.** Endroit où viennent se percher les oiseaux domestiques, les volailles. **→ juchoir. 2.** fam. (personnes) Siège, endroit élevé. ■ Tribune élevée réservée au président de l'Assemblée nationale. – La fonction de président.

Percier (Charles) Architecte français (1764-1838). Il est, avec Pierre François Fontaine, l'un des grands promoteurs du style Empire. Ils édifièrent ensemble l'arc du Carrousel et l'aile du Louvre sur la rue de Rivoli.

perclus, use adj. (du latin, famille de *claudere* → **clore**) Qui a de la peine à se mouvoir. **→ impotent.** *Être perclus de rhumatismes.*

percnoptère n. m. (du grec, de *perknos* « noirâtre » et *pteron* « aile ») zool. Oiseau rapace diurne, vautour de taille moyenne qui vit dans les régions méditerranéennes.

perçoir n. m. techn. Outil pour percer.

percolateur n. m. (du latin *percolare* « filtrer ») Appareil à vapeur sous pression qui sert à faire du café. - abrév. fam. **perco.**

percolation n. f. didact. Passage d'une substance à travers une matière absorbante.

perçu, ue Participe passé de *percevoir.*

percussion n. f. (du latin → **percuter**) **1.** Action de frapper, de heurter. **→ choc.** *Perceuse à percussion.* – *Arme à percussion* (**→ percuteur**). **2.** mus. *Instrument à* (ou *de*) *percussion,* dont on joue en le frappant et dont le rôle est surtout rythmique (cymbales, grosse caisse, tambour). – *La percussion.* **→ batterie.** – *Percussions brésiliennes.* **→ batucada.**

percussionniste n. Musicien(ne) qui joue d'un ou de plusieurs instruments à percussion.

percutané, ée adj. (de *per-* et *cutané*) méd. Qui se fait par absorption à travers la peau.

percutant, ante adj. **1.** Qui donne un choc. – *Obus percutant,* qui éclate lors de l'impact. **2.** fig. Qui frappe par sa netteté brutale, qui produit un choc psychologique. *Une formule percutante.*

percuter v. < 1 > (du latin, de *per-* et *quatere* → **casser**) **I. v. tr.** Frapper, heurter (qqch.). *La voiture a percuté un camion.* **II. v. intr. 1.** Heurter en explosant. **2.** *Percuter contre, sur,* heurter violemment. *La voiture est allée percuter contre un arbre.* **3.** fam. Comprendre ; réagir en manifestant sa compréhension. *Je n'ai pas percuté.*

percuteur n. m. Dans une arme à feu, Pièce métallique destinée à frapper l'amorce et à la faire détoner.

perdant, ante 1. n. Personne qui perd au jeu, dans une affaire, une compétition. **→ battu, vaincu.** – loc. *Être bon, mauvais perdant* : accepter sa défaite avec bonne ou mauvaise grâce. – *C'est un perdant,* il échoue souvent. **→ loser. 2. adj.** Qui perd. *Les numéros perdants.* – *Partir perdant.*

Perdiccas Nom de plusieurs rois de Macédoine. ■ **Perdiccas Ier** (VIIIe-VIIe s. av. J.-C.). Il fonda la dynastie des Argéades. ■ **Perdiccas II** (mort v. 413 av. J.-C.). Il soutint une longue lutte contre les Thraces. ■ **Perdiccas III** (mort v. 359 av. J.-C.). Frère de Philippe II, il mourut en combattant les Illyriens.

Perdiccas Général macédonien (mort en 321 av. J.-C.). Il fut l'un des quatre régents après la mort d'Alexandre le Grand.

Perdiguier (Agricol) Menuisier et homme politique français (1805-1875). Compagnon menuisier du Devoir de liberté sous le nom de « Avignonnais la Vertu », il fit le récit de son tour de France dans *Mémoires d'un compagnon,* document précieux sur la vie d'un ouvrier français peu avant l'ère industrielle.

perdition n. f. (vient du bas latin → **perdre**) **1.** relig. Éloignement de l'Église et des voies du salut ; ruine de l'âme par le péché. – loc. cour. *Lieu de perdition,* de débauche. **2.** *Navire **en perdition**,* en danger de faire naufrage. **→ détresse.** – fig. *Une entreprise en perdition.*

perdre v. tr. < 41 > (vient du latin *perdere,* de *per-* et *dare* « donner* » → **perdition, perte ; éperdu**) **I.** (sens passif) Être privé de la possession ou de la disposition de (qqch.). **1.** Ne plus avoir (un bien). *Perdre tout son argent au jeu.* – *Perdre son emploi.* – *Perdre ses illusions.* – loc. *N'avoir plus rien à perdre.* – (menace) *Il ne perd rien pour attendre,* il sera puni plus tard. **2.** Être séparé de (qqn) par la mort. *Perdre ses parents.* – Ne plus avoir (un compagnon, un ami, etc.). « *Il faut venger un père, et perdre une maîtresse* » (Corneille). **3.** Cesser d'avoir (une partie de soi ; une qualité). *Perdre ses cheveux.* – *Perdre du poids. Perdre le souffle. Perdre l'appétit. Perdre la vie* : mourir. – *Perdre la raison, la tête* : devenir fou. *Perdre la mémoire.* – *Perdre connaissance* : s'évanouir. *Perdre courage. Perdre patience.* – *L'avion perd de l'altitude.* **4.** Ne plus avoir en sa possession (ce qui n'est ni détruit ni pris). **→ égarer.** *Perdre ses clés. J'ai perdu votre adresse.* **5.** Laisser s'échapper. *Il a maigri, il*

Perceval

Perceval chez le Roi pêcheur, illustration de *Perceval ou le Conte du Graal* de Chrétien de Troyes (XIIe s.), Bibliothèque nationale de France, Paris.

P

perd son pantalon. – *Le blessé perd beaucoup de sang.* ■ **fig.** *Ne pas perdre une miette de la conversation.* – **loc.** ***Perdre de vue*** : ne plus voir ; **spécialt** ne plus fréquenter (qqn), ne plus penser à (qqch.). **6.** Ne plus pouvoir suivre, contrôler. *Perdre son chemin.* – **loc.** *Perdre pied*. Perdre le nord*.* **7.** Ne pas profiter de (qqch.), en faire mauvais usage. → **dissiper, gâcher, gaspiller.** *Perdre du temps, son temps. Il n'y a pas un instant à perdre.* **8.** Ne pas obtenir ou ne pas garder (un avantage). – *Perdre du terrain*.* – Ne pas remporter. *Perdre la partie. Perdre une bataille, un procès, un pari.* – **absolt** Être le perdant. *Avoir horreur de perdre.* **II. (sens actif)** Priver (qqn) de la possession ou de la disposition de biens, d'avantages. **1. vieux** Faire mourir. **2.** Priver de sa réputation, de sa situation. *Son ambition le perdra.* ■ **spécialt** Faire condamner. *Le témoignage de son complice l'a perdu.* **3. vieux ou littér.** Corrompre, pervertir. – **spécialt (relig.)** Damner (→ **perdition**). **4.** Mettre hors du bon chemin. → **égarer.** *Je crois que notre guide nous a perdus.* ■ **se perdre v. pron.** **1.** Être réduit à rien ; cesser d'exister. *Les traditions se perdent.* **2.** Être mal utilisé, ne servir à rien. *Laisser se perdre ;* **ellipt** *laisser perdre une occasion.* **3.** Cesser d'être perceptible. → **disparaître.** *Des silhouettes qui se perdent dans la nuit.* **4.** S'égarer ; ne plus retrouver son chemin. *Nous nous sommes perdus.* – **fig.** *Se perdre dans les détails.* – *L'intrigue est trop compliquée, on s'y perd.* **5.** ***Se perdre dans, en*** : appliquer entièrement son esprit au point de n'avoir conscience de rien d'autre. → **s'absorber, se plonger.** *Se perdre dans ses pensées. Se perdre en conjectures*.* **6. vieux ou littér.** Causer sa propre ruine. – **spécialt (relig.)** Se damner (→ **perdition**).

perdreau n. m. (→ **perdrix**) Jeune perdrix de l'année.

perdrix n. f. (**vient du latin, du grec *perdix***) Oiseau de taille moyenne, au plumage roux ou gris cendré, très apprécié comme gibier.

perdu, ue adj. **I.** Qui a été perdu (→ **perdre (I)**). **1.** Dont on n'a plus la possession, la jouissance. *Regagner l'argent perdu. Tout est perdu* : il n'y a plus d'espoir, plus de remède. – **prov.** *Un(e) de perdu(e), dix de retrouvé(e)s,* la perte sera facilement réparable. – **fig.** « *Illusions perdues* » (de Balzac). **2.** Égaré. *Objets perdus.* – **(lieu)** Écarté ; éloigné, isolé. *Un coin perdu.* **3.** Mal contrôlé, abandonné au hasard. *Il a été blessé par une balle perdue,* qui a manqué son but et l'a atteint par hasard. **4.** Qui a été mal utilisé ou ne peut plus être utilisé. *Verre, emballage perdu* (**opposé à *consigné***). – *Occasion perdue.* → **¹manqué.** – *Du temps perdu,* inutilement employé. *À mes (ses...) moments perdus,* de loisir. **5.** Où on a eu le dessous. *Causes perdues.* **II.** Qui a été perdu, atteint sans remède (par le fait d'une personne ou d'une chose). **1.** Atteint dans sa santé. *La malade est perdue.* → **condamné, incurable.** – Atteint dans sa fortune, sa situation. *C'est un homme perdu.* → **fini.** – **vieilli** *Fille perdue* : prostituée. **2.** Abîmé, endommagé. *Fruits perdus,* gâtés. **III.** Qui se perd, qui s'est perdu. *Enfant perdu.* – *Le regard perdu dans le lointain.* – **fig.** *Se sentir perdu.* → **désemparé.** *Je suis perdu, je ne m'y retrouve plus.* – **n. (dans des loc.)** *Crier, rire comme un perdu,* un fou.

Perdu (mont) Un des sommets les plus élevés des Pyrénées espagnoles (3 348 m).

perdurable adj. (**du bas latin** → **perdurer**) **littér.** Qui dure longtemps.

perdurer v. intr. < 1 > (**du latin** → **durer**) **1. vieux ou littér.** Durer toujours, se perpétuer. *Le marasme perdure.* **2. (Belgique)** Continuer, se prolonger.

père n. m. (**vient du latin *pater, patris,* mot indo-européen, *cf.* le grec *patêr,* le sanskrit *pitār,* l'anglais *father***) **1.** Homme qui a engendré, donné naissance à un ou plusieurs enfants (→ **patr[i]-**). *Être, devenir père. Être (le) père de deux enfants.* – *Père biologique*. Le père et la mère* : les parents. – *Meurtre du père* (→ **parricide**). – **loc. prov.** *Tel père, tel fils.* – **appellatif** → **papa.** *Oui, père !* **2.** ***Père de famille,*** qui a un ou plusieurs enfants qu'il élève. → **chef** de famille. – **loc.** *En bon père de famille* : sagement, sans scandale. **3.** Le parent mâle (d'un être vivant sexué). *Le père de ce poulain est un pur-sang.* **4. au plur., littér.** Les ancêtres, les aïeux. *L'héritage de nos pères.* **5.** *Dieu le Père,* la première personne de la sainte Trinité. **6. fig.** *Le père de qqch.* → **créateur, fondateur, inventeur.** **7.** Celui qui se comporte comme un père, est considéré (en droit) comme un père. *Père légal, adoptif. Il a été un père pour moi.* **8. (titre de respect)** Religieux. – *Le Saint-Père.* → **pape.** – **(appellatif)** *Mon Père.* **9. fam., avant le n. de famille** Désignant un homme mûr de condition modeste. « *Le Père Goriot* » (de Balzac). – **loc.** *Le coup du père François,* un coup mortel sur la nuque. – *Le père Noël*.* – **loc.** ***Un gros père*** : un gros homme placide. → **fam. pépère.** ***Un père tranquille*** : un homme paisible. *En* ***père peinard*** : tranquillement, en évitant les soucis.

Perec (Georges) Écrivain français (1936-1982). Membre de l'OuLiPo, il est l'auteur d'une œuvre romanesque teintée d'humour et marquée par les défis formels. *Les Choses ; La Disparition* (roman écrit sans la lettre *e*) ; *Alphabets ; Je me souviens ; La Vie mode d'emploi.*

Perec (Marie-José) Athlète française (née en 1968). Elle a obtenu trois médailles d'or aux Jeux olympiques (400 m en 1992, 400 et 200 m en 1996) et deux titres mondiaux sur 400 m (1991 et 1995).

Marie-José Perec en 1996, à Atlanta.

Péréfixe (Hardouin de Beaumont de) Prélat français (1605-1670). Précepteur de Louis XIV, archevêque de Paris (1664), il fut un adversaire des jansénistes.

pérégrination n. f. (**du latin, de *peregrinus*** → **pèlerin**) **1. vieux** Voyage en pays lointain. **2. mod. au plur.** Déplacements incessants en de nombreux endroits.

Pereira Ville de Colombie, dans la vallée du Cauca. 385 800 habitants.

Pereira Dos Santos (Nélson) Cinéaste brésilien (1928-2018). Ses films engagés ont fait de lui un précurseur du « Cinema Novo ». *Sécheresse ; Soif d'amour ; Mémoires de prison.*

Pereire (Jacob Émile) Homme d'affaires français (1800-1875). Constructeur et exploitant des premières lignes de chemin de fer françaises, il fonda le Crédit mobilier, avec son frère **Isaac Pereire** (1806-1880), avant de prendre le contrôle de la Compagnie générale transatlantique.

Perekop (isthme de) Isthme reliant la plaine d'Ukraine à la presqu'île de Crimée.

Père-Lachaise (cimetière du) Cimetière de Paris situé dans le 20e arrondissement. Aménagé en 1804, il porte le nom du père La Chaise, confesseur de Louis XIV.

Perelman (Grigori) Mathématicien russe (né en 1966). Il a résolu, pour la dimension 3, la conjecture de topologie de Poincaré. Il a refusé la médaille Fields en 2006.

péremption [peʀɑ̃psjɔ̃] n. f. (**du latin, de *perimere*** → **se périmer**) **1. dr.** Anéantissement des actes de procédure après un certain délai. **2. cour.** *Date de péremption* : date à laquelle un produit est périmé.

péremptoire [peʀɑ̃ptwaʀ] adj. (**du latin, de *perimere*** → **se périmer**) **1. dr.** Relatif à la péremption. **2. cour.** Qui détruit d'avance toute objection ; contre quoi on ne peut rien répliquer. → **décisif, tranchant.** – *D'un ton péremptoire.* → **catégorique.** □ adv. **péremptoirement**

pérennant, ante adj. (**du latin sc.** → **pérenne**) **bot.** Se dit d'une plante annuelle ou bisannuelle qui peut devenir vivace. – Se dit de la partie d'une plante vivace (bulbe, rhizome, tubercule) qui reste vivante pendant l'hiver.

pérenne adj. (**vient du latin, de *per-* et *annus*** → **an**) **didact. ou littér.** Qui dure longtemps, qui est perpétuel.

pérenniser v. tr. < 1 > **didact.** Rendre durable, éternel. □ n. f. **pérennisation**

pérennité n. f. **didact. ou littér.** État, caractère de ce qui dure toujours (→ **continuité, perpétuité**), ou très longtemps. *La pérennité de l'espèce.*

péréquation [peʀekwasjɔ̃] n. f. (→ **équation**) **dr., écon.** Répartition égalitaire de charges ou de moyens.

Peres (Shimon Persky, dit Shimon) Homme d'État israélien (1923-2016). Collaborateur de Ben Gourion, il fut élu à la tête du Parti travailliste en 1977. Premier ministre de 1984 à 1986, il occupa ensuite divers postes ministériels dans les gouvernements Shamir et Rabin. Il joua, en sept. 1993, un rôle primordial dans les pourparlers avec l'OLP aboutissant à l'accord d'autonomie de Gaza et de la Cisjordanie. Premier ministre après l'assassinat de Rabin (1995-1996), il fut président de l'État d'Israël de 2007 à 2014. Prix Nobel de la paix 1994 avec Y. Arafat et Y. Rabin.

Shimon Peres (à dr.) et Yasser Arafat en 1997, au siège de l'Unesco à Paris.

Pères Blancs (Société des missionnaires d'Afrique ou) Congrégation de prêtres séculiers fondée à Alger en 1868 pour l'évangélisation de l'Afrique.

pères de l'Église Nom donné aux personnalités chrétiennes dont les écrits, la vie et l'exemple ont contribué à établir la doctrine du christianisme. Les critères de cette désignation sont l'ancienneté, la sainteté et l'orthodoxie. Contrairement aux docteurs de l'Église, les différentes Églises chrétiennes n'ont pas dressé de liste officielle des pères de l'Église.

perestroïka ou **pérestroïka** [peʀestʀɔika] n. f. (**mot russe**) Politique libérale de « reconstruction », dans l'ex-URSS (1986-1991).

Péret **(Benjamin)** Écrivain français (1899-1959). Poète et polémiste, il fut toute sa vie fidèle au surréalisme. *Le Grand Jeu ; Mort aux vaches et au champ d'honneur.*

Peretz **(Itzhok Leybush)** Écrivain polonais d'expression yiddish et hébraïque (1852-1915). Il est considéré comme l'un des pères de la littérature yiddish. *Histoires populaires ; La Chaîne d'or.*

Pérez de Ayala **(Ramón)** Écrivain espagnol (1880-1962). Poète, il est aussi l'auteur de romans remarquables par l'ironie et la finesse du style. *Troteras y Danzaderas ; Tigre Juán.*

Pérez de Cuellar **(Javier)** Homme politique et diplomate péruvien (1920-2020). Il fut secrétaire général de l'ONU de 1982 à 1992.

Pérez Esquivel **(Adolfo)** Architecte et sculpteur argentin (né en 1931). Pacifiste, il est le leader du mouvement « Paix et Justice en Amérique latine ». Prix Nobel de la paix 1980.

Pérez Galdós **(Benito)** Romancier et auteur dramatique espagnol (1843-1920). Grand voyageur, journaliste, homme politique, il est l'auteur d'*Episodios nacionales*, vaste épopée sur le peuple espagnol au XIXe s., et de nombreux romans d'inspiration réaliste ou historique, qui l'ont fait comparer à Balzac. *Marianela ; Nazarin.*

Pérez-Reverte **(Arturo)** Écrivain espagnol (né en 1951). Il a écrit une vingtaine de romans renouant avec le genre de cape et d'épée, très rigoureux sur le plan historique. Le capitaine Alatriste est le héros de plusieurs de ses intrigues qui se déroulent sous l'Inquisition.

perfectible **adj.** **(du latin** ***perfectus*** **→ parfait)** Susceptible d'être amélioré. □ **n. f. perfectibilité**

perfectif, ive **adj.** **(du latin** ***perfectum*** **→ parfaire)** gramm. *Aspect, verbe perfectif,* qui suppose un aboutissement, un terme (opposé à *imperfectif*). **– n. m.** *Un perfectif.*

perfection **n. f.** **(du latin, de** ***perficere*** **→ parfaire)** **1.** État, qualité de ce qui est parfait (notamment dans le domaine moral et esthétique). **2.** ***À la perfection*** **loc. adv.** : d'une manière parfaite, excellente. **→ parfaitement. 3.** Qualité remarquable. **–** *Une perfection* : personne ou chose parfaite. **→ perle ; merveille.**

perfectionnement **n. m.** Action de (se) perfectionner. **→ progrès.** *Stage de perfectionnement.* **–** *Apporter des perfectionnements techniques.* **→ amélioration.**

perfectionner **v. tr.** **< 1 >** Rendre meilleur, plus proche de la perfection. **→ améliorer, parfaire. –** *Perfectionner un procédé.* ■ **se perfectionner v. pron.** *Les machines se perfectionnent.* **–** *Se perfectionner en anglais.* ■ **perfectionné, ée adj.** (choses) *Dispositif très perfectionné.*

perfectionniste **n. et adj.** (Personne) qui cherche la perfection dans ce qu'elle fait, qui fignole (à l'excès) son travail. □ **n. m. perfectionnisme**

perfecto **n. m.** **(n. déposé, d'après le n. espagnol du cigare favori du créateur du modèle)** anglic. Blouson court en cuir, ceinturé, destiné aux motocyclistes.

perfide **adj.** **(du latin, de** ***fides*** **→ foi)** littér. **1.** Qui manque à sa parole, trahit la personne qui lui faisait confiance. **→ déloyal.** *Femme perfide,* infidèle. **–** loc. péj. ou plais. *La perfide Albion* : l'Angleterre. **– n. vieux → infidèle, traître.** (en amour) « *La perfide se rit de toi* » (P.-J. Toulet). **2.** Dangereux, nuisible sans qu'il y paraisse. *Une insinuation perfide.* **→ sournois.** □ **adv. perfidement**

perfidie **n. f.** **(du latin → perfide)** **1.** *Une, des perfidies.* Action, parole perfide. **2.** *La perfidie.* Caractère perfide. **→ déloyauté, fourberie ; → mauvaise foi.**

perfolié, ée **adj.** **(du latin sc., de** ***per*** **et** ***folium*** **« feuille »)** bot. *Feuille perfoliée,* qui semble traversée par le rameau qui la porte, tant elle l'enveloppe.

perforage **n. m.** techn. Action de perforer.

perforant, ante **adj.** **1.** anat. *Artères perforantes,* qui traversent des espaces interosseux, des muscles. **2.** techn. *Instrument perforant.* **→ perforateur.** *Balle, obus perforant,* destinés à percer les blindages.

perforateur, trice **1. adj.** Qui perfore. **2. n. m.** Instrument servant à perforer un os. **3. n. f.** Machine servant à perforer. **4. n.** Personne qui fait fonctionner une perforatrice.

perforation **n. f.** **(du latin → perforer)** **1.** Action de perforer. **2.** État de ce qui est perforé. **–** Endroit perforé. **→ trou. –** méd. Ouverture accidentelle ou pathologique dans un organe.

perforé, ée **adj.** **1.** Percé. *Estomac perforé.* **2.** techn. Qui présente des petits trous réguliers, en vue d'un usage mécanique. *Carte perforée.*

perforer **v. tr.** **< 1 >** **(du latin → forer)** Traverser en faisant un ou plusieurs petits trous. **→ percer, trouer.** *La balle lui a perforé l'intestin.* **–** absolt *Machines à perforer* (composteur, poinçonneuse ; perforatrice).

performance **n. f.** **(mot anglais, de l'ancien français** ***parformer*** **« parfaire » → former)** **1.** Résultat obtenu dans une compétition. *Les performances d'un champion. Performance homologuée.* **2.** Rendement, résultat le meilleur. *Les performances d'une machine.* ■ fig. Exploit, réussite remarquable. **→ prouesse. 3. (de l'anglais)** Œuvre artistique conçue comme un évènement, une action en train de se faire.

Pergame

Le Grand Théâtre de Pergame, construit à flanc de montagne, pouvait contenir 10 000 spectateurs.

performant, ante **adj.** anglic. Capable de hautes performances. **→ compétitif.**

performatif, ive **n. m. et adj.** **(pris à l'anglais → performance)** ling. Énoncé qui constitue simultanément l'acte auquel il se réfère (ex. *Je vous autorise à partir,* qui est une autorisation). **– adj.** *Phrase performative.* **→ illocutoire.**

performer **v. intr.** **< 1 >** **(anglais** ***to perform*****)** anglic. **1.** Faire de bonnes performances en Bourse. *Valeur qui performe.* **2.** Réaliser une performance artistique. **3.** Être performant, efficace. **→ réussir.** *Entreprise, équipe, élève qui performe.*

performeur, euse **n.** **(de** ***performance*****, avec influence de l'anglais** ***performer*** **« artiste »)** **1.** Sportif qui réalise une performance exceptionnelle. *La meilleure performeuse de l'année.* **2.** Artiste auteur de performances (3).

perfuser **v. tr.** **< 1 >** **(→ perfusion)** méd. Pratiquer une perfusion sur (un malade, un organe).

perfusion **n. f.** **(du latin ; famille de** ***fondre, fusion*****)** méd. Injection lente et continue de sérum. *Être sous perfusion* ; fig. être dans une situation d'assistance financière totale. **–** *Perfusion sanguine.* - abrév. fam. **perf.**

Pergame aujourd'hui **Bergama** en Turquie Ancienne ville d'Asie Mineure, en Mysie. Capitale d'un puissant royaume hellénistique (IIIe-IIe s. av. J.-C.), elle détenait le monopole de la fabrication de parchemin et de tissus. Elle devint un grand centre cosmopolite et culturel, rivalisant avec Alexandrie et Antioche, et fut célèbre pour sa bibliothèque. L'actuelle Bergama compte 59 400 habitants.

Pergaud **(Louis)** Écrivain français (1882-1915). Il est l'auteur de récits pleins d'humour et de fraîcheur sur le monde rural. *Le Roman de Miraut, chien de chasse ; La Guerre des boutons.*

pergélisol **n. m.** **(de l'anglais, de** ***per[manent], gel*** **et** ***sol*****)** géol. Sol gelé en permanence et absolument imperméable des régions arctiques. **→ merzlota, permafrost.**

pergola **n. f.** **(mot italien)** Petite construction de jardin qui sert de support à des plantes grimpantes. **→ tonnelle.**

Pergolèse **(Giovanni Battista Pergolesi, dit en français Jean-Baptiste)** Compositeur italien (1710-1736). Musicien inventif et spirituel, il est l'auteur de musique religieuse (*Stabat Mater*), d'opéras et d'intermezzos. Son intermezzo à deux voix, *La Servante maîtresse*, déclencha la querelle des Bouffons.

P

Peri **(Jacopo)** Compositeur italien (1561-1633). Chanteur et musicien à la cour des Médicis, il est le créateur du style « rappresentativo », à mi-chemin entre le parler ordinaire et le chant, ainsi que du premier opéra complet de l'histoire de la musique, *Euridice*, pour le mariage de Marie de Médicis avec Henri IV.

péri **n. f.** **(persan** ***perî*** **« ailé »)** Génie ou fée, dans la mythologie arabo-persane.

péri- Élément **(du grec** ***peri*****)** qui signifie « autour ».

Péri **(Gabriel)** Homme politique français (1902-1941). Journaliste à *L'Humanité*, membre du comité central du Parti communiste français, député, il fut fusillé par les Allemands.

Périandre Tyran de Corinthe (627-v. 585 av. J.-C.). Il endigua une crise agraire et démographique par des mesures hardies, amenant Corinthe à son apogée. Protecteur des lettres et des arts, il est l'un des Sept Sages.

périanthe **n. m.** **(du latin bot. → péri-** et **-anthe)** bot. Ensemble des enveloppes protégeant les organes reproducteurs de la fleur **(→ ²calice, corolle).**

périarthrite **n. f.** **(→ arthrite)** méd. Inflammation des tissus qui entourent une articulation.

péribole n. m. (du latin, du grec *peribolos* « clôture ») archéol. Espace clos généralement planté d'arbres, de monuments votifs, autour des temples grecs.

Péribonka n. f. Rivière du Canada (Québec), qui se jette dans le lac Saint-Jean. 547 km.

péricarde n. m. (du grec → -carde) anat. Membrane qui enveloppe le cœur et l'origine des gros vaisseaux. □ adj. **péricardique**

péricardite n. f. (→ -ite) méd. Inflammation du péricarde.

péricarpe n. m. (du grec → péri- et -carpe) bot. Partie du fruit qui enveloppe la ou les graines.

périchondre [peʀikɔ̃dʀ] n. m. (du grec, de *peri* « autour » et *khondros* « cartilage ») anat. Membrane de tissu conjonctif qui enveloppe un cartilage non articulaire. □ adj. **périchondral, ale, aux**

Périclès Stratège et homme politique athénien (v. 495-429 av. J.-C.). Apparenté par sa mère aux Alcméonides, il eut comme maîtres à penser Anaxagore et Zénon d'Élée. Appelé aux affaires de la cité, il fut l'auteur de grandes réformes démocratiques et occupa la scène politique d'Athènes durant trente ans. Principal inspirateur de l'impérialisme athénien, il fit d'Athènes la métropole resplendissante de la civilisation et de l'art classiques. La fin de sa carrière fut marquée par la guerre du Péloponnèse et par la peste qui frappa la cité (–430). Le nom de « siècle de Périclès » a été donné à son époque, la plus brillante de la civilisation grecque.

Périclès, copie romaine d'un original grec de Crésilas (430 av. J.-C.), Antikensammlung, Berlin.

péricliter v. intr. < 1 > (du latin, de *periculum* → péril) Aller à sa ruine, à sa fin. → **décliner, dépérir.**

péridot n. m. (origine incertaine) minér. Pierre semi-précieuse, de couleur vert clair, silicate de magnésium et de fer (→ **olivine**).

péridural, ale, aux adj. (de *dural* « relatif à la dure-mère ») méd. *Anesthésie péridurale* ou n. f. *une péridurale* : anesthésie régionale du bassin. *Accoucher sous péridurale.*

Perier (Claude) Industriel et banquier français (1742-1801). Il participa au financement du coup d'État du 18 Brumaire et à la fondation de la Banque de France. ■ **Casimir Perier.** Homme politique français (1777-1832). Fils de Claude. Député, représentant de l'opposition libérale, il se rallia à Louis-Philippe lors de la révolution de juillet 1830. Ministre de l'Intérieur, il mena une politique de répression de l'opposition, notamment lors de l'insurrection des canuts de Lyon, en 1831.

Périer (François Pillu, dit François) Acteur français (1919-2002). Comédien aux registres multiples, il s'imposa au théâtre, dans des pièces de Sartre, Anouilh ou Achard, et au cinéma, où il tourna notamment avec Carné, Verneuil, Cocteau, Fellini.

périgée n. m. (du grec *perigeios* « qui entoure la Terre » [*gê* → géo-]) astron. Point de l'orbite d'un astre qui est le plus proche de la Terre (contr. *apogée*).

périglaciaire adj. (→ glaciaire) géogr. Qui est proche des régions de glaciers et caractérisé par l'importance du gel dans l'évolution du relief.

Pérignon (dom Pierre) Moine bénédictin (1638-1715). Il améliora le procédé de champagnisation des vins.

Pérignon (Dominique Catherine, marquis de) Maréchal de France (1754-1818). Il mena la légion des Pyrénées et triompha des Espagnols. Sénateur (1801), maréchal de France (1804), il fut comte d'Empire puis devint marquis (1817) après s'être rallié aux Bourbons.

Périgord n. m. Région historique correspondant à l'actuel département de la Dordogne. On distingue au N. le *Périgord vert* (autour de Nontron), au centre le *Périgord blanc* (où se situe Périgueux), au S.-O. le *Périgord pourpre* (autour de Bergerac) et au S.-E. le *Périgord noir* (où se situe Sarlat-la-Canéda). Cultures, vignes (vin de Montbazillac), élevage. Nombreux sites préhistoriques (Lascaux). Peuplée par les Celtes, la région forma un comté sous les Mérovingiens. Elle fut intégrée au domaine royal par Henri IV.

périgueux n. m. (de Périgueux) techn. Pierre noire très dure servant à polir, employée par les émailleurs et les verriers.

Périgueux Chef-lieu de la Dordogne, sur l'Isle. 29 255 habitants. Évêché. Vestiges romains (amphithéâtre, tour de Vésone), église Saint-Étienne-de-la-Cité (XIIe s.), de style roman périgourdin, cathédrale Saint-Front (XIe s.) de style byzantin. Musée du Périgord. Centre tertiaire, industries (agroalimentaire, impression de timbres-poste).

périhélie n. m. (du grec *helios* « soleil » → héli[o]-) astron. Point de l'orbite d'une planète qui est le plus proche du Soleil (contr. *aphélie*).

péri-informatique n. f. Ensemble des activités et des matériels liés aux périphériques d'ordinateurs. – adj. *Des équipements péri-informatiques.* - var. RO **périinformatique.**

péril n. m. (vient du latin *periculum* → péricliter, périlleux) littér. Situation où l'on court de grands risques ; ce qui menace l'existence. → **danger.** – loc. *Il y a péril en la demeure*.* – « *À vaincre sans péril, on triomphe sans gloire* » (Corneille). → **risque.** – *En péril. Navire en péril.* → **détresse.** *Chefs-d'œuvre en péril.* – loc. *Au péril de sa vie* : en risquant sa vie. – *Faire qqch. à ses risques et périls,* en acceptant d'en subir toutes les conséquences.

périlleux, euse adj. (vient du latin *periculosus,* de *periculum* → péril) **1.** littér. Où il y a des risques, du danger. → **dangereux, difficile, risqué.** *Une entreprise périlleuse.* → **délicat.** **2.** loc. *Saut périlleux,* où le corps fait un tour complet sur lui-même, dans un plan vertical. □ adv. **périlleusement**

Perim (île) Petite île volcanique à l'entrée de la mer Rouge, rattachée au Yémen. 13 km².

périmé, ée adj. (de *périmer*) **1.** (opposé à *actuel*) Qui n'a plus cours. → **ancien, caduc, démodé.** **2.** (opposé à *valide*) Dont le délai de validité est expiré. *Passeport périmé.* **3.** Qui n'est plus consommable (→ **péremption**). *Yaourt périmé.*

se **périmer** v. pron. < 1 > (latin *perimere,* de *emere* « prendre, acheter » → exempt cf. péremption, péremptoire) Être annulé après l'expiration du délai fixé ; cesser d'être valable.

périmètre n. m. (du grec → péri- et -mètre) **1.** math. Ligne qui délimite le contour d'une figure plane. *Le périmètre d'un cercle* (→ **circonférence**). **2.** Zone, surface délimitée. *Périmètre de sécurité.*

périnatal, ale, als adj. méd. *Période périnatale,* qui précède et suit immédiatement la naissance.

périnatalité n. f. méd. Période périnatale.

périnatalogie n. f. méd. Partie de la médecine consacrée à l'étude de la physiologie et de la pathologie périnatales de la mère et de l'enfant. → **néonatologie.**

périnée n. m. (bas latin *perineos,* mot grec) Ensemble des tissus qui forment le plancher du petit bassin, entre l'anus et les parties génitales. □ adj. **périnéal, ale, aux**

période n. f. (du grec, de *peri* → péri- et *hodos* « voie, chemin » → exode, méthode, synode ; anode, cathode, électrode) **I. 1.** Espace de temps. → **durée.** *La période des fêtes. En période de crise* (→ en temps de). ■ *Période électorale,* qui précède le jour du scrutin. ■ Division du temps marquée par des évènements importants. → **époque, ère.** *La période révolutionnaire.* – *La période rose de Picasso.* **2.** didact. Durée déterminée, caractérisée par un certain phénomène. → **phase, stade.** *Division des ères géologiques en périodes.* – méd. *La période d'incubation d'une maladie.* **II.** sc. Temps qui s'écoule entre deux états semblables d'un phénomène. – astron. Temps de révolution d'une planète. **III.** didact. Phrase dont l'assemblage des éléments, si variés qu'ils soient, est harmonieux.

périodicité n. f. Caractère de ce qui est périodique (I), retour d'un fait à des intervalles plus ou moins réguliers.

périodique adj. (→ période) **I. 1.** Qui se reproduit à des intervalles réguliers. *Les inondations périodiques du Nil.* ■ *Protections* périodiques.* **2.** Qui paraît chaque semaine, chaque mois, etc. *Presse périodique.* – n. m. *Un périodique.* → **magazine, publication, revue.** **II.** sc. *Mouvement, fonction périodique,* qui reprend la même valeur à intervalles réguliers. → **période** (II). ■ *Classification périodique des éléments*.*

périodiquement adv. D'une manière périodique, régulièrement.

périodisation n. f. didact. Division significative et explicative en périodes (d'un temps de l'histoire).

périoste n. m. (du grec → ostéo-) anat. Membrane conjonctive et fibreuse qui constitue l'enveloppe des os.

périostite n. f. (de *périoste* et -ite) méd. Inflammation du périoste.

péripatéticien, ienne (du grec *peripatein* « se promener ») **1.** didact. n. m. Philosophe qui suit la doctrine d'Aristote. – adj. *L'école péripatéticienne.* **2.** n. f. littér. Prostituée qui racole dans la rue.

péripétie n. f. (du grec → péri- et de *piptein* « tomber ») **1.** didact. Changement subit de situation dans une action dramatique, un récit. → **rebondissement.** **2.** Évènement imprévu. → **¹incident.** *Un voyage plein de péripéties.*

périphérie n. f. (du grec *periphereia,* de *peri* → péri- et *pherein* « porter » → -phore) **1.** Ligne qui délimite une surface. → **bord, contour, périmètre, pourtour.** – Surface extérieure d'un volume. **2.** Les quartiers éloignés du centre d'une ville. → **faubourg.**

périphérique **1.** adj. Qui est situé à la périphérie. *Système nerveux périphérique* (opposé à *central*). – *Le boulevard périphérique, à Paris* ; n. m. *le périphérique* (abrév. fam. **périf** ou **périph**). ■ *Station, émetteur périphérique,* qui émet vers la France à partir de pays limitrophes. **2.** n. m. inform. Appareil que l'on peut connecter ou intégrer à un ordinateur, pour compléter les fonctions de l'unité centrale (→ **péri-informatique**).

périphlébite n. f. (→ phlébite) méd. Inflammation du tissu conjonctif qui entoure une veine.

périphrase n. f. (latin *periphrasis,* mot grec → phrase) Expression par plusieurs mots d'une notion qu'un seul mot pourrait

Périgueux

Périgueux, les coupoles de la cathédrale romane et byzantine Saint-Front, inscrite au patrimoine mondial de l'Unesco.

exprimer. → **circonlocution, détour.** □ **périphrastique adj.** *Une tournure périphrastique.*

périple n. m. (du grec, de *peri* → péri- et *plein* « naviguer ») **1.** didact. Grand voyage par mer. **2.** (sens critiqué) Voyage, randonnée, circulaire ou non. *Au cours de notre périple.*

périptère adj. et n. m. (du grec → péri- et -ptère) archit. (temple grec, édifice) Qui est entouré d'un rang de colonnes isolées du mur. – n. m. *La Madeleine, à Paris, est un périptère.*

périr v. intr. < 2 > (vient du latin *perire* « s'en aller tout à fait », de *ire* « aller » → ¹aller [j'irai]) **1.** Mourir. *Périr noyé.* – *Périr d'ennui.* **2.** Disparaître. → **s'anéantir, finir.** *Navire qui périt corps et biens* (→ **faire naufrage**).

périscolaire adj. Complémentaire de l'enseignement scolaire.

périscope n. m. (du grec → -scope) Instrument d'optique permettant de voir autour de soi par-dessus un obstacle. *Les périscopes d'un sous-marin.*

périscopique adj. didact. (opt.) *Verres périscopiques* : verres d'optique à grand champ visuel. ■ Relatif au périscope.

périsperme n. m. (de *péri-* + *-sperme*) bot. Tégument extérieur qui constitue un tissu de réserve dans certaines graines (nénuphar, poivre).

périssable adj. **1.** littér. Qui est sujet à périr ; qui n'est pas durable. → **éphémère, fugace. 2.** *Denrée périssable*, qui se conserve difficilement (opposé à *non périssable*).

périssodactyle n. m. (du grec *perissos* « surnuméraire, impair » et *daktulos* « doigt ») zool. Mammifère placentaire ongulé, au pied possédant un nombre impair de doigts dont le médian est le plus développé (ordre des *Périssodactyles* ; ex. le rhinocéros, le tapir).

périssoire n. f. (de *périr*) Embarcation plate, longue et étroite, qui se manœuvre à la pagaie double ou à l'aviron.

péristaltique adj. (du grec, de *peristellein*, de *stellein* « équiper ») physiol. *Mouvements, contractions péristaltiques*, qui font progresser les aliments dans le tube digestif. □ **n. m. péristaltisme**

péristome n. m. (de *péri-* et du grec *stoma* « bouche ») zool. Région qui entoure l'ouverture de la coquille des gastéropodes. ■ spécialt Sillon garni de cils vibratiles dans lequel s'ouvre l'orifice buccal des protozoaires.

péristyle n. m. (du latin, du grec, de *stulos* « colonne » → ¹style) didact. Colonnade entourant la cour intérieure d'un édifice ou disposée autour d'un édifice.

péritel adj. invar. (marque déposée ; de *péri-* et *tél[évision]*) *Prise péritel* : prise normalisée qui permet de brancher certains appareils sur un téléviseur.

péritéléphonie n. f. (→ téléphonie) techn. Ensemble des techniques utilisant un poste téléphonique en vue d'applications complémentaires aux simples communications.

péritexte n. m. didact. Ensemble des textes qui complètent le texte principal d'un ouvrage écrit, et qui en font partie (préface, notes, glossaire...).

périthèce n. m. (du grec *peri* « autour » et *thêkê* « boîte, étui ») bot. Ensemble des organes qui produisent les asques, chez les champignons ascomycètes.

péritoine n. m. (du grec, de *peri* → péri- et *teinein* ; famille de ¹*tendre*) Membrane qui tapisse les parois intérieures de l'abdomen et recouvre les organes qui y sont contenus. □ **adj. péritonéal, ale, aux**

Perito Moreno Glacier des Andes argentines (Patagonie).

péritonite n. f. (→ péritoine) Inflammation du péritoine.

périurbain, aine adj. Situé aux abords immédiats d'une ville. → **périphérique.**

Perkin (sir William Henry) Chimiste britannique (1838-1907). Il découvrit les dérivés de l'aniline fournissant des colorants artificiels.

Perl (Martin Lewis) Physicien américain (1927-2014). Il a découvert le tauon, particule de la famille des leptons. Prix Nobel 1995.

perlant adj. m. et n. m. (vin) Qui forme de petites bulles lorsqu'on le verse.

perle n. f. (vient du latin pop. *pernula*, diminutif de *perna* « jambe ») **1.** Petite concrétion de nacre, généralement sphérique, sécrétée par certains mollusques (huîtres) pour isoler un corps étranger. *Pêcheurs de perles. Perle fine. Perles de culture*, obtenues en plaçant un grain de nacre dans une huître d'élevage. – appos. invar. *Gris perle. Des assiettes gris perle.* – loc. *Jeter des perles aux pourceaux* : accorder à qqn une chose dont il est incapable d'apprécier la valeur. – fig. « *Le sang apparut en petites perles* » (Mac Orlan). → **perler. 2.** Petite boule percée d'un trou. *Perle de verre, de bois.* **3.** Personne de grand mérite. *Ce cuisinier est une perle.* → **perfection. 4.** Erreur grossière, absurdité. *Perles relevées dans la presse.*

péristyle

Péristyle en marbre rose du Grand Trianon à Versailles.

perlé, ée adj. **1.** Orné de perles. *Une tunique perlée.* **2.** En forme de perle ronde. *Orge perlé.* **3.** Qui a des reflets nacrés. *Coton perlé.* **4.** Exécuté avec soin. *Ouvrage perlé.* **5.** loc. *Grève perlée*, qui interrompt l'activité d'une entreprise par une succession de petits arrêts de travail.

perlèche n. f. (d'une var. dialectale de *pourlécher*) méd. Infection de la commissure des lèvres par des streptocoques. - syn. **pourlèche.**

perler v. < 1 > **I.** v. tr. littér. Exécuter avec un soin minutieux. **II.** v. intr. Former de petites gouttes arrondies. → **suinter.**

perlier, ière adj. Qui a rapport aux perles. *Industrie perlière.* – *Huître perlière.*

perlingual, ale, aux [pɛʀlɛ̃gwal, o] adj. (du latin *lingua* → langue) *Médicament administré par voie perlinguale*, en le plaçant sous la langue.

perlimpinpin n. m. (onomatopée) *Poudre* de perlimpinpin.*

Perlis n. m. État de la Fédération de Malaisie, frontalier avec la Thaïlande. 795 km². 198 400 habitants. Plantations d'hévéas, agriculture, tourisme.

perlite n. f. (de *perle* et *-ite*) **1.** minér. Silicate naturel, pauvre en eau, de la famille des feldspaths. **2.** techn. Constituant microscopique des alliages ferreux.

perlon n. m. (de *perle*) Requin de la Méditerranée. → **grondin.**

perlot n. m. (de *perle*) Petite huître qu'on pêche sur les côtes de la Manche.

perm ou **perme** n. f. voir **permission**

Perm anciennement **Molotov** Ville de Russie, sur la Kama, dans l'Oural. 1 000 000 habitants. Université. Industries chimique et pétrolière.

permaculture n. f. (mot-valise, de *permanent* et *agriculture*) Mode d'aménagement écologique du territoire, visant à concevoir des systèmes stables et autosuffisants et à produire de la nourriture en renforçant l'écosystème. □ **n. permaculteur, trice**

permafrost n. m. (mot anglais des États-Unis, de *perma[nent]* et *frost* « gel ») anglic., géogr. Sol perpétuellement gelé des régions arctiques. → **merzlota, pergélisol.**

permalloy [pɛʀmalɔj ; pɛʀmalwa] n. m. (mot anglais, de *perm[eable]* et *alloy* « alliage ») techn. Alliage de fer et de nickel (à 78 % de nickel) d'une très grande perméabilité magnétique.

permanence n. f. (du latin médiéval, de *manere* « demeurer » → manoir) **1.** Caractère de ce qui est durable ; longue durée (de qqch.). → **continuité, pérennité, stabilité. 2.** Service chargé d'assurer le fonctionnement ininterrompu d'un organisme. *Assurer, tenir une permanence. Être de permanence.* – Local où fonctionne ce service. *Permanence électorale.* ■ spécialt Salle d'études où les élèves se regroupent lorsqu'ils n'ont pas de cours (abrév. fam. **perm**). **3.** *En permanence* loc. adv. : sans interruption. → **constamment, toujours.** – Très souvent.

permanencier, ière n. Personne qui assure une permanence.

permanent, ente adj. (du latin → permanence) **1.** Qui dure, demeure sans discontinuer ni changer. → **constant, continu. 2.** n. f. Traitement appliqué aux cheveux pour les onduler de façon durable. → **indéfrisable. 3.** Qui exerce une activité permanente. *Un comité permanent.* – (opposé à *spécial, extraordinaire*) *Le correspondant permanent d'un journal à l'étranger.* – n. *Les permanents d'un syndicat, d'un parti*, les membres rémunérés pour se consacrer à son administration.

permanenter v. tr. < 1 > Faire une permanente à (qqn). – p. p. *Cheveux permanentés.*

permanganate n. m. Sel dérivé du manganèse. *Permanganate de potassium.*

perméabilité n. f. didact. Caractère de ce qui est perméable.

perméable adj. (du latin, de *permeare* « traverser » → méat) **1.** Qui se laisse traverser ou pénétrer par un fluide, spécialt par l'eau. → **poreux.** *Roche perméable.* **2.** *Perméable à. Corps perméable à la lumière.* **3.** fig. Qui se laisse atteindre, toucher par (qqch.). *Être perméable aux suggestions.*

Permeke (Constant) Peintre et sculpteur belge (1886-1952). Membre de la deuxième école de Laethem-Saint-Martin, il évolua de l'impressionnisme vers l'expressionnisme, peignant, dans un style sombre et puissant, des paysages, des marines, des pêcheurs, des paysans. *Le Semeur ; Les Deux Mariniers ; Les Fiancés.*

permettre v. tr. < 56 > (latin *permittere* [supin *permissum* cf. permissif, permission], de *mittere* → mettre) **1.** Laisser faire (qqch.), ne pas empêcher. → **autoriser, tolérer.** *Permettre l'exportation d'un produit.* – *Si les circonstances le permettent.* – *Permettre que* (+ subj.). → **admettre, consentir.** *Il a permis qu'elle s'en aille.* – *Permettre qqch. à qqn.* → **accorder, autoriser.** *Le médecin lui permet un peu de vin.* – au passif *Elle se croit tout permis.* – *Permettre de* (+ inf.). *Je ne vous permets pas de me parler sur ce ton.* **2.** (sujet chose) Rendre possible. → **autoriser.** *Sa santé ne lui permet aucun excès.* – *Permettre à qqn de* (+ inf.). *Mes moyens ne me permettent pas de voyager.* – impers. *Autant qu'il est permis d'en juger.* → **possible. 3.** *Permettez ! Vous permettez ?*, formules pour contredire qqn, protester ou agir à sa place, avec une apparence de courtoisie. – (formule polie) *Permettez-moi de vous présenter M. X.* ■ **se permettre 1.** S'accorder (qqch.). → **s'autoriser.** *Se permettre un petit répit.* **2.** *Se permettre de* (+ inf.). Prendre la liberté de. → **s'aviser de, oser.** *Elle s'est permis de répliquer.* – (formule polie) *Puis-je me permettre de vous téléphoner ?*

permien, ienne adj. et n. m. (du n. de la ville) géol. De la dernière période de l'ère primaire, faisant suite au carbonifère. – n. m. *Le permien.*

permis n. m. Autorisation officielle écrite. *Permis de construire. Permis de chasse.* – *Permis de conduire* ou *permis* : certificat de capacité, nécessaire pour la conduite des automobiles, camions, motos. *Permis probatoire**. – Examen du permis de conduire. *Passer son permis.*

P

permissif, ive adj. (du latin → permettre) didact. Qui permet trop facilement, qui tolère beaucoup. *Des parents très permissifs.* □ n. f. **permissivité**

permission n. f. (du latin → permettre) **1.** Action de permettre ; son résultat. → **autorisation.** *Agir sans la permission de qqn ; sans permission.* – loc. fam. *Avoir la permission de minuit*, de sortir jusqu'à minuit. – *Avec votre permission* (formule de politesse) : si vous le permettez. **2.** Congé accordé à un militaire. - abrév. fam. **perm** ou **perme.**

permissionnaire 1. n. m. Soldat en permission. **2.** n. admin. Bénéficiaire d'un permis.

permittivité n. f. (de l'anglais, de *to permit* → permettre) phys. Constante caractéristique d'un milieu peu conducteur (diélectrique) qui peut affaiblir les forces électrostatiques. *La permittivité de l'eau est de 80.*

Permoser (Balthasar) Sculpteur allemand (1651-1732). Nommé sculpteur à la cour de Saxe en 1689, il exécuta notamment l'*Apothéose du Prince Eugène*, modèle du baroque saxon.

permutable adj. Qui peut être déplacé par rapport à une autre personne ou chose par une permutation. *Éléments permutables.* □ n. f. **permutabilité**

permutant, ante n. admin. Personne qui change d'emploi avec une autre.

permutation n. f. (du latin → mutation) **1.** Échange d'un emploi, d'un poste contre un autre. *La permutation de deux fonctionnaires.* ■ (choses) Changement de place réciproque. **2.** math. Chacun des arrangements (disposition dans une série) que peut prendre un nombre défini d'objets différents. *Le nombre de permutations d'un nombre* n *d'objets est égal à factorielle* n.

permuter v. < 1 > (latin *permutare* → muer, [1]muter) **1.** v. tr. Mettre une chose à la place d'une autre (et réciproquement). *Permuter deux mots dans une phrase.* → **intervertir. 2.** v. intr. Échanger sa place. *Ces deux officiers veulent permuter.*

Pernambouc État du Brésil (région du Nordeste). 101 000 km². 8,8 millions d'habitants. Capitale : Recife. On distingue trois zones géographiques : la Mata, l'Agreste et le Sertão.

Pernes-les-Fontaines Commune du Vaucluse. 10 294 habitants. Église de la fin du XIe siècle.

pernicieux, euse adj. (du latin, de *nex* « mort violente » ; famille de *noyer, nuire*) **1.** méd. Dont l'évolution est très grave. **2.** littér. Nuisible moralement. → **mauvais, nocif.** *Théorie pernicieuse.* □ adv. **pernicieusement** □ n. f. **perniciosité**

Pernik Ville de Bulgarie, au S.-O. de Sofia, sur la Strouma. 68 200 habitants. Centrale thermique.

Pernis Localité des Pays-Bas sur la Meuse, à l'O. de Rotterdam. Raffineries de pétrole.

Perón (Juan Domingo) Homme d'État argentin (1895-1974). Colonel, il participa au coup d'État militaire de 1943 et devint vice-président. Élu président de la République en 1946, il établit une dictature fondée sur sa doctrine, le « justicialisme », qui alliait mesures sociales, dirigisme et répression. Renversé par un putsch en 1955, il se réfugia en Espagne avant de redevenir président en 1973. ■ **Eva Perón, née Duarte** (1919-1952). Deuxième épouse du précédent, surnommée *Evita.* Adorée par le peuple, elle contribua à entretenir l'enthousiasme populaire dans les premières années du régime de Perón. ■ **María Estela dite Isabel Martínez de Perón** (née en 1931). Troisième épouse du président Perón, elle lui succéda à la présidence de l'Argentine de 1974 à 1976, année où elle fut déposée par la junte militaire.

péroné n. m. (grec *peronê*) Os long et mince qui forme avec le tibia l'ossature de la jambe.

péronier, ière n. m. et adj. anat. *Péronier antérieur* : muscle qui fléchit le pied et le porte en abduction et en rotation en dehors. – adj. Relatif au péroné. *L'artère péronière.*

Péronne Chef-lieu d'arrondissement de la Somme. 7 444 habitants. Ancienne ville forte. Château (XIIIe s.). C'est à Péronne qu'eut lieu en 1468 l'entrevue entre Charles le Téméraire et Louis XI qui se disputaient la Picardie. La ville fut presque entièrement détruite lors de la bataille de la Somme (1916).

péronnelle n. f. (prénom ancien, p.-ê. de *Pierre*) fam. et péj., vieilli Jeune femme, jeune fille sotte et bavarde.

péroraison n. f. (→ pérorer) **1.** Conclusion d'un discours. **2.** Discours creux de qqn qui pérore (*péroreur, euse* n.).

pérorer v. intr. < 1 > (latin *perorare* → oraison) Discourir, parler d'une manière prétentieuse, avec emphase. → **pontifier.**

Pérotin Compositeur français (début XIIIe s.). Maître de chapelle à Notre-Dame de Paris, il est considéré comme l'un des principaux créateurs de la musique polyphonique.

Pérou

n. m. ■ offic. république du Pérou État d'Amérique du Sud. 1 285 215 km². 32,6 millions d'habitants (les *Péruviens*). **Langues :** espagnol, quéchua, aymara. **Religion :** catholique. **Monnaie :** nouveau sol. **Capitale :** Lima. **Régime :** présidentiel.

GÉOGRAPHIE

La cordillère des Andes (Huascarán, 6 768 m), qui traverse le Pérou du nord au sud, comprend un immense haut plateau (Altiplano) qui se prolonge en Bolivie au-delà du lac Titicaca. Le peuplement et les cultures (pomme de terre, maïs, coca) y sont importants en dépit des basses températures et d'une relative aridité. Les ressources minérales (argent, cuivre, or) y sont exploitées et exportées.

À l'ouest s'étend une étroite bande côtière au climat aride, qui n'est mise en valeur qu'au débouché des fleuves andins (villes, ports de pêche et de commerce, industries, oasis agricoles). Traversée par la route panaméricaine, elle est l'interface entre le Pérou et le reste du monde ; elle rassemble désormais 60 % de la population, sur seulement 10 % du territoire.

À l'est se trouvent le piémont, qui fait l'objet d'une colonisation agricole (élevage, riz, fruits, coca), puis la plaine de l'Amazone, couverte de forêts denses.

Le train du Machu Picchu, en gare d'Aguas Calientes, proche du site.

HISTOIRE

Depuis 1 000 ans av. J.-C., plusieurs civilisations (Chavín, Mochica, Paracas, Nazca, Chimú) se succédèrent dans la région, mais c'est l'expansion de l'Empire inca (v. 1440-1532) qui a imprimé la marque la plus importante au pays.

La conquête espagnole Cet Empire fut anéanti par Francisco Pizarro et ses frères (1531-1536) pour devenir une vice-royauté regroupant toutes les colonies espagnoles d'Amérique du Sud (1543) jusqu'au milieu du XVIIIe siècle. La prospérité de la colonie déclina avec l'épuisement des mines et les révoltes indiennes (Tupac Amaru, 1572). Le pays obtint son indépendance (1821-1824), mais fut amputé d'une partie de son territoire dès 1825 avec la sécession de la Bolivie.

Le Pérou indépendant Une oligarchie foncière prit dès lors le contrôle de l'État. Le XIXe siècle fut troublé par la guerre du Pacifique (1879-1883) gagnée par le Chili contre le Pérou et la Bolivie. Après des dictatures (Velasco Alvarado 1968-1975) et révolutions successives, la démocratie fut établie en 1980 (élection de Fernando Belaúnde Terry), mais le pays dut faire face à la guérilla (Sentier lumineux, Mouvement révolutionnaire Tupac Amaru).

Depuis 1990 Le président progressiste Alan García (1985-1990) ne parvenant à mettre un terme ni à la guérilla ni à la crise économique, c'est le libéral Alberto Fujimori qui fut élu en 1990. Il obtint le retour à la stabilité et à la paix intérieure, et parvint, en 1998, à mettre un terme au vieux conflit frontalier avec l'Équateur. Sa présidence,

Pérou

marquée par plusieurs scandales, s'acheva par sa démission (2000), son exil (2000-2005), puis ses procès (2007-2008). Les années 2000 virent les importantes tensions sociales attisées par les plans d'ajustement structurel du FMI. Alan García fut de nouveau élu président en 2006, le nationaliste Ollanta Humala lui succéda en 2011 puis, en 2016, le libéral Pedro Pablo Kuczynski. Ce dernier, impliqué dans un scandale de corruption, dut démissionner en 2020. L'affrontement entre les pouvoirs exécutif et législatif entraîna une grave crise politique qui se doubla d'une grave crise sanitaire due au coronavirus. Trois présidents se succédèrent à la tête de l'État, dont Pedro Castillo, soutenu par les populations rurales indigènes, à partir de juillet 2021. Ce dernier fut destitué en déc. 2022 pour avoir tenté de dissoudre le Congrès, laissant le pouvoir à la vice-présidente Dina Boluarte. Des manifestations pour la tenue d'élections et pour la démocratie attestèrent du fossé entre le pouvoir concentré dans la capitale et les provinces pauvres.

Pérouse en italien **Perugia** Ville d'Italie (Ombrie). 149 130 habitants. Palais des Prieurs (XIIIe-XVe s.) abritant la Galerie nationale de l'Ombrie (école ombrienne du XVe s.) ; fontaine Majeure (XIIIe s.) ; cathédrale gothique ; oratoire Saint-Bernardin (Renaissance) ; église Saint-Dominique (gothique) ; palais du Change (XVe s.). Musée d'archéologie. Universités. Centre industriel et touristique.

Perovskaïa (Sofia Lvovna) Révolutionnaire anarchiste russe (1853-1881). Elle fut exécutée pour avoir participé à l'attentat contre Alexandre II.

peroxydase n. f. (→ -ase) biochim. Enzyme qui utilise l'eau oxygénée pour oxyder diverses substances.

peroxyde n. m. chim. Oxyde contenant le maximum d'oxygène. *Peroxyde d'hydrogène* : eau oxygénée.

peroxydé, ée adj. Décoloré à l'eau oxygénée (cheveux...). – par ext. *Une blonde peroxydée.*

peroxyder v. tr. < 1 > (de *per-* et *oxyder*) chim. Oxyder au plus haut degré possible. □ n. f. **peroxydation**

perpendiculaire adj. (du latin, de *per-* et d'un dérivé de *pendere* → pendre) *Perpendiculaire à* : qui fait un angle droit avec. → **orthogonal.** *Droites perpendiculaires.* – n. f. *Tirer une perpendiculaire.* □ adv. **perpendiculairement**

à perpète loc. adv. (abrév. de *à perpétuité*) fam. **1.** À perpétuité, pour toujours. *Attendre jusqu'à perpète.* **2.** Très loin. *Il habite à perpète.* - var. **à perpette.**

perpétrer v. tr. < 6 > (latin *perpetrare,* probablt famille de *pater* → père) dr. ou littér. Faire, exécuter (un acte criminel). → **commettre.** □ n. f. **perpétration**

Perpétue et **Félicité** (saintes) Martyres d'Afrique mortes à Carthage en 203. Le récit du martyre *Passion de Perpétue et Félicité* est un des premiers exemples des passions de martyrs, remarquable par son élévation spirituelle.

perpétuel, elle adj. (du latin, de *per-* et *petere* → pétition) **1.** Qui dure toujours, indéfiniment. → **éternel.** – *Mouvement perpétuel,* qui, une fois déclenché, continuerait éternellement sans apport d'énergie. **2.** Qui dure, doit durer toute la vie. – *Secrétaire perpétuel,* à vie. **3.** Qui ne s'arrête, ne s'interrompt pas. → **continuel, incessant, permanent.** *Une angoisse perpétuelle.* **4.** au plur. Qui se renouvellent souvent. → **continuel.** *Des jérémiades perpétuelles.* → **sempiternel.**

perpétuellement adv. **1.** Toujours, sans cesse. **2.** Très souvent.

perpétuer v. tr. < 1 > (du latin → perpétuel) Faire durer toujours ou très longtemps. → **immortaliser.** « *J'ai donc un fils* [...] *qui porte mon nom et qui peut le perpétuer* » (Balzac). → **transmettre.** ■ se **perpétuer** v. pron. → **durer, perdurer.** *Les espèces se perpétuent.* → se **reproduire.** □ n. f. **perpétuation**

perpétuité n. f. (du latin → perpétuer) **1.** littér. Durée infinie ou très longue. → **pérennité. 2.** *À perpétuité* loc. adv. : pour toujours. *Être condamné à perpétuité.* → fam. à **perpète.**

Perpignan Chef-lieu des Pyrénées-Orientales, sur la Têt. 118 032 habitants. Évêché. Citadelle (XVIe s.) englobant l'ancien palais des rois de Majorque (XIIIe-XIVe s.) ; le Castillet (forteresse du XIVe s.) ; cathédrale Saint-Jean (gothique méridional). Université. Centre commercial (produits agricoles). Capitale des rois de Majorque au XIIIe s., la ville fut prise par Louis XIII en 1642.

Procession devant la cathédrale Saint-Jean de Perpignan.

perplexe adj. (latin *perplexus,* de *plectere* « entrelacer » → plexus) Qui hésite, ne sait que penser, que faire dans une situation embarrassante. → **inquiet ; indécis.** *Votre demande me rend perplexe.* – *Un air perplexe.*

perplexité n. f. (du latin → perplexe) État d'une personne perplexe. → **doute, embarras, incertitude, irrésolution.** *Être plongé dans la perplexité.*

perquisition n. f. (du latin, de *perquirere,* de *quaerere* « chercher » → quérir) Fouille policière d'un domicile sur ordre judiciaire. *Mandat de perquisition.*

perquisitionner v. intr. < 1 > Faire une perquisition. → **fouiller.** *La police a perquisitionné chez lui.* – trans. (emploi critiqué) *Perquisitionner un local.*

Perrault (Claude) Architecte, médecin et physicien français (1613-1688). On lui attribue le projet de la colonnade du Louvre, de l'Observatoire de Paris et du château de Sceaux pour Colbert.

Perrault (Charles) Écrivain français (1628-1703). Frère de Claude Perrault. Protégé par Colbert, membre de l'Académie française, il est l'auteur d'œuvres parodiques *(L'Énéide burlesque),* galantes *(Dialogue de l'amour et de l'amitié)* ou de contes de fées *(Histoires ou Contes du temps passé,*

P

aussi appelés *Contes de ma mère l'Oye*). Il prit parti pour les Modernes, contre les Anciens, à l'Académie française.

Perrault **(Pierre)** Réalisateur canadien (québécois) [1927-1999]. Il inventa le « cinéma direct », à mi-chemin entre le documentaire et la fiction. *Pour la suite du monde ; Le Règne du jour ; Les Voitures d'eau.*

Perrault **(Dominique)** Architecte français (né en 1953). Il a construit le site François-Mitterrand de la Bibliothèque nationale de France, à Paris, et conçu le village olympique des Jeux de Paris 2024. Académie des beaux-arts.

Dominique Perrault, Bibliothèque François-Mitterrand (BNF).

perré n. m. **(de *pierre* → perron) techn.** Mur de soutènement, revêtement en pierre sèche sur un talus pour maintenir la terre.

Perréal **(Jean)** Peintre miniaturiste français (v. 1450-1530). Il fut au service de Charles VIII, Louis XII et François Ier. Spécialiste des « entrées » *(Entrée de Charles VIII à Lyon)* et des fêtes, il réalisa aussi des médailles d'Anne de Bretagne et de Louis XII.

Perrégaux **(Jean-Frédéric, comte de)** Banquier français (1744-1808). Il participa à la fondation de la Banque de France en 1800 et en devint le régent.

Perret **(Auguste)** Architecte français (1874-1954). Associé à ses frères **Gustave** (1876-1952) et **Claude** (1880-1960), il introduisit le béton armé dans de nombreuses constructions, avec un style toujours novateur et audacieux. On lui doit notamment le Théâtre des Champs-Élysées ainsi que des édifices industriels.

Perret **(Jacques)** Écrivain français (1901-1992). Il est l'auteur de romans sensibles et cocasses, inspirés de ses expériences et de sa vie aventureuse. *Histoires sous le vent ; Le Caporal épinglé ; Bande à part.*

Perret **(Pierre)** Auteur-compositeur-interprète et écrivain français (né en 1934). Il a écrit des chansons drôles *(Les Jolies Colonies de vacances)*, grivoises *(Le Zizi)*, aussi bien que poétiques *(Mon p'tit loup)* et plus graves *(Lily ; La bête est revenue)*. Il est l'auteur d'un dictionnaire de l'argot.

Pierre Perret sur scène à Nancy en 2008.

Perriand **(Charlotte)** Architecte d'intérieur et designer française (1903-1999). Théoricienne de l'art de l'habitat et designer engagée, elle s'intéressa au logement, aux équipements collectifs, aux nécessités fonctionnelles de l'habitat.

Perrier **(François)** Général et géodésien français (1833-1888). Chef du service géographique de l'armée, il réalisa la jonction des triangulations entre l'Algérie et l'Espagne.

Perrier **(Edmond)** Naturaliste français (1844-1921). Spécialiste de la faune marine, il publia *La Philosophie zoologique avant Darwin.*

perrière n. f. **(de *pierre*) archéol.** Machine de guerre à bascule et à contrepoids lançant des projectiles, au Moyen Âge.

Perrin **(Jean)** Physicien français (1870-1942). Ses travaux sur les rayons cathodiques font de lui l'un des promoteurs de la théorie atomique. Il créa le palais de la Découverte à Paris et participa à la fondation du CNRS. Prix Nobel 1926.

Perrin **(Francis)** Physicien français (1901-1992). Fils de Jean Perrin. Auteur de travaux sur la fluorescence et la diffusion de la lumière, il se tourna ensuite vers la physique nucléaire. Il fut le collaborateur de Frédéric Joliot-Curie.

Perrin **(Jacques)** Réalisateur et comédien français (1941-2022). Il a exploré les trésors de la nature dans plusieurs documentaires : *Le Peuple migrateur ; Océans ; Les Saisons.*

perron n. m. **(de *perre*, ancienne forme de *pierre* [→ perré])** Petit escalier extérieur se terminant par une plateforme et donnant accès à la porte principale d'une maison.

Perronet **(Jean Rodolphe)** Ingénieur français (1708-1794). Il inventa de nouvelles techniques de construction de ponts : piles discontinues (formées de plusieurs colonnes), augmentation de la portée de l'arche. Avec Trudaine, il créa l'École des ponts et chaussées.

Perronneau **(Jean-Baptiste)** Peintre, pastelliste et graveur français (1715-1783). Il est l'auteur de portraits sensibles et fidèles, aux harmonies délicates. *La Petite Fille au chat.*

perroquet n. m. **(de *Perrot* « Pierrot » *cf.* perruche)** **I.** Oiseau grimpeur au plumage vivement coloré, à gros bec très recourbé, capable d'imiter la parole humaine. → **ara.** – *Répéter, réciter qqch. comme un perroquet*, sans comprendre. **II. mar.** Mât gréé sur une hune. ■ Voile carrée supérieure au hunier.

Perros **(Georges Poulot dit Georges)** Écrivain français (1923-1978). Il est l'auteur de poésies et de recueils de « notes » à l'écriture fragmentaire revendiquée. *Poèmes bleus ; Papiers collés I, II, III.*

Perros-Guirec Commune des Côtes-d'Armor, sur la Manche. 7 149 habitants. Port de pêche et de plaisance, station balnéaire. Carrières de granit rose.

Perrot **(Jules)** Danseur et chorégraphe français (1810-1892). Il s'imposa à Paris, à Londres puis à Saint-Pétersbourg comme l'un des plus grands représentants du ballet romantique.

Perroux **(François)** Économiste français (1903-1987). En marge du capitalisme et de l'étatisme, il proposa une troisième voie basée sur la « communauté de travail ». *Le Problème du profit ; Capitalisme et communauté de travail ; Pour une philosophie du nouveau développement.*

perruche n. f. **(de l'espagnol ; correspond au français *perroquet*)** **I. 1.** Oiseau grimpeur, de petite taille, au plumage vivement coloré, à longue queue. **2. fig.** Femme bavarde. **II. mar.** Voile supérieure d'artimon.

perruque n. f. **(origine obscure)** Coiffure de faux cheveux, chevelure postiche.

perruquier, ière n. Fabricant de perruques et de postiches.

pers [pɛʀ] **adj. m. (vient du latin médiéval *persus*)** D'une couleur où le bleu domine **(surtout en parlant des yeux).**

persan, ane **1. adj. et n.** De Perse (aujourd'hui, Iran). – *Chat persan*, à longs poils soyeux et à face camuse. **2. n. m.** *Le persan*, la principale langue de l'Iran, notée en caractères arabes.

1perse adj. et n. **(latin *Persa* « habitant de la Perse ») hist.** De l'ancienne Perse (antérieurement à la conquête arabe). *Le gouvernement perse* (→ **satrape**). – **archit.** *Chapiteau perse*, à deux têtes de taureaux opposées. ■ **ling.** *Les langues perses.* → **iranien.** ■ **n.** *« Les Perses », tragédie d'Eschyle.*

2perse n. f. Tissu d'ameublement, toile peinte originaire de l'Inde (mais que l'on croyait être de Perse).

Perse n. f. Terme utilisé depuis l'Antiquité pour désigner l'ensemble de l'Iran ou des empires contrôlés par des dynasties installées sur son territoire (Achéménides, Séleucides).

persécuter v. tr. **< 1 > (du latin médiéval, de *persequi* → poursuivre)** **1.** Tourmenter sans relâche par des traitements injustes et cruels. → **martyriser, opprimer.** *Un « édit qui ordonnait de persécuter les chrétiens »* (Bossuet). **2.** Poursuivre en importunant. → **harceler.** ■ **persécuté, ée adj.** *Peuple persécuté.* – **n.** *Les persécutés.*

persécuteur, trice n. **(du latin ecclés. → persécuter)** Personne qui persécute. → **bourreau.**

persécution n. f. **(du latin ecclés. → persécuter)** **1.** Traitement injuste et cruel infligé avec acharnement. *Les persécutions subies par les Juifs.* – Mauvais traitement. *Être en butte à des persécutions.* **2. psych. loc.** *Manie de la persécution, délire de persécution :* délire systématisé d'une personne qui se croit persécutée. → **paranoïa.**

Persée Dans la mythologie grecque, fils de Zeus et de Danaé. Il tue la Méduse, délivre Andromède d'un monstre marin et l'épouse, puis devient roi de Tirynthe.

Persée, assisté d'Athéna, tue la Méduse, métope du site de Sélinonte (VIe s. av. J.-C.), Musée archéologique, Palerme.

Persée (v. 212-v. 165 av. J.-C.). Dernier roi de Macédoine (179-168 av. J.-C.). Il chercha à rétablir l'hégémonie macédonienne dans la région. Vaincu par Paul Émile à Pydna, il mourut emprisonné à Rome.

perséides n. f. pl. **(de *Persée*, n. d'une constellation, et *-ide*) astron.** Étoiles filantes qui semblent venir de la constellation de Persée.

Perseigne **(forêt de)** Forêt de la Sarthe s'étendant sur plus de 5 000 ha, entre Mamers et Alençon.

persel n. m. **(de *per-* et *sel*) chim.** Sel dérivant d'un peracide.

Perséphone Dans la mythologie grecque, fille de Zeus et de Déméter. Enlevée par Hadès, elle devient la reine des Enfers, mais revient sur terre à chaque début de printemps, jusqu'à l'époque des semences.

Persépolis Ancienne cité royale de l'Empire perse achéménide, située au nord-est de Chiraz. Fondée par Darios Ier (fin –VIe s.), elle fut saccagée puis incendiée par Alexandre le Grand en –331. Elle est inscrite au patrimoine mondial de l'Unesco.

persévérance n. f. **(du latin → persévérer)** Action de persévérer, qualité, conduite de qqn qui persévère. → **obstination, opiniâtreté, ténacité ; acharnement.**

perse (Empire)

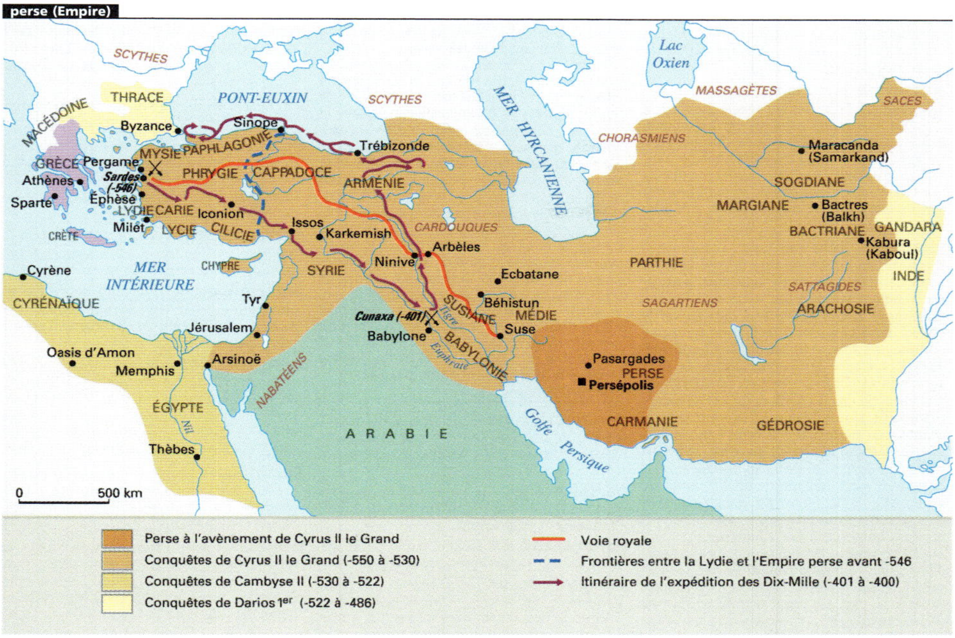

persévérant, ante adj. Qui persévère ; qui a de la persévérance. → **obstiné, opiniâtre, patient.**

persévération n. f. pathol. (psych.) Persistance d'un trouble, entretenu consciemment ou non par un malade, alors qu'il n'est plus motivé par une cause physiologique ou mécanique.

persévérer v. intr. < 6 > (du latin, de *severus* « sérieux » → sévère) Continuer de faire ce qu'on a résolu, par un acte de volonté renouvelé. → **insister,** s'**obstiner.** *Persévérer dans l'effort.* → s'**acharner.**

Pershing (John Joseph) Général américain (1860-1948). Il fut commandant du corps expéditionnaire américain en France en 1917.

persicaire n. f. (latin médiéval *persicaria,* de *persicus* « pêcher ») bot. Renouée dont certaines variétés sont cultivées comme plantes d'ornement.

persienne n. f. (de l'ancien adj. *persien* « de Perse ») Volet extérieur de bois ou de métal, muni de vantaux à claire-voie. → **contrevent,** **²jalousie.**

persifler ou **persiffler** v. tr. < 1 > (de *siffler*) littér. Tourner (qqn) en ridicule par des propos ironiques ou faussement louangeurs. → se **moquer, railler.** – sans compl. *Arrête de persifler !* □ **persiflage** ou **persifflage** n. m. → **moquerie, raillerie.**

persifleur, euse ou **persiffleur, euse** n. et adj. vieilli (Personne) qui aime persifler. – cour. *Un ton persifleur.* → **¹moqueur.**

Persigny (Jean Gilbert Victor Fialin, duc de) Homme politique français (1808-1872). Élu à l'Assemblée législative, il participa au coup d'État du 2 décembre 1851. Napoléon III le nomma ministre de l'Intérieur.

persil [pɛʀsi] n. m. (du latin, du grec *petroselinon ;* famille de *céleri*) Plante potagère aromatique (ombellifère), utilisée comme condiment. *Persil plat, frisé.*

persillade n. f. Assaisonnement à base de persil haché, accompagné d'ail, d'huile, etc.

persillé, ée adj. **1.** Accompagné de persil haché. **2.** *Fromage persillé,* à moisissures internes. → **bleu.** ■ *Viande persillée,* parsemée d'infiltrations de graisse.

persillère n. f. Récipient, pot percé de trous, dans lequel on fait pousser du persil en toutes saisons.

Persique ou **Arabo-Persique (golfe)** Golfe séparant les côtes d'Iran au N.-E. de l'Arabie au N.-O., communiquant, par la mer d'Oman, avec l'océan Indien. Environ 230 000 km². Gisements de pétrole sous-marins.

persistance n. f. **1.** Action de persister ; fait de ne pas changer. → **constance, fermeté ; entêtement, obstination, opiniâtreté. 2.** Caractère de ce qui persiste, dure.

persistant, ante adj. Qui persiste, continue sans faiblir. → **constant, durable.** *Une odeur persistante.* → **tenace.** – bot. *Feuilles persistantes* (opposé à *caduque*), qui ne tombent pas en hiver.

persister v. intr. < 1 > (du latin, de *per* et *stare* « être immobile » → station, statue) **1.** Demeurer inébranlable. → s'**obstiner, persévérer.** *Je persiste dans mon opinion. Je persiste à le croire.* – loc. *Je persiste et signe :* je maintiens fermement ce qui a été dit, écrit ou fait. **2.** Durer, rester malgré tout. → **continuer, subsister.**

perso (abrév. de *personnel*) fam. **1.** adj. Personnel. *Passer des coups de téléphone persos* ou *perso* (invar.). **2.** adv. D'une manière (trop) personnelle. *Jouer perso.*

persona grata n. f. invar. (mots latins, de *persona* → ¹personne et fém. de *gratus* → gré) (attribut) **1.** Représentant d'un État, lorsqu'il est agréé par un autre État (le représentant jugé indésirable est qualifié de *persona non grata* [pɛʀsɔnanɔngʀata]). **2.** Personne qui a ses entrées dans un milieu officiel ou très fermé.

personnage n. m. (de *personne*) **1.** Personne qui joue un rôle social important et en vue. → **notable, personnalité ; pontife, sommité.** *Un personnage connu.* → **célébrité.** – *Personnage historique.* **2.** Personne qui figure dans une œuvre théâtrale et qui doit être incarnée par un acteur, une actrice. → **rôle.** *Le personnage principal.* → **héros, protagoniste.** – *Les personnages d'un roman.* **3.** Personne considérée quant à son comportement. *Un drôle de personnage.* → **type.** *Personnage inquiétant, bizarre.* → **individu.** ■ Rôle que l'on joue dans la vie. *Composer son personnage.* **4.** Être humain représenté dans une œuvre d'art.

personnaliser v. tr. < 1 > (→ personnel) Donner un caractère personnel à (qqch.). *Personnaliser un contrat,* l'adapter aux besoins du client. – au p. p. *Crédit personnalisé.* □ n. f. **personnalisation**

personnalisme n. m. (→ ¹personne) Système philosophique pour lequel la personne est la valeur suprême. □ adj. et n. **personnaliste**

personnalité n. f. (du latin → ¹personne) **I. 1.** Ce qui différencie une personne de toutes les autres. → **identité.** *Avoir une personnalité forte.* – Force de caractère, originalité. *Un être sans personnalité.* **2.** Ce qui fait l'individualité d'une personne. *Troubles de la personnalité.* **3.** *Personnalité juridique :* aptitude à être sujet de droit. → **¹personne (II). II. 1.** *(Une, des personnalités)* Personne en vue, remarquable. → **notabilité, personnage. 2.** *Culte de la personnalité :* attitude politique privilégiant l'image du chef.

¹personne n. f. (vient du latin *persona,* d'abord « masque ») **I. 1.** Individu de l'espèce humaine (lorsqu'on ne peut ou ne veut préciser ni l'apparence, ni l'âge, ni le sexe). → **²être.** *Une personne.* → **quelqu'un ; on.** *Des personnes âgées.* → **gens.** *Une ville où habitent dix mille personnes.* → **âme.** *Distribuer une portion par personne.* → **tête.** ■ loc. *Grande personne :* adulte. – vieilli *Une jeune personne,* jeune femme ou jeune fille. **2.** *La personne de qqn,* la personnalité, le moi. *La personne et l'œuvre d'un écrivain.* ■ loc. *Il est bien* **de sa personne :** il a une belle apparence physique. – *Payer* de sa personne.* – **En personne :** soi-même, lui-même. fig. *C'est le calme en personne* (→ **personnifié**). **3.** Être humain qui a une conscience claire de lui-même et qui agit en conséquence. → **moi, ²sujet. II.** dr. Être auquel est reconnue la capacité d'être sujet de droit. *Personne civile.* – **Personne morale :** association ou entreprise possédant la personnalité morale (opposé à *personne physique*). **III.** Catégorie grammaticale classant les pronoms, les noms et les verbes, en fonction des rapports qui lient le locuteur,

P

l'interlocuteur et le reste du monde. *Mettre un verbe à la première personne* (je), *à la deuxième personne* (tu, vous).

²personne pron. indéf. (de ¹*personne*) **1.** Quelqu'un. – (en phrase comparative) *Vous le savez mieux que personne.* → **quiconque.** **2.** Aucun être humain. (avec *ne*) *Que personne ne sorte !* → **nul.** *Il n'y avait personne.* – (sans *ne*) *Qui m'appelle ? — Personne.* – *Personne de* (suivi d'un adj. ou participe au masc.). *Personne d'autre que lui. Je ne trouve personne de plus sérieux qu'elle.*

personnel, elle (du latin → ¹personne) **I. adj. 1.** Qui concerne une personne ¹, lui appartient en propre. → **individuel, particulier.** *Opinions personnelles. Avoir une fortune personnelle.* **2.** Qui s'adresse à qqn en particulier. *Lettre personnelle.* **3.** Qui ne tient pas compte des autres. *Un joueur trop personnel.* **4.** Qui concerne les personnes ou la personne en général. - abrév. fam. **perso. II. adj.** gramm. **1.** Se dit des formes du verbe exprimant la personne ¹(opposé à *impersonnel*). « *Il chante » est personnel, « il neige » est impersonnel.* – *Modes personnels du verbe* (opposé à *infinitif, participe*). **2.** *Pronom personnel,* qui désigne un être en marquant la personne grammaticale (ex. je, il). **III. n. m.** Ensemble des personnes qui sont employées dans une maison, une entreprise. *Le directeur du personnel* (→ **ressources* humaines**). *Le personnel d'une usine.* → **main-d'œuvre.** – aviat. *Le personnel navigant et le personnel au sol.* ■ (emploi critiqué) au plur. *Les personnels de santé.* – au sing. *Un personnel :* un membre du personnel.

personnellement adv. *Il va s'en occuper personnellement,* lui-même, en personne. – *Personnellement, je ne suis pas d'accord,* pour ma part.

personnification n. f. **1.** Action de personnifier, de représenter sous les traits d'un personnage. *La personnification des animaux dans les fables.* **2.** Le personnage qui incarne, personnifie (qqch.). ■ (personne réelle) *Néron fut la personnification de la cruauté.* → **incarnation, type.**

personnifier v. tr. < 7 > **1.** Évoquer, représenter (une chose abstraite ou inanimée) sous les traits d'une personne. *Harpagon personnifie l'avarice.* **2.** Réaliser dans sa personne (un caractère). – au p. p. *C'est l'honnêteté personnifiée,* il est l'honnêteté même.

Persoz (Jean-François) Pharmacien et chimiste français (1805-1868). Auteur de travaux avec Payen (diastase) et Biot (« inversion » du sucre de canne), il mit au point la préparation du méthane à partir de l'acide acétique.

perspectif, ive adj. (du bas latin → perspective) didact. Qui représente un objet ou un groupe d'objets en perspective. *Dessin perspectif.*

perspective n. f. (du latin, de *perspicere,* de *specere* « regarder » → **spectacle ; aspect**) **I.** concret **1.** peint., dessin Technique de représentation de l'espace et de ce qu'il contient en fonction de lignes de fuite (généralement convergentes). *Les lois de la perspective.* – *Perspective cavalière,* à lignes de fuite parallèles. **2.** Aspect esthétique que présente un ensemble, un paysage vu à distance. → **panorama. II. 1.** Évènement ou succession d'évènements qui se présente comme probable ou possible. → **éventualité.** *La perspective de ce voyage l'enchantait.* ■ Domaine qui s'ouvre à la pensée, à l'activité de qqn. *Des perspectives d'avenir.* ■ *En perspective :* dans l'avenir ; en projet. *Elle a un bel avenir en perspective.* **2.** Aspect sous lequel une chose se présente ; manière de considérer qqch. → **optique, point de vue.**

▶ La **perspective** consiste en un ensemble de techniques qui permettent de transposer sur une surface plane un espace tridimensionnel et donnent l'illusion de profondeur et de relief. Dès l'Antiquité, les artistes tentaient de rendre l'éloignement en superposant les éléments sculptés ou peints ou en diminuant peu à peu leur taille.
Si l'usage des points de fuite dans les tableaux fut expérimenté au Moyen Âge, les préoccupations de cette époque n'étaient pas tant d'imiter le monde que de rappeler les hiérarchies symboliques : la taille des personnages était fonction de leur noblesse *(perspective signifiante).*
À partir du début du xve siècle, les artistes de la Renaissance italienne — Brunelleschi, Masaccio, Alberti et Léonard de Vinci — posèrent les fondements de la perspective classique occidentale (la *perspective géométrique*), qui se veut plus proche de la vision humaine. Cette convention culturelle demeura la base du travail des artistes jusqu'à nos jours. Afin de reproduire le paysage ou la scène qu'il perçoit depuis son angle de vue, le peintre construit son tableau en déterminant « ligne d'horizon » et « point de fuite ». Toutefois depuis la fin du xixe siècle, certains artistes se sont détachés de ces règles et privilégient une vision picturale de l'espace personnelle et subjective.
voir aussi **Renaissance**

perspectivisme n. m. (de l'allemand) philos. Le fait que toute connaissance est relative aux besoins vitaux de l'être qui connaît.

perspicace adj. (du latin ; famille de *perspective*) Doué d'un esprit pénétrant, subtil. → **intelligent ; clairvoyant.**

perspicacité n. f. Qualité d'une personne perspicace. → **clairvoyance, sagacité.**

perspiration n. f. (du v. *perspirer,* du latin *perspirare,* de *spirare* → **respirer**) physiol. Ensemble des échanges respiratoires qui se font par la peau. *Perspiration insensible,* sans sudation apparente. *Perspiration sensible* (→ **transpiration**).

persuader v. tr. < 1 > (du latin, de *suadere* « conseiller ») *Persuader qqn de qqch.,* amener (qqn) à croire, à penser, à vouloir, à faire qqch. par une adhésion complète. → **convaincre.** *Il m'a persuadé de sa sincérité, qu'il était sincère. Il faut la persuader de venir.* → **décider, déterminer.** – au p. p. *J'en suis persuadé.* → **certain, convaincu, sûr.** ■ se **persuader** v. pron. Se rendre certain (même à tort). *Se persuader de qqch., que…*

persuasif, ive adj. Qui a le pouvoir de persuader. *Un ton persuasif.* → **éloquent.** *Vous êtes très persuasif.* → **convaincant.**

persuasion n. f. **1.** Action de persuader. – Capacité de persuader. **2.** Fait d'être persuadé.

persulfate n. m. chim. Persel* obtenu par électrolyse d'un sulfate.

persulfure n. m. chim. Sulfure renfermant une plus grande proportion de soufre que les sulfures normaux. □ adj. **persulfuré, ée**

perte n. f. (vient du latin pop. *perdita,* du p. p. de *perdere* → **perdre**) **I. 1.** Fait de perdre (qqn → **perdre** (I, 2)), d'en être séparé par la mort. *La perte cruelle d'un enfant.* – au plur. Personnes tuées. *Infliger des pertes sévères à l'ennemi.* **2.** Fait d'être privé d'une chose dont on avait la propriété ou la jouissance, de subir un dommage. *Pertes financières.* → **déficit.** ■ loc. *Passer une chose par* **profits** *et* **pertes,** la considérer comme perdue. – *Perte sèche,* qui n'est compensée par aucun bénéfice. ■ (abstrait) *Perte de connaissance.* → **évanouissement.** *Perte de mémoire.* → **amnésie. 3.** Fait d'égarer, de perdre qqch. **4.** loc. *À perte de vue :* si loin que la vue ne peut plus distinguer les objets. **5.** Fait de gaspiller. → **gaspillage.** *Une perte de temps et d'argent.* – *En pure perte :* inutilement, sans aucun profit. ■ Quantité (d'énergie, de chaleur) qui se dissipe inutilement. → **déperdition.** – loc. *En perte de vitesse*.* **6.** méd. *Pertes (de sang) :* écoulement menstruel excessif. – *Pertes blanches :* leucorrhée. **7.** Fait de perdre, d'être vaincu. *La perte d'une bataille ; d'un procès.* **II.** Fait de périr, de se perdre. → **ruine.** *Courir* à sa perte.*

Perth Ville d'Australie, capitale de l'Australie-Occidentale, sur la Swan. 1 256 000 habitants. Centre de commerce et d'affaires.

Perth Ville d'Écosse, dans l'estuaire de la Tay. 43 000 habitants. Église Saint-John (xiie-xve s.). Distillerie. Capitale de l'Écosse jusqu'en 1437.

Perthois n. m. Partie de la Champagne humide (Marne). Élevage bovin et cultures.

Perthus (Le) [pɛʀtys] Commune des Pyrénées-Orientales, à la frontière franco-espagnole, au *col du Perthus* (290 m). 551 habitants. C'est par ce passage qu'Hannibal pénétra en Gaule en –218.

pertinemment [pɛʀtinamɑ̃] adv. rare De manière pertinente. – loc. *Savoir pertinemment qqch.,* en être informé exactement.

pertinence n. f. **1.** Qualité de ce qui est pertinent (1). *Il a répondu avec pertinence.* → **à-propos, bien-fondé. 2.** Caractère d'un élément pertinent (2).

pertinent, ente adj. (du latin, de *pertinere* → **appartenir**) **1.** Qui convient exactement à l'objet dont il s'agit, qui dénote du bon sens. *Une remarque pertinente.* → **judicieux ; approprié. 2.** sc. Doué d'une fonction dans un système, un ensemble. *Oppositions pertinentes.*

Pertini (Alessandro) Homme d'État italien (1896-1990). Opposant antifasciste, il fut le premier président socialiste de la République (1978-1985).

pertuis n. m. (ancien français *pertuisier,* famille de *percer*) **1.** vieux ou littér. Trou, ouverture ; passage. **2.** géogr. Détroit entre deux îles, entre une île et la terre (sur les côtes de l'ouest de la France).

pertuisane n. f. (de l'italien, de *partigiana* « arme de partisan ») Ancienne arme, lance munie d'un long fer triangulaire. → **hallebarde.**

perturbant, ante adj. Qui perturbe, trouble (qqn).

perturbateur, trice n. et adj. Personne qui trouble, crée le désordre. → **agitateur.** – adj. *Éléments perturbateurs.*

perturbation n. f. **1.** Irrégularité dans le fonctionnement d'un système. → **dérèglement, ²trouble.** – *Perturbation atmosphérique,* vent accompagné de pluie, neige, etc. **2.** Bouleversement, agitation dans la vie sociale ou individuelle.

perturber v. tr. < 1 > (du latin, de *turbare* → **troubler**) **1.** Empêcher (qqch.) de fonctionner normalement. → **déranger.** *La grève va perturber les transports.* **2.** Bouleverser, troubler (qqn).

Pertusato (cap) Cap de l'extrémité méridionale de la Corse.

Pérugin (Pietro di Cristoforo Vannucci, dit en italien il Perugino et en français le) Peintre italien (v. 1445-1523). Élève de Verrocchio, il participa à la décoration de la chapelle Sixtine (*La Remise des clés à saint Pierre*) et connut un grand succès de son vivant, à Florence et à Pérouse. Il fut l'un des maîtres de Raphaël. *Madones à l'Enfant ; Crucifixion ; L'Adoration des bergers.*

Perutz (Leo) Écrivain tchèque d'expression allemande (1884-1957). Mathématicien et auteur d'un théorème sur le calcul des probabilités, il se consacra tardivement, et de façon prolifique, à la littérature. *Le Marquis de Bolibar ; Le Cavalier suédois.*

Perutz (Max Ferdinand) Biochimiste britannique d'origine autrichienne (1914-2002). Par une variante de la diffraction des rayons X qu'il mit au point, il détermina la structure tridimensionnelle de l'hémoglobine. Prix Nobel de chimie 1962.

Péruwelz [peʀwe] Ville de Belgique (Hainaut) à la frontière française. 17 120 habitants. Église Saint-Quentin (tour du xvie s.).

Peruzzi (Baldassare) Architecte et peintre italien (1481-1536). Il dirigea les travaux de la cathédrale Saint-Pierre de Rome. Il construisit et décora la Farnésine, considérée comme son chef-d'œuvre.

pervenche n. f. (vient du latin *pervinca*) **1.** Plante à fleurs bleu-mauve, qui croît dans les lieux ombragés. – **adj. invar.** *Des yeux pervenche.* **2.** fam. (à cause de la couleur de l'uniforme) Contractuelle de la police parisienne.

pervers, erse (du latin → pervertir) **1. adj.** littér. Qui se plaît à faire le mal ou à l'encourager. → **corrompu, méchant. 2. adj. et n.** (Personne) qui témoigne de perversité ou de perversion. ■ (Personne) qui accomplit systématiquement des actes immoraux, antisociaux. **3.** loc. *Effet pervers* : conséquence pernicieuse. □ **adv. perversement**

perversion n. f. **1.** littér. Action de pervertir ; changement en mal. → **dépravation.** *La perversion des mœurs.* → **corruption, dérèglement. 2.** psych. Déviation des tendances, des instincts (par rapport à ce qui est jugé naturel). *Les perversions sexuelles.*

perversité n. f. **1.** Goût pour le mal, recherche du mal. **2.** psych. Tendance maladive à accomplir des actes immoraux, agressifs.

pervertir v. tr. <2> (du latin, de *vertere* « verser ») **1.** Faire changer (qqn) en mal, rendre mauvais. → **corrompre, dépraver, dévoyer. 2.** Détourner (qqch.) de son sens ou de ses buts. → **altérer, dénaturer.** *L'argent pervertit le sport.*

pervertissement n. m. littér. Perversion (1).

pesade n. f. (de l'italien, de *posare*, correspondant au français *poser*) équit. Parade du cheval qui se dresse sur les pieds de derrière.

pesage n. m. **1.** Détermination, mesure des poids. → **pesée.** *Appareils de pesage.* → **¹balance, bascule, pèse-bébé, pèse-lettre, pèse-personne. 2.** Action de peser les jockeys avant une course. – Endroit où s'effectue ce pesage.

pesamment adv. Lourdement.

pesant, ante adj. **1.** Qui pèse lourd. → **lourd.** ■ **n. m.** *Valoir* son pesant d'or, de cacahouètes, de moutarde.* **2.** fig. Pénible à supporter. **3.** Qui donne une impression de lourdeur. *Une démarche pesante.* ■ (abstrait) *Un esprit pesant.*

pesanteur n. f. **1.** phys. Caractère de ce qui a un poids. *La pesanteur de l'air.* – absolt *La pesanteur* : la force qui entraîne les corps vers le centre de la Terre. → **attraction, gravitation, gravité. 2.** Caractère de ce qui paraît lourd, pesant. – Manque de vivacité. *Pesanteur d'esprit.* **3.** Force qui retarde une évolution. *Des pesanteurs sociologiques.*

Pesaro Ville d'Italie (Marches), sur l'Adriatique. 91 100 habitants. Palais ducal (XVe s.). Station balnéaire. Centre commercial.

Pescadores (îles) voir **Penghu**

Pescara n. m. Fleuve d'Italie prenant sa source dans les Abruzzes et se jetant dans l'Adriatique à Pescara.

Pescara Ville d'Italie (Abruzzes). 116 300 habitants. Station balnéaire.

Pesce (Gaetano) Architecte et designer italien (né en 1939). Rénovateur du design moderne, il met en valeur les « hasards » dans la fabrication industrielle des objets.

Fauteuil « Up », siège anthropométrique, par Gaetano Pesce (1960, réédition de Cassina, 1980).

pèse-acide n. m. techn. Instrument pour mesurer la densité d'une solution acide. → **acidimètre.** *Des pèse-acides.*

pèse-alcool n. m. techn. Alcoomètre. *Des pèse-alcools.*

pèse-bébé n. m. Balance conçue pour qu'on puisse y placer un nourrisson. *Des pèse-bébés.*

pesée n. f. **1.** Quantité pesée en une fois. **2.** Opération par laquelle on détermine le poids de qqch. **3.** Action de peser sur qqch. ou qqn. → **poussée, pression.**

pèse-esprit n. m. vieux Alcoomètre. *Des pèse-esprits.*

pèse-lait n. m. techn. Instrument pour déterminer la densité du lait. *Des pèse-laits.*

pèse-lettre n. m. Balance utilisée pour déterminer le poids des lettres. *Des pèse-lettres.*

pèse-moût n. m. techn. Glucomètre. *Des pèse-moûts.* - var. RO **pèse-mout.**

pèse-personne n. m. Balance plate à cadran, pour se peser. *Des pèse-personnes.*

peser v. <5> (vient du latin *pensare* → **¹penser**, de *pendere* → **pendre**) **I. v. tr. 1.** Déterminer le poids de (qqch.). → **pesage, pesée.** – pronom. *Il se pèse tous les matins.* **2.** Apprécier, examiner avec attention. → **considérer, estimer.** *Peser le pour et le contre.* → **comparer.** *Peser ses mots* : faire attention à ce qu'on dit. – au p. p. *Tout bien pesé* : après mûre réflexion. **II. v. intr.** (concret) **1.** Avoir comme poids. → **¹faire.** *Elle pèse soixante kilos. Les cent kilos qu'il a pesé* (sans accord). – fig. et fam. *Patron, groupe qui pèse 10 milliards.* **2.** *Peser sur, contre.* → **appuyer. III. v. intr.** (abstrait) **1.** *Peser à* : être pénible, difficile à supporter. → **ennuyer, fatiguer, importuner.** *L'isolement lui pèse.* **2.** *Peser sur* : constituer une charge pénible. → **accabler.** *Le remords lui pèse sur la conscience.* **3.** Avoir de l'importance, de l'influence. *Cet élément a pesé lourd dans notre décision.*

pèse-sel n. m. techn. Instrument pour déterminer la densité et la concentration des solutions salines. *Des pèse-sels.*

pèse-sirop n. m. techn. Instrument pour mesurer la densité et la concentration des solutions de sucre. *Des pèse-sirops.*

peseta [pezeta ; peseta] n. f. (de l'espagnol → **peso**) Ancienne unité monétaire de l'Espagne (avant l'euro). *Des pesetas.* - var. RO **péséta.**

pesette n. f. Petite balance de précision pour les monnaies.

pèse-vin n. m. techn. Appareil utilisé pour mesurer le degré d'alcool du vin. *Des pèse-vins.*

Peshawar Ville du Pakistan. 1 970 000 habitants. Capitale de la province de la Frontière du Nord-Ouest, elle est une grande voie de passage vers l'Afghanistan et l'Asie occidentale. Université. Centre commercial.

Peshiṭṭa n. f. Nom donné tardivement à la traduction de la Bible en syriaque. Les premiers orientalistes et de nombreux croyants considèrent le syriaque ou araméen comme la « langue de Jésus ».

peshmerga n. (kurde *pêshmerge* « qui affronte la mort ») Combattant(e) kurde d'Irak.

peso [pezo ; peso] n. m. (de l'espagnol « poids [d'or] ») Unité monétaire de plusieurs pays d'Amérique latine. - var. RO **péso.**

peson n. m. Balance à levier coudé, dont les indications sont données par un index se déplaçant devant un cadran ou une fiche graduée.

Pesquet (Thomas) Spationaute français (né en 1978). Il séjourna six mois à bord de la Station spatiale internationale en 2017. Les nombreuses images de l'espace, du travail et de la vie à bord qu'il rapporta de sa mission sont réunies dans un documentaire, *Thomas Pesquet, l'envoyé spécial.* Il accomplit une seconde mission en 2021.

Thomas Pesquet à bord de la Station spatiale internationale en janv. 2017.

Pessac Commune de la Gironde, dans la banlieue de Bordeaux. 65 866 habitants. Cité Frugès par Le Corbusier. Viticulture (graves). Centre universitaire. Aérospatiale.

Pessah Nom hébreu de la Pâque juive.

pessaire n. m. (du bas latin, de *pessum*, du grec *pessos* « tampon de charpie ») **1.** méd. Dispositif introduit dans le vagin, destiné à remédier aux déviations de l'utérus. **2.** anciennt Préservatif anticonceptionnel pour la femme. → **diaphragme.**

pesse n. f. (latin *picea* « arbre à résine », de *pix* « poix ») bot. *Pesse (d'eau)* : herbe aquatique des régions tempérées, à tige grêle et à feuilles verticillées, parfois appelée *pessereau* (n. m.).

pessimisme n. m. (du latin *pessimus* « le pire ») Disposition d'esprit qui porte à prendre les choses du mauvais côté, à être persuadé qu'elles tourneront mal. → **défaitisme.**

pessimiste adj. et n. Qui est porté à être mécontent du présent et inquiet pour l'avenir. → **alarmiste, défaitiste.** *Une vue pessimiste du monde.* – **n.** *Une pessimiste invétérée.*

Pessoa (Fernando António Nogueira) Poète portugais (1888-1935). Grande figure de la littérature portugaise, il fut influencé par son enfance cosmopolite en Afrique du Sud et écrivit aussi quelques poèmes en anglais. Son œuvre, lucide, complexe et profondément originale, dont la majeure partie parut après sa mort, fut rédigée sous les noms de plusieurs « hétéronymes » incarnant chacun une vision de l'existence. *Obras completas ; Poemas de Alberto Caeiro ; Poesias de Álvaro de Campos ; Odes de Ricardo Reis ; Le Livre de l'intranquillité de Bernardo Soarès.*

Pessoa Câmara (Hélder) Prélat brésilien (1909-1999). Également connu sous le nom de dom Hélder Câmara, il fut archevêque de Recife et se rendit célèbre par ses prises de position en faveur des pauvres et des opprimés.

Pest voir **Budapest**

Pestalozzi (Johann Heinrich) Pédagogue suisse (1746-1827). Il fonda de nombreuses écoles en milieu rural et défendit les principes d'un enseignement concret et gradué.

peste n. f. (latin *pestis* « fléau ») **1.** vieux Grave épidémie. ■ mod. Très grave maladie infectieuse, épidémique et contagieuse causée par le bacille de Yersin (→ **pestiféré**). – Épidémie de peste. – loc. fam. *Fuir, craindre qqn ou qqch. comme la peste.* **2.** Très grave maladie virale, contagieuse, frappant les animaux d'élevage. *Peste bovine, porcine, aviaire.* **3.** vieux Interjection marquant l'étonnement. *Peste ! Ça c'est un homme !*

P

4. Femme, fille insupportable, méchante. → gale.

pester v. intr. < 1 > (d'abord trans. « traiter de peste ») Manifester son mécontentement, sa colère, par des paroles. → **fulminer, jurer, maugréer.** *Pester contre le mauvais temps.*

pesteux, euse adj. **1.** didact. De la peste. *Bubon pesteux.* **2.** cour. Atteint de la peste. → **pestiféré.**

pesticide n. m. et adj. (de l'anglais, de *pest* « chose nuisible », emprunt au français *peste* et → -cide) anglic. Produit chimique employé contre les parasites animaux et végétaux des cultures. – adj. *Produits pesticides.*

▶ Utilisés depuis trois millénaires dans la lutte contre les bactéries et les parasites (biocides), les champignons et moisissures (fongicides), les mauvaises herbes (herbicides) et les insectes nuisibles (insecticides), les **pesticides** naturels et synthétiques ont contribué à notre époque à limiter les pandémies et les famines grâce à leur action de plus en plus ciblée sur des mécanismes biologiques spécifiques.
Mais l'utilisation des pesticides a un impact sur l'environnement et la santé. La mise sur le marché d'un nouveau pesticide tient de plus en plus compte de ses impacts environnementaux potentiels et répond à des normes très strictes, censées s'assurer que la substance active et ses résidus ne seront toxiques que pour la cible. Pourtant, lors d'un traitement par un pesticide, seule une fraction de la dose répandue atteint l'organisme visé ; elle se disperse et persiste dans l'air et dans les sols, contaminant fréquemment les nappes d'eau souterraines. Des cas de toxicité pour l'homme, les mammifères et les insectes non-cibles, ainsi que le développement de résistance chez certains animaux ou végétaux nuisibles ont été signalés. Des études épidémiologiques mentionnent même une corrélation entre une augmentation des cas de certaines maladies et l'exposition aux pesticides.
Contre ces accusations, les analyses toxicologiques sont souvent muettes, tant les effets des expositions répétées aux faibles doses ou les effets cumulés de plusieurs substances sont difficiles à évaluer. Cependant, le fait que la quasi-totalité des cours d'eau français et 78 % des nappes souterraines, parfois avec des taux supérieurs à 0,5 µg/l (seuil réglementaire de potabilité), contienne des pesticides, est générateur d'une inquiétude légitime (source : Agences de l'eau, 2011). Probablement l'avenir des pesticides passera-t-il par une diminution de leur utilisation, l'abandon des plus suspects, le développement de substances qui stimulent les défenses naturelles de la plante et de techniques biologiques efficaces.
voir aussi **développement durable, écologie, pollution**

pestiféré, ée adj. (du latin → peste) Infecté ou atteint de la peste (1). – n. *On le fuit comme un pestiféré.*

pestilence n. f. (du latin ; famille de *peste*) littér. Odeur infecte. → **infection, puanteur.**

pestilentiel, ielle adj. Qui répand une odeur infecte. → **fétide, nauséabond.**

pesto n. m. (mot italien, du latin *pistare* → pistou) Sauce italienne à base de basilic, d'ail, de pignons, de parmesan et d'huile d'olive.

pet [pɛ] n. m. (vient du latin *peditum*) **I.** fam. Gaz intestinal qui s'échappe de l'anus avec bruit. → **gaz, vent.** *Lâcher un pet.* → **péter.** ■ loc. fam. *Ça ne vaut pas un pet (de lapin)* : cela n'a aucune valeur. – *Filer comme un pet (sur une toile cirée)*, rapidement. **II.** argot Éclat, tapage. *Il va y avoir du pet.*

peta- Préfixe du système international (symb. P) (déformation du grec *penta* « cinq »), qui indique la multiplication par 10^{15} de l'unité dont il précède le nom.

Pétain (Philippe) Maréchal et homme d'État français (1856-1951). Général en 1914, vainqueur à Verdun en 1916, il remplaça Nivelle en 1917 comme commandant en chef des armées. Maréchal de France en 1918, il occupa divers postes de haut commandement avant d'être nommé vice-président du Conseil en mai 1940. Il en devint président le 16 juin 1940 et demanda l'armistice. Il installa le gouvernement à Vichy et, le 11 juillet, prit le titre de chef de l'État français. Il instaura un régime autoritaire, antiparlementaire, corporatiste et antisémite (la « Révolution nationale ») et engagea avec l'Allemagne une politique de collaboration active. Emmené par les Allemands en août 1944, il rentra en France en avril 1945. La Haute Cour le condamna à mort, mais cette peine fut commuée en détention perpétuelle à l'île d'Yeu.

Le maréchal Pétain en 1918.

pétainisme n. m. hist. Idéologie des partisans de Pétain et du régime de Vichy (« travail, famille, patrie »), pendant l'occupation de la France par l'Allemagne nazie. □ adj. et n. **pétainiste**

pétale n. m. (grec *petalon* « feuille ») **1.** Chacune des pièces florales qui composent la corolle d'une fleur. *Les pétales blancs d'une marguerite.* **2.** par analogie *Pétales de maïs* (→ cornflakes).

pétaloïde adj. (→ -oïde) bot. Qui ressemble à un pétale. *Sépales pétaloïdes.*

pétanque n. f. (provençal *pe* [« pied »] *tanco* [« fixé »]) Variante provençale du jeu de boules.

pétant, ante adj. fam. Exact (heure). *À neuf heures pétantes.* → **sonnant, tapant.**

pétaradant, ante adj. Qui pétarade.

pétarade n. f. (du provençal → pet) Suite de pets (d'un cheval, etc.). ■ Suite de détonations. *Les pétarades d'une moto.*

pétarader v. intr. < 1 > Faire entendre une pétarade.

pétard n. m. (→ pet) **1.** Petite charge d'explosif placée dans une enveloppe de papier fort. *Faire claquer des pétards.* – loc. fig. *Pétard mouillé* : révélation que l'on pensait sensationnelle et qui n'a aucun effet. **2.** fam. Bruit, tapage. *Il va y avoir du pétard !* (→ ça va barder). *Être en pétard*, en colère. **3.** fam. Revolver. **4.** fam. Fesses, derrière. **5.** fam. Cigarette de haschich. → **³joint.**

pétase n. m. (du latin, du grec) Antiq. grecque Chapeau à larges bords.

pétasse n. f. (de *péter*) **1.** vulg. Prostituée. → **roulure. 2.** Jeune femme à l'attitude provocante. → **grognasse. 3.** Terme d'injure adressé à une femme (sans connotation sexuelle).

Petau (Denis) Jésuite français (1583-1652). Grand érudit, il publia des éditions d'auteurs anciens et fut professeur de théologie positive au collège de Clermont à Paris.

pétaudière n. f. (du n. du roi légendaire *Pétaud*) Assemblée où règnent la confusion et le désordre.

pétauriste n. m. (du latin, du grec, de *petauristein* « danser sur la corde ») **1.** Antiq. grecque Danseur, sauteur de corde. **2.** zool. Écureuil volant d'Australie.

Petchenègues n. m. pl. Population turque qui s'établit à la fin du IXe s. entre le Don et le Dniepr. Les Petchenègues fondèrent un grand empire et combattirent les Byzantins. Ils furent exterminés par Jean Comnène en 1122.

Petchora n. f. Fleuve de Russie prenant sa source dans l'Oural et se jetant dans la mer de Barents. Environ 1 800 km.

pet-de-nonne n. m. (d'un ancien sens métaphorique de *pet* « beignet ») Beignet soufflé fait avec de la pâte à choux. *Des pets-de-nonne.*

pète [pɛt] n. m. (de *péter*) fam. **1.** Coup ; marque due à ce coup. *Il y a un pète sur la carrosserie.* **2.** *Pas un pète de...* : pas du tout de... *Que du muscle, pas un pète de graisse !*

pétéchie n. f. (italien *petecchia*, d'origine incertaine) méd. Petite tache apparaissant sur la peau à la suite d'une hémorragie cutanée. → **purpura.** □ adj. **pétéchial, ale, aux**

Petén n. m. Département du N. du Guatemala, proche de la péninsule du Yucatán mexicain. Ancien berceau de la civilisation maya classique (site archéologique de Tikal).

pet-en-l'air [pɛtɑ̃lɛʀ] n. m. invar. vieux Court veston d'intérieur qui s'arrête au bas des reins.

péter v. < 6 > (→ pet) fam. **I.** v. intr. **1.** Faire un pet, lâcher des vents. – loc. *Péter plus haut que son derrière, que son cul*, être prétentieux. *Péter de peur* (→ péteux, pétoche). **2.** (sujet chose) Éclater avec bruit. → **exploser ; pétarader.** *Des obus pétaient dans tous les coins.* – Se rompre brusquement, se casser. – *L'affaire va vous péter dans la main*, échouer, rater. – *Ça va péter.* → **²barder, chier. II.** v. tr. **1.** *Péter le feu* : déborder d'entrain, de vitalité. **2.** Casser. – *Il lui a pété la gueule*, cassé* la figure. ■ loc. fam. *Péter les plombs (les boulons, un câble, une durit, etc.)* : perdre le contrôle de soi ; devenir fou. ■ **pété, ée** adj. fam. **1.** Cassé. **2.** (personnes) Fou. ■ Ivre.

Peterborough (Charles Mordaunt, 3e comte de) Général anglais (1658-1735). Il commanda les troupes anglaises en Espagne lors de la guerre de Succession d'Espagne.

Peterborough Ville d'Angleterre (Cambridgeshire), sur la Nene. 161 700 habitants. Cathédrale mi-romane, mi-gothique.

Peterborough Ville du Canada (Ontario). 81 032 habitants. Centre commercial et touristique. Fabrication de bateaux. Université.

Peterhof voir **Petrodvorets**

Petermann (August Heinrich) Cartographe et géographe allemand (1822-1878). Il organisa la première expédition allemande au Groenland.

Peter Pan Personnage romanesque créé par James Barrie incarnant l'enfant qui, pour rester dans le monde féerique de l'enfance, ne veut pas grandir.

Peters (Carl) Explorateur et colonisateur allemand (1856-1918). Il créa la Société allemande de colonisation et contribua à la fondation de l'Afrique-Orientale allemande.

Peterson (Oscar) Pianiste et compositeur canadien de jazz (1925-2007). Virtuose du piano, il a été l'un des meilleurs représentants du jazz classique.

pète-sec n. invar. fam. Personne autoritaire au ton hargneux et cassant. – adj. invar. *Une directrice pète-sec.* - var. RO **pètesec** n. et adj.

péteur, euse n. rare Personne qui a l'habitude de laisser échapper des vents.

péteux, euse n. (→ péter) fam. **1.** Peureux. – adj. Honteux. *Se sentir péteux.* **2.** Personne insignifiante et prétentieuse.

P

pétillant, ante adj. **1.** Qui pétille. *Eau minérale pétillante.* → **gazeux. 2.** Qui brille d'un vif éclat. *Regard pétillant.*

pétillement n. m. Fait de pétiller.

pétiller v. intr. < 1 > (→ pet) **1.** Éclater avec de petits bruits secs et répétés. *Le feu pétille.* → **crépiter. 2.** (liquide) Produire de nombreuses bulles en bruissant. **3.** littér. Briller d'un éclat très vif. *La joie pétille dans ses yeux.* – abstrait *Il pétille d'esprit.*

Pétillon (René Pétillon, dit) Dessinateur et scénariste de bande dessinée français (1945-2018). Collaborateur du *Canard enchaîné*, il publia par ailleurs de nombreux albums dont ceux de Jack Palmer, détective farfelu au gros nez affublé d'un chapeau et d'un imperméable informes *(L'Enquête corse).*

pétiole [pesjɔl] n. m. (du latin « petit pied ») Partie rétrécie de certaines feuilles vers la tige. → **queue.** ▫ **adj. pétiolé, ée**

Pétion (Anne Alexandre Sabès, dit) Homme d'État haïtien (1770-1818). Il contribua à l'adoption de la Constitution républicaine d'Haïti, fut nommé président et le resta jusqu'à sa mort.

Pétion de Villeneuve (Jérôme) Homme politique français (1756-1794). Maire de la Commune de Paris, premier président de la Convention, il se rallia aux Girondins.

petiot, ote [pətjo, ɔt] adj. fam. Petit, tout petit. – **n.** Petit enfant.

Petipa (Marius) Danseur et chorégraphe français (1818-1910). Après de brillants débuts, il fut nommé premier danseur puis maître de ballet au Théâtre impérial de Saint-Pétersbourg, qu'il ne quittera plus. Synthèse de la technique française, de la virtuosité italienne et du lyrisme russe, son œuvre est celle d'un précurseur. *La Bayadère ; La Vestale ; Cendrillon.*

petit, ite (vient du latin pop. *pititus*) **I. adj. 1.** (êtres vivants) Dont la taille est inférieure à la moyenne. *Très petit.* → **minuscule.** *Devenir plus petit.* → **rapetisser.** – *Personne de petite taille* (s'emploie pour éviter de dire *nain**). – **n.** *Les grands et les petits.* – loc. *Se faire tout petit,* éviter de se faire remarquer. **2.** Qui n'a pas encore atteint toute sa taille. → **jeune.** *Quand j'étais petit.* → **enfant.** *Son petit frère :* son frère plus jeune. **3.** (choses) Dont les dimensions sont inférieures à la moyenne. *Une petite maison. Faire un petit tour.* – *Des petits pots. Le petit doigt.* **4.** Dont la grandeur, l'importance, l'intensité est faible. → **faible, infime.** *Je vous demande une petite minute. Une petite somme.* → **modique.** *Les petites et moyennes entreprises* (PME). **5.** fam. Agréable, charmant. *Un petit coin sympathique. De bons petits plats.* ■ (personnes, exprimant la familiarité ou la condescendance) *Qu'est-ce qu'elle veut, la petite dame ? Quel petit crétin !* – (affectueux, après un possessif) *Ma petite maman.* – loc. fam. *Son **petit ami.*** **II. n. 1.** Être humain jeune, pas encore adulte. → **bébé, enfant.** *Les tout-petits, les petits et les grands* (parmi les enfants). – régional *Bonjour, petit !* **2.** Rejeton (d'un animal) ; jeune animal. *La chatte a eu des petits.* – loc. fig. *Faire des petits,* se multiplier. **III. adj. 1.** De peu d'importance. → **minime.** *De petits inconvénients.* – *Petit nom.* → **prénom. 2.** (personnes) Qui a une condition, une situation peu importante. *Les petits commerçants.* – **n.** *Ce sont toujours les petits qui trinquent* (opposé à *gros*). **3.** Qui a peu de valeur (quant au mérite, aux qualités intellectuelles ou morales). *Un petit esprit.* → **borné, mesquin.** *C'est petit, ce qu'il a fait là. Les petits poètes.* → **¹mineur. IV. adv. 1.** *Voir petit :* être mesquin. **2.** ***Petit à petit :*** peu à peu. → **progressivement.** – prov. *Petit à petit, l'oiseau fait son nid*.* **3.** ***En petit :*** sur une petite échelle ; sans grandeur. *Le même objet mais en plus petit.* → **¹réduit.**

Peterson (Oscar)

Oscar Peterson en 2005.

Petit (Alexis Thérèse) Physicien français (1791-1820). Avec Dulong, il calcula les coefficients de dilatation cubique de divers métaux et formula la loi sur la chaleur spécifique des éléments *(loi de Dulong et Petit).*

Petit (Roland) Danseur et chorégraphe français (1924-2011). Il fonda le Ballet des Champs-Élysées puis les Ballets de Paris. Après un passage à Hollywood, il dirigea la danse à l'Opéra de Paris puis le Ballet national de Marseille. Avec son épouse, la danseuse Zizi Jeanmaire, il a également dirigé le Casino de Paris. *Les Forains ; Le Jeune Homme et la Mort.*

Petit (Christine) Généticienne française (née en 1948). Elle a identifié les gènes responsables d'une vingtaine de surdités. Professeur au Collège de France. Académie des Sciences.

petit-beurre n. m. Gâteau sec de forme rectangulaire fait au beurre. *Des petits-beurre ou des petits-beurres.* - var. **petit beurre.**

petit-bois n. m. techn. Montant ou traverse d'une fenêtre maintenant les vitres. *Des petits-bois.*

Petit-Bourg Commune de la Guadeloupe sur l'île de Basse-Terre. 24 412 habitants. Centre de recherche agronomique, distilleries de rhum.

petit-bourgeois, petite-bourgeoise n. et adj. Personne qui appartient à la partie la moins aisée de la bourgeoisie (la *petite bourgeoisie*), réputée conformiste et mesquine. *Des petits-bourgeois.* – **adj.** péj. *Des réactions petites-bourgeoises.*

Petit-Caux Commune de la Seine-Maritime. 9 654 habitants. Centrale nucléaire de Penly.

Petitclerc (Chantal) Athlète canadienne [québécoise] (née en 1969). Paraplégique à la suite d'un accident, elle a battu de nombreux records du monde de course en fauteuil roulant, du 100 mètres au 1500 mètres. Elle a remporté 21 médailles, dont 14 d'or, aux jeux Paralympiques entre 1992 et 2008.

Petit-Couronne Commune de la Seine-Maritime. 8 732 habitants. Maison de Corneille (musée).

¹petit-déjeuner n. m. (→ ²déjeuner) Premier repas de la journée, pris le matin (au Canada, en Belgique, on dit *déjeuner*). *Petit-déjeuner à l'anglo-saxonne.* → **breakfast.** *Des petits-déjeuners.* - abrév. fam. **petit-déj'** [p(ə)tidɛʒ].

²petit-déjeuner v. intr. < 1 > fam. Prendre le petit-déjeuner.

petite-fille n. f. voir **petit-fils**

petitement adv. **1.** *Être logé petitement,* à l'étroit. **2.** fig. *Vivre petitement,* chichement. – *Se venger petitement,* mesquinement.

petite-nièce n. f. Fille d'un neveu ou d'une nièce, par rapport à un grand-oncle ou à une grand-tante. *Il a deux petites-nièces et trois petits-neveux.*

Petite-Rosselle Commune de la Moselle, à la frontière allemande, sur la Rosselle. 6 257 habitants. Musée de la Mine.

petitesse n. f. **1.** Caractère de ce qui est de petite dimension. **2.** Caractère mesquin, sans grandeur. *Petitesse d'esprit.* → **étroitesse, mesquinerie. 3.** (Une, des petitesses) Trait, action dénotant un esprit mesquin. → **bassesse.**

Petites Sœurs des pauvres Congrégation religieuse fondée en 1839 par Jeanne Jugan (canonisée en 2009) et approuvée par le Saint-Siège en 1878.

petit-fils [p(ə)tifis] **petite-fille** n. Fils, fille d'un fils ou d'une fille, par rapport à un grand-père ou à une grand-mère. *Ils ont quatre petites-filles et trois petits-fils.*

petit-four n. m. (de *pièce de four*) Petit gâteau très délicat, sucré ou salé, de la taille d'une bouchée. *Des petits-fours.* - var. **petit four.**

petit-gris n. m. **1.** Écureuil de Russie d'un gris ardoise. – Sa fourrure. **2.** Escargot à petite coquille brunâtre. *Des petits-gris.*

pétition n. f. (du latin, de *petere* « demander ») **1.** Demande adressée, par écrit ou oralement, aux pouvoirs publics. *Signer une pétition.* – par ext. Demande, protestation, plainte collective que l'on fait parvenir à qqn. **2.** loc. didact. ***Pétition de principe :*** faute logique par laquelle on considère comme admis ce qui doit être démontré.

Pétition de droit Requête présentée en 1628 par le Parlement anglais à Charles Ier pour lutter contre ses mesures absolutistes.

pétitionnaire n. Personne qui fait ou signe une pétition.

pétitionner v. intr. < 1 > rare Faire une pétition ; demander, protester par une pétition.

Petit Journal (Le) Quotidien français lancé en 1863. Vendu un sou, il marque le début de la presse moderne à grand tirage. Il disparut en 1944.

petit-lait n. m. Liquide séreux qui reste après la coagulation du lait, contenant du lactose et des sels minéraux. → **lactosérum.** *Des petits-laits.*

petit-maître, petite-maîtresse n. vieux Jeune élégant ou élégante à l'allure maniérée et prétentieuse. → **dandy, muscadin.** *Des petits-maîtres.* - var. RO **petit-maitre, petite-maitresse.**

petit-nègre n. m. voir **nègre**

petit-neveu n. m. Fils d'un neveu ou d'une nièce, par rapport à un grand-oncle ou à une grand-tante. *Elle a deux petits-neveux et deux petites-nièces.*

pétitoire n. m. (du latin, de *petere* « demander ») dr. Action judiciaire qui concerne l'exercice d'un droit immobilier. – **adj.** *Action pétitoire.*

Petit Parisien (Le) Quotidien français fondé en 1876, spécialisé dans l'information à sensation et les grands reportages. Il cessa de paraître en 1944.

petit-pois n. m. (de *petit* et *pois*) Graine verte du pois potager. *Des petits-pois frais, en conserve.* - var. **petit pois.**

Petit Poucet (Le) Personnage éponyme du conte de Charles Perrault. Ses parents, de pauvres bûcherons, veulent le perdre dans la forêt avec ses frères, mais il parvient à retrouver son chemin grâce aux cailloux qu'il a semés, puis, chaussé de « bottes de sept lieues », à échapper à l'ogre.

petits-enfants n. m. pl. Les enfants d'un fils ou d'une fille par rapport aux grands-parents. → **petit-fils, petite-fille.**

petit-suisse n. m. Fromage frais à la crème, en forme de petit cylindre. *Des petits-suisses.*

Petlioura (Simon Vassilievitch) Homme politique ukrainien (1879-1926). À la tête du directoire créé par les autonomistes ukrainiens (1918), il fut tenu, à tort, pour responsable de pogroms ayant entraîné la mort de milliers de Juifs. Émigré en France, il fut assassiné par un Juif ukrainien.

pétoche n. f. (→ pet) fam. Peur. *Avoir la pétoche.* ▫ **adj. et n. pétochard, arde**

P

Pétra

Pétra, le Deir (« monastère »), l'un des monuments les plus imposants de l'antique cité nabatéenne.

Petőfi (Sándor) Poète et héros national hongrois (1823-1849). Soldat, il joua un rôle actif dans la révolution de 1848. Ses poèmes, romantiques et lyriques, chantent son amour pour sa patrie et sa femme. *Jean le Preux.*

pétoire n. f. (de *péter*) fam. Mauvais fusil.

peton n. m. (→ pied) fam. Petit pied.

pétoncle n. m. (du latin, diminutif de *pecten* → peigne) Coquillage comestible, ressemblant à une petite coquille Saint-Jacques, brun et strié.

Pétra Cité troglodyte de l'Antiquité, entre la mer Rouge et la mer Morte. Elle fut un important centre commercial et la capitale des Édomites puis des Nabatéens. Site archéologique (tombeaux et temples taillés dans la roche).

Pétrarque (Francesco di ser Petracco, dit Petrarca, en français) Écrivain italien (1304-1374). Après des études de droit, il reçut les ordres mineurs à Avignon. Grand érudit, l'un des premiers penseurs humanistes, il est l'auteur d'une importante œuvre en latin. Mais ce sont ses poèmes en langue vulgaire (toscan), inspirés par son amour platonique pour Laure *(Canzoniere)* et devenus le modèle du lyrisme amoureux, qui assurèrent sa postérité.

P

pétrarquisme n. m. hist. littér. Imitation de Pétrarque en poésie. □ n. et adj. **pétrarquiste**

Petrassi (Goffredo) Compositeur italien (1904-2003). Après une période néoclassique, il mit à profit l'héritage de Bartók pour réaliser d'admirables synthèses dans le domaine symphonique. Auteur de ballets et d'opéras, il s'est imposé comme l'un des grands auteurs de musique religieuse de sa génération. *Partita* pour orchestre ; *4e Concerto* pour orchestre à cordes ; *La follia d'Orlando.*

pétrel n. m. (de l'anglais, de *Peter* « [saint] Pierre ») Oiseau palmipède très vorace, qui vit en haute mer.

pétreux, euse adj. (du latin, de *petra* → pierre) anat. Qui a rapport au rocher* de l'os temporal.

Petri (Elio) Cinéaste italien (1929-1982). Il est l'auteur de films politiques engagés. *Enquête sur un citoyen au-dessus de tout soupçon ; La classe ouvrière va au paradis.*

Petrie (sir William Matthew Flinders) Égyptologue britannique (1853-1942). Fondateur de la British School of Archaeology, il fit d'importantes découvertes à Nagada et Thèbes (stèle de Mineptah) et mit au point des méthodes de fouilles inédites.

pétrifiant, ante adj. (eaux) Qui pétrifie. *Une fontaine pétrifiante.* – fig. *Une scène pétrifiante.*

pétrification n. f. Action de pétrifier (1 et 2). ■ Objet pétrifié.

pétrifier v. tr. <7> (du latin, de *petra* → pierre) **1.** Changer en pierre. – Rendre minérale (une matière organique). **2.** Recouvrir d'une couche de pierre. **3.** fig. Immobiliser (qqn) par une émotion violente. → **glacer, méduser.** *Cette nouvelle la pétrifia.* – passif *Être pétrifié de terreur.*

pétrin n. m. (vient du latin *pistrinum,* d'abord « moulin ») **1.** Coffre, dispositif dans lequel on pétrit le pain. *Pétrin mécanique.* **2.** fam. Situation embarrassante d'où il semble impossible de sortir. *Se fourrer dans un sale pétrin.*

pétrir v. tr. <2> (vient du bas latin *pistrire* → pétrin) **1.** Presser, remuer fortement et en tous sens (une pâte consistante). → **malaxer, travailler.** *Le boulanger pétrit la pâte* (→ pétrin). – *Pétrir de l'argile.* → **façonner, modeler. 2.** Palper fortement en tous sens. *Il pétrissait son chapeau entre ses doigts.* **3.** littér., fig. Donner une forme à, façonner. **4.** au passif et p. p. ***Être pétri, ie de :*** formé(e), fait(e) avec. *Être pétri d'orgueil,* très orgueilleux.

pétrissage n. m. **1.** Action de pétrir. *Pétrissage mécanique.* **2.** Mode de massage qui consiste à presser, comprimer profondément les tissus.

pétrisseur, euse n. **1.** Ouvrier boulanger, ouvrière boulangère qui pétrit la pâte. **2.** n. m. Pétrin mécanique. **3.** n. f. Machine à pétrir.

pétro- Élément (du grec *petros* « pierre ») qui signifie « roche ».

pétrochimie n. f. (de *pétro[le]* et *chimie*) Industrie des dérivés du pétrole. □ adj. **pétrochimique** □ n. **pétrochimiste**

pétrodollars n. m. pl. (de *pétro[le]* et *dollars*) fin. Dollars provenant de la vente du pétrole par les pays producteurs.

Petrodvorets anciennement **Peterhof** Ville de Russie, près de Saint-Pétersbourg, fondée par Pierre le Grand. 84 000 habitants. Ancienne résidence impériale de style baroque, bâtie sur le modèle de Versailles.

pétrogale n. m. (du latin sc., de *pétro-* et du grec *galê* « belette ») zool. Petit kangourou d'Australie.

pétroglyphe n. m. (de *pétro-* et *glyphe*) didact. Dessin gravé dans la pierre. *Pétroglyphes préhistoriques.*

Petrograd voir **Saint-Pétersbourg**

pétrographie n. f. Science qui décrit les roches. → **minéralogie.** □ adj. **pétrographique**

pétrole n. m. (du latin tardif, de *petra* → pierre et *oleum* → huile) **1.** Huile minérale naturelle combustible, hydrocarbure liquide accumulé dans les roches, en gisements, et utilisée comme source d'énergie après raffinage. *Puits de pétrole.* **2.** Un des produits obtenus par la distillation du pétrole. *Lampe à pétrole.* **3.** appos. *Bleu pétrole,* nuance où entrent du bleu, du gris et du vert. *Des vestes bleu pétrole.*

Du latin *petra* (pierre) et *oleum* (huile), le **pétrole** désigne un ensemble de substances liquides riches en hydrocarbures présentes à diverses profondeurs du sous-sol dans divers endroits du monde. Il est le résultat de l'accumulation en surface, puis de la dégradation en profondeur, de matière organique (essentiellement planctonique) dans des mers peu profondes et peu agitées. Il est à l'origine de la majorité des carburants ainsi que de la plupart des matériaux synthétiques (plastiques, peintures, cosmétiques, médicaments...).

La lenteur de la genèse du pétrole (plusieurs dizaines ou centaines de millions d'années) en fait une source d'énergie non renouvelable, les réserves étant aujourd'hui estimées à quelques dizaines d'années seulement. Cette notion de *réserve* s'avère toutefois élastique, dans la mesure où elle ne prend pas en compte la découverte de nouveaux gisements ou l'exploitation de produits plus difficiles à extraire (huiles extra lourdes, « schistes bitumineux »).

Le pétrole est associé à de nombreuses formes de pollutions : sa combustion engendre en effet la production de gaz à effet de serre tandis que les dégazages et autres marées noires ont souvent des conséquences dramatiques pour la faune et la flore marines et côtières. Cependant, c'est au niveau géostratégique que les effets du pétrole — première ressource énergétique mondiale — se font le plus sentir tant celui-ci influence, par ses cours et sa disponibilité, les finances et les stratégies de nombreux pays.

voir aussi **énergie renouvelable, pollution, plastique, développement durable**

pétrolette n. f. Petite moto, vélomoteur.

pétroleuse n. f. **1.** hist. Femme qui, pendant la Commune, aurait allumé des incendies avec du pétrole. **2.** par ext. Femme qui professe avec véhémence des opinions progressistes, militante passionnée d'un syndicat, d'un parti révolutionnaire. ■ Femme au caractère impétueux.

pétrolier, ière I. n. **1.** n. m. Navire-citerne conçu pour le transport en vrac du pétrole. → anglic. **tanker. 2.** Industriel(le) des sociétés pétrolières. ■ Compagnie pétrolière. **II.** adj. Relatif au pétrole. *Port pétrolier,* doté d'installations pour charger et décharger les pétroliers (I, 1).

pétrolifère adj. Qui contient naturellement, fournit du pétrole.

pétrologie n. f. Partie de la géologie qui étudie la formation des roches.

pétromonarchie n. f. État monarchique du golfe Persique, dont l'économie repose sur la production de pétrole.

Pétrone en latin **Caius Petronus** Écrivain latin (mort v. 65). Auteur présumé du *Satiricon,* il fut compromis dans la conjuration de Pison et contraint de se tuer.

Petrópolis Ville du Brésil (État de Rio de Janeiro). 281 400 habitants. Ancienne résidence de la dynastie de Bragance.

Petrovaradin Ville de Serbie (Voïvodine) située sur le Danube. 14 000 habitants. Ancienne forteresse autrichienne.

Petrović (Vladislav, dit Dis) Poète serbe (1880-1917). Rejeté par la critique de l'époque, il est aujourd'hui considéré comme l'un des plus importants poètes serbes du XXe siècle. *Les Âmes noyées ; Nous attendons le tzar.*

Petrović (Aleksandar) Cinéaste yougoslave (1929-1994). Il est considéré comme l'un des cinéastes yougoslaves les plus originaux

Peugeot (Armand)

Dessiné pour Peugeot, le véhicule conceptuel « Moovie », par André Costa (2005).

d'après-guerre. *J'ai même rencontré des Tziganes heureux.*

Petrucci (Ottaviano) Imprimeur italien (1466-1539). Il fut le premier imprimeur de musique mesurée.

Petrucciani (Michel) Pianiste et compositeur français de jazz (1962-1999). En dépit d'une maladie osseuse invalidante, il acquit une très grande virtuosité au piano. Il entama une carrière américaine au sein du quartette du saxophoniste Charles Lloyd.

Petsamo Ville de Russie (Laponie) sur l'océan Arctique. 2 700 habitants. Port. Elle fut cédée par les Finlandais à l'URSS après la guerre russo-finlandaise (1941-1944).

Petty (sir William) Médecin et économiste anglais (1623-1687). Il fut l'un des premiers à corréler le prix des marchandises avec le travail nécessaire à leur production.

pétulance n. f. Caractère d'une personne pétulante. → **fougue, turbulence.**

pétulant, ante adj. (du latin, de *petere* → **pétition**) Qui manifeste une ardeur exubérante, brusque et désordonnée. → **fougueux, impétueux, turbulent, vif.** – *Un style pétulant.*

pétun n. m. (du tupi) vieux Tabac.

pétuner v. intr. < 1 > vieux ou plais. Fumer, priser du tabac.

pétunia n. m. (de *pétun*) Plante ornementale des jardins, à fleurs violettes, roses, blanches.

peu adv. (vient du latin *paucum*, famille de *pauper* → **pauvre**) **I.** (en fonction de n. ou de nominal) Faible quantité. **1.** ***Le peu que, de...*** *Le peu que je sais, je le dois à mon père. Le peu d'argent qui lui reste.* **2.** ***Un peu de.*** → **brin, grain, miette.** *Un peu de vin.* → **doigt,** ^{1}**goutte, larme.** *Un petit peu.* – ***Pour un peu*** (+ cond.) loc. adv. : il aurait suffi d'une faible différence pour que. **3.** (employé seul, sans compl.) loc. *Ce n'est pas peu dire,* c'est dire beaucoup, sans exagération. *Éviter un ennui de peu.* → de **justesse.** *À peu près*.* fam. *Très peu pour moi,* formule brusque de refus. – (attribut) *C'est peu, trop peu.* – ***Peu à peu*** : en progressant par petites quantités, par petites étapes. → **doucement, petit** à petit, **progressivement. 4.** ***Peu de*** (suivi d'un compl.). *En peu de temps.* – ***Peu de chose*** : une chose insignifiante. → **bagatelle, rien.** *À peu de chose près,* presque. – (compl. au plur.) *Il dit beaucoup en peu de mots.* **5.** ellipt Peu de temps. *D'ici peu, sous peu, avant peu.* → **bientôt.** *Depuis peu, il y a peu.* → **récemment.** ■ Un petit nombre (des personnes ou des choses dont il est question). *Bien peu l'ont su. Je ne renonce pas pour si peu !* **II. 1.** (avec un verbe) En petite quantité, dans une faible mesure seulement. → **modérément,** à **peine.** *Cette lampe éclaire très peu.* → ^{3}**mal.** *Peu importe.* – (avec un adj.) Pas très. *Ils sont peu nombreux. Il n'était pas peu fier :* il était très fier. (avec un adv.) *Peu souvent.* – ***Si peu que*** (+ subj.). *Si peu que ce soit,* en quelque petite quantité que ce soit. – ***(un) tant soit peu.*** → **tant.** – ***Pour peu que*** (+ subj.) loc. conj. : si peu que ce soit, pourvu que. – ***Peu ou prou.*** → **prou. 2.** ***Un peu*** : dans une mesure faible, mais non négligeable. *Elle l'aime un peu.* ***Un petit peu.*** → **légèrement.** *Il va un petit peu mieux.* – littér. ***Quelque peu*** : assez. – fam. ***Un peu*** (pour atténuer un ordre ou souligner une remarque). *Je vous demande un peu ! Sors donc un peu, si tu l'oses !* – poli ou iron. Bien trop. *C'est un peu fort ! Un peu beaucoup,* vraiment trop. – (pour accentuer une affirmation) *« Tu ferais ça ? — Un peu ! »* (→ et comment !).

peucédan n. m. (du latin, du grec, de *peukê* « pin, résine ») Plante herbacée, vivace (ombellifère), qui pousse dans les prés.

peuchère interj. (du provençal ; famille de *pécher*) régional (sud-est de la France) Exclamation exprimant une commisération affectueuse ou ironique.

Peugeot (Armand) Industriel français (1849-1915). Arrière-petit-fils de Jean-Pierre Peugeot, fondateur d'une usine de fabrication de scies (1819), il réalisa un moteur à essence dès 1895 et fonda alors la Société des automobiles Peugeot.

peuh interj. (onomatopée) Exprime le mépris, le dédain ou l'indifférence.

peul, peule ou **peuhl, peuhle** adj. (d'un mot de cette langue) Relatif aux Peuls. – n. m. *Le peul :* langue du groupe atlantique occidental parlée par les Peuls, en Afrique de l'Ouest.

Peuls ou **Foulbés** n. m. pl. Peuple nomade d'Afrique occidentale parlant le fulfulde, présent sur une quinzaine de pays, de l'Atlantique au lac Tchad et du Cameroun à la Mauritanie. Env. 10 millions. Les Peuls descendraient des populations du Sahara chassées par la désertification et métissées, pour certains groupes, avec les populations du Sud. Les XVIIIe et XIXe s. virent la constitution de royaumes théocratiques (Macina, Sokoto, Toucouleurs) par des groupes peuls islamisés. Arbitrairement, on distingue les Peuls noirs, islamisés et sédentaires, et les Peuls rouges, animistes et nomades.

peuplade n. f. (→ **peuple**) Groupement humain, petit peuple ne constituant pas une société complexe. → **tribu.** *Une peuplade d'Amazonie.*

peuple n. m. (vient du latin *populus* → **populaire, population**) **I.** Ensemble d'êtres humains vivant en société, formant une communauté culturelle, et ayant en partie une origine commune. → **nation,** ^{1}**pays, population, société ; ethno-.** *Le droit des peuples à disposer d'eux-mêmes. Le peuple français.* **II. 1.** ***Le peuple, un peuple*** : l'ensemble des personnes soumises aux mêmes lois et qui forment une nation. *Le gouvernement du peuple.* → **populaire ; démocratie. 2.** ***Le peuple*** : le plus grand nombre (opposé aux classes supérieures, dirigeantes, ou aux élites). → ^{1}**masse, multitude.** *Le peuple et la bourgeoisie.* → **prolétariat ; plèbe.** *Une femme du peuple,* de modeste condition. – *Le petit peuple,* péj. et vieilli *le bas peuple :* les couches les plus modestes de la société. **3.** adj. invar. péj. Populaire. **III. 1.** Foule, multitude de personnes assemblées. → **populo.** – fam. *Il y a du peuple,* du monde. **2.** loc. fam. *Se fiche du peuple,* du monde, des gens. → **exagérer. 3.** littér. *Un peuple de,* un grand nombre de.

peuplé, ée adj. Où il y a une population, des habitants. → **habité, populeux ; surpeuplé.**

peuplement n. m. **1.** Action de peupler. *Le peuplement de terres vierges par des colons.* – (animaux) *Le peuplement d'un étang.* **2.** État d'un territoire peuplé. → **population.** *Évolution du peuplement.* → **démographie. 3.** écol. Ensemble des organismes animaux et végétaux vivant dans un même milieu biogéographique.

peupler v. tr. < 1 > **I.** Pourvoir (un pays, une contrée) d'une population, d'habitants. – *Peupler un étang de gardons.* → **aleviner. II. 1.** Habiter, occuper (une contrée, un pays). *Les hommes qui peuplent la terre.* **2.** Être présent en grand nombre dans, prendre toute la place dans. – littér. *Les cauchemars qui peuplaient ses nuits.* → **hanter.** ■ **se peupler** v. pron. Se remplir d'habitants.

peupleraie n. f. Plantation de peupliers.

Peuples de la mer Nom donné par les Égyptiens à des tribus indo-européennes qui se répandirent, vers 1200 av. J.-C., en Asie Mineure, en Syrie, en Crète, en Phénicie-Palestine. Elles auraient détruit l'Empire hittite.

peuplier n. m. (vient du latin *populus* [sans rapport avec l'homonyme → **peuple**]) **1.** Arbre élancé, de haute taille, à petites feuilles. *Route bordée de peupliers. Peuplier blanc.* → **grisard.** *Peuplier noir.* → ^{2}**liard. 2.** Bois de peuplier (bois blanc).

peur n. f. (vient du latin *pavor* « effroi » → **épave, épouvanter, impavide**) **1.** Émotion qui accompagne la prise de conscience d'un danger, d'une menace. → **crainte ; effroi, épouvante, frayeur, terreur ;** fam. **frousse, pétoche, trouille.** *Être en proie à la peur.* → **apeuré.** *Être mort de peur.* – loc. *Avoir plus de peur que de mal.* – ***La peur de...*** (suivi du n. de la personne ou de l'animal qui éprouve la peur). *La peur du gibier devant le chasseur.* – (suivi du n. de l'être ou de l'objet qui inspire la peur, ou d'un verbe) *La peur du gendarme. La peur de la mort ; de mourir.* → **appréhension, hantise.** – *Peur morbide des araignées.* → **aversion, phobie. 2.** (Une, des peurs) Émotion de peur qui saisit qqn dans une occasion. *Une peur bleue,* intense. → **panique.** *Elle m'a fait une de ces peurs !* **3.** loc. (sans article) *Prendre peur.* – ***Avoir peur.*** → **craindre.** *Avoir peur pour qqn,* craindre ce qui va lui arriver. *Avoir peur de qqn, de qqch.* → **redouter.** *N'avoir peur de rien. Il n'a pas peur. Jean sans Peur.* (sens faible) *N'ayez pas peur d'insister,* n'hésitez pas. *Ne pas avoir peur des mots :* ne pas hésiter à employer l'expression exacte. – ***Faire peur.*** *Être laid à faire peur,* horrible. *Faire peur à qqn.* → **effrayer ; épouvanter, terroriser.** *Jouer à se faire peur :* se mettre dans une situation angoissante, dangereuse. **4.** ***Par peur de, de peur de*** loc. prép. : par crainte de. *Elle a menti par peur d'une punition.* – (+ inf.) *Elle a menti de peur d'être punie.* – ***De peur que, par peur que*** loc. conj. (+ subj.). *Elle a menti de peur qu'on (ne) la punisse.*

Peur (Grande) Nom donné à la révolte des paysans contre les seigneurs, qui eut lieu en France en juillet-août 1789, et qui fut provoquée par la crainte d'un complot aristocratique.

P

peureusement adv. En ayant peur. → **craintivement.**

peureux, euse adj. **1.** Qui a facilement peur. → **couard, lâche, poltron ;** fam. **dégonflé, froussard, trouillard.** *Un enfant peureux.* – n. *C'est un peureux.* **2.** Qui est sous l'empire de la peur. → **apeuré.**

peut-être [pøtɛtʀ] adv. (→ ^{1}**pouvoir**) **1.** Adverbe indiquant une simple possibilité. *Ils ne viendront peut-être pas. Vous partez, peut-être ?* – (en réponse) *Peut-être ; peut-être bien. Peut-être..., mais...* → sans **doute.** – (en tête d'énoncé, avec inversion du sujet) *Peut-être viendrons-nous.* – (en fin de phrase) iron. *Et je ne viens pas précisément de le faire, peut-être ?* **2.** ***Peut-être que.*** *Peut-être bien que oui* (pop. *p'têt ben qu'oui*). *Peut-être que je ne pourrai pas venir.* – (+ cond.) *Peut-être qu'il viendrait si on lui demandait.*

Peutinger (Konrad) Humaniste et collectionneur allemand (1465-1547). Il reçut en héritage une copie médiévale d'une carte des voies et itinéraires de l'Empire romain (IIIe-IVe s.), dite *Table de Peutinger* (aujourd'hui à Vienne).

Pevsner (Anton, dit en français Antoine) Sculpteur et peintre français d'origine russe (1886-1962). Frère de Naum Gabo, il signa avec lui le *Manifeste réaliste,* pour un art indépendant et non figuratif. On lui doit des peintures de caractère géométrique et surtout des sculptures mêlant celluloïd et lames métalliques.

Peymeinade Commune des Alpes-Maritimes. 8 211 habitants. Laboratoire de physique moléculaire des hautes énergies.

Peyo **(Pierre Culliford, dit)** Dessinateur et scénariste de bandes dessinées belge (1928-1992). Il créa les héros *Johan et Pirlouit*, ainsi que les *Schtroumpfs*, célèbres petits lutins bleus vivant dans des champignons.

peyotl [pɛjɔtl] **n. m.** **(du nahuatl)** Plante du Mexique, de la famille des cactus, dont on extrait la mescaline.

Peyre **(Joseph)** Architecte et décorateur français (1730-1785). Représentant du style néoclassique, il édifia le théâtre de l'Odéon à Paris.

Peyre en Aubrac Commune de la Lozère, sur le plateau de Gévaudan. 2 295 habitants. Station estivale.

Peyrefitte **(Roger)** Romancier français (1907-2000). Ancien diplomate, il se consacra à l'écriture dès la Libération. Ses œuvres, qui firent souvent scandale, soulignent les hypocrisies d'une société où l'écrivain se sent « en marge ». *Les Amitiés particulières.*

Peyrefitte **(Alain)** Homme politique et écrivain français (1925-1999). Député gaulliste et secrétaire général de l'UDR, il occupa plusieurs postes de ministre. Il fit voter en 1980 la loi « Sécurité et liberté » légalisant les contrôles d'identité. Il est l'auteur d'essais. *Quand la Chine s'éveillera ; Le Mal français.*

Peyresourde **(col de)** Col des Pyrénées centrales françaises (1 569 m) entre Arreau et Bagnères-de-Luchon.

Peyron **(Loïck)** Navigateur français (né en 1959). Détenteur de nombreuses victoires, dont trois dans la Transatlantique en solitaire (1992, 1996 et 2008), et la Route du Rhum en 2014, ainsi que de nombreux records dont celui du tour du monde en équipage et sans escale (Trophée Jules Verne) en 2012.

Peyronnet ou **Peyronet** **(Charles Ignace, comte de)** Homme politique français (1778-1854). Il fut l'un des instigateurs des lois les plus réactionnaires de la Restauration et participa à la rédaction des quatre ordonnances de Saint-Cloud qui déclenchèrent la révolution de juillet 1830.

Peyrony **(Denis)** Préhistorien français (1869-1954). Il proposa une chronologie du paléolithique fondée sur le résultat de ses fouilles. *Éléments de préhistoire.*

pèze **n. m. sing.** **fam.** Argent.

Pézenas [-nas] Commune de l'Hérault. 7 857 habitants. Nombreux hôtels Renaissance et classiques. Molière y fit de nombreux séjours. Marché viticole et ville touristique.

pézize **n. f.** **(grec *pezis*)** Champignon ascomycète, comestible, sans pied, en forme de coupe.

Pfaff **(Johann Friedrich)** Mathématicien allemand (1765-1825). Il proposa la première méthode générale d'intégration des équations aux dérivées partielles du premier ordre.

Pfeffel **(Gottlieb Konrad)** Écrivain alsacien (1736-1809). Il consacra sa vie à l'étude de la tactique et à la littérature militaire et ouvrit l'École militaire de Colmar. Il fut également président du consistoire évangélique de Colmar. Il est l'auteur de *Fables* et d'une *Collection de contes et de nouvelles.*

pfennig [pfenig] **n. m.** **(mot allemand)** Ancienne monnaie divisionnaire allemande, le centième du mark*. *50 pfennigs.*

pff(t), pfut... **interj.** **(onomatopée)** Exprime l'indifférence, le mépris.

Pfitzner **(Hans)** Compositeur allemand (1869-1949). Grand détracteur de la musique moderne et rival malheureux de Strauss, il est considéré comme l'un des derniers romantiques.

Pflimlin **(Pierre)** Homme politique français (1907-2000). Président du MRP, il fut appelé à la présidence du Conseil lors de la crise d'Alger (mai 1958). Ministre de De Gaulle puis de Pompidou, il fut maire de Strasbourg de 1959 à 1983.

Pforr **(Franz)** Peintre et graveur allemand (1788-1812). Rejetant l'académisme, il se tourna vers la peinture italienne, s'inscrivant dans la lignée de Raphaël et des primitifs italiens. *Sulamith et Marie.*

PGCD **n. m.** **(sigle)** **math.** Plus grand commun diviseur*.

pH [peaʃ] **n. m. invar.** **(abrév. de *potentiel hydrogène*)** Unité de mesure d'acidité, sur une échelle allant de 1 à 14.

▶ Le **pH** est une mesure de l'acidité d'un liquide, aqueux ou non. Dans l'eau, son échelle s'étend de 0 (acide) à 14 (basique) en passant par 7 (neutre). Le jus de citron est acide, la lessive est basique, le lait est neutre.

La théorie élaborée par Brønsted et Lowry en 1923 définit les acides comme des espèces ayant la capacité de générer un ou plusieurs protons, de symbole chimique H^+. Les bases sont, quant à elles, capables de capter un ou plusieurs protons H^+. Dans une solution aqueuse, le proton généré par un acide est capté par l'eau et nommé « ion oxonium H_3O^+ ». Au contraire, la perte de protons par l'eau donne naissance à des « ions hydroxydes HO^- ». Le produit de leurs concentrations respectives, quelles qu'elles soient, est une constante qui ne dépend que de la température. À 25 °C en solution aqueuse, les deux concentrations sont égales lorsque le pH vaut 7 : on dit que la solution est neutre. Lorsqu'il est inférieur à 7, les ions H_3O^+ sont majoritaires : la solution est acide. En milieu basique, les ions HO^- sont majoritaires et le pH est supérieur à 7.

Les acides et les bases concentrés sont corrosifs et réagissent violemment les uns sur les autres. C'est le cas de l'eau de Javel (très basique) avec certains produits d'entretien. Les pluies acides, corrosives pour la végétation et les bâtiments, résultent, quant à elles, de la dissolution des oxydes d'azote (NO) et de soufre (SO) dans l'eau atmosphérique.

voir aussi **dioxyde de carbone (CO_2), molécule**

phacochère **n. m.** **(grec *phakos* « lentille ; verrue » et *khoiros* « cochon »)** Mammifère ongulé d'Afrique, voisin du sanglier.

phaéton **n. m.** **(du n. propre)** **I.** Petite voiture à quatre places, légère et découverte, très haute sur roues. ■ Ancien modèle de voiture automobile découverte à deux ou quatre places. **II.** **zool.** Oiseau marin de grande taille, à bec pointu, à longue queue prolongée par deux plumes, également appelé *paille-en-queue.*

Phaéton Dans la mythologie grecque, fils d'Hélios (le Soleil) et de Clymène. Il obtient la permission de conduire le char de son père mais en perd le contrôle, brûlant les montagnes. Zeus, craignant une destruction de l'Univers, le foudroie.

phage **n. m.** **biol.** Bactériophage.

-phage, -phagie, -phagique, phag(o)- Éléments **(du grec *phagein*)** qui signifient « manger » (ex. *aérophagie, anthropophage*). → **-vore.**

phagédénique **adj.** **(du latin, du grec, de *phagein* → -phage)** **méd.** Qui a tendance à s'étendre en rongeant les tissus.

phagocytaire **adj.** Relatif ou propre aux phagocytes, à la phagocytose.

phagocyte **n. m.** **(→ -cyte)** Cellule possédant la propriété d'englober et de détruire les microbes en les digérant.

phagocyter **v. tr.** < 1 > **1.** Détruire par phagocytose. **2.** **fig.** Absorber et détruire.

phagocytose **n. f.** Processus de défense cellulaire, fonction destructrice des phagocytes.

Phags-pa Moine bouddhiste tibétain (v. 1235-v. 1280). Grand maître du lamaïsme, il introduisit l'imprimerie et l'art du théâtre au Tibet.

Phaïstos Ancienne ville de Crète. Elle fut un des centres les plus brillants de la civilisation minoenne.

¹phalange **n. f.** **(grec *phalanx* « rondin », par analogie)** **1.** **Antiq.** Formation de combat dans l'armée grecque. – **littér.** Armée, corps de troupes. **2.** Groupement politique et paramilitaire d'extrême droite. **3.** **fig., littér.** *Une phalange d'artistes, de savants.*

²phalange **n. f.** **(→ ¹phalange)** Chacun des os longs qui soutiennent les doigts et les orteils. ■ Segment (d'un doigt) soutenu par une phalange. *La deuxième phalange de l'index.*

Phalange espagnole **n. f.** Organisation politique espagnole fondée par José Antonio Primo de Rivera en 1933. Inspirée du fascisme italien, elle fut proclamée parti unique en 1937 par Franco, qui en devint le chef.

phalanger **n. m.** Petit mammifère marsupial d'Océanie, végétarien et arboricole.

phalangette **n. f.** **anat.** Dernière phalange des doigts et des orteils.

phalangien, ienne **adj.** **anat.** Propre aux phalanges.

phalangine **n. f.** **anat.** Deuxième phalange des doigts autres que le pouce et le gros orteil.

phalangiste **n.** **hist.** Membre de la Phalange espagnole. – **adj.** *Parti phalangiste.*

phalanstère **n. m.** **(de ¹*phalange* et *monastère* ; mot créé par Fourier)** **didact.** **1.** Dans le système de Fourier, communauté, association de travailleurs. – Domaine où vit cette communauté. □ **n. et adj.** **phalanstérien, ienne** **2.** **fig.** Groupe qui vit en communauté. – Endroit où vit ce groupe.

phalène **n. f. ou m.** **(grec *phal[l]aina*)** Grand papillon nocturne ou crépusculaire.

phallique **adj.** Du phallus (1).

phallocentrique **adj.** **(de *phallus* et *centre*, d'après *égocentrique*)** Qui rapporte tout au phallus, considère la symbolique du phallus comme caractéristique de toute l'espèce humaine ; qui privilégie l'homme par opposition à la femme. □ **n. m.** **phallocentrisme**

phallocrate **n.** **(de *phallus* et *-crate*)** Personne qui considère les femmes comme inférieures aux hommes. → **machiste.** – **adj.** *Un comportement phallocrate.* – **abrév. fam.** **phallo.** □ **n. f.** **phallocratie** □ **adj.** **phallocratique**

phalloïde **adj.** **(→ -ide)** **didact.** Qui a la forme d'un phallus. – **bot.** *Amanite phalloïde* (le plus vénéneux de tous les champignons).

phallus [falys] **n. m.** **(mot latin, du grec *phallos*)** **1.** Pénis en érection ; son image symbolique. **2.** *Phallus impudicus*, champignon en forme de phallus (**syn.** **satyre puant**).

Phalsbourg Commune de la Moselle. 4 700 habitants. Place d'armes (XVIIᵉ s.). Vestiges des fortifications de Vauban.

Phạm Đình Hổ Lettré et mandarin vietnamien (1768-1839). Il est l'auteur d'un dictionnaire sino-vietnamien.

Phạm Văn Đồng Homme d'État vietnamien (1906-2000). Proche collaborateur de Hồ Chí Minh et Premier ministre du Viêtnam du Nord, il devint chef du gouvernement après la réunification (1976-1986).

Phạm Văn Đồng en 1977 à Paris, reçu par Raymond Barre (à g.).

Phan Châu Trinh Écrivain et patriote vietnamien (1872-1926). Auteur d'ouvrages politiques, il fut l'un des héros de l'indépendance du Viêtnam.

-phane, -phanie Éléments (du grec *-phanes* et *-phaneia*, de *phainein* « paraître ») : *cellophane, lithophanie ; diaphane, épiphanie.*

phanère n. m. (grec *phaneros* « apparent ») didact. Production épidermique apparente (poils, plumes, écailles, griffes, ongles, dents).

phanérogame adj. (du latin sc., du grec *phaneros* « visible » et *gamos* « union, mariage » → -game) (plantes) Qui a des organes sexuels (fleurs) apparents. – n. f. pl. *Les Phanérogames :* ancien embranchement du règne végétal. → **spermaphyte.**

phanie n. f. (grec *phanos* « lumineux », de *phanein* → -phane) didact. Intensité lumineuse perçue, étudiée par rapport à l'intensité objective.

phantasme voir **fantasme**

pharaon [faʀaɔ̃] n. m. (de l'égyptien antique, « la grande maison ; le palais ») Ancien souverain égyptien.

pharaonique adj. 1. Des pharaons. 2. fig. Colossal.

phare n. m. (du grec, de *Pharos*) 1. Tour élevée sur une côte ou un îlot, munie à son sommet d'un feu qui guide les navires. 2. Projecteur placé à l'avant d'un véhicule, d'une voiture automobile. *Phares antibrouillard. Appels de phares,* pour attirer l'attention. – Position où le phare éclaire le plus (opposé à *code* et à *lanterne*). 3. appos., fig. *Un secteur phare de l'industrie.*

pharillon n. m. pêche Petit réchaud suspendu à l'avant d'un bateau de pêche et dans lequel les pêcheurs allument un feu vif pour attirer le poisson. → **lamparo.**

pharisaïque adj. (du latin ecclés. → pharisien) 1. hist. relig. Qui appartient aux mœurs, au caractère des pharisiens tels que les Évangiles les dépeignent. 2. fig., littér. Hypocrite. □ n. m. **pharisaïsme**

pharisien, ienne n. (mot araméen « séparés ») 1. hist. relig. Membre d'une secte puritaine d'Israël, que les Évangiles accusent de formalisme et d'hypocrisie. 2. littér. péj. Personne hypocrite et sûre d'elle-même.

pharmaceutique adj. De la pharmacie.

pharmacie n. f. (du grec, de *pharmakon* « plante médicinale, poison, philtre, sortilège ») 1. Science des remèdes et des médicaments, art de les préparer et de les contrôler (→ allopathie, homéopathie). *Préparateur en pharmacie.* 2. Magasin où l'on vend des médicaments, des produits, objets et instruments destinés aux soins du corps et où l'on fait certaines préparations. → **officine.** 3. Assortiment de produits pharmaceutiques usuels. *Armoire à pharmacie.* 4. Local d'un hôpital où l'on range ces produits.

pharmacien, enne n. Personne qui exerce la pharmacie, est responsable d'une pharmacie (2 et 4). → vieux **apothicaire.**

pharmaco- Élément (du grec *pharmakon* → pharmacie) qui signifie « remède ».

pharmacocinétique n. f. (→ cinétique) didact. Étude du devenir des médicaments dans l'organisme. – adj. *Paramètres pharmacocinétiques d'un médicament.*

pharmacodépendance n. f. (→ dépendance) Dépendance à une substance médicamenteuse. □ adj. **pharmacodépendant, ante**

pharmacodynamie n. f. (→ -dynamie) didact. Partie de la pharmacologie qui a pour objet l'étude de l'action exercée par les médicaments sur l'organisme. □ adj. **pharmacodynamique**

pharmacogénétique n. f. (→ génétique) didact. Étude du rôle des facteurs génétiques dans la réaction de l'organisme aux médicaments.

pharmacognosie [faʀmakɔgnozi] n. f. (→ -gnosie) didact. Étude des médicaments d'origine animale et végétale.

pharmacologie n. f. didact. Étude des médicaments, de leur action (propriétés thérapeutiques, etc.) et de leur emploi. □ adj. **pharmacologique** □ n. **pharmacologue**

pharmacopée n. f. (du grec → pharmacie) 1. Recueil officiel national des médicaments. – *Pharmacopée internationale,* élaborée par l'Organisation mondiale de la santé. 2. Ensemble ou liste de médicaments.

pharmacovigilance n. f. (→ vigilance) didact. Surveillance des effets secondaires nocifs éventuels d'un médicament.

Pharos Île de l'ancienne Égypte, voisine d'Alexandrie. Reliée à la ville par un môle, elle possédait une tour de marbre blanc au sommet de laquelle on entretenait des feux pendant la nuit (le *phare*). Comptée au nombre des Sept Merveilles du monde antique, elle fut détruite par un tremblement de terre en 1302.

pharyngal, ale, aux adj. phonét. *Consonne pharyngale,* ou n. f. *une pharyngale :* consonne articulée avec la racine de la langue se rapprochant de la paroi postérieure du pharynx. – par ext. *Une articulation pharyngale.*

pharyngien, ienne adj. Du pharynx. - syn. **pharyngé, ée.**

pharyngite n. f. (de *pharynx* et *-ite*) Inflammation du pharynx. → **angine.**

pharyngo- Élément de mots de médecine (→ pharynx) qui signifie « pharynx ».

pharyngolaryngite n. f. (→ laryngite) méd. Inflammation simultanée du pharynx et du larynx.

pharynx [faʀɛ̃ks] n. m. (grec *pharunx, pharungos* « gosier ») Cavité où aboutissent les conduits digestifs et respiratoires (→ **larynx, rhinopharynx**).

phase n. f. (grec *phasis,* de *phainein* « apparaître » → phénol, phénomène) 1. Chacun des états successifs (d'une chose en évolution). → **période.** *Les phases d'une maladie.* → **stade.** 2. Chacun des aspects que présentent la Lune et les planètes à un observateur terrestre, selon leur éclairement par le Soleil. *Les phases de la Lune.* → **lunaison.** 3. phys. Constante angulaire caractéristique d'un mouvement périodique. loc. *En phase :* en variant de la même façon. – loc. fig. *Être en phase :* avoir les mêmes attitudes, idées, réactions. 4. chim. État d'un élément. *Les phases solide, liquide et gazeuse.*

Phase n. m. Fleuve de l'ancienne Colchide (Géorgie). Il était considéré par les Anciens comme la limite de l'Europe et de l'Asie.

phasemètre n. m. Dispositif permettant de mesurer la différence de phase entre deux grandeurs sinusoïdales de même fréquence.

phasianidé n. m. (latin *phasianus* → faisan) zool. Oiseau galliforme (famille des *Phasianidés ;* ex. la caille, le faisan, le paon, la poule).

phasme n. m. (grec *phasma* « fantôme ») Insecte dont le corps allongé et grêle se confond avec les tiges et brindilles qui l'entourent. → **bacille.**

phasmidé n. m. (de *phasme*) zool. Insecte marcheur des régions tropicales, présentant des cas de mimétisme (famille des *Phasmidés*).

phatique adj. (de l'anglais, du grec, de *phatis* « parole ») didact. *Fonction phatique :* fonction du langage, lorsqu'il est utilisé uniquement pour établir une communication, sans apport d'information. *« Euh », « allo » ont une fonction phatique.*

Phéaciens n. m. pl. Peuple mythique habitant l'île de Skeria (aujourd'hui Corfou). Le roi des Phéaciens, Alcinoos, fournit à Ulysse un navire pour regagner Ithaque.

Phébé ou **Phœbé** Surnom d'Artémis, assimilée à la Lune.

Phébus ou **Phœbus** Surnom d'Apollon, considéré comme dieu de la Lumière solaire.

Phédon en grec **Phaidôn** Philosophe grec (IVe s. av. J.-C.). Il fut l'un des plus fidèles disciples de Socrate et assista à ses derniers moments.

Phèdre Dans la mythologie grecque, fille de Minos et de Pasiphaé, et épouse de Thésée. Repoussée par son beau-fils Hippolyte, dont elle est amoureuse, Phèdre accuse ce dernier de l'avoir violentée. Thésée demande à Poséidon de tuer Hippolyte. Désespérée, Phèdre se pend. Son histoire a inspiré notamment Euripide et Racine.

Phèdre en latin **Caius Julius Phaedrus** ou **Phaeder** Fabuliste latin (v. 15 av. J.-C.-v. 50). Auteur de fables imitées d'Ésope, il introduisit ce genre à Rome.

Phélippeaux (Antoine Le Picard de) Officier français (1768-1799). Condisciple de Bonaparte à l'École militaire de Brienne, il lutta contre les révolutionnaires, puis joua un rôle décisif contre les troupes de Bonaparte à Saint-Jean-d'Acre.

phelloderme n. m. (du grec *phellos* « liège » et de *-derme*) bot. Écorce secondaire qui se forme sur la face interne d'une tige, d'une racine, à partir de l'assise phellogène.

phellogène adj. (du grec *phellos* « liège » et de *-gène*) bot. Qui produit le liège, en parlant d'un tissu végétal.

Phelps (Edmund) Économiste américain (né en 1933). Prônant une conciliation entre la lutte contre l'inflation et la lutte contre le chômage, il a développé la théorie du salaire d'efficience et celle du taux naturel de chômage. Prix Nobel 2006.

Phelps (Michael) Nageur américain (né en 1985). Spécialiste de nage libre, 4 nages et nage papillon, il est l'athlète le plus titré des Jeux olympiques avec 28 médailles, dont 23 d'or (6 à Athènes en 2004, 8 à Pékin en 2008, 4 à Londres en 2012 et 5 à Rio en 2016).

Michael Phelps en 2008 aux Jeux olympiques de Pékin.

phénakistiscope n. m. (du grec *phenakizein* « tromper » et de *-scope*) didact. Appareil formé de deux disques, qui donne l'illusion du mouvement par la persistance des images rétiniennes. → **praxinoscope.**

phénanthrène n. m. (de *phénol* et du grec *anthrax* « charbon ») chim. Carbure cyclique, produit de la distillation du goudron de houille, utilisé pour fabriquer des matières colorantes.

Phénicie n. f. Région côtière de l'Asie antérieure, sur la Méditerranée, s'étendant du mont Carmel au S. jusqu'à l'embouchure de l'Oronte au N. (aujourd'hui Israël, Liban, Syrie). Dès le IIIe millénaire av. J.-C., formant un ensemble de cités-États (Byblos, Tyr, Sidon), la Phénicie pratiqua le commerce maritime et noua des relations avec l'Égypte et la Mésopotamie. Sous domination égyptienne, les Phéniciens bénéficièrent du déclin des empires hittite et égyptien, devinrent les commerçants les plus actifs de la Méditerranée et fondèrent (–IXe s.) de nombreux comptoirs et colonies (Carthage). Dominée par les Perses puis conquise par Alexandre le Grand, la Phénicie fut incorporée à l'Empire romain vers 64. On doit

PHÉNICIENS (art et civilisation)

Coquillage servant de pot à fard (VIIe s. av. J.-C.), British Museum, Londres.

Plaque de revêtement de porte trouvée à Balawat en Irak (IXe s. av. J.-C.), musée du Louvre, Paris.

Coupe chypriote dite de Dali ou d'Idalion (VIIIe s. av. J.-C.), musée du Louvre, Paris.

Déesse nue montée sur un lion, pendentif trouvé près d'Ugarit (IVe-IIIe s. av. J.-C.), musée du Louvre, Paris.

Statuette de déesse portant la coiffure d'Hathor (VIIIe s. av. J.-C.), musée du Louvre, Paris.

Arbre sacré stylisé en ivoire, trouvé à Arslan Tash en Syrie (VIIIe s. av. J.-C.), musée du Louvre, Paris.

Statuette d'homme debout sur un taureau, trouvée à Byblos (XXe-XVIe s. av. J.-C.), musée national d'Archéologie, Beyrouth.

Statuette divine trouvée à Byblos (XXe-XVIe s. av. J.-C.), musée national d'Archéologie, Beyrouth.

Tête d'homme barbu, pendentif trouvé à Carthage (IVe-IIIe s. av. J.-C.), musée du Louvre, Paris.

Stèle d'Amrit trouvée à Tell Kazel en Syrie (v. IXe-VIIIe s. av. J.-C.), musée du Louvre, Paris.

La difficulté à définir l'art des Phéniciens tient autant à la faiblesse de la documentation qu'à la grande mobilité de ce peuple de navigateurs et de commerçants dans tout le Proche- et le Moyen-Orient et jusqu'à l'ouest de la Méditerranée. Connus pour les sceaux coniques en pierre semi-précieuse présentant l'écriture alphabétique qu'ils ont inventée, les Phéniciens excellaient dans le travail du bois, de l'ivoire, du verre et du métal (coupes, bijoux, amulettes...).

aux cités phéniciennes l'usage de l'écriture alphabétique dans le monde antique.

phénicien, enne adj. et n. De la Phénicie antique (Méditerranée orientale).

phéniqué, ée adj. Qui contient du phénol.

phénix [feniks] n. m. (latin *phoenix*, du grec *phoinix*, du n. propre) **1.** mythol. Oiseau fabuleux, censé renaître de ses cendres. **2.** Personne unique en son genre, supérieure par ses dons. **3.** → **phœnix.**

Phénix n. m. Oiseau fabuleux de la mythologie grecque qui, après avoir vécu plusieurs siècles, meurt sur un bûcher qu'il prépare, puis renaît de ses cendres.

Phénix arrachant de l'herbe et Phénix se consumant, enluminure d'un bestiaire (XIIe s.), British Library, Londres.

phén(o)- Élément (du grec *phainein* « briller »).

phénobarbital n. m. (de *phén[o]-*, *barbit[urique]* et *-al*) pharm. Barbiturique.

phénocopie n. f. (de *phéno[type]* et *copie*) biol. Modification non héréditaire du phénotype, due à des conditions particulières du milieu, qui simule un phénotype semblable à celui dû à une mutation génétique.

phénol n. m. (de *phén[o]-*, du grec *phainein* « éclairer » → phase, phénomène) **1.** Solide cristallisé blanc, soluble dans l'eau, corrosif et toxique, à odeur forte. **2.** chim. (au plur.) Série de composés organiques dérivés du benzène, analogues au phénol. □ **adj. phénolique**

phénolate n. m. (de *phénol*) chim. Sel du phénol.

phénologie n. f. (de *phéno[mène]* et *-logie*) didact. Étude des variations des phénomènes périodiques de la vie animale et végétale, en fonction du climat. → **bioclimatologie.**

phénoménal, ale, aux adj. Qui sort de l'ordinaire. → **étonnant, surprenant.**

phénoménalement adv. Prodigieusement, étonnamment.

phénoménalisme n. m. philos. Doctrine selon laquelle l'homme ne peut connaître que les phénomènes et non les choses en soi.

phénoménalité n. f. philos. Caractère, nature du phénomène.

phénomène n. m. (grec *phainomena* « ce qui apparaît dans le ciel », de *phainein* → phase, phénol) **1.** didact. (surtout au plur.) Fait naturel complexe pouvant faire l'objet d'expériences et d'études scientifiques. *Phénomène naturel. Phénomènes physiques et psychologiques.* **2.** Fait (ou ensemble de faits) observé, évènement anormal ou surprenant. *Le phénomène de la violence.* **3.** fam. Individu, personne bizarre. → **excentrique,** [2]**original.** *Quel phénomène, ce type !*

phénoménisme n. m. philos. Doctrine selon laquelle il n'existe que des phénomènes.

phénoménologie n. f. (allemand → phénomène) didact. Philosophie qui écarte toute interprétation abstraite pour se limiter à la description et à l'analyse des seuls phénomènes perçus. □ **adj. phénoménologique** □ **n. phénoménologue**

phénoplaste n. m. (du radical de *phénol* et de *plastique*) techn. Matière plastique à base de phénol.

phénotypage n. m. biol. Détermination du phénotype (d'un organisme).

phénotype n. m. biol. Ensemble des caractères apparents d'un individu (opposé au *génotype*). □ **adj. phénotypique**

phényl- Élément indiquant la présence du radical phényle dans un composé chimique.

Philae

Philae, le temple, déplacé sur l'île d'Agilkia lors de la construction du barrage d'Assouan.

phénylalanine n. f. (de *phényl-* et *alanine*) biochim. Acide aminé présent dans les protéines.

phénylcétonurie n. f. (de *phényl-*, *cétone* et *-urie*) méd. Maladie génétique liée à un trouble du métabolisme de la phénylalanine.

phényle n. m. chim. Radical dérivé du phénol ou du benzène (C_6H_5).

phénylpyruvique adj. (de *phényl-* et *pyruvique*) biochim. *Acide phénylpyruvique,* dont l'accumulation dans l'organisme peut entraîner un retard mental et des troubles neurologiques.

phéophycée n. f. (du grec *phalos* « brun » et de *phukos* « algue ») bot. Algue contenant un pigment jaune-brun (ordre des *Phéophycées*).

phéromone n. f. (du grec *pherein* « porter » et *[hor]mone*) biol. Molécule chimique produite par un organisme, qui induit un comportement spécifique chez un autre membre de la même espèce.

phi n. m. invar. (mot grec) Vingt et unième lettre de l'alphabet grec (Φ, ϕ), correspondant au *ph* français.

Phidias Sculpteur athénien (v. 490-v. 430 av. J.-C.). Représentant de l'art classique grec, lié à la splendeur d'Athènes au siècle de Périclès, il dirigea le chantier de l'Acropole, où il éleva des statues cultuelles colossales aujourd'hui disparues. On lui doit notamment la décoration sculpturale du Parthénon (frise des Panathénées). À Olympie, où il dut s'exiler, il érigea la statue chryséléphantine de Zeus (v. –433), l'une des Sept Merveilles du monde antique.

Poséidon, Apollon et Artémis, école de Phidias, musée de l'Acropole, Athènes.

Philadelphie Ville des États-Unis (Pennsylvanie), sur la Delaware. 1 603 790 habitants. Université. Important musée d'Art, fondation Barnes à Merion. Nombreux édifices du XVIIIe s. 3e port du pays. Centre industriel et importante place financière. La ville, fondée par William Penn en 1682, accueillit la signature de la Déclaration d'indépendance en 1776 avant d'être la capitale éphémère des États-Unis (1790-1800).

Philae Île du Nil, en amont de la première cataracte, à quelques kilomètres du barrage d'Assouan. Île sainte consacrée au culte d'Isis, elle abritait de nombreux monuments : le temple principal, œuvre de Nectanébo II, reconstruit sous Ptolémée II et Ptolémée XIII, remarquable par ses bas-reliefs ; le temple d'Horus vengeur ; le petit temple d'Hathor ; le kiosque de Trajan. Elle demeura jusqu'au Ve s. un îlot de résistance à la christianisation. Après la construction du barrage d'Assouan, les temples furent transportés sur l'île d'Agilkia (1972-1980).

philanthe n. m. (du grec *philanthês* « qui aime les fleurs ») zool. Grosse guêpe prédatrice des abeilles. - var. RO **philante.**

philanthrope n. (de *phil[o]-* et du grec *anthrôpos* « homme ») **1.** Personne qui aime l'humanité (opposé à *misanthrope*). **2.** Personne généreuse et désintéressée.

philanthropie n. f. **1.** Amour de l'humanité. **2.** Désintéressement.

philanthropique adj. De la philanthropie ; inspiré par elle. *Organisation philanthropique.* → **humanitaire.**

philatélie n. f. (de *phil[o]-* et du grec *ateleia* « exemption d'impôt », d'où « affranchissement ») Connaissance des timbres-poste ; art de les collectionner. □ adj. **philatélique**

philatéliste n. Personne qui collectionne les timbres-poste.

-phile, -philie Éléments (du grec *philein* « aimer ») qui signifient « ami » ou « qui aime » (ex. *anglophilie, cinéphile*) (contr. **mis(o)-, -phobe, -phobie**).

Philémon et Baucis Dans la mythologie grecque, couple de paysans âgés et pauvres de Phrygie qui accueille un soir Zeus et Hermès déguisés en voyageurs. Pour les récompenser, les dieux leur accordent de n'être jamais séparés et les transforment en arbres après leur mort.

philharmonie n. f. Association d'amateurs de musique. – Orchestre philharmonique.

philharmonique adj. (de *phil[o]-* et de *harmonie*) Se dit de sociétés d'amateurs de musique, de certains orchestres classiques.

philhellène adj. et n. (de *phil[o]-* et de *hellène*) hist. Partisan de l'indépendance de la Grèce, au XIXe siècle.

Philibert II le Beau (1480-1504). Duc de Savoie (1497-1504). Il épousa Marguerite d'Autriche, qui éleva à sa mémoire l'église de Brou.

Philidor (François André Danican, dit) Compositeur et joueur d'échecs français (1726-1795). Il écrivit une quinzaine d'opéras-comiques, dont *Blaise le savetier* et *Tom Jones,* qui codifièrent le genre. Ami de Diderot, il collabora avec Rousseau pour le *Devin du village.* Il fut aussi le plus célèbre joueur d'échecs de son temps et a laissé une *Analyse du jeu des échecs.*

Philipe (Gérard Philip, dit Gérard) Acteur français (1922-1959). Révélé au théâtre dans *Caligula,* il devint le compagnon de route du TNP de Jean Vilar. Interprète idéal du *Cid,* du *Prince de Hombourg* ou de *Lorenzaccio,* il fut consacré par le grand public comme un jeune premier alliant le charme et la fougue. Il fut également remarqué au cinéma avec *Le Diable au corps, Fanfan la Tulipe,* ou encore *Monsieur Ripois.*

Gérard Philipe avec Gina Lollobrigida dans *Fanfan la Tulipe* de Christian-Jaque (1952).

Philippe

SAINTS

■ **Philippe** (saint) L'un des douze apôtres. La tradition en fait l'évangélisateur de la Scythie et de la Phrygie, où il aurait été crucifié.

■ **Philippe** (saint) L'un des sept diacres dans les Actes des Apôtres. Il évangélisa la Samarie et baptisa l'eunuque de la reine d'Éthiopie, Candace.

EMPEREUR ROMAIN

■ **Philippe** l'Arabe en latin Marcus Julius Philippus (204-249) Empereur romain (244-249). Il s'empara du pouvoir après avoir fait assassiner Gordien III. Il fut vaincu et tué par Dèce à Vérone.

EMPEREUR GERMANIQUE

■ **Philippe Ier de Souabe** (v. 1177-1208) Empereur germanique (1198-1208). Dernier fils de Frédéric Barberousse, il fut élu empereur contre Othon IV de Brunswick. Il fut assassiné.

P

BELGIQUE

■ **Philippe Ier** (né en 1960) Roi des Belges (depuis 2013). Fils et successeur d'Albert II.

Philippe Ier, nouveau roi des Belges, lors de sa prestation de serment devant le Parlement, le 21 juillet 2013.

BOURGOGNE

■ **Philippe Ier de Rouvres** (1346-1361) Duc de Bourgogne (1349-1361). Il fut le dernier de la première maison capétienne de Bourgogne.

■ **Philippe II le Hardi** (1342-1404) Duc de Bourgogne (1363-1404). Quatrième fils du roi de France Jean II le Bon. Sa conduite courageuse à la bataille de Poitiers (1356) lui valut son surnom et l'apanage du duché de Bourgogne, faisant de lui le fondateur de la deuxième maison capétienne de Bourgogne. Son mariage avec Marguerite de Male lui apporta la Flandre, où il mit fin à la révolte des Gantois par la paix de Tournai (1385). Il participa au gouvernement de la France durant la minorité, puis la folie de Charles VI. Il est le père de Jean sans Peur.

■ **Philippe III le Bon** (1396-1467) Duc de Bourgogne (1419-1467). Après le meurtre de son père Jean sans Peur (1419), il s'allia aux Anglais et participa au traité de Troyes (1420), qui déshéritait le dauphin Charles au profit d'Henri V. Il se réconcilia avec Charles VII par la paix d'Arras (1435). Maître de la Bourgogne, de la Franche-Comté, de la Flandre, de l'Artois et des provinces belges, il fut le plus puissant souverain d'Europe de son époque. Il dota son État d'institutions puissantes, protégea les artistes et créa l'ordre de la Toison d'or. Il est le père de Charles le Téméraire.

ESPAGNE

■ **Philippe Ier** → **Philippe Ier le Beau,** souverain des Pays-Bas.

■ **Philippe II** (1527-1598) Roi d'Espagne (1556-1598), roi de Naples, de Sicile et de Portugal (1580-1598). Fils de Charles Quint, qui l'avait très tôt associé au pouvoir, il hérita de la couronne d'Espagne à l'abdication de son père (1556). Il signa avec Henri II le traité du Cateau-Cambrésis (1559), qui lui assurait le contrôle de l'Italie. Le but essentiel de Philippe II était d'assurer le triomphe du catholicisme dans ses États et à l'extérieur. Il favorisa la Contre-Réforme en Espagne, écrasa la révolte des morisques de Grenade (1568-1570), et remporta la victoire de Lépante contre les Turcs (1571). Sa lutte contre la Réforme aux Pays-Bas aboutit à la révolte du pays (1572) et à la sécession des Provinces-Unies, qui avaient reçu l'appui de l'Angleterre (1579). Philippe II, qui fut l'époux de Marie Tudor (1554-1558), répliqua, après l'exécution de sa cousine Marie Stuart, par l'envoi vers les côtes anglaises de l'*Invincible Armada* (1588), qui essuya une défaite retentissante. En 1580, il annexa le Portugal. En France, il soutint la Ligue et combattit Henri IV jusqu'à la signature de la paix de Vervins (1598). Ayant fait de Madrid la capitale de l'Espagne (1561), il fit bâtir l'Escurial et dota son pays d'un système bureaucratique complexe. Le Siècle d'or espagnol s'ouvrit sous son règne.

■ **Philippe III** (1578-1621) Roi d'Espagne, de Portugal, de Naples, de Sicile et de Sardaigne (1598-1621). Fils et successeur de Philippe II, il laissa gouverner ses favoris, dont le duc de Lerma. Son règne fut marqué par la paix avec l'Angleterre (1604), la trêve de Douze Ans avec les Provinces-Unies (1609) et l'alliance avec la France (scellée par le mariage de Louis XIII et d'Anne d'Autriche en 1615). L'expulsion des morisques du royaume aggrava une situation économique difficile.

■ **Philippe IV** (1605-1665) Roi d'Espagne, de Naples, de Sicile et de Sardaigne (1621-1665), roi de Portugal (1621-1640). Fils et successeur de Philippe III, il fut dominé par son ministre Olivares, qui exerça le pouvoir jusqu'à son bannissement en 1643. Son règne fut essentiellement belliqueux : la guerre contre les Provinces-Unies aboutit à leur indépendance (traité de Münster, 1648) ; la lutte contre la France se prolongea au-delà de la guerre de Trente Ans et se termina par le traité des Pyrénées (1659). Philippe IV dut également reconnaître l'indépendance du Portugal en 1640.

■ **Philippe V** (1683-1746) Roi d'Espagne (1700-1746). Petit-fils de Louis XIV, il fut désigné comme héritier au trône d'Espagne par le testament du roi Charles II. Son avènement au trône provoqua la guerre de Succession d'Espagne (1701-1714). La paix d'Utrecht (1713) le confirma dans ses droits, moyennant sa renonciation au trône de France, mais il dut céder les Pays-Bas, Gibraltar, Minorque, ainsi que ses possessions italiennes. En 1724, il abdiqua en faveur de son fils Louis Ier, mais reprit la couronne sept mois plus tard à la mort de celui-ci. Le renvoi de sa fille fiancée à Louis XV (1725) provoqua une rupture avec la France, mais l'alliance se reforma lors des guerres de Succession de Pologne (1733-1738) et de Succession d'Autriche (1740-1748).

■ **Philippe VI** → **Felipe VI**

FRANCE

■ **Philippe Ier** (1052-1108) Roi de France (1060-1108). Couronné du vivant de son père Henri Ier, il lui succéda sous la tutelle de son oncle Baudouin V, comte de Flandre. Après la mort de ce dernier (1067), il intervint dans la succession de Flandre mais fut défait au mont Cassel (1071). Devant la puissance de Guillaume le Conquérant, duc de Normandie et roi d'Angleterre depuis 1066, il poussa Robert Courteheuse, le fils de ce dernier, à se révolter contre son père (1078). La répudiation de sa première femme, Berthe de Hollande, et son remariage avec Bertrade de Montfort lui valurent d'être excommunié (1095-1105). Il augmenta le domaine royal du Gâtinais, du Vexin français et du Berry.

■ **Philippe II Auguste** (1165-1223) Roi de France (1180-1223). Fils de Louis VII, il engagea la lutte avec les Plantagenêts, dont la puissance menaçait la monarchie française, et excita les dissensions entre Henri II d'Angleterre et ses fils, notamment Richard Cœur de Lion. Il participa à la troisième croisade avec ce dernier, puis se brouilla avec lui et fut vaincu à Fréteval (1194) et à Courcelles (1198). Après la mort de Richard (1199), il reconnut Jean sans Terre comme roi contre la cession d'une partie du Vexin normand et du pays d'Évreux. Mais, en 1202, il saisit ses fiefs et s'empara de la Normandie, du Maine, de l'Anjou, de la Touraine, de la Saintonge et du Poitou. Jean fut battu à la Roche-aux-Moines, et la coalition qu'il avait suscitée fut défaite à Bouvines (1214). Philippe Auguste pratiqua une politique de centralisation, créant les baillis et les sénéchaux. Il favorisa l'embellissement de Paris, où il fit construire le Louvre et une nouvelle enceinte.

Philippe Auguste à la bataille de Bouvines, enluminure des *Grandes Chroniques de France* (1375-1379), Bibliothèque nationale de France, Paris.

■ **Philippe III le Hardi** (1245-1285) Roi de France (1270-1285). Fils de Louis IX, il hérita du comté de Toulouse, du Poitou et de l'Auvergne à la mort de son oncle Alphonse II de France (1271), mais céda le Comtat venaissin à la papauté (1274). Il soutint son oncle Charles Ier d'Anjou, roi de Sicile, contre le roi d'Aragon Pierre III en intervenant après les Vêpres siciliennes (1282).

■ **Philippe IV le Bel** (1268-1314) Roi de France (1285-1314). Fils de Philippe III le Hardi, il gouverna en s'appuyant sur les légistes, au premier rang desquels Pierre Flote, Guillaume de Nogaret et Enguerrand de Marigny, défenseurs fervents de l'autorité royale. Sous leur influence, la centralisation monarchique se renforça par l'accroissement du rôle de la chancellerie et l'organisation du Parlement. À l'extérieur, Philippe le Bel tenta d'annexer la Flandre, qui se souleva : après la défaite de Courtrai (1302), il acquit, par la victoire de Mons-en-Pévèle (1304) et le traité d'Athis-Mons (1305), Lille, Douai et Béthune. Refusant l'ingérence pontificale dans les affaires françaises, il s'opposa à Boniface VIII, qu'il fit arrêter à Anagni (1303). Le conflit ne cessa qu'avec l'élection de Clément V (1305), qui s'installa en Avignon. Confronté à d'importantes difficultés financières, Philippe le Bel s'attaqua aux Templiers, dont il convoitait les richesses, faisant arrêter (1307) puis condamner leurs chefs au bûcher.

■ **Philippe V le Long** (v. 1294-1322) Roi de France et de Navarre (1316-1322). Fils de Philippe IV le Bel, il assura la régence à la mort de son frère Louis X le Hutin et succéda à son neveu Jean Ier le Posthume (qui ne vécut que cinq jours) au détriment de sa nièce Jeanne II de Navarre. Il mit fin à la guerre de Flandre commencée sous Philippe le Bel (1320), institua la Chambre des comptes et proclama l'inaliénabilité du domaine de la Couronne.

■ **Philippe VI de Valois** (1294-1350) Roi de France (1328-1350), premier de la dynastie des Valois. Fils de Charles de Valois et neveu de Philippe IV le Bel, il succéda à son cousin Charles IV, mort sans héritier mâle, écartant du trône Édouard III d'Angleterre, petit-fils par sa mère de Philippe le Bel. Il intervint en Flandre et vainquit à Cassel (1328) les sujets révoltés du comte Louis de Nevers. La revendication du trône de France par Édouard III, en 1337, inaugura la guerre de Cent Ans. Battu sur mer à L'Écluse (1340) et sur terre à Crécy (1346), Philippe VI conclut une trêve après la prise de Calais (1347). Son règne fut aussi marqué par une importante crise économique et par les ravages de la peste noire (1348-1349).

HESSE

■ **Philippe Ier le Magnanime** (1504-1567) Landgrave de Hesse. Il constitua avec Jean-Frédéric de Saxe la ligue de Schmalkalden (1531), qui fut dissoute après la victoire de Charles Quint à Mühlberg (1547).

MACÉDOINE

■ **Philippe II** (v. 382-336 av. J.-C.) Roi de Macédoine (356-336 av. J.-C.). Assisté de ses lieutenants Antipatros et Parménion, il raffermit l'autorité royale et organisa la phalange macédonienne. Après des campagnes victorieuses contre les Barbares des Balkans, il étendit sa domination sur la Thrace et la Chalcidique (357-356 av. J.-C.). Renforcé par l'alliance de l'Épire après son mariage avec Olympias, il entreprit de dominer l'ensemble de la Grèce. Maître de la Thessalie, il occupa la Phocide et s'empara du sanctuaire de Delphes. Ayant vaincu l'alliance d'Athènes et de Thèbes à Chéronée (–338), il imposa la domination macédonienne en Grèce. Alors qu'il engageait les Grecs dans une guerre contre le roi de Perse Darios III, il fut assassiné, sans doute à l'instigation d'Olympias.

■ **Philippe V** (238-179 av. J.-C.) Roi de Macédoine (221-179 av. J.-C.). Le consul romain Flaminius lui infligea la défaite de Cynocéphales (–197), qui le chassa de la Grèce et marqua le début du déclin de la Macédoine.

PAYS-BAS

■ **Philippe Ier le Beau** (1478-1506) Souverain des Pays-Bas (1482-1506), roi de Castille (1504-1506). Fils de Maximilien Ier de Habsbourg et de Marie de Bourgogne, il épousa Jeanne la Folle, fille d'Isabelle de Castille et de Ferdinand d'Aragon. Il était le père de Charles Quint et de Ferdinand Ier.

Philippe (Charles-Louis) Écrivain français (1874-1909). Il gagna la notoriété par une œuvre romanesque imprégnée de ses souvenirs de modeste employé (*Bubu de Montparnasse ; Croquignole*). Il fut l'initiateur et l'un des maîtres de la littérature populiste.

Philippe (Édouard) Homme d'État français (né en 1970). Tenant de la droite réformiste, membre de l'UMP puis des Républicains, il fut maire du Havre (2010-2017 et depuis 2020). Il se rapprocha du mouvement En Marche ! d'Emmanuel Macron dont il fut le Premier ministre (2017-2020). Il créa son propre parti, Horizons, en 2021.

Philippe de Grèce, **duc d'Édimbourg** (1921-2021). Prince consort de Grande-Bretagne. Fils du roi André de Grèce, il renonça à tous ses droits à la succession hellénique et épousa en 1947 la future reine Élisabeth II.

Philippe de Vitry **(Philippus de Vitriaco, dit)** Théoricien de la musique et compositeur français (1291-1361). Évêque de Meaux (1351), il entretint des relations avec l'élite intellectuelle de son temps, notamment avec Pétrarque ; il est l'un des précurseurs de l'humanisme français. Il est l'auteur de nombreux traités, dont l'*Ars nova musicae* qui propose une nouvelle notation musicale et manifeste une liberté mélodique et rythmique annonciatrice de la Renaissance.

Philippe Égalité voir **Orléans (Louis Philippe Joseph, duc d')**

Philippe Neri **(saint)** Prêtre italien (1515-1595). Il fonda l'institut de l'Oratoire (1575).

Philippes Ancienne ville macédonienne de Thrace, près de la mer Égée. Elle fut le théâtre de la victoire d'Antoine et d'Octave sur Brutus et Cassius (–42). Saint Paul y fonda une des premières communautés chrétiennes d'Europe.

Philippeville Ville de Belgique (province de Namur). 9 201 habitants. Ancienne place forte, elle fut annexée par Louis XIV en 1668 et fit partie du système défensif de la France jusqu'en 1815.

Philippeville voir **Skikda**

philippine n. f. **(altération, sous l'influence de *Philippe*, de l'allemand *Vielliebchen* « bien-aimé »)** Jeu qui consiste à partager deux amandes jumelles, le gagnant étant celui qui dit le premier à l'autre « Bonjour Philippine ».

Philippines **(mer des)** Partie de l'océan Pacifique comprise entre l'archipel des Philippines et les îles Mariannes. Elle fut le théâtre de violents combats entre Américains et Japonais de 1942 à 1944.

Philippines

n. f. pl. ■ offic. république des Philippines Pays et archipel d'Asie du Sud-Est occupant le nord-est de l'Insulinde. L'État philippin revendique Sabah, quelques îlots des Spratly, Guam et les Mariannes. Env. 300 000 km². 108,7 millions d'habitants (les *Philippins*). **Langues :** anglais, filipino (offic.), et 83 langues régionales dont le tagalog (27,9 %), le bisaya (24,3 %) et l'ilokano (11,1 %, Luçon). **Population :** Malais, Négritos, Chinois et une quarantaine de minorités nationales. **Religions :** catholiques (83 %), musulmans (7 %), protestants (3 %), Iglesia ni Cristo (2 %), aglipayans. **Monnaie :** peso philippin. **Capitale :** Manille. **Régime :** présidentiel.

GÉOGRAPHIE

L'archipel est constitué d'environ 7 100 îles et îlots, dont environ un millier sont habités. Les deux îles principales, Luçon au N. et Mindanao au S., couvrent 70 % du territoire. Entre les deux, se trouve le groupe des Visayas, tandis que l'île de Palawan occupe l'ouest. Plusieurs volcans sont en activité, dont le Pinatubo à l'ouest de l'île de Luçon. Le point culminant est le mont Apo (2 954 m) sur Mindanao. Situé en zone tropicale, l'archipel subit la mousson de juin à octobre et les typhons sont fréquents. La forêt, qui s'étend sur 37 % du territoire, est surexploitée.

ÉCONOMIE

L'économie repose essentiellement sur l'agriculture (canne à sucre, noix de coco, riz, banane, maïs). L'industrie s'est beaucoup développée depuis les années 1950 avec l'exploitation des nombreuses ressources minières (houille, pétrole, or, chrome, phosphates) mais peine à se diversifier. Le secteur des services emploie plus de la moitié de la population active. La croissance soutenue (plus de 6 % de 2012 à 2019) a engendré des problèmes de pollution et n'a réglé ni la question de la pauvreté et du chômage, ni celle de la vétusté des infrastructures.

HISTOIRE

Les phases de peuplement Les Négritos et les Malais furent les premiers à migrer vers les Philippines. L'archipel entretint dès le xe siècle des relations marchandes avec l'Empire chinois et fut au xiie siècle au contact des royaumes indianisés de Srivijaya et de Majapahit. Au xve siècle, l'islam s'implanta dans le sud de l'archipel.

La colonisation espagnole Magellan y aborda en 1521 puis, en 1542, l'archipel fut baptisé par une expédition espagnole du nom de l'infant d'Espagne Philippe II. À partir de 1565, le contrôle espagnol s'étendit à la quasi-totalité des îles (Mindanao ne fut contrôlée qu'en 1638) et la ville de Manille fut fondée en 1572. Province dépendante de la vice-royauté du Mexique, les Philippines devinrent une colonie directe de l'Espagne en 1837.

De la domination américaine à l'indépendance L'hispanisation forcée aviva la montée du nationalisme. Après l'insurrection menée par Aguinaldo et soutenue par les Américains, l'Espagne céda les Philippines aux États-Unis (1898). Doté d'un gouvernement autonome en 1934, le pays subit l'occupation japonaise durant la Seconde Guerre mondiale. Libéré par le général MacArthur, il accéda à l'indépendance le 12 juillet 1946.

L'après-guerre L'après-guerre fut marqué par la lutte contre les Huks (guérilla de paysans communistes), par le maintien de la collaboration avec les États-Unis et par les réformes agraires menées par le président Magsaysay (1955). Le nationaliste Marcos, élu pour la première fois en 1965, engagea le pays dans la modernité avant d'en faire, à partir de 1972, une dictature. Accusé de fraude électorale en 1986, il laissa le pouvoir à C. Aquino, soutenue par les États-Unis. Fidel Ramos lui succéda en 1992, année où les Américains délaissèrent leur dernière base militaire. Les Philippines sont régulièrement en butte aux crises institutionnelles et souffrent de la guérilla islamiste (appuyée par Daech) qui sévit dans le sud du pays. Réélue en 2004 après avoir succédé au président Estrada (destitué en 2000 pour corruption), Gloria Arroyo échappa à un coup d'État en 2006. Le libéral Benigno Aquino, fils de C. Aquino, lui succéda en 2010. En 2013, le pays fut frappé par le typhon Haiyan qui fit de nombreuses victimes et provoqua des dommages considérables. L'ancien maire de Davao, Rodrigo

Les rizières en terrasses de Banaue, dans l'île de Luçon, inscrites au patrimoine mondial de l'Unesco.

Duterte, remporta la présidentielle de 2016 et engagea une répression meurtrière contre le trafic de drogue. Il ne se représenta pas en 2022 et Ferdinand Marcos Jr., le fils de l'ancien dictateur, fut élu à l'issue d'une campagne de désinformation.

philippique n. f. (du grec *philippikos [logos]* « discours [de Démosthène] contre Philippe de Macédoine ») littér. Discours violent contre qqn. → **diatribe.**

Philippiques (les) Harangues de Démosthène contre Philippe II de Macédoine (351-341 av. J.-C.). Chef-d'œuvre de la littérature polémique, elles appelaient les Athéniens à réagir contre Philippe.

Philippopolis voir **Plovdiv**

Philippot (Michel) Compositeur français (1925-1996). Il écrivit notamment pour le piano et l'orchestre de chambre et enseigna la composition à Paris et au Brésil.

philistin n. m. (de l'hébreu [n. du peuple], par l'allemand) littér. Personne de goût vulgaire, fermée aux arts et aux lettres, aux nouveautés. → **béotien.** – adj. m. *Il est un peu philistin.*

philistinisme n. m. littér. Attitude du philistin.

Philistins n. m. pl. Peuple de l'Antiquité d'origine incertaine, l'un des Peuples de la Mer. Installés sur le littoral de Canaan vers –1190, ils donnèrent leur nom à la Palestine (« pays des Philistins »). Ennemis des Israélites dans la Bible, ils furent soumis par David.

Phillips (William D.) Physicien américain (né en 1948). Il développa des méthodes de refroidissement et de capture d'atomes par laser, permettant d'atteindre le millionième de degré. En 1988, il réalisa la première mesure précise dans une mélasse optique. Prix Nobel 1997.

philo n. f. voir **philosophie**

phil(o)- Élément (du grec *philos* « ami, qui aime » → **-phile**).

Philoctète Un des chefs grecs de l'expédition contre Troie, dans *L'Iliade*. Archer à qui Héraclès avait légué son arc et ses flèches magiques, il est abandonné blessé sur l'île de Lemnos puis contribue à la victoire grecque en tuant Pâris.

Philodème en grec **Philodêmos** Philosophe épicurien (v. 110-v. 40 av. J.-C.). Il vécut à Naples et à Herculanum, où il constitua une riche bibliothèque redécouverte en 1753. Il contribua par son œuvre et son rayonnement à faire de la Campanie la capitale de l'épicurisme romain et eut notamment Virgile pour élève.

philodendron [filɔdɛ̃dʀɔ̃] n. m. (grec *philodendros*, de *dendron* « arbre ») Plante grimpante originaire de l'Amérique tropicale, aux grandes feuilles très découpées et aux racines pendantes.

philologie n. f. (mot grec → **philologue**) Étude historique d'une langue par l'analyse critique des textes. → **linguistique.** □ adj. **philologique**

philologue n. (grec *philologos* « celui qui aime [→ phil[o]-] l'étude [→ -logie] ») Spécialiste de l'étude historique (grammaticale, linguistique, etc.) des textes.

Philomèle Princesse légendaire d'Athènes, fille de Pandion. Son beau-frère Térée la viole puis lui coupe la langue pour l'empêcher de parler, mais elle réussit à le dénoncer à sa sœur Procné en brodant son aventure sur une tapisserie. Poursuivies par Térée, les deux sœurs sont sauvées par les dieux, qui métamorphosent Procné en hirondelle et Philomèle en rossignol.

Philon d'Alexandrie Philosophe juif de langue grecque (v. 20 av. J.-C.-50 apr. J.-C.). Il s'efforça dans son œuvre de concilier sa foi monothéiste et l'héritage de la philosophie platonicienne et stoïcienne. Il est considéré comme un précurseur du néoplatonisme.

Philon de Larisse Philosophe grec sceptique néo-académicien (v. 150-v. 79 av. J.-C.). L'un des représentants de la Nouvelle Académie d'Arcésilas de Pitane, il se retira à Rome, où il attira de nombreux disciples, dont Cicéron.

Philopœmen Stratège et homme politique grec (v. 252-183 av. J.-C.). Stratège de la ligue Achéenne, il lutta pour réaliser l'unité hellénique contre la domination de Rome et de Sparte. Vaincu par les Romains, il fut condamné à boire la ciguë.

philosophale adj. f. (de *philosophe*, au sens ancien de « alchimiste ») *Pierre philosophale* : substance recherchée par les alchimistes, et qui devait posséder des propriétés merveilleuses (transmuer les métaux en or, etc.).

philosophe (latin, du grec → phil[o]- et de *sophos* « habile ; sage » → **philosophie**) **I.** n. **1.** Personne qui élabore une doctrine philosophique. → **penseur.** – Spécialiste de philosophie. **2.** Au xviiie siècle, Partisan des Lumières, du libre examen, de la liberté de pensée. **3.** Personne qui pratique la sagesse. → **sage. II.** adj. Qui montre de la sagesse, du détachement et un certain optimisme.

philosopher v. intr. < 1 > (→ **philosophie**) Penser, raisonner (sur des problèmes philosophiques, abstraits).

philosophie n. f. (latin *philosophia*, du grec, « amour [→ phil[o]-] du savoir *[sophia]* », de *philosophos* → **philosophe**) **I.** *La philosophie* **1.** Ensemble des questions que l'être humain peut se poser sur lui-même et examen des réponses qu'il peut y apporter ; vision systématique et générale (mais non scientifique) du monde (→ **esthétique, éthique, 1logique, métaphysique, morale, ontologie, théologie**). **2.** Système d'idées qui cherche à établir les fondements d'une science. *La philosophie de l'histoire, des sciences.* **3.** Matière des classes terminales des lycées où est enseignée la philosophie (abrév. **philo**). *Dissertation de philosophie.* **II.** *Une philosophie* **1.** Ensemble de conceptions (ou d'attitudes) philosophiques (ex. matérialisme, phénoménologie, spiritualisme, etc.). → **doctrine, système, 1théorie.** *La philosophie critique de Kant.* **2.** Ensemble des conceptions philosophiques (communes à un groupe social). *La philosophie orientale.* → **1pensée. 3.** Conception générale, vision du monde et de la vie. *La philosophie de Hugo.* **4.** absolt Élévation d'esprit, détachement. → **sagesse.** *Supporter les revers de fortune avec philosophie.* → **résignation.**

philosophique adj. Relatif à la philosophie. – Qui touche à des problèmes de philosophie. *Roman philosophique.*

philosophiquement adv. **1.** D'une manière philosophique. **2.** En sage (→ **philosophe (I, 3)**).

philtre n. m. (grec, famille de *philein* « aimer ») Breuvage magique destiné à inspirer l'amour. *Le philtre de Tristan et Iseult.* → **1charme.**

phimosis [fimozis] n. m. (mot grec « resserrement ») méd. Étroitesse du prépuce, empêchant de découvrir le gland.

phlébite n. f. (du grec *phlebs, phlebos* « veine ou artère ») Inflammation d'une veine.

phléb(o)- Élément (du grec *phlebs, phlebos* « veine »).

phlébographie n. f. méd. Radiographie des veines.

phlébologie n. f. méd. Étude des veines et de leurs maladies.

phlébologue n. Spécialiste des maladies des veines.

phléborragie n. f. (→ **-rragie**) méd. Hémorragie veineuse.

phlébotome n. m. (du grec *phlebotomos*) zool. Membre d'une sous-famille d'insectes diptères dont certains peuvent transmettre des maladies infectieuses.

phlébotomie n. f. (latin d'origine grecque *phlebotomia* → **-tomie**) méd. Incision d'une veine.

phlegmon ou **flegmon** n. m. (du grec *phlegein* « brûler » → **flegme**) méd. Inflammation purulente du tissu conjonctif ou souscutané. → **abcès, anthrax.** *Phlegmon des doigts.* → **panaris.**

Phlégréens (champs) en italien **Campi Flegrei** Région volcanique d'Italie méridionale, en Campanie, près de Naples. Elle correspond à l'immense caldeira (12 km de diamètre) d'un volcan toujours en activité.

phléole voir **fléole**

phloème n. m. (du grec *phloios* « écorce », par l'allemand) bot. Tissu vasculaire servant à la nutrition chez les plantes. → **liber.**

phlogistique n. m. (du grec *phlogistos* « inflammable ») hist. des sc. Feu, considéré comme principe de la composition des corps (doctrine ruinée par Lavoisier au xviiie siècle).

phlox [flɔks] n. m. (mot grec « flamme » à cause de la couleur rouge de certaines fleurs, de *phlegein* → **phlegmon**) Plante herbacée à fleurs de couleurs variées.

phlyctène n. f. (du grec *phluktaina*) méd. Bulle sur la peau, remplie de sérosité transparente. → **ampoule, cloque.**

pH-mètre n. m. techn. Appareil servant à mesurer le pH d'une solution. *Des pH-mètres.*

Phnom Penh Capitale du Cambodge, au confluent du Mékong et du Tonle Sap. Env. 2 millions d'habitants. Prise par les Khmers rouges (1975) et vidée de ses habitants, elle a aujourd'hui retrouvé son activité commerciale et touristique.

Phnom Penh, le palais royal (au fond), réalisé par des architectes khmers et français (1866).

-phobe, -phobie Éléments (grec *phobos* « fuite éperdue ; effroi ») qui signifient « qui déteste » et « crainte, haine » (ex. *anglophobe, xénophobie*) (contr. **-phile, -philie**).

phobie n. f. (→ **-phobe**) **1.** Peur morbide, angoisse éprouvée devant certains objets, actes, situations ou idées (*agoraphobie, claustrophobie*, etc.). *La phobie des araignées.* **2.** Peur ou aversion instinctive. → **haine, horreur.**

phobique adj. méd. Relatif à la phobie. – n. *Les phobiques et les obsédés.*

Phocée Ancienne ville d'Asie Mineure (Ionie), dans le golfe de Smyrne. Elle acquit dès le –viie s. une grande importance commerciale et fonda des colonies en Asie Mineure et en Méditerranée, dont Massalia (Marseille).

phocéen, enne adj. et n. (du plur. grec *Phôkaiees,* n. de peuple) **1.** De Phocée ou de Phocide. **2.** De Marseille. → **marseillais, massaliote.** *La cité phocéenne :* Marseille.

Phocide n. f. Région de l'ancienne Grèce, au N. du golfe de Corinthe. Elle abritait le sanctuaire d'Apollon de Delphes.

Phocion Général et orateur athénien (v. 402-318 av. J.-C.). L'un des chefs du parti aristocratique, valeureux combattant, il repoussa les Macédoniens, mais, prônant la paix, il fut accusé de trahison et condamné à boire la ciguë.

phocomèle adj. et n. (du grec *phôkê* « phoque » et *mêlos* « membre ») méd. Dont les membres sont réduits à leur seule extrémité. – *Un, une phocomèle.* □ n. f. **phocomélie**

phœnix ou **phénix** [feniks] n. m. (→ **phénix**) Palmier ornemental cultivé dans le midi de la France.

Phoenix (archipel) Archipel du Pacifique central appartenant à la République de Kiribati.

Phoenix Ville des États-Unis, capitale de l'Arizona, dans une oasis formé par la Salt River. 1,6 million d'habitants. Université. Principal pôle économique d'une région agricole et minière. Tourisme.

pholade n. f. (du grec *pholas, pholados* « qui vit dans des trous ») zool. Mollusque marin bivalve comestible, qui vit dans les trous de rocher.

pholiote n. f. (du grec *pholis* « écaille de reptile ») bot. Champignon qui croît par touffes au pied des vieux arbres, dont certaines espèces sont comestibles.

Pholos Un des Centaures, fils de Silène, dans la mythologie grecque. Il meurt accidentellement lors du combat d'Héraclès contre les Centaures.

phonateur, trice adj. (de *phon[ation]*) didact. Qui concourt à la phonation. → **phonatoire.**

phonation n. f. (du grec *phonê* « voix, son ») didact. Ensemble des phénomènes qui concourent à la production de la voix et du langage articulé. → **parole.** *Troubles de la phonation.* → **dysphonie.**

phonatoire adj. didact. Relatif à la phonation. → **phonateur.** *L'appareil phonatoire,* permettant la production du langage humain.

phone n. m. (du grec *phonê* « voix, son ») phys. Unité de mesure de puissance sonore correspondant à l'intensité en décibels d'un son d'une fréquence de 1000 Hz.

-phone voir phon(o)-

phonématique adj. et n. f. (de l'anglais, dérivé de *phoneme* → **phonème**) ling. Relatif au phonème, en tant qu'unité distinctive. → **phonologique.** – n. f. *La phonématique.*

phonème n. m. (grec *phonêma* « son de voix » → **phon[o]-**) didact. Élément sonore du langage parlé, considéré comme une unité distinctive. *Le français comprend 36 phonèmes (16 voyelles et 20 consonnes).*

phonéticien, ienne n. Spécialiste de phonétique.

phonétique (grec, de *phonein* → **phon[o]-**) **1.** adj. Qui a rapport aux sons du langage. *Alphabet phonétique international. Transcription phonétique d'un mot.* **2.** n. f. Partie de la linguistique qui étudie les sons de la parole. *Phonétique descriptive. Phonétique fonctionnelle.* → **phonologie.** □ adv. **phonétiquement**

▶ Les langues peuvent être étudiées selon leur syntaxe, leur vocabulaire, mais aussi comme des systèmes de sons. La **phonétique** (2) s'intéresse aux caractéristiques physiques de ces sons : la façon dont ils sont produits (voyelles et consonnes, intonation et accentuation...) et dont ils sont perçus.
L'alphabet phonétique international comprend 118 caractères fondamentaux, qui correspondent aux principaux sons des langues humaines. Cette classification ne rend pas compte de toutes les nuances de chaque langue, et en particulier de ses différents accents. Suivant les façons de compter, le français comprend entre 31 et 36 sons.
On distingue les consonnes, les voyelles, et les semi-consonnes comme le [j] dans *pied.* Les consonnes sont classées selon leur mode d'articulation (orale ou nasale) et leur lieu d'articulation (le point de la bouche où s'effectue l'obstruction au passage de l'air : labiale/dentale...). Les voyelles se distinguent par leur degré « d'aperture » (fermées comme [i], ouvertes comme [a]...) et leur point d'articulation (antérieur, central, postérieur...). La présence ou l'absence de certains sons, leur plus ou moins grande fréquence permettent de préciser la description d'une langue et de la différencier des autres. Jusqu'à un certain point, cela permet aussi d'isoler des groupes linguistiques (langues « à tons » par exemple).
voir aussi **linguistique**

phoniatrie n. f. (du grec *phonê* « voix, son » et *-iatrie*) didact. Branche de la médecine qui traite tous les troubles de la phonation, de la parole. □ n. **phoniatre**

[1]phonie n. f. (de *[télé]phonie*) Transmission de messages parlés, dans la téléphonie sans fil.

[2]phonie n. f. (du grec *phonê* « voix, son ») didact. Phonation.

-phonie voir phon(o)-

phonique adj. didact. Qui a rapport au son ou à la voix. *Isolation phonique.* → **insonorisation.**

phono n. m. (abrév. de *phonographe*) anciennt Phonographe.

phon(o)-, -phone, -phonie Éléments (du grec *phônê* « son de la voix, langage ») qui signifient « voix, son » (ex. *aphone, orthophoniste, phonographe, radiophonie, saxophone*). – *-phone* signifie aussi « qui parle (une langue) » (ex. *francophone, arabophone*).

phonocapteur, trice adj. et n. m. techn. Capable de lire la gravure d'un disque phonographique. – n. m. *Un phonocapteur.*

phonogénie n. f. didact. Aptitude d'une voix ou d'un instrument à être l'objet d'un enregistrement et d'une reproduction de qualité.

phonogramme n. m. didact. **1.** Tracé qui enregistre les vibrations produites par la voix. **2.** Signe graphique représentant un son (opposé à *idéogramme*).

phonographe n. m. (de *phono-* et *-graphe* ; cf. *gramophone*) anciennt Appareil acoustique reproduisant les sons enregistrés. → **gramophone, phono.**

phonographique adj. Relatif à l'enregistrement des sons sur disque.

phonologie n. f. didact. Science qui étudie les sons d'une langue quant à leur fonction, à leurs oppositions (→ **phonème**).

phonologique adj. didact. Qui concerne les oppositions de phonèmes (structurant le système oral d'une langue).

phonologue n. didact. Spécialiste de la phonologie.

phonométrie n. f. didact. Mesure de l'intensité des sons.

phonon n. m. (de *phon[o]-*, et d'après *photon*) phys. Quantum d'oscillation d'une particule dans un réseau cristallin.

phonothèque n. f. Établissement qui réunit et conserve les documents sonores enregistrés sur tous supports et constituant des archives de la parole. → **sonothèque.**

phoque n. m. (latin, du grec) **1.** Mammifère marin des eaux froides, carnassier, aux membres antérieurs courts et palmés, au cou très court, au pelage ras. – loc. *Souffler comme un phoque,* respirer avec effort, avec bruit. **2.** Fourrure de phoque ou d'otarie.

-phore Élément (du grec *pherein* « porter ») qui signifie « qui porte, présente » (ex. *phototophore, sémaphore*).

phormion n. m. (latin *phormium* « natte », du grec) bot. Plante vivace appelée aussi *chanvre* ou *lin de la Nouvelle-Zélande.* - syn. **phormium** [-jɔm].

phosgène n. m. (du grec *phôs* « lumière » et *-gène*) chim. Gaz très toxique obtenu par la combinaison de chlore et de carbone ($COCl_2$).

phosphatage n. m. Opération qui consiste à répandre sur un sol des phosphates pour le fertiliser.

phosphatase n. f. biochim. Enzyme qui libère de l'acide phosphorique à partir de ses esters.

phosphatation n. f. Traitement de surface des pièces métalliques, par formation de phosphates ferriques. → **bondérisation.**

phosphate n. m. (de *phosphorique*) chim. Sel des acides phosphoriques. *Lessive sans phosphates.* – *Phosphate de calcium* ou ellipt *phosphate :* engrais naturel ou enrichi.

phosphaté, ée adj. Qui contient du phosphate de calcium ; qui est à l'état de phosphate. *Engrais phosphatés.*

phosphater v. tr. < 1 > **1.** Fertiliser (un sol) en répandant du phosphate de calcium. **2.** Réaliser la phosphatation de (une surface métallique).

phosphaturie n. f. (de *phosphate* et *-urie*) méd. Élimination d'un excès de phosphates par les urines.

phosphène n. m. (du grec *phôs* « lumière » et *phainein* « briller » → **phén[o]-**) méd. Sensation lumineuse résultant de l'excitation des récepteurs rétiniens par un agent autre que la lumière.

phosphine n. f. (de *phosphore*) chim. *Les phosphines :* classe de dérivés organiques de l'hydrogène phosphoré gazeux, par substitution de radicaux alcooliques à un ou plusieurs atomes d'hydrogène.

phosphite n. m. (de *phosphore*) chim. Ester de l'acide phosphoreux.

phospholipide n. m. biochim. Lipide contenant de l'acide phosphorique, constituant important des cellules vivantes animales et végétales.

phosphoprotéine n. f. biochim. Protéine contenant de l'acide phosphorique.

phosphore n. m. (grec *phôsphoros* « qui apporte la lumière » → **[1]photo-** et **-phore**) Élément chimique *(phosphore blanc)* très toxique et inflammable, qui brûle doucement en permanence, dégageant une lueur pâle.

phosphoré, ée adj. Qui contient du phosphore.

phosphorer v. intr. < 1 > fam. Travailler intellectuellement avec intensité.

phosphorescence n. f. (→ **phosphore**) **1.** Luminescence du phosphore. **2.** Propriété qu'ont certains corps d'émettre de la lumière après en avoir reçu. – *La phosphorescence des vers luisants.*

phosphorescent, ente adj. (→ **phosphore**) Doué de phosphorescence (2). *« L'azur phosphorescent de la mer des Tropiques »* (Heredia).

phosphoreux, euse adj. Qui contient du phosphore. ■ chim. *Acide phosphoreux* (H_3PO_3) *et anhydride phosphoreux* (P_2O_3).

phosphorique adj. (→ **phosphore**) chim. Qui contient du phosphore.

phosphorisation n. f. physiol. Action ou formation du phosphate de calcium dans l'organisme animal.

phosphorisme n. m. méd. Intoxication par le phosphore blanc.

phosphorite n. f. géol. Phosphate naturel de calcium. → **apatite.**

phosphorylase n. f. (de *phosphoryle* + *-ase*) biochim. Enzyme responsable de la dégradation du glycogène dans le muscle et dans le foie.

P

phosphorylation n. f. (de *phosphoryle*) biochim. Réaction par laquelle un radical phosphate (PO_3H_2) se fixe sur un composé organique.

phosphoryle n. m. biochim. Radical trivalent (PO_3) dans lequel sont associés un atome d'oxygène et un atome de phosphore.

phosphure n. m. chim. Combinaison de phosphore et de certains corps simples. *Phosphure d'hydrogène.* → Feu follet*.

phot [fɔt] n. m. (du grec *phôs, phôtos* « lumière ») Ancienne unité de mesure d'éclairement lumineux du système CGS, valant 10^4 lux (symb. ph).

-phote voir [1]photo-

Photios ou **Photius** (pour l'Église orthodoxe, saint) Théologien et érudit byzantin (v. 820-895). Patriarche de Constantinople (858), il fut déposé par le pape Nicolas Ier (863) et riposta en faisant excommunier ce dernier par un concile réuni à Constantinople en 867 (schisme de Photios). Réinstallé en 877, il resta en bonnes relations avec Rome. Il apparut néanmoins comme le champion de l'« orthodoxie » face à Rome et son attitude servit de modèle lorsque l'Église orthodoxe se sépara de l'Église romaine. Sa *Bibliothèque* est une source importante pour la connaissance de la littérature ancienne.

photo (abrév. de *photographie* et de *photographique*) → photographie (2 et 3) ; photographique.

[1]photo-, -phote Éléments (grec *phôs, phôtos* « lumière ») qui signifient « lumière ».

[2]photo- Élément tiré de *photographie.*

photobiologie n. f. didact. Partie de la biologie qui étudie l'action de la lumière sur les êtres vivants, notamment les végétaux.

photocathode n. f. électron. Cathode d'une cellule photoélectrique.

photochimie n. f. Partie de la chimie qui étudie les réactions chimiques sous l'action de la lumière. □ adj. **photochimique**

photochromique adj. didact. Dont la couleur varie selon l'intensité du rayonnement lumineux.

photocomposer v. tr. < 1 > imprim. Composer (un texte à imprimer) par photographie des caractères.

photocomposeuse n. f. techn. Machine pour la photocomposition. → composeuse. *Photocomposeuse à laser.* → flasheuse.

photocompositeur, trice n. Spécialiste de la photocomposition.

photocomposition n. f. imprim. Composition d'un texte par photographie.

photoconducteur, trice adj. électron. (matériau) Dont la conductivité électrique augmente sous l'action d'un rayonnement électromagnétique.

photoconductivité n. f. électron. Augmentation de la conductivité électrique d'un matériau semi-conducteur sous l'action d'un rayonnement électromagnétique.

photocopie n. f. Reproduction photographique d'un document. *L'original et la photocopie.*

photocopier v. tr. < 7 > Reproduire (un document) par photographie.

photocopieur n. m. ou **photocopieuse** n. f. Machine à photocopier.

photocopillage n. m. (de *photocopie* et *pillage*) Action de photocopier illégalement des livres, des documents, afin d'en économiser l'achat.

photodiode n. f. électron. Diode à semi-conducteur dans laquelle un rayonnement lumineux incident provoque une variation de l'intensité.

photodissociation n. f. chim. Dissociation d'une molécule sous l'effet d'un rayonnement de photons.

photoélasticimétrie n. f. (de *photo-, élastici[té]* et *-métrie*) techn. Étude optique des contraintes dans la masse d'une pièce métallique.

photoélectricité n. f. phys. Production de charges électriques sous l'action d'un rayonnement électromagnétique.

photoélectrique adj. **1.** phys. *Effet photoélectrique* : émission d'électrons sous l'influence de la lumière. **2.** *Cellule photoélectrique* : instrument utilisant l'effet photoélectrique pour mesurer l'intensité lumineuse qu'il reçoit ou déclencher un signal (alarme, ouverture de porte, etc.).

photoémetteur, trice adj. phys. Qui émet des électrons par effet photoélectrique.

photo-finish n. f. (de *photo[graphie]* et anglais *finish* « arrivée ») anglic. Enregistrement de l'arrivée d'une course ; appareil qui l'effectue. *Des photos-finish.* - var. RO **photofinish.** - recomm. offic. **photographie d'arrivée.**

photogène adj. vieux Luminescent.

photogénie n. f. Qualité de ce qui est photogénique.

photogénique adj. (anglais *photogenic* → photo- et -gène) Qui produit, au cinéma, en photographie, un effet supérieur à l'effet produit au naturel. *Un visage photogénique.*

photogramme n. m. techn. Chaque image photographique d'un film.

photogrammétrie n. f. techn. Détermination de la dimension des objets, au moyen de mesures faites sur des perspectives photographiques de ces objets.

photographe n. **1.** Personne qui prend des photographies. *Reporteur photographe.* **2.** Professionnel, commerçant qui se charge du développement, du tirage des clichés (et généralement de la vente d'appareils, d'accessoires).

photographie ou **photo** n. f. (de [1]*photo-* et *-graphie*) **1.** Procédé, technique permettant d'obtenir l'image durable des objets, par l'action de la lumière sur une surface sensible. **2.** (surtout *photo*) Technique, art de prendre des images photographiques. *Matériel de photo. Faire de la photo. Photo argentique, numérique.* ■ L'art photographique. **3.** Image obtenue par le procédé de la photographie (le cliché positif). → **épreuve ; diapositive.** *Prendre une photo. Photo en noir et blanc, en couleurs. Photo d'identité.*

photographier v. tr. < 7 > **1.** Obtenir l'image de (qqn, qqch.) par la photographie. *Se faire photographier.* **2.** Imprimer dans sa mémoire l'image de (qqn, qqch.).

photographique ou **photo** adj. De la photographie ; obtenu par la photographie. *Épreuve photographique. Appareil photo.* → **autofocus, [3]bridge, polaroïd, réflex.** *Des appareils photos.*

photographiquement adv. **1.** À l'aide de la photographie. **2.** Avec une exactitude photographique.

photograveur, euse n. Spécialiste de la photogravure.

photogravure n. f. Procédé d'impression d'illustrations, dans lequel un négatif est projeté sur une plaque qui est ensuite gravée par un acide.

photo-interprétation n. f. techn. Analyse des photographies aériennes servant à établir les éléments de base d'une carte. *Des photo-interprétations.*

photojournalisme n. m. Genre journalistique du reportage photographique.

photolecture n. f. techn. Technique de lecture automatique par des moyens optiques.

photolithographie n. f. Technique permettant de projeter une image sur une résine photosensible à l'aide d'une source lumineuse et à travers des objectifs, afin de l'y imprimer.

photoluminescence n. f. sc. Luminescence d'un corps qui renvoie des radiations d'une longueur d'onde différente de celle qu'il absorbe. → **fluorescence, phosphorescence.**

photolyse n. f. sc. Décomposition chimique par la lumière.

photomagnétique adj. sc. Qui concerne l'action de la lumière sur le magnétisme, la conductibilité.

photomaton n. m. (n. déposé ; de *photo, [auto]mat[ique]* et suffixe pseudo-scientifique *-on*) Appareil qui prend, développe et tire automatiquement des photos d'identité.

photomécanique adj. techn. Se dit de tous les procédés de reproduction utilisant des clichés photographiques.

photomètre n. m. sc. Appareil servant à mesurer les intensités lumineuses.

photométrie n. f. didact. Mesure de l'intensité des rayonnements.

photomontage n. m. Montage de photographies.

photomultiplicateur n. m. phys. Appareil qui permet de convertir les photons en électrons, puis de multiplier ceux-ci de façon à obtenir un signal sous forme de courant.

photon n. m. (anglais → [1]photo-) phys. Corpuscule, quantum d'énergie dont le flux constitue le rayonnement électromagnétique.

photonique adj. Relatif aux photons.

photopériode n. f. didact. Durée du jour, considérée du point de vue de ses effets biologiques. □ adj. **photopériodique**

photophobie n. f. méd. **1.** Crainte morbide de la lumière. **2.** Sensibilité excessive des yeux dans certaines maladies oculaires ou infectieuses.

photophore n. m. (→ -phore) **1.** Lampe portative à réflecteur. **2.** Coupe décorative contenant une bougie ou une veilleuse.

photopile n. f. Dispositif convertissant l'énergie lumineuse en courant électrique (syn. **pile solaire ;** didact. **cellule photovoltaïque**).

photorécepteur n. m. biol. Cellule réceptrice des stimulus lumineux.

photomontage

Photomontage argentique du palais Garnier (place de l'Opéra à Paris), par Christine Morel (1985).

On peut situer les débuts de la photographie contemporaine dans les années 1920 avec le Bauhaus et les recherches très novatrices des années 1930-1950. Stieglitz, Zielke, Man Ray, Blumenfeld, Florence Henri, Kertész, Kollar et tant d'autres ont travaillé sur l'espace et la lumière, joué des contrastes et des ombres, permis à l'image d'acquérir un caractère graphique et créé un art à part entière. Après eux, la photographie contemporaine évolue vers une vision plus subjective qu'objective, moyen d'expression personnelle plus que reflet de la réalité. Elle transgresse les frontières du paysage, de l'architecture, du nu, du portrait (distorsion, portrait-paysage, architecture imaginaire, portrait évolutif...) et elle entremêle les techniques (photo-collage, composition plastique, séquence photographique...).

Ci-dessus, Pentti Sammallahti, *Solovki, mer Blanche, Russie,* 1992.
1. Arno Rafael Minkkinen, *Fosters Pond,* 1993.
2. Alexey Titarenko, *Saint-Pétersbourg,* 1996.
3. Huan Zhang, *Family Tree,* 2003.
4. Georges Rousse, *Casablanca,* 1983.
5 Shoji Ueda, de la série « Paysages de dunes », vers 1948.
6. Jiri Kolar, photo-collage, Prague, 1977-1978.
7. André Kertész, *Distorsion n° 6,* Paris, 1933.
8. Ralph Gibson, *Profile through Door,* extrait de « The Somnambulist », 1970.
9. Germaine Krull, *Escalier,* vers 1930.

1

2

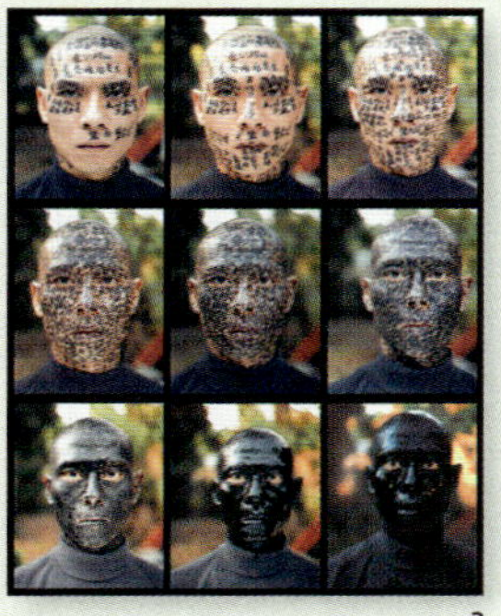

3

4

5

6

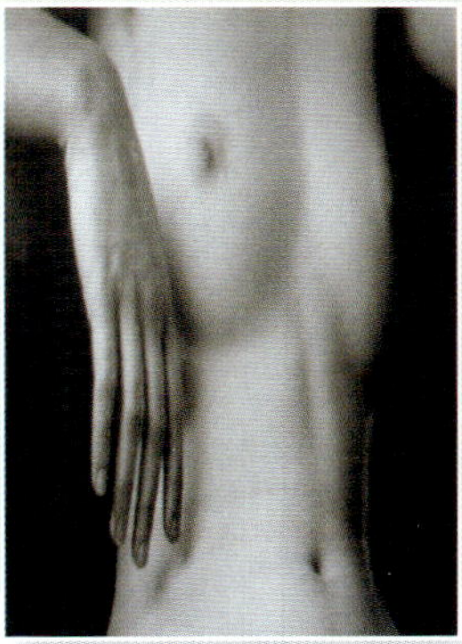

7

8

9

photoreportage n. m. Reportage photographique.

photoreporteur, trice [-ʀ(ə)pɔʀtœʀ, tʀis] n. ou **photoreporter** [-ʀ(ə)pɔʀtɛʀ ; -ʀ(ə)pɔʀtœʀ] n. m. Journaliste qui réalise un reportage photographique.

photo-robot voir **robot**

photoroman voir **roman-photo**

photosensibilisation n. f. Sensibilité anormale à la lumière solaire se manifestant par des allergies.

photosensible adj. Sensible aux rayonnements lumineux.

photosphère n. f. astron. Couche superficielle du Soleil qui émet un rayonnement.

photostyle n. m. (de [1]*photo-* et grec *stulos* → [1]**style**) inform. Dispositif en forme de crayon (dit aussi *crayon optique*) muni d'un détecteur photosensible qui, en pointant sur un écran, permet de transmettre directement des informations à un ordinateur.

photosynthèse n. f. biol. Processus par lequel les plantes vertes synthétisent des matières organiques grâce à l'énergie lumineuse, en absorbant le gaz carbonique de l'air et en rejetant l'oxygène. ▫ adj. **photosynthétique**

▶ Grâce à la **photosynthèse**, les végétaux produisent leur propre matière à partir de la lumière solaire, du dioxyde de carbone, de l'eau et de quelques sels minéraux. Ce processus se déroule principalement dans les feuilles, grâce à la chlorophylle. Ce pigment vert capte la lumière et utilise son énergie pour convertir l'eau et le CO_2 en glucides (sucres).
Cette *photosynthèse* (littéralement, « synthèse par la lumière ») s'accompagne de la production d'oxygène. Les glucides sont stockés par la plante ou employés comme source d'énergie pour la fabrication d'autres substances (telles que les protéines), assurant ainsi le fonctionnement de la machinerie cellulaire. Ce second phénomène, différent de celui de la photosynthèse, engendre la consommation d'oxygène et la production de CO_2 : c'est la respiration. Le jour, les deux processus ont lieu simultanément, mais l'impact de la photosynthèse est majoritaire : le bilan est positif en oxygène. La nuit, seule la respiration est opérante : la plante produit uniquement du CO_2. Lorsqu'on brûle la plante, son oxydation restitue non seulement le CO_2 mais également, sous forme de lumière et de chaleur, l'énergie du soleil accumulée lors de la photosynthèse.
Fixateurs de CO_2, les organismes photosynthétiques (arbres, herbes, algues...) ont un rôle essentiel dans la régulation atmosphérique de ce gaz à effet de serre. Ils constituent à ce titre un défi permanent pour les scientifiques. En 2007 à Kyōto, des chercheurs ont annoncé avoir développé un matériau (des nanoparticules de dioxyde de manganèse) capable de capter le CO_2 atmosphérique 300 fois plus efficacement que les plantes, tout en produisant à bas coût des sucres et de l'éthanol à partir d'énergie solaire.
voir aussi **dioxyde de carbone (CO_2), cycle, eau, oxygène**

photosynthèse

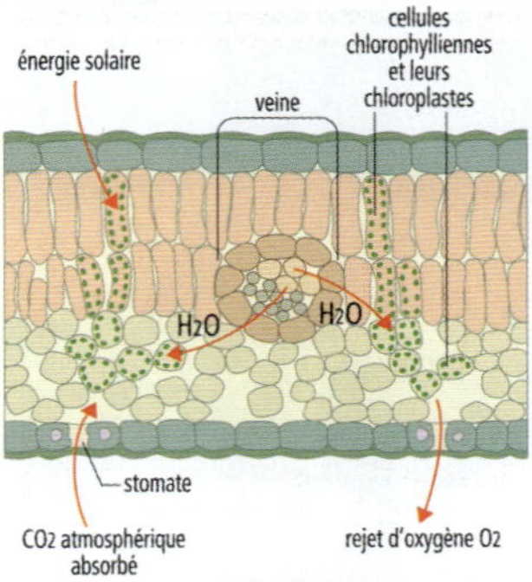

$6\ CO_2 + 6\ H_2O \longrightarrow C_6H_{12}O_6 + 6\ O_2$
(gaz carbonique + eau) (sucre + oxygène)

Coupe transversale d'une feuille

Grâce à l'énergie du Soleil captée au sein des chloroplastes, les organismes photosynthétiques transforment le gaz carbonique et l'eau en oxygène et en matière organique (glucide).

photosystème n. m. biochim. Complexe moléculaire responsable de la conversion de l'énergie lumineuse en énergie chimique au cours de la photosynthèse.

phototaxie n. f. (de *photo-* et *taxie*) biol. Mouvement d'un organisme déclenché par la lumière vers la source lumineuse ou dans la direction opposée. → **phototropisme.**

photothèque n. f. Collection d'archives photographiques.

photothérapie n. f. Traitement médical par la lumière.

phototransistor n. m. électron. Semiconducteur ayant la capacité de détecter un rayonnement optique et de le transformer en signal électrique.

phototrophe adj. (de *photo-* et du grec *trophê* « nourriture ») biol. *Organisme phototrophe*, qui peut utiliser la lumière comme source d'énergie.

phototropisme n. m. (→ **tropisme**) didact. Tropisme déterminé par l'action de la lumière. *Phototropisme de la fleur de tournesol.*

phototype n. m. **1.** rare Image photographique directe. → **cliché. 2.** Type de peau caractérisé par sa couleur et sa sensibilité au soleil.

phototypie n. f. Procédé d'impression à l'encre grasse au moyen de gélatine isolée sur une plaque de verre.

photovoltaïque adj. électron. Qui produit du courant électrique par transformation directe de l'énergie lumineuse en énergie électrique. *Cellule photovoltaïque.* → **photopile.**

▶ Découvert en 1839 par Antoine Becquerel, l'effet **photovoltaïque** utilise l'interaction entre la lumière solaire et un matériau semi-conducteur pour produire un courant électrique : il consiste en l'absorption d'une partie d'un rayonnement lumineux qui libère des électrons entre deux couches de silicium, ce qui génère une tension de l'ordre de 500 mV. Ces deux couches de silicium sont les principaux composants des cellules photovoltaïques, qui sont assemblées en panneaux délivrant une puissance suffisante pour alimenter des appareils à pile.
Le rendement de la conversion de l'énergie lumineuse en énergie électrique par les cellules photovoltaïques commerciales actuelles est de l'ordre de 15 % ; les meilleurs dispositifs expérimentaux atteignent 40 %. Leur efficacité dépend bien sûr de l'ensoleillement (840 h/an à Liège, 1 470 h/an à Séville).
L'obstacle principal à leur développement reste le raffinage en grande quantité de silicium utilisé pour fabriquer ces cellules, les procédés actuels étant chers et coûteux en énergie. Des panneaux sans silicium, à base de gallium, d'arsenic et de germanium, existent cependant, alors que les nanotechnologies ou la photosynthèse artificielle pourraient bientôt permettre une utilisation optimisée de la lumière solaire.
On confond parfois ces technologies avec le « solaire thermique », qui utilise l'énergie solaire pour chauffer l'eau du réseau domestique (chauffage, eau sanitaire, piscine). Dans les deux cas, l'énergie solaire est une alternative intéressante aux autres technologies durables qui exploitent la force du vent, des marées ou des lacs de barrage. Elle est, économiquement et techniquement, particulièrement adaptée aux usages locaux, notamment dans les pays en voie de développement.
voir aussi **développement durable, énergies renouvelables, nanotechnologie**

Phraatès Nom de plusieurs rois des Parthes. ■ **Phraatès IV.** Roi de 37 à 2 av. J.-C. Il vainquit les légions d'Antoine, mais dut traiter avec les Romains.

phragmite n. m. (du grec *phragmitês* « qui sert à faire une haie ») **1.** Roseau commun des marais. **2.** Fauvette des marais.

phrase n. f. (latin, emprunt au grec *phrasis* « élocution ») **1.** Assemblage oral ou écrit capable de représenter l'énoncé complet d'une idée. *La phrase peut consister en un mot unique* (ex. *Viens !*)*, mais contient habituellement un second terme qui est le sujet de l'énoncé* (ex. *Tu viens ?*)*. Phrase simple ; complexe* (formée de propositions*)*. Ordre et construction de la phrase.* → **syntaxe.** *Échanger quelques phrases.* → **propos. 2.** au plur. *Faire des phrases,* avoir recours à des façons de parler recherchées ou prétentieuses. – *Phrase toute faite :* formule conventionnelle. → **cliché.** – *Sans phrases,* sans commentaire, sans détour. **3.** Succession ordonnée de périodes musicales. *Phrase mélodique.*

phrasé n. m. mus. Manière de phraser. *Le phrasé d'un chanteur d'opéra.*

phraséologie n. f. (latin, emprunt au grec → **phrase**) didact. **1.** Façon de s'exprimer, lexique et tournures propres à un milieu, une époque, un écrivain. → [1]**style, terminologie. 2.** Ensemble des locutions, termes et expressions figés d'une langue. ▫ adj. **phraséologique**

phraser v. tr. < 1 > Délimiter ou ponctuer par l'exécution (les périodes successives d'une pièce musicale).

phraseur, euse n. Faiseur de phrases, de vains discours. → **bavard.** – adj. *Il est un peu phraseur.*

phrastique adj. Relatif à la phrase.

phratrie n. f. (grec *phratria*) **1.** hist. Division de la tribu chez les Athéniens. **2.** sociol. Groupe de clans, dans une tribu ou un groupe de tribus.

phréatique adj. (du grec *phrear, phreatos* « puits ») *Nappe phréatique :* nappe d'eau souterraine qui alimente les sources, des puits.

phrénique adj. (du grec *phrên* « diaphragme ») anat. Relatif au diaphragme.

phrén(o)-, -phrénie Éléments (du grec *phrên* « âme, intelligence »).

phrénologie n. f. (du grec *phrên* « intelligence ») hist. des sc. Étude du caractère d'un individu, d'après la forme de son crâne. ▫ adj. **phrénologique**

phrygane n. f. (du grec *phruganion* « petit bois sec ») zool. Insecte aux ailes membraneuses à nervures, dont les larves aquatiques sont enfermées dans des fourreaux.

Phrygie n. f. Ancienne contrée d'Asie Mineure, entre la Lydie et la Cappadoce. Au –XIIe s., elle fut envahie par un peuple indoeuropéen venu de Thrace, qui y fonda un royaume dont l'apogée se situe au –VIIIe s. Celui-ci disparut lors de l'invasion des Cimmériens (fin du –VIIe s.).

phrygien, enne adj. et n. De Phrygie. – hist. *Bonnet phrygien,* bonnet rouge porté par les révolutionnaires de 1789.

Phryné Courtisane grecque du –IVe s. Maîtresse de Praxitèle, elle lui aurait servi de modèle pour ses statues d'Aphrodite. Accusée d'impiété, elle fut défendue par Hypéride, qui obtint son acquittement en dévoilant sa nudité.

phtalate n. m. chim. Ester de l'acide phtalique, utilisé comme plastifiant.

phtaléine n. f. (de *[n]phtal[ène]*) chim. Composé obtenu par l'union de l'anhydride phtalique et d'un phénol, et qui, en milieu basique, prend des colorations vives.

phtalique adj. (→ **phtaléine**) chim. Se dit de certains dérivés du naphtalène.

phtiriase n. f. (du grec *phteir* « pou ») méd. Lésion de la peau provoquée par les poux du pubis.

phtisie n. f. (grec *phtisis* « dépérissement ») vieux Tuberculose pulmonaire. – *Phtisie galopante :* forme rapide, très grave, de la tuberculose ulcéreuse.

phtisiologie n. f. (de *phtisie*) méd. Partie de la pneumologie qui étudie la tuberculose pulmonaire.

phtisiologue n. Médecin spécialiste de la tuberculose pulmonaire.

phtisique adj. et n. vieux Tuberculeux. → **poitrinaire.**

Phuket Petite île de Thaïlande, sur la côte occidentale de la péninsule malaise. 100 000 habitants. Tourisme. L'île a été ravagée par un tsunami en décembre 2004.

Phú Quốc Île du Viêtnam, dans le golfe du Siam, près des eaux territoriales cambodgiennes. 550 km². Industrie de saumure de poisson, pêche. Tourisme.

phyco- Élément (du grec *phukos* « algue »).

phycologie n. f. didact. Science qui a pour objet l'étude des algues.

phycomycète n. m. bot. Champignon inférieur à mycélium en tube allongé non cloisonné.

phylactère n. m. (du grec *phulaktêrion*, trad. de l'hébreu *tephîlîn* → **téphillin**) **1.** Amulette, talisman, dans l'Antiquité grecque. **2.** relig. Petite boîte carrée renfermant les bandes de parchemin sur lesquelles sont inscrits des versets de la Bible que les juifs orthodoxes portent au bras gauche et sur la tête pendant la prière du matin. → **téphillin.** **3.** Banderole aux extrémités enroulées, portant la légende du sujet représenté, que les artistes du Moyen Âge et de la Renaissance faisaient figurer sur les œuvres d'art. **4.** Bulle, dans les bandes dessinées.

phylarque n. m. (latin d'origine grecque) hist. Chef d'une tribu, à Athènes. – Commandant d'un corps de cavalerie fourni par une tribu.

phylétique adj. (de l'allemand → **phylum**) biol. Relatif au mode de formation des espèces.

phyllade n. m. (grec *phullas, phullados* « feuillage ») minér. Schiste dur et luisant, d'aspect soyeux.

-phylle Élément (du grec *phullon* « feuille »).

phyllie n. f. (du grec *phullon* « feuille ») zool. Insecte des régions tropicales, au corps aplati, aux larges élytres semblables à des feuilles, de la famille des phasmes.

phyll(o)-, -phylle Éléments (du grec *phullon*) qui signifient « feuille » (ex. *chlorophylle*).

phyllo n. m. voir **filo**

phyllopode n. m. Division des crustacés branchiopodes.

phylloxéra n. m. (du grec *phullon* « feuille » → **phyll[o]-** et *xêros* « sec ») Puceron parasite des racines de la vigne. – Maladie de la vigne due à cet insecte.

phylloxéré, ée adj. Atteint par le phylloxéra.

phylloxérien, ienne adj. didact. Propre ou dû au phylloxéra.

phylogenèse n. f. (de l'allemand, du grec *phulon* « race » et *-genèse*) biol. Histoire évolutive des espèces (opposé à *ontogenèse*).

phylogénétique adj. et n. f. (de *phylogenèse*) biol. Relatif à la phylogenèse. ■ n. f. Branche de la génétique traitant des modifications génétiques au sein des espèces animales ou végétales.

phylum n. m. (mot allemand, du grec *phulon* « race, tribu ») biol. Souche d'où est issue une série généalogique ; suite des formes revêtues par les ascendants d'une espèce. → **lignée.** *Des phylums* ou *des phyla* (plur. latin). ■ zool. Embranchement.

physalie n. f. (du grec *phusalis* « bulle d'eau ») zool. Animal marin pourvu d'une grosse poche d'air rose violacé et de filaments urticants.

physalis n. m. (même origine que *physalie*) bot. Plante vivace appelée couramment *amour en cage,* au calice renflé très décoratif. → **alkékenge, coqueret.**

-physe Élément (du grec *phusis* « croissance, production ») [ex. *apophyse, hypophyse, métaphyse*].

physiatrie n. f. (de l'allemand → **physio-** et **-iatrie**) (Canada) Branche de la médecine qui traite des affections de l'appareil locomoteur. □ n. **physiatre**

physicalisme n. m. philos. Doctrine empiriste selon laquelle le langage des sciences physiques constitue un modèle pour toutes les sciences humaines qui doivent s'en inspirer.

physicien, ienne n. Spécialiste de la physique. *Physiciens et chimistes.* – → aussi **astrophysicien, géophysicien.**

physico- Élément (de **²physique**).

physicochimie n. f. Domaine de la science à la limite de la physique et de la chimie.

physicochimique adj. didact. À la fois physique et chimique.

physicomathématique adj. et n. f. **1.** adj. Qui concerne à la fois la physique et les mathématiques. **2.** n. f. Mathématiques appliquées à la physique.

physicothéologique adj. *Preuve physicothéologique de l'existence de Dieu,* par laquelle on attribue l'ordre et la finalité du monde à Dieu et non au hasard.

physio- Élément (du grec *phusis* → **²physique**) qui signifie « nature (de l'être vivant) ; milieu naturel ».

physiocratie n. f. écon. Doctrine économique du XVIIIᵉ siècle fondée sur la connaissance des lois dites naturelles, et donnant la prépondérance à l'agriculture (opposé à *mercantilisme*). □ n. **physiocrate**

physiognomonie n. f. (latin d'origine grecque) vieilli Science qui a pour objet la connaissance du caractère d'une personne d'après sa physionomie. □ adj. **physiognomonique**

physiologie n. f. Science qui étudie les fonctions et les propriétés des organes et des tissus des êtres vivants ; ces fonctions. *Physiologie végétale.*

physiologique adj. **1.** De la physiologie. **2.** Qui concerne l'activité de l'organisme humain. (opposé à *psychique*) *L'état physiologique du malade.* → **¹physique, somatique.** *Besoins physiologiques.* **3.** Adapté au bon fonctionnement de l'organisme. *Tétine physiologique. Sérum* physiologique.* □ adv. **physiologiquement**

physiologiste n. Savant qui fait des recherches de physiologie.

physionomie n. f. (latin, du grec *phusiognômonia*, de *gnômôn* « qui connaît » → **gnose**) **1.** Ensemble des traits, aspect du visage (surtout d'après leur expression). → **face, faciès ; ¹physique.** *Jeux de physionomie,* mimiques. **2.** Aspect particulier (d'une chose). → **apparence.** *La physionomie du pays a changé.*

physionomiste adj. et n. **1.** adj. Capable de reconnaître au premier coup d'œil une personne déjà rencontrée. **2.** n. Personne chargée de filtrer l'accès à un lieu public. *Le physionomiste d'une boîte de nuit.*

physiopathologie n. f. didact. Étude des troubles qui surviennent dans le fonctionnement des organes au cours d'une maladie. – Physiologie pathologique.

physiothérapie n. f. méd. Méthode thérapeutique qui utilise les agents naturels : air, eau, lumière, etc.

¹physique (latin *physicus*, emprunt au grec *phusikos* « naturel » → **physio-**) **I.** adj. **1.** Qui se rapporte à la nature. → **¹matériel.** *Le monde physique. Géographie physique et humaine.* **2.** Qui concerne le corps humain (opposé à *moral, psychique*). *Souffrance physique. Activité physique.* loc. *Culture physique,* gymnastique, sport. *Éducation physique et sportive* (EPS). – *État physique,* de santé. *Troubles physiques.* → **organique, physiologique.** – *Dégoût, horreur physique,* que la volonté ne contrôle pas. ■ dr. *Personne* physique* (opposé à *personne morale*). **3.** Charnel, sexuel. *Amour, plaisir physique.* **4.** Qui se rapporte à la nature, à l'exclusion des êtres vivants. *Les sciences physiques,* la physique (²) et la chimie. **5.** Qui concerne la physique (²). *Propriétés physiques et chimiques d'un corps.* → **physicochimique.** **II.** n. m. **1.** Ce qui est physique dans l'être humain. – ***Au physique*** : en ce qui concerne le corps. → **physiquement.** **2.** Aspect général (de qqn). → **physionomie.** *Un physique agréable.* – loc. *Avoir **le physique de l'emploi**,* un physique adapté à la situation, à la fonction.

²physique n. f. (latin *physica*, emprunt au grec *phusikê*) **1.** Science qui étudie les propriétés générales de la matière et établit des lois qui rendent compte des phénomènes matériels (distinguée de la *physiologie,* des *sciences naturelles*). *Physique expérimentale. Expérience de physique. Physique atomique, nucléaire,* science qui étudie la constitution intime de la matière, l'atome, le noyau. → **microphysique.** *Domaines de la physique classique :* acoustique, électricité, électronique, magnétisme, mécanique, optique, thermodynamique, etc. **2.** Étude physique d'un problème. *Physique du globe* (géophysique), *des astres* (astrophysique), *de la vie* (biophysique).

physiquement adv. **1.** D'une manière physique, d'un point de vue physique. *Être diminué physiquement.* **2.** En ce qui concerne l'aspect physique d'une personne. *Il est plutôt bien physiquement.*

physisorption n. f. (de *²physi[que]* et *[ad]sorption*) chim. Adsorption sans formation de liaison chimique.

physostigma n. m. (du grec *phusa* « vésicule » et *stigma* « stigmate ») bot. Plante exotique herbacée volubile, couramment appelée *fève de Calabar* et dont les graines renferment un alcaloïde vénéneux, l'ésérine*.

physostome n. m. (du grec *phusa* « vessie » et *stoma* « bouche ») zool. Poisson dont la vessie natatoire communique avec le tube digestif.

phytéléphas n. m. (de *phyt[o]-* et du grec *elephas* « ivoire ») bot. Palmier dont la graine fournit l'ivoire végétal. → **corozo.**

phyt(o)-, -phyte Éléments (du grec *phuton* « ce qui pousse » *cf.* **néophyte**) qui signifient « plante ».

phytobiologie n. f. didact. Biologie végétale.

phytoécologie n. f. didact. Étude du milieu dans ses rapports avec la végétation.

phytogéographie n. f. didact. Étude de la distribution des plantes sur la Terre.

phytohormone n. f. biol. Hormone végétale.

phytopathologie n. f. bot. Partie de la botanique qui étudie les maladies des plantes.

phytophage adj. et n. zool. (animal) Qui se nourrit de matières végétales. *Insecte phytophage.*

phytopharmacie n. f. didact. Étude et fabrication des produits qui luttent contre les ennemis des plantes.

phytophthora n. m. (de *phyto-* et du grec *phtorios* « destructeur ») bot. Champignon parasite des végétaux, l'un des responsables du mildiou.

phytoplancton n. m. didact. Plancton végétal.

phytosanitaire adj. didact. Relatif aux soins à donner aux végétaux.

phytosociologie n. f. bot. Étude des associations végétales.

phytothérapie n. f. (→ **thérapie**) Traitement des maladies par les plantes ou leurs extraits.

P

phytotron n. m. (de *phyto-* et *[cyclo]tron*, d'après l'anglais) bot. Laboratoire permettant de réaliser toutes les conditions expérimentales de croissance des végétaux.

phytozoaire n. m. (de *phyto-* et du grec *zôon* « animal ») zool. Animal aquatique à symétrie rayonnée, qui a une apparence de plante (méduse, polype, échinoderme).

pi n. m. invar. (mot grec) **1.** Seizième lettre de l'alphabet grec (Π, π), correspondant au *p*. **2.** (abrév. du grec *periphereia* → **périphérie**) Symbole (π) qui représente le rapport constant de la circonférence d'un cercle à son diamètre (nombre irrationnel : 3,1415926...) ; ce nombre.

piaculaire adj. (latin *piacularis*) rare Relatif à l'expiation. → **expiatoire.**

piaf n. m. (onomatopée ; origine obscure) fam. Moineau ; petit oiseau.

Piaf (**Édith Giovanna Gassion**, dite **Édith**) Chanteuse française (1915-1963). Après avoir commencé par chanter dans les rues, elle devint en quelques années une icône de la chanson française grâce à son style vocal et à sa présence sur scène. Elle a inspiré de nombreux auteurs et composé plusieurs de ses chansons, dont *La Vie en rose*, et a permis à de nombreux talents de se révéler (Y. Montand, G. Moustaki entre autres).

Édith Piaf en 1961 à l'Olympia.

piaffant, ante adj. Qui piaffe.

piaffement n. m. Mouvement, bruit du cheval qui piaffe.

P

piaffer v. intr. < 1 > (origine inconnue) **1.** Se dit d'un cheval qui, sans avancer, frappe la terre des pieds de devant. **2.** (personnes) Frapper du pied, piétiner. *Piaffer d'impatience.* → **trépigner.**

piaffeur, euse adj. Qui piaffe.

Piaget (**Georges Édouard**) Horloger suisse (1855-1931). Il installa son premier atelier dans la ferme familiale du Jura suisse pour se consacrer à la fabrication de mouvements de haute précision. À partir de 1943, des montres à gousset furent commercialisées sous son nom. Son fils, **Timothée Piaget**, reprit la direction de la maison en 1911.

Piaget (**Jean**) Psychologue et épistémologiste suisse (1896-1980). Spécialiste de la psychologie de l'enfant, il formula les principes de l'épistémologie génétique et s'attacha à étudier la genèse et les phases de formation de l'intelligence. *La Naissance de l'intelligence ; Introduction à l'épistémologie génétique.*

piaillard, arde adj. Qui piaille. → **piailleur.**

piaillement n. m. **1.** Action, fait de piailler. *Le piaillement des moineaux.* **2.** Cri poussé en piaillant (2). *Des piaillements d'enfant.*

piailler v. intr. < 1 > (onomatopée) fam. **1.** (oiseaux) Pousser de petits cris aigus. → **piauler. 2.** (personnes) *Enfant qui piaille.* → **crier, pleurer.**

piaillerie n. f. Action de piailler. → **piaillement.**

piailleur, euse n. fam. Personne qui piaille. – adj. *Des gamins piailleurs.*

Piana

Piana, le village surplombant le golfe de Porto et ses calanques de granit rouge, l'un des deux sites naturels de France inscrits au patrimoine mondial de l'Unesco.

Pialat (**Maurice**) Réalisateur français (1925-2003). Révélé par *L'Enfance nue*, virulent plaidoyer en faveur des enfants abandonnés, il ne cessa de filmer la souffrance et l'affrontement passionnel. *Nous ne vieillirons pas ensemble ; Loulou ; Sous le soleil de Satan ; Van Gogh.*

pian n. m. (d'une langue indienne du Brésil) Grave maladie tropicale, contagieuse et endémique (ulcérations de la peau, lésions osseuses aux jambes et aux pieds) due à un tréponème.

Piana Commune de la Corse-du-Sud, au N. du golfe de Porto, à proximité des calanques de Piana. 461 habitants. Église du XVIIIe siècle.

pianissimo adv. (→ 2piano) mus. Très doucement. *Jouer pianissimo.* – n. m. *Des pianissimos* ou *des pianissimi* (plur. latin).

pianiste n. Personne qui joue du piano, professionnellement ou en amateur. *Pianiste de jazz.*

pianistique adj. Relatif au piano.

1piano n. m. (italien, abrév. de *piano forte* « doucement et fort », qualifiant le clavecin → **piano-forte**) **1.** Instrument de musique à clavier, dont les cordes sont frappées par des marteaux (et non pincées comme celles du clavecin). *Clavier, touches, pédales d'un piano.* – *Piano droit*, à table d'harmonie verticale. *Piano à queue*, à table d'harmonie horizontale. *Piano de concert.* – *De vieux pianos désaccordés.* → fam. **casserole.** *Jouer du piano. Concerto pour piano et orchestre.* – *Piano mécanique*, dont les marteaux sont actionnés par un mécanisme (bande perforée, etc.). → **pianola.** – fam. *Piano à bretelles.* → **accordéon. 2.** Technique, art de cet instrument.

2piano adv. (mot italien → 1piano) **1.** mus. Doucement, faiblement (opposé à *forte*). – n. m. Passage joué piano. *Des pianos.* **2.** fam. → **doucement.**

Piano (**Renzo**) Architecte italien (né en 1937). Représentant du high-tech, il s'associa à R. Rogers avec qui il édifia notamment le centre Pompidou à Paris. Il a construit des musées, dont le musée d'Art contemporain de Lyon, le Whitney Museum de New York et le Centre Tjibaou en Nouvelle-Calédonie, des tours (la tour Shard à Londres) et le Palais de Justice de Paris (quartier des Batignolles). Il a aussi transformé de nombreux édifices (usine Fiat de Turin, Potsdamer Platz à Berlin).

Renzo Piano, Centre Paul Klee de Berne (2005).

piano-bar n. m. (de *1piano* et *bar*) Bar dans lequel l'ambiance musicale est assurée par un pianiste. *Des pianos-bars.*

piano-forte [pjanofɔʀte] n. m. (mot italien → 1piano) Instrument de musique à clavier (le premier piano, au XVIIIe siècle). *Des pianos-forte.* - var. **pianoforte.**

pianola n. m. (marque déposée ; de l'anglais des États-Unis, de *piano*) Piano mécanique.

pianoter v. intr. < 1 > **1.** Jouer du piano maladroitement. **2.** Tapoter (sur qqch.) avec les doigts. *Pianoter sur une table.* – *Pianoter sur son ordinateur portable.* □ n. m. **pianotage**

piapia n. m. (onomatopée) fam. Bavardage. → **blabla.** □ **piapiater** v. intr. < 1 >

piassava n. m. (portugais *piassaba*, du tupi) Palmier d'Amérique du Sud dont on extrait une fibre textile. ■ Cette fibre.

Piast Nom de la dynastie des ducs et rois de Pologne, qui fonda le premier État polonais v. 960 et le gouverna jusqu'en 1370.

piastre n. f. (italien « plaque de métal » → **plastron**) **1.** Ancienne monnaie de divers pays (Syrie, Soudan, Égypte, Liban...). **2.** au Canada, fam. Dollar (canadien).

Piatra Neamț Ville de Roumanie, en Moldavie, sur la rive de la Bistrița. 76 600 habitants. Aux environs, monastère de Bistrița fondé au début du XVIe siècle.

Piaubert (**Jean**) Peintre français (1900-2002). Il élabora un style abstrait, précis et construit, dans des toiles poétiques peuplées de formes nettes et de mouvements. *Azur vorace.*

Piauí État du Brésil (Nordeste). 251 273 km^2. 3,1 millions d'habitants. Capitale : Teresina. C'est un des États les plus pauvres de la Fédération.

piaule n. f. (ancien français *piolle* « cabaret » ; p.-ê. de *pier* « boire avec excès ») fam. Chambre.

piauler v. intr. < 1 > (onomatopée → **piailler**) **1.** (petits oiseaux) Crier. → **piailler. 2.** fam. (personnes) Crier en pleurnichant. → **piailler.** □ n. m. **piaulement**

Piave n. m. ou f. Fleuve italien. 220 km. Né dans les Alpes carniques, il arrose la Vénétie avant de se jeter dans l'Adriatique.

piazza n. f. (mot italien « place ») Espace réservé aux piétons dans un ensemble architectural.

Piazza Armerina Ville d'Italie, en Sicile, dans la province d'Enna. 21 100 habitants. Marché agricole. Aux environs, célèbre villa romaine du Casale (mosaïques du IVe s.)

Piazzetta (Giovanni Battista ou **Giambattista)** Peintre italien (1683-1754). Il est l'auteur de scènes religieuses, de portraits et de scènes de genre remarquables par le sens des volumes et l'emploi de clairs-obscurs contrastés.

Piazzi (Giuseppe) Astronome italien (1746-1826). Il créa un observatoire à Palerme qui lui permit de découvrir l'astéroïde Cérès (1801).

Piazzolla (Astor) Compositeur et joueur argentin de bandonéon (1921-1992). Il a introduit des innovations majeures (rythme, harmonie) dans le tango et l'a enrichi des formes symphoniques de la musique classique et du jazz.

PIB [peibe] **n. m. invar.** Produit intérieur brut. → **produit.**

▶ Le produit intérieur brut — **PIB** — comptabilise les valeurs ajoutées des branches productives de l'économie. En comptabilité nationale, il est aussi égal à la somme de la consommation, de l'investissement, des dépenses publiques et du solde extérieur (exportations moins importations). Le produit national brut — PNB — correspond quant à lui au PIB plus les revenus de facteurs de production reçus de l'étranger moins les revenus de facteurs de production envoyés à l'étranger. Les deux grandeurs — très proches sur le long terme — constituent une approximation de l'importance de la création de richesses au sein d'un espace (souvent national) et au cours d'une période de temps (souvent l'année). Le PIB permet de mesurer le poids économique d'un pays ; sa progression fonde à long terme la puissance économique d'une nation. Le PIB des États-Unis — actuellement première économie mondiale — représente environ le quart du PIB mondial. Depuis l'adoption du Système européen des comptes, les membres de l'Union ont abandonné le calcul du PNB (1995).
Le PIB par habitant constitue une mesure du niveau de vie des populations. Sa croissance signifie une progression de la quantité de biens et services à la disposition des individus. Pour un gouvernement, le principal objectif de politique économique est de faire en sorte que le PIB effectif soit égal au PIB potentiel (qui correspond à une pleine utilisation des facteurs de production). Le PIB fonde une approche purement quantitative des performances d'une économie, contrairement à l'Indice de développement humain (IDH) ou à la notion plus générale de développement.
voir aussi **croissance, IDH, développement durable**

pibale n. f. (du poitevin *pibole* « pipeau ») **régional (côte atlantique)** Jeune anguille. → **civelle.**

à pible loc. adj. invar. (de l'ancien français *pible* « peuplier », du latin *populus*) mar. *Mât à pible* : mât formé d'une seule pièce de la base au sommet.

Pibrac Commune de la Haute-Garonne. 8 523 habitants. Château Renaissance. Tombeau de sainte Germaine Cousin (pèlerinage). Basilique du XIXe siècle.

[1]pic n. m. (vient du latin *picus cf.* pie) Oiseau grimpeur qui frappe de son bec l'écorce des arbres pour en faire sortir les larves dont il se nourrit. → **pivert.**

[2]pic n. m. (de [1]*pic* avec influence de *piquer*) Outil de mineur, pioche à fer(s) pointu(s). – *Pic à glace.*

[3]pic n. m. (probablt de l'espagnol *pico*) **1.** Montagne dont le sommet dessine une pointe aiguë ; cette cime. **2. fig.** Partie aiguë d'une courbe enregistrée, correspondant à un maximum. *Pic d'une courbe de température.* ■ Ce maximum. *Pic de pollution.* – **par ext.** *L'affluence est à son pic.* → **[1]comble, summum.** *Il est au pic de sa popularité.* → **sommet.**

[4]à pic loc. adv. (de *piquer* et d'après [3]*pic*) **1.** Verticalement. *Rochers qui s'élèvent à pic au-dessus de la mer* (→ **à-pic**). – **loc. adj. invar.** → **escarpé.** *Montagne à pic.* ■ *Bateau qui coule à pic,* droit au fond de l'eau. **2. fam.** À point nommé, à propos. *Ça tombe à pic.*

Pic (Anne-Sophie) Chef cuisinière française (née en 1969). Fille et petite-fille de cuisiniers étoilés, elle est la seule femme à avoir aujourd'hui trois étoiles au Guide Michelin.

pica n. m. (mot latin « pie », à cause de la voracité de cet oiseau) méd. Goût morbide pour des substances non comestibles.

Picabia (Francis) Peintre et écrivain français (1879-1953). D'abord impressionniste, sa peinture se fit ensuite cubiste et « orphique ». Pionnier de l'art abstrait, il s'attaqua aux valeurs établies dans un esprit dadaïste avant d'infléchir son œuvre dans un sens plus lyrique et expressionniste. Il influença par son œuvre et ses écrits les tenants du néo-dadaïsme, du pop art et de l'art conceptuel.

picador n. m. (mot espagnol *picaresco* ; famille de *pique*) Cavalier qui, dans les corridas, fatigue le taureau avec une pique.

picage n. m. (du latin *pica* → pica) vétér. Maladie des oiseaux domestiques qui les porte à s'arracher les plumes entre eux.

picaillon n. m. (mot savoyard, de l'ancien français *piquar* « sonner, tinter ») fam., vieilli Argent.

picard, arde adj. et n. m. De Picardie. ■ **n. m.** Dialecte de langue d'oïl de la Picardie.

Picard (abbé Jean) Astronome et géodésien français (1620-1682). Grâce à ses inventions (micromètre à fil mobile, lunettes pour les mesures de petits angles), il mesura l'arc de méridien entre Paris et Amiens, et put donner une bonne estimation du rayon terrestre qui servit à Newton dans sa théorie de la gravitation universelle. Il travailla à la réalisation de la carte de France avec La Hire.

Picard (Émile) Mathématicien français (1856-1941). Son théorème concernant les familles normales constitue le *cycle de Picard,* qui permet de classifier les fonctions analytiques régulières. Il participa à la création de la géométrie algébrique.

Picard (Charles) Archéologue français (1883-1965). Il est l'auteur d'importants travaux sur la Grèce antique. *Manuel d'archéologie grecque.*

picardan ou **picardant n. m.** Cépage blanc du Bas-Languedoc fournissant un vin muscat ; ce vin.

Picardie n. f. Ancienne province française, qui couvrait le N. de la Picardie actuelle. Réunie au domaine royal entre le XIIe et le XIVe s., elle fut donnée au duc de Bourgogne par le roi d'Angleterre lors de la guerre de Cent Ans, et revint à la Couronne de France en 1482.

Picardie Anc. région administrative de la France (jusqu'en 2015). → **Hauts-de-France.**

picarel n. m. (de l'ancien occitan *picar*) Poisson osseux de la Méditerranée.

picaresque adj. (espagnol *picaresco,* de *picaro* « aventurier » ; famille de *piquer*) *Roman picaresque,* qui met en scène des aventuriers (dans l'Espagne des XVIIe et XVIIIe siècles).

Picart le Doux (Jean) Dessinateur et peintre français (1902-1982). Avec J. Lurçat, il se consacra au renouveau de l'art de la tapisserie. Il a notamment illustré *Le Bestiaire* d'Apollinaire.

Picasso (Pablo Ruiz y Picasso, dit Pablo) Peintre, dessinateur, graveur, céramiste et écrivain espagnol (1881-1973). Installé à Paris en 1904, il fut un artiste majeur du XXe siècle. Ses premières œuvres s'affranchirent déjà de la figuration académique. À sa « période bleue » et à sa « période rose » (1901-1907) succéda une période cubiste,

Pablo Picasso, *Autoportrait* (1907), Galerie nationale, Prague.

inaugurée par *Les Demoiselles d'Avignon* (1907), qui s'épanouit dans le cubisme dit « analytique » puis « synthétique ». Néo-classique et réaliste à partir de 1917 *(Flûtes de Pan),* il poursuivit dans le même temps ses recherches cubistes et devint compagnon de route du surréalisme. Bouleversé par la guerre civile espagnole, il réalisa *Guernica* en 1937. Il adhéra au Parti communiste (1944) et réalisa la célèbre *Colombe* (1949) pour le mouvement de la Paix. Incarnant aux yeux du public la peinture moderne, il sut durant toute sa vie soutenir son mythe. Des musées lui sont dédiés à Paris (hôtel Salé), Antibes et Barcelone.

pic-bois ou **pique-bois n. m. (Canada)** Oiseau de la famille du pic, tel que le pic épeiche, le pivert. *Des pics-bois, des pique-bois.*

Piccadilly Artère et place de Londres, commerçante et touristique, dans le West End.

piccalilli n. m. (mot anglais, p.-ê. de *pickle* « saumure » et de *chili* « piment » → pickles, chili) Pickles aromatisés à la moutarde douce.

Piccard (Auguste) Physicien suisse (1884-1962). Il effectua dans un ballon à nacelle étanche les premières ascensions stratosphériques jusqu'à 16 000 m (1931-1932) et réalisa le premier bathyscaphe (1948), petit sous-marin capable de plonger à une très grande profondeur.

Piccard (Bertrand) Psychiatre et aéronaute suisse (né en 1958). Petit-fils d'Auguste Piccard. En 1999, il a effectué le premier tour du monde en ballon sans escale avec le Britannique Brian Jones. Il a imaginé un avion solaire, *Solar Impulse,* à bord duquel il a réalisé un vol sans escale de 26 heures en 2010 avec André Borschberg. *Solar Impulse 2* a réussi le tour du monde en 2016.

Solar Impulse 2, l'avion solaire, survolant San Francisco (2016).

Piccinni (Niccolò) Compositeur italien (1728-1800). Après avoir connu le succès en Italie grâce à une cinquantaine d'opéras, dont *Alessandro nell'Indie* et *La Cecchina,* il s'installa en France et se trouva malgré lui en rivalité avec Gluck. Les gluckistes, partisans d'un style sobre et de l'opéra en

P

français finirent par l'emporter sur les piccinnistes, défenseurs de la virtuosité et de la langue italienne. Piccinni n'en a pas moins participé à la rénovation profonde de l'opéra classique en France. *Roland ; Didon.*

Piccoli (Michel) Comédien français (1925-2020). Il a joué dans plus de 150 films et imposé son style fait de robustesse et de maturité, dans des rôles tour à tour cyniques et tendres. Il a tourné avec les plus grands metteurs en scène (Godard, Sautet, Ferreri, Buñuel...). Au théâtre, il a joué aussi bien Shakespeare, Marivaux, Tchekhov que des auteurs contemporains comme Koltès. *Le Mépris ; La Grande Bouffe ; Les Choses de la vie ; Le Fantôme de la liberté ; Habemus papam.*

piccolo n. m. (mot italien « petit », d'origine onomatopéique) **1.** *Picolo* ou *piccolo* : petite flûte en ré. **2.** fam. et vieux Vin rouge ordinaire (→ **picoler**).

Piccolomini (Ottavio), duc d'Amalfi, prince du Saint Empire Général autrichien (1599-1656). Il combattit sous les ordres de Wallenstein et trahit celui-ci, provoquant son assassinat (1634).

Pic de La Mirandole (Giovanni Pico della Mirandola, dit en français Jean) Philosophe italien (1463-1494). Issu d'une famille princière, le « prince des érudits » se forma à Padoue, où il apprit l'arabe, l'hébreu, l'araméen, puis découvrit la philosophie platonicienne à Florence. Après la publication de ses 900 thèses, il fut condamné par l'Église et se réfugia en France. De retour en Italie, il bénéficia de la protection de Laurent le Magnifique. Il demeure un esprit emblématique de la Renaissance, auteur de traités remarquables par leur érudition et leur esprit de tolérance. *De la dignité de l'homme.*

Picenum n. m. Région de l'Italie ancienne, sur la côte Adriatique, au S. d'Ancône.

Pichegru (Charles) Général français (1761-1804). Commandant en chef de l'armée du Rhin puis de l'armée du Nord, il conquit les Pays-Bas (1794-1795). Rallié à la cause royaliste, il perdit son commandement puis fut élu au Conseil des Cinq-Cents (1797). En 1803, il organisa avec Cadoudal un complot contre Bonaparte. Dénoncé, il fut arrêté et retrouvé étranglé dans sa cellule.

pichenette n. f. (origine obscure, p.-ê. du provençal) Chiquenaude, petit coup donné avec un doigt.

pichet n. m. (mot régional ; bas latin, du grec *bikos* « récipient ») Petite cruche à bec ; son contenu.

Pichette (Henri) Poète français (1924-2000). Ami d'Artaud, il écrivit pour le théâtre deux pièces lyriques (*Les Épiphanies ; Nucléa*). Engagé aux côtés des surréalistes dans la voie révolutionnaire avec *Les Revendications*, il n'a cessé de célébrer dans son œuvre la cause de l'homme et de sa liberté (*Poèmes offerts*).

picholine [pikɔlin] n. f. (du provençal *pichoulino*, de *pichon, pitchoun* « petit ») Petite olive verte à bout pointu, qui se mange marinée ou confite.

Pickering (Edward) Astronome américain (1846-1919). Pionnier de l'astrophysique, il travailla sur la photométrie, la photographie et la spectroscopie stellaire (catalogue général de spectres stellaires en 1885).

Pickford (Gladys Mary Smith, dite Mary) Actrice américaine (1893-1979). Sa blondeur et son charme fragile en firent l'une des premières stars du cinéma muet (*Pauvre Petite Fille riche ; Rosita*). Elle participa, avec Douglas Fairbanks, Charlie Chaplin et D. W. Griffith, à la fondation de la firme United Artists.

pickles [pikœls] n. m. pl. (mot anglais, de *pickle* « saumure ») anglic. Petits légumes macérés dans du vinaigre aromatisé, servis comme condiment. → **achards.**

pickpocket [pikpɔkɛt] n. m. (mot anglais, proprt « pique-poche ») anglic. Voleur à la tire.

pickup n. m. ou **pick-up** [pikœp] n. m. invar. (anglais *to pick up* « ramasser ») anglic. **I.** vieilli Tourne-disque ; électrophone. *Des pickups, des pick-up.* **II.** Camionnette à plateau découvert.

pico- Élément du système international (symb. *p*) (de l'espagnol *pico* « petite somme »), qui indique la division par un million de millions (10^{-12}) de l'unité dont il précède le nom.

picodon n. m. (de l'occitan *picooudou*, de *piquer* « être piquant au goût ») Petit fromage de chèvre produit dans la Drôme et dans l'Ardèche.

picole n. f. (de *picoler*) fam. Fait de boire de l'alcool. ■ par métonymie *La picole* : l'alcool.

picoler v. intr. < 1 > (de *piccolo* « vin », de l'italien → piccolo) fam. Boire du vin, de l'alcool avec excès. □ n. **picoleur, euse**

picolo voir piccolo

picorer v. < 1 > (probablt de *piquer*) **I.** v. intr. **1.** (oiseaux) Chercher sa nourriture avec le bec. **2.** (personnes) Manger très peu, sans appétit. → **grignoter. II.** v. tr. Piquer, prendre de-ci de-là avec le bec. → [1]**becqueter.**

picosser v. tr. < 1 > (mot de l'Ouest [Anjou, Poitou], de *piquer*) (Canada) fam. **1.** Picorer. **2.** Agacer.

picot n. m. (→ piquer) **1.** techn. Pièce mécanique en relief destinée à transmettre un mouvement en s'emboîtant dans une perforation. **2.** Petite dent bordant une dentelle, un galon. ■ *Mocassins à picots* (sur la semelle).

picotement n. m. Sensation de légères piqûres répétées.

picoter v. tr. < 1 > (de *piquer*) **1.** Piquer légèrement et à petits coups répétés. – (oiseaux) → [1]**becqueter, picorer. 2.** Irriter comme par de légères piqûres répétées.

picotin n. m. (origine obscure) Ration d'avoine donnée à un cheval.

picpoul ou **piquepoul** n. m. (de l'ancien occitan *piquapol*) régional Cépage cultivé en Provence et dans le Languedoc ; vin issu de ce raisin.

Picquigny Commune de la Somme, près d'Amiens, sur la Somme. 1 297 habitants. Vestiges d'un château des XIVe-XVe s. Collégiale Saint-Martin des XIIe et XIVe siècles.

Picquigny (traité de) Traité, signé en 1475 par Louis XI et Édouard IV d'Angleterre à Picquigny, qui mit fin à la guerre de Cent Ans.

picrate n. m. (→ picrique) **1.** chim. Sel de l'acide picrique. **2.** fam. Vin rouge de mauvaise qualité.

picrique adj. (grec *pikros* « amer, piquant ») *Acide picrique* : dérivé nitré du phénol, solide cristallisé jaune, toxique.

picris n. m. (grec *pukris*) Plante dicotylédone dont une espèce à fleurs jaunes est appelée couramment *fausse épervière.*

picr(o)- Élément (du grec *pikros* « amer »).

Pictaves ou **Pictons** n. m. pl. Peuple de la Gaule établi autour de *Limonum* ou *Pictavi* (Poitiers).

Pictes n. m. pl. Peuple de l'ancienne Écosse. Le mur d'Hadrien, ou *mur des Pictes,* fut édifié en 122 pour défendre la Bretagne romaine contre leurs assauts.

pict(o)- Élément (du latin *pictum,* supin de *pingere* → peindre) qui signifie « peindre, colorer ».

pictogramme n. m. (de *pict[o]-* et *-gramme,* d'après *idéogramme*) didact. Dessin figuratif schématique, utilisé comme symbole ou comme signe graphique (signaux routiers, signalisations des lieux publics...).

pictographie n. f. didact. Système de notation graphique utilisant des pictogrammes.

pictographique adj. didact. *Écriture pictographique,* utilisant des pictogrammes.

pictural, ale, aux adj. (du latin *pictura* « peinture ») Qui a rapport ou appartient à la peinture.

pic-vert voir pivert

pidgin [pidʒin] n. m. (altération du mot *business* prononcé par les Chinois) Langue véhiculaire faite à base d'anglais et de langues d'Extrême-Orient.

[1]**pie** (vient du latin *pica,* fém. de *picus* → [1]pic) **I.** n. f. **1.** Passereau au plumage noir et blanc, à longue queue. *La pie jacasse, jase.* **2.** Personne bavarde. **II.** adj. invar. *Cheval pie,* à robe noire et blanche ou fauve et blanche. ■ anciennt *Voitures pie* (de la police française), à carrosserie noire et blanche.

[2]**pie** adj. f. (vient du latin *pia,* fém. de *pius* → pieux) loc. *Œuvre pie,* action inspirée par la piété.

Pie Nom de plusieurs papes. ■ **Pie II** [Enea Silvio Piccolomini] (1405-1464). Pape de 1458 à 1464. Humaniste et poète latin, il s'opposa à la pragmatique sanction de Bourges et tenta une croisade populaire contre les Turcs. ■ **Pie IV** [Jean-Ange de Médicis] (1499-1565). Pape de 1559 à 1565. Il rouvrit le concile de Trente (1562), dont il présida la dernière session. ■ **Pie V** (saint) [Antonio Ghislieri] (1504-1572). Pape de 1566 à 1572. Il publia le *Catéchisme romain* issu du concile de Trente, et forma avec l'Espagne et Venise une ligue qui aboutit à la victoire de Lépante (1571). ■ **Pie VI** [Giannangelo Braschi] (1717-1799). Pape de 1775 à 1799. Il condamna la Constitution civile du clergé (1791) et subit l'annexion d'Avignon et du Comtat Venaissin. Lors de la campagne d'Italie, il fut déchu de son pouvoir temporel et vit la proclamation de la République romaine (1798). ■ **Pie VII** [Barnaba Chiaramonti] (1742-1823). Pape de 1800 à 1823. Il signa le concordat de 1801 avec Napoléon Bonaparte et assista au sacre de celui-ci comme empereur (1804). Il répondit à l'annexion par la France des États de l'Église par l'excommunication de Napoléon (1809), qui le fit emprisonner. Il rétablit la Compagnie de Jésus en 1814. ■ **Pie IX** (bienheureux) [Giovanni Maria Mastai Ferretti] (1792-1878). Pape de 1846 à 1878. Lors des révolutions de 1848, il accorda une constitution aux États de l'Église mais il dut s'enfuir à Gaète (1848) tandis que s'instituait une République romaine. Il fut rétabli dans son pouvoir temporel par le corps expéditionnaire français (1849). La lutte entre le Piémont et le pape ne prit fin qu'en 1870, avec l'annexion des États pontificaux au royaume d'Italie. Pie IX proclama le dogme de l'Immaculée Conception (1854), condamna le socialisme et le libéralisme (*Syllabus,* 1864) et réunit le premier concile du Vatican, qui proclama le dogme de l'infaillibilité pontificale (1870). Il a été béatifié en 2000. ■ **Pie X** (saint) [Giuseppe Sarto] (1835-1914). Pape de 1903 à 1914. Il protesta contre la loi de séparation de l'Église et de l'État en France et condamna le modernisme ainsi que le mouvement du Sillon. Il fit opérer une refonte du bréviaire et du droit canon. Il fut canonisé en 1954. ■ **Pie XI** [Achille Ratti] (1857-1939). Pape de 1922 à 1939. Son pontificat fut marqué par la signature des accords du Latran (1929), mais aussi par la condamnation de l'Action française (1926) et des excès du fascisme (1931), du nazisme et du communisme athée (1937). Il fut le pape de l'Action catholique et des missions. ■ **Pie XII** [Eugenio Pacelli] (1876-1958). Pape de 1939 à 1958. Lors de la Seconde Guerre mondiale, il intervint en vain pour la paix. Il condamna le fascisme et le nazisme, mais son silence face aux atrocités nazies reste l'objet de polémiques. Contempteur du marxisme, du freudisme et de l'existentialisme athée, il érigea en dogme l'Assomption de Marie (1950).

pièce n. f. (vient du latin médiéval *petia,* du gaulois) **I.** Partie détachée d'un tout. → **fragment, morceau.** *Découper une pièce dans du cuir* (→ **emporte-pièce**). – loc. *Mettre en pièces :*

casser, déchirer, déchiqueter. → **lambeau, miette.** – *Tailler l'ennemi en pièces,* le massacrer, l'anéantir. **II. 1.** Chaque objet, chaque élément ou unité (d'un ensemble). – (sens général) *Fruits vendus à la pièce.* → **unité.** *Deux euros (la) pièce.* → **chacun.** *Travail **aux pièces,*** rémunéré selon le nombre de pièces exécutées par l'ouvrier. fam. *On a le temps, on n'est pas aux pièces.* – *Les pièces d'une collection.* loc. *Une pièce de musée,* un objet de grande valeur. – *Costume trois-pièces* (veston, pantalon, gilet). *Maillot de bain deux-pièces.* → **bikini, deux-pièces.** – *Les pièces d'un jeu d'échecs.* – *Les pièces et les meubles de l'écu* (blason). **2.** Quantité déterminée (d'une substance formant un tout). *Une pièce de soie.* **3.** *Une pièce de bétail.* → **tête. III.** (emplois spéciaux, où l'élément est considéré en lui-même) **1.** ***Pièce (de terre)*** : espace de terre cultivable. → **champ.** – ***Pièce d'eau*** : grand bassin ou petit étang. ▪ ***Pièce de vin.*** → **barrique, [1]tonneau. 2.** ***Pièce montée*** : grand ouvrage de pâtisserie et de confiserie, aux formes architecturales. **3.** Chaque unité d'habitation, délimitée par ses murs, ses cloisons (sont exclus les couloirs, les WC, la salle de bains et la cuisine). *Un appartement de deux pièces,* avec une chambre et un séjour. – ellipt *Un deux-pièces cuisine.* **4.** ***Pièce (de monnaie)*** : petit disque de métal revêtu d'une empreinte distinctive et servant de valeur d'échange. *Une pièce de deux euros.* – fam. *Donner la pièce à qqn,* lui donner un pourboire. **5.** Écrit servant à établir un droit, à faire la preuve d'un fait. → **[2]acte, document.** *Les pièces d'un procès. Pièces d'identité.* → **papier(s).** – ***Pièce à conviction*** : tout écrit ou objet permettant d'établir une preuve. – loc. *Juger, décider sur pièces, avec pièces à l'appui.* **6.** Ouvrage littéraire ou musical. *Une pièce instrumentale.* ▪ ***Pièce (de théâtre)*** : ouvrage dramatique. *Pièce en cinq actes.* ▪ **(de *jouer une pièce à qqn* « monter une tromperie contre lui »)** littér. ***Faire pièce à qqn,*** lui faire échec, s'opposer à lui. **IV. 1.** Chacun des éléments dont l'agencement, l'assemblage forme un tout organisé. *Les pièces d'une machine. Pièces de rechange. Pièces détachées.* **2.** Élément destiné à réparer une déchirure, une coupure. *Mettre une pièce à un vêtement.* → **rapiécer.** – *Pièce rapportée* : découpe, empiècement ; fig. membre par alliance d'une famille. loc. *Être fait d'une seule pièce, tout d'une pièce,* d'un seul tenant. – (personnes) *Être **tout d'une pièce,*** franc et direct, ou sans souplesse. → **entier.** – *Être fait de pièces et de morceaux,* manquer d'unité, d'homogénéité. → **disparate.** – *Créer, inventer **de toutes pièces,*** entièrement, sans rien emprunter à la réalité. **3.** *Pièce d'artillerie* : bouche à feu avec son affût. → **[1]canon.**

piécette n. f. Petite pièce de monnaie.

Pieck (Wilhelm) Homme d'État allemand (1876-1960). L'un des fondateurs du Parti communiste allemand, il devint président de la République démocratique allemande en 1949 et fut réélu jusqu'à sa mort.

pied n. m. (vient du latin *pes, pedis*) **I. 1.** Extrémité inférieure du corps humain articulée à la jambe, permettant la station verticale et la marche. → **-pède, pédi- ; cou-de-pied, [2]plante, talon.** *Doigts de pied.* → **orteil.** *Ongles de pied. Pied bot.* → **bot.** *Se fouler le pied.* → **entorse.** ▪ loc. *Être pieds nus, nu-pied.* – *Mettre les pieds (quelque part),* y aller. ***De pied en cap*** : de la tête aux pieds. – *Avoir un pied dans la tombe,* être très vieux ou moribond. – ***Coup de pied*** : coup donné avec le pied. – fam. *Être bête comme ses pieds,* très bête. *Faire qqch. comme un pied,* très mal. – *Marcher sur les pieds de qqn,* chercher à l'évincer. – *Casser les pieds (de, à qqn),* l'ennuyer. → **casse-pied.** – *Faire les pieds à qqn,* lui donner une leçon. *Ça lui fera les pieds.* – *Mettre les pieds dans le plat,* aborder une question délicate brutalement ; faire une gaffe. – *S'être levé du pied gauche,* être de mauvaise humeur. – *Pieds et poings liés,* réduit à l'impuissance. – fam. *Avoir les pieds nickelés*.* – *Faire des pieds et des mains pour* (+ inf.), se démener pour. – *Attendre qqn de pied ferme,* avec détermination. – *Au pied levé,* sans préparation. **2.** loc. (avec *sur, à, en*) *Sur ses pieds, sur un pied.* → **debout.** – *Retomber sur ses pieds,* se tirer à son avantage d'une situation difficile. – ***Sur pied.*** *Le malade sera bientôt sur pied,* rétabli. – *Mettre sur pied une entreprise,* la créer. → **organiser.** – ***À pied*** : en marchant. *Allons-y à pied. Course à pied* (opposé à *course cycliste, automobile...*). – *Il a été mis à pied,* licencié ; suspendu dans ses fonctions (→ **mise à pied**). – ***Sauter à pieds joints*** : en gardant les pieds rapprochés. – ***En pied*** : représenté debout, des pieds à la tête. *Un portrait en pied.* – ***Aux pieds de qqn*** : devant lui (en étant baissé, prosterné). **3.** loc. sans article *Mettre pied à terre* : descendre de cheval, de voiture (→ **pied-à-terre**). *Avoir pied,* pouvoir se tenir debout en ayant la tête hors de l'eau. *Perdre pied,* ne plus avoir pied ; fig. se troubler, être emporté par qqch. qu'on ne contrôle plus. – *Lâcher pied,* céder, reculer. **4.** *Avoir bon pied, bon œil,* être solide, agile, et avoir bonne vue. – *Pied à pied,* pas à pas. **5.** Emplacement des pieds. *Le pied et la tête d'un lit.* **6.** (chez l'animal) Extrémité inférieure de la jambe (chevaux), de la patte (mammifères, oiseaux). → **-pède, -pode.** – *Pieds de veau, de mouton, de porc* (vendus en boucherie). **II. 1.** Partie (d'un objet) qui touche le sol. → **[1]bas, base.** *Caler le pied d'une échelle.* – loc. *Être au pied du mur,* dans l'obligation d'agir. *Être à pied d'œuvre,* en situation d'agir, de faire un travail. – (végétaux) *Fruits vendus sur pied,* avant la récolte. *Sécher sur pied.* **2.** Chaque plant (de végétaux cultivés). *Pied de vigne.* → **cep. 3.** Partie (d'un objet) servant de support. *Pied de table. Un verre à pied.* **III. 1.** Ancienne unité de mesure de longueur (0,324 m). – loc. fig. *Vouloir être (à) cent pieds sous terre,* avoir envie de se cacher (par honte). *Faire un pied de nez.* → **pied de nez. 2.** Mesure de longueur anglo-saxonne (0,3048 m) ; unité internationale d'altitude en aéronautique. *L'avion vole à 10 000 pieds.* **IV.** (mesure) loc. **1.** *Au pied de la lettre.* → **lettre.** – ***Prendre son pied*** : sa part de butin ; fam. jouir. *Quel pied !,* quel plaisir ! *C'est le pied.* **2.** ***Sur*** *(le, un)* ***pied*** *(de). Sur un pied d'égalité,* en égal. *Sur le même pied,* sur le même plan. – *Armée sur le pied de guerre,* équipée et préparée pour la guerre. – *Vivre sur un grand pied,* dans le luxe. **3.** ***Au petit pied*** : en réduction, en imitation faible. *Un dictateur au petit pied.* **4.** ***Pied à coulisse*** : instrument pour mesurer les épaisseurs et les diamètres. **5.** poésie Unité rythmique (→ **rythme**) constituée par un groupement de syllabes d'une valeur déterminée (quantité, accentuation). *Les pieds d'un vers latin.* – abusivt Syllabe (dans un vers français). *L'alexandrin, vers de douze pieds.*

pied

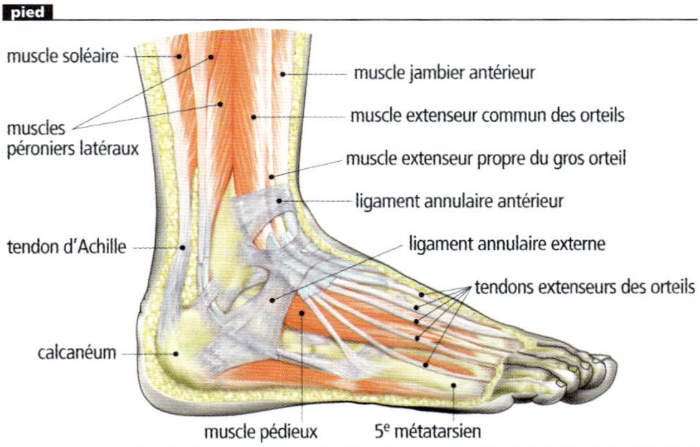

Schéma du pied humain.

pied-à-terre [pjetatɛʀ] n. m. invar. Logement occupé occasionnellement.

pied-d'alouette n. m. Delphinium. *Des pieds-d'alouette.*

pied-de-biche n. m. **1.** techn. Levier à tête fendue. → **pince-monseigneur. 2.** Pièce d'une machine à coudre qui maintient l'étoffe. *Des pieds-de-biche.*

pied-de-cheval n. m. Grande huître commune. → **gryphée.** *Des pieds-de-cheval.*

pied-de-chèvre n. m. techn. Semelle soulevant les montants d'une chèvre (engin de levage). → **chèvre** II. *Des pieds-de-chèvre.*

pied-de-coq n. m. Tissu d'armure croisé à damiers, à dessin plus grand que celui du pied-de-poule. *Des pieds-de-coq.*

pied-de-loup n. m. bot. Lycopode. *Des pieds-de-loup.*

pied-de-mouton n. m. Hydne (champignon). *Des pieds-de-mouton.*

pied de nez n. m. (de *pied,* III « nez d'un pied de long ») **1.** Geste de dérision qui consiste à étendre la main, doigts écartés, en appuyant le pouce sur son nez. *Faire des pieds de nez à qqn.* **2.** fig. Affront, bravade.

pied-de-poule n. m. Tissu dont le dessin forme un damier. *Des pieds-de-poule.* – **adj.** *Des manteaux pieds-de-poule.*

pied-de-roi n. m. Au Canada, Règle pliante graduée en pieds et en pouces, mesurant habituellement deux pieds. *Des pieds-de-roi.*

pied-de-veau n. m. Arum tacheté. → **gouet.** *Des pieds-de-veau.*

pied-d'oiseau n. m. Plante fourragère. *Des pieds-d'oiseau.*

pied-droit voir **piédroit**

piédestal, aux n. m. (italien, de *piede* → **pied** et *stallo* « support », même origine que *étal*) **1.** Support isolé et élevé (d'une colonne, d'un objet d'art). → **socle. 2.** loc. fig. *Mettre qqn sur un piédestal,* lui vouer une grande admiration. *Tomber de son piédestal,* perdre tout son prestige.

pied-fort voir **piéfort**

piedmont voir **piémont**

Piedmont n. m. ou **Piémont** Plateau de l'E. des États-Unis formant l'extrémité orientale des Appalaches. Agriculture et élevage.

pied-noir n. (p.-ê. des *pieds noirs* des soutiers algériens) Français d'Algérie. *Les pieds-noirs rapatriés.* – **adj.** *L'accent pied-noir.*

piédouche n. m. (mot italien, diminutif de *pied* « pied ») Petit piédestal servant de support à un buste, un vase, une colonnette.

pied-plat n. m. vieux Personne grossière, inculte ou servile. *Des pieds-plats.*

piédroit n. m. (de *pied* et *droit*) archit. **1.** Jambage d'une baie, d'une cheminée. **2.** Montant vertical sur lequel s'appuie une voûte, une arcade. *L'arc et les piédroits.* - var. **pied-droit.** *Les pieds-droits.*

Pieds nickelés (Les) Héros de bandes dessinées créés en 1908 dans *L'Épatant* par Louis Forton et repris surtout par René

P

Pellos en 1948. As du système D, Croquignol, Filochard et Ribouldingue sont des crapules sympathiques au comportement libertaire.

piéfort n. m. (de *pied* et *fort*) techn. Pièce de monnaie frappée pour servir de modèle. *Des piéforts.* - var. **pied-fort.** *Des pieds-forts.*

piège n. m. (vient du latin *pedica* « lien aux pieds », de *pes, pedis* → pied) **1.** Engin destiné à prendre ou à attirer des animaux. *Tendre un piège. Un renard pris au piège. Piège à rats.* **2.** Artifice pour mettre qqn dans une mauvaise situation ; danger caché. → **feinte, ruse, traquenard.** *On lui a tendu un piège. Elle a été prise au piège, à son propre piège. Il est tombé dans le piège.* fam. *Piège à cons.*

piégeage [pjeʒaʒ] n. m. Chasse au moyen de pièges. – Action de piéger qqn.

piéger v. tr. < 3 et 6 > **1.** Chasser, prendre (un animal) au moyen de pièges. **2.** fam. *Piéger qqn,* le prendre au piège. – au p. p. *Voiture piégée,* dans laquelle on a placé un explosif. *Colis piégé.*

piégeur, euse n. Personne qui chasse les animaux au moyen de pièges. → **trappeur.**

piégeux, euse adj. Qui constitue un piège, comporte un piège. *Question piégeuse.*

pie-grièche n. f. (*grièche,* de *grec*) **1.** Passereau des bois et des haies. **2.** Femme acariâtre. *Des pies-grièches.*

pie-mère n. f. (latin médiéval *pia mater* « pieuse mère », de l'arabe) anat. Méninge la plus profonde, qui enveloppe directement le cerveau et la moelle épinière. *Les pies-mères.*

piémont n. m. (de *pied* et *mont,* d'après l'anglais *piedmont-glacier*) Plaine alluviale formant un glacis au pied d'un ensemble montagneux.

Piémont n. m. Région administrative du N. de l'Italie. 25 400 km^2. 4,2 millions d'habitants. Chef-lieu : Turin. Bordé au N. par les Alpes et au S. par les Apennins, le Piémont est au contact de la France et de la Suisse. C'est une plaine fertile traversée par le Pô et ses affluents. Seconde région économique de l'Italie, le Piémont est le siège d'une importante activité industrielle (métallurgie ; industrie mécanique ; industrie automobile). Cultures du blé, du seigle, du maïs et de la betterave, élevage. Vignes. Tourisme dans les stations de sports d'hiver.

piémontais, aise adj. et n. Du Piémont.

piercing [piʀsiŋ] n. m. (mot anglais) anglic. Pratique consistant à percer une partie du corps, un organe pour y introduire un anneau, un bijou. – Ce bijou.

piéride n. f. (du latin *Pierides,* n. des Muses) Papillon blanc ou jaune pâle dont les larves dévorent les feuilles de chou, de navet.

Pierné (Gabriel) Compositeur français (1863-1937). Organiste et chef d'orchestre, il dirigea les Concerts Colonne (1910-1934). Son œuvre, de facture traditionnelle mais empreinte d'élégance et riche d'une orchestration subtile et colorée, comprend notamment de la musique lyrique *(Fragonard),* des oratorios *(L'An Mil ; La Croisade des enfants),* des ballets, de nombreuses pièces de musique de chambre et des mélodies.

Piero della Francesca (Piero de' Franceschi, dit) Peintre italien (v. 1416-1492). Si certaines de ses réalisations ont aujourd'hui disparu, les fresques de la basilique Saint-François à Arezzo *(L'Histoire de la vraie croix),* les peintures et les portraits qui nous sont parvenus représentent la synthèse la plus aboutie des recherches sur l'espace et la couleur de l'époque. Il fut également l'auteur de traités de perspective et de géométrie.

Piero di Cosimo (Piero di Lorenzo, dit) Peintre italien (1462-1521). Son œuvre se distingue de celle des maîtres florentins par le souci particulier apporté à la couleur. Il est l'auteur de portraits et de scènes mythologiques *(Mort de Procris).*

Pierre (saint)

Saint Pierre et saint Paul, icône russe (XVe s.), laure de la Trinité-Saint-Serge, Serguev-Possad.

Piéron (Henri) Philosophe et psychologue français (1881-1964). Il est l'un des fondateurs de la psychologie objective et expérimentale. *Traité de psychologie appliquée.*

pierrade n. f. (marque déposée ; de *pierre,* d'après *carbonade*) Plaque de cuisson en pierre permettant de faire griller les aliments.

pierraille n. f. collectif **1.** Petites pierres ; éclats de pierre. → **gravier. 2.** Étendue de pierres. → **caillasse.**

pierre n. f. (vient du latin *petra* → pétrifier) **I. 1.** Matière minérale solide, dure, qui forme l'écorce terrestre. → **litho-.** *Bloc de pierre.* → **rocher.** *Cheminée de pierre, en pierre. Dur comme la pierre.* – loc. *Un cœur de pierre,* dur et impitoyable. – *L'âge de (la) pierre.* → **néolithique, paléolithique.** ■ Variété particulière de cette matière. → **minéral. 2.** *Une pierre,* bloc ou fragment rocheux. → **roc, rocher ; caillou, galet.** *Un tas de pierres. Jeter des pierres à, sur qqn.* → **lapider.** ■ loc. *Jeter la pierre à qqn,* l'accuser, le blâmer. – *Malheureux comme les pierres,* très malheureux. *Faire d'une pierre deux coups,* obtenir deux résultats par la même action. **3.** Fragment minéral servant à un usage particulier. *Pierre à aiguiser. Pierre à fusil*. Pierre ponce.* → **ponce.** – *Pierre de touche :* fragment de jaspe (puis céramique) utilisé pour éprouver l'or et l'argent ; fig. ce qui sert à mesurer la valeur d'une personne ou d'une chose. ■ Bloc employé dans la construction. *Tailleur de pierres. Des pierres de taille. Immeuble en pierre de taille.* **4.** Bloc constituant un monument. → **mégalithe, monolithe.** *Pierres levées.* → **menhir ; dolmen.** *Pierre tombale.* → **tombe. II.** *Pierre (précieuse) :* minéral, cristal dont la rareté, l'éclat font la valeur. → **gemme.** *Pierres précieuses* (→ **pierreries ; diamant, émeraude, rubis, saphir).** *Pierres fines, semi-précieuses :* les autres gemmes naturelles. **III.** vieilli Gros calcul. → **¹calcul.**

Piero della Francesca

Piero della Francesca, détail de la fresque *La Madonna del parto* (v. 1460), musée de Monterchi (Italie).

Pierre

SAINT

■ **Pierre (saint)** (mort v. 64) Un des douze apôtres et le premier d'entre eux. Pêcheur galiléen nommé Simon, il reçut de Jésus son nom de « Pierre » en même temps que la charge d'être le fondement de l'Église. Il prêcha en Palestine, à Antioche puis à Rome, où il serait mort martyr sous Néron. La tradition romaine fait de lui le premier pape.

ARAGON

■ **Pierre Ier** (v. 1070-1104) Roi d'Aragon et de Navarre (1094-1104). Il battit les Maures à Alcaraz (1096). Il fut l'ami du Cid.

■ **Pierre II** (v. 1174-1213) Roi d'Aragon (1196-1213). Il étendit son autorité sur toute la Catalogne et se fit couronner par le pape (1204). Il fut tué à la bataille de Muret, durant la croisade des albigeois.

■ **Pierre III le Grand** (1239-1285) Roi d'Aragon (1276-1285) et de Sicile (1262-1285). Il encouragea la révolte des Vêpres siciliennes contre Charles Ier d'Anjou (1282).

■ **Pierre IV le Cérémonieux** (1319-1387) Roi d'Aragon (1336-1387). Il conquit Majorque et le Roussillon, puis occupa la Sardaigne.

BRÉSIL

■ **Pierre Ier** (1798-1834) Empereur du Brésil (1822-1831) et roi de Portugal sous le nom de Pierre IV. Fils de Jean VI de Portugal, il se réfugia au Brésil lors de l'invasion française (1807). Il proclama l'indépendance du Brésil (1822) et devint empereur constitutionnel. Roi de Portugal à la mort de son père (1826), il céda ce royaume à sa fille Marie II et renonça à la couronne brésilienne en faveur de son fils (1831).

■ **Pierre II** (1825-1891) Empereur du Brésil (1831-1889). Fils de Pierre Ier. Il abolit l'esclavage (1888), mais s'attira l'hostilité de l'Église par ses mesures de laïcisation et dut abdiquer.

BRETAGNE

■ **Pierre Ier Mauclerc** (1190-1250) Comte de Dreux, duc de Bretagne (1213-1250). Il servit Philippe Auguste et Louis VIII et s'opposa à Blanche de Castille.

CASTILLE

■ **Pierre le Cruel** (1334-1369) Roi de Castille et de León (1350-1369). Il dut faire face à la révolte de son frère Henri de Trastamare, qui l'assassina et lui succéda.

MONTÉNÉGRO

■ **Pierre II Petrović Njegoš** (1813-1851) Prince-évêque de Monténégro et poète de langue serbe. Son épopée *Les Lauriers de la montagne* demeure un des symboles de l'identité nationale monténégrine.

PORTUGAL

■ **Pierre Ier le Justicier** (1320-1367) Roi de Portugal (1357-1367). Fils d'Alphonse IV, il lutta contre la féodalité ecclésiastique et la corruption du haut clergé.

■ **Pierre II** (1648-1706) Roi de Portugal (1683-1706). Fils de Jean IV, il assura la régence sous le règne de son frère Alphonse VI et obtint de l'Espagne l'indépendance du Portugal (1668).

■ **Pierre III** (1717-1786) Roi de Portugal (1777-1786). Fils de Jean V, il épousa Marie Ire, la fille de son frère, avec laquelle il partagea le trône.

■ **Pierre IV** → Pierre Ier (Brésil).

■ **Pierre V** (1837-1861) Roi de Portugal (1853-1861). Il s'efforça de rétablir la paix et de développer l'instruction.

RUSSIE

■ **Pierre Ier Alekseïevitch,** dit **Pierre le Grand** (1672-1725) Tsar puis empereur de Russie (1682-1725). Proclamé tsar avec son demi-frère Ivan V sous la régence de leur sœur Sophie, il écarta ces derniers du pouvoir en 1689. Influencé par un premier voyage en Europe (1697-1698), il se consacra à la modernisation de la Russie (grands travaux, développement du commerce et de l'industrie manufacturière) et dota son pays d'une nouvelle capitale, Saint-Pétersbourg (1715). En politique extérieure, il poursuivit la conquête de débouchés maritimes : vainqueur de Charles XII de Suède à Poltava (1709), il annexa les provinces suédoises de la Baltique (traité de Nystad, 1721), faisant de la Russie un empire. Son épouse, l'impératrice Catherine Ire, lui succéda.

Pierre Ier le Grand, par Paul Delaroche (1838), Kunsthalle, Hambourg.

■ **Pierre II Alekseïevitch** (1715-1730) Empereur de Russie (1727-1730). Petit-fils de Pierre le Grand, il subit la tutelle de Menchikov, qu'il fit exiler.

■ **Pierre III Fedorovitch** (1728-1762) Empereur de Russie (janvier-juin 1762). Petit-fils de Pierre le Grand par sa mère, il s'allia avec Frédéric II de Prusse et persécuta l'Église orthodoxe. Il fut assassiné à l'instigation de sa femme, Catherine II.

SERBIE, YOUGOSLAVIE

■ **Pierre Ier** (1844-1921) Roi de Serbie (1903-1918) puis des Serbes, des Croates et des Slovènes (1918-1921). Il confia la régence à son fils Alexandre (1914).

■ **Pierre II** (1923-1970) Roi de Yougoslavie (1934-1941). Petit-fils de Pierre Ier, il se réfugia à Londres en 1941.

Pierre (Henri Grouès, dit l'abbé) Prêtre français (1912-2007). Capucin, ordonné prêtre en 1938, il fonda en 1949 la communauté de chiffonniers Emmaüs, puis en 1954 l'association Emmaüs en faveur des sans-logis. Il consacra sa vie à la lutte contre l'exclusion sociale et la pauvreté.

L'abbé Pierre en 1993 à Paris.

Pierre Chrysologue (saint) Docteur de l'Église (406-450). Évêque de Ravenne, célèbre pour son éloquence, il prit position contre Eutychès. *Homélies.*

Pierre l'Ermite Religieux français (v. 1050-1115). Il prêcha la première croisade, au cours de laquelle il dirigea une croisade populaire qui fut arrêtée par les Turcs (1096).

Pierre-Bénite Commune du Rhône, dans la banlieue de Lyon. 10 508 habitants. Centrale hydroélectrique.

Pierre Canisius (saint) Jésuite hollandais, docteur de l'Église (1521-1597). Il fut l'animateur de la Contre-Réforme en Allemagne.

Pierre Célestin (saint) voir **Célestin V (saint)**

Pierre d'Alcántara (saint) [Pedro Garavito] Franciscain et mystique espagnol (1499-1562). Réformateur de son ordre, il laissa un *Traité de l'oraison.*

Pierre Damien (saint) Prélat italien (1007-1072). Évêque d'Ostie, il fut avec Hildebrand (le futur Grégoire VII) un des promoteurs de la réforme du clergé.

Pierre de Cortone (Pietro Berrettini, dit da Cortona, en français) Peintre et architecte italien (1596-1669). Il s'imposa dans la grande décoration à fresque (palais Barberini, 1633-1639). Son œuvre, héritée du maniérisme, constitue un des sommets du baroque italien.

Pierre de Courtenay voir **Courtenay**

Pierre de Montreuil Maître d'œuvre français (v. 1200-1266). Il contribua à l'élaboration du « gothique rayonnant » ; il participa à la construction de la basilique de Saint-Denis et fut notamment maître d'œuvre à Notre-Dame de Paris.

pierrée n. f. techn. Conduit en pierres sèches, pour l'écoulement des eaux.

Pierre et Gilles (Pierre Commoy et Gilles Blanchard, dits) Artistes (photographe et peintre) français (nés en 1950 et 1953). Leurs photographies, retouchées à la peinture, kitsch et provocatrices, regorgent de références : histoire de l'art, traditions religieuses, érotisme, publicité. Autoportraits et portraits de stars et d'anonymes baignent dans un monde éclatant de couleurs, féérique ou burlesque.

Pierrefitte-sur-Seine Commune de la Seine-Saint-Denis, au N. de Paris. 31 344 habitants.

Pierrefonds Commune de l'Oise, en bordure de la forêt de Compiègne. 1 877 habitants. Elle abrite un célèbre château fort (XIVe s.) reconstruit et décoré par Viollet-le-Duc (1884).

Pierrefonds Ancienne ville du Canada (Québec), dans l'île de Montréal aujourd'hui intégrée dans Montréal.

Pierre Fourier (saint) Prêtre français (1565-1640). Il fonda la congrégation des chanoinesses régulières de Notre-Dame pour l'éducation des jeunes filles pauvres.

Pierrelatte Commune de la Drôme, au S. de Valence, dans le Tricastin. 13 708 habitants. Métallurgie.

Pierre le Vénérable Religieux français (v. 1092-1156). Abbé de Cluny (1122-1156), il redressa la discipline de son ordre et développa celui-ci. Il soutint des polémiques contre saint Bernard de Clairvaux.

Pierre Lombard Théologien et évêque français originaire du Piémont (entre 1100 et 1110-1160). Maître de théologie à l'école cathédrale, puis évêque de Paris, il fut à l'origine d'une méthode originale d'enseignement par questions et discussions. Son *Livre des sentences,* compilation raisonnée et commentée des textes fondateurs de la doctrine chrétienne, servit de manuel de théologie dans les universités médiévales et fut l'ouvrage le plus commenté, après les Écritures.

Pierre Nolasque (saint) Religieux français (v. 1182 ou 1189-1256 ou 1258). Il suivit Simon de Montfort dans sa croisade contre les albigeois. Précepteur de Jacques Ier d'Aragon, il fonda avec lui l'ordre de Notre-Dame-de-la-Merci pour le rachat des captifs.

pierreries n. f. pl. Pierres précieuses taillées, employées comme ornement. → **joyau.**

Pierre-Saint-Martin (gouffre de la) Gouffre karstique des Pyrénées occidentales, à la frontière franco-espagnole, profond de 1 358 m. Le barrage hydroélectrique souterrain de la Verna y a été inauguré en 2008.

pierreux, euse adj. **1.** Couvert de pierres. → **rocailleux.** *Chemin pierreux.* → **caillouteux. 2.** Qui ressemble à de la pierre. *Concrétion pierreuse.*

pierrier n. m. **I.** anciennt Machine de guerre qui lance des pierres. – Petit canon. **II.** régional Terrain couvert de pierres, d'éboulis.

pierrot n. m. (prénom, diminutif de *Pierre*) **I.** Moineau. → fam. **piaf. II.** Homme travesti en Pierrot. *Des pierrots.*

Pierrot Personnage de la commedia dell'arte. Il apparut en France au XVIe s. sous le nom de *Pedrolino,* sur les théâtres de la Foire puis, plus tard, dans les pantomimes. Rêveur, il est habillé de blanc et a la tête enfarinée.

pietà [pjeta] n. f. invar. (italien « pitié ») Statue ou tableau représentant la Vierge tenant sur ses genoux le corps du Christ mort. - var. RO **piéta** n. f.

Pietà de l'église Saint-Jean-Baptiste de Chaource (XVIe s.).

P

piétaille n. f. (vient du latin ; famille de *pied*) plais. *La piétaille* : l'infanterie ; les subalternes.

piété n. f. (latin, de *pius* → ²pie, pieux) **1.** Attachement fervent aux devoirs et aux pratiques de la religion. → **dévotion, ferveur ; ²pie, pieux. 2.** littér. Attachement fait de tendresse et de respect. → **affection, amour.** *Piété filiale.*

piètement n. m. (de *pied*) Ensemble des pieds et des traverses d'un meuble. *Le piètement d'une table.*

piéter v. intr. < 6 > (bas latin *peditare* « aller à pied ») chasse (gibier à plumes) Avancer en courant au lieu de voler.

Pietermaritzburg Ville d'Afrique du Sud (Kwazulu-Natal). 192 000 habitants. Université. Extraction de bauxite. Métallurgie de l'aluminium.

piétin n. m. (de *pied*) **1.** Maladie du pied du mouton. **2.** Maladie cryptogamique des céréales caractérisée par le dessèchement prématuré de la base de la tige.

piétinant, ante adj. Qui piétine. ■ fig. Qui n'avance pas. *Une enquête piétinante.*

piétinement n. m. **1.** Action de piétiner (1). – Bruit d'une multitude qui piétine. **2.** Absence de progrès, stagnation.

piétiner v. < 1 > (de l'ancien v. *piéter* « aller à pied ») **I.** v. intr. **1.** S'agiter sur place en frappant les pieds contre le sol. *Il piétinait de colère.* → **trépigner.** – Marcher sur place, sans avancer normalement. **2.** abstrait Avancer peu ; ne faire aucun progrès. *L'enquête piétine.* **3.** (foule, troupeau) Marcher ou courir en martelant le sol avec un bruit sourd. **II.** **v. tr. 1.** Fouler aux pieds. *Piétiner le sol.* **2.** Ne pas respecter, malmener. *Piétiner les convenances.*

piétisme **n. m.** hist. relig. Doctrine piétiste.

piétiste **n.** (allemand *Pietist,* du latin *pietas* « piété ») hist. relig. Membre d'une secte luthérienne qui mettait l'accent davantage sur la piété personnelle et sur le sentiment religieux que sur la stricte orthodoxie de la doctrine.

piéton, onne (de *piéter* → piétiner) **1.** **n.** (rare au fém.) Personne qui circule à pied. **2.** **adj.** Pour les piétons. *Rue piétonne.* → **piétonnier.**

piétonnier, ière **adj.** (passage, voie...) Réservé aux piétons.

piétonnisation **n. f.** Action de rendre piétonnier. *La piétonnisation d'une rue.*

Pietragalla (Marie-Claude) Danseuse française (née en 1963). Danseuse étoile à l'Opéra de Paris de 1990 à 1998, elle a dirigé le Ballet national de Marseille (1998-2004). Elle excelle aussi bien dans les grands rôles classiques que contemporains.

Marie-Claude Pietragalla danse *L'Étrangère* (1999).

piètre **adj.** (latin ; famille de *pied*) littér. (devant le n.) Très médiocre. → **dérisoire, minable.** *Avoir piètre allure.* □ **adv. piètrement**

[1]pieu **n. m.** (vient du latin *palus* → [1]pal) Pièce de bois dont l'un des bouts est pointu et destiné à être fiché en terre. → **épieu, [1]pal, [1]piquet.**

[2]pieu **n. m.** (p.-ê. forme picarde de *peau* « lit ») fam. Lit. *Se mettre au pieu.* → **se pieuter.**

pieusement **adv. 1.** Avec piété. **2.** Avec un pieux respect.

se **pieuter** **v. pron.** < 1 > fam. Se mettre au lit, au pieu ([2]).

pieuvre **n. f.** (vient du latin *polypus* → polype, poulpe) **1.** Poulpe. **2.** fig. Personne, entreprise tentaculaire, qui ne lâche jamais sa proie.

pieux, pieuse **adj.** (vient du latin *pius* → [2]pie) **1.** Animé ou inspiré par des sentiments de piété. → **dévot. 2.** littér. Plein d'une respectueuse affection. *Pieux souvenir.* – *Vœu* pieux.*

Pieyre de Mandiargues (André) Écrivain français (1909-1991). Auteur de recueils de prose poétique d'inspiration surréaliste *(Cahiers de Poésie),* il écrivit aussi des récits de fiction autour des thèmes de l'érotisme, de la mort, de la transgression *(Soleil des loups ; La Marge).*

pièze **n. f.** (du grec *piezein* « presser ») métrologie Ancienne unité de mesure de pression (symb. pz), valant 10^3 pascals.

piézo- Élément (du grec *piezein* « presser »).

piézoélectrique **adj.** Qui concerne les phénomènes électriques produits par des corps qui se déforment. *Quartz piézoélectrique.*

piézographe **n. m.** phys. Appareil de mesure des pressions.

piézomètre **n. m.** phys. Instrument servant à mesurer la compressibilité des liquides.

[1]pif **interj.** (onomatopée) Onomatopée redoublée (ou suivie de *paf*) exprimant un bruit sec.

[2]pif **n. m.** (origine onomatopéique) fam. Nez. *Un coup sur le pif.* – loc. *Avoir qqn dans le pif,* le détester (→ **pifer**).

pifer **v. tr.** < 1 > (de [2]*pif*) (seulement à l'infinitif négatif) fam. Supporter. → **sentir, souffrir.** *Je ne peux pas la pifer.* - var. **piffer, piffrer.**

au **pifomètre** **loc. adv.** (de [2]*pif*) fam. À l'intuition.

Pigalle (Jean-Baptiste) Sculpteur français (1714-1785). Il réalisa les tombeaux du maréchal de Saxe et du duc d'Harcourt, œuvres typiques du baroque. Ses statues et bustes *(Diderot, Voltaire,* statue de *Voltaire nu)* témoignent d'un art plus classique.

[1]pige **n. f.** (de *piger* « mesurer », vient du latin *pinsiare*) **I.** techn. Longueur conventionnelle prise pour étalon ; objet servant d'unité de mesure. **II.** Mode de rémunération d'une personne rétribuée à la quantité de texte rédigé. *Une journaliste payée à la pige.* → **pigiste.** – Travail ainsi rémunéré. *Faire des piges dans un journal.* **III.** argot fam. Année. *Elle a quarante piges.*

[2]pige **n. f.** (de *piger* « comprendre ») loc. fam. *Faire la pige à qqn,* faire mieux que lui, le dépasser, le surpasser.

pigeon **n. m.** (latin *pipio, pipionis* « pigeonneau » ; famille de *pépier*) **I. 1.** Oiseau au bec grêle, aux ailes courtes, au plumage de couleurs diverses selon les espèces (→ **colombe, palombe, ramier, tourterelle**). *Le pigeon roucoule.* – **Pigeon voyageur,** élevé (→ **colombophile**) pour porter des messages entre deux lieux éloignés. **2.** par comparaison *Pigeon d'argile :* disque d'argile servant de cible au balltrap. *Tir au pigeon.* **II.** fam. Personne qu'on attire dans une affaire pour la dépouiller. → **dupe ; pigeonner.** *Elle a été le pigeon dans l'affaire.*

pigeonnant, ante **adj.** Se dit d'une poitrine haute et ronde, et du soutien-gorge qui donne cet aspect aux seins.

pigeonne **n. f.** rare Femelle du pigeon.

pigeonneau **n. m.** Jeune pigeon.

pigeonner **v. tr.** < 1 > (de *pigeon,* II) fam. Duper, rouler.

pigeonnier **n. m.** Petit bâtiment où l'on élève des pigeons. → **colombier.**

Pigeonnier quadrangulaire en Lomagne (Tarn-et-Garonne).

piger **v. tr.** < 3 > (vient du latin *pedicare* « prendre au piège » ; famille de *pied*) fam. Saisir, comprendre. *Je n'ai rien pigé à ce livre.* – *Tu as pigé ? Pigé !*

pigiste **n.** Personne payée à la pige.

pigment **n. m.** (latin *pigmentum* « couleur pour peindre », de *pingere* → peindre) **1.** Substance chimique donnant aux tissus et liquides organiques leur coloration (ex. chlorophylle, hémoglobine). *Pigments végétaux.* **2.** Substance colorante insoluble qui ne pénètre pas dans les matières sur lesquelles on l'applique (au contraire des teintures).

pigmentaire **adj.** Relatif au pigment de la peau.

pigmentation **n. f.** Couleur due à un pigment (1). *La pigmentation de la peau,* sa couleur naturelle.

pigmenté, ée **adj.** Coloré par un pigment (1).

pigmenter **v. tr.** < 1 > Colorer avec un pigment.

pignada **n. f.** (forme gasconne de *pinède*) régional (Sud-Ouest) Pinède.

Pignan Commune de l'Hérault, près de Montpellier. 8 218 habitants. Aux environs, ancienne abbaye cistercienne de Vignogoul (église gothique du XIIIe s.).

pigne **n. f.** (mot provençal ; famille de *pin*) régional (Midi) Pomme de pin (du pin pignon) ; sa graine comestible. → **[3]pignon.**

Pignerol Ville d'Italie, dans le Piémont (province de Turin). 33 500 habitants. Cathédrale gothique du XVe s. Ancienne ville forte française, elle servit de prison d'État.

pignocher **v. intr.** < 1 > (de l'ancien v. *espinocher,* famille de *épine*) fam. Manger sans appétit, du bout des dents. → **grignoter, picorer.**

[1]pignon **n. m.** (vient du latin, de *pinnio* → pinacle) Partie haute et triangulaire d'un mur, entre les deux versants d'un toit. → **fronton, gable.** *Maisons flamandes à pignons.* – *Mur pignon,* comportant un pignon (opposé à *mur gouttereau*). – loc. *Avoir* **pignon sur rue** *:* être honorablement connu et solvable.

[2]pignon **n. m.** (de *peigne,* à cause des dents) Roue dentée (d'un engrenage).

[3]pignon **n. m.** (→ pigne) **1.** Graine de la pomme de pin. → **pigne. 2.** appos. *Pin pignon,* pin parasol.

Pignon (Édouard) Peintre français (1905-1993). Ses œuvres d'inspiration sociale unissent le chromatisme de Matisse à la manière postcubiste de Picasso. Ses tableaux de la nature *(Oliviers)* s'apparentent au néofauvisme.

Pignon-Ernest (Ernest Pignon, dit Ernest) Peintre français (né en 1942). Utilisant différentes techniques (sérigraphie, encre, crayon), il fait de la rue, où il place ses œuvres, le lieu d'un art éphémère. *Les Gisants de la Commune,* métro Charonne, à Paris. Académie des beaux-arts.

Ernest Pignon-Ernest en 2008 installant ses œuvres pour l'exposition « Extases » à Avignon.

pignoratif, ive **adj.** (du latin *pignus* « gage ») dr. Relatif au contrat de gage.

pignouf **n. m.** (d'un v. *pigner* « geindre ») fam., péj. Individu mal élevé, grossier. → **goujat, rustre.**

Pigou (Arthur Cecil) Économiste britannique (1877-1959). Il a proposé une « économie de bien-être », préconisant une intervention de l'État dans la redistribution des revenus par l'impôt.

Piketty **(Thomas)** Économiste français (né en 1971). Il conduit des recherches sur la question des inégalités liées à la naissance, à l'héritage, au patrimoine et aux revenus dans les pays développés à économie de marché. *L'Économie des inégalités ; Le Capital au XXIe siècle ; Capital et Idéologie.*

pilaf **n. m.** **(persan, par le turc)** Riz au gras, servi fortement épicé, avec des morceaux de viande, de poisson, etc. – appos. *Riz pilaf.*

pilage **n. m.** Action de piler.

pilaire **adj.** **(du latin *pilus* « poil »)** méd. Relatif aux cheveux ou aux poils.

pilastre **n. m.** **(italien *pilastro* ; famille de [1]*pile*)** Pilier engagé dans un mur, un support ; colonne plate formant une légère saillie.

Pilastres du Palazzo Nuovo à Rome (XVIIe s.).

Pilat **(mont)** Montagne du Massif central, à l'E. de Saint-Étienne, dans le parc naturel régional du Pilat (65 000 ha). 1 432 m au crêt de la Perdrix.

Pilate **(Ponce)** (Ier s.). Préfet romain de Judée (26-36). Il condamna Jésus à la crucifixion et l'abandonna aux Juifs. Les Évangiles le représentent se lavant les mains en signe d'irresponsabilité.

Pilate **(mont)** Massif montagneux de la Suisse centrale (Unterwald), au S. de Lucerne. Il culmine au Tomlishorn (2 122 m).

pilates **n. m.** **(marque déposée ; du nom de son inventeur, l'Allemand Joseph Pilates)** Ensemble d'exercices physiques visant au renforcement des muscles centraux et au bon équilibre du corps. *Faire du pilates.*

Pilat-Plage Station balnéaire de la Gironde, près d'Arcachon, édifiée au pied de la grande *dune du Pilat* (ou *Pyla*) (105 m).

Pilâtre de Rozier **(François)** Physicien et aéronaute français (1754-1785). Il effectua le premier voyage en montgolfière entre le château de la Muette et la Butte-aux-Cailles, à Paris, en 1783.

pilchard **n. m.** **(mot anglais)** Sardine de la Manche.

Pilcomayo **n. m.** Rivière d'Amérique du Sud. 2 500 km. Né dans les Andes boliviennes, il traverse la plaine du Chaco, forme un temps la frontière entre l'Argentine et le Paraguay, avant de confluer avec le fleuve Paraguay.

[1]pile **n. f.** **(vient du latin *pila*)** **I. 1.** Pilier de maçonnerie soutenant les arches d'un pont. **2.** Amas d'objets entassés les uns sur les autres. *Une pile d'assiettes. Mettre en pile.* → **empiler.** *Pile de livres.* ellipt *Pile à lire (PAL).* **II. (italien *pila*, n. donné par Volta)** **1.** Appareil transformant de l'énergie chimique en énergie électrique. *Pile solaire.* → **photopile.** *Pile rechargeable.* → **accumulateur.** – *Pile sèche,* à électrolyte pâteux. ▪ absolt, cour. Pile sèche. *Changer la pile d'une montre.* ▪ fig. *Pile*

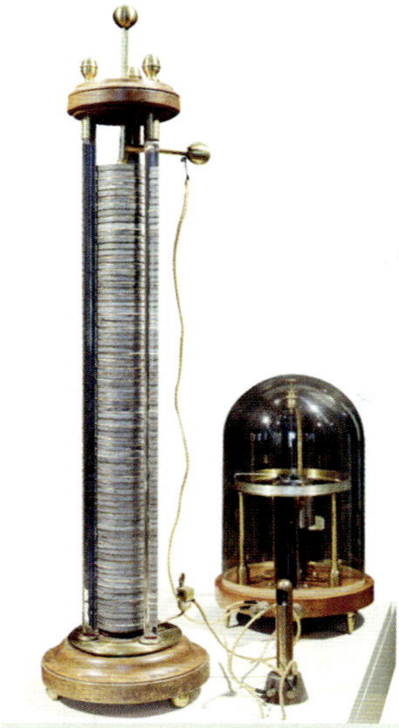
La première pile électrique due à Alessandro Volta, faite d'un empilement de disques de zinc et de cuivre séparés par des rondelles de feutre.

électrique : personne qui déborde d'énergie. **2.** vieux *Pile atomique :* réacteur nucléaire.

[2]pile **n. f.** **(de [1]*piler*)** fam. Volée de coups. → **rossée.** – Défaite écrasante.

[3]pile **n. f.** **(probablt de [1]*pile*)** **I.** loc. *Pile ou face :* revers ou face (d'une monnaie qu'on jette en l'air) pour remettre une décision au hasard. *Pile,* le coup où la pièce tombe en montrant son revers. *Jouer qqch. à pile ou face.* – appos. *Le côté pile.* **II. adv.** *S'arrêter pile,* net, brusquement. *Freiner pile.* → **[2]piler.** *Ça tombe pile,* juste comme il faut. → **à pic.** *Il est trois heures pile,* exactement. ▪ loc. fam. *Pile-poil :* exactement, précisément.

[1]piler **v. tr.** **< 1 >** **(vient du latin *pilare* → [1]pile)** **1.** Réduire en menus fragments, en poudre, en pâte, par des coups répétés. → **broyer, écraser, pilonner ; pilon.** *Piler de l'ail dans un mortier.* **2.** fam. Vaincre complètement, battre (→ **[2]pile**).

[2]piler **v. intr.** **< 1 >** **(de [3]*pile*, II)** fam. Freiner brutalement. *La voiture a pilé au feu rouge.*

pilet **n. m.** **(mot d'ancien français « javelot », à cause de la queue pointue de l'animal)** Canard sauvage au long cou qui vole avec un sifflement des ailes.

pileux, euse **adj.** **(latin, de *pilus* → poil, pilosité)** Qui a rapport aux poils. *Le système pileux,* l'ensemble des poils et des cheveux.

pilier **n. m.** **(vient du latin, dérivé de *pila* → [1]pile)** **1.** Support vertical dans une construction. → **colonne, pilastre.** *Les piliers d'un temple. Piliers de fer.* ▪ anat. *Pilier du voile du palais, du diaphragme,* ayant une fonction de soutien. **2.** Personne ou chose qui assure la solidité, la stabilité. *Les piliers du régime.* **3.** péj. ou plais. Habitué (d'un lieu). *Un pilier de bar, de bistrot.* **4.** au rugby Chacun des deux avants de première ligne.

pilifère **adj.** **(du latin *pilus* « poil » et *-fère*)** bot. Qui porte des poils.

piliforme **adj.** **(du latin *pilus* et *-forme*)** didact. En forme de poil ou de cheveu.

pili-pili **n. m. invar.** **(mot d'une langue africaine)** Piment rouge très fort. - var. RO **pilipili n. m.**

pillage **n. m.** Action de piller ; dégâts commis en pillant. → **razzia, [2]sac.**

pillard, arde **1. n.** Personne qui pille (1). → **brigand, maraudeur, pirate, voleur.** **2. adj.** Qui pille, a l'habitude de piller.

piller **v. tr.** **< 1 >** **(du latin *pilleum* « bonnet ; chiffon » ; d'abord « déchirer [comme un chiffon] »)** **1.** Dépouiller (une ville, un local) des biens qu'on trouve, d'une façon violente et destructive. → **dévaster, ravager, saccager.** – au p. p. *Magasins pillés au cours d'une émeute.* **2.** Voler (un bien). **3.** Emprunter à un auteur qu'on plagie. – au p. p. *Phrases pillées dans une œuvre.*

pilleur, euse **n.** Personne qui pille (2 et 3). *Un pilleur d'églises.*

Pillnitz **(déclaration de)** Déclaration rédigée par l'empereur d'Autriche Léopold II et le roi de Prusse Frédéric-Guillaume II au château de Pillnitz (Saxe) le 27 août 1791. Elle invitait les souverains d'Europe à soutenir la royauté française.

Pilniak **(Boris Andreïevitch Vogaw, dit Boris)** Écrivain soviétique (1894-1941). Il célébra la révolution bolchevique dans *L'Année nue* puis évoqua les problèmes liés à l'industrialisation et peignit de façon parfois cruelle la nouvelle société soviétique *(Conte de la lune non éteinte).* Il fut arrêté en 1937, exécuté, et réhabilité en 1957.

pilocarpe **n. m.** **(du grec *pilos* « feutre » et de *karpos* « fruit »)** bot. Jaborandi.

pilocarpine **n. f.** chim. Principe actif extrait des feuilles du jaborandi, utilisé en médecine pour provoquer la contraction de la pupille.

pilon **n. m.** **(→ [1]piler)** **1.** Instrument cylindrique servant à piler. « *Le bruit régulier et lent d'un pilon dans un mortier* » (Zola). – *Marteau*-pilon.* – loc. *Mettre un livre au pilon,* en détruire l'édition. **2.** Extrémité d'une jambe de bois. **3.** Partie inférieure de la cuisse (d'une volaille).

Pilon **(Germain)** Sculpteur français (v. 1537-1590). Il travailla tous les matériaux avec une égale maîtrise. Son œuvre témoigne de nombreuses influences : maniérisme (monument des *Trois Grâces* portant le cœur d'Henri II), idéal renaissant venu d'Italie (travaux pour la rotonde des Valois à Saint-Denis) annonçant la tendance au pathétique du baroque italien. Il est également l'auteur de portraits.

pilonner **v. tr.** **< 1 >** **1.** Écraser avec un pilon (1). **2.** Écraser sous les obus, les bombes. *L'artillerie pilonnait les lignes ennemies.* □ **n. m. pilonnage**

pilori **n. m.** **(latin médiéval *pilorium*, de *pila* → [1]pile)** **1.** Poteau auquel on attachait le condamné à l'exposition publique. → **carcan.** – Cette peine. **2.** loc. *Mettre, clouer qqn au pilori,* le signaler à l'indignation, au mépris publics (→ **vouer qqn aux gémonies***).

pilosébacé, ée **adj.** **(du latin *pilum* « poil » et *sébacé*)** anat. Relatif au poil et à sa glande sébacée.

piloselle **n. f.** **(du latin *pilosus* « poilu »)** Épervière (plante).

pilosisme **n. m.** **(du latin *pilosus* « poilu »)** méd. Développement anormal et localisé des poils, ou apparition de poils à un endroit inhabituel du corps.

pilosité **n. f.** **(→ pileux)** Ensemble des poils sur une région du corps.

[1]pilot **n. m.** **(de [1]*pile*)** techn. Gros pieu pointu ferré et cerclé, servant à faire un pilotis.

[2]pilot **n. m.** **(de l'ancien français *p[e]ille* ou de *piloter* « broyer »)** techn. Chiffons utilisés dans la fabrication du papier.

pilotage **n. m.** **1.** Manœuvre, science du pilote (1). *Le pilotage des navires dans un port.* **2.** Action de diriger un avion, un appareil volant. *Poste de pilotage. Pilotage automatique.*

pilote **n.** **(italien *piloto*, du grec byzantin *pêdotês*, de *pêdon* « gouvernail »)** **1.** Marin autorisé à guider les navires pour entrer dans les ports, en sortir, ou dans des parages difficiles. – *Bateau-pilote,* petit bateau du pilote. ▪ *Poisson-pilote* (on croyait qu'il conduisait les bateaux). **2.** Personne qui conduit (un avion, un appareil volant). *Le pilote et le copilote. Pilote de ligne, d'essai.*

3. Conducteur d'une voiture de course. **4.** Personne qui en guide une autre. ➔ **guide.** **5. n. m.** Prototype d'une émission de télévision. **6.** fig. appos. Qui ouvre la voie, utilise de nouvelles méthodes. ➔ **expérimental.** *École pilote.*

piloter v. tr. < 1 > **1.** Conduire en qualité de pilote (un navire, un avion). *Piloter une voiture de course.* **2.** Servir de guide à (qqn). ➔ **guider.**

pilotin n. m. **(de *pilote*)** mar. Élève officier non diplômé, dans la marine marchande.

pilotis n. m. **(de *pilot*, de [1]*pile*)** Ensemble de pieux enfoncés en terre pour maintenir les fondations d'une construction sur l'eau ou en terrain meuble. *Maison sur pilotis.*

Maisons sur pilotis en Polynésie française.

pilou n. m. **(latin *pilosus* ➔ pileux)** Tissu de coton pelucheux.

Pilpay voir **Bidpay**

Pilsen voir **Plzeň**

Piłsudski (Józef) Maréchal et homme d'État polonais (1867-1935). À la tête de l'État et de l'armée (1918-1922), il repoussa l'Armée rouge aux portes de Varsovie (1920). De nouveau au pouvoir après un coup d'État (1926), il gouverna en maître autocrate jusqu'à sa mort.

pilulaire adj. et n. m. **1.** pharm. Propre aux pilules. **2. n. m.** vétér. Instrument servant à administrer des pilules aux animaux.

pilule n. f. **(latin *pilula* ; famille de *pelote*)** **1.** Médicament façonné en petite boule et destiné à être avalé. *Boîte à pilules.* ➔ **pilulier.** – loc. fam. *Avaler la pilule,* supporter (qqch.) sans protester. *Dorer* la pilule à qqn.* **2.** *Pilule contraceptive ;* cour. *la pilule* : contraceptif oral féminin. *Pilule abortive, pilule du lendemain,* qui se prend après un rapport sexuel non protégé.

pilulier n. m. Petite boîte où l'on met des pilules.

pilum [pilɔm] n. m. **(mot latin)** Lourd javelot, arme des légionnaires romains.

pimbêche n. f. **(origine obscure)** péj. Femme, petite fille prétentieuse et hautaine. ➔ **mijaurée.** – **adj.** *Elle est un peu pimbêche.* ➔ **bêcheur.**

pimbina n. m. **(de l'algonquin *nipinima* « graines ou fruits rouges ») (Canada)** Fruit comestible de l'obier ou viorne.

piment n. m. **(vient du latin *pigmentum* ➔ pigment)** **1.** Plante des régions chaudes, dont les fruits servent de condiment ; son fruit. ➔ **paprika, pili-pili, poivre** de Cayenne. *Piment rouge,* très épicé. *Piment d'Espelette. Piment doux.* ➔ **poivron ; piquillo. 2.** fig. Ce qui relève, donne du piquant. ➔ **sel.** *Ses plaisanteries mettent du piment dans la conversation.*

pimenter v. tr. < 1 > **1.** Assaisonner de piment. – au p. p. ➔ **épicé. 2.** fig. Rendre piquant, relever.

pimpant, ante adj. **(du radical *pimp-*, ancien occitan *pimpar* « parer »)** Qui a un air de fraîcheur et d'élégance. ➔ **fringant.**

pimprenelle n. f. **(du latin médiéval *pipinella*)** Plante herbacée à fleurs rouges dont les feuilles servent à aromatiser les salades. ➔ **sanguisorbe.**

pin n. m. **(vient du latin *pinus*)** Arbre résineux (conifère) à aiguilles persistantes. *Pin sylvestre, pin maritime, pin parasol* ou *pin pignon. Forêt, plantation de pins.* ➔ **pinède.** *Pommes de pin.* ➔ régional **pigne.** ■ Bois clair fourni par cet arbre. *Meuble en pin.* ➔ **pitchpin.**

pinacée n. f. **(➔ pin)** bot. Plante (conifère) dont les cônes sont porteurs de nombreuses écailles (famille des *Pinacées ;* ex. le sapin, le cèdre). ➔ **abiétacée.**

pinacle n. m. **(latin *pinnaculum* ; famille de [1]*pignon*)** **1.** littér. Sommet d'un édifice. **2.** fig. Haut degré d'honneurs. *Porter qqn au pinacle,* le porter aux nues. ➔ **[1]louer.**

piña colada [piɲakɔlada] n. f. **(mot hispano-américain)** Cocktail à base de rhum blanc, de jus d'ananas frais et de crème de coco. *Des piña coladas.*

pinacothèque n. f. **(grec, de *pinax* « tablette » ; cf. *bibliothèque*)** Musée de peinture.

pinailler v. intr. < 1 > **(origine obscure)** fam. Ergoter sur des vétilles. □ **n. m. pinaillage** □ **n. pinailleur, euse**

pinard n. m. **(p.-ê. var. de *pineau*)** fam. Vin.

Pinard (Adolphe) Médecin français (1844-1934). Il contribua au développement de la puériculture et de la législation familiale.

Pinar del Río Province de l'O. de Cuba. 731 280 habitants. Capitale : Pinar del Río. Production de tabac réputé. Élevage et pêche.

pinardier n. m. **(de *pinard*)** **1.** Navire-citerne aménagé pour le transport du vin. **2.** fam. Marchand de vin en gros.

pinasse n. f. **(gascon, de l'espagnol, de *pino* ➔ pin)** régional Embarcation à fond plat.

pinastre n. m. **(du latin *pinaster*)** régional Pin maritime.

Pinar del Río

Pinar del Río : dans ses nombreuses vallées à la terre rouge se détachent des buttes karstiques appelées *mogotes.*

Pinatubo n. m. Volcan des Philippines, sur l'île de Luçon. 1 486 m. Après plusieurs siècles d'inactivité le volcan se réveilla en 1991, causant d'importants dégâts.

Le Pinatubo lors de l'éruption de 1991.

Pinay (Antoine) Homme d'État français (1891-1994). Maire de Saint-Chamond (1929-1977), président du Conseil et ministre des Finances (1952), il lança l'« emprunt Pinay », indexé sur l'or, pour stabiliser les prix. De nouveau chargé du portefeuille des Finances et des Affaires économiques (1958-1960), il institua le « nouveau franc ».

pinçage n. m. **1.** Pincement (des rameaux, des bourgeons). **2.** techn. Action de bloquer (un système mécanique) avec un dispositif à pinces.

pinçard, arde adj. **(de *pince*)** *Cheval pinçard,* qui s'appuie sur la pince en marchant.

pince n. f. **(de *pincer*)** **1.** Instrument composé de deux leviers articulés, servant à saisir et à serrer. ➔ **pincette, tenaille.** *Pince coupante, plate.* – *Pince à épiler. Pince à linge. Pinces à vélo,* pour resserrer le bas d'un pantalon. **2.** Levier, pied-de-biche. ➔ **pince-monseigneur. 3.** Partie antérieure des grosses pattes (de certains crustacés). *Pinces de homard, de crabe, de scorpion.* ■ Partie antérieure de la paroi du sabot d'un cheval. **4.** fam. *Serrer la pince à qqn,* la main. – *Aller à pinces,* à pied. **5.** Pli cousu sur l'envers de l'étoffe destiné à diminuer l'ampleur. *Pantalon à pinces.*

pincé, ée adj. **1.** (personnes) Contraint, prétentieux ou mécontent. – *Un air pincé.* **2.** concret Mince, serré. *Bouche pincée.* **3.** *(Instrument) à cordes pincées* (sans archet) : luth, guitare...

pinceau n. m. **(vient du latin, de *penicillus* ➔ pénicilline)** **1.** Objet composé d'un faisceau de poils ou de fibres, fixé à l'extrémité d'un manche, dont on se sert pour peindre, vernir, encoller, etc. ➔ **brosse.** *Coup de pinceau.* **2.** *Pinceau lumineux,* faisceau passant par une ouverture étroite. ➔ **rai, [1]rayon. 3.** fam. Jambe ; pied. loc. fam. *S'emmêler* les pinceaux.*

pincée n. f. Quantité (d'une substance en poudre, en grains) que l'on peut prendre entre les doigts.

pince-fesses n. m. invar. fam. Réception, réunion mondaine. - var. RO **pince-fesse n. m.**

pince-jupe n. m. Cintre qui permet de pincer une jupe ou un pantalon entre deux branches horizontales articulées. *Des pince-jupes.*

pincelier n. m. **(de *pincel, pinceau*)** techn. Petit récipient pour nettoyer les pinceaux.

pincement n. m. **1.** Action de pincer. **2.** *Pincement au cœur,* sensation brève de douleur et d'angoisse.

pince-monseigneur n. f. Levier pour ouvrir de force une porte. *Des pinces-monseigneur.*

pince-nez n. m. invar. Lorgnon qu'un ressort pince sur le nez.

pince-oreille n. m. zool. Perce-oreille. *Des pince-oreilles.*

pincer v. tr. < 3 > **(d'un radical onomatopéique *pints-*)** **1.** Serrer entre les extrémités des doigts, entre les branches d'une pince ou d'un objet analogue. *Pincer qqn jusqu'au sang.* loc. *Pince-moi, je rêve !,* c'est incroyable.

– pronom. *Elle s'est pincée en fermant la porte.* **2.** (en parlant du froid) Affecter désagréablement. → **mordre.** – absolt *Ça pince :* il fait très froid. **3.** Serrer fortement de manière à rapprocher, à rendre plus étroit, plus mince. *Pincer les lèvres.* → **pincé** (2). **4.** fam. Arrêter, prendre (un malfaiteur) ; prendre en faute. → **piquer** (III). *Il s'est fait pincer.* **5.** *En pincer pour qqn,* être amoureux de lui, d'elle.

pince-sans-rire n. invar. Personne qui pratique l'ironie à froid. – adj. invar. *Ils sont très pince-sans-rire.*

pincette n. f. **1.** Petite pince. **2.** au plur. Longue pince pour attiser le feu, déplacer les bûches, les braises. – loc. *Ne pas être à prendre avec des pincettes,* être très sale ; fig. de très mauvaise humeur. *Il faut prendre cette information avec des pincettes,* avec prudence.

Pincevent Site préhistorique de la vallée de la Seine (époque magdalénienne), près de Montereau (Seine-et-Marne). Les fouilles y furent menées par André Leroi-Gourhan.

pinchard, arde adj. (du normand *pêchard,* proprt « de la couleur de la fleur du pêcher », de *pêche*) régional (Normandie, Centre) *Cheval pinchard,* à la robe gris fer.

pinçon n. m. Marque qui apparaît sur la peau qui a été pincée.

Pinçon (Michel) et (Monique née Charlot, dite Pinçon-Charlot) Sociologues français. Michel (1942-2022) et Monique (née en 1946). Ils ont mené des recherches dans les quartiers aisés de Paris et analysé la transmission du patrimoine au sein des familles fortunées de l'aristocratie et de la haute bourgeoisie *(Les Ghettos du Gotha ; Le Président des riches).*

pinçure n. f. rare Sensation douloureuse d'une personne qui est pincée.

Pincus (Gregory Goodwin) Médecin américain (1903-1967). Il mit au point la première pilule contraceptive en 1956.

Pindare en grec **Pindaros** Poète grec (518-438 av. J.-C.). Il fut le plus grand représentant de la lyrique chorale. Dans ses dithyrambes, il se montre un vigoureux défenseur de sa patrie. Le seul recueil qui nous est parvenu, les *Épinicies,* odes triomphales, fait l'éloge de vainqueurs célèbres et développe une philosophie empreinte de modération et de vertu.

pindarique adj. didact. Qui est dans la manière lyrique, la forme poétique particulière de Pindare.

Pinde n. m. Massif du N.-O. de la Grèce. 2 637 m au Smolikas.

pine n. f. (origine inconnue ; p.-ê. de *pine* « pomme de pin » ou du dialectal *pine* « flûtiau ») vulg. Membre viril.

pinéal, ale, aux adj. (du latin *pinea* « pomme de pin ») anat., vieux *Glande pinéale, corps pinéal :* épiphyse (2). ■ mod. Cet organe, chez les reptiles.

pineau n. m. (de *pin :* la grappe ressemble à une pomme de pin) **1.** Cépage du Val de Loire. *Pineau rouge, blanc.* **2.** Vin de liqueur des Charentes, mélange de cognac et de jus de raisin frais. → **ratafia.**

pinède n. f. Plantation, forêt de pins.

Pinel (Philippe) Médecin français (1745-1826). Il se consacra à l'étude des maladies mentales et rompit avec les méthodes thérapeutiques brutales alors en vigueur. Pour lui, les troubles mentaux étaient des maladies au même titre que les autres. Il fonda la psychiatrie moderne.

Piñera (Sebastián) Homme d'État chilien (né en 1949). Candidat du centre droit, il a été président de la République de 2010 à 2014 et de 2018 à 2022.

Pinget (Robert) Écrivain français d'origine suisse (1919-1997). Il souligna dans ses romans l'absurdité du monde, mettant en scène des personnages dérisoires *(L'Inquisitoire ; Quelqu'un ; Monsieur Songe)* n'existant qu'en paroles. Dans ses œuvres théâtrales et radiophoniques, il poursuivit ses recherches sur le langage *(Abel et Bela).* Il est l'un des auteurs représentatifs du nouveau roman.

pingouin n. m. (du néerlandais ; p.-ê. celtique *pen gwen* « tête blanche ») Gros oiseau marin des régions arctiques, palmipède, à plumage blanc et noir.

ping-pong [piŋpɔ̃g] n. m. invar. (de l'anglais ; onomatopée) Tennis* de table. *Joueur de ping-pong.* → **pongiste.** - var. RO **pingpong** n. m.

pingre n. et adj. (p.-ê. de *épingle*) Avare particulièrement mesquin. – adj. *Elle est très pingre.* □ n. f. **pingrerie**

Pingtung ou **Bingdong** Ville de l'île de Taiwan, chef-lieu de district. 852 300 habitants. Zone industrielle. Base aérienne.

Pingxiang ou **P'ing-hiang** Ville de Chine (Jiangxi), au cœur d'une importante région houillère. 716 300 habitants. Industries métallurgique et mécanique.

Pink Floyd Groupe britannique de rock, fondé en 1966. Il marqua l'histoire de la musique par ses albums « concepts » *(Dark Side of the Moon ; The Wall).*

Pink Floyd en 1988 au stade de Nantes.

pinne n. f. (latin *pin[n]a,* mot grec) *Pinne marine :* grand mollusque à coquille triangulaire, appelé communément *jambonneau,* dont le byssus soyeux peut être tissé.

pinnipède n. m. (du latin *pinna* « nageoire » et *-pède*) zool. Mammifère marin, à corps fusiforme protégé du froid par une épaisse couche de graisse (ordre des *Pinnipèdes ;* ex. le morse, l'otarie, le phoque).

pinnothère n. m. (du latin, grec *pinnotêrês,* proprt « qui garde la *pinne marine* ») zool. Petit crabe qui vit dans certains mollusques (moules) et ascidies*.

pinnule n. f. (latin *pinnula* « petite aile », de *penna* → [1]penne) **I.** bot. Division ultime d'une feuille de fougère. → **foliole.** **II.** techn. Chacune des plaques dressées perpendiculairement aux extrémités d'une alidade et percées de trous, ou de fentes, servant aux visées topographiques.

Pinocchio Personnage inventé en 1878 par C. Collodi dans son roman *Les Aventures de Pinocchio.* Pinocchio est une marionnette qui s'anime (son nez s'allonge quand il ment) et qui, finalement, se transforme en vrai petit garçon.

Piñera (Sebastián)

Sebastián Piñera en 2010 à la tribune de l'APEC (Coopération économique Asie-Pacifique).

Pinochet Ugarte (Augusto) Général et homme d'État chilien (1915-2006). À la tête de la junte militaire qui renversa S. Allende en 1973, il instaura un régime dictatorial et se maintint au pouvoir jusqu'en 1990. Il conserva le commandement en chef de l'armée jusqu'en 1998, puis fut nommé sénateur à vie. Poursuivi pour violation des droits de l'homme pendant la dictature militaire, il fut arrêté en 1998 à Londres et libéré en 2000. Inculpé par la justice chilienne en 2001, il mourut sans avoir été jugé.

pinocytose n. f. (du grec *pinein* « boire » et *-cytose,* d'après *phagocytose*) biol. Absorption par une cellule d'un fluide extracellulaire.

pinot n. m. (→ pineau) Cépage (distinct du pineau) entrant (notamment) dans la confection des vins de Bourgogne, d'Alsace, de Champagne.

Pinoteau (Claude) Réalisateur et scénariste français (1925-2012). Il a réalisé les comédies de mœurs *La Gifle* et *La Boum.*

pinotte n. f. (de l'anglais *peanut* « cacahouète ») (Canada) Graine d'arachide, cacahouète. *Manger des pinottes.*

pin-pon interj. (onomatopée) Onomatopée qui exprime le bruit des avertisseurs à deux tons des voitures de pompiers (en France).

pin's [pins] n. m. invar. (anglais *pin* « épingle ») faux anglic. Petit insigne décoratif qui se pique (sur un vêtement...). - recomm. offic. **épinglette.**

Pins (île des) Île française de la Mélanésie, au S.-E. de la Nouvelle-Calédonie, dont elle dépend. 160 km². 1 500 habitants.

Pins (île des) Nom donné jusqu'en 1978 à l'île de la Jeunesse, au S.-O. de Cuba.

pinscher [pinʃɛʀ] n. m. (mot allemand) Chien ressemblant à un petit doberman.

pinson n. m. (vient du latin *pincio, pincionis*) Passereau à plumage bleu verdâtre et noir, à bec conique, bon chanteur. – loc. *Être gai comme un pinson.*

pintade n. f. (portugais *pintada,* qui vient du latin *pictum,* de *pingere* → peindre) Oiseau gallinacé, au plumage sombre semé de taches claires. – (en cuisine) *Une pintade au chou.*

pintadeau n. m. Petit de la pintade.

pintadine n. f. (→ pintade) Huître perlière. → **méléagrine.**

pinte n. f. (vient du latin ; famille de *peindre*) **1.** Ancienne mesure de capacité pour les liquides (0,93 l) ; récipient de cette contenance. **2.** Mesure de capacité anglo-saxonne (0,568 l en Grande-Bretagne). ■ Verre à bière d'une contenance de 50 centilitres ; son contenu. **3.** (Suisse) Café, bistrot.

pinter v. ‹ 1 › fam. **1.** v. intr. Boire beaucoup. **2.** *Se pinter* v. pron. S'enivrer. – au p. p. *Il est rentré complètement pinté.*

Pinter (Harold) Auteur dramatique britannique et scénariste (1930-2008). Son réalisme laconique, d'une apparente banalité, révèle l'ambiguïté cruelle des rapports humains. *Le Gardien ; L'Anniversaire ; L'Amant ; Le Retour.* Prix Nobel 2005.

Pinto (Fernão Mendes) Voyageur portugais (1510-1583). Il explora les Indes orientales et rédigea un récit de voyage *(Peregrinação).*

Pinturicchio (Bernardino di Betto, dit il) Peintre italien (v. 1454-1513). Il réalisa de nombreux travaux de décoration, dans un style orné et fastueux (appartements Borgia au Vatican).

pin-up ou **pin up** [pinœp] n. f. invar. (anglais des États-Unis, *pinup,* abrév. de *pin-up girl,* de *to pin up* « épingler » [de *pin* « épingle » → pin's] et *girl* « fille ») anglic. **1.** Photo de jolie fille peu vêtue (qu'on épingle au mur). **2.** Jolie fille sexuellement attirante. - var. **pinup** n. f. *Des pinups.*

P

pinyin [pinjin] **n. m.** **(mot chinois « épellation »)** Système de transcription des idéogrammes chinois dans l'écriture alphabétique romaine.

Pinzón (Martín Alonso) Navigateur espagnol (1440-1493). Il commanda la *Pinta* lors de la première expédition de Christophe Colomb (1492-1493). ■ **Vicente Yáñez Pinzón.** Navigateur espagnol (mort apr. 1523). Frère de Martín Alonso, il commanda la *Niña* lors de la première expédition de Christophe Colomb (1492-1493). Il aurait découvert l'embouchure de l'Amazone.

pioche **n. f.** **(de [2]pic)** **I. 1.** Outil composé d'un fer à deux pointes opposées, dont une aplatie, et d'un manche. **2.** fam. *Tête de pioche :* personne entêtée, qui a la tête dure. **II.** **(de piocher)** Lot (de cartes, dominos...) non distribué où l'on pioche en cours de partie. → **pot.**

piocher **v.** < 1 > **I. v. tr. 1.** Creuser, remuer (la terre, etc.) avec une pioche. **2.** fam., vieilli Étudier avec ardeur. → fam. **[2]bûcher. II. v. intr. 1.** Fouiller (dans un tas) pour saisir qqch. **2.** jeux Prendre (une carte, un domino...) dans la pioche (II). □ **n. m. piochage** □ **n. piocheur, euse**

piolet **n. m.** **(mot du Val d'Aoste « petite hache », de *apia*, mot germanique → hache)** Bâton d'alpiniste à bout ferré, garni à l'autre extrémité d'un petit fer de pioche.

Piombino Ville d'Italie, en Toscane, face à l'île d'Elbe. 34 000 habitants. Port de voyageurs. Centre sidérurgique.

Piombo (Sebastiano del) voir **Sebastiano del Piombo**

[1]pion **n. m.** **(du latin ; famille de *pied*)** **1.** échecs Chacune des huit pièces autres que les figures. – Chacune des pièces au jeu de dames, et à divers autres jeux. → **jeton. 2.** loc. *N'être qu'un pion sur l'échiquier,* être manœuvré. *Damer* le pion à qqn.*

[2]pion, pionne **n.** fam. Surveillant(e) ; maître, maîtresse d'internat.

[3]pion **n. m.** **(de l'anglais, de *pi* [π] et *-on*)** phys. Particule élémentaire de la famille des mésons (syn. **méson** π), vecteur d'interaction entre nucléons. → **méson.**

pioncer **v. intr.** < 3 > **(de *piausser* « coucher » → [2]pieu)** fam. Dormir.

pionnier, ière **n.** **(de *pion* « fantassin »)** **I. n. m.** Soldat employé aux travaux de terrassement. **II. 1.** Colon qui s'installe sur des terres inhabitées pour les défricher. **2.** Personne qui est la première à se lancer dans une entreprise, qui fraye le chemin. → **créateur.** *Hélène Boucher, pionnière de l'aviation.* – **adj.** Qui ouvre la voie. → **novateur.**

pioupiou **n. m.** **(onomatopée du cri des poussins)** fam. et vieilli Simple soldat. *Des pioupious.*

pipa **n. m.** **(mot indigène de la Guyane hollandaise)** Gros crapaud d'Amérique tropicale.

pipe **n. f.** **(de *piper*, pour « jouer de la flûte »)** **I.** Tuyau, conduit. → **tube. II. 1.** Tuyau terminé par un petit fourneau qu'on bourre de tabac. → **bouffarde, brûle-gueule, calumet, narguilé.** *Une pipe culottée*.* **2.** loc. fam. *Par tête de pipe :* par personne. – *Casser sa pipe,* mourir (→ **casse-pipe**). – *Se fendre la pipe,* rire. – *Nom d'une pipe !* **3.** fam. Cigarette. → **clope. 4.** fam. Fellation. → **[2]turlutte.**

pipeau **n. m.** (→ **pipe**) **1.** Petite flûte à bec. **2.** Appeau. → **pipée. 3.** fam. *C'est du pipeau :* c'est un mensonge.

pipée **n. f.** **(de *piper*)** Chasse dans laquelle on prend les oiseaux au pipeau après les avoir attirés en imitant le cri de la chouette et d'autres oiseaux (→ **piper**).

pipelet, ette **n.** **(n. d'un personnage de concierge d'Eugène Sue)** fam. **1.** Concierge. **2. n. f.** Personne bavarde. *Ce garçon est une vraie pipelette !*

pipeline [piplin ; pajplajn] **n. m.** **(mot anglais, de *pipe* « tuyau » et *line* « ligne »)** anglic. Tuyau servant au transport à grande distance et en grande quantité de fluides (pétrole, gaz naturel...). → **gazoduc, oléoduc.**

piper **v.** < 1 > **(latin « émettre un son aigu » ; famille de *piauler*)** **I. v. intr.** *Ne pas piper,* ne pas souffler mot. **II. v. tr. 1.** Attirer les oiseaux en imitant leur cri ; les chasser à la pipée. **2.** *Piper des dés,* les truquer. – loc. au p. p. *Les dés sont pipés.*

pipéracée **n. f.** **(du latin *piper* → poivre)** bot. Plante (herbe ou arbrisseau) angiosperme dicotylédone (famille des *Pipéracées ;* ex. le poivrier).

pipérade ou **piperade** [pipeʀad] **n. f.** **(mot béarnais, du latin *piper* → poivre)** Plat de cuisine basque, œufs battus assaisonnés de tomates et de poivrons.

pipérine **n. f.** et **pipérin** **n. m.** **(du latin *piper* « poivre »)** chim. Alcaloïde contenu dans le poivre noir.

pipéronal **n. m.** **(de l'allemand, contraction de *aldéhyde pipéronylique*, du radical de *pipérine*)** chim. Composé chimique formé par l'oxydation de l'acide *pipérique,* à l'odeur semblable à celle de l'héliotrope. → **héliotropine.** *Des pipéronals.*

pipette **n. f.** Petit tube dont on se sert en laboratoire pour prélever un échantillon de liquide.

pipi **n. m.** **(de *pisser*)** fam. Urine. *Du pipi.* – *Faire pipi :* uriner. → **pisser.** – fig. *Du pipi de chat :* une boisson fade ; une chose sans intérêt. – loc. *Dame-pipi :* femme préposée à l'entretien des toilettes dans un lieu public.

pipier, ière **n. et adj.** techn. Personne qui fabrique des pipes. – **adj.** Qui concerne la fabrication des pipes.

pipi-room [pipiʀum] **n. m.** **(formation plais., de *pipi* et de l'anglais *room* « pièce »)** fam., plais. Toilettes. aussi au plur. *Aller aux pipi-rooms.*

pipistrelle **n. f.** **(de l'italien, du latin *vespertilio* « chauve-souris », de *vesper* « soir » → vêpres)** Petite chauve-souris, à oreilles courtes.

pipit [pipit] **n. m.** **(onomatopée, d'après le cri de cet oiseau → piper)** Petit passereau à plumage brun. *Pipit des prés.* → **farlouse.**

pipo **n. m.** **(origine inconnue)** argot scol. **1.** vieux L'École polytechnique*. **2.** Polytechnicien, ienne ; candidat, candidate à Polytechnique.

pippermint voir **peppermint**

piquage **n. m.** Opération consistant à piquer (I, 7).

[1]piquant, ante **adj. 1.** Qui présente une ou plusieurs pointes acérées. → **pointu. 2.** Qui donne une sensation de piqûre. *Un froid sec, piquant.* – *Sauce piquante.* **3.** Qui vexe, pique au vif. → **acerbe, mordant.** *Une ironie piquante.* Qui stimule l'intérêt, l'attention. *Une petite brune piquante.* – **n. m.** *Le piquant de l'aventure.* → **sel.**

[2]piquant **n. m.** Excroissance dure et acérée (des végétaux et animaux) qui peut piquer. → **épine.**

[1]pique **(du néerlandais ; famille de [2]pic)** **1. n. f.** Arme formée d'un long manche et d'un fer plat et pointu. → **hallebarde, lance. 2. n. m.** (aux cartes) Une des couleurs, représentée par un fer de pique noir, stylisé. *La dame de pique.* ■ loc. *Comme l'as* de pique.*

[2]pique **n. f.** **(de *piquer*, II)** Parole, allusion qui blesse.

piqué, ée **I. adj. 1.** (personnes) fam. Un peu fou. → **cinglé, dingue, toqué. 2.** Cousu par un point de piqûre. – **n. m.** Tissu à piqûres formant des motifs. *Du piqué de coton.* **3.** Marqué de points, de petites taches. *Miroir piqué. Un visage piqué de taches de rousseur.* **4.** Altéré, aigri, moisi. *Vin piqué.* → **[1]piquette. 5.** mus. *Notes piquées,* que l'on doit interpréter en les détachant des notes environnantes. **II. n. m. 1.** Mouvement d'un avion qui plonge, à la verticale ou selon une forte pente. **2.** danse Succession de pas, déplacement partant d'une position pieds à plat pour arriver à une position sur pointes ou demi-pointes. **3.** photogr. Netteté d'une image jusque dans les moindres détails.

pique-assiette **n.** péj. Personne qui se fait inviter, qui s'impose à l'heure du repas. *Des pique-assiettes.*

pique-bœuf **n. m.** Oiseau qui cherche les parasites des mammifères herbivores des savanes. *Des pique-bœufs* [pikbø].

pique-bois voir **pic-bois.**

pique-feu **n. m.** Instrument pour attiser le foyer, un feu. → **tisonnier.** *Des pique-feux* ou *des pique-feu* (invar.).

pique-fleur **n. m.** Accessoire placé au fond d'un vase pour maintenir les fleurs d'un bouquet dans une position choisie. *Des pique-fleurs.* - var. **pique-fleurs** (invar.).

piquenique ou **pique-nique** **n. m.** **(de *nique* « petite chose sans valeur »)** Repas pris en plein air, dans la nature. *Des piqueniques, des pique-niques.*

piqueniquer ou **pique-niquer** **v. intr.** < 1 > Faire un piquenique. □ **n. piqueniqueur, euse** ou **pique-niqueur, euse**

pique-note **n. m.** Objet de bureau, petit crochet où l'on enfile des notes, des feuilles volantes. *Des pique-notes.*

piquepoul voir **picpoul**

piquer **v.** < 1 > **(vient du latin *pikkare* « frapper », d'origine onomatopéique)** **I. v. tr.** Faire pénétrer une pointe dans (qqch.). **1.** Entamer, percer avec une pointe (un corps vivant). *Piquer le doigt de qqn.* ■ loc. *Piquer des deux :* partir à cheval, au galop (en piquant le cheval des deux éperons). **2.** Faire une piqûre à (qqn). *On l'a piqué contre la variole.* → **vacciner.** – *Piquer un chat* (pour le tuer). **3.** (insectes, serpents) Percer la peau de (qqn, un animal) en enfonçant un aiguillon, un crochet à venin. *Un serpent l'a piqué* (→ **mordre**). loc. *Quelle mouche* le pique ?* **4.** Percer (qqch.) avec un objet pointu, pour attraper. *Piquer sa viande avec sa fourchette.* **5.** cuis. Garnir d'un ingrédient par des trous pratiqués en piquant. *Piquer d'ail un rôti.* **6.** Fixer (qqch.) en traversant par une pointe. *Piquer une photo au mur.* → **épingler, punaiser. 7.** Enfoncer par la pointe. – fig. *Piquer une tête :* se jeter à l'eau, plonger la tête la première. **8.** Coudre à la machine. *Bâtir une robe avant de la piquer.* **9.** Parsemer de petits trous. *Les vers ont piqué ce livre.* → **ronger.** ■ au p. p. → **vermoulu.** – loc. fam. *Ce n'est pas piqué des hannetons ou des vers,* c'est remarquable en son genre. **10.** mus. *Piquer une note :* la détacher des autres en l'interprétant. **II. v. tr.** par ext. **1.** Donner la sensation d'une pointe qui entame. *La fumée piquait les yeux. Ça me pique.* – fam., absolt *De l'eau qui pique,* gazeuse. **2.** Faire une vive impression sur. → **exciter ; [1]piquant.** *Son attitude a piqué ma curiosité.* – *Piquer au vif :* irriter l'amour-propre de. **III. v. tr.** fig. **1.** Attraper, prendre. *La police l'a piqué à l'aéroport.* → **pincer.** – Voler. *On lui a piqué son portefeuille.* → **chiper. 2.** fam. Déclencher subitement (une action). *Piquer un cent mètres,* se mettre à courir vite. – *Piquer une crise. Piquer un fard :* rougir d'émotion. **IV. v. intr. 1.** Tomber, descendre brusquement. *Un avion qui pique,* qui descend en piqué (→ **piqué**). – *Piquer du nez,* tomber le nez en avant. **2.** S'enfoncer. *Le navire piquait de l'avant.* ■ **se piquer v. pron. 1.** (personnes) Se blesser avec une pointe. *Elle s'est piquée en cousant.* – Se faire une piqûre (spécialt, médicale ou toxique). **2.** (choses) Avoir des petits trous, des taches. *Les livres se piquent.* – fig. *Vin qui se pique,* s'aigrit. **3.** littér. Se froisser, se vexer. **4.** *Se piquer de.* Prétendre avoir, faire des efforts pour avoir (une qualité, une aptitude). *Elle se pique de poésie.* **5.** loc. *Se piquer au jeu*.*

[1]piquet **n. m.** **(de *piquer*)** **1.** Petit pieu destiné à être fiché, piqué en terre. *Piquets de tente.* → **piton.** – *Droit, raide, planté comme un piquet,* immobile. **2.** anciennt *Mettre un élève au piquet,* le punir en le faisant rester debout et immobile. → **coin. 3.** **(d'abord « groupe de**

cavaliers arrêtés, les chevaux attachés à un piquet ») *Piquet d'incendie* : groupe de soldats consignés pour le service de protection contre les incendies. *Piquet de grève* : grévistes veillant sur place à l'exécution des ordres de grève.

^{2}**piquet** **n. m.** Jeu qui se joue avec trente-deux cartes au cours duquel chaque joueur doit réunir le plus de cartes de même couleur, des séries.

Piquet (Nelson) Coureur automobile brésilien (né en 1952). Il fut trois fois champion du monde des conducteurs (1981, 1983, 1987).

Nelson Piquet fêtant son titre de champion du monde de F1 en 1983.

piqueter **v. tr.** < 4 ou RO 5 > **1.** Parsemer de points, de petites taches. **2.** Établir, tracer à l'aide de piquets d'alignement. → **baliser, jalonner.** *Piqueter une allée.* **3.** (Canada) Faire partie d'un piquet de grève. □ **n. m. piquetage**

piqueteur, euse **n.** (Canada) Personne qui participe à un piquet de grève.

^{1}**piquette** **n. f.** **(de** ***piquer,*** **II)** **1.** Boisson obtenue par addition d'eau au marc, de raisin ou d'autres fruits, sans fermentation. **2.** Vin ou cidre acide, médiocre.

^{2}**piquette** **n. f. (de** ***pique,*** **mot régional « correction » → piquer)** fam. Raclée, défaite écrasante. → ^{2}**pile.**

piqueur, euse **I. n. 1. n. m.** (chasse à courre) Valet qui poursuit la bête à cheval (en vénerie : *piqueux* **n. m.**). **2.** Ouvrier, ouvrière qui pique à la machine. **3.** Ouvrier, ouvrière travaillant au marteau pneumatique (*marteau-piqueur* → **marteau**). **II. adj.** *Insectes piqueurs,* qui piquent pour se défendre.

piquier **n. m. (de** ^{1}***pique*****)** anciennt Soldat armé d'une pique.

piquillo **n. m. (mot espagnol « petit bec », à cause de la forme du piment)** Petit piment doux produit dans le Pays basque espagnol. *Piquillos farcis.*

piqûre **n. f. 1.** Petite blessure faite par ce qui pique. *Une piqûre d'épingle. Piqûre de moustique.* – Sensation produite par quelque chose d'urticant. *Piqûre d'ortie.* – fig. Irritation, vexation. *Une piqûre d'amour-propre.* **2.** *Piqûre* ou *point de piqûre,* point servant de couture ou d'ornement. *Piqûres à la machine.* **3.** Petit trou. *Piqûre de ver.* ■ Petite tache (de rouille, d'humidité). **4.** Introduction d'une aiguille creuse dans une partie du corps pour en retirer un liquide organique (→ **ponction, prise** de sang) ou pour y injecter un liquide (→ **injection**). - var. RO **piqure.**

Pirandello (Luigi) Écrivain et auteur dramatique italien (1867-1936). Il fut l'un des grands novateurs du théâtre moderne, notamment par le système du « théâtre dans le théâtre » *(Six Personnages en quête d'auteur),* mais aussi par les thèmes qu'il a abordés, tels que la relativité du rapport au réel *(Chacun sa vérité).* Il est également auteur de plus de deux cents nouvelles, dont la plupart décrivent les réalités siciliennes. Prix Nobel 1934.

Piranèse (Giovanni Battista Piranesi, dit en français) Dessinateur, graveur et architecte italien (1720-1778). Il est l'auteur de plus de deux mille eaux-fortes *(Vues de Rome ; Antiquités romaines ; Prisons)* d'un caractère souvent fantastique qui annonce le romantisme.

piranha [piʀana] **n. m. (mot tupi)** Petit poisson carnassier très vorace des fleuves de l'Amérique du Sud.

piratage **n. m.** Action de pirater. – spécialt *Piratage informatique* : copies illégales, introduction par effraction dans un système informatique (→ **cybercriminalité**).

pirate **n. (du latin, du grec** ***peiratês*****) I. 1. n. m.** anciennt Aventurier qui courait les mers pour piller les navires. → **boucanier, flibustier, forban ; corsaire.** – appos. *Bateau pirate,* monté par des pirates. ■ **n. mod.** Personne qui attaque un bateau pour le piller. **2.** fig. Individu sans scrupules, qui s'enrichit aux dépens d'autrui. → **escroc. 3.** *Pirate de l'air,* personne qui détourne un avion ou menace la sécurité des passagers pour exercer un chantage. **4.** *Pirate informatique,* qui s'introduit dans un système informatique. → **crackeur, hackeur. II. (après un n. ; en fonction d'adj.)** Clandestin, illicite. *Radio pirate.*

pirater **v. tr.** < 1 > **1.** Reproduire (une œuvre) illégalement. *Pirater un jeu vidéo.* – au p. p. *Une édition piratée.* **2.** inform. S'introduire par effraction dans (un réseau, un ordinateur...).

piraterie **n. f.** Acte de pirate ; activité d'un pirate.

Pirates (côte des) ou **côte de la Trêve** Nom donné autrefois aux émirats de la côte d'Oman qui se livraient à la piraterie aux dépens des navires anglais. Ils constituent aujourd'hui la fédération des Émirats arabes unis (EAU).

pire **adj. (vient du latin** ***pejor,*** **comparatif de** ***malus*****) I.** comparatif Plus mauvais, plus nuisible, plus pénible. *Devenir pire.* → **empirer.** *Le remède est pire que le mal.* ■ *Il n'y a rien de pire.* → ^{2}**pis** (I, 2). **II.** superlatif ***Le pire, la pire, les pires*** **1. adj.** Le plus mauvais. *Un voyou de la pire espèce. C'est son pire ennemi. La meilleure et la pire des choses.* **2. n. m.** Ce qu'il y a de plus mauvais. → ^{2}**pis.** *Le pire de tout, c'est l'ennui.* – absolt *Époux unis pour le meilleur et pour le pire. La politique du pire.*

Pire (Dominique Georges) Religieux belge (1910-1969). Moine dominicain, il se consacra aux œuvres de charité puis au problème des réfugiés. Prix Nobel de la paix 1958.

Pirée (Le) Ville de Grèce (Attique), sur la Méditerranée, englobée dans le *Grand Athènes.* 200 000 habitants. C'est le premier port du pays et le principal centre industriel. Le Pirée fut créé au Ve s. av. J.-C. pour servir de port à Athènes. La ville fut rasée par Sylla (–86) et ne reprit de l'importance qu'au XIXe siècle.

Pirenne (Henri) Historien belge (1862-1935). Il fut un éminent spécialiste du Moyen Âge et du développement national de la Belgique. Il laissa une importante *Histoire de la Belgique* fondée sur une analyse économique et sociale.

Piriac-sur-Mer Commune de la Loire-Atlantique, près de Saint-Nazaire. 2 368 habitants. Maisons typiques du XVIIe s. Port de pêche et station balnéaire.

piriforme **adj. (de** ***piri-,*** **du latin** ***pirum*** **→ poire)** En forme de poire.

Pirithoos Héros thessalien, roi des Lapithes dans la mythologie grecque. Ses noces avec Hippodamie sont l'occasion du célèbre combat des Centaures et des Lapithes. Il est l'ami de Thésée.

Pirna Ville d'Allemagne (Saxe), sur l'Elbe. 38 280 habitants. Château et église du XVIe siècle.

pirogue **n. f. (mot caraïbe)** Longue barque étroite et plate (surtout Afrique et Océanie).

piroguier **n. m.** Conducteur d'une pirogue.

pirojki [piʀɔʃki] **n. m. (mot russe)** Petit pâté chaud fourré de viande, de poisson ou de chou. *Des pirojkis.*

pirole **n. f. (latin** ***pirola,*** **de** ***pirus*** **« poirier »)** Petite plante herbacée, à feuilles vertes ressemblant à celles du poirier, et qui pousse dans les lieux humides.

Piron (Alexis) Poète et auteur dramatique français (1689-1773). Poète licencieux, il écrivit des comédies pour les théâtres de la Foire. *Arlequin Deucalion.*

piroplasmose **n. f. (de** ***piroplasme,*** **n. d'un parasite [de** ***piro-,*** **du latin** ***pirum*** **« poire »] et** ***-ose*****)** vétér. Infection produite par un parasite des globules rouges et transmise par les piqûres de tiques.

pirouette **n. f. (de** ***pirouelle*** **« toupie ») 1.** Tour ou demi-tour qu'on fait sur soi-même, sans changer de place. ■ danse Tour rapide à partir d'une position sur deux pieds, exécuté sur un seul pied élevé sur pointe ou demi-pointe. ■ Tour sur place en patinage artistique. **2.** fig., fam. Brusque changement d'opinion. → **revirement, volte-face.** – loc. fam. *Répondre par une pirouette,* éluder une question embarrassante par des plaisanteries.

pirouetter **v. intr.** < 1 > Faire une, des pirouettes. → **virevolter.**

^{1}**pis** **n. m. (vient du latin** ***pectus*** **→ pectoral, poitrine)** Mamelle (d'une bête laitière).

^{2}**pis** **(vient du latin** ***pejus,*** **de** ***pejor*** **→ pire) I.** comparatif **1. adv.** Plus mal. *Tant pis* : c'est dommage. loc. *Aller de mal en pis,* empirer. **2. adj.** (neutre) littér. Plus mauvais, plus fâcheux. *C'est bien pis.* → cour. **pire.** – loc. ***Qui pis est*** [kipizɛ] : ce qui est plus grave. **3. n. m.** Une chose pire. loc. *Dire* ***pis que pendre*** *de qqn,* répandre sur lui les pires médisances. **II.** superlatif **1.** littér. ***Le pis*** : la pire chose. → **pire** (II). **2.** ***Au pis aller*** **loc. adv.** : en supposant que les choses aillent le plus mal possible.

pis-aller [pizale] **n. m. invar.** Personne, solution, moyen à quoi on a recours faute de mieux. → **palliatif.**

Pisan (Christine de) voir **Christine de Pisan**

Pisanello (Antonio di Puccio di Cerreto ou **Antonio Pisano, dit)** Peintre et médailliste italien (v. 1395-1455). Son art courtois, à la fois réaliste et féérique (fresque *Saint Georges délivrant la princesse de Trébizonde*), allia la sûreté et la rigueur de la technique à la précision d'éléments directement observés (animaux, costumes). Il fut appelé auprès de toutes les cours d'Italie.

Pisano (Nicola) voir **Nicola Pisano**

Pisano (Andrea) voir **Andrea Pisano**

Pisano (Giovanni) voir **Giovanni Pisano**

Piscator (Erwin) Metteur en scène, théoricien et directeur de théâtre allemand (1893-1966). Considérant le théâtre comme un outil de propagande politique, il fonda à Berlin le Théâtre prolétarien (1920) puis le Théâtre central, où il monta des œuvres de Gorki, R. Rolland et E. Toller. Directeur de la Piscator Bühne (1927), il y réalisa son « théâtre documentaire », qui utilise des projections cinématographiques et une abondante illustration.

pisci- Élément **(du latin** ***piscis*** **→ poisson)** qui signifie « poisson ».

piscicole **adj. (→ -cole)** Qui est relatif à la pisciculture.

pisciculteur, trice **n.** Personne qui élève des poissons.

pisciculture **n. f.** Production, élevage des poissons. → **aquaculture.**

pisciforme **adj. (→ -forme)** didact. Qui a la forme d'un poisson. → **ichtyoïde.**

piscine **n. f. (du latin, de** ***piscis*** **→ poisson) 1.** didact. Bassin pour les rites de la purification. **2.** cour. Bassin de natation, et ensemble des installations qui l'entourent. *Piscine olympique.* **3.** phys. Bassin rempli d'un modérateur liquide dans lequel la matière fissile est immergée, dans les centrales nucléaires. *Piscine de désactivation.*

pisciniste **n.** Professionnel(le) qui vend et installe des piscines.

piscivore **adj. (→ -vore)** didact. Qui se nourrit ordinairement de poissons. → **ichtyophage.** *Oiseau piscivore.* – **n. m.** *Un piscivore* (animal).

P

Pise

Pise, la Piazza del Duomo avec, en enfilade, le baptistère, la cathédrale et la tour penchée.

Pise Ville d'Italie (Toscane), chef-lieu de province, sur l'Arno. 90 000 habitants. Archevêché, université. Nombreux monuments anciens : cathédrale (XIe s.) ; « tour penchée » (XIIe-XIIIe s.) ; baptistère (XIIe-XIVe s.) ; cimetière ou *Camposanto* (XIIIe-XVe s.) abritant des sarcophages gréco-romains ; piazza dei Cavalieri, typique du style pisan. Industries (chimie, mécanique). Verrerie. Ville d'art et de tourisme. Grande puissance maritime du XIe au XIIIe s., Pise conquit la Sardaigne, la Corse et les Baléares avant de décliner après la destruction de sa flotte par les Génois en 1284. Elle fut vendue à Florence en 1406, annexée par la France au début du XIXe s., avant d'être rattachée au grand-duché de Toscane puis au nouveau royaume d'Italie en 1860.

Pise (concile de) Concile réuni à Pise en 1409 pour mettre fin au grand schisme d'Occident. Il déposa Grégoire XII et Benoît XIII et élut Alexandre V.

pisé n. m. (de l'ancien v. *piser* « broyer ») Maçonnerie en terre argileuse mélangée de paille hachée, qu'on coule entre des planches de bois. → **torchis.**

pisiforme adj. m. (du latin *pisum* « pois » et de *-forme*) anat. *Os pisiforme* ou **n. m.** *le pisiforme* : os de la rangée supérieure du carpe, du côté cubital du poignet.

Pisistrate Tyran d'Athènes (av. 600-527 av. J.-C.). Chef des Diacriens, il s'empara du pouvoir en –561. Poursuivant la politique de Solon, il s'attacha à résoudre le problème agraire et favorisa le commerce et l'industrie. Son gouvernement fut aussi marqué par une politique de grands travaux à Athènes et par le développement des grandes fêtes civiques et religieuses (Dionysies).

pisolithe ou **pisolite** n. f. (du grec *pisos* « pois » et *-lithe*) géol. Concrétion calcaire analogue aux oolithes*, de la grosseur d'un pois et de forme irrégulière. □ **adj. pisolithique** ou **pisolitique**

Pison Famille romaine de la gens Calpurnia. ■ **Caius Calpurnius Piso.** Homme politique romain. Consul en –67 et proconsul de la Gaule narbonnaise, il fut accusé de concussion par César et défendu par Cicéron. ■ **Caius Calpurnius Piso** (mort en 65). Homme politique romain. Consul, il organisa une conspiration contre Néron (65) qui impliqua Lucain et Sénèque. Découvert, il se donna la mort.

P

pissaladière n. f. (mot niçois, de *pissalat* « poisson salé ») Tarte à l'oignon, aux anchois et aux olives faite d'une pâte à pain (→ **pizza**).

Pissarro (Camille) Peintre et lithographe français (1830-1903). Un des maîtres de l'école impressionniste, il exécuta de nombreux paysages de campagne, quelques portraits et natures mortes. Il peignit souvent à Louveciennes, puis à Pontoise notamment avec Cézanne. Il adopta vers 1885 la technique pointilliste de Seurat. *Les Toits rouges ; Les Toits du vieux Rouen.*

pissat n. m. Urine (de certains animaux).

pisse n. f. vulg. Urine. → cour. **pipi.**

pisse-froid n. invar. ou **pissefroid** n. fam. Personne froide et morose, ennuyeuse. → **pisse-vinaigre.** *Des pisse-froid, des pissefroids.*

pissement n. m. méd. Fait de pisser (2). *Pissement de sang.*

pissenlit n. m. (de *pisser, en* et *lit*) Plante vivace à feuilles longues et dentées, aux fleurs jaunes. → **dent-de-lion.** *Le pissenlit tient son nom de ses vertus diurétiques. Salade de pissenlit.* – loc. fam. *Manger les pissenlits par la racine*, être mort et enterré.

pisser v. < 1 > (vient du latin pop. *pissiare*, formation expressive) fam. **1. v. intr.** Uriner. → faire **pipi.** – loc. *Ça l'a pris comme une envie de pisser*, brusquement. – *Il pleut comme vache qui pisse*, à verse. – *Laisser pisser le mérinos*.* – *C'est comme si on pissait dans un violon*, c'est une action complètement inutile. **2. v. tr.** Évacuer avec l'urine. *Pisser du sang.* – Laisser s'écouler (un liquide). *Blessure qui pisse le sang. Un réservoir qui pisse de tous les côtés.* **3.** loc. fig. *Pisser de la copie* : rédiger abondamment et médiocrement.

pissette n. f. Instrument de laboratoire, récipient permettant de produire un petit jet liquide.

pisseur, euse n. **1.** vulg. Personne, animal qui pisse souvent. ■ *Pisseuse* **n. f.** péj. et sexiste Fille. **2.** fam., fig. et péj. *Pisseur, pisseuse de copie* : écrivain, journaliste qui écrit beaucoup ou médiocrement.

pisseux, euse adj. **1.** fam. Imprégné d'urine, qui sent l'urine. **2.** D'une couleur passée, jaunie.

pisse-vinaigre n. Personne morose et aigre, désagréable. → **pisse-froid.** *Des pisse-vinaigres.*

pissoir n. m. régional (Nord) Édifice public où les hommes vont uriner. → **pissotière.**

pissotière n. f. (de *pissot*, ancien dérivé de *pisser*) fam. Urinoir public. → **vespasienne.**

pistache (de l'italien, du grec) **1. n. f.** Fruit du pistachier. – Graine de ce fruit. *Glace à la pistache.* **2. adj. invar.** *Vert pistache. Des draps pistache.*

pistachier n. m. Arbre résineux des régions chaudes dont le fruit contient la pistache. → **lentisque.**

pistage n. m. Action de pister.

pistard, arde n. sport Cycliste spécialiste des épreuves sur piste. *Routiers et pistards.*

piste n. f. (de l'italien, du latin *pistare* « écraser », de *pinsere* → **pétrir, pistil**) **1.** Trace que laisse un animal sur le sol où il a marché. → **foulée, voie.** – Chemin qui conduit à qqn ou à qqch. ; ce qui guide dans une recherche. *Brouiller les pistes* : rendre des recherches difficiles, compliquées. **2.** Terrain aménagé pour les courses, les épreuves d'athlétisme, etc. **3.** Emplacement souvent circulaire, disposé pour certaines activités (spectacles, sports). *La piste d'un cirque. Piste de danse.* – *Entrer* **en piste.** **4.** Route non revêtue. *Piste de brousse. Piste carrossable.* **5.** Parcours aménagé. *Piste cyclable. Piste de ski.* **6.** Partie d'un terrain d'aviation aménagée pour le décollage et l'atterrissage des avions. **7.** Surface magnétique pour l'enregistrement d'informations. → **1bande.** *Magnétophone à quatre pistes.* – *Piste sonore* : zone de la bande d'un film ou d'une bande magnétique où sont enregistrés les sons.

pister v. tr. < 1 > Suivre la piste de ; épier. *Attention, on nous piste !* → **filer.**

pisteur, euse n. Personne chargée d'entretenir et de surveiller les pistes de ski. *Pisteur secouriste.*

pistil n. m. (du latin, de *pinsere* « piler, broyer » ; même famille que *pister*) Organe femelle des plantes à fleurs, renfermant l'ovaire. □ **adj. pistillaire**

Pistoia Ville d'Italie (Toscane), chef-lieu de province, au pied de l'Apennin. 84 300 habitants. Nombreux édifices du Moyen Âge (cathédrale romane, baptistère gothique d'Andrea Pisano, chaire sculptée de Giovanni Pisano, nombreuses églises du XIIe au XVe s.). Aux environs, à Vinci, maison natale de Léonard.

pistole n. f. (de l'allemand, du tchèque « arme à feu portative » ; sens moderne mal expliqué) anciennt Monnaie d'or d'Espagne, d'Italie, ayant même poids que le louis (6,75 g).

pistolet n. m. (même origine que *pistole*) **I. 1.** Arme à feu courte et portative. *Pistolet automatique.* – Jouet analogue. *Pistolet à eau.* **2.** Pulvérisateur de peinture, de vernis. *Peinture au pistolet.* **3.** Embout en forme de pistolet du tuyau de distribution d'une pompe à essence. **II.** fig. *Un* **drôle de pistolet** : un individu bizarre. **III.** par analogie de forme **1.** (Belgique) Petit pain. **2.** fam. Urinal.

pistolet-mitrailleur n. m. Arme automatique individuelle, pour le combat rapproché. → **mitraillette.** *Des pistolets-mitrailleurs.* - abrév. **PM.**

Pistoletto (Michelangelo) Peintre et sculpteur italien (né en 1933). Précurseur de l'Arte Povera. Il a mené une réflexion sur la fonction de l'art et le rapport de la société à l'œuvre. Ses tableaux-miroirs provoquent une interaction entre les personnages peints ou collés sur un miroir et celle, réfléchie, du spectateur qui les regarde. Ses sculptures, comme la *Vénus aux chiffons*, proposent une confrontation entre la permanence de l'Histoire et le présent marqué par le consumérisme.

pistoleur, euse n. (de *pistolet*) techn. Peintre travaillant au pistolet.

piston n. m. (de l'italien, du latin *pinsere* → **pétrin, pister, pistil**) **I. 1.** Pièce qui se déplace dans un tube et transmet une pression. *Pistons et cylindres d'un moteur à explosion.* **2.** Pièce mobile réglant le passage de l'air dans certains instruments à vent (cuivres). *Cornet à pistons.* **3.** argot scol. Élève préparant ou ayant intégré l'École centrale ; l'École centrale. **II.** (parce que le piston [I] « fait marcher la machine ») fam. Appui, recommandation qui décide d'une nomination, d'un avancement.

pistonner v. tr. < 1 > (de *piston* [II]) Appuyer, protéger (un candidat à une place). → **recommander.**

pistou n. m. (du provençal, du latin *pistare* « écraser » → **piste**) **1.** Basilic pilé avec de l'ail (assaisonnement provençal). **2.** Soupe de légumes provençale, liée au pistou.

pita n. f. ou m. (mot arabe du Liban) Petit pain sans levain, rond et creux, dont on garnit l'intérieur de viande, de légumes. – appos. *Pain pita.*

pitance n. f. (famille de *pitié* « don de nourriture ») péj. Nourriture. *Une maigre pitance.* – Nourriture (d'un animal).

pitbull [pitbul ; pitbyl] n. m. (anglais *pit bull*, de *pit* « arène » et *bull* « taureau ») Chien de combat de petite taille. *Les pitbulls sont très agressifs.* - var. **pit-bull.** *Des pit-bulls.*

Pitcairn (île) Petite île britannique du Pacifique méridional (Océanie). 5 km^2. 46 habitants. Découverte en 1767 par Ph. Carteret, elle fut peuplée par les mutins du *Bounty* (1790) et leurs descendants.

pitch n. m. (mot anglais, de *to pitch* « ficher ») anglic. **1.** golf Balle qui reste à l'endroit où elle est tombée sur le green. **2.** Bref résumé du scénario d'un film, d'un livre. – comm. Présentation succincte. *Des pitchs. Faire un pitch* (pitcher **v.** < 1 >).

pitchoun, oune [pitʃun] n. (du provençal ; famille de *petit*) régional (Provence) Petit enfant. - syn. **pitchounet, ette.**

pitchpin [pitʃpɛ̃] n. m. (de l'anglais, de *pitch* → poix et *pine* → pin) Bois de plusieurs espèces de pins d'Amérique du Nord, utilisé en menuiserie.

pite n. f. (espagnol *pita*, d'une langue d'Amérique du Sud) rare Agave d'Amérique ; matière textile tirée des fibres de cette plante.

Pite (Crystal) Chorégraphe et danseuse canadienne (née en 1970). Elle a à son actif une quarantaine de chorégraphies et a créé sa compagnie, Kidd Pivot, en 2002. Inspirée par la danse-théâtre de Pina Bausch et la danse géométrique de William Forsythe, elle combine les styles avec virtuosité.

Pite Älv n. m. Fleuve de Suède septentrionale (370 km), tributaire du golfe de Botnie.

Piteşti Ville de Roumanie, en Munténie, sur l'Argeş. 143 800 habitants. Vins renommés. Centre industriel.

piteux, euse adj. (vient du latin médiéval *pietosus*, de *pietas* → piété, pitié) **1.** vieux Qui suscite une pitié mêlée de mépris. → **pitoyable. 2.** Médiocre, nul. *Des résultats piteux.* – *En piteux état*, en mauvais état. □ adv. **piteusement**

pithécanthrope n. m. (du latin, du grec, de *pithekos* → pithéc[o]- et *anthrôpos* → anthropo-) paléont. Mammifère primate fossile (hominien, espèce *homo erectus*), découvert à Java.

pithéc(o)-, -pithèque Éléments (du grec *pithêkos* « singe ») qui signifient « singe ».

pithiatisme n. m. (du radical grec *pith-* [de *peithein* « persuader »] et *iatos* « guérissable ») psych. Ensemble des désordres non organiques pouvant être guéris ou reproduits par suggestion, considérés comme partie intégrante de l'hystérie*. □ adj. **pithiatique**

pithiviers n. m. (du n. propre) Gâteau feuilleté à la frangipane.

Pithiviers Chef-lieu d'arrondissement du Loiret, aux confins de la Beauce et du Gâtinais. 9 067 habitants. Église des XIe, XVIe et XVIIe s. Agroalimentaire (spécialité de gâteaux aux amandes).

pithovirus [pitoviʀys] n. m. (du grec *pithos* « grande amphore », par analogie de forme) virol. Virus géant à ADN, d'une taille exceptionnelle.

pitié [pitje] n. f. (vient du latin *pietas*, de *pius* → ^{2}pie, pieux) **1.** Sensibilité aux souffrances d'autrui. → **commisération, compassion.** *Qui fait pitié.* → **pitoyable.** *Éprouver de la pitié.* → **s'apitoyer.** prov. *Il vaut mieux faire envie que pitié. Prendre qqn en pitié.* – *Par pitié*, je vous en supplie. *Sans pitié.* → **impitoyable ;** → **sans merci.** *Pas de pitié.* → **quartier. 2.** *Quelle pitié !*, quelle chose pitoyable, déplorable !

Pitoëff (Georges) Acteur, metteur en scène et animateur de théâtre français, d'origine russe (1884-1939). Il se fixa au théâtre des Mathurins en 1934 et mit en scène de nombreux auteurs contemporains (Pirandello, Claudel, Anouilh), mais aussi Shakespeare et Tolstoï. Il fut avec sa femme Ludmila Pitoëff (1896-1951) un des animateurs les plus actifs du Cartel des Quatre.

piton n. m. (du provençal *pitar* « picorer, picoter ») **I.** Clou, vis dont la tête forme un anneau ou un crochet. *Pitons d'alpinisme.* **II.** Éminence isolée en forme de pointe, d'une montagne. → ^{3}**pic.** *Des pitons rocheux.* **III.** (Canada) Bouton de commande d'un appareil, d'un mécanisme. → **pitonner.** *Les pitons d'un ordinateur.* → **touche.** – loc. fig. *Être sur le piton*, en pleine forme. *Être de bonne heure sur le piton* : se lever tôt.

pitonner v. intr. < 1 > (de *piton*) **1.** alpin. Enfoncer des pitons dans le rocher. *On ne peut pas franchir ce passage sans pitonner.* **2.** (Canada) fam. Tapoter sur des touches. → **pianoter.** *Pitonner sur l'ordinateur.* – spécialt Actionner les touches d'une télécommande de télévision. → **zapper.** – trans. *Pitonner un numéro de téléphone.* □ n. m. **pitonnage**

Pitot (Henri) Ingénieur et physicien français (1695-1771). On lui doit de nombreux ouvrages d'art (aqueduc Saint-Clément, qui amène l'eau potable à Montpellier). Il étudia le rendement des machines hydrauliques et imagina le *tube de Pitot*, qui mesure la vitesse d'écoulement d'un fluide.

pitoyable adj. **1.** Digne de pitié. → **déplorable.** *Dans un état pitoyable.* **2.** Qui inspire, mérite une pitié méprisante. → **pathétique ; piteux ; lamentable.** *Une attitude pitoyable.* □ adv. **pitoyablement**

pitre n. m. Personne qui fait rire par des plaisanteries forcées. → **bouffon, clown.** *Faire le pitre.*

pitrerie n. f. Plaisanterie de pitre. → **clownerie.**

Pitt (William), 1er comte de Chatham, dit le Premier Pitt Homme politique britannique (1708-1778). Député whig à partir de 1735, il prit la tête du groupe des « patriotes » et s'opposa au pacifisme de Walpole, dont il causa la chute. Premier ministre et ministre de la Guerre (1756), dès le début de la guerre de Sept Ans, il mena son pays à la victoire. Mais il se heurta à George III et dut démissionner en 1761. Il fut rappelé au pouvoir entre 1766 et 1768.

Pitt (William), dit le Second Pitt Homme politique britannique (1759-1806). Fils de William Pitt, Premier ministre (1783-1801), il conclut un traité de commerce avec la France (1786) et redressa les finances de l'État. La lutte qu'il engagea contre la France révolutionnaire s'accompagna de graves troubles intérieurs, parmi lesquels la révolte de l'Irlande, arrêtée par l'Acte d'union (1800). Démissionnaire en 1801, Pitt revint au pouvoir en 1804 et réorganisa la flotte britannique. Il forma avec la Russie et l'Autriche la 3e coalition, que Napoléon Ier brisa à Austerlitz. En dépit de la victoire à Trafalgar, il mourut en laissant la Grande-Bretagne isolée, en proie à une terrible crise.

Pitt (Brad) Acteur américain (né en 1963). N'hésitant pas à modifier son physique de jeune premier séduisant pour se glisser dans la peau de ses personnages, il a une cinquantaine de films à son actif, de *Ocean's Eleven* à *Inglorious Basterds.*

Pitti Famille florentine, rivale des Médicis. Elle édifia à partir de 1450 le *palais Pitti.* Celui-ci, devenu le siège de la cour des Médicis au XVIe s., abrite la célèbre *galerie Palatine* (peintures du XVe au XVIIIe s.).

pittoresque adj. (de l'italien, de *pittore* « peintre », même origine que *peintre ;* d'abord « digne d'être peint ») **1.** Qui attire l'attention, charme ou amuse par un aspect original. *Un quartier pittoresque.* **2.** Qui dépeint bien, d'une manière imagée. *Une expression pittoresque.* **3.** n. m. Caractère pittoresque, expressif. → **couleur.** □ adv. **pittoresquement**

pittosporum [pitɔspɔʀɔm] n. m. (latin *pittosporum*, grec *pitta* « poix » et *spora* → spore) bot. Arbuste ornemental originaire des régions tropicales, à feuilles persistantes et à fleurs très odorantes.

Pittsburgh Ville des États-Unis (Pennsylvanie), au confluent de l'Alleghany et du Monongahela. 302 900 habitants. Musées Carnegie et Warhol. Ancien centre métallurgique, la ville se reconvertit en faveur de la haute technologie, notamment grâce à ses trois universités, et des services. Port fluvial, le plus important du pays.

pituitaire adj. vieux Relatif à la pituite. – mod., anat. *La membrane, la muqueuse pituitaire* ou n. f. *la pituitaire* : membrane qui tapisse les fosses nasales et les sinus de la face. – *Glande pituitaire.* → **hypophyse.**

pituite n. f. (latin *pituita*) méd. **1.** vieux Flegme. **2.** mod. Liquide glaireux que certains malades (notamment les alcooliques) rejettent le matin à jeun ; vomissement habituel de ce liquide.

pityriasis [pitiʀjazis] n. m. (grec *pituriasis*, de *pituron* « son [de blé] ») méd. Dermatose caractérisée par une fine desquamation. → **dartre.**

Piura Ville du Pérou, capitale de département, sur la rivière du même nom. 436 400 habitants. Coton. Gisements de pétrole.

pive n. f. (vient du latin *pipa* « flûte », de *pipare* « pépier » → piper) (Suisse) Fruit des conifères. → **pigne.** *Pives de pin.* → ^{1}**pomme.** – loc. fig. *Envoyer qqn aux pives*, l'envoyer promener.

pivert n. m. (de ^{1}*pic* et *vert*) Oiseau grimpeur au plumage jaune et vert, qui frappe des coups rapides sur les troncs avec son bec (pour faire sortir les larves qu'il mange). - var. **pic-vert.** *Des pics-verts.*

pivoine n. f. Plante à bulbe, cultivée pour ses larges fleurs rouges, roses, blanches ; sa fleur. – loc. *Être rouge comme une pivoine*, très rouge.

pivot n. m. (origine obscure) **1.** Cône ou pointe terminant un axe vertical fixe (sur lequel tourne librement une charge). *Le pivot d'une boussole.* **2.** fig. Ce sur quoi repose et tourne tout le reste. → **base, centre.** *Le pivot d'une entreprise.* **3.** bot. Racine principale qui apparaît la première et s'enfonce verticalement dans le sol. **4.** Support d'une dent artificielle, enfoncé dans la racine. *Dent à, sur pivot.* **5.** sports Au basket, Joueur choisi pour sa haute taille et sa masse physique qui est situé le plus près du panier et qui doit souvent pivoter pour marquer.

Pivot (Bernard) Journaliste et critique littéraire français (né en 1935). Chroniqueur dans différents journaux et stations de radio, il a créé et animé plusieurs émissions littéraires et culturelles à la télévision. Premier non-écrivain élu à l'académie Goncourt (2004), il en assura la présidence de 2014 à 2019.

pivotant, ante adj. **1.** Qui pivote. *Fauteuil pivotant.* **2.** bot. *Racine pivotante*, dont le pivot est gros et long.

Pitt

Brad Pitt dans *Sept ans au Tibet* de Jean-Jacques Annaud en 1997.

P

pivoter v. intr. < 1 > **1.** Tourner sur un pivot, comme sur un pivot. *Il pivota sur ses talons.* **2.** (racine) S'enfoncer verticalement en terre. □ **n. m. pivotement**

pixel n. m. (anglais *pix*, de *picture*, + *el*, de *element* « élément d'image ») Chaque point d'une image électronique.

pixéliser v. tr. < 1 > Rendre apparents les pixels qui composent une image. – au p. p. *Une photo pixélisée.* □ **n. f. pixélisation**

Pixérécourt (René Charles Guilbert de) Auteur dramatique français (1773-1844). Il est l'un des maîtres du mélodrame. *Victor ou l'Enfant de la forêt ; Cœlina ou l'Enfant du mystère.*

Pizarro (Francisco) dit en français **François Pizarre** Conquistador espagnol (v. 1475-1541). Accompagné d'Almagro et de ses frères Gonzalo (v. 1502-1548), Hernando (v. 1508-1578) et Juan (v. 1505-1535), il entreprit la conquête du Pérou. Vainqueur des Incas (1531-1532), il fit tuer Atahualpa (1533). Après la mise à mort d'Almagro, devenu son rival (1538), il fut tué par le fils de ce dernier.

Pizarro (Hernando) Compositeur italien (1880-1968). Il est l'un des meilleurs représentants de la musique italienne du XXe s. Attaché au système tonal, il se consacra au renouveau du théâtre lyrique et laissa d'importants écrits sur l'esthétique du drame musical.

pizza [pidza] n. f. (mot italien « galette ») Tarte salée de pâte à pain garnie de tomates, anchois, olives, etc. (plat originaire de Naples). *Des pizzas. Pizza blanche,* sans tomates.

pizzaïolo [pidzajɔlo] n. (mot italien, de *pizza*) Personne qui confectionne et fait cuire les pizzas dans une pizzéria. - On trouve le féminin *pizzaïola*.

pizzéria [pidzerja] n. f. Restaurant où l'on fait et sert des pizzas. - var. **pizzeria**.

pizzicato [pidzikato] n. m. (de l'italien, de *pizzicare* ; famille de *pincer*) Manière de jouer d'un instrument à archet en pinçant les cordes. *Les pizzicatos* ou *les pizzicati* (plur. italien) *des violons.*

PJ n. f. (sigle) fam. Police judiciaire.

pK [peka] n. m. chim. Constante caractérisant le potentiel de dissociation ionique d'un électrolyte à une température donnée.

Pla (Josep) Écrivain et journaliste espagnol d'expression catalane (1897-1981). Il est l'auteur du *Cahier gris*, journal autobiographique.

Plabennec Commune du Finistère, dans le Léon. 8 545 habitants. Église des XVIIe et XVIIIe siècles.

placage n. m. **1.** Application sur une matière d'une plaque de matière plus précieuse ; cette plaque. → **revêtement. 2.** sports Plaquage.

placard n. m. (de *plaquer* « appliquer un sceau ») **I. 1.** Écrit qu'on affiche sur un mur, un panneau, pour donner un avis au public. → **affiche, écriteau. 2.** imprim. Épreuve avant mise en pages. **3.** Annonce publicitaire occupant une surface importante, dans un journal, une revue. **II.** Enfoncement, recoin de mur ou assemblage de menuiserie fermé par une porte et constituant une armoire fixe. *Un placard à balais.* ■ fig. *Mettre qqn, qqch. au placard,* à l'écart pour s'en débarrasser.

placarder v. tr. < 1 > (→ **placard**, I) Afficher. *Placarder un avis sur un mur.* □ **n. m. placardage**

placardiser v. tr. < 1 > (de *placard*, II, 2) Écarter, mettre au placard* (qqn). → **reléguer.** □ **n. f. placardisation**

Placards (affaire des) Affaire qui suivit la nuit du 17 au 18 octobre 1534, durant laquelle des protestants apposèrent des affiches *(placards)*, à Paris et à Amboise, qui attaquaient violemment les dogmes catholiques. En réaction, François Ier déclencha la persécution contre les protestants.

place n. f. (vient du latin *platea* « rue large », du grec ; famille de *plat*) **I. 1.** Lieu public, espace découvert, entouré de constructions. → **esplanade, rond-point.** *Une place rectangulaire.* – loc. *Sur la place publique,* en public. **2.** *Place forte* ou ellipt *place :* ville fortifiée. → **forteresse.** – loc. *Entrer dans la place :* pénétrer, s'introduire dans un milieu. *Être maître de la place,* agir en maître, faire ce qu'on veut. **3.** Ensemble des banquiers, des commerçants qui exercent leur activité dans une ville. *Sur la place de Paris. Les grandes places financières.* **II. 1.** Partie d'un espace ou d'un lieu (surtout avec une prép. de lieu). → **emplacement, endroit, ¹lieu.** *À la même place. De place en place, par places.* – *Ne pas tenir en place,* bouger sans cesse. ■ *Sur place. Rester sur place,* immobile. → aussi **surplace.** – À l'endroit où un évènement a eu lieu. *Faire une enquête sur place.* **2.** Endroit, position qu'une personne occupe ou peut occuper. *Faites-moi une petite place. Aller s'asseoir à sa place. Pouvez-vous me garder ma place ?* (dans un rang, dans une queue). – loc. sans article *Prendre place,* se placer. *Faire place à qqn,* se ranger pour lui permettre de passer. **3.** spécialt Siège qu'occupe ou que peut occuper une personne (dans une salle de spectacle, un véhicule, etc.). *Réserver deux places dans un train. Payer demi-place, place entière. Places assises, debout.* – loc. *Les places sont chères,* la concurrence est dure. *La place du mort,* à côté du chauffeur, dans une voiture. **4.** Espace libre où l'on peut mettre qqch. *(de la place)* ; portion d'espace qu'une chose occupe *(une place, la place de...). Tenir trop de place. Gain de place. Un piano ? On n'a pas la place.* – *Une place de parking.* **5.** Endroit, position qu'une chose occupe, peut ou doit occuper dans un lieu, un ensemble. → **emplacement, position.** *Changer qqch. de place. La place des mots dans la phrase.* → **disposition, ordre.** – *En place, à sa place :* à la place qui convient. *Il faut tout remettre en place.* – *Mise en place :* arrangement, installation. **III.** abstrait **1.** Le fait d'être admis, d'être classé (dans une catégorie) ; situation dans laquelle on se trouve. *Avoir sa place au soleil,* profiter des mêmes avantages que les autres. – ellipt *Place aux jeunes !* – *Se mettre à la place de qqn,* supposer qu'on est soi-même dans la situation où il est. *À votre place, je refuserais.* **2.** Position, rang dans une hiérarchie, un classement. *Être reçu dans les premières places.* **3.** Emploi (généralement modeste). *Perdre sa place.* ■ *Les gens en place,* qui ont une fonction, une charge importante. **4.** (idée de remplacement) *Prendre la place de,* se substituer à. *Laisser la place à qqn.* – loc. *Faire place à qqn, qqch.,* être remplacé par. – loc. *À la place de :* au lieu de. → **pour.** *Employer un mot à la place d'un autre.* **5.** *La place de qqn,* celle qui lui convient. *Être à sa place,* être fait pour une fonction qu'on occupe, adapté au milieu, aux circonstances. loc. *Remettre qqn à sa place,* le rappeler à l'ordre. → **reprendre, réprimander.**

placé, ée adj. **1.** Mis à une place. **2.** avec un adv. Qui est dans telle situation. *Personnage haut placé.* – *Je suis bien placé pour le savoir. C'est de la fierté mal placée,* hors de propos. **3.** *Cheval placé,* qui arrive dans les deux premiers (4 à 7 partants) ou dans les trois premiers (plus de 7 partants) [opposé à *gagnant*].

placébo [plasebo] n. m. (de l'anglais, forme latine « je plairai » → **plaisir**) pharm. Substance sans principe actif mais dont la prise peut avoir un effet psychologique bénéfique sur le patient. - var. **placebo**.

placement n. m. (de *placer* [II, 7]) **1.** L'action de placer, de disposer ; résultat de cette action. *Le placement des invités à table.* **2.** L'action, le fait de placer de l'argent ; l'argent ainsi placé. → **investissement.** *Faire un bon placement.* **3.** Action de procurer une place à qqn. *Placement d'un malade mental en hôpital. Placement d'un enfant en famille d'accueil.* ■ vieilli ou régional *Agence, bureau de placement,* qui se charge de répartir les offres et les demandes d'emploi.

placenta [plasɛ̃ta] n. m. (latin « galette », mot grec) **1.** Organe temporaire qui se développe dans l'utérus pendant la gestation et qui sert aux échanges sanguins entre la mère et le fœtus. **2.** bot. Partie d'un carpelle où sont insérés les ovules.

placentaire [plasɛ̃tɛr] adj. Du placenta. – zool. Dont le fœtus vit grâce à un placenta. *Mammifères placentaires ;* n. m. *les placentaires.* → **euthérien.**

placentation [plasɛ̃tasjɔ̃] n. f. (de *placenta*) **1.** embryol. Formation du placenta ; manière dont il est disposé selon les espèces. **2.** bot. Manière dont les graines sont disposées sur le carpelle.

¹placer v. tr. < 3 > (dérivé de *place*) **I. 1.** Mettre (qqn) à une certaine place, en un certain lieu ; conduire à sa place. → **installer ;** fam. **caser.** *Placer qqn au théâtre* (→ **placeur** (1)). **2.** Mettre (qqch.) à une certaine place, en un certain lieu ; disposer. *Placer un vase sur la table. Placer les choses bien en ordre.* → **¹ranger.** – sports *Placer une balle,* l'envoyer toucher un point déterminé. **II. 1.** Mettre (qqn) dans une situation déterminée. – au p. p. *L'équipe placée sous mes ordres.* **2.** *Placer qqn,* lui procurer une place, un emploi. *Placer un apprenti chez un artisan.* **3.** fig. Mettre (qqch.) dans une situation, à une place ; faire consister en. *Il a mal placé sa confiance.* – *Placer son intérêt personnel avant tout.* **4.** Faire se passer (l'objet d'un récit en un lieu, à une époque). → **localiser, situer. 5.** Introduire, dans un récit, une conversation. *Elle n'a pas pu placer un mot,* elle n'a rien pu dire. **6.** S'occuper de vendre. *Représentant qui place des marchandises.* → **placier. 7.** Employer (un capital) afin d'en tirer un revenu ou d'en conserver la valeur. → **investir ; placement.** *Placer son argent en actions.* ■ **se placer** v. pron. **1.** Se mettre à une place. – (personnes) → **s'installer.** *Placez-vous de face.* – (choses) Être placé. **2.** Prendre un rang. *Se placer dans les premiers.* → **se classer. 3.** abstrait *Se placer à un certain point de vue.* **4.** Prendre une place, un emploi (notamment comme personnel de maison). **5.** Se faire valoir. *Savoir se placer.*

²placer [plasɛr] n. m. (de l'anglais des États-Unis, mot espagnol ; famille de *place*) anglic. Gisement d'or, de pierres précieuses, de minerais lourds.

placet [plasɛ] n. m. (latin « il plaît » → **plaire**) **1.** vieux Écrit adressé à un roi, à un ministre pour se faire accorder une grâce, une faveur. **2.** dr. Copie de l'assignation contenant les prétentions du demandeur, remise au greffe du tribunal. - syn. **réquisition d'audience.**

placette n. f. Petite place.

placeur, euse n. **1.** Personne qui place (des spectateurs, les invités d'une cérémonie). **2.** Personne qui tient un bureau de placement.

placide adj. (latin *placidus*, de *placere* → **plaire**) Qui est doux et calme. → **paisible.** *Rester placide sous les injures.* → **flegmatique, imperturbable.** □ **adv. placidement**

placidité n. f. Caractère placide. → **¹calme, flegme, sérénité.**

placier, ière n. **1.** Personne qui vend qqch., place des marchandises pour une maison de commerce. → **courtier, représentant, VRP.** *Placier en librairie.* **2.** Personne qui donne à location aux commerçants les places d'un marché.

placoderme n. m. (de *placo-* [grec *plax, plakos* « plaque »] et *-derme*) zool. Poisson cuirassé fossile.

placoplatre n. m. (marque enregistrée ; du grec *plakos* « plaque » et *plâtre*) techn. Matériau se présentant sous forme de plaques de plâtre coulé entre deux feuilles de carton, qui sert de revêtement, d'isolant, appelé aussi **placo** (marque enregistrée).

placoter v. intr. < 1 > (de *placoter* « patauger » et « s'amuser à des riens », métathèse de *clapoter*) (Canada) fam. Bavarder. → ²causer, converser, fam. papoter. *On placote sur son compte.* → cancaner, jaser. □ n. m. **placotage**

plaf interj. Onomatopée, bruit de chute à plat. → flac.

plafond n. m. (de *plat* et *fond* ; d'abord « plancher ») I. 1. Surface solide et horizontale qui clôt en haut une pièce d'habitation parallèlement au sol, au plancher. *Faux plafond :* cloison horizontale légère sous le plafond. 2. Œuvre d'art, peinture ornant un plafond. II. 1. fig. Limite supérieure d'altitude à laquelle peut voler un avion. – *Plafond nuageux :* couche de nuages la plus basse, limite supérieure de visibilité depuis le sol. 2. (opposé à *plancher*) Maximum qu'on ne peut dépasser. *Plafond de la Sécurité sociale :* limite supérieure de l'assiette des cotisations. – appos. invar. *Des prix plafond*, maximum.

plafonnage n. m. techn. Action de plafonner, de garnir d'un plafond ; son résultat.

plafonné, ée adj. Limité par un plafond, une valeur qu'on ne peut dépasser. *Salaire plafonné.*

plafonnement n. m. Action de plafonner (II, 2) ; état de ce qui atteint son maximum. *Le plafonnement de l'endettement.*

plafonner v. < 1 > I. 1. v. tr. Garnir (une pièce) d'un plafond. 2. Limiter par un plafond (II, 2). *Plafonner le prix d'une denrée.* II. v. intr. 1. (avions) Atteindre son altitude maximale. 2. Atteindre un plafond (II, 2). *Les salaires plafonnent.*

plafonneur, euse n. techn. Plâtrier, plâtrière qui exécute les plafonds.

plafonnier n. m. Appareil d'éclairage fixé au plafond sans être suspendu.

plage n. f. (de l'italien, du grec *plagios* « oblique » → plagiaire) I. Endroit plat et bas d'un rivage où les vagues déferlent. → ¹grève. *Plage de sable, de galets.* – Cet endroit, destiné à la baignade. *Plage publique, privée.* – Rive sableuse (d'un lac, d'une rivière). II. 1. *Plage lumineuse*, surface éclairée également. 2. Chacun des espaces gravés d'un disque séparés par un intervalle. 3. Plateforme. – mar. Pont uni horizontal à l'avant ou l'arrière d'un navire. ■ Espace plat situé entre le tableau de bord et le parebrise d'une voiture *(plage avant)* ou entre les sièges et la vitre arrière *(plage arrière).* 4. Laps de temps, durée limitée. *Plages horaires.* – *Plages musicales.* 5. Écart entre deux valeurs, deux mesures. *Une plage de prix.*

plagiaire n. (du latin, du grec *plagios* « oblique » et « fourbe ») Personne qui pille ou démarque les ouvrages des auteurs. → imitateur.

plagiat n. m. Action de plagier, vol littéraire. → copie.

plagier v. tr. < 7 > Copier (un auteur) en s'attribuant indûment des passages de son œuvre. → piller.

plagioclase n. m. (du grec *plagios* « oblique » et *clasis* « cassure ») minér. Feldspath aux clivages obliques, contenant du calcium et du sodium, composant de nombreuses roches magmatiques.

plagiste n. Personne qui exploite une plage (I) payante.

Plagne (La) Station de sports d'hiver de la Savoie, créée en 1961, sur la commune de La Plagne Tarentaise.

¹plaid [plɛd] n. m. (de l'anglais, mot gaélique) 1. Vêtement des montagnards écossais, couverture de laine à carreaux drapée servant de manteau. 2. Couverture de voyage en lainage écossais.

²plaid [plɛ] n. m. (latin *placitum* « ce qui plaît », « accord » → plaire) 1. Tribunal féodal, assemblée judiciaire et politique du haut Moyen Âge. 2. vieux Querelle, discussion. ■ Procès.

plaider v. < 1 > (→ ²plaid) I. v. intr. 1. Soutenir ou contester qqch. en justice. *Plaider contre qqn*, lui intenter un procès. 2. Défendre une cause devant les juges. *L'avocat plaide pour son client.* – fig. ***Plaider pour, en faveur de :*** défendre par des arguments justificatifs ou des excuses. (sujet chose) *Sa sincérité plaide en sa faveur.* II. v. tr. 1. Défendre (une cause) en justice. – *Plaider la cause de qqn :* parler en sa faveur. 2. Soutenir, faire valoir (qqch.) dans une plaidoirie. *L'avocat a plaidé la légitime défense.* ellipt *Plaider coupable.* – loc. *Plaider le faux pour savoir le vrai*, déguiser sa pensée pour amener qqn à dire la vérité, à se découvrir.

plaider-coupable n. m. dr. Procédure dans laquelle le procureur propose une réduction de peine au comparant qui reconnaît avoir commis un délit. *Des plaider-coupables.*

plaideur, euse n. Personne qui plaide en justice. → partie (II). « *Les Plaideurs* », comédie de Racine.

plaidoirie n. f. Action de plaider, exposition orale des faits d'un procès et des prétentions du plaideur (faite en général par son avocat). → ¹défense, plaidoyer.

plaidoyer n. m. (→ ²plaid, plaider) 1. Plaidoirie pour défendre les droits de qqn. 2. Défense passionnée. *Un plaidoyer en faveur des droits de l'homme.*

plaie n. f. (vient du latin *plaga* « coup ») 1. Ouverture, lésion dans les chairs. → blessure, lésion. *Les lèvres d'une plaie. Désinfecter, panser une plaie.* 2. fig. Blessure morale, déchirement. « *C'est de ce temps-là que je garde au cœur / Une plaie ouverte* » (J.-B. Clément, *Le Temps des cerises*). – loc. *Retourner le couteau* dans la plaie. Mettre le doigt sur la plaie :* trouver la cause du mal. 3. *Les dix* (ou *sept*) *plaies d'Égypte*, fléaux dévastateurs. 4. fam. *Quelle plaie !*, c'est une chose, une personne insupportable. → peste.

plaignant, ante adj. et n. (Personne) qui dépose une plainte en justice. *La partie plaignante, le plaignant.*

plaignard, arde adj. (de *se plaindre*, sur le modèle de *geignard*) vieilli ou régional (Canada) péj. Qui se plaint constamment. → geignard.

plain, plaine adj. (vient du latin *planus* « plat, uni » → ¹plan) vieux Dont la surface est unie. → ²plan, ¹plat.

plain-chant n. m. (« chant plat ») Musique vocale à une voix de la liturgie catholique romaine. → grégorien. *Des plains-chants.*

plaindre v. tr. < 52 > (vient du latin *plangere* « frapper » ; on se frappait la poitrine en signe de deuil) 1. Considérer (qqn) avec un sentiment de pitié, de compassion ; témoigner de la compassion à. *Je le plains d'avoir tant de soucis. Être* ***à plaindre*** *:* mériter d'être plaint. *Elle est plus à plaindre qu'à blâmer.* 2. loc. *Il ne plaint pas sa peine*, il travaille sans se ménager. ■ **se plaindre** v. pron. 1. Exprimer sa peine ou sa souffrance par des pleurs, des gémissements, des paroles. → se lamenter ; plainte. *Elle se plaint de maux de tête.* 2. Exprimer son mécontentement (au sujet de qqn, qqch.). → protester ; fam. râler, rouspéter. *Se plaindre de qqn*, lui reprocher son attitude. *Se plaindre de son sort.* – *Je ne m'en plains pas*, j'en suis assez content. – absolt *Il se plaint sans cesse.* – *Se plaindre à qqn*, auprès de lui. – *Se plaindre de* (+ inf.). *Elle s'est plainte d'avoir trop à faire.* – *Se plaindre que* (+ subj. ou indic.).

plaine n. f. (vient du latin *plana* → plain) Vaste étendue de pays plat ou faiblement ondulé (→ pénéplaine) et moins élevée que les pays environnants. « *Waterloo, Waterloo, Waterloo, morne plaine !* » (Hugo). – (collectif) *La plaine et la montagne.* ■ hist. *La Plaine*, faction la plus modérée de la Convention, dont les membres siégeaient en bas des gradins. *La Plaine* (ou *Marais*) *et la Montagne**.

Plaine-et-Vallées Commune des Deux-Sèvres, près de Bressuire. 2 367 habitants. Collégiale (gothique flamboyant et Renaissance). Château (XVIe-XVIIe s.). Cloître (XVe s.) et bâtiment (XVIIe s.) d'une ancienne abbaye bénédictine fondée au IVe siècle. L'église (1095-1130) possède une remarquable façade romane poitevine.

Plaines (Grandes) Plateau de l'O. des États-Unis, qui constitue le piémont des Rocheuses depuis le Canada au N. jusqu'au S. du Texas. Agriculture céréalière, élevage, exploitation de pétrole et de charbon.

Bisons dans les régions semi-arides des Grandes Plaines.

de **plain-pied** loc. adv. (→ plain) Au même niveau. *Pièce qui ouvre de plain-pied sur une terrasse.* – loc. *Être de plain-pied avec qqn*, être sur un pied d'égalité, en relations aisées et naturelles avec lui.

plainte n. f. (→ plaindre) I. 1. Expression vocale de la douleur. → cri, gémissement, lamentation, pleur. *Les blessés poussaient des plaintes déchirantes.* → se plaindre. ■ fig. Son qui évoque une plainte. *La plainte du vent.* → complainte. 2. Expression d'un mécontentement. → blâme, doléances, grief. *Les plaintes et les revendications du personnel.* II. Dénonciation en justice d'une infraction par la personne qui affirme en être la victime. *Déposer une plainte.* – loc. ***Porter plainte*** *contre qqn.*

plaintif, ive adj. Qui a l'accent, la sonorité d'une plainte douce. □ adv. **plaintivement**

plaire v. tr. ind. < 54 > (de l'ancien v. *plaisir* → plaisir) I. 1. (personnes) ***Plaire à*** : être d'une fréquentation agréable à (qqn), lui procurer une satisfaction. → attirer, charmer, séduire. *Ce garçon ne me plaît* (ou RO *plait*) *pas du tout.* « *Un homme à qui personne ne plaît est bien plus malheureux que celui qui ne plaît à personne* » (La Rochefoucauld). ■ Éveiller l'amour, le désir de qqn. 2. (choses) Être agréable à. → convenir. *Ce film nous a beaucoup plu.* → enchanter, ravir, réjouir. *Ça ne me plaît pas.* II. impers. 1. ***Il... plaît.*** « *Il m'a toujours plu d'obéir* » (Gide). *Tant qu'il vous plaira*, tant que vous voudrez. *Faites ce qui vous plaît*, ce que vous voudrez (distinct de *faites ce qu'il vous plaît*, ce que vous aimez). 2. ***S'il te plaît, s'il vous plaît*** *:* formule de politesse, dans une demande, un conseil, un ordre. *Comment dites-vous cela, s'il vous plaît ?* (abrév. SVP). 3. vieilli ***Plaît-il ?*** (employé pour faire répéter ce que l'on a mal entendu ou mal compris). → comment, pardon. 4. littér. au subj. ***Plaise..., plût...*** (en tête de phrase). *Plaise, plût au ciel que...*, pour marquer qu'on souhaite qqch. – *À Dieu ne plaise que... :* pourvu que cela n'arrive pas. ■ **se plaire** v. pron. (p. p. invar.) 1. (réfl.) Plaire à soi-même, être content de soi. 2. (récipr.) Se plaire l'un à l'autre. *Ils se sont tout de suite plu.* 3. ***Se plaire à*** *:* prendre plaisir à. → aimer, s'intéresser. *Elle se plaît au travail, à travailler.* 4. Trouver du plaisir, de l'agrément à être dans. *Il se plaît beaucoup à la campagne ; avec toi.* 5. Se trouver bien, prospérer. *La clématite se plaît sur les vieux murs.*

plaisamment adv. De façon plaisante.

de **plaisance** loc. adj. invar. *Un bateau de plaisance*, pour l'agrément ou le sport. *La navigation de plaisance ;* n. f. *la plaisance* (→ plaisancier).

Plaisance Ville d'Italie (Émilie-Romagne), chef-lieu de province, au confluent de la Trébie et du Pô. 95 600 habitants. Cathédrale de style roman lombard (XIIe s.), palais

P

communal, palais Farnèse (XVIe s.), musée. Centre commercial et industriel. Ancienne colonie romaine. Plaisance constitua une république guelfe au Moyen Âge, passa aux Visconti (1332) et fut annexée par le pape Jules II (1512). En 1545, elle constitua avec Parme un duché qui fut rattaché au Piémont en 1848.

Plaisance-du-Touch Commune de la Haute-Garonne, sur le Touch. 19 462 habitants. Ancienne bastide (1271).

plaisancier n. m. Personne qui pratique la navigation de plaisance.

plaisant, ante (de *plaire*) **I.** adj. **1.** Qui plaît, procure du plaisir. → **agréable, attrayant.** *Ce n'est pas très plaisant.* → **engageant.** – (personnes) *C'est une femme très plaisante.* → **aimable. 2.** littér. Qui plaît en amusant, en faisant rire. → **comique, [1]drôle.** *Une anecdote assez plaisante.* **II.** n. m. **1.** littér. Ce qui plaît, ce qui amuse. **2.** ***Mauvais plaisant*** : personne qui fait des plaisanteries de mauvais goût. → **plaisantin.**

plaisanter v. <1> (de *plaisant*) **I.** v. intr. **1.** Faire ou (plus souvent) dire des choses destinées à faire rire ou à amuser. → **blaguer.** *Elle adore plaisanter.* **2.** Dire ou faire qqch. par jeu, sans penser être pris au sérieux. *Il ne plaisante pas,* il prend tout au sérieux. *Ne plaisantez pas avec cela. Sur ce sujet, elle ne plaisante pas* : elle est stricte, intraitable sur ce sujet. **II.** v. tr. littér. (compl. personne) Railler légèrement, sans méchanceté. → **taquiner.** *Elle aime bien me plaisanter sur mon accent.*

plaisanterie n. f. **1.** Propos destinés à faire rire, à amuser. *Des plaisanteries de mauvais goût. Savoir manier la plaisanterie* (→ **humour**). **2.** Propos ou actes visant à se moquer. → **quolibet, taquinerie.** *Être victime d'une mauvaise plaisanterie.* → **[2]farce.** *Ne pas comprendre la plaisanterie.* **3.** Chose peu sérieuse, dérisoire. → **bêtise.** *Lui, se lever avant l'aube ? Quelle plaisanterie !* → **[2]blague.** – Chose très facile. → **bagatelle.** *Gagner cette course sera une plaisanterie pour elle.*

plaisantin n. m. **1.** Personne qui plaisante trop, qui fait des plaisanteries d'un goût douteux (→ **mauvais plaisant**). → **blagueur. 2.** péj. Personne peu sérieuse, sur qui on ne peut pas compter.

plaisir n. m. (de l'ancien v. *plaisir,* qui vient du latin *placere* « être agréable à » *cf.* plaire) **I. 1.** Sensation ou émotion agréable, liée à la satisfaction d'un désir, d'un besoin matériel ou mental. → **bien-être, contentement.** *Le plaisir et la douleur. La morale du plaisir.* → **épicurisme, hédonisme.** *Éprouver du plaisir à... Je vous souhaite bien du plaisir,* formule de politesse ironique. ■ ***Faire plaisir*** : être agréable (à qqn) en rendant service, etc. → **obliger.** *Qu'est-ce qui te ferait plaisir ? – Faites-moi le plaisir d'accepter, faites-moi ce plaisir.* iron. *Faites-moi le plaisir d'être à l'heure.* **2.** absolt Les sensations érotiques agréables, notamment dans l'acte sexuel. → **jouissance, volupté. 3.** ***Le plaisir de qqch.,*** causé par (une chose, un objet). *Le plaisir du devoir accompli.* → **satisfaction. 4.** loc. *Prendre plaisir à* (+ inf.), aimer. → se **complaire** à, se **plaire** à. – *Avoir du plaisir à* (+ inf.), être charmé, ravi de. *J'espère avoir bientôt le plaisir de vous voir.* → **avantage.** – *Se faire un plaisir de* (+ inf.). – *Au plaisir de vous revoir,* formule aimable d'adieu. ellipt, pop. *Au plaisir !* **5.** ***Pour le plaisir, par plaisir*** : sans autre raison que le plaisir qu'on y trouve. *Il ment pour le plaisir, par plaisir.* **6.** ***Avec plaisir*** : volontiers. *Accepter qqn avec plaisir.* **II.** (Un, les plaisirs) **1.** Émotion, sensation agréable. → **agrément, joie. 2.** ***Les plaisirs*** : ce qui peut donner une émotion ou une sensation agréable (objets ou actions). → **agrément, amusement, distraction, divertissement.** *« Chaque âge a ses plaisirs »* (Boileau). *Les plaisirs de la vie.* ■ au sing. *Un plaisir coûteux.* **3.** (sing. collectif) *Lieux de plaisir.* **III.** dans des expr. (Ce qu'il plaît à qqn de faire, d'ordonner ; ce qu'il juge bon) loc. **1.** ***Le bon plaisir*** *de qqn,* sa volonté, acceptée sans discussion. – *Car tel est notre bon plaisir,* formule des anciens édits, qui marquait la volonté du roi. **2.** ***À plaisir*** : selon les impulsions, sans se limiter. *Il se lamente à plaisir.*

Plaisir Commune des Yvelines. 30 897 habitants.

[1]plan, plane adj. (latin *planus* → plain) **1.** Sans aspérité, inégalité, ni courbure (d'une surface). → **plain, [1]plat, uni.** *Surface plane.* **2.** *Géométrie plane,* qui étudie les figures planes (opposé à *dans l'espace*).

[2]plan n. m. (de *[1]plan*) **1.** Surface plane (dans quelques emplois). ***Plan incliné.*** – ***Plan d'eau*** : surface d'eau calme et unie. – loc. ***Plan de travail*** : élément de mobilier formant table. **2.** géom. Surface contenant entièrement toute droite joignant deux de ses points. *Plans parallèles ; plans sécants.* **3.** Chacune des surfaces perpendiculaires à la direction du regard, représentant les profondeurs, les éloignements (dessin, peinture, photo). *Au premier plan,* à peu de distance ; fig. en étant considéré comme essentiel. – *Je les mets tous sur le même plan. En arrière-plan,* derrière. – ***Sur le plan de*** (suivi d'un n.), ***sur le plan*** (suivi d'un adj. abstrait) : au point de vue (de). *Sur le plan de la morale, sur le plan moral.* → au **niveau, quant** à ; → en ce qui concerne. – (emploi critiqué) *Au plan* (+ nom), *au plan de...* **4.** Image (photo), succession d'images (cinéma) définie par l'éloignement de l'objectif et de la scène à photographier, et par le contenu de cette image (dimension des objets). *Gros plan. Plan américain,* à mi-corps. – Prise de vue effectuée sans interruption. *Scène tournée en dix-huit plans. Plan séquence.* → **plan-séquence.** *Montage des plans.*

[3]plan n. m. (de *planter*) **I. 1.** Représentation (d'une construction, d'un jardin, etc.) en projection horizontale. *Tracer le plan d'un bâtiment. Plan d'architecte. Lever, dresser, tirer un plan.* **2.** Carte à grande échelle (d'une ville, d'un réseau de communications). **3.** Reproduction en projection orthogonale (d'une machine). → **schéma.** *Les plans d'un avion.* **II. 1.** Projet élaboré, comportant une suite ordonnée d'opérations destinée à atteindre un but. *Plan de travail. Plan d'action. Plan de bataille.* ■ fam. Projet de distraction, d'occupation. **2.** Disposition, organisation des parties (d'une œuvre, d'une rédaction). → **canevas, charpente.** *Plan en trois parties.* **3.** Ensemble des dispositions arrêtées en vue de l'exécution d'un projet. → **planification, planning.** *Plan financier. Plan social* : ensemble de mesures sociales qui doivent accompagner un projet de licenciement collectif pour motif économique. – *Les services du Plan* : service habilité à préparer les grands plans économiques d'équipement, en France (→ **planifier**). ■ *Plan comptable* : document rassemblant les règles et principes à suivre en comptabilité des entreprises pour la tenue des comptes. **III.** fam. *Laisser en plan* : sur place, sans s'en occuper. → **abandonner, planter** là. *Tous les projets sont restés en plan.* → en **suspens.**

planage n. m. (de *[1]planer* « rendre plan ») techn. Opération qui consiste à planer, à aplanir. – Action de rendre plane (une tôle déformée).

planaire n. f. (latin mod. *planarius,* de *planus* → *[1]plan*) zool. Ver plat d'eau douce.

planant, ante adj. fam. Qui fait planer (I, 3).

Plan Carpin (Giovanni dal Piano dei Carpini, dit en français **Jean du**) Franciscain italien (v. 1182-v. 1251). Envoyé par le pape Innocent IV pour réaliser une entente avec le khan des Mongols (1243-1246), il rapporta de précieux renseignements ethnographiques consignés dans son *Histoire des Mongols appelés par nous Tartares.*

plancha [plɑ̃(t)ʃa] n. f. (espagnol *a la plancha* « au gril », de *plancha* « plaque ») Plaque métallique chauffante pour faire griller des aliments. *Calmars à la plancha.*

planche n. f. (vient du bas latin *planca,* de *palanca* → *[1]phalange*) **I. 1.** Pièce de bois plane, plus longue que large. → **[1]latte, planchette.** *Débiter un tronc d'arbre en planches.* ■ mar. Pièce de bois servant à monter à bord d'un bateau, au chargement et au déchargement des marchandises. – *Jours de planche* : temps accordé à un navire pour charger ou décharger la cargaison. ■ *Planche à dessin,* panneau de bois sur lequel on fixe une feuille de papier à dessin. – *Planche à repasser.* – *Planche à pain,* sur laquelle on pose le pain pour le couper. fam. Femme plate et maigre. ■ loc. *Être cloué entre quatre planches,* mort et enfermé dans le cercueil. – fig. *Planche de salut,* suprême appui ; ultime ressource, dernier moyen. ■ *Faire la planche,* flotter sur le dos, sans bouger, en natation. **2.** ***Les planches*** : la scène, au théâtre. *Monter sur les planches,* faire du théâtre. **3.** Pièce de bois plate et mince, ou plaque destinée à la gravure. *Planche à billets,* servant à imprimer les billets de banque. loc. fam. *Faire marcher la planche à billets* : générer l'inflation en multipliant les billets en circulation. **4.** Estampe tirée sur une planche gravée. *Une planche de Dürer.* – Feuille ornée d'une gravure. *Les planches en couleurs d'un livre.* **5.** ***Planche de bord*** : tableau où se trouvent les instruments de commande d'un avion. **6.** sports *Planche de surf.* – (Canada) ***Planche à neige*** : surf des neiges. → **snowboard.** ***Planche à roulettes.*** → **skateboard ; planchiste.** – ***Planche à voile,*** munie d'une dérive, d'un mât et d'une voile (→ **planchiste, véliplanchiste**). **II.** Bande de terre cultivée dans un jardin.

Planche (Gustave) Critique littéraire français (1808-1857). Collaborateur à la *Revue des Deux Mondes,* il jugea avec sévérité les productions romantiques, se faisant de nombreux ennemis, dont Victor Hugo, mais gagnant l'amitié d'Alfred de Vigny, de George Sand et de Balzac. Il a laissé des *Portraits littéraires* et des *Nouveaux Portraits littéraires.*

planche-contact n. f. photogr. Tirage par contact des vues de plusieurs bandes de négatifs sur une seule feuille sensible. *Des planches-contacts.*

planchéier v. tr. <7> Garnir (le sol, les parois intérieures d'une construction) d'un assemblage de planches. → **[1]plancher.** □ n. m. **planchéiage**

[1]plancher n. m. (de *planche*) **1.** Partie d'une construction qui constitue une plateforme horizontale au rez-de-chaussée, ou une séparation entre deux étages. **2.** Sol constitué d'un assemblage de bois (plus grossier que le *parquet*). *Lattes, lames d'un plancher.* – Sol (d'un véhicule, etc.). *Le plancher d'un ascenseur.* loc. *Le pied au plancher,* en appuyant sur l'accélérateur au maximum. ■ loc. fam. *Débarrasser le plancher* : sortir, être chassé. – *Le plancher des vaches,* la terre ferme. **3.** abstrait Limite inférieure (opposé à *plafond*). – appos. invar. *Des prix plancher,* minimum.

[2]plancher v. intr. <1> (de *planche* « tableau ») argot scol. Subir une interrogation, faire un travail au tableau ou par écrit, faire un exposé. – *Plancher sur qqch.* : travailler à qqch.

planchette n. f. **1.** Petite planche. → **tablette. 2.** Petite plateforme montée sur pied munie d'instruments, qui sert à lever des plans.

planchiste n. Personne qui pratique la planche à voile (→ **véliplanchiste**) ou la planche à roulettes.

planchodrome n. m. (de *planche* et *-drome*) (Canada) Lieu aménagé pour la pratique de la planche à roulettes. → anglic. **skatepark.**

Planchon (Roger) Homme de théâtre français (1931-2009). Après avoir fondé à Lyon le théâtre de la Comédie (1953), il installa à Villeurbanne son théâtre de la Cité (1957-2001) qui devint en 1972 Théâtre national populaire (TNP). Il mit en scène aussi bien les auteurs classiques (*Tartuffe* et *George Dandin* ou *Athalie*) que des pièces dont il était l'auteur, dans une perspective politique et sociale.

Planck (Max) Physicien allemand (1858-1947). Spécialiste de la thermodynamique, il travailla sur le rayonnement du « corps noir » et émit l'hypothèse selon laquelle l'énergie d'un rayonnement ne peut se transmettre que par petites quantités indivisibles, multiples entiers de la fréquence du rayonnement par une constante *h*, appelée *constante de Planck*. Cette hypothèse est considérée comme le début de la physique quantique. Prix Nobel 1918.

Plancoët Commune des Côtes-d'Armor. 3 018 habitants. Eaux minérales.

plançon n. m. (latin *plantionem*, de *plantio*, de *plantare* « planter ») arbor. Branche utilisée comme bouture. - syn. **plantard**.

plan-concave adj. opt. Qui présente une face plane et une face concave. *Lentilles plan-concaves.*

plan-convexe adj. opt. Qui présente une face plane et une face convexe. *Lentilles plan-convexes.*

plancton n. m. (de l'allemand, du grec *planktos* « errant ») (collectif) Organismes microscopiques, animaux (crevettes, etc. : *zooplancton*) et végétaux (algues, etc. : *phytoplancton*) vivant en suspension dans l'eau de mer et ne se déplaçant que mus par les éléments. → **krill**. *Le plancton et le necton**. □ adj. **planctonique**

Plan-de-Cuques Commune des Bouches-du-Rhône, dans l'agglomération de Marseille. 11 522 habitants.

plane n. f. (de *planer* « rendre plan ») techn. Outil formé d'une lame tranchante et de deux poignées, appelé aussi *couteau à deux manches*, qui sert à aplanir, à dégrossir une surface de bois.

plané, ée adj. *Vol plané (d'un oiseau qui plane ; d'un avion dont les moteurs sont arrêtés).* – fig., fam. *Faire un vol plané*, une chute.

planéité n. f. (de *plan* adj.) didact. Caractère plan (de qqch.).

^{1}**planer** v. tr. < 1 > (latin *planare*, de *planus* → ^{1}plan, plain) techn. Rendre plan, aplanir, en enlevant les aspérités. *Planer une planche.*

^{2}**planer** v. intr. < 1 > (→ plain, ^{2}plan) **I. 1.** (oiseaux) Se soutenir en l'air sans remuer ou sans paraître remuer les ailes. → ^{1}**voler**. – (avions) Voler, le moteur coupé ou à puissance réduite. – (planeurs) Voler en utilisant les courants atmosphériques. **2.** Dominer par la pensée. *Planer au-dessus des querelles.* **3.** Rêver, être perdu dans l'abstraction. – fam. Être dans un état d'euphorie, de rêverie agréable (→ **planant**). **II.** (choses) **1.** Flotter en l'air. *Une vapeur épaisse planait.* **2.** abstrait Constituer une présence plus ou moins menaçante. *Laisser planer un doute.*

planétaire adj. et n. m. **1.** Relatif aux planètes. *Le système planétaire.* **2.** Relatif à toute la planète Terre. → **mondial**. **3.** n. m. techn. Engrenage conique solidaire de chaque arbre de roues dans un différentiel d'automobile.

planétairement adv. À l'échelle de la planète. → **mondialement**.

planétarium [planetaʀjɔm] n. m. Représentation, à des fins pédagogiques, des corps célestes sur la voûte d'un bâtiment. *Des planétariums.*

planète n. f. (grec *planêtes* « astres errants » → aplanétique) **1.** Corps céleste de forme à peu près sphérique qui tourne autour du Soleil (ou d'une étoile) et ayant éliminé tout corps susceptible de se déplacer sur une orbite proche. – La planète Terre. *Le réchauffement de la planète.* **2.** fig. Domaine d'activité, secteur. *La planète rugby.*

▶ La définition d'une **planète** est longtemps demeurée imprécise. Le terme désigna d'abord ces « astres errants » qui se déplacent par rapport au fond étoilé. Puis la découverte de Sedna en 2003, et le désaccord entre les astronomes pour lui conférer le statut de dixième planète du système solaire, incita l'*Union astronomique internationale* à préciser les caractéristiques d'une planète.

Depuis lors est considéré comme une planète un corps céleste qui est en orbite autour d'une étoile, dont la masse est suffisante (au moins $5 \cdot 10^{20}$ kg) pour que sa gravité lui confère une forme presque sphérique, qui a éliminé par accrétion tout corps susceptible de se déplacer sur une orbite proche. Le 24 juillet 2006, la communauté scientifique s'est donc accordée pour retirer le titre de planète à Pluton. Le nouvel ensemble des *planètes naines*, dont font aujourd'hui partie Pluton, Éris, Cérès et Sedna, a alors été créé.

Les planètes se différencient des étoiles par le fait qu'elles n'émettent pas de lumière propre et réfléchissent simplement celle qu'elles reçoivent de leur étoile. Elles possèdent toutefois une faible énergie interne, émise essentiellement sous la forme de rayonnements infrarouges. Elles se distinguent également par leur mode de formation : une étoile résulte de l'effondrement d'une sphère de gaz, alors qu'une planète résulte de l'accrétion de poussières sous l'influence de la gravitation, synchrone à la formation de l'étoile. Dans le système solaire, on en distingue deux grandes classes : les planètes *telluriques* (Mercure, Vénus, Terre, Mars), proches du Soleil et formées d'un manteau et d'une croûte silicatés ; et les planètes *géantes* (Jupiter, Saturne, Uranus et Neptune), composées d'un noyau solide entouré d'une épaisse atmosphère. Des anneaux et de nombreux satellites gravitent autour de chacune de ces quatre planètes géantes.

En 1995 fut découverte la première planète extrasolaire, suivie par des centaines d'autres depuis. Celles qui suscitent le plus la curiosité des scientifiques sont les planètes similaires à la Terre, notamment dans la perspective de la découverte d'une vie extraterrestre.

voir aussi **satellite, météorite, Univers**

planétoïde n. m. (de *planète* et *-oïde*) astron. Petite planète. → **astéroïde**. – Planète en cours de formation. – Satellite* artificiel.

planétologie n. f. (de *planète*) didact. Étude scientifique des planètes (→ **astronomie, astrophysique**). □ adj. **planétologique** □ n. **planétologue**

planeur n. m. (de *planer* v. intr.) Aéronef léger, sans moteur, conçu pour voler selon les courants atmosphériques et planer. *Pilotage des planeurs :* vol à voile.

planeuse n. f. (de *planer* v. tr.) techn. Machine à aplanir, à planer.

planèze n. f. (famille du latin *planus* → plaine, ^{2}plan) régional Plateau volcanique (basalte) entre des vallées rayonnantes.

plani- Élément (du latin *planus*) qui signifie « plan ».

planificateur, trice n. Personne qui organise selon un plan, spécialiste de la planification. – adj. *Mesures planificatrices.*

planification n. f. Action de planifier. *La planification de l'économie*, organisation par les pouvoirs publics d'une politique économique. *Planification des naissances.* → **planning (2)**.

planifier v. tr. < 7 > Organiser suivant un plan (^{3}). ■ par ext. → **prévoir, programmer**. *Planifier une réunion.*

planimètre n. m. (de *plani-* + *-mètre*) sc., techn. Instrument permettant de mesurer l'aire d'une figure bornée par une ligne courbe ou irrégulière (en suivant les contours de la surface considérée). ■ **planimétrage** n. m. Mesure opérée avec un planimètre.

planimétrie n. f. sc. Partie de la géométrie appliquée qui concerne la mesure des aires planes. – Détermination des projections horizontales des points matériels d'un terrain dont on veut lever le plan. *La planimétrie et le nivellement permettent d'établir la représentation complète du terrain.* → **géodésie, topographie**. □ adj. **planimétrique**

Planiol (Marcel) Juriste français (1853-1931). On lui doit un *Traité élémentaire de droit civil*, en collaboration avec Ripert.

planisphère n. m. (de *plani-* + *-sphère*) Carte où l'ensemble du globe terrestre est représenté en projection plane. – astron. *Un planisphère céleste.*

plan-masse n. m. archit. Document représentant le périmètre d'une construction et le cadre dans lequel elle est implantée. *Des plans-masses.* - On dit aussi **plan de masse**.

planning n. m. (de l'anglais, du français *plan*) anglic. **1.** Plan d'activité détaillé. **2.** *Planning familial :* contrôle volontaire des naissances. → **contraception, orthogénie**.

planoir n. m. techn. Ciseau à bout aplati utilisé pour planer, rendre plan.

planorbe n. f. (du latin *planus* « uni, égal » et *orbis* « boule ») zool. Mollusque gastéropode pulmoné, à coquille en spirale plate, qui vit dans les étangs, les marais.

plan-plan adv. (redoublement de l'ancien provençal *plan*, du latin *planus*) régional et fam. Tout doucement, tranquillement, sans se presser. – adj. invar. *Une allure plan-plan.*

planque n. f. fam. **1.** Lieu où l'on cache qqch. ou qqn. → **cachette**. **2.** fig. Situation abritée, peu exposée ; emploi où le travail est facile. *Elle a trouvé une bonne planque.*

planquer v. < 1 > (de *planter* « cacher ») fam. **I.** v. tr. Cacher, mettre à l'abri. **II.** v. intr. argot de la police Se cacher pour surveiller. ■ se **planquer** v. pron. **1.** Se cacher. **2.** Se mettre à l'abri du danger. → s'**embusquer**. ■ **planqué, ée** adj. et n. *Il ne risque rien, c'est un planqué.*

Planquette (Robert) Compositeur français (1848-1903). Il connut un grand succès grâce à ses opérettes. *Les Cloches de Corneville ; Rip.*

plan-relief n. m. Maquette d'une construction, d'un groupe d'immeubles, d'une ville. *Des plans-reliefs.*

plan-séquence n. m. cinéma Séquence, suite d'images filmées en continu sans arrêter la caméra (en un seul plan*) et restituée telle quelle. *Des plans-séquences.*

plansichter [plɑ̃siʃtɛʀ] n. m. (allemand *Plan* « plan » et *Sichter* « blutoir ») techn. Blutoir mécanique, formé de plusieurs tamis animés de mouvements oscillatoires et circulaires.

plant n. m. (→ planter) **1.** Ensemble de végétaux de même espèce plantés dans un même terrain ; ce terrain. → **plantation**. *Un plant de carottes.* **2.** Végétal au début de sa croissance, destiné à être repiqué ou qui vient de l'être. *Des plants de salades.*

plantage n. m. fam. Fait de se planter (3). → **erreur**. *Le plantage d'un film.* → **échec** ; fam. **bide**. ■ inform. *Le plantage d'un ordinateur :* blocage d'un programme ou du système d'exploitation qui paralyse le fonctionnement de l'ordinateur.

Plantagenêt Dynastie qui régna sur l'Angleterre de 1154 à 1485. « Plantagenêt » était le surnom de Geoffroi V, comte d'Anjou, père d'Henri II d'Angleterre. Le règne des Plantagenêts, marqué par la guerre de Cent Ans, à l'extérieur, et par la guerre des Deux-Roses, à l'intérieur, s'éteignit avec l'avènement d'Henri Tudor (→ **Henri VII**).

^{1}**plantain** n. m. (vient du latin *plantago* ; famille de *plante*) Herbe très commune, dont la semence sert à nourrir les oiseaux captifs. – *Plantain d'eau.* → **alisma**.

^{2}**plantain** n. m. (de l'espagnol « banane ») Bananier dont le fruit se mange cuit. – appos. *Banane plantain.*

plantaire adj. (→ ^{2}plante) De la plante des pieds. *Verrue plantaire.*

plantard voir **plançon**

plantation n. f. (du latin, de *plantare* → planter) **I.** Action, manière de planter. **II. 1.** Ensemble de végétaux plantés (généralt au plur.). *L'orage a saccagé les plantations.* → **culture**. **2.** Terrain, champ planté. *Une plantation de légumes* (potager), *d'arbres fruitiers* (verger). **3.** Exploitation agricole de grande taille en pays tropical (→ **planteur**). **III.** *La plantation des cheveux*, la manière dont ils sont plantés (4). → **implantation**.

P

Plantaurel n. m. ou **Petites Pyrénées** n. f. pl. Petite chaîne calcaire des avant-monts pyrénéens (Ariège et Aude). Point culminant à 1 014 m.

¹plante n. f. (→ planter) **1.** Végétal à racine, tige, feuilles (excluant les champignons, les mousses...). *Les animaux et les plantes. Étude des plantes.* → **botanique.** *Les plantes d'une région.* → **flore, végétation.** – Ce végétal de petite taille (opposé à *arbre*). *Plantes grimpantes, rampantes. Plantes grasses.* → **cactée.** *Plantes aromatiques, médicinales. Plantes fourragères, potagères. Plantes d'appartement. Plantes vertes,* sans fleurs, à feuilles toujours vertes. **2.** loc. fig. *Une belle plante :* une jeune fille belle et robuste.

²plante n. f. (vient du latin *planta* « dessous du pied » ; famille de *plat*) Face inférieure (du pied) ; la partie comprise entre le talon et la base des orteils (→ **plantaire**).

planté, ée adj. (personnes) **1.** *Bien planté,* droit et ferme sur ses jambes, bien bâti. **2.** Debout et immobile. *Ne restez pas planté là sans rien faire.*

planter v. tr. < 1 > (vient du latin *plantare* « tasser la terre avec le pied », de *planta* → **²plante, implanter, supplanter, transplanter**) **1.** Mettre, fixer (un plant, une plante) en terre. *Planter des salades.* → **repiquer.** **2.** Mettre en terre (des graines, bulbes, tubercules). → **semer.** *Planter des haricots.* **3.** *Planter un lieu,* le garnir de végétaux qu'on plante par plants ou semences. → **ensemencer.** – au p. p. *Avenue plantée d'arbres.* **4.** Enfoncer, faire entrer en terre (un objet). → **¹ficher.** *Planter un pieu.* – *Planter des clous.* – pronom. *Une écharde s'est plantée dans son pied.* – au p. p. *Cheveux plantés serré,* qui poussent serrés. *Dents mal plantées.* **5.** Mettre, placer debout, droit. → **¹dresser.** *Planter sa tente. Planter les décors,* les disposer sur scène. **6.** Appliquer directement et brusquement. *Planter son regard sur qqn, qqch.* → **fixer.** **7.** *Planter là qqn, qqch.,* l'abandonner brusquement. *Il l'a planté là et il est parti.* ■ **se planter** v. pron. **1.** (passif) *Cet arbuste se plante en automne.* **2.** (personnes) Se tenir debout et immobile (par rapport à qqch.). *Il est venu se planter devant nous.* → **se camper ; planté** (2). **3.** fam. Sortir de la route ; avoir un accident. *Il s'est planté en moto.* ■ fig. Échouer. *Se planter à un examen.* – Faire une erreur. *Se planter dans ses prévisions.* **4.** (logiciel, ordinateur) Cesser de fonctionner à cause d'une erreur. *Le programme s'est planté.* – intrans. *Le programme a planté.*

P

Plantes (Jardin des) voir **Muséum national d'histoire naturelle**

planteur, euse (anglais *planter,* du français → **planter**) **I.** n. Agriculteur qui possède et exploite une plantation (II, 3) dans un pays tropical. *Un planteur de café.* **II.** n. m. Punch au jus de fruits.

planteuse n. f. techn. Machine agricole servant à planter les pommes de terre.

plantigrade adj. (→ **²plante** et **-grade**) zool. Qui marche sur la plante des pieds (opposé à *digitigrade, onguligrade*). – n. m. *Les plantigrades.*

Plantin (Christophe) Imprimeur anversois d'origine française (1520-1589). Il publia de nombreux ouvrages, dont la *Biblia Regia,* ou *Biblia Poliglotta* (1569-1572).

plantoir n. m. Outil de jardinage taillé en pointe pour ouvrir dans le sol le trou qui recevra le plant à repiquer.

planton, onne n. (de *planter*) **I. 1.** Soldat de service auprès d'un officier supérieur, pour porter ses ordres ; sentinelle sans armes. – fig., fam. *Faire le planton :* attendre debout longtemps. **2.** (Afrique) Employé(e) subalterne. **II.** n. m. (Suisse) Jeune plant destiné à être repiqué.

Plantu (Jean Plantureux, dit) Dessinateur caricaturiste français (né en 1951). Spécialisé dans le domaine politique, il publia son premier dessin dans *Le Monde* en 1972, collabora à l'émission télévisée *Droit de réponse* et entra à *L'Express* en 1990. Il figura quotidiennement à la une du *Monde* de 1985 à 2021.

plantule n. f. (latin *plantula* « petite plante ») bot. Jeune plante phanérogame, du début de la germination jusqu'au moment où elle peut vivre par ses propres moyens.

plantureux, euse adj. (famille de l'ancien français *plenté* « abondance » → **plénitude**) **1.** Très abondant. *Repas plantureux.* → **copieux.** **2.** *Femme plantureuse,* bien en chair. □ adv. **plantureusement**

Planude (Maxime) en grec **Planoudês** Moine et érudit byzantin (v. 1260-1310). On lui doit la compilation des *Fables* d'Ésope et une vie du fabuliste ainsi qu'une *Anthologie grecque.*

plaquage n. m. **1.** Confection d'un placage. **2.** sports Action de plaquer (I, 4) un adversaire. → **placage.** **3.** fam. Abandon.

plaque n. f. (→ plaquer) **I. 1.** Feuille d'une matière rigide, plate et peu épaisse. *Plaque d'égout en fonte. Les plaques chauffantes d'une cuisinière électrique.* ■ Couche peu épaisse. *Une plaque de verglas.* – *Plaque dentaire :* mince couche visqueuse recouvrant les dents, qui contient des bactéries. **2.** Plaque portant une inscription. *Plaque d'immatriculation.* **3.** ***Plaque tournante :*** plateforme tournante, servant à déplacer le matériel ferroviaire roulant. – fig. Carrefour, lieu d'échanges ; personne ayant un rôle central. ■ loc. *Être **à côté de la plaque** :* être à côté de la question ; manquer son but. **4.** photogr. *Plaque sensible,* support rigide recouvert d'une émulsion photosensible. **5.** électr. *Les plaques d'un accumulateur :* les électrodes. – anciennt Anode d'un tube électronique. **6.** géol. Fraction de l'écorce terrestre formant un bloc. *La tectonique des plaques.* **7.** *Plaque à vent :* épaisseur de neige instable apportée par le vent sur une neige plus ancienne. **II.** Tache étendue. *Avoir des plaques rouges sur le visage.*

plaqué n. m. **1.** Métal recouvert d'un autre plus précieux. *Plaqué or.* **2.** Matériau de bois ordinaire recouvert de placage.

plaquemine n. f. (algonquin *piakimin*) Fruit du plaqueminier. → **²kaki.**

plaqueminier n. m. Arbre à bois très dur. *Plaqueminier de l'Inde,* fournissant l'ébène. → **ébénier.** *Plaqueminier du Japon,* cultivé pour ses fruits. → **²kaki.**

plaquer v. tr. < 1 > (ancien néerlandais *placken* « rapiécer, coller ») **I. 1.** Appliquer (une plaque) sur qqch. *Plaquer du gazon,* en appliquer des tranches sur un terrain préparé. **2.** Mettre (qqch.) à plat. *Se plaquer les cheveux.* **3.** *Plaquer un accord,* en produire les notes ensemble. **4.** *Plaquer qqn, qqch. contre, sur qqch.,* l'y appuyer avec force. – sports Faire tomber (le porteur du ballon) en le saisissant par les jambes (→ **plaquage**). **II.** fam. Abandonner (qqn, qqch.). *Elle vient de le plaquer. Elle a tout plaqué pour lui.* → **¹lâcher.** **III.** Couvrir (qqch.) d'une couche plate (de métal, de bois...). – au p. p. *Bois plaqué* (→ **contreplaqué**). *Un meuble plaqué de merisier. Des bijoux plaqués.* → **plaqué.**

plaquette n. f. **1.** Petite plaque. *Une plaquette de beurre.* – *Plaquette de pilules.* **2.** Petit livre très mince. *Une plaquette informative.* **3.** anat. *Plaquettes (sanguines) :* cellules sans noyau, jouant un rôle dans la coagulation du sang. → **thrombocyte.** ■ **plaquettaire** adj. Des plaquettes sanguines.

plaqueur, euse n. techn. *Plaqueur sur métaux :* ouvrier qui lamine à chaud les feuilles de métal pour obtenir le plaqué (bijouterie). *Plaqueur en ébénisterie,* qui réalise les travaux de placage.

-plasie Élément (du grec *plasis* « action de modeler ») qui exprime une altération physiologique (des cellules, des tissus) de caractère anarchique. → **-plastie, -plasme.**

plasma n. m. (grec « fait de façonner, de modeler » ; famille de *plastique*) **I.** *Plasma sanguin,* partie liquide du sang. → **sérum.** **II.** Fluide constitué de particules ionisées correspondant à un quatrième état de la matière. – *Écran à plasma :* écran plat utilisant la lumière produite par l'ionisation d'un gaz scellé sous verre.

plasmaphérèse n. f. (de *plasm[a]* et du grec *aphairesis* « action d'enlever ») biol., méd. Séparation du sang en ses différents constituants, en vue de leur utilisation thérapeutique.

plasmatique adj. (de *plasma*) physiol. Relatif au plasma sanguin.

plasmide n. m. (de *plasm[a]* et *[chromat]ide*) biol. Élément génétique du cytoplasme (séparé et indépendant du chromosome), hébergé par un hôte bactérien et dont la réplication est autonome.

plasmique adj. (de *plasma* ou de l'anglais *plasmic*) **1.** biol. Cytoplasmique. **2.** phys. Relatif aux plasmas.

plasmo-, -plasme Éléments (du grec *plasma* « chose façonnée » [ex. *cataplasme*] ou de *plasma* [I]).

plasmocyte n. m. (de *plasmo-* + *-cyte*) biol. Cellule dérivée d'un lymphocyte, sécrétant activement des anticorps. □ adj. **plasmocytaire**

plasmode n. m. (de *plasm[o]-* et du grec *eidos ; cf. -oïde*) biol. Cellule à plusieurs noyaux formée par la division du noyau, sans division du cytoplasme.

plasmodium [plasmɔdjɔm] n. m. (mot latin savant, de *plasma*) biol. Organisme unicellulaire parasite, responsable du paludisme.

plasmolyse n. f. (de *plasmo-* + *-lyse*) physiol. Réaction par laquelle une cellule se contracte et perd son eau par osmose, lorsqu'elle est plongée dans un milieu hypertonique.

plasmopara n. m. bot. Champignon parasite, dont une espèce est cause du mildiou de la vigne.

Plasson (Michel) Chef d'orchestre français (né en 1933). Directeur artistique de l'Orchestre national du Capitole de Toulouse de 1968 à 2003, il a également été chef principal de l'Orchestre philharmonique de Dresde et de l'Orchestre symphonique national de Chine. La musique française est restée son répertoire de prédilection (Massenet, Gounod, Saint-Saëns, Bizet).

plaste n. m. (du grec *plassein* « modeler ») bot. Organite cytoplasmique des cellules des végétaux eucaryotes, impliqué dans la photosynthèse. → **chloroplaste.**

-plaste, -plastie Éléments (du grec *plassein* → **plastique**) qui signifient « modeler » (ex. *galvanoplastie*).

plastic n. m. (de l'anglais → **plastique**) Masse d'explosif malléable. *Attentat au plastic* (→ **plastiquer**).

plasticage n. m. (de *plastiquer*) Action de plastiquer, attentat au plastic.

plasticien, ienne n. (de *plastique*) **1.** Artiste qui pratique les arts plastiques. **2.** techn. Technicien(ne) ou ouvrier, ouvrière spécialiste des matières plastiques*. **3.** chir. Spécialiste de la chirurgie plastique.

plasticité n. f. Caractère de ce qui est plastique, malléable. *La plasticité de la cire.* ■ fig. *La plasticité du caractère de l'enfant.*

plasticulture n. f. (de *plasti[que]* et *culture*) agric. Culture sous abri en matière plastique ou recourant à des matériaux en plastique (paillages, filets...).

plastie n. f. (de *-plastie*) chir. Réfection d'un organe ou d'une partie du corps par chirurgie réparatrice (→ **²greffe**) ou esthétique. *Plastie mammaire.*

plastifiant, ante adj. et n. m. chim., techn. Polyester capable d'augmenter la plasticité d'une matière, de la rendre plus souple. – n. m. *Émulsion de résine dans un plastifiant.* → **plastisol.**

plastifier v. tr. < 7 > **1.** Donner les propriétés d'une matière plastique à (une substance). **2.** Couvrir, enrober de matière plastique. – au p. p. *Carte d'identité plastifiée.* □ n. f. **plastification**

Les plantes médicinales, découvertes empiriquement, sont utilisées depuis des millénaires. Soit la plante est consommée entière, soit son principe actif en est extrait pour composer des tisanes, des huiles essentielles... Ces remèdes naturels ne sont pas toujours sans danger et peuvent contenir des produits toxiques ou capables d'interagir avec d'autres substances. Là où les molécules actives peuvent également être isolées et identifiées, elles sont utilisées telles quelles, sont synthétisées chimiquement et/ou modifiées pour en améliorer l'efficacité.

L'aubépine est utilisée contre les troubles cardiaques. Elle est légèrement sédative (en haut).

L'usage du fenouil remonte à l'Antiquité. Il est indiqué en cas de digestion difficile ou de colite.

Bien que toxique, l'if contient des substances anticancéreuses.

Champignon découvert en Chine, le *Ganoderma lucidum* est un anti-hypertensif efficace contre des maladies virales et infectieuses.

L'*Albizia grandibracteata* est un antipaludique.

La violette odorante est utilisée pour le traitement de maladies respiratoires.

La valériane officinale est utilisée contre les troubles du sommeil, l'angoisse et l'anxiété, en particulier lors du sevrage tabagique.

L'*Artemisia annua* est utilisée contre le paludisme et les dermatites.

Les principes actifs contenus dans les racines de la gentiane jaune tonifient le foie et la vésicule biliaire.

Les racines de la grande bardane ont des vertus diurétiques et sont préconisées pour les soins dermatologiques.

Outre ses qualités gustatives, le gingembre officinal a des effets antioxydants et anti-inflammatoires.

plastique (du grec, de *plassein* « façonner » → -plaste) **I.** adj. et n. f. **1.** adj. Qui a le pouvoir de donner une forme. *Chirurgie plastique.* → **esthétique. 2.** Relatif aux arts qui élaborent des formes. *Arts plastiques,* sculpture, architecture, dessin, peinture. *La beauté plastique d'une œuvre.* ■ **n. f.** *Les règles de la plastique.* – *La plastique :* le modelage, la sculpture. **3.** Beau de forme. ■ **n. f.** Beauté des formes du corps. *« Soucieuse uniquement de sa plastique et de son maillot »* (Colette). **II.** adj. **1.** Flexible, malléable, mou. *L'argile est plastique.* **2.** *Matière plastique* ou **n. m.** *du plastique :* mélange contenant une matière de base susceptible d'être moulée (bakélite, cellulose, galalithe, nylon, résine, silicone...). *Feuille de plastique.* – appos. *Emballage plastique.* ■ *Explosif plastique* ou **n. m.** *plastique.* → **plastic.**

▶ Les **matières plastiques** (II, 2), ainsi nommées pour leur capacité à être déformées et modelées dans au moins une gamme de température, sont des polymères naturels ou synthétiques.
Le latex, matière végétale produite par l'hévéa, qui permet de fabriquer le caoutchouc, constitua le premier plastique naturel et fut utilisé par les Mayas et les Aztèques il y a plus de 3000 ans.
Mais depuis la synthèse du PVC (polychlorure de vinyle), découverte fortuitement par H. V. Regnault en 1838, ces matériaux plastiques n'ont cessé de se diversifier, grâce notamment aux travaux des prix Nobel K. W. Ziegler et G. Natta (1963), puis P.-G. de Gennes (1991), faisant l'objet d'une multitude d'applications.
Parmi elles, les isolants thermiques synthétiques apportent désormais une énorme contribution aux économies d'énergie dans le bâtiment ; les matériaux composites utilisés dans les transports allègent les véhicules et réduisent la consommation de carburant. Les propriétés uniques et le prix modique des plastiques ont également fait d'eux des matériaux d'emballage très utilisés, à tel point que l'avènement du tout-jetable a conduit à la prise de conscience, depuis les années 2000, d'un immense gaspillage. Pour y remédier, les solutions sont multiples : amélioration des procédés de synthèse, mise au point de plastiques biodégradables à partir de végétaux et de bactéries, recyclage... Toutefois, la meilleure solution passe sans nul doute par une réduction de leur consommation.
voir aussi **biodégradable, chimie verte, déchets, pollution, polymère**

P

plastiquement adv. Du point de vue de la plastique, de la beauté des formes.

plastiquer v. tr. <1> Faire exploser au plastic. *Les terroristes ont plastiqué sa villa.* □ **n. plastiqueur, euse**

plastisol n. m. (de *plasti[que]* et *³sol*) chim. Émulsion de résine (chlorure de polyvinyle) dans un plastifiant liquide.

plastron n. m. (de l'italien, de *piastra* « plaque » → piastre) **1.** Pièce d'armure protégeant la poitrine. – *Plastron d'escrimeur* (protection). **2.** zool. Face ventrale de la carapace des tortues. **3.** Partie ou ornement de vêtement qui recouvre la poitrine. *Plastron en dentelle.*

plastronner v. intr. <1> Parader, poser (en « bombant le torse »).

plasturgie n. f. (de *plast[ique]* et *-urgie*) techn. Science et technique ayant trait à la transformation des matières plastiques et à leur utilisation ; industrie des matières plastiques. □ **adj. plasturgique** □ **n. plasturgiste**

¹plat, plate adj. et n. m. (vient du latin *plattus,* du grec *platus* « large, plan ») **I.** adj. concret **1.** Qui présente une surface plane ; horizontal. *Les Anciens croyaient que la Terre était plate. « Ce plat pays qui est le mien »* (J. Brel). ■ géom. *Angle plat,* dont les deux côtés sont dans le prolongement l'un de l'autre (angle de 180 °). **2.** Dont le fond est plat ou peu profond. *Assiette plate. Des huîtres plates.* **3.** Peu saillant. *Ventre plat.* – ***À plat ventre*** **loc. adv. :** étendu, couché sur le ventre, la face contre terre. fig. *Être à plat ventre devant qqn,* s'abaisser servilement. **4.** De peu d'épaisseur. *Avoir la bourse plate,* vide. – Qui n'est pas haut. *Talons plats. Chaussures plates,* à talons plats. **5.** *À plat* **loc. adv. :** horizontalement, sur la surface plate. *Posez le tissu bien à plat.* – *Pneu à plat.* → **dégonflé.** ■ (personnes) fam. *Être à plat,* déprimé, épuisé. ■ *Tomber à plat :* échouer. ■ *Mettre à plat (une question...),* examiner dans le détail tous les éléments. **6.** *Rimes plates,* alternance de deux vers à rime masculine et deux vers à rime féminine. **II.** adj. fig. **1.** Sans caractère saillant ni qualité frappante. *Style plat.* → **fade, médiocre. 2.** (personnes) Obséquieux. *« Tu es plat comme une punaise à genoux »* (Apollinaire). – *De plates excuses.* **3.** *De l'eau plate,* non gazeuse. **III. n. m. 1.** La partie plate (de qqch.). *Le plat de la main,* la paume et les doigts non repliés. – Partie plate d'une route (opposé à *côte, pente*). **2.** Plongeon manqué où le corps frappe l'eau à plat. **3.** fam. ***Faire du plat à qqn,*** chercher à le séduire par de belles paroles. → **courtiser, flatter. 4.** Chacun des deux côtés de la reliure d'un livre.

²plat n. m. (de *vaisselle plate*) **I.** Pièce de vaisselle plus grande que l'assiette, dans laquelle on sert les aliments à table. – *Des œufs au plat, sur le plat,* qu'on fait cuire dans la poêle sans les brouiller. ■ loc. *Mettre les pieds dans le plat,* intervenir maladroitement. *Mettre les petits plats dans les grands,* se mettre en frais en l'honneur de qqn. **II.** Mets d'un repas. *Plats régionaux.* → **recette, spécialité.** *Plat garni,* composé de viande ou de poisson et de légumes. *Plat du jour :* au restaurant, plat qui varie selon les jours. *Plat de résistance*.* ■ fig., fam. *Faire tout un plat de qqch. :* accorder à qqch. trop d'importance.

Plata (río de La) Vaste estuaire d'Amérique du Sud formé par la confluence des fleuves Paraná et Uruguay, tributaire de l'Atlantique. Il marque la frontière entre l'Argentine et l'Uruguay. Buenos Aires et Montevideo sont établies sur ses rives.

Plata (La) Ville d'Argentine, capitale de la province de Buenos Aires. 705 000 habitants. Université. Centre commercial et industriel grâce à son port artificiel. Technopôle (informatique). Industrie agroalimentaire. Pétrochimie.

platane n. m. (grec *platanos,* de *platus* → ¹plat, à cause des feuilles) **1.** Arbre élevé, à large frondaison, à écorce lisse se détachant par plaques irrégulières. **2.** *Faux platane :* érable (sycomore).

plataniste n. m. (du grec) Dauphin d'eau douce vivant dans les fleuves de l'Inde et du Bangladesh.

plat-bord n. m. (de *plat* adj. et *bord*) mar. Ceinture en bois entourant les ponts et limitant les bordages en bois. *Des plats-bords.*

plate n. f. mar. Petite embarcation légère, à fond plat.

plateau n. m. (→ ²plat) **I. 1.** Support plat servant à poser et à transporter des objets, des marchandises. *Servir le café sur un plateau.* – ***Plateau-repas :*** repas complet servi sur un plateau. *Des plateaux-repas. Plateau de fromages :* assortiment de fromages. – loc. *Apporter qqch. à qqn sur un plateau,* sans qu'il ait d'effort à faire. **2.** spécialt *Les plateaux d'une balance. Plateau (d'un tourne-disque).* → **¹platine.** *Plateau de pédalier :* roue dentée qui entraîne la chaîne (d'une bicyclette). **II. 1.** Étendue de pays assez plate aux cours d'eau encaissés et dominant les environs. *Plateau calcaire.* → **causse.** *Plateau continental :* fond marin proche des côtes, jusqu'à deux cents mètres de profondeur. → **plateforme. 2.** fig. Phase stationnaire d'une évolution ; partie horizontale (d'une courbe, d'un graphique). **III. 1.** Plateforme où est présenté un spectacle, etc. *Le plateau d'un théâtre,* les planches, la scène. *Le plateau d'un studio de cinéma.* – Ensemble des installations, du personnel nécessaires à la prise de vues en studio. **2.** *Plateau technique :* ensemble des équipements dont dispose un établissement médical.

Plateau (Joseph) Physicien belge (1801-1883). Précurseur du dessin animé, il inventa en 1883 un appareil de projection fondé sur la persistance des impressions visuelles. Il posa le *problème de Plateau,* essentiel dans l'étude des lames minces liquides.

Plateau d'Hauteville Commune de l'Ain, dans le Bugey. 4 824 habitants. Station climatique et station de sports d'hiver.

platebande n. f. **1.** archit. Moulure plate, unie et peu saillante. **2.** Bande de terre cultivée, dans un jardin. – fig., fam. *Marcher sur les platebandes de qqn,* empiéter sur son domaine. - var. **plate-bande.** *Des plates-bandes.*

¹platée n. f. Contenu d'un plat. – fam. Grosse quantité.

²platée n. f. (de *plat*) techn. Massif de fondation d'un édifice. ■ Maçonnerie recouvrant les fondations.

Platées ou **Platée** Ancienne ville de Grèce en Béotie. Les Grecs y remportèrent sur les Perses une victoire (–479) qui mit fin à la seconde guerre médique.

plateforme n. f. **I. 1.** Surface plane, horizontale, plus ou moins surélevée. *Plateforme de quai. Des plateformes.* **2.** Emplacement dédié à recevoir des équipements, des hommes. *Plateforme de forage :* installation servant à l'exploitation des gisements pétroliers en mer. – Partie ouverte, non munie de sièges (d'un véhicule public). **3.** Plateau (II). géogr. *Plateforme continentale.* → **plateau. 4.** géol. *Plateforme structurale :* bouclier, socle recouvert d'une couche sédimentaire décapée par l'érosion. **5.** inform. Système informatique caractérisé par son type de processeur, ses composants matériels, son système d'exploitation et les logiciels qu'il permet d'utiliser. → **environnement. II.** fig. Ensemble d'idées, sur lesquelles on s'appuie pour présenter une politique commune. → **base.** *La plateforme électorale d'un parti.* - var. **plate-forme.** *Des plates-formes.*

platement adv. **1.** D'une manière plate, banalement. **2.** D'une manière servile.

plateresque adj. (espagnol *plateresco,* de *platero* « orfèvre », de *plata* « argent ») didact. Se dit d'un style d'architecture et de décoration de la Renaissance espagnole caractérisé par des ornements baroques évoquant l'orfèvrerie (comme le manuélin* portugais).

Plath (Sylvia) Poète américaine (1932-1963). Elle connut, durant toute son existence, des évènements douloureux (perte de son père à huit ans, fausse couche, séparations) et souffrit de troubles bipolaires. Elle se suicida, laissant un roman, *Cloche de détresse,* et deux recueils de poèmes, *The Colossus* et *Ariel.*

plathelminthe n. m. (du grec *platus* « large » et *helmins* « ver » → helminthe) zool. Ver plat, non segmenté, hermaphrodite, libre ou parasite (embranchement des *Plathelminthes ;* ex. la douve, la planaire, le ténia).

platinage n. m. (de *platine* n. m.) techn. Opération par laquelle on recouvre (une surface) d'une couche de platine ; cette couche.

¹platine n. f. (famille de *plat*) Support plat. – spécialt *La platine d'un tourne-disque ;* absolt *une platine laser.* – *Platine de microscope,* lame mince portant l'objet à examiner. – Pièce soutenant les éléments d'un mouvement d'horlogerie. – Pièce des anciennes armes à feu portatives sur laquelle l'amorce était mise à feu.

²platine n. m. (espagnol *platina,* diminutif de *plata* « argent ») Élément chimique (symb. Pt, n° at. 78, masse at. 195,08), métal précieux, d'un blanc grisâtre. – **adj. invar.** De la couleur du platine. *Des cheveux platine.* → **¹platiné.**

¹platiné, ée adj. (cheveux) Teint en blond presque blanc. *Une blonde platinée.*

²platiné, ée adj. (des *vis à tête au platine* jouient ce rôle) autom. *Vis platinées :* pièces de contact en acier au tungstène du système d'allumage.

platiner v. tr. < 1 > (de *platine* n. m.) **1.** techn. Recouvrir (un métal, du verre) d'une mince couche de platine (→ **platinage**). **2.** Donner la couleur blanche et éclatante du platine à (qqch.).

Platini (Michel) Footballeur français (né en 1955). Trois fois ballon d'or (1983 à 1985), il a été président de l'UEFA (Union européenne de football) de 2007 à 2016.

platinifère adj. (de *platine* n. m. et *-fère*) didact. Qui contient du platine.

platinite n. f. (de *platine* n. m. et *-ite*) techn. Alliage de fer et de nickel, utilisé, pour son coefficient de dilatation, à la place du platine dans la soudure du verre.

platinoïde n. m. (de l'anglais → ²platine) techn. Alliage de cuivre, zinc, nickel comprenant 1 ou 2 % de tungstène, utilisé en électricité.

platitude n. f. (→ ¹plat) **1.** Caractère de ce qui est plat, sans originalité. → **médiocrité.** **2.** *Une platitude.* → **banalité.** *Débiter des platitudes.* **3.** Acte qui témoigne de servilité. → **obséquiosité.**

Platon Philosophe grec (428-348 av. J.-C.). D'origine aristocratique, il suivit l'enseignement de Socrate (408-399 av. J.-C.). La dictature des Trente et la mort de Socrate l'éloignèrent des affaires publiques et le poussèrent vers la philosophie et la réflexion politique. Après avoir voyagé, notamment en Égypte et en Sicile, il s'établit à Athènes (–387) et y créa l'Académie où il enseigna en particulier à Aristote, tout en rédigeant ses dialogues. Il a laissé vingt-sept dialogues authentiques *(Ménon ; Banquet ; République ; Parménide ; Politique ; Timée ; Lois.)*, qui mettent souvent en scène Socrate, alliant discours rationnel et mythes et érigeant le dialogue au rang de genre philosophique vivant. Le questionnement socratique met à nu les contradictions du faux savoir et des apparences, tandis que la démarche dialectique de remontée vers les idées permet d'accéder à l'être, à l'idée du bien, cause et principe de toute valeur, et de passer de l'opinion à la science. La philosophie platonicienne ne se résume pourtant pas à l'opposition entre le sensible et l'intelligible car elle laisse aussi la place au perpétuel devenir. Père de la philosophie, Platon a légué une œuvre qui demeure sans comparaison dans l'histoire de la pensée occidentale.

platonicien, ienne adj. (de *Platon*) Qui s'inspire de la philosophie de Platon (et de ses disciples). *Philosophes platoniciens* et **n. m.** *les platoniciens.*

platonique adj. **1.** Qui a un caractère purement idéal, sans rien de matériel ou de charnel. *Amour platonique.* → **chaste, éthéré.** ▫ adv. **platoniquement** **2.** De pure forme, sans effet pratique.

platonisme n. m. (de *Platon*) **1.** Philosophie de Platon et de ses disciples. **2.** rare Caractère de l'amour platonique, chaste, idéal.

▶ Le **platonisme**, courant philosophique issu de la pensée de Platon, est caractérisé par le dualisme âme/corps, par l'affirmation de la supériorité du monde des Idées sur le monde sensible, qui est un monde des apparences et par une conception métaphysique de la beauté et de l'amour. Cette doctrine constitue une des traditions centrales de la pensée occidentale. Elle fut enseignée et discutée à l'Académie que Platon, disciple de Socrate, fonda près d'Athènes en 387 av. J.-C.

Le platonisme se distingue notamment du réalisme (Aristote, saint Thomas) et de l'empirisme (Locke), qui considèrent que la connaissance vient d'abord des sens et que la justice a des fondements naturels.

Un **néoplatonisme** à tendance mystique se répandit dans le monde méditerranéen à partir d'Alexandrie du IIe au Ve siècle de notre ère. Il doit beaucoup à la philosophie de Platon mais aussi à la pensée religieuse orientale. Son principal représentant en est Plotin, qui transforma la théorie platonicienne de la réminiscence en mouvement de conversion de l'âme humaine qui doit chercher à rejoindre l'âme universelle pour s'unir à l'Un-Dieu.

Le platonisme a eu une longue postérité dans le monde chrétien, musulman et juif, imprégnant entre autres la pensée de Philon d'Alexandrie, d'Origène, de saint Augustin, de Pseudo-Denys, de Scot Érigène, des mystiques rhénans du XIVe siècle, ou celle de Nicolas de Cuse et de Marsile Ficin à la Renaissance.

La richesse du platonisme est telle qu'il sert encore aujourd'hui de référence dans des disciplines comme les sciences cognitives ou les mathématiques, lorsqu'elles s'interrogent sur le caractère inné de certaines structures logiques du cerveau ou sur l'existence des objets mathématiques en dehors du sujet connaissant.

voir aussi **aristotélisme, dialectique**

plâtrage n. m. Action de plâtrer.

plâtras [platʀa] n. m. Débris d'un ouvrage en plâtre. → **gravats.**

plâtre n. m. (de *emplâtre*) **1.** Poudre blanche obtenue par cuisson et broyage du gypse et qui, une fois gâchée dans l'eau, fournit un matériau solide ou un mortier plastique. *Pierre à plâtre*, gypse. *Sac de plâtre. Carreau de plâtre. Plâtre moulé.* → **stuc.** ▪ fig., fam. Ce qui a une consistance plâtreuse*. – loc. *Battre qqn comme plâtre*, avec violence. **2.** ***Les plâtres :*** les revêtements, les ouvrages de plâtre. *Refaire les plâtres.* loc. *Essuyer* les plâtres.* **3.** ***Un plâtre :*** objet moulé en plâtre. ▪ Appareil formé de pièces de tissu imprégnées de plâtre, pour maintenir un organe immobile. *Avoir une jambe dans le plâtre.*

plâtrer v. tr. < 1 > **1.** Couvrir de plâtre ; sceller avec du plâtre (→ **plâtrage**). **2.** agric. Amender (une prairie) en y répandant du plâtre. **3.** Mettre (un membre fracturé) dans un plâtre. – au p. p. *Une jambe plâtrée.*

plâtrerie n. f. **1.** Entreprise, usine où l'on fabrique le plâtre. → **plâtrière.** **2.** Travail du plâtrier.

plâtreux, euse adj. **1.** Couvert de plâtre ; qui contient du plâtre. **2.** D'une blancheur de plâtre. **3.** Qui a la consistance du plâtre. *Un camembert plâtreux.*

plâtrier, ière n. **1.** Ouvrier, ouvrière qui utilise le plâtre gâché pour le revêtement et divers ouvrages. **2.** Personne qui fabrique ou fait le commerce du plâtre.

plâtrière n. f. **1.** Carrière de gypse à plâtre. **2.** Four à plâtre ; usine où l'on fabrique le plâtre (→ **plâtrerie**).

platyrhinien n. m. (du grec, de *platus* « large » et *rhis, rhinos* « nez ») zool. Primate d'Amérique, à narines écartées, ouvertes sur le côté, à plus de 32 dents et à queue préhensile (sous-ordre des *Platyrhiniens ;* ex. ouistiti, capucin, singe hurleur). *Les platyrhiniens sont aussi appelés* singes du Nouveau Monde.

Plauen Ville d'Allemagne (Saxe), sur l'Elster Blanche. 64 000 habitants. Important centre d'industrie textile.

plausible adj. (latin *plausibilis*, de *plaudere* « battre des mains » → **applaudir**) Qui semble devoir être admis. → **admissible, vraisemblable.** *Une excuse plausible.* ▫ n. f. **plausibilité** ▫ adv. **plausiblement**

Plaute en latin **Titus Maccius Plautus** Poète comique latin (v. 254-184 av. J.-C.). Des cent trente pièces qu'on lui a attribuées, seules vingt nous sont parvenues. Il sut, dans ses comédies, mêler les influences grecques au goût des Romains de son temps et excella dans la peinture de types pittoresques aussi bien que dans la finesse psychologique. Ses personnages inspirèrent les auteurs de la comédie de la Renaissance et de la commedia dell'arte. *Amphitryon ; La Comédie de la marmite.*

play-back n. m. invar. ou **playback** [plɛbak] n. m. (mot anglais, de *to play* « jouer » *back* « à nouveau ») anglic. Interprétation mimée d'un rôle, d'un chant enregistré. *Chanter en play-back. Des play-back, des playbacks.* - recomm. offic. **présonorisation.**

play-boy ou **playboy** [plɛbɔj] n. m. (mot anglais, d'abord « jeune comédien », de *to play* « jouer » et *boy* « garçon » → **boy**) anglic. vieilli Jeune homme avenant, séducteur, menant une vie oisive et facile. *Des play-boys, des playboys.*

playlist ou **playliste** [plɛlist] n. f. (anglais *playlist*, de *to play* « jouer » et *list* « liste ») anglic. Liste de morceaux de musique. *Programmer des playlists.* - var. **play-list.** *Des play-lists.* - recomm. offic. **sélection.**

plèbe n. f. (latin *plebs, plebis* cf. **plébiscite**) **1.** hist. Second ordre du peuple romain. → **plébéien.** **2.** péj., littér. Le bas peuple. → **populace.**

plébéien, ienne **1.** n. Romain(e) de la plèbe (opposé à *patricien*). **2.** adj. littér. *Des goûts plébéiens* (opposé à *aristocratique*). → **populaire.**

plébiscite n. m. (latin *plebiscitum* « décret du peuple », de *plebs, plebis* → **plèbe** et *scitum* « décret », de *scire* → **science**) **1.** hist. Décision, loi votée par l'assemblée de la plèbe dans la Rome antique. **2.** Vote direct du corps électoral par oui ou par non sur un projet présenté par le pouvoir. ▫ adj. **plébiscitaire**

plébisciter v. tr. < 1 > **1.** Voter (qqch.), désigner (qqn) par plébiscite. **2.** Élire (qqn) ou approuver (qqch.) à une majorité écrasante.

plectre n. m. (du latin, du grec *plêktron*) mus. **1.** Antiq. Baguette servant à gratter les cordes de la lyre. **2.** mod. → **médiator.**

-plégie Élément (du grec *plêssein* « frapper ») qui signifie « paralysie » (ex. *hémiplégie, paraplégie, tétraplégie*).

pléiade n. f. (du latin, du grec *Pleiades* « les Pléiades ») Groupe de personnes remarquables.

Pléiade (la) Nom donné dans l'histoire littéraire à des groupes de sept poètes, par allusion aux sept filles d'Atlas. La Pléiade la plus connue demeure celle qui, au milieu du XVIe s., groupa, autour de Ronsard et de Joachim du Bellay, Pontus de Tyard, Jean Antoine de Baïf, Étienne Jodelle, Rémi Belleau et Jacques Peletier du Mans. Elle s'inspira de la Renaissance italienne et de l'œuvre de Pétrarque, et poursuivit les recherches formelles de Clément Marot et de l'école lyonnaise, tout en redéfinissant la place et le rôle du poète.

Pléiades n. f. pl. Les sept filles d'Atlas et de Pléioné dans la mythologie grecque. Zeus les change en colombes pour les soustraire au géant Orion, puis les place parmi les constellations.

Pléiades n. f. pl. Amas stellaire situé dans la constellation du Taureau, à 424 années-lumière de la Terre, constitué de centaines d'étoiles jeunes et entouré d'une nébuleuse étendue.

Les Pléiades, encore appelées « les sept sœurs », vues du télescope spatial Hubble.

plein, pleine adj. (vient du latin *plenus* « complet, entier », de *plere* → **emplir**) **I. 1.** (sens fort) Qui contient toute la quantité possible. → **rempli.** *Un verre plein à ras bords. Une valise pleine à craquer.* – *Parler la bouche pleine.* **2.** (personnes) fam. *Être plein comme une barrique.* → **soûl.** *Un gros plein de soupe*, un homme gros, vulgaire. **3.** Se dit d'une femelle animale en gestation. → **gros.** *Une jument pleine.* **4.** (avant le n.) *Un plein panier de légumes*, le contenu d'un panier. – loc. (idée d'entier, complet) *Saisir qqch. à pleines mains*, sans hésiter, fermement. *Respirer à pleins* *poumons,* profondément. **5.** Qui contient autant de personnes qu'il est possible. → **bondé ;** (Canada) **paqueté.** *L'autobus était plein.* → **complet. 6.** (temps) *Une journée pleine,* complète ou bien occupée. *Travailler à temps plein* (opposé à *partiel*). **7.** Qui éprouve entièrement (un sentiment), est rempli (de connaissances, d'idées). *« Mieux vaut une tête bien faite que bien pleine »* (Montaigne). ■ (personnes) ***Plein de :*** pénétré de. *Être plein de son sujet.* – ***Plein de soi-même :*** occupé et content de sa propre personne. → **imbu, infatué. 8.** fam. ***Plein aux as :*** très riche. **II. 1.** Dont la matière occupe tout le volume. *Une sphère pleine.* ■ (formes humaines) Rond. → **dodu, potelé.** *Des joues pleines.* ■ *Un son plein,* riche en harmoniques. **2.** (surtout avant le n.) Qui est entier, à son maximum. *Plein soleil. La pleine lune. Reliure pleine peau,* entièrement en peau. – loc. *Plein air :* air libre, grand* air. *Pleine mer :* le large. ■ Qui a sa plus grande force. → **total.** *Donner pleine satisfaction. Les pleins pouvoirs* (→ **plénipotentiaire**). **3.** loc. adv. ***À plein, en plein.*** → **pleinement, totalement.** *Argument qui porte à plein.* ■ ***En plein(e),*** suivi d'un n. : au milieu de. *Vivre en plein air.* → **dehors.** *En pleine mer,* au large. *Se réveiller en pleine nuit. Être en plein travail.* – Exactement (dans, sur). *Visez en plein milieu.* ■ fam. ***En plein sur, dans :*** juste, exactement sur, dans. *En plein dans le mille. En plein dedans.* **III. *Plein de :*** qui contient, qui a beaucoup de. *Des yeux pleins de larmes. Un texte plein de fautes.* – (personnes) → **débordant.** *Plein d'admiration.* → **pénétré.** – fam. ***Tout plein (de...).*** *Il y en a tout plein.* **IV.** (confondu avec *plain* « horizontal ») ***De plein fouet**** loc. : horizontal. ■ **plein n. m. I. *Le plein (de)* 1.** État de ce qui est plein. *« La lune était en son plein, mais beaucoup plus pâle qu'à l'ordinaire »* (Cyrano de Bergerac). **2. *Battre son plein :*** être à son point culminant. *La fête battait son plein.* **3.** Plénitude, maximum. **4. *Faire le plein de,*** emplir totalement un réservoir. *Un plein d'essence,* le contenu entier d'un réservoir. ■ fig. Le maximum. *Le plein des voix de gauche.* **II. *Un plein* 1.** Endroit plein (d'une chose). *Les pleins et les vides.* **2.** Trait épais, dans l'écriture calligraphiée (opposé à *délié*). ■ **plein prép. 1.** En grande quantité dans. *Avoir de l'argent plein les poches,* beaucoup. – loc. *En avoir plein la bouche* (de qqn, qqch.), en parler fréquemment et avec admiration. fam. *En avoir plein les bottes,* être fatigué d'avoir marché. *En avoir plein le dos,* en avoir assez. *En mettre plein la vue* à qqn.* – fam. Partout sur. *Il a du poil plein la figure.* **2.** fam. ***Plein de*** loc. prép. → **beaucoup.** *Il y avait plein de monde.* ■ ***Tout plein (de...).*** → **très.** *C'est mignon tout plein.*

pleinement adv. Entièrement, totalement. → **complètement.**

plein-emploi ou **plein emploi** [plɛnɑ̃plwa] n. m. Emploi de la totalité des travailleurs (opposé à *chômage,* à *sous-emploi*).

pléiotropie n. f. (du grec *pleiôn* « nombreux » et *-tropie*) biol. Particularité que possède un gène (dit *pléiotrope*) d'agir sur plusieurs caractères.

pléistocène n. m. (du grec *pleistos,* superl. de *polus* → poly- et *kainos* « récent ») géol. Période qui vient après le pliocène, caractérisée par plus de fossiles et l'apparition de l'homme.

Plekhanov (Gueorgui Valentinovitch) Théoricien socialiste russe (1856-1918). Il fut le principal propagandiste du marxisme en Russie. Rallié aux mencheviques (1903), il désapprouva la révolution bolchevique.

plénière adj. f. (vient du latin *plenarius* « complet », de *plenus* → plein) *Assemblée plénière,* où siègent tous les membres. – *Indulgence plénière,* complète, totale.

plénipotentiaire n. m. (vient du latin → plein et de *potentia* « puissance ») Agent diplomatique qui a pleins pouvoirs pour l'accomplissement d'une mission. → **envoyé.** – adj. *Ministre plénipotentiaire,* titre immédiatement inférieur à celui d'ambassadeur.

plénitude n. f. (latin *plenitudo* → plein) **1.** littér. Ampleur, épanouissement. *La plénitude des formes.* **2.** État de ce qui est complet, dans toute sa force. *Dans la plénitude de sa beauté.* → **intégrité, totalité ; maturité.**

plénum n. m. (latin *plenum* « plein ») Réunion plénière d'une assemblée (notamment le Comité central du parti communiste des pays ex-socialistes). *Des plénums.* - var. **plenum.** *Des plenums.*

pléonasme n. m. (grec *pleonasmos* « excès », famille de *polus* → poly-) Terme ou expression qui répète ce qui vient d'être énoncé. → **redondance.** *Pléonasme fautif* (ex. *monter en haut ; panacée universelle ; prévoir d'avance*). □ adj. **pléonastique**

Plérin Commune des Côtes-d'Armor, dans la banlieue de Saint-Brieuc. 14 459 habitants.

plésiomorphe adj. (du grec *plesiôs* « voisin » et *-morphe*) biol. (caractère biologique) Ancestral. *État plésiomorphe d'un caractère.*

plésiosaure n. m. (du grec *plêsios* « proche, voisin » et de *-saure*) paléont. Grand reptile saurien fossile de l'ère secondaire.

Plessis (Joseph-Octave) Prélat canadien (1763-1825). Il devint en 1819 le premier archevêque de Québec.

Plessis-Robinson (Le) Commune des Hauts-de-Seine. 29 562 habitants.

Plessis-Trévise (Le) Commune du Val-de-Marne. 19 651 habitants.

Plestin-les-Grèves Commune des Côtes-d'Armor. 3 635 habitants. Église du XVIe s., gisant de saint Efflam. Station balnéaire à Saint-Efflam.

pléthore n. f. (grec « surabondance », famille de *polus* → poly-) littér. Abondance, excès.

pléthorique adj. Trop abondant, surchargé.

Pleumeur-Bodou Commune des Côtes-d'Armor, près de Lannion. 3 837 habitants. Centre de télécommunications spatiales de France Télécom jusqu'en 2003. Cité des télécommunications. Planétarium.

pleur n. m. au plur. ***Les pleurs.*** Le fait de pleurer, les larmes ; plaintes dues à une vive douleur. *Répandre, verser des pleurs.* → **pleurer.** – ***En pleurs.*** *Elle était en pleurs.* → **éploré.**

pleurage n. m. techn. Déformation du son produit par un appareil électroacoustique (baisse de hauteur) due à une vitesse non uniforme de la vitesse de défilement du support.

pleural, ale, aux adj. (du grec *pleura* → plèvre) Qui concerne la plèvre. *Épanchement pleural.*

pleurant n. m. Statue représentant un personnage en deuil en train de pleurer, sur un tombeau monumental.

pleurard, arde 1. adj. et n. (Personne) qui pleure à tout propos. → **pleurnicheur. 2.** adj. *Air, ton pleurard.* → **geignard, plaintif.**

pleure-misère n. littér., vieilli Personne qui se plaint sans cesse d'être dans le besoin. *Des pleure-misère* (invar.) ou *des pleure-misères.*

pleurer v. intr. < 1 > (vient du latin *plorare* « se lamenter » → éploré, déplorer, implorer) **I. 1.** Répandre des larmes, sous l'effet d'une émotion pénible. → **pleurnicher, sangloter ;** fam. **chialer.** *Pleurer à chaudes larmes, comme un veau, comme une Madeleine,* beaucoup. – *Un bébé qui pleure.* → **crier.** – loc. *C'est Jean qui pleure et Jean qui rit,* il passe facilement de la tristesse à la gaieté. *N'avoir plus que ses yeux pour pleurer :* avoir tout perdu. **2. *À pleurer, à faire pleurer :*** au point de pleurer, de faire pleurer. → **déplorable.** *Bête, triste à pleurer,* extrêmement. **3.** (autres émotions) *Pleurer de rire, de joie.* – (d'un réflexe de protection de l'œil) *Le vent me fait pleurer. Avoir les yeux qui pleurent.* **II. 1.** Être dans un état d'affliction. *Consoler ceux qui pleurent,* les affligés (→ **éploré**). – ***Pleurer sur :*** s'affliger à propos de (qqn, qqch.). *Pleurer sur son sort.* → **gémir,** se **lamenter. 2.** Présenter une demande d'une manière plaintive et pressante. *Pleurer pour obtenir une augmentation.* **III.** trans. **1.** Regretter, se lamenter sur. *Pleurer sa jeunesse enfuie.* – fam. *Pleurer misère,* se plaindre. **2.** Laisser couler (des larmes, des pleurs). *Pleurer des larmes de joie.* → **répandre, verser.**

pleurésie n. f. (grec *pleuritis,* de *pleura* → plèvre) Inflammation de la plèvre. *Pleurésie sèche,* sans épanchement. → **pleurite.**

pleurétique adj. **1.** Relatif à la pleurésie. **2.** Qui souffre de pleurésie. – n. *Un, une pleurétique.*

pleureur adj. m. *Saule pleureur,* dont les branches retombent vers le sol.

pleureuse n. f. Femme payée pour pleurer aux funérailles.

pleurite n. f. et m. **1.** n. f. méd. Pleurésie sèche (sans épanchement). **2.** n. m. Partie latérale membraneuse d'un insecte.

pleurnicher v. intr. < 1 > (de *pleurer* et altération du normand *micher* « pleurer ») fam. Pleurer sans raison, d'une manière affectée ; se plaindre sur un ton geignard. → **larmoyer.** □ n. f. **pleurnicherie** □ n. et adj. **pleurnicheur, euse** ou **pleurnichard, arde**

pleuro- Élément (du grec *pleuron* « côté » → plèvre).

pleurodynie n. f. (de *pleuro-* et du grec *odunê* « douleur ») méd. Point de côté lié à une douleur intercostale.

pleuronecte n. m. (de *pleuro-* et du grec *nêktos* « nageant ») zool. Poisson osseux au corps aplati, portant les deux yeux du même côté (famille des *Pleuronectes ;* ex. la sole, le flétan).

plissement

Plissement anticlinal, dans la vallée du Buech (Hautes-Alpes).

P

pleuropneumonie n. f. méd. Inflammation simultanée de la plèvre et des poumons.

pleurote n. m. (de *pleuro-* et du grec *oûs, ôtos* « oreille » → otite) Champignon dont le pied s'insère sur le côté du chapeau.

pleurotomie n. f. (→ -tomie) méd. Ouverture chirurgicale de la plèvre.

Pleurtuit Commune de l'Ille-et-Vilaine. 6 959 habitants. Aérodrome de Dinard.

pleutre n. m. (probablt du flamand *pleute* « chiffon ») littér. Homme sans courage. → **couard, lâche.** – adj. *Il est très pleutre.*

pleutrerie n. f. littér. Lâcheté.

pleuvasser v. impers. < 1 > Pleuvoir légèrement, bruiner. → **pleuviner, pleuvioter.**

pleuviner v. impers. < 1 > Bruiner, faire du crachin. - syn. **pluviner.**

pleuvioter v. impers. < 1 > Pleuvoir légèrement, par petites averses. → **crachiner.** - syn. **pleuvoter.**

pleuvoir v. < 23 > (vient du latin pop. *plovere,* de *pluere* → pluie, pluvial) **I.** v. impers. **1.** *Il pleut :* la pluie tombe. *Il pleut légèrement.* → **bruiner, pleuvioter, pleuviner.** *Pleuvoir à verse, à flots, à seaux, à torrents,* (fam.) *comme vache qui pisse,* très fort. **2.** Tomber. *Il pleut de grosses gouttes,* (loc.) *des cordes, des hallebardes.* – loc. fam. *Comme s'il en pleuvait.* → **beaucoup.** **II.** v. intr. (surtout 3e pers. du plur.) **1.** S'abattre, en parlant de ce que l'on compare à la pluie. *Les coups pleuvaient sur son dos.* **2.** Affluer, arriver en abondance. *Les malheurs pleuvent sur lui.*

Pleven Ville de Bulgarie septentrionale, au N. du Grand Balkan. 92 100 habitants. Important marché agricole et centre industriel (agroalimentaire, textile, cimenterie, raffinerie de pétrole, gaz naturel).

Pleven (René) Homme d'État français (1901-1993). L'un des fondateurs de l'Union démocratique socialiste de la Résistance, il fut plusieurs fois ministre et deux fois président du Conseil (1950-1951 ; 1951-1952).

plèvre n. f. (grec *pleura* « côtes, côtés ») Chacune des deux membranes qui enveloppent les poumons (→ **pleural**). *Inflammation de la plèvre.* → **pleurésie.**

plexiglas [plɛksiglas] n. m. (allemand, n. déposé, de *Glas* « verre », et du latin *plexus* « tressé » → plexus) Plastique dur transparent imitant le verre. - abrév. **plexi.**

plexus [plɛksys] n. m. (latin *plexus* cf. perplexe, de *plectere* → ployer) Réseau de nerfs ou de vaisseaux. *Plexus solaire,* au creux de l'estomac.

Pleyben Commune du Finistère. 3 579 habitants. Enclos paroissial (XVe-XVIIe s.) ; calvaire monumental ; chapelle-ossuaire.

Pleyel (Ignaz) Compositeur autrichien (1757-1831). Élève de Haydn, il s'installa à Paris en 1795 puis fonda la célèbre fabrique de pianos Pleyel (1807).

Pleyel (Marie Félicité) Pianiste française (1811-1875). Belle-fille d'Ignaz Pleyel, elle fut réputée dans toute l'Europe romantique pour son jeu virtuose. Elle fut l'amie et l'inspiratrice de Nerval.

pli n. m. (→ plier) **I.** **1.** Partie d'une matière souple rabattue sur elle-même. *Les plis d'un éventail. Jupe à plis.* → **plissé.** **2.** Ondulation (d'un tissu flottant). **3.** Mouvement (de terrain) qui forme une ondulation (→ **plissement**). **4.** Marque qui reste à ce qui a été plié. → **pliure.** *Faire le pli d'un pantalon,* le repasser. – *Faux pli* ou absolt *pli :* endroit froissé ou mal ajusté. – loc. fam. *Ça (ne) fait pas un pli :* cela ne fait pas de difficulté, de doute. **5.** *Mise en plis :* opération qui consiste à donner aux cheveux mouillés la forme qu'ils garderont une fois secs. **6.** loc. *Prendre un (le) pli :* acquérir une habitude. *Elle a pris un mauvais pli.* **7.** Repli ou marque allongée sur la peau. **II.** **1.** Papier replié servant d'enveloppe. *Envoyer un message sous pli cacheté.* **2.** Levée, aux cartes.

pliable adj. Qui peut être plié sans casser. → **flexible.**

pliage n. m. **1.** Action de plier ; manière dont une chose est pliée. **2.** Fait de plier et replier du papier pour obtenir une forme (→ **origami**). ■ Objet ainsi produit.

pliant, ante **1.** adj. Articulé de manière à pouvoir se plier. *Un lit pliant.* **2.** n. m. Siège de toile sans dossier ni bras, à pieds articulés en X.

plie n. f. (vient du bas latin *platessa*) Poisson plat comestible. → **carrelet.**

plié n. m. danse Mouvement qui consiste à plier les genoux.

pliement n. m. rare Action de plier, de se plier.

plier v. < 7 > (de *ployer,* qui vient du latin *plicare*) **I.** v. tr. **1.** Rabattre (une chose souple) sur elle-même. *Plier sa serviette.* – au p. p. *Feuille pliée en quatre.* ■ fam. *Plier ses affaires,* les ranger. – loc. *Plier bagage,* s'apprêter à partir, à fuir ; partir. – loc. fam. *C'est plié :* l'affaire est entendue, c'est réglé. **2.** Courber (une chose flexible). → **ployer, recourber.** *Plier une branche.* – (articulation) *Plier le genou, la jambe.* – passif et p. p. *Être plié en deux par l'âge.* → **courbé.** fam. *Être plié (en deux),* de rire. **3.** Rabattre l'une sur l'autre (les parties d'un ensemble articulé). → **replier.** *Plier une chaise longue.* **4.** fig. Forcer à s'adapter. *Il plie ses élèves à une discipline sévère.* – pronom. Suivre, s'adapter par force. → **céder,** se **soumettre.** *Elle se plie à tous ses caprices.* → **obéir.** *Se plier aux circonstances.* **II.** v. intr. **1.** Se courber, fléchir. → **céder.** *La branche plie sous le poids des fruits.* → s'**affaisser.** **2.** (personnes) Céder, faiblir. *Rien ne le fit plier.* → **mollir.**

plieur, euse n. **1.** Ouvrier, ouvrière chargé(e) de plier. **2.** n. f. Machine à plier (le papier...).

Pline l'Ancien en latin **Caius Plinius Secundus** Naturaliste romain (23-79). Il est l'auteur d'une monumentale *Histoire naturelle,* encyclopédie en 37 livres. Amiral de la flotte de Misène, il périt lors de l'éruption du Vésuve. ■ **Pline le Jeune** en latin **Caius Plinius Caecilius Secundus** Écrivain latin (61-v. 114). Neveu et fils adoptif de Pline l'Ancien. Remarquable orateur, il publia ses réflexions sur la société romaine de son temps dans ses *Lettres.* Il fut l'ami de l'empereur Trajan, auquel il consacra son *Panégyrique de Trajan.*

plinthe n. f. (grec *plinthos* « brique ») Bande plate de menuiserie au bas d'une cloison, d'un lambris.

pliocène n. m. et adj. (de l'anglais, du grec *pleion,* comparaison de *polus* → poly- et *kainos* « récent ») géol. Période (tertiaire) succédant au miocène. – adj. *L'époque pliocène.*

ploir n. m. techn. **1.** Instrument servant à plier. **2.** Petite planchette sur laquelle on enroule une ligne de pêche.

Plisnier (Charles) Écrivain belge de langue française (1896-1952). Son désir de concilier foi catholique et engagement communiste affleure tout au long de son œuvre de poète *(Fertilité du désert),* de romancier *(Meurtres)* et de nouvelliste *(Faux Passeports).*

plissage n. m. Action de former des plis, un plissé.

plissé, ée **1.** adj. À plis. *Jupe plissée.* ■ Qui forme des plis. *Une peau toute plissée.* **2.** n. m. Ensemble, aspect des plis. *Le plissé d'une jupe.*

plissement n. m. **1.** Action de plisser (la peau de). → **froncement.** *Le plissement de son front.* **2.** géol. Déformation des couches géologiques par pression latérale, produisant un ensemble de plis. *Le plissement alpin.*

plisser v. < 1 > **I.** v. tr. Couvrir de plis. **1.** Modifier (une surface souple) en y faisant un arrangement de plis. *Plisser un tissu.* – pronom. *L'écorce terrestre s'est plissée.* **2.** Contracter les muscles de... en formant un pli. → **froncer.** *Plisser les yeux,* les fermer à demi. – pronom. *Son front se plissait.* **II.** v. intr. Faire des plis. *Des chaussettes qui plissent.*

Plissetskaïa (Maïa Mikhaïlovna) Danseuse soviétique (1925-2015). Danseuse étoile du théâtre Bolchoï de Moscou, elle s'est imposée dans le répertoire classique, puis contemporain.

plisseur, euse n. techn. **1.** Personne qui effectue le plissage des étoffes. **2.** n. f. Machine à plisser les étoffes.

pliure n. f. **1.** imprim. Action de plier les feuilles de papier. **2.** Endroit où une partie se replie sur elle-même. *À la pliure du bras.* **3.** Marque formée par un pli. *La pliure d'un ourlet.*

ploc interj. (onomatopée) Bruit de chute d'un objet qui s'écrase au sol ou s'enfonce dans l'eau. → **floc, plouf.**

Płock Ville de Pologne (Mazovie), sur la Vistule. 114 500 habitants. Cathédrale du XIIe s. Industries pétrolière, métallurgique et alimentaire. Port. Constructions fluviales.

Ploemeur Commune du Morbihan, à l'O. de Lorient. 18 537 habitants.

Ploërmel Commune du Morbihan. 9 785 habitants. Église de style flamboyant et Renaissance.

ploiement n. m. littér. Action de ployer, de plier (qqch.) ; fait de se ployer, d'être ployé.

Ploieşti Ville de Roumanie, sur le Teleajen. 190 700 habitants. Importante zone pétrochimique et centre industriel. La ville fut à plusieurs reprises bombardée par les Alliés durant la Seconde Guerre mondiale.

plomb [plɔ̃] n. m. (d'abord *plum ;* vient du latin *plumbum* → plonger) **I.** *Du plomb* **1.** Métal lourd d'un gris bleuâtre (symb. Pb, n° at. 82, masse at. 207,2), mou, facile à travailler. *Tuyau de plomb.* → **plomberie.** – *Soldats de plomb :* figurines (à l'origine, en plomb) représentant des soldats. **2.** (symbole de pesanteur ; opposé à *plume*) *Lourd comme du plomb.* loc. *Avoir du plomb dans l'estomac,* un poids sur l'estomac. *Ne pas avoir de plomb dans la tête,* être léger, étourdi. – *De plomb, en plomb :* lourd. *Sommeil de plomb,* très profond. *Un soleil de plomb.* **3.** Alliage au plomb (spécialt utilisé en typographie). ■ Typographie traditionnelle « au plomb ». **II.** *Un plomb* **1.** *Plomb (de sonde),* masse de plomb attachée à l'extrémité d'une corde (pour sonder). ■ Grains de plomb lestant un bas de ligne, un filet. **2.** Petit disque de plomb portant une marque, qui sert à sceller un colis, etc. → **sceau.** **3.** Chacun des grains sphériques qui garnissent une cartouche de chasse. → **chevrotine.** **4.** Baguette de plomb qui maintient les verres d'un vitrail. **5.** Fusible. *Les plombs ont sauté.* – loc. fig. et fam. *Péter* les plombs.* **III.** techn. *À plomb* loc. adv. : verticalement. *Mettre un mur à plomb.* → **aplomb.** – *Fil* à plomb.*

plombage n. m. **1.** Opération qui consiste à garnir de plomb. **2.** Obturation (d'une dent). ■ fam. Amalgame* qui bouche le trou d'une dent.

plombagine n. f. (du latin → plomb) vieux Graphite.

plombant, ante adj. (de *plomber*) fam. Qui a un effet négatif sur le moral. *Des nouvelles plombantes.*

Plomb du Cantal n. m. Point culminant du massif du Cantal (1 855 m). Sports d'hiver.

Le Plomb du Cantal dans le Parc naturel régional des volcans d'Auvergne.

plombe n. f. (de l'argot *plomber* « sonner ») fam. Heure. *J'ai attendu trois plombes.*

P

plombé, ée adj. **1.** Garni de plomb. ■ Scellé au plomb. *Wagon plombé.* **2.** *Dent plombée,* obturée. **3.** D'un bleu grisâtre. *Un ciel plombé. Un teint plombé.* → **livide.**

plombée n. f. pêche Ensemble des plombs qui lestent un bas de ligne, un filet.

plombémie n. f. (→ -émie) méd. Présence de plomb dans le sang.

plomber v. tr. < 1 > **1.** Garnir de plomb. *Plomber une sonde.* **2.** Donner une teinte livide à. **3.** Sceller avec un sceau de plomb. *Plomber un colis.* **4.** Obturer (une dent) avec un alliage argent-étain (amalgame). **5.** argot Blesser avec une arme à feu. **6.** fam. Contaminer par la syphilis. **7.** Avoir un effet négatif sur. *La crise a plombé la croissance.*

plomberie n. f. **1.** Fabrication des objets de plomb. **2.** Pose des couvertures en plomb, en zinc. **3.** cour. Pose des conduites et des appareils de distribution d'eau, de gaz d'un édifice. *Entreprise de plomberie.* ■ Ces conduites et installations. *La plomberie est en mauvais état.*

plombeur n. m. (de *plomber* « tasser ») agric. Rouleau lourd qui sert à tasser la terre.

plombier, ière n. Personne qui exécute des travaux de plomberie. *Plombier-zingueur.*

plombières n. f. (de *Plombières-les-Bains*) Glace à la vanille garnie de fruits confits.

Plombières Commune de Belgique (province de Liège). 10 527 habitants. Point de rencontre des frontières belge, néerlandaise et allemande.

Plombières-les-Bains Commune des Vosges. 1 566 habitants. C'est là qu'eut lieu, en juillet 1858, l'*entrevue de Plombières* au cours de laquelle Napoléon III et Cavour fixèrent secrètement les conditions du soutien français au royaume de Sardaigne contre l'Autriche, en vue de l'unité italienne.

plombifère adj. (→ -fère) didact. Qui renferme du plomb.

plombure n. f. techn. Armature de plomb d'un vitrail.

plonge n. f. Travail des plongeurs (II), dans un restaurant, etc. → **vaisselle.**

plongeant, ante adj. Qui est dirigé vers le bas (dans des expr.). *Vue plongeante.* – *Décolleté plongeant,* très profond.

plongée n. f. **1.** Action de plonger et de séjourner sous l'eau (plongeur, sous-marin). *Sous-marin en plongée.* **2.** photogr., cinéma Vue plongeante. *Scène filmée en plongée,* de haut en bas (s'oppose à *contre-plongée*).

plongement n. m. Action de plonger une chose dans un liquide.

plongeoir n. m. Tremplin, dispositif au-dessus de l'eau, permettant de plonger.

^{1}**plongeon** n. m. (vient du bas latin *plumbio,* de *plumbum* « plomb ») Oiseau palmipède, de la taille du canard, nichant près de la mer (où il plonge pour se nourrir).

^{2}**plongeon** n. m. (→ plonger) **1.** Action de plonger. *Faire un plongeon.* ■ Discipline sportive qui consiste à plonger. **2.** fig. Chute brutale. **3.** football Détente du gardien de but pour saisir ou détourner le ballon.

plonger v. < 3 > (vient du latin pop. *plumbicare,* de *plumbum* → plomb) **I.** v. tr. **1.** Faire entrer dans un liquide, entièrement (→ **immerger,** ^{1}**noyer**) ou en partie (→ **baigner, tremper**). *Plonger les mains dans l'eau.* – pronom. *Se plonger dans l'eau,* y entrer tout entier. **2.** littér. Enfoncer (une arme). *Il lui plongea son poignard dans le cœur.* **3.** Mettre, enfoncer (le corps, une partie du corps) dans une chose creuse ou molle. → **enfouir.** *Plonger la main dans une boîte.* **4.** loc. *Plonger ses yeux, son regard dans,* regarder au fond de. **5.** Mettre (qqn) d'une manière brusque et complète (dans une situation). → ^{1}**précipiter.** « *La fatigue les plongea dans un découragement plus lourd* » (Flaubert). – pronom. *Se plonger dans un livre.* → **s'absorber.** – passif et p. p. *Il était plongé dans ses pensées.* → **absorbé, perdu.** – *Être plongé dans l'obscurité.* **II.** v. intr. **1.** S'enfoncer tout entier dans l'eau, descendre au fond de l'eau (→ **plongeur**). *Le sous-marin va plonger.* **2.** Se jeter dans l'eau la tête et les bras en avant ; faire un plongeon. **3.** Se jeter ou s'enfoncer (dans, sur, vers...). « *Comme un vautour qui plonge sur sa proie* » (Lamartine). → **fondre** sur. **4.** (regard) S'enfoncer au loin, vers le bas. ■ Voir aisément (d'un lieu plus élevé). *De cette fenêtre, on plonge chez nos voisins.*

plongeur, euse n. **I.** **1.** Personne qui plonge sous l'eau (pêcheur sous-marin, homme-grenouille...). **2.** Personne qui plonge, se jette dans l'eau les bras et la tête en avant. **3.** n. m. Oiseau aquatique. → ^{2}**plongeon.** **II.** (de *plonger dans l'eau*) Personne chargée de laver la vaisselle dans un restaurant (→ **plonge**).

plot n. m. **1.** Pièce métallique permettant d'établir un contact, une connexion électrique. *Les plots et les cosses d'une batterie.* **2.** sports Petite élévation d'où plonge le nageur au départ d'une épreuve.

Plotin en grec **Plôtinos** Philosophe grec (v. 205-270). Ayant étudié la philosophie à Alexandrie auprès d'Ammonios Saccas, il ouvrit une école privée de philosophie à Rome où il professait ce qu'il pensait être la véritable philosophie de Platon qu'il estimait conciliable avec celle d'Aristote. Considéré comme le principal représentant du néoplatonisme, il fut édité après sa mort par son élève Porphyre. En conflit avec le gnosticisme et le christianisme naissant, la relecture plotinienne du platonisme, bien que fondamentalement rationnelle, comporte certains aspects consonant avec le mysticisme religieux, aussi exerça-t-elle une influence sur les spiritualités religieuses tant chrétiennes que musulmanes ou juives. *Ennéades.*

Plouay Commune du Morbihan. 5 789 habitants. Église des XIIe et XIIIe siècles.

plouc n. (origine obscure, p.-ê. onomatopéique) fam. et péj. (injurieux) **1.** Paysan(ne). **2.** Personne qui a des manières grossières. *Quels ploucs !* – adj. (invar. en genre) *Il, elle est un peu plouc.*

plouf interj. (onomatopée) Bruit d'une chute dans l'eau. → **ploc.**

Ploufragan Commune des Côtes-d'Armor, près de Saint-Brieuc. 11 487 habitants. Aérodrome. Centre de recherche agroalimentaire.

Plougasnou Commune du Finistère, dans le Trégorrois. 2 724 habitants. Église du XVIe siècle.

Plougastel-Daoulas Commune du Finistère, sur une presqu'île de la rade de Brest. 13 277 habitants. La ville possède l'un des plus importants calvaires de Bretagne (plus de 180 statues). La fraise d'Amérique du Sud y fut acclimatée au XVIIIe siècle.

Ploumanach Station balnéaire et port de pêche, dans la commune de Perros-Guirec. Célèbres entassements de rochers de granite rose.

ploutocrate n. (du grec *ploutos* « richesse ») Personne très riche qui exerce par son argent une influence politique.

ploutocratie n. f. Gouvernement par les plus fortunés. □ adj. **ploutocratique**

Ploutos Divinité grecque de la Richesse. Sa cécité le conduit à choisir indifféremment le vice ou la vertu.

Plouzané Commune du Finistère, à proximité de Brest. 13 558 habitants. Centre océanologique.

Plovdiv Ville de Bulgarie, sur la Marica. 319 600 habitants. Vestiges antiques, turcs et byzantins. Musée archéologique. Centre agricole et commercial. Industries textile, agroalimentaire et fabrication de machines-outils. Ancienne colonie grecque, la ville fut conquise par Philippe de Macédoine qui la baptisa *Philippopolis.*

ployable adj. rare Qui peut être ployé.

ployer v. < 8 > (vient du latin *plicare* → plier) **I.** v. tr. littér. Plier, tordre en abaissant. → **courber.** *Ployer les genoux,* les plier, étant debout. → **fléchir.** – pronom. *Les herbes se ployaient sous le vent.* **II.** v. intr. **1.** Se courber, se déformer sous une force. → **céder, fléchir.** *Ses jambes ployèrent sous lui.* → **faiblir.** **2.** fig., littér. Céder à une force. → **fléchir.** *Ployer sous le joug.*

^{1}**plu** voir plaire

^{2}**plu** voir pleuvoir

pluché ; plucher ; plucheux voir **peluché ; pelucher ; pelucheux**

pluches n. f. pl. (de *éplucher*) argot Épluchage des légumes.

Plücker (Julius) Mathématicien et physicien allemand (1801-1868). Ses travaux sur les notions de coordonnées homogènes qu'il appliqua à la droite, au plan et aux courbes algébriques visèrent à construire une théorie analytique de la géométrie projective. En physique, il découvrit la fluorescence provoquée par les rayons cathodiques.

plug-in [plœgin] n. m. invar. (mot anglais, de *to plug in* « brancher ») anglic., inform. Petit programme capable de s'intégrer dans un navigateur pour en étendre les capacités. *Télécharger des plug-in.*

pluie n. f. (vient du latin pop. *ploia,* de *pluvia* cf. pluvial, de *pluere* → pleuvoir) **1.** Eau qui tombe en gouttes des nuages sur la terre. → **pleuvoir, pluvio-** ; fam. ^{2}**flotte.** *La pluie tombe à verse. Gouttes de pluie. Pluie fine.* → **bruine, crachin.** *Pluie diluvienne, battante, torrentielle. Le temps est à la pluie,* il va pleuvoir. *Jour de pluie.* → **pluvieux.** *Eau de pluie.* → **pluvial.** **2.** loc. *Ennuyeux comme la pluie,* très ennuyeux. *Après la pluie, le beau temps,* après la tristesse, vient la joie. *Faire la pluie et le beau temps,* être très influent. *Parler de la pluie et du beau temps,* dire des banalités. *Ne pas être né, tombé de la dernière pluie :* être expérimenté, averti. **3.** *Une pluie :* chute d'eau sous forme de pluie. → **averse, déluge, giboulée, grain, ondée.** *Une grosse pluie. La saison sèche et la saison des pluies.* → **hivernage.** ■ *Pluies acides :* précipitations acidifiées par la pollution industrielle, nuisibles pour la faune, la flore, les constructions... **4.** *En pluie :* en gouttes dispersées. – *Sable qui retombe en pluie.* **5.** Ce qui tombe d'en haut, comme une pluie. *S'enfuir sous une pluie de pierres.* **6.** Ce qui est dispensé en grande quantité. → **avalanche, déluge,** ^{2}**grêle.** *Une pluie de coups, d'injures.*

plumage n. m. L'ensemble des plumes recouvrant le corps d'un oiseau. → **livrée.**

plumaison n. f. Action de plumer un oiseau.

plumard n. m. (de *plume*) fam. Lit. - abrév. **plume.**

plumasserie n. f. Métier, commerce des plumassiers.

plumassier, ière n. Personne qui fabrique ou qui vend les ornements, les garnitures de plumes.

plume n. f. (vient du latin *pluma* « duvet » qui a remplacé *penna* → ^{1}penne) **I.** **1.** Chacun des appendices qui recouvrent la peau des oiseaux, formé d'un axe (tube) et de barbes latérales, fines et serrées. → **duvet, rémige.** *Plumes rectrices. Gibier à plume et gibier à poil. L'oiseau lisse ses plumes.* → **plumage.** **2.** loc. fam. *Voler dans les plumes (à qqn),* se jeter sur lui, l'attaquer. – fam. *Y laisser des plumes,* essuyer une perte. – (symbole de légèreté ; opposé à *plomb*) *Léger comme une plume.* – appos. *Poids plume :* se dit d'une catégorie de boxeurs légers (moins de 57 kg). *Les poids plumes.* **3.** Plume d'oiseau utilisée comme ornement, etc. *Chapeau à plumes.* → **aigrette, panache, plumet.** – fam. *Les plumes,* le lit. → fam. **plumard.** **II.** **1.** Grande plume de certains oiseaux, dont le tube taillé en pointe servait à écrire. *Une plume d'oie.* **2.** Petite lame de métal, terminée en pointe, adaptée à un *porteplume* ou à un stylo, et qui, enduite d'encre, sert à écrire. *Un stylo à plume ou un stylo-plume.* **3.** Instrument de l'écriture, de l'écrivain. *Prendre la plume.* – *Vivre de sa plume :* faire métier d'écrire.

plumeau n. m. Ustensile de ménage formé d'un manche court auquel est fixée une touffe de plumes, et qui sert à épousseter.

plumer v. tr. < 1 > **1.** Dépouiller (un oiseau) de ses plumes en les arrachant. – au p. p. *Volaille plumée.* **2.** fam. Dépouiller, voler.

plumet n. m. Touffe de plumes garnissant une coiffure.

plumetis n. m. **1.** Point de broderie en relief. **2.** Étoffe légère brodée de petits pois en relief.

plumette n. f. Petite plume.

plumeux, euse adj. Qui ressemble à une plume.

plumier n. m. Boîte oblongue utilisée pour ranger les plumes, porteplumes, crayons, gommes.

plumitif n. m. (de *plume*, II) péj. **1.** Greffier, commis aux écritures ; bureaucrate. → **gratte-papier.** **2.** Mauvais écrivain.

plumule n. f. Petite plume du duvet.

la **plupart** n. f. (de *plus* et *part*) **1.** *La plupart de* (avec un sing.) : la plus grande part de. *La plupart du temps.* → **ordinairement.** *La plupart de son temps.* – *La plupart de* (avec un plur.) : le plus grand nombre de. → **¹majorité.** *La plupart des hommes. Dans la plupart des cas,* presque toujours. – *Pour la plupart* **loc. adv. :** en majorité. **2.** pron. indéf. *La plupart :* le plus grand nombre. *La plupart s'en vont ;* littér. *s'en va.*

plural, ale, aux adj. (latin *pluralis*) didact. Qui contient plusieurs unités. *Vote plural :* système de vote où certains votants ont plusieurs voix.

pluralisme n. m. (famille de *pluriel*) **1.** didact. Philosophie suivant laquelle les êtres sont multiples, individuels et ne dépendent pas d'une réalité absolue. **2.** Système qui admet l'existence d'opinions politiques, de courants culturels différents. □ **adj. pluraliste**

pluralité n. f. (→ pluriel) Le fait d'exister en grand nombre, de n'être pas unique. → **multiplicité.**

pluri- Élément (du latin *plures* « plus nombreux ») signifiant « plusieurs », qui entre dans la formation d'adjectifs (ex. *pluricellulaire, plurilingue*). → **multi-, poly-.**

pluriannuel, elle adj. Qui dure plusieurs années.

pluricellulaire adj. Qui comporte plusieurs cellules. → **multicellulaire.**

pluriculturel, elle adj. Composé de plusieurs cultures. → **multiculturel.**

pluridisciplinaire adj. Qui concerne plusieurs disciplines ou domaines de recherche. → **multidisciplinaire.** □ **n. f. pluridisciplinarité**

pluriel, ielle (vient du latin *pluralis* → ¹plus) **1.** n. m. Catégorie grammaticale concernant les mots variables (articles ou déterminants, adjectifs, noms communs, verbes, participes et pronoms) accordés entre eux, qui désignent en principe plusieurs êtres, plusieurs objets, plusieurs notions ou y renvoient (→ aussi ¹duel). *Le singulier et le pluriel.* → **nombre.** ■ Catégorie de la conjugaison des verbes ayant pour sujet les pronoms *nous, vous, ils, elles. La première personne du pluriel.* **2.** adj. Formé d'éléments multiples. – *La gauche plurielle,* comprenant plusieurs tendances politiques.

pluriethnique adj. Qui comporte plusieurs ethnies. → **multiethnique.**

plurilatéral, ale, aux adj. (→ latéral) Qui concerne plusieurs parties. → **multilatéral.**

plurilingue adj. (→ -lingue) **1.** Qui parle plusieurs langues. **2.** Où l'on parle plusieurs langues. **3.** Qui est en plusieurs langues. → **multilingue.** □ **n. m. plurilinguisme**

plurinational, ale, aux adj. Qui concerne plusieurs nations. → **multinational.**

pluripartisme n. m. didact. Coexistence de plusieurs partis dans un système politique. → **multipartisme.**

plurivalent, ente adj. **1.** chim. Qui a plusieurs valences. → **polyvalent.** **2.** log. *Logique plurivalente,* qui admet plus de deux valeurs de vérité (opposé à *bivalente*).

plurivoque adj. (de *pluri-* et *[uni]voque*) didact. Qui a plusieurs valeurs, plusieurs sens (opposé à *univoque*).

¹plus [plys] (vient du latin *plus,* comparaison de *multus* « beaucoup » → moult) **I.** adv. comparatif de supériorité (en principe [ply] devant consonne, [plyz] devant voyelle, [plys] à la finale) **1.** modifiant un verbe, un adjectif, un adverbe. *Je t'aime plus* [plys], *maintenant.* → **davantage.** *Plus grand. Plus souvent. De plus près.* – *En plus* (suivi d'un adj.). *C'est comme chez lui en plus grand.* **2.** *Plus... que. Il est plus bête que méchant.* → **plutôt.** *Ce qui lui importe plus que tout.* → **¹surtout.** *Un résultat plus qu'honorable.* – *Beaucoup, cent fois plus. Deux ans plus tôt.* – (avec un verbe et *ne* explétif) *Il est plus tard que tu ne penses.* **3.** (en corrélation avec *plus* ou *moins*) *Plus on est de fous, plus on rit. D'autant* plus.* **4.** loc. *Plus ou moins. Réussir plus ou moins bien,* avoir des résultats inégaux, ou moyennement. – *Ni plus ni moins :* exactement. *C'est du vol, ni plus ni moins.* **5.** *De plus en plus :* toujours davantage. *De plus en plus fort.* – *On ne peut plus* (devant l'adj. ou l'adv.) : au plus haut point. → **extrêmement.** *Je suis on ne peut plus heureux.* **II.** nominal **1.** Une chose plus grande, plus importante. absolt *Demander plus. Il était plus de minuit.* → **²passé.** *Plus d'une fois.* → **plusieurs.** **2.** *Plus de* (avec un compl. partitif) : davantage. « *J'ai plus de souvenirs que si j'avais mille ans* » (Baudelaire). **3.** loc. *De plus* ([s] prononcé) : encore. *Une fois de plus.* – *De plus, qui plus est :* en outre. ■ *En plus.* → **aussi, avec, également.** – *En plus de* **loc. prép.** → **²outre.** *En plus de son travail, il suit des cours.* – *Sans plus :* sans rien de plus. *Elle est mignonne, sans plus.* **4.** n. m. [plys] prov. *Qui peut le plus peut le moins.* **III. 1.** conj. de coordination [plys] En ajoutant. → **et.** *Deux plus trois égalent cinq* (2 + 3 = 5). **2.** S'emploie pour désigner une quantité positive, ou certaines grandeurs au-dessus du point zéro. *Le signe plus* (+). **IV.** *Le, la, les plus* **1.** adverbial *Ce qui frappe le plus. La plus grande partie.* → **¹majeur.** – *Ce que j'ai de plus précieux.* – *Des plus :* parmi les plus, très. *Un avenir des plus incertains.* **2.** nominal *Le plus de :* la plus grande quantité. *Les gens qui ont rendu le plus de services.* – *Au plus, tout au plus* [tutoplys]. → **au maximum.** **V.** n. m. invar. anglic. *Un, des plus* [plys]. Élément positif supplémentaire. → **avantage.** *Son expérience est un plus.*

²plus [ply] devant voyelle, liaison en [z] adv. de négation **1.** *Pas plus que. Il n'était pas plus ému que ça.* **2.** *Non plus :* pas plus que (telle autre personne ou chose dont il est question ; remplace *aussi,* en proposition négative). *Tu n'attends pas ? Moi non plus.* **3.** *Ne... plus :* désormais... ne pas. *On ne comprend plus. Il n'y en a plus. Elle n'est plus :* elle est morte. *Il n'y a plus personne. Je ne le ferai jamais plus, plus jamais.* fam. *J'irai plus* (prononciation pop. [py]). – *Sans plus... Sans plus se soucier de rien.* – littér. *Non plus. Compter non plus par syllabes, mais par mots.* – (sans *ne* ni verbe) *Plus un mot !*

plusieurs (vient du latin *pluriores,* de *plures* → pluri-) **1.** adj. Plus d'un (en général, plus de deux), un certain nombre. → **quelque(s).** *Plusieurs fois. En plusieurs endroits.* → **différent, divers.** **2.** pron. indéf. pl. *Nous en avons plusieurs.* indéterminé Plusieurs personnes ; certains. *Ils s'y sont mis à plusieurs.*

plus-que-parfait [plyskəpaʀfɛ] n. m. Temps composé du passé dans lequel l'auxiliaire est à l'imparfait, qui exprime une action accomplie et antérieure à une autre action passée. *Plus-que-parfait de l'indicatif* (ex. quand il *avait dîné,* il nous quittait ; si *j'avais pu,* je vous aurais aidé). *Plus-que-parfait du subjonctif* (ex. bien qu'il *eût compris,* il ne fit rien transparaître).

plus-value [plyvaly] n. f. **1.** Augmentation de la valeur d'une chose (bien ou revenu), qui n'a subi aucune transformation matérielle. *Des plus-values.* **2.** terme marxiste Différence entre la valeur des biens produits et le prix des salaires, dont bénéficient les capitalistes.

Plutarque en grec **Ploutarkhos** Historien et moraliste grec (v. 46 ou 49-v. 125). Après des voyages en Égypte et à Rome, il s'installa à Delphes où il fut prêtre d'Apollon. Ses nombreux écrits, dont un tiers seulement nous est parvenu, sont regroupés sous deux titres : *Œuvres morales,* qui réunit des textes s'inspirant de la forme du dialogue platonicien et prônant les vertus morales, et *Vies parallèles,* biographies de grands personnages de l'Antiquité qui, traduit en français par Amyot en 1559, lui assura une grande renommée à la Renaissance.

pluton n. m. (de l'allemand, de *plutonisch* → plutonique) géol. Masse de magma profond consolidé en roche plutonique.

Pluton Surnom rituel du dieu grec des Enfers, Hadès.

Pluton Astéroïde du système solaire portant le numéro 134 340. Considérée comme la 9ᵉ planète du système solaire depuis sa découverte, Pluton a été classée en 2006 parmi les planètes naines. Sa distance par rapport au Soleil varie de 4 437 millions de km à 7 376 millions de km et elle tourne autour de lui en 247 ans et demi. Son diamètre est de 2 300 km environ, soit deux tiers de celui de la Lune. Elle constitue avec son principal satellite, Charon, un couple unique dans le système solaire en raison de la faible différence de masse entre ces deux astres.

plutonique adj. (du latin *Pluto* « Pluton ») géol. *Roches plutoniques,* formées par cristallisation lente du magma, à de grandes profondeurs.

plutonisme n. m. géol. Formation de roches plutoniques.

plutonium [plytɔnjɔm] n. m. (latin *Pluto* « dieu des Enfers », grec *Ploutos* « le Riche » → ploutocrate) Élément radioactif (symb. Pu, nº at. 94, masse at. 244), produit à partir de l'uranium par bombardement de neutrons.

plutôt adv. **1.** Plus tôt. « *Elle n'était pas plutôt partie que je la rappelais de tous mes vœux* » (Chateaubriand). **2.** De préférence. – (appliqué à une action) *Choisis plutôt celui-ci. Plutôt que de se plaindre, il ferait mieux de se soigner. Plutôt mourir !* – *Ou plutôt :* pour être plus précis. *Elle a l'air méchant, ou plutôt revêche.* *Mais plutôt. Ce n'est pas lui, mais (bien) plutôt elle qui en porte la responsabilité.* **3.** Passablement, assez. *La vie est plutôt monotone.* – fam. Très. *Il est plutôt barbant, celui-là !*

pluvial, ale, aux adj. (latin *pluvialis,* de *pluvia* → pluie) Qui a rapport à la pluie. – *Eaux pluviales,* eaux de pluie.

pluvian n. m. (de *pluvier*) Oiseau (échassier) d'Afrique tropicale, qui va chercher sa nourriture jusque dans la gueule des crocodiles.

pluvier n. m. (vient du latin pop. « oiseau de pluie ») Oiseau échassier migrateur, vivant au bord de l'eau.

pluvieux, euse adj. (latin *pluviosus* → pluie) Caractérisé par la pluie. *Temps pluvieux.*

Pluvigner Commune du Morbihan, dans l'arrondissement de Lorient. 7 657 habitants. Chapelle de style roman et gothique. Église du XVIᵉ siècle.

pluviner voir **pleuviner**

pluvio- Élément (du latin *pluvia* → pluie) qui signifie « pluie ».

pluviomètre n. m. Instrument qui sert à mesurer la quantité de pluie tombée dans un lieu, en un temps donné.

pluviométrie n. f. (de *pluvio-* + *-métrie*) Mesure de la quantité de pluie tombée. ■ Étude de la répartition des pluies. □ **adj. pluviométrique**

pluviôse n. m. (→ pluvieux) Cinquième mois du calendrier républicain (du 20 ou 21 janvier au 18 ou 19 février).

pluviosité n. f. Caractère pluvieux. ■ Coefficient pluviométrique.

P

PLV **n. f. invar. (sigle) comm.** Publicité sur les lieux de vente. ▪ Matériel utilisé pour cette publicité (affiches, présentoirs...).

Plymouth Ville d'Angleterre, sur le détroit de Plymouth. 240 700 habitants. Base militaire et navale. Bombardée au cours de la Seconde Guerre mondiale, la ville fut presque entièrement reconstruite entre 1951 et 1963.

Plymouth Ville des États-Unis (Massachusetts), au S.-E. de Boston. 61 200 habitants. Centre touristique. Cité fondée en 1620 par les immigrants débarqués du *Mayflower*.

Plzeň en allemand **Pilsen** Ville de la République tchèque (Bohême occidentale), au confluent de l'Úslava, de l'Úhlava, de la Radbuza et de la Mže qui s'unissent pour former la Berounka. 174 000 habitants. Église du XVe s. Hôtel de ville du XVIe s. Musées. Brasseries. Centre industriel (usines Škoda).

pm [peɛm ; piɛm] **loc. adv. (abrév. anglaise de la loc. latine *post meridiem* « après midi ») anglic. (dans les pays où les heures sont comptées jusqu'à douze)** Après midi (s'oppose à *am*).

PM **(sigle) 1. n. m. invar.** Pistolet mitrailleur. **2. n. f. invar.** Police militaire. ▪ Préparation militaire.

^{1}**PMA** **n. m. pl. (sigle)** Pays les moins avancés (parmi les pays en voie de développement).

^{2}**PMA** **n. f. invar. (sigle)** Procréation médicalement assistée.

PME **n. f. invar. (sigle de *petites et moyennes entreprises*) (en France)** Entreprise de moins de 500 employés.

^{1}**PMI** **n. f. (sigle de *petites et moyennes industries*) (en France)** Petite ou moyenne entreprise industrielle.

^{2}**PMI** **n. f. (sigle de *protection maternelle et infantile*) (en France)** Service public de consultations médicales pour les femmes enceintes et les enfants en bas âge.

PMU **n. m. invar. (en France)** Sigle de *pari mutuel urbain* (sur les courses de chevaux). → **tiercé.**

PNB **n. m. invar.** Sigle de *produit* national brut*.

pneu **n. m. (abrév. de *pneumatique*) 1.** Bandage en caoutchouc armé de tissu ou d'acier, tube circulaire tenu par une jante et contenant de l'air. *Les pneus d'un vélo.* → **boyau.** *Gonfler un pneu.* **2.** → **pneumatique** (II).

pneumallergène **n. m. (de *pneum[o]-* et *allergène*) méd.** Substance dont l'inhalation peut entraîner des troubles allergiques des voies respiratoires.

pneumatique **(grec *pneumatikos*, de *pneuma* « souffle ») I. adj. 1.** Qui fonctionne à l'air comprimé. *Marteau pneumatique.* **2.** Qui se gonfle à l'air comprimé. *Canot pneumatique.* **II. n. m. en France, jusqu'en 1985** Lettre rapide, envoyée dans un réseau de tubes à air comprimé par les services postaux parisiens. - **abrév. pneu.**

pneumatophore **n. m. (du grec *pneuma*, *pneumatos* « souffle » et de *-phore*) bot.** Excroissance des racines de certains arbres qui croissent dans l'eau, permettant la respiration des racines.

pneumo- Élément **(du grec *pneumôn* « poumon »)** qui signifie « poumon ».

pneumoconiose **n. f. (de *pneumo-* et du grec *konis* « poussière » et de ^{2}*-ose*) méd.** Maladie pulmonaire causée par l'inhalation de poussières dangereuses.

pneumocoque **n. m. (latin mod. → -coque)** Bactérie responsable d'infections respiratoires.

pneumocystose **n. f. (de *pneumocystis*, n. d'un protozoaire, du grec *kustis* « objet creux ») méd.** Infection pulmonaire grave, complication possible du sida.

pneumogastrique **adj. et n. m. (de *pneumo-* et *gastrique*) anat.** Se dit des deux nerfs crâniens du système parasympathique qui innervent des organes du cou, du thorax et de la partie supérieure de l'abdomen. – **n. m.** *Le pneumogastrique est aussi appelé* nerf vague.

pneumologie **n. f. (de *pneumo-* + *-logie*) méd.** Étude du poumon et de ses maladies. ◻ **n. pneumologue**

pneumonectomie **n. f. (→ -ectomie) chir.** Excision d'un poumon (surtout en cas de cancer).

pneumonie **n. f. (→ pneumo-)** Inflammation aiguë du poumon, maladie infectieuse due au pneumocoque. → **bronchopneumonie.** ◻ **adj. pneumonique**

pneumopathie **n. f. (de *pneumo-* + *-pathie*) méd.** Affection pulmonaire.

pneumopéritoine **n. m. (→ péritoine) méd. 1.** Présence de gaz dans la cavité péritonéale. **2.** Introduction de gaz dans la cavité péritonéale pour l'examen radiologique des viscères ou dans un but thérapeutique.

pneumothorax [pnømotɔʀaks] **n. m. méd. 1.** Présence d'air dans le thorax, généralement par perforation de la plèvre. **2. vieux** *Pneumothorax (artificiel)*, insufflation de gaz dans la cavité pleurale d'un tuberculeux (pour la cicatrisation des cavernes du poumon).

PNUE **(Programme des Nations unies pour l'environnement)** en anglais **UNEP United nations Environment Programme.** Entité des Nations unies mise en place en 1972 pour répondre aux problèmes environnementaux aux niveaux régional et national.

Pnyx **n. f.** Colline située à l'O. de l'Acropole, à Athènes, ancien lieu de réunion de l'*ecclésia*, l'assemblée du peuple.

Po **1.** Symbole de la poise. **2.** Symbole chimique du polonium.

Pô **n. m.** Fleuve d'Italie du N. 652 km. Il prend sa source dans les Alpes, arrose Turin, Verceil, Plaisance et Crémone, puis forme un grand delta à Ferrare avant de se jeter dans l'Adriatique. Il draine la plaine du Pô (46 000 km^2), première région économique du pays.

Pobedy (pic) Point culminant du Tian shan à la frontière entre la Chine et le Kirghizstan (7 439 m).

Poblet (Santa María de) Monastère cistercien d'Espagne, en Catalogne, dans la province de Tarragone. Cet édifice construit au XIIe s. est considéré comme un monument de l'art cistercien roman et gothique.

pochade **n. f. (de *pocher*) 1. littér.** Croquis en couleur exécuté en quelques coups de pinceau. **2.** Œuvre littéraire écrite rapidement (souvent sur un ton burlesque).

pochard, arde **n. (de *poche* ; *cf. sac à vin*) fam.** Ivrogne misérable.

se **pocharder** **v. pron. < 1 > (de *pochard*) fam. et vieilli** S'enivrer.

^{1}**poche** **n. f. (francique *pokka* « bourse ») I. 1.** Petit sac, pièce cousu(e) dans ou sur un vêtement et où l'on met les objets qu'on porte sur soi. *Les poches d'une veste. Mettre qqch. dans ses poches.* → **empocher.** – **loc. fam.** *Faire les poches à qqn*, lui prendre ce qui s'y trouve. – *Les mains dans les poches*, sans rien faire (ou sans effort). ▪ ***De poche*** : de dimensions restreintes. *Livre de poche* ; **ellipt** *un poche* **n. m. (parfois invar.).** – *Argent de poche*, destiné aux petites dépenses. ▪ **loc.** *Se remplir les poches*, s'enrichir (souvent malhonnêtement). – *Payer **de sa poche***, avec son propre argent. **fam.** *En être de sa poche*, perdre de l'argent quand on aurait dû en gagner. – *Connaître qqch., qqn comme sa poche*, à fond. – **(avec *dans*) fam.** *N'avoir pas les yeux dans sa poche*, être observateur, curieux. *Mettre qqn dans sa poche*, l'utiliser à son profit. **fam.** *C'est dans la poche*, c'est une affaire faite, c'est facile. **2.** Déformation de ce qui est détendu, mal tendu. *Ce pantalon fait des poches aux genoux.* – *Poches sous les yeux*, formées par la peau distendue (→ **cerne** ; **fam. valise**). **3. régional** Petit sac en papier, en matière plastique. → **pochette, pochon. 4.** Partie, compartiment (d'un bagage, d'un sac). *Les poches d'un sac à dos.* **5.** Organe creux, cavité de l'organisme. *Poche ventrale du kangourou femelle.* – *Poche des eaux* : cavité amniotique. **II. fig. 1.** Cavité remplie (d'une substance). *Une poche de pétrole.* **2. milit.** Enfoncement dans une ligne de défense. *Poche de résistance.* **3.** Secteur, domaine limité. *Une poche de chômage.*

^{2}**poche** **n. f. (vient du latin *popia* « cuiller en bois ») régional** Louche.

pocher **v. tr. < 1 > 1.** *Pocher un œil à qqn*, meurtrir par un coup violent. **2.** Cuire sans faire bouillir. – **au p. p.** *Des œufs pochés.* **3. peint.** Exécuter rapidement (→ **pochade).**

pochetron, onne **n. (de *pochard*) fam.** Ivrogne.

pochette **n. f. 1.** Petite enveloppe (d'étoffe, de papier...). *Pochette d'allumettes.* ***Pochette-surprise*** : cornet de papier qu'on achète ou qu'on gagne sans en connaître le contenu. *Des pochettes-surprises.* – *Une pochette de disque.* **2.** Petite pièce d'étoffe disposée dans la poche de poitrine pour l'orner. **3.** Petit sac à main sans poignée.

pochoir **n. m. (→ pocher)** Plaque à motif découpé sur laquelle on passe de la peinture pour répéter des dessins, des inscriptions.

pochon **n. m. (→ ^{1}poche) régional** Sac, sachet.

pochothèque **n. f. (de *poche* et *-thèque*)** Librairie, rayon de librairie où l'on vend des livres de poche.

pochouse ou **pauchouse** **n. f. (mot bourguignon, famille de *pêcheur*)** Matelote de poissons de rivière au vin blanc.

podagre **adj. (grec « piège qui retient le pied », de *pous, podos*) vieux (personnes)** Qui souffre de la goutte.

podaire **n. f. (→ podo-) math.** Courbe, lieu des pieds des perpendiculaires menées d'un point fixe sur les tangentes à une courbe donnée.

Podalydès (Denis) Comédien et metteur en scène français (né en 1963). Il mène à parts égales une carrière au cinéma et au théâtre. Sociétaire de la Comédie-Française, il s'y est distingué notamment dans *Le Revizor* et pour sa mise en scène de *Cyrano de Bergerac*.

Denis Podalydès en 2007, dans *Un chapeau de paille d'Italie* d'Eugène Labiche, mis en scène par Jean-Baptiste Sastre, au Théâtre national de Chaillot.

podcast **n. m. anglic., inform.** Fichier audio ou vidéo diffusé par Internet, destiné à être téléchargé. – Ce mode de diffusion.

podcaster **v. tr. < 1 > anglic., inform.** Télécharger (un fichier audio ou vidéo) sur un appareil portable.

-pode voir **podo-**

podestat **n. m. (de l'italien, du latin *potestas, -atis* « puissance, pouvoir ») hist.** Titre donné au Moyen Âge au premier magistrat de certaines villes d'Italie et du midi de la France.

Podgorica Capitale du Monténégro, à la confluence de la Ribnica et de la Moračă. 151 000 habitants. Elle fut baptisée Titograd de 1946 à 1992. Centre industriel et commercial.

Podgorny (Nikolaï Viktorovitch) Homme d'État soviétique (1903-1983). Président du Présidium du Soviet suprême à partir de 1965, il fut évincé par Brejnev en 1977.

podiatrie n. f. (anglais *podiatry* → podo-) (Canada) Branche de la médecine qui traite les affections du pied. → **podologie.** □ n. **podiatre**

podium [pɔdjɔm] n. m. (du latin, du grec → podo-) **1.** didact. Gros mur qui entourait l'arène dans un amphithéâtre antique. **2.** Plateforme, estrade sur laquelle on fait monter les vainqueurs après une épreuve sportive. *Les trois marches du podium.* ■ par ext. Plancher surélevé servant de scène. → **2estrade.**

Podlachie ou **Podlasie** Région administrative de Pologne située à la frontière avec la Biélorussie. 20 187 km². 1 154 200 habitants. Capitale : Białystok. Industries du bois et agroalimentaires.

podo-, -pode Éléments (du grec *pous, podos*) qui signifient « pied, organe de locomotion (patte, membre, etc.) » (ex. *pseudopode, gastéropode*). → **-pède, pédi-.**

Podolie n. f. Région d'Ukraine située entre le Dniestr et le Boug, au S. de la Volhynie. Longtemps disputée entre la Pologne et la Russie, elle fut rattachée à l'Ukraine en 1945.

podologie n. f. Étude du pied et de ses affections. □ n. **podologue**

Podolsk Ville de Russie, au S. de Moscou, sur la Pakha. 187 970 habitants. Industries mécanique et électrique.

podomètre n. m. (de *podo-* + *-mètre*) Appareil qui compte le nombre de pas effectués par un marcheur et permet ainsi d'évaluer la distance parcourue.

podzol n. m. (mot russe, de *zola* « cendre ») géogr. Sol acide, très délavé, des climats froids. □ adj. **podzolique**

podzoliser v. tr. < 1 > géol. Transformer (un sol) en podzol. □ n. f. **podzolisation**

Poe (Edgar Allan) Écrivain américain (1809-1849). Il rencontra son premier succès avec la publication des *Aventures d'Arthur Gordon Pym*, suivies d'un recueil de contes, *Histoires extraordinaires*, où l'horreur côtoie le grotesque dans des univers morbides, inquiétants. Toutefois, son style fut peu apprécié dans son pays et ce fut en France, grâce aux traductions de Baudelaire et Mallarmé, que son génie littéraire fut révélé. Il est aujourd'hui considéré comme l'un des maîtres de la littérature fantastique. Parallèlement, il écrivit des poèmes *(Le Corbeau)* et mena une réflexion sur l'art et la littérature *(The Philosophy of Composition)*.

pœcile ou **pécile** n. m. (grec *poikilê* « peint de couleurs variées ») archéol. Portique grec orné de peintures.

pœcilotherme voir **poïkilotherme**

1poêle [pwal] n. m. (vient du latin *pensilis* dans *pensiles [balneae]* « [étuves] suspendues ») **1.** vieux Pièce chauffée. **2.** Appareil de chauffage clos, où brûle un combustible. → **fourneau. 3.** (Canada) Cuisinière.

2poêle [pwal] n. f. (vient du latin *patella*) **1.** Ustensile de cuisine en métal, plat, à bords bas, et muni d'une longue queue. *Une poêle à frire.* – loc. *Tenir la queue de la poêle :* avoir la direction d'une affaire. **2.** (ressemblance de forme) fam. *Poêle (à frire) :* détecteur de mines, de métaux.

3poêle [pwal] n. m. (latin *pallium* « manteau ; tenture » → pallier) Étoffe noire recouvrant le cercueil, pendant les funérailles.

poêlée n. f. Contenu d'une poêle.

poêler [pwale] v. tr. < 1 > Cuire à la poêle ou dans une casserole fermée, avec un corps gras. – au p. p. *Viande poêlée.*

poêlon [pwalɔ̃] n. m. Casserole épaisse de métal ou de terre, à manche creux.

poème n. m. (latin *poema*, emprunt au grec *poiêma*, de *poiein* « créer » *cf.* poésie, poète, 1et 2poétique) **1.** Texte relevant de la poésie, en vers ou en prose rythmée (ballade, élégie, épopée, fable, haïku, sonnet, etc.). → **poésie** (2). – loc. fam. *C'est tout un poème*, cela semble extraordinaire. **2.** mus. *Poème symphonique*.*

poésie n. f. (vient du latin, du grec → poème) **1.** Art du langage, visant à exprimer ou à suggérer par le rythme (vers* ou prose), l'harmonie et l'image. *Le vers, la rime* (→ **1métrique, prosodie, versification),** *le rythme en poésie. Poésie lyrique, épique.* ■ Manière propre à un poète, à une école, de pratiquer cet art. *La poésie symboliste.* **2.** Poème. *Réciter une poésie.* **3.** Caractère de ce qui éveille l'émotion poétique. « *Je sais qu'il y a de la poésie dans ce gratte-ciel* » (Valéry). **4.** Aptitude à éprouver l'émotion poétique. *Il manque de poésie,* il est terre à terre, prosaïque.

poète n. (latin *poeta*, du grec *poiêtês* « auteur, créateur », de *poiein* → poème) **1.** Créateur (aujourd'hui écrivain) qui fait de la poésie. → (anciennt) **aède, 1barde, chantre, troubadour, trouvère.** *Les poètes romantiques.* – *Cette femme est une grande poète.* → **poétesse.** – adj. *Il, elle est poète.* - On a écrit poëte. **2.** Auteur dont l'œuvre est pénétrée de poésie. **3.** Personne douée de poésie (4). → **rêveur.**

poétesse n. f. vieilli Femme poète.

1poétique adj. (du latin, du grec *poiêtikos*, de *poiein* → poème) **1.** Relatif, propre à la poésie. *L'inspiration poétique.* → **muse.** *L'art poétique.* → **2poétique. 2.** Empreint de poésie. → **lyrique. 3.** Qui émeut par la beauté, le charme.

2poétique n. f. (du latin, du grec *poiêtikê [tekhnê]* « art de la poésie » → 1poétique) **1.** Traité de poésie. **2.** Théorie générale de la poésie, de la création littéraire. *La poétique d'Aristote.* → aussi **rhétorique.** □ n. **poéticien, ienne**

poétiquement adv. **1.** Au point de vue de la poésie. **2.** D'une manière poétique.

poétiser v. tr. < 1 > Rendre poétique (2, 3). → **embellir, idéaliser.** □ n. f. **poétisation**

Pogge (Gian Francesco Poggio Bracciolini, dit en français) Écrivain italien (1380-1459). Humaniste qui fit redécouvrir des manuscrits d'auteurs antiques tels que Quintilien, Lucrèce et Cicéron, il s'illustra également par la publication d'un recueil d'anecdotes, *Les Facéties.*

Poggendorff (Johann Christian) Physicien allemand (1796-1877). Inventeur de la pile au bichromate, il imagina également une méthode de mesure, d'une part des forces électromotrices et d'autre part des petits angles de rotation.

pogne n. f. (de *poigne*) fam., vieilli Main. *Serrer la pogne à qqn.*

pognon n. m. (de *pogner* « saisir » → poing) fam. Argent. → **fric.**

pogo n. m. (mot anglais) Danse répandue dans les concerts punks, qui consiste à se bousculer frénétiquement. □ **pogoter** v. intr. < 1 >

pogonophore n. m. (du grec *pôgôn* « barbe » et de *-phore*) zool. Petit invertébré vermiforme des hauts-fonds, qui absorbe directement sa nourriture par la peau et les tentacules.

pogrom ou **pogrome** [pɔgʀɔm ; pogʀɔm] n. m. (mot russe, de *grom* « tonnerre ») hist. Massacre et pillage des juifs par le reste de la population (souvent encouragée par le pouvoir).

Poher (Alain) Homme d'État français (1909-1996). Centriste, il présida le Sénat de 1968 à 1992 et fut président de la République par intérim après la démission du général de Gaulle (avril-juin 1969), puis après la mort de G. Pompidou (avril-mai 1974).

poids n. m. (ancien français *peis*, qui vient du latin *pensum* ; famille de *pendre, peser*) **I. 1.** sc. Force exercée par un corps matériel, proportionnelle à la masse de ce corps et à l'intensité de la pesanteur au point où se trouve le corps (dans le langage courant, on emploie *poids* pour *masse**). *D'un poids faible* (→ **léger**), *d'un grand poids* (→ **lourd, pesant).** – *Poids spécifique*, poids de l'unité de volume. → **densité. 2.** Caractère, effet de ce qui pèse. → **lourdeur, pesanteur.** *Le poids d'un fardeau.* – loc. *Peser de tout son poids*, le plus possible. **3.** Mesure du poids (de la masse). *Denrée vendue au poids.* – *Poids utile*, que peut transporter un véhicule. – (d'une personne) *Prendre, perdre du poids :* grossir, maigrir. *Surveiller son poids.* **4.** Catégorie d'athlètes, de boxeurs, d'après leur poids ; l'athlète, le boxeur. *Poids plume, poids légers, moyens, lourds.* – loc. fig. *Il ne fait pas le poids*, il n'a pas les capacités requises. **II. 1.** Corps matériel pesant. → **1masse ; charge, fardeau.** *Soulever des poids énormes.* **2.** Objet de masse déterminée servant à peser (→ **gramme, 2livre, kilo).** *La balance et les poids.* – loc. *Faire deux poids, deux mesures*, juger deux choses, deux personnes de façon différente sous l'influence d'un intérêt, d'une circonstance. **3.** sports Masse de métal d'un poids déterminé, à soulever, lancer. *Poids et haltères.* – *Le lancer du poids.* **4.** Sensation d'un corps pesant. *Avoir un poids sur l'estomac.* **III.** fig. **1.** Charge pénible. *Vieillard courbé sous le poids des ans.* ■ Souci, remords. *Cela m'ôte un poids de la conscience.* ■ ***Poids mort*** *:* chose, personne inutile, inactive et qui gêne. **2.** Force, influence (de qqch.). *Le poids d'un argument.*

poids lourd n. m. **1.** Véhicule automobile de fort tonnage. → **1camion. 2.** fig. Personnage, groupe important dans son domaine. *Les poids lourds de l'informatique.*

poignant, ante adj. (de *poindre* [I, 2]) Qui cause une impression vive et pénible. → **déchirant.**

poignard n. m. (latin pop. *pugnalis* « arme de poing » → poing) Couteau à lame courte et aiguë. → **dague.**

poignarder v. tr. < 1 > Frapper, blesser ou tuer avec un poignard, un couteau.

poigne n. f. (→ poing) **1.** La force du poing, de la main, pour empoigner, tenir. *Avoir de la poigne.* **2.** fig. Énergie, fermeté (pour commander). *Un homme à poigne.*

poignée n. f. **1.** Quantité (d'une chose) que peut contenir une main fermée. *Une poignée de sel.* – *À poignées, par poignées :* à pleines mains. **2.** Petit nombre (de personnes). *Une poignée de mécontents.* **3.** Partie (d'un objet : arme, ustensile...) spécialement disposée pour être tenue avec la main serrée. *Une poignée de porte.* → **bec-de-cane. 4.** ***Poignée de main*** *:* geste par lequel on serre* la main de qqn, pour saluer amicalement. **5.** fam. *Poignées d'amour :* amas adipeux sur les hanches.

poignet n. m. (→ poing) **1.** Articulation qui réunit l'avant-bras à la main. – loc. *À la force du poignet*, en se hissant à la force des bras ; fig. par ses seuls moyens, et en faisant de grands efforts. **2.** Extrémité de la manche, couvrant le poignet. *Des poignets de chemise.*

poïkilotherme ou **pœcilotherme** adj. (du grec *poikilos* « variable » et *-therme*) didact. Se dit des animaux dont le sang a une température variable (reptiles, poissons, etc.). - var. RO **pécilotherme.**

poil n. m. (vient du latin *pilus*) **I. 1.** Production filiforme sur la peau de certains animaux (surtout mammifères). *Un chat qui perd ses poils.* ■ Ces poils utilisés dans la confection d'objets. *Les poils d'un pinceau.* par ext. *Poils en nylon* (d'une brosse...). **2.** *Le poil :* l'ensemble des poils. → **pelage.** *Gibier à poil.* – loc. fam. *Caresser qqn dans le sens du poil*, chercher à lui plaire. ■ Peau d'animal garnie de ses poils et ne méritant pas le nom de fourrure. *Bonnet à poil.* **3.** Cette production chez l'être humain lorsqu'elle n'est ni un cheveu, ni un cil. *Les poils du visage* (→ **1barbe, moustache, sourcil ; duvet),** *du torse, du pubis. Ne plus avoir un poil de sec*, être trempé (par la pluie, la sueur ; fig. la peur). ■ collectif *Le poil, du poil.* → **pilosité.** *Avoir du poil sur le corps* (→ **poilu). 4.** loc. fam. *Avoir un poil dans la main*, être très paresseux. *Tomber sur le poil de qqn*, se jeter brutalement sur lui.

P

– *Reprendre du poil de la bête*, se ressaisir. *De tout poil* (ou *de tous poils*), de toute espèce (personnes). – fam. *À poil* : tout nu. – fam. *De bon, de mauvais poil* : de bonne, de mauvaise humeur. **5.** Chacun des filaments très fins qui apparaissent sur les organes de certaines plantes. ■ ***Poil à gratter*** : bourre piquante des fruits du rosier (→ **gratte-cul**). **6.** Partie velue d'un tissu. **II.** fig. **1.** fam. Une très petite quantité. *Elle n'a pas un poil de bon sens.* → **[1]once.** – *À un poil près*, à très peu de chose près. → **cheveu. 2.** loc. adv. fam. ***Au poil*** : parfaitement. *Ça marche au quart de poil !* – adj. fam. *Être au poil*, très bien. – exclam. *Au poil !*, parfait.

poilant, ante adj. fam. Très drôle.

se **poiler** v. pron. < 1 > fam. Rire aux éclats.

poilu, ue 1. adj. Qui a des poils très apparents. → **velu. 2.** n. m. Soldat combattant de la guerre de 1914-1918.

Poincaré (Henri) Mathématicien français (1854-1912). Cousin de Raymond Poincaré. Il est avant tout connu comme l'un des fondateurs de la topologie algébrique. Ses réflexions en physique, sur la notion de gravité notamment, rejoignent pour l'essentiel les conclusions d'Einstein dans sa théorie de la relativité générale. Ses ouvrages sur *La Science et l'Hypothèse* et sur *La Valeur de la science* en font l'un des grands épistémologistes du XXe siècle.

Poincaré (Raymond) Homme d'État français (1860-1934). Cousin d'Henri Poincaré. Avocat, il assuma de 1893 à 1906 différents postes ministériels, puis devint en 1912 président du Conseil, avec la charge du portefeuille des Affaires étrangères. Il mena une politique de fermeté à l'égard de l'Allemagne et s'attacha à la consolidation de l'alliance avec la Grande-Bretagne et la Russie. Président de la République (1913-1920), il dut faire appel à Clemenceau pour l'organisation de la défense nationale (1917). De nouveau président du Conseil (1922-1924), il défendit l'exécution intégrale du traité de Versailles, fit occuper la Ruhr (1923), puis se rallia au plan Dawes. Après le gouvernement du Cartel des gauches (1924-1926), la crise financière le ramena au pouvoir (1926-1929) et le conduisit à dévaluer le franc. Académie française.

P

poinçon n. m. (vient du latin *punctio, punctionis* « piqûre » ; famille de *poindre*) **1.** Instrument métallique terminé en pointe, pour percer, entamer les matières dures. *Poinçon de sellier.* → **alène. 2.** Tige terminée par une face gravée, pour imprimer une marque. ■ Cette marque. → **estampille.** *Le poinçon d'un bijou contrôlé.*

poinçonnage n. m. Action de poinçonner. *Le poinçonnage de l'or.* ■ *Le poinçonnage des tickets.* - syn. **poinçonnement.**

poinçonner v. tr. < 1 > **1.** Marquer d'un poinçon (une marchandise, un poids, une pièce d'orfèvrerie). – au p. p. *Couverts d'argent poinçonnés.* **2.** Perforer avec une pince (un billet de train, de métro). ■ techn. Perforer à la poinçonneuse.

poinçonneur, euse n. anciennt Employé(e) qui poinçonnait les billets de train, de métro, à l'accès des quais. → **contrôleur.**

poinçonneuse n. f. techn. Machine-outil pour perforer ou découper, munie d'un emporte-pièce.

poindre v. < 49 > (vient du latin *pungere* ; famille de *poing*) **I.** v. tr. littér. Blesser, faire souffrir. *L'angoisse le poignait* (→ **poignant**). **II.** v. intr. littér. Apparaître. → **[1]pointer.** *L'aube commence à poindre* (→ **[1]point** du jour).

poing [pwɛ̃] n. m. (vient du latin *pugnus* → **poigne, pugnacité**) Main fermée. *Serrer le poing. Donner des coups de poing à qqn.* → **[1]boxer.** – *Montrer, tendre le poing. Dormir à poings fermés*, très profondément.

poinsettia n. m. (du n. d'un botaniste) Plante ornementale d'origine mexicaine, à bractées écarlates ou blanches en bouquets.

Poinsot (Louis) Mathématicien français (1777-1859). Il découvrit les polyèdres réguliers étoilés et élabora une représentation géométrique de la mécanique.

[1]point n. m. (vient du latin *punctum*, de *pungere* → **poindre**) **I.** dans l'espace (→ **ponctuel** (II)) **1.** Endroit, lieu. *Aller d'un point à un autre. Point de chute. Point de mire*. Point de repère. Point de départ. Point de non-retour*. Les quatre points cardinaux.* – ***Point d'eau*** : endroit où l'on trouve de l'eau (source, puits). – *Point culminant* : crête, sommet. – *Point de vue* (où l'on voit). → **point de vue.** – *Point noir* : endroit où la circulation routière est difficile. ■ ***Point de vente*** : lieu de vente (d'un produit) ; succursale (d'une chaîne commerciale). – *C'est son point faible*, sa faiblesse. – *Point de côté.* → **[2]point. 2.** géom. Intersection de deux droites, n'ayant aucune surface propre et généralement désignée par une lettre. **3.** *Le point* : la position d'un navire en mer. → **latitude, longitude.** – loc. fig. ***Faire le point*** : préciser la situation où l'on se trouve ; faire l'analyse d'une situation. **4.** ***Mettre au point*** : régler (un mécanisme), élaborer (un procédé, une technique). loc. ***Mise au point*** : réglage précis (spécialt en photo, au cinéma). *Nous avons eu une mise au point*, une explication. – *Être au point* : bien réglé, en état de fonctionner. ■ *Point mort* (voir ce mot). **5.** (calque de l'anglais *hot point*) *Point chaud* : endroit où ont lieu des combats, des évènements graves. – géol. Endroit du globe terrestre où un phénomène volcanique se produit au sein d'une plaque lithosphérique (et non aux frontières de plaques). **II.** (Moment précis). **1.** ***À point, à point nommé*** : au moment opportun. → **à propos.** *« Rien ne sert de courir, il faut partir à point »* (La Fontaine). **2.** ***Sur le point de*** : au moment de. *Il était sur le point de partir.* → **[1]prêt** à. **3.** ***Le point du jour*** : le moment où le jour commence à poindre (II). **III.** Marque, signe ; unité de compte. **1.** Tache, image petite et aux contours imperceptibles. *Un point lumineux.* – ***Point noir*** : comédon. **2.** Chaque unité attribuée à un joueur (aux jeux, en sports). *Jouer une partie en 500 points.* – fig. *Marquer un point, des points* : prendre un avantage. **3.** Chaque unité d'une note. *Il lui manque deux points pour être reçu.* – ***Bon point*** : image ou petit carton servant de récompense. fig. *C'est un bon point pour lui*, il a bien agi. **4.** Chaque unité d'une échelle de grandeur, d'un indice. *Le ministre perd trois points dans les sondages.* **IV. 1.** Signe (.) servant à marquer la fin d'un énoncé. → **ponctuation.** *Les points et les virgules.* → **paragraphe.** *Points de suspension* (...). *Le(s) deux-points* (:). *Point-virgule* (;). *Point d'exclamation* (!). *Point d'interrogation* (?). – loc. fig. *Point à la ligne* : ça suffit, plus de discussion. *Point barre* : ça suffit, c'est terminé. **2.** Signe qui surmonte les lettres i et j minuscules. – loc. *Mettre les points sur les i*, préciser ou insister. **3.** typogr. Unité de dimension des caractères d'imprimerie. **V.** (exprimant un état) **1.** loc. ***À point, au point*** : dans tel état, telle situation. *Au point où nous en sommes. Elle n'en est pas au point de désespérer.* – *Au point, à tel point que...* : tellement que. – ***À point*** : dans l'état convenable. *Un steak à point*, entre saignant et bien cuit. – ***Mal en point*** : en mauvais état, malade. ■ *Le plus haut point.* → **apogée, climax, [1]comble, sommet, summum.** *Au plus haut point*, le plus possible. – *À ce point, à tel point... Jusqu'à un certain point.* **2.** phys. État mesurable. *Point de congélation, de fusion. Point d'ébullition de l'eau.* **VI. 1.** Chaque partie (d'un discours, d'un texte). *Les différents points d'une loi.* → **article. 2.** Question. *Un point litigieux. Un point noir*, difficile. – *C'est un point commun entre eux*, un caractère commun. – *Sur ce point, je ne suis pas d'accord.* – *En tout point*, absolument.

[2]point n. m. (→ **[1]point**) (Action de piquer, de poindre). **1.** Chaque longueur de fil entre deux piqûres de l'aiguille. *Bâtir à grands points.* – *Faire un point à un vêtement*, le réparer sommairement. – chir. *Point de suture*. **2.** Manière d'exécuter une suite de points. *Point de tricot.* **3.** ***Point de côté***, douleur au côté.

[3]point adv. (de → **[1]point**) littér. ou régional *Ne... point...* : ne... pas...

Point (Le) Hebdomadaire d'information français créé en 1972.

pointage n. m. **1.** Action de pointer ([1], I). **2.** Fait de pointer, de diriger (une arme à feu). → **tir. 3.** (Canada) Résultat sportif. → **score.**

point de vue n. m. **1.** Endroit où l'on doit se placer pour voir un objet le mieux possible. **2.** Endroit d'où l'on jouit d'une vue étendue. → **panorama, vue.** *De beaux points de vue.* **3.** Manière particulière dont une question peut être considérée. → **aspect, optique, perspective.** – loc. prép. *Au (du) point de vue de. Au point de vue social.* → sur le **plan, quant à.** – fam. (suivi d'un n., sans *de*) *Au point de vue santé.* **4.** Opinion particulière.

pointe n. f. (vient du latin, de *pungere* → **poindre, [1]point**) **I. 1.** Extrémité allongée (d'un objet qui se termine par un angle très aigu) servant à piquer, percer. *La pointe d'une aiguille, d'une épée* (→ **estoc**). *Aiguiser la pointe d'un outil.* **2.** Extrémité aiguë ou plus fine. *Les pointes d'un col de chemise.* – *La pointe des cheveux.* – *Pointes d'asperges.* – loc. *En pointe* : pointu. **3.** Partie extrême qui s'avance. *La pointe du Raz. La pointe d'une armée*, son extrémité. – loc. *Être à la pointe du progrès.* → **avant-garde.** – ***De pointe.*** *Techniques de pointe.* **4.** blason Partie inférieure de l'écu. **5.** ***La pointe des pieds*** : l'extrémité. loc. fig. *Sur la pointe des pieds* : très discrètement ; précautionneusement. ■ (danse) *Faire des pointes* : se maintenir sur la pointe des pieds (→ **acrobate**, étym.). – *Pointes* : chaussons de danse. **II.** Objet pointu. **1.** Objet en forme d'aiguille, de lame. *Casque à pointe. Chaussures à pointes* (par métonymie, *des pointes*) : chaussures pour la course. **2.** Clou petit et court. **3.** Outil servant à gratter, percer, tracer, etc. → **poinçon.** – ***Pointe sèche*** ou absolt ***pointe*** : outil qui sert à graver sur le cuivre. → **burin.** *Une pointe sèche*, l'estampe ainsi obtenue. **4.** ***Pointes de feu*** : petites brûlures faites avec un cautère (traitement médical). **III. 1.** après quelques verbes Opération qui consiste à avancer en territoire ennemi. – *Pousser une pointe jusqu'à* : prolonger son chemin jusqu'à. **2.** Allusion ironique, parole blessante. → **[2]pique.** *Se lancer des pointes.* **IV.** Petite quantité (d'une chose piquante ou forte). → **soupçon.** *Une pointe d'ail.* – fig. *Une pointe d'accent.* **V.** Moment où une activité, un phénomène atteint un maximum d'intensité. *Vitesse de pointe d'une automobile.* – ***Heures de pointe*** : période d'utilisation intense d'un service (énergie, transports).

pointé, ée adj. **1.** Marqué d'un point, d'un signe. **2.** mus. *Note pointée*, dont la valeur est augmentée de moitié. **3.** *Zéro pointé*, éliminatoire.

Pointe-à-Pitre Chef-lieu d'arrondissement de la Guadeloupe, sur l'île de Grande-Terre. 14 498 habitants. Port sur la mer des Caraïbes. Université. Musées. Centre commercial et touristique. Aéroport de Guadeloupe Pointe-à-Pitre.

Rue dans le centre de Pointe-à-Pitre.

[1]pointeau n. m. (de *pointe*) techn. **1.** Outil servant à tracer, à percer. **2.** Tige à extrémité conique, servant à régler le débit d'un fluide.

pointillisme

Pointillisme, *Le Cirque*, de Georges Seurat (1891), musée d'Orsay, Paris.

[2]pointeau n. m. (de [1]*pointer*) Employé chargé d'enregistrer les temps de travail du personnel dans une usine.

Pointe-Claire Ville du Canada (Québec), dans l'île de Montréal, sur le lac Saint-Louis. 31 380 habitants. Centre résidentiel. Industries mécanique et électrique.

Pointe-Noire Ville et port du Congo, sur l'Atlantique. 715 300 habitants. Tête de ligne du chemin de fer Congo-Océan (transport du manganèse en provenance du Gabon). Centre industriel.

Pointe-Noire Commune de la Guadeloupe, sur l'île de Basse-Terre, située sur la mer des Caraïbes. 5 963 habitants. Important port de pêche (crustacés).

[1]pointer v. tr. < 1 > (de *point*) I. 1. Marquer (qqch.) d'un point, d'un signe pour faire un contrôle. → [1]cocher. *Pointer des noms sur une liste.* 2. Contrôler les entrées et les sorties (des employés d'une entreprise). absolt *Machine à pointer.* → pointeuse. 3. intrans. Enregistrer ses heures de présence (travail). – *Pointer au chômage.* II. 1. Diriger. *Elle pointait son index vers moi.* 2. Braquer, viser. *Pointer un canon vers un objectif.* 3. absolt aux boules Lancer la boule le plus près possible du cochonnet. 4. (anglais *to point at*) *Pointer (du doigt)* : désigner précisément, attirer l'attention sur. *Pointer un risque.* 5. inform. Placer le pointeur de (la souris) sur un élément. – intrans. *Pointer sur une image.*

[2]pointer v. < 1 > (de *pointe*) I. 1. v. tr. Dresser en pointe. *Cheval qui pointe les oreilles.* 2. Faire apparaître. *La souris pointe le nez hors de son trou.* II. v. intr. 1. S'élever en pointe. *Des cyprès pointaient vers le ciel.* 2. Commencer d'apparaître. *Le soleil pointe à l'horizon.* ■ se pointer v. pron. fam. Arriver. *Il s'est pointé à trois heures.*

[3]pointer [pwɛ̃tœʀ] n. m. (mot anglais, de *to point* « montrer », emprunt au français → [1]point) Chien d'arrêt, à poil ras. - var. RO pointeur.

pointeur, euse n. I. 1. n. Personne qui fait une opération de pointage. 2. n. f. Machine enregistrant les heures d'arrivée et de départ de travailleurs. 3. n. m. inform. Élément graphique (flèche...) qui reproduit à l'écran les déplacements de la souris et permet de sélectionner un élément. II. n. 1. Personne qui procède au pointage (2) d'une bouche à feu. → artilleur. 2. aux boules Joueur, joueuse chargé(e) de pointer.

pointillé n. m. (de *pointiller*) 1. Dessin, gravure au moyen de points. 2. Trait formé de petits points. – fig. *Lire en pointillé* : comprendre les allusions. 3. Trait formé de petites perforations.

pointiller v. < 1 > (→ [1]point) 1. v. tr. techn. Marquer, tracer au moyen de points. 2. v. intr. art Dessiner, graver, peindre en utilisant des points. □ n. m. pointillage

pointilleux, euse adj. Qui est d'une minutie excessive, dans ses exigences. → tatillon. *Il est très pointilleux sur le protocole.* → formaliste.

pointillisme n. m. art Peinture par petites touches, par points juxtaposés de couleurs pures (succède à l'impressionnisme). □ pointilliste n. et adj. *Seurat, peintre pointilliste.*

point mort n. m. Position de l'embrayage d'une automobile lorsque aucune vitesse n'est enclenchée. – fig. *L'affaire est au point mort,* elle n'évolue plus.

pointu, ue adj. (→ pointe) I. 1. Qui se termine en pointe(s). → aigu. *Chapeau pointu.* 2. (son, voix) Qui a un timbre aigu, désagréable. – *Accent pointu,* se dit dans le Midi de l'accent parisien. 3. Qui est à la pointe du progrès (scientifique, technique). ■ D'une grande précision. *Une question pointue.* II. n. m. régional Petite barque pointue (en Méditerranée).

pointure n. f. (vient du latin *punctura* ; famille de *poindre*) 1. Nombre qui indique la dimension des chaussures, des chapeaux, des gants (→ [3]taille). *La pointure 40,* ellipt *du 40.* 2. fig. et fam. *Une (grosse) pointure* : un personnage compétent et reconnu. → régional calure.

poire n. f. (vient du latin pop. *pira,* du latin class. *pirum*) 1. Fruit du poirier, charnu, à pépins, allongé et ventru. *En forme de poire.* → piriforme. – loc. *Garder une poire pour la soif* : économiser pour les besoins à venir. – *Couper la poire en deux* : faire un compromis. ■ Alcool de poire. 2. Objet de forme analogue. *Une poire à lavement.* – *Poire électrique,* interrupteur à bouton, au bout d'un fil. 3. fam. Face, figure. 4. fam. Personne qui se laisse tromper facilement. → [1]naïf, fam. [1]pomme. – adj. *Tu es aussi poire que moi.*

poiré n. m. Cidre de poire.

Poiré (Jean-Marie) Réalisateur et producteur français (né en 1945). Il a réalisé une quinzaine de comédies dont certaines sont devenues culte : *Le père Noël est une ordure* et *Les Visiteurs.*

poireau n. m. (altération de *porreau,* latin *porrum*) 1. Plante, variété d'ail à bulbe peu développé, cultivée pour son pied ; ce pied comestible. *Une botte de poireaux.* 2. loc. fam. (de *planté comme un poireau*) *Faire le poireau* : attendre. → poireauter.

poireauter v. intr. < 1 > fam. Attendre (immobile, « planté »).

poirée n. f. (famille de *poireau*) Plante potagère, variété de bette dont on consomme les côtes.

Poiré-sur-Vie (Le) Commune de la Vendée, dans le Bocage vendéen. 8 616 habitants.

Poiret (Paul) Couturier et décorateur français (1879-1944). Il contribua à la libération et à la simplification du vêtement féminin en mettant fin au port du corset.

Les Robes de Paul Poiret, gravure de Paul Iribe (1908).

poirier n. m. 1. Arbre de taille moyenne, cultivé pour ses fruits, les poires. 2. Bois de cet arbre, utilisé en ébénisterie. 3. loc. *Faire le poirier,* se tenir en équilibre sur les mains, la tête touchant le sol.

Poirot-Delpech (Bertrand) Romancier et critique littéraire (1929-2006). Auteur de romans satiriques sur la France contemporaine (*Le Grand Dadais ; L'Amour de l'humanité*), il a signé de nombreuses analyses littéraires dans *Le Monde.* Académie française.

pois n. m. (vient du latin *pisum*) I. 1. Plante dont certaines variétés potagères sont cultivées pour leurs graines. 2. Le fruit (gousse, cosse) d'une de ces plantes ; chacune des graines rondes enfermées dans cette gousse. *Pois verts, pois à écosser,* plus cour. *petits pois.* → petit-pois. – *Pois cassés,* pois secs divisés en deux. *Pois gourmands, pois mange-tout,* qui se mangent avec la cosse. – loc. Purée* de pois. 3. *Pois chiche* : plante à fleurs blanches, à gousses contenant chacune deux graines ; graine jaunâtre de cette plante. 4. *Pois de senteur* : plante à fleurs odorantes. → gesse. II. Petit cercle, pastille (sur une étoffe). *Une robe à pois.*

poiscaille n. f. ou m. (ancien français *pescaille* « poisson pêché ») fam., péj. Poisson. *Ça sent la poiscaille, le poiscaille.*

poise n. f. (de *Poiseuille*) anciennt, sc. Unité de viscosité dynamique dans le système CGS (symb. Po), valant 0,1 pascal-seconde.

Poiseuille (Jean-Louis Marie) Médecin et physicien français (1799-1869). Il établit, en 1844, les principes de la loi d'écoulement laminaire des fluides visqueux, dite *loi de Poiseuille.*

poison n. m. (vient du latin, de *potio* → potion) 1. Substance capable d'incommoder fortement ou de tuer. *Un poison mortel. Les effets des poisons.* → empoisonnement, intoxication. *Remède contre les poisons.* → antidote, contrepoison. *Habituer au poison.* → mithridatiser. *Tuer qqn par le poison.* → empoisonner. 2. littér. Ce qui est pernicieux, dangereux. *Le poison de la calomnie.* → venin. 3. n. fam. *Un, une poison* : personne acariâtre ou insupportable.

Poisons (affaire des) Série d'affaires d'empoisonnement à Paris, entre 1679 et 1682, dans lesquelles furent impliqués notamment la comtesse de Gramont, Racine et Mme de Montespan.

poissard, arde (de *poix*) littér. 1. adj. Qui emploie des mots vulgaires, orduriers (surtout, textes du XVIIIe siècle). 2. n. f. vieux Femme ordurière.

poisse n. f. (→ poix) fam. Malchance. → [2]guigne. *Porter la poisse.*

poisser v. tr. < 1 > (→ poix) 1. Salir avec une matière gluante. 2. fam. Arrêter, prendre (qqn).

poisseux, euse adj. (→ poix) Gluant, collant. ■ Sali par une matière poisseuse. *Mains poisseuses.*

poisson n. m. (de l'ancien français *peis,* qui vient du latin *piscis*) 1. Animal aquatique vertébré, muni de nageoires et de branchies. → ichtyo-, pisci-. *Les ouïes d'un poisson. Arêtes, écailles de poisson. Poissons de rivière ; de mer. Jeunes poissons.* → alevin. – *Élevage des poissons.* → pisciculture. *Prendre des poissons.* → [2]pêcher. ■ collectif *Prendre du poisson. Marchand de poisson.* ■ *Poisson-chat.* → silure. *Poisson-clown* (voir ce mot). *Poisson-épée.* → espadon. *Poisson-lune.* → [3]môle. Poisson-scie*. *Poisson-perroquet.* → scare. *Poisson volant* : poisson des mers chaudes, capable de bondir hors de l'eau. *Poisson rouge* : cyprin doré. 2. loc. *Être comme un poisson dans l'eau,* se trouver dans son élément. – prov. *Petit poisson deviendra grand,* cette personne, cette chose se développera. – fam. *Engueuler qqn comme du poisson pourri,* l'invectiver. – *Finir en queue de poisson* : sans conclusion satisfaisante. – *Faire une queue de poisson à un conducteur, après avoir doublé,* se rabattre brusquement devant lui. 3. au plur. (avec maj.). Constellation zodiacale et douzième signe du zodiaque (19 février-20 mars). – *Être Poissons,* de ce signe. **4.** *Poisson d'argent* (insecte). → **lépisme. 5.** loc. ***Poisson d'avril****.

Poisson (Denis) Mathématicien français (1781-1840). Il est l'auteur de travaux sur la mécanique rationnelle, sur le calcul des probabilités et, principalement, sur la physique mathématique.

poisson-clown n. m. Poisson des mers chaudes, au corps orange ou brun à bandes blanches, qui vit en symbiose avec des anémones de mer.

poissonnerie n. f. Commerce du poisson et des produits animaux de la mer et des rivières. ▪ Magasin du poissonnier.

poissonneux, euse adj. Qui contient de nombreux poissons.

poissonnier, ière n. Personne qui fait le commerce de détail des poissons, des fruits de mer.

Poissons n. m. pl. Constellation zodiacale boréale dans laquelle se situe le point vernal, point par lequel le Soleil passe à l'équinoxe de printemps ; douzième signe du zodiaque.

Poissy Commune des Yvelines, sur la Seine. 39 731 habitants. Collégiale Notre-Dame du XIIe s., restaurée au XIXe s. par Viollet-le-Duc. Villa Savoye construite par Le Corbusier en 1928-1930. Industrie automobile.

Poissy (colloque de) Assemblée de théologiens réunie en 1561 à Poissy par Catherine de Médicis et Michel de L'Hospital afin de concilier catholiques et calvinistes. La tentative échoua, et les guerres de Religion éclatèrent à partir de 1562.

Poisy Commune de la Haute-Savoie, dans la banlieue N.-O. d'Annecy. 8 522 habitants.

poitevin, ine n. et adj. Du Poitou, de Poitiers. – **n.** *Les Poitevins.* ▪ **n. m.** *Le poitevin* (dialecte).

Poitier (Sidney) Acteur et réalisateur américano-bahamien (1927-2022). Premier acteur noir à remporter un Oscar en 1964, il a été dirigé par les plus grands metteurs en scène, de Preminger à Walsh, dans des films antiracistes (*Porgy and Besse,* 1958). Son succès a ouvert la voie des studios aux Noirs américains dans les années 1950-1980. *Dans la chaleur de la nuit ; Devine qui vient dîner ?*

P

Poitiers Chef-lieu de la Vienne, sur le Clain. 90 033 habitants. Université. Baptistère Saint-Jean (IVe s.), église Sainte-Radegonde, ancienne abbatiale de Montierneuf (XIe s.), église Saint-Hilaire-le-Grand (XIe-XIIe s.), cathédrale Saint-Pierre des XIIe et XIVe s. et divers édifices de style Renaissance. Musées. Activités tertiaires. Industrie électronique. Parc de loisirs et centre de haute technologie (Futuroscope à proximité). Ancienne capitale des Celtes Pictaves sous le nom de *Limonum,* puis grand centre religieux à l'époque gallo-romaine, la ville fut le théâtre de deux célèbres batailles : en 732, Charles Martel y arrêta l'invasion musulmane ; en 1356, l'armée anglaise du Prince Noir vainquit le roi de France, Jean II le Bon.

Poitiers, l'église Sainte-Radegonde (à g.) et la cathédrale gothique Saint-Pierre.

Poitiers (Diane de) voir **Diane de Poitiers**

Poitou n. m. Ancienne province de France, située entre le Bassin parisien et le Bassin aquitain, et qui correspondait aux actuels départements des Deux-Sèvres, de la Vienne et de la Vendée. Inclus dans le duché d'Aquitaine à partir du VIIIe s., le Poitou passa ensuite sous domination anglaise par le mariage d'Aliénor d'Aquitaine avec Henri II Plantagenêt (1152). Reconquise par Philippe Auguste en 1204, la province revint à l'Angleterre lors du traité de Brétigny (1360), puis fut reprise par Du Guesclin et donnée en apanage au duc de Berry en 1372. Elle fut définitivement réunie à la couronne de France en 1416.

Poitou-Charentes Anc. région administrative de la France (jusqu'en 2015). → **Nouvelle-Aquitaine.**

poitrail, ails n. m. (vient du latin *pectorale* → pectoral) 1. anciennt Partie du harnais couvrant la poitrine du cheval. **2.** Devant du corps (du cheval et de quelques animaux domestiques), entre l'encolure et les pattes de devant. **3.** par plais. Poitrine humaine. **4.** techn. Grosse poutre servant de linteau.

poitrinaire adj. vieux Atteint de tuberculose pulmonaire. – **n.** *Un, une poitrinaire.*

poitrine n. f. (vient du latin *pectorina,* de *pectus* → [1]pis) 1. Partie du corps humain qui s'étend des épaules à l'abdomen et qui contient le cœur et les poumons. → **thorax ; buste, torse.** *Tour de poitrine,* mesure de la poitrine à l'endroit le plus large. *Fluxion de poitrine,* pneumonie. **2.** Partie antérieure du thorax. *Bomber la poitrine.* → **torse. 3.** Partie inférieure du thorax (d'un animal de boucherie). **4.** Seins (de femme). → **gorge.** *Elle a de la poitrine,* des seins développés.

Poivilliers (Georges) Ingénieur français (1892-1968). Il mit au point, en 1919, le principe de la photogrammétrie, particulièrement utile pour les prises de vue aériennes.

poivrade n. f. Sauce, préparation au poivre. – appos. *Sauce poivrade.* – *Artichauts poivrade* (artichauts nouveaux).

poivre n. m. (vient du latin *piper* → pipérade) 1. Épice à saveur très forte, piquante, faite des fruits séchés du poivrier. *Poivre en grains. Poivre noir, gris. Poivre blanc,* à grains décortiqués, plus doux. *Poivre vert,* cueilli avant maturité. *Moulin à poivre.* → **poivrier.** *Steak au poivre.* **2.** loc. *Cheveux* ***poivre et sel*** *:* bruns mêlés de blancs. → **grisonnant. 3.** *Poivre de Cayenne,* condiment fort et piquant tiré d'un piment.

poivré, ée adj. 1. Assaisonné de poivre. **2.** abstrait Grossier ou licencieux. → **[1]salé.**

poivrer v. tr. < 1 > Assaisonner de poivre. ▪ **se poivrer v. pron.** fam. S'enivrer (→ **poivrot**).

poivrier n. m. 1. Arbrisseau grimpant des régions tropicales, produisant le poivre. **2.** Moulin à poivre. **3.** Petit flacon pour servir le poivre moulu (syn. **poivrière**).

poivrière n. f. 1. → **poivrier** (3). **2.** Guérite de forme conique, à l'angle d'un bastion. → **échauguette.** – *Toit* ***en poivrière,*** conique. **3.** Plantation de poivriers.

poivron n. m. (→ poivre) Fruit du piment* doux. *Poivron vert, rouge, jaune.*

poivrot, ote n. fam. Ivrogne.

poix n. f. (vient du latin *pix, picis*) vieux Colle à base de résine ou de goudron de bois.

poké ou **poke** [pɔke] **n. m. (mot hawaïen)** Plat traditionnel hawaïen composé de morceaux de poisson cru assaisonnés. *Des pokés, des pokes.* – **(de l'anglais)** ***Poké bowl, poke bowl*** [pɔkebol] **n. m.** Poké, souvent accompagné de légumes et de riz, servi dans un bol. *Des poké bowls, des poke bowls.*

poker [pɔkɛʀ] **n. m. (mot anglais des États-Unis) I.** Jeu de cartes basé sur des combinaisons (cinq cartes par joueur) et où l'on mise de l'argent. – loc. fig. *Un coup de poker,* où l'on risque tout. **II. (altération de l'anglais *poker dice* « de dés »)** ***Poker d'as :*** jeu de dés comportant des figures.

Polabí n. m. Plaine de la République tchèque, dans la région de la Bohême, dans le bassin de l'Elbe. Riche région agricole. Industries mécanique et chimique.

polack voir **polaque**

polacre n. f. (italien *polacca,* d'origine inconnue) anciennt Navire de la Méditerranée à voiles carrées.

polaire adj. (du latin, de *polus* → pôle) I. 1. Relatif aux pôles (terrestres, célestes) ; situé près d'un pôle. *Étoile Polaire,* indiquant le nord. *Cercle polaire. Aurore* polaire.* **2.** Propre aux régions arctiques et antarctiques, froides et désertes. *Ours polaire* (ours blanc). *Expédition polaire.* – *Froid polaire,* intense. **3.** *Laine polaire :* fibre de polyester très isolante. ▪ **n. m.** Vêtement fait dans cette matière. **II. 1.** math. *Coordonnées polaires* (d'un point par rapport à un point d'origine). **2.** sc. Relatif aux pôles magnétiques, électriques.

Polaire (étoile) Nom donné à l'étoile la plus brillante de la Petite Ourse. Elle est utilisée pour l'orientation dans l'hémisphère Nord.

Polanski (Roman) Réalisateur français d'origine polonaise (né en 1933). Il a quitté la Pologne pour s'installer aux États-Unis, puis en France. Ses films les plus personnels sont marqués par une étrange atmosphère d'angoisse, d'horreur parfois, et d'ironie : *Le Bal des vampires ; Rosemary's Baby ; La Jeune Fille et la Mort ; Le Pianiste.* Il est poursuivi par la justice américaine depuis 1977 pour abus sexuel sur une mineure.

Roman Polanski réalisant *Le Pianiste* (2002).

Polanyi (Karl) Économiste américain d'origine hongroise (1886-1964). Il montra l'incapacité du capitalisme à fonder le lien social. Pour lui, la période de l'entre-deux-guerres était celle de la « grande transformation » qui vit les forces du marché passer sous le contrôle de l'État, notamment par le développement du droit social. Le capitalisme devait, selon lui, évoluer vers un socialisme démocratique. *La Grande Transformation.*

Polanyi (John Charles) Chimiste canadien et allemand d'origine hongroise (né en 1929). Il fut le premier à observer l'état de transition d'une réaction chimique. Prix Nobel 1986.

polaque n. (polonais *polak* « polonais ») 1. n. m. hist. Cavalier polonais, mercenaire des armées françaises. **2.** fam. et péj. **(terme xénophobe)** Polonais (var. **polack**).

polar n. m. (de *[roman] policier*) fam. Roman ou film policier.

polarimétrie n. f. (du grec *polein* « tourner ») phys. Mesure du pouvoir rotatoire* d'une substance en vue de déterminer sa concentration. ▫ **n. m. polarimètre** ▫ **adj. polarimétrique**

polarisation n. f. 1. sc. Réorganisation simplifiée (d'un corps ou d'une lumière) sous l'effet d'un champ électromagnétique ou d'un filtre. **2.** fig. Action de concentrer en un point (des forces, des influences).

polariser v. tr. < 1 > 1. Soumettre au phénomène de la polarisation. – au p. p. *Lumière polarisée.* **2.** fig. Attirer, concentrer en un point. *Polariser l'attention.* – pronom. Se fixer, se concentrer (sur un sujet, un objectif...).

polariseur phys. **1. adj.** Qui polarise la lumière. **2. n. m.** Miroir, cristal biréfringent capable de polariser la lumière.

polarité n. f. Qualité d'un système qui présente deux pôles.

polaroïd n. m. (n. déposé ; de l'anglais des États-Unis) **1.** opt. Feuille transparente de résine synthétique capable de polariser la lumière. **2.** Appareil photo à développement instantané. ■ Photo ainsi obtenue. - abrév. fam. **pola.** *Des polas.*

polatouche n. m. (russe *polatouka*) Mammifère rongeur, appelé aussi *écureuil volant*, auquel une membrane tendue entre les pattes permet de planer.

Polatsk Ville de Biélorussie, sur la Dvina. 87 400 habitants. Monuments religieux des XIe et XVIIIe siècles.

polder [pɔldɛʀ] n. m. (mot néerlandais ; famille de l'anglais *pool*) Marais littoral endigué et asséché.

-pole, -polite Éléments (du grec *polis* → [1]police) qui signifient « ville » (ex. *métropole, nécropole, cosmopolite*).

Pole (Reginald) Prélat anglais (1500-1558). Opposé au schisme d'Henri VIII, il s'exila à Rome où Paul III le nomma cardinal. Il présida le concile de Trente (1542) et fut nommé archevêque de Canterbury (1556).

pôle n. m. (du latin, du grec *polos*) **1.** Chacun des deux points de la surface terrestre formant les extrémités de l'axe de rotation de la Terre. *Pôle Nord,* arctique. *Pôle Sud,* antarctique, austral. **2.** Région géographique située près d'un pôle. **3.** *Pôle céleste,* extrémité de l'axe autour duquel la sphère céleste semble tourner. **4.** Chacun des deux points de l'aimant qui correspondent aux pôles Nord et Sud. *Les pôles d'une boussole.* **5.** Chacune des deux extrémités d'un circuit électrique (→ **électrode**), chargée l'une d'électricité positive (*pôle positif, pôle + [plus]* → **anode**), l'autre d'électricité négative (*pôle négatif, pôle – [moins]* → **cathode**). → **polarité.** **6.** fig. Centre d'activité, d'intérêt. *Un pôle de développement.*

▶ Les **pôles géographiques** terrestres sont situés à l'intersection de la surface et de l'axe de rotation de la Terre. Ils diffèrent légèrement de ses pôles géomagnétiques : actuellement distants d'environ 1 000 km, ces derniers s'en rapprochent d'environ 40 km par an.
Les pôles Nord et Sud ont longtemps été considérés comme des mers libres de glace, croyance héritée de savants du XVIIIe siècle qui refusaient d'admettre qu'une mer salée et agitée pouvait geler. L'explorateur grec Pythéas avait pourtant découvert la banquise arctique vers 330 av. J.-C., ce qui lui valut d'être considéré comme un affabulateur.
De nombreuses expéditions ont permis depuis de constater que les pôles étaient bien constitués de glace. La conquête des pôles a alors fait (et continue de faire) l'objet de luttes acharnées et de vives polémiques. En 1908-1909, Cook et Peary, deux concurrents pour la conquête du pôle Nord ont affirmé l'avoir atteint en premier mais les déclarations des deux explorateurs n'ont pu être confirmées, faute de preuves.
Parce que les glaces polaires renferment des informations sur l'histoire de notre planète et que les pôles abritent des réservoirs importants de biodiversité, ils font l'objet d'études multidisciplinaires et internationales. Depuis 1882, la mise en place de stations d'observation (114 en Arctique, 1 en Antarctique) et, depuis les années 1970, le développement des satellites d'observation ont permis l'étude de ces régions extrêmes. C'est ainsi que les effets dramatiques du réchauffement climatique sur l'Arctique et le Groenland ont pu être mis en évidence.
Le *protocole de Madrid*, signé par 45 États en 1991 et entré en vigueur en 1998, renforce le *traité sur l'Antarctique* établissant le statut international et pacifique des terres australes situées sous la barre du 60e degré de latitude sud. Il souligne l'importance de cette région pour l'humanité et celle d'une coopération internationale en matière de recherche scientifique. L'Antarctique est une « réserve naturelle consacrée à la paix et aux sciences » jusqu'en 2048 au moins.
voir aussi **continent, météorologie**

Pôle emploi Organisme public français, issu de la fusion de l'ANPE et de l'UNEDIC en 2009. Ses missions sont d'une part l'accueil, l'inscription, l'indemnisation et l'accompagnement des demandeurs d'emploi et d'autre part l'aide aux entreprises dans leurs recrutements.

Polejaïev (Aleksandr Ivanovitch) Poète russe (1804-1838). Sa poésie fut marquée par la révolution manquée de décembre 1825 (« décabrisme »). *Sachka ; Le Chant du marin condamné au naufrage.*

polémarque n. m. (du grec, de *polemos* « guerre » et *arkhein* « commander ») Antiq. Officier chargé de l'administration de la guerre, dans la Grèce antique.

polémique (du grec, de *polemos* « choc », « guerre ») **1.** adj. Qui manifeste une attitude critique ou agressive. **2.** n. f. Débat par écrit, vif ou agressif. → **controverse, débat, discussion.** *Une polémique avec les journalistes.*

polémiquer v. intr. < 1 > Faire de la polémique.

polémiste n. Personne qui pratique, aime la polémique. → **pamphlétaire.**

polémologie n. f. (du grec *polemos* « guerre ») didact. Étude de la guerre considérée comme un phénomène d'ordre sociologique. ▫ adj. **polémologique** ▫ n. **polémologue**

polenta [pɔlɛnta] n. f. (de l'italien ; famille de *pollen*) **1.** Galette de farine de maïs (Italie). **2.** Mets à base de farine de châtaignes (Corse).

pole position n. f. (mots anglais « position en flèche ») anglic., sport autom. Première position sur la ligne de départ, occupée par un pilote en fonction des meilleurs temps aux essais. – fig. La première place au début d'une compétition. *Des pole positions.*

Polésie n. f. Région couvrant le N. de l'Ukraine, le S. de la Biélorussie et la majeure partie du bassin du Dniepr. Zone de marais et de plaines boisées. La Polésie a été la région la plus contaminée lors de la catastrophe nucléaire de Tchernobyl en 1986.

Polevoï (Boris Nikolaïevitch Kampov, dit Boris) Écrivain soviétique (1908-1981). Il est l'auteur de romans réalistes *(Un homme véritable ; Sur la rive sauvage)* et de notes sur le procès de Nuremberg *(Au bout du compte).*

[1]poli, ie adj. (de *polir*) **1.** Dont le comportement, le langage sont conformes aux règles de la politesse. → **civil, courtois ;** opposé à *impoli, malpoli. Un enfant poli,* bien élevé. *Elle a été à peine polie avec moi.* → **correct.** – loc. prov. *Trop poli pour être honnête,* dont les manières trop affables font supposer des intentions malhonnêtes. **2.** (choses) *Un refus poli,* exprimé avec politesse.

[2]poli, ie **1.** adj. Lisse et brillant. *Un caillou poli.* **2.** n. m. Aspect d'une chose lisse et brillante. → **polir.**

Poliakoff (Serge) Peintre français d'origine russe (1906-1969). Il fuit la révolution russe pour s'installer à Paris où il fit la connaissance de Kandinsky, de Freundlich et des Delaunay qui influencèrent sa peinture dans le sens de l'abstraction. Ses tableaux très structurés présentent des formes géométriques originales et une grande variété chromatique *(Composition en brun ; Composition en rouge avec trait).* Il apparaît comme l'une des grandes figures de l'« abstraction française ».

Poliakov (Léon) Historien français d'origine russe (1910-1997). Spécialiste du racisme et de l'antisémitisme, il est l'un des fondateurs du Centre de documentation juive contemporaine. *Bréviaire de la haine ; Le Mythe aryen.*

[1]police n. f. (du latin, du grec *politeia,* de *polis* « ville » → [1]**politique**) **1.** Ensemble d'organes et d'institutions assurant le maintien de l'ordre public et la répression des infractions. *Police judiciaire.* → fam. **PJ.** *Police secrète, polices parallèles. Inspecteurs, agents de police.* – en France *Police secours,* chargée de porter secours dans les cas d'urgence. – *Commissariat de police.* – *La police des polices :* l'inspection générale des services. **2.** Organisation rationnelle de l'ordre public. *La police intérieure d'un lycée.* → **discipline.**

[2]police n. f. (de l'italien, d'origine grecque) **I.** Contrat signé avec une compagnie d'assurances. *Souscrire à une police.* **II.** typogr. *Police (de caractères) :* assortiment des lettres et signes d'imprimerie d'un même type.

policer v. tr. < 3 > littér. Civiliser, adoucir les mœurs par des institutions, par la culture. → **civiliser.** – au p. p. *Une société policée.*

polichinelle n. m. (italien [napolitain] *Pulcinella ;* famille de *poussin*) **1.** loc. *Secret de Polichinelle :* secret connu de tous. ■ Jouet, pantin en forme de polichinelle. – loc. fam. et vulg. *Avoir un polichinelle dans le tiroir :* être enceinte. **2.** Personne irréfléchie et ridicule. → **guignol.**

Polichinelle Personnage de théâtre comique, variante du *Pulcinella* italien, représenté comme un bossu au nez crochu, en habit rouge.

policier, ière adj. et n. **I.** adj. **1.** Relatif à la police ; appartenant à la police. – *Chien policier.* – *État, régime policier,* où la police a une grande importance. **2.** Se dit des formes de littérature, de spectacle qui concernent des activités criminelles et leur découverte. *Un roman policier.* → fam. **polar. II.** n. Personne qui appartient à un service de police. → fam. **flic.** *Un policier en civil. Elle est policier* ou *elle est policière.*

policlinique n. f. (du grec *polis* « ville ») Clinique municipale.

Polidoro da Caravaggio ou **Polydore de Caravage** (Polidoro Caldara, dit) Peintre italien (1490-1543). Il réalisa des fresques, des tableaux et des décors d'église très représentatifs du mouvement de la Renaissance romaine.

Polieri (Jacques) Homme de théâtre français (1928-2011). Il rénova la mise en scène en organisant des représentations en dehors des lieux traditionnels, sur des scènes mobiles, notamment. Il introduisit des éléments audiovisuels dans ses créations.

Polignac (Melchior de) Cardinal et diplomate français (1661-1742). Il contribua à faire élire le prince de Conti roi de Pologne et fut l'un des principaux négociateurs des traités d'Utrecht (1713).

Polignac (Jules Auguste Armand Marie de) Homme politique français (1780-1847). Émigré lors de la Révolution, il revint en France avec le comte d'Artois, le futur Charles X, et devint l'un des chefs des ultras sous la Restauration. Président du Conseil en 1829, il rédigea les quatre ordonnances de Saint-Cloud destinées à faire taire l'opposition libérale, mais qui entraînèrent la révolution de Juillet. Condamné à la prison à vie et à la mort civile, il fut amnistié en 1836.

Polignac Commune de la Haute-Loire, dans l'arrondissement du Puy-en-Velay. 2 818 habitants. Église romane abritant des fresques des XIIe et XIVe s. Ruines d'un château (XIVe-XVe s.).

Poligny Commune du Jura, à l'entrée de la culée de Vaux. 4 013 habitants. Collégiale du XVe s. abritant des statues de l'école de Bourgogne. Centre laitier. Viticulture (vins du Jura).

poliment adv. D'une manière polie.

polio n. (abrév.) fam. **1.** n. f. Poliomyélite. *Vaccin contre la polio.* **2.** Poliomyélitique. *Un, une polio.*

poliomyélite n. f. (grec *polios* « gris » et *muelos* « moelle ») Maladie causée par une lésion de l'axe gris de la moelle épinière. → fam. **polio.**

poliomyélitique adj. **1.** Relatif à la poliomyélite. **2.** adj. et n. Atteint de poliomyélite. – n. *Un(e) poliomyélitique.* → fam. **polio.**

P

PÔLES (les écosystèmes polaires)

Les températures estivales ne dépassent pas les 10 °C en Arctique et sont comprises entre 0 et -30 °C en Antarctique. Ces régions abritent des organismes extrêmement robustes dont certains ne vivent nulle part ailleurs sur la planète. Métabolisme adapté, fourrure épaisse, réserves de graisse sont autant d'armes en prévision du jeûne et pour se protéger du froid. Particulièrement sensibles aux changements, de nombreuses espèces seraient condamnées par une hausse des températures de quelques degrés seulement. L'évolution y étant plus rapide que sur le reste du globe, les pôles sont considérés comme un indicateur du climat futur.

L'eider à duvet est le plus gros des canards de mer.

Les éléphants de mer australs mâles luttent pour contrôler des harems de femelles.

Les petits des otaries à fourrure sont élevés sur les rochers à l'abri des eaux.

Les proies de l'orque, redoutable prédateur, peuvent être aussi bien des poissons que des mammifères.

L'ours polaire est le plus grand des carnivores terrestres.

Le petit manchot empereur ne quitte pas l'adulte qui le protège du froid.

Le gorfou doré est le manchot le plus répandu dans le monde.

Le phoque marbré est l'espèce la plus commune sur la banquise arctique.

Grand pêcheur de krill, le fulmar géant est aussi un charognard qui se nourrit de carcasses.

La sterne arctique, grand migrateur au poids plume, se nourrit principalement de petits poissons.

Oiseau pélagique, le fulmar boréal ne gagne les terres que pour nicher.

Les défenses caractéristiques du morse sont extrêmement tranchantes.

Le phoque de Weddell porte le nom de l'explorateur anglais James Weddell.

poliorcétique adj. et n. f. (du grec, de *polis* « ville » et *erkos* « clôture ») didact. (Antiq.) Relatif à l'art d'assiéger les villes. – n. f. Technique du siège des villes.

polir v. tr. < 2 > (vient du latin *polire* → dépolir) 1. Rendre poli (²) par frottement (un corps dur, une substance dure). → **limer, poncer.** *Polir qqch. avec un abrasif.* 2. Travailler pour améliorer. → **parfaire, perfectionner.** □ adj. **polissable**

Polisario (Front) [Front populaire pour la libération de la Saguia el-Hamra et du Río de Oro] Mouvement nationaliste sahraoui créé en 1973, revendiquant l'indépendance du Sahara-Occidental.

polissage n. m. Opération qui consiste à polir (une surface). → **ponçage.**

polisseur, euse n. techn. 1. Ouvrier, ouvrière qui polit une substance, un objet. *Polisseur en bijouterie.* 2. n. f. Machine à polir le marbre, la pierre.

polissoir n. m. Instrument servant à polir (notamment, les ongles).

polissoire n. f. techn. 1. Meule de bois qui sert à polir les couteaux. → **polissoir.** ■ Brosse à chaussures très douce. 2. Atelier où s'effectue le polissage des épingles.

polisson, onne (de *polisse* [vieux] « vol », de *polir* [argot] « nettoyer ») 1. n. Enfant espiègle, désobéissant. 2. adj. (choses) Un peu grivois, licencieux. → **canaille, coquin, égrillard.** *Une chanson polissonne.* – *Des yeux polissons.* → **fripon.**

polissonnerie n. f. 1. Action d'un enfant espiègle, turbulent. 2. vieilli Acte ou propos licencieux.

poliste n. f. ou m. (grec *polistês* « bâtisseur de ville », de *polis* « ville ») zool. Guêpe qui vit dans un nid de plein air, formé d'un seul rayon de cellules et fixé à une branche ou sous une pierre.

Politburo n. m. Bureau politique du Comité central du Parti communiste de la Russie, puis de l'URSS.

-polite voir **-pole**

politesse n. f. (de l'italien, du latin *politus* → polir) 1. Ensemble de règles qui régissent le comportement, le langage à adopter dans une société ; le fait et la manière d'observer ces usages. → **civilité, courtoisie, éducation, savoir-vivre.** *Formules de politesse* (ex. *s'il vous plaît, je vous en prie...*). 2. *Une politesse :* action, parole exigée par les bons usages. *Se faire des politesses.*

politicard, arde n. et adj. péj. Politicien(ne) arriviste, sans scrupule. – adj. *Des calculs politicards.*

politicien, ienne (de l'anglais, du français → ¹politique) 1. n. Personne qui exerce une action politique. → **¹politique.** – *Un politicien véreux.* → **politicard.** 2. adj. péj. Purement politique ; qui se borne aux aspects techniques de la politique. *La politique politicienne.*

politico- Élément (du grec *politikos* → ¹politique) signifiant « politique », qui entre dans la formation d'adjectifs (ex. politico-économique, politico-social).

Politien ou **Ange Politien** (Agnolo Ambrogini, dit en italien **il Poliziano** et en français **le**) Poète et humaniste italien (1454-1494). Il traduisit en latin les classiques grecs, composa des poèmes en grec, en latin et en italien (*Stances pour le tournoi*). Il est l'auteur du premier drame profane en italien, *La Fable d'Orphée.*

¹politique (du latin, du grec *politikos* « social », de *polis* « cité » → ¹police) I. adj. 1. Relatif à l'organisation, à l'exercice du pouvoir dans une société organisée. *Pouvoir politique :* pouvoir de gouverner. *Un homme, une femme politique.* → **politicien.** 2. Relatif à la théorie du gouvernement. *Les grandes doctrines politiques.* – Relatif à la connaissance scientifique des faits politiques. *Institut d'études politiques.* 3. Relatif aux rapports du gouvernement et de son opposition, à la lutte autour du pouvoir. *La vie politique. Les partis* politiques. L'actualité politique.* ■ *Prisonnier politique* (opposé à *de droit commun*). 4. Relatif à un État, aux États et à leurs rapports. *Géographie politique,* partie de la géographie humaine. 5. littér. Habile. → **diplomatique.** 6. *Économie politique.* → **économie.** II. n. 1. Homme, femme politique. 2. Personne qui sait gouverner autrui. *Il était trop mauvais politique.* 3. n. m. Ce qui est politique. *Le politique et le social.*

²politique n. f. (de ¹politique) 1. Manière de gouverner un État (*politique intérieure*) ou de mener les relations avec les autres États (*politique extérieure*). *La politique d'un parti.* 2. Ensemble des affaires publiques. *Faire de la politique.* – La carrière politique. 3. Manière concertée de conduire une affaire. → **tactique.** *Pratiquer la politique du pire.*

politique-fiction n. f. (d'après *science-fiction*) Récit imaginaire mettant en scène l'évolution d'une situation politique.

politiquement adv. 1. En ce qui concerne le pouvoir politique. 2. littér. Avec habileté. *Agir politiquement.* 3. loc. adj. anglic. *Politiquement correct :* qui respecte une idée de société moralisée, éliminant les stéréotypes du langage jugés néfastes et établissant euphémismes et tabous.

Politis (Nikolaos) Juriste et homme politique grec (1872-1942). Ministre des Affaires étrangères de 1917 à 1920, ambassadeur à Paris en 1924, il présida la SDN en 1932, puis l'Institut de droit international de 1937 à sa mort.

politiser v. tr. < 1 > Donner un caractère, un rôle politique à. *Politiser un débat.* – au p. p. *Un syndicat politisé.* □ n. f. **politisation**

Politkovskaïa (Anna) Journaliste russe (1958-2006). Grand reporteur, elle couvrit et dénonça la guerre en Tchétchénie et exprima son opposition à Vladimir Poutine tant dans ses articles que dans son ouvrage *Douloureuse Russie.* Plusieurs fois menacée de mort, elle a été assassinée sans que les auteurs de ce crime n'aient été officiellement identifiés.

politologie n. f. didact. Étude des principes et des faits de la vie politique. □ n. **politologue**

Politzer (Georges) Philosophe français d'origine hongroise (1903-1942). Marxiste, il fit la critique du bergsonisme et de la psychologie expérimentale au profit d'une psychologie concrète dont l'objet serait l'homme dans sa relation à son milieu physique et social. *Le Bergsonisme, une mystification philosophique ; Critique des fondements de la psychologie.*

Politzer (H. David) Physicien américain (né en 1949). Il a découvert la liberté asymptotique caractéristique de l'interaction nucléaire forte. Prix Nobel 2004.

poljé [pɔlje] n. m. (mot slave « plaine ») géogr. Grande dépression entourée de rebords rocheux, à fond plat et alluvial. *Des poljés.*

Polk (James Knox) Homme d'État américain (1795-1849). Président (démocrate) des États-Unis de 1845 à 1849, il mena une politique expansionniste qui conduisit à la guerre contre le Mexique.

polka n. f. (du tchèque ou du polonais) 1. Danse à l'allure vive et très rythmée. – Musique de cette danse. 2. appos. ancienn *Pain polka :* pain dont la croûte est quadrillée.

Polke (Sigmar) Peintre allemand (1941-2010). Précurseur du pop art allemand et cofondateur du réalisme capitaliste, en réponse au réalisme soviétique, il joua sur l'alchimie des formes, les matériaux atypiques, les couleurs et la technique pour aboutir à une œuvre mi-abstraite mi-figurative. Il se réappropria l'imagerie historique et traita des évènements marquants, notamment dans son pays (nazisme ; partition Est/Ouest).

Pollack (Sydney) Cinéaste américain (1934-2008). Il s'est occasionnellement illustré dans la comédie satirique (*Tootsie*), mais ses œuvres les plus brillantes relèvent plutôt du drame (*On achève bien les chevaux ; Out of Africa*) ou du thriller (*Les Trois Jours du Condor ; La Firme*).

Pollaiolo ou **Pollaiuolo (Antonio del)** Orfèvre, sculpteur, peintre et graveur italien (v. 1431-1498). Il s'illustra par ses représentations de corps humains en mouvement, remarquables de précision et d'expressivité. *Apollon et Daphné ; Travaux d'Hercule.* Son frère, **Piero del Pollaiolo** (v. 1443-1496) collabora avec lui sur de nombreuses œuvres, notamment les tombeaux de Sixte IV et d'Innocent VIII à Rome.

pollakiurie n. f. (du grec *pollakis* « souvent » et de *-urie*) méd. Trouble urinaire qui consiste en une fréquence anormalement élevée de mictions peu abondantes.

pollen [pɔlɛn] n. m. (du latin → polenta) Poussière faite de grains minuscules produits par les étamines des fleurs et qui féconde les fleurs femelles.

pollicitation n. f. (du latin juridique, de *polliceri* « offrir, promettre ») dr. Offre exprimée, mais non encore acceptée.

Pollini (Maurizio) Pianiste italien (né en 1942). Son répertoire s'étend du romantisme (Beethoven, Chopin) aux œuvres contemporaines (Boulez). Il s'illustre également en tant que chef d'orchestre depuis 1982.

pollinie n. f. (→ pollen) bot. Masse formée par les grains de pollen agglomérés, chez certaines plantes (orchidées...).

pollinique adj. Du pollen. *Sac, tube pollinique d'une fleur.* – méd. *Asthme pollinique,* causé par le pollen (→ **pollinose**).

pollinisateur, trice adj. Qui produit, transporte du pollen.

pollinisation n. f. Fécondation du pistil des fleurs par le pollen (généralement d'autres fleurs).

polliniser v. tr. < 1 > Féconder par du pollen.

pollinose n. f. (de *pollen* et ²*-ose*) méd. Manifestation allergique provoquée par les pollens.

Pollion voir **Asinius Pollion**

Pollock (Paul Jackson) Peintre américain (1912-1956). Influencé par les « peintures de sable » indiennes et la peinture murale mexicaine, puis par l'automatisme prôné par les surréalistes, il trouva son propre style au cours des années 1940 en adoptant la technique du *dripping,* conçue par Max Ernst, qui consistait à laisser la peinture dégouliner sur la toile au moyen d'une boîte ou d'un sac percé de trous. Il s'illustra surtout par une implication corporelle totale dans son art, devenant ainsi la figure emblématique de la peinture gestuelle, dite « action painting ». Ses compositions, d'une rare richesse chromatique, l'imposèrent comme l'un des artistes les plus audacieux

Jackson Pollock en 1949 à New York, photographié par Martha Holmes.

P

pollution

Sentinelles de l'environnement, les lichens sont sensibles à des gaz polluants, à l'acide fluorhydrique, au dioxyde de soufre, et aux pluies acides. La diversité des lichens présents dans un milieu reflète des gammes de concentration en polluants ou témoigne de la qualité de l'air.

Lorsqu'elles butinent, les abeilles accumulent nombre de substances polluantes (métaux lourds, dioxines, pesticides, radioactivité).

Organisme sentinelle, la truite permet de détecter l'excès d'ammoniac et la diminution de l'oxygène dissous dans les rivières, qui sont fatals aux œufs et aux alevins de l'espèce.

Les embryons et les larves des oursins sont plus sensibles aux polluants que les adultes ; ils représentent les stades critiques pour les tests de toxicité.

L'escargot petit-gris est capable d'accumuler des métaux polluants (plomb, cadmium). On peut mesurer la quantité de polluant présente dans ses viscères.

On peut utiliser les lombrics pour mesurer la teneur en plomb des sols ; ils sont présents partout et sont peu mobiles.

Bio-indicateurs de la qualité de l'air

Bio-indicateurs de la qualité de l'eau

Bio-indicateurs de la qualité du sol

La pollution peut être détectée par des bio-indicateurs qui y sont sensibles. Certains pâtiront de la présence de substances polluantes, d'autres les accumuleront, voire l'utiliseront pour proliférer. La surveillance est passive (observation d'une espèce dans son milieu naturel) ou active (elle est placée dans le milieu d'intérêt). Les bio-indicateurs moléculaires sont également utilisés aujourd'hui : on cherche dans un organisme des molécules produites en cas de pollution.

et les plus originaux de son siècle. *Mâle et Femelle ; Out of the Web ; Blue Poles.*

polluant, ante adj. et n. m. Qui pollue. *Une voiture polluante.* ■ n. m. Produit provoquant une pollution.

polluer v. tr. < 1 > (latin *polluere,* famille de *luere* « laver » → ablutions) **I.** vieux Profaner, souiller. **II.** (repris de l'anglais *to pollute*) Salir en rendant malsain, dangereux. *Des pétroliers ont pollué le littoral.* – au p. p. *Air pollué.* ■ par ext. absolt Dégrader l'environnement. *Sa vieille voiture pollue beaucoup.*

Polo (Marco)

Kūbilaï Khān remet un message pour le pape à Marco Polo, miniature extraite du *Livre des merveilles du monde,* par le Maître de Boucicault (XVe s.), Bibliothèque nationale de France, Paris.

pollueur, euse adj. Qui pollue (II). – n. Personne, industrie qui pollue.

pollution n. f. (→ polluer) **I.** vieux Action de souiller. ■ mod. *Pollution nocturne :* émission involontaire de sperme pendant le sommeil. **II.** (de l'anglais) Action de polluer ; fait d'être pollué. *Lutter contre la pollution* (→ **antipollution**). ■ par ext. Nuisance, dégradation des conditions de vie. *La pollution sonore, lumineuse.*

▶ On regroupe sous le terme « **pollution** » les effets des substances, matériaux et phénomènes qui sont nuisibles à une espèce vivante ou à un milieu. Émis par les activités humaines ou les phénomènes naturels, ou bien naturellement présents, ils peuvent contaminer les sols, l'air et l'eau, voire l'espace (par les débris des satellites par exemple).

Les pollutions sont nommées en fonction de la nature de leurs vecteurs, même si elles ne sont pas directement produites par les activités industrielles correspondantes : l'usage intensif de chauffages individuels, les émissions de radon par le sol, les éruptions solaires ou la prolifération de bactéries dans un réservoir d'eau potable seront ainsi respectivement qualifiées de pollutions chimique, nucléaire, électromagnétique, biologique...

À côté de ces pollutions nocives, on distingue les nuisances — sonores, olfactives ou visuelles — qui ne se caractérisent pas par un potentiel létal mais peuvent avoir des effets négatifs sur le bien-être de ceux, humains ou animaux, qui y sont exposés. Un adage de Paracelse, chimiste et médecin suisse du XVIe siècle, rappelle que, outre la détection du vecteur d'une pollution, la détermination de son intensité, mais aussi de la durée et du seuil au-delà desquels elle devient nocive chez une espèce donnée, reste essentielle : « Toute chose est un toxique et rien n'existe sans toxicité, seul le dosage fait qu'une chose n'est pas un poison. » Ainsi, la vanilline, arôme le plus consommé au monde, est toxique à très haute dose et les acides phtaliques, utilisés comme additifs dans les matières plastiques se sont révélés toxiques à faible dose pour l'humain, car ils interagissent avec son système hormonal.

Pour limiter les risques liés aux différentes formes de pollution, des procédures de normalisation et de certification, telles que les normes ISO 14000 ou le label HQE (pour « haute qualité environnementale »), souvent fondées sur le principe du pollueur-payeur, ont été mises en place.

voir aussi **biodégradable, pesticide, OGM, dioxyde de carbone (CO_2), développement durable, déchets**

Pollux voir Castor et Pollux

Polnareff (Michel) Compositeur et interprète français (né en 1944). Mélodiste doté d'une remarquable voix aux envolées aiguës, il se fit rapidement connaître *(Dans la maison vide),* d'autant qu'il a le goût de la provocation. Il a mené une partie de sa carrière aux États-Unis *(Lettre à France ; Goodbye Marylou).*

¹polo n. m. (de l'anglais, mot indien ou iranien) Sport dans lequel deux équipes de cavaliers doivent pousser une boule de bois dans le camp adverse avec un maillet à long manche.

²polo n. m. (anglais *polo [shirt]* « [chemise de] polo » → ¹polo) Chemise de sport en maille, à col ouvert.

Polo (Marco) Voyageur vénitien (v. 1254-1324). Issu d'une famille de marchands, il entreprit en 1271, avec son père Niccolò et son oncle Matteo, un voyage à travers l'Asie qui le conduisit jusqu'en Chine du Nord, où il se présenta à la cour du grand khan Kūbilaï. Il y demeura seize années au cours desquelles il exerça d'importantes fonctions administratives et diplomatiques en Annam, au Tonkin, en Inde et en Perse. De retour à Venise en 1295, il fit le récit de son périple dans *Le Livre des Merveilles du monde.*

polochon n. m. (origine obscure) fam. Traversin.

Pologne

n. f. ■ offic. république de Pologne État d'Europe centrale. 312 685 km². 38 036 000 habitants (les *Polonais*). **Langue :** polonais. **Religion :** catholiques (90 %). **Monnaie :** złoty. **Capitale :** Varsovie. **Régime :** république parlementaire. La Pologne est divisée en 16 voïvodies.

GÉOGRAPHIE

La côte baltique est basse et sablonneuse, les régions côtières sont marquées par la présence de nombreux lacs (Poméranie, Mazurie). La grande plaine centrale est traversée par les vallées de l'Oder (frontière avec l'Allemagne) et de la Vistule. La Pologne montagneuse forme une étroite bande au S., comprenant les Sudètes et la partie septentrionale des Carpates (point culminant : le Rysy, dans les Tatras, 2 499 m). Les forêts de pins et de bouleaux couvrent 28 % du territoire. Le climat est continental.

ÉCONOMIE

L'industrie a acquis une place dominante pendant la période socialiste (secteurs énergétique et minier, métallurgie, industries d'équipement). Outre la production d'acier et de fonte, les gisements de cuivre (autour de Legnica en Silésie ; 1er producteur européen), de charbon, de plomb, de zinc, de nickel, de chrome, et surtout de sel gemme et de soufre compensent la rareté des minerais de fer, du gaz naturel et du pétrole. L'industrie textile occupe

Pologne

toujours une place importante, tandis que les industries de l'alimentation, du cuir, du bois, du verre, bien que très actives, restent insuffisantes. La Pologne, qui n'a quasiment pas connu la collectivisation des terres, demeure un gros producteur agricole (céréales, betterave à sucre, pomme de terre) et de produits de l'élevage (bovin et porcin), tout en ne couvrant pas ses besoins alimentaires. L'économie polonaise, l'une des plus dynamiques de l'Europe de l'Est depuis 2005, bénéficie de l'intérêt des investisseurs étrangers. Avec l'implantation de Fiat, Volkswagen et General Motors, l'industrie automobile est passée en tête de l'économie, suivie par les produits pharmaceutiques. Les plus fortes concentrations de population se trouvent à Varsovie, dans le bassin minier de haute Silésie et le centre industriel et portuaire de Gdańsk.

Cultures au pied des Tatras. L'agriculture occupe 17 % de la population active.

HISTOIRE

Les Piast La nation polonaise s'est formée par la réunion des tribus slaves occidentales sous l'hégémonie des Polanes et de la dynastie des Piast. Le duc Mieszko Ier (v. 960-992) ajouta aux territoires déjà unifiés (Grande Pologne, Cujavie, Mazovie) la Silésie, la Petite Pologne et la Poméranie. Son fils Boleslas Ier (992-1025), premier roi de Pologne (1025), occupa la Bohême, la Moravie et une partie de la Russie kiévienne, mais Mieszko II (1025-1034) dut reconnaître la suzeraineté germanique. Puis les périodes d'anarchie alternèrent avec les périodes de grandeur. L'unité du pays fut compromise par son partage en principautés régionales (1139-1305), favorisant les ambitions de ses voisins (Lituaniens, ordre Teutonique) et l'invasion des Mongols battus à Legnica en 1241. Ladislas Ier Łokietek, couronné roi en 1320, réunifia la Pologne. Casimir III le Grand (1333-1370) assura son essor territorial, économique et culturel (université de Cracovie).

Les Jagellons Le mariage (1386) de la reine Hedwige avec Ladislas II Jagellon, grand-prince de Lituanie, est à l'origine de l'union polono-lituanienne. Ladislas II battit les Teutoniques à Tannenberg (1410), avant que la paix de Thorn (1466) n'écarte tout danger de ce côté. Sous la Renaissance, le développement économique et culturel de villes comme Cracovie atteignit son apogée. L'humanisme stimula la vie intellectuelle (Copernic), tandis qu'une littérature polonaise supplantait le latin. La tolérance religieuse de Sigismond II (1548-1572) favorisa la constitution d'Églises réformées, mais la Contre-Réforme fut propagée par les jésuites. La Pologne et la Lituanie fusionnèrent par l'union de Lublin (1569).

L'instabilité monarchique L'élection d'Henri de Valois (1573) inaugura la monarchie élective. Étienne Báthory (1576-1586) conquit la Livonie contre Ivan le Terrible. De 1587 à 1688, une branche catholique de la dynastie suédoise des Vasa occupa le trône. Sigismond III (1587-1632) transféra la capitale de Cracovie à Varsovie, tandis que débutait un cycle de conflits avec la Suède, la Russie et la Turquie. Les pertes de la Livonie (paix d'Oliwa, 1660) et de l'E. de l'Ukraine (traité d'Androussovo, 1667) ne furent pas compensées par les succès militaires de Jean III Sobieski (1674-1696) contre les Turcs (Kahlenberg, 1683). Le trône de Pologne fut ensuite disputé entre Stanislas Leszczyński (1704-1709, 1733-1736), imposé par la Suède durant la 2e guerre du Nord (1700-1721) puis candidat de la France, et les électeurs de Saxe Auguste II (1697-1733) et Auguste III (1733-1763), soutenus par l'Autriche et la Russie. La guerre de Succession de Pologne (1733-1738) se termina par la victoire d'Auguste III. L'élection de Stanislas II Poniatowski (1764-1795) renforça la tutelle russe.

Les partages de la Pologne L'échec de la Confédération de Bar contre la Russie (1768) précipita le premier partage de la Pologne (1772). La Prusse s'empara de la Prusse occidentale (sauf Gdańsk et Toruń), la Russie d'une partie de la Lituanie, et l'Autriche de la Galicie moins Cracovie. Après l'adoption de la Constitution de 1791, une intervention militaire russe fut suivie d'un deuxième partage (1793) entre la Russie (Ukraine, Podolie, une partie de la Volhynie et de la Lituanie) et la Prusse (Gdańsk, Toruń, Grande Pologne). L'échec d'une insurrection dirigée par Kościuszko aboutit au troisième partage (1795). La Prusse obtint Varsovie et les territoires à l'O. du Boug et du Niémen, la Russie le reste de la Volhynie, de la Lituanie et la Courlande, et l'Autriche, Cracovie. Les « légions polonaises » constituées par les exilés contribuèrent à la création par Napoléon Ier du grand-duché de Varsovie (1807-1814). Le congrès de Vienne (1815) reconstitua un royaume de Pologne sous l'autorité du tsar Alexandre Ier et créa une république à Cracovie.

Catherine II négociant en 1772 le partage de la Pologne entre la Russie, la Prusse et l'Autriche.

Le XIXe siècle Une première insurrection (1830-1831) fut violemment réprimée. Exaltée par la littérature romantique polonaise (Mickiewicz, Krasiński, Słowacki), elle fut suivie d'une seconde insurrection en 1863 qui se solda par une politique de russification. Parallèlement, les insurrections de Cracovie (1846), aussitôt annexée par l'Autriche, et de Poznań (1848) provoquèrent en Pologne prussienne une germanisation intensive. Cracovie devint la capitale artistique de la Pologne démembrée. Le mouvement Jeune Pologne *(Młoda Polska)* s'exprima à travers la peinture et la littérature. Les transformations sociales accompagnant la croissance économique engendrèrent de nouveaux courants politiques (socialiste, paysan, nationaliste) qui alimentèrent les revendications nationales.

Les deux guerres mondiales Un État polonais fut reconstitué en 1918. Ses frontières à l'O. furent fixées au traité de Versailles (1919) tandis qu'à l'E. la ligne Curzon était repoussée par le traité de Riga après la victoire de Piłsudski dans la guerre polono-soviétique (1921). Dans l'entre-deux-guerres, Piłsudski (1926-1935) puis Rydz-Śmigły (1935-1939) exercèrent la dictature. La Seconde Guerre mondiale fut déclenchée par la revendication de Hitler sur le couloir de Dantzig. La Pologne, envahie par les troupes allemandes (1er sept. 1939) puis soviétiques, fut partagée entre l'Allemagne et l'URSS. Tandis que le général Sikorski constituait à Londres un gouvernement et une armée, la nation polonaise, déjà persécutée dans la zone soviétique (massacre de Katyn), fut réduite, dans la zone d'occupation nazie, à un système de destruction sans précédent. Outre la déportation de 2,5 millions de Polonais condamnés au travail forcé en Allemagne, plus de six millions d'entre eux, dont nombre de Juifs, furent exterminés dans les camps (Auschwitz, Chełmno, Sobibór, Treblinka...) et les ghettos (Varsovie, Łódz, Lublin). L'insurrection de Varsovie (août-oct. 1944) fut écrasée par les Allemands sous le regard des Russes, qui imposèrent en 1945 le gouvernement pro-communiste de Lublin.

L'après-guerre Les nouvelles frontières de la Pologne furent fixées à la ligne Curzon à l'E. et à la ligne Oder-Neisse à l'O. Le régime communiste, dominé par le Parti ouvrier unifié polonais (POUP), eut du mal à conquérir les cœurs dans un pays catholique et traditionnellement hostile aux Russes. Après les émeutes de Poznań (juin 1956), Gomułka redevenu premier secrétaire du POUP procéda à des réformes, mais démissionna à la suite des émeutes de 1970. Son successeur E. Gierek accepta en 1980 la création autour de Lech Wałęsa d'une confédération syndicale libre (Solidarność, « Solidarité »), appuyée par l'Église et le pape Jean-Paul II (Karol Wojtyla), ancien archevêque de Cracovie. Sous la pression soviétique, le général Jaruzelski proclama l'« état de guerre » en décembre 1981. Après des pourparlers entre le régime et l'opposition, Solidarność fut à nouveau légalisé en 1989. Jaruzelski devint président de la République, avec pour Premier ministre T. Mazowiecki, issu de Solidarność.

L'après-communisme L. Wałęsa accéda à la présidence en 1990. La gauche ex-communiste remporta les législatives de 1993 (SLD, Union de la gauche démocratique) et l'élection présidentielle de 1995 (A. Kwaśniewski élu président). Le parti de la droite conservatrice Droit et Justice (PiS) et le parti du centre Plate-forme civique (PO), pro-européen, ont ensuite alterné au pouvoir. La Pologne est entrée dans l'Otan en 1999, a adhéré à l'UE en 2004 et fait partie de l'espace Schengen depuis 2007. Cependant des positions divergentes alimentent régulièrement des tensions avec les instances européennes, notamment sur des réformes menées par le Premier ministre M. Morawiecki (PiS) sur l'indépendance de la justice et des médias, le droit à l'avortement... au début des années 2020.

Pologne (Grande-) Région administrative de la Pologne, dans le centre-ouest du pays. 29 826 km². 3,37 millions d'habitants. Chef-lieu : Poznań. Elle correspond à la région historique de Grande Pologne, berceau de l'État polonais.

Pologne (Petite-) Région administrative de la Pologne, dans le S. du pays. Elle comprend le massif de Łysa Góra. La Pilica, la Warta et la Prosna y prennent leur source. 15 144 km². 3,3 millions d'habitants. Chef-lieu : Cracovie. Elle couvre une partie de la région historique de Petite Pologne.

poloïste n. Joueur, joueuse de polo, de waterpolo.

polonais, aise adj. et n. adj. De Pologne. – n. *Les Polonais.* ■ n. m. *Le polonais* (langue slave).

polonaise n. f. **1.** Danse marchée, qui était la danse nationale de Pologne. – Sa musique. *Les polonaises de Chopin.* **2.** Gâteau meringué, contenant des fruits confits.

Polonceau (Barthélemy Camille) Ingénieur français (1813-1859). Il construisit la ligne de chemin de fer Paris-Versailles et conçut, pour les halles rectangulaires de Paris, un système de couverture avec arbalétriers en bois ou en fer et tirants en fer.

polonium [pɔlɔnjɔm] n. m. (du n. de la Pologne, pays d'origine de Marie Curie) chim. Élément atomique (symb. Po, n° at. 84, masse at. 209) dont tous les isotopes sont radioactifs.

Polonnāruwa Ancienne cité du N. de l'île de Sri Lanka. Elle fut la capitale d'un royaume bouddhiste du VIIIe au XIIIe s. C'est aujourd'hui un site archéologique et un lieu de pèlerinage.

Polotski (Samouil Emelianovitch Petrovski-Sitnianovitch, dit Siméon) Poète et prédicateur russe (1629-1680). Il fut le pionnier du théâtre russe. *Nabuchodonosor.*

Pol Pot (Saloth Sar, dit) Homme politique cambodgien (1928-1998). Secrétaire général du Parti communiste khmer (1962), Premier ministre (1976-1979), il fut le principal responsable des atrocités commises par le régime des Khmers rouges.

Pol Pot en 1979.

Poltava Ville d'Ukraine, sur la Vorskla. 309 100 habitants. Marché agricole. Industrie alimentaire. Production de diamants synthétiques.

Poltava (bataille de) Bataille qui vit, le 8 juillet 1709, la défaite de Charles XII de Suède devant l'armée de Pierre le Grand. Elle signa la fin de l'hégémonie suédoise dans la Baltique.

poltron, onne adj. (de l'italien ; famille de *poulain*) Qui manque de courage physique. → **couard, lâche, peureux ; fam. froussard, trouillard.** – n. *Un poltron, une poltronne.* □ **n. f. poltronnerie**

Poltrot (Jean de), sieur de Méré Gentilhomme français (v. 1533-1563). Il blessa mortellement le duc de Guise lors du siège d'Orléans en 1563. Arrêté et mis à la question, il déclara avoir agi sur l'ordre de Coligny.

poly- Élément (du grec *polus* « nombreux ») qui signifie « nombreux ; abondant ». → **multi-, pluri-.**

polyacide n. m. (→ acide) chim. Corps possédant plusieurs fois la fonction acide.

polyacrylique adj. (de *poly[mère]* et *acrylique*) chim. Obtenu par polymérisation de corps de la série acrylique.

polyakène n. m. (→ akène) bot. Fruit formé de plusieurs akènes.

polyalcool n. m. chim. Molécule organique possédant plusieurs fonctions alcool. → **polyol.**

polyamide n. m. (→ amide) Corps résultant de la réaction d'un polyacide sur une polyamine, constituant de nombreuses matières plastiques.

polyamine n. f. (→ amine) chim. Corps possédant plusieurs fois la fonction amine.

polyandre adj. (du grec, de *andros* « homme ») didact. Qui a plusieurs maris (→ **polygame**). □ n. f. **polyandrie**

polyarthrite n. f. méd. Inflammation simultanée de plusieurs articulations. *Polyarthrite chronique évolutive* ou *rhumatoïde**.

Polybe en grec **Polubios** Historien grec (v. 202-v. 120 av. J.-C.). Livré en otage à Rome, il devint l'ami de Scipion Émilien qu'il accompagna dans ses campagnes contre Carthage et Numance. Ses *Histoires*, comprenant 40 livres, dont 5 seulement nous sont parvenus, et dans lesquels il analyse les facteurs de l'hégémonie de Rome dans la Méditerranée, font de lui l'un des précurseurs de la science historique.

polycentrisme n. m. didact. Organisation multipliant les centres de décision ou de direction. □ adj. **polycentrique**

polycéphale adj. (du grec → -céphale) didact. Qui a plusieurs têtes. – fig. *Un gouvernement polycéphale.*

polychète [pɔlikɛt] n. m. (de *poly-* et du grec *khaitê* « soie ») zool. Ver marin errant ou sédentaire (classe des *Polychètes* ; ex. les néréides).

polychrome [pɔlikʀom] adj. (→ -chrome) Qui est de plusieurs couleurs ; décoré de plusieurs couleurs.

polychromie [pɔlikʀɔmi] n. f. Application de la couleur à la statuaire, à l'architecture.

Polyclète Sculpteur grec (Ve s. av. J.-C.) Il intégra les principes mathématiques des pythagoriciens dans les arts afin de codifier les caractères de la perfection esthétique. Son *canon* réglemente les proportions des formes harmonieuses et de l'équilibre parfait du corps viril qu'il appliqua à ses propres réalisations (le *Diadumène* et le *Doryphore*).

polyclinique n. f. Clinique où se donnent toutes sortes de soins.

polycondensation n. f. chim. Réaction (produisant un *polycondensat* n. m.) entre molécules identiques ou différentes, avec élimination des résidus de la réaction. *Matières plastiques obtenues par polycondensation.*

polycopie n. f. (→ copie) Procédé de reproduction graphique par report (décalque), encrage et tirage.

polycopié, ée adj. et n. m. Reproduit en polycopie. *Des cours polycopiés.* – n. m. *Un polycopié* : texte, et spécialt cours universitaire polycopié. - abrév. fam. **poly.** *Des polys de maths.*

polycopier v. tr. <7> Reproduire en polycopie.

Polycrate Tyran de Samos (535-522 av. J.-C.) Sous son règne, l'île de Samos connut son apogée. Il protégea les sciences et les arts.

polyculture n. f. (→ culture) Culture simultanée de différents produits sur un même domaine, dans une même région (opposé à *monoculture*).

polycyclique adj. **1.** électr. Qui touche plusieurs phénomènes périodiques de fréquence différente. **2.** chim. Qui comporte plusieurs noyaux cycliques dans sa molécule.

polydactyle adj. (de *poly-* + *-dactyle*) pathol. Qui présente des doigts, des orteils surnuméraires (malformation). □ n. f. **polydactylie**

polyèdre n. m. (→ -èdre) géom. Solide limité de toutes parts par des polygones plans. □ adj. **polyédrique**

polyembryonie n. f. (de *poly-* et *embryon*) biol. Formation de plusieurs individus par division d'un œuf unique (→ **monozygote**).

polyester n. m. (→ ²ester, ²éther) Ester à poids moléculaire élevé résultant de l'enchaînement de nombreuses molécules d'esters.

polyéther n. m. chim. Polymère contenant plusieurs fonctions éther.

polyéthylène n. m. (→ éthylène) Matière plastique obtenue par polymérisation de l'éthylène.

Polyeucte Officier romain, martyr à Mélitène v. 250. Il inspira à Corneille une tragédie.

polygala n. m. (de *poly-* et du grec *gala* « lait ») bot. Plante herbacée, vivace (polygalacée), appelée aussi *laitier, herbe au lait.* - syn. **polygale.**

polygame n. (du grec, de *gamos* « mariage ») Homme uni à plusieurs femmes, femme unie à plusieurs hommes à la fois (→ **polyandre**), en vertu de liens légitimes (s'oppose à *monogame*). *Une polygame.* – adj. *Une personne polygame.*

polygamie n. f. (→ polygame) Situation d'une personne polygame. ■ Système social dans lequel une personne peut contracter simultanément plusieurs unions légitimes.

polygénique adj. (de *poly-* et du grec *genikos, de genos* → -gène) **1.** minér. Se dit d'une roche formée d'éléments de nature différente. **2.** géol. Dont la formation s'est déroulée dans des conditions différentes. **3.** biol. Qui implique plusieurs gènes. *Maladie polygénique.*

polygénisme n. m. (→ -génie) Doctrine selon laquelle l'espèce humaine proviendrait de plusieurs souches différentes (s'oppose à *monogénisme*). □ adj. et n. **polygéniste**

polyglobulie n. f. (→ globule) méd. Excès pathologique de globules rouges.

polyglotte adj. (du grec, de *glôtta* « langue ») Qui parle plusieurs langues. → **multilingue.** *Interprète polyglotte.* – n. *Un, une polyglotte.*

Polygnote Peintre grec (v. 500-v. 440 av. J.-C.). Il réalisa de vastes peintures murales, parmi lesquelles la décoration du portique d'Athènes (la *Stoa Poikilé*), évoquant les mythes grecs, et qui l'imposèrent comme le plus grand peintre grec du –Ve s. Ses œuvres ne nous sont connues que par les descriptions qu'en ont faites Pausanias et Pline.

polygonacée n. f. (du grec *polugonaton, de gonu* « genou ») bot. Plante phanérogame (famille des *Polygonacées* ; ex. l'oseille, la rhubarbe).

polygonal, ale, aux adj. Qui a plusieurs angles et plusieurs côtés.

polygone n. m. (→ ¹-gone) **1.** Figure plane fermée par des segments de droite. **2.** Espace polygonal, dans une place de guerre, une fortification.

polyhandicapé, ée adj. et n. Qui présente une atteinte motrice associée à une déficience intellectuelle. – n. *Un polyhandicapé.*

polymère n. m. (→ -mère) Grosse molécule formée par l'enchaînement de monomères*. □ adj. **polymérique**

▶ Les **polymères** sont des substances synthétiques, semi-synthétiques ou naturelles, souvent organiques. Chaque molécule est formée de longues chaînes plus ou moins ramifiées et interconnectées constituées d'unités élémentaires (les monomères) répétées des centaines de fois, voire bien plus. Les matières plastiques, la cellulose ou l'ADN en sont des exemples.
Les polymères synthétiques sont obtenus à l'issue de réactions de « polymérisation », à partir d'un ou de plusieurs types de monomères, souvent en présence de catalyseurs qui peuvent leur conférer des caractéristiques structurales spécifiques. Des adjuvants sont éventuellement utilisés pour leur conférer des propriétés particulières (plasticité, élasticité, résistance mécanique, résistance au vieillissement ou aux UV, couleur, ignifugation, asepsie...). Les polymères *thermoplastiques* peuvent être fondus, et donc remodelés un grand nombre de fois. Par opposition, les polymères *thermodurcissables*, lorsqu'ils sont chauffés, sont le siège de réactions chimiques qui les durcissent de manière irréversible. Les *élastomères*, enfin, sont des polymères élastiques qui supportent des déformations supérieures à 100 %. Les pneumatiques, nés du processus de *vulcanisation* du caoutchouc, breveté par C. Goodyear en 1844, en sont les exemples les plus connus.
De nos jours, les polymères constituent un champ de recherche considérable, aussi bien pour les industriels (matériaux conducteurs, incassables, ultralégers, autonettoyants...) que pour les biologistes (manipulation de l'ADN, de protéines...) ou la physique appliquée (compréhension des propriétés des colles).
voir aussi **biodégradable, chimie verte, déchets, plastique, pollution**

polymérie n. f. **1.** chim. Cas particulier d'isomérie où l'un des composés *(polymère)* a une masse moléculaire multiple de l'autre. **2.** biol. Hérédité où chaque caractère est déterminé par l'action de plusieurs gènes.

polymérisation n. f. Union de plusieurs molécules d'un composé pour former une grosse molécule. *Résines de polymérisation*, composant les matières plastiques.

polymériser v. tr. <1> Transformer en polymère. □ adj. **polymérisable**

Polymnie ou **Polhymnie** L'une des neuf Muses dans la mythologie grecque. Elle préside aux hymnes, à la pantomime ou à la poésie lyrique.

polymorphe adj. (→ -morphe) didact. Qui peut se présenter sous des formes différentes.

polymorphisme n. m. Caractère de ce qui est polymorphe.

Polynésie n. f. Ensemble d'îles du Pacifique, à l'E. de l'Australie, formant une partie de l'Océanie (→ carte). Elle regroupe les îles, les archipels et les atolls situés à l'intérieur du triangle reliant Hawaii au N., la Nouvelle-Zélande au S. et l'île de Pâques à l'E. Elle comprend les îles Kiribati, Tuvalu, Gilbert, Wallis-et-Futuna, Tonga, Phoenix, Samoa, Cook, Christmas et la Polynésie française. Les îles polynésiennes sont volcaniques ou coralliennes. Elles vivent de l'exploitation des cocotiers, du tourisme et de la pêche. Peuplées il y a 4 000 ans par des populations venues d'Asie, elles ont été découvertes par les Européens (Cook, Bougainville) au XVIIIe siècle.

Polynésie française n. f. Partie de la Polynésie centrale comptant près de 130 îles, îlots et atolls et formant un pays d'outre-mer français (POM). 4 200 km². 275 918 habitants (les *Polynésiens*). Elle est constituée de 5 archipels : îles Marquises, îles Gambier, îles de la Société, îles Australes ou Tubuaï, atolls des Tuamotu. Capitale : Papeete.

GÉOGRAPHIE

Montagneuses et d'origine volcanique (sauf les Tuamotu), les îles de la Polynésie française sont, à l'intérieur, couvertes par la forêt dense. Les habitants vivent pour la plu-

P

part sur l'étroite plaine côtière. Le climat, tropical humide, est favorable aux cultures (taro, igname, banane, fruits et légumes, vanille, coprah). La pêche et l'élevage (porcins, volaille, ovins) jouent un rôle essentiel. La fermeture du Centre d'expérimentation du Pacifique de Mururoa (1996) a changé la donne économique de la région. Le tourisme se développe.

HISTOIRE

Colonisées par la France sous le nom d'Établissements français de l'Océanie (1885), les îles devinrent en 1946 un territoire d'outre-mer (TOM) dans le cadre de l'Union française. En 1958, elles prirent le nom de TOM de Polynésie française. Le statut de 1984 a doté la Polynésie française d'une Assemblée territoriale qui élit un Conseil des ministres parmi ses membres ainsi qu'un président. Elle est représentée à l'Assemblée nationale française par 2 députés, tandis que le gouvernement français est représenté à l'Assemblée territoriale par un haut-commissaire. La loi organique de 2004 a donné à la Polynésie française, devenue une collectivité d'outre-mer, le nom de « pays d'outre-mer ».

La vie politique locale a été dominée par le parti de Gaston Flosse jusqu'en 2004, son adversaire politique du parti indépendantiste, Oscar Temaru, accédant au pouvoir. Suivit une période qui vit les deux hommes alterner à la présidence. Le dauphin de Gaston Flosse, Édouard Fritch, occupe cette fonction depuis 2014.

Festival des arts des îles Marquises (2007).

Polynésiens n. m. pl. Population de la Polynésie, parlant des langues du groupe malayo-polynésien. Les Polynésiens sont sans doute venus, il y a quatre millénaires, d'Asie orientale, à travers les archipels mélanésiens et peut-être micronésiens.

polynévrite n. f. (→ névrite) Névrite qui atteint plusieurs nerfs.

Polynice L'un des fils d'Œdipe et de Jocaste, frère d'Étéocle, dans la mythologie grecque.

polynôme n. m. (→ binôme) Expression algébrique constituée par une somme algébrique de monômes (séparés par les signes + ou –). → **binôme, trinôme.**

polynucléaire adj. (→ nucléaire) biol. (cellule) Qui possède plusieurs noyaux. – **n. m.** *Un polynucléaire :* globule blanc à noyau segmenté ou irrégulier paraissant multiple.

polyol n. m. (de *poly-* et [*alco*]*ol*) chim. Polyalcool. ▪ spécialt Substitut du saccharose ne favorisant pas le développement des caries dentaires.

polype n. m. (latin *polypus,* du grec → poulpe, pieuvre) **I.** zool. Forme particulière de certains cnidaires, caractérisée par un tube dont une extrémité porte une bouche entourée de tentacules. – L'animal présentant cette forme (→ **polypier**). *La méduse est un polype.* **II.** Tumeur, excroissance fibreuse ou muqueuse, implantée par un pédicule. □ **polypeux, euse adj.** *Colite polypeuse.*

polypeptide n. m. (→ peptide) biochim. Substance constituée par la combinaison de plus de quatre acides aminés. □ **adj. polypeptidique**

polypétale adj. bot. Qui a plusieurs pétales libres.

polyphasé, ée adj. électr. Qui a plusieurs phases. *Courants polyphasés :* courants alternatifs à plusieurs phases. – Alimenté en courants polyphasés.

Polyphème L'un des Cyclopes, fils de Poséidon, dans la mythologie grecque. Dans *L'Odyssée,* il capture Ulysse et ses compagnons dans son antre afin de les dévorer. Pour s'évader, Ulysse l'enivre et lui enfonce un pieu dans son œil unique.

polyphénol n. m. (→ phénol) biochim. Composé phénolique d'origine végétale, aux propriétés antioxydantes.

polyphonie n. f. (du grec → -phone) Combinaison de plusieurs voix ou parties mélodiques, dans une composition musicale. → **contrepoint.**

▶ Dans la musique savante occidentale, la **polyphonie** se constitue à la fin du Moyen Âge. Les polyphonistes de cette période et du début de la Renaissance (Josquin des Prés, Palestrina, Lassus, Tallis) élaborent des œuvres vocales complexes, relevant du contrepoint (l'art de combiner les différentes lignes mélodiques). Les compositeurs des siècles suivants, comme Bach, Haydn ou Mozart, exploitent sur le plan instrumental et vocal toutes les ressources de l'écriture polyphonique. Si le langage musical du XIXe s. utilise davantage les ressources de l'harmonie, le XXe s. invente de nouveaux procédés compositionnels polyphoniques, au point qu'on a pu parler de polyphonie sérielle.
De nombreuses traditions musicales européennes ou plus lointaines mettent en œuvre des polyphonies vocales (en Corse, au Pays basque, en Afrique avec les chants pygmées). D'autres pratiquent le chant diphonique (les Mongols, les Inuits) : un seul chanteur produit simultanément plusieurs sons, grâce à des techniques de gorge particulières. On emploie également le terme *polyphonique* pour désigner un instrument qui peut faire entendre plusieurs voix simultanément (comme la guitare ou les instruments à clavier), par opposition aux instruments monodiques (comme la trompette ou la flûte traversière).
voir aussi **composition, voix, harmonie, sérialisme**

polyphonique adj. Qui constitue une polyphonie ; à plusieurs voix.

polypier n. m. Squelette calcaire des polypes. *Le corail est un polypier.*

polyploïde adj. (d'après *diploïde* → poly-) biol. Se dit du noyau d'une cellule qui a un nombre de chromosomes supérieur à celui de la cellule normale (diploïde). □ **n. f. polyploïdie**

polypnée n. f. (de *poly-* et du grec *pnein* « respirer » [→ apnée]) méd. Respiration rapide.

polypode n. m. (du latin, du grec *polupodion,* diminutif de *polupous* → polype) bot. Fougère à rhizome rampant, croissant en milieu humide.

polypore n. m. (→ pore) bot. Champignon basidiomycète charnu, se développant sur les arbres (frêne, chêne, etc.).

polypose n. f. (de *polype* et ²*-ose*) méd. Affection caractérisée par la présence de plusieurs polypes se développant généralement sur une muqueuse. *Polypose nasale.*

polypropylène n. m. (→ propylène) chim. Matière plastique obtenue par polymérisation du propylène.

polyptère n. m. (du grec → poly- et -ptère) zool. Poisson osseux des rivières tropicales, à la nageoire dorsale profondément découpée.

polyptyque n. m. (du latin, du grec, de *ptux* « pli ») arts Tableau d'autel, peinture à plusieurs volets. → **diptyque, triptyque.**

polysaccharide [pɔlisakaʀid] n. m. (→ sacchar-) biochim. Glucide naturel, formé par la condensation de plusieurs sucres simples (oses). - var. RO **polysaccaride.**

polysémie n. f. (créé par Bréal, d'après le grec *polusêmos* → sémantique) ling. Caractère d'un signe qui possède plusieurs contenus, plusieurs sens. □ **polysémique adj.** *Mot polysémique.*

polystyle adj. (du grec, de *polu-* [→ poly-] et *stulos* « colonne ») archit. Qui a de nombreuses colonnes.

polystyrène n. m. (→ styrène) Matière plastique obtenue par polymérisation du styrène.

polysulfure n. m. (→ sulfure) chim. Molécule formée de quatre atomes de soufre liés par des liaisons éthyléniques.

polysyllabe adj. (du grec → syllabe) didact. Qui est composé de plusieurs syllabes. – **n. m.** *Un polysyllabe.* - syn. **polysyllabique.**

polytechnicien, ienne n. Élève, ancien(ne) élève de Polytechnique. - syn. fam. **un, une X.**

polytechnique adj. et n. f. (→ technique) **1.** vieux Qui embrasse plusieurs sciences et techniques. **2.** *École polytechnique* ou **n. f.** *Polytechnique :* grande école scientifique française. → **X.**

polytechnique (École) Établissement public français d'enseignement supérieur et de recherche, créé à Paris en 1794, transféré à Palaiseau en 1976. De vocation scientifique, l'école a été dotée d'un statut militaire par Napoléon en 1804.

polythéisme n. m. (du grec *theos* « dieu ») Doctrine qui admet l'existence de plusieurs dieux. *Le polythéisme grec.* → **panthéon.**

▶ Les **polythéismes** sont des systèmes religieux variés et complexes ; ils regroupent la plupart des religions de l'Antiquité (celles des peuples de la Mésopotamie, des Égyptiens, des Grecs, des Romains, des Celtes, des Germains...), mais aussi les cultes précolombiens ou africains traditionnels ; aujourd'hui, l'hindouisme peut encore être considéré comme un polythéisme, même si de nombreux hindous voient dans leurs divinités plusieurs facettes du même dieu.
La plupart des polythéismes reposent sur la divinisation des forces naturelles, telles le ciel et le soleil, les phénomènes atmosphériques (orage, vent, pluie), la terre, les eaux et le feu. Animaux et plantes aussi sont sacralisés. Les dieux peuvent également personnifier des fonctions sociales (mariage, médecine), des étapes de la vie (enfantement, mort), des valeurs et des notions abstraites (justice, amour, guerre, vengeance). Ils ont des aires de pouvoir délimitées et interviennent d'une manière qui leur est spécifique ; ils sont fréquemment classés par couple (Varuna/Mitra dans la religion védique) ou par triade (Osiris/Isis/Horus dans l'Égypte ancienne) et il est courant qu'ils aient des liens de parenté (les dieux de l'Olympe grec forment une grande « famille »).
Au sommet des panthéons hiérarchisés trône généralement une divinité céleste supérieure, à l'instar de Zeus chez les Grecs et Jupiter chez les Romains ; à côté des principaux dieux, on distingue des divinités mineures, des démons, des bons et des mauvais génies. Les dieux sont individualisés par leur fonction et leurs attributs, mais aussi par leur nom, lui-même divin, quelquefois secret, par leurs représentations aux formes souvent animales ou humaines (anthropomorphisme), leurs mythes et leur culte spécifique. Il existe toutefois des systèmes polythéistes où les puissances divines sont moins individualisées ; les pratiques rituelles (possession, sacrifice) ont alors une place prépondérante.
voir aussi **monothéisme, mythe, animisme**

polythéiste n. et adj. (Personne) qui croit en plusieurs dieux. – **adj.** Relatif au polythéisme.

polythène n. m. (n. déposé, de *poly-* et *éthylène*) chim. → **polyéthylène.**

polytonal, ale, aux ou **als** adj. (→ tonal) mus. Qui admet ou comporte l'existence simultanée de plusieurs tons. *La musique polytonale de Prokofiev.* □ **n. f. polytonalité**

polytoxicomanie n. f. didact. Toxicomanie caractérisée par la consommation simultanée ou consécutive de plusieurs substances toxiques. ■ adj. et n. **polytoxicomane**

polytransfusé, ée adj. et n. (→ transfuser) méd. Qui a subi plusieurs transfusions sanguines. – n. *Des polytransfusés.*

polytraumatisé, ée adj. et n. méd. Qui a subi plusieurs lésions graves au cours d'un même accident. – n. *Les polytraumatisés de la route.*

polytric n. m. (latin bot. *polytrichum*, du grec, de *trix* « cheveu ») bot. Plante cryptogame cellulaire, mousse à tige dressée.

polyuréthane n. m. (de *uréthane*, de *éthane*) Résine obtenue par condensation de polyesters. - var. **polyuréthanne.**

polyurie n. f. (de *poly-* et du grec *ouron* « urine ») méd. Sécrétion excessive d'urine. □ adj. **polyurique**

polyvalence n. f. Caractère de ce qui est polyvalent.

polyvalent, ente I. adj. 1. chim. Qui a plusieurs valences. → **plurivalent.** 2. Qui a plusieurs fonctions, plusieurs activités différentes. *Un professeur polyvalent.* – (en France) *Lycée polyvalent,* regroupant des sections générales et des sections techniques. (au Québec) *École polyvalente ou une polyvalente* n. f. : école secondaire dispensant un enseignement général et professionnel. II. n. m. Fonctionnaire chargé de vérifier la comptabilité des entreprises. *Les polyvalents.*

polyvinyle n. m. (→ vinyle) chim. Polymère des composés vinyliques. *Chlorure de polyvinyle.* → **PVC.**

polyvinylique adj. chim. Se dit des polymères comportant des radicaux vinyle (polyéthylène, chlorure de polyvinyle, polystyrène).

Polyxène Princesse troyenne, fille de Priam et d'Hécube, dans la mythologie grecque.

Pomaré Dynastie qui régna à Tahiti de 1762 à 1880. ■ Aimata, dite **Pomaré IV** (1813-1877). Reine de Tahiti (1827-1877). Son règne fut marqué par l'établissement du protectorat français, qu'elle fut contrainte de reconnaître en 1847. ■ **Pomaré V** (1842-1891). Roi de Tahiti (1877-1880). Fils de Pomaré IV, il abdiqua en 1880 et céda l'administration de Tahiti à la France.

Pombal (Sebastião Jose de Carvalho e Melo, marquis de) Homme d'État portugais (1699-1782). Nommé Premier ministre en 1755 par Joseph Ier, il établit un régime de despotisme éclairé, entreprenant de grandes réformes administratives et économiques. Il pratiqua une politique d'expansion coloniale au Brésil et lutta contre les jésuites, qu'il fit expulser. L'avènement de Marie Ire de Bragance (1777) l'écarta du pouvoir.

pomélo n. m. (de l'anglais, du latin *pomum melo* « fruit melon ») 1. Arbre hybride de pamplemousse et d'oranger dont les fruits viennent en grappes. – Fruit de cet arbre. → **grapefruit.** 2. abusivt Pamplemousse.

Poméranie n. f. Région historique en bordure de la Baltique. Longtemps disputée par le Brandebourg, la Prusse et la Pologne, elle fut en partie rattachée à la Suède par le traité de Westphalie (1648). Intégrée à la Prusse en 1815, la Poméranie fut divisée en deux parties après la Seconde Guerre mondiale : la *Poméranie antérieure*, à l'O. de l'Oder, en Allemagne, fut réunie au Mecklembourg pour former le Land de *Mecklembourg-Poméranie-Antérieure* ; la partie la plus importante, à l'E. de l'Oder, revint à la Pologne, regroupant les voïvodies de *Poméranie* et de *Poméranie occidentale.*

pomerium ou **pomérium** [pɔmerjɔm] n. m. (mot latin, de *post* « après » et *murus* « mur ») Antiq. romaine Espace sacré ménagé autour des villes latines, sur lequel il était interdit de bâtir, d'enterrer des morts, etc. - var. **pomœrium.**

pomerol n. m. (de *Pomerol*) Vin rouge du Bordelais caractérisé par une onctuosité veloutée.

Pomerol Village de la Gironde, dans l'arrondissement de Libourne. Vins rouges réputés.

pomi-, pomo- Éléments (du latin *pomum* → ¹pomme) qui signifient « fruit ».

pomiculture voir **pomoculture**

pommade n. f. (de l'italien, de *pomo* « pomme ») Substance grasse à mettre sur la peau (médicament, etc.). → **crème.** – loc. *Passer de la pommade à qqn,* le flatter grossièrement.

pommader v. tr. < 1 > Enduire de pommade.

pommard n. m. (de *Pommard*) Bourgogne rouge, très estimé.

Pommard Village de la Côte-d'Or, au pied de la côte de Beaune. Grands crus de bourgognes rouges.

¹pomme n. f. (vient du latin *pomum* « fruit », spécialisé au sens de *malum* « pomme ») I. 1. Fruit du pommier, rond, à pulpe ferme et juteuse. *Pommes à couteau,* bonnes à être consommées crues. *Pommes à cuire. Pomme d'api**. Pommes à cidre. Jus de pomme. Eau-de-vie de pomme.* → **calvados.** *Compote de pommes.* 2. appos. invar. *Vert pomme* : assez vif et clair. 3. loc. fam. *Tomber dans les pommes,* s'évanouir. ■ loc. fam. *Se sucer la pomme* : s'embrasser. – fam. *Ma, sa pomme,* moi, lui. – fam. Idiot, naïf. *Pauvre pomme !* → **poire.** 4. *Pomme d'Adam* : saillie à la partie antérieure du cou (des hommes). 5. (au sens de « fruit ») *Pomme de pin* : organe reproducteur du pin, formé d'écailles dures qui protègent les graines. II. *Pomme d'arrosoir, pomme de douche,* partie arrondie percée de petits trous, qui permet de distribuer l'eau en pluie.

²pomme n. f. Pomme de terre. *Pommes frites.* → **frite.** *Pommes vapeur.*

pommé, ée adj. (plantes) Qui a une forme arrondie. *Chou pommé.*

pommeau n. m. (de *pomme*) 1. Tête arrondie de la poignée (d'un sabre, d'une épée). – Boule à l'extrémité d'une canne, d'un parapluie. *Canne à pommeau d'argent.* 2. Extrémité percée (d'un système de douche) par laquelle l'eau s'écoule en pluie. → **¹pomme (II).**

pomme de terre n. f. (de *pomme* au sens de « fruit ») 1. Tubercule comestible. → **patate, ²pomme.** *Variétés de pommes de terre :* bintje, rosa, roseval, belle de Fontenay, charlotte, ratte... *Pommes de terre à l'eau, sautées. Pommes de terre en robe des champs. Purée de pommes de terre. Pommes de terre frites.* → **frite.** 2. La plante cultivée pour ses tubercules. *Champ de pommes de terre.*

pommelé, ée adj. (de *pomme*) 1. Couvert ou formé de petits nuages ronds. *Un ciel pommelé.* 2. (robe du cheval) Couvert de taches rondes grises ou blanches.

se **pommeler** v. pron. < 4 ou RO 5 > (ciel) Se couvrir de petits nuages ronds. → **moutonner.**

pommelle n. f. (de *paumelle*, avec influence de ¹*pomme*) techn. Plaque métallique percée de trous, qu'on met à l'ouverture d'un tuyau pour empêcher que les détritus ne l'obstruent.

pommer v. intr. < 1 > (de ¹*pomme*) agric. Se dit de plantes dont les feuilles poussent serrées en forme de boule. *Les choux commencent à pommer.*

pommeraie n. f. Plantation, champ de pommiers.

pommette n. f. (de *pomme*) Partie haute de la joue.

pommier n. m. 1. Arbre à frondaison arrondie dont le fruit est la pomme. 2. *Pommier du Japon, de Chine,* variété exotique cultivée pour ses fleurs roses.

pomo- voir **pomi-**

pomoculture n. f. (de *pomo-* et *culture*) didact. Culture des arbres donnant des fruits à pépins. - syn. **pomiculture.** □ n. **pomoculteur, trice** et **pomiculteur, trice**

Pomodoro (Arnaldo) Sculpteur italien (né en 1926). Représentant du courant de l'art concret, il compose ses sculptures à partir d'éléments mécaniques. *Grande omaggio alla civiltà tecnologica.*

pomœrium voir **pomerium**

pomologie n. f. (de *pomo-* + *-logie*) didact. Partie de l'arboriculture qui concerne les fruits comestibles. □ adj. **pomologique** □ n. **pomologue** et **pomologiste**

Pomone Nymphe protectrice des fruits dans la mythologie romaine.

Pompadour (Jeanne Antoinette Poisson, marquise de) Favorite de Louis XV (1721-1764). Épouse du fermier général Le Normant d'Étiolles, elle fut la maîtresse déclarée du roi de 1745 à 1750. Protectrice des artistes et des écrivains, elle favorisa la publication de l'*Encyclopédie.* Elle usa de son influence politique pour soutenir Bernis, Choiseul et Soubise.

pompage n. m. Action de pomper ; aspiration d'un liquide ou d'un gaz. *Les stations de pompage d'un pipeline.*

¹pompe n. f. (du latin, du grec *pompê*, de *pempein* « envoyer ») 1. littér. Déploiement de faste dans un cérémonial. → **apparat, magnificence ; pompeux.** – loc. *En grande pompe,* avec faste. 2. *Pompes funèbres**. 3. relig. au plur. Les vanités du monde. *Renoncer à Satan, à ses pompes et à ses œuvres.*

²pompe n. f. (du néerlandais, p.-ê. onomatopée) I. 1. Appareil destiné à déplacer un liquide. *Pompe aspirante ; foulante. Amorcer une pompe. Aller chercher de l'eau à la pompe. Pompe à incendie. Bateau-pompe,* muni de lances à incendie. 2. *Pompe (à essence)* : distributeur d'essence. → **²poste d'essence, station-service ; pompiste.** *Les pompes d'un garage.* 3. Appareil déplaçant de l'air. *Pompe à vélo.* 4. fam. Traction des bras. II. fig. 1. fam. *Avoir un coup de pompe* : se sentir brusquement épuisé. 2. fam. *Partir à toute pompe,* à toute vitesse. 3. fam. Chaussure. *Une paire de pompes.* – loc. *Être à côté de ses pompes* : ne pas avoir les idées claires, être distrait. 4. fam. *Soldat de deuxième pompe,* simple soldat. 5. argot scol. Papier contenant des informations que l'on cache pour l'utiliser frauduleusement lors d'un examen. → **antisèche.**

Pompée en latin **Cnaeus Pompeius Magnus** Général et homme politique romain (106-48 av. J.-C.). Lieutenant de Sylla, il vainquit les partisans de Marius en Sicile et en Afrique. Après avoir écrasé la révolte de Spartacus, il fut élu consul avec Crassus et soumit les pirates en Méditerranée (–67). Vainqueur de Mithridate et de Tigrane, il conquit le Pont, la Bithynie et la Syrie. Devant la crise du régime républicain, il forma, avec Jules César et Crassus, le premier triumvirat (–60). La mort de Crassus accentua la rivalité entre Pompée et César : tandis que ce dernier était en Gaule, Pompée se fit attribuer les pleins pouvoirs par le sénat et ordonna à César d'abandonner son armée. Celui-ci refusa et franchit le Rubicon, déclenchant une nouvelle guerre civile qui s'acheva par la défaite de Pompée à Pharsale (–48). Il fut assassiné en Égypte où il tentait de se réfugier.

Pompéi Ville d'Italie, en Campanie, au pied du Vésuve. 25 750 habitants. Centre historique et touristique. Ancienne colonie romaine, elle servait de lieu de résidence d'été aux riches Romains. Partiellement détruite par un tremblement de terre en –63, elle fut entièrement ensevelie sous une couche de cendres et de pierres lors de l'éruption du Vésuve en 79. Les fouilles

P

Pompéi

Le site de Pompéi, protégé par les cendres du Vésuve, est dans un état de conservation exceptionnel.

entreprises à partir du XVIIIe s. ont mis au jour des restes d'édifices publics, de maisons, de quartiers et de temples, ainsi que de nombreuses peintures murales, précieux témoignages de la civilisation romaine.

pomper v. tr. < 1 > **1.** Déplacer (un liquide, un gaz) à l'aide d'une pompe. *Pomper de l'eau.* → **puiser.** ■ loc. fam. *Pomper l'air à qqn :* prendre toute la place à ses dépens ; le fatiguer, l'ennuyer. **2.** Aspirer (un liquide). *Les moustiques pompent le sang.* **3.** intrans., fam. Boire. – trans. *Sa voiture pompe (du) dix litres aux cent.* → **consommer. 4.** fam. Copier. *Il a pompé sur son voisin.* **5.** fam. Épuiser. *Cet effort l'a pompé.* – au p. p. *Je suis pompé.* → **épuisé.**

pompette adj. **(origine obscure ; d'abord « ruban », famille de *pompon*, influence de *pomper*)** fam. Un peu ivre, éméché. *Il est rentré pompette.*

pompeusement adv. Avec emphase.

pompeux, euse adj. (→ [1]**pompe**) Qui affecte une solennité plus ou moins ridicule. *Un ton pompeux.* → **déclamatoire, sentencieux.**

Pompidou (Georges) Homme d'État français (1911-1974). Proche collaborateur du général de Gaulle de 1944 à 1946, il fut nommé Premier ministre en 1962. Lors des évènements de mai 1968, il conclut avec les syndicats les accords de Grenelle. Élu président de la République après le départ de De Gaulle (1969), il mourut avant la fin de son mandat. Il fut l'initiateur du Centre national d'art et de culture qui porte aujourd'hui son nom.

Georges Pompidou en 1972 à la télévision française.

Pompidou (Centre) voir **Centre national d'art et de culture Georges-Pompidou**

[1]**pompier, ière** n. **(de *pompe*)** Personne appartenant au corps des sapeurs-pompiers, chargé de combattre incendies et sinistres. *Avertisseur des voitures de pompiers.* → **pin-pon.** *Casques, grande échelle de pompiers.* – loc. (allusion aux incendies) *Fumer comme un pompier,* beaucoup.

[2]**pompier, ière** adj. **(du casque des soldats antiques, comparé à celui des pompiers)** Emphatique et prétentieux. ■ **n. m.** Peintre académique du XIXe siècle. □ **n. m. pompiérisme**

Pompignan (Jean-Jacques Lefranc, marquis de) Poète français (1709-1784). Il composa des odes et des poèmes et s'illustra par son opposition aux philosophes. *Ode sur la mort de J.-B. Rousseau ; Poèmes sacrés.* ■ **Pompignan (Jean-Georges Lefranc de)** Ecclésiastique et écrivain français (1715-1790). Frère de Jean-Jacques de Pompignan. Dans ses *Questions sur l'incrédulité,* il fustigea les idées des philosophes, en particulier celles de Voltaire. Il fut pourtant l'un des premiers députés du clergé à se rallier au tiers état, lors des États généraux de 1789.

pompile n. m. **(d'abord n. de poisson ; du latin, du grec)** zool. Insecte (hyménoptère) porteur d'aiguillon, qui fait son nid dans le bois pourri, dans le sol.

pompiste n. Personne préposée à la distribution de l'essence.

pom-pom girl [pɔmpɔmgœʀl] n. f. **(mot anglais « fille à pompon »)** anglic. **(en Amérique du Nord)** Jeune fille qui soutient une équipe lors d'une rencontre sportive en défilant dans une tenue aux couleurs de l'équipe et en agitant des pompons. *Des pom-pom girls.*

pompon n. m. **(onomatopée *pomp-*)** **1.** Touffe de laine servant d'ornement. → **houppe.** *Le bonnet à pompon rouge des marins français.* **2.** *Rose pompon,* rose, à petite fleur sphérique. **3.** *Avoir, décrocher le pompon,* l'emporter (souvent iron.). *C'est le pompon !,* c'est le comble !

Pompon (François) Sculpteur français (1855-1933). Il est connu pour ses grandes compositions animalières. *L'Ours blanc ; Le Cerf.*

François Pompon, *Panthère noire,* statuette en bronze (1925), musée d'Orsay, Paris.

Pomponace (Pietro Pomponazzi, dit en français Pierre) Philosophe italien (1462-1525). Il s'attira les persécutions de l'Église pour avoir soutenu que l'âme humaine individuelle était, d'après Aristote, mortelle et que la doctrine aristotélicienne s'opposait en cela à celle de l'Évangile. Son *Traité de l'immortalité de l'âme* fut proscrit par le concile de Trente.

Pomponne (Simon Arnauld, marquis de) Homme politique français (1618-1699). Fils d'Arnauld d'Andilly et neveu du Grand Arnauld, secrétaire d'État aux Affaires étrangères pendant la guerre de Hollande (1672-1678), il conclut la paix de Nimègue (1679).

pomponner v. tr. < 1 > Parer, orner avec soin. → **bichonner.** – pronom. *Se pomponner pendant des heures.*

ponant n. m. **(du provençal « [soleil] qui se pose » ; famille du latin *ponere* → pondre)** régional ou littér. Couchant (opposé au *levant*). → **occident, ouest.**

Ponape voir **Carolines (îles)**

ponçage n. m. Action de poncer ; son résultat.

ponce adj. f. et n. f. **(vient du latin *pumex*)** **1.** *Pierre ponce :* roche volcanique poreuse, légère et très dure. *Des pierres ponces.* **2. n. f.** Sachet d'étoffe contenant une poudre colorante, utilisé pour reproduire des dessins (→ **poncif).**

Ponce Ville de Porto Rico, au S.-O. de l'île. 107 900 habitants. Production de rhum et de café.

[1]**ponceau** adj. invar. **(de *paon*)** D'un rouge vif et foncé.

[2]**ponceau** n. m. **(vient du latin pop. *ponticellus,* diminutif de *pons, pontis* → pont)** Petit pont* d'une seule travée. *Des ponceaux.*

Poncelet (Jean Victor) Mathématicien français (1788-1867). Il publia, en 1822, un *Traité des propriétés projectives des figures,* ouvrage de synthèse qui posa les principes de la géométrie projective et en fit une branche autonome de la géométrie, s'inscrivant ainsi dans la lignée de Monge et Desargues. Il enseigna également la mécanique physique et expérimentale.

poncer v. tr. < 3 > **(de *ponce*)** **1.** Décaper, polir (une surface) au moyen d'une matière abrasive (pierre ponce, papier de verre...). *Poncer un plafond avant de le repeindre.* **2.** arts Reproduire un dessin piqué en frottant avec un tampon (→ **ponce)** imprégné d'une poudre.

Poncet (François-) voir **François-Poncet (André)**

ponceur, euse n. **1.** Personne chargée de poncer. **2. n. f.** Machine servant à poncer. *Ponceuse électrique à bande.*

ponceux, euse adj. **(de *ponce*)** minér. Qui est de la nature, qui a la structure de la pierre ponce.

poncho [pɔ̃(t)ʃo] n. m. **(mot espagnol du Pérou)** Manteau formé d'une pièce d'étoffe percée d'un trou pour passer la tête (traditionnel en Amérique du Sud).

poncif n. m. **(de *ponce* « dessin poncé »)** **1.** arts Dessin piqué reproduit par ponçage. **2.** Thème, expression littéraire ou artistique dénuée d'originalité. → **banalité, cliché,** [1]**lieu commun.**

ponction n. f. **(du latin, de *pungere* → poindre)** **1.** Opération chirurgicale qui consiste à piquer les tissus vivants enveloppant une cavité pour en retirer le liquide qu'elle contient. *Ponction lombaire.* **2.** Prélèvement (d'argent, etc.).

ponctionner v. tr. < 1 > Traiter, vider par une ponction. – fig. et fam. *Ponctionner les revenus des salariés.*

ponctualité n. f. **1.** littér. Soin, précision dans l'accomplissement de ses devoirs. *La ponctualité d'un employé.* → **assiduité. 2.** (plus cour.) Qualité d'une personne ponctuelle (I, 2).

ponctuation n. f. Système de signes servant à indiquer les divisions d'un texte, à noter certains rapports syntaxiques. *Signes de ponctuation.* → **crochet, guillemet, parenthèse,** [1]**point, tiret, virgule.** – Manière d'utiliser ces signes. *Orthographe* et ponctuation.*

P

ponctuel, elle adj. (du latin, de *punctum* → ^{1}point) I. 1. vieilli Qui met beaucoup de soin, d'attention à un travail, à une fonction. → **assidu, régulier.** 2. Qui respecte les horaires. *Une employée ponctuelle.* II. 1. sc. Qui peut être assimilé à un point*. *Source lumineuse ponctuelle.* 2. fig. Qui ne concerne qu'un point, qu'un élément d'un ensemble (opposé à *global*). *Des remarques ponctuelles.*

ponctuellement adv. 1. Avec ponctualité. 2. En se limitant à certains points. *Intervenir ponctuellement.*

ponctuer v. tr. < 1 > (du latin *punctum* → ^{1}point) 1. Diviser (un texte) au moyen de la ponctuation. 2. Marquer par (un cri, un geste répété). *Ponctuer ses phrases de soupirs.*

-poncture ou **-puncture** Élément (du latin *punctura*) qui signifie « piqûre ».

pondaison n. f. zool. Saison de la ponte, chez les oiseaux.

pondérable adj. (du latin → pondérer) Qui peut être pesé ; qui a un poids mesurable.

pondéral, ale, aux adj. (→ pondérer) didact. Relatif au poids. *Surcharge pondérale.*

pondérateur, trice adj. littér. Qui a un effet modérateur, qui maintient l'équilibre. – sc. *Le coefficient pondérateur.*

pondération n. f. Calme, équilibre et mesure dans les jugements.

pondéré, ée adj. Calme, équilibré.

pondérer v. tr. < 6 > (du latin, de *pondus*, famille de *pendere* → pendre) littér. Équilibrer (les forces). *Pondérer le pouvoir exécutif par un contrôle du Parlement.* – au p. p. *Forces pondérées.*

pondéreux, euse adj. (latin *ponderosus* « pesant ») sc., techn. Qui pèse beaucoup. – n. m. pl. *Les pondéreux.*

pondeur, euse adj. Qui pond des œufs. *Poule pondeuse*, élevée pour ses œufs. ■ n. f. *Une bonne pondeuse.* – fig. et fam. Femme très féconde, qui a beaucoup d'enfants.

Pondichéry ou **Pondicherry** offic. Puducherry Ville d'Inde, capitale du Territoire de l'Union de Pondichéry, sur le golfe du Bengale. 1,4 million d'habitants. Ancien comptoir français fondé en 1674 et siège de la Compagnie française des Indes orientales, la ville fut restituée à l'Inde en 1954.

pondoir n. m. techn. Panier, appareil disposé pour que les poules viennent y pondre.

pondre v. tr. < 41 > (vient du latin *ponere* « poser, déposer » → ponant, ^{2}ponter) 1. (femelle ovipare) Déposer, faire (ses œufs). → ^{1}ponte. – au p. p. *Un œuf tout frais pondu.* 2. fam., péj. Accoucher de, avoir (un enfant). ■ Écrire, produire (une œuvre). *Il pond trois romans par an.*

poney n. m. (anglais *pony*, emprunt à un n. français de la famille de *poulain*) Cheval d'une race de petite taille. *Des poneys. Femelle du poney* ou *ponette* n. f.

Ponge (Francis) Poète français (1899-1988). Dans ses poèmes en prose, il s'est attaché à la description minutieuse et objective des objets les plus anodins et les plus quotidiens, travaillant sur les mots, leur épaisseur, leur aptitude à dire les choses. On lui doit également divers ouvrages de réflexion sur la poésie. *Le Parti pris des choses* ; *Le Savon* ; *La Fabrique du pré.*

pongé n. m. (de l'anglais, du chinois) Taffetas de soie léger et souple.

pongidé n. m. (de *pongo*, n. d'un grand singe) zool. Primate hominoïde (famille des *Pongidés* ; ex. le gorille, l'orang-outan).

pongiste n. (de *ping-pong*) Joueur, joueuse de ping-pong.

Poniatowski (Józef Antoni, prince) Général polonais et maréchal de France (1763-1813). Nommé ministre de la Guerre du grand-duché de Varsovie par Napoléon (1807), il commanda l'armée polonaise contre les Autrichiens (1809) et participa à la campagne de Russie. Il fut fait maréchal d'Empire après la bataille de Leipzig (1813).

Ponnya (U) dit **Ponnya de Salé** Auteur dramatique et poète birman (1812-1866). Il est l'auteur du *Porteur d'eau*, pièce considérée comme le chef-d'œuvre du théâtre birman.

Pons [pɔ̃] Commune de la Charente-Maritime, sur la Seugne. 4 206 habitants. Édifices médiévaux. Château d'Usson de style Renaissance. Industrie alimentaire.

Ponsard (François) Poète dramatique français (1814-1867). Il voulut rendre au théâtre classique ses lettres de noblesse à l'heure où le romantisme triomphait, et apparut ainsi comme un auteur réactionnaire. *Lucrèce.*

Ponson du Terrail (Pierre Alexis, vicomte) Écrivain français (1829-1871). Auteur de romans-feuilletons aux intrigues extravagantes et peu soucieuses de vraisemblance, il rencontra un immense succès avec *Les Drames de Paris* et son héros, le mystérieux Rocambole.

pont n. m. (vient du latin *pons, pontis*) I. 1. Construction, ouvrage reliant deux points séparés par une dépression ou par un obstacle. → **viaduc.** *Pont franchissant une voie d'eau, une voie ferrée, une autoroute. Levée, parapet et tablier d'un pont. Pont suspendu. Pont pour les piétons.* → **passerelle.** « *Sous le pont Mirabeau coule la Seine* » (Apollinaire). *Franchir, traverser un pont. Pont mobile, tournant, levant* ou *basculant.* → **pont-levis.** – loc. *Il est solide comme le Pont-Neuf*, très vigoureux. *Il coulera (passera) de l'eau sous les ponts*, il se passera un long temps. – *Couper les ponts*, s'interdire tout retour en arrière ; cesser les relations. ■ *Pont de graissage*, sur lequel on soulève les automobiles pour les graisser. 2. ***Ponts et Chaussées*** : en France, service public chargé de la construction et de l'entretien des voies publiques. 3. ***Pont aux ânes*** : démonstration du théorème de Pythagore. – par ext. Banalité connue de tous. 4. loc. fig. *Faire un **pont d'or** à qqn* : lui offrir une forte somme, pour le décider à occuper un poste. 5. Ensemble des organes (d'une automobile) qui transmettent le mouvement aux roues. *Pont arrière.* 6. Pièce d'étoffe qui se rabat. *Pantalon à pont.* 7. Jours où l'on ne travaille pas entre deux fêtes. *Le pont de l'Ascension.* 8. ***Pont aérien*** : liaison aérienne d'urgence quasi ininterrompue (au-dessus d'une zone interdite, dangereuse...). 9. ***Tête de pont*** : point où une armée prend possession d'un territoire à conquérir. 10. gymnastique Position dorsale et cambrée, le corps en appui sur les mains et les pieds. II. Ensemble des bordages recouvrant entièrement la coque d'un navire. *Navire à trois ponts.* – *Pont d'envol*, sur un porte-avion. – absolt Pont supérieur. *Tout le monde sur le pont !*

Pont n. m. Ancien royaume d'Asie Mineure, sur le Pont-Euxin. Soumis aux Perses, le Pont fut proclamé royaume indépendant par le satrape Mithridate Ier en –301. Il atteignit son apogée sous le règne de Mithridate VI (111-63 av. J.-C.) et fut conquis par Rome en –62.

Ponta Delgada Capitale de l'archipel portugais des Açores, sur la côte S. de l'île de São Miguel. 28 000 habitants. Port de pêche et de plaisance.

pontage n. m. chir. Opération qui consiste à réunir deux veines (ou artères) par greffage sur un troisième segment.

Ponta Grossa Ville du Brésil (État du Paraná). 304 800 habitants.

Pont-à-Mousson Commune de la Meurthe-et-Moselle, sur la Moselle. 14 357 habitants. Églises des XIVe, XVe et XVIe s. Ancienne abbaye des Prémontrés abritant le Centre européen de l'art sacré. Fabrication de tuyaux de fonte.

Pontano (Giovanni ou Gioviano) Homme politique et écrivain italien (1426-1503). Diplomate, puis Premier ministre à la cour de Naples, il s'illustra par ailleurs comme humaniste et moraliste dans ses œuvres en latin (*De sermone* ; *Charon*). Son œuvre poétique (*Amorum libri* ; *De amore conjugali*) influença les poètes français de la Pléiade.

Pontarlier Chef-lieu d'arrondissement du Doubs, sur le Doubs. 17 738 habitants. Édifices religieux du XVIIe s. Musée de peinture comtoise. Commerce de bois et de fromage. Fabrication d'instruments de précision.

Pont-Audemer Commune de l'Eure, sur la Risle. 9 891 habitants. Église des XIe-XVIe s. Industries métallurgiques et électroniques. Papeteries.

Pontault-Combault Commune de la Seine-et-Marne, dans la Brie. 37 579 habitants. Églises des XIIe et XIVe siècles.

Pont-Aven Commune du Finistère, dans l'arrondissement de Quimper, en Cornouaille, sur la *rivière de Pont-Aven.* 2 831 habitants. Musée. Industrie alimentaire.

Pont-Aven (école de) Mouvement pictural qui se forma dans la localité et regroupa autour de Gauguin de nombreux peintres, dont Émile Bernard et Paul Sérusier.

École de Pont-Aven, Émile Bernard, *La Moisson* (1888), musée d'Orsay, Paris.

Pontcharra Commune de l'Isère. 7 349 habitants. Centrale électrique. Industries du bois et du cartonnage.

Pontchartrain (Louis Phélypeaux, comte de) Homme politique français (1643-1727). Contrôleur général des Finances (1689-1699), puis chancelier de France (1699-1714), il créa la capitation.

Pontchâteau Commune de la Loire-Atlantique. 11 030 habitants. Ancienne abbatiale bénédictine des XIIe et XIIIe s., remaniée au XIXe siècle.

Pont-de-Claix (Le) Commune de l'Isère, dans la banlieue de Grenoble. 10 879 habitants. Centrale hydroélectrique sur le Drac. Industrie chimique. Matériel chirurgical.

Pont-de-l'Arche Commune de l'Eure, en bordure de la forêt de Bord, sur la Seine. 4 139 habitants. Église du XVIe siècle.

^{1}ponte n. f. Action de pondre. *La ponte des poules. La ponte des œufs.* – Les œufs pondus en une fois.

^{2}ponte n. m. (de ^{2}*ponter*) I. au baccara, à la roulette, etc. Chacun des joueurs qui jouent contre le banquier. II. fam. Personnage important. *C'est un gros ponte.* → **pontife.**

Pontecorvo Ville d'Italie (Latium). 13 300 habitants. Poteries. Manufacture de tabac. La ville fut érigée en principauté par Napoléon, au profit de Bernadotte, en 1806, avant d'être rendue au Saint-Siège en 1810.

pontée n. f. mar. Ensemble des marchandises arrimées sur le pont d'un navire.

^{1}ponter v. tr. < 1 > Munir d'un pont (un navire en construction). – au p. p. *Une barque non pontée.*

P

[2]ponter v. < 1 > (de *pont,* ancien participe de *pondre,* pour « mettre de l'argent ») **1.** v. intr. Jouer contre la personne qui tient la banque ; être ponte, au baccara, à la roulette. **2.** v. tr. Miser. *Ponter mille euros.*

pontet n. m. (de *pont*) techn. Partie des armes à feu portatives qui entoure la détente.

Pontet (Le) Commune du Vaucluse, dans la banlieue N.-E. d'Avignon. 17 018 habitants. Industries.

Pont-Euxin n. m. Nom grec de la mer Noire dans l'Antiquité.

Pontevedra Ville d'Espagne septentrionale (Galice), chef-lieu de province, sur l'Atlantique. 83 200 habitants. Maisons anciennes. Conserveries.

Ponthieu n. m. Région de Picardie, située entre la Somme et l'Authie. Élevage bovin. Le comté de Ponthieu passa des Plantagenêts aux Valois, puis aux Bourguignons avant d'être rattaché à la couronne de France en 1477, à la mort de Charles le Téméraire.

Ponti (Giovanni, dit Gio) Architecte et designer italien (1891-1979). Pionnier de l'architecture italienne (la tour Pirelli de Milan), il fonda la revue *Domus* et en fut le rédacteur en chef.

Gio Ponti, la tour Pirelli à Milan (1963).

Ponti (Claude) Auteur et illustrateur français (né en 1948). Ses créations font montre d'une inventivité tant du point de vue du langage que du dessin foisonnant d'étranges personnages : le poussin masqué, Pétronille, Tromboline, Foulbazar, Okilélé, Parci et Parla...

Pontiac Chef indien ottawa (v. 1720-1769). Allié des Français, il mena le soulèvement des tribus indiennes contre les Britanniques (1762). Vaincu, il dut se soumettre (1766) et fut assassiné.

Pontianak Ville d'Indonésie, capitale de la province de Kalimantan Barat, sur la côte O. de l'île de Bornéo. 554 764 habitants. Port de commerce. Exportations de bois, de caoutchouc, d'huile de palme et de poivre.

pontier, ière n. techn. **1.** Personne chargée de la manœuvre d'un pont mobile. **2.** Personne qui conduit un pont roulant (manutention).

pontife n. m. (latin *pontifex,* p.-ê. de *pons* → pont et *facere* → [1]faire, proprt « faiseur de ponts ») **I. 1.** didact. Grand prêtre, à Rome dans l'Antiquité. **2.** Haut dignitaire catholique. → **prélat.** – cour. *Le souverain pontife,* le pape (→ **pontificat**). **II.** fam., iron. Personnage qui fait autorité, gonflé de son importance. → **[2]ponte ; pontifier.** *Les grands pontifes de la Faculté.*

pontifiant, ante adj. Qui pontifie. *Un ton pontifiant.* → **doctoral.**

pontifical, ale, aux adj. (→ pontife [I]) Relatif au souverain pontife, au pape. → **papal.**

pontificat n. m. (→ pontife [I]) Dignité de souverain pontife ; règne (d'un pape). → **papauté.**

pontifier v. intr. < 7 > (→ pontife [II]) Faire le pontife, dispenser sa science, ses conseils avec prétention et emphase.

Pontigny Commune de l'Yonne, près d'Auxerre, sur le Serein. 754 habitants. Abbaye cistercienne fondée en 1114 dont il subsiste un bâtiment et une église du XIIe s. Depuis 1954, l'édifice accueille le siège de la Mission de France. Les *Entretiens* ou *Décades de Pontigny* réunirent au début du XXe s. de grands écrivains comme Gide et Martin du Gard.

pontil n. m. (de *pointe*) techn. **1.** Petite glace arrondie avec laquelle on étend l'émeri sur les glaces pour les polir. **2.** Masse de verre à l'état de demi-fusion utilisée pour fixer deux éléments en verre.

Pontine (plaine) Plaine d'Italie, dans le Latium, en bordure de la mer Tyrrhénienne. 750 km^2. Ancienne zone marécageuse assainie sous le régime fasciste, c'est aujourd'hui une région agricole (blé, betterave à sucre, plantes fourragères).

Pontivy Chef-lieu d'arrondissement du Morbihan, sur le Blavet. 15 092 habitants. Centre commercial. Château des Rohan du XVe s. Napoléon fonda une nouvelle ville dans la partie S. de Pontivy qui prit le nom de *Napoléonville* sous l'Empire, puis sous le Second Empire.

Pont-l'Abbé Commune du Finistère, en Cornouaille, sur la rivière de Pont-l'Abbé. 8 392 habitants. Églises des XIVe, XVe et XVIIe s. Ancien château des barons du Pont (XIVe-XVIIIe s.) abritant aujourd'hui le musée bigouden. Tourisme. Artisanat. Cultures maraîchères.

pont-l'évêque n. m. invar. (n. de la commune) Fromage de vache fermenté à pâte molle.

Pont-l'Évêque Commune du Calvados, dans l'arrondissement de Lisieux. 4 790 habitants. Maisons anciennes. Fromages.

pont-levis n. m. (de *lever*) Pont mobile basculant qui se lève ou s'abaisse à volonté au-dessus du fossé d'un bâtiment fortifié (surtout, au Moyen Âge). *Les ponts-levis d'un château fort.*

Pont-Neuf Pont de Paris, sur la Seine, de part et d'autre de la pointe O. de l'île de la Cité. Construit entre 1578 et 1607, c'est le plus ancien pont de Paris. Il est orné d'une statue équestre en l'honneur d'Henri IV.

Pontoise Chef-lieu d'arrondissement du Val-d'Oise, élément de l'agglomération de Cergy-Pontoise. 31 973 habitants. Cathédrale Saint-Maclou (XIIe-XIVe s.), église du XVIe s. Musées. Produits cosmétiques. Pontoise fut un lieu de résidence pour les rois capétiens. Louis XIV s'y réfugia pendant la Fronde.

Pontoise, la façade gothique de la cathédrale Saint-Maclou.

ponton n. m. (vient du latin → pont) **1.** Construction flottante formant plate-forme. *Ponton d'accostage.* **2.** Chaland ponté servant aux gros travaux des ports. *Ponton-grue.* **3.** Vieux vaisseau désarmé servant de prison.

pontonnier n. m. Soldat du génie chargé de la pose, du démontage, de l'entretien, etc., des ponts militaires.

Pontoppidan (Henrik) Écrivain danois (1857-1943). Il brossa un tableau réaliste de la vie danoise dans de vastes fresques sociales et historiques. *La Terre promise ; Pierre le Chanceux.* Prix Nobel 1917.

Pontormo (Jacopo Carucci, dit Il ou Le) Peintre italien (1494-1557). Il fut le peintre emblématique du maniérisme florentin. Son style expressif, remarquable par l'allongement et la sinuosité des formes, témoigne de la double influence de Dürer et de Michel-Ange. *Visitation* de l'Annunziata ; *Déposition de croix,* église de la Santa Felicità.

Pont-Sainte-Maxence Commune de l'Oise, sur l'Oise. 12 512 habitants. Port fluvial. Céramique. Aux environs, abbaye de Montcel.

Pont-Saint-Esprit Commune du Gard, sur le Rhône. 10 482 habitants. Pont construit au XIIIe s. Vestiges d'une citadelle des XVIe et XVIIe s. Musée.

Ponts-de-Cé (Les) Commune du Maine-et-Loire, au S. d'Angers, sur la Loire et l'Authion. 12 589 habitants. Église gothique des XIIe et XVIe s. Donjon du XVe s. Victoire des troupes de Louis XIII sur celles de Marie de Médicis en 1620 et des républicains sur les Vendéens en 1793.

Pontus de Tyard ou **de Thiard** voir Tyard ou Thiard (Pontus de)

pontuseau n. m. (p.-ê. altération de *ponte-reau* « petit pont ») techn. Fil de cuivre traversant les vergeures dans les formes à papier et laissant une trace sur le papier. – par ext. Cette trace, visible par transparence.

Ponty (Jean-Luc) Musicien et compositeur français de jazz (né en 1942). Il a introduit les sons électroniques dans le jazz et s'est imposé comme l'un des chefs de file du jazz-rock. *Passenger of the Dark ; Infinite Pursuit.*

pool [pul] n. m. (mot anglais, du français *[2]poule*) anglic. **1.** Groupe de personnes associées ou effectuant le même travail dans une entreprise. **2.** *Pool bancaire,* regroupant plusieurs institutions financières. → **consortium.**

Poole Ville d'Angleterre (Dorset), dans l'agglomération de Bournemouth, sur la Manche. 154 700 habitants. Station balnéaire. Terminal du ferry pour Cherbourg.

Poopó (lac) Lac de Bolivie, sur l'Altiplano, à 3 690 m d'altitude.

pop [pɔp] adj. invar. (mot anglais, de *popular*) anglic. **I.** *Musique pop* (anglais pop music), se dit de la musique issue du rock (1960-1970), à base d'instruments électriques et de mélodies simples et rythmées. – *Un chanteur pop.* – n. f. *Aimer la pop.* **II.** (→ pop art) Du pop art.

Pop (James Newell Osterberg, dit Iggy) Chanteur, guitariste et compositeur américain (né en 1947). Proche de David Bowie, il est une des figures du punk rock.

pop art [pɔpaʀt] n. m. (de l'anglais des États-Unis → pop) École anglo-saxonne de peinture qui tire son inspiration de produits industriels de masse.

Popayán Ville de Colombie, dans la vallée du Cauca. 266 560 habitants. Architecture coloniale. Université. Centre commercial. Industries alimentaires. Elle fut en partie détruite par un séisme en 1983.

popcorn ou **pop-corn** [pɔpkɔʀn] n. m. (anglais des États-Unis *popcorn,* de *popped* « éclaté » et *corn* « maïs ») anglic. Grains de maïs soufflés, sucrés ou salés. *Du pop-corn. Des popcorns, des pop-corns.*

pope n. m. Prêtre de l'Église orthodoxe slave.

Pope (Alexander) Poète et essayiste anglais (1688-1744). Son œuvre, faite de poèmes satiriques (*La Dunciade ; La Nouvelle Dunciade*) et d'essais théoriques (*Essai sur la cri-*

tique), fit de lui l'un des grands représentants du classicisme. Il est également l'auteur de textes didactiques *(Essai sur l'homme ; Essais moraux)*.

popeline **n. f. (de l'anglais, emprunt au français *papeline*, p.-ê. « étoffe des papes [d'Avignon] »)** Tissu de coton ou de laine et soie.

Popeye Personnage de bande dessinée, créé en 1929 par Elzie C. Segar, puis adapté en film d'animation par Dave et Max Fleischer, en 1936. C'est un marin à qui les épinards donnent une force extraordinaire.

Pople (John A.) Mathématicien et chimiste britannique (1925-2004). Ses travaux sur la modélisation des molécules chimiques et l'exploitation informatique des résultats ont donné un nouvel essor à la chimie quantique. Prix Nobel 1998.

poplité, ée **adj. (du latin *poples, poplitis* « jarret ; genou »)** anat. De la partie postérieure du genou. *Creux poplité.*

Popocatépetl **n. m.** Volcan du Mexique, situé dans la Meseta Central, au S.-E. de l'Anáhuac. 5 393 m. Après 70 ans d'inactivité, il s'est réveillé en 1994 et entre régulièrement en éruption.

Le Popocatépetl, « la Montagne qui fume ».

Popol Vuh Poème épique, symbolique et ésotérique en langue quiché (langue des Mayas) datant du XVIe s. Retraçant l'origine du monde, il expose la cosmologie maya.

popote **(p.-ê. de *pot*) I. n. f. 1.** Table commune d'officiers. → **mess ; cantine. 2.** fam. Soupe, cuisine. *Faire la popote.* **II. adj. invar.** fam. Occupé par les travaux réguliers, monotones du foyer. → **casanier, pot-au-feu.**

popotin **n. m. (de *pot* [II, 1])** fam. Fesses, derrière. – loc. fam. *Se manier le popotin*, se dépêcher.

popov [pɔpɔf] **n. (n. russe très répandu)** fam. Russe. *Les popovs.*

Popov (Aleksandr Stepanovitch) Ingénieur russe (1859-1906). Il inventa, en 1895, un des premiers récepteurs d'ondes électromagnétiques, issu de la combinaison de l'éclateur de Hertz et du cohéreur de Branly. Il parvint, l'année suivante, à transmettre à 250 m un message sans fil en morse.

Popov (Alexander) Nageur russe (né en 1971). Spécialiste du 50 m et du 100 m nage libre, il a remporté quatre médailles d'or dans ces disciplines aux Jeux olympiques de Barcelone (1992) et d'Atlanta (1996).

Alexander Popov, en 2005.

Popović (Jovan Sterija) Auteur dramatique serbe (1806-1856). Considéré comme le fondateur du théâtre serbe moderne, il est l'auteur de comédies satiriques dans la lignée de Molière *(La Cruche qui fait l'amphore ; Les Patriotes)*.

Poppée Dame romaine (morte en 65). Favorite, puis seconde épouse de Néron, elle fut l'instigatrice de la mort d'Agrippine et périt à son tour sous les coups de son époux.

Pöppelmann ou **Poeppelmann (Matthäus Daniel)** Architecte et décorateur allemand (1662-1736). Il s'affirma comme l'un des architectes les plus inventifs du baroque allemand par sa création du *Zwinger* de Dresde.

Popper (sir Karl Raimund) Philosophe britannique d'origine autrichienne (1902-1994). Il proposa de définir les contours de la scientificité par le critère de la « réfutabilité » (ou « falsifiabilité »), insistant sur l'importance d'une stricte démarcation entre science et pseudo-science (marxisme, psychanalyse). S'inscrivant dans la tradition libérale, il a engagé une critique globale du déterminisme et défendu une « société ouverte » et démocratique. *La Logique de la découverte scientifique ; La Société ouverte et ses ennemis ; Conjectures et réfutation.*

populace **n. f. (italien *popolaccio*, de *popolo*, même origine que *peuple*)** péj. Bas peuple.

populacier, ière **adj.** péj. Propre à la populace. → **commun, vulgaire.**

populage **n. m. (du latin bot., de *populus* « peuplier »)** bot. Plante dicotylédone (renonculacée), qui croît dans les endroits marécageux, aussi appelée *souci d'eau.*

populaire **adj. (du latin, de *populus* → peuple) 1.** Qui émane du peuple. *La volonté populaire. Un soulèvement populaire.* – *Front populaire.* **2.** Propre au peuple. *Les traditions populaires.* – ling. Qui est employé surtout par le peuple, n'est pas en usage parmi les gens cultivés. *Mots populaires et mots savants.* **3.** À l'usage du peuple (et qui en émane ou non). *Art populaire.* → **folklore.** – (personnes) Qui s'adresse au très grand public. *Une émission populaire.* **4.** Qui se recrute dans le peuple. *Les milieux populaires.* **5.** Qui plaît au peuple, au plus grand nombre. → **popularité.** *Un chanteur populaire.*

pop art

Pop art, James Rosenquist, *President elect* (1960-1961), Musée national d'art moderne, Centre Georges-Pompidou, Paris.

populairement **adv.** D'une manière populaire ; dans le langage populaire.

populariser **v. tr. <1>** Faire connaître parmi le peuple, le grand nombre. *Les mots dialectaux « enliser », « pieuvre » ont été popularisés par Victor Hugo.* → **répandre.** □ **n. f. popularisation**

popularité **n. f. (→ populaire, 5)** Fait d'être connu et aimé du plus grand nombre. → **célébrité, gloire, renommée.** *La cote de popularité d'un chef d'État* (opposé à *impopularité*).

population **n. f. (du latin, de *populus* → peuple) I.** vieux Action de peupler. **II. (de l'anglais, emprunt au français) 1.** Ensemble des personnes qui habitent un espace, une terre **(→ habitant).** *La population de la France. Recensement de la population. Région à population dense, faible* **(→ démographie). 2.** Ensemble des personnes d'une catégorie particulière. *La population active,* les travailleurs. **3.** (animaux) *La population d'une ruche.* **4.** sc. Ensemble statistique.

populationniste **adj.** didact. Favorable à un accroissement important de la population.

populéum [pɔpyleɔm] **n. m. (du latin médiéval « [onguent] de peuplier » → peuplier)** pharm. Onguent, pommade calmante à base de bourgeons de peuplier et de plantes narcotiques.

populeux, euse **adj. (du latin → peuple)** Très peuplé.

populisme **n. m. (du latin *populus* → peuple) 1.** didact. École littéraire qui cherche, dans les romans, à dépeindre avec réalisme la vie des gens du peuple. **2.** polit. (souvent péj.) Discours politique s'adressant aux classes populaires, fondé sur la critique du système et de ses représentants. □ **n. et adj. populiste**

populo **n. m. (de *populaire*)** fam. **1.** Peuple. ■ **adj.** *Un film populo.* **2.** Grand nombre de gens. → **foule.**

pop-up [pɔpœp] **n. m. invar. (mot anglais, de *to pop up* « surgir »)** anglic., inform. Fenêtre qui s'ouvre devant la fenêtre principale sans avoir été sollicitée par l'internaute. *Les pop-up affichent souvent des messages publicitaires.* - var. RO **popup n. m.** - recomm. offic. **fenêtre intruse.**

Poquelin voir **Molière**

poquet **n. m. (→ [1]poche)** techn. Petit trou dans lequel on sème plusieurs graines.

porc [pɔʀ] **n. m. (latin *porcus*) 1.** Mammifère au corps épais dont la tête est terminée par un groin, qui est domestiqué et élevé pour sa chair ; spécialt le mâle adulte de l'espèce (par oppos. à *truie*, à *goret*, à *porcelet*). → **cochon.** *Porc non châtré.* → **verrat.** *Gardien de porcs.* → **porcher.** *Relatif au porc.* → **porcin.** – loc. *Il est gras, sale comme un porc. Manger comme un porc,* salement. – *C'est un vrai porc,* un homme débauché, grossier. **2.** Viande de cet animal **(→ jambon ; charcuterie).** *Un rôti de porc. Graisse de porc.* → **lard, saindoux. 3.** Peau tannée de cet animal. *Une valise en porc.* **4.** par ext. *Porc sauvage.* → **sanglier.**

porcelaine **n. f. (de l'italien, le coquillage étant comparé à une vulve de truie ; de *porcella* « truie » → porc) 1.** Mollusque, coquillage univalve luisant et poli, aux couleurs vives. **2.** Substance translucide, imperméable, résultant de la cuisson du kaolin. *Vaisselle en porcelaine, de porcelaine.* **3.** Objet en porcelaine.

porcelainier, ière **n. et adj. 1.** Marchand(e), fabricant(e) de porcelaine. **2. adj.** *L'industrie porcelainière de Limoges.*

porcelet n. m. Jeune porc. → **cochon** de lait, **goret.**

porc-épic [pɔʀkepik] n. m. (italien *porcospino* « porc épine », calque du grec) Mammifère rongeur d'Afrique et d'Asie, au corps recouvert de longs piquants. *Des porcs-épics.* – fig. Personne irritable, peu sociable.

porchaison n. f. (de *porc*) chasse Saison pendant laquelle le sanglier est le plus gras et le meilleur à manger.

porche n. m. (vient du latin *porticus* → portique, de *porta* → ^{1}porte) **1.** Construction en saillie qui abrite la porte d'entrée (d'un édifice). **2.** Hall d'entrée (d'un immeuble).

porcher, ère n. (→ porc) Gardien, gardienne de porcs ; ouvrier agricole qui s'occupe des porcs.

porcherie n. f. **1.** Bâtiment où l'on élève, où l'on engraisse les porcs. **2.** Local très sale.

porcin, ine adj. **1.** Relatif au porc. *Élevage porcin. Race porcine.* – n. m. *L'ordre des Porcins* (ex. le sanglier). **2.** péj. Dont l'aspect rappelle celui du porc. *Des yeux porcins.*

Pordenone (Giovanni Antonio de' Sacchis, dit en français le) Peintre italien (v. 1484-1539). Son style monumental, fait de jeux de lumière et d'effets de trompe-l'œil, influença considérablement l'orientation maniériste de la peinture vénitienne, en particulier celle du Tintoret. *La Passion* (cathédrale de Crémone) ; *Saint Gothard entre saint Roch et saint Sébastien.*

pore n. m. (du latin, du grec) **1.** Chacun des minuscules orifices de la peau par où sortent la sueur, le sébum. – loc. *Par tous les pores,* de toute sa personne. **2.** *Les pores d'une plante.* **3.** Interstice d'une matière poreuse.

poreux, euse adj. **1.** Qui présente une multitude de pores, de petits trous (matière minérale, poterie, etc.). **2.** fig. Perméable, qui permet l'échange, l'influence. *Des frontières poreuses.*

Pori en suédois **Björneborg** Ville de Finlande, à l'embouchure du Korkenäenjoki, dans le golfe de Botnie. 76 700 habitants. Centre culturel. Industries du bois. Chantiers navals. Port charbonnier et pétrolier.

porion n. m. (français de Belgique *caporion,* italien *caporione* « chef de quartier », de *capo,* qui vient du latin *caput* → chef) Agent de maîtrise, contremaître dans les mines de charbon.

Pornic Commune de la Loire-Atlantique, sur la baie de Bourgneuf. 16 886 habitants. Château fort des XIIIe s. et XIVe s. remanié au XIXe s. Station balnéaire. Port de pêche et de plaisance.

Pornichet Commune de la Loire-Atlantique, entre La Baule et Saint-Nazaire. 11 828 habitants. Station balnéaire et port de plaisance.

porno (abrév.) **1.** adj. Pornographique. *Des films pornos.* **2.** n. m. Pornographie (spécialt, cinéma pornographique).

pornographe n. (du grec *pornê* « prostituée » et *-graphe*) Auteur spécialiste d'écrits obscènes.

pornographie n. f. (de *pornographe*) Représentation de choses obscènes destinées à être communiquées au public. ■ par ext. Obscénité. □ adj. **pornographique**

Poros ou **Paurāva** Roi indien du Panjab (mort en 317 av. J.-C.). Il ne put empêcher Alexandre le Grand de franchir l'Indus (–326).

porosité n. f. didact. État de ce qui est poreux.

porphyre n. m. (du latin, du grec ; famille de *pourpre*) Roche volcanique rouge foncé à grands cristaux de feldspath. □ adj. **porphyrique**

Porphyre en grec **Porphurios** Philosophe grec d'origine syrienne (234-305). Continuateur du néoplatonisme de Plotin dont il publia les *Ennéades,* il rédigea également une *Vie de Plotin* et des commentaires sur les œuvres de Platon et d'Aristote.

porphyrie n. f. (de *porphyrine*) méd. Maladie héréditaire due à une perturbation du métabolisme des porphyrines, provoquant une sensibilisation anormale à la lumière.

porphyrine n. f. (du grec *porphureos* « de couleur pourpre ») biochim. Composé dérivant d'une molécule comportant huit atomes d'hydrogène externes.

porphyrogénète adj. (grec *porphurogenêtos* « né dans la pourpre ») Antiq. Se disait des enfants des empereurs d'Orient nés pendant le règne de leur père.

porphyroïde adj. (→ -oïde) didact. Qui a l'apparence du porphyre.

Porpora (Nicola) Compositeur italien (1686-1768). Il composa de nombreux opéras, cantates et oratorios de style napolitain. Il partit pour Londres où il devint le rival de Haendel, puis à Vienne où il enseigna au jeune Haydn.

porque n. f. (de l'italien, du latin *porcus* → porc) mar. Pièce de construction pour renforcer la carène.

Porquerolles (île de) Une des îles d'Hyères, en Méditerranée, au large de la presqu'île de Giens. 1 254 ha. Fort du XVIe s. Parc domanial créé en 1972. Tourisme.

porrection n. f. (du latin, de *porrigere* « tendre ») relig. Acte par lequel l'évêque présente un objet liturgique pour le faire toucher.

porridge n. m. (mot anglais, du français, famille de *poireau*) anglic. Bouillie de flocons d'avoine.

Porsche (Ferdinand) Ingénieur autrichien (1875-1951). Il est le concepteur de la « Volkswagen » en 1934 et d'un modèle de voiture sportive annonciateur de la première Porsche, créée par son fils Ferry Porsche (1909-1958) en 1948.

Porsenna Roi étrusque (VIe s. av. J.-C.). Après la chute des Tarquins (–509), il tenta, en vain, de rétablir la domination étrusque à Rome.

^{1}**port** n. m. (latin *portus* → ^{1}porte) **I. 1.** Abri naturel ou artificiel aménagé pour recevoir les navires, pour l'embarquement et le débarquement de leur chargement. *Port maritime, fluvial. Port pétrolier.* → ^{2}**terminal.** *Port de commerce, de pêche, de guerre. Port de plaisance. Port d'attache d'un bateau,* où il est immatriculé. *Port franc,* non soumis au service des douanes. – loc. *Arriver* **à bon port** *:* arriver au but d'un voyage sans accident, ou (choses) en bon état. **2.** littér. Lieu de repos ; abri. → **havre, refuge. 3.** Ville qui possède un port. *Marseille, port de la Méditerranée.* **II.** Col, dans les Pyrénées. → ^{1}**passe. III.** inform. Prise d'un ordinateur permettant de connecter un périphérique. *Un port USB.*

^{2}**port** n. m. (de *porter*) **I.** Action de porter (dans quelques expressions). **1.** Le fait de porter sur soi. *Autorisation de port d'armes* (d'avoir une arme sur soi). **2.** milit. *Port d'armes :* position du soldat qui présente son arme. **3.** mus. *Port de voix :* passage progressif de la voix d'un son à un autre. **II.** Prix du transport (d'une lettre, d'un colis). *Port dû, port payé. Expédier un colis franco de port.* **III. 1.** Manière naturelle de se tenir. → **allure, maintien.** *Un port de déesse.* – *Un gracieux port de tête.* **2.** bot. Forme générale d'une plante.

Port (Le) Commune de la Réunion, sur la côte N.-O. de l'île. 32 619 habitants. Principal port de l'île, base navale.

Porta (Carlo) Poète italien (1775-1821). Dans un style libre et novateur, usant souvent du dialecte milanais, il fit le portrait lucide des diverses composantes de la société italienne. *Les Malheurs de Giovannin Bongee ; Catholiques, Apostoliques et Romains.*

portabilité n. f. anglic. **1.** inform. Qualité d'un logiciel portable. **2.** télécomm. *Portabilité du numéro :* possibilité de conserver un numéro d'appel en changeant d'opérateur téléphonique.

portable adj. **1.** (vêtement) Qu'on peut porter. → **mettable. 2.** Conçu pour être facile à transporter. → **portatif.** *Un ordinateur portable* ou n. m. *un portable. Un téléphone portable* ou n. m. *un portable.* → **mobile ;** régional **cellulaire, GSM, natel. 3.** inform. *Logiciel portable,* pouvant fonctionner sur des systèmes informatiques différents.

Portadown Ville d'Irlande du Nord, dans le comté d'Armagh, sur le Bann. 22 000 habitants. Carrefour ferroviaire. Centre industriel.

portage n. m. **1.** vieux Action de porter qqch. ou qqn. ■ mod. Transport sur le dos. → **porteur.** – *Portage d'un bébé* (sur le ventre ou sur le dos). *Écharpe de portage.* **2.** presse Système de distribution des journaux à domicile. **3.** méd. Capacité que possède une personne, un animal de transmettre un germe. *Vaccin qui empêche le portage et la circulation d'un virus.* **4.** télécomm. Transfert de l'usage d'un numéro de téléphone d'un opérateur à un autre.

portail, ails n. m. (de *porte*) **1.** Grande porte, parfois de caractère monumental. *Le porche et le portail d'une cathédrale.* – *Le portail d'un parc.* → **grille. 2.** anglic., inform. Page d'accueil, regroupant des accès à des sites, à des services, sur Internet.

Portal (Antoine, baron) Médecin français (1742-1832). Médecin de Louis XVIII, il fonda l'Académie royale de médecine en 1820.

Portal (Michel) Clarinettiste et compositeur français (né en 1935). Partisan du mélange des genres musicaux, brillant interprète du répertoire classique, il s'est aussi affirmé comme l'une des grandes figures du jazz et de l'improvisation. Il a également composé de nombreuses musiques de films.

Portalis [-lis] (Jean Étienne Marie) Homme politique et juriste français (1746-1807). Il négocia le Concordat de 1801 et participa à la rédaction du Code civil. Il fut ministre des Cultes de 1804 à 1807.

portance n. f. (de *porter*) **1.** phys. Force perpendiculaire à la direction de la vitesse qu'a un corps dans un fluide. **2.** techn. Capacité d'un sol à supporter une charge.

portail

Portails. 1. Portail roman de l'église Saint-Pierre de Moissac. 2. Portail gothique de la cathédrale d'Amiens.

P

portant, ante I. adj. **1.** Dont la fonction est de porter, de soutenir. *Les murs portants d'un édifice.* → **porteur ; soutènement. 2.** ***Être bien, mal portant :*** en bonne, en mauvaise santé. → **se porter. – n.** *Les bien portants.* **II. n. m. 1.** Montant qui soutient un élément de décor, un appareil, au théâtre. **–** Cette partie du décor. **2.** archit. Montant (d'une ouverture). **3.** Présentoir, formé d'une tringle sur montants, pour accrocher les vêtements.

Port Arthur Ville des États-Unis (Texas). 56 000 habitants. Centre pétrolier.

Port-Arthur voir **Lüshun**

portatif, ive adj. Qui peut être transporté facilement. *Poste de télévision portatif.* → **portable.**

Port-au-Prince Capitale de la république d'Haïti, au fond du golfe de la Gonave. 2 471 000 habitants. Université (1920). Principal port du pays. Aéroport international de Maïs Gâté. Musée d'Art haïtien. Port-au-Prince fut fondée par les Français en 1749. Détruite à plusieurs reprises par des incendies et des tremblements de terre, elle a été dévastée par un nouveau séisme en janvier 2010.

Port-au-Prince, le centre-ville, en 2005.

Port-aux-Français Importante base scientifique des îles Kerguelen, sur l'île de la Grande Terre.

Port Blair Capitale du Territoire de l'Union indienne des îles Andaman et Nicobar, dans l'océan Indien, près des côtes birmanes. 100 200 habitants.

Port-Camargue Localité du Gard, rattachée à la commune du Grau-du-Roi. Station balnéaire et port de plaisance.

Port-Cros (île de) Une des îles d'Hyères, dans la Méditerranée. 640 ha. L'île est classée parc national.

Port-de-Bouc Commune des Bouches-du-Rhône, sur le golfe de Fos. 16 290 habitants. Fort élevé par Vauban. Tour du XIIe s. Industries métallurgiques et chimiques.

[1]**porte** n. f. (vient du latin *porta* « passage », comme *portus* → [1]port) **I. 1.** vieux Ouverture spécialement aménagée dans l'enceinte d'une ville pour permettre le passage. → **poterne. –** *L'ennemi est à nos portes,* à nos frontières, tout près. **2.** Monument en forme d'arc de triomphe. **3.** Lieu où se trouvait autrefois une porte de l'enceinte d'une ville. *La porte des Lilas* (à Paris). **II. 1.** Ouverture spécialement aménagée pour permettre le passage ; l'encadrement de cette ouverture. *Les portes d'une maison. La grande porte du château.* → **porche, portail.** *Porte palière. Porte d'entrée. Porte de secours.* → **issue.** *Le seuil d'une porte. Entrer par la porte. Sur le pas de la porte.* – fig. ***Pas de porte :*** bail commercial. ■ loc. *De porte en porte,* de maison en maison, d'appartement en appartement. *Faire du **porte-à-porte** :* passer de logement en logement (pour vendre, quêter…). – *Ils habitent porte à porte,* dans des immeubles, des appartements contigus. – *Cela s'est passé à ma porte,* tout près de chez moi. – *Recevoir qqn entre deux portes,* lui parler rapidement sans le faire entrer. *Mettre, jeter, flanquer qqn à la porte.* → **congédier, renvoyer ; licencier.** ellipt *À la porte !* – *Être à la porte,* ne pas pouvoir entrer. – *Prendre la porte.* → [1]**partir,** [1]**sortir.** – fig. *La grande, la petite porte :* un accès direct, indirect. – *Se ménager une porte de sortie.* → **échappatoire, issue. 2.** Panneau mobile permettant d'obturer l'ouverture, la porte (II, 1). *Porte à double battant. Porte coulissante. Porte vitrée. Poignée de porte. Les gonds et la serrure d'une porte.* → **huisserie.** *Petite porte.* → **portillon.** *Porte à tambour. Trouver porte close. Écouter aux portes,* derrière les portes. – loc. *Frapper à la bonne, à la mauvaise porte,* s'adresser au bon, au mauvais endroit, à la bonne, à la mauvaise personne. *Fermer sa porte à qqn,* refuser de l'admettre chez soi. *C'est la porte ouverte à tous les abus,* l'accès libre. – *Journée portes ouvertes,* pendant laquelle le public peut visiter une entreprise, etc. **3.** *La porte d'une automobile.* → **portière.** – *La porte d'une armoire.* **III. 1.** Passage étroit dans une région montagneuse. → **défilé, gorge. 2.** Espace compris entre deux piquets où le skieur doit passer, dans un slalom.

[2]**porte** adj. ***Veine porte,*** qui ramène au foie le sang des organes digestifs abdominaux.

Porte (la), Sublime Porte ou **Porte ottomane** n. f. Nom donné autrefois au gouvernement du sultan ottoman.

porte- Élément tiré du verbe *porter,* qui signifie « qui porte ». → **-fère, -phore.**

porte-aéronef n. m. ou **porte-aéronefs** n. m. invar. Navire de guerre aménagé pour recevoir des aéronefs. → **porte-avion.** *Des porte-aéronefs.*

porte-à-faux n. m. invar. Ouvrage, construction hors d'aplomb. ■ loc. *En porte-à-faux :* qui n'est pas d'aplomb. – fig. Dans une situation instable, en déséquilibre. *Se sentir en porte-à-faux.*

[1]**porte-aiguille** n. m. chir. Pince permettant de tenir une aiguille à suture. *Des porte-aiguilles.*

[2]**porte-aiguille** n. m. ou **porte-aiguilles** n. m. invar. Étui où l'on range les aiguilles à coudre. *Des porte-aiguilles.*

porte-amarre n. m. mar. Appareil servant à lancer une amarre. *Des porte-amarres.*

porte-à-porte n. m. voir [1]**porte** (II)

porte-avion n. m. ou **porte-avions** n. m. invar. Navire de guerre dont le pont supérieur constitue une plateforme d'envol et d'atterrissage pour les avions. *Des porte-avions.*

porte-bagage n. m. ou **porte-bagages** n. m. invar. **1.** Dispositif adapté à un véhicule pour recevoir les bagages. *Le porte-bagage d'une moto.* **2.** Filet, galerie métallique où l'on place les bagages dans un train, un car. *Des porte-bagages.*

[1]**porte-balai** n. m. Support pour accrocher un balai (notamment un balai de WC). *Des porte-balais.*

[2]**porte-balai** n. m. ou **porte-balais** n. m. invar. techn. Gaine maintenant en position les balais d'une machine électrique. *Des porte-balais.*

porte-bannière n. Personne qui porte une bannière. *Des porte-bannières.*

porte-bébé n. m. **1.** Couffin, siège pour transporter un bébé. **2.** Sac ventral ou dorsal muni d'un harnais, pour transporter un bébé. *Des porte-bébés.*

porte-billet n. m. ou **porte-billets** n. m. invar. Petit portefeuille pour les billets de banque (→ **porte-carte**). *Des porte-billets.*

porte-bonheur n. m. Objet que l'on considère comme porteur de chance (ex. le trèfle à quatre feuilles). → **amulette, fétiche.** *Des porte-bonheurs* ou *des porte-bonheur* (invar.).

porte-bouquet n. m. Très petit vase à fleurs qu'on accroche. *Des porte-bouquets.*

porte-bouteille n. m. ou **porte-bouteilles** n. m. invar. **1.** Casier pour conserver les bouteilles couchées. *Des porte-bouteilles.* **2.** Panier à compartiments pour transporter les bouteilles (debout).

porte-brancard n. m. techn. Sangle servant à soutenir un brancard. *Des porte-brancards.*

porte-carte n. m. ou **porte-cartes** n. m. invar. **1.** Portefeuille à étuis transparents pour ranger les papiers d'identité, etc. (→ **porte-billet**). *Des porte-cartes.* **2.** Étui pour les cartes géographiques.

porte-chapeau n. m. ou **porte-chapeaux** n. m. invar. Patère ou tablette pour accrocher, poser les chapeaux. *Des porte-chapeaux.*

porte-chéquier n. m. Étui pour protéger un chéquier. *Des porte-chéquiers en cuir.*

porte-cigare n. m. ou **porte-cigares** n. m. invar. Étui à cigares. *Des porte-cigares.*

porte-cigarette n. m. ou **porte-cigarettes** n. m. invar. Étui à cigarettes. *Des porte-cigarettes.*

porte-clé ou **porteclé** [pɔʀtəkle] n. m. Anneau ou étui pour porter des clés, parfois orné d'une breloque. *Des porte-clés, des porteclés.* - var. **porte-clés** (invar.).

porte-conteneur n. m. ou **porte-conteneurs** n. m. invar. Navire destiné à transporter des conteneurs. *Des porte-conteneurs.*

porte-copie n. m. Support pour un texte à copier, à taper à la machine. *Des porte-copies.*

porte-coton n. m. **1.** hist. Officier chargé de donner la serviette au roi quand il allait aux toilettes. **2.** techn. Tige supportant un morceau de coton, que l'on introduit dans une cavité naturelle. *Des porte-cotons.*

porte-couteau n. m. Ustensile de table sur lequel on pose l'extrémité du couteau. *Des porte-couteaux.*

porte-crayon n. m. Petit tube de métal dans lequel on enchâsse un crayon, un fusain. *Des porte-crayons.* - var. RO **portecrayon.**

porte-croix n. invar. relig. Personne qui porte la croix dans une procession.

porte-document n. m. ou **porte-documents** n. m. invar. Serviette très plate, sans soufflet. → **attaché-case.** *Des porte-documents.*

porte-drapeau n. m. **1.** Celui qui porte le drapeau d'un régiment. *Des porte-drapeaux.* **2.** fig. Chef reconnu et actif. *« Elle était comme le porte-drapeau de l'insurrection féminine »* (Loti).

Porte du Der (La) Commune de la Haute-Marne, sur la Voire, 2 225 habitants. Église de style gothique primitif.

portée n. f. **I.** (de *porter* [une charge]) **1.** Ensemble des petits qu'une femelle de mammifère porte et met bas en une seule fois. *Une portée de chatons.* **2.** techn. Charge, poids que supporte ou peut supporter qqch. **3.** mus. Ensemble des cinq lignes horizontales et parallèles qui portent la notation musicale. *Les portées d'une partition.* **II.** Distance à laquelle porte une chose. **1.** Distance à laquelle peut être lancé un projectile. *La portée d'un missile.* – *Portée d'un radar,* distance maximale à laquelle il peut détecter une cible. – par ext. *La portée d'un son, d'une voix.* **2.** loc. ***À (la) portée (de) :*** à la distance convenable pour que ce dont il est question puisse porter. *À portée de voix.* – *À portée de la main,* accessible sans se déplacer. – *Mettre un verre à la portée d'un malade,* à portée de sa main. – ***Hors de (la) portée.*** *Être hors de portée de voix. Produit à tenir hors de (la) portée des enfants.* → **atteinte. 3.** fig. ***À (la) portée, hors de (la) portée de :*** accessible ou non. *Spectacle à la portée de toutes les bourses,* bon marché. **4.** Capacités intellectuelles. *« Rien n'était au-dessus de sa portée »* (Rousseau). – ***À la portée de.*** → **niveau.** *Un texte à la portée des enfants.* **5.** (idée, pensée) Capacité à convaincre, à toucher. → **impact.** *La portée d'un argument.* – (action, évènement) *Une décision sans portée pratique.* → **effet.** *La portée d'une découverte.* → **importance.**

porte-épée n. m. anciennt Pièce de cuir ou d'étoffe fixée au ceinturon pour porter l'épée. *Des porte-épées.*

porte-étendard n. m. **1.** anciennt Celui qui porte l'étendard. *Des porte-étendards.* **2.** fig. → **porte-drapeau.**

portefaix n. (de *porter* et *faix*) anciennt Personne qui faisait métier de porter des fardeaux. → **porteur.**

porte-fanion n. Gradé(e) qui porte le fanion d'un officier général. *Des porte-fanions.*

porte-fenêtre n. f. Fenêtre qui descend jusqu'au sol et fait office de porte. *Des portes-fenêtres.*

portefeuille n. m. (de *feuille* [de papier]) **I. 1.** vieux Cartable, serviette. ■ mod. Titre, fonctions de ministre. → **maroquin, ministère. 2.** Ensemble des effets de commerce, des valeurs mobilières détenus par une personne physique ou morale. – *Portefeuille d'assurance* (ensemble de contrats). **II.** Étui pliant qu'on porte sur soi, muni de poches où l'on range billets de banque, papiers, etc. → **porte-carte.** – fig. *Avoir le portefeuille bien garni* : être riche. → **portemonnaie.** – appos. *Jupe portefeuille,* qui se ferme sur le devant par la superposition de deux pans.

porte-fort n. m. invar. (de *se porter fort*) dr. Engagement par lequel une personne promet qu'un tiers accomplira tel acte juridique. - var. RO **portefort** n. m.

Porte-Glaive (chevaliers) Ordre militaire créé en 1202 par Albert de Buxhövden, évêque de Livonie, pour la défense des chrétiens contre les païens. L'ordre fusionna en 1237 avec l'ordre Teutonique.

porte-greffe n. m. techn. Plante sur laquelle on fixe le greffon. *Des porte-greffes.*

porte-hélicoptère n. m. ou **porte-hélicoptères** n. m. invar. Navire de guerre à pont d'envol pour les hélicoptères. *Des porte-hélicoptères.*

porte-jarretelle n. m. ou **porte-jarretelles** n. m. invar. Sous-vêtement féminin ajusté autour des hanches et muni de quatre jarretelles. *Des porte-jarretelles.*

porte-lame n. m. techn. Support de lame (d'un outil, d'une machine). *Des porte-lames.*

Port Elizabeth voir **Nelson Mandela City**

porte-malheur n. rare Chose ou personne que l'on considère comme portant malheur. *Des porte-malheurs* ou *des porte-malheur* (invar.).

P

portemanteau n. m. Patère ; ensemble de patères pour suspendre les vêtements. *Mettre sa veste au portemanteau. Les portemanteaux d'un vestiaire.* – loc. fam. *Épaules en portemanteau,* très carrées.

portement n. m. *Portement de croix* : scène de la Passion où le Christ est représenté portant sa croix.

porte-menu n. m. Cadre muni d'un manche ou d'un support et dans lequel on met un menu. *Des porte-menus.*

portemine n. m. Instrument dans lequel on place des mines de crayon très fines. → **stylomine.** *Des portemines.*

portemonnaie n. m. ou **porte-monnaie** n. m. **1.** Petit sac souple où l'on met essentiellement de la monnaie. *Des portemonnaies, des porte-monnaies.* – loc. *Faire appel au portemonnaie de qqn,* à sa générosité. *Avoir le portemonnaie bien garni.* → **portefeuille. 2.** *Portemonnaie électronique* : carte à puce qui permet de régler les petits achats courants. ■ Système qui permet d'effectuer des achats sur Internet.

porte-objet n. m. techn. Lame sur laquelle on place un objet à examiner au microscope. ■ par ext. Platine du microscope. *Des porte-objets.*

porte-outil n. m. techn. Pièce ou dispositif d'une machine-outil qui permet de fixer l'outil. *Des porte-outils.*

porte-parapluie n. m. Ustensile disposé pour recevoir les parapluies, les cannes. *Des porte-parapluies.*

porte-parole n. Personne qui prend la parole au nom de qqn d'autre, d'une assemblée, d'un groupe. → **interprète.** *Le, la porte-parole du gouvernement. Les porte-paroles* ou *les porte-parole* (invar.).

porteplume ou **porte-plume** n. m. Tige au bout de laquelle on fixe une plume à écrire. *Des porteplumes, des porte-plumes.*

porte-queue n. m. Papillon dont les ailes comportent de longs prolongements. → **machaon.** *Des porte-queues.*

[1]porter v. tr. ‹ 1 › (vient du latin *portare* « faire passer » ; famille de *port, porte*) **I.** Supporter le poids de. **1.** Soutenir, tenir (ce qui pèse). *Porter un enfant dans ses bras. Porter une valise à la main.* **2.** abstrait Supporter. *Porter le poids d'une faute.* **3.** Soutenir. *Mes jambes ne me portent plus.* **4.** Produire en soi (un petit, des petits [→ **portée**], un rejeton). *Porter un enfant.* → **attendre.** – *Les fruits que porte un arbre.* **5.** Avoir en soi, dans l'esprit, le cœur. – loc. *Je ne le porte pas dans mon cœur* : je ne l'aime pas, je lui en veux. **6.** Avoir sur soi. → **[1]avoir.** *Il porte un pull rouge. Porter la barbe. Porter des lunettes.* – loc. fig. *Porter la robe* : être magistrat. ■ *Le nom que l'on porte.* – *Ce tableau porte un beau titre.* – *La lettre porte la date du 20 mai.* – *Porter la marque d'un coup.* **II.** Mettre. **1.** Prendre pour emporter, déposer. *Porter un malade sur un lit.* → **mettre, transporter.** *Va lui porter ce paquet.* → **apporter. 2.** (gestes, attitudes) Orienter, diriger. *Porter le corps en avant. Porter la main sur qqn,* le toucher ou le frapper. → **[1]lever.** – fig. *Porter son effort sur...* **3.** loc. fig. *Porter atteinte à la réputation de qqn.* → **attenter.** *Porter témoignage. Porter plainte contre qqn.* **4.** Mettre par écrit. → **inscrire.** *Porter une somme sur un registre.* – *Se faire porter malade* (ou fam. *porter pâle*). **5.** ***Porter à*** : amener, faire arriver à (un état élevé, extrême). *Porter un homme au pouvoir.* – loc. *Porter qqn aux nues*.* ■ *Porter un roman à l'écran.* → **adapter. 6.** Donner, apporter (un sentiment, une aide... à qqn). « [...] *l'amitié qu'il vous porte* » (Molière). – loc. *Porter ombrage.* – *Porter chance.* – prov. *La nuit porte conseil.* ■ *Porter un jugement sur qqn, qqch.,* le formuler, l'émettre. **7.** ***Porter qqn à qqch.*** : pousser, inciter, entraîner à. – ***Porter qqn à*** (+ inf.). *Tout porte à croire que c'est faux.* – ***Être porté à*** (+ inf.) : être naturellement poussé à. → **enclin.** – ***Être porté sur*** *qqch.* : avoir un goût marqué, un faible pour. → **aimer.** *Être porté sur la boisson.* fam. *Être porté sur la chose* (l'érotisme, le sexe). **III.** v. tr. ind. Appuyer, toucher. **1.** ***Porter sur*** : peser, appuyer sur (qqch.). → **portée** (I, 2). *Tout l'édifice porte sur ces colonnes.* – fig. *L'accent porte sur la dernière syllabe.* – fam. *Cela me porte sur les nerfs,* m'agace. ■ Avoir pour objet. *Le débat portait sur les salaires.* **2.** absolt (tir) Avoir une portée. *Un canon qui porte loin.* **3.** Toucher le but. *Une voix qui porte,* qui s'entend loin. fig. *Le coup a porté.* – fig. *Vos observations ont porté,* on en a tenu compte. ■ **se porter** v. pron. **1.** *Se porter (bien, mal)* : être en bonne, en mauvaise santé. → **[1]aller.** *Il se porte à merveille ; comme un charme*.* **2.** (vêtement, parure) Être porté. *Le paréo se porte beaucoup cette année* (→ **être à la mode**). **3.** littér. Se diriger (vers). *Se porter à la rencontre de qqn.* → **[1]aller.** – fig. *Les soupçons se portent sur lui.* **4.** ***Se porter à*** : se laisser aller à. *Empêchez-le de se porter à cette extrémité. Se porter à des excès.* → **se livrer** à. **5.** (dans des loc.) Se présenter (à, comme). *Se porter acquéreur. Se porter garant*. Se porter caution. Se porter partie civile.*

[2]porter [pɔʀtɛʀ] n. m. (mot anglais « porteur », dans *porter's ale* « bière de portefaix ») Bière brune amère (d'origine anglaise).

Porter (Edwin Stratton) Réalisateur américain (1870-1941). Pionnier du cinéma américain, il tourna le tout premier western *(Le Vol du Grand Rapide),* des mélodrames *(Sauvé du nid d'aigle)* et s'essaya au cinéma parlant dès 1921.

Porter (Katherine Anne) Écrivaine américaine (1890-1980). Elle est l'autrice de nouvelles et d'un unique roman, *La Nef des fous,* allégorie de la crise de la civilisation occidentale, inspiré par sa traversée en bateau du Mexique vers l'Europe.

Porter (Cole) Compositeur américain (1891-1964). Il a composé les paroles et les musiques de nombreuses comédies musicales *(Frenchmen ; Kiss me Kate)* dont certains morceaux sont devenus des classiques *(Night and Day ; Begin the Beguine).*

Porter (Rodney Robert) Biochimiste britannique (1917-1985). Il contribua à élucider la structure des immunoglobulines. Prix Nobel de médecine 1972.

porte-revue n. m. ou **porte-revues** n. m. invar. Accessoire de mobilier où l'on peut ranger des revues, des journaux. *Des porte-revues.*

porterie n. f. Loge de portier.

porte-savon n. m. Support ou emplacement destiné à recevoir un savon. *Des porte-savons.*

Portes de Fer n. m. pl. Défilé du Danube séparant les Balkans (Serbie) des Alpes de Transylvanie (Roumanie). Importante centrale hydroélectrique.

[1]porte-serviette n. m. Pochette pour ranger une serviette de table. *Des porte-serviettes.*

[2]porte-serviette n. m. Support pour les serviettes de toilette. *Des porte-serviettes.* - var. **porte-serviettes n. m. invar.**

Portet-d'Aspet (col de) Col des Pyrénées centrales, dans la Haute-Garonne, à 1 069 m d'altitude.

porteur, euse (vient du latin → **[1]porter**) **I.** n. **1.** Personne chargée de remettre des lettres, des messages, des colis à leurs destinataires. → **[1]facteur, messager.** *Envoyer un pli par porteur.* → **[2]coursier. 2.** (dans des expr.) Personne dont le métier est de porter des fardeaux. *Porteuse d'eau.* – *Chaise à porteurs.* ■ absolt ***Porteur*** : personne chargée de porter les bagages des voyageurs (gares, aéroports...). – (dans une expédition) → **coolie, sherpa ; portage. 3.** Personne qui porte effectivement (un objet). *Le porteur du ballon.* **4.** Personne qui détient (certains papiers, titres). → **détenteur.** « *Il prétendait être déserteur et porteur de faux papiers* » (Sartre). ■ dr. comm. *Les petits porteurs* : les petits actionnaires. – ***Au porteur*** *(mention figurant sur des titres non nominatifs). Chèque au porteur, payable au porteur.* **5.** méd. *Porteur sain* : sujet cliniquement sain qui porte des germes pathogènes. **II.** adj. **1.** Qui porte. *Mur porteur.* – *Fusée porteuse.* – électr. *Onde porteuse,* qui porte l'information. **2.** Qui entraîne des effets importants. *Un thème porteur,* promis au succès. **3.** *Secteur porteur de l'économie,* qui entraîne les autres par son développement. **4.** adj. ***Mère porteuse*** : femme qui porte un enfant qu'elle remettra au couple porteur du projet parental.

porte-voix n. m. invar. ou **portevoix** n. m. Tube, cornet à pavillon évasé, pour amplifier la voix. → **mégaphone.** – *Mettre ses mains en porte-voix,* en cornet autour de la bouche.

portfolio [pɔʀtfɔljo] n. m. (mot anglais, de l'italien ; famille de *feuille*) **1.** Pochette, coffret, reliure contenant des photographies, des estampes. **2.** Dossier constitué par un professionnel des arts, de la mode, en vue de présenter son travail. **3.** Dossier constitué de documents variés, permettant à qqn de présenter son parcours professionnel. – *Portfolio numérique.*

Port-Gentil Ville du Gabon, à l'embouchure de l'Ogooué. 136 460 habitants. Industries alimentaires et chimiques. Exportation de bois (okoumé). Port de commerce. Gisements pétroliers et gaziers dans les environs.

Port-Grimaud Port de plaisance du Var, sur le golfe de Saint-Tropez. C'est une cité lacustre entièrement privée, construite à partir de 1964 par l'architecte François Spoerry.

Port Harcourt Ville du Nigeria, capitale de l'État des Rivières, sur le delta du Niger. 703 420 habitants. Centre économique régional. Gisements et raffineries de pétrole. Centrale thermique. Industrie du caoutchouc.

Porticcio Station balnéaire de Corse-du-Sud (commune de Grosseto-Prugna), sur le golfe d'Ajaccio. Thalassothérapie.

Portici Ville d'Italie (Campanie), dans la banlieue de Naples, au pied du Vésuve. 60 220 habitants. Palais royal et villas du XVIIIe s. Port.

portier, ière n. (vient du latin *portarius* → [1]porte) **1.** Personne qui garde une porte. → **concierge.** – n. m. *Le portier de l'hôtel.* → **gardien.** – n. (dans une communauté religieuse) appos. *Sœur portière.* **2.** n. m. *Portier électronique* (digicode, interphone, etc.).

Portier (Paul) Physiologiste français (1866-1962). Il découvrit l'anaphylaxie en 1902 avec Charles Richet et étudia la physiologie des animaux marins.

portière n. f. (de [1]*porte*) **1.** Tenture qui ferme l'ouverture d'une porte, ou en couvre le panneau. *Une portière de lanières.* **2.** Porte (d'une voiture, d'un train). *Fermeture automatique des portières.*

portillon n. m. Porte à battant plus ou moins bas. *Portillon automatique du métro.* – loc. fam. *Ça se bouscule au portillon* : il y a foule de gens qui veulent entrer ; fig. il, elle parle trop vite et s'embrouille.

Portillon (lac du) Lac artificiel des Pyrénées, à 2 650 m d'altitude. Aménagements hydroélectriques.

Portinari (Cândido) Peintre brésilien (1903-1962). Ses compositions sont empreintes de mysticisme religieux et d'une grande intensité dramatique. *Chemin de croix* de la cathédrale de Belo Horizonte ; panneaux de *La Guerre et la Paix* pour le siège de l'ONU.

portion n. f. (latin *portio* « part » et « rapport », *cf.* proportion) **1.** Part qui revient à qqn ; spécialt quantité de nourriture destinée à une personne. → **ration.** *Une portion de gâteau.* → **part, tranche.** ■ (argent, biens) *La portion d'un héritage.* **2.** Partie. *Portion de terrain cultivé.* → **parcelle.**

portionnable adj. (de *portion*) Qui permet une consommation fractionnée. *Des plats surgelés portionnables.*

portionnaire n. dr. Personne qui a droit à une portion d'héritage.

portique n. m. (du latin → porche) **1.** Galerie ouverte soutenue par deux rangées de colonnes, ou par un mur et une rangée de colonnes. *Portique d'église.* → **narthex. 2.** Barre horizontale soutenue par deux poteaux verticaux, et à laquelle on accroche des agrès. *Portique de jardin.* **3.** techn. Dispositif en forme de pont. – *Portique de détection* : cadre muni d'un dispositif de détection (d'armes, d'explosifs), placé à l'entrée d'un lieu public.

Portique (le) Nom donné à l'école stoïcienne fondée par Zénon de Citium en 301 av. J.-C. et qui se réunissait près du *Stoa poikilê* ou « portique pœcile », monument situé dans l'Agora d'Athènes.

Port-Jérôme-sur-Seine Commune de la Seine-Maritime. 10 264 habitants. Raffinerie de pétrole de Notre-Dame-de-Gravenchon.

Port-Joinville Port de pêche de l'île d'Yeu (Vendée). Station balnéaire.

Port Kembla Ville d'Australie (Nouvelle-Galles du Sud), dans l'agglomération de Wollongong. Env. 200 000 habitants. Important centre industriel. Centrale électrique.

portland [pɔʀtlɑ̃d] n. m. (du n. d'une presqu'île du sud de l'Angleterre) techn. Ciment artificiel obtenu par cuisson de calcaire et d'argile.

Portland Ville des États-Unis (Oregon), au confluent de la Willamette et de la Columbia. 652 500 habitants. Centre industriel, commercial et culturel. Technopôle de Silicon Forest (haute technologie).

Portland Ville des États-Unis (Maine), près de Boston. 68 400 habitants. Centre commercial et industriel (textile, bois). Port, terminus de l'oléoduc Montréal-Portland.

portlandien n. m. (de *Portland*) géol. Étage terminal du jurassique.

Port-la-Nouvelle Commune de l'Aude, sur la Méditerranée. 5 905 habitants. Centre portuaire. Raffineries de pétrole.

Port-Louis Commune de la Guadeloupe, sur la côte O. de Grande-Terre. 5 601 habitants.

Port-Louis Commune du Morbihan, dans la rade de Lorient. 2 672 habitants. Remparts du XVIIe s. Citadelle des XVe et XVIe s. (musées). Port de pêche.

Port-Louis Capitale de l'île Maurice, sur la côte N.-O. de l'île. 148 570 habitants. Port. Centre économique (sucreries, minoteries).

Port-Louis, capitale de l'île Maurice.

Port-Lyautey voir Kenitra

Port Moresby Capitale de la Papouasie-Nouvelle-Guinée, sur la mer de Corail. 364 100 habitants. Centre administratif. Port d'exportation de minerais, de caoutchouc, de café. La ville accueillit une base militaire alliée pendant la Seconde Guerre mondiale.

porto n. m. (de *Porto*) Vin de liqueur portugais très estimé. *Du porto rouge, blanc. De vieux portos.*

Porto ou **Oporto** Ville du Portugal, capitale de la région du Nord, chef-lieu de district, sur l'estuaire du Douro. 231 900 habitants (agglomération 739 200). Cathédrale romane et églises baroques. Second centre industriel du pays. Port : exportation des vins produits dans la vallée du Douro.

Porto, le quartier de Ribeira, sur les bords du Douro, inscrit au patrimoine mondial de l'Unesco.

Porto Alegre Ville du Brésil, capitale de l'État du Rio Grande do Sul, sur la Lagoa dos Patos. 1,41 million d'habitants (3 900 000 pour l'aire métropolitaine). Universités. Centre économique du Sud. Port. Pétrochimie.

Port of Spain ou **Port d'Espagne** Capitale de l'État de Trinité-et-Tobago, sur la côte O. de l'île de Trinité, dans le golfe de Paria. 58 000 habitants. Port. Centre commercial, industriel et touristique. Célèbre carnaval.

Porto-Novo Capitale du Bénin, située sur une lagune du golfe de Guinée. 264 300 habitants. Centre administratif et commercial du pays. Centrale thermique.

Porto-Novo, la Grande Mosquée, de style baroque portugais.

portor n. m. (de l'italien, de *porta oro* « porte or ») techn. Marbre noir veiné de jaune d'or. – appos. *Du marbre portor.*

Porto Rico en espagnol **Puerto Rico** Île des Antilles et État associé aux États-Unis. 8 897 km^2. 3,2 millions d'habitants. Capitale : San Juan.

Porto-Vecchio Commune de la Corse-du-Sud, dans le *golfe de Porto-Vecchio.* 11 040 habitants. Port. Tourisme.

Porto Velho Ville du Brésil, capitale de l'État de Rondônia, sur le rio Madeira. 391 000 habitants. Commerce du bois, du caoutchouc, du cacao et de l'étain.

portrait n. m. (de l'ancien v. *portraire*, de *pour* et *traire*, au sens ancien de « tirer ; dessiner ») **I. 1.** Représentation (d'une personne réelle, spécialt de son visage) par le dessin, la peinture, la gravure. *Faire le portrait de qqn. Un portrait en pied,* de tout le corps, debout. *Portrait de l'artiste par lui-même.* → **autoportrait. 2.** Photographie (d'une personne). **3.** fig. Image, réplique fidèle. *C'est (tout) le portrait de son père.* **4.** fam. Figure. *Se faire abîmer le portrait* (→ se faire casser la figure). **II.** Description orale ou écrite (d'une personne).

portraitiste n. Peintre, dessinateur de portraits.

portrait-robot n. m. Portrait d'un individu recherché par la police, obtenu en combinant les signalements donnés par des témoins.

portraiturer v. tr. <1> (de l'ancien n. f. *portraiture*, de *portrait*) Faire le portrait de. *Se faire portraiturer.*

Port-Royal Abbaye de femmes fondée en 1204 dans la vallée de Chevreuse et devenue cistercienne en 1225. Angélique Arnauld, abbesse à partir de 1602, en entreprit la réforme en 1609. Dédoublée en Port-Royal des Champs et Port-Royal de Paris (1625), l'abbaye devint un important centre du jansénisme sous la direction de Saint-Cyran et sous l'influence d'Antoine Arnauld. La maison des Champs fut l'objet de persécutions ordonnées par Louis XIV à la suite du refus des religieuses de signer le formulaire condamnant des propositions attribuées à Jansénius. Les religieuses furent dispersées, et l'édifice fut démoli en 1711. La maison de Paris subsista jusqu'en 1790 avant d'être transformée en prison.

Port-Saïd Ville d'Égypte, sur la Méditerranée, à l'entrée du canal de Suez. 751 000 habitants. Importante activité portuaire. La ville fut fondée en 1859 par la Compagnie de Suez dans le cadre de la construction du canal.

Port-Saint-Louis-du-Rhône Commune des Bouches-du-Rhône. 8 370 habitants. Port de commerce rattaché à celui de Marseille.

port-salut n. m. invar. (n. déposé ; de *Port-du-Salut*, n. d'une abbaye) Fromage affiné de lait de vache à pâte ferme et de saveur douce. *Des port-salut.*

P

Portsmouth Ville d'Angleterre (Hampshire), sur l'île de Portsea, dans la Manche. 238 100 habitants. Importante base navale militaire. Musée naval. Pendant la Seconde Guerre mondiale, le port rassembla une grande partie de la flotte du débarquement de Normandie au printemps 1944.

Portsmouth Ville des États-Unis (Virginie), en face de Norfolk. 95 500 habitants. Elle forme avec Norfolk, Hampton et Newport News le complexe portuaire d'Hampton Roads. Chantiers navals.

Portsmouth Ville des États-Unis (New Hampshire), sur l'Atlantique. 21 950 habitants. Base navale et aérienne. La ville fut la capitale de l'État avant la guerre d'Indépendance.

Portsmouth (traité de) Traité signé en 1905 à Portsmouth (États-Unis) et qui mit fin à la guerre russo-japonaise.

Port-Soudan Ville du Soudan, sur la mer Rouge. 308 200 habitants. Principal port du pays. Raffinerie de pétrole.

Port Talbot Ville du pays de Galles (Neath Port Talbot), sur la baie de Swansea. 52 000 habitants. Port.

portuaire adj. (du latin *portus* → ¹port) Relatif à un port. *Équipements portuaires. Ville portuaire.*

portugais, aise adj. et n. **1.** Du Portugal. – n. *Les Portugais.* ■ n. m. *Le portugais,* langue romane parlée au Portugal, au Brésil, en Afrique occidentale. **2.** n. f. Variété d'huître commune qui vit sur la côte atlantique. – loc. fam. *Avoir les portugaises ensablées :* être dur d'oreille.

Portugal

n. m. ■ offic. République portugaise Pays d'Europe occidentale, occupant la plus grande partie de la façade atlantique de la péninsule Ibérique. 92 152 km². 10 347 900 habitants (les *Portugais*). **Langue :** portugais. **Religion :** catholique. **Monnaie :** euro. **Capitale :** Lisbonne. **Régime :** démocratie parlementaire. Le territoire se compose de 5 régions, divisées en 18 districts. Les archipels de Madère et des Açores constituent des régions autonomes.

GÉOGRAPHIE

Le pays est formé de plateaux que traversent les grands fleuves nés en Espagne : Douro, Tage et Guadiana. Au N., le relief est accidenté tandis qu'au S., les bas plateaux prédominent. Les archipels atlantiques sont d'origine volcanique. Le climat, de type méditerranéen, présente de nettes influences océaniques caractérisées par des vents pluvieux.

Albufeira, en Algarve, station balnéaire à l'extrême sud du pays.

ÉCONOMIE

Situé à la périphérie de l'Europe, le Portugal demeure plus pauvre que les autres pays de l'UE. Le secteur agricole emploie encore 11 % des actifs sur des exploitations de taille modeste. Exportatrice depuis longtemps, la viticulture en est l'activité la plus dynamique. Territoire forestier, le Portugal est le 1er producteur mondial de liège et sa production de bois brut alimente des industries papetières modernes. Bien qu'elle souffre de l'épuisement des ressources, la pêche demeure importante. La spécialisation industrielle sur les textiles, la confection, la chaussure et la petite métallurgie se révèle fragile dans un contexte d'ouverture des

Culture de la vigne dans le Haut-Douro, pour la production du vin de Porto.

P

marchés. Les secteurs de l'automobile, de la chimie-pharmacie et les nouvelles technologies de communication se développent. Après avoir été fortement pénalisée par la crise de 2008, l'économie a connu un redressement à partir de 2016 mais la crise sanitaire mondiale de 2020 a provoqué un nouveau ralentissement.

HISTOIRE

D'abord occupée par des Ibères (les Lusitaniens), la région devint une province romaine au Ier s. av. J.-C., avant d'être envahie par les Vandales, les Suèves, les Wisigoths (Ve-VIIIe s.) puis les Arabes (VIIIe s.). C'est vers le Xe s. que le pays compris entre le Douro et le Minho prit le nom de la ville de Porto, *Portus Cale*. Alphonse Ier le Conquérant en devint roi en 1139. Sa lutte contre les Maures *(Reconquista)* fut poursuivie par ses successeurs et achevée en 1249.

L'expansion coloniale Henri le Navigateur lança des expéditions qui aboutirent à la découverte de Madère, des Açores, du Cap-Vert (1460) et de la côte orientale de l'Afrique. B. Dias doubla le cap de Bonne-Espérance, et Vasco de Gama atteignit en 1498 l'océan Indien où Albuquerque fonda des bases solides. En 1500, Cabral découvrit le Brésil. Mais le Portugal, trop petit, ne sut pas créer un véritable empire colonial. L'expulsion des Juifs en 1497 le priva de son élite économique. Le fanatisme religieux se répandit. Le pays connut pourtant à cette époque son apogée culturel mais l'échec du roi Sébastien contre les Maures (1578) marqua le début d'une période de déclin.

La dynastie de Bragance Le duc d'Albe occupa le pays et, en 1580, la haute administration passa aux mains des Espagnols. Les possessions portugaises étaient menacées par les Hollandais. Aidé par la France, le Portugal retrouva son indépendance en 1668 (traité de Lisbonne), mais dut s'allier avec l'Angleterre (traité de Methuen, 1703). Sous le règne de Joseph Ier (1750-1777), le ministre Pombal réalisa de grandes réformes ; à la suite du séisme qui ravagea Lisbonne (1755), il fit de la ville un modèle d'urbanisme.

Entraînée dans les guerres contre Napoléon, la Couronne dut se réfugier au Brésil en 1808. Wellington chassa les Français (1811), mais le pays entra en crise. Le Brésil se déclara indépendant en 1822, la vie économique et culturelle s'enlisa. L'éclair moderniste du poète Pessoa est imprégné du sentiment nostalgique de la *saudade*, caractéristique d'un pays qui se sent à l'écart de l'histoire.

Le régime de Salazar La république fut proclamée en 1910, mais une réaction commença dès 1926. À partir de 1932, Salazar, installé au gouvernement par les militaires, instaura une dictature reposant sur une nouvelle constitution (« État nouveau »). Dictatorial, clérical et corporatiste, le régime échoua à la fois sur le plan économique (émigration massive des années 1960) et dans son refus de la décolonisation (Angola, Guinée, Mozambique). En 1974, les militaires renversèrent le régime (« révolution des Œillets »).

La « révolution des Œillets » (1974), qui mit fin à la dictature de Salazar.

Le Portugal aujourd'hui Le retour de la démocratie, qui favorisa une renaissance culturelle, fut d'abord marqué par les luttes entre communistes et socialistes. Depuis 1985 et l'intégration de la CEE (1986), le pays connaît l'alternance politique avec le parti socialiste (1995 à 2002, 2005 à 2011 avec J. Socrates, et depuis 2015 avec António Costa) et la droite modérée (2002 à 2005 et 2011 à 2015).

portulan n. m. (de l'italien → [1]port) anciennt Carte marine des premiers navigateurs (XIIIe-XVIe s.), parfois ornée. ■ Livre contenant la description des ports et des côtes.

Portulan catalan (1375) représentant les terres connues au XIVe siècle.

portune n. m. (du latin zool., de *Portunus* « dieu des ports ») Crabe aplati et comestible des mers froides et tempérées.

Port-Vendres Commune des Pyrénées-Orientales, sur la Méditerranée. 3 995 habitants. Port. Station balnéaire.

Port-Vila ou **Vila** Capitale de la république de Vanuatu, dans l'île de Vaté. 49 000 habitants. Aéroport international.

Portzamparc (Christian Urvoy de) Architecte français (né en 1944). Il a réalisé la Cité de la musique, à Paris, l'ambassade de France à Berlin, le Grand Théâtre de Casablanca et a redessiné le quartier de la Confluence à Lyon. Prix Pritzker 1994.

posada n. f. (mot espagnol, de *posar* « placer ») Auberge, en Espagne.

Posadas Ville d'Argentine, capitale de la province de Misiones, sur le Paraná. 284 000 habitants. Pont sur le Paraná. Ruines de missions jésuites.

pose n. f. I. Action de poser, mise en place. *La pose de la première pierre d'un édifice.* – *La pose d'un verrou.* – *La pose d'une prothèse.* II. 1. Attitude que prend le modèle qui pose. → **position.** *Garder la pose.* ■ Attitude du corps. → **posture.** *Prendre une pose.* 2. Affectation dans le maintien, le comportement. → **poseur.** III. photogr. Exposition de la surface sensible à l'action de la lumière. *Temps de pose,* nécessaire à la formation d'une image correcte. – *Pellicule 36 poses,* permettant de faire 36 photos.

posé, ée adj. 1. Calme, pondéré. *Un homme posé.* → **réfléchi.** ■ par ext. fam. Tranquille, détendu. 2. *Voix bien, mal posée,* capable ou non d'émettre des sons fermes dans toute son étendue.

Poséidon Dieu de la Mer dans la mythologie grecque, identifié avec le Neptune romain. Son attribut est un trident.

posément adv. Avec calme. *Parler posément.* → **doucement, lentement.**

posemètre n. m. (de *pose* + *-mètre*) photogr. Appareil de mesure (de la lumière) qui détermine le temps de pose* nécessaire.

poser v. < 1 > (vient du latin pop. *pausare,* du grec → **pause**) I. v. tr. 1. Mettre (une chose) en un endroit qui peut naturellement la recevoir et la porter. *Poser un objet sur une table. Poser sa tête sur l'oreiller.* – fig. *Poser son regard sur qqn.* → **arrêter.** 2. Mettre en place à l'endroit approprié. → **installer ; pose** (I). *Poser des rideaux.* ■ Écrire (un chiffre) dans une opération. *Quinze, je pose cinq et je retiens un.* 3. fig. Établir, énoncer. *Posons le principe que...* – au p. p. *Ceci posé :* ceci étant admis. 4. Formuler (une question, un problème). ***Poser une question à qqn,*** l'interroger, le questionner. *Poser une colle.* – *Se poser une question.* → **s'interroger.** – *Cela pose un problème.* → **soulever.** 5. *Poser sa candidature :* se déclarer officiellement candidat. 6. Donner de l'importance, de la notoriété à (qqn). *Je n'ai « à faire que des bouts de rôles qui ne posent pas une femme »* (Balzac). 7. Abandonner, déposer. *Poser le masque.* II. v. intr. 1. Être posé, appuyé (sur qqch.). → **[1]porter, [2]reposer.** *Poutre qui pose sur une traverse.* 2. Se tenir immobile dans une attitude, pour être peint, dessiné, photographié (→ **pose** (II, 1)). *Modèle qui pose pour un sculpteur.* 3. Prendre des attitudes étudiées pour se faire remarquer (→ **pose** (II, 2)). – loc. *Poser pour la galerie.* ■ *Poser à... :* tenter de se faire passer pour... → **jouer.** *Poser au justicier.* ■ se **poser** v. pron. 1. Se placer, s'arrêter doucement (quelque part). *Oiseau qui se pose sur une branche.* – absolt *Un avion qui se pose.* → **atterrir.** – fig. *Son regard se posa sur nous.* 2. Se donner (pour tel). *Se poser comme, en tant que...* – *Se poser en... :* prétendre jouer le rôle de. → **s'ériger.** *Se poser en victime.* 3. passif Être, devoir être posé. *Chapeau qui se pose sur le côté de la tête.* – fig. *La question ne s'est pas encore posée.* 4. loc. fam. *Se poser (un peu) là :* dépasser la norme, la moyenne (en mieux ou en pire). *Comme bricoleur, il se pose là !*

poseur, euse n. I. Personne chargée de la pose (d'un objet). *Poseur de pavés.* II. Personne qui prend une attitude affectée pour se faire valoir. → **fat, pédant.** – adj. *Elle est un peu poseuse.* → **affecté, maniéré, prétentieux.**

posidonie n. f. (du latin sc., du grec *poseidônos* « de Poséidon ») Plante aquatique de Méditerranée, à feuilles rubanées, à fleurs jaunâtres, qui pousse sur les fonds marins en formant de vastes herbiers.

Posidonius en grec **Poseidônios** Philosophe grec stoïcien (135-51 av. J.-C.). Sixième directeur du Portique, il contribua à la diffusion du stoïcisme à Rome. Esprit universel, il chercha à intégrer la géométrie à la physique et aurait écrit divers traités de physique, de météorologie, d'astronomie et d'histoire, dont il ne reste que des fragments.

positif, ive adj. et n. m. (latin *positivus,* de *ponere* « placer ») I. philos. Qui est imposé à l'esprit par les faits, l'expérience. *« Le mot positif désigne le réel, par opposition au chimérique »* (A. Comte). *Connaissance positive,* fondée sur l'observation et l'expérience. ■ Qui est fondé sur cette connaissance (→

Poséidon

Représentation supposée de Poséidon, *Le Dieu du cap Artémision* (bronze, Ve s. av. J.-C., Musée national archéologique, Athènes).

positivisme). *Sciences positives.* II. 1. Qui a un caractère de certitude. → **certain, évident, sûr.** *Un fait positif,* attesté. 2. Qui a un caractère d'utilité pratique. *Des avantages positifs.* → **concret, ¹effectif.** 3. Qui donne la préférence aux faits, à la réalité concrète. *Des gens positifs et matérialistes.* 4. n. m. *Le positif* : ce qui est rationnel (opposé à *surnaturel, imaginaire, affectif*). *Il lui faut du positif.* III. (opposé à *négatif*) 1. Qui affirme qqch. → **affirmatif.** *Réponse positive.* ■ (emploi critiqué) Qui affirme du bien de qqn, de qqch. → **favorable.** *Une critique positive.* – *Esprit positif.* → **constructif.** 2. méd. *Réaction positive,* effective, qui se produit. *Cuti-réaction positive. Examen bactériologique positif,* qui révèle la présence effective de bactéries. – (personnes) *Elle a été déclarée positive au contrôle antidopage.* 3. *Nombre positif,* plus grand que zéro. *Le signe +* (plus), *symbole des nombres positifs.* ■ *Bâtiment à énergie positive,* qui produit plus d'énergie qu'il n'en consomme. – ellipt *Maison positive.* 4. *Électricité positive,* analogue à celle obtenue en frottant un morceau de verre. – *Électrode positive.* → **anode.** 5. photogr. *Épreuve positive* : image dont les valeurs (ombres et lumières) ne sont pas inversées par rapport au sujet.

position n. f. (du latin, de *ponere* « poser » → **pondre**) 1. Manière dont une chose, une personne est placée, située ; lieu où elle est placée. → **disposition, emplacement, place.** *Position horizontale, verticale. Position stable* (→ **équilibre**), *instable.* – (sports) *Position de tête* (dans une course...). ■ *La position d'un navire, d'un avion. Déterminer sa position.* → **s'orienter.** – *Feu de position* (d'un navire, d'un avion, d'une automobile). 2. Emplacement de troupes, d'installations ou de constructions militaires. *Position stratégique. Position clé.* 3. Maintien du corps ou d'une partie du corps. → **attitude, pose, posture, station.** *La position assise. Une position inconfortable.* – *Position latérale de sécurité (PLS).* fig. et fam. *Être en PLS* : se sentir mal, n'en pouvoir plus. – *Les positions* (des corps dans l'amour physique). ■ milit. Attitude réglementaire. *Rectifier la position.* – *En position. On se mit en position de combat.* ■ danse Manière de placer les pieds. 4. fig. Ensemble des circonstances où l'on se trouve. *Une position critique, délicate, fausse.* ■ loc. *Être en position de force*.* 5. Situation dans la société. → **condition.** *Occuper une position (sociale) en vue.* 6. Ensemble des idées qu'une personne soutient et qui la situe par rapport à d'autres personnes. *Position politique.* – *Prendre position.* – loc. *Rester sur ses positions* : refuser toute concession. 7. Montant du solde d'un compte en banque, à une date donnée.

positionnement n. m. anglic. Action de (se) positionner.

positionner v. tr. < 1 > (de l'anglais ; sauf 2, du français *position*) anglic. 1. techn. Mettre, placer (une pièce, un engin) dans une position déterminée en vue d'une fonction précise. 2. banque Calculer la position de (un compte en banque). 3. publicité Déterminer la technique de promotion de (un produit) quant à son marché, sa clientèle. 4. techn. Déterminer la position géographique de (un navire...). ■ **se positionner** v. pron. 1. Acquérir une position, une localisation. 2. fam. Se situer, se définir.

positivement adv. 1. D'une manière certaine, sûre. *Je ne le sais pas positivement.* – Réellement, vraiment. *C'est positivement insupportable.* 2. phys. *Particules chargées positivement,* avec de l'électricité positive. 3. (emploi critiqué) D'une manière positive (III, 1), en acquiesçant. *Elle a répondu positivement.*

positiver v. < 1 > (critiqué) 1. v. tr. Rendre positif, améliorer. 2. v. intr. Montrer sa confiance, son optimisme.

positivisme n. m. 1. Doctrine d'Auguste Comte selon laquelle les sciences positives sont appelées à fonder la philosophie. 2. par ext. Doctrine qui se réclame de la seule connaissance des faits, de l'expérience scientifique.

positiviste adj. et n. Partisan du positivisme.

positivité n. f. sc. Caractère positif.

positron ou **positon** n. m. (de *positif* et *électron,* d'après l'anglais *positron*) phys. Particule de même masse que l'électron, et de charge électrique opposée.

positronium [pozitʀɔnjɔm] ou **positonium** [pozitɔnjɔm] n. m. (de *positron* ou *positon*) phys. Combinaison de très courte durée d'un électron et d'un positron.

Posnanie ou **Poznanie** n. f. Ancienne province de Prusse. Capitale : Posen (en polonais Poznań). Attribuée à la Prusse lors du deuxième partage de la Pologne (1793), elle fut en partie rendue à cette dernière en 1919, puis intégralement restituée en 1945.

posologie n. f. (du grec *poson* « combien » et de *-logie*) méd. Indication du dosage et de la fréquence de prise d'un médicament.

possédant, ante adj. et n. Qui possède des biens, des richesses, des capitaux. → **capitaliste.** *Les classes possédantes.* – n. *Les possédants.*

possédé, ée adj. Qui est dominé par une puissance occulte. *Elle se croit possédée du démon.* ■ n. *Exorciser un possédé.* – loc. *Se démener comme un possédé,* avec une violence incontrôlée.

posséder v. tr. < 6 > (latin *possidere,* de *sedere* → **seoir**) 1. Avoir (qqch.) à sa disposition ; avoir parmi ses biens. → **détenir.** *Posséder une fortune, une maison.* 2. fig. Avoir en propre (une chose abstraite). *Il croit posséder la vérité.* → **détenir.** – *Elle possède une excellente mémoire.* 3. Avoir une connaissance sûre de (qqch.). → **connaître.** *Posséder à fond son sujet.* 4. Jouir des faveurs de (qqn) ; s'unir sexuellement à (qqn). *Posséder une femme.* 5. fam. Tromper, duper. *Tu nous a bien possédés !* → **¹avoir, feinter, rouler.** 6. Dominer moralement. *La jalousie le possède,* le tient, le subjugue. 7. littér. Maîtriser (ses propres états). ■ pronom. *Se posséder.* → **se dominer, se maîtriser.** *Il ne se possède plus de joie* : il ne peut contenir sa joie. 8. (forces occultes) S'emparer du corps et de l'esprit de (qqn) (→ **possédé**).

possesseur n. (du latin → **posséder**) au féminin *possesseur,* (Canada) *possesseure* 1. Personne qui possède (un bien). 2. Personne qui peut jouir (de qqch.). *Le possesseur d'un secret.* → **dépositaire.**

possessif, ive adj. (du latin grammatical → **posséder**) 1. en grammaire Qui marque une relation d'appartenance, un rapport (de possession, de dépendance, etc.). *Adjectifs, pronoms possessifs (mon, ton, son... ; mien, tien, sien...).* – n. m. *Un possessif.* 2. psych. Qui s'exerce, agit dans un sens d'appropriation. *Sentiments possessifs.* → **exclusif.** – *Il est jaloux et très possessif* (→ **possessivité**).

possession n. f. (du latin → **posséder**) I. 1. Fait, action de posséder. *La possession d'une fortune. S'assurer la possession de* : se procurer. ■ *En (la, sa...) possession.* (sens actif) *Être en possession de qqch. Avoir des biens en sa possession.* → **détenir.** – (sens passif) → **appartenir, ¹être** à. *Cette somme est-elle en votre possession ?* ■ *Prendre possession de* (un lieu) : s'installer comme chez soi dans. ■ dr. Maîtrise de fait exercée sur une chose corporelle. → **jouissance.** 2. Fait de posséder par l'esprit. → **connaissance, maîtrise.** *La possession d'un métier, d'une langue.* 3. Fait de posséder sexuellement (un partenaire amoureux). 4. État d'une personne qui maîtrise ses facultés, ses sentiments. *Reprendre possession de soi, de soi-même* (après une émotion violente). – *Être en possession de toutes ses facultés,* dans son état mental normal. *Être en pleine possession de ses moyens.* 5. Fait d'être possédé. ■ psych. Forme de délire dans lequel le malade se croit habité par un démon (→ **possédé**), avec sentiment de dédoublement et hallucinations. 6. gramm. Mode de relation exprimé par les *possessifs* (ex. *mon* livre, *sa* mère) ou les prépositions *à* et *de* (ex. c'est *à* moi, la mère *de* cet enfant). II. (Une, des possessions) 1. Chose possédée par qqn. → **²avoir, ²bien.** 2. hist. Dépendance coloniale d'un État. → **colonie, territoire.**

possessionnel, elle adj. dr. Qui marque la possession. *Acte possessionnel.*

possessivité n. f. psych. Fait d'être, de se montrer possessif.

possessoire adj. dr. Relatif à la protection judiciaire de la possession (immobilière).

possibilité n. f. (du latin → **possible**) 1. Caractère de ce qui peut se réaliser. *La possibilité d'un évènement.* → **éventualité.** *Il n'y a entre eux aucune possibilité d'entente.* 2. Chose possible. *Envisager toutes les possibilités.* → **¹cas.** *Il n'y a que deux possibilités.* → **option.** 3. Capacité (de faire). → **faculté, ²moyen, occasion.** *J'irai si j'en ai la possibilité. Aucune possibilité de refuser.* 4. au plur. Moyens dont on peut disposer. *Chacun paiera selon ses possibilités.* – *Connaître ses possibilités.* → **limite.**

possible (latin *possibilis,* de *posse* « pouvoir ») I. adj. 1. Qui peut être réalisé, qu'on peut faire (opposé à *impossible*). → **faisable, réalisable ; virtuel.** *C'est tout à fait possible.* → **envisageable, pensable.** – *Venez demain si (c'est) possible.* – impers. *Il est possible d'y parvenir, qu'on y parvienne.* – (pour marquer l'étonnement) → **croyable.** *Est-ce possible ? Ce n'est pas possible !* ellipt, fam. *Pas possible !* 2. Qui constitue une limite extrême. *Il a accumulé toutes les erreurs possibles et imaginables.* ■ (en comparaison, avec *que*) *Autant que possible. Dès que possible.* ■ (en superl., avec *le plus, le moins*) *Nouer le plus de liens possible(s). Achetez des fraises, les plus grosses possible(s).* 3. Qui peut se réaliser, être vrai ; qui peut être ou ne pas être. → **éventuel.** *Il n'y a aucun doute possible.* – (dans une réponse) *Tu viendras nous voir ? — Possible !* – impers. *Il est possible que* (+ subj.) : il se peut que. 4. Qui est peut-être ou peut devenir (tel). → **éventuel, potentiel.** *C'est un concurrent possible.* 5. fam. Acceptable, convenable ; supportable. *Il est possible, comme chef.* « *L'atmosphère de la maison n'était vraiment pas possible* » (Aragon). II. n. m. *Le possible* 1. (dans des loc.) Ce qui est possible. *Dans la mesure du possible* : autant qu'on le peut. *Faire tout son possible (pour...).* – *Au possible* loc. adv. → **beaucoup, extrêmement.** *Elle est serviable au possible.* 2. Ce qui est réalisable. *Les limites du possible.* 3. au plur. Choses qu'on peut faire, qui peuvent arriver. *Envisager tous les possibles.* → **possibilité.**

possiblement adv. Peut-être ; vraisemblablement.

post n. m. (mot anglais, du français *poste*) anglic. Message, sur un forum ou un blog. *Envoyer, publier un post. Des posts.*

post- [pɔst] Élément (du latin *post*) qui signifie « après », dans le temps (ex. *postdater*) et dans l'espace (ex. *postposer*). - contr. **pré-.**

postage n. m. Action de poster (le courrier).

postal, ale, aux adj. Qui concerne la poste, l'administration des postes. *Service postal. Carte* postale.* – *Code postal.* – *Compte chèque postal* (abrév. **CCP**).

postapocalyptique adj. Qui, dans les récits d'anticipation, se situe après une catastrophe ayant dévasté la Terre. *Un univers postapocalyptique.*

postbac adj. invar. Qui se situe après le baccalauréat. *Les cursus postbac.*

postcolonial, ale, aux adj. 1. Relatif à la période qui a succédé au colonialisme. *L'Afrique postcoloniale.* 2. didact. Relatif au postcolonialisme. *Études postcoloniales.*

postcolonialisme n. m. didact. Courant intellectuel critique analysant l'héritage colonial et les effets de la domination sur les sociétés et les populations décolonisées.

postcombustion n. f. techn. Dans les turboréacteurs, Combustion de carburant par l'oxygène contenu dans les gaz brûlés au cours de la combustion normale, et qui augmente le rendement.

postcommunisme n. m. Situation politique des pays communistes après l'effondrement de l'URSS et la disparition des démocraties populaires. □ adj. **postcommuniste**

postcure n. f. Période qui suit une cure, un traitement, et durant laquelle le malade reste sous surveillance médicale.

postdate n. f. admin. Date portée sur un document et qui est postérieure à la date réelle.

postdater v. tr. < 1 > Dater postérieurement à la date réelle (contr. **antidater**). – au p. p. *Chèque postdaté.*

postdoctoral, ale, aux adj. Relatif à la période qui suit l'admission au grade de docteur. - abrév. fam. invar. **postdoc.**

[1]**poste** n. f. (italien *posta,* du latin, famille de *ponere* → **pondre**) **1.** anciennt Relais de chevaux, étape pour le transport des voyageurs et du courrier. ▪ Distance entre deux relais. → **étape.** – loc. vieux *Courir la poste :* aller très vite. **2.** Administration chargée de l'acheminement du courrier et d'opérations bancaires. *Bureau de poste. Receveur des postes.* **3.** Bureau de poste. *La poste était fermée. Mettre une lettre à la poste,* dans la boîte du bureau, ou dans une boîte à lettres publique. – ***Poste restante :*** mention indiquant que la correspondance est adressée au bureau de poste où le destinataire doit venir la chercher.

[2]**poste** n. m. (italien *posto,* du latin) **I. 1.** Lieu où un soldat, un corps de troupes se trouve placé par ordre supérieur, en vue d'une opération militaire. *Un poste avancé.* → **avant-poste.** *Poste de commandement* (abrév. **PC**). ▪ loc. *Être, rester **à son poste,*** là où le devoir l'exige ; là où l'on est. – fam. *Être **solide*** au poste.* **2.** Groupe de soldats placé en ce lieu. *Relever un poste.* **3. *Poste (de police)*** : corps de garde d'un commissariat de police. *Passer la nuit au poste.* **4. *Poste-frontière*** : point de passage gardé, à une frontière. *Des postes-frontières.* **II. 1.** Emploi auquel on est nommé ; lieu où on l'exerce. → **charge, fonction.** *Être titulaire de son poste. Occuper un poste élevé. Poste vacant.* **2.** techn. Durée de travail d'une équipe. *Un poste de huit heures* (→ **travail posté***). **III. 1.** Emplacement affecté à un usage particulier. *Le poste de pilotage d'un avion.* – *Poste d'essence.* → **station-service.** – *Poste d'incendie.* **2. *Poste de travail :*** emplacement où s'effectue une phase d'un travail ; équipement nécessaire à l'accomplissement de ce travail. ▪ inform. Élément d'un système d'exploitation qui permet l'accès aux différentes ressources de l'ordinateur. **IV.** Appareil récepteur (de radio, de télévision). *Poste portatif.*

posté, ée adj. *Travail posté,* par équipes qui se relaient sur les mêmes postes de travail, selon un horaire organisé par tranches.

Postel (Guillaume) Orientaliste français (1510-1581). Il enseigna le grec, l'hébreu et l'arabe au Collège royal. Il prôna la réconciliation entre chrétiens et musulmans. *De orbis terrae concordia.*

[1]**poster** v. tr. < 1 > **1.** Mettre à la poste. **2.** inform. Envoyer (un message) sur un forum, un blog. *Poster un commentaire.*

[2]**poster** v. tr. < 1 > Placer (des soldats) à un poste déterminé. → **établir.** *Poster des sentinelles.* ▪ **se poster** v. pron. Se placer (quelque part) pour une action déterminée, spécialt pour observer, guetter. *Se poster à la fenêtre.*

[3]**poster** [pɔstɛʀ] n. m. (mot anglais) anglic. Affiche destinée à la décoration.

postérieur, eure (latin *posterior* → **post-**) **I.** adj. (opposé à *antérieur*) **1.** Qui vient après, dans le temps. *Les poètes postérieurs à Rimbaud. Nous verrons cela à une date postérieure.* → **futur, ultérieur. 2.** didact. Qui est derrière, dans l'espace. *Les membres postérieurs du cheval.* **II.** n. m. fam. Arrière-train (d'une personne). → [2]**derrière.**

postérieurement adv. À une date postérieure. → **après, ultérieurement.**

à posteriori voir **a posteriori**

postériorité n. f. didact. Caractère de ce qui est postérieur à qqch. (dans le temps).

postérité n. f. (du latin → **post-**) **1.** littér. Suite de personnes d'une même origine. → **descendant, enfant ; lignée.** *Mourir sans postérité.* – fig. *La postérité d'un artiste,* ceux qui s'inspirent de lui, après lui. **2.** Générations à venir. *Travailler pour la postérité.* → **avenir.** – *Passer à la postérité :* survivre dans la mémoire collective.

postface n. f. (de *post-,* d'après *préface*) Commentaire placé à la fin d'un livre.

postglaciaire adj. et n. m. géol. Qui fait suite à une période glaciaire. ▪ n. m. Période qui a suivi la dernière glaciation quaternaire (8 000 av. J.-C.).

posthite n. f. (du grec *posthê* « prépuce » et de *-ite*) méd. Inflammation du prépuce.

posthume adj. (latin *postumus* « dernier » → **post-**, avec influence de *humus* « terre » → **humus** et *humare* « enterrer » → **inhumer**) **1.** Qui est né après la mort de son père. *Enfant posthume.* **2.** Qui a vu le jour après la mort de son auteur. *Œuvre posthume,* publiée après la mort. – *Décoration posthume,* donnée à un mort. *Décoré à titre posthume.*

posthypophyse n. f. anat. Lobe postérieur de l'hypophyse, qui sécrète deux hormones : l'ocytocine et la vasopressine.

postiche adj. (italien *posticcio* « artificiel ») **1.** Que l'on porte pour remplacer artificiellement qqch. de naturel (ne se dit pas des prothèses). → **factice,** [1]**faux.** *Des cheveux postiches.* → **perruque.** ▪ n. m. Mèche que l'on adapte à volonté à sa coiffure. → fam. **moumoute. 2.** fig. Faux, inventé. *Une élégance postiche.*

postier, ière n. Employé(e) du service de la poste.

postillon n. m. (probablt italien → [1]**poste**) **I.** anciennt Conducteur d'une voiture de poste. → [2]**cocher.** *Le postillon de la diligence.* **II.** (de *envoyer au postillon* « en avance ») Gouttelette de salive projetée en parlant.

postillonner v. intr. < 1 > (de *postillon,* II) Envoyer des postillons.

post-it n. m. invar. (marque déposée ; mots anglais « pose-le ») anglic. Petit rectangle de papier partiellement adhésif, repositionnable à volonté.

postlude n. m. (de *post-* et *[pré]lude*) mus. Pièce musicale composée pour conclure une œuvre (s'oppose à *prélude*).

postmoderne adj. et n. m. Se dit des courants artistiques et architecturaux qui rejettent la rigueur du modernisme du début du XXe siècle et se caractérisent par l'éclectisme. □ n. m. **postmodernisme**

post mortem [pɔstmɔʀtɛm] loc. adv. et loc. adj. invar. (loc. latine) Après la mort. *Examen post mortem :* autopsie.

postnatal, ale, als adj. didact. Relatif à la période qui suit immédiatement la naissance.

postopératoire adj. méd. Qui se produit ou se fait après une opération.

post-partum n. m. invar. ou **postpartum** [pɔstpaʀtɔm] n. m. (loc. latine « après l'accouchement ») didact. Période qui suit l'accouchement. *Des post-partum, des postpartums.*

postposer v. tr. < 1 > **1.** gramm. Placer après un autre mot. – p. p. adj. *Adjectif postposé* (au nom). □ n. f. **postposition 2.** (Belgique) Remettre à plus tard.

postprandial, ale, aux adj. (de *post-* et du latin *prandium* « repas ») didact. Qui se produit après les repas. *La somnolence postprandiale.*

postproduction n. f. cinéma Phase de la production (d'un film) postérieure à la fin du tournage (montage, etc.).

postscolaire adj. Relatif à la période qui suit celle de la scolarité.

post-scriptum [pɔstskʀiptɔm] n. m. invar. (latin *post scriptum* « écrit après ») Complément ajouté au bas d'une lettre, après la signature (abrév. PS ou P.-S.).

postsynchronisation [pɔstsɛ̃kʀɔnizasjɔ̃] n. f. cinéma Addition du son et de la parole après le tournage d'un film.

postsynchroniser [pɔstsɛ̃kʀɔnize] v. tr. < 1 > techn. Faire la postsynchronisation de (un film).

post-traumatique adj. méd. Qui fait suite à un traumatisme. *Syndrome anxieux post-traumatique. Trouble de stress post-traumatique (TSPT).*

postulant, ante n. **1.** Personne qui postule à une place, un emploi. → **candidat. 2.** Personne qui demande à entrer en religion.

postulat n. m. (du latin → **postuler**) math., philos. Proposition qui ne peut être démontrée, mais qui est nécessaire pour établir une démonstration. → aussi **axiome.** *Les cinq postulats d'Euclide.*

postuler v. tr. < 1 > (latin *postulare*) **1.** Demander (un emploi, une place). *Postuler un emploi* (ou trans. indir. *postuler à, pour un emploi*). **2.** didact. Poser (une proposition) comme postulat.

Postumus en latin **Marcus Cassianius Latinius Postumus** Général romain (mort en 268). Il se proclama empereur des Gaules sous le règne de Gallien (260).

postural, ale, aux adj. didact. Relatif à l'attitude, à la posture.

posture n. f. (de l'italien ; famille du latin *ponere* → **pondre**) **1.** Attitude particulière du corps (→ **position**), spécialt lorsqu'elle est peu naturelle ou peu convenable. *Dans une posture comique.* – fig. *Une posture arrogante.* **2.** loc. fig. *Être, se trouver en bonne, en mauvaise posture,* dans une situation favorable ou défavorable.

post-vérité n. f. didact. *Ère (de la) post-vérité,* dans laquelle les discours démagogiques ont plus d'influence que les faits objectifs.

pot n. m. (du latin pop. *pottus,* d'origine préceltique) **I. 1.** Récipient de ménage, destiné surtout à contenir liquides et aliments. *Un pot de terre, de grès.* → **poterie.** *Pot d'étain.* – **Pot à,** destiné à contenir. *Pot à lait. Pot à eau.* – **Pot de,** contenant effectivement. *Un pot de yaourt.* – ***Pot (de fleurs)*** : récipient dans lequel on fait pousser des plantes ornementales. ▪ loc. fig. *C'est le pot de terre contre le pot de fer,* le faible contre le fort (fable de La Fontaine adaptée d'Ésope). – *Découvrir le **pot aux roses** :* découvrir le secret d'une affaire. – ***Pot au noir*** : situation inextricable et dangereuse ; spécialt région de brumes opaques redoutée des navigateurs, des aviateurs. – *Payer les pots cassés :* réparer les dommages qui ont été faits. – *Être sourd comme un pot,* très sourd. **2.** vieux Marmite servant à faire cuire les aliments (→ **pot-au-feu**). – mod. *Poule* au pot. Cuiller à pot,* pour écumer la marmite. – loc. fam. *En deux coups de cuiller* à pot.* ▪ loc. *Tourner autour du pot :* parler avec des circonlocutions, ne pas se décider à dire ce que l'on veut dire. – *À la fortune du pot :* sans façons, à la bonne franquette. **3. *Pot (de chambre),*** où l'on fait ses besoins. → [1]**vase** de nuit. *Mettre un enfant sur le* (ou *sur son*) *pot.* **4.** Contenu d'un pot (1). – absolt, fam. *Boire, prendre un pot,* une consommation. → **verre.** ▪ fam. Réunion autour d'une boisson. *Faire un pot de départ.* **5. *Pot d'échappement*** : tuyau muni de chicanes qui, à l'arrière d'une voiture, d'une moto, laisse échapper les gaz brûlés. → **silencieux.** ▪ loc. fam. *Plein pot :* à toute vitesse. – *Payer plein pot,* plein tarif. **6.** L'enjeu, dans certains jeux d'argent. *Ramasser le pot.* **7.** *Pot commun :* caisse commune, en vue d'une dépense collective. **II. 1.** vulg. Postérieur, derrière. → **popotin.** *Magne-toi le pot :* dépêche-toi. **2.** fam. Chance, veine. *Avoir du pot. C'est un coup de pot. Manque de pot !* → [1]**bol.**

P

Pot (Philippe) Homme politique bourguignon (1428-1494). Il servit Philippe III de Bourgogne et Charles le Téméraire, puis se rallia à Louis XI, qui le fit grand sénéchal de Bourgogne (1477).

potable adj. (du bas latin → potion) **1.** Qui peut être bu sans danger pour la santé. *Eau non potable.* **2.** fam. Qui passe à la rigueur ; assez bon. → **acceptable, passable.**

potache n. et adj. (p.-ê. de *pot à chien,* désignant un chapeau, ou dérivé de *pot*) fam. Collégien(ne), lycéen(ne). ■ adj. *Humour potache,* propre aux adolescents.

potage n. m. (de *pot* [I, 2] « légumes du pot ») Bouillon dans lequel on a fait cuire des aliments solides, le plus souvent coupés fin ou passés. → **soupe.**

potager, ère (de *potage*) **I.** adj. **1.** (plantes) Dont certaines parties peuvent être utilisées dans l'alimentation humaine (à l'exclusion des céréales). *Plantes potagères.* → **légume. 2.** Où l'on cultive des plantes potagères pour sa propre consommation. *Jardin potager.* – *Culture potagère* (opposé à *maraîchère*). **II.** n. m. Jardin destiné à la culture des légumes et de certains fruits pour la consommation.

Potala n. m. Ancienne résidence d'hiver du dalaï-lama, sur la Colline rouge à Lhassa, au Tibet. Le palais fut édifié au XVIIe s. par le cinquième dalaï-lama qui en fit une véritable ville forte. Il abrite aujourd'hui un musée.

Le Potala à Lhassa, formé du palais blanc et du palais rouge, inscrit au patrimoine mondial de l'Unesco.

potamochère n. m. (grec *potamos* « fleuve » et *khoinos* « petit cochon » → phacochère) Mammifère ongulé voisin du sanglier, qui vit dans les marécages, en Afrique.

potamologie n. f. (du grec *potamos* « fleuve » et de *-logie*) didact. Science qui étudie les cours d'eau.

potamot n. m. (du grec *potamos* « fleuve ») Plante vivace aquatique, à feuilles en partie flottantes, en partie submergées. - syn. **potamogéton.**

potard n. m. (de *pot*) fam. et vieux Pharmacien.

potasse n. f. (du néerlandais, germanique *pot* et *asch* « cendre ») **1.** Hydroxyde de potassium, solide blanc très caustique. **2.** *Potasse d'Alsace,* minerai contenant du chlorure de potassium, utilisé comme engrais.

potasser v. tr. < 1 > (p.-ê. de *pot*) fam. Étudier avec acharnement. *Potasser un examen.*

potassique adj. chim. Se dit des composés du potassium. *Engrais potassiques.*

potassium [pɔtasjɔm] n. m. (→ potasse) Élément atomique (symb. K, n° at. 19, masse at. 39,0983), métal alcalin présent dans la potasse.

pot-au-feu [potofø] n. m. **1.** Plat composé de viande de bœuf bouillie avec des légumes (carottes, poireaux...). → **potée.** *Le bouillon du pot-au-feu. Des pots-au-feu* [potofø] ou *des pot-au-feu* (invar.). ■ Le morceau de bœuf qui sert à faire le pot-au-feu. **2.** adj. invar. fam., vieilli *Être pot-au-feu :* aimer avant tout le calme et le confort du foyer. → **popote.**

pot-bouille n. f. (→ bouillir, bouillon) vieux Cuisine, ordinaire d'un ménage. « *Pot-bouille* » (roman de Zola).

pot-de-vin n. m. (de *pot, de* et *vin ; cf.* pourboire) Somme d'argent, cadeau offerts clandestinement pour obtenir illégalement un avantage. → **bakchich, dessous-de-table.** « *Je la connais votre affaire. Elle s'appelle : combines, trucs, pots-de-vin* » (Colette).

pote n. (de *poteau,* II) fam. Camarade, ami. → **copain, poteau** (II). « *Touche pas à mon pote* » (slogan antiraciste, 1985). – appellatif *Mon petit pote.*

poteau n. m. (de l'ancien français *post,* qui vient du latin *postis*) **I. 1.** Pièce de charpente dressée verticalement pour servir de support. → **pilier.** *Poteau de bois, de béton.* **2.** Pièce de bois, de métal, etc., dressée verticalement. *Poteau indicateur,* portant la direction des routes. – *Poteau télégraphique, poteau électrique,* portant les fils et leurs isolateurs. ■ sports *Poteau de but.* – *Poteau de départ, d'arrivée.* – loc. *Coiffer (un concurrent) sur le poteau,* le battre de justesse. **3.** *Poteau (d'exécution),* où l'on attache la personne que l'on va fusiller. – loc. *Envoyer qqn au poteau,* le condamner à la fusillade. **II.** fam. Ami fidèle (sur lequel on peut s'appuyer). → **pote.**

potée n. f. (de *pot*) **1.** Plat analogue au pot-au-feu, composé de viande de porc ou de bœuf et de légumes variés. *Potée au chou.* **2.** techn. Poudre, mélange utilisé(e) dans l'industrie. *Potée d'émeri.*

potelé, ée adj. (de l'ancien français *[main] pote* « enflée ») Qui a des formes rondes et pleines. → **dodu, grassouillet.** *Main potelée.*

potelet n. m. Petit poteau.

Potemkine (Grigori Aleksandrovitch) Feld-maréchal et homme politique russe (1739-1791). Favori de Catherine II, il s'attacha à faire reculer l'influence turque en Europe orientale et imposa la domination russe en Ukraine. Commandant en chef lors de la seconde guerre russo-turque (1787-1791), il laissa à Souvorov la direction des opérations.

Potemkine Cuirassé de la flotte impériale russe de la mer Noire dont les marins se mutinèrent lors de la révolution de 1905. Cet évènement fut célébré par Eisenstein dans son film *Le Cuirassé Potemkine.*

potence n. f. (vient du latin *potentia* « puissance » [→ potentiel] ; puis « soutien, appui ») **1.** techn. Pièce de charpente faite d'un poteau et d'une traverse placée en équerre. ■ méd. Support du matériel servant aux perfusions (pied de perfusion). **2.** Instrument de supplice (pour l'estrapade, la pendaison), formé d'une potence soutenant une corde. → **gibet.** – *Mériter la potence.* → **corde.** – loc. *Gibier* de potence.*

potencé, ée adj. didact. *Croix potencée,* dont chaque branche a la forme d'un T.

potentat n. m. (famille de *potentiel*) **1.** Celui qui a la souveraineté absolue dans un grand État. → **monarque, [1]souverain, tyran. 2.** Homme qui possède un pouvoir excessif, absolu. → **despote.**

potentialiser v. tr. < 1 > (anglais *to potentialize*) pharm. Augmenter l'effet de (un médicament). ■ par ext. Accentuer l'effet de. *Potentialiser le travail.* □ n. f. **potentialisation**

potentialité n. f. didact. ou littér. **1.** Caractère de ce qui est potentiel. *Le subjonctif peut exprimer la potentialité.* **2.** Qualité, chose potentielle. → **possibilité, virtualité.**

potentiel, elle (du bas latin, de *potentia* « puissance » → potence) **I.** adj. **1.** didact. Qui existe en puissance (opposé à *actuel*). → **virtuel.** – cour. *Client, marché potentiel.* **2.** gramm. Qui exprime une possibilité (→ **potentialité** (1)). *Un mode potentiel.* **3.** sc. *Énergie potentielle,* celle d'un corps capable de fournir un travail (ex. ressort comprimé). **II.** n. m. **1.** électr. Grandeur caractérisant l'état électrique en un point d'un circuit (exprimée en volts). *Différence de potentiel entre les bornes d'un générateur.* → **tension. 2.** biol. *Potentiel de membrane* ou *potentiel de repos :* différence de potentiel entre les faces externe et interne de la membrane cellulaire. **3.** Capacité d'action, de production. *Le potentiel économique et militaire d'un pays.* → **puissance.** – *Le potentiel d'un élève. Enfant à haut potentiel (intellectuel)* [HP, HPI]. □ adv. **potentiellement**

potentille n. f. (du latin mod., diminutif de *potentia ;* famille de *pouvoir*) Plante herbacée à fleurs jaunes ou blanches.

potentiomètre n. m. électr. **1.** Appareil qui mesure la différence de potentiel entre deux points d'un circuit. **2.** Résistance variable utilisée pour effectuer un réglage. → **rhéostat.**

Potenza Ville d'Italie (Basilicate), chef-lieu de province. 69 100 habitants. Église du XIIe s. Centre administratif et commercial. Potenza a connu un violent tremblement de terre en novembre 1980.

poterie n. f. (de *pot*) **1.** Fabrication des objets utilitaires en terre cuite. → **céramique, faïence, porcelaine.** ■ Objet ainsi fabriqué ; matière dont il est fait. *Façonner une poterie au tour.* **2.** Atelier de poterie.

poterne n. f. (vient du bas latin *posterula* « porte de derrière » → post-) **1.** Porte dérobée dans la muraille d'enceinte d'un château, de fortifications. **2.** Voûte, galerie voûtée.

potestatif, ive adj. (du latin, de *potestas* « puissance ») dr. Qui dépend de la volonté d'une des parties contractantes. *Condition potestative.*

Potez (Henry) Ingénieur français (1891-1981). Il créa, en 1919, une société de construction aéronautique qui produisit plus de 7 000 avions et hydravions avant d'être nationalisée en 1937.

Pothier (Robert Joseph) Jurisconsulte français (1699-1772). Ses travaux inspirèrent les rédacteurs du Code civil. *Pandectes de Justinien mises dans un nouvel ordre ; Traité des obligations.*

Pothier (dom Joseph) Bénédictin français (1835-1923). Ses études musicologiques contribuèrent à la restauration du chant grégorien. *Les Mélodies grégoriennes d'après la tradition ; Liber gradualis.*

Pothin (saint) Premier évêque de Lyon (mort en 177). Il fut martyrisé en même temps que sainte Blandine.

potiche n. f. (de *pot*) **1.** Grand vase de porcelaine d'Extrême-Orient. **2.** fig. Personne reléguée à une place honorifique, sans aucun rôle actif. *Jouer les potiches.*

Potidée Ancienne ville de Macédoine (Chalcidique). Sa population se souleva contre Athènes en 432 av. J.-C., contribuant ainsi au déclenchement de la guerre du Péloponnèse.

potier, ière n. Personne qui fabrique et vend des objets en céramique, des poteries. → **céramiste.** *Tour, four de potier.*

potimarron n. m. (de *potiron* et *marron*) Courge orange dont le goût évoque le potiron et la châtaigne.

potin n. m. (mot normand, de *potiner* « bavarder autour des *potines* [chaufferettes] », de *pot*) fam. **1.** surtout au pluriel Bavardage, commérage. → **[1]cancan ;** vieilli **potiner.** *Faire des potins sur qqn.* **2.** vieilli Bruit, tapage, vacarme. → **[1]boucan.** *Faire du potin, un potin du diable.*

potiner v. intr. < 1 > (→ potin) vieilli Faire des potins, des commérages. → **cancaner, médire.**

potion n. f. (latin *potio, potionis* → poison) vieilli Médicament liquide destiné à être bu. – mod. loc. *Potion magique :* remède miracle.

potiron n. m. (origine obscure) Variété de courge plus grosse que la citrouille. *Soupe au potiron.*

potlatch n. m. (d'une langue amérindienne, par l'anglais) ethnol. Cérémonie amérindienne à caractère sacré qui consiste en un échange de dons.

Potocki (Wacław) Poète polonais (1625-1696). Il est l'auteur de nombreux récits en vers sur la société et les conflits religieux de son temps. *La Guerre de Chocim.*

Potocki (Jan) Historien et écrivain polonais (1761-1815). Grand voyageur, il mena d'importantes recherches sur les grandes civilisations, en particulier sur la civilisation slave. Il écrivit, en français, un roman fantastique inspiré des contes orientaux, *Manuscrit trouvé à Saragosse.*

Potomac n. m. Fleuve des États-Unis (616 km). Il prend sa source dans les Appalaches, traverse la Virginie et le Maryland, arrose Washington, puis se jette dans la baie de Chesapeake.

potomanie n. f. (du grec *potos* « boisson » et de *-manie*) pathol. Habitude de boire souvent de grandes quantités de liquide. → **dipsomanie.**

potomètre n. m. (du grec *potos* « boisson » et de *-mètre*) Appareil servant à mesurer la quantité d'eau qu'absorbe une plante.

poto-poto n. m. (du wolof) (Afrique) **1.** Boue, sol boueux. **2.** Boue séchée, torchis. - var. **potopoto.**

potorou n. m. (d'une langue australienne) Petit mammifère (marsupial) communément appelé *rat-kangourou.*

Potosí Ville de Bolivie, dans les Andes, à 4 000 m d'altitude. 120 000 habitants. Cathédrale et monuments coloniaux. Université. Ancien centre minier. Raffineries d'étain et de cuivre.

pot-pourri n. m. **1.** vieux Mélange hétéroclite. **2.** → anglic. **medley. 3.** Mélange odorant à base de pétales séchés. *Des pots-pourris.* - var. RO **potpourri.**

potron-minet n. m. sing. (ancienne loc. « quand le chat *[minet]* montre son derrière *[potron,* du latin *posterio]* ») littér. Le point du jour, l'aube. *Dès potron-minet.*

Potsdam Ville d'Allemagne, capitale du Land de Brandebourg, sur la Havel. 182 100 habitants. Sa richesse architecturale lui valut le surnom de « Versailles prussien » : parcs et palais du XVIIIe s., palais et parc de Sans-Souci, château de Babelsberg, église de la Garnison abritant le tombeau de Frédéric II. Industries mécaniques, chimiques, pharmaceutiques et textiles. Studios de cinéma. Potsdam fut la capitale de la Prusse et connut son apogée au XVIIIe s., sous Frédéric II.

Potsdam (conférence de) Conférence tenue à Potsdam (Allemagne) du 17 juillet au 2 août 1945 entre Staline, Truman et Churchill. Elle précisait les dispositions prises à Yalta quant à l'occupation de l'Allemagne et à l'extension de la Pologne jusqu'à la ligne Oder-Neisse.

Pott (Percival) Chirurgien britannique (1713-1788). Il est connu pour ses recherches sur la tuberculose des vertèbres dite *mal de Pott.*

Pott (August Friedrich) Linguiste allemand (1802-1887). Il est l'auteur d'une importante grammaire comparée des langues indo-européennes, *Etymologische Forschungen.*

Potter (Paulus) Peintre et graveur hollandais (1625-1654). Il fut l'un des plus célèbres paysagistes et peintres animaliers de la Hollande du XVIIe s. *La Vache qui se mire ; Vaches au pâturage.*

Potter (Beatrix) Écrivaine et dessinatrice britannique (1866-1943). Elle écrivit et illustra les aventures d'un espiègle petit lapin, Peter Rabbit (Pierre Lapin), de l'oie Sophie Canétang et de leurs amis.

Pottier (Eugène) Homme politique et poète français (1816-1887). Membre de la Commune de Paris (1871), il composa les paroles de *L'Internationale.*

potto n. m. (d'une langue de Guinée, par l'anglais) Animal (lémurien) d'Afrique, arboricole et nocturne.

Potomac

Le Potomac à Arlington, avec le Pentagone (à g.).

pou n. m. (vient du latin pop. *peduculus, pedis* « pou ») **1.** Insecte qui vit en parasite sur l'homme (→ **pouilleux ; épouiller).** *Œuf de pou.* → **lente.** ■ loc. fam. *Être laid comme un pou,* très laid. *Chercher des poux dans la tête de qqn, à qqn,* le chicaner, lui chercher querelle. – loc. (par confusion avec l'ancien français *pouil* « coq » → **¹poule)** *Être fier, orgueilleux comme un pou.* **2.** Insecte parasite des animaux. *Pou de chien* (→ **tique).**

pouah interj. (onomatopée) fam. Exclamation qui exprime le dégoût, le mépris. → **berk.**

poubelle n. f. (de *Poubelle,* n. du préfet qui l'imposa en 1884) Récipient destiné aux ordures ménagères (d'un immeuble, d'un appartement). *Ramassage des poubelles par les éboueurs. Jeter qqch. à la poubelle.* – loc. fam. *Faire les poubelles,* les fouiller pour récupérer de la nourriture, des objets. ■ fig. → **dépotoir.**

pouce n. m. (vient du latin *pollex, pollicis*) **1.** Le premier doigt de la main, opposable aux autres doigts. *Le bébé suçait son pouce.* ■ loc. *Mettre les pouces :* cesser de résister, s'avouer vaincu. – fam. *Manger un morceau **sur le pouce**,* sans assiette et debout. – *Se tourner les pouces :* rester sans rien faire. – *Donner le **coup de pouce**,* la dernière main à un ouvrage. *Il a donné un coup de pouce à l'histoire :* il a déformé légèrement la réalité. – (Canada) fam. *Faire du pouce,* faire de l'autostop. ■ *Pouce !,* interjection enfantine servant à se mettre momentanément hors du jeu, à demander une trêve. *Pouce cassé !,* le jeu reprend. **2.** Le gros orteil. **3.** Ancienne mesure de longueur valant 2,7 cm. – mod. (dans certains pays) Douzième partie du pied, valant 2,54 cm. – loc. *Ne pas reculer d'un pouce :* rester immobile.

pouce-pied n. m. (de *pousse* [de *pousser*], d'après *pouce,* et de *pied*) Crustacé proche de l'anatife, dont le pédoncule charnu est comestible. *Des pouces-pieds.* - var. RO **poucepied** ou **pousse-pied.** *Des pousse-pieds.*

poucer v. intr. < 3 > (de *pouce*) (Canada) fam. Faire de l'autostop.

Pouchkine (Alexandre Sergueïevitch) Écrivain russe (1799-1837). Il connut rapidement le succès avec ses poèmes et son épopée romantique *Rouslan et Loudmila.* Il mena alors une existence mondaine et mouvementée qui lui valut plusieurs exils, au cours desquels il écrivit *Eugène Onéguine,* un long roman en vers, et *Boris Godounov,* une tragédie historique. Après quelques poèmes lyriques, il revint à la prose avec *La Dame de pique* et *La Fille du capitaine.* Il fut tué en duel par le Français d'Anthès, qui courtisait sa femme Natalia Gontcherova. L'ampleur et la diversité de son œuvre, la sobriété et l'élégance de son style font de lui le fondateur de la littérature russe moderne.

Pouchkine Ville de Russie (anciennement Tsarskoïe Selo), dans la région de Saint-Pétersbourg. 102 800 habitants. Parcs et palais du XVIIIe s. (styles baroque et classique).

poucier n. m. techn. **1.** Doigtier pour protéger le pouce. **2.** Pièce du loquet d'une porte qui sert à soulever la clenche.

pou-de-soie ou **poult-de-soie** n. m. (origine obscure) Étoffe de soie unie et sans lustre. *Des pous-de-soie, des poults-de-soie.* - var. **pou de soie.**

pouding voir **pudding**

poudingue n. m. (de l'anglais *pudding-stone* « pierre pudding » → **pudding)** géol. Roche détritique constituée par des cailloux liés entre eux par un ciment naturel.

Poudovkine (Vsevolod Illarionovitch) Cinéaste soviétique (1893-1953). De son œuvre inégale, il ne subsiste plus guère aujourd'hui que *La Tempête sur l'Asie* où il illustre avec lyrisme la prise de conscience révolutionnaire.

poudrage n. m. Action de poudrer.

poudre n. f. (vient du latin, de *pulvis* → **poussière) 1.** vieux Poussière. → **poudroyer.** *« Et nous, les os, devenons cendre et poudre »* (Villon). **2.** Substance solide formée de très petites particules. *Poudre fine. Réduire en poudre.* → **moudre, pulvériser.** – *Sucre en poudre.* – loc. *Poudre de perlimpinpin,* que les charlatans vendaient comme une panacée. – loc. *Jeter de la poudre aux yeux,* chercher à éblouir. **3.** Substance pulvérulente utilisée sur la peau comme fard. *Poudre de riz.* **4.** Mélange explosif pulvérulent. *Poudre à canon.* – loc. *Mettre le **feu aux poudres** :* déclencher un évènement violent. *Faire parler la poudre :* tirer. – *Il n'a pas inventé la poudre,* il n'est pas très intelligent.

poudrer v. tr. < 1 > **1.** Couvrir de poudre. → **saupoudrer. 2.** Couvrir (ses cheveux, sa peau) d'une couche de poudre (3). – pronom. *Se poudrer.* ■ p. p. adj. Au visage poudré. *Une femme poudrée.*

¹poudrerie n. f. (ancien français *pouldrerie,* de *poudre*) (Canada) Neige fine chassée par le vent.

²poudrerie n. f. Fabrique de poudre (4).

poudres (Conspiration des) voir **Conspiration des poudres**

poudrette n. f. (de *poudre*) agric. Engrais provenant du traitement des vidanges.

poudreuse n. f. agric. Instrument servant à répandre une substance pulvérulente sur les plantes.

poudreux, euse adj. **1.** vieux Poussiéreux. **2.** Qui a la consistance d'une poudre. *Neige poudreuse,* ou n. f. *poudreuse :* neige fraîche et molle.

P

poudrier n. m. Récipient à poudre (3). *Poudrier en argent.*

poudrière n. f. Magasin à poudre (4), à explosifs. – fig. *Cette région est une poudrière,* la révolte peut y éclater.

poudrin n. m. **1.** mar. Embruns marins. **2.** Pluie fine et glacée, à Terre-Neuve.

poudroiement n. m. (→ poudroyer) Effet produit par la poussière soulevée et éclairée ou par la lumière éclairant les grains d'une poudre.

poudroyer v. intr. < 8 > **1.** littér. Produire de la poussière ; s'élever en poussière (→ **poudre** (1)). **2.** Avoir une apparence de poudre brillante. **3.** Faire briller les grains de poussière en suspension. *« Je ne vois rien que le Soleil qui poudroie, et l'herbe qui verdoie »* (Perrault).

pouet [pwɛt] interj. Onomatopée, souvent répétée, évoquant un bruit de trompe, de klaxon.

pouf (onomatopée → ^{1}paf, ^{1}pif) **I.** interj. Exclamation exprimant un bruit sourd de chute. *Et pouf ! la voilà qui s'étale par terre.* – n. m. *Faire pouf,* tomber. **II.** n. m. Siège bas, gros coussin capitonné. *Un pouf en cuir.*

pouffer v. intr. < 1 > (de *pouf*) *Pouffer (de rire)* : éclater de rire malgré soi. → **s'esclaffer.**

pouffiasse n. f. (de *pouf*) vulg. (terme d'injure) Femme, fille vulgaire, ridicule. *Une grosse pouffiasse.* - abrév. **pouffe.** - var. **pouffiasse.**

Pougatchev (Iemelian Ivanovitch) Chef cosaque (v. 1742-1775). Il se fit passer pour le tsar Pierre III et déclencha, à partir de l'Oural, un mouvement insurrectionnel et antiféodal qui promettait aux paysans l'abolition du servage (1773-1774). Livré à l'armée russe par ses cosaques, il fut décapité.

Pougny (Ivan Albertovitch Pouni, devenu Jean) Peintre français d'origine russe (1894-1956). Il contribua, avec Malevitch, à la naissance du suprématisme en organisant *Tramway,* une exposition d'avant-garde. Il évolua ensuite vers le constructivisme *(La Boule blanche),* puis vers le cubisme *(Le Violon rouge).* Installé en France, il se consacra à une œuvre figurative.

pouillard n. m. (de l'ancien français *pouil* « coq » → ^{1}poule) régional Jeune perdreau ou jeune faisan.

P

pouillerie n. f. (famille de *pou*) Pauvreté sordide. ■ Lieu, chose misérable.

pouilles n. f. pl. (de l'ancien français *pouiller* « épouiller », de *pouil* → **pouilleux**) littér., vieux *Chanter pouilles à qqn* : l'accabler d'injures, de reproches.

Pouilles n. f. pl. ou **Pouille** n. f. en italien **Puglia** Région administrative du S.-E. de l'Italie, formée des provinces de Bari, Brindisi, Foggia, Lecce et Tarente. 19 347 km^2. 4 021 000 habitants. Chef-lieu : Bari. La région est un ensemble de plateaux qui s'étend du monte Gargano (1 056 m), au N., jusqu'à la presqu'île de Salento, au S. Première zone agricole de l'Italie méridionale (céréales, vigne, oliviers et tabac). Importante activité industrielle : production de bauxite (80 % de la production nationale), constructions navales à Tarente.

Pouillet (Claude) Physicien français (1790-1868). Il mit au point une méthode expérimentale qui corrobora la loi d'Ohm (1834). Il formula également une loi sur la force électromotrice (dite *loi de Pouillet*) et mena des recherches sur la compressibilité des gaz.

pouilleux, euse adj. (de *pouil,* ancienne forme de *pou*) **1.** Couvert de poux, de vermine. *Un mendiant pouilleux.* **2.** Qui est dans une extrême misère. – n. → **gueux. 3.** (choses) Misérable et sale. → **sordide.** *Un quartier pouilleux.* **4.** (après un n. géographique) *La Champagne pouilleuse,* calcaire, la moins fertile (s'oppose à la *Champagne humide*).

pouillot n. m. (bas latin *pullius*) Oiseau proche de la fauvette.

pouilly n. m. (n. d'une commune) **1.** Vin blanc sec de Pouilly-sur-Loire (Nièvre). **2.** *Pouilly* ou *pouilly-fuissé* : vin blanc sec de Saône-et-Loire.

poujadisme n. m. (de Pierre *Poujade*) hist. Mouvement politique populiste de la fin de la IVe République, soutenu surtout par les petits commerçants.

poulailler n. m. (de l'ancien français *poulaille,* de *poule*) **I.** Abri où on élève des poules ou d'autres volailles. – Ensemble des poules qui logent dans cet abri. **II.** fam. Galerie supérieure d'un théâtre. *Prendre une place au poulailler.*

poulain n. m. (vient du latin *pullamen,* de *pullus* « petit d'un animal » → ^{1}poule) **1.** Petit du cheval, mâle ou femelle (jusqu'à trente mois). → **pouliche ; pouliner.** *La jument et son poulain.* **2.** Sportif, étudiant, écrivain débutant (par rapport à la personne qui l'appuie).

à la poulaine loc. adj. invar. (de l'ancien adj. *poulain* « polonais ») *Souliers à la poulaine,* chaussures à l'extrémité allongée en pointe (fin du Moyen Âge).

poularde n. f. Jeune poule engraissée. *Poularde de Bresse.*

poulbot n. m. (du n. du dessinateur) Enfant de Montmartre, gavroche. *Un petit poulbot.*

Poulbot (Francisque) Dessinateur français (1879-1946). Il imagina un type de gamin de Montmartre, misérable mais sensible et facétieux, auquel son nom reste attaché.

Francisque Poulbot, *Petits Parisiens dans la rue,* illustration de *L'Assiette au beurre* (1908).

^{1}poule n. f. (vient du latin *pulla,* de *pullus* → poulain, qui a donné aussi l'ancien français *pouil* « coq », éliminé par *coq* et par *poulet*) **I. 1.** Femelle du coq, oiseau de basecour, à ailes courtes et arrondies, à queue courte, à petite crête dentelée. *La poule picore ; glousse, caquète. Poule pondeuse. Œuf de poule.* – *Poule au pot, poule bouillie. Poule au riz.* → aussi **poularde. 2.** loc. *Quand les poules auront des dents,* jamais. *Tuer la poule aux œufs d'or,* détruire par avidité ou impatience la source d'un profit important. *Se coucher comme (avec) les poules,* très tôt. – ***Mère poule, maman poule*** : mère qui « couve » ses enfants, leur manifeste une attention parfois excessive. *De vraies mères poules. Des mamans poules.* – par anal. ***Père poule, papa poule.*** *Des pères poules, des papas poules.* – ***Poule mouillée*** : personne poltronne. – *Bouche en cul-de-poule.* → **cul-de-poule. 3.** Femelle de gallinacés. *Poule faisane,* faisan femelle. ■ (autres espèces) *Poule d'eau* : petit échassier. **II.** fam. *Ma poule* : terme d'affection (pour les filles, les femmes). → ^{1}**cocotte, poulet, poulette. III.** fam. Fille de mœurs légères. → **grue.** ■ (avec un possessif) vieux, péj. Maîtresse (d'un homme).

^{2}poule n. f. (origine obscure ; a donné l'anglais *pool*) **1.** (aux cartes) Enjeu déposé au début de la partie ; somme constituée par le total des mises qui revient au gagnant. → **pot. 2.** sports (de l'anglais *pool*) Groupe d'équipes destinées à se rencontrer, dans la première phase d'un championnat. *Poule A, poule B.*

Poulenc (Francis) Compositeur français (1899-1963). Membre du groupe des Six, il est l'auteur d'une œuvre variée, qui évolua d'un néoclassicisme subtil et élégant (*Trois Mouvements perpétuels ; Le Bestiaire,* d'après Apollinaire) vers une inspiration plus grave, où prédomine l'émotion religieuse *(Quatre Motets pour un temps de pénitence ; Figure humaine ; Stabat mater).* Il écrivit aussi plusieurs opéras *(Les Mamelles de Tirésias).*

poulet n. m. (de *poule*) **I. 1.** Petit de la poule, plus âgé que le poussin (de trois à dix mois). **2.** Jeune poule ou jeune coq (→ **coquelet**) destiné à l'alimentation. → **chapon, poularde.** *Poulet de grain, poulet fermier. Poulet rôti.* – *Manger du poulet.* **3.** *Mon (petit) poulet,* terme d'affection (pour les deux sexes). → ^{1}**poule** (II), **poulette. II.** vieux Billet doux. – fam. Lettre. **III.** (de *poule* « police », argot d'origine italienne) fam. Policier. → **flic.**

poulette n. f. **I.** Jeune poule. **II.** fam. Jeune fille, jeune femme. – *Ma poulette,* terme d'affection. **III.** *Sauce poulette,* à base de beurre, de jaune d'œuf et de jus de citron ou de vinaigre.

pouliche n. f. (→ poulain) Jument qui n'est pas encore adulte (mais qui n'est plus un poulain).

Poulidor (Raymond) Coureur cycliste français (1936-2019). Vainqueur de courses importantes, il fut plusieurs fois deuxième du Tour de France, connaissant une grande popularité pour son courage dans la malchance.

poulie n. f. (du grec tardif *polidion,* de *polos* « pivot ») Petite roue qui porte sur sa jante une corde, une courroie et sert à soulever des fardeaux, à transmettre un mouvement. → **palan.**

Pouliguen (Le) Commune de la Loire-Atlantique. 4 024 habitants. Chapelle du XVIe s. Port. Station balnéaire.

pouliner v. intr. < 1 > (→ poulain) techn. (jument) Mettre bas.

poulinière adj. f. (de *pouliner* « mettre bas ») *Jument poulinière,* destinée à la reproduction. – n. f. *Une poulinière.*

^{1}pouliot n. m. (du latin *puleium*) Variété de menthe utilisée comme antispasmodique et stimulant.

^{2}pouliot n. m. (de *poulie*) Petit treuil à l'arrière d'une charrette, sur lequel on enroule la corde qui maintient le chargement.

poulpe n. m. (vient du latin *polypus* → pieuvre, polype) Mollusque céphalopode à longs bras (tentacules) armés de ventouses. → **pieuvre.**

poulpiquet n. m. (origine obscure) Lutin malfaisant (légendes bretonnes).

pouls [pu] n. m. (vient du latin *pulsus*) Battement des artères produit par les vagues successives du sang projeté du cœur (perceptible au toucher, notamment sur la face interne du poignet). *Pouls rapide, lent. Prendre le pouls,* en compter les pulsations. – fig. *Prendre le pouls de l'opinion.* ■ L'endroit où l'on sent le pouls. *Tâter le pouls.*

Poulsen (Valdemar) Ingénieur danois (1869-1942). Il a conçu le premier appareil capable d'émettre des ondes radio continues, ouvrant la voie à la radiodiffusion. Il est également l'inventeur du premier appareil d'enregistrement magnétique du son sur fil ou sur bande en acier, et d'un système d'enregistrement des sons sur pellicule photographique qui fut à l'origine du cinéma parlant.

poult-de-soie voir pou-de-soie

poumon n. m. (vient du latin *pulmo, pulmonis* → ^{2}pulmonaire) **1.** Chacun des deux viscères placés dans la cage thoracique, organes de la respiration (→ **expiration, inspiration ; pneumo- ;** ^{2}**pulmonaire).** *Enveloppe des poumons.* → **plèvre.** – *Aspirer, respirer à*

pleins poumons : profondément. *Chanter, crier à pleins poumons.* → **s'époumoner.** loc. fam. *Cracher ses poumons,* tousser, expectorer abondamment. **2.** ***Poumon artificiel, poumon d'acier*** (vieilli) : appareil qui permet d'entretenir la ventilation pulmonaire d'un malade. **3.** fig. Ce qui fournit de l'oxygène. *Les parcs sont les poumons des villes.*

Pound **(Ezra Loomis)** Poète et critique américain (1885-1972). Il vécut longtemps en Europe, où il composa l'essentiel de son œuvre. Il s'illustra en particulier par ses *Cantos,* poèmes mêlant les styles, les thèmes et les langues les plus variés. Il mena également une carrière de critique littéraire *(A. B. C. de la lecture ; La Kulture en abrégé)* mais aussi de propagandiste pour le régime fasciste de Mussolini à la radio italienne. De retour aux États-Unis, il fut arrêté pour trahison, puis interné dans un hôpital psychiatrique jusqu'en 1958.

poupard n. m. **(vient du latin *puppa* → poupée)** vieilli Bébé gros et joufflu. → **poupon.**

poupe n. f. **(génois *papa,* du latin *puppis*)** Arrière (d'un navire). → [2]**gaillard** d'arrière. *La poupe et la proue.* – loc. fig. *Avoir le vent en poupe,* être poussé vers le succès.

poupée n. f. **(vient du latin pop. *puppa,* de *pupa*)** **1.** Figurine humaine servant de jouet d'enfant. *Jouer à la poupée. Avoir un visage de poupée.* → **poupin.** *Maison de poupée,* miniature. – *Poupées russes* : poupées gigognes en bois très colorées. → **matriochka. 2.** fam. Jeune femme, jeune fille. → **pépée.** *Une chouette poupée.* – *Poupée gonflable,* utilisée à des fins érotiques. **3.** Doigt blessé, entouré d'un pansement ; le pansement.

poupin, ine adj. Qui a les traits d'une poupée. *Un visage poupin.* → **poupard.**

poupon n. m. Bébé, très jeune enfant. → **poupard.**

pouponner v. intr. < 1 > Dorloter maternellement des bébés. *Elle adore pouponner.*

pouponnière n. f. Établissement où l'on garde les bébés jusqu'à trois ans. → **crèche.**

pour prép. et n. m. invar. **(vient du latin *pro,* en préfixe *por-* et *pro-* → pro-)** **I.** (idée d'échange, d'équivalence, de correspondance, de réciprocité) **1.** En échange de ; à la place de. *Vendre qqch. pour telle somme.* → **contre, moyennant.** – loc. *Il en a été pour son argent, pour ses frais,* il n'a rien eu en échange. – *Dix pour cent (%), pour mille (‰).* → **pourcentage.** – *Dire un mot pour un autre,* au lieu de. – (avec le même n. avant et après) *Dans un an, jour pour jour,* exactement. **2.** (avec un terme redoublé marquant la possibilité d'un choix) *Mourir pour mourir, autant que ce soit de mort subite.* **3.** (rapport d'équivalence entre deux termes) → **comme.** *Avoir la liberté pour principe. Avoir pour ami. Compter pour rien.* – *Pour tout avantage, pour tous avantages.* → **en fait** de. *Pour le moins,* au moins, au minimum. – loc. fam. *Pour de bon,* d'une façon authentique. **4.** En prenant la place de. *Payer pour qqn,* à sa place. **5.** En ce qui concerne (qqch.). *Payer pour qqn.* – Par rapport à. *Il fait froid pour la saison.* **6.** (mise en valeur du sujet, de l'attribut ou du compl. d'objet) *Pour moi, je pense que...* → **quant** à. *Pour ce qui est de...* **7.** En ce qui concerne (qqn). *Elle est tout pour moi.* **II.** (direction, destination, résultat, intention) **1.** Dans la direction de, en allant vers. *Partir pour le Japon. Les voyageurs pour Bruxelles.* **2.** (terme dans le temps) *C'est pour ce soir.* – *Pour six mois,* pendant six mois à partir de maintenant. *Pour le moment,* momentanément. *C'est pour quand ? Pour dans huit jours.* – fam. *C'est pour aujourd'hui ou pour demain ? Pour une fois, pour cette fois. Pour le coup,* cette fois-ci. **3.** (destination, but...) Destiné à (qqn, qqch.). *C'est pour vous. Film pour adultes.* – ellipt, fam. *C'est fait pour.* → [2]**exprès.** ■ Destiné à combattre. → **contre.** *Médicament pour la grippe.* – En vue de. *C'est pour son bien.* – *C'est bon pour la santé.* ■ À l'égard de. → [1]**envers.** *Sa haine pour lui.* – *Tant mieux, tant pis pour elle.* ■ En faveur de, pour l'intérêt, le bien de... *Prier pour qqn. Chacun pour soi.* **4.** En faveur de (opposé à *contre*). *Voter pour un candidat. **Être pour** qqn, qqch.* : être partisan de (qqn, qqch.). → **pro-.** *Je suis pour cette décision ;* ellipt *je suis pour.* ■ **n. m. invar.** loc. ***Le pour et le contre*** : les aspects favorables et défavorables. **5.** ***Pour*** (+ inf.) : afin de pouvoir. *Faire l'impossible pour réussir. Travailler pour vivre. Pour quoi faire ?* – loc. fam. *Ce n'est pas pour dire, mais...* (renforce l'assertion). *C'est pour rire.* **6.** ***Pour que*** : afin que. *Il faudra du temps pour que cela réussisse.* – ***Pour que... ne pas.*** *Elle ferma les fenêtres pour que la chaleur ne sorte pas.* **III.** (conséquence) **1.** En ayant pour résultat (qqch.). *Pour son malheur, il a cédé.* – (+ inf.) Afin de. *Pour réussir, il a besoin d'être plus sûr de lui.* – (forme négative) *Ce projet n'est pas pour me déplaire,* me plaît. **2.** ***Pour que*** (avec une subordonnée de conséquence). *Assez, trop... pour que...* **IV.** (cause) **1.** À cause de. *Il a été puni pour ses crimes. Merci pour tout.* – loc. *Pour un oui, pour un non,* à toute occasion. *Pour sa peine,* en considération de sa peine. *Pour quoi ?* → **pourquoi.** – absolt *Et pour cause !,* pour une raison trop évidente. **2.** (+ inf. passé ou passif) *Elle a été punie pour avoir menti.* **V.** (opposition, concession) **1.** littér. ***Pour... que.*** → **aussi,** [2]**si,** [1]**tout ;** avoir **beau.** *Pour intelligent qu'il soit, il ne réussira pas sans travail.* – loc. *Pour autant que,* dans la mesure où. *Ils ne sont pas plus heureux pour autant.* **2.** *Pour être riches, ils n'en sont pas plus heureux,* bien qu'ils soient riches.

pour- Élément **(du latin *pro*).**

pourboire n. m. **(de *pour* et *boire*)** Somme d'argent remise, à titre de gratification, de récompense, par le client à un travailleur salarié. *Pourboire compris.* → **service.**

Pourbus Famille de peintres flamands. ■ **Pieter** ou **Pierre Pourbus** (v. 1523-1584). Il peignit des tableaux religieux *(Le Jugement dernier)* et des portraits *(Portrait d'une jeune femme)* manifestant l'influence du maniérisme italien sur la tradition flamande. ■ **Franz Pourbus, dit l'Aîné** (1545-1581). Fils de Pierre Pourbus. Ses compositions religieuses témoignent de l'influence de son père et de F. Floris, mais ses portraits affirment un style plus personnel. ■ **Franz II** ou **François Pourbus** (1569-1622). Il est célèbre pour ses portraits de cour : *Portrait de Marie de Médicis ; Portrait d'Henri IV.*

pourceau n. m. **(vient du latin *porcellus,* de *porcus* → porc)** vieux ou littér. Cochon, porc.

pourcentage n. m. **(de *pour,* et *cent*)** **1.** Taux (d'un intérêt, d'une commission) calculé sur un capital de cent unités. *Toucher un pourcentage.* **2.** Proportion pour cent. *Un fort pourcentage de chômeurs.*

pourchasser v. tr. < 1 > **1.** Poursuivre, rechercher (qqn) avec obstination. → **chasser, poursuivre.** *Être pourchassé par la police.* **2.** Poursuivre (qqch.). *Il pourchasse les honneurs.*

pourfendre v. tr. < 41 > **1.** vieux Fendre complètement, couper. – au p. p. *Une statuette pourfendue.* **2.** littér. ou plais. Attaquer violemment. *Pourfendre ses adversaires.* ■ **pourfendeur** n. m. iron. *Un pourfendeur des abus.*

pourlèche voir **perlèche**

se **pourlécher** v. pron. < 6 > Se passer la langue sur les lèvres (en signe de contentement). *S'en pourlécher les babines.*

pourparlers n. m. pl. Conversation entre plusieurs parties pour arriver à un accord. → **négociation, tractation.** *Être en pourparlers avec... Des pourparlers de paix.*

pourpier n. m. **(du latin pop. *pulli pes* « pied de poulet »)** Plante à petites feuilles charnues, à fleurs colorées, dont une espèce est comestible.

pourpoint n. m. **(ancien français *porpoint,* adj., qui vient du latin, de *per-* → par et *pungere* → poindre)** anciennt Partie du vêtement d'homme qui couvrait le torse (→ **justaucorps).**

pourpre **(latin *purpura* → purpurin, du grec *porphura* → porphyre)** **I.** n. f. **1.** Matière colorante d'un rouge vif, extraite à l'origine d'un mollusque (*le pourpre,* n. m.). **2.** littér. Étoffe teinte de pourpre ; d'un rouge vif. – La dignité de cardinal. **3.** littér. Couleur rouge vif. **II.** n. m. **1.** Couleur rouge foncé, tirant sur le violet. → **amarante. 2.** anat. *Pourpre rétinien* : pigment photosensible porté par les bâtonnets de la rétine, association d'une protéine et d'un pigment rouge. **III.** adj. D'une couleur rouge foncé. → **purpurin.** *Velours pourpre. Son visage devint pourpre.* → **s'empourprer.**

pourpré, ée adj. littér. Coloré de pourpre. → **purpurin.**

pourquoi **(de *pour* et *quoi*)** **I.** adv. et conj. **1.** (interrogation directe) *Pourquoi ?* : pour quelle raison, dans quelle intention ? (réponse : *parce que...*). *Pourquoi partez-vous ?* – (sans inversion) *Pourquoi est-ce que vous la saluez ?* fam. *Pourquoi tu cries ?* – (+ inf.) À quoi bon ? *Mais pourquoi crier ?* – absolt *Pourquoi ? Pourquoi non ? Pourquoi pas ?* **2.** (interrogation indirecte) Pour quelle cause, dans quelle intention. *Je vous demande pourquoi vous riez. Explique-moi pourquoi.* **3.** *Voilà, voici pourquoi.* – *C'est pourquoi...,* c'est pour cela que. **II.** n. m. invar. **1.** Cause, motif, raison. *« Il demandait le pourquoi de toute chose »* (Balzac). **2.** Question par laquelle on demande la raison d'une chose. *Les pourquoi des enfants.*

Pourrat **(Henri)** Écrivain français (1887-1959). Ses poèmes *(Les Montagnards)* et ses romans *(Gaspard des montagnes)* évoquent l'Auvergne avec sensibilité et nostalgie.

pourri, ie **I.** adj. **1.** Corrompu ou altéré par la décomposition. *Une planche pourrie.* – (aliments) *Des fruits pourris.* → **blet.** *De la viande pourrie.* → **avarié. 2.** Désagrégé. *Pierre pourrie,* humide et effritée. **3.** Humide. *Un climat pourri.* → **malsain.** *Un été pourri,* très pluvieux. **4.** (personnes) Moralement corrompu. *Une société pourrie. Un flic pourri.* → **ripou.** *Un enfant pourri (gâté).* – n. m. fam. *Bande de pourris !* → **pourriture. 5.** Très mauvais, insupportable. *Un bled pourri.* - var. argotique **pourrave. 6.** fam. ***Pourri de*** : rempli de, qui a beaucoup de. *Il est pourri de fric. Pourri de talent.* **II.** n. m. Ce qui est pourri. *Une odeur de pourri.* → **putride.**

pourridié n. m. **(mot occitan « pourriture »)** agric. Maladie cryptogamique de la vigne et de certains arbres fruitiers.

pourriel n. m. **(mot-valise, de *poubelle* et *courriel*)** (Canada) Courrier électronique indésirable, envoyé massivement aux internautes. → **spam.**

pourrir v. < 2 > **(vient du latin *putrire* → putréfaction)** **I.** v. intr. **1.** (matière organique) Se décomposer. → se **corrompre,** se **putréfier.** *Ce bois pourrit à l'humidité.* **2.** (personnes) Rester dans une situation où l'on se dégrade. *Pourrir dans l'ignorance.* → **croupir.** *On l'a laissé pourrir en prison.* → **moisir.** – Se dégrader. *Laisser pourrir une grève.* **II.** v. tr. **1.** Attaquer, corrompre en faisant pourrir. → **gâter.** *La pluie a pourri le foin.* – pronom. *Se pourrir,* devenir pourri. **2.** fam. Gâter extrêmement (un enfant). *Sa mère ne le gâte pas, elle le pourrit.* **3.** fam. Dire du mal de (qqn) ; l'invectiver. *Il s'est fait pourrir par son patron.*

pourrissage n. m. techn. Traitement de l'argile à céramique par exposition à l'humidité, destiné à rendre la pâte plus homogène.

pourrissant, ante adj. Qui est en train de pourrir.

pourrissement n. m. Dégradation progressive (d'une situation).

pourrissoir n. m. littér. Lieu où une chose pourrit.

pourriture n. f. **1.** Altération profonde, décomposition des tissus organiques (→ **putréfaction) ;** état de ce qui est pourri. *Une odeur de pourriture.* **2.** Ce qui est complètement pourri. **3.** Se dit de maladies cryptogamiques ou bactériennes. *Pourriture molle de* *la carotte.* **4.** (abstrait) État de grande corruption morale. → **gangrène.** *La pourriture de la société.* **5.** (injure) Personne corrompue, ignoble. → **pourri.** *Quelle pourriture, ce type !* → **ordure.**

pour-soi n. m. invar. philos. Manière d'être, d'exister, de l'être conscient (opposé à *en-soi*).

poursuite n. f. (→ **poursuivre, suite**) **I.** Action de poursuivre (I). **1.** Action de suivre (qqn, un animal) pour le rattraper, s'en saisir. *Se lancer à la poursuite de qqn.* – *Course poursuite.* **2.** Effort pour atteindre (une chose qui semble inaccessible). → **recherche.** *La poursuite de l'argent, de la vérité.* **3.** Acte juridique dirigé contre qqn qui a commis une infraction. *Engager des poursuites (judiciaires) contre qqn.* → **accusation.** **4.** (au théâtre, au cirque) Projecteur qui suit un protagoniste dans ses déplacements. **II.** ***La poursuite de qqch.*** : action de poursuivre. *La poursuite d'un travail.*

poursuiteur, euse n. Cycliste spécialiste de la poursuite.

poursuivant, ante n. Personne qui poursuit qqn. *Le voleur a échappé à ses poursuivants.*

poursuivre v. tr. < 40 > (latin médiéval *prosequi*, d'après *suivre* ; famille de *suivre*) **I.** Suivre pour atteindre. **1.** Suivre de près pour atteindre (ce qui fuit). *La police poursuivait les terroristes.* → **courir** après, **pourchasser ; poursuite.** *Poursuivre les fugitifs.* → **traquer.** **2.** Tenter de rejoindre (qqn qui se dérobe). → **presser, relancer.** *Il est poursuivi par ses créanciers.* ■ Tenter d'obtenir les faveurs amoureuses de (qqn). *Il la poursuit de ses assiduités.* **3.** *Poursuivre qqn de*, s'acharner contre lui par... → **harceler.** *Elle le poursuivait de sa colère, de ses récriminations.* **4.** (compl. chose) Chercher à obtenir (qqch.). → **briguer, rechercher.** *Poursuivre un but.* **5.** (sujet chose) Hanter, obséder. *Ces images lugubres la poursuivirent longtemps.* **6.** Agir en justice contre (qqn). → **accuser.** *Poursuivre qqn devant les tribunaux.* **II.** Continuer sans relâche. *Poursuivre son chemin. Poursuivre des études.* – absolt *Poursuivez, cela m'intéresse !* – pronom. *La réunion se poursuivit jusqu'à l'aube*, elle se prolongea.

Pourtalet (col du) Col des Pyrénées-Atlantiques, à 1 794 m d'altitude, à la frontière espagnole.

P

pourtant adv. (de *pour* et *tant*) (opposant deux notions pour mieux les relier) → **cependant, mais, néanmoins, toutefois.** *Tout a l'air de bien se passer, pourtant je suis inquiet. C'est pourtant simple. Elle est laide et pourtant quel charme !*

pourtour n. m. (de l'ancien v. *portorner*, du latin, de *pro-* → **pour** et *tornare* → **tourner**) **1.** Ligne formant le tour (d'un objet, d'une surface). → **circonférence.** **2.** Partie qui forme les bords (d'un lieu). *Le pourtour méditerranéen.*

pourvoi n. m. (de *pourvoir*) *Pourvoi en cassation*, demande de révision d'un procès par un tribunal de cassation. – *Pourvoi en grâce.* → **recours.**

pourvoir v. tr. < 25 > (latin *providere*, de *videre* → **voir**, d'après *pour* et *voir* → **providence, provision, prudent**) **I.** v. tr. ind. ***Pourvoir à qqch.*** : faire ou fournir le nécessaire pour. *Pourvoir à l'entretien de la famille.* → **assurer.** *Pourvoir aux besoins de qqn.* → **subvenir.** **II.** v. tr. dir. **1.** Mettre (qqn) en possession (de ce qui est nécessaire). → **donner** à, **munir, nantir.** *Pourvoir qqn d'une recommandation, d'un emploi.* **2.** Munir (une chose). *Pourvoir un atelier de, en matériel.* → **approvisionner, fournir.** ■ *Pourvoir un poste*, y affecter une personne. **3.** (sujet chose) littér. *La nature l'a pourvu de grandes qualités.* → **doter, douer.** **4.** passif et p. p. ***Être pourvu, ue*** : avoir, posséder. *Le voilà bien pourvu*, il a tout ce qu'il lui faut. ■ se **pourvoir** v. pron. **1.** *Se pourvoir de qqch.* Faire en sorte de posséder, d'avoir (une chose nécessaire). *Il faut se pourvoir de provisions pour le voyage.* **2.** dr. Recourir à une juridiction supérieure. → **pourvoi.** *Elle s'est pourvue en appel, puis en cassation.*

pourvoirie n. f. (de *pourvoir*) (Canada) Établissement qui propose des services (hébergement, location de matériel, guides) aux personnes qui pratiquent la chasse et la pêche en pleine nature.

pourvoyeur, euse n. **1.** *Pourvoyeur de...* : personne qui fournit (qqch.) à qqn, ou qui munit (une chose). *Pourvoyeur de drogue.* → **dealeur.** **2.** Soldat chargé de l'approvisionnement d'un canon, d'une mitrailleuse. → **servant.** **3.** (Canada) Personne qui exploite une pourvoirie.

[1]**pourvu, ue** voir **pourvoir**

[2]**pourvu que** loc. conj. (+ subj.) Du moment que, à condition de, si. *Moi, pourvu que je mange à ma faim...* ■ (souhait) *Pourvu qu'on arrive à temps !*

poussage n. m. Procédé de navigation fluviale par convoi de barges métalliques amarrées entre elles et poussées (→ **pousseur**).

poussah n. m. (mot chinois « image de Bouddha assis les jambes croisées ») **1.** Buste de magot porté par une boule lestée qui le ramène à la position verticale lorsqu'on le penche. **2.** Gros homme mal bâti.

pousse n. f. (de *pousser*) **I.** Action de pousser, développement de ce qui pousse. *La pousse des feuilles. Une lotion pour la pousse des cheveux.* **II.** Bourgeon naissant, germe de la graine. *Les jeunes pousses des arbres.* ■ *Jeune pousse* : recomm. offic. pour *start-up.*

pousse-au-crime n. m. invar. **1.** fam., vieilli Alcool, eau-de-vie. **2.** Ce qui incite à faire le mal.

pousse-café n. m. Verre d'alcool que l'on prend après le café. *Des pousse-cafés.*

poussée n. f. **1.** Action d'une force qui pousse. → **pression.** *Sous la poussée, la porte s'ouvrit. Résister à la poussée des assaillants.* → **attaque, offensive.** **2.** Force exercée par un élément pesant (arc, voûte, etc.) sur ses supports et qui tend à les renverser. → **charge, poids.** **3.** phys. Pression exercée par un corps sur un autre et tendant à le déplacer. *Poussée horizontale, verticale.* ■ Résultante des forces de pression exercée par un fluide. *La poussée d'Archimède.* **4.** Manifestation brutale (d'une force). → **impulsion.** *La poussée de l'opposition aux élections*, sa progression. **5.** Manifestation subite (d'un mal). *Une poussée de fièvre.* → **accès, crise.**

pousse-pied n. m. **1.** Pouce-pied. **2.** Petit bateau léger à fond plat, que l'on pousse avec le pied. *Des pousse-pieds.*

pousse-pousse n. m. invar. **1.** Voiture légère à deux roues, à une place, tirée par un homme (→ **coolie**), en usage en Extrême-Orient. - abrév. **pousse.** **2.** (Canada, Suisse) Voiture d'enfant, poussette. - var. RO **poussepousse** n. m.

pousser v. < 1 > (vient du latin *pulsare* → **pulsation**, de *pellere* « remuer ; chasser ») **I.** v. tr. **1.** Soumettre (qqch., qqn) à une pression ou à un choc de manière à mettre en mouvement dans une direction (s'oppose à *tirer*). *Pousser un meuble contre un mur. Poussez la porte. On nous a poussés dehors. Pousser qqn du coude, du genou*, pour l'avertir. – loc. adv. fam. ***À la va comme je te pousse*** : n'importe comment. **2.** Faire aller (un être vivant) devant soi, dans une direction déterminée, par une action continue. *Le berger pousse son troupeau devant lui.* ■ (d'une force) Entraîner. – au p. p. *Poussé par l'intérêt.* **3.** ***Pousser qqn, pousser qqn à*** : inciter. → **conduire, entraîner.** *Pousser qqn à faire qqch. Pousser à la consommation.* – Aider (qqn) ; faciliter la réussite de (qqn). → **favoriser.** *Pousser un élève*, le faire travailler. – ***Pousser (qqn) à bout*** : acculer, exaspérer (qqn). **4.** Faire avancer (qqch.). *Pousser un landau.* **5.** (abstrait) Faire aller jusqu'à un certain degré, une limite (une activité, un travail, etc.). *Il poussa ses recherches jusqu'au bout.* → **terminer.** *Elle pousse la plaisanterie un peu trop loin.* → **exagérer.** loc. *Pousser le bouchon* trop loin.* – au p. p. *Un amour poussé jusqu'à la passion.* **6.** sans compl. indir. Faire parvenir à un degré supérieur de développement, d'intensité. *Pousser son travail.* → faire **avancer, poursuivre.** – au p. p. *Faire des études poussées.* → **approfondi.** – *Pousser un moteur*, lui faire rendre le maximum. **7.** (sujet n. d'être animé) Produire avec force ou laisser échapper avec effort par la bouche (un son). *Pousser un cri.* loc. *Pousser les hauts cris*. Pousser un soupir.* → **exhaler.** – fam. *Pousser la romance, la chansonnette.* → **chanter.** **II.** v. intr. **1.** Faire un effort en poussant qqn, qqch. *Ne poussez pas !* **2.** Faire un effort pour expulser de son organisme. **3.** *Pousser jusqu'à...* : aller plus loin. *Je vais pousser jusqu'au prochain village.* **4.** (végétation) Croître, se développer. *Un champ où tout pousse.* → [2]**repousser, venir.** *Faire pousser des légumes.* → **cultiver.** *L'herbe commence à pousser* (→ **pousse**). *Ses premières dents ont toutes poussé.* **5.** (villes, constructions) S'accroître, se développer. *Des villes qui poussent comme des champignons.* **6.** (enfants) Grandir. *Il pousse, ce petit.* **7.** fam. Exagérer. *Faut pas pousser !* ■ se **pousser** v. pron. **1.** Avancer (socialement) en poussant les autres. – fig. Se mettre en avant. **2.** S'écarter pour laisser passer. *Pousse-toi !*

poussette n. f. **I.** Petite voiture d'enfant. → régional **pousse-pousse.** *Poussette pliante.* ■ Châssis à roulettes pour transporter les provisions. → [2]**caddie.** ■ (Suisse) Landau d'enfant. **II.** fam. Fait d'avancer très lentement (de véhicules qui se suivent).

pousseur n. m. techn. Bateau à moteur qui assure le poussage d'un train de barges.

Pousseur (Henri) Compositeur belge (1929-2009). Sous l'influence de Pierre Boulez et de Stockhausen, il s'initia au sérialisme (*Symphonie à 15 solistes ; Mobile*, pour 2 pianos) puis se tourna vers la musique électroacoustique (*Votre Faust ; La Seconde Apothéose de Rameau*).

poussier n. m. **1.** Poussière de charbon. **2.** Débris poudreux, poussière.

poussière n. f. (de l'ancien français *pous* → **épousseter**, qui vient du latin *pulvis* → **poudre**) **1.** Terre desséchée réduite en particules très fines, très légères. *Un tourbillon de poussière.* **2.** Fins débris en suspension dans l'air et qui se déposent. *Flocon de poussière.* → **mouton.** *Couche de poussière.* fam. *Nid à poussière* : endroit où se dépose la poussière. *Ôter la poussière.* → **dépoussiérer, épousseter.** *Tomber en poussière*, se désagréger. **3.** littér. Restes matériels de l'être humain, après sa mort. → **cendre(s), débris.** **4.** ***Une poussière*** : un grain de poussière. *Avoir une poussière dans l'œil.* – loc. fam. *Cela m'a coûté deux cents euros **et des poussières.*** → **broutille.** **5.** (collectif) *Une poussière de*, une multiplicité (d'éléments). *La Voie lactée est une poussière d'étoiles.* **6.** Matière réduite en fines particules. → **poudre.** *Poussière de charbon.* → **poussier.** *Réduire en poussière* : pulvériser ; fig. anéantir, détruire. ■ sc. Matière pulvérulente. *Poussière cosmique.*

poussiéreux, euse adj. **1.** Couvert, rempli de poussière (2). *Une route poussiéreuse.* **2.** Qui semble couvert, gris de poussière. *Un teint poussiéreux.* **3.** (abstrait) Vieux, à l'abandon. *Administration poussiéreuse.*

poussif, ive adj. **1.** Qui respire difficilement, manque de souffle. *Un homme poussif.* **2.** *Une voiture poussive*, qui n'avance pas. **3.** fig. Qui manque d'inspiration. *Un scénario poussif.* □ adv. **poussivement**

poussin n. m. (vient du latin *pullicinus*, de *pullus* → **poulain,** [1]**poule**) **1.** Petit de la poule, nouvellement sorti de l'œuf. – appos. invar. *Jaune poussin.* **2.** fam. Terme d'affection (à un enfant). *Mon poussin.* **3.** Jeune sportif de moins de onze ans appartenant à la catégorie d'âge précédant celle des benjamins. – Au fém. *Une poussine.*

Poussin (Nicolas) Peintre français (1594-1665). Après avoir étudié les peintres italiens, en particulier les gravures de Raphaël, il partit pour Rome où, grâce à la protection de mécènes comme Cassiano del Pozzo, il put briguer des commandes officielles *(Martyre de saint Érasme)* et s'imposer comme le « peintre des gens de goût ». Appelé en France en 1640 par Richelieu et Louis XIII pour décorer la grande galerie du Louvre, il repartit pour Rome, où il se révéla comme l'un des grands peintres de son temps, abandonnant peu à peu les sujets religieux (les *Sept Sacrements*) au profit de scènes mythologiques et de peintures de paysages exprimant le sentiment du pouvoir mystérieux de la nature *(Diogène ; Orion)*. Son style, alors marqué par l'influence du sensualisme de Titien *(La Bacchanale à la joueuse de luth ; Diane et Endymion)*, évolua vers un classicisme rigoureux empreint d'un puissant lyrisme, où les sujets chrétiens se mêlent aux thèmes païens *(Les Cendres de Phocion ; Les Quatre Saisons)*.

poussinière n. f. Cage dans laquelle on enferme des poussins. – Couveuse artificielle.

poussoir n. m. Bouton sur lequel on appuie pour déclencher ou régler un mécanisme. → **bouton-poussoir.** *Les poussoirs d'une montre.*

poutargue ou **boutargue** n. f. (provençal *boutargo*, de l'arabe) Masse d'œufs de mulet pressés, salés et enrobés de cire.

poutine n. f. (probablt de l'anglais *pouding*) Plat composé de frites garnies de fromage en grains, nappé de sauce brune, populaire au Québec.

Poutine (Vladimir Vladimirovitch) Homme d'État russe (né en 1952). Directeur du FSB (ancien KGB), président de la Fédération de Russie par intérim (1999), puis président de 2000 à 2008. Il fut ensuite Premier ministre de 2008 à 2012 et est à nouveau chef de l'État depuis cette date. Il annexa la Crimée en 2014 et lança l'invasion de l'Ukraine en 2022.

Vladimir Poutine au Kremlin.

poutou n. m. (mot occitan, d'un radical *pott-* « grosse lèvre ») régional (Sud-Ouest) fam. Baiser. *De gros poutous.* → **bisou.**

poutrage n. m. techn. Assemblage de poutres.

poutre n. f. (vient du latin pop. *pulitra*, dérivé de *pullus* → poulain ; *cf.* chevalet [de cheval]) **1.** Grosse pièce de bois équarrie servant de support (dans une construction, une charpente). → **madrier.** *Plafond aux poutres apparentes.* → **solive.** *Poutre faîtière. La maîtresse poutre,* la poutre principale. **2.** Élément de construction allongé (en métal, en béton armé, etc.). *Poutres métalliques d'un pont.* → **poutrelle. 3.** sports Longue pièce de bois surélevée servant à des exercices de gymnastique.

poutrelle n. f. **1.** Petite poutre. **2.** Barre de fer allongée entrant dans la construction d'une charpente métallique.

poutser ou **poutzer** v. tr. < 1 > (de l'allemand *putzen*) (Suisse) fam. Nettoyer, astiquer.

pouture n. f. (du latin *puls, pultis* « bouillie de céréales ») agric. Engraissement du bétail à l'étable, principalement au moyen de farineux.

Poussin (Nicolas)

Nicolas Poussin, *Les Bergers d'Arcadie* (v. 1638-1640), musée du Louvre, Paris.

^{1}**pouvoir** v. tr. < 33 p. p. invar. : *pu* > (vient du latin *potere,* de *posse*) **I.** (devant un inf.) **1.** Avoir la possibilité de (faire qqch.). *Il ne peut pas parler. Dire qu'il a pu faire une chose pareille ! Si vous le pouvez ; dès que vous pourrez.* – **loc. adv. et loc. adj. invar.** *On ne peut mieux,* le mieux possible. *On ne peut plus,* le plus possible. → **très.** *Elle est on ne peut plus serviable.* – (sujet chose) *Qu'est-ce que ça peut bien lui faire ?* **2.** Avoir le droit, la permission de (faire qqch.). *Les élèves peuvent sortir.* – Avoir raisonnablement la possibilité de. *On peut tout supposer.* loc. *Si je puis dire, si l'on peut dire* (pour atténuer ce qu'on vient de dire). **3.** Risquer de se produire. *Les malheurs qui peuvent nous arriver.* **4.** littér. au subj. (ellipt) Exprime un souhait. *Puissé-je* (ou *puissè-je*) *vous revoir !* **5.** impers. *Il peut, il pourra.* → **peut-être.** *Il peut y avoir, il ne peut pas y avoir d'erreur.* – (plus dubitatif) *Il peut ne pas y avoir d'erreur.* – *Il peut arriver, se faire que...* – pronom. loc. *Autant que faire se peut,* autant que cela est possible. *Il, cela se peut,* c'est possible. *Il se peut que* (+ subj.). *Il se peut qu'il pleuve.* fam. *Ça se peut. Ça se pourrait bien.* **II. 1.** (le pronom neutre *le* remplaçant l'infinitif complément) *Résistez si vous le pouvez. Dès qu'il le put.* **2.** Être capable, être en mesure de faire (qqch.). *Tu peux y arriver, tu en es capable. Elle a fait ce qu'elle pouvait (pour...). Que puis-je pour vous ?* **3.** loc. *N'en pouvoir plus,* être dans un état d'extrême fatigue, de souffrance. *Je n'en peux plus, je m'en vais.* – Ne pas supporter un excès de plaisir. *Je n'en peux plus de rire.* – littér. *N'en pouvoir mais,* n'y pouvoir rien.

^{2}**pouvoir** n. m. (de ^{1}*pouvoir*) **1.** Fait de pouvoir (I, 1 et 2), de disposer de moyens qui permettent une action. → **faculté, possibilité.** *Cet élève possède un grand pouvoir de concentration. Le pouvoir d'analyser le réel.* → ^{1}**don.** – *Pouvoir d'achat :* valeur réelle (surtout d'un salaire) mesurée par ce qu'il est possible d'acheter. – *Cela n'est pas en mon pouvoir.* – au plur. *Des pouvoirs extraordinaires.* **2.** Capacité légale (de faire une chose). → ^{3}**droit ; mandat, mission.** *Avoir plein(s) pouvoir(s), donner plein(s) pouvoir(s).* → **carte blanche.** *Fondé* de pouvoir* (d'une société). – Procuration. *Avoir un pouvoir par-devant notaire.* **3.** (avec un adj.) Propriété physique d'une substance placée dans des conditions déterminées. *Pouvoir calorifique.* **4.** Possibilité d'agir sur qqn, qqch. → **autorité, puissance.** *Le pouvoir moral qu'il a sur nous.* → ^{2}**ascendant, influence.** *Pouvoir magique. Pouvoir de séduction.* – *Être, tomber au pouvoir de qqn,* sous sa domination. **5.** Situation des dirigeants ; puissance politique. *Le pouvoir suprême.* → **souveraineté.** *Pouvoir absolu.* → **omnipotence, toute-puissance.** *Prendre, détenir, perdre le pouvoir. Être, se maintenir au pouvoir.* – *Pouvoir législatif,* chargé d'élaborer la loi (parlement). *Pouvoir exécutif,* chargé du gouvernement et de l'administration (gouvernement). *Pouvoir judiciaire,* chargé de la fonction de juger. → **justice.** *Démocratie et séparation des pouvoirs.* **6.** Organes, personnes qui exercent le pouvoir. – au plur. *Les pouvoirs publics,* les autorités pouvant imposer des règles aux citoyens. ■ absolt *L'opinion et le pouvoir.*

P'ou-yi voir Puyi

Pouzauges Commune de la Vendée, dans le Bocage vendéen. 5 565 habitants. Église des XIIe et XVe s. Donjon du XIIIe s. Conserveries de viande.

pouzzolane [pudzɔlan] n. f. (italien *pozzolana,* du n. d'une ville italienne) Roche volcanique légère et poreuse, composant de bétons légers.

Pouzzoles voir Pozzuoli

Powell (John Wesley) Géologue, ethnographe et linguiste américain (1834-1902). Il explora l'Ouest des États-Unis et élabora la première classification des langues indiennes d'Amérique du Nord.

Powell (Cecil Frank) Physicien britannique (1903-1969). Il mit au point un détecteur photographique de particules qui lui permit d'identifier le méson pi (ou pion) en 1947. Prix Nobel 1950.

Powell (Michael) Cinéaste britannique (1905-1990). Il contribua au renouveau de la comédie anglaise *(Colonel Blimp)*, s'illustra avec plusieurs opéras filmés *(Les Chaussons rouges ; Les Contes d'Hoffmann)* et réalisa un joyau du genre fantastique *(Le Voyeur)*.

Powell (Earl Rudolph, dit Bud) Pianiste et compositeur américain de jazz (1924-1966). Doué d'une technique exceptionnelle, il participa à l'émergence du be-bop en travaillant avec Thelonious Monk, Dizzy Gillespie et John Kirby. *Bouncing with Bud ; No Name Blues.*

Bud Powell en 1958.

Powell (Colin Luther) Général et homme politique américain (1937-2021). Premier Noir américain à accéder au commandement suprême des forces armées (1989-

P

Prague

Prague, dix-sept ponts enjambent la Vltava, dont le célèbre pont Charles.

1993), il fut nommé secrétaire d'État en 2001. Après avoir soutenu l'existence d'armes de destruction massive qui amena le président G. W. Bush à envahir l'Irak, il reconnut s'être trompé et démissionna.

Powys (John Cowper) Écrivain britannique (1872-1963). Son œuvre, qui allie amour de la nature, mysticisme et sensualité, est une exploration des frontières de la conscience. *Apologie des sens ; Les Enchantements de Glastonbury ; Atlantis.*

Powys Comté du pays de Galles. 5 077 km^2. 126 300 habitants. Chef-lieu : Llandrindod Wells. Élevage ovin. Tourisme.

Poyang hu ou **P'o-yang-hou** Le plus grand lac d'eau douce de Chine, dans le Jiangxi. 3 583 km^2.

Poyet (Guillaume) Homme politique français (v. 1474-1548). Chancelier de France (1538), il participa à la rédaction de l'ordonnance de Villers-Cotterêts (1539).

Poza Rica Ville du Mexique (État de Veracruz), près du golfe du Mexique. 185 200 habitants. Centre pétrolier.

Poznań en allemand **Posen** Ville de Pologne (Grande-Pologne), sur la Warta. 546 800 habitants. Monuments des XVe, XVIe et XVIIIe s. Centre culturel et scientifique. Métropole industrielle et commerciale. Elle fut la capitale de l'ancienne Posnanie. En 1956, une grande grève d'ouvriers réclamant la fin de la tutelle soviétique fit l'objet d'une sévère répression.

Pozzo (Andrea) Peintre et théoricien italien (1642-1709). L'un des grands maîtres de la décoration baroque, il s'illustra par ses trompe-l'œil d'une exceptionnelle virtuosité (plafond de San Ignazio, à Rome). Son traité de perspective, *Perspectiva pictorum et architectorum*, contribua à la propagation du style baroque dans le monde germanique.

Pozzo di Borgo (Charles André, comte) Diplomate corse (1764-1842). Il participa, aux côtés de Paoli, à la lutte pour l'indépendance de la Corse et administra l'île jusqu'en 1796. Devenu conseiller du tsar Alexandre Ier, il s'attacha à renforcer la coalition des puissances européennes contre Napoléon. Il fut ambassadeur de Russie à Paris (1815-1834) puis à Londres (1834-1839).

Pozzuoli en français **Pouzzoles** Ville d'Italie (Campanie), sur le golfe de Naples. 78 800 habitants. Monuments antiques (amphithéâtre, villas, temple). Duomo (XIe s.). Port. Industries sidérurgiques et mécaniques. Exportation de pouzzolane.

PPCM n. m. invar. (sigle) Plus petit commun multiple.

PQ n. m. (abréviation plaisante de *papier cul*) fam. Papier hygiénique.

Pr Symbole chimique du praséodyme.

pracrit voir **prakrit**

practice n. m. (mot anglais → ^{1}**pratique**) anglic. Terrain d'entraînement, au golf.

Prades Chef-lieu d'arrondissement des Pyrénées-Orientales, sur la Têt. 6 081 habitants. Église romane reconstruite au XVIIe s. Festival annuel de musique de chambre à l'abbaye Saint-Michel-de-Cuxa.

Pradet (Le) Commune du Var, dans l'arrondissement de Toulon. 10 496 habitants.

Pradier (Jean-Jacques, dit James) Sculpteur français (1790-1852). Il est l'auteur de sculptures monumentales d'un classicisme sobre : les 12 *Victoires* du tombeau de Napoléon aux Invalides, les *Renommées* de l'Arc de Triomphe.

Pradines (Maurice) Philosophe et psychologue français (1874-1958). Il a formulé une théorie de l'action comme moyen de connaissance (*Principes de toute philosophie de l'action*). Il est également l'auteur d'un *Traité de psychologie générale.*

Prado (musée du) Musée de Madrid, édifié entre 1785 et 1830. Il accueille plus de 2 500 œuvres dont beaucoup appartiennent aux écoles espagnole (Velasquez, Goya, Greco), italienne et flamande (Bosch, Rubens, Van Dyck, Raphaël, Titien, Tiepolo).

Le musée du Prado, qui rassemble la plus grande collection de maîtres espagnols du monde.

præsidium voir **présidium**

Praetorius (Michael) Compositeur et théoricien de la musique allemand (1571-1621). Il composa plus de 1 200 motets imprégnés de l'esprit luthérien. Il est aussi l'auteur de *Syntagma musicum*, véritable encyclopédie des genres et des pratiques musicales depuis l'Antiquité.

pragmatique adj. et n. f. (du latin, du grec, de *pragma* « affaire » ; famille de *pratique*) **I. adj. 1.** Qui est adapté à l'action concrète, qui concerne la pratique. → ^{2}**pratique.** *Une décision pragmatique.* – Qui accorde la première place à l'action, à la pratique. *Une personne pragmatique.* **2.** philos. Qui s'inspire de pragmatisme, est relatif au pragmatisme. **II. n. f.** didact. Étude des signes en situation.

pragmatique sanction Acte promulgué en 1713 par lequel l'empereur germanique Charles VI assurait sa succession à sa fille Marie-Thérèse. Contesté dès la mort de l'empereur, cet acte provoqua la guerre de Succession d'Autriche (1740-1748).

pragmatique sanction de Bourges Acte édicté en 1438 par le roi de France Charles VII par lequel il s'attribuait le droit d'intervenir dans l'élection des abbés et des évêques. Première manifestation du gallicanisme, elle fut remplacée en 1516 par le concordat de Bologne.

pragmatisme n. m. **1.** philos. Doctrine selon laquelle n'est vrai que ce qui fonctionne réellement. **2.** Attitude d'une personne qui ne se soucie que d'efficacité. → **réalisme.** *Le pragmatisme en politique.*

pragmatiste adj. Relatif au pragmatisme. – **n.** Partisan du pragmatisme.

Prague en tchèque **Praha** Capitale de la République tchèque, sur la Vltava. 1 301 400 habitants. Principal centre industriel et commercial du pays. Métropole historique et culturelle de la Bohême, la ville conserve d'exceptionnels édifices baroques. Sur la rive gauche de la Vltava se trouvent l'ancienne résidence royale (le Hradčany) dont la construction remonte au IXe s., la cathédrale Saint-Guy (XIVe s.) et plusieurs palais de conception italienne datant des XVIe et XVIIe s. La rive droite abrite des édifices religieux de style gothique (Galerie nationale et le Klementinum, un collège jésuite du XVIIe s.). Les deux rives sont reliées par le pont Charles (XIVe s.), orné de statues de Braun et Brokoff. Prague fut un grand foyer artistique et architectural sous le règne de Charles IV (XIVe s.) mais déclina à partir de la guerre de Trente Ans (1618-1648). Prague subit l'influence germanique durant la domination des Habsbourg. La ville devint capitale de la Tchécoslovaquie indépendante en 1918, puis capitale de la République tchèque en 1992.

Prague (cercle de) Groupe de linguistes fondé en 1926 par N. Troubetskoy et R. Jakobson. Ils jetèrent les bases de la phonologie structurale qui envisageait la langue comme un système fonctionnel.

Prague (coup de) Nom donné à l'opération menée le 25 février 1948 par les communistes pour s'assurer le contrôle du pouvoir en Tchécoslovaquie. Elle aboutit à la pleine intégration du pays dans le bloc soviétique.

Prague (printemps de) Nom donné à la tentative de libéralisation du régime par Alexander Dubček de janvier à août 1968. L'expérience fut brutalement interrompue par l'invasion des troupes du pacte de Varsovie.

Praguerie n. f. Nom donné à la révolte des seigneurs contre les réformes du roi de France Charles VII (1440), ainsi nommée en référence à la révolte hussite de Prague (1419-1436).

Praia Capitale de l'archipel du Cap-Vert, dans l'île de São Tiago. 137 800 habitants. Port de pêche et de commerce (exportation de bananes et de canne à sucre). Aéroport international.

praire n. f. (du provençal « coquille de pèlerinage » ; famille de *prêtre*) Mollusque comestible, coquillage vivant dans le sable. *Praires farcies.*

prairial n. m. (de *prairie*) hist. Neuvième mois du calendrier républicain (du 20 mai au 18 juin). *Le coup d'État du 30 prairial (an VII).*

prairial an III (journées des 1er, 2 et 3) Insurrection jacobine et populaire (20-22 mai 1795) contre la Convention thermidorienne présidée par Boissy d'Anglas. Les sans-culottes envahirent la Convention, tuèrent le député Féraud et exposèrent sa tête au bout d'une pique. Le gouvernement empêcha une nouvelle tentative des insurgés d'assiéger l'Assemblée (2 prairial), et l'armée réprima l'agitation dans les faubourgs populaires (3 prairial).

PRAIRIE (l'écosystème européen)

Le lézard des souches aime se reposer au soleil.

Le bourdon des prés collecte le pollen pour se nourrir.

Le campagnol des champs creuse des galeries sous terre où il fait son nid.

La buse variable peut planer en cercle pendant des heures.

Oiseau essentiellement terrestre, la perdrix grise court pour fuir et se cacher plutôt que de voler.

La vipère péliade tue ses proies avec son venin avant de les ingérer.

La belette d'Europe se dresse pour observer son territoire, à l'affût d'un éventuel prédateur.

Les prairies sont des espaces ouverts où les arbres sont rares voire absents. Les espèces rencontrées dépendent des régions, de l'ensoleillement et de la qualité du sol. Ces paysages varient beaucoup selon les saisons, mais les graminées prédominent généralement. Les champs peuvent être fleuris de façon naturelle ou artificielle. Ils sont liés à des pratiques agricoles extensives (terres en jachère, pâturage modéré) largement délaissées de nos jours.

prairie n. f. (vient du latin, de *pratum* → pré) **1.** Terrain couvert d'herbe qui fournit du fourrage au bétail. → **pré ; herbage, pâturage.** *Prairie d'élevage.* **2.** géogr. Steppe à herbages. *La Prairie (États-Unis, Canada).*

Prairie n. f. ou **Prairies** n. f. pl. Nom donné à la portion canadienne des grandes plaines, située entre les Grands Lacs et les Rocheuses et couvrant la moitié sud des provinces du Manitoba, de la Saskatchewan et de l'Alberta. C'est l'une des principales zones de production céréalière du monde.

Praia

Praia, le quartier du marché.

prakrit ou **pracrit** n. m. (du sanskrit *prâkr[i]ta* « usuel » → sanskrit) didact. Ensemble des langues de l'Inde issues du sanskrit. - var. **prâkrit, prâcrit.**

pralin n. m. **1.** techn. Mélange utilisé pour le pralinage des végétaux. **2.** Préparation à base de pralines, d'amandes et de sucre, utilisée en confiserie. → **praliné.**

pralinage n. m. **1.** techn. Technique qui consiste à enrober les racines d'une plante que l'on va mettre en terre d'un mélange de terre et de bouse de vache. **2.** Fabrication de pralines.

praline n. f. (du n. du maréchal du Plessis-Praslin) **1.** Bonbon fait d'une amande rissolée dans du sucre bouillant. **2.** en Belgique Bouchée au chocolat. **3.** loc. fam. (invar.) *Cucul la praline :* niais, ridicule.

praliné, ée adj. **1.** Rissolé dans du sucre. *Amandes pralinées.* **2.** Mélangé de pralines. *Du chocolat praliné.* **–** Parfumé à la praline. *Une glace pralinée.*

praliner v. tr. < 1 > **1.** Préparer à la manière des pralines. **2.** agric. Procéder au pralinage des racines, des graines. *Praliner un rosier.*

prame n. f. (néerlandais *praam*) mar. Annexe à fond plat, souvent manœuvrée à la godille.

Prampolini (Enrico) Peintre, dessinateur et essayiste italien (1894-1956). Fondateur et directeur d'importantes revues futuristes *(La Città nuova ; Vetrina futurista)*, proche des mouvements d'avant-garde européens et des tenants de l'art abstrait, il multiplia dans son œuvre de peintre les expériences plastiques. *Polimaterici ; Architecture spatiale chromatique.*

Prandtauer (Jakob) Architecte et sculpteur autrichien (1660-1726). Figure majeure de l'architecture religieuse baroque autrichienne, on lui doit l'abbaye de Melk (1701-1726).

prao n. m. (portugais *parao, paro,* du malais) Voilier à balancier utilisé en Malaisie. ■ Multicoque construit selon ce modèle. *Des praos.*

praséodyme n. m. (mot allemand, du grec *prasinos* « vert poireau » et *didumos* « double ») chim. Élément (symb. Pr, n° at. 59, masse at. 140,90), métal jaune clair donnant des sels d'un beau vert et dont les oxydes sont parmi les constituants des terres rares.

praticabilité n. f. rare État de ce qui est praticable.

praticable (→ pratiquer) **I.** adj. **1.** Où l'on peut passer sans danger, sans difficulté. *Un chemin praticable pour les voitures.* → **carrossable ;** opposé à *impraticable.* **2.** Que l'on peut mettre à exécution. → **possible, réalisable.** *Un plan difficilement praticable.* **II. 1.** n. m. théâtre Décor où l'on peut se mouvoir. **–** cinéma, télév. Plateforme supportant des projecteurs, des caméras et les techniciens qui s'en occupent. **2.** sport Terrain ou espace où se pratiquent l'entraînement et certaines épreuves. *Praticable de saut à ski, de gymnastique au sol.*

praticien, ienne n. (→ [1]pratique, n. f.) **1.** Personne qui connaît la pratique d'un art, d'une technique. *Les théoriciens et les praticiens.* **2.** Médecin qui exerce, qui soigne les malades (opposé à *chercheur, théoricien*). → **clinicien.** *Praticien généraliste.* → **omnipraticien.** ▪ Personne qui soigne (dentiste, sage-femme).

praticité n. f. rare Caractère de ce qui est pratique.

pratiquant, ante adj. et n. (de *pratiquer*) Qui observe les pratiques d'une religion. *Elle est croyante mais non pratiquante.* – **n.** *Un pratiquant, une pratiquante.*

[1]pratique n. f. (du latin, du grec *praktikê*, cf. *pragmatique*) **1.** Activités volontaires visant des résultats concrets (opposé à *théorie*). *Dans la pratique,* dans la vie, en réalité. **2.** Manière concrète d'exercer une activité (opposé à *règle, principe*). *La pratique d'un sport, d'une langue étrangère, d'un art. Être condamné pour pratique illégale de la médecine.* → **exercice.** – *En pratique* : en fait, dans l'exécution. *Mettre en pratique* : appliquer, exécuter. **3.** littér. Fait de suivre une règle d'action (sur le plan moral ou social). *La pratique religieuse.* **4.** (Une, des pratiques) Manière habituelle d'agir (propre à une personne, un groupe). *La vente à crédit est devenue une pratique courante.* → **usage.** **5.** vieux Clientèle. – Client (*une pratique*).

[2]pratique adj. **1.** (épithète) Qui s'applique aux réalités, aux situations concrètes, aux intérêts matériels. *Ce garçon n'a aucun sens pratique.* – (personnes) Qui a le sens du réel (activités quotidiennes). *Une femme pratique.* → **pragmatique, réaliste.** **2.** Qui concerne l'action. *Des considérations pratiques et théoriques. Travaux pratiques* (abrév. **TP**), les exercices d'application dans l'enseignement d'une matière. **3.** Qui concerne la réalité matérielle, utilitaire. *La vie pratique,* quotidienne. *Détails pratiques.* **4.** (choses, actions) Ingénieux et efficace, bien adapté à son but. *Un outil pratique. C'est, ce n'est pas pratique.* → **[1]commode.**

pratiquement adv. **1.** Dans la pratique. *Comment fait-on, pratiquement ?* **2.** En fait. **3.** anglic. Quasiment, pour ainsi dire. *Il est pratiquement incapable de se déplacer.*

pratiquer v. tr. < 1 > **1.** Mettre en application (une prescription, une règle). → **observer.** *Pratiquer le respect d'autrui, la tolérance.* – absolt Observer les pratiques religieuses. → **pratiquant.** *Il est croyant, mais il ne pratique pas.* **2.** Mettre en action, appliquer (une théorie, une méthode). – Exercer (un métier, une activité...). *Pratiquer un métier, un art, un sport.* **3.** Employer (un moyen, un procédé) d'une manière habituelle. *Pratiquer le chantage.* – pronom. (passif) *Comme cela se pratique en général.* → **[1]faire.** **4.** Exécuter (une opération manuelle) selon les règles prescrites. → **opérer.** *Pratiquer un acte chirurgical.* **5.** Ménager (une ouverture, un abri). – au p. p. *De nombreuses fenêtres étaient pratiquées dans les murs.* **6.** vieux Fréquenter. – littér. *Pratiquer un livre, un auteur.*

Prato Ville d'Italie (Toscane), sur le Bisenzio. 172 500 habitants. La ville possède un riche patrimoine architectural : cathédrale romano-gothique, palais Pretorio et château des XIIIe et XIVe s. Industrie lainière.

Pratolini (Vasco) Écrivain italien (1913-1991). Il est l'auteur de romans réalistes décrivant la vie quotidienne dans les milieux populaires italiens ainsi que les luttes sociales et politiques qui les agitent. *Le Quartier ; Chronique des pauvres amants ; Métello.*

Prats-de-Mollo-la-Preste Commune des Pyrénées-Orientales, sur le Tech, près de la frontière espagnole. 1 155 habitants. Fort et remparts du XVIIe s. Thermalisme.

Pratt (Hugo) Dessinateur et scénariste de bandes dessinées italien (1927-1995). Il créa des personnages complexes aux parcours sinueux, en particulier le marin Corto Maltese.

Pravaz (Charles Gabriel) Médecin français (1791-1853). Il est l'inventeur de la *seringue Pravaz* qui permit les premières injections intramusculaires et intraveineuses.

Pravda (La) « La Vérité » Quotidien russe fondé en 1912, organe du Comité central du Parti communiste jusqu'en 1991.

praxie n. f. (du grec *praxis* « mouvement ») didact. Adaptation des mouvements au but visé.

praxinoscope n. m. (du grec *praxis* « mouvement » et de *-scope*) techn. Tambour rotatif où les images, reflétées sur de petits miroirs disposés en prisme, donnent l'illusion du mouvement. → **phénakistiscope.**

praxis [pʀaksis] n. f. (de l'allemand, du grec → *[1]pratique*) didact. (marxisme) Activité en vue d'un résultat.

Praxitèle Sculpteur athénien (v. 390-v. 335 av. J.-C.). Ses œuvres, qui ne nous sont connues que par leurs répliques romaines, se distinguent par leur grâce et leur sensualité nonchalante. Il exerça une grande influence sur la sculpture de l'époque hellénistique. *Aphrodite ; Apollon sauroctone ; Hermès portant Dionysos enfant.*

Praxitèle, *Hermès portant Dionysos enfant* (v. 350-330 av. J.-C.), Musée archéologique, Olympie.

pré n. m. (vient du latin *pratum* → *prairie*) **1.** Terrain produisant de l'herbe qui sert à la nourriture du bétail. → **prairie.** – Étendue d'herbe à la campagne. *À travers les prés et les champs.* **2.** vieux *Sur le pré,* sur le terrain (du duel). **3.** loc. *Le pré carré* (de qqn) : domaine réservé.

pré- Élément (du latin *prae* « devant ») qui signifie « devant, en avant » et marque l'antériorité (ex. *préavis, préhistoire, prénom*). → **anté-** ; - contr. **post-.**

préaccentuation n. f. électron. Augmentation des amplitudes relatives des composantes d'un signal en vue d'en faciliter l'enregistrement ou la transmission.

Pratt (Hugo)

Hugo Pratt en 1986.

préadamisme n. m. (de *préadamite*) hist. relig. Doctrine du XVIIe siècle selon laquelle Adam n'aurait pas été le premier homme de la création, mais seulement l'ancêtre du peuple juif.

préadamite n. et adj. (de *pré-* et *Adam*) **n.** *Les préadamites* : les hommes qui auraient été créés par Dieu avant Adam. – Partisan du préadamisme. – **adj.** Relatif au préadamisme.

préadolescent, ente n. Jeune garçon, fillette qui atteint l'âge situé entre l'enfance et l'adolescence. - abrév. fam. **préado.** *Les préados.* ▫ n. f. **préadolescence**

préalable adj. et n. m. (d'un ancien v. *préaller,* de *aller*) **1.** Qui a lieu, se fait ou se dit avant autre chose (dans une suite de faits liés entre eux). → **préliminaire.** – *Préalable à... L'enquête préalable à une opération.* **2.** Qui doit précéder (qqch.). *Question préalable.* **3.** n. m. Condition ou ensemble de conditions auxquelles est subordonnée l'ouverture de négociations. *Être prêt à discuter sans préalable.* **4.** *Au préalable* loc. adv. → **d'abord, auparavant.** *Il faudrait l'en avertir au préalable.*

préalablement adv. Au préalable.

Préalpes n. f. pl. Montagnes calcaires situées en bordure des Alpes et dont les sommets ne dépassent pas 3 000 m d'altitude. Dans les Alpes françaises, les *Préalpes du Nord* comprennent notamment les massifs de la Grande-Chartreuse et du Vercors ; les *Préalpes du Sud* correspondent à la haute Provence, aux Alpes maritimes et aux régions côtières voisines. Les *Préalpes des Alpes suisses* comprennent les Alpes bernoises et les Alpes de Glaris. En Autriche et en Allemagne, elles comprennent l'Allgäu, les *Préalpes de Bavière* et *d'Autriche.*

préalpin, ine adj. (de *Préalpes,* massif montagneux) géogr. De la zone des Alpes qui forme une transition entre les massifs alpins et les plaines du pourtour. *Relief préalpin.*

préambule n. m. (du latin, de *prae* → *pré-* et *ambulare* → *amble, ambulant*) **1.** Introduction, exposé des motifs et des buts (d'une constitution, d'un traité, d'une loi). – Exposé d'intentions (au début d'un discours, d'un écrit). → **avant-propos, préface.** **2.** Paroles, démarches qui ne sont qu'une entrée en matière. « *On n'entre pas tout de suite dans le vif du sujet. Il y a des politesses, des préambules* » (Anouilh). *Sans préambule.* **3.** Ce qui précède, annonce qqch. → **prélude.** *Ce que l'on voit là n'est qu'un préambule à ce qui va arriver.*

préamplificateur n. m. Amplificateur de tension placé entre la source et l'amplificateur de puissance. - abrév. fam. **préampli.**

préau n. m. (de *pré*) **1.** Cour intérieure. *Un préau de prison.* **2.** Partie couverte d'une cour d'école.

Préault (Antoine Augustin, dit Auguste) Sculpteur français (1809-1879). Il fut l'un des représentants du courant romantique français. *La Famine ; Les Parias ; Le Christ crucifié.*

préavis n. m. Avertissement préalable que la loi impose de donner dans un délai et des conditions déterminées. *Préavis de licenciement. Trois mois de préavis. Déposer un préavis de grève.*

préaviser v. < 1 > Donner un préavis à (qqn).

prébende n. f. (latin *praebenda* « ce qui doit être fourni », de *prae* → *pré-* et *habere* → *[1]avoir*) Revenu fixe qui était accordé à un ecclésiastique. – Revenu tiré d'une charge lucrative. → **sinécure.** ▫ n. **prébendier, ière**

prébendé, ée adj. relig. Qui reçoit une prébende. → **prébendier.**

prébiotique didact. **I.** adj. Qui précède l'apparition de la vie sur la Terre. *Le milieu prébiotique.* **II.** n. m. Substance non digestible qui sert de substrat à la flore du côlon. *Prébiotiques et probiotiques.*

précaire adj. (latin *precarius* « obtenu par la prière ») **1.** Dont l'avenir, la durée, la stabilité ne sont pas assurés. → **éphémère, incertain.** *Une santé précaire.* → **fragile.** *Travail, emploi précaire.* **2.** dr. Révocable selon la loi. *Possession précaire, à titre précaire.*

précairement adv. D'une manière précaire, à titre précaire.

précambrien, enne adj. (→ cambrien) géol. Se dit des terrains les plus anciens, sans fossiles (avant l'ère primaire). – n. m. *Le précambrien.* - syn. **antécambrien.**

précarisation n. f. Action de précariser. *La précarisation de l'emploi.*

précariser v. tr. < 1 > Rendre précaire. – pronom. *L'emploi se précarise.* – p. p. adj. *Population précarisée,* aux conditions de vie précaires.

précarité n. f. **1.** littér. Caractère ou état de ce qui est précaire. → **fragilité, instabilité.** **2.** didact. Conditions de vie précaire. ■ Difficultés à se procurer le nécessaire. *Précarité alimentaire.*

précaution n. f. (latin *praecautio,* de *cavere* « faire attention » → caution) **1.** Disposition prise pour éviter un mal ou en atténuer l'effet. → **garantie.** *Prendre des, ses précautions. Par précaution.* → **prudence.** – *Principe de précaution :* principe selon lequel l'absence de certitudes scientifiques ne doit pas empêcher de prendre des mesures visant à prévenir un risque potentiel pour la santé ou l'environnement. **2.** *Agir avec précaution,* prudemment. *Sans précaution,* de façon brutale ou dangereuse. *S'exprimer sans aucune précaution.* → **circonspection, ménagement.** – *Précautions oratoires.* → **¹oratoire.**

▶ Inspiré du *Principe responsabilité* (1979) du philosophe allemand Hans Jonas, qui proposait de s'assurer que toute éventualité apocalyptique fût exclue avant d'utiliser une nouvelle technologie, le **principe de précaution** a été pour la première fois officiellement adopté au cours du *Sommet de la Terre* réuni à Rio de Janeiro en juin 1992, dans le préambule de la Convention de Rio sur la diversité biologique.
Étroitement lié aux politiques de développement durable, il recommande aux États et aux autorités publiques d'accompagner toute innovation technique par un double contrôle. Le premier réside dans une anticipation et une évaluation des risques que présente cette innovation à court ou à long terme, autant que le permet l'état des connaissances. Le second consiste en des mesures diverses de protection touchant la qualité de l'environnement, de la santé publique et la gestion des ressources naturelles, sans attendre que les risques soient avérés ou circonscrits avec certitude.
Prendre des mesures proportionnées à des risques potentiels, par définition imparfaitement connus, c'est là tout le défi que représente l'application de ce principe. Néanmoins, à défaut de certitude scientifique, la présomption de nuisance à propos d'un produit ou d'une activité humaine inédite est censée justifier un ensemble de procédures jugées appropriées pouvant aller jusqu'à l'interdiction, en tenant toutefois compte du coût de leur application.
Le principe de précaution est parfois accusé d'entretenir un climat de méfiance à l'égard du progrès scientifique et technique, voire de freiner l'esprit d'initiative et les innovations positives susceptibles d'en résulter. Pourtant, les contraintes n'ont jamais constitué d'obstacles durables dans les domaines scientifique et technique, bien au contraire.
voir aussi **bioéthique, biotechnologie, développement durable, écologie, nanotechnologie**

se précautionner v. pron. < 1 > littér. *Se précautionner contre,* prendre ses précautions contre. → s'**assurer,** se **prémunir.**

précautionneux, euse adj. Qui a l'habitude de prendre des précautions. → **prudent.** – (actes) *Manières précautionneuses.* □ adv. **précautionneusement**

précédemment [pʀesedamɑ̃] adv. (→ précédent) Antérieurement, auparavant.

précédent, ente (du latin → précéder) **I.** adj. Qui précède (dans le temps ou l'espace). *Dans un précédent ouvrage.* → **antérieur.** *Le jour précédent,* la veille. – *Vous auriez dû descendre à l'arrêt précédent.* **II.** (anglais *precedent,* du français) n. m. **1.** Fait antérieur qui permet de comprendre un fait analogue ; décision, manière d'agir dont on peut s'autoriser ensuite dans un cas semblable. → **jurisprudence.** *Créer un précédent.* **2.** *Sans précédent :* inouï, jamais vu. *Un succès sans précédent.*

précéder v. tr. < 6 > (du latin, de *prae* → pré- et *cedere* « avancer » → céder) **I.** (choses) **1.** Exister, se produire avant, dans le temps. *Les symptômes qui précèdent la maladie.* **2.** Être avant, selon l'ordre logique ou spatial. *L'avant-propos qui précède cet ouvrage.* **3.** Être connu ou perçu avant. *Sa mauvaise réputation l'avait précédé.* **II.** (personnes) **1.** Exister avant. *Ceux qui nous ont précédés.* → **prédécesseur.** **2.** Être, marcher devant (qqn, qqch.). *Précéder qqn pour lui montrer le chemin.* **3.** Arriver à un endroit avant (qqn, qqch.). *Il ne nous a précédés que de cinq minutes.* **4.** abstrait Devancer (qqn). *Elle l'a précédé dans cette voie.* → **précurseur.**

préceinte n. f. (du latin *praecinctus,* de *cingere* « ceindre ») mar. Ensemble de bordages plus épais que les autres formant une ceinture de protection autour de la coque d'un navire.

précellence n. f. (du latin *praecellere* « exceller ») vieux ou littér. Excellence au-dessus de toute comparaison. → **prééxcellence.**

préceltique adj. didact. Antérieur à la civilisation celtique.

précepte n. m. (du latin, de *prae-* → pré- et *capere* « prendre ») Formule qui exprime un enseignement, une règle (art, science, morale, etc.). → **commandement, leçon, principe.** *Suivre, observer un précepte. Les préceptes de l'Évangile.* – Recommandation.

précepteur, trice n. (latin *praeceptor ;* famille de *précepte*) Personne chargée de l'éducation, de l'instruction d'un enfant (de famille noble, riche...) à domicile.

préceptorat n. m. Fonction de précepteur.

précession n. f. (du latin → précéder) phys. Mouvement de rotation autour d'un axe fixe, de l'axe d'un gyroscope. ■ astron. *Précession des équinoxes :* mouvement rétrograde des points équinoxiaux.

préchambre n. f. techn. Cavité supérieure des cylindres de certains moteurs diesels, où se produisent l'injection et le début de la combustion.

préchauffer v. tr. < 1 > Chauffer (un produit, un corps, un appareil) avant d'obtenir une température plus élevée. *Préchauffer un four.* □ n. m. **préchauffage**

prêche n. m. **1.** Discours religieux prononcé par un pasteur protestant. – Sermon. → **¹prédication.** **2.** fam. et vieilli Discours moralisateur et ennuyeux.

prêcher v. < 1 > (vient du latin *praedicare* → ¹prédication) **I.** v. tr. **1.** Enseigner (la révélation religieuse). **2.** Conseiller, vanter (qqch.). → **préconiser, prôner.** *Prêcher l'indulgence.* **II.** v. intr. Prononcer un sermon. *Le curé a bien prêché* (→ **prédicateur**). **III.** v. tr. *Prêcher qqn :* lui enseigner la parole de Dieu. → **évangéliser.** *Prêcher les infidèles.* – vieilli Essayer de convaincre, faire la morale à (qqn). → **sermonner.** *Vous prêchez un converti*.*

prêcheur, euse n. **1.** vieux → **prédicateur.** – adj. *Les Frères prêcheurs,* les dominicains. **2.** vieilli. Personne qui aime à faire la morale aux autres.

prêchi-prêcha n. m. invar. fam. Radotage moralisateur. *Elle nous ennuie avec ses prêchi-prêcha !* - var. RO **prêchiprêcha n. m.**

précieusement adv. Comme il convient pour un objet précieux. *Conserver précieusement une lettre.*

précieux, euse adj. (du latin, de *pretium* → prix) **I. 1.** De grand prix, d'une grande valeur. *Pierres* précieuses.* **2.** Auquel on attache une grande valeur (pour des raisons sentimentales, intellectuelles, morales). *Les droits les plus précieux de l'homme.* – Particulièrement cher ou utile (à qqn). *Mes amis sont ce que j'ai de plus précieux. Perdre un temps précieux. De précieux conseils.* **II. 1.** n. Au XVIIe siècle, les personnes (d'abord des femmes) qui défendaient un idéal moral et esthétique raffiné, un langage recherché. *« Les Précieuses ridicules »,* de Molière. **2.** adj. *Les écrivains précieux, la littérature précieuse.* – par ext. (autres époques) → **préciosité.**

préciosité n. f. (du latin → précieux [II]) **1.** Ensemble des traits qui caractérisent les précieuses et le mouvement précieux du XVIIe siècle en France. **2.** Caractère recherché du langage, du style. → **¹affectation, euphuisme.**

précipice n. m. (latin *praecipitum,* de *praeceps* « qui tombe la tête en avant » → pré- ; famille de *chef*) Vallée ou anfractuosité du sol très profonde, aux flancs abrupts. → **abîme, à-pic, gouffre.** *Tomber dans un précipice.* – fig. *Être, marcher au bord du précipice :* se trouver dans une situation très dangereuse.

précipitamment adv. En grande hâte ; avec précipitation. → **brusquement.**

¹précipitation n. f. (du latin → ¹précipiter) **1.** Grande hâte, hâte excessive. **2.** Caractère hâtif et improvisé. *Dans la précipitation du départ, elle a oublié son passeport.*

²précipitation n. f. **1.** Phénomène à la suite duquel un corps solide insoluble (→ ²précipité) se forme dans un liquide sous l'effet d'un réactif. **2.** *Précipitations atmosphériques :* chute de l'eau provenant de l'atmosphère (météores : pluie, brouillard, neige, grêle).

¹précipité, ée adj. **1.** Très rapide dans son allure, son rythme. *Il s'éloigna à pas précipités.* **2.** Qui a un caractère de précipitation. *Tout cela est bien précipité.* → **hâtif.**

²précipité n. m. Dépôt obtenu quand se produit la précipitation (²).

¹précipiter v. tr. < 1 > (latin *praecipitare* → précipice) **1.** littér. Jeter ou faire tomber d'un lieu élevé dans un lieu bas ou profond. *Il fut précipité dans le vide.* → **pousser.** – fig. Faire tomber d'une situation élevée ; entraîner la décadence de... **2.** Pousser, entraîner avec violence. *Ils ont été précipités contre la paroi.* **3.** Faire aller plus vite. → **accélérer, hâter.** *Précipiter son départ.* → **avancer, brusquer.** *Précipiter le mouvement.* → **presser.** *Il ne faut rien précipiter,* il faut avoir de la patience. ■ **se précipiter** v. pron. **1.** (personnes ou choses) Se jeter de haut dans un lieu bas ou profond. → **tomber.** *Le torrent se précipite du haut de la montagne.* **2.** (personnes) S'élancer brusquement, impétueusement. → **foncer,** se **lancer,** se **ruer.** *Se précipiter au devant de qqn.* → **accourir, courir.** – absolt → se **dépêcher,** se **hâter.** *Inutile de se précipiter, nous avons le temps.* → se **dépêcher,** se **presser.** **3.** (choses) Prendre un rythme accéléré. *Les évènements se sont précipités.*

²précipiter v. < 1 > **I.** v. tr. Faire tomber, faire se déposer (un corps en solution dans son liquide). *Précipiter une solution.* **II.** v. intr. Tomber dans son solvant, par précipitation (²).

préciput [pʀesipy(t)] n. m. (latin jurid. *praecipuus* « pris en premier ») dr. Droit reconnu à une personne, notamment à l'époux survivant, de prélever, avant tout partage, une somme d'argent sur certains biens de la masse à partager.

¹précis, ise adj. (du latin, de *prae-* → pré- et *caedere* « couper » → -cide) **1.** Qui fournit une information, un savoir sans équivoque. → **clair, ¹net ;** opposé à *imprécis,* à *ambigu, confus. Des idées, des données précises. Sans raison précise.* → **particulier.** ■ Qui procède avec clarté sur un objet bien délimité. *Un raisonnement précis.* **2.** Perçu nettement. *Des contours précis.* – Déterminé avec exactitude.

Un point précis sur la carte. **3.** Effectué de façon sûre. *Un geste précis.* ■ Qui agit avec précision. *Un homme précis.* **4.** (grandeurs, mesures) Qui, à la limite, est exact ; qui est exactement calculé. → **exact.** *Calcul précis. Quatre heures précises.* → **juste ;** fam. **[3]pile ; sonnant, tapant.**

[2]précis n. m. **1.** Exposé précis et succinct. → **abrégé. 2.** Petit manuel. *Un précis de géographie générale.*

précisément adv. **1.** D'une façon précise. *Répondre précisément.* – (pour corriger une erreur) *Les blessés, les malades plus précisément,* plus exactement, plutôt. **2.** ellipt (dans une réponse) Oui, c'est cela même. – (en loc. négative) *Sa vie n'est pas précisément distrayante :* guère, pas du tout. **3.** Indiquant une concordance entre deux séries de faits ou d'idées distinctes. → **justement.** *C'est précisément pour cela que je viens vous voir.*

préciser v. tr. < 1 > **1.** Exprimer, présenter de façon plus précise. *Précisez votre idée. Il précisa certains points.* → **établir.** – Dire pour clarifier. *Le témoin a précisé qu'il n'avait pas tout vu.* → **souligner. 2.** pronom. (réfl.) Devenir plus précis, plus net. *Le danger se précise.*

précision n. f. (du latin → [1]précis) **I. 1.** Netteté de ce qui est précis. → **clarté.** *Des renseignements d'une grande précision.* **2.** Façon précise d'agir. → **sûreté.** *Une précision mathématique. La précision d'un tir.* → **justesse. 3.** Qualité de ce qui est calculé, mesuré d'une manière précise. → **exactitude.** *La précision d'un calcul. Mécanique de précision.* **II.** au plur. Détails, explications permettant une information sûre et sans ambiguïté. *Demander des précisions sur tel ou tel point.*

précité, ée adj. didact. Qui a été cité précédemment.

préclassique adj. didact. Qui précède la période classique (en littérature, dans les arts).

précoce adj. (du latin → pré- et *coquere* « mûrir » → cuire) **1.** (végétaux) Qui est mûr avant le temps, plus tôt que les individus de son espèce. → **hâtif.** *Un pêcher précoce.* **2.** Qui survient, se développe plus tôt que d'habitude. *Un été précoce. Des rides précoces.* → **prématuré.** *Sénilité précoce.* **3.** Qui se produit, se fait plus tôt qu'il n'est d'usage. *Un mariage précoce.* **4.** (personnes) Dont le développement psychique est très rapide. *Un enfant très précoce.* → **avancé.** □ adv. **précocement**

précocité n. f. Caractère de ce qui est précoce. *Précocité d'esprit.*

précognition [pʀekɔgnisjɔ̃] n. f. didact. Phénomène parapsychologique qui consisterait à connaître ce qui va arriver.

précolombien, ienne adj. (de *pré-* et Christophe *Colomb*) Relatif à l'Amérique avant la venue des Européens. *Arts précolombiens* (aztèque, inca, maya...).

Poterie précolombienne du nord du Pérou (Vᵉ-VIIᵉ s.), guerrier mochica, British Museum, Londres.

précombustion n. f. techn. Phase du cycle d'un moteur diesel qui précède l'inflammation du combustible.

précompte n. m. comm. Estimation préalable de sommes à porter en déduction. ■ Retenue opérée sur une rémunération.

précompter v. tr. < 1 > comm. Estimer par avance (les sommes à déduire d'un règlement). ■ Déduire d'une rémunération, à titre de retenue préalable. → **retenir.**

préconception n. f. didact. Idée qu'on se fait par avance (de qqch.). → **préjugé.**

préconçu, ue adj. (→ concevoir) péj. Élaboré sans jugement critique ni expérience. *Idées préconçues. Opinion préconçue* (→ **préjugé**).

préconisateur, trice n. Personne qui préconise (qqch.).

préconiser v. tr. < 1 > (du latin) Recommander vivement (une méthode, un remède, etc.). → **prôner.** *La solution qu'elle préconise.* □ n. f. **préconisation**

préconscient, ente adj. Qui n'est pas encore conscient.

précontraint, ainte adj. *Béton précontraint :* soumis à une compression préalable afin d'en augmenter la résistance.

précontrainte n. f. techn. Compression préalable du béton afin d'en augmenter la résistance.

précordial, ale, aux adj. (latin *praecordia* « diaphragme ») méd. Qui a rapport à la région thoracique, qui se situe dans cette région. *Douleur précordiale.*

précuit, cuite adj. (aliment) Soumis à une cuisson préalable. *Légumes précuits.*

précurseur (du latin, de *praecurrere* → pré-, courir) **I.** n. : au féminin *précurseur,* (Canada) *précurseure,* et parfois *précurseuse* **1.** Personne dont la doctrine, les œuvres ont frayé la voie à l'auteur (personne, mouvement) de développements. *Les précurseurs de Freud.* **2.** n. m. biochim. Molécule organique simple participant à la synthèse des grosses molécules. **II.** adj. Annonciateur. → **avant-coureur.** *Signes précurseurs de l'orage.*

prédateur, trice n. (du latin, de *praeda* → proie) **1.** (animaux) Qui se nourrit de proies. *Les rapaces sont des prédateurs.* – adj. *Espèces prédatrices.* **2.** Personne avide de conquêtes sexuelles. – spécialt *Prédateur (sexuel),* qui cherche à commettre des agressions sexuelles.

prédation n. f. (latin *praedatio*) didact. Activité des animaux prédateurs.

prédécesseur n. (latin *praedecessor,* de *decedere* « s'en aller » → décès) au féminin *prédécesseur,* (Canada) *prédécesseure,* et parfois *prédécesseuse* **1.** Personne qui a précédé (qqn) dans une fonction, une charge. → **devancier. 2.** au plur. Ceux qui ont précédé qqn. → **ancêtre, précurseur.**

prédécoupé, ée adj. Qui est vendu déjà découpé ou prêt à être découpé. *Coton prédécoupé.*

prédéfinir v. tr. < 1 > Définir préalablement. – au p. p. *Un programme prédéfini.*

prédelle n. f. (d'un mot italien d'origine germanique) arts Partie inférieure d'un tableau d'autel, d'un retable (souvent divisé en petits panneaux).

prédestination n. f. (du latin → destin) **1.** Doctrine religieuse selon laquelle Dieu destine certaines créatures au salut par la seule force de sa grâce et voue les autres (quoi qu'elles fassent) à la damnation (ex. calvinisme, jansénisme). **2.** littér. Détermination préalable d'évènements ayant un caractère de fatalité.

prédestiné, ée adj. **1.** relig. Qui est soumis à la prédestination divine. **2.** *Prédestiné à :* voué à (un destin particulier). *Il était prédestiné à devenir artiste.* – absolt Voué à un destin exceptionnel. *Un être prédestiné.*

prédestiner v. tr. < 1 > **1.** relig. (sujet Dieu) Fixer à l'avance le salut ou la perte de (sa créature). **2.** (sens affaibli ; sujet chose) Vouer à un destin, à une activité particulière. *Rien ne la prédestinait à devenir médecin.* → **destiner, prédéterminer, prédisposer.**

prédéterminer v. tr. < 1 > didact. (cause, raison) Déterminer d'avance (une décision, un acte). □ n. f. **prédétermination**

prédéterminisme n. m. Système philosophique dans lequel les évènements sont considérés comme prévus par Dieu.

prédicable adj. et n. (du latin *praedicare* « proclamer, déclarer ») didact. Applicable à (un sujet). – *Les prédicables :* les classes de prédicats des scolastiques (genre, espèce, différence, qualités propres et accident).

prédicat n. m. (du latin → [2]prédication) didact. Ce qui, dans un énoncé, est affirmé à propos d'un autre terme, le thème (ex. le cheval [*thème* ou *sujet*] galope [*prédicat*]). *Le prédicat correspond en général au verbe.*

prédicateur, trice n. (→ [1]prédication) relig. Personne qui prêche, prononce un sermon.

[1]prédication n. f. (du latin, de *praedicare* « prêcher », « proclamer » → prédicat) **1.** relig. Action de prêcher. **2.** littér. Sermon. → **homélie.**

[2]prédication n. f. didact. **1.** philos., log. Action d'affirmer ou de nier un prédicat d'un sujet. **2.** ling. Formation du prédicat. *Modalités de la prédication :* affirmation, interrogation, exclamation.

prédictif, ive adj. (de l'anglais *predictive*) Qui permet de prévoir autre chose à partir d'éléments donnés. – *Médecine prédictive,* permettant de déterminer les prédispositions à certaines maladies.

prédiction n. f. (du latin → [1]dire, diction) **1.** Action de prédire ; paroles par lesquelles on prédit. *Faire des prédictions.* → **prophétie. 2.** Ce qui est prédit. *Vos prédictions se sont réalisées.*

prédigéré, ée adj. techn. Qui a été soumis à une digestion chimique préalable. *Lait prédigéré pour prématurés.*

prédilection n. f. (de *dilection,* famille de *diligent*) Préférence marquée (pour qqn, qqch.). *Elle a une prédilection pour sa plus jeune fille.* – *De prédilection :* préféré.

prédiquer v. tr. < 1 > (du latin *praedicare,* et d'après l'anglais *to predicate*) didact. Dire (qqch.) d'un sujet au moyen d'un prédicat.

prédire v. tr. < 37 sauf *prédisez* > (du latin → [1]dire) **1.** Annoncer (un évènement) comme devant se produire, sans preuves ni indices rationnels. *« Il a prédit fort exactement le jour et l'heure de sa mort »* (Balzac). **2.** Annoncer (une chose probable) comme devant se produire, par raisonnement ou intuition. *Je vous l'avais prédit.*

prédisposer v. tr. < 1 > (→ disposer) Disposer d'avance (qqn à qqch.), mettre dans une disposition favorable. → **incliner.** *Son éducation le prédisposait à cela.*

prédisposition n. f. Tendance naturelle (de qqn) à (un type d'activité). → **aptitude, penchant.** *Avoir des prédispositions pour la musique.*

prédominance n. f. Caractère prédominant. → **prépondérance.**

prédominant, ante adj. Qui prédomine. → **prépondérant.** *Tendances prédominantes.*

prédominer v. intr. < 1 > (choses) Être le plus important. → **l'emporter, prévaloir.** *Son avis prédomine toujours.* → **[2]primer.**

préélectoral, ale, aux adj. Qui précède les élections. *L'ambiance préélectorale.*

préemballé, ée adj. Se dit d'un produit alimentaire frais vendu sous emballage. *Viande préemballée.*

prééminence n. f. (du latin → éminent) Supériorité absolue de ce qui est au premier rang. → **primauté ; suprématie.** *Donner la prééminence à qqch.,* placer au-dessus.

prééminent, ente adj. littér. Qui a la prééminence. → **supérieur.**

préempter [pʀeɑ̃pte] **v. tr.** < 1 > **1.** dr. Faire jouer un droit de préemption pour acquérir (qqch.). *L'État peut préempter des œuvres d'art.* **2.** cour. Prendre, retenir (qqch.) au détriment d'autrui. → **accaparer, monopoliser.** *Préempter un débat.*

préemption [pʀeɑ̃psjɔ̃] **n. f.** (de *pré-* et latin *emptio* « achat », de *emere* « acheter » → exempt, *cf.* se périmer) dr. Action d'acheter avant un autre. *Droit de préemption.*

préencollé, ée adj. (matériau) Enduit sur l'envers d'un produit que l'eau transforme en colle.

préenregistrer v. tr. < 1 > Enregistrer préalablement. – au p. p. *Rires préenregistrés.*

préétablir v. tr. < 2 > rare Établir d'avance (une chose abstraite). – au p. p. *Selon un plan préétabli.*

prééxcellence n. f. littér. Primauté de ce qui est excellent. → **précellence.**

préexistant, ante adj. Qui préexiste (à qqch.).

préexistence n. f. littér. Existence d'une chose antérieure à celle d'une autre. → **antériorité.**

préexister v. intr. < 1 > Exister antérieurement (à qqch.).

préfabriqué, ée adj. 1. Se dit d'une maison montée avec des éléments fabriqués industriellement au préalable. – **n. m.** *Du préfabriqué.* **2.** fig. Fait à l'avance, qui n'est pas spontané. → **artificiel, factice.** □ **n. f. préfabrication**

préface n. f. (latin *praefacio*, de *praefari* « dire d'avance », de *fari* « parler » ; famille de *fable*) Texte placé en tête d'un livre et qui sert à le présenter au lecteur. → **avant-propos, avertissement, introduction.**

préfacer v. tr. < 3 > Présenter par une préface.

préfacier, ière n. Auteur d'une préface (au livre d'un autre).

préfectoral, ale, aux adj. (en France) Relatif au préfet, à l'administration par les préfets. *Arrêté préfectoral.*

préfecture n. f. (→ préfet) **1.** Charge de préfet. – Ensemble des services du préfet ; local où ils sont installés. **2.** Ville où siège cette administration. → **chef-lieu.** *Préfectures et sous-préfectures.* – Circonscription administrée par le préfet (→ **département**). **3.** *Préfecture de police :* à Paris, services de direction de la police.

préférable adj. Qui mérite d'être préféré, choisi. → **meilleur.** *Partez maintenant, c'est préférable.* → **mieux.** « Ailleurs *semble toujours préférable à* ici » (Hugo). – impers. *Il est préférable que...* (+ subj.), *de* (+ inf.) : il vaut mieux. *Il serait préférable qu'elle parte.* □ **adv. préférablement**

préféré, ée adj. Le plus aimé, jugé le meilleur (par qqn). *Son disque préféré.* – **n.** (personnes) → **²chouchou, favori.**

préférence n. f. 1. Jugement ou sentiment par lequel on place une personne, une chose au-dessus des autres. *Les préférences de chacun. Il a une préférence marquée pour les gens discrets.* → **prédilection.** – *Je n'ai pas de préférence,* cela m'est égal. – *Accorder, donner la préférence à,* donner l'avantage. → **préférer.** – *De préférence* **loc. adv.** : → **plutôt.** *Sortir le matin, de préférence.* – *De préférence à, par préférence à qqch.* **loc. prép.** → **plutôt que. 2.** Le fait d'être préféré. *Avoir, obtenir la préférence sur qqn.* → **l'emporter.**

préférentiel, ielle adj. 1. Qui établit une préférence. *Tarif préférentiel.* → **de faveur. 2.** *Vote préférentiel,* qui permet à l'électeur de changer l'ordre des candidats sur une liste. □ **adv. préférentiellement**

préférer v. tr. < 6 > (latin *praeferre* « porter en avant », *cf.* prélat, de *ferre* → -fère) Considérer comme meilleure, supérieure, plus importante (une chose, une personne parmi plusieurs) ; se déterminer en sa faveur. → **aimer mieux.** *Préférer une personne, une chose à une autre.* – *Préférer* (+ inf.). *Elle a préféré partir. Faites comme vous préférez,* comme vous voudrez. – *Préférer que* (+ subj.). *Je préfère qu'il parte.* ■ (sujet choses) *L'hortensia préfère les sols acides.* □ **se préférer v. pron.** *Je me préfère avec les cheveux longs.*

préfet, préfète n. (latin *praefectus,* de *prae-* → pré- et *facere* → ¹faire) **1. n. m.** hist. Haut magistrat chargé de l'administration de Rome. **2.** en France Fonctionnaire représentant le pouvoir exécutif central à la tête d'une préfecture. *Le préfet et les sous-préfets. Madame la Préfète.* – *Préfet de région,* le préfet du département dans lequel se trouve le chef-lieu de région. – *Préfet de police,* placé à la tête d'une préfecture de police. ■ **n. f.** vieilli Femme d'un préfet. **3.** Prêtre chargé de la discipline dans certains collèges religieux. *Préfet des études.* **4.** En Belgique, Directeur, directrice d'un athénée. **5.** Au Québec, Élu(e) qui dirige une municipalité régionale de comté.

préfiguration n. f. littér. Ce qui préfigure qqch.

préfigurer v. tr. < 1 > (du latin → figure) littér. Présenter par avance tous les caractères de (une chose à venir). *Les troubles qui préfiguraient la révolution.*

préfinancement n. m. fin. Affectation provisoire de crédit destiné à un projet dans l'attente de la mise en place d'un financement durable.

préfix, ixe adj. (du latin *praefixus* « fixé d'avance ») *Délai préfix,* prescrit impérativement par la loi. → **préfixion.**

préfixal, ale, aux adj. ling. Relatif aux préfixes. *Dérivation préfixale.*

préfixation n. f. Formation d'un mot grâce à un préfixe. *Préfixation et dérivation.*

préfixe n. m. (du latin « fixé devant », de *praefigere,* de *prae* → pré- et *figere* → ¹fixe) **1.** Élément de formation de mots, placé devant un radical (opposé à *suffixe*), et qui en modifie le sens (ex. *pré-* dans *préhistoire*). **2.** Premiers chiffres d'un numéro d'appel téléphonique, identifiant le pays, la région.

préfixer v. tr. < 1 > Joindre (un élément) comme préfixe ; composer avec un préfixe. – au p. p. *Élément préfixé.*

préfixion n. f. dr. Fixation d'un délai ; délai fixé.

préfloraison n. f. bot. Disposition des pièces florales (périanthe) dans le bouton.

préfoliation n. f. bot. Disposition des feuilles dans le bourgeon floral.

préformage n. m. Opération qui consiste à donner une forme à une matière.

préformation n. f. hist. des sc. Théorie biologique (XVIIe-XVIIIe siècles) selon laquelle l'organisme vivant est complètement constitué dans le germe. - syn. **préformationnisme, préformisme.**

préformer v. tr. < 1 > Former d'avance.

préfourrière n. f. Lieu où sont déposés provisoirement les véhicules destinés à la fourrière.

préfrontal, ale, aux adj. anat. De la région antérieure du front. *Zone préfrontale du cerveau.*

prégénital, ale, aux adj. psych. Relatif au stade de la sexualité antérieur au stade génital.

préglaciaire adj. géol. Qui précède une période glaciaire. *La période préglaciaire du quaternaire.*

prégnance [pʀegnɑ̃s] **n. f. 1.** psych. Qualité de ce qui s'impose avec force à l'esprit. **2.** anglic. État de ce qui est prégnant.

prégnant, ante [pʀegnɑ̃, ɑ̃t] **adj.** (de l'ancien français *priembre* « presser », qui vient du latin *premere* → presser) **1.** psych. Qui s'impose à l'esprit, à la perception. *Formes prégnantes.* **2.** anglic. Qui contient de nombreuses virtualités.

préhellénique adj. hist. Relatif aux époques précédant l'invasion dorienne en Grèce (XIIe siècle av. J.-C.) et dans les régions avoisinantes.

préhenseur adj. m. (→ préhension) didact. Qui sert à prendre, à saisir. *Organe préhenseur.* → **préhensile.**

préhensile adj. (→ préhension) didact. Qui peut servir à prendre, à saisir (alors que la fonction première n'est pas la préhension). *La trompe préhensile de l'éléphant.* → **préhenseur.**

préhension n. f. (latin *prehensio,* de *prehendere* → prendre) didact. Faculté de saisir avec un organe approprié.

préhistoire n. f. Ensemble des évènements concernant l'humanité avant l'apparition de l'écriture ; étude de ces évènements (→ **protohistoire**).

La **préhistoire** s'étend de l'apparition de l'homme à l'invention de l'écriture. On la divise en trois grandes périodes : le paléolithique (âge de la pierre taillée, –2 millions d'années à –12 000 ans) ; le mésolithique (extension de la forêt, réchauffement climatique, –12 000 à –9 000) ; le néolithique (âge de la pierre polie, –9 000 à –3 000 ans, quand apparaissent les premiers signes d'écriture). La science préhistorique, fondée sur l'étude des fossiles, des vestiges de l'outillage et de l'habitat, et sur celle de l'art rupestre, est récente : elle apparaît au début du XIXe siècle avec des précurseurs comme F. Jouannet, J. Boucher de Perthes, E. Lartet, E. Dubois, G. de Mortillet ou l'abbé Breuil.
Les australopithèques, hominidés partiellement bipèdes, se répandent en Afrique entre –7 et –1,7 million d'années. C'est à cette espèce qu'appartient la célèbre Lucy (–3,2 millions d'années). Peut-être l'australopithèque et l'*homo habilis,* apparu en Afrique vers –3/–2,5 millions d'années, se rattachent-ils à un ancêtre commun (tel Toumaï, primate de 7 millions d'années dont le crâne fossile a été découvert au Tchad en 2001). Nomade, l'*homo habilis* pratique la chasse à l'aide d'outils rudimentaires. L'*homo erectus,* apparu vers –1,7 million d'années, est plus grand et dispose d'un cerveau plus gros. Il se répand à la surface de la Terre (Afrique, Chine, Indonésie, Europe) et maîtrise le feu vers –500 000 ans.
De l'*homo erectus* est issu, entre –150 000 et –100 000 au plus tard, l'*homo sapiens,* l'homme actuel, au cerveau plus développé. Il dispose du langage et, vers –100 000 ans, enterre ses morts. Il se répand à la surface de la Terre (Chine, –67 000 ans ; Australie v. –60/–50 000 ans ; Amérique entre –45 000 et –18 000 ans). Arrivé en Europe vers –40 000 (Cro Magnon), il y supplante le massif homme de Neandertal, établi en Europe et en Asie de l'Ouest entre –100 000 et –35 000 ans, et devient l'unique représentant de l'espèce humaine. Les premières sculptures apparaissent vers –38 000, les peintures (grotte Chauvet, Lascaux) vers –31 000, en lien avec les croyances religieuses. Cet art rupestre perdure jusqu'à –10 000 ans.
voir aussi écriture, archéologie, migration

préhistorien, ienne n. Spécialiste de la préhistoire.

préhistorique adj. 1. Qui appartient à la préhistoire. *Les temps préhistoriques. Animaux préhistoriques.* **2.** Très ancien, suranné. → **antédiluvien.** *Une voiture préhistorique.*

préhominien n. m. sc. Primate appartenant au groupe d'hominiens les plus proches des hommes (pithécanthrope, etc.).

préimplantatoire adj. méd. *Diagnostic, examen préimplantatoire,* effectué à partir de cellules prélevées sur un embryon obtenu par fécondation in vitro, avant son transfert dans l'utérus.

préjudice n. m. (du latin → préjudicier) **1.** Perte d'un bien, d'un avantage par le fait d'autrui (agissant le plus souvent contre le droit, la justice) ; acte ou évènement nuisible aux intérêts de qqn. *Causer un préjudice à qqn.* → **dommage.** *Porter préjudice,* causer du tort. *Au préjudice de qqn :* contre son

L'art préhistorique européen est largement dominé par les œuvres grandioses du paléolithique. L'homme y est alors nomade, suivant le renne sur de grandes distances. Les échanges sont donc fréquents, et l'art se développe assez uniformément, de l'Atlantique à l'Oural, durant plus de 400 siècles. Il représente des animaux très réalistes (bovidés et équidés, surtout), et des figures humaines au contraire très stylisées, mais jamais de décor. Seules les œuvres du fond des cavernes, bien protégées, et sans doute sacrées ou taboues, sont parvenues jusqu'à nous. Au néolithique, la sédentarisation de l'homme a pour conséquence majeure la diversification des pratiques et des styles artistiques selon les régions.

Ci-dessus, fac-similé de la « Rotonde des taureaux » de Lascaux (v. 15000-14000 av. J.-C.), musée d'Archéologie nationale, Saint-Germain-en-Laye.

Céramique trouvée au dolmen de Conguel à Quiberon (v. 2500-2300 av. J.-C.), musée d'Archéologie nationale, Saint-Germain-en-Laye.

Lion gravé dans une dent de mammouth, grotte de Vogelherd près de Stetten (v. 38000 av. J.-C.), musée régional du Wurtemberg, Stuttgart.

Panneau des chevaux de la grotte Chauvet (v. 31000 av. J.-C.), Chauvet-Pont-d'Arc.

Galerie couverte du tumulus de Gavrinis (v. 3500 av. J.-C.), île de Gavrinis.

« Vénus à la corne » de l'abri sous-roche de Laussel (v. 25000 av. J.-C.), musée d'Aquitaine, Bordeaux.

Récipient en forme de gibier d'eau trouvé à Vinca en Serbie (v. 15000-14000 av. J.-C.), institut d'Archéologie de l'université de Belgrade.

Flûte en os de la grotte d'Isturitz au Pays basque (v. 15000-10000 av. J.-C.), musée d'Archéologie nationale, Saint-Germain-en-Laye.

Tête de cheval hennissant, bois de renne de la grotte du Mas-d'Azil (v. 13000 av. J.-C.), musée d'Archéologie nationale, Saint-Germain-en-Laye.

« L'homme-lion », statuette en ivoire de mammouth de l'abri du Hohlenstein-Stadel (v. 30000 av. J.-C.), musée d'Ulm.

« Bison se léchant », bois de renne de l'abri de La Madeleine, Tursac (v. 12000 av. J.-C.), musée d'Archéologie nationale, Saint-Germain-en-Laye.

Parure trouvée dans l'abri de La Souquette (v. 30000-10000 av. J.-C.), musée de la Préhistoire du site de Castel-Merle, Sergeac.

Mains négatives faisant partie du groupe des « chevaux ponctués », salle des peintures de la grotte du Pech-Merle (v. 25000 av. J.-C.), Cabrerets.

Galets peints de la grotte du Mas-d'Azil (v. 10000 av. J.-C.), musée d'Archéologie nationale, Saint-Germain-en-Laye.

intérêt. → **détriment.** **2.** Ce qui est nuisible pour, ce qui va contre (qqch.). *Un grave préjudice causé à la justice.* – littér. ***Sans préjudice de :*** sans porter atteinte, sans renoncer à.

préjudiciable adj. (du latin → **préjudicier**) Qui porte, peut porter préjudice (à qqn, à qqch.). → **nuisible.**

préjudiciaux adj. m. pl. (latin *praejudicialis*) dr. *Frais préjudiciaux,* qu'on doit acquitter avant de pouvoir faire appel.

préjudiciel, elle adj. (latin *praejudicialis*) dr. Qui précède le jugement. – *Question préjudicielle,* soumise par un tribunal à une autre juridiction.

préjudicier v. intr. < 7 > (latin *praejudicare,* de *judicare* → **juger**) vieux Porter préjudice, faire tort. → **nuire.** *Préjudicier à qqn.*

préjugé n. m. (de *préjuger*) **1.** Croyance, opinion préconçue souvent imposée par le milieu, l'époque ; parti pris. → **a priori, prévention.** *Les préjugés bourgeois.* **2.** Indice qui permet de se faire une opinion provisoire. *C'est un préjugé en sa faveur.*

préjuger v. tr. ind. < 3 > (du latin → **juger**) littér. ou dr. ***Préjuger de :*** porter un jugement prématuré sur (qqch.) ; considérer comme résolue une question qui ne l'est pas. *Je ne peux pas préjuger de sa décision.*

prélart n. m. (origine inconnue) **1.** mar., techn. Grosse toile imperméabilisée servant à protéger le chargement d'un véhicule. → **bâche.** **2.** (Canada) Linoléum.

se **prélasser** v. pron. < 1 > (altération de l'ancien v. *prélater* « se pavaner [comme un *prélat*] » → **prélat**) Se détendre, se reposer nonchalamment et béatement.

prélat n. m. (latin *praelatus,* du p. p. de *praeferre* → **préférer**) Haut dignitaire ecclésiastique (cardinal, archevêque, etc.), dans l'Église catholique.

prélatin, ine adj. didact. Antérieur à la civilisation latine, au latin (langue). *Mot italien d'origine prélatine.*

prélature n. f. (latin *praelatura*) didact. **1.** Dignité de prélat. **2.** Corps des officiers de la maison du pape.

prélavage n. m. Lavage préliminaire, dans le cycle d'un lave-linge, d'un lave-vaisselle.

prèle n. f. (de l'ancien français *asprele ;* famille du latin *asper* → **âpre**) Plante à tige creuse et à épis, qui pousse dans des endroits humides. - var. **prêle.**

prélèvement n. m. **1.** Action de prélever ; quantité qu'on prélève. *Prélèvement automatique sur un compte en banque. Prélèvements obligatoires :* impôts et cotisations sociales. *Prélèvement à la source (de l'impôt sur le revenu).* **2.** méd. Action de prélever (2), pour analyser ou utiliser ; ce qui est prélevé. *Prélèvements sanguins.*

prélever v. tr. < 5 > (du latin → [1]**lever**) **1.** Prendre (une partie d'un ensemble, d'un total). → **enlever, retenir, retrancher.** *Prélever un échantillon.* **2.** méd. Séparer de l'organisme (un tissu, un organe...). *Prélever le cœur d'un donneur. Prélever du sang.*

préliminaire (du latin → **pré-** et *liminaire*) **I.** adj. Qui précède, prépare (une autre chose considérée comme essentielle, plus importante). → **préparatoire.** *Discours préliminaire :* introduction, préambule. → **liminaire.** **II.** ***Préliminaires*** n. m. pl. **1.** Ensemble des négociations qui précèdent et préparent un armistice, un traité de paix. **2.** Ce qui prépare un acte, un évènement plus important. → **commencement.** ■ spécialt *Préliminaires amoureux.*

Preljocaj (Angelin) Danseur et chorégraphe français d'origine albanaise (né en 1957). Il a fondé sa compagnie en 1984, devenue Centre chorégraphique national en 1989. Il a revisité les grandes œuvres classiques en leur appliquant une mise en scène et des chorégraphies contemporaines : *Noces ; Le Sacre du printemps ; Les Quatre Saisons.* On lui doit des créations originales : *Le Parc ; Near Life Experience.* Académie des beaux-arts.

Prelog (Vladimir) Chimiste suisse d'origine bosniaque (1906-1998). Avec Ingold et Cahn, il a mis au point le système de la nomenclature stéréochimique. Prix Nobel 1975, avec J. W. Cornforth.

prélogique adj. psych. *Stade prélogique,* pendant lequel l'esprit de l'enfant ne respecte pas encore les règles de la logique.

prélude n. m. (du latin → **préluder**) **1.** Pièce instrumentale ou orchestrale de forme libre (qui sert parfois d'introduction). *Les préludes de Chopin.* **2.** fig. Ce qui précède, annonce (qqch.) ; ce qui constitue le début (d'une œuvre, d'une série d'évènements...). → **amorce, commencement, prologue.** *Le prélude des hostilités. Ce n'est qu'un prélude (à...).* → **début.**

préluder v. < 1 > (latin *praeludere* « se préparer à jouer » → **ludique**) **1.** v. intr. *Préluder par,* chanter, jouer (un morceau) pour commencer. **2.** v. tr. ind. (sujet chose) ***Préluder à :*** se produire avant (une autre chose) en la laissant prévoir. → **annoncer.** *Les incidents qui ont préludé aux hostilités.*

prématuré, ée adj. (du latin ; famille de *mûr* → **maturité**) **1.** Qu'il n'est pas encore temps d'entreprendre. *Une démarche prématurée.* ■ Qui a été fait trop tôt. – *Une nouvelle prématurée,* annoncée avant que les évènements se soient produits. **2.** Qui arrive avant le temps normal. → **précoce.** *Une mort prématurée.* **3.** *Un enfant prématuré,* né avant terme. – n. *Un prématuré en couveuse.*

prématurément adv. Avant le temps habituel ou convenable.

prématurité n. f. didact. État d'un enfant prématuré.

prémédication n. f. méd. Traitement médicamenteux administré avant une anesthésie ou un examen difficilement toléré.

préméditation n. f. Dessein réfléchi d'accomplir une action (surtout une action mauvaise, délit ou crime). *Meurtre avec préméditation* (circonstance aggravante). → **assassinat.**

préméditer v. tr. < 1 > (du latin → **méditer**) Décider, préparer avec calcul. → **projeter.** *Elle avait prémédité sa fuite, de s'enfuir.* – au p. p. *Un crime prémédité.*

prémenstruel, elle adj. (de *pré-* et *menstruel*) méd. Qui précède l'époque des règles. *Syndrome prémenstruel.*

prémices n. f. pl. (latin *primitiae ;* famille de *premier*) **1.** hist. Premiers fruits de la terre, premiers animaux nés du troupeau, que les Anciens offraient à la divinité. **2.** littér. Commencement, début. *Les prémices de l'hiver.*

premier, ière (vient du latin *primarius,* de *primus* → [1]**prime** ; *cf.* **primaire**) **I.** adj. et n. (épithète ; souvent avant le n.) Qui vient avant les autres, dans un ordre (*premier,* second, troisième..., dernier). **1.** Qui est le plus ancien ou parmi les plus anciens dans le temps ; qui s'est produit, apparaît avant. → **initial.** *Son premier amour. La première fois. Le premier jour du mois.* – n. m. Premier jour. *Le premier avril. Le premier de l'an (1er janvier).* – loc. *Au, du premier coup,* au premier essai. *À première vue, au premier abord :* tout d'abord. → [1]**prime.** *Il n'est plus de la première jeunesse.* – (attribut) *Arriver premier,* avant les autres. → en **tête.** ■ n. *Parler le premier. La première arrivée.* loc. *Le premier venu*.* **2.** Le premier à venir (dans le futur). *À la première occasion.* **3.** Qui se présente avant (dans une série, un ordre). *La première personne du singulier. Première partie.* → **commencement, début.** – n. m. Premier terme d'une charade. *Mon premier..., mon second..., mon tout.* **4.** (après le n.) littér. Qui est dans l'état de son origine, de son début. → **originel, primitif.** – *Matières* premières.* – *Arts premiers :* arts des civilisations préindustrielles, notamment d'Afrique, d'Amérique précolombienne et du Pacifique. **5.** Qui se présente d'abord (dans l'espace, par rapport à un observateur, à un point de repère). *La première (rue) à droite. Montez au premier (étage).* **6.** Qui vient en tête pour l'importance, la valeur, est plus remarquable que les autres. → **meilleur, principal.** *Première qualité, premier choix. De (tout) premier ordre. Voyager en première (classe).* ■ (personnes) *Le Premier, la Première ministre. Premier violon.* **7.** (attribut) Qui vient avant les autres, dans un classement. *Arriver premier d'une course.* – n. *Le premier, la première de la classe.* **8.** (après le n.) Qui n'est pas déduit, qui n'est pas défini au moyen d'autre chose. *Les vérités premières.* – *Nombre premier,* divisible uniquement par 1 et par lui-même (ex. 3, 7, 11, 13...). **9.** (après le n.) Qui contient en soi la raison d'être des autres réalités. *Les causes premières.* **II.** loc. adv. ***En premier :*** d'abord.

première n. f. **1.** Première représentation d'une pièce ou projection d'un film. *La générale et la première.* → **avant-première.** ■ Première fois qu'un évènement important se produit. *Une première dans l'histoire de l'alpinisme.* **2.** loc. fam. *De première !,* remarquable, exceptionnel. **3.** Classe qui précède les classes terminales des études secondaires. *Entrer en première.* **4.** Première classe dans un moyen de transport. *Voyager en première.* **5.** Première vitesse d'une automobile. *Passer la première.* **6.** Couturière qui dirige un atelier.

premièrement adv. D'abord, en premier lieu (dans une énumération). → **primo.**

premier-né, première-née adj. et n. Se dit de l'enfant né(e) en premier (opposé à *dernier-né*). → **aîné.** *Les premiers-nés.*

Preminger (Otto) Cinéaste américain d'origine autrichienne (1906-1986). Dans des genres très différents : le film noir *(Laura ; Max Dixon détective),* le registre politique *(Exodus),* judiciaire *(Autopsie d'un meurtre),* religieux *(Le Cardinal),* le film de guerre *(Première Victoire),* son œuvre procède d'une tension constante entre romantisme et réalisme, où les dialogues jouent un rôle essentiel.

prémisse n. f. (latin *praemissa* « mise en avant ») **1.** log. Chacune des deux propositions initiales d'un syllogisme, dont on tire la conclusion. **2.** Affirmation dont on tire une conclusion ; commencement d'une démonstration.

prémolaire n. f. Chacune des dents situées entre la canine et les grosses molaires.

prémonition n. f. (du latin, de *monere* « avertir » → [1]**moniteur**) Avertissement inexplicable qui fait connaître un évènement à l'avance ou à distance. → **pressentiment.**

prémonitoire adj. Qui a rapport à la prémonition, constitue une prémonition. *Un rêve prémonitoire. Signe prémonitoire,* annonciateur.

Prémontré Commune de l'Aisne, dans l'arrondissement de Laon. 637 habitants. Ancienne abbaye de Prémontré fondée par saint Norbert au XIIe s., aujourd'hui reconvertie en hôpital psychiatrique.

prémunir v. tr. < 2 > (du latin → **munir**) littér. Protéger (qqn), mettre en garde (contre qqch.). *Prémunir contre un danger.* – pronom. (réfl.) *Se prémunir contre le froid.*

prémunition n. f. (latin *praemunitio* « protection ») méd. *État de prémunition :* infection latente qui suit la guérison d'une infection aiguë et pendant laquelle une autre infection ne peut se développer.

Premyslides Dynastie tchèque qui régna sur la Bohême de 900 à 1306. Les Premyslides unifièrent les tribus tchèques et constituèrent le royaume de Bohême.

prenable adj. rare Qui peut être pris.

prenant, ante adj. **1.** ***Partie prenante :*** en droit, partie qui reçoit de l'argent ou une fourniture. – plus cour. Protagoniste. *Les parties prenantes d'un conflit.* **2.** Qui captive en émouvant, en intéressant profondément. *Un film prenant.* → **passionnant.** **3.** *Un métier*

P

très prenant, qui occupe beaucoup, accapare.

prénatal, ale, als adj. Qui précède la naissance. *Allocations prénatales. Soins prénatals* (→ médecine fœtale).

prendre v. < 58 > (vient du latin *prehendere*, *prendere* → préhension) I. v. tr. Mettre avec soi ou faire sien. 1. Mettre dans sa main (pour avoir avec soi, pour faire passer d'un lieu dans un autre, pour utiliser...). *Prendre un objet dans sa main, à pleine main.* → **empoigner, saisir.** – pronom. (passif) *Cela se prend par le milieu.* – *Prendre qqch. des mains de qqn.* → **arracher, enlever, ôter, retirer.** – loc. *Prendre une affaire en main*, décider de s'en occuper. *Prendre dans ses bras.* → **embrasser.** – pronom. (récipr.) *Elles se sont prises par la main.* 2. Mettre avec soi, amener à soi. *N'oublie pas de prendre ton parapluie.* → **emporter.** – spécialt *Prendre du pain*, en acheter. – (compl. n. de personne) *Le coiffeur m'a pris à 5 heures.* → **recevoir.** *Je passerai vous prendre chez vous.* → **chercher.** 3. *Prendre qqch. sur soi, sous sa responsabilité* : en accepter la responsabilité. → **assumer.** – *Prendre sur soi de* : s'imposer de. *Il a pris sur lui de venir malgré sa fatigue.* – absolt *Prendre sur soi* : supporter les choses pénibles. 4. fig. Aborder, se mettre à considérer (qqch., qqn) de telle façon. *Prendre la vie du bon côté. On ne sait par où le prendre*, il est susceptible. *Elle n'est pas à prendre avec des pincettes*.* – (sans compl. de manière) → **considérer.** *Prenons cet exemple.* – loc. adv. *À tout prendre* : somme toute. – *Prendre bien, mal qqch.* : l'accepter ou en souffrir. → **accueillir.** – *Prendre les choses comme elles viennent. Prendre qqn, qqch. au sérieux, à la légère.* pronom. *Se prendre au sérieux.* – *Si vous le prenez ainsi*, si c'est là votre manière de voir. – *Prendre en...* : avoir en. *Prendre qqn en amitié. Prendre en grippe*.* 5. Faire sien (une chose abstraite). *Prendre (un) rendez-vous. Prendre une habitude.* 6. Évaluer, définir (pour connaître). *Prendre des mesures. Prendre la température.* 7. Inscrire ou reproduire. *Prendre des notes, une photo.* 8. S'adjoindre (une personne). → **embaucher, engager.** – *Prendre pour, comme, à, en*, s'adjoindre, se servir de (qqn) en tant que... *Il l'a prise comme assistante.* 9. *Prendre pour* : croire qu'une personne, une chose est (autre ou autrement). *Prendre une personne pour une autre.* → **confondre.** *Prendre ses désirs pour des réalités.* – pronom. (réfl.) *Se prendre pour un génie*, considérer qu'on en est un. → se **croire.** 10. Absorber, manger ou boire. *Prendre un verre.* → [1]**boire.** *Vous prendrez de la viande ou du poisson ?* → **choisir.** – pronom. (passif) *Médicament qui se prend avant les repas.* – fig. *Prendre le soleil. Prendre un bain.* II. v. tr. Agir de façon à avoir, à posséder (qqch., qqn). 1. Se mettre en possession de ; se rendre maître de. → s'**approprier.** *Prendre qqch. par force, par ruse.* – loc. *C'est à prendre ou à laisser*.* ■ Posséder sexuellement. 2. Demander, exiger. *Combien prend-il ?*, quel est son prix ? – *Ce travail me prendra une heure.* ■ (Canada) *Ça prend* : il faut. *Ça prend une personne qualifiée pour faire ce travail.* 3. fam. Recevoir, supporter. *Elle a pris un coup de pied.* → **attraper.** *Qu'est-ce qu'elle a pris !* 4. Se rendre maître par force ; conquérir. *Prendre (un lieu) d'assaut*, en attaquant de vive force. → **enlever.** *Prendre le pouvoir.* – loc. fam. au p. p. *C'est autant de pris (sur l'ennemi)*, se dit d'un avantage dont on est assuré. 5. *Prendre qqch. à qqn* : s'emparer de (ce qui appartient à qqn). → [2]**voler.** *Il lui a pris son argent. Prendre la place de qqn.* 6. Se saisir de (ce qui fuit, se dérobe : animal, personne). → **attraper, capturer.** *Il s'est fait prendre par la police.* → **arrêter.** – (passif) *Être pris dans l'engrenage.* (choses) *Le navire est pris par (dans) les glaces.* 7. Amener (qqn) à ses vues, à faire ce qu'on veut. *Prendre qqn par la douceur*, en le traitant doucement. *Prendre qqn en traître, par traîtrise.* → [1]**avoir.** – absolt *Savoir prendre qqn*, agir envers lui avec diplomatie pour obtenir de lui ce qu'on veut. 8. *Prendre qqn (de telle ou telle manière).* → **surprendre.** *Elle les a pris au dépourvu.* – *Prendre qqn à (qqch., faire qqch.). Je vous y prends !* 9. (sensation, sentiment) Saisir (qqn), faire sentir à (qqn). *Les douleurs la prirent brusquement. Être pris de vertiges.* – fam. *Qu'est-ce qui vous (te) prend ?*, se dit à une personne dont l'attitude est inattendue ou déplacée. – impers. *Il me prend l'envie d'aller le voir.* 10. *Bien, mal lui, vous... prend de* : cela a de bonnes, de fâcheuses conséquences. *Mal lui en a pris de mentir*, il a eu tort, il en subit les conséquences. III. v. tr. exprimant le commencement ou la progression d'une action (avec certains substantifs) 1. Se mettre à utiliser, à avoir, à être (sans idée d'appropriation). *Prendre le deuil* : mettre des vêtements de deuil. *Prendre la plume* : écrire. *Prendre le lit* : s'aliter. ■ Faire usage de (un véhicule). *Prendre l'avion, le train, sa voiture.* ■ S'engager dans. *Prendre un virage. Prendre la porte*, sortir. *Prendre la mer*, s'embarquer. *Prendre un raccourci.* → **emprunter.** – sans compl. direct *Prenez à droite, sur votre droite.* 2. User à son gré de. *Prendre le temps de, prendre son temps. Prendre congé.* 3. Se mettre à avoir, se donner. *Prendre une décision. Prendre la fuite. Prendre du repos. Prendre la parole*, commencer à parler. *Prendre l'avantage sur qqn.* – (compl. sans article) loc. *Prendre position*, choisir. *Prendre soin de... Prendre acte. Prendre garde.* – (formule de politesse) *Prenez la peine d'entrer* : veuillez entrer. 4. Commencer à avoir (une façon d'être). *Prendre une mauvaise tournure.* loc. *Prendre forme.* – (personnes ; désignant une action involontaire) *Prendre de l'âge* : vieillir. *Prendre des couleurs. Elle y prend goût.* loc. *Prendre peur.* 5. Subir l'effet de. *Prendre feu* : s'enflammer. *Prendre froid ; prendre mal, du mal.* IV. v. intr. 1. (substances) Durcir, épaissir. *La mayonnaise a pris.* – Attacher, coller. 2. (végétaux) Pousser des racines, continuer sa croissance après transplantation. *La bouture a pris.* 3. *Le feu va prendre*, se mettre à brûler. 4. Produire son effet, l'effet recherché. → **réussir.** *Vaccin qui prend. C'est une mode qui ne prendra pas.* 5. Être cru, accepté. *À d'autres, ça ne prend pas !* ■ se **prendre** v. pron. 1. Se laisser attraper. *Un poisson qui se prend dans un filet.* – fig. *Se prendre au jeu.* 2. *S'en prendre à* : s'attaquer à, en rendant responsable. → **incriminer.** *Il ne pourra s'en prendre qu'à lui-même*, il est responsable de ses propres malheurs. 3. *Se prendre de* : se mettre à avoir. *Se prendre d'amitié pour qqn.* → **éprouver.** 4. *S'y prendre* : agir d'une certaine manière en vue d'obtenir un résultat. *Elle s'y est mal prise.* → **procéder.** *S'y prendre à deux fois*, tâtonner. *Savoir s'y prendre.* ■ (avec une précision de temps) Se mettre à s'occuper de. *Il faudra s'y prendre à l'avance.*

Préneste, auj. Palestrina Ancienne ville du Latium. Vestiges du temple de la Fortune (IIe-Ier s. av. J.-C.). Musée archéologique.

preneur, euse n. 1. (dans des expressions) Personne, chose qui prend. *Preneur d'otages.* – *Preneur, preneuse de son* : technicien(ne) chargé(e) des enregistrements sonores. ■ adj. *Benne preneuse.* 2. dr. Personne qui prend à bail. → **locataire.** 3. Personne qui achète qqch. → **acheteur, acquéreur.** *Je suis preneur.*

prénom n. m. (du latin → nom) Chacun des noms personnels qui précèdent le nom de famille. *Appeler qqn par son prénom* (→ petit nom, nom de baptême).

prénommer v. tr. < 1 > Appeler d'un prénom. *On l'a prénommé Jean.* – pronom. (passif) *Elle se prénomme Anne.* – au p. p. *Un prénommé Jean.*

prénotion n. f. philos. 1. (épicuriens et stoïciens) Notion naturelle et pragmatique du général. 2. Idée conçue antérieurement à l'étude scientifique des faits.

prénuptial, ale, aux adj. Qui précède le mariage. *Des examens (médicaux) prénuptiaux.*

préoccupant, ante adj. Qui préoccupe, inquiète.

préoccupation n. f. Souci, inquiétude qui occupe l'esprit.

préoccupé, ée adj. Qui est sous l'effet d'une préoccupation. → **absorbé, anxieux, inquiet.** *Il a l'air préoccupé. Préoccupé de...*, soucieux de.

préoccuper v. tr. < 1 > (du latin → occuper) 1. Inquiéter fortement. → **tourmenter, tracasser.** *Ce problème me préoccupe depuis longtemps.* 2. Occuper exclusivement (l'esprit, l'attention). → **absorber, obséder.** ■ se **préoccuper** v. pron. S'occuper (de qqch.) en y attachant un vif intérêt mêlé d'inquiétude. → se **soucier.**

préolympique adj. Qui concerne la préparation à des Jeux olympiques. *Entraînement préolympique.*

préopératoire adj. 1. méd. Qui précède une intervention chirurgicale. 2. didact. Antérieur à l'établissement des structures opératoires de la pensée.

préoral, ale, aux adj. (→ oral) zool. Situé en avant de la bouche.

préparateur, trice n. 1. Personne attachée à un laboratoire, chargée de préparer des expériences scientifiques. → **laborantin.** 2. *Préparateur en pharmacie* : employé chargé de certaines préparations. 3. *Préparateur physique* : personne qui accompagne un sportif dans l'entretien de sa condition physique.

préparatifs n. m. pl. Dispositions prises pour préparer qqch. → **arrangement, disposition.** *Les préparatifs du départ.*

préparation n. f. I. 1. Action de préparer (qqch.). *La préparation du repas.* ■ Chose préparée. → **composition.** *Préparation pharmaceutique* : médicament préparé en officine. 2. Arrangement, organisation ayant pour effet de préparer. *La préparation d'une fête.* ■ spécialt Devoir qui prépare à l'étude d'un texte en classe. 3. littér. Manière de préparer (I, 4). II. Action de préparer (qqn) ou de se préparer. → **formation.** *La préparation des candidats au baccalauréat.* – *Préparation militaire* : enseignement militaire donné avant le service.

préparatoire adj. Qui prépare (qqch., qqn). – *Cours préparatoire* (abrév. CP), premier cours de l'enseignement primaire élémentaire. *Classes préparatoires aux grandes écoles* (fam. prépa n. f.).

préparer v. tr. < 1 > (du latin, de *prae* → pré- et *parare* → [1]parer) I. 1. Mettre en état de fonctionner, de servir. → **apprêter, arranger, disposer.** *Préparer la table.* → **mettre.** *Préparer la voie, le terrain.* 2. Faire tout ce qu'il faut pour (une opération, une œuvre, etc.). → **organiser.** *Il a préparé soigneusement son départ* (→ **préparatifs**). – au p. p. *Un coup préparé de longue main.* → **préméditer.** ■ Travailler (à). *Préparer un examen.* – *Préparer une grande école*, le concours d'entrée à cette école. 3. Rendre possible, par son action. *Préparer l'avenir. On lui a préparé une surprise.* ■ (sujet chose) Rendre possible ou probable. *Cela ne nous prépare rien de bon.* 4. (théâtre, roman, film...) Rendre possible ou naturel en enlevant le caractère arbitraire. → **amener,** [2]**ménager.** *Préparer un dénouement.* – *Préparer ses effets.* II. Rendre (qqn) capable de, prêt à, par une action préalable et concertée. *Préparer un élève à l'examen.* – Mettre dans les dispositions d'esprit requises. *Préparer qqn à une mauvaise nouvelle.* ■ se **préparer** v. pron. 1. (réfl.) Se mettre en état, en mesure de faire (qqch.). *Se préparer au combat, à combattre.* ■ absolt Faire sa toilette, s'habiller. *Je me prépare et j'arrive.* 2. (passif) Être préparé. *La cuisine où se prépare le repas.* 3. Être près de se produire. *Un orage se prépare.* → **couver ; imminent.** – impers. *Il se prépare quelque chose de grave.* → se **tramer.**

prépayer v. tr. < 8 > Payer d'avance. – au p. p. *Une carte téléphonique prépayée.* □ n. m. **prépaiement**

prépension n. f. (Belgique, Luxembourg) Préretraite. – Pension versée aux personnes en préretraite. *Toucher la prépension.*

prépondérance n. f. Fait d'être plus important. → **prédominance, supériorité.**

P

prépondérant, ante adj. (du latin, famille de *pondus* « poids » → pondérer) Qui a plus de poids, qui l'emporte en autorité, en influence. → **dominant, prédominant.** *Jouer un rôle prépondérant.*

préposé, ée n. 1. Personne qui accomplit une fonction déterminée (généralement subalterne). → **employé.** *La préposée au vestiaire.* 2. admin. Facteur des postes.

préposer v. tr. < 1 > (latin *praeponere,* francisé d'après *poser*) *Préposer qqn à...*, le charger d'assurer (un service, une fonction). → **employer.** – au passif *Elle est préposée au nettoyage.*

prépositif, ive adj. (du latin → préposition) ling. *Locution prépositive,* fonctionnant comme une préposition (ex. à cause de, à côté de, en dehors de). → **prépositionnel.**

préposition n. f. (du latin → position) Mot grammatical invariable, servant à introduire un complément en marquant le rapport qui unit ce complément au mot complété (ex. à, de).

prépositionnel, elle adj. ling. Relatif à une préposition. *Locution prépositionnelle.* → **prépositif.** ■ Introduit par une préposition. *Syntagme prépositionnel.*

prépotence n. f. (du latin, de *potentia* « pouvoir ») vieux Toute-puissance. □ adj. **prépotent, ente**

prépresse n. m. (→ presse) techn. Activités éditoriales qui précèdent l'impression (informatique éditoriale, photocomposition, etc.). - var. **pré-presse.**

préproduction n. f. 1. Étape préalable à la production (d'un produit). *Prototypes de préproduction.* ■ inform. Étape de tests précédant la mise en ligne (d'un site web). 2. cinéma Phase de la production (d'un film) antérieure au début du tournage (découpage, budget, etc.).

prépubère adj. (→ pubère) Qui a atteint le stade physiologique qui précède immédiatement la puberté. – n. *Les prépubères.* → **préadolescent.**

prépuce n. m. (latin *praeputium,* d'origine obscure) Repli de peau qui entoure le gland de la verge. *Excision du prépuce.* → **circoncision.**

préquel n. m. ou **préquelle** n. f. (mot anglais, de *pre-* et de *[se]quel* « suite ») Épisode d'une œuvre dont l'action se situe avant celle des épisodes précédents. → régional **antépisode.** *Tourner des préquels ou des préquelles.* - recomm. offic. **présuite n. f.**

préraphaélite n. et adj. (de *Raphaël*) arts Se dit de peintres anglais (fin XIXe siècle) qui s'inspiraient de la peinture italienne d'avant Raphaël. □ n. m. **préraphaélisme**

prérégler v. tr. < 6 > techn. Régler par avance (un appareil). – p. p. adj. *Un récepteur préréglé.* □ n. m. **préréglage**

prérentrée n. f. Rentrée des enseignants, qui précède celle des élèves.

prérequis n. m. (de *pré-* et *requis,* d'après l'anglais *prerequisite*) Condition à remplir, acquis exigé pour suivre une formation.

préretraite n. f. Retraite anticipée. *Partir en préretraite.* □ adj. et n. **préretraité, ée**

prérogative n. f. (du latin, de *rogare* « demander » → interroger) Avantage ou droit attaché à une fonction, un état. → **privilège.** *Les prérogatives de l'artiste.*

préroman, ane adj. didact. 1. D'avant l'art roman (art médiéval). 2. Antérieur aux langues romanes, sur le territoire où elles se parlent.

préromantique adj. Qui précède et annonce l'époque romantique. – n. *Les préromantiques.* □ n. m. **préromantisme**

Přerov Ville de la République tchèque (Moravie septentrionale). 41 000 habitants. Château du XVIe s. Industries mécaniques et chimiques.

près adv. (latin *presse* « d'une manière serrée », de *premere* → presser) I. 1. À une distance considérée comme petite (opposé à *loin*). *Elle habite assez près, tout près. Venez plus près.* 2. loc. adv. **De près.** (dans l'espace) *Regarder de près, de trop près. Rasé de près,* au ras des poils. – fig. *Examiner de près,* attentivement. loc. *Ne pas y regarder de trop près,* ne pas être trop exigeant, méticuleux. ■ (dans le temps) *Deux évènements qui se suivent de près.* 3. loc. prép. **Près de.** → **proche.** (dans l'espace) À petite distance de. *Près d'ici. Tout près de Lausanne,* aux abords de. *S'asseoir près de qqn,* auprès de, aux côtés de. *L'un près de l'autre, tout près l'un de l'autre.* – loc. fam. *Être près de ses sous,* avare. ■ (mesure approximative) Un peu moins de. *Il en manque près de la moitié.* ■ (dans le temps) *Il était près de mourir.* – impers. *Il est près de midi.* → **presque.** II. (exprimant l'idée d'une différence, dans des loc.) 1. **À peu près** : indiquant l'approximation. *L'hôtel était à peu près vide.* → **presque.** *Il y a à peu près vingt minutes.* → **approximativement, environ.** 2. **À peu de chose(s) près.** *Il y en a mille, à peu de choses près.* – **À beaucoup près** : avec de grandes différences. – **À cela près** : cela étant mis à part. → **excepté, sauf.** 3. **À** *(quelque chose)* **près,** indiquant le degré de précision d'une évaluation. *Mesure au millimètre près.* – *Elle n'en est pas à vingt euros près* : une différence de vingt euros ne la gêne pas.

présage n. m. (du latin, de *sagire* → sagace) 1. Signe d'après lequel on pense pouvoir prévoir l'avenir. → **augure.** *Croire aux présages.* 2. Ce qui annonce (un évènement à venir). « *Une brume légère flottait, présage de chaleur* » (Maupassant).

présager v. tr. < 3 > 1. littér. Être le présage de. → **annoncer.** ■ cour. Faire présumer, supposer. *Cela ne présage rien de bon.* 2. littér. (personnes) Prévoir. *Présager qqch., que...*

Pré-Saint-Gervais (Le) Commune de la Seine-Saint-Denis, dans l'arrondissement de Bobigny. 17 290 habitants. Industries.

pré-salé n. m. Mouton, agneau engraissé dans des pâturages côtiers dont l'herbe est imprégnée de sel ; viande (très estimée) de cet animal. *Des prés-salés.*

Presbourg voir Bratislava

Presbourg (traité de) Traité signé le 26 décembre 1805 par lequel l'Autriche cédait à la France la Vénétie, l'Istrie et la Dalmatie, et à la Bavière le Tyrol et le Vorarlberg.

presbyacousie n. f. (du grec *presbus* « âgé » et *akousis* « fait d'entendre ») méd. Affaiblissement de l'ouïe dû à l'âge.

presbyte n. et adj. (grec *presbutês* « ancien, vieux » → presbytère ; prêtre) Personne atteinte de presbytie. – adj. *Il est presbyte* (opposé à *myope*).

presbytéral, ale, aux adj. (latin ecclés. *presbyteralis*) didact. Qui a rapport aux prêtres.

presbytère n. m. (du latin → prêtre, du grec « conseil des anciens », de *presbus* « ancien » → presbyte) Habitation du curé, du pasteur dans une paroisse. → ^{2}**cure.**

presbytérianisme n. m. (du latin → presbytère, par l'anglais) Branche de l'Église réformée, issue du calvinisme, qui associe des laïcs à sa direction. □ n. et adj. **presbytérien, ienne**

presbytie [pʀɛsbisi] n. f. (→ presbyte) Vision trouble des objets rapprochés, due au vieillissement (→ **hypermétropie**).

prescience [pʀesjɑ̃s] n. f. (du latin → science) littér. Faculté ou action de prévoir les évènements à venir. → **prémonition, pressentiment, prévision.**

préscolaire adj. Relatif à la période qui précède celle de la scolarité obligatoire.

Prescott (Edward C.) Économiste américain (1940-2022). Ses travaux en macroéconomie ont porté sur les forces économiques responsables des fluctuations conjoncturelles. Prix Nobel 2004.

prescripteur, trice [pʀɛskʀiptœʀ, tʀis] n. 1. Personne qui prescrit. – appos. *Médecin prescripteur.* 2. Personne qui influe sur le choix de produits, de services.

prescriptible adj. (de *prescrire*) dr. Qui peut faire l'objet d'une prescription.

prescriptif, ive adj. Qui constitue une prescription (2).

prescription [pʀɛskʀipsjɔ̃] n. f. (du latin → prescrire) 1. dr. Délai prévu par la loi, passé lequel la justice ne peut plus être saisie. *On ne peut plus le poursuivre, il y a prescription.* ■ dr. *Prescription acquisitive* : mode d'acquisition d'un droit par une possession ininterrompue (30 ans). → **usucapion.** 2. Ordre expressément formulé, avec précision. *Les prescriptions d'un médecin* (→ **ordonnance**).

prescrire v. tr. < 39 > (latin *praescribere* « écrire en tête » → écrire) 1. Ordonner ou recommander expressément ; indiquer avec précision (ce qu'on exige, ce qu'on impose). *Les formes que la loi a prescrites.* → **fixer.** ■ Recommander, conseiller formellement. *Prescrire un médicament.* 2. (choses) Demander impérieusement. *L'honneur lui prescrivait de renoncer.*

prescrit, ite adj. 1. Qui est imposé, fixé. *Ne pas dépasser la dose prescrite.* 2. dr. Touché par la prescription (1). *Les faits sont prescrits.*

préséance [pʀeseɑ̃s] n. f. (→ séance) Droit de précéder (qqn) dans une hiérarchie protocolaire. *Respecter les préséances.*

présélecteur n. m. techn. Dispositif de présélection (2).

présélection [pʀeselɛksjɔ̃] n. f. 1. Premier tri dans un choix. *Une présélection de candidats.* 2. Réglage préalable permettant une sélection automatique. *Touches de présélection d'un autoradio.* □ **présélectionner** v. tr. < 1 >

présence n. f. (du latin → ^{1}présent) I. 1. (personnes) Fait d'être physiquement quelque part, auprès de qqn. *La présence de son ami le réconfortait.* – loc. *Faire* **acte de présence** : être présent, sans plus. ■ *Une présence* : personne, animal auprès de qqn. → **compagnie.** 2. Fait de manifester son influence dans un pays. *La présence française en Océanie.* 3. (choses) Fait qu'une chose soit dans le lieu où l'on est ou dont on parle. *Les sondages révèlent la présence de pétrole.* ■ **Présence d'esprit** : faculté d'être toujours prêt à répondre et réagir avec à-propos. 4. (acteurs) Qualité consistant à manifester avec force sa personnalité. *Avoir de la présence.* II. 1. loc. prép. **En présence de** *qqn, de qqch.* : en face de ; devant. *Dresser un acte en présence de témoins. En ma (ta, sa...) présence.* 2. loc. adv. **En présence** : dans le même lieu, face à face. – adj. *Les deux armées en présence,* confrontées.

^{1}**présent, ente** (latin *praesens,* de *prae* → pré- et *esse* « être ») adj. I. Qui est dans le lieu, le groupe où se trouve la personne qui parle, ou dont on parle (opposé à *absent*). *Les personnes ici présentes* ou n. *les présents. Être présent à une réunion.* → **assister.** *Répondre : présent ! – Être présent en pensée.* ■ (choses) *Métal présent dans un minerai.* ■ abstrait *Présent à l'esprit, à la mémoire,* à quoi l'on pense, dont on se souvient. II. (opposé à *futur* ou à *passé*) 1. Qui existe, se produit au moment, à l'époque où l'on parle ou dont on parle. *Les circonstances présentes.* → **actuel.** *L'instant présent.* 2. (avant le n.) Dont il est actuellement question, qu'on fait en ce moment même. → ^{1}**ce.** *Au moment où s'ouvre le présent récit.* – n. f. *Par la présente,* par cette lettre. 3. Qui est au présent. *Participe présent.*

^{2}**présent** n. m. I. 1. Partie du temps qui correspond à l'expérience immédiate, durée opposable au passé et au futur. *Vivre dans le présent,* sans se préoccuper du passé ni de l'avenir. ■ Ce qui existe ou se produit dans cette partie du temps. *Jouir du présent.* 2. gramm. Temps du verbe qui correspond à l'expression du temps de la communication (ex. il fait beau aujourd'hui), de la partie du temps qui coïncide avec le moment dont on

P

parle (ex. je le vois demain), ou exprime un fait intemporel (ex. l'homme est mortel). *Conjuguer un verbe au présent. Le présent de l'indicatif, du subjonctif. Présent de narration.* **II. loc. adv.** ***À présent*** : au moment où l'on parle ; au moment dont on parle. → **maintenant.** *À présent, allons-nous-en ! Jusqu'à présent, il a plu.* – **loc. conj.** ***À présent que*** : maintenant que. – **loc. adj. invar.** littér. ***D'à présent*** : actuel. *La jeunesse d'à présent.*

³présent n. m. (de *présenter*) littér. Cadeau.

présentable adj. **1.** (choses) Qui est digne d'être présenté, donné. *Ce plat n'est pas présentable.* **2.** (personnes) Dont l'apparence, le comportement en public est conforme aux normes sociales. → **sortable.**

présentateur, trice n. **1.** Personne qui présente qqch. au public, pour la vente. **2.** Personne qui présente (et souvent anime → **animateur**) une émission, un spectacle.

présentatif n. m. ling. Mot, expression servant à présenter, à mettre en situation le nom désignant une personne ou une chose (ex. *voici*).

présentation n. f. **1.** Action de présenter une personne à une autre. *Faire les présentations.* **2.** Apparence d'une personne (selon son habillement, ses manières). *Avoir une bonne présentation.* **3.** Action de présenter (qqch.) à qqn. *Présentation d'une pièce d'identité.* **4.** Manifestation au cours de laquelle on présente qqch. au public. *Présentation de la collection de printemps.* **5.** Manière dont une chose est présentée. **6.** Manière de présenter (une opinion, des idées, etc.). **7.** méd. Manière particulière dont le fœtus se présente pour l'accouchement. *Présentation par le siège.*

présentement adv. vieilli ou régional (Canada, Afrique) Au moment, à l'époque où l'on est. → **actuellement.**

présenter v. < 1 > (du latin, de *praesens* → **¹présent**) **I. v. tr. 1.** Amener (une personne) en présence de qqn, la faire connaître en énonçant son nom, ses titres, selon les usages de la politesse. *Présenter un homme à une femme. Je vais vous présenter au directeur.* **2.** Faire inscrire (à un examen, à un concours, à une élection). *Son professeur l'a présentée au concours général.* – **au p. p.** *Candidat présenté par un parti.* **3.** Mettre (qqch.) à la portée, sous les yeux de qqn. *Présenter son billet au contrôleur.* → **montrer.** – *Présenter les armes* : rendre les honneurs par un maniement d'armes. **4.** Faire connaître au public par une manifestation. *Présenter une émission, un spectacle* : annoncer au public le titre, le thème, le nom des acteurs, etc. (→ **présentateur**). **5.** Disposer (ce qu'on expose à la vue du public). – **p. p. adj.** *Un plat bien présenté.* **6.** Remettre (qqch.) à qqn en vue d'une vérification, d'un jugement. *Présenter un devis.* – *Présenter sa candidature.* **7.** Exprimer, faire l'exposé de... *Présenter ses condoléances, ses félicitations.* **8.** Montrer, définir comme... « *Notre tort est de présenter les choses telles qu'elles sont* » (Proust). **9.** Avoir (telle apparence, tel caractère). *Présenter un symptôme. Ceci présente des inconvénients.* → **comporter. II. v. intr.** fam. (personnes) ***Présenter bien (mal)*** : faire bonne (mauvaise) impression par son physique, sa tenue. ■ **se présenter v. pron. 1.** Arriver en un lieu ; paraître (devant qqn). *Se présenter à un guichet.* **2.** Se faire connaître à qqn, en énonçant son nom selon les usages de la politesse. « *Je me présente : Pierre Dupuy* ». **3.** Venir se proposer au choix, à l'appréciation de qqn. ■ Subir les épreuves (d'un examen, d'un concours). → **passer. 4.** (sujet chose) Apparaître, venir. *Deux noms se présentent à mon esprit. Les occasions qui se présentent.* → **s'offrir. 5.** Apparaître sous un certain aspect ; être disposé d'une certaine manière. *Cette affaire se présente plutôt bien.*

présentiel, ielle adj. et n. m. Qui nécessite la présence des personnes concernées (par oppos. à *à distance, distanciel*). *Enseignement présentiel.* – **n. m.** *Formation en présentiel.*

Presley (Elvis)

Elvis Presley vers 1955.

présentoir n. m. Dispositif pour présenter des marchandises, dans un lieu de vente.

présérie n. f. techn. Série de contrôle, produite avant la série destinée à la vente.

préservateur, trice 1. adj. vieux Qui préserve d'un danger. **2. n. m.** Agent chimique ajouté à un produit pour en empêcher l'altération.

préservatif n. m. Enveloppe protectrice souple (caoutchouc, latex...) recouvrant la verge, employée contre les maladies sexuellement transmissibles, et comme contraceptif masculin. → fam. **capote.** ■ *Préservatif féminin* : gaine munie d'un anneau à chaque extrémité, qui se glisse dans le vagin.

préservation n. f. Action ou moyen de préserver.

préserver v. tr. < 1 > (du latin ; famille de *servir*) Garantir, mettre à l'abri ou sauver (d'un danger, d'un mal). *Préserver les espèces en voie de disparition.* → **protéger.** – **pronom.** *Comment se préserver de la contagion ?* → **se prémunir.**

préside n. m. (de l'espagnol, du latin *praesidium* « protection, défense » → **présider**) hist. Poste fortifié espagnol, place forte servant de bagne. *Les présides d'Afrique.*

présidence n. f. **1.** Fonction de président. *La présidence de la République.* ■ Durée de cette fonction. **2.** Action de présider. *La présidence d'une séance.* **3.** Résidence, bureaux d'un président.

président, ente n. (du latin → **présider**) **1.** Personne qui préside (une assemblée, une réunion, un groupement organisé) pour diriger les travaux. *La présidente de l'association. Président-directeur général d'une société.* → **PDG.** *La présidente-directrice générale. Le président, la présidente X. Mme Legrand, présidente de la société X.* **2.** Le chef de l'État (dans une République). *Le président de la République française.* absolt *Le Président.* – en France *Être président de l'Assemblée nationale.* – ***Président du Conseil*** : sous les IIIe et IVe Républiques, Premier ministre.

présidentiable adj. et n. Qui est susceptible de devenir président, spécialt président de la République.

présidentialisme n. m. Régime présidentiel*. ■ péj. Système qui donne plus de pouvoir au président qu'aux assemblées.

présidentiel, ielle adj. Relatif à un président ; spécialt au président (2). *Élection présidentielle* ou **n. f.** *la présidentielle.* – *Régime présidentiel*, dans lequel le pouvoir exécutif est entre les mains du président de la République.

présider v. < 1 > (latin *praesidere* « siéger devant », de *sedere* → **seoir**) **I. v. tr. dir. 1.** Diriger à titre de président. *Présider une assemblée.* **2.** Occuper la place d'honneur dans (une manifestation). **II. v. tr. ind.** (choses) ***Présider à...*** : être présent en tant qu'élément actif dans... *La volonté d'aboutir qui a présidé à nos entretiens.*

présidial, ale, aux n. m. et adj. (du latin, de *praeses* « gouverneur de province ») hist. Tribunal d'appel des bailliages ordinaires, érigés en 1552 dans les bailliages les plus importants, et jugeant des affaires de modeste importance. – **adj.** *Sièges présidiaux.*

présidium [pʀezidjɔm] n. m. (mot russe, emprunt au latin) hist. (en URSS) Organisme directeur du Conseil suprême des Soviets (ou Soviet suprême). *Des présidiums.* - var. **præsidium.**

Presley (Elvis) surnommé **The King** Chanteur de rock américain (1935-1977). Puisant son inspiration aux sources du blues et de la musique country, il fut l'initiateur du rock, qu'il popularisa, devenant l'objet d'une véritable idolâtrie. *Blue Suede Shoes ; Jailhouse Rock.*

présocratique adj. (de *Socrate*) didact. Des philosophes grecs antérieurs à Socrate. – **n. m.** *Les présocratiques.*

présomptif, ive [pʀezɔ̃ptif, iv] adj. (→ **présomption**) dr. *Héritier présomptif*, qu'on pense devoir succéder à une personne encore en vie.

présomption [pʀezɔ̃psjɔ̃] n. f. (latin *praesumptio*, de *praesumere* → **présumer**) **1.** Action de présumer ; opinion fondée seulement sur la vraisemblance. → **hypothèse, supposition.** *Vous n'avez que des présomptions, aucune preuve.* – dr. *Présomption d'innocence* : principe qui consiste à présumer innocente toute personne mise en cause par la justice tant que sa culpabilité n'est pas établie. **2.** littér. Opinion trop avantageuse que l'on a de soi-même. → **prétention, suffisance.** *Il est plein de présomption.*

présomptueux, euse [pʀezɔ̃ptɥø, øz] adj. (du latin, de *praesumere* → **présumer**) Qui fait preuve ou témoigne de présomption. *Elle est trop présomptueuse.* → **arrogant, prétentieux.** – **n.** *Jeune présomptueux !* □ **adv. présomptueusement**

Prešov Ville de Slovaquie, sur la Torysa. 92 800 habitants. Centre culturel et artisanal. Industries textiles et alimentaires. Constructions électriques.

presque adv. (soudure de la loc. ancienne *près* « quasiment » *que*) **1.** À peu près ; pas exactement ou pas tout à fait. *C'est presque sûr.* → **quasiment.** *Elle pleurait presque.* → **à moitié.** *Presque toujours. Presque personne. Presque pas* : très peu, à peine. – ellipt *Tout le monde ou presque.* **2.** littér. (modifiant un substantif) → **¹quasi.** « *Une lueur dans la presque obscurité* » (Proust).

presqu'île n. f. Partie saillante d'une côte, rattachée à la terre par un isthme, une langue de terre. → **cap, péninsule.** *Des presqu'îles.* - var. RO **presqu'île.**

pressage n. m. Opération par laquelle on presse, on fabrique en pressant (des disques, etc.).

pressant, ante adj. **1.** Qui sollicite avec insistance. *Une demande pressante.* – (personnes) *Il s'est montré pressant* : il a beaucoup insisté. **2.** Qui oblige ou incite à agir sans délai. → **urgent.** *Un pressant besoin d'argent.* – fam. *Un besoin pressant* : un besoin naturel urgent.

press-book [pʀɛsbuk] n. m. (de l'anglais, de *press*, emprunt au français *presse*, et *book* « livre ») anglic. Dossier composé de photos, d'articles (concernant une personne, un produit commercial, un évènement) utilisé en milieu professionnel. *Des press-books.* - abrév. **book.** - var. RO **pressbook.**

presse n. f. (de *presser*) **I.** littér. Foule très dense. **II. 1.** Mécanisme destiné à exercer une pression sur un solide pour le comprimer ou y laisser une impression. *Presse à emboutir. Presse à balancier.* → **pressoir. 2.** Machine destinée à l'impression typographique. → **rotative.** – loc. *Mettre sous presse* : donner, commencer à imprimer. **III. 1.** Fait d'imprimer ; impression de textes. *Liberté de* *la presse* : liberté d'imprimer et de diffuser. *Délits de presse* : fausses nouvelles, diffamations, etc. **2.** *La presse* : l'ensemble des publications périodiques (journaux, hebdomadaires) et des organismes qui s'y rattachent. *La grande presse* : la presse à grand tirage. *La presse régionale. La presse à scandale. Campagne de presse.* – loc. *Avoir bonne, mauvaise presse* : avoir des commentaires flatteurs ou défavorables dans la presse, par ext. dans l'opinion. → **réputation.** **3.** Ensemble des moyens de diffusion de l'information journalistique. *Presse orale* (radio, télévision) *et presse écrite.* → **média.** – loc. *Conférence de presse. Agence de presse,* qui recueille l'information pour les rédactions abonnées (journaux, radios, chaînes de télévision). *Attaché(e)* de presse.* **IV.** (de *se presser*) Se dit, dans le commerce et l'industrie, des activités plus intenses dans certaines périodes. *Les moments de presse.* → coup de **feu ; pressé.**

presse- Élément tiré du verbe *presser,* servant à former des substantifs.

Presse (La) Quotidien fondé à Paris par É. de Girardin en 1836. *La Presse* innova par son prix modique et l'introduction du roman-feuilleton.

pressé, ée adj. **1.** → **presser.** **2.** Qui montre de la hâte, qui se presse. – (+ inf.) *Il a l'air pressé de partir.* – (+ subj.) *Elle ne semble pas pressée que je parte.* **3.** Urgent, pressant. *Une lettre pressée.* – n. m. *Aller, parer au plus pressé,* à ce qui est le plus urgent.

presse-agrume n. m. Ustensile servant à presser les agrumes pour en extraire le jus. → **presse-citron.** *Des presse-agrumes.* - var. **presse-agrumes** (invar.).

presse-bouton adj. Qui s'effectue par simple manœuvre de commandes, en pressant des boutons. *Cuisine presse-bouton. Des usines presse-boutons.*

presse-citron n. m. Ustensile servant à presser les citrons, les oranges pour en extraire le jus. → **presse-agrume.** *Des presse-citrons.*

pressée n. f. (de *presser*) agric. Masse de fruits soumise en une fois à l'action du pressoir.

presse-étoupe n. m. techn. Dispositif que l'on place à l'entrée d'un conduit pour en assurer l'étanchéité. *Des presse-étoupe* (invar.) *ou des presse-étoupes.*

presse-fruit n. m. Ustensile pour extraire le jus des fruits. → **presse-agrume, presse-citron.** *Des presse-fruits.*

pressentiment n. m. Connaissance intuitive et vague d'un évènement qui ne peut être connu par le raisonnement. → **intuition, prémonition.** *Le pressentiment d'un danger.*

pressentir v. tr. < 16 > (du latin, de *sentire* → **sentir**) **1.** Prévoir vaguement. → **deviner, sentir, soupçonner, subodorer.** *Elle pressentait un malheur.* ■ Entrevoir (une intention cachée, une intrigue). *Laisser pressentir ses intentions.* **2.** Sonder (qqn) sur ses intentions, avant de lui confier des responsabilités. *Il a été pressenti pour ce poste.* – au p. p. *Le président pressenti.*

presse-papier n. m. ou **presse-papiers** n. m. invar. **1.** Ustensile de bureau, objet lourd qu'on pose sur les papiers pour les maintenir. *Des presse-papiers.* **2.** inform. Zone de la mémoire vive d'un ordinateur où sont stockées provisoirement des données sélectionnées pour être insérées ailleurs.

presse-purée n. m. Ustensile de cuisine servant à réduire les légumes en purée. *Des presse-purées.*

presser v. tr. < 1 > (vient du latin *pressare,* de *premere* « serrer, enfoncer », *cf.* **comprimer, opprimer**) **I. 1.** Serrer (qqch.) de manière à extraire un liquide. *Presser des oranges.* – au p. p. *Orange pressée.* → **jus.** **2.** Serrer pour comprimer, marquer une empreinte. *Presser un disque,* l'éditer à partir d'une matrice. **3.** Serrer ou appuyer fortement. *Presser qqn dans ses bras, contre, sur sa poitrine.* → **étreindre.** **4.** Exercer une poussée sur. → **appuyer.** *Pressez le bouton.* **II.** fig. **1.** (sujet personne) Pousser vivement (qqn) à faire qqch. *Il presse ses amis d'agir.* **2.** Faire que (qqn) se dépêche, se hâte. → **bousculer.** *Rien ne vous presse.* ■ (compl. chose) Mener plus activement. *Il faut presser les choses.* → **accélérer, activer, hâter.** *Presser le pas* : marcher plus vite. **3.** *Presser qqn de...* : harceler. *On la presse de questions.* ■ Inciter à faire rapidement. *On le presse de s'expliquer.* **4.** intrans. Être urgent ; ne laisser aucun délai. *Le temps presse. Rien ne presse, on a tout le temps.* ■ **se presser** v. pron. **1.** S'appuyer fortement. *L'enfant se pressait contre sa mère.* → se **blottir.** **2.** Être ou se disposer en foule compacte. → s'**entasser,** se **masser.** *Les gens se pressaient à l'entrée.* **3.** Se hâter. → se **dépêcher ; pressé.** *Sans se presser,* en prenant son temps. *Se presser de* (+ inf.). *« Je me presse de rire de tout, de peur d'être obligé d'en pleurer »* (Beaumarchais). – fam. (ellipse de *nous*) *Allons, pressons !*

presseur, euse techn. **1.** n. Ouvrier, ouvrière qui travaille à une presse. **2.** adj. Qui exerce une pression. *Cylindre presseur.*

pressing [pʀesiŋ] n. m. (de l'anglais, de *to press* → **presser**) anglic. Repassage à la vapeur ; établissement où l'on pratique ce repassage. → **teinturerie.** *Des pressings.*

pression n. f. (du latin, de *premere* → **presser**) **I. 1.** Force qui agit sur une surface donnée ; mesure de cette force par unité de surface. *Mesurer la pression des gaz* (→ **manomètre**). – *Sous pression. Locomotive sous pression,* dont la vapeur est à une pression suffisante pour la marche. loc. *Il est toujours sous pression,* pressé d'agir. ■ *Pression atmosphérique,* exercée par l'atmosphère terrestre en un point (→ **baromètre ; millibar, ³pascal**). *Hautes* (→ **anticyclone**), *basses pressions* (→ **cyclone, dépression**). **2.** Action de presser ; force (de ce qui presse). *Pression de la main.* **3.** *Bière* (*à la*) *pression,* mise sous pression et tirée directement dans les verres, au café. – *Un demi pression.* **4.** fig. Influence, action persistante qui tend à contraindre. *La pression des évènements. Faire pression sur qqn.* – (anglais *pressure group*) *Groupe de pression,* qui cherche à défendre ses intérêts en exerçant une pression sur l'État, l'opinion publique, etc. → anglic. **lobby.** **5.** (Suisse, Canada) *Pression artérielle.* → **tension.** **II.** n. f. ou m. Petit bouton métallique en deux parties qui se referme par pression de l'une sur l'autre (syn. **bouton-pression**).

pressionné, ée adj. Qui se ferme au moyen de boutons-pression. *Une robe pressionnée.*

pressoir n. m. (du latin → **presser**) **1.** Machine servant à presser (certains fruits ou graines). *Pressoir à huile.* – absolt Machine à presser les raisins pour la fabrication du vin. **2.** Bâtiment abritant cette machine.

pressostat n. m. (du radical de *pression* et *-stat*) techn. Appareil automatique qui permet de maintenir constante la pression d'un fluide.

pressurer v. tr. < 1 > (de *pressoir*) **1.** Presser (des fruits, des graines) pour en extraire un liquide. **2.** Tirer de (une personne, une chose) tout ce qu'elle peut donner. → **exploiter.** *L'occupant pressurait la population.* – *Pressurer les contribuables.* □ n. m. **pressurage**

pressureur, euse n. (de *pressurer*) techn. Ouvrier, ouvrière qui assure le fonctionnement d'un pressoir.

pressurisation n. f. (de l'anglais → **pressuriser**) Mise sous pression normale. *Système de pressurisation d'un avion.*

pressuriser v. tr. < 1 > (de l'anglais, de *pressure* « pression », du latin ; famille de *pression*) Maintenir à une pression d'air normale (un avion, un véhicule spatial). – au p. p. *Cabine pressurisée.*

prestance n. f. (latin *praestantia* « supériorité », de *prae* → **pré-** et *stare* « se tenir » → **station**) Aspect imposant (d'une personne).

prestant n. m. (du latin, de *praestare* « exceller ») mus. Un des principaux jeux d'orgue, sur lequel on accorde les autres jeux.

prestataire n. **1.** n. m. dr. Contribuable assujetti à la prestation en nature. **2.** Personne qui bénéficie d'une prestation sociale. → **allocataire.** **3.** *Prestataire de services,* personne, entreprise qui vend des services.

prestation n. f. (du latin, de *praestare* « fournir » → **prêter ; prestance**) **I. 1.** Ce qui doit être fourni ou accompli en vertu d'une obligation. → **impôt, tribut.** **2.** Action de fournir un service contre paiement ; le service ainsi fourni. *Des prestations de qualité.* **3.** Allocation versée au titre d'une législation sociale. *Les prestations de la Sécurité sociale.* **4.** (emploi critiqué) Performance publique (d'un athlète, d'un artiste, d'un homme politique). *La dernière prestation télévisée du ministre.* **II.** Action de prêter (serment).

preste adj. (italien *presto,* famille de **prêt**) littér. Prompt et agile.

prestement adv. Rapidement, vivement.

prester v. tr. < 1 > (de *prestation*) (Belgique) admin. Accomplir (une tâche, un service) contre rémunération, dans le secteur tertiaire. *Prester des heures supplémentaires.*

prestesse n. f. littér. Agilité.

prestidigitateur, trice n. (de *preste* et latin *digitus* → **doigt**) Personne qui, par son adresse, des manipulations, des trucages, produit des illusions magiques en faisant disparaître, apparaître, changer de place ou

presqu'île

La presqu'île de Dzaoudzi, à Mayotte, reliée à la terre par une digue artificielle.

P

d'aspect des objets. → **escamoteur, illusionniste.**

prestidigitation n. f. Technique, art du prestidigitateur. *Un tour de prestidigitation.* → **passe-passe.**

prestige n. m. (latin *praestigium* « imposture, illusion », de *stringere* « serrer » → étreindre) Attrait particulier de ce qui impose le respect ou l'admiration. → **²ascendant, séduction.** *Le prestige de l'uniforme. Le prestige d'un artiste.*

prestigieux, euse adj. Qui a du prestige.

prestissimo adv. (de l'italien → presto) mus. Très vite. – n. m. *Des prestissimos.*

presto adv. (de l'italien ; famille de *prêt*) **1.** Vite (indication de mouvement musical). – n. m. Morceau joué presto. *Des prestos.* **2.** fam. Rapidement. *Il faut le payer presto.* → **illico, subito.** – *Subito* presto.*

Preston Ville d'Angleterre (Lancashire). 98 000 habitants. Centre commercial et industriel.

présumable adj. rare Qui peut être présumé.

présumé, ée adj. (de *présumer*) Que l'on croit tel par hypothèse. → **supposé.** *Ses intentions présumées. Son fils présumé.* → **putatif.**

présumer v. tr. < 1 > (du latin, de *prae* → pré- et *sumere* « se saisir », de *emere* « prendre », cf. exemple ; présomption, ²prime) **1.** v. tr. Donner comme probable. → **conjecturer, supposer ; présomption.** *On peut présumer son succès ; qu'il réussira.* – au p. p. *Les auteurs présumés d'un crime.* – (au passif + attribut) *Être présumé innocent.* **2.** v. tr. ind. **Présumer de.** Avoir trop bonne opinion de, compter trop sur. *Elle a trop présumé de ses forces* (→ **présomptueux**).

présupposer v. tr. < 1 > littér. (choses) Supposer préalablement. → **impliquer.** ■ **présupposé, ée** **1.** adj. Supposé d'avance. **2.** n. m. Ce qui est supposé et non exposé dans un énoncé.

présupposition n. f. littér. Supposition préalable, non formulée.

présure n. f. (du latin pop., de *prehendere* → prendre) Substance extraite de la caillette des jeunes ruminants, contenant un enzyme qui fait cailler le lait.

présurer v. tr. < 1 > techn. Cailler (du lait) avec de la présure.

¹prêt, prête adj. (du latin, de *praesto* « à portée », famille de *stare* → station) **1.** Qui est en état, est devenu capable (de faire qqch.) grâce à une préparation matérielle ou morale. loc. *Fin prêt.* – *« À vos marques. Prêts ? Partez ! »* (formule de départ des courses à pied). – **Prêt(e) à** (+ inf.) : disposé(e) à. *Il est prêt à la suivre.* **Prêt à tout,** disposé à n'importe quel acte pour arriver à ses fins, ou décidé à tout supporter. – *Prêt pour* (qqch.). – **Prêt de (vieux), à** : sur le point de... ■ Habillé, paré (pour sortir, paraître en société). *Elle est prête, on peut partir.* **2.** (choses) Mis en état (pour telle ou telle utilisation). *Tout est prêt pour les recevoir.* ■ Préparé. *Le café est prêt.*

²prêt n. m. (de *prêter*) **1.** Action de prêter qqch. ; ce qui est prêté (spécialt somme d'argent). *Solliciter un prêt à court, à long terme.* → **emprunt.** *Prêt à intérêt. Prêt d'honneur,* prêt sans intérêt, et qu'on s'engage sur l'honneur à rembourser. **2.** Solde du militaire qui fait son service.

prêt-à-porter [pʀɛtapɔʀte] n. m. (de *porter,* calque de l'anglais) collectif Vêtements de confection (opposé à *sur mesure*). ■ par ext. Commerce, industrie du vêtement. → **¹mode.** *Des prêts-à-porter.*

prêt-bail (loi) en anglais **Lend-Lease Act** Loi votée par le Congrès des États-Unis le 11 mars 1941, qui autorisait le président à vendre, louer ou prêter tout moyen de défense militaire à des pays tiers. Elle fut appliquée jusqu'en août 1945.

prêté n. m. loc. *C'est un prêté pour un rendu,* s'emploie pour constater un échange de bons ou de mauvais procédés.

prétendant, ante n. **1.** Personne qui prétend au pouvoir souverain, à un trône. **2.** n. m. littér. ou plais. Homme qui souhaite épouser une femme. ■ n. par ext. Personne qui cherche à en séduire une autre.

prétendre v. tr. < 41 > (du latin, de *tendere* → ¹tendre) **1.** vieux Revendiquer. **2.** Avoir la ferme intention de (avec la conscience d'en avoir le droit, le pouvoir). → **¹vouloir.** *Je prétends être obéi. Que prétendez-vous faire ? – Il prétend nous donner des leçons.* **3.** v. tr. ind. littér. **Prétendre à** : aspirer ouvertement à (ce que l'on considère comme un droit, un dû). *Prétendre à un titre,* le revendiquer. **4.** Affirmer ; oser donner pour certain (sans nécessairement convaincre autrui). → **déclarer, soutenir.** *Elle prétend m'avoir prévenu, qu'elle m'a prévenu.* – pronom. *Il se prétend persécuté* : il prétend qu'il est persécuté.

prétendu, ue adj. (placé avant le n.) Que l'on prétend à tort être tel ; qui passe à tort pour ce qu'il n'est pas. *« La prétendue légèreté des femmes »* (Mme de Staël). → **soi-disant.**

prétendument adv. Faussement. → **soi-disant.**

prête-nom n. m. Personne qui assume les responsabilités d'une affaire, d'un contrat à la place du principal intéressé. → **mandataire ;** homme de **paille.** *Des prête-noms.*

prétentaine n. f. (p.-ê. d'un refrain) loc. vieux ou plais. **Courir la prétentaine** : faire sans cesse des escapades ; avoir de nombreuses aventures galantes.

prétentiard, arde adj. et n. fam. et péj. Prétentieux.

prétentieux, euse adj. Qui affiche de la prétention (3), est trop satisfait de ses mérites. → **présomptueux, suffisant, vaniteux.** – n. *Un petit prétentieux.* ■ Qui dénote de la prétention. *Parler sur un ton prétentieux.* → **affecté, maniéré.** *Une villa prétentieuse.* □ adv. **prétentieusement**

prétention n. f. (du latin → prétendre) **1.** souvent au plur. Revendication de qqch., exigence fondée sur un droit que l'on affirme ou un privilège que l'on réclame. *Il a des prétentions sur cet héritage. Quelles sont vos prétentions ?* (en matière de rémunération). **2.** Haute idée que l'on se fait de ses propres capacités. → **ambition.** *Sa prétention à l'élégance. – Je n'ai pas la prétention d'être savant,* je ne le prétends pas, je ne m'en flatte pas. **3.** Estime trop grande de soi-même. → **fatuité, présomption, suffisance, vanité.** *Elle est d'une prétention insupportable.* → **prétentieux.** – (choses) *Un style sans prétention,* simple.

prête-plume n. Personne chargée d'écrire anonymement un ouvrage signé par qqn d'autre. → écrivain **fantôme ;** vieilli **nègre.** *Des prête-plumes.*

prêter v. < 1 > (vient du latin *praestare,* cf. prestation) **I.** v. tr. **1.** Mettre (qqch.) à la disposition de qqn pour un temps déterminé. → **donner, fournir.** *Prêter son concours à une entreprise.* – loc. *Prêter attention à...* : porter attention à. *Prêter l'oreille* : écouter. *Prêter serment.* → **prestation** (II). ■ v. pron. **Se prêter à** : consentir à, supporter. *Je ne me prêterai pas à cette manœuvre.* – (choses) Pouvoir s'adapter à. *Une terre qui se prête à certaines cultures.* **2.** Fournir (une chose) à la condition qu'elle sera rendue. → **²prêt** (s'oppose à *emprunter*). *Prêter de l'argent à qqn.* → **avancer.** – sans compl. ind. *Elle ne prête pas ses livres. Prêter sur gage.* **3.** Attribuer ou proposer d'attribuer (un caractère, un acte) à qqn. *On me prête des propos que je n'ai jamais tenus. Prêter de l'importance à qqch.* → **accorder, donner.** **4.** v. tr. ind. **Prêter à** : donner matière à. *Prêter aux commentaires, à discussion. Sa prétention prête à rire.* **II.** v. intr. (matière non élastique) Pouvoir s'étirer, s'étendre. *Tissu qui prête à l'usage.*

prétérit [pʀeteʀit] n. m. (latin *praeteritum,* de *ire* « aller ») Forme temporelle du passé dans certaines langues (allemand, anglais) correspondant à l'imparfait ou au passé simple français.

prétériter v. tr. < 1 > (du latin, de *praeterire* « négliger ») (Suisse) Léser, causer du tort à. *Cette loi va prétériter les plus démunis.*

prétérition n. f. (du latin, de *praeterire* « négliger, taire ») rhét. Figure par laquelle on attire l'attention sur une chose en déclarant n'en pas parler (ex. « Je ne dirai rien de son dévouement, qui... »).

préteur n. m. (latin *praetor* « qui va devant », de *prae* et *ire* « aller ») Antiq. Magistrat romain chargé de la justice ; gouverneur de province (→ **prétoire**).

prêteur, euse n. **1.** Personne qui prête de l'argent, consent un prêt. **2.** Personne qui fait métier de prêter à intérêt. *Un prêteur sur gages.* **3.** adj. Qui prête. *« La fourmi n'est pas prêteuse »* (La Fontaine).

Prétextat (saint) (mort en 586). Évêque de Rouen (544), il mourut assassiné sur ordre de Frédégonde.

¹prétexte n. f. (du latin, de *prae* et *texere* → tisser) Antiq. Toge blanche bordée de pourpre des jeunes patriciens romains. – adj. *Toge prétexte.*

²prétexte n. m. (du latin, de *praetexere* → ¹prétexte, au fig. « mettre en évidence [comme la bordure du vêtement] ») **1.** Raison donnée pour dissimuler le véritable motif d'une action. *Un mauvais prétexte. Trouver un prétexte pour refuser.* – loc. **Sous... prétexte.** *Sous un prétexte quelconque. Ne sortez sous aucun prétexte,* en aucun cas. *Elle ne sort plus, sous prétexte qu'il fait trop froid.* **2.** Ce qui permet de faire qqch. ; occasion.

prétexter v. tr. < 1 > Alléguer, prendre pour prétexte. → **arguer de.** *Elle prétexta un malaise, et se retira. Il a prétexté qu'il n'était pas assez riche.* → **prétendre.**

pretium doloris [pʀesjɔmdɔlɔʀis] n. m. invar. (loc. latine « prix de la douleur ») dr. Dommages et intérêts accordés par un tribunal à la victime d'un fait dommageable, en compensation des souffrances physiques endurées par elle.

prétoire n. m. (du latin → préteur) **I. 1.** Antiq. Habitation du préteur. **2.** Tribunal où le préteur rendait la justice. **II.** littér. Salle d'audience d'un tribunal. □ **prétorial, ale, aux**

Pretoria Capitale de l'Afrique du Sud (province du Gauteng), siège du gouvernement et de l'administration centrale de la République. Env. 3 millions d'habitants. La ville est intégrée depuis 2000 à la conurbation de Tshwane. Centre industriel et universitaire.

prétorien, ienne (du latin → préteur) **1.** adj. Antiq. Du préteur. – *Garde prétorienne* : garde personnelle d'un empereur romain ; (fig. et péj.) d'un chef d'État despotique. **2.** n. m. Militaire servant un régime autoritaire.

Pretorius (Andries Wilhelmus Jacobus) Homme politique sud-africain (1798-1853). Il contribua à la proclamation de la république du Transvaal (1852) dont la capitale reçut, en son honneur, le nom de *Pretoria.* ■ **Marthinus Wessel Pretorius.** Homme politique sud-africain (1819-1901). Fils de Andries Wilhelmus Jacobus Pretorius. Il fut l'un des artisans de la reconquête du Transvaal sur les Britanniques (1881).

prétraité, ée adj. Qui a subi un traitement préalable à son utilisation. *Eau prétraitée.*

prêtre n. m. (vient du latin, du grec *presbuteros* « un ancien » → presbytère) **1.** Membre du clergé catholique. → **abbé, ecclésiastique ;** fam. **curé.** *Être ordonné prêtre.* – loc. *Prêtre-ouvrier,* qui partage la condition des travailleurs. – *Prêtre de paroisse.* → **curé, vicaire.** **2.** Ministre d'une religion, dans une société quelconque (ne se dit pas quand il existe un mot spécial : *pasteur, rabbin...*). – Pour ce sens, le fém. serait *une prêtre.*

Prêtre Jean voir Jean (le Prêtre)

prêtresse n. f. 1. Femme ou jeune fille attachée au culte d'une ancienne divinité païenne. 2. fig. *Grande prêtresse :* femme chef de file. → **papesse.** *La grande prêtresse de la mode.*

prêtrise n. f. Fonction, dignité de prêtre catholique.

préture n. f. (latin *praetura*) hist. Magistrature du préteur. ▪ Durée de cette fonction.

preuve n. f. (de *prouver*) 1. Ce qui sert à établir qu'une chose est vraie. *Preuve matérielle, tangible. Donner comme preuve,* alléguer. *Fournir des preuves ; faire la preuve de..., que...* → **prouver.** – loc. *Démontrer preuve en main,* par une preuve matérielle. *Croire une chose jusqu'à preuve du contraire,* jusqu'à ce qu'on ait la preuve qu'il faut croire le contraire. *Preuve par l'absurde*.* ▪ Acte, réalité qui atteste un sentiment, une intention. *Une preuve d'amour.* → **marque.** – fam. *À preuve..., la preuve...,* en voici la preuve. – *La preuve en est que,* cela est prouvé par le fait que... – ***Faire preuve de.*** → **montrer.** *Faire preuve de tolérance.* – *Faire ses preuves :* montrer sa valeur, ses capacités. 2. Ce qui sert d'exemple probant (personne ou chose). *Vous en êtes la preuve vivante.* 3. dr. Démonstration de l'existence d'un fait matériel ou d'un acte juridique. *On n'a pu recueillir aucune preuve contre lui.* 4. Opération qui sert de vérification. spécialt ***Preuve par neuf :*** démonstration de l'exactitude d'une multiplication ; fig. preuve irréfutable.

preux adj. m. (vient du bas latin *prode* « utile » → **prou ; prouesse, prude, prud'homme**) vieux Brave, vaillant. *Un preux chevalier* ou n. m. *un preux.*

prévalence n. f. (anglais *prevalence,* famille de *prévaloir*) méd. Nombre de cas d'une maladie dans une population à un moment donné, englobant aussi bien les cas nouveaux que les cas anciens. *Prévalence et incidence.*

prévaloir v. intr. < 29 sauf subj. prés. : *que je prévale* > (du latin → **valoir**) 1. littér. (choses) L'emporter. *« La meilleure éducation du monde ne prévalait pas contre les mauvais instincts »* (Gide). – sans compl. *Les vieux préjugés prévalaient encore.* → **prédominer.** 2. v. pron. ***Se prévaloir de :*** faire valoir (qqch.) pour en tirer avantage ou parti. *Elles se sont prévalues de leurs droits.* ▪ Tirer vanité (de qqch.). → **s'enorgueillir.** *Un homme modeste qui ne se prévaut jamais de ses titres.*

prévaricateur, trice adj. et n. Qui se rend coupable de prévarication.

prévarication n. f. (de l'ancien v. *prévariquer,* du latin, de *varus* « boiteux ») dr. Grave manquement d'un fonctionnaire, d'un homme, d'une femme d'État, aux devoirs de sa charge (abus d'autorité, détournement de fonds publics, concussion). → **forfaiture.**

prévenance n. f. 1. Disposition à se montrer prévenant. 2. (souvent au plur.) Action, parole qui témoigne de cette disposition. *Être plein de prévenances pour qqn.*

prévenant, ante adj. Qui prévient les désirs d'autrui, est plein d'attentions délicates. → **attentionné.**

prévenir v. tr. < 22 auxiliaire *avoir* > (du latin « venir devant » → **venir**) **I.** (Précéder, devancer) 1. Aller au-devant de (un besoin, un désir) pour mieux le satisfaire (→ **prévenance, prévenant**). 2. Empêcher par ses précautions (un mal, un abus). *Limiter la vitesse pour prévenir les accidents.* → **prévention.** – prov. *Mieux vaut prévenir que guérir.* 3. Éviter (une chose considérée comme gênante) en prenant les devants. *Prévenir une objection,* la réfuter avant qu'elle ait été formulée. **II.** littér. (sujet chose) *Prévenir contre qqn, en faveur de qqn :* mettre dans une disposition d'esprit défavorable, favorable (avant toute expérience). *Son apparence sympathique nous prévenait en sa faveur.* **III.** Avertir, mettre au courant (qqn) d'une chose à venir, spécialt pour y remédier. *Il faut prévenir le médecin, la police.* – (menace) *Je te préviens, ça va mal se terminer !*

prévente n. f. comm. Vente d'un produit avant sa disponibilité sur le marché.

préventif, ive adj. (→ **prévenir**) **I.** Qui tend à empêcher (une chose fâcheuse) de se produire (→ **prévenir**). *Des mesures préventives.* – *Médecine préventive.* **II.** dr. Qui est appliqué aux prévenus*. *Détention préventive.* → **prévention (II).**

prévention n. f. (du latin → **prévenir**) **I.** 1. Opinion, sentiment irraisonné d'attirance ou de répulsion. → **¹parti pris, préjugé.** *Avoir des préventions contre qqn.* 2. Ensemble de mesures préventives contre certains risques. *La prévention routière.* **II.** 1. Situation d'une personne prévenue d'une infraction (→ **¹prévenu**). 2. anciennt Temps passé en prison entre l'arrestation et le jugement (détention préventive).

préventivement adv. D'une manière préventive (I). *Se soigner préventivement.*

préventorium [pʀevɑ̃tɔʀjɔm] n. m. (du latin → **prévenir**) anciennt Établissement de cure pour des personnes menacées de tuberculose. → **sanatorium.** *Des préventoriums.*

¹prévenu, ue adj. et n. (d'un sens ancien de *prévenir* « citer en justice ») Qui est cité devant un tribunal pour répondre d'un délit. – n. *Le prévenu a été reconnu innocent.*

²prévenu, ue adj. (de *prévenir* [II]) Qui a de la prévention (I), des préventions (contre ou pour qqn, qqch.). *« Tout prévenu que j'étais en ta faveur »* (Lesage).

préverbe n. m. ling. Préfixe apposé à une forme verbale (ex. *dé-* dans *défaire*).

Prévert (Jacques) Poète français (1900-1977). Son anticonformisme, hérité des anarchistes et des surréalistes, sa poésie tantôt burlesque, tantôt émouvante, son rapport ludique au langage, son regard lucide mais épris de justice et de bonheur ont rencontré la faveur du grand public *(Paroles ; La Pluie et le Beau Temps ; Imaginaires).* Il a également écrit les scénarios et les dialogues de plusieurs grands films de Marcel Carné *(Drôle de drame ; Le Quai des brumes ; Les Enfants du paradis).*

Jacques Prévert en 1954.

Préveza Ville de Grèce (Épire), dans le golfe d'Arta. 18 000 habitants. Vestiges de l'ancien Actium. Port. Aéroport.

prévisible adj. Qui peut être prévu. *Un évènement prévisible.* □ n. f. **prévisibilité**

prévision n. f. (du latin → **prévoir, vision**) 1. Action de prévoir. *La prévision économique.* → **prospective.** – loc. prép. ***En prévision de :*** en pensant que telle chose sera, arrivera. 2. (rare au sing.) Opinion formée par le raisonnement sur les choses futures. → **pronostic.** *Se tromper dans ses prévisions. Prévisions météorologiques,* indications données sur l'état probable de l'atmosphère pour le ou les jours à venir.

prévisionnel, elle adj. didact. Qui est fait en prévision de qqch., pour prévoir. *Budget prévisionnel.*

prévisionniste n. Spécialiste de la prévision économique ; de la prévision météorologique.

prévoir v. tr. < 24 > (latin *praevidere,* de *videre* → **voir, d'après** *voir*) 1. Imaginer à l'avance comme probable (un évènement futur). *Prévoir la pluie, qu'il pleuvra. Je l'avais prévu.* 2. Envisager (des possibilités). *Les cas prévus par la loi.* 3. Organiser d'avance, décider pour l'avenir. → **planifier, programmer.** *Prévoir des réparations.* – passif et p. p. *Tout était prévu.* ellipt *L'opération s'est déroulée comme prévu.* – *Être prévu pour,* être fait pour, destiné à.

Prévost (Antoine François Prévost d'Exiles, dit l'abbé) Écrivain français (1697-1763). Romancier prolifique, il est l'auteur d'un long roman, *Mémoires et aventures d'un homme de qualité,* dont son chef-d'œuvre, *L'Histoire du chevalier Des Grieux et de Manon Lescaut,* constitue le dernier tome.

Prévost (Marcel) Romancier français (1862-1941). Ses romans sur la psychologie féminine rencontrèrent un vif succès. *La Confession d'un amant ; Lettres de femmes ; Les Demi-Vierges.*

Prévost (Jean) Écrivain et essayiste français (1901-1944). Il est l'auteur de romans *(Les Frères Bouquinquant ; Le Sel sur la plaie),* d'essais de critique littéraire *(La Création chez Stendhal ; La Pensée de Paul Valéry)* et d'ouvrages de morale *(Essai sur l'introspection).*

Pretoria

Pretoria, le centre hérissé de gratte-ciels.

P

prévôt n. m. (vient du latin *praepositus* → préposer) **1.** hist. Nom d'officiers, de magistrats, sous l'Ancien Régime. *Étienne Marcel, le prévôt des marchands de Paris.* □ adj. **prévôtal, ale, aux 2.** Officier de gendarmerie aux armées (→ **prévôté**). ■ escrime Second d'un maître d'armes. **3.** anciennt Détenu faisant office de surveillant.

prévôté n. f. Service de gendarmerie aux armées (police militaire).

prévoyance n. f. (d'un dérivé ancien de *pourvoir*, d'après *prévoir* ; d'abord « prévision ») Qualité d'une personne prévoyante.

prévoyant, ante adj. (de *prévoir*) Qui prévoit avec perspicacité ; qui prend des dispositions en vue de ce qui doit ou peut arriver. → **prudent.** *Une femme organisée, prévoyante.*

prévu, ue voir **prévoir**

Priam Personnage de *L'Iliade* d'Homère. Dernier roi de Troie, il eut de très nombreux enfants, dont Hector, Pâris, Cassandre et Polyxène. À la mort d'Hector, il obtient d'Achille qu'il lui rende le corps de son fils. Il est tué par Pyrrhos, le fils d'Achille, après la prise de Troie.

Priape Dieu de la Fécondité dans les mythologies grecque et romaine.

priapée n. f. (de *Priape*) **1.** Antiq. au plur. Chants, fêtes en l'honneur de Priape. **2.** littér. Poème, peinture, scène ou spectacle obscène.

priapique adj. (de *Priape*) Relatif à Priape, à son culte. *Symbole priapique.*

priapisme n. m. (du grec → Priape) méd. Érection pathologique prolongée, souvent douloureuse, apparaissant sans excitation sexuelle.

Pribilof (îles) Archipel de la mer de Béring, comprenant les îles Saint-Paul et Saint-George et dépendant de l'Alaska. 2000 km^2. Grande réserve de phoques.

Price-Mars (Jean) Écrivain et homme politique haïtien (1876-1976). Il contribua à l'introduction du concept de négritude dans son pays (*Silhouette de nègres et de négrophiles*). Il présida en 1956 le premier Congrès international des écrivains et des artistes noirs.

P

prie-Dieu n. m. invar. Siège bas, au dossier terminé en accoudoir, sur lequel on s'agenouille pour prier.

Priène Ancienne ville d'Asie Mineure (Ionie). Elle fut un important centre religieux. Vestiges (théâtre ; temple d'Athéna).

prier v. < 7 > (vient du latin *precari* « supplier », cf. imprécation) **I. 1.** v. intr. Élever son âme vers Dieu par la prière. *Prier avec ferveur.* **2.** v. tr. S'adresser à (Dieu, un être surnaturel) par une prière. *Prions le ciel qu'il nous aide.* **II.** v. tr. **1.** Demander (à qqn) avec humilité ou déférence. → **implorer, supplier.** *Elle le priait de venir au plus vite.* – *Se faire prier* : n'accorder qqch. qu'après avoir opposé une certaine résistance aux prières. *Elle ne se fait pas prier*, elle le fait volontiers. **2.** (sens faible) → **demander.** *Je te prie, je vous prie* (formules de politesse) (→ s'il vous plaît). *Vous êtes prié d'assister à...*, invité à. – ellipt (après une interrogation) *Je t'en prie, entre.* **3.** Demander avec fermeté à (qqn). *Elle me pria de me taire.* – iron. *Ah non, je t'en prie, ça suffit !* **4.** vieilli Inviter. *Il fut prié à déjeuner.*

prière n. f. **1.** Mouvement de l'âme tendant à une communication spirituelle avec Dieu. *« Le désir de la prière est déjà une prière »* (Bernanos). *Prière d'action de grâces. Être en prière*, prier. ■ Suite de formules exprimant ce mouvement de l'âme et consacrées par une liturgie, un culte. *Faire, dire sa prière, des prières. L'appel à la prière du muezzin.* **2.** Action de prier qqn ; demande instante. *Il finit par céder à leur prière.* – *À la prière de qqn* : sur sa demande. – ellipt *Prière de* : vous êtes priés de. *Prière de répondre par retour du courrier.*

Priestley (Joseph) Chimiste et théologien britannique (1733-1804). Il isola les gaz solubles dans l'eau (l'acide chlorhydrique, le dioxyde d'azote, le protoxyde d'azote) et réalisa la première production expérimentale de l'oxygène dont il découvrit le rôle dans la respiration des végétaux (1775).

prieur, eure n. (latin *prior* → premier) Supérieur(e) de certains couvents.

Prieur de la Côte-d'Or (Claude Antoine Prieur-Duvernois, dit) Homme politique français (1763-1832). Député à l'Assemblée législative (1791) puis à la Convention, membre du Comité de salut public (1793-1794), il contribua à l'instauration du système métrique.

prieuré n. m. Couvent dirigé par un(e) prieur(e) ; église de ce couvent ; maison du prieur.

Prigogine (Ilya) Chimiste belge d'origine russe (1917-2003). Ses travaux sur la réversibilité des processus physiques, en particulier sur les notions de « flèche du temps » et de « chaos », ont constitué un apport fondamental à la thermodynamique. Il s'est également attaché à la vulgarisation de ses conclusions (*La Nouvelle Alliance*). Prix Nobel 1977.

prima donna n. f. (mots italiens « première dame ») Première chanteuse d'un opéra. → **cantatrice, diva.** *Des prime donne* (plur. italien) *ou des prima donna.*

primage n. m. (mot anglais, de *to prime* « projeter ») techn. Entraînement de gouttelettes d'eau par la vapeur (dans un bouilleur, un appareil de distillation).

primaire adj. (latin *primarius*, de *primus* → ¹prime) **I. 1.** Qui est du premier degré, en commençant. *Élections primaires* et n. f. *les primaires* : élections à l'intérieur d'un parti, désignant le candidat à une élection (présidentielle...). – *Enseignement primaire* et n. m. *le primaire*, enseignement du premier degré (opposé à *secondaire, supérieur*). **2.** péj. (esprit, idées...) Simpliste et borné. *Un esprit primaire.* **II. 1.** Qui est, qui vient en premier dans le temps, dans une série. *Couleurs primaires*, non mélangées (bleu, jaune, rouge). – *Ère primaire* et n. m. *le Primaire*, ère géologique, période de formation des terrains (dits *primaires*) où se rencontrent les plus anciens fossiles (opposé à *secondaire, tertiaire* et à *quaternaire*). **2.** écon. *Secteur primaire* ; n. m. *le primaire* : domaine des activités productrices de matières non transformées : agriculture, pêche, mines... (opposé à *secondaire* et à *tertiaire*). ■ *Énergie primaire*, non transformée.

primal, ale, aux adj. (de l'anglais, du latin) anglic., psych. *Thérapie primale*, qui se propose de faire revivre au patient, notamment au moyen de cris, la souffrance qui est à l'origine de sa névrose.

primarité n. f. (→ primaire) didact. Caractère de ce qui est premier ou primaire.

¹primat n. m. (du latin, famille de ¹*prime*) Prélat ayant la prééminence sur plusieurs archevêchés et évêchés. *L'archevêque de Lyon est primat des Gaules lyonnaises.* □ **primatial, ale, aux** adj. *Église primatiale* ; n. f. *une primatiale.*

²primat n. m. (de l'allemand, du latin) littér. Primauté. *Le primat de la pensée.*

primate n. m. (du latin, de *primus* « les premiers [des animaux] ») **1.** didact. Animal (mammifère) à dentition complète et à main préhensile. *Les grands singes et l'homme sont des primates.* **2.** péj. Personne grossière, inintelligente (comparée à un singe).

Primatice (Francesco dit il Primaticcio, en français le) Peintre et décorateur italien (1504-1570). Il se forma auprès de Jules Romain et travailla au château de Fontainebleau, au service de François Ier. Il y réalisa de nombreux décors d'une grande élégance (*Chambre du roi* ; *Scènes de l'histoire d'Hercule*). Dès 1541, il entreprit de peindre de grandes fresques à la galerie d'Ulysse, dont il ne subsiste que peu de choses. François II le nomma surintendant des Bâtiments royaux.

primatologie n. f. (→ primate) didact. Science qui étudie les primates. □ n. **primatologue**

primature n. f. (du latin *primas, primatis* → ¹primat) (Afrique, Haïti) **1.** Fonction de Premier ministre. **2.** Services dépendant du Premier ministre ; bâtiments abritant ces services.

primauté n. f. (du latin *primus* → ¹prime) Caractère, situation de ce qu'on met au premier rang. *« Dans la poésie, l'élan créateur ou la puissance mythique doit avoir la primauté »* (Senghor). → **prééminence, ²primat, suprématie.** *Avoir la primauté sur.* → **¹primer.**

¹prime adj. (ancien français *prim* « premier » [→ primevère, printemps], qui vient du latin *primus* cf. premier) **1.** en loc. Premier. *De prime abord*. Dans sa prime jeunesse.* **2.** sc. Se dit d'un symbole (lettre) affecté d'un seul signe en forme d'accent. *Les points A et A prime (A').*

²prime n. f. (anglais *premium*, du latin, de *prae* → pré- et *emere* « prendre ; recevoir » → présumer) **1.** Somme que l'assuré doit payer à l'assureur. *La prime d'une assurance moto.* **2.** Somme d'argent allouée à titre d'encouragement (*prime à l'exportation*), d'aide (*prime de transport*) ou de récompense (*prime de rendement*). – fig. Ce qui encourage (à faire qqch.). *C'est une prime à l'agression.* **3.** Objet remis à titre gratuit à un acheteur. *Paquet de lessive avec un porte-clé en prime.* – *En prime* : en plus, par-dessus le marché. **4.** vieilli *Faire prime*, être le plus recherché, être considéré comme le plus avantageux.

³prime n. f. (de l'ancien français, qui vient du latin *prasinus* « vert comme le poireau », avec influence de *proximus* [→ proche]) minér. Cristal de roche coloré qui ressemble à une pierre précieuse. *Prime d'émeraude* (vert), *de topaze* (jaune), *de rubis* (rouge).

¹primer v. intr. < 1 > (de ¹*prime*) (choses) L'emporter (→ primauté). *Chez lui, c'est l'intelligence qui prime.* → **dominer.** *La qualité prime sur la quantité.* – trans. *Elle estime que la force prime le droit.*

²primer v. tr. < 1 > (→ ²prime) Récompenser par un prix. – au p. p. *Film primé au festival de Venise.*

primerose n. f. (de l'ancien français *prim* [→ ¹prime] et de *rose*) Rose trémière.

primesautier, ière [pʀimsotje, jɛʀ] adj. (de *de prime* [¹prime] *saut* « du premier saut ») littér. Qui obéit au premier mouvement, agit, parle spontanément. → **spontané.**

prime time [pʀajmtajm] n. m. (mots anglais « première heure ») anglic., audiovisuel Tranche horaire correspondant à l'heure de plus forte écoute. *Émission diffusée en prime time. Des prime times.* - recomm. offic. **heure de grande écoute.**

primeur n. f. **I.** littér. Caractère de ce qui est tout nouveau. *Avoir la primeur de qqch.*, être le premier à l'avoir, à en bénéficier. **II.** au plur. Premiers fruits, premiers légumes récoltés dans leur saison, ou obtenus avant l'époque normale de leur maturité.

primeuriste n. agric. Cultivateur de primeurs. → **horticulteur.** ■ comm. Personne qui vend des primeurs.

primevère n. f. (latin *prima vera* « premier [→ ¹prime] printemps ») Plante herbacée à fleurs de couleurs variées qui fleurit au printemps. → **coucou.**

primi-, primo- Élément (du latin *primus* → ¹prime) qui signifie « premier, pour la première fois » (ex. *primo-déclarant, ante* n. et adj. « qui déclare ses revenus pour la première fois »).

primidi n. m. (du latin *primus* « premier » et *dies* « jour ») hist. Premier jour de la décade, dans le calendrier républicain.

primigeste adj. et n. f. (de *primi-* et du latin *gestus*, de *gerere* « porter ») physiol. (femme) Dont la première grossesse est en cours. →

aussi **primipare**. *Femme primigeste* ou *une primigeste*.

primipare adj. et n. f. (du latin → primi- et -pare) didact. Qui accouche pour la première fois (en parlant d'une femelle de mammifère). *Une brebis, une jument primipare* ou *une primipare*. – spécialt *Femme primipare* (opposé à *nullipare* et à *multipare*).

primitif, ive adj. et n. (du latin, de *primus* « premier » → [1]prime) **I.** adj. **1.** Qui est à son origine ou près de son origine. **2.** Qui est le premier, le plus ancien. → **initial, originaire, originel.** *Cette étoffe a perdu sa couleur primitive.* **3.** Qui est la source, l'origine (d'une autre chose de même nature). *Le sens primitif d'un mot.* → **étymologique, premier.** ■ n. f. math. *Primitive d'une fonction*, qui admet cette fonction pour dérivée. **4.** Se dit (à tort) des groupes humains à tradition orale, et dont les formes sociales et les techniques sont différentes de celles des sociétés dites « évoluées ». *Les sociétés primitives. « Un peuple primitif n'est pas* [...] *un peuple sans histoire »* (Lévi-Strauss). – Relatif à ces peuples. *L'art primitif.* → **premier. 5.** (personnes) Simple et grossier. → **fruste.** – (choses) *Une installation primitive.* → **sommaire. II.** n. m. **1.** Personne appartenant à un groupe social dit primitif (I, 4). *Les primitifs d'Australie.* → **aborigène. 2.** Artiste (surtout peintre) antérieur à la Renaissance, en Europe occidentale. *Les primitifs flamands.*

primitivement adv. (de *primitif*) À l'origine, initialement.

primitivisme n. m. **1.** didact. Caractère, état des sociétés dites primitives. **2.** arts Caractère propre aux arts primitifs.

primo adv. (du latin → [1]prime) D'abord, en premier lieu. → **premièrement.** *Primo..., secundo...*

primo- voir **primi-**

primoaccédant, ante n. et adj. (Personne) qui acquiert un bien immobilier pour la première fois. – *Les ménages primoaccédants.*

primoarrivant, ante n. et adj. didact. Personne qui arrive quelque part pour la première fois. ■ spécialt Immigré en situation régulière qui arrive sur un territoire pour la première fois afin de s'y installer. – adj. *Élèves primoarrivants.*

primodélinquant, ante n. et adj. Délinquant interpellé et jugé pour la première fois. – *Les mineurs primodélinquants.* □ n. f. **primodélinquance**

Primo de Rivera y Orbaneja (Miguel) Général et homme politique espagnol (1870-1930). Il instaura un directoire militaire (1923), supprima les libertés démocratiques et mit fin au soulèvement d'Abd el-Krim au Maroc (1925). Impopulaire, il fut renvoyé par le roi Alphonse XIII (1930). ■ **Primo de Rivera (José Antonio).** Homme politique espagnol (1903-1936). Fils de Miguel, il fonda la Phalange espagnole (1933) et fut fusillé par les républicains.

primogéniture n. f. (du latin, de *primogenitus* « premier-né » → **premier** et **gens**) dr. Antériorité, priorité de naissance, entraînant certains droits (transmission des titres de noblesse). → **aînesse.** – hist. *Succession par ordre de primogéniture.*

primo-infection n. f. Infection (surtout tuberculeuse) qui se produit pour la première fois. *Des primo-infections.*

primordial, ale, aux adj. (du latin, de *primus* → [1]prime et *ordiri* « commencer » → **ourdir**) Qui est de première importance. → **[1]capital, essentiel, fondamental.** *Rôle primordial.*

Prim y Prats (Juan) Général et homme politique espagnol (1814-1870). Il commanda le corps expéditionnaire du Mexique et soutint l'indépendance mexicaine (1862). Il contribua à l'éviction de la reine Isabelle II (1868).

prince n. m. (latin *princeps*, de *primus* → [1]prime et *capere* « prendre » → **capter, chasser**) **1.** didact. ou littér. Celui qui possède une souveraineté (à titre personnel et héréditaire) ; celui qui règne. → **monarque, roi, [1]souverain.** « *Le Prince* » (de Machiavel). ■ loc. *Le fait du prince* : acte du gouvernement qui contraint à l'obéissance (surtout mesures arbitraires). ■ cour. Souverain régnant sur une principauté. *Le prince de Monaco.* **2.** Celui qui appartient à une famille souveraine, sans régner lui-même ; titre porté par les membres de la famille royale, en France. *Le prince héritier.* → **[2]dauphin.** *Les princes du sang* : les proches parents du souverain. *Le prince de Galles* : le fils aîné du souverain d'Angleterre. – *Le prince charmant des contes de fées.* **3.** en France Titulaire du plus haut titre de noblesse. **4.** loc. *Être bon prince* : faire preuve de générosité, de bienveillance, de tolérance. – *Être vêtu comme un prince*, richement. **5.** *Le prince de...* : le premier, le principal personnage (d'un groupe). – *Le prince des poètes.*

Prince (Richard) Artiste américain (né en 1949). Associé au pop art et à la démarche de Duchamp et ses *ready-made*, Prince est l'un des précurseurs de l'art de l'appropriation. En « re-photographiant » des images publicitaires ou de la culture populaire, qu'il réorganise, commente et présente comme les siennes, il suscite des questions sur la mythologie américaine (série des *Cowboys*) et sur la paternité de l'œuvre, le plagiat, la propriété intellectuelle (*New Portraits*, photos récupérées sur des comptes Instagram).

Prince (Prince Rogers Nelson, dit) Auteur, compositeur et interprète américain de pop (1958-2016). Multi-instrumentiste, il s'est inspiré de la musique soul, du funk, du jazz-rock et de la pop. *When Doves Cry ; Purple Rain ; Kiss ; Sign O' The Times ; Cream.*

Prince en 2010 au Madison Square Garden, New York.

Prince (île du) Île du golfe de Guinée. 142 km^2. Plus de 7 000 habitants. Avec l'île de São Tomé, elle constitue, depuis 1975, l'État indépendant de São Tomé e Príncipe.

Prince Albert Ville du Canada (Saskatchewan). 35 926 habitants. Industrie du bois. Station de réception des données des satellites d'observation Landsat.

prince de galles n. m. invar. (le futur Édouard VII mit ce tissu à la mode) Tissu de laine, à lignes fines croisées de teinte uniforme sur fond clair. – en appos. invar. *Des tissus prince de galles.*

Prince-de-Galles (île du) Île de l'Arctique canadien. 33 200 km^2.

Prince-Édouard (île du) en anglais **Prince Edward Island** Île et province maritime du Canada. 5 660 km^2. 159 600 habitants. Capitale : Charlottetown. L'île est reliée au continent par un pont. Agriculture, pêche, industrie agroalimentaire. Tourisme.

Prince-Édouard (îles du) Archipel du S. de l'océan Indien, dans les terres Australes. Il comprend l'île du Prince-Édouard et l'île Marion. D'abord françaises, puis britanniques, les îles du Prince-Édouard ont été rattachées à l'Afrique du Sud en 1947.

Prince Noir (le) Surnom d'Édouard, fils du roi d'Angleterre Édouard III.

princeps [prɛ̃sɛps] adj. (mot latin → **prince**) didact. *Édition princeps* : première édition (d'un ouvrage ancien et rare).

princesse n. f. **1.** Fille ou femme d'un prince, fille d'un souverain. *La princesse Palatine.* ■ rare Souveraine, reine. – loc. fig. *Aux frais de la princesse*, de l'État, d'une collectivité. **2.** appos. *Haricots princesse(s)*, à longue cosse.

Princeton Ville des États-Unis (New Jersey). 30 600 habitants. Centre résidentiel et universitaire. Entreprises de haute technologie. Victoire des troupes du général Washington sur les Britanniques en 1777.

princier, ière adj. **1.** De prince, de princesse. *Titre princier.* **2.** Digne d'un prince. → **luxueux, somptueux.**

princièrement adv. D'une façon princière, en grand seigneur. → **royalement.**

Princip (Gavrilo) Nationaliste serbe (1894-1918). Il assassina l'archiduc François-Ferdinand à Sarajevo, le 28 juin 1914.

principal, ale, aux adj. et n. (du latin → **prince, princeps**) **I. 1.** Qui est le plus important, le premier parmi plusieurs. → **[1]capital, essentiel.** *Raison principale.* → **dominant, fondamental.** *Elle joue le rôle principal.* – *Résidence principale* (opposé à *secondaire*). **2.** en grammaire *Proposition principale* et n. f. *la principale* : la proposition dont les autres dépendent (subordonnées). **3.** (personnes) Qui a le plus d'importance. *Elle est la principale intéressée dans cette affaire* : la première. ■ *Clerc principal* ou n. m. *le principal* : premier clerc d'un notaire. – *Commissaire principal.* **II. 1.** n. m. Ce qu'il y a de plus important. → **essentiel.** *Il va mieux, c'est le principal.* **2.** n. *Principal, principale* : titre des directeurs de collèges d'enseignement secondaire.

principalement adv. Avant les autres choses, par-dessus tout. → **[1]surtout.**

principat n. m. (latin *principatus*, de *princeps*) hist. romaine Dignité impériale. *Le principat d'Auguste.* – Règne d'un empereur romain. *Sous le principat de Trajan.*

principauté n. f. (du latin → **principal**) Petit État indépendant dont le souverain porte le titre de prince ou de princesse. *La principauté d'Andorre.*

principe n. m. (du latin → **prince, princeps**) **I. 1.** didact. Cause première active. → **fondement, origine, source.** *Connaissance, recherche des principes* (→ **métaphysique, philosophie**). ■ (cause naturelle) « *Le fruit, dès ses premiers jours, porte en lui le principe de sa pourriture* » (Renan). **2.** *Le principe actif* (d'un médicament, d'une plante) : l'ingrédient, le constituant actif. **II. 1.** didact. Proposition première, posée et non déduite (dans un raisonnement, un syllogisme). → **axiome, hypothèse, postulat, prémisse. 2.** Proposition fondamentale ; énoncé d'une loi générale. *Le principe d'Archimède.* ■ *Le principe d'une machine*, ses règles de fonctionnement. **3.** au plur. Connaissances de base. → **rudiment. III. 1.** Règle d'action s'appuyant sur un jugement de valeur et constituant un modèle ou un but. → **[1]loi, précepte.** *Partons du principe que... J'en fais une question de principe. Avoir pour principe de* (+ inf.). ■ loc. *Déclaration de principes.* – *Pour le principe* : pour une raison théorique (et non pour des raisons d'intérêt ou affectives). *Punir un enfant pour le principe.* **2.** au plur. Les règles morales auxquelles une personne, un groupe est attaché. → **morale.** *Manquer à ses principes.* – absolt *Avoir des principes. Une personne sans principes.* **IV.** loc. *Par principe* : par une décision, une détermination a priori. *Il critique tout par principe.* – **De principe** : a priori. *Une hostilité de principe.* – **En principe** : théoriquement. *En principe, cela devrait marcher.*

printanier, ière adj. Du printemps. *Soleil printanier.* – *Tenue printanière,* légère, claire, fleurie.

printemps n. m. (de l'ancien français *prim* → ¹prime et temps) **1.** La première des saisons, qui commence à l'équinoxe de mars (vers le 20) et se termine au solstice de juin (vers le 21) dans l'hémisphère Nord. *Un printemps précoce, tardif. Légumes de printemps.* → **primeur. 2.** fig., littér. Jeune âge. *Le printemps de la vie,* la jeunesse. ■ Période où des espoirs de libéralisation semblent réalisables. *Le printemps de Prague en 1968. Le printemps arabe en 2011.* **3.** vieilli ou littér. (d'une personne jeune) Année. *Elle a quinze printemps.* – par plais. *Ses quatre-vingts printemps.*

priodonte n. m. (du grec *priein* « scier » et *odous* « dent ») zool. Mammifère édenté, tatou géant.

prion n. m. (emprunt à l'anglais, de *PRotein* → **protéine**, *Infection* et *-on* pour « particule ») biol. Protéine infectieuse (agent d'encéphalopathies).

▶ Les **prions** sont des protéines qui agissent comme des agents infectieux et sont à l'origine de maladies neurodégénératives comme la maladie de la vache folle (ESB pour *encéphalopathie spongiforme bovine*) ou la maladie de Creutzfeld-Jacob. Lorsque les protéines prions ont une conformation (structure 3D) correcte, elles sont inoffensives voire utiles, en particulier dans le cerveau.
Il leur arrive toutefois de mal se replier dans l'espace ; elles constituent alors des agents pathogènes qui, lors de l'infection, pénètrent les neurones. Pour des raisons et par un mécanisme encore mal compris, elles s'y multiplient en déformant les protéines prion saines en protéines prion mutées. Conduits à l'apoptose, les neurones infectés causent ainsi des dysfonctionnements du cerveau.
Les maladies à prions sont diverses et certaines sont connues depuis longtemps (la tremblante du mouton a été décrite en France au XVIIIe siècle). Elles ont la particularité d'être infectieuses tout en pouvant être d'origine génétique (comme pour l'insomnie fatale familiale).
En 1996, l'ingestion de viande bovine contaminée par l'ESB fut corrélée avec une forte augmentation de cas mortels d'ESB chez l'homme, en particulier en Grande-Bretagne et en France. Les bovins concernés avaient eux-mêmes été nourris de farines animales provenant de moutons atteints de tremblante. Cet évènement très médiatisé permit de mettre en évidence la capacité des prions de franchir dans certains cas la « barrière des espèces », phénomène plutôt rare chez les autres agents infectieux, virus et bactéries.
Si l'hypothèse du prion a été longtemps contestée et, malgré des lacunes résiduelles dans la compréhension de l'apparition et la transmission des maladies correspondantes, elle est aujourd'hui très largement admise par la communauté scientifique, notamment grâce aux travaux pionniers du chercheur américain Stanley Prusiner, récompensé par le prix Nobel de médecine en 1997.
voir aussi **cerveau, mort cellulaire**

prioral, ale, aux adj. (→ **prieur**) Qui concerne le prieur, qui lui appartient. *La maison priorale.* – n. f. *Une priorale* : maison d'un(e) prieur(e) ; église d'un prieuré.

priorat n. m. relig. Fonction de prieur(e) ; sa durée.

à **priori** voir **a priori**

prioriser [pʀijɔ-] v. tr. < 1 > **1.** Donner la priorité à. **2.** Définir les priorités de. *Prioriser les besoins d'un foyer.* – absolt *Il faut savoir prioriser.*

prioritaire adj. Qui a la priorité. *Véhicules prioritaires* (police, pompiers, ambulances). – *Secteur économique prioritaire.* □ adv. **prioritairement**

priorité n. f. (du latin médiéval → **prieur**) **1.** Qualité de ce qui vient, passe en premier, dans le temps. *En priorité* : en premier lieu. *La priorité (des priorités) est de résorber le chômage.* **2.** Droit de passer le premier. *Priorité à droite. Laisser la priorité à une voiture.* – *Carte de priorité.* → **coupe-file.**

pris, prise adj. (de *prendre*) **1.** (opposé à *libre*) Occupé. *Cette place est-elle prise ? Avoir les mains prises. Ma journée est prise.* – *Je suis très pris ce mois-ci.* **2.** *Pris de* : subitement affecté de. *Pris de fièvre ; de panique.* – *Être pris de vin, de boisson* : ivre. **3.** Atteint d'une affection. *Avoir la gorge prise,* enflammée. **4.** vieilli *Bien pris* : bien fait. *Taille bien prise.* **5.** Durci, coagulé. *La crème est prise.* – *L'étang est pris,* gelé.

Priscien en latin **Priscianus Caesariensis** Grammairien latin (fin Ve-VIe s.). Son manuel de latin, *Institutiones grammaticae*, fut considéré comme un ouvrage de référence dans l'Europe médiévale.

Priscillien Hérésiarque chrétien (mort en 385). Sa doctrine, le *priscillianisme* apparenté au gnosticisme et au dualisme manichéen, fut condamnée par les conciles de Saragosse, en 380, et de Bordeaux, en 384. L'empereur Maxime le fit exécuter.

prise n. f. (de *prendre*) **I. 1.** Manière de saisir et d'immobiliser l'adversaire. *Prise de judo.* ■ loc. fig. *Prise de bec* : altercation, dispute. ■ loc. ***Être aux prises avec*** : se battre avec. – fig. *Se trouver aux prises avec des difficultés.* – ***Lâcher prise*** : cesser de tenir, de serrer ; abandonner. *Ce n'est pas le moment de lâcher prise !* **2.** Endroit, moyen par lequel une chose peut être prise, tenue. – spécialt Endroit d'une paroi où l'on peut s'agripper ou prendre appui. *Chercher une bonne prise.* ■ loc. fig. ***Donner prise à*** : s'exposer à. *Son silence donne prise aux soupçons.* – ***Avoir prise sur*** *(qqn, qqch.)* : avoir un moyen d'agir sur. **3.** Action de s'emparer. *La prise de la Bastille, le 14 juillet 1789.* – *Prise d'otages.* **4.** Ce qui est pris (chasse, pêche, vol...). → **butin.** *Une belle prise.* **II.** (dans des loc.) ***Prise de.*** **1.** ***Prise d'armes*** : parade militaire en présence de soldats en armes pour une revue, une cérémonie. **2.** ***Prise de vue(s)*** : tournage d'un plan, entre le déclenchement de la caméra et son arrêt. – par ext. *Prise de vue(s) photographique.* ■ ***Prise de son*** : réglage de la qualité du son pour le transmettre ou l'enregistrer. **3.** ***Prise de sang*** : prélèvement de sang pour l'analyse, la transfusion. **4.** ***Prise directe*** : position du changement de vitesse dans laquelle la transmission du mouvement moteur est directe (opposé à *point mort*). – fig. *Être en prise directe sur son époque,* en contact direct et actif. **5.** (Dispositif qui prend). ***Prise d'eau*** : robinet, tuyau, vanne où l'on peut prendre de l'eau. ■ ***Prise de courant ; prise (électrique)*** : dispositif de contact électrique. *Prise mâle ; prise femelle. Prise multiple* : prise femelle à plusieurs douilles. **6.** Quantité de médicament administrée en une seule fois. – Dose, pincée (de tabac) que l'on aspire par le nez. **III.** fig. Action, fait de se mettre à avoir (correspond à *prendre* + n.). ***Prise de.*** *Prise de contact. Prise de conscience ; prise de position.* ■ ***Prise en.*** *Prise en charge. Prise en considération.* **IV.** Fait de prendre, de durcir. *Ciment à prise rapide.*

prisée n. f. (de ¹*priser*) dr. Estimation d'objets mobiliers par un commissaire-priseur ou un greffier de justice de paix. *La prisée d'un inventaire de succession.*

¹priser v. tr. < 1 > (du latin → **prix**) littér. Donner du prix à. → **apprécier, estimer.** – au p. p. *Une qualité très prisée.*

²priser v. tr. < 1 > (de *prise* [II, 6]) Prendre, aspirer (du tabac) par le nez. *Tabac à priser.* – *Priser de la cocaïne.*

priseur, euse n. (de ²*priser*) Personne qui prise (du tabac...). *Les priseurs et les fumeurs.*

prismatique adj. **1.** Du prisme. – Qui a la forme d'un prisme. **2.** Qui est muni d'un prisme optique. *Jumelles prismatiques.* **3.** *Couleurs prismatiques,* perçues à travers un prisme optique. → **spectral.**

prisme n. m. (du latin, du grec, d'un v. signifiant « scier ») **1.** Polyèdre à deux bases parallèles et dont les faces sont des parallélogrammes. ■ *Prisme triangulaire.* **2.** Prisme en matière transparente qui a la propriété de dévier et de décomposer la lumière (→ **spectre**). *Prisme de verre. Voir à travers un prisme* : voir la réalité déformée.

prison n. f. (vient du latin *prehensio* → **préhension**) **I. 1.** Établissement clos aménagé pour recevoir des délinquants condamnés à une peine privative de liberté, ou des prévenus en instance de jugement. *Les cellules, le parloir d'une prison. Gardien de prison.* → **geôlier ;** argot **maton.** – loc. fam. *Aimable comme une porte de prison* : très désagréable. – *Être en prison. Mettre en prison* (→ **emprisonner**). ■ Lieu où qqn est retenu prisonnier, est séquestré. – loc. *Prison dorée,* lieu agréable, mais où l'on est privé de liberté. **2.** fig., littér. Ce qui enferme, emprisonne. *Le corps, prison de l'âme.* **II.** Peine privative de liberté subie dans une prison. → **détention, emprisonnement, réclusion.** *Risquer la prison. Condamné à cinq ans de prison.*

prisonnier, ière n. et adj. **1.** Personne tombée aux mains de l'ennemi au cours d'une guerre. *Un camp de prisonniers.* – *Il a été fait prisonnier.* – loc. *Prisonnier de guerre.* **2.** Personne qui est détenue dans une prison. → **détenu. 3.** Personne que prend, qu'arrête la police. *Se constituer prisonnier* : se livrer à la police. **4.** adj. Enfermé ou maintenu dans une position qui empêche toute liberté d'action. *Bateau prisonnier des glaces.* – fig. *Prisonnier de* : esclave de. *Il est prisonnier de ses manies.*

Priština ou **Pristina** Capitale du Kosovo. 505 000 habitants. Mosquées de style ottoman. Artisanat. Industries. Mines de lignite.

Pritchard (George) Missionnaire britannique (1796-1883). Conseiller de la reine Pomaré IV à Tahiti, il soutint la révolte des Tahitiens contre l'établissement du protectorat français (1843). Son arrestation conduisit le gouvernement britannique à exiger de Louis-Philippe une indemnité.

Privas Chef-lieu de l'Ardèche, sur l'Ouvèze. 8 567 habitants. Maisons anciennes. Confiseries (marrons glacés). Ancienne cité protestante dont la population fut assiégée puis massacrée par les troupes de Louis XIII, en 1629.

Privas, ancienne cité médiévale.

privat-docent [pʀivadɔsɑ̃] n. (mot allemand, d'après l'italien *libero docente* « enseignant libre », du latin) didact. Enseignant(e) qui ouvre un cours libre dans une université allemande, autrichienne ou suisse. *Des privat-docents.* - var. RO **privatdocent, privat-dozent** ou RO **privatdozent** [pʀivadɔzɑ̃].

privatif, ive adj. (du latin → **priver**) **1.** Dont on a la jouissance exclusive mais non la propriété. *Jardin privatif.* **2.** gramm. Qui marque la privation, l'absence d'un caractère donné. *Préfixes privatifs* (ex. a-, in-). **3.** Qui entraîne la privation de. *Peine privative de liberté.*

privation n. f. **1.** Action de priver (d'une chose dont l'absence entraîne un dommage) ; fait d'être privé ou de se priver. → **défaut, ¹manque.** – dr. *Privation des droits civils, civiques* (→ **interdiction**). **2.** surtout plur. Fait d'être privé de choses nécessaires ou de s'en priver volontairement ; choses dont on est ainsi privé. *S'imposer des privations.* → **restriction, sacrifice.**

privatisation n. f. Action de privatiser ; son résultat.

privatiser v. tr. < 1 > 1. Transférer au secteur privé (une entreprise publique). → **dénationaliser.** – au p. p. *Banque privatisée.* 2. Réserver (un espace public) pour son usage privé. □ adj. **privatisable**

privauté n. f. (de l'ancien français *priveté,* de *privé*) littér. surtout plur. Familiarité excessive, liberté. *Des privautés de langage.* – spécialt *Se permettre des privautés avec une femme.*

privé, ée adj. (vient du latin *privatus,* famille de *prius* « situation en avant, séparée ») 1. Où le public n'a pas accès, n'est pas admis. *Propriété privée. Club privé. Audience privée.* – ***En privé*** loc. adv. : seul à seul. *Puis-je vous parler en privé ?* 2. Individuel, particulier (opposé à *collectif, commun, public*). *Des intérêts privés.* 3. Personnel. → **intime.** *Vie professionnelle et vie privée.* – n. m. *Ils se tutoient dans le privé,* dans l'intimité. 4. Qui n'a aucune part aux affaires publiques. *En tant que personne privée :* en tant que simple citoyen. → **particulier.** – (opposé à *officiel*) *Chef d'État qui séjourne à titre privé dans un pays étranger. De source privée, on apprend que...* → **officieux.** 5. (opposé à *public, national*) Qui n'est pas d'État, ne dépend pas de l'État. *Enseignement privé.* → **libre.** *Le secteur privé* (→ **privatiser**). – n. m. fam. *Le privé :* le secteur privé. 6. *Détective* privé.* – n. fam. *Un, une privé(e).*

priver v. tr. < 1 > (→ **privé**) Empêcher (qqn) de jouir d'un bien, d'un avantage présent ou futur ; lui ôter ce qu'il a ou lui refuser ce qu'il espère. → **déposséder, frustrer.** *Priver un enfant de dessert. Priver un héritier de ses droits.* – *La peur le prive de tous ses moyens.* – *Être privé de sommeil.* ■ **se priver** v. pron. Renoncer à qqch. volontairement. *Il se prive de tout.* – *Elle ne se prive pas de vous dénigrer :* elle vous dénigre souvent. – absolt S'imposer des privations. *Elle a horreur de se priver.*

privilège n. m. (latin jurid. *privilegium* → **privé ;** [1]**loi**) 1. Droit, avantage particulier accordé à un individu ou à une collectivité, en dehors de la loi commune. *Les privilèges de la noblesse et du clergé sous l'Ancien Régime.* → **prérogative.** – *Privilège exclusif.* → **monopole.** 2. Avantage, faveur que donne qqch. « *Les privilèges de la beauté sont immenses* » (Cocteau). 3. Apanage naturel (d'un être, d'une chose). *La pensée est le privilège de l'espèce humaine* (→ **le propre de**). – *Avoir le privilège de* (+ inf.).

privilégié, ée adj. 1. Qui bénéficie d'un ou de divers privilèges. – dr. *Créancier privilégié,* prioritaire. ■ spécialt Qui jouit d'avantages matériels considérables. *Les classes privilégiées.* – n. *Les privilégiés.* ■ Qui a de la chance. *Nous avons été privilégiés, nous avons eu un temps splendide.* 2. littér. D'un caractère exceptionnel ; qui convient mieux que tout autre. – *Relations privilégiées.*

privilégier v. tr. < 7 > Doter d'un privilège ; accorder une importance particulière à (qqn, qqch.). → **avantager, favoriser.**

prix n. m. (vient du latin *pretium* → [1]**priser ;** famille de *interprète*) I. 1. Rapport d'échange entre un bien ou un service et la monnaie. → **coût, valeur.** *Le prix d'une marchandise. D'un prix élevé* (cher), *bas* (bon marché). – *Le prix d'un travail.* → **salaire.** – *Y mettre le prix :* payer ce qu'il faut, ne pas regarder à la dépense. *À bas prix.* → anglic. **low cost.** *Casser les prix.* – *Le dernier prix,* celui qui n'est plus modifié, dans un marchandage. *Mille euros, dernier prix.* – *Au prix fort :* sans remise, sans rabais. *Cela coûte un prix fou,* excessif. – *Prix modique. Prix d'ami,* consenti par faveur (plus bas). *Je vous fais un prix,* une réduction. – *Prix hors taxes. Prix toutes taxes comprises* (*prix TTC*). ■ ***Prix de revient*** : somme des coûts d'achat, de production et de distribution. ■ loc. ***De prix*** : qui coûte cher. – ***Hors de prix*** : extrêmement coûteux. → **inabordable.** – *N'avoir pas de prix, être sans prix :* être de très grande valeur. ■ ***À prix.*** *Mettre à prix :* proposer en vente. *Mise à prix,* prix initial dans une vente aux enchères. – fig. *Sa tête est mise à prix,* une récompense en argent est promise à qui le capturera, le tuera. – *À prix d'or :* contre une forte somme. 2. Étiquette, marque indiquant le prix. *Enlevez le prix, c'est pour faire un cadeau.* 3. fig. Ce qu'il en coûte pour obtenir qqch. *Le prix de la gloire.* → **rançon.** – (dans des loc.) Valeur. *J'apprécie votre geste à son juste prix. Donner du prix à qqch.* – ***À aucun prix.*** *Je ne céderai à aucun prix,* jamais. – ***À tout prix*** : quoi qu'il puisse en coûter. – ***Au prix de*** : en échange de (un sacrifice). II. 1. Récompense destinée à honorer la personne qui l'emporte dans une compétition. *Attribuer, décerner un prix* (→ [2]**primer**). *Recevoir un prix. Prix littéraires. Le prix Nobel de physique.* – (contexte scolaire) *Prix d'excellence. Distribution des prix.* ■ L'œuvre primée. *Avez-vous lu le prix Médicis ?* ■ Le lauréat. *C'est un premier prix du Conservatoire.* 2. Épreuve à l'issue de laquelle est décerné un prix. *Grand prix automobile.*

Prizren Ville du Kosovo. 61 800 habitants. Mosquées. Église byzantine. Filatures de coton. Tourisme.

Prjevalski (Nikolaï Mikhaïlovitch) Officier et explorateur russe (1839-1888). Il dirigea des expéditions en Asie centrale. Il découvrit une espèce de cheval sauvage, présente au paléolithique, dite *cheval de Prjevalski.*

pro n. (abrév.) fam. 1. sports Professionnel(le). *Les amateurs et les pros. C'est un pro de la varappe.* 2. *Du travail de pro.* – adj. invar. *Ce n'est pas très pro.* 3. adj. invar. *Bac pro :* baccalauréat professionnel.

pro- Élément (du grec ou du latin *pro* → **pour**) signifiant « en avant » (ex. *propulsion*), « à la place de » (ex. *pronom*) et « favorable à, partisan de » (ex. *progouvernemental*). - contr. [1]**anti-**.

proactif, ive adj. (de l'anglais → **pro-** et [1]**actif**) Qui anticipe les attentes, prend l'initiative de l'action. *Un candidat proactif et motivé.* – *Une stratégie proactive.*

probabilisme n. m. (du latin *probabilis*) didact. 1. (en morale) Doctrine permettant de suivre l'opinion la moins sûre, si elle est probable. 2. philos. Doctrine selon laquelle l'esprit humain ne peut parvenir à la certitude, mais seulement à des propositions probables.

probabiliste n. et adj. didact. 1. Partisan du probabilisme. – adj. *La doctrine probabiliste.* 2. Spécialiste du calcul des probabilités. – adj. *Un calcul probabiliste.*

probabilité n. f. (du latin → **probable**) 1. Caractère de ce qui est probable. *Selon toute probabilité.* → **vraisemblance.** 2. Grandeur par laquelle on évalue le nombre de chances qu'a un phénomène de se produire. *Probabilité forte, faible. Probabilité nulle :* impossibilité. – *Calcul des probabilités* (partie des mathématiques ; abrév. fam. **probas**). 3. surtout au plur. Apparence, indice qui laisse à penser qu'une chose est probable. *Opinion fondée sur de simples probabilités.* → **présomption.**

probable adj. (du latin, de *probare* → **prouver**) 1. Qui peut être ; qui est plutôt vrai que faux. *Une hypothèse probable.* 2. Qui peut être prévu raisonnablement. *L'aboutissement probable de ses efforts.* → **vraisemblable.** ■ impers. *Il est probable qu'il viendra.* – ellipt, fam. *Probable qu'elle a raison.*

probablement adv. Vraisemblablement (→ **sans doute**). *Probablement que... :* il est probable que.

probant, ante adj. (du latin, de *probare* → **prouver**) Qui prouve sérieusement. *Un argument probant.* → **concluant, convaincant, décisif.**

probation n. f. (du latin, de *probare* → **prouver**) didact. Temps de mise à l'épreuve. – *Peine de probation,* effectuée en milieu ouvert.

probatoire adj. (du latin, de *probare* → **prouver**) didact. Qui permet de vérifier le niveau d'un candidat. *Examen probatoire.* – *Permis probatoire :* permis de conduire délivré avec un nombre réduit de points pour une période probatoire de trois ans.

probe adj. (latin *probus,* d'un radical signifiant « croître », d'où « bon ») littér. Honnête, intègre.

probiotique adj. et n. m. (pris à l'anglais) biol. Qui contient des micro-organismes vivants (bactéries, levures...) exerçant un effet bénéfique sur l'organisme qui les ingère. *Le yaourt est un aliment probiotique.* – n. m. *Probiotiques et prébiotiques.*

probité n. f. (du latin → **probe**) Honnêteté scrupuleuse. → **intégrité.** « *Vêtu de probité candide et de lin blanc* » (Hugo).

problématique (du bas latin, du grec) I. adj. 1. Dont l'existence, la vérité, la réussite est douteuse. → **aléatoire, hasardeux.** *Le succès est problématique.* 2. Qui pose un problème, est difficile à résoudre, à accomplir. *Son renvoi est problématique.* □ adv. **problématiquement** II. n. f. didact. Ensemble des problèmes se posant sur un sujet déterminé.

problème n. m. (du latin, du grec « ce qui est mis en avant ») 1. Question à résoudre qui prête à discussion, dans une science. *Poser, soulever un problème. C'est la clé du problème.* – *Faux problème :* problème mal posé, qui ne correspond pas aux vraies difficultés. ■ (contexte scolaire) Question à résoudre par des éléments donnés dans l'énoncé. *Un problème d'algèbre, de géométrie. La solution d'un problème.* 2. Difficulté qu'il faut résoudre pour obtenir un résultat ; situation instable ou dangereuse exigeant une décision. → **question.** *Régler le problème de la circulation.* ■ loc. *Faire, poser problème.* – fam. *Il n'y a pas de problème :* c'est une chose simple, évidente. – (en réponse) fam. *Sans problème :* facilement. ■ *Avoir des problèmes de santé, d'argent.* → **ennui.** *Problèmes (psychologiques) :* conflit affectif, difficulté à trouver un bon équilibre psychologique. ■ Ce qui cause un problème. *Cet élève est un problème.*

proboscidien n. m. (du grec *proboskis* « trompe ») zool. Mammifère ongulé de très grande taille, possédant une trompe préhensile (ordre des *Proboscidiens ;* ex. l'éléphant).

Probus en latin **Marcus Aurelius Valerius Probus** (232-282). Empereur romain (276-282). Il repoussa les invasions barbares (Francs, Alamans, Vandales, Sarmates). Il employa l'armée à divers travaux, dont l'édification des remparts de Rome. Ses soldats se révoltèrent et le tuèrent.

procaïne n. f. (de *pro-* et *[co]caïne*) pharm. Anesthésique local de synthèse. → **novocaïne.**

procaryote adj. et n. m. (de *pro-* et du grec *karuon* « noyau ») biol. Se dit d'un organisme dont le noyau cellulaire est mêlé au cytoplasme (s'oppose à *eucaryote*). – n. m. *Les bactéries sont des procaryotes.*

procédé n. m. I. 1. surtout au plur. Façon d'agir à l'égard d'autrui. → **comportement, conduite.** *De curieux procédés.* → **agissements.** – loc. *Échange de bons procédés :* services rendus réciproquement ; iron. échange de malveillances. 2. Méthode employée pour parvenir à un certain résultat. *Procédé de fabrication.* – péj. *Cela sent le procédé,* la recette, l'artifice. II. Rondelle de cuir au petit bout d'une queue de billard.

procéder v. < 6 > (du latin, de *pro* → **pro-** et *cedere* « aller » → **céder**) I. v. intr. 1. littér. *Procéder de :* tenir de, tirer son origine de. → **découler, émaner.** *Les polémistes qui procèdent de Voltaire.* 2. Agir (de telle manière). *Procéder avec méthode.* – loc. *Procédons par ordre.* II. v. tr. ind. *Procéder à.* 1. dr. Exécuter (un acte juridique). *Procéder à une enquête.* 2. Faire, exécuter (un travail complexe, une opération). → **effectuer.**

procédural, ale, aux adj. dr. Relatif à la procédure judiciaire. *Les formalités procédurales.*

procédure n. f. (de *procéder*) **1.** Manière de procéder juridiquement ; série de formalités qui doivent être remplies. *Quelle est la procédure à suivre ? Engager une procédure de divorce.* **2.** Branche du droit qui détermine ou étudie les règles d'organisation judiciaire. *Code de procédure civile, de procédure pénale.* **3.** techn. Succession de procédés utilisés dans la conduite d'une opération complexe. **4.** inform. Séquence d'instructions constituant une entité autonome au sein d'un programme. *Procédure d'installation.*

procédurier, ière adj. et n. **1.** péj. Qui est enclin à la procédure, à la chicane. → **chicanier.** **2.** n. Policier, policière chargé(e) de recueillir des indices sur une scène de crime et de consigner toutes les étapes de l'enquête.

procès n. m. (latin *processus* → procéder) **I.** didact. → **processus.** ■ ling. Action, devenir, état qu'exprime un verbe. **II. 1.** Litige soumis à une juridiction. → **instance.** *Soutenir un procès* (→ **plaider**). *Engager un procès contre qqn.* → **attaquer, poursuivre ; plainte ; défendeur, demandeur.** *Intenter un procès à qqn. Gagner, perdre un procès.* **2.** loc. fig. *Faire le procès de qqn, qqch.*, en faire la critique systématique. → **accuser, attaquer, condamner.** – *Faire un procès d'intention à qqn*, lui reprocher des intentions qu'on lui prête, non des faits. **3.** loc. *Sans autre forme de procès* : sans formalité, purement et simplement. *On l'a renvoyé sans autre forme de procès.*

processeur n. m. (de l'anglais ; famille de *procès, processus*) inform. **1.** Partie d'un ordinateur qui interprète et exécute les instructions. *Le processeur d'un micro-ordinateur.* → **microprocesseur.** **2.** Programme permettant d'exécuter sur un ordinateur des programmes écrits dans un langage donné.

[1]processif, ive adj. (d'abord « procédurier » ; de *procès*) psych. Qui est paranoïaque et a tendance à se lancer continuellement dans des revendications, des réclamations (→ **quérulence**). – *Une folie processive.* ■ **n.** *Un processif.*

[2]processif, ive adj. (de l'anglais) anglic., écon. Qui améliore les conditions sociales et la vie économique (s'oppose à *récessif*).

procession n. f. (du latin → procéder) **1.** Défilé religieux qui s'effectue en chantant et en priant. *La procession des Rameaux.* **2.** Succession, file. *Une procession de fourmis.* – fig. Suite de personnes qui se succèdent à brefs intervalles. *Une procession de solliciteurs.* □ **adj. processionnel, elle**

processionnaire adj. zool. *Chenilles processionnaires*, qui se déplacent en file serrée le long d'un fil de soie sécrété par la chenille de tête. – **n. f.** *Les processionnaires du chêne.*

processus [pʀɔsesys] n. m. (mot latin → procès) **1.** didact. Ensemble de phénomènes, conçu comme actif et organisé dans le temps. → **évolution.** *Processus biologique. Le processus inflationniste.* **2.** Façon de procéder. *Selon le processus habituel.* **3.** Suite ordonnée d'opérations aboutissant à un résultat. *Processus de fabrication.*

procès-verbal, aux n. m. **1.** Acte dressé par une autorité compétente et qui constate un fait entraînant des conséquences juridiques. → **constat.** – spécialt *Avoir un procès-verbal pour excès de vitesse.* → **contravention ;** fam. **PV.** *Dresser (un) procès-verbal* (→ **verbaliser**). **2.** Relation officielle écrite de ce qui a été dit ou fait dans une réunion, une assemblée, etc. → **compte rendu.**

prochain, aine (du latin pop. → proximité) **I. adj.** Très rapproché. → **proche. 1.** (dans l'espace) vieux *Dans la forêt prochaine.* → **voisin.** ■ mod. *Le prochain arrêt.* – ellipt **n. f.** *Vous descendez à la prochaine* (station) ? **2.** (dans le temps) Qui est près de se produire. *« Un riche laboureur, sentant sa mort prochaine »* (La Fontaine). ■ spécialt *La semaine prochaine. L'été prochain.* ■ (avant le n.) *La prochaine fois* : la première fois que la chose se reproduira. *À la prochaine fois* ; fam. *à la prochaine !* (formule de départ, de séparation). – *Le prochain train.* – *Ma prochaine voiture.* **II. n. m.** *Le (un) prochain.* Personne, être humain considéré comme un semblable. *L'amour du prochain. Dire du mal de son prochain.* → **autrui.**

prochainement adv. Dans un proche avenir, bientôt.

proche (de *prochain*) **I. adv.** vieux Près. – mod. *De proche en proche* : en avançant par degrés, peu à peu. *L'incendie gagne de proche en proche.* **II. adj. 1.** (dans l'espace) Voisin. *Lieu proche, tout proche. Le Proche-Orient.* **2.** littér. (dans le temps) Qui va bientôt arriver ; qui est arrivé il y a peu de temps. *La fin est proche* (→ **imminent ; approcher**). *Des évènements tout proches de nous.* → **récent. 3.** fig. Qui est peu différent. → **approchant, semblable.** *Des couleurs assez proches.* **4.** Intime. *Une amie très proche.* ■ Dont les liens de parenté sont étroits. *Un proche parent.* – **n.** *Les proches* : les parents (au sens large).

Proche-Orient n. m. Région s'étendant des rives orientales de la Méditerranée aux rives nord-occidentales de l'océan Indien. Environ 5 000 000 km^2. Les pays qui en font partie sont majoritairement arabes : Arabie saoudite, Bahreïn, Égypte, Émirats arabes unis, Irak, Jordanie, Koweït, Liban, Oman, Qatar, Syrie, Territoires palestiniens, Yémen. Les pays non arabes sont la Turquie, Israël, l'Iran. On inclut parfois dans le Proche-Orient la Libye et le Soudan.

Procida Petite île italienne d'origine volcanique, en Campanie, dans le golfe de Naples. 4,14 km^2. 10 600 habitants. Pêche ; cultures maraîchères.

procidence n. f. (du latin, de *procidere* « tomber en avant ») pathol. Descente (d'un organe ou d'une partie d'un organe). → **prolapsus.** *La procidence du cordon ombilical.* – *Procidence du vagin.*

proclamation n. f. (du latin, de *clamare* → clamer) **1.** Action de proclamer. *La proclamation de la république.* **2.** Discours ou écrit public contenant ce qu'on proclame. → **avis, communiqué, déclaration.** *Afficher une proclamation.*

proclamer v. tr. < 1 > (du latin → clamer) **1.** Publier ou reconnaître solennellement par un acte officiel. *Proclamer le résultat d'un scrutin.* **2.** Annoncer ou déclarer hautement (qqch.) auprès d'un vaste public. → **clamer, crier.** *Proclamer son innocence.*

proclitique adj. (du grec *proklinein* « incliner en avant », sur le modèle de *enclitique*) ling. (mot) Qui s'appuie sur le mot suivant (avec lequel il forme une unité phonétique) et est dépourvu d'accent. – **n. m.** *En français, les articles sont des proclitiques.*

Proclus en grec **Proklos** Philosophe grec (412-485). Outre des commentaires *Sur les Éléments d'Euclide* et sur des dialogues de Platon, il rédigea une *Théologie platonicienne.* Ces ouvrages s'inscrivent dans la tradition néoplatonicienne, comme les *Éléments de théologie*, premier ouvrage philosophique exposé selon la méthode euclidienne avec des définitions, des théorèmes et des démonstrations.

proconsul n. m. (mot latin → consul) **1.** Antiq. Nom donné aux anciens consuls qui recevaient le gouvernement d'une province romaine (pouvoir militaire, civil et judiciaire). □ **adj. proconsulaire** □ **n. m. proconsulat 2.** Personnage qui exerce, dans une province ou une colonie, un pouvoir sans contrôle.

Procope en grec **Prokopios** Historien byzantin (fin ve s.-v. 562). Il fut secrétaire de Bélisaire et historien de Justinien. *Livre des guerres ; Traité des édifices.*

procrastination n. f. (du latin, de *cras* « demain ») littér. Tendance à remettre au lendemain, à ajourner, à temporiser.

procrastiner v. intr. < 1 > (du latin *procrastinare* « remettre une affaire au lendemain ») littér. ou plais. Avoir tendance à remettre au lendemain.

procréateur, trice adj. (du latin → créateur) littér. Qui procrée.

procréatif, ive adj. (de *procréer*) didact. Qui a trait à la procréation, spécialt aux techniques de procréation artificielle.

procréation n. f. (du latin → création) littér. Action de procréer. → **engendrement, génération.** – didact (méd.) *Procréation naturelle, assistée* (→ **[2]PMA**).

procréatique n. f. (→ procréation) didact. Technique, science de la procréation artificielle.

procréer v. tr. < 1 > (du latin → créer) littér. (espèce humaine) Engendrer. → **enfanter.**

Procruste ou **Procuste** Brigand de la mythologie grecque. Il arrête les voyageurs, dont il adapte les membres (en les coupant ou en les étirant) à la mesure de ses lits. Thésée lui fit subir le même supplice.

proctalgie n. f. (de *proct-* + *-algie*) méd. Douleur à l'anus et à la partie inférieure du rectum.

proctite n. f. (de *proct-* + *-ite*) méd. Inflammation de l'anus. → **rectite.**

proct(o)- Élément (du grec *prôktos*) qui signifie « anus ».

proctologie n. f. (→ procto-) méd. Spécialité médicale traitant des maladies de l'anus et du rectum. □ **n. proctologue**

proctorrhée n. f. (de *procto-* + *-rrhée*) méd. Écoulement muqueux par l'anus.

procurateur n. m. (du latin → procurer) Antiq. Intendant des domaines impériaux dans les provinces. *Ponce Pilate, procurateur de Judée.*

procuration n. f. (du latin) Document par lequel on autorise autrui à agir à sa place. → **mandat.** *Avoir la procuration sur le compte en banque de qqn.* → **signature.** ■ fig. *« Je ne vis que par autrui ; par procuration, pourrais-je dire »* (Gide).

procuratrice n. f. dr. Femme qui a pouvoir d'agir pour quelqu'un en vertu d'une procuration (→ **procureur, 1**).

procure n. f. **1.** relig. Office de procureur (3). – Bureau, logement du procureur. **2.** Magasin d'articles religieux.

procurer v. tr. < 1 > (du latin, de *curare* « avoir soin » → [1]cure) **1.** Obtenir pour qqn (qqch. d'utile ou d'agréable). → **donner, fournir.** *Procurer un emploi à qqn.* → **trouver.** – pronom. *Se procurer* : obtenir pour soi. → **acquérir.** *Se procurer un livre, une somme d'argent.* **2.** Être la cause ou l'occasion de. → **[1]causer, occasionner.** *Le plaisir que nous procure la lecture.*

procureur n. (de *procurer* ; « celui qui a soin de... ») **1.** n. m. dr. Titulaire d'une procuration juridique. → **procuratrice. 2. n. :** au féminin *procureur, procureure* – (en France) *Procureur de la République* : représentant(e) du ministère public et chef du parquet près du tribunal de grande instance. *Procureur général(e)* : représentant(e) du ministère public et chef du parquet près la Cour de cassation, la Cour des comptes et les cours d'appel. ■ (au Canada) *Procureur de la Couronne* : ministère public. **3. n. m.** Religieux chargé des intérêts temporels de la communauté (→ **procure**).

Procyon Nom donné à l'étoile double α Petit Chien. C'est une des étoiles les plus proches de la Terre.

Prodi (Romano) Homme d'État italien (né en 1939). Leader de la coalition L'Olivier rassemblant des partis du centre et de la gauche, il fut président du Conseil de 1996 à 1998, puis de 2006 à 2008. Il présida la Commission européenne de 1999 à 2004.

Prodicos de Céos Sophiste grec (entre 470 et 460-apr. 399 av. J.-C.). Souvent cité par Platon, il exerça à Athènes la profession de sophiste. Il aurait écrit un grand ouvrage intitulé *Les Heures*, consacré à l'étude de la nature et des hommes. Il se serait essentiellement occupé de problèmes relatifs au langage.

prodigalité n. f. (du latin → prodigue) **1.** Caractère d'une personne prodigue. ■ fig., littér. Générosité. *La prodigalité de la nature.* **2.** souvent au plur. Dépense excessive. *Il s'est ruiné par ses prodigalités.*

prodige n. m. (latin *prodigium*) **1.** Évènement extraordinaire, de caractère magique ou surnaturel. → **miracle.** – loc. *Cela tient du prodige* : c'est extraordinaire, inexplicable. **2.** Acte extraordinaire. → **merveille.** *Vous avez fait des prodiges !* – *Déployer des prodiges d'ingéniosité.* **3.** Personne extraordinaire par ses dons, ses talents. → **phénomène.** *C'est un petit prodige.* – appos. *Enfant prodige.*

prodigieusement adv. D'une manière surprenante, prodigieuse ; à un degré extrême.

prodigieux, ieuse adj. (du latin → prodige) Extraordinaire. → **étonnant, stupéfiant.** *Une quantité prodigieuse.* → **considérable.** – *Bêtise prodigieuse.* → **phénoménal.** – *Un artiste prodigieux.*

prodigue adj. (du latin, de *pro* → pro- et *agere* → agir) **1.** Qui fait des dépenses excessives ; qui dilapide son bien. → **dépensier ; prodigalité.** – *L'enfant prodigue,* accueilli avec joie au foyer après une longue absence (allusion à l'Évangile). – prov. *À père avare, fils prodigue.* **2.** fig. *Prodigue de :* qui distribue, donne abondamment. *Être prodigue de compliments.*

prodiguer v. tr. < 1 > (du latin → prodigue) Accorder, distribuer généreusement, employer sans compter. *Prodiguer son énergie. Prodiguer des conseils, des soins.* ■ **se prodiguer** v. pron. Se dépenser sans compter.

pro domo loc. adj. invar. (mots latins « pour sa maison ») *Plaidoyer pro domo* : pour soi-même, pour sa cause.

prodrome n. m. (du latin, du grec *prodromos* « qui précède en courant » → -drome) **1.** littér. Ce qui annonce un évènement. *Les prodromes d'une guerre.* **2.** méd. Symptôme avant-coureur d'une maladie. □ **prodromique** adj. *Signes prodromiques.*

producteur, trice (du latin → produire) **1.** adj. Qui produit qqch. *Les pays producteurs de pétrole.* **2.** n. (opposé à *consommateur*) Personne physique ou morale qui produit des biens ou assure des services. *Directement du producteur au consommateur.* **3.** n. Personne ou société qui assure le financement d'un film, d'un spectacle, d'un enregistrement. ■ Personne qui conçoit une émission (radio, télévision) et favorise sa réalisation.

productible adj. didact. Qui peut être produit, obtenu. *Marchandise productible à peu de frais.*

productif, ive adj. (du latin → produire) Qui produit, crée ; qui est d'un bon rapport. *Sol productif.* – *Capital productif d'intérêts.*

production n. f. (du latin jurid. → produire) **I.** dr., admin. Action de présenter (un document, etc.). – *Production de témoins.* **II. 1.** Action de provoquer (un phénomène) ; fait ou manière de se produire. *Il y a eu production de gaz toxiques.* **2.** Ouvrage produit par qqn ; ensemble des œuvres (d'un artiste, d'un genre ou d'une époque). *La production dramatique du XVIe siècle.* **3.** (opposé à *consommation*) Fait de créer ou de transformer des biens, ou d'assurer des services. *Moyens de production* (sol, instruments, machines...). *Facteurs de production* (énergie, travail, capital). – Résultat de cette activité économique. *Production industrielle, agricole. Production élevée.* → **rendement.** – *La production d'un nouveau modèle.* → **fabrication. 4.** Fait de produire (un film, un spectacle, une émission...). *La société X a assuré la production du film.* – *Société de production.* - abrév. fam. **prod.** – Le film produit. *Une production à grand spectacle.* → **superproduction.**

Prodi (Romano)

Romano Prodi en 2008.

productique n. f. (de *production,* d'après *informatique*) didact. Application de l'automatique et de l'informatique aux processus de production industrielle. → **mécatronique, robotique.**

productivisme n. m. didact., péj. Système économique dans lequel la production, la productivité sont données comme l'objectif essentiel. □ adj. **productiviste**

productivité n. f. **1.** Caractère productif. *La productivité d'un placement.* **2.** Rapport du produit aux facteurs de production. → **rendement.** – *La baisse de la productivité.*

produire v. tr. < 38 > (du latin, de *pro* → pro- et *ducere* « mener » → conduire) **I.** Faire apparaître, faire connaître (ce qui existe déjà). – dr. admin. Présenter (un document, etc.). *Produire un certificat.* → **fournir.** – *Produire des témoins.* **II.** Faire exister (ce qui n'existe pas encore). → **créer. 1.** Causer, provoquer (un phénomène). *La nouvelle produisit sur lui une vive impression.* → **1faire.** – au p. p. *L'effet produit a été désastreux.* **2.** (écrivain, artiste) Composer (une œuvre). **3.** Former naturellement, faire naître. *Cet arbre produit de beaux fruits.* → **donner.** – *Une époque qui a produit des génies.* **4.** Faire exister, par une activité économique (→ **producteur ; production, productivité**). *La France produit de nombreux vins.* **5.** Assurer la réalisation matérielle de (un film, une émission, un spectacle, un enregistrement), par le financement et l'organisation (→ **producteur, production**). ■ **se produire** v. pron. **1.** Jouer, paraître en public au cours d'une représentation. *La troupe va se produire à Lyon.* **2.** Arriver, survenir, avoir lieu. *Cela peut se produire.*

produit n. m. (p. p. de *produire*) **I. 1.** Nombre qui est le résultat d'une multiplication. *Le produit de deux facteurs.* – *Produit vectoriel.* **2.** Ce que rapporte une propriété, une activité. → **bénéfice, profit, rapport.** *Vivre du produit de son travail.* – *Produit brut. Produit net.* – *Produit intérieur brut* (PIB) : somme des valeurs réalisées en un an par un pays à l'intérieur de ses frontières. *Produit national brut* (PNB) : somme du PIB et des valeurs créées à l'étranger. **II. 1.** Ce qui résulte d'un processus naturel, d'une opération humaine. *Les produits de la terre ; de la distillation du pétrole.* – fig. *C'est le produit de son imagination.* → **1fruit. 2.** Substance, mélange chimique. *Produit de synthèse.* – biochim. *Produits organiques* (hormones, enzymes...). **3.** Production de l'agriculture ou de l'industrie. *Produits manufacturés* (opposé à *produits de base, produits bruts*). *Produits finis*.* – *Produits alimentaires. Produits de beauté. Produits d'entretien.* – *Un produit pour laver la vaisselle.* ■ comm. *Étude de produit,* cherchant l'adéquation du produit à son marché.

proéminence n. f. littér. Caractère proéminent ; protubérance, saillie.

proéminent, ente adj. (du latin → éminent) Qui dépasse en relief ce qui l'entoure, forme une avancée. → **saillant.** *Nez, ventre proéminent.*

prof n. (abrév.) fam. Professeur. *Un, une prof de maths. Des profs.*

profanateur, trice n. et adj. littér. (Personne) qui profane.

profanation n. f. Action de profaner. *Profanation de sépulture.* → **violation.**

profane adj. et n. (du latin, de *pro* « devant » et *fanum* « temple » *cf.* fanatique) **1.** littér. Qui est étranger à la religion (opposé à *religieux, sacré*). *Musique profane.* – n. m. *Le sacré et le profane.* **2.** n. Personne qui n'est pas initiée à une religion. **3.** Qui n'est pas initié à un art, une science, un domaine. → **ignorant.** *Expliquez-moi, je suis profane en la matière.* ■ n. *Un, une profane en musique.* – n. m. (collectif) *Aux yeux du profane,* des gens non initiés.

profaner v. tr. < 1 > (du latin → profane) **1.** Traiter sans respect (un objet, un lieu), en violant le caractère sacré. *Des vandales ont profané plusieurs tombes.* **2.** fig. Faire un usage indigne, mauvais de (qqch.), en violant le respect qui est dû. → **avilir, 1dégrader.** *Profaner un grand sentiment.*

proférer v. tr. < 6 > (du latin « porter en avant » → -fère) Articuler à voix haute. → **prononcer.** *Sans proférer un mot.* – *Proférer des injures.*

profès, esse [pʀɔfɛ, ɛs] adj. (latin ecclés. *professus* « qui déclare ») relig. Qui a prononcé ses vœux dans un ordre religieux. *Religieuses professes.* – n. *Un profès, une professe.*

professer v. tr. < 1 > (de *profession*) **1.** littér. Déclarer hautement avoir (un sentiment, une croyance). *Professer envers un maître la plus vive admiration.* **2.** vieilli Enseigner (une matière) en qualité de professeur. – mod. absolt *Il professe à la Sorbonne.*

professeur n. (latin *professor* → profession) au féminin *professeur, professeure* Personne qui enseigne une discipline, un art, une technique, d'une manière habituelle. → **enseignant.** *Professeur de collège, de lycée, de faculté.* → fam. **prof.** – (en France) *Professeur des écoles :* instituteur (depuis 1991).

profession n. f. (du latin, de *profiteri,* de *fateri* « reconnaître, déclarer ») **I.** littér. loc. *Faire profession de* (une opinion, une croyance), la déclarer ouvertement. ■ *Profession de foi :* déclaration de principe, manifeste. **II. 1.** Occupation déterminée dont on peut tirer ses moyens d'existence. → **métier.** *Quelle est votre profession ? Être sans profession.* **2.** Métier qui a un certain prestige social ou intellectuel. → **1carrière.** *Les professions libérales. Exercer une profession.* **3.** loc. *Faire profession de :* avoir comme activité rétribuée. fig. *Faire profession de se moquer de tout.* **4.** *De profession :* professionnel. *Un chanteur de profession.*

professionnalisant, ante adj. Qui rend professionnel ; qui prépare à l'exercice d'une profession. *Formation professionnalisante.*

professionnalisation n. f. didact. Action de se professionnaliser, de devenir une profession.

professionnaliser v. tr. < 1 > (d'après l'anglais) **1.** Donner à (une activité) le caractère d'une profession. – pronom. *Le sport se professionnalise.* **2.** Rendre (qqn) professionnel. – pronom. *Sportif qui se professionnalise.* **3.** Adapter (une formation) à une activité professionnelle. *Professionnaliser les filières littéraires.*

professionnalisme n. m. **1.** Caractère professionnel d'une activité (opposé à *amateurisme*). **2.** Qualité de professionnel. → **compétence, sérieux.**

professionnel, elle adj. et n. **I. 1.** Relatif à la profession, au métier. *L'orientation professionnelle. Enseignement professionnel, école professionnelle,* technique. *Bac professionnel* (fam. *bac pro*). – *Certificat d'aptitude professionnelle* (CAP). – *Conscience professionnelle. Secret professionnel.* **2.** De profession. *Sportif professionnel* (opposé à *amateur*) ; n. *passer professionnel.* – fig. *Un farceur professionnel.* **II.** n. **1.** Personne de métier (opposé à *amateur*). → fam. **pro.** *Du travail de professionnel.* ■ sports *Les professionnels et les amateurs.* **2.** n. f. fam. Prostituée.

professionnellement adv. De façon professionnelle. – Du point de vue de la profession.

professoral, ale, aux adj. Propre aux professeurs. *Le corps professoral.* – péj. *Un ton professoral.* → **doctoral, pontifiant.**

professorat n. m. État de professeur. *Choisir le professorat.* → **enseignement.**

profil [pʀɔfil] n. m. (de l'italien ; famille de *filer*) **1.** Aspect du visage vu par un de ses côtés. → **contour.** *Dessiner le profil de qqn.* – arts *Profil perdu* : tête vue de côté, montrant surtout l'arrière et la nuque. ■ loc. fig. (anglic.) *Adopter un profil bas* : se montrer réservé, discret (par calcul). **2.** (visage, corps) ***De profil*** : en étant vu par le côté. *Un portrait de profil.* **3.** Représentation ou aspect d'une chose dont le contour se détache. → **silhouette.** *Le profil du clocher se découpait sur le ciel.* ■ Coupe perpendiculaire. archit. *Le profil d'une corniche.* – géol. *Le profil d'une vallée.* **4.** fig. *Profil psychologique* : représentation de la « physionomie mentale » d'une personne, établie à partir de résultats de tests. – Ensemble d'aptitudes, de qualités requises pour un emploi. *Elle n'a pas le (bon) profil pour ce poste.*

[1]profilage n. m. techn. Opération qui confère un profil déterminé à une pièce (→ **profilé**) ; profil ainsi obtenu. – spécialt Forme de carrosserie présentant un maximum d'aérodynamisme.

[2]profilage n. m. (d'après l'anglais *profiling*) Technique policière qui consiste à dresser le profil psychologique d'un criminel inconnu (→ **[2]profileur**).

profilé, ée adj. techn. Auquel on a donné un profil déterminé. – n. m. *Profilés métalliques* (cornières, poutres, rails, etc.).

profiler v. tr. < 1 > (de *profil*) **1.** (choses) Présenter (ses contours) avec netteté. **2.** techn. Établir le profil de. *Profiler une carlingue.* ■ **se profiler** v. pron. **1.** techn. Avoir un profil déterminé. **2.** Se montrer en silhouette, avec des contours précis. → se **découper,** se **dessiner,** se **détacher.** *L'ombre qui se profile sur un mur.* – fig. *Voilà des ennuis qui se profilent à l'horizon !*

[1]profileur n. m. techn. Instrument qui sert à profiler (une voie...).

[2]profileur, euse n. (d'après l'anglais *profiler*) anglic., didact. Professionnel qui dresse le profil psychologique d'un criminel, pour chercher à l'identifier.

profilographe n. m. (→ **profil** et **-graphe**) techn. Appareil qui permet de relever graphiquement, à échelle réduite, les profils d'une route ou d'une voie de chemin de fer.

profit n. m. (vient du latin, de *pro* → **pro-** et *facere* → **[1]faire**) **1.** Augmentation des biens que l'on possède, ou amélioration de situation qui résulte d'une activité. → **avantage, bénéfice.** *Il ne cherche que son profit.* ■ loc. ***Faire son profit de*** *qqch.*, l'utiliser à son avantage. – ***Tirer profit de*** *qqch.*, en faire résulter qqch. de bon pour soi. → **exploiter, utiliser.** – ***Mettre à profit*** : utiliser de manière à tirer tous les avantages possibles. ■ ***Au profit de*** *qqn, qqch.*, de sorte que la chose en question profite à. *Gala donné au profit de la recherche* (→ **au bénéfice de**). – En agissant pour le bien, l'intérêt de qqn. ■ (sujet chose) ***Faire du profit*** : être d'un usage économique. → **durer, servir.** **2.** (Un profit) Gain, avantage financier que l'on retire d'une chose ou d'une activité. – loc. *Il n'y a pas de petits profits,* se dit à propos d'une personne sordidement intéressée. **3.** ***Le profit*** : ce que rapporte une activité économique, en plus du salaire du travail. → **plus-value.**

profitable adj. Qui apporte un profit, un avantage. → **fructueux, utile.** *Cette leçon lui sera peut-être profitable.* → **bénéfique.** □ **profitabilité** n. f. écon.

profitablement adv. D'une manière profitable. → **fructueusement.** – → **utilement.** *S'occuper profitablement au lieu de perdre son temps.*

profiter v. < 1 > (→ **profit**) **I.** v. tr. ind. **1.** ***Profiter de*** : tirer avantage de. → **bénéficier.** *Profiter de l'occasion.* → **saisir.** – ***Profiter de*** *qqch. pour* : prendre prétexte de, saisir l'occasion pour. *Il a profité de ce que je ne le regardais pas pour s'enfuir.* – ***Profiter de*** *qqn*, abuser de sa bonne volonté, l'exploiter. **2.** ***Profiter à*** *qqn, qqch.*, apporter du profit ; être utile à. → **servir.** *Chercher à qui profite le crime.* – spécialt *Tout ce qu'elle mange lui profite.* **II.** v. intr. **1.** régional Se développer, se fortifier. *Cet enfant profite bien.* **2.** fam. ou régional Être d'un usage avantageux, économique. *Un vêtement qui profite.*

profiterole [pʀɔfitʀɔl] n. f. (diminutif de *profit*) Petit chou fourré de glace et nappé de chocolat chaud.

profiteur, euse n. péj. Personne qui tire des profits malhonnêtes ou immoraux de qqch.

profond, onde adj. (latin *profundus*, de *fundus* → **fond**) **I.** concret **1.** Dont le fond est très bas par rapport à l'orifice, aux bords. *Un trou profond, profond de dix mètres.* – (eaux) Dont le fond est très loin de la surface. *Un endroit peu profond.* **2.** Qui est loin au-dessous de la surface du sol ou de l'eau. → **[1]bas.** *Une cave profonde.* – *Racines profondes.* – loc. *Au plus profond de* : tout au fond de. **3.** Dont le fond est loin de l'orifice, des bords, dans quelque direction que ce soit. *Un placard profond. Une plaie profonde.* – *Forêt profonde.* – *Décolleté profond.* **4.** (trace, empreinte...) Très marqué. *Des rides profondes.* **II. 1.** Qui évoque la profondeur. *Un regard profond.* – *Une profonde obscurité. Un vert profond,* foncé, intense. → **soutenu.** – *Un sommeil profond.* **2.** (mouvement, opération) Qui descend très bas ou pénètre très avant. *Un forage profond.* – *Un profond salut,* où l'on s'incline très bas. **3.** Qui semble venir de loin. *Un profond soupir.* – *Une voix profonde.* → **grave. III.** abstrait **1.** Qui va au fond des choses. *Un esprit profond.* → **pénétrant.** *De profondes réflexions.* – *Artiste profond.* **2.** Intérieur, difficile à atteindre. *Nos tendances profondes.* – *La France profonde.* **3.** Très grand, extrême en son genre. → **intense.** *Un profond silence. Une profonde affection. Ennui profond.* ■ psych. *Débile profond.* **IV.** adv. Profondément ; bas. *Creuser très profond.*

profondément adv. D'une manière profonde. **1.** *Creuser profondément la terre.* – *Dormir ; respirer profondément.* **2.** *J'en suis profondément convaincu.* → **intimement.** – *C'est profondément différent.* → **foncièrement.**

profondeur n. f. **I.** concret **1.** Caractère de ce qui est profond (I). *La profondeur d'un fossé.* – au plur. *Les profondeurs de l'océan.* → **abysse, fond.** ■ *La profondeur d'une plaie.* **2.** Dimension verticale mesurée de haut en bas. *Longueur, largeur et profondeur.* → **hauteur.** – Distance au-dessous de la surface (du sol, de l'eau). *À deux mètres de profondeur.* **3.** Dimension horizontale perpendiculaire à la face extérieure. *Hauteur, largeur et profondeur d'un tiroir.* ■ ***Profondeur de champ (d'un objectif)*** : espace dans les limites duquel les images sont nettes. **II. 1.** Suggestion d'un espace à trois dimensions sur une surface. *La profondeur est rendue par la perspective.* **2.** fig. *La profondeur d'un regard.* **3.** Caractère de ce qui s'enfonce. *La profondeur d'un forage.* **III.** fig. **1.** Qualité de ce qui va au fond des choses, au-delà des apparences. *Profondeur de vues.* – *La profondeur d'un esprit, d'une œuvre.* **2.** (vie affective) Caractère de ce qui est durable, intense. *La profondeur d'un sentiment.* – ***En profondeur*** : de façon approfondie. **3.** Partie la plus intérieure et la plus difficile à pénétrer. *La psychologie des profondeurs* : la psychanalyse.

pro forma loc. adj. invar. (mots latins « pour la forme ») *Facture pro forma* : facture anticipée, établie dans les règles, et n'entraînant aucune conséquence juridique pour le client.

profus, use [pʀɔfy, yz] adj. (du latin, de *fundere* → **fondre**) littér. ou didact. Qui se répand en abondance. → **abondant.** *Une lumière profuse.* □ adv. **profusément**

profusion n. f. (du latin → **profus**) Grande abondance. *Une profusion de cadeaux.* – Abondance excessive. → **surabondance.** *Une profusion de détails.* → **débauche.** – ***À profusion*** loc. adv. → **abondamment.**

progéniture n. f. (du latin → **géniteur**) littér. Les êtres engendrés par un être humain, un animal. → **descendance.** – plais. *Promener sa progéniture,* sa famille, ses enfants.

progénote n. m. (du latin *progenies* « souche, famille » [→ **genre**], par l'anglais) biol. Ancêtre supposé de trois groupes d'êtres vivants : les archéobactéries, les eubactéries et les eucaryotes.

progestatif, ive adj. (du latin *progestare* → **gestation**) biol. Se dit des substances qui favorisent les processus de la grossesse. – n. m. *Un progestatif.*

progestérone n. f. (de l'allemand, du latin → **gestation**) biol. Hormone sexuelle femelle sécrétée après l'ovulation et pendant la grossesse.

progiciel n. m. (de *produit* et *logiciel*) inform. Ensemble de logiciels munis d'une documentation, conçus pour répondre à des besoins spécifiques et permettre une utilisation autonome. → anglic. **package.** *Progiciel de comptabilité.*

proglottis [pʀɔglɔtis] n. m. (du latin savant, du grec *pro* [→ **pro-**] et *glottis* « langue », à cause de sa forme) zool. Anneau d'un ver cestode (ténia, etc.).

prognathe [pʀɔgnat] adj. (de l'anglais, du grec *pro* → **pro-** + *gnathos* « mâchoire ») didact. Qui a les maxillaires proéminents. *Un visage prognathe.* – plus cour. Qui a le menton saillant. □ n. m. **prognathisme** [pʀɔgnatism]

programmable adj. Que l'on peut programmer ; dont on peut régler à l'avance la mise en route. *Une machine à laver programmable.*

programmateur, trice **1.** n. Personne chargée de la programmation de spectacles. **2.** n. m. Système qui commande le déroulement d'une série d'opérations simples. *Le programmateur d'une machine à laver.*

programmation n. f. **1.** Établissement, organisation des programmes (cinéma, radio, télévision). **2.** Élaboration et codification d'un programme (4). *Langages de programmation* (ex. basic, cobol, fortran, pascal).

programme n. m. (du grec « ce qui est écrit à l'avance » → **pro-** et **-gramme**) **1.** Écrit annonçant et décrivant les parties d'une cérémonie, d'un spectacle, etc. *Demandez le programme !* – Ce qui est annoncé. *Changement de programme.* **2.** Ensemble des matières qui sont enseignées dans un cycle d'études ou qui forment le sujet d'un examen, d'un concours. *Programme scolaire. Le programme du bac. Les œuvres inscrites au programme.* **3.** Suite d'actions que l'on se propose d'accomplir pour arriver à un résultat. → **[3]plan, projet.** – loc. *C'est tout un programme,* se dit d'une annonce, d'un titre qui suffit à faire prévoir la suite. ■ *Programme électoral.* ■ fam. *Quel est le programme de ta soirée ?* **4.** Suite ordonnée d'opérations qu'une machine est chargée d'effectuer. *Le programme d'un four électrique.* ■ inform. Suite d'instructions rédigées dans un langage de programmation et destinées à être exécutées par un ordinateur. *Développer un programme.* – *Programme d'application.* → **logiciel, progiciel.**

programmer v. tr. < 1 > **1.** Inclure dans un programme (cinéma, radio, télévision). – au p. p. *Émission programmée à une heure tardive.* **2.** Élaborer un programme (4). ■ Commander une machine grâce à un programme. *Programmer un magnétoscope.* – *Programmer un temps de cuisson.* **3.** fam. Prévoir et organiser. → **planifier.** *J'ai programmé ma journée.*

programmeur, euse n. Spécialiste qui élabore, conçoit des programmes informatiques. *Analyste-programmeur.*

progrès n. m. (latin *progressus*, de *pro* → pro- et *gradi* « avancer » → grade) **1.** surtout au plur. Avance d'une troupe, d'une armée. → progression. ■ Fait de se répandre, de gagner du terrain. → propagation. *Les progrès de l'incendie ; d'une épidémie.* **2.** Changement d'état qui consiste en un passage à un degré supérieur. → développement. *La criminalité est en progrès.* → progresser. *Les progrès de la maladie.* **3.** Développement en bien. → amélioration. *Élève qui fait des progrès.* – *Les progrès de la médecine.* – fam. *Il y a du progrès.* **4.** absolt *Le progrès* : l'évolution de l'humanité, de la civilisation (vers un terme idéal). *Croire au progrès ; nier le progrès. « L'ordre pour base et le progrès pour but »* (A. Comte).

progresser v. intr. < 1 > **1.** Se développer, être en progrès. *Le mal progresse.* → s'aggraver, empirer. – Faire des progrès (3). *Cet enfant a beaucoup progressé.* – *Les négociations progressent.* → avancer. **2.** Avancer, gagner du terrain. *L'ennemi progresse.*

progressif, ive adj. **1.** Qui suit une progression, un mouvement par degrés. *Impôt progressif* (opposé à *dégressif*). **2.** Qui s'effectue d'une manière régulière et continue. → graduel. *Changement progressif.* **3.** *Verres progressifs* : verres de lunettes dont la puissance optique varie progressivement entre la partie supérieure du verre (vision de loin) et sa partie inférieure (vision de près).

progression n. f. (du latin → progrès) **1.** Suite de nombres dans laquelle chaque terme est déduit du précédent par une loi constante. *Progression arithmétique*, géométrique*. Raison* d'une progression.* **2.** Avance élaborée, organisée. *La progression d'une armée.* – *La lente progression des glaciers.* → avance, ¹marche. **3.** Développement par degrés, régulier et continu (opposé à *régression*). → progrès. *La progression du chômage.*

progressiste adj. et n. Qui est partisan du progrès politique, social, économique (par des réformes ou des moyens violents). *Parti progressiste.* – *Idées progressistes.* ■ n. *Les progressistes et les conservateurs, les réactionnaires.* □ n. m. **progressisme**

progressivement adv. D'une manière progressive, petit à petit. → graduellement.

progressivité n. f. Caractère progressif, graduel. *La progressivité de l'impôt.*

prohibé, ée adj. Défendu par la loi. – *Armes prohibées*, dont l'usage, le port sont interdits.

prohiber v. tr. < 1 > (du latin *prohibere* « tenir à distance ») Défendre, interdire par une mesure légale.

prohibitif, ive adj. (du latin *prohibitum* → prohiber) **1.** dr. Qui défend, interdit légalement. *Des mesures prohibitives.* **2.** *Droits, tarifs douaniers prohibitifs*, si élevés qu'ils équivalent à la prohibition d'une marchandise. – cour. (prix) Trop élevé, excessif. *Prix prohibitif.*

prohibition n. f. (du latin → prohiber) **1.** Interdiction légale. *La prohibition du port d'armes.* **2.** Interdiction d'importer, de fabriquer, de vendre certaines marchandises. – absolt *La prohibition*, celle de l'alcool, de 1919 à 1933, aux États-Unis.

prohibitionnisme n. m. Le fait de prohiber, d'interdire systématiquement une activité, une pratique. *Prohibitionnisme en matière de prostitution.* ■ Système de protection douanière par prohibition. – hist. Système de la prohibition de l'alcool aux États-Unis. □ **prohibitionniste** adj. et n.

proie n. f. (vient du latin *praeda* → prédateur) **1.** Être vivant dont un animal s'empare pour le dévorer. *Bondir, fondre sur sa proie.* – *De proie* : qui se nourrit surtout de proies vivantes. → prédateur. *Oiseau de proie.* → rapace. – loc. fig. *Lâcher la proie pour l'ombre*.* **2.** Bien dont on s'empare par la force ; personne que l'on dépouille. *Être une proie facile pour qqn.* → victime. **3.** *Être la proie de* : être absorbé, pris par (un sentiment, une force hostile). *Être la proie des remords.* – Être livré à, détruit par. *La forêt fut en un instant la proie des flammes.* **4.** *En proie à* : tourmenté par (un mal, un sentiment, une pensée). *Être en proie au désespoir.*

projecteur n. m. (du latin *projectus* → projection, projeter) **1.** Appareil d'optique qui projette des rayons lumineux intenses en un faisceau parallèle. *Projecteurs de théâtre.* → spot. - abrév. fam. **projo.** – fig. *Être sous les projecteurs (de l'actualité)* : occuper le devant de la scène (dans les médias). **2.** Appareil servant à projeter des images sur un écran. *Projecteur de diapositives.*

projectif, ive adj. (→ projection) didact. Relatif à la projection (2 et 4).

projectile n. m. (du latin → projection, projeter) Objet lancé avec force contre qqn, qqch. *Vitesse d'un projectile.* ■ spécialt *Projectiles d'artillerie* : obus, bombes.

projection n. f. (latin *projectio*, de *projicere*, de *jacere* → jeter, projeter) **1.** Action de projeter, de lancer en avant. – Lancement (de projectiles). – surtout au plur. Matières projetées. *Les projections d'un volcan.* → déjection. **2.** géom. Opération par laquelle on fait correspondre, à un ou plusieurs points de l'espace, un point ou un ensemble de points sur une droite ou sur une surface, suivant un procédé géométrique défini ; le ou les points ainsi définis. *Projection orthogonale.* **3.** Action de projeter une image, un film sur un écran. *Appareil de projection.* → projecteur. *Conférence avec projection.* **4.** psych. Mécanisme de défense par lequel le sujet voit chez autrui des idées, des affects qui lui sont propres. *Projection et identification.* **5.** didact. Fait de projeter dans l'avenir. *Projections économiques, démographiques.*

projectionniste n. Technicien, technicienne chargé(e) de la projection des films.

projecture n. f. (latin *projectura*) archit. Saillie.

projet n. m. (de *projeter*) **1.** Image d'une situation, d'un état que l'on pense atteindre. → dessein, intention, ³plan. *Projet détaillé, élaboré.* → programme. *Caresser, mûrir, nourrir ; accomplir, réaliser un projet.* – *Avoir un projet de livre. Quels sont vos projets ?* **2.** Brouillon, ébauche, premier état. *Laisser qqch. à l'état de projet.* – *En projet* : à l'étude. – *Projet de loi*.* ■ Dessin d'un édifice à construire. – Dessin, modèle antérieur à la réalisation. → avant-projet. *L'étude d'un projet.*

projeter v. tr. < 4 > (de l'ancien français *pourjeter*, de *jeter* → projet) **I. 1.** Jeter en avant et avec force. → ¹lancer ; projection. *L'explosion les projeta au sol.* **2.** sciences Figurer, tracer en projection. *Projeter un volume sur un plan.* **3.** Envoyer sur une surface (des rayons lumineux, une image). – au p. p. *Ombre projetée.* ■ *Projeter un film.* **4.** psych. *Projeter un sentiment sur qqn*, lui attribuer un sentiment qu'on éprouve soi-même. **II.** (→ projet) Former l'idée de (ce que l'on veut faire et les moyens pour y parvenir). *Il projetait un voyage.* → envisager, préparer. – *Projeter de* (+ inf.). *Il projette de voyager.* ■ **se projeter** v. pron. **1.** Être projeté. → se profiler. **2.** *Elle se projette sur ses enfants* (→ projection (4)). **3.** S'imaginer, se représenter dans le futur. *Elle a du mal à se projeter.*

projeteur, euse n. Technicien, technicienne qui établit des projets.

Prokhorov (Aleksandr Mikhaïlovitch) Physicien russe (1916-2002). Ses recherches portèrent sur les lasers et les masers ; il participa à l'invention du maser amplificateur. Prix Nobel 1964.

Prokletije n. f. pl. Région montagneuse située aux confins du Monténégro et de l'Albanie. Point culminant à 2 694 m.

Prokofiev (Sergueï Sergueïevitch) Compositeur russe (1891-1953). Ses premières pièces présentent des innovations rythmiques et des harmonies dissonantes. À partir de 1935, il eut davantage recours au langage tonal, et emprunta des thèmes mélodiques au folklore russe. Il composa de la musique instrumentale (symphonies, concertos), des opéras *(La Guerre et la Paix)*, de la musique pour les ballets de Diaghilev *(Le Fils prodigue)* et pour le cinéma *(Ivan le Terrible)*, ainsi que le très célèbre conte musical éducatif, *Pierre et le Loup.*

Prokopievsk Ville de Russie, en Sibérie occidentale (région de Kemerovo). 210 100 habitants. Industries métallurgique et textile. Houille.

Prokop (Andreas) le Grand Homme de guerre tchèque (v. 1380-1434). L'un des chefs des hussites taborites, il fut vaincu et tué par les hussites modérés.

Prokosch (Frederic) Écrivain américain (1908-1989). Il publia des romans *(Les Sept Fugitifs)* et des nouvelles *(Hasards de l'Arabie heureuse).*

prolactine n. f. (du latin *lactus* → lait) méd. Hormone sécrétée par l'hypophyse et qui déclenche la lactation.

prolamine n. f. (de *pro[téine]* et *amine*) biochim. Protéine végétale simple (holoprotéine) extraite de diverses graines (blé, riz, orge, maïs).

prolapsus [prolapsys] n. m. (de *pro-* et latin *lapsus* « chute » → lapsus) méd. Descente (d'un organe ou d'une partie d'un organe). *Prolapsus du rectum.*

prolégomènes n. m. pl. (grec *prolegomena*, de *legein* « choisir » et « dire » → -logie) didact. **1.** Ample préface. → introduction. **2.** Principes préliminaires à l'étude d'une question.

prolepse n. f. (du grec, de *lambanein* « prendre » → dilemme, syllabe) didact. Figure de rhétorique par laquelle on va au-devant des objections.

prolétaire n. (latin *proletarius*, de *proles* « lignée ») **1.** Antiq. romaine Citoyen de la dernière classe du peuple, exempt d'impôt, et ne pouvant être utile à l'État que par sa descendance. **2.** mod. Ouvrier, paysan, employé qui ne vit que de son salaire (opposé à *capitaliste, bourgeois*). *« Prolétaires de tous les pays, unissez-vous »* (Marx et Engels, « Manifeste du parti communiste »). – spécialt Travailleur manuel de la grande industrie (abrév. fam. **prolo**). – adj. *Banlieue prolétaire. Classes prolétaires.* → prolétarien.

prolétariat n. m. Classe sociale des prolétaires. *Le prolétariat urbain, ouvrier ; rural. Prolétariat et sous-prolétariat.*

prolétarien, ienne adj. Relatif au prolétariat ; formé par le prolétariat. *Révolution prolétarienne.*

prolétariser v. tr. < 1 > Réduire à la condition de prolétaire. – au p. p. *Populations prolétarisées.* □ **prolétarisation** n. f. *La prolétarisation des paysans.*

Proletkult n. m. Mouvement littéraire russe, apparu en 1917, qui prônait un art prolétarien soutenant la Révolution. Ses principaux représentants furent Guerassimov, Aleksandrovski et Bogdanov.

prolifération n. f. Fait de proliférer. *Prolifération microbienne.* ■ fig. *La prolifération des armes nucléaires.*

prolifère adj. (du latin *proles* « descendance » et de *-fère*) bot. *Feuille prolifère*, donnant naissance à d'autres feuilles. *Fleur prolifère.*

proliférer v. intr. < 6 > (du latin, de *proles* → prolifique et *facere* « faire ») **1.** didact. (cellules vivantes) Se multiplier en se reproduisant. **2.** (plantes, animaux) Se multiplier en abondance, rapidement. *Le gibier prolifère, par ici.* ■ fig. → foisonner. *Les agences immobilières prolifèrent.*

prolifique adj. (du latin *proles* « lignée » → prolétaire, proliférer) **1.** Qui se multiplie rapidement. *Les lapins sont prolifiques.* → fécond. **2.** fig. Qui produit beaucoup. *Un romancier prolifique.* □ n. f. **prolificité**

proligère adj. (du latin *proles* et *gerere* « porter » → prolétaire, prolifère) bot. Qui porte un germe.

P

prolixe adj. (latin *prolixus* « allongé », de *liquere* → [1]liquide) Qui est trop long, qui a tendance à délayer dans ses écrits ou ses discours. → **bavard, verbeux.** *Un orateur prolixe. – Style prolixe.* ■ **prolixité** n. f. littér. → **faconde, verbiage.**

prolo n. voir **prolétaire**

prolog n. m. (sigle de *programmation en logique*) inform. Langage de programmation évolué, orienté vers l'intelligence artificielle.

prologue n. m. (du latin, du grec *prologos* → -logue) **1.** Discours qui introduit une pièce de théâtre. **2.** Texte introductif. → **introduction, préface.** – fig. Préliminaire, prélude. *Un prologue sanglant à des troubles.* **3.** Première partie (d'une œuvre narrative) exposant des évènements antérieurs à l'action proprement dite. **4.** En cyclisme, Première épreuve d'une course à étapes. *Le prologue du Tour de France.*

prolongateur n. m. Cordon électrique muni de deux prises (mâle et femelle). → **rallonge.**

prolongation n. f. (du latin → prolonger) **1.** Action de prolonger dans le temps ; temps prolongé. *Obtenir une prolongation de congé.* **2.** sports Chacune des deux périodes supplémentaires qui prolongent un match en vue de départager deux équipes à égalité. *Jouer les prolongations* ; fig. poursuivre une activité au-delà du terme prévu.

prolonge n. f. milit. *Prolonge d'artillerie* : voiture servant à transporter les munitions, le matériel.

prolongé, ée adj. **1.** Qui se prolonge dans le temps. *Cri prolongé.* – fam. *Adolescent(e) prolongé(e)*, adulte sans maturité. **2.** (dans l'espace) *Rue prolongée.*

prolongement n. m. **1.** Action de prolonger dans l'espace ; augmentation de longueur. → **allongement.** *Le prolongement d'une ligne électrique.* **2.** Ce qui prolonge la partie principale (d'une chose). *Les prolongements de la cellule nerveuse.* **3.** loc. ***Dans le prolongement** de*, dans la direction qui prolonge... *Tendre les bras dans le prolongement du corps.* – fig. *Dans le prolongement de cette politique.* **4.** Ce par quoi un évènement, une situation se prolonge. → **conséquence, suite.** *Les prolongements d'une affaire.*

prolonger v. tr. < 3 > (du latin, de *pro* et *longus* → long) **1.** (temporel) Faire durer plus longtemps (→ **allonger, rallonger ; prolongation**). *Prolonger une conversation, un débat.* – pronom. Durer plus longtemps que prévu. → **continuer,** se **poursuivre.** *La séance s'est prolongée jusqu'à minuit.* **2.** (spatial) Faire aller plus loin dans le sens de la longueur. → **allonger ; prolongement.** *Prolonger une ligne de métro.* – pronom. Aller plus loin. → **continuer.** *Le chemin se prolonge jusqu'à la route.* **3.** (choses) Être le prolongement de. *Le garage qui prolonge la maison.*

promenade n. f. **1.** Action de se promener ; trajet fait en se promenant. → **excursion ; balade.** *Faire une promenade à pied, en voiture.* → [2]**tour.** *Partir en promenade.* **2.** Lieu aménagé dans une ville pour les promeneurs. → **avenue, cours.** *La promenade des Anglais, à Nice.*

promener v. tr. < 5 > (de *mener*) **1.** Faire aller dans plusieurs endroits, pour le plaisir, le délassement. *Promener un ami dans Paris.* **2.** Déplacer, faire aller et venir (qqch.). *Promener un archet sur les cordes. « Je promène au hasard mes regards sur la plaine »* (Lamartine). ■ se **promener** v. pron. **1.** Aller d'un lieu à un autre pour se détendre, prendre l'air, etc. → **marcher** ; fam. se **balader.** *Je vais me promener.* → [1]**sortir. 2.** fam. (sans pron.) *Envoyer* promener qqn, qqch.* : repousser, rejeter (→ envoyer dinguer, paître, valser).

promeneur, euse n. Personne qui se promène à pied. → **flâneur, passant.** *« Les Rêveries du promeneur solitaire »* (de Rousseau).

promenoir n. m. **1.** Lieu destiné à la promenade (couvents, prisons...). **2.** Partie d'une salle de spectacle où les spectateurs, à l'origine, pouvaient circuler.

promesse n. f. (du latin → promettre) **1.** Action de promettre ; ce que l'on s'engage à faire. *Elle m'a fait des promesses qu'elle n'a pas tenues. Manquer à sa promesse.* → **parole. 2.** Engagement de contracter une obligation ou d'accomplir un acte. *Promesse d'achat.* **3.** littér. Espérance que donne qqch. *Un livre plein de promesses*, qui laisse espérer de belles œuvres.

Prométhée Dans la mythologie grecque, Titan qui dérobe le feu aux dieux pour l'apporter aux hommes. Puni, il est enchaîné au sommet du Caucase, un aigle lui rongeant le foie qui repousse sans cesse.

▶ Bienfaiteur des hommes, le Titan **Prométhée** déroba le feu divin pour le leur donner. Cette action audacieuse suscita la colère de Zeus, qui le fit enchaîner au sommet du Caucase et qui punit les hommes en leur envoyant la première femme, Pandore, avec sa boîte contenant tous les malheurs. Chaque jour, un aigle venait ronger le foie du Titan, qui chaque nuit repoussait. Prométhée fut finalement délivré par Héraclès. Selon une tradition, il aurait même créé les mortels, les façonnant avec de la terre glaise ; selon une autre légende, son fils Deucalion aurait perpétué la race humaine après le déluge. Héros très populaire dans la Grèce antique, Prométhée passait pour avoir enseigné aux hommes l'ensemble du savoir qui fonde une civilisation : art de bâtir des maisons, de dompter les animaux, de travailler les métaux, de guérir, d'écrire, de lire dans l'avenir.
De nombreuses œuvres littéraires évoquent ce personnage : *La Théogonie* ou *Les Travaux et les Jours* d'Hésiode, *Prométhée enchaîné* d'Eschyle, *Prométhée* de Goethe (1774) et de Byron (1816), *Prométhée délivré* (1820) de Shelley, *Le Prométhée mal enchaîné* (1899) de Gide. Le héros y apparaît tour à tour comme un emblème de la ruse et de l'orgueil, comme le bienfaiteur des hommes, ou encore comme le symbole de la révolte ou de l'aspiration de l'homme à la vérité et à la liberté.
voir aussi **Héraclès, mythe**

Prométhée et Atlas, coupe provenant de Sparte (VIe s. av. J.-C.), Musée grégorien étrusque, Vatican.

prométhéen, enne adj. (de *Prométhée*, n. propre) didact. Relatif à Prométhée. *Le mythe prométhéen.* ■ littér. Caractérisé par le goût de l'action, la foi en l'homme.

prométhéum [pʀɔmeteɔm] n. m. (de *Prométhée*) chim. Élément atomique (symb. Pm ; n° at. 61 ; masse at. 146,91), du groupe des lanthanides (terres rares). - var. **prométhium** [pʀɔmetjɔm].

prometteur, euse adj. Plein de promesses (3). *Des débuts prometteurs.*

promettre v. tr. < 56 > (latin *promittere* → mettre) **1.** S'engager envers qqn à faire qqch. *Il lui a promis son aide, de l'aider, qu'il l'aiderait.* **2.** Affirmer, assurer. *Je vous promets qu'il s'en repentira.* → **garantir, jurer. 3.** S'engager envers qqn à donner (qqch.). *On leur promet une récompense.* – loc. *Promettre la lune, monts et merveilles*, des choses impossibles. **4.** Annoncer, prédire. *La météo nous promet du beau temps pour demain.* **5.** (choses) Faire espérer (un développement, des évènements). *Ce nuage ne promet rien de bon.* **6.** absolt Donner de grandes espérances. *Un enfant, un début qui promet.* → **promesse** (3) ; **prometteur.** – fam. *De la neige en septembre, ça promet pour cet hiver !*, ça va être encore pire. ■ se **promettre** v. pron. **1.** (réfl. ind.) Espérer, compter sur. *Les joies qu'il s'était promises.* – *Se promettre de* (+ inf.) : faire le projet de. *Elle se promit d'essayer.* **2.** (récipr.) Se faire des promesses mutuelles.

promis, ise (p. p. de *promettre*) **I.** adj. **1.** loc. prov. *Chose promise, chose due*, on doit faire, donner ce qu'on a promis. – ***La terre promise*** : la terre de Canaan que Dieu avait promise au peuple hébreu ; fig. pays, milieu dont on rêve. **2.** ***Promis à*** : destiné à, voué à. *Être promis à un brillant avenir.* **II.** n. vieux ou régional Fiancé(e).

promiscuité n. f. (du latin *promiscuus*, de *miscere* « mêler ») Situation qui oblige des personnes à vivre côte à côte et à se mêler malgré elles ; voisinage choquant ou désagréable. *Vivre dans la promiscuité.*

promo voir **promotion**

promontoire n. m. (latin *promontorium*, de *pro* → pro- et d'un dérivé de *mons* → mont) Pointe de terre (→ **cap, presqu'île**), de relief élevé, s'avançant en saillie dans la mer.

promoteur, trice n. (→ promouvoir) **1.** littér. Personne qui donne la première impulsion (à qqch.). → **instigateur.** *Le promoteur d'une réforme.* **2.** *Promoteur (immobilier)* : personne, société qui assure et finance la construction d'immeubles. – adj. *Société promotrice.* **3.** n. m. chim. Substance qui rend un catalyseur plus actif. → **activeur.**

promotion n. f. (du latin → promouvoir) **1.** Fait de parvenir à un grade, un emploi supérieur. → **avancement.** *Obtenir une promotion.* – *Promotion sociale* : accession à un rang social supérieur. **2.** Ensemble des candidats admis la même année à certaines grandes écoles. *Camarades de promotion.* - abrév. fam. **promo** n. f. **3.** ***Promotion des ventes*** : développement des ventes ; techniques, services chargés de ce développement. → **marchandisage, marketing.** – *Article vendu en promotion.* → [2]**réclame ; promotionnel. 4.** *Promotion immobilière* : activité du promoteur (2). **5.** Action de promouvoir (2). *La promotion du travail manuel.*

promotionnel, elle adj. Qui favorise l'expansion des ventes. → **promotion** (3). *Vente promotionnelle.* → [1]**action** (régional).

promotionner v. tr. < 1 > Faire la promotion de (un produit). → **promouvoir.**

promouvoir v. tr. < 27 rare, sauf à l'inf. et au p. p. > (du latin, de *movere* → mouvoir) **1.** Élever à une dignité, un grade... supérieur. – passif et p. p. *Être promu directeur.* – n. *Un promu.* **2.** Encourager, provoquer la création, l'essor de (qqch.). *Promouvoir la recherche scientifique.* **3.** Promotionner (un produit).

prompt, prompte [pʀɔ̃(pt), pʀɔ̃(p)t] adj. (latin *promptus*, de *promere*, de *emere* → exempt ; cf. impromptu) **I. 1.** littér. Qui agit, fait (qqch.) sans tarder. – ***Prompt à...*** : que son tempérament entraîne rapidement à... *Être prompt à la colère, à riposter.* **2.** (choses) Qui ne tarde pas à se produire. *Un prompt rétablissement.* – *Ciment prompt*, à prise rapide. **II. 1.** littér. (personnes) Qui met peu de temps à ce qu'il fait, se meut avec rapidité. *Prompt comme l'éclair, comme la foudre*, très rapide, instantané. **2.** (choses) Qui se produit en peu de temps. → **rapide, soudain.** *Une prompte riposte.* □ adv. **promptement**

prompteur [pʀɔ̃ptœʀ] n. m. (de l'anglais *prompter* « souffleur de théâtre ») anglic. Appareil qui fait défiler au-dessus d'une caméra de télévision un texte à lire par la personne qui est à l'écran.

promptitude [pʀɔ̃(p)tityd] n. f. (latin *promptitudo* → prompt) littér. **1.** Manière d'agir, réaction d'une personne prompte. → **rapidité. 2.** Caractère de ce qui survient vite ou se fait en peu de temps. → **vitesse.** *La promptitude de leur riposte.*

promulgation n. f. Action de promulguer (une loi).

promulguer v. tr. < 1 > (du latin, de *mulgere* « presser, traire » → émulsion) Décréter (une loi) valable et exécutoire. *En France, le pré-*

sident de la République promulgue les lois votées par le Parlement.*

pronaos n. m. (mot grec) archit. Partie d'un temple antique précédant le naos.

Le pronaos du temple d'Auguste et de Livie (Ier s. av. J.-C.), Vienne (Isère).

pronateur, trice adj. et n. (→ pronation) anat. *Muscle pronateur,* qui détermine la pronation (opposé à *supinateur*). ■ n. m. *Les pronateurs de l'avant-bras.*

pronation n. f. (du latin *pronatio,* de *pronus* « penché en avant », de *pro* → pro-) didact. (opposé à *supination*) Mouvement de rotation interne de la main et de l'avant-bras.

prône n. m. (du latin, du grec) relig. Sermon du dimanche. → **homélie, prêche.**

prôner v. tr. < 1 > Vanter et recommander sans réserve et avec insistance. *Prôner la tolérance.* → **exalter, prêcher, préconiser.**

pronom n. m. (latin *pronomen* → pro- et nom) gramm. Mot qui a les fonctions du nom et qui représente ou remplace un nom. *Pronoms démonstratifs* (ceci, cela...), *indéfinis* (on, certains...), *interrogatifs* (qui, quoi...), *personnels* (je, tu...), *possessifs* (le mien, le tien...), *relatifs* (que, qui, auquel...). – *Pronom de genre, pronom de référence,* choisi par une personne en accord avec son identité de genre. *Quels sont tes pronoms ?*

pronominal, ale, aux adj. **1.** Relatif au pronom. *L'emploi pronominal de « tout ».* **2.** *Verbe pronominal,* précédé d'un pronom personnel réfléchi et qui, en français, se conjugue obligatoirement avec l'auxiliaire *être* aux temps composés (ex. je me suis promené). *Verbe pronominal réfléchi*, réciproque*, à sens passif. Verbe essentiellement pronominal* (ex. s'évanouir, se souvenir). □ **adv. pronominalement**

prononçable adj. Que l'on peut prononcer. *Nom difficilement prononçable.*

prononcé, ée adj. **I.** → **prononcer. II.** Très marqué, très visible, très perceptible. *Un goût prononcé pour la musique.*

prononcer v. < 3 > (latin *pronuntiare,* de *nuntiare, cf.* annoncer, énoncer) **I. v. tr. 1.** Rendre, lire (un jugement) ; faire connaître (une décision). *Prononcer la clôture des débats.* – au p. p. *Jugement prononcé.* **2.** Dire (un mot, une phrase). → **proférer.** *« Elle pleurait, elle ne pouvait prononcer un mot »* (Zola). **3.** Articuler d'une certaine manière (les sons du langage). → **prononciation.** *Prononcer correctement l'anglais.* – Articuler (tel mot). *Nom impossible à prononcer,* imprononçable. – pronom. (passif) *Ce mot s'écrit comme il se prononce.* – p. p. *Phrase mal prononcée.* **4.** Faire entendre, dire ou lire publiquement (un texte). *Le maire prononça un discours.* **II. v. intr.** Rendre un arrêt, un jugement. *Le tribunal n'a pas encore prononcé.* → **juger.** ■ **se prononcer** v. pron. Se décider, se déterminer. *Se prononcer en faveur de qqn.* ■ méd. *Les médecins ne peuvent encore se prononcer.*

prononciation n. f. (latin *pronunciatio* → prononcer) **1.** dr. Lecture d'un arrêt, d'un jugement. **2.** Manière dont les sons du langage sont articulés, dont un mot est prononcé. → **phonétique.** *Les prononciations régionales d'une langue.* → **accent.** *Défaut de prononciation.* → **élocution.**

pronostic n. m. (du latin, du grec *prognostika,* de *prognostikein* « connaître à l'avance » ; famille de *gnose*) **1.** Jugement que porte un médecin (après le diagnostic) sur la durée et l'issue d'une maladie. *Un pronostic réservé.* **2.** souvent au plur. Conjecture, hypothèse sur ce qui doit arriver, sur l'issue d'une affaire, etc. → **prédiction, prévision.** *Se tromper dans ses pronostics.* – spécialt *Le pronostic des courses* (de chevaux).

pronostique adj. méd. Relatif au pronostic.

pronostiquer v. tr. < 1 > **1.** méd. Émettre au sujet d'une maladie le pronostic de. **2.** Donner un pronostic sur (ce qui doit arriver). → **annoncer, prévoir.** *Pronostiquer la victoire d'une équipe.*

pronostiqueur, euse n. Personne qui fait des pronostics (spécialt qui établit les pronostics sportifs, dans un journal, à la radio, etc.).

pronucléus [pʀonykleys] n. m. biol. Noyau haploïde d'un œuf fécondé. *Pronucléus mâle, femelle. Fusion des pronucléus.*

pronunciamiento [pʀɔnunsjamjɛnto] n. m. (mot espagnol d'Amérique du Sud « déclaration ») Dans les pays hispaniques, Coup d'État militaire, putsch. *Des pronunciamientos.*

Prony (Marie Riche, baron de) Ingénieur français (1755-1839). Il établit le cadastre général de la France, inventa le flotteur à niveau constant et le frein dynamométrique qui porte son nom.

propagande n. f. (du latin mod. *Congregatio de Propaganda Fide* « pour propager la foi » → propager) Action exercée sur l'opinion pour l'amener à avoir et à appuyer certaines idées (surtout politiques). *Propagande électorale. Faire de la propagande pour qqch., qqn.*

propagandiste n. **1.** Personne qui fait de la propagande. **2.** Personne qui fait l'éloge de qqn, de qqch.

propagateur, trice n. Personne qui propage (une religion, une opinion, une méthode...).

propagation n. f. (latin *propagatio* → propager, *cf.* propagande) **1.** Le fait de propager. *La propagation de la foi.* **2.** Le fait de se propager ; progression par expansion. *La propagation d'une épidémie. La propagation du son, de la lumière.*

propager v. tr. < 3 > (du latin, de *pro* → pro- et *pa[n]gere* « enfoncer » ; famille de *pacte, paix*) Répandre, diffuser (des idées, des paroles, etc.). *Propager une nouvelle.* → **colporter, transmettre.** ■ **se propager** v. pron. **1.** Se multiplier par reproduction. *Cette espèce s'est propagée en France.* **2.** Se répandre. *L'incendie se propage.* → **s'étendre, gagner. 3.** (phénomène vibratoire, influx, etc.) S'éloigner de son origine. *Le son se propage vite.*

propagule n. f. (du latin *propago* « bouture » → propager) bot. Petit organe pluricellulaire assurant la multiplication de certaines mousses (bryophytes).

propagande

1. Les trois valeurs fondamentales de la Révolution nationale selon la propagande de Vichy. 2. À Hanoi, l'armée et la population unies dans un même combat (1994). 3. Affiche allemande (1943), montrant un train en route vers la Sibérie, pour chercher à mettre en garde les Français contre le communisme.

▶ C'est dans l'esprit missionnaire de la Contre-Réforme que l'idée de **propagande** voit le jour, lorsque le pape Grégoire XV crée au XVIIe siècle la *Sacra Congregatio De Propaganda Fide,* un comité de cardinaux chargé de « propager la foi ». La conversion des âmes et l'orthodoxie des croyances restent longtemps l'affaire de l'Église mais, avec l'avènement de la démocratie de masse, la politique va développer ses propres stratégies de communication et de persuasion, en particulier dans des situations de conflit. Les États démocratiques n'y échappent pas, du « bourrage de crâne » de la Grande Guerre à l'anticommunisme de l'Amérique maccarthyste.
Pourtant ce sont dans les États totalitaires comme l'Allemagne nazie ou l'URSS stalinienne que la propagande est véritablement théorisée et systématiquement mise en pratique. La diffusion d'une idéologie exclusive va de pair avec l'absence de liberté de la presse. Le contrôle des moyens de l'information permet l'instauration d'une vérité officielle. L'histoire est réécrite, l'information déformée ou inventée pour répondre aux vœux du pouvoir qui entend réduire la sphère du privé. Une « novlangue » (Orwell) truque le langage, décrivant une défaite comme une victoire et l'abus comme la justice. Quant au mensonge, il est, pour les propagandistes, toujours le fait des ennemis, des comploteurs et des traîtres qui tentent de mentir au peuple pour le perdre.

voir aussi **censure, totalitarisme**

propane n. m. (de l'anglais, du grec *piôn* « gras ») Gaz naturel inflammable ou sous-produit de raffinage d'hydrocarbure (C_3H_8), vendu en bouteilles pour le chauffage, le travail des métaux.

propanier n. m. Navire spécialisé dans le transport du propane.

proparoxyton adj. m. et n. m. (→ paroxyton) ling. Se dit d'un mot qui porte l'accent sur l'antépénultième syllabe.

propédeutique adj. (mot allemand, pris au grec *paideuein* « enseigner ») didact. Qui prépare (à des études, etc.).

propène n. m. (de *propane*) chim. Hydrocarbure gazeux éthylénique dérivé du propane (C_3H_6) de la série des paraffines. - syn. **propylène.**

propension n. f. (latin *propensio*, de *pendere* « pencher vers » → **pendre**) Tendance naturelle. → **inclination, penchant.** *Il a une certaine propension à critiquer, à la critique.*

Properce en latin **Sextus Aurelius Propertius** Poète latin (v. 47-v. 15 av. J.-C.). Il composa des élégies inspirées par son amour pour Cynthie.

propergol n. m. (de l'allemand, de *ergol*, du grec *ergon* « force » → **énergie**) chim. Substance dont la décomposition ou la réaction chimique produit de l'énergie utilisée pour la propulsion des fusées. *Propergol liquide.*

propfan [pʀɔpfan] n. m. (de l'anglais *propeller* « hélice » et *fan* « ventilateur ») anglic. Hélice d'avion capable de fonctionner à des vitesses transsoniques.

propharmacien, enne n. Médecin autorisé à délivrer des médicaments dans les localités où il n'y a pas d'officine.

prophase n. f. biol. Première phase de la division cellulaire (→ **méiose, mitose**) dans laquelle les chromosomes forment de longs filaments et se disposent par paires.

prophète, prophétesse n. (du latin, du grec *prophêtês*, de *phanai* « dire, montrer » → **blasphémer, épiphanie**) **1.** Personne inspirée par la divinité, qui prédit l'avenir et révèle des vérités cachées. → **augure, devin, oracle.** *Les prophètes de la Bible.* – *Le Prophète,* Mahomet, prophète de l'islam. – loc. *Faux prophète* : imposteur. **2.** (sens affaibli) allusion biblique *Nul n'est prophète en son pays* : il est plus difficile d'être écouté, considéré par ses compatriotes ou ses proches que par les étrangers. – loc. *Prophète de malheur,* celui qui annonce, prédit des évènements fâcheux.

▶ Le prophétisme, qui se rencontre dans nombre de religions et de sectes, est un élément essentiel du judaïsme, du christianisme et de l'islam. Le **prophète** est considéré comme l'appelé, celui que Dieu a choisi pour être son messager, son médiateur auprès des hommes.
Dans le pays d'Israël, le prophétisme s'épanouit entre le VIIIe et le VIe s. av. J.-C. Les trois « grands » prophètes de la bible hébraïque sont Isaïe, Jérémie, Ézéchiel, auxquels les bibles chrétiennes ajoutent Daniel ; les douze « petits » : Osée, Joël, Amos, Abdias, Jonas, Michée, Nahum, Habacuc, Sophonie, Aggée, Zacharie, Malachie (« grand » ou « petit » s'entend de la longueur des livres qui portent leur nom). Toutefois, des personnages antérieurs comme Abraham, Moïse, Samuel, Nathan, Élie ou Élisée sont également qualifiés de prophètes. Habités par la parole divine, ils rendent gloire à Dieu, annoncent ses desseins, rappellent sa Loi, dénoncent les faux prophètes, fustigent l'idolâtrie de leurs contemporains, les ramènent dans le droit chemin et les exhortent à se convertir. Personnages charismatiques, ils dénoncent librement l'immoralité des hommes, les injustices sociales, prennent la défense des opprimés ou s'immiscent dans les affaires de pouvoir et de politique. Voyants, ils prédisent les châtiments et le salut à venir.
Les chrétiens voient dans le Christ le Messie annoncé par les prophètes de l'Ancien Testament et par Jean-Baptiste. D'après le Coran, il n'est pas de peuple auquel Dieu n'ait pas envoyé de prophète. Tous n'ont pas, cependant, le même statut dans l'islam ; parmi les principaux, on retrouve des figures bibliques comme Adam, Noé, Abraham, Moïse ou Jésus. Mais pour les musulmans, le plus grand d'entre eux est Mahomet, dit « le sceau des prophètes », à la mission universelle.
voir aussi **judaïsme, christianisme, islam, secte, Bible**

Prophètes (les) Deuxième partie de la Bible hébraïque, composée de huit livres regroupés en deux parties : les Premiers Prophètes (jusqu'à la chute des royaumes d'Israël et de Juda) ; les Derniers Prophètes répartis entre les « Grands » et les « Petits » Prophètes.

prophétie n. f. (→ **prophète**) **1.** Ce qui est prédit par un prophète. → **divination.** *Le don de prophétie. Les prophéties de la Pythie de Delphes.* → **oracle. 2.** Ce qui est annoncé par des personnes qui prétendent connaître l'avenir. **3.** Expression d'une conjecture, d'une hypothèse sur des évènements à venir. → **prédiction.** *Tes prophéties se sont réalisées.*

prophétique adj. Qui a rapport à un prophète, a le caractère de la prophétie. *Des paroles prophétiques,* que l'avenir devait confirmer.

prophétiser v. tr. < 1 > **1.** Prédire, en se proclamant inspiré par la divinité. – absolt Parler au nom de Dieu. **2.** Prédire, annoncer (ce qui va arriver).

prophylactique adj. Qui prévient la maladie. *Mesures d'hygiène prophylactiques.* → **préventif.**

prophylaxie n. f. (du grec *phulassein* « protéger ») Ensemble des mesures à prendre pour prévenir les maladies. → **hygiène, prévention.**

propice adj. (latin *propitius*, famille de *pétition*) **1.** littér. (divinité) Bien disposé, favorable. *Que le sort nous soit propice !* **2.** (choses) *Propice à...,* qui se prête tout particulièrement à. → ¹**bon.** *Climat propice à sa santé.* ■ Opportun, favorable. *Choisir le moment propice.*

propitiation n. f. (latin *propitiatio* → **propitiatoire**) relig. *Sacrifice, victime de propitiation,* que l'on offre à Dieu pour se le rendre propice.

propitiatoire adj. (latin *propitiatorium* ; famille de *propice*) littér. Qui a pour but de rendre la divinité propice. *Une offrande propitiatoire.*

propolis [pʀɔpɔlis] n. f. (mot grec « entrée d'une ville ») Gomme résineuse que les abeilles recueillent sur les bourgeons de certains arbres (marronniers, saules...) pour obturer les fentes des ruches, fixer les gâteaux de cire.

Propontide n. f. Nom grec de la mer de Marmara dans l'Antiquité.

proportion n. f. (latin *pro portione* « pour sa part » → **portion**) **1.** (qualité) Rapport esthétiquement satisfaisant entre deux éléments d'un ensemble ; équilibre des surfaces, des masses, des dimensions. *La proportion entre la hauteur et la largeur d'une façade.* – au plur. Formes. *Une statue aux proportions harmonieuses,* bien proportionnée. **2.** (quantité) Rapport (entre deux ou plusieurs choses). *Une proportion égale de réussites et d'échecs. Proportion des naissances par rapport aux décès.* → **pourcentage, taux.** ■ loc. *À proportion de...* : suivant l'importance, la grandeur relative de. → **proportionnellement** à. – *À proportion que* (+ indic.) : à mesure que (et dans la mesure où). *À proportion :* suivant la même proportion. *La clientèle a augmenté et le travail à proportion.* – *En proportion de.* → **selon,** ²**suivant.** *C'est peu de chose, en proportion du service rendu.* → en **comparaison** de, **relativement** à. *En proportion :* suivant la même proportion. *Il est grand, et gros en proportion.* – *Hors de proportion,* sans commune mesure avec... → **disproportionné.** *Une sanction hors de proportion avec la faute.* **3.** au plur. Dimensions (par référence implicite à une échelle, une mesure). *Mesurer les proportions véritables d'un évènement.* → **importance.**

proportionnalité n. f. didact. **1.** Caractère des grandeurs proportionnelles entre elles. **2.** Fait de répartir (qqch.) selon une juste proportion. *La proportionnalité de l'impôt.*

proportionné, ée adj. **1.** *Proportionné à,* qui a un rapport normal avec. *Des efforts proportionnés au résultat cherché* (opposé à *disproportionné*). **2.** *Bien proportionné :* qui a de belles proportions (1), bien fait.

proportionnel, elle adj. (du latin → **proportion**) **1.** math. *Suite proportionnelle,* chacune des fractions (dont aucun terme n'est égal à 0) donnée pour égale à une autre (ex. $\frac{a}{b}=\frac{c}{d}=\frac{e}{f}$...). – *Moyenne, grandeur proportionnelle,* calculée à partir de suites proportionnelles. **2.** Qui est, reste en rapport avec (qqch.), varie dans le même sens. *Salaire proportionnel au travail fourni.* – absolt Déterminé par une proportion. *Impôt proportionnel,* à taux invariable (opposé à *progressif*). **3.** *Représentation proportionnelle* ou n. f. *la proportionnelle :* système électoral où les élus de chaque liste sont en nombre proportionnel à celui des voix obtenues par cette liste.

proportionnellement adv. Suivant une proportion ; d'une manière proportionnelle. *Calculer ses dépenses proportionnellement à son salaire.* → **comparativement, relativement.**

proportionner v. tr. < 1 > Rendre (une chose) proportionnelle (à une autre) ; établir un rapport convenable, normal entre (plusieurs choses). *Proportionner l'effort au but visé.*

propos n. m. (de *proposer*, d'après le latin *propositum*) **I.** au sing. **1.** littér. Ce qu'on propose ; ce qu'on se fixe pour but. → **dessein, intention.** *Ce n'est pas mon propos.* **2.** loc. *À propos de :* au sujet de. → **concernant.** *À propos de tout et de rien,* sans motif. – *À tout propos* (→ pour un oui ou pour un non, à tout bout de champ). – *À propos, à ce propos* (introduisant une idée qui surgit brusquement à l'esprit) (→ au fait). *Ah ! à propos, je voulais vous demander...* – *Mal à propos,* de manière intempestive, inopportune. ■ loc. adv. *À propos :* de la manière, au moment, à l'endroit convenable ; avec discernement. *Voilà qui tombe à propos.* → ¹**bien** ; fam. à **pic.** – loc. adj. invar. Convenable, opportun. *Elle a jugé à propos de démissionner.* ■ *Hors de propos :* mal à propos. → à **contretemps.** – Inopportun. *Questions hors de propos.* **II.** *Un, des propos :* paroles dites au sujet de qqn, qqch., mots échangés. → **parole.** *Des propos blessants.*

proposable adj. rare Que l'on peut proposer.

proposer v. tr. < 1 > (latin *proponere*, de *ponere* → **poser**) **I.** *Proposer qqch. à qqn.* **1.** Faire connaître à qqn, soumettre à son choix. *On leur proposa un nouveau projet.* → **présenter.** – *Proposer une solution.* → **avancer, suggérer.** – *Proposer de* (+ inf.), *que* (+ subj.). – absolt « *Car l'homme propose et Dieu dispose, et la vie de l'homme n'est pas en lui* » (« Imitation de Jésus-Christ »). **2.** Soumettre (un projet) en demandant d'y prendre part. *Il nous a proposé un arrangement. Je vous propose de partager.* **3.** Demander à qqn d'accepter. *On lui a proposé de l'argent.* → **offrir. 4.** Donner (un sujet, un thème). – au p. p. *Le sujet proposé aux candidats.* **II.** *Proposer qqn :* désigner (qqn) comme candidat pour un emploi. *On l'a proposé pour ce poste.* ■ se **proposer** v. pron. **1.** Se fixer (un but) ; former le projet de (faire). *Elles se sont proposé un objectif précis.* **2.** Poser sa candidature à un emploi, offrir ses services. *Elle s'est proposée pour garder les enfants.*

proposition n. f. (latin *propositio* → **proposer**) **1.** Action de proposer, d'offrir, de suggérer qqch. à qqn ; ce qui est proposé. → **offre.** *Faire, accepter, rejeter une proposition. Faire des propositions à une femme,* lui proposer des relations sexuelles. *Sur (la) proposition de qqn,* conformément à ce qu'il, elle a proposé, sur son conseil. *Propositions et* *contre-propositions.* – ***Proposition de loi****. **2.** log. Assertion considérée dans son contenu. *Démontrer qu'une proposition est vraie, fausse, contradictoire.* **3.** gramm. Énoncé constituant une phrase simple ou entrant dans la formation d'une phrase complexe. *Proposition principale, subordonnée, indépendante.*

propositionnel, elle adj. log. Relatif aux propositions. *Logique propositionnelle.*

Propp (Vladimir Iakovlevitch) Folkloriste soviétique (1895-1970). Il fit des recherches sur les contes populaires russes. À l'origine de la narratologie moderne, il dégagea les fonctions narratives élémentaires apparaissant toujours dans le même ordre. *La Morphologie du conte ; Les Racines historiques du conte merveilleux.*

propre adj. (latin *proprius*, p.-ê. de *privus* → privé) **I.** (→ propriété) **1.** (après le n. ; dans quelques expressions) Qui appartient d'une manière exclusive ou particulière à une personne, une chose. *Qualités propres. Vous lui remettrez ces papiers en mains propres.* – ***Nom propre*** (opposé à *nom commun*) : nom qui s'applique à une personne, à un lieu, à une chose unique ou à une collection de choses qu'il désigne. *Jean, Marseille, SNCF sont des noms propres.* – ***Sens propre*** (opposé à *sens figuré*) : sens initial (d'un mot), logiquement ou historiquement. → **littéral.** – ***Propre à...*** *C'est un trait de caractère qui lui est propre. Un défaut propre à la jeunesse.* → **spécifique.** **2.** (sens affaibli ; avec un possessif et avant le n.) *Rentrer par ses propres moyens.* – *Ce sont ses propres mots*, exactement les mots qu'il a employés. → **même.** **3.** (après le n.) Qui convient particulièrement (opposé à *impropre*). → **approprié, convenable.** *Le mot propre.* → **exact, juste.** *Une atmosphère propre au travail.* → **propice.** – (personnes) Apte, par sa personnalité, ses capacités. *Je la crois propre à remplir ce poste.* – **n.** ***Un, une propre à rien*** : personne qui ne sait ou ne veut rien faire. → **incapable ;** → **bon à rien.** *Des propres-à-rien.* **4. n. m.** ***En propre*** : possédé à l'exclusion de tout autre. *Avoir un bien en propre*, à soi. → **propriété.** ■ ***Le propre de*** : la qualité distinctive qui caractérise, qui appartient à (une chose, une personne). allusion *Rire* est le propre de l'homme.* → **particularité.** ■ ***Au propre*** : au sens propre. **II.** (→ propreté) **1.** vieux Qui est net, bien tenu, soigné. ■ mod. *La copie est propre.* – **n. m.** *Mettre au propre* (opposé à *brouillon*). **2.** (choses) Qui n'a aucune trace de saleté, de souillure (opposé à *sale, malpropre*). → **impeccable, [1]net.** *Des draps bien propres.* → **immaculé.** *Avoir les mains propres.* – (d'une action, d'une occupation) *Manger avec ses doigts, ce n'est pas propre.* ■ (personnes) Qui se lave souvent ; dont le corps et les vêtements sont débarrassés de toute trace de saleté. loc. *Propre comme un sou neuf*, très propre. ■ fig., iron. *Nous voilà propres !*, dans une mauvaise situation. → **[1]frais ;** → dans de beaux draps. ■ Qui ne se souille pas. *Les chats sont propres. Cet enfant était propre à deux ans*, contrôlait ses fonctions naturelles. **3.** Qui pollue peu. *Énergies, industries propres.* **4.** fig. (des sens 1 et 2) (personnes) Honnête, dont la réputation est sans tache. – (choses) *Une affaire pas très propre.* → **correct.** ■ (calque de l'anglais *clean*) Qui ne se drogue pas, ne se dope pas. *Un sportif propre.* – *Un sport propre.* ■ **n. m.** iron. *C'est du propre !*, se dit d'un comportement indécent, immoral (→ c'est du beau, du joli !).

proprement adv. **I. 1.** D'une manière spéciale à qqn ou à qqch. ; en propre. *Une affaire proprement française, et non pas internationale.* → **exclusivement, strictement.** **2.** littér. Au sens propre du mot, à la lettre. → **exactement, précisément.** – ***À proprement parler*** : en nommant les choses exactement, par le mot propre. – ***Proprement dit(e)*** : au sens exact et restreint, au sens propre. **II. 1.** D'une manière propre, soigneuse ou sans souillure. *Manger proprement.* **2.** Comme il faut, correctement. → **convenablement.** *Un travail proprement exécuté.*

propret, ette adj. Bien propre dans sa simplicité. *Une petite auberge proprette.*

propreté n. f. (→ propre [II]) État, qualité d'une personne, d'une chose propre. *La propreté d'un logis, d'une ville.*

propréteur n. m. (→ préteur) hist. À Rome, ancien préteur à qui l'on confiait le gouvernement d'une province.

propriétaire n. (→ propriété [I]) **1.** Personne qui possède (qqch.) en propriété. *La propriétaire d'une voiture.* – loc. *Faire le tour du propriétaire*, visiter sa maison, son domaine. **2.** *Un, une propriétaire* : personne qui possède en propriété des biens immeubles. *Propriétaire terrien, foncier.* **3.** Personne qui possède un logement et le loue. → **bailleur ;** fam. **proprio.** *Propriétaire et locataire.*

propriété n. f. (du latin → propre [I]) **I. 1.** Fait de posséder en propre ; droit de jouir et de disposer de biens. *Le goût, l'amour de la propriété*, de la possession. *Propriété d'un bien à plusieurs.* → **copropriété.** – Monopole temporaire d'exploitation d'une œuvre, d'une invention par son auteur. *Propriété littéraire, artistique.* → **copyright.** **2.** Ce qu'on possède en vertu de ce droit. *C'est ma propriété. La propriété de l'État. En toute propriété.* **3.** Terre, construction ainsi possédée. *Vivre du revenu de ses propriétés.* – (collectif) *La grande et la petite propriété.* **4.** Riche maison d'habitation avec un jardin, un parc. *Il habite une superbe propriété.* **II. 1.** Qualité propre. *Les propriétés de la matière. Propriétés physiques, chimiques.* **2.** Qualité du mot propre, de l'expression qui convient exactement (opposé à *impropriété*). *Propriété des termes.*

proprio n. fam. Propriétaire.

propylée

Les Propylées, de style dorique (437-432 av. J.-C.), à l'entrée de l'Acropole d'Athènes.

proprioceptif, ive adj. (de l'anglais *proprioceptive*, de *[re]ceptive*) physiol. *Sensibilité proprioceptive*, propre aux muscles, os, ligaments. - contr. **extéroceptif, intéroceptif.**

proprioception n. f. physiol. Sensibilité proprioceptive*, capacité à se percevoir dans l'espace participant à l'équilibration.

propulser v. tr. < 1 > (→ propulsion) **1.** Faire avancer par une poussée (→ **propulsion**). – au p. p. *Missile propulsé par une fusée.* **2.** Projeter au loin, avec violence. *Les passagers ont été propulsés hors du véhicule.* **3.** fam. *Propulser qqn à un poste*, l'y placer sans qu'il ait rien fait pour l'obtenir. → **bombarder, catapulter.** ■ **se propulser** v. pron. fam. Se déplacer, se promener.

propulseur n. m. **1.** ethnol., préhist. Bâton à encoche servant à lancer une arme de jet. **2.** Engin de propulsion (d'un bateau, d'un avion, d'un engin spatial). *Propulseur à hélice, à réaction.*

propulsif, ive adj. didact. Qui produit un effet de propulsion. *Hélice propulsive.*

propulsion n. f. (du latin *propulsum*, de *pro* et *pellere* → pousser, pulsation) **1.** didact. Fait de pousser en avant, de mettre en mouvement. *La propulsion du sang par le cœur.* **2.** cour. Production d'une énergie qui assure le déplacement d'un mobile, le fonctionnement d'un moteur. *Sous-marin à propulsion nucléaire.*

propylée n. m. (grec *propulaion* « ce qui est devant la porte ») archit. Vestibule d'un temple. – au plur. Portique à colonnes qui formait l'entrée, la porte monumentale (d'un temple, d'une citadelle). *Les Propylées de l'Acropole d'Athènes.*

propylène voir propène

au prorata (de) loc. prép. (latin *pro rata [parte]* « selon [la part] calculée », de *reri* « compter » → raison) En proportion de, proportionnellement à.

prorogatif, ive adj. didact. Qui proroge.

prorogation n. f. Action de proroger. *La prorogation d'un bail.* → **renouvellement.**

proroger v. tr. < 3 > (du latin, de *rogare* « demander » → rogatoire) **1.** Renvoyer à une date ultérieure. *Proroger l'échéance d'un crédit.* **2.** Faire durer au-delà de la date d'expiration fixée. → **prolonger.** *Proroger un passeport.*

prosaïque adj. (latin *prosaicus*, de *prosa* → prose) Qui manque d'idéal, de noblesse, sans poésie. → **commun, [1]plat.** *Une vie prosaïque. C'est un homme prosaïque*, terre à terre. □ adv. **prosaïquement**

prosaïsme n. m. littér. Caractère prosaïque. *Le prosaïsme du quotidien.*

prosateur, trice n. (de l'italien *prosatore* → prose) Auteur qui écrit en prose. *Les prosateurs et les poètes.*

proscenium [pʀɔsenjɔm] n. m. (mot latin, du grec) Antiq. Corniche qui coupe le mur du fond et qui surplombe la scène d'un théâtre antique. – mod. Avant-scène. - var. RO **proscénium.**

proscripteur, trice n. didact. Personne qui proscrit, pratique la proscription.

proscription [pʀɔskʀipsjɔ̃] n. f. (latin *proscriptio* → proscrire) **1.** hist. Mesure de bannissement, qui était prise à l'encontre de certaines personnes en période d'agitation civile ou de dictature. → **exil.** **2.** littér. Action de proscrire (2) qqch. ; son résultat. → **condamnation, interdiction.**

proscrire v. tr. < 39 > (latin *proscribere*, de *scribere* → écrire) **1.** hist. Bannir, exiler. → **proscription (1).** **2.** littér. Interdire formellement (une chose que l'on condamne, l'usage de qqch.). *Proscrire le tabac, l'alcool.*

proscrit, ite adj. **1.** Qui est frappé de proscription. → **banni, exilé.** – **n.** « *Les Proscrits* » (de Balzac). **2.** Interdit.

prose n. f. (latin *prosa [oratio]* « [discours] droit », de *prosus* « qui va en ligne droite », famille de *vertere* « tourner » → [2]vers, version)

P

1. Forme ordinaire du discours oral ou écrit ; manière de s'exprimer qui n'est pas soumise aux règles de la versification (opposé à *poésie*). *« Voici la poésie ce matin et pour la prose il y a les journaux »* (Apollinaire). *Un drame en prose.* ■ Ensemble de textes en prose. *La prose française du XVIIe siècle.* 2. fam., souvent iron. Manière (propre à une personne ou à certains milieux) d'utiliser le langage écrit ; texte où se reconnaît cette manière. *La prose administrative.*

prosecco n. m. (nom d'un ancien village près de Trévise) Vin blanc effervescent italien. *Des proseccos.*

prosecteur, trice n. (du latin *prosectus*, de *prosecare* « découper ») 1. anciennt Médecin spécialisé dans les travaux pratiques d'anatomie, dans les dissections. 2. Technicien(ne) qui prépare les corps pour les dissections.

prosélyte n. (du latin, du grec *prosêlutos* « nouveau venu dans un pays ») 1. Nouveau converti à une religion. 2. fig. Personne récemment gagnée à une doctrine, un parti, une nouveauté. → **adepte, néophyte.** *Faire de nombreux prosélytes.*

prosélytisme n. m. Zèle déployé pour faire des prosélytes, recruter des adeptes. → **apostolat, propagande.**

Proserpine Divinité des Enfers dans la religion romaine. D'abord déesse agraire, elle fut assimilée à la Perséphone grecque.

prosimien [pʀosimjɛ̃] n. m. (de *simien*) zool. Primate appartenant à un sous-ordre ne faisant pas partie des singes vrais. → **lémurien.**

Prosna n. f. Rivière de Pologne (226 km). Née dans le plateau de la Petite Pologne, elle traverse le S. de la Grande Pologne et se jette dans la Warta.

prosobranche n. m. (du grec *proso-* « en avant » et *branche* « branchie ») zool. Mollusque gastéropode dont les branchies sont à l'avant du corps (s'oppose à *opisthobranche*).

prosodie n. f. (grec *prosôdia*, de *ôdus* → ode) 1. didact. Durée, mélodie et rythme des sons d'un poème ; règles concernant ces caractères des sons. → **¹métrique, versification.** *La prosodie latine.* 2. Règles fixant les rapports entre paroles et musique du chant. 3. Intonation et débit propres à une langue. *Phonétique et prosodie françaises, allemandes.* □ adj. **prosodique**

prosopopée n. f. (du latin, du grec *prôsopon* « personne » et *poîein* « faire ») didact. Figure de rhétorique par laquelle on fait parler et agir une personne que l'on évoque (absent, défunt, animal ou chose personnifiée). → **évocation.**

¹prospect [pʀɔspɛ] n. m. (du latin *prospectus* « perspective » → prospectus) Distance minimale autorisée par la voirie entre deux bâtiments.

²prospect [pʀɔspɛ(kt)] n. m. (mot anglais « perspective », du latin → ¹prospect) anglic. Client potentiel d'une entreprise, consommateur susceptible d'acheter un produit.

prospecter v. tr. < 1 > (anglais *to prospect*, du latin → prospectus) 1. Examiner, étudier (un terrain) pour rechercher les richesses naturelles. *Prospecter une région pour chercher du pétrole.* 2. Parcourir (une région), étudier les possibilités de (un marché, une clientèle) pour y découvrir une source de profit. *Prospecter le marché asiatique.*

prospecteur, trice n. (de l'anglais → prospecter) Personne qui prospecte. → aussi **téléprospecteur.** ■ *Prospecteur placier*, qui recherche des emplois pour les chômeurs. *Elle est prospectrice placière. Des prospecteurs placiers.*

prospectif, ive adj. (du latin → prospectus) Qui concerne l'avenir, sa connaissance. ■ Qui concerne la prospective. *Enquête prospective.*

prospection n. f. (de *prospecter*) 1. Fait de prospecter un terrain. *Prospection pétrolière.* 2. Fait de rechercher des clients éventuels. *Prospection par téléphone.* → **téléprospection.**

prospective n. f. (→ prospectif) Ensemble de recherches concernant l'évolution future des sociétés et permettant de dégager des éléments de prévision. → **futurologie.** *Étude de prospective.* → **prévisionnel.**

prospectus [pʀɔspɛktys] n. m. (du latin, de *prospicere* « regarder (*spicere*) en avant » ; famille de *spectacle*) Imprimé publicitaire (brochure ou feuille, dépliant) destiné à vanter un produit, un commerce, une affaire... → régional **circulaire.**

Prosper d'Aquitaine (saint) Théologien (v. 390-v. 455-463). Il vécut à Marseille, où il prit le parti de saint Augustin contre les pélagiens, puis s'installa à Rome auprès de Léon le Grand.

prospère adj. (latin *prosper* « propice, favorable ») Qui est dans un état heureux, de prospérité. → **florissant.** *Santé prospère. Région prospère.* → **opulent, riche.** *Commerce prospère.*

prospérer v. intr. < 6 > (du latin → prospère) 1. Être, devenir prospère. *Terrain où prospèrent les orties.* 2. (affaire, entreprise...) Réussir, progresser dans la voie du succès. → se **développer, marcher.** *Ses affaires prospèrent.*

prospérité n. f. (latin *prosperitas* → prospère) 1. Bonne santé, situation favorable (d'une personne). 2. État d'abondance ; augmentation des richesses (d'une collectivité) ; heureux développement (d'une production, d'une entreprise). *La prospérité économique d'un pays.* → **essor.**

Prost (Alain) Coureur automobile français (né en 1955). Il fut champion du monde de Formule 1 en 1985, 1986, 1989 et 1993.

Alain Prost, en 1995, sur le circuit de Silverstone (grand prix de Grande-Bretagne).

prostaglandine n. f. (de *prostate* et *glande*) méd. Hormone dérivée d'acides gras non saturés, présente dans de nombreux tissus animaux, et ayant des effets biologiques multiples.

prostate n. f. (grec *prostatês* « qui se tient en avant » → statique) Glande de l'appareil génital masculin, située sous la vessie. *Cancer de la prostate.* □ adj. **prostatique**

prostatectomie n. f. méd. Ablation de la prostate.

prostatite n. f. méd. Inflammation de la prostate.

se **prosterner** v. pron. < 1 > (du latin, de *sternere* « étendre » → strate) 1. S'incliner en avant et très bas dans une attitude d'adoration, de supplication, d'extrême respect. *Les musulmans en prière se prosternent en direction de La Mecque.* 2. fig. *Se prosterner devant qqn*, faire preuve de servilité envers lui. → s'**humilier.** *Se prosterner devant le pouvoir.* □ n. f. **prosternation** □ n. m. **prosternement**

prosthèse n. f. (latin *prosthesis*, du grec) ling. Adjonction, à l'initiale d'un mot, d'une lettre, d'une syllabe non étymologique, sans modification du sens (ex. le g de *grenouille* pour *renouille*).

prosthétique adj. 1. ling. Qui constitue une prosthèse. 2. (de l'allemand) biochim. *Groupement prosthétique* : partie d'une molécule de protéine qui n'est pas protéique.

prostitué, ée n. Personne qui se livre à la prostitution. *Une prostituée qui fait le trottoir.* → **péripatéticienne** ; fam. **putain.**

prostituer v. tr. < 1 > (du latin « exposer en déshonorant », de *statuere* « placer » → statuer) 1. Livrer (une personne) ou l'inciter à se livrer aux désirs sexuels de qqn pour en tirer profit (→ **prostitution**). *Prostituer des enfants.* – pronom. Se livrer à la prostitution. 2. littér. Déshonorer, avilir. *Prostituer son talent*, l'utiliser pour des besognes indignes, déshonorantes. – pronom. S'abaisser, se dégrader.

prostitution n. f. (latin *prostitutio* → prostituer) 1. Le fait de livrer son corps aux plaisirs sexuels d'autrui pour de l'argent et d'en faire métier ; ce métier, le phénomène social qu'il représente. *Prostitution et proxénétisme. Maison de prostitution* (→ **bordel**). 2. littér. Action d'avilir, de s'avilir dans un comportement dégradant.

prostration n. f. (→ prostré) État d'abattement physique et psychologique extrême, de faiblesse et d'inactivité totale. *Être, tomber dans une prostration profonde.*

prostré, ée adj. (latin *prostratus*, de *prosternere* → se prosterner) Qui est dans un état de prostration. → **abattu, accablé, effondré.** *Malade prostré.*

prostyle adj. et n. m. (de *pro-* et grec *stylos* « colonne ») 1. archit. Qui n'a de colonnes qu'à sa façade antérieure. *Temple prostyle.* 2. n. m. Rangée de colonnes formant un portique, un vestibule (dans un temple prostyle).

protactinium [pʀɔtaktinjɔm] n. m. (de *prot[o]-* et *actinium*) chim. Élément radioactif (symb. Pa ; n° at. 91 ; masse at. 231) de la série des actinides.

protagoniste n. m. (du grec, de *agônistês* « athlète », de *agônizesthai* « lutter » → agoniser) Personne qui joue le premier rôle dans une affaire. → **héros.**

Protagoras Sophiste grec (485-411 av. J.-C.). Brillant rhéteur, il enseigna l'art du discours. Platon lui prête la formule : « L'homme est la mesure de toutes choses. »

Protais (saint) voir **Gervais et Protais** (saints)

protamine n. f. (de *prot[éine]* et *amine*) biochim. Protéine simple combinée à l'ADN dans la laitance de poisson.

protandrie n. f. (du grec *proteros* « premier » et de *-andrie*) biol. Forme d'hermaphrodisme dans lequel les gamètes mâles sont mûrs avant les gamètes femelles. ■ *Protandrie végétale*, des fleurs dont l'étamine est mûre avant le pistil. - syn. **protérandrie.**

protase n. f. (latin *protasis*, du grec) 1. gramm. Subordonnée conditionnelle placée avant la principale. 2. rhét. Première partie d'une période.

prote n. m. (de l'italien, du grec *prôtos* → proto-) vieilli Contremaître dans un atelier d'imprimerie au plomb.

protéagineux, euse n. m. et adj. (de *proté[ine]* et *[olé]agineux*) Légumineuse qui contient une grande proportion de protéines. *Emploi des protéagineux dans l'alimentation du bétail.*

protéase n. f. (→ protéine) biochim. Enzyme qui hydrolyse les protéines et les polypeptides. - syn. **protéinase.**

protecteur, trice (du latin → protéger) I. n. 1. Personne qui protège, défend (les faibles, les pauvres, etc.). → **défenseur.** *Le protecteur de la veuve et de l'orphelin.* 2. Personne qui protège, qui patronne qqn. *« Chercher un protecteur puissant, prendre un patron »* (E. Rostand). ■ *Le protecteur d'une prostituée*, son souteneur. ■ au Québec *Protecteur du citoyen*, qui défend le citoyen face à l'administration. → **médiateur, ombudsman.** 3. Personne qui favorise la naissance ou le développement (de qqch.). *Un protecteur des arts.* → **mécène.** 4. hist. État qui établit un protectorat* sur un autre. II. adj. 1. Qui remplit son rôle de protection à l'égard de qqn, qqch. *Société protectrice des animaux* (SPA). 2. (choses) Qui protège. *Crème protectrice pour le visage.* 3. Qui exprime une intention bienveillante et condescendante. *Un ton protecteur.*

protection n. f. (du latin → protéger) **1.** Action de protéger, de défendre qqn ou qqch. (contre un agresseur, un danger, etc.) ; le fait d'être protégé. → **¹aide, ¹défense, secours.** *La protection sociale. Protection maternelle et infantile.* → **²PMI.** *Prendre qqn sous sa protection. Protection contre les maladies.* → **prévention, prophylaxie.** *Protection de la nature.* → **préservation, sauvegarde. 2.** Personne ou chose (matière, dispositif) qui protège. *Installer une protection contre le bruit.* – *Protections périodiques,* que les femmes utilisent pendant les règles (serviettes, etc.). **3.** Action d'aider, de patronner qqn. → fam. **piston.** *Obtenir un emploi par protection,* grâce aux appuis dont on dispose. **4.** Action de favoriser la naissance ou le développement de qqch. ▪ écon. Contrôle ou limitation de l'entrée de marchandises étrangères dans un pays (→ **protectionnisme**). *Protections douanières.*

protectionnisme n. m. Politique douanière qui vise à protéger l'économie nationale contre la concurrence étrangère (opposé à *libre-échange*).

▶ Avant 1914, le **protectionnisme** prend surtout la forme de droits de douane et de prohibition. Avec la crise et la guerre commerciale des années 1930, l'arsenal protectionniste s'enrichit de quotas, de normes techniques... Cette montée du protectionnisme, vecteur de repli, accentue alors la dépression économique et forge la connotation péjorative du terme. Comme en réaction, depuis 1945, le protectionnisme recule : le niveau moyen des droits de douane était de 40 % en 1947, et de moins de 5 % en 2021.
En théorie économique, le protectionnisme doit être l'exception et le libre-échange la règle. La participation à l'échange est en effet considérée comme étant à l'origine d'un gain net en termes de bien-être au niveau mondial (issu de la spécialisation, des économies d'échelle...). La protection n'est justifiée que dans des cas particuliers comme celui des jeunes industries (selon l'économiste allemand Friedrich List, un tarif sélectif peut laisser le temps aux industries nouvelles d'atteindre un niveau de compétitivité leur permettant d'affronter la concurrence) ou le cas d'un duopole qui se livre une concurrence par les quantités produites (ex : Airbus et Boeing). Dans les faits, le protectionnisme est pourtant une pratique courante. Les autorités politiques ne veulent pas prendre le risque de faire partie des perdants de l'échange. Souvent, elles répondent ainsi à une demande de protection qui émane de groupes d'intérêt nationaux.
voir aussi **libéralisme, mondialisation, monopole**

protectionniste adj. et n. Relatif au protectionnisme ; partisan du protectionnisme. *Mesures protectionnistes.*

protectorat n. m. hist. Régime établi par traité, dans lequel un État (le protecteur) contrôlait un État protégé (diplomatie, défense) qui gardait son autonomie politique intérieure ; cet État protégé. *Jusqu'en 1956, le Maroc était un protectorat français.*

protée n. m. (de *Protée*) **1.** littér. Homme qui change constamment d'opinion, de rôle (→ **protéiforme**). **2.** zool. Amphibien urodèle à branchies persistantes, qui vit dans les eaux souterraines.

Protée Dieu de la mythologie grecque. Il a le don de divination et peut prendre plusieurs formes, comme celle de l'eau ou du feu.

protégé, ée 1. adj. Qui est mis à l'abri, préservé. *Espèces animales protégées.* ▪ hist. *État protégé.* → **protectorat. 2.** n. Personne protégée par une autre. *Son petit protégé.* → **poulain.**

protège-cahier n. m. Couverture en matière souple qui sert à protéger un cahier d'écolier. *Des protège-cahiers.*

protège-dents n. m. invar. Appareil que les boxeurs, certains lutteurs, placent dans leur bouche pour protéger leurs dents. - var. RO **protège-dent** n. m.

protège-nez n. m. invar. Dispositif qui se fixe aux lunettes pour protéger le nez contre les coups de soleil.

protège-parapluie n. m. Gaine servant à envelopper et à protéger un parapluie. *Des protège-parapluies.*

protéger v. tr. < 3 et 6 > (latin *protegere,* de *tegere* « abriter » → toit) **1.** Aider (une personne) de manière à la mettre à l'abri d'une attaque, des mauvais traitements, du danger physique ou moral. → **défendre, secourir ; protecteur, protection.** *Protéger les plus faibles. Protéger qqn de, contre (qqn, qqch.), contre un danger.* – *Que Dieu vous protège !* (formule de souhait). → **assister, garder.** ▪ pronom. *Se protéger du soleil.* absolt *Se protéger :* utiliser un préservatif lors d'un rapport sexuel. **2.** Défendre contre toute atteinte. → **garantir, sauvegarder.** *La loi doit protéger les libertés individuelles. Protéger une invention, un brevet.* **3.** (choses) Couvrir de manière à arrêter ce qui peut nuire, à mettre à l'abri. → **abriter, préserver.** *Les arbres nous protégeront du vent, contre le vent.* **4.** Aider (qqn) en facilitant sa carrière, sa réussite. → **patronner, recommander ;** fam. **pistonner. 5.** Favoriser la naissance ou le développement de (une activité). → **encourager, favoriser.** *Protéger les arts.* **6.** Favoriser (une production) par des mesures protectionnistes.

protège-slip [pʀɔtɛʒslip] n. m. Protection féminine qui se fixe au fond du slip. *Des protège-slips.*

protège-tibia n. m. Dispositif qui protège les tibias, porté par les joueurs de football, de rugby, etc. *Des protège-tibias.*

protéiforme adj. (du dieu grec *Protée* qui changeait d'apparence) Qui peut prendre de multiples formes, se présenter sous les aspects les plus divers. *Une œuvre protéiforme.*

protéinase voir **protéase**

protéine n. f. (du grec *prôtos* « premier » → prot[o]-) Grosse molécule complexe d'acides aminés, constituant essentiel des matières organiques et des êtres vivants. *Alimentation riche en protéines.*

▶ Les **protéines** sont des macromolécules azotées constituées d'une longue suite d'acides aminés. Elles interviennent à tous les niveaux de l'architecture, de l'organisation et du fonctionnement des êtres vivants. Chez l'homme, les protéines se trouvent dans le sérum au taux de 70 à 75 g/l et dans toutes les cellules.
Les protéines de structure contribuent à la charpente des cellules, tissus et organes. Les enzymes catalysent les réactions chimiques notamment lors de la digestion ; les hormones sont les transmetteurs de messages aux organes cibles ; les globulines sont impliquées dans les défenses immunitaires ; l'albumine concourt à la stabilité osmotique du sang. L'hémoglobine sert au transport de l'oxygène et du dioxyde de carbone ; la myosine permet la contraction musculaire ; les canaux et récepteurs membranaires situés à la surface de toutes les cellules régissent les relations entre elles et le milieu environnant. Les protéines sont impliquées dans bien d'autres fonctions telles que la coagulation du sang, le métabolisme des lipides ou les phénomènes de transcription et de réparation de l'ADN nucléaire.
La synthèse se fait dans les cellules à partir de vingt acides aminés pour donner des chaînes de cent à plusieurs milliers d'éléments. L'ordre d'agencement est déterminé par l'ordre des séquences nucléotidiques des gènes correspondants. Cependant, à un gène peuvent correspondre plusieurs protéines du fait de réarrangements. Ainsi, alors que le génome humain comprend environ 25 000 gènes, il y a plus de 100 000 protéines agissant seules ou en collaboration avec d'autres molécules. Une même protéine peut avoir plusieurs fonctions.
Beaucoup de protéines sont conjuguées avec des métaux, des métalloïdes ou d'autres molécules indispensables à leur rôle. Les anomalies qualitatives ou quantitatives de certaines protéines sont à l'origine de nombreuses maladies génétiques ou dégénératives.
voir aussi **hormones, ADN, gène, sang**

protéiné, ée adj. Enrichi en protéines. *Boisson protéinée.* – *Diète protéinée :* régime amaigrissant basé essentiellement sur l'apport de protéines.

protéinogramme n. m. méd. Courbe à usage diagnostique, donnant la composition et la teneur relative des diverses protéines sériques.

protéinurie n. f. méd. Présence de protéines dans les urines.

protéique adj. biochim. Relatif aux protéines. *Substance protéique.* → **protidique.**

protèle n. m. (grec *protelês*) zool. Mammifère nocturne d'Afrique, de la famille des hyènes, au pelage rayé, appelé parfois *loup fouisseur.*

protéolyse n. f. biochim. Hydrolyse des protéines au cours des processus métaboliques sous l'effet d'enzymes.

protéolytique adj. biochim. Qui hydrolyse les protéines. *Enzyme protéolytique.* → **protéase.**

protérandrie voir **protandrie**

protérogyne ; protérogynie voir **protogyne, protogynie**

protestable adj. dr. Que l'on peut protester. *Effet de commerce protestable.*

protestant, ante n. et adj. (de *protester* « déclarer ») Chrétien(ne) appartenant à la religion réformée. → **anglican, calviniste, évangéliste, huguenot** (hist.), **luthérien, presbytérien, puritain ; protestantisme.** *Temple protestant. Ministre protestant.* → **pasteur.**

protestantisme n. m. **1.** La religion réformée qui s'est détachée du catholicisme au XVIe siècle et s'est opposée au pape (→ **Réforme**) ; l'ensemble des Églises protestantes. **2.** Les protestants (d'une région, d'un pays).

protestataire adj. littér. Qui proteste. → **contestataire.** – n. *Les protestataires.*

protestation n. f. (du latin → protester) **1.** Déclaration par laquelle on atteste (ses bons sentiments, sa bonne volonté envers qqn). *Des protestations d'amitié.* → **démonstration. 2.** Déclaration par laquelle on s'élève contre ce qu'on déclare illégitime, injuste. *Rédiger, signer une protestation.* → **pétition. 3.** Témoignage de désapprobation, d'opposition, de refus. *Élever une protestation énergique.*

P

protester v. < 1 > (du latin, de *testari* « attester » → ¹tester) **I. 1.** v. tr. ind. littér. *Protester de :* donner l'assurance formelle de. *L'accusé protestait de son innocence.* **2.** v. intr. Déclarer formellement son opposition, son refus. – Exprimer son opposition à qqch. *Protester contre une injustice. Vous avez beau protester, cela ne changera rien.* → **s'indigner ;** fam. **rouspéter. II.** v. tr. dr. Faire un protêt contre (un chèque, une lettre de change).

protêt n. m. dr. comm. Acte par lequel le bénéficiaire d'un chèque, d'une lettre de change, fait constater par un huissier qu'il n'a pas été payé à l'échéance.

prothalle n. m. (→ thalle) bot. Chez les fougères, Petite lame verte, produit de la germination de la spore, à la face inférieure de laquelle se développe la plante.

prothèse n. f. (du grec ; famille de *thèse*) **1.** Remplacement d'organes, de membres (en tout ou en partie) par des appareils artificiels. *Des appareils de prothèse.* **2.** Appareil de ce genre. *Une prothèse de la hanche.* □ adj. **prothétique**

prothésiste n. Technicien(ne) fabriquant des prothèses. *Prothésiste dentaire.*

prothorax n. m. zool. Segment antérieur du thorax des insectes. *Prothorax des coléoptères.* → **corselet.**

prothrombine n. f. chim. Protéine du plasma sanguin, facteur de la coagulation. *Taux de prothrombine.*

protide n. m. (de *protéine*) biochim. Acide aminé ; corps qui libère un tel acide (peptides, protéines...).

protidique adj. Relatif aux protides. → **protéique.**

protiste n. m. (de l'allemand, du grec *prôtos* → proto-) biol. Organisme vivant unicellulaire. → **protozoaire.**

proto n. m. voir **prototype**

prot(o)- Élément (du grec *prôtos* « premier ») qui signifie « premier, primitif » (ex. *prototype, protozoaire, protéine*).

protocellule n. f. biol. Assemblage de molécules entouré d'une membrane rudimentaire, pouvant être à l'origine de la vie.

protococcus n. m. (latin *coccus* → coque) bot. Algue microscopique qui pousse sur le tronc des arbres.

protocolaire adj. **1.** Relatif au protocole, à l'étiquette. **2.** Conforme au protocole, respectueux du protocole et, en général, des usages dans la vie sociale. *Une visite très protocolaire.* → **cérémonieux, solennel.**

protocole n. m. (du latin, du grec « ce qui est collé en premier » → colle) **1.** Document portant les résolutions d'une assemblée, d'une conférence, le texte d'un engagement. *Un protocole d'accord sur les salaires.* **2.** Recueil de règles à observer en matière d'étiquette, dans les relations officielles. – Service chargé des questions d'étiquette. *Le chef du protocole.* **3.** sc. Description précise des conditions et du déroulement d'une expérience, d'un test, d'une opération chirurgicale. *Protocole thérapeutique.* **4.** inform. Règles et conventions régissant l'échange de données entre ordinateurs.

protoétoile n. f. astron. Étoile en formation.

protogyne adj. biol. Dont les organes femelles viennent à maturité avant les organes mâles. - syn. **protérogyne.**

protogynie n. f. biol. Forme d'hermaphrodisme animal ou végétal où les gamètes femelles sont mûrs avant les gamètes mâles. *Protogynie et protérandrie.* - syn. **protérogynie.**

protohistoire n. f. didact. Période de transition entre la préhistoire et l'histoire (du IIIe au Ier millénaire avant J.-C.) ; fin du néolithique. □ adj. **protohistorique**

protomère n. m. biochim. Monomère protéique associé à d'autres monomères par des liaisons non covalentes, pour former un oligomère ou un polymère.

proton n. m. (de l'anglais, du grec *prôtos* → prot[o]-) Particule élémentaire (lourde) de charge positive, qui, avec le neutron, constitue le noyau des atomes.

protonéma n. m. (du grec *nêma* « filament ») bot. Chez les mousses, Filament issu de la spore qui donne naissance à de nouvelles tiges.

protonique adj. phys. Relatif aux protons. *Masse protonique.*

protonotaire n. (latin *protonotarius*) **1.** n. m. relig. Prélat de la cour romaine, du rang le plus élevé parmi ceux qui n'ont pas le rang d'évêque. **2.** (au Canada) Fonctionnaire chargé(e) de l'enregistrement des actes dans un bureau régional.

protophyte n. m. ou f. bot. Organisme végétal unicellulaire ou à cellules peu différenciées. → **protiste.**

protoplasme n. m. (de l'allemand, du grec *plasma* → plasma, plastique) biol. Substance qui constitue l'essentiel de la cellule vivante. *Le protoplasme du cytoplasme, du noyau, de la membrane.* □ adj. **protoplasmique**

protoplaste n. m. biol. Cellule végétale débarrassée de sa paroi cellulosique externe.

protoptère n. m. zool. Poisson des marais africains, à branchies et poumons, qui passe la saison sèche dans la vase.

prototype n. m. (du latin, du grec → prot[o]-, type) **1.** littér. Type, modèle original ou principal. **2.** Premier exemplaire d'un modèle (de mécanisme, de véhicule) construit avant la fabrication en série. *Les essais d'un prototype de voiture.* - abrév. fam. **proto.**

prototyper v. tr. < 1 > techn. Réaliser le prototype de (qqch.). *Prototyper une application.* □ n. m. **prototypage**

protoxyde n. m. chim. Oxyde d'un élément le moins riche en oxygène. *Protoxyde de calcium,* chaux. – *Protoxyde d'azote* (N_2O) : gaz utilisé comme anesthésique.

protozoaire n. m. (→ -zoaire) Protiste dépourvu de chlorophylle, qui se multiplie par mitose ou reproduction sexuée (ex. amibes, infusoires...). *Protozoaires et métazoaires.*

protractile adj. (du latin *tractus,* de *trahere* « tirer ») didact. Qui peut être étiré, distendu vers l'avant. *La langue protractile du fourmilier.*

protubérance n. f. **1.** Saillie en forme de bosse. → **proéminence.** ■ anat. *Protubérance annulaire :* segment intermédiaire du tronc cérébral, situé entre le bulbe rachidien et les pédoncules cérébraux. **2.** *Protubérances (solaires) :* immenses jets de gaz enflammés à la surface du Soleil.

protubérant, ante adj. (du latin, de *pro* et dérivé de *tuber* « excroissance » → tubercule) Qui forme saillie. *Une pomme d'Adam protubérante.* → **proéminent, saillant.**

protuteur, trice n. dr. Personne qui, sans avoir le titre de tuteur ou tutrice, a le droit d'administrer les biens d'un mineur (notamment quand ces biens sont hors du pays où le mineur réside).

peu ou **prou** loc. adv. (de *peu* et de l'ancien français *proud* « profit », qui vient du bas latin *prode* « profit », de *prode* « utile » → preux) littér. Plus ou moins. *Il est peu ou prou ruiné.*

Proudhon (Pierre Joseph) Théoricien socialiste français (1809-1865). Il dénonça le droit de propriété *(Qu'est-ce que la propriété ?)* et défendit le travail comme seul capital réel *(De la création de l'ordre dans l'humanité).* Dans *La Philosophie de la misère,* il s'attaqua aux théories communistes et s'attira l'opposition de Marx. Il est considéré comme le père de l'anarchisme *(L'Idée générale de la révolution au XIXe siècle),* le fondateur du système mutualiste, du syndicalisme ouvrier et du fédéralisme.

proudhonien, ienne adj. et n. Qui a rapport à Proudhon, à ses théories. *Le socialisme proudhonien.* ■ n. Partisan du système de Proudhon. *Les proudhoniens.*

proue n. f. (latin *prora*) Avant d'un navire (opposé à *poupe*). *Une figure* de proue.*

prouesse n. f. (des formes anciennes de *preux*) **1.** littér. Acte de courage, d'héroïsme ; action d'éclat. → **exploit.** *Des prouesses techniques.* **2.** iron. Action remarquable. *Des prouesses sportives. « Les prouesses de l'alcôve »* (Proudhon).

Prousias voir **Prusias**

Proust (Joseph Louis) Chimiste français (1754-1826). L'un des fondateurs de l'analyse chimique, il a établi expérimentalement la *loi de Proust,* ou loi des proportions définies, qui énonce que les quantités relatives des composants d'une réaction chimique restent identiques quelle que soit la masse totale de réactifs au départ. L'un des jalons de la stœchiométrie était posé.

Proust (Marcel) Écrivain et critique littéraire français (1871-1922). Après des débuts littéraires remarqués *(Les Plaisirs et les Jours),* il entama un premier roman autobiographique, *Jean Santeuil,* qui demeura inachevé, mais qui préfigure le grand œuvre à venir. Traducteur de l'anglais Ruskin, il acquit au contact de ses œuvres un sens esthétique aigu et élabora les thèmes critiques qu'il allait développer dans les études réunies sous le titre *Contre Sainte-Beuve.* Vivant en reclus depuis 1905, il se lança alors dans la rédaction d'*À la recherche du temps perdu,* qui l'occupa jusqu'à la fin de sa vie. Roman à la première personne, dont la parution s'étale de 1913 à 1927, la *Recherche*

Marcel Proust vers 1900.

se compose de sept tomes : *Du côté de chez Swann ; À l'ombre des jeunes filles en fleurs ; Le Côté de Guermantes ; Sodome et Gomorrhe ; La Prisonnière ; Albertine disparue ; Le Temps retrouvé.* Novatrice par l'audace de sa construction narrative et sa poétique du récit, les finesses de ses analyses, la réflexion menée sur le statut de l'œuvre littéraire, l'évocation du fonctionnement de la mémoire involontaire, cette œuvre demeure l'un des romans phares de la littérature.

prout interj. et n. m. (onomatopée) lang. enfantin Bruit de pet. ■ n. m. Pet.

Prout n. m. Rivière d'Europe centrale (967 km), affluent du Danube. Il prend sa source dans les Carpates ukrainiennes, puis marque la frontière entre la Roumanie et la Moldavie.

prouvable adj. Que l'on peut prouver. - contr. **improuvable.**

Prouvé (Jean) Architecte français (1901-1984). Il joua un grand rôle dans l'industrie du bâtiment, en préconisant la standardisation des matériaux et l'emploi d'alliages légers (Maison du peuple de Clichy).

prouver v. tr. < 1 > (latin *probare,* de *probus* → probe ; preuve) **1.** Faire apparaître ou reconnaître (qqch.) comme vrai, certain, au moyen de preuves, d'arguments. → **démontrer, établir.** *Prouver son innocence. Cela reste à prouver.* loc. *Avoir qqch. à prouver :* chercher à accomplir qqch. parce qu'on n'est pas sûr de soi. *Elle n'a plus rien à prouver.* – impers. *Il est prouvé que...* → **avéré.** **2.** Exprimer (une chose) par une attitude, des gestes, des paroles. → **montrer.** *Comment vous prouver ma reconnaissance ?* **3.** (sujet chose) Servir de preuve, être (le) signe de. → **montrer, révéler, témoigner.** *Ces évènements prouvent que la crise n'est pas terminée. Cela ne prouve rien.*

provéditeur n. m. (de l'italien *provveditore* → pourvoir) hist. Officier public de l'ancienne république de Venise, chargé d'inspections, du commandement d'une flotte, d'une place forte, d'une province.

provenance n. f. (→ provenir) **1.** Endroit d'où vient ou provient une chose. *J'ignore la provenance de cette lettre. Un vol* **en provenance de** *Montréal* (opposé à *à destination de*). ■ Origine. *Des éléments de toutes provenances.* **2.** *Pays de provenance,* celui d'où une marchandise est importée (qui peut être distinct du pays d'origine).

provençal, ale, aux (de *Provence,* latin *Provincia* → province) **1.** adj. Qui appartient ou qui a rapport à la Provence. – n. *Les Provençaux.* **2.** n. m. *Le provençal,* groupe de dialectes de la langue d'oc parlés en Provence. **3.** loc. adv. *À la provençale :* cuisiné avec de l'huile d'olive, de l'ail, du persil. *Tomates à la provençale,* ou appos. *tomates provençale(s).*

Provence n. f. Ancienne province du S.-E. de la France, qui s'étendait de l'E. du Rhône au Var, et comprenait le Comtat Venaissin et le comté de Nice. Occupée à partir du

Provence-Alpes-Côte d'Azur

Xe s. av. J.-C. par les Ligures, la région fut colonisée par les Grecs de Phocée qui fondèrent Massalia (Marseille) au –VIIe s. Conquise par les Romains, elle devint la *Provincia Romana* (–IIe s.) et fut rattachée à la Narbonnaise. Envahie par les Germains, elle passa de la domination des Francs (536) à celle du Saint Empire (1032). Aux XIIe et XIIIe s., le comté de Provence fut successivement gouverné par les comtes de Barcelone (1133) puis par la maison d'Anjou (1246). En 1481, il fut annexé par Louis XI au royaume de France.

Provence **(débarquement de)** Opération qui, le 15 août 1944, vit la VIIe armée américaine et la Ire armée française débarquer en Provence. Le débarquement de Provence, combiné au débarquement de Normandie, aboutit à la libération d'une partie du territoire français.

Provence-Alpes-Côte d'Azur **(PACA)** Région administrative du S.-E. de la France, formée de 6 départements : les Alpes-de-Haute-Provence, les Alpes-Maritimes, les Hautes-Alpes, les Bouches-du-Rhône, le Var, le Vaucluse. 31 400 km². 5 098 666 habitants. Chef-lieu : Marseille. Depuis fin 2017, la Région emploie la dénomination « Région Sud » dans ses communications non officielles. La Région couvre le sud du sillon rhodanien et la quasi-totalité des Alpes du Sud, du Lautaret à la Méditerranée. Le couloir du bas Rhône s'achève avec la plaine deltaïque de la Camargue. Les Préalpes alternent des barres puissantes (Ventoux, Lure), des chaînons abrupts (Luberon, Sainte-Victoire, Sainte-Baume), des dômes et des collines. Les Alpes-Maritimes, d'orientation N.-S. et creusées de vallées profondes (Var, Tinée, Vésubie), retombent en abrupt sur le littoral. La haute montagne (mont Pelvoux, 4 102 m), de pénétration difficile, abrite le parc national du Mercantour et plus de la moitié de celui des Écrins. Le climat est méditerranéen, avec des sécheresses et des incendies redoutables. Au littoral, très fortement urbanisé (agglomérations de Marseille, Nice, Toulon et Grasse-Cannes-Antibes), s'opposent les montagnes intérieures, restées très rurales. L'agriculture, prospère, est spécialisée dans les cultures (premier rang national pour les fruits et légumes ; vigne, riz, olives) et l'élevage (moutons), mais subit la concurrence des pays du sud de l'Europe. Malgré l'imposant complexe pétrochimique de l'étang de Berre et la sidérurgie de Fos, l'industrie régionale connaît de graves difficultés (chantiers navals, savonneries, secteur minier). Une autre branche se développe toutefois en direction des nouvelles technologies et de l'aéronautique. Les services, qui dominent l'emploi régional, sont avant tout liés au tourisme, principale source de revenus de la Région : stations alpines, arrière-pays provençal, villes d'art et d'histoire (Orange, Arles, Avignon...), et surtout *Côte d'Azur* fréquentée toute l'année par de nombreux visiteurs du monde entier.

provende n. f. (latin *praebenda ; cf. prébende*) **1.** vieux ou littér. Provisions de bouche, vivres. **2.** agric. Nourriture donnée au bétail et aux animaux de bassecour.

provenir v. intr. < 22 > (latin *provenire* « naître » → venir) **1.** (choses) Venir (de). *D'où provient cette lettre ?* **2.** (choses) Avoir son origine dans, tirer son origine de. *Ce tableau provient d'une collection privée. Mot provenant du latin.* → **¹dériver.** ■ (sentiments, idées) Découler, émaner. *Les habitudes proviennent de l'éducation.*

proverbe n. m. (latin *proverbium*, de *verbum* → verbe) Formule présentant des caractères formels stables, souvent figurée, exprimant une vérité d'expérience ou un conseil de sagesse pratique. → **¹adage, aphorisme, dicton.** *Comme dit le proverbe...* loc. *Faire mentir le proverbe :* mettre en défaut sa généralité, par une situation particulière.

Proverbes **(Livre des)** Livre de la Bible faisant partie des Écrits, contenant des maximes attribuées au roi Salomon.

proverbial, ale, aux adj. (→ proverbe) **1.** Qui est de la nature du proverbe. *Phrase proverbiale.* – Qui tient du proverbe par la forme, l'emploi. *Locution proverbiale.* **2.** Connu et frappant (comme un proverbe) ; cité comme modèle. *Sa bonté est proverbiale.*

proverbialement adv. D'une manière proverbiale.

providence n. f. (latin *providentia,* de *providere* « prévoir ; pourvoir » → pourvoir) **1.** relig. Sage gouvernement de Dieu sur la création ; (avec maj.) Dieu gouvernant la création. *Les décrets de la Providence.* **2.** *Être la providence de qqn,* veiller à son bonheur. fam. *L'État providence.*

Providence Ville des États-Unis, capitale du Rhode Island, sur la rivière Providence. 190 930 habitants. Complexe industriel et commercial.

providentialisme n. m. philos. Doctrine qui explique la marche du monde par l'intervention de la Providence.

providentiel, elle adj. **1.** Qui est un effet heureux de la providence. **2.** Qui arrive par un heureux hasard (pour secourir, tirer d'embarras). *Une rencontre providentielle.* □ adv. **providentiellement**

provigner v. < 1 > (de *provin*) **1.** v. tr. Marcotter (la vigne). **2.** v. intr. Se multiplier par provins, par marcottes. □ n. m. **provignage**

provin n. m. (du latin *propago,* de *propagare* « propager ») vitic. Marcotte de vigne.

province n. f. (latin *provincia*) **I. 1.** Région avec ses coutumes et ses traditions particulières. *Les provinces romaines.* – hist. (en France) Subdivision administrative du royaume. *La Bretagne, la Provence... provinces françaises.* **2.** Partie distincte d'un pays. *De quelle province est-il ?* ■ *Les provinces de France, d'Espagne.* – *Les Provinces-Unies,* ancien nom des Pays-Bas. ■ *La province :* en France, l'ensemble du pays, les villes, les bourgs, à l'exclusion de la capitale (et, le plus souvent, de la campagne). *Vivre en province. Elle est retournée dans sa province.* **3.** adj. invar. fam. Provincial. *Cela fait province.* **II.** anglic. État fédéré du Canada. *La province de l'Ontario. La Belle Province :* le Québec.

Provinces maritimes voir Maritimes

Provinces-Unies Ancien État fédéral comprenant la partie septentrionale des Pays-Bas de 1579 à 1795. En 1579, les provinces protestantes se constituèrent en république (Union d'Utrecht), refusant l'autorité de Philippe II d'Espagne, auquel le sud du pays, majoritairement catholique, resta fidèle. L'Espagne reconnut l'indépendance des Provinces-Unies (traité de Westphalie, 1648) dont le gouvernement avait été confié à la famille d'Orange-Nassau. À partir du milieu du XVIIe s., la nouvelle république connut un important essor économique, culturel et artistique. Affaiblies au XVIIIe s. par de nombreux conflits, les Provinces-Unies furent envahies par la France et devinrent la République batave (1795), préfigurant la réunification des Pays-Bas.

provincial, ale, aux adj. et n. (du latin → province) **I. 1.** adj. Relatif à la province dans ce qu'on lui trouve de typique. *La vie provinciale.* **2.** n. Personne qui vit en province. *Les provinciaux et les Parisiens.* ■ n. m. relig. Supérieur placé à la tête d'une province religieuse. **II.** au Canada D'une province (II). *Les gouvernements provinciaux* (opposé à *fédéral*).

provincialat n. m. relig. Fonction de provincial.

provincialisme n. m. **1.** Usage d'un mot particulier à une province. → **régionalisme.** **2.** péj. Caractère de ce qui est provincial (I, 1).

Provins Commune de la Seine-et-Marne. 12 115 habitants. Remparts des XIIe et XIIIe s. ; Tour César (XIIe s.) ; églises (XIe-XVIe s.). Centre touristique et commercial.

proviseur n. (du latin, de *providere* → pourvoir) au féminin *proviseur, proviseure* **1.** Fonctionnaire de l'administration scolaire qui dirige un lycée. → **directeur, principal.** **2.** (Belgique) Fonctionnaire qui seconde le préfet d'un athénée.

provision n. f. (du latin, de *providere* → pourvoir) **I. 1.** Réunion de choses utiles ou nécessaires en vue d'un usage. → **approvisionnement, réserve, stock.** *Avoir une provision de fuel pour l'hiver. Faire provision de qqch. :* s'en pourvoir en abondance. **2.** au plur. Achat de choses nécessaires à la vie courante (nourriture, produits d'entretien) ; ces choses. *Faire des, ses provisions.* → **course(s).** *Un filet à provisions.* **II. 1.** Somme versée à titre d'acompte. **2.** Somme déposée chez un banquier pour assurer le paiement d'un titre. – *Chèque sans provision,* tiré sur un compte insuffisamment alimenté.

provisionnel, elle adj. Qui constitue une provision (II). *Acompte, tiers provisionnel,* défini par rapport aux impôts de l'année précédente.

provisionner v. tr. < 1 > **1.** fin. Approvisionner (un compte). – Au p. p. *Chèque non provisionné* (cf. sans provision ; fam. chèque en bois). **2.** comptab. Affecter la provision nécessaire pour couvrir (une charge, une dépense).

provisoire adj. (du latin, de *providere* → pourvoir) **1.** Qui existe, se fait en attendant autre chose, ou d'être remplacé. → **transitoire.** *Une solution provisoire.* → [2]**expédient, palliatif.** *À titre provisoire.* – *Une installation provisoire.* → de **fortune.** – n. m. *Du provisoire qui dure.* **2.** dr. Prononcé ou décidé avant le jugement définitif. *Détention provisoire. Liberté provisoire.*

provisoirement adv. De manière provisoire ; en attendant. → **momentanément.**

provisorat n. m. admin. Fonctions de proviseur.

provitamine n. f. biochim. Substance ingérée qui peut être transformée en vitamine dans l'organisme.

provocant, ante adj. **1.** Qui provoque ou tend à provoquer qqn, à le pousser à des sentiments ou à des actes violents. *Attitude provocante.* → **agressif.** **2.** Qui incite au désir, au trouble des sens. → **aguicheur.**

provocateur, trice n. (du latin → provoquer) **1.** rare au fém. Personne qui provoque, incite à la violence. → **agitateur.** **2.** Personne qui incite qqn, un groupe à la violence, à l'illégalité, dans l'intérêt du pouvoir ou d'un parti opposé. – adj. *Agent provocateur.*

provocation n. f. (du latin → provoquer) **1.** Action de provoquer. → **appel, incitation.** *Provocation au meurtre, à la débauche.* ■ absolt Défi. *C'est de la provocation !* - abrév. fam. **provoc.** *Des provocs inacceptables.* **2.** Action, parole qui provoque. *Répondre à une provocation.*

Provins

Provins, la tour César, seul exemplaire connu de donjon octogonal sur base carrée.

provolone [pʀɔvɔlɔne] n. m. (mot italien) Fromage italien séché et fumé, en forme de cylindre ou de poire.

provoquer v. tr. < 1 > (du latin, de *pro* et *vocare* « appeler » → vocation) **I.** *Provoquer qqn à.* **1.** Inciter, pousser (qqn) à une action, notamment à une action violente. → **entraîner, inciter.** – sans compl. second *Provoquer qqn,* l'inciter à la violence. → **attaquer,** [1]**défier.** **2.** Exciter le désir de (qqn) par son attitude (→ provocant). **II.** *Provoquer qqch.* (sujet personne) Être volontairement ou non la cause de (qqch.). *Provoquer des aveux, une explication.* → [1]**causer, susciter.** *Provoquer la colère, des troubles.* → **attirer.** ■ (sujet chose) *Le redoux a provoqué une avalanche.* → **occasionner.**

proxémique n. f. (de l'anglais, de *proximity* « proximité ») didact. Science qui étudie l'utilisation et l'organisation signifiante de l'espace dans les relations entre les êtres animés.

proxène n. m. (grec *proxenos* → xén[o]-) hist. Officier chargé des relations avec les étrangers, dans la Grèce antique.

proxénète n. (du grec « courtier », de *pro* et *xenos* « étranger » → xén[o]-) Personne qui organise la prostitution d'autrui pour en tirer des revenus. → **souteneur ;** fam. [2]**maquereau.**

proxénétisme n. m. Le fait de tirer des revenus de la prostitution d'autrui. *Condamnation pour proxénétisme.*

proximal, ale, aux adj. (du latin *proximus* → proximité, par l'anglais) didact. Qui est le plus près du centre du corps, ou du point d'attache d'un membre.

proximité n. f. (du latin, de *proximus* « proche ») **1.** littér. Situation d'une chose qui est à peu de distance d'une ou plusieurs autres, qui est proche. → **contiguïté.** *La proximité de la ville.* **2.** *À proximité* loc. adv. : tout près. – *À proximité de* loc. prép. : à faible distance de. → **auprès** de, **près** de. *Elle habite à proximité de son bureau.* ■ *De proximité :* qui est proche des citoyens, leur est accessible. *Police de proximité.* – *Commerce de proximité,* situé près du domicile des clients. **3.** Caractère de ce qui est proche dans le temps, passé ou futur. → **imminence.**

proxy n. m. (mot anglais, de *proximity* « proximité ») anglic., inform. Serveur relais qui, sur Internet, stocke les données en vue de faciliter leur accès. – appos. *Des serveurs proxys.*

proyer n. m. (de l'ancien français *praiere* « [oiseau] des prés ») Petit oiseau (bruant) des plaines d'Europe et d'Afrique du Nord.

pruche n. f. (de *prusse* « épicéa ») (Canada) Conifère apparenté au sapin.

prude adj. (de l'ancien français *preud[homme]* → preux, prud'homme ; *prud-* d'après *prudent*) Qui est d'une pudeur affectée et outrée. → **bégueule, pudibond.** – n. f. *Jouer les prudes.* → **sainte nitouche.**

prudemment [pʀydamɑ̃] adv. Avec prudence. *Conduire prudemment.*

prudence n. f. (du latin → prudent) Attitude d'esprit d'une personne qui s'applique à éviter des erreurs, des malheurs possibles. → **circonspection, prévoyance.** *Annoncez-lui la nouvelle avec beaucoup de prudence.* → **ménagement, précaution.** *Se faire vacciner par (mesure de) prudence.* prov. *Prudence est mère de sûreté.*

Prudence en latin **Aurelius Prudentius Clemens** Poète latin chrétien (348-v. 415). Il écrivit des poèmes, des hymnes (*Livre des couronnes*) et une *Psychomachia* (combat allégorique des vices et des vertus).

prudent, ente adj. (latin *prudens,* de *providens,* de *providere* → pourvoir ; providence, provision) **1.** Qui a de la prudence, agit avec prudence. → **circonspect, prévoyant.** *Soyez prudents, ne roulez pas trop vite.* **2.** (choses) Inspiré par la prudence, empreint de prudence. *Une démarche prudente.* – impers. *Il (ce) serait plus prudent de prendre une assurance.* – *Ce n'est pas prudent* (→ **imprudent**). *Elle jugea prudent de se retirer.*

pruderie n. f. littér. Affectation de pudeur outrée. → **pudibonderie.**

prud'homie ou **prudhommie** n. f. dr. Juridiction des prud'hommes.

prud'homme ou **prudhomme** n. m. (de *preux*, de et *homme*) Membre élu d'un *conseil des prud'hommes*, chargé de juger les litiges entre salariés et employeurs. *Elle est prud'homme.* □ adj. **prud'homal, ale, aux** ou **prudhommal, ale, aux**

prudhommesque adj. (de Joseph *Prudhomme*, personnage de bourgeois de la Restauration créé par Henri Monnier) littér. D'une banalité pompeuse et ridicule.

Prud'Hon (Pierre Prudhon, dit Pierre-Paul) Peintre français (1758-1823). Il composa de nombreux portraits *(Madame Anthony et ses enfants)* ainsi que des scènes allégoriques et mythologiques *(Vénus et Adonis)*. L'attitude rêveuse et mélancolique de ses personnages, son style au trait estompé et aux lumières lunaires annoncent le romantisme.

pruine n. f. (du latin « gelée blanche ») Fine pellicule cireuse, naturelle, à la surface de certains fruits (prune, raisin) et champignons.

prune (vient du latin *pruna*, de *prunum*) **I.** n. f. **1.** Fruit du prunier, de forme ronde ou allongée, à peau fine, jaune, verte ou bleutée, à chair juteuse et sucrée. → **mirabelle, 1prunelle, quetsche, reine-claude.** *Tarte aux prunes. Eau-de-vie de prune,* ou ellipt *de la prune.* ■ *Pour des prunes* loc. fam. : pour rien. **2.** fam. Contravention. **II.** adj. invar. De la couleur violet foncé de certaines prunes. *Des robes prune.*

pruneau n. m. **1.** Prune séchée. *Pruneaux d'Agen.* – loc. *Être noir comme un pruneau.* **2.** fam. Projectile, balle de fusil.

prunelier ou **prunellier** [pʀynəlje] n. m. Arbrisseau épineux qui produit les prunelles.

1prunelle n. f. (du latin → prune) Fruit d'un prunier sauvage (→ **prunelier**), petite prune bleu ardoise, de saveur âcre. *Eau-de-vie de prunelle,* ou ellipt *de la prunelle.*

2prunelle n. f. Pupille de l'œil, considérée surtout quant à son aspect. ■ loc. *Tenir à qqch. comme à la prunelle de ses yeux,* plus qu'à tout.

prunier n. m. Arbre fruitier qui produit les prunes. – loc. fam. *Secouer qqn comme un prunier,* très vigoureusement. ■ *Prunier sauvage.* → **prunelier.** *Prunier du Japon,* espèce ornementale.

prunus [pʀynys] n. m. (mot latin → prune) Prunier ornemental à feuilles pourpres.

prurigineux, euse adj. (du latin → prurit) didact. Qui cause un prurit (1).

prurigo n. m. (mot latin « démangeaison ») méd. Affection de la peau, caractérisée par des papules et des démangeaisons.

prurit [pʀyʀit] n. m. (du latin, de *prurire* « démanger ») **1.** Démangeaison liée à une affection cutanée ou générale. *Prurit allergique.* **2.** fig., littér. Désir irrépressible. *Le prurit de la gloire, un prurit de gloire.*

Prus (Aleksander Głowacki, dit Bolesław) Écrivain polonais (1847-1912). Influencé par Dickens et le positivisme français, il écrivit des nouvelles *(L'Orgue de Barbarie)*, des romans de mœurs *(Les Émancipées)* et des romans sociaux *(La Poupée)*.

Prusias ou **Prousias Ier le Boiteux** Roi de Bithynie (v. 237-183 av. J.-C.). Il mena la guerre contre Byzance et Pergame. Il donna asile à Hannibal, qu'il livra ensuite pour sauver son royaume. ■ **Prusias II le Chasseur.** Roi de Bithynie (v. 183-149 av. J.-C.). Fils de Prusias Ier, il se mit au service des Romains. Attale II le fit assassiner par son fils Nicomède II.

Prusiner (Stanley B.) Biologiste américain (né en 1942). Ses recherches portent sur les encéphalopathies spongiformes transmissibles (maladie de la vache folle). Il émit l'hypothèse que le prion est la protéine responsable de ces maladies. Prix Nobel 1997.

Prusse n. f. Ancien État de l'Allemagne du Nord. Située entre la Vistule et le Niémen, la Prusse fut successivement occupée, à partir du Ier s., par les Aestii, les Goths, puis les Prussiens. Les chevaliers Teutoniques la conquirent au XIIIe s. et y installèrent des colonies allemandes et polonaises. Au début du XVe s., elle connut, avec la Hanse, une grande prospérité, mais, en 1466, l'ordre Teutonique dut reconnaître la suzeraineté polonaise. Sécularisée et érigée en duché au XVIe s., elle fut réunie au Brandebourg (1618) et obtint la Poméranie orientale (traité de Westphalie, 1648). Le Grand Électeur Frédéric-Guillaume (1640-1688) puis le roi de Prusse Frédéric II portèrent le pays à son apogée en le dotant d'une armée puissante qui lui permit de combattre les Habsbourg. Malgré les apports territoriaux dus aux partages de la Pologne, les bouleversements liés à la Révolution française et à l'Empire napoléonien entraînèrent la chute de la Prusse. Cependant, après avoir obtenu au congrès de Vienne (1814-1815) une grande partie de la Westphalie et de la Rhénanie, celle-ci parvint à établir son hégémonie sur l'Allemagne et se fit le garant de son unité. Devant l'opposition de l'Autriche, Guillaume Ier et Bismarck entraînèrent le pays dans la guerre austro-prussienne, qui se solda par la victoire de Sadowa (1866). La guerre de 1870 paracheva l'unité allemande, et l'histoire de la Prusse se confondit dès lors avec celle de l'Allemagne.

Prusse-Occidentale n. f. Province de l'ancienne Prusse dont la capitale était Dantzig. Constituée en 1815, elle regroupait les territoires acquis lors des partages de la Pologne (1772 et 1793). Elle fut, à l'exception de Dantzig, attribuée à la Pologne en 1919, mais ne lui fut définitivement rattachée qu'en 1945.

Prusse-Orientale n. f. Province de l'ancienne Prusse dont la capitale était Königsberg. D'abord *Prusse ducale*, elle reçut son nom en 1818. Elle fut partagée entre l'URSS et la Pologne en 1945.

Prusse-Rhénane n. f. Province de l'ancienne Prusse dont la capitale était Coblence.

prussiate n. m. (de *Prussia* « Prusse », à cause du *bleu de Prusse*) vieux Cyanure.

prussien, ienne adj. et n. De la Prusse et par ext. allemand. – n. *Un Prussien, une Prussienne.*

prussique adj. (de *Prusse*) vieux *Acide prussique,* cyanhydrique.

prytane n. m. (grec *prutanis* « chef, maître ») Antiq. Un des premiers magistrats de certaines cités grecques. ■ À Athènes, L'un des cinquante sénateurs qui avaient successivement le droit de préséance au sénat.

prytanée n. m. (du grec → prytane) **1.** hist. Édifice où s'assemblaient les prytanes. **2.** Établissement d'éducation gratuite pour fils de militaires.

Przybyszewski (Stanisław) Écrivain polonais (1868-1927). Il fut l'un des maîtres de la littérature satanique. Il écrivit des essais sur Nietzsche, Chopin, et des fictions dans lesquelles il créa un univers fantastique peuplé de démons et de vampires. *Messe des morts ; Enfants de Satan.*

PS ou **P.-S.** n. m. (abrév.) Post-scriptum.

PS voir socialiste (Parti)

psallette n. f. (du latin → psaume) École de musique faisant partie d'une église, et où sont instruits les enfants de chœur.

psalliote n. f. (du grec *psêllon* « anneau ») Champignon à lamelles (basidiomycète) dont une espèce comestible est appelée couramment *champignon de Paris.*

psalmiste n. m. (du grec → psaume) didact. Auteur de psaumes.

psalmodie n. f. (du latin, du grec *psalmôdia*, de *psalmos* → psaume et *ôdê* « chant » → ode) **1.** relig. Art, manière de chanter, de dire les psaumes. **2.** littér. Manière monotone de déclamer, de chanter.

psalmodier v. < 7 > (de *psalmodie*) **1.** v. intr. Dire ou chanter les psaumes. – trans. *Psalmodier les offices.* **2.** v. tr. Réciter ou dire d'une façon monotone. *Psalmodier des vers.*

psaltérion n. m. (du latin, du grec *psaltêrion*) Ancien instrument de musique à cordes pincées ou grattées, cithare de forme triangulaire ou trapézoïdale.

Psammétique ou **Psammétik** Nom de plusieurs pharaons de la XXVIe dynastie saïte (v. 663-v. 525 av. J.-C.). ■ **Psammétique Ier.** Prince de Saïs, fondateur de la XXVIe dynastie (v. 663-609 av. J.-C.). Il réunifia l'Égypte, rejeta le protectorat assyrien et chassa les Éthiopiens. Son règne vit le début de la colonisation grecque. ■ **Psammétique III.** Dernier pharaon de la XXVIe dynastie (v. 525 av. J.-C.). Il fut vaincu par Cambyse, et l'Égypte passa sous la domination des Perses.

psaume n. m. (du latin, du grec *psalmos*, de *psallein* « faire vibrer les cordes ») **1.** L'un des poèmes religieux qui constituent un livre de la Bible et qui servent de prières et de chants religieux dans la liturgie. *Chanter, réciter des psaumes. Les psaumes de David.* **2.** Composition musicale (vocale), sur le texte d'un psaume.

Psaumes (Livre des) Livre de la Bible composé de 150 psaumes dont à peu près la moitié est traditionnellement attribuée au roi David. Il est composé de cinq parties, qui font apparaître un dialogue entre l'homme et Dieu.

psautier n. m. didact. Recueil de psaumes. *Psautier et antiphonaire.*

pschent [pskɛnt] n. m. (mot égyptien ancien) didact. Coiffure des pharaons.

Statue de Ramsès II coiffé du pschent, Louksor.

pschitt [pʃit] **1.** interj. Onomatopée évoquant le bruit d'un liquide qui fuse. **2.** n. m. fam. Atomiseur. ■ Dose de liquide atomisé. - var. **pschit** ou **pscht.**

Psellos (Michel) Écrivain et homme politique byzantin (1018-1078). Conseiller de plusieurs empereurs, il restaura la philosophie platonicienne. Il écrivit une chronique de 976 à 1077, la *Chronographie.*

pseudarthrose n. f. (de *pseud[o]-* et *arthrose*) méd. Fausse articulation formée au niveau d'une fracture mal consolidée.

pseud(o)- Élément (du grec *pseudês* « menteur ») qui signifie « trompeur ; faux ».

Pskov

Pskov, le kremlin et la cathédrale de la Trinité (XVIIe s.), sur une rive de la Velikaïa.

pseudohermaphrodisme n. m. (→ hermaphrodisme) méd. État d'un individu qui possède les glandes sexuelles propres à un sexe alors que les organes génitaux externes et les caractères sexuels secondaires lui donnent l'apparence de l'autre sexe. → **androgynie.** □ n. **pseudohermaphrodite**

pseudomembrane n. f. méd. Sécrétion ressemblant à une membrane, qui apparaît à la surface d'une muqueuse lors de certaines inflammations. □ adj. **pseudomembraneux, euse**

pseudomonas n. m. (de *pseudo-* et du grec *monas* « unité ») biol. Membre d'une famille de bactéries aérobies dont certaines provoquent des infections graves.

pseudonyme n. m. (du grec → **pseudo-** et **-onyme**) Nom choisi par une personne pour masquer son identité. → **¹alias.** *Voltaire, Stendhal, George Sand sont des pseudonymes célèbres.* - abrév. fam. **pseudo.**

pseudonymisation n. f. inform. Opération par laquelle on substitue aux données personnelles des chaînes de caractères obtenues selon un code conventionnel tenu secret afin d'empêcher l'identification directe des personnes. *La pseudonymisation de dossiers médicaux.*

P

pseudopode n. m. (→ **pseudo-** et **-pode**) **1.** Chacun des prolongements rétractiles de certains protozoaires, qui leur permettent de se déplacer, de se nourrir. **2.** fig. Prolongement.

pseudoscience n. f. Raisonnement qui prend l'apparence de la science sans en respecter les principes. □ adj. **pseudoscientifique**

pseudotumeur n. f. méd. Production pathologique semblable à une tumeur, sans en avoir les caractères.

psi n. m. invar. Vingt-troisième lettre de l'alphabet grec (Ψ, ψ), qui sert à noter le son [ps].

psilocybe n. m. (du latin, du grec *psilos* « dénudé » et *kubos* « cube ») Champignon (agaric) aux propriétés hallucinogènes et psychodysleptiques.

psilocybine n. f. biochim. Alcaloïde du psilocybe.

psitt ou **psst** interj. (onomatopée) fam. Interjection servant à appeler, à attirer l'attention, etc.

psittacidé n. m. (du latin *psittacus* « perroquet ») zool. Oiseau grimpeur exotique au plumage très coloré (famille des *Psittacidés* ; ex. le perroquet).

psittacisme n. m. (→ **psittacidé**) psych. Répétition mécanique (comme par un perroquet) de phrases que la personne qui les dit ne comprend pas.

psittacose n. f. (du latin, du grec *psittakos* « perroquet ») méd. Maladie contagieuse des perroquets et des perruches, transmissible à l'homme.

Pskov Ville de Russie, sur la Velikaïa. 202 700 habitants. C'est l'une des plus anciennes cités de Russie. Monuments médiévaux, musée. Nœud ferroviaire. Industries métallurgique et textile.

psoas n. m. (grec *psoa* « lombes ») anat. Chacun des deux muscles pairs appliqués sur la partie antérieure latérale de la douzième vertèbre dorsale et des quatre premières vertèbres lombaires.

psoque n. m. (du grec *psôkhein* « broyer ») Insecte des bois qui se nourrit de moisissures, appelé aussi *pou de bois.*

psoralène n. m. (du latin, du grec *psôraleos* « galeux ») pharm. Substance activant la pigmentation de la peau, employée dans le traitement de certaines dermatoses (vitiligo, psoriasis).

psoriasis [psɔʀjazis] n. m. (du latin, du grec, de *psora* « gale ») méd. Maladie de la peau, caractérisée par des plaques rouges à croûtes blanchâtres. □ adj. **psoriasique**

psst voir **psitt**

PSU n. m. voir **Parti socialiste unifié**

psy n. (abrév.) Professionnel(le) de la psychologie, de la psychiatrie, de la psychanalyse. *Il va chez son psy.*

psychanalyse [psikanaliz] n. f. (allemand *Psychoanalyse* → **psych[o]-** ; **analyse**) **1.** Méthode de psychologie clinique, investigation des processus psychiques profonds, de l'inconscient ; ensemble des travaux de Freud et de ses continuateurs concernant le rôle de l'inconscient. *Psychanalyse et psychiatrie.* **2.** Traitement de troubles psychiques (surtout névroses) et psychosomatiques par cette méthode. → **analyse, psychothérapie. 3.** Étude psychanalytique (d'une œuvre d'art, de thèmes...). *Psychanalyse de textes littéraires.* → **psychocritique.**

▶ L'invention de la **psychanalyse** par Freud remonte aux dernières années du XIXe siècle. Comme son nom l'indique, elle analyse les processus psychiques complexes, son but étant de « ramener à la surface de la conscience tout ce qui en a été refoulé ». Méthode d'exploration de l'inconscient (recherche) et de traitement des troubles psychiques (thérapie), elle repose en particulier sur la libre association des idées : lors de l'analyse, l'analysant (le patient) doit dire tout ce qui lui traverse l'esprit, le psychanalyste étant de son côté attentif à tout phénomène de résistance ou de transfert.
Freud a forgé cette nouvelle discipline à partir, entre autres, de l'étude des rêves, des actes « manqués » et des symptômes hystériques. En élaborant les instances du moi, du ça (ou inconscient) et du surmoi, en découvrant la sexualité infantile et le complexe d'Œdipe, il a révolutionné le regard sur l'homme. Dès 1902 se forme autour de lui un cercle de disciples (A. Adler, S. Ferenczi, C. G. Jung), mais très vite se font jour des dissonances et des scissions. Si K. Abraham reste fidèle à la ligne freudienne, A. Adler s'en détache en 1911, Jung en 1913. Ce dernier se distingue en particulier par sa définition plus large de la libido, son idée d'un inconscient collectif et son intérêt pour la mystique et l'alchimie. En Angleterre, où Freud se réfugie en 1938, se développent différents courants : l'un est représenté par sa fille Anna, un autre par M. Klein ; toutes deux se sont consacrées à la psychanalyse des enfants.
Aux États-Unis prospère alors l'*ego-psychology*, une psychologie centrée sur l'adaptation du sujet à la réalité et aux autres. En France, J. Lacan prône en réaction un « retour à Freud » et refonde la psychanalyse en s'appuyant sur la linguistique : l'inconscient serait « structuré comme un langage ». La portée de l'héritage freudien dépasse largement le cercle des psychanalystes. Si Freud, pour ses recherches, s'est nourri de mythes et de textes littéraires, d'œuvres d'art, la psychanalyse a influencé en retour l'anthropologie, la sociologie, la littérature, les arts...
voir aussi **inconscient, conscience, rêve, œdipe**

psychanalyser [psikanalize] v. tr. ‹ 1 › **1.** Traiter par la psychanalyse. *Se faire psychanalyser.* → **analyser. 2.** Étudier, interpréter par la psychanalyse.

psychanalyste [psikanalist] n. Spécialiste de la psychanalyse. → **analyste.**

psychanalytique [psikanalitik] adj. Propre ou relatif à la psychanalyse. → **analytique.**

psychasthénie n. f. (→ **asthénie**) psych. Névrose dont les principaux éléments sont l'angoisse, le doute, un certain nombre d'inhibitions et de phobies. □ adj. et n. **psychasthénique**

¹psyché [psiʃe] n. f. (de *Psyché,* déesse de la mythologie grecque, même mot que *psukhê* → **psych[o]-**) Grande glace mobile montée sur un châssis à pivots.

Psyché conservée au château de Fontainebleau.

²psyché [psiʃe] n. f. (grec *psukhê* « âme ») philos. Ensemble des phénomènes psychiques, considérés comme formant l'unité personnelle.

Psyché Dans la mythologie grecque, jeune fille d'une grande beauté dont l'histoire est contée par Apulée dans les *Métamorphoses.* Aimée d'Éros, dont elle ne doit pas voir le visage, elle brave cet interdit, perd son amant et devient l'esclave d'Aphrodite. Éros l'enlève et l'épouse avec le consentement de Zeus, qui lui accorde l'immortalité.

psychédélique [psikedelik] adj. (de l'anglais, du grec → **psych[o]-** et *dêloun* « révéler ») psych. *État psychédélique :* état de rêve éveillé provoqué par l'absorption d'hallucinogènes. ■ cour. Qui évoque cet état. *Rock psychédélique.* □ n. m. **psychédélisme**

psychiatre [psikjatʀ] n. (→ -iatre) Médecin spécialiste des maladies mentales.

psychiatrie [psikjatʀi] n. f. Partie de la médecine qui étudie et traite les maladies mentales, les troubles de la vie psychique, notamment les psychoses. → **neurologie, neuropsychiatrie, psychopathologie, psychothérapie.** *Psychiatrie et psychanalyse.*

psychiatrique adj. Relatif à la psychiatrie. *Hôpital* psychiatrique.*

psychiatriser v. tr. < 1 > didact. **1.** Soumettre à un traitement psychiatrique. **2.** Interpréter (un fait) en termes de psychiatrie. □ n. f. **psychiatrisation**

psychique [psiʃik] adj. (latin *psychicus* → psych(o)-) Qui concerne l'esprit, la pensée. → **mental, psychologique.** *Maladie organique à cause psychique.* → **psychosomatique.**

psychisme [psiʃism] n. m. **1.** La vie psychique. **2.** Ensemble de faits psychiques. *Le psychisme animal, humain.*

psych(o)- [psiko] Élément (du grec *psukhê*) qui signifie « âme, esprit ».

psychoaffectif, ive adj. didact. Se dit de tout processus mental faisant intervenir l'affectivité.

psychoanaleptique adj. et n. m. pharm. Qui stimule l'activité mentale (en parlant d'un médicament, d'une substance).

psychobiologie n. f. didact. Science et méthode biologiques appliquées à l'étude de faits psychiques. □ adj. **psychobiologique**

psychochirurgie n. f. didact. Thérapeutique des troubles mentaux recourant à des interventions chirurgicales sur le cerveau.

psychocritique n. didact. Méthode d'étude des textes littéraires par la mise en évidence des symptômes de l'inconscient de l'auteur. – adj. *Une analyse psychocritique.*

psychodrame n. m. Psychothérapie de groupe où les participants doivent mettre en scène des situations conflictuelles. ■ Situation qui évoque ce genre de mise en scène. *La réunion a fini en psychodrame.*

psychodysleptique adj. (de *psycho-*, *dys-* et *-leptique*) pharm. Qui perturbe l'activité mentale normale (en parlant d'un médicament, d'une substance). – n. m. *La cocaïne est un psychodysleptique.*

psychogène adj. (de *psycho-* + *-gène*) didact. **1.** Qui est un facteur psychique. **2.** Dont la cause est purement psychique, sans cause somatique. *Des douleurs psychogènes.*

psychogenèse n. f. didact. **1.** Genèse, processus de développement des phénomènes psychiques. **2.** Étude de l'origine et de l'évolution des phénomènes psychiques. □ adj. **psychogénétique**

psychokinésie n. f. (→ kinési-) didact. Faculté paranormale d'influencer les objets physiques ou les évènements par des processus mentaux. → **télékinésie.** □ adj. **psychokinétique**

psycholeptique adj. (de *psycho-* + *-leptique*) pharm. Qui exerce un effet sédatif sur le psychisme. – n. m. *Les psycholeptiques sont des psychotropes.*

psycholinguistique [psikolɛ̃gɥistik] n. f. didact. Étude des aspects psychologiques des phénomènes linguistiques. – adj. *Des travaux psycholinguistiques.* □ n. **psycholinguiste**

psychologie n. f. (du latin, du grec → psych(o)- et -logie) **1.** Étude scientifique des phénomènes de l'esprit (au sens le plus large). *Psychologie subjective. Psychologie expérimentale, génétique. Psychologie appliquée. Licence de psychologie.* - abrév. fam. **psycho.** **2.** Connaissance spontanée des sentiments d'autrui ; aptitude à comprendre, à prévoir les comportements. → **intuition.** *Manquer de psychologie.* **3.** Analyse des états de conscience, des sentiments, dans une

psychopompe

Saint Michel, archange psychopompe, par Guariento di Arpo (XIVe s.), Musei Civici, Padoue.

œuvre. **4.** Ensemble d'idées, d'états d'esprit caractéristiques d'une collectivité. ■ fam. Mentalité (d'une personne). → **psychisme.**

psychologique adj. **1.** Qui appartient à la psychologie. *L'analyse psychologique. Un roman psychologique.* **2.** Étudié par la psychologie ; qui concerne les faits psychiques, la pensée. → **mental, psychique.** **3.** Qui agit ou vise à agir sur le psychisme (de qqn, d'un groupe). *Guerre psychologique,* visant à amoindrir le moral d'un adversaire.

psychologiquement adv. **1.** Du point de vue psychologique. **2.** (opposé à *physiquement*) Moralement. *Être psychologiquement fort.*

psychologisme n. m. didact. Tendance à faire prévaloir le point de vue de la psychologie sur celui d'une autre science.

psychologue **1.** n. Spécialiste de la psychologie ; de la psychologie appliquée. *Une psychologue scolaire.* **2.** adj. Qui a une connaissance empirique des sentiments, des réactions d'autrui. *Le directeur n'est guère psychologue.*

psychométrie n. f. (→ psycho- et -métrie) sc. Ensemble des méthodes quantitatives appliquées en psychologie (tests, etc.). □ adj. **psychométrique**

psychomoteur, trice adj. didact. Qui concerne à la fois les fonctions motrices et psychiques. *Troubles psychomoteurs de la parole.* → **dyslexie.**

psychomotricien, ienne n. didact. Personne chargée de la rééducation d'enfants atteints de troubles psychomoteurs.

psychomotricité n. f. didact. Intégration des fonctions motrices et psychiques résultant de la maturation du système nerveux.

psychonévrose n. f. méd. Troubles mentaux intermédiaires entre la névrose et la psychose.

psychopathe n. (→ -pathe) **1.** vieilli Malade mental(e). **2.** Individu atteint de psychopathie (2). – adj. *Un tueur psychopathe.*

psychopathie n. f. (→ -pathie) **1.** vieilli Maladie mentale. **2.** Déséquilibre psychique caractérisé par une déficience du contrôle des émotions et des impulsions, l'incapacité d'adaptation au milieu menant à des conduites antisociales. □ adj. **psychopathique**

psychopathologie n. f. didact. Étude des troubles mentaux, base de la psychiatrie. □ adj. **psychopathologique**

psychopédagogie n. f. didact. Discipline qui applique la psychologie expérimentale à la pédagogie. □ adj. **psychopédagogique** □ n. **psychopédagogue**

psychopharmacologie n. f. didact. Étude des substances chimiques ayant un effet sur le psychisme humain.

psychophysiologie n. f. didact. Étude des rapports entre l'activité physiologique et le psychisme. □ adj. **psychophysiologique**

psychophysique n. f. didact. Étude des rapports entre les faits physiques et les sensations qui en résultent. – adj. *Méthodes psychophysiques.*

psychopompe adj. (grec *psukhopompos*) mythol. Qui conduit les âmes des morts. *Hermès psychopompe.*

psychorigide adj. (→ rigide) Se dit de qqn qui est d'une grande raideur psychologique et se montre incapable de s'adapter aux changements. □ n. f. **psychorigidité**

psychose [psikoz] n. f. (de l'allemand, du grec → psych(o)- et névrose) **1.** psychiatr. Maladie mentale ignorée de la personne qui en est atteinte (à la différence des névroses*) et qui provoque des troubles de la personnalité (ex. paranoïa, schizophrénie...). → **psychotique ; ¹folie.** **2.** cour. Obsession, idée fixe. *Psychose collective.*

psychosensoriel, elle adj. psych. Se dit de troubles psychiques d'apparence sensorielle.

psychosocial, ale, aux adj. didact. Qui se rapporte à la psychologie humaine dans la vie sociale.

psychosociologie n. f. didact. Psychologie sociale. □ adj. **psychosociologique** □ n. **psychosociologue**

psychosomatique adj. (→ somatique) Qui concerne les troubles physiques liés à des causes psychiques. *Médecine psychosomatique. – Maladies psychosomatiques.*

psychostimulant, ante adj. pharm. Qui stimule l'activité mentale, la vigilance, l'attention. → **psychotonique.** – n. m. *Les amphétamines sont des psychostimulants.*

psychotechnicien, ienne [psikotɛknisjɛ̃, jɛn] n. Spécialiste de la psychotechnique.

psychotechnique [psikotɛknik] n. f. Discipline qui mesure les aptitudes physiques et mentales (orientation professionnelle, recrutement de salariés...). – adj. *Examens psychotechniques.* → **test.**

psychoter v. intr. < 1 > (de *psychose*) fam. Avoir peur. → **baliser.** *Arrête de psychoter !*

P

psychothérapeute n. didact. Personne qui pratique la psychothérapie. → **thérapeute.**

psychothérapie n. f. didact. Thérapeutique (de troubles organiques ou psychiques) qui s'effectue par intervention psychologique sur le psychisme. *Psychothérapie familiale, de groupe. – Suivre, faire une psychothérapie.* □ adj. **psychothérapique**

psychotique adj. psych. **1.** Relatif aux psychoses. **2.** Atteint d'une psychose. – n. *Un, une psychotique.*

psychotonique adj. (→ ¹tonique) pharm. Qui stimule l'activité cérébrale et combat la fatigue par un effet euphorisant. → **psychostimulant.** – n. m. *Un psychotonique.*

psychotrope adj. et n. m. (→ -trope) didact. Se dit d'un médicament, d'une substance qui agit chimiquement sur le psychisme.

psychromètre n. m. (du grec *psukhros* « froid » et de *-mètre*) sc. Instrument formé de deux thermomètres, qui sert à mesurer l'humidité de l'air. → **hygromètre.** □ n. f. **psychrométrie**

¹psylle n. m. (du latin, du grec *Psulloi*, peuple de la Cyrénaïque) littér. Charmeur de serpents.

²psylle n. m. ou f. (grec *psulla* « puce ») Insecte hémiptère, petite cigale dotée de pattes propres au saut.

psyllium [psiljɔm] n. m. (du latin, du grec, de *psulla* « puce ») Graines mucilagineuses de certaines espèces de plantain.

Ptah Dieu égyptien, représenté sous forme humaine, la tête rasée, et serré dans une gaine comme une momie. Au IIIe millénaire av. J.-C., il était adoré à Memphis comme le créateur du monde, le Verbe. Patron des artisans, il fut identifié par les Grecs à Héphaïstos.

Ptah, statuette en bronze incrusté (entre 664 et 332 av. J.-C.), musée du Louvre, Paris.

ptéranodon n. m. (de *ptér[o]-* et du grec *anodous, ontos* « édenté ») paléont. Reptile volant et édenté du crétacé supérieur.

ptéridophyte n. m. (du grec *pteris, pteridos* « fougère » et de *-phyte*) bot. Plante telle que la fougère et les plantes pourvues de racines, de tiges et de feuilles mais dépourvues de fleurs (embranchement des *Ptéridophytes*).

ptér(o)-, -ptère Éléments (du grec *pteron*) qui signifient « aile ».

ptérodactyle (→ -dactyle) **1. adj.** Qui a les doigts reliés par une membrane. **2. n. m.** Reptile fossile volant du jurassique (contemporain des dinosaures ; ancêtre des oiseaux).

P

ptéropode n. m. (de *ptéro-* + *-pode*) Mollusque gastéropode muni de deux organes locomoteurs en forme de nageoires.

ptérosaurien n. m. (de *ptéro-* et *saurien*) paléont. Reptile fossile du secondaire, adapté au vol grâce à des ailes membraneuses soutenues par un doigt (ordre des *Ptérosauriens*).

ptérygoïde adj. (grec *pterugoeidês* « en forme d'aile ») anat. *Apophyse ptérygoïde* : apophyse osseuse de la face inférieure du sphénoïde.

ptérygoïdien, ienne adj. anat. Relatif à l'apophyse ptérygoïde. *Les muscles ptérygoïdiens* ou **n. m.** *les ptérygoïdiens.*

ptérygote n. m. (du grec, de *pteron* « aile ») zool. Tout insecte ailé.

ptolémaïque adj. didact. Relatif à Ptolémée Ier et à sa dynastie (les Lagides).

Ptolémaïs Nom de plusieurs villes anciennes fondées ou embellies par les Ptolémées, en Égypte.

Ptolémée Nom de quinze souverains macédoniens qui régnèrent sur l'Égypte de –323 à –30. ■ **Ptolémée Ier Sôter** (367-283 av. J.-C.). Fondateur de la dynastie des Lagides et roi d'Égypte (306-285 av. J.-C.). L'un des généraux d'Alexandre le Grand, il reçut à la mort de ce dernier la Palestine, la Coelésyrie et Chypre. ■ **Ptolémée II Philadelphe** (308-246 av. J.-C.). Roi d'Égypte (285-246 av. J.-C.). Il fonda plusieurs villes et fit ériger le phare d'Alexandrie. ■ **Ptolémée III Évergète** (283-222 av. J.-C.). Roi d'Égypte (246-221 av. J.-C.). Il envahit la Syrie et la Perse. ■ **Ptolémée IV Philopator** (244-203 av. J.-C.). Roi d'Égypte (221-205 av. J.-C.). Il battit les Syriens à Raphia. ■ **Ptolémée V Épiphane** (201-181 av. J.-C.). Roi d'Égypte (205-181). Il perdit la Syrie et la Palestine. Son règne marqua le début de la décadence des Lagides. ■ **Ptolémée VIII** (ou **VII**) **Évergète** (146-117 av. J.-C.). Roi d'Égypte (143-117 av. J.-C.). Il ne put empêcher l'effondrement de la puissance lagide, qui passa sous domination romaine à la fin du IIe siècle av. J.-C. ■ **Ptolémée XIV Philopator** (59-44 av. J.-C.). Roi d'Égypte (47-44 av. J.-C.). Il épousa sa sœur, Cléopâtre VII, qui le fit tuer. ■ **Ptolémée XV** (ou **XVI**) **Césarion.** Roi d'Égypte (44-30 av. J.-C.). Fils de César et de Cléopâtre. Il périt assassiné par Octave (Auguste) après la bataille d'Actium.

Ptolémée (Claude) Astronome, mathématicien et géographe grec (v. 90-v. 168). Il inventa un système géocentrique du monde dit « de Ptolémée », qui fit autorité jusqu'au XVIe s. : la Terre est immobile au centre de l'Univers, tandis que les planètes tournent autour selon un double mouvement *(Syntaxe mathématique). Le Guide géographique* est une compilation des connaissances géographiques d'alors.

Ptolémée tenant la sphère terrestre, enluminure de la *Cosmographie* imprimée à Ulm (1482), Musée national, Bucarest.

ptomaïne n. f. (de l'italien, du grec *ptôma* « cadavre ») biochim. Substance aminée toxique se formant au cours de la putréfaction des protéines animales sous l'effet de bactéries.

ptose n. f. (grec *ptôsis* « chute ») méd. Descente (d'un organe) par relâchement des moyens de soutien. → **prolapsus.** - var. **ptôse.**

ptosis n. m. (grec *ptôsis* → ptose) méd. Abaissement permanent de la paupière supérieure.

PTT Sigle de l'ancienne administration des Postes, Télégraphes et Téléphones, devenue en 1980 Postes, Télécommunications et Télédiffusion. En 1991, elle s'est scindée en deux sociétés : La Poste, avec la Banque postale, et France Télécom devenue Orange.

ptyaline n. f. (du grec *ptualon* « salive ») biochim. Amylase salivaire.

ptyalisme n. m. (du grec, de *ptualon* « salive ») méd. Salivation exagérée, dans diverses affections.

pu Participe passé du verbe *pouvoir.*

puant, ante adj. **1.** Qui pue. → **fétide, nauséabond, pestilentiel. 2.** fig. (personnes) Qui est odieux de prétention, de vanité.

puanteur n. f. Odeur infecte. → **fétidité, infection.**

¹pub [pœb] n. m. (mot anglais, abrév. de *public house*) (pays anglo-saxons) Établissement public où l'on sert de la bière et autres boissons alcoolisées. ■ en France Bar, brasserie imitant un tel établissement. *Des pubs.*

²pub [pyb] n. f. (abrév.) fam. Publicité. *Travailler dans la pub. – Une pub.*

pubalgie n. f. (de *pubis* et *-algie*) méd. Inflammation des tendons au niveau de la symphyse pubienne.

pubère adj. (du latin, de *pubes* → pubis [le poil caractérisant l'état adulte]) Qui a atteint l'âge de la puberté. → **nubile.**

puberté n. f. (du latin → pubère) Passage de l'enfance à l'adolescence ; ensemble des modifications physiologiques et psychologiques qui se produisent à cette époque. → **nubilité.** □ adj. **pubertaire**

pubescent, ente adj. (latin *pubescens,* de *pubescere* « se couvrir de poils ») biol. Couvert de poils fins et courts, de duvet. *Tige pubescente.* □ n. f. **pubescence**

pubien, ienne adj. anat. Du pubis. *Symphyse pubienne.*

pubis [pybis] n. m. (bas latin *pubis,* de *pubes* « poil ») **1.** anat. Partie antérieure de chacun des os iliaques. **2.** cour. Renflement triangulaire à la partie inférieure du bas-ventre. *Les poils du pubis.*

publi- Élément tiré de *publicité* (ex. *publiphobe* **adj. et n.** « qui déteste la publicité »).

publiable adj. Qui est en état d'être publié.

public, ique adj. (latin *publicus* « du peuple, de l'État », apparenté à *pubes* [→ pubère, pubis], pour « les adultes ») **I. adj. 1.** Qui concerne le peuple dans son ensemble ; relatif à la nation, à l'État (→ **république**). *L'ordre public. Les affaires publiques.* → **¹politique.** *L'intérêt public.* → **commun, ¹général, social.** *L'opinion publique.* ■ Relatif aux collectivités sociales juridiquement définies, à l'État. *Les pouvoirs publics. La fonction* publique. Service public. L'école publique.* → **laïque. 2.** Accessible, ouvert à tous. *La voie publique. Jardin public. Réunion publique.* – vieux *Fille publique* : prostituée. **3.** Qui a lieu en présence de témoins, n'est pas secret. *Scrutin public.* **4.** Qui concerne la fonction qu'on remplit dans la société. *La vie publique et la vie privée. – Un homme public,* investi d'une fonction officielle. **5.** Connu de tous. → **notoire, officiel.** *Le scandale est devenu public.* **II. n. m. 1.** Le secteur public. **2.** Les gens, la masse de la population. *Chantier interdit au public.* **3.** Ensemble des personnes que touche une œuvre (littéraire, artistique, musicale), un spectacle, un média. *Livrer son ouvrage au public. « Ce que le public te reproche, cultive-le : c'est toi »* (Cocteau). *Le public de qqn,* celui qu'il touche, qui le suit. ■ loc. *Le grand public* : un large public. – adjectivt *Un film grand public.* **4.** Ensemble de personnes qui assistent effectivement (à un spectacle, une réunion...). → **assistance, auditoire.** ■ Les personnes devant lesquelles on parle ou on se donne en spectacle. → **galerie.** – loc. *Être bon public,* peu difficile, bienveillant (à l'égard d'une œuvre, etc.). **5.** *En public* **loc. adv.** : en présence d'un certain nombre de personnes. *Parler en public. – Enregistré en public.* → **live.**

publicain n. m. (du latin, de *publicus* → public) Antiq. Chevalier romain qui prenait à ferme le recouvrement des impôts. ■ Employé subalterne de ces chevaliers.

publication n. f. (du latin → publier) **1.** Action de publier (un ouvrage, un écrit) ; son résultat. *Après la publication de son roman.* → **apparition, parution, sortie.** ■ Écrit publié (brochures, périodiques). *Publications scientifiques.* **2.** Action de publier (2), de porter à la connaissance de tous. *La publication d'une loi.*

publiciste n. **1.** vieilli Journaliste. **2.** Juriste spécialiste du droit public. **3.** (anglais *publicist*) abusivt Agent de publicité. → **publicitaire.**

publicitaire adj. **1.** Qui sert à la publicité, présente un caractère de publicité. *Message publicitaire. Espace* publicitaire.* **2.** Qui s'occupe de publicité. *Dessinateur publicitaire.* – **n.** *Un, une publicitaire.*

publicité n. f. (de *public*) **I. 1.** Le fait d'exercer une action psychologique sur le public à des fins commerciales, spécialt, de faire connaître un produit et d'inciter à l'acquérir. → **²pub, ²réclame.** *Agence de publicité. Campagne de publicité.* **2.** Message publicitaire. **II.** Caractère de ce qui est public, connu de tous. *Donner une regrettable publicité à une affaire privée.*

▶ La **publicité** (I, 1) naît concrètement avec l'invention de l'imprimerie (milieu du XVe s.) et la constitution d'un espace public lié à l'écrit. Il ne s'agit pas encore alors de « faire de la réclame », mais de rendre public un discours ou un évènement. Le geste fondateur est accompli en 1517 par Luther, affichant ses « 95 thèses » sur la porte de l'église du château de Wittenberg. Les premières gazettes, à la fin du XVIIe siècle, lancent un mouvement de diffusion de l'information vers un large public qui n'a jamais cessé de s'amplifier.
Si le XVIIIe siècle pratique déjà l'art de l'affiche, il faut attendre les années 1850 pour que l'on commence à distinguer l'information et la promotion commerciale. Là encore, c'est une technique qui fait la différence : la publicité moderne naît avec le développement de l'image imprimée. Les gigantesques réclames peintes sur les murs des villes (à partir de 1880) puis les plaques émaillées des années 1900, avec leurs couleurs franches, leurs formes stylisées et leurs textes minimalistes — les premiers « slogans » —, inventent un langage efficace que Cassandre et R. Loewy porteront à son sommet.
Au XXe siècle, la publicité accompagne l'essor de l'audiovisuel : les « réclames » sont immédiatement présentes au cinéma, à la radio, puis à la télévision. Comme dans la presse, la publicité a un poids financier croissant dans l'économie des médias. Nécessaire dans une économie moderne fondée sur la valeur des marques, la publicité touche aussi à la création. Elle appartient à ce que Marcuse appelle la « culture de masse », et connaît les mêmes évolutions.
Aujourd'hui, la publicité sur Internet redessine les circuits de diffusion et cible très précisément les consommateurs en fonction de leurs goûts individuels. Ceux-ci ont appris à se méfier de la publicité, mais n'en vivent pas moins dans un monde envahi par ses images et ses discours.
voir aussi **internet, médias, propagande**

Publicola en latin **Publius Valerius Publicola** Homme politique romain (mort v. 503 av. J.-C.). Selon la tradition, il fut l'un des fondateurs de la république.

publier v. tr. < 7 > (du latin, de *publicus* → public) **1.** Faire paraître (un texte) dans un livre, un journal. *Publier un article dans une revue.* – (compl. personne) *Gallimard a publié Malraux.* → **éditer.** – passif et p. p. *Être publié.* **2.** Faire connaître au public ; annoncer publiquement. → **divulguer.** *On a publié les bans à la mairie.*

publiphone n. m. (marque déposée ; de *public* et *téléphone*) Téléphone public fonctionnant avec une télécarte.

publipostage n. m. Prospection publicitaire par correspondance (recomm. offic. pour **mailing**).

publiquement adv. En public, au grand jour. *Injurier qqn publiquement.*

publirédactionnel n. m. Publicité dans un magazine, présentée sous la forme d'un article normal.

publireportage n. m. Publicité dans un magazine, affectant la forme d'un reportage.

Pucallpa Ville du Pérou, sur le fleuve Ucayali. 212 000 habitants. Port fluvial. Exploitation du bois, raffinerie de pétrole.

Puccini (Giacomo) Compositeur italien (1858-1924). Il composa des opéras qui s'inscrivent dans le mouvement vériste (*La Bohème ; Tosca*), salués pour la qualité expressive de leur écriture vocale et la richesse de leur orchestration (*Madame Butterfly*).

puccinie n. f. (de *Puccini*, n. d'un savant italien) Champignon parasite, agent de la rouille des blés. - syn. **puccinia** n. m.

puce n. f. (vient du latin *pulex, pulicis*) **I. 1.** Insecte sauteur, de couleur brune, parasite de l'homme et d'animaux. *Être piqué, mordu par une puce.* – *Puce d'eau* : daphnie. ■ loc. fam. *Mettre la puce à l'oreille à qqn*, l'intriguer, éveiller ses soupçons. – *Secouer les puces à qqn*, le réprimander, l'attraper. – *Le marché aux puces* et ellipt *les puces* : marché où l'on vend toutes sortes d'objets d'occasion. **2.** fam. Personne très petite. **3.** terme d'affection *Ça va, ma puce ?* **4.** en appos. invar. D'un brun-rouge assez foncé (couleur de la puce). *Des gants puce.* **II.** Petite pastille d'un matériau semi-conducteur sur laquelle se trouve un microprocesseur. *Carte à puce. Puce RFID.* → **radio-étiquette.**

▶ Les **puces RFID*** *(radio frequency identification)* sont composées d'une puce électronique et d'une antenne. Elles ont la particularité de pouvoir échanger des données à distance, en consommant une quantité d'énergie minime et à très faible coût.
Lors de son passage à proximité d'un émetteur-lecteur dédié, la puce RFID reçoit un message sous la forme d'une onde radio, qui lui fournit également l'énergie nécessaire à l'envoi de sa propre réponse. C'est du moins le cas de la puce « passive », qui ne possède pas de source d'énergie intégrée et transmet des informations au lecteur lorsqu'elle est interrogée, tel un code-barres. Lorsqu'elle possède une batterie, elle peut être interrogée à plus longue distance ou enregistrer des données : on parle alors de puce « active » ou « semi-active ».
Les puces RFID furent utilisées lors de la Seconde Guerre mondiale par la Royal Air Force pour différencier ses avions de ceux de l'ennemi. Leurs applications se sont ensuite multipliées (contrôles d'accès dans les transports publics ; identification de produits, notamment dans la gestion des stocks). On peut également imaginer munir d'une puce chacun des articles d'un supermarché, en laissant le soin au portique disposé à la sortie de calculer instantanément le montant total du chariot emporté par le consommateur, ainsi que la présence éventuelle de produits périmés, voire l'incompatibilité de ses achats avec ses problèmes de santé... à condition que le client porte sur lui une carte munie d'une autre puce RFID contenant les données correspondantes !
D'autres expériences ont été conduites aux États-Unis : grâce à une puce RFID, des parents sont avertis par SMS quand leur enfant franchit la porte de l'école. Des messages publicitaires ciblés seront-ils bientôt diffusés à notre passage en fonction de notre profil ? Les puces RFID pourraient bien constituer une entrave aux libertés individuelles, certaines de leurs applications potentielles n'étant pas sans évoquer *1984*, le roman d'anticipation de George Orwell...
voir aussi **informatique, onde, principe de précaution**

puceau n. m. (→ pucelle) fam. Garçon, homme vierge. – **adj.** *Il est toujours puceau.*

pucelage n. m. fam. Virginité. *Perdre son pucelage.*

pucelle n. f. (vient du latin *pullicella*) **1.** vieux ou plais. Jeune fille. *La pucelle d'Orléans* : Jeanne d'Arc. **2.** fam. Fille vierge. – **adj.** *Elle est encore pucelle.*

Pucelle (Jean) Enlumineur français (mort en 1334). Il contribua à la renommée de la miniature parisienne au XIVe s., et fut l'un des principaux initiateurs du gothique international. *Bréviaire de Belleville ; Livre d'heures.*

puceron n. m. Petit insecte parasite des plantes. *Puceron du rosier.*

pucier n. m. (de *puce*) argot, vieilli Lit.

pudding ou **pouding** [pudiŋ] n. m. (anglais *pudding*, de *poding*, famille de *boudin*) **1.** Gâteau à base de farine, d'œufs, de graisse de bœuf et de raisins secs. *Des puddings.* **2.** Gâteau à base de pain, de cannelle, de raisins secs.

puddler v. tr. < 1 > (de l'anglais) anglic., techn. Affiner (la fonte) par brassage. □ n. m. **puddlage**

pudeur n. f. (du latin, de *pudere* « avoir honte ») **1.** Sentiment de honte, de gêne qu'une personne éprouve à faire, à envisager des choses de nature sexuelle ; disposition permanente à éprouver un tel sentiment. → **chasteté, décence, pudicité ; pudique ;** - contr. **impudeur.** – *Attentat* à la pudeur.* ■ spécialt Sentiment de gêne à se montrer nu. **2.** Gêne qu'éprouve une personne délicate devant ce que sa dignité semble lui interdire. → **discrétion, réserve, retenue.** *Cacher son chagrin par pudeur.*

pudibond, onde adj. (du latin, de *pudere* → pudeur) Qui a une pudeur exagérée jusqu'au ridicule. → **prude.**

pudibonderie n. f. littér. Pudeur excessive, ridicule. → **pruderie.**

pudicité n. f. littér. Pudeur, caractère pudique.

pudique adj. (du latin, de *pudere* → pudeur) **1.** Qui a de la pudeur, montre de la pudeur. → **chaste, sage.** *Un geste pudique.* **2.** Plein de discrétion, de réserve. *Une allusion pudique.*

pudiquement adv. **1.** D'une manière pudique. **2.** En termes pudiques ; par euphémisme. *Ce qu'on appelle pudiquement rétablir l'ordre.*

Puebla Ville du Mexique, capitale de l'État de Puebla. 1 434 000 habitants. Monuments de l'époque coloniale. Université. Centre commercial. Centre industriel (textile, métallurgie, chimie, construction automobile).

Pueblo Ville des États-Unis (Colorado), sur l'Arkansas. 111 870 habitants. Centre agricole et industriel (métallurgie).

Pueblo Bonito Site archéologique des États-Unis (Nouveau-Mexique), construit entre 919 et 1067 par les Anasazis.

Pueblos n. m. pl. Peuple amérindien du S.-E. des États-Unis (Arizona, Nouveau-Mexique). Descendants des Anasazis et des Mogollons, les Pueblos regroupent notamment les Hopis et les Zuñis. Ils se sont opposés aux Européens et ont subi des répressions sanglantes, mais ont réussi à conserver leurs

Pueblo Bonito

Pueblo Bonito, site inscrit au patrimoine mondial de l'Unesco.

langues, leurs activités traditionnelles (poterie) et, souvent, leur mode de vie.

puer v. < 1 > (de l'ancien français *puir*, qui vient du latin *putire*, de *pus* → pus) **1.** v. intr. Sentir très mauvais, exhaler une odeur infecte. → **empester ; puant. 2.** v. tr. Répandre une très mauvaise odeur de. *Puer la sueur, l'alcool.* – fig. *Ça pue la magouille.*

puér(i)- Élément (du latin *puer, pueris,* cf. puéril) qui signifie « enfant ». → **¹péd(o)-**.

puériculteur, trice n. Personne diplômée spécialiste de puériculture.

puériculture n. f. Ensemble des méthodes propres à assurer la croissance et l'épanouissement du nouveau-né et de l'enfant (jusque vers trois ou quatre ans).

puéril, ile adj. (du latin, de *puer* « enfant » → puér[i]-) **1.** vieux Relatif à l'enfance. **2.** péj. Qui n'est pas digne d'un adulte ; qui manque de sérieux. → **enfantin, infantile.** *Une réaction puérile.* □ adv. **puérilement**

puérilisme n. m. (de *puéril*) psych. Syndrome caractérisé par une régression de la personnalité psychique au stade de l'enfance.

puérilité n. f. (→ puéril) **1.** Caractère puéril, peu sérieux. → **futilité. 2.** littér. Action, parole, idée puérile. → **enfantillage.** *Cessez vos puérilités !*

puerpéral, ale, aux adj. (de l'anglais, du latin *puer* « enfant » → puér[i]- et *parere* « accoucher » → parturition) méd. Relatif à la période qui suit l'accouchement. *Fièvre puerpérale,* due à une infection utérine.

puerpéralité n. f. (de *puerpéral*) méd. Période qui suit l'accouchement.

Puerto Cabello Ville du Venezuela (État de Carabobo), sur la mer des Caraïbes. 154 000 habitants. C'est le premier port du pays. Industries agroalimentaires. Constructions navales et raffineries.

Puerto Cortés Ville du Honduras, situé sur la mer des Antilles. 115 000 habitants. Port d'exportation.

Puerto de Santa María ou **el Puerto** Ville d'Espagne (Andalousie), sur le Guadalete. 89 012 habitants. Station balnéaire.

P

Puerto La Cruz Ville du Venezuela, sur la mer des Caraïbes. 299 000 habitants. Exportation et raffinage de pétrole. Tourisme.

Puerto Limón ou **Limón** Ville du Costa Rica, sur la côte caraïbe. 63 500 habitants. Port commercial. Raffinerie de pétrole.

Puertollano Ville d'Espagne (Castilla-La Mancha). 46 600 habitants. Important bassin houiller. Industrie chimique.

Puerto Montt Ville du Chili, au bord de la mer intérieure de Chiloé. 156 000 habitants. Point de départ de la route australe qui dessert la Patagonie chilienne. Port de pêche. Centre commercial.

Pufendorf (Samuel, baron von) Historien, juriste et philosophe allemand (1632-1694). Théoricien de l'école du droit naturel, il est connu pour sa théorie du double contrat : le contrat d'association par lequel les citoyens décident de s'unir pour former un seul corps politique et le contrat de soumission par lequel les associés choisissent une forme de gouvernement. *Du droit de la nature et des gens.*

puffin n. m. (mot anglais, d'origine inconnue) Oiseau de mer migrateur proche du pétrel.

Puget (Pierre) Sculpteur, peintre et architecte français (1620-1694). Représentant de la sculpture baroque, il travailla à Gênes et en France, où son art se distinguait du classicisme officiel. Il rechercha les ruptures d'équilibre, l'expressivité, le mouvement. Il composa des œuvres religieuses *(Saint Sébastien)* et mythologiques *(Persée délivrant Andromède)* et réalisa des figures de poupe.

Puget Sound n. m. Détroit et fjord sur la côte pacifique du N.-O. des États-Unis (État de Washington). À l'extrémité S.-E. du détroit Juan de Fuca, il s'enfonce entre les montagnes du continent. La ville de Seattle se situe sur ses rives.

pugilat n. m. (du latin, de *pugnus* → poing, pugnace) **1.** Antiq. Combat entre boxeurs gantés de cestes. **2.** Bagarre à coups de poing. → **rixe.**

pugiliste n. m. **1.** Antiq. Athlète spécialiste du pugilat. **2.** littér. Boxeur. □ **pugilistique** adj. littér.

pugnace [pygnas] adj. (latin *pugnax,* de *pugnus* → poing, pugilat) littér. Qui aime le combat, la polémique. → **combatif.**

pugnacité [pygnasite] n. f. (du latin → pugnace) littér. Combativité.

Puig (Manuel) Écrivain argentin (1932-1990). Il décrypta, dans ses romans, la culture des médias. *Le Plus Beau Tango du monde ; Le Baiser de la femme araignée.*

puîné, ée adj. et n. (de *puis* et *né* → naître) vieilli Qui est né après un frère ou une sœur. → **cadet.** *Frère puîné.* – n. *Une puînée.* - var. RO **puiné, ée.**

puis adv. (vient du latin *postius,* de *post* « après » ; → puisque) **1.** (succession dans le temps) littér. Après cela, dans le temps qui suit. → **ensuite.** *Ils entraient, (et) puis ressortaient.* **2.** littér. Plus loin, dans l'espace. → **après.** *On aperçoit la cathédrale, puis la mairie.* **3.** *Et puis* (introduisant le dernier terme d'une énumération). → **et.** *Il y avait ses amis, son frère et puis sa sœur.* ■ (introduisant une nouvelle raison) → **d'ailleurs.** *Je n'ai pas le temps, et puis ça m'ennuie !* – fam. *Et puis quoi ? ; et puis après ? :* quelle importance ?

puisage n. m. techn. Action de puiser.

puisard n. m. (de *puiser*) Puits en pierres sèches destiné à recevoir et absorber les résidus liquides. → **égout, fosse.**

puisatier, ière n. (de *puiser*) Personne, entreprise qui creuse des puits. *« La Fille du puisatier »* (film de M. Pagnol).

Puisaye n. f. Région du S. du Bassin parisien, entre la vallée de l'Yonne à l'E. et de la Loire à l'O. Villes principales : Saint-Amand-en-Puisaye, Saint-Fargeau. Bocage. Élevage.

Puisaye (Joseph, comte de) Officier français (1755-1827). Il prit la tête du débarquement des émigrés royalistes à Quiberon (juin-juill. 1795).

puiser v. tr. < 1 > (de *puits*) **1.** Prendre dans une masse liquide (une portion de liquide). *Puiser de l'eau à une source.* **2.** absolt *Puiser dans ses économies,* y prélever de l'argent. **3.** fig. Emprunter, prendre. *Il a puisé ses exemples dans les auteurs classiques.* – au p. p. *Information puisée aux meilleures sources.*

puisque conj. (de *puis* et *que*) **1.** (introduisant une cause, rapport de cause à effet) Dès l'instant où, du moment que... *Puisque vous insistez, je viendrai. Puisque vous êtes ici, restez à dîner !,* étant donné que... **2.** (servant à justifier une assertion) *Puisque je vous le dis* (sous-entendu : c'est vrai). – (reprenant un terme) *Son départ, puisque départ il y a, est fixé à midi.*

puissamment adv. **1.** Avec des moyens puissants, avec une action efficace. **2.** Avec force, intensité. – iron. *C'est puissamment raisonné !*

puissance n. f. (de *puissant*) **I. 1.** Situation, état d'une personne, d'un groupe qui a une grande action ; domination qui en résulte. *La puissance que confère la force, la richesse.* – *Volonté de puissance :* besoin de dominer les gens et les choses (d'abord chez Nietzsche : volonté d'être plus fort que l'homme moyen, au mépris de la morale). ■ Grand pouvoir de fait exercé dans la vie politique d'une collectivité. *La puissance d'un parti, d'une tendance, d'un groupe d'intérêts.* **2.** Caractère de ce qui peut beaucoup, de ce qui produit de grands effets. → **efficacité.** *La puissance des mots. La puissance d'un athlète.* → **force.** – *Puissance sexuelle.* → **virilité ;** opposé à *impuissance.* **3.** sc. Quantité d'énergie fournie par unité de temps. *Unités de puissance.* → **²erg, watt.** *Puissance d'un moteur, d'un frein ; puissance électrique.* **4.** Pouvoir d'action (d'un appareil) ; intensité (d'un phénomène). *La puissance d'un microscope. Augmenter, diminuer la puissance,* l'intensité du phénomène produit par un appareil (volume sonore, par exemple). *Marcher à pleine puissance.* **5.** math. Produit de plusieurs facteurs égaux, le nombre de facteurs étant indiqué par l'exposant. 10^5 *(dix puissance cinq). Élever un nombre à la puissance deux* (→ **carré**), *trois* (→ **cube**). **II.** (Une, des puissances) **1.** littér. Chose qui a un grand pouvoir, produit de grands effets. *« Trois puissances gouvernent les hommes : le fer* [les armes], *l'or, l'opinion »* (Chamfort). **2.** Catégorie, groupement de personnes qui ont un grand pouvoir de fait dans la société. *Les puissances d'argent.* **3.** État souverain. → **nation, ¹pays.** *Les grandes puissances.* → aussi **superpuissance. III.** *En puissance* loc. adj. invar. : qui existe sans produire d'effet, sans se réaliser. → **potentiel, virtuel.** *Un criminel en puissance.*

puissant, ante adj. (ancien p. prés. du v. *pouvoir ;* cf. *qu'il puisse*) **1.** Qui a un grand pouvoir, de la puissance. *Un personnage très puissant.* → **considérable, influent, tout-puissant.** – n. *Les puissants de ce monde.* ■ Qui a de grands moyens militaires, techniques, économiques. *Un pays puissant.* → **puissance. 2.** Qui est très actif, qui produit de grands effets. *Un remède puissant.* → **énergique.** *Un sentiment puissant.* → **profond.** ■ (personnes) Qui s'impose par sa force, son action. *Une puissante personnalité.* **3.** Qui a de la force physique. → **vigoureux.** *Des muscles puissants.* **4.** (moteur, machine) Qui a de la puissance, de l'énergie. *Une voiture puissante.* **5.** Qui a une grande intensité. → **¹fort.** *Un éclairage puissant.*

puits n. m. (vient du latin *puteus* « trou, fosse ») **1.** Cavité circulaire, profonde et étroite, à parois maçonnées, pratiquée dans le sol pour atteindre une nappe d'eau souterraine. *Tirer de l'eau au puits.* → **puiser.** *Puits artésien*.* **2.** Excavation pratiquée dans le sol ou le sous-sol pour l'exploitation d'un gisement. *Puits de mine. Puits de pétrole.* **3.** loc. fig. *Un puits de science :* une personne qui a de vastes connaissances. **4.** techn. Excavation ou passage vertical. *Puits de lumière :* couloir vertical laissant passer la lumière. **5.** *Puits canadien ou provençal :* échangeur géothermique permettant de réchauffer ou de rafraîchir un bâtiment grâce à un système de canalisations enfouies. **6.** didact. *Puits de carbone :* système (forêt, océan, etc.) qui absorbe naturellement une partie du CO_2 émis.

Pula en italien **Pola** Ville de Croatie, au S.-O. de la péninsule d'Istrie. 57 460 habitants. Vestiges romains, cathédrale du XVIIe siècle. Port. Centre industriel, culturel et touristique.

Pulau Pinang voir **Penang**

Puławy Ville de Pologne orientale (voïvodie de Lublin), sur la Vistule. 45 200 habitants. Industrie chimique.

Pulchérie (sainte) (399-453). Impératrice d'Orient (450-453). Fille d'Arcadius et sœur aînée de Théodose II, elle succéda à son frère et défendit l'Église contre les monophysites.

Pulci (Luigi) Poète italien (1432-1484). Il écrivit un long poème chevaleresque, *Morgant le Géant.*

Pulcinella Personnage du théâtre comique de la tradition napolitaine, dont le Polichinelle français est une variante. Il a le nez crochu, est habillé de blanc et porte un masque noir.

pulicaire n. f. (latin *pulicaria [herba]* « [herbe] aux puces ») Plante à fleurs jaunes, qui pousse dans les lieux humides.

Puligny-Montrachet Commune de la Côte-d'Or. 378 habitants. Viticulture (grands crus de vins blancs de la côte de Beaune).

Pulitzer (Joseph) Journaliste américain d'origine hongroise (1847-1911). Il fit du *New York World* le véhicule de la presse à sensation et le principal journal démocrate du pays. Il fonda une école de journalisme à New York, qui décerne annuellement les prix Pulitzer de journalisme et de littérature.

pull voir **pull-over**

pullman [pulman] n. m. (de *Pullman*) **1.** Voiture de luxe, dans un train. *Des pullmans.* **2.** appos. invar. *Autocar pullman,* de grand confort.

Pullman (George Mortimer) Industriel américain (1831-1897). Il fut l'un des créateurs des wagons-lits (1860) et des wagons de luxe (1863).

pullorose n. f. (du latin sc., de *pullus* → [1]poule) vétér. Grave maladie contagieuse et infectieuse des volailles, atteignant surtout les poussins.

pull-over ou **pullover** [pylɔvɛʀ ; pulɔvœʀ] n. m. (anglais, de *to pull over* « tirer au-dessus ») Tricot de laine ou de coton couvrant le haut du corps, qu'on enfile par la tête. → **chandail.** *Des pull-overs, des pullovers.* - abrév. **pull** [pyl]. *Des pulls.*

pullulement n. m. Fait de pulluler. ▪ fig. « *Ce pullulement d'expressions nouvelles* » (Proust). → **foisonnement.**

pulluler v. intr. < 1 > (du latin, de *pullus* « petit [d'animal] » → [1]poule, poulain) **1.** Se multiplier ; se reproduire en grand nombre et très vite. **2.** (personnes, animaux) Se manifester en très grand nombre. → **fourmiller, grouiller, proliférer.** *Les mendiants pullulent dans cette ville.* ▪ (choses) Abonder, foisonner.

[1]pulmonaire n. f. (bas latin *pulmonaria [radicula]* « [racine] bonne pour le poumon ») Plante herbacée à fleurs roses, puis bleues à maturité.

[2]pulmonaire adj. (du latin → poumon) **1.** Qui affecte, atteint le poumon. *Congestion pulmonaire. Tuberculose pulmonaire.* **2.** Du poumon. *Les alvéoles pulmonaires.*

pulmoné n. m. (du latin, de *pulmo* → poumon) zool. Gastéropode dont la cavité palléale fonctionne comme un poumon (sous-classe des *Pulmonés*).

pulpaire adj. didact. Relatif à la pulpe des dents.

pulpe n. f. (latin *pulpa*) **1.** Partie charnue. *La pulpe des doigts.* **2.** *La pulpe des dents,* le tissu conjonctif interne. **3.** Partie juteuse (des fruits charnus). → **chair.** ▪ Partie charnue et comestible (de certains légumes). *La peau et la pulpe.* **4.** Résidu pâteux de végétaux écrasés. *Pulpe de betteraves.*

pulpeux, euse adj. (→ pulpe) **1.** Fait de pulpe (3). *Un fruit pulpeux.* **2.** fig. *Une fille pulpeuse,* aux formes rondes et pleines. – *Des lèvres pulpeuses.*

pulque ou **pulqué** [pulke] n. m. (mot indien du Mexique) Boisson fermentée de suc d'agave.

pulsar n. m. (mot anglais, de *pulsating star* « étoile vibrante ») astron. Source de rayonnement électromagnétique, se manifestant par des émissions brèves à intervalles réguliers.

pulsatif, ive adj. méd. Relatif à des pulsations.

pulsation n. f. (du latin, de *pulsare* → pousser) **1.** Battement (du cœur, des artères). → **pouls. 2.** Battement régulier.

pulsé, ée adj. *Air pulsé,* poussé par une soufflerie. ▪ *Lumière pulsée :* rayon lumineux de forte intensité employé en médecine esthétique et réparatrice.

pulsion n. f. (du latin, de *pulsum,* supin de *pellere* → pousser) psych. Force psychique qui fait tendre la personne vers un but. *Pulsions sexuelles.* → **libido.** □ adj. **pulsionnel, elle**

pulsoréacteur n. m. (de *pulso-,* du latin *pellere* « pousser », et de *réacteur*) Réacteur à combustion discontinue.

pultacé, ée adj. (du latin *puls, pultis* « bouillie ») didact. Qui a la consistance de la bouillie.

pulvérin n. m. (de l'italien, du latin *pulvis* « poussière » → poudre) techn. Poudre très fine, dont on se servait pour l'amorçage des armes à feu, utilisée aujourd'hui en pyrotechnie.

pulvérisable adj. (de *pulvériser*) **1.** Qui peut être réduit en poudre. **2.** Qui peut être projeté en fines gouttelettes.

pulvérisateur n. m. Appareil servant à projeter une poudre, un liquide pulvérisé. → **atomiseur, vaporisateur.**

pulvérisation n. f. **1.** Action de pulvériser. **2.** Prise de médicament en aérosol (nez, gorge).

pulvériser v. tr. < 1 > (du latin, de *pulvis* → poudre) **1.** Réduire (un solide) en poudre, en très petites parcelles ou miettes. → **broyer, [1]piler.** – au p. p. *Charbon pulvérisé.* **2.** Projeter (un liquide sous pression) en fines gouttelettes. → **vaporiser.** *Pulvériser de l'insecticide.* **3.** Traiter en projetant un liquide. *Pulvériser des cultures.* **4.** Faire éclater en petits morceaux. *Le parebrise a été pulvérisé.* ▪ fig. Détruire complètement, réduire à néant. → **anéantir.** ▪ fam. *Le record a été pulvérisé,* battu de beaucoup.

pulvériseur n. m. (de *pulvériser*) techn. Machine agricole servant à réduire les mottes de terre en fines parcelles.

pulvérulent, ente adj. (du latin, de *pulvis* → poudre) didact. Qui a la consistance de la poudre ou se réduit facilement en poudre. *La chaux vive est pulvérulente.* □ n. f. **pulvérulence**

puma n. m. (mot quichua) Mammifère carnassier d'Amérique de la famille des félins, à pelage fauve et sans crinière. → **couguar.** *Des pumas femelles.*

puna n. f. (mot espagnol, du quichua) **1.** géogr. Haut plateau froid, au Pérou et en Bolivie. **2.** Troubles physiologiques liés à l'altitude (dans les Andes).

punaise n. f. (de l'ancien français *punais* « puant », qui vient du latin) **I. 1.** Petit insecte à corps aplati et d'odeur infecte. *Punaise (des lits),* parasite de l'homme. – *Punaise d'eau.* → **nèpe.** ▪ interj. fam. *Punaise !,* exprimant la surprise ou le dépit. **2.** fig. Personne détestable. – loc. *Punaise de sacristie*.* **II.** Petit clou à large tête ronde, à pointe courte servant à fixer des feuilles de papier sur une surface.

punaiser v. tr. < 1 > Fixer à l'aide de punaises.

Puncak Jaya voir **Jayawijaya**

[1]punch [pɔ̃ʃ] n. m. (mot anglais, de l'hindi *pānch* « cinq ») Boisson alcoolisée à base de rhum, de sirop de canne, parfois de jus de fruits. - var. RO **ponch.**

[2]punch [pœnʃ] n. m. (mot anglais « coup ») **1.** Aptitude d'un boxeur à porter des coups secs et décisifs. **2.** fig. et fam. Efficacité, dynamisme. *Avoir du punch.*

Punch (The) Hebdomadaire satirique illustré britannique qui parut de 1841 à 2002.

puncheur [pœnʃœʀ] n. m. Boxeur qui a du punch.

punching-ball [pœnʃiŋbol] n. m. (mot anglais, de *punching* « en frappant » et *ball* « ballon ») Ballon fixé par des liens élastiques, servant à l'entraînement des boxeurs. *Des punching-balls.*

-puncture voir **-poncture**

Pune ou **Poona** Ville d'Inde (Maharashtra), sur le plateau du Dekkan. 5 millions d'habitants. Centre culturel. Industries. Usines pharmaceutiques et métallurgiques.

punique adj. (latin *Punicus*) Antiq. De Carthage ; carthaginois. *Les guerres puniques,* menées par Rome contre Carthage.

puniques (guerres) Nom donné aux trois guerres qui opposèrent Carthage à Rome de 264 à 146 av. J.-C. Elles eurent pour enjeu l'hégémonie en Méditerranée occidentale. La **première guerre punique** (264-241 av. J.-C.) se déroula en Sicile et se termina par la défaite carthaginoise dans les îles Égates. Carthage demanda la paix et dut accepter la perte de la Sicile. La **deuxième guerre punique** (218-201 av. J.-C.) vit l'offensive du Carthaginois Hannibal. Celui-ci remporta plusieurs victoires en Italie, mais fut vaincu à Zama par Scipion l'Africain (–202). La paix de Tunis (–201) obligea Carthage à abandonner l'Espagne. La **troisième guerre punique** (149-146 av. J.-C.) fut déclenchée par Rome. Elle se solda par la prise et la destruction de Carthage par Scipion l'Émilien.

punir v. tr. < 2 > (latin *punire,* famille de *poena* → peine) **1.** Frapper (qqn) d'une peine pour avoir commis un délit ou un crime. → **châtier, condamner.** *La justice punit les coupables. Être puni de prison.* ▪ Frapper (qqn) d'une sanction pour une faute répréhensible. *Punir un enfant d'avoir (pour avoir) menti.* **2.** Sanctionner (une faute) par une peine, une punition. *Punir une infraction.* **3.** passif et p. p. *Elle est bien punie de sa curiosité,* elle en supporte les conséquences fâcheuses. *Coupables punis ou épargnés.*

punissable adj. Qui entraîne ou peut entraîner une peine. *Une action punissable.* → **répréhensible.**

punitif, ive adj. Propre ou destiné à punir. *Une expédition punitive.*

punition n. f. (latin *punitio* → punir) **1.** littér. Action de punir. *La punition des crimes, des péchés.* **2.** Ce que l'on fait subir à l'auteur d'une faute (non d'un crime ou d'un délit grave). → **châtiment, peine, sanction.** *Infliger une punition à qqn.* ▪ spécialt Ce qui est infligé en punition à un enfant, un élève. *Pour ta punition, tu resteras dans ta chambre. Elle est en punition.* → **retenue. 3.** Conséquence pénible (d'une faute, d'un défaut dont on semble puni). « *Sa pénurie est la punition de sa prodigalité* » (Baudelaire).

punk [pœ̃k ; pœnk] (mot de l'anglais des États-Unis « voyou ») anglic. **1.** n. m. Mouvement de contestation regroupant des jeunes qui affichent des signes provocateurs (coiffures, ornements) par dérision envers l'ordre social. – adj. *La musique punk.* **2.** n. Adepte de ce mouvement. *Une punk* (ou *punkette,* n. f.) *aux cheveux bleus.*

Punta Arenas Ville du Chili (région de Magallanes), sur le détroit de Magellan. Port. 126 000 habitants. Centre commercial, pêche, marché agricole, centre touristique.

Punta del Este Station balnéaire d'Uruguay, à l'embouchure du río de La Plata. 7 300 habitants.

Puntarenas Ville du Costa Rica, sur la côte pacifique. 37 500 habitants.

Puntland n. m. Région du nord de la Somalie ayant déclaré son autonomie en 1998 pour échapper à la guerre civile qui ravageait le sud du pays.

pupe n. f. (latin *pupa* « poupée ») zool. Stade intermédiaire entre la larve et l'imago (nymphe), chez les diptères.

[1]pupille [pypij ; pypil] n. (du latin, de *pupus* « petit garçon ») **1.** Orphelin(e) mineur(e) en tutelle. *Le, la pupille et son tuteur.* **2.** *Pupille de la Nation :* orphelin de guerre pris en tutelle par l'État. □ adj. **pupillaire** □ n. f. **pupillarité**

[2]pupille [pypij ; pypil] n. f. (du latin, de *pupa* « petite fille » → poupée) Zone centrale de l'iris de l'œil, par où passent les rayons lumineux. → **[2]prunelle.** □ adj. **pupillaire**

P

Pupin (Michael) Physicien américain d'origine serbe (1858-1935). Il augmenta la portée des communications téléphoniques en plaçant, à intervalles réguliers, des bobines inductrices le long de la ligne *(pupinisation)*.

pupinisation n. f. (du n. du physicien Pupin) techn. Introduction de bobines d'inductance dans les conducteurs d'une ligne de télécommunication.

pupipare adj. (de *pupe* et *-pare*) zool. Se dit des insectes diptères dont les larves éclosent prêtes à se transformer en pupes.

pupitre n. m. (du latin *pulpitum*) **1.** Petit meuble à tableau incliné sur un ou plusieurs pieds, où l'on pose, à hauteur de vue, un livre, du papier. *Pupitre d'orchestre. Pupitre de chœur.* → **lutrin. 2.** Petite table, casier à couvercle incliné servant à écrire. *Pupitre d'écolier.* **3.** techn. Tableau de commandes (d'un système électronique). → **console.** *Le pupitre d'un studio d'enregistrement, d'un ordinateur.*

pupitreur, euse n. (→ pupitre [3]) techn. Technicien(ne) chargé(e) de suivre au pupitre le fonctionnement d'un ordinateur.

pur, pure adj. (vient du latin *purus* → épurer, purifier, purée, purin) **I.** concret **1.** Qui n'est pas mêlé avec autre chose, qui ne contient aucun élément étranger. *Substance, eau chimiquement pure. Du vin pur,* sans eau. – (devant un n. de produit) *Confiture pur fruit, pur sucre,* sans additifs ni adjuvants. *Tissu pure laine.* fig. *Un Québécois pure laine,* d'origine franco-canadienne. – *Couleur pure,* franche. *Son pur,* simple. – *Cheval de pur sang.* → **pur-sang.** – chim. *Corps pur,* dont toutes les molécules sont identiques. **2.** Qui ne renferme aucun élément mauvais ou défectueux. *Eau pure,* claire, bonne à boire. *Air pur,* salubre (opposé à *pollué*). *Ciel pur,* sans nuages ni fumées. → **limpide. II.** abstrait **1.** Qui est sans mélange, n'a aucun élément étranger à sa nature. → **absolu.** ■ (activité intellectuelle) « *La Critique de la raison pure* » (Kant), opposé à *raison pratique. Science pure.* → **théorique** (opposé à *appliqué*). *Recherche pure,* fondamentale. *Musique pure.* **2.** (en général devant le n.) Qui est seulement et complètement tel. → **complet, parfait, simple, véritable.** *Ouvrage de pure fiction. Un pur hasard. C'est de la pure folie, de la folie pure.* loc. *De pure forme. En pure perte.* – (après le n.) ***Pur et simple*** : sans restriction. *Je vous demande une acceptation pure et simple.* ■ loc. ***Pur et dur*** : qui applique des principes avec rigueur. *Une politique pure et dure.* – (personnes) *Un extrémiste pur et dur.* **n.** *Un pur et dur.* **3.** Sans défaut d'ordre moral, sans corruption, sans tache. → **innocent.** *Un cœur pur. Ses intentions étaient pures,* bonnes et désintéressées. – spécialt, relig. *Rendre pur.* → **purification, purificatoire.** ■ **n.** *C'est une pure.* ■ **n. m.** Pureté morale, religieuse. *Le pur et l'impur.* **4.** Chaste. *Une jeune fille pure.* **5.** Sans défaut d'ordre esthétique. → **parfait.** *Un profil pur.* ■ (langue, style) D'une correction élégante. → **châtié, épuré ; purifier ; purisme.**

Purāṇa n. m. pl. Textes sanskrits composés du Iᵉʳ au Vᵉ s., rédigés entre le IVᵉ et le XVᵉ s., destinés aux castes n'ayant pas le droit de lire les *Véda.* Ils traitent de la création du monde, d'histoire et de mythologie.

Purbandar ou **Porbandar** Ville d'Inde (Gujarat), sur la péninsule du Kathiawar. 217 200 habitants. Port et station balnéaire sur la mer d'Oman.

Purcell (Henry) Compositeur anglais (1659-1695). Il fut compositeur de cour sous les règnes de Charles II, Jacques II, et de la reine Marie. Son œuvre, très abondante, est marquée par la tradition anglaise, par l'opéra français et la sonate italienne. Ses mélodies sont d'une expressivité lyrique intense et ses harmonies novatrices. Il composa des opéras *(Dido and Aeneas ; King Arthur ; The Tempest),* de la musique religieuse, chorale et instrumentale.

Purcell (Edward Mills) Physicien américain (1912-1997). Il a découvert, en même temps que Bloch, la résonance magnétique nucléaire dans les liquides. Prix Nobel 1952.

Putman (Andrée)

Andrée Putman, l'hôtel Sheraton de Roissy (1996).

pureau n. m. (de l'ancien français *purer* → purée) techn. Partie non recouverte d'une ardoise, d'une tuile.

purée n. f. (de l'ancien français *purer* « purifier », qui vient du latin *purare,* de *purus* → pur) **1.** Légumes cuits et écrasés. *Purée de carottes, de pois cassés.* – absolt Purée de pommes de terre. *Du jambon avec de la purée ;* fam. *un jambon purée.* – appos. invar. *Pommes purée.* → **mousseline.** ■ ***Purée de pois*** loc. fig. : brouillard très épais. **2.** fam. *Être dans la purée,* dans la gêne, la misère. → **mouise, panade.** ■ exclam. fam. *Purée !,* misère !

purement adv. Intégralement et exclusivement. *Une réaction purement instinctive.* – loc. ***Purement et simplement*** : sans condition ni réserve ; sans aucun doute possible.

pureté n. f. (de l'ancien français *purté* → pur) **I.** (concret) **1.** État d'une substance pure. *Une eau d'une grande pureté.* **2.** État de ce qui est sans défaut, sans altération. → **limpidité, netteté.** *Ce diamant est d'une pureté absolue. La pureté de l'air.* **II.** (abstrait) **1.** littér. État de ce qui est sans souillure morale. → **honnêteté, innocence.** ■ Chasteté. **2.** État de ce qui est sans mélange. **3.** État de ce qui se conforme à des règles, à un type de perfection, à un idéal (de beauté, élégance, clarté...). → **correction.** *La pureté du style, du dessin. Veiller à la pureté de la langue* (→ **purisme**).

purgatif, ive adj. Qui a la propriété de purger. → **dépuratif, laxatif.** – **n. m.** *Un purgatif.*

purgation n. f. (du latin → purger) **1.** vieux Purification. ■ *La purgation des passions* : apaisement des passions violentes par le théâtre (Aristote). → **catharsis. 2.** vieilli Action de purger ; remède qui purge.

purgatoire n. m. (du latin, de *purgare* → purger) **1.** théol. cathol. Lieu où les âmes des justes expient, se purifient de leurs péchés avant d'accéder au paradis. **2.** fig. Lieu ou temps d'épreuve, d'expiation.

purge n. f. (de *purger*) **1.** Action de purger ; remède purgatif. *Prendre une purge.* **2.** Évacuation d'un liquide, d'un gaz d'une conduite. → **vidange ; purgeur.** *Robinet de purge.* **3.** Élimination autoritaire, violente d'éléments politiquement indésirables. → **épuration.** *Les grandes purges staliniennes.*

purgeoir n. m. (de *purger*) techn. Réservoir où l'on filtre l'eau.

purger v. tr. < 3 > (latin *purgare,* de *purus* → pur) **1.** Débarrasser de ce qui gêne. *Purger un radiateur. Purger un moteur.* **2.** littér. Débarrasser (d'une chose mauvaise ou d'êtres considérés comme dangereux). → **purifier.** « *Purger la terre des vaniteux, des niais* » (Valéry). **3.** Administrer un purgatif à (qqn, un animal). – pronom. *Se purger* : prendre un purgatif. **4.** Faire disparaître en subissant (une condamnation, une peine). *Purger une peine de prison.*

purgeur n. m. Robinet ou dispositif automatique de purge (d'une tuyauterie, d'une machine).

Puri Ville d'Inde (Orissa), sur la côte du delta de la Mahanadi. 200 500 habitants. Temple du XIᵉ s. dédié à Jagannāth (pèlerinage).

purifiant, ante adj. Qui purifie. *Masque purifiant pour le visage.*

purificateur, trice adj. Qui purifie. → **purificatoire.** *Cérémonie purificatrice.* ■ **n. m.** *Purificateur d'air* (appareil).

purification n. f. (du latin → purifier) Action de purifier, de se purifier. – relig. *Fête de la Purification de Marie.* → **Chandeleur.** ■ fig. Élimination d'éléments jugés hétérogènes. – (traduction du serbe) *Purification ethnique**.

purificatoire adj. (du latin → purifier) littér. Propre à la purification. → **lustral.** *Rites purificatoires.*

purifier v. tr. < 7 > (du latin, de *purus* → pur) **1.** Débarrasser (une substance) de ses impuretés. → **clarifier, épurer, filtrer. 2.** littér. Rendre pur, débarrasser de la corruption, de la souillure morale. *La souffrance l'a purifié.* ■ relig. *Rites destinés à purifier.* → **purificatoire.** – pronom. (réfl.) *Se purifier.* **3.** littér. Rendre plus pur, plus correct (la langue, le style).

purin n. m. (mot dialectal du Nord, de l'ancien v. *purer* → purée) Partie liquide du fumier, constituée par les urines et la décomposition des parties solides. → **lisier.** *Fosse à purin.* → **purot.**

purine n. f. (de l'allemand, du latin *purus* → pur) biochim. Substance azotée basique à deux chaînes fermées.

purique adj. biochim. Dérivé de la purine. *Les bases puriques des acides nucléiques.*

purisme n. m. (de *pur*) **1.** Souci excessif de la pureté et de la correction du langage par rapport à un modèle intangible et idéal. **2.** Souci de pureté, de conformité totale à un type idéal (art, idées, etc.). – Opposé à *laxisme.*

puriste adj. et n. Partisan du purisme. « *L'art n'a jamais été du côté des puristes* » (Sartre). *Un puriste normatif.* ■ **adj.** Propre au purisme, imprégné de purisme.

puritain, aine n. (de l'anglais, de *purity* « pureté ») **1.** Membre d'une secte de presbytériens rigoristes qui voulaient pratiquer un christianisme plus pur et dont beaucoup émigrèrent en Amérique au XVIIᵉ siècle. **2.** Personne qui montre une pureté morale scrupuleuse, un respect rigoureux des principes. → **rigoriste.** – **adj.** *Elle a reçu une éducation puritaine.* → **austère, rigide.**

puritanisme n. m. Esprit, conduite des puritains. ■ Rigorisme, austérité extrême.

Purmerend Ville des Pays-Bas (Hollande-Septentrionale), dans la banlieue d'Amsterdam. 78 000 habitants. Marché aux bestiaux.

purot n. m. Fosse à purin.

purpura n. m. (mot latin « pourpre ») méd. Ensemble de taches cutanées dues à des hémorragies circonscrites au niveau de la peau (pétéchies).

purpurin, ine adj. (du latin → purpura) littér. ou plais. Pourpre. *Des lèvres purpurines.*

purpurine n. f. (de *purpurin*) techn. Une des matières colorantes extraites de la garance.

pur-sang [pyʀsɑ̃] n. m. Cheval de course, de race (française, d'origine anglaise) pure. → **yearling.** *Des pur-sang* (invar.) ou *des purs-sangs.*

purulent, ente adj. (du latin → pus) Qui contient ou produit du pus. *Une plaie purulente.* □ n. f. **purulence**

Purus n. m. Rivière d'Amérique du Sud. 2 948 km. Né dans les Andes, au Pérou, il conflue avec l'Amazone en amont de Manaus.

pus n. m. (latin *pus, puris*) Production pathologique, liquide blanchâtre ou jaunâtre, qui se forme aux points d'infection de l'organisme. → **py(o)-.** *Écoulement de pus.* → **pyorrhée, suppuration ; purulent.**

Pusan, Fusan ou **Busan** Ville de Corée du Sud, sur le détroit de Tsushima. 3 179 500 habitants. Premier port de la Corée du Sud. Port de pêche et base navale. Centre industriel.

Pusey (Edward Bouverie, dit) Théologien britannique (1800-1882). Anglican, il subit l'influence du protestantisme libéral allemand et de son rationalisme et les critiqua dans *Historical Enquiry*. Il fut l'un des instigateurs du Mouvement d'Oxford qui chercha à introduire dans l'Église d'Angleterre les doctrines et rites catholiques.

Pushkar Ville d'Inde (Rajasthan). Env. 17 000 habitants. Ville sainte de l'hindouisme.

push-pull [puʃpul] n. m. invar. (mot anglais « pousse, tire ») anglic., électr. Montage amplificateur à deux lampes triodes, dans lequel les actions des deux tubes s'équilibrent par un effet de va-et-vient.

pusillanime [pyzi(l)lanim] adj. (du latin, de *pusillus* « tout petit ») littér. Qui manque d'audace, craint le risque, les responsabilités. → **craintif, timoré.**

pusillanimité [pyzi(l)lanimite] n. f. littér. Caractère d'une personne pusillanime.

Pu Songling ou **P'ou** Songling Romancier chinois (1640-1715). Il est surtout connu pour ses *Contes étranges du studio du bavard.*

Pussy Riot Groupe de punks russe féministe créé en 2011, en réaction au régime autoritaire de V. Poutine. Ses membres, cagoulées et anonymes, militent pour les libertés des femmes et organisent des happenings. Plusieurs d'entre elles ont été emprisonnées.

pustule n. f. (du latin, de *pus* → pus) **1.** Petite tumeur purulente sur la peau. → **bouton.** *Les pustules de la variole.* **2.** Chacune des vésicules qui couvrent le dos du crapaud, les feuilles ou tiges de certaines plantes.

pustuleux, euse adj. Caractérisé par la présence de pustules.

putain n. f. (de l'ancien français *put* « puant, sale », du latin *putere* « pourrir » → puer) **I. 1.** péj. et vulg. Prostituée. → **pute. 2.** péj. et vulg. Femme qui a une vie sexuelle très libre. – *Enfant de putain* (terme d'injure). **3.** fam. Personne qui cherche à plaire à tout le monde. – **adj.** *« C'est un gros bonhomme fort pacifique et très putain »* (Flaubert). **II.** pop. **1.** *Putain de* (+ nom), marque l'exaspération, le mépris. *Putain de temps !* **2.** *Putain !*, exclamation de désagrément ; par ext. d'étonnement, d'admiration.

putassier, ière adj. (de l'ancien v. *putasser* « fréquenter les putains ») vulg. Digne d'une prostituée. *Langage putassier.* – *Un comportement putassier,* servile, obséquieux.

putatif, ive adj. (du latin, de *putare* « compter ») dr. *Enfant, père putatif,* personne qui est supposée être l'enfant, le père de qqn. → **présumé.**

pute n. f. (→ putain) péj. et vulg. **1.** Prostituée. ▪ *Faire la pute :* se prostituer. – fig. S'abaisser pour obtenir qqch. **2.** Femme facile, de mœurs dissolues. ▪ (injurieux) *Fils de pute !* **3.** (terme d'injure) Personne méprisable. *Quelle pute ce mec !* **4.** adj. *Être pute :* s'abaisser pour arriver à ses fins.

Puteaux Commune des Hauts-de-Seine, sur la Seine, à l'O. de Paris. 44 009 habitants. Centre résidentiel, industriel et tertiaire.

putier ou **putiet** n. m. (de l'ancien français *put* « puant ») régional Merisier à grappes.

Putiphar Personnage biblique, officier égyptien, maître de Joseph. Sa femme tente de séduire Joseph, puis le fait emprisonner par Putiphar en l'accusant de viol.

Putman (Andrée) Architecte d'intérieur et designer française (1925-2013). Son style, qui mêle modernité et classicisme, met en valeur l'espace et le vide (agencement du musée des Beaux-Arts de Rouen ; aménagement de l'intérieur de l'avion Concorde).

Putnik (Radomir) Maréchal serbe (1847-1917). Ministre de la Guerre (1904-1905 ; 1906-1908), il commanda l'armée serbe pendant la guerre des Balkans (1912-1913) et la Première Guerre mondiale.

putois n. m. (de *put* « puant » → putain) **1.** Petit mammifère carnivore, à fourrure brune, à odeur nauséabonde. – loc. *Crier comme un putois :* crier, protester très fort. **2.** Fourrure de cet animal. → **kolinski.**

Putrajaya Capitale administrative de la fédération de Malaisie, au S. de Kuala Lumpur. Territoire fédéral depuis 2001. 45,8 km^2. Nouvelles technologies.

putréfaction n. f. Décomposition des matières organiques sous l'action des bactéries. → **pourriture.** *Un cadavre en état de putréfaction avancée.*

putréfiable adj. (de *putréfier*) Putrescible.

putréfier v. tr. <7> (du latin *putrefacere*) Faire tomber en putréfaction. – pronom. Se décomposer, pourrir.

putrescent, ente adj. (du latin, de *putrescere* « se corrompre ») didact. Qui est en voie de putréfaction. → **putride.** □ n. f. **putrescence**

putrescible adj. (du latin → putrescent) Qui peut se putréfier (contr. **imputrescible**).

putrescine n. f. (de *putrescent*) biochim. Polyamine d'odeur nauséabonde, formée lors de la putréfaction des cadavres.

putride adj. (du latin, de *pus, puris* → pus) **1.** Qui est en putréfaction. → **putrescent.** *« Les mouches bourdonnaient sur ce ventre putride »* (Baudelaire). **2.** (miasme, odeur) Qui résulte de la putréfaction. □ n. f. **putridité**

putsch [putʃ] n. m. (mot allemand « poussée ») Soulèvement, coup de main d'un groupe politique armé, en vue de prendre le pouvoir. → **coup d'État.** *Un putsch contre-révolutionnaire. Des putschs.*

putschiste [putʃist] n. Personne qui organise un putsch ou qui y participe. ▪ **adj.** *Des officiers putschistes.*

putt [pœt] n. m. (mot anglais) anglic. Coup joué avec le putter, au golf.

putter [pœtœʀ] n. m. (mot anglais) anglic. Club de golf à face verticale, utilisé pour faire rouler la balle jusqu'au trou.

putto [puto] n. m. (mot italien) didact. Jeune garçon nu représentant l'Amour, dans la peinture italienne. *Des putti* (plur. italien) ou *des puttos.*

puvathérapie n. f. (de *p[soralène], U. V. A.* et *thérapie*) méd. Traitement de certaines dermatoses, associant l'irradiation par ultraviolets et l'absorption d'un psoralène.

Puvis de Chavannes (Pierre Cécil) Peintre français (1824-1898). Il réalisa de grandes compositions murales à sujets allégoriques, d'une grande sobriété d'expression, pour les musées d'Amiens et de Lyon, le Panthéon et la Sorbonne.

puy [pɥi] n. m. (vient du latin *podium* « estrade, hauteur » → podium) **I.** Montagne, en Auvergne. *Le puy de Dôme.* **II.** hist. Société littéraire qui organisait des concours de poésie. *Le puy d'Amiens, de Rouen.*

Puy-de-Dôme n. m. [63] Département français de la Région Auvergne-Rhône-Alpes (→ carte). 7 970 km^2. 661 852 habitants. Chef-lieu : Clermont-Ferrand. Chefs-lieux d'arrondissement : Ambert, Issoire, Riom, Thiers. Situé dans le Massif central, le département est formé à l'O. par des reliefs volcaniques (chaîne des Puys, monts Dore, Cézallier à l'O.). La plaine fertile de la Limagne les sépare, à l'E., du massif granitique du Livradois. Le territoire est drainé par l'Allier et ses affluents, et par la Dordogne au S.-O. L'agriculture est importante (élevage laitier à l'O., polyculture dans la Limagne). L'industrie, autrefois concentrée à l'E., s'est déplacée autour de Clermont-Ferrand. Tourisme (thermalisme et parcs naturels régionaux).

Puy-de-Dôme

Le Puy de Dôme, classé Grand Site de France, et la chaîne des Puys.

Puy-en-Velay (Le)

Le Puy-en-Velay, le rocher Corneille et la statue Notre-Dame-de-France surplombant la ville.

Puy-en-Velay (Le) Chef-lieu de la Haute-Loire, sur la Borne. 18 947 habitants. Évêché. La ville est située au cœur du bassin du Puy, dans un site exceptionnel dominé par le rocher Corneille, d'origine volcanique. Cathédrale romane Notre-Dame-du-Puy (XIe-XIIe s.). Nombreuses maisons anciennes. Musée. Centre commercial et administratif. Dentelle.

Puyi ou **P'ou-yi** (1906-1967). Dernier empereur de Chine, de la dynastie des Qing (1908-1912). Il abdiqua lors de la proclamation de la république de Chine (1912). En 1932, les Japonais l'établirent sur le trône de l'État fantoche du Mandchoukouo. Fait prisonnier par les Soviétiques, il fut restitué au gouvernement chinois et interné au camp de Fushun. Il fut gracié en 1959.

Puymorens (col de) Seuil des Pyrénées orientales, à 1 920 m d'altitude. Centre de sports d'hiver.

puzzle [pœzl ; pœzœl] **n. m.** (mot anglais « embarras », de *to puzzle* « laisser perplexe ; essayer de résoudre ») **1.** Jeu de patience, composé d'éléments à assembler pour reconstituer une image. **2.** fig. Multiplicité d'éléments qu'un raisonnement logique doit assembler pour reconstituer la réalité des faits. *Les pièces du puzzle commençaient à s'ordonner dans sa tête.*

P

PV ou **P.-V.** **n. m. invar.** (abrév. de *procès-verbal*) fam. Contravention. *Attraper un PV.*

PVC **n. m. invar.** (sigle de l'anglais *polyvinyl chloride*) Matière plastique (chlorure de polyvinyle) utilisée en minces épaisseurs. *Revêtement de sol en PVC.*

Py (Olivier) Metteur en scène, comédien et auteur français (né en 1965). Il a monté ses propres textes (*La Servante ; Histoire sans fin*, spectacle de 24 heures ; *Requiem pour Srebrenica ; L'Apocalypse joyeuse*), ainsi que *Le Soulier de satin* de Claudel dans sa version intégrale. Il a également dirigé le Théâtre national de l'Odéon (2007-2012) puis le festival d'Avignon (2014-2022).

Pyat (Félix) Écrivain, journaliste et homme politique français (1810-1889). Il publia des drames (*Le Chiffonnier de Paris*) puis commença sa carrière politique comme commissaire du gouvernement provisoire de la IIe République. Il fut l'un des dirigeants de la Commune de Paris et fonda le journal *Combat*.

pycnomètre **n. m.** (du grec *puknos* « dense » et de *-mètre*) techn. Appareil servant à déterminer les densités et les masses volumiques des solides et des liquides.

pycnose **n. f.** (grec *puknôsis* « condensation ») pathol. Altération du noyau de la cellule qui se présente sous la forme d'une masse condensée.

Pydna Ancienne ville de Macédoine, sur le golfe Thermaïque. Paul Émile y vainquit Persée en –168.

pyélite **n. f.** (du grec *puelos* « bassin » et de *-ite*) méd. Inflammation de la muqueuse du bassinet.

pyélonéphrite **n. f.** (du grec *puelos* « bassin » et de *néphrite*) méd. Inflammation du bassinet et du rein.

Pyeongchang Comté de Corée du Sud, situé à l'est de Séoul. 44 000 habitants. Les Jeux olympiques d'hiver 2018 s'y sont déroulés.

pygargue **n. m.** (du latin, du grec « à derrière blanc ») Rapace diurne à tête et queue blanches, appelé aussi *aigle de mer.*

pygmalion **n. m.** (du n. propre) littér. Homme qui instruit sa maîtresse. *Des pygmalions.* ■ par ext. → **mentor.**

Pygmalion Dans la mythologie grecque, roi légendaire de Chypre. Il épouse Galatée, une statue qu'il a sculptée et à laquelle Aphrodite donne vie.

Pygmées **n. m. pl.** Dans la mythologie grecque, peuple de nains établi dans la région des sources du Nil ou au bord de l'Océan.

Pygmées **n. m. pl.** Peuple comprenant plusieurs ethnies, habitant dans la forêt équatoriale de la République démocratique du Congo, du Gabon, de Centrafrique, du Burundi, du Rwanda. Ils seraient entre 100 000 et 200 000. Traditionnellement chasseurs et cueilleurs, ils vivent en groupes nomades de 20 à 30 personnes mais se sédentarisent progressivement.

pyjama **n. m.** (de l'anglais, de l'hindi, de *pāy* « jambe » et *jāma* « vêtement ») Vêtement léger de nuit ou d'intérieur. *Veste, pantalon de pyjama. Être en pyjama.*

Pylade Héros grec. Son amitié avec son cousin germain Oreste, dont il épousa la sœur, Électre, est évoquée dans plusieurs textes, comme *L'Orestie* d'Eschyle, *Oreste* et *Iphigénie en Tauride* d'Euripide.

pylône **n. m.** (du grec, de *pulê* « porte ») **1.** Portail égyptien monumental. ■ Pilier placé de part et d'autre de l'entrée d'un pont, d'une avenue. **2.** Structure élevée, métallique ou en béton armé, servant de support à des câbles, des antennes, etc. *Pylône électrique.*

pylore **n. m.** (du bas latin, du grec *pulôros* « gardien de la porte » → **pylône**) anat. Orifice faisant communiquer l'estomac avec le duodénum. □ **adj. pylorique**

Pylos Ancienne ville de Grèce, dans le S.-O. du Péloponnèse. L'un des plus importants centres de la civilisation mycénienne, elle fut détruite par les Doriens vers –1200.

Pym (John) Homme politique anglais (1583-1643). Fervent puritain, il s'opposa à l'absolutisme de Charles Ier lors de la Pétition de droit (1628) et de la Grande Remontrance (1641).

Pynchon (Thomas Ruggles) Écrivain américain (né en 1937). Il a écrit des romans et des nouvelles dans lesquels il s'interroge sur le sens de l'univers. *V. ; L'Arc-en-ciel de la gravité ; L'Homme qui apprenait lentement.*

py(o)- Élément (du grec *puon*) signifiant « pus ».

pyocyanique **adj.** (→ **pyo-** et **cyan-**) biol. *Bacille pyocyanique :* bactérie mobile, présente dans l'eau et dans les cavités du corps.

pyodermite **n. f.** (de *pyo-*, *derme* et *-ite*) méd. Infection de la peau par des germes pyogènes, caractérisée par la présence de pustules multiples.

pyogène **adj.** (de *pyo-* + *-gène*) méd. Qui produit du pus.

Pyongyang ou **Pyong Yang** Capitale de la Corée du Nord, située sur le fleuve Taedong. 2 581 000 habitants. Université. Centre de communication de la Corée du Nord. Industries légères. Énergie hydroélectrique et thermique. Elle fut la capitale de l'État de Koguryŏ du Ve au VIIe s. et de la dynastie Koryo du Xe au XIVe s. Les Japonais l'occupèrent de 1910 à 1945.

Pyongyang, fresque murale des studios cinématographiques de la ville représentant Kim Il-sung.

pyorrhée **n. f.** (du grec → **pyo-** et **-rrhée**) pathol. Écoulement de pus.

pyrale **n. f.** (du latin, du grec *purallis* « insecte vivant dans le feu » → **pyr[o]-**) Papillon dont les chenilles s'attaquent aux végétaux.

pyralène **n. m.** (n. déposé ; de *pyr[o]-* et *al[déhyde]*) techn. Huile synthétique riche en chlore, aux dérivés très toxiques, employée comme isolant.

pyramidal, ale, aux **adj. 1.** En forme de pyramide. ■ anat. *Faisceaux pyramidaux* (de la moelle épinière). – *Os pyramidal :* os de la rangée supérieure du carpe. ■ *Vente pyramidale :* système dans lequel les vendeurs recrutent d'autres vendeurs qui doivent leur verser une commission. *La vente pyramidale est interdite en France.* **2.** vieux Immense, énorme. « *Un jeune peintre d'un talent pyramidal* » (Stendhal).

pyramide **n. f.** (du grec, aussi « gâteau », de *puros* « blé » [« tas de blé »]) **1.** Grand monument à base carrée et à faces triangulaires (qui servait de tombeau aux pharaons d'Égypte, de base aux temples aztèques, incas du Mexique, etc.). → aussi **ziggourat.** *La pyramide de Khéops.* **2.** Polyèdre qui a pour base un polygone et pour faces des triangles possédant un sommet commun. **3.** Entassement (d'objets) qui repose sur une large base et s'élève en s'amincissant. **4.** Représentation graphique d'une statistique, où les éléments se raréfient vers le haut. *La pyramide des âges, des salaires.*

Pyramides (bataille des) Bataille remportée par Bonaparte sur les mamelouks, pendant la campagne d'Égypte, le 21 juillet 1798.

pyramidion **n. m.** archéol. Sommet pyramidal.

pyrène **n. m.** (→ **pyr[o]-**) chim. Hydrocarbure polycyclique ($C_{16}H_{10}$), extrait du goudron de houille.

Pyrénées **n. f. pl.** Chaîne montagneuse séparant la France et l'Espagne, s'étendant d'E. en O. sur 430 km, de l'Atlantique à la Méditerranée, et du N. au S. sur 60 à 140 km

pyramides

Des pyramides ont été bâties par de nombreuses civilisations, de l'Antiquité à nos jours : 1. La pyramide à degrés de Djéser, Saqqara, Égypte (v. 2680 av. J.-C.). 2. La pyramide précolombienne du Devin, à niveaux ovales, cité maya d'Uxmal, Mexique (VIIIe-Xe s.). 3. La pyramide du Louvre à Paris, réalisée par Pei Ieoh Ming en 1988.

▶ Les **pyramides** sont l'emblème de l'Égypte ancienne, première civilisation à édifier ce type d'architecture. Ces sépultures monumentales s'inspirèrent de la superposition de mastabas (tombeaux rectangulaires) de plus en plus réduits. Ainsi, la première pyramide à degrés fut érigée à Saqqara par l'architecte Imhotep pour le roi Djéser de la IIIe dynastie (v. 2700 av. J.-C.). Celle-ci figurait un immense escalier, instrument et symbole de l'ascension du défunt vers le royaume de Rê, le dieu du Soleil. Les faces des pyramides devinrent lisses sous la IVe dynastie (v. 2500-2450 av. J.-C.). Cette période d'apogée architectural produisit les pyramides des rois Khéops (l'une des Sept Merveilles du monde), Khéphren et Mykérinos à Gizeh. Ces monuments, dont la taille se réduisit ensuite, furent élevés jusqu'au XVe siècle av. J.-C. La pyramide s'insérait dans un sanctuaire funéraire comprenant également des temples. Elle possédait des chambres internes reliées par des couloirs qui abritaient le sarcophage du pharaon, de sa famille et des offrandes. Ces constructions naquirent de la réunion d'un pouvoir fort, théocratique, d'une administration efficace, d'un pays riche en biens et en hommes.
Des pyramides ou des tours servant de soubassement à des temples furent également élevées en Mésopotamie (les ziggourats) vers 2000 av. J.-C., en Méso-Amérique (Olmèques, Mayas, Aztèques) de 1000 av. J.-C. jusqu'au XVIe siècle, ainsi qu'en Asie du Sud-Est dès le IXe siècle.
voir aussi **Égypte, Mésopotamie**

entre la Gascogne et le bassin de l'Èbre. Les **Pyrénées occidentales** s'étendent de la côte basque au col du Somport. Assez peu élevées, elles s'abaissent vers l'O. Point culminant au pic d'Anie (2 504 m). Les **Pyrénées centrales**, la partie la plus large et la plus élevée, s'étendent vers l'E. jusqu'au col de la Perche. Point culminant au pic d'Aneto dans le massif espagnol de la Maladetta (3 404 m). Les **Pyrénées orientales** sont traversées du côté français par les affluents de la Garonne, de l'Ariège, de l'Adour et de l'Èbre. Point culminant au pic Carlitte (2 910 m). On y pratique l'élevage bovin et ovin et la polyculture (maïs, olivier, vigne). L'industrie y est peu développée malgré des aménagements hydroélectriques. Tourisme.

Pyrénées **(traité des)** Traité qui mit fin aux hostilités entre la France et l'Espagne en 1659. Signé par Mazarin et don Luis de Haro sur l'île des Faisans, il fixa le mariage de Louis XIV avec Marie-Thérèse d'Autriche. Cette dernière renonçait au trône d'Espagne et recevait, en contrepartie, une dot de 500 000 écus.

Pyrénées (Hautes-) **n. f. pl.** [65] Département français de la Région Occitanie (→ carte). 4 564 km^2. 229 788 habitants. Chef-lieu : Tarbes. Chefs-lieux d'arrondissement : Argelès-Gazost, Bagnères-de-Bigorre. Le S. du territoire, qui s'étend jusqu'à la frontière espagnole, est occupé par les reliefs des Pyrénées centrales, aux sites grandioses (cirque de Gavarnie). Les sommets dépassent 3 000 mètres (3 298 m au pic Vignemale) ; issus des glaciers, les torrents alimentent l'Aure, l'Arros, l'Adour et le gave de Pau. Le piémont est formé de plateaux (Lannemezan) aux sols peu fertiles. L'élevage, présent dans les montagnes, est également important dans la plaine de Bigorre qui s'étend sur le N. du département. Les industries sont nombreuses dans la vallée de l'Adour, autour de Tarbes (aéronautique, électronique, armement) et à Lannemezan (aluminium). Lourdes, le parc national des Pyrénées et la Réserve internationale de ciel étoilé, les stations de sports d'hiver et les villes thermales sont les principaux centres touristiques.

Pyrénées-Atlantiques **n. f. pl.** [64] Département français de la Région Nouvelle-Aquitaine (→ carte). 7 645 km^2. 687 240 habitants. Chef-lieu : Pau. Chefs-lieux d'arrondissement : Bayonne, Oloron-Sainte-Marie. Bordé à l'O. par l'océan Atlantique, le territoire recouvre les régions historiques du Béarn, du Pays basque et de la Navarre. Le relief s'élève progressivement au S.-E. vers les contreforts des Pyrénées (2 884 m au pic du Midi d'Ossau, près de la frontière espagnole). Découpées en petits pays individualisés par les vallées, les collines du piémont sont vouées à l'élevage. Le long de la côte se succèdent Biarritz, Saint-Jean-de-Luz et Hendaye, où le tourisme et la pêche occupent une place prépondérante. La viticulture est présente dans le Béarn (Jurançon). L'industrie (constructions aéronautiques et navales, matériel électronique, pétrochimie, textile) se concentre essentiellement autour de Pau et Bayonne. Près de Lacq, se situe l'un des plus importants gisements de gaz naturel de France.

Pyrénées-Orientales **n. f. pl.** [66] Département français de la Région Occitanie (→ carte). 4 116 km^2. 482 765 habitants. Chef-lieu : Perpignan. Chefs-lieux d'arrondissement : Céret, Prades. La chaîne des Pyrénées, découpée par les vallées du Tech, de la Têt, de l'Agly et de l'Aude, occupe la plus grande partie du département (2 921 m au pic Carlitte). Le massif calcaire des Corbières au N. et la chaîne des Albères au S.-E. dominent la frange littorale, ponctuée de petits ports de pêche (Port-Vendres), et empruntée par les voies de transports menant vers l'Espagne. L'E. et le N. du département sont formés par la plaine agricole du Roussillon (viticulture, maraîchage). Les industries et les activités tertiaires se concentrent autour de Perpignan. Les stations balnéaires de la Côte Vermeille, les sports d'hiver (Font-Romeu, Les Angles), le tourisme vert et le thermalisme font des Pyrénées-Orientales un département très touristique.

pyrénomycète **n. m.** (du grec *purên* « noyau » et de *-mycète*) Champignon ascomycète au mycélium cloisonné, au périthèce en forme de bouteille ou de sphère.

pyrèthre **n. m.** (du latin, du grec *purethron*) Plante à fleurs blanches, voisine du chrysanthème. *Poudre de pyrèthre*, aux vertus insecticides.

pyrex [piʀɛks] **n. m.** (n. déposé ; mot anglais, de *pie* « tourte ») Verre très résistant pouvant aller au feu.

pyrexie **n. f.** (du grec, de *puretos* « fièvre ») méd. Fièvre. ■ par ext. Maladie fébrile.

pyridine **n. f.** (du grec → pyr[o]-) chim. Composé hétérocyclique azoté (C_5H_5N), utilisé comme solvant.

pyridoxal **n. m.** (de *pyridox[ine]* et *al[déhyde]*) biochim. Aldéhyde dérivé de la pyridoxine et dont une forme constitue le groupement prosthétique de nombreuses enzymes.

pyridoxine **n. f.** (de *pyridine*, par l'anglais) biochim. Vitamine B6 extraite de levures, de graines de céréales, de tissus animaux, prescrite dans certaines affections de la peau et des nerfs.

pyrimidine **n. f.** (de l'allemand, du grec *pur, puros* « feu » → pyr[o]-) biochim. Substance azotée à une chaîne fermée, de formule $C_4H_4N_2$.

pyrimidique **adj.** biochim. Dérivé de la pyrimidine. *Bases pyrimidiques* (constituant des acides nucléiques).

pyrite **n. f.** (du grec → pyr[o]-) Sulfure naturel de fer (FeS_2).

pyr(o)- Élément (du grec *pur, puros*) signifiant « feu ».

pyroclastique **adj.** (→ clastique) géol. *Roches pyroclastiques*, formées par l'accumulation de projections volcaniques d'origine magmatique.

pyrocorise voir **pyrrhocoris**

pyroélectricité **n. f.** phys. Phénomène par lequel certains cristaux acquièrent des charges électriques sous l'effet de la chaleur.

pyrogallol **n. m.** (→ pyro- et gallique) chim. Phénol dérivé du benzène, utilisé comme révélateur en photographie.

pyrogénation **n. f.** (de *pyrogène*) sc. Réaction chimique obtenue sur un corps soumis à une forte élévation de température.

pyrogène **adj.** (de *pyro-* + *-gène*) **1.** didact. Qui produit de la chaleur. **2.** méd. Qui donne de la fièvre.

pyrographe **n. m.** techn. Appareil électrique utilisé en pyrogravure.

pyrograveur, euse **n.** Artiste en pyrogravure.

pyrogravure **n. f.** (→ gravure) Procédé de décoration du bois consistant à graver un dessin à l'aide d'une pointe métallique incandescente. ■ Gravure réalisée par ce procédé. □ **pyrograver** **v. tr.** < 1 >

pyroligneux, euse **adj.** (→ ligneux) sc. *Acide pyroligneux* : acide acétique obtenu par distillation sèche du bois.

pyrolyse **n. f.** (→ -lyse) sc. Décomposition chimique sous l'action de la chaleur. – *Four* (de cuisine) *à pyrolyse*.

P

pyromane n. (→ ²-mane) Incendiaire obéissant à l'impulsion obsédante d'allumer des incendies. □ n. f. **pyromanie**

pyromètre n. m. (de *pyro-* + *-mètre*) techn. Instrument servant à mesurer les températures élevées. □ n. f. **pyrométrie**

pyrophore n. m. (de *pyro-* et *-phore*) sc., vieux Corps qui s'enflamme spontanément au simple contact de l'air.

pyrophosphate n. m. (→ phosphate) chim. Sel de l'acide pyrophosphorique.

pyrophosphorique adj. chim. *Acide pyrophosphorique,* de formule $H_4P_2O_7$, dérivant de l'anhydride phosphorique.

pyrosis n. m. (grec *purôsis* « inflammation ») méd. Sensation de brûlure allant de l'épigastre à la gorge, souvent accompagnée de renvoi d'un liquide acide.

pyrosulfurique adj. chim. *Acide pyrosulfurique,* de formule $H_2S_2O_7$, obtenu en chauffant l'acide sulfurique.

pyrotechnie [piʀɔtɛkni] n. f. (de *pyro-* et *-technie,* du grec *tekhnê* → technique) Technique de la fabrication et de l'utilisation des matières explosives, des feux d'artifice. □ n. **pyrotechnicien, ienne** [piʀɔtɛknisjɛ̃, jɛn] □ adj. **pyrotechnique** [piʀɔtɛknik]

pyroxène n. m. (de *pyro-* et du grec *xenos* → xén[o]-) minér. Minéral constituant un des groupes des silicates essentiels.

Pyrrha Dans la mythologie grecque, fille d'Épiméthée et de Pandore. Épouse de Deucalion, elle repeuple avec lui le monde après le déluge.

pyrrhique n. f. (latin *pyrrhicha,* du grec) Antiq. grecque Danse guerrière simulant un combat en armes.

pyrrhocoris n. m. (grec *purrhos* « roux » et *koris* « punaise ») Punaise rouge tachetée de noir, qui pullule en été au pied des arbres et des murs. - syn. **pyrocorise.**

Pyrrhon en grec **Purrhôn** Philosophe sceptique grec (v. 365-275 av. J.-C.). Il suivit Alexandre en Asie où il aurait rencontré des philosophes hindous. Le but de la vie philosophique est pour lui l'ataraxie, la paix de l'âme découlant d'une indifférence face aux évènements et aux opinions, puisqu'il est impossible pour l'homme d'atteindre la vérité. Il est considéré comme le fondateur du scepticisme (ou *pyrrhonisme*).

pyrrhonien, ienne adj. (de *Pyrrhon*) didact. Sceptique à la manière de Pyrrhon. – n. *Les pyrrhoniens.* ■ n. m. **pyrrhonisme** → scepticisme.

Pyrrhos ou **Néoptolème** Héros grec, fils d'Achille et de Déidamie, époux d'Hermione et amant d'Andromaque, sa captive.

Pyrrhus (v. 319-272 av. J.-C.). Roi d'Épire (295-272 av. J.-C.). Il partagea le pouvoir avec son oncle Néoptolème, qu'il empoisonna. Il vainquit les Romains à Héraclée (–280) et Ausculum (–279), mais fut battu à Bénévent (–275).

pyrrol ou **pyrrole** n. m. (du grec *purrhos* « rouge », par l'allemand) chim. Composé hétérocyclique azoté (C_4H_5N), dont on trouve le noyau dans les porphyrines et la chlorophylle, produit de la distillation sèche des matières animales.

pyruvique adj. (du grec *pur* « feu » et du latin *uva* « raisin ») chim. *Acide pyruvique :* acide cétonique de formule CH_3-CO-CO_2H, obtenu en chauffant l'acide tartrique avec du sulfate de potassium.

Pythagore en grec **Puthagoras** Philosophe et mathématicien grec (VIᵉ s. av. J.-C.). Il aurait vécu à Crotone où il aurait fondé des communautés philosophiques et politiques rassemblant de nombreux disciples. Les *pythagoriciens* concevaient l'arithmétique dans une perspective religieuse et mystique : à toute chose correspond un nombre. On leur doit la table de multiplication et les nombres irrationnels, des découvertes décisives en acoustique (la relation entre la longueur d'une corde vibrante et la hauteur du son qu'elle émet), ou d'autres, concernant la théorie des proportions. Le *théorème de Pythagore* permet de calculer le troisième côté d'un triangle rectangle en en connaissant les deux autres.

pythagoricien, ienne didact. **1.** adj. Propre à Pythagore, à sa doctrine. **2.** n. Disciple de Pythagore.

pythagorique adj. vieux Pythagoricien.

pythagorisme n. m. didact. Philosophie pythagoricienne.

Pythéas le Massaliote Navigateur, astronome et géographe grec (IVᵉ s. av. J.-C.). Parti de Marseille, il navigua sur l'Atlantique et atteignit la Grande-Bretagne.

pythie n. f. (du grec, de *Puthô,* ancien n. de Delphes) didact. Prêtresse de l'oracle d'Apollon à Delphes. *L'oracle de la Pythie.* ■ littér. *Une pythie :* une prophétesse. → pythonisse.

pythien, ienne adj. (du grec → pythie) didact. De Delphes. *Apollon pythien.*

pythique adj. et n. f. (du grec → pythie) Relatif à Apollon pythien. *Jeux Pythiques,* qui se célébraient tous les quatre ans à Delphes.

python n. m. (mot latin, du grec, n. d'un serpent mythologique de Delphes → pythie) Serpent des forêts tropicales d'Afrique et d'Asie, de très grande taille (jusqu'à 10 m), qui broie sa proie entre ses anneaux avant de l'avaler.

Python Serpent fabuleux dans la mythologie grecque. Apollon le tue alors qu'il se rend à Delphes pour fonder un oracle, puis institue les *jeux Pythiques* pour célébrer sa victoire.

pythonisse n. f. (du grec, famille de *pythie*) littér. ou plais. Prophétesse, voyante. → pythie.

pyurie n. f. (de *py[o]-* + *-urie*) méd. Présence de pus dans les urines.

Pyus n. m. pl. Ethnie tibéto-birmane qui s'établit du IIIᵉ au IXᵉ s. en Birmanie et y développa une civilisation où prédominaient des éléments bouddhiques et hindous. Sa disparition totale demeure inexpliquée.

pyxide n. f. (du grec « coffret ») didact. **1.** relig. Petite boîte ou récipient à couvercle. **2.** bot. Capsule qui s'ouvre par en haut.

P

Q

q [ky] **n. m. invar. 1.** Dix-septième lettre, treizième consonne de l'alphabet. **2.** math. Q : notation de l'ensemble des nombres rationnels. ■ *q* : symbole du quintal.

Qachm Île d'Iran, dans le détroit d'Ormuz. Plus de 100 000 habitants.

Qadesh Ancienne ville de Syrie, sur l'Oronte. Convoitée pour sa position stratégique, elle fut le théâtre d'une bataille entre Ramsès II et les Hittites.

Qādjārs **n. m. pl.** Dynastie d'origine turkmène qui régna sur l'Iran de 1794 à 1925.

Qaem Chahr Ville d'Iran, au N.-E. de Téhéran. 196 000 habitants. Centre agricole et industriel.

Qaida (al-) (arabe « la base ») Organisation terroriste islamiste créée en 1988 par Oussama Ben Laden pour former des volontaires dans la lutte antisoviétique en Afghanistan. Elle est devenue, à partir de 1996, un système terroriste international se réclamant de la « guerre sainte » (djihad) contre l'Occident. Elle a notamment revendiqué les attentats du 11 septembre 2001 aux États-Unis et celui du journal *Charlie Hebdo* en janvier 2015 à Paris. L'organisation a pris le nom d'Aqmi au Maghreb islamique et d'Aqpa dans la péninsule Arabique.

Qaitbey Sultan mamelouk d'Égypte (1468-1495). Il défit les troupes ottomanes, et fit construire au Caire un imposant mausolée.

Qal'at Sim'ān ou **Qala'at Sim'ān** Site archéologique de Syrie du Nord, comprenant un vaste bâtiment à la mémoire de saint Siméon le Stylite (mort en 459).

QAnon [kyanɔn] Mouvance complotiste américaine d'extrême droite apparue sur les réseaux sociaux en 2017.

qanoun voir **kanoun**

Qansūh (al-Mālik al-Achraf Sayf al-Dīn al-Ghūrī) (v. 1440-1516). Sultan mamelouk d'Égypte (1501-1516). Il envoya contre les Portugais une flotte qui, après une première victoire, fut détruite. Allié à la Perse contre les Ottomans, il fut vaincu par le sultan Sélim Ier.

Qaraghandy Ville du Kazakhstan, au S. d'Astana. 497 800 habitants. Centre culturel et industriel.

qat voir **khat**

Qatar ou **Katar**

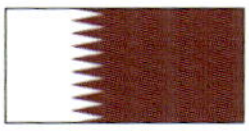

n. m. ■ offic. État du Qatar Pays de la péninsule Arabique → Arabie (carte). 11 437 km². 2,8 millions d'habitants (*Qatari* ou *Qatariens*). **Langue :** arabe. **Religion :** musulmans (sunnites, 85 %). **Monnaie :** riyal qatari. **Capitale :** Doha. **Régime :** monarchie absolue.

GÉOGRAPHIE

Présentant l'aspect d'un désert de pierre et de sable, au littoral marécageux et à la végétation rare, le pays connaît en été un climat chaud et humide, doux et sec en hiver.

Qatar, la ville de Doha sur le golfe Persique.

ÉCONOMIE

Si depuis 1949, le Qatar a bâti sa richesse sur le pétrole, le gaz, exploité depuis 1991 (gisement partagé avec l'Iran dans le golfe Persique), devrait à court terme représenter sa première source de revenus. Le pays détient, en effet, 15 % des réserves mondiales de gaz, occupant le 3e rang mondial. Les seules autres industries quelque peu développées sont la métallurgie et la sidérurgie. La diversification de l'économie est en cours de réalisation avec l'émergence des secteurs de l'aviation, du tourisme, de la chimie et des investissements dans le sport, dont le football (Coupe du Monde 2022) et les transports.

Bien que l'agriculture et l'extension des surfaces arables soient encouragées, l'émirat doit recourir aux importations pour subvenir à ses besoins alimentaires.

HISTOIRE

En 1916, les Ottomans, qui dominaient le pays depuis quatre siècles, cédèrent devant les Britanniques qui transformèrent alors le Qatar en protectorat. Après leur retrait en 1968 et l'échec des négociations avec les États voisins en vue de créer une fédération, le Qatar proclama son indépendance (1971) sous le règne de la dynastie al-Thānī. Depuis 1995, le prince héritier, Hamad Bin Khalifa, a mené une politique de modernisation. En 1999, des élections municipales ouvertes aux femmes ont été mises en place ; en 2000, le Qatar, déjà membre du Conseil de coopération du golfe (CCG), a signé un pacte de défense mutuelle et une nouvelle constitution est adoptée par référendum en 2004. Hamad Bin Khalifa a abdiqué en faveur de son fils cadet, Tamim Ben Hamad al-Thani, en 2013. De 2017 à 2021, l'Arabie saoudite, les Émirats arabes unis, Bahreïn et le Yémen rompirent leurs liens avec le Qatar, accusé de soutenir financièrement le terrorisme islamiste. Partageant les mêmes ambitions régionales, le Qatar et la Turquie renforcèrent leur coopération.

Qays ibn al-Mulawwah Poète arabe du VIIe s. Il est l'auteur présumé d'un *diwān* et objet d'un roman (Xe s.), qui dépeint ses amours avec Laïla.

Qazvīn ou **Kazvīn** Ville d'Iran, au pied de l'Elbourz. 402 700 habitants. Bâtiments des époques seldjoukide (XIIe s.) et safavide (XVIe s.). Elle fut au XVIe s. la capitale de la Perse.

QCM **n. m. invar.** (sigle) Questionnaire* à choix multiple.

QG **n. m. invar.** (sigle) fam. Quartier* général.

QI [kyi] **n. m. invar.** (sigle) fam. Quotient* intellectuel.

▶ Le **QI** est le rapport de l'âge mental à l'âge réel d'un individu multiplié par 100. En 1905, à la demande du ministère de l'Instruction publique, le psychologue Alfred Binet et le psychiatre Théodore Simon conçoivent une « échelle métrique » destinée à mesurer par une série d'épreuves l'intelligence des élèves les plus faibles. Par la suite, le *quotient intellectuel en âge mental* (QI classique) est mis au point : il consiste à attribuer à un enfant donné l'âge mental moyen correspondant au niveau obtenu. S'appuyant sur d'autres procédures, comme l'étalonnage, d'autres QI sont élaborés à partir de 1939 (par l'Américain David Weschler, en particulier) pour s'appliquer spécifiquement aux adultes. Ces QI dits « standards » (ou « par répartition ») n'établissent pas le rapport de l'âge mental à l'âge réel mais comparent la performance d'un individu avec celle d'un groupe de population de référence (selon le principe de la courbe de Gauss). Le QI correspondant à la

performance moyenne est fixé à 100, la limite inférieure de la normalité se situant à 80.
Couramment utilisés de nos jours, les tests de QI soulèvent de nombreuses questions. Si le QI renseigne sur les aptitudes à traiter l'information et à raisonner de manière logique, est-il pertinent pour mesurer l'intelligence, à proprement parler ? Centrés sur les performances cognitives, sur la capacité à résoudre des problèmes plus qu'à en soulever, les tests de QI ne prennent en compte ni l'intuition ni la créativité. La majorité des psychologues admettent toutefois une coïncidence partielle entre ces tests et certaines performances intellectuelles.
voir aussi **norme, mesure**

Qian Daxin ou **K'ien** Ta-sin Érudit chinois (1728-1804). Fonctionnaire impérial sous Qianlong, il est l'auteur d'essais, de biographies, de poèmes et de travaux sur l'histoire de la Chine.

Qianlong ou **K'ien-long** (1711-1799). Empereur de Chine de la dynastie mandchoue des Qing (1736-1796). Petit-fils de Kangxi, il poursuivit sa politique d'expansion. Érudit, il encouragea le développement des arts. Il abdiqua en faveur de son fils Jiaqing mais conserva le pouvoir.

Qian Zhongshu Écrivain et lettré chinois (1910-1998). Son unique roman, *La Forteresse assiégée*, est une satire caustique de la jeunesse chinoise.

qibla n. f. (mot arabe) relig. Direction de La Mecque, vers laquelle les musulmans se tournent pour prier.

qi gong [tʃikɔ̃g] n. m. invar. (mot chinois, de *qi* « énergie, souffle » et *gong* « travail ») Discipline traditionnelle chinoise fondée sur la libération de l'énergie vitale, associant mouvements fluides, exercices respiratoires et concentration de l'esprit.

Qin ou **Ts'in** n. m. pl. Dynastie chinoise (221-207 av. J.-C.).

Qing, K'ing ou **Ts'ing** n. m. pl. Dynastie mandchoue qui régna sur la Chine de 1644 à 1911.

Qingdao, K'ing-tao ou **Ts'ing-tao** Ville de Chine (Shangdong). Port de pêche sur la mer Jaune. 3,5 millions d'habitants. Industries textile et alimentaire, sidérurgie, pétrochimie. Station balnéaire. La ville, cédée à l'Allemagne en 1898 puis au Japon en 1914, revint à la Chine en 1922.

Q

Qinghai ou **Ts'ing-hai** n. m. Province de l'O. de la Chine. 721 000 km². 5,6 millions d'habitants. Capitale : Xining. Gisements de pétrole et d'or. Ville monastique de Taersi. Un séisme en avril 2010 a fait plus de 2 000 morts.

Qinhuangdao ou **Ts'in-houang-tao** Ville de Chine (Hebei). 967 900 habitants. Port industriel et de commerce.

Qin ling ou **Ts'in-ling** (monts) Massif de Chine (Shaanxi et Gansu), qui s'étend sur 1 500 km et culmine au Taibai shan à 3 767 m.

Qin Shi Huangdi voir Shi Huangdi

Qiqihar ou **Tsitsihar** Ville de Chine (Heilongjiang). 1 338 600 habitants. Industrie lourde.

Qishon n. m. Fleuve côtier d'Israël, qui se jette dans la Méditerranée au N. de Haïfa.

Qom ou **Qum** Ville d'Iran, au S. de Téhéran. 1,2 million d'habitants. Ville sainte du chiisme (écoles religieuses, université islamique). Pèlerinage. Patrie de l'ayatollah Khomeiny.

Qoraychites ou **Quraychites** n. m. pl. Membres d'une tribu arabe des environs de La Mecque, d'où sont issus les Hachémites (clan de Mahomet).

Qostanaï Ville du N.-O. du Kazakhstan, sur le Tobol. 232 000 habitants. Industrie mécanique et alimentaire.

QR n. m. (mot anglais, sigle de *quick response* « réponse rapide ») *Code QR* : code représenté par un dessin composé de carrés et qui, photographié avec certains téléphones, permet d'obtenir des informations. → **flashcode**. *Code QR donnant les horaires de bus en temps réel.*

quad [kwad] n. m. (mot anglais, de *quad bike, quad cycle*) anglic. Véhicule tout-terrain découvert (comme une moto), à quatre roues. *Une course de quads.*

Quades [kwad] n. m. pl. Peuple germanique établi au Iᵉʳ s. dans l'actuelle Moravie et dans le N. de la Hongrie.

quadr- [k(w)adʀ], **quadri-** [k(w)adʀi], **quadru-** [k(w)adʀy] Élément (du latin *quadr-*, de *quattuor* → **quatre**) qui signifie « quatre ». → **tétra-**.

quadragénaire adj. (du latin, de *quadraginta* → **quarante**) Qui a entre quarante et quarante-neuf ans. *Elle est quadragénaire.* – n. *Un, une quadragénaire.* - abrév. fam. **quadra**. *Les quadras.*

quadrangle n. m. (latin *quadrangulus*) géom. Figure formée par quatre points et les six droites qui les joignent deux à deux.

quadrangulaire adj. (du bas latin → **quadrangle**) Qui a quatre angles. – Dont la base est un quadrilatère. *Une pyramide quadrangulaire.*

quadrant [kadʀɑ̃] n. m. (latin *quadrans* « quart » → **cadran**) math. Quart de cercle. ■ Quart de plan, limité par deux demi-droites perpendiculaires.

quadratique adj. (du latin *quadratus* « carré ») **1.** math. Qui est du second degré, élevé au carré. *Une équation quadratique.* **2.** minér. *Système quadratique* : système cristallin caractérisé par trois axes de longueurs égales faisant entre eux des angles droits. – *Cristal quadratique.*

quadrature n. f. (du latin, de *quadratus* → **carré**) Opération qui consiste à construire un carré de même surface que celle d'une figure curviligne. – loc. *La quadrature du cercle*, problème insoluble, chose irréalisable.

quadrette n. f. (provençal *quadreto* → **quatre**) Équipe de quatre joueurs, au jeu de boules ou de pétanque.

quadri n. f. (abrév.) fam. **1.** Quadriphonie. **2.** Quadrichromie.

quadriceps [k(w)adʀisɛps] n. m. (du bas latin « à quatre têtes » → **biceps, triceps**) anat. Muscle situé sur la face antérieure de la cuisse et formé de quatre faisceaux musculaires.

quadrichromie [k(w)adʀikʀɔmi] n. f. (de *quadri-* + *-chromie*) techn. Procédé d'impression en quatre couleurs (jaune, rouge, bleu et noir). → fam. **quadri**.

quadriennal, ale, aux adj. (du latin, de *quadri-* et *annus* → **an**) **1.** Qui dure quatre ans. **2.** Qui revient tous les quatre ans.

quadrifide adj. (latin *quadrifidus*, de *findere* → **fendre**) bot. Qui présente quatre divisions ou quatre découpures. *Une feuille quadrifide.*

quadrifolié, ée adj. (de *quadri-* et du latin *folium* « feuille ») bot. Dont les feuilles sont groupées par quatre.

quadrige n. m. (du latin « attelé de quatre chevaux » ; de *quadri-* → **quadr-** et *jugum* → **joug**) Char antique attelé de quatre chevaux de front.

quadrijumeaux adj. m. pl. (→ **jumeau**) anat. *Tubercules quadrijumeaux* : les quatre éminences arrondies situées à la partie postérieure des pédoncules cérébraux.

quadrilatère n. m. (du latin, de *latus* « côté » → **latéral**) Polygone à quatre côtés (ex. le carré, le losange).

quadrillage [kadʀijaʒ] n. m. **1.** Dessin d'une surface quadrillée. **2.** Action de quadriller (2 et 3).

quadrille [kadʀij] n. m. (espagnol *cuadrilla* ; famille de *carré*) **1.** Contredanse (I) à la mode au XIXᵉ siècle. *Le quadrille des lanciers.* **2.** Cinquième et dernier échelon dans la hiérarchie du corps de ballet, à l'Opéra de Paris.

quadriller [kadʀije] v. tr. < 1 > (de *quadrille*, en broderie, de l'espagnol *cuadrillo* → **quadrille**) **1.** Couvrir de lignes entrecroisées en carrés, en rectangles. *« L'ombrage et le soleil quadrillent la pelouse »* (comtesse de Noailles). – au p. p. *Papier quadrillé.* **2.** Diviser (un territoire) en compartiments où l'on répartit des troupes, pour en garder le contrôle. **3.** Implanter un réseau de commerces, de services publics etc. dans une zone géographique déterminée.

quadrilobe n. m. (→ **lobe**) archit. Ornement gothique formé de quatre lobes en arcs brisés. → **quatre-feuilles**.

quadrimestre n. m. (de *quadri-*, d'après *trimestre*) comptab. Durée de quatre mois.

quadrimoteur n. m. et adj. (Avion) muni de quatre moteurs.

quadripartite adj. (du latin « partagé en quatre ») **1.** bot. Divisé en quatre parties par des découpures profondes. **2.** polit. Qui comprend des représentants de quatre partis, de quatre pays, etc. *Une conférence quadripartite.*

quadriphonie n. f. (de *quadri-* + *-phonie*) techn. Technique de reproduction sonore faisant appel à quatre canaux. → fam. **quadri**.

quadripôle n. m. électron. Circuit électrique possédant quatre bornes, dont une paire constitue l'entrée, l'autre la sortie.

quadrique adj. et n. f. (du latin *quadrus* « carré ») géom. *Surface quadrique* ou n. f. *une quadrique* : surface qu'on peut représenter par une équation du second degré (ex. une sphère).

quadriréacteur n. m. et adj. (Avion) muni de quatre réacteurs.

quadrirème n. f. (du latin, de *remus* « rame ») Antiq. romaine Navire à quatre rangs de rameurs superposés.

quadrisyllabe n. m. (du bas latin → **syllabe**) didact. Mot ou vers de quatre syllabes. □ adj. **quadrisyllabique**

quadrivalent, ente adj. chim. Qui a pour valence 4. → **tétravalent**.

quadrivium [k(w)adʀivjɔm] n. m. (du bas latin, en latin class. « carrefour », de *quadri-* et de *via* « route ») hist. (au Moyen Âge) Groupe des quatre arts libéraux à caractère mathématique (arithmétique, astronomie, géométrie, musique). *Le trivium* et le quadrivium.*

quadru- voir **quadr-**

quadrumane adj. et n. (du latin *manus* → **main**) Dont les quatre membres sont terminés par une main. – n. *Un quadrumane* : animal à quatre mains (→ **singe**).

quadrupède adj. et n. (du latin *pes, pedis* → **pied**) (animaux) Qui a quatre pattes. – n. *Un quadrupède* : mammifère terrestre possédant quatre pattes (excluant le quadrumane). → aussi **tétrapode**.

quadruple adj. Qui est répété quatre fois, qui vaut quatre fois (une quantité). – n. m. *Huit est le quadruple de deux.*

quadrupler v. < 1 > **1.** v. tr. Multiplier par quatre. *Quadrupler la production.* **2.** v. intr. Devenir quatre fois plus élevé. *Les dépenses ont quadruplé.*

quadruplés, ées n. pl. Quatre enfants (jumeaux) issus d'une même grossesse.

quai n. m. (mot normand et picard, du gaulois → chai) **1.** Mur où accostent les bateaux, chaussée aménagée au bord de l'eau. *Quai de débarquement, d'embarquement.* → **débarcadère, embarcadère.** *Navire à quai*, rangé le long du quai. **2.** Voie publique aménagée sur cette chaussée. *Se promener sur les quais.* ■ *Le Quai d'Orsay* : siège du ministère des Affaires étrangères. – *Le Quai des Orfèvres* : l'ancien siège de la police judiciaire parisienne. **3.** Plateforme longeant la voie dans une gare. *Le quai n° 4.*

Quai Branly-Jacques Chirac (musée du) Musée des arts et civilisations d'Afrique, d'Asie, d'Océanie et des Amériques situé à Paris. Il a été construit par Jean Nouvel.

quaker, quakeresse [kwɛkœʀ, kwɛkʀɛs] n. (mot anglais, de *to quake* « trembler ») Membre d'un mouvement religieux protestant (*quakerisme*, **n. m.**), fondé au XVIIe s. par George Fox, prêchant le pacifisme, la philanthropie et la simplicité des mœurs.

qualifiable adj. Qui peut être qualifié (de telle façon).

qualifiant, ante adj. Qui qualifie (3), donne une qualification professionnelle. *Une formation qualifiante.*

qualificatif, ive (→ qualifier) **1.** adj. Qui sert à qualifier, à exprimer une qualité. *Adjectif qualificatif.* ■ sports *Épreuve qualificative*, servant à la qualification des concurrents pour une épreuve ultérieure. **2.** n. m. Mot (adjectif) ou groupe de mots servant à qualifier qqn ou qqch. → **épithète.**

qualification n. f. (→ qualifier) **1.** Action ou manière de qualifier (1). → **appellation, épithète, nom, ¹titre. 2.** Fait d'être qualifié (2). - abrév. fam. **qualif.** *Le résultat des qualifs.* **3.** *Qualification professionnelle* : formation, aptitudes qui qualifient (3) pour un emploi.

qualifié, ée adj. **1.** *Ouvrier qualifié*, ayant une formation professionnelle poussée. **2.** sports Qui peut disputer les épreuves suivantes. **3.** dr. Traduit en termes juridiques. *Le génocide est un crime grave qualifié en droit international.*

qualifier v. tr. < 7 > (latin scolastique *qualificare*, de *qualis* → quel) **1.** Caractériser par un mot, une expression. → **appeler, désigner, nommer.** *Une conduite qu'on ne saurait qualifier* (→ **inqualifiable**). « *Je n'ai point de terme pour qualifier une si extravagante créature* » (Pascal). – ***Qualifier de*** (+ attribut). *Elle m'a qualifiée d'idiote !* → **traiter. 2.** Faire que (qqn, un concurrent) soit admis aux épreuves suivantes d'une compétition. – pronom. *Elles se sont qualifiées pour la finale.* **3.** (compl. personne) Donner qualité de faire qqch. *Son diplôme ne le qualifie pas pour ce travail.*

qualitatif, ive adj. (du latin → qualité) Relatif à la qualité, qui est du domaine de la qualité (opposé à *quantitatif*).

qualitativement adv. Au point de vue qualitatif.

qualité n. f. (du latin, de *qualis* → quel) **I. 1.** (La qualité) Manière d'être non mesurable (d'une chose) qui donne une valeur plus ou moins grande (s'oppose à *quantité*). *La qualité d'un produit. Marchandise de bonne, de mauvaise qualité. Améliorer la qualité.* – *Rapport qualité-prix.* ■ Bonne qualité. *Des produits de qualité.* **2.** (Une, des qualités) Trait de caractère (d'une personne) qui correspond à une valeur morale. → **vertu.** – *Les qualités d'un livre.* **II. 1.** vieux Haute condition sociale. → **noblesse.** *Des gens de qualité.* **2.** Condition, situation sociale, civile, juridique (d'une personne). → **état.** – loc. ***En qualité, en sa qualité de...*** : en tant que... – ***Ès qualités*** : en tant qu'exerçant sa fonction.

qualiticien, enne n. Personne chargée des programmes permettant d'atteindre les objectifs de qualité pour les biens et services fournis par une entreprise.

quand (vient du latin *quando*) **I.** conj. **1.** À (ce) moment. → **comme** (II) ; **lorsque, où** (I, 3). *J'attendais depuis dix minutes, quand il est arrivé.* – fam. *Je n'aime pas quand tu cries.* **2.** Chaque fois que, toutes les fois que. *Quand l'un dit oui, l'autre dit non.* **3.** littér. (+ cond.) En admettant que. *Quand il l'aurait voulu, il ne l'aurait pas pu* (même s'il l'avait voulu). – ***Quand (bien) même...*** (même sens). **4. *Quand même*** loc. adv. : cependant, pourtant. *Elle l'aime quand même.* – fam. Tout de même. *Ce serait quand même plus agréable si vous veniez. Quand même ! il exagère !* **II.** adv. (interrogation sur le temps) À quel moment ? *Quand partez-vous ? C'est pour quand ? Alors, à quand le mariage ?* – *Je ne sais pas quand.*

quanta [k(w)ɑ̃ta] voir **quantum**

quant à [kɑ̃ta] loc. prép. (vient du latin *quantum ad*, de *quantum* « combien », de *quantus* → quantité et *ad* → à) Pour ce qui est de, en ce qui concerne. « *Dominique était chatouilleuse quant à son honneur* » (Queneau). *Quant à vous, attendez ici. Quant à moi...* → **pour.** – *Quant-à-soi* (voir ce mot).

quant-à-soi [kɑ̃taswa] n. m. sing. Réserve un peu fière d'une personne qui garde pour elle ses sentiments. *Rester sur son quant-à-soi* : garder ses distances.

quantième [kɑ̃tjɛm] adj. et n. m. (de l'ancien adj. *quant, quante* « combien de », du latin *quantus* → quantité) **1.** adj. interrog. *Le, la quantième ?*, lequel, laquelle dans l'ordre numérique ? → fam. **combientième. 2.** n. m. didact. Désignation du jour du mois par son chiffre. *Montre qui marque les quantièmes. Le quantième sommes-nous ?* → fam. **combien.**

quantifiable adj. didact. Que l'on peut quantifier. *Données quantifiables.*

quantificateur n. m. log. Symbole qui lie une ou plusieurs variables à une quantité.

quantifié, ée adj. phys. *Grandeur quantifiée*, qui ne peut prendre que certaines valeurs, caractérisées par des nombres entiers multiples d'une valeur discrète, le quantum.

quantifier v. tr. < 7 > (de l'anglais, du latin, de *quantus* → quantité) **1.** log. Attribuer une quantité à (un terme). **2.** didact. Attribuer une grandeur mesurable à (qqch.). *Quantifier le coût d'une mesure sociale.* **3.** phys. Restreindre les valeurs possibles de (une variable) à un nombre discret. □ n. f. **quantification**

quantile [k(w)ɑ̃til] n. m. (pris à l'anglais, du latin *quantus* → quantité) statist. Nombre qui divise une suite ordonnée de valeurs en parties d'égale étendue.

quantique [k(w)ɑ̃tik] adj. phys. Des quanta ; de la théorie des quanta. → **quantum.** *Mécanique quantique. Informatique quantique.* – *Ordinateur quantique.*

▶ La mécanique **quantique** est une théorie physique qui sert en général à décrire le monde à des échelles submicrométriques. *Quantique* vient du latin *quantum*, qui désigne une petite quantité. Le mot exprime le fait qu'à ces échelles microscopiques, l'énergie ne peut prendre que certaines valeurs bien définies, entre lesquelles les échanges se font par « paquets » indivisibles.
Historiquement, la physique quantique a été introduite pour répondre à des faits expérimentaux, tels que l'*effet photoélectrique*, ou à des contradictions théoriques *(rayonnement du corps noir)*, que la physique classique restait impuissante à expliquer. Elle s'est développée dans les années 1920, sous l'impulsion de physiciens tels que l'Allemand Werner Heisenberg, l'Autrichien Erwin Schrödinger, le Britannique Paul Dirac ou encore le Français Louis de Broglie (tous prix Nobel).
En 1924, Louis de Broglie introduisit l'idée que l'on pouvait associer une *longueur d'onde* à tout objet physique, taille caractéristique en dessous de laquelle tout objet devient quantique. Heisenberg et Schrödinger développèrent ensuite en parallèle deux formalismes différents mais équivalents pour décrire ce phénomène, l'histoire retenant essentiellement la célèbre *équation de Schrödinger*. Celle-ci introduit la notion de *fonction d'onde* pour décrire les objets matériels : une particule n'a plus de position définie, mais une certaine probabilité d'être détectée à tel ou tel endroit. Les inégalités de Heisenberg (dont le célèbre *principe d'incertitude*) sont une conséquence directe de cette description en termes de *fonction d'onde* : selon les cas, c'est un comportement ondulatoire ou un comportement corpusculaire des objets physiques (particules, lumière...) qui se manifeste principalement.
voir aussi **lumière, matière, onde**

quantitatif, ive adj. Qui appartient au domaine de la quantité et des valeurs numériques. □ adv. **quantitativement**

quantité n. f. (latin *quantitas*, de *quantus* « combien grand » → encan ; quant à, quantifier, quantum) **1.** Nombre plus ou moins grand (de choses, de personnes) ; mesure qui sert à évaluer l'importance (d'une collection, d'un ensemble). *En grande, en petite quantité.* → **beaucoup, peu. 2.** *Une, des quantité(s) de*, grand nombre, abondance. → **foule, ¹masse.** *Quantité de gens le pensent.* – ***En quantité*** : en abondance. fam. *En quantité industrielle**. **3.** Qualité de ce qui peut être mesuré ; chose mesurable. – loc. *Considérer qqn comme une quantité négligeable* : ne pas en tenir compte. **4. *La quantité*** : l'ensemble des valeurs mesurables (opposé à *la qualité*). *Adverbes de quantité.*

quanton [k(w)ɑ̃tɔ̃] n. m. (de *quantum*, d'après *photon*) phys. Objet dont le comportement est décrit par la théorie quantique. *Les photons sont des quantons.*

quantum [k(w)ɑ̃tɔm], plur. **quanta** [k(w)ɑ̃ta] n. m. (mot latin, de *quantus* → quantité) **1.** dr. Montant (d'une amende, d'une pension, d'une part). – Durée (d'une peine d'emprisonnement). **2.** phys. *Quantum d'action, d'énergie* : la plus petite quantité. *Théorie des quanta*, qui suppose que la lumière, l'énergie se manifestent par petites quantités discontinues (particules).

Quantz (Johann Joachim) Compositeur allemand (1697-1773). Professeur de flûte du futur Frédéric le Grand, il devint compositeur de sa cour (concertos pour flûte, pièces de musique de chambre). Il écrivit un *Essai de méthode pour jouer de la flûte traversière.*

Quanzhou, Ts'iuan-tcheou ou **K'iuan-tcheou** Ville de Chine (Fujian), sur le détroit de Taiwan. 1,15 million d'habitants. Université. Port. Industrie alimentaire et textile.

quarantaine n. f. **I. 1.** Nombre d'environ quarante. *Une quarantaine de personnes.* **2.** Âge d'environ quarante ans (→ **quadragénaire**). **II. 1.** Isolement de durée variable (quarante jours à l'origine) imposé en cas de risques contagieux. **2.** loc. fig. *Mettre qqn* ***en quarantaine*** : l'exclure, le mettre à l'écart.

quarante (vient du latin pop., de *quadraginta* « quarante » → vingt) **I.** adj. numéral invar. **1.** (cardinal) Quatre fois dix (40). *Quarante et un, quarante-deux..., quarante-neuf. Un trajet de quarante minutes.* – absolt (nominal) *Les Quarante* : les membres de l'Académie française. **2.** (ordinal) Quarantième. *Page quarante.* **II.** n. m. invar. Le chiffre, le numéro quarante.

quarante-huitard, arde n. et adj. fam. Révolutionnaire de 1848. *Les quarante-huitards.* – adj. *Le socialisme quarante-huitard.*

quarantenaire adj. et n. **1.** dr. Qui dure quarante ans. *Prescription quarantenaire.* **2.** Dont l'âge est compris entre quarante et quarante-neuf ans. **– n.** *Un, une quarantenaire.* **→ quadragénaire. 3.** Relatif à la quarantaine sanitaire. *Maladies quarantenaires,* faisant l'objet d'une réglementation sanitaire spéciale (vaccination, isolement). **– n.** Personne soumise à une quarantaine. **– n. m.** Lieu assigné pour une quarantaine.

quarantième **I. adj. 1.** Ordinal de *quarante. Dans sa quarantième année.* **2.** *La quarantième partie* ou **n. m.** *le quarantième,* partie d'un tout également divisé en quarante. **II. n. m. pl.** *Les quarantièmes :* région maritime située entre le quarantième et le cinquantième parallèle sud, où le gros temps est fréquent. **–** loc. *Les quarantièmes rugissants.*

Quaregnon Commune de Belgique (province de Hainaut). 18 918 habitants. Industries diversifiées.

Quarenghi (Giacomo) Architecte italien (1744-1817). Élève de Palladio, il fut chargé par Catherine II de construire le théâtre de l'Ermitage à Saint-Pétersbourg, le palais anglais de Peterhof et le palais Alexandre de Tsarskoïe-Selo.

quark [kwaʀk] **n. m. (mot arbitraire, tiré de *« Finnegans Wake »* de J. Joyce)** phys. Particule fondamentale électriquement chargée, qui se manifeste dans les particules lourdes.

Quarnaro voir **Kvarner**

Quarré-les-Tombes Commune du S.-E. de l'Yonne, sur la Cure. 628 habitants. Église du xve s., entourée de cent tombes ou sarcophages en pierre.

[1]quart, quarte **adj. (latin *quartus,* de *quattuor* → quatre)** vieux Quatrième. **–** *« Le Quart Livre »* (de Rabelais). **–** *Le quart-monde.* **→ quart-monde. –** *Fièvre quarte* (accès tous les quatre jours).

[2]quart **n. m. (latin *quartum* → [1]quart) I.** Fraction d'un tout divisé en quatre parties égales. *Dépenser le quart, les trois quarts de son revenu.* **–** Quart d'une livre (125 g). *Un quart de beurre.* **–** loc. *Au quart de tour* (d'un moteur) : fig. immédiatement. ▪ ***Quart d'heure :*** quinze minutes. *Une heure moins le quart, deux heures et quart.* loc. *Un mauvais quart d'heure :* un moment pénible. **II. 1.** mar. Période de quatre heures, pendant laquelle une partie de l'équipage est de service. *Officier, matelot de quart,* de service. *Prendre le quart.* **2.** Partie appréciable de (qqch.). *Je n'ai pas lu le quart de ce rapport.* **–** ***Les trois quarts :*** la plus grande partie. ***Les trois quarts du temps :*** le plus souvent. **–** *Portrait* ***de trois quarts :*** entre face et profil (on voit les trois quarts du visage).

quartanier **n. m. (de *quart an* « quatrième année »)** vén. Sanglier de quatre ans.

quartaut **n. m. (mot régional → [2]quart)** vieux ou régional Petit tonneau (à l'origine d'un quart de muid) d'une contenance variable selon les régions (de 57 à 137 litres).

quart-de-rond **n. m.** techn. Moulure à profil convexe. *Des quarts-de-rond.* ▪ Outil servant à faire cette moulure.

quarte **n. f. (de l'italien ; famille de *quart*)** mus. Intervalle de quatre degrés dans la gamme diatonique (ex. de do à fa).

quarté [k(w)aʀte] **n. m. (n. déposé ; de *quart,* d'après *tiercé*)** Forme de pari mutuel où l'on parie sur quatre chevaux dans une course.

quartefeuille **n. f. (→ [2]quart)** blason Fleur à quatre feuilles **(→ quatre-feuilles).**

quartenier **n. m. (altération d'un dérivé de *quartier*)** anciennt Officier municipal préposé à la surveillance d'un quartier.

[1]quarteron **n. m. (d'abord « un quart de cent ; vingt-cinq », de *quart*)** péj. Petit groupe. *« Un quarteron de généraux en retraite »* (de Gaulle).

[2]quarteron, onne **n. (espagnol *cuarteron* ; famille de *quart*)** Fils, fille d'un blanc et d'une mulâtresse, ou d'une blanche et d'un mulâtre.

quartette [k(w)aʀtɛt] **n. m. (de l'italien, puis de l'anglais ; famille de *quart*)** Ensemble de jazz formé de quatre musiciens **(→ aussi quatuor).** - var. **quartet.**

quartidi [kwaʀtidi] **n. m. (du latin *quartus* « quatrième » et *dies* « jour »)** hist. Quatrième jour de la décade du calendrier républicain.

quartier **n. m. (de *quart*) I. 1.** Portion d'environ un quart. *Un quartier de pomme. Un quartier de bœuf.* **2.** L'une des phases de la Lune où une partie du disque est éclairée. *Premier, dernier quartier.* **3.** blason Partie de l'écu écartelé. ▪ Degré de descendance noble. *Avoir quatre quartiers de noblesse,* quatre ascendants nobles. **–** fig. *Ce festival a maintenant ses quartiers de noblesse,* il est reconnu. **II. 1.** Partie d'une ville ayant une certaine unité. *Les beaux quartiers. Les gens du quartier.* **–** au plur. *Les quartiers :* les quartiers défavorisés. **2.** au plur. (dans des loc.) Cantonnement. ***Quartiers d'hiver :*** lieu où logent les troupes pendant l'hiver. **–** ***Quartier général :*** bureaux du commandant d'une armée et de son état-major (sigle QG). ▪ loc. *Avoir quartier libre :* être autorisé à sortir de la caserne. **3.** vieux Lieu de sûreté. loc. *Demander quartier,* la vie sauve. **–** mod. *Ne pas faire de quartier :* massacrer tout le monde ; traiter sans ménagement. **4.** Partie d'une prison affectée à une catégorie de détenus. *Le quartier des femmes.* anciennt *Quartier de haute sécurité* (QHS).

Quasimodo

Quasimodo et Esmeralda, *Notre-Dame de Paris,* dessin de Théophile Gautier (1831), musée Carnavalet, Paris.

Quartier latin Un des quartiers les plus anciens de Paris, qui couvre aujourd'hui les 5e et 6e arrondissements. Quartier universitaire dès le xiiie s. (Sorbonne), il comprend toujours de nombreux établissements d'enseignement (Collège de France, Institut, lycées).

quartier-maître **n. (trad. de l'allemand → quartier [II, 2])** Marin du premier grade audessus de celui du matelot. *Des quartiers-maîtres.* - var. **RO quartier-maitre.**

quartile [kwaʀtil] **n. m. (de l'anglais, du latin médiéval *quartilis,* de *quartus* « quatrième »)** statist. **1.** Chacune des trois valeurs qui divisent les éléments d'une distribution statistique en quatre parties d'effectif égal. **2.** Chacune de ces quatre parties. **→ quantile.**

quart-monde **n. m. 1.** Partie de la population la plus défavorisée, dans un pays développé. *Des quarts-mondes.* **2.** Les pays les plus démunis du tiers-monde*.

quarto [kwaʀto] **adv. (mot latin, de *quartus* « quatrième »)** rare Quatrièmement. **→ aussi tertio.**

Quarton, Charonton, Charreton ou **Charton (Enguerrand)** Peintre français d'origine picarde, actif en Provence de 1444 à 1466. On lui attribue une *Vierge de miséricorde* et *Le Couronnement de la Vierge,* qui combinent le style flamand et les influences italiennes.

quartz [kwaʀts] **n. m. (mot allemand)** Forme la plus courante de la silice naturelle cristallisée. **→ cristal** de roche. *Montre à quartz.* ▫ **adj. quartzeux, euse**

quartzifère [kwaʀtsifɛʀ] **adj. (→ quartz** et **-fère)** minér. Qui contient du quartz. *Une roche quartzifère.*

quartzite [kwaʀtsit] **n. m. (→ quartz)** minér. Roche massive constituée de quartz en agrégats.

quasar **n. m. (mot anglais des États-Unis, de *quas[i] [stell]ar* → [1]quasi** et **[1]stellaire)** astron. Source céleste d'ondes hertziennes (radiosource) analogue à une étoile.

[1]quasi **adv. (latin *quasi* « comme si »)** régional ou littér. (devant un adj.) Presque, pour ainsi dire. *Le raisin est quasi mûr.* **→ quasiment. –** (devant un nom, avec un trait d'union) *Quasi-certitude, quasi-totalité.*

[2]quasi **n. m. (origine discutée, p.-ê. famille de *case*)** Morceau du haut de la cuisse du veau. *Un rôti dans le quasi.*

quasar

Bien que très éloignés, les quasars sont les objets de l'Univers les plus brillants que nous connaissons.

quasi-contrat n. m. (du latin juridique) dr. Fait volontaire d'une personne dont il résulte un engagement quelconque envers un tiers. *Des quasi-contrats.*

quasi-délit n. m. (du latin juridique) dr. Fait ou abstention illicite, causant à autrui un dommage, sans intention de nuire. *Des quasi-délits.*

quasiment adv. (de [1]*quasi*) fam. ou régional Presque, à peu près.

Quasimodo [kazimɔdo] n. f. (des mots latins *quasi modo,* par lesquels commence l'introït de la messe de ce dimanche) relig. Premier dimanche après Pâques.

Quasimodo Personnage du roman de Victor Hugo *Notre-Dame de Paris,* être difforme élevé par le prêtre Frollo et devenu l'âme de la cathédrale.

Quasimodo (Salvatore) Poète italien (1901-1968). Adepte de l'hermétisme dans ses premiers poèmes, il s'orienta vers une poésie plus engagée dans *La vie n'est pas un rêve* et *La Terre incomparable.* Il a donné une traduction remarquable des *Lyriques grecs.* Prix Nobel 1959.

quasi-usufruit n. m. dr. Usufruit portant sur une chose consomptible, à charge de restituer la même. *Des quasi-usufruits.*

quassia [kwasja] n. m. (du latin bot., de *Coissi,* n. d'un guérisseur du Surinam) bot. Petit arbre tropical fournissant le bois de Surinam et dont on extrait la *quassine* n. f. - syn. **quassier** [kwasje].

quater [kwatɛʀ] adv. (mot latin) rare Pour la quatrième fois. *Le 12 ter et le 12 quater d'une rue.*

quaternaire [kwatɛʀnɛʀ] adj. (du latin, de *quattuor* → quatre) **1.** Formé de quatre éléments. **2.** *Ère quaternaire* ou **n. m.** *le quaternaire :* ère géologique la plus récente (environ un million d'années) où est apparu l'homme. **3.** écon. *Secteur quaternaire,* celui de l'économie sociale, occupé par les associations et fondé sur l'échange de services.

quaterne [kwatɛʀn] n. m. (de l'italien, du latin *quaterni* « quatre chaque fois ») jeux Série de quatre numéros d'une même ligne horizontale, au loto.

quaternion [kwatɛʀnjɔ̃] n. m. (de l'anglais, du bas latin *quaternio* « groupe de quatre ») math. Nombre constitué par quatre nombres scalaires *(s, a, b, c)* pris dans un ordre déterminé, et combinés selon certaines lois.

quatorze (vient du latin, de *quattuor* → quatre et *decem* → dix) **I. adj. numéral invar. 1.** (cardinal) Dix plus quatre (14). **2.** (ordinal) Quatorzième. *Louis XIV. Mille neuf cent quatorze* (1914) *et,* ellipt, *quatorze.* loc. *Comme en quatorze,* avec l'enthousiasme du début de la guerre (de 1914-1918). **II. n. m. invar.** Le nombre, le numéro ainsi désigné. *Avoir (un) quatorze en français.*

quatorzième adj. **1.** Ordinal de *quatorze. Le quatorzième siècle* (entre 1301 et 1400). **2.** *La quatorzième partie* ou **n. m.** *le quatorzième,* fraction d'un tout également partagé en quatorze. □ adv. **quatorzièmement**

quatrain n. m. (de *quatre*) Strophe de quatre vers.

quatre (vient du latin pop., de *quattuor* → quatuor) **I. adj. numéral invar. 1.** (cardinal) Trois plus un (4). → **quadr-, tétra-.** *Les quatre saisons.* ■ loc. *Se mettre en quatre :* se donner beaucoup de mal. → se **décarcasser.** – *Manger comme quatre,* énormément. – *Descendre un escalier quatre à quatre,* très vite. *Un de ces quatre (matins).* **2.** (ordinal) Quatrième. *Henri IV.* **II. n. m. invar.** Le nombre, le numéro ainsi désigné. *Habiter au quatre.*

Quatre-Bras (les) Lieu-dit de Belgique (Brabant wallon). Le maréchal Ney y fut défait la veille de la bataille de Waterloo, en 1815.

Quatre-Cantons (lac des) ou **lac de Lucerne** Lac de Suisse, partagé entre les cantons de Schwyz, Uri, Unterwald et Lucerne, qui baigne les villes de Brunnen, Lucerne et Weggis. 114 km². Tourisme.

quatre-cent-vingt-et-un [kat(ʀə)sɑ̃ vɛ̃teœ̃] n. m. invar. Jeu de dés où la combinaison la plus forte est composée d'un quatre, d'un deux et d'un as. - syn. **quatre-vingt-et-un.**

quatre-chemins n. m. invar. régional Carrefour. *Au quatre-chemins, continuer tout droit.*

quatre-de-chiffre n. m. invar. chasse Piège formé de bûchettes disposées en forme de quatre.

quatre-épices n. m. ou f. invar. Nigelle cultivée, dont les graines réduites en poudre donnent un assaisonnement rappelant le mélange dit des *quatre-épices* (poivre, girofle, muscade et gingembre).

Quatrefages de Bréau (Jean Louis Armand de) Naturaliste et anthropologue français (1810-1892). Ses travaux d'anthropologie préhistorique, particulièrement de craniologie ethnique, le conduisirent à définir une « race de Cro-Magnon ». *Unité de l'espèce humaine ; Histoire de l'homme.*

quatre-feuilles n. m. invar. archit. Ornement gothique formé de quatre lobes. → **quadrilobe.**

quatre-heures n. m. invar. fam. Goûter, collation du milieu de l'après-midi.

quatre-huit n. m. invar. (de *quatre* et *huit,* indiquant la croche [ronde divisée par 8]) mus. Mesure à quatre temps, avec la croche pour unité.

quatre-mâts n. m. invar. Grand voilier à quatre mâts.

Quatremère (Étienne Marc) Orientaliste français (1782-1857). Il étudia les langues anciennes et découvrit la parenté entre l'égyptien ancien et le copte.

Quatre-Nations (collège des) Collège institué par le testament de Mazarin, et destiné à recevoir des élèves des « nations » réunies depuis peu à la France (Pays-Bas, Alsace, Pignerol, Roussillon). Fermé lors de la Révolution, il a été donné en 1806 à l'Institut de France.

quatre-quarts n. m. invar. Gâteau où entrent à poids égal du beurre, de la farine, du sucre et des œufs.

quatre-quatre n. f. ou m. invar. Automobile tout-terrain à quatre roues motrices. - On écrit parfois *4 × 4.*

quatre-saisons voir **saison**

quatre-temps n. m. pl. relig. Chacune des périodes (au début de chaque saison) qui, dans l'année liturgique, comporte trois jours de jeûne et de prière.

quatre-vingt prend un *s* final lorsqu'il n'est pas suivi d'un autre adj. numéral **1. adj. numéral** (cardinal) Huit fois dix (80). → régional **octante.** *Âgé de quatre-vingts ans* (→ **octogénaire**), *de quatre-vingt-deux ans.* – *Quatre-vingt-dix :* neuf fois dix (90). → régional **nonante.** ■ (ordinal) Quatre-vingtième. *Page quatre-vingt.* **2. n. m. invar.** Le nombre, le numéro ainsi désigné.

quatre-vingt-et-un voir **quatre-cent-vingt-et-un**

quatre-vingtième [katʀəvɛ̃tjɛm] adj. et n. **1.** Ordinal de *quatre-vingt.* **2.** Se dit d'une partie d'un tout également divisé en quatre-vingts parties.

quatrième 1. adj. et n. Ordinal de *quatre. Habiter au quatrième.* – loc. *En quatrième vitesse :* très vite. **2. n. f.** en France Classe des collèges qui suit la cinquième.

quatrièmement adv. En quatrième lieu.

quatrillion [k(w)atʀiljɔ̃] n. m. Million de trillions (10^{24}).

quattrocentiste [kwatʀotʃɛntist] n. art Artiste du Quattrocento.

Quattrocento [kwatʀotʃɛnto] n. m. Terme italien qui désigne « les années 1400 » (le XVe siècle) et, plus largement, la première Renaissance, en tant qu'époque de la vie artistique et intellectuelle en Italie. Étape essentielle du développement de la culture occidentale, le Quattrocento renoua avec l'Antiquité et une philosophie d'inspiration humaniste. Les initiateurs en furent l'architecte Brunelleschi, le sculpteur Donatello et les peintres Filippo Lippi, Ucello, Mantegna, Botticelli et L. de Vinci.

Quattrocento, *Portrait de Ginevra d'Este* (v. 1440), Pisanello, musée du Louvre, Paris.

quatuor [kwatɥɔʀ] n. m. (du latin, de *quattuor* → quatre) **1.** Œuvre de musique écrite pour quatre instruments ou quatre voix. *Quatuor à cordes,* pour deux violons, alto et violoncelle. **2.** Groupe de quatre musiciens ou chanteurs. → **quartette.**

qubit [kybit] n. m. (mot-valise anglais, de *quantum* et *bit*) anglic. métrologie Unité de mesure de l'information en informatique quantique. *Un processeur quantique de 35 qubits.*

Qudāma (Abū al-Faraj ibn Ja'far) Savant arabe (mort en 932). Il est l'auteur de traités de philosophie, d'histoire, de philologie et d'un *Traité de l'art du secrétaire,* encyclopédie contenant des études géographiques.

[1]**que** conj. (vient du latin médiéval *que,* de *quia* → à quia) **1.** avant une subordonnée complétive (à l'indic. ou au subj. selon le v. de la principale, ou la nuance à rendre) *Je pense que tout ira bien. Je crois qu'il est là. C'est dommage qu'il soit malade.* **2.** servant à former des loc. conj. *À condition, à mesure que...* **3.** avant une proposition circonstancielle – (temporelle) *Elle avait à peine fini qu'elle s'en allait.* – (finale) *Venez là que nous causions.* – (causale) *Il reste au lit, non qu'il soit vraiment malade, mais il le croit.* – (hypothétique) *« Qu'il fasse beau, qu'il fasse laid »* (Diderot). *Que tu viennes ou non, ou pas.* ■ **Ne... que... ne... :** sans que, avant que. *Il ne se passe pas une semaine qu'il ne vienne.* **4.** substitut d'un autre mot grammatical *(quand, si, comme...),* dans une coordonnée *Quand elle arriva et qu'il la vit.* **5.** introduit le second terme d'une compar. *Autant, plus, moins que...* **6.** en corrélation avec *ne,* pour marquer la restriction *ne... que...* → **seulement.** *Je*

Québec (régions administratives)

n'aime que toi. – (renforcement) *Il n'en est que plus coupable.* **7.** introduit une indépendante au subj. (ordre, souhait...) *Qu'il entre !*

²que adv. (→ ¹que) **1.** interrog. (dans des loc.) Pourquoi, en quoi ? *Que m'importe son opinion ? Que ne venez-vous ?* **2.** exclam. Comme, combien ! *Que c'est beau ! Que de gens !* – fam. *Ce qu'il est bête !*

³que pron. (vient du latin *quem*, accusatif de *qui* → qui) **I.** Pronom relatif désignant une personne ou une chose. **1.** (objet direct) *Celle que j'aime. Les cadeaux que tu lui as faits.* **2.** (compl. indir. ou circonstanciel) *Depuis dix ans que nous habitons ici. L'été qu'il a fait si chaud,* où* il a fait si chaud. **3.** (attribut) *L'homme que vous êtes.* **II.** (latin *quid* « quoi » → quidam, quoi) Pronom interrogatif désignant une chose. **1.** (objet direct) Quelle chose ? (en concurrence avec *qu'est-ce que...*) *Que faire ? Que fais-tu ? Que se passe-t-il ? Qu'y a-t-il ?* ■ (interrog. indir.) → **quoi.** *Il ne savait plus que dire.* **2.** (attribut) *Qu'est-ce ? Que deviens-tu ?* ■ *Qu'est-ce que... Qu'est-ce que vous dites ? Qu'est-ce que c'est que ça ?* – *Qu'est-ce qui... ? Qu'est-ce qui te prend ?*

Québec n. m. Province du Canada. 1 542 056 km². 8 574 000 habitants. Capitale : Québec ; ville principale : Montréal. Divisé en trois régions naturelles (les basses terres du Saint-Laurent, la région appalachienne, le Bouclier canadien), le Québec est la deuxième province canadienne (après l'Ontario) par la population, par ses activités industrielles, notamment grâce à ses richesses minières (cuivre, or, fer) et son hydroélectricité. La « province of Quebec » fut créée en 1763 par le traité de Paris qui cédait la Nouvelle-France à la Grande-Bretagne. L'Acte constitutionnel de 1791 en fit le Bas-Canada (francophone). En 1840, l'Acte d'Union créa le Canada-Uni en réunissant le Bas-Canada et le Haut-Canada. En 1867, le Bas-Canada prit le statut de province et devint le Québec. Dans les années 1960, d'importantes réformes furent entreprises (Révolution tranquille). En 1976, le Parti québécois de René Lévesque fut porté au pouvoir et le français fut proclamé seule langue officielle du Québec. Le référendum de 1980 sur la « souveraineté-association » fut un échec pour les indépendantistes. En 1995, les partisans du maintien de la province dans la Constitution canadienne gagnèrent le second référendum sur la souveraineté, cette fois par un très mince pourcentage. Depuis lors, la question du statut du Québec n'a cessé de dominer la vie politique qui a vu alterner au pouvoir le Parti québécois (1996 à 2003 et 2012 à 2014) et le Parti libéral (2003 à 2012 et 2014 à 2018). La coalition de centre-droit nationaliste gouverne depuis 2018 avec son fondateur, François Legault, au poste de Premier ministre.

Québec

La forêt (ici, la forêt de Lanaudière), constitue, au Québec, une ressource économique bien exploitée.

Québec Ville du Canada, capitale de la province de Québec, sur le Saint-Laurent, au confluent de la rivière Saint-Charles. 531 902 habitants. Ville la plus ancienne du Canada, elle comporte de nombreuses maisons du XVIIIᵉ s. Elle s'impose aujourd'hui comme le centre commercial de l'E. du Québec. Port actif. Industries diverses. Universités. Aéroport international. La ville fut fondée par Champlain en 1608, passa sous domination britannique en 1759 (bataille des plaines d'Abraham), puis devint la capitale du Bas-Canada en 1791.

Québec, le château Frontenac (XIXᵉ s.).

québécisme n. m. ling. Fait de langue propre au français du Québec.

québécois, oise adj. Du Québec. – n. *Les Québécois.* ■ n. m. *Le québécois :* le français propre au Québec.

québracho ou **quebracho** [kebʀatʃo] n. m. (de l'espagnol, de *quebrar* « briser » et *hacha* « hache », à cause de la dureté de ce bois) Arbre d'Amérique du Sud, dont le bois est très riche en tanin.

quéchua ou **quechua** [ketʃwa] n. m. Langue amérindienne (Argentine, Pérou, Bolivie) qui fut celle des Incas. – adj. *Dialectes quéchuas.* - syn. **quichua.**

Québec

Quechuas n. m. pl. Amérindiens d'Amérique du Sud, dont la classe dominante était les Incas.

Quedlinburg Ville d'Allemagne (Saxe-Anhalt), sur la Bode. 23 600 habitants. Château médiéval, église reconstruite au XIIe siècle.

Queen Groupe de rock anglais, formé en 1970 et composé de Freddie Mercury, John Deacon, Brian May, Roger Taylor, qui fut l'un des plus populaires de la scène anglaise des années 1980. *Bohemian Rhapsody ; We are the Champions.*

Queens n. m. District de New York, sur Long Island, au N. de Brooklyn. 2,2 millions d'habitants. Le quartier a été très affecté par la désindustrialisation.

Queensland n. m. État du N.-E. de l'Australie. 1 727 200 km². 2,9 millions d'habitants. Capitale : Brisbane. Élevage (bovins, ovins), canne à sucre. Extraction minière. Ancien lieu de détention pénitentiaire, le Queensland devint État du Commonwealth australien en 1901.

queer [kwiʀ] **n. et adj. (mot anglais d'origine obscure) anglic.** Personne dont l'orientation ou l'identité sexuelle ne correspond pas aux modèles dominants. *Les queers.* **– adj.** *La communauté queer.* **→ LGBT.**

Queffélec (Henri) Romancier français (1910-1992). Il est l'auteur d'une œuvre marquée par ses racines bretonnes et par l'humanisme chrétien. *Un recteur de l'île de Sein ; Les Îles de la Miséricorde.*

Queffélec (Yann) Écrivain français (né en 1949). Fils d'Henri Queffélec. Il est l'auteur de romans au réalisme social souvent sombre *(Le Charme noir ; Les Noces barbares)* et de récits autobiographiques (*L'Homme de ma vie,* sur son père).

Queipo de Llano y Sierra (Gonzalo) Général espagnol (1875-1951). Lieutenant de Franco, il participa à la prise de Séville (1936) et à celle de Málaga (1937).

Queirós (Pedro Fernandes de) Navigateur portugais (v. 1560-1614). Il atteignit les îles de la Société, aborda à Tahiti et découvrit probablement la plus grande des Nouvelles-Hébrides.

Queirós (José Maria Eça de) Écrivain portugais (1845-1900). Il fut, dans ses romans réalistes *(Le Crime du père Amaro)*, un fin observateur des mœurs provinciales.

quel, quelle adj. (vient du latin *qualis, quale*) **I.** Adjectif interrogatif portant sur la nature, l'identité (de qqch., qqn). **1.** interrog. dir. (attribut) *Quelle est donc cette jeune fille ?* → **qui.** « *Qui sommes-nous ? Ou plutôt quels sommes-nous ?* » (Valéry). – (épithète) *Quels amis inviterez-vous ? Quelle heure est-il ?* **2.** interrog. indir. *Elle ne savait pas quelle route prendre.* **3.** exclam. *Quelle jolie maison ! Quel dommage qu'elle soit partie ! Quelle idée !* **II.** littér. **pron. interrog.** (avec un partitif) → **lequel, qui.** *De nous deux, quel est le plus grand ?* **III.** adj. rel. *Quel (...) que*, avec le verbe *être* au subj. (loc. concessive) *Quelle que soit la route à prendre.*

quelconque adj. (du latin *qualiscumque*) **1.** adj. indéf. N'importe lequel, quel qu'il soit. *Un point quelconque du cercle. Un quelconque individu.* – Qui n'a aucune propriété particulière. *Triangle quelconque.* → **scalène. 2.** adj. qualificatif Tel qu'on peut en trouver partout, sans qualité ou valeur particulière. *Un homme quelconque*, insignifiant. *C'est très quelconque.* → **banal, médiocre.**

Quélen (Hyacinthe Louis de) Prélat français (1778-1839). Archevêque de Paris, hostile au catholicisme libéral, il suscita une violente manifestation en 1831 lors d'un service à la mémoire du duc de Berry.

Queloz (Didier) Astrophysicien suisse (né en 1966). En collaboration avec Michel Mayor, il découvrit en 1995 la première exoplanète en orbite autour d'une étoile de type solaire. Prix Nobel de physique 2019.

quelque adj. (de *quel* et ^{1}*que*) **I.** littér. *Quelque... que* (concessif) **1.** (qualifiant un nom) « *Elle lui demandait de passer chez elle* [...], *quelque heure qu'il fût* » (Proust), quelle que soit l'heure. **2.** (adverbial, qualifiant un adj.) → **aussi, pour,** ^{2}**si.** *Quelque difficiles que soient les circonstances.* **II.** adj. indéf. **1.** *Quelque* : un, certain. *Il sera allé voir quelque ami. Quelque part*.* – Un peu de. *Depuis quelque temps.* **2.** *Quelques* : un certain nombre de. → **plusieurs.** *J'ai vu quelques amis. Cent et quelques euros ; cent euros et quelques.* **3.** adv. (invar.) Environ. *Un livre de quelque dix euros.*

quelque chose voir chose

quelquefois adv. (de *quelque* et *fois*) **1.** Un certain nombre de fois. *Il est venu quelquefois.* **2.** Dans un certain nombre de cas. → **parfois.** *Il est quelquefois drôle.*

quelque part voir part

quelqu'un, une, plur. **quelques-uns, unes** pron. indéf. (de *quelque* et *un*) **I.** au sing. **1.** Une personne (indéterminée). *Il y a quelqu'un ? – Elle a quelqu'un dans sa vie.* **2.** (avec *de* et un qualificatif) *Il faut trouver quelqu'un de sérieux.* **3.** Personne remarquable ; personnalité. « *Ne vous donnez pas pour but d'être quelque chose, mais d'être quelqu'un* » (Hugo). – exclam. *C'est quelqu'un !* **II.** au plur. *Quelques-uns de(s)*, un petit nombre indéterminé de (parmi plusieurs). *Quelques-uns des spectateurs applaudirent. Quelques-unes de ses poésies sont belles.* – absolt *C'est l'avis de quelques-uns.* → **certain(s).**

Quélus ou **Caylus** [kelys] (Jacques de Lévis, comte de) Gentilhomme français (v. 1554-1578). Mignon d'Henri III, il mourut à la suite d'un duel avec Charles d'Entragues.

quémander v. tr. < 1 > (de l'ancien français *quémand* « mendiant », p.-ê. apparenté à *mander*) Demander humblement et avec insistance (de l'argent, une faveur).

quémandeur, euse n. Personne qui quémande.

Quemoy en chinois **Jinmen** ou **Kinmen** Archipel chinois, dans le détroit de Taiwan, à l'E. de Xianmen, comprenant 12 îlots. 46 500 habitants.

qu'en-dira-t-on n. m. invar. Opinion, commentaires prévisibles et malveillants d'autrui. *Se moquer du qu'en-dira-t-on* (→ on-dit).

Queneau (Raymond) Écrivain français (1903-1976). Dans ses romans, il inventa des personnages insolites, évoluant dans des univers dérisoires et souvent confrontés à des situations burlesques *(Pierrot mon ami ; Loin de Rueil ; Zazie dans le métro)*. Explorateur de l'absurdité du monde et des possibilités du langage, il créa l'OuLiPo, et se livra à des recherches poétiques fondées sur l'exploitation systématique des contraintes formelles de la langue *(Cent Mille Milliards de poèmes)*, sans jamais se départir de son humour *(Exercices de style)*.

quenelle n. f. (alsacien *knödel*) Rouleau de pâte légère où est incorporé du poisson (ou de la volaille, etc.) haché fin.

quenotte n. f. (mot normand, de l'ancien français *cane* « dent », mot germanique) fam. Petite dent (d'enfant).

quenouille n. f. (vient du latin, diminutif de *colus* [même sens]) Petit bâton garni en haut d'une matière textile, que l'on filait en la dévidant au moyen du fuseau ou du rouet. ■ loc. *Tomber en quenouille* : (d'un héritage ; vieux) échoir à une femme ; fig. perdre sa valeur.

Quental (Antero de) Écrivain portugais (1842-1891). Poète engagé, défenseur de réformes sociales, il chanta son désespoir dans ses *Sonnets*.

quéquette n. f. (formation enfantine) fam., enfantin Pénis. → ^{2}**zizi.**

quérable adj. dr. Qu'on doit aller chercher. *Créance quérable*, que le créancier doit aller réclamer au débiteur.

quercitron n. m. (mot anglais, du latin *quercus* « chêne » et de *citron*) bot. Chêne de l'Amérique du Nord, dont l'écorce fournit un colorant jaune (le *quercitrin* **n. m.** ou la *quercitrine* **n. f.**).

Quercy n. m. Région du S.-O. de la France, dans le Bassin aquitain. Le *Haut-Quercy* est formé de hauts plateaux calcaires coupés par de profondes vallées (Lot, Dordogne) ; le *Bas-Quercy* ou *Quercy blanc* est fait de collines (moyenne Garonne). Le Quercy fut définitivement rattaché à la couronne de France, en même temps que la Guyenne, en 1472.

querelle n. f. (du latin, de *queri* « se plaindre ») Vif désaccord entre personnes. → **dispute, dissension.** *Querelle d'amoureux.* – loc. *Chercher querelle à qqn*, le provoquer. → **noise.** ■ Lutte d'idées. hist. littér. *La querelle des Anciens et des Modernes* (au XVIIe siècle). – *La querelle des Bouffons*, opposant les partisans de la musique italienne à ceux de la musique française, au XVIIIe siècle.

quereller v. tr. < 1 > littér. Adresser des reproches à (qqn). → **gronder.** ■ **se quereller** v. pron. (récipr.) Avoir une querelle, une dispute vive. → se **chamailler,** se **disputer.** – (réfl.) *Se quereller avec qqn.*

querelleur, euse adj. Qui aime les querelles. → **batailleur.** *D'humeur querelleuse*, agressive.

Querétaro Ville du Mexique, capitale de l'État du même nom, au N.-O. de Mexico. 626 500 habitants. Monuments baroques. Centre commercial et industriel. L'empereur Maximilien y fut fusillé en 1867.

quérir v. tr. < seulement inf. > (vient du latin *quaerere* → **question,** ^{1}**quête ; acquérir, conquérir**) vieux Chercher. *Aller quérir qqn, qqch.* « *Je veux aller quérir la justice* » (Molière).

Querqueville Ancienne commune de la Manche, auj. dans Cherbourg-en-Cotentin. Centre d'instruction naval.

quérulence n. f. (du latin *querela* « plainte ») psych. Tendance pathologique à rechercher les querelles, à revendiquer la réparation d'un préjudice subi, réel ou imaginaire. □ adj. **quérulent, ente**

quésaco adv. (du provençal *qu'es aco*) fam., plais. Qu'est-ce. - var. **késaco, késako, kézako, quèsaco.**

Quesada (Gonzalo Jiménez de) Conquistador espagnol (v. 1500-1579). Il participa à une expédition en Colombie où il fonda Santa Fe de Bogotá en 1538.

Quesnay (François) Médecin et économiste français (1694-1774). Fondateur de l'école des physiocrates, il encouragea le développement de l'agriculture comme seule source de richesse et prôna le libre-échange. *Tableau économique.*

Quesnay de Beaurepaire (Jules) Magistrat et écrivain français (1838-1923). Procureur à la cour d'appel de Paris, il rédigea l'acte d'accusation contre Boulanger, engagea des poursuites contre les dirigeants impliqués dans l'affaire de Panamá, et démissionna pour protester contre la révision du procès de Dreyfus.

Quesnel (Pasquier) Théologien français (1634-1719). Oratorien, il dirigea le parti janséniste après la mort d'Arnauld. Ses *Réflexions morales* furent condamnées par la bulle *Unigenitus* (1713).

Quesnel (Joseph) Compositeur et poète canadien (1749-1809). Auteur de poésies champêtres, il créa des jeux scéniques et des opéras.

Quesnoy (Le) Commune du Nord. 4 863 habitants. Fortifications (XVIe-XVIIe s.).

Questembert Commune du Morbihan, près de Vannes. 7 937 habitants. Halles du XVIe siècle.

questeur, trice n. (latin *quaestor*, de *quaerere* → **quérir**) **1.** n. m. Antiq. romaine Magistrat qui assistait les consuls. **2.** n. mod. Membre d'une assemblée parlementaire faisant partie d'un bureau (la *questure*) chargé d'ordonner les dépenses, de veiller au maintien de la sécurité.

question n. f. (latin *quaestio*, de *quaerere* → **quérir**) **1.** Demande qu'on adresse à qqn en vue d'apprendre qqch. de lui. → **interrogation.** *Poser une question à qqn. Une bonne question. – Les questions d'un examen, d'un concours.* ■ dr. Demande d'explication à un ministre, adressée par un parlementaire. **2.** Sujet qui implique des difficultés, donne lieu à discussion. → **affaire, matière,** ^{1}**point, problème.** « *Ce sont les* questions *qui font le philosophe* » (Valéry). *La question est difficile. La question est (de savoir) si... Les questions économiques, sociales.* – *Là est la question, c'est toute la question*, la difficulté essentielle. *Ce n'est pas la question* : il ne s'agit pas de cela.

Quetzalcóatl

Le dieu aztèque Quetzalcóatl, divinité tutélaire des prêtres et des artistes, Musée national anthropologique de Mexico.

– *C'est une question de principe.* impers. *Il est question de...,* on parle de..., il s'agit de... – introduisant une éventualité qu'on envisage *Il est question de lui comme directeur. Il n'est pas question, il est hors de question que... :* on ne peut envisager que... *Pas question de céder !* ■ *En question. La personne, la chose en question,* dont il s'agit. *Mettre, remettre qqch. en question :* mettre, remettre en cause. **3.** anciennt Torture infligée pour arracher des aveux. *Infliger la question. Soumettre qqn à la question.*

questionnaire n. m. Liste de questions posées en vue d'une enquête, d'un jeu ; formulaire. *Questionnaire à choix multiple (QCM),* dans lequel des réponses sont proposées.

questionner v. tr. < 1 > Poser des questions à (qqn), d'une manière suivie. → **interroger.** *Questionner un candidat.* □ **n. m. questionnement**

questionneur, euse n. rare Personne qui aime à questionner. *Un questionneur indiscret.* – **adj.** *Un enfant questionneur.*

quétaine adj. (origine incertaine) (Canada) fam. De mauvais goût. *Ça fait quétaine.* → **kitsch,** [2]**ringard.**

[1]**quête** n. f. (vient du latin *quaesitus,* de *quaerere* → quérir) **I. 1.** vieux Recherche. *La quête du Graal.* **2.** loc. *En quête de :* à la recherche de. *Elle se met en quête d'un restaurant.* **II.** Action de recueillir de l'argent pour des œuvres pieuses ou charitables. → **collecte.** *Faire la quête pour les handicapés.*

[2]**quête** n. f. (forme normande de *chette,* ancienne var. dialectale de *chute*) mar. Inclinaison (d'un mât) vers l'arrière. *Il y a de la quête.* ■ Angle de l'étambot et de la quille.

Quételet (Adolphe) Astronome, mathématicien et statisticien belge (1796-1874). Fondateur de l'observatoire de Bruxelles, il appliqua les méthodes statistiques aux sciences morales et politiques et à l'anthropométrie.

quêter v. < 1 > (de *quête*) **I. v. tr.** Demander ou rechercher comme un don, une faveur. → **mendier, solliciter.** *« Chacun quêtait un mot d'encouragement, d'espoir »* (Gide). **II. v. intr.** Faire la quête (II).

quêteur, euse n. Personne chargée de faire la quête.

quetsche [kwɛtʃ] n. f. (allemand *Quetsche*) **1.** Grosse prune oblongue de couleur violet sombre. *Tarte aux quetsches.* **2.** Eau-de-vie de quetsches.

Quetta Ville du Pakistan, capitale du Baluchistan. 1 001 200 habitants.

quetzal n. m. (de l'espagnol du Mexique, du nahuatl *quetzalli* « plume verte ; superbe ») **1.** Oiseau des forêts d'Amérique centrale, au plumage vert doré et rouge (oiseau sacré, dans l'Empire aztèque). **2.** Unité monétaire du Guatemala. *Des quetzals.*

Quetzalcóatl Divinité précolombienne du Mexique, généralement représentée comme un serpent à plumes.

Quetzaltenango Ville du Guatemala, au N. du lac d'Atitlán. 181 000 habitants. Centre commercial et industriel.

queue n. f. (vient du latin *coda,* var. de *cauda* → caudal) **I. 1.** Appendice poilu qui prolonge la colonne vertébrale de nombreux mammifères. → **caudal.** *La queue d'un chat, d'une vache. De la tête à la queue.* – loc. fam. *Rentrer la queue basse, la queue entre les jambes,* piteusement. – (de l'ancien français *leu* → loup : « à la queue du loup le loup ») *À la queue leu leu* **loc. adv. :** l'un derrière l'autre. → **en file** indienne. **2.** Extrémité postérieure allongée du corps (poissons, reptiles, etc.). *Queue de lézard. Queues de langoustines,* l'abdomen. **3.** Ensemble des plumes du croupion (d'un oiseau). **4.** loc. *Queue-de-morue, queue-de-pie :* longues basques d'une veste d'habit ; cet habit. – *Queue de cheval :* coiffure où les cheveux sont ramassés et attachés à l'arrière de la tête. *Des queues de cheval.* – *Queue de poisson**. – *Pas la queue d'un, d'une :* pas un(e) seul(e). **5.** Tige (d'une fleur, d'une feuille). – Attache (d'un fruit). *Tisane de queues de cerises.* **6.** fam. Membre viril. **II. 1.** Partie terminale, prolongement. *La queue d'une comète,* la traînée lumineuse qui la suit. – *Piano à queue :* grand piano dont les cordes sont disposées horizontalement. **2.** *Queue de billard :* long bâton arrondi qui sert à pousser les billes. ■ *La queue d'une poêle.* → [2]**manche.** – fig. *Tenir la queue de la poêle**. **III. 1.** Derniers rangs, dernières personnes (d'un groupe). *La tête et la queue du cortège.* **2.** File de personnes qui attendent leur tour. *« Des queues et des attentes interminables »* (Gide). *Faire la queue.* – *Il y a une heure de queue.* **3.** Arrière d'une file de véhicules. *Les wagons de queue. Monter en queue.* **4.** loc. *Commencer par la queue,* par la fin. *Sans queue ni tête,* dénué de sens, incohérent.

queue-de-cochon n. f. techn. Tarière terminée en vrille. ■ Pointe en vrille d'une grille. *Des queues-de-cochon.*

queue-de-morue ; queue-de-pie voir **queue** (I, 4)

queue-de-rat n. f. **1.** Queue de cheval dont les cheveux sont peu fournis. **2.** techn. Lime ronde et fine terminée en pointe. *Des queues-de-rat.*

queue-de-renard n. f. **1.** Sorte d'amarante. **2.** techn. Outil taillé à deux biseaux servant à percer. *Des queues-de-renard.*

Queuille (Henri) Homme politique français (1884-1970). Plusieurs fois ministre sous les IIIe et IVe Républiques, il rejoignit le général de Gaulle en 1943 et fut président du Conseil de 1948 à 1949.

queusot n. m. (de *queue,* par analogie de forme) techn. Tube de verre permettant de faire le vide dans les ampoules électriques avant de les souder.

queuter v. intr. < 1 > (de *queue*) (au billard) Pousser la bille au moment où elle en touche une deuxième (faute). ■ (au croquet) Pousser la boule en l'accompagnant au lieu de la frapper.

queux n. m. (vient du latin *coquus, cocus* « cuisinier » → [2]coq, de *coquere* → cuire) vieux *Maître-queux* (ou RO *maitre-queux*) : cuisinier. *Des maîtres-queux.*

Quevedo y Villegas (Francisco Gómez de) Écrivain espagnol (1580-1645). Il est connu pour ses poèmes baroques, ses satires et ses romans picaresques. *El Buscón ; Les Songes.*

Queyras n. m. Région des Alpes françaises (Hautes-Alpes), drainée par le Guil. Parc naturel régional (65 000 ha).

Quezon (Manuel) Homme d'État philippin (1878-1943). Fondateur du parti nationaliste, il lutta pour l'indépendance de son pays, qu'il présida de 1935 à sa mort. L'occupation japonaise l'obligea à s'exiler en Australie puis aux États-Unis.

Quezon City Ville des Philippines, comprise dans Metro-Manila (communauté urbaine de Manille). 2,9 millions d'habitants. Capitale des Philippines de 1948 à 1976, elle a conservé des fonctions administratives, commerciales et universitaires.

Qufu, K'iu-fou ou **Ts'iu-fou** Ville de Chine (Shandong). 303 000 habitants. Confucius y enseigna sa doctrine jusqu'à sa mort. Résidence et nécropole de la famille du Maître. Site touristique.

qui pron. (vient du latin *qui*) **I.** Pronom relatif des deux nombres, masculin ou féminin, désignant une personne ou une chose. **1.** (sujet ; avec antécédent exprimé) *Prenez la rue qui monte. Toi qui es malin. C'est toi qui commences.* – (sans antécédent exprimé) Quiconque ; celui qui. *Qui va lentement va sûrement. C'était à qui des deux serait le plus aimable.* – Ce qui. *Voilà qui doit être agréable.* **2.** (compl.) Celui, celle que... *Embrassez qui*

Queyras

Château-Queyras (XIe s.) à Château-Ville-Vieille, l'une des huit communes du Queyras.

vous voudrez. Qui vous savez, la personne qu'on ne veut pas nommer. – (compl. indir. ou circonstanciel) → **lequel.** *L'homme à qui j'ai parlé, de qui je parle* (→ **dont**), *pour qui je vote.* **II.** Pronom interrogatif singulier désignant une personne. **1.** (interrog. dir. ; sujet, attribut) *Qui te l'a dit ? Qui sait ? Qui sont ces gens ? Qui est-ce ?* – (compl.) *Qui demandez-vous ? De qui parlez-vous ?* **2.** (interrog. indir.) *Dis-moi qui tu fréquentes, et je te dirai qui tu es.* **3. Qui que** (+ subj.). *Qui que tu sois, écoute-moi. Qui que ce soit,* n'importe qui.

à quia [akɥija] **loc. adv.** (latin *quia* « parce que » *cf.* ¹que) vieux ou littér. *Réduire qqn à quia,* le mettre dans l'impossibilité de répondre, de réfuter.

Quibdó Ville de l'O. de la Colombie, sur le río Atrato. 113 200 habitants. Banane, or.

Quiberon Commune du Morbihan, au S. de la *presqu'île de Quiberon.* 4 659 habitants. Port de pêche et conserveries. Station balnéaire, thalassothérapie. Des royalistes émigrés y débarquèrent sous la Convention thermidorienne (1795), et furent battus par les troupes de Hoche.

quiche **n. f.** (alsacien *küchen* « gâteau » ; famille de *cuire*) Tarte salée garnie d'une préparation à base de crème, d'œufs et de lard. *Quiche lorraine.* ■ Préparation analogue. *Quiche aux poireaux, au saumon.*

quichenotte ou **kichenotte** **n. f.** (origine incertaine) régional (Vendée et Charente-Maritime) Coiffe en forme de demi-cylindre horizontal.

Quicherat (Louis) Philologue et lexicographe français (1799-1884). Il publia de nombreuses éditions annotées de textes anciens et des ouvrages sur la langue et la poésie latine *(Traité de versification latine ; Dictionnaire latin-français).*

Quicherat (Jules) Archéologue français (1814-1882). Frère de Louis Quicherat. Il fut l'un des promoteurs de l'archéologie scientifique en France *(Histoire du costume en France).*

Quichés **n. m. pl.** Tribu maya du Guatemala. Leur empire, fondé au XIIIe s., fut conquis en 1524 par don Pedro de Alvarado.

quichua voir **quéchua**

Q

quick [kwik] **n. m.** (n. déposé ; mot anglais « rapide ») Matière synthétique dure, poreuse, utilisée comme revêtement de courts de tennis en plein air.

quiconque (de *qui,* redoublé *[qui qu']* et *onques* « jamais ») **1. pron. rel.** Toute personne qui... ; qui que ce soit qui. *Quiconque m'aime, me suive.* → **qui** (I, 1). **2. pron. indéf.** N'importe qui, personne. *Je n'en parlerai à quiconque.*

quid [kwid] ou [kɥid] **adv. interrog.** (mot latin « quoi ») fam. (suivi de *de*) Qu'en est-il (de...) ? ; que penser (de...) ? *Quid de ta décision ?*

quidam [k(ɥ)idam] **n. m.** (mot latin, de *quisdam* → ³que [II], qui ; idem) plais. Un certain individu, un homme. → fam. **bonhomme, mec, type.** *Qui est ce quidam ? Des quidams.*

quiddité [k(ɥ)idite] **n. f.** (du latin scolastique → quid) philos. L'essence d'une chose, en tant qu'exprimée dans sa définition (par opposition à son *existence*).

Quierzy Commune de l'Aisne, sur l'Oise. 409 habitants. Charles le Chauve y signa en 877 le capitulaire qui consacra l'hérédité des bénéfices.

quiescent, ente **adj.** (du latin, de *quiescere* « se reposer ») **1.** biol., méd. Se dit d'un organe en repos, d'un processus temporairement arrêté dans son développement. **2.** ling. Se dit, dans certaines langues, de lettres non prononcées.

quiet, quiète **adj.** (latin *quietus* → coi, quitte ; inquiet) vieux Paisible, tranquille.

quiétisme **n. m.** (du latin ecclés., de *quies, quietis* « repos, quiétude ») hist. relig. Doctrine qui faisait consister la perfection chrétienne dans un état continuel d'union avec Dieu, où l'âme devient indifférente aux œuvres et même à son propre salut. *La querelle du quiétisme.* □ **n. et adj. quiétiste**

quiétude **n. f.** (du latin → quiet, inquiétude) littér. Calme paisible. → **sérénité.** loc. *En toute quiétude :* en toute tranquillité.

Quiévrain Commune de Belgique (province de Hainaut), à la frontière française. 6 746 habitants. Bâtiment et travaux publics.

Quiévrechain Commune du Nord, à la frontière belge. 6 354 habitants. Constructions métalliques.

Quignard (Pascal) Écrivain français (né en 1948). Passionné par le langage et par la musique, il a publié des essais érudits *(Petits Traités),* des récits *(Tous les matins du monde)* et des romans *(Villa Amalia ; Les Larmes).* Les dix volumes de *Dernier royaume* forment une œuvre singulière de réflexions sur la philosophie, l'art et l'histoire.

Pascal Quignard, chez lui en 1989.

quignon **n. m.** (de *coignon,* de coin) *Quignon (de pain) :* gros croûton de pain. *Un vieux quignon.*

Quillan Commune de l'Aude, sur l'Aude. 3 141 habitants. Église (XIe s.), vestiges d'un château fort.

quillard **n. m.** mar. Voilier à quille. *Les quillards et les dériveurs.*

¹quille **n. f.** (ancien allemand *kegil*) **I. 1.** Chacun des rouleaux de bois qu'on dispose debout pour les renverser avec une boule lancée à la main. *Un jeu de quilles.* → **bowling. 2.** fam. Jambe. **II.** (p.-ê. de *jouer des quilles* « partir » [sens I, 2]) argot milit. Fin du service militaire. → **classe.** – argot Sortie de prison.

²quille **n. f.** (ancien norrois *kilir*) Pièce située à la partie inférieure d'un bateau, dans l'axe de la longueur, et qui sert à l'équilibrer.

Quillen (Daniel) Mathématicien américain (1940-2011). Il est l'auteur de la théorie des groupes K. Médaille Fields 1978.

quilleur, euse **n.** (Canada) Personne qui joue aux quilles.

quillier ou **quiller** **n. m.** techn. Ensemble des neuf quilles d'un jeu.

Quimper Chef-lieu du Finistère, sur l'Odet. 63 473 habitants. Église romane, cathédrale gothique. Musées. Faïenceries. Tourisme.

Quimperlé Commune du Finistère, sur la Laïta. 12 077 habitants. Église du XIIe s., église gothique des XIIIe et XVe siècles. Abattoir.

quinaire **adj. et n. m.** (latin *quinarius*) didact. **1. adj.** Exactement divisible par cinq. *Un nombre quinaire.* – *Numération quinaire :* système de numération de base 5. **2. n. m.** Monnaie romaine qui valait cinq as.

Quinault (Philippe) Poète dramatique français (1635-1688). Il est l'auteur de tragédies et de comédies inspirées de Rotrou et de Calderón *(La Mère coquette ; Les Rivales).* Il écrivit également des livrets pour les opéras de Lully *(Thésée ; Persée).*

quincaillerie **n. f.** (de l'ancien français *quincaille* « objets de fer » → clinquant) **1.** Ensemble d'ustensiles et de petits produits utilitaires en métal. **2.** Industrie de ces objets ou magasin où ils sont vendus. **3.** fam. Bijoux faux ou de mauvais goût.

quincaillier, ière ou **quincailler, ère** **n.** Personne qui vend de la quincaillerie. → **ferblantier.**

Quincke (Heinrich) Médecin allemand (1842-1922). Il donna la description d'une variété d'œdème *(maladie de Quincke)* et réalisa la première ponction lombaire.

quinconce **n. m.** (du latin, de *quinque* → cinq et *uncia* → ¹once) **1.** *En quinconce,* se dit d'objets disposés par groupes de cinq, dont quatre aux quatre angles d'un carré, d'un rectangle, et le cinquième au centre. *Plantation d'arbres en quinconce.* **2.** Ensemble d'éléments qui alternent sur deux rangs.

Quincy Ville des États-Unis (Massachusetts), au S. de Boston, sur la *baie de Quincy.* 101 630 habitants. Industries.

quindécemvir [k(ɥ)ɛ̃desɛmviʀ] **n. m.** (latin *quindecimviri* « les quinze hommes ») Antiq. romaine Chacun des magistrats (quinze à l'origine) préposés à la garde des livres sibyllins et à l'organisation de certains sacrifices ou jeux. - var. **quindécimvir.**

quine **n. m. ou f.** (du latin *quini* « cinq chacun ») régional Série gagnante de cinq numéros sur la même rangée horizontale, au loto.

Quine (Willard Van Orman, dit Willard) Philosophe et logicien américain (1908-2000). Il fut l'un des principaux représentants de la philosophie analytique. Il a étudié le langage naturel, cherchant à dépasser l'opposition entre les propositions empiriques et les énoncés logiques *(Le Mot et la Chose).*

quiné, ée **adj.** (du latin *quini* → quine) bot. Disposé cinq par cinq. *Des feuilles quinées.*

Quinet (Edgar) Historien français (1803-1875). Il professa, comme Michelet, une philosophie de l'histoire démocratique et laïque. Son anticléricalisme lui valut d'être exclu du Collège de France en 1846. Élu député en 1848, il fut proscrit en décembre 1851. Rentré en France, il fut à nouveau élu député et poursuivit ses travaux à l'étranger *(Les Révolutions d'Italie ; La Création).*

Quinette (Nicolas Marie), baron **de Rochemont** Homme politique français (1762-1821). Membre du premier Comité de salut public, il fut livré par Dumouriez

Quimper

Quimper, maisons à colombages avec, au fond, les flèches de la cathédrale Saint-Corentin.

aux Autrichiens qui l'échangèrent en 1795 contre Madame Royale. Membre du Conseil des Cinq-Cents, ministre de l'Intérieur, il se rallia à Bonaparte. Devenu pair de France pendant les Cent-Jours, il fut banni comme régicide.

Qui Nhon Ville du Viêtnam, sur la mer de Chine. 255 500 habitants. Pêche. Constructions navales et mécaniques.

quinine **n. f.** **(→ quinquina)** Alcaloïde extrait de l'écorce de quinquina, remède contre le paludisme.

Quinn **(Anthony)** Acteur américain d'origine mexicaine (1915-2001). Il se distingua dans des rôles de marginaux et d'aventuriers. *Viva Zapata ! ; La Strada ; Zorba le Grec.*

quinoa **n. m.** **(du quichua *kinua*, par l'espagnol)** Plante herbacée du Chili et du Pérou, cultivée pour ses graines très nutritives.

quinoléine **n. f.** **(de *quin[ine]*, *olé-* et *-ine*)** chim. Composé basique hétérocyclique, à odeur aromatique. *Dérivés de la quinoléine employés comme colorants, comme médicaments.*

quinolone **n. f.** **(→ quinine)** méd. Médicament voisin des antibiotiques, produit par synthèse.

quinone **n. f.** **(de *quina*, ancienne abrév. de *quinquina*)** chim. Composé aromatique dans lequel deux atomes d'hydrogène sont remplacés par deux atomes d'oxygène.

quinqu(a)- [kɛ̃ka ; kɥɛ̃kwa] Élément **(du latin *quinque*)** qui signifie « cinq ». **→ pent(a)-.**

quinquagénaire [kɛ̃kaʒenɛʀ ; kɥɛ̃kwa-] **adj.** **(du latin, de *quinquaginta* « cinquante »)** Qui a entre cinquante et cinquante-neuf ans. **– n.** *Un, une quinquagénaire.* - abrév. fam. **quinqua.** *Les quinquas.*

quinquennal, ale, aux **adj.** **(du latin → cinq et an, année)** **1.** Qui a lieu tous les cinq ans. **2.** Qui dure cinq ans. *Plan quinquennal.*

quinquennat **n. m.** **(de *quinquennal*)** Durée de cinq ans (d'une fonction, d'un mandat). *Le quinquennat du président de la République française.*

quinquet **n. m.** **(du n. de l'inventeur Antoine Quinquet)** **1.** anciennt Lampe à huile à réservoir. **2.** fam., vieilli Œil (surtout avec *ouvrir, fermer*).

quinquina **n. m.** **(de l'espagnol, d'une langue indienne du Pérou)** **1.** Écorce amère aux propriétés toniques et fébrifuges **(→ quinine)**. **2.** Vin apéritif contenant du quinquina.

quint, quinte **adj.** **(latin *quintus* « cinquième », de *quinque* → cinq)** vieux Cinquième (ordinal). *Charles Quint.*

Quint **(Michel)** Écrivain français (né en 1949). Auteur de nombreux récits dont *Billard à l'étage* (roman policier) et *Effroyables Jardins*, roman dans lequel il évoque un épisode de la Seconde Guerre mondiale et de la Résistance (transposé à l'écran en 2003 par Jean Becker).

quintal, aux **n. m.** **(du latin *centenarius* → ^{1}cent, par le grec et l'arabe)** Unité de masse valant cent kilogrammes (symb. q).

^{1}**quinte** **n. f.** **(du latin, de *quinque* → cinq)** **1.** Intervalle de cinq degrés dans la gamme diatonique. **2.** Suite de cinq cartes, de même couleur ou non selon les jeux. **→ aussi quinte flush.**

^{2}**quinte** **n. f.** **(de *quint* : la toux, croyait-on, revenait toutes les cinq heures)** *Quinte (de toux)* : accès de toux.

quinté **n. m.** **(n. déposé ; du latin *quintus* « cinquième », d'après *tiercé, quarté*)** Pari mutuel sur cinq chevaux (courses).

Quinn (Anthony)

Anthony Quinn (à dr.) dans *Les Canons de Navarone* de J. Lee Thompson (1961).

Quinte-Curce en latin **Quintus Curtius Rufus** Historien latin (Ier s.). Il est l'auteur d'une *Histoire d'Alexandre* en dix livres (les deux premiers sont perdus).

quintefeuille **(latin *quinquefolium*, avec influence de *quint*)** **1. n. f.** Potentille* rampante. ■ blason Pièce figurant une fleur à cinq pétales. **2. n. m.** archit. Rosace formée de cinq lobes.

quintessence **n. f.** **(de *quinte* « cinquième » → quint et de *essence*)** Ce en quoi se résument l'essentiel et le plus pur de qqch. **→ le meilleur, le principal.** *« L'art est une quintessence de la vie »* (Montherlant).

quintessencier **v. tr.** < 7 > littér. Porter au plus haut point de pureté, de subtilité (surtout au passif). *« Tout ce système d'amour quintessencié par Mlle de Scudéry »* (Chateaubriand). ■ **quintessencié, ée adj.** D'une subtilité excessive. **→ alambiqué.**

quintette [k(ɥ)ɛ̃tɛt] **n. m.** **(de l'italien, du latin → quint)** **1.** Œuvre de musique écrite pour cinq instruments ou cinq voix. **2.** Orchestre de jazz composé de cinq musiciens (var. **quintet**).

quinteux, euse **adj.** **(de ^{2}*quinte*)** vieux Acariâtre.

quintidi **n. m.** **(du latin *quintus* « cinquième » et *dies* « jour »)** hist. Cinquième jour de la décade, dans le calendrier républicain.

Quintilien en latin **Marcus Fabius Quintilianus** Rhéteur latin (v. 30-v. 100). Il composa *L'Institution oratoire*, ouvrage en douze livres sur la formation de l'orateur, où il expose son hostilité à Sénèque et son admiration pour Cicéron.

quintillion **n. m.** Million de quatrillions (10^{30}).

Quintin Commune des Côtes-d'Armor. 2 822 habitants. Vestiges de remparts. Basilique reconstruite au XIXe s. Châteaux des XVIIe et XVIIIe siècles.

quinto [kɛ̃to] ou [kwinto] **adv.** **(mot latin, de *quintus* « cinquième »)** rare Cinquièmement. **→ aussi quarto.**

Quinton **(René)** Physiologiste français (1867-1925). Il montra l'analogie entre le plasma et l'eau de mer, et en tira des applications thérapeutiques. *L'Eau de mer, milieu organique.*

quintuple **adj.** **(du latin, de *quintus* → quint)** **1.** Qui est répété cinq fois, qui vaut cinq fois plus. **– n. m.** *Le quintuple.* **2.** Constitué de cinq éléments semblables.

quintupler **v.** < 1 > **1. v. tr.** Rendre quintuple. **2. v. intr.** Devenir quintuple.

quintuplés, ées **n. pl.** Les cinq enfants issus d'une même grossesse.

quinzaine **n. f.** **1.** Nombre de quinze ou environ. **2.** Intervalle d'environ deux semaines. *Dans une quinzaine.*

quinze **(vient du latin *quindecim*, de *quinque* → cinq et *decem* → dix)** **I. adj. numéral invar.** **1.** (cardinal) Quatorze plus un (15). *Quinze minutes.* **→ ^{2}quart** d'heure. *Quinze cents* (mille cinq cents). **–** *Quinze jours.* **→ quinzaine.** **2.** (ordinal) Quinzième. *Page quinze.* **II. n. m. invar.** **1.** Le nombre, le numéro ainsi désigné. **2.** au rugby Équipe de quinze joueurs. *Le Quinze de France.*

quinzième **adj.** **1.** Ordinal de *quinze*. **2.** *La quinzième partie* ou **n. m.** *le quinzième*, partie d'un tout qui est également partagé en quinze. □ **adv. quinzièmement**

quinziste **n. m.** sports Joueur de rugby à quinze.

quinzomadaire **adj.** **(→ hebdomadaire)** Bimensuel. *Revue à parution quinzomadaire.* **– n. m.** *Les quinzomadaires et les mensuels.*

quipou [kipu] **n. m.** **(mot quéchua)** Faisceau de cordelettes dont les nœuds et combinaisons remplaçaient l'écriture, chez les Incas. *Des quipous.* - var. **quipu.** *Des quipus.*

quiproquo **n. m.** **(latin *quid pro quod* « [prendre] quoi pour ce que »)** Erreur qui consiste à prendre une personne, une chose pour une autre ; malentendu qui en résulte. *Des quiproquos comiques.*

Quirinal **n. m.** Une des sept collines de Rome. Le *palais du Quirinal*, construit au XVIe s., est actuellement la résidence du président de la République.

Quirinus Une des plus anciennes divinités du panthéon romain, assimilée à Mars à l'âge classique.

Quiroga **(Horacio)** Écrivain uruguayen (1878-1937). Son œuvre est marquée par l'obsession de la folie et de la mort. *Contes d'amour, de folie et de mort ; Contes de la forêt.*

quiscale [kɥiskal] **n. m.** **(latin zool. *quiscalus* ; probablt mot d'une langue amérindienne)** zool. Oiseau passereau d'Amérique centrale, dont le plumage noir a des reflets chatoyants.

Quisling **(Vidkun)** Homme politique norvégien (1887-1945). Fondateur en 1933 du Rassemblement national pronazi, il devint chef du gouvernement en 1942. Il fut condamné à mort et exécuté à la Libération.

Q

Quito Capitale de l'Équateur, au pied du volcan Pichincha. 2 millions d'habitants. Nombreux édifices de l'époque coloniale (XVIe-XVIIIe s.). Centre administratif, commercial et industriel.

quittance n. f. (de *quitter*, au sens ancien de « être quitte ») Attestation écrite de remboursement d'une somme due. → **récépissé.** *Quittance de loyer.*

quitte adj. (latin médiéval *quitus*, altération de *quietus* → coi, quiet) **1.** (avec le v. *être*) Libéré d'une obligation juridique, d'une dette (matérielle ou morale). *Me voilà quitte envers lui. Nous sommes quittes.* **2.** (avec *tenir, considérer, estimer*, etc.) Libéré d'une obligation morale (par l'accomplissement de ce que l'on doit). *S'estimer quitte envers qqn.* **3.** ***Être quitte (de)***, débarrassé (d'une situation désagréable, d'obligations). *J'en suis quitte à bon compte :* je m'en tire à bon compte. ■ loc. *En être quitte pour la peur :* n'avoir que la peur (et pas de mal). – ***Quitte à*** (+ inf.) : au risque de. *« Commençons toujours à en rire, quitte à en pleurer quand il sera temps »* (Musset). **4.** loc. *Jouer à* ***quitte ou double***, de manière à annuler ou doubler les résultats des parties précédentes (→ le tout pour le tout). – *Maintenant, c'est quitte ou double.*

quitter v. tr. < 1 > (→ quitte) **I.** (Quitter qqn) **1.** Laisser (qqn) en s'éloignant, en prenant congé. *Je te quitte, à bientôt.* → **[1]aller,** s'en **aller.** **2.** Laisser (qqn) pour très longtemps, rompre avec (qqn). – pronom. *Ils se sont quittés bons amis.* **3.** (sujet chose) Cesser d'habiter, d'occuper (qqn). *Cette pensée ne le quitte pas.* ■ Cesser d'être toujours avec. *« La canne qui ne le quittait jamais »* (Zola). **4.** loc. *Ne pas quitter qqn des yeux,* le regarder longuement. – *Ne quittez pas !* (au téléphone). **II.** (Quitter qqch.) **1.** vieilli Abandonner, laisser. *« Quittez le long espoir et les vastes pensées »* (La Fontaine). **2.** mod. Laisser (un lieu) en s'éloignant. → **[1]sortir.** *Quitter la table.* – par métaphore *Quitter la terre, le monde, la vie :* mourir. **3.** (surtout négatif) Cesser d'avoir sur soi, avec soi. → **enlever, ôter.** *Il ne quitte jamais son chapeau.* **4.** Abandonner (une activité, un genre de vie). **5.** inform. Interrompre l'exécution de (un programme). *Quitter une application.*

quitus [kitys] n. m. (du latin médiéval → quitte) dr. Reconnaissance d'une gestion conforme aux obligations, avec décharge de responsabilités. *Donner quitus à un administrateur.*

Q

qui-vive (de *qui* et *vive*) **1.** interj. Cri par lequel une sentinelle, une patrouille interroge en entendant ou en voyant une présence suspecte. **2.** n. m. invar. ***Être sur le qui-vive,*** sur ses gardes.

quiz [kwiz] n. m. (de l'anglais des États-Unis, de *to quiz* « interroger ») anglic. Jeu par questions et réponses.

Qum voir Qom

Qumrân Site archéologique de Cisjordanie, sur la rive O. de la mer Morte. On y découvrit, entre 1947 et 1956, *les manuscrits de la mer Morte.*

Qunaitra ou **Quneitra** Ville du S. de la Syrie, dans le Golan. Détruite par l'armée israélienne en 1974, elle est aujourd'hui en ruine. Le passage de Qunaitra est l'unique point reliant la partie du Golan contrôlée par Israël depuis 1967 au reste de la Syrie.

Quito

Quito, située à 2 850 m d'altitude.

quoi pron. rel. et interrog. (forme tonique du latin *quid* → [3]que [II]) **I.** Relatif désignant une chose (toujours précédé d'une préposition). **1.** *Voilà de quoi il s'agit. À quoi, pour quoi.* – (se rapportant à l'idée que l'on vient d'exprimer) → **cela.** *Réfléchis bien ; sans quoi tu vas te tromper. Faute de quoi.* → **autrement, sinon.** *Moyennant quoi :* en contrepartie. *Comme quoi... :* ce qui montre que... **2.** (dans une relative à l'inf.) *Il n'a pas de quoi vivre,* ce qu'il faut pour vivre. *Je vous remercie. — Il n'y a pas de quoi ;* ellipt *pas de quoi !* **II.** Interrogatif désignant une chose. **1.** (interrog. indir.) *Je ne vois pas en quoi cela te gêne. Je saurai à quoi m'en tenir.* **2.** (interrog. dir.) *Quoi faire ? À quoi penses-tu ?* – ***Quoi de...*** *Quoi de neuf ?* **3.** fam. *Quoi, qu'est-ce que tu dis ?* → **comment.** – fam. *De quoi ?,* expression de menace, de défi (souvent répété). – fam. *Ou quoi ?,* ou non, ou est-ce autre chose ? *Tu es naïve ou quoi ?* **4.** interj. → **comment.** *Quoi ? Vous osez protester ?* **5.** ***Quoi que*** (loc. concessive). *Quoi qu'il arrive :* quel que soit ce qui arrive. *Quoi qu'il en soit :* de toute façon. – *Quoi que ce soit :* quelque chose de quelque nature que ce soit. *Il n'a jamais pu vendre quoi que ce soit.*

quoique conj. (de *quoi* et *que*) **1.** introduit une proposition circonstancielle d'opposition ou de concession (+ subj.). Bien que (→ encore que). *Je lui confierai ce travail quoiqu'elle soit bien jeune.* – (avec ellipse du verbe) *Il était simple, quoique riche.* **2.** introduisant une objection faite après coup. *Nous irons à la montagne, quoique nous aimions aussi la mer.*

quolibet n. m. (du latin, de *qui* → qui et *libet* « il plaît » → lubie) littér. Propos moqueur à l'adresse de qqn. → **raillerie.**

quorum [k(w)ɔʀɔm] n. m. (de l'anglais, du latin *quorum* « desquels », génitif de *qui* → qui) dr., admin. Nombre minimum de membres présents pour qu'une assemblée puisse valablement délibérer. *Des quorums.*

quota [k(w)ɔta] n. m. (de l'anglais, du latin *quota [pars]* → quote-part) admin. Contingent ou pourcentage déterminé. *Quotas d'importation.* ■ Échantillon représentatif d'une population, dans une enquête par sondage.

quote-part n. f. (latin *quota pars* → cote, quota) Part qui revient à chacun dans une répartition. *Payer, toucher sa quote-part. Des quotes-parts.* - var. RO **quotepart.**

quotidien, enne (du latin, de *quotidie* « chaque jour » → quota et jour) **I.** adj. De chaque jour ; qui se fait, revient tous les jours. *Son travail quotidien.* → **habituel, journalier.** *La vie quotidienne.* – n. m. *Le quotidien :* ce qui appartient à la vie de tous les jours. **II.** n. m. Journal qui paraît chaque jour. *Les quotidiens du matin.* → **journal.**

quotidiennement adv. Tous les jours.

quotidienneté n. f. littér. Caractère de ce qui est quotidien, habituel et banal.

quotient [kɔsjɑ̃] n. m. (latin *quotiens*, de *quoties* « combien de fois », de *quot* → quota) **1.** math. Résultat d'une division. **2.** *Quotient intellectuel :* mesure par des tests du rapport de l'âge mental à l'âge réel (sigle QI).

quotité n. f. (du latin *quotus* → cote) dr. Montant d'une quote-part.

Quṭb al-Dīn Aibak Gouverneur turc musulman de Delhi (mort en 1210). Il envahit l'Inde en 1192, et fit construire une grande mosquée à Delhi en 1194.

Qu Yuan ou **K'iu Yuan** Ministre et poète chinois (340-v. 278 av. J.-C.). D'abord conseiller de Huaiwang, il fut exilé, et se suicida lorsque la capitale Chu fut prise par l'armée des Qin. *Douleur de l'exil* (poème de l'anthologie *Chants de Chu*).

QWERTY [kwɛʀti] adj. invar. (suite des six premières lettres des claviers conçus pour l'anglais) *Clavier QWERTY,* clavier anglais (par oppos. à *AZERTY*).

Qyzylorda Ville du Kazakhstan, sur le Syr-Daria. 227 000 habitants. Industries alimentaires.

R

r [ɛʀ] **n. m. invar.** Dix-huitième lettre, quatorzième consonne de l'alphabet. *Rouler les r. R grasseyé.*

r- voir **re-**

Râ voir **Rê**

Raabe (Wilhelm) dit parfois **Jakob Corvinus** Écrivain allemand (1831-1910). Il connut le succès avec *La Chronique de la rue aux Moineaux.* Il emprunta à la vie des gens simples la matière de sa trilogie romanesque *(Le Pasteur de la faim ; Abu Telfan ou le Retour de la montagne de la Lune ; Schüderrump).*

rab [ʀab] **n. m.** (de *rabiot*) fam. → **rabiot.** *Il y a du rab.* – loc. *En rab* : en surplus.

Rab Île de l'archipel Dalmate, en Croatie. 86 km². 9 500 habitants. Tourisme.

rabâchage n. m. Action de rabâcher.

rabâcher v. < 1 > **(p.-ê. origine onomatopéique) 1. v. intr.** Revenir sans cesse sur ce qu'on a déjà dit. → **radoter. 2. v. tr.** Répéter continuellement, d'une manière fastidieuse. *Rabâcher un argument.* → **ressasser.**

rabâcheur, euse n. Personne qui a l'habitude de rabâcher.

rabais n. m. (de *rabaisser*) Diminution faite sur un prix, un montant. → **réduction.** *Consentir, faire un rabais sur le prix de qqch., sur qqch.* – *Vente* **au rabais.** → ²**solde.** – fig. *Au rabais* : médiocre.

rabaissement n. m. rare Action de rabaisser, de dénigrer.

rabaisser v. tr. < 1 > **1.** Ramener à un état ou à un degré inférieur. → **abaisser, rabattre, ravaler.** *Rabaisser les prétentions de qqn.* **2.** Estimer ou mettre très au-dessous de la valeur réelle. → **déprécier ; dénigrer.** *Rabaisser les mérites de qqn.* – pronom. *Se rabaisser.* → **s'humilier.**

raban n. m. (moyen néerlandais *rabant*) mar. Tresse servant à amarrer, à fixer.

rabane n. f. (malgache *rebana*) Tissu de raphia. *Sac en rabane.*

Raban Maur Savant bénédictin et prélat allemand (v. 780-856). Abbé de Fulda puis archevêque de Mayence, il a laissé plusieurs traités, dont le *De universo,* et une encyclopédie, le *De rerum naturis.*

Rabastens Commune du Tarn, au S.-O. d'Albi, sur le Tarn. 5 748 habitants. Église fortifiée du XIIe siècle.

rabat n. m. (de *rabattre*) **1.** Large cravate formant plastron, portée par les magistrats, etc. **2.** Partie rabattue ou qui peut se replier. *Poche à rabat.*

Rabat Capitale du Maroc, sur l'Atlantique, à l'embouchure du Bou Regreg. 573 895 habitants. Université. Monuments du XIIe au XVIIe s. (remparts du XIIe s., aux portes fortifiées, casbah des Oudaïa, minaret Hassan). Ancien site romain (Chella), mausolée Mohammed V. Musée archéologique. Port. Industrie textile.

rabat-joie n. Personne chagrine, qui trouble la joie des autres. → **trouble-fête.** *Des rabat-joie* (invar.) ou *des rabat-joies.* – **adj.** *Elles sont trop rabat-joie* (invar.) ou *rabat-joies.*

rabattable adj. Qui peut se rabattre. *Siège rabattable.*

rabattage n. m. Action de rabattre (le gibier).

rabattement n. m. 1. Action de rabattre. **2.** géom. Mouvement de rotation par lequel on applique un plan sur un des plans de projection.

rabatteur, euse n. I. 1. Personne chargée de rabattre le gibier. **2.** péj. Personne qui fournit des clients, des marchandises à qqn. → **racoleur. II. n. m.** techn. Dans une moissonneuse, Ensemble de lattes qui rabattent les tiges sur la lame.

rabattre v. tr. < 41 > **I. 1.** Diminuer en retranchant (une partie d'une somme). → **déduire, défalquer.** *Rabattre une somme sur un prix.* – (intrans.) **En rabattre** : abandonner de ses prétentions ou de ses illusions. *Elle a dû en rabattre.* **2.** arbor. Tailler en coupant la cime, les gros rameaux d'un arbre, d'une plante. *Rabattre des rosiers après la floraison.* **3.** Amener vivement à un niveau plus bas, faire retomber. *Rabattre son chapeau sur ses yeux.* **4.** Mettre à plat, appliquer contre qqch. *Rabattre le col de son pardessus.* – *Rabattre le capot d'une voiture.* **5.** Diminuer. → **rabaisser.** *Rabattre l'orgueil de qqn.* **II.** Ramener par force dans une certaine direction. *Rabattre le gibier* (vers les chasseurs). ■ **se rabattre v. pron. 1.** Aller brusquement sur le côté. *Voiture qui se rabat après un dépassement.* **2.** *Se rabattre sur* (qqn, qqch.) : en venir à accepter, faute de mieux. « *Il se rabattit sur la délicate amitié* » (Laclos). ■ **rabattu, ue adj.** Qui est abaissé ou replié. *Un chapeau aux bords rabattus.*

Rabaud (Henri) Compositeur français (1873-1949). Il prit la succession de G. Fauré à la tête du Conservatoire national (1920-1941) et a laissé six opéras et de la musique symphonique.

Rabaul Ville de Papouasie-Nouvelle-Guinée, sur l'île de la Nouvelle-Bretagne. 3 890 habitants. La ville fut une importante base aéronavale japonaise pendant la Seconde Guerre mondiale.

rabbin n. m. (araméen *rabbi* « mon maître ») Chef religieux d'une communauté juive, qui préside au culte. *Grand rabbin,* chef d'un consistoire israélite. – REM. On rencontre le fém. *une rabbine.*

rabbinat n. m. Dignité, fonction de rabbin.

Rabat

La ville de Rabat, sur la rive gauche de l'estuaire du Bou Regreg.

rabbinique adj. Relatif aux rabbins. *L'enseignement rabbinique.*

rabbinisme n. m. didact. Enseignement, doctrine des rabbins. → **Talmud.**

Rabearivelo (Jean Casimir Rabe, dit Jean-Joseph) Poète malgache (1901-1937). Écrivant en malgache, en français et en espagnol, il fut d'abord influencé par le Parnasse avant de découvrir le surréalisme, puis d'explorer des thèmes typiquement malgaches. Son œuvre, fulgurante, comprend notamment *Traduit de la nuit.*

Rabelais (François) Écrivain français (v. 1483-1553). Il fut tour à tour moine franciscain, bénédictin, prêtre séculier et médecin. Parallèlement, il commença à publier une œuvre d'une importance unique, avec *Pantagruel, Gargantua,* le *Tiers Livre* puis le *Quart Livre.* L'authenticité du *Cinquième Livre* a été contestée. Souvent en butte à la censure des théologiens, son œuvre est représentative du courant humaniste du XVIe s. par l'étendue des connaissances dont elle témoigne et l'invention d'une langue à la fois populaire, paillarde, contestataire et philosophique. Il sut créer des personnages emblématiques comme les géants Gargantua et Pantagruel, ou frère Jean et Panurge.

François Rabelais, école française (XVIIe s.), musée du château, Versailles.

rabelaisien, ienne adj. (de *Rabelais,* n. propre) Qui rappelle la verve truculente de Rabelais. *Style rabelaisien.*

Rabemananjara (Jacques) Homme politique et écrivain malgache d'expression française (1913-2005). Nationaliste, il fut emprisonné et exilé en France après la révolte de 1947. De retour à Madagascar en 1960, il fut plusieurs fois ministre avant de s'exiler après l'arrivée des militaires au pouvoir. Son œuvre poétique *(Ansta ; Lamba ; Antidote)* se complète d'essais et de pièces de théâtre.

Rabhi (Pierre) Philosophe, agriculteur et biologiste français d'origine algérienne (1938-2021). Il est l'un des pionniers de l'agriculture biologique et de l'agroécologie. Il s'est engagé dans la lutte contre la désertification en Afrique *(Parole de terre ; Le Gardien du feu).*

rabibochage n. m. fam. **1.** Réparation sommaire. **2.** Réconciliation.

rabibocher v. tr. < 1 > (origine dialectale, p.-ê. onomatopéique) fam. **1.** vieilli Rafistoler. **2.** Réconcilier. – pronom. *Elles se sont rabibochées.*

Rabier (Benjamin) Dessinateur français (1864-1939). Il composa pour les enfants des histoires dont les héros sont des animaux, illustra les *Fables* de La Fontaine et créa l'affiche de *La Vache qui rit.*

Rabin (Yitzhak) Général et homme d'État israélien (1922-1995). Chef d'état-major (1964-1967), il fut un des artisans de la victoire lors de la guerre des Six Jours. Travailliste, il fut Premier ministre (1974-1977), ministre de la Défense (1984-1990), puis à nouveau Premier ministre en 1992. Il relança les négociations israélo-palestiniennes et signa avec l'OLP les accords d'Oslo (1993) puis un traité de paix avec la Jordanie (1994). Il mourut assassiné par un extrémiste. Prix Nobel de la paix 1994, avec S. Peres et Y. Arafat.

Yitzhak Rabin entre Bill Clinton (à g.) et Y. Arafat (à dr.), en 1993 à la Maison-Blanche.

rabiot n. m. (origine incertaine) fam., vieilli Supplément, surplus. *Un rabiot de vin.* → **rab.**

rabioter v. < 1 > fam. **1.** v. intr. Faire de petits profits supplémentaires. → **gratter.** **2.** v. tr. S'approprier à titre de petit profit. *Rabioter un jour de congé.*

rabique adj. (du latin *rabies* → [1]rage) didact. Relatif à la rage ([2]).

râble n. m. (vient du latin *rutabulum*) **1.** Partie charnue du dos, chez certains quadrupèdes. *Râble de lapin.* **2.** loc. fam. *Tomber sur le râble à qqn,* l'attaquer ; l'insulter (→ tomber sur le paletot, sur le poil).

râblé, ée adj. **1.** Qui a le râble épais. *Un cheval râblé.* **2.** (personnes) Trapu et vigoureux. *Un garçon râblé.*

râblure n. f. (de *râble* « traverse d'un bateau à fond plat ») mar. Rainure pratiquée dans la longueur et des deux côtés de la quille, de l'étrave ou de l'étambot, pour recevoir l'extrémité des bordages.

rabot n. m. (du dialectal *rabotte* « lapin », par analogie de forme) Outil de menuisier, servant à enlever les inégalités d'une surface de bois. → **varlope.**

rabotage n. m. Action de raboter.

raboter v. tr. < 1 > **1.** Aplanir au rabot. *Raboter une pièce de bois.* – au p. p. *Plancher raboté.* **2.** techn. Usiner en surface (une pièce) avec une raboteuse.

raboteur, euse n. Personne dont le métier est de raboter. *Raboteur de parquets.*

Rabier (Benjamin)

Première rencontre. Marraine promenant son filleul, estampe d'après Benjamin Rabier (1949).

raboteuse n. f. Machine-outil servant à raboter les grosses pièces de bois ou de métal.

raboteux, euse adj. **1.** Dont la surface présente des inégalités, des aspérités. → **inégal ; rugueux.** *Sol raboteux. Plancher raboteux.* **2.** fig. *Un style raboteux,* heurté.

raboudiner v. tr. (mot dialectal de l'Ouest, d'origine inconnue) (Canada) fam. **1.** Rafistoler, bricoler. **2.** Bafouiller, marmonner. → **bredouiller, grommeler.** ■ pronom. *Se raboudiner :* se recroqueviller.

rabougri, ie adj. **1.** (plantes) Qui s'est peu développé. *Arbuste rabougri.* **2.** (personnes) Mal conformé, chétif. *Un vieillard rabougri.*

se **rabougrir** v. pron. < 2 > (de *bougre,* au sens ancien de « chétif ») **1.** (plantes) Être arrêté dans son développement. → **s'étioler.** **2.** (personnes) Se ratatiner.

rabougrissement n. m. Fait de devenir rabougri.

rabouillère n. f. (du dialectal *rabotte* « lapin » → rabot) régional Terrier d'un lapin de garenne.

rabouilleur, euse n. (du dialectal *rabouiller,* du latin *bullare* « bouillonner ») vieux ou régional Personne qui trouble l'eau pour effrayer et pêcher les écrevisses. *« La Rabouilleuse »* (roman de Balzac).

rabouter v. tr. < 1 > (mot angevin « allonger, mettre un bout à », de *abouter* → bout) régional ou techn. Mettre, assembler bout à bout.

rabrouement n. m. littér. Action de rabrouer.

rabrouer v. tr. < 1 > (de l'ancien v. *brouer* « écumer » ; famille de *brouet*) Traiter (qqn) avec rudesse, en le réprimandant ou en le repoussant. *Se faire rabrouer.* → **rembarrer.**

racage n. m. (ancien nordique *rakki*) mar. Collier disposé autour d'un mât pour diminuer le frottement d'une vergue.

racahout n. m. (mot arabe) Mélange de farines et de fécules alimentaires diverses, associé à du cacao et à du sucre, en usage chez les Turcs et les Arabes pour préparer des bouillies.

racaille n. f. (vient du latin ; famille de *raser*) péj. Ensemble d'individus louches (craints ou méprisés). → **canaille, fripouille.** ■ *Une racaille :* personne peu recommandable. - verlan **caillera.**

Racan (Honorat de Bueil, seigneur de) Poète français (1589-1670). Disciple de Malherbe, il célébra la nature de manière élégiaque *(Stances sur la retraite).* Ses *Bergeries,* pastorale dramatique, constituent l'un des sommets de la littérature baroque française.

raccard n. m. (origine inconnue) (Suisse) Grange à blé.

raccommodable adj. Qui peut être raccommodé.

raccommodage n. m. Action de raccommoder ; manière dont est raccommodé (qqch.). → **rapiéçage, ravaudage.**

raccommodement n. m. fam., vieilli Réconciliation.

raccommoder v. tr. < 1 > **1.** vieilli Remettre en état. → **réparer.** *« Les vieilles amours cassées ne sont pas comme les porcelaines : elles ne se raccommodent pas »* (Léautaud). **2.** Réparer à l'aiguille (du linge, un vêtement). → **rapiécer, ravauder, repriser.** *Raccommoder un lainage.* – au p. p. *Des gants raccommodés.* **3.** fam. Réconcilier. *Raccommoder deux amis.* – pronom. (réfl.) *Se raccommoder avec qqn.* (récipr.) *Elles se sont raccommodées.* → **se réconcilier ;** fam. **se rabibocher.**

raccommodeur, euse n. Personne qui raccommode. *Raccommodeur de filets de pêche.*

raccompagner v. tr. < 1 > Accompagner (qqn qui s'en va). → **reconduire.** *Il l'a raccompagnée en voiture.*

raccord n. m. (de *raccorder*) **1.** Liaison de continuité établie entre deux choses, deux parties. *Un raccord de maçonnerie.* **2.** cinéma Manière dont deux plans (d'un film) s'enchaînent. **3.** Pièce réunissant deux éléments. → **assemblage.** *Un raccord de tuyaux.*

raccordement n. m. Action, manière de raccorder ; endroit où deux choses se raccordent. *Voie de raccordement d'une nationale à une autoroute* (→ **bretelle**).

raccorder v. tr. < 1 > (de *accorder*) **1.** Relier par un raccord. *Raccorder deux tuyaux.* **2.** (choses) Former un raccord, un raccordement. *Le tronçon qui raccorde les deux voies.* ■ **se raccorder** v. pron. *Ce chemin se raccorde à la route.* – fig. Se rattacher. *Un paragraphe qui ne se raccorde pas au texte.*

raccourci n. m. **1.** vieux Abrégé, résumé. – mod. ***En raccourci.*** *« Le théâtre n'est-il pas la vie en raccourci ? »* (Gautier). **2.** Ce qui est exprimé de façon ramassée, elliptique. *De saisissants raccourcis.* **3.** arts Réduction d'une figure vue en perspective. **4.** Chemin plus court que le chemin ordinaire pour aller quelque part. *Prendre un raccourci.* **5.** inform. *Raccourci clavier :* combinaison de touches permettant d'activer une commande directement, au lieu de passer par le menu. *Des raccourcis clavier.*

raccourcir v. < 2 > (famille de *court*) **1.** v. tr. Rendre plus court. *Raccourcir une robe.* – *Raccourcir un texte.* → **abréger. 2.** v. intr. Devenir plus court. *Cette jupe a raccourci au lavage.* – (durée) *Les jours raccourcissent.* → **diminuer.**

raccourcissement n. m. Action, fait de raccourcir.

raccroc [ʀakʀo] n. m. (de *raccrocher*) loc. ***Par raccroc :*** par un heureux hasard. – ***De raccroc :*** dû au hasard.

raccrochage n. m. Action de raccrocher. – spécialt → **racolage.**

raccrochement n. m. Action de se raccrocher à (qqch.).

raccrocher v. tr. < 1 > **1.** Remettre en accrochant (ce qui était décroché). *Raccrocher un tableau.* – *Raccrocher* (le combiné du téléphone), le reposer sur son support ; interrompre la communication. absolt, fam. *Il m'a raccroché au nez.* **2.** Arrêter pour retenir (qqn qui passe). → **racoler.** *Raccrocher les passants.* ■ **se raccrocher** v. pron. **1.** Se retenir (à un point d'appui). *Se raccrocher à une branche.* → **se rattraper.** – fig. *Se raccrocher à ses souvenirs.* **2.** (sujet chose) Se rattacher.

raccrocheur, euse adj. Destiné à retenir l'attention. → **accrocheur.**

race n. f. (origine incertaine ; p.-ê. famille du latin *ratio* → **raison** ou *generatio* → **génération**) **I. 1.** Famille illustre, considérée dans sa continuité. → **ascendance, descendance ; sang.** *La race des Capétiens.* – loc. *Fin de race,* les derniers représentants d'une lignée. ■ vieilli Ascendance. – Descendance. **2.** Catégorie de personnes formant une communauté, ou apparentées par le comportement. → **espèce.** *« Notre race humaine »* (Apollinaire). *« La race des seigneurs »* (trad. de Nietzsche). **II.** Ensemble d'individus réunissant certains caractères communs héréditaires, à l'intérieur d'une espèce zoologique. *Races chevalines.* – *Animal* ***de race,*** de race pure (→ **pur-sang ; pedigree**). **III. 1.** Ensemble d'êtres humains qui ont en commun la couleur naturelle de leur peau. *Race blanche, jaune, noire. Croisement entre races* (→ **métissage**). *Hostilité envers une race.* → **racisme.** *« Les esprits tyrans [...] inventent des races, et vivent de mépriser. Je n'ai point cette maladie ; j'aime les différences et les variétés »* (Alain). ■ fam. **loc. adv.** *Sa (ta...) race :* beaucoup. *Flipper sa race :* avoir très peur. – *Se mettre une race :* s'enivrer. **2.** Dans l'idéologie du racisme, Groupe naturel d'humains qui ont des caractères semblables (physiques, psychiques, culturels, etc.) provenant d'un passé commun, souvent classé dans une hiérarchie. *La race aryenne. Extermination d'une race.* → **génocide.** - Rien ne permet de définir scientifiquement la notion de race.

Rachmaninov (Sergueï)

Sergueï Rachmaninov vers 1931.

racé, ée adj. **1.** (animaux) Qui présente les qualités propres à sa race. *Un cheval racé.* **2.** (personnes) Qui a une distinction, une élégance naturelles.

racémique adj. (du latin *racemus* « grappe ») chim. Se dit d'un mélange en proportions égales *(équimoléculaire)* de deux énantiomères, optiquement inactif.

racer [ʀasœʀ ; ʀesœʀ] n. m. (mot anglais) anglic. Canot automobile très rapide.

rachat n. m. (de *racheter*) Action de racheter, de se racheter.

Rachel Personnage biblique, épouse préférée de Jacob, mère de Joseph et de Benjamin.

Rachel (Élisabeth Rachel Félix, dite Mlle) Tragédienne française (1821-1858). Elle fut une interprète remarquable des héroïnes de Corneille et de Racine à la Comédie-Française.

rachetable adj. Que l'on peut racheter.

racheter v. tr. < 5 > **I. 1.** Acheter de nouveau. *Racheter des actions.* – *Il faut racheter du pain.* ■ Acheter (à qqn qui a acheté). *Racheter une entreprise.* → **absorber. 2.** Se libérer de (une obligation) en versant une indemnité. *Racheter des points de retraite.* **3.** Obtenir, contre rançon, la mise en liberté de (qqn). *Racheter des prisonniers.* **II. 1.** Sauver par la rédemption. → **rédimer.** – *Racheter un criminel.* → **réhabiliter. 2.** Réparer par sa conduite ultérieure ; faire oublier ou pardonner. – pronom. *Se racheter par des gentillesses.* **3.** archit. Corriger, compenser (une irrégularité, une différence de plan, de forme) en ménageant une transition.

Rạch Giá Ville du S. du Viêtnam, dans le golfe de Thaïlande. 210 800 habitants. Activités liées à la pêche. Port.

Rachi (Salomon ben Isaac, dit) voir **Rashi**

rachialgie n. f. (de *rachis* + *-algie*) méd. Douleur de la colonne vertébrale (rachis).

rachianesthésie n. f. méd. Anesthésie partielle consistant à injecter dans le canal rachidien une substance destinée à insensibiliser la partie inférieure du corps (→ **péridurale**).

rachidien, ienne adj. (de *rachis*) anat. De la colonne vertébrale. → **spinal.** *Bulbe* rachidien. Canal rachidien* (qui contient la moelle épinière).

rachis [ʀaʃis] n. m. (grec *rhakhis*) **1.** anat. Colonne vertébrale ; épine dorsale. **2.** sc. nat. Axe d'une plume d'oiseau.

rachitique adj. (→ **rachis**) Atteint de rachitisme. – **n.** *Un, une rachitique.* ■ par ext. Malingre, chétif.

rachitisme n. m. **1.** Maladie de la croissance (enfants, nourrissons), qui se manifeste par des déformations du squelette. **2.** Développement incomplet (d'un végétal).

Rachmaninov (Sergueï Vassilievitch) Compositeur et pianiste russe (1873-1943). Il mena une carrière de pianiste virtuose, tout en se consacrant à la composition, sous l'influence de Tchaïkovski. Son œuvre, empreinte d'un lyrisme généreux et riche d'invention mélodique, a fait de lui l'un des derniers compositeurs romantiques. Auteur de trois symphonies, de quatre concertos pour piano, il a également laissé de nombreuses œuvres pour piano (études, sonates), des opéras et de la musique religieuse.

Racht ou **Recht** Ville d'Iran, près de la mer Caspienne. 680 000 habitants. Centre commercial, administratif et universitaire.

racial, iale, iaux adj. Relatif à la race, aux races (III). – *Discrimination raciale* (→ **ségrégation ; racisme**).

racinage n. m. Procédé par lequel on imite les veines du bois sur le cuir d'une reliure ; aspect du cuir ainsi traité.

racine n. f. (vient du latin *radix* « racine » → **raifort**) **I. 1.** Partie des végétaux par laquelle ils se fixent au sol et se nourrissent. *Les racines d'un arbre. Racines comestibles* (la carotte, le navet...). *Racine principale* (→ **pivot**) *et radicelles*.* ■ loc. fig. ***Prendre racine :*** rester debout et immobile ; ne plus partir. **2.** fig., littér. Principe profond, origine. *Attaquer le mal à la racine,* à la base. → **éradiquer. 3.** au plur. Attaches, lien (avec un lieu, un milieu d'origine). *Être coupé de ses racines.* **II.** Partie par laquelle un organe est implanté. *La racine du nez.* – *La racine d'une dent.* cour. *La racine des cheveux,* la partie la plus proche du cuir chevelu. *Rougir jusqu'à la racine des cheveux.* **III. 1.** math. *Racine carrée, cubique d'un nombre,* nombre dont le carré, le cube est égal à ce nombre. *4 est la racine carrée de 16. Extraire une racine,* la calculer (→ **radical, III, 3**). – *Racine d'une équation,* valeur de la variable qui satisfait à l'équation. **2.** ling. Élément irréductible d'un mot, obtenu par élimination des désinences, des préfixes ou des suffixes. → **radical, III, 1.**

Racine (Jean) Poète dramatique français (1639-1699). Il reçut, à Port-Royal, une formation érudite et janséniste. Après *La Thébaïde* et *Alexandre le Grand* commença la période la plus féconde de sa carrière dramatique, qui marqua son triomphe sur Corneille. Le succès d'*Andromaque,* que suivirent la comédie *Les Plaideurs,* les tragédies *Britannicus, Bérénice, Bajazet, Mithridate* et *Iphigénie* éloigna Racine des jansénistes et le consacra comme l'auteur favori du roi et de la cour. Ses tragédies montrent la passion comme instrument d'une fatalité divine et ses héros et héroïnes écrasés par des dieux

Jean Racine, par François de Troy (fin XVIIe s.), musée d'Art et d'Histoire, Langres.

R

cruels. C'est le dramaturge qui toucha sans doute au plus près à l'essence du tragique, dans une langue d'une pureté et d'un dépouillement qui constituent le sommet de l'esthétique classique. Après l'échec de *Phèdre*, il renonça au théâtre, se consacrant à sa charge d'historiographe du roi. Il revint cependant à la tragédie en écrivant pour les jeunes filles de Saint-Cyr *Esther* et *Athalie*, qui renouent avec la tradition de la tragédie antique (chœurs). L'interdiction de représenter *Athalie* l'éloigna définitivement du théâtre. Réconcilié avec Port-Royal, il composa les admirables *Cantiques spirituels* et un *Abrégé de l'histoire de Port-Royal* (posthume). Son retour vers ses premiers maîtres le fit écarter de la cour, peu de temps avant sa mort.

Racine (Louis) Écrivain français (1692-1763). Dernier fils de Jean Racine. Auteur de poèmes d'inspiration janséniste (*La Religion*), il a laissé de précieux *Mémoires sur la vie de Jean Racine*.

racinien, ienne adj. Propre à Racine et à son œuvre. *Les tragédies raciniennes.*

racisme n. m. **1.** Idéologie postulant une hiérarchie des races (III). – Ensemble de réactions qui, consciemment ou non, s'accordent à cette idéologie. *Ligue contre le racisme.* **2.** Discrimination, hostilité violente envers un groupe humain. *Racisme envers les femmes* (→ **sexisme**), *les homosexuels* (→ **homophobie**).

▶ « Les barbares n'ont d'humain que les pieds », écrit Aristote. Est-il raciste ? Au sens actuel, non. Il vit dans un monde de castes, un monde ethnocentrique et xénophobe où l'idée d'humanité affleure à peine. Le **racisme** proprement dit est la forme moderne et violente que prend cette mentalité traditionnelle, au moment où, à partir de la Renaissance, des Grandes Découvertes puis des Lumières, on commence à affirmer l'existence d'une humanité universelle.
À cette évolution humaniste va s'opposer une pensée réactionnaire, dont le racisme est la forme la plus caractéristique. Elle refuse la notion moderne de l'égalité en durcissant les différences. Gobineau, vers 1850, décompose ainsi l'humanité en « races ». Ce racisme intellectuel, usant d'arguments biologiques sans valeur scientifique, sera l'un des fondements de la colonisation, et plus tard du nazisme. Il postule à la fois l'existence des « races », leur différence, et une hiérarchie, de la « race des seigneurs » imaginée par les nazis à celles « inférieures » que l'on pourrait traiter comme des animaux, « utiles » (esclavage) ou « nuisibles » (camps de la mort).
Le racisme « intellectuel », dont le caractère intolérable a en particulier été dévoilé par les horreurs nazies, a son pendant dans un racisme « ordinaire » qui n'a pas disparu mais évolue. Dans des sociétés modernes désormais multiethniques et mieux éduquées, le racisme s'exprime moins directement, mais il sous-tend l'imaginaire de la « pureté sociale » développé par des mouvements populistes et xénophobes, qui imputent le plus souvent les problèmes économiques et sociaux à la présence d'étrangers immigrés.
voir aussi **étranger, génocide, discrimination, national-socialisme**

raciste n. Partisan du racisme. – adj. *Politique raciste.* - contr. **antiraciste.**

rack n. m. (mot anglais « râtelier, étagère ») anglic. Meuble de rangement à dimensions normalisées prévu pour des sous-ensembles électroniques.

racket [ʀakɛt] n. m. (mot anglais des États-Unis) anglic. Extorsion d'argent ou d'objets, par chantage, intimidation ou terreur.

racketter v. tr. < 1 > anglic. Soumettre (qqn) à un racket.

racketteur, euse n. Personne qui exerce un racket.

raclage n. m. Action de nettoyer en raclant.

racle n. f. régional Outil servant à racler. → **raclette, racloir.**

raclée n. f. (de *racler*) fam. **1.** Volée de coups. → **correction. 2.** fig. Défaite complète. → fam. **branlée, déculottée.** *Ils ont pris une raclée aux élections.*

raclement n. m. Action de racler ; bruit qui en résulte. *Un raclement de gorge.*

racler v. tr. < 1 > (vient du latin pop. *rasclare* ; famille du latin *radere* → raser) **1.** Frotter rudement (une surface) pour égaliser ou détacher ce qui adhère. → **gratter.** *Racler ses semelles. Racler une casserole.* → **récurer.** – loc. fam. *Racler les fonds de tiroirs*.* – *Se racler la gorge* (par une expiration brutale, pour s'éclaircir la voix). **2.** Enlever (qqch.) en frottant. *Racler une tache de boue.* **3.** Frotter en entrant rudement en contact. *Les pneus raclent le bord du trottoir.* **4.** Jouer maladroitement, en raclant les cordes. *Racler un (ou du) violon.*

raclette n. f. **1.** Petit racloir. **2.** Plat valaisan fait de fromage du pays exposé à la chaleur, et dont on racle la partie ramollie pour la manger. *Raclette et fondue.*

racleur, euse n. **1.** Personne qui effectue le raclage. *Racleur de peaux.* **2.** Personne qui joue mal d'un instrument à cordes frottées. *Racleur de violon.*

racloir n. m. Outil servant à racler. → **grattoir, raclette.**

raclure n. f. Déchet de ce qui a été raclé. → **rognure.**

racolage n. m. Action de racoler. *Racolage d'une prostituée sur la voie publique.* → **retape.**

racoler v. tr. < 1 > (de *accoler*) **1.** Attirer, recruter par des moyens publicitaires ou autres. *Racoler des électeurs.* **2.** (prostitué[e]) Accoster (qqn) en vue de l'attirer. → **raccrocher.**

racoleur, euse 1. n. Personne qui racole. **2.** adj. Qui cherche à retenir l'intérêt d'une façon équivoque ou grossière. *Publicité racoleuse.*

racontable adj. Qui peut être raconté (surtout avec négation). *Cela n'est guère racontable en public* (→ **inracontable**).

racontar n. m. (surtout au plur.) Propos médisant ou sans fondement sur le compte de qqn. → **commérage, médisance.**

raconter v. tr. < 1 > (→ conter) **1.** Exposer par un récit (des faits vrais ou présentés comme tels). → **conter, narrer, rapporter, relater, retracer.** *Raconter une histoire.* loc. fam. *Raconter sa vie,* s'étendre en anecdotes. **2.** Décrire, dépeindre. « *Il raconta les mœurs de ce singulier pays* » (Maupassant). **3.** Dire, débiter à la légère ou de mauvaise foi. *N'écoute pas tout ce qu'on raconte.* → **¹dire.** *Qu'est-ce que tu me racontes là ?* → **chanter.** ■ **se raconter** v. pron. (réfl.) Se décrire, parler de soi. – (passif) *Cela ne se raconte pas.*

raconteur, euse n. (avec un compl.) Personne qui raconte. → **conteur.** *Un raconteur de balivernes.*

racorni, ie adj. Durci comme de la corne. *Un vieux bout de jambon tout racorni.* – fig. *Un cœur racorni.* → **sec.**

racornir v. tr. < 2 > (de *corne*) Rendre dur comme de la corne ; dessécher. □ n. m. **racornissement**

Racoviță (Emil) Biologiste roumain (1868-1947). Il se consacra à l'étude de la faune marine puis des cavernicoles, fondant la biospéléologie (étude des organismes vivant dans les grottes).

se **racrapoter** v. pron. < 1 > (mot wallon) (Belgique) fam. **1.** Se recroqueviller ; se ramasser sur soi-même. ■ par ext. Se ratatiner, se rabougrir. – p. p. adj. *Des pommes toutes racrapotées.* **2.** fig. Se renfermer, se replier sur soi-même.

rad n. m. (de *radiation*) Ancienne unité de mesure de dose absorbée de rayonnements ionisants (symb. rd), égale à 10^{-2} gray.

radar n. m. (sigle anglais) Système ou appareil de détection, qui émet des ondes radioélectriques et en reçoit l'écho, permettant ainsi de déterminer la position d'un objet (avion, etc.). *Radar de surveillance. Contrôle de la vitesse des voitures par radar.* – appos. *Station radar.* ■ loc. fig. *Passer sous le(s) radar(s)* : ne pas se faire repérer. – fam. *Marcher au radar,* en se laissant guider par des automatismes.

radariste n. Spécialiste du fonctionnement et de l'entretien des radars.

Radcliffe (Ann) née Ward Romancière britannique (1764-1823). Elle est, avec M. G. Lewis, l'inventrice du roman noir (*Les Mystères d'Udolphe*). Son œuvre inspira la veine gothique.

Radcliffe-Brown (Alfred Reginald) Anthropologue et ethnologue britannique (1881-1955). Il se consacra à l'étude des tribus des îles Andaman, de Polynésie, d'Australie et d'Afrique. Sa conception fonctionnaliste de l'organisation sociale en font un précurseur du structuralisme. *Structure et fonction dans les sociétés primitives.*

¹rade n. f. (ancien anglais *rád* « course » [d'où anglais *road* « route »], cf. raid) **1.** Grand bassin ayant une issue vers la mer et où les navires peuvent mouiller. *La rade de Brest.* **2.** loc. fam. *En rade* : à l'abandon. – *Le projet est resté en rade.*

²rade n. m. (de *radeau*, au sens fig. de « comptoir ») argot Bar ; bistrot.

radeau n. m. (ancien provençal *radel*, du latin *ratis*, cf. ²*rade*, *radin*) **1.** Plateforme formée de pièces de bois assemblées, servant au transport sur l'eau. – « *Le Radeau de la Méduse* » (tableau de Géricault). **2.** Train de bois.

Radegonde (sainte) Reine franque (v. 520-587), épouse de Clotaire Ier (538). Après la révolte de la Thuringe et l'assassinat de son frère par Clotaire (555), elle entra en religion et fonda l'abbaye de Sainte-Croix, à Poitiers.

rader v. tr. < 1 > (du latin *radere* « raser ») techn. Entamer un bloc de pierre en dessus et en dessous, pour le diviser.

Radetzky (Joseph) comte von Radetz Feld-maréchal autrichien (1766-1858). Chassé de Milan par la révolution de 1848, il vainquit l'armée sardo-piémontaise du roi Charles-Albert à Custozza (1848) et Novare (1849) et reprit Venise et Brescia, replaçant ainsi la Lombardie-Vénétie sous la tutelle autrichienne.

radiaire adj. (du latin *radius* « rayon ») didact. Disposé en rayons autour d'un point central.

radial, ale, aux adj. (→ radius) **I.** didact. Du radius. *Nerf radial.* **II.** Relatif au rayon ; disposé selon un rayon. – *Voie radiale* et n. f. *radiale*, route qui rejoint une voie centrale.

radian n. m. (mot anglais, du latin *radius* → radius, rai) Unité de mesure d'angle (symb. rad) équivalant à l'angle qui, ayant son sommet au centre d'un cercle, intercepte, sur la circonférence de ce cercle, un arc d'une longueur égale à celle du rayon de ce cercle.

radiance n. f. (de *radiant*) phys. Quotient du flux lumineux que rayonne une surface par son aire, compte non tenu de la répartition spatiale de ce flux. ■ par ext. *Radiance énergétique* : énergie rayonnée par unité de surface en un temps donné. → **luminance.**

radiant, ante adj. (latin *radians*, de *radiare* « rayonner », de *radius* → radius, rai) **1.** Qui se propage par radiation ; qui émet des radiations. *Chaleur radiante.* **2.** astron. *Point radiant* et n. m. *le radiant* : point du ciel d'où paraît provenir la trajectoire des météorites.

radiateur n. m. (→ ²radiation) **1.** Appareil de chauffage à grande surface de rayonnement. *Radiateur électrique.* **2.** Organe de refroidissement des moteurs à explosion (tubes où l'eau se refroidit).

radiatif, ive adj. phys. Qui concerne les radiations.

¹radiation n. f. (famille de *rayer*) Action de radier (qqn ou qqch.) d'une liste, d'un registre (souvent sanction). *Radiation du barreau* (d'un avocat).

²radiation n. f. (latin *radiatio*, de *radiare* → radiant) 1. Énergie émise et propagée sous forme d'ondes à travers un milieu matériel. → **rayonnement.** *Radiations radioactives* (→ **irradier**). 2. biol. Dispersion et adaptation à un nouvel environnement d'une lignée d'animaux ou de plantes, ayant pour conséquence l'évolution de formes divergentes plus aptes à vivre dans le nouvel habitat.

Radić (Stjepan) Homme politique croate (1871-1928). Militant nationaliste, il fonda le Parti paysan croate en 1904, fut emprisonné à plusieurs reprises et devint ministre de l'Éducation en 1926.

radical, ale, aux (latin *radicalis*, de *radix* → racine) I. adj. 1. Qui tient à l'essence, au principe (d'une chose, d'un être). → **foncier, fondamental ; essentiel.** *Changement radical.* → **total.** 2. Qui vise à agir sur la cause profonde de ce que l'on veut modifier. *Prendre des mesures radicales.* → **drastique** II. adj. Relatif au radicalisme politique, partisan de réformes modérées, laïque et démocrate. *Parti radical.* – n. *Les radicaux.* III. n. m. 1. Forme particulière prise par la racine d'un mot. *Verbe à deux radicaux.* 2. chim. Groupement d'atomes qui conserve son identité au cours de changements chimiques. ■ *Radicaux libres* : atomes ou molécules instables cherchant à se lier à d'autres atomes et provoquant des réactions en chaîne. 3. math. Symbole ($\sqrt[n]{\ }$) qui représente la racine de degré *n* (d'un nombre).

radicalement adv. Dans son principe ; d'une manière radicale. → **totalement.** *Des opinions radicalement opposées.*

radical et radical-socialiste (Parti) Parti politique français fondé sous la IIIᵉ République (1901). Issu de la mouvance radicale (Clemenceau, Gambetta) qui avait pris naissance en 1848, il domina la vie politique de la IIIᵉ République jusqu'en 1914. En 1936, il fit partie du gouvernement du Front populaire. Il se scinda en 1972 : les partisans de l'Union de la gauche fondèrent le Mouvement des radicaux de gauche (MRG), futur Parti radical de gauche (PRG), alors que le reste du Parti radical évolua vers le centre droit, participant à la fondation de l'UDF.

radicalisation n. f. Action de radicaliser, fait de se radicaliser. *Radicalisation d'un mouvement social.*

radicaliser v. tr. < 1 > 1. Rendre radical, plus intransigeant. 2. Faire adhérer (qqn) à une doctrine radicale. – pronom. *Jeunes qui se radicalisent en prison.* – p. p. adj. *Une jeune fille radicalisée.* n. *Les radicalisés.*

radicalisme n. m. 1. Doctrine politique des radicaux. 2. Fondamentalisme religieux. → **extrémisme.**

radicalité n. f. Caractère de ce qui est radical ; fait de ne pas admettre d'exception, de concession. *Radicalité religieuse.*

radical-socialisme n. m. Doctrine du radical-socialiste.

radical-socialiste adj. et n. Relatif au parti républicain radical et radical-socialiste fondé en 1901. *Gouvernement radical-socialiste.* – n. *Les radicaux-socialistes.* - abrév. fam. invar. **rad-soc** [Radsɔk].

radicant, ante adj. (latin *radicans* « qui prend racine » → racine, radis) bot. Qui développe des racines adventices. *Tige radicante du lierre.*

radicelle n. f. (du latin *radix* → racine) bot. Racine secondaire.

radiculaire adj. (→ radicule) 1. bot. Qui appartient à la radicule. 2. méd. Qui concerne la racine des nerfs crâniens ou rachidiens. ■ Qui concerne la racine des dents.

radicule n. f. (latin *radicula*, de *radix* → racine, radis) bot. Première racine d'un végétal, élaborée par l'embryon au début de la germination.

radiculite n. f. (latin *radicula* + *-ite*) méd. Inflammation d'une racine nerveuse, spécialt des racines d'un nerf rachidien.

radié, ée adj. et n. f. (latin *radiatus*) didact. 1. Qui présente des lignes rayonnant à partir d'un point central. *La fleur radiée de la pâquerette.* 2. n. f. bot. Composée appartenant à une sous-famille de plantes aux fleurs radiées (pâquerette, tournesol...).

radier v. tr. < 7 > (de ¹*radiation*) Faire disparaître d'une liste, d'un registre... → **effacer, rayer ; ¹radiation.** *Être radié des listes électorales.*

radiesthésie n. f. (de ²*radiation* + *-esthésie*) Procédé de détection fondé sur une réceptivité particulière à des radiations qu'émettraient certains corps (→ **rhabdomancie**).

radiesthésiste n. Personne qui pratique la radiesthésie. → **sourcier.** *Baguette, pendule de radiesthésiste.*

radieux, euse adj. (latin *radiosus*, de *radius* → radius, rai) 1. Qui rayonne, brille d'un grand éclat. → **brillant.** *Un soleil radieux.* – Très lumineux. *Une journée radieuse.* 2. (personnes) Rayonnant de joie, de bonheur. *Une jeune femme radieuse.* – *Un sourire radieux.* → **lumineux, resplendissant.** □ adv. **radieusement**

Radiguet (Raymond) Écrivain français (1903-1923). Sa carrière fut aussi précoce que rapide. Sous l'égide de A. Salmon et de Cocteau, il publia un recueil de poèmes (*Les Joues en feu*), une pièce de théâtre (*Les Pélicans*) et deux romans *Le Diable au corps* et *Le Bal du comte d'Orgel* (posthume), qui, joignant une grâce juvénile à une grande maîtrise du récit, l'inscrivent dans la tradition des romanciers moralistes français.

radin, ine adj. (p.-ê. de *radeau*, « comptoir » en argot → ²rade) fam. Avare. → **rat.** *Elle est un peu radine.* n. *Quel radin !*

radiner v. intr. < 1 > (origine incertaine) fam. Arriver, venir. – pronom. *Se radiner* (même sens).

radinerie n. f. fam. Avarice.

¹radio n. f. (abrév.) I. 1. Radiodiffusion. *Écouter la radio.* 2. Station émettrice d'émissions radiophoniques. *Radio locale.* 3. Poste récepteur de radio. → **transistor, tuner ; autoradio.** II. 1. Radiotéléphonie. – appos. invar. *Voiture radio.* 2. Radiotélégraphie.

²radio n. (abrév.) Spécialiste qui assure les liaisons par radio (à bord d'un bateau, etc.). *Le pilote et le radio.*

³radio n. f. (abrév.) 1. Radioscopie. 2. Radiographie.

radio- Élément (du latin *radius* → rai) qui signifie « radiation » et « radiodiffusion ».

radioactif, ive adj. Doué de radioactivité. *Éléments radioactifs.* → **radioélément.** – *Déchets radioactifs.*

radioactivité n. f. Propriété qu'ont certains noyaux atomiques de se transformer spontanément en émettant divers rayonnements.

radioalignement n. m. techn. Méthode de balisage d'une ligne de navigation maritime ou aérienne par radiophares. → **radiobalisage.**

radioaltimètre n. m. techn. Appareil de navigation fonctionnant selon le principe du radar et capable de calculer l'altitude d'un avion.

radioamateur, trice n. Personne non professionnelle autorisée à émettre et à diffuser des messages sur ondes courtes. → **cibiste.**

radioastronomie n. f. didact. Branche de l'astrophysique qui étudie les rayonnements électromagnétiques des corps célestes (→ **radiosource**).

radiobalisage n. m. techn. Signalisation d'une route maritime ou aérienne par une suite de radiophares émettant des ondes facilement identifiables. → **radioalignement.**

radiobalise voir **¹balise**

radiobaliser v. tr. < 1 > techn. Équiper d'une signalisation par radiobalisage.

radiobiologie n. f. didact. Partie de la biologie qui étudie les effets des radiations sur les êtres vivants.

Radio-Canada ou **CBC/Radio-Canada** (Canadian Broadcasting Corporation/Radio-Canada) Société nationale canadienne de radiodiffusion créée en 1936. Elle regroupe plusieurs stations de radios, réseaux de télévision terrestre ou câblée, en français, en anglais et également dans des langues autochtones, deux sites Internet et un service de musique numérique.

radiocarbone n. m. sc. Carbone radioactif (carbone 14).

radiocassette n. f. Appareil constitué d'un récepteur de radio et d'un lecteur de cassettes.

radiochimie n. f. didact. Partie de la chimie traitant des atomes radioactifs.

radiocobalt n. m. sc. Isotope radioactif du cobalt.

radiocommande n. f. techn. Commande à distance par ondes hertziennes.

radiocommunication n. f. techn. Communication au moyen d'ondes électromagnétiques ; télécommunication par un procédé radioélectrique. → **¹CB, radiomessagerie, radiotéléphonie.**

radiocompas n. m. aviat. Radiogoniomètre utilisé comme compas, permettant notamment de conserver un cap constant.

radiodermite n. f. méd. Lésion de la peau due à l'action de rayons X ou de substances radioactives.

radiodiagnostic [Radjodjagnɔstik] n. m. méd. Technique de diagnostic par examen aux rayons X.

radiodiffuser v. tr. < 1 > Émettre et transmettre par radiodiffusion. – au p. p. *Concert radiodiffusé.*

radiodiffusion n. f. Émission et transmission, par ondes hertziennes, de programmes variés. → **¹radio.**

Radiodiffusion-télévision française voir **RTF**

radioélectricien, ienne n. Technicien(ne) de la radioélectricité.

radioélectricité n. f. sc. Branche de la physique relative à la production et à l'utilisation des oscillations électriques de haute fréquence et des ondes radioélectriques.

radioélectrique adj. *Ondes radioélectriques* : ondes électromagnétiques de longueur supérieure aux radiations visibles et infrarouges. → **hertzien.**

radioélément n. m. sc. Élément radioactif naturel ou artificiel. → **radio-isotope.**

radio-étiquette n. f. techn. Marqueur, petit objet destiné à être joint ou incorporé à des objets, des organismes vivants (plantes, corps humain...), qui leur permet de répondre à des requêtes émises par un émetteur-récepteur de radiofréquences. → **transpondeur ; RFID.** *Des radio-étiquettes.* - var. RO **radioétiquette.**

Radio France Société nationale de programmes radiodiffusés née en 1974 de l'éclatement de l'ORTF. Elle comprend des radios régionales (France Bleu), ainsi que France Inter, France Culture, France Musique, France Info, FIP et Mouv'.

R

Radio France Internationale (RFI) Société française de radiodiffusion, qui émet à Paris et dans le monde entier. Créée en 1975, elle est indépendante depuis 1987.

radiofréquence n. f. Fréquence d'une onde électromagnétique, d'un signal électrique, inférieure aux radiations optiques.

radiogalaxie n. f. astron. Galaxie accompagnée d'une radiosource.

radiogénique adj. Qui a des qualités que la radio peut mettre en valeur. *Voix radiogénique.*

radiogoniomètre n. m. Appareil récepteur permettant de déterminer l'angle et la direction d'un signal radioélectrique. *Radiogoniomètre de bord,* sur un navire, un avion. → **radiocompas.** - abrév. fam. **gonio** n. m. □ n. f. **radiogoniométrie**

radiographie n. f. Enregistrement photographique de la structure d'un corps traversé par des rayons X. → **[3]radio.** *Perfectionnements de la radiographie, en médecine* (→ **scanographie, scintigraphie, tomographie**). □ adj. **radiographique**

radiographier v. tr. < 7 > Faire une radiographie de. *Radiographier un malade, un organe.*

radioguidage n. m. 1. Guidage (d'un navire, d'un avion) à l'aide d'ondes radioélectriques. 2. Informations radiophoniques sur la circulation routière.

radioguider v. tr. < 1 > Guider à distance par ondes radioélectriques.

radiohéliographe n. m. techn. Appareil (héliographe) qui mesure les émissions radioélectriques du Soleil.

radio-immunologie n. f. méd. Technique de dosage des grosses molécules biologiques utilisant des anticorps marqués par des isotopes radioactifs.

radio-isotope n. m. sc. Isotope radioactif (d'un élément). → **radioélément.** *Des radio-isotopes.*

radiolaire n. m. (du latin *radiolus,* de *radius* « rayon ») zool. Protozoaire marin à squelette siliceux à symétrie radiale et à fins pseudopodes (classe des *Radiolaires*).

radiolarite n. f. (de *radiolaire*) géol. Roche sédimentaire formée de squelettes de radiolaires.

radiolésion n. f. méd. Trouble somatique provoqué par les rayonnements ionisants.

radiolocalisation n. f. techn. Application des techniques radar à la localisation.

radiologie n. f. Discipline traitant de l'étude et des applications (médicales, etc.) des rayons X et autres rayonnements. → **radiographie, radioscopie, radiothérapie ; imagerie** médicale. *Le service de radiologie d'un hôpital.*

R

radiologique adj. Qui se rapporte à la radiologie. *Examen radiologique.* → **radiographie, [3]radio.**

radiologue n. Spécialiste de la radiologie. – spécialt Médecin spécialiste en radiologie.

radiolyse n. f. (de *radio-* et *lyse*) didact. Décomposition d'un corps sous l'action de radiations ionisantes.

radiomessagerie n. f. techn. Système de radiocommunication permettant la transmission de messages.

radiomètre n. m. phys. Appareil destiné à mesurer l'intensité d'un rayonnement lumineux, et spécialt des rayons solaires.

radiométrie n. f. phys. Mesure de l'énergie des rayons électromagnétiques, y compris la lumière visible. *Radiométrie et photométrie.* □ adj. **radiométrique**

radionavigant, ante n. Spécialiste assurant, à bord d'un navire ou d'un avion, les liaisons par radio. → **radiotélégraphiste ; [2]radio.**

radionavigation n. f. Ensemble des techniques de navigation utilisant les signaux radioélectriques de réseaux de balises fixes. → **radiogoniométrie, radioguidage.**

radionécrose n. f. biol. Destruction des tissus due aux rayons X.

radionucléide n. m. phys. Nucléide radioactif.

radiophare n. m. techn. Poste émetteur fixe produisant des ondes hertziennes fournissant un signal caractéristique.

radiophonie n. f. Transmission du son par ondes hertziennes (radiodiffusion, radiotéléphonie...). → **[1]radio.**

radiophonique adj. (de *radiophonie* « radiodiffusion ») De la radiodiffusion. *Programme, grille radiophonique.*

radiophotographie n. f. techn. Photographie d'une image de radioscopie projetée sur un écran fluorescent.

radioprotection n. f. didact. Ensemble des moyens destinés à protéger les personnes des rayonnements ionisants.

radioreportage n. m. Reportage radiodiffusé.

radioreporteur, trice [-ʀ(ə)pɔʀtœʀ, tʀis] n. ou **radioreporter** [-ʀ(ə)pɔʀtɛʀ] n. Journaliste spécialisé(e) dans les radioreportages.

radio-réveil ou **radioréveil** n. m. Appareil de radio programmable servant de réveil. *Des radios-réveils, des radioréveils.*

radioscopie n. f. (→ -scopie) Examen de l'image que forme un corps traversé par des rayons X. → **[3]radio, scopie.**

radiotélescope

Radiotélescope VLA (Very Large Array), au Nouveau-Mexique, composé de 27 antennes paraboliques mobiles.

radiosensible adj. biol. Sensible à l'action des rayonnements ionisants. *Tissus radiosensibles.*

radiosondage n. m. techn. Mesure météorologique effectuée dans l'atmosphère à l'aide d'une radiosonde.

radiosonde n. f. Appareil émetteur placé dans un ballon-sonde et transmettant au sol des renseignements météorologiques.

radiosource n. f. astron. Objet céleste émettant des ondes radioélectriques. → **quasar, radiogalaxie.**

radio-taxi ou **radiotaxi** n. m. Taxi équipé d'un poste récepteur-émetteur de radio relié à une station centrale. *Des radio-taxis, des radiotaxis.*

radiotechnique n. f. Ensemble des procédés relatifs aux ondes radioélectriques. – adj. Relatif à ces procédés.

radiotélégraphie n. f. Télégraphie sans fil, transmission par ondes hertziennes de messages en morse. □ n. **radiotélégraphiste**

Radio-Télé-Luxembourg voir **RTL**

radiotéléphone n. m. Téléphone utilisant les ondes radioélectriques.

radiotéléphonie n. f. Téléphonie par ondes radioélectriques. → **[1]radio.**

radiotélescope n. m. Instrument permettant l'étude des corps célestes, par réception et analyse des ondes qu'ils émettent.

radiotélévisé, ée adj. Qui est à la fois radiodiffusé et télévisé. *Allocution radiotélévisée.*

Radio Télévision belge de la Communauté française voir **RTBF**

radiothérapeute n. méd. Médecin spécialiste de radiothérapie.

radiothérapie n. f. méd. Application thérapeutique des rayonnements ionisants pour détruire les cellules cancéreuses.

radique adj. (de *radio-*) méd. Provoqué par la radiothérapie. *Lésions cutanées radiques.*

radis n. m. (italien *radice* « racine ») 1. Plante potagère à racine comestible (généralement rose) ; cette racine. *Une botte de radis.* – *Un radis noir.* 2. loc. fam. *N'avoir plus un radis,* plus un sou.

Radisson (Pierre) Explorateur français (v. 1636-1710). Il fonda la Compagnie de la baie d'Hudson.

radium [ʀadjɔm] n. m. (de *radioactif*) Élément chimique (symb. Ra ; n° at. 88 ; masse at. 226,02), de la famille de l'uranium, très radioactif.

radiumthérapie n. f. méd. Traitement par le radium ou le radon. → **curiethérapie, gammathérapie.**

radius [ʀadjys] n. m. (latin *radius* → rai, cf. *radial*) anat. Os long, situé à la partie externe de l'avant-bras.

radja [ʀadʒa] ou **raja** [ʀa(d)ʒa] n. m. (de l'hindi *râjâ* « roi ») Souverain d'une principauté, en Inde. → **maharadja.** - var. **rajah.**

Radom Ville de Pologne, au S. de Varsovie. 226 000 habitants. Centre industriel.

radôme n. m. (anglais *radome ;* de *rad[ar]* et *dome* « dôme ») techn. Dôme en matière plastique protégeant une antenne de télécommunications des intempéries.

radon n. m. (de *radium*) Élément radioactif naturel (symb. Rn ; n° at. 86), gaz rare produit par la désagrégation des isotopes du radium.

radotage n. m. Action de radoter. → **rabâchage.**

radoter v. intr. < 1 > (origine germanique) 1. Tenir, par sénilité, des propos décousus et peu sensés. 2. → **rabâcher.** *Elle radote complètement !*

radoteur, euse n. Personne qui radote.

radoub [Radu] n. m. (de *radouber*) Entretien, réparation de la coque d'un navire. *Cale, bassin de radoub.*

radouber v. tr. < 1 > (de *adouber* « arranger ») Réparer la coque de (un navire). → **calfater, caréner.**

radoucir v. tr. < 2 > **1.** Rendre plus doux (qqn ; son caractère). **2.** Rendre plus doux (le temps). *La pluie a radouci la température.* ■ **se radoucir** v. pron. Devenir plus doux. *Sa colère tombée, il s'est radouci.* – *Le temps se radoucit.* ■ **radoucissement** n. m. *Un brusque radoucissement* (du temps). → **redoux.**

rad-soc voir **radical-socialiste**

radula n. f. (mot latin « racloir ») zool. Langue râpeuse de certains mollusques (escargot, patelle...).

Radulescu (Horatiu) Compositeur français d'origine roumaine (1942-2008). Il est l'un des principaux chefs de file de la musique « spectrale ».

Radziwiłł Famille lituano-polonaise, qui participa aux affaires de la Pologne à partir du XVIe s. Elle lutta notamment contre la Russie lors de l'annexion du pays au XIXe siècle.

Raeburn (sir Henry) Peintre britannique (1756-1823). Il fut le portraitiste des notables écossais. Ses figures se caractérisent par le naturel des poses, la spontanéité de l'expression, l'ampleur et la vigueur de la facture. *Mrs James Campbell.*

Raeder (Erich) Amiral allemand (1876-1960). Commandant en chef de la marine (1935-1943), il fut écarté par Hitler. Condamné à la prison à vie par le tribunal de Nuremberg (1946), il fut libéré en 1955.

RAF (Royal Air Force, « force aérienne royale ») Nom donné en 1918 à l'armée de l'air britannique. Durant la Seconde Guerre mondiale, elle sauva le pays de l'invasion dès les premiers jours de l'offensive allemande de 1940.

rafale n. f. (p.-ê. famille de *affaler*, par l'italien *raffica*) **1.** Coup de vent soudain et brutal. → **bourrasque.** *Le vent souffle en rafales.* – *Une rafale de neige.* **2.** Succession de coups tirés rapidement (par une batterie, une arme automatique). → **bordée, salve.** *Une rafale de mitrailleuse.* ■ fig. *Une rafale de questions.*

rafaler v. intr. < 1 > (Canada) Souffler en rafales (vent), tourbillonner (neige).

Raffarin (Jean-Pierre) Homme d'État français (né en 1948). Centriste, il fut plusieurs fois ministre et accéda à la direction de l'UDF. Il soutint J. Chirac pour sa réélection en 2002, adhéra à l'UMP et fut Premier ministre de 2002 à 2005.

raffermir v. tr. < 2 > **1.** Rendre plus ferme. → **affermir, durcir, tonifier.** **2.** fig. Remettre dans un état plus stable. → **fortifier.** *Raffermir le courage de qqn.* ■ **se raffermir** v. pron. Devenir plus ferme. *Le sol se raffermit.* – fig. Retrouver son assurance.

raffermissant, ante adj. Qui raffermit. *Crème raffermissante.*

raffermissement n. m. Fait de se raffermir. → **consolidation, durcissement.**

Raffet (Denis Auguste Marie) Peintre, graveur et dessinateur français (1804-1860). Il se consacra à la lithographie et dut son succès à la représentation de sujets militaires, glorifiant les soldats de la République et de l'Empire.

raffinage n. m. Ensemble des traitements opérés de manière à obtenir un corps pur ou un mélange doué de propriétés déterminées. *Le raffinage du sucre.* – *Le raffinage du pétrole*, permettant d'en obtenir des produits finis (essences, huiles...).

raffiné, ée voir **raffiner**

raffinement n. m. **1.** Caractère de ce qui est raffiné, délicat. *Le raffinement de ses manières.* → **délicatesse.** **2.** Acte, chose qui dénote ou exige de la recherche, de la subtilité. ■ littér. *Un raffinement de... :* une manifestation extrême de. *Par un raffinement de cruauté.*

raffiner v. tr. < 1 > (de *affiner*) **I.** Procéder au raffinage de. *Raffiner le sucre, le pétrole.* **II.** **1.** littér. Rendre plus fin, plus subtil. → **affiner.** *Raffiner son style.* **2.** intrans. Rechercher la délicatesse ou la subtilité la plus grande. *Ne cherchons pas à raffiner.* ■ **raffiné, ée** adj. **1.** Traité par raffinage (sucre, pétrole...). **2.** Qui est d'une extrême délicatesse, d'une subtilité remarquable. *Politesse raffinée. Une cuisine raffinée.* – *Un homme raffiné.* → **distingué.**

raffinerie n. f. Usine où s'effectue le raffinage (du sucre, du pétrole...).

raffineur, euse n. **1.** Personne qui exploite une raffinerie ou qui y travaille. **2.** n. f. techn. Bassin où s'effectue le raffinage de la pâte à papier.

raffinose n. m. chim. Polysaccharide présent dans de nombreuses plantes (betterave, etc.) avec le saccharose.

Raffles (sir Thomas Stamford Bingley) Administrateur colonial britannique (1781-1826). Gouverneur de Java puis de Sumatra, il organisa l'administration de l'île de Singapour (1819) et lui conféra le statut de port libre.

rafflésia n. f. (de *Raffles*) bot. Plante d'Insulinde, sans racines et sans chlorophylle, parasite des lianes, dont la fleur est la plus grosse connue. - var. **rafflesia, rafflésie.**

raffoler v. tr. ind. < 1 > (de *affoler*) *Raffoler de :* avoir un goût très vif pour (qqn, qqch.). → **adorer,** être **[1]fou** de.

raffut n. m. (probablt du wallon *raffuter* « rosser ») fam. Tapage, vacarme.

rafiot n. m. (origine obscure) Mauvais bateau. *Un vieux rafiot.*

rafistoler v. tr. < 1 > (de l'ancien v. *afistoler*, p.-ê. de l'italien *fistola* « flûte ») Réparer grossièrement. *Rafistoler une chaise.* □ n. m. **rafistolage**

[1]rafle n. f. (origine allemande *raffen* « emporter ») Arrestation massive opérée à l'improviste par la police. → **descente** de police. *« En un clin d'œil, il y eut une trentaine de personnes rassemblées [...] entre deux barrages d'agents. La rafle »* (Aragon). *La rafle du Vél d'Hiv.*

[2]rafle n. f. (origine incertaine, p.-ê. de *[1]rafle*) **1.** Ensemble des pédoncules (d'une grappe de fruits : raisins, etc.). **2.** Axe renflé de l'épi de maïs.

rafler v. tr. < 1 > (de *[1]rafle*) fam. Prendre et emporter promptement sans rien laisser. *Ils ont raflé tous les bijoux.* ■ Prendre sans rien laisser aux autres. *Sportif qui rafle toutes les médailles.*

rafraîchir v. < 2 > **I.** v. tr. **1.** Rendre frais, refroidir modérément. *La pluie a rafraîchi l'atmosphère.* **2.** Donner une sensation de fraîcheur à (qqn). *Cette boisson m'a rafraîchi.* ■ pronom. *Se rafraîchir,* boire un rafraîchissement. – Faire un brin de toilette. **3.** Rendre la fraîcheur, l'éclat du neuf à (qqch.). *Rafraîchir les peintures d'un appartement.* – *Rafraîchir une coupe de cheveux.* ■ Redonner de la vivacité à. *« On se rafraîchit l'esprit en changeant de lecture »* (Chateaubriand). – loc. fam. (souvent en menace) *Je vais te rafraîchir la mémoire,* te rappeler ce que tu prétends avoir oublié. **4.** inform. Régénérer (les informations enregistrées) pour éviter leur dégradation. *Rafraîchir l'affichage d'une page.* **II.** v. intr. Devenir plus frais. *Mettre du vin à rafraîchir.* - var. RO **rafraichir.** ■ **rafraîchi, ie** ou RO **rafraichi, ie** adj. *Champagne rafraîchi.* → **frappé.** *Fruits rafraîchis.*

rafraîchissant, ante adj. Qui rafraîchit. *Une brise rafraîchissante.* – *Boissons rafraîchissantes* (→ **rafraîchissement**). – abstrait Qui plaît par sa fraîcheur. *Un spectacle rafraîchissant.* - var. RO **rafraichissant, ante.**

rafraîchissement n. m. **1.** Action, fait de rafraîchir. *Un rafraîchissement de la température.* **2.** Boisson fraîche prise en dehors des repas. **3.** inform. Renouvellement de l'affichage d'une image à l'écran. - var. RO **rafraichissement.**

Rafsandjani ou **Rafsanjānī (Ali Akbar Hachemi)** Religieux et homme d'État iranien (1934-2017). Proche collaborateur de Khomeiny, il fut président de la République islamique et chef du gouvernement de 1989 à 1997, président du Conseil de discernement (de 1997 à sa mort) et de l'Assemblée des experts (2007 à 2011).

Hachemi Rafsandjani en 2005, lors du vote à l'élection présidentielle en Iran.

raft [Raft] n. m. (mot anglais) anglic. Embarcation gonflable insubmersible utilisée pour la descente des rapides.

rafting n. m. (mot anglais) Sport qui consiste à descendre des rapides en raft. *Faire du rafting.*

ragaillardir v. tr. < 2 > (de *gaillard*) Rendre de la vitalité, de l'entrain à (qqn). → **réconforter, revigorer.** *Cette nouvelle nous a ragaillardis.* – au p. p. *Se sentir tout ragaillardi.*

[1]rage n. f. (vient du latin, de *rabies* → **rabique**) **1.** État, mouvement de colère ou de dépit extrêmement violent, qui rend agressif. → **fureur.** *Être fou, ivre de rage* (→ **enrager, rager**). *Il était dans une rage folle.* **2.** *Rage de... :* envie violente et passionnée de... → **fureur.** *La rage de vivre.* – fam. *Avoir la rage :* en vouloir, être très déterminé. → avoir la **niaque.** **3.** (choses) *Faire rage :* se déchaîner, atteindre la plus grande violence. *L'incendie faisait rage.* **4.** *Rage de dents :* mal de dents violent.

[2]rage n. f. (de *[1]rage*) Maladie mortelle d'origine virale transmise à l'homme par la morsure de certains animaux, et caractérisée par des convulsions ou de la paralysie. *Vaccin contre la rage* (→ **antirabique**).

rageant, ante adj. Qui fait rager. → **râlant.** *C'est rageant d'avoir échoué si près du but.*

rager v. intr. < 3 > fam. Enrager. → **bisquer.**

rageur, euse adj. **1.** Sujet à des accès de colère. *Un enfant rageur.* **2.** Qui dénote la colère. *Un ton rageur.*

rageusement adv. Avec rage, avec hargne.

raggamuffin [Ragamœfin] n. m. (mot anglais « galopin ») anglic. Style musical originaire de la Jamaïque, inspiré du reggae et du rap.

raglan n. m. (du n. de lord Raglan) Pardessus assez ample, dont les emmanchures remontent en biais jusqu'à l'encolure. – adj. invar. *Manches raglan.*

Raglan (Fitzroy James Henry Somerset, baron) Homme de guerre britannique (1788-1855). Il prit le commandement des troupes envoyées en Crimée (1854) et mourut lors du siège de Sébastopol.

R

ragnagnas n. m. pl. (mot d'origine inconnue, p.-ê. expressive) pop. Les règles (d'une femme). *Avoir ses ragnagnas.*

Ragnarök n. m. Dans la mythologie germanique, combat où les dieux seront anéantis par les géants, et après lequel le monde renaîtra.

ragondin n. m. (origine inconnue) Mammifère rongeur originaire d'Amérique du Sud, de mœurs aquatiques et dont la fourrure est très estimée. – Cette fourrure. *Un manteau de ragondin.*

ragot n. m. (de *ragoter* « grogner comme un sanglier ») fam. surtout au plur. Bavardage malveillant. → **commérage.**

ragougnasse n. f. (de *ragoût* + suffixe péj.) fam. Plat infect ; mauvaise cuisine.

ragoût n. m. (du v. *ragoûter* « réveiller l'appétit », de *goût*) Plat composé de morceaux de viande et de légumes cuits dans une sauce. *Un ragoût de mouton.* - var. RO **ragout.**

ragoûtant, ante adj. (de *ragoûter* → ragoût) (avec une négation) Appétissant, plaisant. *Un mets peu ragoûtant.* - var. RO **ragoutant, ante.**

ragréer v. tr. < 1 > (de l'ancien français *agréer* « remettre en état ») techn. Rendre régulière (une surface). *Ragréer un vieux parquet.*

ragtime [ʀagtajm] n. m. (mot anglais des États-Unis, proprt « temps en haillons ») Musique de danse syncopée des Noirs américains, qui fut une des sources du jazz.

raguer v. intr. (probablt de l'anglais *to rag* « saccager ») mar. S'user, se déchirer sous l'effet d'un frottement. *Câble qui rague.*

Raguse en italien **Ragusa** Ville d'Italie, en Sicile. 69 000 habitants. Palais et églises du XVIIIe siècle.

Rahman (Mujibur) Homme d'État du Bangladesh (1920-1975). Artisan de la sécession du Pakistan-Oriental (1970), il devint président du Bangladesh en 1975. Il fut renversé par un coup d'État militaire et assassiné.

Rahner (Karl) Jésuite et théologien catholique allemand (1904-1984). Il fut expert au concile de Vatican II. *Écrits théologiques.*

rai n. m. (vient du latin *radius* « baguette ; rayon ; radius » → radial, radiant, radieux ; [1]rayon) littér. Rayon (de lumière).

raï [ʀaj] n. m. (mot arabe « opinion ») Musique populaire arabe d'origine maghrébine, improvisation chantée sur des thèmes contemporains. – **adj.** *Des groupes raïs* ou *raï* (invar.).

raïa ou **raya** [ʀaja] n. m. (du turc) hist. Sujet non musulman de l'Empire ottoman. → **roumi.**

Raïatéa n. f. Île de Polynésie française, au N.-O. de Tahiti. 192 km^2. 9 000 habitants.

Raibolini (Francesco) voir Francia (il)

raid [ʀɛd] n. m. (mot anglais, var. de l'ancien *rád* → [1]rade) **1.** Opération militaire très rapide en territoire ennemi. → **incursion.** – *Raid aérien.* **2.** Épreuve sportive d'endurance sur une longue distance. *Raid automobile.* → **rallye. 3.** Opération financière réalisée par un raider. → **mainmise, OPA.** *Raid boursier.*

raide adj. (d'abord *roide* ; vient du latin *rigidus* « dur ; inflexible » → rigide) **I. 1.** Qui ne se laisse pas plier, manque de souplesse. → **rigide.** *Un tissu raide.* – *Cheveux raides* (s'oppose à *bouclé, frisé*). ■ Engourdi. *Avoir les jambes raides.* loc. *Avoir une jambe raide* : boiter. ■ fam. (personnes) Sans argent. – Ivre. – Sous l'effet d'une drogue. **2.** (personnes) Qui se tient droit et ferme. *Il est raide comme un piquet.* – *Maintien raide.* **3.** Tendu au maximum. *Une corde raide.* – loc. *Être sur la corde* raide.* **4.** Très incliné par rapport au plan horizontal. → **abrupt.** *Une pente très raide.* **II.** abstrait **1.** littér. Qui manque d'abandon, de spontanéité. → **guindé, sévère.** – *Une morale raide.* **2.** fam. (choses) Difficile à accepter, à croire. *Elle est raide, celle-là.* **III.** adv. **1.** vieux Violemment ; avec intensité. → **dur. 2.** *Raide mort* (emploi adj.) : mort soudainement. *Elles sont tombées raides mortes.* ■ fam. Complètement. *Être raide défoncé.*

rai-de-cœur n. m. archit. Ornement formé de feuilles aiguës en forme de cœur alternant avec des fers de lance. *Des rais-de-cœur.*

raider [ʀɛdœʀ] n. m. (mot anglais « pillard ») anglic. Personne ou société qui effectue des achats systématiques de titres (OPA) pour prendre le contrôle de sociétés. → **prédateur.** - recomm. offic. **attaquant.**

raideur n. f. État, caractère de ce qui est raide. → **rigidité.** *La raideur d'un membre.* – abstrait *La raideur de ses principes.* → **rigueur.**

raidillon n. m. Court chemin en pente raide.

raidir v. tr. < 2 > Faire devenir raide ; priver de souplesse. *Raidir ses muscles.* → [2]**contracter.** ■ se **raidir** v. pron. Devenir raide. – Tendre ses forces pour résister. *Se raidir contre la douleur.* ■ **raidi, ie** p. p. *Corps raidi par le froid.* – *Raidi dans son obstination.*

raidissement n. m. Action de raidir, de se raidir. État de ce qui est raidi. – Durcissement (d'une attitude, d'une opinion).

raidisseur n. m. techn. Appareil servant à raidir un fil de fer, un câble. ■ Pièce destinée à diminuer la flexion ou le jeu d'une structure.

[1]**raie** n. f. (vient du gaulois *riga* « sillon ») **1.** Ligne droite, bande mince et longue sur qqch. → **rayure, trait.** *Un tissu à raies.* → **rayé.** – fam. *La raie des fesses* : le sillon entre les fesses. **2.** Ligne de séparation entre les cheveux, où le cuir chevelu est apparent. *Porter la raie au milieu.* **3.** phys. *Raie d'émission* : bande brillante dans un spectre d'émission. *Raie d'absorption* : bande sombre dans un spectre d'absorption.

[2]**raie** n. f. (latin *raia*) Poisson cartilagineux au corps aplati en losange, à la chair délicate. *Raie au beurre noir.*

raifort n. m. (proprt « racine forte » ; vient du latin *radix* → racine + *fort*) Plante cultivée pour sa racine au goût piquant ; condiment extrait de cette racine. *Sauce au raifort.* – Radis noir d'hiver. ■ *Raifort japonais.* → **wasabi.**

rail n. m. (anglais *rail*, emprunt à l'ancien français, venant du latin *regula* → règle) **1.** Chacune des barres d'acier installées en deux lignes parallèles sur des traverses pour constituer une voie ferrée ; chacune des bandes continues ainsi formées. → **voie.** *L'écartement des rails. Sortir des rails, quitter les rails.* → **dérailler.** – loc. *Remettre* (qqn, qqch.) *sur les rails*, sur la bonne voie ; dans de bonnes conditions de fonctionnement. **2.** *Le rail* : le transport par voie ferrée. → **chemin de fer.** *La concurrence entre le rail et la route.* **3.** *Rail de sécurité* : barrière métallique placée le long d'une route pour empêcher les véhicules de la quitter accidentellement. → **glissière.** ■ Pièce profilée servant à guider ou à déplacer une autre pièce. *Rail servant à fixer des spots.* **4.** mar. Couloir de navigation. *Le rail d'Ouessant.*

railler v. tr. < 1 > (ancien provençal, du latin pop., p.-ê. de *ragere* « rugir ») littér. Tourner en ridicule (qqn, qqch.) par des moqueries. → se **moquer, persifler.**

raillerie n. f. **1.** Action, habitude de railler (les gens, les choses). « *Bonhomie vaut mieux que raillerie* » (Voltaire). **2.** Propos ou écrit par lequel on raille (qqn, qqch.). → **quolibet, sarcasme.**

railleur, euse adj. Qui raille, exprime la raillerie. → [1]**moqueur.** *Un air railleur.*

railroute [ʀajʀut] n. m. Mode de transport des marchandises utilisant simultanément la voie ferrée et la route. → **ferroutage.** *Des railroutes.* - var. **rail-route.** *Des rails-routes.*

Raimond voir Raymond

Raimondi (Marcantonio, dit en français Marc-Antoine) Graveur italien (v. 1480-1534). Il reproduisit des œuvres de Dürer et de Michel-Ange puis des dessins réalisés par Raphaël (*Le Jugement de Pâris ; Le Massacre des Innocents*). Son importante production contribua à la diffusion des œuvres de la Renaissance.

Raimondi (Ruggero) Chanteur italien (né en 1941). Il fit une carrière internationale dès 1970. Il interpréta, au cinéma, le rôle-titre dans *Don Giovanni* et celui de Scarpia dans *Tosca.*

Raimu (Jules Muraire, dit) Comédien français (1883-1946). Au théâtre, il fut un interprète idéal de Molière et imposa sa puissante personnalité aux personnages qu'il incarna. Créateur du rôle de César (*Marius* de Pagnol) en 1929, repris au cinéma, il incarna avec succès les personnages de Pagnol (*La Femme du boulanger*) et tourna dans de nombreux films (*Gribouille*).

Raimu avec Pierre Fresnay dans *Marius* de Marcel Pagnol (1931).

Rainaldi (Carlo) Architecte italien (1611-1691). Fils de l'architecte Girolamo Rainaldi, il réalisa à Rome deux églises symétriques (Santa Maria in Monte Santo et Santa Maria dei Miracoli), remarquables par leur conception scénographique de l'urbanisme, typique du baroque.

Raincy (Le) Chef-lieu d'arrondissement de la Seine-Saint-Denis. 14 753 habitants. Église Notre-Dame, de A. Perret (1922-1923), avec des vitraux de Maurice Denis.

rainer v. tr. < 1 > (de l'ancien français *rouanne, roisne*, d'après *rainure*) techn. Entailler en faisant une rainure. → **rainurer.**

rainette n. f. (de l'ancien français *raine*, venant du latin *rana* « grenouille » → renoncule ; grenouille) Petite grenouille arboricole, aux doigts munis de ventouses.

Rainier (mont) Volcan du N.-O. des États-Unis (État de Washington). 4 391 m. Parc national.

Rainier III (1923-2005). Prince de Monaco (1949-2005), de la famille Grimaldi. Il succéda à son grand-père Louis II et épousa en 1956 l'actrice américaine Grace Kelly.

rainure n. f. (de *rouanne*, n. d'un instrument, venant du latin) Entaille faite en long (à la surface d'un objet).

rainurer v. tr. < 1 > Marquer d'une rainure, faire des rainures à. → **rainer.** □ n. m. **rainurage**

raiponce n. f. (italien *raponz*, du latin *rapa* → [1]rave) Plante potagère dont les racines et les feuilles se mangent en salade.

Raipur Ville d'Inde, capitale du Chhattisgarh. 1,12 million d'habitants. Centre industriel. Industrie du bois.

raire v. intr. < 50 > (latin *ragere*) Bramer (cerf, chevreuil). → **raller.** - syn. **réer** v. intr. < 1. >

Rais ou **Retz** [ʀɛ] **(Gilles de)** Maréchal de France (1404-1440). Compagnon d'armes de Jeanne d'Arc, il se retira sur ses terres en 1435, au château de Tiffauges, où il s'adonna à la magie noire. Il enleva et fit assassiner des centaines d'enfants. Il fut condamné et exécuté. La tradition populaire l'identifia à Barbe-Bleue.

raïs n. m. (mot arabe « chef ») Chef suprême, dans certains pays arabes (Égypte, notamment).

raisin n. m. (vient du latin, *racemus* en latin class.) **1.** *Le raisin* (collectif), *les raisins* : fruit de la vigne, ensemble de baies (grains) réunies en grappes sur la rafle. *Du raisin blanc, noir. Raisin de table ; raisin de cuve* (destiné à la fabrication du vin). – *Cueillir du raisin, des raisins* (→ **vendange**). *Cure de raisin* (→ **uval**). – *Raisins secs. Pain aux raisins.* **2.** Baies en grappes de certaines plantes. *Raisin d'ours.* → **busserole. 3.** Grappe d'œufs de seiche.

raisiné n. m. **1.** Confiture à base de jus de raisin concentré. **2.** argot Sang.

raisinet n. m. (de *raisin*) (Suisse) Groseille.

Raismes Commune du Nord, dans la banlieue de Valenciennes. 12 201 habitants.

raison n. f. (vient du latin *ratio* « compte, méthode » → **ration** ; **rationnel**, mot qui traduit le grec *logos* → **-logie**) **I.** (pensée, jugement) **1.** La faculté qui permet à l'être humain de connaître, juger et agir conformément à des principes (→ **compréhension, entendement, esprit, intelligence**), et spécialt de bien juger et d'appliquer ce jugement à l'action (→ **discernement, jugement,** bon **sens**). *« Critique de la raison pure », « Critique de la raison pratique »* (œuvres de Kant). – allusion *« Le cœur a ses raisons, que la raison ne connaît point »* (Pascal). – *Conforme à la raison* (→ **raisonnable, rationnel**) ; *contraire à la raison* (→ **déraisonnable**). – loc. *L'âge de raison*, l'âge auquel l'enfant est censé posséder la raison (7 ans). – *Ramener qqn à la raison, mettre qqn à la raison*, à une attitude raisonnable. – (opposé à *instinct, intuition...*) Pensée logique. *La raison et la passion. Mariage de raison* (réglé par les convenances). **2.** Les facultés intellectuelles (d'une personne), dans leur fonctionnement. → **lucidité.** *Perdre la raison*, devenir fou. *Elle n'a plus toute sa raison.* **3.** (dans des loc.) Ce qui est raisonnable. *Sans rime* ni raison.* – *Il ne veut pas entendre* raison.* – ***Plus que de raison*** : au-delà du raisonnable. → à l'**excès**. – littér. ***Comme de raison*** : comme la raison le suggère. **4.** Connaissance à laquelle l'être humain accède (sans l'intervention d'une foi ou d'une révélation). *Mysticisme et raison.* → **rationalisme.** *Le culte de la Raison, pendant la Révolution française.* **5.** (dans des loc. ; opposé à *tort*) Jugement, comportement en accord avec les faits. ***Avoir raison*** : être dans le vrai, ne pas se tromper. – ***Donner raison** à qqn*, juger qu'il a raison. – *À tort* ou à raison.* **II.** (principe, cause) **1.** Ce qui permet d'expliquer (l'apparition d'un fait). *Comprendre la raison d'un phénomène.* → **cause.** ■ Ce qui permet d'expliquer (un acte, un sentiment). → **motif.** *La raison de son attitude.* ■ loc. ***Par,*** (plus cour.) ***pour la raison que.*** → **parce que.** *C'est pour la (simple) raison que... Pour quelle raison ?* → **pourquoi.** *Pour une raison ou pour une autre,* sans raison connue. ***En raison de.*** → à **cause** de. – ***Se faire une raison*** : se résigner à admettre ce qu'on ne peut changer (→ **prendre son parti de**). **2.** Motif légitime qui justifie (qqch.) en expliquant. → **fondement, justification,** [2]**sujet.** *Avoir une raison d'espérer. Avoir de bonnes, de fortes raisons de penser que... – Ce n'est pas une raison ! Il n'y a pas de raison. Raison de plus pour...* (c'est une raison de plus). – allusion *« Le cœur a ses raisons... »* (cf. ci-dessus [I, 1] Pascal). *La raison du plus fort*.* ■ loc. ***Avec (juste) raison.*** → à juste **titre**. – ***À plus forte raison*** : avec des raisons encore meilleures. → **a fortiori.** – ***Sans raison*** : sans motif raisonnable. *Non sans raison.* **3.** au plur. Arguments destinés à prouver. *Se rendre aux raisons de qqn.* **4.** ***Avoir raison de*** *(qqn, qqch.)* : vaincre la résistance de, venir à bout de. *Avoir raison des obstacles, des difficultés.* **III.** ***Raison sociale*** : nom, désignation (d'une société). **IV.** sc. Proportion, rapport. *Raison d'une progression*,* nombre que l'on ajoute ou multiplie pour l'obtenir. – loc. *Augmenter, changer* ***en raison directe, inverse de.*** – ***À raison de*** : en proportion de, selon.

▶ Le terme de **raison** au sens philosophique vient du latin *ratio* « calcul » et traduit en partie le *logos* grec. Cette faculté de penser, propre à l'homme selon beaucoup, s'exerce dans deux champs : celui de la connaissance (« rationnel ») et celui de l'action (« raisonnable »). Elle a été définie tour à tour en opposition aux passions, à l'instinct, aux sentiments, à l'intuition, à l'expérience (opposition rationalisme/empirisme), à la foi, à la folie...

La faculté de raisonner occupe une place centrale dans le développement des sciences (des mathématiques en premier lieu) et dans l'histoire de la philosophie : la naissance de celle-ci en Grèce correspondant au passage du discours mythique au discours rationnel. Parménide, Aristote et les stoïciens ont fondé la logique, dégageant les principes d'identité, de non-contradiction et du tiers exclu qui régissent la raison.

À partir du XVIIe siècle, les rationalistes accordent un grand pouvoir à la raison comme faculté de bien juger dans la recherche de la vérité. En 1637 paraît le *Discours de la méthode* de Descartes au sous-titre évocateur : « Pour bien conduire sa raison et chercher la vérité dans les sciences. » Dans son *Histoire de la folie à l'âge classique*, M. Foucault montre que c'est aussi à l'âge classique qu'une rupture s'instaure entre raison et déraison. La raison triomphe au Siècle des lumières : en 1793, en France, on accorde même un culte à la « Raison suprême » ! Dans la *Critique de la raison pure*, Kant lui impose des limites : contrairement à ce qu'elle prétend, la raison ne peut pas appréhender « métaphysiquement » la nature profonde des choses mais uniquement développer à travers l'expérience une science des phénomènes.

voir aussi **logique, folie, science, magie**

Raison (André) Organiste et compositeur français (mort en 1719). Organiste à l'abbaye Sainte-Geneviève-de-Paris, il fut l'un des plus grands virtuoses de son temps. Il a laissé deux *Livres d'orgue*.

raisonnable adj. **1.** Doué de raison (I), de jugement. → **intelligent, pensant.** *L'homme, animal raisonnable.* **2.** Qui pense et agit selon la raison. → **réfléchi, sensé.** *Un enfant raisonnable.* – Conforme à la raison. *Une décision raisonnable.* → **rationnel ; judicieux, sage.** – impers. *Il est raisonnable de...* → **naturel, normal. 3.** Qui consent des conditions modérées. *Un négociateur raisonnable.* **4.** Qui correspond à la mesure normale. *Prix raisonnable.* → **modéré.** *À une distance raisonnable.* → **acceptable.** – Assez important. *Un raisonnable paquet d'actions.*

raisonnablement adv. D'une manière raisonnable. *Agir raisonnablement.*

raisonnant, ante adj. Qui raisonne. – loc. *La raison raisonnante* : la faculté de raisonner.

raisonné, ée adj. **1.** Conforme aux règles du raisonnement. *Bien, mal raisonné.* **2.** Soutenu par des raisons (II). *Un projet raisonné*, réfléchi. **3.** Qui explique par des raisonnements. → **rationnel.** *Méthode raisonnée de grammaire.* ■ *Agriculture raisonnée*, respectueuse de l'environnement.

raisonnement n. m. **1.** Activité de la raison (I), manière dont elle s'exerce. *Opinion fondée sur le raisonnement ou sur l'expérience.* **2.** Fait de raisonner en vue de parvenir à une conclusion. *Les prémisses, la conclusion d'un raisonnement. Un raisonnement juste ; faux.*

raisonner v. < 1 > **I.** v. intr. **1.** Faire usage de sa raison pour former des idées, des jugements. → [1]**penser ; philosopher.** *Raisonner avant d'agir.* → **réfléchir. 2.** Employer des arguments pour convaincre, prouver ou réfuter. *Elle a la manie de raisonner* (→ **discuter, ergoter, ratiociner ; raisonneur**). **3.** Enchaîner les parties d'un raisonnement pour aboutir à une conclusion. *Raisonner par analogie.* **II.** v. tr. Chercher à amener (qqn) à une attitude raisonnable. *On ne peut pas le raisonner.* ■ **se raisonner** v. pron. Se conformer à la raison. *Tâche de te raisonner.* – (passif) *L'amour ne se raisonne pas.*

raisonneur, euse n. Personne qui discute, raisonne, réplique. *Un insupportable raisonneur.* – adj. *Il est très raisonneur.*

Raizet (Le) Aéroport de Pointe-à-Pitre.

raja ; rajah voir **radja**

Rajahmundry Ville d'Inde (Andhra Pradesh), sur la Godavari. 476 900 habitants. Industries (bois, aluminium). Port de commerce.

Rajasthan n. m. État du N.-O. de l'Inde. 342 214 km². 81 032 700 habitants. Capitale : Jaipur. Bordé par le Pakistan, formé par le désert de Thar et les monts Aravalli, il vit de l'agriculture (céréales, coton, arachide) et des ressources minières (zinc, amiante, marbre). Industries textiles, alimentaires et chimiques. Tourisme. Le Rajasthan fut créé à l'indépendance de l'Inde (1947), à partir de 19 États princiers.

Rajasthan, la ville de Pushkar, lieu de pèlerinage, et son lac sacré.

rajeunir v. < 2 > **I.** v. tr. **1.** Rendre une certaine jeunesse à (qqn). *« Aucune fontaine de Jouvence ne la pourrait rajeunir »* (Gautier). – fam. *Cela ne nous rajeunit pas*, se dit à propos d'un évènement qui souligne l'âge. **2.** Attribuer un âge moins avancé à (qqn). *Vous me rajeunissez de cinq ans !* **3.** Faire paraître (qqn) plus jeune (aspect physique). *Cette coiffure la rajeunit.* – pronom. *Elle essaie de se rajeunir par tous les moyens.* **4.** Ramener (qqch.) à un état de fraîcheur, de nouveauté. → **rafraîchir.** – *Rajeunir un équipement.* → **moderniser. 5.** Abaisser l'âge de (un groupe). **II.** v. intr. Reprendre les apparences de la jeunesse. *Elle a rajeuni de dix ans.*

rajeunissant, ante adj. Propre à rajeunir.

rajeunissement n. m. Action, fait de rajeunir.

R

Rajk (László) Homme politique hongrois (1909-1949). Ministre de l'Intérieur dans le gouvernement Nagy (1946), il devint ensuite ministre des Affaires étrangères (1948). Accusé de titisme, il fut condamné et exécuté. Il fut réhabilité en 1956.

Rajkot Ville d'Inde (Gujarat). 1,4 million d'habitants. Industries chimiques. Marché agricole.

rajout n. m. (de *rajouter*) Ce qui est rajouté. *Rajout en marge d'un texte.* → **ajout.**

rajouter v. tr. < 1 > **1.** Ajouter de nouveau. *Il n'y a rien à rajouter.* – fam. Ajouter en plus. *Rajouter du sel.* **2.** fam. ***En rajouter.*** → en **remettre ; exagérer.** *N'en rajoute pas !*

Rajoy (Mariano) Homme d'État espagnol (né en 1955). Successeur de J. M. Aznar à la tête du Parti populaire en 2004, il fut Premier ministre de 2011 à 2018.

Rajput n. m. pl. Clans de l'Inde occidentale, de mœurs guerrières et qui formèrent l'aristocratie des peuples de l'ouest de l'Inde ancienne.

Rajshahi Ville du Bangladesh, sur le Gange. 388 800 habitants.

rajustement n. m. Action de rajuster. → **réajustement.**

rajuster v. tr. < 1 > (de *ajuster*) **1.** Remettre (qqch.) en bonne place. *Rajuster ses lunettes (sur son nez).* – *Rajuster un vêtement, sa tenue.* pronom. *Se rajuster :* remettre de l'ordre dans ses vêtements. **2.** vieux Remettre en accord, en harmonie. *« La mort rajuste toutes choses »* (Molière). – mod. *Rajuster les salaires.* → **réajuster.**

raki n. m. (mot turc, emprunt à l'arabe *araq* → arak) Eau-de-vie parfumée à l'anis.

Rakka voir Raqqa

Rákóczi ou **Rákóczy** Famille hongroise dont le représentant le plus célèbre est **Ferenc II** (1676-1735). Prince de Transylvanie, il lutta contre l'Autriche, et proclama l'indépendance de la Hongrie (1707). Sa politique d'émancipation des serfs lui fit perdre le soutien de la noblesse et il dut quitter le pouvoir. Il fut considéré en Hongrie comme un héros national.

Rákosi (Mátyás) Homme d'État hongrois (1892-1971). Il fut secrétaire général du Parti des travailleurs (communiste) et président du Conseil en 1952. Il organisa de grands procès contre les titistes. Il lutta contre la ligne libérale de I. Nagy, et se réfugia en URSS après le soulèvement de 1956.

râlant, ante adj. fam. Qui fait râler. → **rageant.** *C'est râlant !*

[1]râle n. m. (de *râler*) **1.** Bruit rauque de la respiration, chez certains moribonds. *Un râle d'agonie.* **2.** méd. Altération du bruit respiratoire, qui signale une affection pulmonaire.

[2]râle n. m. (p.-ê. de *râler*) Petit échassier migrateur. *Râle d'eau.*

Raleigh (sir Walter) Navigateur et écrivain anglais (v. 1552-1618). Favori de la reine Élisabeth Ire, il tenta sans succès d'établir, en 1585, une colonie en Amérique du Nord, dans une région qu'il appela « Virginie » (en l'honneur d'Élisabeth, la « reine vierge »), puis explora la région des Guyanes (1595). Emprisonné sous Jacques Ier (1603), puis libéré, il entra en conflit, dans l'Orénoque, avec les Espagnols. Arrêté à son retour, il fut décapité.

Sir Walter Raleigh, par William Segar (1598), National Gallery of Ireland, Dublin.

Raleigh Ville des États-Unis, capitale de la Caroline du Nord. 467 660 habitants. Collèges et universités.

ralenti n. m. **1.** Régime le plus bas d'un moteur. *Régler le ralenti.* **2.** Procédé cinématographique qui fait paraître les mouvements plus lents que dans la réalité. **3.** loc. *Au ralenti. Vivre au ralenti. Activité au ralenti.*

ralentir v. < 2 > (du v. *alentir,* de *lent*) **I.** v. tr. **1.** Rendre plus lent (un mouvement...). *Ralentir le pas.* **2.** Rendre plus lent (un processus). *Ralentir la production.* **II.** v. intr. Réduire la vitesse du véhicule que l'on conduit. → **décélérer, freiner.** *Ralentir, travaux.* □ se **ralentir** v. pron. *Le rythme se ralentit.*

ralentissement n. m. **1.** Fait de se ralentir (mouvement). – *Ralentissement de la circulation.* **2.** Diminution d'activité.

ralentisseur n. m. **1.** Dispositif monté sur un véhicule, qui sert à ralentir. **2.** Petit dos d'âne aménagé pour faire ralentir les véhicules.

râler v. intr. < 1 > (vient du latin pop. ; famille de *raser*) **I.** Faire entendre un râle en respirant. *Moribond qui râle.* **II.** fam. Manifester sa mauvaise humeur ; protester. → **grogner, maugréer, ronchonner.**

râleur, euse n. fam. Personne qui proteste, râle à tout propos. *Quelle râleuse !* – adj. *Ce qu'il est râleur !*

ralingue n. f. (ancien néerlandais *rar-lik*) mar. Cordage auquel sont cousus les bords d'une voile pour les renforcer. ■ *Voile en ralingue,* dont les ralingues sont parallèles à la direction du vent.

ralinguer v. < 1 > mar. **1.** v. tr. Garnir (une voile) de ralingues. **2.** v. intr. (voile) Qui est en ralingue, reçoit mal le vent et bat sans être tendue.

raller v. intr. (forme de *râler*) rare Pousser son cri (cerf). → **bramer, raire.**

rallidé n. m. (de [2]*râle*) zool. Oiseau aux ailes courtes, à petite tête, et dont le type est le râle (famille des *Rallidés*).

ralliement n. m. **1.** Fait de rallier (une troupe), de se rallier. *Manœuvre de ralliement.* ■ loc. *Point de ralliement,* lieu convenu pour se retrouver. – *Signe de ralliement,* qui sert aux membres d'un groupe à se reconnaître. **2.** Fait de se rallier (à un parti, une cause, etc.). → **adhésion.**

rallier v. tr. < 7 > (de *allier*) **1.** Regrouper (des personnes dispersées). *Le chef rallie ses troupes.* → **rassembler. 2.** Unir pour une cause commune ; convertir à sa cause. → **gagner.** *Il a rallié les indécis.* **3.** Rejoindre (une troupe, un parti, etc.). *Rallier la majorité.* – Rejoindre (un lieu). *Navire qui rallie la côte.* ■ se **rallier** v. pron. **1.** Se regrouper. *Les troupes se rallient.* **2.** *Se rallier à,* rejoindre, adhérer à. *Se rallier à un parti.* – *Se rallier à l'avis de qqn.* → se **ranger.**

rallonge n. f. (de *rallonger*) **1.** Ce qu'on ajoute à une chose pour la rallonger. → **allonge.** – Planche qui sert à augmenter la surface d'une table. *Table à rallonges.* ■ loc. fam. *Nom à rallonge,* nom à plusieurs éléments (particule, etc.). → **à tiroirs. 2.** Prolongateur électrique. **3.** fam. Ce que l'on paye ou reçoit en plus du prix convenu. → **supplément.** *Obtenir une rallonge.*

rallongement n. m. Opération qui consiste à rallonger (qqch.).

rallonger v. < 3 > (de *allonger*) **1.** v. tr. Rendre plus long (en ajoutant un élément). → **allonger.** *Rallonger une robe, un texte.* – *Ce chemin rallonge le trajet.* **2.** v. intr. fam. Allonger. *Les jours rallongent.*

rallumage n. m. Action de rallumer. *Rallumage des feux.*

rallumer v. tr. < 1 > **1.** Allumer de nouveau. *Rallumer le feu.* – absolt *Rallumer :* redonner de la lumière. **2.** fig. Redonner de l'ardeur, de la vivacité à. → **ranimer.** – pronom. *Les passions se sont rallumées.*

rallye [Rali] n. m. (de l'anglais *to rally* « rassembler ») Course automobile où les concurrents doivent rallier un lieu déterminé.

RAM n. f. invar. (acronyme de l'anglais *Random Access Memory* « mémoire à accès aléatoire ») anglic., inform. Mémoire vive (recomm. offic.).

-rama voir -orama

Rama ou **Rāma** Personnage des légendes et poèmes épiques de l'Inde, une des incarnations du dieu Vishnou et héros du *Rāmāyana.*

ramadan n. m. (mot arabe) Mois pendant lequel les musulmans doivent s'astreindre à l'abstinence (jeûne strict, etc.) entre le lever et le coucher du soleil. – *Faire le ramadan :* observer les prescriptions de ce mois.

Ramadier (Paul) Homme d'État français (1888-1961). Maire de Decazeville (1919), député socialiste (1928), il fut plusieurs fois ministre (1938-1940). Il entra dans la Résistance et participa au gouvernement à la Libération. Président du Conseil en 1947, il mit fin au tripartisme en écartant les communistes du gouvernement.

ramage n. m. (famille de *rameau*) **I.** vieux Rameau, branchage. *Sous les ramages.* ■ mod. au plur. *Tissu à ramages,* décoré de rameaux fleuris et feuillus. **II.** littér. Chant des oiseaux. → **gazouillement.** *« Si votre ramage / Se rapporte à votre plumage »* (La Fontaine).

ramager v. < 3 > **1.** v. intr. Faire entendre son ramage (oiseau). **2.** v. tr. Orner de ramages.

Ramakrishna ou **Rāmakriṣṇa** Mystique hindou (1834-1886). Promoteur du védantisme, il eut une énorme influence en Inde et à l'étranger grâce à son disciple Vivekānanda.

Ramallah Ville de Cisjordanie, au N. de Jérusalem. 41 000 habitants. Occupée par les Israéliens après la guerre des Six Jours, elle est sous autorité palestinienne depuis 1995. Elle est le siège de nombreuses organisations palestiniennes. Tombeau de Yasser Arafat dans la Mouqataa.

Raman (sir Chandrasekhara Venkata) Physicien indien (1888-1970). Il découvrit en 1928 l'effet qui porte son nom et qui consiste en la diffusion inélastique de la lumière visible par les molécules et les atomes. Prix Nobel 1930.

ramancher v. tr. < 1 > (mot de l'Ouest [Anjou, Saintonge] ; de [2]*manche*) (Canada) fam. **1.** Réparer, rafistoler (qqch.). **2.** Soigner, guérir (qqn). – Remettre (une articulation).

Rāmānuja Philosophe religieux hindou (v. 1050-v. 1137) d'obédience vishnouite. Il est l'auteur de nombreux traités sur le Vedānta.

ramapithèque n. m. (de *Râma,* dieu de l'Inde, et du grec *pithêkos* « singe ») paléont. Fossile de primate supérieur, découvert en Inde, dont la denture rappelle celle du chimpanzé.

ramassage n. m. **1.** Action de ramasser des choses éparses. *Le ramassage des feuilles mortes.* **2.** ***Ramassage scolaire :*** transport quotidien, par un service routier spécial, des écoliers demeurant loin de leur établissement.

ramassé, ée adj. Resserré en une masse, blotti. → **pelotonné.** – *Un corps ramassé.* → **[1]massif, trapu.** – fig. *Style ramassé,* concis et dense.

ramasse-miette n. m. Ustensile pour ramasser les miettes sur la table après un repas. *Des ramasse-miettes.* - var. **ramasse-miettes** (invar.).

ramasse-poussière n. m. régional (Nord ; Belgique) **1.** Pelle à poussière. → **ramassette.** *Des ramasse-poussières* ou *des ramasse-poussière* (invar.). **2.** fam. Bibelot, élément de décoration qui retient la poussière (→ **nid à poussière**).

ramasser v. tr. < 1 > (de *amasser*) **I. 1.** Resserrer en une masse ; tenir serré. *« Elle ramassa ses jupes, courut dans l'averse »* (Zola). – pronom. *Se ramasser :* se mettre en masse, en boule. → se **pelotonner.** *Le chat se ramassa, puis bondit.* **2.** Réunir (des choses éparses). *Ramasser les ordures.* → **enlever.** – *Le professeur ramasse les copies.* → **relever.** ■ fig. *Ramasser ses forces.* → **rassembler. 3.** fam. *Ramasser qqn,* l'arrêter (police, etc.). **II. 1.** Prendre par terre (des choses éparses) pour les réunir. *Ramasser du bois mort. Il n'y a qu'à se baisser pour en ramasser.* **2.** Prendre par terre (une chose qui s'y trouve).

Ramasser des coquillages. – (d'une personne) *On l'a ramassé ivre mort.* – loc. fam. *Être à ramasser à la petite cuillère*.* **3.** fig., fam. Prendre (des coups) ; attraper (un mal). *Elle a ramassé une gifle. Ramasser un bon rhume.* → **choper.**

ramassette n. f. régional (Nord ; Belgique) Pelle à poussière. → **ramasse-poussière.**

ramasseur, euse n. **I.** (personnes) **1.** Personne qui ramasse. *Un ramasseur de balles* (au tennis). **2.** Personne qui va chercher chez les producteurs (les denrées destinées à la vente). *Ramasseur de lait.* **II.** n. m. (choses) techn. Partie d'un mécanisme servant à ramasser. *Ramasseur d'une broyeuse.*

ramassis n. m. péj. Réunion (de choses ou de gens de peu de valeur). *Un ramassis d'incapables.* → **tas.**

Ramat Gan Ville d'Israël, dans la banlieue de Tel-Aviv. 129 700 habitants. Industries. Tourisme.

Rāmāyana n. m. Long poème épique sanskrit, racontant les aventures héroïques de Rama à la recherche de son épouse Sītā, enlevée par le démon Rāvaṇa.

Ramban voir **Maïmonide**

rambarde n. f. (italien *rembata*) Garde-corps placé autour des gaillards et des passerelles d'un navire. – Rampe métallique, garde-fou. *La rambarde d'une jetée.*

Rambaud (Patrick) Écrivain français (né en 1946). Son roman « napoléonien » *La Bataille* a obtenu le prix Goncourt en 2007 ; la *Chronique du règne de Nicolas Ier* fustige le quinquennat de Nicolas Sarkozy.

Rambert (Myriam Ramberg, dite Marie) Danseuse et chorégraphe britannique d'origine polonaise (1888-1982). Collaboratrice de Diaghilev, elle fonda à Londres le Ballet Club (1930) et forma plusieurs générations de danseurs et de chorégraphes.

Rambervillers Commune des Vosges, sur la Mortagne. 5 072 habitants. Église gothique. Hôtel de ville (XVIe s.).

Rambouillet Chef-lieu d'arrondissement des Yvelines, dans la forêt de Rambouillet. 27 043 habitants. Ville résidentielle et touristique, elle abrite le *château de Rambouillet*, édifié en 1375 et modifié au XVIIIe s. Le jardin à l'anglaise qui l'entoure est dû à Hubert Robert. Le château appartient à l'État depuis 1870. La *Forêt de Rambouillet* s'étend autour de la ville sur 22 000 hectares.

Rambouillet (hôtel de) Ancien hôtel construit rue Saint-Thomas-du-Louvre à Paris par Catherine de Vivonne, marquise de Rambouillet (1588-1665) qui y tint un salon littéraire typique de la préciosité.

ramboutan n. m. (mot malais) Fruit du Sud-Est asiatique à écorce rougeâtre épineuse, à pulpe blanche et juteuse.

Rambuteau (Claude Philibert Barthelot, comte de) Administrateur français (1781-1869). Préfet de la Seine (1833-1848), il réalisa de nombreux travaux d'embellissement et d'assainissement de la capitale.

ramdam [ʀamdam] n. m. (de *ramadan*, à cause de la vie nocturne bruyante du ramadan) fam. Tapage, vacarme. → **¹boucan, raffut.** *Faire du ramdam.*

¹rame n. f. (→ ¹ramer) Longue barre de bois aplatie à une extrémité, qu'on manœuvre pour propulser et diriger une embarcation. → **aviron.** ■ loc. fam. *Ne pas en fiche une rame* : ne fournir aucun effort, ne rien faire. → **²ramée.**

²rame n. f. (famille de *rameau*) **1.** vieux Branche d'arbre. **2.** Branche rameuse fichée en terre pour guider une plante potagère grimpante et lui servir de tuteur. *Pois à rames.*

³rame n. f. (de l'espagnol, de l'arabe) **1.** Ensemble de cinq cents feuilles (de papier). **2.** File de wagons attelés. *Rame de métro.*

ramé, ée adj. (du latin *ramus* « bois du cerf ») *Cerf ramé* : jeune cerf dont les bois poussent.

rameau n. m. (vient du latin *ramus* « branche » ; *cf.* ramage, ramifier, ramoner, ramure) Petite branche d'arbre. *Des rameaux d'olivier. Branches et rameaux.* → **ramure.**

Rameau (Jean-Philippe) Compositeur et théoricien de la musique français (1683-1764). Organiste et claveciniste, il publia son *Traité d'harmonie réduite à ses principes naturels*, premier d'une série capitale d'ouvrages qui définissent les principes de l'harmonie moderne. Il se consacra à l'opéra à partir de 1730 : trente-deux tragédies lyriques, comédies-ballets et opéras-comiques (*Les Indes galantes ; Castor et Pollux ; Platée*) illustrent un style nouveau, faisant place à l'émotion et au sentiment dramatique, remarquables par l'invention mélodique, la couleur orchestrale et la recherche des timbres. Il se trouva engagé dans la fameuse querelle des Bouffons, opposant les tenants de la musique française à ceux de la musique italienne. On lui doit aussi un recueil de *Pièces de clavecin en concert.*

¹ramée n. f. (famille de *rameau*) littér. **1.** Ensemble des branches à feuilles d'un arbre. → **feuillage, ramure.** « *Le parc empanaché de gigantesques ramées* » (Aloysius Bertrand). **2.** vieux Branches coupées avec leurs feuilles.

²ramée n. f. (de ¹*ramer*) loc. fam. *Ne pas en fiche une ramée.* → **¹rame.**

Ramée (Pierre de la) voir **Ramus**

ramen [ʀamɛn ; lamɛn] (mot japonais, du chinois) n. f. au plur. Nouilles japonaises d'origine chinoise, servies dans un bol de bouillon. – appos. *Nouilles ramen.* ■ n. m. Ce plat. *Un ramen au porc, aux crevettes.*

ramenard, arde adj. fam. Qui la ramène, fait l'important.

ramender v. tr. < 1 > (de *amender*) **1.** Raccommoder (des filets de pêche). **2.** Amender de nouveau (un terrain). **3.** techn. Redorer à la feuille d'or.

ramendeur, euse n. Personne qui répare les filets de pêche.

ramener v. tr. < 5 > **1.** Amener de nouveau (qqn). *Ramenez-moi le malade demain.* **2.** Faire revenir (qqn, un animal, un véhicule) au lieu qu'il avait quitté. *Je vais vous ramener chez vous.* → **raccompagner, reconduire.** *Ramener un cheval à l'écurie.* – *Je te ramènerai la voiture demain.* ■ Provoquer le retour de (qqn). *L'averse le ramena à la maison.* **3.** Faire revenir (à un état, à un sujet). *On l'a ramené à la vie, ramené à lui.* → **ranimer.** *Ramener qqn à la raison.* – (sujet chose) *Ceci nous ramène à notre sujet.* – (compl. chose) *Ramener la conversation sur... Ramener tout à soi* : faire preuve d'égocentrisme. **4.** fig. Faire renaître, faire revenir. *Ramener la paix.* → **¹restaurer, rétablir.** **5.** Amener (qqn), apporter (qqch.) avec soi, en revenant au lieu qu'on avait quitté. *Il a ramené d'Italie une femme charmante.* **6.** Faire prendre une certaine position à (qqch.) ; remettre en place. *Ramener la couverture sur ses pieds.* **7.** loc. fam. *Ramener sa fraise* : arriver, venir ; fig. manifester de la prétention. – ellipt *La ramener.* → **crâner.** **8.** fig. Porter (à un certain point de simplification ou d'unification). → **réduire.** *Ramener une fraction à sa plus simple expression.* ■ **se ramener** v. pron. **1.** *Se ramener à* : se réduire, être réductible à. *Tout cela se ramène à une question d'argent.* **2.** fam. Venir. *Ramène-toi !* → **s'amener, rappliquer.**

ramequin n. m. (du néerlandais) **1.** Petit gâteau au fromage. **2.** Petit récipient individuel qui supporte la cuisson.

¹ramer v. intr. < 1 > (de l'ancien français *reim, raim*, venant du latin *remus*) **1.** Manœuvrer les rames ; avancer avec les rames. **2.** fig., fam. Avoir du mal à faire qqch. ; faire des efforts. → **galérer.** ■ *Ordinateur qui rame*, qui fonctionne avec difficulté.

²ramer v. tr. < 1 > (de ²*rame*) Soutenir (une plante) avec une rame (², 2).

ramette n. f. (de ³*rame*) Rame de papier de petit format.

rameur, euse n. **1.** Personne qui rame, qui est chargée de ramer. *Un rang, un banc de rameurs.* **2.** n. m. sports Appareil d'entraînement physique simulant les mouvements du rameur.

rameuter v. tr. < 1 > (de *ameuter*) **1.** Regrouper pour faire nombre ou pour une action commune. *Rameuter ses partisans.* **2.** vén. Ramener (les chiens) en meute.

rameux, euse adj. (du latin → rameau) bot. Qui a de nombreux rameaux.

rami n. m. (de l'anglais, p.-ê. de *rummy* « bizarre ») Jeu de cartes consistant à réunir des combinaisons de cartes qu'on étale sur la table. – *Faire rami* : étaler toutes ses cartes.

ramie n. f. (du malais) bot. Plante de l'Asie tropicale, sorte d'ortie dont les longues fibres fournissent un textile résistant.

ramier n. m. (famille de *rameau*) Gros pigeon sauvage qui niche dans les arbres. → **palombe.** – adj. *Pigeon ramier.*

ramification n. f. (→ se ramifier) **1.** Division en plusieurs rameaux ; chacune des divisions ou chacun des rameaux. ■ anat. *Ramifications vasculaires, nerveuses.* ■ *Les ramifications d'un égout, d'une voie ferrée.* **2.** fig. Groupement secondaire dépendant d'un organisme central. *Société qui a des ramifications à l'étranger.* ■ Branche secondaire, subdivision.

se ramifier v. pron. < 7 > (→ rameau) **1.** Se diviser en plusieurs branches ou rameaux. – au p. p. *Les prolongements ramifiés de la cellule nerveuse.* **2.** fig. Avoir des ramifications ; se subdiviser. *Une secte qui se ramifie.*

ramille n. f. (famille de *rameau*) Chacune des plus petites et dernières divisions d'un rameau.

Ramillies Localité de Belgique, près de Louvain. Marlborough y vainquit Villeroi en 1706.

ramingue adj. (italien *ramingo* « [oiseau] qui va de branche en branche », de l'ancien occitan, venant du latin *ramus* « branche ») Se dit du cheval qui refuse d'avancer quand on lui fait sentir l'éperon. → **rétif.**

Ramire Nom de deux rois d'Aragon et de trois rois de León et des Asturies (IXe-XIIe s.).

ramolli, ie adj. **1.** Devenu mou. *Des biscuits ramollis.* – fig., fam. *Cerveau ramolli*, faible, sans idées. **2.** fam. Dont le cerveau est devenu faible. → **gâteux.** – Passif, sans réaction. → **mollasson, ramollo.**

ramollir v. tr. < 2 > (de *amollir*) Rendre mou ou moins dur. → **amollir.** *Ramollir du cuir.* – pronom. *Chairs qui se ramollissent.* ■ fig., littér. « *L'oisiveté ramollit les courages* » (Vaugelas).

ramollissant, ante adj. Qui ramollit.

ramollissement n. m. Action de se ramollir, état de ce qui est ramolli. – méd. *Ramollissement cérébral*, lésion due à un trouble de l'irrigation sanguine.

ramollo adj. (d'un n. propre fictif et plais.) fam. Ramolli (2) ; faible. → **flagada, raplapla.**

Ramon (Gaston Léon) Bactériologiste français (1886-1963). Il découvrit l'anatoxine (1923) et mit au point les vaccins antitétanique et antidiphtérique.

ramonage n. m. Action de ramoner ; son résultat.

ramoner v. < 1 > (famille de *rameau*) **I.** v. tr. Nettoyer en raclant pour débarrasser de la suie (les cheminées, les tuyaux). **II.** v. intr. alpin. Se hisser dans une cheminée en poussant contre les parois.

ramoneur, euse n. Personne dont le métier est de ramoner les cheminées.

R

Ramonville-Saint-Agne Commune de la Haute-Garonne, dans la banlieue de Toulouse. 14 730 habitants.

Ramón y Cajal (Santiago) Médecin et biologiste espagnol (1852-1934). Il établit la nature du neurone et étudia ses connexions dans le cerveau. Prix Nobel 1906.

Ramos-Horta (José) Homme d'État timorais (né en 1949). Président du Conseil national provisoire du Timor oriental avant l'accession à l'indépendance. Il a été président de 2007 à 2012 puis réélu en 2022. Prix Nobel de la paix 1996.

Rampal (Jean-Pierre) Flûtiste français (1922-2000). Interprète du répertoire aussi bien classique que contemporain, il a mené une brillante carrière internationale de soliste.

rampant, ante adj. I. archit. *Arc rampant,* dont les naissances ne sont pas à la même hauteur. II. 1. Qui rampe. *Animal rampant.* – *Plantes rampantes.* ■ par plais. (argot aviat.) *Personnel rampant,* qui est employé à terre (opposé à *navigant*). 2. fig. Obséquieux, servile. 3. fig. et péj. Qui progresse sournoisement. *Fascisme rampant.*

rampe n. f. (de *ramper,* au sens ancien de « grimper ») I. 1. Plan incliné qui sert de passage entre deux plans horizontaux. *Rampe d'accès.* ■ Plan incliné pour le lancement d'engins catapultés. *Rampe de lancement de fusées.* 2. Partie en pente d'un terrain, d'une route, d'une voie ferrée. → 2côte, montée. II. 1. Balustrade à hauteur d'appui, le long d'un escalier (→ main courante*). – loc. fig. et fam. *Tenir bon la rampe :* tenir bon. *Lâcher la rampe :* mourir ; abandonner la partie. 2. Rangée de lumières disposées au bord d'une scène de théâtre. « *Les Feux de la rampe* » (film de Chaplin). – loc. *Passer la rampe :* produire de l'effet sur un public. *Acteur qui ne passe pas la rampe.*

rampement n. m. rare Action de ramper. → reptation.

ramper v. intr. < 1 > (vient du francique *hrampon* « grimper ») 1. (reptiles, vers, etc.) Progresser par un mouvement de reptation*. – (animaux, personnes) Progresser lentement le ventre au sol, en s'aidant de ses membres. *L'enfant rampe avant de marcher.* 2. (plantes) Se développer au sol, ou s'étendre sur un support en s'y accrochant. *Lierre qui rampe le long d'un mur.* 3. fig. et péj. S'abaisser, être soumis. *Ramper devant un supérieur.*

rampon n. m. (mot piémontais) (Suisse) Mâche, doucette.

R

ramponneau n. m. (du n. d'un cabaretier célèbre du XVIIIe s.) fam. Bourrade, coup (de poing). *Donner un ramponneau à qqn.*

Rampur Ville d'Inde (Uttar Pradesh). 349 300 habitants. Industries chimiques et textiles. Artisanat.

Ramsay (sir William) Chimiste britannique (1852-1916). Il découvrit la famille des gaz rares (argon, hélium...) et contribua à l'identification des isotopes radioactifs. Prix Nobel 1904.

Ramsden (Jesse) Inventeur britannique (1735-1800). Il construisit des instruments de précision, perfectionna le sextant et le théodolite et fabriqua une machine automatique à diviser les cercles, à usage industriel.

Ramsès Nom de onze pharaons d'Égypte des XIXe et XXe dynasties (Nouvel Empire). ■ **Ramsès Ier.** Premier pharaon de la XIXe dynastie (règne v. 1314-1312 av. J.-C.). ■ **Ramsès II.** Pharaon d'Égypte, fils de Séthi Ier (règne v. 1300-1235 av. J.-C.). Homme de guerre et grand bâtisseur, il battit les Hittites lors de la bataille de Qadesh, qui aboutit au traité de 1278 av. J.-C., et au partage de la Syrie entre Hittites et Égyptiens. Il fit édifier dans la vallée du Nil des monuments qui illustrent la splendeur de son règne (salle hypostyle de Karnak, temple d'Abou-Simbel, avant-cour du temple de Louksor...). ■ **Ramsès III.** Deuxième pharaon de la XXe dynastie (règne v. 1198-1168 av. J.-C.). Il arrêta l'invasion des Peuples de la mer et poursuivit l'œuvre monumentale de Ramsès II (temple de Médinet-Habou à Thèbes et temple de Khonsou à Karnak).

Ramsès II assis (XIIIe s. av. J.-C.), entrée du temple de Louksor, Égypte.

Ramsey (Norman F.) Physicien américain (1915-2011). Spécialiste de la spectroscopie atomique, il mit au point une méthode qui permet des mesures extrêmement précises des fréquences des atomes (radiofréquences, lasers). Prix Nobel 1989.

Ramsgate Ville d'Angleterre, dans le Kent. 40 000 habitants. Station balnéaire et port de plaisance.

ramure n. f. (famille de *rameau*) 1. littér. Ensemble des branches et rameaux (d'un arbre). → branchage, 1ramée. 2. Ensemble des bois des cervidés. → andouiller.

Ramus (Pierre de la Ramée, latinisé en) Humaniste, mathématicien et philosophe français (1515-1572). Opposant à l'aristotélisme enseigné à la Sorbonne, il fut le premier professeur de mathématiques au Collège royal (Collège de France). Converti au protestantisme, il dut abandonner sa chaire et mourut assassiné pendant la Saint-Barthélemy. Il a laissé de nombreux ouvrages de logique *(Dialectique),* de grammaire *(Gramere)* et de mathématiques *(Scholarum mathematicorum libri unus et triginta).*

Ramuz (Charles Ferdinand) Écrivain suisse d'expression française (1878-1947). Ses essais et ses romans illustrent une morale spiritualiste et un accord visionnaire avec la nature, dans un style simple et puissant. *Derborence ; La Beauté sur la terre ; La Grande Peur dans la montagne.* Il écrivit le livret de *Histoire du soldat* pour Stravinski.

ranatre n. f. (du latin *rana* « grenouille ») zool. Insecte de forme grêle et allongée, vivant à la surface des mares, communément appelé *punaise d'eau.*

Ranavalona III Reine de Madagascar (1862-1917). Elle succéda à Ranavalona II en 1883, puis fut déposée par Gallieni (1897), déportée à la Réunion, puis en Algérie.

Rancagua Ville du Chili, au S. de Santiago. 207 000 habitants. Centre régional agricole.

rancard ou **rencard** n. m. (origine incertaine) I. argot Renseignement confidentiel. → tuyau. II. fam. Rendez-vous. *Avoir (un) rancard avec qqn. Filer (un) rancard à qqn.*

rancarder ou **rencarder** v. tr. < 1 > I. argot Renseigner. → fam. tuyauter. – pronom. *Se rancarder.* II. fam. et rare Donner un rendez-vous à qqn.

rancart n. m. (origine incertaine, p.-ê. famille de *écarter*) loc. fam. *Mettre au rancart :* jeter, se débarrasser de. → rebut. – *Un projet mis au rancart,* abandonné.

rance adj. (du latin, *cf.* rancœur, rancune) (corps gras) Qui a pris une odeur forte et un goût âcre. *Huile rance.* – n. m. *Ce beurre sent le rance.*

Rance n. f. Fleuve côtier de Bretagne. 100 km. Elle arrose Dinan et se jette dans la Manche. Usine marémotrice sur son estuaire.

Rancé (Armand Jean Le Bouthillier de) Religieux français (1626-1700). D'abord ecclésiastique brillant et mondain, il entra chez les cisterciens (1663), devint abbé de Notre-Dame-de-la-Trappe à Soligny (1664) et réforma son abbaye dans le sens d'une stricte austérité. Il inspira *La Vie de Rancé,* de Chateaubriand.

ranch [rɑ̃tʃ] n. m. (mot anglais des États-Unis, de l'espagnol *rancho* « cabane ») Ferme de la prairie, aux États-Unis ; exploitation d'élevage qui en dépend. *Des ranchs* ou *des ranches* (plur. anglais).

ranche n. f. (probablt du francique *hrumka*) régional Échelon d'un rancher.

rancher n. m. régional Échelier.

Ranchi Ville d'Inde, capitale du Jharkhand. 1,12 million d'habitants. Centre agricole, industriel et commercial.

ranci, ie adj. Devenu rance. – n. m. *Sentir le ranci.*

Rancière (Jacques) Philosophe français (né en 1940). Il remet en cause la distinction entre « savants » et « ignorants » et prône une participation de tous à l'exercice de la pensée, plaçant, au cœur de sa réflexion, l'égalité *(Le Philosophe et ses pauvres ; Le Spectateur émancipé).*

Rancillac (Bernard) Peintre français (1931-2021). Il appartient au courant de la nouvelle figuration. Son œuvre, d'un chromatisme parfois violent, retravaille des images existantes (photographies, images publicitaires, coupures de presse) afin de mettre en valeur des thèmes politiques.

rancio n. m. (mot espagnol, venant du latin *rancidus* → rance) Vin de liqueur qu'on a laissé vieillir et qui est devenu doux et doré. *Des rancios.*

rancir v. intr. < 2 > Devenir rance. « *À la longue* [...] *le meilleur lard rancit* » (Hugo). – fig. Vieillir en s'altérant, en s'aigrissant.

rancissement n. m. Fait de rancir.

rancœur n. f. (famille de *rance*) littér. Ressentiment tenace, amertume que l'on garde après une désillusion, une injustice, etc. → aigreur, rancune. *Avoir de la rancœur pour, contre qqn. Oublier sa rancœur.*

rançon n. f. (vient du latin *redemptio* → rédemption) 1. Prix que l'on exige pour délivrer une personne qu'on tient captive. *Payer une rançon. Les ravisseurs exigent une rançon.* 2. fig. *La rançon de :* l'inconvénient que comporte (un avantage, un plaisir). → contrepartie (→ le revers de la médaille). *C'est la rançon de la gloire.*

rançongiciel n. m. (mot-valise, de *rançon* et *logiciel*) inform. Programme malveillant qui bloque l'accès aux données stockées sur un ordinateur et les déverrouille contre le versement d'une rançon.

rançonnement n. m. rare Fait de rançonner (qqn).

rançonner v. tr. < 1 > Exiger de (qqn) une somme d'argent sous la contrainte. *Des brigands rançonnaient les voyageurs.*

rançonneur, euse n. Personne qui rançonne. – → exploiteur.

rancune n. f. (famille de *rance*) Souvenir tenace que l'on garde d'une offense, d'un préjudice, avec de l'hostilité et un désir de vengeance. → rancœur, ressentiment. *Avoir de la rancune contre qqn. Garder rancune à qqn* *de qqch.* – *Sans rancune !* (formule de réconciliation).

rancunier, ière adj. Porté à la rancune. → **vindicatif.**

rand [ʀɑ̃d] n. m. (mot anglais « bord, marge ») Unité monétaire de l'Afrique du Sud.

Rand voir **Witwatersrand**

Randers Ville du Danemark, au N.-E. du Jutland. 55 900 habitants. Église Saint-Martin (XVe s.), couvent du Saint-Esprit (1436), hôtel de ville (1768). Commerce.

randomisation n. f. (de l'anglais ; même origine que *randonnée*) anglic., statist. Échantillonnage aléatoire destiné à réduire ou supprimer l'interférence de variables autres que celles qui sont étudiées.

randomiser v. tr. < 1 > anglic., statist. Procéder à la randomisation de.

randonnée n. f. (de l'ancien v. *randonner* « courir vite », d'origine incertaine) Longue promenade. *Randonnée pédestre. Randonnée à bicyclette.* – *Faire de la randonnée.* – *Sentier de grande randonnée* (→ **GR**), balisé pour les marcheurs. - abrév. fam. **rando.**

randonner v. intr. < 1 > Effectuer une randonnée.

randonneur, euse n. Personne qui pratique la randonnée.

Randstad Holland n. f. Conurbation de forme circulaire de l'O. des Pays-Bas, qui comprend les villes d'Amsterdam, La Haye, Rotterdam, Utrecht, Haarlem, Leyde et Hilversum. Cet anneau urbain, qui concentre population et activités économiques, entoure un espace agricole dynamique.

rang [ʀɑ̃] n. m. (vient du francique *hring* « anneau, cercle ; assemblée » [*cf.* harangue], d'où l'allemand *Ring*, l'anglais *ring* → ring) **I. 1.** Suite (de personnes, de choses) disposées sur une même ligne, en largeur (opposé à *file*). → **rangée.** *Collier à trois rangs de perles.* – Alignement de sièges. *Se placer au premier rang.* – Suite de mailles. *Un rang* (tricoté) *à l'endroit, un rang à l'envers.* ■ *En rang(s). Mettez-vous en rang par deux.* - loc. *En rangs d'oignons*.* – *Dormir dix heures de rang,* d'affilée. **2.** spécialt (soldats...) *Un double rang de CRS.* – *Serrer les rangs. Rompre les rangs.* ■ (écoliers) *Silence dans les rangs !* **3.** *Les rangs (d'une armée),* les hommes qui y servent. *Servir dans les rangs de tel régiment.* – loc. *Être, se mettre sur les rangs :* entrer en concurrence avec d'autres (pour obtenir qqch.). ■ fig. Masse, nombre. *Grossir les rangs des mécontents.* **4.** *Le rang :* l'ensemble des hommes de troupe. *Militaires du rang.* – loc. fig. *Rentrer dans le rang :* se soumettre à une discipline. **5.** Au Canada, Ensemble des terrains agricoles qui s'étendent en bandes parallèles de part et d'autre du chemin qui les dessert. **II.** (Place dans une série → **ordre**) **1.** Situation dans une série, une suite concrète. *Livres classés par rang de taille.* – *Se présenter par rang d'âge, d'ancienneté.* **2.** Place, position dans un ordre, une hiérarchie. → **classe, échelon, grade.** *Un écrivain de second rang.* **3.** Place (d'une personne) dans la société, de par sa naissance, sa fonction... → **classe, condition, niveau.** *Le rang social de qqn.* – (rangs élevés) *Garder, tenir son rang.* ■ loc. (personnes ; choses) *Du même rang,* de même valeur. *Mettre sur le même rang,* sur le même plan. **4.** Place dans un groupe, un ensemble (sans idée de hiérarchie). – loc. *Prendre rang parmi :* figurer parmi. *Mettre au rang de :* compter parmi. → **1ranger.** – *« Effacé du rang des humains »* (Théophile de Viau).

range-CD n. m. invar. Meuble, support conçu pour ranger les disques compacts.

rangée n. f. Suite (de choses, de personnes) disposées côte à côte sur la même ligne. → **alignement, rang** (I). *Une double rangée d'arbres.*

rangement n. m. Action de ranger, de mettre en ordre. – *Meuble de rangement.* – *Un rangement rationnel.*

1ranger v. tr. < 3 > (de *rang*) **1.** Disposer à sa place, avec ordre. → **classer, ordonner.** *Ranger ses affaires.* ■ au p. p. *Tout est bien rangé.* – *Mots rangés par ordre alphabétique.* ■ Mettre de l'ordre dans (un lieu). *Ranger sa chambre.* **2.** Mettre au nombre de, au rang de. *Cet auteur est à ranger parmi les classiques.* **3.** Mettre de côté pour laisser le passage. *Ranger sa voiture sur le bas-côté.* → **garer.** ■ **se ranger** v. pron. **1.** Se mettre en rang, en ordre. *Rangez-vous par trois !* **2.** S'écarter pour laisser le passage. *Se ranger contre le trottoir.* → **se garer. 3.** *Se ranger du côté de qqn,* prendre son parti. – *Se ranger à l'avis de qqn* (→ **adopter**). **4.** absolt Adopter un genre de vie plus régulier, une conduite plus raisonnable. → **s'assagir.** – loc. fam. *Se ranger des voitures* (même sens) ; aussi passif : *être rangé(e) des voitures.* ■ **rangé, ée** adj. **1.** loc. *Bataille* rangée.* **2.** Qui s'est rangé (4). → **sérieux.** *Un homme rangé.* – *Vie rangée.*

2ranger [ʀɑ̃dʒɛʀ ; ʀɑ̃dʒœʀ] n. m. (mot anglais des États-Unis) **1.** Garde dans une réserve, un parc national (États-Unis). **2.** Soldat d'un corps d'élite de l'armée de terre américaine. **3.** Brodequin à tige montante.

Rangoun ou **Rangoon** officiellement **Yangon** Capitale commerciale et principal port de la Birmanie. 4 728 500 habitants. Pagode de Schwedagon, haut lieu du bouddhisme. Industries alimentaires, artisanat, construction navale. Port de commerce. Rangoun fut remplacée en 2006 comme capitale politique par Naypyitaw.

Rangpur Ville du N. du Bangladesh. 241 300 habitants.

rani n. f. (mot hindi) Épouse d'un radja. *Des ranis.*

ranidé n. m. (du latin *rana* → rainette) Batracien dépourvu de queue (famille des *Ranidés* ; ex. la grenouille).

ranimation voir **réanimation**

ranimer v. tr. < 1 > (de *animer*) **1.** Rendre la conscience, le mouvement à. → **réanimer ; réanimation.** *Ranimer un noyé.* ■ Revigorer, vivifier. *L'air de la montagne m'a ranimé.* **2.** abstrait Redonner de l'énergie à. → **réconforter.** *Ce discours ranima les troupes.* – *Ranimer l'ardeur de qqn.* → **réveiller. 3.** Redonner de la force, de l'éclat à (un feu). → **attiser, rallumer.** *Ranimer la flamme.*

Ranjīt Singh Chef sikh du Panjab (1780-1839). Il fonda le premier État sikh puis s'allia aux Britanniques contre les Afghans et conquit le Cachemire (1823).

Rank (Otto Rosenfeld, dit Otto) Psychiatre autrichien (1884-1939). L'un des premiers psychanalystes, il fut un disciple de Freud dès 1906, avant de proposer une autre version du complexe d'Œdipe (*Le Traumatisme de la naissance*). Il montra l'importance de la relation psychanalyste-patient. Il est aussi l'auteur d'une étude importante sur la créativité (*L'Art et l'Artiste*).

Ranke (Leopold von) Historien allemand (1795-1886). Il fut l'un des premiers en Allemagne à faire de l'histoire une discipline objective et a laissé plusieurs écrits sur l'histoire de l'Europe aux XVIe et XVIIe s. *Histoire des peuples romans et germains de 1494 à 1535.*

Rankin (Ian) Écrivain britannique (né en 1960). Critique littéraire et auteur de romans d'espionnage, il est célèbre pour ses romans policiers et son héros récurrent, l'inspecteur John Rebus. *Le Jardin des pendus ; L'Appel des morts.*

Rankine (William) Ingénieur et physicien britannique (1820-1872). Il fonda l'énergétique, en distinguant les énergies potentielle et cinétique. Il participa également au perfectionnement de la machine à vapeur.

Ransom (John Crowe) Poète et critique américain (1888-1974). Son œuvre, hermétique et très restreinte (*Chills and Fever ; Two Gentlemen in Bonds*), eut une influence croissante, tandis que son activité d'éditeur de revue et de critique littéraire fit de lui l'un des chefs de file du *New Criticism.*

rantanplan interj. Onomatopée exprimant le roulement du tambour. - var. **rataplan.**

Ranvier (Louis Antoine) Histologiste français (1835-1922). Auteur de traités d'histologie et de physiologie, il a donné son nom aux segments dépourvus de myéline de la fibre nerveuse (*nœud de Ranvier*).

ranz [ʀɑ̃z] en Suisse romande ; [ʀɑ̃ts] n. m. (calque du suisse alémanique *Kühreihen* ou *Kühreigen* « air, chant des vaches », où *-reihen* a été interprété comme « file, rang ») *Ranz des vaches :* air de berger, chanson pastorale suisse.

Raon-l'Étape Commune des Vosges, sur la Meurthe. 6 113 habitants. Textile. Industrie du bois.

Raoul ou **Rodolphe de Bourgogne** (mort en 936). Duc de Bourgogne (921-936) et roi de France (923-936). Gendre et successeur de Robert Ier, il supplanta le Carolingien Charles III le Simple. Il battit les Hongrois et les Normands.

Raoul de Cambrai Chanson de geste du cycle de *Doon de Mayence* (XIIe s.). Elle narre la guerre qui opposa les comtes de Vermandois à Raoul de Cambrai. Ce dernier incarne les ambiguïtés du héros épique au caractère à la fois pieux et violent.

Raoult [ʀaul] (François Marie) Chimiste et physicien français (1830-1901). Il énonça les lois relatives aux propriétés physiques des solutions, qui portent son nom (1882-

R

Rangoun

Rangoun, la cloche d'or de la pagode Sule.

1883). Il est le fondateur de la cryométrie, de l'ébulliométrie et de la tonométrie.

raout [Raut] n. m. (anglais *rout,* emprunt à l'ancien français → [2]routier) Réunion, fête mondaine.

rap [Rap] n. m. (de l'anglais « coup sec ») anglic. Musique au rythme martelé, basé sur des paroles scandées. → **hip-hop.**

▶ Né dans les quartiers noirs de New York dans les années 1970, le **rap** plonge ses racines dans les *block parties,* fêtes de rue qui s'articulent autour d'un *DJ* (disc-jockey) et d'un *MC* (maître de cérémonie). À l'origine simple commentaire festif du *MC,* le rap tend rapidement à des productions verbales virtuoses, sur fond de *samples* musicaux (extraits de titres diffusés par le *DJ*) empruntés à la *Soul Music.* Dès le début des années 1980, les textes, qui offrent une vision sans complaisance de la réalité des ghettos noirs, se radicalisent au point de se heurter parfois à la censure. Le mouvement gagne la France dans les années 1990, avec des artistes comme MC Solaar ou les groupes IAM et NTM. Les DJ travaillent sur des disques vinyle (technique du *scratch*), qu'ils mixent en direct. Le développement de logiciels de musique assistée par ordinateur à la fin des années 1990 a également engendré un important courant créatif.
Le rap correspond à un certain mode de vie, le *hip-hop,* signalé par un style vestimentaire, et l'apport d'autres expressions artistiques : le *tag* et le *breakdance,* une danse acrobatique. Il a su intégrer d'autres genres musicaux comme le rock ou le jazz. Relativement proche du rap par sa manière d'aborder la langue, le *slam,* né à Chicago dans les années 1980, est une joute oratoire et poétique ouverte à tous, qui se déroule sans accompagnement musical, la voix assumant seule l'aspect rythmique de la performance.
voir aussi **rock, jazz**

Dans le rap, les DJ ont un rôle de premier plan.

rapace (du latin, de *rapere* → ravir) **I.** adj. Qui cherche à s'enrichir rapidement et brutalement, au détriment d'autrui. → **avide, cupide.** *Usurier rapace.* **II.** n. m. Oiseau carnivore, aux doigts armés de serres, au bec puissant, arqué et pointu. *Nid de rapace.* → **[2]aire.** *Rapaces diurnes* (aigle, vautour...) ; *nocturnes* (chouette, hibou).

R

rapacité n. f. (du latin → rapace) **1.** Avidité brutale. → **cupidité. 2.** (animaux) Ardeur à poursuivre sa proie.

râpage n. m. Opération qui consiste à râper.

rapailler v. tr. < 1 > (mot de l'ouest de la France ; famille de *râpe* [sens I]) (Canada) fam. Ramasser, rassembler (ce qui est épars).

Rapallo Ville d'Italie, en Ligurie. 30 000 habitants. Port et station balnéaire. Deux traités y furent signés, le premier entre l'Italie et la Yougoslavie (12 novembre 1920), le second entre l'Allemagne et la Russie (avril 1922).

rapatrié, ée adj. Qu'on a rapatrié. *Un malade rapatrié.* – n. (contexte politique : guerres, décolonisation...) *L'aide aux rapatriés.*

rapatriement n. m. Action de rapatrier.

rapatrier v. tr. < 7 > (de *patrie*) Assurer le retour de (une personne) sur le territoire du pays auquel elle appartient par sa nationalité. *Rapatrier des prisonniers de guerre.* – *Rapatrier des capitaux.*

râpe n. f. (de *râper*) **I.** agric. Marc de raisin. – Ce qui reste d'une grappe, d'un épi. → **[2]rafle. II.** cour. **1.** Lime à grosses entailles. *Une râpe de sculpteur.* **2.** Ustensile de cuisine qui sert à râper un aliment, un condiment. *Râpe à fromage.*

[1]râpé, ée adj. **1.** Réduit en poudre, en petits morceaux. *Gruyère râpé* et n. m. *du râpé.* **2.** (tissu) Usé par le frottement ; qui a perdu ses poils, son velouté. → **élimé.**

[2]râpé, ée adj. fam. *C'est râpé,* se dit à l'occasion d'un contretemps, d'un espoir déçu. *Pour mon voyage, c'est râpé !* → fam. **cuit, [1]fichu.**

raper ou **rapper** v. intr. < 1 > Chanter du rap.

râper v. tr. < 1 > (vient du francique *raspôn* « gratter ») **1.** Réduire en poudre grossière, en filaments, au moyen d'une râpe. *Râper des carottes.* **2.** Travailler à la râpe (1). *Râper une planche.* ■ fig. Irriter. *Vin qui râpe la gorge.* **3.** rare User jusqu'à la corde (→ **[1]râpé (2)**).

râperie n. f. techn. Atelier où l'on râpe les betteraves pour la fabrication du sucre.

rapetasser v. tr. < 1 > (origine provençale) fam. Réparer sommairement, grossièrement (un vêtement, etc.). → **raccommoder, rapiécer.** *Rapetasser de vieux souliers.* □ n. m. **rapetassage**

rapetissement n. m. Action, fait de rapetisser.

rapetisser v. < 1 > **I.** v. tr. **1.** Rendre plus petit. → **diminuer, réduire. 2.** Faire paraître plus petit. *La distance rapetisse les objets.* **3.** fig. Diminuer la valeur de (qqch.), le mérite de (qqn). **II.** v. intr. Devenir plus petit, plus court (dans l'espace ou dans le temps). *Pull qui rapetisse au lavage.* → **rétrécir.**

rapeur, euse ou **rappeur, euse** n. Chanteur, chanteuse de rap.

râpeux, euse adj. **1.** Hérissé d'aspérités, rude au toucher comme une râpe. → **rugueux.** *La langue râpeuse du chat.* **2.** Qui râpe la gorge. → **âpre.** *Un vin râpeux.*

Raphaël Un des sept anges principaux dans la tradition juive, qui guérit Tobit et combat le démon Asmodée. La théologie chrétienne en fait un archange.

Raphaël (Raffaello Sanzio, dit) Peintre italien (1483-1520). Formé par le Pérugin, il assimila les découvertes de Léonard de Vinci et la manière de Michel-Ange. Ses premières œuvres adoptèrent ainsi le *sfumato,* la construction pyramidale *(La Belle Jardinière)* et l'art du contraste entre le paysage et les personnages *(La Madone au chardonneret).* Appelé à Rome en 1508, il devint le peintre officiel des papes Jules II et Léon X, pour qui il peignit son œuvre majeure, la décoration des *Stanze* du Vatican. Parallèlement, il peignit *Le Triomphe de Galatée* et une série de Vierges *(Madone à la chaise).* À partir de 1515, il exécuta les cartons pour dix tapisseries glorifiant les *Actes des Apôtres.* Il excella aussi dans le portrait (*Agnolo Doni, Baldassare Castiglione* ou *Navagero*). Par sa manière unique d'assimiler des héritages difficilement compatibles et sa science des équilibres et de l'harmonie, il demeura la référence de toutes les écoles picturales jusqu'à la fin du XIXe siècle.

Raphaël, *La Vierge au chardonneret* (v. 1505-1507), musée des Offices, Florence.

raphia n. m. (mot malgache) Palmier d'Afrique et d'Amérique équatoriale, à très longues feuilles. – Fibre tirée de ces feuilles. *Tissu en raphia.* → **rabane.**

raphide n. f. (du grec *raphis, -idos* « aiguille ») biol. Cristal en forme d'aiguilles qui se rencontre dans certaines cellules végétales ou animales.

rapia ou **rapiat, ate** adj. et n. (du subjonctif du v. latin *rapere* « saisir ») fam. Avare (de façon mesquine). *Elles sont rapias. Elle est rapiate* ou *elle est rapiat* (invar.).

Rapid City Ville des États-Unis (Dakota du Sud). 74 700 habitants. Centre d'une région minière et agricole. Tourisme important.

rapide (latin *rapidus,* de *rapere* → ravir) **I.** adj. (opposé à *lent*) **1.** (cours d'eau) Qui coule avec une grande vitesse. *Courant rapide.* ■ *Pente rapide.* → **abrupt, raide. 2.** Qui se meut ou peut se mouvoir à une vitesse élevée. *Il est rapide à la course. Rapide comme l'éclair.* – *Voiture rapide et nerveuse.* **3.** (sans idée de déplacement) Qui exécute vite. *Elle est rapide dans son travail.* → **expéditif, prompt.** – Qui comprend vite. *Esprit rapide.* → **vif.** ■ *Poison rapide,* qui agit vite. **4.** (allure, mouvement) Qui s'accomplit à une vitesse élevée. *Allure, pas rapide.* – *Pouls rapide,* dont les battements sont très rapprochés. *Respiration rapide.* **5.** fig. (style, récit) Qui va droit à l'essentiel. **6.** (action, processus) Qui atteint son terme en peu de temps, qui a un rythme vif. → **prompt.** *Guérison rapide. Sa décision a été bien rapide.* ■ techn. *Ciment à prise rapide.* – photogr. *Pellicule rapide,* très sensible. **7.** Que l'on fait sans s'appesantir. *Après un rapide examen. Un calcul rapide.* – *Méthode de lecture rapide.* **8.** *Voie rapide,* conçue pour une circulation à grande vitesse. **II.** n. m. **1.** Partie d'un cours d'eau où le courant est rapide et tourbillonnant. *Les rapides du Saint-Laurent.* **2.** vieilli Train qui va plus vite que l'express et ne s'arrête qu'aux gares importantes (ne se dit pas du TGV).

rapidement adv. D'une manière rapide, à une grande vitesse, en un temps bref. → **vite.** ■ fam. Bientôt, sous peu.

rapidité n. f. (du latin → rapide) Caractère de ce qui est rapide. *Agir avec rapidité.* → **célérité, promptitude.** *Rapidité d'esprit. Rapidité de mouvements* (→ **agilité, prestesse**).

rapidos [Rapidos] adv. (formation plais. sur *rapide*) fam. Rapidement, sans attendre. → **presto.**

rapiéçage n. m. Action de rapiécer. – Partie rapiécée.

rapiécer v. tr. < 3 et 6 > (de *pièce*) Réparer ou raccommoder en mettant une pièce de tissu. *Rapiécer du linge.* → **repriser** ; fam. **rapetasser.** □ adj. **rapiécé, ée** *Pantalon rapiécé.*

rapière n. f. (de *râpe*) anciennt Épée longue et effilée, à garde hémisphérique.

rapin n. m. (origine incertaine) vieilli Peintre apprenti ; par ext. artiste peintre.

Rapin (Nicolas) Magistrat et poète français (v. 1540-1608). Il est l'un des auteurs de *La Satire Ménippée,* qu'il agrémenta de poèmes.

rapine n. f. (latin *rapina* « vol », de *rapere* → ravir) littér. Vol, pillage. *Vivre de rapines.* □ n. f. **rapinerie**

raplapla adj. (de *à plat* ou de *raplatir*) fam. **1.** Fatigué ; sans force. → **flagada, ramollo. 2.** Aplati. *Oreillers raplaplas.*

raplatir v. tr. < 2 > Rendre de nouveau plat ou plus plat. – au p. p. *Un chapeau tout raplati.*

Rappeneau (Jean-Paul)

Jean-Paul Rappeneau sur le tournage de *Cyrano de Bergerac* (1990).

Rapp (Jean, comte) Général français (1772-1821). Il participa à la campagne d'Égypte et à la bataille de Marengo, fut nommé ambassadeur extraordinaire en Suisse (1802) puis gouverneur de Gdańsk (1807-1809). Il se distingua pendant la retraite de Russie (1812) puis lors du siège de Gdańsk (1813-1814).

rappareiller v. tr. < 1 > rare **1.** Remettre (une chose) avec sa pareille ou ses pareilles. → **rapparier. 2.** Remplacer les éléments manquants de (une série). → **réassortir.**

rapparier v. tr. < 7 > rare **1.** Remettre (une chose) avec sa pareille, pour reformer une paire. **2.** Reformer un couple (d'animaux). *Rapparier des pigeons.* → **apparier.** □ n. m. **rappariement**

rappel n. m. (de *rappeler*) **1.** Action d'appeler pour faire revenir. *Le rappel d'un exilé. Le rappel des réservistes* (sous les drapeaux). → **mobilisation.** – *Le rappel d'un produit*, son retrait du marché. ■ loc. fig. *Battre le rappel* : essayer de réunir les personnes ou les moyens nécessaires. *Battre le rappel de ses amis.* – Applaudissements par lesquels on fait revenir sur scène un artiste pour l'acclamer. → **²bis. 2.** *Rappel à* : action de faire revenir qqn à. *Rappel à l'ordre*, à la réalité.* **3.** Fait d'évoquer à la mémoire. *Le rappel des titres de l'actualité* (d'un journal parlé). ■ Avertissement d'avoir à payer ou à toucher un complément de paiement. – Ce paiement. *Toucher un rappel.* **4.** Répétition qui renvoie à une même chose. *Un rappel de couleur.* ■ *Injection de rappel* (ou ellipt *rappel*), consolidant l'immunité conférée par une première vaccination. – loc. fig. *Piqûre de rappel* : remise en mémoire (d'un fait, d'une question). **5.** alpin. Descente au moyen d'une corde qui peut être rappelée.

rappelé, ée adj. **1.** Qu'on fait revenir ou qu'on révoque pour raisons diplomatiques. *Ambassadeur rappelé.* **2.** Appelé de nouveau sous les drapeaux. *Soldats rappelés.* → **mobilisé.**

rappeler v. tr. < 4 > **I. 1.** Appeler pour faire revenir. *Rappeler son chien en le sifflant.* – *On l'a rappelé auprès de sa mère malade. Rappeler un ambassadeur.* – loc. (euphémisme) *Dieu l'a rappelé à lui*, il est mort. **2.** fig. *Rappeler qqn à* : le faire revenir à. → **ramener.** *Rappeler qqn à la vie* (→ **ranimer**). – *Rappeler qqn à la raison ; à l'ordre*.* **3.** Appeler (qqn) de nouveau (au téléphone). **II. 1.** Faire revenir vers soi. *Rappeler une corde en tirant dessus* (→ **rappel** (5)). ■ comm. Retirer du marché (un produit non conforme, défectueux). **2.** Faire revenir à la mémoire, à la conscience. *Rappelez-moi votre nom.* – *Rappelle-moi de lui écrire.* – (formule de politesse) *Rappelez-moi à son bon souvenir.* **3.** Faire venir à l'esprit par association d'idées. → **évoquer.** *Ces lieux me rappellent mon enfance. Cela ne te rappelle rien ?* – Faire penser, ressembler à. « *Il me rappelait toi à cet âge-là* » (A. Daudet). **III.** intrans., mar. *Le navire rappelle sur son ancre*, revient dessus. ■ **se rappeler** v. pron. **1.** Rappeler (un souvenir) à sa mémoire ; avoir présent à l'esprit. → **se souvenir, se remémorer.** *Je ne me rappelle plus rien* : j'ai oublié. *Rappelle-toi qu'on t'attend.* - REM. On dit *se rappeler qqch.*, et *se souvenir de qqch.* **2.** *Se rappeler à*, faire souvenir de soi. *Je me rappelle à votre bon souvenir.* **3.** récipr. (au téléphone) *On se rappelle ce soir ?*

Rappeneau (Jean-Paul) Réalisateur français (né en 1932). Il a réalisé des comédies et des films historiques à la distribution prestigieuse. *La Vie de château ; Cyrano de Bergerac ; Le Hussard sur le toit.*

Rapperswil-Jona Ville de Suisse (canton de Saint-Gall), sur le lac de Zürich. 26 989 habitants. Château (XIIIe s.). Hôtel de ville (XVe s.). Musée.

rappliquer v. intr. < 1 > (de *appliquer*) fam. Revenir ; venir, arriver. *Ils ont rappliqué à l'improviste.*

rappointis n. m. (→ pointe) techn. Pointe à large tête qui sert à retenir un enduit (plâtre...) recouvrant une paroi de bois.

rapport n. m. (de *rapporter*) **I.** (Action, fait de rapporter) **1.** Action de rapporter (ce qu'on a vu, entendu) ; récit, témoignage. *Des rapports indiscrets.* **2.** Compte rendu. *Faire un rapport écrit, oral sur qqch., sur qqn. Rédiger, dresser un rapport. Rapport confidentiel. Rapport de police. Rapport administratif.* **3.** Fait de procurer un profit. → **¹fruit, produit, rendement.** *Il vit du rapport de ses terres. Être d'un bon rapport.* – *Immeuble* **de rapport**, dont le propriétaire tire profit par la location ; par ext. immeuble bourgeois. – jeux Gain calculé en fonction de la mise. *Le rapport du tiercé.* ■ dr. Restitution ; action de rapporter un bien, une somme. – *Rapport des donations, des libéralités*, effectué par un cohéritier *ab intestat.* **II. 1.** Lien entre plusieurs objets distincts. → **relation.** *Rapports de parenté. Établir un rapport entre deux faits. Je ne vois pas le rapport.* – *Cela n'a aucun rapport* (→ **rien** à voir). – *Un bon rapport qualité-prix.* – ***Avoir rapport à*** : être en relation avec, se rapporter* à. **2.** Relation de ressemblance ; traits, éléments communs. → **affinité, analogie, parenté.** *Être sans rapport avec*, tout à fait différent de. – ***En rapport avec*** : qui correspond, convient à. « *Cherchez une place plus en rapport avec vos goûts, votre âge* » (Vallès). → **conformité. 3.** sc. Quotient de deux grandeurs de même espèce. → **fraction.** *Dans le rapport de un à dix. Rapport entre une grandeur et une unité.* → **mesure. 4.** loc. ***Par rapport à*** : pour ce qui regarde, en ce qui concerne. → **relativement** à. – Par comparaison avec. *Le cours du pétrole a chuté par rapport au mois dernier.* ■ pop. ***Rapport à*** : à propos de. *Je t'écris rapport à ma sœur.* ■ *Sous le rapport de* : du point de vue de. *Étudier un projet sous le rapport de sa rentabilité.* → **aspect.** – *Sous tous (les) rapports* : à tous égards. **III.** surtout au plur. **1.** Relation* entre des personnes. *Les rapports sociaux. Entretenir de bons rapports avec qqn. Rapports de force*, conflictuels. – absolt Relations sexuelles. *Ils n'ont plus de rapports. Rapports protégés* (avec préservatif). ■ *Se mettre* ***en rapport*** *avec qqn.* → **contacter. 2.** Relation avec des collectivités. *Les rapports entre États, entre peuples.* **3.** Façon d'appréhender qqch. *Son rapport à l'argent est problématique.*

rapportage n. m. fam., lang. scol. Action de rapporter, de dénoncer. → **cafardage.**

rapporté, ée adj. Qui a été ajouté pour compléter. *Éléments rapportés.* – *Pièce* rapportée.*

rapporter v. tr. < 1 > **I. 1.** Apporter (une chose qui avait été déplacée) à l'endroit initial (→ **remettre** à sa place), ou à la personne à laquelle on l'avait empruntée (→ **rendre**). **2.** Apporter (qqch.) d'un lieu en revenant. *Tu rapporteras du pain.* – *Rapporter une réponse à qqn.* **3.** Ajouter (une chose) pour compléter qqch. ; spécialt coudre (une pièce) sur une autre. ■ math. *Rapporter un angle*, le tracer après l'avoir mesuré (→ **rapporteur** (3)). **4.** Produire comme gain, bénéfice. *Rapporter un revenu.* – absolt *Investissement qui rapporte.* → **rentable. 5.** Venir dire, répéter (ce qu'on a appris, entendu). *Rapporter des on-dit.* → **colporter.** – *Rapporter un mot célèbre.* → **citer.** ■ spécialt Répéter par indiscrétion ou malice (une chose de nature à nuire à qqn). – absolt, fam. (lang. enfantin) « *Il rapporte, dit Zazie. C'est vilain* » (Queneau). → **cafarder, moucharder ; rapportage, rapporteur** (1). ■ Exposer en faisant un rapport écrit (→ **consigner**) ou oral. **II.** *Rapporter (qqch.) à* : rattacher (une chose) par une relation logique à (une autre chose). **III.** dr. → **abroger, annuler.** *Rapporter un décret, une mesure.* ■ **se rapporter** v. pron. **1.** vieux Ressembler (à), aller (avec). « *Si votre ramage / Se rapporte à votre plumage* » (La Fontaine). **2.** Avoir rapport (à), être en relation (avec). → **concerner, intéresser ;** → avoir trait à. *La réponse ne se rapporte pas à la question.* **3.** ***S'en rapporter à*** *qqn*, lui faire confiance (pour décider, juger, agir). → s'en **remettre** à. *Je m'en rapporte à vous ; à votre jugement.* → se **fier** à.

rapporteur, euse n. **1.** vieilli ou (mod.) enfantin Personne qui rapporte ce qu'il conviendrait de taire. → **délateur ;** fam. **mouchard.** – adj. *Elle est rapporteuse.* **2.** Personne qui rend compte d'un procès, d'un projet de loi, qui rédige ou expose un rapport. *Désigner un rapporteur.* - REM. Au féminin, on rencontre aussi *rapporteure* (courant au Canada). **3.** n. m. Instrument en forme de demi-cercle, à périmètre gradué, pour mesurer ou tracer les angles.

rapproché, ée adj. **1.** Proche (de qqch.) ; au plur. proches l'un de l'autre. *Avoir les yeux très rapprochés.* **2.** Qui s'effectue à proximité. *Protection rapprochée d'un chef d'État.* **3.** Qui se produit à peu d'intervalle. *Deux succès rapprochés.*

rapprochement n. m. (sens général) Action de rapprocher, de se rapprocher. ■ spécialt *Tentative de rapprochement entre deux pays.* – *Faire un rapprochement entre deux évènements.* → **lien, relation.**

rapprocher v. tr. < 1 > (de *approcher*) **1.** Mettre plus près de (qqn, qqch.) ; rendre plus proche. *Rapprochez votre siège du mien.* – *Rapprocher les bords d'une plaie.* – fam. *Je vais vous rapprocher* (de là où vous allez). ■ Faire paraître plus proche. *Les jumelles rapprochent les objets.* **2.** Faire approcher (d'un moment, d'un état à venir). *Chaque jour nous rapproche de la mort.* **3.** fig. Disposer (des personnes) à des rapports amicaux. « *Le besoin rapproche mutuellement les hommes, les lie, les réconcilie* » (La Bruyère). **4.** Rattacher, associer en découvrant une certaine parenté. *Ce sens est à rapprocher du précédent* (→ **voisin**). ■ **se rapprocher de** v. pron. **1.** Venir plus près. *Se rapprocher de qqn ; d'un lieu.* **2.** Devenir plus proche (dans le temps ou dans l'espace). *L'orage se rapproche. L'échéance se rapproche.* **3.** fig. En venir à des relations meilleures (avec qqn). *Se rapprocher de qqn.* – *Elles se sont rapprochées.* **4.** Tendre à être plus près (d'un but, un principe). *Se rapprocher de son idéal.* **5.** ***Se rapprocher de*** : présenter une analogie avec, ressembler à. *C'est ce qui se rapproche le plus de la vérité.*

rapsode ; rapsodie voir **rhapsode ; rhapsodie**

rapt [Rapt] n. m. (du latin, de *rapere* → **ravir**) Enlèvement illégal (d'une personne). *Le rapt d'un enfant.* → **kidnapping.**

raptus [Raptys] n. m. (mot latin → **rapt**) psych. Impulsion violente et soudaine pouvant pousser à commettre un acte grave (homicide, suicide, mutilation). *Raptus anxieux, coléreux.*

râpure n. f. techn. Ce qu'on enlève d'une substance qu'on travaille à la râpe. *Râpure de chêne, d'ivoire ; de marbre.*

Raqqa ou **Rakka** Ville du N. de la Syrie, sur l'Euphrate. 260 000 habitants. Élevage et cultures. La ville fut la capitale autoproclamée de Daech de janv. 2014 à oct. 2017, date à laquelle l'organisation terroriste en fut chassée. Ruines de la cité médiévale dévastée par les invasions mongoles du XIIIe siècle.

raquer v. intr. < 1 > (mot dialectal « cracher », d'origine onomatopéique) pop. Payer. – trans. *Raquer cent balles.* → **casquer.**

R

raquette n. f. (de l'arabe « paume de la main ») **1.** Instrument de forme ovale ou arrondie adapté à un manche, et permettant de lancer une balle, un volant. *Les cordes d'une raquette de tennis. Raquette de ping-pong.* **2.** Large semelle ovale pour marcher sur la neige. **3.** sports Surface en forme de trapèze, sous les paniers, utilisée pour les lancers francs, au basket. **4.** bot. Oponce (cactus).

raquetteur, euse n. (Canada) Personne qui se déplace sur la neige en raquettes.

rare adj. (latin *rarus*) **1.** (après le n.) Qui se rencontre peu souvent, dont il existe peu d'exemplaires. *Objet rare. Pierres rares.* → **précieux.** loc. *Perle* rare. Oiseau* rare. Mot, terme rare,* peu usité. – (dans une situation donnée) *La main-d'œuvre était rare en ce temps-là.* – au plur. (avant le n.) Peu nombreux, en petit nombre. *À de rares exceptions près.* – *Un(e) des rares... qui, ... que* (+ subj. ou cond.). ■ chim. *Gaz* rares. Terres* rares.* **2.** Qui se produit peu souvent ; peu fréquent. → **exceptionnel.** *Cas rare. Vos visites se font rares.* – *Tu te fais rare,* on te voit peu, moins qu'avant. – *Cela arrive, mais c'est rare. Il est rare de* (+ inf.). *Il est rare que* (+ subj.). **3.** Qui sort de l'ordinaire. → **remarquable.** *Il a des qualités rares.* – *D'un(e) rare* (+ n.). *Elle est d'une rare énergie. Un peintre d'un rare talent.* **4.** Peu abondant, peu fourni. *Avoir le cheveu rare. Herbe rare.* → **clairsemé.** *Lumière rare.* → **avare.**

raréfaction n. f. (du latin → rare) Fait de se raréfier.

raréfier v. tr. < 7 > (du latin → rare) Rendre rare, moins dense, moins fréquent. ■ **se raréfier** v. pron. Devenir plus rare. *En altitude, l'oxygène se raréfie. Denrée qui se raréfie sur le marché.* ■ **raréfié, ée** adj. *Gaz raréfié :* gaz sous une très faible pression.

rarement adv. Peu souvent.

rareté n. f. (→ rare) **1.** Qualité de ce qui est rare, peu commun. *Un métal d'une grande rareté.* ■ littér. *Une rareté :* un objet rare, curieux. **2.** Caractère de ce qui est peu fréquent. *La rareté de ses visites.*

rarissime adj. (de l'italien, superl. de *raro*, du latin → rare) Extrêmement rare. *Une édition rarissime.*

Rarotonga Île méridionale des îles Cook, la plus grande de l'archipel. 67 km^2. 10 580 habitants. Elle abrite la capitale, Avarua. Tourisme.

1ras, rase adj. (vient du latin *rasus*, p. p. de *radere* → raser) **1.** Coupé tout contre la peau. *Cheveux ras.* – *Chien à poil ras,* dont le poil est naturellement très court. – (végétation) Qui s'élève peu au-dessus du sol. *Herbe rase.* ■ **adv.** Très court. *Pelouse tondue ras.* **2.** dans des loc. Plat et uni. ***En rase campagne :*** en terrain découvert. – *Faire **table rase** de :* écarter, rejeter (tout ce qui était précédemment admis). *« Du passé faisons table rase »* (« L'Internationale »). **3.** Rempli jusqu'au bord sans dépasser. *Une cuillerée rase de sucre.* – loc. *À ras bord(s). Verre rempli à ras bord.* **4.** ***À ras de, au ras de*** **loc. prép. :** au plus près de la surface de, au même niveau. *Au ras du sol. À ras de terre.* – loc. fam. *Au ras des pâquerettes :* prosaïque, peu élevé. ■ ***À ras*** **loc. adv.** *Coupé à ras.* ■ (vêtement) *Ras du cou,* dont l'encolure s'arrête juste à la naissance du cou. – **n. m. invar.** *Un ras-du-cou.* **5. loc. adv.** fam. *En avoir **ras le bol**,* vulg. ***ras le cul,*** en avoir assez (→ plein le dos, par-dessus la tête). – **n. m. invar.** *Un ras-le-bol général.*

2ras [ʀɑs] n. m. (de l'arabe « chef ») Chef éthiopien.

RAS [ɛʀaɛs] interj. (sigle de *rien à signaler*) fam. Tout est normal, tout va bien. *Ça va, RAS.*

rasade n. f. (de 1*ras* [3]) Quantité de boisson servie à ras bord. *Se verser, boire une grande rasade de vin.*

rasage n. m. Action de raser, de se raser (→ **après-rasage**).

Ras al-Khaima Émirat de la fédération des Émirats arabes unis, sur le détroit d'Ormuz. 345 000 habitants. Fruits et légumes. Élevage.

rasant, ante adj. **1.** Qui rase, passe tout près. *Tir rasant.* – *Lumière rasante.* **2.** fam. Qui ennuie. → **barbant, rasoir.** *Un discours, un auteur rasant.*

rascasse n. f. (du provençal ; famille du latin *radere* → raser) Poisson comestible à grosse tête hérissée d'épines (mers tropicales ou tempérées chaudes). → **scorpène.**

ras-du-cou n. m. invar. voir 1ras

rasé, ée adj. **1.** Coupé à ras. *Poils, cheveux rasés.* **2.** Dont le poil est coupé à ras. *Crâne rasé.* – (hommes) *Être rasé, bien rasé :* avoir la figure rasée, la barbe faite. *Rasé de près. Lavé et rasé de frais.*

rase-motte n. m. *Vol en rase-motte,* très près du sol. – *Faire du rase-motte. Des rase-mottes.* - var. **rase-mottes** (invar.).

raser v. tr. < 1 > (vient du latin *radere* « raser ; gratter », *cf.* racler, râler ; râteau) **I. 1.** Couper (le poil) au ras de la peau. → **tondre.** *Raser la barbe de qqn.* – Couper le poil au ras de. *Raser les joues de qqn. Se raser les jambes. Crème à raser.* ■ Couper à ras les cheveux, la barbe de (qqn). *Coiffeur qui rase un client.* → **rasage.** – pronom. *Se raser :* se faire la barbe. **2.** Couper à ras (une plante). – *Raser un champ.* **3.** fam. Ennuyer, fatiguer. → **assommer, barber.** *Elle nous rase avec ses histoires.* – pronom. *Se raser :* s'ennuyer. **II. 1.** Abattre à ras de terre. *Raser une fortification.* → **démolir, détruire.** *Tout le quartier a été rasé.* **2.** techn. Mettre à ras, de niveau. → **araser. III.** Passer très près de (qqch.). → **frôler.** *Avion qui rase le sol* (→ **rase-motte**). – loc. *Raser les murs*.*

raseur, euse n. fam. Personne qui ennuie, fatigue par des propos interminables et oiseux.

rash n. m. (mot anglais, p.-ê. du moyen français *rache* « teigne », venant du latin *rasicare* « racler ») méd. Éruption cutanée transitoire, lors de maladies fébriles (ordinairement non éruptives). → **érythème.** *Des rashs ou des rashes* (plur. anglais).

Rashi ou **Rachi** (Salomon ben Isaac) Docteur juif français (1040-1105). Il fonda à Troyes une école rabbinique très influente. Ses commentaires de la Bible et du Talmud furent développés par l'école des tosafistes.

rasibus [ʀazibys] adv. fam. À ras, tout près. *Passer rasibus.* – *Cheveux coupés rasibus.*

Rask (Rasmus Kristian, dit en français Érasme Christian) Linguiste danois (1787-1832). Fondateur de la philologie des langues nordiques, il établit la parenté des langues indo-européennes. Il est ainsi, avant Bopp, un pionnier de la grammaire comparée.

ras-le-bol n. m. invar. voir 1ras

Rasmussen (Knud) Explorateur danois (1879-1933). Il dirigea sept expéditions en Arctique (1912-1933) et étudia la vie, les mœurs et coutumes des Eskimos.

Rasmussen (Poul Nyrup) Homme d'État danois (né en 1943). Il fut à la tête du Parti social-démocrate (1992-2002) et Premier ministre de 1993 à 2001.

Rasmussen (Anders Fogh) Homme politique danois (né en 1953). Leader du Parti libéral, il fut Premier ministre de 2001 à 2009 puis secrétaire général de l'Otan.

rasoir (du latin → raser) **1. n. m.** Instrument servant à raser les poils. *Rasoir jetable. Lame de rasoir. Rasoir électrique.* **2. adj. invar.** fam. Ennuyeux, assommant. *Elles sont plutôt rasoir. Un film rasoir.*

Raspail (François-Vincent) Biologiste, chimiste et homme politique français (1794-1878). Ses travaux sur les tissus végétaux et animaux (1824-1828) en firent le précurseur de la théorie cellulaire, de l'histochimie et de la cytochimie. Il publia également plusieurs ouvrages pédagogiques sur la médecine (*Le Médecin des familles ; Le Manuel de la santé*), qui témoignent de son aspiration à une république démocratique et sociale. Il prit une part active à la révolution de 1848 et fut candidat des socialistes à la présidence de la République (décembre 1848). Arrêté et exilé de 1849 à 1863, il fut élu député en 1869, puis de 1876 à 1878.

Raspoutine (Grigori Iefimovitch Novykh, dit) Aventurier russe (1869-1916). Il acquit une réputation de thaumaturge, s'établit à Saint-Pétersbourg, fut présenté à l'impératrice en 1905. Parvenant à soulager l'héritier du trône, Alexis, atteint d'hémophilie, il devint alors le favori du couple impérial et contribua par sa vie de débauche à jeter le discrédit sur la cour de Nicolas II. Son assassinat fut organisé par le prince Ioussoupov.

Raspoutine bénissant ses admiratrices.

raspoutitsa n. f. (mot russe « chemin rompu ») géogr. Période de dégel avec formation d'une couche de boue gluante. *Des raspoutitsas.*

rassasiement n. m. rare État d'une personne rassasiée ; fait d'être rassasié (de qqch.).

rassasier v. tr. < 7 > (de l'ancien v. *assasier*, venant du latin pop., de *satis* « assez » → satisfaire ; satiété) **1.** Satisfaire entièrement la faim de (qqn). *On ne peut pas le rassasier* (→ **insatiable**). – absolt *Un plat qui rassasie.* – pronom. *Se rassasier d'un mets.* **2.** fig. Satisfaire pleinement les aspirations, les désirs de (qqn). – *Rassasier sa vue de...* – pronom. *« Je ne puis me rassasier de regarder ces deux créatures »* (Loti). ■ **rassasié, ée** p. p. **1.** Repu. *Convives rassasiés.* **2.** fig. *Être rassasié de tout* (→ **saturé**).

rassemblement n. m. **1.** Action de rassembler (des choses dispersées). **2.** Fait de se rassembler ; groupe ainsi formé. *Disperser un rassemblement.* → **attroupement. 3.** Action de rassembler (des troupes) ; sonnerie pour rassembler. *Faites sonner le rassemblement.* **4.** Union pour une action commune. – Parti politique qui groupe diverses tendances.

Rassemblement du peuple français voir RPF

Rassemblement national Parti politique français d'extrême droite, nouveau nom adopté par le Front national en 2018 sous l'impulsion de Marine Le Pen.

Rassemblement pour la République voir RPR

rassembler v. tr. < 1 > **1.** Faire venir au même endroit (des personnes). *Général qui rassemble ses troupes.* – au p. p. *Famille rassemblée pour le repas.* → **réunir.** ■ fig. Réunir pour une action commune. *Rassembler tous les mécontents.* → **grouper, unir. 2.** Mettre ensemble (des choses). → **réunir.** *Rassembler des documents.* **3.** Faire appel avec effort à (ses facultés) pour s'en servir. *Rassembler ses idées.* – *Rassembler ses esprits :* reprendre son sang-froid. *Rassembler son courage.* **4.** équit.

Rassembler un cheval, le tenir prêt à exécuter un mouvement. ■ **se rassembler v. pron.** S'assembler. *La foule se rassemble sur la place.* – sports Se replier pour prendre son élan.

rassembleur, euse adj. et n. (Personne) qui rassemble.

rasseoir [ʀaswaʀ] **v. tr. < 26 > 1.** Asseoir de nouveau. **2.** littér. Ramener au calme. *Rasseoir son esprit.* ■ **se rasseoir v. pron.** *Elle s'est rassise aussitôt.* – (sans *se*) *Faire rasseoir qqn.* - var. RO **rassoir.**

rasséréné, ée adj. Calmé, apaisé.

rasséréner v. tr. < 6 > (de [1]serein) Ramener au calme, à la sérénité. → **rassurer.** – pronom. *Son visage s'est rasséréné.*

rassir v. intr. < 2 > (de *rassis*) Devenir rassis. *Ce pain commence à rassir ;* et pronom. *à se rassir.*

rassis, ise adj. (de *rasseoir*) 1. Qui n'est plus frais sans être encore dur. *Du pain rassis. Une brioche rassise* ou (plus cour.) *rassie.* – *Viande rassise,* d'animaux tués depuis plusieurs jours. **2.** littér. Pondéré, réfléchi. *Un homme de sens rassis,* qui a un jugement équilibré.

rassurant, ante adj. De nature à rassurer. *Des nouvelles rassurantes.* – *Un individu peu rassurant,* inquiétant.

rassuré, ée adj. Tranquillisé. *Je n'étais pas rassuré :* j'avais peur.

rassurer v. tr. < 1 > (de *assurer*) Rendre la confiance, la tranquillité d'esprit à (qqn). → **apaiser, rasséréner, sécuriser, tranquilliser.** *Le médecin l'a rassuré.* ■ **se rassurer v. pron.** Se libérer de ses craintes, cesser d'avoir peur.

rasta ou **rastafari n. (du n. du ras Tafari Makonnen, l'empereur Hailé Sélassié) 1.** Membre d'une secte messianique d'origine jamaïcaine. **2.** Adepte du retour culturel à l'Afrique et de la musique reggae. – **adj.** *Des musiciens rastas.*

Rastadt (congrès de) Congrès qui devait, après le traité de Compoformio, fixer le sort de la rive gauche du Rhin (9 décembre 1797-23 avril 1799). Il réunit la France, l'Autriche et la Prusse mais n'aboutit pas. Deux envoyés du Directoire furent assassinés par les Autrichiens.

Rastadt (traité de) Traité signé entre Louis XIV et Charles VI (6 mars 1714), qui mettait fin à la guerre de Succession d'Espagne.

Ras Tanoura ou **Rās Tanūra** Port pétrolier d'Arabie saoudite, sur le golfe Arabo-Persique.

rastaquouère [ʀastakwɛʀ] **n. m. (hispano-anglais des États-Unis « parvenu », proprt « ratisse-cuir »)** péj., vieilli Étranger aux allures voyantes, affichant une richesse suspecte.

Rastatt anciennement **Rastadt** Ville d'Allemagne (Bade-Wurtemberg), sur la Murg. 47 700 habitants. Monuments du XVIIIe siècle.

Rastignac (Eugène de) Personnage de *La Comédie humaine* d'Honoré de Balzac. Il représente le type de l'arriviste élégant dans les *Scènes de la vie parisienne.*

Rastrelli (Bartolomeo Francesco) Architecte et décorateur italien (1700-1771). Il fit carrière en Russie, où il éleva de grandioses constructions typiques du baroque et du rococo (palais de Tsarskoïe Selo, couvent Smolnyï et palais d'Hiver à Saint-Pétersbourg, église Saint-André de Kiev).

rat n. m. (origine obscure, p.-ê. onomatopéique ; mot commun aux langues germaniques et aux langues romanes) 1. Petit mammifère rongeur, à museau pointu et à très longue queue, vorace et prolifique. *Rat d'égout* (→ **surmulot**) ; *rat d'eau* (→ **campagnol**). – *Détruire les rats* (→ **dératiser ; mort-aux-rats ; ratière**). ■ Mâle adulte de l'espèce (→ aussi **[1]rate, raton**). ■ loc. *Être fait comme un rat :* être pris au piège. – terme d'affection *Mon rat, mon petit rat.* – *Face de rat* (injure). **2.** Nom donné à des animaux ressemblant au rat.

Rastrelli (Bartolomeo)

Bartolomeo Rastrelli, le palais de Catherine à Tsarskoïe Selo (Pouchkine).

Rat musqué, rat d'Amérique. → **ragondin. 3.** fig. (par croisement avec *radin, rapia*) Personne avare, pingre. – **adj.** *Ce qu'elle est rat !* **4.** fig. *Rat de bibliothèque* (péj.) : personne qui passe son temps dans les livres. ■ *Rat d'hôtel :* personne qui s'introduit dans les chambres d'hôtel pour y voler. ■ *Petit rat (de l'Opéra) :* jeune élève de la classe de danse de l'Opéra.

rata n. m. (abrév. de *ratatouille*) vieilli Ragoût grossier servi aux soldats. – par ext. Mauvaise nourriture mal préparée.

ratafia n. m. (origine créole) Liqueur à base d'eau-de-vie et de sucre.

ratage n. m. Fait de rater. → **échec, loupage.**

rataplan interj. voir **rantanplan**

ratatiner v. tr. < 1 > (origine onomatopéique) 1. Rapetisser, réduire la taille en déformant. **2.** fig., fam. *Se faire ratatiner :* se faire battre, écraser (jeu, compétition). ■ **se ratatiner v. pron.** Se réduire, se tasser en se déformant. *Vieillard qui se ratatine.* – par ext. Se recroqueviller. ■ **ratatiné, ée adj. 1.** Rapetissé et déformé. *Pomme ratatinée. Visage ratatiné.* **2.** fig., fam. Démoli, hors d'usage. *La voiture est complètement ratatinée.*

ratatouille n. f. (formé sur le v. *touiller*) 1. vieux et fam. Ragoût grossier. → **rata. 2.** Plat fait de légumes (aubergines, courgettes, tomates...) cuits à l'huile. **3.** fam. Volée de coups. *Prendre une ratatouille.*

[1]rate n. f. Femelle du rat.

[2]rate n. f. (origine incertaine) Organe lymphoïde situé sous la partie gauche du diaphragme. *La rate produit l'hémoglobine, des pigments biliaires, des anticorps.* ■ loc. fam. *Dilater la rate :* faire rire. – *Se fouler la rate :* faire des efforts.

raté, ée I. n. m. 1. (arme à feu) Fait de rater ; coup qui ne part pas. **2.** Bruit anormal, dans un moteur à explosion. *Le moteur a des ratés.* ■ fig. Déficience dans le fonctionnement d'un système. **II. n.** Personne qui a raté sa vie, sa carrière.

râteau n. m. (d'abord *rastel* ; vient du latin ; famille de *raser*) 1. Outil fait d'une traverse munie de dents, ajustée en son milieu à un long manche (→ **râteler, ratisser**). – loc. fig. et fam. *Se prendre un râteau :* obtenir un refus, se faire éconduire. ■ **(par analogie de forme)** Antenne de télévision faite de tiges métalliques. **2.** Raclette avec laquelle le croupier ramasse les mises, les jetons.

ratel n. m. (de *rat*) zool. Mammifère carnivore, blaireau d'Afrique très friand de miel.

râtelée n. f. Quantité ramassée d'un coup de râteau. *Une râtelée de foin.*

râteler v. tr. < 4 ou RO 5 > Ramasser avec un râteau. *Ils râtellent le foin.* □ **n. m. râtelage**

râteleur, euse n. techn. Ouvrier, ouvrière agricole qui fait le râtelage.

râtelier n. m. (de *râteau*) 1. Assemblage de barreaux parallèles incliné contre un mur (d'étable, etc.), qui sert à recevoir le fourrage du bétail. ■ loc. fig. *Manger à tous les râteliers :* tirer profit de toutes les situations, sans hésiter à servir des camps opposés. **2.** Support servant à ranger verticalement des objets longs. *Râtelier d'armes.* **3.** fam. et vieilli Dentier.

rater v. < 1 > (de l'ancienne loc. *prendre un rat* « manquer son coup ») I. v. intr. 1. (arme à feu) Ne pas partir. *Le coup a raté.* **2.** Échouer. *L'affaire a raté.* – fam. *Ça n'a pas raté,* c'était prévisible. **II. v. tr. 1.** Ne pas atteindre (ce qu'on visait). → fam. **louper.** *Chasseur qui rate un lièvre.* – *Rater son train.* – *Rater qqn,* ne pas réussir à le rencontrer. – pronom. *Ils se sont ratés de peu.* – fam. *Je ne vais pas le rater,* je vais lui donner la leçon qu'il mérite. **2.** fig. Ne pas profiter de. → **manquer.** *Rater le début d'un film. Rater une occasion.* – fam., iron. *Elle n'en rate pas une :* elle les fait toutes (les bévues). **3.** Ne pas réussir, ne pas mener à bien. *Rater son coup, son effet.* – *Rater sa vie* (→ **raté (II)**). ■ **se rater v. pron.** fam. Échouer en essayant de se suicider (notamment avec une arme à feu). □ **raté, ée adj.** *Occasion ratée.*

Rathenau (Walther) Homme politique allemand (1867-1922). Chargé d'organiser l'économie de guerre de l'Allemagne en 1915, il devint ministre des Affaires étrangères en 1922. Partisan des accords entre nations, il signa le traité de Rapallo. Il fut assassiné par un groupe de nationalistes allemands.

ratiboiser v. tr. < 1 > (origine incertaine) fam. **1.** Rafler (au jeu) ; prendre, voler. *Ils m'ont ratiboisé mille euros.* **2.** Ruiner (qqn), notamment au jeu. – au p. p. *Je suis ratiboisé.* **3.** Couper très court les cheveux de (qqn). *Le coiffeur l'a ratiboisé.*

ratiche n. f. (p.-ê. de *rat*) argot Dent.

ratichon n. m. (de *rat*, par analogie de couleur) vieux, péj. Prêtre.

raticide n. m. (de *rat* et *-cide*) Produit utilisé pour détruire les rats. → **mort-aux-rats.**

ratier [ʀatje] **n. m.** Chien qui chasse les rats. – appos. *Un chien ratier.*

ratière [ʀatjɛʀ] **n. f.** Piège à rats. → **souricière.**

ratification n. f. (→ ratifier) Action de ratifier. → **confirmation, homologation.** *La ratification d'un contrat.* – Acte, document qui ratifie.

ratifier v. tr. < 7 > (du latin ; famille de *raison,* et de *faire*) 1. Approuver ou confirmer par un acte authentique. → **confirmer, entériner.** *Ratifier un traité.* **2.** littér. Confirmer, reconnaître comme vrai. *Ratifier une promesse.*

Rätikon n. m. Massif des Alpes situé entre la Suisse, le Liechtenstein et l'Autriche. Il culmine à 2 965 m au mont Scesaplana.

ratine n. f. (de l'ancien v. *raster* → ratisser) Tissu de laine épais, cardé, dont le poil est tiré en dehors et frisé.

ratiner v. tr. < 1 > techn. Traiter (un drap, une étoffe) pour lui donner l'aspect de la ratine. □ **n. m. ratinage**

rating [ʀatiŋ] **n. m. (mot anglais « évaluation »)** anglic. **1.** mar. Indice caractérisant un yacht, et qui détermine son handicap. **2.** Indice qui classe les entreprises en fonction de leur solvabilité.

ratio [ʀasjo] **n. m. (mot anglais, du latin → raison, ration)** anglic., écon. Rapport de deux grandeurs variables, où certaines de ces grandeurs se voient attribuer une signification particulière. *Des ratios de rentabilité.*

ratiocination [ʀasjɔsinasjɔ̃] **n. f. (→ ratiociner)** littér. Action de ratiociner ; argumentation exagérément subtile. → **argutie.**

ratiociner [ʀasjɔsine] **v. intr. < 1 > (du latin, de *ratio* → raison)** littér. Se perdre en raisonnements trop subtils et interminables. → **ergoter.** □ **n. ratiocineur, euse**

R

ration n. f. (latin *ratio* → raison) **1.** Quantité (d'aliments) qui revient à une personne, à un animal pendant une journée. *Rations imposées. Mettre qqn à la ration.* → **rationner.** **2.** *Ration alimentaire :* quantité et nature des aliments nécessaires à l'organisme pour une durée de vingt-quatre heures. **3.** fig. *Ration de :* quantité due ou exigée de (souvent iron.). *J'ai reçu ma ration d'ennuis.* → **dose, lot.**

rational, aux n. m. (du latin de la Vulgate) didact. **I.** Pièce d'étoffe ornée de pierreries que le grand prêtre des Hébreux portait sur la poitrine. → **pectoral. II.** (ancien français *livre rational* « livre de comptes », du latin *rationalis*) Titre de certains ouvrages de liturgie.

rationalisation n. f. Action de rationaliser ; son résultat. – psych. Justification consciente et rationnelle d'une conduite inspirée par des motivations inconscientes.

rationaliser v. tr. < 1 > (→ rationnel) **1.** Rendre rationnel, conforme à la raison. **2.** Organiser rationnellement. *Rationaliser le travail, la production.* **3.** psych. Justifier une conduite par des motifs rationnels (→ **rationalisation**).

rationalisme n. m. **1.** philos. Doctrine selon laquelle toute connaissance certaine vient de la raison (opposé à *empirisme*). *Le rationalisme de Descartes.* **2.** Croyance et confiance dans la raison (opposée à la religion, etc.). *Le rationalisme des philosophes du XVIIIe siècle. – Un rationalisme étroit.* **3.** arts Théorie subordonnant la beauté d'un objet à son adaptation à sa destination.

rationaliste adj. (→ rationnel) Du rationalisme. – *Philosophe rationaliste.*

rationalité n. f. (→ rationnel) didact. Caractère de ce qui est rationnel.

rationnel, elle adj. (latin *rationalis,* de *ratio* → raison) **I. 1.** Qui appartient à la raison, relève de la raison. *L'activité rationnelle,* le raisonnement. – Qui provient de la raison et non de l'expérience. *Philosophie rationnelle.* **2.** Conforme à la raison, au bon sens. → **raisonnable, sensé.** *Conduite rationnelle.* – Organisé avec méthode. *Installation rationnelle.* → **fonctionnel.** ▪ *Esprit rationnel.* → **2logique. II.** math. *Nombre rationnel,* qui peut être mis sous la forme d'un rapport entre deux nombres entiers. *L'ensemble* ℚ *des nombres rationnels.*

rationnellement adv. D'une manière rationnelle ; avec bon sens.

rationnement n. m. Action de rationner ; son résultat. *Cartes, tickets de rationnement.*

rationner v. tr. < 1 > **1.** Distribuer des rations limitées de (qqch.). *Rationner l'eau, l'essence.* **2.** Mettre (qqn) à la ration, restreindre sa consommation (de vivres, etc.). – pronom. *Se rationner :* s'imposer des restrictions, des économies.

Ratisbonne en allemand **Regensburg** Ville d'Allemagne (Bavière), sur le Danube. 125 700 habitants. Église romane du XIIIe s., à décor baroque ; cathédrale gothique du XIVe s. ; pont de pierre sur le Danube (XIIe s.). Reichstags-Museum. Industries électrique, chimique, automobile (BMW) et alimentaire. Ville libre à partir de 1245, Ratisbonne accueillit la diète réunie en 1541 par Charles Quint pour restaurer l'unité entre catholiques et protestants dans l'Empire ; elle devint le siège permanent de la diète de l'Empire en 1663, et fut annexée par la Bavière en 1810.

Ratisbonne, le pont Steinerne Brücke et la cathédrale Saint-Pierre.

ratissage n. m. Action de ratisser (1 ou 3).

ratisser v. tr. < 1 > (de l'ancien v. *raster, rater* [même sens] ; p.-ê. famille de *raser*) **1.** Nettoyer à l'aide d'un râteau ; passer le râteau sur. *Ratisser une allée.* – Recueillir en promenant le râteau. → **râteler.** *Ratisser des feuilles mortes.* – loc. fig. et fam. *Ratisser large,* réunir le plus d'éléments possible. **2.** fig., fam. → **ruiner ;** fam. **ratiboiser.** *Se faire ratisser au jeu.* **3.** (armée...) Fouiller méthodiquement. *La police a ratissé tout le quartier.*

ratissoire n. f. Outil de jardinage servant à faire des sarclages et des binages légers.

ratite n. m. (du latin sc., de *ratis* « radeau », par analogie de forme avec le sternum plat de ces oiseaux) Oiseau coureur dont le sternum est dépourvu de bréchet (ex. l'aptéryx, l'autruche, l'émeu, le nandou).

raton n. m. **I. 1.** Jeune rat. **2.** *Raton laveur :* mammifère carnivore qui lave ses aliments avant de les absorber. *« Quatre fossoyeurs / un jardin / des fleurs / un raton laveur »* (Prévert, *Inventaire*). **II.** fam. (injure raciste) Maghrébin.

ratonnade n. f. Expédition punitive ou brutalités exercées contre des Maghrébins. – par ext. Brutalités commises contre un groupe ethnique ou social.

ratonner v. < 1 > **1.** v. intr. Se livrer à des ratonnades. **2.** v. tr. Exercer les brutalités d'une ratonnade sur (qqn). □ n. **ratonneur, euse**

ratoureux, euse ou **ratoureur, euse** adj. et n. (origine obscure) (Canada) fam. Rusé, malin. *Un politicien ratoureux.*

Ratsiraka (Didier) Homme d'État malgache (1936-2021). Il fut président de la République de 1975 à 1993 puis de 1997 à 2002.

rattachement n. m. Action de rattacher ; son résultat. *Le rattachement de l'Alsace-Lorraine à la France.* → **adjonction.**

rattacher v. tr. < 1 > **1.** Attacher de nouveau. *Rattacher un chien. – Rattacher ses lacets.* → **renouer. 2.** Attacher, lier entre eux (des objets). → **relier.** – fig. Constituer une attache. *Le dernier lien qui le rattachait à la vie.* **3.** fig. Faire dépendre (de qqch.), relier (à qqch.). *Rattacher des faits à une loi. Rattacher un territoire à un État.* → **incorporer.** – pronom. *Tout ce qui se rattache à la question.*

rattachiste adj. et n. (Belgique) Qui est partisan du rattachement à la France des parties francophones de la Belgique.

rat-taupe n. m. Spalax. *Des rats-taupes.*

ratte n. f. (du fém. de *rat* → 1rate, par analogie de forme) Pomme de terre allongée, très estimée.

Rattle (sir Simon) Chef d'orchestre britannique (né en 1955). Il fut, de 1980 à 1988, le premier chef de l'Orchestre symphonique de Birmingham. Il dirigea l'Orchestre philharmonique de Berlin de 2002 à 2017 puis l'Orchestre symphonique de Londres jusqu'en 2023.

rattrapable adj. Que l'on peut rattraper.

rattrapage n. m. **1.** Action de rattraper, de se rattraper. **2.** *Cours, classe de rattrapage,* permettant à un élève de rattraper son retard scolaire. → **soutien. 3.** écon. Rajustement. *Rattrapage des salaires* (par rapport au coût de la vie).

rattraper v. tr. < 1 > **1.** Attraper de nouveau (ce qu'on avait laissé échapper). → **reprendre.** *Rattraper un prisonnier évadé. – Rattraper une maille.* **2.** Attraper (ce qui allait tomber, s'en aller). ▪ fig. Réparer (une imprudence, une erreur). *Rattraper une phrase malheureuse.* **3.** S'activer pour compenser (une perte de temps). *Rattraper un retard. – Rattraper un cours.* **4.** Rejoindre (qqn ou qqch. qui a de l'avance). → **atteindre.** *Partez devant, je vous rattraperai.* – fig. *Être rattrapé par son passé, par une affaire.* ▪ **se rattraper** v. pron. **1.** *Se rattraper à (qqch.),* se raccrocher à. *Se rattraper à une branche.* **2.** Agir pour combler un retard, pallier une insuffisance. *Je me rattraperai à l'oral.* **3.** absolt Réparer (une maladresse). *Se rattraper à temps.*

Rättvik Station d'été et de sports d'hiver de Suède (Dalécarlie). Église du XIVe siècle.

rature n. f. (famille de *raser*) Trait que l'on tire sur un ou plusieurs mots pour les annuler ou les remplacer.

raturer v. tr. < 1 > Annuler, corriger par des ratures. → **1barrer, biffer, rayer.** *Raturer un mot. – Raturer un manuscrit.* □ n. m. **raturage**

Ratzel (Friedrich) Géographe allemand (1844-1904). Auteur d'une *Anthropogéographie* et d'une *Géographie politique,* il fut l'un des précurseurs de la géographie humaine politique.

Rau (Johannes) Homme d'État allemand (1931-2006). Membre du SPD, il fut président de la République de 1999 à 2004.

RAU voir **République arabe unie**

Rauch (Neo) Peintre allemand (né en 1960). Originaire de RDA, il est l'un des représentants de la Nouvelle École de Leipzig. Son style est imprégné du réalisme socialiste et de la bande dessinée. Toiles monumentales aux couleurs « passées ».

raucité n. f. (du latin → rauque) littér. Caractère rauque (d'une voix).

Rauma Ville de Finlande. 37 000 habitants. Maisons anciennes en bois, peintes et sculptées ; église de la Sainte-Croix (XVe-XVIe s.).

rauque adj. (latin *raucus* → enrouer) **1.** (voix) Rude et âpre, qui produit des sons voilés. → **éraillé.** *Un cri rauque.* **2.** poét. Rude, âpre. *« Tout est sauvage, inculte, âpre, rauque »* (Hugo).

rauquement n. m. (de *rauque*) rare Cri d'un animal qui rauque.

rauquer v. intr. < 1 > (de *rauque*) **1.** rare (tigre) Crier. → **feuler. 2.** fig. et poét. Émettre un bruit semblable au cri du tigre.

Rauschenberg (Robert) Peintre, plasticien et lithographe américain (1925-2008). Après une période minimaliste dans les années 1950, il réalisa des collages visuels, les *combine paintings (Charlene),* composés d'objets hétéroclites. Ces œuvres, proches

Robert Rauschenberg, *Immobilier* (1963), musée des Beaux-Arts, Philadelphie.

de la ligne néodada, annoncent le pop art. Il élabora à partir de 1965 des collages sonores, réalisés avec des émissions radiophoniques réelles.

rauwolfia [ʀovɔlfja] **n. m.** (du n. de Rauwolf, botaniste allemand) bot. Arbre ou arbuste originaire d'Inde et d'Indonésie, dont les racines contiennent des alcaloïdes à propriétés sédatives et hypotensives (→ **réserpine**).

Ravachol (François Claudius Kœnigstein, dit) Anarchiste français (1859-1892). Auteur de plusieurs attentats, il fut condamné à mort et guillotiné.

ravage **n. m.** (de *ravir* « prendre, piller ») surtout au plur. **1.** Dégâts importants causés par des forces humaines ou naturelles. → **dévastation.** *Les ravages de la guerre.* → **ruine.** *Les ravages d'un incendie.* **2.** Effet néfaste (de qqch.). *Les ravages de l'alcoolisme.* – littér. *Les ravages du temps* : les signes de vieillesse. **3.** loc. fam. *Faire des ravages* : se faire aimer et faire souffrir (→ **bourreau des cœurs**).

ravager **v. tr.** < 3 > **1.** Faire des ravages dans. → **dévaster, saccager.** *Pillards qui ravagent un pays.* – *La guerre a ravagé la contrée. Grêle qui ravage les récoltes.* → **détruire. 2.** fig. Apporter de graves perturbations physiques ou morales à. *L'alcool a ravagé ses traits.* ■ **ravagé, ée adj. 1.** Endommagé, détruit par une action violente. **2.** Marqué, flétri (par le temps, etc.). *Visage ravagé.* – littér. *Ravagé de remords.* **3.** fam. Fou, cinglé.

ravageur, euse **adj. 1.** Qui détruit, ravage. *Les insectes ravageurs du blé.* – **n. m.** *Les ravageurs des cultures* (oiseaux, rongeurs, insectes, parasites...). **2.** fig. Qui ravage (2). *Une passion ravageuse.* – *Sourire ravageur.*

Ravaillac (François) Régicide français (1578-1610). Il poignarda à mort Henri IV le 14 mai 1610, pensant ainsi sauver le pays et la religion catholique. Il mourut écartelé.

Ravaisson-Mollien (Félix Lacher) Philosophe français (1813-1900). Élève de Victor Cousin, il élabora une philosophie originale inspirée à la fois par sa lecture d'Aristote et par les analyses de Maine de Biran sur le sens intime. Il influença directement le spiritualisme bergsonien. *De l'habitude.*

ravalement **n. m.** Nettoyage (des murs, des façades).

ravaler **v. tr.** < 1 > (de *avaler*, au sens de « descendre ») **I. 1.** Nettoyer, refaire le parement de (un mur, etc.) de haut en bas. *Ravaler un immeuble.* – loc. fam. *Se ravaler la façade* : refaire son maquillage. **2.** fig., littér. Abaisser, déprécier. – au p. p. *Un homme ravalé au rang de la brute.* – pronom. S'abaisser, s'avilir moralement. **II.** Avaler de nouveau, avaler (ce qu'on a dans la bouche). *Ravaler sa salive.* ■ fig. Retenir (ce qu'on allait dire). *Ravaler une boutade.* – Empêcher de s'exprimer. *Ravaler sa colère, son dégoût.*

ravaleur, euse **n.** Ouvrier, ouvrière qui travaille au ravalement d'un mur, d'une construction.

Ravalomanana (Marc) Homme d'État malgache (né en 1949). Il a été président de la République de 2002 à 2009.

Rava-Rousskaïa, anciennement Rawa Ruska Ville d'Ukraine. 8 800 habitants. La ville appartint à la Pologne de 1919 à 1949. Durant la Seconde Guerre mondiale, les Allemands y établirent un camp de prisonniers.

ravaudage **n. m. 1.** Action de ravauder ; son résultat. → **raccommodage, rapiéçage, reprise.** *Faire du ravaudage.* **2.** fig. Travail grossier, réparation sommaire (→ **rafistolage**).

ravauder **v. tr.** < 1 > (famille de *ravaler*) vieilli Raccommoder à l'aiguille. → **rapiécer, repriser.** □ **n. ravaudeur, euse**

¹rave **n. f.** (vient du latin *rapa*, par le provençal) (désigne plusieurs espèces) Plante potagère cultivée pour sa racine comestible.

Ravenne

Ravenne. *L'Impératrice Théodora entourée de sa cour*, mosaïque byzantine du chœur de l'église San Vitale (VIᵉ s.).

Céleri-rave. – → **betterave, chou-rave, navet, radis, rutabaga.**

²rave [ʀɛv] **n. f.** (anglais *to rave* « délirer ») anglic. Rassemblement festif dédié à la musique techno et à la danse, souvent organisé en plein air. □ **n. raveur, euse**

Ravel (Maurice) Compositeur français (1875-1937). Élève au Conservatoire de Paris (1889), il se heurta très tôt à l'académisme alors en vigueur. Reconnu par l'élite intellectuelle et musicale, à l'instar de Debussy, il s'affirma bientôt comme la personnalité musicale la plus raffinée du début du XXᵉ siècle. Compositeur précoce (*Habanera*, *Pavane pour une infante défunte*, *Jeux d'eau* et le *Quatuor en fa*), au style très tôt affirmé, il ne cessa d'aller dans le sens d'un dépouillement et d'une sobriété toujours plus grands : la subtilité de la ligne mélodique, la féerie et le fantastique alliés à un équilibre harmonieux et un sens rigoureux de la construction firent de lui le dernier représentant du classicisme français. Son œuvre s'étend à tous les domaines, excepté la musique religieuse. *Gaspard de la nuit* ; *Sonate* pour violon et piano ; *Ma Mère l'Oye* ; *Boléro* ; *Concerto pour la main gauche* ; *L'Enfant et les sortilèges* (sur un poème de Colette).

Maurice Ravel vers 1928.

Ravello Ville d'Italie (Campanie), dominant le golfe de Salerne. 2 500 habitants. Église Saint-Jean (XIᵉ s.) ; église San Francesco, avec atrium gothique et cloître roman ; monuments arabo-normands (cathédrale Saint-Pantaléon à campanile du XIIIᵉ s., palais Rufolo).

ravenala [ʀavenala] **n. m.** (du malgache « feuille de la forêt ») Arbre de Madagascar, voisin du bananier, dont une espèce, qui recueille les eaux de pluie à la base de ses feuilles, est appelée *arbre du voyageur.*

ravenelle [ʀavnɛl] **n. f.** (de l'ancien français *ravene* n. m. « radis », du latin *raphanus*, du grec *raphanos* « chou, rave ») Giroflée des jardins. – Radis sauvage.

Ravenne en italien **Ravenna** Ville d'Italie (Émilie-Romagne). 134 630 habitants. Raffineries de pétrole, industries chimique et textile. Édifices religieux recelant le plus important ensemble de mosaïques d'Europe, héritage des souverains byzantins (baptistère des Orthodoxes et tombeau de Galla Placidia du Vᵉ s., église Saint-Vital et basilique Saint-Apollinaire-le-Neuf du VIᵉ s., basilique Saint-Apollinaire-in-Classe des VIᵉ-VIIᵉ s.). Mausolée de Dante. Fondée par les Thessaliens, Ravenne devint la capitale de l'Empire romain en 404. Elle fut conquise par les Byzantins (540) puis en 756 par Pépin le Bref, qui la céda au pape. La ville passa ensuite sous la domination vénitienne en 1449, puis fut reconquise par la papauté en 1509. La bataille de Ravenne (1512) vit la victoire des Français face aux Espagnols et aux troupes de Jules II. Elle fut rattachée au Piémont en 1860.

Ravensbrück Village d'Allemagne près de Fürstenberg (Brandebourg). Camp de concentration nazi, créé dès 1934 et réservé aux femmes. Plus de 90 000 déportées y moururent durant la Seconde Guerre mondiale.

ravi, ie **adj.** Très content, heureux. → **comblé, enchanté.** *Je suis ravie de mon séjour. Être ravi que* (+ subj.). *Vous m'en voyez ravi.* – *Un air ravi.* → **radieux.** ■ **n. m.** Personnage de la crèche provençale, type du naïf.

Ravi **n. f.** Rivière d'Inde et du Pakistan, née dans l'Himalaya, affluent de la Chenab. L'une des « cinq rivières » du Panjab. 725 km.

ravier **n. m.** (famille de *rave*) **1.** Petit plat creux et oblong, dans lequel on sert les hors-d'œuvre. – Son contenu. **2.** (Belgique) Récipient destiné au conditionnement des produits alimentaires. → **barquette.**

ravière **n. f.** agric. Terrain où l'on cultive des raves (betteraves, navets, rutabagas).

ravigotant, ante **adj.** fam. Qui ravigote.

ravigote **n. f.** Vinaigrette relevée de fines herbes. – appos. invar. *Sauce ravigote.*

ravigoter **v. tr.** < 1 > (var. de *revigorer*) fam. Rendre plus vigoureux, redonner de la force à (qqn). → **revigorer.** – absolt *Un air frais qui ravigote.*

ravin **n. m.** (de *raviner*) Petite vallée étroite à versants raides. *Voiture tombée au fond d'un ravin.*

ravine **n. f.** (du latin *rapina* → **rapine**) Lit creusé par un torrent ; petit ravin.

ravinement **n. m.** Formation de sillons par les eaux de ruissellement ; ces sillons.

R

raviner v. tr. < 1 > (de *ravine*) 1. (eaux de ruissellement) Creuser (le sol) de sillons. 2. fig. Marquer de rides profondes. – au p. p. *Visage raviné.*

raviole n. f. (probablt de l'italien → ravioli) Petit carré de pâte renfermant une farce. *Ravioles de Romans.*

ravioli n. m. (mot italien) Petit carré de pâte farci de viande hachée ou de légumes. *Des raviolis.*

ravir v. tr. < 2 > (vient du latin pop. *rapire*, du latin class. *rapere* « emporter ; piller » → rapace, rapide, rapine, rapt) 1. littér. Prendre, enlever de force. *« Pour ravir un trésor, il a toujours fallu tuer le dragon qui le garde »* (Giraudoux). 2. relig. Transporter au ciel. 3. Plaire beaucoup à. *Cela m'a ravi.* → enchanter, enthousiasmer ; fam. emballer. – *À ravir* loc. adv. : admirablement, à merveille. *« Sa coiffure lui seyait à ravir »* (Chateaubriand).

se raviser v. pron. < 1 > (de [2]*aviser*) Changer d'avis, revenir sur sa décision. *Se raviser au dernier moment.*

ravissant, ante adj. Qui plaît beaucoup, touche par la beauté, le charme. → charmant, joli. *Chapeau ravissant. – Jeune fille ravissante.*

ravissement n. m. 1. vieux Action de ravir, d'enlever de force. 2. relig. Fait d'être ravi (2), transporté au ciel. *Le ravissement de saint Paul.* – Extase mystique. 3. Émotion éprouvée par une personne transportée de joie. → enchantement. *Une musique qui le jetait dans le ravissement.*

ravisseur, euse n. Personne qui a commis un rapt. → kidnappeur. *Les ravisseurs demandent une rançon.*

ravitaillement n. m. 1. Action de ravitailler, de se ravitailler. – *Le ravitaillement des grandes villes.* 2. Les denrées qui servent à ravitailler.

ravitailler v. tr. < 1 > (→ avitailler) Pourvoir (une armée...) de vivres, de munitions, etc. → avitailler. – par ext. Fournir (une communauté) en vivres, en denrées diverses. → approvisionner. – *Ravitailler un avion en vol*, lui transférer, en vol, du carburant. ■ **se ravitailler** v. pron. *Les coureurs se ravitaillent à l'étape.*

ravitailleur, euse n. 1. n. m. Engin (navire, avion...) qui fournit le ravitaillement. – appos. *Navire ravitailleur.* 2. sports Personne qui ravitaille les participants d'une course.

raviver v. tr. < 1 > (de *aviver*) 1. Rendre plus vif. *Raviver le feu, la flamme.* → ranimer. *Raviver des couleurs.* → aviver. 2. fig. Ranimer, faire revivre. *Raviver un souvenir.* → réveiller. – pronom. *Ses craintes se sont ravivées.* 3. techn. Nettoyer, décaper (un métal). □ n. m. **ravivage**

ravoir v. tr. < seulement inf. > 1. Avoir de nouveau (qqch.). → récupérer. *Il voudrait bien ravoir son jouet.* 2. fam. Remettre en bon état de propreté. *Une poêle difficile à ravoir.*

Rawalpindi Ville du Pakistan (Panjab). 1 410 000 habitants. Industries textile, alimentaire, chimique. Arsenal et camp militaire. Elle fut la capitale du Pakistan entre 1959 et 1969.

Rawlings (Jerry John) Homme d'État ghanéen (1947-2020). Il prit le pouvoir à l'issue du putsch de 1981, et se maintint à la présidence de la République jusqu'en 2001.

Rawls (John) Philosophe américain (1921-2002). Dans son œuvre centrée sur la recherche des principes d'une société juste, il soutint la priorité des droits fondamentaux du citoyen sur l'utilité sociale, tout en réservant une large place aux conditions économiques d'une telle articulation. *Théorie de la justice.*

Ray ou **Wray** (John) Naturaliste anglais (1627-1705). Il fut l'un des fondateurs de la classification naturelle, en zoologie, en botanique, et le premier à donner une définition claire de la notion d'espèce.

Ray (Raymond De Kremer, dit Jean) Romancier belge d'expression française et néerlandaise (1887-1964). Son œuvre abondante comprend des romans et des contes utilisant les ressorts du fantastique, du surnaturel et de l'épouvante, d'où l'humour n'est jamais absent. *Contes du whisky ; Malpertuis ; Aventures de Harry Dickson.*

Ray (Emanuel Radnitszky, dit Man) Peintre et photographe américain (1890-1976). Son œuvre, essentiellement photographique, est marquée par le refus des valeurs artistiques traditionnelles. Il aborda diverses techniques : collages, peinture au pistolet (*Aérographes*). À Paris, il participa activement au mouvement dada, créant des « ready-made aidés » (*Gift*) et inventant les « rayographies », impression d'objets posés directement sur la surface sensible. Il acquit une grande notoriété par ses portraits d'artistes et d'écrivains (Marcel Proust, Cocteau), réalisant des photographies d'inspiration surréaliste (*Le Violon d'Ingres*), ainsi que des courts métrages (*Les Mystères du château de dés*). Il fut l'un des pionniers de l'avant-garde américaine, par son action de démythification de la peinture et son approche ludique de l'activité artistique.

Ray (Raymond Nicholas Kienzle, dit Nicholas) Cinéaste américain (1911-1979). Sa carrière fut une alternance de succès (*La Fureur de vivre*, dernier film de James Dean) et d'échecs commerciaux (*Les 55 Jours de Pékin*). Il a construit une œuvre empreinte d'éclats baroques s'attachant à des personnages imparfaits, inadaptés au monde. *Johnny Guitar ; Traquenard.*

Ray (Satyajit) Cinéaste, musicien et écrivain indien (1921-1992). Il est le plus grand réalisateur de l'histoire du cinéma bengali. Son réalisme empreint de compassion éclate dans ses premiers films (*Le Monde d'Apu*, trilogie de la misère et de la révolte). Son œuvre, humaniste, est partagée entre la tradition et la modernité. *Le Salon de musique ; Charulata.*

Ray (Charles) Sculpteur américain (né en 1953). Ses œuvres très réalistes, d'un blanc immaculé ou argentées, d'êtres ou d'objets recèlent des détails insolites remettant en question la perception habituelle de scènes familières. *Boy with Frog* (2009).

raya voir raïa

rayage n. m. rare Action de rayer ; état de ce qui est rayé. *Le rayage d'un nom dans une liste.*

rayer v. tr. < 8 > (de [1]*raie*) 1. Marquer de raies, en entamant la surface. *Le diamant raye le verre.* 2. Tracer un trait sur (un mot...) pour l'annuler. → [1]barrer, raturer. – *Rayer qqn d'une liste.* → exclure, radier. – loc. *Rayez cela de vos papiers !*, n'y comptez pas. – *Rayer* (un lieu) *de la carte*, l'anéantir, le détruire entièrement. ■ **rayé, ée** p. p. et adj. 1. Qui porte des raies, des rayures. *Tricot rayé.* 2. Qui porte des éraflures. *Carrosserie rayée. – Disque rayé.* 3. Annulé, supprimé. *Nom rayé sur une liste.*

rayère n. f. (de l'ancien français *raier* « émettre des rayons », venant du latin, de *radius*) archit. Étroite ouverture verticale pratiquée dans le mur d'une tour pour en éclairer l'intérieur.

ray-grass n. m. invar. ou **raygrass** n. m. (mot anglais, de *ray* « ivraie » et *grass* « herbe ») Plante herbacée, variété d'ivraie employée pour les pelouses, les prairies artificielles.

Rayleigh (John William Strutt, lord) Physicien britannique (1842-1919). Il détermina les dimensions de certaines molécules, et participa avec Ramsay à la découverte des gaz rares ou inertes. Ses travaux sur la diffusion de la lumière visible par les molécules sans changement de fréquence (*diffusion Rayleigh*) lui permirent d'expliquer la couleur du ciel (1871) et de donner une première valeur du nombre d'Avogadro (1872). Prix Nobel 1904.

Raymond ou **Raimond** Nom de sept comtes de Toulouse (XIe-XIIIe s.). ■ **Raymond IV**, dit **Raymond de Saint-Gilles** (1042-1105). Comte en 1093. Il fut l'un des chefs de la première croisade. ■ **Raymond VI** (1156-1222). Comte de Toulouse (1194-1222). Il dut affronter la croisade des albigeois (1208), déclenchée contre lui par le pape, se rangea aux côtés de ce dernier après l'avoir combattu, et reconquit Toulouse (1217) et la majeure partie de ses États. ■ **Raymond VII** (1197-1249). Fils et successeur du précédent. Comte en 1222. Il ne put s'opposer à la croisade menée par Louis VIII contre les albigeois (1226) et dut céder ses domaines au roi de France. À sa mort, le comté de Toulouse fut réuni au domaine royal.

Raymond Bérenger ou **Raimond Berenger** Nom de plusieurs comtes de Provence (XIe s.-XIIIe s.). ■ **Raymond Bérenger V** (1198-1245). Comte de Provence (1209-1245). Il participa avec le roi de France Louis VIII à la prise d'Avignon (1226). Il maria ses filles avec le roi de France Louis IX, le roi d'Angleterre Henri III et Richard de Cornouailles, futur roi des Romains. Sa fille Béatrice hérita du comté.

Raymond de Peñafort (saint) Religieux espagnol (v. 1175-1275). Général de l'ordre des Dominicains (1238), il prêcha la croisade contre les Maures et fonda l'ordre de Notre-Dame-de-la-Merci. Spécialisé en droit canon, il fut chargé par Grégoire IX d'établir la collection des *Décrétales.*

Raynal (abbé Guillaume-Thomas François) Historien et philosophe français (1713-1796). Il fréquenta les Encyclopédistes et c'est probablement avec le concours de Diderot qu'il rédigea l'*Histoire des deux Indes*, où sont critiqués l'esclavagisme, le despotisme et les entreprises coloniales de la monarchie, ce qui lui valut une condamnation à l'exil et une mise à l'index par le clergé.

Raynaud (Fernand) Fantaisiste français (1926-1973). Il connut le succès au music-hall et à la télévision grâce à ses sketches illustrant des situations cocasses de la vie quotidienne. Son personnage devint pour le public l'archétype du « Français moyen ».

Raynaud (Jean-Pierre) Artiste français (né en 1939). La peinture classique n'étant plus selon lui qu'un « simulacre », il a créé des *Psycho-Objets* dans les années 1960, a répété à des milliers d'exemplaires son *Pot de fleurs* rouge, avant de choisir le carrelage comme mode d'expression.

Rayol-Canadel-sur-Mer Village du Var. Station balnéaire.

[1]**rayon** n. m. (de *rai*) I. 1. Trace de lumière en ligne ou en bande. → rai. *Un rayon de soleil, de lune. – Les rayons du soleil*, sa lumière. *Émettre, répandre des rayons.* ■ par métaphore Ce qui éclaire, répand la joie. *Un rayon d'espérance.* – loc. *Un rayon de soleil*. « Vos lettres me sont des rayons de soleil »* (Flaubert). 2. opt. Trajet d'une radiation lumineuse. *Rayons convergents ; divergents* (→ faisceau). *Rayons réfractés, réfléchis.* 3. au plur. Radiations. → radio-. *Rayons infrarouges, ultraviolets. Rayons X*, rayonnement électromagnétique de faible longueur d'onde (→ aussi radiographie, radioscopie). *Traitement par les rayons.* → actinothérapie, radiothérapie. fam. *On lui a fait des rayons*, une radiothérapie. II. 1. Chacune des pièces divergentes qui relient le moyeu (d'une roue) à la jante. *Rayons d'une roue de bicyclette. – Rues disposées en rayons.* 2. géom. Segment joignant un point (d'un cercle, d'une sphère) à son centre ; longueur (constante) de ce segment. *Le rayon est égal à la moitié du diamètre.* ■ loc. *Dans un rayon de* : dans un espace circulaire de (distances). *Dans un rayon de dix kilomètres. – **Rayon d'action*** : dis-

Raz (pointe du)

La pointe du Raz, classée Grand Site de France.

tance maximale qu'un navire, un avion peut parcourir sans être ravitaillé en combustible ; fig. zone d'activité. *Cette entreprise a étendu son rayon d'action.*

²rayon n. m. (de l'ancien français *ree*, même sens, venant du francique *hrâta*) **1.** Gâteau de cire fait par les abeilles. *Les rayons d'une ruche.* **2.** Planche, tablette de rangement. → **étagère, ¹rayonnage.** *Les rayons d'une bibliothèque.* **3.** Partie d'un magasin affectée à un type de marchandises. *Le rayon des bagages.* – *Chef de rayon.* ▪ loc. *C'est (de) votre rayon,* cela vous concerne. *Je regrette, ce n'est pas mon rayon.* – fam. *En connaître un rayon :* être très compétent (dans un domaine).

³rayon n. m. (de *raie*) agric. Petit sillon. *Semer, planter en rayons :* semer les graines en ligne droite.

¹rayonnage n. m. Rayons assemblés (meuble de rangement). → **étagère.**

²rayonnage n. m. agric. Opération par laquelle on trace les rayons (³) dans un potager, un champ.

rayonnant, ante adj. **1.** Qui présente une disposition en rayons. – archit. *Chapelles rayonnantes.* **2.** Qui émet des rayons lumineux. *Soleil rayonnant.* → **radieux. 3.** Qui rayonne (I, 3). *Une beauté rayonnante.* → **éclatant.** – *Visage rayonnant de joie.* → **radieux.**

rayonne n. f. (anglais des États-Unis *rayon*, de l'anglais *ray* « rayon », emprunt au français *rai*) Fibre textile artificielle, en viscose. – Étoffe, tissu de rayonne.

rayonné, ée adj. **1.** Disposé en rayons. → **étoilé. 2.** Orné de rayons figurés.

rayonnement n. m. Action, fait de rayonner. *Le rayonnement solaire. Rayonnement thermique de la Terre.* – sc. Ensemble de radiations. *Rayonnement infrarouge.* ▪ fig. *« Un extraordinaire rayonnement émanait de tout son être »* (Gide). – *Le rayonnement d'une œuvre.* → **influence.**

rayonner v. intr. < 1 > **I. 1.** Émettre de la lumière, des rayons lumineux. → **irradier. 2.** Se propager par rayonnement. *Chaleur qui rayonne.* **3.** fig. Émettre comme une lumière, un éclat, une influence heureuse. → **rayonnant** (3). *Rayonner de bonheur.* – *Culture qui rayonne dans le monde.* → se **diffuser. II. 1.** Être disposé en rayons autour d'un centre. *Une place d'où rayonnent des avenues.* **2.** Se manifester dans toutes les directions. *La douleur rayonne.* → **irradier. 3.** Se déplacer dans un certain rayon (à partir d'un lieu). *Nous rayonnerons dans la région.*

Raysse (Martial) Peintre français (né en 1936). Proches du pop art, ses accumulations d'objets et ses œuvres utilisant les ressources de la technique moderne (tubes au néon, peinture fluorescente) offrent une vision incisive de la société de consommation. Il a ensuite élargi sa recherche (courts-métrages, « grande peinture », vitraux).

rayure n. f. **1.** Chacune des bandes, des lignes qui se détachent sur un fond de couleur différente. *Étoffe à rayures.* → **rayé.** *Rayures sur le pelage d'un animal.* → **zébrure. 2.** Éraflure ou rainure (sur une surface). *Rayures sur un meuble.*

raz [ʀɑ] n. m. (origine scandinave ; *cf.* breton *raz*) **1.** mar. Courant marin violent, dans un passage étroit. – Ce passage. *Le raz de Sein.* **2.** *Raz-de-marée.* → **raz-de-marée.**

raz-de-marée ou **raz de marée** [ʀɑdmaʀe] n. m. invar. Vague isolée et très haute, d'origine sismique ou volcanique, qui pénètre profondément dans les terres. → **tsunami.** ▪ fig. Bouleversement social ou politique irrésistible. *Raz-de-marée populiste aux élections.* → **déferlante.**

Raz [ʀɑ] (pointe du) Cap de Bretagne (Finistère), à l'extrémité de la Cornouaille, en face de l'île de Sein.

Razilly (Isaac de) Colonisateur français (1587-1635). Gouverneur de l'Acadie, il développa la colonisation jusqu'au Saint-Laurent.

Razine (Stepan Timofeïevitch, dit Stenka) Chef cosaque (v. 1630-1671). Il prit la tête de la révolte paysanne (1667-1670) et acquit un prestige immense. Vaincu, il fut écartelé.

razzia [ʀa(d)zja] n. f. (emprunt à l'arabe) **1.** Attaque de pillards (à l'origine, en pays arabe). *Des razzias.* **2.** fam. *Faire une razzia sur :* s'abattre sur (des choses qu'on emporte rapidement). *On a fait une razzia sur le buffet.*

razzier [ʀa(d)zje] v. tr. < 7 > **1.** Exécuter une razzia contre (qqn, qqch.). → **piller. 2.** Prendre dans une razzia. → **rafler.**

RCEP (Regional Comprehensive Economic Partnership) « Partenariat économique régional global » Accord de libre-échange entré en vigueur en 2022 sous l'impulsion de la Chine à laquelle sont associés le Japon, la Corée du Sud, les dix pays membres de l'Association des nations du Sud-Est asiatique (ASEAN), l'Australie et la Nouvelle-Zélande. Il vise la suppression des droits de douane sur 90 % des biens échangés en deux décennies.

RDA (République démocratique allemande) voir **Allemagne**

re-, ré-, r- Élément (du latin *re-*) qui exprime le fait de ramener en arrière (ex. *rabattre*), le retour à un état antérieur (ex. *rhabiller*), le renforcement, l'achèvement (ex. *réunir, ramasser*), la répétition ou la reprise (ex. *redire, refaire*).

ré n. m. invar. (étym. → ut) mus. Note de musique, deuxième son de la gamme naturelle. *Ré mineur.*

Ré (île de) Île du littoral atlantique (Charente-Maritime), arrondissement de La Rochelle. Environ 13 000 habitants. Ses deux agglomérations principales sont Ars-en-Ré et Saint-Martin-en-Ré. Depuis 1988, un pont de 3 km relie l'île à La Pallice. Ostréiculture. Tourisme.

Rê ou **Râ** Divinité égyptienne représentée avec un corps d'homme, à visage humain surmonté du disque solaire, ou à tête de faucon, quand elle est assimilée à Horus. Il est le dieu du Soleil, et sa capitale est Héliopolis. À partir de la IIe dynastie, les pharaons se nommèrent *fils de Rê* et à la Ve dynastie ils étaient tous considérés comme fils et incarnation du Soleil. La construction des pyramides, monuments essentiellement solaires, en témoigne.

▶ Rê apparaît dans la mythologie égyptienne comme le créateur du monde et le souverain des Immortels. Divinité solaire et maître de la ville d'Héliopolis, il donne naissance aux neuf dieux primordiaux (l'ennéade). Selon la tradition héliopolitaine, il monte chaque matin dans la barque du jour pour accomplir son voyage diurne dans le ciel d'Égypte, puis passe dans la barque de la nuit où il se fait haler dans le monde inférieur alors qu'il lutte contre le serpent Apopis, image du chaos. Il change de visage au fil des heures : il est Khépri à son lever, Rê à midi et Atoum le soir. Une légende lui donne pour fille Hathor-Tefnout, qu'il charge de mater la révolte des humains. À partir de la IIe dynastie, la faveur politique de Rê ne cesse de s'affirmer. Les pharaons se réclament de sa paternité afin de légitimer leur pouvoir : ils s'intitulent *fils de Rê* et, sous la Ve dynastie, ils sont tous considérés comme fils et incarnations du dieu Soleil sur terre. Par la suite, tous les dieux qui, selon les hégémonies locales, aspirent à l'universalité reçoivent un aspect solaire : Amon *(Amon-Rê)*, Aton, Horus, puis Osiris.
voir aussi **mythe, Isis, pyramide, Égypte**

Le dieu-soleil Rê renvoie ses rayons sous forme de fleurs de lotus, stèle (XIe-Xe s. av. J.-C.), musée du Louvre, Paris.

réa n. m. (de *rouet*) Roue, poulie à gorge.

réabonner v. tr. < 1 > Abonner de nouveau. – pronom. *Se réabonner à un journal.* ▫ n. m. **réabonnement**

réabsorber v. tr. < 1 > Absorber de nouveau. ▫ n. f. **réabsorption**

réac adj. et n. (abrév.) fam. Réactionnaire.

réaccoutumer v. tr. < 1 > littér. Accoutumer de nouveau ; réhabituer. ▫ n. f. **réaccoutumance**

réactance n. f. (de *réaction*, d'après *résistance, impédance*) électr. Quantité qui, ajoutée à la résistance, permet de calculer l'impédance pour un courant alternatif dont on connaît la période. *Bobine de réactance.*

réactant n. m. (→ réaction) chim. Corps associé à une réaction chimique. → **réactif.**

réacteur n. m. (→ réaction) **1.** Moteur, propulseur à réaction. **2.** chim. Récipient dans lequel est réalisée une réaction chimique. ▪ *Réacteur nucléaire,* dispositif dans lequel se produisent et s'entretiennent des réactions nucléaires (syn. **pile atomique**).

réactif, ive adj. (→ réaction) **I.** sc. **1.** Qui exerce une réaction, réagit. *Force réactive.* **2.** n. m. chim. Substance qui prend part à une réaction chimique. **II.** psych. Qui est de l'ordre de la réaction (II). *L'impulsivité est immédiate, réactive.* ▪ (personnes) *Soyez plus réactif !,* réagissez plus vite, plus efficacement.

réaction n. f. (du latin, de *actio* → ¹action) **I.** sc. **1.** Force qu'un corps agissant sur un autre détermine en retour chez celui-ci. *Principe de l'égalité de l'action et de la réaction.* – *Avion à réaction,* propulsé par un moteur éjectant des gaz sous pression *(moteur à réaction).* **2.** *Réaction chimique :* action réciproque de deux ou plusieurs substances, qui entraîne des transformations chimiques. – *Réaction nucléaire,* au cours de laquelle le noyau est modifié. → **fission, fusion.** – *Réaction en chaîne*.* **3.** Réponse (d'un organe, d'un organisme) à une excitation, une cause morbide, etc. *Réaction inflammatoire. Réaction immunitaire.* ▪ psych. *Réaction affective. Réaction de défense.* **II. 1.** Réponse à une action par une action contraire tendant à

R

l'annuler. *Agir en, par réaction contre qqn, qqch.* **2.** Action politique qui s'oppose aux changements, au progrès social. *Les forces de la réaction.* – La droite politique. **3.** Comportement (d'une personne) face à une action extérieure. *La réaction de qqn à qqch. Une réaction de peur. Réaction lente ; soudaine* (→ **réflexe, sursaut**). *Être sans réaction,* rester inerte. – *Provoquer des réactions :* mécontenter. **4.** Réponse (d'une machine...) aux commandes. *Cette voiture a de bonnes réactions.*

réactionnaire adj. De la réaction, en politique. – *Opinions réactionnaires.* – **n.** *Un, une réactionnaire.* → fam. **réac.**

réactionnel, elle adj. didact. Relatif à une réaction. – psych. *Psychose réactionnelle,* consécutive à un traumatisme.

réactiver v. tr. < 1 > Rendre de nouveau actif. → **activer, ranimer.** *Réactiver un virus.* – *Réactiver un agent secret.* □ **n. f. réactivation**

réactivité n. f. **1.** chim. Aptitude d'un élément, d'une molécule, à participer à une réaction. *La réactivité de l'aluminium.* **2.** Capacité de réagir à une intervention, une stimulation extérieure. *Réactivité au stress.* ■ méd. *Réactivité à un vaccin, à un allergène.*

réactogène adj. (de *réaction* et *-gène*) méd. Se dit d'une substance allergène capable de déclencher dans l'organisme une réaction d'hypersensibilité. *Médicaments réactogènes.* – **n. m.** *Un réactogène.*

réactualiser v. tr. < 1 > **1.** Moderniser, mettre à jour. → **actualiser.** – au p. p. *Une page Web réactualisée périodiquement.* **2.** Rendre de nouveau présent. *Évènement qui réactualise un conflit.* □ **n. f. réactualisation**

Read (sir Herbert) Écrivain et critique britannique (1893-1968). Poète hermétique marqué par la Première Guerre mondiale, il ne fut connu que d'une élite, mais son œuvre eut une grande influence. Il fut l'un des premiers à faire connaître la poésie de Dylan Thomas.

réadapter v. tr. < 1 > Adapter de nouveau (qqn, qqch.) qui n'était plus adapté. → **réaccoutumer.** *Réadapter qqn à la vie sociale.* → **réinsérer.** – pronom. *Laissez-lui le temps de se réadapter.* □ **n. f. réadaptation**

Reade (Charles) Auteur dramatique et romancier britannique (1814-1884). Il fut attiré d'abord par le théâtre, pour lequel il écrivit *Masques et Visages,* son premier succès. Il s'intéressa, ensuite, dans ses romans, aux problèmes sociaux, ce qui lui valut le surnom de « Zola anglais » *(Argent comptant ; La Boisson).*

Reader's Digest Mensuel illustré américain, fondé en 1922 par Dewitt Wallace, composé d'extraits d'articles de presse et de condensés de livres. Son succès entraîna sa diffusion dans d'autres pays (en France depuis 1947).

Reading Ville d'Angleterre, formant un district, au confluent du Kennet et de la Tamise. 218 700 habitants. Centre européen pour les prévisions météorologiques.

réadmettre v. tr. < 56 > Admettre de nouveau. *Il a été réadmis à l'hôpital.* □ **n. f. réadmission**

ready-made [ʀedimɛd] n. m. invar. (de l'anglais, proprt « prêt à l'usage ») hist. de l'art Objet ou ensemble d'objets sans aucune élaboration, élevé au rang d'objet d'art par le seul choix d'un artiste. *Les premiers ready-made ont été présentés par Marcel Duchamp.*

réaffirmer v. tr. < 1 > Affirmer de nouveau, dans une autre occasion.

Reagan [ʀegan] **(Ronald)** Homme d'État américain (1911-2004). D'abord comédien, il se lança dès 1947 dans une activité syndicale et politique. Élu gouverneur de la Californie (1967-1975), républicain conservateur, proche de Nixon, il fut élu président des États-Unis (1980) sur un programme prônant le retour aux valeurs morales tra-

Ronald Reagan en 1988, en présence de George Bush.

ditionnelles et le libéralisme économique. Son deuxième mandat (1985-1989) fut entaché dès 1986 par la vente secrète d'armes à l'Iran *(Irangate).* Il entama avec M. Gorbatchev un processus de désarmement.

réagine n. f. (de *réagir* et *-ine*) biol. Anticorps responsable d'une réaction allergique immédiate.

réagir v. intr. < 2 > (→ **agir**) **I.** Avoir une réaction, des réactions (I) ; participer à une réaction. *L'organisme réagit contre les maladies infectieuses.* **II. 1.** ***Réagir sur :*** agir en retour ou réciproquement sur. → **se répercuter. 2.** ***Réagir contre :*** s'opposer à (une action) par une action contraire. → **lutter.** *Réagir contre une injustice, contre le découragement.* absolt *Essayez de réagir.* **3.** tr. ind. ***Réagir à :*** avoir une réaction à, répondre à. *Réagir à un évènement.* – absolt *Personne n'a réagi. Elle a réagi brutalement* (→ se **comporter**).

réajustement n. m. Action de réajuster. → **rajustement.**

réajuster v. tr. < 1 > Ajuster de nouveau. – spécialt Modifier pour adapter à de nouvelles conditions. *Réajuster les salaires* (en fonction de l'évolution du coût de la vie). → **revaloriser.**

¹réal, aux n. m. (emprunt à l'espagnol *real* et, pour le sens 2, au portugais « royal ») **1.** Ancienne monnaie espagnole valant un quart de peseta. *Cinq millions de réaux.* **2.** Unité monétaire brésilienne.

²réal, ale, aux adj. (espagnol *real* « royal », venant du latin, de *rex* « roi ») hist. *Galère réale,* ou **n. f.** *une réale :* principale galère, destinée au roi, à l'amiral.

Réal (Pierre François, comte) Homme politique français (1757-1834). Il fut commissaire du Directoire (1799), et conseiller d'État après le coup d'État du 18 Brumaire. Il déjoua la conspiration de Cadoudal, et fut préfet de police pendant les Cent-Jours.

réaléser v. tr. < 6 > techn. Aléser de nouveau. *Réaléser des cylindres ovalisés.* □ **n. m. réalésage**

réalgar n. m. (altération de l'arabe *rehj-al-ghar* « poudre de cave ; mort-aux-rats ») minér. Sulfure naturel d'arsenic, de couleur rouge.

réalignement n. m. Établissement d'une nouvelle valeur pour une monnaie, des prix. *Réalignement des prix.*

réaligner v. tr. < 1 > Aligner de nouveau. – *Se réaligner sur les positions dominantes.*

réalisable adj. **1.** Susceptible d'être réalisé, de se réaliser. → **possible. 2.** Transformable en argent. *Héritage réalisable.*

réalisateur, trice n. **1.** rare Personne qui réalise, rend réel. **2.** Personne qui dirige la réalisation (d'un film, d'une émission). → **cinéaste, metteur** en scène. – appos. *Assistant réalisateur.*

réalisation n. f. **1.** Action, fait de rendre réel, effectif. → **exécution.** *La réalisation d'un projet.* – Chose réalisée ; création, œuvre. **2.** Transformation (d'un bien) en argent. **3.** mus. Développement en notes et accords (d'une notation incomplète). *Réalisation de la basse chiffrée.* **4.** Ensemble des opérations nécessaires à la création (d'un film, d'une émission).

réaliser v. tr. < 1 > (de *réel,* d'après le latin *realis*) **1.** Faire passer à l'état de réalité concrète (ce qui n'existait que dans l'esprit). → **accomplir, concrétiser, exécuter.** *Réaliser un projet,* le rendre effectif. *Réaliser une ambition, un idéal.* → **atteindre.** – pronom. *Ses vœux se sont réalisés.* – *Réaliser (en soi) le type, le modèle de...* → **personnifier.** ■ pronom. *Se réaliser :* devenir ce que l'on a rêvé d'être. → **s'épanouir. 2.** dr. Faire. *Réaliser une vente.* **3.** Être le réalisateur de (un film, une émission). **4.** Convertir, transformer en argent (→ **liquider, vendre**). *Réaliser un capital.* **5.** (anglais *to realize*) (emploi critiqué, mais cour.) Se rendre compte avec précision de ; se faire une idée nette de. → **saisir.** *Réaliser la gravité d'un problème. Réaliser que...*

réalisme n. m. (de *réel,* d'après le latin *realis*) **1.** philos. Théorie qui pose que l'être, le réel est indépendant de la connaissance d'un sujet. **2.** Conception selon laquelle l'art doit peindre la réalité telle qu'elle est, en évitant de l'idéaliser (→ aussi **naturalisme, vérisme**). – Caractère d'une œuvre qui répond à cette conception. *Un portrait d'un réalisme saisissant.* **3.** Attitude d'une personne qui tient compte de la réalité, l'apprécie avec justesse. *Faire preuve de réalisme.*

réaliste adj. (→ **réalisme**) **1.** Partisan du réalisme ; qui représente le réalisme, en art, en littérature. *Écrivain réaliste.* – *Description réaliste.* **2.** Qui fait preuve de réalisme (3). *Un homme d'État réaliste.* → **pragmatique.** – **n.** *Un, une réaliste.* – (choses) *Une analyse réaliste de la situation.*

réalistement adv. rare D'une manière réaliste, en tenant fortement compte du réel.

réalité n. f. (du latin → **réel**) **1.** Caractère de ce qui est réel, de ce qui existe effectivement (et n'est pas seulement une invention, une apparence). → **vérité.** *La réalité d'un fait.* → **matérialité. 2.** *La réalité,* ce qui est réel. *Connaissance, description de la réalité.* ■ La vie, l'existence réelle (opposée aux désirs, aux illusions...). *Le rêve et la réalité.* – Ce qui existe (opposé à l'imagination, à la représentation par l'art). *Réalité et merveilleux.* – **loc. prov.** *La réalité dépasse la fiction.* – *Dans la réalité :* dans la vie réelle. – ***En réalité :*** en fait, réellement. ■ techn. *Réalité virtuelle :* technique simulant un environnement en trois dimensions à l'aide d'un ordinateur ; le monde ainsi créé. *Réalité augmentée :* technique qui superpose à la réalité sa représentation numérique actualisée en temps réel. **3.** (Une, des réalités) Chose réelle, fait réel. *Les réalités de la vie. Avoir le sens des réalités* (→ **réaliste**). – loc. *Prendre ses désirs pour des réalités :* se faire des illusions.

reality show [ʀealitiʃo] n. m. (mot anglais des États-Unis) anglic. Émission de télévision où l'on montre la vie quotidienne de candidats placés dans des situations déterminées. *Des reality shows.* → **téléréalité.**

réalpolitique [ʀealpɔlitik] n. f. (allemand *Realpolitik*) Politique internationale basée sur des considérations de rapports de force et de possibilités concrètes (sans influence idéologique). *Les exigences de la réalpolitique.* - var. **realpolitik.**

réaménagement n. m. Action de réaménager ; son résultat. – *Réaménagement d'une dette,* de ses modalités de remboursement. → **rééchelonnement.**

réaménager v. tr. < 3 > Donner une nouvelle organisation à. → **réorganiser.** *Réaménager un dispositif.* – *Réaménager son appartement.*

réamorcer v. tr. < 3 > Amorcer de nouveau.

réanimateur, trice n. **1.** Spécialiste de la réanimation médicale. – appos. *Médecin réanimateur.* **2.** n. m. Appareil employé pour la respiration assistée. → **respirateur.**

réanimation n. f. Action visant à rétablir les fonctions vitales abolies ou perturbées. *La réanimation d'un asphyxié. Le service de*

réalisme

Les peintres du réalisme prônent une représentation objective du quotidien. 1. Ilia Repine, *Portrait du compositeur Glinka* (1887), galerie Tretiakov, Moscou. 2. Gustave Courbet, *Le Chêne de Flagey* ou *Chêne de Vercingétorix* (1864), Murauchi Art Museum, Tōkyō. 3. Jean-François Millet, *Les Glaneuses* (1857), musée d'Orsay, Paris.

réanimation d'un hôpital (abrév. fam. **réa**). - syn. **ranimation.**

réanimer v. tr. < 1 > Procéder à la réanimation de (qqn). → **ranimer.**

réapparaître v. intr. < 57 > Apparaître, paraître de nouveau. → **reparaître.** *La lune a réapparu, est réapparue.* - var. RO **réapparaitre.**

réapparition n. f. Fait de réapparaître.

réapprendre v. tr. < 58 > Apprendre de nouveau. *Réapprendre l'anglais. « Penser, c'est réapprendre à voir »* (Camus).

se **réapproprier** v. pron. < 7 > S'approprier à nouveau (qqch.). *Permettre aux exclus de se réapproprier un avenir.*

réapprovisionner v. tr. < 1 > Approvisionner de nouveau. – pronom. *Se réapprovisionner en carburant.* □ n. m. **réapprovisionnement**

réargenter v. tr. < 1 > Argenter de nouveau. *Donner des couverts à réargenter.*

réarmement n. m. Action de réarmer.

réarmer v. < 1 > **I.** v. tr. **1.** Pourvoir de nouveau en armes. **2.** Armer de nouveau. – spécialt *Réarmer un fusil.* **II.** v. intr. (État) Recommencer à s'équiper pour la guerre.

réarrangement n. m. Nouvel arrangement. → **réaménagement.** ■ chim. *Réarrangement moléculaire* : migration d'atomes, de radicaux au sein de la molécule. → **isomérisation.**

réarranger v. tr. < 3 > Arranger de nouveau. *Réarranger sa maison.*

réassigner v. tr. < 1 > **1.** dr. Assigner de nouveau. *Réassigner le défaillant.* **2.** Attribuer de nouveau. *Réassigner un but à une association.* □ n. f. **réassignation**

réassort n. m. (abrév.) comm. Réassortiment.

réassortiment n. m. Action de réassortir ; nouvel assortiment. → **réapprovisionnement, réassort.**

réassortir v. tr. < 2 > Reconstituer un assortiment de (qqch.). *Réassortir des couverts.* – *Réassortir un tissu.*

réassurance n. f. dr. Opération par laquelle un assureur fait garantir par un autre assureur (→ **réassureur**) tout ou partie des risques qu'il a lui-même couverts.

réassurer v. tr. < 1 > dr. Garantir (un assureur) par une réassurance.

réassureur n. m. dr. Personne, organisme qui réassure (un assureur).

Réaumur (René Antoine Ferchault de) Physicien et naturaliste français (1683-1757). Père de la sidérurgie française, il montra que la fonte pouvait être transformée en acier par addition de fer métallique. On lui doit également le thermomètre à alcool. En sciences naturelles, il s'intéressa à l'étude des invertébrés, et, combattant l'idée de la génération spontanée, étudia la fécondation et montra le rôle du sperme. Il précisa également l'action du suc gastrique dans la digestion.

rebab [ʀəbab] n. m. (arabe *rebâb* → **rebec**) Instrument de musique oriental à une, deux ou trois cordes frottées ou pincées.

rebaisser v. intr. < 1 > Baisser de nouveau. *Les prix ont remonté puis rebaissé.*

rebaptiser [ʀ(ə)batize] v. tr. < 1 > Nommer d'un autre nom. → **renommer.** *La rue a été rebaptisée.*

rébarbatif, ive adj. (de l'ancien v. *[se] rebarber* « faire face », de *barbe*) **1.** Qui rebute par un aspect rude, désagréable. *Un air rébarbatif.* **2.** Difficile et ennuyeux. *Sujet rébarbatif.* → **ingrat.**

rebâtir v. tr. < 2 > Bâtir de nouveau (ce qui était détruit). → **reconstruire.** *Rebâtir une ville.* – fig. *Rebâtir le monde, la société.* → **refaire.**

rebattre v. tr. < 41 > **1.** rare Battre de nouveau. **2.** *Rebattre les oreilles à qqn de qqch.*, lui en parler continuellement jusqu'à l'excéder.

rebattu, ue adj. Dont on a parlé inlassablement. *Thème rebattu.* → **éculé.**

rebec n. m. mus. **1.** Instrument de musique à trois cordes et à archet, à caisse piriforme, en usage au Moyen Âge. *Ménestrel s'accompagnant du rebec.* **2.** Violon très simple, tel le rebab* arabe.

Rébecca Personnage biblique, épouse d'Isaac, mère d'Ésaü et de Jacob.

rebelle adj. et n. (latin *rebellis*, de *bellum* « guerre » → **belliqueux**) **1.** Qui ne reconnaît pas l'autorité légitime, se révolte contre elle. → **dissident, insoumis, révolté.** *Troupes rebelles.* – n. *Négocier avec des rebelles.* → **insurgé.** ■ littér. *Une jeunesse rebelle.* **2.** *Rebelle à* : réfractaire à (qqch.). *Il est rebelle à tout effort* (→ **opposé**) ; *rebelle aux mathématiques* (→ **fermé**). ■ (choses) Qui résiste à. *Maladie rebelle aux traitements.* – absolt *Fièvre rebelle.* – *Mèche (de cheveux) rebelle.* → **indiscipliné.**

se **rebeller** v. pron. < 1 > (du latin → **rebelle**) Faire acte de rebelle (1) en se révoltant. → **s'insurger.** *Se rebeller contre les lois.* → **braver.** – fig. Protester, regimber.

rébellion n. f. (du latin → **rebelle**) Action de se rebeller ; acte de rebelle (1). → **insurrection, révolte.** – Tendance à se rebeller. → **désobéissance, insubordination.** *Esprit de rébellion.*

rebelote interj. jeux → **belote.** – fam., cour. *(Et) rebelote*, ça recommence.

rebeu n. et adj. (verlan de *beur*) fam. Arabe, beur. *Des rebeus.* - var. **reubeu.** *Des reubeus.*

Rebeyrolle (Paul) Peintre et sculpteur français (1926-2005). Chef de file de la peinture figurative d'après-guerre, il créa des œuvres, souvent monumentales, inspirées par son engagement politique aussi bien que par ses obsessions personnelles.

se **rebiffer** v. pron. < 1 > (origine obscure) fam. Refuser avec vivacité de se laisser mener ou humilier. → **se révolter.** *Se rebiffer contre qqn.*

rebiquer v. intr. < 1 > (de *bique*, au sens dialectal de « corne ») fam. Se dresser, se retrousser en faisant un angle. *Les pointes de son col rebiquent.*

reblochon n. m. (mot savoyard) Fromage au lait de vache, à pâte grasse et de saveur douce, fabriqué en Savoie.

reboiser v. tr. < 1 > Planter d'arbres (un terrain qui a été déboisé). – absolt *Après cet incendie, il a fallu reboiser.* □ n. m. **reboisement**

rebond n. m. (de *rebondir*) Fait de rebondir ; mouvement d'un corps qui rebondit. *Les rebonds d'une balle.*

rebondi, ie adj. De forme arrondie. → **bombé, renflé.** *Cruche rebondie.* – (formes humaines) → **dodu, rond.** *Joues rebondies.*

rebondir v. intr. < 2 > **1.** Faire un ou plusieurs bonds après avoir heurté un obstacle. *Balle qui rebondit sur le sol. Rebondir très haut.* **2.** fig. Prendre un nouveau développement après un temps d'arrêt. → **repartir.** *La discussion rebondit.* **3.** (personnes) Retrouver une situation favorable, après une période de difficultés. *Rebondir après une rupture.*

rebondissement n. m. **1.** rare Fait de rebondir. **2.** fig. Développement nouveau survenant après un temps d'arrêt. *Une affaire aux multiples rebondissements.*

rebord n. m. (→ **bord**) **1.** Bord en saillie. *Le rebord d'une fenêtre.* **2.** Côté, bord (d'un relief, d'une dénivellation). *Le rebord d'un fossé.*

reborder v. tr. < 1 > Border de nouveau. *Reborder un vêtement.* – *Reborder un enfant dans son lit.*

rebot n. m. (de l'ancien français *reboter*, *rebouter* « repousser » → **bouter**) régional Pelote basque.

reboucher v. tr. < 1 > **1.** Boucher de nouveau. *Reboucher un flacon.* **2.** Combler (un trou). *Reboucher une fissure.* □ **n. m. rebouchage**

Reboul (Jean) Poète français, surnommé « le boulanger de Nîmes » (1796-1864). D'abord boulanger en province, il se fit disciple de Lamartine et composa des poésies mélancoliques (*L'Ange et l'Enfant ; Poésies*). Il acquit à Paris une certaine popularité et son surnom.

rebours n. m. (vient du latin *rebursus* ; probablt de la famille de *bourre* et de *revers*) **I.** *À rebours* **1.** loc. adv. Dans le sens contraire au sens habituel ; à l'envers. *Marcher à rebours. Caresser un chat à rebours,* à rebrousse-poil. – *Prendre l'ennemi à rebours.* **2.** (adj.) *Compte à rebours :* vérification successive des opérations de lancement d'un engin, d'une fusée, aboutissant au zéro du départ. **3.** fig. (adv.) D'une manière contraire à l'usage, etc. *Faire tout à rebours.* – (adj.) *Un esprit à rebours.* **II.** *À rebours de, au rebours de* loc. prép. Contrairement à, à l'inverse de. *Il agit à rebours du bon sens.*

rebouteux, euse n. (de *rebouter* « remettre [un os] » ; famille de *bout*) fam. Personne (guérisseur) qui fait métier de remettre les membres démis, etc. par des moyens empiriques.

reboutonner v. tr. < 1 > Boutonner de nouveau (un vêtement). – pronom. *Se reboutonner :* reboutonner ses vêtements.

rebras n. m. (de l'ancien français *rebrasser* « retrousser ses manches » → bras) Partie d'un gant long qui s'étend sur le bras.

rebroder v. tr. < 1 > Garnir (une étoffe, un vêtement) d'une seconde broderie qui se superpose à une première. ■ Broder (un tricot, une dentelle) après sa fabrication.

rebroussement n. m. Action, fait de rebrousser qqch. ; état de ce qui est rebroussé. ■ géom. *Point de rebroussement :* point d'une courbe plane où deux arcs de la courbe admettent la même tangente.

à rebrousse-poil loc. adv. En rebroussant le poil. *Caresser un chat à rebrousse-poil.* → **à rebours.** – fig. et fam. *Prendre qqn à rebrousse-poil,* de telle sorte qu'il se hérisse, se rebiffe.

rebrousser v. tr. < 1 > (de *rebours*) **1.** Relever (les cheveux, le poil) dans un sens contraire à la direction naturelle. *Rebrousser les poils d'un tapis.* **2.** loc. ***Rebrousser chemin*** : s'en retourner en sens opposé.

rebuffade n. f. (de l'italien, d'origine onomatopéique, cf. *bouffer*) littér. Refus hargneux, méprisant. *Essuyer une rebuffade.*

R

rébus [Reby(s)] n. m. (latin *rebus*, ablatif plur. de *res* « chose » → rien) Devinette graphique, suite de dessins, de mots, de chiffres, de lettres évoquant par le son le mot ou la phrase qui est la solution.

rebut n. m. (de *rebuter*) Ce qu'on a rejeté. *Le rebut d'un tri.* – fig. Ce qu'il y a de plus mauvais (dans un ensemble). *Le rebut de la société. Objet* ***de rebut***, sans valeur. – loc. *Mettre* (qqch.) AU REBUT : jeter, se débarrasser de.

rebutant, ante adj. Qui rebute. → **rébarbatif, repoussant.** *Travail rebutant.*

rebuter v. tr. < 1 > (de *but*, proprt « écarter du but ») **1.** Dégoûter (qqn) par les difficultés, le caractère ingrat (d'une entreprise). *Rien ne le rebute.* → **décourager. 2.** Choquer (qqn), inspirer de la répugnance à. *Ses manières me rebutent.*

recadrer v. tr. < 1 > **1.** Modifier le cadrage de (une photo). **2.** Redéfinir le cadre, l'orientation de (une action, une politique, un projet). → **recentrer. 3.** Rappeler les règles à (qqn). *Recadrer ses employés.* □ **n. m. recadrage**

recalage n. m. fam. Fait d'être recalé, d'échouer à un examen.

recalcification n. f. biochim. Fixation de calcium en plus grande quantité dans des tissus qui l'ont perdu à la suite d'un processus pathologique.

recalcifier v. tr. < 7 > Enrichir en calcium.

récalcitrant, ante adj. (de l'ancien v. *récalcitrer* « regimber », du latin, famille de *calx* « talon » → chausser) Qui résiste avec entêtement. *Cheval récalcitrant.* → **rétif.** ■ (personnes) *Se montrer récalcitrant.* – *Caractère récalcitrant.* → **indocile, rebelle.** – n. *Tenter de convaincre les récalcitrants.* ■ (choses) Qu'on ne peut arranger à son gré. *Mèche de cheveux récalcitrante.*

recaler v. tr. < 1 > (de *caler*) fam. Refuser (qqn) à un examen. → **coller.** *Elle s'est fait recaler au bac.* ■ au p. p. *Il est recalé.* – n. *Les recalés de juin.*

Récamier (Jeanne Françoise Julie Adélaïde Bernard, Mme) Femme de lettres (1777-1849). Elle ouvrit d'abord un salon où se réunissaient les opposants à Bonaparte, puis reçut sous la Restauration une société très brillante dont Madame de Staël, Ampère, Benjamin Constant et surtout Chateaubriand.

recapitalisation n. f. (→ capitalisation, d'après l'anglais) fin. Augmentation ou reconstitution du capital (d'une entreprise).

recapitaliser v. tr. < 1 > (→ capitaliser, d'après l'anglais) fin. Réaliser la recapitalisation de (une entreprise).

récapitulatif, ive adj. Qui sert à récapituler. *Liste récapitulative.* – n. m. *Un récapitulatif des évènements.* - abrév. fam. **récap.**

récapitulation n. f. (du latin, de *capitulum* → chapitre) Reprise point par point ; résumé.

récapituler v. tr. < 1 > (du latin → récapitulation) Répéter en énumérant les points principaux. → **résumer.** *Récapituler un discours.* – Reprendre, en se rappelant ou en redisant, point par point. *Récapituler sa journée.*

Recarède ou **Reccared Ier** (mort en 601). Roi des Wisigoths (586-601). Il se convertit au catholicisme, abjurant l'arianisme.

recarreler v. tr. < 4 ou RO 5 > Carreler de nouveau. *Faire recarreler une salle de bains.*

recaser v. tr. < 1 > fam. Caser de nouveau (qqn, qqch.).

recauser v. intr. < 1 > fam. Causer de nouveau de. → **reparler.**

recéder v. tr. < 6 > **1.** Rendre (ce qui avait été cédé). → **rétrocéder.** – Céder (ce qu'on avait acheté). → **revendre. 2.** Céder de nouveau.

recel n. m. (de *receler*) Action de receler ; fait de détenir sciemment des choses volées par un autre. *Recel de bijoux.* – *Recel de malfaiteur :* fait de donner asile au coupable d'un délit, d'un crime.

recéler [R(ə)sele] < 6 > ou **receler** [R(ə)səle ; Rəs(ə)le ; R(ə)sele] v. tr. < 5 > (de *celer*) **1.** (choses) Garder, contenir en soi (une chose cachée, secrète). → **renfermer.** *Recéler un mystère.* **2.** Détenir, garder par un recel (des choses volées par un autre). *Recéler des objets volés.*

recéleur, euse [R(ə)selœR, øz] ou **receleur, euse** [R(ə)səlœR ; Rəs(ə)lœR ; R(ə)selœR, øz] n. Personne qui se rend coupable de recel.

récemment [Resamɑ̃] adv. À une époque récente. → **dernièrement.** *Tout récemment...*

recensement n. m. Compte ou inventaire détaillé. *Recensement des ressources.* – Dénombrement détaillé (des habitants d'un pays).

▶ Le principe de **recensement** est né à Rome, sous la République. Un censeur était chargé d'établir le *census* de la population, qui servait de base au recrutement des soldats et au calcul des impôts. Passé en français, le terme se spécialise pour désigner un impôt, le *cens*. Celui-ci frappe les familles et, pour mesurer la population d'une ville, on compte alors ses *feux*. Il faut attendre la création de la capitation (1695) pour que l'imposition soit calculée par tête et non par feu. Sous la Révolution, la conscription prolonge dans le domaine militaire cette logique qui amène les États modernes à mesurer leur population en individus.
Le recensement périodique s'impose à partir du XIXe siècle comme un moment central de la vie publique. Il contribue au fonctionnement de la démocratie, en indiquant les évolutions nécessaires de la carte électorale : une zone dont la population a augmenté pourra se voir accorder des élus supplémentaires. Sans se confondre avec l'inscription sur les registres d'état civil puisque le recensement est anonyme, il offre une représentation statistique du pays réel. Il permet de se faire une idée de la composition moyenne des familles, de la pyramide des âges et des différentes catégories socioprofessionnelles (ouvriers, employés, cadres, retraités, étudiants...). Il est complété par les enquêtes de la statistique publique sur les marchés du travail ou l'équipement des ménages. En France, l'Institut national de la statistique et des études économiques (Insee), créé en 1946, procède à des recensements réguliers, d'abord sur un rythme quinquennal puis en analysant chaque année un cinquième environ du pays. Le recensement est un précieux outil administratif : en mesurant la population et en observant l'évolution de sa répartition, l'État, ses services et les collectivités locales peuvent affiner leurs politiques, aussi bien en termes de prélèvements que d'investissements.
voir aussi **démographie, statistique**

recenser v. tr. < 1 > (du latin, de *censere* « évaluer » → censé) **1.** Dénombrer, inventorier. **2.** Dénombrer en détail (une population).

recenseur, euse n. Personne qui procède à un recensement de population. – adj. *Agent recenseur.*

recension n. f. didact. **1.** Comparaison d'une édition ancienne avec les manuscrits. **2.** Examen critique (d'un texte).

récent, ente adj. (latin *recens*) Qui s'est produit ou qui existe depuis peu de temps. *Évènements récents. Une nouvelle toute récente.* → **1frais.** *Passé récent.* → **proche.**

recentrer v. tr. < 1 > **1.** Remettre au centre ou diriger vers le centre, réorienter. **2.** Réorienter sur l'objectif, sur ce qui est important, essentiel. *Recentrer le débat.* – pronom. *Se recentrer sur les priorités.* □ **n. m. recentrage**

recéper v. tr. < 6 > **1.** agric. Couper, tailler (un arbuste) près de terre pour faire venir des pousses plus fortes. **2.** techn. Raccourcir (des pieux, des pilotis qui dépassent le niveau voulu). □ **n. m. recépage**

récépissé n. m. (d'une formule latine ; forme du v. *recipere* → recevoir) Écrit par lequel on reconnaît avoir reçu des objets, etc. → **2reçu.** *Le récépissé d'un envoi.* → **accusé de réception.**

réceptacle n. m. (du latin ; famille de *recevoir*) **1.** Contenant, emplacement qui reçoit son contenu de diverses provenances. *La mer, réceptacle des eaux fluviales.* **2.** bot. Prolongement du pédicelle de la fleur, qui supporte toutes les pièces florales.

1récepteur n. m. (du latin → recevoir) **1.** techn. Appareil qui reçoit et met en forme des signaux véhiculés par des ondes. *Récepteur de radio.* → **2poste.** – *Récepteur téléphonique.* **2.** physiol. Protéine capable de se lier spécifiquement à un composé biologiquement actif (hormone, virus, molécule, etc.). **3.** ling. Personne qui reçoit un message envoyé par l'émetteur. → **allocutaire, destinataire.**

2récepteur, trice adj. (de *1récepteur*) Qui reçoit (des ondes). *Antenne réceptrice.*

réceptif, ive adj. (du latin → recevoir) **1.** Susceptible de recevoir des impressions. → **sensible.** – *Être réceptif à qqch.* **2.** méd. Sensible (à l'action d'agents pathogènes).

réception n. f. (du latin → recevoir) I. 1. Action de recevoir (une marchandise transportée). *La réception d'une commande. Accuser réception d'un paquet.* 2. Action de recevoir (des ondes). → ¹récepteur. 3. sports Action de recevoir le ballon. – Manière dont le corps se reçoit, après un saut. 4. *Réception de travaux* : acceptation, approbation, par l'acquéreur, des travaux accomplis par l'entrepreneur. II. 1. Action, manière de recevoir, d'accueillir (une personne). → accueil. 2. Bureau, service où sont reçus des clients, des usagers. *La réception d'un hôtel.* 3. Action de recevoir des invités chez soi. – Réunion mondaine (chez qqn). *Donner une réception. Salle de réception* (et ellipt *réception*). → salon. 4. Fait de recevoir ou d'être reçu dans une assemblée, etc., en tant que membre ; cérémonie qui a lieu à cette occasion. *Discours de réception à l'Académie.*

réceptionnaire n. 1. Personne chargée d'assurer la réception de marchandises et d'en vérifier la nature, la qualité, la quantité. 2. Chef de la réception dans un hôtel. → réceptionniste.

réceptionner v. tr. < 1 > 1. Recevoir, vérifier et enregistrer (une livraison). 2. sports Recevoir et contrôler (le ballon).

réceptionniste n. Personne chargée de l'accueil, de la réception de la clientèle (d'un hôtel, d'une entreprise...).

réceptivité n. f. 1. Caractère de ce qui est réceptif ; aptitude à recevoir des impressions. → sensibilité. – *État de réceptivité.* 2. méd. Aptitude à contracter (une maladie). *La réceptivité de l'organisme* (à un germe, etc.).

recercler v. tr. < 1 > Cercler de nouveau. *Recercler un tonneau.* □ n. m. **recerclage**

recès n. m. (latin *recessum* « action de se retirer ») 1. hist. Acte dans lequel les diètes de l'Empire germanique consignaient leurs délibérations avant de se retirer. 2. Procès-verbal de conventions arrêtées entre deux puissances. - var. **recez.**

récessif, ive adj. (→ récession) biol. Se dit d'un gène qui produit son effet seulement lorsqu'il existe sur les deux chromosomes de la paire (opposé à *dominant*). □ n. f. **récessivité**

récession n. f. (du latin, de *cedere* « aller » → céder) 1. astron. *Récession des galaxies,* leur éloignement progressif. 2. Régression, ralentissement de l'activité économique. → crise.

recette n. f. (latin *recepta*, de *recipere* → recevoir) I. 1. Total des sommes d'argent reçues. *Recette journalière. Une bonne recette* (→ bénéfice). – loc. (spectacle...) *Faire recette* : avoir beaucoup de succès. – au plur. Rentrées d'argent. *Recettes et dépenses.* 2. dr. Action de recevoir (de l'argent). *La recette de l'impôt.* 3. Bureau d'un receveur des impôts. → perception. *Recette des finances.* II. 1. Procédé pour mener à bien la confection (d'un mets) ; description détaillée qui s'y rapporte. *Un livre de recettes (de cuisine).* 2. fig. Moyen, procédé. « *La recette* [...] *est infaillible : Aimez, et vous serez aimé* » (Bussy-Rabutin).

recevabilité n. f. dr. Caractère d'une action en justice dans laquelle on ne peut pas invoquer le défaut de droit d'agir d'une des parties. *La recevabilité d'une action, d'un appel, d'un pourvoi.*

recevable adj. 1. Qui peut être reçu, accepté. *Cette excuse n'est pas recevable.* → acceptable, admissible. 2. dr. Contre quoi il n'existe aucun obstacle juridique à l'examen du fond.

receveur, euse n. 1. Comptable public chargé d'effectuer les recettes et certaines dépenses publiques. *Receveur des contributions.* → percepteur. 2. ancienn Employé préposé à la recette dans les transports publics. 3. méd. Personne qui reçoit du sang (dans une transfusion sanguine). ■ Malade qui reçoit une greffe.

recevoir v. tr. < 28 > (vient du latin *recipere*, supin *receptum* [→ ¹récepteur, recette ; réceptacle], de *capere* → capter, chasser) I. (sens passif) RECEVOIR qqch. 1. Être mis en possession de (qqch.) par un envoi, un don, un paiement, etc. *Recevoir une lettre. Recevoir de l'argent.* → encaisser ; percevoir, ¹toucher ; recette. – *Recevoir un prix, une distinction.* → obtenir ; récipiendaire. ■ *Recevoir un message, un appel.* – *On ne reçoit pas toutes les chaînes de télévision, ici.* → capter. – *Recevoir un conseil. Recevez, Monsieur, mes salutations* (formule). → agréer. 2. Être atteint par (qqch. que l'on subit, que l'on éprouve). *Recevoir des coups.* – *Recevoir un affront* (→ essuyer). ■ (choses) *Recevoir une impulsion, un mouvement.* – Être l'objet de. *Le projet a reçu des modifications.* II. (sens actif) RECEVOIR qqn, qqch. 1. Laisser ou faire entrer (qqn qui se présente). → accueillir. *Recevoir qqn à dîner, à sa table. Il s'est levé pour recevoir son ami.* – Réserver un accueil (bon ou mauvais) à. → traiter. *Recevoir qqn avec empressement.* – au p. p. *Être bien, mal reçu.* ■ absolt Accueillir habituellement des invités ; donner une réception. *Ils reçoivent très peu.* – Accueillir les clients, les visiteurs. *Médecin qui reçoit tous les matins.* ■ fig. (compl. chose) → accueillir. *Son initiative a été mal reçue.* 2. Laisser entrer (qqn) à certaines conditions (surtout au passif). → admettre. *Être reçu à l'Institut.* – *Être reçu à un examen.* – au p. p. *Candidats admissibles, reçus.* 3. (sujet chose) Laisser entrer. *Pièce qui reçoit le jour. Ce salon peut recevoir cent personnes.* → contenir. 4. littér. Admettre (qqch.) en son esprit (comme vrai, légitime). → accepter. *Recevoir l'opinion de qqn.* – au p. p. *Les usages reçus. Idée* reçue.* ■ dr. *Recevoir une plainte.* – loc. *Fin* de non-recevoir.* ■ se **recevoir** v. pron. 1. récipr. *Ils se reçoivent beaucoup.* 2. réfl. sports Retomber d'une certaine façon, après un saut.

recez voir recès

réchampir v. tr. < 2 > (de *échampir*, peu usité, de *champ*) techn. Détacher du fond (des moulures, des ornements). – par ext. Orner par ce procédé. *Réchampir les murs.* - var. **rechampir.** □ n. m. **réchampissage** ou **rechampissage**

de **rechange** loc. adj. invar. (de *rechanger*) Destiné à remplacer (un objet ou un élément identique). *Pièces de rechange. Vêtements de rechange.* – fig. De remplacement. *Une solution de rechange.*

rechanger v. tr. < 3 > Changer de nouveau.

rechanter v. tr. < 1 > Chanter de nouveau. *Rechantez-nous cette mélodie.*

rechaper v. tr. < 1 > (de *chape*) Réparer (un pneu) en reconstituant la couche de caoutchouc usée de la chape. – au p. p. *Pneu rechapé.* □ n. m. **rechapage**

réchapper v. tr. ind. < 1 > (de *échapper* ; cf. *rescapé*) Échapper à un péril pressant, menaçant. *Réchapper à un danger ; d'une maladie.* ■ plus cour. *En réchapper. Elle en a réchappé* (action) ; *elle en est réchappée* (état). – au p. p., rare *Blessés réchappés d'un accident.* → rescapé.

recharge n. f. (de *recharger*) 1. Action de recharger (un appareil). *Mettre un accumulateur en recharge.* 2. Ce qui permet de recharger.

rechargeable adj. Qu'on peut recharger.

rechargement n. m. Action de recharger.

recharger v. tr. < 3 > 1. Charger de nouveau, ou davantage. *Recharger un camion.* 2. Remettre une charge dans (une arme) ; approvisionner de nouveau. *Recharger un fusil.* – *Recharger une batterie.*

réchaud n. m. (de *réchauffer*, d'après *chaud*) Ustensile de cuisine portatif, servant à chauffer ou à faire cuire les aliments. *Réchaud à gaz.*

réchauffage n. m. Action par laquelle on réchauffe.

réchauffement n. m. Action de réchauffer, de se réchauffer. *Le réchauffement climatique.* – fig. *Le réchauffement des relations entre deux pays.*

réchauffer v. tr. < 1 > 1. Chauffer (ce qui s'est refroidi). *Réchauffer un plat. Se réchauffer les mains.* – absolt *La marche, ça réchauffe !* 2. fig. Ranimer (une faculté, un sentiment). *Cela réchauffe le cœur.* → réconforter. ■ se **réchauffer** v. pron. Redonner de la chaleur à son corps. *Courir pour se réchauffer.* – Devenir plus chaud. *La mer se réchauffe.* ■ **réchauffé, ée** adj. 1. *Dîner réchauffé.* 2. fam. *Tu es réchauffé !,* tu n'as pas froid (à une personne peu vêtue). 3. fig. et péj. *Une plaisanterie réchauffée,* servie trop souvent et qui a perdu son effet. – n. m. *C'est du réchauffé ; ça sent le réchauffé.*

réchauffeur n. m. techn. Appareil annexe des chaudières permettant de récupérer une partie de la chaleur du foyer.

rechausser v. tr. < 1 > 1. Chausser de nouveau. – pronom. *Se rechausser.* 2. Remettre de la terre au pied de (un arbre, un arbuste). → butter. □ n. m. **rechaussement**

rêche adj. (origine incertaine, p.-ê. du francique *rubisk* « rauque ») 1. Rude au toucher, légèrement râpeux. → rugueux. *Tissu rêche.* 2. fig., littér. Rude de caractère ; difficile à vivre.

recherche n. f. (de *rechercher*) I. 1. Effort pour trouver (qqch.). *La recherche d'une information. Moteur* de recherche* (sur Internet). – Action de rechercher (qqn). *Avis de recherche.* 2. Effort de l'esprit vers (la connaissance). *La recherche de la vérité.* – (Une, des recherches) Travaux faits pour trouver des connaissances nouvelles (dans un domaine). *Recherches scientifiques.* 3. *La recherche* : l'ensemble des travaux qui tendent à la découverte de connaissances nouvelles. *Goût pour la recherche* (→ chercheur). ■ *Recherche-développement* : travaux de recherche menés dans une entreprise, un groupe (pour la conception, la mise au point de nouveaux produits). *Le service recherche et développement (RD, R-D, ou R et D).* 4. Action de chercher à obtenir. → ¹quête. *La recherche du bonheur.* 5. loc. *À la recherche de. Il est à la recherche d'un emploi.* – « *À la recherche du temps perdu* » (de Proust). II. Effort de délicatesse, de raffinement. *S'habiller avec recherche. Recherche dans le style.* → préciosité.

recherché, ée adj. 1. Que l'on cherche à obtenir ; à quoi l'on attache du prix. *Édition recherchée.* → rare. – (personnes) Que l'on cherche à voir, à fréquenter. 2. Qui témoigne de recherche (II). → raffiné. *Une toilette recherchée.*

rechercher v. tr. < 1 > (de *chercher*) 1. Chercher à découvrir, à retrouver (qqch. ; qqn). → chercher ; recherche. *Rechercher un objet égaré.* – *Rechercher un criminel.* – passif *Il est recherché pour meurtre.* 2. Chercher à connaître, à découvrir. *Rechercher la cause d'un phénomène. Rechercher si...* 3. Tenter d'obtenir, d'avoir. « *Nous recherchons le bonheur, et ne trouvons que misère et mort* » (Pascal). → poursuivre. 4. Tenter de connaître, de fréquenter (qqn). – par ext. *Rechercher la compagnie de qqn.*

recherchiste n. (Canada) Personne qui fait des recherches documentaires (pour la radio, la télévision...).

rechigner v. tr. ind. < 1 > (de l'ancien v. *chigner*, venant du francique *kînan* « tordre la bouche ») *Rechigner à* : témoigner de la mauvaise volonté pour. *Rechigner à la besogne.* → renâcler.

rechristianiser [ʀ(ə)kʀistjanize] v. tr. < 1 > Ramener à la foi chrétienne (un pays, un milieu déchristianisé).

Recht voir Racht

rechute n. f. (→ choir) Nouvel accès (d'une maladie qui était en voie de guérison). → aussi récidive.

rechuter v. intr. < 1 > Faire une rechute, tomber malade de nouveau.

récidivant, ante adj. méd. Se dit d'une maladie qui donne lieu à récidive, qui réapparaît après un temps de guérison plus ou moins long.

récidive n. f. (du latin, famille de *cadere* « tomber » → choir) **1.** Réapparition (d'une maladie qui était guérie). → aussi **rechute**. **2.** Fait de commettre une nouvelle infraction, après une condamnation. *Escroquerie avec récidive.* ■ fig. Fait de retomber dans la même faute. *En cas de récidive, vous serez sanctionné.*

récidiver v. intr. < 1 > **1.** (maladie) Réapparaître, recommencer. **2.** Se rendre coupable de récidive (2). **3.** Réitérer une action. *Après un premier roman très remarqué, le jeune écrivain a récidivé.*

récidiviste n. Personne qui est en état de récidive (2).

récidivité n. f. méd. Tendance d'une maladie à revenir par récidive.

récif n. m. (de l'arabe, par l'espagnol) Rocher ou groupe de rochers à fleur d'eau, dans la mer. → **écueil**. *Faire naufrage sur des récifs.* – *Récif de corail.* □ adj. **récifal, ale, aux**

Recife Ville du Brésil, capitale de l'État du Pernambouc. 1 537 000 habitants (agglomération 3 688 000). Port de commerce.

récipiendaire [ʀesipjɑ̃dɛʀ] n. (du latin ; famille de *recevoir*) littér. **1.** Personne qui vient d'être reçue dans une assemblée, etc. **2.** Personne qui reçoit un diplôme, une nomination, etc. (→ **impétrant**).

récipient [ʀesipjɑ̃] n. m. (du latin, p. prés. de *recipere* → recevoir) Ustensile creux qui sert à recueillir, à contenir des substances solides, liquides ou gazeuses.

réciprocité n. f. (→ réciproque) Caractère de ce qui est réciproque (1). *La réciprocité d'un sentiment.*

réciproque (latin *reciprocus* « alternant ; renversé ») **1.** adj. Qui implique entre deux personnes, deux groupes, deux choses, un échange de même nature. → **mutuel**. *Confiance réciproque. Un amour réciproque.* → **partagé**. ■ spécialt (log., math.) *Fonction réciproque (d'une fonction). Propositions réciproques.* – gramm. *Verbe (pronominal) réciproque*, qui indique une action exercée par plusieurs sujets les uns sur les autres (ex. séparer deux personnes qui se battent). **2.** n. f. *Il aime Lise, mais la réciproque n'est pas vraie.* – math. *La réciproque d'un théorème.*

R

réciproquement adv. De façon réciproque. *Ils s'admirent réciproquement.* → **mutuellement**. – *Et réciproquement.* → **inversement, vice versa**.

réciproquer v. tr. < 1 > (du latin) (Afrique, Belgique) Échanger, donner réciproquement ; rendre la réciproque. *Je vous réciproque vos vœux.*

récit n. m. (de *réciter*) **1.** Relation orale ou écrite (de faits vrais ou imaginaires). → **exposé, narration ; raconter**. *Il nous a fait le récit de ses aventures.* **2.** Un des claviers de l'orgue.

récital n. m. (anglais *recital*, de *to recite*, emprunt au français *réciter*) Séance musicale, artistique consacrée à un seul artiste. *Récital de piano, de chant. Des récitals.*

récitant, ante n. **1.** mus. Personne qui chante un récitatif ou déclame un texte parlé. **2.** Personne qui récite, déclame un texte (théâtre, etc.).

récitatif n. m. (de l'italien, emprunt à l'ancien adj. français *récitatif*, de *réciter*) mus. Chant qui se rapproche des inflexions de la voix parlée. *Un récitatif d'opéra.*

récitation n. f. (→ réciter) **1.** Action, manière de réciter (qqch.). *La récitation d'une leçon.* **2.** absolt Exercice scolaire qui consiste à réciter un texte littéraire appris par cœur ; ce texte.

réciter v. tr. < 1 > (du latin, de *citare* → citer) **1.** Dire à haute voix (ce qu'on sait par cœur). *Réciter des prières. Réciter un poème à qqn.* **2.** Dire sans sincérité ni véracité. → **¹débiter**.

Recklinghausen Ville d'Allemagne (Rhénanie-du-Nord-Westphalie), dans la Ruhr. 110 700 habitants. Industrie.

réclamant, ante n. dr. Personne qui présente une réclamation.

réclamation n. f. **1.** Action de réclamer, de s'adresser à une autorité pour faire reconnaître l'existence d'un droit. → **plainte, revendication**. *Faire une réclamation.* **2.** vieilli Protestation. → **récrimination**.

¹réclame n. m. (de l'ancien français ; déverbal de *réclamer*) Cri ou signal pour rappeler l'oiseau, le faire revenir au leurre ou sur le poing.

²réclame n. f. (de *réclamer*) **I.** typogr., ancien Mot imprimé au bas d'une page, reproduisant le premier mot de la page suivante (destiné à faciliter la reliure). **II.** vieilli **1.** Article élogieux recommandant qqch. ou qqn, dans un journal. *Une réclame pour une crème de beauté.* **2.** *La réclame* : la publicité. *Faire de la réclame. Articles* **en réclame** : en vente à prix réduit, à titre de réclame. → en **promotion**. **3.** Publicité particulière. *Des réclames lumineuses.* **4.** fig., mod. Ce qui fait valoir, ce qui assure le succès. *Cela ne lui fait pas de réclame.*

réclamer v. tr. < 1 > (du latin ; famille de *clamer*) **I. 1.** Demander (comme une chose indispensable) en insistant. *On lui a donné ce qu'il réclamait. Réclamer le silence.* – *Réclamer qqn*, sa présence. **2.** (choses) Requérir, exiger, nécessiter. *Ce travail réclame beaucoup de soin.* **3.** Demander comme dû, comme juste. → **exiger, revendiquer**. *Réclamer sa part. Réclamer une indemnité.* **II.** intrans. Faire une réclamation. → **protester**. – fam. *Mon estomac réclame*, j'ai faim. ■ **se réclamer** v. pron. *Se réclamer de* (qqn, qqch.) : invoquer en sa faveur le témoignage ou la caution de (qqn) ; se référer à (qqch.). → **invoquer, se recommander**.

reclassement n. m. **1.** Nouveau classement. – admin. Établissement d'une nouvelle échelle des salaires. **2.** Affectation (de qqn) à une nouvelle activité. *Le reclassement des victimes d'accidents du travail.*

reclasser v. tr. < 1 > **1.** Classer de nouveau. *Reclasser des fiches.* **2.** Procéder au reclassement de (qqn).

reclouer v. tr. < 1 > Clouer de nouveau.

reclus, use n. (de l'ancien v. *reclure* ; famille de *clore*) littér. Personne qui vit retirée du monde. *Vivre en reclus.* – adj. *Existence recluse.*

Reclus (Élisée) Géographe et théoricien français de l'anarchisme (1830-1905). Membre de la Ire Internationale, condamné à la déportation en 1871, il vit sa peine commuée en dix ans de bannissement, et s'installa en Suisse. Il travailla alors à la rédaction de sa *Géographie universelle* et rédigea un ouvrage sur l'anarchisme, *L'Évolution, la Révolution et l'Idéal anarchique.* ■ **Onésime Reclus.** Géographe français (1837-1916). Frère d'Élisée. Il publia *La France et ses colonies* et collabora avec Élisée à la rédaction de *L'Afrique australe* et de *L'Empire du Milieu.* Il créa le mot « francophonie » en 1871. ■ **Paul Reclus.** Médecin français (1847-1914). Frère des précédents. Il développa l'utilisation de la cocaïne comme anesthésique local.

réclusion n. f. (→ reclus) Peine criminelle, privation de liberté avec obligation de travailler. → **détention, prison**. *Réclusion criminelle à perpétuité.*

réclusionnaire n. dr. Personne condamnée à la réclusion. → **détenu**.

récognitif, ive [ʀekɔgnitif, iv ; ʀekɔnitif, iv] adj. (du latin → reconnaître) dr. *Acte récognitif*, par lequel on reconnaît l'existence d'une obligation ou d'un droit, en se référant à un acte antérieur.

récognition [ʀekɔgnisjɔ̃ ; ʀekɔnisjɔ̃] n. f. (latin *recognitio* « inspection » → reconnaître) philos. Acte de l'esprit qui reconnaît en identifiant (une chose).

recoiffer v. tr. < 1 > Coiffer de nouveau. – pronom. *Se recoiffer avant de sortir.*

recoin n. m. (de *coin*) **1.** Coin, endroit caché, retiré. *Les recoins d'un grenier. Explorer les coins et les recoins* (d'un lieu). **2.** fig. Partie secrète, intime. → **repli**. *« En fouillant les recoins de ton âme »* (Verlaine).

récoler v. tr. < 1 > (du latin, de *colere* « cultiver ; habiter » → -cole, cultiver) dr. **1.** *Récoler des témoins*, leur relire la déposition qu'ils ont faite pour vérifier s'ils en maintiennent les termes. **2.** Procéder à la vérification de (un inventaire...). □ n. m. **récolement**

récollection n. f. (du latin ; famille de *recueillir*) relig. Action de se recueillir ; retraite spirituelle.

recoller v. < 1 > **I.** v. tr. Coller de nouveau ; réparer en collant. *Recoller une assiette cassée.* – loc. fig. *Recoller les morceaux*, arranger les choses, en réconciliant des personnes divisées. □ n. m. **recollage** et **recollement** **II.** v. intr. sports Rejoindre, après avoir été distancé. *Recoller au peloton.*

récollet n. m. (du latin, de *recolligere* « réunir ») cathol. Religieux franciscain réformé.

récoltable adj. Qu'on peut récolter.

Recife, « la Venise du Brésil », et la plage de Boa Viagem.

Le corail est le produit d'une symbiose entre un cnidaire, appartenant au règne animal, et une algue, la zooxanthelle, qui absorbe le dioxyde de carbone qu'il produit, lui fournissant nourriture et oxygène en retour. Progressivement, il se couvre d'un squelette calcaire. On estime que la formation des récifs de corail remonte à 500 millions d'années. Très sensibles, ils sont menacés par la pollution et l'exploitation par l'homme. La mort des coraux est dramatique pour de nombreuses espèces, notamment de poissons, qui y trouvent abri et nourriture. Ils ont, de plus, un rôle essentiel dans la stabilisation des sédiments, dans l'oxygénation des eaux et constituent des puits de carbone.

Les récifs couvrent une surface d'environ 600 000 km². La grande barrière de corail, à l'est de l'Australie, a été classée au patrimoine mondial de l'humanité par l'UNESCO.

Les plathelminthes sont des vers plats.

Le corail champignon, qui mesure jusqu'à 30 cm, est surtout visible la nuit.

Répandu dans la zone indopacifique, le requin de récif se nourrit des poissons du récif corallien.

Vénéré en Polynésie, l'idole des Maures est relâché après avoir été pêché.

Le poisson-clown à trois bandes vit en association, ou symbiose, avec une anémone.

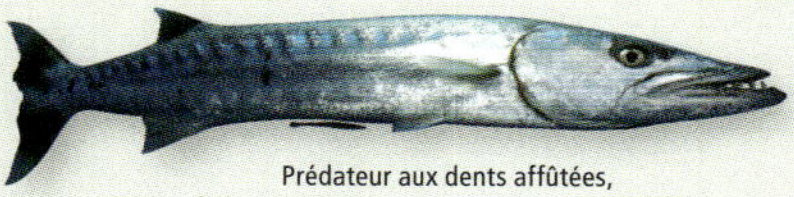

Prédateur aux dents affûtées, le barracuda à nageoires noires vit en bancs.

Le poisson ange empereur est femelle avant de devenir mâle.

Le baliste strié se nourrit aussi bien de corail que de petits poissons.

1. Ces étranges feuilles de turbinaire jaune sont en réalité des colonies de polypes.
2. La gorgone géante se déploie le plus souvent dans le sens du courant.
3. Les épines dorsales de la rascasse volante sont très urticantes.
4. Le bénitier géant est un mollusque bivalve qui adhère au corail.

Aussi appelée « couronne du Christ » pour sa couronne épineuse, l'étoile de mer géante se nourrit de corail.

Tout comme l'oursin, le crinoïde variable est un échinoderme.

Bien que solitaire et vorace, le mérou patate est inoffensif pour l'homme et peu farouche.

récoltant, ante adj. Qui procède lui-même à la récolte. *Viticulteur, propriétaire récoltant.* – n. *Les récoltants.*

récolte n. f. (de l'italien ; famille du latin *recolligere* → recueillir) **1.** Action de recueillir (les produits de la terre). → **cueillette, ramassage ; moisson, vendange.** *La récolte des pommes.* – par analogie *La récolte du miel.* **2.** Les produits recueillis. *Bonne, mauvaise récolte.* **3.** fig. Ce qu'on recueille à la suite d'une recherche ou d'une quête. → **collecte.** *Une récolte d'observations.*

récolter v. tr. < 1 > **1.** Faire la récolte de. → **cueillir, recueillir.** *Récolter le blé.* – pronom. *Ces fraises se récoltent en juin.* ■ par métaphore prov. *Qui sème* le vent récolte la tempête.* – loc. *Récolter ce qu'on a semé*.* **2.** fig. Gagner, recueillir. *Récolter des renseignements.* → **glaner.** – fam. Recevoir. *Récolter des coups.*

récolteur, euse n. Personne employée à la récolte, spécialt du caoutchouc.

recombinaison n. f. (→ combinaison) biol. Brassage des gènes entraînant l'apparition, dans la descendance, de traits qui n'existaient ensemble chez aucun des parents.

recombinant, ante adj. (de l'anglais) biochim. *ADN recombinant,* obtenu par recombinaison de fragments d'origines différentes. ■ par ext. Produit par génie génétique, avec un ADN ainsi modifié. *Vaccin recombinant.*

recommandable adj. Digne d'être recommandé, estimé. *Recommandable à tous égards.* – *Un individu peu recommandable.*

recommandation n. f. **1.** Action de recommander (qqn). *Lettre de recommandation.* **2.** Action de recommander, de conseiller (qqch.) avec insistance. *Faire des recommandations à qqn.* **3.** Opération par laquelle on recommande (un envoi postal).

recommandé, ée voir **recommander** (3, 4)

recommander v. tr. < 1 > (de *commander*) **1.** Désigner (qqn) à l'attention bienveillante, à la protection d'une personne. *Recommander un ami à qqn* (→ **appuyer** ; fam. **pistonner**). ■ *Recommander son âme à Dieu,* avant de mourir. **2.** Désigner (une chose) à l'attention de qqn ; vanter les avantages de. → **préconiser.** *Recommander un livre à des amis.* **3.** Demander avec insistance (qqch.) à qqn. → **²conseiller, exhorter.** *Je vous recommande la plus grande prudence.* – impers. *Il est recommandé de retenir sa place.* – au p. p. *Ce n'est pas (très) recommandé :* c'est déconseillé. **4.** Soumettre (un envoi postal) à une taxe spéciale qui garantit sa remise en mains propres. *Recommander un paquet.* – au p. p. *Lettre recommandée.* – n. m. *Envoi en recommandé.* ■ **se recommander** v. pron. **1.** *Se recommander de qqn,* invoquer son appui, son témoignage. → **se réclamer.** **2.** *Se recommander à qqn,* réclamer sa protection.

recommencement n. m. Action, fait de recommencer. *« Cet éternel recommencement du monde »* (Sainte-Beuve).

recommencer v. < 3 > **I.** v. tr. **1.** Commencer de nouveau (ce qu'on avait interrompu, abandonné ou rejeté). → **reprendre.** *Recommencer la lutte.* – absolt *J'ai oublié où j'en étais, je recommence.* ■ **Recommencer à** (+ inf.). → **se remettre.** *Il recommença à gémir.* – impers. *Il recommence à pleuvoir.* **2.** Faire de nouveau depuis le début (ce qu'on a déjà fait). → **refaire.** *Recommencer un travail mal fait. Si c'était à recommencer...* **II.** v. intr. **1.** littér. Avoir de nouveau un commencement. *« Les semaines et les mois s'écoulent et recommencent »* (R. Rolland). **2.** Se produire de nouveau (après une interruption). → **reprendre.** *L'orage recommence.*

récompense n. f. (de *récompenser*) **1.** Action de récompenser (qqn). *Voilà pour ta récompense.* **2.** Bien matériel ou moral donné ou reçu pour une bonne action, un service rendu, des mérites. *Donner, recevoir une récompense.* – *Il a reçu un livre en récompense.*

récompenser v. tr. < 1 > (du latin ; famille de *compenser*) Gratifier (qqn) d'une récompense. *Récompenser qqn de, pour ses efforts.* – passif *Être récompensé de ses efforts.* ■ (compl. chose) *Récompenser le travail de qqn.*

recomposé, ée adj. *Famille recomposée,* dans laquelle certains des enfants sont issus d'une union antérieure de l'un des parents.

recomposer v. tr. < 1 > Composer (ce qui est décomposé, défait). → **reformer.** □ n. f. **recomposition**

recompter [ʀ(ə)kɔ̃te] v. tr. < 1 > Compter de nouveau.

réconciliateur, trice n. Personne qui réconcilie des personnes brouillées.

réconciliation n. f. **1.** Action de réconcilier ; fait de se réconcilier. **2.** relig. Cérémonie catholique par laquelle une personne est réintégrée dans l'Église.

réconcilier v. tr. < 7 > (du latin → concilier) **1.** Remettre en accord, en harmonie (des personnes qui étaient brouillées). → fam. **rabibocher, raccommoder.** *Réconcilier deux personnes ; Pierre et Jean, Pierre avec Jean.* ■ pronom. *Se réconcilier avec qqn.* – *Ils se sont réconciliés.* **2.** fig. Concilier (des opinions, des doctrines foncièrement différentes). *Réconcilier la politique et la morale.* ■ Faire revenir (qqn) sur son hostilité. *Ce disque m'a réconcilié avec le jazz.*

reconditionner v. tr. < 1 > comm. **1.** Donner un nouvel emballage à. *Reconditionner des médicaments.* **2.** Remettre en état afin de revendre. – au p. p. *Ordinateurs reconditionnés.* □ n. m. **reconditionnement**

reconductible adj. Qui peut être reconduit. *Un contrat reconductible.* → **renouvelable.** *Grève reconductible.*

reconduction n. f. (→ reconduire) Renouvellement d'un contrat arrivé à terme. *Tacite reconduction.*

reconduire v. tr. < 38 > (du latin → conduire) **1.** Accompagner (une personne qui s'en va) à son domicile. → **raccompagner, ramener.** – *Reconduire des immigrés à la frontière.* → **expulser.** ■ Accompagner (un visiteur qui s'en va), par civilité. *Je vous reconduis jusqu'à l'ascenseur.* **2.** dr., admin. Renouveler ou proroger (un contrat, etc.). *Reconduire un bail.* – *Reconduire une grève.* → **prolonger.**

reconduite n. f. Action de reconduire (qqn). *Reconduite à la frontière des étrangers en situation irrégulière.* → **expulsion.**

réconfort n. m. (de *réconforter*) Ce qui redonne du courage, de l'espoir. *Votre visite m'a apporté un grand réconfort.*

réconfortant, ante adj. Qui réconforte. *Des nouvelles réconfortantes.* – *Un remède réconfortant.* → **remontant.**

réconforter v. tr. < 1 > (de *conforter*) **1.** Donner, redonner du courage, de l'énergie à (qqn). → **soutenir.** *Réconforter un ami dans la peine.* **2.** Redonner momentanément des forces physiques à (une personne affaiblie). → **remonter, revigorer.** *Ce petit vin m'a réconforté.*

reconnaissable adj. Qui peut être aisément reconnu, distingué. *Un parfum reconnaissable entre tous.*

reconnaissance n. f. **I. 1.** Fait de reconnaître (I). *La reconnaissance d'un objet.* ■ inform. Identification d'un ensemble d'informations à une structure donnée. *Reconnaissance des formes. Reconnaissance vocale, faciale.* **2.** Fait de se reconnaître. – *Signe de reconnaissance.* **II.** (Action de reconnaître [II]) **1.** littér. Aveu, confession (d'une faute). *La reconnaissance de ses erreurs.* **2.** Examen (d'un lieu). → **exploration.** *La reconnaissance d'un pays inconnu.* ■ Opération militaire dont le but est de recueillir des renseignements. *Mission de reconnaissance.* – *Envoyer un détachement* ***en reconnaissance.*** **3.** Action de reconnaître formellement, juridiquement. *La reconnaissance d'un État par un autre État.* – *Reconnaissance d'enfant :* acte par lequel une personne reconnaît être le père ou la mère d'un enfant. – *Reconnaissance de dette :* acte écrit par lequel on se reconnaît débiteur envers qqn. **III. 1.** Fait de reconnaître (un bienfait reçu). – *En reconnaissance de vos services...* **2.** Gratitude. *Éprouver de la reconnaissance.* – fam. *La reconnaissance du ventre,* celle que l'on éprouve envers la personne qui vous a nourri.

reconnaissant, ante adj. Qui ressent, témoigne de la reconnaissance. *Je vous suis très reconnaissant de m'avoir aidé.*

reconnaître v. tr. < 57 > (vient du latin, de *cognoscere* → connaître) **I.** (Saisir par la pensée) **1.** Identifier (qqn, qqch.) à l'aide de la mémoire. → **se rappeler, se souvenir.** *Je reconnais cet endroit. J'ai eu du mal à le reconnaître* (→ **méconnaissable**). *Le chien reconnaît son maître.* **2.** Identifier (qqch., qqn) au moyen d'un caractère déjà identifié ou en tant qu'appartenant à une catégorie. *Reconnaître une fleur. Reconnaître une chose sans pouvoir la nommer. Reconnaître l'écriture de qqn. Reconnaître qqn sous un déguisement.* – (compl. au plur.) *Des jumeaux impossibles à reconnaître.* → **distinguer.** – ***Reconnaître** qqn, qqch.* ***à,*** l'identifier grâce à (tel caractère, tel signe). *Reconnaître qqn à sa démarche ; un arbre à la forme de ses feuilles.* ■ Retrouver (une chose, une personne) telle qu'on l'a connue. *Je le reconnais bien là ; je reconnais bien là sa paresse.* **II.** (Tenir pour vrai) **1.** Admettre, avouer (un acte blâmable qu'on a commis). → **confesser.** *Reconnaître ses torts. Il reconnaît avoir menti ; qu'il a menti.* **2.** littér. Admettre (qqn) pour chef, pour maître. *Se faire reconnaître roi.* **3.** Admettre (qqch.). → **convenir de.** *Reconnaître la valeur de qqn. Reconnaître que...* – *Reconnaître une qualité à qqn.* **4.** Admettre, après une recherche. → **constater, découvrir.** *Reconnaître peu à peu les difficultés d'un sujet.* **5.** Chercher à connaître, effectuer une reconnaissance (II, 2) dans (un lieu). *Reconnaître le terrain.* **6.** Admettre officiellement l'existence juridique de. *Reconnaître un gouvernement.* – (→ **reconnaissance** (II, 3)) *Reconnaître un enfant ; une dette.* **III.** rare Témoigner par de la gratitude (→ **reconnaissance** (III)) que l'on est redevable envers qqn de (qqch.). *Reconnaître un service.* ■ **se reconnaître** v. pron. **1.** réfl. Retrouver son image, s'identifier. *Je ne me reconnais pas sur cette photo.* – *Se reconnaître dans qqn,* se trouver des points de ressemblance avec lui. *Se reconnaître dans un personnage de roman.* ■ Identifier les lieux où l'on se trouve. → **se retrouver.** *Se reconnaître dans un dédale de ruelles.* – fig. *Ne plus s'y reconnaître :* se perdre (dans un raisonnement...). → **s'embrouiller.** **2.** récipr. *Ils ne se sont pas reconnus, après tant d'années.* **3.** passif Être reconnu ou reconnaissable. *Le rossignol se reconnaît à son chant.* - var. RO **reconnaitre.** ■ **reconnu, ue** adj. (sens II du v.) *C'est un fait reconnu.* – *Un auteur reconnu.*

reconquérir v. tr. < 21 > (→ conquérir) **1.** Reprendre par une conquête. – au p. p. *Une ville reconquise.* **2.** fig. Conquérir de nouveau par une lutte. *Reconquérir sa liberté.* – *Reconquérir qqn* (qui ne vous aimait plus).

reconquête n. f. (→ conquête) Action de reconquérir.

Reconquista n. f. Terme espagnol désignant la reconquête menée en Espagne par les chrétiens contre les musulmans au Moyen Âge. La Reconquista fut lancée au VIIIe s., puis conduite par la Marche franque d'Espagne créée par Charlemagne en 812. Au XIe s., les premières grandes victoires furent arrêtées par les Almoravides, et Valence, prise par le Cid (1094), fut perdue à sa mort. La grave défaite d'Alarcos (1195) réunit les troupes chrétiennes en une croisade patronnée par Innocent III, qui fut couronnée de plusieurs victoires (Cordoue, Valence, Séville). En 1270, il ne restait aux musulmans que quelques territoires, notamment Grenade, dont la reprise, en

R

1492, marqua la fin de la Reconquista. → Espagne vers 1000 et vers 1200 (carte).

reconsidérer v. tr. < 6 > Considérer de nouveau (une question...). → **réexaminer.** *Il faut reconsidérer le problème.*

reconstituant, ante adj. Propre à reconstituer, à redonner des forces à l'organisme. → **fortifiant.** *Aliment reconstituant.* – n. m. *Un reconstituant.* → **¹tonique.**

reconstituer v. tr. < 1 > **1.** Constituer, former de nouveau. *Reconstituer une armée.* – pronom. *Le parti s'est reconstitué.* **2.** Rétablir dans son état d'origine, en réalité ou par la pensée. → **restituer.** *Reconstituer le plan d'une ville disparue.* **3.** Rétablir dans son état antérieur (et normal). *Reconstituer ses forces.* → **régénérer.**

reconstitution n. f. Action de reconstituer, de se reconstituer. *La reconstitution d'un parti.* – *La reconstitution d'un crime. Une reconstitution historique* (dans un spectacle, etc.).

reconstructeur, trice adj. Qui reconstruit. – *Chirurgie reconstructrice.* → **réparateur.**

reconstruire v. tr. < 38 > **1.** Construire de nouveau (ce qui était démoli). *Reconstruire une ville.* → **rebâtir.** – au p. p. *Immeuble reconstruit.* **2.** Réédifier, refaire. *Reconstruire sa fortune.* **3.** fig. Reconstituer. « *L'observation scientifique* [...] *reconstruit le réel après avoir reconstruit ses schémas* » (Bachelard). □ n. f. **reconstruction**

recontacter v. tr. < 1 > Reprendre contact avec (qqn).

reconventionnel, elle adj. (→ **¹conventionnel**) dr. *Demande reconventionnelle*, introduite par le défendeur, et tendant à atténuer la demande principale.

reconversion n. f. (→ **conversion**) **1.** Adaptation à des conditions nouvelles. *Reconversion économique, technique.* **2.** Affectation, adaptation (de qqn) à un nouvel emploi. *Reconversion professionnelle.*

reconvertir v. tr. < 2 > (→ **convertir**) Procéder à la reconversion de (qqn, qqch.). – pronom. *Se reconvertir dans la publicité.*

recopier v. tr. < 7 > Copier (un texte déjà écrit). → **transcrire.** *Recopier une adresse.* ■ Mettre au net, au propre. *Recopier un devoir.* □ n. m. **recopiage**

record n. m. (mot anglais, du français *record*, *recort* « rappel ; témoignage », de *recorder* → **recors**) **1.** Exploit sportif qui dépasse ce qui a été fait avant dans la même spécialité. *Homologuer un record. Battre un record. Record du monde.* **2.** Résultat supérieur à ceux obtenus antérieurement dans le même domaine. *Record de productivité.* – iron., fam. *Sa paresse bat tous les records !* **3.** appos. invar. Jamais atteint. *Production record. Des chiffres record.* – *En un temps record* : très vite.

recordman [ʀ(ə)kɔʀdman] n. m. (de *record* et de l'anglais *man* « homme ») faux anglic. Détenteur d'un record. *Des recordmans* ou *des recordmen* [-mɛn] (plur. anglais).

recordwoman [ʀ(ə)kɔʀdwuman] n. f. (de *record* et de l'anglais *woman* « femme ») faux anglic. Détentrice d'un record. *Des recordwomans* ou *des recordwomen* [-mɛn] (plur. anglais).

recorriger v. tr. < 3 > Corriger une nouvelle fois.

recors n. m. (de l'ancien v. *[se] recorder* « se rappeler ; répéter » ; famille du latin *cor, cordis* → **cœur**) anciennt Personne qui assistait un huissier.

recoucher v. tr. < 1 > Coucher de nouveau. – pronom. *Se recoucher.*

recoudre v. tr. < 48 > Coudre (ce qui est décousu). *Recoudre un bouton.* ■ Coudre les lèvres de (une plaie...). *Recoudre une blessure.*

recoupe n. f. techn. **1.** Morceau qui tombe lorsqu'on coupe ou taille une matière. **2.** Farine grossière de seconde mouture.

recoupement n. m. Rencontre de renseignements de sources différentes, pour établir un fait ; vérification par ce moyen. *Procéder par recoupement.*

recouper v. tr. < 1 > **1.** Couper de nouveau. – *Recouper un vêtement*, en modifier la coupe. **2.** absolt, jeux Couper une seconde fois les cartes. **3.** Couper (une ligne). – pronom. *Des cercles qui se recoupent.* **4.** Confirmer par confrontation. *Votre témoignage recoupe le sien.* – pronom. *Leurs déclarations se recoupent.*

recourber v. tr. < 1 > Courber à son extrémité, rendre courbe. *Recourber une tige de métal.* – au p. p. *Bec recourbé.* → **crochu.** □ n. m. **recourbement**

recourir v. < 11 > (d'abord *recourre* → **courir** et **courre**) **I. 1.** v. intr. Se remettre à courir. *Il n'a pas recouru depuis son accident.* **2.** v. tr. Courir une seconde fois. *Recourir un cent mètres.* **II. Recourir à** v. tr. ind. **1.** Demander une aide à (qqn). *Recourir à un ami.* → **s'adresser.** **2.** Mettre en œuvre (un moyen). *Recourir à un mensonge, à un expédient.* **III.** v. intr. dr. Se pourvoir (en justice). *Recourir en cassation.*

recours n. m. (du latin → **recourir**) **1.** Action de recourir (à qqn, qqch.). *Le recours à la force.* – **Avoir recours à** : faire appel à. → **recourir (II).** *Avoir recours à qqn.* → **s'adresser.** *Il a eu recours à des moyens extrêmes.* **2.** Ce à quoi on recourt, dernier moyen efficace. → **ressource.** *C'est notre dernier recours. C'est sans recours*, c'est irrémédiable. **3.** Procédure destinée à obtenir (d'une juridiction) le nouvel examen d'une question. → **pourvoi.** *Recours en cassation.* – *Recours en grâce* (adressé au chef de l'État).

recouvrable adj. Qui peut être recouvré. → **percevable.**

recouvrage n. m. Action de recouvrir. *Le recouvrage d'un siège.*

¹recouvrement n. m. (de *recouvrer*) Action de recouvrer. *Le recouvrement de l'impôt.* → **perception.**

²recouvrement n. m. (de *recouvrir*) Action de recouvrir. ■ techn. Ce qui recouvre.

recouvrer v. tr. < 1 > (vient du latin *recuperare* → **récupérer** ; famille de *recevoir*) **1.** littér. Rentrer en possession de. *Il a recouvré son bien.* → **récupérer.** *Recouvrer la santé* : guérir. **2.** Recevoir le paiement de (une somme due). → **encaisser, percevoir.** *Recouvrer une créance.*

recouvrir v. tr. < 18 > **I. 1.** Couvrir de nouveau. *Il a recouvert la casserole.* ■ Ramener une couverture sur (qqn). *Recouvrir un enfant dans son lit.* **2.** Mettre un nouveau revêtement à (un siège...). *Recouvrir un fauteuil.* **II. 1.** (choses) Couvrir entièrement. *La neige recouvre le sol.* **2.** (personnes) Couvrir toute la surface de (qqch.). *Recouvrir un mur de papier peint* (→ **revêtir ; tapisser**). **3.** (choses) Cacher, masquer. *Sa désinvolture recouvre une grande timidité.* **4.** abstrait S'appliquer à, correspondre à. *Notion qui recouvre plusieurs idées.* → **embrasser.**

recracher v. tr. < 1 > Rejeter de la bouche (ce qu'on y a mis). *Recracher un bonbon.*

récréance n. f. (de l'ancien français *recroire* « rendre, remettre ») dr. *Lettre de récréance*, par laquelle un ambassadeur est invité à quitter son poste.

récréatif, ive adj. (→ **récréation**) Qui a pour objet ou pour effet de divertir. *Séance récréative.* – *Usage récréatif du cannabis* (opposé à *thérapeutique*).

récréation n. f. (→ **récréer**) **1.** littér. Délassement, divertissement. *Prendre un peu de récréation.* **2.** Temps de liberté accordé aux élèves pour qu'ils puissent se délasser. *Cour de récréation.* - abrév. fam. **récré.**

recréer v. tr. < 1 > (de *créer*) **1.** Créer de nouveau. **2.** Reconstituer, faire revivre. *Recréer l'atmosphère d'une époque.* **3.** Reconstruire, réinventer. *L'imagination recrée le monde.* □ n. f. **recréation**

récréer v. tr. < 1 > (du latin « faire revivre », de *creare* → **créer**) littér. Délasser (qqn) par une occupation agréable. → **distraire.** – pronom. « *Il faut vous récréer un peu* » (Nodier).

recreuser v. tr. < 1 > Creuser de nouveau ou davantage.

se **récrier** v. pron. < 7 > (de *s'écrier*) littér. S'exclamer sous l'effet d'une vive émotion. *Se récrier d'admiration.* – absolt *Ils se sont récriés.* → **protester.**

récriminateur, trice adj. et n. Se dit d'une personne portée à récriminer.

récrimination n. f. Fait de récriminer.

récriminer v. intr. < 1 > (du latin, de *crimen* → **crime**) Manifester son mécontentement avec amertume et âpreté. → **protester, réclamer.** *Inutile de récriminer.* – *Récriminer contre qqn* : se plaindre de lui.

récrire ou **réécrire** v. tr. < 39 > **1.** Écrire de nouveau (un message) à qqn. – absolt *Je te récrirai demain.* **2.** Rédiger de nouveau (→ **réécriture**). – au p. p. *Scénario réécrit de bout en bout.*

recristallisation n. f. minér. Transformation des roches par dissolution des minéraux cristallins et formation de cristaux différents.

recristalliser v. intr. < 1 > minér. Cristalliser de nouveau.

se **recroqueviller** v. pron. < 1 > (famille de *coquille*) **1.** Se rétracter, se recourber en se desséchant. → se **racornir.** *Le cuir se recroqueville à la chaleur.* ■ trans. *Le froid recroqueville les plantes.* **2.** (personnes) Se replier, se ramasser sur soi-même. – au p. p. *Malade recroquevillé dans son lit.*

recru, ue adj. (de l'ancien v. *recroire* « renoncer » ; famille de *croire*) littér. Fatigué jusqu'à l'épuisement. → **éreinté, fourbu.** *Bête recrue.* – *Être recru de fatigue.*

recrû n. m. (de *recroître* → **croître**) arbor. Ensemble des pousses qui se développent sur les souches après la coupe d'un taillis. - var. RO **recru.**

recrudescence n. f. (du latin, de *crudus* → **²cru**) **1.** Aggravation (d'une maladie) après une amélioration. *Une recrudescence de la douleur. Recrudescence d'une épidémie* : augmentation du nombre des cas. **2.** Brusque réapparition, sous une forme plus intense. *Recrudescence de la criminalité.*

recrudescent, ente adj. littér. Qui est en recrudescence.

recrue n. f. (famille de *croître*) **1.** Soldat qui vient d'être recruté. → **conscrit.** *Les nouvelles recrues.* **2.** Personne qui vient s'ajouter (à un groupe). *Une recrue de valeur.*

recrutement n. m. Action de recruter (des soldats). *Bureau de recrutement.* ■ Action de recruter (du personnel). *Recrutement de cadres.*

recruter v. tr. < 1 > (de *recrue*) **1.** Engager (des hommes ou des femmes) pour former une troupe. → **enrôler.** *Recruter des soldats.* ■ Former (une troupe). *Recruter une armée.* **2.** Amener (qqn) à faire partie d'un groupe. *Recruter des partisans* (→ **embrigader**), *des collaborateurs* (→ **engager**). ■ se **recruter** v. pron. (passif) Être recruté. *Membres qui se recrutent par élection.* – fig. *Se recruter dans, parmi...* : provenir de.

recruteur, euse n. Personne chargée de recruter. – appos. *Sergent recruteur.*

recta adv. (mot latin « tout droit », de l'adj. *rectus* « droit ; honnête », de *regere* → **régir**) fam., vieilli Ponctuellement, très exactement. *Payer recta.*

rectal, ale, aux adj. (de *rectum*) didact. Du rectum. *Température rectale.* → **anal.**

rectangle (du latin médiéval → **recta** et **angle**) **1.** adj. Dont un angle au moins est droit. *Triangle rectangle.* ■ Dont la base est un rectangle. *Parallélépipède rectangle.*

R

2. n. m. Quadrilatère dont les quatre angles sont droits. *Le carré est un rectangle.*

rectangulaire adj. (→ **rectangle**) Qui a la forme d'un rectangle. *Pièce rectangulaire.*

recteur, trice n. (du latin, de *regere* → **régir**) **1.** Universitaire qui est à la tête d'une académie (→ **rectorat**). *Elle est recteur* ou *elle est rectrice.* ■ (en Belgique, au Canada) Chef d'une université. **2. n. m.** ancienn Supérieur d'un collège de jésuites. **3. n. m.** régional (Bretagne) Curé.

rectifiable adj. Qui peut être rectifié.

rectificateur n. m. chim. Appareil servant à rectifier les liquides.

rectificatif, ive adj. (→ **rectifier**) Qui a pour objet de rectifier (une chose inexacte). *Note rectificative.* – **n. m.** Texte rectificatif. *Publier un rectificatif.*

rectification n. f. (→ **rectifier**) Action de rectifier. – spécialt Correction. *Rectification en marge.*

rectifier v. tr. < 7 > (bas latin *rectificare,* de *rectus* → **recta** et *facere* → [1]**faire**) **1.** Rendre droit. *Rectifier un alignement.* **2.** Modifier (qqch.) pour le rendre conforme. *Rectifier un tracé. Rectifier un assaisonnement.* – loc. *Rectifier le tir*.* ■ techn. Exécuter la finition de (une pièce) par meulage. ■ chim. Purifier (un liquide) par distillation. **3.** Rendre exact. → **corriger.** *Rectifier un calcul.* **4.** Faire disparaître en corrigeant. *Rectifier une erreur.* **5.** argot Tuer.

rectifieur, euse techn. **1. n.** Ouvrier, ouvrière qui rectifie les pièces mécaniques. **2. n. f.** Machine-outil servant à rectifier les pièces sorties des machines.

rectiligne adj. (du latin → **recta** et **ligne**) **1.** math. Limité par des droites ou des segments de droite. **2.** Qui est ou se fait en ligne droite. *Allées rectilignes.* – *Mouvement rectiligne.*

rectilinéaire adj. (de *rectiligne,* d'après *linéaire*) photogr. *Objectif rectilinéaire,* qui donne des images non déformées sur les bords.

rection n. f. (latin *rectio* « action de gérer ») ling. Propriété qu'a le verbe d'être accompagné d'un complément direct ou indirect.

rectite n. f. (→ **rectum** et **-ite**) méd. Inflammation du rectum.

rectitude n. f. (du latin, de *rectus* → **recta**) littér. Qualité de ce qui est droit, rigoureux. *Rectitude morale.* → **droiture.** *La rectitude d'un raisonnement.* → **justesse.**

recto n. m. (de la loc. latine *folio recto* → **folio** et **recta**) Première page d'un feuillet (s'oppose à *verso*). → **endroit.** *Des rectos.* – loc. *Recto verso :* au recto et au verso.

rectocolite n. f. (de *rectum* et *colite*) méd. Inflammation simultanée du rectum et du côlon.

rectoral, ale, aux adj. (du latin *rector*) Qui appartient au recteur, provient du recteur.

rectorat n. m. (→ **recteur**) Charge de recteur (1) ; durée de cette charge. ■ Bureaux du recteur.

rectorragie n. f. (→ **rectum** et **-rragie**) méd. Émission de sang par l'anus.

rectoscopie n. f. (de *rectum* et *-scopie*) méd. Examen du rectum au moyen d'un endoscope.

rectrice adj. f. (du latin → **recteur**) zool. *Plumes rectrices :* grandes plumes de la queue des oiseaux, qui dirigent leur vol. – **n. f.** *Une rectrice.*

rectum [ʀɛktɔm] n. m. (du latin médical *rectum [intestinum],* littéralt « [intestin] droit », de *rectus* → **recta**) anat. Portion terminale du gros intestin, qui aboutit à l'anus.

[1]**reçu, ue** adj. voir **recevoir**

[2]**reçu** n. m. Écrit par lequel on reconnaît avoir reçu une somme, un objet. → **quittance, récépissé.**

Le tri des déchets est un préalable indispensable au recyclage, qui permet d'économiser des matières premières et de l'énergie.

recueil [ʀəkœj] n. m. (de *recueillir*) Ouvrage réunissant des écrits, des documents. *Recueil de poèmes. Recueil de morceaux choisis.* → **anthologie, florilège.**

recueillement [ʀ(ə)kœjmɑ̃] n. m. Action, fait de se recueillir. *Écouter qqn avec recueillement.*

recueillir [ʀ(ə)kœjiʀ] v. tr. < 12 > (vient du latin *recolligere,* de *colligere* → **cueillir**) **I. 1.** littér. Prendre en cueillant ou en ramassant, pour utiliser ultérieurement. *Les abeilles recueillent le pollen.* – par métaphore → **récolter.** *Recueillir le fruit de ses efforts.* ■ cour. → **collecter.** *Recueillir des fonds.* **2.** Faire entrer et séjourner dans un récipient. *Recueillir l'eau de pluie.* **3.** Recevoir (par voie d'héritage, etc.). *Recueillir une succession.* ■ Obtenir. *Recueillir des suffrages* (dans une élection). **4.** Recevoir pour conserver (une information). → **enregistrer.** *Recueillir des témoignages.* **5.** Rassembler, réunir (des éléments dispersés). *Recueillir des articles dans un recueil.* → **colliger. II.** Offrir chez soi un refuge et une protection à (qqn). *Recueillir un orphelin.* – *Recueillir des chiens errants.* ■ **se recueillir** v. pron. **1.** Concentrer sa pensée sur la vie spirituelle (→ **récollection,** [1]**retraite**). **2.** S'isoler du monde extérieur pour mieux réfléchir, se concentrer. → **méditer.** – au p. p. *Un air recueilli.*

recuire v. < 38 > **1. v. tr.** Cuire de nouveau. *Recuire une poterie.* **2. v. intr.** Subir une nouvelle cuisson. *Faire recuire un gigot trop saignant.*

recuit n. m. (de *recuire*) techn. Action de remettre au feu. *Le recuit de l'émail.* ■ Opération thermique destinée à améliorer (un métal, etc.).

recul [ʀ(ə)kyl] n. m. (de *reculer*) **1.** (mécanisme) Fait de reculer. *Le recul d'un canon* (après le départ du coup). **2.** Action de reculer, mouvement ou pas en arrière. *Le recul d'une armée.* → **repli,** [1]**retraite.** *Avoir un mouvement de recul.* ■ fig. Régression. *Le recul d'une maladie.* **3.** Position éloignée permettant une appréciation meilleure. *Prendre du recul pour apprécier un tableau.* – (temps) *Le recul nécessaire à l'historien.* ■ fig. Fait de se détacher par l'esprit d'une situation actuelle pour mieux en juger. *Avoir, prendre du recul* (→ **distance**). *Manquer de recul.*

reculade n. f. littér. et péj. Fait de reculer, de céder après s'être trop avancé. → **dérobade.** *Honteuse reculade.*

reculé, ée adj. **1.** Lointain et difficile d'accès. *Village reculé.* → **isolé, retiré. 2.** Éloigné (dans le temps). → **ancien.** *À une époque très reculée.*

reculée n. f. (de *reculer*) géogr. Fond d'une vallée jurassienne en cul-de-sac aux parois abruptes.

reculer v. < 1 > (de *cul*) **I. v. intr. 1.** Aller, faire mouvement en arrière. → **rétrograder.** *Reculer d'un pas.* – *Voiture qui recule.* ■ loc. fig. *Reculer pour mieux sauter :* attendre pour avoir plus de chances de réussir ; éviter une difficulté qu'il faudra de toute façon affronter. **2.** fig. (choses) Perdre du terrain. *L'épidémie a reculé.* → **régresser. 3.** fig. Se dérober (devant une difficulté) ; revenir à une position plus sûre. → **renoncer.** *Il s'est trop avancé pour reculer.* – *Reculer devant le danger. Il ne recule devant rien.* ■ Hésiter (à faire qqch.). *Aller au fait sans reculer.* **II. v. tr. 1.** Porter en arrière. *Reculez un peu votre chaise.* – pronom. *Se reculer pour mieux voir.* ■ Reporter plus loin. *Reculer les frontières d'un pays.* → [1]**repousser. 2.** Éloigner dans le temps. → **ajourner, différer.** *Reculer une décision.*

à reculons loc. adv. (de *reculer*) En reculant, en allant en arrière. *S'éloigner à reculons.* ■ fig. En sens inverse du progrès. – *Aller quelque part à reculons,* de mauvaise grâce.

récupérable adj. Qui peut être récupéré. *Déchets récupérables.* → **recyclable.** – (personnes) *Il est tout à fait récupérable.*

récupérateur, trice 1. n. Personne qui collecte des matériaux usagés en vue d'une utilisation ultérieure. **2. n. m.** Appareil destiné à récupérer de la chaleur ou de l'énergie. *Récupérateur de chaleur.*

récupération n. f. Action, fait de récupérer ou d'être récupéré. - abrév. fam. **récup.**

récupérer v. tr. < 6 > (latin *recuperare* → **recouvrer**) **1.** Rentrer en possession de (ce qu'on avait perdu, dépensé). → **recouvrer.** *Récupérer de l'argent.* – *Récupérer ses forces ;*

absolt *avoir besoin de récupérer.* ■ fam. Retrouver, reprendre. *Récupérer un livre prêté. Récupérer un enfant à la sortie de l'école.* **2.** Recueillir (ce qui serait perdu ou inutilisé). → **recycler.** *Récupérer de la ferraille.* **3.** Intégrer (qqn) en le reclassant. *Récupérer des délinquants.* **4.** Fournir (un temps de travail) ou bénéficier de (un temps de repos) en remplacement. *Récupérer une journée de travail.* **5.** polit. Détourner de l'orientation initiale pour utiliser à son profit. *Récupérer un mouvement populaire.* – (passif) *Les grévistes ne veulent pas être récupérés.*

récurer v. tr. < 1 > (→ **curer**) Nettoyer en frottant. *Récurer une casserole. Poudre à récurer.* □ n. m. **récurage**

récurrence n. f. didact. Retour, répétition. ■ *Raisonnement par récurrence,* par lequel on étend à une série de termes une propriété vraie pour deux d'entre eux. ■ méd. Réveil de l'activité de (une maladie infectieuse) dû à des germes déjà présents dans l'organisme.

récurrent, ente adj. (du latin → **recourir, recours** ; famille de *courir*) **1.** didact. Relatif à une récurrence. – méd. *Fièvre récurrente.* **2.** Qui revient, réapparaît fréquemment. *Une question récurrente.*

récursif, ive adj. (anglais *recursive*) didact. Qui peut être répété un nombre indéfini de fois par l'application de la même règle. □ n. f. **récursivité**

récursoire adj. (du latin *recursus* « recours ») dr. *Action récursoire,* qui donne, qui ouvre un recours contre qqn.

récusable adj. Que l'on peut récuser.

récusation n. f. dr. Fait de récuser (qqn).

récuser v. tr. < 1 > (latin *recusare* « repousser » → **ruse** ; famille de *cause*) **1.** dr. Refuser d'accepter (qqn) comme juge, arbitre, témoin... *Récuser un témoin.* **2.** Repousser comme tel ; refuser, rejeter. *Récuser l'autorité de qqn. Cet argument ne peut être récusé* (→ **irrécusable**). ■ **se récuser** v. pron. Affirmer son incompétence (sur une question).

recyclable adj. Que l'on peut recycler (2). *Déchets recyclables.* □ n. f. **recyclabilité**

recyclage n. m. **1.** Changement de l'orientation scolaire (d'un élève). ■ Formation complémentaire (de qqn) destinée à apporter de nouvelles connaissances professionnelles. → **requalification. 2.** Action de récupérer des déchets et de les réintroduire, après traitement, dans le cycle de production. *Le recyclage du verre.*

recycler v. tr. < 1 > (de *cycle*) **1.** Effectuer le recyclage de (qqn). – pronom. *Se recycler en vue d'une reconversion.* **2.** Soumettre à un recyclage (2). *Recycler des matériaux.* – au p. p. *Papier recyclé.*

recyclerie n. f. Centre communautaire de récupération et de revente d'objets à prix modique. → **ressourcerie.**

recycleur, euse 1. n. m. Dispositif qui recycle l'air expiré par le plongeur afin de maintenir la qualité du mélange gazeux. **2.** n. Professionnel(le) du recyclage.

rédacteur, trice n. (→ **rédaction**) Personne qui assure la rédaction d'un texte. → **auteur.** *Rédacteur publicitaire.* ■ spécialt Personne qui rédige des articles de presse. → **chroniqueur, journaliste.** *Rédacteur en chef :* directeur de la rédaction.

rédaction n. f. (du latin → **rédiger**) **1.** Action ou manière de rédiger (un texte). **2.** Ensemble des rédacteurs (d'un journal, d'une œuvre collective) ; locaux où ils travaillent. **3.** Exercice scolaire qui consiste à traiter par écrit un sujet narratif. → aussi **composition** française, **dissertation.**

rédactionnel, elle adj. Relatif à la rédaction (d'un texte). – *Publicité rédactionnelle.* → **publirédactionnel.**

Redford (Robert)

Robert Redford dans *Le Meilleur,* de Barry Levinson (1984).

redan n. m. (altération de *redent*) archit. **1.** Ouvrage de fortification composé de deux faces qui forment un angle saillant. **2.** Ressaut sur une surface horizontale ou verticale. → **saillie. 3.** → **redent.**

Redding (Otis) Auteur-interprète-compositeur américain (1941-1967). Il fut une des grandes figures de la musique soul dans les années 1960. *That's How Strong My Love Is ; Fa-Fa-Fa-Fa-Fa (Sad Song).*

reddition n. f. (du latin, de *reddere* → **rendre**) **1.** Fait de se rendre, de capituler. → **capitulation. 2.** dr. Fait de présenter l'état des biens d'autrui qu'on a administrés. *Reddition de comptes.*

redécouvrir v. tr. < 18 > Découvrir de nouveau. ■ Découvrir d'une autre façon. *J'ai redécouvert Proust.*

redéfaire v. tr. < 60 > Défaire de nouveau.

redéfinir v. tr. < 2 > Donner une nouvelle définition de ; déterminer de façon nouvelle. *Redéfinir des objectifs.* □ n. f. **redéfinition**

redemander v. tr. < 1 > **1.** Demander de nouveau. **2.** Demander (ce qu'on a prêté ou laissé). *Je lui ai redemandé mon stylo.*

redémarrer v. intr. < 1 > Démarrer de nouveau. ■ fig. *L'économie est en train de redémarrer.* □ n. m. **redémarrage**

rédempteur, trice [ʀedɑ̃ptœʀ, tʀis] (du latin → **rédimer**) **1.** n. m. relig. *Le Rédempteur :* le Christ (en tant qu'il a racheté le genre humain par sa mort, selon la doctrine chrétienne). → **sauveur. 2.** adj. Qui rachète (au sens moral ou religieux). *Souffrance rédemptrice.*

rédemption [ʀedɑ̃psjɔ̃] n. f. (latin *redemptio* → **rançon,** de *redimere* → **rédimer**) **1.** relig. Rachat du genre humain par le Christ. → **salut.** *Le mystère de la Rédemption.* **2.** Fait de racheter, de se racheter (au sens religieux ou moral). *La rédemption des péchés* (→ **rédimer**).

redent n. m. (de *re-* et *dent*) archit. Ornement gothique formé d'une suite de découpures en forme de dents. - var. **redan.**

redenté, ée adj. (de *redent*) archit. Se dit d'un ornement constitué de trois arcs de cercle qui se coupent deux à deux.

redéploiement n. m. Réorganisation (d'un dispositif militaire, d'une politique économique). *Redéploiement industriel.*

redéployer v. tr. < 8 > Opérer le redéploiement de.

redescendre v. < 41 > **I.** v. intr. Descendre de nouveau ; descendre après être monté. *Il est redescendu tout de suite.* **II.** v. tr. *Redescendre un escalier.* ■ Porter de nouveau en bas. *Elle a redescendu les bagages.*

redevable adj. **1.** Qui est ou demeure débiteur envers qqn. *Être redevable d'une somme à un créancier.* **2.** *Être redevable de qqch. à qqn,* bénéficier de qqch. grâce à lui.

redevance n. f. **1.** Somme qui doit être payée à échéances déterminées (rente, dette, etc.). **2.** Taxe due en contrepartie de l'utilisation d'un service public. *Redevance audiovisuelle.*

redevenir v. intr. < 22 > Devenir de nouveau, recommencer à être (ce qu'on était et qu'on a cessé d'être). *Elle est redevenue étudiante.*

redevoir v. tr. < 28 > dr. Devoir comme reliquat. – *Le montant redû* (ou RO *redu*).

Redford (Charles Robert Redford junior, dit Robert) Acteur et cinéaste américain (né en 1937). Il commença sa carrière en 1962, et connut le succès international avec, surtout, les deux films qu'il tourna aux côtés de Paul Newman : *Butch Cassidy et le Kid* et *L'Arnaque.* Star du cinéma américain *(Out of Africa),* il est aussi réalisateur de films *(Et au milieu coule une rivière ; L'Homme qui murmurait à l'oreille des chevaux).*

rédhibition n. f. (du latin, de *redhibere* « faire reprendre », de *habere* → ¹**avoir**) dr. Annulation d'une vente par l'acheteur quand la chose achetée présente un vice rédhibitoire.

rédhibitoire adj. (du latin → **rédhibition**) **1.** dr. *Vice rédhibitoire :* défaut qui peut motiver l'annulation d'une vente. **2.** Qui constitue un défaut, un empêchement absolu, radical. *Un prix rédhibitoire.*

Redi (Francesco) Naturaliste italien (1626-1698). Il fut le premier, dans ses *Expériences sur la génération des insectes,* à mettre en doute la notion de génération spontanée.

rédie n. f. (de *Redi,* n. d'un naturaliste italien) zool. Forme larvaire de la douve, qui se développe dans le corps de certains mollusques et se transforme en cercaire.

rediffuser v. tr. < 1 > (radio, télévision) Diffuser de nouveau (une émission).

rediffusion n. f. Nouvelle diffusion. ■ Émission rediffusée.

rédiger v. tr. < 3 > (latin *redigere* [supin *redactum* → **rédaction**] ; famille de *agir*) Écrire (un texte) sous une certaine forme (→ **rédaction**). *Rédiger un article de journal.* – au p. p. *Un devoir bien rédigé.*

redimensionner v. tr. < 1 > inform. Modifier les dimensions de (un élément graphique). *Redimensionner une image.*

rédimer v. tr. < 1 > (latin *redimere* « racheter », supin *redemptum* → **rédempteur, rédemption**) relig. Racheter ; sauver. *Rédimer les pécheurs* (→ **rédemption**).

redingote n. f. (francisation de l'anglais *riding-coat* « habit pour monter à cheval ») **1.** anciennt Long vêtement d'homme, à basques. **2.** mod. Manteau ajusté à la taille.

redire v. tr. < 37 > **I. 1.** Dire (qqch.) de nouveau. *Redites-moi votre nom.* **2.** Dire (qqch.) plusieurs fois. → **répéter.** *Elle redit toujours la même chose.* → **rabâcher, ressasser. 3.** Dire (ce qu'un autre a déjà dit). → **répéter.** *Redites-le après moi.* **II.** (tr. ind.) *Avoir, trouver* ***à redire*** *à qqch. :* trouver qqch. à critiquer dans. *Trouver à redire à tout.* – *C'est parfait, il n'y a rien à redire.*

rediscuter v. tr. < 1 > (→ **discuter**) Remettre en discussion. *Rediscuter un projet.*

redistribuer v. tr. < 1 > **1.** Distribuer une seconde fois. *Redistribuer les cartes.* **2.** Répartir une seconde fois et autrement. *Redistribuer des terres.*

redistributif, ive adj. Qui redistribue (des ressources). *Un système fiscal redistributif.*

redistribution **n. f.** (**→ redistribuer**) Nouvelle répartition. *Redistribution des tâches.* ■ écon. Système par lequel les prélèvements opérés sur les revenus de certains sont reversés à d'autres.

redite **n. f.** (**de** ***redire***) **1.** littér. Action de redire, de répéter. *« La redite est partout ennuyeuse »* (Montaigne). **2.** Chose répétée inutilement ; répétition. *Un texte plein de redites.*

Redmond Ville des États-Unis (État de Washington). 73 250 habitants. Siège social de Microsoft.

Redon (**Odilon**) Dessinateur, graveur et peintre français (1840-1916). D'abord dessinateur, il se consacra ensuite à la gravure, et réalisa des albums et des illustrations (*La Tentation de saint Antoine ; Les Fleurs du mal*). Il se tourna, à partir de 1890, vers le pastel et la peinture à l'huile. Peintre de la spiritualité et du symbolisme, il influença les nabis et fut considéré comme un précurseur du surréalisme.

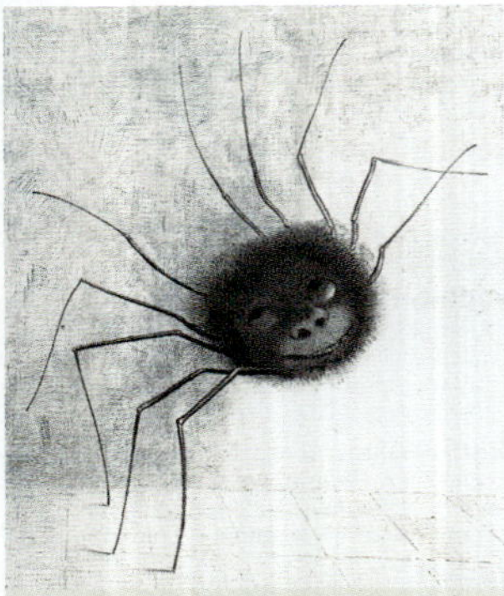

Odilon Redon, *L'Araignée, elle sourit, les yeux levés*, fusain (1881), musée d'Orsay, Paris.

Redon Chef-lieu d'arrondissement de l'Ille-et-Vilaine, sur la Vilaine et le canal de Nantes à Brest. 9 315 habitants.

redondance **n. f.** (**du latin → redondant**) **1.** Abondance excessive dans le discours (développements, redites). **→ verbiage.** ■ Ces développements, répétitions. *Ce discours est plein de redondances.* **2.** didact. Caractère de ce qui apporte une information déjà donnée sous une autre forme.

redondant, ante **adj.** (**du latin, de** ***redundare*** **« déborder », de** ***unda*** **→ onde**) **1.** Qui a de la redondance, présente des redondances. *Style redondant.* **2.** Qui est inutile (dans l'expression de la pensée). *Terme redondant.* **→ superflu.**

redonner **v. tr.** **< 1 >** Donner de nouveau ; rendre. **→ restituer.** *Redonne-lui son stylo.* ■ *Redonner confiance à qqn.* – *Médicament qui redonne des forces.*

redorer **v. tr.** **< 1 >** Dorer de nouveau. – *Redorer son blason*.*

redoublant, ante **n.** Élève qui redouble une classe.

redoublé, ée **adj.** Répété. *Syllabe redoublée.* – loc. *Marcher à pas redoublés,* plus vite. *Frapper à coups redoublés,* violents et précipités.

redoublement **n. m.** **1.** Action de redoubler. – ling. Répétition d'un ou plusieurs éléments d'un mot (ex. *fofolle*). **2.** Fait de redoubler (une classe).

redoubler **v.** **< 1 >** (**de** ***doubler***) **I. v. tr.** **1.** Rendre double. **→ doubler.** *Redoubler une syllabe.* **2.** Recommencer une année d'études dans (une classe). **→ fam. repiquer.** *Redoubler sa seconde.* **3.** Renouveler en augmentant sensiblement. *« L'espérance redoublait l'angoisse »* (Zola). **II. v. tr. ind.** ***Redoubler de :*** apporter, montrer encore plus de. *Redoubler d'amabilité ; d'efforts.* – *Le vent redouble de fureur.* **III. v. intr.** Recommencer de plus belle ; augmenter de beaucoup. *La tempête redouble.*

redoutable **adj.** **1.** Qui est à redouter. *Adversaire redoutable.* – *Une arme redoutable.* **2.** Très grand, extrême. *Une efficacité redoutable.* □ **adv. redoutablement**

redoute **n. f.** (**italien** ***ridotto*** **« refuge »**) ancien Petit fort de terre ou de maçonnerie.

Redouté (**Pierre Joseph**) Peintre français (1759-1840). Surnommé le « Raphaël des fleurs », il se spécialisa dans la peinture des plantes, surtout des roses. Il fit partie du comité scientifique de l'expédition en Égypte organisée par Bonaparte.

redouter **v. tr.** **< 1 >** (**de** ***douter,*** **au sens ancien de « craindre »**) **1.** Craindre comme menaçant. *Redouter qqn ; le jugement de qqn.* – **au p. p.** *Un chef très redouté.* **2.** Craindre, appréhender. *Redouter l'avenir.* – ***Redouter de*** (+ inf.), ***redouter que*** (+ subj.). *Elle redoutait d'être surprise, qu'on la surprenne.*

redoux **n. m.** (**famille de** ***doux***) Radoucissement de la température, dans une saison froide ; période pendant laquelle la température se radoucit.

à la redresse **loc. adj. invar.** (**de** ***redresser***) fam. Qui se fait respecter par la force. *Un gars à la redresse.*

redressement **n. m.** **1.** Action de redresser ou de se redresser. *Le redressement économique d'un pays.* – ancient Maison *de redressement,* où étaient détenus les jeunes délinquants (**→ maison de correction**). **2.** dr. *Redressement judiciaire :* procédure applicable en cas de cessation de paiements, visant à « permettre la sauvegarde de l'entreprise, le maintien de l'activité et de l'emploi et l'apurement du passif » (loi du 25 janvier 1985). ■ *Redressement (fiscal) :* rectification de l'imposition. **→ majoration.** **3.** phys. Transformation d'un courant alternatif en un courant de sens constant.

redresser **v. tr.** **< 1 >** (**de** ***dresser***) **1.** Remettre dans une position droite ou verticale. *Redresser un poteau. Redresser la tête.* ■ Hausser le nez de (un avion). *Redresser l'appareil avant d'atterrir.* ■ Remettre les roues de (une voiture) en ligne droite. absolt *Braquer et redresser.* **2.** Redonner une forme droite, correcte à. *Redresser une tôle tordue.* ■ fig. Rectifier ou corriger qqch. *Redresser des abus.* – *Redresser la situation :* rattraper une situation compromise. ■ **se redresser v. pron.** **1.** Se remettre droit, vertical, debout. **→ se relever.** – fig. *L'économie du pays s'est redressée.* **2.** Se tenir plus droit. *Redresse-toi !*

redresseur, euse **1. n.** (souvent iron.) ***Redresseur, redresseuse de torts :*** personne qui s'érige en justicier, en justicière. **2. n. m.** phys. *Redresseur de courant électrique :* dispositif permettant de transformer un courant alternatif en un courant de sens constant. **3. adj.** techn. Qui redresse. *Mécanisme redresseur.*

Red River **n. f.** Fleuve du S. des États-Unis. Environ 2 000 km. La Red River prend sa source au Texas, traverse la Louisiane, puis se divise en deux branches, l'une se jetant dans le golfe du Mexique, l'autre rejoignant le Mississippi.

réductase **n. f.** (**de** ***réduct[ion]*** **et** ***-ase***) biochim. Enzyme qui active un processus organique d'oxydoréduction.

réducteur, trice (**du latin → réduire**) **1. adj.** Qui réduit, simplifie. *Raisonnement réducteur.* **2. adj.** chim. Susceptible d'opérer une réduction (3). ■ **n. m.** Substance capable de diminuer au moins de moitié le degré d'oxydation.

réductible **adj.** (**du latin → réduire**) Qui peut être réduit. *Fraction réductible.* – *Quantité réductible.* □ **n. f. réductibilité**

réduction **n. f.** (**du latin → réduire**) **1.** méd. Opération consistant à réduire (un os...). – *Réduction d'une fracture.* **2.** Fait de résoudre, de réduire (en une chose plus simple). *Réduction à des éléments simples.* **→ analyse.** – math. *Réduction de fractions au même dénominateur,* recherche d'un dénominateur commun. **3.** chim. Réaction dans laquelle un corps perd une partie de son oxygène, ou dans laquelle un atome ou un ion gagne des électrons. *Oxydation et réduction.* **4.** Action de réduire en quantité. **→ diminution.** *Réduction des dépenses ; du personnel.* **→ compression.** ■ absolt Diminution accordée sur un prix. **→ rabais, remise, ristourne.** *Faire une réduction de 10 %.* **5.** Reproduction selon un format réduit. *La réduction d'une carte.* – ***En réduction*** **loc. adv. :** en plus petit, en miniature.

réductionnisme **n. m.** didact. Réduction d'un domaine de connaissance à un autre, considéré comme plus fondamental. □ **adj. et n. réductionniste**

réduire **v. tr.** **< 38 >** (**latin** ***reducere*** **« ramener » [supin** ***reductum,*** ***cf.*** **réduction] ; famille de** ***conduire***) **I.** méd. Remettre en place (un os, un organe déplacé). – *Réduire une fracture.* **II. 1.** ***Réduire qqn à, en :*** amener à, dans (un état d'infériorité, de soumission). *Réduire des populations en esclavage.* – ***En être réduit à :*** n'avoir plus d'autre ressource que. *« En êtes-vous réduit à cette extrémité ? »* (Racine). – (+ inf.) *En être réduit à mendier.* ■ **sans compl.** second Anéantir. *Réduire une résistance.* **2.** ***Réduire*** *qqch.* ***à,*** ramener à ses éléments, à un état plus simple. *Réduire des idées à une notion simple.* – math. *Réduire des fractions au même dénominateur.* – loc. *Réduire qqch. à sa plus simple expression*.* **3.** cuis. *Réduire un jus, une sauce,* faire épaissir, concentrer par évaporation. **4.** ***Réduire*** *qqch.* ***en :*** mettre en (petites parties). *Réduire un objet en miettes ; une substance en bouillie, en poudre.* **III. 1.** Diminuer (une quantité...). **→ limiter, restreindre.** *Réduire le nombre des trains. Réduire ses dépenses.* **2.** Diminuer la dimension de. **→ raccourcir, rétrécir.** *Réduire un texte.* **→ abréger.** – *Réduire un dessin,* le reproduire en un format inférieur. ■ **se réduire v. pron.** **1.** ***Se réduire à :*** se ramener à. *Ses espoirs se sont réduits à rien.* **2.** ***Se réduire en :*** se transformer en (petites parties). *Se réduire en cendres.* **3.** (personnes) vieilli *Se réduire :* restreindre ses dépenses.

¹réduit, ite **adj.** (**de** ***réduire***) **1.** Rendu plus petit. *Format réduit.* ■ Reproduit à petite échelle. *Modèle* réduit* (d'avion...). **2.** Pour lequel on a consenti une diminution, une réduction. *Tarif réduit.* **3.** Restreint (en nombre, en importance). *Activité réduite. Vitesse réduite.*

²réduit **n. m.** (**vient du latin, de** ***reducere*** **→ réduire**) **1.** Local exigu, généralement sombre et pauvre. *Vivre dans un réduit.* **2.** Recoin (dans une pièce).

réduplication **n. f.** (**du bas latin, de** ***reduplicare*** **« redoubler »**) ling. Redoublement d'un mot (ex. *faire ami ami*).

réduve **n. m.** (**du latin, de** ***reduviæ*** **« dépouilles »**) Punaise prédatrice qui aspire le sang et la chair d'autres insectes.

Ree (**lough**) Lac de la république d'Irlande, dans la plaine centrale. 165 km².

rééchelonnement **n. m.** Répartition des échéances de remboursement de (une dette) sur une plus longue période. □ **rééchelonner v. tr. < 1 >**

réécrire voir **récrire**

réécriture **n. f.** Action de réécrire (un texte) pour l'améliorer ou l'adapter.

Reed (**John**) Journaliste et militant communiste américain (1887-1920). L'un des membres fondateurs du Parti communiste américain, il fut correspondant de guerre en Russie et assista à la révolution de 1917. Le livre qu'il en tira, *Dix Jours qui ébranlèrent le monde,* connut un immense retentissement. Premier secrétaire du Communist Labor Party, il fut contraint de fuir en Russie, où il est enterré au Kremlin avec les héros du bolchevisme.

Reed (sir Carol) Cinéaste britannique (1906-1976). Il est surtout célèbre pour son film *Le Troisième Homme*, qui fut l'un des plus grands succès de l'après-guerre.

réédifier v. tr. < 7 > littér. Édifier de nouveau (ce qui a été détruit). □ n. f. **réédification**

rééditer v. tr. < 1 > 1. Donner une nouvelle édition de. *Rééditer un ouvrage épuisé.* – par ext. *Rééditer un parfum.* 2. fig., fam. Répéter, refaire, reprendre. *Il a réédité son exploit.*

réédition n. f. 1. Action de rééditer ; nouvelle édition. ■ Ouvrage réédité. – par ext. *Cette lampe est une réédition.* 2. fig., fam. Répétition (d'une situation).

rééducation n. f. Action de rééduquer.

rééduquer v. tr. < 1 > 1. Refaire l'éducation de (une fonction, un organe lésé). *Rééduquer sa voix.* – *Rééduquer un accidenté, un handicapé.* – pronom. *Se rééduquer après une blessure.* 2. Éduquer (moralement, idéologiquement) une nouvelle fois et différemment.

réel, elle (bas latin *realis*, de *res* « chose » → réaliser, réalisme, réalité) I. adj. 1. Qui existe en fait. *Personnage réel* (opposé à *imaginaire, fictif*). *Un fait réel et incontestable.* → **authentique.** 2. Qui est bien conforme à sa définition. → **véritable, vrai.** *Des difficultés réelles. La valeur réelle d'un objet.* ■ (avant le n.) Sensible, notable. *Un réel plaisir.* 3. dr. Qui concerne une chose (opposé à *personnel*). 4. math. *Nombre réel*, élément de l'ensemble des nombres qui ne sont ni imaginaires* ni complexes*. *L'ensemble* ℝ *des nombres réels.* 5. opt. *Image réelle* (opposé à *virtuel*), qui se forme à l'intersection de rayons convergents. II. n. m. Les faits réels, la vie réelle ; ce qui est, existe en fait. → **réalité.** *Le réel et l'imaginaire.*

rééligible adj. Légalement apte à être réélu.

réélire v. tr. < 43 > Élire de nouveau (qqn) à une fonction à laquelle il avait déjà été élu. – au p. p. *Député réélu.* □ n. f. **réélection**

réellement adv. En fait, en réalité. → **effectivement, véritablement, vraiment.** *Voir qqn tel qu'il est réellement.*

réembaucher ou **rembaucher** v. tr. < 1 > Embaucher de nouveau (qqn).

réémetteur n. m. télécomm. Émetteur local destiné à relayer un émetteur principal. → **relais.**

réemploi ou **remploi** n. m. Fait d'employer ou d'être employé de nouveau. – spécialt, archit. *Chapiteau de remploi.* – fin. *Remploi de plus-values.*

réemployer ou **remployer** v. tr. < 8 > Employer de nouveau. *Réemployer des matériaux. Réemployer du personnel.*

réensemencer v. tr. < 3 > Ensemencer de nouveau. □ n. m. **réensemencement**

réentendre v. tr. < 41 > Entendre de nouveau.

rééquilibrer v. tr. < 1 > Redonner un équilibre à (ce qui l'avait perdu). *Rééquilibrer un budget.* □ n. m. **rééquilibrage**

réer voir raire

réescompte n. m. (→ escompte) fin. Opération par laquelle une banque centrale escompte les effets présentés par une autre banque et déjà escomptés par celle-ci.

réescompter v. tr. < 1 > fin. Opérer le réescompte de.

réessayer v. tr. < 8 > 1. Essayer de nouveau (un vêtement). 2. Tenter de nouveau ; faire un nouvel essai.

réévaluation n. f. Nouvelle évaluation sur de nouvelles bases. *La réévaluation des loyers.* ■ spécialt Augmentation de la parité officielle d'une monnaie par rapport à l'or, à une devise (s'oppose à *dévaluation*). *Réévaluation de l'euro.*

réévaluer v. tr. < 1 > 1. Évaluer de nouveau. *Réévaluer une situation.* 2. Procéder à la réévaluation de (une monnaie). → **revaloriser.**

Reeves (Hubert) Astrophysicien et militant écologiste canadien (québécois) [né en 1932]. Ses travaux portent essentiellement sur l'évolution des étoiles et la nucléosynthèse. Il a également écrit des ouvrages de vulgarisation scientifique. *Patience dans l'azur ; Poussières d'étoiles.*

Hubert Reeves en 2004.

réexaminer v. tr. < 1 > Procéder à un nouvel examen de. *Réexaminons la question.* → **reconsidérer.** □ n. m. **réexamen**

réexpédier v. tr. < 7 > Expédier à une nouvelle destination. *Réexpédier du courrier* (à une nouvelle adresse). – Renvoyer (une chose) d'où elle vient. *Réexpédier une lettre.* □ n. f. **réexpédition**

réexporter v. tr. < 1 > Exporter à destination d'un autre pays (des marchandises importées). □ n. f. **réexportation**

réfaction n. f. (var. de *réfection*) comm. Réduction sur le prix des marchandises, au moment de la livraison, lorsqu'elles ne présentent pas la qualité convenue.

refaire v. tr. < 60 > 1. Faire de nouveau (ce qu'on a déjà fait ou ce qui a déjà été fait). → **recommencer.** *Refaire un pansement.* 2. Faire tout autrement. *Refaire sa vie. Si c'était à refaire...* 3. Remettre en état. → **réparer, [1]restaurer ; réfection.** *Donner des fauteuils à refaire. Refaire à neuf.* – *Elle s'est fait refaire le nez* (chirurgie esthétique). – *Refaire ses forces, sa santé.* → **rétablir.** *Elle s'est refait une santé.* – au p. p. fam. *Être refait* : être heureux, satisfait. 4. fam. Rouler (qqn). → **duper.** – adj. *Je suis refait.* → **cuit.** ■ **se refaire** v. pron. 1. Rétablir sa situation financière (notamment après des pertes au jeu). 2. (avec une négation) Se faire autre qu'on est, changer complètement. *On ne se refait pas !*

réfection n. f. (du latin, de *reficere* « refaire » ; famille de *faire*) Action de refaire, de remettre en état. *La réfection d'une route.*

réfectionner v. tr. < 1 > (de *réfection*) (Belgique, Afrique) Remettre à neuf. → **rénover.** *Réfectionner la voirie.*

réfectoire n. m. (du latin → réfection) Salle à manger (d'une communauté). *Le réfectoire d'une école.* → **cantine.**

de refend loc. adj. invar. (de *refendre*) 1. maçonnerie *Mur de refend* : mur porteur formant séparation dans l'intérieur d'un bâtiment. 2. techn. *Bois de refend*, scié en long.

refendre v. tr. < 41 > (→ fendre) techn. Fendre ou scier dans le sens de la longueur.

référé n. m. dr. Procédure d'urgence pour régler provisoirement un litige. *Assigner qqn en référé.* ■ Arrêt rendu selon cette procédure.

référence n. f. (de l'anglais, du latin → référer) 1. Action ou moyen de se référer, de situer par rapport à. *Indemnité calculée par référence au salaire.* – géom. *Système de référence* : système d'axes par rapport auquel on détermine des coordonnées. 2. Fait de se référer (à un texte, une autorité, etc.). *Faire référence à un auteur. Ouvrages de référence*, faits pour être consultés (dictionnaires, encyclopédies, etc.). ■ Indication précise de ce à quoi l'on renvoie. *Référence bibliographique. Référence en note.* 3. comm. Numéro attribué à un article, qui permet de le distinguer des autres. 4. au plur. Attestation servant de garantie, fournie par qqn. *Avoir de sérieuses références.* ■ fig. Fait permettant de reconnaître la valeur de qqn. *Ce n'est pas une référence !* 5. ling. Fonction par laquelle une unité linguistique renvoie à ce qu'elle désigne (référent).

référencer v. tr. < 3 > 1. Attribuer une référence à. – au p. p. *Citation référencée.* ■ comm. Introduire (un article) dans la liste des produits vendus. 2. Enregistrer (un contenu) dans les résultats des moteurs de recherche. *Référencer un site.* □ n. m. **référencement**

référendaire adj. (→ référendum) 1. Relatif à un référendum. *Projet de loi référendaire.* 2. *Conseiller, conseillère référendaire* : magistrat(e) de la Cour des comptes, chargé(e) de vérifier les comptes des justiciables.

référendum [ʀefeʀɛ̃dɔm ; ʀefeʀɑ̃dɔm] n. m. (de la loc. latine *ad referendum*, de *referre* → référer) Vote qui permet à l'ensemble des citoyens d'approuver ou de rejeter une mesure proposée par le pouvoir exécutif. *Des référendums.*

▶ Le **référendum** est une forme de démocratie directe. Les régimes démocratiques modernes pratiquent essentiellement une démocratie représentative : les décisions sont prises par l'intermédiaire de représentants élus. Mais sur certains sujets, par exemple les évolutions constitutionnelles, la légitimité de la représentation nationale peut être considérée comme insuffisante : on consulte alors directement les citoyens, qui donnent leur avis en répondant à une question unique (rarement à plusieurs) par oui ou par non. En France, la Constitution de la Ve République prévoit cette possibilité, dont l'initiative revient au président.
Les référendums ont souvent été utilisés pour renforcer le pouvoir de l'exécutif face au Parlement : c'est le cas, en France, du plébiscite qui permit l'avènement du Second Empire (1851) ou du référendum de 1962 sur l'élection du président au suffrage universel. Des référendums ont également eu lieu en France en 1992 et 2005 pour décider d'adopter ou non des traités européens. Longtemps tenus en suspicion, les référendums apparaissent aujourd'hui comme une forme complémentaire de la démocratie, notamment à l'échelon local où les citoyens apprécient de participer plus étroitement aux débats et aux décisions. Les cantons suisses en ont fait l'expérience depuis longtemps, suivis plus récemment par l'Italie, les pays nordiques et la France (loi du 28 mars 2003 autorisant le « référendum d'initiative locale »).
voir aussi **démocratie, élection**

[1]référent n. m. (→ référer) ling. Ce à quoi renvoie une unité linguistique.

[2]référent, ente n. admin. Personne qui sert d'interlocuteur (auprès d'une autorité, d'un organisme). *Référent social, éducatif.* – appos. *Médecin référent* (en France), choisi par un patient pour coordonner ses soins de santé. *Éducatrice référente.*

[1]référentiel n. m. didact. Système de référence. ■ Liste d'éléments formant un système de référence. *Un référentiel de prix.*

[2]référentiel, ielle adj. ling. Qui concerne la référence.

référer v. < 6 > (latin *referre* « rapporter » [supin *relatum* → relater, relatif, relation], de *ferre* → -fère) 1. v. pron. *Se référer à* : recourir à, comme à une autorité. *Se référer à l'avis de qqn. Se référer à un texte* (→ **référence**). – (choses) Se rapporter. *Cet article se réfère à un évènement récent.* 2. v. tr. ind. *En référer à qqn*, lui soumettre un cas pour qu'il décide. *En référer à son supérieur.* ■ ling. *Référer à* : avoir pour référent.

refermable adj. Que l'on peut refermer après utilisation. *Un emballage refermable.*

refermer v. tr. < 1 > Fermer (ce qu'on avait ouvert ou ce qui s'était ouvert). *Refermer un livre.* – pronom. *Plaie qui se referme.*

refiler v. tr. < 1 > fam. Remettre, donner (qqch. dont on veut se débarrasser). *On m'a refilé un faux billet.* ■ Donner. → **filer.** *Il m'a refilé son rhume.*

refinancer v. tr. < 3 > Financer à nouveau ou davantage, de manière à reconstituer des réserves. □ **n. m. refinancement**

réfléchir v. < 2 > (latin *reflectere* « recourber » [supin *reflexum* → **réflexe, réflexion**], de *flectere* → **fléchir**) **I. v. tr.** Renvoyer par réflexion. *Réfléchir la lumière* (→ **réflecteur**). *Miroir qui réfléchit une image.* → **refléter.** – pronom. *Le ciel se réfléchit dans le lac.* **II. 1. v. intr.** Faire usage de la réflexion. → **1penser ;** se **concentrer, délibérer, méditer.** *Réfléchir avant de parler. Agir sans réfléchir.* → **étourdiment.** *Cela donne à réfléchir :* cela engage à la prudence. *Je demande à réfléchir,* je déciderai plus tard. **2. v. tr. ind.** *Réfléchir sur qqch. Réfléchir sur un sujet.* – *Réfléchir à qqch.* → **examiner, peser.** *Réfléchis bien à ma proposition.* ■ **trans.** *Réfléchir que :* s'aviser, juger après réflexion que. ■ **réfléchi, ie adj. I. 1.** Renvoyé par réflexion. *Rayon réfléchi.* **2.** gramm. *Verbe (pronominal) réfléchi,* qui indique que l'action émanant du sujet fait retour à lui-même (ex. je me lave). – *Pronom réfléchi :* pronom personnel représentant, en tant que complément, la personne qui est sujet du verbe (ex. je *me* suis trouvé un appartement ; tu ne penses qu'à *toi*). **II.** Qui a l'habitude de la réflexion ; qui marque de la réflexion. *Un homme réfléchi.* → **pondéré, prudent, raisonnable.** – *Une décision réfléchie.* → **délibéré.** – loc. *Tout bien réfléchi :* après mûre réflexion (→ **tout bien pesé**). *C'est tout réfléchi* (ma décision est prise).

réfléchissant, ante adj. Qui réfléchit (la lumière, une onde). *Surface réfléchissante.*

réflecteur n. m. (du latin → **réfléchir**) Dispositif destiné à réfléchir (la lumière, les ondes...). *Réflecteur optique.*

réflectif, ive adj. (du latin *reflectere*) **1.** philos. Qui résulte de la réflexion. **2.** physiol. Qui a trait aux réflexes.

1réflectivité n. f. (de *réflexion*) phys. Rapport de l'énergie réfléchie à l'énergie incidente totale.

2réflectivité n. f. (de *réflectif*) physiol. Propriété de certaines parties du corps à réagir par un réflexe à une excitation.

reflet n. m. (italien *riflesso,* du latin → **réfléchir**) **1.** Lumière atténuée réfléchie par un corps. *Reflets métalliques. Cheveux à reflets roux.* – *Des reflets d'incendie.* **2.** Image réfléchie. « *Reflets dans l'eau* » (de Debussy). **3.** fig. Image, représentation. → **écho.** *L'écriture, reflet de la personnalité.*

refléter v. tr. < 6 > (de *reflet*) **1.** Réfléchir (un corps) en produisant des reflets. *Miroir qui reflète les objets.* – pronom. *Se refléter dans..., sur...* – au p. p. « *Voyez le ciel reflété dans l'eau, voyez les bois reflétés sur les bords* » (Proust). **2.** fig. Être, présenter un reflet de. → **traduire.** *Ses paroles ne reflètent pas sa pensée.*

refleurir v. intr. < 2 > Fleurir de nouveau. *Le rosier a refleuri.* – fig., littér. *Une amitié qui refleurit.*

réflex ou **reflex** [ʀeflɛks] adj. (mot anglais, emprunt au français *reflet*) (appareil photo...) Qui fournit dans le viseur l'image exacte qui sera enregistrée, grâce à un miroir. ■ **n. m.** Appareil reflex.

réflexe n. m. (du latin → **réfléchir**) **1.** physiol. Réaction automatique, involontaire et immédiate (d'un organisme vivant) à une stimulation. *Réflexe rotulien.* – *Réflexe conditionné,* provoqué, en l'absence d'une excitation, par une autre excitation qui lui a été associée. – **adj.** *Mouvement réflexe.* **2.** Réaction spontanée à une situation nouvelle. *Avoir de bons réflexes, des réflexes rapides.*

réflexible adj. (de l'anglais, du latin → **réfléchir**) sc. Qui peut être réfléchi. *Rayon réflexible.* □ **n. f. réflexibilité**

réflexif, ive adj. (du latin → **réfléchir**) **1.** philos. Propre à la réflexion, au retour de la pensée sur elle-même. **2.** math. *Relation réflexive :* relation binaire sur un ensemble telle que tout élément de cet ensemble soit en relation avec lui-même. □ **adv. réflexivement**

réflexion n. f. (du bas latin → **réfléchir**) **I.** Changement de direction des ondes (lumineuses, sonores, etc.) qui rencontrent un corps interposé (→ **réfléchir**). *La réflexion de la lumière par un miroir. Réflexion et réfraction. La réflexion des ondes sonores* (→ **écho, réverbération**). **II. 1.** Retour de la pensée sur elle-même en vue d'examiner plus à fond une idée, une situation. → **délibération, méditation ; réfléchir.** *Accordez-moi une minute de réflexion. Il y a là matière à réflexion.* – loc. *Après mûre* réflexion.* ***Réflexion faite :*** après y avoir réfléchi. ***À la réflexion :*** quand on y réfléchit bien (→ **tout compte fait**). ■ Capacité de réfléchir, qualité d'un esprit qui sait réfléchir. → **discernement, intelligence.** *Affaire menée avec réflexion.* **2.** *Une, des réflexions :* pensée exprimée (oralement ou par écrit) d'une personne qui a réfléchi. *Faire part à qqn de ses réflexions. Recueil de réflexions* (→ **maxime, 1pensée**). ■ Remarque adressée à qqn, et qui le concerne. *Une réflexion désobligeante.*

réflexivité n. f. math. Propriété d'une relation réflexive.

réflexogène adj. (→ **-gène**) méd. Qui provoque un réflexe.

réflexologie n. f. **1.** didact. Étude scientifique des réflexes. **2.** *Réflexologie plantaire :* technique de stimulation du corps par des massages plantaires.

réflexothérapie n. f. méd. Méthode thérapeutique qui consiste à provoquer des réflexes susceptibles de jouer un rôle utile pour l'organisme.

refluer v. intr. < 1 > (latin *refluere,* de *fluere* « couler » → **fluer, flux**) Se mettre à couler en sens contraire. *L'eau reflue à marée descendante.* → se **retirer ; reflux.** ■ fig. *La foule refluait lentement.*

reflux [ʀəfly] n. m. (de *flux*) **1.** Mouvement d'un liquide qui reflue. *Le reflux de la mer.* → **jusant. 2.** Mouvement en arrière (de gens, etc.) qui succède à un mouvement en avant.

refonder v. tr. < 1 > polit. Fonder (un parti...) sur de nouveaux principes, de nouvelles bases. □ **n. f. refondation**

refondre v. tr. < 41 > (de *fondre*) **1.** Fondre une seconde fois. **2.** fig. Remanier pour améliorer (un texte, un ouvrage). □ **n. f. refonte**

reforestation n. f. (→ **déforestation**) Reconstitution d'une forêt. → **reboisement.**

réformable adj. Qui peut ou doit être réformé.

reformage n. m. (de l'anglais, de *to reform* « rectifier ») techn. Procédé de raffinage consistant à transformer les essences lourdes afin d'augmenter l'indice d'octane.

réformateur, trice (→ **réformer**) **1. n.** Personne qui réforme ou veut réformer. ■ hist. Fondateur d'une Église réformée. **2. adj.** Qui réforme. *Le « pouvoir réformateur de la raison »* (Renan).

réformation n. f. (du latin → **réformer**) Action de réformer. ■ dr. Modification d'un jugement par une juridiction du second degré.

réforme n. f. (de *réformer*) **I. 1.** Changement qu'on apporte (dans les mœurs, les lois, les institutions) afin d'en obtenir de meilleurs résultats (→ **amélioration**). *Réformes sociales. Réforme de l'orthographe.* ■ Changement progressif (opposé à *révolution*). **2.** hist. → **Réforme. II.** Situation du militaire réformé ; dispense des obligations militaires. *Réforme temporaire. Conseil de réforme.*

Réforme ou **Réformation** Mouvement religieux qui donna naissance, au XVIe s., au protestantisme.

L'exigence d'une **réforme** religieuse et morale qui touche le monde chrétien à la fin du Moyen Âge s'accentue à la Renaissance. Grâce à l'humanisme (Érasme) et à la diffusion de l'imprimerie, le rapport direct du fidèle aux textes sacrés est facilité (évangélisme de Lefèvre d'Étaples). Le moine allemand Luther dénonce le trafic des indulgences lucratif pour la hiérarchie ecclésiastique dans ses *95 thèses* (1517), qui aboutissent à son excommunication (1521). Luther prône le salut par la foi seule et privilégie le jugement individuel éclairé par la lecture de la Bible. Il valorise une foi plus dépouillée, simplifie le culte (la messe, de sacrifice, devient une simple commémoration) et proclame le sacerdoce universel. Vers la même époque, en Suisse, les disciples de Zwingli réduisent les sacrements au rang de symboles.

La Réforme est soutenue par une partie de la noblesse, qui y voit l'occasion de manifester son indépendance par rapport au pouvoir (Allemagne, France). Elle suscite en Allemagne une période de troubles qui se clôt à la paix d'Augsbourg (1555) : les deux tiers du Saint Empire sont alors protestants. La réforme luthérienne s'est entre-temps étendue à la Prusse, à la Suède et au Danemark, où se constituent des Églises d'État, les souverains bénéficiant de la sécularisation des biens ecclésiastiques. En Angleterre, après le schisme sous Henri VIII (1534), le règne d'Élisabeth Ire marque le triomphe de l'Église anglicane (1559). En 1541, le Français Calvin établit à Genève un gouvernement théocratique, faisant de cette ville un des principaux centres de diffusion de la Réforme. Le calvinisme, fondé sur la prédestination et très inspiré par le zwinglianisme, gagne le nord des Pays-Bas, l'Écosse et la France. Là, après les mesures sévères de François Ier et d'Henri II à l'égard des protestants, Catherine de Médicis incite à la tolérance mais les violences perpétrées par les deux camps déclenchent les guerres de Religion (1562-1598). Dès le milieu du XVIe siècle, l'Église catholique réagit aux progrès de la Réforme par la Réforme catholique ou Contre-Réforme.

voir aussi **christianisme, catholicisme, anglicanisme**

reformer v. tr. < 1 > Former de nouveau, refaire (ce qui était défait). → **reconstituer.** – pronom. *Le groupe se reforma plus loin.*

réformer v. tr. < 1 > (du latin, de *formare* → **former**) **I. 1.** Rétablir dans sa forme primitive (une règle...). *Réformer un ordre religieux.* **2.** vieilli Corriger, ramener à la vertu. *Réformer son caractère.* **3.** Changer en mieux (une institution...). → **améliorer ; réforme.** *Réformer la Constitution.* **4.** vieilli Supprimer pour améliorer. *Réformer les abus.* **II.** milit. Retirer du service (ce qui y est devenu impropre) ; classer comme inapte au service. *Réformer un soldat.* ■ **réformé, ée adj. 1.** hist. Issu de la Réforme (I, 2). *Religion réformée* (→ **protestantisme**). **2.** *Soldat réformé ;* **n.** *un(e) réformé(e).*

réformette n. f. fam. Réforme jugée superficielle.

réformisme n. m. Doctrine politique de ceux qui préconisent des réformes plutôt qu'une transformation radicale des structures. □ **adj. et n. réformiste**

reformuler v. tr. < 1 > Formuler à nouveau, généralement de façon plus claire. *Reformuler sa demande.* □ **n. f. reformulation**

refouiller v. tr. < 1 > (→ **fouiller**) techn., arts Évider, creuser. □ **n. m. refouillement**

refoulé, ée adj. **1.** psych. Qui a fait l'objet du refoulement (2). *Pulsions refoulées.* ■ **n. m.** Ce qui est refoulé. *Retour du refoulé.* **2.** fam. (personnes) Qui a refoulé ses instincts (notamment sexuels). → **inhibé.** – **n.** *Des refoulés.*

refoulement n. m. **1.** Action de refouler (des personnes). **2.** psych. Mécanisme inconscient par lequel on refuse l'accès à la conscience d'un désir inconciliable avec d'autres exigences (notamment, celles du surmoi). ■ cour. Refus des pulsions sexuelles.

réfugiés climatiques

Les conséquences du réchauffement climatique sont préoccupantes dans plusieurs régions du monde. 1. Au Bangladesh, l'élévation du niveau de la mer provoque la salinisation des sols, obligeant les populations à aller chercher de l'eau potable de plus en plus loin. 2. À Malé, capitale des Maldives, la moindre montée des eaux serait catastrophique pour les 90 000 habitants qui vivent sur moins de 2 km². 3. En Alaska, la fonte du permafrost et de la banquise oblige les Inuits à déplacer leurs villages (comme ici à Shishmaref).

refouler v. tr. < 1 > (de *fouler*) **1.** Faire refluer (un liquide). ▪ intrans. *Tuyauterie qui refoule.* – par ext. *Cheminée qui refoule* (la fumée). **2.** Faire reculer, refluer (des personnes). *Refouler des envahisseurs.* → **chasser, [1]repousser.** *Ils ont été refoulés à la frontière.* **3.** Faire rentrer en soi (ce qui veut s'extérioriser). → **réprimer, retenir.** *Refouler ses larmes.* – au p. p. *Colère refoulée.* ▪ psych. Soumettre au refoulement (2). – au p. p. → **refoulé.**

refouloir n. m. (de *refouler*) anciennt Cylindre muni d'une hampe qui servait à refouler la charge dans les canons se chargeant par la bouche.

refourguer v. tr. < 1 > (→ **fourguer**) fam. Vendre, remettre à qqn en l'abusant. → **refiler.**

refoutre v. tr. < → [1]foutre > très fam. Remettre. *Ne refous jamais les pieds ici !*

réfractaire adj. (du latin → **réfringent**) **I.** (personnes) **1.** ***Réfractaire à*** : qui résiste à, refuse de se soumettre à. → **rebelle.** *Être réfractaire à la loi.* – n. *Un, une réfractaire.* ▪ Fermé à, insensible à. *Être réfractaire aux mathématiques.* **2.** hist. *Prêtre réfractaire*, qui avait refusé de prêter serment à la Constitution civile du clergé (en 1790). → **insermenté.** – *Conscrit réfractaire* (au recrutement). → **insoumis. II.** (choses) Qui résiste à de très hautes températures. *Brique réfractaire.*

réfracter v. tr. < 1 > (de l'anglais, du latin → **réfraction**) Faire dévier (une onde) par réfraction. – au p. p. *Rayon réfracté.*

réfracteur, trice adj. techn. Qui sert à réfracter la lumière.

réfraction n. f. (du latin → **réfringent**) Déviation d'une onde (lumineuse, etc.) qui franchit la surface de séparation de deux milieux où la vitesse de propagation est différente (→ **réfringent**). *Réfraction et réflexion.*

réfractomètre n. m. (de *réfraction* et *-mètre*) phys. Appareil permettant de mesurer les indices de réfraction.

refrain n. m. (vient du latin ; famille de *fraction*) **1.** Suite de mots ou de phrases répétée à la fin de chaque couplet d'une chanson. *Reprendre un refrain en chœur.* **2.** fig. Paroles, idées qui reviennent sans cesse. → **leitmotiv, rengaine.** *Avec lui, c'est toujours le même refrain.* → **chanson.**

réfrangible adj. (du latin → **réfringent**) vieux Qui peut être réfracté.

refréner v. tr. < 6 > (du latin ; famille de *frein*) Réprimer par une contrainte ; mettre un frein à. → **freiner.** *Refréner son impatience ; une envie.* - var. **réfréner** [Re-].

réfrigérant, ante adj. (du latin → **réfrigérer**) **1.** Qui sert à produire du froid. → **frigorifique.** *Fluide réfrigérant.* ▪ n. m. Appareil servant à refroidir. **2.** fig., fam. Qui refroidit, glace. → **froid.** *Un accueil réfrigérant.* → **glacial.**

réfrigérateur n. m. Appareil muni d'un organe producteur de froid et destiné à conserver certaines denrées. → **frigidaire, frigo.** *Dégivrer un réfrigérateur.*

réfrigération n. f. (du latin → **réfrigérer**) Abaissement de la température par un moyen artificiel. → **congélation.** *Appareils de réfrigération.*

réfrigéré, ée adj. **1.** Qui est réfrigéré, sert à réfrigérer. *Vitrine réfrigérée.* **2.** fam. (personnes) → **gelé.** *Tu as l'air réfrigéré.*

réfrigérer v. tr. < 6 > (latin *refrigerare* ; famille de *froid*) **1.** Refroidir artificiellement. → **congeler, frigorifier.** *Réfrigérer du poisson.* **2.** fig., fam. Mettre (qqn) mal à l'aise par un comportement froid. *Ses remarques m'ont réfrigéré.*

réfringent, ente adj. (du latin, de *refringere* « briser » [supin *refractum* → **réfractaire, réfraction**] ; famille de *fraction*) Qui produit la réfraction. *La cornée est un milieu réfringent.* ▫ n. f. **réfringence**

refroidir v. < 2 > **I.** v. tr. **1.** Rendre plus froid ou moins chaud ; faire baisser la température de (qqch.). → **rafraîchir ; tiédir.** *Refroidir un corps au-dessous de zéro.* → **congeler, geler, glacer, réfrigérer.** *Pluies qui refroidissent l'atmosphère.* **2.** fig. Diminuer l'ardeur de. *Son accueil nous a refroidis.* → **glacer, réfrigérer.** – *Refroidir l'enthousiasme de qqn.* **II.** v. intr. Devenir plus froid, moins chaud. *Laisser refroidir une tarte.* ▪ se **refroidir** v. pron. Devenir plus froid. *Le temps se refroidit.* – (personnes) Prendre froid. – fig. *Son zèle s'est refroidi.*

refroidissement n. m. **1.** Abaissement de la température. *Refroidissement de l'air. Circuit de refroidissement d'un moteur.* **2.** Malaise (grippe, rhume...) causé par un abaissement de la température. **3.** fig. Diminution (d'un sentiment). *Refroidissement de l'amitié.* – *Ce « refroidissement, déchirement, froissement entre nous »* (Sainte-Beuve).

refroidisseur, euse n. m. et adj. Appareil servant à refroidir ou à limiter les échauffements. → **réfrigérant.** – adj. *Système refroidisseur.*

refuge n. m. (latin *refugium* ; famille de *fuir*) **1.** Lieu où l'on se réfugie pour échapper à un danger. → **abri, [1]asile.** ▪ fig. *Un refuge contre le désespoir. Chercher un refuge dans le travail.* – en fonction d'adj. *Une valeur refuge*, sûre. **2.** Lieu où se rassemblent des personnes qui s'y savent acceptées. **3.** Abri de haute montagne. *Passer la nuit dans un refuge.* **4.** Emplacement aménagé au milieu de la chaussée, qui permet aux piétons de se mettre à l'abri de la circulation.

réfugié, ée adj. et n. Qui a dû fuir son pays afin d'échapper à un danger (guerre, persécutions, catastrophe naturelle, etc.). – n. *Réfugiés politiques. Réfugiés climatiques* : personnes contraintes à quitter leur environnement habituel à cause de modifications climatiques ou environnementales. ▪ spécialt dr. Personne ayant obtenu l'asile politique.

se **réfugier** v. pron. < 7 > Se retirer (en un lieu) pour s'y mettre à l'abri (→ **refuge**). *Se réfugier chez un ami.* – *Surprise par la pluie, elle s'est réfugiée sous un porche.* ▪ fig. *Se réfugier dans le sommeil.*

refus n. m. (de *refuser*) Action, fait de refuser. *Refus d'obéissance ; refus de se soumettre.* – *Opposer un refus à qqn. Se heurter à un refus.* – *Le refus d'une proposition.* – fam. *Ce n'est pas de refus* : j'accepte volontiers.

refuser v. < 1 > (vient du latin pop., croisement des v. à l'origine de *récuser* et *réfuter*) **I.** v. tr. **1.** Ne pas accorder (ce qui est demandé). *Refuser une augmentation à qqn.* **2.** Ne pas vouloir reconnaître (une qualité) à qqn. → **contester, dénier.** *On ne peut lui refuser une certaine compétence.* **3.** ***Refuser de*** (+ inf.) : ne pas consentir à (faire qqch.). *Elle refuse de reconnaître ses torts.* **4.** Ne pas accepter (ce qui est offert). *Refuser un cadeau, une invitation.* – absolt *Il a refusé net.* ▪ Ne pas accepter (ce qui se présente). *Cheval qui refuse l'obstacle,* et absolt *qui refuse* (de sauter). **5.** Ne pas accepter (ce qui semble défectueux ou insuffisant). *Refuser une marchandise.* **6.** (compl. personne) Ne pas laisser entrer. *La pièce marche bien, on refuse du monde.* – Ne pas recevoir à un examen. *Refuser un candidat.* → fam. **coller, recaler. II.** v. intr. mar. *Le vent refuse*, tourne vers l'avant du navire et oblige à modifier la route (s'oppose à *adonner*). ▪ se **refuser** v. pron. **1.** (passif) *Une offre semblable ne se refuse pas.* **2.** ***Se refuser à*** : ne pas consentir à (faire qqch.), à admettre (qqch.). *Je me refuse à envisager cette solution.*

réfutable adj. Que l'on peut réfuter. *Argument facilement réfutable.*

réfutation n. f. Action de réfuter ; raisonnement par lequel on réfute. *La réfutation d'un argument.*

réfuter v. tr. < 1 > (du latin « repousser ») Repousser (un raisonnement) en prouvant sa fausseté. *Réfuter une théorie ; des objections.* – par ext. *Réfuter un auteur.*

refuznik n. (mot à consonance russe, de l'anglais *to refuse* et suffixe russe *-nik*) **1.** hist. Juif, juive soviétique à qui les autorités refusaient l'autorisation d'émigrer. *Des refuzniks.* **2.** Objecteur, objectrice de conscience, en Israël.

reg n. m. (mot arabe) géogr. Désert rocheux.

regagner v. tr. < 1 > **1.** Reprendre, retrouver (ce qu'on avait perdu). *Regagner le temps perdu.* → **rattraper. 2.** Revenir,

R

régent

Le Régent Philippe II, duc d'Orléans, dans son cabinet de travail, peinture anonyme (XVIIIe s.), musée du château, Versailles.

retourner à (un endroit). → **rejoindre.** *Regagner sa place.*

[1]regain n. m. (vient du francique, *cf.* gagner) Herbe qui repousse dans une prairie après la première coupe. *Faucher le regain.*

[2]regain n. m. (de *regagner*) Retour (de ce qui était compromis, avait disparu). *Un regain de jeunesse, d'activité.*

régal n. m. (probablt de l'ancien français *gale* « réjouissance » → galant) **1.** Nourriture délicieuse. *Cette glace est un régal.* → **délice.** *Des régals.* **2.** abstrait Ce qui cause un grand plaisir. *Un régal pour les yeux.*

à la régalade loc. adv. (→ [1]régaler) *Boire à la régalade,* en renversant la tête en arrière, et sans que le récipient touche les lèvres.

régalage voir [2]régaler

[1]régale n. f. (du latin médiéval *regalia [jura]* « droits royaux ») hist. Droit qu'avaient les rois de France de percevoir les revenus des évêchés vacants.

[2]régale n. m. (origine inconnue) mus. L'un des jeux à anches de l'orgue, appelé aussi *voix humaine.*

[3]régale adj. f. (latin *regalis*) chim. *Eau régale,* mélange d'acide chlorhydrique et d'acide nitrique ayant la propriété de dissoudre l'or et le platine.

Régale (affaire de la) Crise politico-religieuse qui opposa Louis XIV et le clergé français (gallican) au pape Innocent XI. Le conflit s'aggrava en 1682 avec la *Déclaration du clergé de France,* ou *Déclaration des quatre articles,* rédigée par Bossuet, et qui affirmait l'indépendance du roi face à la papauté. L'affaire prit fin en 1691 par un compromis qui réussit à éviter le schisme : Louis XIV suspendit l'application de la *Déclaration* et le nouveau pape, Innocent XII, accepta de donner l'investiture aux membres du clergé français.

R

[1]régaler v. tr. < 1 > (de *régal*) Offrir un bon repas, un bon plat à (qqn). *Régaler qqn de qqch.* – absolt, fam. Payer à boire ou à manger. *C'est moi qui régale.* ■ **se régaler** v. pron. Prendre un vif plaisir à manger qqch. – fig. *Se régaler de musique.*

[2]régaler v. tr. < 1 > (de *égal*) techn. Niveler, égaliser (un terrain). □ n. m. **régalage**

régalien, ienne adj. (du latin *regalis* « du roi ») **1.** hist. *Droits régaliens,* du roi. → **[1]régale.** **2.** polit. Qui relève de l'autorité souveraine. *La diplomatie et la défense sont des missions régaliennes de l'État.*

regard n. m. (de *regarder*) **1.** Action de regarder ; expression des yeux de la personne qui regarde. *Parcourir, suivre du regard. Soustraire aux regards,* cacher. ■ ***Le regard*** *(de qqn). Son regard se posa sur moi.* – L'expression habituelle des yeux. *Un regard doux, dur.* ■ ***Un regard*** : un coup d'œil. *Un regard rapide, furtif, en coin. Au premier regard* : au premier coup d'œil. – *Échanger un regard avec qqn. Un regard complice.* – *Un regard étonné, inquiet.* **2.** loc. *Avoir droit de regard sur* : avoir le droit de surveiller, de contrôler. ■ ***Au regard de*** **loc. prép.** : en ce qui concerne. *Au regard de la loi.* ■ ***En regard*** **loc. adv.** : en face, vis-à-vis. *Texte avec la traduction en regard.* – ***En regard de*** **loc. prép.** : comparativement à. **3.** Ouverture facilitant les visites, les réparations (dans un conduit, une cave...).

regardable adj. surtout négatif Supportable à regarder. *Cette émission n'est pas regardable.*

regardant, ante adj. **1.** Qui regarde à la dépense ; qui est très économe. **2.** (en tournure négative) *Regardant sur* : attentif à. *Être peu regardant sur la qualité.*

regarder v. tr. < 1 > (de *garder,* au sens ancien de « regarder ») **I. 1.** Faire en sorte de voir, s'appliquer à voir (qqn, qqch.). → **examiner, observer.** *Regarder le ciel. Regarder sa montre* (pour regarder l'heure). – *Regarder qqn avec attention, insistance.* → **dévisager.** *Regarder qqn, qqch. du coin de l'œil, à la dérobée.* → **lorgner.** *Regarder qqn de travers,* avec hostilité. ■ fam. *Regardez-moi ce travail !,* constatez vous-même. – *Vous ne m'avez pas regardé ! (refus...).* ■ absolt *Regarder par la fenêtre. Regarder autour de soi.* **2.** absolt Observer. *Savoir regarder. Regardez bien.* ■ (+ inf.) *Regarder la pluie tomber, tomber la pluie.* **3.** Envisager, considérer (de telle ou telle façon). *Regarder la réalité en face.* – *Regarder la vie avec optimisme. Elle ne regarde que son intérêt.* → **rechercher.** – *Regarder qqn, qqch. comme...* → **juger, tenir pour.** **4.** (sujet chose) Avoir rapport à. → **concerner.** *Cela ne te regarde pas,* ce n'est pas ton affaire. *Mêle-toi de ce qui te regarde !* **5.** (choses) Être tourné vers. *Façade qui regarde la rue.* **II. v. tr. ind.** ***Regarder à*** *(qqch.)* : considérer attentivement, tenir compte de. *Ne regardez pas à la dépense.* – *Y regarder de près ; à deux fois* (avant de juger, de se décider). ■ **se regarder** v. pron. **1.** réfl. *Se regarder dans la glace.* – loc. *Il ne s'est pas regardé !* : il ne voit pas ses propres défauts (en jugeant les autres). **2.** récipr. *« Aimer, ce n'est point nous regarder l'un l'autre mais regarder ensemble dans la même direction »* (Saint-Exupéry).

regardeur, euse n. vieux ou littér. Personne qui regarde.

regarnir v. tr. < 2 > Garnir de nouveau (ce qui était dégarni).

régate n. f. (vénitien *regata* « défi ») **1.** Course de bateaux sur un parcours (sur mer, rivière...). **2.** rare Cravate de type courant (un nœud, deux pans superposés).

régater v. intr. < 1 > Participer à une régate.

régatier, ière [Regatje, jɛR] n. Personne qui participe à une régate.

regel n. m. (de *regeler*) Gel qui survient après un dégel.

regeler v. < 5 > v. tr. Geler de nouveau. – v. intr. *Eau qui regèle.* – impers. *Il regèle.*

régence n. f. **1.** Gouvernement d'une monarchie par un régent. **2.** hist. → **Régence.** **3.** appos. invar. De l'époque de la Régence, ou qui en rappelle le style souple et gracieux. *Style Régence. Des meubles Régence.*

Régence n. f. Période correspondant, en France, à la minorité de Louis XV (1715-1723), au cours de laquelle le gouvernement fut exercé par Philippe d'Orléans. La mort de Louis XIV entraîna une crise de la monarchie absolutiste et une forte réaction de la part de l'aristocratie. La Régence marqua un certain effacement de l'autorité royale (substitution des conseils aristocratiques aux secrétaires d'État, octroi du droit de remontrance aux parlementaires...). Sur le plan économique, le système de Law, malgré son échec final, profita au commerce : on vit l'avènement d'un nouveau type social, le financier, appelé à jouer un rôle de plus en plus important au XVIIIe s. La Régence fut aussi une période de libération des mœurs.

régénérateur, trice adj. Qui régénère. *Principe régénérateur.*

régénération n. f. Action de régénérer ; fait de se régénérer. *Régénération des chairs d'une plaie.*

régénéré, ée adj. Reconstitué dans son état premier. *Caoutchouc régénéré.*

régénérer v. tr. < 6 > (du latin → générer) **1.** Reconstituer (un tissu vivant). – pronom. *La queue du lézard se régénère.* **2.** Renouveler en redonnant les qualités perdues. *Régénérer la société.*

régent, ente n. (du latin, de *regere* → régir) **1.** Personne qui assume la responsabilité du pouvoir politique (régence) pendant la minorité ou l'absence d'un souverain. – adj. *Reine régente, prince régent.* ■ spécialt *Le Régent,* le duc d'Orléans (→ **Régence**). **2.** Personne qui régit, administre. *Régent de la Banque de France.* **3.** (Belgique) Professeur du premier cycle de l'enseignement secondaire. ■ (Suisse) Instituteur, institutrice.

régenter v. tr. < 1 > Diriger avec une autorité excessive ou injustifiée. *Il veut tout régenter.*

Reger (Max) Compositeur allemand (1873-1916). Néoclassique, il voulut, en réaction contre Wagner et Strauss, opérer un retour à la tradition polyphonique allemande. Il a laissé une œuvre abondante, notamment dans le domaine de la musique de chambre, et environ 280 lieder.

reggae [Rege] n. m. (mot anglais de la Jamaïque) Musique des Noirs de la Jamaïque, au rythme syncopé, à structure répétitive. – adj. invar. *Groupes reggae.*

Né en Jamaïque, le **reggae** évolue à partir du *ska,* genre musical issu du croisement entre le *mento* jamaïcain, le *calypso* afro-caribéen, et le *rhythm'n'blues* nord américain. Le ralentissement progressif du tempo du ska donne naissance en 1967 au *rock steady,* dont émerge bientôt le reggae.

Les formes instrumentales du reggae se précisent en 1968 (*Do the reggay,* du groupe The Maytals), avec notamment les contretemps marqués par la guitare électrique.

Figure majeure du mouvement reggae, Bob Marley enrichit à partir de 1975 les arrangements du reggae original *(Reggae roots),* introduisant notamment un trio vocal féminin. Ses textes abordent des thématiques mêlant rébellion, droits de l'homme et rastafarisme.

Après la mort de Bob Marley, survenue en 1981, le genre évolue vers le *reggae digital*, qui fait appel à des machines préprogrammées pour produire la base instrumentale des chansons.
Des chanteurs comme Sting ou Serge Gainsbourg ont intégré dans leurs créations les apports stylistiques du reggae.
voir aussi **rythme, jazz, world music**

Reggane Ville du Sahara algérien (wilaya d'Adrar), dans le S. du Touat. 10 150 habitants. Reggane fut, jusqu'en 1967, un centre d'essais d'engins téléguidés et d'armes nucléaires français, où fut expérimentée la première bombe atomique française (1960).

Reggiani (Serge) Comédien et chanteur français d'origine italienne (1922-2004). Il fut acteur au théâtre *(Les Séquestrés d'Altona)* et au cinéma *(Casque d'or)*. Son répertoire engagé et mélancolique lui valut un grand succès. *Ma liberté ; L'Italien.*

Reggio di Calabria Ville d'Italie, en Calabre, sur le détroit de Messine. 180 350 habitants. Musée archéologique. Station balnéaire.

Reggio nell'Emilia Ville d'Italie, en Émilie-Romagne, sur la voie Émilienne. 141 880 habitants.

régicide (du latin → roi et -cide) **1. n.** Assassin d'un roi. *Le régicide Ravaillac.* **– adj.** *Révolution régicide.* **2. n. m.** Meurtre (ou condamnation à mort) d'un roi.

régie n. f. (de *régir*) **1.** vieux Action de diriger, d'administrer. **2.** Entreprise gérée par les fonctionnaires d'une collectivité publique ; entreprise confiée par l'État à un établissement qui le représente. *La Régie française des tabacs.* – (dans le n. d'entreprises nationalisées) *Régie autonome des transports parisiens* (RATP). **3.** Organisation matérielle (d'un spectacle, d'une émission) ; service qui en est chargé (→ **régisseur**). **4.** *Régie publicitaire,* chargée de la vente d'espaces publicitaires aux annonceurs.

regimber v. intr. < 1 > (de l'ancien français *regiber* « ruer », probablt d'origine onomatopéique) Résister en refusant. « *Je proteste et regimbe devant cette aventure* » (Gide). □ **adj. et n. regimbeur, euse**

¹régime n. m. (latin *regimen,* de *regere* → régir) **1.** Organisation politique, économique, sociale (d'un État). *Régime parlementaire, présidentiel.* « *Ce sont les peuples* [...] *qui font la force et la faiblesse des régimes* » (Péguy). – *Les opposants au régime.* – *L'Ancien* Régime.* **2.** Dispositions qui organisent une institution ; cette organisation. *Régime fiscal, douanier, pénitentiaire.* → **réglementation.** – *Régime matrimonial,* réglementant la répartition des biens entre époux. **3.** Conduite à suivre en matière d'hygiène, de nourriture. *Ordonner un régime à un malade.* ■ loc. *Régime de vie.* → **règle.** ■ spécialt, cour. Alimentation raisonnée. *Se mettre au régime.* **4.** Manière dont se produisent certains phénomènes physiques (mouvements...). *Le régime d'écoulement d'un fluide.* – *Régime d'un moteur* (nombre de tours ; allure). → **¹marche.** *Régime normal, ralenti. Moteur qui tourne à plein régime.* loc. fig. *À plein régime :* avec le maximum d'intensité, de moyens. ■ géogr. Conditions définissant un phénomène (météorologique, hydrographique). *Régime d'un fleuve. Régime des précipitations.* **5.** gramm. Terme régi par un autre terme. *Régime direct, indirect* (d'un verbe). ■ *Cas régime :* en ancien français, Cas exprimant les fonctions grammaticales autres que celle de sujet.

²régime n. m. (mot antillais, p.-ê. de l'espagnol *racimo* « grappe de raisin », famille de *raisin,* avec influence de *¹régime*) Ensemble des fruits, réunis en grappe, de certains arbres (bananiers, dattiers). *Un régime de bananes.*

régiment n. m. (latin *regimentum* → ¹régime) **1.** Corps de troupe placé sous la direction d'un colonel. *Un régiment d'infanterie, de chars.* ■ fam., vieilli *Le régiment :* l'armée. *Aller au régiment :* être incorporé. **2.** Grand nombre (de personnes, de choses). → **quantité.** – fam. *Il y en a pour un régiment,* beaucoup.

régimentaire adj. D'un régiment. *Train régimentaire.*

Regina Ville du Canada, capitale de la Saskatchewan. 215 106 habitants. Centre industriel et commercial.

Regiomontanus (Johannes Müller, dit) Astronome et mathématicien allemand (1436-1476). Il fut l'un des premiers à considérer les comètes comme des astres et non comme des météores. On lui doit également des traductions de Ptolémée et d'Archimède, et un traité de trigonométrie.

région n. f. (latin *regio* « direction ; zone », de *regere* → régir) **1.** Territoire possédant des caractères particuliers qui lui donnent une unité. → **contrée, province.** *Région naturelle. Région désertique. Région à forte population.* – *Dans nos régions,* nos climats, nos pays. ■ Unité territoriale administrative. *Région militaire.* – *La Région Normandie. La région parisienne. En région(s) :* en province. **2.** Étendue de pays (autour d'une ville). *La région de Pau.* – *Sillonner la région.* **3.** Zone d'un organe. *La région du cœur. La région lombaire.* **4.** abstrait Domaine particulier (de la pensée...). « *Les hautes régions de la philosophie* » (Molière).

régional, ale, aux adj. **1.** Relatif à une région. *Les parlers régionaux. Les usages régionaux d'une langue* (→ **régionalisme**). *Coutumes régionales* (→ **folklore**). – *Institutions régionales.* **2.** Qui regroupe plusieurs nations voisines. *Accords régionaux en Europe.*

régionalement adv. Du point de vue de la région ; sur le plan régional.

régionalisation n. f. Décentralisation allant dans le sens du régionalisme (s'oppose à *centralisation*).

régionaliser v. tr. < 1 > Opérer la régionalisation de. – Organiser par régions (s'oppose à *centraliser*).

régionalisme n. m. **1.** Tendance à favoriser les traits particuliers d'une région. – Tendance donnant aux régions une certaine autonomie. **2.** ling. Fait de langue propre à une région.

S'opposant à la centralisation et à l'uniformisation culturelle pratiquées par les États-nations européens depuis la Révolution française, le **régionalisme** promeut la reconnaissance politique des identités régionales. Particulièrement vif en Italie, en Espagne et en Belgique, pays d'unification récente où les différences linguistiques et économiques sont encore très vives entre les régions, le régionalisme existe aussi en France. Dès le XIXᵉ siècle, l'occitanisme tente de faire revivre la littérature de langue d'oc. Avec plus de constance, Catalans et Bretons revendiquent la survie de leur langue et de leur culture. Dans le contexte de l'intégration européenne qui accorde une plus grande place aux régions, la décentralisation a permis, en France, de transférer certaines fonctions aux régions administratives (dont les frontières ne suivent pas exactement celles des régions historiques), et la Nation a su évoluer vers une reconnaissance progressive de la diversité : jadis chargée de faire reculer l'usage des langues régionales, l'école républicaine en permet désormais l'apprentissage.
La plus grande autonomie souhaitée par les régionalistes va rarement jusqu'à revendiquer l'indépendance. Le séparatisme écossais au Royaume-Uni, les questions basque en Espagne et corse en France relèvent donc plus du nationalisme que du régionalisme, puisque l'indépendance est explicitement revendiquée, fût-ce par une minorité.
voir aussi **nation, État, décentralisation**

régionaliste adj. et n. Partisan du régionalisme, de la régionalisation. – *Écrivain régionaliste,* dont l'œuvre est centrée sur une région.

régir v. tr. < 2 > (latin *regere* « diriger, gouverner » [supin *rectum,* cf. recteur], de *rex, regis* → roi, régent, ¹régime, région, règle) **1.** vieux Diriger. – vieilli Administrer, gérer (→ **régisseur**). **2.** (lois, règles) Déterminer. *Les lois qui régissent la société.* **3.** gramm. Déterminer (une fonction). *Conjonction qui régit le subjonctif* (→ **¹régime**).

Régis (Emmanuel) Médecin français (1855-1918). Il publia, en collaboration avec Hesnard, *La Psychanalyse des névroses et des psychoses,* ouvrage qui contribua à la connaissance de Freud en France.

Régis (saint Jean François) voir **Jean François Régis** (saint)

régisseur, euse n. (de *régir*) **1.** Personne qui administre, qui gère (une propriété). → **intendant.** **2.** Personne qui organise matériellement les représentations théâtrales. – *Régisseur de plateau* (cinéma, télévision).

registre n. m. (du latin, de *regerere ;* famille de *gérer*) **I. 1.** Cahier sur lequel on note ce dont on veut garder le souvenir. → **¹livre, répertoire.** *Inscrire sur, dans un registre* (→ **enregistrer**). – *Le registre du commerce et des sociétés,* où doivent s'inscrire les personnes et les sociétés qui effectuent des actes de commerce. *Registres publics d'état civil* (naissances, mariages). **2.** inform. Petite mémoire capable de stocker des informations. **II. 1.** Chacun des étages de la voix d'un chanteur, quant à la hauteur des sons. *Le registre aigu, haut, moyen, grave.* – Étendue de l'échelle musicale (d'une voix, d'un instrument). → **tessiture.** **2.** fig. Caractères particuliers (d'une œuvre, du discours). → **²ton.** *Registre familier, soutenu.* → **usage.** « *Elle choisissait volontiers ses métaphores dans le registre guerrier* » (Queneau).

réglable adj. **1.** Qu'on peut régler. *Siège réglable.* **2.** Qui doit être payé (dans certaines conditions). *Achat réglable en douze mensualités.*

réglage n. m. Opération qui consiste à régler (un dispositif, un mécanisme...) ; manière de régler. *Le réglage d'une machine. Mauvais réglage d'un moteur.*

règle n. f. (latin *regula,* cf. régulier, rail, de *regere* → régir) **I.** Instrument allongé qui sert à tirer des traits, à mesurer une longueur, etc. *Tracer des lignes à la règle, avec une règle. Règle graduée.* **II. 1.** Ce qui est imposé ou adopté comme ligne directrice de conduite ; formule qui indique ce qui doit être fait dans un cas déterminé. → **¹loi, principe.** *Un ensemble de règles.* → **règlement, réglementation.** *Adopter une règle de conduite, une règle de vie* (→ **ligne**). *Les règles de la politesse.* – *Règle de grammaire. Les règles de l'harmonie.* loc. *Dans les règles de l'art*.* – *Règle d'or :* principe que l'on décide de suivre en toutes circonstances. – *Les règles d'un jeu, d'un sport.* loc. *La règle, les règles du jeu* (dans une certaine situation). **2.** loc. *Selon les règles, dans les règles,* comme il se doit. – *En règle générale.* → **généralement.** – *C'est la règle,* c'est ainsi. ■ *De règle. Il est de règle de..., que... L'honnêteté est de règle ici.* ■ *Être, se mettre* **en règle** *avec...* – *En règle.* loc. adj. invar. Conforme aux règles, aux usages. *Faire une cour en règle à qqn.* – Conforme aux prescriptions légales. *Avoir ses papiers en règle.* **3.** Ensemble des préceptes disciplinaires auxquels est soumis un ordre religieux (→ **régulier** (II, 1)). **4.** Procédé arithmétique qui permet de résoudre certains problèmes. *Règle de trois*.* **III.** au plur. Écoulement menstruel. → **menstrues.** *Avoir ses règles.* → **menstruer.**

réglé, ée adj. **1.** Soumis à des règles, une discipline. *Une vie réglée.* → **organisé.** – fam. (jeu de mots avec *régler*) *C'est réglé comme du papier à musique :* c'est très régulier, organisé. **2.** Qui a ses règles (III). *Jeune fille réglée* (→ **nubile, pubère**).

règlement n. m. **I. 1.** Action, fait de régler (une affaire, un différend). *Le règlement d'un conflit.* **2.** Action de régler (un compte ; une note). *Le règlement d'une dette. Faire un règlement par chèque.* – loc. *Règlement de*

R

*compte(s)**. **II. 1.** Décision administrative qui pose une règle générale. → **¹arrêté, décret.** *Règlement de police.* **2.** Ensemble de règles qui préside au fonctionnement d'un groupe, d'un organisme. *Règlement intérieur d'une entreprise. Règlement d'une association* (→ **statut**).

réglementaire adj. Conforme au règlement ; imposé, fixé par un règlement. *Tenue réglementaire.* - var. RO **règlementaire.** □ adv. **réglementairement** ou RO **règlementairement**

réglementation n. f. Action de réglementer ; ensemble de règlements. *La réglementation des prix.* → **fixation.** *La réglementation du travail.* - var. RO **règlementation.**

réglementer v. tr. < 1 > Assujettir à un règlement ; organiser selon un règlement. – au p. p. *Stationnement réglementé.* - var. RO **règlementer.**

régler v. tr. < 6 > **I.** Couvrir (du papier...) de lignes droites parallèles (→ **réglure**). – au p. p. *Papier réglé* (→ aussi **réglé, adj.**). **II. 1.** vieux ou littér. Assujettir à des règles. *Régler sa vie.* – mod. *Régler sa conduite sur qqn, qqch.*, prendre pour modèle, pour règle. *Régler son pas sur celui de qqn.* **2.** Fixer, définitivement ou exactement. *Régler les modalités d'une entrevue.* → **établir.** **3.** Mettre au point le fonctionnement de (un dispositif, un mécanisme...). *Régler le régime d'une machine* (→ **réglage**). – au p. p. *Carburateur mal réglé.* **III. 1.** Résoudre, terminer. *Régler une question ; un litige.* – au p. p. *C'est une affaire réglée.* **2.** Arrêter et payer (un compte) ; payer (une note). *Régler une facture.* → **acquitter.** absolt *Régler en espèces.* – Payer (un fournisseur). *Régler le boucher.*

règles n. f. pl. voir **règle** (III)

réglet n. m. (de *règle*) **1.** Petite lame graduée de métal souple. **2.** Petite moulure étroite et plate.

réglette n. f. Petite règle.

régleur, euse n. Ouvrier, ouvrière spécialisé(e) dans le réglage de certains appareils ou machines.

réglisse n. f. (origine grecque « racine douce ») Plante à racine brune, jaune au-dedans, comestible. – *Pâte de réglisse*, tirée de la réglisse. – *Sucer de la réglisse* (aussi masc. : *du réglisse*).

réglo adj. (de *régulier*) fam. Conforme à la règle ; qui respecte la règle. *Des types réglos.* → **régulier.**

régloir n. m. techn. Petit outil de cordonnier en bois ou en os.

R

réglure n. f. Opération qui consiste à régler du papier ; lignes ainsi tracées.

régnant, ante adj. **1.** Qui règne. *Le prince régnant. Famille régnante*, dont un membre règne. **2.** fig., littér. Qui domine, qui a cours. *L'opinion régnante.* → **dominant.**

Regnard (Jean-François) Écrivain et auteur dramatique français (1655-1709). Il entreprit un voyage en Europe du Nord, jusqu'en Laponie, dont il tira un récit. Ses comédies écrites pour le Théâtre-Français et le Théâtre-Italien annoncent le style de Marivaux (*Le Retour imprévu ; Les Ménechmes ; Le Légataire universel*).

Regnault (Jean-Baptiste, baron) Peintre français (1754-1829). Prix de Rome en 1776, il fut professeur à l'Académie des beaux-arts. Fervent admirateur de Raphaël, il s'inspira de thèmes antiques (*La Mort de Cléopâtre*).

Regnault ou **Regnaud de Saint-Jean-d'Angély** (Michel, comte) Homme politique français (1761-1819). Député aux États généraux, il siégea avec les monarchiens à l'Assemblée constituante (1789-1791). Il se rallia au coup d'État du 18 Brumaire, et devint membre du conseil d'État. Ministre d'État pendant les Cent-Jours, il convainquit l'Empereur d'abdiquer après Waterloo (1815). ■ **Auguste Étienne Regnault** ou **Regnaud de Saint-Jean-d'Angély.** Maréchal de France (1794-1870). Fils du précédent. Il prit part aux dernières campagnes de l'Empire, et fut aide de camp de Napoléon Ier pendant les Cent-Jours. Rallié à la politique de Louis Napoléon Bonaparte, il devint ministre de la Guerre en 1851.

règne n. m. (du latin, de *rex, regis* → **roi**) **I. 1.** Exercice du pouvoir souverain ; période pendant laquelle il s'exerce. *Le règne de Louis XIV.* **2.** Pouvoir absolu ; influence prédominante (d'une personne, d'un groupe ; d'une chose). *Le règne de l'argent ; des technocrates.* **II.** anciennt *Règne minéral, végétal, animal*, les trois grandes divisions de la nature. ■ mod. *Les six règnes du vivant* (archées, bactéries, protistes, champignons, végétaux, animaux).

régner v. intr. < 6 > (latin *regnare* → **règne**) **1.** Exercer le pouvoir monarchique (→ **règne**). *Régner (pendant) vingt ans.* – loc. *Diviser* pour régner.* **2.** Exercer un pouvoir absolu. → **dominer.** *Il règne en maître dans son entreprise.* ■ (choses) Avoir une influence prédominante. *Faire régner la justice sur le monde.* **3.** (sens affaibli ; sujet chose) Exister, s'être établi (quelque part). *L'harmonie qui règne entre nous.* – *Faire régner l'ordre, le silence.* – iron. *Vous vérifiez tout ? La confiance règne !*

Régnier (Mathurin) Poète français (1573-1613). Menant une vie de libertin, indépendant et attaché à la « bonne loi naturelle », il attaqua les mœurs de son temps dans des *Satires* en vers.

Régnier (Henri de) Écrivain français (1864-1936). Son œuvre poétique s'inspire du Parnasse et du symbolisme (*Les Jeux rustiques et divins ; Le Miroir des heures*). Ses romans, volontiers archaïsants, expriment sa nostalgie d'un passé aristocratique et libertin (*La Double Maîtresse*).

Régnier-Desmarais (François) Grammairien français (1632-1713). Membre de l'Académie française, il en devint le secrétaire perpétuel en 1684. Il fut l'un des principaux rédacteurs du *Dictionnaire de l'Académie* (publié en 1694) et se fit le porte-parole de l'Académie dans sa querelle contre Furetière.

Regnitz n. f. Rivière d'Allemagne et affluent de rive gauche du Main. 210 km. Elle porte, jusqu'à son confluent avec la Pegnitz, le nom de Rednitz.

regonflage n. m. Fait de regonfler. *Regonflage d'un pneu.*

regonflement n. m. Fait de regonfler, d'enfler de nouveau.

regonfler v. tr. < 1 > Gonfler (qqch.) de nouveau. *Regonfler un pneu.* ■ fig., fam. *Regonfler qqn, le moral de qqn*, lui redonner du courage. – au p. p. *Regonflé à bloc.*

regorger v. tr. ind. < 3 > (de *gorge*) *Regorger de* : avoir en surabondance. *Région qui regorge de richesses.*

regratter v. tr. < 1 > Gratter un mur pour le nettoyer.

regréer v. tr. < 1 > Gréer de nouveau (un bateau).

regreffer v. tr. < 1 > Greffer de nouveau.

régresser v. intr. < 1 > Subir une régression.

régressif, ive adj. Qui constitue une régression, résulte d'une régression. *Phénomène régressif.*

régression n. f. (latin *regressio*, de *regredi* « revenir », de *gradi* → **grade**) Évolution qui ramène à un degré moindre. → **recul.** *La mortalité infantile est en régression.* → **diminution.** *Régression de la production.* → **récession.** ■ psych. Retour à un stade antérieur de développement psychique.

regret n. m. (de *regretter*) **I.** État de conscience douloureux causé par la perte d'un bien. *Le regret du pays natal ; du passé.* → **nostalgie.** *Regrets éternels* (formule d'inscription funéraire). **II. 1.** Mécontentement ou chagrin (d'avoir fait, de n'avoir pas fait, dans le passé). → **remords, ²repentir.** *Avoir, montrer du regret de...* – *Regret d'une faute, d'avoir commis une faute.* **2.** Déplaisir causé par une réalité contrariante. *Le regret de n'avoir pas réussi.* → **déception.** – *À regret* loc. adv. : contre son désir. *Accepter à regret.* **3.** Déplaisir qu'on exprime d'être dans la nécessité de. *J'ai le regret de ne pouvoir vous recevoir.* – (formule) *Nous sommes au regret de vous annoncer...*

regrettable adj. Qui est à regretter. → **fâcheux.** *Un incident regrettable.* → **déplorable.** – *Il est regrettable que...* (→ **dommage, malheureux**).

regretter v. tr. < 1 > (origine incertaine, p.-ê. ancien scandinave *grâta* « pleurer », ou famille du latin *crepitare* → **crépiter**) **I.** Éprouver le désir douloureux de (un bien qu'on a eu et qu'on n'a plus). *Regretter le temps passé ; sa jeunesse.* ■ Ressentir péniblement l'absence ou la mort de (qqn). *« L'artiste doit se faire regretter de son vivant »* (René Char). – au p. p. *Notre regretté confrère* (→ **défunt**). **II. 1.** Être mécontent (d'avoir fait ou de n'avoir pas fait). → **se repentir.** *Il regrette son indulgence. Je ne regrette rien.* – (menace) *Vous le regretterez !* – Désavouer (sa conduite passée). *Je regrette mon geste.* **2.** Être mécontent de (ce qui contrarie une attente, un désir). → **déplorer.** *Je regrette cette décision.* – *Regretter que* (+ subj.). *Je regrette qu'il soit parti.* **3.** *Regretter de* (+ inf.) : faire savoir qu'on éprouve du regret de. *Je regrette de vous avoir fait attendre.* → **s'excuser.** *Je regrette* (formule pour contredire ou s'excuser). → **pardon.**

regrèvement n. m. (de *grever*) fin. Augmentation de l'impôt. → **surimposition.** - contr. **dégrèvement.**

regrimper v. intr. < 1 > Grimper de nouveau.

regros n. m. (de *gros*) techn. Grosse écorce de chêne utilisée pour faire le tan.

regrossir v. intr. < 2 > Grossir de nouveau, reprendre du poids.

regroupement n. m. Action de regrouper, de se regrouper ; son résultat. *Regroupement familial.*

regrouper v. tr. < 1 > **1.** Grouper de nouveau (ce qui s'était dispersé). *Regrouper les membres d'un parti.* – pronom. *Se regrouper autour de qqn.* **2.** Grouper (des éléments dispersés), réunir. *Mouvement politique qui regroupe des tendances diverses.* → **rassembler, réunir.**

régularisation n. f. Action de régulariser ; fait d'être régularisé. *La régularisation des sans-papiers.*

régulariser v. tr. < 1 > (latin *regularis* → **régulier**) **1.** Rendre conforme aux lois ; mettre en règle. *Régulariser sa situation* (administrative...). **2.** Rendre régulier (ce qui est inégal, intermittent). *Régulariser le fonctionnement d'un appareil* (→ **régler**) ; *le régime d'un fleuve.*

régularité n. f. (du latin → **régulier**) **1.** Conformité aux règles. *La régularité d'une élection.* **2.** Fait de présenter des proportions régulières. *La régularité d'une façade* (→ **symétrie ; harmonie**). **3.** Caractère régulier, égal, uniforme. *La régularité de son pas.*

régulateur, trice (→ **régulation**) **I.** adj. Qui règle, qui régularise. *Mécanisme régulateur.* **II. 1.** n. m. Système destiné à maintenir la régularité du fonctionnement d'un mécanisme. *Régulateur de vitesse, de température.* **2.** n. Personne qui s'occupe de la régulation du trafic. → anglic. **dispatcheur.**

régulation n. f. (du bas latin *regulare*, de *regula* → **règle**) Fait d'assurer le fonctionnement correct (d'un système complexe). *La régulation du trafic* (chemin de fer, etc.). *Régulation des naissances.* → **contrôle.** – *Régulation thermique* (chez les mammifères, les oiseaux). → **thermorégulation.**

régule n. m. (latin *regulus* « petit roi ») techn. Alliage à base d'antimoine utilisé comme antifriction.

réguler v. tr. < 1 > (→ régulation) didact. Soumettre à une régulation. *Réguler le trafic routier.*

régulier, ière adj. (latin *regularis,* de *regula* → règle) **I.** (choses) **1.** Qui est conforme aux règles. → **normal.** *Verbes réguliers,* qui suivent les règles ordinaires de la conjugaison. – Conforme aux dispositions légales, réglementaires. *Gouvernement régulier. Situation régulière* (→ en **règle**). – jeux, sports *Coup régulier,* permis. **2.** Qui présente un caractère de symétrie, d'ordre, d'harmonie. *Proportions régulières. Écriture régulière. Visage régulier.* **3.** (mouvement, phénomène) Qui se déroule de façon uniforme. → **égal.** *Vitesse régulière. Rythme régulier. Progrès réguliers* (→ **suivi**). **4.** Qui se renouvelle à intervalles égaux. *Frapper des coups réguliers. Contrôles réguliers.* – *À intervalles réguliers,* régulièrement. **5.** Qui n'est pas occasionnel, mais habituel. *Un service régulier de cars.* **6.** Qui reste conforme aux mêmes principes. *Habitudes régulières. Vie régulière et rangée.* **II.** (personnes) **1.** Qui appartient à un ordre religieux. *Clergé régulier et clergé séculier* (→ **règle** (II, 3)). **2.** *Armées, troupes régulières,* contrôlées par le pouvoir central (par opposition aux milices, etc.). **3.** Ponctuel, réglé. *Être régulier dans son travail.* – Qui obtient des résultats d'un niveau constant. *Élève régulier.* **4.** fam. Qui respecte les règles en vigueur (dans une profession, une activité). *Régulier en affaires.* → **correct ;** fam. **réglo.**

régulière n. f. fam., vieilli Maîtresse en titre. – Épouse légitime.

régulièrement adv. **1.** D'une manière régulière, légale. *Fonctionnaire régulièrement nommé.* **2.** Avec régularité. *Couche de terre répartie régulièrement.* → **uniformément.** – *Client qui vient régulièrement.*

Regulus Homme politique et général romain (mort v. 250 av. J.-C.). Prisonnier des Carthaginois pendant la première guerre punique, il fut envoyé à Rome pour négocier un échange de prisonniers. Ayant dissuadé le sénat romain d'accepter les conditions de Carthage, il fut supplicié à son retour.

régurgiter v. tr. < 1 > (du latin *gurges* « tourbillon » → gorge) **1.** didact. Rendre ; faire revenir de l'estomac dans la bouche. *Régurgiter des aliments.* → **vomir. 2.** fig., péj. Répéter (ce qu'on vient d'apprendre). ▫ **n. f. régurgitation**

Régy (Claude) Metteur en scène français (1923-2019). Attaché à la création contemporaine, il a élaboré un théâtre dans lequel l'acteur joue sur la distance à adopter par rapport à son personnage.

réhabilitable adj. Qui peut être réhabilité.

réhabilitation n. f. Fait de réhabiliter. *Réhabilitation d'un condamné.*

réhabiliter v. tr. < 1 > **1.** Rendre à (qqn) ses droits perdus et l'estime publique. *Réhabiliter la victime d'une erreur judiciaire.* – au p. p. *« Je voudrais bien vivre assez pour voir Dreyfus réhabilité »* (Proust). ■ Rétablir dans l'estime, dans la considération d'autrui. – pronom. *Se réhabiliter.* → se **racheter. 2.** Remettre en bon état pour l'habitation. → **rénover.** – au p. p. *Immeuble ancien réhabilité.*

réhabituer v. tr. < 1 > Faire reprendre une habitude perdue à (qqn). → **réaccoutumer.** – pronom. *Se réhabituer à se lever tôt.*

rehaussement n. m. Action de rehausser.

rehausser v. tr. < 1 > **1.** Hausser davantage ; élever à un plus haut niveau. *Rehausser un mur.* → **surélever. 2.** fig. Faire valoir davantage. *Le fard rehausse l'éclat de son teint.* – au p. p. *Rehaussé de :* orné de. *Habit rehaussé de broderies.* **3.** peint. Donner plus de relief à (un dessin) en accentuant certains éléments (→ **rehaut**).

rehausseur n. m. Dispositif qui surélève un enfant assis sur la banquette d'une voiture afin qu'il soit correctement protégé par une ceinture de sécurité.

rehaut n. m. (de *rehausser*) peint. Touche claire qui accuse les lumières. *Dessin avec des rehauts de pastel.*

Re he, Rehe, Jo-ho ou **Jehol** n. m. Ancienne province de la Chine du Nord, aujourd'hui partagée entre les provinces du Hebei et du Liaoning et la région autonome de Mongolie-Intérieure.

réhoboam n. m. (anglais *Rehoboam,* n. propre) Grosse bouteille de champagne d'une capacité de six bouteilles ordinaires. → **jéroboam.**

réhydrater v. tr. < 1 > Hydrater de nouveau (ce qui est déshydraté). *Réhydrater la peau.* ▫ **n. f. réhydratation**

Reich n. m. Terme allemand signifiant « empire ». Le *Ier Reich* correspond au Saint Empire romain germanique (962-1806). Le *IIe Reich* est l'empire fondé par Bismarck (1871-1918). L'Allemagne national-socialiste de Hitler (1933-1945) s'intitula *IIIe Reich.*

Reich (Wilhelm) Psychiatre et psychanalyste américain d'origine autrichienne (1897-1957). Marxiste, il voulut orienter la psychanalyse dans un sens révolutionnaire et lutta pour une révision de la morale sexuelle. Exclu de l'Association psychanalytique internationale et du parti communiste, il s'installa aux États-Unis et y récrivit son œuvre, affirmant avoir trouvé le moyen de guérir toutes les maladies. Il fut poursuivi pour exercice illégal de la médecine. *La Fonction de l'orgasme ; La Psychologie de masse du fascisme ; Le Meurtre du Christ.*

Reich (Steve) Compositeur américain (né en 1936). C'est l'un des inventeurs de la musique « répétitive ». Il a mêlé des influences africaines à la tradition occidentale. *Drumming ; Different Trains* (pour quatuor à cordes et bande).

Reicha (Antonín Rejcha, dit en français Anton) Compositeur et théoricien de la musique français d'origine tchèque (1770-1836). Il enseigna la composition au Conservatoire et compta parmi ses élèves Berlioz, Liszt, Franck et Gounod. Il a surtout laissé des ouvrages théoriques *(Cours de composition musicale ; Traité de haute composition musicale).*

Reichardt (Johann Friedrich) Compositeur et musicographe allemand (1752-1814). Maître de chapelle de Frédéric le Grand, il devint celui de Joseph Bonaparte, roi de Westphalie (1808). Il reste surtout célèbre pour son rôle dans l'histoire du *Singspiel* et du lied allemands. Il rédigea également des articles sur la vie musicale à Berlin et sur ses voyages à Paris et à Vienne.

Reichenau Île d'Allemagne dans le lac de Constance. 4,4 km^2. Abbaye carolingienne Saint-Georges-d'Oberzell.

Reichenbach (Hans) Philosophe et logicien allemand (1891-1953). Membre du cercle de Vienne, il établit les bases d'une logique à un nombre infini de valeurs, capable d'absorber le calcul des probabilités, et construisit un système logique à trois valeurs (vrai, faux, indéterminé) pour l'interprétation de la mécanique quantique. *Axiomatique des buts et des voies de la philosophie contemporaine de la nature ; Logique de la probabilité.*

Reichsrat n. m. Nom allemand du Conseil d'Empire (1848-1861), puis du Parlement autrichien (1861-1918).

Reichstag n. m. Nom d'une des deux Assemblées législatives de la Confédération d'Allemagne du Nord (1866-1871), de l'Empire allemand (1871-1918) et de la république de Weimar (1919-1933). Élu au suffrage universel, il représentait les intérêts de la nation allemande. L'incendie du Reichstag, le 25 février 1933, fut exploité par les nazis contre les communistes, qui furent accusés de complot et mis hors la loi. Depuis 1999, le monument accueille le Bundestag (Assemblée législative).

Reichstein (Tadeus) Biochimiste suisse d'origine polonaise (1897-1996). Il participa à la réalisation de la synthèse de l'acide ascorbique. Il est l'auteur de travaux sur les hormones de la glande corticosurrénale. Prix Nobel 1950.

Reichswehr n. f. Nom donné de 1919 à 1935 à l'armée allemande, autorisée par le traité de Versailles. En 1935, Hitler rétablit le service militaire obligatoire, et la nouvelle armée prit le nom de *Wehrmacht.*

Reid (Thomas) Philosophe écossais (1710-1796). En réaction à l'idéalisme de G. Berkeley et le scepticisme de Hume, il réhabilita les vérités du sens commun *(Recherche sur l'entendement humain d'après les principes du sens commun).*

Reidy (Alfonso Eduardo) Architecte brésilien (1909-1963). Il créa une architecture adaptée à des sites souvent accidentés. Il participa notamment à la construction du ministère de l'Éducation et de la Santé à Rio de Janeiro, du musée d'Art moderne et du parc Flamengo.

réification n. f. philos. Fait de réifier.

réifier v. tr. < 7 > philos. Transformer en chose ; donner le caractère d'une chose à. → **chosifier.**

Reichstag

La coupole du Reichstag de Berlin (hauteur : 75 m ; diamètre : 40 m), reconstruite en verre par l'architecte britannique Norman Foster (1999), symbole de la renaissance de la capitale de l'Allemagne réunifiée.

Reik (Theodor) Psychanalyste américain d'origine autrichienne (1888-1969). Élève de Freud, il exerça à Vienne puis à Berlin avant de s'installer aux États-Unis où il fonda la National Psychological Association for Psychoanalysis, réservée aux analystes non médecins. Il est l'auteur d'ouvrages d'autoanalyse et de psychanalyse appliquée. *Le Besoin d'avouer ; Psychanalyse du crime et du châtiment.*

Reille (Honoré Charles, comte) Maréchal de France (1775-1860). Placé à la tête de l'armée du Portugal (1812), il organisa la retraite de l'armée française après la défaite de Vitoria (juin 1813). Il se rallia aux Bourbons après avoir participé à la bataille de Waterloo. Il fut promu maréchal de France par Louis-Philippe.

Reimann (Aribert) Compositeur allemand (né en 1936). Il est l'auteur de lieder et d'opéras, inspirés notamment d'œuvres littéraires : *Ein Traumspiel,* d'après Strindberg ; *Lear,* d'après Shakespeare ; *Das Schloss,* d'après Kafka.

réimperméabiliser v. tr. < 1 > Imperméabiliser de nouveau.

réimplantation n. f. **1.** méd. Remise en place d'un organe ou d'un membre sectionné. – Réinsertion d'une dent dans son alvéole. **2.** Nouvelle implantation (d'un établissement industriel).

réimplanter v. tr. < 1 > **1.** méd. Pratiquer la réimplantation de (un organe). **2.** Implanter de nouveau (un établissement industriel).

réimporter v. tr. < 1 > Faire rentrer dans leur pays d'origine (des marchandises qui ont été exportées). □ n. f. **réimportation**

réimposer v. tr. < 1 > Imposer de nouveau (par une nouvelle taxe ou un nouvel impôt).

réimpression n. f. Action de réimprimer (un livre) ; livre réimprimé. *Ouvrage en réimpression.*

réimprimer v. tr. < 1 > Imprimer de nouveau (généralement sous la même forme). – au p. p. *Un livre souvent réimprimé.*

Reims Chef-lieu d'arrondissement de la Marne, sur la Vesle. 180 318 habitants. Vestiges de l'époque romaine (porte de Mars). Abbatiale Saint-Remi. Cathédrale gothique Notre-Dame (XIIIe s.). Proche des vignobles de Champagne, Reims est connue internationalement pour le négoce de ce vin. La ville, prise dans l'orbite parisienne (liaison TGV), tente de s'affirmer, notamment en développant ses capacités de recherche et son université. Nombreux établissements d'enseignement supérieur. Métropole de la Gaule Belgique en 17, siège d'un évêché dès 290, Reims fut choisie par Clovis pour y célébrer son baptême (496), et les rois de France s'y firent sacrer. La ville posséda une université au XVIe s. La cathédrale fut bombardée par les Allemands lors de la Première Guerre mondiale. C'est à Reims que fut signée la capitulation allemande de 1945.

rein n. m. (vient du latin *ren, renis* → rénal) **1.** au plur. Partie inférieure du dos, au niveau des vertèbres lombaires. → **lombes.** *La cambrure des reins. Avoir mal aux reins.* – *Tour de reins* : lumbago. ■ loc. fig. *Avoir les reins solides* : être de taille à triompher d'une épreuve. – *Casser les reins à qqn,* briser sa carrière. **2.** Chacun des deux organes qui élaborent l'urine. → **néphr(o)- ; rénal.** *Rein droit, gauche. Greffe du rein.* – *Rein artificiel* : appareil palliant l'insuffisance rénale par dialyse*. ■ (animaux) *Reins comestibles d'un animal.* → **rognon.**

Reinach (Salomon) Philologue et archéologue français (1858-1932). Auteur d'un *Manuel de philologie classique* et d'ouvrages sur la sculpture et la peinture grecques et romaines, il dirigea le musée des Antiquités nationales de Saint-Germain-en-Laye (1902).

réincarcération n. f. Nouvelle incarcération.

Reims

1. L'Ange au sourire, l'une des célèbres sculptures de la cathédrale Notre-Dame, sur la façade principale. 2. La cathédrale, ancien lieu du sacre des rois de France, l'un des joyaux de l'architecture gothique.

réincarcérer v. tr. < 6 > Incarcérer de nouveau. *Réincarcérer un récidiviste.*

réincarnation n. f. relig. Incarnation dans un nouveau corps (d'une âme qui avait été unie à un autre corps). → **métempsychose.**

se **réincarner** v. pron. < 1 > relig. S'incarner dans un nouveau corps.

réincorporer v. tr. < 1 > Incorporer de nouveau.

reine n. f. (vient du latin *regina,* de *rex, regis* → roi) **1.** Épouse d'un roi. ■ *Reine mère* : mère du souverain régnant. – plais. Belle-mère ou mère. **2.** Femme qui détient l'autorité souveraine dans un royaume. → **souveraine.** *Épous d'une reine.* → prince **consort.** – loc. *Un port de reine* : un maintien majestueux. **3.** jeux Deuxième pièce du jeu d'échecs, à l'action la plus étendue. – (aux cartes) → [1]**dame.** *La reine de cœur.* **4.** Femme qui l'emporte sur les autres. *La reine de la soirée* (→ [1]**héroïne**). *Reine de beauté.* → **miss.** – fam. *La reine des imbéciles.* **5.** fam. *La petite reine* : la bicyclette. **6.** fig. Ce qui domine, ce qui prime. *Ici, la fantaisie est reine.* **7.** Femelle féconde (d'abeille...), unique dans la colonie. *La reine et les ouvrières.*

Reine-Charlotte (îles de la) officiellement **Haida Gwaii** depuis 2011 Archipel canadien d'environ 150 îles, dans l'océan Pacifique, près des côtes de la Colombie-Britannique.

reine-claude n. f. (du n. de la reine Claude, femme de François Ier) Prune verte, à la chair fondante. *Des reines-claudes.*

reine-des-prés n. f. Plante herbacée vivace appelée aussi *spirée. Des reines-des-prés.*

Reine-Élisabeth (îles de la) Ensemble d'îles de l'Arctique canadien, à l'O. du Groenland, limité au S. par une suite de détroits qui les séparent des îles Banks, des îles Victoria et du Prince-de-Galles, de l'île Somerset et de l'île de Baffin.

reine-marguerite n. f. Plante aux fleurs blanches, roses ou mauves ; ces fleurs. *Des reines-marguerites.*

Reine-Maud (terre de la) Partie de l'Antarctique, au S. de l'Afrique. Possession norvégienne.

Reines (Frederick) Physicien américain (1918-1998). Il découvrit avec Clyde Cowan, en 1956, le neutrino, particule essentielle pour la compréhension de la structure de la matière. Prix Nobel 1995.

reinette n. f. Variété de pomme très parfumée. *Reinette grise ; reinette du Canada* (→ **canada**). *Reinette du Mans,* jaune et rouge.

réinfecter v. tr. < 1 > Infecter de nouveau. – pronom. *La plaie s'est réinfectée.*

Reinhardt (Maximilien Goldmann, dit Max) Metteur en scène et directeur de théâtre autrichien (1873-1943). D'abord acteur dans la troupe du Deutsches Theater de Berlin, il en devint le directeur. Il développa de nombreuses innovations techniques et scéniques, en remaniant des classiques (*L'Orestie ; Œdipe roi*) pour y introduire une dimension spectaculaire.

Reinhardt (Jean-Baptiste, dit Django) Guitariste et compositeur de jazz français d'origine tsigane (1910-1953). Musicien autodidacte, il créa à partir de 1934 au sein du quintette à cordes du Hot Club de France, fondé avec Stéphane Grappelli, un style original (jazz manouche) en marge des principaux courants noirs américains. *Minor swing ; Nuages.*

Django Reinhardt en 1951 à Paris.

Reinhardt (Ad) Peintre américain (1913-1967). Il exécuta dans les années 1930 des œuvres abstraites influencées par le cubisme et les théories du Bauhaus et rédigea de nombreux textes de réflexion sur l'art. À partir de 1950, ses tableaux monochromes ou noirs inspirèrent le « minimal art ».

réinitialiser v. tr. < 1 > inform. Redémarrer (un ordinateur, un système) après un blocage. ■ Remettre (une application, un système) dans son état initial.

réinjecter v. tr. < 1 > Injecter de nouveau. – fin. Réintroduire (des capitaux) dans un circuit économique.

réinscriptible adj. inform. Se dit d'un support sur lequel on peut écrire, effacer puis réécrire des informations. *Disque réinscriptible.*

réinscription n. f. Nouvelle inscription.

réinscrire v. tr. < 39 > Inscrire de nouveau.

réinsérer v. tr. < 6 > Fournir à (qqn) les moyens de se réadapter à la vie sociale. *Réinsérer un ancien détenu.* – pronom. *Se réinsérer.*

réinsertion n. f. Fait de réinsérer, de se réinsérer. *Réinsertion sociale.* → **resocialisation.**

réinstaller v. tr. < 1 > Installer de nouveau. □ n. f. **réinstallation**

réintégrable adj. Qui peut être réintégré.

réintégration n. f. Action de réintégrer (2) ; son résultat.

réintégrer v. tr. < 6 > (du latin « **rétablir** » → **intégrer**) **1.** Revenir dans (un lieu). *Réintégrer le domicile conjugal.* **2.** Rétablir (qqn) dans la jouissance d'un bien, d'un droit. *Réintégrer qqn dans ses fonctions.*

réinterpréter v. tr. < 6 > Interpréter de nouveau, ou d'une manière nouvelle. *Mise en scène qui réinterprète une pièce classique.*

réintroduire v. tr. < 38 > Introduire de nouveau. □ n. f. **réintroduction**

réinventer v. tr. < 1 > Inventer de nouveau ; renouveler.

réinvestir v. tr. < 2 > Investir de nouveau. *Réinvestir les bénéfices dans une entreprise.*

réinviter v. tr. < 1 > Inviter à nouveau.

Reiser (Jean-Marc) Dessinateur et scénariste français de bandes dessinées (1941-1983). Il collabora au journal *Hara-Kiri* avant de publier ses dessins dans de nombreux journaux. Ses personnages stigmatisent d'un trait précis et cruel la stupidité quotidienne.

Reisz (Karel) Cinéaste et metteur en scène britannique d'origine tchèque (1926-2002). Il est l'un des meilleurs représentants du « free cinema » : *Ceux de Lambeth ; Le Flambeur ; La Maîtresse du lieutenant français.*

réitératif, ive adj. Qui réitère. *Structure réitérative.*

réitérer v. tr. < 6 > (du latin → **itératif**) Faire de nouveau, faire plusieurs fois. → **renouveler.** *Réitérer une promesse.* – au p. p. *Efforts réitérés.* → **répété.** □ n. f. **réitération**

reître ou **reitre** [RɛtR] n. m. (allemand *Reiter* « **cavalier** ») **1.** anciennt Cavalier allemand. **2.** littér. Guerrier brutal. → **soudard.**

rejaillir v. intr. < 2 > **1.** (liquide) Jaillir en étant renvoyé (par un choc...). **2.** fig. ***Rejaillir sur qqn*** : retomber, se reporter sur (par un prolongement de l'effet). *Son succès a rejailli sur nous.* □ n. m. **rejaillissement**

Réjane (Gabrielle Réju, dite) Comédienne française (1856-1920). Célèbre dans les comédies-vaudevilles, elle fut aussi la créatrice de *Maison de poupée* d'Ibsen et de *L'Oiseau bleu* de Maeterlinck.

Rej de Nagłowicz (Mikołaj) Écrivain polonais (1505-1569). Il est considéré comme le père de la littérature polonaise, pour s'être le premier exprimé exclusivement dans la langue nationale. Rallié au calvinisme en 1541, il publia une satire anticléricale, *Bref Débat entre trois personnages.*

rejet n. m. (de *rejeter*) **I.** Nouvelle pousse (d'une plante). *Rejet de châtaignier.* → **rejeton** (1). **II. 1.** Action de rejeter, d'évacuer ; son résultat. *« Le rejet des cadavres à la mer »* (Camus). **2.** Renvoi d'un ou plusieurs mots (vers la fin de la proposition...), dans un souci d'expressivité. → **enjambement.** – *Le rejet du verbe allemand en fin de phrase.* **III. 1.** Action de rejeter, de refuser ; son résultat. → **abandon.** *Le rejet d'un recours en grâce.* **2.** Attitude de refus envers (qqn, un groupe ; qqch.). *Rejet des différences.* → aussi **exclusion. 3.** Intolérance de l'organisme à (une greffe). *Phénomène de rejet.*

rejeter v. tr. < 4 > (vient du latin *rejectare*, de *jacere* → **gésir** ; **jeter**) **I. 1.** Jeter en sens inverse. → **relancer.** *La mer rejette les épaves à la côte.* ■ Évacuer, expulser. *Son estomac rejette toute nourriture.* → **rendre, vomir. 2.** fig. Faire retomber (sur un autre). *Rejeter une responsabilité sur qqn.* **3.** Jeter, porter ou mettre ailleurs. *Rejeter un mot à la fin d'une phrase.* – (en changeant la position) *Rejeter la tête, les épaules en arrière.* **II. 1.** Écarter (qqch.) en refusant. *Rejeter une proposition.* → **décliner** ; **[1]repousser. 2.** Écarter (qqn) en repoussant. – au p. p. *Se sentir rejeté par ses proches.* **3.** Ne pas assimiler (une greffe).

rejeton, onne n. **1.** n. m. → **rejet** (I). **2.** fam. ou iron. Enfant ; fils, fille.

rejoindre v. tr. < 49 > **1.** Aller retrouver qqn ; un groupe. *Rejoindre sa famille.* ■ Regagner (un lieu). *Rejoindre son domicile.* **2.** (choses) Venir en contact avec. *Rue qui rejoint un boulevard.* → **couper.** – S'ajouter à. *« Chaque année, quelques pièces blanches allaient rejoindre son petit tas d'écus »* (Taine). **3.** Avoir des points communs avec. *Cela rejoint votre opinion.* → **recouper. 4.** Rattraper (qqn qui a de l'avance). *Pars devant, je te rejoindrai.*

rejointoyer v. tr. < 8 > techn. Refaire les joints de (une maçonnerie). *Rejointoyer un mur.*

rejouer v. < 1 > **1.** v. intr. Se remettre à jouer. **2.** v. tr. Jouer une nouvelle fois. *Rejouer une pièce de théâtre.*

réjouir v. tr. < 2 > (→ **jouir**) Rendre joyeux, faire plaisir à. *Cela me réjouit.* – *« Le vin qui réjouit le cœur de l'homme »* (Bible). ■ Mettre en gaieté. → **amuser, égayer.** *Ses plaisanteries ont réjoui l'assemblée.* ■ **se réjouir** v. pron. Éprouver de la joie, de la satisfaction. *Il n'y a pas lieu de se réjouir.* ***Se réjouir à.*** → **jubiler.** *Je me réjouis à la pensée de vous revoir.* – ***Se réjouir de.*** → **se féliciter.** *Se réjouir du succès de qqn ; qu'il ait réussi.* – au p. p. *Une mine réjouie.* → **gai, joyeux.**

réjouissance n. f. Joie collective. *Des occasions de réjouissance.* ■ au plur. *Réjouissances publiques.* → **fête.** – loc. *Le programme* des réjouissances.*

réjouissant, ante adj. Qui réjouit, est propre à réjouir. *Une nouvelle qui n'a rien de réjouissant.*

relâche (de *relâcher*) **I.** n. m. ou f. **1.** vieux Répit. *Un moment de relâche.* – mod. loc. adv. ***Sans relâche*** : sans répit. → **interruption, trêve.** *Travailler sans relâche.* **2.** Fermeture momentanée (d'une salle de spectacle). *Jour de relâche. Faire relâche.* **II.** n. f. mar. Action de relâcher, de s'arrêter (dans un port). *Bateau qui fait relâche.*

relâché, ée adj. Qui a perdu de sa force. *Discipline relâchée.* – *Morale relâchée.* → **laxiste.** ■ Qui manque de rigueur. *Style relâché.*

relâchement n. m. État de ce qui est relâché, moins tendu. *Le relâchement des chairs.* – fig. *Le relâchement des mœurs.*

relâcher v. < 1 > (de *lâcher*) **I.** v. tr. **1.** Rendre moins tendu ou moins serré. → **desserrer, détendre.** *Relâcher son étreinte.* – *Relâcher ses muscles.* → **décontracter. 2.** fig. Reposer et détendre. *Relâcher son attention.* – Laisser perdre de sa force, de sa rigueur. *Relâcher la discipline.* **3.** Remettre (qqn) en liberté. → **libérer, [1]relaxer.** *Relâcher un otage, un prévenu.* **II.** v. intr. mar. Faire escale. ■ **se relâcher** v. pron. **1.** Devenir plus lâche. – fig. *Liens sociaux qui se relâchent.* **2.** Devenir moins rigoureux. → **faiblir, fléchir.** *La discipline s'est relâchée.* – (personnes) *Se relâcher dans son travail.*

relais ou **relai** n. m. (de *relayer*) **1.** anciennt Lieu où des chevaux étaient postés pour remplacer les chevaux fatigués. *Relais de poste.* ■ mod. Auberge ou hôtel, près d'une route. *Relais routier.* **2.** loc. *Prendre le relais de.* → **relayer. 3.** *Course de relais* ou *relais* : épreuve disputée entre équipes de plusieurs coureurs qui se relaient à des distances déterminées. *Relais 4×100 mètres ; 400 mètres relais.* **4.** Organisation d'un travail continu où les personnes se remplacent par roulement. *Équipes de relais.* **5.** Étape. – appos. *Ville relais.* ■ Intermédiaire (entre personnes). *Servir de relais dans une transaction.* – en appos. *Prêt, crédit relais,* à court terme, en attendant une rentrée d'argent. ■ *Point relais, relais colis* : commerce où l'on peut se faire livrer un colis commandé dans une autre enseigne. **6.** sc., techn. Dispositif servant à retransmettre un signal radioélectrique en l'amplifiant. *Relais hertzien. Relais de télévision.*

se **relaisser** v. pron. < 1 > chasse S'arrêter après avoir longtemps couru (animal poursuivi). *Lièvre qui se relaisse.*

relance n. f. (de *relancer*) **1.** jeux Action de relancer (II). *Limiter la relance, au poker.* **2.** Reprise, nouvelle impulsion. *La relance de l'économie.* **3.** Action de relancer (I, 3). → **rappel.** *Lettre de relance.*

relancer v. < 3 > **I.** v. tr. **1.** Lancer à son tour (une chose reçue). *Relancer une balle.* → **renvoyer. 2.** Remettre en marche ; lancer de nouveau. *Relancer un moteur.* – *Relancer un projet.* **3.** Poursuivre (qqn) avec insistance, pour obtenir qqch. de lui. *Relancer qqn par téléphone.* **II.** v. intr. jeux Augmenter l'enjeu. *Relancer de 50 euros.* → **surenchérir.**

relaps, apse [Rəlaps] adj. (latin *relapsus* « **retombé** » → **lapsus**) relig. Retombé dans une hérésie, après l'avoir abjurée. *Jeanne d'Arc fut brûlée comme relapse.*

relater v. tr. < 1 > (du latin *relatus* « **narration** », de *referre* → **référer**) littér. Raconter d'une manière précise. → **rapporter.** *Les historiens relatent que...* – *Article qui relate un évènement de l'actualité.*

relatif, ive adj. (du latin, du supin de *referre* → **référer**) **I. 1.** Qui présente une relation avec ; au plur. qui ont une relation mutuelle. *Positions relatives.* → **respectif.** – math. *Entier relatif,* affecté du signe + ou du signe –.

rein

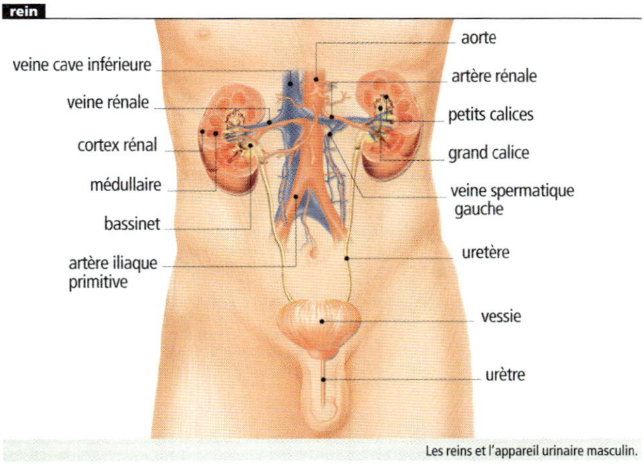

Les reins et l'appareil urinaire masculin.

R

L'ensemble ℤ des entiers relatifs. **2.** Qui ne suffit pas à soi-même, n'est ni absolu, ni indépendant. *Tout savoir est relatif. Valeur relative. Tout est relatif* : on ne peut juger de rien en soi. **3.** Incomplet, imparfait. → **partiel.** *Il est d'une honnêteté relative. Elle jouit d'une relative tranquillité.* **4.** ***Relatif à*** : se rapportant à, concernant. *Documents relatifs à telle période.* **II.** gramm. Se dit des mots servant à établir une relation entre un nom ou un pronom qu'ils représentent (→ **antécédent**) et une subordonnée. *Pronoms relatifs* (qui, que, dont, quoi, où, lequel, quiconque) ; *adjectifs relatifs* (lequel, quel). *Proposition relative* et **n. f.** *une relative*, introduite par un pronom relatif.

relation **n. f.** **(du latin, du supin de *referre* → référer)** **I.** didact. Fait de relater ; récit. *Selon la relation d'un témoin.* → **témoignage.** *Relation écrite.* → **compte rendu.** – Récit fait par un voyageur. *La relation d'un voyage en Chine.* **II.** (lien, rapport) **1.** Rapport de dépendance entre des choses, des phénomènes. *Relation de cause à effet. En relation avec...* → **relatif** à. *Ce que je dis n'a pas de relation avec ce qui précède.* **2.** Lien de dépendance ou d'influence réciproque (entre personnes) ; au plur. fait de se fréquenter. → **commerce, contact, rapport.** *Les relations humaines. Relations d'amitié ; amoureuses. Relations professionnelles, de voisinage. Nouer des relations avec qqn. Bonnes, mauvaises relations* (→ **être en bons, en mauvais termes**). *Interrompre ses relations avec qqn.* – *Être, se mettre, rester* **en relation(s)** *avec qqn.* ▪ *Avoir des relations* : connaître des gens influents. – *Obtenir un poste par relations.* → fam. **piston.** **3.** Personne avec qui on a des relations d'habitude → **connaissance.** *Ce n'est pas un ami, seulement une relation.* **4.** Lien entre groupes (peuples, nations, États). *Les relations internationales.* – *Relations diplomatiques.* ▪ **(d'après l'anglais *public relations*)** ***Relations publiques*** : techniques d'information et de promotion utilisées par un groupement, une société. → **communication.** **5.** sc. Rapport d'interdépendance (entre un être vivant et un milieu). *Relations des êtres vivants avec leur milieu* (→ **écologie**). ▪ math. Liaison entre couples d'éléments. *Relation entre deux variables.*

relationnel, elle **adj.** Qui concerne les relations entre les personnes. – **n. m.** *Avoir un bon relationnel.*

relationniste **n.** (Canada) Personne chargée des relations publiques dans un organisme, une entreprise.

relativement **adv.** **1.** Par une relation, un rapport de comparaison (→ **par rapport à**). **2.** D'une manière relative. → **plutôt.** *C'est relativement rare.* → **assez.** **3.** ***Relativement à*** : en ce qui concerne. → **quant à.**

relativiser **v. tr.** < 1 > Faire perdre son caractère absolu à (qqch.), en le mettant en relation avec qqch. d'analogue ou avec un ensemble. ▫ **n. f. relativisation**

relativisme **n. m.** philos. **1.** Doctrine qui admet la relativité de la connaissance humaine. *Le relativisme de Kant.* **2.** Doctrine selon laquelle les valeurs morales, esthétiques dépendent de facteurs historiques, sociaux, ... et n'ont rien d'absolu.

relativiste **adj.** **1.** philos. Qui admet, professe le relativisme. *Un esprit relativiste.* – **n.** *Un, une relativiste.* **2.** phys. Qui concerne, relève de la théorie de la relativité. *Lois relativistes.*

relativité **n. f.** **I.** Caractère de ce qui est relatif (I). *La relativité de la connaissance ; du jugement humain.* **II.** *Théorie de la relativité* d'Einstein (1905), exprimant le rapport des lois naturelles avec le mouvement.

▶ La théorie de la **relativité** restreinte a été proposée par Albert Einstein en 1905. Elle permet de décrire les phénomènes physiques qui se déroulent dans les référentiels dits galiléens, c'est-à-dire pour lesquels les observateurs ne subissent pas d'accélération. Une fusée qui se situerait dans l'espace, moteur coupé et loin de l'influence gravitationnelle de tout objet matériel tel qu'une étoile, se déplacerait en ligne droite et à vitesse constante par rapport à celle-ci.

Cette théorie repose sur deux postulats et en étudie les conséquences. Le premier, dit principe de relativité, stipule que les lois physiques sont identiques dans tous les référentiels inertiels galiléens. Le second affirme quant à lui que la vitesse de la lumière est systématiquement la même dans ces référentiels, quelle que soit la vitesse de la source de lumière.

De nombreuses vérifications expérimentales ont confirmé les résultats prévus par la théorie et l'ont ainsi validée. Cependant les effets spécifiques qu'elle prédit, et qui la différencient de la théorie classique de Newton, ne sont décelables qu'à des vitesses proches de celle de la lumière (environ 300 000 km/s). On ne peut donc les détecter que dans les accélérateurs de particules.

La relativité restreinte prévoit notamment une augmentation de l'inertie des objets avec l'augmentation de leur vitesse, et pose l'équivalence des concepts de masse et d'énergie à travers la célèbre relation $E = mc^2$.

Einstein a complété sa théorie en 1915 avec la relativité générale, qui permet de décrire les phénomènes dans les référentiels accélérés, et non plus uniquement galiléens. Elle repose sur le principe d'équivalence qui affirme que, localement, les effets d'un champ gravitationnel sont équivalents à une accélération du référentiel d'observation.

voir aussi **gravitation, lumière, temps**

relaver **v. tr.** < 1 > **1.** Laver de nouveau. *Linge à relaver.* **2.** (Suisse) Laver. *Relaver la vaisselle.* – intrans. Faire la vaisselle.

relax ou **relaxe** [Rəlaks] **adj.** **(de l'anglais → ²relaxer)** fam. Qui favorise la détente. → **décontracté.** *Des soirées relax ou relaxes.* – *Fauteuil relax* et **n. m.** *un relax* : fauteuil ou chaise longue confortable. ▪ À l'aise, détendu. *Un type relax.* – *Une tenue relax.* ▪ **adv.** *Conduire relax.*

relaxant, ante **adj.** Qui procure une détente. *Bain relaxant.*

relaxation **n. f.** **(du latin → ¹relaxer)** **I.** didact. Diminution ou suppression d'une tension. *Relaxation musculaire.* **II.** anglic. Méthode thérapeutique de détente par des procédés psychologiques actifs. *Séances de relaxation.* – cour. Repos, détente.

¹relaxe **n. f.** **(de ¹*relaxer*)** dr. Décision par laquelle un tribunal déclare un prévenu non coupable.

²relaxe voir **relax**

¹relaxer **v. tr.** < 1 > **(du latin « relâcher ; détendre », de *laxare* → laisser)** dr. Déclarer (un prévenu) non coupable (→ **¹relaxe**).

²relaxer **v.** < 1 > **(anglais *to relax* « se détendre », du latin → ¹relaxer)** **1.** ***Se relaxer*** **v. pron.** Se détendre (physiquement et intellectuellement). → **se décontracter** ; fam. **chiller.** **2.** **v. tr.** Détendre. *Ce bain m'a relaxé.*

relayer **v. tr.** < 8 > **(de l'ancien v. dialectal *laier* « laisser », cf. délai, p.-ê. famille de *laisser*, ou du francique)** **1.** Remplacer (qqn) dans une activité qui ne peut être interrompue (→ **relais**). *Les cyclistes « que leur équipier venait de relayer »* (P. Morand). **2.** télécomm. Retransmettre ce qui est transmis par un émetteur principal. *Émission relayée par satellite.* ▪ **se relayer** **v. pron.** Se remplacer l'un l'autre, alternativement. *Elles se sont relayées toute la nuit auprès du malade.*

relayeur, euse **n.** sports Participant(e) d'une course de relais ; athlète spécialiste de cette course.

releasing factor [Riliziŋfaktɔʀ] **n. m.** **(mots anglais « facteur de libération »)** physiol. Substance produite au niveau de l'hypothalamus, qui déclenche la sécrétion des hormones hypophysaires. *Des releasing factors.*

relecture **n. f.** Action de relire. *Relecture des épreuves d'imprimerie.*

relégation **n. f.** **1.** dr. Peine qui consistait à exiler (qqn) hors du territoire métropolitain. *La relégation fut remplacée en 1970 par la tutelle pénale.* **2.** sports Rétrogradation d'une catégorie dans une autre. *Relégation d'une équipe en deuxième division.*

reléguer **v. tr.** < 6 > **(du latin, de *legare* → légat)** **1.** dr. Condamner (qqn) à la relégation. **2.** Envoyer, maintenir (qqn) en un lieu écarté ou médiocre. → **exiler.** *On l'a relégué dans la chambre du fond.* – *Reléguer un objet au grenier.* ▪ sports Rejeter à une position inférieure. ▪ fig. *Reléguer qqn dans une fonction subalterne.*

relent **n. m.** **(famille de *lent* [au sens ancien de « humide »]) souvent au plur.** Mauvaise odeur qui persiste. *Des relents de friture.* – fig. Trace, soupçon. *Des relents de racisme.*

relevable **adj.** Qu'on peut relever ; qui se relève. *Sommier relevable.*

relevage **n. m.** Action de relever. *Le relevage du train d'atterrissage escamotable d'un avion.*

relevailles **n. f. pl.** vieilli ou rural Période qui suit l'accouchement.

relève **n. f.** **(de *relever*)** **1.** Remplacement (d'une personne, d'une équipe), dans un travail continu. *La relève de la garde. Prendre la relève.* → **relayer.** – Personnes qui assurent ce remplacement. *La relève tarde.* **2.** fig. Remplacement (dans une action, une tâche collective). *La relève est assurée.*

relevé **n. m.** Action de relever, de noter ; ce qu'on a noté. *Relevé de plan. Le relevé des dépenses.* – *Relevé d'identité bancaire (RIB).*

relèvement **n. m.** **1.** Redressement, rétablissement. *Le relèvement d'un pays.* **2.** Action de relever, de hausser. *Le relèvement d'un sol, d'un mur.* – *Le relèvement des salaires.* → **hausse, majoration.** **3.** mar. Détermination de la position d'un point à l'aide du compas. ▪ géom. Rotation (en géométrie descriptive) inverse de la rotation de rabattement*.

relever **v. tr.** < 5 > (→ **¹lever**) **I.** **1.** Remettre debout. *Relever des ruines.* **2.** fig. Remettre à bon niveau, en bonne position (ce qui est au plus bas, ce qui a décliné). *Relever l'économie.* **3.** Ramasser, collecter. *Professeur qui relève les copies.* – loc. *Relever le défi*.* **4.** fig. Remarquer ; mettre en relief. → **constater, noter, souligner.** *Relever des erreurs dans un texte.* « *On ne put relever aucune charge contre lui* » (A. France). ▪ Manifester qu'on a compris ; répliquer à (une parole). *Je n'ai pas voulu relever l'allusion.* ▪ Noter par écrit ou par un croquis (→ **relevé**). *Relever un passage dans un texte. Relever le plan d'un appartement. Relever des empreintes.* – *Relever un compteur*, le chiffre d'un compteur. **II.** (Remettre plus haut) **1.** Diriger, orienter vers le haut (une partie du corps, du vêtement). *Relever la tête, le front. Relever son col ; ses manches* (→ **retrousser**). **2.** Donner plus de hauteur à (→ **élever** ; **relèvement**) ; fig. élever le chiffre de (→ **hausser, majorer**). *Relever le niveau de vie, les salaires.* **3.** fig. Donner une valeur plus haute à. → **rehausser.** *Relever le niveau de la conversation.* **4.** Donner plus de goût à (par des condiments...). *Relever une sauce.* → **assaisonner, épicer.** **5.** littér. Donner du relief, de l'attrait à. *Relever un récit de détails piquants.* → **agrémenter, pimenter.** ▪ Mettre en valeur, faire valoir. *Toilette qui relève la beauté d'une femme.* **III.** **1.** Assurer la relève de (qqn). → **relayer.** *Relever une sentinelle.* **2.** ***Relever qqn de***, le libérer de (une obligation). → **délier.** *Relever qqn d'une promesse.* – *Relever qqn de ses fonctions.* → **destituer, révoquer.** **IV.** **v. tr. ind.** ***Relever de.*** **1.** Dépendre de (une autorité). *Les seigneurs relevaient du roi.* **2.** Être du ressort de. *Affaire qui relève des tribunaux.* **3.** Être du domaine de. *Cela relève du surnaturel.* **V.** **v. intr.** ***Relever de*** : se rétablir, se remettre de. *Relever de maladie.* – *Relever de couches* (→ **relevailles**). ▪ **se relever** **v. pron.** **1.** Se remettre debout ; reprendre la position verticale. *Aider qqn à se relever.* – fig. *Pays qui se relève de ses ruines. Se relever d'un échec.* → **se remettre.** **2.** Se diriger vers le haut. *Les coins de sa bouche se relèvent.* – (passif) Être ou pouvoir être dirigé vers le haut. *Volet qui se relève.* **3.** (récipr.) Se

religions

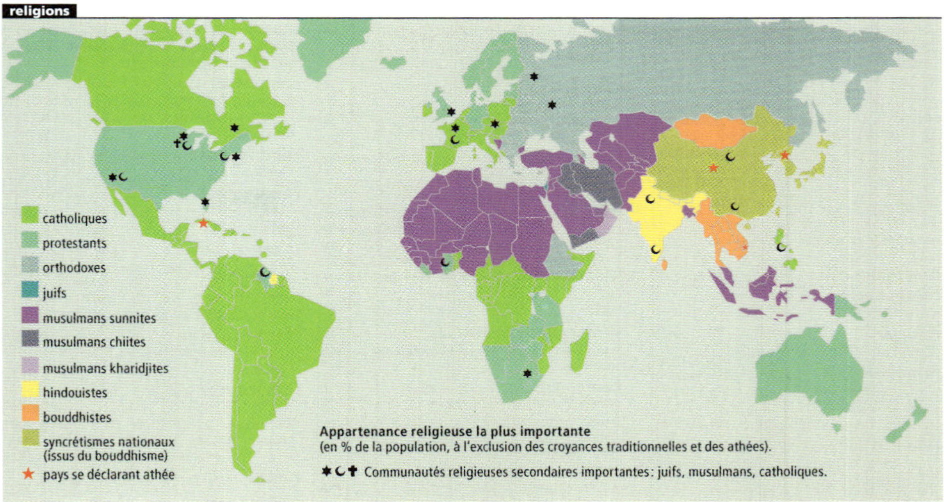

Cette carte, présentant les religions les plus pratiquées dans le monde, indique pour chaque pays la religion dominante en nombre de fidèles.

remplacer (dans une tâche). → se **relayer.** ■ **relevé, ée adj.** 1. Dirigé, ramené vers le haut. *Col relevé.* – *Virage relevé,* dont la courbe extérieure est plus haute. 2. vieilli Qui a de l'élévation. *Style relevé.* – mod. (en tournure négative) *Une plaisanterie pas très relevée,* médiocre, de mauvais goût. 3. Épicé, piquant. *Une sauce relevée.*

releveur, euse 1. adj. Qui relève. – anat. *Muscle releveur de la paupière.* 2. n. Professionnel(le) qui relève, ramasse, ou enregistre. *Releveur de compteurs.*

reliage n. m. techn. Opération par laquelle on relie ou cercle les douves (d'un tonneau, d'une cuve). → **cerclage.**

relief n. m. (de *relever,* d'après l'ancienne forme *je relief* « j'enlève ») I. au plur. Restes (d'un repas). II. 1. *Un relief :* ce qui fait saillie sur une surface. *Une paroi lisse, sans aucun relief.* 2. arts Ouvrage comportant des éléments qui se détachent sur un fond plan. → **bas-relief, haut-relief.** *Façade ornée de reliefs.* 3. Caractère (d'une image) donnant l'impression d'une profondeur, de plans différents ; perception qui y correspond. *Le relief d'une peinture. Sensation de relief.* 4. Forme d'une surface qui comporte des saillies et des creux. *Le relief du sol.* – spécialt Forme de la surface terrestre, dans ses inégalités de niveau. *Étude du relief* (→ **géomorphologie, orographie, topographie**). 5. *En relief. Les caractères en relief du braille.* – *Photographie, film en relief,* qui donne l'impression du relief. 6. fig. Apparence plus nette, plus vive, du fait des oppositions. *Un style qui manque de relief.* – *Mettre en relief :* faire valoir, en mettant en évidence. → **souligner.**

relier v. tr. <7> I. 1. Rendre solidaire. → **assembler, attacher.** *Relier deux maillons, un maillon à un autre.* – *Relier par un trait les points d'une figure.* 2. techn. Assembler (les douves d'un tonneau) au moyen de cercles. → **cercler ; reliage.** 3. Mettre en communication avec. → **joindre, raccorder.** *Route qui relie deux villes.* 4. fig. Mettre en rapport. *Relier des faits entre eux.* II. Attacher ensemble (des feuillets), former (un livre) en couvrant avec une matière rigide. – au p. p. *Livre relié et livre broché.*

relieur, euse n. Personne dont le métier est de relier des livres. *Relieur d'art.*

religieusement adv. 1. Selon les rites d'une religion. *Se marier religieusement.* 2. Avec un scrupule religieux. → **scrupuleusement.** *Observer religieusement le règlement.* 3. Avec une attention recueillie. *Écouter religieusement un concert.*

religieux, euse (du latin → religion) I. adj. 1. Qui concerne la religion, les rapports entre les êtres humains et un pouvoir surnaturel. *Le sentiment religieux. Pratiques religieuses, cérémonies, rites religieux. Édifices religieux* (église, mosquée, pagode, synagogue, temple...). *Fêtes religieuses. Mariage religieux* (opposé à *civil*). – *Doctrines religieuses.* → **dogme, théologie.** – *Art religieux.* → **[1]sacré.** 2. Qui croit en une religion, pratique une religion. → **croyant, pieux.** 3. Consacré à la religion, à Dieu, par des vœux. *La vie religieuse.* → **monastique.** – *Congrégations religieuses ; ordres religieux.* 4. Qui présente les caractères du sentiment ou du comportement religieux. *Un respect religieux. Un silence religieux.* 5. *Mante* religieuse.* II. n. Personne qui a prononcé des vœux dans un ordre monastique. → **moine, nonne, sœur.** *Une communauté de religieux, de religieuses.* → **congrégation, couvent, monastère, ordre.** III. n. f. Pâtisserie faite de deux choux superposés, fourrés de crème pâtissière (au café, au chocolat).

religion n. f. (latin *religio,* rattaché par les Anciens à *ligare* → lier ou à *legere* « cueillir » → [1]lire) 1. *La religion.* Reconnaissance par l'être humain d'un principe supérieur de qui dépend sa destinée ; attitude intellectuelle et morale qui en résulte. *Être sans religion* (→ **agnostique, areligieux, athée**). *Neutralité d'un État en matière de religion.* → **laïcité.** – *Guerres de religion,* menées au nom de la religion. « *La religion est le soupir de la créature accablée par le malheur* » (trad. de Marx). 2. Croyance, conviction religieuse (de qqn). → **foi.** – plais. *Ma religion m'interdit de me lever tôt.* 3. *Une religion.* Système de croyances et de pratiques propre à un groupe social. → **culte.** *Pratiquer une religion. Se convertir à une religion. Les adeptes d'une religion. Ministres, prêtres des diverses religions.* – *Religions révélées. Religion animiste, polythéiste. Religions monothéistes.* → **christianisme ; islam ; judaïsme.** *La religion catholique. La religion réformée.* → **protestantisme.** – *Les religions orientales.* → **bouddhisme, hindouisme.** 4. loc. *Entrer en religion :* prononcer ses vœux de religieux, entrer dans les ordres. 5. Culte, attachement (à certaines valeurs). *Une religion de la science, de l'art.* 6. Idées, opinions (sur qqch.). loc. *Se faire une religion (sur qqch.) :* se forger une opinion, une conviction.

Religion (guerres de) Longue guerre civile, en France, au cours de laquelle s'affrontèrent protestants et catholiques, de 1562 à 1598. Le conflit, déclenché par le massacre des protestants à Wassy (mars 1562) prit bientôt un aspect politique : les grands seigneurs profitèrent de la situation pour prendre leur indépendance dans les provinces, et, à l'échelle nationale, les Guises et les Montmorency rivalisèrent avec les Bourbons et les Coligny pour s'emparer du gouvernement, au détriment du pouvoir royal exercé par la régente Catherine de Médicis. Les papistes ayant fait appel à l'Espagne et les huguenots à l'Angleterre, le pays devint un terrain de batailles et de pillages. Après quelques trêves, le massacre de la Saint-Barthélemy (1572) déclencha une nouvelle période de guerre. Le règne d'Henri III fut entièrement soumis à l'évolution du conflit, de la journée des Barricades (1588) à l'assassinat du duc de Guise, puis à l'assassinat du roi. Son successeur, Henri IV, dut lutter pour établir son autorité, et n'y parvint qu'en s'appuyant sur le parti des modérés. L'édit de Nantes, signé en 1598, mit fin aux guerres de Religion.

religionnaire n. hist. Membre de la religion réformée. → **protestant.**

religiosité n. f. (du latin → religion) Disposition sentimentale à la religion.

reliquaire n. m. Coffret précieux renfermant des reliques (→ **châsse**).

Reliquaire chrétien, musée de Port-Royal-des-Champs, Magny-les-Hameaux.

reliquat n. m. (du latin, de l'adj. *reliquus* « restant », *cf.* relique) Ce qui reste (d'une somme à payer, à percevoir). → **reste.**

relique n. f. (du latin → reliquat) 1. Fragment du corps d'un saint (ou objet associé à la vie du Christ ou d'un saint) auquel on rend un culte. – *Garder qqch. comme une relique,* précieusement. **2.** Objet témoignant du passé auquel on attache moralement le plus grand prix. **3.** biol. Espèce survivante d'un groupe autrefois prospère (ex. le limule, le ginkgo).

relire v. tr. < 43 > **1.** Lire de nouveau (ce qu'on a déjà lu). *J'ai relu ce livre avec plaisir.* **2.** Lire en vue de corriger, de vérifier. *Relire un manuscrit.* – pronom. *Se relire avec attention.*

reliure n. f. **1.** Action ou art de relier (les feuillets d'un livre ; un livre). **2.** Manière dont un livre est relié ; couverture d'un livre relié. *Les plats, le dos d'une reliure. Reliure pleine peau.*

relogement n. m. Action de reloger ; fait d'être relogé.

reloger v. tr. < 3 > Procurer un nouveau logement à (qqn). *Reloger des sinistrés.*

relooker [ʀ(ə)luke] v. tr. < 1 > (→ look) fam. Donner une nouvelle apparence, un nouveau look, une nouvelle image à. *Relooker un meuble.* □ n. m. **relookage** ou **relooking**

relou, e adj. (verlan de *lourd*) fam. Lourd, dépourvu de finesse. *Ils sont relous, ces mecs. Une blague reloue.*

relouer v. tr. < 1 > Louer (²) de nouveau.

relu, ue voir **relire**

réluctance n. f. (anglais *reluctance,* du latin *reluctari* « résister » → lutter) phys. Propriété d'un circuit, d'un matériau de s'opposer au passage d'un flux magnétique.

reluire v. intr. < 38 > (→ luire) Luire en réfléchissant la lumière, en produisant des reflets. → **briller.** ■ spécialt Luire après avoir été nettoyé et frotté. *Faire reluire des cuivres.* – *Brosse* à reluire.*

reluisant, ante adj. **1.** Qui reluit. *Sol, carrelage reluisant.* **2.** fig. (en phrase négative) → **brillant.** *Un avenir peu reluisant.*

reluquer v. tr. < 1 > (origine incertaine ; *cf.* anglais *to look* « regarder ») fam. **1.** Regarder du coin de l'œil, avec intérêt et curiosité. → **lorgner.** *Reluquer les filles.* **2.** fig. Considérer avec convoitise. → **guigner.** *Reluquer un héritage.*

rem [ʀɛm] n. m. (sigle de l'anglais *Röntgen Equivalent Man*) Ancienne unité de mesure d'équivalent de dose de radiation absorbée par un organisme vivant, égale à 10^{-2} sieverts.

remâcher v. tr. < 1 > **1.** (ruminants) Mâcher une seconde fois. **2.** abstrait Revenir sans cesse en esprit sur. → **ressasser, ruminer.** *Remâcher sa rancune.*

remaillage ; remailler voir **remmaillage ; remmailler**

remake [ʀimɛk] n. m. (mot anglais des États-Unis, de *to make* « faire ») anglic. Nouvelle version (d'un film, d'une œuvre littéraire). *Des remakes.*

rémanence n. f. (→ rémanent) sc. Persistance partielle d'un phénomène après disparition de sa cause. *Rémanence des images visuelles.*

rémanent, ente adj. (de l'ancien v. *remanoir* « rester », du latin *manere* → manoir) sc. Qui subsiste après la disparition de la cause. *Image rémanente,* subsistant après l'excitation visuelle.

remanger v. tr. < 3 > Manger une autre fois (le même type de nourriture).

remaniement n. m. Action de remanier ; son résultat. *Remaniement ministériel.*

remanier v. tr. < 7 > **1.** Modifier (un ouvrage de l'esprit) par un nouveau travail. → **corriger, refondre, retoucher.** *Remanier un texte.* **2.** Modifier la composition de (un ensemble). *Remanier le gouvernement.* □ adj. **remaniable**

remaquiller v. tr. < 1 > Maquiller, farder de nouveau ; refaire le maquillage de. – pronom. « *Je me remaquillais dans les toilettes d'un café* » (Beauvoir). → **se refaire une beauté*.**

remarcher v. intr. < 1 > **1.** (personnes) Marcher après une infirmité qui empêchait de marcher. *Il remarche avec difficulté.* **2.** (choses) Fonctionner de nouveau (après une panne, une grève, etc.). *La télévision remarche.*

se **remarier** v. pron. < 7 > Se marier à nouveau. □ n. m. **remariage**

remarquable adj. **1.** Digne d'être remarqué, d'attirer l'attention. → **marquant, notable.** *Un évènement remarquable. Un artiste remarquable par son talent. Il est remarquable que* (+ subj.). **2.** Digne d'être remarqué par son mérite, sa qualité. → **éminent.** *Une des femmes les plus remarquables de ce temps. Exploit remarquable.* → **extraordinaire.**

remarquablement adv. D'une manière remarquable. → **très ; admirablement, étonnamment.**

remarque n. f. (de *remarquer*) **1.** Action de remarquer (qqch.). *Il en a déjà fait la remarque :* il l'a déjà constaté. **2.** Énoncé ayant pour but d'attirer l'attention de qqn sur qqch. *Faire une remarque à qqn. Une remarque judicieuse, pertinente.* – spécialt Observation, critique désobligeante. *Je n'ai pas apprécié sa remarque.* ■ Notation écrite qui attire l'attention du lecteur. → **annotation, commentaire.**

Remarque (Erich Maria Remark, dit Erich Maria) Romancier américain d'origine et d'expression allemandes (1898-1970). Il est surtout connu pour son roman d'inspiration pacifiste, *À l'ouest rien de nouveau.*

remarqué, ée adj. Qui est l'objet de l'attention, de la curiosité. *Une absence remarquée.*

remarquer v. tr. < 1 > (→ marquer) **1.** Avoir la vue, l'attention frappée par (qqch.). → **apercevoir, découvrir.** *Remarquer qqch. du premier coup d'œil. Remarquer la présence, l'absence de qqn.* – pronom. (passif) *Détails qui se remarquent à peine.* – ***Remarquer que.*** *J'ai remarqué qu'il boitait.* – (en tournure négative) *Je n'ai pas remarqué qu'il était* (ou *qu'il fût*) *déçu.* – *Remarquez, remarquez bien que...* (se dit pour attirer l'attention). → **noter.** *Permettez-moi de vous faire remarquer que vous êtes en retard.* **2.** Distinguer particulièrement (une personne, une chose parmi d'autres). *J'ai remarqué un individu à la mine louche.* – *Son excentricité le fait remarquer partout.* ■ plutôt péj. ***Se faire remarquer :*** attirer sur soi l'attention. *Elle cherche à se faire remarquer.*

remastériser v. tr. < 1 > (anglais *to remaster* « refaire un master ») anglic. Refaire en studio un enregistrement original (→ ¹master), de (une œuvre musicale, visuelle). – au p. p. *Version intégrale remastérisée.* □ n. f. **remastérisation**

remastiquer v. tr. < 1 > Mastiquer à nouveau. *Remastiquer un carreau.* □ n. m. **remasticage**

remballer v. tr. < 1 > Emballer (ce qu'on a déballé). *Le représentant a remballé sa marchandise.* – fig., fam. *Il peut remballer ses compliments,* les garder, ne pas les dire. □ n. m. **remballage**

rembarquement n. m. Action, fait de rembarquer. *Le rembarquement des troupes.*

rembarquer v. < 1 > **1.** v. tr. Embarquer (ce qu'on avait débarqué). **2.** *Se rembarquer* v. pron. ; *rembarquer* v. intr. : s'embarquer de nouveau.

rembarrer v. tr. < 1 > (famille de *barre*) Repousser brutalement (qqn) par un refus, une réponse désobligeante. *Elle s'est fait rembarrer et a dû se taire.*

rembaucher voir **réembaucher.**

remblai n. m. (de *remblayer*) **1.** Opération de terrassement consistant à rapporter des terres pour faire une levée ou combler une cavité. *Travaux de remblai.* **2.** Terres rapportées à cet effet. *Le mur de soutènement d'un remblai.*

remblaver v. tr. < 1 > agric. Emblaver à nouveau, quand le premier emblavage n'a pas réussi. → **réensemencer.**

remblayer v. tr. < 8 > (famille de *blé, cf.* déblayer) Faire des travaux de remblai sur. *Remblayer une route ; un fossé.* □ n. m. **remblayage**

remblayeuse n. f. Machine de terrassement qui fait le remblayage.

rembobiner v. tr. < 1 > Bobiner, enrouler de nouveau. *Rembobiner un film.* □ n. m. **rembobinage**

remboîter v. tr. < 1 > (de *emboîter*) Remettre en place (ce qui était déboîté). *Remboîter un os.* - var. RO **remboiter.** □ n. m. **remboîtage** ou RO **remboitage** et **remboîtement** ou RO **remboitement**

rembourrage n. m. Action de rembourrer ; matière servant à rembourrer. → **rembourrure.**

rembourrer v. tr. < 1 > (famille de ¹*bourre*) Garnir de bourre. → **bourrer, capitonner, matelasser.** *Rembourrer un siège.* ■ **rembourré, ée** adj. *Un coussin bien rembourré.* – fam. (personnes) Grassouillet, bien en chair.

rembourrure n. f. Rembourrage.

remboursable adj. Qui peut ou qui doit être remboursé. *Prêt remboursable en* (ou *sur*) *quinze ans.*

remboursement n. m. Action de rembourser. – *Envoi, expédition contre remboursement,* contre paiement à la livraison.

rembourser v. tr. < 1 > (famille de *bourse*) **1.** Rendre à qqn (la somme qu'il a déboursée). *Rembourser une dette à qqn.* – *Remboursez* (les places) !, cri de mécontentement, à un spectacle. **2.** Rendre à (qqn) ce qu'il a déboursé. *Rembourser un créancier.* – *On l'a remboursé de tous ses frais.*

Rembrandt (Rembrandt Harmenszoon Van Rijn, dit) Peintre et graveur hollandais (1606-1669). Il ouvrit un atelier à Leyde, puis à Amsterdam, où il connut rapidement la notoriété comme portraitiste, peintre d'histoire et graveur. En 1628, il reçut la commande d'une série de 7 tableaux (dont *La Descente de croix ; La Mise au tombeau* et *La Résurrection*). Dans ses premières œuvres, s'affirme une interprétation nouvelle du clair-obscur : les personnages y sont représentés dans une pénombre où se mêlent l'ombre et la lumière, ce qui approfondit l'espace du tableau (*Suzanne et les Vieillards*). Cet art de traduire plastiquement l'intériorité et les nuances expressives se manifeste aussi dans les multiples portraits qu'il réalisa à Amsterdam (*Portrait de jeune fille au collier d'or*). Dans ses œuvres de commande, tel le portrait collectif de *La Compagnie du capitaine Frans Banning Cocq,* dite *La Ronde de nuit,* Rembrandt parvint à esquiver les contraintes et à innover, en présentant les personnages en action. À partir de 1642,

Rembrandt, *Autoportrait à la toque de velours* (1634), Gemäldegalerie, Berlin.

sa facture devint plus audacieuse et libre *(Portrait de l'artiste par lui-même)*. Son mépris des règles et des conventions artistiques, ainsi que sa volonté de ne pas idéaliser la réalité *(Bœuf écorché)* lui furent reprochés malgré sa célébrité. Il laissa plus de 1 500 dessins et est considéré comme le plus grand graveur de son époque (*Le Christ guérissant les malades*, dite *La Pièce aux cent florins*).

se **rembrunir** v. pron. < 2 > (famille de *brun*) Prendre un air sombre, chagrin. *À ces mots, elle se rembrunit.* – au p. p. *Mine rembrunie.* □ **rembrunissement** n. m. littér.

rembucher v. tr. < 1 > (de *re-* et *embûcher* « rentrer dans le bois [en parlant du cerf] » → embûche) chasse Faire rentrer (la bête) dans le bois en la poursuivant. ■ pronom. Rentrer dans le bois (en parlant de la bête). *Cerf qui se rembuche.* - contr. **débucher, débusquer.** □ n. m. **rembuchement**

remède n. m. (du latin, de *mederi* « soigner » → médecin) **1.** Substance employée au traitement d'une maladie. → **médicament.** *Prescrire, administrer ; prendre un remède. Remède universel.* → **panacée.** – loc. *Remède de bonne femme*, empirique et traditionnel. *Remède de cheval*, brutal. **2.** fig. Ce qui est employé pour atténuer ou guérir une souffrance morale. loc. prov. *Le remède est pire que le mal.* – *Un remède à, contre l'ennui.* – *Porter remède à...* → **remédier.** – loc. prov. *Aux grands maux, les grands remèdes* : il faut agir énergiquement dans les cas graves. – *Sans remède.* → **irrémédiable.**

remédiable adj. À quoi l'on peut remédier.

remédiation n. f. (calque de l'anglais) didact. Dispositif pédagogique mis en place après évaluation de l'élève, pour combler des lacunes, corriger des apprentissages erronés. *Séances, logiciels de remédiation.*

remédier v. tr. ind. < 7 > (du latin → remède) *Remédier à* : apporter un remède (2) à. *Pour remédier à cette situation...* → **obvier, [2]parer ; pallier.**

remembrance n. f. (famille de *mémoire* ; cf. *remémorer*) vieux ou littér. Évocation ; souvenir. *« Remembrances du vieillard idiot »* (poème de Rimbaud).

remembrement n. m. (famille de *membre*) Regroupement de parcelles de terre afin de constituer un domaine agricole d'un seul tenant. □ **remembrer** v. tr. < 1 >

remémorer v. tr. < 1 > (famille de *mémoire*) littér. Remettre en mémoire. ■ **se remémorer** v. pron. (plus cour.). Reconstituer (qqch.) avec précision dans sa mémoire. → **se rappeler.** *« Il se remémorait jusque dans le détail ce discours »* (J. Romains). □ n. f. **remémoration**

remerciement n. m. Action de remercier (1), témoignage de reconnaissance. *Avec tous mes remerciements. Se confondre en remerciements.*

remercier v. tr. < 7 > (→ merci) **1.** Dire merci, témoigner de la reconnaissance à (qqn). *Remerciez-le de ma part. Je ne sais comment vous remercier.* – *Remercier qqn de, pour. Je vous remercie de votre gentillesse, pour votre cadeau. Il l'a remercié d'être venu.* – *Je vous remercie* (refus poli) (→ **non, merci**). **2.** Renvoyer, licencier (qqn). → **congédier.**

réméré n. m. (du latin, de *redimere* « racheter » → rédimer) dr. Rachat possible de son bien par le vendeur. *Clause de réméré.*

remettant, ante n. dr. comm. Personne qui remet une valeur (lettre de change, chèque) à sa banque.

remettre v. tr. < 56 > (vient du latin *remittere* → rémission, de *mittere* → mettre) **I.** (Mettre de nouveau) **1.** Mettre à sa place antérieure. *Remettre une chose en place, à sa place.* – loc. *Ne plus remettre les pieds quelque part*, ne plus y retourner. – *Remettre un évadé en prison.* – loc. fig. *Remettre qqn sur la bonne voie. Remettre qqn à sa place*, le rabrouer. **2.** fig. *Remettre en esprit, en mémoire* : rappeler (une chose oubliée). – *Remettre qqn*, le reconnaître. *Ah, maintenant, je vous remets !* **3.** Mettre de nouveau sur soi. *Remettre ses gants.* **4.** Rétablir. *Remettre le courant.* – *Remettre de l'ordre.* **5.** Mettre plus de. → **ajouter.** *Remettre du sel dans un plat.* – fam. *En remettre* : faire ou dire plus qu'il n'est utile, exagérer. → **en rajouter. 6.** Replacer (dans la position antérieure). *Remettre une chose d'aplomb.* – loc. *Remettre qqn sur pied.* → **guérir.** – *Remettre un os luxé.* → **remboîter. 7.** *Remettre à, en* : faire passer dans un autre état, ou à l'état antérieur. *Remettre un moteur en marche. Remettre qqch. en état, à neuf ; en ordre.* – *Remettre en cause, en question.* → **reconsidérer.** – *Cure qui remet en forme.* → fam. **retaper.** – absolt Réconforter. *Prenez un cognac, ça vous remettra.* **II. 1.** Mettre en la possession ou au pouvoir de qqn. *Remettre un paquet à son destinataire.* – *Remettre un coupable à la justice.* – *Remettre sa démission.* → **donner.** *Je remets mon sort entre vos mains.* **2.** Faire grâce de (une obligation). *Je vous remets votre dette* : je vous en tiens quitte. – *Remettre les péchés.* → **absoudre, pardonner ; rémission. III.** Renvoyer (qqch.) à plus tard. → **ajourner, différer.** *Remettre qqch. au lendemain. Il a remis son départ de deux jours.* – *Tendance à remettre à plus tard.* → **procrastination.** – (au p. p.) loc. *Ce n'est que partie remise* : ce sera pour une autre fois. **IV.** fam. *Remettre ça* : recommencer. *Allez, on remet ça !* – Resservir ou reprendre à boire. *Je remets une tournée. Patron, remettez-nous ça !* ■ **se remettre** v. pron. **I.** (au sens I du v. tr.) **1.** Se replacer. *Se remettre debout.* – *Le temps s'est remis au beau.* **2.** *Se remettre à* (+ n. ou inf.). → **recommencer.** *Se remettre au latin. Il s'est remis à fumer.* **3.** *Se remettre de* : revenir à un état antérieur plus favorable. *Se remettre d'une maladie.* → **guérir, se rétablir.** – absolt *Elle se remet très vite.* – *Se remettre de sa frayeur.* – *Il ne s'en est jamais remis.* → **relever.** – absolt *Allons, remettez-vous !*, reprenez vos esprits. **4.** *Se remettre avec qqn, se remettre ensemble* : vivre de nouveau ensemble. **II.** (au sens II du v. tr.) **1.** *Se remettre entre les mains de qqn.* **2.** *S'en remettre à qqn*, lui faire confiance. → **se fier.** *S'en remettre à qqn du soin de...*, lui laisser le soin de. *Je m'en remets à votre jugement.*

remeubler v. tr. < 1 > Meubler de nouveau. *Remeubler sa chambre.*

Remi (saint) Évêque de Reims (v. 437-v. 530). Il organisa l'évangélisation de l'est de la France, et convertit Clovis, qu'il baptisa v. 500.

Remi (Georges) voir **Hergé**

Remich Ville du Luxembourg, sur la Moselle. 2 900 habitants. C'est par cette localité que les Allemands envahirent le grand-duché, en 1914 puis en 1940.

rémige n. f. (famille de [1]*rame*) Grande plume rigide de l'aile (des oiseaux). → **[1]penne.**

remilitariser v. tr. < 1 > Militariser de nouveau. → **réarmer.** □ n. f. **remilitarisation**

réminiscence n. f. (du latin, de *reminisci* « se souvenir », de *memini* « avoir présent à l'esprit » → mémento, famille de *mens* « esprit » → mental) **1.** psych. Retour à l'esprit d'un souvenir non identifié comme tel. **2.** littér. Souvenir imprécis, où domine la tonalité affective. *De vagues réminiscences.*

Remiremont Commune des Vosges, au S. d'Épinal, sur la Moselle. 7 711 habitants (agglomération 21 500).

Rémire-Montjoly Commune de la Guyane, dans la banlieue de Cayenne. 25 793 habitants.

remis, ise voir **remettre**

remise n. f. (de *remettre*) **I.** (Action de remettre) **1.** (dans des loc.) *Remise en, à* : action de mettre à sa place antérieure, dans son état antérieur. *Remise en marche, en ordre. Remise à neuf.* – *Une remise en question.* **2.** Action de mettre en la possession de (qqn). *La remise d'un colis à son destinataire.* → **distribution, livraison.** *Remise de médailles.* **3.** Renonciation (à une créance). *Remise de dette.* **4.** *Remise de peine* : réduction de la peine (d'un condamné). **5.** Diminution de prix. → **rabais, réduction.** *Faire, consentir une remise à qqn. Remise de 5 % sur un rayon.* **6.** Renvoi à plus tard. → **ajournement. II.** Local où l'on peut abriter des voitures, des objets. → **resserre.** *Les remises d'une ferme.*

remiser v. tr. < 1 > **1.** Ranger (un véhicule) sous une remise, un abri. → **garer. 2.** Mettre (qqch.) à l'abri en un lieu écarté. → **[1]ranger.** *Remiser une malle au grenier.*

rémissible adj. (du latin → rémission) didact. Digne de rémission, de pardon.

rémission n. f. (du latin, de *remittere* → remettre) **1.** Action de remettre, de pardonner (les péchés). *La rémission des péchés.* → **absolution.** ■ loc. *Sans rémission* : sans indulgence, sans possibilité de pardon. *Punir sans rémission.* **2.** Diminution momentanée (d'un mal). → **répit.** *Les rémissions de la douleur.*

rémittent, ente adj. (du latin → rémission) méd. (maladie...) Qui présente des périodes d'accalmie. *Fièvre rémittente.*

remix n. m. (de l'anglais *to remix* « refaire le mixage sonore de ») anglic. Nouvelle orchestration, nouvel arrangement par mixage d'éléments sonores (d'une chanson, d'un air). → **réorchestration.** □ **remixer** v. tr. < 1 >

rémiz [Remiz] n. m. (polonais *remiz* « oiseau romain ») zool. Petit oiseau (passereau), de la famille des mésanges. *Des rémiz.*

Remizov (Alekseï Mikhaïlovitch) Romancier et conteur russe (1877-1957). Dans ses romans, il montra son attachement à son enfance populaire et au folklore de la Russie *(La Mare ; La Cinquième Peste ; Mara)*. Émigré à Berlin puis à Paris après 1921, il écrivit surtout des contes, laissant s'exprimer son goût pour la fantaisie et le rêve *(Ennui et Badinage ; Rêves)*.

remmailler [Rɑ̃maje] v. tr. < 1 > (famille de [1]*maille*) Réparer en reconstituant, en remontant les mailles. *Remmailler des bas.* - var. **remailler.** □ n. m. **remmaillage** [Rɑ̃majaʒ] - var. **remaillage.**

remmailleur, euse [Rɑ̃majœR, øz] n. Ouvrier, ouvrière qui remmaille. *Un remmailleur de filets.*

remmener [Rɑ̃m(ə)ne] v. tr. < 5 > Emmener (qqn) au lieu d'où on l'a amené. → **ramener ; reconduire.**

remnographie n. f. (de *R. M. N.*) méd. Méthode de reconstitution d'images anatomiques fondée sur la résonance* magnétique nucléaire.

remodeler v. tr. < 5 > **1.** Transformer en améliorant la forme de (qqch.). *Chirurgien qui remodèle un visage.* **2.** Modifier l'organisation de (qqch.). → **remanier, restructurer.** □ n. m. **remodelage**

Rémond (René) Historien français (1918-2007). Spécialiste d'histoire contemporaine et d'histoire religieuse, il eut le souci d'ouvrir l'histoire à d'autres disciplines (écologie et sociologie), renouvelant profondément la recherche en histoire. *La Droite en France de 1815 à nos jours ; Le Catholicisme français et la société politique.* Académie française.

remontada [Rəmɔ̃tada] n. f. (mot espagnol « retour, remontée ») **1.** Remontée au score inattendue. *Équipe qualifiée au terme d'une incroyable remontada.* **2.** fam. Rétablissement spectaculaire (d'un candidat).

remontage n. m. Action de remonter (un mécanisme...).

remontant, ante adj. **I.** hortic. *Plante remontante*, qui produit (des fleurs, des fruits) plusieurs fois dans l'année. *Fraisier remontant.* **II.** Qui remonte, redonne de la vigueur. → **fortifiant, reconstituant.** – n. m. *Un*

R

rempart

Les remparts du château de Fougères (Ille-et-Vilaine), représentatifs de l'architecture médiévale du XIIe au XVe siècle.

remontant : boisson, médicament qui redonne des forces. → **cordial, [1]tonique.**

remonte n. f. (de *remonter*) Action d'aller d'aval en amont. *La descente et la remonte des bateaux.* ■ Le fait, pour les poissons, de remonter une rivière afin de frayer. – par ext. L'ensemble de ces poissons. *Une grosse remonte de saumons.*

remonté, ée adj. fam. 1. Débordant de vitalité. → **dynamique.** *Elle est rentrée de vacances complètement remontée.* 2. En colère. *Le chef est drôlement remonté contre toi.*

remontée n. f. I. 1. Action de remonter. *La remontée de l'eau dans un siphon.* – Fait de remonter (une pente, une rivière). 2. sports Action de regagner du terrain perdu. *Équipe qui fait une belle remontée.* II. Dispositif servant à remonter les skieurs. *Remontées mécaniques* : remonte-pentes, télésièges, etc. III. Information transmise à un plus haut niveau de hiérarchie ou de compétence. *Les remontées des clients.*

remonte-pente n. m. Câble servant à hisser les skieurs en haut d'une pente, au moyen de perches. → **téléski ;** fam. **tire-fesses.** *Des remonte-pentes.*

remonter v. < 1 > I. v. intr. 1. Monter de nouveau ; regagner l'endroit d'où l'on est descendu. *Elle est remontée au grenier.* – *Sous-marin qui remonte à la surface.* – *Pantalon qui remonte.* 2. S'élever de nouveau en pente. *La route descend, puis remonte* (sans idée de répétition). → **monter.** – Suivre une courbe ascendante. *Sa moyenne, ses notes remontent.* 3. Aller vers la source, en amont (d'un fleuve). – fig. Aller vers l'origine (de qqch.). *Remonter de l'effet à la cause.* 4. ***Remonter à*** : être aussi ancien que, avoir son origine à (une époque passée). → **dater.** *Souvenirs qui remontent à l'enfance.* – loc. *Cela remonte au déluge* : c'est très ancien. 5. *Faire remonter une information* : la transmettre à un plus haut niveau de hiérarchie ou de compétence. II. v. tr. 1. Parcourir de nouveau vers le haut. *Remonter l'escalier.* – *Remonter le peloton,* regagner le terrain perdu sur lui. 2. Parcourir vers l'amont (un cours d'eau). *Remonter un fleuve, le cours d'un fleuve.* – *Remonter le courant* ; fig. redresser une situation compromise. – fig. *La machine à remonter le temps.* 3. Porter de nouveau en haut. *Ils ont remonté les malles au grenier.* 4. Mettre à un niveau plus élevé. → **surélever.** *Remonter une étagère. Remonter son col.* → **relever.** 5. Tendre le ressort de (un mécanisme). *Remonter un réveil.* – pronom. (passif) *Jouet qui se remonte avec une clé.* 6. fig. Rendre l'énergie à. *Remonter le moral de qqn* (→ **réconforter**). – par ext. *Ce cognac va vous remonter.* → **ragaillardir, revigorer ; remontant.** – pronom. *Boire un alcool pour se remonter.* 7. Monter (ce qui était démonté). *Remonter un moteur.* 8. Pourvoir à nouveau de ce qui est nécessaire. *Remonter sa garde-robe.*

remontoir n. m. Dispositif pour remonter un mécanisme. *Montre à remontoir.*

remontrance n. f. 1. surtout au plur. Critique motivée et raisonnée adressée à qqn pour lui reprocher son attitude. → **réprimande.** *Faire des remontrances à un enfant.* 2. hist. Discours par lequel le Parlement présentait au roi les inconvénients d'un édit, d'une loi.

Remontrance (Grande) Liste des actes illégaux reprochés par le Parlement anglais à Charles Ier (1641). Le durcissement des positions qu'elle provoqua entraîna la guerre civile et l'exécution du roi (1649).

remontrer v. tr. < 1 > (de *montrer*) I. *En remontrer à (qqn)* : se montrer supérieur à ; donner des leçons à. *Il prétend en remontrer à son professeur.* II. Montrer de nouveau. *Remontrez-moi ce modèle.*

rémora n. m. (du latin « retard », de *mora* → **moratoire**) Poisson à la tête munie d'un disque faisant ventouse grâce auquel il s'attache à de gros poissons qui le transportent.

remordre v. tr. < 41 > Mordre de nouveau. *Remordre à l'hameçon.*

remords n. m. (de l'ancien v. *remordre* « ronger [l'esprit] » ; famille de *mordre*) Sentiment douloureux, accompagné de honte, que cause la conscience d'avoir mal agi. → **regret, [2]repentir.** *Avoir des remords. Être bourrelé de remords.* – *Le remords d'une faute.*

remorquage n. m. Action de remorquer ; fait d'être remorqué. *Le remorquage des péniches.*

remorque n. f. (de *remorquer*) 1. (dans des loc.) Action de remorquer ; fait d'être remorqué. *Câble de remorque.* – *Prendre un bateau, une voiture **en remorque**.* 2. loc. fig. ***Être à la remorque*** : traîner, rester en arrière. *Être à la remorque de qqn,* se laisser mener par lui. 3. Câble de remorque. 4. Véhicule sans moteur, destiné à être tiré par un autre. *Remorque de camion.*

remorquer v. tr. < 1 > (de l'italien, du latin, de *remulcare* « traîner ») 1. Tirer (un navire) au moyen d'un câble. → **remorque (3) ; haler, touer.** 2. Tirer (un véhicule sans moteur ou en panne). *Dépanneuse qui remorque une voiture.* – fig., fam. Traîner derrière soi. *Il faut remorquer toute la famille !*

remorqueur n. m. Navire muni de dispositifs de remorquage.

remouiller v. tr. < 1 > 1. Mouiller de nouveau. *Remouiller du linge à repasser.* 2. mar. *Remouiller l'ancre,* et absolt *remouiller* : jeter de nouveau l'ancre.

rémoulade n. f. (origine incertaine) Mayonnaise additionnée de moutarde, d'ail, etc. – appos. invar. *Du céleri rémoulade.*

remoulage n. m. (famille de *moudre*) techn. 1. Action de moudre une nouvelle fois ; son résultat. 2. Farine qui adhère encore au son et qu'on extrait par une deuxième mouture. → **recoupe.**

rémouleur, euse n. (famille de *moudre*) Artisan, souvent ambulant, qui aiguise les instruments tranchants. → **repasseur.**

remous n. m. (de *remoudre* « moudre à nouveau ») 1. Tourbillon à l'arrière d'un navire. – Tourbillon dans l'eau, au contact d'un obstacle ou le long des berges. *Les remous d'une rivière.* – Tourbillon dans un fluide quelconque. *Air agité de remous.* 2. Mouvement confus et massif (d'une foule). *Il y eut des remous dans l'auditoire.* 3. fig. Agitation. « *Ils se mêlaient à tous les grands remous sociaux* » (Giraudoux).

rempailler v. tr. < 1 > Garnir (un siège) d'une nouvelle paille. → **canner.** □ n. m. **rempaillage**

rempailleur, euse n. Personne dont le métier est de rempailler des sièges. → **empailleur.**

rempaqueter v. tr. < 4 ou RO 5 > Empaqueter de nouveau.

rempart n. m. (de l'ancien v. *remparer* « fortifier » ; famille de *s'emparer,* de *parer*) 1. Forte muraille qui forme l'enceinte (d'une forteresse, d'une ville fortifiée). *Des remparts crénelés.* 2. littér. Ce qui sert de défense, de protection. → **bouclier.** *Se faire un rempart du corps de qqn.* – abstrait « *Contre la médisance il n'est point de rempart* » (Molière).

rempiéter v. tr. < 6 > (de *re-*, *en-* et *pied*) techn. Réparer, refaire le pied de (une construction). □ n. m. **rempiètement** ou **rempiétement**

rempiler v. < 1 > 1. v. tr. Empiler de nouveau. *Rempiler des livres.* 2. v. intr. fam. Se rengager (dans l'armée).

remplaçable adj. (choses, personnes) Qui peut être remplacé.

remplaçant, ante n. Personne qui en remplace momentanément une autre (dans son travail). → **suppléant.** *Médecin qui prend un remplaçant pendant les vacances.*

remplacement n. m. Action, fait de remplacer qqn, qqch. – *En remplacement de* (qqch.) : à la place de. – *Produit de remplacement.* → **ersatz, succédané.** ■ *Faire un remplacement.* → **remplaçant ; intérim, suppléance.**

remplacer v. tr. < 3 > (de l'ancien v. *emplacer,* de *place* → **emplacement**) 1. *Remplacer qqch.,* mettre une autre chose à sa place. *Remplacer des rideaux par des stores.* – *Remplacer qqn,* lui donner un remplaçant ou un successeur. – Mettre à la place de (qqch.) une chose semblable et en bon état. *Remplacer un carreau cassé.* → **changer.** 2. Être mis, se mettre à la place de (qqch., qqn). *Les calculettes ont remplacé le calcul mental.* → **succéder** à. 3. Tenir lieu de. → **suppléer.** *Le miel peut remplacer le sucre.* 4. Exercer temporairement les fonctions de (qqn). *Remplacer qqn à une cérémonie.* → **représenter.** *Acteur qui se fait remplacer.* → **doubler.**

remplage n. m. (de *remplir*) archéol. Réseau de pierre garnissant l'intérieur d'une fenêtre ou d'une rose, dans le style gothique ; chaque élément de ce réseau.

rempli, ie adj. 1. Plein. *Un bol rempli de lait.* – Plein (d'assistants). *La salle est remplie.* → **bondé, [2]comble.** – Occupé dans toute sa durée. *Journée bien remplie.* – fig., littér. *Être rempli de son importance.* → **gonflé.** 2. *Rempli de* : qui contient en grande quantité ; qui a beaucoup de. *Un texte rempli d'erreurs.* – « *Je me précipitai rempli de crainte et d'émotion vers d'autres aventures* » (Céline).

remplir v. tr. < 2 > (de *emplir*) I. 1. Rendre plein, utiliser entièrement (un espace disponible). → **emplir.** *Remplir une casserole d'eau. Remplir un bol à moitié, à ras bord.* ■ *Remplir une salle* (de spectateurs...). – pronom. *La salle commence à se remplir.* ■ fig. *Ce succès l'a rempli d'orgueil.* → **combler.**

2. Couvrir entièrement (un espace). *Remplir une feuille de schémas.* – par ext. *Remplir un discours de citations.* → **truffer.** **3.** (sans compl. second) Compléter (un document qui a des espaces laissés en blanc). *Remplir un formulaire.* **II.** (sans compl. second) **1.** Rendre plein par sa présence. *L'eau remplissait les réservoirs.* – *La foule remplissait la place.* → **envahir.** ■ fig. Occuper entièrement. *La colère qui remplit son cœur.* – *Toutes les occupations qui remplissent sa vie.* **2.** Couvrir entièrement (un support visuel). *Remplir des pages et des pages.* **III.** (sans compl. second) Exercer, accomplir effectivement. *Remplir une fonction.* – *Elle a rempli ses engagements.* → **tenir.** – *Remplir certaines conditions.* → **satisfaire** à.

remplissage n. m. **1.** Opération qui consiste à remplir ; fait de se remplir. *Le remplissage d'une piscine.* **2.** péj. Ce qui allonge un texte inutilement. *C'est du remplissage.* → **délayage.**

remploi ; remployer voir **réemploi ; réemployer**

se **remplumer** v. pron. < 1 > (famille de *plume*) **1.** (oiseaux) Se couvrir de nouvelles plumes. **2.** fam. Rétablir sa situation financière. **3.** fam. Reprendre du poids. *Le convalescent commence à se remplumer.*

rempocher v. tr. < 1 > Remettre dans sa poche. *Rempocher sa monnaie.*

rempoissonner v. tr. < 1 > Repeupler de poissons. □ n. m. **rempoissonnement**

remporter v. tr. < 1 > **I.** Emporter (ce qu'on avait apporté). → **reprendre.** *Remporter un plat à la cuisine.* **II.** Emporter (ce qui est disputé). → **gagner.** *Remporter une victoire* (→ **vaincre**), *un prix.* – (sans compétition) *Film qui remporte un grand succès.*

rempoter v. tr. < 1 > Changer (une plante) de pot. □ n. m. **rempotage**

remprunter v. tr. < 1 > Emprunter de nouveau.

remuage n. m. (de *remuer*) techn. **1.** Opération par laquelle on remue le blé pour l'éventer. **2.** Mouvement d'oscillation imprimé aux bouteilles de champagne pour faire tomber le dépôt sur le bouchon.

remuant, ante adj. Qui remue beaucoup. *Un enfant remuant.* → **turbulent.** – Qui a des activités multiples et un peu brouillonnes.

remue-ménage n. m. Mouvements, déplacements bruyants et désordonnés. *Faire du remue-ménage. Des remue-ménages* ou *des remue-ménage* (invar.). – fig. *Un grand remue-ménage politique.*

remue-méninges n. m. invar. ou **remue-méninge** n. m. Réunion organisée pour que les participants émettent des idées, formulent des propositions. *Des remue-méninges.* - recomm. offic. pour *brainstorming.*

remuement n. m. Action de remuer ; mouvement de ce qui remue.

remuer v. < 1 > (de *muer*) **I.** v. tr. **1.** Faire changer de position. → **bouger, déplacer.** *Objet lourd à remuer.* – *Remuer les lèvres.* – loc. *Ne pas remuer le petit doigt :* ne rien faire pour aider qqn. **2.** Déplacer dans ses parties, ses éléments. *Remuer des braises. Remuer la salade.* → **retourner ;** fam. **touiller.** – loc. *Remuer ciel et terre :* faire appel à tous les moyens (pour obtenir qqch.). **3.** fig. Agiter moralement. *« L'amour a remué ma vie »* (Apollinaire). – *Son récit nous a profondément remués.* → **émouvoir.** – au p. p. Ému. *Il semble très remué.* **II.** v. intr. **1.** Bouger, changer de position. *Elle souffre dès qu'elle remue.* – loc. fam. *Ton nez remue !*, tu mens. – *Avoir une dent qui remue.* **2.** S'agiter, menacer de passer à l'action. → **bouger.** *Les syndicats commencent à remuer.* ■ se **remuer** v. pron. Se mouvoir, faire des mouvements. *Avoir de la peine à se remuer.* – fig. Agir en se donnant de la peine. → se **démener,** se **dépenser.** *Se remuer pour faire aboutir un projet.*

remueur, euse n. techn. Personne chargée du remuage des bouteilles de champagne.

remugle n. m. (origine germanique) littér. Odeur désagréable de renfermé.

rémunérateur, trice adj. (→ rémunérer) Qui paie bien, procure des bénéfices. *Activité rémunératrice.* → **lucratif.**

rémunération n. f. (→ rémunérer) Argent reçu pour prix d'un service, d'un travail. → **rétribution, salaire.**

rémunératoire adj. dr. Qui a un caractère de récompense. *Legs rémunératoire.*

rémunérer v. tr. < 6 > (du latin, de *munus, muneris* → **commun, municipal**) Payer (un service, un travail). – Payer (qqn) pour un travail. → **rétribuer.** – au p. p. *Travail, collaborateur bien, mal rémunéré.*

Remus (mort v. 753 av. J.-C. ?) D'après les récits légendaires de Rome, frère jumeau de Romulus, que celui-ci aurait tué.

Rémusat (Claire Élisabeth Gravier de Vergennes, comtesse de) Femme de lettres française (1780-1821). Elle a écrit un *Essai sur l'éducation des femmes,* des *Lettres* et des *Mémoires.*

Rémusat (Abel) Sinologue français (1788-1832). Nommé à la première chaire de chinois du Collège de France, il devint, en 1824, conservateur des manuscrits orientaux de la Bibliothèque royale. Il a rédigé un *Essai sur la langue et la littérature chinoises* et une *Histoire du bouddhisme.*

Rémusat (Charles François Marie, comte de) Homme politique français (1797-1875). Ministre des Affaires étrangères (1871-1873), député, il participa à l'élaboration des lois constitutionnelles de 1875. Il est l'auteur d'ouvrages d'histoire et de philosophie, ainsi que de *Mémoires.*

Remy (Jean-Pierre Angremy, dit Pierre-Jean) Romancier français (1937-2010). Diplomate, il a notamment été directeur de l'Académie de France à Rome (1994-1997), et s'est inspiré dans ses romans de ses séjours à l'étranger (*Le Sac du Palais d'été ; Une ville immortelle*).

Rémy (Gilbert Renault, dit le colonel) Résistant français (1904-1984). Il fut le fondateur du réseau de renseignements « la Confrérie Notre-Dame ».

renâcler v. intr. < 1 > (probablt famille de *nez*) **1.** (animaux) Renifler en signe de mécontentement. **2.** fig. Témoigner de la répugnance (devant une contrainte). *Renâcler à la besogne.* → **rechigner.** *Accepter une corvée sans renâcler.*

renaissance n. f. **I. 1.** relig. Nouvelle naissance. **2.** fig. Nouvel essor. *La renaissance des arts.* → **renouveau.** **II.** (avec maj.) *La Renaissance :* essor intellectuel provoqué, à partir du XVe siècle en Italie, puis dans toute l'Europe, par le retour aux idées et à l'art antiques. – Période historique allant du XIVe ou du XVe siècle à la fin du XVIe siècle. *Tableau, édifice de la Renaissance.* – appos. (invar.) *Châteaux Renaissance.*

▶ La **Renaissance**, cette exceptionnelle période de mutations, éclot en Italie dès le début du XVe s. et s'épanouit en Europe occidentale jusqu'à la fin du XVIe s. Après le Moyen Âge, considéré comme une période obscure, l'Occident réunit toutes les conditions d'un formidable essor : progrès techniques (haut-fourneau, imprimerie...), augmentation de la production, forte croissance démographique, développement rapide de la navigation et du commerce soutenus par les banques et l'élargissement des horizons (avec la découverte de l'Amérique par C. Colomb en 1492). Une bourgeoisie puissante apparaît et obtient des responsabilités politiques. Les États européens s'affirment, le principe de la monarchie absolue — symbolisée par Laurent de Médicis, Charles Quint ou François Ier — est défini. Grâce au mécénat public et privé, une nouvelle culture urbaine, savante et « humaniste » voit le jour et vient confirmer sur le plan intellectuel la domination économique européenne sur le reste du monde.

Cette Renaissance culturelle et artistique se manifeste par le rejet des valeurs médiévales, par la redécouverte de l'héritage gréco-romain, par un regain d'intérêt pour l'homme et la nature, enfin par une soif de savoir de la part de savants et d'artistes devenus polyvalents, à la fois architectes, sculpteurs, peintres et auteurs de traités. Léonard de Vinci en est la figure type.

La première Renaissance, ou Quattrocento (XVe s.), a pour principal centre Florence, cité des Médicis. C'est une époque de spéculation qui définit un nouvel humanisme dans lequel l'Homme est la mesure de toute chose. En art est défini un nouveau système de représentation fondé sur l'imitation de la nature, l'étude de la géométrie et la perspective. Ses principaux représentants sont l'architecte Brunelleschi, les sculpteurs Ghiberti et Donatello, les peintres Filippo Lippi, Botticelli, Fra Angelico et Piero della Francesca. La Renaissance classique, ou Cinquecento (XVIe s.), est une période de maturité et de pleine possession des moyens techniques. Elle est dominée par trois artistes de génie : Raphaël, Michel-Ange et Léonard de Vinci. Son principal centre est Rome, mais elle gagne peu à peu toute l'Europe, notamment l'Allemagne, la Flandre et les Pays-Bas, ainsi que la France.

voir aussi **humanisme, Moyen Âge**

Renaissance voir **République En Marche ! (La)**

renaissant, ante adj. **1.** Qui renaît. *« L'attente perpétuelle de mon retour, espoir toujours renaissant, quoique toujours trompé »* (Balzac). **2.** didact. De la Renaissance. *L'art renaissant.*

renaître v. intr. < 59 > REM. Le p. p. est très rare, à cause du prénom *René.* **1.** Naître de nouveau. – loc. fig. *Renaître de ses cendres :* réapparaître, revivre après la destruction, la ruine. **2.** littér. *Renaître à :* revenir dans (tel ou tel état). *Renaître à la vie :* recouvrer la santé, la joie de vivre. **3.** Reprendre des forces. *Se sentir renaître.* → **revivre.** **4.** (choses) Recommencer à vivre. → **reparaître.** – *Faire renaître le passé.* **5.** Recommencer à croître. *La végétation renaît au printemps.* - var. RO **renaitre.**

Renaix voir **Ronse**

rénal, ale, aux adj. (du latin, de *ren, renis* → **rein**) Relatif au rein ou à sa région. → **néphrétique.** *Plexus rénaux.*

Renan (Ernest) Écrivain et philologue français (1823-1892). La lecture d'Hegel le détourna de sa vocation religieuse. Dans *L'Avenir de la science,* il affirma son rationalisme et prôna la prééminence de la philologie. Il voyagea au Liban et en Palestine, séjour qui lui inspira l'*Histoire des origines du christianisme,* apologie d'un christianisme rationnel et critique et dont le premier tome, la *Vie de Jésus,* connut une répercussion considérable en Europe.

R

renard n. m. (de *Renart,* n. propre d'origine germanique, n. du goupil dans le *« Roman de Renart »* [XIIIe s.] ; a éliminé le mot *goupil**) **1.** Mammifère carnivore à la tête triangulaire et effilée, à la queue touffue ; le mâle adulte. – *Renard des sables.* → **fennec.** – loc. *Rusé comme un renard.* **2.** Fourrure de cet animal. *Col de renard.* **3.** Personne rusée, subtile. *Un vieux renard.* **4.** Fente, trou par où se perd l'eau d'un canal, d'un bassin.

Renard (Charles) Officier et ingénieur militaire français (1847-1905). Il construisit un ballon dirigeable, *La France,* le premier à accomplir un parcours en circuit fermé. Il imagina une série de valeurs numériques dans le système métrique destinées à normaliser les pièces dans la construction mécanique. Cette normalisation a été reprise par la suite pour élaborer la norme ISO 3.

Renard (Jules) Écrivain français (1864-1910). Auteur de récits aux sujets réalistes (*Poil de Carotte ; L'Écornifleur*), il écrivit aussi de courtes comédies (*Le Plaisir de rompre ; Le Pain de ménage*) où son art de la litote sert l'analyse psychologique. Il a laissé un

La peinture à l'huile, qui permet de travailler les ombres pour donner l'illusion du volume, et la perspective, qui permet de rendre la profondeur, sont les deux inventions qui inaugurent, dès la fin du XIVe s. en Italie, un art représentant non plus seulement la divinité de façon stylisée, mais l'homme, de façon réaliste. Les beaux-arts redécouvrent alors la grandeur de l'Antiquité païenne. Le nu ou le portrait réapparaissent. C'est en fait le regard qui s'inverse dans l'art de cette époque fondatrice. En effet, si au Moyen Âge la figure divine peinte ou sculptée avait pour fonction de regarder le spectateur (le « surveiller » pour son salut), à la Renaissance, elle est montrée au contraire pour être admirée par un individu pensant et responsable.

Ci-dessus, *La Création d'Adam. La Genèse*, Michel-Ange (1512), Chapelle Sixtine, Vatican.

Adam et Ève chassés du Paradis, Masaccio (1427), chapelle Brancacci, église Santa Maria del Carmine, Florence.

Tourelle Renaissance du château de Saint-Aignan, Loir-et-Cher.

Portrait de Doña Isabel de Requesens, Raphaël et Giulio Romano (v. 1518), musée du Louvre, Paris.

Autoportrait, Albrecht Dürer (1498), musée national du Prado, Madrid.

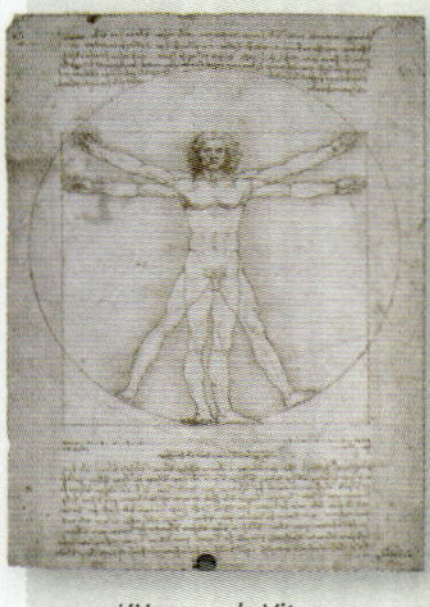

L'Homme de Vitruve, Léonard de Vinci (v. 1490), galerie de l'Académie, Venise.

Captif ou *l'Esclave mourant*, Michel-Ange (v. 1513-1515), musée du Louvre, Paris.

Fauteuil aux armes de François Ier (XVIe s.), château de Blois.

Le Changeur et sa femme, Quentin Metsys (1514), musée du Louvre, Paris.

Salière en or figurant Neptune et Tellus, Benvenuto Cellini (v. 1540-1543), musée des Beaux-Arts, Vienne.

Journal, témoignage mordant et pittoresque sur les artistes et écrivains de son époque.

Renard (Jean-Claude) Poète français (1922-2002). Son œuvre est profondément marquée par la spiritualité. *Cantiques pour des pays perdus ; La Terre du sacre ; Ces puits que rien n'épuise.*

renarde n. f. Femelle du renard.

renardeau n. m. Petit du renard.

renardière n. f. Terrier du renard.

Renart (Jean) Trouvère français (fin XIIe-début XIIIe s.). Il est l'auteur de romans en vers, dont *Guillaume de Dole,* et du poème *Le Lai de l'ombre,* modèle de discussion courtoise et de stratégie amoureuse.

Renart (Roman de) voir **Roman de Renart**

Renaud (Madeleine) Comédienne française (1900-1994). Après une carrière à la Comédie-Française, elle fonda avec son mari J.-L. Barrault la compagnie Renaud-Barrault en 1947. Elle mit sa pureté de jeu au service de textes classiques et contemporains (Beckett, Genet), avec une prédilection pour ceux de Marguerite Duras. Au cinéma, elle a joué sous la direction de Duvivier, Grémillon, ou Max Ophuls *(Le Plaisir).*

Madeleine Renaud en 1994, dans *Oh les beaux jours* de Samuel Beckett.

Renaud (Renaud Séchan, dit) Auteur, compositeur et interprète français de chansons (né en 1952). Il est un artiste très populaire par son esprit anarchiste, sa poésie, son humour et sa gouaille *(Laisse béton ; Mistral gagnant).*

Renaud en concert à Paris en 2007.

renauder v. intr. < 1 > (origine incertaine ; probablt famille de *renard*) pop., vieux Protester avec mauvaise humeur. → **râler, rouspéter.**

Renaudot (Théophraste) Médecin et journaliste français (1586-1653). Médecin et secrétaire du roi, commissaire des pauvres du royaume, il créa *La Gazette de France* (1631) et dirigea *Le Mercure de France.*

Renaudot (prix Théophraste) Fondé en 1926, ce prix littéraire récompense chaque année un auteur de romans ou de nouvelles.

Renault (Louis) Industriel français (1877-1944). Il fonda, avec ses frères, **Marcel** (1872-1903) et **Fernand** (1865-1909), l'usine Renault Frères à Billancourt, qui prit progressivement la première place dans le marché français de l'automobile. Les usines Renault, ayant travaillé pour la Wehrmacht lors de la Seconde Guerre mondiale, furent nationalisées (1945), devenant la Régie

Renault (Louis)

Arrivée de Louis Renault, vainqueur de la course automobile Paris-Madrid (1903).

nationale des usines Renault. Elles furent privatisées de nouveau en 1996.

rencaisser v. tr. < 1 > **1.** hortic. Remettre en caisse (une plante). → **rempoter.** *Rencaisser des orangers.* □ n. m. **rencaissage 2.** fin. Encaisser de nouveau (une somme). □ n. m. **rencaissement**

rencard ; rencarder voir **rancard ; rancarder**

renchérir v. intr. < 2 > (de *enchérir*) **1.** Devenir plus cher. *Les prix ont renchéri.* → **augmenter. 2.** Faire une enchère supérieure. **3.** fig. *Renchérir sur* : aller encore plus loin que, en action ou en paroles. → **surenchérir.** *Renchérir sur un mensonge.*

renchérissement n. m. Hausse du prix (de qqch.).

rencogner v. tr. < 1 > (famille de *coin*) fam., vieux Pousser, repousser dans un coin. – pronom. mod. *Se rencogner.* → **se blottir.**

[1]rencontre n. f. (de *rencontrer*) **I.** littér. Circonstance fortuite, hasard. – loc. adj. invar. *De rencontre* : fortuit (→ de hasard). *Des « joies de rencontre »* (Gide). **II. 1.** Le fait, pour deux personnes, de se trouver (par hasard ou non) en contact. *Une rencontre agréable. Mauvaise rencontre,* celle d'une personne dangereuse. *Ménager une rencontre entre deux personnes.* → **entrevue, rendez-vous.** – *À la rencontre de* : au-devant de. *Aller à la rencontre de qqn ; à sa rencontre.* **2.** Engagement, combat, match. *Une rencontre de boxe.* – Réunion autour d'une discussion. *Rencontre au sommet.* **3.** (choses) Le fait de se trouver en contact. → **jonction.** *Point de rencontre. Rencontre brutale.* → **choc, collision.**

[2]rencontre n. m. (de *rencontrer,* même mot que *[1]rencontre*) blason Tête d'animal vue de face. *Un rencontre de cerf.* → aussi **massacre.**

rencontrer v. tr. < 1 > (de l'ancien v. *encontrer,* de *encontre* → *à l'encontre*) **1.** Se trouver en présence de (qqn) par hasard. *Je l'ai rencontré sur mon chemin.* → **croiser.** ■ Se trouver avec (qqn) par une rencontre ménagée. *Rencontrer un émissaire.* – Être opposé en compétition à (un adversaire). ■ Se trouver pour la première fois avec (qqn). → faire la **connaissance** de. *Je l'ai rencontré chez des amis.* ■ Trouver (parmi d'autres). *Un collaborateur comme on n'en rencontre guère,* remarquable. **2.** Se trouver près de, en présence de (qqch.). *« Un des sites les plus mélancoliques [...] qu'il m'ait été donné de rencontrer »* (Loti). – (sujet chose) *Son regard rencontra le mien.* – *Sa tête a rencontré le mur.* → **heurter. 3.** fig. Se trouver en présence de (un évènement...). *Rencontrer une occasion.* – *Le projet a rencontré une forte opposition.* ■ **se rencontrer** v. pron. **1.** Se trouver en même temps au même endroit. *Elles se sont rencontrées dans la rue.* – Faire connaissance. *Nous nous sommes déjà rencontrés.* – Avoir une entrevue. → **se réunir.** ■ fig. Partager, exprimer les mêmes idées ou sentiments. loc. prov. *Les grands esprits* se rencontrent.* **2.** Entrer en contact. *Leurs regards se rencontrèrent.* **3.** passif Se trouver, être constaté. → **exister.** *Les « petitesses qui se rencontrent dans [...] les grands caractères »* (Hugo). – impers. *Il se rencontre des gens qui...* → **se trouver.**

Rendell (Ruth), baronne de Babergh Romancière britannique (1930-2015). Elle est l'autrice de romans policiers (25 titres sur les enquêtes de l'inspecteur Wexford) et de thrillers psychologiques écrits parfois sous le pseudonyme de Barbara Vine *(L'Homme à la tortue).* Plusieurs intrigues ont été adaptées au cinéma *(La Cérémonie* et *La Demoiselle d'honneur,* Claude Chabrol ; *Betty Fisher et autres histoires,* Claude Miller).

rendement n. m. **1.** Produit de la terre, évalué par rapport à la surface cultivée. *Rendement à l'hectare.* – Production évaluée par rapport à des données de base (matériel, capital, travail, etc.). → **productivité.** *Augmentation, baisse du rendement.* **2.** phys. Rapport de l'énergie utilisable fournie par une machine à l'énergie qui lui a été fournie. **3.** Produit, gain. → **rentabilité.** *Taux de rendement d'un investissement.* – (dans un travail) *Elle s'applique, mais le rendement est faible.*

rendez-vous n. m. **1.** Rencontre convenue entre deux ou plusieurs personnes. → fam. **rancard.** *Avoir, prendre (un) rendez-vous avec qqn. Donner (un) rendez-vous à qqn. Médecin qui reçoit sur rendez-vous.* - abrév. **R-V** ou **RDV.** – fig. *Être au rendez-vous,* être présent au moment voulu. *Le soleil était au rendez-vous.* ■ spécialt *Rendez-vous amoureux, galant.* – *Maison de rendez-vous,* qui accueille des couples de rencontre. **2.** Lieu fixé pour une rencontre. *Arriver le premier au rendez-vous.* – Lieu de rencontre habituel. *Ce café est le rendez-vous des étudiants.*

rendormir v. < 16 > Endormir de nouveau. □ v. pron. **se rendormir** *Elle s'est vite rendormie.*

rendosser v. tr. < 1 > (de *re-* et *endosser*) Endosser, mettre de nouveau. *Rendosser son pardessus.*

rendre v. tr. < 41 > (vient du latin *rendere,* de *reddere* → **rente ; reddition**) **I. 1.** Donner en retour (ce qui est dû). *Je vous rends votre argent* (→ **rembourser**). ■ abstrait Donner (sans idée de restitution). *Rendre service, rendre des services à qqn. Rendre grâce(s) à* : remercier. – (sans compl. second) *Rendre un jugement.* → **prononcer. 2.** Donner en retour (ce qui a été pris ou reçu). → **restituer.** *Rendre ce qu'on a pris.* – fig. *Rendre la liberté à qqn. Rendre à qqn sa parole,* le délier d'un engagement. ■ Rapporter au vendeur (ce qu'on a acheté). *Article qui ne peut être ni rendu ni échangé.* **3.** Faire recouvrer. → **redonner.** *Ce traitement m'a rendu des forces ; le sommeil.* **4.** Donner en retour (en échange de ce qu'on a reçu). *Rendre un baiser.* – loc. *Rendre coup* *pour coup. Rendre le mal pour le mal.* – *Rendre la monnaie.* fig. *Rendre à qqn la monnaie* de sa pièce.* – *Rendre la pareille*.* – *Rendre à qqn sa visite ;* par ext. *rendre visite* à qqn.* **5.** intrans. Produire, rapporter. **II. 1.** Laisser échapper (ce qu'on ne peut garder, retenir). – spécialt Vomir. *Il a rendu son dîner.* absolt *Avoir envie de rendre.* ■ fig. *Rendre l'âme, l'esprit, le dernier soupir :* mourir. **2.** Faire entendre (un son). *Instrument qui rend des sons grêles.* **3.** Céder, livrer. loc. *Rendre les armes.* **III.** Faire devenir. *Il me rendra fou.* – au passif *Le jugement a été rendu public.* **IV.** (Présenter après interprétation) **1.** Bien traduire. *Une tournure difficile à rendre.* **2.** Exprimer par le langage. *« Des mots humains trop faibles pour rendre des sensations divines »* (Balzac). ■ Exprimer par un moyen plastique ou graphique. *Rendre avec vérité un paysage.* – au p. p. *Détail bien rendu* (→ **rendu**). ■ **se rendre** v. pron. **1.** *Se rendre à :* se soumettre, céder à. *Se rendre aux prières, aux ordres de qqn.* ■ absolt Se soumettre (en rendant les armes). → **reddition.** *Se rendre sans conditions.* → **capituler.** – (d'un criminel) Se livrer. **2.** Se transporter, aller. *Se rendre à son travail.* **3.** (suivi d'un attribut) Se faire (tel), devenir par son propre fait. *Se rendre maître de la situation.* – *Vous allez vous rendre malade.* ■ (être) **rendu, ue** v. passif et p. p. **1.** Parvenir à sa destination. *Nous voilà rendus.* **2.** Être extrêmement fatigué. → **fourbu.** *« C'est la fatigue, vous êtes rendu »* (Bernanos).

rendu n. m. **1.** loc. *C'est un prêté* pour un rendu.* **2.** arts Exécution restituant fidèlement l'impression donnée par la réalité. *Le rendu de l'eau.* ■ photogr., audiovisuel Qualité de restitution d'une image. *Le rendu d'une photo, d'un écran de télévision.*

rendzine n. f. (d'un mot polonais) géol., géogr. Sol peu lessivé, fréquent sur les pentes calcaires. *Certaines rendzines contiennent de l'humus et sont fertiles.*

rêne n. f. (vient du latin ; famille de *retenir*) Chacune des courroies fixées aux harnais d'une bête de selle, et servant à diriger l'animal. → **bride, guide.** ■ littér. *Les rênes de l'État.* – loc. *Tenir les rênes d'une affaire,* la diriger.

René Ier le Bon (1409-1480). Duc de Bar (1430-1480), de Lorraine (1431-1453) et d'Anjou, comte de Provence (1434-1480) et roi titulaire de Naples (1438-1442). Fils de Louis II d'Anjou et de Yolande d'Aragon, il apporta son soutien à son beau-frère Charles VII de France lors de la guerre de Cent Ans. Il centralisa l'administration dans ses États et protégea le commerce et les arts, écrivant lui-même des romans et des poésies. ■ **René II** (1451-1508). Duc de Lorraine (1473-1508) et de Bar (1480-1508). Petit-fils de René Ier. Dépossédé de ses États par Charles le Téméraire (1475), il réussit à le battre et à le tuer au siège de Nancy (1477).

Renée de France (1510-1575). Duchesse de Ferrare (1534-1559). Fille de Louis XII et d'Anne de Bretagne, épouse du duc de Ferrare, Hercule II d'Este, elle tint une cour brillante. Gagnée à la Réforme, elle accueillit des protestants (Marot, Calvin), et fut emprisonnée par son mari. Après la mort de celui-ci, elle se retira à Montargis, qui devint un foyer du protestantisme.

renégat, ate n. (de l'italien, du latin pop. *renegare* → **renier**) Personne qui a renié sa religion. → **apostat.** – Personne qui a trahi ses opinions, son parti, etc. → **traître.**

renégocier v. tr. < 7 > Négocier à nouveau les termes de (un accord, un contrat). *Renégocier un contrat d'assurance.* □ adj. **renégociable** □ n. f. **renégociation**

reneiger v. impers. < 3 > Neiger de nouveau.

Renens Ville de Suisse (Vaud), dans la banlieue O. de Lausanne. 20 523 habitants. Centre industriel.

rénette n. f. (de *roisne,* ancienne forme de *rouanne* « rabot ») techn. Instrument servant à tailler le sabot du cheval. ■ Outil à pointe recourbée et tranchante. *Rénette de charpentier, de sellier, de bourrelier.*

renfermé, ée **1.** adj. Qui ne montre pas ses sentiments. → **dissimulé, ¹secret.** *Un enfant renfermé.* – *Caractère renfermé.* **2.** n. m. Mauvaise odeur d'un lieu mal aéré. *Cette chambre sent le renfermé.*

renfermer v. tr. < 1 > **1.** Tenir caché (un sentiment). → **dissimuler.** *« Celui qui a le courage de renfermer sa peine »* (G. Sand). – pronom. *Se renfermer en soi-même,* ne rien livrer de ses sentiments. **2.** (choses) Tenir contenu. *Les roches renferment des minéraux.* – abstrait Comprendre, contenir. *Texte qui renferme de grandes idées.* □ n. m. **renfermement**

renfiler v. tr. < 1 > (de *re-* et *enfiler*) Enfiler une nouvelle fois. *Faire renfiler un collier de perles.* – *Renfiler un pull-over,* le remettre.

renflé, ée adj. Qui présente un bombement, une courbure de surface. → **galbé, pansu.** – *Colonne renflée,* dont le diamètre est plus grand dans la partie médiane.

renflement n. m. État de ce qui est renflé ; partie renflée.

renfler v. tr. < 1 > (de *enfler*) rare Rendre convexe, bombé. – pronom. *Se renfler.*

renflouage n. m. Action de renflouer. - syn. **renflouement.**

renflouer v. tr. < 1 > (mot normand, même origine que *flot*) **1.** Remettre (un navire) à flot. *Renflouer un navire échoué.* **2.** fig. Sauver (qqn, une entreprise) de difficultés financières en fournissant des fonds.

renfoncement n. m. Ce qui forme un creux. *Le renfoncement d'une porte.* – Recoin, partie en retrait.

renfoncer v. tr. < 3 > Enfoncer plus avant, plus fort. *Renfoncer son chapeau.*

renforçateur, trice **I.** adj. Qui renforce. *Agent renforçateur.* **II.** n. m. Produit qui augmente l'intensité (de qqch.). *Renforçateur de goût* (additif alimentaire). → **exhausteur.** – photogr. Solution dont l'effet est d'augmenter les contrastes, l'intensité des noirs.

renforcement n. m. **1.** Action, fait de renforcer, d'être renforcé. *Renforcement d'un mur. Exercices de renforcement musculaire.* **2.** photogr. Opération par laquelle on renforce les contrastes d'une épreuve. - syn. **renforçage.**

renforcer v. tr. < 3 > (de l'ancien v. *enforcier* « rendre plus fort », de *force*) **1.** Rendre plus fort, plus solide. → **consolider.** *Renforcer un mur.* – au p. p. *Talons renforcés.* ■ Rendre plus puissant. *Renforcer une armée* (→ **renfort**). **2.** Rendre plus intense. *Renforcer une couleur.* – *Mot qui sert à renforcer l'expression.* **3.** Rendre plus ferme, plus certain. → **fortifier.** *Cela renforce ma certitude.* → **confirmer.** – par ext. *Renforcer qqn dans une opinion.*

renformir v. tr. < 2 > (de l'ancien français *renformer* « remettre en forme ») techn. Réparer (un mur) en remplaçant les pierres manquantes ou détériorées et en le crépissant (opération du *renformis* [ʀɑ̃fɔʀmi]).

renfort n. m. (de *renforcer*) **1.** Effectifs et matériel destinés à renforcer une armée. *Envoyer des renforts.* fig. *Prendre du personnel en renfort.* **2.** loc. *À grand renfort de :* à l'aide d'une grande quantité de. *S'exprimer à grand renfort de gestes.* **3.** techn. Pièce qui en renforce une autre.

renfrogné, ée adj. **1.** Contracté par le mécontentement. *Visage renfrogné.* **2.** (personnes) Maussade, revêche.

se renfrogner v. pron. < 1 > (de l'ancien v. *froigner,* probablt d'origine gauloise) Témoigner son mécontentement par une expression contractée du visage.

rengager v. tr. < 3 > Engager de nouveau. *Rengager du personnel.* ■ *Se rengager* v. pron. ou *rengager* v. intr. : reprendre du service volontaire dans l'armée. → **rempiler.** – au p. p. *Soldat rengagé.* □ n. m. **rengagement** ou **réengagement**

rengaine n. f. (de *rengainer*) **1.** Formule répétée à tout propos. *C'est toujours la même rengaine.* → **refrain. 2.** Air à la mode, chanson ressassée. *Une rengaine à la mode.*

rengainer v. tr. < 1 > (famille de *gaine*) **1.** Remettre dans la gaine, l'étui. *Rengainer son pistolet.* **2.** fam. Retenir (ce qu'on allait manifester). *Rengainer son compliment.*

Renger-Patzsch (Albert) Photographe allemand (1897-1966). Chef de file incontesté de la Nouvelle Vision, il montra, dans son album *Le monde est beau,* les similitudes formelles entre les produits de la nature et ceux de l'industrie.

se rengorger v. pron. < 3 > (famille de *gorge*) **1.** (oiseaux) Gonfler la gorge. *Le paon se rengorge.* **2.** (personnes) Prendre une attitude vaniteuse, faire l'important. *Depuis ce succès, il se rengorge.*

rengraisser v. intr. < 1 > Engraisser après avoir maigri.

rengréner v. tr. < 6 > techn. Engager de nouveau dans un engrenage. - var. **rengrener** [ʀɑ̃gʀene, ʀɑ̃gʀəne] < 5 >. □ n. m. **rengrènement**

Reni (Guido) dit en français **le Guide** Peintre, décorateur, dessinateur et graveur italien (1575-1642). Élève du maniériste flamand Calvaert, puis à l'académie des Carrache, il séjourna à Rome, où il subit l'influence du Caravage (*La Crucifixion de saint Pierre ; La Charité*). Il travailla ensuite aux fresques de la chapelle du palais Quirinal et à Sainte-Marie-Majeure. Il peignit la célèbre fresque de *L'Aurore* au casino Rospigliosi, puis se fixa à Bologne. Ses œuvres religieuses sont empreintes de sentimentalisme et d'une suavité révélatrice d'une piété nouvelle. Il fut le plus brillant représentant de l'école bolonaise.

renier v. tr. < 7 > (vient du latin pop. *renegare* → **renégat,** de *negare* → **nier**) **1.** Déclarer faussement qu'on ne connaît pas ou qu'on ne reconnaît pas (qqn). *Saint Pierre renia trois fois Jésus. Renier sa famille.* **2.** Renoncer à (ce qui inspire la fidélité). *Renier sa foi.* → **abjurer.** *Renier ses opinions ; sa signature.* → **désavouer.** *Renier ses engagements,* s'y dérober. □ n. m. **reniement**

reniflard n. m. techn. **1.** Soupape de chaudière à vapeur. **2.** Dispositif pour évacuer les vapeurs d'huile (d'un carter de moteur). → **purgeur.**

reniflement n. m. Action de renifler ; bruit fait en reniflant.

renifler v. < 1 > (de l'ancien v. *nifler,* d'origine onomatopéique) **1.** v. intr. Aspirer bruyamment par le nez. **2.** v. tr. Aspirer par le nez, sentir (qqch.). → **flairer.** *Chien qui renifle une odeur. Renifler un plat.* – fig. *Renifler quelque chose de louche.* → **pressentir.**

renifleur, euse adj. et n. **1.** (Personne) qui renifle. ■ *Chien renifleur,* dressé pour la détection de substances bien définies. **2.** n. m. Appareil, programme servant à détecter. *Un renifleur de gaz, d'explosifs.*

réniforme adj. (du latin *ren, renis* « rein » et de *-forme*) didact. En forme de rein. *La graine de haricot est réniforme.*

rénine n. f. (allemand *Renine,* du latin *ren, renis* « rein ») biochim. Enzyme sécrétée par le rein, qui contrôle la tension artérielle et le volume vasculaire.

rénitent, ente adj. (latin *renitens,* de *reniti* « résister ») méd. Qui oppose une certaine résistance au toucher et donne une impression d'élasticité. *Tumeur rénitente.* □ n. f. **rénitence**

renne n. m. (origine scandinave) Mammifère ruminant de grande taille, aux bois aplatis, qui vit dans les régions froides de l'hémisphère Nord. → **caribou.**

Rennequin (René Sualem, dit) Ingénieur wallon (1645-1708). Il construisit la « machine hydraulique de Marly » (1676-1682) qui servait à élever les eaux de la Seine de 154 m sur une distance de 1 300 m et était destinée à alimenter en eau le château de Versailles.

Renner (Karl) Homme d'État autrichien (1870-1950). Leader réformiste du Parti social-démocrate autrichien, il fut chancelier puis président de la République autrichienne (1945-1950).

Rennes Chef-lieu de l'Ille-et-Vilaine et de la Région Bretagne, au confluent de l'Ille et de la Vilaine, dans le *bassin de Rennes.* 222 485 habitants. Incendiée en 1720, la ville fut reconstruite par l'architecte Gabriel. Parlement de Bretagne (XVIIe s.), gravement endommagé lors d'un incendie en 1994. Musée de Bretagne (conçu par de Portzamparc). Agroalimentaire. Construction automobile. Centre de recherche (télématique, technopole Atalante). TGV depuis 1990. Métro automatique depuis 2002.

Rennes, le vieux quartier et ses maisons à colombages.

Reno n. m. Fleuve d'Italie du Nord. 180 km. Né dans l'Apennin toscan, il se jette dans l'Adriatique au S. de la lagune de Comacchio.

Reno Ville des États-Unis (Nevada). 264 100 habitants. La ville est célèbre par sa législation libérale facilitant les mariages et les divorces. Casinos. Tourisme.

Renoir (Pierre Auguste) Peintre français (1841-1919). Ami de Monet, Sisley et Bazille, il contribua à l'éclosion de l'impressionnisme et participa en 1874 à la première exposition impressionniste. Il s'éloigna de l'impressionnisme et utilisa des couleurs plus acides, un dessin plus appuyé, et une plus grande rigueur de la composition (*Les Grandes Baigneuses*). Cette période dite « aigre » (1884-1887) prit fin lors d'un séjour dans le Midi chez Cézanne : Renoir peignit alors de nombreux nus de jeunes filles en plein air, des scènes intimes (*Jeunes Filles au piano*) et des paysages d'une facture plus souple et fondue, aux coloris nacrés. Son intérêt pour la figure humaine et son souci de la plasticité des formes constituent une œuvre où dominent la joie et la sensualité (*Baigneuse s'essuyant la jambe*).

Renoir, *La Liseuse* (1874-1876), musée d'Orsay, Paris.

Renoir (Jean) Cinéaste français (1894-1979). Fils d'Auguste Renoir. Il fut un maître du naturalisme poétique, où se lisaient les influences des peintres impressionnistes, de Zola et de Maupassant (*Nana ; Une partie de campagne ; Le Crime de Monsieur Lange*). Ses trois chefs-d'œuvre (*La Grande Illusion ; La Bête humaine ; La Règle du jeu*), sont admirables tant par la vérité psychologique et sociale des personnages que par l'originalité du style. Il réalisa plus tard, à Hollywood, *French cancan ; Le Déjeuner sur l'herbe.* Il reste l'une des grandes influences du cinéma français.

Jean Renoir (à dr.), avec Roland Toutain, dans son film *La Règle du jeu* (1939).

renom n. m. (de *renommer*) **1.** littér. Opinion répandue dans le public (sur qqn ou qqch.). → **réputation.** *Un mauvais renom.* **2.** cour. Opinion favorable et largement répandue. → **renommée.** *Acquérir du renom.* – **loc. adj. invar.** *En renom, de renom,* réputé, célèbre.

renommé, ée adj. Qui a du renom, de la renommée. → **célèbre, réputé.**

renommée n. f. (de *renommer*) **1.** littér. Opinion publique répandue. *Si l'on en croit la renommée.* **2.** cour. Fait (pour qqn, qqch.) d'être largement connu et, spécialt, favorablement connu. → **célébrité, gloire, notoriété, renom.** *Un savant de renommée internationale.* – prov. *Bonne renommée vaut mieux que ceinture dorée* (que la richesse).

renommer v. tr. < 1 > vieux Nommer souvent, célébrer. ■ mod. Nommer, élire une seconde fois. – Donner un nouveau nom à (qqch.). *Renommer une rue. Renommer un fichier informatique.*

renon n. m. (de *renoncer*) (Belgique) Résiliation d'un bail. *Donner, recevoir son renon.*

renonce n. f. Aux cartes, fait de ne pas fournir la couleur qui est demandée. *Faire une renonce à pique.*

renoncement n. m. Fait de renoncer (à une chose) au profit d'une valeur jugée plus haute (surtout contexte moral ou religieux) ; attitude qui en résulte. → **détachement.** *Renoncement au monde, aux plaisirs.* – *Vivre dans le renoncement.*

renoncer v. tr. ind. < 3 > (latin *renuntiare* « annoncer en retour ; rapporter » et « abandonner », de *nuntiare* → annoncer) **I.** RENONCER À **1.** Cesser de prétendre à (qqch.) ; abandonner un droit sur (qqch.). *Renoncer à une succession.* ■ Abandonner l'idée de. *Renoncer à un voyage, à un projet.* (+ inf.) *Je renonce à comprendre. C'est impossible, j'y renonce !* – absolt *Il a renoncé un peu vite. Savoir renoncer.* **2.** Abandonner volontairement (ce qu'on a). → **abdiquer,** se **dépouiller, quitter.** *Renoncer au pouvoir.* ■ Cesser de pratiquer, d'exercer. *Sportif qui renonce à la compétition. Renoncer au tabac.* ■ relig. *Renoncer au monde,* cesser d'être attaché aux choses de ce monde (→ **renoncement).** « *Un homme qui renonce au monde se met dans la condition de le comprendre* » (Valéry). – loc. *Renoncer à Satan, à ses pompes* et à ses œuvres.* **3.** *Renoncer à qqn,* cesser de rechercher sa compagnie. *Renoncer à celle, à celui qu'on aime.* **II.** v. tr. (Belgique) Résilier (un bail) ; donner congé à (un locataire). → **renon.**

renonciataire n. dr. Personne en faveur de laquelle on a renoncé à un droit, à un bien (opposé à *renonciateur*).

renonciateur, trice n. dr. Personne qui renonce à un bien, à un droit, en faveur d'un ou d'une renonciataire.

renonciation n. f. (du latin → renoncer) **1.** Fait de renoncer (à un droit, etc.) ; acte par lequel on renonce. → **abandon.** *Renonciation à une succession.* – *Renonciation au trône.* **2.** Fait de renoncer (à qqch., notamment à un bien moral).

renonculacée n. f. (de *renoncule*) bot. Plante dicotylédone, à pétales séparés (famille des *Renonculacées* ; ex. l'ancolie, la pivoine, la renoncule).

renoncule n. f. (du latin « petite grenouille », diminutif de *rana* → rainette) Plante herbacée, à fleurs serrées de couleurs vives, en particulier jaunes (→ **bouton-d'or).** ■ *Fausse renoncule.* → **ficaire.**

renouée n. f. (p. p. de *renouer*) Plante dicotylédone, herbacée, à tige noueuse, répandue sur tout le globe. *Renouée liseron ou faux liseron ; renouée des oiseaux.* – *Renouée cultivée.* → **[2]sarrasin.**

renouer v. < 1 > **I.** v. tr. **1.** Refaire un nœud à ; nouer (ce qui est dénoué). *Renouer ses lacets.* **2.** fig. Rétablir après une interruption. *Renouer la conversation. Renouer amitié avec qqn.* **II.** v. intr. *Renouer avec :* reprendre des relations avec. *Renouer avec un ami.* – *Renouer avec les traditions populaires.*

renouveau n. m. (de *renouveler*) **1.** Nouvel épanouissement ; apparition de formes nouvelles. → **renaissance ; renouvellement.** *Renouveau des arts.* **2.** littér. Retour du printemps.

renouvelable adj. Qui peut être renouvelé. ■ *Énergies renouvelables,* provenant de sources naturelles qui ne s'épuisent pas (marée, soleil, vent). – **n. m.** *Le renouvelable :* l'ensemble des énergies renouvelables.

renouvelant, ante n. Jeune catholique qui renouvelle* (4).

renouveler v. tr. < 4 ou RO 5 > (→ **nouveau**) **1.** Remplacer par une chose nouvelle et semblable (ce qui a servi, ce qui est altéré...). → **changer.** *Renouveler l'air d'une pièce, l'eau d'un aquarium. Renouveler sa garde-robe.* ■ Remplacer une partie des membres de (un groupe). *Renouveler le bureau d'un club, d'une association.* **2.** Changer (qqch.) en donnant une forme nouvelle ; faire renaître. → **rénover.** **3.** Donner une validité nouvelle à (ce qui expire). *Renouveler un bail.* → **reconduire.** **4.** Faire de nouveau. → **réitérer.** *Renouveler une demande.* ■ relig. *Renouveler les vœux du baptême.* – intrans. Confirmer sa communion solennelle un an après la cérémonie. ■ se **renouveler** v. pron. **1.** Être remplacé par des éléments nouveaux et semblables. « *Un homme passe, mais un peuple se renouvelle* » (Vigny). **2.** Prendre une forme nouvelle. *Mode d'expression qui se renouvelle.* ■ (personnes) Changer son activité, se montrer inventif. *Il n'a pas su se renouveler.* **3.** Renaître, se reconstituer. *La peau se renouvelle.* **4.** Recommencer. → se **reproduire.** *Que cela ne se renouvelle pas !*

renouvellement n. m. **1.** Action de renouveler. *Renouvellement d'un stock.* **2.** Changement qui crée un état nouveau. → **renouveau.** *Besoin de renouvellement.*

3. Remise en vigueur. *Le renouvellement d'un bail.* 4. relig. Confirmation (des vœux). absolt Confirmation de la communion solennelle. → renouveler (4). - var. RO renouvèlement.

Renouvier (Charles) Philosophe français (1815-1903). Influencé par le saint-simonisme et défenseur d'un socialisme libéral et laïque, il forgea une philosophie centrée sur l'impératif moral et inspirée de l'idéalisme kantien. *Les Dilemmes de la métaphysique pure ; Le Personnalisme.*

rénovateur, trice n. Personne qui rénove. *Les rénovateurs d'un parti.* – adj. *Un courant rénovateur.*

rénovation n. f. Remise à neuf. → modernisation, [1]restauration. *Rénovation d'un vieux quartier.* → réhabilitation.

rénover v. tr. < 1 > (latin *renovare*, de *novare* « refaire, renouveler », de *novus* → [2]neuf) 1. Améliorer en donnant une forme nouvelle, moderne. → moderniser, renouveler, transformer. *Rénover un enseignement.* 2. Remettre à neuf. → réhabiliter ; régional réfectionner. – au p. p. *Immeuble entièrement rénové.*

renseignement n. m. 1. Ce par quoi on renseigne (qqn), on se renseigne ; chose ainsi connue. → information ; fam. tuyau ; argot rancard. *Donner, fournir un renseignement à qqn.* → éclaircissement, indication. *Chercher des renseignements sur un sujet.* → documentation. *Demander qqch. à titre de renseignement,* à titre indicatif. – *Prendre des renseignements sur le compte de qqn* (pour juger de sa valeur). ▪ *Bureau, service des renseignements.* 2. Information concernant la sécurité du territoire ; recherche de telles informations. *Agent de renseignements.*

renseigner v. tr. < 1 > (de *enseigner*) 1. Éclairer sur un point précis, fournir un renseignement à. → informer, instruire. *Renseigner un passant égaré. Elle pourra vous renseigner sur ce sujet.* – pronom. *Se renseigner* : prendre, obtenir des renseignements. *Se renseigner auprès de qqn. Renseignez-vous bien.* – passif et p. p. *Être bien, mal renseigné. Être renseigné sur...* ▪ (choses) Constituer une source d'information. *Ce document nous renseigne utilement.* 2. (Belgique) *Renseigner qqch. à qqn,* le lui indiquer. *Renseigner le chemin.* 3. Remplir avec l'information attendue. *Renseigner un formulaire, un champ informatique.*

rentabiliser v. tr. < 1 > Rendre rentable (1). ▫ adj. rentabilisable ▫ n. f. rentabilisation

rentabilité n. f. 1. Capacité (d'un investissement) à procurer un bénéfice. 2. Caractère de ce qui est rentable.

rentable adj. (de *rente*) 1. Qui produit une rente, un bénéfice. *Une exploitation rentable.* 2. fam. Qui donne des résultats. → payant. *Une méthode rentable.*

rente n. f. (vient du latin *rendita*, du p. p. de *rendere* → rendre) 1. Revenu périodique tiré d'un bien, d'un capital. *Avoir des rentes.* – loc. *Vivre de ses rentes* (sans travailler). 2. Somme d'argent qu'une personne est tenue de donner périodiquement à une autre. *Rente viagère.* 3. Emprunt de l'État, représenté par un titre qui donne droit à un intérêt.

renter v. tr. < 1 > vieilli Doter d'une rente (1 ou 2).

rentier, ière [Rɑ̃tje, jɛR] n. Personne qui a des rentes, qui vit de ses rentes.

rentoiler v. tr. < 1 > Regarnir d'une toile nouvelle. – spécialt Fixer sur une toile neuve (une peinture). *Rentoiler un tableau.* ▫ n. m. rentoilage ▫ n. rentoileur, euse

rentraire v. tr. < 50 > (de *re-* et ancien français *entraire* « tirer », du latin *intrahere* → traire) 1. cout., vieux → [2]stopper. 2. Réparer à l'aiguille la trame de (une tapisserie). - syn. rentrayer < 8 >.

rentraiture n. f. (de *rentraire*) techn. Réparation d'une partie usée, détruite, par réfection de la tapisserie.

rentrant, ante adj. 1. Qui peut être rentré. → escamotable. 2. géom. *Angle rentrant,* de plus de 180° (opposé à *saillant*).

rentrayer voir rentraire

rentre-dedans n. m. invar. fam. Attitude de séduction active, insistante, directe. Surtout dans : *faire du rentre-dedans à qqn.*

rentrée n. f. I. 1. Fait de rentrer. *La rentrée des vacanciers à la capitale.* 2. Reprise des activités (de certaines institutions), après une interruption. *La rentrée parlementaire.* – *La rentrée des classes,* après les grandes vacances. *Rentrée universitaire.* – ***La rentrée*** : l'époque de l'année (celle de la rentrée des classes) où l'ensemble des activités reprennent. *Les spectacles de la rentrée. Nous en reparlerons à la rentrée.* 3. Retour (d'un artiste) à la scène, après une interruption. *Faire sa rentrée sur une grande scène.* – par analogie *Préparer sa rentrée politique.* II. (choses) 1. Mise à l'abri. *La rentrée des foins.* 2. *Rentrée d'argent* (en caisse). → recette. – absolt *Des rentrées importantes.*

rentrer v. < 1 > I. v. intr. (auxiliaire *être*) 1. Entrer de nouveau (dans un lieu où l'on a déjà été). « *Des gens ahuris qui sortaient des maisons, qui y rentraient* » (Hugo). 2. Revenir (chez soi). *Je vais rentrer chez moi.* – *Nous rentrerons tard. Rentrer dîner.* 3. Entrer de nouveau (dans une situation antérieure). → réintégrer. – loc. *Rentrer dans le rang*.* 4. absolt Reprendre ses activités, ses fonctions. *Les lycées rentrent à telle date* (→ rentrée). 5. loc. *Rentrer en grâce*.* – *Rentrer dans ses droits* (→ recouvrer). *Rentrer dans ses frais* (les récupérer). – (choses) *Tout est rentré dans l'ordre* : l'ordre est revenu. 6. littér. *Rentrer en soi-même.* → se recueillir. 7. (sans idée de répétition ni de retour) Entrer. ▪ (avec force) *Sa voiture est rentrée dans un arbre.* – loc. *Rentrer dedans*.* ▪ *La clé rentre dans la serrure.* – *Cela ne rentre pas dans mes attributions.* – (argent) Être perçu. *Faire rentrer l'impôt.* II. v. tr. (auxiliaire *avoir*) 1. Mettre ou remettre à l'intérieur, dedans. *Rentrer les foins. Rentrer sa voiture (au garage). Avion qui rentre son train d'atterrissage.* – *Rentrer le ventre,* le faire plat. 2. Dissimuler, faire disparaître (sous, dans). *Rentrer sa chemise dans son pantalon. Le chat rentre ses griffes.* – fig. *Rentrer ses larmes, sa rage.* → refouler. ▪ **rentré, ée** adj. 1. *Yeux rentrés,* enfoncés. 2. Qui est réprimé (sentiments). *Colère rentrée.*

renversant, ante adj. Qui renverse, frappe de stupeur. → stupéfiant. *Une nouvelle renversante.*

renverse n. f. (de *renverser*) 1. mar. (courant, marée, vent) Changement de sens. 2. ***À la renverse*** loc. adv. *Tomber à la renverse,* en arrière.

renversé, ée adj. 1. À l'envers ; le haut mis en bas. *Une image renversée.* – ***Crème renversée,*** qu'on renverse sur un plat pour la démouler. 2. Stupéfait. *Je suis renversé.* 3. Que l'on a fait tomber. *Chaises renversées.* 4. Incliné en arrière. « *Les yeux clos, la tête renversée* » (H. Bosco).

renversement n. m. 1. Passage en bas de la partie haute. *Le renversement d'une image.* – mus. *Renversement d'un accord* : état d'un accord dont la fondamentale ne se trouve pas à la base (ex. sol, do, mi en do majeur). 2. Passage à un ordre inverse. *Le renversement de la marée.* 3. Changement complet en l'inverse. *Le renversement de la hiérarchie. Renversement de situation.* → retournement. 4. Fait de renverser, de jeter bas. *Renversement d'un régime.* → chute. 5. Rejet en arrière (d'une partie du corps).

renverser v. tr. < 1 > (famille de *envers*) 1. Mettre de façon que la partie supérieure devienne inférieure. → retourner. *Renverser un seau.* 2. Disposer ou faire mouvoir en sens inverse (→ intervertir, inverser). *Renverser les termes d'une proposition.* – loc. *Renverser la vapeur*.* ▪ intrans., mar. *La marée renverse,* s'inverse (→ renverse). 3. Troubler, étonner ou émouvoir extrêmement (qqn). *Cela me renverse* (→ renversant). 4. Faire tomber à la renverse, jeter à terre (qqn). *Renverser un piéton.* – Faire tomber (qqch.). *Renverser une chaise.* – Répandre (un liquide). *Renverser du vin ; son café.* 5. fig. Faire tomber, démolir. → abattre. *Renverser les obstacles.* – Provoquer la chute de (un gouvernement...). 6. Incliner en arrière. *Renverser la tête, le buste.* ▪ **se renverser** v. pron. 1. (choses) Se retourner. *La barque s'est renversée.* – Basculer, tomber. *La bouteille s'est renversée.* 2. (personnes) *Se renverser dans un fauteuil.*

renvider v. tr. < 1 > (de *re-* et *envider*) techn. Enrouler (le fil) sur les bobines d'un métier à tisser. - contr. dévider.

renvoi n. m. (de *renvoyer*) I. Action de renvoyer 1. *Le renvoi de qqn à son lieu de départ.* 2. Fait de renvoyer (2) qqn. *Le renvoi d'un employé.* 3. Fait de renvoyer à l'expéditeur. *Le renvoi d'une lettre.* 4. Fait de relancer. *Le renvoi d'un ballon.* 5. Fait d'envoyer à l'autorité compétente. *Renvoi aux assises.* ▪ Indication invitant le lecteur à se reporter (à un passage). ▪ mus. Signe de reprise d'un passage. 6. Ajournement, remise à plus tard. *Renvoi à une date ultérieure.* II. Éructation. → fam. [1]rot. *Un renvoi d'ail.*

renvoyer v. tr. < 8 sauf au futur *je renverrai*, et au conditionnel *je renverrais* > (de *envoyer*) 1. Faire retourner (qqn) là où il était précédemment. *Elle est guérie, on peut la renvoyer chez elle.* – Faire repartir (qqn dont on ne souhaite plus la présence). *Renvoyer un importun.* → éconduire. 2. Faire partir (en faisant cesser une fonction, une situation). *Renvoyer un élève. Renvoyer un employé.* → chasser, congédier, licencier, remercier. 3. Faire reporter (qqch.) à qqn. → rendre. *Je vous renvoie vos documents.* 4. Envoyer en retour ; relancer (un objet qu'on a reçu). *Renvoyer un ballon.* ▪ Réfléchir, répercuter (la lumière, le son...). « *Les cris que les rochers renvoyaient plus affreux* » (Racine). 5. Adresser (qqn) à une autorité plus compétente. *On m'a renvoyé à un autre service. Renvoyer un prévenu devant la cour d'assises.* ▪ Faire se reporter. *Renvoyer à une référence ; à un passage* (→ renvoi). 6. Remettre à une date ultérieure. → ajourner, différer. *Renvoyer un débat.*

Renzi (Matteo) Homme d'État italien (né en 1975). Maire de Florence (2009) puis secrétaire général du Parti démocrate (centre gauche), il fut président du Conseil italien de 2014 à 2016.

réoccuper v. tr. < 1 > Occuper de nouveau. *Réoccuper un territoire ; une fonction.* ▫ n. f. réoccupation

Réole (La) Commune de la Gironde, sur la Garonne. 4 351 habitants. Ancienne abbatiale. Musée.

réopérer v. tr. < 6 > Faire subir une nouvelle intervention chirurgicale à (qqn).

réorchestrer [ReɔRkɛstRe] v. tr. < 1 > Faire une nouvelle orchestration de (une œuvre déjà orchestrée). ▫ n. f. réorchestration

réorganisation n. f. Action de réorganiser ; son résultat.

réorganiser v. tr. < 1 > Organiser de nouveau, d'une autre manière. *Réorganiser un service.* → restructurer. ▫ adj. et n. réorganisateur, trice

réorienter v. tr. < 1 > Orienter dans une nouvelle direction ; donner une nouvelle orientation à. *Réorienter une politique. Réorienter sa carrière.* ▫ n. f. réorientation

réouverture n. f. Fait de rouvrir (qqch.). *La réouverture d'un théâtre.* – *Réouverture des débats ; des négociations.*

réouvrir voir rouvrir

REP [Rɛp] n. m. (sigle de *réseau d'éducation prioritaire*) admin. Réseau d'établissements où l'action éducative est renforcée afin de lutter contre l'échec scolaire.

repaire n. m. (de *repairer*, famille de *patrie*, cf. repère) 1. Lieu qui sert de refuge aux bêtes sauvages. → antre, tanière. 2. Refuge

R

(notamment d'individus dangereux). *Un repaire de brigands.*

repairer v. intr. < 1 > (latin *repatriare,* de *patria* « patrie ») vén. (gibier) Être au gîte, au repaire.

repaître v. tr. < 57 > (de *paître*) littér. Nourrir, rassasier (abstrait). *Repaître qqn de fausses espérances. Repaître ses yeux d'un spectacle.* - var. RO **repaitre.** ■ se **repaître** v. pron. **1.** (animaux) Assouvir sa faim (→ **repu, adj.**). **2.** abstrait, littér. Trouver sa satisfaction (à). *Se repaître d'illusions.* - var. RO se **repaitre.**

répandre v. tr. < 41 > (de *épandre*) **I. 1.** Faire tomber (un liquide) ; disperser, étaler (des objets). *Répandre du vin sur une nappe.* → **renverser.** *Répandre des graines.* → **épandre. 2.** (choses) Produire et envoyer autour de soi (de la lumière, etc.). → **diffuser, émettre.** *Répandre une odeur.* → **dégager, exhaler. II. 1.** littér. Donner avec profusion (une chose abstraite). → **dispenser, prodiguer.** *Répandre des bienfaits.* **2.** Faire régner (un sentiment) autour de soi. *Répandre la terreur.* → **jeter, semer.** *Répandre la joie.* **3.** Diffuser, rendre commun à un grand nombre. *Répandre une doctrine, une mode.* → **propager, vulgariser. 4.** Rendre public. *Répandre une nouvelle, un bruit.* → **colporter.** ■ se **répandre** v. pron. **1.** (choses) Couler ; s'étaler. *L'eau, la fumée s'est répandue partout.* ■ (personnes) *La foule se répandit dans les rues.* **2.** Se propager. *Cet usage se répand peu à peu.* → **gagner.** – *Le bruit s'est répandu que...* → **courir. 3.** (personnes) ***Se répandre en*** : exprimer ses sentiments par une abondance de. *Se répandre en injures, en compliments.* ■ **répandu, ue** adj. **1.** *Du vin répandu.* – *Papiers répandus.* **2.** (opinions...) Commun à un grand nombre de personnes. → **[2]courant.** *Un préjugé répandu.*

réparable adj. **1.** Qu'on peut réparer. □ n. f. **réparabilité 2.** Qu'on peut compenser. *Un préjudice difficilement réparable.*

reparaître v. intr. < 57 > **1.** Se montrer de nouveau à la vue. → **réapparaître.** *Le soleil reparaît.* ■ Paraître de nouveau (devant qqn). *Ne reparais jamais devant moi !* **2.** Se manifester de nouveau. *Souvenir qui reparaît à la conscience.* - var. RO **reparaitre.**

réparateur, trice 1. n. Artisan qui répare des objets. **2.** adj. Qui répare les forces, qui reconstitue. *Sommeil réparateur.* – *Crème réparatrice* (pour la peau). – *Chirurgie réparatrice* (de lésions graves). → **chirurgie reconstructrice.**

réparation n. f. **1.** Opération, travail qui consiste à réparer (qqch.). *La réparation d'un vélo.* – *L'ascenseur est **en réparation.*** – *Faire des réparations dans sa maison.* **2.** Action de réparer (une avarie, etc.). *La réparation d'une panne.* **3.** Action de réparer (une faute, etc.). – loc. *Demander réparation* (d'une offense). – sports *Surface de réparation* : partie du terrain de football, devant le but, où une faute donne lieu à un coup de pied de pénalité. ■ Dédommagement, indemnité. *Réparations imposées à un pays vaincu.*

réparer v. tr. < 1 > (du latin, de *parare* « préparer » → **[1]parer**) **1.** Remettre en bon état (ce qui a été endommagé, ce qui s'est détérioré). → **raccommoder** (1). *Réparer une voiture. Réparer sommairement.* → fam. **rabibocher, rafistoler, retaper.** ■ fig. *Réparer ses forces, sa santé.* **2.** Faire disparaître (les dégâts causés à qqch.). *Réparer un accroc.* **3.** Corriger (une faute, etc.) en supprimant les conséquences. *Réparer une perte, un oubli.* → **remédier** à.

reparler v. tr. ind. < 1 > Parler de nouveau (de qqch., de qqn ; à qqn). *Nous en reparlerons. Elle ne veut plus lui reparler.* – intrans. *Il n'a pas reparlé depuis son accident.*

repartager v. tr. < 3 > Partager de nouveau.

répartie ou **repartie** [ʀepaʀti] n. f. (de **[2]*répartir***) Réponse rapide et juste. → **réplique, riposte.** *Répartie adroite.* – *Avoir de la répartie. Esprit de répartie.*

repartir v. intr. < 16 > (de **[1]*partir***) **1.** Partir de nouveau (après un temps d'arrêt). *Le train va repartir.* **2.** fig. Recommencer. *Repartir à, de zéro.* – (choses) Reprendre. *L'affaire repart bien.* **3.** Partir (pour l'endroit d'où l'on vient). → **retourner.** *Ils sont repartis le lendemain de leur arrivée.*

[1]répartir v. tr. < 2 > (de **[2]*partir***) **1.** Partager selon des conventions précises (une quantité ou un ensemble). *Répartir qqch. entre plusieurs personnes.* **2.** Distribuer dans un espace. → **disposer.** *Répartir des troupes.* – au p. p. *Chargement mal réparti.* **3.** Étaler dans le temps. *Répartir un programme sur dix ans.* → **échelonner. 4.** Classer, diviser. *Répartir des élèves en deux groupes.* ■ se **répartir** v. pron. Se diviser.

[2]répartir [ʀepaʀtiʀ] ou **repartir** [ʀepaʀtiʀ ; ʀ(ə)paʀtiʀ] v. intr. < 16 > (de **[1]*partir***) littér. Répliquer, répondre. *Elle a réparti avec esprit.*

répartiteur, trice n. **1.** littér. Personne qui a pour rôle de répartir (1) qqch. → **distributeur. 2.** n. m. techn. Dispositif permettant de répartir des fluides, des produits.

répartition n. f. Opération qui consiste à répartir (qqch.) ; manière dont une chose est répartie. → **distribution.** *La répartition de la richesse nationale.* – *La répartition géographique d'une espèce.*

reparution n. f. Fait de reparaître. *Reparution de journaux après la guerre.*

repas n. m. (de l'ancien français *past ;* famille de *paître*) **1.** Nourriture prise en une fois à heures réglées. *Prendre son repas. Un repas copieux, plantureux, pantagruélique.* → **festin.** *Manger un repas léger.* → **casse-croûte, collation.** *Faire un repas froid.* – *Préparer, servir le repas.* **2.** Action de se nourrir, répétée quotidiennement à heures réglées. *Repas de midi, du soir ; faire trois repas par jour* (→ **[1]petit-déjeuner, [2]déjeuner, [2]dîner, [2]souper**). – *Les deux principaux repas* (déjeuner et dîner). *Être chez soi à l'heure des repas.* – *Repas de noces.* → **banquet.** *Repas champêtre.* → **piquenique.**

repassage n. m. Action de repasser (III).

repasser v. < 1 > **I.** v. intr. Passer de nouveau. *Je repasserai à cet endroit demain. Je repasserai vous voir.* → **revenir.** *Je suis repassé par le même chemin.* – fig. *Des souvenirs repassaient dans sa mémoire.* **II.** v. tr. **1.** Passer, franchir de nouveau ou en retournant. *On a repassé le col. « Repassez les monts et les mers »* (Racine). – *Repasser un examen,* en subir de nouveau les épreuves. **2.** Passer de nouveau (qqch.) à qqn. *Repasser les plats.* ■ fam. Passer (ce qu'on a reçu de qqn d'autre). → fam. **refiler.** *Repasser un travail à qqn.* **3.** Faire passer à nouveau (dans son esprit). → **évoquer.** *Repasser les évènements de sa vie.* **4.** vieilli Relire, apprendre en revenant sur le même sujet. → **potasser.** *Repasser ses leçons.* **III.** v. tr. **1.** Affiler, aiguiser (une lame). *Repasser des ciseaux.* **2.** Rendre lisse et net (du linge, du tissu, etc.), au moyen d'un instrument approprié (fer, cylindre...). *Repasser une chemise.* – absolt *Fer* à repasser.*

repasseur, euse n. (de *repasser*) **I.** Personne qui affûte les lames. → **rémouleur.** *Repasseur de couteaux et ciseaux.* **II. 1.** Ouvrier, ouvrière qui repasse le linge, les vêtements. **2.** n. f. Machine à repasser le linge.

repaver v. tr. < 1 > Paver de nouveau ; remplacer les pavés de. *Repaver une rue.* □ n. m. **repavage**

repayer v. tr. < 8 > Payer une seconde fois ; payer en supplément.

repêchage n. m. **1.** Action de repêcher. *Le repêchage d'un noyé.* **2.** fam. Épreuve supplémentaire organisée pour redonner (à un concurrent, un candidat éliminé) la possibilité d'être qualifié ou admis ; fait de repêcher un candidat.

repêcher v. tr. < 1 > **1.** Retirer de l'eau (ce qui y est tombé). *Repêcher un noyé.* **2.** fam. Recevoir (un candidat, un concurrent) après une épreuve de repêchage*.

repeindre v. tr. < 52 > Peindre de nouveau ; peindre à neuf.

repeint n. m. arts Partie (d'un tableau) qui a été repeinte. *Les repeints d'une fresque.*

repenser v. tr. < 1 > **1.** tr. ind. *Repenser à* : penser de nouveau à, réfléchir encore à (qqch.). *Quand j'y repense, j'en ris encore.* **2.** Reconsidérer. *Repenser une politique.*

repentance n. f. (de *se repentir*) Souvenir douloureux, regret de ses fautes, de ses péchés. → **[2]repentir.** *La repentance de ses fautes.*

repentant, ante adj. Qui se repent de ses fautes, de ses péchés. → **contrit.** *Un pécheur repentant.*

repenti, ie adj. Qui s'est repenti de ses fautes. *Pécheur repenti.* – par analogie *Un buveur repenti.* – n. *Un repenti* : ancien terroriste, criminel qui accepte de collaborer avec la police.

[1]se repentir v. pron. < 16 > (vient du latin ; famille de *pénitence*) **1.** Ressentir le regret (d'une faute), avec le désir de ne plus la commettre, de réparer. → **regretter.** *Se repentir d'une faute ; d'avoir commis une faute.* (contexte religieux) *Se repentir d'un péché.* absolt *« Et s'il se repent, pardonnez-lui »* (Bible). **2.** Regretter vivement d'avoir fait ou dit (qqch.). *Se repentir d'un acte ; d'avoir trop parlé.* – *Elle s'en repentira* (menace).

[2]repentir n. m. (de **[1]*repentir***) **1.** Vif regret (d'une faute), accompagné d'un désir de réparation. → **remords ; contrition.** *« Nos péchés sont têtus, nos repentirs sont lâches »* (Baudelaire). **2.** Regret (d'un acte, d'une parole). **3.** arts Changement apporté à une œuvre, en cours d'exécution. → **correction.** *Les repentirs d'un tableau, d'un manuscrit.*

repérable adj. Qui peut être repéré. – sc. Se dit d'une grandeur pour laquelle on peut comparer deux valeurs mais dont on ne peut définir ni la somme ni le rapport. *La température Celsius est une grandeur repérable.*

repérage n. m. **1.** Opération par laquelle on repère (qqch.). *Repérage des avions par radar.* **2.** (cinéma...) Recherche des lieux de tournage. *Repérage des extérieurs.*

repercer v. tr. < 3 > **1.** Percer de nouveau. **2.** techn. Découper à jour suivant un tracé. – au p. p. *Ouvrage d'orfèvrerie repercé.* □ n. m. **reperçage**

répercussion n. f. (du latin → **répercuter**) **1.** Fait d'être répercuté, de se répercuter. *La répercussion d'un son par un obstacle.* **2.** Conséquences indirectes (d'un évènement...). → **contrecoup, incidence, retombée.** *Cette décision aura de graves répercussions.*

répercuter v. tr. < 1 > (du latin → **percuter**) **1.** Renvoyer (un son, une onde). → **réfléchir.** – au p. p. *Écho répercuté.* **2.** fam. (critique) Transmettre. *Répercuter des instructions.* – écon. Faire supporter (une charge financière). *Répercuter une taxe sur les prix.* ■ se **répercuter** v. pron. **1.** Être renvoyé. *Bruit qui se répercute.* **2.** abstrait Se transmettre, se propager par une suite de réactions.

reperdre v. tr. < 41 > Perdre (ce qu'on a gagné) ; perdre de nouveau. *Il a tout reperdu au poker.* – *J'ai reperdu les kilos que j'avais pris.*

repère n. m. (altération de *repaire*) **1.** Marque qui sert à retrouver un emplacement, une valeur avec précision. *Tracer des repères sur une planche.* **2.** ***Point de repère, repère*** : objet ou endroit choisi pour s'orienter, se retrouver (dans l'espace ou dans le temps). – abstrait *Émigré privé de ses repères.* **3.** math. Éléments définissant un système de coordonnées. *Repère affine.*

repérer v. tr. < 6 > **1.** Marquer par des repères. *Repérer un alignement.* **2.** Situer avec précision, grâce à des repères. → **localiser.**

R

Repérer une batterie ennemie. **3.** fam. Remarquer (qqch. ; qqn). *Repérer un coin tranquille. Repérer qqn dans la foule.* **–** *Se faire repérer :* être découvert (alors qu'on cherche à ne pas être vu). ■ **se repérer v. pron.** Reconnaître où l'on est, grâce à des repères (concret et abstrait). *Je n'arrive pas à me repérer.*

répertoire **n. m.** (du latin, de *reperire* « retrouver » ; famille de [1]*parer*) **1.** Inventaire (liste, recueil...) où les matières sont classées dans un ordre qui permet de les retrouver facilement. *Répertoire alphabétique* (→ **dictionnaire, index, lexique**). **–** Carnet permettant de classer (des adresses, etc.). **2.** Liste des pièces qui forment le fonds d'un théâtre. *Le répertoire de la Comédie-Française.* **–** *Le répertoire d'un artiste,* les œuvres qu'il a l'habitude d'interpréter. **–** fig. *Tout un répertoire d'injures.* **3.** inform. Subdivision d'un espace de stockage de données dans laquelle sont regroupés plusieurs fichiers. → **dossier.**

répertorier **v. tr.** < 7 > (→ répertoire) Inscrire dans un répertoire ; faire le répertoire de. → **inventorier, lister.**

répété, ée **adj.** Qui se produit en série. *Des coups répétés.* → **redoublé.** **–** *Des tentatives répétées.*

répéter **v. tr.** < 6 > (du latin, de *petere* → pétition) **1.** Dire de nouveau (ce qu'on a déjà dit). → **redire.** *Répéter toujours la même chose.* → **rabâcher, radoter, ressasser, seriner.** *Je vous répète que c'est inutile.* **2.** Exprimer, dire (ce qu'un autre a dit). *Je ne fais que répéter ses paroles.* → **citer, rapporter.** *Répéter qqch. mot pour mot.* **–** *Je vous confie un secret, ne le répétez pas.* **3.** Recommencer (une action...). *Répéter une expérience ; des essais.* **4.** Redire ou refaire pour s'exercer, pour fixer dans sa mémoire (→ **apprendre**). *Répéter une leçon.* → **repasser.** **–** *Répéter un rôle ; répéter un opéra.* **–** absolt *Les comédiens sont en train de répéter* (→ **répétition**). ■ **se répéter v. pron. 1.** (personnes) Redire les mêmes choses. *Vous vous répétez !* **2.** (choses) Être répété ; se reproduire.

répéteur **n. m.** techn. Appareil qui amplifie ou répète le signal d'un autre appareil. *Répéteur wifi.*

répétiteur, trice **n.** (du latin → répéter) Personne qui explique ses leçons à un élève, le fait travailler.

répétitif, ive **adj.** (→ répétition) Qui se répète d'une manière monotone. *Une tâche répétitive et ennuyeuse.* □ **adv. répétitivement** □ **n. f. répétitivité**

R

répétition **n. f.** (du latin → répéter) **I. 1.** Fait (pour un mot...) d'être dit, exprimé plusieurs fois. *La répétition d'un mot. Des répétitions inutiles* (→ **redite, redondance ; pléonasme, tautologie**). **–** *La répétition d'un thème.* → **leitmotiv. 2.** Fait de recommencer (une action...). *La répétition d'une faute.* **–** *Armes à* **répétition** *(à chargement automatique).* **3.** Fait de répéter pour s'exercer. *La répétition d'un rôle.* **–** Séance de travail pour mettre au point les divers aspects d'un spectacle. *Répétition générale*.* **4.** vieilli Leçon particulière (→ **répétiteur**). **II.** dr. *Répétition de l'indu :* action par laquelle la personne peut demander la restitution de ce qu'elle a payé par erreur.

repeupler **v. tr.** < 1 > Peupler de nouveau. *Les immigrants qui ont repeuplé ce pays.* **–** Regarnir (un lieu) d'espèces animales ou végétales. *Repeupler un étang* (de poissons). □ **n. m. repeuplement**

Repine (Ilia Iefimovitch) Peintre russe (1844-1930). Membre du groupe des Ambulants, qui voulait répandre l'art russe dans le peuple, il pratiqua un art réaliste chargé d'intentions sociales *(Les Haleurs de la Volga).* Il est aussi connu pour ses portraits (Moussorgski, Tolstoï).

repiquage **n. m.** Action de repiquer (1 et 2).

repiquer **v. tr.** < 1 > (de *piquer*) **1.** Mettre en terre (de jeunes plants). → **replanter.** *Repiquer des salades.* **2.** photogr. Faire des retouches. ■ journalisme Reprendre (un texte). ■ Copier par un nouvel enregistrement. *Repiquer un disque.* **3. v. tr. ind.** fam. ***Repiquer à :*** revenir à, recommencer. *« Repiquer à la corvée »* (Courteline). **–** loc. *Repiquer au truc :* recommencer. **4.** fam. Redoubler (une classe).

répit **n. m.** (vient du latin *respectus* → respect, famille de *specere* « regarder » → spectacle) Arrêt d'une chose pénible ; temps pendant lequel on cesse d'être menacé ou accablé par elle. → **repos.** *Je n'ai pas un instant de répit.* **–** ***Sans répit :*** sans arrêt, sans cesse.

replacer **v. tr.** < 3 > Remettre en place, à sa place. → [1]**ranger.** *Replacer un bijou dans son écrin.* **–** fig. *Replacer un évènement dans son contexte.* □ **n. m. replacement**

replanter **v. tr.** < 1 > **1.** Planter de nouveau. → **repiquer, transplanter. 2.** Repeupler (de végétaux). *Replanter une forêt en chênes.* □ **n. f. replantation**

replat **n. m.** (de *plat* « plan ») géogr. Partie plate en épaulement sur une pente. → **plateforme.**

replâtrage **n. m. 1.** Action de replâtrer (1). **2.** fig., fam. Réparation ou arrangement sommaire.

replâtrer **v. tr.** < 1 > **1.** Plâtrer de nouveau ; reboucher avec du plâtre. *Replâtrer un mur ; une fissure.* **2.** fig., fam. Réparer, remanier ou arranger d'une manière sommaire ou fragile. *Replâtrer un vieux cadre.* **–** au p. p. *« Les religions replâtrées, aménagées selon les besoins nouveaux »* (Zola).

replay [ʀiplɛ] **n. m.** (mot anglais, de *to replay* « rejouer ») anglic. audiovis. Service qui permet de voir en différé un programme télévisé ou radiophonique après sa diffusion. *Épisode disponible en replay.* - recomm. offic. **télévision de rattrapage.** ■ Programme ainsi diffusé. *Des replays.*

replet, ète **adj.** (du latin ; famille de *complet,* de *emplir*) Qui a de l'embonpoint. → **dodu, grassouillet.** *Un bébé replet.*

réplétion **n. f.** (du latin → replet) didact. État d'un organe (humain) rempli, plein. *Réplétion gastrique* (→ **satiété**).

repleuvoir **v. impers.** < 23 > Pleuvoir de nouveau. *Voilà qu'il repleut !*

repli **n. m.** (de *replier*) **I. 1.** Pli qui se répète (d'une étoffe...). *Les replis d'un rideau.* **–** Pli profond. *Les replis de l'intestin.* **2.** fig. Partie dissimulée, secrète. *Les replis du cœur, de la conscience.* **II. 1.** Action, fait de se replier. *Repli sur soi-même.* **–** (troupes) *Manœuvre de repli.* → [1]**retraite. 2.** Recul, diminution. *Un repli des exportations.*

repliable **adj.** Qui peut être replié. → aussi **rabattable.** *Couteau à lame repliable.* → **rentrant.**

réplication **n. f.** (de l'anglais, du latin → répliquer) biol. Mécanisme (de copie) par lequel le matériel génétique se reproduit (→ **duplication**).

repliement **n. m. 1.** Action de replier (syn. **repliage**). **2.** (abstrait) Fait de se replier sur soi-même. → **autisme, introversion.**

replier **v. tr.** < 7 > **1.** Plier de nouveau (ce qui avait été déplié). *Replier un journal.* **2.** Ramener en pliant (ce qui a été étendu, déployé). *L'oiseau replie ses ailes.* **–** au p. p. *Jambe repliée.* **3.** Ramener en arrière, en bon ordre (une troupe). *Replier son armée.* ■ **se replier v. pron. 1.** abstrait *Se replier sur soi-même,* rentrer en soi-même, se couper de l'extérieur. **2.** (troupes) Reculer en bon ordre. *Ordre aux troupes de se replier.*

réplique **n. f.** (de *répliquer*) **I. 1.** Réponse vive, marquant une opposition. → **riposte.** **–** Objection. *Des arguments sans réplique.* **2.** Élément d'un dialogue, qu'un acteur doit dire. *Oublier une réplique.* ■ loc. ***Donner la réplique à*** *(un acteur),* lire, réciter un rôle pour lui permettre de dire le sien. **–** *Donner la réplique à qqn ; se donner la réplique,* répondre, se répondre, discuter. **II. 1.** arts Nouvel exemplaire (d'une œuvre), exécuté dans la manière de l'original. *Les répliques romaines des statues grecques.* → **copie. 2.** Chose ou personne qui semble être le double d'une autre. → **sosie.** *C'est la réplique de son frère.* **3.** géol. Nouvelle secousse sismique succédant au choc principal d'un tremblement de terre.

répliquer **v. tr.** < 1 > (latin *replicare ;* famille de *plier*) **I. 1. v. tr. ind.** Répondre vivement en s'opposant. *Répliquer à une critique.* **2.** ***Répliquer*** *(qqch.)* ***à*** *qqn,* répondre par une réplique. *Que pouvais-je lui répliquer ? Je lui ai répliqué que... – Elle n'admet pas qu'on lui réplique.* **II.** (de l'anglais → réplication) biol. Reproduire par réplication.

reploiement **n. m.** littér. Repliement. *Le reploiement des bras.* - contr. **déploiement.**

replonger **v. tr.** < 3 > Plonger de nouveau (qqch.). **–** pronom. (fig.) *Se replonger dans sa lecture. Se replonger dans l'atmosphère familiale.* → **se retremper.**

reployer **v. tr.** < 8 > vieux Replier.

repolir **v. tr.** < 2 > rare Polir de nouveau, polir (ce qui est dépoli). *Repolir un sol de marbre.* □ **n. m. repolissage**

répondant, ante **n.** Personne qui se rend garante* pour qqn. *Servir de répondant à qqn.* ■ fam. *Avoir du répondant :* avoir de quoi faire face (spécialt avoir de l'argent ; avoir de la répartie).

répondeur, euse **I. adj.** Qui a l'habitude de répondre, de répliquer aux ordres et aux reproches. **II. n. m.** *Répondeur (téléphonique) :* appareil relié à un poste téléphonique et qui délivre, en cas de non-réponse du destinataire, un message enregistré. *Répondeur enregistreur,* qui peut enregistrer un message du correspondant.

répondre **v. tr. ind.** < 41 > (vient du latin *respondere* → responsable, de *spondere* « promettre » → épouser) **I. 1.** ***Répondre à*** *qqn :* faire connaître sa pensée (oralement ou par écrit) en retour (à celui qui s'adresse au sujet). *Réponds-moi par oui ou par non. Répondez-moi franchement. Répondre par un sourire.* **–** (En s'opposant) → **répliquer,**

Repine (Ilia)

Ilia Repine, *Les Haleurs de la Volga* (1873), Musée national russe, Saint-Pétersbourg.

riposter. *Je saurai lui répondre.* **2.** ***Répondre à qqch.*** *Répondre à une question ; à une lettre.* – (En se défendant) *Répondre à des attaques.* **3.** (sujet chose) Se faire entendre tout de suite après. *Bruit auquel répond l'écho.* – pronom. fig. *« Les parfums, les couleurs et les sons se répondent »* (Baudelaire). **4.** Réagir (à un appel). *Nous avons sonné, personne n'a répondu.* – *Répondre au nom de Jean* (avoir pour nom). **5.** **tr. dir.** ***Répondre*** *(qqch.)* ***à qqch.*** : faire connaître (sa pensée) en retour. *Et que lui répondrez-vous ? Il ne savait que répondre à cela.* – ***Répondre que*** (+ indic.), ***de*** (+ inf.). → **[1]dire, rétorquer.** *Répondez-lui que je viendrai. On m'a répondu de faire ce que je voulais.* **II. 1.** ***Répondre à.*** (choses) Être en accord avec, conforme à (une chose). → **correspondre.** *Sa voix répond à sa physionomie. Cette politique répond à un besoin.* ■ (personnes) Réagir par un certain comportement à. *Répondre à la force par la force.* – *Répondre à un salut.* → **rendre.** *Répondre à l'affection de qqn.* ■ (choses) Produire les effets attendus, après une stimulation. *L'organisme répond aux excitations extérieures.* – absolt *Freins qui répondent bien.* **2.** (personnes) ***Répondre de.*** S'engager en faveur de (qqn) envers un tiers. *Je réponds de lui* (→ **répondant ;** → **se porter garant**). – *Répondre de l'innocence de qqn.* ■ S'engager en affirmant (qqch.). → **assurer, garantir.** *Je réponds de notre succès. Je ne réponds de rien* : je ne garantis rien. – *Je vous en réponds* (renforce une affirmation).

répons [Repɔ̃] **n. m.** (latin *responsum*, du p. p. de *respondere* → **répondre**) mus. Chant liturgique exécuté par un soliste et répété par le chœur.

réponse n. f. (fém. de *répons*) **1.** Action de répondre (verbalement ou par écrit) ; son résultat. *La réponse à une question. Donner, faire une réponse. Obtenir, recevoir une réponse. Notre demande est restée sans réponse. Réponse affirmative, négative. Réponse par oui ou par non.* loc. *Réponse de Normand*.* *En réponse à votre lettre...* – loc. ***Avoir réponse à tout*** : avoir de la répartie ; faire face à toutes les situations. **2.** Solution apportée (à une question) par le raisonnement. *La réponse d'un problème de mathématiques.* **3.** Réfutation qu'on oppose aux attaques, aux critiques de qqn. → **réplique, riposte.** *« La réponse était dure, mais elle allait au but »* (Hugo). – ***Droit de réponse*** : droit de faire insérer une réponse dans un journal. ■ Riposte. *Ce sera ma réponse à ses manœuvres.* **4.** Réaction à un appel. *J'ai sonné : pas de réponse.* **5.** Réaction à une stimulation. *Réponse musculaire* (→ **réflexe**). – Réaction (d'un mécanisme) aux commandes. *Temps de réponse.*

repopulation n. f. Augmentation d'une population après une période de dépopulation.

report n. m. (de *reporter*) **1.** Bourse Opération par laquelle un spéculateur vend au comptant des titres qu'il rachète en même temps à terme pour la liquidation suivante. **2.** Fait de reporter, de renvoyer à plus tard. *Le report d'une cérémonie.* **3.** Fait de reporter ailleurs, sur un autre document. *Report d'écritures.* ■ Fait de reporter un total en haut d'une colonne. **4.** *Report des voix* : fait de voter pour un autre candidat au second tour d'une élection.

reportage n. m. (de *[2]reporter*) **1.** Article, émission où un, une journaliste relate une enquête. **2.** Métier de reporteur ; genre journalistique qui s'y rapporte. *Il a débuté dans le reportage.*

reporter v. tr. < 1 > **I.** Porter (une chose) à l'endroit où elle se trouvait. → **rapporter.** *Je vais reporter la malle au grenier.* **II.** (Porter plus loin ou ailleurs [espace ou temps]) **1.** Renvoyer à plus tard. → **ajourner, différer, remettre.** *Il a reporté son voyage.* **2.** Faire un report (2). *Reporter une écriture.* **3.** Bourse Faire une opération de report sur. *Reporter des titres.* **4.** ***Reporter sur*** : appliquer à une chose, une personne (ce qui revenait à une autre). *Reporter un sentiment sur qqn* (→ **transférer**). – *Reporter sa voix sur un autre candidat* (→ **report**). **5.** anglic. *Reporter à qqn*, lui rendre compte, dans une hiérarchie. ■ **se reporter v. pron. 1.** Revenir en esprit (à une époque antérieure). *Se reporter à son enfance.* **2.** Se référer (à qqch.). *Se reporter à un texte, à un ouvrage.*

Reporters sans frontières ONG fondée en 1985 à Montpellier. L'association vise à soutenir et protéger les journalistes en zones périlleuses et à lutter contre la censure.

[1]reporteur, trice [R(ə)pɔRtœR ; tRis] **n.** ou **reporter** [R(ə)pɔRtɛR ; R(ə)pɔRtœR] **n. m.** (de l'anglais, emprunt à l'ancien français *reporteur* « rapporteur », de *reporter*) Journaliste qui fait des reportages.

[2]reporteur, trice n. Bourse Personne qui fait une opération de report*.

repos n. m. (de *reposer*) **1.** Fait de se reposer, état d'une personne qui se repose ; temps pendant lequel on se repose. *Prendre du repos ; un jour de repos* (→ **congé**). – *Maison de repos*, lieu (clinique, etc.) où des malades se reposent. ■ milit. L'une des positions militaires réglementaires. – (commandement) *Garde à vous !... Repos !* **2.** Arrêt du mouvement, de l'activité. → **immobilité, inaction, inertie.** *Un muscle à l'état de repos.* – loc. *Ne pas pouvoir rester* ***en repos***, tranquille. – *Animal* ***au repos***, immobile. **3.** État d'une personne que rien ne vient troubler, déranger. → **paix, tranquillité.** *Ne pas pouvoir trouver le repos. Laissez-moi en repos.* – loc. ***De tout repos*** : sûr, assuré. *C'est une situation de tout repos. Ce n'est pas de tout repos.* ■ par analogie Moment de calme (dans les évènements, la nature, etc.). → **accalmie, détente, répit. 4.** littér. *Le repos de la mort.* – relig. *Le repos éternel* : l'état de béatitude des âmes, au ciel.

reposant, ante adj. Qui repose. → **délassant.** *Des vacances reposantes.*

repose n. f. techn. Pose (d'un appareil précédemment enlevé).

repose- Élément tiré du verbe *reposer*, qui sert à former des mots désignant des objets où l'on peut poser qqch.

reposé, ée adj. 1. Qui s'est reposé. *Vous avez l'air reposé.* – *Visage frais et reposé.* **2.** Qui est dans un état de tranquillité. – **loc. adv.** ***À tête reposée*** : à loisir, en prenant le temps de réfléchir.

repose-bras n. m. invar. Accoudoir de la banquette d'une voiture. → **appuie-bras.**

reposée n. f. vén. Lieu où un animal se repose le jour.

[1]repose-pied n. m. Appui fixé au cadre d'une motocyclette, où l'on peut poser le pied. *Des repose-pieds.*

[2]repose-pied n. m. ou **repose-pieds n. m. invar.** Petit meuble bas pour poser les pieds lorsque l'on est assis. *Des repose-pieds.*

[1]reposer v. < 1 > (bas latin *repausare* ; famille de *pause*) **I. v. intr. 1.** littér. Rester immobile ou allongé de manière à se délasser. *Il ne dort pas, il repose.* – (sujet chose) → **dormir. 2.** (d'un mort) Être étendu. – Être enterré (à tel endroit). *Ici repose...* (→ **ci-gît**). **3.** ***Reposer sur*** : être établi sur (un support), être fondé sur. *La tour Eiffel repose sur quatre piliers.* – abstrait *Cette affirmation ne repose sur rien.* **4.** (liquide, etc.) Rester immobile. *Laisser reposer un liquide.* – *Laisser reposer la pâte.* ■ *Laisser reposer la terre*, la laisser en jachère. **II. v. tr. 1.** Mettre dans une position qui délasse ; appuyer (sur). *Reposer sa tête sur un oreiller.* **2.** Délasser. *Cette lumière douce repose la vue.* – absolt *Ça repose* (→ **reposant**). ■ **se reposer v. pron. 1.** Cesser de se livrer à une activité fatigante. → se **délasser,** se **détendre.** *« Paresse : habitude prise de se reposer avant la fatigue »* (J. Renard). **2.** ***Se reposer sur qqn***, lui faire confiance. → **compter** sur. *Je me repose entièrement sur vous.*

[2]reposer v. tr. < 1 > (de *poser*) **1.** Poser de nouveau (ce qu'on a soulevé). *Reposer un enfant à terre.* **2.** Poser de nouveau (ce qu'on a enlevé) ; remettre en place. **3.** Poser de nouveau (une question). – pronom. *Le problème se repose dans les mêmes termes.*

repose-tête n. m. Appuie-tête. *Des repose-têtes.*

repositionnable adj. *Adhésif repositionnable*, qui peut être collé et décollé à plusieurs reprises.

repositionner v. tr. < 1 > **1.** Remettre dans une bonne position. **2.** Redéfinir le positionnement commercial de (un produit).

reposoir n. m. Support en forme d'autel sur lequel on dépose le saint sacrement, en certaines occasions. *« Le ciel est triste et beau comme un grand reposoir »* (Baudelaire).

repoussage n. m. (de *repousser*) techn. Procédé de modelage à froid qui consiste à taper avec un marteau sur un outil qui imprime un relief à la matière travaillée.

repoussant, ante adj. Qui inspire de la répulsion. → **répulsif ; dégoûtant, répugnant.** *Une saleté repoussante. Un personnage malpropre et repoussant.*

repousse n. f. Action de repousser. *La repousse des cheveux.*

repoussé, ée techn. **1. adj.** Façonné par repoussage. **2. n. m.** Relief obtenu par repoussage. ■ Ouvrage façonné par repoussage.

[1]repousser v. tr. < 1 > **1.** Pousser (qqn) en arrière, faire reculer loin de soi. → **[1]écarter, éloigner.** *Il l'a repoussé d'une bourrade. Repousser l'ennemi, les attaques.* → **refouler.** ■ Ne pas accueillir, ou accueillir mal. → **éconduire, rabrouer.** *Repousser qqn avec dédain.* ■ rare Inspirer de l'aversion à (qqn). → **dégoûter, déplaire ; répulsion.** *« Ce lieu nous attirait et nous repoussait à la fois »* (Lamartine). **2.** Pousser (qqch.) en arrière ou en sens contraire. *Repousser sa chaise.* **3.** techn. Façonner par repoussage. – au p. p. *Cuir repoussé.* **4.** Refuser d'accepter, de céder à. → **rejeter.** *Repousser les offres de qqn.* → **décliner. 5.** (critiqué) Remettre à plus tard. *Repousser un rendez-vous.*

[2]repousser v. intr. < 1 > Pousser de nouveau. *Les feuilles repoussent.*

repoussoir n. m. Chose ou personne qui en fait valoir une autre par contraste. *Servir de repoussoir.* – fam. *C'est un vrai repoussoir*, se dit d'une personne laide.

répréhensible adj. (du bas latin → **reprendre**) (actions) Qui mérite d'être blâmé, repris (II). → **blâmable, condamnable.** *Acte, conduite répréhensible.*

répréhension n. f. (du latin → **reprendre**) vieux Action de reprendre.

reprendre v. < 58 > (vient du latin *reprendere, reprehendere* → **répréhensible,** de *prendere, prehendere* → **prendre**) **I. v. tr. 1.** Prendre de nouveau (ce qu'on a cessé d'avoir ou d'utiliser). *Poser un objet, puis le reprendre. Reprendre sa (la) route.* – *Reprendre courage, confiance.* – *Reprendre son sang-froid.* – loc. *Reprendre ses esprits.* → **revenir** à soi. *Reprendre haleine*.* **2.** Prendre à nouveau (ce qu'on avait donné). *Donner, puis reprendre sa parole. Reprendre ses billes*.* ■ Prendre (ce qu'on a vendu) et rembourser le prix. *Reprendre une marchandise.* **3.** ***Reprendre de*** *(qqch.)*, en prendre une seconde fois. *Reprendre d'un plat.* → se **resservir. 4.** Prendre de nouveau (qqn qu'on avait abandonné ou laissé échapper). *Reprendre un prisonnier évadé.* ■ loc. *On ne m'y reprendra plus*, je ne me laisserai plus prendre, tromper. – *Que je ne vous y reprenne pas !* ■ (sujet chose) Avoir de nouveau un effet sur (qqn). *Mon rhumatisme m'a repris. Voilà que ça le reprend !* **5.** Recommencer après une interruption. → se **remettre** à. *Reprendre le travail. Reprendre ses études.* – (sujet chose) *La vie reprend son cours.* ■ Prendre de nouveau la parole pour dire (qqch.). *Il reprit d'une voix sourde...*

R

6. Remettre la main à (qqch.) pour améliorer. *Reprendre un vêtement,* y faire une retouche. *Reprendre un article.* → **remanier.** *Reprendre un tableau.* → **retoucher. 7.** Adopter de nouveau, en adaptant. *Reprendre un programme.* – *Reprendre une pièce,* la jouer de nouveau. ■ *Reprendre une entreprise,* en devenir le responsable ; la racheter pour en continuer l'activité. **8.** Redire, répéter. *Reprendre un refrain en chœur. Reprenons l'histoire depuis le début.* **II. v. tr.** littér. Faire à (qqn) une observation sur une erreur ou une faute commise. → **critiquer, réprimander.** *Reprendre qqn avec douceur.* – (compl. chose) → **blâmer, condamner ; répréhensible.** *Il n'y a rien à reprendre à sa conduite.* **III. v. intr. 1.** Reprendre vie, vigueur (après un temps d'arrêt, de faiblesse). *Les affaires reprennent.* **2.** Recommencer. *La pluie reprit de plus belle.* ■ **se reprendre v. pron. 1.** Se ressaisir. *Reprenez-vous !* – Corriger ses propos. *Elle s'est trompée, mais s'est vite reprise.* ■ *S'y reprendre à deux fois, à plusieurs fois (pour faire qqch.),* faire deux, plusieurs tentatives. **2.** *Se reprendre à* (+ inf.) : se remettre à. *On se reprend à espérer.*

repreneur, euse n. Personne, entreprise qui reprend une entreprise, la rachète.

représailles n. f. pl. (du latin médiéval ; famille de *reprendre*) **1.** Mesures de violence prises par un État pour répondre à un acte jugé illicite d'un autre État. *User de représailles* (→ **rétorsion**). **2.** Riposte individuelle à un mauvais procédé. *Exercer des représailles contre qqn.* → se **venger.**

représentable adj. Qui peut être représenté.

représentant, ante n. I. 1. Personne qui représente qqn et agit en son nom. → **agent, délégué, mandataire.** *La mission d'un représentant.* **2.** Personne désignée par un groupe pour agir en son nom. *Représentant syndical.* – *Les représentants du peuple.* → **¹parlementaire. 3.** Personne désignée pour représenter un État, un gouvernement, auprès d'un autre (→ **diplomate**). **4.** Personne qui visite la clientèle pour le compte d'une entreprise. → **commercial, voyageur** de commerce, **VRP.** *Il est représentant de commerce. Une représentante en pharmacie.* **II.** Personne, animal, chose que l'on considère comme type (d'une classe, d'une catégorie). *Les représentants d'une espèce animale. L'un des meilleurs représentants de l'école expressionniste.*

représentatif, ive adj. 1. Qui représente, rend sensible (quelque chose d'autre). *Symbole représentatif d'une idée.* **2.** Relatif à la représentation (d'un groupe) ; qui concerne cette représentation. *Assemblée représentative. Le système représentatif* (→ **¹parlementaire**). **3.** Propre à représenter (une classe, une catégorie), qui représente bien. → **typique.** *Un garçon représentatif de sa génération.*

représentation n. f. (du latin → **représenter**) **I. 1.** Fait de rendre sensible (un objet, une chose abstraite) au moyen d'une image, d'un signe, etc. ; image, signe qui représente. *Représentation d'un objet par une figure.* – Fait, manière de représenter (la réalité extérieure) dans les arts plastiques. *Une représentation réaliste.* **2.** Fait de représenter (une pièce...). → **spectacle.** *Première représentation.* → **première. 3.** Processus par lequel une image est présentée aux sens. → **perception.** *Représentation du monde.* **4.** *Être en représentation :* se faire valoir, se montrer. ■ Train de vie auquel certaines personnes sont tenues, en raison de leur situation. *Frais de représentation.* **II. 1.** Fait de représenter (qqn ; un groupe). → **délégation.** – dr. *Représentation en justice.* ■ Ceux qui représentent le peuple (→ **représentant**). *La représentation nationale.* **2.** Métier de représentant (de commerce). *Faire de la représentation.*

représentativité n. f. didact. Caractère représentatif (2 et 3).

représenter v. tr. < 1 > (du latin, de *praesentare* → **présenter**) **I. 1.** Présenter à l'esprit, rendre sensible (un objet, une chose abstraite) au moyen d'un autre objet (signe) qui lui correspond. → **évoquer, exprimer.** *Représenter une fonction par une courbe. Représenter un concept par un mot.* → **nommer.** – (le sujet désigne le signe) *Le glaive représente la guerre.* → **symboliser.** ■ Évoquer par un procédé graphique, plastique. → **dessiner, figurer, peindre.** *Représenter un objet, un paysage.* – (en parlant de l'image) *Ce tableau représente des ruines.* **2.** Faire apparaître, à l'esprit, par le moyen du langage. → **décrire, dépeindre.** *Représenter les faits dans toute leur complexité.* **3.** Montrer (une action) à un public par des moyens scéniques. *Troupe qui représente une pièce.* → **interpréter, jouer. 4.** Rendre présent à l'esprit, à la conscience (un objet qui n'est pas perçu directement). *« La mémoire me représentait les faits les plus anciens avec une netteté singulière »* (Nerval). – pronom. *Se représenter qqch. :* former dans son esprit (l'image d'une réalité absente), évoquer (une réalité passée). → **concevoir, s'imaginer.** *Se représenter une situation. Représentez-vous ma surprise.* **5.** Présenter (une chose) à l'esprit par association d'idées ; être un exemple de. → **évoquer, symboliser.** *Ville qui représente l'histoire d'un pays. Il représente l'intelligence et le talent.* – (choses équivalentes) → **constituer, correspondre** à. *L'épargne représente une privation.* **6.** littér. Faire observer à qqn. *Elle lui représenta les conséquences de son acte.* **7.** intrans., littér. Donner une impression d'importance, par son maintien, son comportement social. → en **imposer.** *« Il représentait avec grâce et magnificence »* (Taine). **II. 1.** Tenir la place de (qqn ; un groupe), agir en son nom, en vertu d'un mandat. *Le ministre s'était fait représenter.* **2.** Être le représentant de (une entreprise). *Il représente diverses compagnies d'assurances.* **III.** Présenter de nouveau. *Le parti représente le même candidat.* ■ pronom. *Se représenter à un examen.* – (choses) *Si l'occasion se représente.*

répresseur n. m. (du latin, de *reprimere* → **réprimer**, par l'anglais) biochim. Protéine qui régule la transcription* génétique.

répressif, ive adj. (→ **réprimer**) Qui réprime, sert à réprimer. *Loi répressive.* – *Société répressive.* – (personnes) *Parents répressifs.*

répression n. f. (→ **réprimer**) **1.** Action de réprimer (2). → **châtiment, punition.** *La répression d'un crime.* – *Répression et prévention.* ■ Fait d'arrêter par la violence un mouvement de révolte collectif. *Mesures de répression.* **2.** psych. Rejet volontaire (d'une motivation). *Répression et refoulement.*

réprimande n. f. (latin *reprimenda [culpa]* « [faute] qui doit être réprimée » → **réprimer**) Blâme adressé avec sévérité (à un inférieur). → **observation, remontrance, reproche.**

réprimander v. tr. < 1 > Faire des réprimandes à (qqn). → **blâmer.**

réprimer v. tr. < 1 > (latin *reprimere* [supin *repressum* → **répressif, répression, irrépressible**], de *premere* → **presser**) **1.** Empêcher (un sentiment, une tendance) de se développer, de s'exprimer. → **contenir, refréner.** *Réprimer sa colère. Un instinct que l'on ne peut réprimer* (→ **irrépressible**). **2.** Empêcher (une chose jugée dangereuse pour la société) de se manifester, de se développer. → **châtier, punir.** *Réprimer les délits.* – *Réprimer une insurrection.*

reprint [ʀəpʀint] **n. m.** (mot anglais, de *to print* « imprimer ») anglic. Réédition (d'un ouvrage) par procédé photographique ; cet ouvrage.

repris, ise voir **reprendre**

repris de justice n. m. invar. Individu qui a déjà été l'objet d'une ou plusieurs condamnations pénales. → **récidiviste.**

reprise n. f. (de *reprendre*) **I. 1.** (rare en emploi général) Action de reprendre (ce qu'on avait laissé, donné). **2.** Action de faire de nouveau après une interruption ; résultat de cette action. *La reprise des hostilités.* – mus. Seconde exécution (d'un fragment). ■ loc. *À plusieurs reprises :* plusieurs fois. *À maintes reprises :* souvent. *À deux, trois... reprises.* **3.** Chaque partie (d'une action qui se déroule en plusieurs fois). *Combat* (de boxe) *en trois reprises* (→ **round**). *Reprises d'une compétition d'équitation.* **4.** (moteur...) Passage à un régime supérieur. *Cette voiture a de bonnes reprises.* **5.** Fait de reprendre pour remanier, adapter ou répéter. *« Les reprises d'un ouvrage, les repentirs, les ratures »* (Valéry). ■ spécialt Raccommodage d'un tissu dont on cherche à reconstituer le tissage. *Faire une reprise à un pantalon.* → **repriser. 6.** Objets rachetés ou somme d'argent versée pour succéder au locataire d'un appartement. *Payer une grosse reprise.* ■ Rachat (d'une entreprise). **II. 1.** Fait de recommencer. *La reprise des cours aura lieu en septembre.* **2.** Fait de prendre un nouvel essor après un moment de crise. *La reprise des affaires.* – absolt *Les investisseurs attendent la reprise.*

repriser v. tr. < 1 > Raccommoder en faisant une ou plusieurs reprises. – au p. p. *Des chaussettes toutes reprisées.* – absolt *Aiguille à repriser.* □ **n. m. reprisage**

réprobateur, trice adj. (→ **réprouver**) Qui exprime la réprobation. *Un regard réprobateur.*

réprobation n. f. (→ **réprouver**) Fait de réprouver* ; désapprobation vive, sévère. *Encourir la réprobation de ses amis.*

reproche n. m. (de *reprocher*) **1.** Blâme formulé pour inspirer la honte ou le regret. → **remontrance, réprimande ; observation, remarque.** *Faire des reproches à qqn. Accabler qqn de reproches.* – *Sans reproche(s) :* à qui, à quoi on ne peut adresser de reproches. → **irréprochable.** *Une vie sans reproches.* **2.** littér. Se dit de ce qui constitue un reproche. *Être un reproche, un vivant reproche pour qqn.*

reprocher v. tr. < 1 > (vient du latin pop. *repropiare* « rapprocher », de *prope* « près » → **approcher**) *Reprocher* (qqch.) *à qqn,* lui faire observer, en le blâmant (une chose dont on le tient pour coupable ou responsable). *On lui reproche sa désinvolture. Reprocher à qqn de* (+ inf.). – *Je ne vous reproche rien* (atténue une observation). – (compl. indir. chose) *Ce que je reproche à cette théorie, c'est sa banalité.* ■ **se reprocher v. pron.** *Se reprocher qqch.,* se considérer comme responsable de. *Elle n'a rien à se reprocher. Se reprocher de* (+ inf.).

reproducteur, trice adj. (→ **reproduction**) **1.** Qui sert à la reproduction (animale, végétale). *Organes reproducteurs.* → **génital, sexuel. 2.** Qui est employé à la reproduction. *Cheval reproducteur.* → **¹étalon.** – **n.** *Les reproducteurs :* les animaux employés à la reproduction. → **géniteur.**

reproductible adj. (de *reproduction*) didact. Qui peut être reproduit. □ **n. f. reproductibilité**

reproductif, ive adj. didact. De la reproduction. *Clonage reproductif.*

reproduction n. f. (de *reproduire,* d'après *production*) **I.** Fonction par laquelle les êtres vivants se reproduisent ; action de se reproduire. *Reproduction asexuée, sexuée.* **II. 1.** Action de reproduire fidèlement (une chose existante). *La reproduction de la nature par l'art* (→ **imitation**). *La reproduction d'un son.* **2.** Fait de reproduire, de copier (un original) par un procédé technique. *Reproduction d'un tableau. Reproduction interdite.* ■ Image obtenue à partir d'un original. *Une excellente reproduction.* **3.** sociol. Fait de perpétuer, de se perpétuer (processus). *La reproduction des modèles idéologiques.*

reproduire v. tr. < 38 > (de *produire*) **1.** Répéter, rendre fidèlement (qqch.). → **imiter, représenter.** *Reproduire la nature, la réalité* (par l'art...). **2.** Faire exister, par un procédé technique, des choses semblables à (un modèle). → **copier.** *Reproduire un dessin, un texte.* ■ (choses) Constituer une image de. *Moulage qui reproduit un modèle.* **3.** Perpétuer, répéter. *Il reproduit les erreurs de son prédécesseur.* ■ **se reproduire v. pron. 1.** Produire des êtres vivants (semblables à soi-même) par la génération. → **se multiplier, proliférer.** *Les insectes se reproduisent très rapidement.* **2.** Se produire de nouveau. → **recommencer, se répéter.** *Veillez à ce que cela ne se reproduise plus.*

reprogrammer v. tr. < 1 > **1.** inform. Refaire le programme de. **2.** biol. Pratiquer une manipulation génétique permettant à (une cellule, un organisme) d'accomplir un programme précis. □ **n. f. reprogrammation**

reprographie n. f. (de l'allemand, de *Repro[duktion]* et *[Photo]graphie*) techn. Ensemble des procédés de reproduction des documents écrits. □ **adj. reprographique** □ **v. tr. reprographier** < 7 >

réprouvé, ée n. Personne rejetée par la société. → **paria.** *Vivre en réprouvé.* – relig. Personne rejetée par Dieu. → **damné.**

réprouver v. tr. < 1 > (vient du latin *reprobare* [supin *reprobatum* → **réprobateur, réprobation**], de *probare* → **prouver**) **1.** Rejeter en condamnant (qqch., qqn). → **blâmer ; réprobation.** *Actes que la morale réprouve.* – par ext. → **désapprouver, désavouer.** *Réprouver l'attitude de qqn.* **2.** relig. Rejeter et destiner aux peines éternelles. → **maudire.**

reps [ʀɛps] n. m. (origine incertaine) Tissu d'ameublement en grosse toile.

reptation n. f. (du latin, de *reptare* « ramper », de *repere*, même sens → **subreptice**) (reptiles...) Action de ramper ; mode de locomotion dans lequel le corps progresse sur sa face ventrale, par des mouvements d'ensemble.

reptile n. m. (du latin « qui rampe » → **reptation**) Animal vertébré, généralement ovipare, à température variable, à respiration pulmonaire, à peau couverte d'écailles (classe des *Reptiles* ; ex. le serpent, le lézard, la tortue, le crocodile). *Reptiles fossiles* (dinosaure, ptérodactyle).

reptilien, ienne adj. **1.** Relatif aux reptiles. **2.** (calque de l'anglais) *Cerveau reptilien* : la plus primitive des trois parties du cerveau des primates. – par ext. Qui évoque l'instinct, les pulsions archaïques.

repu, ue adj. (de *repaître*) **1.** Qui a mangé à satiété. → **rassasié.** *Lion repu. Je suis repu.* **2.** fig. Assouvi. *« La haine inassouvie et repue à la fois »* (Verlaine).

Repubblica (La) Quotidien italien de gauche créé en 1976 à Rome. Il acquit très vite une audience nationale.

républicain, aine adj. **1.** Qui est partisan de la république. *L'esprit républicain. Journal républicain.* – **n.** *Des républicains convaincus.* **2.** Relatif à la république, à une république ; de la république. *Constitution républicaine.* **3.** *Le parti républicain* : l'un des deux grands partis politiques américains. – **n.** *Les républicains et les démocrates.*

républicain (Parti) Nom de l'un des deux grands partis politiques des États-Unis d'Amérique. Fondé en 1854, il défendit des positions antiesclavagistes et protectionnistes. Vainqueurs du Sud après la guerre de Sécession, les républicains détinrent la présidence quasiment sans interruption de 1861 à 1913, puis de 1921 à 1933. Après la Seconde Guerre mondiale, ils revinrent au pouvoir avec les présidents D. Eisenhower, R. Nixon, G. Ford, R. Reagan, G. Bush, G. W. Bush et D. Trump.

républicain (Parti) [PR] Parti politique français issu en 1977 de la Fédération nationale des républicains indépendants (créée par V. Giscard d'Estaing en 1966). Le PR, membre fondateur de l'UDF, défendit des positions libérales et européennes. En 1997, il se transforma en Démocratie libérale qui rejoignit l'UMP en 2002.

Républicains (Les) voir **Les Républicains**

républicanisme n. m. Doctrine des républicains.

republication n. f. Nouvelle publication (d'un texte). → **réédition.**

république n. f. (latin *res publica* « chose publique », de *res* « chose » → **rien** et fém. de *publicus* → **public**) Forme de gouvernement où le chef de l'État (→ **président**) n'est pas seul à détenir le pouvoir qui n'est pas héréditaire ; État ainsi gouverné. *République démocratique, populaire, socialiste. Les républiques de la Grèce antique.* – fam. *On est en république !* (protestation contre une contrainte). – *La République française* : le régime politique français actuel (depuis 1793) ; la France sous ce régime.

République (Ire) Régime politique de la France établi le 21 septembre 1792, après la déchéance de Louis XVI, et au cours duquel se succédèrent la Convention, le Directoire et le Consulat. Elle s'acheva avec la proclamation du Premier Empire (18 mai 1804).

République (IIe) Régime politique de la France établi le 25 février 1848, après l'abdication de Louis-Philippe. Elle s'acheva avec la proclamation du Second Empire (2 décembre 1852).

République (IIIe) Régime politique de la France établi le 4 septembre 1870, après la capitulation de Sedan. Elle s'acheva avec le vote des pleins pouvoirs au maréchal Pétain (10 juillet 1940).

Proclamation de la IIIe République, affiche de Gaillard (4 septembre 1870), Bibliothèque nationale de France, Paris.

République (IVe) Régime politique de la France établi le 13 octobre 1946. Elle s'acheva après l'adoption par référendum de la Constitution de la Ve République (4 octobre 1958).

République (V^e^) Régime politique de la France depuis le 4 octobre 1958.

République arabe unie (RAU) État formé en février 1958 par l'union de l'Égypte et de la Syrie. Malgré la rupture de cette union par le coup d'État syrien de 1961, l'Égypte en a officiellement conservé la dénomination jusqu'en 1971.

République En Marche ! (La) Parti politique français créé par E. Macron en 2016, d'abord mouvement sous le nom de En Marche ! (des initiales de son fondateur), et dont il fut le candidat victorieux aux présidentielles de 2017 et 2021. Le parti fut rebaptisé Renaissance en 2022.

répudier v. tr. < 7 > (du latin « repousser [qqn] ») **1.** (dans certaines civilisations) Renvoyer (son épouse) en rompant le mariage selon les formes légales et de manière unilatérale. **2.** littér. Rejeter, repousser (un sentiment, une idée, etc.). *Répudier ses engagements.* → **renier.** □ **n. f. répudiation**

répugnance n. f. (du latin → **répugnant**) **1.** Vive sensation d'écœurement que provoque une chose qu'on ne peut supporter. → **répulsion.** *Avoir de la répugnance pour un aliment.* → **dégoût. 2.** abstrait Vif sentiment de mépris, de dégoût qui fait qu'on évite (qqn, qqch.). → **horreur.** *Avoir une grande répugnance pour le mensonge.* ■ Manque d'enthousiasme ou difficulté psychologique (à faire qqch.). *Sa répugnance à l'effort.*

répugnant, ante adj. (du latin, p. prés. de *repugnare* → **répugner**) **1.** Qui inspire de la répugnance (physique). → **dégoûtant, écœurant, repoussant.** *Une maison d'une saleté répugnante.* **2.** Qui inspire de la répugnance, au plan intellectuel ou moral. → **abject, ignoble.** *Un individu répugnant.*

répugner v. tr. < 1 > (latin *repugnare* « résister » ; famille de *poing*) **I. v. tr. ind.** *Répugner à.* **1.** littér. Éprouver de la répugnance pour (qqch.). *Répugner à une nourriture. Elle ne répugnait pas à cette perspective, à admettre cette perspective.* **2.** Inspirer de la répugnance à (qqn) ; faire horreur. *Cette nourriture lui répugne.* → **dégoûter.** *Ce type me répugne.* **II. v. tr. dir.** rare Dégoûter, rebuter (qqn). *« Sale à répugner une paroisse »* (Zola).

répulsif, ive adj. (du latin → **répulsion**) **1.** littér. Qui inspire de la répulsion. → **repoussant. 2.** Qui repousse. ■ **n. m.** Produit, dispositif qui repousse (des animaux indésirables).

répulsion n. f. (du latin, de *repellere* « repousser », de *pellere* → **pousser**) **1.** phys. Phénomène par lequel deux corps se repoussent mutuellement. **2.** Répugnance (physique ou morale). → **dégoût, écœurement.**

réputation n. f. (du latin → **réputer**) **1.** Fait d'être honorablement connu du point de vue moral. *Nuire à la réputation de qqn.* **2.** Fait d'être avantageusement connu. → **célébrité, renommée.** *Elle doit soutenir sa réputation. La réputation d'une entreprise.* → **renom. 3.** Fait d'être connu (honorablement ou fâcheusement). *Avoir bonne, mauvaise réputation.* ■ *Réputation de* : fait d'être considéré comme. *Une réputation d'homme d'esprit.*

réputer v. tr. < 1 > (du latin « calculer ; réfléchir », de *putare* → **putatif**) littér. (+ attribut) Tenir pour, considérer comme. *On le répute excellent nageur.* ■ (être) **réputé, ée v. passif** Avoir la réputation de, passer pour. *Des terres réputées incultes. Être réputé pour..., comme...* ■ **réputé, ée adj.** Qui jouit d'une grande réputation. → **célèbre, connu, fameux, renommé.** *Un vin réputé.* – *Une ville réputée pour ses musées.*

requalifier v. tr. < 7 > Donner une nouvelle qualification à (qqn, une tâche). □ **n. f. requalification**

requérant, ante adj. (de *requérir*) dr. Qui réclame en justice. *La partie requérante.*

requérir v. tr. < 21 > (de l'ancien v. *requerre*, du latin *requirere* [supin *requisitum* → **réquisition, réquisitoire**], de *quaerere* « chercher » → **quérir**) **1.** littér. Demander, solliciter (une chose abstraite). *Requérir l'aide de qqn.* **2.** dr. Réclamer au nom de la loi (→ **requête ; réquisitoire**). **3.** littér. (sujet chose) Demander, nécessiter. *Ce travail requiert de l'attention.* ■ **requis, ise adj. 1.** Demandé, exigé comme nécessaire. → **prescrit.** *Satisfaire aux conditions requises. Avoir l'âge requis.* **2.** Mobilisé par réquisition. *Des travailleurs requis.* – **n. m.** *Les requis.*

requête n. f. (de *requerre* → **requérir**, d'après *quête*) **1.** littér. Demande instante, verbale ou écrite. → **prière.** *Présenter, adresser une requête à qqn.* – *À, sur la requête de* : à la demande de. **2.** dr. Demande écrite présentée devant une juridiction. *Requête en cassation.*

R

Réquichot (Bernard) Peintre et sculpteur français (1928-1961). Après des œuvres d'inspiration mystique et des nus monumentaux, il s'orienta vers l'abstraction, et trouva dans les spirales son mode d'expression privilégié.

requiem [ʀekɥijɛm] n. m. invar. (1er mot d'une prière ; mot latin, de *quies* « calme » → coi, quiet) **1.** Prière, chant pour les morts, dans la liturgie catholique. *Messe de requiem.* **2.** Partie de la messe des morts mise en musique. *Le Requiem de Mozart.*

requin n. m. (origine incertaine ; l'étym. sur *requiem* [l'animal étant dangereux] est fantaisiste) **1.** Poisson de grande taille, au corps fuselé, très puissant et très vorace. → **squale.** *Requin bleu. Requin blanc. Requin marteau*.* **2.** fig. Personne cupide et impitoyable en affaires. *Les requins de la finance.*

requinquer v. tr. < 1 > (origine incertaine) fam. Redonner des forces, de l'entrain à. *Ce petit vin me requinque.* → **remonter.** ■ **se requinquer** v. pron. Reprendre des forces, retrouver la santé. *Elle s'est bien requinquée.*

requis, ise voir requérir

réquisit [ʀekwizit] n. m. (du latin, de *requirere* → requérir) philos. Ce qui est exigé par l'esprit pour obtenir un résultat. → **exigence.**

réquisition n. f. (du latin → requérir) **1.** dr. Acte par lequel le ministère public demande au juge l'application de la loi pour un prévenu déféré devant la justice. **2.** Opération par laquelle l'Administration exige une prestation d'activité ou la fourniture d'un bien. *Réquisition de véhicules, en temps de guerre.*

réquisitionner v. tr. < 1 > **1.** Se procurer (qqch.) par voie de réquisition. *Réquisitionner des locaux.* **2.** Utiliser par réquisition les services de (qqn). ■ fam. Utiliser (qqn) d'autorité. *Je vous réquisitionne tous pour m'aider.*

réquisitoire n. m. (du latin → requérir) **1.** Développement oral, par le représentant du ministère public, des moyens de l'accusation. **2.** fig. Discours, écrit contenant de violentes attaques. *Un réquisitoire contre une politique.* □ adj. **réquisitorial, ale, aux**

RER [ɛʀøɛʀ] n. m. (sigle de *réseau express régional*) Métro régional desservant Paris et sa région. *Ligne de RER.*

Rerum novarum Première encyclique sociale de l'Église, promulguée par Léon XIII en 1891. Elle posait les fondements de la doctrine sociale de l'Église.

resaler v. tr. < 1 > Saler de nouveau.

resalir v. tr. < 2 > Salir de nouveau.

R

rescapé, ée adj. et n. (de la forme picarde du v. *réchapper*) Qui est réchappé d'un accident, d'un sinistre. – n. *Les rescapés d'un naufrage.* → **survivant.**

rescindant, ante adj. (de *rescinder*) dr. Qui donne lieu à la rescision. - syn. **rescisoire.**

rescinder v. tr. < 1 > (du latin, de *scindere* → scinder) dr. Annuler (un acte) pour cause de lésion.

rescision n. f. (du latin → rescinder) dr. Annulation d'un acte pour cause de lésion.

rescisoire voir rescindant

à la **rescousse** loc. adv. (p.-ê. de l'ancien v. *rescorre* « délivrer », de *escorre* « secouer », du latin *quatere* « agiter » → casser) Au secours, à l'aide. *Appeler ; venir à la rescousse.*

rescrit n. m. (du latin, de *scribere* → écrire) **1.** ancien Ordonnance, décret du roi, de l'empereur. **2.** Lettre du pape portant décision d'un procès, d'un point de droit.

réseau n. m. (de *rets**) **1.** Ensemble de lignes, de bandes, etc., entrelacées plus ou moins régulièrement. *Le réseau des mailles d'un filet. Un « inextricable réseau de sentiers »* (Robbe-Grillet). **2.** Ensemble de lignes, de voies de communication, etc., qui desservent une même unité géographique. *Réseau ferroviaire, routier. Réseau téléphonique.* **3.** Répartition des éléments d'une organisation en différents points ; ces éléments. *Réseau commercial.* ■ Organisation clandestine. *Réseau d'espionnage.* ■ ***Réseau social*** : groupe de personnes liées par des goûts, des intérêts communs. – Plateforme d'échange et de partage d'informations sur Internet. **4.** Ensemble d'ordinateurs connectés entre eux pour échanger des informations.

▶ Les **réseaux sociaux** seraient nés d'un dépit amoureux ! En 2004, à l'université américaine d'Harvard, un étudiant délaissé par sa petite amie met en ligne sur le web les photos des autres étudiantes et fait élire les plus belles et les plus sympathiques filles du campus !
Cette initiative va se transformer rapidement en une plateforme internet où chaque internaute pourra afficher son « profil », converser en temps réel avec tous ses « amis » connectés dans le monde, leur poster des messages.
Ainsi est né *Facebook* dont l'usage s'est répandu sur la Toile comme une traînée de poudre pour atteindre 2,8 milliards de membres inscrits en 2022. C'est l'amorce d'une sociabilité de l'immédiateté et de la transparence, avec ses bénéfices et ses risques.
Côté face, le principal intérêt d'un réseau social est de mettre en relation des personnes qui se sont perdues de vue et de créer des liens amicaux ou professionnels élargis. Après les particuliers, les entreprises ont su tirer profit de cette innovation. Elles créent leur « profil de marque » pour nouer un dialogue avec leurs consommateurs.
Les réseaux sociaux constituent aussi un formidable outil d'expression démocratique qui permet aux peuples de déjouer la censure politique et de fédérer les opposants d'un régime jusqu'à renverser le pouvoir en place, comme en Tunisie et en Égypte, début 2011. C'est pourquoi les réseaux sociaux sont censurés dans les États autoritaires, comme en Birmanie ou en Russie lors de la guerre contre l'Ukraine (2022).
Revers de la médaille, les réseaux sociaux, où tout un chacun peut s'exprimer et réagir à l'instant, font perdre le temps nécessaire à la réflexion ainsi que la capacité de différencier une réponse pertinente d'une opinion quelconque. C'est aussi le risque d'une société du fichage généralisé et de l'hypersurveillance, prophétisée par George Orwell dans son roman « *1984* ». C'est ainsi que depuis 2019 l'administration fiscale envisage de traquer les signes extérieurs de richesse à partir des informations publiées par les utilisateurs.
Facebook a suscité des émules avec des réseaux spécialisés comme *YouTube, DailyMotion* ou *Deezer,* pour le partage de musique ou de vidéos ; ou encore *Twitter,* réseau de microblogage et *LinkedIn* ou *Viadeo,* pour la communication autour de profils professionnels.
Parallèlement à ces réseaux ouverts, accessibles aux « amis » et aux « relations », des réseaux sociaux d'entreprise (RSE) permettent aux groupes internationaux de faire travailler ensemble leurs collaborateurs dispersés dans le monde.

résection [ʀesɛksjɔ̃] n. f. (du latin → réséquer) chir. Opération chirurgicale qui consiste à couper, enlever une partie d'organe ou de tissu. → **ablation.** *Résection d'un vaisseau.*

réséda n. m. (du latin, impératif [« calme »] du v. *resedare* « calmer ; guérir », de *sedare* → sédatif) Plante aux fleurs odorantes disposées en grappe. *Des résédas.*

resemer voir ressemer

réséquer [ʀeseke] v. tr. < 6 > (latin *resecare* « couper » ; famille de scier) chir. Enlever par résection.

réserpine n. f. (du latin savant *r[auwolfia] serp[ent]in[a]*) pharm. Alcaloïde extrait du rauwolfia.

réservataire adj. et n. (du latin → réserver) dr. Se dit d'un héritier qui a droit à la réserve* légale.

réservation n. f. Fait de réserver (une place, etc.). - abrév. fam. **résa.** *Des résas.*

réserve n. f. (de *réserver*) **I. 1.** dr. Clause restrictive qu'on ajoute afin de ne pas se trouver lié par une obligation. ■ cour. *Faire, émettre des réserves sur* (une opinion, etc.), ne pas donner son approbation pleine et entière. *Les savants font de sérieuses réserves sur cette hypothèse.* – loc. ***Sous toutes réserves*** : sans garantie. *Nouvelle donnée sous toutes réserves.* – ***Sous réserve*** : sous condition. – ***Sous réserve de*** : en réservant (un recours). *Sous réserve de vérification.* **2.** ***Sans réserve*** loc. adv. et loc. adj. invar. : sans restriction, sans réticence. *Elle lui est dévouée sans réserve. Une admiration sans réserve.* **II.** Qualité qui consiste à se garder de tout excès (dans les propos, etc.). → **circonspection, discrétion, retenue.** *Garder une certaine réserve.* – *Être, se tenir sur la réserve,* garder une attitude réservée. – *Le devoir de réserve des fonctionnaires.* **III. 1.** dr. Ce qui est réservé à qqn. *Réserve légale* ou *réserve héréditaire* : portion d'une succession que la loi réserve à certains héritiers. **2.** Quantité accumulée pour en disposer au moment le plus opportun. → **provision.** *Réserves de vivres, d'argent. Les réserves de graisse de l'organisme.* – Quantité non encore exploitée (d'un minéral). *Les réserves mondiales de pétrole.* **3.** loc. *Avoir, mettre, tenir qqch.* ***en réserve.*** → **de côté.** – ***De réserve*** : qui constitue une réserve. *Vivres de réserve.* **4.** milit. *Les réserves* : troupe gardée disponible. – *La réserve* (s'oppose à *armée active*) : partie des forces militaires d'un pays qui peut être rappelée sous les drapeaux (→ **réserviste**). *Officier de réserve.* ■ *Réserve sanitaire* : ensemble des soignants qui ne sont pas en activité mais qui peuvent être appelés à exercer en cas de crise sanitaire. **IV. 1.** Territoire choisi pour la protection de la flore et de la faune. *Réserve naturelle.* **2.** (en Amérique du Nord) Territoire réservé aux Indiens et soumis à un régime spécial. **3.** Local où l'on garde à part (des objets). *Les réserves d'un musée.*

réservé, ée adj. **I.** Qui a été réservé ; dont l'usage est réservé. *Droits de traduction réservés.* – *Chasse réservée.* – *Place réservée.* **II.** Qui fait preuve de réserve*. → **¹discret, prudent.** *Un homme réservé.* – *Une attitude réservée.*

réserver v. tr. < 1 > (du latin ; famille de *servir*) **1.** Destiner exclusivement ou spécialement (à une personne, un groupe). *On vous a réservé ce bureau, cet étage.* **2.** S'abstenir d'utiliser immédiatement (qqch.), en vue d'une occasion plus favorable. → **garder.** *Réserver le meilleur pour la fin.* – *Réserver son jugement,* le remettre à plus tard. **3.** Mettre de côté (une marchandise) pour qqn ; faire mettre à part (ce qu'on veut trouver disponible). *Réserver un billet d'avion* (→ **retenir ; réservation**). **4.** Destiner (à qqn) ; causer (à qqn). *Le sort qui nous est réservé. Cette soirée nous réservait bien des surprises.* ■ **se réserver** v. pron. **1.** S'abstenir d'agir, de manière à conserver toutes possibilités pour plus tard. *Je me réserve pour une meilleure occasion.* ■ spécialt Manger peu afin de garder de l'appétit (pour un plat, un repas). *Se réserver pour le dessert.* **2.** Réserver pour soi-même. *Je me réserve le droit d'intervenir.* – *Se réserver de* (+ inf.) : conserver pour l'avenir le droit ou la possibilité de (faire qqch.). *Elle se réserve de prendre les dispositions qui s'imposent.*

réserviste n. **1.** Membre de l'armée de réserve. *Rappel de réservistes.* **2.** Membre de la réserve* sanitaire.

réservoir n. m. **1.** Cavité, récipient où un liquide peut s'accumuler, être gardé en réserve. *Réservoir d'eau* (citerne, cuve...). *Réservoir d'essence* (d'une voiture). **2.** fig. *Réservoir de* : endroit contenant (ce qui est comparé à un liquide). *Un réservoir d'hommes de valeur.*

résidant, ante adj. Qui réside (en un lieu). – n. *Les résidants d'une maison de retraite.* → **résident.**

résidence n. f. (du latin → résider) **1.** didact. Séjour obligatoire. *Emploi qui demande résidence.* – *Être assigné à résidence. Résidence surveillée.* **2.** Fait de demeurer habituellement en un lieu ; ce lieu. → **demeure, habitation.** *Changer de résidence.* ■ Lieu où une personne habite durant un certain temps, ou a un centre d'activités, sans y avoir nécessairement son domicile. – *Résidence (artistique) :* occupation temporaire par un artiste d'un espace de travail mis à sa disposition par une institution dans le but de soutenir la création. **3.** (avec une idée de luxe) Lieu, habitation où l'on réside. – *Résidence secondaire,* maison de vacances. ■ Groupe d'immeubles résidentiels.

résident, ente n. (du latin → résider) **1.** Personne qui réside (en un lieu). → **résidant.** *Les résidents d'une cité universitaire.* **2.** Personne établie dans un autre pays que son pays d'origine. *Les résidents espagnols en France.*

résidentiel, elle adj. Relatif à l'habitation, à la résidence, spécialt aux ensembles d'habitations de luxe. *Immeubles, quartiers résidentiels.*

résider v. intr. < 1 > (latin *residere*, de *sedere* → seoir) **1.** (personnes) Être établi d'une manière habituelle (dans un lieu), y avoir sa résidence. → **demeurer.** *Résider en province.* **2.** (choses abstraites) Avoir son siège, son principe. → **consister, se situer.** « *Le principe de toute souveraineté réside essentiellement dans la Nation* » (« Déclaration des droits de l'homme »).

résidu n. m. **1.** péj. Reste sans valeur. → **déchet, détritus. 2.** Ce qui reste après une opération physique ou chimique, un traitement industriel.

résiduaire adj. didact. Qui constitue un résidu.

résiduel, elle adj. **1.** didact. Qui constitue un reste, un résidu. **2.** fig. Qui persiste. *Chômage résiduel.*

résignataire n. dr. Personne à qui on a résigné un bénéfice. → **bénéficiaire.**

résignation n. f. Fait d'accepter sans protester (la volonté de qqn, le sort) ; tendance à se soumettre. → **soumission.** *Résignation à l'injustice.* – *Une résignation courageuse.*

résigner v. tr. < 1 > (du latin « rompre le sceau de ; annuler », de *signare* → [1]signer) littér. Abandonner (une fonction). → **se démettre.** *Résigner sa charge.* ■ **se résigner** v. pron. *Se résigner à :* accepter sans protester (une chose pénible). *Se résigner à l'inévitable. Se résigner à partir.* – absolt Adopter une attitude d'acceptation ; se soumettre. → **s'incliner.** *Il faut se résigner, c'est la vie !* ■ **résigné, ée** adj. et n. Qui accepte avec résignation ; empreint de résignation. *Elle est résignée.* – *Un courage résigné.*

résiliable adj. Qui peut être résilié.

résiliation n. f. Action de résilier ; son résultat. *La résiliation d'un contrat.*

résilience n. f. (famille de *résilier*) **1.** phys. Valeur caractérisant la résistance au choc d'un métal. **2.** psych. Capacité à surmonter les chocs traumatiques. **3.** écol. Capacité (d'un écosystème, d'une espèce) à retrouver un état d'équilibre après un évènement exceptionnel. **4.** inform. Capacité (d'un système ou d'un réseau) à continuer de fonctionner en cas de panne.

résilient, iente adj. **1.** phys. Qui a une certaine résistance au choc. **2.** psych. Qui fait preuve de résilience (2).

résilier v. tr. < 7 > (latin *resilire* « sauter en arrière », de *salire* → saillir) Dissoudre (un contrat) par l'accord des parties ou par la volonté d'un seul. *Résilier un bail.*

résille n. f. (de l'espagnol ; famille du latin *rete* → rets) Tissu de mailles formant une poche dans laquelle on enserre les cheveux. → [3]**filet.** – appos. *Des bas résilles ou résille* (invar.), bas formés d'un réseau de larges mailles.

Résistance

1. Des maquisards progressent dans une de ces zones montagneuses qui offrent de solides bases arrière. 2. Le sabotage des voies ferrées est un des aspects de la lutte contre l'occupant. 3. Une téléphoniste apporte son concours à un groupe de résistants.

▶ Le terme de **Résistance** désigne des comportements d'opposition à l'occupation militaire d'un territoire par l'Allemagne nazie ou l'un de ses alliés. Les actions ont pu prendre une forme armée (attentats, sabotages, coups de main, renseignement) ou non (manifestations, sensibilisation de l'opinion par voie de presse ou distribution de tracts, actes de dissidence, refus de travailler pour l'ennemi). Cette définition ne rend cependant pas compte de deux caractéristiques majeures de la Seconde Guerre mondiale : sa dimension planétaire, qui permit à certains résistants de s'exiler afin de poursuivre le combat contre l'occupant (comme la France libre du général de Gaulle ou le gouvernement polonais en exil du général Sikorski, tous deux réfugiés à Londres) ; sa nature idéologique, l'enjeu n'étant pas la seule libération du territoire national mais la lutte contre le fascisme et l'élaboration d'un projet politique pour l'après-guerre. Aussi le combat de la Résistance a-t-il parfois pris des allures de guerre civile, soit en opposant ses membres à leurs compatriotes favorables à une collaboration avec l'Axe (lutte de la Résistance française contre le régime de Vichy), soit en raison de violentes dissensions internes (lutte entre Mihailović et Tito en Yougoslavie). On parle aussi de « résistance » allemande et italienne à propos des opposants intérieurs aux régimes nazi et fasciste. En France, la résistance extérieure s'organise d'abord depuis Londres où le général de Gaulle forme les Forces françaises libres (FFL) puis le Comité de libération nationale (1943). Les résistances intérieures, à l'origine minoritaires et morcelées, sont progressivement organisées en mouvements, en réseaux et en maquis, puis unifiées sous l'impulsion des envoyés de la France libre (Jean Moulin, Pierre Brossolette), donnant naissance à un Conseil national de la Résistance. Cette institutionnalisation du combat des « résistants » a permis à la France d'être reconnue parmi les vainqueurs de la guerre. La qualification comme « résistants » de peuples, de mouvements politiques et d'individus a eu une importance cruciale dans une Europe de l'après-guerre qui s'est construite sur la négation du fascisme.

voir aussi **Guerre mondiale (Seconde), Collaboration**

résine n. f. (latin *resina*) **1.** Substance collante et visqueuse qui suinte de certains végétaux, notamment les conifères. *Résine du pin.* → **gemme. 2.** Composé utilisé dans la fabrication des matières plastiques. *Résines synthétiques.*

résiné, ée adj. *Vin résiné,* contenant de la résine de pin. – **n. m.** *Un verre de résiné.*

résiner v. tr. < 1 > techn. **1.** Enduire de résine. **2.** Récolter la résine de (un arbre). → **gemmer.**

résineux, euse adj. **1.** Qui produit de la résine, contient de la résine (1). → **résinifère.** *Arbres, bois résineux.* – **n. m.** *Les principaux résineux sont des conifères.* **2.** Propre à la résine (1). *Odeur résineuse.*

résinier, ière 1. n. Personne qui récolte la résine des pins. → **gemmeur. 2. adj.** Relatif à la résine.

résinifère adj. (→ -fère) didact. Qui produit de la résine. → **gemmifère, résineux.**

résipiscence n. f. (du latin, même racine que *sapere* → [1]savoir) littér. Reconnaissance d'une faute et volonté de correction. → [2]**repentir.**

résistance n. f. **I.** (Phénomène physique) **1.** Fait de résister, d'opposer une force (à une autre) ; cette force. *La résistance de l'air.* ■ Capacité d'annuler ou de diminuer l'effet d'une force. *Résistance à la torsion.* – *Résistance des matériaux,* leur comportement face à des forces, des contraintes ; étude de ce comportement. **2.** électr. *Résistance (électrique) :* grandeur physique, rapport entre la tension et l'intensité du courant. *L'unité de résistance est l'ohm. Résistance et conductance.* – cour. *Une résistance :* un conducteur qui dégage de la chaleur. **3.** Qualité physique par laquelle on résiste (à des épreuves, des fatigues). → **endurance, force, solidité.** *Manquer de résistance. Résistance au froid.* **4.** loc. ***Plat de résistance*** (proprt *dont on ne vient pas à bout aisément*) : plat principal d'un repas. **II.** (Action humaine) **1.** Action par laquelle on essaie de rendre sans effet (une action dirigée contre soi). *La résistance à l'oppression. Résistance passive :* refus d'obéir (sans action). ■ Ce qui s'oppose à la volonté. → **difficulté, obstacle.** *Rencontrer de la résistance.* – *Venir à bout d'une résistance.* **2.** Action de s'opposer à une attaque par les moyens de la guerre. *Résistance armée. Organiser la résistance.* ■ hist. (avec maj.) *La Résistance :* l'opposition à l'action de l'occupant allemand pendant la Seconde Guerre mondiale ; l'organisation qui s'ensuivit.

Résistance n. f. Nom donné à l'ensemble des actions clandestines menées au cours de la Seconde Guerre mondiale, en France et en Europe, contre l'occupation allemande et les régimes nazi et fascistes.

Résistance (parti de la) Nom donné sous la monarchie de Juillet au parti orléaniste. Dirigé par Guizot, Molé et Casimir Perier, il fut au pouvoir de 1832 jusqu'à la fin de la monarchie de Juillet.

résistant, ante adj. 1. Qui résiste à une force contraire ; qui résiste à l'effort, à l'usure. *Un tissu très résistant.* → **solide.** 2. (êtres vivants) Endurant, robuste. 3. n. Personne qui fait partie d'un mouvement de résistance. ■ hist. Personne qui appartenait à la Résistance (II, 2).

Resistencia Ville d'Argentine, capitale de la province du Chaco. 366 000 habitants.

résister v. tr. ind. < 1 > (latin *resistere* « s'arrêter ; faire obstacle », de *sistere*, de *stare* → station) *Résister à* I. (valeur passive) 1. (choses) Ne pas céder, ne pas s'altérer sous l'effet de. *Quelques arbres ont résisté à la tempête. Couleurs qui résistent au lavage.* 2. (êtres vivants) Ne pas être détruit, altéré par (ce qui menace l'organisme). *Résister à la fatigue, à la maladie.* → [1]**supporter.** ■ Supporter sans faiblir (ce qui est moralement pénible). *Résister à un chagrin.* 3. (choses abstraites) Se maintenir, survivre. *Leur amitié a résisté au temps. – L'argument ne résiste pas à l'examen.* II. (valeur active) 1. Faire effort contre l'usage de la force. *Résister à un agresseur.* ■ S'opposer à (une attaque) par les moyens de la guerre. → se **défendre.** 2. S'opposer à (ce qui contrarie les désirs, menace la liberté). → **lutter** contre. *Résister à l'oppression.* → se **révolter.** ■ Faire front à (qqn). → s'**opposer.** *Personne n'ose lui résister.* 3. (contexte amoureux) Repousser (qqn). *« Pour mieux te résister, j'ai recherché ta haine »* (Racine). 4. S'opposer à (ce qui plaît, tente). *Résister à une tentation.*

résistible adj. À qui, à quoi l'on peut résister.

résistif, ive adj. sc. Doué de résistivité.

résistivité n. f. (de l'anglais, de *resistive* « résistant ») électr. Résistance spécifique d'une substance.

Reşiţa Ville de Roumanie occidentale, chef-lieu du district de Caraş-Severin. 63 800 habitants. Fondée en 1768, elle est l'un des plus anciens centres industriels du pays.

resituer v. tr. < 1 > Situer, abstraitement, par rapport au reste. *Resituer un débat dans son contexte.*

Resnais (Alain) Cinéaste français (1922-2014). D'abord documentaliste *(Nuit et Brouillard)*, il s'est affirmé comme l'un des créateurs les plus originaux de l'école française des années 1960, à travers des films exigeants et novateurs *(Hiroshima mon amour ; L'Année dernière à Marienbad ; Mon oncle d'Amérique)*. Ses derniers films évoluent vers la comédie de mœurs *(Smoking/No Smoking ; On connaît la chanson ; Cœurs)*.

Alain Resnais réalisant *La vie est un roman* (1983).

resocialiser v. tr. < 1 > Redonner une vie sociale normale à (qqn). → **réinsérer.** □ n. f. **resocialisation**

résolu, ue adj. (→ résoudre) Qui sait prendre une résolution et s'y tenir. → **décidé, déterminé.**

résoluble adj. 1. Qui peut être résolu. → **soluble.** 2. dr. Sujet à résolution. *Un contrat résoluble.*

résolument adv. D'une manière résolue. → **énergiquement.**

résolutif, ive (du latin → résoudre) 1. adj. et n. méd. Se dit d'un médicament qui calme les inflammations. 2. adj. didact. Qui détermine la résolution. → **décisif.**

résolution n. f. (du latin → résoudre) I. 1. didact. Transformation physique d'une substance qui se résout. *Résolution de l'eau en vapeur.* 2. Opération par laquelle l'esprit résout (une difficulté, un problème). → **solution.** – math. *La résolution d'une équation.* 3. dr. Annulation (d'un contrat) pour inexécution des conditions. 4. Nombre d'informations (pixels, points) utilisé pour l'affichage, l'impression d'une image. *Écran (à) haute résolution.* II. 1. Décision volontaire arrêtée après délibération. *Prendre la résolution de...* → **décider.** – *Bonnes résolutions :* résolutions de bien faire. ■ dr. Décision prise par une assemblée et qui n'a pas valeur de loi. 2. Comportement, caractère d'une personne résolue. → **détermination, énergie, fermeté.**

résolutoire adj. (du latin → résoudre) dr. Qui entraîne la résolution d'un contrat.

résolvante n. f. (de *résolvant*, p. prés. de *résoudre*) math. *Résolvante d'une équation :* seconde équation qui permet la résolution de la première.

résonance n. f. 1. Augmentation de la durée ou de l'intensité des sons, des vibrations. *Caisse de résonance.* ■ Propriété d'un lieu où ce phénomène se produit. *La résonance d'une voûte.* 2. fig., littér. Effet de ce qui se répercute (dans l'esprit...). → **écho, retentissement.** *La résonance d'une œuvre. Des résonances profondes.* 3. sc. Augmentation de l'amplitude d'une oscillation. – *Résonance magnétique nucléaire,* basée sur les modifications de niveaux d'énergie provoquées par un champ magnétique (utilisée dans l'imagerie médicale ; sigle RMN). 4. phys. Particule de durée de vie extrêmement brève.

résonateur n. m. Appareil, milieu où peut se produire un phénomène de résonance.

résonnant, ante adj. phys. Qui est le siège d'un phénomène de résonance. - var. **résonant, ante.**

résonner v. intr. < 1 > (latin *resonare*, de *sonare* → sonner) 1. Produire un son accompagné de résonances. *Cloche qui résonne.* 2. (sons) Retentir en s'accompagnant de résonances. *« Les voix résonnent comme dans un corridor »* (Max Jacob). 3. S'emplir d'échos, de résonances. *La rue résonnait de cris d'enfants.*

résorber v. tr. < 1 > (du latin, de *sorbere* « avaler », *cf.* absorber) 1. méd. Opérer la résorption de. – pronom. Disparaître par résorption. *Hématome qui se résorbe.* 2. fig. Faire disparaître par une action interne. *Résorber un déficit.* □ adj. **résorbable**

résorcinol n. m. (de *ré[sine]*, *orcine* et *[phén]ol*) chim. Phénol employé comme antiseptique et dans la préparation de certains colorants. - syn. **résorcine n. f.**

résorption n. f. (du latin → résorber) 1. méd. Disparition (d'un produit pathologique repris par la circulation sanguine ou lymphatique). *Résorption d'un abcès.* 2. fig. Suppression (d'un phénomène nuisible). *Résorption du chômage.*

résoudre v. tr. < 51 > (latin *resolvere* [supin *resolutum* → résolution], de *solvere* → solution) I. 1. p. p. *résous* (ou ꝏ *résout*), *résoute* Transformer en ses éléments. – pronom. *Brouillard qui se résout en pluie.* 2. p. p. *résolu, ue* Découvrir la solution de. *Résoudre un problème, une équation. L'énigme n'a pu être résolue* (→ **insoluble**). 3. dr. Annuler par résolution (I, 3). II. p. p. *résolu, ue* 1. Déterminer (qqn) à prendre une résolution. *Il faut le résoudre à abandonner.* – au passif (plus cour.) *Il est résolu à partir.* – pronom. → se **décider.** *Elle ne peut pas se résoudre à partir.* 2. Décider (un acte, qqch. à exécuter). *Ils ont résolu sa perte, de le perdre. Faire ce qu'on a résolu. Résoudre de...* → **décider** de.

respect [ʀɛspɛ] n. m. (latin *respectus* → répit) 1. Sentiment qui porte à accorder à qqn de la considération en raison de la valeur qu'on lui reconnaît. → **déférence, révérence ; estime.** *Inspirer le respect. Avoir du respect pour qqn. Manquer de respect envers qqn. Marques de respect.* → **politesse.** – loc. *Sauf votre respect, sauf le respect que je vous dois :* se dit pour s'excuser d'une parole trop libre, un peu choquante. ■ Sentiment de vénération. → **culte, piété.** *Le respect pour les morts. – Le respect d'un idéal.* 2. au plur. Témoignage de respect (formule de politesse). *Présenter ses respects à qqn.* → **hommage.** 3. Considération que l'on porte à une chose jugée bonne, avec le souci de ne pas lui porter atteinte. *Le respect de la parole donnée.* 4. loc., vieilli *Respect humain :* crainte du jugement des autres, qui conduit à se garder de certains actes. 5. *Tenir qqn en respect,* dans une soumission forcée (en montrant sa force, etc.).

respectabiliser v. tr. < 1 > Rendre respectable.

respectabilité n. f. Caractère respectable. *Souci de respectabilité.*

respectable adj. 1. Qui est digne de respect. *Un homme respectable.* → **estimable, honorable.** – *Vos scrupules sont respectables.* 2. (quantité) Assez important. *Une somme respectable.*

respecter v. tr. < 1 > (du latin → respect) 1. Considérer avec respect. → **honorer ; vénérer.** *Respecter ses parents. – Respecter certaines valeurs.* 2. Ne pas porter atteinte à. → **observer.** *Respecter le règlement ; les convenances.* ■ se **respecter** v. pron. Agir de manière à conserver l'estime de soi-même. – loc. adj. fam. ***Qui se respecte :*** qui est fidèle à soi-même ; digne du nom qui le désigne. *Proposition inacceptable pour un homme qui se respecte.*

respectif, ive adj. (du latin, de *respectus* « considération » → respect) Qui concerne chaque chose, chaque personne (parmi plusieurs). *Les droits respectifs des époux.* (au sing.) *La position respective des astres.*

respectivement adv. Chacun en ce qui le concerne.

respectueusement adv. Avec respect.

respectueux, euse adj. 1. Qui éprouve ou témoigne du respect. 2. Qui marque du respect. *Ton respectueux.* – (formule de politesse) *Veuillez agréer mes sentiments respectueux.* – loc. *Rester à (une) distance respectueuse,* à une distance assez grande. 3. ***Respectueux de :*** soucieux de ne pas porter atteinte à. *Être respectueux des usages.*

Respighi (Ottorino) Compositeur italien (1879-1936). Il fut professeur au conservatoire de Rome, avant d'en devenir le directeur en 1923. On lui doit des mélodies et des poèmes symphoniques d'inspiration néoclassique (*Fontaines de Rome ; Concerto grégorien* pour violon ; *Triptyque botticellien*).

respir ou **respire** n. m. (Canada) Respiration, souffle ; haleine. – *Prendre un grand respir.* → **inspiration.**

respirable adj. Que l'on peut respirer (surtout en emploi négatif). *Air peu respirable.*

respirateur n. m. 1. Masque qui filtre l'air. 2. Appareil pour la respiration assistée. → **réanimateur, ventilateur.**

respiration n. f. (du latin → respirer) 1. Fait de respirer ; manière de respirer. *Respiration difficile, haletante. Retenir sa respiration.* → **souffle ;** régional **respir.** ■ *Respiration artificielle :* manœuvres pratiquées pour rétablir les fonctions respiratoires, chez les asphyxiés. *Respiration assistée,* à l'aide de respirateurs. 2. didact. Fonction biologique qui permet l'absorption de l'oxygène et le rejet du gaz carbonique. *Respiration pulmonaire. Respiration interne* (des cellules, des tissus).

respiratoire adj. **1.** Qui permet la respiration. *Appareil respiratoire.* **2.** De la respiration. *Échanges respiratoires de la cellule.*

respire voir respir

respirer v. < 1 > (latin *respirare*, de *spirare* « souffler » ; famille de *esprit*) **I. v. intr. 1.** Absorber l'air dans la cage thoracique, puis l'en rejeter. → **aspirer, inspirer, expirer.** *Respirer par le nez, par la bouche. Respirer avec difficulté.* → **haleter.** ■ Exercer la fonction de la respiration (2). **2.** Avoir un moment de calme, de répit. → **souffler.** *Laissez-moi respirer !* **II. v. tr.** Aspirer, attirer par les voies respiratoires. → **inhaler.** *Respirer le grand air. On lui fit respirer de l'éther.* → **renifler. III. v. tr.** Dégager une impression de. *Elle respire la santé.* – *Visage qui respire l'intelligence.*

resplendir v. intr. < 2 > (du latin, de *splendere* « briller » → **splendeur, splendide**) littér. Briller d'un vif éclat. – fig. *Son visage resplendit de bonheur.* → **rayonner.**

resplendissant, ante adj. Qui resplendit. → **éclatant.** *Un soleil resplendissant.* – fig. *Une mine resplendissante* (de santé).

resplendissement n. m. littér. Éclat de ce qui resplendit.

responsabiliser v. tr. < 1 > Donner à (qqn) des responsabilités ; faire prendre conscience de ses responsabilités à (qqn). ▫ **n. f. responsabilisation**

responsabilité n. f. **1.** dr. Obligation, pour un gouvernement, de quitter le pouvoir lorsque le corps législatif lui retire sa confiance. **2.** dr. Obligation de réparer le dommage que l'on a causé par sa faute, dans certains cas déterminés par la loi. *Responsabilité civile.* **3.** Fait d'être responsable (3). ■ Nécessité morale de remplir un devoir, un engagement. *Assumer une responsabilité. Prendre la responsabilité de qqch.*, accepter d'en être tenu pour responsable. *Prendre, assumer ses responsabilités. Confier des responsabilités à qqn.*

responsable adj. (du latin *responsum*, supin de *respondere* → **répondre**) **1.** dr. Qui doit rendre compte de sa politique (→ **responsabilité (1)**). *Gouvernement responsable devant le parlement.* **2.** dr. Qui doit réparer les dommages qu'il a causés. **3.** Qui doit répondre de ses actes ou de ceux d'autrui. *Être responsable de qqn. Être tenu pour responsable de qqch.* – absolt « *Être homme, c'est précisément être responsable* » (Saint-Exupéry). ■ Qui est la cause volontaire et consciente (de qqch.), en porte la responsabilité. – **n.** fam. → **auteur, coupable.** *Qui est le responsable de cette plaisanterie ?* **4.** Chargé de. *Le ministre responsable de la justice.* – **n.** → **dirigeant.** *Responsable syndical.* **5.** (d'après l'anglais) Qui mesure les conséquences de ses actes. → **raisonnable, réfléchi, sérieux.** *Une attitude responsable.*

resquille n. f. (de *resquiller*) fam. Action de resquiller. → **fraude.** - syn. **resquillage n. m.**

resquiller v. < 1 > (provençal *resquilha* « glisser ») **1. v. intr.** Entrer sans payer (spectacles, transports) ; obtenir qqch. sans y avoir droit. **2. v. tr.** Obtenir (qqch.) par ruse, sans y avoir droit. *Elle a resquillé sa place.*

resquilleur, euse n. Personne qui resquille.

ressac [Rəsak] n. m. (espagnol *resaca*, de *resacar* « tirer en arrière » ; famille du latin *saccus* → **¹sac**) Retour brutal des vagues sur elles-mêmes, lorsqu'elles ont frappé un obstacle.

ressaigner [R(ə)seɲe] v. intr. < 1 > Saigner de nouveau.

ressaisir [R(ə)seziR] v. tr. < 2 > (de *saisir*) Saisir de nouveau. → **reprendre.** ■ se **ressaisir v. pron.** Redevenir calme et maître de soi. *Ressaisissez-vous !* – Se rendre de nouveau maître de la situation.

ressaisissement [R(ə)sezismɑ̃] n. m. littér. Action de ressaisir.

ressasser [R(ə)sase] v. tr. < 1 > (de *sasser*) **1.** Revenir sur (les mêmes choses), faire repasser dans son esprit. → **remâcher, ruminer.** *Ressasser des regrets.* **2.** Répéter de façon lassante. → **rabâcher.** – au p. p. *Des histoires ressassées.*

ressaut [Rəso] n. m. (italien *risalto* ; famille du latin *saltare* → **sauter**) Saillie ; petite avancée.

ressauter [R(ə)sote] v. tr. et intr. < 1 > Sauter de nouveau.

ressemblance [R(ə)sɑ̃blɑ̃s] n. f. **1.** Rapport entre des objets présentant des éléments identiques suffisamment nombreux et apparents. *Ressemblance parfaite.* → **similitude.** – au plur. Traits communs. *Ressemblances et différences.* **2.** Fait, pour une personne, de présenter des traits physiques communs avec d'autres personnes (surtout ceux du visage). *La ressemblance de deux jumeaux.* **3.** Rapport entre la chose et son modèle, tel que la chose donne l'image du modèle. « *Un portrait d'une ressemblance à crier* » (Goncourt).

ressemblant, ante [R(ə)sɑ̃blɑ̃, ɑ̃t] adj. Qui a de la ressemblance avec son modèle. *Un portrait très ressemblant.*

ressembler [R(ə)sɑ̃ble] v. tr. ind. < 1 > (de *sembler*) *Ressembler à* **1.** (personnes) Avoir de la ressemblance, des traits physiques communs avec (qqn). *Elle ressemble à sa mère.* → **tenir** de. – (pronom.) loc. *Se ressembler comme deux gouttes* d'eau.* ■ (au moral) « *C'est par les beaux côtés qu'il lui faut ressembler* » (Molière). – (pronom.) prov. *Qui se ressemble s'assemble.* **2.** (choses) Avoir de la ressemblance avec. *Roche qui ressemble à du marbre.* – loc. *Cela ne ressemble à rien*, c'est très original ; péj. c'est informe. – pronom. *Toutes ces maisons se ressemblent.* prov. *Les jours se suivent et ne se ressemblent pas.* **3.** Avoir de la ressemblance (3) avec (un modèle). *Ce portrait me ressemble* (→ **ressemblant**). **4.** Être conforme au caractère de (qqn), digne de (qqn). *Cela lui ressemble tout à fait.*

ressemeler [R(ə)səm(ə)le] v. tr. < 4 ou RO 5 > (de *semelle*) Garnir de semelles neuves. *Faire ressemeler ses chaussures.* ▫ **n. m. ressemelage**

ressemer [R(ə)səme ; Rəs(ə)me] v. tr. < 5 > Semer à nouveau. - var. **resemer.**

ressentiment [R(ə)sɑ̃timɑ̃] n. m. (de *ressentir*) Fait de se souvenir avec animosité des torts qu'on a subis. → **rancœur, rancune.** *Éprouver, garder du ressentiment de qqch., contre qqn.* « *Rome, l'unique objet de mon ressentiment* » (Corneille).

ressentir [R(ə)sɑ̃tiR] v. tr. < 16 > (de *sentir*) **1.** littér. Éprouver vivement, sentir l'effet moral de. *Ressentir une injure.* – *Ressentir une privation.* **2.** Être pleinement conscient de (un état affectif qu'on éprouve). *Ressentir de la sympathie pour, à l'égard de qqn.* **3.** Éprouver (une sensation physique). *Ressentir du bien-être. Ressentir une douleur.* ■ se **ressentir de v. pron. 1.** Subir l'influence de. *Son travail se ressent de son humeur.* **2.** Continuer à éprouver les effets de (une maladie, un mal). *Se ressentir d'une chute.*

resserrage [R(ə)seRaʒ] n. m. Action de resserrer.

resserre [RəsɛR] n. f. (de *resserrer*) Local où l'on range des objets. → **remise, réserve.** *Ranger des outils dans une resserre.*

resserré, ée [R(ə)seRe] adj. (de *resserrer*) Étroitement limité. *Une vallée resserrée.* → **encaissé.**

resserrement [R(ə)sɛRmɑ̃] n. m. Action de se resserrer ; état de ce qui est resserré.

resserrer [R(ə)seRe] v. tr. < 1 > (de *serrer*) **1.** Réduire (qqch.) en contractant, en rapprochant les éléments. **2.** Rapprocher de nouveau ou davantage (des parties ; un lien) ; serrer de nouveau ou davantage. *Resserrer un nœud, un boulon.* – fig. *Resserrer une amitié.* ■ se **resserrer v. pron. 1.** Devenir plus étroit. *Le chemin se resserre.* **2.** Se rapprocher, se serrer de nouveau ou encore plus. *L'étau se resserre.* – fig. *Leurs relations se sont resserrées.*

resservir [R(ə)sɛRviR] v. < 14 > **1. v. tr.** Servir de nouveau. *Resservir un plat.* – pronom. *Resservez-vous !* ■ fig. *Les boniments qu'il nous ressert depuis dix ans.* **2. v. intr.** Être encore utilisable. *Cela peut resservir.* **3. v. pron.** *Se resservir de* (qqn, qqch.), utiliser de nouveau.

¹ressort [R(ə)sɔR] n. m. (de *¹ressortir*) **1.** Pièce (d'un mécanisme) qui produit un mouvement en utilisant ses propriétés élastiques. *Tendre un ressort. Ressort à boudins, à lames. Ressort d'un jouet mécanique. Matelas à ressorts.* **2.** littér. Énergie, force (généralement cachée) qui fait agir. *Les ressorts secrets de nos actes.* **3.** loc. *Avoir du ressort*, une grande capacité de résistance ou de réaction.

²ressort [R(ə)sɔR] n. m. (de *¹ressortir*) **1.** dr., vieux Recours à une juridiction supérieure. – mod. loc. ***En dernier ressort*** : en dernière instance ; cour. finalement, en définitive. **2.** dr. Compétence (d'une juridiction). – loc. cour. ***Du ressort de*** : de la compétence, du domaine de. *Cette affaire est du ressort de la cour d'appel.* → **²ressortir.** *Cela n'est pas de mon ressort.*

¹ressortir [R(ə)sɔRtiR] v. < 16 > (de *sortir*) **I. v. intr.** (auxiliaire *être*) **1.** Sortir à nouveau (d'un lieu) peu après être entré. *Il ressortait de chez lui.* – (choses) *La balle est ressortie par le cou.* **2.** Paraître avec plus de relief, être saillant. → se **détacher.** – Paraître nettement, par contraste. *La couleur ressort mieux sur ce fond.* ■ fig. Se montrer. *Ses qualités ressortent dans ces circonstances. Faire ressortir qqch.*, mettre en évidence. **3.** Apparaître comme conséquence. → **résulter.** *Il ressort de notre conversation que...* **II. v. tr.** (auxiliaire *avoir*) Sortir, faire sortir (qqch.) de nouveau. *Il a ressorti ses vieux disques.* – fam. *Elle ressort toujours les mêmes idées.* → **ressasser.**

²ressortir [R(ə)sɔRtiR] v. tr. ind. < 2 > (de *²ressort*) *Ressortir à* **1.** dr. Être du ressort, de la compétence de (une juridiction). → **relever** de. *Ce procès ressortit à une autre juridiction.* **2.** littér. Être (par nature) relatif à. → **¹dépendre** de, **concerner.** *Tout ce qui ressortit au théâtre.*

ressortissant, ante [R(ə)sɔRtisɑ̃, ɑ̃t] n. (de *²ressortir*) Personne qui, dans un pays, relève de l'autorité d'un autre pays. *Les ressortissants et les nationaux.*

ressouder [R(ə)sude] v. tr. < 1 > Souder de nouveau. ■ Souder (ce qui était brisé).

ressource [R(ə)suRs] n. f. (de l'ancien v. *resourdre*, du latin *resurgere* → **résurgence**) **I.** Ce qui peut améliorer une situation fâcheuse. → **²expédient, recours.** *Avoir la ressource de... Je n'ai d'autre ressource que de partir.* **II.** au plur. **1.** Moyens matériels d'existence. → **argent, fortune.** *Ses ressources sont modestes. Les ressources de l'État.* **2.** Moyens (personnes, réserves...) dont dispose ou peut disposer une collectivité. *Les ressources naturelles d'un pays.* – *Ressources humaines d'une entreprise*, son personnel. **3.** Moyens intellectuels et possibilités d'action qui en découlent. – loc. *Un homme de ressources*, habile. – au sing. *Il a de la ressource.* ■ Moyens, possibilités. *Les ressources d'un art. Les ressources d'une langue* (en tant que moyen d'expression).

se **ressourcer** [R(ə)suRse] v. pron. < 3 > (de *source*) Trouver de nouvelles forces (en revenant à ses racines, à des valeurs...). ▫ **n. m. ressourcement**

ressourcerie n. f. (marque déposée) Recyclerie.

se **ressouvenir** [R(ə)suv(ə)niR] v. pron. < 22 > littér. Se souvenir (d'une chose ancienne ou que l'on avait oubliée).

ressuer [Rəsɥe] v. tr. < 1 > (de *re-* et *suer*) techn. Affiner (un métal brut) par fusion partielle. ▫ **n. m. ressuage**

ressui n. m. (de *ressuyer*) vén. Lieu où les bêtes fauves vont se sécher (après la pluie, la rosée).

ressurgir [ʀ(ə)syʀʒiʀ] v. intr. < 2 > Surgir, apparaître brusquement de nouveau. - var. **resurgir.**

ressusciter v. < 1 > (du latin, de *suscitare* « lever, soulever » → susciter) **I.** v. intr. **1.** Être de nouveau vivant (contexte mystique). → **résurrection.** – au p. p. *Le Christ ressuscité.* **2.** Revenir à la vie normale, après une grave maladie. **3.** fig. Manifester une vie nouvelle. *Pays qui ressuscite après une guerre.* → se **relever. II.** v. tr. **1.** Ramener de la mort à la vie (contexte mystique). *Ressusciter les morts.* **2.** (sujet chose) Ranimer ; guérir d'une grave maladie. *Ce traitement l'a ressuscité.* **3.** fig. Faire revivre en esprit, par le souvenir. *Ressusciter les héros du passé.* – Faire renaître. *Ressusciter un art, une mode.*

ressuyage n. m. (de *ressuyer*) techn. Opération par laquelle on fait sécher.

ressuyer v. tr. < 8 > (de *re-* et *essuyer*) vieux ou régional Faire sécher.

^{1}**restant, ante** adj. **1.** Qui reste (d'un ensemble). *Les cent euros restants. La seule personne restante.* **2.** loc. ***Poste* restante.***

^{2}**restant** n. m. Ce qui reste (d'un ensemble). *Le restant de mes dettes.* – *Un restant de lumière.*

restau voir **resto**

restaurant n. m. Établissement où l'on sert des repas moyennant paiement. *Aller au restaurant. Un bon restaurant. Café-restaurant.* → **bistrot, brasserie, taverne ;** anglic. **snack-bar.** *Restaurant libre-service.* → **cafétéria ;** anglic. **self-service.** *Restaurant d'entreprise.* → **cantine.** *Hôtel-restaurant.* → **auberge, hostellerie.** - abrév. fam. → **resto.**

^{1}**restaurateur, trice** n. Spécialiste de la restauration des œuvres d'art.

^{2}**restaurateur, trice** n. Personne qui tient un restaurant.

^{1}**restauration** n. f. **1.** Action de restaurer. *La restauration d'une coutume.* ■ spécialt Rétablissement au pouvoir de (un régime). – absolt, hist. (avec maj.) *La Restauration,* celle des Bourbons (1814-1830). – appos. invar. *Style Restauration. Un fauteuil Restauration.* **2.** Action, manière de restaurer (une œuvre d'art, un monument). *Restauration d'une fresque.* **3.** (d'après l'anglais) inform. Remise d'un système dans des conditions de fonctionnement antérieures à une interruption. – Restitution des fichiers sauvegardés.

R

^{2}**restauration** n. f. Métier de restaurateur. *Restauration rapide.* → anglic. **fast-food.**

Restauration n. f. Régime politique de la France établi en avril 1814, après l'abdication de Napoléon Ier. Elle vit le rétablissement des Bourbons, avec les règnes de Louis XVIII (1814-1815 ; 1815-1824) et de Charles X (1824-1830). La *première Restauration* (avril 1814-mars 1815) fut interrompue par le retour au pouvoir de Napoléon (Cent-Jours). La *seconde Restauration* fut marquée par un renforcement progressif du régime autoritaire et, en politique extérieure, par l'expédition d'Espagne (1823) et le début de la conquête de l'Algérie (expédition d'Alger, 4 juillet 1830). La Restauration s'acheva avec la révolution de juillet 1830.

^{1}**restaurer** v. tr. < 1 > (du latin, formé sur *instaurare* → instaurer) **1.** littér. Rétablir en son état ancien ou en sa forme première (des choses abstraites). *Restaurer la paix.* → **ramener.** ■ spécialt *Restaurer un régime* (→ ^{1}**restauration**). **2.** Réparer (une œuvre d'art, un monument) en respectant l'état primitif, le style. *Restaurer une cathédrale, un tableau. Restaurer un quartier ancien.* → **réhabiliter. 3.** (d'après l'anglais) inform. Procéder à la restauration (^{1}, 3) de.

Restauration

Pendant la première Restauration, Louis XVIII est proclamé roi par l'armée de Condé, à Paris (1814).

^{2}**restaurer** v. tr. < 1 > (→ ^{1}restaurer) littér. Nourrir (qqn). ■ se **restaurer** v. pron. Reprendre des forces en mangeant. → se **sustenter.**

restauroute n. m. voir **restoroute**

reste n. m. (de *rester*) **I.** *Le reste de :* ce qui reste de (un tout dont une ou plusieurs parties ont été retranchées). **1.** (d'un objet ou d'une quantité mesurable) *Le reste d'une somme d'argent.* → **reliquat,** ^{2}**restant,** ^{2}**solde.** – loc. *Partir **sans demander son reste,*** sans insister. **2.** (d'un espace de temps) *Le reste de sa vie.* – loc. ***Le reste du temps*** : aux autres moments. **3.** (d'une pluralité d'êtres ou de choses) *Vivre isolé du reste des hommes. Le reste de mes amis est venu* ou (littér.) au plur. *sont venus.* **4.** (d'une chose non mesurable) *Le reste de l'ouvrage. Laissez-moi faire le reste.* **5.** absolt ***Le reste*** : ce qui n'est pas la chose précédemment mentionnée. *Ne t'occupe pas du reste. Pour le reste, quant au reste.* – (en fin d'énumération) *Et le reste,* et ce qui s'ensuit. → **et cetera. 6.** loc. adv. ***De reste*** : plus qu'il n'en faut. – *Avoir de l'argent, du temps de reste,* en avoir trop et le prodiguer inutilement. ■ *Être, demeurer **en reste,*** être le débiteur, l'obligé (de qqn). ■ ***Au reste*** (littér.) ; ***du reste*** : quant au reste (s'emploie pour ajouter qqch.). → d'**ailleurs,** au **surplus.** *Elle vivait, du reste, très simplement.* **II.** *Un, des restes :* élément restant d'un tout qui a disparu. **1.** concret *Les restes d'une vieille cité, d'une fortune.* → **débris, ruine, vestige.** *Les restes d'un repas* (→ **relief**). – *Un reste de beurre.* ■ loc. *Avoir de beaux restes,* des restes de beauté (en parlant d'une femme). **2.** littér. *Les restes de qqn,* son cadavre. **3.** abstrait « *Le cœur encore agité par les restes d'une passion* » (La Rochefoucauld). – *Un reste de tendresse.* **4.** (dans un calcul) Élément restant d'une quantité, après soustraction ou division. **5.** péj. *Les restes de qqn,* ce qu'il a laissé, négligé. *Il n'a eu que vos restes !*

rester v. intr. < 1 > (latin *restare,* de *stare* « se tenir debout » → station) **I.** (Continuer d'être dans un lieu → **demeurer**) **1.** (sujet personne) *Il est resté à Paris. Rester chez soi. Rester au lit, à table.* – fam. *Il a failli y rester,* mourir. ■ régional Habiter, demeurer. → **résider.** *Il reste en province.* ■ absolt (s'oppose à *partir, s'en aller*) *Je ne peux pas rester.* – *Restez donc dîner avec nous.* **2.** (sujet chose) *La voiture est restée au garage. L'arête est restée en travers de sa gorge.* – fig. *Rester sur l'estomac*, sur le cœur*.* ■ *Rester dans la mémoire.* – *Cela doit rester entre nous* (d'un secret). **3.** Continuer d'être (dans une position, une situation, un état). *Rester debout. Rester en place. Rester dans le même état.* – ***Rester à*** (+ inf.). *Elle resta à attendre.* – (+ attribut) *Rester immobile. La porte est restée ouverte.* **4.** Subsister à travers le temps. *C'est une œuvre qui restera.* → **durer. 5.** ***Rester à qqn*** : continuer d'être, d'appartenir à qqn. *L'avantage est resté à nos troupes. Ce nom lui est resté.* **6.** ***En rester à*** : s'arrêter, être arrêté à. *Nous en étions restés au troisième chapitre. Où en es-tu resté de ta lecture ?* – ***En rester là*** : ne pas continuer, ne pas poursuivre. *Restons-en là.* – ***Rester sur*** : conserver, s'en tenir à. *Rester sur sa faim*. Rester sur une mauvaise impression.* **II.** (en parlant d'éléments d'un tout) **1.** Être encore présent (après élimination des autres éléments). → **subsister ; reste.** *Rien ne reste de cette œuvre. Le seul bien qui me reste.* – impers. *Il reste du pain.* – (personnes) « *S'il en demeure dix, je serai le dixième : / Et s'il n'en reste qu'un, je serai celui-là !* » (Hugo). **2.** ***Rester à*** (+ inf.). *Le plus dur reste à faire.* – impers. *Il reste beaucoup à faire. Le temps qu'il me reste à vivre. (Il) reste à savoir si...* **3.** impers. (+ indic.) *Il reste certain que...* – *Il n'en reste pas moins que...,* il n'en est pas moins vrai que... – littér. ***Reste que*** (+ indic.). → toujours est-il que. *Reste qu'il faudra bien se décider.*

Restif ou **Rétif de la Bretonne** (Nicolas Restif, dit) Écrivain français (1734-1806). Son œuvre prolixe témoigne d'un sens aigu de l'observation *(Le Paysan perverti ou les Dangers de la ville ; La Paysanne pervertie).* La finesse de ses analyses psychologiques est sensible dans ses autobiographies *(Monsieur Nicolas ou le Cœur humain dévoilé ; L'Anti-Justine ou les Délices de l'amour).* Sa liberté de pensée et de langage en font un observateur percutant des mœurs de la fin du XVIIIe siècle.

restituable adj. dr. Que l'on doit restituer, rendre. *Sommes restituables aux héritiers.*

restituer v. tr. < 1 > (latin *restituere* « rétablir », de *statuere* → statuer) **1.** Rendre (une chose dérobée ou retenue indûment). *Restituer un objet volé.* **2.** didact. Reconstituer à l'aide de fragments, de documents, etc. *Restituer un texte altéré, une inscription.* **3.** Libérer (ce qui a été absorbé, accumulé). *Système qui restitue de l'énergie.* **4.** Reproduire fidèlement. *Enregistrement qui restitue les nuances d'une interprétation.*

restitution n. f. (du latin → restituer) Action, fait de restituer (qqch.).

resto n. m. (abrév. de *restaurant*) fam. Restaurant. – *Resto universitaire* (*resto U* ou *RU* [ʀy]). - var. **restau.** *Des restaus.*

restoroute n. m. (n. déposé) Restaurant situé au bord d'une autoroute, d'une route à grande circulation. - var. **restauroute.**

Restout ou **Retout** (Jean II) Peintre et dessinateur français (1692-1768). Il peignit notamment des œuvres religieuses *(La Mort de sainte Scholastique ; Le Christ guérissant le paralytique).*

restreindre v. tr. < 52 > (latin *restringere* « resserrer » [supin *restrictum,* cf. restrictif, restriction], de *stringere* → strict ; étreindre) Rendre plus petit, ramener dans des limites plus étroites. → **diminuer, limiter, réduire.** *Restreindre ses dépenses ; ses ambitions.* ■ se **restreindre** v. pron. Devenir plus petit, moins étendu. *Le champ de nos recherches se restreint.* ■ *Se restreindre dans ses dépenses.* – absolt *Il va falloir se restreindre.* ■ **restreint, einte** adj. **1.** Étroit ; limité. *Espace restreint ; personnel restreint.* **2.** ***Restreint à*** : limité à. « *Une diffusion restreinte à Paris et ses environs* » (Romains).

restrictif, ive adj. (du latin → restreindre) Qui restreint, qui apporte une restriction. → **limitatif ;** opposé à *extensif. Clause, condition restrictive.*

restriction n. f. (du latin → restreindre) **1.** Ce qui restreint le développement, la portée de qqch. *Apporter des restrictions à un principe.* – *Faire des restrictions :* émettre des réserves, des critiques. – ***Sans restriction*** loc. adv. : entièrement. → sans **réserve. 2.** Action de restreindre ; fait de devenir moindre. → **limitation.** *Restriction des crédits.* **3.** au plur. Mesures propres à réduire la consommation en période de pénurie ; privations qui en résultent. → **rationnement.** *Restrictions en temps de guerre.*

restructuration [ʀəstʀyktyʀasjɔ̃] n. f. Action de restructurer ; son résultat. *Restructurations industrielles.*

restructurer [ʀəstʀyktyʀe] v. tr. < 1 > Donner une nouvelle structure, une nouvelle organisation à. *Restructurer une entreprise.* → **réorganiser.**

resucée [ʀ(ə)syse] **n. f.** (du v. *resucer*, de *sucer*) fam. **1.** Nouvelle quantité (d'une chose que l'on boit). *Encore une petite resucée ?* **2.** fig. Répétition, reprise (d'un sujet déjà traité).

résultant, ante adj. **1.** vieilli Qui résulte de qqch. → **consécutif. 2.** math. Qui constitue un résultat. *Élément résultant.*

résultante **n. f.** (du p. prés. de *résulter*) Conséquence, résultat de l'action de plusieurs facteurs (forces, actions complexes). *« Le mouvement politique et social est la résultante de toutes les forces »* (Jaurès).

résultat **n. m.** (du latin → résulter) **1.** Ce qui arrive et est produit par une cause. → **conséquence, effet.** *Cela a eu un résultat heureux, désastreux. Avoir pour résultat.* → [1]**causer, produire. 2.** Ce que produit une activité consciente dirigée vers une fin ; cette fin. *Le résultat d'une expérience. Arriver à un bon résultat.* → **réussite, succès.** – *S'escrimer sans résultat.* → **en vain.** – au plur. Réalisations concrètes. *Obtenir des résultats.* **3.** Solution (d'un problème). – Dernière phase d'une opération mathématique. *Le résultat d'une division.* **4.** Admission ou échec (à un examen...) ; liste des personnes qui ont réussi. *Affichage des résultats. Le résultat final.* – Issue (d'une compétition). *Les résultats d'une élection. Résultat d'un match. Le résultat des courses* (aussi fig., fam. : le résultat, la conséquence [de qqch.]).

résulter **v. intr.** < 1 seulement inf., p. prés. et 3e pers. > (du latin, de *saltare* → sauter) *Résulter de* **1.** Être le résultat de. → **découler, naître, provenir.** *Je ne sais ce qui en résultera.* **2.** impers. (avec *que* + indic.) *Il résulte de ceci que, il en est résulté que...* → [1]**ressortir.**

résumé **n. m. 1.** Abrégé, condensé. *Faire le résumé d'un livre. Un résumé succinct.* **2.** *En résumé* **loc. adv.** : en peu de mots ; à tout prendre, somme toute.

résumer **v. tr.** < 1 > (du latin « reprendre », famille de *emere* « prendre ; acheter » → exempt) Rendre en moins de mots. → **abréger.** *Résumer un discours.* – Présenter brièvement. *Résumer la situation.* ■ **se résumer v. pron.** Reprendre en peu de mots ce qu'on a dit. *Pour nous résumer...* – fig. *La vie se résume pour lui à...*

resurchauffe **n. f.** (→ surchauffe) techn. Opération consistant à augmenter la température de la vapeur déjà surchauffée, pour améliorer le rendement d'une turbine.

résurgence **n. f.** (du latin *resurgere* « se relever » → ressource, résurrection, de *surgere* → sourdre, surgir) didact. Eaux souterraines qui ressortent à la surface ; source ainsi formée. – fig. Fait de réapparaître, de ressurgir. *La résurgence d'une idéologie.*

résurgent, ente adj. (du latin, de *resurgere* « rejaillir ») didact. Qui reparaît à la surface après un trajet souterrain (eaux). *Point d'émergence d'eaux résurgentes.*

resurgir voir **ressurgir**

résurrection **n. f.** (latin *resurrectio*, de *resurrectum*, supin de *resurgere* → résurgence) **1.** Retour de la mort à la vie (contexte mystique). → **ressusciter.** *La résurrection du Christ.* – *La résurrection des corps* (au jugement dernier). **2.** Guérison inattendue. **3.** Fait de faire revivre en esprit, de ressusciter (le passé). **4.** Retour à l'activité ; nouvel essor.

retable **n. m.** (famille de *table*) Partie postérieure et décorée d'un autel, qui surmonte verticalement la table. *Retable en bois sculpté. La prédelle d'un retable.*

rétablir **v. tr.** < 2 > **I. 1.** Établir de nouveau (ce qui a été oublié, altéré). *Rétablir un texte* (→ **restituer**). *Rétablir la vérité.* **2.** Remettre (dans une situation, un état). *On l'a rétabli dans ses fonctions.* **3.** Faire exister ou fonctionner de nouveau. *Rétablir des communications. Rétablir l'ordre.* → **ramener. II.** Remettre (qqn) en bonne santé. *Ce traitement va le rétablir.* ■ **se rétablir v. pron. 1.** Se produire de nouveau. → **revenir.** *Le silence se rétablit.* **2.** Guérir, se remettre. *Malade qui se rétablit.* **3.** Faire un rétablissement (3). *Se rétablir sur la barre.* ■ **rétabli, ie adj.** *Contact rétabli.* ■ *Santé rétablie.* – (personnes) *Elle est tout à fait rétablie.*

rétablissement **n. m. 1.** Action de rétablir (ce qui était altéré, interrompu...). *Le rétablissement de relations diplomatiques.* **2.** Retour à la santé. → **guérison.** *Je vous souhaite un prompt rétablissement.* **3.** Mouvement de gymnastique, traction des bras aboutissant à se retrouver en appui sur les mains, les bras à la verticale. – fig. Effort pour retrouver l'équilibre après une crise. *Opérer un rétablissement.*

retaille **n. f.** techn. **1.** Nouvelle taille (d'une pierre précieuse). *La retaille d'un brillant.* **2.** Partie enlevée (d'un objet, d'une matière).

retailler **v. tr.** < 1 > Tailler de nouveau. *Retailler un costume.*

rétamage **n. m.** Action de rétamer ; son résultat.

rétamer **v. tr.** < 1 > **1.** Étamer de nouveau (un ustensile). *Faire rétamer des casseroles.* **2.** fig., fam. Enivrer ; épuiser. *Vous m'avez rétamé !* ■ Démolir, esquinter. – Dépouiller au jeu. ■ **se rétamer v. pron.** fam. **1.** Tomber. **2.** fig. Échouer. *Elle s'est rétamée au concours.* ■ **rétamé, ée adj. 1.** *Bassine rétamée.* **2.** fig., fam. Ivre ; épuisé. *Il est complètement rétamé.* ■ Démoli, hors d'usage. – *Joueur rétamé*, dépouillé.

retable

Gérard David, triptyque flamand de la famille Sedano (v. 1495-1498), musée du Louvre, Paris.

rétameur, euse **n.** Personne qui rétame des ustensiles.

retapage **n. m.** fam. Action de retaper ; son résultat. *Le retapage rapide d'un lit.*

retape **n. f.** (d'un sens argotique ancien de *retaper* « rencontrer » → retapisser) fam. Racolage.

retaper **v. tr.** < 1 > **I. 1.** Remettre dans sa forme. *Retaper un lit*, taper, défroisser la literie. **2.** fam. Réparer, arranger sommairement. *Retaper une vieille maison.* **3.** fam. Remettre en bonne santé, en forme. – pronom. Se rétablir, retrouver ses forces. *Elle a besoin de se retaper.* **II.** Taper de nouveau à la machine, à l'ordinateur. *Retaper une lettre.*

retapisser **v. tr.** < 1 > **1.** Tapisser de neuf. **2.** (de l'ancien argot *retaper* « guetter », croisé par jeu avec *tapisser*) argot Reconnaître (qqn). *Il a retapissé le journaliste qui faisait le guet.*

retard **n. m.** (de *retarder*) **1.** Fait d'arriver trop tard, après le moment fixé, attendu. *Le retard d'un train. Arriver, être* **en retard** (→ **retardataire**). *Se mettre en retard.* – Temps écoulé entre le moment où qqn, qqch. arrive et le moment attendu. *Un retard d'une heure. Avoir du retard, une heure de retard.* **2.** Fait d'agir trop tard, de n'avoir pas encore fait ce que l'on aurait dû faire. *Retard dans un paiement. Avoir du courrier en retard.* ■ Fait de se trouver à une certaine distance, à un certain intervalle. *Cycliste qui comble son retard.* – *Candidat qui accuse un retard dans les sondages.* **3.** Différence entre l'heure marquée (par une montre, etc., qui retarde) et l'heure réelle. **4.** Action de retarder, de remettre à plus tard. → **ajournement, atermoiement.** *Il s'est décidé après bien des retards.* – *Sans retard* : sans délai, sans tarder. ■ appos. invar., pharm. Se dit d'un médicament conçu pour une diffusion progressive dans l'organisme. **5.** État d'une personne qui est moins avancée dans un développement, un progrès. *Retard mental, affectif. Retard psychomoteur. Un enfant en retard.* → **retardé.** – *Retard économique d'un pays.* → **sous-développement.**

retardataire adj. **1.** Qui arrive en retard. – **n.** *Un, une retardataire.* **2.** Qui a du retard dans son développement. **3.** Qui est en retard sur son époque. *Une pédagogie retardataire.* → **archaïque.**

retardateur, trice **I. adj.** Qui retarde, ralentit un mouvement. *Frottement retardateur.* **II. n. m. 1.** chim. Corps qui ralentit la vitesse des réactions chimiques (opposé à *catalyseur*). **2.** Dispositif qui diffère le déclenchement d'un appareil photo.

retardé, ée adj. Qui est en retard dans son développement, dans ses études. *Un enfant retardé.* → **attardé.**

à **retardement** **loc. adj. invar.** *Engin à retardement*, muni d'un dispositif qui diffère la déflagration. *Bombe à retardement.* ■ fig. Qui se manifeste trop tard. *Témoin à retardement.* – (adv.) *Comprendre à retardement.*

retarder **v.** < 1 > (du latin, de *tardare* → tarder) **I. v. tr. 1.** Faire arriver en retard. *Je ne veux pas vous retarder.* – (sujet chose) *Cet incident m'a retardée.* ■ *Retarder qqn dans* (une activité), faire aller plus lentement. **2.** *Retarder une montre*, la mettre à une heure moins avancée. **3.** Faire se produire plus tard. → **ajourner, différer, remettre.** *« De longues pluies venaient de retarder les semailles d'automne »* (Zola). **II. v. intr. 1.** (montre, etc.) Aller trop lentement, marquer une heure moins avancée que l'heure réelle. – fam. *Je retarde* : ma montre retarde. **2.** *Retarder sur son temps*, ne pas avoir les idées, le goût de

R

son temps. **3.** fam. Découvrir qqch. longtemps après les autres.

retâter v. tr. < 1 > **1.** Tâter de nouveau. **2.** tr. ind. *Retâter de.* Goûter de nouveau, revenir à (qqch.).

retéléphoner v. tr. ind. < 1 > Téléphoner de nouveau (à qqn). → **rappeler.** *Je te retéléphonerai plus tard.*

retendoir n. m. techn. Clé pour régler la tension des cordes de piano.

retendre v. tr. < 41 > Tendre de nouveau, tendre (ce qui est détendu). *Retendre les cordes d'une guitare.*

retenir v. tr. < 22 > (de *tenir,* d'après le latin *retinere,* de *tenere* → tenir) **I. 1.** Garder pour soi, en vue d'un usage futur. – spécialt Garder (une somme) pour un usage particulier. → **déduire, prélever.** *On lui retient dix pour cent de son salaire.* → **retenue. 2.** Faire réserver (ce qu'on veut trouver disponible). *Retenir une chambre dans un hôtel.* – Engager d'avance (qqn pour un travail). *Retenir un plombier.* **3.** Conserver dans sa mémoire. → se **souvenir.** *Retenir une leçon ; une date.* – fam., iron. *Celui-là, je le retiens !* (de qqn dont on a à se plaindre). **4.** Prendre comme élément d'appréciation ou objet d'étude. *Retenir une proposition ; une candidature.* **5.** Faire une retenue (arithmétique). *Je pose 4 et je retiens 3.* **II. 1.** Faire rester (qqn) avec soi. → **garder.** *Elle m'a retenu plus d'une heure. Retenir qqn à dîner. Je ne vous retiens pas* (formule pour congédier). – *Retenir qqn prisonnier.* – (sujet chose) → **immobiliser.** *Le mauvais temps nous a retenus ici.* **2.** Être un objet d'intérêt pour (qqn ; son attention). *Votre offre nous a retenus, a retenu notre attention.* **3.** Maintenir (qqch.) en place. → **attacher, fixer.** – au p. p. *Cheveux retenus par un ruban.* **4.** (sujet chose) Ne pas laisser passer ; contenir. *Barrage qui retient l'eau.* **5.** (sujet personne) S'empêcher d'émettre. *Retenir son souffle. Retenir ses larmes. Retenir un cri.* **6.** Maintenir, tirer en arrière. → **arrêter.** *Retenir qqn par le bras.* – *Retenir un cheval.* **7.** Empêcher (qqn) d'agir. *Retenez-moi ou je fais un malheur ! Retenir qqn de (+ inf.).* – (sujet chose) « *Une invincible timidité me retenait* » (Gide). ■ se **retenir** v. pron. **1.** Faire effort pour ne pas tomber. *Se retenir à qqch.* → s'**accrocher. 2.** S'abstenir de céder à un désir, une impulsion. → se **contenir.** *Elle se retenait pour ne pas pleurer. Se retenir de (+ inf.).* – Différer de satisfaire ses besoins naturels. *Il ne sait pas encore se retenir* (→ [1]**incontinent).**

retenter v. tr. < 1 > Essayer, tenter de nouveau. *Un coup à retenter.*

rétenteur, trice adj. et n. (du latin *retentus,* p. p. de *retinere* « retenir ») **1.** didact. Qui retient, qui exerce une action pour retenir. *Muscle rétenteur.* **2.** dr. (Personne) qui exerce un droit de rétention. *Un créancier rétenteur.*

R

rétention n. f. (du latin, de *retinere* → retenir) **1.** Fait de retenir pour soi. *Rétention d'informations.* ■ dr. *Droit de rétention,* qui permet à un créancier de retenir en gage un objet appartenant à un débiteur. *Rétention de marchandises.* ■ *Rétention administrative :* fait de retenir dans un centre *(centre de rétention)* un étranger en situation irrégulière. **2.** méd. Séjour prolongé dans l'organisme (d'une substance qui devrait en être évacuée). *Rétention d'urine ; d'eau.* **3.** géogr. Immobilisation de l'eau des précipitations. *Rétention glaciaire.*

retentir v. intr. < 2 > (vient du latin, de *tinnire* → tinter) **1.** littér. Être rempli par un bruit. – *Retentir de. La salle retentissait d'acclamations.* **2.** (son) Se faire entendre avec force. → **résonner.** *Un coup de tonnerre retentit.* **3.** littér. Produire une vive impression. *Cette œuvre a retenti en moi.* **4.** didact. *Retentir sur :* avoir un retentissement, des répercussions sur.

retentissant, ante adj. **1.** Qui retentit, résonne. → **sonore. 2.** Qui a un grand retentissement (3). *Un succès retentissant.* → **éclatant.**

retentissement n. m. **1.** littér. Fait de retentir ; bruit, son répercuté. **2.** Effet indirect ou effet en retour ; série de conséquences. → **contrecoup, répercussion. 3.** Fait de susciter l'intérêt ou les réactions du public. *Cette œuvre a eu un grand retentissement.*

retenu, ue adj. **1.** Qui a été réservé. *Une place retenue.* **2.** Qui fait preuve de retenue (III). → [1]**discret, réservé.** – *Une grâce retenue.*

retenue n. f. **I. 1.** Prélèvement sur une rémunération. *Retenues pour la retraite.* **2.** Chiffre qu'on réserve pour l'ajouter à la colonne suivante, dans une opération. **II.** (Fait, action de retenir (II) qqn, qqch.) **1.** Punition scolaire consistant à retenir un élève en dehors des heures de cours. → **colle, consigne.** *Être en retenue.* **2.** Fait de retenir l'eau ; eau ainsi retenue. *Établir une retenue d'eau.* **III.** Attitude d'une personne qui se contient, qui se modère. → **mesure, pondération, réserve.** – *Rire sans retenue.*

Rethel (Alfred) Peintre fresquiste, dessinateur et graveur allemand (1816-1859). Il exécuta de grandes décorations à sujet historique (épisodes de la vie de Charlemagne pour l'hôtel de ville d'Aix-la-Chapelle) et des gravures empreintes de mysticisme *(La Danse des morts).*

Rethel Chef-lieu d'arrondissement des Ardennes, sur l'Aisne. 7 445 habitants. Église Saint-Nicolas. Musée.

Rethondes Commune de l'Oise, à l'E. de Compiègne. 636 habitants. C'est dans la proche clairière de Rethondes (située sur la commune de Compiègne) que furent signés, dans un wagon-salon, les armistices du 11 novembre 1918 et du 22 juin 1940.

Rethondes (armistices de) Armistice signé le 11 novembre 1918 près de Rethondes (Oise) entre l'Allemagne et les Alliés, et qui mit fin à la Première Guerre mondiale. L'armistice du 22 juin 1940 fut signé symboliquement au même endroit par la France devant la délégation allemande.

rétiaire [ʀetjɛʀ ; ʀesjɛʀ] n. m. (du latin, de *rete* → rets) Antiq. romaine Gladiateur qui combattait armé d'un filet, d'un trident et d'un poignard. *Rétiaires et mirmillons.*

réticence n. f. (du latin, de *reticere* « [se] taire », de *tacere* → taire) **1.** vieilli Omission volontaire d'une chose qu'on devrait dire ; la chose omise. → **sous-entendu.** « *Un abîme de secrets, de réticences, et d'obscurités* » (Fromentin). **2.** par ext. Témoignage de réserve, dans le discours, le comportement. → **hésitation.** *Manifester une certaine réticence.*

réticent, ente adj. **1.** vieilli Qui comporte des réticences. – *Être réticent,* ne pas dire tout ce que l'on devrait. **2.** par ext. Qui manifeste de la réticence, de la réserve. *Elle s'est montrée réticente.*

réticulaire adj. (du latin mod., de *reticulum*) didact. **1.** Qui forme un réseau, ressemble à un réseau. – phys. *Énergie réticulaire,* nécessaire à la formation d'un réseau cristallin. **2.** anat. Qui se rapporte à un réseau, à un réticulum*.

réticulation n. f. (du latin *reticulum* « réseau ») didact. **1.** Formation de rides, de lignes réticulaires sur une surface ; son résultat. **2.** chim. Transformation d'un polymère linéaire en polymère tridimensionnel par création de liaisons transversales.

réticule n. m. (du latin, diminutif de *rete* → rets) **1.** sc. Système de fils croisés placé dans le plan focal d'un instrument d'optique. **2.** Petit sac à main (de femme).

réticulé, ée adj. sc. Qui forme, imite un réseau.

réticuler v. tr. < 1 > chim. Provoquer la réticulation* de (un polymère).

réticulocyte n. m. (→ -cyte) méd. Jeune globule rouge.

réticuloendothélial, ale, aux adj. (→ endothélium) anat. *Système réticuloendothélial :* ensemble des cellules impliquées dans les mécanismes de défense de l'organisme.

réticulum [ʀetikylɔm] n. m. (du latin « réseau ») **1.** biol. Réseau très fin de fibres, de vaisseaux. *Réticulum endoplasmique :* organite cytoplasmique impliqué dans la biosynthèse des protéines. → **ergastoplasme. 2.** anat. Premier estomac des ruminants. → **rumen.**

Retiers Commune de l'Ille-et-Vilaine, au S.-E. de Rennes. 4 503 habitants. Aux environs, site mégalithique de la Roche-aux-Fées.

rétif, ive adj. (vient du latin ; famille de *rester*) **1.** (monture) Qui s'arrête, refuse d'avancer. *Cheval rétif.* **2.** (personnes) Difficile à entraîner, à persuader. → **récalcitrant.** *Enfant rétif.* – *Humeur rétive.* ■ *Rétif à :* qui résiste à. *Plantes rétives au calcaire.*

rétinal n. m. biol. Aldéhyde de la vitamine A entrant, avec l'opsine, dans la composition du pourpre rétinien. - plur. inusité **rétinals.**

rétine n. f. (latin médical *retina,* de *rete* « filet » → rets) Membrane interne de l'œil, destinée à recevoir les impressions lumineuses et à les transmettre au nerf optique. *Formation des images sur la rétine.*

rétinien, ienne adj. De la rétine. *Image rétinienne,* qui se forme sur la rétine.

rétinite n. f. (→ -ite) méd. Inflammation de la rétine.

rétinoïde n. m. (→ -oïde) chim. Substance apparentée à la vitamine A, qui s'oppose au développement des tumeurs cancéreuses.

rétinoïque adj. (→ rétinol) chim. *Acide rétinoïque :* vitamine A acide, utilisée en dermatologie et en cosmétologie.

rétinol n. m. (de *rétine* et *-ol*) biochim. Vitamine A, alcool provenant du métabolisme des carotènes.

rétinopathie n. f. (→ rétine et -pathie) méd. Affection de la rétine. *Rétinopathie diabétique.*

retirage n. m. Nouveau tirage (d'un livre, etc.).

retiration n. f. imprim. Opération destinée à imprimer le verso d'une feuille.

retiré, ée adj. **1.** (personnes) Qui s'est retiré (du monde, des affaires...). *Vivre retiré,* loin des hommes. *Vie retirée.* → **solitaire. 2.** (choses) Éloigné, situé dans un lieu isolé. *Quartier retiré et tranquille.* → [1]**écarté.**

retirer v. tr. < 1 > (de *tirer*) **I. 1.** *Retirer de :* faire sortir (qqn, qqch.) de. *Retirer un corps des décombres.* → **dégager.** – *Retirer un objet d'une boîte.* **2.** Faire sortir (qqch.) à son profit ; rentrer en possession de. *Retirer de l'argent de la banque.* **3.** Éloigner en ramenant vers soi. *Retirer une épine de sa main.* – *Retire tes doigts !* **4.** Enlever (ce qui garnit, ce qui couvre). *Retirer ses vêtements. Retirer l'emballage d'un colis.* **5.** *Retirer* (qqch.) à (qqn) : enlever, priver de. *Retirer une licence à qqn.* **6.** Cesser de présenter. → **annuler ; retrait.** *Retirer sa candidature ; une plainte. Je retire ce que j'ai dit.* → se **rétracter. 7.** Obtenir pour soi (qqch. qui provient de). → **recueillir.** *Retirer un bénéfice d'une affaire. Je n'en ai retiré que des désagréments.* **II.** Tirer de nouveau. *Retirer des coups de feu.* – *Retirer une photo, une gravure* (→ **retirage).** ■ se **retirer** v. pron. **1.** Partir, s'éloigner. *Il est temps de se retirer.* **2.** *Se retirer de :* quitter (une activité). *Se retirer de la partie, des affaires.* **3.** Aller en arrière. *Armée qui se retire.* **4.** (fluides) Refluer. *La mer se retire.* **5.** Aller (dans un lieu) pour y trouver un abri, du repos. *Se retirer dans sa chambre.*

retisser v. tr. < 1 > Tisser de nouveau. – fig. *Retisser des relations.*

rétivité n. f. Caractère d'une monture, d'une personne rétive. - var. **rétiveté.**

retombant, ante adj. Qui retombe. → ¹pendant. *Des moustaches retombantes.*

retombé n. m. danse Retombée du corps après un saut.

retombée n. f. 1. Mouvement de ce qui retombe. ■ archit. Assises qui forment la naissance d'un arc, d'une voûte. ■ Choses qui retombent. *Une retombée d'étincelles.* – *Retombées radioactives,* substances radioactives qui retombent (après une explosion, une fuite). 2. (souvent au plur.) Conséquence (d'un évènement). → **répercussion.** *Les retombées d'une découverte. Les retombées politiques d'un scandale.*

retomber v. intr. < 1 > I. (êtres vivants) 1. Tomber de nouveau. *Elle se releva, mais retomba aussitôt.* – Toucher terre après s'être élevé. *Retomber après un saut. Le chat est retombé sur ses pattes.* – loc. fig. *Retomber sur ses pieds*.* 2. Tomber de nouveau (dans une situation mauvaise). *Retomber malade* (→ **rechuter**). – (moral) *Retomber dans l'erreur.* II. (choses) 1. Tomber de nouveau ou après s'être élevé. → **redescendre.** *La fusée est retombée.* – Se remettre à tomber. *La neige retombe.* 2. S'abaisser (après avoir été levé). *Laisser retomber les bras.* 3. Pendre librement. *Ses cheveux retombent sur ses épaules.* 4. Revenir (dans un état, une situation). *Retomber dans l'oubli.* 5. Cesser de se soutenir. *L'intérêt ne doit pas retomber.* 6. (sujet chose abstraite) ***Retomber sur** (qqn)* : être rejeté sur. → **incomber** à, **rejaillir** sur. *C'est sur lui que retombe la responsabilité.*

retoquer v. tr. < 1 > (p.-ê. de *re-* et *toquer*) 1. (d'abord en argot scolaire) Refuser (un candidat) à un poste. *Se faire retoquer.* 2. Refuser, repousser, faire échouer (une initiative...). *Les députés ont retoqué l'amendement.*

retordeur, euse n. techn. 1. Ouvrier, ouvrière qui effectue le retordage. 2. n. f. Machine à retordre.

retordre v. tr. < 41 > 1. techn. Assembler (des fils) en tordant. 2. loc. fig. *Donner du fil* à retordre à qqn.* □ n. m. **retordage**

Rétoré (Guy) Metteur en scène français (1924-2018). Fondateur du Théâtre de la Guilde (1951), puis du Théâtre de Ménilmontant (1958), il dirigea ensuite le Théâtre de l'Est parisien. Fidèle aux principes du théâtre populaire de Jean Vilar, il a développé la relation entre théâtre et public.

rétorquer v. tr. < 1 > (latin *retorquere* « tourner en arrière », de *torquere* → **tordre**) littér. Retourner contre qqn (un argument). – cour. *Rétorquer que,* répliquer que. → **objecter, répondre.**

retors, orse adj. (ancien p. p. de *retordre*) 1. Qui a été retordu. *Fil retors.* 2. fig. Plein de ruse, d'une habileté tortueuse. → **malin, rusé.** « *Un de ces hommes profondément retors et traîtreusement doubles* » (Balzac). – *Des manœuvres retorses.*

rétorsion n. f. (→ **rétorquer**) Fait, pour un État, de prendre contre un autre État des mesures coercitives analogues à celles que celui-ci a prises contre lui. *Mesures de rétorsion.* → **représailles.**

retouche n. f. (de *retoucher*) 1. Action de retoucher (un travail...). 2. Modification partielle d'un vêtement de confection, pour l'adapter aux mesures de l'acheteur. *Faire une retouche à une robe.*

retoucher v. tr. < 1 > (de *toucher*) I. 1. Reprendre (un travail, une œuvre) en faisant des changements partiels. → **corriger, remanier.** *Retoucher un tableau, un texte.* – au p. p. *Photo retouchée.* 2. Faire des retouches à (un vêtement). II. v. tr. ind. Toucher de nouveau (à qqch.). *Il a retouché à la drogue.*

retoucheur, euse n. Personne qui effectue des retouches. *Retoucheur photographe.*

retour n. m. (de *retourner*) I. (Déplacement vers le point de départ) 1. Fait de repartir pour l'endroit d'où l'on est venu. *Il faut songer au retour. Partir sans esprit de retour,* sans intention de revenir. *Sur le chemin du retour.* ■ Voyage que l'on fait, temps qu'on met pour revenir à son point de départ. *L'aller* et le retour.* ■ Moment où l'on arrive, fait d'être revenu à son point de départ. *Je ne l'ai pas vu depuis son retour.* « *Ô gare qui as vu tant d'adieux, / Tant de départs et tant de retours* » (Larbaud). – loc. ***À mon (ton...) retour (de) ; au retour de*** : au moment du retour ; après le retour. *À mon retour de vacances.* – ***Être de retour*** : être revenu. – vieilli ***Retour de*** : au retour de (tel endroit). 2. Action de retourner, fait d'être retourné. *Retour de service* (au tennis). *Retour à l'envoyeur* (d'un objet, d'une lettre, etc.). → **réexpédition.** ■ ***Par retour (du courrier)*** : par le courrier qui suit immédiatement. II. (Mouvement inverse d'un précédent ; dans des loc.) ***Retour de bâton,*** réaction imprévue en sens opposé. ■ ***Retour offensif*** *(d'une armée qui attaque après avoir reculé).* – fig. *Retour offensif du froid.* ■ ***Retour de flamme*** *(mouvement accidentel de gaz enflammés)* ; ***retour de manivelle*** *(mouvement brutal de la manivelle en sens inverse)* ; fig. contrecoup d'une action qui se retourne contre son auteur ; changement brutal. ■ ***Match retour,*** opposant deux équipes qui se sont déjà rencontrées (dans un match aller). ■ *Effet, action, choc **en retour,*** qui s'exerce une deuxième fois en sens inverse de la première. → **contrecoup, rétroaction.** III. abstrait 1. ***Retour à*** : fait de retourner ou d'être retourné à (son état habituel, un état antérieur). *Le retour au calme. Retour aux sources*.* 2. ***Être sur le retour*** *(de l'âge)* : commencer à prendre de l'âge, vieillir. – ***Retour d'âge*** : la ménopause. 3. *Retour en arrière,* fait de remonter à un point antérieur d'une narration. *Le retour en arrière, technique romanesque, cinématographique* (→ anglic. **flash-back**). 4. loc. *Par un juste retour des choses,* par un juste retournement de la situation. 5. Fait de revenir, de réapparaître. *Le retour de la belle saison. Le retour de la paix.* psych. *Le retour du refoulé* (qui tend à réapparaître à la conscience). – Répétition, reprise. *Le retour régulier d'une phrase. Retour périodique* (→ **rythme**). – loc. ***L'éternel retour*** : le retour cyclique des évènements, selon certaines philosophies (→ **palingénésie**). 6. ***Faire retour à*** : revenir à (son possesseur de droit). *Ces biens doivent faire retour à la communauté.* 7. loc. ***Sans retour*** : de façon irréversible. ■ *Payer* qqn de retour.* – ***En retour*** : en échange, en compensation.

retournage n. m. Action de mettre la face intérieure (d'une chose) à l'extérieur. *Le retournage d'un vêtement usagé.*

retourne n. f. jeux Carte qu'on retourne après la distribution afin de déterminer l'atout.

retournement n. m. 1. Action de retourner (qqch.). 2. Changement brusque et complet d'attitude, d'opinion. → **revirement, volte-face.** 3. Transformation soudaine et complète (d'une situation). → **renversement.**

Retournemer (lac de) Lac des Vosges, au pied du Hohneck.

retourner v. < 1 > (de *tourner*) I. v. tr. 1. Tourner en sens contraire, à l'envers. *Retourner un matelas.* – *Retourner une carte* (pour la faire voir). → **retourne.** – loc. ***Savoir de quoi il retourne,*** de quoi il s'agit, quelle est la situation. ■ *Retourner la terre,* la travailler. → **labourer.** *Retourner la salade.* – fam. *Elle a retourné toute la maison* (pour trouver ce qu'elle cherchait). 2. Mettre la face intérieure à l'extérieur. *Retourner ses poches.* – fig. *Retourner sa veste*.* – fam. *Retourner qqn,* le faire changer d'avis. – Changer complètement. *Il a su retourner la situation en sa faveur.* 3. Bouleverser (qqn). → **émouvoir.** – au p. p. *J'en suis toute retournée !* 4. Modifier par la permutation des éléments. *Retourner un mot* (→ **verlan**). « *Marie, qui voudrait votre nom retourner, / Il trouverait aimer* » (Ronsard). 5. Diriger dans le sens opposé. *Retourner une arme contre soi-même. On peut retourner l'argument contre vous.* – loc. fig. et fam. *Retourner la tête, le cerveau à qqn,* le rendre fou. 6. Renvoyer. *Retourner une marchandise.* → **réexpédier.** – *Retourner une critique à qqn.* 7. Tourner de nouveau. *Tourner et retourner un objet.* – fig. *Retourner le couteau dans la plaie*.* ■ (souvent avec *tourner*) Examiner longuement (une idée, etc.). *Tourner et retourner un projet dans son esprit.* II. v. intr. 1. Aller au lieu d'où l'on est venu, où l'on est habituellement (et qu'on a quitté). → **rentrer ; revenir.** *Retourner chez soi, dans son pays. Retourner à sa place.* → **regagner, réintégrer.** – (+ inf.) *Il est retourné travailler.* 2. Aller de nouveau (là où l'on est déjà allé). *Je retournerai à Venise cette année.* 3. ***Retourner à*** : retrouver (un état initial, un stade antérieur). *Retourner à la vie sauvage. Retourner à ses premières amours.* 4. (choses) Être restitué (à son possesseur). ■ **se retourner** v. pron. 1. ***S'en retourner*** : repartir pour le lieu d'où l'on est venu. → **revenir.** *S'en retourner chez soi.* – absolt S'en aller. « *Je m'en retournerai seule et désespérée !* » (Racine). 2. Changer de position en se tournant. *Se retourner sur le dos. La barque s'est retournée.* → **chavirer.** 3. Tourner la tête en arrière (pour regarder). *Partir sans se retourner. On se retournait sur son passage.* 4. ***Se retourner contre*** : combattre (qqn, qqch. dont on avait pris le parti). – (choses) *Ses procédés se retourneront contre elle.* 5. fam. Changer d'attitude afin de s'adapter aux circonstances. *Un homme qui sait se retourner.* – *Laissez-moi le temps de me retourner.*

retracer v. tr. < 3 > Raconter de manière à faire revivre. *Retracer la vie d'un grand homme.*

rétractable adj. I. (de ¹*rétracter*) Qui peut être rétracté. *Une offre rétractable.* II. (de ²*rétracter*) Qui peut être rétracté, rentré en dedans. *Stylo à pointe rétractable.*

¹rétracter v. tr. < 1 > (du latin ; famille de *traiter* et de *traire* → **retrait**) littér. Nier, retirer (ce qu'on avait dit). *Rétracter des propos calomnieux.* ■ **se rétracter** v. pron. Revenir sur des déclarations. → se **dédire.** □ n. f. **rétractation**

²rétracter v. tr. < 1 > (du latin *retrahere* → **retrait**) Contracter (un organe...) en rétrécissant (→ **rétraction**). *L'escargot rétracte ses cornes.* – pronom. Se contracter. *Muscle qui se rétracte.* – au p. p. *Lèvres rétractées.*

rétracteur, trice adj. et n. m. (→ ²**rétracter**) 1. anat. Qui permet à une partie du corps de se rétracter. *Muscle rétracteur* ou n. m. *le rétracteur.* 2. n. m. chir. Instrument de chirurgie servant à repousser les tissus ou certains organes. → **écarteur.**

rétractibilité n. f. (→ ²**rétracter**) techn. Propriété d'une pièce de bois de varier dans ses dimensions selon l'humidité atmosphérique.

rétractif, ive adj. (du bas latin → **retrait**) didact. Qui produit une rétraction. *Force rétractive.*

rétractile adj. (du latin → ²**rétracter**) 1. (griffes...) Que l'animal peut rentrer. 2. Susceptible de rétraction. *Organes rétractiles.* □ **rétractilité** n. f. *La rétractilité d'un organe.*

rétraction n. f. (du latin → ²**rétracter**) Réaction par laquelle certains animaux, certains organes se rétractent. – Raccourcissement (d'un tissu, d'un organe malade). → **contraction.** *Rétraction musculaire.*

retraduire v. tr. < 38 > 1. Traduire de nouveau (un texte). 2. Traduire (un texte qui est lui-même une traduction). □ n. f. **retraduction**

R

retrait n. m. (de l'ancien v. *retraire*, qui vient du latin *retrahere*, de *trahere* « tirer » → traire, *cf.* [1]et [2]rétracter, retraite) **I.** Fait de se retirer. *Retrait des eaux après une inondation.* – (personnes) *Le retrait des troupes d'occupation.* → **évacuation.** – *Son retrait des affaires ; de la compétition.* ■ loc. *En retrait* : en arrière de l'alignement. *Maison construite en retrait.* – fig. *Être, rester en retrait,* ne pas se mettre en avant. **II.** Action de retirer. *Le retrait d'une somme d'argent d'un compte bancaire. Retrait du permis de conduire.*

retraitant, ante n. relig. Personne qui fait une retraite religieuse.

[1]**retraite** n. f. (de l'ancien v. *retraire* → retrait) **I. 1.** littér. Action de s'écarter. *Une brusque retraite.* **2.** milit., vieilli Fait, pour les troupes, de regagner leur casernement. – cour. *Retraite aux flambeaux* : défilé militaire avec flambeaux, ou défilé populaire avec lampions. **3.** Recul délibéré et méthodique (d'une armée). → **repli.** – loc. *Battre en retraite* : reculer ; fig. céder. **II. 1.** Action de se retirer de la vie active ou mondaine. *Une période de retraite forcée.* **2.** Période passée dans la prière et le recueillement. → **récollection. 3.** Situation d'une personne qui s'est retirée d'un emploi, et qui a droit à une pension. *Prendre sa retraite. Être à la retraite, en retraite* (→ **retraité**). – Pension assurée aux personnes admises à la retraite. *Toucher sa retraite. Retraite par capitalisation, par répartition.* **4.** littér. Lieu où l'on se retire, pour échapper aux dangers ou aux tracas. → [1]**asile, refuge.**

▶ Le versement d'une pension de **retraite** à une personne quittant son activité professionnelle en raison de son âge s'effectue, dans le monde actuel, selon deux grands systèmes.
Dans le système de *retraite par capitalisation*, répandu dans le monde anglo-saxon, chaque individu épargne pour financer sa propre retraite. Les cotisations des travailleurs actifs sont versées à des organismes de gestion, comme les fonds de pension, qui les placent sur les marchés financiers et c'est le capital ainsi investi et sa rentabilité qui permet de prendre en charge les futures retraites. Le bon fonctionnement du système dépend des performances des marchés financiers avec, en arrière-plan, sur le long terme, les performances de l'économie mondiale.
Au sein du système de *retraite par répartition*, en vigueur en France, les cotisations obligatoires des travailleurs actifs sont immédiatement utilisées pour financer les prestations versées aux retraités. Le système repose sur une solidarité dite intergénérationnelle. Son bon fonctionnement dépend de l'évolution de la structure démographique de la société (l'évolution du ratio « actifs/retraités », appelé aussi « taux de dépendance »).
En cas de vieillissement de la population, les paramètres du système peuvent être modifiés. Le montant des pensions peut, par exemple, être diminué et avec lui le taux de remplacement du salaire par la retraite. Les taux des cotisations employeurs et salariés peuvent être également augmentés, affectant le coût du travail aussi bien que le pouvoir d'achat des travailleurs actifs. Enfin, la durée de cotisations peut être allongée. En France, face à un vieillissement de la population qui met en crise le système, la réforme Fillon de 2003 a retenu principalement cette dernière voie : allonger la durée de cotisation pour les salariés du public et du privé pour bénéficier d'une retraite à taux plein, avec un passage à 41,5 ans en 2012. Le président Macron a procédé à une nouvelle réforme en 2019/2020.
voir aussi **démographie, fonds de pension, sécurité sociale**

[2]**retraite** n. f. (→ traite) dr. Seconde lettre de change que le porteur non payé tire sur le tireur.

retraité, ée adj. Qui est à la retraite (II, 3). *Un fonctionnaire retraité.* – n. *Un, une retraité(e).*

retraitement n. m. techn. Traitement (d'un matériau déjà employé) en vue d'une nouvelle utilisation. *Retraitement des combustibles nucléaires.*

retraiter v. tr. < 1 > (de *traiter*) techn. Procéder au retraitement de.

retranchement n. m. Position utilisée pour protéger les défenseurs (dans une place de guerre) ; obstacle employé à la défense. *Retranchements creusés.* → **tranchée.** – loc. *Forcer, pousser qqn dans ses derniers retranchements,* l'attaquer de manière qu'il ne puisse plus répondre, se défendre.

retrancher v. tr. < 1 > (de *trancher*) Enlever d'un tout (une partie, un élément). → **éliminer, enlever, ôter.** – (d'un texte) *Retrancher certains passages d'un texte.* → **biffer.** – (d'une quantité) → **déduire, prélever.** *Retrancher cent euros d'une somme.* → **soustraire.** ■ **se retrancher** v. pron. Se fortifier, se protéger par des moyens de défense (→ **retranchement**). – fig. *Se retrancher dans un mutisme farouche. Se retrancher derrière l'autorité d'un chef.*

retranscription n. f. Action de retranscrire ; nouvelle transcription.

retranscrire v. tr. < 39 > Transcrire de nouveau. → **recopier.**

retransmetteur n. m. techn. Appareil qui reçoit un signal et le retransmet plus loin. → **relais.**

retransmettre v. tr. < 56 > **1.** Transmettre de nouveau, à d'autres (un message). *Retransmettre un ordre.* **2.** Diffuser (dans une émission). – au p. p. *Concert retransmis à la radio.*

retransmission n. f. Action de retransmettre ; son résultat. *Retransmission en direct, en différé.*

retravailler v. < 1 > **1.** v. tr. Travailler de nouveau. *Retravailler un discours.* ■ **tr. ind.** Se remettre (à un travail). *Retravailler à un ouvrage.* **2.** v. intr. Reprendre un travail rétribué après une interruption (congé, chômage). *Il retravaille à l'usine depuis septembre.*

retraverser v. tr. < 1 > Traverser de nouveau ; traverser en revenant. *On a retraversé la Manche par meilleur temps.*

rétréci, ie adj. **1.** Devenu plus étroit. *Chaussée rétrécie.* **2.** fig. *Esprit rétréci.* → **borné, étriqué.**

rétrécir v. < 2 > (de l'ancien v. *étrécir*, qui vient du latin ; famille de *étroit*) **I.** v. tr. **1.** Rendre plus étroit, diminuer la largeur de (qqch.). *Rétrécir une jupe.* **2.** fig. *« La persécution fausse l'esprit et rétrécit le cœur »* (Renan). **II.** v. intr. Devenir plus étroit, plus court. *Tissu qui rétrécit au lavage.* ■ **se rétrécir** v. pron. Devenir de plus en plus étroit. → **se resserrer.** – fig. *L'avenir se rétrécit.*

rétrécissement n. m. **1.** Fait de se rétrécir. – fig. *Rétrécissement de l'esprit.* **2.** Diminution permanente du calibre (d'un conduit, d'un orifice naturel). *Rétrécissement de l'aorte. Rétrécissement mitral.*

rétreindre v. tr. < 52 > (→ **étreindre**) techn. Modeler au marteau (une plaque, un tube). - var. **retreindre.** □ n. f. **rétreinte** et n. m. **rétreint**

retrempe n. f. techn. Nouvelle trempe.

retremper v. tr. < 1 > **1.** techn. Donner une nouvelle trempe à (un métal). – fig. Redonner de la force à. **2.** Tremper de nouveau. *Retremper du linge.* ■ **se retremper** v. pron. abstrait *Se retremper dans,* se replonger dans (un milieu). *Se retremper dans le milieu familial.*

rétribuer v. tr. < 1 > (du latin, de *tribuere* « distribuer » → tribut) **1.** Donner de l'argent en contrepartie de (un service, un travail). → **payer, rémunérer.** – au p. p. *Travail bien rétribué.* **2.** Payer (qqn) pour un travail. → **appointer.**

rétribution n. f. (du latin → rétribuer) Ce qui est donné en échange d'un service, d'un travail (en général de l'argent).

retriever [ʀetʀivœʀ] n. m. (mot anglais, de *to retrieve* « rapporter » [→ retrouver]) anglic., chasse Chien d'arrêt qui rapporte le gibier. - var. RO **rétrieveur.**

[1]**rétro** adj. (abrév. de *rétrograde*) Qui imite un style démodé assez récent (notamment, de la première moitié du XXe siècle). *Des robes rétros.* – n. m. *Un amateur de rétro.*

[2]**rétro** n. m. voir **rétroviseur**

rétro- Élément (du latin *retro* « en arrière »).

rétroactes n. m. pl. (Belgique) Antécédents. *Les rétroactes d'une affaire.*

rétroactif, ive adj. (du latin → [1]actif) Qui exerce une action sur ce qui est antérieur, sur le passé. *« La loi ne dispose que pour l'avenir ; elle n'a point d'effet rétroactif »* (Code civil). □ adv. **rétroactivement**

rétroaction n. f. (du latin → [1]action) didact. Effet rétroactif. – Action en retour.

rétroactivité n. f. didact. Caractère rétroactif. *La rétroactivité d'une mesure.*

rétroagir v. intr. < 2 > (de *rétro-* et *agir*, d'après le latin *retroagere*) littér. Agir sur le passé, avoir un effet rétroactif.

rétrocéder v. tr. < 6 > (du latin « reculer », de *cedere* « aller » → céder) **1.** Céder à qqn (ce qu'on avait reçu de lui). → **rendre. 2.** Vendre à un tiers (ce qui vient d'être acheté).

rétrocession n. f. (du latin → rétrocéder) Action de rétrocéder.

rétrochargeuse n. f. techn. Chargeuse dont le godet peut être rempli à l'avant et déchargé à l'arrière.

rétrocommission n. f. Somme d'argent dont une partie est reversée de manière occulte au vendeur par l'intermédiaire, après la conclusion d'un marché.

rétroéclairage n. m. électron. Éclairage intégré à l'arrière d'un écran (souvent à cristaux liquides).

rétrofléchi, ie adj. bot., méd. Dont la partie supérieure a subi une déviation vers l'arrière. *Un utérus rétrofléchi.*

rétroflexe adj. (du latin *retroflectere* « plier en arrière ») phonét. Articulé avec la pointe de la langue retournée dirigée vers l'arrière de la bouche. *Voyelle, consonne rétroflexe* ou n. f. *une rétroflexe.*

rétroflexion n. f. méd. Inclinaison vers l'arrière de la partie supérieure (d'un organe) avec formation d'un angle de flexion. *Rétroflexion et rétroversion.*

rétrofusée n. f. Fusée servant au freinage ou au recul (d'un engin spatial).

rétrofuturisme n. m. Esthétique qui évoque l'état futur de l'humanité tel qu'on pouvait l'imaginer autrefois. □ adj. **rétrofuturiste**

Représentation futuriste d'une voiture autonome en 1961.

rétrogradation n. f. (du latin → rétrograder) **1.** didact. Mouvement rétrograde. **2.** Mesure disciplinaire par laquelle qqn doit reculer dans la hiérarchie. – sports Sanction par laquelle on fait reculer (un concurrent) dans un classement.

rétrograde adj. (du latin, de *retrogradi* « aller en arrière », de *gradi* → grade) **1.** didact. Qui va vers l'arrière, qui revient vers son point de départ. *Mouvement rétrograde.* **2.** cour. Qui veut rétablir un état passé, précédent ; qui s'oppose à l'évolution, au progrès. → **réactionnaire.** *Politique rétrograde.*

3. méd. *Amnésie rétrograde,* qui concerne les faits antérieurs à un évènement donné.

rétrograder v. < 1 > (du latin → rétrograde) I. v. intr. 1. littér. Marcher vers l'arrière ; revenir en arrière. → **reculer.** 2. Aller contre le progrès ; perdre les acquisitions apportées par une évolution. → **régresser.** *« Étouffer les progrès du siècle, arrêter la civilisation et faire rétrograder le genre humain »* (Chateaubriand). 3. Passer à la vitesse inférieure, en conduisant un véhicule. *Rétrograder avant un virage.* 4. Passer à un niveau inférieur, dans un classement. *Le joueur a rétrogradé à la dixième place.* II. v. tr. Faire reculer (qqn) dans une hiérarchie, un classement (→ **rétrogradation**). – au p. p. *Fonctionnaire ; coureur rétrogradé. Ouragan rétrogradé en dépression tropicale.*

rétrogression n. f. (de *rétro-* et du latin *gressus*) didact. Mouvement, marche en arrière. → **recul, rétrogradation.**

rétropédalage n. m. techn. Action de pédaler à l'envers. *Freiner par rétropédalage.* – fig. Marche arrière, revirement. *Le rétropédalage de l'opposition.* ■ **rétropédaler** v. intr. < 1 >

rétroplanning [retʀoplaniŋ] n. m. (→ planning) Calendrier prévisionnel élaboré en partant de la date à laquelle le travail doit être terminé.

rétroposition n. f. didact. Position (d'un organe) en totalité en arrière de la position normale. *Rétroposition de l'utérus.*

rétroprojecteur n. m. Projecteur permettant de reproduire des images sur un écran placé derrière l'opérateur, sans assombrir la salle. □ n. f. **rétroprojection**

rétropropulsion n. f. techn. Freinage d'un engin spatial par rétrofusées.

rétrospectif, ive adj. (de *rétro-* et radical du latin *spectare* → spectacle) 1. Qui regarde en arrière, dans le temps ; qui concerne le passé. *L'examen rétrospectif des faits.* 2. Se dit d'un sentiment actuel qui s'applique à des faits passés. *Peur rétrospective.* □ adv. **rétrospectivement**

rétrospective n. f. Exposition, manifestation qui présente les œuvres et l'évolution d'un artiste, d'une école. *Rétrospective du cubisme.* ■ Présentation (film, récit...) récapitulative d'un sujet. *La rétrospective des évènements de l'année.*

retroussé, ée adj. 1. Qui est remonté, relevé. *Manches retroussées.* 2. *Nez retroussé,* court et au bout relevé.

retroussement n. m. Action de retrousser, de se retrousser ; son résultat. *Le retroussement des lèvres.*

retrousser v. tr. < 1 > (de *trousser*) Replier vers le haut et vers l'extérieur. → **relever.** *Retrousser sa jupe pour marcher dans l'eau.* – *Retroussons nos manches !* (pour travailler). ■ se **retrousser** v. pron. 1. Se relever vers l'extérieur. *Moustache qui se retrousse.* 2. vieilli Retrousser sa jupe, sa robe.

retroussis [ʀ(ə)tʀusi] n. m. 1. Revers (d'un vêtement, d'un chapeau, d'une chaussure...). *Des bottines à retroussis jaunes.* 2. Partie retroussée. *Le retroussis de sa moustache.*

retrouvable adj. Qui peut être retrouvé. *Un itinéraire difficilement retrouvable.*

retrouvailles n. f. pl. Fait, pour des personnes séparées, de se retrouver. *Amis qui fêtent leurs retrouvailles.*

retrouver v. tr. < 1 > (de *trouver*) I. 1. Voir se présenter de nouveau. *C'est une occasion que vous ne retrouverez pas.* 2. Découvrir de nouveau (ce qui a été découvert, puis oublié). *Retrouver un secret de fabrication.* 3. Trouver (qqn) de nouveau (quelque part). *Gare à vous si je vous retrouve ici !* 4. Trouver quelque part (ce qui existe déjà ailleurs). *On retrouve chez le fils l'expression du père.* → **reconnaître.** II. 1. Trouver (une personne échappée, partie). *On a retrouvé les fugitifs.* – (avec un attribut) *Il faut le retrouver vivant.* – **loc. prov.** *Un(e) de perdu(e)*, dix de retrouvé(e)s.* ■ (choses) *Retrouver une voiture volée.* ■ **loc. prov.** *Une chienne, une chatte n'y retrouverait pas ses petits,* se dit d'un endroit en désordre. 2. Recouvrer (une qualité, un état perdu). *Retrouver le sommeil. Retrouver la sérénité.* III. Être de nouveau en présence de (qqn dont on était séparé). *Aller retrouver ses amis.* → **rejoindre.** – (avec un attribut) Revoir sous tel aspect. *Elle le retrouva grandi.* – (choses) *Retrouver sa région natale.* ■ se **retrouver** v. pron. 1. récipr. Être de nouveau en présence l'un de l'autre. – *On se retrouvera !* (menace). 2. réfl. Retrouver son chemin après s'être perdu. – fig. *Se retrouver dans ; s'y retrouver,* s'y reconnaître. *On ne s'y retrouve plus dans ce désordre.* ■ fam. *S'y retrouver,* rentrer dans ses débours ; tirer profit, avantage. ■ Être de nouveau (dans un lieu, une situation). *Se retrouver à son point de départ.* – Se trouver soudainement (dans une situation). *Se retrouver seul ; au chômage.* 3. passif *« Une occasion manquée se retrouve »* (Laclos). *Ce mot se retrouve dans plusieurs langues.*

rétroversion n. f. (de *rétro-* et du latin *vertere* « tourner ») méd. Inclinaison en arrière, sans flexion, d'un organe selon son axe vertical. *Rétroversion de l'utérus.*

rétrovirus [retʀoviʀys] n. m. virol. Virus dont la famille comprend le virus responsable du sida. □ **rétroviral, ale, aux** adj. *Une infection rétrovirale.*

rétroviseur n. m. Dispositif formé d'un miroir qui permet au conducteur d'un véhicule de voir derrière lui sans avoir à se retourner. - abrév. fam. **rétro.**

rets [ʀɛ] n. m. (vient du latin *retis,* var. de *rete* « filet » → **réseau, résille, rétiaire, réticule, rétine**) vieux Filet (pour la chasse). ■ fig. et littér. *Prendre qqn dans des rets.* → **embûche, piège.** *Être pris dans les rets d'une machination.*

retuber v. tr. < 1 > techn. Remplacer les tubes, la tubulure de (une chaudière, etc.).

retweeter [ʀ(ə)twite] v. tr. < 1 > anglic. Tweeter à nouveau.

Retz (Gilles de) voir **Rais** (Gilles de)

Retz (Jean-François Paul de Gondi, cardinal de) Prélat et écrivain français (1613-1679). Coadjuteur de l'archevêque de Paris, il se heurta à l'hostilité croissante d'Anne d'Autriche et de Mazarin. Durant la Fronde, il passa du côté des Princes tout en continuant d'intriguer contre Mazarin. Incarcéré à Vincennes puis à Nantes, il s'échappa et mena une vie d'errance à travers l'Europe. Après avoir démissionné de l'archevêché de Paris, où il avait été nommé en 1654, il se retira à l'abbaye de Saint-Denis, où il mourut. Outre son talent de pamphlétaire, le cardinal de Retz est connu pour ses *Mémoires,* chef-d'œuvre de la prose classique.

Retz (pays de) Région de la Bretagne méridionale située entre l'embouchure de la Loire et le marais breton.

Reubell (Jean-François) voir **Rewbell** (Jean-François)

reubeu voir **rebeu**

Reuchlin (Johannes) Humaniste et exégète allemand (1455-1522). Il étudia le grec et l'hébreu, s'initia à la Kabbale. Ses ouvrages et ses enseignements contribuèrent au développement de l'orientalisme en Europe.

réunification n. f. Action de réunifier ; son résultat. *La réunification de l'Allemagne.*

réunifier v. tr. < 7 > Rétablir l'unité de (un pays, un groupe divisé). *Réunifier un parti.*

réunion n. f. (de *réunir*) I. (choses) 1. Fait de réunir (une province à un État). → **annexion, rattachement.** 2. Fait de réunir (des choses séparées), de rassembler (des choses éparses). → **assemblage ; combinaison.** *La réunion de pièces, de documents divers.* II. (personnes) 1. Le fait de se retrouver ensemble. → **rassemblement ; ¹rencontre.** 2. Fait de réunir des personnes (pour le plaisir ou le travail) ; les personnes ainsi réunies ; temps pendant lequel elles sont ensemble. → **assemblée.** *Participer à une réunion. Salle de réunion.* – *Être en réunion,* présent à une réunion de travail et indisponible pour autre chose. – *Réunion politique.* → **meeting.**

Réunion n. f. [974] Région et département français d'outre-mer, situé dans l'océan Indien, à l'E. de Madagascar. 2 504 km². 863 083 habitants (les *Réunionnais*). Chef-lieu : Saint-Denis.

GÉOGRAPHIE

La Réunion est une île volcanique et montagneuse au relief escarpé (piton des Neiges, 3 069 m ; piton de la Fournaise, 2 631 m), constituée de deux versants qui s'opposent : la côte « sous le vent » au S.-O. et la côte « au vent » au N.-E. Cette dissymétrie est due aux masses d'air chaud et humide qui arrivent sur la côte orientale à la faveur de l'alizé. Le climat est tropical, sujet aux cyclones. La croissance démographique se heurte à un fort taux de chômage.

L'agriculture est dominée par la canne à sucre, avec également des cultures de plantes à parfum (géranium), de tabac, thé et vanille. Les services représentent 80 % des emplois, et le tourisme constitue la première ressource économique de l'île.

Réunion

La Réunion, Hell-Bourg, au pied du piton d'Enchaing, dans le cirque de Salazie.

R

Réunion

HISTOIRE

Découverte par les Portugais (1528), l'île devint possession française en 1638 et fut appelée « île Bourbon ». Elle fut un temps placée sous la régie de la Compagnie des Indes (1664), et prit son nom actuel en 1793. En 1946, la Réunion devint un département d'outre-mer, puis, en 1983, une région administrative.

réunionite n. f. (de *réunion* et *-ite*) fam. Manie de faire des réunions. *Cadres atteints de réunionite aiguë.*

réunir v. tr. < 2 > (de *unir*) **I. 1.** Mettre ensemble (des choses séparées) ; joindre pour unir (des choses entre elles). → **assembler, grouper, rassembler.** *Réunir une province à un État. Réunir des objets par un lien. Réunir des pièces de collection.* ■ Rapprocher (des éléments abstraits). *Réunir des faits, des preuves.* **2.** Comporter (des éléments d'origines diverses). *Elle réunit en elle d'étonnantes qualités.* **II.** Mettre ensemble (des personnes). *Réunir des amis autour d'une table.* – au p. p. *Nous voilà enfin réunis !* ■ **se réunir** v. pron. **1.** Se rapprocher ; se joindre. **2.** Faire en sorte d'être ensemble. *Se réunir entre amis, avec des amis.* → se **retrouver.** – Former une réunion (II, 2).

Reuss n. f. Rivière de Suisse (160 km), affluent rive droite de l'Aar en aval de Brugg.

Reuss Ancienne principauté d'Allemagne (Thuringe).

réussi, ie adj. Exécuté avec bonheur, succès. *Une œuvre réussie. Une soirée réussie,* qui est un succès. – fam., iron. *Eh bien, c'est réussi !* (le résultat est contraire à celui qu'on cherchait).

réussir v. < 2 > (italien *riuscire* ; famille du latin *exire* « sortir » → issue) **I.** v. intr. **1.** (choses) Avoir une heureuse issue, un bon résultat, du succès. *La tentative a réussi.* – *Réussir à qqn :* avoir (pour lui) d'heureux résultats. *Tout lui réussit.* **2.** (personnes) Obtenir un bon résultat. *Réussir dans une entreprise. Réussir du premier coup.* – (tr. ind.) *Réussir à. Réussir à un examen* (+ inf.). → **arriver, parvenir.** *Elle a réussi à me convaincre.* – iron. *Il a réussi à la vexer.* ■ spécialt Avoir du succès (dans une profession, etc.). *Réussir dans les affaires. Ses enfants ont tous réussi.* **II.** v. tr. Exécuter, faire avec succès. *Il réussit tout ce qu'il entreprend* (→ **mener à bien**).

réussite n. f. (de l'italien → réussir) **I. 1.** Succès (de qqch.). *La réussite d'une expérience.* – *C'est une réussite,* une chose qui est un succès. **2.** Fait, pour qqn, de réussir ou d'avoir réussi. *Une brillante réussite.* **II.** Jeu de cartes auquel on joue seul. *Faire une réussite.* → [1]**patience.**

Reuter (Fritz) Romancier et poète allemand (1810-1874). Ses œuvres, écrites pour la plupart en bas allemand, révèlent un conteur plein d'humour et de fantaisie. *Drôleries et Rimailleries.*

Reuters (agence) Agence de presse britannique créée en 1851 par Julius Reuter (1816-1899), et qui appartient depuis 1941 à l'ensemble de la presse nationale. L'agence, qui est la première au monde, appartient depuis 2007 à la société canadienne Thomson-Reuters.

Reutersward (Carl Fredrik) Sculpteur suédois (1934-2016). Ses œuvres les plus connues sont les multiples versions du revolver au canon noué, intitulé *Non Violence,* symbole de paix conçu après l'assassinat de son ami John Lennon en 1980.

réutilisable adj. Qui peut être réutilisé. *Un sac réutilisable.*

réutiliser v. tr. < 1 > Utiliser une nouvelle fois ; utiliser une nouvelle quantité de. □ n. f. **réutilisation**

Reutlingen Ville d'Allemagne (Bade-Wurtemberg), au pied du Jura souabe. 116 000 habitants.

revacciner v. tr. < 1 > Vacciner de nouveau. □ n. f. **revaccination**

revaloir v. tr. < 29 rare sauf à l'inf., au futur et au cond. > Rendre la pareille à qqn, en bien (remercier) ou en mal (se venger). *Je vous revaudrai ça un jour.*

revalorisation n. f. Action de revaloriser.

revaloriser v. tr. < 1 > **1.** Rendre sa valeur à (une monnaie). → **réévaluer.** – Rendre son pouvoir d'achat à (un salaire). → **réajuster.** **2.** Donner une plus grande importance, accorder un nouvel intérêt à. *Revaloriser une idée ; une fonction.*

revanchard, arde adj. péj. Qui cherche à prendre une revanche (surtout d'ordre militaire). *Politique revancharde.* – n. *Des revanchards.*

revanche n. f. (du v. *revancher,* d'une var. ancienne de *venger*) **1.** Fait de reprendre l'avantage (sur qqn) après avoir eu le dessous. → **vengeance.** *Prendre sa revanche sur qqn.* ■ jeux, sports Partie, match qui donne au perdant une nouvelle chance de gagner. *La première manche, la revanche et la belle.* **2.** loc. *À charge de revanche :* à condition qu'on rendra la pareille. **3.** *En revanche* loc. adv. : en contrepartie ; inversement. → **par contre** (critiqué).

revanchisme n. m. polit. Attitude politique inspirée par l'esprit de revanche (après une défaite).

revascularisation n. f. chir. Intervention visant à rétablir la circulation sanguine dans un organe insuffisamment irrigué.

rêvasser v. intr. < 1 > S'abandonner à une rêverie.

rêvasserie n. f. Fait de rêvasser. – Idée chimérique. → **rêverie.**

rêvasseur, euse n. et adj. Personne qui rêvasse, s'abandonne à des rêveries. → **rêveur.** – adj. *Un air rêvasseur.*

rêve n. m. (de *rêver* ; a remplacé *songe**) **1.** Suite de phénomènes psychiques (d'images, en particulier) se produisant pendant le sommeil. → littér. **songe.** *Images d'un rêve* (→ **onirique**). *Rêve pénible* (→ **cauchemar**). « *Je fais souvent ce rêve étrange et pénétrant / D'une femme inconnue* [...] » (Verlaine). – *En rêve,* au cours d'un rêve. – *S'évanouir, disparaître comme un rêve,* sans laisser de trace. ■ *Le rêve :* l'activité psychique pendant le sommeil. *Théorie freudienne du rêve.* **2.** Construction de l'imagination à l'état de veille, destinée à échapper au réel, à satisfaire un désir. → **fantasme.** *Caresser, poursuivre un rêve. Rêves irréalisables, fous.* → **chimère, illusion, utopie.** – *La maison de ses rêves,* celle qu'il avait rêvée. – *De rêve,* idéal. *Une voiture de rêve.* – loc. fam. *Dans tes, ses rêves :* jamais, il n'en est pas question. *Même pas en rêve !* (même sens). ■ *Le rêve :* l'imagination créatrice, la faculté de former des représentations imaginaires. *Le rêve et la réalité.* ■ fam. Objet d'un désir ; chose ravissante. – *C'est le rêve, ce n'est pas le rêve,* l'idéal.

▶ Dans le monde antique, le **rêve** est un message divin. Il demande à être interprété, mais sa vérité vaut celle des idées à l'état de veille. L'Église chrétienne aussi croit aux rêves, tout en s'en méfiant : viennent-ils de Dieu ou du diable ? Le rationalisme, à la Renaissance, va révolutionner ces conceptions : les rêves ne sont plus que des fantasmagories. Indignes d'intérêt, ils ne portent en eux nulle vérité. Seule la raison mérite d'être écoutée, donnant à l'homme la maîtrise de soi et du monde : de Descartes au positivisme en passant par la philosophie des Lumières, la valeur spirituelle des rêves est niée. Au mieux leur accorde-t-on un intérêt esthétique, voire une utilité pratique : une idée dérangeante pourra ainsi être présentée comme un rêve, si son auteur ne veut pas en assumer totalement les conséquences. La

R

fin du XVIIIe siècle marque le triomphe de cette conception, mais le romantisme redonne bientôt sa place au rêve, à l'imaginaire créateur d'idées nouvelles qu'une pure logique ne permettrait pas de découvrir.
La psychanalyse voit dans le rêve le lieu d'expression d'un inconscient dont Freud révèle le rôle majeur dans la personnalité humaine. Les surréalistes en font le ressort de toute création digne de ce nom et inventent le « rêve éveillé » pour accéder à un état supérieur de l'esprit humain, délivré des entraves « stérilisantes » de la raison.
voir aussi **inconscient, psychanalyse**

rêvé, ée adj. **1.** Qui existe en rêve, dans un rêve. *Une image rêvée.* **2.** Qui convient tout à fait. → **idéal.** *L'endroit rêvé pour passer ses vacances.*

revêche adj. (origine incertaine, probablt du francique) Peu accommodant, qui manifeste un mauvais caractère. → **acariâtre, hargneux.**

¹réveil n. m. (de *réveiller*) **1.** Passage du sommeil à l'état de veille. *Un réveil brusque. Elle a des réveils difficiles, joyeux.* – ***Au réveil*** : au moment du réveil. ▪ Cessation de l'anesthésie, du coma. *Le réveil d'un malade. Être en salle de réveil.* ▪ *Sonner le réveil,* l'heure du lever à la caserne. *Réveil en fanfare*.* **2.** fig. Fait de reprendre une activité. *Le réveil de la nature,* le retour du printemps. *Réveil d'un volcan éteint. Le réveil d'une passion.* **3.** Fait de revenir à la réalité (après un beau rêve). *N'ayez pas trop d'illusions, le réveil serait pénible.*

²réveil n. m. (abrév.) Réveille-matin. *Mettre son réveil à sept heures. Réveil électronique* (→ **radio-réveil).**

Réveil Terme désignant, à partir du XVIIIe s., les mouvements de restauration de la foi originelle protestante. Aux États-Unis, les principaux mouvements de Réveil furent le méthodisme, fondé par Wesley, et The Great Awakening (« le Grand Réveil ») de Jonathan Edwards. Vers 1780, un mouvement de Réveil apparut en Angleterre et en Écosse puis en Suisse. En France, Adolphe Monod en fut le propagandiste.

réveille-matin n. m. Pendule munie d'une sonnerie qui se déclenche à l'heure indiquée par une aiguille spéciale. → **²réveil.** *Des réveille-matins ou des réveille-matin* (invar.).

réveiller v. tr. < 1 > (de *éveiller*) **1.** Tirer (qqn, un animal) du sommeil. → **éveiller.** *Vous me réveillerez à six heures.* – prov. *Il ne faut pas réveiller le chat qui dort,* ranimer une affaire désagréable. – loc. fam. *Un bruit à réveiller les morts,* très fort. **2.** Ramener à l'activité (une personne). *Réveiller qqn de sa torpeur.* – (compl. chose) *Réveiller un sentiment, de vieux souvenirs.* → **ranimer.** ▪ **se réveiller** v. pron. **1.** Sortir du sommeil. → **s'éveiller.** *Se réveiller en sursaut.* **2.** fig. Reprendre une activité après un état d'inaction. *Allons, réveillez-vous !* – (choses) Reprendre de la vigueur. *Douleur qui se réveille.*

réveillon n. m. Repas de fête de la nuit de Noël ou de la nuit du 31 décembre ; la fête elle-même.

réveillonner v. intr. < 1 > Faire un réveillon.

Revel (Jean-François Ricard, dit) Essayiste et journaliste français (1924-2006). Résistant pendant la Seconde Guerre mondiale, il devint professeur de philosophie, puis, à partir de 1966, se consacra au journalisme (chroniqueur à *L'Express,* puis directeur de 1978 à 1981 ; chroniqueur au *Point*). Il défendit dans ses ouvrages une conception de la démocratie fondée sur le libéralisme économique et politique. *Ni Marx ni Jésus ; L'Absolutisme inefficace ; L'Obsession anti-américaine.* Académie française.

révélateur, trice (→ révéler) **I.** n. m. Solution employée en photographie, qui rend visible l'image latente. **II.** adj. Qui révèle (qqch.). → **caractéristique, significatif.** *Un silence révélateur.* → **éloquent.**

révélation n. f. (→ révéler) **1.** Fait de révéler (ce qui était secret). → **divulgation.** *La révélation d'un secret.* ▪ Information qui apporte des éléments nouveaux, permet d'éclaircir une question. *Les révélations de la presse sur une affaire.* **2.** Phénomène par lequel des vérités cachées sont révélées aux hommes, d'une manière surnaturelle ; ces vérités. → **¹mystère.** **3.** Ce qui apparaît brusquement comme une connaissance nouvelle, un principe d'explication ; la prise de conscience elle-même. *Cela a été pour moi une véritable révélation.* **4.** Personne dont les qualités, le talent se révèlent brusquement au public. *La révélation de la saison musicale.*

révéler v. tr. < 6 > (latin *revelare* « dévoiler, découvrir » ; famille de *¹voile*) **1.** Faire connaître (ce qui était inconnu, secret). → **dévoiler.** *Révéler ses véritables intentions.* – *Révéler qqn à lui-même,* lui faire découvrir ce qu'il est réellement. **2.** Faire connaître d'une manière surnaturelle. – Faire connaître par révélation (2) divine. **3.** Faire connaître, laisser deviner (par un signe manifeste). → **indiquer, témoigner.** *Révéler une aptitude.* – *Une démarche qui révèle de bons sentiments.* ▪ **se révéler** v. pron. **1.** (divinité) Se manifester par une révélation. **2.** Se manifester par des signes, des résultats. *Son talent s'est révélé cette année.* – (avec un attribut) *Cette hypothèse s'est révélée exacte.* ▪ **révélé, ée** adj. Connu par une révélation. *Vérité révélée.* – *Religion révélée,* fondée sur une révélation.

revenant, ante n. **1.** Âme d'un mort supposée revenir de l'autre monde sous une forme physique. → **apparition, fantôme.** **2.** Personne qui revient (après une longue absence). – fam. *Tiens, voilà un revenant !* **3.** Djihadiste qui regagne son pays d'origine, après être parti(e) combattre.

revendeur, euse n. Personne qui vend au détail des marchandises ou qui vend des articles d'occasion. *Les revendeurs des marchés aux puces.* – *Revendeur de drogue.* → anglic. **dealeur.**

revendicateur, trice **1.** n. Personne qui revendique. ▪ psych. Malade atteint d'un délire de revendication. → **¹processif.** **2.** adj. Qui revendique. *Une attitude revendicatrice.* → **revendicatif.**

revendicatif, ive adj. Qui comporte, qui exprime des revendications (sociales). *Mouvement revendicatif.*

revendication n. f. (du latin *rei vindicatio* « réclamation d'une chose », de *rei,* génitif de *res* → rien et d'un dérivé de *vindicare* → venger) **1.** Fait de revendiquer (un bien ; un droit, un dû) ; ce qu'on revendique. *Revendications ouvrières.* **2.** psych. *Délire de revendication.* → **quérulence.**

revendiquer v. tr. < 1 > **1.** Réclamer (une chose sur laquelle on a un droit). *Revendiquer sa part d'héritage.* **2.** Demander avec force, comme un dû. → **exiger.** *Revendiquer une augmentation de salaire.* **3.** Réclamer comme sien, avec force. *Revendiquer un droit.* – Assumer pleinement. *Revendiquer une responsabilité.* – Assumer la responsabilité de (un acte criminel). ▪ pron. *Se revendiquer de :* assumer pleinement son appartenance à (un groupe, un mouvement) ou l'influence de (qqn). → **se réclamer.** *Se revendiquer du gaullisme.*

revendre v. tr. < 41 > **1.** Vendre ce qu'on a acheté (notamment, sans être commerçant). *Revendre sa voiture.* **2.** loc. ***Avoir qqch. à revendre*** : en avoir beaucoup. – fig. *Elle a de l'esprit à revendre.*

revenez-y [ʀ(ə)vənezi ; ʀəv(ə)nezi] n. m. invar. fam. *Un goût de revenez-y,* un goût agréable, un plaisir qui incite à recommencer.

revenir v. intr. < 22 > (de *venir*) **I. 1.** Venir de nouveau (là où on était déjà venu). → **repasser.** *Le docteur reviendra demain. Je reviendrai vous voir.* ▪ (choses) Apparaître ou se manifester de nouveau. *Un mot qui revient souvent dans la conversation.* **2.** (sujet personne) *Revenir à qqn,* retourner avec qqn. ▪ abstrait Reprendre (ce qu'on avait laissé). *Revenir aux anciennes méthodes. Nous y reviendrons,* nous en parlerons plus tard. *Revenons à nos moutons*.* ▪ (chose abstraite) Se présenter de nouveau (après être sorti de l'esprit). *Ça me revient !,* je m'en souviens à l'instant. ▪ (sujet personne) ***Revenir à soi*** : reprendre conscience. *Elle est revenue à elle après un long évanouissement.* **3.** (sujet chose) Devoir être donné (à titre de profit, d'héritage). → **échoir.** *Cet argent me revient* (→ **revenu).** ▪ Être à qqn, en vertu d'un droit, d'une prérogative. → **appartenir.** *Cet honneur vous revient.* impers. *C'est à lui qu'il revient de...* → **incomber.** **4.** Plaire (surtout négatif ; avec un pronom). *Sa tête ne me revient pas,* il ne m'est pas sympathique. **5.** en loc. Équivaloir. *Cela revient au même,* c'est la même chose. **6.** Coûter au total (à qqn). *Sa maison de campagne lui revient cher en entretien.* **II. *Revenir sur*** **1.** Examiner à nouveau, reprendre (une question, une affaire). *C'est décidé, on ne reviendra pas là-dessus.* **2.** Annuler (ce qu'on a dit, promis). → **se dédire.** *Revenir sur sa décision, sur des aveux.* → **se rétracter.** **III. 1.** Venir (dans un lieu où l'on était allé). *Revenir chez soi, à la maison.* → **rentrer, retourner.** *Revenir dans son pays.* – absolt *Je reviens dans une minute.* **2. *S'en revenir.*** v. pron. littér. « *Et sur le pont des Reviens-t'en / Si jamais revient cette femme / Je lui dirai Je suis content* » (Apollinaire). **3.** Sortir (d'un état). – *Ne pas revenir de sa surprise.* – loc. *Ne pas en revenir :* être extrêmement étonné. **4.** fig. *Revenir de ses illusions.* – loc. *Être revenu de tout.* → **blasé.** **IV. *Faire revenir*** *(un aliment) :* passer dans un corps gras chaud pour en dorer la surface. → **rissoler.**

revente n. f. Action de revendre ; son résultat. *La revente d'une voiture.*

revenu n. m. Ce qui revient à qqn comme rémunération du travail ou fruit du capital. *Avoir un gros revenu. De maigres revenus.* – *Revenu minimum d'insertion* (→ **RMI),** *d'activité* (→ **RMA).** *Revenu universel,* qui serait versé à tous les citoyens d'un pays sans condition. – *Revenu d'un capital,* ce qu'il rapporte. → **intérêt.** – *Impôt sur le revenu.* – *Revenu national,* valeur des biens produits par une nation (pendant une période donnée).

Le **revenu** d'un agent économique pendant une période de temps donnée correspond à ce qu'il pourrait consommer sans s'appauvrir, c'est-à-dire en laissant inchangé son patrimoine. Le revenu est généralement de nature monétaire (mais ce n'est pas toujours le cas : un agent peut aussi consommer ce qu'il produit).
En comptabilité nationale, le revenu disponible brut des ménages est égal à la somme de la rémunération des salariés, de la rémunération du travail de l'entrepreneur individuel, des profits bruts de l'entreprise, des revenus de la propriété (dividendes, intérêts...), de l'excédent brut d'exploitation (essentiellement lié à la détention des logements), des prestations sociales en espèces moins les cotisations sociales et les impôts directs. Le revenu disponible brut des ménages est donc un revenu après cotisations sociales et impôts directs mais avant transferts sociaux en nature ; il est disponible pour la dépense de consommation finale et l'épargne. Le partage du revenu entre

R

consommation immédiate et épargne dépend du niveau des taux d'intérêt (approche néo-classique), du niveau de revenu (approche keynésienne).
Le revenu national brut correspond à l'ensemble des revenus primaires reçus par les résidents d'un pays (avant tout prélèvement fiscal ou social et toute redistribution). Il est égal au produit national brut (PNB).
voir aussi **impôt, épargne, PIB-PNB, patrimoine**

revenue n. f. sylvic. Pousse nouvelle des bois de taillis.

rêver v. < 1 > (origine incertaine) **I.** v. intr. **1.** Laisser aller son imagination. → **rêvasser ; rêverie.** *Vous rêvez au lieu d'écouter* (→ **rêveur**). – tr. ind. *Rêver à* : penser vaguement à, imaginer. *À quoi rêvez-vous ?* **2.** (a remplacé *songer*) Faire des rêves (1). *Je rêve rarement.* – loc. *On croit rêver,* c'est une chose incroyable (exprime souvent l'indignation). – tr. ind. *Rêver de* : voir, entendre en rêve (qqn, qqch.). *J'ai rêvé de vous. Il en rêve la nuit,* cela l'obsède. **3.** S'absorber dans ses désirs, ses souhaits. – tr. ind. *Rêver de* : songer à, en souhaitant ardemment. *Rêver d'un monde meilleur.* (+ inf.) *Elle rêve d'aller à Venise.* **II.** v. tr. **1.** littér. Imaginer, penser dans sa rêverie. « *Il vaut mieux rêver sa vie que la vivre* » (Proust). ■ Imaginer, désirer idéalement. *Ce n'est pas la vie que j'avais rêvée.* **2.** (compl. indéterminé) Former en dormant (telle image...). *Nous avons rêvé la même chose.* – *Rêver que* (+ indic.). *J'ai rêvé que je m'envolais.*

réverbération n. f. (→ réverbérer) Action de réverbérer (la lumière, etc.) ; son résultat. *La réverbération du soleil sur la neige.*

réverbère n. m. (de *réverbérer*) Appareil destiné à l'éclairage de la voie publique. → **bec de gaz ; lampadaire.**

réverbérer v. tr. < 6 > (du latin « repousser ; faire rebondir », de *verberare* « battre de verges [*verbera*] ») Renvoyer (la lumière, la chaleur, le son). → **réfléchir.**

Reverdin (Jacques Louis) Chirurgien suisse (1842-1929). Il fut le promoteur de la greffe épidermique et l'inventeur de l'aiguille à suture *(aiguille de Reverdin).*

reverdir v. intr. < 2 > Redevenir vert, retrouver sa verdure. *Les arbres reverdissent au printemps.* □ n. m. **reverdissement**

Reverdy (Pierre) Poète français (1889-1960). Précurseur du surréalisme par sa revue *Nord-Sud,* lié à Apollinaire, Breton et Tzara, il s'engagea pourtant dans une recherche poétique solitaire. En 1926, il se retira près de l'abbaye de Solesmes et consacra dès lors sa vie à l'écriture. *La Lucarne ovale ; Sources du vent ; Plupart du temps ; Le Chant des morts.*

R

révérence n. f. (du latin → révérer) **I.** littér. Grand respect. → **déférence, vénération.** *S'adresser à qqn avec révérence.* **II.** Salut cérémonieux conservé pour les femmes en certains cas, qu'on exécute en inclinant le buste et en pliant les genoux. *Faire une révérence, la révérence à qqn.* – loc. *Tirer sa révérence à qqn,* le quitter, s'en aller.

révérenciel, ielle adj. littér. *Crainte révérencielle* : sentiment d'obéissance craintive.

révérencieux, ieuse adj. littér. Qui a, qui manifeste de la révérence. □ adv. **révérencieusement**

révérend, ende (du latin → révérer) **1.** adj. Épithète honorifique devant les mots *père, mère* (en parlant de religieux). *La révérende mère.* – n. *Mon révérend.* **2.** n. m. Titre des pasteurs, dans l'Église anglicane.

révérer v. tr. < 6 > (latin *revereri* « craindre avec respect ») littér. Traiter avec un grand respect, honorer particulièrement. → **respecter ; vénérer.** – au p. p. *Un maître révéré.*

rêverie n. f. **1.** Activité mentale qui n'est pas dirigée par l'attention, mais se soumet à des causes subjectives et affectives. – *Une douce rêverie.* → littér. **songerie.** « *Les Rêveries du promeneur solitaire* » (de Rousseau). **2.** péj. Idée vaine et chimérique. → **illusion.** *Ces rêveries ne mèneront à rien.*

Revermont n. m. Rebord occidental du Jura français formé de plateaux calcaires et de chaînons peu élevés (773 m).

revernir v. tr. < 2 > Revêtir d'une nouvelle couche de vernis. □ n. m. **revernissage**

revers n. m. (latin *reversus,* p. p. de *revertere* « retourner sur ses pas », de *vertere* « tourner » → **vertige**) **1.** Côté opposé à celui qui se présente d'abord ou est considéré comme le principal. → **²envers, verso.** *Le revers de la main,* le dos (opposé à *paume*). **2.** Côté (d'une médaille, d'une monnaie) opposé à la face principale (→ **avers**). → **³pile.** – loc. *Le revers de la médaille* : l'aspect déplaisant d'une chose qui paraissait sous son beau jour. **3.** Partie d'un vêtement qui est repliée. *Pantalon à revers.* – *Les revers d'une veste.* **4.** *Prendre l'ennemi à revers* : de flanc ou par-derrière. **5.** Geste par lequel on écarte, on frappe, etc., avec le dos de la main. *Un revers de (la) main.* – sports Coup de raquette effectué le dos de la main en avant (s'oppose à *coup droit*). **6.** fig. Évènement inattendu, qui change une situation en mal. → **défaite, échec.** *Revers militaires. Revers de fortune.*

reversement n. m. fin. Action de reverser (2). → **report.**

reverser v. tr. < 1 > **1.** Verser de nouveau (un liquide) ou le remettre dans le même récipient. **2.** Reporter. *Reverser un excédent sur un compte.*

réversible adj. (du latin, de *revertere* → revers) **1.** Qui peut se reproduire en sens inverse. *Mouvement réversible.* **2.** Qui peut se porter à l'envers comme à l'endroit ; qui n'a pas d'envers. *Étoffe ; veste réversible.* □ n. f. **réversibilité**

réversion n. f. (du latin, de *reversus* → revers) **1.** (parfois prononcé [ʀəvɛʀsjɔ̃] par influence de *reverser*) dr. Droit de retour. *Pension de réversion,* versée au conjoint survivant d'une personne décédée qui aurait bénéficié d'une pension. **2.** biol. Changement dans l'ADN qui inverse ou compense une altération causée par une mutation.

reversoir n. m. techn. Barrage par-dessus lequel l'eau s'écoule en nappe.

révertant n. m. (de l'anglais, de *to revert* « revenir, retourner ») anglic., biol. Dérivé par réversion d'une cellule ou d'un organisme après mutation.

revêtement n. m. Élément qui recouvre une surface, pour la protéger, la consolider. *Le revêtement d'une route. Revêtement de sol.*

revêtir v. tr. < 20 > (de *vêtir*) **I. 1.** Couvrir (qqn) d'un vêtement particulier. → **¹parer.** *La chemise blanche dont on revêtait les pénitents.* – pronom. *Se revêtir d'un uniforme.* **2.** abstrait Investir. *Revêtir qqn d'une dignité.* **3.** Couvrir d'une apparence, d'un aspect. « *Il revêtait ses idées de mille nuances fines* » (A. France). **4.** Mettre sur (un document) les signes matériels de sa validité. *Revêtir un acte des signatures prévues par la loi.* **5.** Orner ou protéger par un revêtement. → **couvrir, garnir, recouvrir. II. 1.** Mettre sur soi (un habillement spécial). → **endosser.** *Revêtir l'uniforme.* **2.** Avoir, prendre (un aspect). *Le conflit revêt un caractère dangereux.*

rêveur, euse adj. Qui se laisse aller à la rêverie. *Un enfant rêveur.* – *Un air rêveur.* → **songeur.** ■ n. *C'est un rêveur, un utopiste.* ■ loc. *Cela laisse rêveur,* perplexe. □ adv. **rêveusement**

prix de **revient** voir prix

revif n. m. (→ vif) **1.** mar. Montée de l'eau, entre marée basse et marée haute. **2.** littér. Retour de vigueur. « *un revif de grâce, de jeunesse et d'esprit* » (Flaubert).

Revigny-sur-Ornain Commune de la Meuse, à l'O. de Bar-le-Duc. 2 794 habitants.

revigorant, ante adj. Qui revigore. *Un froid sec et revigorant.*

revigorer v. tr. < 1 > (de *vigueur*) Redonner de la vigueur à (qqn). → **ragaillardir, remonter.** *Cette douche m'a revigoré.*

Réville (Albert) Pasteur protestant français (1826-1906). Chef de file du protestantisme libéral, il fut le premier titulaire de la chaire d'histoire des religions au Collège de France (1880) et le fondateur de la *Revue de l'histoire des religions.*

Revin Commune des Ardennes, au N.-O. de Charleville-Mézières, sur la Meuse. 5 825 habitants.

revirement n. m. (de l'ancien v. *revirer,* de *virer*) Changement brusque et complet dans les dispositions, les opinions. → **retournement, volte-face.** *Revirement d'opinion.*

revirer v. tr. < 1 > (Canada, Louisiane) fam. Retourner. *Revirer une carte. Revirer la situation à son avantage.*

révisable adj. Qui peut être révisé. *Un procès révisable.*

réviser v. tr. < 1 > (latin *revisere,* de *visere* « examiner », de *videre* → voir) **1.** Procéder à la révision de. → **modifier.** *Réviser un traité. Réviser un manuscrit.* – *Réviser son jugement,* le modifier. **2.** Vérifier le bon état, le fonctionnement de (qqch.). *Faire réviser un moteur.* **3.** Revoir (ce qu'on a appris). *Réviser une leçon.*

réviseur, euse n. Personne qui révise, qui revoit. *Réviseur de traductions.*

révision n. f. (du latin → réviser) **1.** Action d'examiner de nouveau en vue de corriger ou de modifier. *La révision d'une constitution.* – Acte par lequel une juridiction peut infirmer, après examen, une décision juridique. *La révision d'un procès.* – Mise à jour, par un nouvel examen. *Révision des listes électorales.* □ adj. **révisionnel, elle 2.** Examen (de qqch.) pour réviser (2). *Révision d'un véhicule.* **3.** Action de réviser (un programme d'études). *Faire des révisions.*

révisionnisme n. m. **1.** Position idéologique de socialistes partisans de la révision des thèses révolutionnaires. – par ext. Position remettant en question une doctrine politique. **2.** Position idéologique qui tend à minimiser le génocide des Juifs par les nazis et prétend réviser l'histoire sur ce point. → **négationnisme.**

révisionniste n. et adj. **1.** Partisan d'une révision (notamment, d'une révision de la Constitution). **2.** Partisan du révisionnisme (1). **3.** Partisan du révisionnisme (2).

revisiter v. tr. < 1 > Voir, interpréter d'une manière nouvelle. *Revisiter un auteur.*

revisser v. tr. < 1 > Visser (ce qui était dévissé). *Revisser une ampoule.*

revitaliser v. tr. < 1 > (anglais *to revitalize*) **1.** Redonner de la vitalité à. *Revitalisez vos cheveux.* □ adj. **revitalisant, ante 2.** fig. Faire revivre. → **revivifier.** *Revitaliser une alliance.* □ n. f. **revitalisation**

revival [ʀivajvœl] n. m. (pris à l'anglais des États-Unis « renaissance ») anglic. Renaissance d'un art, d'une mode, d'un état d'esprit. → **reviviscence.** – spécialt Revivis-

Révolution culturelle

1. Une affiche intitulée « La haine dans les champs de blé » proclame que seule l'armée populaire défend les paysans. 2. Un autodafé à Pékin en 1966. 3. Les scènes d'humiliation publique se multiplient sur tout le territoire chinois (ici à Harbin en 1966).

cence du jazz traditionnel. appos. *Jazz revival.*

revivifier v. tr. < 7 > littér. Vivifier de nouveau, donner une nouvelle vie à. → **ranimer, réveiller.** □ n. f. **revivification**

reviviscence n. f. (du bas latin, de *reviviscere* « revenir à la vie ») **1.** littér. Action de reprendre vie. – *La reviviscence d'un souvenir.* **2.** sc. Propriété que possèdent certains animaux ou végétaux de reprendre l'activité de la vie après une période d'anhydrobiose. *La reviviscence des spores.* □ **reviviscent, ente** adj. *Mousse reviviscente.*

revivre v. < 46 > (vient du latin *revivere*, de *vivere* → **vivre**) **I.** v. intr. **1.** Vivre de nouveau (après la mort). → **ressusciter. 2.** littér. Se continuer (en la personne d'un autre). *Il revit dans son fils.* **3.** Recouvrer ses forces, son énergie. *« Ces soirs d'or où l'on se sent revivre »* (Baudelaire). **4.** Renaître. *Tradition qui revit.* **5.** ***Faire revivre*** : redonner vie à (qqch. du passé). *Faire revivre une œuvre.* **II.** v. tr. Vivre ou ressentir de nouveau (qqch.). *Je ne veux pas revivre cette épreuve.*

révocable adj. (du latin → **révoquer**) Qui peut être révoqué. □ n. f. **révocabilité**

révocation n. f. (du latin → **révoquer**) Action de révoquer (qqch. ; qqn).

révocatoire adj. (bas latin *revocatorius*) dr. Qui produit révocation. *Une action révocatoire.*

revoici prép. fam. Voici de nouveau. *Me revoici !*

revoilà prép. fam. Voilà de nouveau. *Nous revoilà dans la même situation.*

revoir v. tr. < 30 > (de *voir*) **I. 1.** Être de nouveau en présence de (qqn). → **retrouver.** *On ne l'a jamais revu.* ■ ***Au revoir*** : locution interjective par laquelle on prend congé de qqn que l'on pense revoir. → fam. à la **revoyure.** *Dire au revoir.* – n. m. invar. *Ce n'est qu'un au revoir.* **2.** Retourner dans (un lieu qu'on avait quitté). *Revoir son village natal.* **3.** Regarder de nouveau ; assister de nouveau à (un spectacle). *Un film qu'on aimerait revoir.* **4.** Voir de nouveau, par la mémoire. – pronom. *Il se revoit enfant.* **II. 1.** Examiner de nouveau pour parachever, corriger. *Revoir un texte de près* (→ **réviseur**). – au p. p. *Édition revue et corrigée.* **2.** Apprendre de nouveau pour se remettre en mémoire. → **repasser, réviser.** *J'ai revu tout le programme.*

revoler v. < 1 > **I.** v. intr. (→ 1voler) **1.** Voler de nouveau. – *Ce pilote n'a pas revolé depuis son accident.* **2.** (Canada) fam. Être projeté en l'air. → **jaillir.** *À l'automne, les feuilles revolent partout.* **II.** v. tr. (→ 2voler) Dérober de nouveau, reprendre en volant.

révoltant, ante adj. Qui révolte. *Une injustice révoltante.*

révolte n. f. (de *révolter*) **1.** Action violente par laquelle un groupe se révolte contre l'autorité politique, la règle sociale établie. → **dissidence, émeute, insurrection, mutinerie, rébellion, sédition, soulèvement.** *Une révolte de paysans.* → **jacquerie. 2.** Attitude de refus et d'hostilité devant une autorité, une contrainte. → **indignation.** *Esprit de révolte. Cri, sursaut de révolte.* – *« La seule dignité de l'homme : la révolte tenace contre sa condition »* (Camus). – absolt *La révolte, position philosophique.*

révolté, ée adj. **1.** Qui est en révolte (contre l'autorité, le pouvoir). → **insurgé, rebelle.** *Des soldats révoltés.* **2.** Qui a une attitude d'opposition. *Adolescent révolté contre la société. « L'Homme révolté »* (de Camus). – n. *Des révoltés.* **3.** Rempli d'indignation. → **outré.**

révolter v. tr. < 1 > (italien *rivoltare* « retourner », du latin *revolvere* → **révolution**) rare Porter à la révolte. → **soulever** (2). Soulever (qqn) d'indignation, remplir de réprobation. → **écœurer, indigner.** *Ces procédés me révoltent.* ■ **se révolter** v. pron. **1.** (groupe) Se dresser, entrer en lutte contre le pouvoir, l'autorité. → **s'insurger, se soulever.** *Se révolter contre un dictateur.* **2.** Se dresser contre (une autorité). *Enfant qui se révolte contre ses parents.* – *Se révolter contre le destin.*

révolu, ue adj. (du latin, p. p. de *revolvere* → **révolution**) (espace de temps) Écoulé, terminé. *À l'âge de 18 ans révolus. Une époque révolue.*

révolution n. f. (du bas latin, de *revolvere* « rouler en arrière », *cf.* révolte, révolu, revolver, de *volvere* « rouler » → **voûte**) **I. 1.** Retour périodique d'un astre à un point de son orbite ; mouvement de cet astre ; temps qu'il met à parcourir son orbite. *Les révolutions de la Terre.* **2.** Rotation complète d'un corps mobile autour de son axe *(axe de révolution).* **II. 1.** Changement très important dans la société, dans l'histoire. → **bouleversement, transformation ; évolution.** *Une révolution artistique. La révolution industrielle de la fin du XIXe siècle.* ■ fam. *Tout le quartier est en révolution.* → **ébullition, effervescence. 2.** Ensemble des évènements historiques qui ont lieu lorsqu'un groupe renverse le régime en place et que des changements profonds se produisent dans la société. *La révolution russe de 1917.* – spécialt *La Révolution française ;* absolt *la Révolution,* celle de 1789. ■ Les forces révolutionnaires. *La victoire de la révolution sur la réaction* (slogan).

Révolution culturelle Mouvement politique et idéologique lancé par Mao Zedong en Chine populaire à partir de 1965. Après les échecs du Grand Bond en avant, Mao Zedong entreprit de reconquérir le pouvoir au sein du parti communiste et de relancer la dynamique révolutionnaire. Le soutien de l'armée permit la création de « gardes rouges » formées de jeunes de 15 à 19 ans. La « Grande Révolution culturelle prolétarienne » voulue par Mao se propagea par le biais d'affiches murales, du *Petit Livre rouge* et de la « rééducation » à la campagne. Les gardes rouges menèrent le pays au bord de l'anarchie, et des personnalités politiques de premier plan, tels Deng Xiaoping et Liu Shaoqi, furent victimes de purges et d'exactions. En juillet 1968, Mao somma les gardes rouges de mettre fin au mouvement. La Révolution culturelle eut des conséquences désastreuses sur le pays, appauvri durablement tant sur le plan économique que dans le domaine culturel.

révolution d'Angleterre (première) Révolution (1642-1649) qui renversa la royauté (exécution de Charles Ier) et la remplaça par une république dirigée par Cromwell.

révolution d'Angleterre (seconde) Révolution (1688-1689) qui entraîna la chute de Jacques II Stuart et l'avènement de Guillaume III d'Orange-Nassau et de Marie II Stuart.

révolution de février 1848 Journées insurrectionnelles des 22, 23 et 24 février 1848, qui mirent fin à la monarchie de Juillet, remplacée par la IIe République. Déclenchée par l'opposition de Guizot à la campagne des Banquets (1847-1848), cette insurrection conduisit à l'abdication de Louis-Philippe (24 février) et à la proclamation de la IIe République (25 février).

révolution de juillet 1830 Journées insurrectionnelles des 27, 28 et 29 juillet 1830 (les « Trois Glorieuses »), qui mirent

R

révolution d'octobre 1917

1. Arborant le drapeau rouge, ces soldats de l'armée impériale ont rejoint la cause de la Révolution. 2. À Petrograd, le 4 juillet 1917, Kerenski fait tirer sur des manifestants hostiles au gouvernement provisoire. 3. La Révolution se veut conquérante comme le suggère cette affiche de propagande.

fin au règne de Charles X et ouvrirent la voie à la monarchie de Juillet. Provoquée par les quatre ordonnances de Saint-Cloud (25 juillet), par lesquelles Charles X et Polignac violaient la Charte de 1814, cette insurrection aboutit à l'avènement de Louis-Philippe.

révolution de 1905 Ensemble des mouvements insurrectionnels qui éclatèrent en Russie en 1905. Cette révolution fut provoquée par les défaites de la guerre russo-japonaise, qui vinrent s'ajouter à une situation économique et sociale difficile. Le Dimanche rouge (janvier 1905) au cours duquel des centaines de manifestants furent massacrées par la police, entraîna une grève générale à Moscou, Tiflis et Varsovie. Après la mutinerie du cuirassé *Potemkine* (juin) et l'insurrection de Łódź, en Pologne, un manifeste annonça la création d'une douma consultative (août). La grève politique décrétée par les bolcheviks de Moscou s'étendit à l'ensemble du pays, obligeant Nicolas II à promettre de convoquer une douma législative (octobre). Cependant, devant la poursuite des mouvements insurrectionnels, le régime tsariste maintint une politique de répression et, en juin 1907, la douma fut dissoute.

révolution de février 1917 Mouvement insurrectionnel qui éclata en Russie en février 1917 et qui aboutit à l'abdication de Nicolas II.

Révolution de jasmin Soulèvements populaires de 2011 en Tunisie qui chassèrent le président Ben Ali.

Révolution des œillets Insurrection militaire du 25 avril 1974 au Portugal qui renversa le régime dictatorial mis en place par Salazar.

Révolution de velours Ensemble des manifestations qui se déroulèrent en Tchécoslovaquie en 1989, dont celle du 17 novembre, et qui aboutirent à libérer le pays de la tutelle soviétique.

révolution d'octobre 1917 Mouvement insurrectionnel qui, en octobre 1917, aboutit à la prise de pouvoir par les bolcheviks en Russie.

▶ La **Révolution russe de 1917** est en fait formée de deux révolutions successives. La première débuta en février 1917. Provoquées par les pertes subies pendant la Première Guerre mondiale, la désorganisation économique et la famine, des grèves et des manifestations se déclenchèrent dans plusieurs grandes villes (Petrograd, Moscou, Bakou) en janvier. À l'appel des bolcheviks, la grève devint générale le 25 février (10 mars — selon le calendrier grégorien) à Petrograd, et les soldats, ralliés au mouvement, s'emparèrent, avec les ouvriers, de la capitale. La formation d'un gouvernement provisoire le 2 (15) mars fut suivie de l'abdication de Nicolas II. Le pouvoir est exercé par un Comité provisoire de la Douma (Parlement) auquel participent des représentants mencheviks du soviet (conseil d'ouvriers, de paysans et de soldats) de Petrograd (Saint-Pétersbourg) : c'est la « révolution bourgeoise », qui ne met pas fin à la guerre et que combattent les bolcheviks (marxistes). Rentré d'exil en avril, puis de nouveau en octobre, leur leader Lénine organise la prise de contrôle des comités.
Dans ses *Thèses d'avril*, Lénine exposait la nécessité de passer de la révolution démocratique à la révolution socialiste marxiste ; il réclamait la paix immédiate, la terre aux paysans, et le pouvoir aux soviets. Kerenski, nommé Premier ministre le 13 (26) juillet, tenta de dissoudre le mouvement des bolcheviks : Trotski fut emprisonné, et Lénine dut fuir en Finlande. Le 25 septembre (8 octobre), Trotski, sorti de prison, prit la tête du soviet de la capitale. Le 3 (16) octobre, Lénine rentra clandestinement en Russie. Le 24 octobre (6 novembre), les points névralgiques de Petrograd furent occupés par les bolcheviks. Le palais d'Hiver, siège du gouvernement provisoire fut pris d'assaut. Le IIe congrès panrusse des soviets ratifia le 25 octobre (7 novembre) les décrets présentés par Lénine concernant la paix sans annexions et l'expropriation des propriétaires fonciers. Lénine fut élu président du Conseil des commissaires du peuple, constitué de bolcheviks. C'est la conclusion de la « révolution d'octobre » qui instaure le socialisme (janvier 1918), met fin à la guerre avec l'Allemagne (mars 1918) et aboutit à la création de l'URSS (décembre 1922).

voir aussi **léninisme, marxisme, communisme**

Révolution française Ensemble des évènements qui, de 1788-1789 au coup d'État du 18 Brumaire an VIII (9 nov. 1799), bouleversèrent les structures sociales, politiques, juridiques et religieuses de la France, mettant fin à l'Ancien Régime.

▶ Confronté à une grave crise financière, n'ayant pu imposer de réformes, Louis XVI doit convoquer à la fin de l'année 1788 les états généraux, représentant les trois ordres de la société française (clergé, noblesse, tiers état). Ceux-ci, préparés par la rédaction de cahiers de doléances, se réunissent le 5 mai 1789. La dissidence du tiers état, entraîné par Mirabeau (serment du Jeu de paume, 17 juin 1789), impose au roi leur transformation en Assemblée nationale constituante : la monarchie absolue a vécu, la **Révolution** est en marche. Au cours de l'été, la violence populaire prend le relais de la révolution politique (prise de la Bastille, 14 juillet 1789 ; « Grande Peur » dans les campagnes). L'Assemblée constituante entreprend de liquider l'Ancien Régime : abolition des privilèges et des droits seigneuriaux (nuit du 4 août 1789), Déclaration des droits de l'homme et du citoyen (26 août 1789), création des départements (1790)... La Fête de la Fédération (14 juillet 1790) consacre la souveraineté de la nation.
Mais la nationalisation des biens du clergé (novembre 1789) et la réorganisation de l'Église de France par la *Constitution civile du clergé* (1790) divisent l'Église et la population. La tentative de fuite de Louis XVI (Varennes, juin 1791) compromet les chances de la Constitution promulguée en septembre 1791. L'entrée en guerre contre l'Autriche et la Prusse au printemps 1792 précipite les évènements. Le 10 août 1792, la monarchie est renversée. Une Convention élue en septembre 1792 proclame la République. Louis XVI est guillotiné le 21 janvier 1793. La Convention, divisée en factions rivales (Montagnards contre Girondins), affronte l'invasion militaire d'une large coalition européenne (Grande-Bretagne, Autriche, Prusse, Espagne...). La levée en masse (mars 1793) déclenche des révoltes populaires (guerre de Vendée, chouannerie). Le Comité de salut public, dirigé par Danton puis Robespierre, impose la Terreur (octobre 1793-juillet 1794), qui élimine les adversaires réels ou supposés de la République (*colonnes infernales* en Vendée, 1794), puis les factions opposées à Robespierre (dantonistes, hébertistes). Mais, en juillet 1794 (« thermidor an II »), tout danger extérieur ou intérieur écarté, Robespierre est renversé et exécuté.
La « Constitution de l'an II » (1795) confie le pouvoir exécutif à un Directoire de cinq membres (dont Barras est le membre le plus influent). Dans une atmosphère de corruption et de misère, celui-ci ne parvient à se maintenir que par des coups d'État opérés par des généraux victorieux. Le plus populaire d'entre eux, Napoléon Bonaparte, clôt la révolution par le coup d'État du 18 brumaire an VIII (9 novembre 1799).

voir aussi **monarchie, Ancien Régime**

Révolution industrielle Nom donné à la période d'essor général des méthodes industrielles de production associé au bouleversement des structures économiques et sociales à partir de la fin du XVIIIe siècle en Europe occidentale.

▶ L'ère industrielle commence lorsque, au traditionnel travail à domicile, se substitue la concentration de la production dans des ateliers mécanisés. La **révolution industrielle** débute à la fin du XVIIIe s. en Angleterre (à partir de 1760 env.), en France après 1830 (monarchie de Juillet et surtout Second Empire), avant de s'étendre au milieu du XIXe s. aux États-Unis, à l'Allemagne et à l'ensemble du monde occidental, ainsi qu'au Japon. Permise par l'amélioration des rendements agricoles, elle est déclenchée en Angleterre par une forte demande en produits manufacturés résultant de l'amélioration du niveau de vie. L'explosion démographique fournit à la fois une main-d'œuvre abondante et un surplus de consommateurs. De cruciales inventions techniques (métier à tisser mécanique, machine à vapeur, fonte au coke) profitent à trois secteurs d'activité : le textile, l'extraction du charbon, la métallurgie. Grâce au machinisme, la production augmente considérablement. Sa commercialisation est favorisée par la révolution des transports (chemin de fer, bateau à vapeur au XIXe s.). La dissociation du capital et du travail (capitalisme) bouleverse les structures de l'économie (essor des sociétés anonymes et du système bancaire, concentration industrielle).
La révolution industrielle modifie aussi les équilibres sociaux et géographiques (afflux des ouvriers dans les villes devenues tentaculaires, industrialisation de régions entières, poids de l'usine dans le paysage). L'apparition d'un prolétariat urbain aux conditions de vie difficiles (temps de travail, logement, travail des enfants) suscite des réponses diverses : « paternalisme » d'une partie du patronat, définition d'un christianisme social, essor du socialisme et du syndicalisme, vote de lois sociales à la fin du XIXe s.
Une deuxième révolution industrielle (fin XIXe-début XXe s.) est marquée par de nouvelles découvertes (moteur à explosion, téléphone) et l'utilisation de nouvelles sources d'énergie (pétrole, électricité).

La rencontre entre une volonté réformiste, portée par la bourgeoisie, et un libéralisme aristocratique, puisant dans les Lumières, aura préparé l'effondrement de l'Ancien Régime. Sur fond d'aspiration collective au changement, les effets conjugués du déficit croissant des finances, de la révolte des parlementaires et d'une crise agricole doublée d'une crise sociale allaient déborder un « système féodal » incarné par un monarque trop faible.

5 mai 1789 Ouverture des États généraux
20-21 juin 1791 Fuite du roi à Varennes
20 sept. 1792 Victoire de Valmy
21 janv. 1793 Louis XVI est guillotiné
22 août 1795 Adoption de la Constitution de l'An III
17 oct. 1797 Traité de Campoformio
juill.1798 Campagne d'Égypte
9 nov. 1799 Coup d'État de Bonaparte

Anc. Régime | 1789 | 1790 | 1791 | 1792 | 1793 | 1794 | 1795 | 1796 | 1797 | 1798 | 1799

Monarchie constitutionnelle – Convention (1792-1795) – 1re République – Directoire (1795-1799)

14 juill. 1789 Prise de la Bastille
26 août 1789 Déclaration des droits de l'homme
1er sept. 1791 Assemblée nationale législative
21 sept. 1792 Abolition de la monarchie
sept.1793-juill. 1794 La Terreur
27 juill.1794 Chute de Robespierre
avril 1796 Début de la campagne d'Italie
5 sept. 1798 Loi instituant la conscription
13 déc. 1799 Constitution de l'an VIII

1. Ouverture des États généraux à Versailles.
2. Prise de la Bastille.
3. Échec de la fuite à Varennes.
4. Caricature d'un émigré de Coblence.
5. Prise des Tuileries.
6. Échec aux coalisés à Valmy.
7. Exécution de Louis XVI.
8. Lyon sous la Terreur.
9. La Rochejaquelein, chef vendéen.
10. Arrestation de Robespierre.
11. Coup d'État du 18 Brumaire.
12. Allégorie de la liberté.

5

6

4

7

8

3

9

2

12

10

11

1

Elle touche de nouveaux secteurs (chimie, automobile) et s'accompagne de nouvelles méthodes de gestion de la production (taylorisme, fordisme). On considère qu'une troisième révolution industrielle (électronique, informatique, nucléaire, télécommunications) a eu lieu dans la seconde moitié du XXe s.
voir aussi **capitalisme, socialisme, exposition universelle**

Révolutions européennes de 1848 Mouvements révolutionnaires qui éclatèrent en Europe (Allemagne, Autriche, Italie, Hongrie, Pologne) au début de l'année 1848. À ce « printemps des peuples » succéda un été de réaction et de répression.

Révolution tranquille Période de 1960 à 1966, au Québec, au cours de laquelle le gouvernement libéral de Jean Lesage réalisa de profondes réformes mettant en place la laïcisation de l'État face à une Église jusque-là omniprésente. Ces mesures touchèrent tous les domaines : politique, économique et culturel, fonction publique, éducation, santé, services sociaux.

révolutionnaire adj. **1.** Qui a le caractère d'une révolution. *Mouvement révolutionnaire.* **–** *Idéal révolutionnaire.* ■ Propre à une révolution (la Révolution française, en particulier). *Le gouvernement révolutionnaire.* **2.** Partisan de la révolution. *Forces révolutionnaires.* **– n.** *Les révolutionnaires.* **3.** Qui apporte des changements radicaux et soudains (dans un domaine). *Une théorie révolutionnaire.* □ **adv. révolutionnairement**

révolutionnarisme n. m. Tendance à considérer l'action révolutionnaire comme une fin politique en soi (souvent péj.). □ **adj. et n. révolutionnariste**

révolutionner v. tr. < 1 > **1.** Agiter violemment. *La nouvelle a révolutionné le quartier.* **2.** Transformer radicalement. → **bouleverser.** *Découverte qui révolutionne la technique.*

révolver [ʀevɔlvɛʀ] n. m. (anglais *revolver*, de *to revolve* « tourner », du latin *revolvere* → **révolution**) Arme à feu courte et portative, à approvisionnement par barillet. *Révolver et pistolet.* ■ *Poche révolver*, placée à l'arrière d'un pantalon, sous la ceinture. - var. **revolver.**

révolving [ʀevɔlviŋ] adj. (anglais *revolving*, de *to revolve* « tourner ») anglic. *Crédit révolving* : crédit accordé pour un montant donné et reconstitué au fur et à mesure des remboursements. *Des crédits révolvings.* - var. **revolving.** - recomm. offic. **crédit permanent.**

révoquer v. tr. < 1 > (latin *revocare*, de *vocare* « appeler » → **vocation**, de *vox*, *vocis* → **voix**) **1.** Destituer (un fonctionnaire, un magistrat...). → **casser. 2.** Annuler (un acte juridique). *Révoquer un testament.*

R

revoter v. < 1 > **1. v. tr.** Voter une nouvelle fois (qqch.). *Revoter le même budget.* **2. v. intr.** *Les électeurs devront revoter.*

revouloir v. tr. < 31 > fam. Vouloir de nouveau ou encore. *Il reste du gâteau, tu en reveux ?*

à la **revoyure** loc. interj. (de *revoir*) fam. Au revoir.

revue n. f. (de *revoir*) **I. 1.** Examen qu'on fait (d'un ensemble matériel ou abstrait) en considérant successivement chacun des éléments. → **inventaire. –** *Revue de presse*, ensemble d'extraits d'articles. **2.** Cérémonie militaire de présentation des troupes. → **défilé, 1parade.** *La revue du 14 Juillet.* **–** loc. fig. et fam. *Être de la revue* : être frustré, n'avoir rien obtenu. **3.** loc. *Passer en revue* : inspecter (des militaires) ; fig. examiner successivement (les éléments d'un ensemble) ; examiner en détail. **II.** Pièce satirique qui passe en revue l'actualité. **–** Spectacle de variétés ou de music-hall. *Revue à grand spectacle.* **III.** vieux Fait de se revoir (après s'être quittés). **–** mod., fam. *Nous sommes de revue* : nous aurons l'occasion de nous revoir. **IV.** (d'après l'anglais *review*, emprunt au français) Publication périodique qui contient des essais, des comptes rendus, etc. → **magazine, périodique.** *Revue littéraire, scientifique.*

Reykjavík

Reykjavík, maisons aux toits multicolores.

Revue des Deux Mondes (La) Périodique français fondé en 1829. Revue d'art, de littérature, d'histoire et de philosophie, elle reçut la collaboration des plus grands écrivains du XIXe siècle.

revuiste n. Auteur de revues (II).

révulsé, ée adj. (visage...) Qui a une expression bouleversée. *Yeux révulsés*, tournés de telle sorte qu'on ne voit presque plus la pupille.

révulser v. tr. < 1 > (du latin → **révulsion**) **1.** rare Bouleverser (le visage, les yeux). **2.** Bouleverser (qqn), indigner. *Ça me révulse !* ■ **se révulser v. pron.** Se contracter (visage, corps) ; se retourner à moitié (yeux).

révulsif, ive adj. (du latin → **révulsion**) **1.** Qui produit la révulsion. *Remède révulsif.* **– n. m.** *Un révulsif.* **2.** Qui révulse (2), qui cause de l'irritation.

révulsion n. f. (latin *revulsio*, de *revellere*, *vellere* « arracher », *cf.* **convulser, svelte**) **1.** méd. Procédé thérapeutique qui consiste à provoquer un afflux de sang afin de dégager un organe atteint de congestion ou d'inflammation. **2.** Profond dégoût, rejet.

Rewbell ou **Reubell** (Jean-François) Homme politique français (1747-1807). Membre du Conseil des Cinq-Cents puis du Directoire, il prit part au coup d'État du 18 fructidor an V (4 septembre 1797). Il siégea ensuite au Conseil des Anciens jusqu'au 18 Brumaire.

rewriter [ʀiʀajte ; ʀəʀajte] v. tr. < 1 > (anglais *to rewrite* « réécrire ») anglic. Réécrire, remanier (un texte destiné à être publié). → **adapter.** *Rewriter un article trop long.*

rewriteur, euse [ʀiʀajtœʀ ; ʀəʀajtœʀ] n. ou **rewriter** [ʀiʀajtœʀ ; ʀəʀajtœʀ] n. m. (→ **rewriter**) anglic. Personne travaillant pour une maison d'édition, chargée de réécrire des textes destinés à être publiés. → **adaptateur, réviseur.** - recomm. offic. **récriveur, euse.**

rewriting [ʀiʀajtiŋ ; ʀəʀajtiŋ] n. m. (→ **rewriteur**) anglic. Action de réécrire, de mettre en forme (un texte destiné à être publié). → **adaptation, réécriture.**

Rey (Jean) Chimiste et médecin français (1583-1645). Il remarqua que le plomb et l'étain augmentent de poids quand on les calcine et attribua cet effet à l'air.

Rey (Abel) Philosophe français (1873-1940). Spécialiste d'histoire et de philosophie des sciences, il soutint que la conscience et la connaissance dépendaient des fonctions biologiques. Il mit, par ailleurs, en évidence les origines mythiques, puis techniques, de la pensée scientifique. *La Science orientale avant les Grecs.*

Rey (Alain) Linguiste et lexicographe français (1928-2020). Il participa à l'élaboration du *Grand Robert* puis dirigea la rédaction de nombreux ouvrages dont le *Petit Robert* et le *Dictionnaire culturel en langue française*. Il élabora le *Dictionnaire historique de la langue française* et contribua à démocratiser la lexicologie en tenant dans la presse écrite et audiovisuelle des chroniques dédiées à l'analyse des mots.

Reyer (Ernest Rey, dit) Compositeur et critique français (1823-1909). Autodidacte, admirateur de Wagner, il connut le succès avec son opéra *Sigurd*, qui emprunte ses thèmes à la mythologie germanique. Il a préparé le public français à l'écoute des drames de Wagner.

Reyes (Alfonso) Écrivain mexicain (1889-1959). Son œuvre romanesque, critique, poétique ou historique, tend à faire renaître les traditions esthétiques nationales. *Vision d'Anashuac* ; *Homélie pour la culture* ; *L'Expérience littéraire.*

Reykjavík ou **Reykjavik** [-kja-] Capitale de l'Islande, sur la baie de Faxa, au S.-O. de l'île. 122 000 habitants. Université. Musée. Port de pêche, de commerce et d'industrie.

Reymont (Władysław Stanisław Rejment, dit) Romancier polonais (1867-1925). Influencé par ses voyages en Europe et en Amérique, et marqué par le naturalisme de Zola, il écrivit une série de romans (*La Comédienne* ; *L'Année 1794*). Son chef-d'œuvre, *Les Paysans*, est un grand roman poétique d'inspiration symboliste. Prix Nobel 1924.

Reynaud (Émile) Inventeur et dessinateur français (1844-1918). Inventeur du praxinoscope (1876), conçu pour la projection de bandes dessinées, il mit au point le « théâtre optique » et proposa au public du musée Grévin des milliers de représentations. Il fut l'un des précurseurs du dessin animé.

Reynaud (Paul) Homme d'État français (1878-1966). Plusieurs fois ministre, il devint président du Conseil en mars 1940. Favorable à la poursuite de la guerre, il démissionna le 16 juin 1940, laissant la place au maréchal Pétain. Interné par le gouvernement de Vichy, il fut déporté en Allemagne (1942-1945).

Reynolds (sir Joshua) Peintre britannique (1723-1792). Grand et fécond portraitiste (*La Famille du duc de Marlborough* ; *Lady Bockburn et ses trois enfants*), il se fit connaître avec son portrait de *Keppel*, qui appartient au type du portrait « héroïque ». Il s'attacha à donner un statut officiel à sa profession et contribua à la fondation de la Royal Academy of Arts (1768). Prônant l'étude de l'Antiquité (*La Mort de Didon*) et de la nature, il fut considéré comme le chef de file de l'école anglaise.

Reynolds (Osborne) Ingénieur britannique (1842-1912). Il est l'auteur de travaux fondamentaux sur la dynamique des fluides. Il a défini *le nombre de Reynolds*, un nombre sans dimension qui caractérise, pour un fluide, l'importance des forces d'inertie plus grande que celle des forces visqueuses.

Reynosa Ville du Mexique (État de Tamaulipas), à la frontière des États-Unis (Texas), sur le río Bravo. 590 000 habitants.

Reza (Yasmina) Écrivaine française (née en 1959). Observatrice critique du monde contemporain, elle est notamment l'autrice de pièces de théâtre, écrites avec lucidité et humour. *Conversations après un enterrement* ; *Art* ; *Le Dieu du carnage* ; *Babylone.*

Yasmina Reza aux côtés de Françoise Fabian et Michel Aumont lors d'une répétition de *L'Homme du hasard* au théâtre Hébertot en 1995.

Rompant avec une économie agraire et artisanale, les bouleversements techniques nés en Grande-Bretagne au XVIIIe s. ouvrent la voie à une économie dominée par l'industrie et la machine. En s'enchaînant à un rythme toujours plus rapide, ces transformations, portées d'abord par le charbon, puis par l'électricité et le pétrole, modifient les structures économiques et sociales et favorisent l'expansion du capitalisme financier.

1767	1769-1785	1784	1787	1792	1809	1814	1844	1859	1878	1886	1911
Mule-Jenny	Machine à vapeur de Watt	Puddlage de la fonte	1er bateau en fer	Gaz d'éclairage	1er bateau à vapeur	Locomotive de Stephenson	Télégraphe électrique	1er forage de pétrole aux États-Unis	Lampe à incandescence	1re automobile de Carl Benz	Naissance du taylorisme

1750 Ancien Régime 1775 Révolution française 1800 Premier Empire Restauration 1825 Monarchie de Juillet 1850 IIe Rép. Second Empire 1875 IIIe République 1900

Ci-dessus, l'inauguration de la ligne Tsarskoïe Selo-Pavlovsk en 1837.
1. Manufacture textile (Factory system). 2. Machine à vapeur de James Watt.
3. Salle des machines reconstituée pour l'Exposition universelle de Londres, en 1851.
4. Luddites. 5. Usine du Creusot.
6 Les premiers forages de Drake aux États-Unis.
7. Les grands travaux du baron Haussmann.
8. Moteur à combustion de Rudolph Diesel.
9. Lampe à incandescence de Thomas Edison.

Rezā-é ʿAbbāsi Peintre iranien de l'école safavide (mort en 1635). Il innova dans l'art de la miniature.

rez-de-chaussée [ʀed(ə)ʃose] **n. m. invar.** **(*rez* : forme ancienne de l'adj. *ras*)** Partie d'un édifice dont le plancher est sensiblement au niveau du sol.

rez-de-jardin [ʀed(ə)ʒaʀdɛ̃] **n. m. invar.** Partie d'un édifice qui se trouve de plain-pied avec un jardin.

Rezé Commune de la Loire-Atlantique, dans la banlieue S. de Nantes. 42 993 habitants. Cité construite sur les plans de Le Corbusier (1953-1955).

Rezek (Antonín) Historien tchèque (1853-1909). Il fonda la première revue historique tchèque en 1883.

rezzou [ʀɛdzu] **n. m.** **(arabe maghrébin *gazū*, de l'arabe *gazw* « troupe armée pour faire un raid » [→ razzia])** milit. (hist.) Groupe armé opérant une razzia*. – Attaque surprise.

RFA (République fédérale d'Allemagne) voir **Allemagne**

RFI voir **Radio France Internationale**

RFID **n. f.** **(sigle anglais, de *radio frequency identification* « identification par radiofréquence »)** anglic., techn. Méthode d'identification à distance à l'aide de marqueurs et de lecteurs de radiofréquences. *Identification par RFID. Applications de la RFID pour l'identification d'objets* (gestion de stocks…), *de personnes* (contrôle d'accès, cartes de paiement…). – appos. *Antenne RFID. Puce RFID.* → **radio-étiquette.**

RG (Renseignements généraux) Service de la Police nationale française. Créés en 1911, les RG sont chargés de surveiller tout mouvement susceptible de porter atteinte à l'État (violences urbaines, économie souterraine…). Depuis le 1er juillet 2008, les RG ont fusionné avec la DST pour former la Direction centrale du renseignement intérieur (DCRI).

rH [ɛʀaʃ] **n. m.** **(de *r[éduction]* et *H*, symb. de l'hydrogène)** chim. Potentiel d'oxydoréduction (d'un corps).

Rh voir **rhésus**

rhabdomancie **n. f.** **(grec *rhabdos* « baguette » + *-mancie*)** Radiesthésie pratiquée avec une baguette. ▫ **n. rhabdomancien, ienne**

rhabillage **n. m.** **1.** Fait de se rhabiller. **2.** Action de rhabiller, de réparer. *Le rhabillage d'une montre.*

R

rhabiller **v. tr.** < 1 > **1.** Habiller de nouveau. *Rhabiller un enfant.* ▪ pronom. *Les baigneurs se rhabillaient.* – fig., fam. *Il peut **aller se rhabiller*** : il n'a plus qu'à s'en aller, il n'est pas à la hauteur. **2.** Remettre en état. *Rhabiller une construction.*

rhabilleur, euse **n.** techn. Personne qui rhabille, répare. → **réparateur.**

Rhadamante ou **Rhadamanthe** Héros crétois, dans la mythologie grecque, fils de Zeus et d'Europe. Renommé pour sa sagesse, il devient, après sa mort, l'un des trois juges des Enfers, avec Minos et Éaque.

Rhadamès voir **Ghadamès**

rhapsode ou **rapsode** **n. m.** **(grec *rhapsôdos* « qui coud, ajuste des chants » → ode)** Chanteur de la Grèce antique qui allait de ville en ville récitant des poèmes épiques.

rhapsodie ou **rapsodie** **n. f.** **(grec → rhapsode)** **1.** Antiq. grecque Poème récité par un rhapsode. **2.** Pièce musicale instrumentale de composition très libre et d'inspiration populaire. *Les « Rhapsodies hongroises » de Liszt.* ▫ **adj. rhapsodique** ou **rapsodique**

Rhazès Médecin, alchimiste et philosophe d'origine iranienne et de langue arabe (v. 860-v. 923). Il donna l'une des premières descriptions de la variole et de la rougeole.

Rhéa L'une des Titanides dans la mythologie grecque. Fille d'Ouranos et de Gaïa, elle est l'épouse de Cronos et la mère de Zeus.

Rhea Silvia Selon la tradition romaine, fille de Numitor, roi d'Albe. Mère de Romulus et Remus, elle est mise à mort par son oncle Amulius.

Rhee (Syngman) voir **Syngman Rhee**

Rheims (Maurice) Écrivain français (1910-2003). Il fut commissaire-priseur à Paris de 1935 à 1972. On lui doit plusieurs essais sur l'art *(La Sculpture au XIXe siècle ; Les Collectionneurs)*, des romans et des nouvelles. Académie française.

Rheims (Bettina) Photographe française (née en 1952). Elle a porté son regard sur les femmes, célèbres ou anonymes, réalisant des portraits et des nus à la beauté formelle. Elle est la fille de Maurice Rheims.

Rheine Ville d'Allemagne (Rhénanie-du-Nord-Westphalie), sur l'Ems. 76 000 habitants. Église du XVe s. Carrefour ferroviaire et centre industriel.

Rheinfelden Ville d'Allemagne (Bade-Wurtemberg), sur la rive droite du Rhin, face à la ville suisse du même nom. 31 700 habitants. Port. Usine d'aluminium.

Rheinfelden Ville de Suisse (Argovie), sur la rive gauche du Rhin en face de la ville allemande homonyme. 13 337 habitants. Station thermale. Centrale hydroélectrique.

rhème **n. m.** **(grec *rhêma* « mot, parole »)** ling. Information apportée dans l'énoncé à propos du thème. → **prédicat.**

rhénan, ane **adj.** **(du latin, de *Rhenus*, n. latin du Rhin)** Du Rhin ; de la Rhénanie. *Les pays rhénans.*

Rhénanie **n. f.** Région historique d'Allemagne traversée par le Rhin. Intégrée à la France en 1793, elle fut attribuée à la Prusse au traité de Vienne (1815). Démilitarisée après le traité de Versailles (1919), elle fut occupée par Hitler en 1936. Libérée en 1945, la Rhénanie est partagée depuis 1946 entre les Länder de Rhénanie-du-Nord-Westphalie, de Rhénanie-Palatinat et de Sarre.

Rhénanie-du-Nord-Westphalie **n. f.** en allemand **Nordrhein-Westfalen** Land d'Allemagne. 34 072 km². 17 900 000 habitants. Capitale : Düsseldorf. Le bassin houiller de la Ruhr et le Rhin sont à l'origine de l'importante concentration industrielle et urbaine qui s'étend de Bonn à Wesel et de Duisburg à Dortmund. Une grande partie de l'industrie (acier, charbon, textile) est en crise depuis les années 1980, mais l'activité économique y reste intense (industrie chimique, construction mécanique, électrique et automobile). Agriculture (céréales, betteraves, élevage).

Rhénanie-Palatinat **n. f.** en allemand **Rheinland-Pfalz** Land d'Allemagne. 19 846 km². 4 098 000 habitants. Capitale : Mayence. Land assez peu industrialisé où l'agriculture occupe encore une partie importante de la population (céréales, betteraves, vins). Tourisme.

rhénium [ʀenjɔm] **n. m.** **(de l'allemand, de *Rhenus*, n. latin du Rhin)** chim. Élément atomique (symb. Re ; n° at. 75 ; masse at. 186,20), métal blanc brillant.

rhéo- Élément **(du grec *rhein* « couler »).**

rhéobase **n. f.** physiol. Intensité minimale de courant électrique continu nécessaire pour obtenir une réponse à l'excitation d'un élément organique donné.

rhéologie **n. f.** **(calque de l'anglais *rheology*)** phys. Branche de la mécanique qui étudie la résistance des matériaux aux contraintes et aux déformations. ▫ **adj. rhéologique**

rhéomètre **n. m.** phys. Régulateur de débit d'un fluide soumis à des pressions variables.

rhéophile **adj.** biol. Qui vit dans les eaux torrentielles. *Faune, flore rhéophile.*

rhéostat **n. m.** **(de l'anglais → rhéo- et -stat)** Résistance variable qui, placée dans un circuit électrique, permet de régler l'intensité du courant.

rhéotaxie **n. f.** **(→ -taxie)** biol. Tendance d'un organisme à se mouvoir en réponse au stimulus d'un courant d'eau. → **rhéotropisme.**

rhéotropisme **n. m.** **(→ -tropisme)** biol. Tendance d'une plante à réagir au stimulus d'un courant d'eau, par un changement de la direction de sa croissance. → **rhéotaxie.**

rhésus [ʀezys] **n. m.** **(n. propre latin, du grec *Rhêsos*, prince légendaire de Thrace)** **I.** zool. Singe du genre macaque, du nord de l'Inde. **II.** **(ainsi nommé parce qu'il fut mis en évidence à l'aide de sang de singe *rhésus*)** méd. Facteur d'un système de groupes sanguins (symb. Rh) présent chez certains sujets *(rhésus positif)* et absent chez les autres *(rhésus négatif)*. – appos. *Incompatibilité rhésus* (entre les deux types de sang).

rhéteur **n. m.** **(grec *rhêtôr*, cf. rhétorique)** **1.** Antiq. Maître de rhétorique. **2.** péj. Orateur, écrivain au discours emphatique. → **phraseur.**

Rheticus, Rhäticus ou **Rhaeticus** **(George Joachim von Lauchen,** latinisé en**)** Astronome allemand (1514-1576). Élève de Copernic, il convainquit celui-ci de publier ses œuvres. On lui doit une table des sinus de 10″ en 10″, et le terme cosinus (1551).

Rhétie ou **Rétie** **n. f.** Ancienne région des Alpes centrales correspondant à l'est de la Suisse, au Tyrol et au nord de la Lombardie. Conquise par les Romains en –15, elle fut cédée aux Germains au Ve s. et intégra la Souabe.

rhétien, enne **adj.** **(de *Rhétie* → rhétique)** géol. Se dit de l'étage le plus récent du trias (période jurassique).

rhétique **adj. et n. m.** Qui appartient à la région des Alpes située entre Rhin et Danube. *Alpes rhétiques.* – Rhéto-roman.

rhétoricien, ienne **n.** **1.** Spécialiste de la rhétorique. **2.** (Belgique) Élève de la classe de rhétorique.

rhétorique **(du latin, emprunt au grec *rhêtorikê* « art de l'éloquence », de *rhêtôr* → rhéteur)** **I.** **n. f.** **1.** Art de bien parler ; technique de la mise en œuvre des moyens d'expression (par la composition, les figures). **2.** péj. Éloquence creuse, purement formelle. → **déclamation, emphase.** **3.** En Belgique, Classe terminale du secondaire. **II.** **adj.** Qui appartient à la rhétorique, a le caractère de la rhétorique. *Procédés rhétoriques.*

▶ Dans l'Antiquité, la **rhétorique** est conçue comme une technique dont l'enjeu est de donner au discours le maximum d'efficacité. Il s'agit pour l'orateur de convaincre et de persuader, ce qui mobilise des moyens spécifiques (procédés et « figures »), décrits chez les Grecs par Aristote et chez les Romains par Quintilien. Les discours de Démosthène et Cicéron en sont, en grec et en latin, les exemples classiques.
Différents types d'arguments sont utilisés, mobilisant les ressources de la logique mais aussi de la culture : exemples historiques, argument d'autorité, argument *ad hominem* (attaque contre la personne de l'adversaire). La concession (« certes ») permet de prévoir et mettre à distance la contradiction. L'éthique donne de la valeur aux arguments en rappelant les vertus de l'orateur, le pathétique joue sur les passions et les sentiments des auditeurs. Dans le discours rhétorique, différentes parties s'ordonnent, jusqu'à l'épilogue final qui apparaît comme une conclusion logique mais aussi esthétique : c'est le moment où la voix

s'enfle, où les contradictions réapparaissent avant de se résorber, où les arguments s'unifient enfin pour imposer une décision ne laissant plus de place au doute.
Dans la langue française, le modèle le plus achevé de la rhétorique se trouve chez Bossuet, au XVIIe siècle. Quelques-unes de ses règles classiques et sa tendance à la grandiloquence paraissent aujourd'hui dépassées, mais la rhétorique structure toujours les plaidoiries des avocats, les sermons des prédicateurs, les discours des hommes politiques. On retrouve aussi ses techniques dans la littérature d'idées, et plus largement dans toute conversation.
voir aussi **logique, linguistique**

rhétoriqueur n. m. hist. littér. *Les grands rhétoriqueurs :* nom d'un groupe de poètes (fin XVe-début XVIe siècle) très attachés aux raffinements du style.

rhéto-roman, ane adj. (de *rhétique* et ²*roman*) ling. Se dit des dialectes romans de Suisse orientale (→ **romanche**), du Tyrol et du Frioul.

Rhigas (Konstantinos, dit Vélestinlis) Patriote et poète grec (1757-1798). Apôtre de la révolution des Grecs et des autres peuples balkaniques contre les Turcs, il fut arrêté et exécuté. Ses chants patriotiques furent très populaires.

Rhin n. m. en allemand Rhein Fleuve d'Europe occidentale tributaire de la mer du Nord. 1 320 km. Né dans les Alpes suisses, il traverse le lac de Constance où il marque la limite entre la Suisse et l'Autriche, puis sert de frontière entre la Suisse et l'Allemagne. Après Bâle, son tracé sépare les plaines d'Alsace et de Baade entre les Vosges et la Forêt Noire. Le fleuve s'encaisse ensuite dans la « Trouée héroïque » du massif schisteux rhénan puis pénètre dans la grande plaine du Nord où il devient large et puissant. Aux Pays-Bas, son cours, dont le débit moyen est de 2 190 m^3/s, se subdivise en quatre bras. Le Rhin a bénéficié de nombreux aménagements qui l'ont rendu accessible aux bateaux de plusieurs milliers de tonnes. Les nombreux ports qui le jalonnent, comme Bâle, Karlsruhe, Mannheim-Ludwigshafen, Mayence, Coblence, Cologne et surtout Duisburg-Ruhrort, premier port fluvial du monde, font de la voie rhénane l'un des principaux axes économiques d'Europe. En 2013, le trafic sur le Rhin était de 1 200 millions de tonnes/km. Ses eaux alimentent de nombreuses centrales hydroélectriques et servent au refroidissement de centrales nucléaires.

Rhin (Bas-) n. m. [67] Département français de la Région Grand Est (→ carte). 4 755 km^2. 1 148 073 habitants. Chef-lieu : Strasbourg. Chefs-lieux d'arrondissement : Haguenau, Molsheim, Saverne, Sélestat. Le département, qui forme la partie N. de l'Alsace, est occupé, à l'O., par les Vosges (1 009 m au Donon) et les collines sous-vosgiennes, et, à l'E., par la plaine d'Alsace, séparée de l'Allemagne par le Rhin. Exploitation du bois et industries anciennes dans les montagnes et les vallées ; vignobles sur les collines ; polyculture en plaine. Industrie diversifiée, surtout agroalimentaire (tabac, brasseries). Important pôle touristique (Route des vins, parc naturel régional des Vosges du Nord). Secteur tertiaire dominant, notamment grâce aux activités diplomatiques de Strasbourg.

Rhin (Haut-) n. m. [68] Département français de la Région Grand Est (→ carte). 3 525 km^2. 767 842 habitants. Chef-lieu : Colmar. Chefs-lieux d'arrondissement : Altkirch, Mulhouse, Thann. Le département occupe la partie méridionale de l'Alsace. Les hautes Vosges cristallines (1 424 m au Grand Ballon) en forment la partie centrale. Les collines sous-vosgiennes dominent la plaine d'Alsace, les étendues boisées de la Hardt, et le Ried, marécageux. Riches terres agricoles dans la plaine (tabac, houblon, céréales) ; viticulture sur les collines (vins blancs réputés). Les hauteurs vosgiennes sont occupées à 40 % par des forêts qui alimentent l'industrie du bois. Tourisme (sports d'hiver, parc naturel régional des Ballons des Vosges, Route des vins).

Rhin

Le cours inférieur du Rhin aux Pays-Bas, et trois des quatre bras qu'il forme avant de se jeter dans la mer du Nord. En haut à gauche, Rotterdam (en blanc).

rhinanthe n. m. (latin *rhinanthus* « fleur en forme de nez ») bot. Plante des prairies, appelée aussi *crête-de-coq.*

Rhine (Joseph Banks) Parapsychologue américain (1895-1980). Il élabora les concepts de perception extrasensorielle et de psychokinésie qu'il tenta d'étudier par des tests statistiques. La méthode fut cependant abondamment critiquée.

rhinencéphale n. m. (→ **rhin[o]-**) anat. Partie la plus primitive du cortex cérébral comprenant le cerveau olfactif des vertébrés inférieurs (cerveau reptilien) et l'un des dispositifs régulateurs de l'émotion chez les mammifères supérieurs (circonvolution limbique du cerveau humain).

rhingrave n. m. et f. (allemand *Rheingraf* « seigneur du Rhin ») **1.** n. m. Titre des princes allemands de la région rhénane. **2.** n. f. anciennt Haut-de-chausses très ample attaché par des rubans, à la mode en France au XVIIe siècle.

rhinite n. f. (de *rhin[o]-* + *-ite*) méd. Inflammation aiguë de la muqueuse des fosses nasales. → **coryza, rhume.**

rhin(o)- Élément (du grec *rhis, rhinos*) qui signifie « nez ».

rhinocéros [Rinɔseʀɔs] n. m. (du grec → **rhin[o]-** et **kérat[o]-**) Mammifère de grande taille, à la peau épaisse et rugueuse, qui porte une ou deux cornes sur le nez. - abrév. fam. **rhino.**

rhinolaryngite n. f. méd. Laryngite accompagnée de rhinite.

rhinologie n. f. méd. Partie de la médecine qui traite les maladies du nez. → **otorhinolaryngologiste.**

rhinolophe n. m. (de *rhin[o]-* et du grec *lophos* « crête ») zool. Chauve-souris qui présente une membrane semi-circulaire sur le nez (appelée pour cette raison *fer à cheval*).

rhinopharyngé, ée adj. méd. Relatif au rhinopharynx. *Affection rhinopharyngée.*

rhinopharyngite n. f. Affection du rhinopharynx.

rhinopharynx [Rinofaʀɛ̃ks] n. m. Partie supérieure du pharynx.

rhinoplastie n. f. chir. Opération consistant à reconstituer le nez d'une personne blessée ou à corriger la forme d'un nez disgracieux.

rhinoscopie n. f. méd. Examen des fosses nasales (par les narines ou le pharynx).

rhinovirus n. m. biol. Virus à ADN responsable du rhume et des infections des voies respiratoires supérieures.

rhizo- Élément (du grec *rhiza* « racine »).

rhizobium [Rizɔbjɔm] n. m. (de *rhizo-* et du grec *bios* « vie ») biol. Genre de bactéries anaérobies vivant en symbiose dans les nodules des racines de légumineuses et assurant la fixation d'azote de celles-ci.

rhizocarpé, ée adj. (→ **-carpe**) bot. Dont les organes reproducteurs naissent sur les racines. *Plantes rhizocarpées.*

rhizoctone n. m. (du grec *kteinein* « tuer ») bot. Champignon parasite destructeur des racines de diverses plantes (asperge, luzerne, trèfle...).

rhizoïde n. m. (→ **-oïde**) bot. Filament à rôle fixateur et parfois absorbant des algues, mousses, lichens et fougères.

rhizome n. m. (grec *rhizôma* « ce qui est enraciné ») Tige souterraine, qui porte des racines et des tiges aériennes. *Rhizome d'iris.*

rhizophage adj. (grec *rhizophagos* → **rhizo-** et **-phage**) didact. Qui se nourrit de racines.

rhizophore n. m. bot. Sorte de palétuvier appelé aussi manglier.

rhizopode n. m. zool. Protozoaire à protoplasme nu, qui émet des pseudopodes servant à la locomotion et à la préhension. *Les amibes sont des rhizopodes.*

rhizosphère n. f. didact. Partie du sol proche des racines des plantes, très riche en micro-organismes et en substances biologiques.

rhizostome n. m. (de *rhizo-* et du grec *stoma* « bouche ») zool. Méduse de grande taille, commune sur les rives sablonneuses, à gros tentacules périphériques.

rhizotome n. m. (→ **-tome**) techn. Instrument servant à couper les racines. → **coupe-racine.**

rhizotomie n. f. (→ **-tomie**) chir. Section des racines nerveuses issues de la moelle épinière, en vue de soulager la douleur.

rho n. m. invar. Lettre de l'alphabet grec (Ρ, ρ) correspondant au *r* français. - var. **rhô.**

rhodamine n. f. (de *rhod[o]-* + *amine*) chim. Matière colorante rouge du groupe des phtaléines.

rhodanien, ienne adj. (du latin *Rhodanus* « Rhône ») Du Rhône. *Le couloir rhodanien.*

Rhode Island n. m. État du N.-E. des États-Unis. 3 233 km². 1 097 370 habitants. Capitale : Providence. C'est le plus petit État de l'Union, très urbanisé. Pêche. Industries textiles et mécaniques. Centre financier et commercial.

Rhodes (Cecil John) Homme d'affaires et homme d'État britannique d'Afrique du Sud (1853-1902). Il participa activement à l'expansion coloniale britannique en Afrique australe. Premier ministre du Cap (1890-1896), il essuya plusieurs échecs diplomatiques et militaires qui le firent renoncer à d'autres conquêtes territoriales. Il se consacra alors au développement économique des Rhodésies.

Rhodes Île grecque de la mer Égée (Dodécanèse). 1 398 km². Environ 100 000 habitants. Chef-lieu : Rhodes. L'île, montagneuse (1 215 m), est un pôle touristique international. Vestiges de la ville antique. Églises byzantines. Monuments datant de l'installation de l'ordre des Hospitaliers de Saint-Jean-de-Jérusalem (remparts, palais). L'île fut ottomane du XVIe au début du XXe s. puis italienne, avant d'être cédée à la Grèce en 1947.

Rhodes, une rue de la vieille ville médiévale.

Rhodes (colosse de) Statue d'Hélios en bronze, haute de 32 m. Œuvre de Charès, le colosse fut érigé en –280 dans le port de Rhodes. Considéré comme l'une des Sept Merveilles du monde antique, il fut détruit en 672.

Rhodésie n. f. Nom donné à l'ancienne Rhodésie du Sud (Afrique orientale) à partir de 1965. Le pays accéda à l'indépendance en 1980 et prit le nom de *Zimbabwe*.

rhodia n. m. (abrév. de *Rhodiaceta*, n. déposé) Textile artificiel, à base d'acétate et de cellulose.

rhodiage n. m. (de *rhodium*) techn. Revêtement d'une couche de rhodium sur une surface métallique.

R

rhodié, ée adj. (de *rhodium*) chim. Qui contient du rhodium. *Platine rhodié.*

rhodinol n. m. (du grec *rhodinos* « de rose » + *-ol*) chim. Alcool à base de terpène contenu dans l'essence de rose et de pélargonium.

rhodite n. f. chim. Alliage naturel d'or et de rhodium.

rhodium n. m. (de *rhod[o]-* et *-ium*, à cause de la couleur rose de ses dérivés) chim. Élément atomique (symb. Rh ; n° at. 45 ; masse at. 102,90), métal très dur, extrait des minerais de platine et d'or avec lesquels il forme des alliages naturels. → **rhodite.**

rhod(o)- Élément (du grec *rhodon* « couleur rose »).

rhododendron [ʀɔdɔdɛ̃dʀɔ̃] n. m. (du grec, de *rhodon* « rose » et *dendron* « arbre ») Arbuste à feuilles persistantes, aux fleurs de couleurs variées, dont de nombreuses espèces sont ornementales.

rhodoïd [ʀɔdɔid] n. m. (n. déposé ; cf. *rhodanien*, et *celluloïd*) Matière plastique à base d'acétate de cellulose, transparente et incombustible.

Rhodope ou **Rhodopes** n. m. Chaîne montagneuse des Balkans, entre la Bulgarie et la Grèce (2 925 m au pic Musala).

rhodophycée n. f. (du grec *phukos* « algue ») bot. Algue rouge à forte teneur en pigment rouge, masquant la chlorophylle (famille des *Rhodophycées*).

rhodopsine n. f. (de *rhod[o]-* et *opsine*) biol. Pigment sensible à la lumière présent dans la rétine. - syn. **pourpre rétinien.**

rhombe n. m. (grec *rhombos* « losange ») **1.** vieux ou littér. Losange. **2.** Instrument de musique rituel d'Océanie, d'Amérique du Sud et d'Afrique subsaharienne, formé d'une lame de bois que l'on fait ronfler par rotation rapide au bout d'une cordelette.

rhombencéphale n. m. (de *rhomb[o]-*, par allusion à la forme du quatrième ventricule) anat. Partie de l'encéphale qui comprend le bulbe rachidien, la protubérance annulaire, le cervelet et le quatrième ventricule.

rhombique adj. didact. Qui a la forme d'un losange.

rhomb(o)- Élément (du grec *rhombos*) qui signifie « losange ».

rhomboèdre n. m. (→ -èdre) géom. Figure à six côtés (hexaèdre) dont les six faces sont des losanges. ■ Cristal dont les faces sont six losanges égaux. □ adj. **rhomboédrique**

rhomboïdal, ale, aux adj. (de *rhomboïde*) didact. Qui a la forme d'un losange. – *Pyramide rhomboïdale*, à double pente.

Pyramide rhomboïdale de Dachour (Égypte). L'angle d'inclinaison passe de 54° à 43° à mi-pente.

rhomboïde n. m. **1.** Quadrilatère aux diagonales orthogonales, symétrique par rapport à l'une d'entre elles. *Cerf-volant en forme de rhomboïde.* **2.** anat. Muscle du dos placé sous le trapèze, élévateur de l'omoplate.

Rhondda Ville du Pays de Galles, au N.-O. de Cardiff. 236 000 habitants. Parc du patrimoine des mines de charbon.

Rhône n. m. Fleuve de France et de Suisse qui se jette dans la Méditerranée. 812 km (dont 522 en France). Il naît dans les Alpes suisses, traverse le lac Léman et Genève, puis reçoit les eaux de l'Ain, de la Saône à Lyon, et de plusieurs rivières alpines (Isère, Drôme, Durance). À Arles, il se divise en deux bras qui irriguent la Camargue (delta du Rhône) et se jettent dans la Méditerranée. Le Rhône est le plus puissant des fleuves français ; il fut aménagé par la Compagnie nationale du Rhône (créée en 1934), pour être navigable et permettre l'irrigation de la vallée. En 2014, le trafic annuel était de 1 450 millions de t/km. L'eau du Rhône sert au refroidissement de centrales nucléaires et alimente plusieurs centrales hydroélectriques.

Rhône n. m. [69] Département français de la Région Auvergne-Rhône-Alpes (→ carte). 3 249 km². 1 883 437 habitants. Chef-lieu : Lyon. Chef-lieu d'arrondissement : Villefranche-sur-Saône. Le département est majoritairement occupé par des moyennes montagnes (monts du Charolais, du Beaujolais, du Lyonnais, Pilat), dominant, à l'E., la basse vallée de la Saône et celle du Rhône. Au confluent des deux cours d'eau, Lyon et son agglomération (la deuxième de France) concentrent plus de 80 % de la population ainsi que l'essentiel des industries (pétrochimie, automobile, industries de pointe) et des services. Élevage bovin laitier. Vignoble réputé (côte orientale du Beaujolais).

Rhône-Alpes Anc. région administrative de la France (jusqu'en 2015). → **Auvergne-Rhône-Alpes.**

rhotacisme n. m. (de *rho*) didact. Difficulté ou impossibilité de prononcer le *r*. ■ Substitution de la consonne *r* à une autre.

rhovyl n. m. (n. déposé ; du latin *Rho[danus]* « Rhône[-Poulenc] » et de *vinyle*) Textile synthétique de fabrication française à base de chlorure de polyvinyle pur.

rhubarbe n. f. (latin médiéval *reubarbarum* « racine barbare », d'origine incertaine) Plante à larges feuilles portées par de gros pétioles comestibles. – Pétiole de cette plante. *Tarte à la rhubarbe.*

rhum [ʀɔm] n. m. (anglais *rum*) Eau-de-vie obtenue par fermentation et distillation du jus de canne à sucre, ou de mélasses. *Baba au rhum. Boissons au rhum.* → **grog, ¹punch.**

rhumatisant, ante adj. Atteint de rhumatisme. – n. *Un rhumatisant.*

rhumatismal, ale, aux adj. Propre au rhumatisme. *Douleurs rhumatismales.*

rhumatisme n. m. (grec *rheumatismos* « écoulement d'humeurs », de *rheuma* → rhume) Affection douloureuse, aiguë ou chronique des articulations, des muscles et d'autres tissus. → **arthrite.**

rhumatoïde adj. méd. *Polyarthrite rhumatoïde*, polyarthrite chronique évolutive, qui atteint les articulations des membres.

rhumatologie n. f. méd. Discipline médicale qui traite des affections rhumatismales. - abrév. fam. **rhumato.**

rhumatologue n. méd. Médecin spécialiste de rhumatologie. - abrév. fam. **rhumato.**

rhumb ou **rumb** [ʀɔ̃b] n. m. (mot anglais) mar. Aire de vent.

rhume n. m. (grec *rheuma* « eau qui coule », de *rhein* « couler » → -rrhée) **1.** Inflammation générale des muqueuses des voies respiratoires (nez, gorge, bronches). *Attraper un rhume.* → **s'enrhumer.** – *Rhume de cerveau* : inflammation des fosses nasales. → **coryza.** – *Rhume des foins**. ■ loc. fam. (Canada) *En prendre pour son rhume* : se faire réprimander ; être mis à mal. **2.** *Rhume de (la) hanche* : synovite* de la hanche.

rhumer [ʀɔme] v. tr. ‹ 1 › Additionner de rhum, parfumer au rhum. – au p. p. *Eau-de-vie rhumée.*

rhumerie [ʀɔmʀi] n. f. (de *rhum*) Distillerie de rhum.

Rhuys Presqu'île de Bretagne fermant presque entièrement, au S., le golfe du Morbihan.

rhynchite [ʀɛ̃kit] n. m. (de *rynch[o]-*) zool. Coléoptère dont certaines espèces sont nuisibles aux arbres fruitiers.

rhynch(o)- Élément (du grec *rhunkhos* « groin, bec »).

rhynchonelle [ʀɛ̃kɔnɛl] n. f. (du latin) zool. Brachiopode très courant aux ères primaire et secondaire.

rhynchote n. m. zool. Hémiptère.

rhyolithe ou **rhyolite** n. f. (du grec *rhein* « couler » et de *-lithe*) géol. Roche volcanique de même composition que le granit (feldspath et quartz), à pâte partiellement vitreuse.

Rhys (Ella Gwendoleen Rees Williams, dite Jean) Romancière britannique (1894-1979). Créole originaire de la Dominique, elle restitue à travers ses nouvelles et ses romans le mal de vivre de femmes en quête de leur identité. *Voyage dans les ténèbres ; Quartet ; La Prisonnière des Sargasses.*

rhytidome n. m. (grec *rhutidôma* « ride, rugosité ») bot. Tissu cellulaire fissuré, fendillé, entourant le liber des plantes ligneuses. → **écorce.**

rhyton n. m. (grec *rhuton* « vase à boire », de *rhein* « couler ») archéol. Coupe en corne, en forme de corne ou de tête d'animal.

ria n. f. (castillan ou portugais *ria*, de *rio* « fleuve » → ru) géogr. Vallée fluviale envahie par la mer. → **aber.** *Des rias.*

Riabouchinski (Dimitri) Aérodynamicien et physicien russe (1882-1962). Il fonda, près de Moscou, le premier Institut d'aérodynamique d'Europe (1904).

riad n. m. (arabe *ryâd*, plur. de *rawda* « jardin ») Au Maroc, maison urbaine traditionnelle construite autour d'un patio ou d'un jardin intérieur entouré d'une galerie. *Les riads de Marrakech.*

Un riad à Marrakech.

rial voir **riyal**

Rialto (pont du) Pont de Venise sur le Grand Canal. Construit au XVIe s., il est formé d'une seule arche en marbre.

riant, ante adj. **1.** Qui exprime la gaieté. → **gai.** *Un visage riant.* **2.** Qui semble respirer la gaieté. *Une campagne riante.*

Riau Archipel d'Indonésie, dans le détroit de Singapour, entre Singapour et Sumatra. Hydrocarbures. Pêche. Industrie.

Riazan Ville de Russie, au S.-E. de Moscou, sur l'Oka. 520 000 habitants. Églises (XVIe-XVIIIe s.). Industries mécaniques, métallurgiques, chimiques et alimentaires. Nœud ferroviaire.

RIB [ʀibe ; ʀib] n. m. invar. (sigle) Relevé d'identité bancaire.

Ribalta (Francisco) Peintre espagnol (1565-1628). Auteur de tableaux religieux (églises, couvents), il intégra diverses influences italiennes dans une œuvre expressive et réaliste, aux clairs-obscurs contrastés, qui marqua la peinture religieuse ibérique du XVIIe siècle.

ribambelle n. f. (origine incertaine, p.-ê. d'une forme dialectale de *ruban* et d'un radical onomatopéique) **1.** Longue suite (de personnes ou de choses en grand nombre). *Une ribambelle d'enfants.* **2.** Bande de papier présentant une suite de motifs identiques, découpés dans la bande pliée. → **guirlande.**

ribaud, aude n. et adj. (ancien français *riber* « faire le débauché », du germanique → ribote) vieux Personne débauchée.

ribaudequin n. m. (ancien français *ribaude* « canon », du néerlandais) anciennt Engin de guerre sur lequel étaient montées des pièces d'artillerie de petit calibre.

Ribbentrop (Joachim von) Homme politique allemand (1893-1946). Membre du parti nazi à partir de 1932, ambassadeur à Londres (1936), puis ministre des Affaires étrangères (1938-1945), il obtint la signature du pacte germano-soviétique (23 août 1939). Condamné par le tribunal de Nuremberg, il fut exécuté.

Ribeauvillé [-vile] Commune du Haut-Rhin, sur le Strengbach. 4 665 habitants. Église Saint-Grégoire-le-Grand des XIIIe-XVe siècles. Tour des Bouchers (XIIIe et XVIe siècles). Viticulture (riesling). Électronique. Imprimerie. Aux environs, châteaux de Saint-Ulrich, du Haut-Ribeaupierre et de Girsberg.

Ribeirão Preto Ville du Brésil (État de São Paulo). 603 000 habitants. Industrie agroalimentaire.

Ribemont-Dessaignes (Georges) Écrivain français (1884-1974). Auteur dramatique, romancier et poète, il participa au mouvement dada tout en se tenant à l'écart du surréalisme. *Le Bourreau du Pérou ; Frontières humaines ; Ecce Homo.*

Ribera (José ou Jusepe de) dit en italien lo **Spagnoletto** Peintre et graveur espagnol (1591-1652). Établi en Italie, il fut une figure majeure de l'école napolitaine et du baroque espagnol. Ses peintures religieuses et mythologiques lui valurent de son vivant une renommée européenne. *Le Pied-Bot.*

Ribera (Pedro de) Architecte et décorateur espagnol (1683-1742). Il fut le principal représentant madrilène de l'art churrigueresque, tendance espagnole du style baroque. On lui doit, à Madrid, le pont de Tolède et la fontaine de la Puerta del Sol.

Ribes (Jean-Michel) Auteur dramatique et metteur en scène français (né en 1946). Proche de Topor, Savary, Arrabal et Copi, il a écrit des pièces fondées sur l'absurde (*Les Fraises musclées ; Théâtre sans animaux ; Musée haut, musée bas*). Il dirigea le Théâtre du Rond-Point à Paris de 2002 à 2022.

riblon n. m. (du germanique *rîban* « frotter ») techn. Déchet de ferraille utilisé dans la fabrication de la fonte ou de l'acier dans les fours Martin.

ribo- Élément tiré de *ribose.*

riboflavine n. f. biol. Vitamine B2. → **lactoflavine.**

ribonucléase n. f. biochim. Enzyme qui catalyse l'hydrolyse de l'acide ribonucléique.

ribonucléique adj. chim. *Acide ribonucléique.* → **ARN.**

ribose n. m. (de l'allemand, d'après le français *arabique* [gomme]) chim. Sucre (ose*), de formule $C_5H_{10}O_5$, constituant des acides nucléiques.

ribosome n. m. (→ -some) biol. Organite cytoplasmique formé de trois types d'acides ribonucléiques, associés à des protéines et déchiffrant le code inscrit dans l'ARN messager.

ribosomique adj. biochim. Relatif au ribosome. *ARN ribosomique.* - syn. **ribosomal, ale, aux.**

Ribot (Théodule) Philosophe et psychologue français (1839-1916). Il est l'un des premiers théoriciens de la psychologie expérimentale. *Les Maladies de la mémoire ; Psychologie de l'attention.*

Ribot (Alexandre) Homme politique français (1842-1923). Avocat, républicain modéré, il fut ministre des Affaires étrangères (1890-1893) et président du Conseil à plusieurs reprises de 1892 à 1917. Il contribua à faire de Madagascar une colonie française. Académie française.

ribote n. f. (de l'ancien v. *riboter* → ribaud) vieux et plais. Joyeux excès de table et de boisson. → **bombance, fête, noce.**

Riboud (Marc) Photographe français (1923-2016). Membre puis président de l'agence Magnum, il est l'auteur de photos emblématiques de notre époque (*Peintre de la tour Eiffel ; Marche pour la paix au Viêtnam*) et d'ouvrages (*Femmes du Japon ; Gares et trains ; Demain Shanghai*).

ribouldingue n. f. (de *ribote* ou de *ribouler* et de *dinguer*) fam., vieilli Partie de plaisir, noce. → **2bombe.**

ribouler v. intr. < 1 > (mot dialectal ; de *boule*) *Ribouler des yeux :* regarder en roulant des yeux d'un air stupéfait.

Riboud (Marc)

Marc Riboud, *Peintre de la tour Eiffel* (1953).

ribozyme n. m. (de *ribo-* + *[en]zyme*) biochim. Molécule d'ARN capable d'assembler des morceaux d'ARN selon les processus habituels aux enzymes.

ricain, aine adj. et n. fam. Américain des États-Unis. *Les Ricains.*

ricanement n. m. Fait de ricaner ; rire d'une personne qui ricane. ▪ Rire bête ou gêné.

ricaner v. intr. < 1 > (de l'ancien français *recaner*, d'origine dialectale) **1.** Rire à demi de façon méprisante ou sarcastique. **2.** Rire de façon stupide sans motif ou par gêne.

ricaneur, euse n. Personne qui ricane. **– adj.** *Il est un peu ricaneur.*

Ricard (Matthieu) Écrivain, photographe et moine français (né en 1946). Après un doctorat en génétique cellulaire, il partit s'installer dans un monastère bouddhiste népalais. Il a écrit *Le Moine et le Philosophe* ou encore *L'Art de la méditation* afin de faire partager ses valeurs et publié de nombreux ouvrages de photos réalisées pour beaucoup dans l'Himalaya (*L'Esprit du Tibet ; Un demi-siècle dans l'Himalaya*).

Ricardo (David) Économiste britannique (1772-1823). Théoricien du capitalisme libéral, il réalisa d'importants travaux sur la rente foncière et la « valeur-travail ». Il eut une grande influence tant sur les théoriciens du néolibéralisme que sur ceux du socialisme utopique. *Principes d'économie politique.*

Ricardou (Jean) Écrivain français (1932-2016). Théoricien du Nouveau Roman, il explore dans son œuvre les relations entre le langage et le texte. *Pour une théorie du Nouveau Roman ; Révolutions minuscules.*

Ricci (Matteo) Jésuite italien (1552-1610). L'un des premiers missionnaires à pénétrer en Chine, il fut à l'origine de la querelle des rites chinois. Il est l'auteur d'ouvrages de théologie, de philosophie, et de nombreuses traductions d'ouvrages scientifiques auxquels collaborèrent des lettrés chinois convertis.

Ricci-Curbastro (Gregorio) Mathématicien italien (1853-1925). Il inventa le « calcul tensoriel », généralisation du calcul vectoriel, qui fut utilisé par Einstein et les physiciens relativistes.

Ricciolì (père Giovanni Battista) Astronome et géographe italien (1598-1671). Il observa la première étoile double (dans la Grande Ourse) et dressa, avec F. M. Grimaldi, une carte de la Lune.

Ricciotti (Rudy) Architecte français (né en 1952). Il a construit de nombreux musées (Mucem à Marseille ; musée Jean-Cocteau à Menton ; 19M, Les métiers d'art de Channel à Aubervilliers) et salles de spectacle.

Riccoboni (Luigi) Acteur italien de commedia dell'arte (v. 1675-1753). Il rénova, à Paris, la Comédie-Italienne, renonçant progressivement aux canevas traditionnels et à l'improvisation au profit de la représentation de comédies italiennes et françaises (Marivaux).

Rich (Claude) Acteur français (1929-2017). Il se fit connaître en jouant dans *Les Grandes Manœuvres* de René Clair et poursuivit sa carrière au théâtre *(Le Souper)* comme au cinéma *(Oscar ; La Bûche)*.

richard, arde n. fam. et péj. Personne riche. *Un gros richard.*

Richard (Marthe) Prostituée et femme politique française (1889-1982). Elle se prostitua jusqu'à son premier mariage en 1915. Élue en 1945 au conseil municipal de Paris, elle fut à l'origine de la loi de fermeture des maisons closes qui porte son nom, votée en 1946.

Richard (Maurice) Joueur de hockey canadien (1921-2000). Il fut l'un des meilleurs joueurs du club Le Canadien de Montréal (1942-1960) et devint un symbole au Québec.

Maurice Richard, surnommé *le Rocket*, figure emblématique du sport québécois.

Richard Ier Cœur de Lion (1157-1199). Roi d'Angleterre (1189-1199). Duc d'Aquitaine (1168), il se révolta contre son père Henri II, qu'il vainquit en 1189 grâce à son alliance avec le roi de France Philippe Auguste. Devenu roi, il participa à la troisième croisade en 1190. Après la prise de Chypre et de Saint-Jean-d'Acre (1191), il fut fait prisonnier, sur le chemin du retour, par l'empereur Henri VI, puis libéré contre rançon (1194). Il confia son royaume à un régent afin de mener la lutte contre Philippe Auguste, qui avait intrigué avec son frère Jean sans Terre et s'était emparé des possessions françaises des Plantagenêts. Vainqueur à Fréteval (1194) et à Courcelles (1198), il mourut au siège du château de Châlus.

Richard II (1367-1400). Roi d'Angleterre (1377-1399). Fils d'Édouard, le Prince Noir, il régna d'abord sous la régence de son oncle Jean de Gand, puis tenta d'instaurer l'absolutisme. Il fut renversé par son cousin Henri de Lancastre.

Richard III (1452-1485). Roi d'Angleterre (1483-1485). À la mort de son frère Édouard IV, il se proclama régent d'Angleterre et tuteur de ses deux neveux (dont Édouard V), qu'il fit assassiner. Henri Tudor s'empara du pouvoir après l'avoir tué.

Richard Ier Cœur de Lion

Couronnement de Richard Ier à Westminster, le 13 septembre 1189, enluminure des *Grandes Chroniques de France* (1340), British Library, Londres.

Richard de Cornouailles (1209-1272). Roi des Romains (1257-1272). Fils du roi d'Angleterre Jean sans Terre, il soutint son frère Henri III contre les barons révoltés.

Richard de Saint-Victor Théologien (v. 1110-1173). Originaire d'Irlande ou d'Écosse, il fut prieur de l'abbaye de Saint-Victor à Paris. Son *De Trinitate*, fondé sur une dialectique de la charité réciproque et bien ordonnée, influença fortement la spiritualité médiévale et moderne.

Richards (Theodore William) Chimiste américain (1868-1928). Il détermina avec une grande précision de nombreuses masses atomiques. Prix Nobel 1914.

Richardson (Samuel) Écrivain britannique (1689-1761). Il est l'un des créateurs du roman épistolaire et psychologique. Son œuvre exerça une grande influence sur la sensibilité littéraire en Europe. *Paméla ou la Vertu récompensée ; Clarisse Harlowe.*

Richardson (Dorothy) Romancière britannique (1873-1957). Elle vécut retirée et fut à l'origine de la technique dite « du courant de conscience » qu'elle mit en œuvre dans *Le Pèlerinage*, somme romanesque de douze volumes.

Richardson (sir Owen Willans) Physicien britannique (1879-1959). Il détermina la loi de l'émission thermo-ionique, contribuant ainsi au développement de l'électronique et de la radiodiffusion. Prix Nobel 1928.

Richardson (Tony) Cinéaste britannique (1928-1991). Il adapta des pièces de théâtre, des nouvelles et des romans. *Les Corps sauvages ; La Solitude du coureur de fond ; Tom Jones.*

Richardson (Jackson) Joueur de handball français (né en 1969). Il a été double champion du monde en 1995 et 2001 et détenteur de nombreux titres.

Jackson Richardson en 2005, lors de la coupe du monde de handball.

Richaud (André de) Écrivain français (1909-1968). Professeur de philosophie, il publia un vaste poème en prose *(La Création du monde)*. Il est l'auteur de poèmes *(Le Droit d'asile)*, de romans *(La Douleur ; L'Étrange Visiteur)*, de pièces de théâtre *(Village)* et d'un journal *(La Confession publique)*.

riche adj. (vient du francique *rîki* « puissant ») **1.** Qui a de la fortune, possède des richesses. → **fortuné, opulent ;** fam. **friqué, rupin.** *Des gens très riches.* → **richissime.** loc. *Riche comme Crésus :* très riche (→ **crésus**). – *Faire un riche mariage,* se marier avec une personne riche. – *Les pays riches, industrialisés et les pays pauvres.* ■ **n. m.** *Un riche ; les riches.* → **milliardaire, millionnaire ;** fam. **richard.** *« Quand les riches se font la guerre, ce sont les pauvres qui meurent »* (Sartre). – ***Nouveau riche :*** personne récemment enrichie, qui étale sa fortune sans modestie et sans goût. → **parvenu.** – fam., péj. ***Gosse de riche(s) :*** enfant d'une famille fortunée, plus ou moins gâté. **2.** (choses ; souvent avant le n.) Qui suppose la richesse, semble coûteux. → **somptueux.** *De riches tapis.* **3.** (choses) ***Riche en :*** qui possède beaucoup de. *Aliment riche en vitamines.* – ***Riche de*** (surtout abstrait). *Un livre riche d'enseignements.* **4.** (choses) Qui contient de nombreux éléments, ou des éléments en abondance. *Un sol, une terre riche.* → **fertile.** *Une riche bibliothèque.* – fam. *Une riche idée,* excellente.

Richelet (César Pierre) Lexicographe français (1626-1698). Il est l'auteur d'un *Dictionnaire français,* témoignage précieux sur la langue du XVIIe siècle.

richelieu n. m. (n. propre) Chaussure lacée. *Des richelieux.*

Richelieu (Armand Jean du Plessis, cardinal de) Prélat et homme politique français (1585-1642). Évêque de Luçon (1607) puis secrétaire d'État (1616), il devint cardinal (1622) après avoir réconcilié Marie de Médicis et son fils Louis XIII. Entré au Conseil du roi en 1624, il en devint le principal ministre, travaillant au renforcement de l'absolutisme royal et à l'établissement de la prépondérance française en Europe. À l'intérieur, il s'opposa aux grands (Chalais, Montmorency, Cinq-Mars) et lutta contre les protestants (siège de La Rochelle, 1627-1628) dont l'édit de grâce d'Alès (1629) réduisit les droits. Impopulaire, ils se vit pourtant renouveler la confiance de Louis XIII lors de la journée des Dupes (1630). Il réforma les finances, l'armée et la législation (code Michau), fonda l'Académie française (1635), développa l'industrie et le commerce, et favorisa l'expansion coloniale. À l'extérieur, sa politique reposa sur l'alliance avec les puissances protestantes contre les Habsbourg et entraîna la France dans la guerre de Trente Ans à partir de 1635.

Richelieu, par Philippe de Champaigne (v. 1639), musée du Louvre, Paris.

Richelieu (Louis François Armand de Vignerot du Plessis, duc de) Maréchal de France (1696-1788). Petit-neveu du cardinal de Richelieu, il travailla au rapprochement diplomatique de l'Autriche et de la France. Il s'illustra à Fontenoy (1745), et, lors de la guerre de Sept Ans, dirigea l'occupation de Minorque. Esprit brillant et libertin, il fut l'ami de Voltaire.

Richelieu (Armand Emmanuel du Plessis de Chinon, duc de Fronsac, puis duc de) Homme politique français (1766-1822). Petit-fils de Louis François Armand de Richelieu, Premier ministre sous la Restauration (1815-1818, puis 1820-1821), il signa le second traité de Paris (1815) et légalisa la Terreur blanche. En 1818, il obtint de la Sainte-Alliance le retrait des troupes alliées du territoire français et participa au congrès d'Aix-la-Chapelle.

richement adv. **1.** De manière à rendre ou à devenir riche. *Il a marié richement ses filles.* **2.** Avec magnificence. *Richement vêtu.*

Richepin (Jean) Écrivain français (1849-1926). Normalien marginal et révolté, il célébra dans son œuvre la vie aventureuse. *La Chanson des gueux ; Le Chemineau ; La Glu.*

Richer (Edmond) Théologien français (1559-1631). Sa pensée domina le gallicanisme jusqu'au début du XXe siècle.

Richer (Jean) Astronome français (1630-1696). Ses observations réalisées à Cayenne permirent de déterminer la parallaxe de la planète Mars et le mouvement de l'étoile Arcturus. Il confirma l'aplatissement de la Terre aux pôles supposé par Newton.

richesse n. f. **I.** *La richesse* **1.** Possession de grands biens (en nature ou en argent). → **argent, fortune.** *Vivre dans la richesse.* → **opulence. 2.** Qualité de ce qui est coûteux ou le paraît. *La richesse d'un mobilier.* **3.** Qualité de ce qui a en abondance les éléments requis. *Richesse du sous-sol. La richesse d'une documentation.* → **1abondance, importance.** – *Richesse intérieure,* valeur morale, spirituelle (d'une personne). **II.** *Les richesses* **1.** L'argent, les possessions matérielles. *Accumuler les richesses.* **2.** Ressources (d'un pays, d'une collectivité). *La répartition des richesses. Richesses naturelles d'une région.* **3.** Objets de grande valeur. *Les richesses d'un musée.* ▪ Biens d'ordre intellectuel, esthétique. → **trésor.**

Richet (Charles) Physiologiste français (1850-1935). Il posa les bases de la sérothérapie avant de découvrir, avec Portier, l'anaphylaxie (1922). Il s'intéressa aussi aux phénomènes métapsychiques. Prix Nobel 1913.

Richier (Ligier ou Léger) Sculpteur français (1500-1567). Son inspiration tragique et pathétique s'exprime dans des œuvres d'un réalisme macabre. *Pietà ; Transi de René de Chalon.*

Richier (Germaine) Sculptrice française (1904-1959). Ses œuvres expressionnistes, réalisées surtout en bronze, mêlent avec violence des formes humaines, animales et végétales réalistes et des éléments imaginaires (série des *Hommes-Oiseaux ; La Feuille*).

Germaine Richier au milieu de ses œuvres dans son atelier parisien, vers 1950.

Ricciotti (Rudy)

Le Mucem à Marseille, réalisé par Rudy Ricciotti.

richissime adj. Extrêmement riche.

Richler (Mordecai) Écrivain canadien d'expression anglaise (1931-2001). Issu d'une famille juive modeste du quartier Saint-Urbain de Montréal, il écrivit avec ironie et mordant sur les différentes communautés de la métropole et leurs préjugés en mariant « l'humour juif » et l'ironie. *L'Apprentissage de Duddy Kravitz ; Le Monde de Barney* (porté à l'écran en 2010).

Richmond Ville des États-Unis, capitale de la Virginie. 226 610 habitants. Ville historique (Capitole dessiné par T. Jefferson). Centre commercial et industriel (tabac, papier, chimie).

Richmond upon Thames ou **Richmond** Faubourg résidentiel à l'O. de Londres. 191 300 habitants. Ruines d'un château royal du XIVe s. Grand parc.

Richter (Johann Paul Friedrich) dit Jean Paul Romancier allemand (1763-1825). Auteur lyrique et romantique, il fit du récit de rêve un genre littéraire. *La Loge invisible ; Le Titan.*

Richter (Hans) Chef d'orchestre allemand d'origine hongroise (1843-1916). Il dirigea à Vienne les Concerts philharmoniques et l'orchestre de l'Opéra (1875-1898) et fut un des principaux chefs d'orchestre du festival de Bayreuth, révélant au public européen l'œuvre de Wagner.

Richter (Hans) Peintre et cinéaste américain d'origine allemande (1888-1976). Il se joignit au groupe dada de Zurich et fréquenta les surréalistes avec qui il réalisa plusieurs films *(Dreams that money can buy).* Il fut l'un des principaux représentants du cinéma d'avant-garde.

Richter (Charles Francis) Sismologue américain (1900-1985). Il élabora l'*échelle de Richter* (1935), échelle de mesure de la magnitude des séismes.

Richter (Hans Werner) Écrivain allemand (1908-1993). Auteur de romans sur l'Allemagne de la guerre et de l'après-guerre *(Les Vaincus ; Tu ne tueras pas),* il fonda avec Alfred Andersch le Groupe 47, qui joua un rôle important dans la renaissance de la vie littéraire allemande.

Richter (Sviatoslav Teofilovitch) Pianiste russe (1915-1997). La virtuosité et l'inspiration de ses interprétations l'ont fait reconnaître comme l'un des pianistes majeurs du XXe siècle.

Richter (Gerhard) Peintre allemand (né en 1932). Il s'est intéressé à tous les modes picturaux, de la peinture abstraite au réalisme photographique *(Fenêtre)* en passant par les portraits et les reprises de thèmes classiques *(L'Annonciation d'après Titien).*

Richthofen (Ferdinand, baron von) Géologue et géographe allemand (1833-1905). Il est l'auteur de la première synthèse scientifique sur la géologie, la géographie et l'économie de la Chine.

Ricimer Général romain d'origine suève (mort en 472). Il fut maître de l'empire de 456 à 472, période pendant laquelle il fit et défit plusieurs empereurs.

ricin n. m. (latin *ricinus*) Plante dont le fruit renferme des graines oléagineuses. – *Huile de ricin* (employée comme purgatif, comme lubrifiant).

ricine n. f. (de *ricin*) biochim. Glycoprotéine présente dans les graines de ricin, toxine pouvant inhiber la synthèse des protéines et entraîner la mort cellulaire.

rickettsie n. f. (de *Ricketts,* n. d'un savant américain) biol. Bactérie, agent de la rickettsiose, transmise à l'homme et à l'animal par les poux et les tiques.

rickettsiose n. f. méd. Maladie infectieuse voisine du typhus, causée par les rickettsies.

rickshaw [rikʃo] n. m. (mot hindi, par l'anglais) anglic. En Asie du Sud-Est, Voiture légère tirée par une bicyclette ou un scooter, destinée au transport des personnes. → **cyclopousse.**

Rickshaw à Huế au Viêtnam.

ricocher v. intr. < 1 > (de *ricochet*) Faire ricochet. → **rebondir.** *La balle a ricoché sur le mur.*

ricochet n. m. (origine obscure) **1.** Rebond d'une pierre lancée obliquement sur la surface de l'eau, ou d'un projectile renvoyé par un obstacle. *Faire des ricochets.* – *Faire ricochet* (projectile), rebondir. **2.** fig. *Par ricochet :* par contrecoup, indirectement.

Ricœur (Paul) Philosophe français (1918-2006). Sous la double influence de l'existentialisme chrétien de G. Marcel et de la phénoménologie de Husserl dont il a traduit l'ouvrage principal, sa *Philosophie de la volonté* analyse les aspects éthiques de la personnalité humaine. Il travailla ensuite sur les textes fondateurs des grandes religions, sur l'histoire *(Histoire et Vérité)* et sur l'altérité *(Soi-même comme un autre),* accordant toujours une grande place à la question de l'éthique en politique. Il est l'un des fondateurs de l'herméneutique moderne *(La Métaphore vive).*

ricotta n. f. (mot italien « qui a recuit ») Fromage frais italien. *Des ricottas de vache.*

ric-rac adv. (origine onomatopéique, *cf.* riquiqui) fam. Exactement ; tout juste. – (personnes) *Être ric-rac :* manquer d'argent.

rictus [Riktys] n. m. (mot latin, d'un v. signifiant « grogner ») Contraction de la bouche, qui donne l'aspect d'un rire forcé, d'un sourire grimaçant. *Un rictus de colère.*

Rictus (Gabriel Randon, dit Jehan) Poète français (1867-1933). Il se fit connaître comme interprète de ses poèmes, écrits dans une langue faubourienne, joyeuse et colorée. *Les Soliloques du pauvre ; Les Cantilènes du malheur.*

ridage n. m. mar. Action de tendre pour raidir (un cordage). *Le ridage des haubans.*

ride n. f. (de *rider*) **1.** Petit pli de la peau (le plus souvent au front, à la face et au cou, dû notamment à l'âge). → **ridule.** *Visage sillonné de rides.* → **ridé.** ▪ fig. *Ce roman n'a pas pris une ride,* n'a pas vieilli. **2.** Légère ondulation à la surface de l'eau ; pli, sillon sur une surface. *Rides formées par le vent sur le sable.*

ridé, ée adj. Marqué de rides. *Visage ridé, flétri.* – *Une pomme ridée.*

rideau n. m. (de *rider,* au sens ancien de « froncer ») **1.** Pièce d'étoffe (mobile) destinée à tamiser la lumière, à abriter ou décorer qqch. *Doubles rideaux :* rideaux de fenêtres en tissu épais, par-dessus des voilages. – *Fermer, tirer les rideaux.* – *Rideau de douche.* ▪ loc. fam. *Grimper aux rideaux :* manifester un plaisir, une satisfaction extrêmes ; jouir. **2.** Grande draperie (ou toile peinte) qui sépare la scène de la salle (théâtre). *Lever, baisser le rideau.* **3.** *Rideau de fer,* isolant la scène de la salle (théâtre) ; protégeant la devanture d'un magasin. *Baisser le rideau de fer.* ▪ hist. (d'après l'anglais *iron curtain* [Churchill]) Ligne qui isolait en Europe les pays communistes. **4.** loc. fig. *Tirer le rideau sur qqch. :* cesser de s'en occuper, d'en parler. **5.** *Rideau de :* chose capable d'arrêter la vue, de faire écran. *Un rideau de verdure.* – *Rideau de pluie, de fumée.*

ridée n. f. (de *rider* « tordre ») Filet à attraper les alouettes.

ridelle n. f. (origine germanique) Châssis disposé de chaque côté d'une charrette, d'un camion, etc., afin de maintenir la charge. *Camion à ridelles.*

rider v. tr. ‹ 1 › (origine incertaine, p.-ê. du germanique *ridan* « tordre », ou famille de *rigide*) **I. 1.** Marquer, sillonner de rides. → littér. **1flétrir.** – pronom. *Peau qui se ride* (→ **ridé**). **2.** Marquer d'ondulations, de plis. *La brise ridait la surface de l'eau.* **II.** mar. Raidir (une manœuvre dormante). → **ridoir.**

Riefenstahl (Leni)

Tournage du film de Leni Riefenstahl *Les Dieux du stade (Olympia),* aux Jeux olympiques de Berlin (1936).

Ridgway (Matthew Bunker) Général américain (1895-1993). Il participa au débarquement de Normandie (1944), commanda les forces de l'ONU en Corée (1951) et succéda à Eisenhower à la tête des forces de l'Otan (1952-1953).

ridicule (latin *ridiculus,* de *ridere* → 1rire) **I.** adj. **1.** Qui fait rire par un caractère de laideur, d'absurdité, de bêtise. → **dérisoire, risible.** *Il est complètement ridicule. Se rendre ridicule. « Les Précieuses ridicules »* (de Molière). – *Un accoutrement ridicule.* → **grotesque.** ▪ Dénué de bon sens. → **absurde, déraisonnable, idiot.** *Elle est ridicule de s'entêter.* – impers. *Il est, c'est ridicule de* (+ inf.), *que* (+ subj.). **2.** Insignifiant, infime. *Une somme ridicule.* → **dérisoire. II.** n. m. **1.** loc. *Tourner qqn en ridicule,* le rendre ridicule. → se **moquer, ridiculiser. 2.** Trait qui rend ridicule ; ce qu'il y a de ridicule dans. *Souligner les ridicules de qqn.* → **défaut.** *Sentir le ridicule d'une situation.* **3.** *Le ridicule,* ce qui excite le rire, la moquerie. *C'est le comble du ridicule. « Celui qui redoute le ridicule n'ira jamais loin en bien ni en mal, il restera en deçà de ses talents »* (Cioran). – prov. *Le ridicule tue (ne tue pas),* on ne se relève pas (on supporte très bien) d'avoir été ridicule.

ridiculement adv. De manière ridicule. *Être ridiculement accoutré.* – *Salaire ridiculement bas.*

ridiculiser v. tr. ‹ 1 › Rendre ridicule. – pronom. *Elle s'est ridiculisée.*

ridoir n. m. (de *rider* II) mar. Appareil permettant de rider (un cordage).

ridule n. f. Petite ride. *Ridules au coin des yeux.*

Riedisheim Commune du Haut-Rhin, dans la banlieue de Mulhouse. 12 258 habitants.

Riefenstahl (Helene, dite Leni) Actrice, photographe et cinéaste allemande (1902-2003). Réalisatrice officielle du IIIe Reich à partir de 1935, elle réalisa des films de montage sur le congrès de Nuremberg *(Le Triomphe de la volonté)* et les Jeux olympiques de Berlin *(Les Dieux du stade).* Après la guerre, elle publia des albums de photos.

Riegger (Wallingford) Compositeur américain (1885-1961). Pionnier du sérialisme aux États-Unis, il utilisa la technique dodécaphonique de manière très libre à l'intérieur des formes classiques de composition *Study in Sonority.*

Riego y Núñez (Rafael del) Général et homme politique espagnol (1785-1823). Il combattit Napoléon Ier (1808), puis fut l'un des dirigeants de la révolte de Cadix (1820). Élu député en 1822, il lutta contre l'expédition française de 1823, fut trahi par des paysans et pendu.

Riehen Ville de Suisse, dans la banlieue de Bâle. 20 895 habitants.

riel n. m. (mot khmer) Unité monétaire du Cambodge.

Riel (Louis) Révolutionnaire canadien (1844-1885). Métis lui-même, il prit la tête de plusieurs révoltes de métis contre les colons britanniques (1869 et 1884-1885). Il fut pendu.

Riemann (Bernhard) Mathématicien allemand (1826-1866). Ses recherches sur la théorie des fonctions de variables complexes lui permirent d'établir les bases de la topologie. Il développa une géométrie non euclidienne qui est à l'origine de la géométrie différentielle moderne. Son idée selon laquelle le contenu de l'espace détermine ses propriétés servit de cadre à la théorie de la relativité. L'influence de ses travaux sur l'essor des mathématiques et de la physique fut considérable.

Riemann (Hugo) Musicologue allemand (1849-1919). Professeur puis directeur de l'Institut de musicologie de Leipzig, il développa la théorie des fonctions tonales. *Traité d'harmonie.*

riemannien, ienne adj. (de Bernhard *Riemann*) math. Propre à Riemann et à ses théories mathématiques.

Riemenschneider (Tilman) Sculpteur allemand (1460-1531). Il dirigea un célèbre atelier à Würzburg d'où sortirent de nombreux retables. On lui doit également des statues de pierre *(Adam et Ève).*

rien pron. indéf., n. m. et adv. (vient du latin *rem,* accusatif de *res* « chose » → **rébus, réel, république, revendication**) **I.** nominal indéfini - REM. Dans cet emploi, on fait la liaison. — *Rien,* objet direct, suit le verbe ou l'auxiliaire (ex. *je ne vois rien, je n'ai rien vu*) et se place habituellement devant l'infinitif (ex. *ne rien voir*). **1.** (sens étym.) Quelque chose (dans un contexte négatif). *Il fut incapable de rien dire,* de dire quoi que ce soit. *Rester sans rien faire. A-t-on jamais vu rien de pareil ?* **2.** (avec *ne*) Aucune chose, nulle chose. *Je n'ai rien vu. Il n'en sait rien. Il n'y a rien à craindre.* prov. *Qui ne risque rien n'a rien. Vous n'aurez rien du tout,* absolument rien. *Il ne comprend rien à rien. Cela ne fait rien,* cela n'a pas d'importance. – *Rien que. Je n'ai rien que mon salaire.* → **seulement.** – *Rien de* (+ adj. ou adv.). *Il n'y a rien de mieux, de tel.* – *Rien qui, que* (le plus souvent + subj.). *Je n'ai rien trouvé qui vaille la peine ; que tu puisses faire.* – *N'avoir rien de,* aucun des caractères de. *Elle n'a rien d'une ingénue.* (+ adj.) N'être pas du tout. *Cela n'a rien d'impossible.* ▪ (comme sujet) *Rien n'est trop beau pour lui. Rien ne va plus* (spécialt au jeu il est trop tard pour miser). ▪ (en attribut) *N'être rien. Elle n'est rien pour moi,* elle ne compte pas. *Ce n'est rien,* c'est sans importance. – *Ce n'est pas rien,* ce n'est pas négligeable. ▪ loc. *Il n'en est rien :* rien n'est vrai de cela. – *Comme si de rien n'était :* comme si rien ne s'était passé. ▪ *Rien (de) moins que.* littér. *Ce n'est rien moins que sûr,* ce n'est pas du tout sûr. – *Il ne s'agissait de rien (de) moins que de...,* pas moins que de... **3.** loc. adv. *En rien* (positif) : en quoi que ce soit. *Sans gêner en rien son action.* – *Ne... en rien :* d'aucune manière. *Cela ne nous touche en rien.* **4.** (sans particule négative) dans une phrase elliptique, une réponse Nulle chose. *« À quoi penses-tu ? — À rien. » Rien à faire :* la chose est impossible. *Rien de tel pour se distraire. « Je vous remercie. — De rien »,* je vous en prie. *C'est tout ou rien,* il n'y a pas de demi-mesure. *C'est cela ou rien,* il n'y a pas d'autre choix. *Rien de plus, rien de moins,* exactement (ceci). ▪ (comparaison) *C'est mieux que rien. C'est moins que rien,* c'est nul. *En moins de rien,* en très peu de temps. *Comme rien :* vieux pas du tout ; mod. (par antiphrase) aisément, facilement. ▪ *Deux, trois fois rien :* une chose insignifiante. ▪ *Rien que.* → **seulement.** *Toute la vérité, rien que la vérité. C'est à moi, rien qu'à moi.* → **uniquement.** *Rien que d'y penser,* à cette seule pensée. **5.** (après une prép.) Chose ou quantité (quasi) nulle. *Faire quelque chose de rien. Se réduire à rien.* → **à zéro.** ▪ ***Pour rien*** : pour un résultat nul. → **inutilement.** *Se déranger pour rien.* – Sans raison. *Beaucoup de bruit pour rien.* – Sans payer, à bas prix. → **gratuitement.** *Je l'ai eu pour rien.* ▪ ***De rien*** (vieilli) ; ***de rien du tout*** (compl. de n.) : sans valeur, sans importance. *Un homme de rien. Un petit bobo de rien du tout.* **II. n. m. 1.** didact. → **néant.** « *Tout se vaut devant le rien universel* » (Hugo). **2. *Un rien*** : peu de chose. *Un rien l'amuse.* – au plur. *Perdre son temps à des riens.* → **bagatelle, bêtise, futilité.** – ***Pour un rien*** : pour une raison insignifiante. *S'inquiéter pour un rien.* – fam. ***Comme un rien*** : très facilement. **3. *Un rien de*** : un peu de. *Un (petit) rien de fantaisie.* – *En un rien de temps.* → **promptement.** ▪ ***Un rien*** **loc. adv.** : un peu, légèrement. *C'est un rien trop grand.* **III. n. invar.** ***Un, une rien du tout*** : une personne méprisable. **IV. adv.** fam., vieilli (par antiphrase) Très. → **rudement.** « *Il est rien moche son bahut, dit Zazie* » (Queneau).

Rienzo **(Cola di)** voir **Cola di Rienzo**

Ries **(Ferdinand)** Compositeur et pianiste allemand (1784-1838). Pianiste virtuose, il est aussi l'auteur d'opéras, de symphonies, de concertos et de musique de chambre.

Riesener **(Jean-Henri)** Ébéniste français d'origine allemande (1734-1806). Il produisit d'abord des meubles de style Louis XV et devint par la suite l'un des plus féconds créateurs du style Louis XVI.

riesling [Rislin] **n. m.** **(mot allemand)** Cépage blanc cultivé en Alsace, produisant des vins fins. *Des rieslings.*

Riesman **(David)** Sociologue américain (1909-2002). Spécialiste de la culture américaine à l'ère de la production et de la consommation *(La Foule solitaire)*, il publia aussi des recherches sur l'éducation *(On Higher Education)*.

rieur, rieuse **1. n.** Personne qui rit, est en train de rire. – **loc.** *Mettre les rieurs de son côté* : faire rire aux dépens de son adversaire. **2. adj.** Qui aime à rire, à s'amuser. → **gai ; enjoué.** *Un enfant rieur.* – Qui exprime la gaieté. → **riant.** *Yeux rieurs.*

rif **n. m.** **(probablt de l'argot italien *ruffo* « feu », du latin *rufus* « rouge »)** argot, vieux Feu. ▪ Bagarre, combat. → **rififi.**

Rif **n. m.** Massif du Maroc septentrional (2 452 m au djebel Tidighine), dominant la Méditerranée. La population, majoritairement berbère, s'opposa farouchement à la pénétration européenne (guerre du Rif, 1921-1926). Agriculture. Élevage.

riff **n. m.** **(mot anglais des États-Unis)** mus. Courte phrase musicale, à la mélodie simple et au rythme marqué, répétée par un instrument. *Riff de guitare.*

rififi **n. m.** **(de *rif*)** argot Bagarre.

riflard **n. m.** **(n. d'un personnage de comédie)** fam., vieilli Parapluie.

rifle **n. m.** **(mot anglais, de *to rifle*)** Carabine d'origine anglaise à long canon rayé. *Carabine 22 long rifle,* carabine de chasse ou de sport.

rift **n. m.** **(mot anglais, abrév. de *rift valley* « fossé d'effondrement »)** géogr. Fossé tectonique long de plusieurs centaines ou milliers de kilomètres, correspondant à une zone de fracture de l'écorce terrestre. *Rifts continentaux, océaniques.*

Rift Valley **n. f.** Longue dépression de 9 500 km traversant l'Afrique orientale, constituée de fossés d'effondrement. Elle résulte d'une distension de l'écorce terrestre et est occupée par des plaines étroites et de nombreux lacs. Multiples sites archéologiques préhistoriques.

Riga Capitale de la Lettonie, sur l'estuaire de la Dvina, dans le *golfe de Riga.* 620 970 habitants. Important centre culturel de la Baltique. Cathédrale du XIIIe s. Port et nœud ferroviaire. Industries textile, chimique et alimentaire. Le *traité de Riga* (1921) mit fin à la guerre entre Polonais et Soviétiques.

Riga, la plus grande ville des Pays baltes.

rigatoni **n. m.** **(mot italien, plur. de *rigatone,* de *riga* « grosse strie »)** Pâte alimentaire en forme de gros tuyau strié. *Des rigatonis.*

Rigaud **(Hyacinthe Rigau y Ros, dit Hyacinthe)** Peintre français (1659-1743). Portraitiste attitré de Louis XIV, il avait le sens du faste et de la majesté. Il fut très sollicité pour des portraits d'apparat.

rigaudon **n. m.** **(origine inconnue)** Danse française à la mode aux XVIIe et XVIIIe siècles. ▪ Air vif sur lequel on la dansait. - var. **rigodon.**

Rigaut **(Jacques)** Écrivain français (1898-1929). Son œuvre comprend de courts textes provocants et désespérés réunis dans *Écrits.* Sa vie inspira à Drieu la Rochelle son roman *Le Feu follet,* porté à l'écran par L. Malle.

Righi **(Augusto)** Physicien italien (1850-1920). Il étudia la polarisation de la lumière et les ondes électromagnétiques. Ses travaux furent déterminants pour l'avènement de la télégraphie sans fil.

rigide **adj.** **(latin *rigidus* → raide, de *rigere* « être raide » → rigueur)** **1.** concret Qui garde sa forme, ne se déforme pas. → **raide.** *Armature rigide. Livre à couverture rigide.* **2.** Qui se refuse aux concessions, aux compromis. → **inflexible, rigoureux.** *Un moraliste rigide.* – Qui manque d'abandon. *Une attitude rigide.* – Qui manque de souplesse. *Des règles rigides.*

rigidifier **v. tr.** < 7 > Rendre rigide, plus rigide. → **raidir, [1]tendre.** *La mort rigidifie les traits.*

rigidité **n. f.** **(latin → rigide)** Caractère de ce qui est rigide. → **raideur.** *La rigidité d'un papier. Rigidité cadavérique.* – *Rigidité des principes.* → **austérité, rigorisme.** ▪ phys. Résistance qu'une substance solide oppose aux efforts de torsion ou de cisaillement.

Rigil Kentarus Nom donné à l'étoile α du Centaure, la plus proche du système solaire, une des plus brillantes du ciel. C'est en fait un ensemble composé de trois étoiles dont la plus proche du Soleil est Proxima du Centaure. Distance : 4,3 années-lumière.

rigodon voir **rigaudon**

rigolade **n. f.** fam. **1.** Amusement, divertissement. *Une partie de rigolade.* – *Prendre qqch. à la rigolade,* comme une plaisanterie. **2.** Chose ridicule, ou sans importance. *C'est une rigolade.* → **[2]blague, plaisanterie.** – *C'est de la rigolade* (même sens).

rigolage **n. m.** **(du v. *rigoler,* de *rigole,* sens techn.)** techn. Creusement de rigoles (pour irriguer, drainer). – Traçage de rigoles pour semer.

rigolard, arde **adj.** fam. Gai. *Un air rigolard.*

rigole **n. f.** **(probablt origine néerlandaise, emprunt latin *regula* → règle)** **1.** Petit conduit, fossé étroit pour l'écoulement des eaux. **2.** Filet d'eau qui ruisselle. *La pluie forme des rigoles.* **3.** techn. Tranchée étroite dans laquelle sont établies les fondations d'un mur de clôture. **4.** Sillon peu profond où l'on sème les graines et les plants.

rigoler **v. intr.** < 1 > **(famille de [1]*rire*)** fam. Rire, s'amuser. *On a bien rigolé.* → **se marrer.** – Plaisanter. *Il ne faut pas rigoler avec ça.*

rigoleur, euse **adj. et n.** vieilli Qui exprime la gaieté. *Des yeux rigoleurs.* → **rigolard.**

rigolo, ote **(de *rigoler*)** fam. **I. adj. 1.** Qui amuse, fait rire. → **amusant.** *Elle est rigolote.* **2.** Curieux, étrange. → **[1]drôle. II. n. 1.** Personne amusante. **2.** Personne à qui l'on ne peut pas faire confiance. *Un (petit) rigolo.*

rigorisme **n. m.** Respect strict ou exagéré des principes religieux ou moraux. → **austérité, puritanisme, rigidité.**

rigoriste **n.** **(du latin *rigor* → rigueur)** **1.** Personne qui fait preuve de rigorisme. – **adj.** → **intransigeant, sévère.** *Attitude rigoriste.* **2.** écon. Partisan d'une politique de rigueur, d'austérité.

rigotte **n. f.** **(mot régional → ricotta)** Petit fromage cylindrique fabriqué dans le Lyonnais à partir d'un mélange de lait de vache et de lait de chèvre.

rigoureusement **adv.** **1.** D'une manière rigoureuse, stricte. *C'est rigoureusement interdit.* → **formellement, strictement. 2.** Absolument, totalement. *C'est rigoureusement exact.* **3.** Avec exactitude, minutie. *Respecter rigoureusement les consignes.*

rigoureux, euse **adj.** **(du latin → rigueur)** **1.** (personnes) Qui fait preuve de rigueur, de sévérité. – (choses) *Une morale rigoureuse.* → **rigide ; rigoriste. 2.** Dur à supporter. *Un hiver rigoureux.* → **rude. 3.** D'une exactitude inflexible. *Une rigoureuse neutralité.* → **absolu, strict.** ▪ Mené avec précision. *Un raisonnement rigoureux.* – (personnes) *Être rigoureux dans une démonstration.*

rigueur **n. f.** **(latin *rigor,* de *rigere* → raide, rigide)** **1.** Sévérité, dureté extrême. *La rigueur d'une règle.* → **rigidité.** *La rigueur de la répression.* « *Quelque rigueur qui loge en votre cœur, /*

R

Rift Valley

Rift Valley, un Massaï dans le parc national de Tsavo, au Kenya.

Amour s'en peut un jour rendre vainqueur » (Louise Labé). – loc. ***Tenir rigueur à qqn (de...)*** : lui garder rancune (de...). ▪ au plur., littér. *Les rigueurs de l'hiver.* **2.** Exactitude, logique inflexible. *Son exposé manque de rigueur.* ▪ *Politique de rigueur,* d'austérité. **3. *De rigueur* loc. adj. invar. :** imposé par les usages, les règlements. → **obligatoire.** *Tenue de soirée de rigueur.* **4. loc. adv. *À la rigueur*** : en cas de nécessité absolue. *À l'extrême rigueur.* – ***En toute rigueur*** : absolument, rigoureusement.

Rig-Veda ou **Rg Veda n. m.** Le plus ancien des quatre Véda de l'Inde antique, composé au –IIe millénaire. Le Rig-Veda (« veda des hymnes ») comprend plus de mille hymnes religieux à caractère lyrique concernant les prescriptions rituelles du culte Véda.

Rihm (Wolfgang) Compositeur allemand (né en 1952). Il a composé une œuvre abondante d'un expressionnisme violent et personnel. *Vers une symphonie-fleuve ; Œdipus.*

Rijeka anciennement **Fiume** Ville de Croatie, sur l'Adriatique. 128 624 habitants. Constructions navales. Centre industriel. La ville fut hongroise, puis italienne sous le nom de *Fiume* jusqu'en 1947.

rikiki adj. invar. voir **riquiqui**

Riku Kokushi n. f. pl. Nom générique donné aux « Six histoires nationales du Japon » écrites en chinois sur ordre impérial. Elles couvrent la période allant des origines à 889.

Rila n. m. Massif montagneux de Bulgarie méridionale (2 925 m). Monastère orthodoxe du XIIIe siècle.

Rilke (Rainer Maria) Écrivain autrichien (1875-1926). Il mena une vie de voyages à travers l'Europe et en Afrique du Nord. Ses premiers écrits traitent de l'expérience de la souffrance et de la misère *(Le Livre de la pauvreté et de la mort).* Son œuvre, méditation angoissée, se veut néanmoins porteuse d'espoir et de lumière *(Élégies de Duino ; Sonnets à Orphée).* Inspiré par Cézanne et Rodin, dont il fut le secrétaire, il chercha par la création à transfigurer cette angoisse en objet d'art. Poète majeur du XXe s., il laisse de nombreux ouvrages en prose *(Les Cahiers de Malte Laurids Brigge)* et une abondante correspondance *(Lettres à un jeune poète).*

rillettes n. f. pl. (de l'ancien mot *rille* « bande de lard » ; famille de *règle*) Charcuterie faite de viande (surtout de porc) hachée et cuite dans la graisse. *Un pot de rillettes.* – *Rillettes d'oie.* – *Rillettes de thon.*

Rillieux-la-Pape Commune du Rhône. 30 887 habitants. Centre chorégraphique national.

R

rillons n. m. pl. (de *rille* → rillettes) Résidus de viande de porc que l'on cuit dans leur graisse et que l'on mange froids. → **fritons, gratton(s), greubons.**

rimailler v. intr. < 1 > péj. Faire de mauvais vers.

rimailleur, euse n. péj. Mauvais poète.

rimaye n. f. (mot savoyard, du latin *rima* « fente ») régional Crevasse qui sépare un glacier de son névé.

Rimbaud (Arthur) Poète français (1854-1891). Élève brillant et incorrigible fugueur, il écrivit ses premiers poèmes classiques dès 15 ans. Il y exprimait sa révolte contre la guerre *(Le Dormeur du val)* et l'échec de la Commune, dans une poésie violente marquée par la perte des illusions *(Le Bateau ivre).* Sa révolte le conduisit à s'affranchir des contraintes de la poésie traditionnelle. Dans sa fameuse *Lettre du voyant,* il énonce que « Je est un autre » et appelle à un « dérèglement de tous les sens » où le moi profond rejoint l'unité cosmique. Après une liaison orageuse avec Verlaine, il écrivit *Une saison en enfer* et *Illuminations,* qui l'inscrivent dans la modernité. À 19 ans, il abandonna la création littéraire pour mener une vie aventureuse, se livrant à des activités

Arthur Rimbaud à 17 ans, par Étienne Carjat (1871-1872), Bibliothèque nationale de France, Paris.

commerciales, plus ou moins licites, notamment dans la corne de l'Afrique. Malade, il fut rapatrié à Marseille où il mourut. Son œuvre brève et dense a profondément influencé la création poétique moderne.

rime n. f. (origine incertaine) 1. Disposition de sons identiques à la finale de mots placés à la fin de deux ou plusieurs vers. *Rime riche,* comprenant au moins une voyelle et sa consonne d'appui (ex. *image-hommage*). *Rime pauvre* (ex. *ami-pari*). *Rimes plates* ; rimes croisées*. Rimes embrassées*. Rime féminine*, masculine*.* **2. loc. *Sans rime ni raison*** : d'une manière incompréhensible, absurde. *Ça n'a ni rime ni raison,* aucun sens.

rimé, ée adj. Pourvu de rimes. *Poésie rimée.*

rimer v. intr. < 1 > (de *rime*) 1. Faire des vers. **2.** Constituer une rime. *Mot qui rime avec un autre.* – loc. *Cela ne rime à rien* : cela n'a aucun sens.

Rimet (Jules) Fondateur de la Coupe du monde de football (1873-1956). Il fut le premier président de la FIFA, de 1921 à 1954.

rimeur, euse n. péj. Poète sans inspiration. → **rimailleur.**

Rimini Ville d'Italie, en Émilie-Romagne. 128 660 habitants. Pont et arc de triomphe antiques (–Ier s.), temple de Malatesta, église (XIIIe s.). Station balnéaire et port de plaisance sur l'Adriatique.

Rimitti (Saïda, dite Cheikha) Chanteuse algérienne (1923-2006). L'audace de ses chansons, dans lesquelles elle parle d'amour et d'exil, mais aussi du désir et de l'alcool, lui valut « l'excommunication nationale ». Elle est à l'origine de la modernisation du raï traditionnel.

rimmel n. m. (marque déposée) Fard pour les cils. → **mascara.**

Rimouski Ville du Canada (Québec), sur le Saint-Laurent. 48 664 habitants. Centre commercial et industriel. Université. Institut maritime.

Rimski-Korsakov (Nikolaï Andreïevitch) Compositeur russe (1844-1908). Son œuvre est inspirée du folklore et est souvent teintée de romantisme oriental. Les effets d'orchestration et la richesse mélodique se manifestent dans ses opéras *(La Fiancée du tsar ; Le Coq d'or),* ses œuvres symphoniques *(Capriccio espagnol ; Schéhérazade),* ses mélodies et sa musique de chambre. Membre du groupe des Cinq, son influence a été considérable sur la création musicale russe et européenne du XXe siècle.

rinçage n. m. 1. Action de rincer. *Le rinçage de la vaisselle.* **2.** coiffure Teinture légère (des cheveux).

rincé, ée adj. (de *rincer*) fam. Très fatigué, épuisé.

rinceau n. m. (vient du latin ; famille de *rameau*) Ornement architectural en forme d'arabesque végétale. *Rinceaux sculptés.*

rince-bouche n. m. anciennt Petit récipient contenant de l'eau pour se rincer la bouche à la fin du repas. *Des rince-bouches.*

rince-bouteille n. m. Ustensile pour rincer les bouteilles, rinceuse. *Des rince-bouteilles.*

rince-doigts n. m. invar. ou **rince-doigt** [ʀɛ̃sdwa] **n. m.** Petit récipient contenant de l'eau (parfumée de citron, etc.), servant à se rincer les doigts à table. *Des rince-doigts.*

rincée n. f. fam. 1. vieilli Volée de coups. ▪ Défaite. **2.** Pluie torrentielle, averse.

rincer v. tr. < 3 > (vient du latin pop. « rafraîchir », de *recens* → récent) 1. Nettoyer à l'eau (un récipient). → **laver.** *Rincer des bouteilles.* **2.** Passer à l'eau (ce qui a été lavé) pour enlever les produits de lavage. *Rincer du linge.* – *Se rincer les mains.* **3.** fam. *Se rincer le gosier, la dalle* : boire. – ***Se rincer l'œil*** : regarder avec plaisir (une chose belle, agréable, spécialt une femme, un spectacle érotique).

rincette n. f. fam., régional Eau-de-vie que l'on boit dans sa tasse, après le café.

rinceur, euse n. 1. Personne qui rince la vaisselle. → **plongeur. 2. n. f.** Rince-bouteille.

rinçure n. f. Eau qui a servi à rincer.

Riner (Teddy) Judoka français (né en 1989). Il a remporté dix titres de champion du monde dans la catégorie poids lourds entre 2007 et 2017. Il est également double champion olympique, à Londres en 2012 et à Rio en 2016.

Teddy Riner (en bleu) lors des championnats du monde de judo à Tōkyō (2010).

rinforzando [ʀinfɔʀtsando ; ʀinfɔʀdzɑ̃do] **adv. (mot italien, de *rinforzare* « renforcer ») mus.** En renforçant subitement le son.

ring [ʀiŋ] **n. m. (mot anglais → rang)** Estrade entourée de cordes, sur laquelle se font les combats de boxe, de catch. *Des rings. Remonter sur le ring* ; fig. reprendre la lutte, le combat. ▪ *Le ring* : la boxe. *Une légende du ring.*

1ringard n. m. (wallon *ringuèle* « levier », de l'allemand dialectal) Barre de fer servant à attiser le feu.

2ringard, arde (origine inconnue, p.-ê. n. propre) fam. I. n. 1. Artiste de variétés sans talent ou passé(e) de mode. **2.** Personne qui n'est plus dans le coup, au goût du jour. **II. adj.** Démodé ; médiocre, de mauvais goût. *Une tenue ringarde. Ça fait ringard.* → **tarte.**

ringardise n. f. fam. Caractère ringard.

ringardiser v. tr. < 1 > fam. Rendre ringard. ▫ **n. f. ringardisation**

Ringuet (Philippe Panneton, dit) Écrivain canadien (québécois) [1895-1960]. Médecin, grand voyageur, il fut également ambassadeur du Canada au Portugal (1956-1960). Il dépeignit dans son œuvre les transformations de la société canadienne, liées notamment à l'urbanisation. *Le Poids du jour ; Trente Arpents.*

ringuette n. f. (anglais *ringette*, de *ring* « anneau ») Sport d'origine canadienne, proche du hockey sur glace, où deux équipes de six joueurs se disputent un anneau de caoutchouc à l'aide d'un bâton droit. *La ringuette est souvent pratiquée par des femmes.*

Rinke (Klaus) Artiste allemand (né en 1939). Il explora les sources de la création en utilisant l'eau comme matériau presque exclusif de ses nombreuses performances *(Sept Mers ; Horloges régulatrices).*

Riobamba Ville d'Équateur, dans la cordillère des Andes. 146 300 habitants. Marché agricole.

Rio Branco Ville du Brésil, capitale de l'État d'Acre. 308 400 habitants. Bois. Caoutchouc.

Rio de Janeiro État du Brésil, sur l'Atlantique. 43 653 km^2. 16 millions d'habitants. Capitale : Rio de Janeiro. Deuxième foyer industriel brésilien. Agriculture en déclin. Tourisme.

Rio de Janeiro Ville et port du Brésil, capitale de l'État de Rio de Janeiro, sur l'océan Atlantique, dans la baie de Guanabara. 6 323 000 habitants (agglomération : 11 875 000 habitants). Cernée par des pitons granitiques (Pain de Sucre, Corcovado), la ville s'étend au milieu de la végétation tropicale, au-delà des plages de Copacabana et d'Ipanema. Centre culturel et touristique célèbre pour son carnaval, Rio est également connu pour ses bidonvilles (favélas). Bibliothèque nationale. Universités. Monuments de l'époque coloniale. Deuxième centre industriel et commercial (après São Paulo).

Río de La Plata voir Plata (río de La)

Rio de Oro n. m. Partie S. du Sahara occidental, ancien protectorat espagnol. Ville principale : Dakhla.

Rio Grande n. m. au Mexique río **Bravo** Fleuve d'Amérique du Nord. 2 896 km. Il naît dans les Rocheuses, forme la frontière entre le Mexique et les États-Unis, avant de se jeter dans le golfe du Mexique.

Rio Grande Ville portuaire du Brésil (État du Rio Grande do Sul). 189 500 habitants. Commerce agricole.

Rio Grande do Norte n. m. État du Brésil (région Nordeste), sur l'Atlantique. 53 166 km^2. 3,2 millions d'habitants. Capitale : Natal. Région agricole semi-aride (coton). Sel. Gaz naturel (off-shore).

Rio Grande do Sul n. m. État du Brésil méridional (région Sud), sur l'Atlantique. 280 674 km^2. 10,7 millions d'habitants. Capitale : Porto Alegre. Agriculture. Industrie (textile, alimentaire).

Rioja (La) Communauté autonome d'Espagne, dans la vallée de l'Èbre. 5 034 km^2. 321 171 habitants. Capitale : Logroño. Viticulture. Cultures maraîchères. Industrie agroalimentaire.

Rioja (La) Ville d'Argentine, capitale de province, au pied des Andes. 146 000 habitants. Vignobles.

Riom Chef-lieu d'arrondissement du Puy-de-Dôme. 18 733 habitants. Église (XIVe s.), fontaine (XVIIe s), hôtels (XVIe et XVIIe s.). Musées. Industrie pharmaceutique.

Río Muni voir Mbini

Riopelle (Jean Paul) Peintre canadien (1923-2002). Influencé par le surréalisme, il fit reposer sa pratique sur la spontanéité et l'impulsivité de l'acte. Ses vastes toiles, très colorées, s'inscrivent dans le courant de l'abstraction lyrique.

Riorges Commune de la Loire, dans la banlieue de Roanne. 10 917 habitants.

Río Tinto voir Minas de Río Tinto

Riourik Prince varègue (mort en 879). Il fonda vers 860 la principauté de Novgorod, embryon de l'État russe. La dynastie des *Riourikides* régna sur les diverses principautés de Russie du IXe au XVIe siècle.

RIP [ʀipe] interj. (sigle du latin *requiescat in pace*) Qu'il, qu'elle repose en paix.

ripage n. m. (de *riper*) **1.** techn. *Ripage d'une pierre :* opération qui consiste à la racler et à la polir à l'aide d'une ripe. **2.** Dérapage (des roues, d'un véhicule, d'un outil).

ripaille n. f. (de *riper*) fam. Repas où l'on mange beaucoup et bien. → **festin.** – *Faire ripaille.* → **bombance.**

ripailler v. intr. < 1 > Faire ripaille.

ripailleur, euse n. et adj. Personne qui ripaille, aime ripailler.

ripaton n. m. pop., vieilli Pied (d'une personne).

ripe n. f. (de *riper*) techn. Outil de tailleur de pierre, de sculpteur, en forme de S, dont une partie est munie de dents fines et serrées, pour le ripage.

riper v. < 1 > (moyen néerlandais *rippen* « racler ») **1.** v. tr. Faire glisser (une chose lourde). *Riper une caisse.* **2.** v. intr. Glisser, déraper. *L'outil a ripé.*

ripeur voir rippeur

ripiéno [ʀipjeno] n. m. (italien *ripieno*) mus. Dans le concerto grosso, Jeu de l'ensemble de l'orchestre (s'oppose à *concertino*). *Des ripiénos.* - var. **ripieno.**

ripolin n. m. (n. déposé ; mot créé par *Riep*, l'inventeur) Peinture laquée très brillante.

ripoliner v. tr. < 1 > Peindre au ripolin. – au p. p. *Murs ripolinés.*

Ripoll Ville d'Espagne (Catalogne). 10 903 habitants. Monastère (IXe s.).

riposte n. f. (italien *risposta ;* famille du latin *respondere* → **répondre**) **1.** Réponse vive, instantanée, faite à un interlocuteur agressif. → **réplique. 2.** Vive réaction de défense, contre-attaque vigoureuse. *Une riposte foudroyante.*

riposter v. intr. < 1 > **1.** Adresser une riposte. *Riposter par une plaisanterie.* – trans. *Il riposta qu'il n'en savait rien.* → **répliquer, rétorquer. 2.** Répondre par une attaque (à une attaque). → **contre-attaquer,** se **défendre.**

ripou adj. (verlan de *pourri*) fam. Corrompu. – n. m. Policier vénal. *Des ripous* (parfois *ripoux*).

rippeur ou **ripeur** [ʀipœʀ] n. m. (anglais *ripper*, de *to rip* « couper ») anglic., techn. Engin de travaux publics muni de dents métalliques pour défoncer les terrains durs. → **défonceuse.** - var. **ripper.**

ripple-mark [ʀipœlmaʀk] n. f. (mot anglais, de *ripple* « clapotis » et *mark* « marque ») anglic., géogr. Petite ride de sable formée par le clapotement des eaux à la surface des plages. *Des ripple-marks.* - var. RO **ripplemark.**

ripuaire adj. et n. (latin *riparius*, de *ripa* « rive ») hist. Riverain du Rhin. – n. *Les Ripuaires.*

Riquet (Pierre Paul de) Ingénieur français (1604-1680). Il construisit le canal du Midi, achevé, après sa mort, par ses deux fils.

Riquewihr Commune du Haut-Rhin. 1 061 habitants. Château du XVIe s. Maisons anciennes. Porte Dolder (1291). Musée. Viticulture (riesling).

riquiqui adj. (origine onomatopéique, *cf.* ric-rac) fam. Petit ; mesquin, pauvre. *Ça fait un peu riquiqui. Des budgets riquiquis.* - var. **rikiki.**

[1]rire v. intr. < 36 > (vient du latin *ridere* → [1]**risée, risette, ridicule ; dérision,** [1]**sourire, rigoler**) **1.** Exprimer la gaieté par un mouvement de la bouche, accompagné d'expirations saccadées plus ou moins bruyantes. → s'**esclaffer ;** fam. se **marrer, rigoler.** « *Rire est le propre de l'homme* » (Rabelais). – *Rire aux éclats, à gorge déployée, aux larmes.* → fam. se **bidonner,** se **gondoler,** se **tordre.** *Rire comme une baleine, comme un bossu.* – (v. + *de rire*) *Éclater, pouffer, se tordre de rire. C'est à mourir de rire. Pleurer, hurler de rire.* – *Rire de..., à cause de...* – *Il n'y a pas de quoi rire.* loc. *Avoir toujours le mot pour rire,* plaisanter à tout propos. – loc. prov. *Rira bien qui rira le dernier,* se dit pour annoncer une revanche. **2.** S'amuser. → se **divertir.** *Elle ne pense qu'à rire.* – *Faire rire qqn,* le divertir, l'amuser. **3.** dans des loc. Ne pas parler ou ne pas faire qqch. sérieusement. → **badiner, plaisanter.** *Vous voulez rire ? C'est pour rire. Histoire de rire... Sans rire, est-ce que... ?,* sérieusement, est-ce que... ? **4.** *Rire de :* se moquer de (qqn, qqch.). → **railler, ricaner ; dérision.** *Rire de qqn.* – *Il vaut mieux en rire (qu'en pleurer).* **5.** littér. Avoir un aspect joyeux (→ **riant, rieur).** *Des yeux qui rient* (→ **rieur).** ■ se **rire** (de) v. pron. Se moquer de, se jouer de. *Se rire des difficultés.*

[2]rire n. m. (de [1]*rire*) Fait de rire. « *Non le rire ironique aux sarcasmes moqueurs, / Mais le doux rire honnête* [...] » (Hugo). – *Un rire bruyant. Un gros rire.* – *Un éclat de rire.* – *Avoir le fou rire :* ne plus pouvoir s'arrêter de rire. – *Rire nerveux, forcé, méchant.* → **ricanement.** ■ *Attirer les rires, le rire,* la moquerie (→ **ridicule, risible).**

[1]ris [ʀi] n. m. (ancien scandinave *rif*) mar. Partie d'une voile qu'on peut replier pour diminuer sa surface. – *Prendre un ris,* diminuer la surface de voilure présentée au vent.

[2]ris [ʀi] n. m. (origine inconnue) Thymus du veau, de l'agneau ou du chevreau, qui constitue un mets apprécié. *Ris de veau.*

Rio de Janeiro

Quartier et plage de Botafogo dans la zone sud de Rio de Janeiro.

R

risberme n. f. (néerlandais *rijsberme,* de *rijs* « branchages » et *berme* « talus ») techn. Talus de protection aménagé à la base d'un pont, d'une jetée, d'un ouvrage hydraulique.

[1]risée n. f. (de l'ancien subst. *ris* « rire », du latin *ridere* → [1]rire) Moquerie collective (dans des expr.). *Être un objet de risée. S'exposer à la risée du public.* – *Être la risée de tous,* un objet de moquerie.

[2]risée n. f. (→ [1]ris) mar. Renforcement subit et momentané du vent. → **rafale.**

risette n. f. (diminutif de l'ancien français *ris* → [1]risée) **1.** Sourire (surtout en parlant des enfants). *Faire risette, des risettes.* **2.** fig., fam. Sourire de commande.

Rishon-le-Tzion Ville d'Israël, au S. de Tel-Aviv. 222 000 habitants. Centre culturel. Industries.

Risi (Dino) Cinéaste italien (1916-2008). Maître de la comédie italienne, il entremêla dans ses films loufoquerie et étude de mœurs *(Les Monstres ; Parfum de femme),* et réalisa de véritables chroniques sociales *(La Marche sur Rome).*

risible adj. (du latin, de *ridere* → [1]rire) Propre à exciter une gaieté moqueuse. → **ridicule.**

Risler (Édouard) Pianiste français (1873-1929). Il créa des œuvres de Dukas, Fauré et Enesco et fut un spécialiste réputé de la musique romantique allemande.

Ris-Orangis Commune de l'Essonne, au N.-O. d'Évry. 29 643 habitants. Château de Fromont (XVIIe s.). Château de Dranem (XIXe s.).

Risorgimento n. m. mot italien signifiant « Renaissance » Terme appliqué au mouvement littéraire et politique qui, à partir de 1815, œuvra en faveur de l'unité italienne.

risorius [RizɔRjys] n. m. (mot latin « riant ») anat. Muscle de la commissure des lèvres, contribuant à l'expression du rire.

risotto n. m. (mot italien, de *riso* → riz) Riz préparé à l'italienne (cuit à couvert dans peu de liquide). *Des risottos aux asperges.* – par ext. *Risotto de blé, d'épeautre.*

risque n. m. (ancien italien *risco,* du latin) **1.** Danger éventuel plus ou moins prévisible. *Il n'y a aucun risque. Ce sont les risques du métier.* → **inconvénient.** *C'est un risque à courir,* c'est risqué, mais il faut le tenter. – loc. *À vos risques et périls**. – **Risque de.** *Un risque d'aggravation.* – *Courir le risque de,* s'exposer à. – *Au risque de* (+ inf.), en s'exposant au danger de. ■ ***À risque(s)*** loc. adj. : qui représente un risque ; exposé à un risque. *Grossesse à risque. Conduite à risque.* – *Facteur de risque.* **2.** dr. Éventualité d'un évènement qui peut causer un dommage. *Assurance tous risques* (→ **multirisque**). **3.** Fait de s'exposer à un danger (dans l'espoir d'obtenir un avantage). *Avoir le goût du risque.* – *Prendre un risque, des risques.* → **oser.**

risqué, ée adj. **1.** Plein de risques. → **dangereux, hasardeux.** *Démarche risquée. C'est trop risqué.* **2.** vieilli Scabreux, osé. *Des plaisanteries risquées.*

risquer v. tr. < 1 > **1.** Exposer à un risque. → **aventurer.** *Risquer sa vie, sa tête,* s'exposer à la mort. *Risquer de l'argent à la roulette.* loc. *Risquer le paquet**, *le tout** *pour le tout.* prov. *Qui ne risque rien n'a rien.* – absolt *Risquer gros,* prendre des risques importants. – fam. Mettre (une partie du corps) là où il y a quelque risque (d'être surpris, etc.). *Risquer un œil à la fenêtre.* **2.** Tenter (qqch. qui comporte des risques). → **entreprendre.** *Risquer une démarche.* – *Risquer le coup**. ■ Avancer (un mot, une remarque, etc.) avec la conscience du risque couru. *Risquer une question, une comparaison.* **3.** S'exposer ou être exposé à (un danger, un inconvénient). *Risquer la mort ; les pires ennuis.* – (choses) *Vos bagages ne risquent rien ici.* **4.** ***Risquer de*** (+ inf.). (personnes) Courir le risque de. *Vous risquez de tomber.* (choses) Pouvoir (en tant que possibilité dangereuse ou fâcheuse). *Le rôti risque de brûler.* – par ext. (Sans idée d'inconvénient ; critiqué) Avoir une chance de. *Ça risque de marcher.* ■ ***Risquer que*** (+ subj.). *Vous risquez qu'il s'en aperçoive.* ■ **se risquer** v. pron. **1.** S'exposer, avec la conscience du risque. *Se risquer dans une affaire.* **2.** ***Se risquer à*** : se hasarder à (dire, faire qqch.). *Je ne me risquerai pas à le contredire.*

risque-tout n. invar. Personne qui pousse l'audace jusqu'à l'imprudence. → **casse-cou.** – adj. invar. *Des fillettes risque-tout.* - var. RO **risquetout** n. et adj.

Riss (Laurent Sourisseau, dit) Caricaturiste et journaliste français (né en 1966). Rescapé, avec Philippe Lançon, du massacre perpétré par des djihadistes à *Charlie Hebdo* en 2015, il a pris la direction du journal et a livré son témoignage dans *Une minute quarante-neuf secondes.*

rissole n. f. (vient du latin ; famille de *roux*) Petit pâté frit.

rissoler v. tr. < 1 > Exposer à une température élevée (une viande, des légumes, etc.) de manière à dorer la surface. – au p. p. *Pommes de terre rissolées.*

Rist (Charles) Économiste et administrateur français (1874-1955). Sous-gouverneur de la Banque de France (1926-1929), il développa l'orthodoxie monétaire au sein du libéralisme *(Défense de l'or).*

Ristić (Marko) Poète et essayiste serbe (1902-1984). Leader du groupe des surréalistes serbes, il chercha une voie entre le réalisme soviétique et le modernisme occidental. *La Politique littéraire ; La Turpitude.*

ristourne n. f. (origine italienne ; famille du latin *tornare* → tourner) **1.** Remboursement d'une partie d'une cotisation. **2.** Remise accordée à un client. **3.** Commission versée à un intermédiaire.

ristourner v. tr. < 1 > Faire une ristourne.

ristretto n. m. (mot italien « serré ») Café très serré. *Des ristrettos.* – En Suisse, on dit *ristrette.*

rital, ale n. (de *italien*) fam., péj. Italien, Italienne.

Rita Mitsouko (Les) Duo d'auteurs-compositeurs-interprètes de pop rock français, formé en 1980 par Catherine Ringer (née en 1957) et Fred Chichin (1954-2008). Leurs chansons mêlent gravité et humour. *Marcia Baila ; C'est comme ça ; Andy ; Le Petit Train.*

rite n. m. (d'abord *rit ;* latin *ritus*) **1.** Ensemble des cérémonies en usage dans une communauté religieuse ; organisation traditionnelle de ces cérémonies. → **culte, liturgie.** *Rites catholiques, protestants.* **2.** Cérémonie réglée ou geste particulier prescrit par la liturgie d'une religion. → **rituel.** *Rites d'initiation.* – par analogie *Rites maçonniques.* **3.** fig. Pratique réglée, invariable. → **coutume, usage.** *Les rites de la politesse. C'est devenu un rite,* une habitude.

rites chinois (querelle des) Polémique qui opposa à partir de 1610 les jésuites missionnaires en Chine aux autorités ecclésiastiques, relative à l'autorisation ou à l'interdiction aux Chinois convertis de pratiquer des rites traditionnels. Le pape Benoît XIV condamna définitivement ces rites en 1742.

ritournelle n. f. (italien *ritornello,* de *ritorno ;* famille du latin *tornare* → tourner) Air à couplets répétés. *Chanter une ritournelle.* ■ fig. Ce que l'on répète continuellement. *C'est toujours la même ritournelle.* → **chanson, refrain, rengaine.**

Ritsos (Yannis) Poète grec (1909-1990). Son œuvre est étroitement liée à son engagement politique contre les injustices sociales. *La Sonate au clair de lune ; Oreste.*

Ritt (Martin) Cinéaste américain (1920-1990). Il est l'auteur de films engagés contre le maccarthysme *(Le Prête-nom)* et le racisme *(L'Homme qui tua la peur),* et en faveur du syndicalisme *(Norma Rae).*

Ritter (Karl) Géographe allemand (1779-1859). Il étudia l'influence du milieu naturel sur le développement des sociétés et fut l'un des fondateurs de la géographie moderne. On lui doit une géographie universelle (19 volumes) restée inachevée.

ritualiser v. tr. < 1 > didact. Organiser, régler selon des rites ou comme par des rites. – *Pratiques ritualisées.*

ritualisme n. m. (latin *ritualis* → rite) hist. relig. **1.** Mouvement anglican de la seconde moitié du XIXe siècle qui tendait à augmenter l'importance des rites et à se rapprocher de la liturgie romaine. **2.** Importance donnée aux rites dans un groupe social.

ritualiste n. et adj. **1.** n. Personne qui accorde une très grande importance au respect strict des rites. **2.** adj. Relatif aux pratiques rituelles.

rituel, elle (du latin, de *ritus* → rite) **I.** adj. **1.** Qui constitue un rite ; qui a rapport aux rites. *Chants rituels.* **2.** fig. Réglé comme par un rite. *Sa promenade rituelle.* **II.** n. m. **1.** Livre liturgique (catholique), recueil des rites du culte. **2.** Ensemble de rites. *Rituel d'initiation.* **3.** fig. Ensemble d'habitudes, de règles. – *Rituel de soins.* → **routine.**

rituellement adv. Invariablement ; régulièrement.

Riva (Paulette, dite Emmanuelle) Actrice française (1927-2017). Parallèlement à sa carrière théâtrale, elle rencontra le succès au cinéma avec *Hiroshima mon amour* d'A. Resnais (1959) et *Amour* de M. Haneke (2012).

Riva-Bella Station balnéaire dans la commune de Ouistreham (Calvados).

rivage n. m. (de *rive*) **1.** Partie de la terre qui borde une mer. → [3]**côte, littoral.** *S'éloigner du rivage.* **2.** Zone soumise à l'action des vagues, des marées. → [1]**grève, plage ; estran.** *Épaves rejetées sur le rivage.*

rival, ale, aux (latin *rivalis* [*rivales* « les riverains »], de *rivus* « ruisseau » → ru) **I.** n. **1.** Personne qui dispute à autrui ce qu'un seul peut obtenir. → **adversaire, concurrent.** *Le rival de qqn. Il a évincé ses rivaux.* **2.** spécialt Personne qui dispute à une autre l'amour de qqn. **3.** par ext. Personne qui dispute le premier rang, qui est égale ou comparable. – *Sans rival,* inégalable. **II.** adj. Qui est opposé (à qqn ou à qqch.) pour disputer un avantage (sans recourir à la violence). *Équipes rivales.*

rivaliser v. intr. < 1 > Être en concurrence (avec qqn, dans un domaine), chercher à égaler ou surpasser. *Rivaliser avec qqn. Rivaliser d'ingéniosité.* – par ext. Être comparable. *Il rivalise avec les meilleurs spécialistes.*

rivalité n. f. (latin *rivalitas* → rival) Situation de personnes rivales, d'une personne rivale d'une autre (dans un domaine). → **compétition, concurrence.** *Rivalité politique, amoureuse.* – (Une, des rivalités) → **opposition.** *Des rivalités d'intérêts.*

Rivalz Famille de peintres français des XVIe et XVIIe s. ■ Jean-Pierre **Rivalz** (1625-1706) est l'auteur de la grande fresque de la salle des Illustres du Capitole de Toulouse. ■ Antoine **Rivalz** (1667-1735), fils de Jean-Pierre. Il peignit des tableaux religieux et historiques et fonda une école de dessin qui devint l'académie des Beaux-Arts de Toulouse.

Rivard (Michel) Auteur-compositeur-interprète canadien (québécois) [né en 1951]. Cofondateur du groupe Beau Dommage, il a marqué la chanson francophone avec ses textes nostalgiques et pleins d'humour. *La Complainte du phoque en Alaska ; Méfiez-vous du grand amour ; Maudit Bonheur.*

Rivarol (Antoine, dit le comte de) Écrivain français (1753-1801). Célèbre pour son *Discours sur l'universalité de la langue française,* il se révéla grand polémiste et écrivain politique en défendant la monarchie.

Rivaz (Alice Golay, dite Alice) Écrivaine suisse d'expression française (1901-1998). Fonctionnaire au Bureau international du travail, elle dénonça dans son œuvre, teintée de féminisme, les multiples oppressions du monde du travail. *Nuages dans la main ; La Paix des ruches.*

rive n. f. (vient du latin *ripa* → arriver, river, rivière) **1.** Bande de terre qui borde un cours d'eau important. → **¹berge, bord.** *La rive droite et la rive gauche d'un fleuve* (dans le sens du courant). – par ext. *Habiter rive gauche, à Paris.* **2.** Bord (d'une mer fermée, d'un lac, d'un étang).

Rive-de-Gier Commune de la Loire. 15 086 habitants. La ville fait partie de la région industrielle de Saint-Étienne.

rivelaine n. f. (mot wallon, du néerlandais) techn. Outil de mineur, pic à deux pointes servant à entamer les roches tendres.

river v. tr. < 1 > (de *rive*, au sens de « bord ») **I. 1.** Attacher solidement et étroitement, au moyen de pièces de métal. → **enchaîner.** *On rivait les forçats à des chaînes.* **2.** fig. Attacher fermement, fixer. ■ surtout passif et p. p. *Être rivé à son travail.* – *« J'errais donc, l'œil rivé sur le pavé vieilli »* (Mallarmé). **II. 1.** Rabattre l'extrémité de (un clou, une pointe...) sur la pièce traversée. – loc. fig. *River son clou à qqn,* le réduire au silence (par une réponse, etc.). **2.** Fixer, assujettir par des pièces que l'on rive, par des rivets. → **riveter.** *River deux plaques de tôle.*

Rivera (Diego) Peintre et graveur mexicain (1886-1957). Formé à Mexico, il fréquenta Picasso, Matisse, Modigliani à Paris et à Madrid, et fut influencé par le cubisme. Il célébra la révolution mexicaine de 1910 dans des fresques monumentales très colorées et devint le plus éminent des « muralistes » mexicains. Il décora notamment le Palais national et le palais des Beaux-Arts de Mexico.

Diego Rivera, *La Mécanisation* (v. 1932), Detroit Institute of Arts, Detroit.

riverain, aine n. (de *rivière,* au sens ancien de « rive ») **1.** Personne qui habite le long d'un cours d'eau, d'un lac... **2.** *Les riverains d'une rue, d'une route,* ceux dont les maisons, les terres bordent cette voie.

riveraineté n. f. dr. Ensemble des droits des propriétaires riverains d'un cours d'eau.

Rivers (William Halse) Médecin et ethnologue britannique (1864-1922). Ses recherches sur les tribus d'Océanie le conduisirent à s'éloigner de l'évolutionnisme et à adopter les thèses diffusionnistes. *The Todas ; The Growth of Civilization.*

Rives (Jean-Pierre) Rugbyman français (né en 1952). Sélectionné cinquante-neuf fois en équipe de France entre 1975 et 1984, il remporta le grand chelem en 1977 et 1981.

Rives Commune de l'Isère. 6 645 habitants. Aciérie. Papeterie.

Rivesaltes Commune des Pyrénées-Orientales. 9 020 habitants. Viticulture (muscat, vins liquoreux). Mémorial du camp d'internement.

rivet n. m. (de *river*) Tige cylindrique munie d'une tête et dont l'autre extrémité est aplatie au moment de l'assemblage (→ **river ; riveter).** *Fixation par rivets.*

Rivet (Paul) Anthropologue français (1876-1958). Fondateur du musée de l'Homme à Paris (1937), il fut aussi conseiller général de la Seine (1935) et député socialiste (1946-1951). Ses travaux portèrent sur les peuples d'Amérique. *Les Origines de l'homme américain.*

riveter v. tr. < 4 ou RO 5 > Fixer au moyen de rivets. → **river.** □ n. m. **rivetage**

riveteuse n. f. techn. Machine servant à poser des rivets.

Rivette (Jacques) Cinéaste français (1928-2016). Rédacteur en chef des *Cahiers du cinéma* (1963-1965) et théoricien de la Nouvelle Vague, il est l'auteur d'une œuvre cinématographique axée sur les rapports entre théâtre et cinéma, entre réel et imaginaire. *L'Amour fou ; La Belle Noiseuse.*

Riviera n. f. Littoral italien du golfe de Gênes, de San Remo à La Spezia. Il se divise en *Riviera du Ponant,* à l'O. de Gênes, et en *Riviera du Levant,* à l'E. Importante région touristique (nombreuses stations balnéaires, dont San Remo et Santa Margherita). Le terme est parfois abusivement utilisé pour désigner la Côte d'Azur française.

rivière n. f. (vient du latin, de *ripa* → rive) **1.** Cours d'eau naturel de moyenne importance ou qui se jette dans un autre cours d'eau. *Les bords de la rivière.* → **¹berge, rive.** *Rivière navigable. Les rivières, affluents des fleuves.* **2.** sports Obstacle constitué d'un fossé rempli d'eau. **3.** fig., littér. Nappe allongée. *« Des rivières de sang »* (Boileau). **4.** ***Rivière de diamants :*** collier de diamants.

Rivière (Émile) Paléontologue français (1835-1922). Il découvrit et fouilla (1872-1875) les grottes de Grimaldi (Ligurie), qui révélèrent la présence d'homininés de type Cro-Magnon.

Rivière (Jacques) Écrivain français (1886-1925). Cofondateur de la *Nouvelle Revue française,* il la dirigea de 1910 à 1919. Outre un roman *(Aimée)* et des essais littéraires, il laisse une importante *Correspondance* avec Alain-Fournier, son beau-frère, ainsi qu'avec Claudel et Gide.

Rivière (Georges Henri) Ethnologue français (1897-1985). Organisateur de plusieurs musées français, dont le musée de l'Homme en collaboration avec P. Rivet, il fonda à Paris le musée des Arts et des Traditions populaires (1937), et est à l'origine du concept d'« écomusée ».

Rives (Jean-Pierre)

Jean-Pierre Rives, en 1983, au Tournoi des cinq nations.

Rivière-Pilote Commune de la Martinique, au S. de l'île. 11 675 habitants.

Rivière-Salée Commune de la Martinique, au S. de l'île. 11 780 habitants.

Rivne anciennement **Rovno** Ville d'Ukraine, en Volhynie. 247 900 habitants. Construction mécanique.

rivoir n. m. techn. Marteau ou machine à river.

Rivoli (bataille de) Victoire remportée par Bonaparte sur les Autrichiens le 14 janvier 1797 à Rivoli, près de Vérone (Vénétie).

rivulaire (du latin *rivulus* « ruisselet ») **1.** adj. Qui croît dans les ruisseaux ou sur leurs bords. **2.** n. f. bot. Algue bleue filamenteuse des rivières.

rivure n. f. techn. **1.** Action de river ; son résultat. → **rivetage. 2.** Tête d'une broche métallique.

rixdale n. f. (néerlandais *rijks daaler* « thaler de l'empire ») hist. Ancienne monnaie d'argent en usage dans le nord et l'est de l'Europe.

rixe n. f. (latin *rixa* « dispute ») Querelle violente accompagnée de coups, dans un lieu public. → **bagarre.** *Rixe dans un café.*

Rixensart Ville de Belgique (Brabant wallon), dans la banlieue S.-E. de Bruxelles. 22 653 habitants. Château des princes de Mérode (XVIIe s.), entouré de jardins dessinés par Le Nôtre.

Rixheim Commune du Haut-Rhin, dans la banlieue E. de Mulhouse. 14 020 habitants. Musée du Papier peint.

Riyad Capitale de l'Arabie saoudite, située dans une oasis au pied du djebel Tuwayq. 5,1 millions d'habitants. Résidence royale. La ville est en très forte expansion. Carrefour de communication.

Riyad, vue de l'agglomération.

riyal ou **rial** n. m. (mot persan) Unité monétaire de l'Iran, du Yémen, du sultanat d'Oman, d'Arabie saoudite et du Qatar.

riz n. m. (italien *riso,* cf. risotto, du grec, origine persane) **1.** Céréale (graminée) originaire d'Extrême-Orient, riche en amidon. *Grain de riz. Chapeau en paille de riz.* **2.** Grain de cette plante, préparé pour la consommation. *Poule au riz.* – *Riz à l'espagnole* (→ **paella),** *à l'italienne* (→ **risotto).** *Riz pilaf*. Riz cantonais* (plat chinois). – *Riz au lait,* sucré et servi comme entremets. *Gâteau de riz. Eau-de-vie de riz.* → **saké.**

Riza Chah (1878-1941). Chah d'Iran (1925-1941). Officier dans la brigade des cosaques créée par la Russie, il prit le pouvoir par un coup d'État après la chute de l'administration tsariste (1921) et se fit couronner en 1925. Il dut abdiquer après l'occupation de l'Iran par les Alliés (1941).

Rizal y Mercado y Alonso (José Protasio) Écrivain et patriote philippin (1861-1896). Sa dénonciation du colonialisme espagnol *(N'y touchez pas ! ; Révolution aux Philippines)* lui valut d'être fusillé pour « incitation à la sédition ». Il est célébré comme héros national aux Philippines.

Rize Ville de Turquie orientale, au pied de la chaîne Pontique, sur la mer Noire. 119 800 habitants. Thés.

R

RIVIÈRE (l'écosystème européen)

Les rivières abritent de nombreuses niches écologiques et constituent des corridors biologiques, zones de connexion entre différents écosystèmes. Le maintien de la qualité de l'eau est normalement assuré par des organismes (plantes jouant le rôle de filtre, micro-organismes...). Les espèces rencontrées dépendent de la région biogéographique et du flux des cours d'eau. Selon la saison, le débit peut subir d'importantes variations.
Les rivières sont victimes de pollutions diverses (rejet de polluants, lessivage d'engrais par les pluies...). L'aménagement des cours d'eau nécessite de prendre des précautions afin de préserver la qualité des eaux et de ne pas fragmenter l'habitat des espèces autochtones.

Le calopteryx vierge se nourrit de petits insectes attrapés en vol.

Très bon nageur, le cincle plongeur trouve principalement sa nourriture dans l'eau.

La perche fluviatile est très répandue dans les eaux courantes et stagnantes.

Les renoncules flottantes fleurissent de mai à juillet dans les cours d'eau bien oxygénés.

Le goujon cherche ses proies sur les fonds.

La couleur de la truite fario dépend de l'ensoleillement de son habitat.

L'iris faux-acore sert de refuge aux libellules.

La bergeronnette des ruisseaux se délecte d'insectes et de larves aquatiques.

Le saule blanc contient de l'aspirine végétale.

1. Le feuillage de la pesse d'eau ressemble à un petit sapin.
2. Le martin-pêcheur est un grand amateur de petits poissons.
3. Le castor, ce rongeur bûcheron, construit des barrages qui régulent le cours de l'eau.
4. En voie de disparition, l'écrevisse à pattes rouges ne tolère que les eaux très propres.
5. La couleuvre vipérine aime la chaleur. Espèce non venimeuse.
6. Nuisible, le rat musqué cause des dégâts en creusant son terrier sur les berges.
7. Longtemps chassée, la loutre d'Europe est aujourd'hui protégée.

rizerie n. f. Usine où l'on traite le riz.

riziculteur, trice n. Cultivateur de riz. *Les riziculteurs de Camargue.*

riziculture n. f. Culture du riz.

rizière n. f. Terrain (souvent inondé) où l'on cultive le riz ; plantation de riz.

riz-pain-sel n. m. invar. argot Militaire du service de l'intendance.

RMA [ɛʀɛma] n. m. (sigle) Revenu minimum d'activité.

RMI [ɛʀɛmi] n. m. (sigle de *revenu minimum d'insertion*) (en France) Revenu garanti aux personnes démunies (remplacé par le RSA en 2009).

RMiste voir **érémiste**

RMN n. f. (sigle) Résonance* magnétique nucléaire.

Rn Symbole chimique du radon.

RN n. f. (abrév.) Abréviation de *route nationale. La RN 7.*

R'n'B ou **R&B** [ɛʀɛnbi] n. m. (mot anglais, de *rhythm and blues*) anglic. Genre musical afro-américain né dans les années 1990, influencé par le hip-hop, le funk, le rap et la soul.

RNIS [ɛʀɛniɛs] n. m. (sigle de *réseau numérique à intégration de services*) Réseau numérique permettant d'échanger des informations (sons, images, données).

Roa Bastos (Augusto) Romancier espagnol d'origine paraguayenne (1917-2005). Son œuvre, empruntant au mythe et à l'oralité, se présente comme une enquête sur l'identité et la culture paraguayennes. *Fils d'homme ; Moi le suprême.*

Roach (Maxwell, dit Max) Batteur de jazz américain (1924-2007). Principal artisan du be-bop aux côtés de C. Parker et de B. Powell, soliste virtuose, il est l'un des grands créateurs de la musique de jazz. Avec sa femme Abbey Lincoln, il s'engagea politiquement dans la lutte pour les droits civiques. *We insist ! Freedom now suite.*

road movie ou **road-movie** [ʀodmuvi] n. m. (mot anglais, de *road* « route » et *movie* « film ») anglic. Film exploitant le thème de la route, de la traversée des grands espaces. *Les road movies américains.* - var. RO **roadmovie.**

roadster [ʀodstɛʀ] n. m. (mot anglais, de *road* « route ») **1.** Automobile décapotable à deux places. **2.** Moto puissante et maniable, sans carénage.

Roanne Chef-lieu d'arrondissement de la Loire, sur la Loire. 34 415 habitants. Musée d'archéologie. Agroalimentaire. Métallurgie, armement, pneumatiques.

Roba (Jean) Dessinateur de bandes dessinées belge (1930-2006). Publiées dans la revue *Spirou* à partir de 1959, les aventures du cocker Bill et de son jeune maître Boule se sont poursuivies dans 24 albums.

Boule et Bill, personnages créés par Jean Roba.

Robbe-Grillet (Alain) Écrivain et cinéaste français, chef de file du Nouveau Roman (1922-2008). Inspirée par les recherches formelles de J. Joyce et des surréalistes, privilégiant le regard et déstructurant la chronologie, son œuvre rejette tout psychologisme. L'inventaire d'objets « durs, inaltérables, présents pour toujours et se moquant de leur propre sens » se substitue alors à la narration traditionnelle. Scénariste de *L'Année dernière à Marienbad,* de Resnais, il réalisa plusieurs films qui expriment les mêmes soucis formels que ses romans. *Les Gommes ; Le Voyeur ; La Jalousie ; La Reprise.*

rizière

Rizière en Indonésie.

Robbins (Jerome) Chorégraphe américain (1918-1998). Élève de A. Tudor, il fonda le Ballet USA en 1958. Il développa un style mêlant classicisme et jazz, comédies musicales et spectacles plus abstraits. *West Side Story ; Glass Pieces.*

Chorégraphie de Jerome Robbins, pour le film *West Side Story* (1961).

robe n. f. (du germanique *rauba* « butin », cf. **dérober**) **I. 1.** ancienn et en Orient Vêtement d'homme d'un seul tenant descendant aux genoux ou aux pieds. ■ mod. Vêtement distinctif de certains états ou professions (hommes ou femmes). *Robe de magistrat, d'avocat.* – ancienn *Les gens de robe,* les hommes de loi. *Noblesse de robe.* **2.** Vêtement féminin de dessus, d'un seul tenant, de longueur variable. *Une robe longue, courte. Robe de soie.* – *Robe du soir. Robe de mariée.* **3.** Vêtement d'enfant en bas âge. *Robe de baptême.* **4.** *Robe de chambre :* long vêtement d'intérieur, pour homme ou femme. → **déshabillé, peignoir.** *Des robes de chambre.* – *Pommes de terre en robe de chambre* (ou *robe des champs*), cuites avec leur peau. **II. 1.** Pelage de certains animaux (cheval, fauves...). *La robe d'une panthère.* **2.** Feuille de tabac enveloppant un cigare. → **cape. 3.** Couleur d'un vin.

rober v. tr. < 1 > (de *robe*) techn. Entourer (un cigare) d'une robe.

robert n. m. (n. d'une marque de biberons) fam. Sein. *« La servante aux roberts avantageux »* (San-Antonio).

Robert

ARTOIS

■ **Robert Ier le Vaillant** (1216-1250) Comte d'Artois (1237-1250). Frère de Saint Louis, il mourut au combat lors de la septième croisade.

■ **Robert II** (1250-1302) Comte d'Artois (1250-1302). Fils de Robert Ier, il fut tué à la bataille de Courtrai.

■ **Robert III** (1287-1342) Comte d'Artois (1302-1309). Petit-fils de Robert II, il fut dépossédé par sa tante Mathilde et se plaça au service d'Édouard III d'Angleterre.

ÉCOSSE

■ **Robert Ier Bruce** (1274-1329) Roi d'Écosse (1306-1329). Évincé du trône par Édouard Ier, il prit la tête de la résistance écossaise contre les Anglais, qu'il vainquit à Bannockburn en 1314.

FLANDRE

■ **Robert Ier le Frison** (v. 1030-1093) Comte de Flandre (1071-1093).

■ **Robert II de Jérusalem** (v. 1065-1111) Comte de Flandre (1093-1111). Fils de Robert Ier, il participa à la première croisade (siège d'Antioche).

■ **Robert III de Béthune** (v. 1247-1322) Comte de Flandre (1305-1322). Il lutta contre le roi de France Philippe IV le Bel.

FRANCE

■ **Robert le Fort** Comte d'Anjou et de Blois (mort en 866). Il est l'ancêtre des Capétiens.

■ **Robert Ier** (v. 866-923) Roi de France (922-923). Fils de Robert le Fort, il fonda la puissance des Robertiens, ancêtres des Capétiens. Il fut tué à Soissons par Charles le Simple.

■ **Robert II le Pieux** (v. 972-1031) Roi de France (996-1031). Fils d'Hugues Capet, il encouragea la réforme clunisienne et étendit le domaine royal (annexion des comtés de Dreux, de Melun et de Sens, ainsi que du duché de Bourgogne).

NAPLES

■ **Robert le Sage** (v. 1278-1343) Duc d'Anjou, comte de Provence et roi de Naples (1309-1343). Chef du parti guelfe, il se heurta à l'opposition des seigneurs de Lombardie. Il accueillit à sa cour Boccace et Pétrarque.

NORMANDIE

■ **Robert II Courteheuse** (1054-1134) Duc de Normandie (1087-1106). Fils de Guillaume le Conquérant, il se révolta contre ce dernier (1078). Il fut écarté du trône d'Angleterre par son frère Henri Ier Beauclerc (1100).

Robert Guiscard (v. 1015-1085). Comte d'Apulie (1057-1059), duc de Pouille, de Calabre et de Sicile (1059-1085). Fondateur du duché de Pouille, il est aussi à l'origine du royaume de Sicile, dont il chassa les Sarrasins.

Robert (Hubert) Peintre français (1733-1808). Il remit à la mode la peinture de ruines, et représenta notamment des

R

monuments romains de Provence avec une sensibilité préromantique. *Le Pont du Gard.*

Robert (Paul Charles Jules) Lexicographe et éditeur français (1910-1980). Il est le fondateur du *Dictionnaire alphabétique et analogique de la langue française*, dont la première rédaction s'étala de 1945 à 1964.

Robert (Le) Commune de la Martinique, sur la côte E. de l'île. 21 627 habitants.

Robert (Yves) Réalisateur, scénariste et acteur français (1920-2022). Il a adapté plusieurs romans dont *La Guerre des boutons, La Gloire de mon père* et *Le Château de ma mère*, et réalisé des comédies tendres à l'humour typiquement français : *Le Grand Blond avec une chaussure noire ; Un éléphant, ça trompe énormément.*

Robert Bellarmin (saint) Théologien italien (1542-1621). Jésuite (1560), cardinal (1599), il se fit le champion de la Contre-Réforme *(Controverses).*

Robert d'Arbrissel (bienheureux) Moine breton (v. 1045-1117). Il est le fondateur de l'abbaye de Fontevraud (1101).

Robert de Courçon Théologien d'origine anglaise (v. 1160-1219). Il encouragea la quatrième croisade, prépara le quatrième concile du Latran et établit les statuts de l'université de Paris.

Robert de Molesme (saint) Moine bénédictin (v. 1029-1111). Il fonda les abbayes de Molesme (1075) et de Cîteaux (1098).

Robert-Houdin (Jean Eugène) Prestidigitateur français (1805-1871). Fils d'un horloger, il créa des automates qui le rendirent célèbre et laissa plusieurs traités de prestidigitation. *Comment on devient sorcier.*

Roberti (Ercole de') dit aussi Ercole da Ferrara Peintre italien (v. 1450-1496). Élève de Tura à Ferrare, il mit les héritages gothique, renaissant et flamand au service d'une expression à la fois raffinée et inquiétante et devint le peintre officiel des Este. *Saint Jean Baptiste.*

Robertiens n. m. pl. Dynastie française fondée par Robert le Fort, et ancêtre des Capétiens. Les Robertiens régnèrent de 888 à 936.

Roberts (Frederick Sleigh, lord) Maréchal britannique (1832-1914). Il s'illustra en Afghanistan et participa à la guerre des Boers (1899-1902).

Roberts (Richard J.) Biochimiste américain d'origine britannique (né en 1943). Ses travaux permirent de mettre en évidence la structure discontinue des gènes. Prix Nobel de médecine 1993.

R

Roberts (Julia) Actrice américaine (née en 1967). Depuis son premier rôle dans *Potins de femmes*, elle n'a cessé de tourner et a remporté deux Oscars de la meilleure actrice *(Pretty Woman ; Erin Brockovich, seule contre tous).*

Roberval (Gilles Personne ou Personier de) Mathématicien et physicien français (1602-1675). Précurseur de Newton et de Leibniz pour le calcul intégral, et de Pascal en physique (expériences sur la pesanteur de l'air), il mit également au point la balance qui porte son nom (1670).

Robeson (Paul) Acteur et chanteur américain (1898-1976). Il connut une carrière exceptionnelle au théâtre (où il joua O'Neill et Shakespeare), au cinéma, et comme chanteur de gospel.

Robespierre (Maximilien Marie Isidore de) Homme politique français (1758-1794). Avocat, député du tiers état aux États généraux, il devint le principal dirigeant du club des Jacobins. Membre de la Commune insurrectionnelle de Paris (1792), il siégea à la Convention à la tête des Montagnards et s'opposa aux Girondins, dont il entraîna la chute (1793). Membre du Comité de salut public, il décréta le début de la Terreur (1793), élimina les hébertistes et les indulgents, et institua le culte déiste de l'Être suprême. La dictature révolutionnaire qu'il mit en place lui attira l'hostilité du Comité de sûreté générale et des conventionnels modérés. Renversé le 9 thermidor an II (27 juillet 1794), Robespierre fut guillotiné le lendemain avec ses partisans.

L'Arrestation de Robespierre, estampe anonyme (1796), Bibliothèque nationale de France, Paris.

Robida (Albert) Dessinateur et écrivain français (1848-1926). Caricaturiste, chroniqueur de la vie mondaine, il est également l'auteur d'une importante œuvre de science-fiction *(Le Vingtième Siècle).*

Robillard (Anne) Écrivaine canadienne (québécoise) [née en 1955]. Ses séries d'Heroic Fantasy, *Les Chevaliers d'Émeraude*, dont les héros sont une femme et six hommes devant repousser les forces du mal, et *Les Héritiers d'Enkidiev*, ont connu un vif succès, notamment auprès des jeunes lecteurs.

robin n. m. vieux Homme de robe, magistrat.

Robin (Muriel) Comédienne française (née en 1955). Elle s'est imposée dans le registre comique avec des one woman shows et des comédies puis a élargi sa palette en tenant au cinéma et à la télévision des rôles plus dramatiques *(Le Bal des actrices ; Jacqueline Sauvage).*

Robin des Bois en anglais Robin Hood Héros légendaire saxon, bandit défenseur des pauvres, inspiré d'un personnage historique (v. 1160-v. 1247).

robinet n. m. (diminutif de *Robin*, n. donné au mouton au Moyen Âge [les becs des fontaines étant souvent ornés d'une tête de mouton]) **1.** Appareil placé sur un tuyau de canalisation permettant de régler à volonté le passage d'un fluide. *Robinet d'eau froide, d'eau chaude. Le robinet du gaz.* – *Ouvrir, fermer un robinet.* **2.** fam. Pénis (d'enfant). → **quéquette.**

robinetier, ière n. Fabricant ou marchand de robinets et d'accessoires de plomberie. - var. RO **robinétier, ière.**

robinetterie n. f. **1.** Industrie, commerce des robinets. **2.** Ensemble des robinets d'un dispositif, d'une installation.

robineux, euse n. (de *robine* « alcool frelaté ») (Canada) Ivrogne, clochard(e).

robinier n. m. (de *Robin*, n. d'un botaniste) Arbre épineux à fleurs blanches en grappes (syn. **faux acacia**).

Robinson (sir Robert) Chimiste britannique (1886-1975). Il est à l'origine des premières synthèses de la chlorophylle et de la pénicilline. Prix Nobel 1947.

Robinson (Emmanuel Goldenberg, dit Edward G.) Acteur américain de cinéma (1893-1973). Il incarna le type du « méchant » dans le cinéma hollywoodien. *Key Largo ; Soleil vert.*

Robinson (Walker Smith, dit Ray Sugar) Boxeur américain (1920-1989). Il remporta le championnat du monde des welters en 1946, et celui des poids moyens en 1951 et 1955.

Robinson (Mary) Femme politique irlandaise (née en 1944). Présidente de la république d'Irlande (1990-1997), elle fut haut-commissaire aux droits de l'homme à l'ONU (1997-2002).

Robinson Crusoé Héros du roman éponyme de Daniel Defoe (1719), qui s'inspira de l'histoire du marin Selkirk. La thématique très riche du naufragé seul sur son île, et de son compagnon d'infortune Vendredi, fut l'objet d'innombrables commentaires et réécritures (J.-J. Rousseau, A. Malraux, M. Tournier).

robinsonnade n. f. (de *Robinson* Crusoé) didact. Récit d'aventures, de vie loin de la civilisation.

Roblès (Emmanuel) Écrivain français (1914-1995). Originaire d'Algérie, proche d'Albert Camus et de l'existentialisme, il développa, dans ses romans *(L'Action ; Cela s'appelle l'aurore)* et ses pièces de théâtre *(Montserrat)*, le thème de la nécessité du choix, dans une langue dépouillée.

roboratif, ive adj. (du latin, de *robur* → **robuste**) littér. Qui revigore, redonne des forces. *Plat roboratif.*

robot n. m. (mot créé en tchèque par l'écrivain Karel Čapek, du tchèque *robota* « travail ») **1.** Machine à l'aspect humain. *Les robots des films d'anticipation.* → **androïde, humanoïde.** – fig. Être humain réduit à l'état d'automate. **2.** Mécanisme automatique complexe pouvant se substituer à l'homme

robot

Robots sur une chaîne de l'usine automobile Nissan à Karita au Japon.

pour effectuer certaines opérations. *Robots industriels* (→ **cybernétique, robotique**). – Appareil ménager pour la cuisine, à utilisations multiples. **3.** *Portrait-robot* ou *photo-robot*. → **portrait-robot.**

roboticien, ienne n. Spécialiste de la robotique.

robotique n. f. Étude et mise au point de robots (2). *Robotique industrielle.*

robotisation n. f. **1.** Mise en place de robots pour effectuer à la place de l'homme des tâches répétitives dans l'industrie. **2.** Fait de transformer (une personne) en robot.

robotiser v. tr. < 1 > **1.** Équiper de machines, de robots. **2.** Transformer (qqn) en robot ; faire perdre sa liberté d'action à (qqn).

Robuchon (Joël) Cuisinier français (1945-2018). Il fit évoluer la « nouvelle cuisine » vers des recettes simples et inédites.

Joël Robuchon dans son restaurant *The Mansion* à Las Vegas.

robusta n. m. (latin *robustus* « robuste ») Variété de café cultivé en Afrique. *Le robusta et l'arabica.*

robuste adj. (latin *robustus* « solide [comme le chêne] », de *robur, roboris* « chêne », *cf.* **roboratif, corroborer**) **1.** Fort et résistant, de par sa solide constitution. *Un homme robuste.* → **vigoureux** ; fam. **costaud.** – *Une santé robuste.* **2.** *Plante robuste.* → **résistant.** – *Un moteur robuste.* → **solide. 3.** abstrait Ferme, inébranlable.

robustement adv. littér. De façon robuste. *Être robustement bâti.*

robustesse n. f. Qualité de ce qui est robuste. → **force, résistance, solidité.**

roc n. m. (de *roche*) **1.** littér. Rocher. *« Oh ! que la mer est sombre au pied des rocs sinistres ! »* (Hugo). **2.** *Le roc* : matière rocheuse et dure. *Corniche taillée dans le roc.* → **roche. 3.** par métaphore ou fig. (Symbole de dureté, de solidité) *Un homme dur, ferme, solide comme un roc.* – *C'est un roc !*

rocade n. f. (d'abord terme milit. ; de *roquer*) Voie de communication routière utilisée comme dérivation.

rocaillage n. m. techn. Revêtement, ornementation en rocaille.

rocaille n. (de *roc, cf. rococo*) **1.** n. f. Pierres qui jonchent le sol ; terrain plein de pierres. → **pierraille. 2.** n. f. Pierre utilisée, avec des coquillages, etc., pour construire des décorations de jardin. *Fontaine en rocailles.* – *Une rocaille* : ouvrage, décor de rocailles. **3.** n. m. Style ornemental (période Louis XV-Régence), variété de baroque caractérisée par la fantaisie des lignes contournées. → **rococo.** – appos. invar. *Ornementation rocaille.*

rocailleur, euse n. techn. Ouvrier, ouvrière spécialisé(e) dans la confection de rocailles.

rocailleux, euse adj. **1.** Plein de pierres. → **pierreux ; caillouteux.** *Chemin rocailleux.* **2.** Dur et heurté. *Un style rocailleux.* – *Une voix rocailleuse,* rauque.

Rocamadour Commune du Lot. 617 habitants. Ancienne ville forte, le site accueille le pèlerinage à la Vierge noire et constitue un important lieu touristique.

Rocambole Héros pittoresque créé par Ponson du Terrail *(Les Drames de Paris)* aux aventures extravagantes.

rocambolesque adj. (de *Rocambole*) Extravagant, plein de péripéties extraordinaires. *Aventures rocambolesques.*

Rocard (Michel) Homme politique français (1930-2016). Il participa à la création du Parti socialiste unifié, qu'il dirigea de 1967 à 1974. Devenu membre du Parti socialiste (1974), il fut ministre du Plan et de l'Aménagement du territoire (1981-1983), ministre de l'Agriculture (1983-1985), puis Premier ministre de 1988 à 1991.

rocelle n. f. (du catalan *orxcella* « orseille », d'après *roc*) bot. Lichen tinctorial qui pousse sur les pierres, fournissant l'orseille.

Roch [ʀɔk] **(saint)** (v. 1300-1350). Saint connu par deux légendes de la fin du XVe s., il est réputé avoir guéri des pestiférés lors d'un pèlerinage à Rome.

Rocha (Glauber) Cinéaste brésilien (1938-1981). Chef de file du *Cinema Novo*, il mit son style baroque au service d'idéaux révolutionnaires. *Le Dieu noir et le Diable blond ; Antonio des Mortes.*

rochage n. m. techn. Dégagement de gaz dissous dans une masse métallique en fusion.

Rochambeau (Jean-Baptiste Donatien de Vimeur, comte de) Maréchal de France (1725-1807). Il commanda les troupes françaises durant la guerre de l'Indépendance américaine. Nommé maréchal de France en 1791, il fut emprisonné sous la Terreur mais échappa à la guillotine grâce à la chute de Robespierre.

Rochant (Éric) Réalisateur et scénariste français (né en 1961). Au cinéma, il a notamment réalisé *Un monde sans pitié*, portrait d'une jeunesse meurtrie, et deux films d'espionnage, *Les Patriotes* et *Möbius*, genre dans lequel il s'est spécialisé avec la série télévisée *Le Bureau des légendes.*

rochassier, ière n. (du provençal *rochasse* « amas de roches ») Alpiniste qui fait du rocher.

Rochdale Ville d'Angleterre, au N. de Manchester. 108 000 habitants.

roche n. f. (vient du latin *rocca*, mot prélatin) **1.** Rocher. *Des éboulis de roches.* **2.** *La roche* : la pierre (surtout dure). *Un quartier de roche.* – *Eau de roche* : eau de source très limpide. – loc. *C'est clair* comme de l'eau de roche.* **3.** sc. Assemblage de minéraux définis par leur composition chimique. *Étude des roches.* → **géologie ; minéralogie, pétrographie.** *Roches sédimentaires ; éruptives ; métamorphiques.*

Roche (Denis) Écrivain et photographe français (1937-2015). Rédacteur à la revue *Tel Quel* (1962-1973), puis éditeur, il composa une œuvre poétique qui vise à la subversion de la littérature traditionnelle. *Éros énergumène ; La poésie est inadmissible.*

Roche-Bernard (La) Commune du Morbihan, sur la Vilaine. 694 habitants. Pont suspendu. Château des Basses-Fosses (XVIe-XVIIe s.).

Rochechouart Chef-lieu d'arrondissement de la Haute-Vienne. 3 725 habitants. Château du XVe s., partiellement reconstruit.

Rochefort (Henri, marquis de Rochefort-Luçay, dit Henri) Journaliste, homme politique et écrivain français (1831-1913). Il exprima son hostilité au Second Empire dans les différents journaux qu'il fonda *(La Lanterne ; La Marseillaise).* Déporté après la Commune, il parvint à s'évader et se rallia aux idées nationalistes du général Boulanger.

Rochefort (Jean) Acteur français (1930-2017). Après des débuts au théâtre, il embrassa une carrière au cinéma où il s'essaya à différents registres avant de se diriger vers la comédie à partir des années 1970. Il a joué dans *Que la fête commence, Un éléphant ça trompe énormément, Le Moustachu,* films grâce auxquels il est devenu l'un des acteurs français les plus populaires. Aimant s'illustrer dans des emplois très

Jean Rochefort avec Catherine Deneuve dans *Courage, fuyons* d'Yves Robert (1979).

variés, parfois inattendus, il a alterné des rôles dans des films grand public *(Le Bal des casse-pieds ; Les Grands Ducs)* et des films d'auteur.

Rochefort Chef-lieu d'arrondissement de la Charente-Maritime, sur la Charente. 23 410 habitants. Nombreux musées dont la maison natale de P. Loti. École de l'armée de l'air. Ancienne corderie royale fondée par Colbert (1666). Fortification par Vauban de l'ancien port de guerre, l'un des plus importants de France jusqu'au début du XIXe siècle.

Rochefoucauld-en-Angoumois (La) Commune de la Charente, sur la Tardoire. 3 984 habitants. Église du XIIIe s. Château Renaissance.

Roche-Guyon (La) Commune du Val-d'Oise, sur la Seine. 479 habitants. Château avec donjon des Xe-XIIe s., restauré après les bombardements de 1944.

Roche-la-Molière Commune de la Loire. 9 878 habitants.

Rochelle (La) Chef-lieu de la Charente-Maritime, port sur le pertuis d'Antioche. 77 210 habitants. Vestiges importants du Moyen Âge (enceinte, tours du vieux port, courtines). Port de commerce, de pêche et de plaisance. Un pont relie l'île de Ré à La Rochelle. Musées. Aquarium. Festival de cinéma et festival musical des Francofolies. Tour à tour possession anglaise et française au Moyen Âge, La Rochelle fut du XIVe s. au XVIIe s. un des plus grands ports français, important dans la colonisation des Amériques. Place forte du protestantisme au XVIe s., la ville fut assiégée par Richelieu qui poussa son maire Jean Guiton à la reddition (29 octobre 1628).

Le vieux port de La Rochelle, gardé par la tour Saint-Nicolas et la tour de la Chaîne (XIVe s.).

Roche-Posay (La) Commune de la Vienne. 1 569 habitants. Thermalisme. Industrie cosmétique.

rocher n. m. (de *roche*) **1.** Grande masse de roche formant une éminence généralement abrupte. *Crique dans les rochers.* **2.** *Le rocher* : la paroi rocheuse. *À flanc de rocher.* ■ *Le Rocher* : Monaco. **3.** anat. Partie massive de l'os temporal. *Fracture du rocher.* **4.** Gâteau ou confiserie en forme de petit rocher. *Rocher au chocolat.*

Rocher (dôme du) Monument de Jérusalem, dit aussi « mosquée d'Omar ». Bâti entre 687 et 691 autour du rocher du mont Horiah, c'est l'un des plus anciens édifices religieux de l'islam.

Rochester Ville d'Angleterre (Kent), à l'E. de Londres. 63 000 habitants.

rock

Stars du rock. 1. Elvis Presley en 1972 à Jacksonville, Floride. 2. Jimi Hendrix en 1967 à l'Olympia de Londres. 3. Les fans de Jim Morrison en 2003 au concert « The Doors of the 21st Century », à Paris.

▶ Né dans le sud des États-Unis dans les années 1950, en même temps que le microsillon, le **rock**, ou plus exactement le rock'n'roll (le terme, à forte connotation sexuelle, apparaît en 1951) est une fusion du blues des Noirs, du folk, du jazz et de la country music. Bill Haley connaît un premier succès avec *Crazy Man Crazy* (1953), bientôt suivi par Elvis Presley, surnommé *The King*. Le phénomène prend dès 1954 une grande ampleur, relayé par la télévision, qui joue un rôle important dans la carrière de chanteurs comme Eddie Cochran ou Gene Vincent. Des styles particuliers émergent rapidement, comme le rhythm and blues à Chicago ou le rockabilly à Memphis.

Dès 1958, le rock gagne l'Europe, et surtout l'Angleterre. Les Beatles débutent en 1962 et proposent rapidement des albums extrêmement élaborés (*Sgt. Pepper's Lonely Hearts Club Band*, 1967). Les Rolling Stones incarnent à partir de 1963 un rock plus âpre (*Satisfaction*, 1965). Ces deux groupes exercent une influence décisive sur le rock mondial. Le rock fait également évoluer les instruments, avec en particulier l'invention de la basse électrique. Le jeu de la guitare électrique, instrument roi du rock'n'roll, connaît une véritable révolution avec Jimi Hendrix. L'importance de la ligne vocale est également caractéristique de ce genre musical.

Prompt à intégrer les différentes influences, le rock se déclinera désormais en de nombreux styles, comme le hard rock (Deep Purple, Led Zeppelin), le heavy metal (Wishbone Ash, Kiss), le jazz rock sous l'impulsion de Miles Davis, le punk rock (Sex Pistols) ou le grunge (Nirvana).

voir aussi **jazz, world music**

Rochester Ville des États-Unis (État de New York). 211 320 habitants. Industrie de haute technologie.

Roche-sur-Foron (La) Commune de la Haute-Savoie. 11 155 habitants. Maisons anciennes. Carrefour routier et ferroviaire.

Roche-sur-Yon (La) Chef-lieu de la Vendée. 55 213 habitants. Musée d'art et d'archéologie. Haras. Carrefour ferroviaire.

¹rochet **n. m.** (du francique *hrokk* → froc) **1.** anciennt Tunique courte, au Moyen Âge. **2.** Surplis à manches étroites de certains dignitaires ecclésiastiques. **3.** Mantelet de cérémonie des pairs d'Angleterre.

²rochet **n. m.** (du germanique *rukka* « quenouille ») techn. **1.** Bobine de filature sur laquelle on enroule la soie. → **fuseau.** **2.** mécan. *Roue à rochet* : roue dentée qui tourne dans un seul sens.

Rochet (Waldeck) dit **Waldeck-Rochet** Homme politique français (1905-1983). Député communiste sous le Front populaire, il fut secrétaire général du PCF de 1964 à 1969.

Rocheuses (montagnes) en anglais **Rocky Mountains** ou **the Rockies** Chaîne montagneuse de l'O. de l'Amérique du Nord. S'étendant de l'Alaska au Mexique, les « montagnes Rocheuses » comprennent des sommets de plus de 4 000 m. Elles désignent un ensemble de chaînes parallèles orienté N.-S., composé des *Rocheuses méridionales* et des *Rocheuses septentrionales et moyennes* (séparées par le bassin du Wyoming). Cette appellation est parfois étendue à la zone formée par les Grandes Plaines, l'ensemble des Grands Plateaux et les *Rocheuses* proprement dites.

rocheux, euse **adj.** **1.** Couvert, formé de rochers. *Côte rocheuse.* **2.** Formé de roche, de matière minérale dure. *Un fond rocheux.*

rochier **n. m.** (de *roche*) Requin des côtes françaises.

¹rock voir **rokh**

²rock **n. m.** (abrév. de *rock-and-roll*) anglic. Musique populaire d'origine nord-américaine, issue du blues, du jazz et de la musique rurale blanche, caractérisée par un rythme très marqué. → **rock-and-roll** ; aussi **hard rock.** – Morceau de cette musique. – Danse sur cette musique. ▪ **adj.** (invar. en genre) *Chanteur rock.* → **rockeur.** *Des groupes rocks ou rock* (invar.).

rock-and-roll ou **rock'n'roll** [ʀɔkɛnʀɔl] **n. m. invar. et adj. invar.** (mot anglais, de *to rock* « balancer » et *to roll* « rouler ») anglic. **1.** vieilli Rock (2). *Danser le rock-and-roll.* **2. adj. invar.** fig. et fam. Mouvementé. *Les débuts ont été rock-and-roll !* ▪ Anticonformiste. *Il n'est pas très rock-and-roll.*

Rockefeller (John Davison) Industriel américain (1839-1937). Descendant d'immigrés allemands, il fit fortune en fondant une compagnie pétrolière, la Standard Oil Company. Il en consacra une grande partie à des œuvres de mécénat.

rockeur, euse **n.** (de l'anglais → ²rock) Chanteur, chanteuse, musicien(ne) de rock. – Amateur, amatrice de rock. - var. **rocker** [ʀɔkœʀ] **n. m.**

Rockford Ville des États-Unis (Illinois). 148 650 habitants. Important centre industriel et agricole.

rocking-chair [ʀɔkiŋ(t)ʃɛʀ] **n. m.** (mot anglais des États-Unis, de *to rock* → ²rock et *chair* « chaise ») Fauteuil à bascule que l'on fait osciller par un mouvement du corps. *Des rocking-chairs.*

rock'n'roll voir **rock-and-roll**

rococo (formation plais. sur *rocaille*) **1. n. m.** Style décoratif du XVIIIe siècle, prolongement du baroque. → **rocaille.** – **adj. invar.** *L'art rococo.* **2. adj. invar.** Démodé, vieillot.

rocou **n. m.** (altération de *urcu*, mot tupi) Colorant naturel rouge orangé que l'on extrait des graines du rocouyer.

rocouyer **n. m.** (de *rocou*) Arbrisseau d'Amérique tropicale dont la graine fournit le rocou.

Rocroi Commune des Ardennes. 2 266 habitants. Fortifications du XVIe s., achevées par Vauban. Le duc d'Enghien, futur Condé, y vainquit les Espagnols en 1643.

Rocroi (bataille de) Bataille de la guerre de Trente Ans, au cours de laquelle le duc d'Enghien, futur Condé, vainquit les Espagnols.

rodage **n. m.** Action, fait de roder. *Voiture en rodage.* – fig. Période de mise au point. *Le rodage d'un spectacle.*

rôdailler **v. intr.** < 1 > (de *rôder*) fam., vieilli Rôder, traîner.

Rodenbach (Georges) Poète belge d'expression française (1855-1898). Établi à Paris, il fut l'ami d'Edmond de Goncourt et de Mallarmé et publia des recueils de vers rêveurs placés sous le signe du symbolisme (*Le Règne du silence ; Les Vies encloses*) ainsi que deux romans, évocateurs délicats de la Flandre belge : *Bruges-la-Morte* et *Le Carillonneur.*

rodéo **n. m.** (de l'anglais des États-Unis, de l'espagnol d'Amérique « encerclement du bétail » ; famille du latin *rota* → roue) **1.** (en Amérique du Nord à l'origine) Fête donnée pour le marquage du bétail, et qui comporte des jeux sportifs de lutte avec les animaux. **2.** par analogie, fam. Course bruyante et agitée de voitures ou de motos.

roder **v. tr.** < 1 > (latin *rodere* « ronger », cf. corroder, éroder, rostre) **1.** Faire fonctionner (un moteur neuf, une voiture neuve) avec précaution et de manière progressive. **2.** fig., fam. Mettre au point (une chose nouvelle) par des essais, par la pratique. *Roder un spectacle ; une méthode de travail.* – (personnes ; passif et p. p.) *Elle est maintenant parfaitement rodée.*

rôder **v. intr.** < 1 > (probablt d'origine provençale ; famille du latin *rota* → roue) **1.** Errer avec des intentions suspectes. *Voyou qui rôde dans une rue.* → **rôdeur.** – (sujet chose abstraite) « *La mort* [...] *rôde autour de moi depuis des années* » (Mauriac). **2.** Errer au hasard. → **vagabonder.**

Rodez

Rodez, la cathédrale Notre-Dame, en grès rose.

Rodtchenko (Aleksandr)

Affiche publicitaire pour la Maison d'édition de l'État (1925).

rôdeur, euse n. Personne qui rôde en quête d'un mauvais coup.

Rodez Chef-lieu de l'Aveyron. 24 397 habitants. Évêché. Ruines romaines (arènes, aqueduc). Cathédrale Notre-Dame (XIIIe-XVIe s.). Musées (beaux-arts ; archéologie ; musée Soulages). Foire.

Rodin (Auguste) Sculpteur français (1840-1917). Frappé par l'œuvre sculpté de Donatello et de Michel-Ange, Rodin consacra la majeure partie de son travail à l'étude du corps humain et de ses possibilités expressives ; son désir de « saisir la vie entière d'un homme et de la lui plaquer sur le visage » motiva sa quête d'une représentation à la fois puissante et sensuelle du mouvement, alliant énergie et fluidité (*Les Bourgeois de Calais ; Le Penseur ; Le Baiser ; Monuments à Victor Hugo* et *à Balzac*). Il a laissé également plusieurs milliers d'aquarelles.

Auguste Rodin, *L'Âge d'airain*, bronze (1877), musée Rodin, Paris.

Rodinia n. f. Continent ancien (supercontinent) qui s'est scindé en huit parties qui dérivèrent et formèrent la Pangée.

Rodogune Fille de Mithridate, roi des Parthes (IIe s. av. J.-C.). Elle épousa le roi de Syrie Démétrios II Nicator, que Cléopâtre Théa, la première épouse de ce dernier, fit assassiner. Son personnage a inspiré une tragédie à Corneille.

rodoir n. m. (de *roder*) techn. Outil servant à roder.

Rodolphe Nom de plusieurs rois de Bourgogne. ■ **Rodolphe II** (mort en 937). Roi de Bourgogne (912-937), roi d'Italie (922-934). Il céda l'Italie à Hugues d'Arles contre l'héritage de la Provence (rattachée à la Bourgogne v. 947). ■ **Rodolphe III** le Pieux ou le Fainéant (mort en 1032). Roi de Bourgogne-Provence ou d'Arles (993-1032). Petit-fils de Rodolphe II, il légua son royaume à son neveu, l'empereur germanique Conrad II le Salique.

Rodolphe Ier de Habsbourg (1218-1291). Empereur germanique (1273-1291). Son élection à l'Empire mit fin au Grand Interrègne. Il étendit considérablement les possessions des Habsbourg (Autriche, Styrie, Carniole).

Rodolphe II de Habsbourg (1552-1612). Empereur germanique (1576-1612), roi de Hongrie (1572-1608) et de Bohême (1575-1611). Fils de Maximilien II, il favorisa la Réforme catholique tout en assurant la liberté de culte aux protestants de Bohême.

Rodolphe de Bourgogne voir **Raoul**

Rodolphe de Habsbourg Archiduc d'Autriche (1858-1889). Fils unique de l'empereur François-Joseph Ier, il fut retrouvé mort avec sa maîtresse Marie Vetsera dans le pavillon de chasse de Mayerling.

rodomont n. m. (du n. propre) littér. Personnage fanfaron. → **hâbleur, vantard.**

Rodomont en italien **Rodomonte** Héros sarrasin des poèmes de Boiardo et de l'Arioste. La tradition a assimilé ce personnage, pourtant décrit comme un prodigieux guerrier, au type même du héros fanfaron.

rodomontade n. f. (de *rodomont*) Action, propos de rodomont, de fanfaron. → **fanfaronnade.**

Rodrigue ou **Rodéric** Dernier roi des Wisigoths d'Espagne (mort en 711). Il fut vaincu par les troupes arabes de Ṭāriq lors de la conquête de l'Espagne.

Rodrigues (Amalia) Chanteuse portugaise (1920-1999). Elle fit connaître le fado dans le monde entier.

Rodrigues (Tiago) Metteur en scène de théâtre et scénariste portugais (né en 1977). Il a dirigé le Théâtre national de Lisbonne puis, à partir de 2023, le Festival d'Avignon. Il s'empare de sujets essentiellement politiques où s'entremêlent fiction poétique et réalisme. *By Heart ; Catarina et la beauté de tuer des fascistes ; La Cerisaie.*

Rodrigues (île) voir **Maurice**

Rodtchenko (Aleksandr Mikhaïlovitch) Peintre et sculpteur soviétique (1891-1957). Proche de Malevitch, il créa des œuvres abstraites composées de figures géométriques où le cercle est dominant. Représentant du constructivisme, il se plia à l'orientation de l'art soviétique et se consacra aux arts appliqués après 1922. Il fut un pionnier du photomontage.

Roederer (Pierre Louis, comte) Homme politique français (1754-1835). Membre du club des Jacobins, il soutint le coup d'État du 18 Brumaire et occupa différents ministères sous le Premier Empire. Il a laissé des ouvrages d'économie politique et d'histoire.

rœntgen voir **röntgen**

Roentgen (David) Ébéniste allemand (1743-1807). La finesse de ses marqueteries, mais aussi l'ingéniosité de ses meubles à secrets, établirent sa renommée dans toute l'Europe. Marie-Antoinette, Frédéric le Grand et Catherine II furent de ses clients.

roentgenium [rœntgenjɔm] n. m. (du n. du physicien *W. Röntgen*) chim. Élément atomique artificiel (symb. Rg ; n° at. 111).

Roeselare en français **Roulers** Ville de Belgique (Flandre-Occidentale), sur la Mandel. 63 478 habitants. Église Saint-Michel (XVe-XVIe s.).

rœsti voir **rösti**

rogations n. f. pl. (latin *rogationes* « demandes, prières » → **rogatoire**) cathol. Cérémonies dont le but est d'attirer les bénédictions divines sur les travaux des champs.

rogatoire adj. (latin *rogatus*, de *rogare* « demander » → **interroger**) dr. Relatif à une demande. – *Commission rogatoire* : délégation qui charge un tribunal, un juge d'un acte de procédure ou d'instruction.

rogaton n. m. (d'abord « requête » ; latin → **rogatoire**) fam. (surtout au plur.) Bribe de nourriture ; reste d'un repas.

Roger Nom de plusieurs comtes de Sicile. ■ **Roger Ier** (1031-1101). Comte de Sicile (1062-1101). Aidé de son frère Robert Guiscard, il conquit la Calabre puis la Sicile sur les Arabes (1091). ■ **Roger II** (v. 1095-1154). Comte (1101-1130) puis premier roi de Sicile (1130-1154). Fils de Roger Ier, il conquit Capone, le duché de Naples et les Abruzzes. Son règne fut marqué par un important essor économique et commercial.

Roger (Roger Schultz, dit frère) Pasteur protestant suisse (1915-2005). Militant pour le rapprochement des Églises, il fonda à Taizé, en Saône-et-Loire, une communauté chrétienne œcuménique.

Rogers (Carl) Psychologue américain (1902-1987). Auteur de travaux de psychopédagogie, il a créé une méthode thérapeutique fondée sur la non-directivité.

Roentgen (David)

David Roentgen, bureau en placage d'acajou (XVIIIe s.).

R

Rogers **(Virginia Katherine McMath, dite Ginger)** Actrice de cinéma américaine (1911-1995). Danseuse formée à l'école du music-hall, elle s'imposa à Broadway, avant de devenir la partenaire de Fred Astaire dans dix films de comédie musicale. *Top Hat.*

Rogers **(lord Richard)** Architecte britannique (1933-2021). Développant aux côtés de sa femme Susan un style high-tech parfois controversé, il créa à Paris le Centre Georges-Pompidou (avec R. Piano), et à Londres, le Lloyds Building, le dôme du Millenium et le 122 Leadenhall (surnommé « la râpe à fromage »).

Rognac Commune des Bouches-du-Rhône, près de l'étang de Berre. 12 136 habitants. Traitement des déchets industriels.

rognage **n. m.** Opération qui consiste à rogner.

rogne **n. f.** **(de** ***rogner*** **« être en colère »)** fam. Colère, mauvaise humeur. **–** *Être ; mettre qqn en rogne.*

rogner **v. tr. < 1 > (vient du latin, de** ***rotondus*** **→ rond) 1.** Couper de manière à diminuer les dimensions, rectifier les contours ou prélever une partie. *Rogner les cahiers d'un livre* **(→ massicoter). –** *Rogner les griffes à un chat.* **–** loc. fig. *Rogner les ailes à qqn,* lui enlever ses moyens d'action. **2.** fig. Diminuer d'une petite quantité (pour un profit mesquin). *Rogner les revenus de qqn.* **–** (sans compl. dir.) *Rogner sur un budget. Rogner sur tout.* **→ lésiner.**

rogneur, euse **n. 1.** Personne chargée du rognage du papier. **2. n. f.** Machine à rogner le papier.

rognon **n. m. (vient du latin pop. ; famille de** ***rein*****) 1.** Rein (d'un animal), destiné à la cuisine. *Rognon de veau, d'agneau.* **2.** géol. Petite masse minérale arrondie enrobée dans une roche différente.

rognonnade **n. f. (du provençal)** Longe de veau cuite avec le rognon enveloppé de sa graisse.

rognonner **v. intr. < 1 >** fam., vieilli Grommeler, bougonner.

rognure **n. f. 1.** surtout au plur. Ce que l'on enlève quand on rogne qqch. **→ déchet.** *Des rognures de cuir.* **2.** Déchet, résidu.

rogomme **n. m. (origine obscure)** pop., vieux Liqueur forte. **–** loc. fam. *Voix de rogomme,* enrouée, éraillée.

rogue **adj. (origine incertaine)** littér. Plein de morgue. *Un homme rogue et pontifiant.* **–** *Un ton rogue.* **→ arrogant, hargneux.**

rogué, ée **adj. (de** ***rogue*****)** Qui contient des œufs (poisson).

Rohan **(Henri, duc de)** Général français (1579-1638). Chef du parti protestant, il soutint trois guerres contre Louis XIII.

Rohan **(Louis, prince de), dit le chevalier de Rohan** (1635-1674). Colonel des gardes de Louis XIV, il complota contre le roi et fut exécuté.

Rohan-Guéméné **(Louis René Édouard, prince de), dit le cardinal de Rohan** Prélat français. (1734-1803). Évêque de Strasbourg (1779), il fut compromis dans l'affaire du Collier (1785-1786) et exilé à La Chaise-Dieu.

rohart **n. m. (de l'ancien nordique** ***hrossh-vair*****)** Ivoire tiré des défenses du morse, des dents de l'hippopotame. *Couteau à manche de rohart.*

Róheim **(Géza)** Anthropologue et psychanalyste américain d'origine hongroise (1891-1953). Il chercha à mettre en relation les données de l'anthropologie culturelle avec certaines thèses freudiennes, notamment le complexe d'Œdipe dont il tenta d'établir la validité universelle. *Totémisme australien ; Magie et Schizophrénie.*

Rohingyas **n. m. pl.** Peuple musulman de l'ouest de la Birmanie (Arakan). Minoritaires dans un pays à majorité bouddhiste, les Rohingyas furent privés de la nationalité birmane en 1982 et firent régulièrement l'objet de persécutions qui prirent un tour génocidaire en 2017. Plusieurs milliers d'entre eux se réfugièrent dans les pays voisins, notamment au Bangladesh.

Röhm **(Ernst)** Homme politique allemand (1887-1934). Fondateur des Sections d'assaut (SA), il entra en désaccord avec Hitler et fut assassiné lors de la « Nuit des longs couteaux » (30 juin 1934).

Rohmer **(Maurice Schérer, dit Éric)** Cinéaste et critique français (1920-2010). Pionnier de la Nouvelle Vague, il fut rédacteur en chef des *Cahiers du cinéma.* Ses films, intellectuels et précieux, souvent constitués en séries (six « contes moraux », « comédies et proverbes »), conjuguent la fréquentation des grands philosophes à une fine analyse des relations affectives. *Ma nuit chez Maud ; Les Nuits de la pleine lune ; La Marquise d'O ; Perceval le Gallois.*

roi **n. m. (vient du latin** ***rex, regis*** **« monarque » → régicide, régir, règne, reine, royal, royaume) 1.** Chef souverain (homme) de certains États **(→ royaume),** accédant au pouvoir par voie héréditaire **(→ dynastie).** *Le roi et la reine.* **–** *Le Roi-Soleil,* Louis XIV. **–** *Les Rois mages**. *La fête des Rois.* **→ épiphanie.** *Tirer les rois,* se réunir pour manger la galette* des rois. ■ loc. *Heureux comme un roi,* très heureux. **–** *Morceau de roi,* de choix. ■ appos. invar. *Bleu roi :* bleu très vif. **2.** Homme qui règne quelque part, dans un domaine. **–** Personne qui a la maîtrise (d'un secteur économique). *Les rois du pétrole.* **→ magnat. 3.** Chef, représentant éminent (d'un groupe ou d'une espèce). *Le roi des animaux,* le lion. **–** fam. Le plus grand. *Le roi des imbéciles, des cons.* **4.** Pièce la plus importante du jeu d'échecs. *Échec au roi.* **–** Carte à jouer figurant un roi.

roide ; roidir voir **raide ; raidir**

Rois **(livre des)** Nom de deux livres de la Bible. Composés entre le VIIe s. et la fin du VIe s. av. J.-C., ils retracent, notamment, l'histoire des rois de Juda et d'Israël de la mort de David jusqu'à leur chute.

Rois **(vallée des)** Site archéologique situé sur la rive occidentale du Nil, près de Louxor, en Égypte. La vallée des Rois abrite les tombes des pharaons du Nouvel Empire et celles de leurs épouses. Les fouilles, conduites au XXe s., ont mis au jour des chambres funéraires (notamment celles de Toutankhamon, Séthi Ier et Aménopolis II) aux murs décorés de fresques et de sculptures.

Roissy-en-Brie Commune de la Seine-et-Marne. 22 643 habitants.

Roissy-en-France Commune du Val-d'Oise. 2 793 habitants. Aéroport international Paris-Charles-de-Gaulle.

roitelet **n. m. (de l'ancien français** ***roitel,*** **diminutif de** ***roi*****) I.** Roi peu important ; roi d'un petit pays. **II.** Oiseau passereau plus petit que le moineau.

Rojas **(Fernando de)** Écrivain espagnol (v. 1465-v. 1541). Il fut gouverneur de Salamanque. On lui attribue le roman dialogué *La Célestine,* qui exerça une grande influence sur le théâtre européen.

Rojas y Zorrilla **(Francisco de)** Poète dramatique espagnol (1607-1648). Ses vingt-quatre drames et comédies, dont certains connurent un immense succès, furent l'objet de nombreuses imitations (Scarron, Rotrou...). *Ce que sont les femmes.*

rokh **n. m. (de l'arabe** ***roh*****)** Oiseau fabuleux des légendes orientales, d'une taille et d'une force prodigieuses. - var. **rock.**

Rokossovski **(Konstantin Konstantinovitch)** Maréchal soviétique (1896-1968). Membre du Parti bolchevique à partir de 1919, il s'illustra lors de la Seconde Guerre mondiale. Naturalisé polonais, il fut ministre de la Défense de Pologne (1949-1956).

Roland Neveu et compagnon de Charlemagne, héros légendaire de *La Chanson de Roland* (XIe s.). Armé de Durendal, il meurt à Roncevaux en combattant les Sarrasins. Le personnage a inspiré à Boiardo le *Roland amoureux* et à l'Arioste le *Roland furieux.*

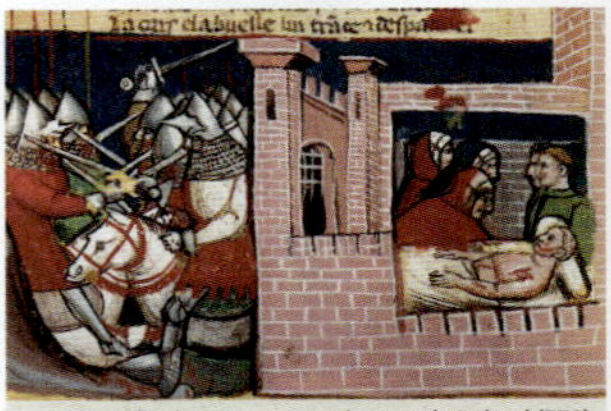

La bataille de Roncevaux et la mort de Roland (778), miniature (XIIe s.), bibliothèque Marciana, Venise.

Roland **(Marie Désirée Pauline, dite Pauline)** Militante socialiste française (1805-1852). Institutrice, elle s'engagea en faveur de l'instruction publique et de l'émancipation de la femme. Opposée au Second Empire, elle fut déportée en Algérie (1852).

Roland de La Platière **(Jean-Marie)** Homme politique français (1734-1793). Fondateur du club des Jacobins de Lyon (1790), il prit à Paris la tête du mouvement girondin (1791). Ministre de l'Intérieur (1792), il dut s'enfuir lors de la proscription des Girondins (1973). Ayant appris l'exécution de sa femme, il se donna la mort.

Rois (vallée des)

La vallée des Rois renferme 63 tombes creusées à même le roc.

Roland de La Platière (**Jeanne Marie** ou **Manon Phlipon, Mme**) connue sous le nom de **Mme Roland** (1754-1793). Épouse de Jean-Marie Roland de La Platière, elle anima auprès de son mari le mouvement girondin (1791) dont elle réunissait les membres dans son salon. Elle fut guillotinée après la chute des Girondins. Elle a laissé des *Mémoires.*

Roland-Manuel (**Roland Alexis Manuel Lévy**, dit) Compositeur et musicologue français (1891-1966). Il est surtout connu pour son émission radiophonique *Plaisir de la musique*, qui obtint une très vaste audience. Il laisse aussi une œuvre variée, dont deux opéras-bouffes *(Isabelle et Pantalon ; Le Diable amoureux).*

rôle n. m. (vient du latin médiéval *rotulus* « rouleau », diminutif de *rota* → roue, *cf.* rouleau) **I.** anciennt Rouleau sur lequel on inscrivait les actes. ■ mod., dr. admin. Registre où sont portées les affaires soumises à un tribunal. – Liste d'effectifs. *Rôle d'équipage* (d'un navire). *Rôle de la conscription.* – Liste des contribuables. ■ ***À tour de rôle*** **loc. adv.** : chacun à son tour. *Vous entrerez à tour de rôle.* **II. 1.** Partie d'un texte que doit dire sur scène un acteur ; personnage qu'il représente. *Rôle tragique, comique. Jouer, interpréter un rôle.* – *Rôle-titre* : rôle du personnage dont le nom donne son titre à l'œuvre. **2.** Conduite sociale de qqn qui joue un personnage. *Jouer, tenir un rôle. Le rôle de la victime.* – loc. *Avoir* ***le beau rôle*** : apparaître à son avantage (dans une situation). – *Jeu de rôle(s)* : jeu dans lequel les joueurs incarnent des personnages. **3.** Influence, fonction (de qqn, dans la société). *Avoir, jouer un rôle important dans une affaire.* – *Le rôle social du médecin.* → **mission, vocation.** – (choses) Fonction. *Le rôle du verbe dans la phrase.*

Rolfe (**Frederick William**) dit **le baron Corvo** Écrivain britannique (1860-1913). Converti au catholicisme et aspirant à la prêtrise, il se vit reprocher ses excentricités et son homosexualité. Un fort ressentiment contre l'universelle médiocrité s'exprime dans son œuvre empreinte de hargne et de préciosité. *Le Désir et la poursuite du tout ; Lettres de Venise.*

Rolin (**Nicolas**) Homme d'État bourguignon (1376-1462). Avocat, chancelier de Bourgogne sous Philippe le Bon, il fonda l'hôtel-Dieu de Beaune.

Rolin (**Olivier**) Écrivain français (né en 1947). Son engagement idéologique maoïste des années 1970 doublé d'un doute constant le poussa à s'interroger sur la mythologie révolutionnaire et la façon de s'inscrire dans l'histoire à titre individuel et collectif. *Port-Soudan ; Méroé ; Tigre en papier ; Un chasseur de lions.*

Rolin (**Jean**) Écrivain et journaliste français (né en 1949). Auteur de récits de voyage, il reçut le prix Albert-Londres pour *La Ligne de front*, sur la fin de l'apartheid en Afrique du Sud. *L'Organisation ; Journal de Gand aux Aléoutiennes ; Le Pont de Bezons.*

rôliste n. Personne qui participe à un jeu de rôle*.

Rolland (**Romain**) Écrivain français (1866-1944). Pacifiste *(Au-dessus de la mêlée)*, passionné d'art et de musique, il publia *Vie des hommes illustres* et *Vie de Beethoven*, où apparaît son culte du héros non violent ; il exprima son idéal humaniste et son message d'amour par la voix des héros de ses deux cycles de romans, *Jean-Christophe* et *L'Âme enchantée.* Admirateur de Tolstoï et de la philosophie de l'Inde, il rechercha toute sa vie un moyen de communion entre les hommes. Prix Nobel 1915.

roller [ʀɔlœʀ] n. m. (anglais *rollerskate* « patin à roulettes ») anglic. Patin à roulettes auquel est fixée une chaussure haute et rigide. *Des rollers.* – *Faire du roller* : patiner avec des rollers.

rolleur, euse n. Personne qui pratique le roller.

rollier n. m. (allemand *Roller*) Gros passereau, sorte de geai à grosse tête et à longue queue.

Rollin (**Charles**) Écrivain français (1661-1741). Universitaire, il s'attacha à réformer l'enseignement en donnant plus de place à l'étude de l'histoire et de la langue française. Son *Traité des études* devint un classique de la pédagogie.

Rollinat (**Maurice**) Poète français (1846-1903). Ami de Maupassant et filleul de G. Sand, il conçut une œuvre allant de la poésie champêtre aux outrances morbides inspirées de Baudelaire et de Poe. *Dans les brandes ; Les Névroses.*

Rolling Stones n. m. pl. Groupe britannique de musique pop, formé en 1962 autour de M. Jagger et de K. Richards. Ils contribuèrent à l'avènement du *british blues boom*, avant d'emprunter des voies plus sophistiquées et provocatrices. *Satisfaction ; Beggars Banquet ; Sticky Fingers.*

Les Rolling Stones, en 2003, à Sydney.

Rollins (**Theodore Walter**, dit **Sonny**) Saxophoniste américain de jazz (né en 1930). Formé dans les meilleurs orchestres de hard bop (Art Blakey, Max Roach), il est reconnu pour ses qualités de jeu et pour son style oscillant de la bossanova au free jazz. *Freedom Suite*, avec M. Roach.

rollmops [ʀɔlmɔps] n. m. (de l'allemand, de *rollen*, emprunt au français *rouler*) Filet de hareng mariné dans du vinaigre.

Rollon ou **Robert** Chef scandinave (v. 860-v. 933). Il obtint de Charles le Simple le territoire de la future Normandie (traité de Saint-Clair-sur-Epte, 911), dont il devint le premier duc.

Rol-Tanguy (**Henri Tanguy**, dit **colonel**) Militant communiste et résistant français (1908-2002). Commandant des FFI d'Île-de-France, il joua un rôle prépondérant dans la libération de Paris (août 1944). Il signa l'acte de reddition des forces allemandes. Sa femme, **Cécile Rol-Tanguy** (1919-2020), fut son agent de liaison.

[1]rom n. et adj. (mot tsigane « homme ») didact. Membre d'un peuple originaire du nord de l'Inde, émigré en Europe centrale (Roumanie, Bohême) et parlant une langue spécifique (→ **romani**). *Les Roms.* – **adj.** *Le peuple rom.*

[2]ROM n. f. invar. (acronyme de l'anglais *Read Only Memory* « mémoire que l'on peut seulement lire ») inform. Mémoire qui ne permet que la lecture des informations qu'elle contient (cf. mémoire* morte).

Romagne n. f. Ancienne province d'Italie. → **Émilie-Romagne.**

romain, aine adj. (latin *romanus* « de Rome », de *Roma* « Rome ») **1.** De l'ancienne Rome et son empire. → **latin.** *L'Empire romain. Chiffre* romain.* ■ **n.** *Les Romains.* – loc. *Un* ***travail de romain*** : une œuvre longue et difficile. **2.** De la Rome moderne. *La campagne romaine.* ■ typogr. *Caractère romain*, à traits perpendiculaires à la ligne de base (s'oppose à *italique*). **n. m.** *Composer en romain.* **3.** De Rome, siège de la papauté. *L'Église catholique, apostolique et romaine.*

Romain Nom de plusieurs empereurs byzantins. ■ **Romain Ier Lécapène** (mort en 948). Empereur byzantin (920-944). Il fut déposé par ses fils et enfermé dans un monastère. ■ **Romain II le Jeune** (939-963). Empereur byzantin (959-963). Fils de Constantin VII, il fut probablement empoisonné par sa femme Théophano. ■ **Romain III Argyre** (v. 968-1034). Empereur byzantin (1028-1034). Il succéda à Constantin VIII, dont il avait épousé la fille Zoé, laquelle l'assassina. ■ **Romain IV Diogène** (mort en 1071). Empereur byzantin (1068-1071). Il fut déposé par son beau-fils Michel VII, qui lui fit crever les yeux.

Romain (**Jules**) voir **Jules Romain**

[1]romaine n. f. (de *romain*) Laitue à feuilles allongées et croquantes.

[2]romaine adj. f. et n. f. (origine arabe, avec influence de *romain*) *Balance romaine* ou *romaine* : balance formée d'un fléau à bras inégaux, dont le plus long porte une masse que l'on déplace jusqu'à l'équilibre.

romaine (**question**) Nom donné à l'ensemble des problèmes posés au XIXe s. en Italie par l'exercice de la souveraineté pontificale sur les États de l'Église. La question romaine fut réglée par les accords du Latran (11 février 1929), qui créèrent l'État du Vatican.

Romains (**Épître aux**) Livre du Nouveau Testament, attribué à saint Paul, et l'un des plus commentés de la Bible en raison des nombreuses thèses théologiques qu'il comprend (dont celle de la justification par la foi).

Romains (**Louis Farigoule**, devenu **Jules**) Écrivain français (1885-1972). Agrégé de philosophie, discipline qu'il enseigna jusqu'en 1919, il conçut dès ses premières œuvres la tâche de la littérature comme l'expression de sentiments collectifs, conception qu'il nomma *unanimisme.* Poète *(La Vie unanime)*, conteur, romancier, auteur dramatique *(Knock)*, il montra dans son œuvre maîtresse, *Les Hommes de bonne volonté*, vaste fresque aux multiples lignes narratives, son souci de peindre la société de son temps. L'ensemble de son œuvre (romans réalistes, essais) reflète ses conceptions humanistes et libérales. Académie française.

Romainville Commune de la Seine-Saint-Denis, à l'E. de Paris. 31 469 habitants. Industrie pharmaceutique.

romaïque adj. et n. m. (grec *rômaikos*) *Langue romaïque* ou **n. m.** *le romaïque* : grec moderne parlé. → **démotique.**

[1]roman n. m. (vient du latin pop. *romanice*, adv. « en langue populaire », de *romanus* → romain) **I.** ling. Langue issue du latin oral, qui a précédé l'ancien français. **II. 1.** hist. littér. Récit en roman (I), puis en ancien français, contant des aventures merveilleuses. *Le Roman de la Rose. Le Roman de Renart.* **2.** cour. Œuvre d'imagination en prose qui présente des personnages donnés comme réels. *Romans et nouvelles*. Roman d'amour, d'aventures. Roman historique. Roman policier. Roman noir. Roman fantastique, d'anticipation, de science-fiction. « Un roman est un miroir qui se promène sur une grande route »* (Stendhal). – *Roman-feuilleton.* → **feuilleton.** *Roman-fleuve.* → **fleuve.** *Roman-photo* (voir ce mot). – loc. *Cela n'arrive que dans les romans*, c'est invraisemblable. – par métaphore *C'est tout un roman*, une longue histoire. ■ Genre littéraire que constituent ces œuvres. → **fiction.** *Le roman réaliste.* – *Le* ***nouveau**** ***roman*** : tendance du roman français du XXe siècle, qui refuse les conventions du roman traditionnel (psychologie, linéarité du récit, etc.).

[2]roman, ane adj. (de [1]*roman*) **I. 1.** *La langue romane* : le roman ([1], I) de Gaule. **2.** Relatif aux peuples conquis par Rome. *Les langues romanes*, issues du latin populaire (français, italien, espagnol, catalan, portugais, roumain, etc.). **II.** (à l'origine, par allusion au style architectural romain) Relatif à l'art médiéval d'Europe occidentale (notamment

ROMAN (art)

Roman signifie romain. L'architecture du Moyen Âge chrétien, jusqu'au XIIe s., emprunte en effet largement à l'art de la Rome antique ses façons de construire et les formes qui les accompagnent (l'arc plein cintre notamment). Les techniques romanes peuvent élever des édifices assez hauts (Tournus, Vézelay), mais le plus souvent les églises urbaines et les très nombreuses églises rurales ont plutôt un aspect extérieur assez trapu et un intérieur relativement peu éclairé (murs épais ne supportant pas de trop grandes ouvertures). Entièrement décorées de sculptures colorées et de peintures, les églises romanes permettent le développement de ces arts, qui seront les premiers à proposer les formes du style qui leur succédera, le gothique.

Ci-dessus, basilique de Paray-le-Monial (XIe s.).

Chef-reliquaire de saint Candide (v. 1165), abbaye de Saint-Maurice d'Agaune, Suisse.

La Crucifixion, plaque en ivoire (fin XIIe s.), musée du Louvre, Paris.

Enluminure du sacramentaire de Moissac (v. 1050-1150), BNF, Paris.

Christ pantocrator, fresque de l'église Saint-Clément de Taüll (XIIe s.), musée national d'Art catalan, Barcelone.

Châsse de saint Martial (v. 1170), musée du Louvre, Paris.

Ève, sculpture attribuée à Gislebert (v. 1130), musée Rolin, Autun.

Portail de la cathédrale Saint-Lazare (XIIe s.), Autun.

1. Peintures du déambulatoire de l'église de Toulx-Sainte-Croix (XIe-XIIe s.).
2. Chevet de la basilique Notre-Dame (XIIe s.), Orcival.
3. Bas-côté de l'abbatiale Saint-Philibert (XIe s.), Tournus.
4. Statue dite Notre-Dame-de-Turlande (XIIIe s.), église Saint-Saturnin, Paulhenc.

l'architecture), de la fin de l'État carolingien à la diffusion du style gothique. *Art roman. Églises romanes.* – **n. m.** Art, style roman. *Le roman auvergnat.*

Roman (Johan Helmich) Compositeur suédois (1694-1758). Formé notamment auprès de Haendel à Londres, il fut un animateur important de la vie musicale suédoise (enseignement, concerts, traduction d'ouvrages théoriques). Outre ses vingt et une symphonies, il laisse de la musique religieuse, de la musique concertante et de chambre.

romance **n. f. (espagnol *romance*, vient du latin pop. → [1]roman) 1.** hist. littér. Pièce poétique mise en musique, de style simple. **2.** cour. Chanson sentimentale. *Pousser la romance.* **3.** Brève aventure amoureuse. → **idylle.** *Leur romance a pris fin.*

romancer **v. tr.** < 3 > **(de [1]*roman*)** Présenter en donnant les caractères du roman (→ **romanesque).** – au p. p. *Biographie romancée.*

romancéro ou **romancero** **n. m. (espagnol *romancero*, de *romance*)** hist. littér. Recueil de poèmes épiques espagnols en octosyllabes. *Le romancéro du Cid.*

romanche **n. m. (du latin pop. → [1]roman)** Langue romane en usage notamment dans les Grisons. *Le romanche est la quatrième langue nationale de la Suisse.*

Romanche **n. f.** Rivière des Alpes, affluent du Drac. 78 km. Centrales hydroélectriques.

romancier, ière **n. (de [1]*roman*)** Auteur de romans.

romand, ande **adj. (var. de [1]*roman*)** Se dit de la partie de la Suisse où l'on parle le français. *Le pays romand.* – **n.** *Les Romands.*

Roman de la Rose Roman allégorique français (XIIIe s.), en octosyllabes et en deux parties indépendantes. La première, pièce courtoise et raffinée, est l'œuvre de Guillaume de Lorris ; la seconde, rationaliste et satirique, de Jean de Meung.

Roman de Renart Œuvre héroïcomique d'attribution incertaine (v. 1170-1250), en octosyllabes, inspirée en partie d'Ésope. Parodie du roman de chevalerie et satire, elle dépeint, à travers des animaux comme Renart le goupil et Ysengrin le loup, les institutions et la société féodales.

Romanelli (Giovanni Francesco) Peintre italien (1610-1662). Élève de Pierre de Cortone, il travailla au Vatican (fresques de *La Vie de la comtesse Mathilde*) et à Paris (Louvre).

romanesco **n. m. (mot italien « romain »)** Chou originaire d'Italie, vert clair, à fines fleurettes en forme de pyramides. – en appos. *Des choux romanesco.*

romanesque **adj. (de [1]*roman*) 1.** Qui offre les caractères traditionnels du roman (aventures, sentiments, etc.). *Aventures romanesques.* **2.** Qui a des idées, des sentiments dignes des romans. → **sentimental ; romantique (3). 3.** Propre au roman, genre littéraire. *La création romanesque.*

romani **n. m. (mot tsigane, de *rom*)** Langue des Tsiganes, des Roms (indo-européenne).

romanichel, elle **n. (origine tsigane)** péj. vieilli Tsigane nomade. → **bohémien, gitan,** fam. → **romano.**

romanisant, ante **adj. (du p. p. de *romaniser*)** relig. Qui se rapproche du rite romain. *Église grecque romanisante.*

romaniser **v.** < 1 > **(du latin *romanus* → romain) I. v. intr.** Suivre les dogmes de l'Église catholique romaine. **II. v. tr. 1.** Rendre catholique romain. **2.** Imposer les mœurs romaines, la langue latine à (un peuple vaincu). *Pays romanisés.* **3.** Mettre, translittérer en alphabet latin. *Le vietnamien a été romanisé.* □ **n. f. romanisation**

romanisme **n. m.** relig. Doctrine de l'Église catholique romaine.

romantisme

Le romantisme se caractérise, en peinture, par une vigueur de traitement où l'artiste met en avant son expressivité. 1. Théodore Géricault, *Le Radeau de la Méduse* (1819), musée du Louvre, Paris. 2. Caspar David Friedrich, *Le Voyageur au-dessus de la mer de nuages* (1818), musée des Beaux-Arts, Hambourg. 3. Eugène Delacroix, *Mort de Sardanapale* (1827), musée du Louvre, Paris.

▶ Apparu à la fin du XVIIIe et au début du XIXe siècle, le **romantisme** est un mouvement d'ampleur européenne (d'abord en Angleterre et en Allemagne puis en France) qui se dessine en réaction contre le classicisme et contre le rationalisme des Lumières. L'intérêt se tourne vers les cultures nationales, un passé idéalisé (Moyen Âge chevaleresque), le sentiment (remis à l'honneur par Rousseau), l'individu. L'inspiration est préférée aux règles, la passion à la mesure, le rêve voire l'irrationnel à la raison, souvent même le malheur (inévitable) au bonheur (factice ou éphémère). La nature, en proie à des forces sauvages, est la confidente et le refuge du solitaire.

En France, Lamartine (*Méditations poétiques,* 1820), Hugo (*Odes et Ballades,* 1828, *Hernani,* 1830, *Notre-Dame de Paris,* 1831), Alexandre Dumas (*Les Trois Mousquetaires,* 1844), Musset, Vigny, Michelet, Nerval, George Sand témoignent du renouvellement de la poésie, du théâtre, du roman, de l'histoire. En peinture, Delacroix ou Géricault en France, Turner en Angleterre, Goya en Espagne privilégient le mouvement, la couleur, la lumière dans des compositions qui évoquent souvent des évènements contemporains. L'artiste a une mission sociale, il s'engage dans les combats politiques.

voir aussi **classicisme, fantastique**

romaniste **n. (de [2]*roman*)** didact. **1.** Spécialiste des langues romanes. **2.** Spécialiste de droit romain. **3.** Peintre flamand du XVIe siècle qui imitait l'art italien.

romanité **n. f.** Civilisation de la Rome antique.

romano **n. (mot tsigane → [1]rom)** pop., péj. Romanichel.

Romanov Dynastie qui régna sur la Russie de 1613 à 1917. Fondée par Michel Romanov, cette dynastie s'éteignit avec Nicolas II.

roman-photo **n. m.** Récit présenté sous la forme d'une série de photos accompagnées de textes succincts. *Des romans-photos.*

Romanshorn Ville de Suisse (Thurgovie), port sur le lac de Constance. 10 803 habitants. Chantiers navals.

Romans-sur-Isère Commune de la Drôme, au confluent de l'Isère et de la Savasse. 32 818 habitants. Collégiale Saint-Barnard (XIe-XIVe s.). Musée de la Chaussure. Usines de combustibles pour le nucléaire civil et la recherche. Une attaque au couteau y fut commise en avril 2020.

romantique **adj. (anglais *romantic* « du genre littéraire du roman » [alors appelé en anglais *romance*], du français [1]*roman*) 1.** Qui appartient au romantisme. *La poésie romantique.* – **n.** *Les classiques et les romantiques.* **2.** Qui évoque les attitudes et les thèmes chers aux romantiques (sensibilité, exaltation, rêverie, etc.). *Un paysage romantique.* **3.** Qui manifeste de l'idéalisme, de la sentimentalité. → **romanesque.** *Une âme romantique.* – *Une histoire romantique.*

romantisme **n. m. 1.** Mouvement littéraire et artistique qui s'est développé dans la première moitié du XIXe siècle par réaction contre la régularité classique et le rationalisme des siècles précédents. *Le romantisme français, allemand.* **2.** Caractère, esprit romantique. *Le romantisme de l'adolescence.*

R

Rome antique

romarin n. m. **(latin *rosmarinus*, proprt « rosée de mer », de *ros, roris* → rosée et *marinus* → ¹marin)** Arbuste aromatique à feuilles persistantes et à fleurs bleues.

Rombas Commune de la Moselle, sur l'Orne. 9 864 habitants.

rombière n. f. **(origine incertaine)** péj. Femme d'âge mûr, ennuyeuse, prétentieuse et un peu ridicule.

Rome Capitale de l'Italie, chef-lieu du Latium, sur le Tibre. Capitale spirituelle de l'Église catholique avec la résidence du pape au Vatican. 2 546 800 habitants. Ancienne capitale du monde antique et capitale spirituelle de la chrétienté, Rome est également l'une des plus grandes villes d'art du monde. Il subsiste quelques vestiges de l'époque républicaine (temples de Vesta et de la Fortune, la Curie). De la Rome impériale, développée autour des forums, il reste de nombreux monuments : arc de triomphe de Constantin, Colisée, Panthéon, thermes de Caracalla et de Dioclétien, colonne Trajane, théâtre de Marcellus, mausolées d'Auguste et d'Hadrien (aujourd'hui château Saint-Ange), Maison dorée de Néron, premières églises chrétiennes (Saint-Jean-de-Latran IVe-Ve s. ; Sainte-Marie-Majeure, Ve s.). Rome, aux XVe et XVIe s., fut un grand foyer de l'architecture Renaissance (palais de Venise, palais Farnèse, villa Médicis, basilique Saint-Pierre, palais du Vatican, chapelle Sixtine) et baroque (église du Gesù, piazza Navona, place Saint-Pierre, palais Barberini, de Montecitorio et du Quirinal). Nombreux musées dont les collections comptent parmi les premières du monde (musées du Vatican, villa Borghèse, galerie nationale d'Art ancien, musée national des Thermes de Dioclétien, musées du Capitole et musée de la villa Giulia).

Rome

Le pont Saint-Ange, sur le Tibre, et, à droite, la coupole de la basilique Saint-Pierre.

▶ La légende situe la fondation de **Rome** par Romulus, descendant d'Énée, en 753 av. J.-C. Les découvertes archéologiques confirment l'existence d'une première fondation urbaine au début du VIIIe s. av. J.-C., dans le Latium (région centrale de l'Italie), mais on peut considérer les Étrusques comme les véritables fondateurs de Rome, au début du VIe s. av. J.-C. Leur domination sur la ville dure jusqu'en 509, date à laquelle une partie de l'aristocratie romaine proclame la République, contre le pouvoir étrusque.

LA RÉPUBLIQUE ROMAINE (509-27 av. J.-C.). Le gouvernement républicain, dominé par l'aristocratie, repose désormais sur l'équilibre des pouvoirs entre le Sénat (assemblée des chefs des grandes familles de l'aristocratie terrienne, les *gentes*), les magistrats (consuls, préteurs, édiles, questeurs) et le peuple (réuni dans les comices centuriates et comices tributes).

À l'extérieur, Rome commence par affronter et soumettre ses voisins (Latins, Volsques, Samnites...) : à l'aube du IIIe s., elle s'est rendue maîtresse de l'Italie. Les trois guerres contre Carthage (Guerres puniques, 264-146 av. J.-C.) puis les guerres contre la Macédoine et les Séleucides l'entraînent à la conquête du bassin méditerranéen (acquisitions entre 146 et 118 av. J.-C. de la Macédoine, de l'Asie, de l'Afrique, de l'Espagne et de la Narbonnaise).

Au IIe siècle av. J.-C., les contacts avec l'Orient hellénique modifient l'ancien idéal de vie des Romains. Le contraste entre l'enrichissement de la classe sénatoriale et l'appauvrissement des paysans suscite une grave crise sociale (tentative de réforme agraire des Gracques). Le dernier siècle de la République est marqué par l'affrontement entre les *optimates,* parti des nobles, et les *populares,* partisans des réformes sociales. Les

ROME ANTIQUE (art et civilisation)

Considéré depuis la Renaissance comme un modèle absolu, l'art de la Rome antique s'est vu au contraire présenté par l'histoire de l'art du XIXe s. comme un simple plagiat de l'art grec. Aujourd'hui on considère plutôt que si son vocabulaire est effectivement grec, sa syntaxe et son organisation sont bien des créations romaines. L'importance du politique à Rome donne naturellement prépondérance à l'architecture. La sculpture s'y développe, au-delà des copies grecques, dans la réalisation des portraits des souverains. La société romaine, très policée, ne laisse aucune place à la fantaisie artistique. C'est seulement en peinture, chez les plus riches, que l'on peut voir s'épanouir des images où s'expriment la liberté, le fantastique ou le rêve.

Ci-dessus, *Mégalographie,* fresque de la villa des Mystères (Ier s. av. J.-C.), Pompéi.

Tête de Constantin Ier le Grand, en marbre (IVe s.), Musée capitolin, Rome.

Statue de femme en prière, collection Borghèse (IIe s.), musée du Louvre, Paris.

Colonne Trajane (v. 110), forum de Trajan, Rome.

Canthare en argent à feuilles de platane, Trésor de Boscoreale (fin Ier s. av. J.-C. - début Ier s.), musée du Louvre, Paris.

Les Jeux du cirque, mosaïque trouvée à Lyon (IIe s.), musée de la Civilisation gallo-romaine, Lyon.

Portrait des époux, fresque de la villa de Paquius Proculus à Pompéi (v. 50), Musée archéologique national, Naples.

Masque de théâtre, fresque d'une villa de Pompéi (Ier s. av. J.-C.), Musée archéologique national, Naples.

Panneau de la Tellus, en marbre (v. 9 av. J.-C.), « autel de la paix d'Auguste », Rome.

Buste d'Hadrien, en marbre (v. 130), Musée archéologique national, Naples.

Camée de l'empereur Claude, en or et sardoine (v. 49), musée des Beaux-Arts, Vienne.

Vase en verre, de Pompéi (Ier s. av. J.-C. - Ier s.), Musée archéologique national, Naples.

Bijoux du Trésor de Boscoreale (fin Ier s. av. J.-C. - début Ier s.), musée du Louvre, Paris.

troubles intérieurs favorisent l'ascension de généraux victorieux : Marius, Pompée, et surtout César, qui parvient brièvement à imposer sa dictature (45-44 av. J.-C.).
L'EMPIRE ROMAIN (27 av. J.-C.-395). Octave, fils adoptif de César, sort vainqueur des luttes civiles qui suivent sa mort (Actium, 31 av. J.-C.), et, sous le nom d'Auguste, instaure un nouveau régime politique (le principat, connu sous le nom d'« Empire »). S'ensuivent deux siècles de domination sans partage sur le monde méditerranéen *(Pax romana)*. Le « siècle d'Auguste » voit le triomphe de la littérature latine classique (Horace, Virgile, Tibulle, Properce, Ovide, Tite-Live). La concentration urbaine exceptionnelle de Rome entraîne la construction d'édifices gigantesques (thermes, amphithéâtres, aqueducs). À Auguste succèdent les souverains de la dynastie Julio-Claudienne (Tibère, Caligula, Claude, Néron), connus pour le caractère sanglant de leur règne. Après la dynastie des Flaviens (69-96), le règne des premiers Antonins (96-192) marque l'apogée de l'Empire. Le monde romain atteint alors sa plus grande extension (conquête de la Dacie, annexion de la Mésopotamie, de l'Arménie, de l'Arabie Pétrée).
En même temps, de nouveaux courants transforment la société romaine en profondeur. Un idéal de vie oisive *(otium)* s'impose. L'abus de jouissances matérielles, la diffusion des philosophies orientales (pythagorisme), du christianisme, la sclérose de la religion officielle, les crises économiques aboutissent à l'affaiblissement du pouvoir central. Septime Sévère, qui fonde la dynastie des Sévères (193-235), assure la puissance absolue à l'armée. L'édit de Caracalla (212), accordant la citoyenneté romaine à tous les habitants libres de l'Empire, achève la métamorphose de l'identité romaine.
À partir du milieu du IIIe s., sous la pression accrue des Barbares, on recourt aux meilleurs généraux, désignés comme empereurs, mais ceux-ci sont rapidement écartés. L'unité de l'Empire est provisoirement rétablie par les empereurs illyriens (268-305) autour de l'armée et de l'appareil bureaucratique. À partir de Dioclétien (284-305), qui institue la tétrarchie, l'institution impériale s'apparente de plus en plus à une monarchie orientale. La conversion de Constantin (312) puis l'édit de Théodose (392) consacrent la victoire du christianisme. Le partage entre Empire romain d'Orient et Empire romain d'Occident, qui suivit la mort de Théodose (395), brise définitivement l'unité de celui-ci. Dès la fin du IVe s., les armées chargées d'en défendre les restes sont le plus souvent commandées par des Barbares (Goths, Vandales). Rome est pillée en 410 par les Wisigoths d'Alaric Ier. En 476, Odoacre dépose Romulus Augustule, dernier empereur romain d'Occident.
voir aussi **Antiquité, Grèce, Étrusques, Gaule**

R

Rome (sacs de) En 410, Rome, alors capitale de l'Empire romain restée inviolée depuis le siège des Gaulois en −390, fut envahie et pillée par les Wisigoths d'Alaric Ier. En 455, elle fut à nouveau pillée par les Vandales de Genséric. En 1527, en représailles à l'alliance du pape avec François Ier, la ville fut conquise et pillée pendant une semaine par les troupes impériales de Charles Quint.

Rome (traité de) Traité signé le 25 mars 1957, par lequel fut créée la Communauté économique européenne (CEE).

Romé de l'Isle (Jean-Baptiste) Minéralogiste français (1736-1790). Il posa les bases scientifiques pour l'étude des minéraux (description, classification).

Roméo et Juliette Couple d'amoureux légendaire qui a inspiré sa célèbre pièce à William Shakespeare (1594). À Vérone, Roméo Montaigu et Juliette Capulet s'aiment d'un amour qui leur sera fatal en raison de la haine qui oppose leurs familles. L'œuvre inspira une symphonie à Berlioz, un opéra à Gounod et un ballet à Prokofiev.

Rømer (Olaüs ou Ole) Astronome danois (1644-1710). On lui doit la première évaluation de la vitesse de la lumière (1676), de même que la première lunette méridienne et une échelle de température.

Romer (Paul) Économiste américain (né en 1955). Il a développé la théorie de la croissance endogène, soit une croissance qui s'entretient elle-même grâce à l'accumulation de différentes sortes de capitaux (capital humain, progrès technique et innovation, action de l'État). Prix Nobel 2018.

Romilly (Jacqueline de) née **David** Helléniste française (1913-2010). Professeur au Collège de France de 1973 à 1984, elle fut une spécialiste de l'histoire politique et intellectuelle de la démocratie athénienne. Académie française.

Jacqueline de Romilly, en 2003, dans son appartement parisien.

Romilly-sur-Seine Commune de l'Aube. 14 623 habitants. Musée de la Bonneterie (chaussettes).

Romme (Charles Gilbert) Homme politique français (1750-1795). Il contribua à l'élaboration du calendrier républicain avec Fabre d'Églantine.

Rommel (Erwin) Maréchal allemand (1891-1944). Commandant de l'Afrikakorps, il fut vaincu par Montgomery en Égypte à El-Alamein (1942). Commandant d'un groupe d'armées en France, il ne put résister au débarquement de Normandie (juin 1944). Devenu suspect lors du complot des généraux contre Hitler (juillet 1944), il lui fut ordonné de se suicider.

Romorantin-Lanthenay Chef-lieu d'arrondissement du Loir-et-Cher, sur la Sauldre. 18 206 habitants. Musée de Sologne.

rompre v. < 41 > **(vient du latin *rumpere* « briser », supin *ruptum* → abrupt, corrompre, éruption, route) I. v. tr. 1.** littér. Casser. *Rompre le pain,* le partager à la main. – *Se rompre le cou*.* – *Applaudir à tout rompre,* très fort. – *Rompre la glace*.* **2.** Briser (une chose souple). *Le navire a rompu ses amarres.* ■ fig. *Rompre ses liens, ses chaînes :* se libérer. **3.** littér. Enfoncer par un effort violent. *La mer a rompu les digues.* **4.** Défaire (un arrangement, un ordre). – loc. ***Rompre les rangs,*** les quitter de manière à ne plus former un rang. absolt *Rompez !* (ordre militaire). **5.** Arrêter le cours de. → **interrompre.** *Rompre le silence* (en parlant). loc. *Le charme* est rompu.* – Interrompre (des relations). *Rompre des relations diplomatiques.* – Cesser de respecter (un engagement, une promesse). → **rupture.** *Rompre un traité. Rompre ses fiançailles.* → **annuler. 6.** littér. *Rompre qqn à un exercice,* l'y accoutumer. → **rompu** (2). **II. v. intr. 1.** littér. Casser. *La corde a rompu.* → **céder. 2.** sports Reculer. **3.** Renoncer soudain à des relations d'amitié (avec qqn). → se **brouiller.** *Elle a rompu avec sa famille.* – spécialt Se séparer (en parlant d'amoureux). *Ils ont rompu.* – *Rompre avec qqch.,* cesser de pratiquer. *Rompre avec une habitude.*

rompu, ue adj. **1.** (personnes) Extrêmement fatigué. → **fourbu. 2.** littér. ***Rompu à :*** très exercé à (une discipline...). *Être rompu à un exercice.* **3.** loc. *À bâtons* rompus.*

romsteck ou **rumsteck** [ʀɔmstɛk] **n. m. (anglais *rump-steak,* de *rump* « croupe » et *steak* → steak)** Partie de l'aloyau, qui se mange rôtie ou grillée.

Romulus Fondateur et premier roi légendaire de Rome (753-715 av. J.-C.).

Romulus Augustule (v. 461-apr. 476). Dernier empereur romain d'Occident (475-476). Il dut déposé par Odoacre.

Ronaldo (Ronaldo Luis Nazário de Lima, dit) Footballeur brésilien (né en 1976). Vainqueur de la Coupe du monde en 1994 et en 2002. Célèbre pour ses accélérations et ses feintes, il est devenu une véritable légende vivante du football.

Ronaldo (Cristiano) Footballeur portugais (né en 1985). Au poste d'attaquant, il a remporté le ballon d'or en 2008, 2013, 2014, 2016 et 2017.

Cristiano Ronaldo du Real Madrid, pendant le match de la ligue des champions contre l'Ajax Amsterdam, le 3 octobre 2012 à Amsterdam.

ronce **n. f. (vient du latin *rumex* « dard ; oseille ») 1.** Arbuste épineux aux fruits comestibles **(→ mûre).** *Un buisson de ronces* **(→ roncier).** ■ Branche épineuse. *S'accrocher à des ronces.* – loc. fam. *On n'est pas sorti des ronces :* on n'est pas près de sortir de cette situation difficile. **2.** Nœuds, veines de certains bois ; bois qui offre cette particularité. *Ronce de noyer.*

ronceraie **n. f.** Terrain où croissent des ronces.

ronceux, euse **adj. 1.** littér. Plein de ronces. *Chemin ronceux.* **2.** techn. Qui présente des ronces (bois).

Roncevaux (col de) Col des Pyrénées (1 057 m) où l'arrière-garde de l'armée de Charlemagne fut massacrée par les Vascons (Basques), le 15 août 778. Roland y trouva la mort.

Ronchamp Commune de la Haute-Saône. 2 747 habitants. Chapelle construite par Le Corbusier.

Ronchin Commune du Nord. 18 933 habitants. Machines-outils.

ronchon, onne **n. (de *ronchonner*)** fam. Personne qui a l'habitude de ronchonner. → **ronchonneur.** – **adj.** *Elle est ronchon* (ou *ronchonne*).

ronchonnement **n. m.** fam. Action de ronchonner ; paroles d'une personne qui ronchonne.

ronchonner **v. intr. < 1 > (origine dialectale)** fam. Manifester son mécontentement en grognant, en protestant. → **bougonner, grogner, râler.** *Elle est toujours en train de ronchonner.*

ronchonneur, euse **n.** Personne qui ronchonne sans cesse. → **ronchon.**

roncier **n. m.** Buisson de ronces.

Romulus

Romulus et Rémus allaités par la *Louve capitoline,* bronze (Ve s. av. J.-C.), Musées capitolins, Rome.

Ronconi (Luca) Metteur en scène italien (1933-2015). Directeur du Piccolo Teatro de Milan depuis 1999, il a créé au théâtre et à l'opéra des spectacles d'avant-garde, en éclatant l'espace scénique et instaurant de nouveaux rapports avec le public *(Roland furieux ; Lohengrin)*.

Roncq Commune du Nord. 13 560 habitants.

rond, ronde (vient du latin *rotundus* → rotonde, round, de *rota* → roue) **I. adj. 1.** Dont la forme extérieure constitue (approximativement) un cercle. → **circulaire, sphérique ; rotondité.** *La Terre est ronde. Le ballon rond* (du football). – *Des yeux ronds,* de forme ronde, ou écarquillés. **2.** En arc de cercle. *Tuiles rondes.* – Arrondi, voûté. *Avoir le dos rond.* fig. *Faire le dos rond :* attendre que les choses se passent. – *Écriture ronde* (→ **ronde**). ■ (parties du corps) Charnu, sans angles. *Des joues rondes.* → **rebondi.** – (personnes) Gros et court. *Un petit bonhomme tout rond.* → **rondelet. 3.** (quantité ; nombre) Entier ; spécialt qui se termine par un ou plusieurs zéros. *Une somme ronde. Un nombre, un compte rond* (→ **arrondir**). **4.** (personnes) Qui agit sans détours. *Un homme rond en affaires.* → **carré. 5.** fam. Ivre. – loc. *Rond comme une queue de pelle.* **6. adv.** (dans des loc.) *Tourner rond,* d'une manière régulière. *Moteur qui tourne rond.* – *Ça ne tourne pas rond,* il y a quelque chose d'anormal. *Il ne tourne pas rond, ce type.* ■ *Cent euros tout rond* (→ ci-dessus, 3). **II. n. m. 1.** Figure circulaire. → **cercle, circonférence.** *Tracer un rond. Faire des ronds dans l'eau,* des ondes circulaires et concentriques. ■ ***En rond*** **loc. adv. :** en cercle. *S'asseoir en rond autour d'une table.* – loc. *Tourner en rond,* ne pas progresser. **2.** Objet matériel de forme ronde. *Rond de serviette,* anneau pour enserrer une serviette roulée. – vieilli Coussin rond (→ **rond-de-cuir**). – loc. fig. et fam. *En baver des ronds de chapeau,* être très étonné ; être soumis à un traitement sévère (→ en **baver**). ■ Tranche ronde. → **rondelle.** *Un rond de saucisson.* ■ fam. Argent. *Ils ont des ronds,* de l'argent. *Elle n'a pas le rond, plus un rond,* plus d'argent (→ **sou**). **3.** danse *Rond de jambe,* mouvement circulaire de la jambe. – loc. *Faire des* ***ronds de jambe,*** des politesses exagérées.

Ronda Ville d'Espagne (Andalousie), dans la Serranía de Ronda. 33 700 habitants. Arènes du XVIIIe siècle.

rondache n. f. (origine incertaine) anciennt Grand bouclier circulaire utilisé au XVIe siècle par les fantassins.

rond-de-cuir n. m. péj. Employé de bureau (par allusion aux ronds de cuir des sièges des bureaux). « *Messieurs les Ronds-de-cuir* » (de Courteline).

ronde n. f. **1.** ***À la ronde :*** dans un espace circulaire. → **alentour.** *À dix lieues à la ronde.* – Tour à tour, parmi des personnes installées en rond. *Servir tout le monde à la ronde.* **2.** Inspection militaire de surveillance. *Faire une ronde.* « *La Ronde de nuit* » (tableau de Rembrandt). – Visite de surveillance. *La ronde d'un vigile.* **3.** Danse où plusieurs personnes forment un cercle et tournent. *Entrer dans la ronde.* – Chanson de cette danse. ■ fig. *La ronde des saisons.* → ^{1}**cycle. 4.** Écriture à jambages courbes, à boucles arrondies. **5.** mus. Figure de note évidée et sans queue. *La ronde vaut deux blanches.*

rondeau n. m. (d'abord *rondel*) Poème à forme fixe, sur deux rimes avec des vers répétés. *Les rondeaux de Charles d'Orléans.*

ronde-bosse n. f. Sculpture en relief, qui se détache du fond (et autour de laquelle on peut tourner). *Des rondes-bosses.*

rondelet, ette adj. Qui a des formes arrondies. → **dodu, enrobé, grassouillet, potelé, rond ;** fam. **rondouillard.** *Un homme rondelet.* – *Une somme rondelette,* assez importante. → **coquet.**

Rondelet (Guillaume) Médecin et naturaliste français (1507-1566). Il est l'auteur de la première *Histoire entière des poissons* (1558, en français).

Rondelet (Jean-Baptiste) Architecte français (1743-1829). Il est l'auteur des transformations qui conduisirent de l'église Sainte-Geneviève, commandée par Louis XV et dessinée par Soufflot, au Panthéon actuel.

rondelle n. f. **1.** Pièce ronde, peu épaisse, généralement évidée. *Rondelle en caoutchouc.* **2.** Petite tranche ronde. *Une rondelle de citron.*

rondement adv. **1.** Avec vivacité et efficacité. *Une affaire rondement menée.* **2.** D'une manière franche et directe. → **franchement.** *Parler rondement.*

rondeur n. f. **1.** Forme ronde (d'une partie du corps). *La rondeur d'une hanche.* – au plur. Formes rondes du corps. « *Les rondeurs splendides de ses reins* » (Rimbaud). **2.** Caractère rond ; attitude directe et franche. → **bonhomie, simplicité.**

^{1}**rondier** voir **rônier**

^{2}**rondier, ière** n. (de *ronde*) rare Personne chargée de faire des rondes de surveillance.

rondin n. m. **1.** Morceau de bois de chauffage (cylindrique). **2.** Tronc d'arbre employé dans les travaux de construction. *Cabane en rondins.*

rondo n. m. (italien *rondo,* emprunt au français *rondeau*) mus. Pièce brillante (à couplets et refrain) servant de finale, dans la sonate et la symphonie classiques. *Des rondos.*

Rondônia État du Brésil (région Centre-Ouest). 238 378 km^2. 1,56 million d'habitants. Capitale : Porto Velho.

rondouillard, arde adj. fam. Qui a de l'embonpoint. → **rondelet.**

rond-point ou **rondpoint** n. m. **1.** Place circulaire d'où rayonnent plusieurs avenues. **2.** Carrefour à sens giratoire. *Des ronds-points, des rondpoints.*

ronéo n. f. (n. déposé) Machine qui reproduit des textes au moyen de stencils. *Des ronéos.*

ronéotyper v. tr. < 1 > (→ -type) Reproduire au moyen de la ronéo. - syn. **ronéoter.**

rôneraie n. f. (Afrique) Endroit planté de rôniers.

ronflant, ante adj. péj. Grandiloquent, plein d'emphase. → **pompeux.** *Style ronflant.* → **prétentieux.**

ronflement n. m. Action de ronfler ; bruit que fait une personne qui ronfle. *Des ronflements sonores.* – *Le ronflement d'un moteur.* → **ronron.**

ronfler v. intr. < 1 > (origine onomatopéique) Faire, en respirant pendant le sommeil, un fort bruit du nez. – par analogie (choses) → **ronronner, vrombir.** *Le poêle commence à ronfler.*

ronfleur, euse n. Personne qui ronfle, qui a l'habitude de ronfler.

ronger v. tr. < 3 > (vient du latin *rumigare* « ruminer », de *ruma, rumen* « panse » → ruminer) **1.** User en coupant avec les dents (incisives) par petits morceaux. *Souris qui ronge du pain.* → **grignoter.** *Chien qui ronge un os. Se ronger les ongles.* – (vers, insectes) Attaquer, détruire peu à peu. *Vers qui rongent le bois.* au p. p. *Meuble rongé par les vers.* → **vermoulu.** – Mordiller (un corps dur). *Cheval qui ronge son frein, son mors.* loc. *Ronger son frein*.* **2.** (choses) Attaquer, détruire peu à peu (qqch.). *La rouille ronge le fer ; les acides rongent les métaux.* → **corroder.** – par métaphore *Le mal qui le ronge.* → **miner. 3.** abstrait → **torturer, tourmenter.** « *Le regret, / Qui nous ronge le cœur* » (Ronsard). – fam. *Se ronger (les sangs),* se faire du souci. – au passif *Être rongé de remords.* □ **n. m. rongement**

rongeur, euse 1. adj. Qui ronge. **2. n. m.** Mammifère à incisives tranchantes (ordre des *Rongeurs ;* ex. le lapin, le rat).

rônier n. m. (de *rond*) Borasse. - syn. **rondier.**

ronin n. m. (mot japonais « flottant ; libre ») didact. Samouraï libre de tout engagement envers un suzerain. - var. **rônin.**

Ronis (Willy) Photographe français (1910-2009). Il fut, à l'instar de Doisneau, le photographe du Paris pittoresque.

Willy Ronis, *L'Atelier de forge des usines Renault à Boulogne-Billancourt* (1950).

ronron n. m. (origine onomatopéique) **1.** fam. Ronflement sourd et continu. *Le ronron d'un moteur.* ■ fig. Monotonie, routine. *Le ronron de la vie quotidienne.* **2.** Petit grondement régulier du chat lorsqu'il est content. *Faire ronron.* → **ronronner.**

ronronnement n. m. Ronron (d'un chat).

ronronner v. intr. < 1 > (de *ronron*) **1.** (chat) Faire entendre des ronrons. **2.** Ronfler sourdement et régulièrement. **3.** fig. Se complaire dans la routine.

Ronsard (Pierre de) Poète français (1524-1585). Chef de file de la Pléiade, considéré en son temps comme le « prince des poètes », Ronsard connut de son vivant une gloire sans faille. Il quitta la carrière diplomatique et militaire pour devenir clerc et se consacrer aux lettres. Hostile à la Réforme, il conserva toujours les faveurs de la cour royale, notamment de Charles IX, au service duquel il mit son art oratoire *(Hymnes ; Discours)*. Sa musicalité et son pouvoir d'évocation en font l'un des plus grands poètes français. *Odes ; Les Amours.*

Pierre de Ronsard, anonyme (XVIIe s.), musée des Beaux-Arts du château de Blois.

Ronse en français **Renaix** Ville de Belgique (Flandre-Orientale). 26 374 habitants. Église gothique Saint-Hermès (XIIIe-XIVe s.).

röntgen ou **rœntgen** [røntgɛn ; rœntgɛn] **n. m.** (de *Röntgen*) Ancienne unité de mesure d'exposition de rayonnement (symb. R) valant $2{,}58 \cdot 10^{-4}$ coulombs* par kilogramme.

Röntgen (Wilhelm Conrad) Physicien allemand (1845-1923). Il découvrit les rayons X en 1895 et ouvrit ainsi la voie à la radiographie médicale comme à l'étude de la radioactivité. Prix Nobel 1901.

Roodepoort-Maraisburg Ville d'Afrique du Sud (Gauteng). 120 000 habitants. Or.

rooibos [rɔjbɔs ; rɔibɔs] **n. m.** (marque déposée ; mot afrikaans « buisson rouge ») Arbuste d'Afrique du Sud dont les feuilles servent à préparer une infusion. – Cette infusion, improprement appelée *thé rouge.*

rookerie [ʀukʀi] n. f. (de l'anglais, de *rook* « freux, corneille ») anglic., zool. Colonie d'oiseaux polaires qui se protègent du froid par leur réunion. *Des rookeries.* – Communauté d'otaries. - syn. **roquerie.**

Roon (Albrecht Theodor Emil, comte von) Feld-maréchal et homme d'État prussien (1803-1879). Ministre de la Guerre (1859), il réorganisa l'armée prussienne, puis succéda à Bismarck à la présidence du ministère d'État (1872).

Roosevelt (Theodore) (1858-1919). Président (républicain) des États-Unis de 1901 à 1909. Gouverneur de l'État de New York puis vice-président (1900), il succéda à McKinley après l'assassinat de ce dernier. Il mena une politique extérieure interventionniste, notamment en Amérique latine, et soutint le tribunal international de La Haye. Prix Nobel de la paix 1906.

Roosevelt (Franklin Delano) (1882-1945). Président (démocrate) des États-Unis de 1933 à sa mort. Cousin de Theodore Roosevelt, gouverneur de l'État de New York (1929), il accéda à la présidence après la crise de 1929. Artisan du New Deal, il prôna une politique interventionniste de l'État dans la vie économique et sociale. Réélu en 1936 et 1940, il fit voter la loi prêt-bail (1941) et prépara l'effort de guerre américain. L'attaque de Pearl Harbor (déc. 1941) le décida à engager les États-Unis dans la Seconde Guerre mondiale. Réélu en nov. 1944, il mourut quelques mois plus tard.

Franklin Roosevelt, v. 1940, lors d'une allocution à la radio.

Ropartz (Guy) Compositeur français (1864-1955). Influencé par César Franck, il fut directeur de plusieurs conservatoires. Il laisse cinq symphonies, de la musique de chambre, de la musique religieuse, et un drame musical, *Le Pays.*

Rops (Félicien) Peintre et graveur belge (1833-1898). Son approche naturaliste, mêlant satire, goût pour le morbide et érotisme, annonce Toulouse-Lautrec. *Cythères parisiennes.*

roque n. m. échecs Fait de roquer*. *Grand roque ; petit roque.*

Roquebrune-Cap-Martin Commune des Alpes-Maritimes. 12 966 habitants. Vieille ville médiévale. Station balnéaire.

Roquebrune-sur-Argens Commune du Var, au pied de la *montagne de Roquebrune.* 14 335 habitants. Fortifications du XVIe siècle.

Roque-d'Anthéron (La) Commune des Bouches-du-Rhône. 5 411 habitants. Festival de musique (piano).

roquefort n. m. (de *Roquefort,* n. de lieu) Fromage de lait de brebis, ensemencé d'une moisissure spéciale.

Roquefort-sur-Soulzon Village de l'Aveyron. Fromages de brebis affinés dans les caves calcaires du causse (le *roquefort*).

Roquepertuse Site archéologique des Bouches-du-Rhône, dans la vallée de l'Arc. Sanctuaire celto-ligure des IIIe-IIe s. av. J.-C. Statue d'Hermès bicéphale.

roquer v. intr. <1> (de *roc,* ancien n. de la tour aux échecs, d'origine persane) échecs Placer l'une de ses tours à côté de son roi et faire passer ce dernier de l'autre côté de la tour.

roquerie voir **rookerie**

roquet n. m. (origine onomatopéique) **1.** Petit chien hargneux qui aboie pour un rien. **2.** fig., fam. Personne hargneuse.

roquetin n. m. (diminutif de *roquet* « bobine ») techn. Petite bobine utilisée pour le dévidage des fils d'argent ou de soie.

[1]roquette n. f. (de l'ancien italien, venant du latin *eruca* « chenille » et « roquette ») Plante (crucifère) à fleurs jaunes, cultivée pour ses feuilles qu'on mange en salade. – Cette salade.

[2]roquette n. f. (anglais *rocket,* d'origine germanique « quenouille », comme l'ancien français *roquette* « fusée ») Projectile autopropulsé et non guidé. *Roquette antichar.*

Roquevaire Commune des Bouches-du-Rhône, sur l'Huveaune. 8 569 habitants. Aqueduc.

Roraima État du Brésil (région Nord). 230 100 km^2. 451 200 habitants. Capitale : Boa Vista.

Rore (Cyprien de) Compositeur flamand (1516-1565). Maître de chapelle en Italie, il innova surtout dans le madrigal, par la recherche d'harmonies plus libres, et préfigure Monteverdi.

rorqual [ʀɔʀk(w)al] n. m. (origine germanique) Mammifère marin voisin de la baleine. → **baleinoptère.**

Rorschach (Hermann) Neurologue et psychiatre suisse (1884-1922). S'inspirant des travaux de Jung, il conçut un test de personnalité basé sur l'interprétation de taches symétriques irrégulières, et distingua des types de caractères (notamment : extraverti-introverti). *Psychodiagnostic.*

Rorty (Richard) Philosophe américain (1931-2007). S'inscrivant dans l'héritage du pragmatisme de W. James et de la philosophie analytique, il tenta de surmonter le clivage entre philosophie analytique et philosophie continentale *(Essais sur Heidegger et autres écrits).* Il se fit, en outre, le défenseur critique de la démocratie libérale *(Sur les droits de l'homme).*

Rosa (Salvator) Peintre italien (1615-1673). Il connut le succès à Rome, ville où il se fixa après sa formation à Florence. Ses scènes de bataille d'un style nerveux et ses paysages orageux et mystérieux en font l'un des précurseurs du romantisme. *Scènes de sorcellerie.*

rosace n. f. (→ [1]rose) **1.** Figure symétrique faite de courbes inscrites dans un cercle. – Ornement qui a cette forme. *Plafond à rosace.* **2.** Grand vitrail d'église, de forme circulaire. → **[1]rose.**

rosacé, ée adj. **I.** bot. Dont les pétales sont disposés comme ceux d'une rose. *Fleur rosacée.* ■ n. f. Plante à feuilles dentées, à nombreuses étamines (famille des *Rosacées ;* ex. l'aubépine, le fraisier, le rosier). **II.** méd. *Acné rosacée* ou n. f. *rosacée :* dermatose du visage.

rosage n. m. (du latin médiéval, de *rosa* → [1]rose) **1.** Variété de rhododendron. **2.** Laurier-rose.

rosaire n. m. (du latin ecclés. « guirlande de roses », de *rosa* → [1]rose) Grand chapelet de quinze dizaines d'Ave précédées chacune d'un Pater. – Les prières elles-mêmes. *Réciter son rosaire.*

rosalbin n. m. (du latin mod., de *rosa* « rose » et *albus* « blanc ») Cacatoès gris à tête blanche et rose.

rosaniline n. f. (de [2]*rose* et *aniline*) chim. Base azotée dont les dérivés sont des colorants de fibres animales (fuchsine, bleu de Lyon, etc.).

Rosanvallon (Pierre) Historien et sociologue français (né en 1948). Après une vie militante, il a mené une réflexion sur la démocratie et la citoyenneté. *Le Moment Guizot ; Le Parlement des invisibles.* Professeur au Collège de France.

Rosario Ville d'Argentine (province de Santa Fe), port sur le Paraná. 1 121 000 habitants. Nœud routier et ferroviaire. Agroalimentaire.

Rosas (Juan Manuel de) Homme politique argentin (1793-1877). Il exerça une dictature sanglante dans la province de Buenos Aires de 1835 à 1852. Il fut renversé par une coalition entre le Brésil, l'Uruguay et le Paraguay.

rosat adj. invar. (calque du latin *rosatum oleum,* de *rosa*) pharm. Se dit de préparations où il entre des roses, spécialt des roses rouges. *Pommade rosat pour les lèvres.*

rosâtre adj. Qui est d'un rose peu franc.

Rosbash (Michael) Généticien américain (né en 1944). En collaboration avec J. Hall, il découvrit des mécanismes de régulation des horloges internes des êtres vivants indépendamment du cycle du jour et de la nuit. Prix Nobel 2017.

rosbif [ʀɔsbif] n. m. (anglais *roast-beef,* de *beef* « bœuf » et *roast* « rôti », emprunts français → bœuf et rôtir) Morceau de bœuf à rôtir, généralement coupé dans l'aloyau.

Roscoff Commune du Finistère, sur la Manche. 3 362 habitants. Institut de biologie marine. Port. Thalassothérapie. Station balnéaire.

[1]rose n. f. (latin *rosa*) **I. 1.** Fleur du rosier, décorative et odorante. *Des roses rouges, blanches. Bouton de rose. Rose sauvage.* → **églantine.** – *Essence de roses.* ***Eau de rose*** : essence de roses diluée. fig. *Un roman à l'eau de rose,* sentimental et mièvre. ■ loc. *Être frais, fraîche comme une rose :* avoir un teint éblouissant. – *Ne pas sentir la rose :* sentir mauvais. – fam. *Envoyer qqn* ***sur les roses,*** le rembarrer. – *Découvrir le pot* aux roses.* **2.** par métaphore *« Cueillez dès aujourd'hui les roses de la vie »* (Ronsard). – *« Et rose elle a vécu ce que vivent les roses : / L'espace d'un matin »* (Malherbe). *Bois de rose :* bois de couleur rosée utilisé en ébénisterie. **3.** (autres fleurs) *Rose trémière*. Laurier*-rose.* **II. 1.** Grand vitrail circulaire. → **rosace. 2.** ***Rose des vents*** : étoile à 32 divisions (aires du vent), représentée sur le cadran d'une boussole, etc. **3.** ***Rose de sable, des sables*** : cristallisation de gypse, en forme de rose.

[2]rose adj. et n. m. (de [1]*rose*) **I.** adj. **1.** Qui est d'un rouge très pâle, comme la rose primitive. – loc. *Ce n'est pas rose :* ce n'est pas gai. **2.** Qui a rapport au commerce sexuel, à la pornographie. *Messagerie rose.* **II.** n. m. Couleur rose. *Rose vif, pâle. Rose bonbon,* vif. – *Voir la vie en rose, voir tout en rose,* avec optimisme (s'oppose à *en noir*).

Rose (mont) en italien **monte Rosa** Massif des Alpes pennines, partagé entre la Suisse et l'Italie. Point culminant : pointe Dufour (4 634 m).

rosé, ée adj. Légèrement teinté de rose. *Beige rosé.* – *Canard rosé,* peu cuit. ■ *Vin rosé* et n. m. *du rosé :* vin de couleur rosée, à fermentation incomplète. *Rosé de Provence.*

roseau n. m. (germanique *raus* « jonc ») Plante aquatique à tige droite et lisse. *« Le Chêne et le Roseau »* (fable de La Fontaine).

rose-croix n. m. invar. (calque de l'allemand *Rosenkreuz*) **1.** Membre de la Rose-Croix (→ **rosicrucien**). **2.** Grade de la franc-maçonnerie, supérieur à celui de maître.

Rose-Croix n. f. Société secrète connue à partir du début du XVIIe s., dont l'emblème est constitué d'une rose rouge, symbole d'ascétisme, placée au centre d'une croix, symbole de la connaissance parfaite. La Société attira l'attention de nombreux savants et religieux et influença la franc-maçonnerie. Sa renaissance à la fin du XIXe s. sous l'impulsion de J. Péladan (1858-1918), repose sur le refus du matérialisme et une mystique chrétienne teintée d'occultisme.

rosée n. f. (vient du latin pop. *rosata*, de *ros, roris* [même sens] → romarin, arroser) Vapeur d'eau qui se condense et se dépose en fines gouttelettes ; ces gouttelettes. *Herbe humide de rosée.* ■ phys. *Point de rosée :* température à laquelle une vapeur se condense.

roselet n. m. (de ²*rose*) Hermine dans son pelage d'été, d'un roux jaunâtre. – Fourrure rousse d'hermine.

roselier, ière (de *roseau*) didact. **1.** adj. Qui produit des roseaux ; où poussent des roseaux. *Marais roselier.* **2.** n. f. *Une roselière,* lieu où poussent des roseaux.

Rosenberg (Hilding) Compositeur suédois (1892-1985). Animateur important de la vie musicale suédoise, marqué par le dodécaphonisme de Schoenberg, il laissa des compositions amples et originales visant la synthèse entre opéra et oratorio. *Joseph et ses frères.*

Rosenberg (Alfred) Homme politique et théoricien allemand du nazisme (1893-1946). Principal théoricien du national-socialisme, il développa des thèses racistes fondées sur le mythe aryen *(Sang et honneur).* Il fut condamné à mort par le tribunal de Nuremberg et exécuté.

Rosenberg (affaire) Affaire judiciaire américaine qui mobilisa, à partir de 1952, l'opinion internationale. Accusés d'espionnage pour le compte de l'URSS durant la Seconde Guerre mondiale, les époux Julius et Ethel Rosenberg furent exécutés (1953).

Rosenmüller (Johann) Compositeur allemand (v. 1619-1684). Il laisse, avec quelque deux cents pièces de musique religieuse, des suites de danses et des sonates, l'une des œuvres les plus riches de la fin du XVIIe s. *Kernsprüchen.*

Rosenquist (James) Peintre américain (1933-2017). L'un des maîtres du pop art, il est le plus pictural des artistes de cette tendance. *Chambers.*

Rosenzweig (Franz) Philosophe allemand (1886-1929). Ses réflexions sur les rapports entre judaïsme et christianisme le conduisirent à remettre en cause la tradition occidentale et à prôner le retour à la dimension religieuse de l'existence, seule susceptible d'œuvrer pour la rédemption du monde. Ses écrits influencèrent notamment E. Lévinas et contribuèrent au renouveau de la pensée juive du XXe s. *L'Étoile de la rédemption.*

roséole n. f. (de ²*rose,* d'après *rougeole*) Éruption de taches rosées qui s'observe dans certaines maladies ou intoxications.

roser v. tr. < 1 > littér. Donner une teinte rose à (qqch.). → **rosir.**

roseraie n. f. Plantation de rosiers.

rosette n. f. **1.** Nœud à boucles d'un ruban. **2.** Insigne du grade d'officier, dans certains ordres (→ **décoration**). **3.** Saucisson d'origine lyonnaise.

Rosette (pierre de) Pierre gravée, découverte en 1799 à Rosette en Égypte, qui permit à Champollion de déchiffrer les hiéroglyphes (1822). Elle comprend un décret de Ptolémée V Épiphane (daté de –196) écrit sous trois formes (hiéroglyphes, démotique et grec).

La pierre de Rosette, découverte près du village de Rachīd (Rosette).

roseur n. f. rare Couleur rose, rosée.

roseval n. f. Pomme de terre à la peau rose et à la pulpe rosée.

Rosheim Commune du Bas-Rhin. 5 312 habitants. Église romane du XIIe s. Maisons du XIIe siècle.

Rosi (Francesco) Cinéaste italien (1922-2015). Il a réalisé des films de critique sociale et politique en forme d'enquêtes. *Salvatore Giuliano ; Main basse sur la ville ; L'Affaire Mattei.*

rosicrucien, ienne adj. didact. Relatif à la Rose-Croix, aux rose-croix. *L'ordre rosicrucien.*

rosier n. m. Arbrisseau épineux portant les roses. *Rosier grimpant. Rosier sauvage.* → **églantier.**

rosière n. f. anciennt Jeune fille à laquelle on décernait une couronne de roses en récompense, pour sa réputation de vertu.

rosiériste n. Horticulteur qui cultive des rosiers.

rosir v. < 2 > **1.** v. intr. Prendre une couleur rose. *Son visage rosit de plaisir.* **2.** v. tr. Rendre rose. □ n. m. **rosissement**

Roskilde Ville du Danemark, dans l'île de Sjælland, à l'O. de Copenhague. 45 800 habitants. Ancienne capitale du pays, jusqu'au XVe s. Cathédrale du XIIe s. contenant les tombeaux des rois. Port. Carrefour de communication. Centre de recherche atomique.

Roslin (Alexander) Portraitiste suédois (1718-1793). Installé à Paris, il s'intéressa, comme La Tour ou Van Loo, à la psychologie de ses modèles. *La Femme à l'éventail.*

Rosny Nom de deux écrivains français, frères, Joseph Henri dit **Rosny aîné** (1856-1940) et Séraphin Justin dit **Rosny jeune** (1859-1948), auteurs de romans naturalistes. Leur éclectisme leur fit aborder tous les domaines, soit ensemble, soit individuellement, et notamment la période préhistorique (*La Guerre du feu,* de Rosny aîné).

Rosny-sous-Bois Commune de la Seine-Saint-Denis. 45 442 habitants. Centre national d'information routière.

Rosporden Commune du Finistère, en Cornouaille. 7 594 habitants.

Ross (sir John) Navigateur britannique (1777-1856). Il explora les régions arctiques et situa, avec son neveu James, le pôle magnétique (île de Somerset). ■ Sir James Clarke **Ross.** Navigateur britannique (1800-1862). Neveu de John, il dirigea des expéditions dans l'Antarctique et découvrit la terre Victoria (1841).

Ross (sir Ronald) Médecin britannique (1857-1932). Il poursuivit des recherches sur la transmission et la prophylaxie du paludisme. Prix Nobel 1902.

Ross (James Sinclair) Romancier canadien d'expression anglaise (1908-1996). Centrés surtout sur la période de la dépression dans l'entre-deux-guerres, ses romans décrivent l'isolement et l'incommunicabilité dans de petites villes canadiennes. *As for Me and my House.*

Ross (Scott) Claveciniste américain (1951-1989). Il a enregistré des intégrales de Rameau, Couperin et Scarlatti.

Ross (île de) Île volcanique bordière du continent antarctique. Volcan Erebus (3 794 m). Presque entièrement recouverte de glace, elle s'achève du côté de l'océan par une falaise, la *grande barrière de Ross* (du nom de l'explorateur J. C. Ross, qui la découvrit en 1841).

rossard, arde n. Personne malveillante, médisante. → **rosse.** – adj. *Un critique rossard.*

Rossbach (bataille de) Bataille qui eut lieu près de la ville allemande de Rossbach (Saxe). Frédéric II y vainquit les Français (5 nov. 1757).

rosse n. f. (origine incertaine, p.-ê. germanique) **I.** vieilli Mauvais cheval. **II.** Personne dure, méchante. → fam. **chameau, vache.** *Ah ! les rosses !* – adj. *Vous avez été rosse avec lui.*

rossée n. f. fam. Volée de coups.

Rosselli (Cosimo) Peintre florentin (1439-1507). Il participa à la décoration de la chapelle Sixtine *(La Dernière Cène).*

Rossellini (Roberto) Cinéaste italien (1906-1977). Maître du néoréalisme, auquel il joignit une spiritualité et un humanisme sensibles, il ouvrit la voie à toute une génération de cinéastes. *Paisà ; Rome, ville ouverte.*

Rossellino (Bernardo) Architecte et sculpteur florentin (1409-1464). On lui attribue notamment le palais de Venise, à Rome. ■ Antonio **Rossellino.** Sculpteur florentin (1427-1479). Frère de Bernardo. Il réalisa le tombeau du cardinal de Portugal à San Miniato (Florence).

rosser v. tr. < 1 > (origine incertaine) Battre violemment. *Se faire rosser.*

rosserie n. f. **1.** Parole ou action rosse. → **méchanceté.** **2.** Caractère rosse. *Il est d'une rosserie !*

Rosset (Clément) Philosophe français (1939-2018). Influencée par le scepticisme de Montaigne et le pessimisme de Schopenhauer, l'intuition fondamentale de son œuvre est que l'homme tente le plus souvent de fuir le réel et de le doubler par des fictions religieuses ou métaphysiques. *Le Réel et son double ; Le Traité de l'idiotie.*

Rose (mont)

Le mont Rose, dans le massif des Alpes le plus haut après celui du Mont-Blanc.

R

Rossetti **(Dante Gabriel)** Peintre et poète britannique d'origine italienne (1828-1882). Fondateur de la confrérie des préraphaélites qui s'inspirait des primitifs italiens *(Ecce Ancilla Domini)*, il s'orienta ensuite vers un lyrisme puisant aux sources médiévales, annonciateur de la peinture symboliste. Il publia des recueils de poésie.

Rossi **(Luigi)** dit aussi **Aloysius de Rubeis** Compositeur italien (1598-1653). Il est surtout connu pour son art lyrique, genre dans lequel il égale Fescobaldi et Monteverdi. *Orfeo.*

Rossi **(Pellegrino, comte)** Homme politique italien (1787-1848). Naturalisé français, il fut professeur au Collège de France puis ambassadeur à Rome (1845). Il contribua à l'élection de Pie IX et dirigea en 1848 le gouvernement constitutionnel pontifical. Il fut assassiné par des révolutionnaires.

Rossi **(Constantin,** dit **Tino)** Chanteur de charme français (1907-1983). Très populaire, il apparut également dans des films et des opérettes. *Marinella.*

Rossif **(Frédéric)** Réalisateur français de cinéma et de télévision (1922-1990). Il est l'auteur de films de montage passionnés et militants sur les évènements du XXe s. (guerre d'Espagne, Shoah). Sa série documentaire télévisée « La Vie des animaux » connut une immense popularité.

rossignol n. m. **(ancien provençal, venant du latin, de *luscinia*)** I. Oiseau passereau, au chant varié et harmonieux. II. 1. Instrument pour crocheter les portes. 2. fam. Livre invendu, sans valeur. – Objet démodé. *De vieux rossignols en solde.*

rossinante n. f. **(espagnol *Rocinante*, n. du cheval de Don Quichotte, de *rocín* → [1]roussin)** vieilli Mauvais cheval, maigre et poussif. → **rosse.**

Rossini **(Gioacchino)** Compositeur italien (1792-1868). Il fit sa carrière entre l'Italie et Paris. Il est l'auteur d'opéras alertes et spirituels, dont certains furent d'immenses succès *(Le Barbier de Séville ; La Pie voleuse ; Le Voyage à Reims)* au contraire de *Guillaume Tell*, plus sérieux. Il est connu aussi pour sa musique religieuse *(Stabat Mater ; Petite Messe solennelle).*

Rosso **(Medardo)** Sculpteur italien (1858-1928). Sa sculpture, aboutissement des recherches formelles du XIXe s., innove dans les rapports entre forme et lumière. *La Rieuse.*

Rosso Fiorentino **(Giovanni Battista di Jacopo,** dit **il)** Peintre et décorateur italien (1494-1540). Après une période de formation à Florence *(La Madone aux quatre saints)*, il découvrit l'art de Michel-Ange à Rome. C'est après cette période romaine qu'il conçut son chef-d'œuvre mêlant peinture et bas-relief en stuc : la décoration de la galerie de François Ier à Fontainebleau.

rossolis [ʀɔsɔli] n. m. **(latin bot. *ros solis* « rosée du soleil »)** bot. → **droséra.**

Rostand **(Edmond)** Poète et auteur dramatique français (1868-1918). Virtuose de l'alexandrin, notamment dans sa « comédie héroïque » *Cyrano de Bergerac*, il sut redonner un nouveau souffle au romantisme. *L'Aiglon ; Chantecler.* Académie française.

Rostand **(Jean)** Biologiste et essayiste français (1894-1977). Fils d'Edmond Rostand. Chercheur (parthénogenèse et tératogenèse), vulgarisateur scientifique et libre penseur, il développa une philosophie humaniste. *La Biologie et l'Avenir humain ; Ce que je crois.*

rösti ou **rœsti** [ʀøʃti ; ʀøsti] n. m. **(mot suisse alémanique)** (Suisse) Galette de pommes de terre râpées rissolée à la poêle. *Des röstis, des rœstis.*

Rostock Ville d'Allemagne (Mecklembourg-Poméranie-Antérieure). Port dans l'estuaire de la Warnow, sur la Baltique. 200 500 habitants. Industrie.

Rostand (Jean)

Jean Rostand en 1970, dans son laboratoire.

Rostopchine **(Fedor Vassilievitch, comte)** Général et homme politique russe (1763-1826). Gouverneur de Moscou, il fut soupçonné lors de l'affaire du grand incendie de 1812. Il est le père de la comtesse de Ségur.

Rostov ou **Rostov Iaroslavski** Ville de Russie, au N.-E. de Moscou. 31 800 habitants. Une des plus anciennes villes de Russie.

Rostov-sur-le-Don Ville de Russie, sur le Don. 1 million d'habitants. Centre de communication. Industrie.

Rostow **(Walt Whitman)** Économiste et homme politique américain (1916-2003). Conseiller du président Kennedy, il établit une classification des stades de l'évolution des sociétés, de la société traditionnelle à la société de consommation *(Les Étapes de la croissance économique).*

rostral, ale, aux adj. Antiq. romaine *Colonne rostrale*, érigée en souvenir d'une victoire navale.

rostre n. m. **(latin *rostrum* « bec, museau ; éperon de navire », de *rodere* → roder)** 1. Antiq. romaine Éperon de navire. ■ *Les Rostres* : tribune aux harangues, à Rome. 2. zool. Prolongement pointu, vers l'avant du corps (crustacés ; insectes...). → **stylet.**

-rostre Élément **(du latin *rostrum* → rostre)** signifiant « bec » (ex. *lamellirostre, tenuirostre*).

Rostropovitch **(Mstislav Leopoldovitch)** Violoncelliste et chef d'orchestre russe naturalisé suisse (1927-2007). D'une aisance et d'une profondeur de jeu sans égales, il s'est imposé dans les œuvres les plus difficiles (sonate *Arpegione* de Schubert). Chostakovitch et Britten *(Suites pour violoncelle)* lui dédièrent certaines de leurs œuvres. Travaillant à la direction d'orchestre à partir de 1968, il donna une version magistrale de l'opéra de Chostakovitch *Lady Macbeth*, dans sa première version censurée (1978).

Mstislav Rostropovitch en 2001, dans la basilique Saint-Remi de Reims.

[1]rot n. m. **(vient du latin, altération de *ructus* « rot », *cf.* roter, éructer)** fam. Expulsion plus ou moins bruyante de gaz de l'estomac par la bouche. → **éructation, renvoi.**

[2]rot [ʀɔt] n. m. **(mot anglais « pourriture »)** agric. Maladie cryptogamique de la vigne, pourriture des grains de raisin.

rôt n. m. **(de *rôtir*)** littér. Rôti. « *Le fumet du rôt tournant devant le feu* » (Gide).

Rota **(Nino)** Compositeur italien (1911-1979). Auteur d'opéras, il est également connu pour ses compositions inspirées de la musique de cirque, principalement pour les films de Fellini *(La Strada ; La Dolce Vita).*

rotacé, ée adj. bot. Qui a la forme d'une roue. *Corolle rotacée.*

rotacteur n. m. **(mot-valise, de *rotatif* et *contacteur*)** techn. Contacteur à tambour rotatif, utilisé dans les télévisions.

rotang [ʀɔtɑ̃g] n. m. **(du malais → rotin)** bot. Palmier dont les tiges fournissent le rotin.

rotary n. m. **(mot anglais, du latin *rotarius*, de *rota* « roue »)** anglic., techn. 1. Appareil de sondage par rotation. 2. Système de téléphone automatique. *Des rotarys.*

rotateur, trice adj. 1. rare Qui fait tourner autour d'un axe. *Force rotatrice.* 2. anat. *Muscle rotateur.* – n. m. *Les rotateurs du dos*, qui portent la face antérieure de la vertèbre du côté opposé à la rotation.

rotatif, ive adj. **(→ rotation)** Qui agit en tournant, par une rotation. *Foreuse rotative.* – *Presse rotative.* → **rotative.**

rotation n. f. **(du latin, famille de *rota* → roue)** 1. didact. Mouvement d'un corps autour d'un axe (matériel ou non). → **giration.** *Rotation de la Terre.* – Mouvement circulaire. → **cercle, [3]tour.** *Exécuter une rotation.* 2. abstrait Fait d'alterner, de remplacer périodiquement. *Rotation des cultures.* → **assolement.** – *Rotation d'un stock* (de marchandises). – *Rotation du personnel* (dans une équipe). – Fréquence des voyages à partir d'un même lieu. *La rotation des avions d'une ligne.*

rotative n. f. Presse à imprimer continue, agissant au moyen de cylindres. - abrév. fam. **roto.**

rotativiste n. imprim. Technicien, technicienne qui conduit une presse rotative.

rotatoire adj. **(→ rotation)** Caractérisé par une rotation. *Mouvement rotatoire.* → **circulaire, giratoire.** ■ chim. *Pouvoir rotatoire* : propriété de certaines substances de faire tourner le plan de polarisation de la lumière.

rotavirus n. m. biol. Virus responsable de gastroentérites chez l'enfant.

Rotblat **(Joseph)** Physicien britannique d'origine polonaise (1908-2005). Il est l'un des fondateurs du mouvement antinucléaire Pugwash, organisation réunissant des scientifiques du monde entier mobilisés contre les dangers de l'armement atomique. Prix Nobel de la paix 1995.

[1]rote n. f. **(germanique *hrôta*)** Instrument de musique médiéval, à cordes pincées.

[2]rote n. f. **(du latin ecclés., de *rota* « roue », les juges siégeant sur un banc circulaire)** relig. Tribunal ecclésiastique siégeant à Rome. *La rote instruit les demandes d'annulation de mariage.*

Rotella **(Mimmo)** Peintre italien (1918-2006). Il travailla principalement à partir d'affiches décollées puis lacérées. *Tendre est la nuit.*

rotengle n. m. **(d'une var. de l'allemand *Rotauge*, de *rot* « rouge » et *Auge* « œil »)** Gardon* rouge.

roténone n. f. **(du japonais, de *roten*, n. de la plante d'où le produit a été extrait)** pharm. Produit toxique, insecticide, extrait de certaines plantes légumineuses.

roter v. intr. < 1 > **(vient du latin → [1]rot)** fam. Faire un rot, des rots. → **éructer.**

Roth **(Joseph)** Écrivain autrichien (1894-1939). Témoin impuissant de la montée du nazisme, il tenta de conjurer dans ses romans le sentiment de désintégration de la société autrichienne. *Le Poids de la grâce ; La Marche de Radetzky.*

R

Roth (Philip Milton) Romancier américain (1933-2018). Il est l'auteur de romans satiriques sur les préjugés de la classe moyenne (tabous sexuels, anticommunisme) et sur la famille juive américaine. *Portnoy et son complexe ; La Tâche.*

Rotharis (mort en 652). Roi des Lombards (636-652). Il publia le code lombard *(Lois de Rotharis).*

Rothenburg-ob-der-Tauber Ville d'Allemagne (Bavière). 11 200 habitants. Vieille ville gothique et Renaissance. Tourisme.

Rotherham Ville d'Angleterre (South Yorkshire), dans l'agglomération de Sheffield. 109 700 habitants. Industrie lourde.

Rothko (Mark) Peintre abstrait américain d'origine russe (1903-1970). Il est l'auteur d'œuvres abstraites et dépouillées, par grands aplats chromatiques rectangulaires aux contours indécis (abstraction chromatique).

Mark Rothko, *Hommage à Matisse* (1954), coll. particulière.

Rothschild Famille de banquiers européens d'origine allemande. Les Rothschild jouèrent un rôle international de premier plan de la fin du XVIIIe s. à la Belle Époque.

¹rôti n. m. Morceau de viande de boucherie, cuit à feu vif. → littér. **rôt.** *Rôti de bœuf* (→ **rosbif**), *de veau.*

²rôti, ie adj. Cuit à feu vif, à la broche ou au four. – fig. *Ça ne lui tombera pas tout rôti dans le bec.*

rôtie n. f. vieilli ou régional Tranche de pain grillé. → **toast.**

rotifère n. m. (du latin sc., de *rota* « roue » et *-fer* → -fère) zool. Invertébré aquatique, microscopique, dont le corps porte une couronne de cils autour de l'orifice buccal (embranchement des *Rotifères*).

rotin n. m. (néerlandais *rottin*, du malais *rotan*) Tige d'un palmier (→ **rotang**), utilisée pour faire des meubles, des objets.

rôtir v. < 2 > (origine germanique ; repris par l'anglais, *cf.* rosbif) **1.** v. tr. Faire cuire (de la viande) à feu vif. *Rôtir un canard.* ■ fam. Exposer à une forte chaleur. *Rôtir son dos devant le feu.* – pronom. *Se rôtir au soleil.* → **se dorer. 2.** v. intr. Cuire à feu vif. *Mettre la viande à rôtir.* – fam. Subir une chaleur qui incommode. *On rôtit, ici.* → **cuire.** □ n. m. **rôtissage**

rôtisserie n. f. **1.** anciennt Boutique de rôtisseur. **2.** Restaurant où l'on mange des viandes rôties.

rôtisseur, euse n. Personne qui prépare et vend des viandes rôties.

rôtissoire n. f. **1.** Ustensile de cuisine qui sert à faire rôtir la viande. **2.** Four muni d'un tournebroche.

rotogravure n. f. (de *roto-*, du latin *rotare*, et *gravure*) techn. Procédé d'héliogravure sur cylindre, permettant le tirage sur rotative.

rotonde n. f. (de l'italien ; famille du latin *rotundus* → rond) Édifice circulaire (souvent à dôme et à colonnes).

rotondité n. f. (du latin, de *rotundus* → rond) **1.** Caractère de ce qui est rond, sphérique. *La rotondité d'un globe.* **2.** fam. Rondeur, embonpoint.

Rotondo (monte) Sommet du centre de la Corse. 2 622 m.

rotor n. m. (contraction du latin *rotator*, famille de *rota* → roue) **1.** Partie mobile d'un mécanisme rotatif (opposé à *stator*). **2.** Voilure tournante (pales) d'un hélicoptère.

rototo n. m. (de *rot*) fam. Rot par lequel un bébé rejette l'air dégluti pendant la tétée.

Rotrou (Jean de) Dramaturge français (1609-1650). Protégé de Richelieu, il conçut des pièces comiques *(Les Sosies)* ou tragiques *(Saint Genest)*, et qui illustrent l'ironie et la toute-puissance du destin sur les entreprises humaines.

rotrouenge n. f. (de *retrover* « répéter » ou de *retro*, adv., indiquant le retour du refrain) Poème du Moyen Âge, composé de plusieurs strophes et terminé par un refrain. - var. **rotruenge.**

Rotterdam Ville des Pays-Bas (Hollande-Méridionale). Un des plus grands ports du monde (importation de produits pondéreux, pétroliers et industrie pétrochimique) et 1er port européen. 655 470 habitants. La ville, de caractère moderne, a été entièrement reconstruite après les bombardements allemands de 1940. Musée Boijmans-van Beuningen (Bosch, Rembrandt, Rubens, Picasso).

Le vieux port de Rotterdam dans le centre-ville.

rottweiler [ʀɔtvajlœʀ] n. m. (de l'allemand, du n. d'une localité) Chien de garde de taille moyenne, trapu, à poil ras noir. *Des rottweilers.* - var. **rottweiller.**

rotule n. f. (latin *rotula*, diminutif de *rota* → roue, *cf.* rouelle) **1.** Os plat situé à la partie antérieure du genou. → **patella.** – loc. fam. *Être sur les rotules*, très fatigué (→ **sur les genoux**). **2.** techn. Articulation formée d'une pièce sphérique tournant dans un logement creux.

rotulien, ienne adj. Relatif à la rotule. – *Réflexe rotulien*, obtenu en frappant la rotule.

roture n. f. (vient du latin *ruptura* → rupture, de *rumpere* → rompre) littér. Condition, classe des roturiers (opposé à *noblesse*). *« Le besoin d'argent a réconcilié la noblesse avec la roture »* (La Bruyère).

roturier, ière adj. Qui n'est pas noble (société féodale, Ancien Régime...). – n. *Un roturier, une roturière.* → **bourgeois, manant, vilain.**

Roty (Louis Oscar) Sculpteur et graveur en médailles français (1846-1911). Il est surtout connu pour ses médailles commémoratives et pour l'effigie de *La Semeuse* des pièces de monnaie françaises.

rouable n. m. (vient du latin *rutabulum* « pelle à feu », de *ruere* « renverser, ruiner ») techn. **1.** Perche à crochet dont le boulanger se sert pour tirer la braise du four. **2.** Râteau servant à ramasser le sel dans les salines.

rouage n. m. (de *roue*) **1.** Chacune des pièces (petites roues) d'un mécanisme (d'horlogerie, etc.). *Les rouages d'une horloge.* **2.** fig. Partie essentielle (d'un ensemble qui fonctionne). *Les rouages de l'économie. Les rouages sociaux.*

rouan, anne adj. (de l'ancien espagnol, venant probablt du latin, de *ravidus* « gris tirant sur le jaune ») Se dit d'un cheval dont la robe est mêlée de poils blancs, roux et noirs. *Jument rouanne.* – n. *Un rouan, une rouanne.*

rouanne n. f. (vient du latin pop. *rucina*, du grec « rabot ») techn. **1.** Outil servant à dégrossir et creuser le bois. **2.** Compas pour marquer les tonneaux.

Rouault (Georges) Peintre et graveur français (1871-1958). À travers ses œuvres puissantes, influencées par Rembrandt, par l'iconographie médiévale et par l'expressionnisme, il a exprimé un message humain et spirituel. Il développa également une thématique évangélique et biblique qui en fait le plus important des peintres religieux du XXe s. *Miserere ; Le Clown tragique.*

Georges Rouault, *Clown à la fleur rose* (1949-1956), Musée national d'art moderne, Centre Georges-Pompidou, Paris.

Roubaix Commune du Nord. 98 066 habitants. Elle forme une conurbation avec Lille et Tourcoing. Musée de la Piscine. Centre français de vente par correspondance et en ligne.

Roubaud (Jacques) Écrivain français (né en 1932). Mathématicien de formation, membre de l'OuLiPo, il est l'auteur de jeux poétiques formels *(Trente et un au cube)*, de romans (le cycle d'*Hortense*) et de récits autobiographiques « à bifurcations » *(Le Grand Incendie de Londres ; Parc sauvage ; Impératif catégorique).*

roubignoles n. f. pl. (du provençal, de *robin*, surnom du bélier) fam. Testicules. → **roupettes, roustons.**

roublard, arde adj. (origine incertaine) fam. Qui fait preuve d'astuce et de ruse dans la défense de ses intérêts. → **malin, rusé.** – n. *C'est un vieux roublard.*

roublardise **n. f.** Caractère, conduite de roublard. ➔ **rouerie.**

rouble **n. m.** **(russe *roubl'*)** Unité monétaire de l'ex-URSS, puis de la Russie et de la Biélorussie. *Un rouble vaut cent kopecks.*

Roublev (Andreï) Peintre et moine orthodoxe russe (v. 1360-v. 1430). Il est l'un des plus grands auteurs d'icônes, dans un style fidèle à la tradition byzantine. *La Trinité.*

Roubtsovsk Ville de Russie (Sibérie occidentale), au pied de l'Altaï. 147 000 habitants.

Rouch (Jean) Ethnologue et cinéaste français (1917-2004). Grande figure du film ethnographique, il réalisa des films documentaires et de fiction sur l'Afrique et le monde animal. *Les Maîtres fous ; Moi, un Noir.*

Rouché (Jacques) Metteur en scène français (1862-1957). Dans des mises en scène variées, il chercha la synthèse des arts visuels et plastiques. Il publia *L'Art théâtral moderne.*

rouchi **n. m.** **(picard *drouchi* « droit ici »)** Parler du Hainaut français (Valenciennes et sa région), variété dialectale du picard.

roucoulade **n. f.** Bruit que fait un oiseau en roucoulant. ➔ **roucoulement.** – **fig. et fam.** *Les roucoulades des amoureux.*

roucoulant, ante **adj.** Qui roucoule.

roucoulement **n. m.** Fait de roucouler.

roucouler **v. intr.** **< 1 > (probablt d'origine onomatopéique)** **1.** **(pigeon, tourterelle)** Faire entendre son cri. **2.** Tenir des propos tendres. *Des amoureux qui roucoulent.*

Roud (Gustave) Écrivain suisse d'expression française (1897-1976). Traducteur des romantiques allemands, il est l'auteur de poèmes en prose d'une grande densité. *Adieu ; Requiem.*

roudoudou **n. m.** **(mot de formation enfantine)** Confiserie faite d'une pâte sucrée coulée dans une coquille ou une petite boîte.

roue **n. f.** **(vient du latin *rota* ➔ brouette, rôder, rôle, rond, rotule)** **1.** Disque plein ou évidé tournant sur un axe et utilisé comme organe de déplacement. *Les roues d'une voiture, d'une bicyclette. Véhicule à deux roues* (➔ **deux-roues**), *à quatre roues. Roue avant, arrière.* – *Roue de secours,* de rechange. – *Chapeau de roue* (qui protège le moyeu). **fam.** *Sur les chapeaux de roue,* à toute allure. – ***Roue libre*** : dispositif permettant au cycliste de rouler sans pédaler. **fig.** *En roue libre* : sans prise, sans contrôle. – **loc.** *Pousser à la roue,* aider qqn à réussir. *Mettre des bâtons* dans les roues. Être la cinquième roue du carrosse,* être inutile ou insignifiant. **2.** Disque tournant sur son axe, servant d'organe de transmission, etc. ➔ **poulie, rouage.** *Roues dentées.* **3.** Supplice qui consistait à attacher le condamné sur une roue et à lui rompre les membres (➔ **rouer**). **4.** Disque tournant. *Roue de loterie.* – ***Grande roue*** : attraction foraine, manège en forme de roue dressée. – **loc.** *La roue de la Fortune,* symbole des vicissitudes humaines. *La roue tourne* : les choses changent, la chance va et vient. **5.** ***Faire la roue.*** Tourner latéralement sur soi-même en faisant reposer le corps successivement sur les mains et sur les pieds. ■ **(oiseaux)** Déployer en rond les plumes de la queue. *Paon qui fait la roue.* – **fig., péj.** Déployer ses séductions. ➔ **se pavaner.** **6.** Disque, cylindre. *Une roue de gruyère.*

roué, ée **n.** **(de *rouer*)** **littér.** **1.** Personne soumise au supplice de la roue. **2.** Personne rusée et sans scrupules. – **adj.** ➔ **rusé.**

rouelle **n. f.** **(vient du latin « petite roue », diminutif [*cf.* rotule] de *rota* ➔ roue)** **I.** Partie de la cuisse de veau au-dessus du jarret, coupée en rond. **II.** **hist.** Cercle d'étoffe de couleur, dont le port fut imposé aux juifs, au Moyen Âge.

Rouelle (Guillaume François), dit Rouelle l'Aîné Apothicaire et chimiste français (1703-1770). Il travailla notamment sur les réactions entre les acides et les bases.

■ **Hilaire Marin Rouelle, dit le Cadet** (1718-1799). Frère du précédent. Il découvrit et isola l'urée.

Rouen Chef-lieu de la Seine-Maritime et de la Région Normandie, sur la Seine. 114 187 habitants. Nombreux monuments gothiques (cathédrale Notre-Dame, partiellement reconstruite ; églises Saint-Ouen et Saint-Maclou ; palais de justice ; Gros-horloge [XVIe s.] ; Tour Jeanne d'Arc [XIIIe s.]). Musée des Beaux-Arts. Industries traditionnelles (textile, construction navale) en reconversion. Port fluvial. Industrie pharmaceutique et agroalimentaire. Services. Grand centre drapier au Moyen Âge. Jeanne d'Arc y fut brûlée en 1431.

Rouen, maisons médiévales à colombages dans la vieille ville.

roue-pelle **n. f.** **techn.** Excavatrice de grande taille, comportant une roue à godets. *Des roues-pelles.*

rouer **v. tr.** **< 1 > (de *roue* [3])** **1.** **anciennt** Supplicier sur la roue (3). **2.** **loc.** *Rouer qqn de coups,* le battre violemment.

Rouergue **n. m.** Région du sud de la France (Aveyron). Ses paysages très variés (plateaux calcaires, gorges, massif volcanique) en font une destination touristique prisée. Capitale historique : Rodez.

rouerie **n. f.** **(de *roué*)** Ruse sans scrupule.

rouet **n. m.** **(de *roue*)** **anciennt** Machine à roue servant à filer (le chanvre, la laine, le lin, etc.).

rouf **n. m.** **(origine néerlandaise)** **mar.** Petite construction élevée sur le pont d'un navire.

Rouffach Commune du Haut-Rhin, sur la Lauch. 4 187 habitants. Église des Franciscains (1300) ; maisons anciennes. Activités agricoles et vinicoles.

Rouffignac-Saint-Cernin-de-Reilhac Commune de la Dordogne. 1 630 habitants. Grotte préhistorique ornée de peintures (magdalénien).

rouflaquette **n. f.** **(origine obscure, p.-ê. de *roufle* « gifle », mot dialectal d'origine onomatopéique)** **fam.** Patte de cheveux sur la joue ; favori court.

rougail **n. m.** et **rougaille** **n. f.** **(mot de Madagascar)** Préparation de la cuisine créole, à base de légumes et de piment. *Rougail de saucisse, de morue. Des rougails.*

rouge **adj.** et **n.** **(vient du latin *rubeus* « roux », de *ruber* « rouge » ➔ rouille, roux, rubéole, rubicond)** **I. adj.** **1.** Qui est de la couleur du sang, du rubis, etc. (extrémité du spectre solaire). ➔ **carmin, écarlate, pourpre.** *Écrire au crayon rouge. Rose rouge. Feu* rouge. Le drapeau rouge* (révolutionnaire). ■ ***Vin rouge,*** fait avec des raisins ayant leur peau (souvent des raisins noirs), avec macération complète. *Un bordeaux rouge.* – **n. m.** *Un coup de rouge.* **2.** Qui a pour emblème le drapeau rouge ; qui est d'extrême gauche. ➔ **communiste ; révolutionnaire.** – **n.** **vieilli** *Les rouges* : les communistes. – *L'armée rouge* : l'armée soviétique. **3.** Qui est porté à l'incandescence. *Fer* rouge.* **4.** Qui devient rouge par l'afflux du sang (peau claire ; **opposé à** *blanc, pâle*). *Être rouge comme un coquelicot, une pivoine* (d'émotion, de confusion). *Rouge de colère.* – *Teint rouge.* ➔ **cramoisi, rougeaud, rubicond.** ■ **adv.** *Se fâcher tout rouge,* devenir rouge de colère. *Voir rouge,* avoir un accès de colère. **II. n. m.** **1.** Couleur rouge. *Un rouge vif, foncé. Peindre une grille en rouge.* **2.** Colorant rouge ; pigment donnant une couleur rouge. ■ Fard rouge. *Rouge à joues, à lèvres.* **3.** Couleur, aspect, état du métal incandescent. *Barre de fer portée au rouge.* **4.** Teinte rose ou rouge que prennent les peaux claires sous l'effet d'une émotion. ➔ **[1]feu.** *Le rouge lui monte aux joues.* **5.** (Couleur des signaux de danger, d'interdiction) *La jauge est dans le rouge.* – **fig.** *Être dans le rouge,* dans une situation (notamment financière) difficile, critique.

Rouge (mer) Mer du Proche-Orient, entre l'Arabie et l'Afrique, reliée à la Méditerranée par le canal de Suez et à l'océan Indien par le golfe d'Aden. Longue de 2 000 km et large de parfois 300 km, elle correspond à un vaste fossé d'effondrement envahi par les eaux.

Rouge (place) Vaste esplanade de Moscou, entre le Kremlin et l'église Saint-Basile-le-Bienheureux (XVIe s.). Mausolée de Lénine.

rougeâtre **adj.** Légèrement rouge.

rougeaud, aude **adj.** Rouge **(teint)** ; qui a le teint rouge.

rouge-gorge **n. m.** Oiseau passereau à gorge et poitrine d'un roux vif. *Des rouges-gorges.*

Rougemont (Denis de) Écrivain suisse d'expression française (1906-1985). Cofondateur de la revue *Esprit,* il est l'auteur d'essais sur la culture et l'histoire européennes *(L'Amour et l'Occident).* Il défendit le fédéralisme européen dans *Les Chances de l'Europe.*

rougeoiement **n. m.** Teinte ou reflet rougeâtre.

rougeole **n. f.** **(vient du latin, de *rubeus* ➔ rouge, *cf.* rubéole)** Maladie infectieuse caractérisée par une éruption de taches rouges sur la peau. ➔ **aussi rubéole.**

rougeoleux, euse **adj.** Qui a la rougeole.

rougeoyant, ante [ruʒwajɑ̃, ɑ̃t] **adj.** Qui prend des teintes rougeâtres.

rougeoyer [ruʒwaje] **v. intr.** **< 8 >** Prendre une teinte rougeâtre ; produire des reflets rougeâtres.

rouge-queue **n. m.** Petit oiseau passereau, appelé communément *rossignol des murailles,* caractérisé par la teinte rousse de sa queue. *Des rouges-queues.*

rouget **n. m.** Poisson de mer de couleur rouge, très estimé. *Rouget barbet.* – *Rouget grondin*.*

Rouget de Lisle (Claude Joseph) Auteur, compositeur et officier français (1760-1836). Il est l'auteur du *Chant de guerre pour l'armée du Rhin,* qui devint *La Marseillaise.*

rougeur **n. f.** **1.** **littér.** Couleur rouge. **2.** Coloration rouge du visage causée par la chaleur, l'émotion. **3.** **(souvent au plur.)** Tache rouge sur la peau (inflammation, etc.). ➔ **couperose, érythème.**

rough [rœf] **n. m.** **(mot anglais « raboteux, grossier »)** **anglic.** **1.** Partie d'un terrain de golf non entretenue. **2.** Ébauche, projet, dans les arts graphiques. ➔ **crayonné.** *Faire des roughs.*

Rougier (Louis) Philosophe et logicien français (1889-1982). L'un des rares partisans du positivisme logique en France, il publia plusieurs ouvrages. *La Structure des théories déductives ; La Mystique démocratique.*

rougir **v.** **< 2 >** **I. v. intr.** **1.** Devenir rouge, plus rouge. **2.** **(personnes)** Devenir rouge sous l'effet d'une émotion. ➔ **s'empourprer.** *Rougir jusqu'aux oreilles,* beaucoup. ➔ **piquer un fard.** – *Rougir de colère, de honte.* – **au p. p.** *Des yeux rougis* (de pleurs). **3.** Éprouver un sentiment de culpabilité, de confusion. *Je n'ai pas à rougir de cela.* **II. v. tr.** **1.** Rendre rouge. *« Il suffit d'une goutte de vin pour rougir tout un verre d'eau »* (Hugo). **2.** Chauffer (un métal) au rouge.

rougissant, ante **adj.** Qui rougit d'émotion. *Un garçon timide et rougissant.*

rougissement **n. m.** Fait de rougir. – *Un rougissement de pudeur.*

R

Rouge (mer)

Les eaux de la mer Rouge sont d'une grande richesse pour leur faune et leur flore.

Rouher [RUɛR] (Eugène) Homme politique français (1814-1884). Plusieurs fois ministre de Louis Napoléon Bonaparte, il favorisa l'aménagement du territoire et les réformes économiques, mais s'opposa à la libéralisation du Second Empire.

Rouïba Ville d'Algérie (wilaya de Boumerdes), dans la Mitidja. 45 900 habitants. Constructions mécaniques. Tanneries.

rouille n. f. (vient du latin, de *robigo* « rouille », *cf.* rubigineux ; famille de *rouge*) **1.** Produit de la corrosion du fer en présence de l'oxygène de l'air, en milieu humide. *Tache de rouille.* ■ **adj. invar.** D'un rouge brun. → **roux ; rubigineux. 2.** Nom de diverses maladies des végétaux. **3.** Ailloli relevé de piment rouge.

rouiller v. < 1 > **I. v. intr.** Se couvrir de rouille. *Les outils ont rouillé sous la pluie.* **II. v. tr. 1.** Provoquer la formation de rouille sur (qqch.). *L'humidité rouille le fer.* – pronom. *La grille se rouille.* **2.** fig. Rendre moins alerte (le corps, l'esprit) par manque d'exercice. – pronom. *Elle s'est rouillée faute d'entraînement.* ■ **rouillé, ée adj. 1.** Taché, couvert de rouille. *Un clou rouillé.* **2.** fig. → **engourdi.** *Avoir les jambes rouillées, la mémoire rouillée.* – *Être rouillé.*

rouillure n. f. **1.** État du fer rouillé. **2.** État d'une plante qui a la rouille (2).

rouir v. tr. < 2 > (du francique) techn. Isoler les fibres textiles (du lin, du chanvre) par macération. □ **n. m. rouissage**

rouissoir n. m. techn. Lieu où l'on fait rouir le lin, le chanvre.

roulade n. f. **1.** Succession de notes chantées sur une seule syllabe. **2.** Tranche de viande, de poisson, roulée et garnie. *Roulades de veau.* → **paupiette. 3.** Mouvement de gymnastique qui consiste à s'enrouler sur soi-même, en avant ou en arrière. → **galipette.**

roulage n. m. **1.** Action de rouler. **2.** Transport de marchandises par des voitures. *Entreprise de roulage.* – Transport souterrain du charbon dans une mine. **3.** agric. Opération consistant à tasser la couche superficielle des labours au rouleau.

roulant, ante adj. **I. 1.** Qui roule. *Table roulante. Fauteuil roulant.* ■ *Personnel roulant* (dans les transports en commun). **2.** Se dit de surfaces animées d'un mouvement continu, servant à transporter d'un point à un autre. *Trottoir, tapis, escalier roulant.* **3.** *Feu roulant*, tir continu. – fig. *Un feu roulant de questions.* **II.** fam., vieilli Très drôle. → **tordant.**

roulante n. f. fam., milit. Cuisine ambulante. → **cantine.**

roulé, ée adj. **1.** Enroulé ; mis en rouleau. – **n. m.** cuis. *Un roulé à la confiture.* **2.** *R roulé* (→ **rouler**). **3.** fam. (personnes) *Bien roulé* : bien fait, qui a un beau corps.

rouleau n. m. (diminutif de *rôle*) **I. 1.** Bande enroulée de forme cylindrique. *Rouleau de papier peint. Rouleau de pellicule photographique.* → **bobine.** – loc. *Être au bout de son rouleau, du rouleau*, avoir épuisé toutes ses ressources, ses forces. **2.** Chose enroulée, objets roulés en cylindre. *Rouleau de pièces de monnaie.* ■ *Rouleau de printemps* : crêpe de riz fourrée de crudités, de crevettes (cuisine d'Extrême-Orient). **3.** Grosse vague qui se brise sur une plage. **4.** Saut en hauteur au cours duquel le corps roule au-dessus de la barre. *Rouleau dorsal, ventral.* **II. 1.** Cylindre allongé (de bois, etc.) que l'on fait rouler. *Rouleau à pâtisserie.* – *Rouleau compresseur*, cylindre pour aplanir le macadam. *Rouleau brise-motte.* – *Peindre un mur au rouleau.* **2.** Objet cylindrique destiné à recevoir ce qui s'enroule. – spécialt Gros bigoudi.

Rouleau (Raymond) Comédien et metteur en scène français d'origine belge (1904-1981). Il travailla à Paris avec Dullin et Artaud et dirigea le Théâtre de l'Œuvre, où il mit en scène de nombreuses pièces. Au cinéma, il fut également acteur et réalisateur.

roulé-boulé n. m. (de *rouler* et *bouler*) Culbute par laquelle on tombe en se roulant en boule pour amortir le choc. *Des roulés-boulés.*

roulement n. m. **1.** Action, fait de rouler (II). – Mécanisme contenant des pièces qui roulent, destiné à diminuer les frottements. *Roulement à billes, à aiguilles, à rouleaux.* **2.** Bruit de ce qui roule, ou bruit analogue. *Le roulement continu des voitures.* – *Un roulement de tambour.* **3.** Mouvement de ce qui tourne. *Roulement de hanches.* **4.** (argent) Fait de circuler. *Le roulement des capitaux. Fonds de roulement.* **5.** Alternance de personnes qui se relaient dans un travail. *Ils travaillent par roulement.*

rouler v. < 1 > (de *rouelle*, avec influence de *rôle* ; *cf.* aussi rock and roll) **I. v. tr. 1.** Déplacer (un corps arrondi) en le faisant tourner sur lui-même. *Rouler un tonneau.* – loc. *Rouler sa bosse*, voyager beaucoup. → **bourlinguer. 2.** Déplacer (un objet muni de roues, de roulettes). *Rouler une brouette.* **3.** *Rouler qqch. dans...*, de manière à recouvrir, à enduire toute la surface de. *Rouler des croquettes dans la chapelure.* → **enrober. 4.** Mettre en rouleau. *Rouler un tapis. Rouler une cigarette*, en roulant le tabac dans la feuille de papier. **5.** Imprimer un balancement à. *Rouler les hanches en marchant.* – fam. *Rouler les mécaniques ; rouler sa caisse* : faire l'important. **6.** littér. Tourner et retourner (des pensées). *Rouler mille projets dans sa tête.* **7.** Duper (qqn). *Il a voulu me rouler. Vous vous êtes fait rouler.* **8.** *Rouler les r*, les faire vibrer. **II. v. intr. 1.** Avancer en tournant sur soi-même. *Faire rouler un cerceau. Larme qui roule sur la joue.* → **couler.** – Tomber et tourner sur soi-même (par l'élan pris dans la chute). → **dégringoler.** *Rouler du haut d'un talus.* **2.** (sujet chose) Avancer au moyen de roues, de roulettes. *La voiture roulait lentement.* – (sujet personne) Avancer, voyager dans un véhicule à roues. *Rouler à droite* (→ **conduire**). *Nous avons roulé toute la journée.* ■ fam. *Ça roule !* : ça marche, ça va. – loc. *Rouler pour qqn* : travailler, agir pour le compte de qqn. **3.** (bateau) Être agité de roulis. **4.** (personnes) Errer de lieu en lieu. *Elle a pas mal roulé dans sa vie.* **5.** (bruit) Se prolonger. *Détonation qui roule.* **6.** (conversation...) ***Rouler sur*** : avoir pour sujet. → **[1]porter sur.** *L'entretien a roulé sur la politique.* ■ **se rouler v. pron. 1.** Se tourner de côté et d'autre en position allongée. *Se rouler par terre ; dans l'herbe.* – loc. *C'est à se rouler par terre (de rire).* → **roulant. 2.** S'envelopper (dans). → **s'enrouler.** *Se rouler dans une couverture.*

Roulers voir **Roeselare**

roulette n. f. (diminutif de *rouelle*) **1.** Petite roue permettant le déplacement d'un objet. *Table à roulettes. Patins* à roulettes.* – loc. *Marcher, aller comme sur des roulettes*, très bien (affaire, entreprise). **2.** Instrument à roue dentée. *Roulette de pâtissier.* – Fraise (de dentiste). **3.** Jeu de hasard où une petite boule, lancée dans une cuvette tournante à cases numérotées, décide du gagnant ; cette cuvette. ■ fig. ***Roulette russe*** : jeu suicidaire dans lequel on tire sur soi-même avec un revolver chargé d'une seule balle, placée aléatoirement.

rouleur, euse n. **I.** sports Cycliste qui soutient un train régulier et très rapide. → **pédaleur. II. n. f.** Petite machine à rouler les cigarettes.

roulier n. m. anciennt Voiturier.

roulis n. m. Mouvement d'oscillation transversal d'un bateau, sous l'effet de la houle. *Roulis et tangage*.*

roulotte n. f. **1.** Voiture aménagée où vivent des nomades. ■ Voiture hippomobile pour le tourisme itinérant. ■ (Canada) Véhicule tracté, pour le voyage et le camping. → **caravane** II. **2.** *Vol à la roulotte* : vol d'objets dans un véhicule en stationnement.

roulotté, ée adj. cout. *Ourlet roulotté* ou **n. m.** *un roulotté* : enroulement du bord d'une étoffe légère, maintenu par un point de côté. – par ext. *Écharpe roulottée.* - var. RO **roulotté, ée.**

roulottier, ière n. fam. Voleur, voleuse à la roulotte*.

roulure n. f. **1.** techn. Maladie des arbres, décollement des couches ligneuses dû au gel. **2.** vulg. (injure) Prostituée.

roumain, aine adj. et n. (de *Roumanie*) De Roumanie. – **n.** *Les Roumains.* – **n. m.** *Le roumain* (langue).

Roumain (Jacques) Écrivain et homme politique haïtien d'expression française (1907-1944). Militant nationaliste et marxiste, il insista dans son œuvre romanesque et poétique sur la responsabilité de l'intellectuel face aux drames politiques et sociaux (*Gouverneurs de la rosée*). Il fut un pionnier de l'ethnographie scientifique en Haïti.

Roumanie

n. f. Pays d'Europe centrale. 237 500 km². 19 186 000 habitants (les *Roumains*). **Langues :** roumain (offic.), hongrois, allemand, rom. **Population :** Roumains, 89,5 % ; Hongrois, 6,5 % (Transylvanie) ; Tsiganes ; Allemands. **Religions :** orthodoxes (87 %), catholiques, protestants, juifs. **Monnaie :** leu (*pl.* lei). **Capitale :** Bucarest. **Régime :** république parlementaire. Le pays est divisé en 41 judeţ et 1 municipalité (« municipe de Bucarest »).

GÉOGRAPHIE

Le centre de la Roumanie est formé par la chaîne des Carpates (Carpates orientales englobant les monts de la Bucovine ; Carpates méridionales ou Alpes de Transylvanie, dépassant souvent les 2 500 m ; Carpates occidentales entourant la vaste dépression du bassin transylvain). Les

Roumanie

collines subcarpatiques débouchent sur les plaines de Pannonie à l'O. et de Valachie au S., la plaine et le plateau de Moldavie à l'E. Entre le Danube et la mer Noire, s'étendent les monts et les plateaux de la Dobroudja et le delta du Danube. Les forêts couvrent 29 % du pays (Carpates et Subcarpates). Le climat est de type continental.

ÉCONOMIE

Jusqu'en 1945, le secteur tertiaire domina une économie peu développée. Socialisée à partir de 1949, l'industrie roumaine connut dans les années 1960 les taux de croissance les plus élevés du bloc de l'Est. Puis une crise profonde, entamée en 1975, se prolongea, après 1989, avec la transition post-communiste. Le pays connut une embellie au milieu des années 2000, jusqu'à la crise de 2009. L'économie a renoué avec la croissance depuis 2013.

L'agriculture est diversifiée (céréales, tournesol et betterave à sucre ; vergers et vignes ; pomme de terre). La petite propriété paysanne est réapparue en 1991, mais la production est perturbée. L'élevage ovin transhumant se perpétue dans les montagnes, tandis que l'élevage bovin et

R

Au nord-ouest, paysage du Maramureş, province isolée au pied des Carpates.

porcin connaît un nouvel essor. La pêche est pratiquée dans le delta du Danube.

Le système socialiste a privilégié l'industrie lourde, aujourd'hui en restructuration. L'économie roumaine repose désormais sur une industrie chimique diversifiée (pétrochimie, soude, acides sulfuriques, engrais, produits pharmaceutiques, cellulose et pâte à papier), une industrie mécanique (matériel de forage, tracteurs, matériel ferroviaire) et des industries textiles et agroalimentaires.

Les équipements touristiques sont surtout concentrés sur les côtes de la mer Noire et dans la vallée montagnarde de Prahova, dans les monts Apuseni et dans la Bucovine.

HISTOIRE

L'ancienne Dacie fut érigée en province romaine par Trajan au IIe s. Lors des invasions barbares au IIIe s., les paysans se réfugièrent dans les Carpates, conservant leur culture latine. Des principautés se formèrent du Xe au XIIIe s. Au XIIIe s., les Hongrois conquirent et magyarisèrent la Transylvanie. Les principautés de Moldavie et de Valachie, dirigées par un voïvode, constituées au début du XIVe s. connurent un important essor culturel et économique. Elles furent vassalisées par les Turcs du XVe à la fin du XVIIIe s., mais le sentiment national était entretenu par l'Église orthodoxe. La Transylvanie fut annexée par l'Autriche au XVIIe s. Les Autrichiens et les Russes conquirent sur les Turcs la Bucovine (1775) et la Bessarabie (1845). Mais la révolte de 1848 fut réprimée par les Russes, les Turcs et les Autrichiens.

La Moldavie et la Valachie furent réunies par le traité de Paris (1856) en un seul État, la Roumanie, officiellement indépendant en 1878. Le roi Carol de Hohenzollern-Sigmaringen se rapprocha des Empires centraux, mais en 1914, le roi Ferdinand rangea le pays aux côtés des Alliés. La victoire finale permit à la Roumanie de réunir enfin la Transylvanie, le Banat, la Bucovine et la Bessarabie. Dans les années 1920, la Roumanie devint un État centralisé et démocratique. Mais elle subit la crise de 1929 et l'essor d'un parti fasciste, la Garde de fer. Le roi Carol II institua une dictature en 1938. La Roumanie fut de nouveau occupée en 1940 et entraînée dans la guerre contre l'URSS par le dictateur Antonescu (1941). Le roi Michel la ramena dans le camp allié (1944), mais dut abdiquer en 1947 sous la pression des communistes.

Le pays devint alors une démocratie populaire. N. Ceauşescu (1965-1989) mena une politique étrangère autonome, mais instaura progressivement une dictature personnelle renversée en déc. 1989 par une violente insurrection. Ses successeurs (I. Iliescu, président de la République en 1990 ; P. Roman, Premier ministre), maintinrent en réalité les structures et les hommes de l'ancien régime. La lenteur des réformes et la récession économique entraînèrent l'élection du candidat de la Convention démocratique (CDR), E. Constantinescu, à la présidence de la République (1996-2000). La Roumanie intégra l'Otan en 2004, puis en 2007 l'Union européenne, sous la présidence de Traian Basescu (élu en 2004, réélu en 2009). En 2014, le candidat conservateur Klaus Iohannis a remporté l'élection présidentielle et a été réélu en 2019.

Roumanille (Joseph) Écrivain français d'expression occitane (1818-1891). Il fut cofondateur du félibrige avec Mistral. *Les Œuvrettes en vers ; Les Œuvrettes en prose.*

Roumélie **n. f.** Nom donné par les Turcs à la partie européenne de l'Empire ottoman. La *Roumélie orientale* appartient à la Bulgarie depuis 1908.

roumi n. **(de l'arabe)** Nom par lequel les musulmans désignent un chrétien, un Européen. *Un roumi, une roumi* (ou *une roumie*).

Roumois n. m. Région naturelle de Normandie, s'étendant sur les départements de l'Eure et de la Seine-Maritime. Agriculture ; élevage.

round [Raund ; Rund] n. m. **(anglais *round*, emprunt au français *rond*)** Reprise (d'un combat de boxe). *Combat en dix rounds.* – fig. *Le second round d'une négociation.*

roupettes n. f. pl. **(du gotique *raupa* « chiffons, guenilles »)** fam. Testicules. → **roubignoles.**

[1]roupie n. f. **(origine inconnue)** vieux Morve. – mod., fam. *De la roupie de sansonnet :* une chose insignifiante.

[2]roupie n. f. **(de l'hindi, du sanskrit)** Unité monétaire de l'Inde, du Pakistan, du Népal, etc.

roupiller v. intr. < 1 > **(p.-ê. origine onomatopéique)** fam. Dormir.

roupillon n. m. fam. Petit somme. *Piquer un roupillon.*

Rouquier (Georges) Cinéaste français (1909-1989). Il réalisa des films sur le monde des petits paysans et artisans. *Farrebique.*

rouquin, ine (de *roux*) I. adj. fam. Qui a les cheveux roux. – n. *Une belle rouquine.* II. n. m. fam. Vin rouge.

Rous (Peyton) Biologiste américain (1879-1970). Il découvrit l'existence de cancers causés par des virus. Prix Nobel de médecine 1966.

rouscailler v. intr. < 1 > **(croisement du v. argotique *rousser* « gronder » et de *cailler* « bavarder »)** fam. Rouspéter, protester.

rouspétance n. f. fam. Fait de rouspéter ; protestation d'une personne qui rouspète.

rouspéter v. intr. < 6 > **(de *rousser* → rouscailler et *péter* « protester »)** fam. Protester, réclamer (contre qqch.). → **râler, rouscailler.** *Elle rouspète toute la journée.*

rouspéteur, euse n. fam. Personne qui rouspète, qui aime à rouspéter. → **râleur.**

roussâtre adj. Qui tire sur le roux.

rousse n. f. **(de [2]*roussin*)** argot Police.

rousseau n. m. Dorade rose.

Rousseau (Jean-Baptiste) Poète français (1671-1741). Il apparut comme un continuateur de Malherbe et Boileau, éloquent et lyrique. *Odes sacrées.*

Rousseau (Jean-Jacques) Écrivain et philosophe genevois (1712-1778). Orphelin de mère, il s'éduqua seul jusqu'à sa rencontre décisive avec Mme de Warens, devenue sa protectrice. Accueilli à Paris par Diderot, il collabora à l'*Encyclopédie* (articles sur la musique) et acquit sa renommée grâce à ses deux *Discours (Discours sur les sciences et les arts ; Discours sur l'origine et les fondements de l'inégalité parmi les hommes)*, qui tranchent avec l'optimisme et le sens du progrès généralement attachés au siècle dit « des Lumières ». Il écrivit également un opéra, *Le Devin du village.* Déçu par la vie mondaine parisienne, Rousseau déploya ses talents dans tous les genres littéraires : le traité d'éducation *(Émile)*, la théorie politique *(Du contrat social)*, le roman épistolaire *(Julie ou la Nouvelle Héloïse)* et l'autobiographie *(Les Confessions ; Les Rêveries du promeneur solitaire).* Dans tous ces genres, il exprime son idée de la nature comme garante d'une vérité, d'une simplicité et d'un ordre immédiats propres à assurer le bonheur de l'homme alors que la société et la culture le pervertissent. Son influence fut considérable, et on le présente tour à tour comme un précurseur du romantisme, un pédagogue moderne, ou le père spirituel de la Révolution française.

Jean-Jacques Rousseau en Suisse, persécuté et sans asile, gravure de Louis François Charon (1840), musée Carnavalet, Paris.

Rousseau (Henri, dit le Douanier) Peintre français (1844-1910). Classé parmi les « naïfs », cet autodidacte fut un inventeur d'images poétiques, servies par une composition solide et de grands dons de coloriste. Surtout connu du grand public pour ses « jungles », il exerça une influence profonde sur Picasso et Léger.

Le Douanier Rousseau, *Ève* (v. 1906-1907), musée des Beaux-Arts, Hambourg.

Rousseff (Dilma) Femme d'État brésilienne (née en 1947). Chef de cabinet du président Lula dès 2005, candidate du Parti des travailleurs, elle fut élue présidente du Brésil en 2010 et destituée en 2016 pour soupçons de corruption.

Roussel (Ker Xavier) Peintre français (1867-1944). Il adhéra au mouvement nabi et fut influencé par ses amis Vuillard, Bonnard et Sérusier. Il peignit des natures mortes et des scènes mythologiques à caractère décoratif.

Roussel (Albert) Compositeur français (1869-1937). D'abord officier de marine, il se consacra à la musique à l'âge de 25 ans. Alliant la modernité rythmique et harmonique aux influences du contrepoint, il atteint dans ses symphonies, ses ballets *(Le Festin de l'araignée ; Bacchus et Ariane)* et sa musique de chambre, une force expressive et un dynamisme puissants.

Roussel (Raymond) Écrivain français (1877-1933). Son imaginaire exubérant et son utilisation de procédés stylistiques originaux influencèrent les surréalistes et les écrivains du Nouveau Roman. *Nouvelles Impressions d'Afrique ; Locus Solus.*

roussélé, ée adj. **(famille de *roux*)** régional **(Ouest ; Canada)** Marqué, couvert de taches de rousseur*. *Peau rousselée.*

rousselet n. m. **(famille de *roux*)** Poire à la peau rougeâtre.

rousserolle n. f. **(de *roux*)** Oiseau passereau, plus petit que le moineau, vivant au bord de l'eau (syn. **fauvette des roseaux, fauvette des marais**). - var. **rousserole.**

Rousses (Grandes) Massif des Alpes françaises qui culmine à 3 464 m au pic Bayle.

Rousses (Les) Commune du Jura. 3 663 habitants. Station de sports d'hiver.

Rousset (David) Écrivain français (1912-1997). Déporté par les nazis pendant la Seconde Guerre mondiale, il est l'auteur de deux témoignages essentiels sur les camps de concentration : *L'Univers concentrationnaire ; Les Jours de notre mort.*

roussette n. f. **(de *roux*)** 1. Poisson, squale de petite taille, comestible (syn. **chien de mer**). 2. Grande chauve-souris des régions tropicales. 3. Petite grenouille rousse.

rousseur n. f. 1. Couleur rousse. – *Tache de rousseur :* tache rousse de la peau (du visage, des mains...). → **éphélide.** 2. Tache roussâtre qui apparaît avec le temps sur le papier.

roussi n. m. Odeur d'une chose qui a légèrement brûlé. – loc. fig. *Sentir le roussi,* mal tourner, se gâter **(affaire, situation).**

Roussillon n. m. Région historique du sud de la France, correspondant au département des Pyrénées-Orientales. Ville principale : Perpignan. Comté dès l'époque carolingienne, le Roussillon passa sous domination aragonaise (1172), puis fut rattaché au royaume de France en 1659 (traité des Pyrénées).

Roussillon Commune de l'Isère. 8 460 habitants. Industries textile et chimique.

[1]roussin n. m. **(de l'ancien français *roncin* « cheval de charge », d'origine incertaine)** vieux Cheval entier que l'on montait à la guerre ou à la chasse. – *Roussin d'Arcadie :* âne.

[2]roussin n. m. **(probablt de *roux*)** argot, vieux Policier. *« Faut connaître les roussins anglais, ils aiment pas la force ni le scandale »* (Céline).

Roussin (André) Auteur dramatique français (1911-1987). Ses comédies de boulevard rencontrèrent un vif succès. *La Petite Hutte ; Lorsque l'enfant paraît.*

roussir v. < 2 > 1. v. tr. Rendre roux, roussâtre (spécialt en brûlant légèrement). *Roussir du linge en repassant.* 2. v. intr. Devenir roux, roussâtre. □ n. m. **roussissement**

Roussy (Gustave) Médecin français (1874-1948). Il fonda l'Institut du cancer de Villejuif (1934), qui porte aujourd'hui son nom, et publia des ouvrages de cancérologie.

Roustam Raza ou **Roustan** Cavalier mamelouk (v. 1780-1845). Il fut, de 1799 à 1814, le serviteur et garde du corps de Napoléon Bonaparte.

Roustaveli (Chota) Poète géorgien du XIIe s. Il est l'auteur d'une grande épopée en vers, le *Chevalier à la peau de panthère*, considérée comme fondatrice de la langue littéraire géorgienne.

rouste n. f. **(du provençal, venant du latin pop. *rustum* « bâton »)** fam. Volée (de coups). *Prendre une rouste.*

roustons n. m. pl. **(mot occitan [Languedoc])** fam. Testicules. → **roubignoles, roupettes.**

routage n. m. 1. techn. Action de grouper (des imprimés...) selon leur destination. 2. mar. Détermination de la route que doit suivre un navire. 3. inform., télécomm. Opération consistant à diriger des données au sein d'un réseau.

routard, arde n. Personne qui voyage librement et à peu de frais. – *Un vieux routard :* une personne expérimentée.

route n. f. **(vient du latin pop. *[via] rupta* « [voie] ouverte », de *via* → voie et p. p. de *rumpere* → rompre)** 1. Voie de communication terrestre de première importance. *Route* *côtière, route de montagne. Route à chaussées séparées.* → **autoroute ; voie** express. – *La route de Bruxelles,* qui va à Bruxelles. – *La grande route, la grand-route,* la route principale (d'un endroit, d'une région). ■ **absolt** *La route,* l'ensemble des routes ; le moyen de communication qu'elles constituent. *Voyager par la route. Code de la route. Accident de la route.* – *Tenue* de route d'un véhicule.* – **fig.** ***Tenir la route*** : agir de manière fiable et durable, être solide. **2.** Chemin suivi ou à suivre dans une direction déterminée pour parcourir un espace. → **itinéraire.** *Changer de route. Rencontrer qqn sur sa route.* ■ Itinéraire (ligne) que suit un navire, un avion. *L'ancienne route des Indes.* – **fig.** ***Faire fausse route*** : se tromper dans les moyens, la méthode à employer. **3.** **(dans des loc.)** Marche, voyage. *Faire route. Bonne route !* – ***En route.*** *Se mettre en route.* **fam.** *En route, mauvaise troupe !* – *Journal, carnet* **de route.** – ***Feuille de route*** : titre délivré par l'autorité à un militaire se déplaçant isolément. **fig.** Plan de règlement d'un conflit, d'une opération complexe. ■ ***Mettre en route*** : mettre en marche (un moteur, une machine). *Mettre en route sa voiture.* – **fig.** *Mise en route,* mise en train (d'une affaire). *Avoir qqch. en route,* être en train d'exécuter qqch. **4.** **fig.** → **chemin.** *Nos routes se sont croisées. Vous êtes sur la bonne route.* → **voie.** – **loc.** *La route est toute tracée,* on sait ce qu'il faut faire.

Route du Rhum Course à la voile transatlantique en solitaire, courue tous les quatre ans depuis 1978, entre Saint-Malo et Pointe-à-Pitre.

router v. tr. < 1 > Effectuer le routage* de.

routeur, euse n. **I.** **1.** Personne qui assure le routage des imprimés, des colis. **2.** **mar.** Personne qui détermine la route à suivre par un navire. **II.** n. m. **inform., télécomm.** Outil logiciel ou matériel qui assure le routage des données au sein d'un réseau.

[1]routier, ière **1.** adj. Relatif aux routes. *Réseau routier. Carte routière.* – *Gare routière,* pour les services d'autocars. **2.** n. Conducteur, conductrice de poids lourds effectuant de longs trajets. → **camionneur.** ■ n. m. Restaurant fréquenté par les routiers.

[2]routier n. m. **(de l'ancien français *rote,* puis *route* « troupe », *cf.* raout ; famille de *rompre*)** *Vieux routier,* homme habile, plein d'expérience. *Un vieux routier de la politique.*

routine n. f. **(de *route*)** **I.** **1.** Habitude d'agir ou de penser devenue mécanique. → **traintrain ; fam. ronron.** *Son travail est devenu une espèce de routine.* **2.** *La routine,* l'ensemble des habitudes et des préjugés considérés comme faisant obstacle au progrès. **II.** **anglic.** **(non péj.)** **1.** *De routine* : courant, habituel. *Visite de routine.* **2.** Ensemble d'actions effectuées dans le même ordre et de manière régulière. *Ma routine du matin. Routine beauté.* **3.** **inform.** Sous-programme qui effectue une opération répétée souvent.

routinier, ière adj. Qui agit par routine, se conforme à la routine. – Caractérisé par la routine. *Travail routinier.*

Rouvier **(Maurice)** Homme politique français (1842-1911). Président du Conseil en 1887, il tenta d'écarter le général Boulanger, mais dut se retirer après le scandale des décorations et la démission de Jules Grévy. Plusieurs fois ministre des Finances, il revint en 1905 à la tête du gouvernement et fit voter la loi de séparation des Églises et de l'État.

rouvraie n. f. Lieu planté de chênes rouvres.

Rouvray **(forêt domaniale du)** Forêt de Normandie (Seine-Maritime), s'étendant sur la rive gauche de la Seine au S. de Rouen.

rouvre n. m. **(vient du latin *robur* « chêne rouge », même famille que *rouge*)** Petit chêne. – **appos.** *Chêne rouvre.*

rouvrir v. < 18 > **I.** v. tr. Ouvrir de nouveau (ce qui a été fermé). *Rouvrir une porte. Rouvrir son magasin.* – *Rouvrir un débat.* **II.** v. intr. Être de nouveau ouvert (après une période de fermeture). → **réouverture.** *La boulangerie rouvre demain.* - **syn. réouvrir.** □ **se rouvrir** v. pron. *La plaie s'est rouverte.*

roux, rousse adj. **(vient du latin *russus* « rouge, roux » [→ rouquin ; rissole, russule], de la famille de *ruber* → rouge)** **1.** D'une couleur entre l'orangé et le rouge. *Teinte rousse.* → **fauve, roussâtre.** – **spécialt (cheveux)** « *Il* [Poil de Carotte] *a les cheveux roux et la peau tachée* » (J. Renard). ■ n. m. Couleur rousse. **2.** **(personnes)** Dont les cheveux sont roux. – n. *Un roux, une rousse.* → **fam. rouquin.** **3.** *Beurre roux,* qu'on a fait roussir. – n. m. Sauce à base de farine roussie dans du beurre. **4.** ***Lune rousse*** : lune d'avril (qui est censée roussir, geler la végétation).

Roux **(Jacques)** Révolutionnaire français (1752-1794). Prêtre constitutionnel, il se fit le porte-parole des sans-culottes et prit la tête du mouvement des enragés. Condamné à mort par le Tribunal révolutionnaire, il se suicida.

Roux **(Wilhelm)** Biologiste allemand (1850-1924). Zoologue, il s'intéressa à la façon dont les organes et les tissus gagnent leur fonction lors de la fécondation. Il fut l'un des fondateurs de l'embryologie expérimentale.

Roux **(Émile)** Bactériologiste français (1853-1933). Il participa aux travaux de Pasteur sur la rage et la vaccination des maladies infectieuses. Il mit lui-même au point en 1894, avec von Behring, le premier sérum antidiphtérique.

Roux-Spitz **(Michel)** Architecte français (1888-1957). Il fut notamment architecte en chef de la Bibliothèque nationale (1932-1953) et dirigea la reconstruction de Nantes après 1945. Représentatif du « style intermédiaire », il chercha à concilier le modernisme (usage de matériaux nouveaux, refus de l'ornementation) avec des conceptions d'ensemble plutôt classiques.

Route du Rhum

Le départ de la Route du Rhum, au large du cap Fréhel (2006).

Rouyn-Noranda Ville du Canada (Québec). 42 334 habitants. Industrie du bois. Métallurgie. Centre minier (cuivre). Université.

Rovaniemi Ville de Finlande (Laponie). 58 830 habitants. Centre administratif, commercial et culturel.

Rovigo Ville d'Italie (Vénétie), sur l'Adige. 50 300 habitants. Église du xve siècle.

Rovno voir **Rivne**

Rowland **(Henry Augustus)** Physicien américain (1848-1901). Ses travaux contribuèrent à la connaissance des champs magnétiques et du spectre solaire.

Rowlands **(Virginia Cathryn Rowlands, dite Gena)** Actrice américaine (née en 1930). Elle a incarné, dans les films de son époux, John Cassavetes, des femmes de caractère, écorchées et dépressives. *Faces ; Une femme sous influence ; Opening Night ; Gloria.*

Rowlandson **(Thomas)** Dessinateur britannique (1756-1827). Il fut l'un des illustrateurs et des caricaturistes les plus appréciés de son temps.

Rowling **(Joanne Kathleen)** Romancière britannique (née en 1965). Elle a connu une célébrité internationale avec son premier roman, *Harry Potter à l'école des sorciers,* premier volume d'une série de sept qui ont tous donné lieu à des superproductions au cinéma.

J. K. Rowling, en 2007 à Londres, présentant *Harry Potter et les reliques de la mort.*

Roxane (morte en 311 av. J.-C.). Fille d'un satrape perse, elle fut l'épouse d'Alexandre le Grand. Elle fut mise à mort avec son fils sur l'ordre de Cassandre.

Roxane Héroïne de *Bajazet* de Racine. Elle est le type de l'amante passionnée prête à tuer par jalousie. Héroïne de *Cyrano de Bergerac,* elle représente l'amoureuse romantique.

Roy **(Râm Mohan)** Réformateur religieux et social indien (1772-1833). Il condamna la pratique de la sati (immolation par le feu de la veuve d'un défunt) et fut l'un des artisans de la renaissance intellectuelle du Bengale.

Roy **(Pierre)** Peintre français (1880-1950). Il participa aux premières expositions de groupe des surréalistes dont il est parfois considéré comme un précurseur.

Roy **(Maurice)** Prélat canadien (1905-1985). Il fut archevêque de Québec, cardinal (1965) et primat du Canada.

Roy **(Jules)** Écrivain français (1907-2000). Son œuvre romanesque est marquée par la Seconde Guerre mondiale et par l'Algérie, dont il est originaire. Il publia aussi plusieurs essais *(Les Chevaux du soleil).*

Roy **(Gabrielle)** Écrivain canadienne d'expression française [1909-1983]. Elle a peint le quotidien des gens simples dans un style sobre, d'une grande sensibilité. *Bonheur d'occasion ; La Détresse et l'Enchantement.*

Roy **(Claude Orland, dit Claude)** Écrivain français (1915-1997). D'une inlassable curiosité, intellectuel engagé dans son temps, poète et journaliste, il a laissé une œuvre abondante et variée (poèmes, essais, romans, livres pour enfants, Mémoires) où s'affirme son goût pour les arts et les voyages. *Léone et les siens ; Somme toute.*

Roy (Arundhati) Militante pour les droits humains et écrivaine indienne (née en 1961). Elle est l'autrice d'essais d'économie politique et d'une fiction, best-seller mondial (*Le Dieu des Petits Riens*).

Roya n. f. Fleuve côtier. 60 km. Il prend sa source dans les Alpes françaises et se jette en Méditerranée près de Vintimille (Italie).

royal, ale, aux adj. (vient du latin *regalis*, de *rex*, *regis* → roi) **1.** Du roi ; qui concerne le roi. *Palais royal. La famille royale.* – *La Marine royale* et n. f. *la Royale.* **2.** Digne d'un roi. → **magnifique.** *Un cadeau royal.* – *Une indifférence royale,* parfaite. **3.** Qualifie certaines espèces d'animaux ou de végétaux remarquables par leur taille, leur beauté. *Aigle royal.*

Royal (Ségolène) Femme politique française (née en 1953). Plusieurs fois députée socialiste entre 1988 et 2007, elle fut ministre de l'Environnement (1992-1993), ministre déléguée à l'Enseignement, puis à la Famille (2000-2002), présidente de la Région Poitou-Charentes (2004-2014) et ministre de l'Écologie, du Développement durable et de l'Énergie (2014-2017). Elle obtint 46,9 % des voix à la présidentielle de 2007 face à N. Sarkozy.

royale n. f. anciennt Touffe de poils sous la lèvre inférieure. → aussi **barbiche.**

royalement adv. **1.** Avec magnificence. *Être royalement traité.* **2.** fam. À l'extrême. *S'en moquer royalement,* tout à fait.

royalisme n. m. Attachement à la monarchie, à la doctrine monarchiste.

royaliste n. et adj. Partisan du roi, du régime monarchique. → **monarchiste.** – loc. *Être plus royaliste que le roi :* défendre les intérêts de qqn, d'un parti, avec plus d'ardeur qu'il ne le fait lui-même.

Royal Shakespeare Company Compagnie théâtrale britannique. Créée en 1879, elle ne prit son appellation moderne qu'en 1961 sous la direction de Peter Hall. Elle dispose de plusieurs lieux de représentation à Londres, Stratford-upon-Avon et Newcastle, consacrés non seulement aux œuvres de Shakespeare mais aussi à des créations contemporaines.

royalties [Rwajalti] n. f. pl. (anglais *royalty*, emprunt à l'ancien français *roialté* → royauté) anglic. Redevance versée au propriétaire d'un brevet, à un auteur, etc. – Redevance versée par une compagnie pétrolière au pays producteur. - recomm. offic. **redevance.**

Royan Commune de la Charente-Maritime. 18 638 habitants. Station balnéaire. Port de pêche et de plaisance. Détruite par des bombardements alliés en 1945, la ville a été reconstruite selon des conceptions architecturales modernes.

Royat Commune du Puy-de-Dôme, dans la banlieue S.-O. de Clermont-Ferrand. 4 395 habitants. Église romane. Station thermale.

royaume n. m. (altération, par croisement avec *royal*, de l'ancien français *reiame, roiame*, qui vient du latin *regimen* « direction » → ¹régime) **1.** État gouverné par un roi, une reine ; territoire d'une monarchie. **2.** relig. *Le royaume de Dieu, des cieux,* le règne de Dieu. **3.** fig. → **domaine.** *La cuisine, c'est mon royaume.* – **loc. prov.** *Au royaume des aveugles*, les borgnes sont rois.*

Royaumes combattants Période de guerres civiles qui divisèrent la Chine du –Ve s. au –IIIe s. Cette période s'acheva avec l'avènement de la dynastie Qin (–221).

Royaume-Uni

■ offic. Royaume-Uni de Grande-Bretagne et d'Irlande du Nord État d'Europe occidentale, 244 046 km². 63 182 178 habitants (les *Britanniques*). **Langues :** anglais (offic.), écossais, gallois, irlandais, mannois. **Religions :** anglicans (maj.), autres protestants, catholiques, musulmans, hindouistes. **Monnaie :** livre sterling. **Capitale :** Londres. **Régime :** démocratie parlementaire, monarchie constitutionnelle.

GÉOGRAPHIE

Le Royaume-Uni englobe la Grande-Bretagne et l'Irlande du Nord, les îles de Man et les îles Anglo-Normandes étant des dépendances de la Couronne. Archipel s'étendant jusqu'aux îles Shetland, la Grande-Bretagne comprend l'Angleterre (62 % de son territoire), le pays de Galles à l'O. et l'Écosse au N. La Grande-Bretagne occupe une position insulaire en marge de l'Europe (aucun point du pays n'est à plus de 150 km de la mer) et présente une côte profondément entaillée par des vallées et découpées en vastes péninsules.

Relief et climat L'île principale est formée de monts peu élevés (hauts plateaux du Nord et de l'Ouest : Écosse, Pays de Galles et Nord de l'Angleterre) et de vallées sédimentaires (bassin de Londres). Le climat, océanique, est particulièrement humide à l'O., plus tempéré à l'E., favorable aux landes et aux tourbières plutôt qu'à la forêt (7 % de la superficie totale).

Paysage du Wiltshire, dans le sud-ouest de l'Angleterre.

POPULATION

Le Royaume-Uni est l'un des pays les plus densément peuplés au monde (246 hab./km²). Presque un tiers de la population réside dans la région prospère et fertile du S.-E. de l'Angleterre, avec une organisation centrée sur les pôles urbains et dominée par Londres. La population cependant vieillit. À l'immigration en provenance des anciennes colonies (près de 5 % de la population), importante à partir des années 1960, s'est ajouté un nouveau flux migratoire en provenance de l'E. de l'Europe et de l'Asie depuis les années 2000. En réponse, des mesures de contrôle sélectif ont été adoptées.

ÉCONOMIE

Le Royaume-Uni est une des grandes puissances économiques européennes, bien intégrée dans le capitalisme international dont Londres est l'un des centres principaux (la Bourse de Londres est la première d'Europe). Cependant, la crise financière mondiale de 2008 a été durement ressentie dans le pays. L'économie a connu un léger déclin après que la sortie de l'Union européenne a été votée en 2016 et après la vague de coronavirus en 2020.

Agriculture L'agriculture est intensive, fortement mécanisée, et occupe moins de 2 % de la population active. L'élevage est dominant (bovin dans le S., ovin extensif dans le N.), mais les céréales et cultures maraîchères sont importantes dans les plaines du S.-E. L'agriculture entretient une industrie agroalimentaire puissante, mais les denrées alimentaires représentent près de 15 % des importations.

La City, quartier des affaires de Londres ; au centre, la Bourse.

Industrie et services Si le Royaume-Uni fut le premier à s'industrialiser au XIXe siècle, son industrie (sidérurgie, extraction du charbon et construction navale) connaît aujourd'hui un net déclin, lié à l'épuisement des matières premières. Elle représente aujourd'hui moins d'un tiers du PIB. Des pans entiers de l'industrie traditionnelle ont disparu (charbonnages, coton) et ont progressivement été remplacés par les activités tertiaires (secteurs bancaires, financiers et assurances) et par de nouvelles industries de pointe (haute technologie, aérospatiale, électronique et optique). Les autres grands secteurs industriels sont la métallurgie, le textile, l'aéronautique, les industries automobile et chimique. Le pays est encore riche en ressources naturelles (étain, fer, silice, plomb) et en ressources énergétiques (pétrole et gaz de la mer du Nord, charbon). Les services représentent aujourd'hui 80 % du PIB et occupent 80 % de la population active.

La fumée des usines de Sheffield, vers 1920, dans la région industrielle du Yorkshire.

Disparités sectorielles et régionales L'économie du Royaume-Uni est à deux vitesses, avec des déséquilibres sectoriels et régionaux qui se sont accentués sous les vagues de privatisation et de restructuration des années 1980, entraînant un net creusement des inégalités sociales. Si le bassin de Londres concentre les activités dynamiques, les pays dits « noirs » (Midlands...) sont en phase de reconversion, et les régions plus au N. largement touchées par la récession. L'ouverture du tunnel sous la Manche (1994) a encore renforcé ces disparités.

HISTOIRE

Peuplée de Celtes, l'île principale fut colonisée par les Romains jusqu'à l'Écosse (province de Bretagne, 44). Vers la fin du IIIe s., les raids scandinaves puis saxons accélérèrent la décadence de l'Empire. Les envahisseurs germaniques (Angles, Jutes, Saxons) refoulèrent les Celtes (Ve s.) et établirent des « nations » organisées en royaumes. La christianisation romaine et le monachisme irlandais aboutirent à une Église prospère.

Les invasions scandinaves (IXe-XIe s.) Seul le Wessex, premier véritable royaume d'Angleterre (Alfred le Grand), résista aux invasions scandinaves. Il absorba peu à peu le royaume danois d'Angleterre orientale, tout en adoptant ses méthodes administratives, avec un pouvoir faible et partagé. Rétablie avec Édouard le Confesseur (1042), la dynastie saxonne fut attaquée et vaincue par Guillaume le Conquérant (bataille de Hastings, 1066), entraînant d'immenses changements politiques. À l'organisation à la fois féodale et centralisée s'ajoutèrent un droit civil unifié et la francisation de la

Royaume-Uni

R

langue et de la culture. Les successeurs de Guillaume le Conquérant ne purent préserver son œuvre, menacée par les féodaux. En 1154, Henri Plantagenêt, héritier du Maine, de l'Anjou, de la Touraine, du Poitou et, par sa femme, de l'Aquitaine, devint roi d'Angleterre.

Les Plantagenêts Le règne d'Henri II, à la tête d'un immense domaine franco-anglais, vit l'organisation administrative et judiciaire de l'Angleterre et la lutte du pouvoir temporel avec l'Église. Sous Richard Cœur de Lion (1189-1199), puis sous Jean sans Terre (1199-1216), le conflit avec la France se précisa. À l'intérieur, les tensions avec l'Église, la montée des barons et de la bourgeoisie limitèrent peu à peu le pouvoir royal. Sous Édouard Ier, le pays de Galles fut conquis, l'Écosse momentanément assujettie. Édouard II fut assassiné et Édouard III s'imposa sur le trône en déposant sa mère (1330).

La guerre de Cent Ans La guerre avec la France fut préparée politiquement et militairement par Édouard III (1330-1337). Richard II, face à la révolte sociale et aux difficultés religieuses, tenta de reprendre le pouvoir absolu, fut vaincu, puis déposé par Henri de Lancastre (Henri IV) en 1399. Celui-ci prépara la reprise du conflit avec la France, et c'est Henri V qui débarqua en Normandie et battit les Français (Azincourt, 1415). Régent de France, il obligea le dauphin (futur Charles VII) à se replier au S. de la Loire. Il laissa à sa mort le pouvoir royal à Henri VI (1422), pour qui le régent Bedford remporta de nouvelles victoires. Les Anglais durent cependant progressivement reculer face à l'action de Jeanne d'Arc et au retournement de la Bourgogne (1435), alors qu'à l'intérieur une crise grave opposait les Lancastre et les York (Guerre des Deux-Roses).

Les Tudors (1485-1603) Sous Henri VII (1485-1509), la restauration d'un pouvoir monarchique fort alla de pair avec l'essor économique et une politique extérieure active et habile. Henri VIII (1509-1547) gouverna d'abord avec l'Église, mais son divorce d'avec Catherine d'Aragon, refusé par le pape, conduisit le roi au schisme. Le pays de Galles fut rattaché à l'Angleterre en 1536. Après Édouard VI, Marie Ire Tudor (1553-1558) monta sur le trône et, en épousant Philippe II d'Espagne, consacra le retour au papisme en réprimant cruellement les protestants. Lui succéda le règne autoritaire d'Élisabeth Ire (1558).

Les Stuarts et les révolutions (1603-1717) La Grande-Bretagne devint une réalité politique sous le règne de Jacques Ier d'Écosse, puis de Charles Ier. Leur absolutisme religieux se heurta à l'hostilité de la bourgeoisie puritaine parlementariste, jusqu'au déclenchement de la guerre civile (1642-1646). Ayant éliminé royalistes et parlementaristes, Cromwell prit le pouvoir d'une république (1649-1658) marquée par la soumission de l'Écosse, l'écrasement de l'Irlande catholique, la liquidation du Parlement, la guerre avec la Hollande, la conquête de la Jamaïque. La lutte entre les généraux amena le retour de la royauté avec Charles II (1660-1685). L'Angleterre s'allia à la Hollande (Triple-Alliance, 1668) puis à la France (traité de Douvres). L'absolutisme catholique de Jacques II (1685-1688) s'aliéna les dirigeants politiques qui firent appel à Guillaume d'Orange (1688) : la royauté de droit divin cédait la place à une royauté politique et nationale, renforçant les pouvoirs du Parlement et des ministres de la Couronne (1694). Sous Anne Stuart (1702-1714), l'Angleterre prit part à la guerre de Succession d'Espagne et traita avec la France (traité d'Utrecht, 1713), obtenant d'immenses avantages politiques et commerciaux. L'acte d'Union de 1707 donna naissance au Royaume-Uni de Grande-Bretagne (union des royaumes d'Angleterre et d'Écosse), avec un Parlement unique.

Le XVIIIe siècle Sous George Ier (1714-1727) puis George II (1727-1760), les structures politiques modernes se définirent, avec un Premier ministre chef de la majorité parlementaire élaborant les grandes décisions, et une Chambre des communes formée par les membres de la gentry. Après 1759, l'Angleterre remporta des succès définitifs pour aboutir à un immense domaine colonial en Amérique du Nord, en Inde et en Afrique (traité de Paris, 1763). Après la guerre d'indépendance des États-Unis (traité de Versailles, 1783), la peur de la Révolution française et la guerre contre Napoléon neutralisèrent les mouvements populistes. Le Royaume-Uni de Grande-Bretagne et d'Irlande du Nord fut créé en 1801. Si les victoires de Trafalgar (1805) et Waterloo (1815) furent décisives, l'évolution agricole au bénéfice des grands propriétaires et surtout la révolution industrielle, avec la montée de la bourgeoisie, engendrèrent des émeutes sociales (1811).

L'époque victorienne George IV (1820-1830) puis Guillaume IV (1830-1837) laissèrent le gouvernement aux torys, qui réprimèrent violemment, puis tentèrent d'apaiser l'agitation sociale (développement des Trade Unions, chartisme ouvrier). Sous le long règne de Victoria (1837-1901), le pays se réforma et se démocratisa. Prudente en Europe tout en soutenant les nationalismes (guerre de Crimée), la politique étrangère de l'Angleterre se fit plus impérialiste après 1874 (guerre de l'Opium en Chine, Victoria impératrice des Indes, développement des colonies de peuplement au Canada, en Australie, en Nouvelle-Zélande, en Afrique du Sud).

L'ère édouardienne Sous les gouvernements Salisbury-Joseph Chamberlain (1886-1892 et 1895-1902), la question sociale s'aggrava (grèves puis création du futur parti travailliste). L'impérialisme britannique triomphait (Égypte, Afrique noire). Sous Édouard VII (1901-1910), le Royaume-Uni se rapprocha de la France face au péril allemand (seconde Entente cordiale, 1904), et de nombreuses réformes politiques et sociales furent adoptées.

Les deux guerres mondiales Le Royaume-Uni s'engagea dans la Première Guerre mondiale aux côtés de la France et de la Russie (Triple-Entente). Sa participation fut déterminante sur mer (guerre sous-marine) et sur terre (bataille de la Somme, offensive de 1918). David Lloyd George joua un rôle essentiel dans les négociations (1918-1920) et mena une politique active en Europe et au Proche-Orient.

La question irlandaise et les difficultés économiques et sociales entretenaient cependant les divisions. Les élections de 1923 donnèrent pour la première fois le pouvoir aux travaillistes (James Ramsay MacDonald). Après la crise économique mondiale, l'économie se réforma sous l'influence de Keynes : abandon du libre-échange pour le système de la préférence impériale, réformes agricoles. À George V succéda George VI (1936) et à Stanley Baldwin, Arthur Neville Chamberlain. Ce dernier, face à la montée des fascismes, préféra temporiser (accords de Munich, 1938).

L'attaque de Hitler contre la Tchécoslovaquie amena le Royaume-Uni à donner sa garantie à la Pologne, puis à entrer en guerre (septembre 1939), suivi par la France. Pendant la guerre, le pays montra sa résolution face aux attaques aériennes allemandes qui se déchaînèrent contre les grandes villes et face à une guerre sur mer impitoyable. Mené par Winston Churchill et soutenu par les États-Unis (décembre 1941), le Royaume-Uni fut le centre européen des Alliés.

L'après-guerre Churchill sortit perdant des élections de 1945 et fut remplacé par un cabinet travailliste (Attlee). L'organisation économique et sociale fut profondément modifiée (nationalisations, plan d'austérité, sécurité sociale). La décolonisation volontaire (indépendance de l'Inde et du Pakistan, puis des pays africains) évita au Royaume-Uni les guerres coloniales (création du Commonwealth). En 1951, la défaite des travaillistes donna le pouvoir aux conservateurs (1951-1964).

Le règne d'Élisabeth II Élisabeth II succéda à son père en 1952. La lutte contre la crise économique entraîna le pays dans la construction européenne (adhésion à la CEE en 1973) et le libéralisme (politique d'austérité menée par James Callaghan, 1976). Les conservateurs revinrent au pouvoir en 1979 avec Margaret Thatcher, qui s'opposa aux syndicats et engagea un vaste programme de privatisation, tout en s'opposant à la politique communautaire européenne. Le Royaume-Uni réussit à conserver les Malouines (1982), mais ne put faire cesser la guerre civile en Irlande. Sous John Major (1990), il participa à la guerre du Golfe (1991) et ratifia le traité de Maastricht (1993), tout en poursuivant sa politique de désengagement de l'État dans les entreprises. À la tête du parti travailliste, Tony Blair remporta les élections de 1997 et entreprit la modernisation du pays (plan de décentralisation, mesures sociales), face à la crise de la monarchie. Un accord de paix fut signé en Irlande du Nord (1998), dont l'application a été relancée par l'abandon de la lutte armée par l'IRA (2005). Après les attentats du 11 septembre 2001, le Royaume-Uni s'engagea auprès des États-Unis dans la lutte contre le terrorisme, et leur apporta son soutien militaire en Afghanistan et en Irak (2003). En 2007, après trois mandats successifs, T. Blair céda le pouvoir à Gordon Brown. Ce dernier, à la tête d'un parti discrédité par des scandales financiers dans un contexte de récession due à la crise, dut laisser sa place en 2010 au conservateur David Cameron qui forma un gouvernement de coalition avec les libéraux-démocrates et refusa de participer à un nouveau traité européen, estimant que la réglementation de l'UE manquait de flexibilité et nuisait à la souveraineté du pays. Il organisa en juin 2016 un référendum sur le maintien du Royaume-Uni dans l'Union et fit campagne en faveur du oui mais le « Brexit » l'emporta. Cameron démissionna et Theresa May, également du parti conservateur, le remplaça au poste de Premier ministre. Elle mit en œuvre le processus de sortie de l'UE mais l'accord qu'elle négocia avec les Européens fut rejeté par les députés britanniques, notamment en raison de la question de la frontière entre l'Irlande du Nord et la République d'Irlande. En juillet 2019, elle fut remplacée par le nouveau leader conservateur Boris Johnson qui parvint à faire approuver un accord, et le Brexit prit effet le 31 janvier 2020. Le pays se trouva alors confronté au double choc de la transition économique et de la pandémie de coronavirus. Discrédité par son propre parti en raison de divers scandales, B. Johnson démissionna en 2022 au profit de Liz Truss. Quelques jours après sa nomination, le pays fut paralysé par le décès, le 8 septembre, de la reine Elisabeth II suivi de l'accession au trône de Charles III. Le programme ultralibéral présenté par la nouvelle Première ministre fut immédiatement désavoué par l'ensemble de la classe politique et, le 25 octobre, Rishi Sunak lui succéda, héritant d'une situation économique encore dégradée par les retombées de la guerre en Ukraine.

Royaumont Localité du Val-d'Oise, dépendant de la commune d'Asnières-sur-Oise. Ancienne abbaye fondée en 1228 par Saint Louis et appartenant à l'ordre de Cîteaux. Elle abrite aujourd'hui une fondation culturelle.

royauté n. f. (de *royal*, *cf.* royalties) **1.** Dignité de roi. *Aspirer à la royauté.* → **couronne, trône. 2.** Pouvoir royal. → **monarchie.** *Chute de la royauté.*

Roye Commune de la Somme. 5 703 habitants. Sucrerie.

Royer-Collard (Pierre Paul) Homme politique et philosophe français (1763-1845). Il fut membre de la Commune de Paris (1792) puis du Conseil des Cinq-Cents. Après la Restauration, il prit la tête des royalistes modérés et devint président de la Chambre des députés (1828-1830). Sa philosophie spiritualiste influença V. Cousin.

Royer-Collard (Antoine Athanase) Médecin français (1768-1825). Frère de Pierre Paul. Il dirigea l'asile d'aliénés de Charenton et fut nommé à la première chaire de médecine mentale (1819).

Rozebeke (bataille de) Victoire remportée en 1382 à Rozebeke (Belgique) par le roi de France Charles VI sur les Gantois révoltés contre Louis de Male, comte de Flandre.

RPF (Rassemblement du peuple français) Mouvement politique fondé en 1947 par le général de Gaulle. Il resta actif jusqu'en 1954.

RPR (Rassemblement pour la République) Parti politique créé en 1976 par Jacques Chirac, qui le présida jusqu'en 1994. Il a été dissous en 2002 pour se fondre dans l'UMP.

-rragie Élément **(du grec *-rrhagia*, de *rhêgnumi* « briser ; jaillir »)** qui signifie « écoulement anormal, flux » (ex. *hémorragie*).

-rrhée ou **-rrée** Élément **(du grec *rhein* « couler », *cf.* rhume)** qui signifie « écoulement, flux » (ex. *séborrhée*).

RSA n. m. (sigle de *revenu de solidarité active*) en France Allocation constituant à la fois un revenu minimum pour les personnes privées d'emploi et un complément de revenu en cas de reprise d'activité.

RSS n. m. (sigle de l'anglais de *Really Simple Syndication*) inform. Format de description standardisée d'un contenu publié sur un site web dans un fichier XML qui permet d'indexer automatiquement les informations de ce site et de les mettre à disposition d'autres sites. **– appos.** *Fil*, flux RSS.*

RSVP [ɛRɛsvepe] Abréviation de *Réponse, s'il vous plaît* (sur une invitation).

RTBF (Radio télévision belge de la communauté française) Organisme public de radiotélévision créé en 1953. La RTBF regroupe six chaînes de radio nationales et quatre chaînes de télévision.

RTF (Radiodiffusion-télévision française) Organisme créé en 1949 sous la tutelle du ministère de l'Information et qui reçut le monopole de la radiodiffusion et de la télévision françaises. La RTF fut remplacée en 1964 par l'Office de radiodiffusion-télévision française (ORTF). En 1974, l'ORTF fut démantelé en sept sociétés distinctes : TF1, Antenne 2, France Régions 3, Radio France, la Société française de production (SFP), Télédiffusion de France (TDF) et l'Institut national d'audiovisuel (INA).

RTL (Radio-Télé-Luxembourg) Station de radiodiffusion (depuis 1931) et de télévision (depuis 1955). RTL est aujourd'hui, en taux d'écoute, le premier groupe audiovisuel européen.

RTT n. f. (sigle) en France Réduction du temps de travail, après la loi sur les 35 heures (hebdomadaires). **–** Congé obtenu à ce titre. *Prendre un jour de RTT. Être en RTT.*

ru n. m. (vient du latin *rivus* « ruisseau » → ruisseau ; ria, rival) régional Petit ruisseau.

Ru Symbole chimique du ruthénium.

ruade n. f. Mouvement par lequel les équidés (chevaux, ânes, etc.) lancent vivement en arrière leurs membres postérieurs en soulevant leur train arrière. *Lancer une ruade.* **→ ruer.**

Ruanda-Urundi Ancienne colonie d'Afrique centrale comprenant les royaumes du Ruanda (Rwanda) et de l'Urundi.

Ruan Yuan ou **Jouan Yuan** Lettré chinois (1784-1849). Son œuvre, immense, eut une grande influence sur la pensée chinoise du XIXe siècle.

Rub' al-Khali n. m. appelé aussi le « désert des déserts » Désert d'environ 300 000 km^2 s'étendant au S. de l'Arabie saoudite, à la frontière N. du sultanat d'Oman et du Yémen.

rubalise n. f. (marque enregistrée ; mot-valise, de *ruban* et 1*balise*) Ruban de signalisation aux couleurs vives. *Rubalise délimitant une scène de crime.*

ruban n. m. (origine néerlandais) 1. Étroite bande de tissu, servant d'ornement, d'attache **(→ faveur, galon ; bolduc).** *Ruban de velours. Nœud de rubans.* **2.** Bande de tissu servant d'insigne à une décoration **(→ cordon).** *Le ruban de la Légion d'honneur.* **3.** Bande mince et étroite d'une matière flexible. *Ruban adhésif.* **→ 2scotch.** *Ruban de balisage.* **→ rubalise.**

rubané, ée adj. 1. Couvert de traces étroites et allongées. *Marbre rubané.* **2.** Plat et mince comme un ruban. *Algues rubanées.*

rubanerie n. f. Fabrication, commerce en gros des rubans, galons.

1rubanier, ière 1. n. Fabricant(e), marchand(e) en gros de rubans. **2. adj.** Relatif à la fabrication des rubans. *Industrie rubanière.* **→ rubanerie.**

2rubanier n. m. Plante aquatique à feuilles rubanées (syn. **ruban d'eau**).

rubato [Rybato ; Rubato] **adv. (mot italien, proprt « dérobé, volé ») mus. (indication de mouvement)** Avec une grande liberté rythmique. *Jouer rubato.* **– n. m.** *Des rubatos.*

Rubbia (Carlo) Physicien italien (né en 1934). Il contribua, par ses travaux au Cern, à la découverte expérimentale des bosons W et Z. Prix Nobel 1984 avec Simon van der Meer.

rubéfaction n. f. (→ rubéfiant) méd. Congestion cutanée passagère, provoquée par un rubéfiant. **→ rougeur.**

rubéfiant, ante adj. (latin *rubefacere* « rendre rouge ») méd. Qui produit une congestion passagère et locale, par application sur la peau. **– n. m.** *Les révulsifs et les sinapismes sont des rubéfiants.*

rubellite n. f. (du latin *rubellus* « rouge ») minér. Variété de tourmaline, généralement rose.

Ruben Personnage biblique, fils aîné de Jacob et ancêtre éponyme d'une tribu d'Israël.

Rubens (Petrus Paulus, en français Pierre Paul) Peintre et dessinateur flamand (1577-1640). Il se forma à Anvers, puis en Italie et fut l'un des plus éminents représentants du mouvement baroque en Flandres et en Europe. Il travailla pour le duc de Mantoue, l'archiduc Albert des Pays-Bas, la reine Marie de Médicis, Charles Ier d'Angleterre et Philippe IV d'Espagne. Chef d'un vaste atelier à Anvers, il produisit une œuvre abondante, dans un style sensuel et nerveux, multipliant les effets de mise en scène et les trouvailles décoratives. Il peignit surtout des tableaux d'histoire et des compositions religieuses ou mythologiques, mais sut également trouver des accents plus intimes dans certains portraits, notamment ceux de son épouse Hélène Fourment *(Hélène et son fils François)*. L'influence de Rubens sur la peinture occidentale fut considérable, de Van Dyck (qui fut son élève) à Delacroix. *Descente de Croix* de la cathédrale d'Anvers ; *Suzanne et les vieillards* ; plafond de la Maison des banquets à Whitehall, Londres ; *Vie de Marie de Médicis*, cycle de vingt-quatre tableaux pour la galerie du Luxembourg.

Pierre Paul Rubens, *Le Débarquement de Marie de Médicis à Marseille* (v. 1622-1625), musée du Louvre, Paris.

rubéole n. f. (du latin *rubeus* → rouge, *cf.* rougeole) Maladie éruptive contagieuse voisine de la rougeole. □ **adj. rubéoleux, euse**

rubescent, ente adj. (du latin *rubescere* « rougir ») didact. Qui devient rouge. *Peau rubescente.* □ **n. f. rubescence**

rubiacée n. f. (du latin rubia « garance », de *ruber* → rouge) bot. Plante gamopétale telle que la garance, le caféier, le gardénia (famille des *Rubiacées*).

rubican adj. m. (altération de *rabican* [influence de *rubicond*], de l'espagnol *rabicano* « à queue grise ») *Cheval rubican*, dont la robe est semée de poils blancs.

Rubicon n. m. Fleuve de l'Italie ancienne, qui séparait l'Italie de la Gaule cisalpine. César le franchit en –49 à la tête de ses troupes sans l'autorisation du sénat, déclenchant la guerre civile. De là vient l'expression *franchir le Rubicon.*

rubicond, onde adj. (du latin, de *ruber* → rouge) (visage) Très rouge. *Des joues rubicondes.*

rubidium [Rybidjɔm] **n. m. (du latin, de *ruber* → rouge)** Élément atomique (symb. Rb, n° at. 37, masse at. 85,48), métal blanc, mou, du groupe des alcalins.

rubigineux, euse adj. (du latin → rouille) didact. 1. Couvert de rouille. **2.** Qui a la couleur de la rouille.

Rubinstein (Anton Grigorievitch) Pianiste et compositeur russe (1829-1894). Pianiste de réputation mondiale, il fonda les conservatoires de musique de Saint-Pétersbourg et Moscou. Il a composé des opéras, de la musique symphonique et de la musique de chambre.

Rubinstein (Ida) Danseuse et mécène russe de la danse (1885-1960). Elle se produisit avec les Ballets russes, puis fonda sa propre compagnie et commanda des œuvres aux plus grands compositeurs (Honegger, Stravinski...) et chorégraphes de son temps (Massine, Fokine...).

Rubinstein (Artur) Pianiste américain d'origine polonaise (1887-1982). Élève de Paderewski, il fut l'un des plus grands virtuoses de son époque, dans l'interprétation de Chopin notamment.

rubis n. m. (du latin, de *rubeus* → rouge) 1. Pierre précieuse d'un beau rouge ; cette pierre taillée en bijou. **2.** Monture de pivot en pierre dure, dans un rouage d'horlogerie. **3. loc.** *Payer* **rubis sur l'ongle** : payer comptant et en totalité (ce qu'on doit).

rubrique n. f. (latin *rubrica* « terre rouge » et « titre écrit en rouge », de *ruber* → rouge) 1. Titre indiquant la matière d'un article de presse. *La rubrique des spectacles.* **–** Article, généralement régulier, sur un sujet déterminé. **→ 2chronique.** *Tenir la rubrique littéraire.* **2.** *Sous (telle)* **rubrique** : sous tel titre, telle désignation. *Classer deux choses sous la même rubrique.* **→ catégorie.**

Rubrouck (Guillaume de) Missionnaire franciscain flamand (v. 1220-apr. 1293). Il fut envoyé par Saint Louis en Mongolie, auprès du grand Khan. Sa mission échoua mais sa relation de voyage, *Itinerarium ad partes orientales*, est une source précieuse de renseignements sur les régions qu'il a traversées.

ruche n. f. (vient du latin médiéval *rusca*, d'origine gauloise « écorce ») 1. Abri aménagé pour un essaim d'abeilles. *Ruche en bois.* **2.** Colonie d'abeilles qui habite une ruche. *Bourdonnement d'une ruche.* ■ **fig.** Lieu où règne une activité incessante. **3. → ruché.**

Ruche (la) Cité d'artistes située passage de Dantzig à Paris. Elle accueillit à partir de 1902 de nombreux peintres (Léger, Delaunay, Modigliani..., puis Chagall et Soutine) et sculpteurs (Zadkine, Laurens...).

ruché n. m. Bande d'étoffe plissée servant d'ornement. → **ruche.**

ruchée n. f. techn. Population ou produit d'une ruche.

rucher n. m. Emplacement où sont disposées des ruches ; ensemble de ruches.

Rückert (Friedrich) Poète et orientaliste allemand (1788-1866). Il donna des traductions d'auteurs persans et écrivit des œuvres d'inspiration orientale. Ses *Kindertotenlieder* furent mis en musique par Mahler.

Ruda Śląska Ville de Pologne. 145 500 habitants. Industrie métallurgique.

rudbeckia n. m. (de *Rudbeck*, n. d'un botaniste suédois) bot. Plante d'origine exotique (composée), cultivée en Europe pour ses fleurs aux vives couleurs.

rude adj. (latin *rudis* « brut, grossier », cf. érudit, rudiment) **1.** (personnes) Simple et grossier. *Un homme rude.* → **fruste.** – *Des manières un peu rudes.* **2.** (personnes) littér. Dur, sévère. – Redoutable. *Un rude adversaire.* **3.** (choses) Qui donne du mal, est dur à supporter. → **pénible.** *Un métier rude. Une rude journée.* loc. *À rude épreuve*.* – *Un climat rude.* → **rigoureux.** **4.** Dur au toucher (opposé à *doux*). → **rugueux.** *Toile rude.* → **rêche.** – Dur ou désagréable à l'oreille. *Une voix rude.* **5.** fam. (avant le n.) Remarquable en son genre. → [1]**drôle, fameux,** [1]**sacré.** *Un rude appétit.* → **solide.**

Rude (François) Sculpteur français (1784-1855). Il se rendit célèbre par sa décoration de l'arc de triomphe de l'Étoile à Paris (haut-relief, *Le Départ des volontaires de 92*, connu sous le nom de *La Marseillaise*), habile mélange de tradition antique et de sensibilité romantique. *Napoléon s'éveillant à l'immortalité ; Jeanne d'Arc.*

rudement adv. **1.** De façon brutale. *Heurter qqch. rudement.* **2.** Avec dureté, sans ménagement. **3.** fam. Beaucoup, très. → **drôlement.** *C'est rudement bon.*

rudenté, ée adj. (du latin *rudens, rudentis* « cordage, câble ») archit. Orné de rudentures. *Colonnes rudentées.*

rudenture n. f. archit. Ornement torsadé au bas des cannelures d'une colonne.

rudéral, ale, aux adj. (du latin *rudus, ruderis* « décombres ») bot. Qui croît parmi les décombres. *L'ortie est une plante rudérale.*

rudération n. f. (du latin, de *rudus* → rudéral) techn. Pavage en cailloux, en petites pierres.

rudesse n. f. **1.** Caractère rude (1). *La rudesse de ses manières. « Nourri dans les forêts, il en a la rudesse »* (Racine). **2.** Caractère d'une personne brusque et dure. → **brutalité, dureté.** *Traiter qqn avec rudesse.* → **rudoyer.** **3.** Caractère rude, pénible. → **rigueur.** *La rudesse de l'hiver.* **4.** Caractère de ce qui est rude (4) aux sens.

rudiment n. m. (du latin, de *rudis* → rude) **1.** au plur. Notions élémentaires (d'une science, d'un art). → **a b c, b. a.-ba.** *Rudiments de grammaire.* **2.** Ébauche ou reste (d'un organe). *Un rudiment de queue.* **3.** au plur. Premiers éléments (d'une organisation, d'un système...).

rudimentaire adj. **1.** Qui n'a atteint qu'un développement très limité. → **élémentaire.** – Sommaire, insuffisant. *Connaissances rudimentaires.* **2.** sc. nat. (organe) Qui est à l'état d'ébauche ou de résidu.

rudiste n. m. (de *rude*) paléont. Mollusque lamellibranche fossile, à coquille épaisse (ère secondaire).

Rudnicki (Adolf) Écrivain polonais (1912-1990). Il évoqua dans plusieurs de ses œuvres la tragédie de la population juive polonaise pendant la Seconde Guerre mondiale. *La Fuite de Iasnaïa Poliana ; Hier soir à Varsovie.*

rudoiement n. m. littér. Action de rudoyer.

Ruf (Éric)

Éric Ruf dans la galerie des Bustes de la Comédie-Française, en 2014.

Rudolf von Ems Poète allemand (v. 1200-v. 1254). Il est notamment l'auteur d'une *Chronique universelle* très populaire au Moyen Âge.

rudologie n. f. (du latin *rudus* « décombres » et de *-logie*) didact. Étude des déchets, de leur élimination.

Rudolph (Wilma) Athlète américaine (1940-1994). Elle remporta trois médailles d'or (100 m, 200 m et 4 × 100 m) aux Jeux olympiques de Rome (1960), devenant la première femme à courir le 200 m en moins de 23 s.

rudoyer v. tr. < 8 > Traiter rudement, sans ménagement. → **brutaliser, malmener.**

Rudra Ancienne divinité de l'Inde védique, prototype de Shiva, qui personnifiait le soleil en tant que feu destructeur.

[1]**rue** n. f. (vient du latin *ruga* « ride », cf. rugueux) **1.** Voie bordée de maisons, dans une agglomération. → **artère, avenue, boulevard, impasse.** *La rue principale d'un village, la grand'rue, la grand-rue. Une petite rue.* → **ruelle.** *Une rue calme, animée, commerçante. Se promener dans les rues. Traverser la rue. Au coin de la rue.* – loc. *À tous les coins de rue* : partout. **2.** *La rue, les rues,* symbole de la vie urbaine, des milieux populaires. *Scènes de la rue. L'homme de la rue. Un gamin des rues.* – loc. *Être **à la rue***, sans domicile, sans abri. ■ *La rue,* siège des manifestations populaires. *Descendre dans la rue* (pour manifester). **3.** Ensemble des habitants ou des passants d'une rue. ■ *La rue,* la population de la ville. *La rue s'agitait, se soulevait.*

[2]**rue** n. f. (vient du latin *ruta*) Plante des prés vivace, à fleurs jaunes. *La rue fétide.*

Rue Commune de la Somme, sur la Noye. 3 115 habitants. Chapelle de style gothique flamboyant ; beffroi du XVe siècle.

Rueda (Lope de) Comédien et auteur dramatique espagnol (v. 1500-1565). Fondateur d'une compagnie de théâtre ambulant, il écrivit des comédies dans la tradition italienne mais aussi des farces très populaires, qui font de lui l'un des précurseurs du Siècle d'or espagnol.

ruée n. f. Mouvement rapide d'un grand nombre de personnes dans la même direction. *« La Ruée vers l'or »* (film de Chaplin).

Rueff (Jacques) Économiste et financier français (1896-1978). Il fut l'un des représentants de l'école néolibérale et contribua à la création du nouveau franc en 1960 (plan Rueff-Pinay).

Rueil-Malmaison Commune des Hauts-de-Seine. 78 265 habitants. Château où séjournèrent Bonaparte et Joséphine.

ruelle n. f. **I.** Petite rue étroite. → **venelle.** **II.** Espace libre entre un lit et le mur ou entre deux lits. – hist. Au XVIIe siècle, Chambre, alcôve où certaines femmes de haut rang recevaient.

Ruelle-sur-Touvre Commune de la Charente. 7 364 habitants. Armement.

ruer v. < 1 > (vient du latin *rutare*, de *ruere* « se précipiter ; tomber », cf. ruine) **I.** *Se ruer* v. pron. S'élancer avec violence, impétuosité. → **se précipiter.** – (En masse) → **ruée.** *Les gens se ruaient vers la sortie. Les troupes se ruèrent à l'assaut.* **II.** v. intr. Lancer une ruade, des ruades. – loc. fig. *Ruer dans les brancards* : regimber, résister.

Ruf (Éric) Metteur en scène, décorateur et acteur français (né en 1969). Entré à la Comédie-Française en 1993, il y signe les décors de plusieurs pièces dans lesquelles il joue également *(Cyrano de Bergerac)* et, en 2012, met en scène *Peer Gynt* au palais des Papes (Avignon). Il devient l'administrateur de cette institution en 2014.

Ruffec Commune de la Charente. 3 370 habitants. Fromage de chèvre. Construction mécanique.

ruffian ou **rufian** n. m. (italien *ruffiano*) **1.** vieux ou littér. Entremetteur, souteneur. **2.** mod. Aventurier peu scrupuleux.

Ruffié (Jacques) Médecin français (1921-2004). Spécialiste de la génétique et de l'hématologie, il étudia les facteurs héréditaires du sang.

Ruffin (François) Journaliste et homme politique français (né en 1975). Fondateur du journal alternatif *Fakir* et réalisateur du documentaire satirique *Merci patron !* Il fut élu député de La France insoumise en 2017.

Rufin (Jean-Christophe) Écrivain, médecin et diplomate français (né en 1952). L'engagement humanitaire, le tiers-monde et l'ouverture à l'autre inspirent son œuvre. *L'Abyssin ; Les Causes perdues ; Rouge Brésil ; Le Collier rouge.* Académie française.

Rufisque Ville du Sénégal, près de Dakar. 162 000 habitants. Port sur l'Atlantique (exportation d'arachide). Industries alimentaire et textile.

ruflette n. f. (anglais *Rufflette*, n. déposé, de *ruffle* « fronce ») Galon cousu en haut des rideaux afin de les froncer et de les accrocher.

Rugambwa (Laurian) Prélat tanzanien (1912-1997). Archevêque de Dar es-Salaam, il devint en 1960 le premier cardinal noir.

rugby n. m. (mot anglais, n. de la ville où se trouve le collège où ce jeu fut inventé en 1823) Sport d'équipe dans lequel il faut poser un ballon ovale derrière la ligne de but de l'adversaire (→ **essai**), ou le faire passer entre les poteaux de but. *Ballon, terrain de rugby. Équipe de rugby.* → **quinze.** – *Rugby à treize* (ou *jeu à treize*), joué avec des équipes de treize joueurs. – *Rugby américain.* → **football** américain. □ adj. **rugbystique**

Rugby Ville d'Angleterre, sur l'Avon. 70 600 habitants. Collège fondé en 1567.

rugbyman [rygbiman] n. m. (→ rugby) Joueur de rugby. *Des rugbymans* ou *des rugbymen* [-mɛn] (d'après l'anglais). - Le fém. correspondant est **joueuse de rugby.**

Rügen Île allemande de la mer Baltique, reliée par un pont à la Poméranie. 926 km^2. Pêche. Tourisme balnéaire.

Ruggieri Famille d'artificiers originaire de Bologne. Venus à Paris en 1739, les cinq frères Ruggieri émerveillèrent les spectateurs de la Comédie-Italienne par leurs feux d'artifice.

Ruggieri (Cosimo) Astrologue florentin (mort en 1615). Il vint à Paris avec Catherine de Médicis, qui avait recours à ses prédictions. Il fit paraître des almanachs annuels réputés.

rugine n. f. (latin médiéval *rugo, ruginis*, latinisation de *roisne* → rouanne) Instrument de chirurgie, sorte de rabot pour racler les os. □ **ruginer** v. tr. < 1 >

rugir v. < 2 > (latin *rugire*, cf. rut) **I.** v. intr. **1.** (lion, fauves) Pousser des cris terribles. **2.** (personnes) Pousser des cris terribles. → **hurler.** *Rugir de colère.* **3.** (choses) Produire un bruit sourd et violent. *« Ô Dieu ! le vent rugit comme un soufflet de forge »* (Hugo). **II.** v. tr. Proférer avec violence, avec des cris. *Rugir des injures.*

rugissant, ante adj. Qui rugit. *Le lion rugissant.* – loc. *Les quarantièmes* rugissants.*

rugissement n. m. **1.** Cri du lion et de certains fauves (tigres, panthères, etc.). **2.** Cri rauque. *Des rugissements de colère.* **3.** (choses) Grondement sourd et violent. → **mugissement.** *Le rugissement de la tempête.*

rugosité n. f. (→ rugueux) État d'une surface rugueuse ; petite aspérité sur cette surface.

R

rugueux, euse adj. (latin *rugosus* « ridé », de *ruga* → ¹rue) **1.** Dont la surface présente de petites aspérités, et qui est rude au toucher. → **raboteux, râpeux, rêche, rude.** *Écorce rugueuse.* **2.** fig. Rude, âpre. *« La réalité rugueuse »* (Rimbaud).

Ruhlmann (Émile Jacques) Décorateur et ébéniste français (1879-1933). Il fut le principal représentant du style Art déco.

Ruhmkorff (Heinrich Daniel) Physicien mécanicien et électricien allemand (1803-1877). Il conçut la bobine d'induction qui porte son nom (1851).

Ruhr n. f. Rivière d'Allemagne, affluent du Rhin. 235 km.

Ruhr n. f. Région d'Allemagne (Rhénanie-du-Nord-Westphalie). Le bassin houiller, le plus grand d'Allemagne, a été exploité à partir du XIXe siècle. La dernière mine a fermé en 2021. La région présente l'une des plus fortes densités de population (environ 5 millions d'habitants sur 4 000 km^2) et l'une des plus importantes concentrations industrielles du monde (métallurgie, construction mécanique, électronique...). Villes principales : Düsseldorf, Duisburg, Oberhausen, Essen, Bochum, Gelsenkirchen, Dortmund. La Ruhr fut occupée par des troupes belges et françaises de 1923 à 1925 pour obtenir du gouvernement allemand le versement des réparations prévues par le traité de Versailles.

ruine n. f. (du latin, de *ruere* → ruer) **I.** (Une, des ruines) **1.** Débris d'un édifice ancien ou écroulé. → **décombres, vestige.** *Des ruines gallo-romaines.* – *Une ruine,* un édifice écroulé. ■ *Pays qui se relève de ses ruines,* répare les dommages subis. **2.** Personne dégradée par l'âge, la maladie... *C'est une véritable ruine.* → **loque. II.** (La ruine) **1.** Écroulement partiel ou total d'un édifice ; état de ce qui s'écroule (→ **délabrement, vétusté**). *Tomber en ruine.* → **crouler.** *Château en ruine.* – *Menacer ruine :* risquer de tomber en ruine. **2.** Destruction, perte. *Le dictateur a précipité sa ruine.* – *C'est la ruine de ses espérances.* → **anéantissement. 3.** Perte des biens, de la fortune. *Être au bord de la ruine.* – par ext. *Une ruine,* une cause de ruine, une source de dépenses (→ **ruineux**).

ruiner v. tr. < 1 > **1.** vieux Réduire à l'état de ruines. – au p. p., mod. *Château ruiné.* **2.** Endommager gravement. *Ruiner sa santé.* → **altérer. 3.** Causer la ruine, la perte de. → **anéantir, détruire.** *Cet échec a ruiné tous ses espoirs.* **4.** Faire perdre la fortune, la prospérité à. *La guerre a ruiné le pays.* – au p. p. *Elle est complètement ruinée.* ■ par exagér. Faire faire des dépenses excessives à (qqn). *Tu me ruines ; tu veux me ruiner !* ■ **se ruiner** v. pron. Perdre ses biens, causer sa propre ruine. *Il s'est ruiné au jeu.* – Dépenser trop. *Se ruiner en médicaments.*

ruineux, euse adj. (→ ruine) Qui amène la ruine, des dépenses excessives. *Des goûts ruineux.*

ruiniforme adj. (de *ruine* et *-forme*) géol. Qui a pris un aspect de ruine, sous l'action de l'érosion. *Rochers ruiniformes.*

ruinure n. f. (var. de *rainure,* avec influence de *ruine*) techn. Entaille dans une solive, un poteau, pour augmenter la prise de la maçonnerie.

Ruisdael voir **Ruysdael**

ruisseau n. m. (d'abord *ruissel ;* vient du latin, diminutif de *rivus* → ru) **1.** Petit cours d'eau (→ **ru ; ruisselet**). – prov. *Les petits ruisseaux font les grandes rivières,* des éléments modestes additionnés produisent une chose importante. – par exagér. *Des ruisseaux de sang, de larmes.* → **torrent. 2.** Eau qui coule le long des trottoirs ; caniveau destiné à la recevoir. – loc. fig. *Tomber dans le ruisseau,* dans le dénuement, la déchéance. *Tirer qqn du ruisseau.*

ruisselant, ante adj. **1.** Qui ruisselle (1). *Pluie ruisselante.* – *Lumière ruisselante.* **2.** Qui ruisselle (2). *Ruisselant d'eau.* absolt *Un parapluie ruisselant.*

ruisseler v. intr. < 4 ou RO 5 > **1.** Couler sans arrêt en formant des ruisseaux, des filets d'eau. *La pluie ruisselle.* – Se répandre à profusion. *Une pièce où ruisselle le soleil.* **2.** *Ruisseler de :* être couvert de (un liquide qui ruisselle). *La vitre ruisselait de pluie. Ruisseler de sueur.*

ruisselet n. m. Petit ruisseau.

ruissellement n. m. Fait de ruisseler. – géol. *Ruissellement pluvial :* écoulement, sur le sol, des eaux de pluie (qui produira les cours d'eau). ■ fig. *Un ruissellement de lumière.* - var. RO **ruissèlement.**

Ruiz (Juan) Poète espagnol (1290 ?-1350 ?). Son *Livre du bon amour* est une œuvre fondatrice de la littérature de langue castillane.

Ruiz (Raul) Cinéaste chilien (1941-2011). Il s'établit en France à partir de 1975. Son œuvre abondante à l'imaginaire étrange, nourrie de références très diverses (de Borges au surréalisme), propose un jeu humoristique avec la réalité. *Dialogue d'exilés ; Le Temps retrouvé.*

Ruiz (Nevado del) Volcan de Colombie (5 321 m). Son éruption en 1985 ensevelit la ville d'Armero, faisant de très nombreuses victimes.

Ruiz de Alarcón y Mendoza (Juan) Auteur dramatique espagnol (v. 1581-1639). On lui doit une vingtaine de pièces dans le style de Lope de Vega, dont *La Vérité suspecte* (Corneille s'en inspira pour écrire *Le Menteur*).

rumb voir **rhumb**

rumba [rumba] n. f. (mot espagnol des Antilles) Danse d'origine cubaine ; musique de cette danse.

rumen [rymɛn] n. m. (mot latin « gosier, panse » → ruminer) zool. Premier estomac des ruminants. → **panse.**

rumeur n. f. (vient du latin *rumor*) **1.** Bruit, nouvelle de source incontrôlée qui se répand. → **on-dit.** *Une vague rumeur.* – *La rumeur publique.* **2.** Bruit confus de voix qui protestent. *Rumeur de mécontentement.* **3.** Bruit confus. *« Cette paisible rumeur-là / Vient de la ville »* (Verlaine).

Rumford (Benjamin Thompson, comte) Physicien américain (1753-1814). Il perfectionna le calorimètre et détermina la température du maximum de densité de l'eau (3,98 °C). Il remit en cause la théorie du calorique (hypothétique fluide vecteur de chaleur) et eut l'intuition du rapport entre chaleur et travail mécanique que confirma Joule.

Rūmī (Jalāl al-Dīn) voir **Jalāl al-Dīn Rūmī**

Rumilly Commune de la Haute-Savoie. 15 944 habitants. Maisons anciennes (XVIe-XVIIe s.).

ruminant n. m. Mammifère ongulé dont l'estomac complexe permet la rumination (sous-ordre des *Ruminants ;* ex. les bovidés, les cervidés).

rumination n. f. Action de ruminer, fonction physiologique des ruminants.

ruminer v. tr. < 1 > (du latin, de *rumen* « panse » → rumen, ronger) **1.** (ruminants) Mâcher de nouveau des aliments revenus de l'estomac, avant de les avaler. *Les vaches ruminent l'herbe* (et, absolt, *ruminent*). **2.** (personnes) Tourner et retourner dans son esprit. → **remâcher, ressasser.** *Ruminer son chagrin.*

Rumst Commune de Belgique (province d'Anvers). 15 050 habitants. Briqueteries.

rumsteck voir **romsteck**

runabout [rœnabaut] n. m. (de l'anglais, de *to run about* « courir ici et là ») anglic. Canot automobile à moteur intérieur très puissant. → **chriscraft.** *Des runabouts.*

Rundstedt (Gerd von) Maréchal allemand (1875-1953). Commandant du front de l'Ouest, il ne put résister au débarquement de Normandie (juin 1944). En décembre 1944, il dirigea la contre-offensive des Ardennes.

rune n. f. (origine scandinave) didact. Caractère de l'ancien alphabet des langues germaniques.

Runeberg (Johan Ludvig) Poète finlandais d'expression suédoise (1804-1877). Il s'inspira notamment des traditions populaires nordiques. Son poème *Vårt Land* sert de paroles à l'hymne national finlandais.

Rungis Commune du Val-de-Marne. 5 625 habitants. Marché d'intérêt national qui a remplacé les Halles de Paris à partir de 1969.

runique adj. didact. Relatif aux runes, formé de runes. *Écriture runique.*

running [rœniŋ] (mot anglais, de *to run* « courir ») anglic. **1.** n. m. Pratique régulière et intensive de la course à pied. → **footing, jogging. 2.** n. f. Chaussure de sport pour la course à pied. *Une paire de runnings.*

ruolz [ʀɥɔls] n. m. (du n. de Ruolz) Alliage argenté par galvanoplastie. *Des couverts en ruolz.*

Ruolz-Montchal (comte Henri de) Inventeur français (1811-1887). Il mit au point un procédé de dorure et d'argenture ainsi qu'un alliage argenté, portant son nom, très utilisé en orfèvrerie.

Rupel n. m. Rivière de Belgique, affluent de l'Escaut. 12 km. Canalisé, il est accessible aux gros gabarits.

Rupert (Robert de Bavière, dit le prince) Général et amiral anglais (1619-1682). Neveu de Charles Ier, il prit la tête de la cavalerie royale pendant la première révolution anglaise. Après le retour de Charles II sur le trône, il devint Premier lord de l'Amirauté et gouverneur de la Compagnie de la baie d'Hudson.

Rupert n. f. Fleuve du Canada (Québec). Environ 500 km. Elle prend sa source au lac Mistassini et se jette dans la baie James à Waskaganish.

rupestre adj. (du latin *rupes* « paroi de rocher » ; famille de *rompre*) didact. **1.** Qui vit dans les rochers. *Flore rupestre.* **2.** (œuvre plastique) Qui est exécuté sur une paroi rocheuse. → **pariétal.** *Peintures rupestres.* – *Art rupestre.*

rupicole n. m. (du latin *rupes* « rocher » et *de -cole*) zool. Oiseau passereau appelé communément *coq de roche.*

rupin, ine adj. et n. (origine incertaine) fam. Riche. → **friqué.**

rupteur n. m. (de *rompre,* d'après *rupture*) techn. Dispositif qui interrompt le courant électrique (→ **interrupteur**).

rupture n. f. (latin *ruptura* → roture, de *rumpere* → rompre) **1.** Fait de se casser, de se rompre. *La rupture d'un câble.* ■ méd. Déchirure survenant brusquement dans un organe. *Rupture d'anévrisme.* **2.** Cessation brusque (de ce qui durait). *Rupture des relations diplomatiques.* – Annulation (d'un engagement). *Rupture de contrat ; de fiançailles. Être en rupture de ban*.* – *Rupture de stock* (quand le stock est insuffisant). *Livre en rupture de stock.* ■ Opposition entre des choses qui se suivent. *Rupture de ton, de rythme,* changement brusque. – ***En rupture avec :*** en opposition affirmée à. *Être en rupture avec la société.* **3.** Séparation (entre des personnes qui étaient unies). → **brouille.** *Lettre de rupture.*

rural, ale, aux adj. (latin *ruralis,* de *rus, ruris* « campagne » → rustique) Qui concerne la vie dans les campagnes. → **rustique** (I). *Exploitation rurale.* → **agricole.** – *L'exode rural :* le dépeuplement des campagnes. – n. m. pl. *Les ruraux.* → **campagnard ; paysan.** □ n. f. **ruralité**

rurbain, aine adj. (mot-valise, de *rural* et *urbain*) géogr. Concerné par la rurbanisation. *Commune rurbaine.* ■ n. Personne qui habite en zone rurbaine.

rurbanisation n. f. (mot-valise, de *rural* et *urbanisation*) géogr. Urbanisation lâche des zones rurales à proximité de villes dont elles deviennent les banlieues.

Rusafa ou **Résafé** anciennement **Sergiopolis** Site archéologique de Syrie. Vestiges d'une ville byzantine du VIe s. (basilique), lieu de pèlerinage à saint Serge.

ruse n. f. (de l'ancien v. *ruser* « reculer », qui vient du latin *recusare* « refuser » → **récuser**) **1.** Procédé habile pour tromper. → **artifice, feinte, machination, [1]manœuvre, piège, stratagème, subterfuge.** – loc. *Ruse de guerre, pour surprendre l'ennemi, et, fig., un adversaire. Des ruses de Sioux*.* **2.** *La ruse :* art de dissimuler, de tromper. → **habileté, rouerie.**

Ruse Ville du N.-E. de la Bulgarie. 166 400 habitants. Port sur le Danube. Centre industriel.

rusé, ée adj. Qui a, emploie ou exprime de la ruse. → **malin, roublard.** – **n.** *C'est une rusée. Un petit rusé.*

ruser v. intr. < 1 > User de ruses, agir avec ruse.

rush [rœʃ] n. m. (mot anglais « ruée ») anglic. **1.** sports Accélération d'un concurrent en fin de course. → **sprint. 2.** Afflux brusque d'un grand nombre de personnes. → **ruée.** *« C'est l'or. Le rush. La fièvre de l'or qui s'abat sur le monde »* (Cendrars). **3.** au plur. (au cinéma...) Épreuves de tournage (avant montage). *Visionner des rushs* ou *des rushes* (plur. anglais).

Rushdie ou **Rushdee (sir Salman)** Écrivain britannique d'origine indienne (né en 1947). Ses romans sont de grandes fresques mythiques exubérantes dont le style s'apparente au réalisme magique *(Les Enfants de minuit ; La Maison Golden).* Musulman non conformiste, Rushdie fut contraint à l'exil en Grande-Bretagne après sa condamnation à mort par des religieux chiites d'Iran pour le contenu jugé « blasphémateur » de ses *Versets sataniques.* Il réchappa à une tentative d'assassinat en 2022.

Salman Rushdie, en 2008.

Rushmore (mont) Site des États-Unis, près de Rapid City (Dakota du Sud). Les visages de Washington, Jefferson, Lincoln et Theodore Roosevelt y ont été sculptés à même la montagne (par G. Borglum) sur 18 m de hauteur.

Ruska (Ernst August Friedrich) Physicien allemand (1906-1988). Il mit au point en 1933 le premier microscope électronique. Prix Nobel 1986.

Ruskin (John) Critique d'art et sociologue britannique (1819-1900). Il défendit le préraphaélisme *(Les Peintres modernes)* et inspira le renouveau des métiers d'art dans son pays (mouvement *Arts and Crafts*). Admirateur de l'art gothique médiéval, il s'engagea, cependant, contre la restauration des monuments anciens *(Les Sept Lampes de l'architecture).* Dans le domaine social, il adopta des positions humanitaires avancées *(Unto this Last)* et exerça une influence sur de nombreux artistes et intellectuels de son temps (W. Morris, Proust, Gandhi...).

russe adj. et n. (de *Russie*) **1. adj.** De Russie. *La révolution russe* (→ **soviétique**). – loc. *Montagnes* russes. Salade russe.* ■ **n.** *Les Russes.* hist. *Russe blanc,* émigré russe (par oppos. aux *rouges**). – loc. *Boire à la russe,* en faisant cul sec et en jetant le verre. **2. n. m.** Langue slave parlée en Russie. *Le russe s'écrit en alphabet cyrillique.*

Russell (William), dit lord Russell Homme politique anglais (1639-1683). Il fut accusé sans preuves d'un complot contre le roi Charles II et fut exécuté.

Russell (John, 1er comte) Homme politique britannique (1792-1878). Chef du parti whig, il fut Premier ministre de 1846 à 1852, puis de 1865 à 1866. Il poursuivit la politique libre-échangiste de Peel.

Russell (George William), dit Æ Poète irlandais (1867-1935). Ami de Yeats, il se fit le chantre du mysticisme celte et fut l'un des artisans du renouveau poétique de son pays. *Le Flambeau de la vision ; De Source.*

Russell (Bertrand, 3e comte) Mathématicien et philosophe britannique (1872-1970). Petit-fils de John. Ses travaux de logique mathématique et sa contribution décisive à la philosophie analytique lui valurent une large reconnaissance dans la communauté scientifique. Militant pacifiste et libre penseur, il dénonça les crimes commis par l'armée américaine au Viêtnam (création du « Tribunal Russel » en 1961). *Principia Mathematica.* Prix Nobel de littérature 1950.

Russell (Henry Norris) Astronome américain (1877-1957). Il proposa une classification des étoiles en fonction de leur luminosité et de leur température effective *(diagramme de Hertzsprung-Russell).*

Russell (Ken) Cinéaste britannique (1927-2011). Il a réalisé des films flamboyants et baroques *(Love ; Les Diables),* ainsi que des biographies exaltées et romancées *(Mahler ; Tommy).*

Rüsselsheim Ville d'Allemagne (Hesse), sur le Main, près de Francfort. 65 900 habitants. Construction automobile.

Russie

n. f. ■ offic. fédération de Russie Pays d'Europe orientale et d'Asie septentrionale. 17 075 400 km². 146 800 000 habitants (les *Russes*). **Langues :** russe, et une centaine de langues et dialectes des différentes minorités. **Population** (2010) : Russes, 80,8 % ; Tatars, 3,8 % ; Ukrainiens, 2,9 % ; Bachkirs, 1,1 % ; Tchouvaches, 1,1 % ; Tchétchènes, 0,9 %. **Religions :** orthodoxes (65 %), musulmans (10-15 %). **Monnaie :** rouble. **Capitale :** Moscou. **Régime :** présidentiel.

GÉOGRAPHIE

Territoire Née du démantèlement de l'Union des républiques socialistes soviétiques (URSS) en 1991, la fédération de Russie correspond à l'ancienne République socialiste fédérative soviétique de Russie (RSFSR), créée en 1918. Plus vaste pays du monde, elle s'étend sur 3 000 km du N. au S. et sur près de 9 000 km d'O. en E. (11 fuseaux horaires), sans compter l'enclave de Kaliningrad, entre la Lituanie et la Pologne, et un certain nombre d'îles situées dans l'Arctique et le Pacifique. Deux territoires font l'objet de contestation : la Crimée, cédée à l'Ukraine en 1954 et réannexée en 2014, et les îles Kouriles, restituées au Japon en 1992.

Milieux naturels et économie régionale Le quart occidental du pays est situé en Europe ; la chaîne de l'Oural (2 000 km du N. au S.) marque la limite avec la Sibérie asiatique. La diversité des milieux naturels et l'abondance des ressources minières (charbon, nickel, fer, or...) et énergétiques (pétrole, gaz naturel) permettent au pays d'être potentiellement autosuffisant, excepté pour les produits tropicaux.

La partie européenne Au nord d'une ligne Toula-Kazan, la Russie occidentale est un pays de forêts drainé par la Volga, le Dniepr, la Dvina. Outre Moscou se sont développés de grands centres commerciaux et industriels (Nijni-Novgorod, Kazan, Saint-Pétersbourg). Occupé par les bassins du Don, de la Volga et du Kouban, le sud de la partie européenne est constitué de terres noires fertiles (céréales, tournesol, betterave, fourrage) et propices à l'élevage. De grands centres industriels se sont formés autour des gisements de charbon (Donbass) et d'hydrocarbures (Caucase du Nord, bassin de la Volga). Le littoral de la mer Noire, au climat méditerranéen, est une région de cultures (thé, fruits, agrumes) et de tourisme.

La Sibérie Soumise à un climat continental très froid, cette région de plaines marécageuses (13 millions de km²) est couverte par

Village sibérien de Bouriatie, dans la région du lac Baïkal.

la forêt boréale *(taïga)* et, au N., par la *toundra.* Agricole dans sa partie sud, elle produit l'essentiel des hydrocarbures, du charbon et des métaux non ferreux du pays. Le littoral, sur la mer du Japon, accueille les grands ports de Vladivostok et Nakhoda.

Société Très inégalement peuplée (plus du tiers du pays est quasiment inhabité), la Russie rassemble 118 peuples différents. Certaines minorités (Tchétchènes, Ingouches, Tatars, Bachkirs) réclament aujourd'hui davantage d'autonomie, voire l'indépendance, et subissent une répression brutale. Dans le N. de la Sibérie, les peuples autochtones, éleveurs de rennes et chasseurs, sont menacés par l'industrialisation. Le pays a vu, depuis les années 1990, une forte chute de natalité.

Système économique En 1991, la dissolution de l'URSS et la fin du système socialiste ont entraîné un vaste programme de réformes afin d'engager la Russie dans l'économie de marché : désétatisation et privatisation des grandes entreprises, vastes réformes agraires, libéralisation des prix. L'État conserve le contrôle des domaines stratégiques (énergie, armement, nucléaire) et renoue depuis peu avec l'interventionnisme dans les grands secteurs de l'industrie. Avec l'apparition du chômage, l'inflation galopante et la baisse des investissements étrangers, la transition vers l'économie de marché se révèle lente et difficile.

Salle de contrôle de la société Gazprom (Moscou), premier exploitant de gaz mondial.

Système politique La Russie est une fédération (traité fédéral du 31 mars 1992) composée de 21 républiques, 9 territoires *(kraï),* 46 régions *(oblast),* 2 villes fédérales (Moscou et Saint-Pétersbourg) et 4 districts autonomes *(okroug).* La Constitution adoptée par référendum le 12 déc. 1993 établit un système mixte, parlementaire et présidentiel, qui privilégie toutefois le pouvoir du président (mandat de 4 ans renouvelable une fois). Le Parlement fédéral, qui vote les lois fédérales, lesquelles en principe l'emportent sur les lois des républiques, comprend deux Chambres : la douma d'État (450 députés) et le Conseil de la Fédération (170 conseillers). Le rôle et le pouvoir des instances régionales, restreints par un exécutif qui reste centralisé, ont été encore réduits par la réforme constitutionnelle menée en 2000 par le président Poutine.

HISTOIRE

Des origines au XVIIe s. Les premiers habitants Durant la période historique primitive, la Russie méridionale subit successivement l'hégémonie de différents peuples nomades, Cimmériens, Scythes et Sarmates. Au cours du IIIe s., les Goths formèrent un empire florissant qui fut détruit par les Huns (375), auxquels succédèrent les Avars (v. 560), puis les Khazars (v. 600). Ceux-ci occupè-

Russie

rent peu à peu la plus grande partie du territoire, tandis que les régions forestières du Centre et du Nord étaient colonisées par les Slaves orientaux.

Les Varègues et l'État de Kiev Fondateurs du premier État russe, les Varègues, venus de Scandinavie, établirent sous les règnes de Riourik et d'Oleg le Sage les principautés de Novgorod et de Kiev (capitale en 882). Leur empire, qui connut son apogée au XIe s., fut marqué par la conversion au christianisme orthodoxe (baptême d'Olga v. 955) et la slavisation, puis déclina après la mort de Vladimir II Monomaque.

La conquête mongole Menés par Gengis Khān, les Mongols (ou Tatars) envahirent la Russie par le S.-E. en 1223. Batu, petit-fils de Gengis Khān, mena en 1236 l'invasion européenne (prise de Moscou en 1237, Kiev en 1240). Dans le S. et l'E. de la Russie, les Mongols formèrent la Horde d'Or. Parallèlement, Alexandre Iaroslavitch, prince de l'État de Novgorod, repoussa les Scandinaves (1240) et les chevaliers Teutoniques (1242) au N.-O. du pays.

La Moscovie Après une domination mongole plus ou moins absolue durant 200 ans, les principautés russes, emmenées par la Moscovie, reprirent le dessus (bataille de Koulikovo en 1380, rébellion d'Ivan III en 1480). La prise de Constantinople par les Turcs (1453) donna à Moscou une nouvelle importance religieuse et politique.

L'expansion territoriale À partir d'Ivan III, les grands-princes de Moscovie multiplièrent les annexions : Iaroslavl (1463), Rostov (1474), Novgorod (1471-1478), Tver. Poursuivant à l'ouest la lutte contre les grands-princes de Lituanie et de Pologne, Vassili III annexa Pskov en 1510, Smolensk en 1514 et la principauté de Riazan en 1521.

Les premiers tsars Ivan IV le Terrible prit en 1547 le titre de *tsar (Caesar)*, affermit l'autocratie et lutta contre les boyards dans un climat violent. Les États mongols de Khazan (1552) et Astrakhan (1556) furent soumis mais la lutte contre les Polono-Lituaniens fut un échec. La poursuite de la politique d'expansion, ainsi que les conflits entre les successeurs du premier tsar (Boris Godounov, le Faux Dimitri, Vassili Chouïski, le Second Faux Dimitri), déclenchèrent l'intervention des Suédois et des Polonais. Le Polonais Ladislas Vasa fut proclamé tsar (1610), mais, en 1613, des soulèvements nationalistes portèrent le premier Romanov à la tête du pays.

La dynastie des Romanov **Les premiers Romanov** Fondateur de la dynastie qui régna sur la Russie jusqu'en 1917, Michel Romanov (1613-1645), puis son fils Alexis Ier (1645-1676), s'employèrent à organiser le pays et à le relever de la ruine. Malgré les guerres aux frontières (Pologne, Turquie), les troubles sociaux (révoltes urbaines, Stenka Razine) et religieux, le pays connut un important développement économique.

Pierre le Grand (1685-1725) Utilisant des procédés autoritaires, Pierre Ier le Grand modernisa le pays (réformes administratives, refonte du système éducatif, immenses travaux publics), créa Saint-Pétersbourg, nouvelle capitale de l'empire (1712), et mena de grandes campagnes militaires (guerre contre la Turquie, guerre du Nord).

Les successeurs de Pierre Ier À Catherine, épouse de Pierre Ier, qui régna deux ans, succédèrent le jeune Pierre II (1727-1730) puis Anna Ivanovna (1730-1740) qui céda l'essentiel du pouvoir à des ministres allemands. En 1741, la noblesse russe mit sur le trône Élisabeth, fille de Pierre le Grand, dont le règne fut marqué par le développement culturel du pays (création de l'université de Moscou, de l'académie des Beaux-Arts de Saint-Pétersbourg). Son successeur, Pierre III, eut tout juste le temps de se désengager de la guerre de Sept Ans et de conclure la paix avec la Prusse (1762) : sa femme le fit assassiner la même année et monta sur le trône sous le nom de Catherine II.

Catherine la Grande (1762-1796) Acquise aux idées des Lumières, Catherine voulut gouverner en philosophe mais ses réformes furent menées de manière autoritaire. Les révoltes paysannes qui secouèrent son règne furent durement écrasées et les privilèges de la noblesse furent renforcés (Charte de la noblesse de 1785). Les institutions furent cependant modernisées, l'industrie, libéralisée, et les frontières du pays repoussées à l'O. et sur la mer Noire.

Paul Ier et Alexandre Ier Son fils, Paul Ier, entreprit des mesures libérales et améliora le sort des paysans. Assassiné en 1801, il eut pour successeur Alexandre Ier (1801-1825). Celui-ci s'opposa à Napoléon Ier avant de conclure avec lui le traité de Tilsit (1807)

qui lui permit d'annexer la Bessarabie, la Finlande et le Daguestan. Un désaccord au sujet de la Prusse entraîna l'entrée de la Grande Armée dans la campagne de Russie (1812). Après l'occupation et l'incendie de Moscou (14 sept.), l'armée napoléonienne dut faire retraite. Les dernières années de règne d'Alexandre furent marquées par le despotisme.

La Russie du XIXᵉ s. à 1918 Nicolas Iᵉʳ À la mort d'Alexandre, le complot des décabristes, visant à instaurer une monarchie constitutionnelle, échoua. Autocrate, orthodoxe et nationaliste, le tsar Nicolas Iᵉʳ (1825-1855) fit de la Russie un État policier qui écrasa les manifestations libérales et pourchassa les opposants au servage (Pouchkine, Dostoïevski). Le tsar mourut en 1855 pendant la guerre de Crimée, qui fut désastreuse pour la Russie.

Alexandre II La paix fut conclue en 1856 par son fils, Alexandre II (traité de Paris). Malgré cet échec, l'expansion russe se poursuivit vers l'océan Pacifique (Sakhaline, Vladivostok) et l'Asie centrale (Tachkent, Samarkand, Boukhara). La défaite française de 1870-1871 permit à la Russie d'étendre son influence dans les Balkans. Sur le plan intérieur, Alexandre procéda entre 1858 et 1861 à la libération des serfs (environ 52 millions de paysans) et réforma l'administration locale (création des *zemstvos*). Soutenu par des mouvements nihilistes et révolutionnaires, le mécontentement grandit cependant dans les campagnes tandis qu'éclata en 1870 la première grève ouvrière à Saint-Pétersbourg.

Alexandre III et Nicolas II Alexandre III succéda à son père, assassiné en mars 1881. Il renforça la surveillance policière des activités intellectuelles et politiques, aggrava la censure et entreprit sur les minorités des programmes de russification forcée. Dès 1882, des lois limitèrent les droits des Juifs. Sur le plan extérieur, les règnes d'Alexandre III (1881-1894) et Nicolas II (1894-1917) marquèrent le rapprochement avec la France.

La fin de l'Empire Le développement de l'industrie russe entraîna l'explosion d'un nouveau prolétariat russe (de 700 000 à 2 300 000 ouvriers entre 1865 et 1900) sur lesquels les sociaux-démocrates (G. Plekhanov, Lénine et I. Martov), appliquant les théories marxistes, fondèrent leurs espoirs révolutionnaires.

La révolution de 1905 L'échec dans la guerre russo-japonaise (1904-1905) et la sanglante répression ouvrière du Dimanche rouge (22 janvier 1905) entraînèrent des grèves, des émeutes et la rébellion de soldats et de marins (cuirassé Potemkine).

Les doumas En mai 1906 eut lieu l'élection de la première douma législative (suffrage masculin), qui fut dissoute au bout de deux mois par le tsar. La deuxième douma, qui comportait les éléments d'une véritable opposition socialiste, fut également dissoute et remplacée par une assemblée docile (déc. 1907-sept. 1912) grâce aux modifications de la loi électorale. Ainsi purent être menées les réformes agraires voulues par le Premier ministre Stolypine, destinées à favoriser l'émergence d'une classe de petits propriétaires terriens. Stolypine fut assassiné (1911) et remplacé par Kokovtsev qui continua sa politique intérieure, sans être gêné par une quatrième douma (nov. 1912-fév. 1917).

La Première Guerre mondiale Alliée à la Serbie, la Russie se mobilisa dès la déclaration de guerre de l'Autriche-Hongrie, entraînant l'entrée dans le conflit de l'Allemagne, de la France et du Royaume-Uni. La défaite de Tannenberg (1914) et l'enchaînement des difficultés sur le front rendirent la guerre impopulaire.

La révolution de 1917 C'est dans une atmosphère de crise sociale et de scandale autour de la famille royale, sous l'emprise de Raspoutine, qu'éclata la révolution de Février 1917. L'abdication de Nicolas II et son fils le 15 mars 1917 marqua la fin de l'Empire russe. La révolution d'Octobre 1917 se solda par la prise du pouvoir par les bolcheviks et la création en janvier 1918 de la République socialiste soviétique fédérative de Russie (RSFSR) avec Moscou pour capitale.

La Russie soviétique La Russie devint une république soviétique (1918) avec Moscou pour capitale. Le 30 déc. 1922, le Iᵉʳ Congrès des soviets de l'Union des RSS décida de créer l'URSS et la RSFS de Russie devint alors une de ses quatre républiques fédérées (avec l'Ukraine, la Biélorussie et la Transcaucasie). Dès lors, et jusqu'en 1991, l'histoire de la Russie se confondit avec celle de l'URSS (→ **carte**).

Défilé militaire sur la place Rouge à Moscou, en 1990, pour l'anniversaire de la révolution d'Octobre.

La Fédération de Russie L'URSS cessa formellement d'exister lorsque, à la suite de la Biélorussie, de la Russie et de l'Ukraine, les républiques restantes acceptèrent de former en déc. 1991 la Communauté d'États indépendants, la CEI (les États baltes et la Géorgie n'y entrèrent pas). Le Parlement soviétique reconnut la dissolution de l'URSS le 26 déc. 1991, mettant ainsi fin à soixante-quatorze ans de régime communiste.

Eltsine Leader des réformateurs, Boris Eltsine fut élu président de Russie au suffrage universel en juin 1991. Après avoir fait face à une rébellion armée en oct. 1993, il fit adopter par référendum une constitution renforçant les pouvoirs du président. L'opposition des conservateurs et des ultranationalistes ralentit cependant la mise en œuvre des réformes institutionnelles, sociales, politiques et économiques devenues nécessaires. Confronté à l'enlisement du conflit en Tchétchénie (1994), à la contestation de la suprématie russe par les autres membres de la CEI et à une crise économique et sociale (août 1998), Eltsine démissionna le 31 déc. 1999 en faveur de son Premier ministre Vladimir Poutine.

Poutine Élu président en mars 2000, Poutine a assuré le retour de la Russie sur la scène internationale. Cependant, son autoritarisme et la conduite meurtrière de la guerre en Tchétchénie lui valurent les critiques de la communauté internationale. Devant l'impossibilité constitutionnelle d'une nouvelle réélection à la présidence, il désigna un dauphin, Dmitri Medvedev, qui lui succéda en 2008 tandis qu'il prenait le poste de Premier ministre. Réélu président en 2012, V. Poutine fit preuve d'un regain d'autoritarisme (attaques contre l'opposition, pressions envers la Géorgie). Suite à la destitution du président ukrainien pro-russe V. Ianoukovitch en 2014, la Russie

Russie occidentale

organisa un référendum en Crimée, occupée militairement, qui approuva l'intégration de la république de Crimée et de la ville de Sébastopol à la Russie. Fortement critiquée pour cette annexion, la Russie fut exclue du G8. L'embargo décidé en réaction par Moscou contre les produits d'importation en provenance des États-Unis, de l'Union européenne, du Canada et de l'Australie provoqua une inflation de 10 % ainsi qu'un effondrement historique du rouble. Afin de maintenir l'hégémonie russe face à l'Occident et pour se prémunir de la montée de l'islamisme dans ses propres républiques (Daguestan, Ingouchie, Ossétie), Poutine soutint militairement son allié au Proche-Orient, le président syrien Bachar al-Assad, contre les rebelles à son régime et contre l'organisation terroriste Daech. Tandis que la coalition internationale antiterroriste menée par les États-Unis intervenait également par des frappes aériennes en Syrie contre Daech, il fut reproché aux opérations russes de cibler en priorité les rebelles à Bachar al-Assad comme ce fut le cas à Alep fin 2016. Alors que le régime syrien venait de reprendre le contrôle de la totalité de son territoire, Poutine procéda en déc. 2017 au retrait de la plus grande partie de son contingent. Toutefois, il imposa son arbitrage dans le conflit opposant le président turc Erdogan aux Kurdes syriens en oct. 2019. Après une modification de la Constitution, Dmitri Medvedev fut remplacé au poste de Premier ministre par Mikhaïl Michoustine en janvier 2020. L'année suivante, le souhait de l'Ukraine d'intégrer l'Otan raviva les tensions avec les États-Unis et l'Union européenne. Après avoir massé ses forces militaires le long de la frontière de l'Ukraine, la Russie reconnut l'indépendance des séparatistes de Donetsk et de Lougansk, ce qui lui permit de pénétrer militairement dans ces territoires le 21 février 2022. Le 24 février, Poutine déclencha une attaque terrestre et aérienne de l'Ukraine, escomptant une rapide défaite de son voisin. Pourtant, la contre-offensive ukrainienne, soutenue militairement par les États-Unis et les pays européens, occasionna certains revers aux troupes russes et quelques villes furent momentanément reprises. Le conflit commença à s'enliser à l'hiver 2022-2023 au détriment d'une population civile privée des infrastructures essentielles, frappées par des bombardements massifs.

Russie (campagne de) Campagne militaire menée par Napoléon Ier, allié à la Prusse et à l'Autriche, contre la Russie d'Alexandre Ier (24 juin-30 décembre 1812). Après la victoire de Borodino (7 septembre), la Grande Armée entra dans Moscou (14 septembre). À partir du 19 octobre, elle fut contrainte de battre en retraite dans des conditions éprouvantes (franchissement de la Bérézina) et subit de très lourdes pertes (environ 500 000 morts).

Russie blanche voir **Biélorussie**

russifier v. tr. < 7 > Rendre russe ; imposer la langue, les mœurs, les institutions russes à. → aussi **soviétiser.** *Les noms propres ouzbeks ont été souvent russifiés.* □ **n. f. russification**

russo- Élément **(de russe)** : *russo-japonais, russophone.*

russo-japonaise (guerre) Conflit qui opposa, de février 1904 à septembre 1905, le Japon à la Russie. Les Japonais prirent Port-Arthur et remportèrent plusieurs victoires sur les armées russes (batailles de Moukden et de Tsushima). Par le traité de Portsmouth, la Russie abandonnait Port-Arthur et le sud de Sakhaline, et renonçait à toute prétention sur la Corée et la Mandchourie.

Russolo (Luigi) Peintre et compositeur italien (1885-1947). Il participa aux expositions futuristes et publia en 1913 un manifeste intitulé *L'Art des bruits* qui préfigure les expériences de la musique concrète et de la musique électronique.

russophile adj. et n. (→ **-phile**) Qui est favorable aux Russes, à la Russie.

russophobe adj. et n. (→ **-phobe**) Qui déteste les Russes, la Russie, sa politique.

russophone adj. et n. (→ **-phone**) Qui parle le russe. *Population russophone des pays baltes.*

russo-turques (guerres) Conflits qui opposèrent la Russie à l'Empire ottoman aux XVIIIe et XIXe s., et dont l'enjeu principal fut le contrôle du littoral de la mer Noire et des Balkans.

russule n. f. **(du latin *russus* → roux)** Champignon à lamelles, dont plusieurs variétés sont comestibles.

Rust Ville d'Allemagne, dans la région des Trois-Frontières (Allemagne, France, Suisse). 4 300 habitants. Europa-Park, plus grand parc d'attractions d'Europe.

rustaud, aude adj. **(de *rustre*)** Qui a des manières grossières et maladroites. – **n.** *Un gros rustaud.* → **rustre.**

Rustenburg Ville d'Afrique du Sud (province du Nord-Ouest), dans l'O. du Transvaal. 30 000 habitants. Importants gisements (chrome, platine).

rusticage n. m. techn. **1.** Mortier peu épais qu'on projette sur un mur pour le rustiquer. **2.** Action de rustiquer.

rusticité n. f. (→ **rustique**) littér. Manières rustiques. – Caractère rustique.

rustine n. f. **(n. déposé ; de *Rustin*, n. du fabricant) 1.** Petite rondelle de caoutchouc qui sert à réparer une chambre à air, un objet en caoutchouc. **2.** inform. Programme destiné à corriger les défauts d'un logiciel, d'une application. → **patch.**

rustique (latin *rusticus*, de *rus, ruris* → rural) I. adj. 1. littér. De la campagne. → **agreste, champêtre, rural.** *La vie rustique.* **2. (mobilier)** Dans le style traditionnel de la campagne, de la province. **3.** péj. Très simple et peu raffiné. *Manières rustiques.* **4. (animal, plante)** Qui supporte des conditions difficiles. → **résistant. II. n. m.** Marteau de tailleur de pierre, à tranchant dentelé.

rustiquer v. tr. < 1 > techn. Tailler, travailler (une pierre, une surface) pour lui donner un aspect brut.

rustre n. et adj. **(du latin *rusticus* → rustique)** Individu grossier et brutal. → **brute, goujat, malotru, rustaud.** – **adj.** *Il, elle est un peu rustre.*

rut [ʀyt] n. m. **(vient du bas latin *rugitus*, de *rugire* → rugir)** Période d'activité sexuelle pendant laquelle les animaux (mammifères) cherchent à s'accoupler (→ **œstrus**). – *Femelle en rut,* en chaleur.

rutabaga n. m. **(du suédois dialectal)** Chou-navet dont la tige renflée, à chair jaune, est comestible ; cette tige.

Rutebeuf Trouvère parisien du XIIIe s. Son œuvre satirique et lyrique est l'une des plus personnelles et des plus originales de son

Ruwenzori

Femmes transportant du bois dans le massif du Ruwenzori, inscrit au patrimoine mondial de l'Unesco.

temps. Elle se compose de dits et de complaintes *(La Complainte Rutebeuf)*, de chansons et d'un poème dramatique *(Le Miracle de Théophile)*.

Rutènes **n. m. pl.** Peuple de la Gaule dont la capitale était Segodunum, l'actuelle Rodez.

Ruth Personnage biblique, épouse de Booz et ancêtre du roi David.

Ruth (George Herman, dit **Babe)** Joueur de baseball américain (1895-1948). Lanceur gaucher, il fut la première vedette de ce sport et établit de nombreux records avec l'équipe des Yankees de New York.

Ruthénie **n. f.** Région d'Ukraine (Transcarpatie) ayant appartenu successivement à la Pologne, à l'Autriche, à la Tchécoslovaquie et à la Hongrie.

ruthénium [ʀytenjɔm] **n. m. (du latin *Ruthenia*, n. de la région d'Ukraine où ce métal a été découvert)** chim. Élément atomique (symb. Ru, n° at. 44, masse at. 101,07), métal rare extrait des minerais de platine.

Rutherford (Ernest), lord Rutherford of Nelson Physicien britannique (1871-1937). Il isola le radon et mit en évidence les rayonnements α et β, ouvrant la voie à la physique nucléaire. Il détermina la loi régissant la transformation radioactive d'un élément et calcula l'énergie dégagée lors de ce processus. Il eut également l'intuition de la structure de l'atome autour d'un noyau central et réalisa en 1919 la première transmutation nucléaire provoquée, celle de l'azote en oxygène. Prix Nobel de chimie 1908.

rutherfordium [ʀytɛʀfɔʀdjɔm] **n. m. (de *Rutherford*)** chim. Élément atomique radioactif (symb. Rf, n° at. 104), métal produit artificiellement.

rutilance **n. f.** littér. Caractère, aspect, éclat de ce qui est rutilant. → **brillance.** - syn. **rutilement, n. m.**

rutilant, ante **adj. (→ rutiler) 1.** littér. D'un rouge ardent. **2.** Qui brille d'un vif éclat.

rutile **n. m. (du latin → rutiler)** géol. Bioxyde naturel de titane.

rutiler **v. intr. < 1 > (du latin, de *rutilus* « d'un rouge ardent »)** Être rutilant, briller d'un vif éclat. → **flamboyer.**

Rütli ou **Grütli** **n. m.** Prairie de Suisse (canton d'Uri) où fut prononcé, le 1er août 1291, le *serment du Rütli*, considéré comme fondateur de la Confédération helvétique. Celui-ci scellait l'alliance de trois cantons (Uri, Schwyz et Unterwald) contre les Habsbourg.

rutoside **n. m. (du latin *ruta* → ²rue et de *oside*, par l'allemand)** biochim. Hétéroside extrait des feuilles de la rue, à propriétés vitaminiques (vitamine P).

Ruwenzori **n. m.** Ensemble montagneux d'origine volcanique d'Afrique centrale, traversé par l'équateur, situé en République démocratique du Congo et en Ouganda. Il est dominé par le mont Ngaliema (ou Stanley) qui culmine à 5 119 m.

Ruyer [ʀɥiɛʀ] **(Raymond)** Philosophe français (1902-1987). Son œuvre, à l'intersection des sciences et de la métaphysique, propose une philosophie générale de la biologie et élabore une théorie de l'univers qu'il qualifia de panpsychique. *La Gnose de Princeton.*

Ruysbroek l'Admirable (bienheureux Jan Van Ruusbroek ou **Van Rusbrock,** dit**)** Théologien et mystique brabançon (1293-1381). Il est l'auteur des premières grandes œuvres écrites en néerlandais. Sa pensée fut à l'origine du mouvement spirituel de « Devotio moderna » qui met l'accent sur la méditation personnelle et qui a notamment influencé Luther et Ignace de Loyola.

Ruysdael ou **Ruisdael (Salomon Van)** Peintre hollandais (1600-1670). Il fut un maître de la peinture de paysage. ■ **Jacob Van Ruysdael** ou **Ruisdael.** Peintre hollandais (v. 1628-1682). Neveu de Salomon, il se consacra à la peinture de paysage, mais dépassa la seule observation attentive de la nature pour créer des atmosphères tourmentées. Il suscita l'intérêt de Goethe et les romantiques virent en lui un précurseur. *Le Cimetière juif ; La Tempête.*

Ruyter (Michiel Adriaanszoon De) Amiral hollandais (1607-1676). Il se distingua lors des guerres anglo-hollandaises (bataille de Medway, 1667 ; victoire de Texel, 1672). Il trouva la mort au large de Messine, lors d'une bataille contre la flotte française de Duquesne.

Ružička (Leopold) Chimiste suisse d'origine croate (1887-1976). Ses travaux sur les polyméthylènes et les terpènes trouvèrent des applications en parfumerie. Il réalisa en outre la synthèse chimique des hormones sexuelles (androstérones et testostérones). Prix Nobel 1939.

Ruzzante (Angelo Beolco, dit **le)** Acteur et auteur dramatique italien (1502-1542). Il inventa le personnage de Ruzzante, crève-misère rusé, et se révéla un maître de la farce sociale truculente. Précurseur de la commedia dell'arte, il a influencé le théâtre italien jusqu'à Dario Fo.

Rwanda

n. m. ■ offic. république du Rwanda Pays d'Afrique centrale dans la région des grands lacs. 26 338 km². 12 370 000 habitants (les *Rwandais*), l'une des plus fortes densités en Afrique (plus de 350 hab./km²). **Langues :** français, kinyarwanda et anglais (offic.), souahéli. **Population :** Hutus, Tutsis, Twas. **Religions :** chrétiens, animistes. **Monnaie :** franc rwandais. **Capitale :** Kigali. **Régime :** présidentiel. Le Rwanda est divisé en 5 provinces géographiques : Nord, Sud, Ouest, Est et province de Kigali.

GÉOGRAPHIE

Appelé le « pays aux mille collines », le Rwanda est un pays de hauts plateaux (1 500 m et plus) situé sur la ligne de séparation des eaux du Congo (lac Kivu) et du Nil (la Kagera). Le relief culmine au nord sur la face méridionale des volcans Virunga et s'abaisse vers l'est et la vallée de la Kagera. Le climat équatorial est tempéré par l'altitude.

Rwanda

ÉCONOMIE

L'économie agricole est essentiellement vivrière (patate douce, haricot, sorgo et banane) mais une partie des terres disponibles est réservée aux cultures industrielles (café, thé, canne à sucre et arachide). La pêche et la pisciculture sont pratiquées dans de nombreux lacs et rivières. Le lac Kivu est exploité pour ses réserves en gaz notamment. Durant la décennie 2010-2020 la croissance s'est maintenue autour de 7 %. La pauvreté et les inégalités ont été réduites.

HISTOIRE

La région, peuplée de Bantous dès le début de l'ère chrétienne, était divisée en royaumes (XVIe siècle). L'Allemagne l'intégra au Burundi dans sa colonie d'Afrique-Orientale (1891), disputée entre les Anglais et les Belges. Ces derniers administrèrent la région (1923) qui reçut le nom de Ruanda-Urundi. Ils favorisèrent les Tutsis christianisés puis, après la Seconde Guerre mondiale, les Hutus. Le parti hutu proclama la république (1961) puis l'indépendance (1962). Les Tutsis se réfugièrent dans les pays voisins et organisèrent la résistance. Le général hutu Habyarimana installa une dictature (1973). Les réfugiés tutsis d'Ouganda envahirent le nord du pays (1990). Malgré l'accord d'Arusha (1993), les violences contre les Tutsis continuèrent. L'assassinat du président Habyarimana (avril 1994) déclencha une terrible guerre civile marquée par le génocide des Tutsis et des Hutus modérés par les Hutus extrémistes (près de 1 million de morts). Le conflit s'acheva par la formation en 2000 d'un gouvernement d'union nationale dominé par le Tutsi Paul Kagamé (reconduit en 2003, 2010 puis 2017 avec 98,75 % des voix) du Front patriotique rwandais.

Le camp de réfugiés tutsis de Nyarushishi en 1994.

Rybinsk Ville de Russie, sur la Volga. 200 700 habitants. Centrale hydroélectrique. Industries diversifiées.

Rybnik Ville de Pologne (Silésie). 141 400 habitants. Houillères. Industrie sidérurgique.

Rydberg (Johannes Robert) Physicien suédois (1854-1919). Il découvrit, en mesurant le spectre de l'hydrogène, l'existence d'une constante universelle *(constante de Rydberg)*, essentielle en physique atomique.

Rydz-Śmigły (Edward) Maréchal polonais (1886-1941). Il fut commandant en chef des armées polonaises en 1939.

rye [Raj] **n. m.** **(mot anglais des États-Unis « seigle »)** anglic. Whisky de seigle, pur ou mélangé. *« Scotch, bourbon ou rye ? »* (Simenon).

Rykiel (Sonia) Couturière française (1930-2016). Elle a réhabilité la maille (laine fine, tricot près du corps, rayures).

Sonia Rykiel, en 2004, auprès de la bouteille Suze dont elle a signé l'habillage.

Ryle (Gilbert) Philosophe britannique (1900-1976). Influencé par Wittgenstein et Russell, il critiqua l'approche cartésienne du langage et de la pensée. *La Notion d'esprit.*

Ryle (sir Martin) Astrophysicien britannique (1918-1984). Il développa de nouveaux systèmes de radiotélescopes avec lesquels il observa la galaxie connue la plus lointaine. Il obtint le premier prix Nobel (1974) décerné pour des recherches en astronomie.

Ryōan-ji Temple zen japonais, célèbre pour son jardin de pierre, dans le N.-E. de Kyōto.

Le jardin de pierres du Ryoan-ji, « temple du repos du dragon », daterait de la fin du XVe siècle.

Ryswick (traités de) Traités signés à Ryswick (aujourd'hui Rijswijk, dans la banlieue de la Haye), les 20 septembre et 30 octobre 1697, qui mirent fin à la guerre opposant Louis XIV à la ligue d'Augsbourg.

rythme **n. m.** **(latin *rhythmus*, emprunt au grec *rhuthmos*, de *rhein* « couler » → -rrhée, *cf.* aussi rime)** Retour à intervalles réguliers d'un repère constant ; alternance de temps forts et de temps faibles. *« Tout est rythme. Comprendre la beauté, c'est parvenir à faire coïncider son rythme propre avec celui de la nature »* (Le Clézio). - REM. On a écrit *rhythme*. **1.** Mouvement du discours poétique réglé par la métrique, qui le distingue de la prose (**→ poésie**). **–** Mouvement général (de la phrase, etc.) qui résulte de son agencement, de la répartition des accents. *Rythme et style.* **2.** Répartition des sons musicaux dans le temps, du point de vue de l'intensité et de la durée. **→ mesure, mouvement, tempo.** *Marquer le rythme. Avoir le sens du rythme. Le rythme, dans le jazz* (**→ ²swing**), *dans le funk* (**→ groove**). **3.** arts Distribution des masses, des lignes. *Le rythme d'une façade.* **4.** Mouvement périodique, régulier. *Le rythme des vagues. Le rythme cardiaque. Le rythme des saisons.* **–** *Rythme biologique :* variation périodique des phénomènes biologiques, dans le monde vivant. **→ biorythme ; horloge** interne. **5.** Allure à laquelle s'exécute une action, se déroule un processus. **→ cadence, vitesse.** *Le rythme de la production.*

▶ La notion de **rythme** renvoie en musique à l'organisation perceptible par l'oreille de la durée des sons dans une forme musicale. Dans de nombreux répertoires, cette organisation correspond à une pulsation (une impulsion sous-jacente qui délimite des unités de temps égales). Certaines impulsions peuvent être plus accentuées que d'autres : on parle alors de temps (forts et faibles), éventuellement organisés dans le cadre d'une mesure (à 2, 3, 4, etc. temps).
C'est à tous ces titres que le rythme est devenu, dans la musique classique occidentale, tant un enjeu de notation (à partir du XIIIe s.) que de composition. Longtemps assujetti à la mélodie et à l'harmonie dans des mesures simples et invariables, il s'en affranchit au début du XXe s. : en 1931, Varèse compose *Ionisation*, première pièce écrite pour les seules percussions ; d'autres compositeurs travaillent la complexité des durées mises en œuvre (Jolivet, Stockhausen), bouleversent la régularité de la pulsation et varient la mesure (Stravinski), ou encore s'inspirent de systèmes rythmiques non européens (Messiaen avec la rythmique de l'Inde).
voir aussi **solfège, note, composition, polyphonie**

rythmé, ée **adj.** Qui a un rythme et, spécialt, un rythme marqué. *Une musique rythmée.*

rythmer **v. tr.** **<1>** **1.** Soumettre à un rythme. *Rythmer sa marche.* **2.** Souligner le rythme de (une phrase, un morceau de musique...). **→ scander.** *Rythmer un air en claquant des mains.*

rythmicien, ienne **n.** didact. **1.** Spécialiste de rythmique grecque ou latine. **2.** Poète habile dans le maniement des rythmes.

rythmicité **n. f.** Caractère de ce qui est rythmique, qui présente un rythme. *La rythmicité du sommeil.*

rythmique **adj.** **(du latin, emprunt au grec → rythme)** **1.** Qui est soumis à un rythme régulier. **–** *Gymnastique rythmique,* par mouvements rythmés et enchaînés. *Danse rythmique.* **2.** Relatif au rythme. *Accent rythmique. La section rythmique d'un orchestre de jazz :* l'ensemble des instruments chargés de marquer le tempo. **3.** Qui utilise les effets du rythme. *Versification rythmique,* fondée sur l'accent tonique. ■ **n. f.** Étude des rythmes dans la langue.

rythmiquement **adv.** De manière rythmique.

Ryūkyū **n. m. pl.** ou **Ryūkyū (îles)** Archipel japonais, s'étirant sur plus de 1 300 km au S. de l'île de Kyūshū. 2 246 km². Environ 1 500 000 habitants. Pêche. Agriculture. Île principale : Okinawa.

Rzeszów Ville du S.-E. de la Pologne (Basses-Carpates). 163 500 habitants. Carrefour de communication. Industries.

S

s [ɛs] **n. m. invar. 1.** Dix-neuvième lettre, quinzième consonne de l'alphabet. *L's ou le s.* **2.** *S'* → **se ; ¹si. 3.** *S :* abrév. de *Sud.* **4.** chim. Symbole du soufre. – phys. Symbole du siemens. **5.** Forme sinueuse du s. *Un virage en s, en S.* **6. (du s de sûreté)** *Fiche S :* fiche signalétique concernant une personne soupçonnée de visées terroristes pouvant menacer la sûreté de l'État.

sa voir **¹son** (adj. poss.)

SA n. f. abréviation de l'allemand **Sturmabteilung « section d'assaut »** Formation paramilitaire nazie. Recrutées et organisées en 1921 par Röhm puis par Göring, composées de centaines de milliers d'hommes, les SA contribuèrent à la prise du pouvoir par Hitler. Leurs chefs furent éliminés pendant la « Nuit des longs couteaux » (30 juin 1934), et elles s'effacèrent au profit des SS.

Saadi voir **Sa'di**

Saadiens n. m. pl. Dynastie de chérifs hassanides qui régna sur le Maroc (1554-1659).

Saale n. f. Rivière d'Allemagne, affluent de l'Elbe. 427 km. Prenant sa source dans le Fichtelgebirge, elle irrigue la Thuringe et la Saxe.

Saalfeld Ville d'Allemagne (région de Thuringe), sur la Saale. 27 860 habitants. Industries chimiques, métallurgiques et mécaniques.

Saamis voir **Lapons**

Saar (Ferdinand von) Écrivain autrichien (1833-1906). Ses récits et nouvelles réalistes sont empreints de mélancolie et de nostalgie du passé. *Nouvelles d'Autriche ; Le Château de Kostenitz.*

Saaremaa Île d'Estonie dans le golfe de Riga. Environ 2 700 km^2. Pâturages. Pêche.

Saarinen (Eliel) Architecte et urbaniste finlandais (1873-1950). Il fit édifier la gare d'Helsinki. Émigré aux États-Unis, il contribua à la diffusion du modernisme.

Saarinen (Eero) Architecte et designer américain d'origine finlandaise (1910-1961), fils d'Eliel Saarinen. Il a contribué durablement à l'essor de l'architecture américaine (centre technique de la General Motors ; aéroport international Dulles à Washington DC) et du design international.

Saavedra Lamas (Carlos) Homme politique argentin (1878-1959). Ministre des Affaires étrangères (1932-1938), il œuvra pour la paix internationale. Prix Nobel de la paix 1936.

Saba (Umberto Poli, dit Umberto) Poète italien (1883-1957). Il publia plusieurs versions du *Canzoniere,* recueil de poèmes autobiographiques, qui marquent un abandon progressif des formes fixes au profit d'une musicalité délicate.

Saba Royaume de l'Antiquité situé au S.-O. de l'Arabie (Yémen), du VIIIe s. av. J.-C. au VIe s. apr. J.-C. Il eut pour capitale Marib puis Zufar. Prospère, il étendit sa domination en Éthiopie. ■ **la reine de Saba.** Reine légendaire qui, dans la Bible, rendit visite à Salomon.

Sabadell Ville d'Espagne (Catalogne). 206 949 habitants. Centre textile depuis le XIIIe siècle.

Sabas (saint) (439-532). Il fut ermite en Palestine, et s'opposa à la doctrine monophysite.

Sabatier (Auguste) Théologien protestant français (1839-1901). Il fut un des fondateurs de la faculté de théologie protestante de Paris.

Sabatier (Paul) Chimiste français (1854-1941). Il découvrit avec Senderens l'effet catalytique du nickel réduit dans les réactions d'hydrogénation, et obtint la synthèse de nombreux hydrocarbures. Prix Nobel 1912.

Sabatier (Robert) Écrivain français (1923-2012). Ses romans *(Les Allumettes suédoises ; Trois Sucettes à la menthe)* lui valurent le succès. Il est également l'auteur de recueils de poésie et d'une *Histoire de la poésie française.*

Sábato (Ernesto) Écrivain argentin (1911-2011). Il est l'auteur d'essais *(L'Écrivain et ses phantasmes),* et de trois romans qui mêlent réalisme et fantastique *(Le Tunnel ; Héros et tombes : Alejandra ; L'Ange des ténèbres).*

sabayon [sabajɔ̃] **n. m. (italien *zabaione*)** Crème mousseuse aromatisée de vin doux ou de champagne.

Saarinen (Eero)

Eero Saarinen, le terminal Dulles de l'aéroport de Washington (1962).

sabbat n. m. (latin ecclés. *sabbatum,* de l'hébreu) 1. Repos que les juifs doivent observer le samedi, jour consacré au culte divin. - syn. **shabbat, chabbat. 2.** Assemblée nocturne et bruyante de sorciers et sorcières, au Moyen Âge.

sabbatique adj. (→ sabbat) Qui a rapport au sabbat (1). *Repos sabbatique.* – loc. *Année sabbatique,* année de congé accordée dans certains pays aux professeurs d'université, aux cadres d'entreprise, à des fins de recherche ou de formation. *Congé sabbatique,* accordé sous certaines conditions aux salariés qui en font la demande.

¹sabéen, éenne n. et adj. (de l'araméen *ç'ba* « baptiser ») relig. Membre d'une secte judéo-chrétienne mentionnée dans le Coran.

²sabéen, éenne adj. (de *Saba,* peuple d'Arabie) hist. Du pays de Saba (Yémen). – **n.** *Les Sabéens.*

sabéisme n. m. Religion des Sabéens.

sabelle n. f. (du latin sc. *sabella,* p.-ê. de *sabulum* → sable) zool. Ver marin allongé qui vit dans la vase et dont les branchies sont en panache.

sabellianisme n. m. (de *Sabellius,* n. propre) relig. Doctrine de Sabellius, selon laquelle la Trinité se manifeste sous trois aspects d'une même personne.

Sabelliens n. m. pl. Ancien peuple de l'Apennin central. Les Latins les soumirent au -IIIe siècle.

Sabellius Hérésiarque chrétien (début IIIe s.). Sa doctrine (le *modalisme*) considérait que les personnes de la Trinité n'étaient pas distinctes. Il fut excommunié.

Sabin (Albert Bruce) Médecin américain d'origine russe (1906-1993). Il mit au point un vaccin antipoliomyélitique, administré par voie orale.

sabine n. f. (du latin *sabina [herba]*) Genévrier du sud de l'Europe.

Sabins n. m. pl. Ancien peuple d'Italie centrale. Selon la légende, l'enlèvement des Sabines par Romulus, afin de procurer des femmes à ses compagnons, entraîna une guerre entre Romains et Sabins qui se termina par un traité d'alliance. Après Romulus, deux rois sabins gouvernèrent Rome.

Sabins (monts) en italien **Monti Sabini** Massif montagneux italien, dans le Latium. 1 365 m.

Sabinus (Julius) Officier romain d'origine gauloise (mort en 78). Il chercha à soulever la Gaule contre Rome (69). Vaincu, il fut envoyé à Rome et exécuté.

sabir n. m. (espagnol *saber* « savoir ») Jargon mêlé d'arabe, de français, d'espagnol, d'italien, qui était parlé dans le bassin méditerranéen. → **lingua franca.** ▪ péj. Langage hybride et incompréhensible. → **charabia, jargon.**

sablage n. m. Action de sabler.

sable n. m. (vient du latin *sabulum*) **1.** Ensemble de petits grains minéraux (quartz) séparés, recouvrant le sol. *Grain de sable. Une plage de sable fin. Banc, dune de sable.* – *Sables mouvants :* sable où l'on peut s'enliser. *Rose* des sables.* – *Tempête de sable,* qui soulève et transporte le sable. ▪ loc. ***Bâtir* sur le sable.*** – fam. ***Être sur le sable :*** n'avoir plus d'argent ; être sans travail. – *Grain de sable,* évènement minuscule qui gêne un processus. – *Le marchand de sable est passé :* les enfants ont sommeil (les yeux leur piquent). **2.** adj. invar. Beige très clair.

Sable (île de) en anglais **Sable Island** Île canadienne de l'Atlantique, à l'E. de la Nouvelle-Écosse. Pétrole.

sablé, ée (de *Sablé,* ville) **1.** n. m. Petit gâteau sec à pâte friable. **2.** adj. Qui a la texture de ce gâteau. *Pâte sablée.*

Sablé (Madeleine de Souvré, marquise de) Femme de lettres française (v. 1598-1678). Elle reçut dans son salon La Rochefoucauld et Mme de La Fayette, et écrivit des *Maximes.*

sabler v. tr. < 1 > **1.** Couvrir de sable. *Sabler une route.* – au p. p. *Allée sablée.* **2.** techn. Couler dans un moule de sable. ▪ fig., vieux Boire d'un trait. – mod. loc. ***Sabler le champagne :*** boire du champagne lors d'un évènement heureux. **3.** techn. Décaper à la sableuse.

sablerie n. f. techn. Partie d'une fonderie où l'on fait les moules en sable.

Sables-d'Olonne (Les) Chef-lieu d'arrondissement de la Vendée. 46 941 habitants. Musée de l'abbaye Sainte-Croix. Port. Station balnéaire.

Sablé-sur-Sarthe Commune de la Sarthe. 12 123 habitants. Château du XVIIIe s. Métallurgie, industries alimentaires.

sableur, euse I. n. **1.** Ouvrier, ouvrière qui fait les moules en sable dans une fonderie. **2.** Ouvrier, ouvrière qui travaille à la sableuse. II. n. f. Machine servant à décaper, à dépolir par projection d'un jet de sable.

sableux, euse adj. Qui contient du sable. *Sol sableux.*

sablier n. m. Instrument pour mesurer le temps par écoulement de sable.

sablière n. f. **1.** Carrière de sable. → **sablonnière. 2.** Grosse poutre horizontale qui reçoit le bas des chevrons de la couverture.

sablon n. m. techn. Sable très fin, abrasif.

S

sablonner v. tr. < 1 > techn. Récurer avec du sablon.

sablonneux, euse adj. (de *sablon*) Naturellement couvert ou constitué de sable. → **sableux.** *Terrain sablonneux.*

sablonnière n. f. Carrière de sable. → **sablière.**

sabord n. m. (p.-ê. de *bord*) Ouverture rectangulaire servant, sur les vaisseaux de guerre, de passage à la bouche des canons.

sabordage n. m. Action de saborder, de se saborder.

saborder v. tr. < 1 > **1.** Couler volontairement (un navire). – pronom. *Se saborder :* couler volontairement son navire. **2.** Mettre fin volontairement à (une activité, une entreprise). – pronom. *Le journal s'est sabordé.*

sabot n. m. (probablt croisement de *savate* et de *bot,* var. de *botte*) **1.** Chaussure paysanne faite généralement d'une seule pièce de bois évidée (→ **galoche**). – loc. *Je le vois venir **avec ses gros sabots,*** ses allusions, ses intentions sont trop claires. **2.** Enveloppe cornée qui entoure l'extrémité des doigts chez les ongulés. *Ferrer les sabots d'un cheval.* **3.** *Sabot (de frein),* pièce mobile qui vient s'appliquer sur la jante de la roue. – *Sabot de Denver,* pince que la police ajuste à la roue d'un véhicule pour l'immobiliser. **4.** appos. *Baignoire sabot :* baignoire courte où l'on se baigne assis.

sabotage n. m. Action de saboter. *Sabotage industriel.*

saboter v. tr. < 1 > (de *sabot*) **1.** Faire vite et mal. → **bâcler.** – au p. p. *Un travail saboté.* **2.** Détériorer ou détruire (une machine, une installation) pour empêcher le fonctionnement d'un service ou d'une entreprise. – fig. *Saboter un projet.* → **torpiller.**

saboterie n. f. Fabrication de sabots. ▪ Fabrique de sabots.

saboteur, euse n. Personne qui sabote.

sabotier, ière [sabɔtje, jɛʀ] n. Personne qui fabrique, qui vend des sabots.

sabra n. (de l'arabe *sabr* « figue de Barbarie ») Citoyen juif d'Israël, né sur place.

Sabra Camp de réfugiés palestiniens installé à Beyrouth-Ouest, dans un secteur occupé par l'armée israélienne. Les 16 et 17 septembre 1982, il fut attaqué, en même temps que le camp voisin de Chatila, par les milices chrétiennes libanaises, qui massacrèrent la population.

sabrage n. m. techn. Opération consistant à débarrasser les peaux de mouton des débris végétaux adhérant aux toisons.

sabre n. m. (allemand *Sabel,* du hongrois) **1.** Arme blanche, à pointe et à simple tranchant, à lame plus ou moins recourbée. → **cimeterre, yatagan.** – loc. ***Le sabre et le goupillon :*** l'armée et l'Église. **2.** Sport de l'escrime au sabre. **3.** Poisson marin sans écailles, des eaux tempérées.

sabrer v. tr. < 1 > I. **1.** Frapper à coups de sabre. *Sabrer l'ennemi.* **2.** *Sabrer le champagne :* ouvrir une bouteille de champagne avec un sabre. II. fig. **1.** Pratiquer de larges coupures dans (un texte). *Sabrer des passages dans un article.* **2.** Éliminer (qqch.), évincer (qqn). – fam. *Sabrer un candidat,* le noter sévèrement ; le refuser. → **saquer.**

sabretache n. f. (de l'allemand *Säbeltasche* « poche de sabre ») anciennt Sac plat en cuir, que les cavaliers suspendaient à leur ceinturon, à côté du sabre.

sabreur, euse n. Personne qui se bat au sabre. – n. m. fig. Soldat brutal.

sabreuse n. f. Machine utilisée pour le sabrage des peaux de mouton.

saburral, ale, aux adj. (de *saburre*) méd. *Langue saburrale,* recouverte d'un enduit blanchâtre.

saburre n. f. (du latin *saburra* « lest ») méd., ancien Résidu qu'on supposait accumulé dans l'estomac à la suite de mauvaises digestions.

Sabzevar Ville d'Iran (région du Khorassan). 243 700 habitants. Universités. Centre agricole et commercial.

1sac n. m. (vient du latin *saccus,* du grec *sakkos* « tissu de poil de chèvre », cf. *sacoche*) I. **1.** Contenant formé d'une matière souple, ouvert seulement par le haut. → **1poche.** *Un sac de toile. Sac à deux poches.* → **besace.** *Sac en plastique ;* fam. *sac plastique.* – *Un sac de charbon,* contenant du charbon. ▪ ***Sac de couchage,*** fait de duvet naturel ou synthétique, pour dormir. **2.** loc. *Mettre dans le même sac :* englober dans la même réprobation. *Prendre qqn la main dans le sac,* le prendre sur le fait. ▪ fam. ***Sac de nœuds, d'embrouilles :*** affaire confuse et embrouillée. – ***Sac à vin :*** ivrogne. ▪ *L'affaire est dans le sac :* le succès est assuré (titre d'un film des frères Prévert). – fam. ***Vider son sac :*** dire le fond de sa pensée ; avouer. **3.** Objet souple fabriqué pour servir de contenant, où l'on peut ranger, transporter diverses choses. → **1musette, sacoche ; havresac ; banane.** *Sac à dos.* – *Sac à provisions.* → **cabas.** – *Sac de voyage.* ▪ ***Sac à main*** et absolt ***sac :*** sac où les femmes mettent l'argent, les papiers, etc. *Porter son sac en bandoulière.* ▪ Serviette, cartable (d'écolier). **4.** Contenu d'un sac. *Moudre un sac de café.* **5.** (de *avoir le sac,* vieux « être riche ») fam., vieilli avec un numéral Somme de dix francs. II. didact. Cavité (d'un organisme) ou enveloppe en forme de poche, de sac. *Sac lacrymal* (de l'œil). – *Sacs aériens des oiseaux* (appareil respiratoire).

2sac n. m. (italien *sacco*) Pillage (d'une ville, d'une région). → **saccage.** *Le sac de Rome, en 1527.* – loc. *Mettre à sac :* piller, saccager.

Sa-Carneiro (Mario de) Écrivain portugais (1890-1916). Proche de Pessoa, il fut l'un des représentants du modernisme. *L'Amant sans amant.*

saccade n. f. (de *saquer* « tirer ») Mouvement brusque et irrégulier. → **à-coup, secousse, soubresaut.** *Avancer par saccades.*

saccadé, ée adj. Qui procède par saccades. → **haché, heurté.** *Des gestes saccadés.*

saccader v. tr. < 1 > rare Rendre saccadé.

saccage n. m. (de *saccager*) Pillage commis en saccageant. → **2sac.**

saccager v. tr. < 3 > (de l'italien → **2sac**) **1.** Mettre à sac, en détruisant et en volant. → **piller, ravager. 2.** Mettre en désordre, abîmer. *Les cambrioleurs ont tout saccagé.*

saccageur, euse n. Personne qui saccage (une ville, un pays).

saccharase [sakaʀɑz] n. f. (de *sacchar[o]-* + *-ase*) biochim. Enzyme qui catalyse l'hydrolyse du saccharose en fructose et en glucose. → **invertase, sucrase.** - var. RO **saccarase.**

saccharate [sakaʀat] n. m. (de *sacchar[o]-* + *-ate*) chim. Sel de l'acide obtenu par oxydation du saccharose, du glucose. – Combinaison du saccharose avec les bases (→ **sucrate**). - var. RO **saccarate.**

sacchareux, euse [sakaʀø, øz] adj. (→ **sacchar[o]-**) didact. De la nature du sucre, du saccharose. - var. RO **saccareux, euse.**

saccharifère [sakaʀifɛʀ] adj. (→ **-fère**) didact. Qui produit ou contient du sucre. - var. RO **saccarifère.**

saccharifier [sakaʀifje] v. tr. < 7 > chim. Transformer en sucre. - var. RO **saccarifier.** ▫ n. f. **saccharification** ou RO **saccarification**

saccharimètre [sakaʀimɛtʀ] n. m. sc. Appareil destiné à déterminer la concentration en sucre d'une solution. - var. RO **saccarimètre.** ▫ n. f. **saccharimétrie** ou RO **saccarimétrie**

saccharine [sakaʀin] n. f. (de *saccharin* adj. « du sucre ») Substance blanche utilisée comme succédané du sucre. - var. RO **saccarine.**

sacchar(o)- Élément (du latin *saccharum,* du grec *sakkharon* → **sucre**) qui signifie « sucre ». → **gluc(o)-.** - var. RO **saccar(o)-.**

saccharoïde [sakaʀɔid] adj. minér. Qui a l'apparence du sucre cristallisé. *Gypse saccharoïde.* - var. RO **saccaroïde.**

saccharolé, ée [sakaʀɔle] adj. (de *saccharol* « excipient à base de sucre ») pharm. Se dit d'un médicament contenant du sucre, destiné à être consommé par voie orale. - var. RO **saccarolé, ée.**

saccharomyces [sakaʀɔmisɛs] n. m. (de *sacchar[o]-* et du grec *mukê* « champignon » → **-mycète**) bot. Nom générique des levures. - var. RO **saccaromyces.**

saccharose [sakaʀoz] n. m. (→ **1-ose**) didact. Sucre courant alimentaire. - var. RO **saccarose.**

Sacchetti (Franco) Écrivain italien (v. 1332-v. 1400). Il est l'auteur d'histoires plaisantes, les *Trois Cents Nouvelles,* reflet de la société du XIVe siècle.

Sacchini (Antonio) Compositeur italien (1730-1786). Il composa de la musique de chambre et des opéras *(Dardanus ; Œdipe à Colone).*

sacciforme [saksifɔʀm] adj. didact. Qui a une forme de sac.

Sacco et Vanzetti (affaire) Affaire judiciaire américaine. En 1920, Nicolas Sacco et Bartolomeo Vanzetti, deux immigrés italiens, militants anarchistes, furent arrêtés pour meurtre. Condamnés à mort malgré le manque de preuves, ils furent exécutés en

N. Sacco et B. Vanzetti, v. 1925, avec Rosina Sacco.

1927 en dépit d'une forte mobilisation. Ils ont été réhabilités en 1977.

saccule n. m. (du latin *sacculus* « petit sac ») anat. Vésicule située dans la partie inférieure du vestibule de l'oreille interne.

sacculiforme adj. (de *saccule* et *-forme*) didact. En forme de petit sac, de vésicule.

sacculine n. f. (→ saccule) zool. Petit crustacé parasite des crabes, qui à l'état adulte régresse à l'état d'un petit sac.

Sacem (Société des auteurs, compositeurs et éditeurs de musique) n. f. Organisme créé en 1851, chargé des intérêts juridiques et économiques des artistes en France.

sacerdoce n. m. (latin *sacerdotum*, famille de [1]*sacrer*) **1.** Dignité ou fonction du ministre de Dieu. → **ministère. 2.** fig. Fonction qui présente un caractère quasi religieux en raison du dévouement qu'elle exige. *La médecine est pour lui un sacerdoce.*

Sacerdoce et de l'Empire (querelle du) Lutte qui opposa entre 1154 et 1250 la papauté aux empereurs germaniques pour la primauté dans l'Occident chrétien. Commencée entre le pape Alexandre III et l'empereur Frédéric Ier Barberousse, elle se termina par la victoire d'Innocent IV sur Frédéric II.

sacerdotal, ale, aux adj. (du latin → sacerdoce) Propre au sacerdoce, aux prêtres. *Vêtements sacerdotaux.*

sachem [saʃɛm] n. m. (mot algonquin) Ancien faisant fonction de chef, de conseiller, chez les Indiens d'Amérique du Nord.

Sacher-Masoch (Leopold, chevalier von) Écrivain autrichien (1836-1895). Son œuvre, dominée par la volupté et la souffrance, décrit une forme cruelle et perverse de l'amour. *La Vénus à la fourrure ; Les Mesalines de Vienne.*

sachet n. m. (diminutif de [1]*sac*) Petit sac. *Un sachet de bonbons.* → **paquet.** *Levure en sachet. – Sachets de thé.*

Sachs (Hans) Poète allemand (1494-1576). Cordonnier de profession, il fut très tôt acquis aux idées de la Réforme *(L'Écolier vagabond)*. Wagner en fit le héros de son opéra *Les Maîtres chanteurs.*

Sachs (Leonie, dite Nelly) Écrivaine suédoise d'origine et de langue allemandes (1891-1970). Issue d'une famille juive, elle s'enfuit en Suède en 1940. Elle est l'autrice d'une œuvre poétique hantée par les persécutions contre les Juifs *(Dans les demeures de la mort)*. Prix Nobel 1966.

Sacks (Oliver) Neurologue britannique (1933-2015). Il a décrit dans *L'Homme qui prenait sa femme pour un chapeau* plusieurs cas de patients atteints de lésions cérébrales et dont le comportement se révèle des plus insolites. Peter Brook a adapté ces récits au théâtre.

Sackville-West (Victoria Mary, dite Vita) Romancière britannique (1892-1962). Elle fut proche de Virginia Woolf, à qui elle inspira *Orlando. Histoire de famille ; Toute passion abolie.*

Saclay Commune de l'Essonne. 4 261 habitants. Centre d'études nucléaires. Pôle universitaire Paris-Saclay.

sacoche n. f. (italien *saccoccia* ; famille du latin *saccus* → [1]sac) Sac de cuir ou de toile forte qu'une courroie permet de porter. *Sacoche de facteur, d'écolier. – Sacoches (de cycliste, de motocycliste),* fixées au porte-bagage. ■ (Canada, Belgique) Sac à main.

sacolève n. m. (du grec *sakos* « étoffe grossière » et *laiphos* ou *laiphê* « voile de vaisseau ») mar. Voilier marchand à trois mâts, au pont relevé vers l'arrière, en usage aux XVIIe et XVIIIe siècles dans le Levant.

sacome n. m. (italien *sacoma*) archit. Moulure en saillie.

sacquer voir saquer

sacral, ale, aux adj. (de [1]*sacré*) didact. Relatif au sacré ; qui a été sacralisé.

sacralisation n. f. didact. Fait de sacraliser.

sacraliser v. tr. < 1 > didact. Attribuer un caractère sacré à. *Certains peuples sacralisent leurs ancêtres.*

sacramentaire (du latin ecclés. *sacramentum* → sacrement) **1.** n. hist. Au XVIe siècle, Hérétique qui niait la présence réelle dans l'Eucharistie. **2.** adj. Relatif aux sacrements. → **sacramentel.**

sacramental, aux n. m. (latin *sacramentalis*) relig. Rite sacré, institué par l'Église, pour obtenir des effets d'ordre spirituel.

sacramentel, elle adj. (du latin → sacrement) didact. D'un sacrement, des sacrements. *Rites sacramentels.*

Sacramento n. m. Rivière des États-Unis (Californie). 620 km. Il prend sa source dans les monts Klamath et rejoint le San Joaquin qui se jette dans la baie de San Francisco.

Sacramento Ville des États-Unis, capitale de l'État de Californie, sur l'American River. 524 940 habitants. Université. Nœud de communication. Industries alimentaires.

sacrant adj. m. (de *sacrer* « jurer ») (Canada) Contrariant, embêtant. *C'est sacrant ! –* loc. *Au plus sacrant* : au plus vite.

[1]sacre n. m. (de [1]*sacrer*) **1.** Cérémonie par laquelle l'Église consacre un souverain, un évêque. **2.** fig. Consécration solennelle. *« Le Sacre du printemps »* (ballet de Stravinski).

[2]sacre n. m. (→ [1]sacré) (Canada) Juron ; blasphème.

[1]sacré, ée adj. **I. 1.** Qui appartient à un domaine interdit et inviolable (par opposition à *profane*) et fait l'objet d'une vénération religieuse. → **saint, tabou.** *Les livres sacrés.* – loc. *Avoir le feu* sacré.* – n. m. *Le sacré et le profane.* ■ Qui appartient à la liturgie. *La musique sacrée.* → **religieux. 2.** Qui est digne d'un respect absolu. → **inviolable, sacro-saint.** *Un droit sacré.* **II.** fam. (avant le n. ; valeur intensive) *Tu as une sacrée chance.* ■ pop. (renforçant un juron) *Sacré bon Dieu !* - REM. Souvent abrégé en *cré : cré nom !*

[2]sacré, ée adj. (de *sacrum*) anat. Relatif au sacrum. *Vertèbres sacrées.*

Sacré (mont) Colline située au N. de Rome. La légende y place une sécession de l'armée romaine, tandis que le peuple se retirait sur l'Aventin (–494).

sacrebleu interj. (de *sacré* et *bleu*, euphémisme de *Dieu*) vieux Juron familier.

Sacré-Cœur n. m. Cœur de Jésus-Christ, auquel l'Église catholique rend un culte.

Sacré-Cœur (basilique du) Église de Paris, située sur la butte Montmartre. Décidée par l'Assemblée nationale au lendemain de la défaite de 1870, sa construction (1876-1910) fut confiée à Paul Abadie.

sacrées (guerres) Guerres, au nombre de quatre, qui se succédèrent entre 590 et 380 av. J.-C. et qui opposèrent les cités grecques pour le contrôle du temple d'Apollon, à Delphes.

sacrement n. m. (latin *sacramentum* [→ serment], de *sacrare* → [1]sacrer) Rite sacré institué par Jésus-Christ, pour produire ou augmenter la grâce dans les âmes. *Les derniers sacrements,* administrés à un mourant. ■ *Le Saint(-)Sacrement* : l'eucharistie. – loc. *Porter qqch. comme le Saint(-)Sacrement,* avec précaution et respect.

sacrément adv. fam. Très, extrêmement. *Il est sacrément prétentieux.*

[1]sacrer v. tr. < 1 > (latin *sacrare*, de l'adj. *sacer* « sacré », *cf.* consacrer, exécrer, sacrifier) **1.** Consacrer (qqn) par la cérémonie du sacre. *Sacrer un roi* (→ **introniser**), *un évêque.* **2.** fig. *« Le deuil sacre les saints, les sages, les génies »* (Hugo). – (avec un attribut) *Être sacré champion olympique.*

[2]sacrer v. intr. < 1 > (de [1]*sacré*) vieilli ou régional Jurer, blasphémer (→ **[2]sacre).**

sacrificateur, trice n. (du latin → sacrifier) Prêtre, prêtresse préposé(e) aux sacrifices.

sacrifice n. m. (latin *sacrificium* → sacrifier) **1.** Offrande rituelle à la divinité, caractérisée par la destruction (réelle ou symbolique) ou l'abandon volontaire de la chose offerte. *Sacrifices humains,* d'êtres humains. – relig. cathol. *Le saint sacrifice* : la messe. **2.** Renoncement ou privation volontaire (dans une intention religieuse, morale, etc.). *Faire le sacrifice de sa vie.* – Privation financière ; renoncement à un gain. *C'est pour lui un gros sacrifice.* ■ *Le sacrifice de soi.* – absolt *Esprit de sacrifice.* → **abnégation, dévouement, renoncement.**

sacrificiel, ielle adj. didact. Propre à un sacrifice, aux sacrifices (1). *Offrande sacrificielle.* - syn. didact. **sacrificatoire.**

sacrifié, ée adj. **1.** (personnes) Qui se sacrifie, est voué au sacrifice. *Peuple sacrifié.* **2.** (choses) Dont on fait le sacrifice. *Marchandises sacrifiées,* vendues à bas prix.

sacrifier v. tr. < 7 > (latin *sacrificare* ; famille de [1]*sacrer*) **1.** Offrir en sacrifice (1). → **immoler.** *Sacrifier un animal à une divinité.* ■ intrans. ***Sacrifier à.*** *Sacrifier aux idoles.* – fig., littér. *Sacrifier à la mode,* s'y conformer. → **suivre. 2.** Abandonner ou négliger (qqch., qqn) par un sacrifice (2). *Elle a sacrifié sa santé, ses proches à sa carrière.* **3.** fam. Se défaire de (qqch.). *Sacrifier une bonne bouteille.* ■ **se sacrifier** v. pron. Se dévouer par le sacrifice de soi, de ses intérêts. *Elle s'est sacrifiée pour ses enfants.*

sacrilège (du latin « qui dérobe des objets sacrés » ; famille de [1]*sacrer*) **I.** n. m. Profanation d'objets, de lieux, de personnes revêtus d'un caractère sacré. → **blasphème.** *Commettre un sacrilège.* ■ fig. *C'est un sacrilège d'avoir démoli ce château.* **II.** n. Personne qui a commis un sacrilège. → **profanateur.** – adj. *Un attentat sacrilège.* → **blasphématoire, impie.**

sacripant n. m. (italien *Sacripante*, n. d'un personnage, formé sur *sacro*, du latin *sacer* → [1]sacrer) fam. Mauvais sujet, chenapan. → **vaurien.**

sacristain n. m. (latin *sacristanus* → sacristie) Celui qui est préposé à la sacristie, à l'entretien de l'église. → aussi **bedeau.**

sacristaine ou **sacristine** n. f. Religieuse ou laïque préposée à la sacristie.

sacristie n. f. (latin ecclés. *sacristia* ; famille de [1]*sacrer*) Annexe d'une église où sont déposés les objets du culte. – loc. fam. *Punaise de sacristie* : bigote.

sacro- Élément (du latin *sacrum*) qui signifie « du sacrum ».

Sacrobosco (Johannes de), dit Jean de Halifax ou Jean de Holywood Mathématicien et astronome anglais (1190-v. 1250). Auteur de manuels, il traduisit des œuvres de savants arabes *(Sphaera mundi).*

sacro-iliaque adj. anat. Relatif au sacrum et à l'os iliaque. *Articulations sacro-iliaques.*

sacro-saint, sacro-sainte adj. (latin *sacrosanctus* « sacré et saint ») **1.** vieux Saint et sacré. **2.** mod. Qui fait l'objet d'un respect exagéré. *Ses sacro-saints principes.* - var. RO **sacrosaint, sacrosainte.**

sacrum [sakʀɔm] n. m. (du latin « [os] sacré ») Os formé par la réunion des cinq vertèbres sacrées, à la partie inférieure de la colonne vertébrale, articulé avec le coccyx.

Sadate (Anouar al-) Homme politique égyptien (1918-1981). Il participa au renversement de la monarchie en 1952 et fut proche collaborateur de Nasser, à qui il succéda comme président de la République en 1970. Il s'éloigna de l'Union soviétique pour se rapprocher des États-Unis, et signa les accords de Camp David (1978) et le traité de paix avec Israël (1979). Il fut assassiné.

Anouar al-Sadate (à dr.) et Menahem Begin en 1979, lors d'une conférence de presse.

Prix Nobel de la paix 1978, avec Menahem Begin.

Saddharmapuṇáarīka Sūtra Texte bouddhique des doctrines du Mahāyāna, composé vers le IIIe s. C'est la base textuelle de nombreuses sectes bouddhiques.

sadducéen, enne ou **saducéen, enne** **n. et adj. (origine inconnue)** Antiq. Membre d'une secte de juifs conservateurs qui n'acceptaient pas la tradition orale (à la différence des pharisiens).

Sade (Donatien Alphonse François, comte de Sade, dit marquis de) Écrivain français (1740-1814). Sa vie fut marquée par des scandales qui lui valurent de nombreux séjours en prison. Longtemps interdite ou ignorée, son œuvre est radicalement licencieuse et subversive : fondée sur des principes matérialistes, d'un érotisme cruel (d'où le mot *sadisme*), elle remet en cause toute autorité au profit d'une volonté de puissance. *Les Cent-Vingt Journées de Sodome ; Justine ou les Malheurs de la vertu.*

Sá de Miranda (Francisco de) Humaniste portugais (v. 1485-1558). Il écrivit des comédies *(Les Étrangers)* et de la poésie *(Les Épîtres)*.

Saʿdi ou **Saadi (Muṣluh al-Dīn)** Poète persan (v. 1200-v. 1291). Issu d'une famille de théologiens, il étudia à Bagdad. Moraliste indulgent, il est l'auteur de recueils d'anecdotes morales *(Gulistàn)*.

sadien, ienne **adj. (de *Sade*)** didact. Propre aux œuvres du marquis de Sade.

sadique **adj. (de *sadisme*)** Qui manifeste du sadisme. *Tortionnaire sadique. – Plaisir sadique.* ■ **n.** *Un, une sadique.*

sadiquement **adv.** De manière sadique.

sadisme **n. m. (du n. du marquis de Sade)** **1.** psych. Perversion sexuelle dans laquelle le plaisir ne peut être obtenu que par la souffrance infligée à l'objet du désir. *Sadisme et masochisme.* **2.** cour. Goût pervers de faire souffrir.

Sado Île japonaise, au large de la côte occidentale de Honshū. 66 530 habitants. Culture du riz, pêche, tourisme. Mines (or, argent).

S

Sado **n. m.** Fleuve du Portugal. 180 km. Il irrigue la partie occidentale de l'Alentejo, et se termine par un estuaire à la hauteur de Setúbal.

Sadolet (Iacopo Sadoleto, dit en français Jacques) Prélat et humaniste italien (1477-1547). Évêque de Carpentras puis cardinal, il fit preuve de tolérance à l'égard des protestants. Il écrivit des poésies et des essais en latin *(De liberis recte instituendis)*.

sadomasochisme **n. m.** psych. Comportement sexuel qui associe sadisme et masochisme. **➔ fam. SM.**

sadomasochiste **adj. et n.** psych. À la fois sadique et masochiste. **➔ fam. SM.**

Sadoveanu (Mihail) Romancier roumain (1880-1961). Son œuvre évoque avec lyrisme le peuple et l'histoire de la Moldavie. *Les Frères Jderi.*

Sadowa Village de Bohême, où, le 3 juillet 1866, les Prussiens, conduits par le roi Guillaume, vainquirent les Autrichiens, conduits par Benedek. Cette victoire marqua le début de la puissance de la Prusse en Allemagne.

saducéen, enne voir **sadducéen**

SAE [ɛsaø] **adj. (sigle anglais de *Society of Automotive Engineers*)** techn. *Classification SAE :* classification des huiles pour moteurs, d'après leur viscosité **(➔ grade).** *Numéro SAE.*

Saʿeb-é Tabrezī Poète persan (1607-1670). Poète officiel du Grand Moghol Shāh Jahān puis du chah ʿAbbas II, il est un représentant de la littérature persane postclassique.

Saenredam (Pieter Jansz) Peintre hollandais (1597-1665). Il se consacra à la peinture d'édifices urbains et d'intérieurs d'églises. D'une grande précision architecturale, ses œuvres sont empreintes d'un climat serein et austère (église Sainte-Marie d'Utrecht).

safari **n. m. (mot swahili « bon voyage », de l'arabe)** Expédition de chasse aux gros animaux sauvages, en Afrique subsaharienne.

safari-photo **n. m.** Expédition organisée dans une réserve naturelle en vue de photographier ou filmer les animaux sauvages. *Des safaris-photos.*

Safavides ou **Séfévides** **n. m. pl.** Dynastie iranienne (1501-1736). Fondée par Ismāʿīl Ier, elle connut son apogée avec Abbas Ier le Grand. Les Safavides fondèrent un État unifié et centralisé, basé sur le chiisme, et donnèrent un nouvel essor à la culture iranienne.

Saffarides **n. m. pl.** Dynastie perse fondée vers 863 par Yaʿqūb ibn al-Layth al-Saffār.

Safi en arabe **Asfi** Ville du Maroc, sur l'Atlantique. 142 200 habitants. Port. Pêche, conserveries, industries chimiques et artisanat.

1safran **n. m. (arabe *zafaran*)** **1.** Plante (crocus) dont les fleurs portent des stigmates orangés. **2.** Condiment en poudre provenant de ces stigmates. *Riz au safran.* **3.** Couleur jaune orangé. **– adj. invar.** *« Le soir safran qui sur les quais déteint »* (Aragon).

2safran **n. m. (origine incertaine, p.-ê. arabe)** Pièce verticale d'un gouvernail de navire.

safrané, ée **adj.** **1.** Assaisonné au safran. *Riz safrané.* **2.** Jaune safran.

safre **n. m. (de *saphir*)** Verre bleu coloré à l'oxyde bleu de cobalt, imitant le saphir.

saga **n. f. (mot de l'ancien nordique)** **1.** littér. Récit historique ou mythologique de la littérature médiévale scandinave. *Les sagas islandaises.* **2.** Histoire d'une famille racontée sur plusieurs générations et présentant un aspect légendaire.

sagace **adj. (latin *sagax, sagacis* « à l'odorat subtil », de *sagire* « quêter ; avoir du nez » ➔ présage)** littér. Qui a de la sagacité.

sagacité **n. f. (➔ sagace)** Pénétration faite d'intuition, de finesse et de vivacité d'esprit. **➔ perspicacité.**

sagaie **n. f. (espagnol *azagaia*, de l'arabe)** Lance, javelot (dans certaines civilisations traditionnelles).

Sagamihara Ville du Japon (Honshū). 725 300 habitants. Centre agricole et industriel. Base militaire américaine de Camp Zama.

Sagan (Carl) Astronome américain (1934-1996). Ses recherches portèrent sur les planètes (étude de la surface, de l'atmosphère). Il est l'auteur d'ouvrages de vulgarisation scientifique et de science-fiction.

Sagan (Françoise Quoirez, dite Françoise) Romancière française (1935-2004). Son œuvre, empreinte de mélancolie, dépeint la vie bourgeoise et traite notamment de l'émancipation de la femme. *Bonjour tristesse ; Aimez-vous Brahms.*

Françoise Sagan, vers la fin des années 1950.

Sagar Ville d'Inde (Madhya Pradesh). 370 200 habitants. Ateliers de chemins de fer.

sagard **n. m. (de l'allemand *Säger* « scieur »)** régional (Vosges) Scieur qui débite le bois en planches.

Sagasta (Práxedes Mateo) Homme politique espagnol (1825-1903). Chef du parti libéral, il fut président du Conseil (1872 et 1874) et plusieurs fois Premier ministre entre 1881 et 1902.

sage **adj. (vient du latin pop., altération de *sapidus* [➔ sapide, insipide, maussade], de *sapere* ➔ 1savoir)** **1.** littér. Qui a un art de vivre supérieur, qui peut être considéré comme un modèle. **– n. m.** *Sa vie fut celle d'un sage.* **2.** Réfléchi et modéré. **➔ prudent, raisonnable, sensé, sérieux.** – *De sages conseils.* **➔ judicieux.** **3.** vieilli Réservé dans sa conduite sexuelle. **4.** après le n. Calme et docile (enfants). *Sage comme une image.* **5.** (choses) Mesuré. *Des goûts sages.*

sage-femme [saʒfam] **n.** Personne dont le métier est de surveiller la grossesse et d'assister les femmes lors de l'accouchement. **➔ accoucheur, maïeuticien.** *Des sages-femmes. Un sage-femme.* - var. RO **sagefemme.**

sagement **adv.** D'une manière sage, avisée. *Elle a agi très sagement.* – Tranquillement. *Attends-moi bien sagement ici.*

Sages (les Sept) Nom donné par les Grecs à des philosophes et des tyrans du VIe s. av. J.-C. à qui on attribuait des maximes populaires. La liste des Sept Sages varie, mais inclut généralement Thalès de Milet, Pittacos de Mytilène, Bias de Priène, Cléo-

Saguenay

Saguenay, cabanes abris pour la pêche, dans la baie des Ha ! Ha !

bule de Lindos, Périandre de Corinthe, Chilon de Lacédémone et Solon d'Athènes.

sagesse n. f. **1.** Philosophie, conduite du sage (1). *« La sagesse aux yeux pleins de larmes »* (René Char). ■ Prudence éclairée. *La sagesse du législateur.* – *La sagesse des nations,* remarques et conseils de bon sens mis en proverbes. **2.** Modération et prudence dans la conduite. *Avoir la sagesse d'attendre. Écouter la voix de la sagesse.* → **raison. 3.** Tranquillité, docilité (enfants). **4.** (choses) Mesure ; absence d'excès, d'innovation. *Sagesse de conception d'un édifice.*

Sagesse (Livre de la) Livre de la Bible. Sans doute écrit en grec au –Ier s., composé de dix-neuf chapitres, il fait l'éloge de la Sagesse, présentée comme une émanation de Dieu.

sagette n. f. (du latin *sagitta*) **1.** vieux Flèche. **2.** bot. → **[2]sagittaire.**

sagine n. f. (du latin sc. *sagina*) bot. Petite plante herbacée à fleurs blanches, formant gazon.

[1]Sagittaire n. m. (du latin « archer », de *sagitta* → sagittal) Constellation zodiacale et neuvième signe du zodiaque (22 novembre-20 décembre). – *Être Sagittaire,* de ce signe.

[2]sagittaire n. f. (du latin *sagitta* → sagittal) bot. Plante aquatique herbacée, à feuilles sagittées, appelée aussi *flèche d'eau.* → **sagette.**

Sagittaire n. m. La plus australe des constellations zodiacales, riche en nébuleuses et en amas d'étoiles, dans la Voie lactée, figurant un centaure armé d'un arc ; neuvième signe du zodiaque.

sagittal, ale, aux adj. (du latin *sagitta* « flèche ») didact. **1.** En forme de flèche. **2.** *Plan sagittal :* plan vertical perpendiculaire au plan vu de face. – *Coupe sagittale,* menée suivant ce plan.

sagitté, ée adj. (du latin *sagitta* → sagittal) didact. En forme de fer de flèche, de lance. *Feuilles sagittées.*

Sagone Port de Corse-du-Sud, sur le golfe de Sagone. Station balnéaire.

Sagonte en espagnol **Sagunto** Ville d'Espagne (communauté autonome et province de Valence). 65 813 habitants. Théâtre romain et forteresse. Elle fut appelée Murviedro jusqu'en 1877.

sagou n. m. (du malais *sagu,* par le portugais) Fécule jaunâtre que l'on extrait de la moelle de divers palmiers (sagoutier, zamier).

sagouin, ouine (tupi *sahy* « singe » → saï, par le portugais) **1.** n. m. vieux Ouistiti (singe). **2.** n. mod., fam. Personne, enfant malpropre. – *Espèce de sagouin !* (injure).

sagoutier n. m. (de *sagou*) bot. Palmier dont la moelle fournit le sagou.

Sagres (cap) Cap situé à l'extrémité du S.-O. du Portugal, qui constitua longtemps la limite du monde connu.

Saguenay n. m. Rivière du Québec (200 km), affluent du Saint-Laurent, émissaire du lac Saint-Jean. Hydroélectricité.

Saguenay Ville du Canada (Québec). 145 949 habitants. Hydroélectricité, aluminium.

Saguenay-Lac-Saint-Jean Région administrative du Québec, au nord de Québec. 98 709 km^2. 278 000 habitants. Ville principale : Saguenay.

sagum [sagɔm] n. m. (mot latin, d'origine gauloise) didact. Court manteau de laine que portaient les Romains et les Gaulois à la guerre. → **[1]saie.**

Sahara n. m. Le plus vaste désert du monde, partagé entre le S. du Maroc, de l'Algérie, de la Tunisie, de la Libye, de l'Égypte, le Sahara occidental, Djibouti, l'E. de l'Érythrée, le N. de la Mauritanie, du Mali, du Niger et du Soudan. Il couvre env. 8 000 000 km^2 de l'océan Atlantique à la mer Rouge. Le climat y est très aride. Les Sahariens (Maures, Touaregs, Toubous) sont nomades pasteurs ou agriculteurs dans les oasis. Cultures de palmiers-dattiers et vivrières (légumes, céréales) ; salines, mines (phosphate, fer, uranium) et hydrocarbures. L'assèchement du Sahara correspond aux débuts du néolithique. L'introduction du chameau à la veille de notre ère permit aux Berbères d'apprivoiser cette région (aménagement de routes commerciales et d'oasis). Le Sahara fut exploré par les Européens au XIXe siècle.

Saharanpur Ville d'Inde (Uttar Pradesh), près de la bordure himalayenne. 705 500 habitants. Centre ferroviaire.

Sahara occidental n. m. Territoire correspondant à l'ancienne province espagnole d'Afrique occidentale, constituée de la Saguia el-Hamra au N. et du Rio de Oro au S. 266 769 km^2. 510 000 habitants. Population : les Sahraouis, d'origine arabo-berbère. Langue : arabe. Religion : musulmans. Capitale : El-Aïun. C'est une région désertique. L'élevage (ovins et chameaux), activité nomadique traditionnelle, est en déclin ; principales ressources : pêche, phosphate. Le Sahara occidental est le théâtre d'un conflit entre le Maroc, qui l'administre, et le Front Polisario, mouvement indépendantiste sahraoui fondé en 1973 avec l'appui de l'Algérie.

saharien, ienne adj. et n. (de *Sahara,* en arabe « désert ») Du Sahara. *Les oasis sahariennes.* – n. *Les Sahariens.*

saharienne n. f. Veste de toile ceinturée à manches courtes et poches plaquées, inspirée de l'uniforme militaire.

Sahel n. m. Zone semi-désertique d'Afrique tropicale, au S. du Sahara, qui s'étend du Sénégal au Soudan. Culture du mil, élevage de bovins. En Afrique du Nord, ce terme a désigné aussi les régions littorales de l'Algérie et de la Tunisie.

sahélien, ienne n. et adj. Relatif au Sahel.

Sahiwal Ville du Pakistan (Panjab). 207 400 habitants. Centre agricole.

Sahlins (Marshall David) Anthropologue américain (1930-2021). Dans *Âge de pierre, âge d'abondance,* il a soutenu que les sociétés primitives n'étaient pas, du point de vue économique, des sociétés de pénurie, mais d'abondance. Adversaire du sociobiologisme, il a montré aussi que les sociétés archaïques étaient capables de s'adapter à la modernité. *La Découverte du vrai sauvage.*

sahraoui, ie [saʀawi] adj. et n. (mot arabe « saharien ») Du Sahara occidental.

saï [sai ; saj] n. m. (adaptation du tupi → sagouin) Singe d'Amérique du Sud (sapajou).

Saïan ou **Sayan** n. m. Massif montagneux situé à la frontière de la Russie et de la république de Mongolie, sur 1 000 km. Il est formé de deux chaînons, le Saïan oriental et le Saïan occidental, et culmine au Mounkou Sardyk (3 492 m).

Saïda Ville d'Algérie, au pied des *monts de Saïda,* plateaux calcaires de l'Atlas tellien. 125 000 habitants. Cultures de céréales ; élevage.

Saïda Ville du Liban, sur la Méditerranée, sur le site de l'ancien *Sidon.* 200 000 habitants. Port. Raffinerie de pétrole. Elle a été partiellement détruite par les Israéliens en 1982.

[1]saie n. f. (du latin *saga,* pl. de *sagum*) Sagum.

[2]saie n. f. (var. de *soie*) techn. Petite brosse en soies de porc, utilisée par les orfèvres.

saietter [sejete ; sɛj(ə)te] v. tr. < 1 > (de [2]*saie*) techn. Nettoyer, brosser avec la saie.

saïga [sajga ; saiga] n. m. (mot russe) Petite antilope d'Eurasie.

saignant, ante adj. **1.** Qui dégoutte de sang. → **sanglant.** *Plaie saignante.* **2.** (viande) Peu cuit, où il reste du sang. → **rouge.** *Bifteck saignant. Très saignant.* → **bleu. 3.** fam. Cruel, sans concession. *Leur explication, elle va être saignante !*

saignée n. f. **I. 1.** Évacuation provoquée d'une certaine quantité de sang. *Pratiquer une saignée.* **2.** fig. Pertes humaines (par la guerre, etc.). *La saignée subie par la France en 1914.* **II. 1.** Pli entre le bras et l'avant-bras (où se fait souvent la saignée). *La saignée du bras.* **2.** Entaille longitudinale (dans un arbre, etc.). **3.** Rigole creusée dans le sol (drainage, irrigation).

saignement n. m. Écoulement de sang. → **hémorragie.** *Saignement de nez.* → **épistaxis.**

saigner v. < 1 > (vient du latin, de *sanguis* → sang) **I.** v. intr. **1.** (corps, organe) Perdre du sang. *Saigner comme un bœuf,* abondamment. *La plaie saigne.* – loc. *Saigner du nez.* – impers. *Ça saigne :* le sang coule. **2.** fig., littér. Être le siège d'une vive souffrance. *Son cœur saigne.* **3.** fam. impers. *Ça va saigner :* il va y avoir des coups, le conflit va être dur. **II.** v. tr. **1.** Faire une saignée à (qqn). – loc. fig. *Saigner à blanc :* priver de ressources. **2.** Tuer (un animal) par égorgement. → **égorger.** *Saigner un porc.* **3.** fig. Épuiser (qqn) en lui retirant ses ressources. *Il a saigné ses parents.* – pronom. loc. *Se saigner aux quatre veines :* dépenser ou donner tout ce que l'on peut. → se **sacrifier.**

saigneur, euse n. et adj. **1.** rare Personne qui pratique des saignées. **2.** techn. Personne qui récolte le latex en saignant les arbres à caoutchouc.

saigneux, euse adj. (de *saigner*) rare Sanglant.

saignoir n. m. Couteau à saigner les animaux de boucherie.

Saigon voir **Hô Chí Minh-Ville**

Sailer (Anton, dit Toni) Skieur autrichien (1935-2009). Spécialiste de la descente, il fut triple champion olympique en 1956.

S

Sahara

Sahara, photo satellite de l'Afrique montrant l'étendue du désert (en jaune pâle).

saillant, ante adj. **1.** Qui avance, dépasse. → **proéminent.** *Pommettes saillantes.* – *Angle saillant,* de moins de 180° (opposé à *rentrant*). **2.** fig. → **frappant, marquant, remarquable.** *Le trait le plus saillant de son caractère.*

saillie n. f. (de *saillir*) **I. 1.** vieux Action de s'élancer ; élan. **2.** littér. Trait d'esprit brillant et inattendu. → **boutade. 3.** Accouplement des animaux domestiques en vue de la reproduction. → **monte. II.** Partie qui avance, dépasse le plan, l'alignement. → **avancée, relief.** *Les saillies d'un mur.* – *En saillie.* → **saillant.** *Balcon en saillie.* – *Faire saillie.* → **dépasser,** [1]**ressortir.**

saillir v. (vient du latin *salire* « sauter, bondir » → **assaillir, résilier, salace, sauter**) **I.** < 2 rare sauf inf. et 3e pers. > **1.** v. intr. vieux Jaillir avec force. **2.** v. tr. (animaux mâles) Couvrir (la femelle). *Étalon qui saillit une jument.* **II.** v. intr. < 13 ou littér. 2 > Avancer en formant un relief.

Saimaa (lac) Lac de Finlande méridionale. 4 400 km².

saïmiri n. m. (du tupi « petit singe » → **saï, sapajou**) Singe de petite taille, à longue queue préhensile.

sain, saine adj. (vient du latin *sanus* → **santé, sanatorium ; insane**) **1.** Qui est en bonne santé (opposé à *malade*) ; dont l'organisme fonctionne normalement. – *Dents saines. Une plaie saine,* qui ne s'infecte pas. ■ loc. *Sain et sauf :* en bon état physique, après un danger. *Ils sont revenus sains et saufs.* **2.** Qui jouit d'une bonne santé psychique. *Être sain de corps et d'esprit.* – *Un jugement sain.* ■ Considéré comme bon et normal (opposé à *malsain*). *De saines lectures.* **3.** Qui contribue à la bonne santé physique. *Un climat sain.* → **salubre.** *Une nourriture saine.* – *Une vie saine.* **4.** fig. Qui ne présente aucune anomalie cachée. *Une affaire saine.* – (du sens 1) *Une économie saine.*

sainbois n. m. (de *saint* et *bois*) Variété de daphné ; son écorce utilisée comme vésicatoire.

saindoux n. m. (de *doux,* et ancien français *sain,* qui vient du latin *sagina* « embonpoint ») Graisse de porc fondue. *Du saindoux.*

sainement adv. **1.** D'une manière saine (3). *Vivre sainement.* **2.** Judicieusement, raisonnablement. *Juger sainement.*

sainfoin n. m. (de *sain* ou *saint* et *foin*) Plante à fleurs rouges cultivée comme fourrage.

saint, sainte (vient du latin *sanctus* « sacré », de *sancire* → **sanctifier ; sanction ; santon**) **I.** n. **1.** Personne qui est après sa mort l'objet, de la part de l'Église catholique, d'un culte public, en raison de la perfection chrétienne qu'elle a atteinte durant sa vie. *La fête d'un saint, d'une sainte.* – *Catalogue des saints. Récit de la vie d'un saint.* → **hagiographie.** ■ loc. *Ne savoir à quel saint se vouer :* ne plus savoir comment se tirer d'affaire. – *Ce n'est pas un saint,* il n'est pas parfait. – *Un petit saint,* un personnage vertueux. *Ce n'est pas un petit saint.* **2.** (dans d'autres religions) *Les saints de l'islam, du bouddhisme.* **3.** Personne d'une vertu, d'une patience exemplaires. **4.** (superlatif hébreu, par le latin de la Bible) n. m. *Le Saint des Saints,* l'enceinte du Temple la plus sacrée (→ **sanctuaire**). – fig. *Le saint des saints :* le cœur, l'endroit le plus secret et le plus important (d'une organisation...). **II.** adj. **1.** S'emploie devant le nom d'un saint, d'une sainte. *L'Évangile selon saint Jean.* – *La sainte Famille :* Jésus, Joseph et Marie. – *La Sainte Vierge.* – *La Saint-Sylvestre :* le 31 décembre. **2.** Qui mène une vie irréprochable, conforme à la religion. *Un saint homme, une sainte femme.* **3.** Qui a un caractère sacré, religieux ; qui appartient à la religion judéo-chrétienne, à l'Église (→ **consacré ; sanctifier**). *L'histoire sainte. Les Lieux* saints, la Terre* sainte.* – loc. fam. *Toute la sainte journée :* pendant toute la journée, sans arrêt. ■ *Guerre* sainte.* **4.** Qui est inspiré par la piété. *Une sainte colère.* **5.** Qui inspire de la vénération. *« Le nom de la liberté est saint »* (Lamennais).

Saint-Affrique Commune de l'Aveyron, sur la Sorgues. 8 018 habitants. Pont gothique. Industries agroalimentaires.

Saint Albans Ville d'Angleterre (Hertfordshire) au N.-O. de Londres. 82 150 habitants. Ruines romaines. Cathédrale médiévale. Industries (matériel électrique, instruments de musique).

Saint-Amand-les-Eaux Commune du Nord, sur la Scarpe. 15 997 habitants. Abbaye fondée au VIIe s. Station thermale. Faïencerie. Industries agroalimentaire, métallurgique et pharmaceutique.

Saint-Amand-Montrond Chef-lieu d'arrondissement du Cher, sur le Cher. 9 490 habitants. Musée. Orfèvrerie. Imprimerie.

Saint-Amant (Marc-Antoine Girard, sieur de) Poète français (1594-1661). Issu de la bourgeoisie, il fut voyageur et marin. Son œuvre, à l'esthétique baroque et d'une grande inventivité rhétorique, comprend notamment des poèmes lyriques *(Moïse sauvé),* satiriques ou comiques, et des œuvres fantastiques *(Les Visions).*

Saint-Amour (Guillaume de) voir **Guillaume de Saint-Amour**

Saint-André Commune du N.-E. de la Réunion. 56 857 habitants. Sucreries.

Saint-André (ordre de) Ordre de chevalerie russe, créé par Pierre le Grand en 1698 et supprimé en 1917.

Saint-André-de-Cubzac Commune de la Gironde, sur la Dordogne. 12 735 habitants. Viticulture.

Saint-André-lez-Lille Commune du Nord, sur la Deûle, dans la banlieue de Lille. 13 004 habitants. Agroalimentaire (charcuterie).

Saint Andrews Ville d'Écosse (Fife), sur la mer du Nord. 13 000 habitants. Elle possède la plus ancienne université d'Écosse (1412). Monuments médiévaux. Station balnéaire. Parcours de golf.

Saint-Ange (château) en italien **Castel Sant'Angelo** Ancien mausolée, construit à Rome à partir de 135, qui fut la sépulture des empereurs romains d'Hadrien à Septime Sévère. Forteresse papale puis prison, c'est aujourd'hui un musée.

Saint-Arnaud (Armand Jacques Arnaud, dit Achille Leroy de) Maréchal de France (1798-1854). Ministre de la Guerre sous Louis Napoléon Bonaparte (1851), il contribua au coup d'État du 2 septembre. En Crimée, il remporta la victoire de l'Alma avec lord Raglan.

Saint-Astier Commune de la Dordogne, sur l'Isle. 5 340 habitants. Cimenteries.

Saint-Aubin (Gabriel de) Dessinateur, graveur et peintre français (1724-1780). Son œuvre comporte plusieurs milliers de dessins représentant des scènes aristocratiques et populaires, ainsi que des eaux-fortes.

Saint-Aubin (Augustin de) Dessinateur, graveur et peintre français (1736-1807), frère de Gabriel de Saint-Aubin. Il fut surtout vignettiste et ornemaniste.

Saint-Aubin-lès-Elbeuf Commune de la Seine-Maritime, sur la Seine. 8 428 habitants. Biochimie, électronique.

Saint-Aubin-sur-Mer Commune du Calvados, sur la Manche. 2 162 habitants. Station balnéaire. La 3e division britannique y débarqua le 6 juin 1944.

Saint Augustine Ville des États-Unis (Floride). 13 000 habitants. Tourisme. Pêche. Fondée en 1595, c'est la ville la plus ancienne des États-Unis.

Saint-Avé Commune du Morbihan, près de Vannes. 11 912 habitants. Chapelle N.-D. du Loc du XVe s. (sculptures).

Saint-Avertin Commune de l'Indre-et-Loire, sur le Cher. 15 075 habitants. Église romane. Viticulture.

Saint-Avold Commune de la Moselle, sur la Rosselle. 15 171 habitants. Cimetière militaire américain. Industries chimiques.

Saint-Barthélemy Île des Petites Antilles et Collectivité d'outre-mer française, située au N.-O. de la Guadeloupe. 20 km². 10 457 habitants. Ville principale : Gustavia. Tourisme de luxe. L'île fut conquise par la France en 1648 puis passa sous autorité suédoise de 1784 à 1876. Redevenue française, l'île fut rattachée administrativement à la Guadeloupe jusqu'en 2007. Elle fut touchée par l'ouragan Irma en 2017.

Saint-Barthélemy (massacre de la) Massacre des protestants qui commença à Paris, dans la nuit du 23 au 24 août 1572, et se poursuivit en province jusqu'en octobre. Il fut ordonné par Charles IX, poussé par Catherine de Médicis qui s'inquiétait de l'influence grandissante de Coligny. Il y eut plus de 3 000 morts à Paris, dont Coligny.

Saint-Benoît Chef-lieu d'arrondissement de la Réunion, sur la côte N.-E. de l'île. 36 994 habitants. Distillerie de rhum.

Saint-Benoît-sur-Loire Commune du Loiret, sur la Loire. 2 004 habitants. Son abbaye fut l'un des grands lieux de pèlerinage de la chrétienté. Église abbatiale (XIe-XIIIe s.). Communauté monastique.

saint-bernard n. m. (du n. du col du Grand-Saint-Bernard) Grand chien de montagne à pelage roux et blanc, que l'on dresse à porter secours aux voyageurs égarés. *Des saint-bernards.* – loc. *C'est un vrai saint-bernard,* une personne toujours prête à se dévouer.

Saint-Bernard (Grand) Col des Alpes pennines (2 473 m), reliant le Valais suisse à la Vallée d'Aoste (Italie).

Saint-Bernard (Petit) Col des Alpes occidentales (2 188 m), reliant la vallée de l'Isère (France) et la Vallée d'Aoste (Italie).

Saint-Barthélemy (massacre de la)

Le Massacre de la Saint-Barthélemy. Attentat manqué contre Coligny, gravure de Franz Hogenbergh (1572), Bibliothèque nationale de France, Paris.

Saint-Berthevin Commune de la Mayenne. 7 381 habitants. Équipement automobile.

Saint-Bertrand-de-Comminges Commune de la Haute-Garonne, sur la Garonne. 237 habitants. Ancienne cathédrale romane et gothique. Musée archéologique.

Saint-Blaise Site archéologique des Bouches-du-Rhône (commune de Saint-Mitre-les-Remparts). Ville remontant au –VIIe s. Céramiques grecques et étrusques.

Saint-Boniface Ancienne ville du Canada formant depuis 1970 un quartier de Winnipeg. Saint-Boniface accueille la moitié de la population francophone du Manitoba.

Saint-Brevin-les-Pins Commune de la Loire-Altantique, sur l'estuaire de la Loire. 14 473 habitants. Station balnéaire à Saint-Brevin-l'Océan.

Saint-Brice-sous-Forêt Commune du Val-d'Oise. 15 102 habitants.

Saint-Brieuc Chef-lieu des Côtes-d'Armor. 44 166 habitants. Évêché. Cathédrale Saint-Étienne (XIVe-XVe s.). Maisons anciennes. Centre administratif, commercial et industriel. Station balnéaire.

Saint-Brieuc, la place du Chai.

St. Catharines Ville du Canada (Ontario), sur le lac Ontario. 133 113 habitants. Université. Port. Conserveries. Industries mécanique et textile.

Saint-Céré Commune du Lot. 3 427 habitants. Église des XIIe-XVIe siècles.

Saint-Chamas Commune des Bouches-du-Rhône, sur l'étang de Berre. 8 617 habitants. Usine hydroélectrique.

Saint-Chamond Commune de la Loire, sur le Gier. 35 309 habitants. Matières plastiques.

Saint Christopher and Nevis voir **Saint-Kitts-et-Nevis**

Saint-Clair-sur-Epte Commune du Val-d'Oise. 993 habitants. Stockage de gaz naturel. En 911 y fut signé le traité par lequel Charles III le Simple cédait la Normandie à Rollon.

Saint-Claude Commune de la Guadeloupe. 10 506 habitants. Station climatique.

Saint-Claude Chef-lieu d'arrondissement du Jura, sur la Bienne. 8 895 habitants. Évêché. Cathédrale Saint-Pierre (XIVe-XVIIIe s.). Industries (taille de diamants, plasturgie, fabrication de pipes).

Saint-Cloud Commune des Hauts-de-Seine, sur la Seine. 29 560 habitants. Musées. Hippodrome. Industries aéronautique et informatique.

saint-crépin **n. m. sing. (de *saint Crépin*, patron des cordonniers)** vieux Ensemble des outils du cordonnier.

Saint-Cyprien Commune des Pyrénées-Orientales, sur la Méditerranée. 11 048 habitants. Port de pêche et de plaisance.

Saint-Cyr-au-Mont-d'Or Commune du Rhône. 5 686 habitants. École nationale de la police.

saint-cyrien, ienne **n.** Élève de l'École militaire de Saint-Cyr. *Les saint-cyriens.*

Saint-Cyr-l'École Commune des Yvelines. 20 611 habitants. L'école militaire fondée par Napoléon en 1808 fut transférée à Coëtquidan en 1944.

Saint-Cyr-sur-Loire Commune de l'Indre-et-Loire. 16 884 habitants. Industries mécanique et électrique.

Saint-Cyr-sur-Mer Commune du Var. 12 058 habitants. Station balnéaire.

Saint Denis **(Ruth Denis, dite Ruth)** Danseuse, chorégraphe et pédagogue américaine (1879-1968). Autodidacte, créatrice de la « modern dance », elle s'inspira des danses d'Orient *(Radha).*

Saint-Denis Chef-lieu de la Réunion, sur la côte N. de l'île. 153 001 habitants. Évêché. Centre universitaire. Musée d'art et d'histoire Léon-Dierx. Productions traditionnelles (canne à sucre). Tourisme.

Saint-Denis Chef-lieu d'arrondissement de la Seine-Saint-Denis, sur le canal de Saint-Denis. 113 116 habitants. Évêché. Basilique Saint-Denis (XIIe-XIIIe s.), devenue cathédrale en 1966, renfermant les tombeaux des rois de France. Musée d'Art et d'Histoire. Stade de France. Centre universitaire.

Saint-Denis, la basilique, célèbre pour ses gisants, lieu d'inhumation de nombreux rois et reines de France.

Saint-Didier-au-Mont-d'Or Commune du Rhône, dans la banlieue résidentielle de Lyon. 7 124 habitants.

Saint-Dié-des-Vosges Chef-lieu d'arrondissement des Vosges, sur la Meurthe. 19 490 habitants. Évêché. Église romane (XIIe s.). Cathédrale. Musée et bibliothèque. Festival international de géographie.

Saint-Dizier Chef-lieu d'arrondissement de la Haute-Marne. 23 085 habitants. Vestiges d'un château fort et d'anciennes fortifications. Église gothique et classique. Base aérienne. Centre industriel.

Saint-Domingue Ancien nom de la partie occidentale de l'île d'Haïti, colonie française de 1697 à 1803. À l'époque coloniale, on donnait ce nom à l'ensemble de l'île.

Saint-Domingue en espagnol **Santo Domingo de Guzmán** ou **Santo Domingo** Capitale de la République Dominicaine, sur la côte S. de l'île d'Haïti. 2 169 300 habitants. Cathédrale, églises et monastères du XVIe s. Commerce et tourisme. Fondée en 1496 par Bartolomé Colomb, elle fut la première ville coloniale d'Amérique.

Sainte-Adresse Commune de la Seine-Maritime, sur la Manche. 7 216 habitants. Station balnéaire. Sainte-Adresse fut le siège du gouvernement belge pendant la Première Guerre mondiale, d'octobre 1914 à novembre 1918.

Sainte-Anne Commune de la Guadeloupe, sur la côte S. de Grande-Terre. 24 430 habitants. Tourisme. Pêche.

Sainte-Baume **(massif de la)** Chaîne calcaire de Provence culminant au signal des Béguines (1 148 m).

Sainte-Beuve **(Charles Augustin)** Écrivain français (1804-1869). Journaliste et critique littéraire, il fit partie du Cénacle chez Victor Hugo. Après avoir publié de la poésie *(Vie, poésies et pensées de Joseph Delorme)* et un roman autobiographique *(Volupté)*, il se consacra à l'histoire et à la critique littéraires. Sa méthode se fondait sur la documentation biographique *(Port-Royal ; Causeries du lundi).*

Sainte-Chapelle du Palais Chapelle située dans l'enceinte actuelle du Palais de Justice, à Paris. Entreprise par Saint Louis en 1242, elle fut consacrée en 1248. Chef-d'œuvre de l'architecture gothique rayonnante, elle comporte deux niveaux. La chapelle haute, à nef voûtée d'ogives, offre un remarquable ensemble de verrières (XIIIe s.).

La Sainte-Chapelle, édifiée pour abriter des reliques de la Passion du Christ.

Sainte-Claire **(lac)** Lac situé à la frontière des États-Unis (Michigan) et du Canada (Ontario). 1 100 km^2.

Sainte-Croix La plus étendue des îles Vierges des États-Unis (218 km^2). 53 250 habitants. Ville principale : Christiansted. Raffinerie de pétrole, métallurgie.

Sainte-Croix **(lac de)** Lac de barrage situé sur le cours du Verdon, entre le Var et les Alpes de Haute-Provence. Environ 20 km^2.

Sainte-Foy Ancienne ville du Canada (Québec), fusionnée dans Québec.

Sainte-Foy-lès-Lyon Commune du Rhône. 22 077 habitants. Vestiges d'aqueducs romains. Industrie pharmaceutique.

Sainte-Geneviève **(bibliothèque)** Bibliothèque située place du Panthéon à Paris. Son architecte, Henri Labrouste (1838-1850), innova en laissant la structure en fer apparente dans la décoration intérieure.

Sainte-Geneviève-des-Bois Commune de l'Essonne. 35 879 habitants. Fontaine et grotte Sainte-Geneviève, ancien lieu de pèlerinage. Ruines d'un château du XVIe s. Cimetière russe.

Sainte-Hélène **(île de)** Île britannique de l'Atlantique sud. 122 km^2. 5 100 habitants. Chef-lieu : Jamestown. Napoléon Ier y fut déporté par les Anglais en 1815, et y mourut en 1821.

Saint Elias Massif d'Amérique du Nord, situé aux confins du Canada et de l'Alaska. Il culmine au mont Logan (5 959 m).

Sainte-Livrade-sur-Lot Commune du Lot-et-Garonne. 6 487 habitants. Église romane (XIIe-XIVe s.).

Sainte-Luce Commune de la Martinique. 9 425 habitants. Pêche. Distillerie. Tourisme.

Saintes-Maries-de-la-Mer

Le pèlerinage annuel des Saintes-Maries-de-la-Mer attire quelque dix mille Gitans et de nombreux touristes.

Sainte-Lucie

■ en anglais Saint Lucia

État des Petites Antilles (→ carte), situé entre la Martinique, Saint-Vincent et les Grenadines. 616 km^2. 165 500 habitants (les *Saint-Luciens*). **Langues :** anglais (offic.) et créole. **Religion :** catholicisme. **Monnaie :** dollar des Caraïbes de l'Est. **Capitale :** Castries. **Régime :** démocratie parlementaire. Île volcanique, au climat tropical humide, Sainte-Lucie a une économie essentiellement agricole (bananes, noix de coco) mais a développé un tourisme balnéaire et de croisières.

HISTOIRE

L'île est découverte par Christophe Colomb (1502). Au XVIIIe siècle, les Anglais et les Français se la disputent. En 1814, elle est attribuée à la Grande-Bretagne. En 1979, elle obtient son indépendance dans le cadre du Commonwealth. Sainte-Lucie fait partie de l'Agence de coopération culturelle et technique. Elle est le siège de l'Organisation des États de la Caraïbe de l'Est (Organization of Eastern Caribbean States, OECS).

Sainte-Marie (Beverly dite Buffy) Auteur-compositrice canadienne (née en 1941). Elle fut une figure importante de la chanson engagée contre la guerre au Viêtnam *(Universal Soldier)* et pour la protection des populations autochtones *(Starwalker)*.

Sainte-Marie Commune de la Martinique. 14 843 habitants. Conserverie d'ananas. Distillerie de rhum.

Sainte-Marie Commune de la Réunion. 34 350 habitants. Aéroport.

S

Sainte-Marie-aux-Mines Commune du Haut-Rhin. 5 054 habitants. Temple calviniste de style gothique. Industrie textile.

sainte-maure n. m. (n. d'une commune d'Indre-et-Loire) Fromage de lait de chèvre, de forme allongée, souvent cendré. *Des sainte-maures.*

Sainte-Maxime Commune du Var. 14 750 habitants. Port de plaisance et station balnéaire sur le golfe de Saint-Tropez. Les Américains et les forces françaises du général de Lattre de Tassigny y débarquèrent le 15 août 1944.

Sainte-Menehould Commune de la Marne, sur l'Aisne. 4 166 habitants. Louis XVI en fuite y fut reconnu en 1791 (fuite à Varennes).

saintement adv. D'une manière sainte.

Sainte-Mère-Église Commune de la Manche. 3 021 habitants. Église des XIIe-XIIIe s. La nuit du 5 au 6 juin 1944, 14 000 hommes des troupes aéroportées américaines atterrirent dans ses environs.

saint-émilion [sɛ̃temiljɔ̃] n. m. (de Saint-Émilion) Bordeaux rouge corsé, produit sur les coteaux de Saint-Émilion. *Des saint-émilions.*

Saint-Émilion Commune de la Gironde. 1 844 habitants. Monuments médiévaux (église du XIe-XIIe s. creusée dans le rocher). Viticulture.

Saint Empire romain germanique ou **Saint Empire** Empire fondé par Othon Ier en 962 et dissous par Napoléon Ier en 1806. Ayant pour but de rassembler tous les États et principautés de l'Occident chrétien sous une même monarchie, il connut son apogée aux XIIe et XIIIe siècles.

▶ Fondé par Othon Ier le Grand en 962, le **Saint Empire romain germanique** avait pour vocation originelle de restaurer l'empire de Charlemagne. Il se limita cependant principalement à l'Allemagne (la Francie orientale) et à l'Italie. L'Empire dont le prestige ne cessa de croître du Xe au XIIIe siècle, sous les dynasties ottonienne et franconienne (ou salienne), connut son apogée avec les Hohenstaufen. Mais, affaiblis par leurs conflits en Italie avec la papauté (soumission au pape de l'empereur Henri IV à Canossa à l'issue de la « querelle des Investitures » en 1077 ; conflit entre les guelfes, partisans du pape, et gibelins, partisans de l'empereur), les empereurs germaniques perdirent peu à peu leur autorité au profit des princes territoriaux et des villes libres. Ce processus parvint à son terme avec le Grand Interrègne qui suivit la mort de Frédéric II (1250-1272). La couronne était élective : la Bulle d'or de 1356 fixa définitivement à sept le nombre des princes électeurs. À partir de 1438, le titre d'empereur échut systématiquement aux Habsbourg. Leurs tentatives pour restaurer l'autorité impériale furent un échec, auquel vint s'ajouter la division religieuse de l'Empire au lendemain de la Réforme, sous Charles Quint. Dépourvu de réalité politique après les traités de Westphalie (1648), qui entérinèrent sa division en 350 États indépendants de fait, l'Empire disparut en 1806 avec la renonciation de François II de Habsbourg à la couronne impériale.

voir aussi **Moyen Âge, byzantin (Empire)**

Sainte-Sophie

La coupole de l'église Sainte-Sophie, à Istanbul.

sainte nitouche n. f. (de la contraction de *n'y touche [pas]*) Personne (spécialt femme, fillette) qui affecte l'innocence. *Des saintes nitouches.*

Sainte-Odile Abbaye d'Alsace. Fondée au VIIe s. par sainte Odile, elle devint un lieu de pèlerinage. Église reconstruite au XVIIe siècle.

Sainte-Rose Commune de la Guadeloupe, sur la côte N. de Basse-Terre. 17 840 habitants. Distillerie de rhum.

Saintes (îles des) Archipel français des Petites Antilles, dépendant de la Guadeloupe. 13 km^2. 3 000 habitants. Pêche. Tourisme.

Saintes Chef-lieu d'arrondissement de la Charente-Maritime, sur la Charente. 25 412 habitants. Vestiges romains. Églises médiévales. Musée des Beaux-Arts. Centre commercial, tertiaire et industriel.

Sainte-Savine Commune de l'Aube. 10 496 habitants. Église du XVIe s. Industries mécaniques.

Saintes-Maries-de-la-Mer Commune des Bouches-du-Rhône, sur la Méditerranée. 2 123 habitants. Station balnéaire de la Camargue. Lieu de pèlerinage pour les Gitans.

Sainte-Sophie (église) Ancienne basilique de Constantinople fondée (532-537) par l'empereur byzantin Justinien Ier, dédiée à la « Sagesse divine ». Elle fut transformée en mosquée par les Turcs (1453), puis en musée (1935) et redevint une mosquée en 2020.

Saint-Esprit voir **esprit**

Saint-Esprit Commune de la Martinique. 10 120 habitants.

Saint-Esprit (ordre du) Ordre de chevalerie institué en 1578 par Henri III, aboli en 1789, puis rétabli de 1814 à 1830.

Saint-Estèphe Commune de la Gironde. 1 604 habitants. Vins rouges.

Sainte-Suzanne Commune de la Réunion, sur la côte N. de l'île. 24 086 habitants.

Sainte-Suzanne-et-Chammes Commune de la Mayenne. 1 251 habitants. Cité médiévale.

sainteté n. f. **1.** Caractère d'une personne ou d'une chose sainte. **2.** *Sa, Votre Sainteté,* titre de respect envers le pape.

Sainte-Thérèse Ville du Canada (Québec). 25 989 habitants.

Saint-Étienne Chef-lieu de la Loire. 174 082 habitants. Église du XIVe s., musées. Les crises du charbon, du textile et de la sidérurgie conduisirent à une conversion économique. Industries (mécanique,

Saint-Étienne, le musée d'Art moderne, deuxième plus importante collection, en France, après celle du Centre Georges-Pompidou à Paris.

optique, agroalimentaire). Centre d'enseignement supérieur.

Saint-Étienne-du-Rouvray Commune de la Seine-Maritime dans la banlieue de Rouen. 28 331 habitants. Centre industriel. Un prêtre fut assassiné dans l'église par des terroristes islamistes en 2016.

Sainte-Victoire **n. f.** Massif calcaire à l'est d'Aix-en-Provence, culminant au pic des Mouches (1 010 m).

Saint-Évremond (Charles de Marguetel de Saint-Denis de) Moraliste et critique français (v. 1615-1703). En raison d'écrits contre Mazarin, il dut s'exiler à Londres. Esprit libertin et indépendant, il écrivit dans des genres très différents (essais, théâtre, correspondance). *Conversation du maréchal d'Hocquincourt avec le Père Canaye.*

Saint-Exupéry (Antoine de) Écrivain et aviateur français (1900-1944). Son œuvre, nourrie de valeurs humanistes, évoque avec force son expérience d'aviateur *(Vol de nuit ; Terre des hommes). Le Petit Prince,* texte pour l'enfance qu'il illustra lui-même, fut un succès mondial.

Antoine de Saint-Exupéry (à dr.), avec son mécanicien Provost, en 1935 au Bourget.

Saint-Fargeau Commune de l'Yonne. 1 482 habitants. Château des XVe-XVIIIe siècles.

Saint-Florent Commune de la Haute-Corse. 1 688 habitants. Citadelle génoise. Station balnéaire. Ancienne cathédrale de Nebbio.

Saint-Florentin Commune de l'Yonne. 4 211 habitants. Église XIVe-XVIIe s. Fromages.

Saint-Flour Chef-lieu d'arrondissement du Cantal. 6 451 habitants. Évêché. Cathédrale en basalte du XVe s. Musées. Centre commercial.

Saint-Fons Commune du Rhône. 19 500 habitants. Chimie.

Saint-François **n. m.** Rivière du Canada (Québec). Plus de 200 km.

Saint-François Commune de la Guadeloupe, sur la côte S. de Grande-Terre. 12 184 habitants. Tourisme.

saint-frusquin **n. m. sing. (argot *frusquin* « habit », origine incertaine, *cf.* frusques) fam.** Ce qu'on a d'argent, d'effets. – (à la fin d'une énumération) *...et tout le saint-frusquin* : et tout le reste.

Saint-Gall (canton de) Canton du N.-E. de la Suisse, à la frontière de l'Autriche et du Liechtenstein. 2 026 km². 502 552 habitants. Élevage, culture (vigne, fruits). Tourisme.

Saint-Gall en allemand **Sankt Gallen** Ville de Suisse, sur la Steinach. 75 522 habitants. Évêché. Cathédrale baroque du XVIIIe s. Centre historique de l'industrie textile suisse.

Saint-Galmier Commune de la Loire. 5 837 habitants. Église gothique. Eaux minérales (Badoit).

Saint-Gaudens Chef-lieu d'arrondissement de la Haute-Garonne, sur la Garonne. 11 664 habitants. Collégiale romane. Musée d'art populaire.

Saint-Gelais (Mellin de) Écrivain français (1491-1558). Poète-courtisan, rival de Marot, il introduisit à la cour le sonnet venu d'Italie. Il entretint des rapports tendus avec la Pléiade.

Saint-Genis-Laval Commune du Rhône. 20 971 habitants. Observatoire astronomique.

Saint George (canal) Bras de mer entre le pays de Galles et l'Irlande séparant la mer d'Irlande de l'océan Atlantique.

Saint-Georges (Joseph Boulogne, chevalier de) Compositeur, violoniste et chef d'orchestre français (1745-1799). Originaire de Guadeloupe, il fut l'un des fondateurs du Concert de la Loge olympique.

Saint-Georges-de-Didonne Commune de la Charente-Maritime. 5 246 habitants. Station balnéaire.

Saint-Germain (Claude Louis Robert, comte de) Général et homme politique français (1707-1778). Il fut chargé du secrétariat à la Guerre par Turgot, et réorganisa l'armée par d'importantes réformes.

Saint-Germain (comte de) Aventurier (mort en 1784) qui fut célèbre en France entre 1750 et 1760. Prétendant vivre depuis l'époque de Jésus-Christ, il étonna les salons par sa prodigieuse mémoire et ses pratiques de spiritisme.

Saint-Germain (paix de) Signée par Catherine de Médicis (8 août 1570), elle mit fin à la troisième guerre de Religion. Elle accordait la liberté de culte aux protestants.

Saint-Germain (traité de) Signé le 10 septembre 1919 entre l'Autriche et les Alliés après la Première Guerre mondiale, il imposait à l'Autriche de nouvelles frontières et restreignait ses forces militaires.

Saint-Germain-des-Prés (abbaye de) Ancienne abbaye de Paris fondée par Childebert vers 550. Rattachée au VIIe s. à la règle de saint Benoît, elle connut son apogée à l'époque carolingienne, la communauté, étendue sur 3 600 ha de terres, comptant alors plus de 200 religieux. Uni à la congrégation de Saint-Maur (1631-1790), le monastère devint le centre de remarquables travaux d'érudition menés notamment par Mabillon et Montfaucon. Avec la Révolution, l'abbaye fut transformée en prison.

Saint-Germain-en-Laye Chef-lieu d'arrondissement des Yvelines. 44 410 habitants. Le château fut reconstruit sous François Ier par Pierre Champiges, puis agrandi par Mansart sous Louis XIV. Le Nôtre dessina le parterre et la terrasse. Musée des Antiquités nationales.

Saint-Gervais-les-Bains Commune de la Haute-Savoie. 5 606 habitants. Station de sports d'hiver. Station thermale.

Saint-Ghislain Ville de Belgique (province de Hainaut). 23 428 habitants. Industries chimiques.

Saint-Gildas (pointe de) Cap de la côte atlantique, dans la Loire-Atlantique.

Saint-Gildas-de-Rhuys Commune du Morbihan, dans la presqu'île de Rhuys. 1 552 habitants. Ancienne abbatiale des XIe, XVIe, XVIIe s. (tombeau de saint Gildas). Station balnéaire.

Saint-Gilles Ville de Belgique (Bruxelles-Capitale). 49 678 habitants.

Saint-Gilles Commune du Gard. 14 197 habitants. Ancien monastère bénédictin. Église du XIe s. Musée lapidaire. Conserveries.

Saint-Gilles-Croix-de-Vie Commune de la Vendée, sur l'Atlantique. 7 922 habitants. Port de pêche et de plaisance. Station balnéaire. Marais salants.

à la saint-glinglin **loc. adv. (origine incertaine) fam.** À une date indéfiniment reportée. *Il me remboursera à la saint-glinglin* **(→ jamais).**

Saint-Gobain Commune de l'Aisne, dans la *forêt de Saint-Gobain.* 2 304 habitants. Elle fut le siège de la Manufacture royale de glaces de France, fondée en 1665, transformée en 1830 en Compagnie de Saint-Gobain, devenue une des premières entreprises mondiales de produits chimiques.

Saint-Gond (marais de) Marais traversés par le Petit Morin, qui furent le théâtre d'une bataille décisive remportée par Foch en 1914, lors de la bataille de la Marne.

Saint-Gothard ou **Gothard** **n. m.** en allemand **Sankt Gotthard** Massif des Alpes suisses culminant au Pizzo-Rotondo (3 192 m). Il est traversé par un tunnel routier et ferroviaire. Le **col du Saint-Gothard** relie la haute vallée de la Reuss à celle du Tessin (2 108 m).

Saint-Gratien Commune du Val-d'Oise. 20 914 habitants.

Saint-Guénolé Station balnéaire du Finistère, au N. de la pointe de Penmarch. Musée préhistorique. Port de pêche.

Saint-Guilhem-le-Désert Commune de l'Hérault, dans la gorge du Verdus. 243 habitants. Abbatiale (XIe-XIIe s.). Musée lapidaire.

Saint-Guilhem-le-Désert

Saint-Guilhem-le-Désert, où Guilhem, duc d'Aquitaine, fonda l'abbaye de Gellone (804).

Saint Helens (mont) Volcan de la chaîne des Cascades, dans l'O. des États-Unis (2 549 m).

Saint Helens Ville d'Angleterre (Merseyside). 102 900 habitants. Importante industrie du verre.

Saint-Hélier Ville de Jersey. 33 000 habitants. Principal port de l'île. Tourisme.

Saint-Herblain Commune de la Loire-Atlantique, près de Nantes. 49 067 habitants. La ville a connu un développement spectaculaire depuis les années 1950. Centre commercial, industriel et culturel.

Saint-Honorat (île) Île de la Méditerranée, sur la Côte d'Azur, au large de Cannes. Elle appartient à l'archipel de Lérins. Monastère du IVe siècle.

saint-honoré [sɛ̃tɔnɔʀe] **n. m.** **(de** ***saint Honoré*****)** Gâteau fourré de crème Chantilly et garni de petits choux. *Des saint-honorés.*

Saint-Hubert Ville de Belgique (province de Luxembourg). 5 605 habitants. Basilique gothique. Tourisme.

Saint-Hubert Ancienne ville du Canada (Québec), fusionnée dans Longueuil. Base aérienne.

Saint-Jacques-de-Compostelle en espagnol **Santiago de Compostela** Ville d'Espagne, capitale de la Galice. 97 800 habitants. Université fondée en 1532. Cathédrale romane (XIIe s.), Palais archiépiscopal (XIIe s.). Important lieu de pèlerinage international à saint Jacques le Majeur, par différentes routes (les *chemins de Compostelle*).

Saint-Jacques-de-Compostelle, la cathédrale, sur la place de l'Obradoiro, l'un des trois plus grands lieux de pèlerinage du monde chrétien.

S

Saint-Jacques-de-la-Lande Commune de l'Ille-et-Vilaine. 13 955 habitants. Aéroport de Rennes-Bretagne.

Saint-Jean (rivière) en anglais **Saint John** Fleuve des États-Unis (Maine) et du Canada (Nouveau-Brunswick) se jetant dans la baie de Fundy. 720 km.

Saint-Jean (lac) Lac du Canada (Québec), se déversant dans le Saint-Laurent par le Saguenay. 1 040 km^2.

Saint-Jean-Cap-Ferrat Commune des Alpes-Maritimes, dans la péninsule du cap Ferrat. 1 481 habitants. Tourisme.

Saint-Jean-d'Acre voir **Acre**

Saint-Jean-d'Angély Chef-lieu d'arrondissement de la Charente-Maritime, sur la Boutonne. 6 744 habitants. Vestiges de l'ancienne abbatiale (XIIe s.). Beffroi (XVe s.) Musée d'archéologie et d'histoire locale. Centre commercial. Industries alimentaires.

Saint-Jean-de-Braye Commune du Loiret. 21 396 habitants. Cosmétiques.

Saint-Jean-de-la-Ruelle Commune du Loiret. 16 570 habitants. Industries diversifiées.

Saint Helens (mont)

Le mont Saint Helens a perdu 400 m d'altitude lors de l'éruption de 1980.

Saint-Jean-de-Losne Commune de la Côte d'Or, sur la Saône. 1 039 habitants. Port fluvial de plaisance. La ville soutint le siège des Autrichiens pendant la guerre de Trente Ans (1636) et durant la Campagne de France (1814).

Saint-Jean-de-Luz Commune des Pyrénées-Atlantiques, sur la Nivelle. 14 282 habitants. Église de style basque. Station balnéaire. Port de pêche. Équipements de sport.

Saint-Jean-de-Maurienne Chef-lieu d'arrondissement de la Savoie. 7 560 habitants. Cathédrale (XIe-XVe s.). Aluminium. Centrale hydroélectrique sur l'Arc.

Saint-Jean-de-Monts Commune de la Vendée. 8 725 habitants. Station balnéaire.

Saint-Jean-d'Illac Commune de la Gironde. 9 106 habitants. Industrie aéronautique.

Saint-Jean-du-Gard Commune du Gard, dans les Cévennes. 2 436 habitants. Musée des Vallées cévenoles.

Saint-Jean-Pied-de-Port Commune des Pyrénées-Atlantiques, sur la Nive. 1 510 habitants. Murailles du XVe s., citadelle du XVIIe s.

Saint-Jean-sur-Richelieu Ville du Canada (Québec). 95 114 habitants. Métallurgie, industrie textile ; haute technologie.

Saint-Jérôme Ville du Canada (Québec). 74 346 habitants. Centre résidentiel et industriel.

Saint-John Ville du Canada (Nouveau-Brunswick), dans la baie de Fundy. 67 575 habitants. Port. Pisciculture. Industrie du bois.

Saint-John Perse (Alexis Leger, dit Alexis Saint-Leger Leger, puis) Diplomate et poète français (1887-1975). Il entreprit une carrière diplomatique parallèlement à son activité de poète. Destitué par le régime de Vichy, il s'installa aux États-Unis et ne revint qu'en 1957. Son œuvre poétique constitue, dans une langue ample et solennelle, proche de l'épopée, un inventaire de la beauté du monde. *Anabase ; Vents ; Amers ; Chronique.* Prix Nobel 1960.

Saint John's Capitale d'Antigua-et-Barbuda, dans le N.-O. de l'île d'Antigua. 24 450 habitants. Exportations (sucre, rhum, coton), artisanat. Tourisme.

St. John's Ville du Canada, capitale de la province de Terre-Neuve-et-Labrador. 108 860 habitants. Transport aérien, ferroviaire, routier et maritime. Centre commercial.

Saint-Joseph Commune de la Martinique. 16 137 habitants. Agriculture maraîchère.

Saint-Joseph Commune de la Réunion. 38 465 habitants. Vétiver, safran.

Saint-Josse-ten-Noode en néerlandais **Sint-Joost-ten-Node** Ville de Belgique (Bruxelles-Capitale). 27 497 habitants. Métallurgie.

Saint-Julien-en-Genevois Chef-lieu d'arrondissement de la Haute-Savoie. 15 739 habitants.

Saint-Junien Commune de la Haute-Vienne. 11 295 habitants. Église romane. Tombeau de saint Junien (XIIe s.). Ganterie. Cartonneries. Papeteries.

Saint-Just (Louis Antoine Léon) Homme politique français (1767-1794). Il siégea avec les Montagnards à la Convention, où il demanda la mort du roi sans condition, et fut membre du Comité de salut public. Président de la Convention nationale en 1794, il contribua au renforcement du pouvoir révolutionnaire dictatorial. Il fut arrêté et guillotiné le 10 Thermidor (28 juillet 1794). Il fut l'un des théoriciens de la Révolution française *(Esprit de la révolution et de la Constitution de France)*.

Saint-Just-Saint-Rambert Commune de la Loire. 15 239 habitants. Église des XIe-XIIe s. Musée.

Saint-Kitts-et-Nevis

ou **Saint Christopher and Nevis** ou **Saint-Christophe-et-Niévès** État des Caraïbes de l'Est, composé de deux îles (île Saint-Kitts et île Nevis) au N.-O. de la Guadeloupe. → Antilles (carte). 269 km^2. 46 400 habitants (les *Kittitiens et Néviciens*). **Langues :** anglais (offic.), créole. **Religion :** christianisme. **Monnaie :** dollar des Caraïbes de l'Est. **Capitale :** Basseterre (dans l'île Saint-Kitts). **Régime :** démocratie parlementaire.

L'économie du pays, au relief montagneux (îles volcaniques) et au climat équatorial, est basée sur des ressources agricoles (coton, cocotier), sur la pêche, le tourisme et les services financiers. Longtemps colonies britanniques, les deux îles ont accédé à l'indépendance en 1983 dans le cadre du Commonwealth.

Saint-Laurent (Louis Stephen) Homme d'État canadien (1882-1973). Chef du Parti libéral, Premier ministre (1948-1957), il assura une plus grande autonomie du Canada au sein du Commonwealth.

Saint Laurent (Yves Mathieu Saint Laurent, dit Yves) Couturier français (1936-2008). Successeur de Christian Dior, il fonda sa propre maison en 1961. Il est mondialement connu pour ses déclinaisons originales du vêtement de tous les jours.

Saint-Laurent **n. m.** Fleuve d'Amérique du Nord qui relie les Grands Lacs à l'Atlantique. Long de 1 200 km depuis le lac Ontario, il traverse la province de Québec et se jette dans l'océan par un estuaire ouvert sur le golfe du Saint-Laurent. Aménagée en 1954-1959 pour la navigation, la voie maritime du Saint-Laurent est une voie navigable de grand gabarit, longue de 3 770 km depuis la tête du lac Supérieur jusqu'aux détroits de Cabot et de Belle-Isle. Transport de blé, de minerai de fer.

Saint-Laurent-Blangy Commune du Pas-de-Calais. 6 522 habitants. Chimie.

Saint-Laurent-de-la-Salanque Commune des Pyrénées-Orientales. 10 053 habitants. Viticulture ; primeurs.

Saint-Laurent-du-Maroni Chef-lieu d'arrondissement de la Guyane française, près de l'embouchure du Maroni et de la frontière du Suriname. 49 173 habitants. Ancien lieu de déportation des condamnés aux travaux forcés. Rhumeries. Camps militaires.

Saint-Laurent-du-Var Commune des Alpes-Maritimes, sur la Côte d'Azur. 30 141 habitants. Port de plaisance.

Saint-Laurent-Nouan Commune du Loir-et-Cher. 4 299 habitants. Elle rassemble les communes de Saint-Laurent-des-Eaux et de Nouan-sur-Loire. Église romane du XIIe s. Centrale nucléaire.

Saint-Lazare (prison) Léproserie fondée à Paris au début du XIIe s., elle fut confiée aux prêtres de la Mission *(lazaristes)* en 1632, avant de devenir une prison sous la Terreur. Elle fut démolie en 1940.

Saint-Lazare de Jérusalem (ordre de) Ordre hospitalier et militaire fondé au XIIe s. à Jérusalem.

Saint-Léon (Arthur) Danseur, chorégraphe et violoniste français (1821-1870). Il fut maître de ballet à l'Opéra de Paris. On lui doit l'invention d'un système de notation de la danse. *Le Violon du diable ; Coppélia.*

Saint-Leu Commune de la Réunion, sur la côte O. de l'île. 34 740 habitants. Pêche. Station balnéaire.

Saint-Leu-la-Forêt Commune de l'Oise. 16 076 habitants. Tombeau de Louis Bonaparte dans l'église.

Saint-Lô Chef-lieu de la Manche. 19 206 habitants. Industries. Haras. Abattoir. La ville fut presque complètement détruite en 1944.

Saint-Loubès Commune de la Gironde. 9 953 habitants. Viticulture.

Saint Louis voir Louis IX

Saint Louis Ville des États-Unis (Missouri), au confluent du Missouri et du Mississippi. 301 570 habitants. Centre industriel ; nœud fluvial et ferroviaire ; universités. Fondée

Saint Laurent (Yves)

Yves Saint Laurent, en 1998, devant son monogramme.

Saint-Marin

Saint-Marin, la ville surplombée par le rocher du Titan (monte Titano), dont les trois sommets portent une tour fortifiée.

par des trappeurs français en 1764, la ville devint américaine en 1803.

Saint-Louis Commune du Haut-Rhin. 22 835 habitants. Constructions mécaniques. Institut franco-allemand de recherches d'armement. Aéroport.

Saint-Louis Commune de la Guadeloupe, dans l'île de Marie-Galante. 2 462 habitants. Rhumerie.

Saint-Louis Commune de la Réunion. 53 744 habitants. Sucrerie.

Saint-Louis Ville du Sénégal, sur une île du fleuve Sénégal. Environ 400 000 habitants. Port. Fondée en 1638 par les Français, la ville fut capitale de l'Afrique-Occidentale française (1885-1902) puis capitale du Sénégal et de la Mauritanie (1902-1958).

Saint-Louis (île) Île et quartier de Paris, sur la Seine, en amont de l'île de la Cité. Bel ensemble architectural du XVIIe siècle.

Saint-Louis-lès-Bitche Commune de la Moselle. 467 habitants. Cristalleries fondées en 1767.

Saint-Maixent-l'École Commune des Deux-Sèvres. 7 243 habitants. Ancienne abbatiale du XIe s., remaniée au XVIIe s. ; beffroi du XVIe s. École militaire.

Saint-Malo Chef-lieu d'arrondissement de l'Ille-et-Vilaine. 46 995 habitants. Entourée de remparts datant du XIIe au XIVe s., la ville a souffert des bombardements de 1944 et a été reconstruite avec les matériaux d'origine. Château du XVe s. ; cathédrale Saint-Vincent (XIe-XVIIIe s.) ; tombeau de Chateaubriand sur l'îlot du Grand-Bé. Chantier naval ; port ; tourisme. Festival international du livre. Départ de la Route du Rhum.

Saint-Mandé Commune du Val-de-Marne. 21 991 habitants. Institut géographique national.

Saint-Mandrier-sur-Mer Commune du Var. 6 100 habitants. Port.

Saint-Marc en italien **Piazza San Marco** Principale place de Venise. De forme trapézoïdale, elle est bordée par plusieurs monuments remarquables : la *basilique saint-Marc* (XIe s.), célèbre pour ses cinq coupoles, son décor de mosaïque et son retable d'inspiration byzantine ; le palais des Doges (XIIe s.), siège du gouvernement de Venise, aux façades ajourées en marbre blanc et rose ; le campanile (fondations du Xe s.) ; les Procuraties vieille (XVIe s.) et neuve (XVIIe s.) ; la Piazzetta, la Libreria et la Logetta, ensemble architectural conçu par I. T. Sansovino (XVIe s.).

saint-marcellin [sɛ̃maʀsəlɛ̃] **n. m. (n. de lieu)** Petit fromage à base de lait de vache, à pâte molle. *Des saint-marcellins.*

Saint-Marcellin Commune de l'Isère. 7 731 habitants. Église du XVe s. Fromages.

Saint-Marin

■ en italien San Marino, offic. **république de Saint-Marin** République enclavée dans le territoire italien. → Italie (carte). 61 km^2. 29 000 habitants (les *Saint-Marinais*). **Langue :** italien. **Religion :** catholicisme. **Monnaie :** euro. **Capitale :** Saint-Marin. **Régime :** parlementaire. Saint-Marin vit de l'agriculture (céréales, vigne), de la taille de la pierre, du tourisme et du secteur bancaire.

HISTOIRE

Fondée au IVe s. par l'ermite saint Marin, elle prit son autonomie au IXe s. et devint une république au XIIIe s. Elle se plaça en 1862 sous la protection de l'Italie. Un Grand Conseil élu au suffrage universel élit tous les six mois deux capitaines-régents qui président le Conseil d'État (exécutif). En 1988, Saint-Marin est devenu membre du Conseil de l'Europe et a été admis à l'ONU en 1992.

Saint-Martin (Louis Claude de) Philosophe français (1743-1803). Il contribua à diffuser en France la pensée mystagogique de Swedenborg.

Saint-Martin en néerlandais **Sint Marteen** Île des Petites Antilles, partagée depuis 1648 entre la France (53 km^2, 31 801 habitants ; statut de Collectivité d'outre-mer depuis 2007) et les Pays-Bas (34 km^2, 40 608 habitants). Tourisme. Aéroport international. L'île fut gravement touchée par l'ouragan Irma en 2017.

Saint-Martin (canal) Canal de 4 550 m, comportant neuf écluses, qui traverse Paris depuis le bassin de la Villette jusqu'à la Seine. Son cours est souterrain sur 2 km en arrivant à la Bastille.

Saint-Martin-Boulogne Commune du Pas-de-Calais. 11 165 habitants.

Saint-Martin-de-Crau Commune des Bouches-du-Rhône. 13 364 habitants. Chimie.

Saint-Martin-de-Ré Commune de la Charente-Maritime, sur la côte N. de l'île de Ré. 2 220 habitants. Fortifications de Vauban. Port ; station balnéaire.

Saint-Martin-d'Hères Commune de l'Isère, dans la banlieue de Grenoble. 38 188 habitants. Campus universitaire.

Saint-Martin-d'Uriage Commune de l'Isère. 5 529 habitants. Station thermale ; sports d'hiver à Chamrousse.

Saint-Maur (congrégation de) Congrégation bénédictine fondée à Paris en 1618 et établie dans l'abbaye de Saint-Germain. Ses membres (les *mauristes*) se consacrèrent à la recherche historique. La congrégation disparut lors de la Révolution.

Saint-Maur-des-Fossés Commune du Val-de-Marne. 74 520 habitants. Église des XIIe-XIVe s. Observatoire météorologique ; optique.

Saint-Maurice **n. m.** Rivière du Canada (Québec). 520 km. Affluent du Saint-Laurent, il conflue à Trois-Rivières. Hydroélectricité (chutes de Shawinigan).

Saint-Maurice Commune du Val-de-Marne. 14 560 habitants. Studios de cinéma.

Saint-Maurice Ville de Suisse (Valais). 3 900 habitants. Abbaye bénédictine d'Agaune, fondée au VIe s. (trésor ecclésiastique).

Saint-Maurice-l'Exil Commune de l'Isère. 6 413 habitants. Centrale nucléaire sur le Rhône.

Saint-Max Commune de la Meurthe-et-Moselle, sur la Meurthe. 10 046 habitants.

Saint-Maximin-la-Sainte-Baume Commune du Var. 17 468 habitants. Ancienne abbatiale du couvent des dominicains (XIIIe-XVIe s.), plus important édifice gothique de Provence.

S

Saint-Médard-en-Jalles Commune de la Gironde. 32 357 habitants. Viticulture ; aéronautique.

Saint-Merd-les-Oussines Village de la Corrèze. Ruines gallo-romaines.

Saint-Michel-de-Cuxa (abbaye) Abbaye située dans les Pyrénées-Orientales. Fondée en 878, elle est aujourd'hui occupée par des bénédictins. Son église romane date de la fin du xe siècle.

Saint-Michel-sur-Orge Commune de l'Essonne. 21 298 habitants.

Saint-Mihiel Commune de la Meuse. 4 000 habitants. Ancienne abbatiale reconstruite à la fin du xviie s. (porte romane) ; abbaye des xviie-xviiie s. Église gothique renfermant le *Saint-Sépulcre* de L. Richier. Métallurgie. Occupée par les Allemands dès 1914, la ville fut reprise par les Américains en 1918.

Saint-Mitre-les-Remparts Commune des Bouches-du-Rhône. 5 818 habitants. Remparts du xve s. ; site archéologique de Saint-Blaise à proximité.

Saint-Moritz en allemand **Sankt Moritz** Ville de Suisse (Grisons). 5 600 habitants. Importante station d'été et de sports d'hiver. Elle accueillit les Jeux olympiques d'hiver de 1928 et 1948.

Saint-Nazaire Chef-lieu d'arrondissement de la Loire-Atlantique. 71 887 habitants. Avant-port de Nantes. Port de commerce ; premier centre français de construction navale. Aéronautique. Conserveries.

saint-nectaire **n. m.** **(n. de lieu)** Fromage d'Auvergne, à base de lait de vache, à pâte pressée. *Des saint-nectaires.*

Saint-Nectaire Commune du Puy-de-Dôme. 765 habitants. Église du xiie s. de style roman auvergnat. Station thermale d'origine romaine. Fromages.

Saint-Nicolas en néerlandais **Sint-Niklaas** Commune de Belgique (province de la Flandre-Orientale). 4 724 habitants. Musée de la cartographie. Église (xiiie-xviiie s.).

Saint-Nicolas Commune de Belgique (province de Liège). 24 329 habitants.

Saint-Nicolas-de-Port Commune de la Meurthe-et-Moselle. 7 383 habitants. Basilique de style flamboyant (xve-xvie s.).

Saint-Nom-la-Bretèche Commune des Yvelines. 4 892 habitants. Église restaurée du xiiie siècle.

Saint-Office **n. m.** hist. *Le Saint-Office :* le tribunal de l'Inquisition. - var. **Saint Office.**

Saint-Office (congrégation du) Nom porté à partir de 1908 par l'ancienne congrégation de la Suprême Inquisition, devenue en 1965 Congrégation pour la doctrine de la foi.

Saint-Office (tribunal du) Tribunal inquisitorial établi par Sixte IV en 1478 à la demande des Rois Catholiques. Organisé par Torquemada, il fut progressivement étendu à toutes les possessions espagnoles. Il fut aboli en 1834.

Saint-Ogan (Alain) Dessinateur et journaliste français (1895-1974). Il est l'auteur de la première véritable bande dessinée française, *Zig et Puce.*

Saint-Omer Chef-lieu d'arrondissement du Pas-de-Calais. 14 782 habitants. Basilique Notre-Dame des xiiie-xve s. ; nombreuses œuvres d'art. Musée. Brasserie. Centre industriel et tertiaire.

Saintonge **n. f.** Ancienne région de l'O. de la France, qui recouvre actuellement une grande partie de la Charente-Maritime et empiète sur la Charente. Saintes en fut la capitale.

Saint-Ouen Commune de la Seine-Saint-Denis. 51 547 habitants. Marché aux puces.

Saint-Ouen-l'Aumône Commune du Val-d'Oise, sur l'Oise. 24 743 habitants. Ruines de l'abbaye cistercienne de Maubuisson, fondée en 1236 par Blanche de Castille.

Saint Paul Ville des États-Unis, capitale du Minnesota, sur le Mississippi. 311 520 habitants. Musées. Université. Centre commercial et bancaire. Raffineries de pétrole, aciéries, industrie chimique.

Saint-Paul (île) Île volcanique du S. de l'océan Indien. Inhabitée, elle fait partie des terres Australes et Antarctiques françaises.

Saint-Paul Chef-lieu d'arrondissement de la Réunion. 104 301 habitants. Pêche, agroalimentaire. Les Français y établirent en 1663 la première colonie de l'île.

Saint-Paul ou **Saint-Paul-de-Vence** Commune des Alpes-Maritimes. 3 179 habitants. Ancien bourg fortifié ; église (xiie-xiiie s.). Fondation Maeght (art moderne). Tourisme.

Saint-Paul-hors-les-Murs Basilique de Rome (ive s.), possession de l'État du Vatican.

saint-paulin **n. m.** Fromage affiné à pâte pressée, voisin du port-salut. *Des saint-paulins.*

Saint-Paul-lès-Dax Commune des Landes. 14 126 habitants. Église romane du xiie s. ; vestiges romains.

Saint-Paul-Trois-Châteaux Commune de la Drôme. 8 731 habitants. Cathédrale romane (xie-xiie s.). Viticulture. Centrale nucléaire du Tricastin.

Saint-Père **n. m.** Nom nommé au pape. *Le Saint-Père.* - var. **Saint Père.**

Saint-Père Commune de l'Yonne. 292 habitants. Église gothique (xiiie-xve s.). Musée archéologique (fouilles gallo-romaines des Fontaines-Salées).

Saint Peter Port en français **Saint-Pierre-Port** Chef-lieu de l'île anglo-normande de Guernesey. 16 500 habitants. Port. Ressources financières (paradis fiscal) ; tourisme (Hauteville House, maison de Victor Hugo).

Saint-Pétersbourg Ville de Russie, sur la Neva. Elle fut appelée Petrograd de 1914 à 1924, puis Leningrad jusqu'en 1991. 4 798 600 habitants. Centre touristique. Nombreux musées (dont l'Ermitage). Édifices de style baroque et classique (Amirauté, palais d'Hiver, cathédrale Saint-Pierre-et-Saint-Paul). Fondée en 1703 par Pierre le Grand, elle fut la capitale de la Russie de 1715 à 1917 et fut l'un des grands centres culturels de l'Europe au xviiie s. Elle joua un rôle important lors des révolutions de 1905 et 1917. La ville soutint un siège meurtrier face aux Allemands d'août 1941 à janvier 1944.

Saint-Pétersbourg

Saint-Pétersbourg, la Neva et le quai Dvortsovaya.

Saint Petersburg Ville des États-Unis (Floride), sur le golfe du Mexique. 258 300 habitants. Station résidentielle et balnéaire. Port de plaisance.

Saint Phalle (Marie-Agnès Fal de Saint Phalle, dite Niki de) Peintre et sculptrice française (1930-2002). Elle réalisa les *Nanas,* statues géantes aux couleurs vives, des « maisons-sculptures » et des « sculptures-jeux ». Elle collabora avec Jean Tinguely, son mari (*Fontaine Stravinsky,* à Paris).

Niki de Saint Phalle, *Les Nanas* (1974), quai de la Leine, Hanovre.

Saint-Philbert-de-Grand-Lieu Commune de la Loire-Atlantique. 9 213 habitants. Abbatiale du ixe siècle.

saint-pierre **n. m.** Poisson de mer plat, à chair estimée. *Des saint-pierres* ou *des saint-pierre* (invar.).

Saint-Pierre (Charles Irénée Castel, abbé de) Écrivain français (1658-1743). Il est considéré comme un précurseur de la pensée des Lumières. *Projet de paix perpétuelle.*

Saint-Pierre (Eustache de) voir **Eustache de Saint-Pierre**

Saint-Pierre (Bernardin de) voir **Bernardin de Saint-Pierre**

Saint-Pierre (lac) Lac du Canada (Québec), formé par le Saint-Laurent entre Montréal et Québec, en amont de Trois-Rivières. 340 km^{2}.

Saint-Pierre Chef-lieu d'arrondissement de la Martinique, sur la côte O. de l'île. 4 107 habitants. Canne à sucre, tourisme. En mai 1902, la ville fut détruite lors d'éruptions de la montagne Pelée.

Saint-Pierre Chef-lieu d'arrondissement de la Réunion, sur l'océan Indien. 83 930 habitants. Port de pêche et de commerce. Centre administratif et commercial ; industrie alimentaire.

Saint-Pierre Chef-lieu de Saint-Pierre et Miquelon, sur l'île de Saint-Pierre. 5 340 habitants. Port de pêche.

Saint-Pierre de Rome ou **Basilique vaticane** Basilique pontificale, construite au Vatican sur le tombeau présumé de saint Pierre (xvie-xviie s.). L'ancienne basilique, démolie au xve s., avait été bâtie à l'époque de Constantin. À partir de 1506, Bramante, Raphaël, Michel-Ange (pour la coupole) et Maderno participèrent à sa reconstruction. Le Bernin est l'auteur de l'autel à baldaquin et de la place à double colonnade.

Saint-Pierre de Rome, l'autel papal et son baldaquin du Bernin sur le tombeau de l'apôtre Pierre.

Saint-Pierre-des-Corps Commune de l'Indre-et-Loire. 15 898 habitants. Électromécanique ferroviaire.

Saint-Pierre-d'Oléron Commune de la Charente-Maritime, au centre de l'île d'Oléron. 6 585 habitants. Lanterne des morts du xiiie s. Tourisme.

Saint-Pierre-du-Perray Commune de l'Essonne. 11 514 habitants.

Saint-Pierre et Miquelon Collectivité d'outre-mer française (COM), au sud de Terre-Neuve dans l'océan Atlantique. 242 km^2. 5 925 habitants (les *Saint-Pierrais et Miquelonnais*). Chef-lieu : Saint-Pierre.

L'archipel est composé de l'île Saint-Pierre et des deux îles Miquelon et Langlade ainsi que de divers îlots (île aux Marins, Grand-Colombier, île aux Vainqueurs, île aux Pigeons). Le climat de l'archipel est rigoureux (froid et humide). Les hivers y sont longs et enneigés. L'économie est fondée sur la pêche (conserves, farine de poisson). L'archipel, colonisé par la France au xviie siècle, passe plusieurs fois sous domination britannique et est rendu définitivement à la France en 1814. Territoire d'outre-mer (TOM) en 1946, département d'outre-mer (DOM) en 1976, elle devint, en 1985, collectivité territoriale de la République, et enfin, en 2003, collectivité d'outre-mer (COM).

Saint-Pierre-le-Moûtier Commune de la Nièvre. 1 840 habitants. Église du xiie s.

Saint-Pierre-Port voir **Saint Peter Port**

Saint-Pol-de-Léon Commune du Finistère. 6 743 habitants. Cathédrale de style gothique normand (xiiie-xvie s.) ; chapelle du Kreisker (xive-xve s.). Primeurs.

Saint-Pol Roux le Magnifique (Paul Pierre Roux, dit) Poète français (1861-1940). Disciple de Mallarmé, il se distingua du symbolisme en affirmant un goût pour l'excès et la profusion. *Manifeste du magnificisme ; Les Féeries intérieures.*

Saint-Porchaire Commune de la Charente-Maritime. 1 920 habitants. Château de la Roche-Courbon du xve s., restauré au xxe s. à l'initiative de P. Loti.

Saint-Pourçain-sur-Sioule Commune de l'Allier. 5 100 habitants. Église des xie-xvie s. Viticulture. Maroquinerie de luxe.

Saint-Priest Commune du Rhône. 48 318 habitants. Industrie automobile.

Saint-Privat-la-Montagne Commune de la Moselle. 1 897 habitants. L'armée de Bazaine y fut vaincue le 18 août 1870 par les Prussiens et dut se replier dans Metz.

Saint-Quentin Chef-lieu d'arrondissement de l'Aisne, sur la Somme et le canal de Saint-Quentin. 53 100 habitants. Collégiale (xiiie-xve s.) ; hôtel de ville de style gothique flamboyant (xive-xvie s.). Musée (portraits de Quentin de La Tour). Centre ferroviaire et routier.

Saint-Quentin (canal de) Canal du N. de la France, qui relie l'Oise, la Somme et l'Escaut. 92 km.

Saint-Quentin-en-Yvelines Communauté d'agglomération des Yvelines regroupant douze communes. 146 760 habitants. Industries de pointe, centres de formation. Base de loisirs (étang).

Saint-Raphaël Commune du Var, sur la Méditerranée. 35 881 habitants. Petite église romane provençale. Station balnéaire. Thalassothérapie. Ce fut l'une des principales bases de débarquement des troupes franco-américaines en août 1944.

Saint-Rémy-de-Provence Commune des Bouches-du-Rhône. 9 692 habitants. Musée archéologique ; plateau des Antiques. À proximité, ancien prieuré Saint-Paul de Mausole (xiie-xiiie s.) où séjourna V. Van Gogh. Centre agricole et touristique.

Saint-Romain-en-Gal Commune du Rhône, sur le Rhône. 1 972 habitants. Vestiges d'un ensemble urbain du i^{er} au début du iiie siècle.

Saint-Sacrement voir **sacrement**

Saint-Sacrement (compagnie du) Société religieuse de laïques et de religieux organisée à partir de 1627. Elle se consacrait à une action sociale et à la lutte contre l'impiété. Elle fut dissoute en 1665. Vincent de Paul, Olier, Bossuet comptèrent parmi ses membres.

Saint-Saëns [sɛ̃sɑ̃s] **(Camille)** Compositeur français (1835-1921). Musicien d'une grande rigueur formelle, pianiste virtuose et chef d'orchestre, il est l'auteur d'opéras *(Samson et Dalila)*, d'œuvres religieuses, de compositions chorales et symphoniques *(La Danse macabre)*, de musique de chambre et pour piano, ainsi que de fantaisies *(Le Carnaval des animaux)*. Virulent adversaire de Wagner, il prôna la rigueur classique. Refus de l'épanchement et extrême souci de la forme caractérisent son œuvre.

Saint-Sauveur-en Puisaye Commune de l'Yonne, arrondissement d'Auxerre. 895 habitants. Maison natale de Colette.

Saint-Sauveur-le-Vicomte Commune de la Manche. 2 076 habitants. Abbaye bénédictine fondée au xe s. ; château du xiie siècle.

Saint-Savin Commune de la Vienne, sur la Gartempe. 817 habitants. Ancienne abbatiale des xie-xiie s. (remarquable ensemble de fresques du xiie s.).

Saint-Sébastien en espagnol **San Sebastían**, en basque **Donostia** Ville et port d'Espagne (Guipúzcoa). 185 512 habitants. Station balnéaire. Festival international du film.

Saint-Sébastien-sur-Loire Commune de la Loire-Atlantique. 27 958 habitants.

Saint-Sépulcre voir **sépulcre**

Saint-Sépulcre Sanctuaire chrétien de Jérusalem, sur le tombeau du Christ.

Saint-Sépulcre (ordre du) Ordre militaire institué vers 1496 par le pape Alexandre VI. Il fut réorganisé au xixe siècle.

Saint-Sever Commune des Landes. 4 927 habitants. Ancienne abbatiale romane (chapiteaux). Le manuscrit dit *Beatus de Saint-Sever* y fut rédigé. Foies gras.

Saint-Siège n. m. *Le Saint-Siège :* la papauté.

Saint-Siège (États du) Gouvernement de l'Église catholique.

Saint-Simon (Louis de Rouvroy, duc de) Mémorialiste français (1675-1755). Ses *Mémoires*, dans un style baroque ou elliptique, peignent avec un esprit critique la vie à la cour entre 1691 et 1749.

Saint-Simon (Claude Henri de Rouvroy, comte de) Philosophe et économiste français (1760-1825). Il voyait dans l'industrialisme le moteur du progrès de l'humanité. Le saint-simonisme, forme de socialisme utopique, préfigure par certains aspects la technocratie moderne. *L'Industrie.*

Saint-Pierre et Miquelon

Saint-Pierre et ses maisons en bois coloré.

saison

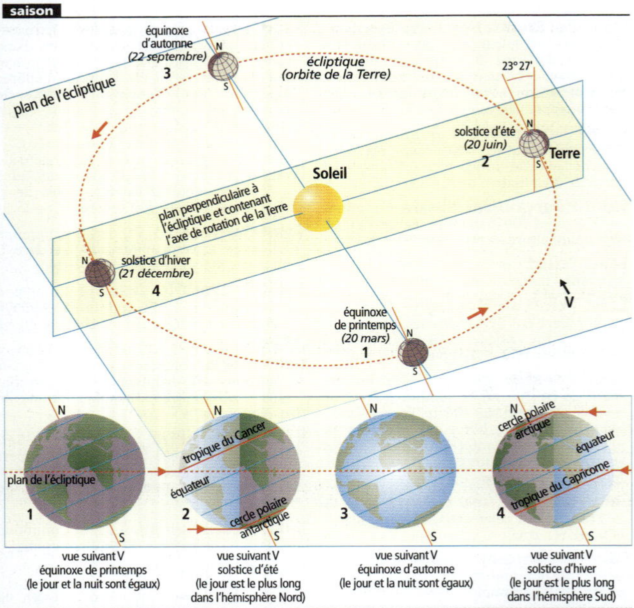

L'inclinaison de l'axe de la Terre sur l'écliptique, le long de sa révolution annuelle autour du Soleil, est à l'origine de la succession des quatre saisons.

saint-simonien, ienne adj. (de *Saint-Simon*) Relatif à Saint-Simon ou à sa doctrine. *Socialisme saint-simonien.* – **n.** Partisan ou disciple de Saint-Simon. *Les saint-simoniens.*

saint-simonisme n. m. (de *Saint-Simon*) Doctrine de Saint-Simon et des saint-simoniens, caractérisée par l'industrialisme et le progressisme.

Saint-Sulpice (compagnie des prêtres de) Compagnie de prêtres séculiers fondée en 1641 *(sulpiciens)*. Ses membres ne prononcent pas de vœux et sont chargés de la formation des séminaristes.

Saint-Sulpice Église de Paris, située entre Saint-Germain-des-Prés et le palais du Luxembourg. De proportions imposantes, elle a été reconstruite plusieurs fois depuis le XIIe s. Elle présente une façade à l'antique de Servandoni et abrite des peintures murales de Delacroix.

saint-sulpicien, ienne adj. voir **sulpicien**

S

saint-synode voir **synode**

Saint-Thégonnec Loc-Eguiner Commune du Finistère. 3 059 habitants. Enclos paroissial Renaissance.

Saint Thomas L'une des îles Vierges des États-Unis. 51 200 habitants. Chef-lieu : Charlotte-Amalie. Port franc. Tourisme.

Saint-Trond voir **Sint-Truiden**

Saint-Tropez Commune du Var, sur le golfe de Saint-Tropez. 3 600 habitants. Citadelle des XVIe-XVIIe s. Station balnéaire.

La ville de Saint-Tropez.

Saint-Vaast-la-Hougue Commune de la Manche. 1 700 habitants. Fort construit par Vauban. Pêche, ostréiculture. Station balnéaire.

Saint-Vallier Commune de la Drôme, sur le Rhône. 4 017 habitants. Église romane. Aéronautique.

Saint-Vallier Commune de la Saône-et-Loire. 8 541 habitants. Textile.

Saint-Véran Commune des Hautes-Alpes. 171 habitants. Commune la plus élevée d'Europe (entre 1 990 et 2 049 mètres). Sports d'hiver.

Saint-Vincent (cap) en portugais **São Vicente** Cap du Portugal formant l'extrémité S.-O. de l'Europe.

Saint-Vincent-de-Paul (sœurs de) ou **Filles de la Charité** Congrégation fondée en 1633 par Vincent de Paul et confirmée par le pape en 1668. Les sœurs n'y prononcent pas de vœux.

Saint-Vincent-de-Paul (société de) Société de laïques catholiques, fondée à Paris par Frédéric Ozanam en 1833, afin de diffuser la foi catholique par la charité. Internationale, elle compte aujourd'hui 700 000 membres.

Saint-Vincent-de-Tyrosse Commune des Landes. 7 798 habitants. Industrie du bois.

Saint-Vincent-et-les-Grenadines —

État des Caraïbes de l'Est, situé entre Sainte-Lucie et la Grenade. → Antilles (carte). 388 km². 110 000 habitants *(Saint-Vincentais et Grenadins)*. **Langue :** anglais. **Religion :** christianisme. **Monnaie :** dollar des Caraïbes de l'Est. **Capitale :** Kingstown dans l'île de Saint-Vincent. **Régime :** démocratie parlementaire.

L'île de Saint-Vincent est dominée par un volcan actif, la Soufrière (1 234 m). L'économie repose sur l'activité agricole (banane, noix de coco, canne à sucre et élevage) ainsi que sur la pêche et le tourisme, actif aux Grenadines. Du XVIe au XVIIIe s., Saint-Vincent, habitée par les Indiens Caraïbes, va résister à la colonisation européenne. Elle devient anglaise en 1797 jusqu'à son indépendance en 1979.

Saint-Vulbas Commune de l'Ain, sur le Rhône. 1 247 habitants. Centrale nucléaire du Bugey.

Saint-Yorre Commune de l'Allier. 2 554 habitants. Sources minérales ; verrerie et embouteillage.

Saint-Yrieix-la-Perche Commune de la Haute-Vienne. 6 778 habitants. Collégiale romane et gothique ; tour du Plô (XIIIe s.). Anc. carrière de kaolin.

Saïs Ville ancienne d'Égypte, dans le delta du Nil. Consacrée à la déesse Neith, elle connut son apogée sous Psammétique Ier.

saisi, ie adj. dr. (personnes, choses) Qui fait l'objet d'une saisie (1). *Partie saisie.* – **n. m.** *Le saisi et le saisissant*.*

saisie n. f. **1.** Procédure par laquelle des biens sont remis à la justice ou à l'autorité administrative dans l'intérêt d'un créancier. *Être sous le coup d'une saisie. Saisie effectuée par huissier.* **2.** Prise de possession (d'objets interdits par l'autorité publique). *La saisie d'un journal.* **3.** Enregistrement de données (généralement au moyen d'un clavier alphanumérique) en vue d'un traitement informatique. *Opérateur de saisie.* → **claviste.**

Saisies (col des) Col routier des Alpes françaises, reliant Flumet à Beaufort (1 650 m). Sports d'hiver.

saisine n. f. (de *saisir*) dr. **1.** Prérogative de saisir (un organe juridique, une personne) pour faire exercer un droit. *La saisine d'un tribunal.* **2.** Droit à la possession d'un héritage.

saisir v. tr. <2> (bas latin *sacire*, du germanique *sazjan*) **I. 1.** Mettre dans sa main (qqch.) avec force ou rapidité. → **attraper, prendre.** *Saisir qqch. au passage.* → **intercepter.** **2.** *Saisir qqn, un animal,* le prendre, le retenir brusquement ou avec force. *Saisir qqn à bras le corps.* **3.** Se mettre promptement en mesure d'utiliser, de profiter de. *Saisir sa chance. Une occasion à saisir.* – *Saisir un prétexte.* **4.** Parvenir à comprendre, à connaître (qqch.) par les sens, par la raison. *Je ne saisissais que des bribes de la conversation.* – absolt, fam. *Je ne saisis pas bien.* → **comprendre.** **5.** (sensations, émotions, etc.) S'emparer brusquement des sens, de l'esprit de (qqn). → **prendre.** *Un frisson de peur la saisit.* – Faire une impression vive et forte sur (qqn). → **émouvoir, frapper, impressionner.** *« Un langage dont la vigueur et la verdeur me saisirent »* (Valéry). **6.** Exposer d'emblée à un feu vif (ce qu'on fait cuire). – au p. p. *Viande à peine saisie.* **7.** Procéder à la saisie (1) de. *Saisir les meubles.* – *Saisir qqn,* saisir ses biens. ■ (→ **saisie** (2)) *Saisir un numéro d'un journal.* **8.** Effectuer la saisie (3) de. *Saisir un texte.* **II.** dr. **1.** vieux Mettre (qqn) en possession (de qqch.). – loc. *Le mort saisit le vif* : l'héritier est investi sans délai des biens du défunt. **2.** Porter devant (une juridiction). *Saisir un tribunal d'une affaire.* - REM. Plus courant au passif. *Le tribunal a été saisi* (→ **saisine**). ■ **se saisir** (de) v. pron. Mettre en sa possession. → **s'emparer** de. *Se saisir d'un couteau.*

saisissable adj. **1.** dr. Qui peut faire l'objet d'une saisie. **2.** Qui peut être compris ou perçu. *Sens immédiatement saisissable.* → **compréhensible.**

saisissant, ante adj. **I.** (sensation) Qui surprend. *Un froid saisissant,* vif. ■ Qui frappe l'esprit. → **étonnant, frappant.** *Une ressemblance saisissante.* **II.** dr. Qui pratique une saisie (1). *Le créancier saisissant* et **n. m.** *le saisissant.*

saisissement n. m. Effet soudain d'une sensation ou d'une émotion. *Être muet de saisissement.*

saison n. f. (vient du latin *satio* « semailles » [de *serere* → **semer**], cf. **assaisonner**) **1.** Époque de l'année caractérisée par un certain climat et par l'état de la végétation. *La belle, la mauvaise saison. Saison sèche et saison des pluies* (en climat tropical). – *Un temps de saison. Fruits de saison,* de la saison en cours.

Sakharov (Andreï)

Andreï Sakharov en 1989.

– vieilli *Marchand(e) de* (ou *des*) *quatre-saisons* : marchand(e) ambulant(e) de légumes et de fruits. – *La saison des foins.* – *La saison des amours :* la période où une espèce d'animaux s'accouple. ■ poét. Époque. **2.** Chacune des quatre grandes divisions de l'année, délimitées par les équinoxes et les solstices (printemps, été, automne et hiver). *Le cycle des saisons.* **3.** fig., littér. Période particulière (de la vie). *« Une saison en enfer »* (de Rimbaud). **4.** Époque de l'année propice à une activité. → **période.** *La saison des vacances.* – *La saison théâtrale.* ■ absolt Époque où les vacanciers, les visiteurs affluent. *En saison. Hors saison.* **5.** Groupe d'épisodes (d'une série de télévision). *La deuxième saison de la série.*

saisonnalité n. f. Caractère saisonnier (d'un phénomène).

saisonnier, ière adj. **1.** Propre à une saison. *Fruits saisonniers.* **2.** Qui ne dure qu'une saison, qu'une partie de l'année. *Un service saisonnier de cars. Travail saisonnier.* – *Personnel saisonnier.* – n. *Les saisonniers.* **3.** Qui se fait à chaque saison. *Migrations saisonnières.*

Saisset (Bernard) Prélat français (v. 1232-v. 1311). Évêque de Pamiers, il fut un partisan des idées théocratiques du pape Boniface VIII contre Philippe IV le Bel.

Saitama Ville du Japon (Honshū), au N. de Tokyo. 1 325 000 habitants. Informatique, chimie.

saïte adj. (de *Saïs*, ville d'Égypte) hist. Relatif à une période de l'histoire de l'Égypte ancienne (XXVIe dynastie, 663 à 526 av. J.-C.). *L'art saïte.*

sajou voir sapajou

Sakai Ville du Japon (Honshū), au S. d'Ōsaka. 826 400 habitants. Port. Industries textile, métallurgique et chimique.

Sakakura Junzō Architecte japonais (1901-1969). Élève de Le Corbusier, il réalisa notamment la Maison internationale de la culture de Tōkyō et l'ambassade du Japon à Paris.

Sakalave(s) ou **Sakalava(s)** n. m. pl. Population de Madagascar, d'origine africaine. Principalement regroupés sur la côte ouest de l'île, les Sakalaves formèrent au XVIIIe s. un puissant royaume.

Sakarya n. m. Fleuve de Turquie prenant sa source en Anatolie intérieure et tributaire de la mer Noire. 824 km. Barrages hydroélectriques.

saké n. m. (mot japonais) Boisson alcoolisée japonaise à base de riz fermenté.

Sakha (république de) anciennement **Iakoutie** République de la Fédération de Russie, en Sibérie orientale. 3 103 200 km². 958 500 habitants (50 % de Russes, 33 % de Iakoutes). Capitale : Iakoutsk. Religions : orthodoxes, animistes. Recouverte à 70 % de forêts, elle est riche en gisements de houille, d'étain, de mica, d'or et de diamant. Élevage (bovins, rennes) ; culture de légumes, de blé et d'orge. Traitement du bois. Pêche.

Sakhaline Île de Russie, au N. du Japon, dans la mer d'Okhotsk. 76 400 km². 498 000 habitants. Elle est traversée dans sa longueur par deux chaînes de montagnes. Forêts. Pêche. Mines de charbon. Gaz naturel et pétrole. La partie sud de l'île fut japonaise jusqu'en 1945.

Sakharov (Andreï Dmitrievitch) Physicien soviétique (1921-1989). Il participa à l'élaboration de la bombe H soviétique. Il fut un grand défenseur des droits de l'homme en URSS. Prix Nobel de la paix 1975.

saki n. m. (du tupi → saï) zool. Singe d'Amazonie, au corps recouvert d'une épaisse fourrure grise.

sakieh [sakjɛ ; sakje] n. f. (de l'arabe *saga* « irriguer ») Noria égyptienne actionnée par des bœufs. - var. **sakièh.**

Sakkara voir Saqqara

Śākyas n. m. pl. Tribu indo-européenne établie dans le N. de l'Inde vers le –VIe s., à laquelle appartenait le Bouddha.

Salaberry-de-Valleyfield Ville du Canada (Québec), sur le Saint-Laurent. 40 745 habitants. Industries alimentaire, chimique, textile ; raffinage de zinc.

salace adj. (latin *salax* « lubrique », de *salire* → saillir) littér. (hommes) Porté à l'acte sexuel. → **lascif, lubrique.** – *Propos salaces.* → **licencieux, obscène.**

salacité n. f. (du latin → salace) littér. Forte propension aux rapprochements sexuels. → **lubricité.**

Salacrou (Armand) Dramaturge français (1899-1989). Auteur de théâtre d'avant-garde comme de comédies classiques, il témoigna dans son œuvre de l'angoisse liée à la condition humaine. *Une femme libre ; L'Inconnue d'Arras.*

salade n. f. (italien dialectal [de *insalata*] ; famille du latin *sal* → sel) **1.** *De la salade, une salade :* mets fait de feuilles d'herbes potagères crues, assaisonnées d'huile, de vinaigre et de sel. *Une salade d'endives. Salade verte.* **2.** Plante cultivée dont on fait la salade (surtout laitues, batavias, scaroles, chicorées). *Repiquer des salades. Pied, plant de salade. Cœur de salade.* **3.** Plat froid fait de légumes, de viandes, d'œufs, etc., assaisonnés d'une vinaigrette. *Salade niçoise* (olives, tomates, anchois, etc.). – *Salade russe :* macédoine de légumes à la mayonnaise. – *En salade :* accommodé comme une salade. *Du riz en salade.* **4.** *Salade de fruits :* fruits coupés, servis froids avec un sirop, une liqueur. **5.** fig., fam. Mélange confus. *Quelle salade !* → **confusion.** **6.** fig., fam. *Vendre sa salade :* chercher à convaincre, à faire admettre un point de vue (cf. vendre sa soupe*). – au plur. Histoires, mensonges. *Pas de salades !*

saladier n. m. Récipient, jatte où l'on sert la salade, et d'autres mets ; son contenu.

Saladin (1138-1193). Sultan ayyubide d'Égypte (1171-1193) et de Syrie (1174-1193). Il unifia la Syrie et la rattacha à l'Égypte avec une partie de l'Irak et de l'Arabie. Il reprit Jérusalem aux croisés en 1187 et occupa une partie des territoires francs, provoquant la troisième croisade. Vaincu, il signa un traité de paix avec les Francs en 1192. Sa personnalité chevaleresque lui valut une grande renommée dans le monde chrétien.

Salado del Norte (río) Rivière d'Argentine, qui draine le N. de la Pampa et rejoint le Paraná. 2 000 km.

Salado del Sur (río) Rivière d'Argentine qui atteint le rio Colorado en saison humide. 2 000 km.

salafisme n. m. (de l'arabe) relig. Doctrine prônant le retour aux valeurs fondamentales de l'islam. □ **salafiste** adj. Relatif au salafisme. – n. Partisan du salafisme.

salage n. m. **1.** Le fait de saler (pour assaisonner). **2.** Action de répandre du sel sur la chaussée enneigée ou verglacée.

salaire n. m. (latin *salarium* « ration de sel » puis « solde [des soldats] », de *sal* → sel) **1.** Rémunération d'un travail, d'un service. → **appointements, traitement.** – spécialt Somme d'argent payable régulièrement par l'employeur à la personne qu'il emploie (s'oppose à *émoluments, honoraires, indemnités*). *Toucher son salaire. Augmentation de salaire. Salaire brut ; net. Salaire minimum.* → **SMIC.** *Bulletin de salaire.* **2.** fig. Ce par quoi on est payé (récompensé ou puni). prov. *Toute peine mérite salaire :* l'effort mérite récompense.

salaison n. f. (de saler) **1.** Opération par laquelle on sale (un produit alimentaire) pour le conserver. *Salaison des viandes.* **2.** Denrée ainsi conservée.

Salām (Abdus) Physicien pakistanais (1926-1996). Ses travaux portent sur l'interaction électrofaible. Prix Nobel 1979.

salamalec n. m. (de l'arabe « paix sur toi ») fam. (surtout plur.) Saluts, politesses exagérées. *Faire des salamalecs.*

Salamanca Ville du Mexique (Guanajuato). 160 200 habitants. Églises baroques. Pétrochimie ; engrais.

salamandre n. f. (du latin, d'un mot grec) **1.** Petit batracien noir taché de jaune, dont la peau sécrète une substance corrosive. **2.** (n. déposé) Poêle à combustion lente.

Salamanque en espagnol **Salamanca** Ville d'Espagne (Castille-et-León), chef-lieu de province. 144 800 habitants. Université célèbre dès le Moyen Âge. Catedral Vieja (XIIe s.), Catedral Nueva (XVIe-XVIIIe s.). Centre touristique.

S

Salamanque

Salamanque, le pont romain sur le Tormes (v. Ier s.) et la cathédrale qui domine la vieille ville, inscrite au patrimoine mondial de l'Unesco.

salami n. m. (mot italien, du latin *sal* → sel) Gros saucisson sec.

Salamine en grec **Salamís** Île de Grèce (Attique), dans le golfe Saronique et incorporée dans la banlieue d'Athènes. 95 km². 35 000 habitants. Chef-lieu : Salamine (19 000 habitants). Conquise par les Athéniens v. –612, elle fut le théâtre de la victoire navale des Grecs sur les Perses en –480, lors de la seconde guerre médique.

Salamine Ancienne ville de la côte E. de Chypre, dont elle fut la capitale jusqu'à la conquête romaine. Ruines hellénistiques et romaines.

Salan (Raoul) Général français (1899-1984). Commandant en chef en Indochine (1952-1953) puis en Algérie (1956), il rompit avec le général de Gaulle, qu'il avait soutenu en 1958, prit part au putsch des généraux en avril 1961 puis dirigea l'OAS. Arrêté en 1962, il vit sa condamnation à mort par contumace commuée en détention à perpétuité. Amnistié en 1968, il fut réhabilité en 1982.

salangane n. f. (de *salamga*, mot d'une langue des Philippines) zool. Oiseau de Malaisie, proche du martinet, dont le nid est comestible (nid d'hirondelle*).

salant adj. m. et n. m. Qui produit du sel. *Marais* salant.* ■ n. m. géogr. Étendue de terre proche de la mer où s'étendent des efflorescences salines.

salarial, ale, aux adj. Du salaire (1), relatif aux salaires. *Masse salariale* (d'une entreprise, d'un pays). *Revendications salariales.*

salariat n. m. **1.** Condition de salarié. **2.** Ensemble des salariés. *Le salariat et le patronat.*

salarié, ée adj. Qui reçoit un salaire (1). *Travailleur salarié.* – n. *Les salariés.*

salarier v. tr. <7> Rétribuer par un salaire (1).

Salat n. m. Rivière des Pyrénées centrales. 75 km. Affluent de la Garonne, le Salat la rejoint près de Boussens (Ariège).

salaud n. m. (de *sale*) fam. (injurieux) Homme méprisable, moralement répugnant. → **fumier, saligaud, salopard ; salope** (équivalent fém.). *Bande de salauds !* – sans valeur injurieuse *Eh bien mon salaud, tu ne te refuses rien !* ■ spécialt (chez Sartre) Personne qui agit avec bonne conscience de manière immorale. ■ adj. m. *Il est vraiment salaud.*

Salavat Ville de la république de Bachkirie, sur la Belaïa. 158 500 habitants. Industries mécanique et pétrolière. Matériaux de construction.

Salazar (António de Oliveira) (1889-1970). Homme d'État portugais, au pouvoir de 1932 à 1968. Appelé aux Finances par le général Carmona après le putsch militaire de 1926, il fut nommé président du Conseil en 1932 et fonda l'*Estado Novo* (le « Nouvel État »), un régime autoritaire et corporatif. Il dut faire face à une crise politique à la fin des années 1950, aggravée par la révolte des colonies. Il dut se retirer en 1968 pour raison de santé. Son régime fut balayé par la révolte des militaires le 25 avril 1974 (« révolution des Œillets »).

S

Salazie Commune de la Réunion. 7 310 habitants. Tourisme.

Salbris Commune du Loir-et-Cher, sur la Sauldre. 4 925 habitants. Industries diversifiées.

Saldanha (João d'Oliveira e Daun, duc de) Homme politique portugais (1790-1876), petit-fils de Pombal. Il fut Premier ministre en 1835, et à plusieurs reprises de 1846 à 1870. Il prit des mesures libérales.

sale adj. (vient du francique) **I.** concret (après le n.) **1.** Qui n'est pas propre. → **crasseux, dégoûtant, malpropre ;** fam. **dégueulasse.** *Avoir les mains sales. Du linge sale.* – (personnes) loc. *Être sale comme un porc, comme un peigne,* très sale. **2.** *Couleur sale,* qui n'est pas franche, qui est ternie. *Blanc sale.* **3.** (n. m.) loc. fam. *Mettre* (du linge) *au sale,* à laver. **II.** abstrait **1.** vieux Qui est impur, souillé. – mod. *Argent sale,* provenant d'activités condamnées par la loi. *Blanchir de l'argent sale.* ■ fam. *Histoires sales.* → **cochon, grivois. 2.** (avant le n.) Très désagréable. *Quel sale temps !* → **mauvais, pourri.** – fam. *Elle a une sale gueule,* un visage très antipathique ; elle a mauvaise mine. **3.** (qualifiant qqn que l'on condamne ou méprise) *Un sale type.*

¹salé, ée adj. **I. 1.** Qui contient naturellement du sel. *Eau salée.* – n. m. *Le salé et le sucré.* **2.** Assaisonné ou conservé avec du sel. **II. 1.** fig. Licencieux, grivois. → **corsé, ²cru, osé.** *Histoire salée.* **2.** fam. Exagéré, excessif. *La note est salée !*

²salé n. m. Porc salé. – ***Petit salé*** : poitrine de porc conservée par salaison (peu salée), que l'on mange bouillie. *Petit salé aux lentilles.*

Salé Ville du Maroc, sur l'Atlantique (faubourg de Rabat). 890 400 habitants. Remparts, portes monumentales. Artisanat, industries alimentaires. Port marchand très important au Moyen Âge, elle fut une ville de corsaires au XVIIᵉ siècle.

Salem Ville et port des États-Unis (Massachusetts). 41 300 habitants. Fondée en 1626, la ville fut le théâtre de procès de sorcellerie en 1692.

Salem Ville des États-Unis, capitale de l'Oregon, sur la Willamette. 175 530 habitants. Centre agricole et industriel. Haute technologie.

Salem Ville d'Inde (Tamil Nadu). 917 500 habitants. Université. Centre industriel important. Barrage ; minerais.

salement adv. **1.** D'une manière sale, en salissant. *Manger salement.* **2.** fam. Très. *Je suis salement embêté.* → **vachement.**

Salengro (Roger) Homme politique français (1890-1936). Député socialiste de 1928 à 1936, il fut ministre de l'Intérieur du gouvernement du Front populaire de L. Blum en 1936. Victime d'une campagne de presse calomnieuse menée par l'extrême droite qui l'accusait de désertion en 1915, il se suicida.

salep n. m. (de l'arabe) pharm. Mucilage extrait de bulbes d'orchidées, utilisé comme excipient.

saler v. tr. <1> (de *sal* → sel) **I. 1.** Assaisonner avec du sel. *Saler la soupe.* **2.** Imprégner de sel ou plonger dans la saumure pour conserver (→ **salaison**). **3.** *Saler la chaussée,* y répandre du sel pour faire fondre la neige, le verglas. **II.** fam. *Saler la note* : demander un prix excessif. – *Saler le client.*

Salerne Ville d'Italie (Campanie), chef-lieu de province, au S.-E. de Naples. 138 190 habitants. Cathédrale du XIᵉ s. ; tombeau du pape Grégoire VII. Centre tertiaire et industriel. Son école de médecine (XIᵉ-XIIᵉ s.) lui valut la célébrité. Le débarquement allié en 1943 permit la libération de Naples.

saleron n. m. (de *salière*) Partie creuse d'une salière. ■ Salière individuelle.

Salers Commune du Cantal. 321 habitants. Église des XIIᵉ et XVᵉ s. Marché d'élevage (bovins) ; fromage.

salésien, ienne adj. et n. (du n. de saint François de Sales) Relatif à saint François de Sales. *Congrégation salésienne.* – n. Prêtre ou religieuse d'un ordre salésien.

saleté n. f. **1.** Caractère de ce qui est sale. → **malpropreté. 2.** Ce qui est sale, mal tenu ; ce qui salit. → **crasse, ordure.** *Saleté repoussante. Vivre dans la saleté. Tu en as fait des saletés !* **3.** fig. Chose immorale, indélicate. → **crasse.** – Propos obscène. **4.** fam. Chose sans valeur, qui déplaît. *Pourquoi acheter toutes ces saletés ?* → **cochonnerie, saloperie.** – *Avoir une saleté dans l'œil.*

Salette-Fallavaux (La) Commune de l'Isère. 73 habitants. Basilique Notre-Dame-de-Salette (XIXᵉ s.), à 1 770 m d'altitude, érigée sur le lieu où la Vierge serait apparue à deux bergers en 1846. Pèlerinage.

saleur, euse n. **1.** Personne dont le métier est de saler, de faire des salaisons. *Saleur de choux* (pour la choucroute). – Marin-pêcheur qui sale le poisson, sur un bateau de pêche. **2.** n. f. Véhicule utilisé pour le salage des chaussées.

Salève (mont) Montagne des Préalpes (1 379 m), en Haute-Savoie, près de Genève.

Salford Ville d'Angleterre, au N.-O. de Manchester. 103 880 habitants. Industries textiles en déclin.

Salgado (Sebastião) Photographe franco-brésilien (né en 1944). De ses voyages en Afrique, il a rapporté des témoignages poignants sur la pauvreté, la famine et la guerre. Il a également photographié la beauté d'une nature en péril. Wim Wenders a consacré un documentaire à son travail (*Le Sel de la Terre*). Académie des beaux-arts.

salicaire n. f. (du latin *salix* « saule ») Plante à grands épis de fleurs rouges ou roses, qui pousse près de l'eau.

Saliceti ou **Salicetti** (Antoine Christophe) Avocat et homme politique français (1757-1809). Député de la Corse, il fut membre du Conseil des Cinq-Cents (1797) puis ministre de la Police et de la Guerre sous Joseph Bonaparte à Naples.

salicine n. f. (du latin *salix, salicis* « saule ») chim. Salicoside.

salicional, aux n. m. (de l'allemand *Salizional*) mus. Jeu de fond d'orgue, de petite taille.

salicole adj. (du latin *sal* « sel » et *-cole*) didact. Relatif à l'extraction et aux industries chimiques du sel.

salicorne n. f. (altération, d'après *corne,* de l'arabe *salcoran*) Plante comestible qui croît dans les terrains salés.

salicoside n. m. (du latin *salix* « sel » et de *oside*) chim. Glucoside contenu dans l'écorce de saule ou de peuplier, à propriétés analgésiques. → **salicine.**

salicylate n. m. (de *salicylique*) chim. Sel ou ester de l'acide salicylique. *Salicylate de phénol.* → **salol.**

salicylique adj. (du latin *salix* [→ salicaire] et de *-yle*) *Acide salicylique* : antiseptique puissant qui sert à préparer l'aspirine.

salien, ienne adj. (du latin *Salii*) hist. *Les Francs Saliens* : membres d'une tribu franque, chez laquelle la succession des terres était réservée aux hommes (→ **salique**).

salière n. f. (du latin → sel) **1.** Petit récipient de table dans lequel on met le sel. **2.** fam. Creux derrière la clavicule, chez les personnes maigres.

Salieri (Antonio) Compositeur italien (1750-1825). Compositeur de la cour de Vienne et directeur de l'opéra italien, il connut un vif succès et fut, à certains égards, le rival de Mozart. On lui doit notamment une quarantaine d'opéras (*Falstaff ; Les Danaïdes ; Tarare*).

Salies-de-Béarn Commune des Pyrénées-Atlantiques. 4 555 habitants. Station thermale.

salifère adj. (du latin *sal, salis* → sel et de *-fère*) didact. Qui contient du sel. *Bassin salifère.*

salifiable adj. chim. Se dit d'un composé susceptible d'être transformé en sel. *Base salifiable.*

salifier v. tr. <7> chim. Faire réagir un acide sur (une base), avec production de sel et d'eau. □ n. f. **salification**

saligaud n. m. (n. propre picard, du francique *salik* → sale) fam. Homme méprisable, ignoble. → **salaud, salopiot.**

salignon n. m. (du latin pop., de *salinum* → ¹salin) techn. Pain de sel obtenu par évaporation de l'eau d'une fontaine salée.

¹salin, ine adj. (→ sel) **1.** Qui contient du sel, est formé de sel. *Roche saline.* – *Effluves salins.* **2.** chim. Relatif à un sel. *Solution saline.*

²salin n. m. (→ sel) Marais salant. → saline.

salinage n. m. (de l'ancien v. *saliner* « faire du sel ») techn. Concentration d'une eau salée pour obtenir le dépôt de sel. ■ Emplacement où l'on recueille le sel.

Salinas (Pedro) Écrivain espagnol (1892-1951). Il est l'auteur de nouvelles en prose et d'une œuvre lyrique célébrant l'amour et les mouvements de l'âme. *Présages ; La Voix qui t'est due ; Le Nu impeccable.*

Salinas de Gortari (Carlos) Homme d'État mexicain (né en 1948). Il fut président de la République de 1988 à 1994, sous les couleurs du Parti révolutionnaire institutionnel.

saline n. f. (vient du latin *salinae* → sel, *cf.* saunier) Entreprise de production du sel. – par ext. Marais* salant. *Exploiter une saline* (→ saunier).

Salinger (Jerome David) Romancier américain (1919-2010). Après avoir fait sensation avec *Un jour rêvé pour le poisson-banane* (nouvelle), il connut un très grand succès avec son roman *L'Attrape-cœurs,* peinture sensible de l'adolescence. Après trois autres romans, il cessa de publier en 1963.

salinier, ière 1. adj. Relatif à la production de sel. 2. n. techn. Producteur de sel. → paludier, saunier.

salinisation n. f. (de *salin*) Augmentation de la teneur en sel (d'un sol, d'une eau).

salinité n. f. Teneur en sel (d'un milieu). *Indice de salinité.*

Salins-les-Bains Commune du Jura. 2 528 habitants. Église du XIIIe s. Grande Saline construite au Moyen Âge et musée du sel. Station thermale ; tourisme.

Saliout Programme soviétique de stations orbitales qui se déroula de 1971 à 1982.

salique adj. (du bas latin, du n. d'une tribu franque) hist. Relatif aux Francs saliens*.

salique (Loi) Recueil de coutumes des Francs saliens, qui remonterait à Clovis (508). Elle fut invoquée a posteriori pour empêcher les femmes de monter sur le trône à la mort des derniers Capétiens directs (1316-1328).

salir v. tr. < 2 > 1. Rendre sale. → souiller, tacher. *Tu as sali tes gants. Elle s'est sali les mains.* ■ pronom. (réfl.) *Elle s'est salie en tombant.* – (passif) *Un tissu clair qui se salit vite.* → salissant. 2. fig. Abaisser, avilir. *Chercher à salir la réputation de qqn, à le salir.*

Salisbury (Jean de) voir Jean de Salisbury

Salisbury (Robert Arthur Talbot Gascoyne Cecil, 3e marquis de) Homme politique britannique (1830-1903). Il succéda à Disraeli à la tête du Parti conservateur. Premier ministre de 1885 à 1892 et de 1895 à 1902, il combattit le nationalisme irlandais et mena une politique coloniale très active.

Salisbury Ville d'Angleterre (Wiltshire). 44 700 habitants. Monuments médiévaux (cathédrale du XIIIe s.). Centre commercial et marché agricole. Tourisme.

salissant, ante adj. 1. Qui se salit aisément. 2. Qui salit, où l'on se salit. *Un travail salissant.*

salissure n. f. Ce qui salit.

salivaire adj. (→ salive) Qui a rapport à la salive. *Glandes salivaires.*

salivation n. f. (→ salive) didact. Sécrétion de la salive.

salive n. f. (latin *saliva*) Liquide produit par les glandes salivaires dans la bouche. *Jet de salive.* → crachat ; postillon (II). – loc. fig. *Avaler sa salive :* se retenir de parler. *Perdre sa salive :* parler en vain.

saliver v. intr. < 1 > (→ salive) Sécréter de la salive. *Un fumet qui fait saliver* (→ mettre l'eau à la bouche).

Sall (Macky) Homme politique sénégalais (né en 1961). Premier ministre d'Abdoulaye Wade de 2004 à 2007, il créa un nouveau parti libéral, Alliance pour la République, et fut élu président de la République en 2012.

Sallanches Commune de la Haute-Savoie. 16 986 habitants. Station estivale.

Sallaumines Commune du Pas-de-Calais. 9 575 habitants. Construction automobile.

salle n. f. (vient du francique *sal, cf.* salon) 1. (dans des loc. ; n. de certaines pièces d'une habitation) ***Salle à manger,*** pour prendre les repas. ***Salle de bains,*** pour le bain et la toilette. ***Salle d'eau,*** pour la toilette (plus sommaire que la salle de bains). ***Salle de séjour.*** → séjour (3). 2. Vaste local, dans un édifice ouvert au public. *Les salles d'un musée ; d'un hôpital. Discothèque avec plusieurs salles.* loc. fig. fam. *Deux salles, deux ambiances,* s'emploie pour souligner une situation contrastée. – *Salle de classe, d'audience, d'attente.* – *Salle d'armes,* où l'on enseigne et pratique l'escrime. *Salle des ventes* (enchères). – Local aménagé pour recevoir des spectateurs. *Salle de spectacle. Salle de concert. Salle de cinéma.* loc. *Les salles obscures :* les cinémas. 3. Le public d'une salle de spectacle. *« La salle partait d'un gros éclat de rire »* (A. Daudet).

Sallé (Marie) Danseuse et chorégraphe française (1707-1756). Elle créa à Londres le ballet-pantomime *Pygmalion* et eut un rôle déterminant dans l'évolution du ballet classique vers le ballet d'action.

Salluste Historien latin (v. 86-35 av. J.-C.) Exclu du sénat pour immoralité, il y revint à la faveur de César. Devenu gouverneur de Numidie en –46, il s'y enrichit sans scrupule. Il se consacra à l'histoire après la mort de César en –44. *La Conjuration de Catilina ; La Guerre de Jugurtha.*

Salmanasar III Roi d'Assyrie de –859 à –824. Il mena des campagnes dans les États voisins et jusqu'en Chaldée, mais échoua contre le royaume d'Aram.

salmanazar n. m. (n. de plusieurs rois assyriens) Très grosse bouteille de champagne (équivalant à douze bouteilles champenoises).

Salmane (Mohammed ben) Prince héritier d'Arabie saoudite (né en 1985). Son père, le roi Salman, le place sur le trône en 2017 après avoir modifié l'ordre de succession. Le prince prend rapidement des mesures libérales accompagnées d'une violente répression, élimine ses opposants ainsi que ses rivaux au sein de la famille royale. Dès son arrivée au pouvoir, il dirige une coalition militaire qui intervient au Yémen et plonge ce pays dans une crise humanitaire. Il est également Premier ministre depuis 2022.

salmigondis [salmigɔ̃di] n. m. (famille de *sel,* et p.-ê. de *condiment*) Mélange disparate et incohérent. *Quel salmigondis !*

salmis [salmi] n. m. (abrév. de *salmigondis*) Plat de gibier rôti servi avec une sauce au vin *(sauce salmis). Un salmis de pintade.*

Salmon (André) Écrivain français (1881-1969). Proche d'Apollinaire et de Max Jacob, il développa dans son écriture un fantastique suscité par le contact avec la réalité quotidienne. *L'Âge de l'humanité ; Le Monocle à deux coups.*

salmonelle n. f. (de *E. Salmon,* n. propre) biol. Bactérie produisant des toxines agissant sur le système neurovégétatif et induisant des infections intestinales. - syn. salmonella n. f. invar.

salmonellose n. f. Maladie infectieuse due à des salmonelles.

salmoniculteur, trice n. Éleveur, éleveuse de saumons et de salmonidés.

salmoniculture n. f. Élevage des saumons et autres salmonidés.

salmonidé n. m. (du latin *salmo, salmonis* → saumon) Poisson à deux nageoires dorsales (famille des *Salmonidés ;* ex. le saumon, la truite).

Salò (république de) Nom donné à la république sociale italienne créée par Mussolini en septembre 1943 à Salò. Soumise aux directives des Allemands, elle n'eut jamais ni indépendance ni réalité, et disparut en avril 1945.

saloir n. m. Coffre, pot ou local destiné aux salaisons.

salol n. m. (contraction de *salicyphénol* → salicylique, phénol) pharm. Salicylate de phénol.

Salomé Princesse juive (morte v. 72). D'après l'Évangile, suivant les conseils de sa mère, Hérodiade, elle obtint la tête de Jean-Baptiste en dansant devant Hérode Antipas.

Salomé dansant devant Hérode, par Gustave Moreau (1876), musée Gustave-Moreau, Paris.

Salomon Roi d'Israël (v. 972-v. 932 av. J.-C.). Fils de Bethsabée et de David, auquel il succéda. Son règne marque l'apogée de la puissance d'Israël (construction du Temple de Jérusalem, entretien d'une puissante armée), mais le joug qu'il fit peser sur les populations entraîna, à sa mort, le schisme des tribus du Nord. La Tradition lui attribue le Cantique des cantiques, l'Ecclésiaste, les Proverbes, la Sagesse et une partie des Psaumes, et insiste sur sa sagesse, illustrée par le jugement dit *de Salomon :* face à deux femmes qui se prétendaient la mère d'un enfant, il ordonna de partager celui-ci en deux ; l'une des deux femmes refusa le partage prouvant ainsi qu'elle était la vraie mère.

Salomon (Ernst von) Écrivain allemand (1902-1972). Militant nationaliste, il témoigna dans son roman autobiographique *Le Questionnaire* de son hostilité pour les démocraties comme pour la démagogie hitlérienne.

Salomon (Charlotte) Peintre allemande (1917-1943). Fuyant l'antisémitisme, elle se réfugia en 1939 en France où elle fut arrêtée en 1943. Elle y accomplit une œuvre protéiforme : gouaches colorées, mises en scène

Autoportrait de Charlotte Salomon (1940).

S

de ses proches, agrémentées de textes ou dialogues et d'annotations musicales. Elle mourut gazée à Auschwitz.

Salomon (îles)

Archipel constitué en État, situé en Mélanésie (sud-ouest du Pacifique). → Océanie (carte). 27 556 km^2. 721 400 habitants (les *Salomonais*). **Monnaie :** dollar des îles Salomon. **Langues :** anglais (offic.), dialectes mélanésiens en majorité, papous et polynésiens. **Capitale :** Honiara. **Régime :** démocratie parlementaire.

L'archipel est composé d'une double chaîne d'îles volcaniques, à la végétation dense et luxuriante sous climat équatorial. Le pays vit de l'agriculture vivrière (banane, taro, igname, patate douce) et commerciale (coprah, cacao, canne à sucre, palmier à huile), de la pêche (thon) et de la sylviculture. L'essor du tourisme est visible notamment à Guadalcanal. Le pays, à l'économie fragile et politiquement instable, reste l'un des pays les plus pauvres du Pacifique.

HISTOIRE

Habité dès le Ier millénaire av. J.-C., l'archipel fut découvert par les Espagnols en 1568. Au XIXe siècle, l'Allemagne et la Grande-Bretagne se partagèrent les îles. En 1921, la partie allemande fut placée sous mandat australien. Durant la Seconde Guerre mondiale, les îles furent des lieux d'affrontements : Guadalcanal fut le cadre d'une des plus grandes batailles du Pacifique en 1943. La partie britannique accéda à l'indépendance en 1978 dans le cadre du Commonwealth. En 1986, le pays fut dévasté par un cyclone. En 1999, une guerre interethnique éclata. Un contingent international de sécurité intervint en 2003, mais la situation politique reste instable. En 2007, l'archipel a été touché par deux violents séismes et un tsunami.

salon n. m. (italien *salone* « grande salle », de *sala*, même origine que *salle**, cf. *saloon*) **I. 1.** Pièce de réception (dans un logement privé). *Salon-salle à manger.* → **living-room, séjour.** – Mobilier de salon. *Un salon Louis XV.* **2.** Lieu de réunion, dans une maison où l'on reçoit régulièrement ; la société qui s'y réunit. *Les salons littéraires du XVIIIe siècle.* – *Faire salon* : se réunir, réunir des personnes pour converser. – loc. plais. *Le dernier salon où l'on cause,* se dit d'une réunion où l'on bavarde. ■ vieilli *Les salons,* la société mondaine. – *Une conversation* **de salon.** → **mondain. 3.** Salle (d'un établissement ouvert au public). *Salon de coiffure* : boutique de coiffeur. – *Salon de thé* : pâtisserie où l'on sert des consommations non alcoolisées. **II. 1.** Exposition périodique d'œuvres d'artistes vivants. *Le Salon d'automne.* **2.** Manifestation commerciale, exposition où l'on présente des nouveautés. *Le Salon de l'auto. Le Salon du livre.*

S

Salon-de-Provence Commune des Bouches-du-Rhône. 45 009 habitants. Église des XIVe-XVe s. Maison et tombeau de Nostradamus. Château des XIIe-XIIIe et XVIe s. École de l'air. Base aérienne. Huile et savon.

Salone Capitale de l'ancienne Dalmatie, aujourd'hui dans la banlieue de Split, en Croatie. Ruines d'une ville romaine construite sous Dioclétien.

Salonen (Esa-Pekka) Chef d'orchestre et compositeur finlandais (né en 1958). Directeur de l'Orchestre philharmonique de Los Angeles (1992-2009) puis de celui de Londres jusqu'en 2017, il contribue à la diffusion de la musique contemporaine. Il est aussi le compositeur d'une œuvre de grande envergure : *Yta ; Floof ; L. A. Variations.*

Salonique voir **Thessalonique**

salonnard, arde n. péj. Habitué(e) des salons mondains.

salonnier, ière adj. Propre aux salons (I, 2), à l'esprit mondain des salons.

saloon [salun] n. m. (mot anglais des États-Unis, emprunt au français *salon*) anglic. Bar, tripot (notamment au Far West). *Des saloons.*

Salop (comté de) voir **Shropshire**

salopard n. m. fam. (injurieux) Salaud.

salope n. f. (origine incertaine ; probablt de *sale* et d'une var. de *huppe* [oiseau]) fam. (injurieux) **1.** Femme dévergondée. **2.** (rattaché à *salaud*) Femme méprisable.

saloper v. tr. < 1 > fam. **1.** Faire très mal (un travail). **2.** Salir énormément. *Elle a salopé la cuisine.*

saloperie n. f. fam. **1.** Saleté, malpropreté. **2.** Chose mauvaise ou répugnante. *Le chat a mangé une saloperie.* **3.** Chose sans valeur. → **cochonnerie. 4.** fig. Acte moralement répréhensible, abject. *Il est capable des pires saloperies.*

salopette n. f. **1.** Vêtement de travail, à plastron, qu'on porte par-dessus ses vêtements. → **bleu, combinaison. 2.** Pantalon à bretelles et à plastron.

salopiot n. m. fam. Salaud. → **saligaud.** - var. **salopiaud.**

Salouen n. f. ou m. Fleuve de Chine, de Thaïlande et de Birmanie. 2 600 km. Il prend sa source sur le plateau du Tibet et se jette dans l'océan Indien.

Saloum n. m. Fleuve du Sénégal. 250 km. Né dans la région du Ferlo, il se jette dans l'Atlantique.

salpe n. f. (du latin, du grec *salpê*) Petit animal marin des mers tropicales, ayant l'aspect d'une éponge.

salpêtre n. m. (latin médiéval *salpetrae* « sel de pierre » → **sel** et **pierre**) Couche de nitrates pulvérulente qui se forme sur les vieux murs humides, et qui entrait autrefois dans la fabrication d'une poudre explosive.

salpêtré, ée adj. Couvert de salpêtre. *Murs salpêtrés.*

Salpêtrière (la) Hôpital parisien créé par Louis XIV et construit au XVIIe s. par Le Vau et Le Muet. La chapelle centrale est due à Libéral Bruant. Il est aujourd'hui rattaché à l'hôpital de La Pitié, formant le groupe La Pitié-Salpêtrière.

salpicon n. m. (mot espagnol, de *sal* « sel ») cuis. Préparation d'aliments (volaille, jambon, champignons...) coupés en dés et liés par une sauce pour servir de garniture.

salpingite n. f. (du latin *salpinx* « trompette », du grec) méd. Inflammation d'une trompe de l'utérus.

salpingographie n. f. (du latin *salpinx,* du grec) méd. Radiographie des trompes utérines.

salsa n. f. (mot espagnol des Caraïbes « sauce ») Musique afro-cubaine au rythme marqué ; danse qui l'accompagne.

salse n. f. (latin *salsus* « salé ») géol. Dégagement d'hydrocarbures gazeux mêlés à de l'eau, à la surface terrestre (volcan de boue).

salsepareille n. f. (du portugais ou de l'espagnol, de *zarza* « ronce ») Arbuste épineux dont la racine a des vertus dépuratives.

salsifis [salsifi] n. m. (italien *salsifica*) Plante potagère cultivée pour sa longue racine comestible ; cette racine.

Salso n. m. Fleuve de Sicile. Né dans le N. de l'île, il la traverse et se jette dans la Méditerranée. 111 km.

Salsomaggiore Terme Ville d'Italie (Émilie-Romagne). 17 900 habitants. Station thermale.

SALT (Strategic Arms Limitation Talks) Pourparlers menés de 1969 à 1979 par l'URSS et les États-Unis pour la limitation des armes stratégiques.

Salt (al-) Ville de Jordanie, au N.-O. d'Amman. 74 000 habitants. Kaolin.

Salta Ville d'Argentine, dans les Andes (1 200 m). 170 000 habitants. Cité coloniale. Universités. Marché régional. Tourisme.

saltarelle n. f. (italien *saltarello,* famille de *saut*) Danse populaire italienne rapide et sautillante ; musique sur laquelle elle se danse.

saltation n. f. (latin *saltatio,* de *saltare* → **sauter**) **1.** Technique des sauts dans la danse, la pantomime. **2.** paléont. Apparition brusque d'une nouvelle espèce vivante.

saltatoire adj. (latin *saltatorius,* de *saltare* → **sauter**) **1.** didact. Adapté au saut. *L'appareil saltatoire de la sauterelle.* **2.** méd. Caractérisé par des sautillements, des soubresauts. *Chorée saltatoire* (cour. *danse de Saint-Guy*).

Saltillo Ville du Mexique, capitale de l'État de Coahuila. 710 000 habitants. Mines. Industrie automobile.

saltimbanque n. (de l'italien, proprt « saute-en-banc » → **sauter** et **banc**) Personne qui fait des tours d'adresse, des acrobaties en public. → **bateleur.** ■ plais. Personne (comédien, chanteur, danseur...) qui se produit en public.

Salt Lake City Ville des États-Unis, capitale de l'Utah. 199 720 habitants. Centre commercial et industriel (pétrole, métallurgie, textile, haute technologie). La ville fut fondée par les mormons en 1847. Elle a accueilli en 2002 les Jeux olympiques d'hiver.

salto n. m. (mot italien, même origine que *saut*) sports Saut périlleux. *Salto avant, arrière.*

Salto Ville d'Uruguay sur le río Uruguay. 99 100 habitants. 2e ville du pays. Horticulture, céréales. Industries agroalimentaire, chimique, construction navale.

Saltykov-Chtchedrine (Mikhaïl Ievgrafovitch Saltykov, dit) Écrivain russe (1826-1889). Journaliste satirique *(Récits innocents ; Journal d'un provincial),* il publia un seul roman, *La Famille Golovliev,* satire sociale de la noblesse de province.

salubre adj. (du latin, de *salus* → **salut**) (air, climat, milieu) Qui a une action favorable sur l'organisme. → **sain.** ■ fig. Sain. *Des mesures salubres.*

salubrité n. f. (du latin → **salubre**) **1.** Caractère de ce qui est salubre. *Salubrité de l'air.* **2.** État d'une population préservée des maladies endémiques et contagieuses. *Mesures de salubrité publique.* → **hygiène.**

Saluces Ville d'Italie (Piémont). 15 650 habitants. Marché agricole et centre industriel. La ville fut le chef-lieu d'un marquisat fondé en 1142, annexé par Henri II puis cédé à la Savoie par Henri IV.

saluer v. tr. < 1 > (vient du latin *salutare,* de *salus* → **salut**) **1.** Adresser, donner une marque extérieure de reconnaissance et de civilité à (qqn). → **salut.** *Saluer qqn de la voix, du geste. Saluer un ami.* – *J'ai bien l'honneur de vous saluer* (formule pour conclure une lettre, etc.). **2.** Manifester du respect par des pratiques réglées (→ **rendre hommage**). *Saluer le drapeau.* **3.** Accueillir par des manifestations extérieures. *Son apparition a été saluée par des sifflets.* **4.** *Saluer qqn comme..., saluer en lui...,* l'honorer, le reconnaître comme. *On salue en lui un précurseur.*

salure n. f. didact. Caractère de ce qui est salé ; teneur en sel (d'un corps).

salut n. m. (vient du latin *salus, salutis* « bon état ; conservation » [→ **salubre, saluer, salutaire**], de *salvus* → **sauf**) **I. 1.** Fait d'échapper à la mort, au danger, de garder ou de recouvrer un état heureux, prospère. *Chercher son salut dans la fuite. Ne devoir son salut qu'à* : en réchapper grâce à. – *Le* **salut public** : la protection de la nation. *Comité de salut public,* d'urgence nationale. **2.** relig. Félicité éternelle ; fait d'être sauvé du péché et de la damnation. *Le salut de l'âme.* ■ *L'Armée du Salut* (anglais *Salvation Army*), nom d'une association religieuse à but philanthropique

(➔ salutiste). **II. 1.** littér. Formule exclamative par laquelle on souhaite à qqn, santé, prospérité. *Salut et fraternité !* **2.** fam. Formule brève d'accueil ou d'adieu. *Salut tout le monde !* **3.** Démonstration de civilité (geste ou parole) qu'on fait en rencontrant qqn. *Adresser, faire, rendre un salut à qqn.* ➔ **saluer.** ▪ Geste de salut. *Salut militaire.* **4.** Cérémonie d'hommage. *Salut au drapeau.* ▪ relig. cathol. *Salut du saint sacrement* (office chanté).

Salut (îles du) Groupe de trois petites îles côtières de la Guyane française : Royale, Saint-Joseph, du Diable. Ancien pénitencier.

Salut (Armée du) Organisation religieuse (protestante) caritative, créée en 1865 par William Booth sur le modèle militaire et établie dans de nombreux pays.

salutaire adj. (du latin ➔ salut) Qui a une action favorable (domaine physique ou moral). ➔ **bienfaisant, ¹bon, utile.** *Un effet salutaire.*

salutation n. f. (du latin ➔ saluer) **1.** vieux Action de saluer. ➔ **salut. 2.** Manière de saluer exagérée. *De grandes salutations.* **3.** au plur., dans les formules de politesse écrites *Veuillez agréer mes respectueuses salutations.*

salutiste n. Membre de l'Armée du Salut.

Salvador (Henri) Chanteur français (1917-2008). Auteur et compositeur, il a interprété des chansons très populaires (*Syracuse ; Zorro est arrivé*) et mené une carrière d'une grande longévité.

Henri Salvador en 1987.

Salvador

n. m. ▪ offic. république du Salvador Pays d'Amérique centrale. 21 041 km². 6 700 000 habitants (les *Salvadoriens*). **Langue :** espagnol. **Population :** métis. **Religion :** catholiques (85 %). **Monnaie :** dollar des États-Unis. **Capitale :** San Salvador. **Régime :** présidentiel.

GÉOGRAPHIE

Le Salvador est le plus petit pays d'Amérique centrale et celui où la densité de population est la plus forte (330 hab./km²). Les montagnes dominent au N. (point culminant 2 493 m) et les massifs volcaniques, souvent actifs, au S. C'est sur le plateau central (400 à 800 m d'altitude) que se concentrent le peuplement et les activités. Si le Salvador reste un pays de plantations (coton, canne à sucre, café), son industrie est désormais assez diversifiée (alimentaire, textile, assemblage). L'agriculture vivrière (maïs) reste vitale pour une paysannerie nombreuse (40 % de la pop.) et pauvre. L'autre ressource essentielle des Salvadoriens est le soutien financier des émigrés installés aux États-Unis.

HISTOIRE

Les civilisations préhispaniques (Indiens pilpils) ont été largement effacées par la colonisation espagnole (1540) et par la culture créole. Intégré au Guatemala puis aux Provinces Unies d'Amérique centrale (1823), le Salvador devint indépendant en 1841. L'État fut accaparé par une oligarchie terrienne jusqu'à l'insurrection paysanne de 1932, qui déboucha sur un long régime militaire (1932-1982). L'extrême droite remporta les élections en 1982, ce qui déclencha la guerre civile (plus de 100 000 morts) entre le gouvernement soutenu par les États-Unis et la guérilla marxiste jusqu'à l'accord de paix de 1991. La guérilla renonça alors aux armes en échange d'une redistribution des terres. Les deux partis politiques en présence depuis sont les héritiers des belligérants. La droite (ARENA) conserva la présidence et le gouvernement, même si la gauche (FMLN) avait obtenu la majorité relative à l'Assemblée entre 2003 et 2006. En 2009, Mauricio Funes, le candidat du FMLN, fut élu à la tête du pays. La victoire de la gauche fut confortée par l'élection présidentielle de 2014, remportée par l'ancien commandant guérilléro Sánchez Cerén. Le conservateur Nayib Bukele lui succéda en 2019 et mit en place un régime autoritaire destiné à l'origine à lutter contre le crime organisé (nombreux gangs).

Salvador anciennement **Bahia** Ville du Brésil, capitale de l'État de Bahia sur l'Atlantique. 2,67 millions d'habitants (agglomération : 3,5 millions). Port d'exportation. Églises baroques. Favélas sur pilotis. Pôle pétrochimique. Tourisme.

salvateur, trice adj. (bas latin *salvator* ➔ sauveur) littér. Qui sauve. – n. f. (correspond au fém. de *sauveur*) *« Chair ! Salvatrice de l'âme ! »* (Montherlant).

salve n. f. (latin *salve* « salut », impér. de *salvere*, de *salvus* ➔ sauf) **1.** Décharge simultanée d'armes à feu ou coups de canon successifs (notamment pour saluer). *Une salve d'artillerie.* **2.** par analogie *« Des salves [...] d'applaudissements éclatèrent »* (Vigny).

Salvador

Salvi (Niccolò) Architecte italien (1697-1751). On lui doit la fontaine de Trevi à Rome, l'une des dernières réussites du baroque romain.

Salviati (Francesco de' Rossi, dit Cecco) Peintre italien (1510-1563). Influencé par les maniéristes puis par Michel-Ange, il décora notamment l'église Santa Maria dell'Anima à Rome.

Salzach n. f. Rivière d'Autriche, affluent de l'Inn. 220 km. Elle arrose Salzbourg. Hydroélectricité.

Salzbourg en allemand **Salzburg** Ville d'Autriche, capitale de l'État confédéré du même nom (7 154 km²). 148 521 habitants. Surnommée la « Rome des Alpes », elle abrite de nombreux monuments médiévaux et de style baroque. Festival de musique classique fondé en l'honneur de Mozart, qui y est né. Verrerie, petite métallurgie, brasserie, textiles, bois, fabrique d'instruments de musique.

Salzgitter Ville d'Allemagne (Basse-Saxe). 103 860 habitants. Métallurgie.

Salzkammergut n. m. Région montagneuse du N.-O. de l'Autriche (Préalpes autrichiennes). Tourisme. Usines hydroélectriques. Salines.

Samanides ou **Samani** n. m. pl. Dynastie iranienne (874-999) qui régna sur la Transoxiane et sur le Khorassan.

Samar Île des Philippines (Visayas). 13 079 km². 1 517 600 habitants. Bois, pisciculture.

Samara Ville de Russie, chef-lieu de région, au confluent de la Volga et de la Samara. 1,16 million d'habitants. Industrie mécanique. Activités pétrolières. Centrale hydroélectrique.

samare n. f. (du latin « semence d'orme ») bot. Fruit sec à péricarpe prolongé en aile membraneuse. *Les samares de l'érable.*

Samarie (monts de) Reliefs de l'arête montagneuse centrale d'Israël qui s'étend du Liban au Sinaï. Ils culminent au mont Carmel.

Samarie n. f. Région centrale de la Palestine, située entre la Galilée et la Judée, bordée à l'E. par le Jourdain. Annexée par la Jordanie en 1950, elle est occupée et administrée par Israël après 1967. Elle est, depuis 1995, concernée par la mise en place de l'autonomie palestinienne.

Samarie Ancienne capitale du royaume d'Israël, fondée au IXᵉ s. av. J.-C. Elle fut détruite par Sargon II d'Assyrie, en 721 av. J.-C., puis reconstruite par Hérode le Grand sous le nom de Sébaste. Elle correspond à l'actuel village de Sébastiyé, près de Naplouse.

Samarinda Ville d'Indonésie, sur le fleuve Mahakam. 536 100 habitants. Port. Industries du bois.

samaritain, aine n. et adj. (de *Samarie*) hist. relig. Juif de Samarie. *Les Samaritains :* membres d'une secte juive qui ne reconnaissait comme Loi que le texte de la Torah. – loc. *Faire le bon Samaritain,* se montrer secourable, prêt à se dévouer.

samarium [samaʀjɔm] n. m. (de *samarskite*, n. d'un minerai, de *Samarski*, n. d'un chimiste russe) chim. Métal rare (symb. Sm ; n° at. 62 ; masse at. 150,36) du groupe des lanthanides.

Samarkand Ville d'Ouzbékistan, dans l'oasis de Zeravchan. 400 000 habitants. Nombreux monuments islamiques : nécropole Chah-é Zendeh (XIVᵉ-XVᵉ s.), médersa Chir Dor (XVᵉ-XVIIᵉ s.), mosquées (XIVᵉ-XVᵉ s.). Industries textiles (soieries, traitement du cuir). Conquise par Alexandre le Grand (329) puis par les Arabes (712), dévastée par Gengis Khān (1220), elle retrouva sa splendeur sous Tamerlan, qui en fit sa capi-

S

Samarkand

Samarkand, le marché devant l'enceinte de la mosquée Bibi Khanum.

tale. Elle fut la capitale de l'Ouzbékistan soviétique de 1924 à 1930.

Samarra Ville d'Irak, au N.-O. de Bagdad, sur le Tigre. 200 000 habitants. Haut lieu de la civilisation islamique (palais, grande mosquée). Barrage hydraulique. Elle fut la capitale des califes abbassides de 836 à 892.

samba [sɑ̃(m)ba] **n. f.** **(mot portugais du Brésil)** Danse à deux temps d'origine brésilienne ; sa musique. → **batucada.** *Des sambas.*

Sambin (Hugues) Architecte, sculpteur et créateur de meubles français (v. 1515-1601). Il élabora un style original associant les apports de la Renaissance italienne aux motifs bourguignons traditionnels.

Sambre **n. f.** Rivière de France et de Belgique, affluent de la Meuse. 190 km. Elle prend sa source en Thiérache, arrose Maubeuge, Charleroi, puis Namur où elle rejoint la Meuse.

Sambreville Ville de Belgique (province de Namur). 28 372 habitants. Verrerie. Chimie. Anciens charbonnages.

sambuque **n. f.** **(latin *sambuca,* du grec)** **1.** ancient Machine de guerre faite d'une échelle roulante munie d'un pont volant. **2.** mus. Sorte de harpe, dans la Grèce antique.

samedi **n. m.** **(vient du bas latin *sambati dies* « jour du sabbat », de *sabbatum* [→ sabbat])** Sixième jour de la semaine, qui succède au vendredi. *Tous les samedis matin(s).*

samit [sami] **n. m.** **(du grec byzantin *hexamitos* « six fils »)** archéol. Tissu oriental fait de six fils de couleurs, à chaîne de lin et trame de soie ou tout en soie. → **brocart.**

S

samizdat [samizdat] **n. m.** **(mot russe « auto-édition »)** Diffusion clandestine d'ouvrages interdits par la censure de l'ex-URSS ; ouvrage ainsi édité. *Des samizdats.*

Sammartini (Giovanni Battista) Compositeur italien (1700 ou 1701-1775). Auteur de très nombreux opéras, symphonies et oratorios, il est considéré comme l'un des fondateurs de la symphonie.

sammy **n. m.** **(diminutif de *Sam,* de *Oncle Sam,* citoyen américain typique)** fam. Surnom amical donné aux soldats américains lors de la Première Guerre mondiale. *Les sammys* ou *les sammies* (plur. anglais).

Samnites **n. m. pl.** Ancien peuple de l'Italie centrale, établi dans le Samnium au Ve s. av. J.-C. Entrés en opposition avec Rome, ils ne furent soumis qu'au terme de trois longues guerres (343-341 av. J.-C. ; 327-302 av. J.-C. ; 299-290 av. J.-C.).

Samnium **n. m.** Région montagneuse de l'Italie antique, dans les Apennins, entre le Latium et la Campanie.

Samoa (îles) Archipel volcanique de Polynésie partagé entre les *Samoa américaines* et l'État indépendant des *Samoa.* L'archipel fut partagé, en 1899, entre les États-Unis et l'Allemagne qui en reçut la partie occidentale, indépendante depuis 1962.

Samoa (les)

n. f. pl. ■ offic. État indépendant des Samoa, anciennement des Samoa-Occidentales Pays de Polynésie situé à l'ouest de l'archipel des Samoa. Il comprend deux grandes îles volcaniques, Savai'i et Upolu, les petites îles de Manon et d'Apolima ainsi qu'un certain nombre d'îlots inhabités. → Océanie (carte). 2 830 km^2. 187 800 habitants (les *Samoans*). **Langues :** anglais et samoan (offic.). **Population :** Polynésiens. **Religion :** christianisme. **Monnaie :** tala. **Capitale :** Apia. **Régime :** monarchie parlementaire.

Le climat tropical est humide. L'agriculture (cocotiers, taro, arbre à pain, coprah, bananes, café, cacao), la pêche (en mer et en lagon) et le tourisme sont les activités dominantes. Possession allemande (1899), occupé ensuite par la Nouvelle-Zélande (1914), le pays obtient son indépendance en 1962 et rejoint le Commonwealth en 1970.

Samoa américaines (Territoire non incorporé des) Partie orientale de l'archipel des Samoa, territoire dépendant des États-Unis. 197 km^2. 55 500 habitants. Fatago est le siège du gouvernement. Pêche. Tourisme.

samole **n. m.** **(latin *samolus*)** bot. Plante herbacée à fleurs blanches qui pousse dans les lieux humides, les marais, dont une espèce commune est appelée *mouron d'eau.*

Samos Île grecque de la mer Égée, la plus proche de l'Asie Mineure. 476 km^2. 33 000 habitants. Chef-lieu : Samos (ou Vathy). Vignes, huile d'olive, agrumes. Vestiges antiques dont le grand temple d'Héra (VIIIe s. av. J.-C.).

Samothrace Île grecque de la mer Égée. 178 km^2. 2 900 habitants. Chef-lieu : Samothrace. Vestiges du sanctuaire des Grands Dieux (VIIe-Ier s. av. J.-C.). La statue de la *Victoire de Samothrace* (v. 190 av. J.-C.), exposée au musée du Louvre, y fut découverte en 1863.

samouraï [samuʀaj] **n. m.** **(mot japonais)** Guerrier japonais de la société féodale. *Des samouraïs.*

samoussa **n. m.** **(de l'hindi *samosa,* du persan)** cuis. Fine crêpe triangulaire garnie de légumes ou de viande et frite (cuisine indienne). - var. **samosa** [samɔsa].

samovar **n. m.** **(mot russe « qui bout par soi-même »)** Bouilloire russe utilisée surtout pour la confection du thé.

samoyède **adj.** et **n.** **(n. russe donné à un peuple de langue et de culture finno-ougrienne, les Nenets) adj.** Relatif aux Samoyèdes. *Chien samoyède,* utilisé pour la traction des traîneaux. → **husky.** ■ **n. m.** Groupe de langues de la famille ouralienne.

Samoyèdes **n. m. pl.** Peuples de Sibérie d'origine mongole établis dans la toundra sibérienne, entre le cours inférieur de l'Ob et la presqu'île de Taïmyr. Ils vivent de la pêche et de l'élevage des rennes.

sampan **n. m.** **(chinois *sanpan,* proprt « bois *[san]* planches *[pan]* »)** Petite embarcation chinoise.

Sampiero Corso ou **Sampiero d'Ornano** voir Ornano

sample **n. m.** **(anglais *sample* « échantillon, exemple »)** anglic., mus. Échantillon* musical.

sampler **v. tr.** **< 1 >** **(→ sample)** anglic., mus. Échantillonner* des sons.

sampleur ou **sampler** [sɑ̃plœʀ] **n. m.** **(→ sample)** anglic., mus. Échantillonneur de sons.

sampling **n. m.** **(mot anglais → sample)** anglic., mus. Échantillonnage (de sons).

sampot [sɑ̃po] **n. m.** **(du khmer *sampuet*)** Pièce de tissu drapée de manière à former une culotte, portée en Thaïlande, au Laos et au Cambodge.

Sampras (Pete) Joueur de tennis américain (né en 1971). Il a dominé le tennis mondial de 1993 à 1998 détenant alors le record de victoires en tournois du Grand Chelem avec quatorze titres. Son record a été battu par R. Federer en 2009.

Pete Sampras en 2002, lors de la finale de l'US Open.

Samson Personnage biblique, juge d'Israël. Doté d'une force surhumaine qui lui venait de sa longue chevelure, il fut trahi par Dalila qui lui rasa la tête et le livra aux Philistins. Prisonnier, il retrouva sa force lorsque ses cheveux repoussèrent et renversa le temple du dieu Dagon sur les Philistins et lui-même.

Samsun Ville de Turquie. 643 800 habitants. Principal port turc sur la mer Noire. Centre industriel et commercial.

samouraï

Samouraï, portrait de Hosokawa Sumimoto, estampe de Kanō Motonobu (1507), Eisei Bunko Museum, Tōkyō.

SAMU n. m. invar. (sigle de *service d'aide médicale d'urgence*) En France, Service hospitalier disposant d'unités mobiles (voitures, hélicoptères) équipées pour assurer les premiers soins aux malades, aux blessés. ■ *SAMU social* : service d'urgence pour les plus démunis.

Samuel Personnage biblique, prophète et dernier juge d'Israël. Il instaura la royauté en consacrant Saül puis David. La Bible contient les « Deux Livres de Samuel », qui retracent les règnes de ces deux rois.

Samuelson (Paul Anthony) Économiste américain (1915-2009). Spécialiste d'économétrie, il a appliqué les techniques mathématiques modernes à l'analyse économique. *L'Économique.* Prix Nobel 1970.

Samuelsson (Bengt I.) Biochimiste suédois (né en 1934). Il élabora le mécanisme de la biosynthèse des prostaglandines. Prix Nobel de médecine 1982.

Sanaa Capitale du Yémen, au centre du pays, à 2 500 m d'altitude. 1 707 550 habitants. Ville ancienne pittoresque, aux hautes constructions décorées. Université. Centre commercial, artisanal et religieux. La ville fut jusqu'en 1990 la capitale du Yémen du Nord avant d'être celle des deux Yémens unifiés.

Sanaa, la vieille ville, inscrite au patrimoine mondial de l'Unesco.

Sanaga n. f. Le plus important fleuve du Cameroun. 920 km. Aménagements hydroélectriques.

San Agustín Site archéologique de Colombie. Vestiges de monuments de l'époque précolombienne (VIe s. av. J.-C.-XIIe s.).

Sanā'ī Poète persan (v. 1080-v. 1131). Il fut le premier poète mystique de la littérature persane.

Sanandaj Ville d'Iran occidental, chef-lieu de la province du Kurdistan iranien. 412 700 habitants. Travail de la laine.

San Andreas (faille de) Fracture géologique qui s'étend du golfe de Californie jusqu'au nord de San Francisco (1 000 km). Elle marque la séparation entre les plaques du Pacifique et de l'Amérique du Nord.

San Antonio Ville des États-Unis (Texas), au S. de Houston, sur le San Antonio. 1,33 million d'habitants. Universités. Monuments de style colonial espagnol. Centre administratif. Bases militaires. Industries aéronautiques.

San-Antonio Personnage principal, burlesque et truculent, et narrateur d'une série de romans policiers de Frédéric Dard.

Sanary-sur-Mer Commune du Var, sur la baie de Sanary. 17 173 habitants. Tour médiévale. Port. Station balnéaire.

Sanchi

Sanchi, le grand stoupa et l'un de ses quatre portails sculptés.

sanatorium [sanatɔʀjɔm] n. m. (mot latin, de *sanus* → sain) Maison de santé où l'on traite les tuberculeux pulmonaires. *Des sanatoriums.* - abrév. fam. **sana.** *Des sanas.*

san-benito [sɑ̃benito] n. m. invar. (mot espagnol « saint Benoît ») hist. relig. Casaque jaune portée par les condamnés au bûcher sous l'Inquisition (ce vêtement rappelant l'habit des bénédictins).

San Bernardino Ville des États-Unis (Californie), à l'E. de Los Angeles. 222 100 habitants. Agriculture. Aéronautique.

San Bernardino (col de) Col des Alpes suisses (Grisons), à 2 065 m d'altitude. Il relie la haute vallée du Rhin à celle de la Mosea. Tunnel routier.

San Blas (archipel de) Archipel côtier du Panamá formé d'environ 370 îles, inhabitées pour la plupart, dans la mer des Antilles. Tourisme.

San Blas (cordillère de) Chaîne montagneuse de la république de Panamá, sur la mer des Caraïbes. Elle culmine à moins de 1 000 m d'altitude.

sancerre n. m. (du n. de la commune) Vin sec de Sancerre. *Sancerre blanc, rouge.*

Sancerre Commune du Cher. 1 340 habitants. Tour du XIVe s. Château du XVe s. Vins blancs réputés.

Sancerrois n. m. Région de collines du Berry, à l'O. de Sancerre. Zone d'élevage et de vignobles.

Sanche Nom de plusieurs rois de Navarre. ■ **Sanche III García le Grand** (mort en 1035). Roi de Navarre (v. 1000-1035) et comte de Castille (1028-1029). Il étendit son pouvoir sur la majeure partie de l'Espagne chrétienne. ■ **Sanche IV** (v. 1038-1076). Roi de Navarre (1054-1076). Il lutta contre le roi de Castille et mourut assassiné. Sanche Ier Ramírez lui succéda. ■ **Sanche V** → **Sanche Ier Ramírez** ■ **Sanche VII le Fort** (mort en 1234). Roi de Navarre (1194-1234). Il participa à la victoire de Las Navas de Tolosa remportée en 1212 sur les Almohades. À sa mort, Thibaud IV de Champagne lui succéda.

Sanche Ier le Colonisateur en portugais **o Povoador** (1154-1211). Roi de Portugal (1185-1211). Il poursuivit la reconquête contre les Maures.

Sanche Ier Ramírez (1043-1094). Roi d'Aragon (1063-1094), et de Navarre sous le nom de Sanche V (1076-1094). Il fut une figure importante de la Reconquista.

Sánchez Coello (Alonso) Peintre espagnol (v. 1531-1588). Il s'affirma, à la cour du Portugal ainsi qu'à celle d'Espagne, comme un portraitiste fin et rigoureux.

Sánchez Cotán (fray Juan) Peintre espagnol (1561-1627). Auteur de tableaux d'église, il réalisa également de nombreuses natures mortes d'un caractère dépouillé.

Sanchi Site antique de l'Inde centrale (Madhya Pradesh), l'un des grands centres de l'art bouddhique (stupas du Ier s.).

Sancho Pança Personnage de *Don Quichotte*, de Cervantès. Écuyer de Don Quichotte, il oppose son bon sens populaire à l'idéalisme de son maître.

Sanchung ou **Sanchong** Ville de l'île de Taiwan, dans la banlieue O. de Taipei. 383 620 habitants. Centre industriel et commercial.

San Cristóbal Ville du Venezuela, dans la cordillère des Andes. 234 000 habitants. Centre commercial.

sanctifiant, ante adj. relig. Qui sanctifie. *Grâce sanctifiante.*

sanctificateur, trice n. (→ sanctifier) relig. Personne qui sanctifie. – adj. *Action sanctificatrice.* → **sanctifiant.**

sanctification n. f. (→ sanctifier) Action de sanctifier ; son résultat.

sanctifier v. tr. < 7 > (du latin ; familles de *saint* et de *faire*) **1.** Rendre saint. *Sanctifier un lieu.* → **consacrer. 2.** Révérer comme saint.

sanction n. f. (du latin, de *sancire* « rendre sacré » [→ saint], puis « ratifier, sanctionner ») **I. 1.** didact. Acte par lequel le chef du pouvoir exécutif approuve une mesure législative. **2.** fig. Approbation, confirmation, ratification. *Mot qui a reçu la sanction de l'usage.* **II.** Peine établie par une autorité pour réprimer un acte. → **condamnation.** – *Sanction scolaire.* → **punition.** – *Sanctions économiques prises contre un pays.* → **blocus, embargo.**

sanctionner v. tr. < 1 > **1.** Confirmer par une sanction (I, 1). *Sanctionner une loi.* ■ fig. → **entériner, homologuer, ratifier.** – au p. p. *Études sanctionnées par un diplôme.* **2.** Punir par une sanction (II). *Sanctionner une faute.* – *Sanctionner qqn.*

sanctuaire n. m. (latin *sanctuarius*, de *sanctus* → saint) **1.** Lieu le plus saint d'un temple, d'une église. **2.** Édifice consacré aux cérémonies du culte ; lieu saint. *Delphes, sanctuaire d'Apollon.* **3.** fig. Territoire inviolable. → **1asile, refuge.** ■ spécialt Territoire couvert par la dissuasion nucléaire.

sanctuariser v. tr. < 1 > (de *sanctuaire*) Donner à (un territoire) le statut de sanctuaire, de zone protégée.

sanctus [sɑ̃ktys] n. m. (mot latin « saint ») Hymne de louange, dans la liturgie catholique. – Partie de la messe où l'on chante cet hymne.

Sancy (puy de) Point culminant du Mont-Dore et du Massif central (1 885 m).

S

Sand (Aurore Dupin, baronne Dudevant, dite George) Romancière française (1804-1876). Elle fut au centre de la vie artistique française par son extraordinaire fécondité littéraire, ses amours passionnées (Jules Sandeau — dont le nom inspira son pseudonyme —, Musset, Chopin) et ses amitiés (Flaubert). Surnommée « la bonne dame de Nohant », elle milita pour une régénération sociale, mais se détourna de la vie politique après l'échec de la révolution de 1848. Elle écrivit des œuvres d'inspiration romanesque et lyrique *(Indiana ; Lélia)*, sociale *(Consuelo)*, et champêtre *(La Mare au diable ; La Petite Fadette)*. Elle rédigea une longue autobiographie *(Histoire de ma vie)* et laissa une importante *Correspondance*.

George Sand, par Eugène Delacroix (1838), musée Ordrupgaard, Copenhague.

Sandage (Allan Rex) Astrophysicien américain (1926-2010). Spécialiste de cosmologie, il identifia le premier quasar en 1960.

sandale n. f. **(du latin, du grec *sandalion*)** Chaussure légère faite d'une semelle retenue par des cordons ou des lanières. ➔ **nu-pied, spartiate, tropézienne.**

sandalette n. f. Sandale légère.

sandaraque n. f. **(du grec *sandarakê*)** Résine extraite d'une espèce de thuya, utilisée pour la préparation de vernis et de siccatifs.

Sandburg (Carl) Poète américain (1878-1967). Sa poésie se réclame de Walt Whitman ; comme lui il était démocrate, de tendance socialiste, et patriote. Ses *Poèmes de Chicago*, d'un style simple et puissant, exaltent le travail.

S

Sandeau (Julien, dit Jules) dit aussi **Jules Sand** Écrivain français (1811-1883). Romancier *(Mademoiselle de La Seiglière)*, il écrivit *Rose et Blanche* avec George Sand et collabora avec Augier pour son œuvre théâtrale *(Le Gendre de M. Poirier)*.

Sandel (Sara Cecilie Margareta Fabricius, dite Cora) Romancière norvégienne (1880-1974). Dans un style délié, elle défendit une vision féministe de la condition humaine. *Alberte ; La Pâtisserie Krane.*

Sander (August) Photographe allemand (1876-1964). Il réalisa des portraits réalistes avec le projet ambitieux de représenter l'ensemble des types sociaux de l'Allemagne de Weimar.

sanderling [sɑ̃dɛʀliŋ] n. m. **(mot anglais ; du radical de *sand* « sable »)** Oiseau des rivages marins, appelé aussi *bécasseau des sables.*

San Diego Ville des États-Unis (Californie), sur l'océan Pacifique. 1,38 million d'habitants. Base navale et port de pêche. Industrie aéronautique et aérospatiale. Tourisme.

San Francisco

San Francisco, les maisons victoriennes multicolores, surnommées « les Femmes peintes », sur fond de gratte-ciels.

Sandino (Augusto César) Homme politique nicaraguayen (1895-1934). Il combattit l'occupation nord-américaine de son pays et mourut assassiné.

sandjak n. m. **(d'un mot turc, proprt « bannière »)** En Turquie, Ancienne subdivision territoriale soumise à l'autorité d'un pacha. - Le mot est encore utilisé en Syrie et au Liban.

Sandjak (turc **« préfecture »**) n. m. Région historique de la Serbie et du Monténégro. Ville principale : Novi Pazar. Le Sandjak passa sous la domination de l'Autriche-Hongrie en 1878, avant d'être finalement reconquis par la Serbie et le Monténégro en 1912.

Sandomierz en français **Sandomir** Ville de Pologne méridionale, sur la Vistule. 25 000 habitants. Riche patrimoine architectural : porte d'Opatów (XIVe s.), château et cathédrale (XIVe-XVIIe s.).

sandow [sɑ̃do] n. m. **(n. déposé)** Câble élastique. ➔ **tendeur.**

Sandrart (Joachim von) Peintre et critique d'art allemand (1606-1688). Peintre baroque célèbre en son temps, il est surtout connu comme l'auteur d'une monumentale histoire de la peinture allemande.

sandre n. m. **(allemand *Zander*)** Poisson de rivière voisin de la perche. *Filets de sandre.*

Sandringham Village d'Angleterre (Norfolk). Château de la famille royale britannique.

sandwich [sɑ̃dwi(t)ʃ] n. m. **(mot anglais, du n. du comte de Sandwich)** **1.** Mets constitué de deux tranches de pain entre lesquelles on place des aliments froids. ➔ **casse-croûte.** *Des sandwichs ou des sandwiches* (plur. anglais). *Un sandwich au jambon. Sandwich club, club sandwich,* formé de plusieurs tranches de pain de mie superposées et coupées en triangle. **2.** loc. fam. *Être pris en **sandwich**,* serré, coincé entre deux choses ou deux personnes (abstrait ou concret). **3.** techn. Structure dans laquelle une couche d'une matière est intercalée entre deux couches d'une autre matière.

Sandwich (îles) voir **îles Hawaii**

Sandwich du Sud (îles) Archipel volcanique de l'Atlantique sud, au S.-E. des îles de la Géorgie du Sud, faisant partie des territoires britanniques d'outre-mer. 420 km^2.

sandwicherie n. f. Boutique, échoppe où l'on vend des sandwichs, des boissons.

San Fernando Ville d'Espagne (Andalousie). 96 786 habitants. Arsenal militaire. Port.

San Francisco Ville des États-Unis (Californie), située sur la baie de San Francisco qui communique avec l'océan Pacifique par le détroit de Golden Gate. 873 960 habitants. Port. Centre industriel (raffinage du pétrole, construction navale, automobile et électronique, chimie) et commercial. Centre culturel et universitaire. La ville est connue pour le gigantesque pont du Golden Gate (1937) et ses quartiers édifiés à flanc de colline au-dessus de la baie. Détruite en 1906 par un séisme, San Francisco a été rapidement reconstruite selon un plan en damier.

San Francisco (conférences de) Conférence qui s'est tenue les 25 avril et 26 juin 1945 et a établi, en application des accords de Yalta, la Charte des Nations unies. Conférence qui s'est tenue du 4 au 8 septembre 1951 et a établi un traité de paix entre le Japon et les Alliés.

sang [sɑ̃] n. m. **(vient du latin *sanguis, sanguinis* ➔ exsangue, saigner, sanguin ; palsambleu, sangsue)** **1.** Liquide rouge, visqueux, qui circule dans les vaisseaux, à travers tout l'organisme, où il joue des rôles essentiels et multiples. ➔ **hémat(o)- ; -émie.** *La circulation du sang. Globules, plaquettes du sang.* – vieilli *Animaux à sang chaud,* à température stable ; *à sang froid,* à température variable. – *Couleur de sang.* appos. invar. *Foulards rouge sang.* ■ loc. *Le sang lui monte au visage,* il, elle devient tout(e) rouge. – *Mon sang n'a fait qu'un tour,* j'ai été bouleversé. – ***Coup de sang :*** congestion. *Jusqu'au sang :* jusqu'à faire saigner. – ***En sang*** (➔ **ensanglanté ; saigner**). – fig. *Un apport de sang frais :* un apport d'éléments nouveaux ou jeunes. **2.** dans des loc. Principe de vie. *Avoir le sang chaud :* être irascible, ou impétueux. – fam. *Avoir du sang de poulet, de navet :* être sans vigueur, être lâche. – *Se faire du **mauvais sang**,* du souci. ➔ **s'inquiéter,** se **tourmenter.** – *Se faire un **sang d'encre** :* s'inquiéter énormément. – *Il, elle a ça **dans le sang** :* c'est une tendance profonde. **3.** dans des loc. (Sang humain versé par violence) *Verser, faire couler le sang.* ➔ **tuer.** – *Noyer une révolte dans le sang,* la réprimer violemment. – *Avoir du sang sur les mains,* avoir commis un crime. ■ ***Bon sang !,*** juron familier. **4.** *Le sang,* traditionnellement considéré (par erreur) comme porteur des caractères héréditaires. *Les liens du sang,* de parenté. – loc. *Avoir du **sang bleu** :* être d'origine noble. – *La voix du sang :* l'instinct affectif familial.

▶ Le **sang** est un liquide rouge et visqueux constitué par du plasma dans lequel sont en suspension des *éléments figurés.*

Le plasma est composé d'eau, de minéraux (chlorures de sodium et de potassium, calcium, magnésium, phosphore, fer, oligoéléments...), de glucose, de lipides et de protéines (albumine et globulines faisant partie du système immunitaire), de fibrine indispensable à la coagulation, et de nombreux autres produits, notamment des vitamines, des enzymes et des hormones.

Les *éléments figurés* représentent 45 % du volume du sang : les globules rouges assurent, grâce à l'hémoglobine, le transport de l'oxygène et du dioxyde de carbone ; les globules blancs (polynucléaires et lymphocytes) contribuent aux

défenses immunitaires ; les plaquettes permettent la coagulation en cas de lésion vasculaire.
La composition du sang est à peu près constante grâce à de nombreux systèmes de régulation. L'organisme d'un homme adulte en contient 4 à 5 litres.
Le sang est propulsé par le cœur et circule en circuit fermé dans le système vasculaire ; ce dernier est formé d'un compartiment artériel et d'un compartiment veineux, qui communiquent entre eux par le vaste compartiment capillaire, zone des échanges entre sang et tissus. La voie artérielle assure l'apport en oxygène et en éléments nutritifs. La voie veineuse assure le retour du sang vers les reins pour l'épuration et vers les poumons, après passage par le cœur droit, pour l'évacuation du CO_2 (gaz carbonique) et la recharge en O_2 (oxygène). Le sang du « système porte » conduit les éléments nutritifs de la digestion intestinale au foie, qui est chargé d'épurer et de synthétiser de nombreuses molécules.
voir aussi **circulation, coagulation, cœur, hormones**

Sangallo (da) Famille d'architectes florentins de la Renaissance italienne (XVe-XVIe s.). ■ Giuliano Giamberti, dit da **Sangallo** (1445-1516). Il s'illustra comme architecte de Laurent de Médicis (villa Poggio Caiano ; église Santa Maria delle Carceri, à Prato). ■ Antonio Giamberti da **Sangallo** dit **l'Ancien** (1455-1535). Frère de Giuliano Giamberti, il collabora un temps avec celui-ci, puis réalisa l'église San Biagio, à Montepulciano. ■ Antonio Cordiani da **Sangallo** dit **le Jeune** (1483-1546). Neveu de Giuliano et Antonio. Il commença l'édification du palais Farnèse (achevé par Michel-Ange). Il œuvra à Pérouse, à Rome et au Vatican (chapelle Pauline).

Sangatte Commune du Pas-de-Calais. 4 840 habitants. Station balnéaire. Entrée du tunnel sous la Manche. Centre d'accueil de la Croix-Rouge des migrants étrangers en situation irrégulière de 1999 à 2002.

sang-de-dragon ou **sang-dragon** n. m. **invar.** Résine rouge foncé, fournie par le dragonnier, servant à colorer les vernis.

Sanger (Frederick) Biochimiste britannique (1918-2013). Il découvrit la structure moléculaire de l'insuline et fut le premier à déterminer la séquence ADN complète d'un organisme. Prix Nobel de chimie 1958 et 1980.

sang-froid n. m. invar. Maîtrise de soi qui permet de ne pas céder à l'émotion et de garder sa présence d'esprit. → **¹calme, impassibilité.** *Garder, perdre son sang-froid.* – *Faire qqch. de sang-froid,* délibérément et consciemment.

Sangha n. f. Rivière d'Afrique équatoriale, affluent du Congo. 1 700 km.

San Gimignano Ville d'Italie (Toscane). 7 100 habitants. Cité médiévale : 13 hautes tours carrées (XIIIe-XIVe s.), collégiale (XIIe s.), églises, palais (XIIIe s.).

sanglant, ante adj. (vient du latin → sang) **1.** En sang, couvert de sang. *Plaie sanglante. Poignard sanglant.* → **ensanglanté. 2.** Qui fait couler le sang, s'accompagne d'effusion de sang. → **meurtrier.** *Guerre sanglante.* **3.** fig. Extrêmement dur et outrageant. *Affront sanglant.*

sangle n. f. (vient du latin *cingula,* de *cingere* → ceindre) **1.** Bande large et plate qu'on tend pour maintenir ou serrer qqch. ■ anat. *Sangle abdominale :* ensemble des muscles abdominaux. **2.** alpin. Palier peu incliné permettant de traverser une paroi.

sangler v. tr. < 1 > **1.** *Sangler un cheval,* serrer la sangle qui maintient sa selle. **2.** Serrer fortement. – au p. p. *Sanglé dans un uniforme.*

sanglier n. m. (vient du latin médiéval *singularis [porcus]* « [porc] qui vit seul » → singulier) Porc sauvage à peau épaisse garnie de soies dures, vivant dans les forêts. → **¹laie, marcassin ; solitaire.** *La hure du sanglier.*

sanglot n. m. (vient du latin pop. *singluttus,* de *singultus*) Respiration saccadée et bruyante qui se produit généralement dans les crises de larmes (→ **hoquet**). *Être secoué de sanglots. Éclater en sanglots.* – *Avoir des sanglots dans la voix,* une voix étranglée par des sanglots retenus.

sanglotement n. m. littér. Le fait de sangloter ; suite de sanglots.

sangloter v. intr. < 1 > (vient du latin pop. *singluttare* → sanglot) Pleurer avec des sanglots. – *Sangloter de joie.*

sang-mêlé n. vieilli Personne issue de l'union de races (III, 1) différentes. → **métis.** *Des sang-mêlé* (invar.) ou *des sangs-mêlés.*

Sangnier (Marc) Journaliste et homme politique français (1873-1950). Il fonda la revue *Le Sillon* dans laquelle il développa sa vision d'un catholicisme démocratique sensible aux thèses socialistes, ce qui lui valut d'être condamné par Pie IX. Il fut le pionnier du Mouvement des auberges de jeunesse en France (1930).

sangria n. f. (mot espagnol, de *sangre* « sang », même origine que *sang*) Boisson à base de vin rouge, de fruits, de sucre et d'épices.

sangsue [sɑ̃sy] n. f. (vient du latin « sucesang », de *sanguis* → sang) **1.** Ver d'eau annélide muni de deux ventouses. **2.** fig., fam. Personne importune, qui impose sa présence.

sanguin, ine adj. (latin *sanguineus* → sang) **1.** Du sang, qui a rapport au sang, à sa circulation. *Groupes sanguins.* – *Transfusion sanguine.* **2.** Qui est couleur de sang. *Orange sanguine.* → **sanguine. 3.** méd., ancien *Tempérament sanguin* (forte corpulence, face rouge, caractère irascible). – **n. m.** *C'est un sanguin,* un grand coléreux.

¹sanguinaire adj. (du latin → sang) Qui se plaît à répandre le sang, à tuer. *Tyran sanguinaire.*

²sanguinaire n. f. (latin sc. *sanguinaria*) Plante vivace d'Amérique du Nord, contenant un latex couleur de sang.

Sanguinaires (îles) Îles de Corse situées à l'entrée du golfe d'Ajaccio.

sanguine n. f. **1.** Variété d'hématite rouge. – Crayon fait de cette matière. – Dessin exécuté avec ce crayon. *Une sanguine de Watteau.* **2.** Orange à la pulpe rouge sang.

Sanguineti (Edoardo) Écrivain italien (1930-2010). Dans ses romans et ses poèmes, il s'est employé à la déconstruction du langage et du récit. *Capriccio italiano.*

sanguinolent, ente adj. (du latin → sang) Couvert, teinté de sang. – D'un rouge sang.

sanguisorbe n. f. (du latin bot., de *sanguis* « sang » et *sorbere* « absorber ») bot. Plante communément appelée *pimprenelle*.*

sanhédrin [sanedʀɛ̃] n. m. (de l'hébreu, du grec) hist. Tribunal religieux et civil de la Palestine antique.

sanicle n. f. (du latin bot., de *sanus* « sain ») Plante des régions humides, à fleurs en ombelles, appelée aussi *herbe de Saint-Laurent.*

sanie n. f. (latin *sanies*) méd. (vieux) ou littér. Pus mêlé de sang qui s'écoule des plaies infectées.

sanieux, euse adj. méd. (vieux) Qui contient, laisse écouler de la sanie. *Plaie sanieuse.*

sanisette n. f. (n. déposé ; de *sanitaire*) Toilettes publiques, cabine dont l'ouverture est commandée par un monnayeur.

sanitaire adj. (du latin *sanitas* → santé) **1.** Relatif à la santé publique et à l'hygiène. *Service sanitaire. Cordon* sanitaire.* **2.** Se dit des appareils et installations d'hygiène qui distribuent et évacuent l'eau dans les habitations (baignoires, bidets, lavabos, éviers, WC). – **n. m. pl.** *Les sanitaires,* ces installations ; spécialt les toilettes.

San Joaquin n. m. Fleuve des États-Unis (Californie). 510 km. Il se jette dans la baie de San Francisco.

San Jose Ville des États-Unis (Californie), à proximité de la baie de San Francisco. 1 million d'habitants. Centre agricole. Industries de haute technologie en liaison avec la Silicon Valley.

San José Capitale du Costa Rica, située à 1 200 m d'altitude. 346 800 habitants. Industries. Café.

San Juan n. m. Fleuve du Nicaragua. Environ 200 km. Il relie le lac Nicaragua à la mer des Caraïbes.

San Juan Ville d'Argentine, située au pied des Andes, capitale de la province de San Juan. 414 000 habitants pour l'agglomération. Marché agricole. Vin.

San Juan Capitale de l'État de Porto Rico. 322 850 habitants. Cathédrale du XVIe s. Vieille ville. Port sur l'Atlantique. Aéroport international.

San Juan, le quartier El Condado, sur la côte nord-est de Porto Rico.

Śankarāchārya, Shankara ou **Śankara** Philosophe indien (v. 788-v. 820). Il fonda les sectes shivaïtes (pour lesquelles Shiva est le dieu suprême).

Sankt Anton ou **Sankt Anton am Arlberg** Ville d'Autriche (Tyrol), à 1 304 m d'altitude. 2 564 habitants. Station de sports d'hiver.

Sankt Florian ou **Markt Sankt Florian** Ville d'Autriche (Haute-Autriche). 5 991 habitants. Abbaye du XIe s. reconstruite en style baroque aux XVIIe et XVIIIe siècles.

Sankt Pölten Ville d'Autriche, capitale de la Basse-Autriche. 52 048 habitants. Nombreux monuments et bâtiments baroques. Industries mécanique et textile.

Sanlúcar ou **Sanlúcar de Barrameda** Ville d'Espagne (Andalousie). 69 200 habitants. Arsenal, port d'exportation de vins. Station balnéaire.

San Gimignano

San Gimignano, les maisons-tours, dont certaines s'élèvent à plus de 50 m.

S

San Luis Potosí Ville du Mexique, capitale de l'État de San Luis Potosí. 722 800 habitants. Université. Architecture de style colonial : cathédrale baroque (XVIIe s.), églises (XVIIIe s.). Métallurgie (plomb, cuivre, manganèse). Industries textile et chimique.

San Martín (José de) Général et homme politique argentin (1778-1850). Après avoir lutté contre les Espagnols pour l'indépendance de son pays, il contribua à la libération du Chili (1818), et à celle du Pérou (1821) dont il devint le « protecteur ».

San Martín (lac) Lac des Andes argentines (Patagonie), à cheval sur l'Argentine et le Chili. 1 058 km². Centre touristique.

Sanmicheli (Michele) Architecte italien (1484-1559). Il s'affirma comme grand ingénieur militaire (fortifications de Vérone et de Padoue). Ses réalisations civiles (palais Cornaro Mocenigo ; palais Grimani) annoncent l'esthétique baroque.

San Miguel Ville du Salvador. 201 900 habitants. Églises. Industries textiles.

San Miniato Ville d'Italie (Toscane). 26 370 habitants. Nombreux monuments médiévaux. Centre vinicole.

San Miniato al Monte Église de Florence. Monument représentatif de l'architecture romane florentine (XIe-XIIIe s.).

Sannazaro (Iacopo) Poète et humaniste italien (1455 ou 1456-1530). Il est l'auteur du poème *L'Arcadie*, qui eut une grande influence sur le roman pastoral.

Sannois Commune du Val d'Oise. 26 524 habitants. Tombe de Cyrano de Bergerac.

San Pedro Sula Ville du Honduras. 671 460 habitants. Centre économique et financier.

San Remo ou **Sanremo** Ville d'Italie (Ligurie). 50 600 habitants. Cathédrale San Siro (XIIIe s.). Station balnéaire. Centre du commerce italien des fleurs.

San Remo (conférence de) Conférence qui s'est tenue du 19 au 26 avril 1920. La France, l'Italie et la Grande-Bretagne y discutèrent de l'exécution du traité de Versailles et préparèrent le traité de Sèvres.

sans prép. (vient du latin *sine*) **1.** Préposition qui exprime l'absence, le manque, la privation ou l'exclusion. *Être sans argent. Un film sans intérêt.* ■ (hypothèse) *Sans toi, j'étais mort !*, si tu n'avais pas été là, j'étais mort. – *Sans quoi, sans cela...* → **autrement, sinon.** ■ (dans des loc. de valeur négative) *Sans cesse, sans exception.* – *Non sans* : avec. ■ (+ inf.) *Il partit sans dire un mot.* – loc. *Cela va sans dire*. Vous n'êtes pas sans savoir* que...* **2.** loc. conj. *Sans que* (+ subj.). « *Sans qu'on s'en aperçût* » (Rousseau). **3.** adv. fam. *Comment faire sans ?*

S

sans-abri [sɑ̃zabʀi] n. Personne qui n'a pas de logement. → **sans-logis.** *Reloger les sans-abris* ou *les sans-abri* (invar.).

San Salvador Capitale du Salvador. 209 600 habitants (agglomération 1 817 600). Université. Archevêché. Centre économique du pays (industrie textile, manufactures de tabac).

San Salvador de Jujuy Ville du N.-O. de l'Argentine. 238 000 habitants.

sans-cœur n. fam. Personne qui est insensible à la souffrance d'autrui. *Des sans-cœurs* ou *des sans-cœur* (invar.).

sanscrit, ite voir **sanskrit, ite**

sans-culotte n. m. (à cause de la culotte aristocratique) hist. Nom que se donnaient les républicains les plus ardents, sous la Révolution française. *Les sans-culottes.*

sans-emploi [sɑ̃zɑ̃plwa] n. (surtout au plur.) Personne sans travail. → **chômeur.** *Les sans-emplois.*

Sansepolcro anciennement **Borgo Sansepolcro** Ville d'Italie (Toscane). 15 700 habitants. Cathédrale des XIIe et XIVe siècles.

San Severo Ville d'Italie (Pouilles). 55 860 habitants. Vestiges de la cité médiévale. Centre commercial, industriel et agricole (viticulture).

sansevière n. f. (du latin sc., du n. du prince de San Severo) Plante (liliacée) des régions tropicales, qui fournit une fibre textile très résistante.

sans-façon n. m. littér. Désinvolture. ■ Simplicité dans les manières. *Des sans-façons.*

sans-faute n. m. sports Parcours effectué sans aucune faute. – par ext. Prestation parfaite. *Des sans-fautes.*

sans-fil n. m. **1.** vieux Message transmis par radiotélégraphie. *Des sans-fils.* **2.** Téléphone sans fil.

sans-filiste n. **1.** Opérateur de TSF. → **²radio. 2.** Personne qui pratique la TSF en amateur. *Des sans-filistes.*

sans-gêne **1.** adj. invar. Qui agit avec une liberté, une familiarité excessives. – n. *Un, une sans-gêne.* **2.** n. m. Attitude d'une personne qui ne se gêne pas pour les autres. → **désinvolture, impolitesse.** *Des sans-gêne* (invar.) ou *des sans-gênes.*

sans-grade **1.** n. m. Simple soldat. *Des sans-grades.* **2.** n. Exécutant, subalterne.

sanskrit, ite ou **sanscrit, ite** (du sanskrit « parfait ; qui observe la grammaire ») n. m. Langue indo-européenne, langue classique de la civilisation brahmanique de l'Inde. *Sanskrit et prâkrits*.* – adj. *Grammaire sanskrite.*

sanskritisme ou **sanscritisme** n. m. didact. Étude du sanskrit. □ n. **sanskritiste** ou **sanscritiste**

sans-le-sou n. invar. fam. Personne sans argent.

sans-logis n. Personne qui ne dispose pas d'une habitation. → **sans-abri.**

Sanson Famille d'origine florentine dont les représentants assurèrent la charge de bourreau à Paris, de 1688 à 1847. ■ **Charles Henri Sanson** (1740-1806) procéda à l'exécution de Louis XVI. ■ Son fils, **Henri Sanson** (1767-1840) fut l'exécuteur de la Terreur et guillotina Marie-Antoinette.

Sanson (Véronique) Compositrice, autrice, pianiste et interprète française (née en 1949). Elle a composé l'intégralité de son répertoire, servi par une voix au vibrato unique dans la chanson française. *Amoureuse ; Chanson sur ma drôle de vie ; Vancouver ; Ma révérence.*

sansonnet n. m. (de *Samson*, n. propre) Étourneau. – loc. fam. *De la roupie* de sansonnet.*

Sansovino (Andrea Contucci, dit il) Sculpteur et architecte italien (v. 1467-1529). Il travailla à Florence (*Baptême du Christ* du baptistère) et à Rome. Son œuvre illustre le passage de l'art du Quattrocento, encore médiéval, à celui de la première Renaissance. ■ **Iacopo Tatti, dit il Sansovino.** Sculpteur et architecte italien (1486-1570). Fils adoptif et disciple d'Andrea Contucci. Il acquit sa réputation grâce à ses réalisations vénitiennes : palais Corner ; Libreria Vecchia.

sans-papiers ou **sans-papier** n. Personne qui ne possède pas les documents d'identité requis dans le pays où elle se trouve et qui est de ce fait en situation irrégulière. *Des sans-papiers.*

sans-parti n. Personne qui n'est inscrite à aucun parti. *Les sans-partis.*

sans-patrie n. invar. ou RO n. Personne qui n'a juridiquement pas de patrie. → **apatride.**

sans-souci adj. invar. Insouciant.

Sans-Souci (château de) Palais de style rococo situé dans les environs de Potsdam, commandé par Frédéric II en 1744, achevé en 1747.

San Stefano (traité de) Traité (1878) signé par la Russie et la Turquie et qui mit fin à la guerre russo-turque.

Santa Ana Ville des États-Unis (Californie), au S. de Los Angeles. 324 500 habitants. Centre agricole, commercial et financier. Haute technologie.

Santa Ana Ville du Salvador, au pied du volcan Santa Ana. 204 300 habitants. Centre commercial au cœur d'une région agricole (café).

Santa Anna (Antonio López de) Général et homme d'État mexicain (1794-1876). Élu président de la République en 1833, il dut reconnaître la sécession du Texas (1836), puis céder la Californie et le Nouveau-Mexique aux États-Unis (1848). Il se proclama dictateur à vie en 1853 mais fut écarté en 1855.

Santa Barbara Ville des États-Unis (Californie), au N. de Los Angeles. 88 400 habitants. Mission espagnole du XVIIIe s. Centre résidentiel. Station balnéaire.

Santa Catarina État du Brésil (Région Sud). 95 443 km². 6,2 millions d'habitants. Capitale : Florianópolis. Riche zone agricole (riz, blé, vigne, pomme de terre) et d'élevage (volailles, porcs). Mines de charbon. Industries textile et mécanique.

Santa Clara Ville de Cuba, chef-lieu de la province de Villa Clara. 238 500 habitants. Université. Centre industriel. Mausolée de Che Guevara.

Santa Cruz (îles) Archipel mélanésien, dépendance des îles Salomon (province de Temotu). 938 km². Environ 6 000 habitants.

Santa Cruz Province d'Argentine (Patagonie méridionale). 244 000 km². 274 000 habitants. Capitale : Río Gallegos. Élevage de moutons. Pétrole, gaz et charbon.

Santa Cruz ou **Santa Cruz de la Sierra** Ville de Bolivie, au pied des Andes orientales sur le fleuve Piray. 1 372 400 habitants. Université. Ressources minières (pétrole, minéraux) et agricoles (canne à sucre, fruits, bois, élevage).

Santa Cruz de Tenerife Ville d'Espagne, dans l'île de Tenerife, chef-lieu de province et l'une des deux capitales de la Communauté autonome des Canaries. 209 190 habitants. Raffinerie de pétrole. Tourisme.

Santa Fe Ville d'Argentine, capitale de province. 442 000 habitants. Port fluvial. Université. Industries textile et agroalimentaire. Riche zone agricole (céréales, élevage de bovins).

Santa Fe Ville des États-Unis, capitale du Nouveau-Mexique, sur la rivière Santa Fe. 87 500 habitants. Équipement nucléaire. Artisanat hispano-indien. Bâtiments de style colonial espagnol (palais du gouverneur du XVIIe s., chapelle San Miguel du XVIIIe s.). Fondée en 1605, Santa Fe est la plus ancienne ville de l'O. des États-Unis.

Santa Isabel voir **Malabo**

santal, als n. m. (origine sanskrite) Arbre exotique dont le bois, imputrescible, fournit une essence balsamique. – Son bois. *Faire brûler du santal.* – Parfum qui en est extrait.

Santa Marta Ville de Colombie, sur la mer des Antilles. 456 000 habitants. Port d'exportation (cuir, banane, cacao, café).

Santa Monica Ville des États-Unis (Californie), sur l'océan Pacifique. 93 000 habitants. Port. Industrie aéronautique. Centre de recherche scientifique. Station balnéaire.

Santander (Francisco de Paula) Homme d'État colombien (1792-1840). Il s'opposa à Bolívar et fut président de la République de la Nouvelle-Grenade de 1832 à 1836.

Santander Ville d'Espagne sur le golfe de Gascogne, capitale de la Cantabrie. 173 370 habitants. Cathédrale du XIVe s. Palais royal de la Magdalena. Port de pêche et de commerce. Centre industriel (métallurgie, chimie, textile).

Santarém Ville du Brésil (État de Pará), au confluent de l'Amazone et du Tapajós. 216 000 habitants. Port fluvial. Bois, caoutchouc.

Santarém Ville du Portugal (Ribatejo), sur le Tage. 29 790 habitants. Édifices religieux (XIIIe, XVIe et XVIIe s.).

Santayana (George) Philosophe et écrivain américain d'origine espagnole (1863-1952). Il développa une vision mécaniste de la réalité et publia de nombreux essais philosophiques, un roman *(Le Dernier Puritain)* et une autobiographie *(Gens et lieux)*.

santé n. f. (vient du latin *sanitas* [→ sanitaire], de *sanus* → sain) **1.** Bon état physiologique d'un être vivant, fonctionnement régulier et harmonieux de l'organisme. *Être plein de santé. Elle n'a pas de santé. Mauvais pour la santé.* → **malsain.** – fam. *Il a la santé !* ; fig. il a de l'aplomb. – *Boire à la santé de qqn*, en son honneur. → **trinquer.** *À ta santé !* **2.** Fonctionnement plus ou moins harmonieux de l'organisme, sur une période assez longue. *Être en bonne ; en mauvaise santé* (→ **malade**). *Sa santé se rétablit* (→ **convalescence**). *Bilan* de santé.* – *Comment va la santé ?* **3.** Équilibre psychique. *Santé mentale, intellectuelle.* **4.** État sanitaire d'une société. *Santé publique.* **5.** État plus ou moins satisfaisant (dans le domaine économique). *La bonne santé du yen.*

Sant'Elia (Antonio) Architecte et urbaniste italien (1888-1916). Son projet de ville nouvelle *(Città nuova)* devint, avec la collaboration de Marinetti, le *Manifeste de l'architecture futuriste.*

Santer (Jacques) Homme d'État luxembourgeois (né en 1937). Premier ministre de 1984 à 1995, il fut président de la Commission européenne de 1995 à 1999.

Santerre (Antoine Joseph) Homme politique français (1752-1809). Il fut nommé chef de la Garde nationale de Paris en 1792, et fut général de division en Vendée en 1793.

Santerre n. m. Région naturelle de Picardie, située entre la Somme et la vallée de l'Avre. Ville principale : Montdidier. Cultures céréalières.

santiag [sɑ̃tjag] n. f. (probablt de *Santiago*) Botte de cuir à piqûres décoratives, à bout effilé et à talon oblique. *Des santiags.*

Santiago Capitale du Chili, chef-lieu de la province du même nom, sur le Mapocho, dans le N. de la Vallée centrale. 5,2 millions d'habitants. Métropole économique. Secteur tertiaire. Universités. La ville fut fondée en 1541 par Pedro de Valdivia.

Santiago, la ville enserrée par les montagnes.

Santiago de Cuba Ville de Cuba, chef-lieu de la province du même nom, au S. de l'île. 494 500 habitants. Université. Monuments d'architecture coloniale. Port de commerce. Construction navale. Sidérurgie. Rhumeries. Manufactures de tabac.

Santiago del Estero Ville d'Argentine, capitale de la province du même nom, sur le río Dulce. 373 000 habitants. Centre de commerce. Industrie agroalimentaire.

Santiago de los Caballeros Ville de la République dominicaine. 575 000 habitants. Centre commercial et industriel (tabac, café, cuir).

Santillana (Iñigo López de Mendoza, marquis de) Homme de guerre et poète espagnol (1398-1458). Il introduisit le

Santos-Dumont (Alberto)

Alberto Santos-Dumont volant dans une *Demoiselle*, aéroplane de sa conception, à Bagatelle (v. 1907).

sonnet à l'italienne dans la poésie espagnole. *Serranillas.*

Säntis n. m. Sommet des Alpes suisses (2 503 m), dans le massif de l'Alpstein.

Santo André Ville du Brésil (État de São Paulo). 674 000 habitants. Métallurgie, mécanique, chimie.

Santo Domingo de Guzmán voir **Saint-Domingue**

Santō Kyōden Écrivain japonais (1761-1816). Il est l'auteur de romans populaires aux intrigues compliquées. *Keisakai shijûhatte* (« Quarante-huit façons d'acheter une courtisane »).

santoline n. f. (du latin) Arbrisseau aromatique dont les feuilles ont des propriétés vermifuges.

santon n. m. (du provençal « petit saint » → saint) Figurine provençale ornant les crèches de Noël.

santonnier, ière n. Artisan qui fabrique des santons.

Santons n. m. pl. Peuple de la Gaule établi autour de *Mediolanum Santonum* (Saintes).

Santorin ou **Théra** Île grecque de la mer Égée, la plus méridionale des Cyclades. 85 km². 10 000 habitants. Chef-lieu : Thira. Volcan actif. Vestiges de la cité antique d'Akrotiri. Vignobles. Tourisme.

Santorin, Thirasia et l'anse volcanique vus par satellite.

Santorio latinisé en **Sanctorius** Médecin italien (1561-1636). Il inventa le thermomètre et divers instruments médicaux de mesure.

Santos Ville du Brésil (État de São Paulo). 419 400 habitants (agglomération 1 663 000). Principal port du Brésil. Exportation de café. Industries métallurgiques et chimiques.

Santos (Juan Manuel) Homme d'État colombien (né en 1951). Président de la République de 2010 à 2018, il parvint à un accord avec les FARC afin de mettre fin à la guérilla qui ensanglantait le pays depuis 1964. Prix Nobel de la paix 2016.

Santos-Dumont (Alberto) Ingénieur et aéronaute brésilien (1873-1932). Installé en France, il créa différents modèles de dirigeables. Il fut un pionnier de l'aviation.

santour n. m. (mot arabe, du grec *psaltêrion* → psaltérion) Cithare d'Iran et d'Inde, dont on frappe les cordes avec deux fines baguettes.

sanve n. f. (du latin, du grec *sinapi* « moutarde » → sinapisme) régional Moutarde des champs. → **sénevé.**

sanza [sɑ̃za ; sanza] n. f. (mot d'une langue africaine) Instrument de musique africain fait de lamelles vibrantes.

São Bernardo do Campo Ville du Brésil (État de São Paulo). 752 400 habitants. Construction automobile.

São Francisco n. m. Fleuve du Brésil. 3 161 km. Il prend sa source dans le Minas Gerais et se jette dans l'Atlantique. Équipements hydroélectriques.

São Gonçalo Ville du Brésil, dans la banlieue de Rio de Janeiro. 999 160 habitants.

São João de Meriti Ville du Brésil (État de Rio de Janeiro). 459 400 habitants.

São José do Rio Prêto Ville du Brésil (État de São Paulo). 383 600 habitants.

São José dos Campos Ville du Brésil (État de São Paulo). 615 600 habitants. Centre aérospatial, construction aéronautique.

São Luís Ville du Brésil, capitale de l'État du Maranhão. 955 600 habitants. Monuments des XVIIe-XVIIIe siècles.

Saône n. f. Rivière de l'E. de la France, affluent du Rhône. 480 km. Elle prend sa source dans les environs d'Épinal, arrose la Haute-Saône, la Côte-d'Or, la Saône-et-Loire, et rejoint le Rhône près de Lyon. Elle est navigable sur 375 km. Le canal de Bourgogne la relie à la Seine et à la Marne, le canal du Centre, à la Loire.

Saône (Haute-) n. f. [70] Département français de la Région Bourgogne-Franche-Comté (→ carte). 5 360 km². 234 601 habitants. Chef-lieu : Vesoul. Chef-lieu d'arrondissement : Lure. Le territoire se partage, à l'O., entre un plateau calcaire traversé par la haute vallée de la Saône et, au N., par la Vôge gréseuse, prolongée au N.-E. par les reliefs vosgiens. La population, peu dense, est essentiellement rurale (élevage bovin et polyculture en plaine, sylviculture sur les reliefs). L'industrie du bois et l'industrie textile traditionnelle, en déclin, sont concentrées à l'E. L'attractivité des villes extérieures au département (Dijon, Besançon, Belfort) favorise l'exode rural.

S

Saône-et-Loire n. f. [71] Département français de la Région Bourgogne-Franche-Comté (→ carte). 8 575 km^2. 551 063 habitants. Chef-lieu : Mâcon. Chefs-lieux d'arrondissement : Autun, Chalon-sur-Saône, Charolles, Louhans. Le département drainé par de nombreuses rivières (Arroux, Saône, Grosne) et par le canal du Centre, est occupé, à l'O., par les reliefs du Morvan, au centre, par les monts du Mâconnais, au S., par ceux du Charolais et, au S.-E., par les collines de l'Autunois et de la Bresse. Au cœur de cet ensemble à dominante rurale (viande bovine du Charolais, vignobles de la côte chalonnaise et du Mâconnais, volailles bressanes), sont concentrés les sites industriels (sidérurgie, chimie et industries mécaniques) de l'Autunois et du bassin du Creusot.

São Paulo État du Brésil, dans le Sudeste. 248 809 km^2. 41,2 millions d'habitants. Capitale : São Paulo. Bordé par l'Atlantique sur plus de 600 km, c'est l'État le plus peuplé du Brésil et le principal centre économique du pays. Agroalimentaire (oranges, café, canne à sucre). Industries diversifiées.

São Paulo Ville du Brésil, capitale de l'État de São Paulo, sur le rio Tietê. 11 125 000 habitants (agglomération 19,7 millions). Centre culturel et scientifique. Métropole économique. Première place financière du Brésil.

São Paulo

La mégalopole de São Paulo, la plus grande ville du Brésil, et ses gratte-ciels.

São Tomé e Príncipe

ou Sao Tomé-et-Principe ■ offic. République démocratique de Sao Tomé-et-Principe Pays insulaire au large du Gabon, au sud-est du golfe de Guinée formé de deux îles principales, São Tomé (859 km^2) et Príncipe (142 km^2), et de quatorze îlots, dont Pedras Tinhosas et Rolas. → Guinée équatoriale (carte). 1 001 km^2. 179 200 habitants (les *Santoméens*). **Langue :** portugais (offic.), forro (créole lusophone). **Religion :** catholiques en majorité. **Monnaie :** dobra. **Capitale :** São Tomé. **Régime :** présidentiel.

L'archipel volcanique au climat tropical humide est recouvert de forêts. L'agriculture vivrière (banane, patate douce, igname) ou d'exportation (cacao, café, coprah, huile de palme, canne à sucre) et la pêche (thon) sont essentielles à l'économie du pays. Le pays sert de base de stockage aux industriels et aux commerçants du golfe de Guinée. En 2004, des concessions pétrolières importantes ont été accordées à des compagnies américaines.

HISTOIRE

L'archipel fut découvert par les Portugais en 1471 : ils y envoyèrent des prisonniers, des juifs bannis par l'Inquisition et des esclaves d'Angola. Au XVIe siècle, plusieurs révoltes aboutirent à la création d'une principauté autonome. Au XIXe siècle, elle devint le premier producteur mondial de cacao. Le pays a obtenu son indépendance en 1975.

saoul, saoule ; saouler voir soûl ; soûler

Saoura n. f. Région de l'O. algérien, le long de la frontière avec le Maroc, le Sahara occidental, la Mauritanie et le Mali. Ressources minières.

sapajou n. m. (du tupi) Petit singe de l'Amérique centrale et du Sud, à longue queue préhensile. *Des sapajous.* - syn. **sajou.**

[1]sape n. f. (de [1]*saper*) I. Tranchée ou fosse creusée sous une construction pour la faire écrouler. II. Action de saper. *Travaux de sape.* – fig. *Faire un travail de sape.* → [1]**saper** (2).

[2]sape n. f. (de [2]*se saper*) fam. *Les sapes, la sape :* les vêtements. → **fringue.**

sapèque n. f. (malais *sapek*) Ancienne monnaie chinoise et indochinoise de faible valeur.

[1]saper v. tr. < 1 > (de l'italien, de *zappa* « pioche ») **1.** Détruire les assises de (une construction) pour faire écrouler. **2.** fig. → **ébranler, miner.** – fam. *Il m'a sapé le moral.*

[2]se saper v. pron. < 1 > (origine obscure) fam. S'habiller. – au p. p. *Être bien sapé.*

saperde n. f. (du latin, du grec *saperdês* « poisson salé ») Insecte longicorne (coléoptère) dont les larves vivent dans le bois.

saperlipopette interj. (altération de *sacré* → **sapristi**) fam. et vieilli Juron exprimant le dépit.

[1]sapeur n. m. Soldat du génie employé à la sape et à d'autres travaux.

[2]sapeur n. m. (de *se saper*) (Afrique) Homme qui s'habille avec élégance et souci de paraître.

sapeur-pompier n. admin. Pompier. *Des sapeurs-pompiers.* - Au fém. : *une sapeur-pompier* ou *une sapeuse-pompière.*

saphène n. f. (arabe *safin* « veine ») anat. Chacune des deux veines qui collectent le sang des veines superficielles de la jambe. – adj. *Veine saphène.*

saphique adj. (de *Sapho* [Sapphô]) littér. Relatif à l'homosexualité féminine. → **gomorrhéen, lesbien.**

saphir n. m. (origine sémitique) **1.** Pierre précieuse très dure, transparente et bleue. – *Un saphir,* cette pierre taillée. ■ adj. invar. Bleu et lumineux. **2.** Petite pointe de cette matière qui constitue la tête de lecture d'un électrophone.

saphisme n. m. (de *Sapho* → **saphique**) littér. Homosexualité féminine. → **lesbianisme.**

sapide adj. (latin *sapidus* → **sage**, de *sapere* → [1]**savoir**) didact. Qui a du goût, de la saveur (contr. **insipide**).

sapidité n. f. didact. Qualité de ce qui est sapide. → **goût, saveur.** – *Agent de sapidité* (additif alimentaire).

sapience n. f. (latin *sapientia*, de *sapiens* « sage ») vieux Sagesse et science.

sapiential, iale, iaux adj. et n. (bas latin *sapientialis*, de *sapientia* → **sapience**) théol. *Les livres sapientiaux* ou *les sapientiaux :* les livres de la Bible qui contiennent surtout des maximes morales.

sapin n. m. (vient du latin *sapinus*) **1.** Arbre résineux (conifère) à tronc droit, à branches inclinées et à feuilles (aiguilles) persistantes. – *Sapin de Noël* (en réalité épicéa), qu'on décore pour Noël. **2.** Bois de cet arbre.

sapinage n. m. (Canada) Branches de sapin, de conifères.

sapine n. f. (de *sapin*) techn. Appareil de levage, pylône supportant une grue, utilisé sur les chantiers de construction.

sapinette n. f. (de *sapin*) Épicéa d'Amérique du Nord.

sapinière n. f. Forêt, plantation de sapins.

Sapir (Edward) Linguiste et anthropologue américain d'origine allemande (1884-1939). Auteur d'importants travaux sur les cultures et les langues amérindiennes, il opéra une typologie des langues à partir d'une analyse conceptuelle et non plus historique. Il fut l'un des pionniers de la linguistique fonctionnelle et sociale *(Language).*

sapiteur n. m. (du provençal, du latin *sapere* → [1]**savoir**) dr. mar. Expert chargé d'estimer la valeur des marchandises.

saponacé, ée adj. (du latin *sapo* → **savon**) didact. Qui a les caractères du savon.

saponaire n. f. (du latin médiéval, de *sapo* → **savon**) Plante à fleurs roses et odorantes, qui contient une substance qui peut mousser comme du savon.

saponification n. f. (du latin *sapo* → **savon**) chim. Réaction suivant laquelle les corps gras (esters de la glycérine) sont dédoublés en glycérine et acides gras.

saponifier v. tr. < 7 > (du latin *sapo* → **savon**) didact. Transformer en savon par saponification. □ adj. **saponifiable**

saponine n. f. (du latin *sapo* → **savon**) chim. Glucoside extrait de certains végétaux et dont la solution aqueuse mousse par simple agitation.

sapotille n. f. (origine aztèque) Fruit du sapotillier, grosse baie charnue qui se mange blette.

sapotillier n. m. (de *sapotille*) Grand arbre d'Amérique centrale, dont le bois répand en brûlant une odeur d'encens. - syn. **sapotier.**

Sappho ou **Sapho** Poète grecque originaire de l'île de Lesbos (fin VIIe-début VIe s. av. J.-C.). De ses nombreux poèmes sur la beauté féminine et l'amour, au lyrisme érotique, ne reste que l'*Ode à Aphrodite,* recueil de 650 vers composé en strophes brèves (« saphiques »).

Sapporo Ville du Japon (Hokkaidō). 975 000 habitants. Universités. Centre administratif. Industries légères (alimentaire, textile, papeterie).

sapristi interj. (de *sacristi* [vieux], altération de *sacré* → **saperlipopette**) vieilli Juron familier exprimant l'étonnement ou l'exaspération.

sapro- Élément (du grec *sapros*) qui signifie « putride ».

sapropèle n. m. (de *sapro-* et du grec *pêlos* « limon », par l'allemand) Boue noire, riche en matières organiques en décomposition, qui serait à l'origine de la formation des pétroles.

saprophage adj. (de *sapro-* + *-phage*) zool. Qui se nourrit de matières putréfiées. → **détritivore.**

S

saprophyte adj. et n. m. (de *sapro-* + *-phyte*) **1.** biol. Qui tire les substances qui lui sont nécessaires des matières organiques en décomposition. *Champignons saprophytes.* **2.** méd. *Germes saprophytes,* qui vivent dans l'organisme sans être pathogènes. – **n. m.** *Les saprophytes.*

Saqqara ou **Sakkara** Site archéologique d'Égypte, au S. du Caire. Il abrite la grande nécropole de Memphis, où se trouve la pyramide à degrés du roi Djéser (IIIe dynastie, vers –2600), ainsi que de nombreux mastabas des IVe, Ve et VIe dynasties.

Saqqara, la pyramide à degrés de Djéser (v. 2600 av. J.-C.).

saquer v. tr. < 1 > (de ¹*sac*) fam. **1.** Renvoyer, congédier. – Noter sévèrement. **2.** *Ne pas pouvoir saquer qqn,* le détester (→ **encadrer, encaisser ; sentir**). - var. **sacquer.**

sarabande n. f. (espagnol *zarabanda,* d'origine persane) **1.** Danse d'origine espagnole, au rythme vif. **2.** Ancienne danse française grave et lente, voisine du menuet, qui se dansait par couples. *Une sarabande de Bach.* **3.** loc. *Danser, faire la sarabande :* faire du tapage, du vacarme.

Saraceno (Tomás) Plasticien et architecte argentin (né en 1973). Attentif aux phénomènes du cosmos, à la nature, à l'urbanisme, il a notamment proposé des installations dévoilant la subtile architecture des toiles tissées par les araignées *(On Air).*

Saragat (Giuseppe) Homme d'État italien (1898-1988). Fondateur du Parti social démocrate italien en 1947, il fut président de la République de 1964 à 1971.

Saragosse en espagnol **Zaragoza** Ville d'Espagne, capitale de la Communauté autonome d'Aragon, sur l'Èbre. 678 115 habitants. Université. Cathédrale de style néoclassique et baroque. Églises de style mudéjar. Centre industriel, commercial et culturel. Saragosse fut la capitale d'un royaume maure au XIe s. Elle fut ensuite reconquise par Alphonse Ier (XIIe s.) qui en fit la capitale de l'Aragon.

Sarah ou **Sara** Personnage biblique, épouse d'Abraham. Elle enfanta Isaac à 90 ans.

Sarajevo [-jevo] Capitale de la Bosnie-Herzégovine, sur la Miljacka. 400 000 habitants. Archevêché catholique et orthodoxe. Mosquées. Centre artisanal (cuir, tapisserie, cuivre) et industriel (textile, métallurgie). L'archiduc d'Autriche François-Ferdinand y fut assassiné le 28 juin 1914, ce qui déclencha la Première Guerre mondiale. La ville accueillit en 1984 les Jeux olympiques d'hiver. De mars 1992 à août 1995, Sarajevo fut assiégée par les troupes serbes hostiles à l'indépendance de la Bosnie-Herzégovine.

Sarakolés voir **Soninkés**

Saramago (José) Romancier portugais (1922-2010). Mêlant réalité historique et fiction, il s'est servi de l'histoire de son pays pour y trouver les moyens d'éclairer l'époque contemporaine. *Le Dieu manchot ; La Lucidité.* Prix Nobel 1998.

Saragosse

Saragosse, l'église Nuestra Señora del Pilar (XVIIe s.), sur l'Èbre, important lieu de pèlerinage.

Saran Commune du Loiret, près d'Orléans. 16 598 habitants. Industries graphiques. Plateforme logistique.

Saransk Ville de Russie, capitale de la Mordovie. 298 000 habitants. Centre industriel.

Sarapis voir **Sérapis**

Sarasate y Navascués (Martín, dit Pablo de) Violoniste et compositeur espagnol (1844-1908). Brillant virtuose, il est aussi l'auteur de pièces inspirées du folklore espagnol. Lalo et Saint-Saëns lui dédièrent des œuvres.

Sarasin (Jean-François) Poète français (v. 1614-1654). Ami de Scarron et rival de Voiture, il est l'auteur de sonnets, de madrigaux et d'épîtres dans un style précieux. *La Pompe funèbre de Voiture.*

Sarasvatī Déesse des Arts, de la Connaissance et de la Parole dans les religions hindoues. Elle est l'épouse de Brahmā.

Saratoga Springs ou **Saratoga** Ville des États-Unis (État de New York). 25 600 habitants. Textile, équipements électriques, tourisme. Durant la guerre de l'Indépendance, la ville fut le théâtre d'une importante victoire américaine sur les Britanniques (1777).

Saratov Ville de Russie, chef-lieu de région, sur la Volga. 840 000 habitants. Cathédrale de style baroque. Musées. Traitement et transport du gaz (gazoduc Saratov-Moscou) et du pétrole.

Sarawak État de la Fédération de Malaisie, sur l'île de Bornéo. 124 449 km². 2 312 600 habitants. Capitale : Kuching. Vaste ensemble forestier. Plantations (hévéas, cacao, poivre). Pétrole et gaz naturel. Sarawak est un ancien protectorat britannique, rattaché à la Malaisie en 1963.

Sarazin ou **Sarrazin** (Jacques) Sculpteur français (1588-1660). Ses réalisations annoncent le classicisme (cariatides du pavillon de l'Horloge, au Louvre).

sarbacane n. f. (espagnol *cerbatana,* du malais, par l'arabe) Tube creux servant à lancer de petits projectiles, par la force du souffle.

Les sarbacanes sont encore utilisées par les peuples chasseurs cueilleurs, comme ici à Bornéo.

sarcasme n. m. (du grec « rire amer », de *sarx, sarkos* → **sarc[o]-**) Dérision, raillerie insultante. – Trait d'ironie mordante. *Décocher des sarcasmes.*

sarcastique adj. (→ sarcasme) Moqueur et méchant. *Un sourire sarcastique.* → **sardonique.** □ adv. **sarcastiquement**

sarcelle n. f. (vient du latin, du grec) Oiseau palmipède, plus petit que le canard commun.

Sarcelles Chef-lieu d'arrondissement du Val d'Oise. 58 483 habitants. Vaste ensemble résidentiel édifié par Boileau et Labourdette (1958-1961).

sarcine n. f. (latin *sarcina* « paquet ») biol. Bactérie saprophyte dont les éléments peuvent se disposer en masses cubiques.

sarcler v. tr. < 1 > (vient du latin *sarculare,* de *sarire* [même sens]) **1.** Arracher en extirpant les racines, avec un outil (sarcloir, etc.). *Sarcler le chiendent.* **2.** Débarrasser (un lieu ; une culture) des herbes nuisibles avec un outil. *Sarcler un potager.* □ n. m. **sarclage**

sarclette n. f. (de *sarcler*) Petit sarcloir.

sarcleur, euse n. **1.** Personne employée à sarcler. **2.** n. f. Machine à sarcler.

sarcloir n. m. Outil servant à sarcler.

sarc(o)- Élément (du grec *sarx, sarkos*) qui signifie « chair ».

Sarajevo

Sarajevo, à 500 m d'altitude, au pied du massif des Alpes dinariques.

sarcoïde n. f. (de *sarcome* et *-oïde*) pathol. Nodule de la peau constitué par un infiltrat de cellules conjonctives particulières et de cellules lymphoïdes.

sarcoïdose n. f. (de *sarcoïde* et ²*-ose*) méd. Maladie d'origine inconnue, pouvant entraîner des problèmes respiratoires, un développement important des ganglions et des lésions de la peau.

sarcome n. m. (grec *sarkôma*, famille de *sarx, sarkos* → sarc[o]-) méd. Tumeur maligne développée aux dépens du tissu conjonctif. □ adj. **sarcomateux, euse**

sarcomère n. m. (de *sarco-* + *-mère*) anat. Unité fonctionnelle contractile de la fibrille musculaire striée.

sarcophage n. m. (du latin, du grec *sarkophagos* « qui consume la chair » → cercueil ; sarc[o]- et -phage) Cercueil de pierre. *Sarcophages égyptiens.*

Sarcophage figurant le sacrifice de Polyxène sur le tombeau d'Achille, trouvé près de Troie (VIe s. av. J.-C.), Musée archéologique, Çanakkale (Turquie).

sarcoplasme n. m. (de *sarco-* et *plasma*) biol. Cytoplasme qui entoure les fibrilles des fibres musculaires. □ adj. **sarcoplasmique**

sarcopte n. m. (de *sarc[o]-* et du grec *koptein* « couper ») Acarien parasite de l'homme et de certains mammifères, qui provoque la gale.

Sardaigne n. f. en italien **Sardegna** Île italienne de la mer Tyrrhénienne, au S. de la Corse, formant une région administrative autonome. 24 090 km². 1 631 900 habitants. Chef-lieu : Cagliari. Chefs-lieux de province : Cagliari, Nuoro, Oristano, Sassari. Malgré l'importante plaine du Campidano, c'est un territoire essentiellement montagneux (point culminant : punta la Marmora, dans le Gennargentu, 1 834 m). Élevage ovin ; cultures céréalières et maraîchères. Extraction minière (charbon, plomb, zinc, cuivre), sidérurgie, pétrochimie, agroalimentaire, cimenterie. Tourisme. De nombreux dolmens et nuraghi (1400-900 av. J.-C.) témoignent d'une civilisation préhistorique originale. Du fait de sa position géographique au cœur de la Méditerranée, l'île connut de nombreuses invasions : les Phéniciens (VIIe s. av. J.-C.), les Vandales (Ve s.), et les Arabes (VIIIe-XIe s.). Elle passa ensuite aux Génois (1284), puis à l'Aragon (1325). En 1708, l'Autriche s'en empara avant de la transmettre à la maison de Savoie. L'île fut enfin rattachée au royaume d'Italie en 1861, et devint région autonome en 1948.

Sardaigne, un village de pêcheurs.

Sardanapale Roi légendaire d'Assyrie souvent mentionné par les historiens grecs. Assiégé par les Mèdes, il se serait suicidé en incendiant son palais.

S

sardane n. f. (mot catalan) Danse catalane à plusieurs danseurs formant un cercle.

sarde adj. (du latin, du grec *Sardô* « Sardaigne ») De la Sardaigne. – n. *Les Sardes.* ■ n. m. Groupe de parlers romans de la Sardaigne.

Sardes Ancienne ville d'Asie Mineure, sur le Pactole. Capitale du royaume de Lydie, elle connut son apogée sous le règne de Crésus. Ruines du temple hellénistique d'Artémis, sur le site de Sart, en Turquie.

sardine n. f. (vient du latin « [poisson] de Sardaigne ») **1.** Petit poisson, très abondant dans la Méditerranée et l'Atlantique. *Un banc de sardines. – Une boîte de sardines à l'huile.* – loc. *Être serrés comme des sardines,* très serrés. **2.** fam. Piquet de tente de camping.

sardinelle n. f. (de *sardine*) (Afrique) Petit poisson proche de la sardine.

sardinerie n. f. Conserverie de sardines.

sardinier, ière I. adj. Relatif à la pêche ou à l'industrie de la conserve des sardines. *Bateau sardinier* et n. m. *un sardinier.* II. n. **1.** Pêcheur, pêcheuse de sardines. **2.** Ouvrier, ouvrière d'une sardinerie.

sardoine n. f. (latin *sardonyx* → sardonyx) Variété de calcédoine de couleur brunâtre.

sardonique adj. (du grec *sardanios*, p.-ê. « herbe de Sardaigne » [provoquant un rictus]) Qui exprime une moquerie amère, froide et méchante. *Rire, rictus sardonique.* → sarcastique. □ adv. **sardoniquement**

sardonyx n. f. (mot latin, du grec ; famille de *sarde*) minér. Agate blanche et orangée.

Sardou (Victorien) Auteur dramatique français (1831-1908). Habile constructeur d'intrigues, il s'illustra dans le drame bourgeois *(La Famille Benoîton)* et dans des pièces historiques *(La Tosca ; Madame Sans-Gêne).*

sargasse n. f. (portugais *sargaco*) Algue brune, très répandue au nord-est des Antilles (mer des Sargasses).

Sargasses (mer des) Mer de l'Atlantique située entre les Antilles et les côtes de Floride. Elle est recouverte d'amas d'algues brunes arrachées aux côtes voisines. Zone de frai des anguilles d'Europe et d'Amérique.

Sargent (John Singer) Peintre américain (1856-1925). Artiste éclectique, il fut surtout un portraitiste virtuose de la haute société. *Portrait de Mme Gautreau.*

Sargent (Thomas) Économiste américain (né en 1943). Il a développé la théorie de l'anticipation rationnelle. Prix Nobel 2011.

Sargon Ier Roi d'Assyrie (de 2048 à v. 2030 av. J.-C.). Il lutta contre Babylone et conquit la Cappadoce. ■ **Sargon II.** Roi d'Assyrie (de 721 à 705 av. J.-C.). Il renversa le royaume d'Israël (–721), battit les Égyptiens puis soumit Babylone, dont il devint roi (–709). Il fit construire le palais de Dur-Sharrukīn, la « forteresse de Sargon », sur l'actuel site de Khorsabad.

Sargon l'Ancien Premier roi d'Akkad (2379 à 2314 av. J.-C.). Il fonda un empire s'étendant du golfe Persique à la Méditerranée.

Sarh anciennement **Fort-Archambault** Ville du Tchad, sur la Chari. 115 000 habitants. Marché agricole. Textile.

sari n. m. (mot hindi) En Inde, Vêtement traditionnel féminin fait d'une longue étoffe drapée.

Sāri Ville d'Iran, chef-lieu de la province de Mazandéran, sur la mer Caspienne. 310 000 habitants. Monuments funéraires des XVe et XVIe siècles.

sarigue n. f. (du tupi) Petit mammifère (marsupial), à longue queue préhensile. → opossum.

sarin n. m. (formé à partir du n. des chimistes allemands qui l'ont synthétisé) chim. Gaz toxique employé comme arme chimique.

Sarine n. f. en allemand **Saane** Rivière de Suisse, affluent de l'Aar. 120 km. Elle prend sa source dans le massif des Diablerets, arrose Fribourg et se jette dans l'Aar. Elle délimite symboliquement la frontière linguistique entre le suisse alémanique et le suisse romand.

sarisse n. f. (du latin, du grec *sarisa*) Antiq. Longue lance des soldats macédoniens.

Sark voir **Sercq**

Sarkis (Élias) Homme d'État libanais (1924-1985). Président de la République de 1976 à 1982.

Sarkis (Sarkis Zabunyan, dit) Artiste français d'origine arménienne (né en 1938). Il s'est illustré par son art du détournement des objets et des lieux. *Kriegschatz* (« Trésor de guerre »).

Sárközi (György) Écrivain hongrois (1899-1945). Il est l'auteur de poèmes décrivant la vie quotidienne des classes populaires hongroises *(Le Combat des anges).* Engagé dans la lutte antifasciste, comme d'autres écrivains populistes, il fut interné au camp de Balf où il mourut.

Sarkozy (Nicolas Sarközy de Nagy-Bocsa, dit Nicolas) Homme d'État français (né en 1955). Il fut ministre du Budget (1993-1995), ministre de la Communication (1994-1995), ministre de l'Intérieur (2002-2004 ; 2005-2007), puis ministre de l'Économie et des Finances en 2004. À partir de 2004, il dirigea l'UMP qui se transforma en Les Républicains sous son impulsion. Il en garda la direction jusqu'en 2016. Il fut président de la République de 2007 à 2012.

Nicolas Sarkozy en 2007, lors d'un discours à l'Élysée.

SARL [ɛsaɛʀɛl] n. f. invar. (sigle de *société à responsabilité limitée*) Société commerciale où la responsabilité des associés est limitée au montant de leurs apports.

Sarlat-la-Canéda Chef-lieu d'arrondissement de la Dordogne, sur la Cuze. 8 788 habitants. Important ensemble médiéval et Renaissance. Cathédrale Saint-Sacerdos, hôtels gothiques et Renaissance. Marché agricole ; agroalimentaire. Tourisme.

Sarlat-la-Canéda, la place du Marché aux oies et l'hôtel de Vassal (XVe s.).

Sarmates n. m. pl. Peuple nomade indo-iranien qui envahit au –IIIe s. la région, alors occupée par les Scythes, entre le Don et la Caspienne. Il fut en partie dominé par les envahisseurs germaniques au IIe siècle.

sarment n. m. (vient du latin *sarmentum*, de *sarpere* « tailler la vigne » → serpe) **1.** Rameau de vigne lorsqu'il est devenu ligneux. « *Un joli feu de sarments* » (Stendhal). **2.** Tige ou branche ligneuse de plante grimpante.

sarmenter v. intr. < 1 > agric. Ramasser les sarments, après la taille de la vigne.

sarmenteux, euse adj. (du latin → sarment) bot. Dont la tige longue et grêle s'appuie sur des supports. *Rosier sarmenteux.*

Sarmiento (Domingo Faustino) Écrivain et homme d'État argentin (1811-1888). Il fut un adversaire acharné du dictateur Rosas. Président de l'Argentine (1868-1874), il engagea de nombreuses réformes législatives. *Facundo ou Civilisation et Barbarie dans les pampas argentines.*

Sarnath Site archéologique situé au N. de Bénarès en Inde. Bouddha y prêcha pour la première fois.

Sarney (José) Écrivain et homme d'État brésilien (né en 1930). Il devint président de la République à la mort de Tancredo Nieves (1985-1990).

Sarnia Ville du Canada (Ontario), sur la rive S. du lac Huron. 71 594 habitants. Port. Pétrochimie.

sarod [saʀɔd] n. m. (d'une langue de l'Inde, par l'anglais) Instrument de musique indien à cordes. - var. **sarode.** □ n. **sarodiste**

Saron ou **Sharon** n. m. Plaine côtière centrale d'Israël s'étendant de Haïfa à Tel-Aviv. Cultures fruitières et florales.

sarong [saʀɔ̃(g)] n. m. (mot malais) Pagne étroit porté en Malaisie.

saros [saʀos ; saʀɔs] n. m. (mot du latin sc., d'origine assyro-babylonienne) didact. Période de 6 585 jours (18 ans et 10 ou 11 jours), permettant de prédire le retour des éclipses.

sarouel n. m. (arabe *sirwal*) Pantalon flottant à large fond, porté traditionnellement en Afrique du Nord. - var. **saroual.**

Saroyan (William) Romancier et auteur dramatique américain, d'origine arménienne (1908-1981). Il écrivit des nouvelles, des romans et des pièces de théâtre empreints d'un optimisme sentimental. *Une comédie humaine ; Matière à rire ; Folie dans la famille.*

sarracénie n. f. (du n. d'un médecin français) Plante d'Amérique du Nord dont les feuilles peuvent capturer les insectes.

Sarrail (Maurice) Général français (1856-1929). Il dirigea la IIIe armée en 1914 et s'illustra à Verdun et dans les batailles de la Marne. Il fut commandant en chef de l'armée d'Orient (1915-1917) et haut-commissaire en Syrie (1924).

sarrancolin n. m. (du n. de la commune) Marbre rouge violacé veiné de gris.

Sarrancolin Commune des Hautes-Pyrénées. 560 habitants. Église romane du XIIe siècle. Carrière de marbre. Industrie chimique.

Sarrans (barrage de) Ouvrage hydroélectrique sur la Truyère, dans l'Aveyron. Lac-réservoir de 150 millions de m^3.

¹sarrasin, ine n. (vient du bas latin, n. d'un peuple de l'Arabie) Musulman d'Orient, d'Afrique ou d'Espagne, au Moyen Âge. → **arabe, maure.** – adj. *Invasions sarrasines.*

²sarrasin n. m. (de *blé sarrasin*, à cause de la couleur du grain) Céréale (aussi appelée *blé noir*). – Farine de cette céréale. *Galettes de sarrasin.*

sarrau n. m. (origine germanique) Blouse de travail en grosse toile, courte et ample. *Sarrau de peintre. Des sarraus.*

Sarraut (Albert) Homme politique français (1872-1962). Député puis sénateur, il fut nommé gouverneur général de l'Indochine et plusieurs fois ministre. Président du Conseil en 1933 et 1936, il dut se retirer devant le gouvernement du Front populaire. Il fut élu en 1951 président de l'Assemblée de l'Union française.

Sarraute (Nathalie) Écrivaine française, d'origine russe (1900-1999). Elle fut l'une des figures du nouveau roman et s'attacha à décrire minutieusement les états psychologiques fugaces de ses personnages. Son œuvre comprend des romans, des essais,

Nathalie Sarraute vers 1976.

des pièces de théâtre et radiophoniques. *L'Ère du soupçon ; Enfance* (autobiographie) ; *Tropismes ; Le Planétarium ; Vous les entendez ?*

Sarrazin (Albertine Damien) Écrivaine française (1937-1967). Sa vie agitée la mena en prison, où elle écrivit des romans traitant de la vie carcérale. *La Cavale ; L'Astragale.*

Sarre n. f. Rivière de France et d'Allemagne, affluent de la Moselle. 240 km. Elle a donné son nom au bassin houiller et au Land de Sarre.

Sarre n. f. en allemand **Saarland** État (Land) d'Allemagne. 2 570 km^2. 1 022 600 habitants. Capitale : Sarrebruck. Bassin houiller : l'extraction du charbon a cessé en 2012. Jusqu'au XVIIIe s., son histoire est marquée par ses rattachements successifs aux royaumes francs et germaniques. Les désaccords franco-allemands perdurèrent après le traité de Versailles. La Sarre devint indépendante de l'Allemagne en 1947, avec un gouvernement propre, mais rattachée économiquement à la France. Lors d'un référendum en 1955, les Sarrois demandèrent leur rattachement à la République fédérale d'Allemagne. La région devint un Land le 1er janvier 1957.

Sarrebourg Chef-lieu d'arrondissement de la Moselle, sur la Sarre. 12 278 habitants. Ancienne chapelle des Cordeliers (XIIIe s.). Centre industriel (chaussures, emballages, mobilier).

Sarrebruck en allemand **Saarbrücken** Ville d'Allemagne, capitale du Land de Sarre. 191 000 habitants. Église gothique Saint-Arnual (XIVe-XVe s.). Monuments baroques. Important centre sidérurgique et métallurgique. Nœud routier et ferroviaire.

Sarreguemines Chef-lieu d'arrondissement de la Moselle, au confluent de la Sarre et de la Blies. 20 555 habitants. Musée de la faïence. Centre industriel.

Paon en céramique de la manufacture de Sarreguemines, signé Victor Kremer (v. 1890), musée de la Faïence, Sarreguemines.

Sarrelouis Ville d'Allemagne (Sarre), sur la Sarre. 38 440 habitants. Centre administratif et industriel. Ancienne forteresse construite par Vauban.

sarrette n. f. (du latin *serra* « scie ») Plante à feuilles dentelées, apparentée aux chardons. → **serratule.** - syn. **serrette.**

Sarrette (Bernard) Capitaine de la Garde nationale française (1765-1858). Il fonda en 1789 une école qui allait devenir le Conservatoire de musique (1795).

Sarrien (Jean-Marie Ferdinand) Homme politique français (1840-1915). Député de la gauche radicale puis ministre, il fut président du Conseil de mars à octobre 1906. On lui doit la cassation du jugement condamnant Dreyfus.

sarriette n. f. (diminutif de l'ancien français *sarree*, qui vient du latin) Plante dont on cultive une variété pour ses feuilles aromatiques.

Sarrus (Pierre) Mathématicien français (1798-1861). Il est l'auteur de la *règle de Sarrus* permettant le calcul des déterminants d'ordre 3.

sarrussophone n. m. (d'un n. propre et de -phone) mus. Instrument à vent à anche double, au timbre proche de celui du saxophone.

Sarthe n. f. Rivière de l'O. de la France. 285 km. Elle conflue avec la Mayenne pour former la Maine.

Sarthe n. f. [72] Département français de la Région Pays de la Loire (→ carte). 6 206 km^2. 566 993 habitants. Chef-lieu : Le Mans. Chefs-lieux d'arrondissement : La Flèche, Mamers. À l'O. du département, s'élèvent les Alpes mancelles, au N.-E., les collines du Perche et les coteaux de l'Anjou, au S. Au centre, autour du Mans, une plaine sableuse est prolongée au S.-E. par des plateaux bocagers. L'agriculture est basée sur l'élevage (vaches laitières, porcs, volailles), la céréaliculture, l'arboriculture fruitière, les cultures maraîchères et la viticulture (vaux du Loir). L'industrie, diversifiée, est concentrée autour du Mans, important centre tertiaire et nœud de communication.

Sarto (Andrea del) voir **Andrea del Sarto**

Sartre (Jean-Paul) Philosophe, écrivain et critique français (1905-1980). Issu d'une famille de la bourgeoisie protestante libérale, il critiqua les valeurs de sa classe sociale et contribua à faire connaître en France le courant phénoménologique initié par Husserl et Heidegger. Dès ses premiers textes philosophiques apparaît le refus du réalisme naturaliste et mécaniste, et de l'idéalisme. De ce double refus procède l'existentialisme sartrien, développé dans *L'Être et le Néant.* Sartre s'est fait connaître du grand public plutôt par ses récits, nouvelles et romans *(La Nausée ; Le Mur)*, ses ouvrages de critique littéraire et politique *(Réflexions sur la question juive)*. Son théâtre eut un plus vaste public encore *(Les Mouches ; Huis clos)*. Sartre a profondément marqué de son influence la jeunesse intellectuelle d'après guerre. Il n'a cessé, par ses prises de position, de mettre en question le monde contemporain au nom de l'homme et de sa liberté. Des inédits ont été publiés après sa mort, dont sa correspondance avec Simone de Beauvoir, sa compagne *(Lettres au Castor et à quelques autres)*. Il refusa le prix Nobel en 1964.

Jean-Paul Sartre en 1964, dans son bureau à Paris.

Sartrouville Commune des Yvelines. 51 746 habitants. Mécanique de précision. Matériel électronique.

Sarvig (Ole) Écrivain danois (1921-1982). Auteur de poèmes, de romans, de romans policiers mais aussi critique d'art, il exprima dans son œuvre une volonté de résister au désespoir ambiant. *Multiplicité ; La Rose de pierre.*

Sarzeau Commune du Morbihan, sur la presqu'île de Rhuys. 8 866 habitants. Château de Suscinio (XIIIe-XVe s.), musée d'histoire de la Bretagne. Tourisme.

sas [sɑs] **n. m. (vient du latin « tamis », de** ***saeta*** **→ [1]soie) 1.** Tamis de tissu cerclé de bois, servant à passer des matières liquides ou pulvérulentes. **→ crible ; sasser. 2.** Bassin entre les deux portes d'une écluse. *La péniche attend dans le sas.* **3.** Pièce étanche entre deux milieux différents, qui permet le passage. *Sas d'un engin spatial. Sas de décompression.* ■ Espace de transition. *Sas pour vélos, sas vélo,* en amont d'un feu tricolore.

sashimi n. m. (mot japonais) Plat japonais fait de poisson cru en tranches fines. *Des sashimis.*

Saskatchewan n. f. Nom de deux rivières du Canada (*Saskatchewan Nord* et *Saskatchewan Sud*). Elles prennent leur source dans les Rocheuses, se réunissent puis se jettent dans le lac Winnipeg.

Saskatchewan n. f. Province du Canada, dans la Prairie. 651 036 km^2. 1 098 352 habitants. Capitale : Regina. Céréales, élevage. Exploitation de la forêt. Ressources minières et pétrolières. Potasse et uranium.

Saskatchewan, un ranch du début du XXe siècle.

satellites artificiels

Reconstitution du satellite géostationnaire de télécommunications Artemis, en orbite à 36 000 km de la Terre.

▶ Les **satellites artificiels** gravitent autour de la Terre, pour la plupart dans l'exosphère (au-delà de 500 km d'altitude) où l'air est raréfié. Placés en orbite par des navettes de lancement ou des fusées, ils ont une multitude d'applications : l'observation et la surveillance (civile et militaire) de la Terre et de l'espace, la transmission des télécommunications (téléphonie, réseaux informatiques, Internet) et de la télévision, les prévisions météorologiques...

On distingue différents types de satellites artificiels : Les **satellites géostationnaires** restent fixes au-dessus d'un point de l'équateur, à 36 000 km d'altitude. Ils servent essentiellement aux télécommunications et leurs émissions sont suffisamment intenses pour être captées par les antennes paraboliques domestiques.

Les **satellites de navigation**, tels que ceux des systèmes de localisation GPS ou Galileo, évoluent sur des orbites à environ 20 000 km, inclinées par rapport à l'équateur de façon à constituer un réseau maillé autour de la Terre. Pour que l'utilisateur puisse calculer sa position, il doit, à tout moment, depuis l'endroit de la Terre où il se trouve, être accessible aux émissions de 4 satellites.

Les **satellites en orbite basse** (environ 450 km d'altitude), polaire ou non, effectuent plusieurs révolutions quotidiennes autour de la Terre, ce qui les rend propres à la télédétection. Leur résolution atteint facilement 1 m pour certaines fréquences lumineuses et ils sont capables de déceler des variations d'altitude de l'ordre du centimètre.

ENVISAT, conçu par l'Agence spatiale européenne, fut par exemple le plus gros satellite d'observation de la Terre jamais envoyé dans l'espace. De la taille d'un autobus, il transporta dix instruments scientifiques lui permettant de surveiller et de mieux comprendre l'environnement, la pollution, les phénomènes climatiques, l'état des océans et des calottes glaciaires, les feux de forêt, les marées noires, les séismes ou encore la propagation de certaines épidémies. Il fut déclaré perdu en 2012.

Plus de 5 000 satellites ont été lancés depuis la mise en orbite du premier d'entre eux, Spoutnik I, par l'URSS en 1957. Il en résulte une « pollution » spatiale croissante, préjudiciable aux nouveaux lancements et aux séjours habités. La station spatiale internationale (ISS), construite à partir de 1998, est un cas particulier de satellite habité en permanence depuis 2002.

voir aussi **orbite, espace (conquête de l')**

Saskatoon Ville du Canada (Saskatchewan). 246 376 habitants. Université. Centre commercial. Gisements de potasse. Industries chimiques.

sassafras n. m. (espagnol ***sasafras*****)** Arbre d'Amérique du Nord, voisin du laurier, dont le bois et les feuilles sont aromatiques.

Sassanides n. f. pl. Dynastie iranienne, originaire du Fārs, qui régna en Perse de 226 à 651. Ils créèrent un vaste empire s'étendant du Khorassan à la Mésopotamie.

S

Sassari Ville d'Italie dans le N.-O. de la Sardaigne, chef-lieu de province. 120 730 habitants. Université. Cathédrale (XIIIe-XVIIe s.). Sassari fut la première colonie romaine au-delà de l'Apennin.

sassenage n. m. (du n. de la ville) Fromage à pâte ferme fait d'un mélange de lait de vache, de chèvre et de brebis.

sasser v. tr. < 1 > (de ***sas*****) 1.** Passer au sas. **→ cribler, tamiser. 2. mar.** Faire passer par le sas d'une écluse. □ **n. m. sassement**

Sasseta (Stefano di Giovanni, dit il) Peintre toscan (v. 1400-v. 1450). Représentant de la tradition siennoise, il illustra le merveilleux gothique, poétique et religieux. *Retable de saint François.*

Sassoon (Siegfried Lorraine) Poète et romancier britannique (1886-1967). Son œuvre poétique juxtapose les réalités de la Première Guerre mondiale et les clichés rassurants de la propagande, avant d'atteindre une forme de sérénité. *Contre-attaque ; Souvenirs complets de George Sherston.*

Sastre (Alfonso) Auteur dramatique espagnol (1926-2021). Créateur du « théâtre d'agitation sociale » et du « groupe de théâtre réaliste ». *Escadron vers la mort ; Le Corbeau.*

satan n. m. (du bas latin, du grec, d'un mot hébreu « adversaire ») vieux Diable, démon. ■ **(de l'arabe, par le persan)** *Le grand Satan :* l'esprit du mal, l'adversaire suprême (dans l'islam chiite).

Satan Chef des démons, dans les traditions juive et chrétienne.

satané, ée adj. (de ***Satan*****) (épithète ; avant le n.)** Maudit. **→ [1]sacré. – (au sens faible)** *Satané menteur. Satanée pluie.*

satanique adj. (de ***Satan*****) 1.** De Satan ; inspiré par Satan. **→ démoniaque, diabolique.** *Culte satanique.* **2.** Qui évoque Satan, est digne de Satan. **→ infernal.** *Une ruse satanique.*

satanisme n. m. didact. Culte de Satan. □ **adj. et n. sataniste**

saté n. m. (mot malais) Plat asiatique (Indonésie, Malaisie), brochettes de viande ou de poisson grillé.

satelliser v. tr. < 1 > Transformer en satellite (I ou III). **– au p. p.** *Fusée satellisée.* □ **n. f. satellisation**

satellitaire adj. 1. Obtenu par satellite. *Images satellitaires.* **2.** Qui utilise les liaisons par satellite. *Téléphone satellitaire.*

satellite n. m. (du latin « garde du corps ; compagnon ») I. 1. Corps céleste gravitant autour d'une planète. *La Lune est le satellite de la Terre.* **2.** *Satellite (artificiel) :* engin placé en orbite autour d'un astre et porteur d'équipements (à destination scientifique, industrielle, etc.). *Satellite de télécommunications.* **II. 1. mécan.** Pignon conique d'un différentiel automobile. **2.** Bâtiment annexe d'un autre, auquel il est relié par un couloir. *Les satellites d'une aérogare.* **III. fig.** Personne ou nation qui est sous la dépendance d'une autre. **– appos.** *Les pays satellites d'une grande puissance.*

sati (mot hindi, fém. de ***sat*** **« sage ») 1. n. f.** Veuve qui s'immolait rituellement sur le bûcher funéraire de son mari, en Inde. **2. n. m.** Le rite lui-même. *Des sati* **(invar.) ou** *des* RO *satis.*

Satie (Alfred-Erik-Leslie Satie, dit Erik) Compositeur français (1866-1925). Dès les premières compositions pour piano (*Gymnopédies ; Trois Gnossiennes*), son œuvre se caractérisa par une simplicité mélodique empreinte d'émotion et d'humour. Lié avec Picasso et Cocteau, il composa la musique du ballet « cubiste » *Parade* et fut, par son esthétique, l'inspirateur du groupe des Six.

satiété [sasjete] **n. f. (du latin, de** ***satis*** **« assez » → satisfaire) littér.** État d'indifférence d'une personne dont un besoin, un désir est amplement satisfait. **→ rassasiement.** ■ **loc. adv.** *À satiété :* au point d'être totalement satisfait. *Boire à satiété.* **–** *Répéter qqch. à satiété,* jusqu'à fatiguer l'auditoire.

satin n. m. (arabe ***zaytuni*****)** Étoffe (de soie, de coton...) lisse et lustrée sur l'endroit, sans trame apparente. *Satin uni, broché, lamé.*

satiné, ée adj. Qui a la douceur et le reflet du satin. *Peinture satinée.* **– n. m.** *Le satiné de la peau.*

satiner v. tr. < 1 > Lustrer (une étoffe, un papier...) pour donner l'apparence du satin. □ **n. m. satinage**

satinette n. f. Étoffe de coton, ou de coton et de soie, qui a l'aspect du satin.

Satrapi (Marjane)

Marjane Satrapi dénonce la répression en Iran, dans *Persepolis.*

satire n. f. (latin *satira,* proprt « macédoine, mélange ») **1.** hist. littér. Ouvrage libre de la littérature latine, qui critiquait les mœurs publiques. **2.** Poème où l'auteur attaque les vices, les ridicules de ses contemporains. *Les satires de Boileau.* **3.** Écrit, discours qui s'attaque à qqch., à qqn, en s'en moquant. → **pamphlet.** ■ Critique moqueuse. *Faire la satire d'un milieu.*

satirique adj. De la satire ; qui constitue une satire. *Chanson satirique.* □ **adv. satiriquement**

satiriser v. tr. < 1 > Prendre pour sujet de satire. → **railler.**

satiriste n. didact. Auteur de satires.

satisfaction n. f. (du latin → satisfaire) **1.** Acte par lequel on accorde à qqn ce qu'il demande. *Avoir, obtenir satisfaction.* → **gain de cause. 2.** Sentiment de bien-être, plaisir qui résulte de l'accomplissement de ce qu'on juge souhaitable. → **contentement, joie.** *Sentiment de satisfaction. À la satisfaction générale.* – loc. ***Donner satisfaction.*** *Ce collaborateur, ce travail donne satisfaction, toute satisfaction.* **3.** Plaisir, occasion de plaisir. *« Toutes les petites satisfactions de la vie paisible et réglée »* (Taine). **4.** Action de satisfaire (un besoin, un désir). → **assouvissement.**

satisfaire v. tr. < 60 > (du latin, de *satis* « assez » → assez, rassasier, satiété, saturer, et *facere* → [1]faire) **I. 1.** Faire ou être pour (qqn) ce qu'il demande, ce qui lui convient. *Satisfaire un créancier. – Cet état de choses ne me satisfait pas.* → **convenir, plaire.** ■ pronom. *Elle se satisfait de peu.* → **se contenter. 2.** Contenter (un besoin, un désir). *Satisfaire sa faim.* → **apaiser.** – *Satisfaire la curiosité, le désir de qqn.* **II.** v. tr. ind. ***Satisfaire à*** : s'acquitter de (ce qui est exigé), remplir (une exigence). *Satisfaire à un engagement. – Le projet devra satisfaire à trois conditions.* → **remplir.**

satisfaisant, ante [satisfəzɑ̃, ɑ̃t] adj. Qui satisfait, est conforme à ce qu'on peut attendre. → **acceptable,** [1]**bon, honnête.** *Un résultat satisfaisant.*

satisfait, aite adj. **1.** Qui a ce qu'il veut. → **comblé, content.** *N'être jamais satisfait* (→ **insatiable**). **2.** ***Satisfait de*** : content de. *Être satisfait de son sort. – Être satisfait de soi* (→ **autosatisfaction**). ■ *Un air satisfait.* → **suffisant. 3.** Qui est assouvi, réalisé.

satisfecit [satisfesit] n. m. invar. (mot latin « il a satisfait ») littér. Témoignage de satisfaction ; approbation. *Décerner des satisfecit.* - var. RO **satisfécit n. m.**

Satlej ou **Sutlej** n. f. Rivière d'Inde et du Pakistan. 1 600 km. Née au Tibet, elle traverse l'Himalaya puis les grandes plaines du Panjab avant de confluer avec l'Indus. Elle constitue l'une des « cinq rivières » du Panjab.

Satō Eisaku Homme politique japonais (1901-1975). Il fut Premier ministre de 1964 à 1972. Prix Nobel de la paix 1974.

satori n. m. (mot japonais, de *satoru* « comprendre ») didact. Éveil à la connaissance de la vérité, dans le bouddhisme japonais.

Satpura (monts) Massif du N.-O. de la péninsule indienne, dominant la vallée de la Tapti.

satrape n. m. (origine persane) **1.** hist. Gouverneur d'une satrapie. **2.** fig., littér. Homme puissant et despotique ; personne riche qui mène grand train.

Satrapi (Marjane) Dessinatrice, scénariste et réalisatrice franco-iranienne (née en 1969). Elle est l'autrice d'une série de bandes dessinées qui font écho à son enfance en Iran. *Persepolis* et *Poulet aux prunes* ont été adaptés au cinéma.

satrapie n. f. (→ satrape) hist. Division administrative de la Perse antique.

Sattouf (Riad) Auteur, réalisateur et dessinateur de BD franco-syrien (né en 1978). Ses bandes dessinées *(L'Arabe du futur ; Les Cahiers d'Esther ; Petit Vampire)* comme son premier film, *Les Beaux Gosses,* s'inspirent autant de ses souvenirs que des adolescents d'aujourd'hui.

Satu Mare Ville de Roumanie, proche de la frontière hongroise. 94 600 habitants. Centre commercial et industriel. Nœud ferroviaire.

saturable adj. sc. Susceptible d'être saturé. □ **n. f. saturabilité**

saturant, ante adj. sc. Qui produit la saturation d'une solution, d'une combinaison, etc.

saturateur n. m. (→ saturer) Dispositif qui humidifie l'air par évaporation. → **humidificateur.**

saturation n. f. (→ saturer) **1.** sc. Action de saturer ; état de ce qui est saturé (1). *Point de saturation.* **2.** État de ce qui est saturé (2). *Saturation du marché.* – fig. *Il a trop de travail, il arrive à saturation.*

saturé, ée adj. **1.** sc. (liquide, solution) Qui, à une température et une pression données, renferme la quantité maximale d'une substance dissoute. ■ chim. (atome) Dont toutes les valences sont satisfaites. – *Hydrocarbures saturés* (de formule générale C_nH_{2n+2}). **2.** Qui ne peut contenir plus. *Une éponge saturée d'eau.* → **plein.** – *Marché saturé* (d'un produit). *Autoroute saturée.* ■ fig. *Être saturé de qqch.,* en avoir assez.

saturer v. < 1 > (du latin, de *satur* « rassasié » → soûl, de *satis* → satisfaire) **1.** v. tr. sc. Remplir complètement ; rendre saturé. – *Saturer le marché.* ■ fig. *Saturer qqn de qqch.* → **dégoûter, soûler. 2.** v. intr. fam. Arriver à saturation. *Je ne le supporte plus, je sature.*

saturomètre n. m. méd. Appareil qui mesure la saturation du sang en oxygène. → **oxymètre.**

saturnale n. f. (du latin → saturne) Antiq. romaine (au plur.) Fêtes célébrées en l'honneur de Saturne. – fig. et littér. Temps de licence ; fêtes débridées.

saturne n. m. (latin *Saturnus,* n. propre « Saturne ») alchim. Plomb (→ **saturnisme**).

Saturne Dieu italique et romain des Semailles, identifié au Cronos grec.

Stèle dédiée au dieu Saturne, provenant d'El-Ayaida, Algérie (IVe s.), Musée national du Bardo, Tunis.

Saturne Planète du système solaire, entourée d'anneaux et de nombreux satellites. C'est la sixième planète dans l'ordre croissant des distances au Soleil et la deuxième par sa taille (diamètre : 120 536 km). Saturne est la seule planète d'une densité inférieure à celle de l'eau.

saturnie n. f. (du latin → saturne) Grand papillon de nuit, communément appelé *paon-de-nuit.*

saturnien, ienne adj. (du latin → saturne) **1.** didact. De Saturne. **2.** vieux ou littér. Triste, mélancolique (s'oppose à *jovial,* de *Jupiter*). *« Poèmes saturniens »* (de Verlaine).

saturnin, ine adj. méd. Provoqué par le plomb ou ses composés. *Colique saturnine.*

saturnisme n. m. méd. Intoxication par le plomb ou par les sels de plomb.

satyre n. m. (du latin, du grec *Saturos*) **1.** mythol. grecque Divinité à corps d'homme, à cornes et à pieds de bouc. → [1]**faune. 2.** Homme lubrique ; exhibitionniste, voyeur. **3.** Papillon de jour à grandes ailes brunes et noires.

satyriasis [satiʀjazis] n. m. (du grec → satyre) didact., vieilli Exagération morbide des désirs sexuels, chez l'homme.

satyrique adj. Des satyres. ■ Antiq. *Drame satyrique* : pièce tragicomique issue du culte dionysiaque.

sauce n. f. (vient du latin, de *salsus* « salé » [→ saucisse, salsa], famille de *sal* → sel) **1.** Préparation liquide ou onctueuse qui sert à accommoder certains mets. *Sauce tomate. Sauce blanche,* à base de beurre et de farine. – *Sauce madère. – Viande en sauce.* ■ loc. *À quelle sauce serons-nous mangés ?,* de quelle façon serons-nous vaincus, dupés ? – *Allonger* la sauce.* **2.** fam. Averse. → **saucée.**

saucée n. f. fam. Averse, forte pluie qui trempe.

saucer v. tr. < 3 > **1.** Essuyer en enlevant la sauce (pour la manger). *Saucer son assiette avec du pain.* **2.** fam. *Se faire saucer, être saucé :*

S

recevoir la pluie. **3.** pronom. (Canada) Se baigner.

saucette n. f. (de *saucer*) (Canada) Courte baignade.

saucier, ière n. **1.** Cuisinier, cuisinière spécialisé(e) dans la préparation des sauces. **2.** n. m. Appareil servant à confectionner des sauces.

saucière n. f. Récipient dans lequel on sert les sauces, les jus, les crèmes.

sauciflard n. m. fam. Saucisson.

saucisse n. f. (vient du latin pop., de *salsus* → sauce) **1.** Préparation à base de viande (souvent porc) assaisonnée et entourée d'un boyau, que l'on fait cuire ou chauffer. → **chipolata.** *Saucisse de Morteau, de Strasbourg. Saucisse pimentée.* → **merguez.** ■ *Saucisse sèche* : long saucisson mince. **2.** Ballon captif de forme allongée. **3.** fam. Imbécile. → **andouille.** *« Arrêtez vos conneries, saucisses »* (R. Fallet).

saucisson n. m. (de l'italien « grosse saucisse » ; même origine que *saucisse*) **1.** Préparation de charcuterie (porc, bœuf haché et cuit dans un boyau), qui se mange telle quelle. *Tranche, rondelle de saucisson. Saucisson sec ; saucisson à l'ail. Saucisson pur porc.* **2.** Pain de forme cylindrique.

saucissonné, ée adj. fam. Serré dans ses vêtements. → **boudiné.**

saucissonner v. < 1 > fam. **1.** v. intr. Manger un repas froid sur le pouce. **2.** v. tr. Diviser, répartir en tranches. – au p. p. *Émission saucissonnée par des publicités.* □ n. m. **saucissonnage**

saudade [saudad] n. f. (mot portugais) Sentiment mélancolique mêlé de rêverie et d'un désir de bonheur imprécis. *Le fado, expression privilégiée de la saudade.*

Sauerland n. m. Massif montagneux d'Allemagne appartenant à l'ensemble schisteux rhénan. Point culminant au Kahler Asten (841 m).

sauf, sauve (latin *salvus* « entier ; en bonne santé » → salut, salve, sauge, sauver) **I.** adj. Indemne, sauvé (dans quelques expr.). *Sain* et sauf. Laisser la vie sauve à qqn,* l'épargner. **II.** *Sauf* prép. **1.** À l'exclusion de. → **excepté, hormis.** *Tous, sauf lui.* → à **part.** – *Sauf quand... Sauf si...* → à **moins** que. ■ À moins de, sous réserve de. *Sauf avis contraire. Sauf erreur.* – littér. *Sauf à* (+ inf.). → **quitte** à. *Elle acceptera, sauf à s'en repentir plus tard.* ■ *Sauf que* (+ indic.) : avec cette réserve que. *C'est un bon film, sauf qu'il est trop long.* **2.** loc. *Sauf le respect que je vous dois ; sauf votre respect*.*

sauf-conduit n. m. Document délivré par une autorité et qui permet de se rendre en un lieu, de traverser un territoire, etc. → **laissez-passer.** *Des sauf-conduits.* - var. RO **saufconduit.**

S

sauge n. f. (vient du latin, de *salvus* → sauf) Plante aromatique aux nombreuses variétés. *Sauge officinale.*

saugrenu, ue adj. (de *sau* → sel et de *grenu*) Inattendu et quelque peu ridicule. → **absurde, bizarre.** *Quelle idée saugrenue !*

Sauguet (Henri Poupard, dit Henri) Compositeur français (1901-1989). Il connut d'abord le succès avec des opéras bouffes (*Le Plumet du colonel*) et des ballets (*Les Forains*). Sa musique se diversifia, gagnant en gravité et en émotion (*Symphonie expiatoire*).

Saül Premier roi d'Israël (v. 1030-1010 av. J.-C.) selon la Bible. Guerrier valeureux, il est proclamé roi par le prophète Samuel pour satisfaire la demande du peuple. Ayant perdu la faveur de Dieu, il est vaincu par les Philistins et se tue après la mort de trois de ses fils. David lui succède.

saulaie n. f. Plantation de saules.

Sauldre n. f. Rivière de Sologne (180 km) traversant les départements du Cher et de Loir-et-Cher. Elle est formée par la confluence de la Petite Sauldre et de la Grande Sauldre.

saule n. m. (vient du francique) Arbre ou arbrisseau qui croît dans les lieux humides. *Saule pleureur*.*

saulée n. f. Rangée régulière de saules.

Saulieu Commune de la Côte-d'Or. 2 346 habitants. Basilique de style roman bourguignon (XIIe s.).

Sault Ste. Marie Ville du Canada (Ontario). 73 368 habitants. Acier.

Saumaise (Claude) latinisé en **Claudius Salmasius** Philologue français (1588-1653). Il enseigna la philologie à Leyde et écrivit des ouvrages d'érudition, de controverses juridiques et théologiques.

saumâtre adj. (vient du latin pop. ; p.-ê. famille de *sel*) **1.** Qui a un goût amer et salé. *Eau saumâtre* : mélange d'eau douce et d'eau de mer. **2.** fig. Amer, désagréable. – loc. fam. *La trouver saumâtre* : trouver (la situation, la plaisanterie) amère.

saumon n. m. (vient du latin *salmo, salmonis* → salmonidé) **1.** Gros poisson migrateur à chair rose, qui abandonne la mer et remonte les fleuves au moment du frai. – *Saumon fumé.* **2.** adj. invar. D'un rose tendre légèrement orangé. *Des rideaux saumon.*

saumoné, ée adj. **1.** *Truite saumonée,* qui a la chair rose comme celle du saumon. **2.** *Rose saumoné.* → **saumon** (2).

saumoneau n. m. Jeune saumon. → [2]**tacon.**

saumonette n. f. (de *saumon*) Nom commercial de la roussette.

Saumur Chef-lieu d'arrondissement du Maine-et-Loire. 26 154 habitants. Églises romane et gothique du XIIe s. Château (XIVe-XVIe s.), musées. École militaire de cavalerie, le *Cadre noir.* Centre de défense nucléaire, biologique et chimique de l'armée de terre. Viticulture. Tourisme.

saumure n. f. (vient du latin ; famille de *sel*) Préparation liquide salée dans laquelle on met des aliments pour les conserver. *Mettre des olives dans la saumure.*

saumurer v. tr. < 1 > techn. Mettre dans la saumure pour conserver. □ n. m. **saumurage**

sauna n. m. (mot finnois) Bain de vapeur sèche, d'origine finlandaise. *Prendre un sauna.* – Local, établissement où l'on prend ces bains.

saunage n. m. (de *sauner*) Récolte du sel dans un marais salant. - syn. **saunaison.**

sauner v. intr. < 1 > (vient du latin pop., de *salinae* → saline) techn. (marais salant) Produire du sel.

saunier, ière n. (vient du latin pop., de *salinae* → saline) **1.** Exploitant(e) d'un marais salant ou d'une saline. ■ Ouvrier, ouvrière qui travaille dans une saline. **2.** n. m. hist. *Faux saunier* : celui qui faisait la contrebande du sel.

saunière n. f. (de *saunier*) vieux Coffre où l'on conservait le sel destiné aux usages domestiques.

saupiquet n. m. (de *sau* [→ sel] et de *piquer*) Sauce relevée, au vinaigre. ■ Plat de viande servi avec cette sauce.

saupoudrer v. tr. < 1 > (de *sau* → sel et de *poudrer*) **1.** Éparpiller une substance pulvérulente sur. *Saupoudrer un gâteau de farine.* **2.** fig. Parsemer, émailler. *Saupoudrer un texte de citations.* **3.** Affecter en petite quantité à de très nombreux bénéficiaires. *Saupoudrer des subventions.* □ n. m. **saupoudrage**

saupoudreuse n. f. Flacon à bouchon percé de trous, qui sert à saupoudrer.

saur adj. m. (origine discutée, p.-ê. du néerlandais) *Hareng saur* : hareng fumé. → fam. **gendarme.**

Saura (Antonio) Peintre espagnol (1930-1998). Influencé par le surréalisme, il s'orienta vers une abstraction expressionniste, marquée par l'éclatement des formes, notamment dans ses portraits, et par une gamme chromatique sombre.

Saura (Carlos) Réalisateur espagnol (1932-2023). Frère d'Antonio Saura. Héritier d'une vaste culture ibérique allant de Calderón à Buñuel, il a dépeint la bourgeoisie puritaine de son pays. *Ana et les loups ; Cría cuervos ; Carmen.*

saurage voir **saurissage**

-saure Élément (du grec *saura* → saurien) qui entre dans des mots désignant des sauriens fossiles (ex. *brontosaure, dinosaure*).

saurer v. tr. < 1 > (de *saur*) techn. Faire sécher à la fumée (une substance alimentaire) pour conserver après avoir soumis à l'action de la saumure. – au p. p. *Harengs saurés.* → **saur.**

sauret (de *saur*) **1.** adj. vieux Saur. **2.** n. m. régional (Nord ; Belgique) Hareng saur.

Sauria (Charles) Inventeur français (1812-1895). Il découvrit le principe des allumettes phosphoriques à friction.

saurien n. m. (du grec *saura, sauros* « lézard » → -saure) Reptile tel que le lézard ou le caméléon (sous-ordre des *Sauriens,* généralement munis de pattes).

saurin n. m. (de *saur*) techn. Hareng laité nouvellement séché.

sauris n. m. (de *saur*) techn. Saumure de harengs.

saurissage n. m. techn. Opération qui consiste à saurer les poissons. - syn. **saurage.**

saurisserie n. f. techn. Usine où l'on saure les poissons.

saurisseur, euse n. techn. Personne qui fait le saurissage des poissons.

sauropode n. m. (du latin mod. → -saure et -pode) paléont. Reptile du secondaire caractérisé par des dimensions gigantesques (ex. le brontosaure, le dinosaure).

saussaie n. f. (de l'ancien français *saus* « saule ») vieux ou régional Saulaie.

Sausset-les-Pins Commune des Bouches-du-Rhône. 7 570 habitants. Port de pêche. Station balnéaire.

Saussure (Horace Benedict de) Géologue et physicien suisse (1740-1799). Considéré comme un pionnier de l'alpinisme, il s'intéressa également à la botanique et à la minéralogie. Il inventa plusieurs instruments de mesure dont un anémomètre.

Saussure (Nicolas Théodore de) Chimiste et naturaliste suisse (1767-1845). Fils d'Horace Benedict. Spécialiste en physiologie végétale, il étudia la nutrition des plantes.

Saussure (Henri de) Naturaliste suisse (1829-1905). Fils de Nicolas Théodore. Il mena des travaux d'entomologie en Amérique centrale.

Saussure (Ferdinand de) Linguiste suisse (1857-1913). Fils de Henri. Dans ses *Cours de linguistique générale,* il a défini certains des concepts fondamentaux de la linguistique scientifique moderne : distinction entre langue et parole, caractérisation de la langue comme système de signes, théorie de l'arbitraire du signe, séparation entre l'étude synchronique et l'étude diachronique du langage. Il est considéré comme le fondateur du structuralisme.

saut n. m. (vient du latin *saltus,* de *salire* → saillir ; primesautier, sauter, soubresaut) **1.** Mouvement ou ensemble de mouvements par lesquels un homme, un animal s'élève au-dessus du sol ou se projette à distance de son appui. → **bond.** – *Faire un saut.* – *Saut acrobatique. Saut périlleux* (tour complet). → **salto.** *Saut de la mort* (au trapèze). – *Saut en hauteur, à la perche, en longueur ; triple saut* (épreuves athlétiques). *Saut de l'ange,* plongeon les bras écartés (comme des ailes). – *Saut en parachute.* ■ loc. fig. *Faire le saut* : prendre une résolution décisive et risquée. – *Le grand saut* : la mort. **2.** Mouvement, déplacement brusque (pour changer de position). *Se lever d'un saut.* → **bond.** – loc. ***Au saut du lit*** : au sortir du lit, au lever. **3.** Action d'aller très rapidement et sans rester. *Faire un saut chez qqn.* **4.** fig. Changement brusque. – *Faire un saut d'un siècle* (par l'imagination). **5.** Cascade, chute d'eau. *Le saut du Doubs.*

sautage n. m. techn. Action de faire sauter (une mine...).

saut-de-lit n. m. Déshabillé féminin. *Des sauts-de-lit.*

saut-de-loup n. m. Large fossé défendant l'accès à un lieu privé. *Des sauts-de-loup.*

saut-de-mouton n. m. techn. Passage d'une route au-dessus d'une autre, pour éviter les croisements. *Des sauts-de-mouton.*

saute n. f. (de *sauter*) (dans des expr.) Brusque changement. *Saute de vent ; de température.* – *Avoir des sautes d'humeur.*

sauté, ée **1.** adj. Cuit à feu vif et en remuant. *Pommes de terre sautées.* **2.** n. m. Aliment (viande) cuit dans un corps gras, à feu vif. *Un sauté de veau.*

saute-mouton n. m. Jeu où l'on saute par-dessus un autre joueur, qui se tient courbé (le « mouton »). *Jouer à saute-mouton. Des saute-moutons.*

sauter v. < 1 > (vient du latin *saltare*, de *salire* → saillir ; exulter, insulter, saltimbanque, tressauter) **I.** v. intr. **1.** Faire un saut. → **bondir.** *Sauter haut. Sauter à pieds joints ; à cloche-pied.* – *Sauter dans l'eau, dans le vide ; par la fenêtre.* – *Sauter de joie.* – loc. fam. *Sauter au plafond, en l'air* : exprimer vivement sa colère, son indignation, sa surprise. – spécialt *Sauter en longueur, à la perche...* (→ **saut**). **2.** Monter, descendre, se lever... vivement. *Sauter de son siège. Sauter dans un taxi.* ■ Se jeter, se précipiter. *Sauter sur qqn, lui sauter dessus.* – fam. *Sauter au cou* de qqn.* – (sujet chose) loc. ***Sauter aux yeux*** : frapper la vue ; être ou devenir évident. *La solution saute aux yeux.* **3.** abstrait Aller, passer vivement (d'une chose à une autre). *Sauter d'un sujet à un autre.* **4.** (choses) Être déplacé ou projeté avec soudaineté. *Attention, le bouchon va sauter.* → **[1]partir.** – fam. *Et que ça saute !*, que cela soit vite fait. **5.** Exploser. *Le navire a sauté sur une mine.* – loc. *Se faire sauter la cervelle*.* ■ *Les plombs ont sauté*, ont fondu (par un court-circuit). **6.** fam. Perdre brusquement son poste. *Le directeur a sauté.* **7.** fam. Être supprimé. *La scène a sauté au montage.* **8.** ***Faire sauter*** *(un aliment)*, le faire revenir à feu très vif (→ **sauté**). **II.** v. tr. **1.** Franchir par un saut. *Sauter un obstacle ; un mur.* – loc. (abstrait) ***Sauter le pas*** : se décider. **2.** Passer sans s'y arrêter. → **omettre.** *Sauter une ligne* (en lisant). – *Sauter un repas. Sauter une classe.* **3.** fam. Avoir des relations sexuelles avec (qqn).

sautereau n. m. (de *sauter*) techn. Languette mobile munie d'un bec, qui fait vibrer la corde, dans un instrument à clavier et à cordes pincées (clavecin...).

sauterelle n. f. (de *sauter*) **1.** Insecte sauteur vert ou gris à grandes pattes postérieures repliées et à tarière. **2.** abusivt Criquet pèlerin. *Un nuage de sauterelles.* **3.** fam., péj. Personne maigre et sèche.

sauterie n. f. vieilli ou plais. Réunion sans prétention où l'on danse entre amis.

sauternes n. m. (du n. de la ville) Vin de Bordeaux blanc, fruité et sucré.

Sauternes Commune de la Gironde. 824 habitants. Viticulture (bordeaux blancs liquoreux).

saute-ruisseau n. m. vieilli Jeune garçon de courses. *Des saute-ruisseaux.*

Sautet (Claude) Réalisateur français (1924-2000). Il fut un conteur d'« histoires simples », en marge de la Nouvelle vague. *Les Choses de la vie ; César et Rosalie ; Max et les ferrailleurs ; Nelly et M. Arnaud.*

sauteur, euse **I.** n. **1.** Athlète spécialiste du saut. **2.** Personne sans sérieux. **3.** n. m. Cheval dressé pour le saut. *Les sauteurs et les trotteurs.* **II.** adj. **1.** (animaux) Qui avance en sautant. *Insectes sauteurs.* **2.** *Scie sauteuse* : scie électrique dont la lame est animée d'un mouvement de va-et-vient.

sauteuse n. f. Casserole pour faire sauter les viandes, les légumes.

sautillant, ante adj. Qui sautille. – *Musique sautillante*, au rythme rapide et saccadé.

sautillement n. m. Action de sautiller ; suite de petits sauts.

sautiller v. intr. < 1 > (de *sauter*) Faire de petits sauts successifs. *Boxeur qui sautille.*

sautoir n. m. **I.** Longue chaîne ou long collier qui se porte sur la poitrine. *Un sautoir de perles.* – *Porter une montre en sautoir*, en collier. **II.** Emplacement aménagé pour les sauts des athlètes.

sauvage adj. et n. (vient du bas latin, de *silvaticus* « fait pour la forêt », de *silva* → sylv[i]-) **I. 1.** (animaux) Qui vit en liberté dans la nature. *Bêtes sauvages.* – Non domestique (dans une espèce qui comporte des animaux domestiques). *Canard sauvage.* **2.** vieilli ou péj. (êtres humains) Primitif (s'oppose à *civilisé*). – n. *La théorie du « bon sauvage »* (de Montaigne à Rousseau). ■ *L'état, la vie sauvage.* **3.** (végétaux) Qui pousse et se développe naturellement sans être cultivé. *Fleurs sauvages.* – *Rosier sauvage.* **4.** (lieux) Que la présence humaine n'a pas marqué ; peu hospitalier. *Étendues sauvages.* **5.** Spontané, ni contrôlé ni organisé. *Une grève sauvage.* – *Camping sauvage.* **II.** (domaine moral) **1.** Qui fuit toute relation avec les hommes. → **[2]farouche ; insociable.** *Cette enfant est très sauvage.* – n. *C'est un sauvage.* → **ours.** **2.** D'une nature rude ou même brutale. – n. *Bande de sauvages !* **3.** Qui a quelque chose d'inhumain, de barbare (→ **sauvagerie**). – n. *Colonisateurs qui se conduisent en sauvages.* ■ par ext. *Une répression sauvage. Des cris sauvages.*

Sauvage (Frédéric) Inventeur français (1786-1857). Il conçut un type d'hélice pour la propulsion des navires à vapeur.

Sauvage (Henri) Architecte français (1873-1932). Son style fut novateur et proche du fonctionnalisme, par l'utilisation d'éléments préfabriqués.

Sauvage (Jean-Pierre) Chimiste français (né en 1944). Il a mené des travaux sur des chaînes de molécules et a ouvert la voie à la création de machines moléculaires. Prix Nobel 2016.

sauvagement adv. D'une manière sauvage ; avec brutalité, férocité.

sauvageon, onne **1.** n. m. Arbre non greffé. *Greffer sur sauvageon.* **2.** n. Enfant farouche, qui a grandi sans éducation.

sauvagerie n. f. **1.** Caractère d'une personne sauvage (II, 1). **2.** Caractère brutal et cruel (→ **sauvage (II, 3)**). → **barbarie, cruauté.** *Frapper qqn avec sauvagerie.*

sauvagin, ine adj. chasse (odeur, goût) Propre à certains oiseaux sauvages.

sauvagine n. f. chasse Ensemble des oiseaux sauvages des zones aquatiques. *Chasse à la sauvagine.*

sauvegarde n. f. (de *sauve [sauf]* et *garde*) **1.** Protection et garantie (de la personne, des droits) assurées par une autorité ou une institution. *Se placer sous la sauvegarde de la justice.* **2.** Protection, défense. *La sauvegarde du patrimoine culturel.* **3.** inform. Copie de sécurité destinée à préserver des données mises en mémoire.

sauvegarder v. tr. < 1 > **1.** Assurer la sauvegarde de. → **défendre, préserver, protéger.** *Sauvegarder les libertés.* **2.** inform. Effectuer une sauvegarde de. *Sauvegarder un fichier.*

sauve-qui-peut n. m. invar. **1.** Cri de *sauve qui peut* (« que se sauve qui le peut ! »). **2.** Fuite générale et désordonnée. → **débandade, déroute.** *Un sauve-qui-peut général.*

sauver v. tr. < 1 > (vient du bas latin *salvare*, de *salvus* → sauf) **1.** Faire échapper (qqn, un groupe) à un grave danger. *Il a pu sauver l'enfant qui se noyait. Il est sauvé* (→ **sain*** et **sauf**). – ***Sauver de*** : soustraire à, tirer de. *Sauver qqn de la misère.* ■ relig. Assurer le salut de (→ **racheter, rédimer ; rédemption).** **2.** Empêcher la destruction, la perte de (qqch.). *Il m'a sauvé la vie.* fam. *Sauver sa peau*, sa vie. – loc. fam. ***Sauver les meubles*** : sauver l'indispensable, lors d'un désastre. **3.** Faire accepter, rendre passable (qqch. de médiocre). *Les acteurs sauvent ce film.* ■ **se sauver** v. pron. **1.** S'enfuir pour échapper au danger. → **fuir.** *Il se sauva à toutes jambes.* ■ fam. Prendre congé promptement. **2.** fam. (liquide qui bout) Déborder. *Le lait se sauve.*

sauvetage n. m. (de *sauver*) **1.** Action de sauver (un navire en détresse, qqn qui se noie). *Canot de sauvetage.* – *Bouée de sauvetage ; gilet de sauvetage.* **2.** Action de sauver (des hommes, du matériel) d'un sinistre quelconque (incendie, etc.). – fig. *Le sauvetage d'une entreprise en difficulté.*

sauveté n. f. (de *sauve*, fém. de *sauf*) **1.** hist. Bourgade franche créée pendant la féodalité, à l'initiative des monastères, pour servir de refuge aux errants. **2.** apic. *Cellules de sauveté*, où les abeilles élèvent des reines.

Sauveterre (causse de) Plateau calcaire situé dans les Grands Causses, entre le Lot et le Tarn. Tourisme.

sauveteur, euse n. Personne qui prend part à, opère un sauvetage. *L'équipe des sauveteurs.*

à la sauvette loc. adv. (de *se sauver*) **1.** *Vendre à la sauvette*, vendre en fraude sur la voie publique (avec un équipement minimum, pour pouvoir s'enfuir rapidement en cas d'alerte). **2.** À la hâte, pour ne pas attirer l'attention. *Rencontrer qqn à la sauvette.*

sauveur, euse n. (vient du bas latin *salvator* → salvateur, de *salvare* → sauver) **1.** n. m. relig. chrét. *Le Sauveur* : Jésus-Christ. → **Messie, rédempteur.** **2.** Personne qui sauve (qqn, une collectivité). *Elle a été notre sauveuse. Le sauveur de la patrie.*

Sauveur (Joseph) Mathématicien et physicien français (1653-1716). Créateur de l'acoustique musicale, il étudia les ondes stationnaires et les harmoniques.

sauvignon n. m. (origine inconnue) **1.** Cépage blanc de qualité, cultivé surtout, en France, dans le Bordelais et les pays de Loire. ■ Vin provenant de ce cépage. **2.** Variété de cabernet (raisin rouge). – appos. *Cabernet sauvignon.*

Sauvy (Alfred) Démographe et économiste français (1898-1990). Directeur de l'Institut national démographique, il fut l'auteur d'importantes études démographiques et économiques. *Croissance zéro.*

Savai'i La plus grande des îles des Samoa occidentales. 1 709 km². 45 000 habitants.

Savall (Jordi) Gambiste et chef d'orchestre espagnol (né en 1941). Fondateur de l'ensemble Hesperion XX (devenu XXI), de la Capella Reial de Catalunya et du Concert des Nations, il a contribué à la redécouverte du répertoire espagnol ancien.

savamment adv. **1.** D'une manière savante ; avec érudition. → **doctement.** *Parler savamment.* **2.** Avec une grande habileté. → **ingénieusement.**

savane n. f. (de l'espagnol, d'une langue indienne d'Haïti) **1.** Vaste prairie des régions tropicales, pauvre en arbres et en fleurs. *Les hautes herbes de la savane.* **2.** (Canada) Terrain marécageux.

Savannah n. f. Fleuve du S.-E. des États-Unis. 505 km. Elle forme, sur une grande partie de son cours, la frontière entre la Caroline du Sud et la Géorgie avant de se jeter dans l'océan Atlantique. Hydroélectricité. Usine atomique.

Savannah Ville des États-Unis (Géorgie) à l'embouchure de la Savannah, sur la côte atlantique. 136 000 habitants. Port. Industries. Constructions navales. Tourisme.

S

SAVANE (l'écosystème africain)

Vaste étendue herbeuse parsemée d'arbres et d'arbustes, la savane (ou brousse) s'étend dans les zones semi-arides où alternent saison humide et saison sèche. Ce climat conduit de nombreuses espèces à mener une vie nocturne ou à se regrouper autour des rares points d'eau ; durant la saison sèche, certains animaux entrent en estivation. La lutte pour la survie a encore été accrue par l'intervention humaine. La chasse, le braconnage et l'exploitation de terres en friche par les populations en forte croissance vouent certaines espèces à la disparition malgré la création de nombreuses réserves.

Rhinocéros blanc.

Gnou à queue noire.

Éléphant d'Afrique.

La gazelle de Thomson échappe difficilement au guépard, animal le plus rapide au monde.

Lion.

Euphorbe candélabre.

Tisserin à dos d'or.

Messager serpentaire.

Girafes de Rothschild.

Hyène tachetée.

Jabiru d'Afrique.

Les savanes constituent la transition entre le désert et la forêt tropicale.

Lys glorieux.

savant, ante (ancien p. prés. de *savoir*) **I. adj. 1.** Qui sait beaucoup, en matière d'érudition ou de science. → **docte, érudit, instruit.** *Il est très savant* (→ c'est un puits* de science). « *Les Femmes savantes* » (de Molière). – *Être savant en histoire ; savant en la matière.* → **compétent. 2.** Où il y a de l'érudition. *Conversation savante.* – *Une édition savante.* – ling. *Mot savant* : mot emprunté au grec ou au latin (ou formé d'éléments grecs ou latins) et qui n'a pas évolué phonétiquement comme les formes dites *populaires* (ex. le mot latin *lac, lactis* a donné *lait* et *laiteux*, mots *populaires* et *lacté*, mot *savant*). ▪ Qui, par sa difficulté, n'est pas facilement accessible au profane. → **compliqué, recherché.** *Musique savante.* **3.** Qui est très habile (dans un art, une spécialité). *Un savant cuisinier.* ▪ (animal) Dressé à faire des tours d'adresse. *Chien savant.* **4.** Fait avec science, art ; où il y a une grande habileté. *Un arrangement savant. De savantes précautions.* **II. 1. n.** vieux Personne très cultivée. **2. n. m.** Personne qui par son savoir et ses recherches contribue à l'élaboration, au progrès d'une science (surtout science expérimentale ou exacte). → **chercheur.** *Marie Curie fut un grand savant.*

Savard (Félix Antoine) Prélat et écrivain canadien (québécois) [1896-1982]. Il est l'auteur de romans lyriques, de poèmes, de recueils de souvenirs et de portraits d'un style à la fois poétique et réaliste. *La Minuit ; La Dalle-des-morts.*

savarin n. m. (de *Brillat-Savarin*) Gâteau en forme de couronne, fait d'une pâte molle que l'on imbibe d'un sirop à la liqueur. *Moule à savarin.*

savart n. m. (n. d'un physicien) mus. Unité pratique d'intervalle* musical.

Savart (Félix) Physicien français (1791-1841). Il est l'auteur, avec J.-B. Biot, de la *loi de Biot et Savart*, donnant l'expression d'un champ magnétique créé par un courant électrique. Il étudia aussi la propagation des vibrations dans divers milieux.

Savary (Anne Jean Marie René), duc de Rovigo Général et homme politique français (1774-1833). Il fut chargé de l'exécution du duc d'Enghien (1804). Il succéda à Fouché comme ministre de la Police.

Savary (Félix) Mathématicien et astronome français (1797-1841). Il résolut le problème du calcul des éléments orbitaux réels à partir de ceux de l'orbite apparente.

Savary (Jérôme) Acteur et metteur en scène français (1942-2013). Fondateur du Grand Magic Circus, il créa des spectacles mêlant cabaret, satire sociale et parade. Il dirigea le Théâtre national de Chaillot (1988-2000) puis l'Opéra-Comique (2000-2007).

savate n. f. (origine obscure) **1.** Vieille chaussure ou vieille pantoufle. – loc. fam. *Traîner la savate* : vivre misérablement. **2.** fam. Personne maladroite. *Il joue comme une savate !* **3.** Sport de combat (dont fut tirée la boxe française) où l'on porte des coups de pied à l'adversaire.

Save n. f. Rivière du Bassin aquitain, affluent de la Garonne. 150 km.

Save n. f. Rivière de Slovénie, Croatie et Bosnie-Herzégovine qui rejoint le Danube à Belgrade. 940 km.

Savenay Commune de la Loire-Atlantique. 9 283 habitants. Les troupes républicaines de Kléber y battirent l'armée vendéenne en décembre 1793.

Saverdun Commune de l'Ariège. 4 815 habitants. Ce fut la plus grande place forte protestante du pays de Foix au XVIe siècle.

Saverne Chef-lieu d'arrondissement du Bas-Rhin. 11 303 habitants. Château (XVIIIe s.). Église (XIVe-XVe s.). Saverne fut le fief des évêques de Metz puis de Strasbourg.

Saverne (col de) ou **(seuil de)** Col des Vosges (413 m), entre le plateau lorrain et la plaine d'Alsace.

Savery (Thomas) Inventeur anglais (v. 1650-1715). Il travailla avec T. Newcomen à la première machine à vapeur.

savetier n. m. vieux Cordonnier.

saveur n. f. (vient du latin *sapor*, de *sapere* → ¹savoir) **1.** Qualité perçue par le sens du goût. → **goût ; sapidité.** *Une saveur agréable. Sans saveur* (→ **insipide**). **2.** fig. Qualité de ce qui est agréable, plaisant. « *La fraîcheur et la saveur de la nouveauté* » (Stendhal). → **piment, sel.**

Saviano (Roberto) Écrivain et journaliste italien (né en 1979). *Gomorra* (2006), vaste enquête sur la Camorra napolitaine, l'a contraint à vivre sous protection policière durant quinze ans. Il a livré ensuite dans *Extra Pure* les dessous du trafic de la cocaïne.

Savignac (Raymond) Affichiste français (1907-2002). Son esthétique épurée, à l'humour incisif, a renouvelé le style des affiches publicitaires.

Savigny (Friedrich Karl von) Juriste et homme politique allemand (1779-1861). Ministre de Prusse en 1842, il fut chargé de la révision du code. Il a créé l'école historique allemande.

Savigny-le-Temple Commune de la Seine-et-Marne. 30 169 habitants.

Savigny-sur-Orge Commune de l'Essonne. 37 190 habitants.

Savimbi (Jonas) Homme politique angolais (1934-2002). Il fonda l'Union pour l'indépendance totale de l'Angola (Unita) en 1966. Ayant pris le maquis après l'indépendance, il signa un accord de paix avec le président Dos Santos en 1995 mais reprit la lutte armée en 1998. Il fut tué au combat.

Savinio (Andrea De Chirico, dit Alberto) Écrivain italien (1891-1952). Frère de Giorgio De Chirico. Il fut lié à Apollinaire. Le goût du bizarre et un humour surréaliste imprègnent son œuvre. *Achille énamouré ; Ville, j'écoute ton cœur.*

Savoie (maison de) Famille qui régna sur la Savoie et le Piémont à partir du XIe s., sur la Sicile puis la Sardaigne à partir du XVIIIe s., et sur l'Italie de 1861 à 1946.

Savoie n. f. Région historique du S.-E. de la France, correspondant aux départements de la Savoie et de la Haute-Savoie. La Savoie fut conquise par les Romains en 121 av. J.-C. Elle fut soumise à la domination burgonde (Ve s.) puis à celle des Francs (VIe s.), et subit des partages avant d'être rattachée au Saint Empire en 1032. Le XIe s. vit l'avènement de la future maison de Savoie. Par la suite, la région fut au cœur de luttes entre la France et l'Italie non encore unifiée, avant d'être définitivement cédée à la France en 1860 au moment où commence le règne de la maison de Savoie sur l'Italie unifiée.

Savoie n. f. [73] Département français de la Région Auvergne-Rhône-Alpes (→ carte). 6 028 km². 439 750 habitants. Chef-lieu : Chambéry. Chefs-lieux d'arrondissement : Albertville, Saint-Jean-de-Maurienne. Le département s'étend sur les reliefs des Préalpes et des Alpes françaises (3 852 m à la Grande Casse). Le Sillon alpin, les vallées de la Tarentaise et de la Maurienne constituent des voies de passage. Le secteur agricole est dominé par l'élevage pastoral (lait, fromages) et la sylviculture. Industries dans les vallées de la Tarentaise et de la Maurienne (électrométallurgie, électrochimie) et à Chambéry et Aix-les-Bains (constructions électriques, mécanique, agroalimentaire). Département touristique (sports d'hiver et parc national de la Vanoise).

Savoie (Haute-) n. f. [74] Département français de la Région Auvergne-Rhône-Alpes (→ carte). 4 388 km². 835 206 habitants. Chef-lieu : Annecy. Chefs-lieux d'arrondissement : Bonneville, Saint-Julien-en-Genevois, Thonon-les-Bains. Limité au N. par le lac Léman, le département occupe l'avant-pays savoyard, les Préalpes calcaires et la zone alpine centrale (massif du Mont-Blanc, Aiguilles-Rouges). L'économie repose sur les activités traditionnelles (élevage, agriculture, artisanat) et sur une industrie diversifiée et en modernisation constante (décolletage, mécatronique, agroalimentaire, informatique...). Tourisme estival (autour des lacs Léman et d'Annecy), thermalisme (Évian, Thonon-les-Bains), sports d'hiver. Plus de 60 000 frontaliers vont chaque jour travailler en Suisse.

¹savoir v. tr. < 32 p. p. *su, sue* > (vient du latin *sapere* « avoir du goût ; avoir du jugement ; connaître » → **sage, saveur ; insu** [à l'insu de]) **I.** (Appréhender par l'esprit) **1.** Avoir présent à l'esprit (qqch. que l'on identifie et que l'on tient pour réel) ; pouvoir affirmer l'existence de. → **connaître.** *Je ne sais pas son nom.* – *Avez-vous su la nouvelle ?* → **apprendre.** – *Elle n'en sait rien.* – *J'en sais quelque chose* : j'en ai fait l'expérience. – ***Faire savoir.*** → **annoncer, communiquer.** *Je vous ferai savoir la date de mon retour.* – pronom. *Tout finit par se savoir.* – (suivi d'une subordonnée) *Je sais qu'il est en voyage. Savez-vous s'il doit venir ?* – littér. (suivi d'un attribut) *Je le sais honnête.* **2.** Être conscient de ; connaître la valeur, la portée de. *Elle sait ce qu'elle fait.* – *Être poète sans le savoir.* – fam. *Je ne veux pas le savoir !* – pronom. (suivi d'un attribut) *Il se sait aimé.* **3.** Avoir dans l'esprit (des connaissances organisées rationnellement). « *N'est-ce pas savoir beaucoup que de savoir qu'on ne sait rien ?* » (Fénelon). – absolt *L'ardeur de savoir.* **4.** Être en mesure d'utiliser, de pratiquer. *Il sait son métier.* – *Savoir l'espagnol.* **5.** Avoir présent à l'esprit, de manière à pouvoir répéter. *Savoir son rôle, sa leçon. Savoir qqch. par cœur.* **II.** (dans des loc. ; sens affaibli) Être au fait de. *Vous n'êtes pas sans savoir que...* : vous n'ignorez pas que... – *Sachez que...* : apprenez que... – (souligne une affirmation) *Il est gentil, vous savez.* – ***À savoir*** **loc. conj.** : c'est-à-dire. – *Peut-on savoir ? Qui sait ?* → **peut-être.** – *Savoir si...*, je me demande si... – (avec *ne*) *On ne sait jamais. Elle est on ne sait où.* – *Ne savoir que faire, quoi faire. Ne savoir où se mettre.* – ***Que je sache*** : autant que je puisse savoir, en juger. **III.** (+ inf.) (Être capable de) **1.** Être capable, par un apprentissage, par l'habitude, de. *Savoir lire et écrire.* – *Savoir s'exprimer.* **2.** Avoir (par aptitude, effort de volonté) la possibilité de. *Savoir écouter. Savoir dire non.* **3.** (au cond. et en tour négatif avec *ne* seul) Pouvoir. « *On ne saurait penser à tout* » (de Musset). **4.** régional (Nord ; Belgique) Pouvoir. *Elle ne sait pas rester tranquille.*

²savoir n. m. (de *¹savoir*) Ce que l'on sait (I, 3) ; ensemble de connaissances. → **culture, instruction, science.**

savoir-être n. m. invar. Ensemble des qualités relationnelles et comportementales adaptées au monde de l'entreprise.

savoir-faire n. m. invar. Habileté à résoudre les problèmes pratiques ; compétence, expérience dans l'exercice d'une activité. → **²adresse, art.**

savoir-vivre n. m. invar. Qualité d'une personne qui connaît et sait appliquer les règles de la politesse. → **éducation, tact.**

savon n. m. (vient du latin *sapo, saponis*, d'origine germanique → **saponaire, saponifier**) Produit utilisé pour le dégraissage et le lavage, obtenu par l'action d'un alcali sur un corps gras. *Pain de savon. Savon liquide.* ▪ *Un savon* : morceau moulé de ce produit. *Un savon de Marseille.* – loc. fam. *Passer un savon à qqn*, le réprimander.

Savonarole (Girolamo Savonarola, dit en français Jérôme) Prédicateur italien (1452-1498). Prieur du couvent San Marco de Florence, il s'imposa comme chef politique après l'invasion de l'Italie par Charles VIII et instaura un régime à la fois théocratique et démocratique, austère et intransigeant, qui divisa les Florentins. Il fut excommunié par Alexandre IV, puis condamné à mort.

S

Savone Ville d'Italie (Ligurie), chef-lieu de province, sur la Riviera di Ponente. 59 900 habitants. Cathédrale (XVIIe-XIXe s.). Port. Sidérurgie ; industrie chimique.

savonnage n. m. Lavage au savon. *Savonnage avec un savon antiseptique.*

savonnée n. f. (de *savonner*) (Belgique) Eau savonneuse.

savonner v. tr. < 1 > Laver en frottant avec du savon. *Savonner du linge et le rincer.* – pronom. Se laver au savon.

savonnerie n. f. **1.** Usine de savon. **2.** (cette manufacture étant une ancienne savonnerie) Tapis fabriqué à la manufacture de la Savonnerie.

Savonnerie Première manufacture royale de tapis fondée en 1604 en France, installée à Chaillot dans une ancienne savonnerie. Elle fut réunie à la manufacture des Gobelins en 1826.

savonnette n. f. Petit savon pour la toilette.

savonneux, euse adj. Qui contient du savon. – loc. fam. *Être sur une pente savonneuse,* sur une mauvaise pente*.

savonnier, ière I. **1.** n. Fabricant(e) de savon. **2.** adj. Relatif à la fabrication et au commerce du savon. II. n. m. Arbre exotique dont l'écorce est riche en saponine.

Savorgnan de Brazza (Pierre) voir **Brazza** (Pierre Savorgnan de)

savourer v. tr. < 1 > (de *saveur*) **1.** Manger, boire avec lenteur et attention, pour apprécier pleinement. → **déguster. 2.** fig. *« Nous savourons la moindre joie »* (Dorgelès). → se **délecter** de.

savoureux, euse adj. (→ saveur) **1.** Qui a une saveur agréable, riche et délicate. → **délectable, succulent. 2.** fig. Qui a de la saveur, du piquant. *Une anecdote savoureuse.* □ adv. **savoureusement**

Savoy (Guy) Cuisinier français (né en 1953). Très attaché au terroir, il définit la cuisine comme l'art de transformer en joie les produits chargés d'histoire. Il a ouvert des restaurants à Paris ainsi qu'à Las Vegas et à Singapour.

sax voir **saxophone**

Sax (Antoine Joseph, dit Adolphe) Facteur d'instruments à vent français d'origine belge (1814-1894). Il fut le créateur du saxophone.

saxatile adj. (du latin, de *saxum* « rocher ») sc. nat. Qui vit parmi les rochers, croît sur les rochers. - syn. **saxicole.**

saxe n. m. Porcelaine de Saxe ; objet fait de cette porcelaine.

Saxe (Maurice, comte de Saxe, dit le maréchal de) Maréchal de France (1696-1750). Fils d'Auguste II, il servit Pierre Le Grand, son père puis le roi de France. Il révéla d'exceptionnelles qualités de stratège lors de la guerre de Succession d'Autriche.

S

Saxe n. f. en allemand **Sachsen** Région historique d'Allemagne. En 843, la Saxe forma un duché qui s'incorpora au royaume de Germanie, dont Henri Ier l'Oiseleur, fondateur de la dynastie saxonne, devint roi au Xe s. En 1260, le duché fut divisé en deux : au N., la Saxe-Lauenburg (Basse-Saxe) ; au S., la Saxe-Wittenberg (Haute-Saxe). En 1356, le duc de Saxe-Wittenberg obtint le titre d'Électeur. La Saxe fut particulièrement éprouvée par la guerre de Trente Ans (XVIIe s.), puis pendant la guerre de Sept Ans (XVIIIe s.). Napoléon l'érigea en royaume en 1806, et le royaume de Saxe fut intégré à l'Empire allemand en 1871.

Saxe en allemand **Sachsen** État (Land) d'Allemagne. 18 408 km^2. 4 169 000 habitants. Capitale : Dresde. La région, arrosée par l'Elbe et la Neisse, s'étend sur le versant N.-O. des monts Métallifères et leur piémont. L'industrie, favorisée par d'importantes ressources minérales et minières exploitées depuis le Moyen Âge, traverse une crise. La polyculture est présente dans le N. (blé, betterave, pomme de terre).

Saxe (Basse-) en allemand **Niedersachsen** Land du N.-O. de l'Allemagne. 47 348 km^2. 7 929 000 habitants. Capitale : Hanovre. Vaste région de plaine, la Basse-Saxe s'étend du littoral sableux de la Frise, au N., au massif ancien du Harz, au S.-E. L'agriculture est très productive autour de Hanovre et de Brunswick (céréales, pomme de terre, betterave ; élevage bovin). L'industrie lourde (sidérurgie, automobile, chimie) s'y est développée le long de l'axe Ruhr-Berlin.

Saxe-Anhalt en allemand **Sachsen-Anhalt** État (Land) d'Allemagne. 20 443 km^2. 2 345 000 habitants. Capitale : Magdebourg. Le territoire est majoritairement formé de plaines, dominées à l'O. par le massif du Harz. L'agriculture est importante (betterave à sucre, blé) de même que l'activité industrielle, soutenue par les ressources minières (lignite, cuivre, sel, potasse), notamment autour de Halle-Merseburg et Magdebourg.

Saxe-Cobourg (Frédéric Josias, duc de) Général autrichien (1737-1815). Il commanda l'armée des coalisés aux Pays-Bas à partir de 1792 et remporta la victoire de Neerwinden (1793).

saxhorn n. m. (de *Sax*, n. de l'inventeur, et de l'allemand *Horn* « cor ») Instrument de musique à vent en cuivre, à embouchure et à pistons.

saxicole voir **saxatile**

saxifrage n. f. (du bas latin « qui brise les pierres ») Plante herbacée qui pousse dans les fissures des murs et des rochers.

saxo voir **saxophone ; saxophoniste**

Saxo Grammaticus Historien et lettré danois (v. 1150-1206 ou 1216). Il rédigea les *Gesta Danorum* (« Hauts faits des Danois »), qui constituent la meilleure source sur l'histoire ancienne du Danemark.

saxon, onne (bas latin *Saxo* « habitant de la Saxe ») **1.** n. hist. Membre d'un des anciens peuples germaniques. – adj. *Invasions saxonnes.* ■ n. m. ling. Ensemble des langues et dialectes dérivant du parler des Saxons. *Vieux saxon ; bas saxon.* **2.** adj. De la Saxe. – n. *Les Saxons.*

Saxons n. m. pl. Peuple germanique établi au IIe s. au bord de l'Elbe, sur les côtes de la mer du Nord puis dans toute l'Allemagne du N.-O. à la fin du IIIe s. Une partie d'entre eux s'établirent en Angleterre vers 450. Les Saxons furent soumis et évangélisés par Charlemagne de 772 à 804.

saxophone n. m. (de *Sax*, n. des inventeurs) Instrument à vent en cuivre, à anche simple et à clefs, qui fait partie de la famille des bois. *Saxophone ténor, alto.* - abrév. fam. **sax ; saxo.**

saxophoniste n. Joueur, joueuse de saxophone. - abrév. fam. **saxo.**

Say (Jean-Baptiste) Économiste et industriel français (1767-1832). Influencé par les théories d'A. Smith, il fit l'apologie du machinisme et de la loi des débouchés. *Cours complet d'économie politique et pratique.*

Say (Louis Auguste) Économiste français (1774-1840). Frère de Jean-Baptiste. Opposé aux idées de son frère, il affirma que les forces productives sont la source effective des richesses. *Études sur la richesse des nations.*

Say (Horace Émile) Économiste français (1794-1860). Fils de Jean-Baptiste. Il fonda la Société d'économie politique, le *Journal des économistes* et le *Journal du commerce.*

Say (Léon) Homme politique et économiste français (1826-1896). Fils de Horace Émile. Ministre des Finances, il fut hostile au socialisme et partisan du libre-échange.

saynète [sɛnɛt] n. f. (espagnol *sainete*) Courte pièce comique avec peu de personnages. → **sketch.**

sayon n. m. (espagnol *saya*, du latin *sagum* → [1]saie) anciennt **1.** Casaque grossière de paysan. **2.** Casaque de guerre des Gaulois et des Romains.

Sbeïtla Localité de Tunisie située dans le Haut Tell. Vestiges de la ville romaine de *Sufetula.* Aqueduc de 166 km jusqu'à Sfax.

sbire n. m. (de l'italien ; famille du grec *pur, puros* « feu » → pyr[o]-) péj. Policier. – Homme de main. → **nervi.**

scabieuse n. f. (du latin ; famille de *scabere* « gratter » → scabreux) Plante herbacée à fleurs mauves, employée autrefois comme dépuratif.

scabieux, ieuse adj. méd. Relatif à la gale. *Éruption scabieuse.*

scabreux, euse adj. (du latin « rude », de *scabere* « gratter ; se gratter ») **1.** littér. Embarrassant, délicat. *C'est un sujet scabreux.* **2.** De nature à choquer la décence. → **indécent, licencieux.**

Scaevola (Caius Mucius) voir **Mucius Scaevola**

scaferlati n. m. (origine inconnue) Tabac finement découpé, pour la pipe ou la cigarette.

Scala (la) Théâtre milanais construit en 1778 par G. Piermarini. Rossini, Donizetti et Verdi y firent représenter leurs opéras.

[1]scalaire n. m. (du latin, de *scalae* « escalier ») Poisson originaire d'Amazonie, au corps aplati et rayé de jaune et de noir.

[2]scalaire adj. (du latin *scalaris* « d'escalier », de *scala* → échelle) math. *Grandeur scalaire,* qui est entièrement définie par sa mesure (s'oppose à *vectoriel*).

scalde n. m. (origine scandinave) hist. littér. Ancien poète chanteur scandinave. □ **scaldique** adj. *Poésie scaldique.*

scalène adj. (du grec « boiteux ; impair ») **1.** adj. géom. *Triangle scalène,* dont les trois côtés sont de longueurs inégales. → **quelconque. 2.** adj. et n. m. anat. Se dit de chacun des trois muscles triangulaires de la partie latérale du cou.

Scaliger (Giulio Cesare Scaligero, dit en français Jules César) Médecin et humaniste italien (1484-1558). Opposé à Érasme, il est l'auteur de travaux scientifiques sur Hippocrate et Aristote et d'ouvrages littéraires dont une *Poétique,* qui annonce le classicisme.

scalp [skalp] n. m. (mot anglais) **1.** Action de scalper. *Danse du scalp,* qu'exécutaient les Indiens d'Amérique autour de la victime qui allait être scalpée. **2.** Trophée constitué par la peau du crâne avec sa chevelure.

scalpel n. m. (latin *scalpellum*) Petit couteau à manche plat pour inciser et disséquer. *Le bistouri et le scalpel.*

scalper v. tr. < 1 > (anglais *to scalp,* de *scalp* → scalp) Dépouiller (qqn) du cuir chevelu par incision de la peau.

Scamozzi (Vincenzo) Architecte italien (1552-1616). Il continua l'œuvre de Palladio et Sansovino et fut l'un des derniers grands constructeurs de la Renaissance italienne. À Venise, il construisit le palais Contarini et les Nouvelles Procuraties.

scampi n. m. (mot italien, plur. de *scampo* « langoustine ») Langoustine ou grosse crevette frite, en beignet. *Des scampis.*

scan [skan] n. m. (mot anglais → [1]scanner) anglic. **1.** Numériseur. → [1]**scanner. 2.** Numérisation. *Effectuer le scan d'un document.* **3.** Document numérisé. → [1]**scanner.**

scandale n. m. (bas latin *scandalum* « pierre d'achoppement » → esclandre, du grec *skandalon* « piège ») **1.** Effet fâcheux, retentissement dans le public d'actes ou de propos considérés comme condamnables. *Sa tenue a provoqué un scandale, a fait scandale.* – Émotion indignée qui accompagne cet effet. → **indignation.** *Au grand scandale de sa famille.* **2.** Désordre, esclandre. *Faire du scandale.* **3.** Grave affaire publique où des per-

Scapin

Les Fourberies de Scapin de Molière, illustration de François Boucher (1734), Bibliothèque nationale de France, Paris.

sonnalités sont compromises. *Scandale politique.* **4.** Fait immoral, injuste, révoltant. → **honte.** *Cette condamnation est un scandale !*

scandaleux, euse adj. (→ scandale) **1.** Qui cause du scandale. *Une conduite scandaleuse.* **2.** Qui constitue un scandale (4). → **honteux, révoltant.** *Prix scandaleux.* □ adv. **scandaleusement**

scandaliser v. tr. < 1 > (→ scandale) Apparaître comme un scandale à. → **choquer, indigner.** – pronom. S'indigner. *Pourquoi se scandaliser d'une chose si naturelle ?*

scander v. tr. < 1 > (latin *scandere*) **1.** Analyser (un vers) en ses éléments métriques ; prononcer (un vers) en le rythmant. *Scander des alexandrins.* **2.** Prononcer en détachant les syllabes, les groupes de mots. *Scander un slogan.*

scandinave adj. (du latin, d'origine germanique) De Scandinavie. – n. *Les Scandinaves.* ■ ling. *Langues scandinaves* (ou *nordiques*) : danois, suédois, norvégien, islandais.

Scandinavie n. f. Région du N. de l'Europe comprenant la Suède, la Norvège et le Danemark. 817 800 km^2.

scandium [skɑ̃djɔm] n. m. (d'après le latin *Scandia* « Scandinavie ») chim. Corps simple (symb. Sc, n° at. 21, masse at. 44,96), métal qu'on trouve dans certains minerais des terres rares.

Scanie n. f. Province de l'extrême S. de la Suède entre l'Øresund et la mer Baltique. Ville principale : Malmö. Région agricole. Industries diverses : bois, textile, mécanique.

^{1}**scanner** [skanɛʀ] n. m. (de l'anglais, de *to scan,* du latin *scandere* → scander) anglic. **1.** méd. Appareil de radiodiagnostic composé d'un système de tomographie et d'un ordinateur qui en fournit les résultats sous forme d'images. → **tomodensitomètre.** ■ Examen réalisé à l'aide de cet appareil. ■ Image ainsi obtenue. **2.** techn. Appareil électronique qui permet de transférer des documents sur papier vers des fichiers numériques. - recomm. offic. **numériseur, scanneur.**

^{2}**scanner** [skane] v. tr. < 1 > (anglais *to scan* → ^{1}scanner) anglic., techn. Numériser (un document) au moyen d'un scanner.

scanographie n. f. (de ^{1}*scanner,* et *-graphie*) méd. Technique du scanner (→ ^{1}scanner [1]). - syn. **tomodensitométrie.** ■ Image obtenue par scanner.

scansion n. f. (du latin → scander) didact. Action, manière de scander (un vers).

Scapa Flow Vaste baie dans les îles Orcades, au N. de l'Écosse. L'un des principaux terminaux pétroliers des îles Britanniques. La flotte allemande, prisonnière, s'y saborda à la veille du traité de Versailles (1919).

scaphandre n. m. (grec *skaphê* « barque » [→ bathyscaphe] et *anêr, andros* « homme » → andro-) Équipement de plongée individuel à casque étanche. – par analogie *Scaphandre de cosmonaute.*

scaphandrier, ière n. Personne qui fait de la plongée munie d'un scaphandre.

scaphite n. m. (du grec *skaphê* « barque ») paléont. Mollusque à tentacules, fossile du crétacé.

scaphoïde adj. (grec *skaphoedês* « en forme de barque ») anat. *L'os scaphoïde,* ou n. m. *le scaphoïde* : l'os le plus volumineux de la rangée supérieure des os du carpe, du côté externe.

Scapin Personnage de la comédie italienne, valet d'intrigue, fourbe et rusé. Molière l'introduisit sur la scène française.

scapula n. f. (latin *scapulae* « épaules ») anat. Omoplate.

^{1}**scapulaire** n. m. (du latin → scapula) relig. cathol. **1.** Vêtement religieux composé de deux bandes d'étoffe tombant sur la poitrine et sur le dos. **2.** Objet de dévotion composé de deux petits morceaux d'étoffe bénits reliés par des cordons.

^{2}**scapulaire** adj. (du latin → scapula) anat. De l'épaule. *La ceinture scapulaire* : les deux clavicules et les deux omoplates.

scapulalgie n. f. (du latin → scapula et de *-algie*) méd. Douleur de l'épaule.

scapulohuméral, ale, aux adj. (de *scapulaire* et *huméral*) anat. Qui appartient à l'omoplate et à l'humérus. *Articulation scapulohumérale.*

scarabée n. m. (du latin, altération du grec *karabos* → carabe) Insecte coléoptère coprophage (→ **bousier**).

scarabéidé n. m. (de *scarabée*) zool. Insecte coléoptère au corps massif et aux pattes fouisseuses (famille des *Scarabéidés* ; ex. le scarabée).

Scaramouche L'un des plus anciens personnages de la commedia dell'arte, subtil et hâbleur, habillé de noir.

Scarborough Ville d'Angleterre (Yorkshire du Nord), sur la mer du Nord. 61 700 habitants. Château du XIIe s. Port de plaisance, station balnéaire.

scare n. m. (du latin, du grec, de *skairein* « bondir ») Poisson tropical aux vives couleurs, appelé couramment *poisson-perroquet.*

scarieux, ieuse adj. (du latin, du grec *eskhara* → ^{1}escarre) bot. Se dit d'un organe membraneux, desséché et translucide.

scarifiage n. m. (de *scarifier*) agric. Opération consistant à briser la croûte durcie sur le sol entre les labours et les hersages et le moment des semailles.

scarificateur n. m. **1.** méd. Instrument utilisé pour la scarification. **2.** agric. Machine servant au scarifiage du sol.

scarification n. f. (→ scarifier) **1.** méd. Incision superficielle (de la peau, des muqueuses). **2.** En Afrique, marquage rituel symbolique d'appartenance ethnique ou d'initiation.

scarifier v. tr. < 7 > (du latin, du grec « inciser ») Inciser superficiellement (la peau, les muqueuses).

scarlatine n. f. (du latin médiéval *scarlatum* « écarlate ») Maladie contagieuse caractérisée par une éruption de plaques écarlates sur la peau et les muqueuses.

Scarlatti (Alessandro) Compositeur italien (1660-1725). Maître de chapelle du vice-roi de Naples, il fut célèbre dans toute l'Italie pour ses œuvres lyriques, religieuses ou profanes. Sa maîtrise de la mélodie et sa rigueur d'écriture influencèrent Haendel et Purcell. Il fixa la forme de l'opéra napolitain et s'affirma comme le précurseur de la symphonie classique. *Mitridate Eupatore ; Il Trionfo dell'onore.*

Scarlatti (Domenico) Compositeur italien (1685-1757). Fils d'Alessandro Scarlatti, il fut l'ami de Haendel. Il fit l'essentiel de sa carrière à Lisbonne et Madrid. Son œuvre pour clavecin, monumentale (555 sonates), dénote un style, une forme et une technique qui ont révolutionné l'écriture de la musique pour clavier. Comme Bach et Haendel en Allemagne et Couperin en France, D. Scarlatti est en Italie le plus éminent représentant de l'école nouvelle du clavecin.

scarole n. f. (du latin « bon à manger ») Salade (chicorée) à larges feuilles peu découpées.

Scarpa (Antonio) Anatomiste italien (1747 ou 1752-1832). Il décrivit notamment le système nerveux et l'oreille interne *(ganglion de Scarpa).*

Scarpa (Carlo) Architecte italien (1906-1978). Il a su, dans ses réalisations, allier modernisme et respect de la tradition (Banque populaire de Vérone).

Scarpe n. f. Rivière du N. de la France, affluent de l'Escaut. 100 km.

Scarpetta (Eduardo) Auteur dramatique italien (1853-1925). Il rénova le style traditionnel de la commedia dell'arte. *Misère et Noblesse.*

Scarron (Paul) Écrivain français (1610-1660). Il fut l'époux de Françoise d'Aubigné (future Mme de Maintenon). Ses comédies furent très prisées pour leurs intrigues bouffonnes et leur comique verbal. *Le Roman comique.*

scat [skat] n. m. (mot anglais des États-Unis, d'origine onomatopéique) anglic. Style vocal propre au jazz, chant sur des syllabes arbitraires.

scato- Élément (du grec *skôr, skatos*) qui signifie « excrément ».

scatologie n. f. Écrit ou propos grossier, où il est question d'excréments. – Caractère de tels écrits ou propos.

scatologique adj. Qui a rapport à la scatologie. *Plaisanterie scatologique.* – Qui a rapport aux excréments.

scatophage adj. (du grec → scato- et -phage) didact. (insecte) Qui se nourrit d'excréments. → **coprophage.**

scatophile adj. (de *scato-* + *-phile*) sc. nat. Qui vit ou croît sur les excréments. → **stercoraire.**

sceau n. m. (vient du latin, de *sigillum* [→ sigillaire ; sceller], diminutif de *signum* → seing ; signe) **1.** Cachet officiel dont l'empreinte est apposée sur des actes pour les rendre authentiques ou les fermer de façon inviolable. *Le garde* des Sceaux.* **2.** Empreinte faite par ce cachet ; cire, plomb portant cette empreinte. *Apposer son sceau sur un document.* → **sceller. 3.** littér. Ce qui authentifie, confirme ; marque distinctive. « *Le sceau des grandes volontés* » (Balzac). – loc. ***Sous le sceau du secret*** : sous la condition d'une discrétion absolue.

sceau-de-Salomon n. m. Plante à fleurs blanc verdâtre (liliacée), dont le rhizome, à la chute de chaque tige, garde une cicatrice semblable à un sceau. *Des sceaux-de-Salomon.*

Sceaux Commune des Hauts-de-Seine. 20 359 habitants. Église du XVIe s. Le château de Sceaux, acquis par Colbert en 1670, fut détruit à la Révolution. Le parc (180 hectares) est l'œuvre de Le Nôtre.

scélérat, ate n. (du latin, de *scelus, sceleris* « crime ; criminel ») littér. Bandit, criminel. ■ adj. (choses) *Une ruse scélérate.* → **perfide.** – hist. *Loi scélérate* (contre les anarchistes, sous la IIIe République).

scélératesse n. f. littér. Caractère, comportement de scélérat. – Action scélérate.

scellage voir **scellement**

scellé n. m. (surtout au plur.) Bande portant des cachets revêtus d'un sceau officiel apposée par l'autorité de justice sur une fermeture (porte, etc.). *Mettre les scellés.*

scellement n. m. techn. Action de sceller. *Scellement au plâtre.* - syn. **scellage.**

sceller v. tr. < 1 > (vient du latin, de *sigillum* → sceau) **I. 1.** Marquer (un acte) d'un sceau. – Fermer au moyen d'un sceau. → **cacheter. 2.** fig. Confirmer (comme par un sceau). *Sceller une réconciliation.* **II. 1.** Fermer hermétiquement. **2.** Fixer (avec du ciment, etc.). – au p. p. *Fenêtre à barreaux scellés.* ■ fig. *Son destin était scellé.*

Scelsi (Giacinto) Compositeur italien (1905-1988). Se détournant de la technique sérielle, il fut influencé dans ses recherches acoustiques par les philosophies de l'Orient. Son travail, basé sur le son plutôt que la note, est considéré comme pionnier. *Quattro pezzi su una nota sola.*

scénario n. m. (de l'italien, de *scena* « scène », même origine que *scène**) **1.** Action d'une pièce de théâtre, d'un roman. → **canevas, intrigue. 2.** Document décrivant l'action (d'un film), comprenant indications techniques et dialogues. → **script ; synopsis.** *Écrire des scénarios.* - abrév. fam. **scénar.** ■ Texte (d'une bande dessinée). **3.** fig. Déroulement (d'un processus). *Le scénario des négociations.* - var. **scenario.** *Des scenarii* (plur. italien).

scénariser v. tr. < 1 > Introduire un scénario dans (une production audiovisuelle). *Scénariser un clip.* □ n. f. **scénarisation**

scénariste n. Personne qui écrit des scénarios.

scène n. f. (latin *scaena, scena* « scène ; théâtre » [→ scénario], emprunt au grec *skênê*) **I. 1.** Emplacement d'un théâtre où les acteurs paraissent devant le public. → **planche** (les planches), **plateau.** *L'entrée en scène des acteurs.* – « *La scène qui est avant tout un espace à remplir et un endroit où il se passe quelque chose* » (Artaud). ***Mettre en scène*** : représenter par l'art dramatique. *Metteur* en scène ; mise* en scène* (→ **scénographie, scénologie**). *Adapter un texte pour la scène.* – *Mettre en scène un film* (→ **réaliser**). ■ par métaphore ou fig. *La scène du monde* : le monde, considéré comme un théâtre. – loc. *Occuper **le devant de la scène**,* une position en vue. – *La scène politique.* → **paysage. 2.** *La scène* : le théâtre, l'art dramatique. *Les vedettes de la scène et de l'écran.* **3.** Décor du théâtre. *La scène représente une forêt.* ■ L'action*. *La scène se passe à Londres.* **II. 1.** Partie, division d'un acte, dans une pièce de théâtre ; l'action qui s'y déroule. *Acte III, scène 2. Une belle scène.* – loc. fam. *La grande scène (du deux)* : démonstration théâtrale (de colère, etc.). **2.** Action partielle ayant une unité, dans une œuvre (livre, film...). *Scène d'amour. Une scène de film.* → **séquence. 3.** Action représentée en peinture. *Une scène de genre. Scène d'intérieur.* **4.** Action, évènement dont on se trouve spectateur. *J'ai été témoin de la scène. Une scène touchante.* **5.** Explosion de colère, dispute bruyante. *Faire une scène à qqn. Scène de ménage* (dans un couple). **6.** psych. *Scène originaire* (ou *primitive*) : scène de rapports sexuels entre les parents (dans la vie psychique de l'enfant).

scénique adj. (→ scène) Propre à la scène, au théâtre. □ adv. **scéniquement**

scénographe n. didact. Spécialiste de scénographie.

scénographie n. f. didact. **1.** Art de représenter en perspective. **2.** Art et technique de l'aménagement de la scène, de l'espace théâtral. **3.** Mise en scène de l'espace (d'une exposition). □ adj. **scénographique**

scénologie n. f. didact. Art et technique de la mise en scène théâtrale.

scepticisme n. m. **1.** Doctrine (notamment des anciens philosophes sceptiques grecs) selon laquelle l'esprit humain ne peut atteindre aucune vérité générale (s'oppose à *dogmatisme*). **2.** Refus d'admettre une chose sans examen critique. **3.** Doctrine selon laquelle l'homme ne peut atteindre la vérité (dans un domaine). *Scepticisme scientifique.* – spécialt Mise en doute des dogmes religieux. → **incrédulité. 4.** Attitude critique faite de défiance à l'égard des idées reçues, de refus de toute illusion.

sceptique (grec *skeptikos* « qui observe ») **I.** n. **1.** Philosophe qui pratique le scepticisme. **2.** Personne qui adopte une attitude de scepticisme. *C'est une sceptique.* **II.** adj. **1.** Qui professe le scepticisme philosophique. **2.** Enclin au scepticisme. – *Une moue sceptique.* □ adv. **sceptiquement**

sceptre n. m. (latin *sc[a]eptrum*, du grec *skêptron*) **1.** Bâton de commandement, signe d'autorité suprême, dans certaines sociétés. *Le sceptre d'un roi.* **2.** fig., littér. *Le sceptre* : l'autorité souveraine, la royauté.

Scève [sɛv] **(Maurice)** Érudit et poète français (1501-v. 1564). Rattaché à l'école lyonnaise, il est l'auteur du recueil *Délie, objet de plus haute vertu,* confidences amoureuses lyriques à forte dimension symbolique, et de *Microcosme,* épopée biblique d'architecture savante.

Schacht (Horace Greely Hjalmar) Financier et homme politique allemand (1877-1970). Ministre de l'Économie sous le Reich (1934-1937), il fut interné à Dachau en 1944 en raison de ses liens avec la résistance allemande. Il fut acquitté à Nuremberg en 1946.

Schadow (Johann Gottfried) Sculpteur allemand (1764-1850). Fidèle au style néoclassique, il dirigea les ateliers royaux de sculpture, puis l'Académie royale de Berlin.

Schaeffer (Claude) Archéologue français (1898-1982). Les fouilles qu'il entreprit sur le site de Ras Shamra (Ougarit), en Syrie, mirent à jour de nombreux documents cunéiformes.

Schaeffer (Pierre) Ingénieur et compositeur français (1910-1995). Il fut l'un des inventeurs de la musique concrète. Il effectua des recherches en électroacoustique (*Études de bruits*) et collabora avec Pierre Henry (*Bidule en ut ; Orphée 53,* premier opéra du genre). Il dirigea le Groupe de recherches musicales de l'ORTF. Théoricien, il publia un *Traité des objets musicaux.*

Schaeffner (André) Musicologue et ethnologue français (1895-1980). Auteur de travaux sur Stravinski et Debussy, il consacra cependant l'essentiel de ses recherches à l'ethnomusicologie (musique africaine).

Schaerbeek Ville de Belgique (province de Bruxelles-Capitale). 132 799 habitants. Industries. Siège de la RTBF-BRTN (télévisions communautaires).

Schafer (Raymond Murray) Compositeur canadien (1933-2021). Auteur d'œuvres multimédias pour la scène (*Apocalypsis*), de pièces pour orchestre et de quatuors, il s'est particulièrement intéressé à l'environnement acoustique (*Le Paysage sonore,* texte).

Schäfer (Wilhelm) Romancier allemand (1868-1952). Auteur populaire sous le Reich, il fut l'un des représentants majeurs de la littérature régionaliste (*Heimatkunst*). *Les Treize Livres de l'âme allemande.*

Schaff (Adam) Philosophe et sociologue polonais (1913-2006). Idéologue officiel du Parti communiste polonais, il réinterpréta les principes du marxisme du point de vue de la philosophie de la connaissance (*Les Problèmes de la théorie marxiste de la vérité*) comme de la sociologie (*Le Caractère objectif des lois de l'histoire*).

Schaffhouse (canton de) Canton du N. de la Suisse, sur le plateau de Randen. 298 km^2. 81 351 habitants. Chef-lieu : Schaffhouse. Le canton rejoignit la Confédération helvétique en 1501.

Schaffhouse en allemand **Schaffhausen** Ville de Suisse, chef-lieu du canton de Schaffhouse. 36 148 habitants. Ancienne ville médiévale (tours, maisons, cathédrale romane). Industries (textile, métallurgie, mécanique de précision). Tourisme (chutes du Rhin).

Schaffhouse, la tour de la forteresse du Munot (XVIe s.) dominant la vieille ville.

schah voir **shah**

schako n. m. voir **shako**

Schall von Bell (Johann Adam) Missionnaire allemand (1592-1666). Père jésuite envoyé en Chine, il y dispensa l'enseignement de la science moderne. *Traité de l'astronomie et du calendrier selon les méthodes nouvelles de l'Occident,* encyclopédie en langue chinoise.

Schally (Andrew V.) Endocrinologue américain d'origine polonaise (né en 1926). Avec R. Guillemin, il est à l'origine de la neuroendocrinologie. Prix Nobel 1977.

schappe [ʃap] n. m. ou f. (mot suisse alémanique) techn. Fils obtenus par la filature des déchets de soie. *Fils de schappe* : bourre de soie.

Scharnhorst (Gerhard Johann David von) Général prussien (1755-1813). Il réorganisa avec Gneisenau l'armée prussienne de Frédéric-Guillaume III.

Scharoun (Hans) Architecte allemand (1893-1972). À Berlin, il participa à la reconstruction des quartiers dévastés par la Seconde Guerre mondiale, puis fit construire le Théâtre philharmonique (1956-1963). Son œuvre s'apparente à l'architecture dite organique.

Schatzman (Evry) Astrophysicien français (1920-2010). Spécialiste d'astrophysique théorique, il étudia la structure et l'évolution des étoiles, notamment du Soleil.

Schaudinn (Fritz Richard) Microbiologiste allemand (1871-1906). Il étudia les microbes du paludisme et de la dysenterie et découvrit l'agent de la syphilis (*tréponème de Schaudinn*).

Schawlow (Arthur Leonard) Physicien américain (1921-1999). Il inventa le laser avec C. H. Townes (1958) et ses applications en spectroscopie. Prix Nobel 1981.

Scheel (Walter) Homme d'État allemand (1919-2016). Vice-chancelier et ministre fédéral des Affaires étrangères sous Willy Brandt, il mit en œuvre l'Ostpolitik. Il fut président de la République fédérale (1974-1979).

Scheele (Carl Wilhelm) Chimiste et pharmacien suédois (1742-1786). Expérimentateur remarquable, il isola l'hydrogène (1768) et découvrit un gaz (1771) qui fut plus tard reconnu comme étant l'oxygène.

Scheffel (Joseph Viktor von) Poète et romancier allemand (1828-1886). Il eut un grand succès populaire avec *Gaudeamus,* recueil de chansons à boire sur des sujets historiques et des légendes allemandes.

Scheffer (Arie, dit Ary) Peintre et graveur français d'origine néerlandaise (1795-1858). Il devint en 1830 le peintre officiel de Louis-Philippe et exécuta de vastes compositions historiques, ainsi que des portraits. *Saint Augustin et sainte Monique.*

Schehadé (Georges) Écrivain et auteur dramatique libanais d'expression française (1910-1989). Son œuvre délicate, poétique, parfois fantaisiste, fut saluée par les surréalistes. *L'Écolier sultan ; Poésies ; Monsieur Bob'le.*

Schéhérazade Conteuse, dans les *Mille et Une Nuits*, qui échappe à sa mise à mort programmée en captivant chaque nuit le roi perse Chāhriyār par ses récits.

Schéhérazade et le sultan, illustration de Kay Nielsen pour les *Mille et Une Nuits* (v. 1919).

scheidage [ʃɛdaʒ] **n. m.** (de l'allemand *scheiden* « séparer ») techn. Opération par laquelle on concentre un minerai en en ôtant manuellement les parties sans métal.

Scheidemann (Philipp) Homme d'État allemand (1865-1939). Député au Reichstag, il contribua à la répression du spartakisme et devint Premier ministre lors de la proclamation de la république de Weimar (1919). Il s'exila à l'avènement de Hitler.

Scheidt (Samuel) Compositeur et organiste allemand (1587-1654). Son œuvre vocale et pour orgue fait la synthèse des styles néerlandais, anglais et italien. *Tabulatura nova.*

Schein (Johann Hermann) Compositeur allemand (1585-1630). Maître de chapelle à la cour de Weimar, cantor à Saint-Thomas de Leipzig, il fut l'un des compositeurs les plus influents de la vie musicale allemande du XVIIe s. (chorals ; motets).

Scheiner (Christoph) Astronome et mathématicien allemand (1575-1650). Féru d'optique, il fut l'un des premiers à observer les taches solaires. Ses recherches, faites dans l'ignorance des découvertes de Galilée, permirent l'observation de la rotation du Soleil.

schelem **n. m.** voir **chelem**

Scheler (Max) Philosophe et sociologue allemand (1874-1928). Ses réflexions sur la genèse des valeurs morales débouchèrent, sous la double influence du néokantisme et de la phénoménologie husserlienne, sur un programme d'anthropologie philosophique articulant les connaissances des sciences de la nature et des sciences de l'homme. *Le Formalisme en éthique et l'Éthique matérielle des valeurs.*

Schelling (Friedrich Wilhelm Joseph von) Philosophe allemand (1775-1854). Influencé par Fichte, il construisit un système caractéristique du romantisme et de l'idéalisme allemand (*Système de l'idéalisme transcendantal*). Sa philosophie était fondée sur l'identité de l'esprit et de la nature, deux faces d'une seule réalité absolue, Dieu, en laquelle elles se confondent (*L'Âme du monde*).

Schelling (Thomas C.) Économiste américain (1921-2016). Il travailla sur les conflits et les comportements coopératifs engendrés par les interactions dans les groupes humains. Prix Nobel 2005.

schéma **n. m.** (latin *schema* « forme, manière d'être », du grec) **1.** Figure donnant une représentation simplifiée et fonctionnelle (d'un objet, d'un processus...). → **diagramme.** *Schéma d'un moteur.* – *Schéma directeur :* plan d'urbanisation d'une région. **2.** Description ou représentation mentale réduite aux traits essentiels. → **esquisse ; schème.** *Voici le schéma de l'opération.*

schématique **adj.** **1.** D'un schéma ; qui constitue un schéma. *Croquis schématique.* **2.** Simplifié ; qui manque de nuances. *Un jugement schématique.* → **sommaire.** □ **adv. schématiquement**

schématisation **n. f.** Action de schématiser (1 et 2). *La schématisation d'un circuit électrique.*

schématiser **v. tr.** < 1 > (→ **schéma**) **1.** Présenter en schéma. **2.** Présenter de façon schématique, simplifiée à l'excès.

schématisme **n. m.** (latin *schematismus* « expression figurée », du grec → **schéma**) **1.** philos. Chez Kant, Emploi du schème. **2.** (souvent péj.) Caractère schématique, trop simplifié.

schème **n. m.** (du latin *schema* → **schéma**) didact. **1.** philos. Chez Kant, Représentation intermédiaire entre les phénomènes perçus par les sens et les catégories de l'entendement. *Schème transcendantal.* **2.** Représentation abstraite, structure d'ensemble (d'un objet, d'un processus). → **forme, structure.**

Schengen Localité du Luxembourg (canton de Remich). 425 habitants.

Schengen (accords de) Signés en 1985 par le Benelux, la France et l'Allemagne, puis dans les années 1990, par les nouveaux membres de l'Union européenne, ils portent sur la libre circulation des personnes (espace Schengen). Ils comptent 23 pays de l'UE plus la Norvège, l'Islande, la Suisse et le Liechtenstein.

schéol ou **shéol** [ʃeɔl] **n. m.** (hébreu *sheol* « enfer ») relig. Séjour des morts, dans la Bible. → **enfer, géhenne.**

Scherchen (Hermann) Chef d'orchestre allemand (1891-1966). Il fut un grand promoteur de la musique du XXe s. (Schoenberg, Boulez, Maderna, Nono) dont il créa de nombreuses œuvres.

Scherer (Barthélemy Louis Joseph) Général français (1747-1804). Officier autrichien passé au service de l'armée française, il commanda l'armée d'Italie (1795) et remporta la victoire de Loano. Il fut ministre de la Guerre (1797-1799).

Scherpenheuvel-Zichem en français **Montaigu-Zichem** Commune de Belgique (province du Brabant-Flamand). 23 078 habitants. L'église (1609) est l'un des premiers édifices baroques construits en Belgique. Industries diversifiées.

scherzo [skɛrdzo] **n. m.** (mot italien) Morceau musical vif et gai. *Le scherzo d'une sonate. Des scherzos* ou *des scherzi* (plur. italien).

Scheurer-Kestner (Auguste) Industriel et homme politique français (1833-1899). Député de l'Union républicaine à l'Assemblée nationale, sénateur, directeur du journal *La République française,* il lutta pour la révision du procès Dreyfus.

Scheveningen Quartier de La Haye (Pays-Bas). 44 200 habitants. Cet ancien village, devenu aujourd'hui station balnéaire, inspira au XIXe s. les peintres de l'école de La Haye.

Schiaparelli (Giovanni) Astronome italien (1835-1910). Son observation des « canaux de Mars » (1877) donna lieu à une multitude d'hypothèses fantaisistes qui ne furent définitivement réfutées qu'après le survol de Mars par la sonde Mariner (1965).

Schiaparelli (Elsa) Couturière française d'origine italienne (1890-1973). Fortement influencée par le surréalisme, elle collabora avec Dalí, Giacometti, Cocteau.

Elsa Schiaparelli, chapeau basculé (1937).

Schickard (Wilhelm) Savant allemand (1592-1635). Il inventa la première machine à calculer, à roues dentées (1623), qu'il nomma « horloge à calculer ».

schiedam [skidam] **n. m.** (du n. de la ville) régional Eau-de-vie de grain parfumée au genièvre, aux Pays-Bas, en Belgique et dans le nord de la France. → **genièvre, péquet.**

Schiedam Ville des Pays-Bas (Hollande-Méridionale), sur la Meuse. 79 640 habitants. Port. Constructions navales. Distilleries de genièvre.

Schiele (Egon) Peintre et dessinateur autrichien (1890-1918). Sa rencontre avec Klimt et l'Art nouveau fut décisive. Sa connaissance du corps humain donna toute sa force à l'expressionnisme puissant et provocant de ses portraits et de ses nus. Son art hissa la crudité jusqu'à la sophistication. *Homme nu accroupi ; Le Prophète ; Femme avec des bas verts.*

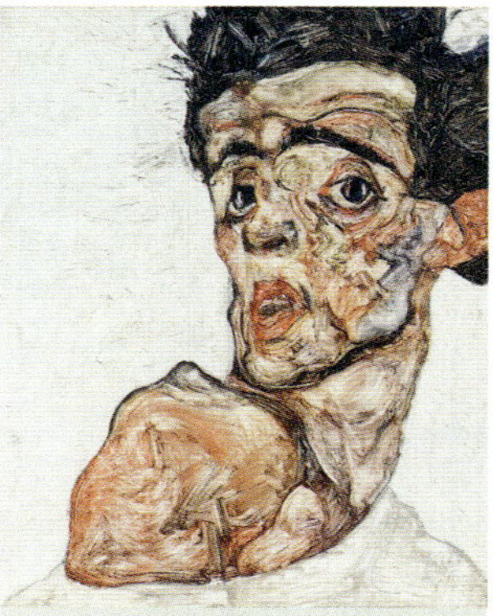

Egon Schiele, *Autoportrait avec les épaules nues relevées* (1912), Leopold Museum, Vienne (Autriche).

Schifrin (Lalo) Pianiste, compositeur et chef d'orchestre argentin (né en 1932). De formation classique, il s'est également intéressé au jazz et a composé des musiques de films et de séries télévisées dont *Mission impossible, Bullitt, Rush Hour.*

Schikaneder (Emmanuel) Chanteur, auteur et directeur de théâtre allemand (1751-1812). Homme de théâtre polyvalent, il écrivit pour Mozart le livret de *La Flûte enchantée,* et créa le rôle de Papageno.

Schiller (Friedrich von) Poète et auteur dramatique allemand (1759-1805). Érudit, ami de Goethe, il concilia des préoccupations esthétiques, politiques et sociales dans un même espoir de progrès de l'humanité. Ses premiers drames, peignant les abus de la tyrannie *(Les Brigands)* et de l'inégalité sociale *(Intrigue et Amour)*, eurent un impact polémique et esthétique important. Il est l'auteur de l'« Ode à la joie », mise en musique par Beethoven.

schilling n. m. (mot allemand) Unité monétaire de l'Autriche (avant l'euro).

Schiltigheim Commune du Bas-Rhin, dans la banlieue N. de Strasbourg. 33 993 habitants. Centre industriel. Brasserie.

Schiner (Matthäus), dit le cardinal de Sion Prélat suisse (1456-1522). Il défendit les intérêts du Saint-Siège, libérant la Suisse de l'orbite française. Il fut exilé lors de la politique de réconciliation entre le pape et le roi de France après la défaite de Marignan.

Schinkel (Karl Friedrich) Architecte et peintre allemand (1781-1841). Architecte en chef de Berlin, il édifia La Nouvelle Garde, Le Théâtre et l'Ancien Musée, édifices représentatifs du néoclassicisme.

Schirmeck Commune du Bas-Rhin, sur la Bruche. 2 132 habitants. À proximité se trouve l'unique camp de concentration construit en France, le *Struthof*.

schismatique adj. Qui forme schisme. *Église schismatique.*

schisme n. m. (grec *skhisma*, de *skhizein* « fendre » [*cf.* schiste, schize ; esquille], même racine que le latin *scindere* → scinder) **1.** Séparation des fidèles d'une religion, qui reconnaissent des autorités différentes. *Les schismes de l'islam.* hist. *Le schisme d'Orient* (entre les Églises d'Occident et d'Orient). **2.** Scission (d'un groupe organisé, d'un parti...). *Schisme politique.*

Schisme d'Occident (Grand) Période (de 1378 à 1417) pendant laquelle il y eut simultanément plusieurs papes. Hostiles au retour de la papauté à Rome avec l'élection d'Urbain VI, des cardinaux désignèrent Clément VII, qui s'installa en Avignon. Les deux papes eurent des successeurs, aucun parti ne voulant céder. Le concile de Pise (1409) compliqua encore la situation avec l'élection d'un troisième pape. Ce n'est qu'avec le concile de Constance (1414-1418) que la crise prit fin, avec l'élection de Martin V, comme unique pape, à Rome.

Schisme d'Orient Conflit qui aboutit au XIe s. à la rupture définitive entre l'Église de Rome et l'Église de Byzance (qui devint l'Église orthodoxe). Des oppositions étaient apparues dès le IVe s. sur des questions de rite, puis s'étaient aggravées sous le patriarcat de Photios (schisme de Photios, 863-867), avant que la scission ne soit consommée en 1054, par l'excommunication mutuelle du pape Léon IX et du patriarche Michel Cérulaire. Les anathèmes réciproques furent levés au concile du Vatican (1965).

S

schiste n. m. (du grec « fendu », de *skhizein* → schisme) Roche qui présente une structure feuilletée.

schisteux, euse adj. **1.** De la nature du schiste. *Roche schisteuse.* **2.** Qui contient du schiste. *Massif schisteux.*

schistosité n. f. (de *schisteux*) didact. Structure schisteuse, feuilletée d'une roche.

schize [skiz] n. f. (du grec *skhizein* → schisme, schiz[o]-) didact. Coupure, disjonction.

schiz(o)- Élément (du grec *skhizein* « fendre ») qui signifie « divisé, séparé ».

schizogamie [skizɔgami] n. f. (→ -gamie) biol. Reproduction asexuée par division de l'organisme. → scissiparité.

schizogonie [skizɔgɔni] n. f. (→ -gonie) zool. Cycle de reproduction asexuée des sporozoaires et de certains autres protozoaires, par division multiple de la cellule.

schizoïdie [skizɔidi] n. f. (allemand *Schizoïdie*) psych. Trouble de la personnalité caractérisé par un retrait des contacts sociaux et affectifs. □ **adj. et n. schizoïde**

schizophrène [skizɔfʀɛn] adj. Atteint de schizophrénie. – n. *Un, une schizophrène.*

schizophrénie [skizɔfʀeni] n. f. (mot formé en allemand ; du grec *skhizein* [→ schiz[o]-] et *phrên, phrenos* « esprit » → phrén[o]-) Trouble psychotique caractérisé par une distorsion de la pensée et de la perception, et la perte du contact avec la réalité. □ **adj. schizophrénique**

Schlaf (Johannes) Écrivain allemand (1862-1941). Représentant du naturalisme, il évolua, dans le ton et les sujets traités, vers un lyrisme mystique. *Printemps ; Le Troisième Règne.*

schlague [ʃlag] n. f. (allemand *Schlag* « coup ») **1.** hist. Punition (coups de baguette) autrefois en usage dans les armées allemandes. **2.** fig. Manière brutale de se faire obéir. *« Je vous les conduirais à la schlague, moi, tous ces gars-là ! »* (Aragon).

schlamm [ʃlam] n. m. (mot allemand « boue, limon ») techn. Résidu très fin qui provient du concassage d'un minerai et de différentes opérations d'affinage.

¹schlass [ʃlas] adj. (mot allemand « mou, fatigué ») fam. **1.** vieilli Ivre. *Elle est complètement schlass.* **2.** Fatigué, épuisé. - var. **chlass, chlasse.**

²schlass [ʃlas] n. m. (anglais *slasher* « arme blanche ») argot Couteau.

Schlegel (August Wilhelm von) Critique littéraire et philologue allemand (1767-1845). Fondateur avec son frère Friedrich de la revue *Athenäum*, il défendit le romantisme contre le classicisme *(La Littérature et l'Art ; Littérature dramatique)*. Il traduisit Shakespeare, Pétrarque, Camoens, Cervantès, Calderón, ainsi que la *Bhagavad-Gītā* et d'autres textes sanskrits.

Schlegel (Friedrich von) Écrivain, philologue et critique littéraire allemand (1772-1829). Fondateur de la revue *Athenaüm* avec son frère August Wilhelm, du cercle romantique d'Iéna (Novalis, Schelling...) puis de la revue *Europa* à Paris, il fut le théoricien principal du premier romantisme, antirationaliste et tenant de l'inspiration fulgurante. *Lucinde ; Sur la langue et la sagesse des Indiens.*

Schleicher (August) Linguiste allemand (1821-1868). Prenant appui sur les méthodes du comparatisme, il tenta de reconstruire l'indo-européen et élabora une théorie des langues. *Recherches sur les langues de l'Europe.*

Schleicher (Kurt von) Militaire et homme politique allemand (1882-1934). Prédécesseur de Hitler au poste de chancelier, il s'allia à l'aile gauche du parti nazi. Il fut assassiné en même temps que les partisans de Röhm lors de la « Nuit des longs couteaux ».

Schleiermacher (Friedrich Daniel Ernst) Théologien et philosophe allemand (1768-1834). Considéré comme le père de la théologie protestante moderne, il s'efforça de concilier le criticisme de l'Aufklärung et l'orthodoxie protestante traditionnelle. Il traduisit Platon en allemand et ses méthodes d'exégèse fournirent les bases de l'herméneutique moderne. *Discours sur la religion.*

Schlemmer (Oskar) Metteur en scène allemand (1888-1943). Marqué par l'univers onirique des surréalistes et le constructivisme, il réalisa des décors de théâtre et d'opéras (*Petrouchka* de Stravinski) et fut à l'origine de nombreuses innovations scénographiques *(Ballet triadique)*.

Schleswig n. m. Région historique d'Allemagne (ancien duché) située dans la péninsule du Jutland, au N. de l'Eider. Le Schleswig fut le théâtre de nombreux conflits de territorialité entre l'Allemagne et le Danemark, du IXe s. jusqu'en 1945. En 1920 puis en 1945, le Schleswig du N. fut rattaché au Danemark à la suite d'un plébiscite, tandis que le reste du territoire et le Holstein s'unifièrent dans le Land de Schleswig-Holstein.

Schleswig Ville d'Allemagne du Nord (Schleswig-Holstein). Env. 25 000 habitants. Cathédrale (XIIIe s.). Pêche. Industries alimentaires.

Schleswig-Holstein n. m. État (Land) d'Allemagne. 15 732 km². 2 832 000 habitants. Bordée par la mer du Nord à l'O. et la mer Baltique à l'E., limitée au N. par le Danemark, la région s'étend sur une péninsule aux reliefs plats et sablonneux, découpés de baies étroites. L'agriculture et l'élevage bovin sont les activités économiques principales. La pêche, la construction navale et l'agroalimentaire sont également bien développés.

schleu voir **chleuh**

Schlick (Moritz) Philosophe allemand (1882-1936), l'un des fondateurs du Cercle de Vienne. Élève de Max Planck, influencé par le *Tractatus Logico-Philosophicus* de Wittgenstein, il fut l'un des principaux promoteurs du positivisme logique. *Forme et contenu ; Allgemeine Erkenntnislehre ; Fragen der Ethik.*

Schlieffen (Alfred, comte von) Maréchal allemand (1833-1913). Son *plan Schlieffen* visait à contenir une éventuelle invasion russe à l'est, afin d'envahir la France, à l'ouest. Ce plan fut suivi par Moltke en 1914 et sembla réussir jusqu'à la bataille de la Marne.

Schliemann (Heinrich) Archéologue allemand (1822-1890). Père de l'archéologie grecque, il consacra sa vie à la recherche des sites décrits par Homère : il découvrit entre autres le site présumé de Troie. *Ithaque, le Péloponnèse et Troie ; Mycènes.*

schlinguer voir **chlinguer**

Schlink (Bernhard) Écrivain allemand (né en 1944). Son roman *Le Liseur*, histoire d'amour douloureuse entre un adolescent et une ancienne gardienne de camp de concentration, est devenu un best-seller international.

schlitte n. f. (mot vosgien, de l'allemand) régional Traîneau qui sert à descendre le bois abattu dans les montagnes (Vosges, Forêt-Noire).

schlitter [ʃlite] v. tr. < 1 > (de *schlitte*) régional ou techn. Transporter (du bois) au moyen de la schlitte. □ **n. m. schlittage** □ **n. schlitteur, euse**

Schlœsing (Jean-Jacques Théophile) Chimiste et agronome français (1824-1919). Il imagina la préparation du carbonate de sodium à l'ammoniac avant Solvay et étudia le processus de nitrification.

Schlöndorff (Volker) Réalisateur allemand (né en 1939). D'abord assistant de Resnais puis de Melville, il porta à l'écran des œuvres littéraires réputées impossibles à adapter : *Les Désarrois de l'élève Törless* de R. Musil ; *Le Tambour* de G. Grass.

Schlucht (col de la) Col des Vosges (1 139 m). Il fait communiquer la vallée de la Meurthe avec celle de la Fecht, entre les Vosges et le Haut-Rhin.

Schlumberger (Jean) Écrivain et éditeur français (1877-1968). Il fonda avec Gide et Copeau la *Nouvelle Revue française*. Son œuvre (nouvelles, romans, critiques) est marquée par la culture protestante. *Le Lion devenu vieux ; Passion.*

Schlumberger (Conrad) Physicien et industriel français (1878-1936). Avec son frère Marcel (1884-1953), il mit au point un procédé électrique de prospection minière et fonda une société éponyme de services pétroliers.

Schmid (Daniel) Réalisateur suisse alémanique (1941-2006). Collaborateur de Fassbinder, il réalisa des films à forte résonance littéraire, marqués par le romantisme allemand et la tradition théâtrale baroque. Il se consacra aussi à la mise en scène d'opéra. *La Paloma ; Cette nuit ou jamais.*

Schmidt (Bernhard) Opticien et astronome allemand (1879-1935). Il conçut des télescopes (les *télescopes de Schmidt*) permettant l'observation à grand champ et utilisés pour la cartographie du ciel.

Schmidt (Arno) Écrivain allemand (1914-1979). Il mania la langue allemande avec impertinence, inventant des mots et brisant toute syntaxe. Son travail, d'une violence réfléchie, semble vouloir exorciser sa langue de l'empreinte laissée par les nazis et la guerre. *Zettels Traum ; Soir bordé d'or.*

Schmidt (Helmut) Homme d'État allemand (1918-2015). Social-démocrate, devenu chancelier (1974-1982) après le retrait de W. Brandt, il renforça les liens entre l'Allemagne et la France.

Helmut Schmidt en 1981.

Schmidtbonn (Wilhelm Schmidt, dit Wilhelm) Écrivain allemand (1876-1952). Ses œuvres, au lyrisme néoromantique, s'orientèrent progressivement vers une littérature de type « régionaliste ». *La Place triangulaire.*

Schmidt-Rottluff (Karl) Peintre allemand (1884-1976). Il est l'un des fondateurs de *Die Brücke*, un des deux groupes fondamentaux du mouvement expressionniste. *Double Portrait : le peintre et sa femme ; Nus au grand air.*

schmilblick [ʃmilblik] **n. m. (création de Pierre Dac) loc. fam.** *Faire avancer le schmilblick :* faire progresser les choses, débloquer une situation.

Schmitt (Florent) Compositeur français (1870-1958). Élève de Massenet et de Fauré, il a affirmé une personnalité musicale rigoureuse, indépendante, fortement inspirée. *Psaume XLVII ; La Tragédie de Salomé,* ballet.

Schmitt (Carl) Juriste et philosophe allemand (1888-1985). Il déduisit de ses réflexions une théorie de la souveraineté suivant laquelle « est souverain celui qui décrète l'État d'exception » ainsi qu'une justification de la dictature dans les situations d'exception. *Le Nomos de la Terre.*

Schmitt (Éric-Emmanuel) Écrivain et réalisateur belge d'origine française (né en 1960). Son œuvre, servie par son talent de conteur, aborde de nombreux sujets philosophiques, l'amour, la mort, la foi, sans pathos ni désespoir (*Monsieur Ibrahim et les fleurs du Coran*, sur le soufisme ; *Oscar et la dame rose*, sur le catholicisme ; *Odette Toulemonde et autres nouvelles*, dont il tira un film).

Éric-Emmanuel Schmitt, sur le plateau de l'émission *La Grande Librairie* (France 5) en novembre 2008.

Schmoller (Gustav von) Économiste allemand (1838-1917). Il fut une figure centrale de l'école historique allemande, s'opposant à Carl Menger (polémique du *Methodenstreit*).

Schnabel (Artur) Pianiste autrichien (1882-1951). Grand interprète de Schubert, Schumann et Mozart, il fut le premier à enregistrer l'intégrale des sonates de Beethoven (1932-1935).

schnaps [ʃnaps] **n. m. (mot allemand)** Eau-de-vie de pomme de terre ou de grain (dans les pays germaniques).

schnauzer [ʃnozɛʀ ; ʃnaozɛʀ] **n. m. (mot suisse allemand, de l'allemand *Schnauz* « moustache »)** Chien rappelant le griffon, assez grand, à poil dru.

Schnebel (Dieter) Compositeur allemand (1930-2018). Fasciné par les rapports entre musique et silence, il a élargi son langage musical aux pratiques gestuelles et visuelles, aux bruits environnants : *Concert sans orchestre*, pour pianiste et public.

Schneider Famille d'industriels français. ■ **Eugène Schneider** (1805-1875). Propriétaire de forges (Bazeilles, Creusot), il contribua à la modernisation des technologies et des méthodes et conditions de travail. Il fut ministre du Commerce et de l'Agriculture (1851). ■ **Henri Schneider** (1840-1898). Fils d'Eugène, il poursuivit les œuvres sociales de son père et fut le gérant de la société Schneider Frères et Cie (constructions mécaniques et armement). ■ **Eugène Schneider** (1868-1942). Fils d'Henri, il poursuivit avec Charles Schneider (1898-1960), son fils, la modernisation des usines du Creusot.

Schneider (Hortense) Chanteuse française (1833-1920). Une des sopranos les plus célèbres de la Belle Époque, elle créa de nombreux rôles écrits sur mesure par Offenbach : *La Belle Hélène ; La Périchole ; La Diva.*

Schneider (Gérard) Peintre français d'origine suisse (1896-1986). Après des essais cubistes et surréalistes, il s'affirma dans le courant de l'abstraction lyrique, dite « informelle ».

Schneider (Rosemarie Magdalena Albach, dite Romy) Actrice autrichienne (1938-1982). Son premier rôle dans la série des *Sissi* assura son succès. Elle s'affirma particulièrement dans les films de Claude Sautet (*Les Choses de la vie ; Max et les ferrailleurs*). De nombreux cinéastes (Visconti, Chabrol, Tavernier) lui offrirent des rôles à sa mesure.

Romy Schneider dans *Le Vieux Fusil* de Robert Enrico (1975).

Schneider (Peter) Écrivain allemand (né en 1940). Ses œuvres traduisent les fluctuations de l'Allemagne de l'après-guerre : l'antiautoritarisme et le retour à l'individualisme (*... te voilà un ennemi de la Constitution*), l'obsession du mur de Berlin et la réunification du pays (*Le Sauteur de Mur*).

Schneider (Vreni) Skieuse suisse (née en 1964). Triple championne olympique, elle remporta la Coupe du monde en 1989, 1994 et 1995.

Schnittke (Alfred) Compositeur russe (1934-1998). Sa musique mêlant différents styles fit de lui un des compositeurs contemporains les plus joués. Sa production fut très abondante (symphonies, concertos, quatuors à cordes).

Schnitzler (Arthur) Écrivain et auteur dramatique autrichien (1862-1931). Il se fit le témoin du déclin de Vienne à la fin du XIXe s. à travers des romans (*La Pénombre des âmes ; Mademoiselle Else*), des poèmes et des pièces de théâtre (*La Ronde ; Liebelei*).

schnock voir **chnoque**

schnorkel ou **schnorchel** [ʃnɔʀkɛl] **n. m. (allemand *Schnorchel* « renifleur ») mar.** Tube qui permet aux sous-marins d'utiliser en plongée leurs moteurs diesels.

schnouf voir **chnouf**

Schobert (Johann) Claveciniste et compositeur allemand (v. 1730-1767). Virtuose, il travailla à Paris au service du prince de Conti. Ses sonates pour clavecin influencèrent le jeune Mozart.

Schockley (William) Physicien américain (1910-1989). Il mit au point le transistor avec Bardeen et Brattain. Prix Nobel 1956.

Schoelcher (Victor) Homme politique français (1804-1893). Nommé sous-secrétaire d'État après la révolution de 1848, il contribua à faire adopter le décret (27 avril 1848) sur l'abolition de l'esclavage dans les colonies.

Schoelcher Commune de la Martinique (nommée d'après Victor Schoelcher), dans l'agglomération de Fort-de-France. 19 467 habitants. Campus de l'université des Antilles.

Schoenberg ou **Schönberg (Arnold)** Compositeur américain d'origine autrichienne (1874-1951). Autodidacte, grand pédagogue, il eut une influence notoire dans l'évolution de la musique contemporaine. Ses premières œuvres, post-romantiques, étaient encore attachées au système tonal (*La Nuit transfigurée*). Il évolua ensuite vers l'atonalité (*Pierrot lunaire*), jusqu'à la mise au point du dodécaphonisme sériel (*Quintette à vents ; Variations pour orchestre*). Son œuvre trouve son unité dans un expressionnisme vigoureux.

Schoendoerffer (Pierre) Écrivain et réalisateur français (1928-2012). Correspondant de guerre et grand reporteur, il puisa son inspiration dans son expérience des conflits d'Indochine et d'Algérie. *La 317e Section ; Le Crabe-tambour.*

schofar [ʃɔfaʀ] **n. m. (mot hébreu)** Trompe faite d'une corne de bélier, instrument de musique à vent en usage dans le rituel israélite. *Des schofars.*

Schöffer (Peter) Imprimeur allemand (v. 1425-1502). Collaborateur de Gutenberg, il perfectionna l'imprimerie, y introduisant la couleur.

Schöffer (Nicolas) Sculpteur français d'origine hongroise (1912-1992). Intégrant dans ses sculptures le mouvement par articulations et mécanismes, il fut un précurseur en art électronique (« spatiodynamique » ; « luminodynamique »). *Reliefs anamorphoses ; SCAM 1,* sculpture-automobile.

Scholastique (sainte) (v. 480-v. 547). Sœur de saint Benoît de Nursie. Elle fut la fondatrice de la branche féminine des bénédictins, à Piumarola.

Scholem (Gershom) Philologue, historien et théologien israélien d'origine allemande (1897-1982). Professeur, président de l'Académie d'Israël à partir de 1968, il s'intéressa aux sources de la tradition juive. *Les Origines de la Kabbale ; Le Messianisme juif ; Les Grands Courants de la mystique juive.*

Scholes (Myron) Économiste américain (né en 1941). Ses travaux sur la valorisation d'options sur actions permirent un développement considérable des marchés dérivés. Prix Nobel 1997.

scholiaste ; scholie voir **scoliaste ; scolie**

Scholl **(Andreas)** Contre-ténor allemand (né en 1967). Il a interprété les œuvres de Bach, Vivaldi et Haendel avec les plus grands chefs et ensembles de musique sacrée et baroque.

Scholz **(Olaf)** Homme d'État allemand (né en 1958). Membre du SPD, il fut ministre des Finances (2018) puis chancelier à partir de 2021.

Schomberg **(Gaspard de)** Homme de guerre d'origine allemande (1540-1599). D'abord aux côtés des huguenots, il servit ensuite Henri III et Henri IV.

Schomberg ou **Schonberg** **(Frédéric-Armand, duc de)** Maréchal de France, d'origine germanique (1615-1690). Protestant, au service du prince d'Orange puis de la France, il fut chassé par la révocation de l'édit de Nantes et devint conseiller de Guillaume III d'Orange-Nassau.

Schönbein **(Christian Friedrich)** Chimiste allemand (1799-1868). Il découvrit l'ozone (1839) et inventa la nitrocellulose, utilisée aujourd'hui notamment dans les encres et les revêtements.

Schönbrunn Château situé non loin de Vienne. Achevé en 1750, il fut la résidence d'été des Habsbourg. Napoléon Ier y signa le traité de Schönbrunn (14 octobre 1809).

Schönebeck Ville d'Allemagne (Saxe-Anhalt). 33 000 habitants. Mines de sel. Industries chimiques.

Schongauer **(Martin)** Peintre, graveur et dessinateur alsacien (v. 1445-1491). La vigueur expressive de ses gravures *(La Grande Montée au Calvaire)* et l'harmonie quasi légendaire de ses compositions *(La Vierge au buisson de roses)* firent de son œuvre un modèle, admiré entre autres par Michel-Ange et Dürer.

schooner [skunœʀ ; ʃunœʀ] **n. m.** **(mot anglais)** **anciennt** Petit navire à deux mâts, goélette utilisée pour la pêche et le commerce. *Des schooners.*

Schopenhauer **(Arthur)** Philosophe allemand (1788-1860). Dans son œuvre majeure, *Le Monde comme volonté et comme représentation,* il oppose le sujet connaissant, pour lequel le monde n'est que représentation et fiction, à la nature dont l'être intime est une force unique — le « vouloir vivre » — sorte de volonté inconsciente qui s'affirme sans cause ni but. Il en tira une morale pessimiste qui fait de la souffrance, de la vanité des désirs et de l'ennui le fond de toute existence humaine, prescrivant un égoïsme ascétique éclairé par la raison, seul susceptible de détacher l'homme de sa représentation et de neutraliser la cause de ses tourments. Adversaire de Hegel, il influença Nietzsche et Freud.

schorre [ʃɔʀ] **n. m.** **(mot flamand)** **géol.** Partie haute d'un marais littoral, constituée de vase solide, couverte d'herbe et submergée aux grandes marées.

Schoten Ville de Belgique (province d'Anvers). 34 316 habitants. Festival mondial du folklore.

Schottky **(Walter)** Physicien allemand (1886-1976). Il étudia les semi-conducteurs *(diode Schottky),* et inventa la tétrode.

Schouten **(Willem Cornelisz** ou **Cornelis)** Navigateur hollandais (v. 1567-1625). Il donna au cap Horn le nom de la ville hollandaise de Hoorn, où il était né.

schproum [ʃpʀum] **n. m.** **(p.-ê. allemand *Sprung* « élan »)** **fam.** Scandale, tapage. *Il va y avoir du schproum.*

Schrieffer **(John Robert)** Physicien américain (1931-2019). Avec J. Bardeen et L. Cooper, il expliqua la théorie de la supraconductivité (BCS). Prix Nobel 1972.

Schrock **(Richard R.)** Chimiste américain (né en 1945). Il orienta ses travaux sur la métathèse (réaction entre deux molécules possédant une liaison carbone-carbone multiple). Prix Nobel 2005.

Schröder **(Ernst)** Logicien allemand (1841-1902). Il fut le premier à mettre en chantier la « théorie générale des types » en logique moderne, avant Frege et Bertrand Russell. *Vorlesungen über die Algebra der Logik : Exakte Logik.*

Schröder **(Rudolf Alexander)** Poète, essayiste et traducteur allemand (1878-1962). Son œuvre s'inscrit dans la ligne de l'humanisme classique *(Empédocle)* avant de se teinter d'une inspiration religieuse *(Le Milieu de la vie).*

Schröder **(Gerhard)** Homme d'État allemand (né en 1944). Entré au SPD en 1963, il fut député, président de la Basse-Saxe, puis chancelier (1998-2005).

Gerhard Schröder en 1999, au Forum économique mondial de Davos.

Schrödinger **(Erwin)** Physicien autrichien (1887-1961). Pilier de la physique quantique, il écrivit l'équation qui porte son nom, formulation mathématique de la mécanique ondulatoire qui permit la première description exacte de l'atome d'hydrogène. Prix Nobel 1933.

schtroumpf [ʃtʀumpf] **n. m.** **(onomatopée plais., p.-ê. de *truc* ; mot utilisé par le dessinateur Peyo)** **fam.** Truc, machin. **–** Personne, individu quelconque.

Schtroumpfs voir **Peyo**

Schubert **(Franz)** Compositeur autrichien (1797-1828). Il composa plus de 600 *lieder,* parmi lesquels on trouve des cycles *(Le Voyage d'hiver ; La Belle Meunière ; Le Chant du cygne)* et de splendides pièces isolées, comme *Gretchen am Spinnrade* et *Erlkönig,* toutes deux d'après Goethe. Il est également l'auteur d'une dizaine de symphonies, d'opéras, de messes, de pièces de musique de chambre *(La Jeune Fille et la Mort ; La Truite),* et d'une vaste œuvre pianistique, au sein de laquelle émergent les célèbres *Impromptus,* ainsi que les sonates, longtemps méconnues.

Franz Schubert, par Wilhelm August Rieder (1875), Schubert Museum, Vienne (Autriche).

Schultz **(Theodore)** Économiste américain (1902-1998). Spécialiste des questions rurales, il étudia les problèmes rencontrés par le tiers-monde dans ce domaine. Prix Nobel 1979.

Schultze **(Max)** Biologiste allemand (1825-1874). Grâce à une définition précise de la cellule, il mit en évidence les analogies de structure et de fonctionnement des protoplasmes végétaux et animaux.

Schultze **(Bernard)** Peintre et sculpteur allemand (1915-2005). Figure du courant de l'abstraction informelle, il créa les *Migofs,* assemblages tentaculaires très colorés, évoquant la vie organique.

Schulz **(Bruno)** Écrivain polonais (1892-1942). Sa fascination de l'absurde et son goût pour le symbolisme énigmatique le rapprochent de Kafka (dont il traduisit *Le Procès*). *Les Boutiques de cannelle ; Le Sanatorium au croque-mort.*

Schulz **(Charles Monroe)** Dessinateur et scénariste américain (1922-2000). Ses bandes dessinées *(Peanuts),* aux traits simples et aux dialogues lapidaires, mettent en scène Charlie Brown et son chien, Snoopy, dans des contextes quotidiens typiques de la vie américaine.

Charles M. Schulz en 1980.

Schulze **(Gottlob Ernst)** Philosophe allemand (1761-1833). Il fut l'un des adversaires de Kant, dont il attaqua le disciple Reinhold dans son *Énésidème,* qui renouvela l'argumentaire sceptique.

Schumacher **(Michael)** Coureur automobile allemand (né en 1969). Il a remporté sept titres de champion du monde des conducteurs entre 1994 et 2004. En 2013, un grave accident de ski le laissa handicapé.

Schuman **(Robert)** Homme politique français (1886-1963). Député MRP (1945-1962), il fut successivement ministre des Finances, président du Conseil et ministre des Affaires étrangères. « Père de l'Europe », il initia la CECA et posa, comme ministre de la Justice (1955-1956), les premières bases juridiques des institutions européennes. Il dirigea le Parlement européen de 1958 à 1960. *Pour l'Europe.*

Robert Schuman en 1949, signant, au nom de la France, le traité de l'Atlantique Nord.

Schumann **(Robert)** Compositeur allemand (1810-1856). Il dut renoncer à la carrière de pianiste et se consacra dès lors à la composition. Son œuvre, abondante et très diverse, est emblématique du romantisme allemand. En émergent plus de 200 *Lieder*, complexes et raffinés, de superbes pages pour piano, écrites pour sa future épouse Clara *(Fantaisie en ut ; Papillons ; Kreisleriana)*, de la musique chorale et de la musique de chambre, mais aussi des pièces de forme plus classique (symphonies, concertos ; un opéra, *Genoveva*).

Schumann (Clara) née Wieck Pianiste virtuose et compositrice allemande (1819-1896). Elle fut l'inspiratrice et l'épouse de Robert Schumann, dont elle créa la plupart des œuvres pour piano.

Schumann (Elisabeth) Cantatrice américaine d'origine allemande (1885-1952). Soprano, interprète lyrique à l'opéra de Vienne, elle excella notamment dans les rôles mozartiens.

Schumann (Maurice) Homme politique français (1911-1998). Il rejoignit le général de Gaulle à Londres en 1940 et fut le porte-parole de la France libre à la BBC. Après la guerre, il fut chargé de plusieurs ministères (Affaires étrangères, Aménagement du territoire). Académie française.

Schumpeter (Joseph Alois) Économiste autrichien (1883-1950). D'une culture encyclopédique, un temps ministre des Finances, il est l'auteur d'une monumentale *Histoire de l'analyse économique* qui fait encore autorité. Il étudia les évolutions de l'économie capitaliste. *Capitalisme, socialisme, démocratie.*

Schuschnigg (Kurt von) Homme politique autrichien (1897-1977). Chancelier en 1934, il lutta contre l'Anschluss. Il démissionna en 1938 sous la pression d'un ultimatum de Hitler. Il fut déporté jusqu'en 1945, puis émigra aux États-Unis.

schuss [ʃus] **n. m.** **(allemand « descente à pic »)** Descente directe à skis en suivant la plus grande pente. **– adv.** *Descendre (tout) schuss.*

Schüssel (Wolfgang) Homme d'État autrichien (né en 1945). Président du Parti populaire (1995-2007), il a été chancelier de 2000 à 2007 à la suite d'une alliance avec l'extrême droite.

Schuster (sir Arthur) Physicien britannique (1851-1934). Spécialiste en astronomie, il fit la première analyse de l'atmosphère du Soleil (1905). Il inventa, en outre, le périodogramme, méthode pour estimer la densité spectrale d'un signal.

Schütz (Heinrich) Compositeur allemand (1585-1672). Influencé par les maîtres de l'école italienne (Monteverdi, Gabrieli), il témoigne dans ses œuvres son attachement à la polyphonie allemande de la Renaissance et son goût pour la musique italienne (style concertant, oratorio). On lui doit le premier opéra allemand *(Dafne)*, des madrigaux et des cantates. *Cantiones sacrae ; trois Passions.*

Schutzenberger (Paul) Chimiste français (1829-1897). Il découvrit les hydrosulfites et les acétates de cellulose (1869).

schwa [ʃva] **n. m.** **(de l'hébreu) ling.** Voyelle neutre, appelée *e* muet* en français.

Schwäbisch Gmünd Ville d'Allemagne (Bade-Wurtemberg). Env. 62 000 habitants. Centre industriel.

Schwann (Theodor) Naturaliste allemand (1810-1882). Sa théorie cellulaire, qui pose la cellule comme unité élémentaire de la vie, révolutionna la biologie et en fit un des fondateurs de l'histologie. Il découvrit la pepsine et expliqua le processus de fermentation. Étudiant la contraction musculaire, il identifia la *gaine de Schwann*, couche protectrice de l'axone des fibres nerveuses.

Schwartz (Laurent) Mathématicien français (1915-2002). Il mit au point la théorie des distributions, qui constitue une généralisation de la notion de fonction. Médaille Fields 1950.

Schwartz (Melvin) Physicien américain (1932-2006). Il travailla sur les neutrinos et les quarks. Il co-inventa une méthode pour faciliter la détection des neutrinos, avec laquelle il découvrit le neutrino muon. Prix Nobel 1988.

Schwarz (Hermann Amandus) Mathématicien allemand (1843-1921). Il est l'auteur d'importants travaux sur la théorie des fonctions.

Schwarzenberg (Karl Philipp), duc de Krumau Feld-maréchal autrichien (1771-1820). Allié de Napoléon pendant la campagne de Russie, il se retourna contre l'Empereur et commanda les armées qui envahirent la France en 1814.

Schwarzenberg (Felix, prince zu) Homme d'État autrichien (1800-1852). Chancelier après la révolution de 1848, il institua un régime autoritaire au nom de la restauration de la puissance de l'Autriche. Il fit échouer les tentatives d'unité de l'Allemagne par la Prusse.

Schwarzkopf (Elisabeth) Cantatrice britannique d'origine allemande (1915-2006). Soprano lyrique, remarquable dans l'interprétation du lied (Schubert, Wolf), elle incarna de grands rôles d'opéras (Mozart, R. Strauss).

Schwarzschild (Karl) Astrophysicien allemand (1873-1916). Il parvint à résoudre les équations de gravitation d'Einstein et prédit l'existence des trous noirs *(rayons de Schwarzschild)*.

Schwarzwald **voir Forêt-Noire**

Schwedt Ville d'Allemagne (Brandebourg), sur l'Oder. 35 530 habitants. Pétrochimie. Raffinerie de pétrole.

Schweigger (Johann Salomo Christoph) Physicien allemand (1779-1857). Il mit au point en 1820 le premier galvanomètre.

Schweinfurt Ville d'Allemagne (Bavière), sur le Main. 54 100 habitants. Industrie mécanique (roulements à billes).

Schweinfurth (Georg) Explorateur et naturaliste allemand (1836-1925). Il explora les pays du Nil (Égypte, Soudan, Éthiopie), l'Érythrée et l'Arabie du Sud, et fonda l'Institut égyptien du Caire.

Schweitzer (Johann Baptist von) Homme politique allemand (1833-1875). Il dirigea l'Association générale des travailleurs allemands (1867-1871) et soutint la politique bismarckienne d'unification de l'Allemagne.

Schweitzer (Albert) Théologien, philosophe et médecin missionnaire français (1875-1965). Pasteur à Strasbourg, il prit la décision de se consacrer à soulager la misère des hommes et fonda l'hôpital de Lambaréné, au Gabon. *Culture et Éthique ; Ma vie et mes pensées.* Prix Nobel de la paix 1952.

Albert Schweitzer v. 1960, à Lambaréné.

Schwenckfeld ou **Schwenkfeld von Ossig (Kaspar)** Théologien allemand (1489-1561). D'abord partisan de Luther, il fonda la communauté des « Confesseurs de la gloire de Dieu ». Il passe pour être un précurseur du piétisme.

Schwerin Ville d'Allemagne, capitale du Land de Mecklembourg-Poméranie-Antérieure, sur le *lac de Schwerin*. 97 330 habitants. Cathédrale gothique. Centre industriel.

Schwinger (Julian Seymour) Physicien américain (1918-1994). Il orienta ses travaux sur l'électrodynamique quantique. Prix Nobel 1965.

Schwitters (Kurt) Peintre, sculpteur et poète allemand (1887-1948). Dadaïste, il se distingua du mouvement par ses constructions appelées « Merz », assemblages de matériaux détériorés, œuvres peintes ou sculptées. Ses poèmes, tentatives de destruction du langage traditionnel *(Ursonate)*, peuvent être rapprochés de sa démarche plastique.

Schwob (Marcel) Écrivain et érudit français (1867-1905). Proche des symbolistes, il composa une œuvre peu connue, mais qui inspira nombre de ses contemporains et successeurs (André Gide, Borges...). *Cœur double*, contes ; *Le Livre de Monelle ; Vies imaginaires.*

Schwyz (canton de) Canton du centre de la Suisse. 908 km^2. 157 301 habitants, de langue allemande. Chef-lieu de canton : Schwyz. Il est drainé par la Muota et la Sihl et bordé à l'O. par le massif du Rigi. Il entra dans la Confédération helvétique en 1291 : le nom de la Suisse (Schweiz) fut tiré du nom de ce canton. Élevage laitier. Industries. Tourisme.

Schwyz Ville de Suisse centrale, chef-lieu du canton de Schwyz. 15 000 habitants. Église Saint-Martin et hôtel de ville (XVIIe s.). Industrie textile.

SCI [ɛssei] **n. f.** **(sigle)** Abréviation de *société civile immobilière.*

sciage **n. m.** Action, manière de scier (un matériau).

scialytique **n. m.** **(marque déposée, d'après le grec *skia* « ombre » et radical *luein* « dissoudre » → -lyse) didact.** Appareil d'éclairage qu'on utilise dans les salles d'opération et qui supprime les ombres portées. **– adj.** *Lampe, projecteur scialytique.*

Sciamma (Céline) Réalisatrice et scénariste française (née en 1978). Militante féministe, elle aborde les questions de genre et d'homosexualité, l'émancipation des femmes et mène une réflexion sur la déconstruction de la masculinité *(Tom Boy ; Portrait de la jeune fille en feu).*

sciant, sciante **adj.** **fam.** **1.** **vieilli** Ennuyeux, importun. **→ barbant ; scie (4).** **2.** Très étonnant.

Sciascia (Leonardo) Écrivain italien (1921-1989). Il donna une critique acerbe des oppressions sociales et de l'arbitraire du pouvoir dans son œuvre (théâtre, romans, essais), mais aussi en tant que député européen, membre du Parti radical italien. *Fables de la dictature ; À chacun son dû ; Le Contexte.*

sciatique **(du grec, famille de *iskhion* « hanche ») 1. adj. anat.** Du bassin, de la hanche. *Nerf sciatique.* **2. n. f.** Douleur violente qui se fait sentir le long du trajet du nerf sciatique. *Crise de sciatique.*

scie **n. f.** **(de scier) 1.** Outil ou machine servant à couper des matières dures par l'action d'une lame dentée **(→ égoïne ; tronçonneuse).** *Scie à bois, à métaux. Scie circulaire* (à moteur ; munie d'un disque tournant à grande vitesse). *Scie sauteuse*.* **2. *Poisson-scie* ou *scie* :** poisson (squale) dont le museau s'allonge en une lame portant deux rangées de dents. *Des poissons-scies.* **3. *Scie musicale* :** instrument de musique fait d'une lame d'acier qu'on fait vibrer avec un archet ou en la frappant. **4.** Chanson ou formule ressassée et usée. → **rengaine.**

sciemment [sjamɑ̃] **adv.** (latin *sciens* → **science**) En connaissance de cause, volontairement.

science [sjɑ̃s] **n. f.** (latin *scientia*, de *sciens*, *scientis* « qui sait », de *scire* « savoir » ; *cf.* **conscience, escient, omniscient, plébiscite**) **I. 1.** vieux ou littér. Ensemble des connaissances générales (de qqn). → **²savoir.** *Sa science est étendue. « Science sans conscience n'est que ruine de l'âme »* (Rabelais). – loc. *Un puits* de science.* **2.** littér. Savoir-faire que donnent les connaissances, l'expérience, l'habileté. → **art.** *La science d'un orateur.* **II. 1.** plus cour. *Une science, les sciences* : ensemble de connaissances, de travaux d'une valeur universelle, ayant pour objet l'étude de faits et de relations vérifiables, selon des méthodes déterminées (comme l'observation, l'expérience, ou les hypothèses et la déduction). *Sciences pures* et sciences appliquées*. Sciences expérimentales*. Sciences naturelles ; sciences de la vie. Sciences humaines*, qui étudient l'homme (psychologie, sociologie, linguistique, etc.). *Sciences dures* ou *sciences exactes*, qui sont fondées sur le calcul et l'observation (par oppos. aux *sciences molles*, les sciences humaines). *Étude critique des sciences et théorie de la connaissance* (→ **épistémologie**). ■ absolt *Les sciences* : les sciences où le calcul, la déduction et l'observation ont une grande part (mathématiques, astronomie, biologie, etc.). *Les sciences et les lettres.* **2.** *La science* : ensemble des travaux et des résultats des sciences ; connaissance exacte, universelle et vérifiable exprimée par les lois.

Définir la **science**, c'est tenter de cerner, au-delà et malgré la diversité des disciplines qui en relèvent, une unité de structure, de visée et de méthode.

Une unité de structure, car la production (collective) des connaissances relatives à un objet ou à un ordre de réalité donné (la matière inerte pour la physique, la matière vivante pour la biologie) ne peut se réduire à une simple collection d'observations, mais doit se présenter comme un ensemble cohérent et non contradictoire d'énoncés ordonnés et interconnectés, reposant sur des concepts, des lois, des modèles, des théories et des principes fondamentaux.

Une unité de visée, au sens où les énoncés de la science prétendent à une valeur de « vérité » universelle, par opposition à l'opinion ou à la croyance.

Une unité de méthode, car la validité des connaissances scientifiques ne peut reposer que sur la rigueur de procédures expérimentales clairement codifiées, produisant des faits reproductibles, cohérents et compatibles avec le savoir déjà en place, puis validés par une communauté structurée en réseaux autour d'outils de publication très contrôlés.

Il faut cependant distinguer les sciences dites « formelles » (mathématiques et logique), dont les énoncés reçoivent leur certitude de procédures strictement démonstratives, sans aucun recours à l'expérience, et les sciences « empiriques » (sciences de la nature et sciences humaines) qui doivent se soumettre au verdict de l'expérimentation.

Dans nos sociétés modernes, la science tient un discours qui n'est pas seulement *descriptif*, mais également (et ce en dépit du scepticisme, voire de l'hostilité d'une partie de l'opinion) *normatif* : elle indique à elle seule ce à quoi *doit* ressembler un discours pour prétendre être « vrai ».

voir aussi **hypothèse, mesure, modèle, paranormal**

Science et Vie Plus ancien magazine français de vulgarisation scientifique. Le mensuel fut fondé en 1913 par Paul Dupuy.

science-fiction **n. f.** (de l'anglais des États-Unis, de *science* [→ **science**] et *fiction*, pris au français) Genre littéraire et artistique qui décrit un état futur du monde en extrapolant les données de la science ou de la technologie. → **anticipation.** - abrév. **SF** ou **S-F.**

Issu de l'anglais, le terme de « **science-fiction** » désigne des récits imaginaires *(fantasy)* dont le cadre est un monde scientifiquement plus évolué que le nôtre. Chez M. Shelley, J. Verne, et H. G. Wells, précurseurs du genre, ce monde peut être dissimulé et limité, mais, chez les auteurs du XXe siècle comme I. Asimov, S. Lem ou A. C. Clarke, puis chez les cinéastes comme S. Kubrick, G. Lucas ou S. Spielberg qui se sont inspirés de leurs œuvres, il s'étend à des galaxies entières. On parle alors de *space opéra.*

La science-fiction est une version moderne du merveilleux, articulée au monde de la technique. Elle extrapole et projette de nouvelles avancées scientifiques. Dans la littérature et le cinéma américains, la conquête d'autres espaces reprend le mythe de la frontière et le récit des grandes découvertes, tout comme la crainte des Martiens rejoue la guerre froide. Sous les apparences d'un autre monde ou d'un futur rêvé, la science-fiction parle du nôtre, de ses craintes et de ses espoirs les plus fous. Elle rejoint ainsi l'utopie : même si son objet est moins l'idéal politique que l'avancée technique, ce genre littéraire et cinématographique est inséparable de la pensée moderne du progrès, dont elle explore à la fois le côté le plus brillant et le plus sombre (H. G. Wells, Fritz Lang, *Metropolis*).

voir aussi **fantastique, utopie**

sciène **n. f.** (latin *sciaena*, du grec *skiaina* « ombre ») zool. Poisson osseux, à nageoires épineuses, de grande taille, carnassier, à la chair très estimée. *Sciène d'eau douce, sciène marine.* → **²maigre.**

scientifique [sjɑ̃tifik] (du latin → **science**) **I. adj. 1.** Qui appartient à la science, concerne les sciences. – spécialt (par oppos. à *littéraire*) *Enseignement scientifique et technique.* **2.** Qui est conforme aux exigences d'objectivité, de méthode, de précision de la science. *Votre démarche n'est pas très scientifique.* □ **n. f. scientificité** **II. n.** Spécialiste d'une science, des sciences. *Un, une scientifique.* → **chercheur, savant.**

scientifiquement [sjɑ̃tifikmɑ̃] **adv.** **1.** D'une manière scientifique. **2.** Du point de vue de la science.

scientisme [sjɑ̃tism] **n. m.** didact. Attitude philosophique consistant à considérer que la connaissance ne peut être atteinte que par la science, et que la connaissance scientifique suffit à résoudre les problèmes philosophiques.

scientiste [sjɑ̃tist] **adj.** (de *science*) Qui relève du scientisme ; partisan du scientisme. *Positivisme scientiste.* – **n.** Adepte du scientisme.

scier **v. tr.** < 7 > (vient du latin *secare* « couper, découper » [supin *sectum* → **section**] → **disséquer, sécable, segment**) **1.** Couper avec une scie, une tronçonneuse. *Scier du bois.* **2.** fam. Stupéfier. *Cette nouvelle nous a sciés.*

scierie **n. f.** Atelier, usine où des scies mécaniques débitent le bois.

scieur, euse **n.** Personne dont le métier est de scier (des matériaux). – *Scieur de long*, qui scie des troncs en long.

scieuse **n. f.** techn. Machine à scier.

scille [sil] **n. f.** (latin *scilla*, grec *skilla*) Plante herbacée, bulbeuse (liliacée), très voisine de la jacinthe, ornementale ou cultivée pour ses propriétés médicinales.

Scilly (îles) en français **îles Sorlingues** Archipel britannique de l'océan Atlantique, au large du cap Land's End, en Cornouailles. Il est formé d'une centaine d'îlots couvrant au total 16 km² dont seulement cinq sont habités. 2 200 habitants. Tourisme balnéaire et nautique.

scinder **v. tr.** < 1 > (latin *scindere* « fendre » [supin *scissum* → **scission, scissure, scissipare**], même racine que le grec *skhizein* → **schisme**) Couper, diviser (une chose abstraite ; un groupe). – pronom. (plus cour.) *Le parti s'est scindé* (→ **scission**).

scinque **n. m.** (latin *scincus*, du grec *skinkos*) zool. Reptile saurien, au corps mince, vivant notamment au Sahara.

scintigraphie **n. f.** (de *scinti[llation]* et *-graphie*) méd. Méthode d'exploration (d'un organe) par injection d'une substance légèrement radioactive. □ **adj. scintigraphique**

scintillant, ante **1. adj.** Qui scintille. *Lumière scintillante.* **2. n. m.** Décoration brillante pour les arbres de Noël.

scintillateur [sɛ̃tijatœʀ] **n. m.** (de *scintillation*) phys. Appareil permettant de détecter les particules électrisées au moyen des scintillations qu'elles produisent sur un écran fluorescent.

scintillation **n. f.** (→ **scintiller**) **1.** Modification rapide et répétée de la lumière des étoiles due à la réfraction dans l'atmosphère. **2.** Action de scintiller (2). – Lumière qui scintille. **3.** phys. Émission très courte de lumière par l'impact d'une particule énergétique sur une substance capable de luminescence.

scintillement **n. m.** Éclat de ce qui scintille.

scintiller **v. intr.** < 1 > (du latin, de *scintilla* → **étincelle**) **1.** (astres) Briller d'un éclat caractérisé par la scintillation (1). **2.** Briller en jetant des éclats intermittents. → **étinceler.** *Diamant qui scintille.*

scion **n. m.** (origine incertaine) **1.** Jeune branche (d'arbre) droite et flexible ; pousse de l'année. – arbor. Jeune greffe. **2.** pêche Brin très fin qui termine une canne à pêche.

sciotte **n. f.** (de *scie*) techn. Scie à main de marbrier, de tailleur de pierres.

Scipion Famille de la Rome ancienne, de la gens *Cornelia.* ■ **Scipion l'Africain** (Publius Cornelius Scipio Africanus). Homme politique et général romain v. 235-183 av. J.-C. Proconsul, il chassa les Carthaginois d'Espagne (–206) et les poursuivit en Afrique, où il vainquit Hannibal à Zama (–202), mettant fin à la deuxième guerre punique. ■ **Scipion Émilien, dit le second Africain** ou **le Numantin** (Publius Cornelius Scipio Aemilianus). Homme politique et général romain (v. 185-129 av. J.-C.). Petit-fils adoptif de Scipion l'Africain, il mit fin à la troisième guerre punique en assiégeant, puis en rasant Carthage (–146). Plus occupé par les sciences et les arts que par les intrigues politiques, il eut notamment comme amis et protégés Lucilius, Polybe et Térence.

scirpe **n. m.** (latin *scirpus* « jonc ») bot. Plante herbacée aquatique qui croît dans les marais et les terrains humides, dont une espèce, appelée *jonc des chaisiers* (ou *des tonneliers*), est employée en vannerie.

scission **n. f.** (du latin → **scinder**) Action de scinder, de se scinder. → **division, schisme, séparation ; dissidence.**

scissionniste **n. et adj.** Personne qui, dans un parti ou une assemblée, fait scission. → **dissident.** ■ **adj.** *Activités scissionnistes.* □ **n. m. scissionnisme**

scissipare **adj.** (du latin *scissum* [→ **scinder**] et de *-pare*) biol. Qui se reproduit par scissiparité.

scissiparité **n. f.** biol. Reproduction asexuée par simple division de l'organisme.

scissure **n. f.** (du latin → **scinder**) anat. Sillon profond à la surface de certains organes (cerveau, poumon...).

sciure **n. f.** Déchets en fine poussière ou petites particules d'une matière qu'on scie (notamment le bois).

sciuridé **n. m.** (du latin *sciurus*, grec *skiouros* « écureuil ») zool. Rongeur de petite taille, au pelage long, à queue touffue (famille des *Sciuridés* ; ex. l'écureuil, la marmotte).

scléral, ale, aux [skleʀal, o] **adj.** (du grec *sklêros* « dur ») anat. Relatif à la sclérotique. *La conjonctive sclérale.*

scléranthe [skleʀɑ̃t] **n. m.** (de *sclér-* + *-anthe*) Petite plante à feuilles dures, mauvaise herbe très répandue en Europe.

sclérenchyme [skleʀɑ̃ʃim] **n. m.** (de *sclér-* et *[par]enchyme*) bot. Tissu végétal de soutien constitué de cellules à membranes lignifiées.

scléreux, euse adj. (de *sclérose*) pathol. Qui possède les caractères d'une sclérose, qui est atteint de sclérose. *Tissu scléreux.*

sclér(o)- Élément (du grec *sklêros*) qui signifie « dur, durci ».

sclérodermie n. f. (→ -dermie) méd. Affection cutanée caractérisée par une sclérose des couches profondes de la peau.

scléroprotéine n. f. biol. Protéine complexe, très peu soluble, formant la charpente de nombreux tissus animaux. → **collagène, kératine.**

sclérose n. f. (du grec, de *sklêros* « dur ») **1.** méd. Durcissement pathologique (d'un organe, d'un tissu). – *Sclérose en plaques :* maladie inflammatoire auto-immune qui perturbe la transmission de l'influx nerveux. **2.** fig. État, défaut de ce qui ne sait plus évoluer ni s'adapter. → **vieillissement.** *La sclérose des institutions.*

sclérosé, ée adj. **1.** méd. Atteint de sclérose (1). *Tissu sclérosé.* **2.** fig. Qui n'évolue plus. → **figé.** *Économie sclérosée.*

scléroser v. tr. < 1 > méd. Provoquer le durcissement de. *Scléroser une veine, une varice.* ■ **se scléroser** v. pron. **1.** méd. (organes, tissus) Se durcir, être atteint de sclérose. **2.** fig. *Administration qui se sclérose.*

sclérote n. m. (grec *sklêrotês* « dureté ») bot. Corps dur fait de mycélium aggloméré, formé par certains champignons pour résister en milieu hostile.

sclérotique n. f. (du latin, du grec *sklêros* → sclérose) anat. Membrane fibreuse (blanc de l'œil) qui entoure le globe oculaire et s'ouvre, à l'avant, sur la cornée.

Scola (Ettore) Réalisateur italien (1931-2016). Son cinéma allia la force critique du néo-réalisme italien à celle de la comédie. *Nous nous sommes tant aimés ; Une journée particulière ; Le Bal.*

scolaire adj. (du latin, de *schola* [→ école], pris au grec *skholê*, cf. scolastique) **1.** Relatif ou propre aux écoles, à l'enseignement et aux élèves. *Établissement scolaire. Programmes scolaires. Année scolaire,* période allant de la rentrée à la fin des classes. – *Obligation scolaire* (en France, loi Jules Ferry du 28 mars 1882). *Âge scolaire :* âge légal de l'obligation scolaire. **2.** péj. Qui évoque les exercices de l'école par son côté livresque et peu original.

scolarisation n. f. Action de scolariser ; fait d'être scolarisé.

scolariser v. tr. < 1 > **1.** Pourvoir (un lieu) d'établissements scolaires. **2.** Soumettre (qqn) à un enseignement scolaire régulier. – au p. p. *Enfants scolarisés.* □ adj. **scolarisable**

scolarité n. f. (→ scolaire) Fait de suivre régulièrement les cours d'un établissement d'enseignement. *Certificat de scolarité.* – Durée des études scolaires.

scolasticat n. m. (de *scolastique*) relig. Maison annexe d'un couvent, où de jeunes religieux font leurs études de théologie et de philosophie ; durée de ces études.

scolastique (latin *scholasticus* « d'école », du grec → scolaire) didact. **I.** n. f. Philosophie et théologie enseignées au Moyen Âge par l'Université. **II.** adj. **1.** Relatif à la scolastique. **2.** péj. Qui rappelle la scolastique décadente, par son formalisme et son abus de la dialectique. *Esprit scolastique.*

scolex n. m. (grec *skôlêx* « ver ») zool. Partie antérieure (appelée aussi *tête*) des vers cestodes, pourvue de ventouses, de crochets.

scoliaste ou **scholiaste** [skɔljast] n. m. (de *scolie*) didact. Commentateur ancien, auteur de scolies. *Les scoliastes d'Alexandrie.* ■ par ext. Annotateur, commentateur érudit.

scolie ou **scholie** [skɔli] n. f. (grec *skholion,* de *skholê* « étude » → école) didact. Note philologique, historique, due à un commentateur ancien, et servant à l'interprétation d'un texte de l'Antiquité. → **annotation.** ■ Note critique.

scoliose n. f. (du grec, de *skolios* « tortueux » ; famille de *skelos* « jambe » [→ isocèle]) Déviation latérale de la colonne vertébrale. □ adj. **scoliotique**

¹scolopendre n. f. (du grec *skolopendra*) Fougère à feuilles non divisées qui croît dans les lieux humides.

²scolopendre n. f. (→ ¹scolopendre) Mille-pattes venimeux des régions chaudes.

scolyte n. m. (latin *scolytus,* du grec) zool. Insecte coléoptère qui vit sous l'écorce des arbres, creusant de nombreuses galeries sinueuses dans le bois.

scombridé n. m. (du latin *scomber, scombri,* du grec *skombros* « maquereau ») zool. Poisson téléostéen à nageoire dorsale épineuse, au corps allongé, à la peau lisse (famille des *Scombridés ;* ex. le maquereau, le thon).

scone [skon] n. m. (mot anglais) Petit pain mollet d'origine anglaise, qui se mange avec le thé.

sconse n. m. (de l'algonquin) Fourrure de la mouffette, noire à bandes blanches. - var. **skunks.**

scoop [skup] n. m. (mot anglais « pelle, cuiller ») anglic. Information sensationnelle donnée en exclusivité par une agence de presse, un journal. - recomm. offic. **exclusivité.**

scooter [skutœʀ ; skutɛʀ] n. m. (anglais *motor-scooter* « patinette à moteur ») **1.** Motocycle léger à roues de petit diamètre, caréné, à cadre ouvert formant plancher. *Des scooters.* **2.** (au Québec) *Scooter des neiges* (anglic. critiqué) : motoneige. ■ *Scooter des mers :* petit canot mobile. → **jet-ski ;** régional **motomarine.** - var. RO **scooteur.** ■ **scootériste** n. Personne qui conduit un scooter.

Scopas Sculpteur et architecte grec (fin IVe s. av. J.-C.). Il fut l'un des plus illustres de son siècle avec Praxitèle et Lysippe. Œuvrant sur de multiples chantiers (temple d'Athéna à Tégée, temple d'Artémis à Éphèse), il fut le maître de l'expression pathétique. *Ménade.*

-scope, -scopie Éléments (du grec *skopein* « observer »), qui entrent dans des mots désignant des instruments et des techniques d'observation.

scopie n. f. (abrév.) fam. Radioscopie.

scopolamine n. f. (allemand *Skopulamin,* de *scopolie,* d'une plante et *amine*) chim. Alcaloïde voisin de l'atropine, extrait de plusieurs plantes solanacées, et utilisé en médecine.

scorbut [skɔʀbyt] n. m. (d'origine néerlandaise) Maladie due à l'insuffisance de vitamine C dans l'alimentation.

scorbutique adj. méd. **1.** Relatif au scorbut. **2.** Atteint du scorbut. – n. *Un, une scorbutique.*

score n. m. (mot anglais) **1.** Décompte des points au cours d'une partie, d'un match. → **marque.** *Le score final.* **2.** Résultat chiffré, lors d'une élection, d'une compétition, d'un test...

Scorel (Jan Van) voir **Van Scorel** (Jan)

scoriacé, ée adj. (de *scorie*) didact. Qui a le caractère ou l'apparence des scories.

scorie n. f. (grec *skôria*) rare au sing. **1.** Résidu solide provenant de la fusion de minerais métalliques, de la combustion de la houille, etc. → **²laitier, mâchefer. 2.** *Scories (volcaniques) :* lave refroidie, légère et fragmentée. **3.** fig. Partie médiocre ou mauvaise. *Débarrasser un texte de ses scories.*

scorpène n. f. (latin *scorpaena,* du grec *skorpaina* « scorpion de mer », de *skorpios* → scorpion) zool. Poisson de petite dimension, à peau visqueuse, à tête forte et hérissée d'épines, communément appelé *crapaud, diable* ou *scorpion de mer.* → **rascasse.**

scorpénidé n. m. zool. Poisson marin osseux hérissé d'épines venimeuses (famille des *Scorpénidés ;* ex. la rascasse, le sébaste).

scorpion n. m. (latin *scorpio,* du grec *skorpios*) **1.** Petit animal (arachnide) dont la queue porte un aiguillon crochu et venimeux. *Piqûre de scorpion.* **2.** (avec maj.) Constellation zodiacale et huitième signe du zodiaque (23 octobre-21 novembre). – *Elle est Scorpion,* de ce signe.

Scorpion n. m. Constellation zodiacale australe dont l'étoile principale est Antarès ; huitième signe du zodiaque.

Scorsese (Martin) Cinéaste américain (né en 1942). Les personnages de ses films, dont les interprètes fétiches sont R. De Niro et L. DiCaprio, sont en quête de spiritualité dans une réalité sordide et crue. *Mean Streets ; Taxi Driver ; Les Infiltrés ; Shutter Island ; Le Loup de Wall Street.*

Martin Scorsese (à dr.) dirigeant Robert De Niro dans *Taxi Driver,* Palme d'or du festival de Cannes (1976).

scorsonère n. f. (italien *scorzonera,* de *scorzone* « serpent venimeux » [dont on soignait la morsure par la plante]) bot. Plante dicotylédone dont une variété à peau noire (→ **salsifis**) est cultivée comme plante alimentaire.

Scot (John Duns) voir **Duns Scot** (John)

¹scotch n. m. (anglais *scotch* « écossais ») Whisky écossais. – Verre de ce whisky. *Des scotchs* ou *des scotches* (plur. anglais).

²scotch n. m. (n. déposé → ¹scotch) Ruban adhésif transparent (de cette marque).

scotcher v. tr. < 1 > **1.** Coller avec du scotch, du ruban adhésif. **2.** fig. et fam. (passif et p. p.) Attacher, immobiliser. *Être, rester scotché devant la télé.*

scotch-terrier n. m. (de l'anglais « terrier écossais ») Chien terrier de taille moyenne, à poils durs. *Des scotch-terriers.* - var. **scottish-terrier.** *Des scottish-terriers.*

Scot Érigène (Jean) Philosophe et théologien irlandais (entre 800 et 815-876). Dans son traité *De la division de la nature,* il propose une synthèse du savoir de son temps, marquée par le néoplatonisme chrétien. Adversaire de Gottschalk dans une controverse sur la prédestination, il fut dénoncé comme hérétique par le pape Nicolas Ier. *De Prædestinatione.*

scotie [skɔti] n. f. (latin *scotia,* grec *skotia* « gouttière [qui fait de l'ombre] », de *skotos* « ténèbres » → scotome) archit. Moulure semi-circulaire concave.

scotisme n. m. (de Duns *Scot,* philosophe anglais) hist. philos. Doctrine de Duns Scot, qui s'écarte du thomisme, en particulier quant à la notion de personne humaine du Christ et quant à l'Incarnation. □ adj. et n. **scotiste**

Scotland Yard ou **New Scotland Yard** Siège de la police londonienne, créée par Robert Peel en 1829.

scotome [skɔtom] **n. m.** **(du grec *skotôma* « obscurcissement »)** méd. Lacune dans le champ visuel due à l'insensibilité de certains points de la rétine.

scotomisation **n. f.** **(du grec *skotôma* « obscurcissement »)** psych. Rejet inconscient hors du champ de conscience d'une réalité pénible pour le sujet ; déni de la réalité. → **forclusion.** □ **v. tr. scotomiser** < 1 >

Scots **n. m. pl.** Peuple irlandais de l'Antiquité qui pillait les côtes de la Grande-Bretagne et de la Gaule. Au Vᵉ s., les Scots s'établirent en Calédonie où ils exercèrent une forte influence culturelle et religieuse. Au IXᵉ s., ils s'imposèrent aux Pictes et donnèrent leur nom au pays conquis : l'Écosse (en anglais *Scotland*).

Scott **(sir Walter)** Écrivain britannique (1771-1832). Il acquit une notoriété mondiale par ses romans historiques sur l'Écosse *(Waverley ; Quentin Durward ; Ivanhoé)*, dans lesquels il donna une place centrale aux gens du peuple. Il écrivit également des poèmes *(La Dame du lac)* et un *Journal.*

Scott **(Robert Falcon)** Explorateur britannique (1868-1912). Lors de sa première expédition dans l'Antarctique (1901-1904), il découvrit la terre du Roi-Édouard-VII. Il fut devancé par R. Amundsen lors de son second voyage vers le pôle Sud.

Scott **(sir Ridley)** Réalisateur britannique (né en 1937). Doté d'une grande maîtrise technique, il a excellé dans les genres les plus divers : science-fiction *(Alien ; Blade Runner ; Seul sur Mars)*, road movie *(Thelma et Louise)*, péplum *(Gladiator)* et policier *(Hannibal ; American Gangster)*.

Scott **(Ken)** Réalisateur et scénariste canadien (né en 1970). Il a créé et écrit la série télévisée québécoise *Le Plateau* et plusieurs longs métrages *(La Grande Séduction)*. Il a ensuite réalisé ses propres films : *Les Doigts croches ; Starbuck.*

scottish-terrier voir **scotch-terrier**

Scotto **(Vincent)** Compositeur français (1876-1952). Il composa plus de 4 000 mélodies. Ses œuvres (chansons et opérettes), interprétées par Polin, Alibert, Tino Rossi, connurent un grand succès. *Sous les ponts de Paris ; Le plus beau de tous les tangos du monde.*

scoubidou **n. m.** **(apparu dans une chanson, en 1958 ; probablt succession d'onomatopées)** Petit objet fait de fils de plastique tressés. *Des scoubidous multicolores.*

scoumoune **n. f.** **(mot corse ou italien, du latin *excommunicare* → excommunier)** argot Malchance. *Avoir la scoumoune.* → **poisse.**

scoured [skuʀɛd] **n. m.** **(mot anglais, de *to scour* « laver »)** anglic., techn. Laine lavée directement sur le dos du mouton, avant la tonte (syn. **laine lavée à dos**).

scout, scoute [skut] **(étym. → boy-scout)** **1. n.** Jeune qui fait partie d'une organisation de scoutisme. → **boy-scout ; éclaireur, guide, louveteau. 2. adj.** Propre aux scouts, au scoutisme. *Camp scout. Réunion scoute* (→ **jamboree**). **3. n.** fig. Personne d'un idéalisme moral naïf. → **boy-scout. – adj.** *Avoir un côté scout.*

scoutisme **n. m.** Mouvement éducatif d'origine chrétienne destiné à compléter la formation de l'enfant par des activités collectives et de plein air.

SCPI [ɛssepei] **n. f.** **(sigle)** Abréviation de *société civile de placement immobilier.*

scrabble [skʀabl] **n. m.** **(mot anglais « gribouillage » ; n. déposé)** Jeu de société qui consiste à placer sur une grille des jetons portant chacun une lettre, de manière à former des mots. □ **n. scrabbleur, euse**

scrapeur [skʀapœʀ] **ou scraper** [skʀapœʀ ; skʀɛpœʀ] **n. m.** **(anglais *scraper*, de *to scrap* « gratter »)** anglic., techn. Engin de terrassement automoteur utilisé pour araser le sol. → **décapeuse.**

¹scratch [skʀatʃ] **adj. invar.** **(mot anglais « rail, ligne de départ »)** anglic., sports **1.** *Course scratch,* dans laquelle tous les concurrents partent sur la même ligne, sans avantage ni handicap. **2.** *Joueur scratch :* au golf, joueur qui réalise le score normal de référence. **3. n. m.** Action d'exclure d'une épreuve le concurrent qui n'est pas présent à l'appel de son nom.

²scratch [skʀatʃ] **n. m.** **(de l'anglais *scratching*, de *to scratch* « rayer »)** anglic. Effet produit en faisant patiner un disque vinyle sur une platine à l'aide des doigts. *Des scratchs* ou *des scratches* (plur. anglais).

³scratch [skʀatʃ] **n. m.** **(onomatopée)** Fermeture velcro. *Chaussures fermées par un scratch. Des scratchs.*

scratcher **v.** < 1 > **(de l'anglais *to scratch* « rayer »)** **I. v. tr.** sports Rayer le nom de (un joueur qui ne se présente pas à temps). **II. v. intr.** mus. Faire un scratch sur un disque vinyle qui tourne.

Scriabine ou **Skriabine** **(Aleksandr Nikolaïevitch)** Compositeur russe (1872-1915). Pianiste virtuose, il fit de nombreux concerts en Europe et en Amérique. Il nourrit ses recherches harmoniques de spiritualité orientale et s'éloigna du romantisme de ses débuts vers l'atonalité dont il apparaît comme l'un des précurseurs. Il composa des œuvres symphoniques *(Le Divin Poème ; Prométhée)* et des pièces pour piano.

scriban [skʀibɑ̃] **n. m.** **(néerlandais *bank* « pupitre » et *schriff* « écrire » avec inversion des éléments)** techn., comm. (antiquaires) Secrétaire à abattant et à tiroirs du XVIIᵉ siècle, d'origine flamande, surmonté d'un corps d'armoire. - syn. **scribanne n. f.**

scribe **n. m.** **(latin *scriba* « copiste » → écrivain, de *scribere* → écrire)** **1.** anciennt Celui qui faisait profession d'écrire à la main. → **copiste. –** vieilli, péj. Employé de bureau, commis aux écritures. → **scribouillard. 2.** Antiq. Celui qui écrivait les textes officiels, copiait les écrits. *Les scribes égyptiens.* **3.** Antiq. juive Docteur de la Loi.

Le Scribe accroupi, provenant de Saqqara (2600-2350 av. J.-C.), musée du Louvre, Paris.

Scribe **(Eugène)** Auteur dramatique français (1791-1861). Il écrivit une œuvre abondante, à la construction dramatique soignée, riche en effets comiques et en coups de théâtre *(Bertrand et Raton)*. Il publia aussi des livrets d'opéras et d'opéras-comiques *(La Juive ; Les Vêpres siciliennes)*.

scribouillard, arde **n.** fam., péj. Employé(e) aux écritures (notamment, fonctionnaire). → **gratte-papier.**

scribouilleur, euse **n.** fam. Mauvais écrivain.

script [skʀipt] **n. m.** **(mot anglais « document écrit » ; famille du latin *scribere* → écrire)** **I.** Type d'écriture à la main, proche des caractères d'imprimerie. *Écrire en script.* **– en appos.** *Écriture script.* **II. 1.** Scénario (d'un film, d'une émission), comprenant le découpage technique et les dialogues. *Des scripts.* **2.** inform. Suite de commandes permettant d'automatiser une tâche.

scripte **n.** **(francisation de l'anglais *script-girl* → script et girl)** Personne chargée de noter les détails techniques et artistiques de chaque prise de vues (d'un film, d'une émission, etc.) afin d'assurer la continuité de l'ensemble.

scripteur, trice **n.** **(latin *scriptor* « celui qui écrit »)** **1. n. m.** relig. Officier de la chancellerie pontificale, qui écrit les bulles. **2.** didact. Personne qui a écrit un texte manuscrit. **–** Personne qui écrit. *Les locuteurs, les lecteurs et les scripteurs d'une langue.*

scripturaire **adj.** **(du latin *scriptura* « écriture »)** didact. Relatif à l'Écriture sainte. *Exégèse scripturaire.*

scriptural, ale, aux **adj.** **(du latin *scriptura* « écriture »)** **1.** écon. *Monnaie scripturale,* qui circule par simple jeu d'écriture. → **chèque, virement. 2.** ling. De l'écriture, de la mise en graphie. *Compétence scripturale.*

scrofulaire **n. f.** **(latin *scrofularia*, de *scrofulae* → scrofule)** bot. Plante herbacée vivace à l'odeur fétide. *La scrofulaire noueuse* ou *herbe aux écrouelles.*

scrofulariacée **n. f.** **(du latin → scrofulaire)** bot. Plante angiosperme dicotylédone, herbacée ou arbustive (famille des *Scrofulariacées ;* ex. la digitale, le muflier, la scrofulaire).

scrofule **n. f.** **(du bas latin *scrofulae* → écrouelles)** **1.** méd., ancien (au plur.) Écrouelles. **2.** hist. méd. Infection de la peau ou des muqueuses, ou inflammation des ganglions. **–** mod. Lésion de tuberculose cutanée, ganglionnaire ou osseuse.

scrofuleux, euse **adj.** De la scrofule ; atteint de scrofule.

scrogneugneu **interj.** **(altération de *sacré nom de Dieu*)** Interjection, juron atténué.

scroller **v. intr.** < 1 > **(anglais *to scroll*, de *scroll* « rouleau, manuscrit »)** anglic. Faire défiler un contenu sur un écran informatique. **– trans.** *Scroller une page.*

scrotum [skʀɔtɔm] **n. m.** **(mot latin)** anat. Enveloppe cutanée des testicules. → **¹bourse(s).** □ **adj. scrotal, ale, aux**

scrub [skʀœb] **n. m.** **(mot anglais « broussaille »)** anglic., géogr. Brousse épaisse d'Australie, formée de buissons.

scrupule **n. m.** **(latin *scrupulus* « petite pierre pointue ; souci », diminutif de *scrupus* « pierre pointue »)** **1.** Incertitude d'une conscience exigeante sur la conduite à adopter ; inquiétude sur un point de morale. → **¹cas** de conscience. *Un scrupule me retient. Être dénué de scrupules, sans scrupule.* **–** littér. *Avoir scrupule à ; se faire (un) scrupule de* (+ inf.), hésiter (par scrupule) à (faire qqch.). **2.** Exigence morale très poussée ; tendance à se juger avec rigueur. *Fidélité poussée jusqu'au scrupule.*

scrupuleux, euse **adj.** **1.** Qui a fréquemment des scrupules, qui est exigeant sur le plan moral. → **consciencieux. –** (choses) *Une honnêteté scrupuleuse.* **2.** Qui respecte strictement les règles, les prescriptions. *Un observateur scrupuleux.* → **méticuleux.** □ **adv. scrupuleusement**

scrutateur, trice **(du latin → scruter)** **I. adj.** littér. Qui scrute, qui examine attentivement. *Un regard scrutateur.* → **inquisiteur. II. n.** Personne qui participe au dépouillement d'un scrutin.

scruter **v. tr.** < 1 > **(latin *scrutari* « fouiller ; rechercher »)** **1.** Examiner avec soin, pour découvrir ce qui est caché. *Scruter les intentions de qqn.* → **sonder. 2.** Examiner attentivement (par la vue) ; fouiller du regard. *Scruter l'horizon.*

scrutin **n. m.** **(du latin ; famille de *scruter*)** **1.** Vote au moyen de bulletins déposés dans un récipient (urne). **2.** Ensemble des opé-

Scythes

Guerriers scythes, plaque en or (IVe s. av. J.-C.), musée de l'Ermitage, Saint-Pétersbourg.

rations électorales ; modalités des élections. *Scrutin proportionnel ; scrutin majoritaire. Dépouiller le scrutin* (→ **scrutateur (II)**).

scud [skyd ; skœd] **n. m.** (n. d'un missile soviétique) fam. Attaque verbale. *Envoyer des scuds à qqn. Se prendre un scud.*

Scudéry (Georges de) Auteur dramatique français (1601-1667). Il composa un poème épique, des pièces de théâtre et, avec sa sœur Madeleine, des romans qu'il signa de son seul nom. Il fut un adversaire de Corneille *(Observation sur « Le Cid »)*.

Scudéry (Madeleine de) Écrivaine française (1607-1701). Sœur de Georges de Scudéry, habituée de l'hôtel de Rambouillet, elle ouvrit son propre salon littéraire qui devint un foyer de la préciosité. Ses romans alternent, avec élégance et pudeur, considérations morales et intrigues amoureuses. *Conversations morales ; Clélie, histoire romaine,* monument de la littérature précieuse (dix tomes).

sculpter [skylte] **v. tr.** < 1 > (du latin *sculpere* [supin *sculptum*]) **1.** Produire (une œuvre d'art) par l'un des procédés de la sculpture. *Sculpter un buste.* **2.** Façonner (une matière dure) par la sculpture. *Sculpter de la pierre.*

sculpteur, trice [skyltœʀ, tʀis] **n.** (du latin → **sculpter**) Personne qui pratique l'art de la sculpture.

sculptural, ale, aux [skyltyʀal, o] **adj.** **1.** didact. Relatif à la sculpture. **2.** Qui a la beauté formelle des sculptures classiques. *Une beauté sculpturale.*

sculpture [skyltyʀ] **n. f.** (du latin → **sculpter**) **1.** Représentation d'un objet dans l'espace, au moyen d'une matière à laquelle on impose une forme esthétique ; ensemble des techniques qui permettent cette représentation ; ensemble d'œuvres d'art qui en résultent. *La sculpture grecque ; romane ; contemporaine.* **2.** *Une sculpture,* une œuvre sculptée (→ **statue**).

Scultet (Johann Schultes, latinisé en Johannes Scultetus et francisé en Jean) Chirurgien allemand (1595-1645). Renommé pour sa grande habileté, il donna son nom à quelques instruments de son invention, destinés à la contention des fractures.

Scunthorpe Ville d'Angleterre (North Lincolnshire). 70 000 habitants. Sidérurgie ; constructions mécaniques.

scutellaire **n. f.** (du latin *scutella* « petite coupe ») bot. Plante herbacée vivace, à tige carrée, à fleurs roses ou bleues ornementales.

Scutenaire (Jean, dit Louis) Écrivain belge d'expression française (1905-1987). Influencée par les surréalistes, son œuvre singulière se compose d'essais, de romans et de poèmes. *Mes inscriptions,* recueil provocant et vif, convoque aphorismes, pastiches, calembours et anecdotes dans un projet d'antilittérature.

Scylax Navigateur et géographe grec (IVe s. av. J.-C.). Originaire de Carie, il fut engagé par Darios Ier et explora les côtes de la mer Érythrée. *Le Périple de la mer intérieure,* ouvrage apocryphe.

Scylla voir **Charybde et Scylla**

scyphozoaire [sifɔzɔɛʀ] **n. m.** (du grec *skuphos* « coupe » et de *-zoaire*) zool. Animal invertébré marin, méduse de grande taille très urticante (classe des *Scyphozoaires*). → **acalèphe.** - syn. **scyphoméduse n. f.**

scythe [sit] **adj. et n.** (latin *scythicus*) Qui est relatif à la Scythie et aux Scythes. - syn. (adj.) **scythique.**

Scythes **n. m. pl.** Peuple d'origine iranienne de l'ère pré-chrétienne, vivant dans les steppes des bords de la mer Noire et de la mer Caspienne (Scythie). Ils disparurent au IIe s. av. J.-C. Grands cavaliers et guerriers, ils dominèrent les Mèdes, ravagèrent l'Assyrie et poussèrent jusqu'en Palestine, menaçant l'Égypte de Psammétique Ier.

Scythie **n. f.** Pays des Scythes, steppes situées au N. de la mer Noire.

SDECE voir **Direction générale de la sécurité extérieure** (DGSE)

SDF **n. invar.** (sigle de *sans domicile fixe*) Personne sans ressources, qui n'a pas de logement régulier, vit dans la rue.

SDN voir **Société des Nations**

se **pron. pers.** (vient du latin *se* [comme *soi**]) s'élide en *s'* devant une voyelle ou un *h* muet Pronom personnel réfléchi de la 3e personne du singulier et du pluriel. *Il se lave. Elle s'en moque. Il s'est fait réprimander. Elle s'est lavé les mains. Ils se sont rencontrés. Cela ne se fait pas.* – impers. *Il s'en est fallu de peu.*

Se Symbole chimique du sélénium.

Seaborg (Glenn Theodore) Chimiste américain (1912-1999). Il obtint artificiellement le plutonium, et plusieurs éléments transuraniens. Prix Nobel 1951.

seaborgium [sibɔʀgjɔm] **n. m.** (du n. du chimiste américain Glenn T. Seaborg) chim. Élément atomique (symb. Sg, n^o at. 106, masse at. 263,1182), métal radioactif produit artificiellement.

sea-line [silajn] **n. m.** (mot anglais, de *sea* « mer » et *[pipe]line*) anglic., techn. Canalisation en partie sous-marine pour le transport des hydrocarbures. *Des sea-lines.*

séance **n. f.** (de *séant* n. m.) **1.** Réunion des membres d'un corps constitué siégeant en vue d'accomplir certains travaux ; durée de cette réunion. *Les séances du Parlement.* → **débat, session.** *Ouvrir, suspendre, lever la séance.* – *Être en séance. Tenir séance.* ■ loc. *Séance tenante :* la séance se poursuivant ; fig. immédiatement et sans retard. **2.** Durée déterminée consacrée à une occupation qui réunit deux ou plusieurs personnes. *Séance de travail ; de rééducation.* **3.** Temps consacré à certains spectacles ; le spectacle lui-même. *Séance de cinéma.*

¹séant **n. m.** (du p. prés. de *seoir*) loc. *Se dresser, se mettre* **sur son séant** : s'asseoir brusquement (en parlant d'une personne qui était allongée).

²séant, ante **adj.** (du p. prés. de *seoir*) littér. Qui sied (→ **seoir**), est convenable. → **bienséant, décent.** *Il n'est pas séant de...* (→ **malséant**).

Searle (Ronald William Fordham) Dessinateur humoriste britannique (1920-2011). Il travailla pour la presse *(Punch ; Life ; The New Yorker)* et créa des films d'animation à Hollywood.

Searle (John) Philosophe américain (né en 1932). Spécialiste en philosophie du langage, il établit, dans le prolongement de la théorie des performatifs de J. Austin, une classification des actes de langage (distinction entre langue et parole). *Les Actes de langage ; L'Intentionnalité.*

Seattle Ville des États-Unis (État de Washington), sur le Puget Sound. 737 000 habitants. Musées. Centre commercial, financier et industriel du N. de la côte du Pacifique. Port. Industrie aéronautique (Boeing). Commerce électronique (siège d'Amazon). Université.

seau **n. m.** (vient du latin pop. *sitellus* → **seille**) Récipient cylindrique muni d'une anse, servant à transporter des liquides ou diverses matières. *Seau en plastique.* ■ Contenu d'un seau. *Un demi-seau d'eau.* – loc. fam. ***Il pleut à seaux,*** abondamment.

sébacé, ée **adj.** (du latin → **sébum**) didact. Relatif au sébum. – *Glandes sébacées,* glandes de la peau qui sécrètent le sébum.

sébaste [sebast] **n. m.** (origine inconnue) zool. Poisson voisin de la rascasse, à tête écailleuse et épineuse, vivant dans les mers froides et tempérées.

Sébaste voir **Sivas**

Sebastiani de La Porta (Bastien Horace François, comte) Maréchal de France (1772-1851). Favorable à Bonaparte, il appuya le coup d'État du 18 Brumaire et participa aux campagnes de l'Empire (Espagne, Russie, France). Figure centrale de la monarchie de Juillet, il fut ministre de la Marine et des Colonies et ministre des Affaires étrangères.

Sebastiano del Piombo (Sebastiano Luciani, dit) Peintre italien (v. 1485-1547). Il fut l'élève de Giorgione et le confident de Michel-Ange. Il concilia le colorisme vénitien et le goût pour les constructions monumentales propre à l'école de Rome. *La Dorotea ; Le Martyre de Sainte Agathe.*

Sébastien (saint) Martyr romain (IIIe s.). Il aurait été capitaine de la garde prétorienne de Dioclétien. Dénoncé comme chrétien, il fut transpercé de flèches.

Sébastien Roi de Portugal (1554-1578). Les expéditions qu'il mena pour constituer un grand domaine maghrébin furent un échec et il mourut à la bataille de Ksar el-Kébir.

Sébastopol Ville d'Ukraine, sur la mer Noire. 340 360 habitants. Port. Constructions navales. Centrale électrique. La ville fut une place stratégique pendant la guerre de Crimée (1854-1855) et la Seconde Guerre mondiale. Cédée à l'Ukraine en 1954, elle a été rattachée, avec l'ensemble de la Crimée, à la Russie en 2014. Ce rattachement n'est pas reconnu par la communauté internationale qui a accusé V. Poutine d'avoir violé la souveraineté de l'Ukraine.

Sébennytos Ancienne ville d'Égypte, dans le delta du Nil, elle fut la capitale de la XXXe dynastie.

Seberg (Jean) Actrice américaine (1938-1979). Elle fit la plus grande partie de sa carrière cinématographique en France. Icône de la nouvelle vague *(À bout de souffle),* elle incarna des personnages à l'air ingénu et candide. *Sainte Jeanne ; Lilith.*

Sebha Oasis de Libye, dans le Fezzan. Env. 150 000 habitants.

sébile **n. f.** (origine incertaine) Petite coupe de bois (notamment pour mendier, recueillir les aumônes).

Sébillet ou **Sibillet** (Thomas) Humaniste et traducteur français (v. 1512-1589). Son *Art poétique français* préconise l'étude des Anciens mais propose l'imitation des Modernes (Clément Marot, Maurice Scève).

Sebino voir **Iséo** (lac d')

sebka **n. f.** (de l'arabe) géogr. Au Sahara, Lac salé occupant le fond d'une dépression. → **chott.** - var. **sebkha.**

Sebonde ou **Sebond** (Raimundo Sabunde, dit en français Raymond) Médecin et philosophe catalan, d'expression latine (fin XIVe s.-1436). Dans sa *Théologie naturelle,* il se proposait d'élucider la religion par la philosophie. Montaigne lui consacra dans ses *Essais* une *Apologie,* qui réunit les arguments du scepticisme.

séborrhée **n. f.** (de *sébum* et *-rrhée*) Sécrétion excessive de sébum. □ **adj. séborrhéique**

Sebou **(oued)** Fleuve du Maroc, qui prend sa source dans le Moyen Atlas et se jette dans l'Atlantique. 458 km.

sébum [sebɔm] **n. m.** **(latin *sebum* « suif » → suif)** Sécrétion grasse produite par les glandes sébacées.

sec, sèche **adj.** **(vient du latin *siccus* « sans humidité » → sécher)** **I. 1.** Qui n'est pas ou est peu imprégné de liquide (opposé à *humide, mouillé*). *Du bois sec. Le linge est déjà sec.* – Sans humidité atmosphérique, sans pluie. *Un temps sec.* – *Avoir la gorge sèche :* avoir soif. ▪ Qui n'est pas accompagné d'eau, de liquide. *Un whisky sec,* sans glace. – *Toilettes* sèches* (qui n'utilisent pas d'eau). **2.** Déshydraté, séché en vue de la conservation. *Raisins secs. Légumes secs* (s'oppose à *frais*). **3.** Qui n'est pas accompagné de ce à quoi il est généralement associé. *Mur de pierres sèches,* sans ciment. *Toux sèche,* sans expectoration. – *Perte* sèche. Licenciement sec* (sans compensations). – *Panne* sèche.* **4.** (parties du corps) Qui a peu de sécrétions. *Peau sèche* (s'oppose à *gras*). ▪ *Yeux secs,* sans larmes. – fig. *Regarder d'un œil sec,* sans être ému. **5.** Qui a peu de graisse, qui est peu charnu. → **¹maigre.** *Un petit vieux tout sec.* **6.** Qui manque de moelleux ou de douceur. *Une voix sèche. Coup sec,* rapide et bref. ▪ *Vin sec,* peu sucré (s'oppose à *doux*). **II.** abstrait **1.** Qui manque de sensibilité, de gentillesse. → **dur.** *Un cœur sec.* ▪ *Répondre d'un ton sec.* → **tranchant. 2.** Qui manque de grâce ; sans ornements. → **austère, ²nu.** *Un style un peu sec.* **3.** fam. *Rester sec,* ne savoir que répondre. **III. n. m. 1.** Sécheresse ; endroit sec. *Mettre, tenir qqch. au sec.* **2.** *À sec* **loc. adj. invar. :** sans eau. *Nettoyage à sec. Rivière à sec.* → **tari.** – fam. Sans argent. *Ils sont à sec.* **IV. adv. 1.** vieilli *Boire sec,* sans mettre d'eau (dans une boisson alcoolisée). – cour. *Il boit sec,* beaucoup. **2.** Rudement et rapidement. *Frapper sec.* **3.** fam. ***Aussi sec*** **loc. adv. :** immédiatement et sans hésiter.

sécable **adj.** **(du latin, de *secare* → scier)** didact. Qui peut être coupé, divisé. *Comprimé sécable.*

secam ou **sécam** **n. m.** **(abrév. de *séquentiel à mémoire*)** Système de télévision en couleurs, adopté en France et par certains autres pays. – **adj.** *Le système secam.*

sécant, ante **adj.** **(latin *secans,* p. prés. de *secare* → scier)** géom. Qui coupe (une ligne, un plan, etc.) ; au plur. qui se coupent. *Plan sécant. Droites sécantes.* – **n. f.** Droite sécante.

sécateur **n. m.** **(du latin *secare* → scier)** Outil de jardinage, gros ciseaux à ressort.

Secchi **(Angelo)** Astronome italien (1818-1878). Inventeur de la spectroscopie stellaire, il constitua une classification des étoiles en fonction de leur spectre.

secco **n. m.** **(mot portugais)** (Afrique) **1.** Palissade faite avec des herbes, des tiges de graminées, des joncs refendus, etc. **2.** Enclos délimité par ces palissades.

S

seccotine **n. f.** (n. déposé) Colle forte.

sécession **n. f.** **(latin *secessio* « action de se séparer » ; famille de *céder*)** Action par laquelle une partie de la population d'un État se sépare de l'ensemble de la collectivité en vue de former un État distinct ou de se réunir à un autre. *Faire sécession.* – hist. *La guerre de Sécession,* entre le nord et le sud des États-Unis (1861-1865).

Sécession **(guerre de)** Guerre civile qui divisa les États-Unis de 1861 à 1865. La question de l'esclavage des Noirs, au centre du conflit, se doublait d'enjeux économiques : le Sud, dont les plantations de coton utilisaient une main-d'œuvre d'esclaves, était favorable au libre-échange, alors que le Nord, industriel, s'orientait vers le protectionnisme. L'élection de l'antiesclavagiste Lincoln à la présidence précipita le conflit ; les onze États du Sud firent sécession pour former une Confédération. En face, les nordistes, ou fédéraux, formèrent l'*Union.* Les sudistes gagnèrent d'abord plusieurs batailles, mais la marche du général Lee sur Washington fut brisée à la bataille de Gettysburg (1863), et Grant mena les troupes unionistes vers la victoire. Ce conflit, parfois considéré comme la première guerre moderne, fit plus de 600 000 morts.

Sécession (guerre de)

La Bataille d'Atlanta (gravure coloriée, XIXe s.), remportée en 1864 par les nordistes, fut une bataille décisive de la guerre de Sécession.

Sécession **n. f.** Mouvement artistique qui apparut dans les années 1890 en Autriche (*Sezessionsstil*) et en Allemagne (*Jugendstil*) et qui s'opposa à l'académisme et au naturalisme. La sécession de Munich (1892) favorisa l'impressionnisme. La sécession de Vienne (1897) diffusa l'Art nouveau et révéla Klimt et Schiele. La sécession de Berlin (1899) fit connaître l'œuvre des Nabis, des Fauves, de Kandinsky et de Munch.

sécessionniste **adj.** Qui fait sécession, lutte pour la sécession. □ **n. m. sécessionnisme**

séchage **n. m.** Action de faire sécher, de sécher.

séchant, ante **adj.** Qui sèche, est capable d'effectuer un séchage. *Un lave-linge séchant.*

sèche **n. f.** (p.-ê. de *sec*) fam. Cigarette.

sèche-cheveux **n. m. invar.** Appareil électrique qui, en soufflant de l'air chaud, sert à sécher les cheveux mouillés. → **séchoir.** - var. RO **sèche-cheveu n. m.**

sèche-linge **n. m.** Appareil qui sert à sécher le linge (en le brassant dans un flux d'air chaud). *Des sèche-linges* ou *des sèche-linge* (invar.).

sèche-main **n. m.** ou **sèche-mains** **n. m. invar.** Appareil servant à sécher les mains après les avoir lavées, par émission d'air chaud. *Des sèche-mains.*

sèchement **adv. 1.** D'une manière sèche, sans douceur. *Frapper sèchement la balle.* **2.** Avec froideur, dureté. *Refuser, répondre sèchement.*

sécher **v.** < 6 > **(vient du latin *siccare* → siccatif, de *siccus* → sec)** **I. v. tr. 1.** Rendre sec (→ **dessécher**). *Sécher ses cheveux ; se sécher les cheveux.* – pronom. *Sèche-toi vite !* → **s'essuyer. 2.** Absorber ou faire s'évaporer (un liquide). *Sécher ses larmes.* **3.** fam. Manquer volontairement et sans être excusé (un cours, etc.). *Sécher le lycée.* – absolt *Elle sèche pour aller au cinéma.* **II. v. intr. 1.** Devenir sec (par une opération ou naturellement). *Mettre du linge à sécher.* – *Sécher sur pied* (plantes) ; fig. (personnes) : se consumer d'ennui. **2.** S'évaporer. *L'encre a séché.* **3.** fam. Rester sec*, être embarrassé pour répondre.

sécheresse **n. f. 1.** État de ce qui est sec, de ce qui manque d'humidité. → **aridité.** *La sécheresse d'un sol.* **2.** Temps sec, absence ou insuffisance des pluies. **3.** littér. Dureté, insensibilité. *Sécheresse de cœur.* – *Répondre avec sécheresse.* → **brusquerie, froideur ; sèchement. 4.** Caractère de ce qui manque de charme, de grâce. *Sécheresse du style.* → **austérité.** - var. RO **sècheresse.**

sécherie **n. f.** Lieu où l'on fait sécher diverses matières ou produits. *Sécherie de poisson.* - var. RO **sècherie.**

sécheur **n. m.** Appareil de séchage. – Séchoir industriel.

sécheuse **n. f.** Machine à sécher. – Sèche-linge.

séchoir **n. m. 1.** Lieu aménagé pour le séchage. **2.** Dispositif sur lequel on étend ce que l'on veut faire sécher. *Séchoir à linge.* → **étendoir ;** régional **tancarville. 3.** Appareil servant à faire sécher des matières humides par évaporation accélérée. *Séchoir (à cheveux).* → **casque, sèche-cheveux.**

Seclin Commune du Nord. 12 505 habitants. Collégiale (XIIIe s.). Métallurgie, textile.

second, onde [s(ə)gɔ̃, ɔ̃d] **(latin *secundus,* de *sequi* → suivre)** **I. adj. 1.** Qui vient après une chose de même nature ; qui suit le premier. → **deuxième.** *Pour la seconde fois. En second lieu.* – *De seconde main*. Enseignement du second degré.* → **secondaire** (2). **2.** Qui n'a pas la primauté, qui vient après le plus important ou le meilleur (opposé à *premier*). *Article de second choix. Billet de seconde classe* (ou **n. f.** *de seconde*). ▪ **n.** *Le second d'une course.* ▪ ***En second*** : en tant que second (dans un ordre, une hiérarchie). *Capitaine en second.* – *Passer en second,* passer après. **3.** Qui constitue une nouvelle forme de qqch. d'unique. → **autre.** *Il a été un second père pour moi.* – loc. *Une seconde nature*.* ▪ **n.** littér. ***Sans second, sans seconde*** : unique, sans pareil, inégalable. *« Ma gloire est sans seconde »* (Corneille). **4.** (après le n.) Qui dérive d'une chose première, primitive. *Causes secondes.* ▪ *État second,* état pathologique d'une personne qui se livre à une activité étrangère à sa personnalité manifeste. – cour. *Être dans un état second,* anormal, bizarre. **II. n. 1.** Personne qui aide qqn. → **adjoint, assistant.** – **n. m.** Officier de marine qui vient après le commandant. **2. n. f.** Classe de l'enseignement secondaire français qui précède la première. **3. n. f.** mus. Intervalle entre deux degrés.

Second **(Jean Everaerts, dit Jean)** Humaniste flamand (1511-1536). Ses petits poèmes érotiques en latin, *Basia,* « Baisers », publiés après sa mort, furent souvent imités au XVIe siècle.

secondaire [s(ə)gɔ̃dɛʀ] **adj.** **(du latin → second)** **1.** Qui vient au second rang, est de moindre importance (opposé à *capital, primordial*). **2.** Qui constitue un second ordre dans le temps (s'oppose à *primaire*). *L'enseignement secondaire* ou **n. m.** *le secondaire,* de la sixième à la terminale (en France). – *Ère secondaire* ou **n. m.** *le secondaire,* ère géologique qui succède au primaire, comprenant le trias, le jurassique et le crétacé - (syn. **mésozoïque**). **3.** Qui se produit dans une deuxième phase dérivant de la première ; qui dépend de qqch. d'autre. *Effets secondaires d'un médicament.* – écon. *Secteur secondaire* ou **n. m.** *le secondaire,* activités productrices de matières transformées (opposé à *primaire* et à *tertiaire*).

secondairement adv. D'une manière secondaire, accessoire.

¹seconde n. f. voir second

²seconde [s(ə)gɔ̃d] n. f. (latin médiéval *secunda minuta* « parties menues [→ ¹minute] du second rang ») **1.** Unité de temps, soixantième partie de la minute (symb. s). ■ Temps très bref. → **²instant.** *Je reviens dans une seconde.* **2.** Unité d'angle égale au 1/60 de la minute (symb. ″).

secondement [s(ə)gɔ̃dmɑ̃] adv. En second lieu. → **deuxièmement, secundo.**

seconder [s(ə)gɔ̃de] v. tr. < 1 > **1.** Aider (qqn) en tant que second. → **assister. 2.** Favoriser (les actions de qqn ; qqch.). *Seconder les projets de qqn.*

secouer v. tr. < 1 > (latin *succutere,* de *quatere* « secouer » → casser *cf.* secousse) **1.** Remuer avec force, dans un sens puis dans l'autre (généralement à plusieurs reprises). → **agiter.** *Secouer un tapis.* – loc. *Secouer le cocotier*.* – *Secouer qqn pour le réveiller.* **2.** Mouvoir brusquement et à plusieurs reprises (une partie de son corps). *Secouer la tête* (en signe d'assentiment, de doute...). → **hocher. 3.** Se débarrasser de (qqch.) par des mouvements vifs et répétés. *Secouer la neige de son manteau.* **4.** Ébranler par une vive impression. *Cette maladie l'a beaucoup secoué.* **5.** fam. *Secouer qqn, lui secouer les puces,* le réprimander ou l'inciter à l'action. – pronom. *Allons, secoue-toi !* **6.** loc. très fam. *N'en avoir rien à secouer,* rien à faire.
□ **n. m. secouement**

secoueur n. m. techn. Crible d'une batteuse, pour débarrasser les pailles des grains qu'elles pourraient entraîner.

secourable adj. littér. Qui secourt, aide volontiers les autres. → **obligeant.** – loc. *Prêter, tendre une* MAIN SECOURABLE *à qqn* (pour l'aider, le soulager).

secourir v. tr. < 11 > (vient du latin *succurrere* → secours, succursale ; famille de courir) Aider (qqn) à se tirer d'un danger ; assister (qqn) dans le besoin. → prêter **main-forte,** porter **secours.** *Secourir un blessé.*

secourisme n. m. Méthode de sauvetage, technique des premiers soins à dispenser aux victimes d'accidents, aux blessés, etc. *Brevet de secourisme.*

secouriste n. Personne qui fait partie d'une organisation de secours aux blessés (→ **sauveteur**), ou qui pratique le secourisme.

secours n. m. (vient du latin → secourir) **1.** Ce qui sert à qqn pour sortir d'une situation difficile, et qui vient d'un concours extérieur. → **¹aide, appui, assistance, soutien.** *Porter, prêter secours à qqn.* → **secourir.** *Aller au secours de qqn.* – *Appeler* **au secours.** *Au secours !,* cri d'appel à l'aide. **2.** Aide matérielle ou financière. *Secours mutuel.* → **entraide, solidarité.** – *Secours aux sans-abris.* **3.** Moyens pour porter assistance aux personnes en danger (→ **sauvetage**). *Secours en mer, en montagne.* **4.** Soins que l'on donne à un malade, à un blessé dans un état critique. *Premiers secours.* ■ au plur. Services de secours. *Appelez les secours !* **5.** relig. Aide surnaturelle. **6.** (dans *d'un... secours*) Ce qui est utile dans une situation délicate. *Être d'un grand secours à qqn ; n'être d'aucun secours* (→ **utilité**). **7.** (choses) *De secours :* destiné à servir en cas de nécessité, de défaillance. *Sortie de secours. Roue* de secours.*

Secours catholique Association humanitaire caritative française, fondée en 1946.

Secours populaire français Association de solidarité créée en 1945.

secousse n. f. (d'une ancienne forme de *secouer*) **1.** Mouvement brusque qui ébranle ou met en mouvement un corps. → **choc ; secouer.** *Une violente secousse.* – *Secousse sismique, tellurique,* tremblement de terre (→ **séisme**). **2.** Choc psychologique. – Perturbation qui affecte une collectivité. *Secousse économique.* **3.** loc. *Par secousses :* par accès. – *Sans secousse :* paisiblement. **4.** (Canada) Temps assez long qui s'écoule entre deux évènements. *Cela fait une secousse qu'on s'est vus.*

¹secret, ète adj. (latin *secretus* « séparé, à part », de *secernere* « séparer » → ²secret ; secrétaire, sécrétion) **1.** Qui n'est connu que d'un nombre limité de personnes ; qui est ou doit être caché aux autres, au public. *Garder, tenir une chose secrète.* – *Renseignements secrets.* → **confidentiel.** *Documents très secrets* (anglic. *top secret*). – *Police secrète. Services secrets. Agent secret.* **2.** Qui appartient à un domaine réservé. → **ésotérique, occulte.** *Rites secrets.* **3.** Qui n'est pas facile à trouver. → **caché, dérobé.** *Tiroir secret.* – *Code secret.* **4.** Qui ne se manifeste pas. → **intérieur, intime.** *Pensées secrètes. « Toutes les âmes ont leur part secrète »* (H. Bosco). **5.** (personnes) littér. Qui ne se confie pas. → **réservé.** *Un homme secret et silencieux.*

²secret n. m. (latin *secretum* « lieu écarté », de *secretus* → ¹secret) **1.** Ensemble de connaissances, d'informations qui doivent être réservées à quelques-uns (tenues secrètes*) et que le détenteur ne doit pas révéler. *Confier un secret à qqn. Garder, trahir un secret.* – ***Secret d'État :*** information dont la divulgation, nuisible aux intérêts de l'État, est punie. *Secret-défense :* ce qui est caché à l'opinion publique, au nom des intérêts de la Défense nationale. – loc. *Secret de Polichinelle*.* **2.** *Être* ***dans le secret,*** dans la connaissance réservée à quelques-uns (→ **dans la confidence**). – loc. fam. *Être dans le secret des dieux* (même sens). **3.** Ce qui ne peut pas être connu ou compris. → **¹mystère.** *Dans le secret de son cœur.* → **tréfonds.** – *Les secrets de la nature, de la vie.* **4.** Explication, raison cachée. *Le secret de l'affaire.* → **clé. 5.** Moyen pour obtenir un résultat, connu seulement de quelques personnes. *Les secrets du métier.* – *Secret de fabrication.* **6.** ***En secret,*** sans que personne ne le sache. *Ils s'aiment en secret.* **7.** *Mettre qqn* ***au secret,*** l'emprisonner dans un lieu caché, sans communication avec l'extérieur. **8.** Discrétion, silence sur une chose qui a été confiée ou que l'on a apprise. *Exiger le secret.* – *Secret professionnel,* obligation de ne pas divulguer des faits confidentiels appris dans l'exercice de la profession. *Le secret médical.* – loc. *Sous le sceau* du secret.* **9.** Mécanisme dont le fonctionnement est secret. *« Ces petits meubles à secret, pleins de tiroirs »* (Flaubert).

secrétage n. m. techn. Opération qui consiste à secréter les peaux.

secrétaire (du latin, de *secernere* → ¹secret) **I. n. 1. n. m.** anciennt Nom donné à divers personnages qui relevaient directement d'une haute autorité politique. – **n. mod.** *Secrétaire d'État,* en France, membre du gouvernement généralement placé sous l'autorité d'un ministre ; aux États-Unis, ministre des Affaires étrangères ; au Vatican, cardinal ayant la fonction de Premier ministre. *Secrétaire d'ambassade* (agent diplomatique). **2.** Personne qui s'occupe de l'organisation et du fonctionnement (d'un organisme). *Secrétaire d'une section syndicale. Le premier secrétaire d'un parti. Secrétaire général(e).* – *Secrétaire de rédaction* (d'un journal), qui coordonne la rédaction. **3.** Personne dont le métier est d'assurer la rédaction du courrier de qqn, de préparer des dossiers, etc. *Secrétaire de direction. Secrétaire médical(e),* qui assiste un médecin, un dentiste. **II. n. m.** Meuble à tiroirs destiné à ranger des papiers et, pourvu ou non d'un abattant, sert de table à écrire. *Un secrétaire Louis XV.*

secrétairerie n. f. Poste, fonction du cardinal secrétaire d'État au Vatican. – Services de ce secrétaire d'État.

Secrétan (Charles) Philosophe suisse (1815-1895). Il tenta de formuler une philosophie de la « raison chrétienne », où le problème de la liberté et de sa réalisation dans la morale occupe une place centrale. *Philosophie de la liberté.*

secrétariat n. m. **1.** Fonction de secrétaire ; durée de cette fonction. **2.** Service dirigé par un(e) secrétaire ; personnel d'un tel service. **3.** Métier de secrétaire (I, 3). *École de secrétariat.*

secrètement adv. **1.** D'une manière secrète. → en **cachette, clandestinement, furtivement,** en **secret. 2.** littér. D'une manière non apparente. *Elle était secrètement déçue.*

secréter v. tr. < 6 > (de *secret,* n. de la préparation utilisée dans cette opération) techn. Frotter avec le *secret* (solution de nitrate de mercure) pour faciliter le feutrage. *Secréter des peaux, des poils.*

sécréter v. tr. < 6 > (de *sécrétion*) Produire (une substance) par sécrétion. – fig. *Ce film sécrète l'ennui.* → **distiller.**

sécréteur, euse ou **trice** adj. Qui opère la sécrétion, qui sert à la sécrétion. *Canaux sécréteurs, glandes sécrétrices.*

sécrétine n. f. (de l'allemand et de l'anglais *secretin,* du radical de *sécrétion*) physiol. Hormone produite par la muqueuse du duodénum, qui stimule les sécrétions internes et externes du pancréas.

sécrétion n. f. (du latin « séparation », de *secernere* → ¹secret) **1.** Phénomène physiologique par lequel un tissu produit une substance spécifique. *Glandes à sécrétion interne* (endocrines), *externe* (exocrines). **2.** Substance ainsi produite.

sécrétoire adj. physiol. Qui a rapport à la sécrétion. *Cellules sécrétoires.*

sectaire n. (de *secte*) **I. n.** Personne qui fait preuve d'intolérance et d'étroitesse d'esprit (en politique, religion, etc.). → **fanatique.** – adj. *Une attitude sectaire.* **II. adj.** Qui concerne les sectes. – **n.** Membre d'une secte.

sectarisme n. m. Attitude sectaire.

sectateur, trice n. (du latin, de *sequi* → suivre) vieux Adepte, partisan.

secte n. f. (du latin, de *sequi* → suivre) **1.** Groupe organisé de personnes qui ont une même doctrine au sein d'une religion. ■ Groupe d'inspiration religieuse ou mystique, vivant en communauté sous l'influence de maîtres, de gourous. **2.** péj. Coterie, clan. *Esprit de secte.*

▶ La notion de **secte** a plusieurs sens. Durant l'Antiquité gréco-romaine, le mot latin *secta* (de *sequi,* suivre) désignait, comme le mot grec *haeresis* (choix), un groupe de personnes partageant la même doctrine philosophique ou religieuse. Les premiers chrétiens ont ainsi été considérés comme une secte du judaïsme. Un peu plus tard (IIe-IIIe siècle), au sein de l'Église, le mot s'est appliqué aux mouvements accusés d'hérésie parce qu'ils rejetaient tout ou partie de la doctrine chrétienne majoritairement établie. C'est le sens qui s'impose dans l'Occident chrétien jusqu'au XVIIIe siècle. Au Moyen Âge, les groupes de chrétiens dissidents, comme les Cathares, sont persécutés en tant que secte hérétique. La même accusation est portée par l'Église romaine envers le protestantisme (XVIe siècle). Le mot secte a encore été employé, de manière plus neutre, à propos des diverses Églises protestantes (baptistes, évangélistes...) nées, durant le XIXe siècle, aux États-Unis. Pour la sociologie, il s'agissait de désigner des dissidences religieuses en opposition avec les Églises établies.
Désormais, dans le cadre de la mondialisation des croyances et de la multiplication de courants spirituels souvent extérieurs au christianisme, la plupart des sociologues préfèrent employer la notion de « nouveaux mouvements religieux ». Mais, pour nombre d'acteurs sociaux et de responsables politiques, beaucoup d'entre eux relèvent de comportements et de pratiques sectaires. Le mot secte s'applique alors à des groupes, religieux ou non, très fermés sur eux-mêmes, souvent

S

dépendants de « maîtres » ou de « gourous », et suspectés de porter atteinte à la liberté de conscience de leurs membres et de mettre, parfois, en danger leur intégrité physique et morale. Toutefois, cette catégorisation, difficile à établir sur un plan juridique, est variable selon les États. Dans le domaine religieux, des mouvements considérés comme sectaires en France ne le sont souvent pas dans d'autres pays (Europe du Nord et États-Unis par exemple).
voir aussi **hérétiques, ésotérisme**

secteur n. m. **(latin *sector* « celui qui coupe » → section, *cf.* bissecteur)** **1.** géom. *Secteur angulaire* : partie illimitée de plan définie par deux demi-droites issues d'un même point. *Secteur circulaire* : portion de disque limitée par deux rayons. **2.** milit. Partie d'un front ou d'un territoire qui constitue le terrain d'opérations d'une unité militaire. **3.** fam. Endroit, lieu. → **coin.** *Il va falloir changer de secteur.* **4.** Division artificielle d'un territoire (en vue d'organiser une action, etc.). → **¹zone ; section** (III, 2). – spécialt Subdivision d'un réseau de distribution d'électricité. *Panne de secteur.* **5.** écon. Ensemble d'activités et d'entreprises qui ont un objet commun ou entrent dans la même catégorie. *Le secteur agricole. Secteur primaire*, secondaire*, tertiaire*. Secteur privé ; secteur public, nationalisé.* **6.** Domaine ; partie. *Un secteur de pointe de l'industrie.*

section n. f. **(latin *sectio* « action de couper », de *secare* → scier ; *cf.* insecte, intersection, secteur)** **I. 1.** géom. Figure qui résulte de l'intersection de deux autres **(→ sécant).** *Section plane d'un volume* (par un plan). *Section conique* (d'un cône par un plan). **2.** Forme, surface présentée par une chose coupée selon un plan transversal. *Section circulaire d'un tube.* **3.** Dessin en coupe. **II.** didact. Action de couper. *La section d'un tendon.* – Aspect qu'une chose présente à l'endroit où elle est coupée. *Une section nette.* **III. 1.** Élément, partie (d'un groupe humain, d'un ensemble). *Section syndicale.* – milit. *Section d'infanterie.* **2.** admin. Partie, division administrative. → **secteur** (4). *Section de commune. Section électorale.* **3.** Partie (d'un ensemble). *Les sections d'un ouvrage.*

Section française de l'Internationale ouvrière voir SFIO

sectionnement n. m. **1.** Division en sections (III). **2.** Fait de couper net, d'être coupé net.

sectionner v. tr. < 1 > **(de *section*)** **1.** Diviser (un ensemble) en plusieurs sections (III). → **fractionner.** **2.** Couper net. – au p. p. *Il a eu un doigt sectionné par la machine.*

sectionneur n. m. électr. Appareil qui sert à couper le courant sur une section de ligne électrique pour y permettre les réparations. → **disjoncteur.**

S

sectoriel, ielle adj. **(→ secteur)** Relatif à un secteur (5). *Revendications sectorielles.* □ adv. **sectoriellement**

sectoriser v. tr. < 1 > **(→ secteur)** didact. Organiser, répartir par secteurs. □ n. f. **sectorisation**

séculaire adj. **(du latin, de *saeculum* → siècle)** **1.** didact. Qui a lieu tous les cent ans. – *Année séculaire* : celle qui termine le siècle. **2.** Qui existe depuis un siècle **(→ centenaire),** plusieurs siècles. □ adv. **séculairement**

séculariser v. tr. < 1 > **(→ séculier)** relig. Faire passer (qqn, qqch.) à l'état séculier ou laïque. □ n. f. **sécularisation**

séculier, ière adj. **(du latin, de *saeculum* → siècle)** **1.** Qui appartient au siècle* (II), à la vie laïque (par oppos. à *ecclésiastique*). → **laïque.** *Tribunaux séculiers.* **2.** Qui vit dans le siècle, dans le monde (par oppos. à *régulier*). *Le clergé séculier.* □ adv. **séculièrement**

secundo [səgɔ̃do] adv. **(mot latin « en second lieu », de *secundus* → second)** En second lieu (s'emploie avec *primo*). → **deuxièmement, secondement.**

sécurisant, ante adj. Qui sécurise.

sécuriser v. tr. < 1 > **(de *sécurité*)** **1.** Apporter, donner une impression de sécurité à (qqn). → **rassurer.** – au p. p. *Enfant peu sécurisé.* **2.** Rendre sûr, plus sûr. → **protéger.** *Sécuriser un périmètre, une zone.* – au p. p. *Paiement sécurisé.*

sécurit [sekyʀit] n. m. **(marque déposée, de *sécurité*)** Verre trempé, qui se brise en très petits morceaux non coupants. – en appos. *Verre sécurit.*

sécuritaire adj. **1.** De la sécurité publique. **2.** Qui tend à privilégier les problèmes de sécurité publique. *Un discours sécuritaire.*

sécurité n. f. **(latin *securitas*, de *securus* → sûr ; *cf.* sûreté)** **1.** État d'esprit confiant et tranquille d'une personne qui se croit, se sent à l'abri du danger. → **assurance, tranquillité ; sûr.** *Sentiment de sécurité.* **2.** Situation tranquille qui résulte de l'absence réelle de danger. *Être en sécurité.* → **en sûreté.** *La sécurité des personnes. Sécurité matérielle.* – (sur le plan collectif) *La sécurité nationale, internationale. Conseil de sécurité de l'ONU.* **3.** *Sécurité sociale,* (en France) mesures et organisation pour garantir les individus contre certains risques (risques sociaux). - abrév. fam. **sécu.** **4.** Absence ou faiblesse relative d'accidents. *Sécurité routière. Mesures de sécurité.* – ***De sécurité*** : (dispositif) capable d'assurer la sécurité **(→ de sûreté).** *Ceinture de sécurité* (pour automobilistes). **5.** Dispositif qui empêche de manœuvrer intempestivement un appareil. *La sécurité d'une arme à feu.*

▶ La **sécurité sociale** est une institution destinée à protéger les personnes et leur famille de certains risques appelés risques sociaux : des évènements particuliers de la vie comme la maternité, un accident du travail, une maladie ; des pertes de revenus en cas d'arrêt de travail, de retraite, de chômage ou encore des charges familiales importantes.
Dans les pays développés, la sécurité sociale est organisée par un ensemble de textes législatifs et réglementaires comme le Social Security Act de 1935 aux États-Unis ou les ordonnances de 1945 en France. Ces textes en définissent les fondements qui peuvent être plutôt « beveridgiens » (protection pour tous, financée par l'impôt et gérée par l'État) ou « bismarckiens » (assurances socioprofessionnelles financées par des cotisations salariales et gérées de façon décentralisée).
En France, la Sécurité sociale combine les deux approches. L'assurance sociale est universelle (toute la population est couverte). Elle est financée essentiellement par des cotisations, mais aussi, depuis l'instauration de la CSG (1990) et de la CRDS (1996), par des impôts. Sa gestion est confiée à des caisses placées sous la tutelle de l'État. En matière de retraite et de chômage, les prestations sont proportionnelles aux cotisations, mais des minima sont en place. En matière de santé, elles sont forfaitaires.
Depuis les années 1980, du fait de la hausse des dépenses de santé et de retraite, la Sécurité sociale connaît d'importants problèmes de financement à l'origine de nombreuses réformes et d'une tendance à la budgétisation de la couverture sociale (c'est-à-dire au recours à un complément de financement issu des impôts collectés par l'État, notamment les taxes sur le tabac et l'alcool).
voir aussi **retraite, chômage, impôt**

Sedaine (Michel Jean) Auteur dramatique français (1719-1797). Son drame bourgeois *Le Philosophe sans le savoir* en fit l'auteur le plus représentatif de la comédie sérieuse.

Sedan Chef-lieu d'arrondissement des Ardennes, sur la Meuse. 16 376 habitants. Château fort (XVe-XVIIe s.). Ancien centre textile. Matières plastiques. Défaite de Mac-Mahon devant les Prussiens le 2 septembre 1870 et capitulation de Napoléon III.

sédater v. tr. < 1 > **(de *sédatif*)** méd., vétér. Mettre (qqn, un animal) sous tranquillisant. *Sédater un chat.*

sédatif, ive adj. **(du latin *sedatum*, de *sedare* « faire asseoir ; calmer » [*cf.* réséda], de *sedere* → seoir)** Calmant, modérateur. *Propriétés sédatives.* – n. m. Remède calmant.

sédation n. f. **(latin *sedatio*, de *sedatum* → sédatif)** didact. Action de calmer, apaisement par un sédatif. *Sédation de la douleur.*

Sédécias Dernier roi de Juda (de 597 à 587 av. J.-C.). Son règne fut marqué par la destruction de Jérusalem par Nabuchodonosor et la déportation des Hébreux à Babylone.

sédentaire adj. **(du latin, de *sedere* → seoir)** **1.** (occupations) Qui se passe, s'exerce dans un même lieu. *Une vie, un emploi sédentaire.* **2.** (personnes) Qui ne quitte guère son domicile. → **casanier.** – Dont l'habitat est fixe (opposé à *itinérant, nomade*). *Une population sédentaire.* □ n. f. **sédentarité**

sédentariser v. tr. < 1 > Rendre sédentaire (une population). → **fixer.** □ n. f. **sédentarisation**

sedia gestatoria [sedjaʒɛstatɔʀja] n. f. **(loc. italienne, du latin *sedes* → siège et *gestatorius* « qui sert à porter », de *gestare* → gestation)** relig. cathol. Chaise à porteurs sur laquelle prenait place le pape au cours de certaines cérémonies.

sédiment n. m. **(du latin, de *sedimen* « dépôt », de *sedere* → seoir)** **1.** méd. Dépôt de matières dans un liquide organique. *Sédiment urinaire.* **2.** surtout au plur. Dépôt naturel dû à l'action d'agents externes (vent, etc.). → **alluvion.** *Sédiments marins, glaciaires.*

sédimentaire adj. Produit ou constitué par un sédiment (2). *Roches sédimentaires.*

sédimentation n. f. **1.** méd. Formation de sédiment (1). – *Vitesse de sédimentation* (des globules rouges du sang), examen qui permet de connaître l'importance d'une maladie infectieuse ou inflammatoire. **2.** Formation des sédiments (2).

sédimenter v. tr. < 1 > didact. Former par sédimentation. – pronom. *Particules qui se sédimentent au sol.*

sédimentologie n. f. **(anglais *sedimentology*)** géol. Étude des roches sédimentaires et des phénomènes qui concourent à leur formation. □ adj. **sédimentologique** □ n. **sédimentologue**

séditieux, euse adj. **(→ sédition)** littér. **1.** Qui prend part à une sédition. → **factieux.** *Troupes séditieuses.* **2.** Qui tend à la sédition ou la provoque. *Écrits séditieux.* □ adv. **séditieusement**

sédition n. f. **(latin *seditio*)** littér. Révolte concertée contre l'autorité établie. → **insurrection.**

sédon voir sedum

séducteur, trice n. **(du latin → séduire)** Personne qui séduit, qui fait habituellement des conquêtes. *Un séducteur, une séductrice.* → **don juan ;** fam. **tombeur ;** femme **fatale, sirène, vamp.** – adj. *Sourire séducteur.* → **enjôleur.** ■ n. m. vieilli Homme qui séduisait (2) une femme, une jeune fille.

séduction n. f. **(du latin → séduire)** **1.** vieux Action de séduire, de corrompre. **2.** Action de séduire (2, 3 et 4), d'entraîner **(→ attirance, fascination).** **3.** Moyen de séduire ; charme, attrait puissant. *Une séduction irrésistible.* – *Les séductions de la nouveauté.*

séduire v. tr. < 38 > **(du latin *seducere* [supin *seductum*, *cf.* séducteur, séduction] ; famille de *conduire*)** **1.** Amener (qqn) à des relations sexuelles. ■ vieilli Amener (une femme) à des rapports sexuels hors mariage. → **suborner.** **2.** Susciter l'admiration, l'estime de qqn. → **plaire.** **3.** Gagner (qqn) en persuadant ou en touchant, en employant tous les moyens de plaire. → **conquérir, enjôler.** – absolt « *La volonté de séduire, c'est-à-dire de dominer* » (Colette). **4.** (choses) Attirer de façon puissante, irrésistible. → **captiver, charmer, fasciner, plaire.**

séduisant, ante adj. **1.** Qui séduit ou peut séduire, grâce à son charme. → **charmant.** **2.** (choses) Qui attire fortement. → **attrayant, tentant.** – *Offre séduisante.* → **alléchant.**

sedum ou **sédum** [sedɔm] n. m. **(latin *sedum* « joubarbe »)** bot. Orpin*. - syn. **sédon.**

Sée (Camille) Homme politique français (1827-1919). Député de la gauche républicaine, il contribua à la fondation des lycées de jeunes filles (loi Camille Sée, 1880) et de l'École normale supérieure de Sèvres (1881).

Seebeck (Thomas Johann) Physicien allemand (1770-1831). Il découvrit l'effet thermoélectrique qui porte son nom (1821).

Seeckt (Hans von) Général allemand (1866-1936). Chef de la Reichswehr (1920-1926), il reconstitua une armée allemande offensive, en dépit des clauses du traité de Versailles. Il soutint Hitler.

seersucker [sirsœkœr] **n. m. (mot anglais) anglic.** Tissu de coton gaufré, écossais ou rayé.

Sées Commune de l'Orne. 4 199 habitants. Évêché. Cathédrale de style gothique normand (XIIIe-XIVe s.). Ancien palais épiscopal.

séfarade n. et adj. (hébreu ***Sefarad*** **« Espagne »)** Juif des pays méditerranéens (hors Israël) **[s'oppose à** ***ashkénaze*****]**. *Les séfarades.* - **var. sépharade.**

Séféris (Georghios Sepheriadhis, dit en français Georges) Poète grec (1900-1971). Il tenta d'exprimer, dans une langue sobre et musicale, le destin dramatique de son pays. *Poèmes ; Journal de bord.* Prix Nobel 1963.

Séfévides voir **Safavides**

séga n. m. (p.-ê. du swahili ***sega*** **« retrousser ses habits »)** Danse populaire répandue dans certaines îles de l'océan Indien. – Musique qui l'accompagne.

Segal (George) Artiste américain (1924-2000). Il modela des figures humaines grandeur nature en plâtre, hyperréalistes, dégageant une étrangeté angoissante.

ségala [segala] **n. m. (mot occitan, même origine que** ***seigle*****) régional (Massif central)** Terre acide propre à la culture du seigle.

Ségala n. m. (→ ségala) Région du Massif central, partagée entre le Tarn et l'Aveyron et formée de plateaux cristallins (700-1 000 m).

Segalen (Victor) Écrivain français (1878-1919). Se dressant contre tout exotisme superficiel, il évoqua l'Océanie, sur les traces de Gauguin, et l'Asie, notamment la Chine, par des récits *(René Leys)* et des poèmes *(Stèles)*.

Segantini (Giovanni) Peintre italien (1858-1899). Influencé par le symbolisme, il peignit surtout des paysages alpins. *Labours en Engadine.*

Segar (Elzie Cirsler) Dessinateur américain (1894-1938). Il créa de nombreux personnages comiques de bande dessinée, dont Popeye. Il ouvrit la voie de l'*underground* des années 1970.

Ségeste Ancienne ville du N.-E. de la Sicile. Elle fut la rivale de Sélinonte. Nombreux vestiges grecs et hellénistiques.

Seghers (Hercules Pieterszoon) Peintre et graveur hollandais (v. 1590-entre 1633 et 1638). Ses eaux-fortes et ses peintures de paysage sont animées d'une dimension visionnaire et fantastique.

Seghers (Netty Radványi, dite Anna) Écrivaine allemande (1900-1983). Son œuvre est représentative du « réalisme socialiste ». *La Force des faibles.*

Seghers (Pierre) Poète et éditeur français (1906-1987). Il créa en 1939 la revue *Poètes casqués*, à laquelle participèrent Éluard, Aragon et Char, et lança en 1944 la collection *Poètes d'aujourd'hui.*

seghia voir **séguia**

segment n. m. (du latin, de ***secare*** **→ scier) 1.** Portion (d'une figure géométrique). *Segment de droite.* **2.** Se dit d'une partie d'un organe distincte des autres, quoique continue avec elles. *Segments des membres des insectes.* **3. techn.** Nom de diverses pièces mécaniques. *Segment de piston.* □ **adj. segmentaire**

segmentation n. f. 1. Division en segments. **→ fractionnement, fragmentation. 2. biol.** Ensemble des premières divisions de l'œuf fécondé.

segmenter v. tr. < 1 > Diviser, partager en segments. – **pronom.** *Œuf fécondé qui se segmente* **(→ segmentation).**

Ségou Ville du Mali, sur le fleuve Niger. 133 500 habitants. Centre d'un ancien royaume bambara. Commerce agricole, coton.

Segovia (Andrés) Guitariste espagnol (1893-1987). Il renouvela la technique et le répertoire de la guitare classique.

Ségovie en espagnol Segovia Ville d'Espagne (Castille-et-León), chef-lieu de province, sur l'Eresma. 52 000 habitants. Aqueduc romain. Monuments médiévaux.

Segrais (Jean Regnault de) Écrivain français (1624-1701). Ami de Mme de La Fayette, il contribua à la rédaction de ses principaux romans. Poète, il est l'auteur d'*Athys* et de six autres *Églogues.*

Sègre n. m. Rivière d'Espagne, affluent de l'Èbre. Né en Cerdagne française, il arrose Seo de Urgel. 260 km.

Segrè (Emilio) Physicien américain d'origine italienne (1905-1989). Il découvrit des éléments chimiques rares (technétium, astate, plutonium 238) et identifia l'antiproton. Prix Nobel 1959.

Segré-en-Anjou Bleu Chef-lieu d'arrondissement du Maine-et-Loire. 17 660 habitants. Maroquinerie.

ségrégation n. f. (du latin, de ***segregare*** **« séparer du troupeau ; isoler », de** ***grex, gregis*** **« troupeau » → grégaire)** Séparation imposée, de droit ou de fait, d'un groupe social d'avec les autres. **→ discrimination.** *Ségrégation raciale* **(→ apartheid).** *Ségrégation sociale, sexuelle.* □ **adj. ségrégatif, ive**

ségrégationniste adj. et n. 1. Partisan de la ségrégation raciale. **2.** Relatif à la ségrégation. *Lois ségrégationnistes.* □ **n. m. ségrégationnisme**

séguedille n. f. (espagnol ***seguidilla,*** **de** ***seguida*** **« suite »)** Danse espagnole, sur un rythme à trois temps, avec accompagnement de guitare et castagnettes. – Musique et chant qui accompagnent cette danse.

séguia ou **seghia** [segja] **n. f. (de l'arabe)** Canal d'irrigation, en Afrique du Nord.

Séguier Famille de magistrats français. ■ **Antoine Séguier.** Président à mortier au parlement de Paris (1552-1626). Il fut un adversaire de la Ligue. ■ **Pierre Séguier** (1588-1672). Neveu d'Antoine. Il fut chancelier sous Louis XIII et Louis XIV, instruisit le procès de Cinq-Mars, et présida au jugement de Fouquet.

Seguin (Marc) Ingénieur français (1786-1875). Il réalisa le premier pont suspendu (sur le Rhône, en 1824). Il perfectionna la chaudière tubulaire pour les locomotives (1827).

Séguin (Édouard) Médecin américain d'origine française (1812-1880). Il fut l'un des pionniers de la psychiatrie infantile. Il a fondé à Paris le premier établissement destiné aux enfants arriérés, avant d'émigrer aux États-Unis pour des raisons politiques. *Traitement moral, hygiène et éducation des idiots.*

Séguin (Philippe) Homme politique français (1943-2010). Député RPR (1978-2002), il fut président de l'Assemblée nationale (1993-1997) et présida la Cour des comptes de 2004 à sa mort.

Ségur (Henri Philippe, marquis de) Maréchal de France (1724-1801). Il fut secrétaire d'État à la Guerre sous Louis XVI, de 1780 à 1787. *Mémoires.* ■ **Philippe Paul, comte de Ségur,** général et historien français (1780-1873). Petit-fils d'Henri-Philippe. Il prit part aux campagnes de l'Empire. *Histoire de Napoléon et de la Grande Armée pendant l'année 1812.*

Ségur (Sophie Rostopchine, comtesse de) Écrivaine française d'origine russe (1799-1874). Elle écrivit de très nombreux ouvrages pour la jeunesse. *Les Petites Filles modèles ; Les Malheurs de Sophie ; Le Général Dourakine.*

La comtesse de Ségur, par Étienne Carjat.

¹seiche n. f. (vient du latin ***sepia*** **« seiche » et « encre » → sépia, du grec** ***sêpia*****)** Mollusque marin (céphalopode) à coquille interne *(os de seiche)*, qui projette pour se défendre un liquide noirâtre **(→ encre ; sépia).**

²seiche n. f. (de ***sèche*** **« écueil à fleur d'eau ») géogr.** Mouvement de hausse et de baisse de la surface de l'eau (d'un lac, d'une baie) sous l'influence de phénomènes météorologiques.

séide n. m. (du n. d'un affranchi de Mahomet) littér. Adepte fanatique des doctrines, exécutant aveugle des volontés (d'un maître, d'un chef). **→ sbire.**

Seifert (Jaroslav) Poète tchèque (1901-1986). Il fut l'un des opposants au régime communiste dans son pays. Son œuvre s'inscrit dans la grande tradition lyrique d'Europe centrale. *Sur les ondes de la T. S. F. ; Les Mains de Vénus.* Prix Nobel 1984.

seigle n. m. (vient du latin ***secale*****)** Céréale dont les grains produisent une farine brune ; cette farine. *Pain de seigle.*

seigneur n. m. (vient du latin ***seniorem,*** **accusatif de** ***senior*** **→ sire ; sénior) 1.** Maître, dans le système des relations féodales. *Le seigneur* **(→ suzerain)** *et ses vassaux. Le seigneur et maître,* celui qui détient l'autorité, le pouvoir. **2.** Titre honorifique donné aux grands personnages (hommes) de l'Ancien Régime. **→ gentilhomme, noble.** – **fig.** *Grand seigneur,* personne riche, ou noble par sa conduite. *Vivre en grand seigneur,* dans le luxe. ■ Ancien terme de civilité **(hommes). 3. relig.** *Le Seigneur :* Dieu, dans certaines religions. – *Notre-Seigneur Jésus-Christ.* – *Seigneur Dieu ! Seigneur !,* exclamations.

seigneurial, ale, aux adj. 1. Du seigneur. *Terres seigneuriales.* **2. littér.** Digne d'un seigneur. **→ grandiose, noble, princier.**

seigneurie n. f. 1. Pouvoir, droits, terre d'un seigneur. **2. (précédé d'un poss. :** ***Votre, Sa*****)** Titre donné autrefois à certains dignitaires.

Seignobos (Charles) Historien français (1854-1942). Il fut partisan d'une histoire méthodique, reposant sur l'analyse des documents écrits. *Introduction aux études historiques.*

Seikan (tunnel de) Tunnel ferroviaire du Japon (53,8 km). Il relie les îles de Honshū et Hokkaidō.

seille n. f. (latin ***situla*** **; même famille que** ***seau*****) vieux ou régional** Seau en bois ou en toile. *Seille à traire.*

Seille n. f. Rivière de l'E. de la France qui prend sa source dans le Jura et se jette dans la Saône. 110 km.

Seille ou **Seille Lorraine** n. f. Rivière de Lorraine qui conflue avec la Moselle à Metz. 130 km.

seime n. f. (p.-ê. de l'ancien provençal *sem* « incomplet, imparfait », du latin *semus* « à moitié vide ») vétér. Fissure verticale, maladie du sabot des équidés due à une lésion.

sein n. m. (vient du latin *sinus* « pli », spécialt « pli de la toge » et fig. « poitrine » → 1 et 2sinus, sinueux) **1.** littér. Partie antérieure de la poitrine. *Serrer, presser qqn, qqch. sur, contre son sein.* – fig. *Le sein de Dieu,* le paradis. *Le sein de l'Église,* la communion des fidèles de l'Église catholique. **2.** vieux Poitrine (de la femme). *« Couvrez ce sein que je ne saurais voir »* (Molière, Tartuffe). – mod. *Donner le sein à un enfant,* l'allaiter. **3.** Chacune des mamelles de la femme. → fam. **néné, nichon, robert, téton.** *Les seins.* → **poitrine. 4.** littér. Partie du corps féminin où l'enfant est conçu, porté. → **entrailles, flanc.** *Dans le sein de sa mère.* → **ventre. 5.** littér. Partie intérieure (d'une chose). *Le sein de la terre.* – *Au sein des flots.* – cour. *Au sein de :* dans, parmi. *Au sein d'un groupe.*

Sein (île de) Île française de l'Atlantique (Finistère), face à la pointe du Raz. 56 hectares. L'île de Sein forme une commune du Finistère, l'Île-de-Sein (239 habitants).

seine ou **senne** n. f. (vient du latin *sagena,* du grec) pêche Filet formant un demi-cercle.

Seine n. f. Fleuve de France, le deuxième du pays par la longueur, le premier par son importance économique. 776 km. La Seine prend sa source au plateau de Langres, arrose Troyes, Paris et Rouen, et se jette dans la Manche par un large estuaire entre Le Havre et Honfleur. Transport de marchandises.

Seine (département de la) Ancien département du Bassin parisien, divisé depuis 1964 en quatre départements : les Hauts-de-Seine, Paris, la Seine-Saint-Denis et le Val-de-Marne.

Seine (Hauts-de-) voir **Hauts-de-Seine**

Seine-et-Marne n. f. [77] Département français de la Région Île-de-France (→ carte). 5 915 km^2. 1 428 636 habitants. Chef-lieu : Melun. Chefs-lieux d'arrondissement : Meaux, Provins, Fontainebleau, Torcy. Situé dans le Bassin parisien, le département, traversé par de nombreux cours d'eau (Seine, Marne, Loing), s'étend sur les sols fertiles de la Brie et, pour une petite partie, de la Beauce. Élevage, grandes cultures (céréales, betterave à sucre) et maraîchage occupent 85 % du territoire. Industries dans la vallée de la Seine, autour de Meaux et de Marne-la-Vallée. Tourisme (Vaux-le-Vicomte, Provins, Fontainebleau), parc d'animation Disneyland-Paris (premier site touristique de France). Profitant du développement de l'agglomération parisienne, il a vu sa population tripler depuis les années 1960.

Seine-et-Oise n. f. Ancien département du Bassin parisien, divisé depuis 1964 en trois départements : l'Essonne, le Val-d'Oise et les Yvelines.

Seine-Maritime n. f. [76] Département français de la Région Normandie (→ carte). 6 277 km^2. 1 254 739 habitants. Chef-lieu : Rouen. Chefs-lieux d'arrondissement : Dieppe, Le Havre. Bordé au N. par la Manche, le département, traversé par la Seine, l'Andelle, l'Arques, la Bresle, la Béthune, est formé de plateaux crayeux (pays de Caux, pays de Bray) qui s'achèvent en falaises abruptes. Le littoral est ponctué de ports (Le Havre, Dieppe, Fécamp) et de petites stations balnéaires. Hors les vastes espaces couverts de forêts (Brotonne, Lyons, Eu, Eawy), culture et élevage sont omniprésents (blé, betterave à sucre, laitages, viande de bœuf, lin). Les industries, diversifiées, sont concentrées dans la vallée de la Seine (raffinage du pétrole, pétrochimie), autour des ports de Rouen et du Havre, et, sur le littoral, à Dieppe et Fécamp.

Seine-Saint-Denis n. f. [93] Département français de la Région Île-de-France (→ carte). 236 km^2. 1 655 422 habitants. Chef-lieu : Bobigny. Chefs-lieux d'arrondissement : Le Raincy, Saint-Denis. Créé en 1964, le département, traversé par les vallées de la Seine et de la Marne, s'étend sur le Bassin parisien. L'agriculture, notamment dans le N. du département, a reculé devant l'urbanisation, la densification du réseau de transport et l'industrialisation. Très diversifiée, l'industrie est groupée aux portes de Paris (La Courneuve, Aulnay-sous-Bois, Villepinte) ; mais avec 10 % des actifs, elle est aujourd'hui en régression face au déploiement des activités tertiaires (quartier de la Plaine-Saint-Denis). L'aéroport du Bourget et une partie de l'aéroport de Roissy sont situés sur le département.

seing [sɛ̃] n. m. (vient du latin *signum* → signe, *cf.* sceau) vieux Signature. – loc. dr. *Seing privé :* signature d'un acte non enregistré devant notaire. *Acte sous seing privé.* → **sous-seing.**

Seipel (Ignaz) Homme politique autrichien (1876-1932). Élu député chrétien social en 1919, il fut chancelier de 1922 à 1924, puis de 1926 à 1929.

séisme n. m. (grec *seismos* → sism[o]-, de *seiein* « secouer » → sistre) **1.** didact. Tremblement* de terre. **2.** fig. Bouleversement. *Un séisme social.*

Seïstān voir **Sīstān**

seitan [seitan ; setɑ̃] n. m. (mot japonais) Préparation alimentaire à base de farine de blé complète, dont on enlève l'amidon pour ne conserver que le gluten. *Le seitan est riche en protéines et pauvre en graisses.* – *Seitan aux champignons.*

Seixal Ville du Portugal, près de Lisbonne. 29 850 habitants. Complexe sidérurgique.

seize adj. numéral invar. (vient du latin *sedecim,* de *sex* [→ six] et *decem* [→ dix]) cardinal Dix plus six (16). *Elle a seize ans.* ■ ordinal *La page seize.* – n. m. invar. *Le seize du mois. Il habite au seize,* au numéro 16.

seizième 1. adj. numéral ordinal Dont le numéro, le rang est seize (16e). *Le seizième siècle (XVIe).* – n. *Le, la seizième d'une liste.* **2.** n. m. Fraction d'un tout divisé également en seize. *Trois seizièmes.* □ adv. **seizièmement**

Séjan en latin **Lucius Aelius Seianus** Homme politique romain (v. 20 av. J.-C.-31). Préfet du prétoire, il devint le favori de Tibère. Il fut exécuté pour avoir intrigué contre lui.

séjour n. m. (de *séjourner*) **1.** Fait de séjourner, de demeurer un certain temps en un lieu. → **résidence.** *Séjour forcé.* – *Carte de séjour,* délivrée par les autorités aux étrangers qui souhaitent résider dans un pays. **2.** Temps où l'on séjourne. *Un bref séjour à la campagne.* **3.** *Salle de séjour* ou *séjour :* pièce principale où l'on vit, où l'on reçoit. → anglic. **living-room. 4.** littér. Lieu où l'on séjourne pendant un certain temps. *Un séjour enchanteur.*

séjourner v. tr. < 1 > (vient du latin, de *sub-* → sub- et *diurnus* → jour) **1.** Habiter (dans un lieu) sans y être fixé. *Nous avons séjourné à l'hôtel.* **2.** (choses) Rester longtemps à la même place. *Une cave où l'eau a séjourné.*

Sekondi-Takoradi Ville du Ghana, sur le golfe de Guinée. 290 000 habitants. Port de pêche et de commerce (bois, manganèse, cacao).

sel n. m. (aussi *sau* et *sal* en ancien français ; vient du latin *sal* → salade, salaire, salpêtre, sauce, saugrenu, saupoudrer) **1.** Substance (chlorure de sodium) blanche, friable, soluble dans l'eau, d'un goût piquant, et qui sert à l'assaisonnement et à la conservation des aliments. *Sel gemme. Sel marin. Sel de cuisine* ou *gros sel. Sel de table* ou *sel fin.* ■ par analogie *Sel de céleri* (assaisonnement). **2.** fig. Ce qui donne du piquant, de l'intérêt. *Une plaisanterie pleine de sel.* → **esprit. 3.** hist. des sc. Solide ressemblant au sel (obtenu par évaporation). ■ mod. *Sels médicinaux. Sels de bain.* – *Sels anglais* ou absolt *sels,* que l'on faisait respirer aux personnes évanouies. **4.** chim. Composé résultant de l'action d'un acide sur une base.

sélacien, ienne (du grec *selakhos* « poisson cartilagineux ») zool. **1.** adj. Cartilagineux. **2.** n. m. Poisson au squelette cartilagineux, à la peau recouverte d'écailles en plaques (sous-classe des *Sélaciens ;* ex. la raie, les requins).

sélaginelle n. f. (du latin *selago, selaginis* « variété de genévrier ») bot. Plante cryptogame vasculaire rampante, à très petites feuilles terminées par une épine, cultivée comme ornementale.

Selam Nom donné à un australopithèque de sexe féminin, âgé de 3,3 millions d'années, découvert en Éthiopie en 2000.

Selangor État de la Fédération de Malaisie, bordant le détroit de Malacca. 7 910 km^2. 3 950 000 habitants. Capitale : Shah Alam. Plantations (hévéas, palmiers à huile). Mines. Industries. Pêche.

Selby (Hubert) Écrivain américain (1928-2004). Son œuvre évoque les problèmes de violence urbaine et le destin des laissés-pour-compte du rêve américain. *Last Exit to Brooklyn.*

Seldjoukides ou **Saljuqides** n. m. pl. Dynastie turque sunnite (Xe-XIIIe s.) qui constitua un grand empire s'étendant de l'Iran à l'Asie Mineure. Ils représentent la première époque de l'histoire des Turcs au Proche- et au Moyen-Orient.

Seine

Méandre de la Seine aux Andelys, dans l'Eure.

Dues à la subduction de la plaque océanique des Philippines sous la plaque continentale eurasiatique, 20 secondes de séisme et une quinzaine de répliques ont suffi à dévaster la région de Kōbe.

La faille de San Andreas menace constamment la Californie. En 1906, San Francisco a été ravagée par les incendies qui ont suivi un violent séisme.

Un tremblement de terre, tel celui du 12 mai 2008 au Sichuan, en Chine, a dévasté la plupart des constructions, même les plus solides, et provoqué des glissements de terrain.

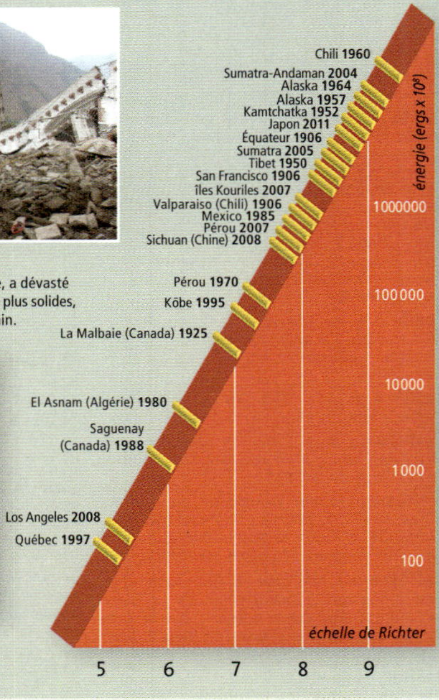

Région d'Anchorage, Alaska, 1964.
Un des plus puissants tremblements de terre jamais enregistrés. Il a déclenché un tsunami entraînant des dégâts considérables sur la côte ouest américaine.

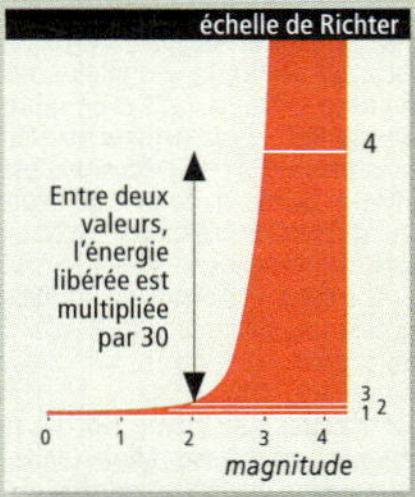

La magnitude dépend de l'énergie libérée et transmise sous forme d'ondes.

Le 29 juillet 2008, un séisme de 5,4 sur l'échelle de Richter a frappé Los Angeles, régulièrement victime de ce type de catastrophe naturelle.

Localisés sur des failles de la croûte terrestre, les séismes tectoniques sont les plus dévastateurs et les plus fréquents. Ils peuvent également être artificiels ou d'origine volcanique. Les tremblements de terre peuvent aujourd'hui être prévus à long terme grâce à des méthodes statistiques ou à court terme par observation des régions à risques.

sélect, ecte [selɛkt] adj. **(anglais *select* ; *cf.* sélection) fam., vieilli** Choisi, distingué. → **chic, élégant.** *Des restaurants sélects.* - var. **select** [se-] **(invar.).**

sélecter v. tr. < 1 > **(anglais *to select*) techn., inform.** Effectuer la sélection de ; obtenir au moyen d'une opération de sélection.

sélecteur n. m. **(→ sélection) 1.** Appareil ou dispositif permettant une sélection. *Sélecteur de programmes.* **2.** Pédale de changement de vitesse d'une motocyclette.

sélectif, ive adj. **(→ sélection) 1.** Qui constitue ou opère une sélection. *Épreuve sélective. Tri sélectif des déchets.* **2. techn. (poste récepteur)** Doué de sélectivité.

sélection n. f. **(latin *selectio*, de *seligere* « choisir », de *legere* → [1]lire ; puis repris à l'anglais *selection*, de même origine) 1.** Action de choisir les objets, les individus qui conviennent le mieux. *Faire, opérer une sélection. Critères de sélection.* ■ Choix (sur un appareil, etc.). *La sélection d'une station de radio. Sélection de données* (informatiques). **2.** Choix d'animaux reproducteurs. **3. biol.** *Sélection naturelle,* théorie de Darwin sur l'évolution, selon laquelle l'élimination naturelle des individus les moins aptes dans la « lutte pour la vie » permet à l'espèce de se perfectionner de génération en génération. **4.** Ensemble des choses, des personnes choisies. → **choix.** *Une sélection de films.*

sélectionné, ée adj. **1.** Qui a été choisi après une épreuve, une compétition, un examen, pour participer à une autre épreuve. *Sportif sélectionné.* - **recomm. offic. pour nominé. 2. (choses)** Qui a été trié, choisi. *Graines sélectionnées.*

sélectionner v. tr. < 1 > Choisir par une sélection.

sélectionneur, euse n. **1.** Personne dont le métier est de sélectionner. **2. sports** Personne qui procède à la sélection des athlètes qui participeront à une compétition.

sélectivement adv. D'une manière sélective, par une sélection.

sélectivité n. f. **techn.** Qualité d'un récepteur de radio qui opère une bonne séparation des ondes de fréquences voisines.

sélène voir **[2]sélénite (2)**

-sélène voir **séléno-**

Séléné Dans la mythologie grecque, personnification de la Lune.

Selenga n. f. Rivière de Mongolie et de Russie qui se jette dans le lac Baïkal. 1 024 km.

séléniate n. m. **(de *séléni[um]* et *-ate*) chim.** Sel de l'acide sélénique. *Séléniate de plomb.*

sélénien, ienne voir **[2]sélénite (1)**

sélénieux adj. m. **(de *sélénium*) chim.** Se dit d'un acide du sélénium qui se présente en cristaux, et de l'anhydride correspondant.

sélénique adj. m. **(de *sélénium*) chim.** Se dit d'un acide du sélénium, liquide huileux, et de l'anhydride correspondant.

[1]sélénite n. m. **(de *sélénium*) chim.** Sel de l'acide sélénieux.

[2]sélénite n. et adj. **(du grec *selênê* « Lune » → sélénium) didact. 1.** Habitant(e) autrefois présumé(e) de la Lune. *Les Terriens et les Sélénites.* - syn. **sélénien, ienne. 2.** adj. Relatif à la Lune. → **[1]lunaire.** *Le sol sélénite.* - syn. **sélène.**

sélénium [selenjɔm] n. m. **(du grec *selênê* « Lune »)** Corps simple (symb. Se, n° at. 34, masse at. 78,96), utilisé dans la fabrication de cellules photoélectriques.

séléniure n. m. **(de *sélénium* et *-ure*) chim.** Combinaison du sélénium avec un corps simple. *Séléniure de carbone.*

séléno-, -sélène Éléments (du grec *selênê*) qui signifient « Lune ».

sélénographie n. f. (→ -graphie) astron. Étude descriptive de la Lune. □ **sélénographique** adj. *Carte sélénographique.*

sélénologie n. f. (→ -logie) didact. Étude de la Lune. □ n. **sélénologue**

Sélestat Chef-lieu d'arrondissement du Bas-Rhin, sur l'Ill. 19 279 habitants. Abbatiale romane (XIIe s.). Bibliothèque fondée en 1452. Métallurgie.

Séleucides n. m. pl. Dynastie hellénistique (305-64 av. J.-C.) qui régna sur un empire allant de l'Indus à la Méditerranée, avant d'être réduit à la Syrie (–140) et annexé par les Romains (–64). Les Séleucides soutinrent l'hellénisation de l'Asie antérieure et contribuèrent à l'essor de l'urbanisme hellénistique, en fondant notamment Antioche et Édesse.

Séleucie Nom de plusieurs villes fondées par Séleucos Ier, dont **Séleucie de Piérie,** port d'Antioche, et **Séleucie du Tigre,** première capitale des Séleucides puis résidence des rois parthes.

Séleucos ou **Seleukos** Nom de plusieurs rois de la Syrie hellénistique. ■ **Séleucos Ier Nicator** (v. 358-280 av. J.-C.). Général macédonien, lieutenant d'Alexandre le Grand, il devint roi de Syrie (305-280 av. J.-C.) et fonda la dynastie des Séleucides. ■ **Séleucos II Kallinikos** (v. 265-226 av. J.-C.). Il régna de –246 à –226.

[1]self n. m. voir **self-service**

[2]self n. f. voir **self-inductance**

self- Élément (de l'anglais *self*) qui signifie « soi-même ». → **[1]auto-**.

self-control n. m. (mot anglais) anglic. Contrôle, maîtrise de soi. *Garder, perdre son self-control. Des self-controls.*

self-government [sɛlfgɔvɛʀnmɛnt] n. m. (mot anglais « gouvernement par soi-même ») anglic. Système britannique d'administration dans lequel les citoyens décident de toutes les affaires qui les concernent en particulier. *Des self-governments.*

selfie n. m. (mot anglais, de *self* → self-) anglic. Autoportrait numérique, généralement pris avec un smartphone et publié sur les réseaux sociaux. *Poster un selfie.*

self-inductance n. f. (mot anglais) anglic., phys. Inductance. *Des self-inductances.* - abrév. **self.**

self-induction n. f. (mot anglais) anglic., phys. Induction produite à travers un circuit électrique par les variations du flux qui le parcourt. *Coefficient de self-induction.* → **inductance.**

self-made-man [sɛlfmɛdman] n. m. (anglais des États-Unis « homme *[man]* qui s'est fait *[made]* lui-même *[self]* ») anglic. Homme qui ne doit sa réussite matérielle et sociale qu'à lui-même. *Des self-made-mans ou des self-made-men* [sɛlfmɛdmɛn] (plur. anglais). - fém. (moins cour.) **self-made-woman** (de l'anglais *woman* « femme »).

self-service n. m. (mot anglais, de *self* « soi-même » et *service,* du français) anglic. Magasin, restaurant où l'on se sert soi-même. → **libre-service.** *Des self-services.* - abrév. fam. **self.**

Sélim Nom de plusieurs sultans ottomans. ■ **Sélim Ier** (1467-1520), sultan de 1512 à 1520. Il mena la guerre contre la Perse, annexa le Kurdistan, la Haute-Mésopotamie, la Syrie et l'Égypte (prise du Caire en 1517). ■ **Sélim II** (1524-1574), sultan de 1566 à 1574. Sous son règne Chypre fut conquise (1570). ■ **Sélim III** (1761-1808), sultan de 1789 à 1807. Il connut une série de revers politiques et militaires (défaite contre l'Autriche et la Russie, prise de La Mecque par les wahhabites...).

Sélinonte Ancienne ville grecque du S.-O. de la Sicile, rivale de Ségeste. Vestiges de temples doriques de très grandes dimensions (–VIe s. et –Ve s.).

Selkirk (Alexander Selcraig, dit) Marin écossais (1676-1721). Après une querelle avec son capitaine, il fut débarqué dans une île déserte de l'archipel Juan Fernandez où il vécut de 1704 à 1709. Il servit de modèle au *Robinson Crusoé* de Daniel De Foe.

Selkirk (monts) Chaîne de montagnes de l'O. du Canada (Colombie-Britannique) qui culmine au mont Sir Sandford (3 533 m).

Sellars (Peter) Metteur en scène américain (né en 1957). Il s'est fait connaître par ses mises en scène d'opéra du répertoire contemporain mais surtout classique, dont la relecture à coloration politique et l'ajout de la danse et de l'image ont suscité la controverse à ses débuts.

[1]selle n. f. (d'abord au sens de « siège », cf. [2]selle, sellette ; vient du latin *sella* « siège », de *sedere* → seoir) **1.** Pièce de cuir incurvée, placée sur le dos du cheval et qui sert de siège au cavalier. *Cheval de selle,* qui sert de monture. – *Monter, se mettre **en selle,*** à cheval. – fig. *Mettre qqn en selle,* l'aider dans ses débuts. **2.** Petit siège de cuir adapté à une bicyclette, une moto... **3.** Partie de la croupe (du mouton, etc.) entre le gigot et la première côte.

[2]selle n. f. (de [1]*selle*) **1.** vieux Chaise percée. – mod. *Aller à la selle :* expulser les matières fécales. → **déféquer. 2.** *Les selles,* les matières fécales.

seller v. tr. <1> Munir (un cheval) d'une selle.

sellerie n. f. **1.** Ensemble de selles, de harnais ; lieu où on les range. **2.** Métier, commerce du sellier.

Selles-sur-Cher Commune du Loir-et-Cher. 4 459 habitants. Château médiéval remanié au XVIIe s. Ancienne abbatiale (façade romane). Fromages de chèvre.

sellette n. f. (de [1]*selle*) **1.** vieux Petit siège sur lequel on faisait asseoir les accusés. – mod. loc. *Être **sur la sellette** :* être la personne dont on parle, que l'on juge. **2.** Petit piédestal.

sellier, ière n. Fabricant(e), marchand(e) de selles, de harnais. → **bourrelier.**

selon prép. (vient du latin ; famille de *long*) **1.** En se conformant à. → **conformément à, [2]suivant.** *Faire qqch. selon les règles.* – En suivant (telle loi...). *La Terre tourne autour du Soleil selon une orbite elliptique.* – En proportion de. *À chacun selon ses mérites.* **2.** Si l'on se rapporte à. *Selon l'expression consacrée.* – D'après. *Selon moi... Évangile selon saint Jean.* – Si l'on juge d'après (tel critère...). *Selon toute vraisemblance.* **3.** (marquant l'alternative) *Selon les cas. Selon l'humeur.* – ***Selon que*** (+ indic.). *« Selon que vous serez puissant ou misérable* [...] » (La Fontaine). **4.** ***C'est selon*** : cela dépend des circonstances.

selve n. f. (portugais du Brésil *selva,* du latin *silva* « forêt ») géogr. Forêt de type amazonien.

Selye (Hans) Physiologiste canadien d'origine autrichienne (1907-1982). Il découvrit la notion de stress et étudia les réactions de l'organisme face aux traumatismes (*syndrome d'adaptation* dit *de Selye*).

Sem Personnage biblique, fils aîné de Noé. Il est l'ancêtre des peuples sémitiques.

Sem (Georges Goursat, dit) Dessinateur et caricaturiste français (1863-1934). Il travailla pour *Le Gaulois* et *Le Journal,* et illustra les scènes de la vie politique et parisienne.

semailles n. f. pl. Action de semer (→ semis) ; période où l'on sème. – Grain que l'on sème.

semaine n. f. (vient du latin, de *septem* → sept) **1.** Chacun des cycles de sept jours (lundi, mardi, mercredi, jeudi, vendredi, samedi, dimanche) dont la succession partage conventionnellement le temps en périodes égales qui règlent le déroulement de la vie sociale. *En début, en fin de semaine. Une fois par semaine* (→ **hebdomadaire**). – *Fin de semaine.* → **week-end. 2.** Cette période, du point de vue des activités professionnelles. *La semaine de 35 heures.* – L'ensemble des jours ouvrables. *Un jour de semaine.* **3.** Période de sept jours (quel que soit le jour initial). *Dans une semaine.* ■ loc. *Chambre louée à la semaine.* – (de ***prêt à la petite semaine :*** usuraire) fig. et fam. ***À la petite semaine*** : à court terme, sans idée directrice (→ au jour le jour). ■ *Être **de semaine,*** assurer son service à son tour, pendant une semaine. **4.** Salaire d'une semaine de travail. *Toucher sa semaine.*

semainier n. m. **1.** Agenda divisé selon les jours de la semaine. **2.** Petit meuble à sept tiroirs.

Semang(s) n. m. pl. Peuple autochtone de la péninsule malaise.

sémantème n. m. ling., vieilli Élément du mot qui est le support de sa signification considéré en tant que représentation autonome (opposé à *morphème*).

sémanticien, ienne n. didact. Spécialiste de sémantique.

sémantique (grec *sêmantikos* « qui signifie », famille de *sêma* « caractère distinctif » [→ sémio-]) didact. **1.** n. f. Étude du sens, de la signification des signes, notamment dans le langage. → **sémiologie. 2.** adj. Qui concerne le sens, la signification. *Analyse sémantique.* □ adv. **sémantiquement**

Née des recherches du linguiste M. Bréal à la fin du XIXe siècle, la **sémantique** cherche à comprendre et décrire le sens des mots et des phrases. Ce sens n'est pas figé, mais dépend étroitement du contexte : la place d'un mot dans une phrase ou d'une phrase dans un texte, la situation d'énonciation, la situation historique, culturelle et sociale dans lequel le discours est prononcé. Par exemple, le mot « cœur » désigne un organe vital, mais renvoie aussi au sentiment amoureux ; et si on le rencontre dans un texte du XVIIe siècle, il signifie « courage ». On parle de polysémie lorsqu'on peut attribuer à un même mot des significations clairement différentes. Même sans être polysémique, un terme peut avoir un sens plus ou moins fort : ainsi « prier quelqu'un » peut-il signifier « demander poliment », ou « supplier ». Les connotations du mot sont également importantes pour la sémantique : selon le contexte, les adjectifs « bourgeois » et « populaire », par exemple, peuvent avoir une connotation péjorative (négative) ou au contraire méliorative (positive).

La sémantique, dans le cadre de la linguistique structurale, envisage le sens d'un discours comme un système de significations, mettant en rapport les uns avec les autres les sèmes, unités minimales de sens (qu'on oppose aux phonèmes ou aux graphèmes, unités de son ou d'écriture). On peut analyser structuralement certains systèmes de construction du sens comme les « figures de style » (la métonymie, la métaphore, la synecdoque...), ou des relations de sens entre les mots comme l'antonymie, la synonymie, l'hyperonymie.

voir aussi **linguistique, phonétique, rhétorique, structuralisme**

sémantisme n. m. didact. Contenu sémantique. *Mot au riche sémantisme.*

sémaphore n. m. (du grec *sêma* → sémantique et de *-phore*) **1.** Poste établi sur le littoral, permettant de communiquer par signaux optiques avec les navires. **2.** Dispositif qui indique si une voie de chemin de fer est libre ou non. □ adj. **sémaphorique**

Semarang Ville d'Indonésie (Java), à l'embouchure du *fleuve Semarang.* 1,3 million d'habitants. Port d'exportation. Industries textiles, construction navale.

sémasiologie n. f. (du grec *sêmasia* « signification » et de *-logie*) ling. Science des significations, partant du mot pour en étudier le sens (opposé à *onomasiologie*). → **sémantique.** □ adj. **sémasiologique**

Sembene Ousmane Écrivain et cinéaste sénégalais (1923-2007). Il dénonça dans ses romans (en français) les méfaits de la colonisation *(Les Bouts de bois de Dieu).* Dans ses films, en langue wolof, il porta un regard critique sur certains aspects de la société sénégalaise contemporaine (*Emitaï* ; *Moolaadé*).

semblable (de *sembler*) I. adj. 1. *Semblable à* : qui ressemble à. → **analogue, comparable, similaire.** *Une maison semblable à beaucoup d'autres.* ■ Qui ressemble à la chose en question. → **même, pareil.** *En semblable occasion.* 2. au plur. Qui se ressemblent entre eux. → **ressemblance, similitude.** *Des goûts semblables. Triangles semblables,* dont les angles sont égaux deux à deux. 3. littér. (souvent avant le n.) De cette nature. → **tel.** *De semblables propos sont inadmissibles.* II. n. 1. Être, personne semblable. *Vous et vos semblables.* 2. Être humain (considéré comme semblable aux autres). → **prochain.** □ adv. **semblablement**

Semblançay (Jacques de Beaune, seigneur de) Financier français (1445-1527). Il fut l'un des principaux banquiers de Charles VIII, de Louis XII et de François Ier, qui le nomma surintendant des Finances (1518). Accusé de malversations par la reine Louise de Savoie, il fut condamné à mort.

semblant n. m. (de *sembler*) 1. vieux Apparence. – mod., littér. *Faux-semblant.* → **faux-semblant.** – *Un semblant de,* quelque chose qui n'a que l'apparence de. → **simulacre.** 2. loc. *Faire semblant de* : se donner l'apparence de, faire comme si. → **feindre, simuler.** *Elle fait semblant de dormir.* – *Ne faire semblant de rien,* feindre l'ignorance ou l'indifférence.

sembler v. intr. < 1 > (vient du latin, de *similis* → **similaire**) 1. (+ attribut) Avoir l'air, présenter (telle apparence) pour qqn. → **paraître.** *Les heures m'ont semblé longues.* – (+ inf.) *Vous semblez le regretter.* 2. impers. (+ attribut) *Il (me) semble inutile de revenir là-dessus.* – *Sembler bon* : convenir, plaire. *Il travaille quand (comme, si) bon lui semble.* ■ *Il semble que* : les apparences donnent à penser que. *Il semble qu'il n'y a plus rien à faire* (c'est certain) ; *qu'il n'y ait plus rien à faire* (ce n'est pas certain). ■ *Il me semble que c'est assez grave.* – (+ inf.) *Il me semble connaître ce garçon.* ■ littér. *Que vous semble de... ?,* que pensez-vous de... ? *Que vous en semble ?*

sème n. m. (du grec *sêmeion* → **sémio-**) ling. Unité minimale différentielle de signification (dans l'analyse du sens d'un mot).

Semeï Ville du Kazakhstan, chef-lieu de région, sur l'Irtych. 259 500 habitants. Centre industriel.

séméiologie voir **sémiologie** (1)

Sémélé Dans la mythologie grecque, fille de Cadmos et d'Harmonie. Elle meurt foudroyée par son amant Zeus en lui laissant un fils, Dionysos.

semelle n. f. (origine incertaine ; p.-ê. famille de *lamelle*) 1. Pièce constituant la partie inférieure de la chaussure. *Semelle de cuir, de caoutchouc.* – Pièce découpée (de feutre, etc.) qu'on met à l'intérieur d'une chaussure. – Partie (d'un bas, d'une chaussette) correspondant à la plante du pied. – fig. et fam. Tranche de viande dure, coriace. 2. loc. *Ne pas quitter qqn d'une semelle* : rester constamment avec lui. 3. Partie plane du dessous d'un ski. 4. Pièce plate servant d'appui. *Semelle d'un fer à repasser.*

sémème n. m. (du grec *sêmeion,* par l'anglais) ling. Faisceau de sèmes* (ensemble structuré) correspondant à une valeur identifiable, à un sens (d'un mot, d'une locution).

semence n. f. (du latin, de *semen* → **semer**) 1. Graines qu'on sème ou qu'on enfouit. 2. Liquide séminal. → **sperme.** 3. Clou court à tête plate.

semencier, ière n. Personne ou entreprise productrice de semences.

semer v. tr. < 5 > (vient du latin *seminare,* de *semen* « semence », de *serere* « semer ; planter » → **disséminer, sémillant, séminaire ; saison**) 1. Répandre en surface ou mettre en terre (des semences). *Semer du blé.* – prov. *Qui sème le vent récolte la tempête,* en prêchant la violence on risque de déchaîner des catastrophes. 2. Répandre en dispersant. → **disséminer.** *Semer des pétales de fleurs sur le passage de qqn.* 3. fig. *Semer la discorde, la ruine, la zizanie.* 4. littér. *Semer* (un lieu) *de* : parsemer de. – au p. p. *Une mer semée d'écueils.* 5. fam. Se débarrasser de la compagnie de (qqn qu'on devance). → **distancer.** *Semer ses poursuivants.*

Semeru Volcan et point culminant de l'île de Java (3 676 m). Éruptions fréquentes.

semestre n. m. (latin *semestris,* de *sex* → **six** et *mensis* → **mois**) 1. Première ou seconde moitié d'une année (civile ou scolaire) ; période de six mois consécutifs. 2. Rente, pension qui se paye tous les six mois.

semestrialiser v. tr. < 1 > Organiser (l'année universitaire) en semestres. – au p. p. *Enseignement semestrialisé.* □ n. f. **semestrialisation**

semestriel, ielle adj. Qui a lieu, se fait chaque semestre. □ adv. **semestriellement**

semeur, euse n. 1. Personne qui sème (du grain). « *Le geste auguste du semeur* » (Hugo). 2. fig. *Semeur, semeuse de...,* personne qui répand, propage. *Un semeur de discorde.*

semi- [s(ə)mi] Élément de mots composés (du latin *semi-*) qui signifie « demi ». → **demi-, hémi-.**

semi-aride adj. géogr. Qui n'est pas complètement aride, est en bordure des régions arides. *Les steppes semi-arides.*

semi-automatique adj. Qui est en partie automatique. *Armes semi-automatiques.*

semi-auxiliaire adj. *Verbe semi-auxiliaire,* ou *un semi-auxiliaire* : verbe qui, construit avec un infinitif, peut servir d'auxiliaire (ex. aller, devoir, faire, laisser, paraître...). *Les semi-auxiliaires.*

semi-chenillé, ée adj. Se dit d'un véhicule chenillé dont les roues directrices sont libres. *Des engins semi-chenillés.*

semi-circulaire adj. En forme de demi-cercle. – anat. *Canaux semi-circulaires,* tubes osseux de l'oreille interne, jouant un rôle important dans l'équilibre.

semi-coke n. m. techn. Produit de la distillation de la houille, coke imparfait. *Des semi-cokes.*

semi-conducteur, trice n. m. et adj. Corps non métallique qui conduit imparfaitement l'électricité. *Applications techniques des semi-conducteurs.* – adj. *Propriétés semi-conductrices.*

▶ Un **semi-conducteur** est un solide dont les propriétés électriques sont intermédiaires entre celles d'un isolant et celles d'un conducteur. Au repos, un semi-conducteur pur se comporte comme un isolant mais, contrairement à ce dernier, il peut conduire l'électricité après des modifications chimiques (« dopage ») ou l'application d'un champ électrique. Certains sont également sensibles à l'éclairement, ce qui offre plusieurs possibilités pour contrôler la quantité de courant qui les traverse.

Le silicium est le matériau semi-conducteur le plus fréquemment utilisé aujourd'hui. Pur, il est qualifié de semi-conducteur *intrinsèque.* Sa structure électronique se compose de deux bandes d'énergie, l'une pleine et l'autre vide, séparées par une barrière d'énergie nommée *bande interdite.* Elle n'autorise la conduction électrique (des électrons parviennent à franchir la *bande interdite* et à atteindre la *bande vide,* véhiculant ainsi le courant électrique) que dans certaines conditions.

Lorsqu'on y introduit des impuretés « dopantes » (dont les atomes ont des structures électroniques proches de celle du silicium, mais avec un électron de plus ou de moins) on obtient des semi-conducteurs *extrinsèques* respectivement de type *négatif* et de type *positif* (dans lesquels la bande vide contient déjà quelques électrons ou la bande pleine quelques trous). La conductivité électrique est alors largement améliorée.

Les semi-conducteurs sont utilisés en électronique pour la fabrication de transistors, diodes, circuits intégrés (microprocesseurs), lasers et cellules photovoltaïques. Leur évolution fulgurante, et avec elle l'amélioration des systèmes informatiques et des moyens de communication, semble devoir être prochainement relayée par la conception de composés organiques, aux propriétés similaires mais aux possibilités d'utilisation beaucoup plus variées.

voir aussi **nanotechnologie, photovoltaïque, zéro absolu**

semi-conserve n. f. techn. Conserve partiellement stérilisée, qui doit être gardée au frais. *Des semi-conserves.*

semi-consonne n. f. Voyelle ou groupe vocalique qui a une fonction de consonne (ex. [j] dans *pied*). *Des semi-consonnes.* - syn. **semi-voyelle.**

semi-dominance n. f. biol. Dominance incomplète (d'un caractère génétique).

semi-durable adj. Se dit d'un produit qui a une durée de vie moyenne.

semi-fini, ie adj. écon. (produit) Qui a subi une transformation (opposé à *matière première*), mais doit en subir d'autres avant d'être commercialisé (opposé à *produit fini*). *Produits semi-finis.*

semi-globale adj. f. *Méthode semi-globale* : méthode d'apprentissage de la lecture qui se situe entre la méthode globale* et la méthode syllabique.

semi-liberté n. f. dr. Mesure d'aménagement d'une peine de prison ferme qui permet au détenu de travailler à l'extérieur pendant la journée.

sémillant, ante adj. (de l'ancien français *semille* « descendance » et « action », famille de *semer*) littér. D'une vivacité, d'un entrain plaisants. → **fringant.** *Une sémillante jeune personne.*

sémillon n. m. (occitan *semihoun,* famille de *semer*) Cépage blanc de la Gironde, donnant des raisins très sucrés.

semi-lunaire adj. anat. En forme de croissant, de demi-lune. *Os semi-lunaire* ou *le semi-lunaire* : un des huit petits os du carpe (poignet).

semi-marathon n. m. Course à pied de 21,1 km, sur route.

séminaire n. m. (du latin « pépinière », de *semen* → **semer**) 1. Établissement religieux où étudient les jeunes clercs qui doivent recevoir les ordres (dit aussi *grand séminaire*). – *Petit séminaire,* qui préparait au grand séminaire. 2. Groupe de travail d'étudiants, sous la direction d'un enseignant. *Séminaire en ligne.* → **webinaire.** ■ Réunion d'ingénieurs, de spécialistes, etc. pour l'étude de certaines questions. → **colloque.** *Séminaire de vente.*

séminal, ale, aux adj. (du latin, de *semen* → **semer**) Relatif au sperme (→ **semence** (2)). *Liquide séminal* : sperme. *Vésicules séminales.*

séminariste n. m. Élève d'un séminaire religieux.

séminifère adj. (du latin *semen* « semence » et de *-fère*) anat. Qui conduit le sperme. *Tubes séminifères.*

Séminoles n. m. pl. Peuple amérindien d'Amérique du Nord, originaire de Floride.

semi-nomade adj. géogr. Caractérisé par le semi-nomadisme, ou qui le pratique. *Populations semi-nomades.*

semi-nomadisme n. m. géogr. Genre de vie alliant l'agriculture à l'élevage nomade (notamment en bordure des déserts).

séminome n. m. (du latin *semen* et de *-ome*) méd. Cancer du testicule.

sémio- Élément (du grec *sêmeion* « signal », de *sêma* « caractère distinctif ») qui signifie « signe, signification, sens ; symptôme ».

semi-officiel, elle adj. Qui est inspiré par le pouvoir, par les autorités, sans avoir un caractère officiel.

sémiologie n. f. 1. méd. Discipline médicale qui étudie les signes (symptômes) des maladies. → **symptomatologie.** - var. **séméiologie.** 2. ling. Science qui étudie les systèmes de signes (langage et autres systèmes). → **sémiotique.** □ **adj. sémiologique**

sémiologue **n.** didact. Spécialiste de sémiologie. → **sémioticien.**

sémiométrie **n. f.** Méthode d'analyse cherchant à déterminer le système de valeurs d'un individu en le faisant réagir à une sélection de mots.

sémioticien, ienne **n.** didact. Spécialiste de la sémiotique. → **sémiologue.**

sémiotique **(grec *sêmeiôtikê*, famille de *sêmeion* → sémio-)** didact. **1. n. f.** Théorie générale des systèmes de signes. → **sémiologie** (2). *Sémiotique générale. Sémiotique animale* (zoosémiotique). **2. adj.** De la sémiotique.

semi-ouvert, erte **adj.** math. Ouvert d'un côté, fermé de l'autre. *Intervalles semi-ouverts.*

semi-ouvré, ée **adj.** écon. → **semi-fini.**

semi-perméable **adj.** phys. *Membrane semi-perméable,* qui permet le passage de certaines substances tout en en arrêtant d'autres. → **osmose.**

semi-précieux, euse **adj.** Se dit d'une substance de qualité mais de valeur inférieure à celle d'une substance dite « précieuse ». *Pierre semi-précieuse :* pierre fine. *Métaux semi-précieux. Alliage semi-précieux.*

semi-produit **n. m.** écon. Produit partiellement élaboré **(→ semi-fini, semi-ouvré)** et qui doit subir d'autres opérations avant d'être mis sur le marché. *Des semi-produits.*

semi-public, ique **adj.** dr. Qui est en partie public et en partie privé. *Organismes semi-publics.*

sémique **adj.** ling. Qui concerne la structure du contenu **(→ sémantique)** et les unités minimales de signification **(→ sème).** *Analyse sémique.*

Sémiramis Reine légendaire d'Assyrie. Elle aurait fondé Babylone et fait élever ses jardins suspendus, une des sept merveilles du monde.

semi-remorque **1. n. f.** Remorque de camion qui s'adapte au dispositif de traction. **2. n. m.** Camion à semi-remorque. *Des semi-remorques.*

semi-rigide **adj.** *Dirigeable semi-rigide,* à enveloppe souple et à charpente rigide. – *Bateaux pneumatiques semi-rigides.*

semis **n. m. 1.** Action, manière de semer. → **semailles. 2.** Terrain ensemencé et plantes qui y poussent. **3.** Ornement fait d'un petit motif répété.

semi-submersible **adj.** techn. Se dit d'une plateforme flottante de forage en mer, conçue pour limiter les mouvements dus à la houle. *Des plateformes semi-submersibles.*

sémite **n. (de *Sem*, n. d'un fils de Noé) 1.** Personne appartenant à un groupe ethnique originaire d'Asie occidentale (de langues apparentées → **sémitique**). **2.** abusivt Juif.

sémitique **adj. (→ sémite)** Qui appartient à un groupe de langues présentant des caractères communs (racines de trois consonnes, etc.). *L'hébreu et l'arabe sont des langues sémitiques.*

sémitisme **n. m.** didact. Ensemble de caractères propres aux Sémites, à leur civilisation, à leurs langues, etc.

semi-voyelle **n. f.** voir **semi-consonne**

Semmelweis (Ignác Fülöp) Médecin hongrois (1818-1865). Il reconnut le caractère infectieux de la fièvre puerpérale et fut l'un des premiers à militer pour l'asepsie.

Semmering **n. m.** Col autrichien des Alpes orientales (985 m). La première ligne de chemin de fer en altitude y fut construite en 1854, reliant Vienne à Trieste.

semnopithèque **n. m. (du grec *semnos* « vénérable, majestueux » et de *-pithèque*)** zool. Singe d'Asie méridionale, à longue queue, vivant en troupes dans les arbres.

semoir **n. m.** Machine agricole, dispositif qui sert à semer le grain.

Semois ou **Semoy** **n. f.** Rivière de Belgique et de France. 198 km. Elle prend sa source à Arlon et se jette dans la Meuse française. Sites touristiques.

semonce **n. f. (vient du latin, famille de *monere* « avertir » → ¹moniteur) 1.** Ordre donné à un navire de montrer ses couleurs, de s'arrêter. – *Coup de semonce :* coup de canon appuyant cet ordre ; fig. avertissement brutal, acte d'intimidation. **2.** Avertissement sous forme de reproches. → **réprimande.** □ **semoncer v. tr. <3>**

semoule **n. f. (italien *semola*, du latin)** Farine granulée (notamment de blé dur). *Gâteau de semoule.* – appos. invar. *Sucre semoule :* sucre en poudre.

semoulerie **n. f. 1.** Fabrication, industrie de la semoule. **2.** Usine où l'on fabrique de la semoule.

semoulier, ière **n.** Personne qui fabrique de la semoule. – **adj.** *Le secteur semoulier.*

Sempach Ville de Suisse (canton de Lucerne), sur la rive orientale du *lac de Sempach.* 4 128 habitants. Sempach vit la victoire des cantons suisses confédérés sur Léopold III de Habsbourg en 1386.

Sempé (Jean-Jacques) Dessinateur français (1932-2022). Il illustra, avec humour, sobriété et poésie, les histoires du *Petit Nicolas* (scénario de Goscinny). Entre dérision et tendresse, il met en scène dans ses albums des personnages décalés dans l'univers écrasant des villes.

Semper (Gottfried) Architecte et théoricien allemand (1803-1879). Il conçut les plans des théâtres de Dresde (Semper Oper) et de Vienne (Burgtheater) ainsi que ceux de l'École polytechnique de Zurich.

sempervirent, ente [sɛ̃pɛʀvirɑ̃, ɑ̃t] **adj. (latin *semper virens* « toujours vert »)** bot. *Plante sempervirente,* qui conserve un feuillage vert toute l'année. - syn. **semper virens** [sɛ̃pɛʀvirɛ̃s], invar. (mot latin).

sempervivum [sɛ̃pɛʀvivɔm] **n. m. (mot latin, de *semper* « toujours » et *vivus* → vif)** bot. Joubarbe. *Des sempervivum* (invar.) ou *des sempervivums.*

sempiternel, elle [sɑ̃pitɛʀnɛl ; sɛ̃pitɛʀnɛl] **adj. (du latin, de *semper* « toujours » et *aeternus* → éternel)** Continuel et lassant. → **perpétuel.** *Des récriminations sempiternelles.* □ **adv. sempiternellement**

semple **n. m. (var. de *simple*)** techn. Ensemble de ficelles tendues, constituant une partie d'un métier à tisser la soie.

Semprún (Jorge) Écrivain espagnol d'expression française et castillane (1923-2011). Son œuvre lucide se nourrit de ses expériences : l'exil, la déportation, le militantisme clandestin. Il est l'auteur de scénarios de films (*Z* et *L'Aveu* de Costa Gavras). Il fut ministre de la Culture du gouvernement espagnol (1988-1991). *Le Grand Voyage ; La Deuxième Mort de Ramón Mercader ; Le Mort qu'il faut.*

Semur-en-Auxois Commune de la Côte-d'Or. 4 114 habitants. Site pittoresque audessus de l'Armançon, église des XIIIe et XIVe s., château (XIIe-XVIIe s.) et remparts médiévaux. Maroquinerie.

sen [sɛn] **n. m. (mot japonais)** Monnaie divisionnaire du Japon (centième du yen), et de divers pays d'Extrême-Orient.

Sen (Amartya) Économiste indien (né en 1933). Il contribua à la mise au point de l'indice de développement humain utilisé par l'ONU. *Un nouveau modèle économique.* Prix Nobel 1998.

Sénac (Jean-Baptiste) Médecin français (1693-1770). Médecin de Louis XV, il est considéré comme un précurseur en cardiologie.

Sénac (Jean) Poète algérien d'expression française (1926-1973). Il milita en faveur de l'Algérie indépendante et en devint l'un des poètes officiels après 1962. Il célébra, dans une langue éclatante, la beauté du pays et de ses habitants. *Citoyens de beauté ; Les Désordres.*

Senanayake (Dudley Shelton) Homme politique cinghalais (1911-1973). Il fut Premier ministre de Ceylan de 1947 à 1956 et de 1965 à 1970.

Senancour (Étienne Pivert de) Écrivain français (1770-1846). Disciple de Rousseau, il est l'auteur d'un roman autobiographique, *Oberman,* de style préromantique, ayant pour thème le mal de vivre.

Sénanque (abbaye de) Abbaye cistercienne du Vaucluse, fondée en 1148.

Sénart (forêt de) Forêt de 2 500 ha, située au S.-E. de Paris, entre les vallées de la Seine et de l'Yerres.

Sénart anciennement **Melun-Sénart** Ancienne ville nouvelle d'Île-de-France (Seine-et-Marne), entre Melun et la forêt de Sénart. 133 619 habitants.

sénat **n. m. (latin *senatus* « conseil des Anciens », de *senex* → sénile ; sire) 1.** hist. Conseil souverain de la Rome antique. → **¹curie.** *Décret du sénat.* → **sénatus-consulte.** ■ Conseil, assemblée politique (d'une république). *Le sénat d'Athènes.* **2.** Assemblée législative élue au suffrage indirect ou dont les membres représentent des collectivités territoriales. *L'Assemblée nationale et le Sénat, en France.* ■ Édifice où siège un sénat.

Dans la République romaine, le **sénat** réunissait des magistrats choisis parmi les citoyens les plus âgés *(seniores).* Cette assemblée avait pour rôle de veiller au respect des institutions et des mœurs, mais elle traitait aussi les affaires publiques. Le sénat était le siège de la souveraineté. Son *auctoritas* (autorité, pouvoir, souveraineté) s'exprimait par des *sénatus-consultes.* Les consuls, qui exerçaient le pouvoir exécutif, étaient choisis en son sein.
Les démocraties modernes ont souvent opté pour le bicamérisme : les représentants sont répartis en deux chambres dont l'une s'apparente au « conseil des anciens » de l'Antiquité ou des civilisations primitives. La « chambre basse » est généralement le lieu central de l'activité législative. Le Sénat ou « chambre haute » a en général un rôle consultatif. Les sénateurs sont désignés selon des procédures spécifiques : les membres de la chambre des Lords anglaise sont nommés par le roi, les sénateurs français sont élus par un collège réduit, dont les membres sont eux-mêmes des élus. Dans le cas français, cela conduit à une surreprésentation des campagnes et à un âge moyen des sénateurs assez élevé.
Partout dans le monde, les sénateurs se voient reprocher de ne pas représenter le « pays réel ». Pourtant, cette institution a sa vertu : le point de vue incarné par les sénateurs est aussi celui d'une certaine sagesse, qui peut être utile à des parlementaires — en France, les députés — engagés plus directement dans la vie active.
voir aussi **Parlement, démocratie, élection**

Sénat **n. m.** Seconde Chambre du Parlement en France et dans de nombreux pays (Belgique, Brésil, Canada, Espagne, États-Unis, Italie, Pologne...). En France, la Seconde Chambre, ou Chambre haute, appelée Conseil des Anciens par la Constitution thermidorienne de 1795, prit le nom de Sénat avec la Constitution de l'an VII (déc. 1799). Devenu Chambre des pairs sous la Restauration et la monarchie de Juillet, il reprit son nom sous le Second Empire et fut doté d'importantes prérogatives, notamment la garde de la Constitution ainsi que la législation et l'administration des colonies. Sous la IIIe République il partagea le pouvoir législatif avec la Chambre des députés. Remplacé sous la IVe République par le Conseil de la République, le Sénat fut rétabli par la Constitution de 1958. Ses membres sont élus au suffrage indirect pour six ans et renouvelables par moitié tous les trois ans. Le président du Sénat, élu pour trois ans, est le deuxième personnage de l'État et assure l'intérim du président de la République en cas de vacance du pouvoir. Le Sénat siège au palais du Luxembourg, à Paris.

sénateur, trice (du latin → sénat) **1. n. m.** Membre d'un sénat (1). **2. n.** Membre d'un sénat (2). *La sénatrice du Nord.*

sénatorerie n. f. hist. Dotation accordée à un sénateur, sous le Consulat et le Premier Empire.

sénatorial, ale, aux adj. (→ sénateur) Relatif à un sénat, aux sénateurs.

sénatus-consulte [senatyskɔ̃sylt] **n. m.** (du latin « décret du sénat ») hist. Décret, décision du sénat romain. **–** (en France ; Consulat, Empire) Acte émanant du sénat. *Des sénatus-consultes.*

senau n. m. (néerlandais *snauw*) mar., vieux Navire marchand gréé en brick.

Sendai Ville du Japon (Honshū), au N. de Tōkyō. 1 097 200 habitants. Centre administratif et culturel. La ville a beaucoup souffert du séisme et du tsunami de mars 2011.

Sender (Ramón) Écrivain espagnol (1902-1982). Il prit part à la guerre civile du côté républicain et dut s'exiler. Il est l'auteur d'une œuvre abondante et variée, pour partie autobiographique, d'un style réaliste et sobre. *Requiem pour un paysan espagnol.*

Senderens (Jean-Baptiste) Chimiste français (1856-1937). Avec P. Sabatier, il réalisa de nombreuses hydrogénations en chimie organique avec du nickel réduit comme catalyseur.

Senderens (Alain) Cuisinier français (1939-2017). Il fut, dès les années 1970, l'un des principaux représentants de la nouvelle cuisine française, soucieux d'élargir la palette du goût.

séné n. m. (du latin médiéval, de l'arabe) Arbrisseau produisant des gousses dont on extrait une drogue laxative ; cette drogue. → **cassier.**

sénéchal, aux n. m. (vient du francique « serviteur le plus âgé ») hist. Officier du roi.

sénéchaussée n. f. hist. **1.** Étendue de la juridiction d'un sénéchal. **2.** Tribunal du sénéchal.

séneçon n. m. (latin *senecio*, famille de *senex* → **sénile**) Plante dont il existe de nombreuses variétés, herbacées ou arborescentes. - var. RO **sèneçon.**

Senefelder (Aloys) Inventeur allemand (1771-1834). Il découvrit et diffusa la technique de la lithographie alors que, acteur et auteur dramatique, il cherchait un moyen d'imprimer ses œuvres à un moindre coût qu'avec la gravure.

Seneffe Commune de Belgique (province de Hainaut). 11 480 habitants. Château (XVIIIe s.). Centre industriel.

Sénégal n. m. Fleuve d'Afrique occidentale. 1 700 km. Né en Guinée, il traverse le S.-O. du Mali et se jette en un vaste delta dans l'Atlantique, près de Saint-Louis, au Sénégal.

Sénégal

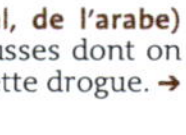

n. m. ■ offic. république du Sénégal Pays d'Afrique occidentale. 196 200 km². 15 850 000 habitants (les *Sénégalais*). **Langues :** français (offic.), wolof, diola, peul, sérère, mandingue, soninké. **Population :** Wolofs (40 % de la population), Diolas, Mandingues, Maures, Peuls, Sarakolés, Sérères, Soninkés et Toucouleurs. **Religions :** musulmans, catholiques, animistes. **Monnaie :** franc CFA. **Capitale :** Dakar. **Régime :** présidentiel. Le Sénégal est divisé en 14 régions.

GÉOGRAPHIE

Le Sénégal est constitué d'une vaste plaine sablonneuse couverte de savanes herbeuses, arbustives et arborées, avec des forêts-galeries le long des cours d'eau. La Gambie forme une enclave dans le sud. Le climat tropical chaud comporte une seule saison des pluies et est plus tempéré sur les côtes.

ÉCONOMIE

L'agriculture est un pilier de l'économie sénégalaise. Les cultures vivrières (sorgo, riz, maïs, manioc) restent insuffisantes. On cultive de la canne à sucre, du coton et surtout de l'arachide, produits d'exportation. La pêche est un secteur essentiel : premier poste d'exportation devant l'arachide, elle souffre des coûts de production élevés. Le pays est un producteur de phosphates, de fer, de calcaire, de marbre et de tourbe. Le secteur des services est dynamique : la croissance du tourisme est sensible.

Sénégal

HISTOIRE

La région, peuplée tôt dans la préhistoire, se développa avec les Sérères qui introduisirent le travail du fer et l'usage du mobilier funéraire (Ier millénaire). Les petits royaumes apparus dès cette époque tombèrent sous l'influence de l'empire du Ghana puis sous celle du Mali. À partir du Xe siècle, la vallée du Sénégal fut intégrée au commerce transsaharien et devint une région de diffusion de l'islam. Les Européens arrivèrent sur les côtes au milieu du XVe siècle. L'île de Gorée fut un enjeu entre la France, la Hollande et surtout la Grande-Bretagne jusqu'en 1817. Les Français s'établirent à l'embouchure du fleuve Sénégal (1638), puis dans une île voisine, Saint-Louis (1659). Ils colonisèrent progressivement le pays (1854) qu'ils intégrèrent à l'Afrique-Occidentale française (A-OF, 1895-1958). Le Sénégal obtint son indépendance avec Léopold Sédar Senghor comme président (1960). Abdou Diouf succéda à L. Senghor en 1980. Le pays fut confronté à des incidents frontaliers avec la Mauritanie (1991) et à une guérilla qui réclama l'indépendance de la Casamance (1992). En 2000, Abdoulaye Wade fut élu président de la République. En 2002, une nouvelle Constitution réduisit le mandat présidentiel à cinq ans. L'orientation libérale, la personnalisation du pouvoir et le naufrage du ferry *le Joola* (octobre 2002) suscitèrent de forts mécontentements : Macky Sall remporta l'élection présidentielle de 2012 face à A. Wade mais poursuivit la même politique. Il fut réélu en 2019.

Sénégambie n. f. Confédération qui réunit le Sénégal et la Gambie de 1982 à 1989.

senellier voir **cenellier**

Sénèque en latin **Lucius Annaeus Seneca,** dit **Sénèque le Père** Écrivain latin (v. 60 av. J.-C.-39). Il laissa des témoignages précieux sur la formation des jeunes orateurs à Rome. *Controverses ; Conseils.*

Sénèque Homme politique, écrivain et philosophe romain (4 av. J.-C.-65 apr. J.-C.). Fils de Sénèque le Père. Il fut le précepteur de Néron, qui l'impliqua dans la conjuration de Pison et lui ordonna le suicide. Son œuvre philosophique illustre les principes moraux du stoïcisme *(De la providence ; Lettres à Lucilius).* On lui attribue également neuf tragédies *(Médée ; Phèdre).*

sénescence n. f. (du latin, famille de *senex* → **sénile**) didact. Processus de ralentissement de l'activité vitale chez les individus âgés. → **vieillissement ; sénilité.**

sénescent, ente adj. (du latin → sénescence) didact. Qui présente les caractères de la sénescence. *Sujet sénescent.*

sénestre adj. (étym. → ¹sinistre) vieux Gauche. **–** n. f. La main gauche (opposé à *dextre*). - var. **senestre** [sə- ; se-].

sénestrorsum [senɛstʀɔʀsɔm] **adj. invar. et adv.** ou RO **adj. et adv.** (latin *sinistrorsum*, de *sinister* → **sénestre**) didact. Se dit d'un enroulement contraire au sens des aiguilles d'une montre (contr. **dextrorsum**). - var. **senestrorsum** [se-].

sénevé [sɛnve] **n. m.** (vient du latin, de *sinapi*, emprunt au grec « moutarde » → **sinapisme**) Moutarde sauvage ; graine de cette plante. → **sanve.** - var. RO **sènevé.**

Senghor (Léopold Sédar) Homme d'État sénégalais et poète de langue française (1906-2001). Il fut le premier président de la République du Sénégal, de 1960 à 1980. Poète de la « négritude », il insuffla à la langue française les rythmes et les couleurs de l'Afrique pour célébrer sa terre natale et l'espoir d'une réconciliation universelle. *Hosties noires ; Éthiopiques.* Académie française.

Léopold Sédar Senghor en 1971, avec Georges Pompidou alors en visite au Sénégal.

S

Senigallia Ville d'Italie (Marches), sur la mer Adriatique. 41 550 habitants. Port et station balnéaire.

sénile adj. **(du latin, de *senex* « vieux ; vieillard », *cf.* sénat, seigneur, sire) 1.** De vieillard ; propre à la vieillesse. *Tremblement sénile.* **2.** Atteint de sénilité.

sénilisme n. m. didact. Vieillissement prématuré chez un adulte ou un enfant.

sénilité n. f. Ensemble des troubles physiques et mentaux liés à la vieillesse (→ **sénescence**). *Sénilité précoce.*

sénior ou **senior** n. **(anglais *senior*, emprunt au latin *senior* « plus âgé », comparaison de *senex* → sénile)** anglic. **1.** Sportif de la catégorie adulte (plus âgé que les juniors, plus jeune que les vétérans). – **adj.** *Joueurs séniors.* **2.** Personne de plus de 50 ans. **3.** Professionnel expérimenté. – appos. *Un éditeur sénior.*

séniorité n. f. **(de l'anglais, de *senior*)** anglic., ethnol. Prééminence et garanties déterminées par l'ancienneté (2) au sein d'un groupe social.

Senlis Chef-lieu d'arrondissement de l'Oise. 15 128 habitants. Ancienne ville royale. Cathédrale gothique (XIIe, XIIIe et XVIe s.). Musées. Hugues Capet y fut élu roi par les grands du Royaume en 987.

Sennachérib Roi d'Assyrie (de 705 à 681 av. J.-C.). Il fit de grands travaux dans sa capitale Ninive, mais eut des difficultés à maintenir l'empire de son père Sargon II. Il rasa Babylone (689 av. J.-C.).

Senna da Silva (Ayrton) Coureur automobile brésilien (1960-1994). Il fut triple champion du monde des conducteurs en 1988, 1990 et 1991.

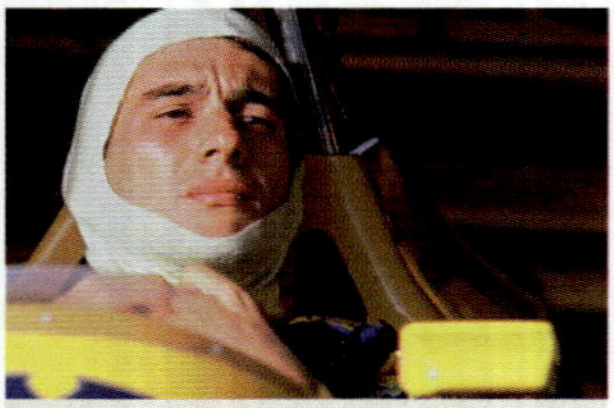

Ayrton Senna en 1987, à bord d'une Lotus 99 T.

senne n. f. voir **seine**

Senne n. f. Rivière de Belgique. 103 km. Elle prend sa source dans le Hainaut, traverse Bruxelles (en souterrain depuis les travaux de voûtement du XIXe s.), et se jette dans la Dyle en aval de Malines.

Sennett (Michael Sinnott, dit Mack) Cinéaste américain (1880-1960). Il fut producteur ou réalisateur de plusieurs centaines de films muets et révéla les grandes vedettes du burlesque (Chaplin, Keaton, Bing Crosby...).

S

Sen no Rikyū Lettré japonais (1520-1591). Il est considéré comme le plus grand maître de cérémonie du thé, rituel qu'il contribua à codifier.

sénologie n. f. **(mot mal formé, de *sein* et *-logie*)** méd. Spécialité médicale qui étudie les affections du sein. □ **n. sénologue**

Sénonais n. m. Région située à la bordure septentrionale de la Bourgogne, autour de Sens.

Sénons n. m. pl. Peuple de la Gaule qui occupait le Sénonais actuel, et qui avait pour capitale le port fluvial d'*Agedincum* (Sens).

Sénoufo(s) n. m. pl. Peuple d'Afrique occidentale vivant dans le N. de la Côte d'Ivoire, le S. du Mali et l'O. du Burkina.

[1]**sens** [sɑ̃s] n. m. **(vient du latin *sensus*, de *sentire* [→ sentir] → sensoriel, sensuel) I. 1.** Faculté d'éprouver les impressions que font les objets matériels (→ **sensation**), correspondant à un organe récepteur spécifique (→ **sentir** (I, 1)). *Les cinq sens traditionnels* (vue, ouïe, odorat, goût, toucher). – *Le sixième sens,* l'intuition. **2.** au plur., littér. *Les sens* (chez l'être humain) : instinct sexuel, besoin de le satisfaire (→ **sensualité**). « *Les transports de l'esprit et des sens* » (Baudelaire). **3.** *Le sens de...* : faculté de connaître d'une manière immédiate et intuitive (→ **instinct**). *Avoir le sens du rythme, le sens de l'humour. Avoir le sens pratique.* – *Le sens moral,* la conscience morale. **II. 1.** *Bon sens* : capacité de bien juger, sans passion. → **raison, sagesse.** *Avoir du bon sens.* → **sensé.** ■ loc. *Tomber sous le sens* : aller de soi, être évident. **2.** *Sens commun* : manière de juger commune et raisonnable (qui équivaut au *bon sens*). **3.** (dans des loc.) Manière de juger (d'une personne). → **opinion, sentiment.** *À mon sens,* à mon avis. – Manière de voir. *En un sens,* d'un certain point de vue. **III. 1.** Idée ou ensemble intelligible d'idées que représente un signe* ou un ensemble de signes. → **signification.** *Le sens d'un texte ; d'un sourire. Le sens d'un mythe.* **2.** Idée générale (concept) à laquelle correspond un mot, une expression (objet, sentiment, relation, etc.). → **acception, valeur.** *Ce mot a plusieurs sens* (→ **polysémie**). *Sens propre, figuré. Étude du sens.* → **sémantique.** **3.** Idée intelligible servant d'explication, de justification. *Ce qui donne un sens à la vie.*

[2]**sens** [sɑ̃s] n. m. **(vient du germanique *sinno* « direction » → contresens [II], forcené) 1.** Direction ; position dans l'espace (plan, volume). *Dans le sens de la longueur. Retourner un objet dans tous les sens.* ■ **loc. adv.** ***Sens dessus dessous*** : (choses) dans une position telle que ce qui devrait être dessus se trouve dessous ; dans un grand désordre ; fig. (personnes) dans un grand trouble. – *Il a mis son pull **sens devant derrière**.* **2.** Ordre dans lequel un mobile parcourt une série de points ; mouvement orienté. *Sens unique. Sens d'une rotation : sens des aiguilles d'une montre* (à droite), *sens trigonométrique* (à gauche). **3.** abstrait Direction que prend une activité. *Nous devons travailler dans le même sens.* – Direction générale (irréversible). *Le sens de l'histoire.*

Sens Chef-lieu d'arrondissement de l'Yonne, au confluent de l'Yonne et de la Vanne. 26 854 habitants. Musée. Cathédrale gothique. Ville ancienne. Industries (constructions mécaniques, câbles et centre tertiaire).

Sens (hôtel de) Demeure située à Paris, dans le quartier du Marais, l'un des plus anciens monuments de l'architecture civile du Moyen Âge. Il abrite la bibliothèque Forney (technique et arts décoratifs).

sensation n. f. **(du latin, de *sentire* → sentir) 1.** Impression perçue directement par les organes des sens (→ [1]**sens**). *Sensations auditives, olfactives... Éprouver une sensation de faim.* **2.** État psychologique qui résulte d'impressions reçues (distinct du sentiment par son caractère immédiat et simple). *Une sensation agréable. Avoir la sensation que...* **3.** (dans des loc.) Forte impression produite sur plusieurs personnes. ***Faire sensation.*** *Son intervention a fait sensation.* – ***À sensation*** **loc. adj. invar.** : qui fait ou est destiné à faire sensation. *La presse à sensation.*

sensationnalisme n. m. Goût, recherche du sensationnel. *Presse assoiffée de sensationnalisme.* □ **adj. sensationnaliste**

sensationnel, elle adj. **1.** Qui fait sensation. – **n. m.** *Journaliste à l'affût du sensationnel.* **2.** fam. Remarquable, exceptionnel. → **formidable.**

sensé, ée adj. **(de [1]*sens*)** Qui a du bon sens. → **raisonnable, sage.** – (choses) Conforme à la raison. → **judicieux.** *Des observations sensées.* □ **adv. sensément**

senseur n. m. **(anglais des États-Unis *sensor*)** anglic., techn. **1.** abusivt Capteur. **2.** Dispositif optoélectronique permettant de définir l'orientation réelle (d'un satellite).

sensibilisateur, trice adj. Qui sensibilise, peut sensibiliser. ■ **n. m.** photogr. Produit permettant de sensibiliser* (une émulsion photographique).

sensibilisation n. f. **(→ sensible) 1.** Action de sensibiliser (une émulsion photographique). **2.** Modification de l'organisme, qui le rend sensible à une agression. → **allergie.** **3.** Fait de susciter l'intérêt d'une personne, d'un groupe.

sensibiliser v. tr. < 1 > **(→ sensible) 1.** Rendre sensible à l'action de la lumière (une émulsion photographique). **2.** Provoquer la sensibilisation (2) de. **3.** Rendre (qqn ; un groupe) sensible à. – au p. p. *L'opinion n'est pas encore sensibilisée à ce problème.*

sensibilité n. f. **(du latin → sensible) 1.** Propriété (d'un être vivant, d'un organe) de réagir d'une façon adéquate aux modifications du milieu. → **excitabilité.** *La sensibilité de la rétine.* **2.** Propriété de l'être humain sensible (traditionnellement distinguée de l'intelligence et de la volonté). → **affectivité, cœur.** *Une vive sensibilité. Un artiste qui manque de sensibilité.* – *Un ouvrage plein de sensibilité* (→ **senti**). **3.** Propriété d'un objet sensible (I, 3). **4.** polit. Opinion, tendance, courant. *Les diverses sensibilités d'un parti.*

sensible adj. **(latin *sensibilis*, de *sentire* → sentir) I.** (sens actif) **1.** Capable de sensation et de perception. *Les êtres sensibles.* – *Une ouïe sensible* (→ [2]**fin**). – *Être sensible au froid.* ■ (choses) Que le moindre contact rend douloureux. *Endroit sensible. Il a les pieds sensibles.* – (personnes) *Elle est sensible du foie* (fragile). **2.** Capable de sentiment, apte à ressentir profondément les impressions. *C'est un enfant très sensible.* → **émotif, impressionnable ; hypersensible.** – Prompt à compatir à la souffrance d'autrui. souvent iron. Épargner les âmes sensibles. – ***Sensible à...*** : qui ressent vivement. *Je suis sensible à vos attentions.* **3.** (objets) Qui réagit au contact, à de faibles variations. *Balance sensible.* – *Pellicule photographique sensible.* **II.** (sens passif) **1.** Qui peut être perçu par les sens. → **tangible.** *La réalité sensible.* **2.** Assez important pour être perçu. → **appréciable, notable.** *Une amélioration sensible.* **3.** anglic. Que l'on doit traiter avec des précautions particulières. → **délicat.** *Un dossier sensible.*

sensiblement adv. **1.** Autant que les sens ou l'intuition puissent en juger. *Ils sont sensiblement de la même taille.* **2.** D'une manière appréciable. → **notablement.**

sensiblerie n. f. Sensibilité (2) exagérée et déplacée ; compassion un peu ridicule.

sensitif, ive adj. **(du latin, de *sensus* → [1]sens) 1. adj.** Qui transmet les sensations. *Nerfs sensitifs.* **2.** littér. Qui est particulièrement sensible, qu'un rien peut blesser. → **hypersensible.** – **n.** *Un sensitif, une sensitive.* **3.** *Appareil à touches sensitives,* que l'on actionne par simple effleurement.

sensitive n. f. Mimosa dont les feuilles se rétractent au contact.

sensitométrie n. f. photogr. Étude, mesure de la sensibilité des émulsions photographiques. □ **adj. sensitométrique**

sensoriel, elle adj. **(du latin, de *sensus* → [1]sens)** Qui concerne les sensations, les organes des sens.

sensorimétrie n. f. psych. Étude des variations des sensations en fonction des variations de la stimulation. □ **adj. sensorimétrique**

sensorimoteur, trice adj. psych. Qui concerne à la fois les fonctions sensorielles et la motricité.

sensualisme n. m. **(du latin *sensualis* → sensuel)** philos. Doctrine d'après laquelle toutes les connaissances viennent des sensations (et non de la raison).

sensualiste adj. philos. Du sensualisme.

sensualité n. f. **(→ sensuel) 1.** Tempérament d'une personne sensuelle (2), attirance pour les plaisirs des sens. – spécialt (Dans l'amour physique) *L'éveil de la sensualité.* **2.** Caractère sensuel (de qqch.). → **érotisme.**

sensuel, elle adj. (latin ecclés. *sensualis* « relatif aux sens », de *sensus* → 1sens) **1.** Propre aux sens, émanant des sens. → **charnel.** *Plaisir sensuel.* **2.** (personnes) Porté à rechercher et à goûter tout ce qui flatte les sens (en amour). **3.** Qui annonce ou évoque un tempérament voluptueux. *Une bouche sensuelle.* □ adv. **sensuellement**

sent-bon [sɑ̃bɔ̃] n. m. invar. fam. (lang. enfantin) Parfum ; eau de toilette.

sente n. f. (vient du latin *semita* « chemin ») régional ou littér. Petit chemin, sentier.

sentence n. f. (du latin « façon de penser », de *sentire* → sentir) **1.** Décision d'un juge, d'un arbitre. → **arrêt, jugement, verdict.** *Prononcer, faire exécuter une sentence.* **2.** littér. Maxime.

sentencieusement adv. D'une manière sentencieuse.

sentencieux, euse adj. (→ sentence) Qui s'exprime comme par sentences (2), avec quelque chose de solennel et d'affecté. *Un ton sentencieux et moralisateur.* → **pompeux, solennel.**

senteur n. f. (de *sentir*) littér. Odeur (surtout, agréable). – *Pois* de senteur.*

senti, ie adj. littér. Empreint de sincérité, de sensibilité. *Une description sentie.* – ***Bien senti*** : exprimé avec conviction et justesse. *Un discours bien senti.*

sentier [sɑ̃tje] n. m. (vient du latin ; famille de *sente*) Chemin étroit (dans la campagne...) pour les piétons et les bêtes. – loc. fig. ***Les sentiers battus*** : les usages communs. *Sortir des sentiers battus.*

sentiment n. m. (de *sentir*) **I. 1.** Conscience plus ou moins claire, connaissance comportant des éléments affectifs et intuitifs. → **impression.** *Un sentiment de solitude.* **2.** littér. Capacité d'apprécier (un ordre de choses ou de valeurs). → **1sens** (I, 3). *Le sentiment de la beauté.* **3.** littér. Avis, opinion. *J'ai le sentiment que...* **II. 1.** État affectif complexe, assez stable et durable. → **émotion, passion.** *Manifester ses sentiments.* – Amour. *Un sentiment partagé.* ■ *Les (bons) sentiments*, les sentiments généreux, les inclinations altruistes. – (dans les formules de politesse) *Recevez l'assurance de mes sentiments distingués.* **2.** *Le sentiment* : la vie affective, la sensibilité. – fam. Démonstrations sentimentales. *Faire du sentiment. Avoir qqn **au sentiment*** : réussir à l'attendrir. ■ Expression de la sensibilité. *Elle a chanté avec beaucoup de sentiment.*

sentimental, ale, aux adj. (de l'anglais, de *sentiment*, emprunt au français) **1.** Qui concerne la vie affective et, spécialt, l'amour. → **amoureux.** « *L'Éducation sentimentale* » (roman de Flaubert). **2.** Qui provient de causes d'ordre affectif, n'est pas raisonné. *La valeur sentimentale d'un objet.* **3.** Qui est sensible, donne de l'importance aux sentiments tendres et les manifeste volontiers. – n. *C'est un sentimental.* **4.** Empreint d'une sensibilité mièvre. → **romanesque.** *Des romances sentimentales.*

sentimentalement adv. D'une manière sentimentale. – Sur le plan des sentiments.

sentimentalisme n. m. Tendance à la sentimentalité.

sentimentalité n. f. Caractère sentimental (3 et 4).

sentine n. f. (latin *sentina*) **1.** Endroit de la cale d'un navire où s'amassent les eaux. **2.** littér. Lieu sale et humide. → **cloaque.**

sentinelle n. f. (italien *[far la] sentinella* « faire le guet » ; famille du latin *sentire* → sentir) **1.** Soldat qui a la charge de faire le guet, de protéger un lieu, etc. → **factionnaire, guetteur. 2.** (anglais *sentinel*, du français) appos. Qui permet de surveiller une situation, de témoigner d'un processus. *Organisme sentinelle. Médecin sentinelle* (en cas d'épidémie). *Ganglion sentinelle* (témoin de l'évolution d'un cancer). *Espèce sentinelle*, indicatrice des changements d'un écosystème.

sentir v. tr. < 16 > (vient du latin *sentire* [supin *sensum*] « percevoir par les sens ou par l'intelligence » → 1sens ; dissension, sentence ; sentiment) **I. 1.** Avoir la sensation, la perception de (un fait, une qualité...). → **percevoir ; 1sens.** *Je sens un courant d'air. Il ne sentait pas la fatigue.* ■ (odeur, chose odorante) → **flairer, humer.** *Sentir un parfum ; une fleur.* – fam. ***Ne pas pouvoir sentir*** *qqn*, le détester. **2.** Avoir ou prendre conscience de ; avoir l'intuition de. → **pressentir.** *Il sentait le danger ; que c'était grave.* – fam. *Fais comme tu (le) sens.* **3.** Avoir un sentiment esthétique de (qqch.). → **apprécier, 1goûter. 4.** Être affecté agréablement ou désagréablement par (qqch.). → **éprouver, ressentir.** *Sentir de l'admiration, de la crainte.* **5.** ***Faire sentir***, faire éprouver. *Elle m'a fait sentir que j'étais de trop.* – ***Se faire sentir***, devenir sensible. *Les effets se feront bientôt sentir.* **II. 1.** Dégager, répandre une odeur de. → **senteur.** *Cette pièce sent le renfermé. Ces fleurs sentent bon.* → **embaumer.** *Sentir mauvais.* → **puer.** – absolt *Il sent des pieds.* – fig. fam. *Ça sent mauvais, ça sent le pâté* : les choses prennent une mauvaise tournure. **2.** Donner une impression de, évoquer l'idée de. → **indiquer, révéler.** *Des manières qui sentent la prétention.* ■ **se sentir** v. pron. **1.** *Ne pas se sentir de*, être transporté de. « *À ces mots, le corbeau ne se sent pas de joie* » (La Fontaine). – (+ inf.) Avoir l'impression, le sentiment de. *Elle s'est sentie tomber.* – (+ attribut, adv.) *Se sentir joyeux ; se sentir mieux.* **2.** (réfl. ind.) Sentir comme étant en soi ou à soi. *Je ne me sens pas le courage de lui parler.* **3.** fam. *Ils ne peuvent pas se sentir*, ils se détestent.

Seo de Urgel ou **Urgel** Ville d'Espagne (Catalogne), sur le Sègre. 12 484 habitants. Cathédrale romane. Son évêque partage, avec le président de la République française, la suzeraineté d'Andorre.

seoir [swaʀ] v. intr. < 26 seulement 3e pers. prés., imp., futur, cond., p. p. et p. prés. > (vient du latin *sedere*, supin *sessum* « être assis » [par oppos. à *stare* « être debout » → station] → asseoir, sédentaire, siège ; obséder, présider) littér. Convenir. *Cette robe vous sied à merveille.* → **seyant.** – impers. *Comme il sied* (→ 2séant) ; *comme il vous siéra.*

Séoud voir ibn Séoud

Séoul ou **Sŏl** Capitale de la Corée du Sud. 10 millions d'habitants. Agglomération de 25 millions d'habitants, l'une des plus grandes du monde. Centre culturel, administratif et industriel. La ville souffrit beaucoup de la guerre de 1950-1953 et fut reconstruite selon un plan moderne.

sépale n. m. (du grec *skepê* « protection ») Chaque pièce (foliole) du calice d'une fleur.

séparable adj. Qui peut être séparé (d'autre chose, d'un ensemble).

séparateur, trice (du latin → séparer) **1.** adj. Qui sépare, a la propriété de séparer. **2.** n. m. Appareil destiné à séparer les composants d'un mélange. *Séparateur d'eau, d'huile.* ■ Cloison isolante entre les plaques d'un accumulateur. ■ inform. Délimiteur.

séparation n. f. (du latin → séparer) **1.** Action de séparer, de se séparer ; fait d'être séparé. *La séparation des éléments d'un mélange. La séparation de l'Église et de l'État.* **2.** (personnes) Fait de se séparer, de se quitter. – dr. *Séparation de biens* : régime matrimonial dans lequel chacun des époux conserve la propriété de ses biens personnels. *Séparation de fait* (ou *amiable*). **3.** Ce qui empêche l'union ou le contact (de deux choses, etc.).

séparatiste n. (de l'anglais, même origine que *séparer*) Personne qui réclame une séparation d'ordre politique (attitude appelée *séparatisme* n. m.). → **autonomiste, dissident.** – adj. *Mouvement séparatiste.*

séparé, ée adj. **1.** Qui est à part, distinct. *Éléments séparés.* **2.** (personnes) *Des époux séparés.*

séparément adv. De façon séparée, à part l'un de l'autre. *Je les recevrai séparément.*

séparer v. tr. < 1 > (latin *separare* « mettre à part » → sevrer, de *parare* « préparer » → 1parer) **1.** Faire cesser (une chose) d'être avec une autre ; faire cesser (plusieurs choses) d'être ensemble. → **1détacher, disjoindre, dissocier, isoler.** *Séparer une chose d'une autre, d'avec une autre.* **2.** Faire que (des personnes) ne soient plus ensemble ou en contact. – *On a séparé les combattants.* **3.** Faire que (des personnes) ne soient pas, ou plus, en harmonie. *Leurs goûts les séparent.* **4.** Considérer (deux qualités ou notions) comme étant à part, comme ne devant pas être confondues. → **différencier, distinguer.** *Vous avez tort de séparer théorie et pratique.* **5.** (sujet chose) Constituer une séparation entre (deux choses, deux personnes). ■ **se séparer** v. pron. **1.** ***Se séparer de*** : cesser d'être avec. → **quitter.** *Elle s'est séparée de son mari.* ■ Ne plus garder avec soi. *Il ne se sépare jamais de son ours en peluche.* **2.** Se diviser. *Le chemin se sépare en deux.*

sépharade voir **séfarade**

sépia n. f. (italien *seppia*, du latin *sepia* → 1seiche) **1.** zool. Liquide noirâtre sécrété par la seiche. → **encre. 2.** Matière colorante d'un brun très foncé. *Un lavis à la sépia.* – adj. invar. *Des photos sépia.* **3.** Dessin, lavis exécuté avec cette matière. *Des sépias.*

sépiolite n. f. (de l'allemand, du grec *sêpion* « os de seiche ») minér. Silicate hydraté naturel de magnésium (syn. **écume de mer**). → **magnésite.**

seppuku [sepuku] n. m. (mot japonais) didact. Suicide rituel, au Japon. → **harakiri.** *Le seppuku des samouraïs.*

S

Séoul

Séoul, la Namdaemun (« Grande Porte du sud »), porte principale de la ville au XIVe siècle.

seps n. m. (mot latin, pris au grec, de *sêpein* « pourrir ») zool. Lézard à pattes très courtes, des régions méditerranéennes.

-sepsie, -septique Éléments (du grec *sêpsis* « putréfaction » et *sêptikos* « septique »).

sepsis [sɛpsis] n. m. (grec *sêpsis* « putréfaction ») méd. Inflammation générale et violente de l'organisme en réponse à une infection bactérienne. → **septicémie.**

sept [sɛt] adj. numéral invar. (vient du latin *septem* « sept » → semaine, septembre) Six plus un (7). → **hepta-.** *Les sept jours de la semaine.* ■ ordinal *Chapitre sept.* – n. m. invar. *Elle habite au sept,* au numéro sept.

septain [sɛtɛ̃] n. m. Poème ou strophe de sept vers.

Sept Ans (guerre de) Guerre qui opposa de 1756 à 1763 la Prusse et la Grande-Bretagne à la France, l'Autriche et leurs alliés (Russie, Saxe, Suède, Espagne). Elle eut pour causes la volonté autrichienne de reprendre la Silésie et la rivalité coloniale franco-britannique. Après les défaites de Montcalm devant Québec (1759) et de Lally-Tollendal à Pondichéry (1761), la France dut abandonner ses possessions canadiennes et indiennes, ainsi que la Louisiane (traité de Paris, 1763). La Prusse confirmait sa prépondérance en Silésie au détriment de l'Autriche.

septantaine n. f. régional (Est ; Belgique, Suisse) Nombre de soixante-dix ou environ. – *Il a passé la septantaine.*

septante [sɛptɑ̃t] adj. numéral cardinal invar. (vient du latin, de *septuaginta* « soixante-dix », de *septem* → sept) régional (Est ; Belgique, Suisse) Soixante-dix. □ adj. numéral ordinal **septantième**

Septante n. f. ou **version des Septante** Traduction grecque de la Bible (du IIIe s. au Ier s. av. J.-C.). Elle forme l'Ancien Testament des chrétiens. Elle servit de base à la traduction de la Bible dans les langues orientales et servit à l'établissement de la Vulgate latine.

septembre [sɛptɑ̃bʀ] n. m. (latin *september,* de *septem* → sept, l'année romaine commençant en mars ; *cf.* octobre, novembre, décembre) Neuvième mois de l'année. « *Les ciels pâlis de septembre* » (Zola).

Septembre (massacres de) Exécutions sommaires qui se déroulèrent, notamment dans les prisons, du 2 au 6 septembre 1792 à Paris et en province, et qui marquèrent le début de la Terreur.

septembre 1870 (journée révolutionnaire du 4) Au lendemain de la défaite de Sedan, des manifestants favorables à la république envahirent le Palais-Bourbon, provoquant la chute du Second Empire. Un gouvernement de la Défense nationale fut constitué.

S

septembre 2001 (attentats du 11) Série d'attentats perpétrés par des terroristes se réclamant du mouvement islamiste al-Qaida contre les villes de New York (tours jumelles du World Trade Center) et de Washington (Pentagone), faisant environ 3 000 morts.

Septèmes-les-Vallons Commune des Bouches-du-Rhône. 11 366 habitants. Industrie chimique.

septemvir [sɛptɛmviʀ] n. m. (mot latin, de *septem* « sept » et *vir* « homme ») Antiq. romaine Chacun des sept magistrats d'une commission chargée du partage des terres.

septénaire n. m. (du latin → sept) didact. Espace de sept jours ; cycle de sept ans.

septennal, ale, aux adj. (du bas latin, de *septem* → sept et *annus* → an) didact. **1.** Qui revient tous les sept ans. **2.** Qui dure sept ans. *Présidence septennale.* □ n. f. **septennalité**

septennat [sɛptena] n. m. (de *septennal*) Durée de sept ans (d'une fonction).

septentrion [sɛptɑ̃tʀijɔ̃] n. m. (du latin « les sept bœufs de labour », n. de la Grande ou Petite Ourse) vieux ou littér. Le nord.

septentrional, ale, aux [sɛptɑ̃tʀijɔnal, o] adj. (→ septentrion) Du nord, situé au nord (s'oppose à *méridional*).

septicémie n. f. (du latin *septicus* → septique, et du grec *haima* « sang » → -émie) Maladie (infection générale grave) provoquée par le développement de germes pathogènes dans le sang. □ adj. **septicémique**

septidi n. m. (du latin *septem* → sept, d'après *lundi, mardi...*) hist. Septième jour de la décade, dans le calendrier républicain.

septième [sɛtjɛm] **1.** adj. numéral ordinal Dont le numéro, le rang est sept (7e). *Le septième art :* le cinéma. **2.** n. m. Fraction d'un tout divisé également en sept. – *Habiter dans le septième* (arrondissement). □ adv. **septièmement** [sɛtjɛmmɑ̃]

Sept-Îles Ville du Canada (Québec), sur la rive nord du Saint-Laurent. 25 400 habitants. Port. Centre administratif.

Sept-Îles Archipel breton au large de Perros-Guirec (Côtes d'Armor). Réserve ornithologique.

Septimanie n. f. Région de la Gaule méridionale (de l'O. du Rhône aux Pyrénées). Prise par les Arabes (719), elle fut reconquise par Pépin le Bref (759).

Septime Sévère (146-211). Empereur romain (193-211). Il s'appuya sur l'armée et hâta l'évolution vers un empire bureaucratique et centralisateur. Il vainquit les Parthes et constitua la province de Mésopotamie (199). Il mourut lors d'une campagne contre les Calédoniens.

septique adj. (latin *septicus,* emprunt au grec, de *sêpein* « corrompre, pourrir ») **1.** méd. Qui produit l'infection. – Qui s'accompagne d'infection. - contr. **antiseptique, aseptique.** **2.** *Fosse septique,* fosse d'aisances aménagée pour que les excréments s'y transforment, sous l'action de microbes anaérobies, en composés minéraux.

Sept Merveilles du monde (les) Nom donné dans l'Antiquité à une liste de monuments célèbres comprenant les pyramides d'Égypte, les jardins suspendus de Babylone, la statue de Zeus à Olympie, le temple d'Artémis à Éphèse, le tombeau de Mausole à Halicarnasse, le phare d'Alexandrie et le colosse de Rhodes.

septmoncel [sɛmɔ̃sɛl] n. m. (du n. d'un village du Haut-Jura) Fromage à pâte persillée appelé aussi *bleu de Gex,* fabriqué avec du lait de vache dans le Jura et l'Ain.

septuagénaire [sɛptɥaʒenɛʀ] adj. (du latin → septante) Dont l'âge est compris entre soixante-dix et soixante-dix-neuf ans. – n. *Un, une septuagénaire.*

septum [sɛptɔm] n. m. anat. Cloison séparant deux cavités (d'un organe, d'un organisme). *Septum nasal.* □ adj. **septal, ale, aux**

septuor n. m. (de *sept,* d'après *quatuor*) mus. Composition vocale ou instrumentale à sept parties. ■ Formation musicale de sept exécutants.

septuple [sɛptypl] adj. (du latin → sept) Qui vaut sept fois (la quantité désignée). – n. m. *Le septuple.*

septupler v. < 1 > **1.** v. tr. Multiplier par sept. *Septupler la mise.* **2.** v. intr. Devenir sept fois plus élevé.

sépulcral, ale, aux adj. (→ sépulcre) Qui évoque la mort. → **funèbre.**

sépulcre n. m. (latin *sepulc[h]rum,* de *sepelire* → ensevelir, *cf.* sépulture) littér. Tombeau. *Les sépulcres des pharaons.* – *Le Saint-Sépulcre* (ou Saint Sépulcre) *:* le tombeau du Christ, à Jérusalem.

sépulture n. f. (du latin, de *sepelire* → ensevelir, *cf.* sépulcre) **1.** littér. Inhumation, considérée surtout dans les formalités et cérémonies qui l'accompagnent. **2.** Lieu où est déposé le corps d'un défunt. *Violation de sépulture.*

Sepúlveda (Luis) Écrivain chilien (1949-2020). Après avoir passé deux ans dans les prisons chiliennes, il s'exila en Europe. Son œuvre est marquée par ses engagements politiques et écologiques. *Le Vieux qui lisait des romans d'amour ; Le Neveu d'Amérique.*

Séquanes, Séquanais ou **Séquaniens** n. m. pl. Peuple de la Gaule établi entre les sources de la Seine (*Sequana*) et le Jura et dont la capitale était *Vesontio* (Besançon).

séquelle n. f. (du latin, de *sequi* → suivre) surtout au plur. Suite, complication plus ou moins tardive et durable d'une maladie, d'un traumatisme. ■ fig. Effet ou contrecoup fâcheux (d'un évènement). *Les séquelles d'une guerre.*

séquençage n. m. biol. Description systématique des séquences de nucléotides (d'un génome). *Le séquençage du génome humain.*

séquence n. f. (du latin, du p. prés. de *sequi* → suivre) **1.** jeux Série d'au moins trois cartes ou de cinq cartes qui se suivent. **2.** cinéma Succession de plans formant un tout, une scène. **3.** didact. Suite ordonnée (d'éléments, d'opérations). ■ biol. Suite ordonnée de nucléotides dans une molécule d'acide nucléique.

séquencer v. tr. < 3 > biol. Effectuer le séquençage de.

séquenceur n. m. (de l'anglais) inform. Dispositif qui commande une suite ordonnée de processus.

séquentiel, ielle adj. didact. Relatif à une séquence. – Partagé, organisé en séquences. □ adv. **séquentiellement**

septembre 2001 (attentats du 11)

Attentats du 11 septembre 2001, les Tours jumelles de Manhattan frappées par des avions kamikazes.

séquestration n. f. (→ séquestrer) Action de séquestrer ; fait d'être séquestré.

séquestre n. m. (latin *sequester* « médiateur ; dépositaire ») **I.** dr. Dépôt (d'une chose litigieuse) entre les mains d'un tiers en attendant le règlement de la contestation. – *Mettre des biens sous séquestre.* **II.** méd. Fragment d'os détaché retenu dans les tissus.

séquestrer v. tr. < 1 > (du latin → séquestre) **1.** dr. Mettre sous séquestre. **2.** Enfermer et isoler rigoureusement (qqn). *Ils séquestrent leur fille.* ■ Tenir arbitrairement et illégalement (qqn) enfermé. *Séquestrer des otages.*

sequin n. m. (de l'italien, de l'arabe) **1.** Ancienne monnaie d'or de Venise. **2.** Petit disque de métal, cousu sur un tissu comme ornement.

séquoia [sekɔja] n. m. (du n. d'un chef cherokee) Arbre (conifère) originaire de Californie, aux dimensions gigantesques.

sérac n. m. (mot régional [Savoie, Suisse], du latin *serum* « petit-lait » → sérum) Bloc de glace entouré de crevasses, dans un glacier.

sérail n. m. (origine persane) **1.** Palais du sultan, dans l'ancien Empire ottoman. – loc. fig. *Être né dans le sérail :* appartenir à un milieu fermé, influent. **2.** vieux Harem.

Seraing Ville de Belgique (province de Liège), sur la Meuse. 64 192 habitants. Château (XVIIIe s.). Anciens charbonnages. Cristallerie.

Seram Île d'Indonésie, dans les Moluques du Centre. 18 410 km². Environ 200 000 habitants. Forêt tropicale et relief montagneux. Exploitations pétrolières sur la côte N.-E. Exportations de bois et d'épices.

serapeum ou **sérapéum** [seʀapeɔm] n. m. (mot latin, pris au grec, de *Serapis,* n. du dieu égyptien) archéol. Nécropole du dieu Apis, en Égypte. ■ Temple où l'on adorait les divinités gréco-égyptiennes, à l'époque hellénistique.

Serapeum Nécropole égyptienne découverte à Saqqara par Mariette en 1850, lieu de culte consacré à Apis, puis à Sérapis.

¹séraphin n. m. (du latin, de l'hébreu) **1.** relig. chrét. Ange du niveau le plus élevé en dignité. **2.** fig. Ange, chérubin (bel enfant). □ adj. **séraphique**

²séraphin, ine n. (du n. d'un personnage de roman) (Canada) Avare.

Sérapis ou **Sarapis** Divinité gréco-égyptienne dont le culte, d'abord célébré à Memphis, gagna la Grèce, Rome et l'Asie Mineure.

Serban (Andreï) Metteur en scène roumain (né en 1943). Il a monté des tragédies grecques et latines dans le texte avant de se tourner vers le répertoire moderne et l'opéra. Il a dirigé le Théâtre national de Bucarest de 1990 à 1993.

serbe (de *Servie,* ancien n. de la Serbie) **1.** adj. De Serbie. – n. *Les Serbes.* **2.** n. m. *Le serbe :* langue slave du groupe méridional, écrite en alphabet cyrillique. *Le serbe est parlé en Serbie, au Monténégro et en Bosnie-Herzégovine.*

Serbie

n. f. ■ en serbe Srbija
Pays des Balkans. 77 474 km². 7 058 300 habitants (les *Serbes*).
Langue : serbe majoritaire. **Population** (sans les régions autonomes) : Serbes 83 %, Hongrois 4 %. **Monnaie :** dinar. **Capitale :** Belgrade.

Serbie

GÉOGRAPHIE

Alors que la Voïvodine est composée de plaines, la Serbie au S. du Danube et de la Save est un pays de collines et de montagnes, rattachées aux systèmes du Balkan et du Rhodope à l'E., aux Alpes dinariques au centre et à l'O. Entre ces deux ensembles passe le sillon de la Morava, seul passage commode entre les contrées danubiennes et égéennes.

ÉCONOMIE

La Serbie bénéficie d'importantes ressources sur le plan agricole, dans les plaines céréalières (blé, maïs) ou sur les terroirs de piémont (arboriculture, vigne). La petite exploitation paysanne domine, sauf en Voïvodine. Les sources d'énergie sont le lignite, le gaz naturel et l'hydroélectricité (aménagement du Danube). Le sous-sol contient du cuivre, du plomb et du zinc. L'industrie comprend la sidérurgie, la métallurgie non ferreuse et les industries de transformation, présentes dans la plupart des villes. L'infrastructure industrielle et de communication fut très endommagée par les bombardements de l'Otan en 1999 et les difficultés économiques qui s'ensuivirent déclenchèrent une vague d'émigration. Le pays, qui avait été gravement touché par la crise financière de 2008 à 2015, a renoué avec une croissance impactée en 2020 par la crise sanitaire mondiale.

HISTOIRE

L'ancienne province romaine de Mésie (Ier s. av. J.-C.) fut envahie au VIIe s. par le peuple slave des Serbes. Dominés tour à tour par les Byzantins, les Grecs et les Bulgares, ceux-ci conquirent leur indépendance avec la dynastie des Nemanjides (1180). La Serbie médiévale atteignit son apogée sous le règne d'Étienne IX Douchan (1331-1355). Après la bataille de Kosovo (1389), elle fut soumise par les Turcs jusqu'au XIXe s. Le soulèvement national de 1804 aboutit à la création d'une principauté autonome, puis d'un royaume indépendant en 1878, sous les dynasties rivales des Obrénovitch et des Karageorgevitch. L'assassinat à Sarajevo, le 28 juin 1914, de l'archiduc héritier d'Autriche François-Ferdinand par le nationaliste serbe Princip, déclencha la Première Guerre mondiale, au cours de laquelle la Serbie subit l'occupation autrichienne et bulgare. En 1918, la Serbie prit la tête du *royaume des Serbes, des Croates et des Slovènes* puis de celui de Yougoslavie (1929). En 1941, les Allemands reconstituèrent un État serbe. Les communistes de Tito ayant éliminé leurs rivaux nationalistes (Mihajlović), la Serbie devint en 1946 une des six républiques fédératives de la Yougoslavie. Après l'éclatement de celle-ci, la Serbie de Slobodan Milošević (1989-1997) fonda en 1992 avec le Monténégro une nouvelle fédération yougoslave (devenue Serbie-et-Monténégro en 2003). L'intervention militaire de l'Otan (1999) plaça le Kosovo sous administration de l'ONU. En 2000, la coalition Opposition démocratique de Serbie (DOS) accéda au pouvoir. Le président Boris Tadić, élu en 2004, s'opposa au Premier ministre nationaliste V. Koštunica sur la coopération avec le Tribunal pénal international et sur la question du Kosovo. Le Monténégro fit sécession en 2006. Les nationalistes du SRS (Parti radical serbe) arrivèrent en tête aux élections législatives de 2007. Malgré l'opposition de la Serbie, le parlement du Kosovo proclama en février 2008 l'indépendance de cette province à majorité albanaise, ce qui provoqua la démission de V. Koštunica à qui Mirko Cvetković a alors succédé. Le nationaliste Tomislav Nikolić (SNS, parti de droite pro-européen) fut élu à la présidence en 2012 et nomma Aleksandar Vučić au poste de Premier ministre. Ce dernier lui succéda en 2017 et mit en place un régime autoritaire (censure des médias).

S

Serbie-et-Monténégro Ancien pays des Balkans, formé en 2003 et dissous en 2006. Héritier de la République fédérale de Yougoslavie, il regroupait la Serbie et le Monténégro.

serbo-croate adj. et n. m. **1.** Qui appartient à la Serbie et à la Croatie. **2.** n. m. *Le serbo-croate* : langue slave du groupe méridional, qui était parlée en Yougoslavie. → **croate, serbe.**

Sercq en anglais **Sark** Une des îles Anglo-Normandes dépendant de Guernesey. 5,2 km^2. 600 habitants.

serdab [sɛʀdab] n. m. (de l'arabe, du persan) archéol. Dans les monuments funéraires de l'Égypte ancienne, Petite salle contenant les effigies du mort.

^{1}**serein, eine** adj. (vient du latin, de *serenus* « pur, sans nuages ») **1.** littér. (ciel, temps) Qui est à la fois pur et calme. **2.** abstrait Dont le calme provient de la paix morale. → **paisible, tranquille.** *Un esprit serein.* – *Un visage serein.* ■ *Un climat social redevenu serein.* ■ *Un jugement serein.* → **impartial.**

^{2}**serein** n. m. (vient du latin ; famille de *soir*) littér. ou régional Humidité ou fraîcheur qui tombe avec le soir après une belle journée.

Serein n. m. Rivière de Bourgogne. 186 km. Il arrose Chablis et se jette dans l'Yonne.

sereinement adv. D'une manière sereine, calme ou impartiale.

Seremban Ville de Malaisie. 246 000 habitants. Centre administratif et industriel.

Serena (La) Ville du Chili, capitale de la région de Coquimbo. 196 178 habitants.

sérénade n. f. (de l'italien, du latin *serenus* [→ ^{1}serein]) **1.** Concert qui se donnait la nuit sous les fenêtres d'une femme courtisée (s'oppose à *aubade*). – Composition musicale (surtout pour instruments à vent). *Les sérénades de Mozart.* **2.** fam. Tapage ; concert de cris ou de reproches.

sérendipité [seʀɑ̃dipite] n. f. (de l'anglais *serendipity*, créé d'après le titre d'un conte persan) anglic. Capacité, aptitude à faire par hasard une découverte inattendue et à en saisir l'utilité (scientifique, pratique).

Serengeti (parc national de) Le plus grand des parcs nationaux de Tanzanie, situé dans le N. du pays. 15 000 km^2. Tourisme.

Le parc national de Serengeti, inscrit au patrimoine mondial de l'Unesco.

sérénissime adj. (de l'italien, du latin *serenus* [→ ^{1}serein]) Titre honorifique donné à certains hauts personnages. *Altesse sérénissime.*

sérénité n. f. (du latin → ^{1}serein) État, caractère d'une personne sereine. → ^{1}**calme.** – Caractère d'un jugement serein.

Sérères ou **Serers** n. m. pl. Peuple du Sénégal (env. 1 million) vivant dans le centre-ouest du pays, de langue nigéro-congolaise. Ils seraient les premiers habitants du pays.

séreux, euse adj. (→ sérum) **1.** Qui ressemble au sérum ; qui produit ou renferme du sérum. *Liquide séreux.* → **sérosité.** *Membrane séreuse* et n. f. *séreuse*, qui tapisse certaines cavités de l'organisme (*cavités séreuses*). **2.** Du sérum sanguin. *Anémie séreuse.*

serf, serve [sɛʀ(f), sɛʀv] n. (vient du latin *servus* « esclave » → service, servir, servitude, servo-) hist. Sous la féodalité, Personne qui n'avait pas de liberté personnelle, était attachée à une terre (→ **glèbe**) et assujettie à des obligations (→ **corvée,** ^{2}**taille**). *Affranchir des serfs.* – adj. *La condition serve* (→ **servage**).

serfouette n. f. (de *serfouir*) Outil de jardinage, petite pioche dont le fer est large et carré d'un côté et en fourche de l'autre.

serfouir v. tr. < 2 > (du latin *circumfodere* → fouir) agric. Sarcler, biner à la serfouette. □ n. m. **serfouissage**

serge n. f. (vient du latin d'origine grecque *sericum* « soie » [→ sérici-]) Étoffe présentant des côtes obliques.

Serge Patriarche de Constantinople de 610 à sa mort en 638. Il fut l'inspirateur du monothéisme.

Serge ou **Sergius Ier (saint)** 84e pape (de 687 à 701). Il institua les fêtes mariales (Nativité de la Vierge, Purification, Annonciation et Assomption).

Serge de Radonège (saint) Moine russe (v. 1314-1392). Il fonda en 1340 le monastère de la Trinité qui devint le centre d'un important renouveau religieux.

sergé n. m. (de *serge*) Tissu à côtes obliques (une des trois armures fondamentales).

sergent, ente n. (vient du latin *serviens*, p. prés. de *servire* → servir) **1.** anciennt Officier de justice. – vieilli *Sergent de ville* : agent de police. **2.** Sous-officier du grade le plus bas. *Sergent-chef, sergente-chef. Sergent-major*, chargé de la comptabilité d'une compagnie (grade supprimé en France en 1971).

Sergents de La Rochelle (les Quatre) Nom de quatre sous-officiers du 45e régiment d'infanterie qui fondèrent une association de carbonari et furent condamnés à mort en 1822. Ils devinrent les symboles de l'opposition à la Restauration.

Sergipe État du Brésil (région Nordeste), le plus petit du pays. 21 862 km^2. 2 068 000 habitants. Capitale : Aracaju. Agriculture (canne à sucre, agrumes), élevage. Exploitation de gaz naturel, pétrole, sel gemme, potassium.

Serguev Possad anciennement **Zagorsk** Ville de Russie, au N. de Moscou. 114 000 habitants. Monastère de la Trinité-Saint-Serge (XVe-XVIIIe s.), important foyer spirituel, intellectuel et artistique jusqu'au XVIIIe s. Icônes d'A. Roublev.

sérialisme n. m. mus. Doctrine, caractère de la musique sérielle. → **dodécaphonisme.**

Le **sérialisme** est une technique de composition musicale fondée sur la série, dans laquelle les éléments concernés (hauteurs, durées, timbres et/ou intensité des sons) ne sont en principe plus soumis à une quelconque hiérarchie (comme dans le système tonal), mais sont « égaux » et régis en fonction de leur ordre d'apparition.
Le sérialisme assouplit le traitement de la série héritée du dodécaphonisme : une série peut par exemple être composée d'un nombre de sons inférieur à douze (une musique peut donc être sérielle sans être dodécaphonique). Il se distingue aussi du dodécaphonisme par son extension à d'autres paramètres du son que les seules hauteurs. Les durées par exemple sont soumises à un ordonnancement qui implique pour le compositeur de renoncer à la pulsation régulière. À partir de 1923, les œuvres de Schoenberg sont à la fois dodécaphoniques et sérielles. Les artisans de l'évolution vers le « sérialisme intégral », ou sérialisme « post webernien » sont, entre 1945 et 1955, P. Boulez, K. Stockhausen, H. Pousseur, L. Nono ou B. Maderna. Moment incontournable de la musique du XXe siècle, le sérialisme pose la question du rapport entre la rigueur du principe de composition et la perception de l'auditeur.
voir aussi **rythme, composition, dodécaphonisme**

sériation n. f. didact. Fait de sérier (des problèmes, des questions).

sérici- Élément (du grec *sêrikos* « de soie » → serge) qui signifie « soie ».

séricicole adj. (→ -cole) techn. Qui concerne l'élevage des vers à soie.

sériciculteur, trice n. Personne qui élève des vers à soie.

sériciculture n. f. Élevage des vers à soie.

séricigène adj. didact. Qui produit la sécrétion d'où l'on tire la soie. *Glandes séricigènes des vers à soie, des araignées.*

séricine n. f. (du latin *sericus* « de soie ») chim. L'une des protéines de la soie.

série n. f. (latin *series* « suite, enchaînement », de *serere* « tresser ») **1.** sc. Suite de nombres, d'expressions, de composés chimiques, etc. qui répondent à une loi. *Série de nombres. Série statistique.* **2.** Suite déterminée et limitée (de choses de même nature). *Une série de casseroles. Une série de questions.* – loc. *Série noire* : succession de catastrophes. *Une série d'attentats.* – *Tueur en série.* ■ spécialt Ensemble de vêtements, etc. comportant toutes les tailles. *Soldes de fins de séries.* – mus. Suite de douze demi-tons de la gamme chromatique (→ **sériel**). – *Série (télévisée)* : œuvre de fiction découpée en plusieurs épisodes, mettant souvent en scène des personnages récurrents. → **feuilleton, sitcom, soap-opéra.** **3.** Petit groupe constituant une subdivision d'un classement. → **catégorie.** *Ranger par séries.* – *Film de série B*, à petit budget. – sports Groupe de concurrents ; épreuve de qualification ; degré dans un classement. *Joueur de tennis tête de série.* **4.** Ensemble d'objets identiques fabriqués à la chaîne. *Fabrication en série. Voiture de série.* – fig. ***Hors série*** : hors du commun ; exceptionnel.

sériel, elle adj. **1.** didact. Qui forme une série ; qui se rapporte à une série. – mus. Fondé sur la série* des douze demi-tons. → **dodécaphonique.** *Musique sérielle.* **2.** Relatif aux récits à épisodes, aux séries télévisées. *Fiction, audience sérielle.*

sérier v. tr. < 7 > Classer, disposer par séries. *Il faut sérier les problèmes.*

sérieusement adv. **1.** D'une manière sérieuse, avec réflexion et application. **2.** Sans plaisanter. *Vous parlez sérieusement ?* **3.** Réellement. *Il songe sérieusement à déménager.* **4.** Fortement. *Elle est sérieusement malade.* → **gravement.**

sérieux, euse (latin médiéval *seriosus*) **I.** adj. **1.** Qui prend en considération ce qui mérite de l'être. → **posé, raisonnable.** *Un homme sérieux et réfléchi.* « *On n'est pas sérieux, quand on a dix-sept ans* » (Rimbaud). – Qui est fait dans cet esprit, avec soin. *Un travail sérieux.* → **consciencieux.** **2.** Qui ne rit pas, ne manifeste aucune gaieté. → **grave.** – fam. *Sérieux comme un pape*, très sérieux. **3.** Sur qui (ou sur quoi) l'on peut compter. → **sûr.** *Une amitié sérieuse. S'adresser à une maison sérieuse.* **4.** Qui ne prend pas de libertés avec la morale sexuelle. → **rangé, sage.** *Un mari sérieux.* → **fidèle.** - contr. **volage.** **5.** Qui ne peut prêter à rire, qui mérite considération. → **important.** *Revenons aux choses sérieuses.* – Qui compte, par la quantité ou la qualité. *Un sérieux effort.* → **important.** ■ Qui inspire de l'inquiétude. *La situation est sérieuse.* → ^{1}**critique, préoccupant.** **6.** Qui n'est pas fait pour l'amusement. *Des lectures sérieuses.* **II.** n. m. **1.** État d'une personne qui ne rit pas, ne plaisante pas. → **gravité.** *Garder son sérieux*, rester grave. **2.** Qualité d'une personne sérieuse, appliquée. *Manquer de sérieux.* **3.** Caractère d'une chose que l'on doit prendre en considération. *Le sérieux d'un projet.* → **solidité.** – ***Prendre (qqch., qqn) au sérieux***, lui attacher de l'importance, le considérer comme sérieux. – pronom. *Se prendre au sérieux*, attacher une importance exagérée à sa propre personne.

sérigraphie n. f. (→ sérici-) techn. Procédé d'impression à l'aide d'un écran de tissu (soie, etc.). – Œuvre réalisée par ce procédé.

serin n. m. (du grec *seirein*) **1.** Petit passereau chanteur au plumage généralement jaune. → ^{1}**canari.** – en appos. invar. *Jaune serin*, vif et clair. **2.** fam., vieilli Niais, nigaud.

sérine n. f. (de *séricine*) biochim. Acide aminé des protéines (de la soie, en particulier) qui possède une fonction alcool pouvant acquérir un radical phosphoryle.

seriner v. tr. < 1 > Répéter inlassablement (qqch. à qqn). – Ennuyer (qqn) en lui répétant souvent la même chose.

seringa ou **seringat** n. m. (du latin → seringue) Arbrisseau à fleurs blanches très odorantes.

seringue n. f. (latin *syringa*, grec *surinx* « roseau ; flûte ») Instrument (petite pompe munie d'une aiguille) utilisé pour injecter des liquides dans l'organisme ou en prélever (→ piqûre).

séringuéro [seʀiŋgweʀo] n. m. (mot portugais, de *seringa*) Récolteur de caoutchouc, dans la forêt brésilienne. - var. seringuero [seʀiŋgweʀo].

sérique adj. (de *sérum*) Relatif à un sérum. – *Accident sérique* : allergie provoquée par l'injection d'un sérum étranger. – biochim. *Enzymes sériques* (transaminase, phosphatase...).

Serkin (Rudolf) Pianiste autrichien, d'origine russe, naturalisé américain (1903-1991). Il se consacra surtout à la musique de chambre de Beethoven, Brahms et Schubert.

Serlio (Sebastiano) Architecte et théoricien italien (1475-v. 1554). Il est l'auteur d'un vaste traité d'architecture qui vulgarise les connaissances sur l'art antique. À partir de 1540, il travailla pour François Ier et édifia le château d'Ancy-le-Franc.

serment n. m. (vient du latin *sacramentum* → sacrement) **1.** Affirmation ou promesse solennelle faite en invoquant un être ou un objet sacré, une valeur morale reconnue. → jurer ; parole d'honneur. *Prêter serment. Témoigner sous serment.* – Engagement solennel prononcé en public. *Serment professionnel* (→ assermenté). *Serment d'Hippocrate*, énonçant les principes de déontologie médicale. **2.** Promesse ou affirmation particulièrement ferme. *Je vous en fais le serment.* – loc. *Serment d'ivrogne**. ■ spécialt Promesse d'amour durable, de fidélité.

Serments de Strasbourg Premier texte connu écrit en langue romane (langue d'oïl) en 842.

sermon n. m. (latin *sermo* « conversation ») **1.** Discours prononcé en chaire par un prédicateur (notamment catholique). → homélie, prêche, [1]prédication, prône. *Les sermons de Bossuet, de Bourdaloue.* **2.** péj. Discours moralisateur et ennuyeux. *Faire un sermon à qqn* (→ sermonner).

sermonnaire n. didact. Auteur, autrice de sermons. ■ n. m. Recueil de sermons.

sermonner v. tr. < 1 > Adresser des conseils ou des remontrances à (qqn).

sermonneur, euse n. Personne qui aime à sermonner.

séro- Élément tiré de *sérum*.

séroconversion n. f. méd. Le fait pour un sujet séronégatif, de devenir séropositif (ou plus rarement, l'inverse).

sérodiagnostic [seʀodjagnɔstik] n. m. méd. Diagnostic de maladies infectieuses fondé sur la recherche, dans le sérum du patient, d'anticorps spécifiques (des antigènes de l'agent infectieux). *Sérodiagnostic du sida.*

sérodiscordant, ante adj. *Couple sérodiscordant*, dont l'un des partenaires est séropositif et l'autre séronégatif. - syn. sérodifférent, ente.

sérologie n. f. sc. Étude des sérums (notamment du point de vue immunologique). □ adj. sérologique □ n. sérologiste

séronégatif, ive adj. et n. (Personne) qui présente un sérodiagnostic négatif, dont le sérum sanguin ne contient pas d'anticorps spécifiques d'un antigène donné (spécialt, à propos du virus du sida). □ n. f. séronégativité

sérophobie n. f. didact. Attitude d'hostilité, de discrimination envers les personnes séropositives. □ adj. et n. sérophobe

séropositif, ive adj. et n. (Personne) qui présente un sérodiagnostic positif, dont le sérum sanguin contient des anticorps spécifiques d'un antigène donné (spécialt, à propos du virus du sida). - abrév. fam. séropo. *Les séropos.* □ n. f. séropositivité

sérosité n. f. (de *séreux*) Liquide organique sécrété et contenu dans les cavités séreuses. *Épanchement de sérosité.*

sérothérapie n. f. méd. Emploi thérapeutique de sérums sanguins immunisants. □ adj. sérothérapique

sérotonine n. f. (anglais *serotonin*) biochim. Substance aminée élaborée par certaines cellules de l'intestin et du cerveau, jouant un rôle important comme vasoconstricteur et neurotransmetteur.

Serov (Aleksandr Nikolaïevitch) Compositeur et critique musical russe (1820-1871). Ses opéras marquent une étape importante dans le développement de l'art lyrique en Russie. *Judith ; La Puissance du mal.*

Serov (Valentin Aleksandrovitch) Peintre russe (1865-1911). Fils d'Aleksandr Serov. Il fut influencé par l'impressionnisme et s'illustra particulièrement comme portraitiste. *Ida Rubinstein ; La Pavlova.*

Serov Ville de Russie, dans l'Oural. 106 000 habitants. Centre minier et métallurgique.

sérovaccination n. f. méd. Immunisation par l'action d'un sérum associé à un vaccin.

Serpa Pinto (Alexandre Alberto da Rocha) Explorateur portugais (1846-1900). Il explora la région entre le Congo et le Zambèze, traversa le Kalahari et rejoignit Pretoria et Durban (1879). Il fut gouverneur du Mozambique (1889).

serpe n. f. (vient du latin pop. *sarpa*, de *sarpere* → sarment) Outil formé d'une large lame tranchante en croissant, montée sur un manche, et servant à tailler le bois, à élaguer. → faucille. – loc. *Visage taillé à la serpe*, anguleux.

serpent n. m. (vient du latin *serpens*, du p. prés. de *serpere* « ramper ») **1.** Reptile à corps cylindrique très allongé, dépourvu de membres apparents (→ ophidien). *Une morsure de serpent. Serpent venimeux.* – *Serpent à lunettes* : naja. *Serpent à sonnettes* : crotale. **2.** Représentation symbolique ou religieuse de cet animal. – *Le serpent*, symbole de l'esprit du mal, dans la Bible (Genèse). – mythol. *Les serpents, attributs des Furies. « Pour qui sont ces serpents qui sifflent sur vos têtes ? »* (Racine). – *Serpent de mer* : monstre marin mythique ; fig. thème rebattu. **3.** par métaphore (allusion aux caractères attribués au serpent) *Une prudence, une ruse de serpent*, extrême. – Personne perfide. ■ Chose dangereuse. *« L'abominable serpent de jalousie »* (Gide). **4.** mus. Ancien instrument à vent, de forme sinueuse et percé de trous.

serpentaire n. m. (latin zool. *serpentarius*) Oiseau rapace diurne d'Afrique, qui se nourrit de reptiles.

serpente n. f. (de *serpent*, le filigrane figurant cet animal) techn. Papier très fin et transparent servant à protéger les gravures des livres.

serpenteau n. m. **1.** Jeune serpent. **2.** techn. Petite fusée volante à mouvement sinueux (feux d'artifice).

serpenter v. intr. < 1 > Aller ou être disposé suivant une ligne sinueuse. → onduler, sinuer. *Rivière qui serpente à travers champs.*

serpentin (→ serpent) **I.** n. m. **1.** Tuyau en spirale ou à plusieurs coudes (dans un appareil). **2.** Petit rouleau de papier coloré qui se déroule quand on le lance. **II.** adj. littér. Qui a la forme sinueuse du serpent. *Démarche serpentine.*

serpentine n. f. minéralogie Roche métamorphique (silicate de magnésium) à la masse vert sombre parcourue de petits filons fibreux.

serpette n. f. Petite serpe. *Serpette de vigneron.*

serpigineux, euse adj. (du bas latin *serpedo* « dartre ») méd. Se dit de certaines affections de la peau (ulcères, érésipèles...) qui guérissent à un endroit en progressant ailleurs.

serpillière ou **serpillère** n. f. (origine incertaine, p.-ê. du latin pop. *sirpicularia*) Pièce de toile grossière servant à laver les sols. → régional loque, panosse, wassingue.

serpolet n. m. (du provençal, d'origine grecque) Plante odoriférante, variété de thym sauvage, utilisée comme aromate.

Serpollet (Léon) Ingénieur français (1858-1907). Ses voitures à vapeur furent les premières à atteindre la vitesse de 120 km/h.

Serpoukhov Ville de Russie, au S. de Moscou. 131 000 habitants. Forteresse bâtie en 1556 par Ivan le Terrible. Observatoire astronomique. Centre de recherches nucléaires.

serpule n. f. (latin zool. *serpula* « petit serpent ») zool. Ver marin (annélide) vivant dans un tube calcaire.

Serra (Richard) Sculpteur américain (né en 1939). Son œuvre monumentale explore, dans l'esprit du mouvement minimaliste, les potentialités des matériaux industriels (acier). *Slat ; Clara-Clara.*

Serrabonne (collégiale de) Collégiale des Pyrénées-Orientales, fondée en 1082 et agrandie au XIIe siècle.

serrage n. m. Action de serrer ; son résultat. *Collier de serrage.*

serran n. m. (latin *serra* « scie de mer ») Poisson carnassier des mers chaudes, appelé aussi *perche de mer.*

serrano n. m. (marque déposée ; espagnol *jamón serrano* « jambon de montagne ») Jambon cru séché (spécialité espagnole).

Serrano y Domínguez (Francisco), duc de la Torre Général et homme politique espagnol (1810-1885). Chef du parti libéral, il prit la tête du soulèvement de 1868 qui provoqua le renversement de la reine Isabelle II. Il fut nommé régent (1869-1871), puis président du Conseil du roi Amédée. Il dut se réfugier en France au retour d'Alphonse XII.

serratule n. f. (latin *serratula* « petite scie ») bot. Plante vivace à feuilles dentelées et fleurs violettes. → sarrette.

Serrault (Michel) Acteur français (1928-2007). Il eut un grand succès populaire au théâtre de boulevard avec Jean Poiret (*La Cage aux folles*). Au cinéma, son humour froid et son jeu précis firent de lui l'un des interprètes privilégiés de Claude Chabrol (*Les Fantômes du chapelier*), Claude Miller (*Garde à vue*), Jean-Pierre Mocky (*À mort*

Michel Serrault dans *Les Fantômes du chapelier* de Claude Chabrol (1982).

l'arbitre) ou Claude Sautet *(Nelly et M. Arnaud).*

serre n. f. (de *serrer*) **I.** surtout au plur. Griffe ou ongle de certains oiseaux (spécialt les rapaces). **II.** Construction vitrée où l'on met les plantes à l'abri, où l'on cultive les végétaux exotiques ou délicats. *Tomates de serre.* – *Effet de serre :* réchauffement de l'atmosphère terrestre dû à l'absorption sélective de l'atmosphère qui laisse passer la lumière visible mais arrête les infrarouges. *Gaz à effet de serre.*

Serre (Pierre, comte de) Homme politique français (1776-1824). Il fut président de la Chambre des députés (1817), puis ministre de la Justice, et fit adopter une loi libérale sur la presse.

Serre (Jean-Pierre) Mathématicien français (né en 1926). Professeur au Collège de France, il s'est particulièrement intéressé à l'algèbre homologique. Médaille Fields 1954.

serré, ée adj. **1.** Comprimé, contracté. *Avoir la gorge serrée.* **2.** Qui s'applique étroitement sur le corps. → **ajusté.** ■ (personnes) *Être serré dans son pantalon.* → **boudiné. 3.** au plur. Placés l'un tout contre l'autre. *Serrés comme des harengs, des sardines.* – *En rangs serrés.* **4.** Dont les éléments sont très rapprochés. → **compact, dense.** *Herbe serrée.* → **dru.** *Une écriture serrée.* – *Un café serré,* fort. → **tassé. 5.** abstrait Qui dit beaucoup en peu de mots. → **concis.** *Un style serré.* ■ *Une négociation serrée,* difficile, acharnée. – **adv.** *Il faut jouer serré.*

Serreau (Jean-Marie) Homme de théâtre français (1915-1973). Il dirigea plusieurs théâtres parisiens de la rive gauche, fonda le théâtre de la Tempête, et contribua par ses mises en scène à faire connaître les auteurs contemporains, de Beckett à Césaire.

Serreau (Coline) Cinéaste, scénariste et actrice française (née en 1947). Fille de Jean-Marie Serreau, elle a écrit et réalisé notamment *Trois Hommes et un couffin* et *La Crise.* Dramaturge *(Quisaitout et Grobêta),* elle a aussi assuré des mises en scène d'opéra *(Le Barbier de Séville)* et de théâtre *(L'École des femmes).* Académie des beaux-arts.

Coline Serreau en 2005 lors du tournage de *Saint-Jacques... La Mecque.*

Serre-Chevalier Station de sports d'hiver des Hautes-Alpes, dans le Briançonnais.

serre-fil n. m. ou **serre-fils** [sɛʀfil] n. m. invar. techn. Dispositif servant à connecter deux fils électriques. *Des serre-fils.*

serre-file n. **1.** Militaire placé(e) derrière une troupe en marche. *Des serre-files.* **2.** n. m. mar. Dernier navire d'une ligne de convoi, de combat.

serre-joint n. m. techn. Outil servant à maintenir serrées les unes contre les autres des planches assemblées ou collées par des joints. *Des serre-joints.*

serre-livre n. m. ou **serre-livres** n. m. Objet servant à maintenir des livres debout, serrés les uns contre les autres. *Des serre-livres.*

serrement n. m. Action de serrer. *Serrement de main :* poignée de main. – Fait d'être serré, contracté. *Un serrement de gorge.* – *Serrement de cœur,* sentiment de tristesse. → **pincement.**

serre (effet de)

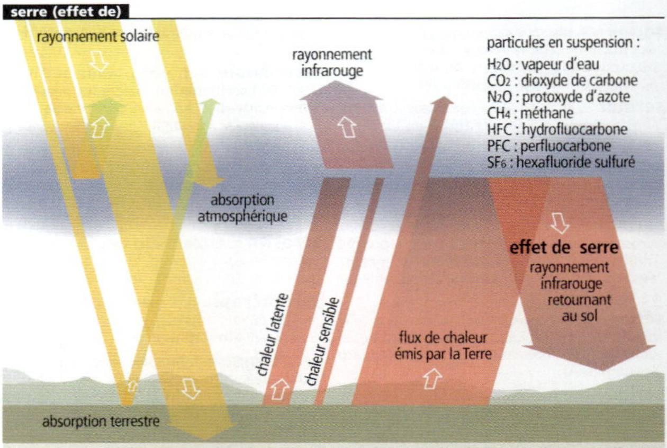

Une partie de la chaleur apportée par le rayonnement solaire est réfléchie par le sol. Des gaz à effet de serre, d'origine naturelle ou anthropique, absorbent ce rayonnement et réchauffent l'atmosphère. Une augmentation significative des gaz à effet de serre pourrait provoquer un changement climatique terrestre.

Serre-Ponçon (barrage de) Barrage construit sur la Durance en aval du confluent avec l'Ubaye (Hautes-Alpes). Sa retenue (3 000 ha, 20 km de longueur) est l'une des plus vastes d'Europe. Centrale hydroélectrique.

serrer v. tr. < 1 > (vient du latin « fermer ») **1.** vieux Fermer. – mod., régional Ranger ; mettre à l'abri. **2.** Saisir ou maintenir vigoureusement, de manière à comprimer. → **empoigner.** *Serrer qqch. dans sa main.* – *Serrer la main à qqn* (pour le saluer). – Prendre (qqn) entre ses bras et tenir pressé (contre soi). → **embrasser, étreindre.** *Serrer qqn contre soi. Serrer qqn dans ses bras.* **3.** (sensation) Faire peser une sorte de pression sur (la gorge, le cœur). *Émotion qui serre le cœur.* **4.** Disposer (des choses, des personnes) plus près les unes des autres. → **rapprocher.** *Serrez les rangs !* **5.** Maintenir énergiquement fermé (le poing), rapprocher énergiquement (les mâchoires...). → **²contracter. 6.** Rendre plus étroit (un lien). *Serrer une ceinture.* loc. fig. *Se serrer la ceinture*.* – (choses) Comprimer en entourant. *Cette jupe me serre, me serre la taille.* **7.** Faire mouvoir de manière à rapprocher deux choses, à fermer un mécanisme. *Serrer un robinet.* – loc. *Serrer la vis* à qqn.* **8.** Rester, passer tout près de. *Serrer qqn de près.* → **talonner.** ■ *Serrer sa droite* (en conduisant). – intrans. *Serrez à droite.* ■ **se serrer** v. pron. (réfl.) Se mettre tout près de, tout contre (qqn). *Se serrer contre qqn.* → se **blottir.** – (récipr.) Se rapprocher jusqu'à se toucher. *Serrez-vous, faites-nous un peu de place.*

Serres (Olivier de) Agronome français (v. 1539-1619). Il préconisa l'assolement et fut l'un des pionniers de la culture du mûrier à soie. Son œuvre majeure, le *Théâtre d'agriculture et mesnage des champs,* est considérée comme le premier traité d'agriculture raisonnée moderne.

Serres (Michel) Philosophe français (1930-2019). Il est l'auteur d'ouvrages d'histoire des sciences et des idées *(Hermès),* de textes sur l'art et d'essais philosophiques *(Le Tiers instruit).* Il s'est fait le défenseur d'une philosophie optimiste et ouverte sur le progrès des sciences et des techniques. La question de la communication est, en outre, au cœur de sa réflexion *(Hominescence).* Académie française.

Serrès ou **Serrai** Ville de Grèce (Macédoine centrale). 60 000 habitants. Marché agricole.

serre-tête n. m. Bandeau, demi-cercle qui maintient les cheveux. *Des serre-têtes.*

serrette voir **sarrette**

serriste n. (de *serre* II) techn. Spécialiste des cultures en serres.

serrure n. f. (de *serrer*) Dispositif fixe de fermeture (d'une porte, etc.) comportant un mécanisme (→ **¹gâche, pêne**) qu'on manœuvre notamment à l'aide d'une clé.

serrurerie n. f. **1.** Métier de serrurier ; fabrication et commerce des serrures, verrous, etc. **2.** Confection d'ouvrages en fer. *Serrurerie d'art.* → **ferronnerie.**

serrurier, ière n. **1.** Artisan qui fait, vend ou pose des serrures, fabrique des clés. **2.** Entrepreneur, ouvrier en serrurerie (2).

Sers Commune de Charente. 895 habitants. Abri-sous-roche *(le roc de Sers)* orné de bas-reliefs préhistoriques (solutréens).

Sert (Josep Lluis) Architecte américain d'origine espagnole (1902-1983). Il travailla avec Le Corbusier jusqu'en 1939 puis s'exila aux États-Unis où il créa le premier cours d'urbanisme. On lui doit notamment les plans des villes de Bogotá et de La Havane, la Fondation Maeght à Saint-Paul de Vence et la Fondation Miró à Barcelone.

sertão [sɛʀtɑ̃] n. m. (mot portugais du Brésil) géogr. Zone semi-aride du nord-est du Brésil, éloignée des côtes, où l'on pratique l'élevage extensif.

Sertão n. m. Région sèche du Nordeste brésilien couvrant 1 000 000 ha dans les États de Bahia et du Piauí.

serte n. f. (de *sertir*) techn. Sertissage.

sertir v. tr. < 2 > (vient du latin) **1.** Enchâsser (une pierre précieuse). – au p. p. *Rubis serti dans une monture.* – *Serti de :* incrusté de. **2.** techn. Assujettir, sans soudure, une pièce métallique à une autre.

sertissage n. m. Action de sertir.

sertisseur, euse n. Personne qui sertit.

sertissure n. f. Manière dont une pierre précieuse est sertie. – Partie du chaton qui sertit la pierre.

Sertorius Général romain (v. 123-72 av. J.-C.). Lieutenant de Marius, il lutta contre Sylla. Il organisa en Espagne un simulacre de république romaine. Combattu par Pompée, il s'allia à Mithridate mais fut assassiné.

sérum [seʀɔm] n. m. (latin *serum* « petit-lait ; liquide séreux ») **1.** *Sérum sanguin,* partie liquide du plasma sanguin. → **séro-. 2.** *Sérum thérapeutique,* préparation à base d'un sérum sanguin contenant un anticorps spécifique, utilisée en injections à titre curatif ou préventif. *Sérum antitétanique.* – *Sérum de vérité,* barbiturique (→ **penthotal**) utilisé pour diminuer la vigilance du sujet et lui faire révéler des faits qu'il tiendrait cachés. – *Sérum physiologique,* solution saline de même concentration moléculaire que le plasma sanguin. **3.** Produit cosmétique pour le soin du visage. *Sérum anti-âge.*

sérumalbumine n. f. biochim. Principale protéine du plasma sanguin.

Sérurier (Jean Matthieu Philibert, comte) Maréchal de France (1742-1819). Rallié à la Révolution, il participa au coup d'État du 18 Brumaire. Pair de France après avoir voté la déchéance de Napoléon (1814), il rejoignit ce dernier lors des Cent-Jours et fut disgracié.

Sérusier (Paul) Peintre français (1864-1927). Il se lia avec Gauguin à Pont-Aven et fonda le groupe des nabis (1888).

Paul Sérusier, *Le Talisman, l'Aven au Bois d'Amour* (1888), musée d'Orsay, Paris.

servage n. m. (de *serf*) Condition du serf. *L'abolition du servage.*

serval n. m. (portugais *cerval* ; famille de *cerf*) Petit félin de la savane, à la robe tigrée.

Servance (ballon de) Sommet des Vosges (1 216 m).

Servandoni (Giovanni Niccolò) Architecte et peintre français (1695-1766). On lui doit notamment la façade de l'église Saint-Sulpice à Paris. Il fut célèbre pour ses décors d'opéra et de fêtes royales.

Servan-Schreiber (Jean-Jacques) Journaliste et homme politique français (1924-2006). Il fonda le journal *L'Express* et fut président du Parti radical de 1971 à 1979.

servant (de *servir*) **I.** adj. m. *Chevalier* servant.* **II.** n. m. **1.** Clerc ou laïque qui sert le prêtre pendant la messe basse. **2.** Soldat chargé d'approvisionner une pièce d'artillerie.

servante n. f. (fém. de *servant*) vieilli Jeune fille ou femme employée comme domestique.

Servanty (Lucien) Ingénieur aéronautique français (1909-1973). Il conçut le premier avion à réaction français, le *Triton* (1946), et fut le père du *Concorde* (1969).

serve voir **serf**

Servet (Michel) Théologien et médecin espagnol (v. 1509-1553). Il mit en question le dogme de la Trinité et se rapprocha du panthéisme. Il fut brûlé vif à l'instigation de Calvin.

serveur, euse n. **I. 1.** Personne qui sert les clients dans un café, un restaurant. → **barman, garçon ; barmaid.** – Personne qu'on engage en extra pour servir à table. **2.** Personne qui met la balle en jeu (tennis, etc.), qui distribue les cartes... **II.** n. m. Système informatique permettant la consultation directe d'une banque de données ; organisme exploitant un tel système. *Serveur de base de données.* – appos. *Centre serveur.*

serviabilité n. f. Caractère d'une personne serviable. → **obligeance.**

serviable adj. (de *servir*, d'après *amiable*) Qui est toujours prêt à rendre service. → **complaisant, obligeant.**

service n. m. (vient du latin *servitium*, de *servus* → serf) **I. 1.** (Obligation et action de servir) relig. Ensemble des devoirs envers la divinité. *Le service de Dieu.* – *Service divin* (messe, office). *Service funèbre, mortuaire* (funérailles). ■ Ensemble des devoirs des individus envers l'État, la société. *Le service de l'État.* – admin. *Service national* ; cour. ***service (militaire)*** : temps qu'un citoyen doit passer dans l'armée. – ***États de service*** : carrière d'un militaire. **2.** Travail particulier que l'on doit accomplir. → **fonction.** *Assurer un service. Être de service ; prendre son service.* ■ ***Service d'ordre*** : personnes assurant la surveillance, la discipline (réunions, assemblées...). **3.** Obligations d'une personne dont le métier est de servir qqn ; fonction de domestique. *Être au service de qqn, en service chez qqn.* ■ Travail de celui qui est chargé de servir des clients. *Service rapide et soigné.* – Rémunération de ce travail. *Le service est compris.* ■ *Escalier, entrée* ***de service,*** affecté aux fournisseurs, etc. **4.** Action, manière de servir des convives, de servir les plats à table. *Faire le service.* – *Restaurant en libre service.* → **libre-service, self-service.** – par ext. *En libre service* : dont on peut disposer librement. *Vélos en libre service.* **5.** Ensemble de repas servis à la fois (dans un restaurant, une cantine...). *Premier, deuxième service.* **6.** Assortiment de vaisselle pour la table. *Un service à thé.* – absolt *Un service de porcelaine.* ■ Assortiment de linge de table. **II. 1.** (dans des expr.) Fait de se mettre à la disposition de (qqn) par obligeance. *Je suis à votre service.* – (Suisse) *Service !,* de rien, je vous en prie. ■ ***Au service de...*** *Au service d'une cause.* **2.** ***Un, des services*** : ce que l'on fait pour qqn, avantage qu'on lui procure bénévolement. → **[1]aide, faveur.** *J'ai un service à vous demander. Un grand service ; un fier service.* – *Rendre un mauvais service à qqn,* lui nuire en croyant agir dans son intérêt. → **[2]desservir.** – (sujet personne ou chose) ***Rendre service à qqn,*** l'aider, lui être utile. **3.** au plur. Ce qu'on fait pour qqn contre rémunération. *Offrir ses services* (à un employeur). **4.** écon. Activité qui présente une valeur économique sans correspondre à la production d'un bien matériel. → **secteur tertiaire.** *Services à la personne* (aide aux personnes âgées, malades, handicapées...). **III. 1.** Ensemble d'opérations par lesquelles on fait fonctionner (qqch.). *Le service d'une pièce d'artillerie.* **2.** Coup par lequel on sert la balle (au tennis, etc.). *Service à la cuillère.* **3.** Expédition, distribution. *Le service d'une revue.* – loc. ***Service de presse*** *(d'un livre aux journalistes).* **4.** (dans des expr.) Usage, fonctionnement. *Mettre qqch.* ***en service.*** – ***Hors service*** (voir ce mot). **IV. 1.** Fonction d'utilité commune, publique (SERVICE PUBLIC) ; activité organisée qui la remplit. *Le service des postes.* – Le travail dans ces activités. *Il est à cheval sur le service,* très pointilleux. **2.** Organisation chargée d'une branche d'activités correspondant à une fonction. → **département.** *Services administratifs. Le service de pédiatrie d'un hôpital.* – *Le service commercial d'une entreprise.*

Service (Robert) Poète canadien d'origine britannique et d'expression anglaise (1874-1958). Il écrivit des poésies très populaires sur la ruée vers l'or au Yukon *(Songs of a Sourdough).*

Service du travail obligatoire (STO) Service établi en France par le gouvernement de Vichy (février 1943), pour fournir de la main-d'œuvre aux usines du Reich.

serviette n. f. (de *servir*) **1.** Pièce de linge dont on se sert à table ou pour la toilette. *Serviette de table, de toilette.* – *Serviette en papier.* **2.** ***Serviette hygiénique, périodique*** : bande de coton ou de cellulose utilisée comme protection externe pendant les règles. → aussi **tampon. 3.** Sac à compartiments, rectangulaire, servant à porter des papiers, des livres. → **attaché-case, porte-document.**

servile adj. (latin *servilis*, de *servus* → serf) **1.** didact. Propre aux esclaves et aux serfs. **2.** littér. Qui a un caractère de soumission avilissante. → **[1]bas, obséquieux.** *Un flatteur servile.* **3.** Qui est étroitement soumis à un modèle, dépourvu d'originalité. *Une servile imitation.*

servilement adv. D'une manière servile.

servilité n. f. littér. Caractère, comportement servile.

servir v. tr. < 14 > (vient du latin *servire* « être esclave » [cf. sergent], de *servus* → serf [même origine que *servare* « observer ; garder », cf. conserver, observer, réserver]) **I.** ***Servir*** *qqn.* **1.** S'acquitter d'obligations, de tâches envers (qqn, une institution à qui, à laquelle on obéit). *Il a bien servi son pays, l'État.* – absolt Être soldat. *Servir dans l'infanterie.* ■ (À titre de subordonné, etc.) *Servir le prêtre pendant la messe* (→ **servant**). – *Servir qqn* (comme domestique). ■ *Servir qqn à table.* – *Servir un client,* lui fournir ce qu'il demande. – iron. *En fait d'embêtements, nous avons été servis !* → **gâter. 2.** Aider, appuyer (qqn), en y employant sa peine, son crédit. *Servir qqn ; servir les intérêts de qqn. Servir une cause.* – (sujet chose) Être utile, favorable. *Sa discrétion l'a servi.* → **aider. II.** ***Servir*** *qqch.* **1.** Mettre à la disposition de qqn pour tel ou tel usage. *Servir un repas à qqn. Servir à boire.* – Mettre (la balle) en jeu (au tennis, etc.) ; distribuer (les cartes). – *Servir une rente à qqn.* → **allouer, verser. 2.** Mettre (une chose) en état de se dérouler ou de fonctionner. *Servir la messe.* – *Servir un canon.* **III.** v. tr. ind. **1.** ***Servir à.*** Être utile à (qqn). *Cela peut vous servir à l'occasion.* ■ Être utile à, utilisé pour (qqch.). *À quoi sert cet instrument ? Ne pleure pas, cela ne sert à rien.* **2.** ***Servir de.*** Être utilisé comme, tenir lieu de. *Servir de modèle à qqn. Cela te servira de leçon.* ■ **se servir** v. pron. **1.** Prendre ce dont on a besoin. *Servez-vous du vin, de vin.* **2.** ***Se servir de,*** utiliser. *Se servir d'un outil. Se servir de son expérience.* – *Se servir de qqn,* l'utiliser ; l'exploiter. **3.** passif Être servi. *Ce vin doit se servir très frais.*

serviteur n. m. (→ servir) **1.** littér. Celui qui sert (qqn, une institution envers qui, envers quoi il a des devoirs). *Un fidèle serviteur de l'État.* – vieilli Domestique. **2.** vieux (dans les formules de politesse) *Je suis votre serviteur.* – mod., plais. *Votre serviteur* : moi-même.

servitude n. f. (latin, de *servus* → serf) **1.** État de dépendance totale d'une personne soumise à une autre, d'un peuple, d'une nation soumis(e) à un(e) autre. → **asservissement, sujétion.** *Maintenir une minorité dans la servitude.* → **oppression. 2.** Ce qui crée ou peut créer un état de dépendance. → **contrainte.** *Les servitudes d'un métier.* **3.** dr. Charge que supporte un immeuble, un terrain pour l'utilité commune. *Servitude de passage.*

Servius Tullius Sixième roi de Rome (de 578 à 534 av. J.-C.). La légende lui attribue de grandes réformes sociales et administratives. Il agrandit la ville de Rome en construisant une nouvelle enceinte.

servo- Élément (du latin *servus* → serf) qui entre dans la composition de termes techniques et marque un asservissement mécanique.

servocommande n. f. techn. Mécanisme auxiliaire qui assure automatiquement, par amplification d'une force, le fonctionnement d'un ensemble.

servofrein n. m. techn. Servocommande de freinage.

servomécanisme n. m. techn. Mécanisme automatique capable d'accomplir une tâche complexe en s'adaptant aux consignes qu'il reçoit.

servomoteur n. m. techn. Organe servant à diriger le mouvement d'un moteur, d'un engin.

servovalve n. f. techn. Valve à ouverture commandée électriquement.

Servranckx (Victor) Peintre et théoricien belge (1897-1965). Il fut l'un des pionniers de l'art abstrait dans son pays.

ses adj. poss. voir ¹son

sésame n. m. (du latin, du grec) I. Plante oléagineuse originaire de l'Inde. *Huile de sésame.* – Graines de cette plante. *Biscuits au sésame.* II. (par allusion au conte d'Ali Baba, dans lequel la formule *« Sésame, ouvre-toi »* ouvre la caverne aux trésors) Mot, formule qui fait accéder à qqch., obtenir qqch.

sésamoïde adj. (→ -oïde) anat. *Os sésamoïdes* : petits os du carpe et du tarse.

sesbania n. m. (latin bot. *sesbanus*, pris à l'arabo-persan) bot. Arbrisseau tropical cultivé en Inde pour la filasse tirée de ses tiges. - var. **sesbanie** n. f.

Sésostris Nom de plusieurs pharaons du Moyen Empire égyptien (XIIe dynastie, de 1970 à 1843 av. J.-C.). Le plus remarquable est **Sésostris III** (v. 1878-1843 av. J.-C.). Il étendit l'influence de l'Égypte sur la mer Rouge, la Palestine, la Syrie et la Crète.

sesquiterpène [sɛskɥitɛʀpɛn] n. m. (de *sesqui-* « une fois et demie » et *terpène*) chim. Terpène formé de trois unités d'isoprène ($C_{15}H_{24}$).

sessile adj. (latin *sessilis*) didact. *Organe sessile,* attaché directement, sans pédicule ni pétiole. ■ *Tumeur sessile,* sans pédicule.

session n. f. (du latin, de *sedere* → seoir) Période pendant laquelle une assemblée est apte à tenir séance. *Session extraordinaire du Parlement.* – Période pendant laquelle siège un jury d'examen. *La session de juin.* ■ inform. Exécution d'un programme pour un utilisateur donné.

sesterce n. m. (latin *sestertius*) Ancienne monnaie romaine, division du denier.

Sesto San Giovanni Ville d'Italie (Lombardie). 78 850 habitants. Sidérurgie.

Sestrières Commune d'Italie (Piémont). 840 habitants. Station d'été et de sports d'hiver.

set [sɛt] n. m. (mot anglais, de *to set* « poser ; établir ») anglic. I. Manche d'un match de tennis, etc. *Match en trois sets.* II. *Set (de table),* napperons d'un service de table ; abusivt un de ces napperons.

sétacé, ée adj. (du latin *saeta* « soie ») bot. Qui a les caractères morphologiques des soies de porc. *Feuilles sétacées de certaines mousses.*

Sète Commune de l'Hérault, sur la Méditerranée. 44 576 habitants. 1er port de pêche et 2e port de commerce français sur la Méditerranée. Industries chimique et agroalimentaire. Musée Paul-Valéry. La ville naquit en 1666 lorsque Colbert y fonda un port.

Seth Personnage biblique, troisième fils d'Adam et Ève, né après le meurtre d'Abel et la fuite de Caïn.

S

Seth Dieu de la Violence, dans l'ancienne Égypte. Il tua son frère Osiris et fut le rival d'Horus.

Horus et Seth liant les royaumes du Nord (papyrus) et du Sud (roseau), détail d'un socle de Sésostris Ier (IIe millénaire av. J.-C.), Musée égyptien, Le Caire.

Séthi Ier Deuxième pharaon de la XIXe dynastie (de 1312 à 1300 av. J.-C.). Père de Ramsès II, il consolida les frontières du royaume par des campagnes militaires et entreprit la construction de temples à Karnak, Gourna (Thèbes) et Abydos.

setier [sətje] n. m. (vient du latin *sextarius* « sixième », de *sex* → six) anciennt Mesure pour les grains (entre 150 et 300 litres).

Sétif en arabe **Sīf** Ville d'Algérie. 252 000 habitants. Université. Marché agricole. En mai 1945, des émeutes nationalistes y furent réprimées dans le sang.

séton n. m. (ancien provençal *sedon*, du latin *saeda* « soie ») Drain passé sous la peau avec deux orifices différents. – *Blessure, plaie en séton,* à deux orifices d'entrée et de sortie, faits par un projectile.

Seto Naikai ou **mer Intérieure** Mer intérieure du Japon, entre les îles Honshū, Shikoku et Kyūshū. Plus de 300 îles sont réparties sur sa surface.

setter [setɛʀ] n. m. (mot anglais, de *to set* « s'arrêter » → set) Chien de chasse à poils longs. *Setter irlandais.*

Settons (lac des) Lac artificiel du Morvan (Nièvre) formé par un barrage sur la Cure. Environ 400 ha. Centre touristique.

Setúbal Ville du Portugal (Estrémadure), sur l'estuaire du Sado. 98 470 habitants. Port de pêche. Centre industriel. Tourisme.

Seudre n. f. Fleuve côtier de la Saintonge. 70 km. Elle se jette dans l'Atlantique au S. de Marennes. Ostréiculture dans son estuaire.

seuil n. m. (vient du latin *solea* « sandale ; sole [poisson] », *cf.* ¹et ²sole, de *solum* → ¹sol) 1. Dalle ou pièce de bois qui forme la partie inférieure de l'ouverture d'une porte ; entrée d'une maison. → **¹pas** de la porte. *Franchir le seuil.* 2. par métaphore *Au seuil de* : au commencement de. *Au seuil de l'hiver.* 3. didact. Limite au-delà de laquelle se mettent en place de nouvelles conditions. *Seuil critique.*

seul, seule adj. (vient du latin *solus* « unique ; isolé » → désoler, soliloque, solitude) I. (attribut) 1. Qui se trouve sans compagnie, séparé des autres. → **isolé, solitaire.** *Vivre seul.* – *Être seul avec qqn,* sans autre compagnie. – *Il faut que je vous parle* **seul à seul** : en particulier. – loc. subst. *Seul(e) en scène.* → anglic. **one man show.** *Des seuls en scène.* 2. Qui a peu de relations avec d'autres personnes. *Être seul, seul au monde.* → **esseulé.** 3. Unique. *Elle se croit seule de son espèce.* II. (épithète) 1. après le n. Qui n'est pas accompagné. *« Un homme seul est toujours en mauvaise compagnie »* (Valéry). – loc. *Faire cavalier* seul.* 2. avant le n. Un (et pas plus). → **unique.** *C'est ma seule consolation. D'un seul coup. À la seule idée de...* → **simple.** III. valeur d'adv. 1. Seulement. (en tête de phrase) *Seuls comptent les faits.* – (après un n., un pronom) *Lui seul en est capable.* 2. Sans aide. *Je vais le faire seul, tout seul.* – *Cela ira tout seul,* sans difficulté. 3. (renforçant une loc.) *Pour cette seule raison que... Dans la seule intention de...* IV. n. *Un, une seul(e)* : une seule personne, une seule chose. *Par la volonté d'un seul. Un seul de ces tableaux vaut une fortune.* – **Le, la seul(e)** : la seule personne. *Elle est la seule à m'avoir aidé.*

seulement adv. 1. Sans rien d'autre que ce qui est mentionné. → **exclusivement, rien** que, **simplement, uniquement.** *L'homme ne vit pas seulement de pain* (allusion biblique). *Non* seulement... mais encore...* – *Elle vient seulement d'arriver,* à l'instant même. → **juste.** 2. loc. (souhait) *Si seulement* : si encore, si au moins. ■ math., log. *Si et seulement si* (condition nécessaire et suffisante). 3. (en tête de proposition) Sert à introduire une restriction. → **mais.** *C'est une belle rose, seulement elle coûte cher.* 4. fam. (renforce un impér.) *Essaie seulement !* 5. (Suisse) (atténue un impér.) *Entrez seulement ! Faites seulement* : allez-y, je vous en prie.

seulet, ette adj. vieux Seul. *« Seulette m'a mon doux ami laissée »* (Christine de Pisan).

Seuphor (Fernand Louis Berckelaers, dit Michel) Écrivain et dessinateur français d'origine belge (1901-1999). Il créa plusieurs revues d'art moderne *(Cercle et Carré)* et devint l'un des principaux théoriciens de l'abstraction. *La Peinture abstraite, sa genèse, son expansion ; Le Style et le Cri.*

Seurat (Georges) Peintre et dessinateur français (1859-1891). Théoricien du divisionnisme ou pointillisme, il appliqua ses principes avec un génie de la composition et un art raffiné de la couleur. *Un dimanche à la Grande Jatte ; Cirque.*

Sevan (lac) Lac d'Arménie, à 1 900 m d'altitude. 1 240 km². Énergie hydraulique.

sève n. f. (vient du latin *sapa* « vin cuit ») 1. Liquide nutritif qui circule dans les plantes vasculaires. *Arbre en pleine sève.* 2. fig., littér. Principe vital ; énergie. *La sève de la jeunesse.* → **vigueur, vitalité.**

Séverac (Déodat de) Compositeur français (1873-1921). Il est l'auteur de mélodies imprégnées de folklore languedocien *(Mélodies en langue d'oc)* et de pièces pour piano *(Cerdaña).*

sévère adj. (latin *severus* « sérieux, dur », *cf.* persévérer) 1. Qui n'admet pas qu'on manque à la règle ; prompt à punir ou à blâmer. → **dur, exigeant.** *Être sévère avec qqn, envers qqn.* – *Un visage sévère.* 2. (choses) Qui punit, blâme durement. *De sévères critiques.* – Très rigoureux. *Des mesures sévères.* 3. littér. Qui est austère, ne cherche pas à plaire. *Une élégance sévère.* 4. Très grave, très difficile. *Une sévère défaite.* → **lourd.**

Sévère (les) Nom donné aux empereurs romains de la dynastie fondée par Septime Sévère (193-211), et représentée après lui par Geta, Caracalla, Élagabal et Sévère Alexandre.

Sévère en latin **Flavius Valerius Severus** (mort en 307). Empereur romain (306-307). Dioclétien le nomma césar et Galère, auguste. Il gouverna l'Afrique et l'Italie et fut vaincu par Maxence.

Sévère Alexandre (v. 208-235). Empereur romain (222-235). Il lutta contre les Perses et les Germains et fut tué à Mayence par ses soldats.

sévèrement adv. 1. Avec sévérité. 2. Gravement. *Malade sévèrement atteint.* → **sérieusement.**

Séverin (saint) Moine (mort v. 482). Il évangélisa la Norique (l'Autriche actuelle) et est vénéré à Naples où ses reliques ont été transférées.

Séverin (saint) Ermite chrétien (mort v. 540). Il vécut à Paris, à l'emplacement de l'église qui porte son nom. Il eut saint Cloud pour disciple.

Severini (Gino) Peintre et mosaïste italien (1883-1966). D'abord futuriste, il s'orienta vers le cubisme avant d'évoluer vers l'abstraction géométrique après la Seconde Guerre mondiale.

sévérité n. f. (→ sévère) 1. Caractère ou comportement d'une personne sévère. → **dureté.** 2. Caractère rigoureux (d'une peine, etc.). *Sévérité d'un verdict.* 3. littér. Caractère austère, sérieux. → **austérité.**

Severn n. f. Fleuve de Grande-Bretagne, le plus long du pays (354 km avec l'estuaire). La Severn se jette dans le canal de Bristol.

Severn n. f. Fleuve du Canada (Ontario), tributaire de la baie d'Hudson (980 km).

Severnaïa Zemlia Archipel de Russie, dans l'océan Arctique. 37 600 km². Il ne fut découvert qu'en 1913 et reste inhabité. Stations météorologiques.

Severodvinsk Ville de Russie, sur la mer Blanche. 201 500 habitants. Scieries. Pêche. Elle fut appelée *Sydostroï* jusqu'en 1938 puis *Molotovsk* de 1938 à 1957.

Seurat (Georges)

Georges Seurat, *Une baignade à Asnières* (1884), National Gallery, Londres.

Seveso Ville d'Italie (Lombardie). 18 730 habitants. Industries chimiques. En 1976, une fuite de dioxine entraîna l'évacuation de la population. Une directive européenne (1982) a établi les bases d'une politique commune de prévention des risques industriels. Elle a été renforcée par les directives Seveso II (1996-2014) puis Seveso III (2015).

sévices n. m. pl. (latin *saevitia* « violence », de *saevus* → sévir) Mauvais traitements corporels exercés sur qqn qu'on a sous son autorité, sous sa garde. → **coup, violence.** *Sévices sur des enfants.* → **maltraitance.** *Sévices sexuels.*

Sévigné (Marie de Rabutin-Chantal, marquise de) Femme de lettres française (1626-1696). Elle a tenu une vaste correspondance, notamment avec sa fille, Mme de Grignan. Par leur liberté d'esprit et leur fraîcheur de style, ses lettres constituent un précieux témoignage sur son temps.

Séville Ville d'Espagne, capitale de la communauté autonome d'Andalousie, sur le Guadalquivir. 691 390 habitants. Principal port fluvial du pays. Cathédrale gothique, tour-minaret de la Giralda, Alcázar. Musées. Industries (métallurgie, textile). Tourisme. La ville se développa sous les dominations romaine, wisigothe puis arabe à partir de 712. Capitale du royaume des Abbadides au XIe s., Séville fut reprise par Ferdinand III de Castille en 1248. Du XVIe au XVIIIe s., elle prospéra grâce au commerce avec les Amériques.

sévir v. intr. < 2 > (latin, de *saevus* « furieux ; cruel ») **1.** Exercer la répression avec rigueur. *Les autorités sont décidées à sévir.* → **punir. 2.** (d'un fléau) Exercer des ravages. *Épidémie qui sévit.* **3.** plais. Exercer son activité (quelque part). *Il sévit dans divers journaux.*

sevrage n. m. **1.** Action de sevrer (un nourrisson, un animal...). **2.** Privation d'alcool ou de drogue, lors d'une désintoxication.

Sevran Commune de la Seine-Saint-Denis, sur le canal de l'Ourcq. 51 778 habitants. Constructions mécaniques. Parc forestier.

Sèvremoine Commune du Maine-et-Loire. 25 519 habitants.

Sèvre Nantaise n. f. Rivière de l'O. de la France. 125 km. Née dans les Deux-Sèvres, elle conflue à Nantes avec la Loire.

Sèvre Niortaise n. f. Fleuve côtier du Poitou et de l'Aunis. 150 km. Née dans les Deux-Sèvres, elle arrose Niort, reçoit la Vendée et se jette dans l'Atlantique par la baie de l'Aiguillon.

sevrer v. tr. < 5 > (vient du latin, de *separare* → séparer) **1.** Cesser progressivement d'alimenter en lait (un enfant ; un jeune animal), pour donner une nourriture plus solide. – par analogie *Sevrer un toxicomane.* → **sevrage. 2.** agric. Séparer du pied mère (un greffon, une marcotte). **3.** littér. *Sevrer qqn de,* le priver de (qqch. d'agréable). → **frustrer.** – au p. p. *Une enfant sevrée de tendresse.*

sèvres n. m. (du n. de la ville) Porcelaine fabriquée à la manufacture de Sèvres ; objet fait avec cette porcelaine. *Service en sèvres.*

Vase en porcelaine dure de la manufacture de Sèvres (1781).

Sèvres Commune des Hauts-de-Seine. 23 108 habitants. Manufacture royale puis nationale de porcelaine. Musée national de céramique. École nationale supérieure de céramique.

Sèvres (traité de) Traité signé le 10 août 1920 entre la Turquie et les puissances alliées victorieuses de la Première Guerre mondiale. Il consacrait le démembrement de l'Empire ottoman. Il déclencha la révolte de Mustapha Kemal qui, après la guerre gréco-turque, obtint son remplacement par le traité de Lausanne (1923).

Sèvres (Deux-) n. f. pl. [79] Département français de la Région Nouvelle-Aquitaine (→ carte). 5 999 km². 374 481 habitants. Chef-lieu : Niort. Chefs-lieux d'arrondissement : Bressuire, Parthenay. Le département est drainé par la Sèvre Nantaise et le Thouët au N. et par la Sèvre Niortaise au S. Au N.-O. et au centre, le bocage se consacre à l'élevage laitier (beurre). Agriculture plus diversifiée en Gâtine, dans les plaines de Melle et autour de Thouars. Au S.-E., le Marais poitevin est l'une des principales régions touristiques du département (parc régional). Industrie peu développée (agroalimentaire, textile, mécanique), Niort constituant le pôle industriel (industrie du bois) et un important centre tertiaire (sièges d'assurances).

sévrienne n. f. (de Sèvres) Élève, ancienne élève de l'École normale supérieure de jeunes filles (autrefois à Sèvres).

sévruga n. m. (mot russe) Caviar fourni par l'esturgeon femelle de la variété *sévruga,* l'un des plus appréciés. *Le sévruga et le bélouga.*

sexage n. m. biol. **1.** Reconnaissance du sexe des jeunes oiseaux (poussins). **2.** Détermination du sexe d'un embryon.

sexagénaire adj. (du latin, de *sexaginta* → soixante) (personnes) Qui a entre soixante et soixante-neuf ans. – **n.** *Un, une sexagénaire.*

sexagésimal, ale, aux adj. (du latin *sexagesimus* « soixante ») math. Qui a pour base le nombre soixante. *Système sexagésimal.*

sex-appeal voir **sexe-appeal**

sexe n. m. (latin *sexus ; cf.* anglais *sex,* de même origine) **I.** (chez les humains) **1.** Conformation particulière qui distingue l'homme de la femme en leur assignant un rôle déterminé dans la reproduction. *Enfant de sexe masculin, féminin.* **2.** Qualité d'homme ou qualité de femme. *L'égalité des sexes.* **3.** Ensemble des hommes ou des femmes. – iron. *Le sexe fort,* les hommes. *Le sexe faible, le deuxième sexe, le beau sexe,* les femmes. vieilli *Le troisième sexe :* les homosexuels ; mod. les personnes intersexuées. *Le sexe neutre*.* **4.** *Le sexe :* la sexualité (2). *Le sexe et l'argent.* ■ fam. Relations sexuelles. **5.** Parties sexuelles. *Le sexe de l'homme.* → **pénis ; testicule.** *Le sexe de la femme.* → **vulve ; clitoris, vagin. II.** biol. Ensemble des caractères et des fonctions qui distinguent le mâle de la femelle en leur assignant un rôle dans la reproduction dite sexuée. *Fleur qui a un sexe* (→ **unisexué**), *deux sexes* (→ **bisexué**).

sexe-appeal [sɛksapil] n. m. (anglais des États-Unis *sex-appeal,* de *sex* « sexe » et *appeal,* emprunt au français *appel*) anglic., vieilli Charme, attrait sexuel (d'une personne). *Des sexes-appeals.* - var. **sex-appeal.** *Des sex-appeals.*

sexe-ratio n. m. (anglais *sex ratio* « pourcentage [ratio] du sexe [sex] ») anglic., démogr. Rapport entre le nombre d'individus de sexe masculin et ceux de sexe féminin. *Le sexe-ratio des décès. Des sexes-ratios.* - var. **sex-ratio.** *Des sex-ratios.*

sexe-shop [sɛksʃɔp] n. m. (anglais *sex* « sexe » + *shop* « boutique ») anglic. Magasin spécialisé dans la vente de livres, d'objets, etc. érotiques ou pornographiques. *Des sexes-shops.* - var. **sex-shop.** *Des sex-shops.*

sexe-symbole [sɛkssɛ̃bɔl] n. m. (anglais des États-Unis *sex-symbol,* de *sex* « sexe » et *symbol* « symbole ») anglic. Vedette symbolisant l'idéal sexuel masculin ou féminin. *Des sexes-symboles.* - var. **sex-symbol.** *Des sex-symbols.*

sexe-toy [sɛkstɔj] n. m. (anglais *sex toy*) Jouet sexuel. → **godemiché, vibromasseur.** *Des sexe-toys.* - var. **sex-toy.** *Des sex-toys.*

sexisme n. m. Attitude de discrimination fondée sur le sexe (spécialt, discrimination à l'égard du sexe féminin).

sexiste 1. n. Personne dont les modes de pensée et le comportement sont imprégnés de sexisme. → **machiste, misandre, misogyne, phallocrate. 2.** adj. Propre au sexisme. *Comportement sexiste.*

sexologie n. f. didact. Étude de la sexualité des êtres humains.

sexologue n. didact. Spécialiste de sexologie.

sexonomie n. f. didact. Étude des lois en fonction desquelles les sexes se déterminent.

sexothérapie n. f. Traitement psychologique des problèmes sexuels.

Sex Pistols (les) Groupe de rock anglais (1975-1978) qui lança le mouvement punk.

sex-ratio voir **sexe-ratio**

S

Shanghai

Shanghai, la zone nouvelle de Pudong, vue du haut de la tour Jinmao.

sex-shop voir **sexe-shop**

sex-symbol voir **sexe-symbole**

sextant **n. m. (du latin, de *sex* → six)** Instrument qui permet, au moyen d'un sixième de cercle gradué, de mesurer la hauteur d'un astre au-dessus de l'horizon. *Faire le point au sextant.*

sexte **n. f. (latin *sexta [hora]* « sixième [heure] ») relig.** Petite heure de l'office qui se récite après tierce (vers 12 h), dans la liturgie catholique.

sextidi **n. m. (du latin *sextus* « sixième » et *-di*, finale des jours de la semaine) hist.** Sixième jour de la décade, dans le calendrier républicain.

sextillion **n. m. (du latin *sex* « six » et *de[m]illion*) rare** Un million de quintillions (10^{36}).

sexto **n. m. fam.** Texto à caractère sexuel. *Échanger des sextos.* → **sextoter.**

sextolet **n. m. (latin *sex*, d'après *triolet*) mus.** Groupe de six notes égales qui s'exécutent dans le même temps que quatre notes de même valeur.

sex-toy voir **sexe-toy**

sextuor **n. m. (du latin *sex* → six, d'après *quatuor*) 1.** Composition musicale à six parties. **2.** Orchestre de chambre formé de six instruments.

sextuple **adj. (latin *sextuplus* ; famille de *six*)** Qui vaut six fois (une quantité donnée). **– n. m.** *Le sextuple.*

sextupler **v. < 1 > 1. v. tr.** Multiplier par six. **2. v. intr.** Devenir sextuple. *Les prix ont sextuplé en vingt ans.*

S

Sextus Empiricus Philosophe, médecin et astronome grec (IIe-IIIe s.). Ses traités sont une source importante pour la connaissance du scepticisme et du stoïcisme antiques. *Hypotyposes pyrrhoniennes ; Adversus Mathematicos.*

sexualiser **v. tr. < 1 >** Donner un caractère sexuel à. *Publicité qui sexualise l'image de la femme.*

sexualité **n. f. (de *sexuel*) 1. biol.** Caractère de ce qui est sexué, ensemble des caractères propres à chaque sexe. *La sexualité des plantes.* **2.** Ensemble des comportements relatifs à la satisfaction de l'instinct sexuel. → **libido, sexe (I, 4).** *Sexualité infantile, adulte. Troubles de la sexualité.*

sexué, ée **adj. (→ sexe) biol. 1.** Qui a un sexe ; qui est mâle ou femelle. **2.** Qui se fait par la conjonction des sexes. *La reproduction sexuée.*

sexuel, elle **adj. (latin → sexe) 1.** Relatif au sexe, aux conformations et fonctions particulières du mâle et de la femelle, de l'homme et de la femme. *Organes sexuels.* → **génital.** *Caractères sexuels primaires, secondaires.* **2. (chez les humains)** Qui concerne les comportements liés à la satisfaction des besoins érotiques. *L'acte sexuel* (→ **coït**). *Relations sexuelles. Rapports sexuels. Vie sexuelle.* → **érotique.** *Perversions sexuelles.* ■ *Obsédé sexuel.*

sexuellement **adv.** Relativement au sexe, à la sexualité. *Maladies sexuellement transmissibles.* → **MST.**

sexy **adj. (mot anglais des États-Unis, de *sex* « sexe ») anglic. 1.** Qui est sexuellement attirant. *Une actrice très sexy.* → **sexe-symbole. 2.** Qui excite le désir sexuel. *Des vêtements sexys.* **3.** Plaisant, attrayant (hors du contexte sexuel). *Une nouvelle maquette sexy.*

seyant, ante **adj. (var. de ²*séant*, d'après l'imp. de *seoir*)** Qui va bien, flatte la personne qui le porte. *Une coiffure seyante.*

Seybouse (oued) Oued de l'Algérie orientale, qui se jette dans la Méditerranée près d'Annaba. 225 km.

Seychelles (les)

n. f. pl. ■ **offic. république des Seychelles** État insulaire formé d'un archipel comportant 115 îles et îlots situés dans l'océan Indien au nord-est de Madagascar. → Asie (carte). 453 km^2. 97 620 habitants (les *Seychellois*). **Langues :** anglais, créole et français (offic.). **Religion :** en majorité chrétiens. **Monnaie :** roupie seychelloise. **Capitale :** Victoria, dans l'île de Mahé. **Régime :** présidentiel.

Les îles principales (Mahé, Praslin, Silhouette, Frégate, La Digue) sont volcaniques. On compte 83 îlots coralliens faiblement peuplés, dont l'atoll d'Aldabra, inscrit sur la liste du patrimoine de l'Unesco. Les îles montagneuses des Seychelles, arrosées par la mousson, sont agricoles, avec des cultures vivrières (banane, patate douce, igname) ou destinées à l'exportation (épices, cocotier, canne à sucre, thé). La pêche, le tourisme et les services financiers sont les principales activités des îles.

HISTOIRE

Quand les Portugais abordèrent l'archipel en 1505, il était inhabité. La France l'annexa en 1742 et en fit une dépendance de l'île de France (actuelle île Maurice). Les Britanniques l'occupèrent (1794) puis l'annexèrent (1804). En 1976, l'archipel obtint son indépendance dans le cadre du Commonwealth. Le multipartisme fut institué en 1991.

Seyhan **n. m.** Fleuve de Turquie, en Asie Mineure. 560 km. Il se jette en Méditerranée. Barrage hydroélectrique à l'amont d'Adana.

Seymour (Edward) (v. 1506-1552), frère de Jeanne Seymour, il fut régent du royaume d'Angleterre pendant la minorité d'Édouard VI. Supplanté par Dudley, il fut exécuté.

Seymour (Jeanne) voir **Jeanne Seymour**

Seymour (David), dit Chim Journaliste et photographe américain d'origine polonaise (1911-1956). Il fut l'un des fondateurs de l'agence Magnum.

Seyne-sur-Mer (La) Commune du Var. 62 232 habitants.

Seyrig (Delphine) Actrice française (1932-1990). Elle fut l'interprète privilégiée d'A. Resnais *(L'Année dernière à Marienbad)*, de F. Truffaut *(Baisers volés)*, de L. Buñuel *(Le Charme discret de la bourgeoisie)*, dans des rôles de femmes indépendantes et mystérieuses.

Seyssel Commune de l'Ain, sur le Rhône. 1 006 habitants. Pont reliant la commune à Seyssel en Haute-Savoie. Important barrage. Centrale hydroélectrique.

Seyssel Commune de la Haute-Savoie, sur le Rhône. 2 353 habitants.

Seyss-Inquart (Arthur) Homme politique autrichien (1892-1946). Il fut chancelier d'Autriche après l'Anschluss, puis commissaire du Reich aux Pays-Bas où il présida aux persécutions et déportations nazies (1940-1945). Il fut condamné à mort par le tribunal de Nuremberg, et exécuté.

Sézanne Commune de la Marne. 4 775 habitants. Église de style gothique flamboyant (XVIe s.). Lunetterie. Viticulture.

SF ou **S.-F.** voir **science-fiction**

Sfar (Joann) Dessinateur et réalisateur français (né en 1971). Il a publié plus d'une centaine de bandes dessinées, dont *Donjon*, avec Trondheim, *Petit Vampire* et *Le Chat du rabbin*, qu'il a adapté pour le cinéma d'animation (2011). Il raconte son quotidien dans ses *Carnets.*

Sfax Ville de Tunisie, sur la côte N. du golfe de Gabès. 265 130 habitants. Port d'exportation (huile, savon, phosphates). Enceinte du IXe s. Grande mosquée.

SFIO (Section française de l'Internationale ouvrière) Parti politique français fondé lors du congrès de Paris en 1905. Au congrès de Tours de 1920, une scission aboutit à la création du Parti communiste français. La SFIO joua un rôle important dans le gouvernement après la Seconde Guerre mondiale. Elle fut dissoute en 1969 et donna naissance au Parti socialiste.

Sforza Famille italienne, ducs de Milan de 1450 à 1535. ■ **Jacopo Muzio** ou **Giacomuzzo Attendolo** (1369-1424). Condottiere, il combattit pour Florence, pour le pape et pour Jeanne II de Naples. ■ **Francesco Ier Sforza** (1401-1466). Fils de Jacopo. Il se fit reconnaître comme duc de Milan en 1450. ■ **Gian Galeazzo** (1469-1494). Petit-fils de Francesco. Il fut écarté par son oncle Ludovico. ■ **Ludovico Sforza** (1451-1508). → **Ludovic Sforza** ■ **Massimiliano Sforza** (1490-1530). Fils de Ludovic. Il se rétablit à Milan en 1512, mais fut battu à Marignan (1515). ■ **Francesco II Maria Sforza** (1492-1535). Frère de Massimiliano. Il recouvra son duché en 1521 grâce à Charles Quint.

sfumato [sfumato] **n. m. (mot italien « enfumé ») peint.** Modelé vaporeux. *Le sfumato de Vinci.*

Sganarelle Personnage de comédie créé par Molière. Il apparaît dans six de ses œuvres, notamment en valet dans *Dom Juan.*

sgraffite [sgRafit] **n. m. (italien *sgraffito* « égratigné » → graffiti)** Procédé de décoration murale en camaïeu, par grattage d'un enduit clair sur un fond de stuc sombre. → **fresque.**

Shakespeare (William)

William Shakespeare, par Louis Coblitz (1847), d'après une peinture anglaise du XVIIIe s., musée du château, Versailles.

Shaanxi ou **Chen-si** **n. m.** Province du N.-O. de la Chine. 205 600 km^2. 37 327 400 habitants. Capitale : Xian. Vestiges architecturaux des dynasties Qin, Han, Tang, armée de terre cuite de Shi Huangdi (–IIIe s.). Agriculture. Élevage de bovins et d'ânes. Charbon, pétrole, gaz naturel. Textile. Tourisme.

shabbat **n. m.** voir **sabbat**

Shache, Yarkant ou **Yarkand** Ville et oasis de Chine (région autonome du Xinjiang). 3 200 km^2. 133 800 habitants. Centre commercial et agricole. Artisanat. Elle constituait une étape importante sur la « route de la soie ».

Shackleton **(sir Ernest Henry)** Navigateur et explorateur britannique (1874-1922). Il tenta à plusieurs reprises, mais sans succès, d'atteindre le pôle Sud.

Shadoks **(les)** Série télévisée d'animation française créée en 1968, mettant en scène des personnages humoristiques dans un univers étrange, absurde et poétique.

Jacques Rouxel (à dr.), créateur des Shadoks, retrouvant, en 1987, le narrateur Claude Piéplu.

Shaftesbury Famille de la noblesse anglaise. ■ **Anthony Ashley Cooper, 1er comte de Shaftesbury** (1621-1683). Il fut l'un des hommes politiques les plus influents sous Charles II. ■ **Anthony Ashley Cooper, 3e comte de Shaftesbury.** Philosophe (1671-1713). Petit-fils du 1er comte. Il tenta de réfuter Hobbes en développant une philosophie morale optimiste.

shah ou **schah** **n. m.** **(persan *šāh*, « roi », *cf.* échec)** Souverain de la Perse, puis de l'Iran, avant 1979. - var. **chah.**

Shah Alam Ville de Malaisie, capitale de l'État de Selangor. 320 000 habitants. Grande mosquée. Centre industriel.

Shāh Jahān Empereur moghol des Indes (1582-1666). Il régna de 1627 à 1658, et fit élever à la mémoire de son épouse le célèbre Taj Mahal.

Shahjahanpur Ville d'Inde (Uttar Pradesh), fondée en 1647 par Shāh Jahān. 348 000 habitants.

Shakespeare **(William)** Poète et homme de théâtre anglais (1564-1616). Né à Stratford-upon-Avon (Warwickshire), il s'établit à Londres vers 1588 et se fit rapidement connaître comme poète, acteur et dramaturge. Il est surtout célèbre pour son œuvre dramatique très variée : des tragédies *(Roméo et Juliette ; Othello ; Hamlet ; Le Roi Lear ; Macbeth)*, des comédies *(La Nuit des rois ; La Mégère apprivoisée)*, certaines à portée plus philosophique *(Le Conte d'hiver ; La Tempête)*. On lui doit aussi des drames historiques *(Richard III ; Henri V)* et des poésies *(Vénus et Adonis ; Sonnets)*. Shakespeare demeure l'un des auteurs les plus joués sur les scènes de théâtre du monde. Son style, varié, éblouissant, son aisance à passer du grotesque au tragique, la profondeur de sa pensée, son sens de l'intrigue, la richesse de ses personnages, la pertinence de ses réflexions sociales et politiques ont rarement été égalés. C'est l'une des figures fondatrices de la littérature anglaise.

shakespearien, ienne **adj.** De Shakespeare ou de son théâtre. *Drame shakespearien.*

shakeur ou **shaker** [ʃɛkœʀ] **n. m.** **(anglais *shaker*, de *to shake* « secouer ») anglic.** **1.** Récipient formé d'une double timbale utilisé pour la préparation des cocktails et boissons glacées. **2.** Gobelet haut utilisé pour réaliser des mélanges.

shako **n. m.** **(du hongrois)** Coiffure militaire d'apparat, rigide, à visière. *Shako de saint-cyrien.* - var. **schako.**

Shamir **(Yitzhak)** Homme politique israélien (1915-2012). Ministre des Affaires étrangères (1980-1986), dirigeant du Likoud (1983-1993), il fut Premier ministre (1983-1984 ; 1986-1992). Il céda la place à Yitzhak Rabin.

Yitzhak Shamir en 1991.

Shamir **(Moshe)** Écrivain israélien (1921-2004). Ses romans expriment la nostalgie du temps de la fondation de l'État d'Israël. *Il allait par les champs ; Un roi de chair et de sang.*

shampoing [ʃɑ̃pwɛ̃] **n. m.** **(anglais *shampooing*, de *to shampoo* « masser », emprunt à l'hindi)** **1.** Lavage des cheveux et du cuir chevelu au moyen d'un produit approprié. *Se faire un shampoing.* **2.** Ce produit. *Shampoing traitant.* – **par ext.** Produit moussant pour nettoyer les sols, les tapis... *Shampoing à moquette.* - var. **shampooing.**

shampouiner [ʃɑ̃pwine] **v. tr.** < 1 > Faire un shampooing à. - var. **shampooiner.**

shampouineur, euse [ʃɑ̃pwinœʀ, øz] **1. n.** Personne qui, dans un salon de coiffure, fait les shampoings. **2. n. f.** Appareil servant à appliquer sur les sols une mousse qui les nettoie. - var. **shampooineur, euse.**

Shamshi-Adad Ier Roi d'Assyrie (v. 1770 av. J.-C.). Son règne marqua l'apogée du premier empire assyrien, avec une forte expansion territoriale (conquêtes de la Haute-Mésopotamie et du royaume de Mari) et la mise en place d'une administration centralisée.

Shan **n. m.** État de l'E. de la Birmanie. 155 801 km^2. 4 851 000 habitants. Capitale : Taungyi.

Shandong ou **Chan-tong** **n. m.** Province de l'E. de la Chine, sur la mer Jaune et le golfe de Bohai. 153 300 km^2. 95 792 800 habitants. Capitale : Jinan. Riche région agricole : arachide, tabac, coton, patate douce. Sériciculture. Ressources minières. L'industrie lourde et chimique provoque une grave pollution.

Shang ou **Chang** **n. m. pl.** Dynastie chinoise (v. 1765 av. J.-C.-v. 1066 av. J.-C.), établie sur la plaine du Huang he. La période fut marquée par un essor politique, économique et culturel et par l'apogée de l'art du bronze. Les Shang furent renversés par les Zhou.

Shanghai ou **Chang-hai** Ville de Chine, sur le Huangpu et le Suzhouhe. 20 217 700 habitants. Elle est située dans une municipalité autonome rassemblant 23 020 000 habitants et s'étendant sur 6 340 km^2. Première ville du pays et premier port mondial pour le tonnage, centre économique et culturel.

Shanidar Site archéologique préhistorique situé en Irak. Il abrite des grottes contenant plusieurs sépultures de Néandertaliens.

Shankar **(Ravi)** Musicien et compositeur indien (1920-2012). Virtuose du sitar, il s'imprégna de musique occidentale et influença à son tour de nombreux musiciens occidentaux (John Coltrane, les Beatles).

Shannon **(Claude Elwood)** Mathématicien américain (1916-2001). Il est l'auteur, avec Weaver, de la théorie de l'information *(Théorie mathématique de la communication)*. Celle-ci a trouvé de nombreuses applications (téléphonie, intelligence artificielle).

Shannon **n. m.** Fleuve d'Irlande. 368 km. Principal cours d'eau de l'île, il forme de nombreux lacs avant de se jeter dans l'Atlantique.

Shans **n. m. pl.** Peuple d'origine thaï qui domina la Birmanie aux XVe et XVIe s. Depuis l'indépendance (1948), ils réclament leur autonomie.

Shantou, Chan-t'eou ou **Swatow** Ville de Chine (Guangdong). 3 644 000 habitants. Appareillages optiques et électroniques. Artisanat.

shantung ou **chantoung** [ʃɑ̃tuŋ] **n. m.** **(n. d'une province de Chine, par l'anglais)** Tissu de soie sauvage voisin du pongé.

Shanxi ou **Chan-si** **n. m.** Province du N.-O. de la Chine. 156 300 km^2. 35,7 millions d'habitants. Capitale : Taiyuan. La province abrite plusieurs sites historiques (Datong, Taiyuan, Wutaishan). Région agricole (céréales, oléagineux, coton, tabac) et minière (houille, fer).

Shaoxing ou **Chao-hing** Ville de Chine (Zhejiang). 1,7 million d'habitants. Riz, pêche. Industries textile (soie) et alimentaire (thé, vin jaune).

Shaoyang ou **Chao-yang** Ville de Chine (Hunan). 459 100 habitants. Centre agricole. Réserves naturelles.

Shape **(Supreme Headquarters Allied Powers Europe)** Quartier général des forces alliées de l'Otan en Europe. Il fut installé à Rocquencourt (Yvelines), en 1951, puis transféré en Belgique à la suite du retrait français de l'organisation, en 1966.

Shapley **(Harlow)** Astronome américain (1885-1972). On lui doit la première description de la Galaxie.

Sharaku dit **Tōshūsai** Peintre d'estampes japonais (actif de 1790 à 1795). Il composa de nombreux portraits d'acteurs de théâtre kabuki. Son tracé vigoureux et la subtilité de sa technique inspirèrent les peintres d'estampes du XIXe siècle.

sharia **n. f.** voir **charia**

Sharjah ou **Chardja** Émirat de la fédération des Émirats arabes unis, situé entre Dubaï et Ajman, sur le golfe Arabo-Persique. 2 600 km^2. 1,4 million d'habitants. Pétrole. Gaz.

Sharon **(Ariel Sheinermann, dit Ariel)** Général et homme d'État israélien (1928-2014). Il participa aux guerres d'Israël de 1947 à 1973, puis occupa différents postes ministériels à partir de 1977. Président du Likoud (1999-2005), il fut élu Premier ministre en 2001. En 2005, il forma Kadima, un parti centriste. Une attaque cérébrale mit fin à sa carrière politique en 2006.

Ariel Sharon en 2003, à Tel-Aviv.

Sharon **(plaine de)** voir **Saron**

Sharp **(Phillip A.)** Biochimiste américain (né en 1944). Il découvrit que l'ADN n'est pas une longue suite ininterrompue de gènes, mais qu'il existe des segments non codants d'ADN, les introns. Prix Nobel 1993.

Sharpe **(William)** Économiste américain (né en 1934). Il est l'auteur d'importants travaux en matière de gestion de portefeuille. Prix Nobel 1990.

sharpeï [ʃaʀpɛj] **n. m.** **(du chinois** ***sà*** **« sable » et** ***pei*** **« pelage »)** Chien trapu au poil court et dur, à la peau formant des plis.

Shaw **(Richard Norman)** Architecte britannique (1831-1913). Il contribua au renouvellement du classicisme. Château de Bryanston ; New Scotland Yard et Piccadilly Hotel à Londres.

Shaw **(George Bernard)** Dramaturge irlandais d'expression anglaise (1856-1950). Son humour caustique et satirique en fit un polémiste redoutable. Virulentes à l'égard des vices de la société victorienne, ses pièces renouvelèrent le théâtre de langue anglaise. *Le Héros et le Soldat ; Pygmalion ; Sainte Jeanne.* Prix Nobel 1925.

Shaw **(Arthur Arshawsky, dit Artie)** Clarinettiste et chef d'orchestre de jazz américain (1910-2004). Il rencontra un immense succès dès 1939 avec son interprétation de *Begin the Biguine.*

Shawinigan Ville du Canada (Québec). 49 349 habitants. Industries chimiques, métallurgie, papeterie.

Shawn **(Edwin Myers, dit Ted)** Danseur et chorégraphe américain (1891-1972). Il fut à l'origine de l'un des plus importants festivals de danse américain, le Jacob's Pillow. Il fut un pionnier de la modern dance.

S

Shebab **(mot arabe : « les jeunes »)** Membres d'une organisation terroriste islamiste liée à al-Qaida apparue dans les années 2000 en Somalie. Ils mènent régulièrement des attaques à Mogadiscio dont celle d'oct. 2017 qui a fait 500 morts. Le Kenya est aussi la cible de leurs attentats depuis son intervention militaire dans la guerre civile somalienne en 2011 (université de Garissa en 2015 ; hôtel international à Nairobi en 2019).

Sheckley **(Robert E.)** Écrivain américain (1928-2005). Auteur de romans policiers et de science-fiction, il se fit le critique de l'« American way of life ». *Chauds les glaçons ! ; Le Temps meurtrier.*

Sheffield Ville d'Angleterre (Yorkshire du Sud), sur le Don. 518 000 habitants. Métallurgie. Musées.

sheikh voir **cheik**

shekel [ʃekɛl] **n. m.** **(mot hébreu)** Unité monétaire israélienne.

Shelley **(Percy Bysshe)** Poète britannique (1792-1822). Époux de Mary Shelley. Son abondante œuvre poétique reflète son tempérament anticonformiste *(Réfutation du déisme)*, voire révolutionnaire *(La Révolte de l'islam)*, et un lyrisme parfois proche de l'idéalisme platonicien *(Prométhée délivré ; Epipsychidion).*

Shelley **(Mary)** **née Godwin** Écrivaine britannique (1797-1851). Épouse de P. B. Shelley. Dans *Frankenstein ou le Prométhée moderne*, elle créa le mythe du démiurge dépassé par la créature semi-humaine qu'il a conçue. *Le Dernier Homme* est un roman d'anticipation.

Shengnong Empereur légendaire chinois (IIIe millénaire av. J.-C.). Considéré comme le père de l'agriculture, il aurait inventé la charrue et découvert les plantes médicinales, dont il aurait constitué un herbier.

Shenyang ou **Chen-yang** anciennement **Moukden** Ville de Chine, capitale de la province du Liaoning. 5,7 millions d'habitants. C'est l'un des grands centres économiques du N.-E. de la Chine et l'ancienne capitale de la Mandchourie. Palais et mausolées impériaux (XVIIe s.).

Shenzhen Ville de Chine (Guangdong), près de Hong Kong. 10,3 millions d'habitants. Centre industriel (textile, électronique, mécanique, chimie).

Shen Zhou ou **Tchen Tcheou** Poète, peintre et calligraphe chinois (1427-1509). Il fut la figure emblématique de « l'école de Wu », sous la dynastie des Ming.

shéol voir **schéol**

Shepard **(Samuel Shepard Rogers Junior, dit Sam)** Auteur dramatique, scénariste et acteur américain (1943-2017). Dans ses pièces de théâtre, il a joué sur les archétypes de la conscience collective américaine, et brisé les structures habituelles de la communication *(Cowboy Mouth ; L'Ouest le vrai).* Il fut le coscénariste de *Paris, Texas* de W. Wenders. Acteur, il s'illustra dans *L'Étoffe des héros, The Voyager.*

Shepp **(Archie)** Saxophoniste de jazz américain (né en 1937). Jouant avec Cecil Taylor et John Coltrane, il s'est affirmé comme l'une des grandes figures du free jazz, tout en renouant avec les racines de la musique noire américaine. *Malcolm Semper Malcolm ; Goin' Home.*

Sherbrooke Ville du Canada (Québec), dans l'Estrie. 161 323 habitants (zone urbaine : 212 105). Université. Centre commercial et industriel. Aménagements hydroélectriques.

Sheridan **(Richard Brinsley Butler)** Auteur dramatique et homme politique britannique (1751-1816). Il revivifia la comédie de mœurs *(L'École de la médisance ; Les Rivaux).* Remarqué pour son éloquence, il fut invité en politique au sein du parti whig mais n'exerça que des fonctions secondaires.

shérif **n.** **(anglais** ***sheriff*** **« premier magistrat** ***[reeve]*** **du comté** ***[shire]*** **»)** **1. (en Angleterre)** Magistrat responsable de l'application de la loi, dans un comté. **2. (aux États-Unis)** Officier de police élu, à la tête d'un comté.

Sherlock Holmes Personnage de détective amateur dans la série de romans policiers de Conan Doyle, *Les Aventures de Sherlock Holmes.* Assisté de son ami le docteur Watson, c'est un personnage complexe, qui cultive un goût marqué pour les coups de théâtre.

Sherman **(William Tecumseh)** Général américain (1820-1891). Au cours de la guerre de Sécession, il commanda la marche vers la mer (« March to the Sea ») à travers la Géorgie, qui détermina la victoire finale des nordistes (1864). Il fut nommé commandant en chef des armées de l'Union (1869-1884).

Sherman **(Cindy)** Photographe américaine (née en 1954). S'inscrivant dans la lignée du féminisme des années 1970, elle travaille sur l'image de la femme dans la société américaine. *Fashion ; Sex Pictures ; Clowns.*

sherpa **n. m.** **(n. d'un peuple du Népal)** **1.** Guide de haute montagne ou porteur, dans l'Himalaya. **2. fig. et fam.** Personne qui participe à la préparation d'un sommet politique et qui conseille un chef d'État.

Sherpas **n. m. pl.** Peuple de montagnards du Népal oriental, originaire du Tibet.

Sherrington **(sir Charles Scott)** Physiologiste britannique (1857-1952). Pionnier de la neurologie moderne, il fit d'importantes découvertes sur le fonctionnement des synapses, le phénomène du réflexe et la coordination des mouvements. Prix Nobel 1932.

sherry **n. m.** **(mot anglais, altération de** ***Jeres*** **→ xérès)** **anglic.** Xérès. *Des sherrys* **ou** *des sherries* **(plur. anglais).**

Sherwood Forêt d'Angleterre, entre Nottingham et Worksop. Lieu de refuge du personnage légendaire Robin des Bois.

Sheshonk voir **Chéchonq**

shetland [ʃɛtlɑ̃d] **n. m.** **(du n. des îles Shetland)** Tissu de laine d'Écosse. *Pull en shetland.* **– absolt** Pull-over en shetland.

Sherman (Cindy)

Cindy Sherman, *Still from an Untitled Film*, n° 21 (1978), Metropolitan Museum of Art, New York.

Shetland ou **Zetland (îles)** Archipel britannique situé au N. de l'Écosse. 1 466 km^2. 22 000 habitants. Chef-lieu : Lerwick. L'archipel regroupe une centaine d'îles dont une vingtaine seulement sont habitées. Pêche, élevage de moutons. Terminal pétrolier de Sullom Voe.

Shetland du Sud (îles) Archipel du S. de l'océan Atlantique, situé au N. de la terre de Graham (péninsule Antarctique). Les îles, qui s'étendent sur plus de 4 000 km^2, sont revendiquées par le Royaume-Uni, le Chili et l'Argentine.

shiatsu [ʃiatsy ; ʃiatsu] **n. m. (mot japonais)** Méthode de relaxation d'origine japonaise, qui se pratique par pression des doigts sur les points d'acuponcture.

shiba inu [ʃibainu] **n. m. (mot japonais, de *shiba* « broussailles » et *inu* « chien »)** Petit chien originaire du Japon, à la queue enroulée sur elle-même, apprécié pour son agilité. *Des shiba inus.*

Shiga Naoya Écrivain japonais (1883-1971). Il fut l'un des fondateurs de la revue littéraire *Shirakaba*, qui exerça une influence considérable sur le roman japonais moderne.

Shi Huangdi ou **Qin Shi Huangdi** Titre pris, en 221 av. J.-C., par le premier empereur de Chine, Ying Zeng (v. 259-210 av. J.-C.) de la dynastie Qin. Shi Huangdi fit construire la Grande Muraille et imposa l'unité de l'écriture et de la monnaie.

Shi Huangdi fit enterrer avec lui, à Lintong, une armée de plusieurs milliers de soldats en terre cuite.

shiisme voir chiisme

shiitaké [ʃiitake] **n. m. (mot japonais)** Champignon de culture employé dans la cuisine asiatique. *Des shiitakés.*

shiite voir chiite

Shijiazhuang ou **Che-kia-tchouang** Ville de Chine, capitale de la province de Hebei. 2,7 millions d'habitants. Industries textile et pharmaceutique. Cultures céréalières. Coton.

Shijing ou **Che-king « Livre des odes »** Le plus ancien recueil de poèmes chinois, écrit du XIe s. au Ve s. av. J.-C. Il est considéré comme un classique de la littérature chinoise.

Shikoku Une des quatre grandes îles du Japon. 19 000 km^2. 3 715 000 habitants. Principale ville : Matsuyama. Son relief montagneux, recouvert de vastes étendues forestières, culmine à 1 981 m. Plusieurs ponts, dont le plus long pont suspendu du monde (3 910 m), la relient à Honshū.

Shiller (Robert J.) Économiste américain (né en 1946). Il obtint le prix Nobel d'économie avec Eugène Fama et Lars P. Hansen (2013) pour avoir théorisé la « finance comportementale », qui lui permit de prédire l'explosion de la bulle spéculative en 2007-2008.

shilling [ʃiliŋ] **n. m. (mot anglais)** Ancienne unité monétaire anglaise (1/20 de livre).

Shillong Ville d'Inde, capitale du Meghalaya, sur le plateau de Shillong, à 1 500 m d'altitude. 354 800 habitants. La ville fut reconstruite après le tremblement de terre qui la détruisit en 1987.

shilom **n. m. (du persan)** Petite pipe pour fumer le haschich. - var. **chilom.**

Shimazaki Tōson Écrivain japonais (1872-1943). Il adopta une écriture naturaliste qui rompait avec la figure du héros classique de la littérature japonaise. *Nobi jitaku* (« L'Éveil »).

shimmy [ʃimi] **n. m. (de l'anglais des États-Unis, altération du français *chemise*)** anglic. Tremblement et flottement des roues et du train avant d'une automobile.

Shimonoseki Ville du Japon (Honshū), dans la préfecture de Yamaguchi. 255 200 habitants. Port (chantiers navals, conserveries). Le traité de paix entre la Chine et le Japon y fut signé le 17 avril 1895 : le Japon obtenait l'île de Formose (Taiwan) et imposait l'indépendance de la Corée.

Shinano Gawa **n. m.** Le plus long fleuve du Japon. 369 km. Il se jette dans la mer du Japon à Niigata.

Shinkansen **n. m.** Réseau ferroviaire japonais de lignes à grande vitesse qui parcourt l'île de Honshū du nord au sud.

shintoïsme [ʃintɔism] **n. m. (du japonais *shintô* « voie des dieux »)** Religion japonaise, polythéisme animiste. - var. **shinto** [ʃinto]. □ **adj. et n. shintoïste**

shipchandler [ʃipʃɑ̃dlœʀ] **n. m. (mot anglais « fournisseur *[chandler]* de bateau *[ship]* »)** anglic. Personne qui tient un commerce de fournitures pour bateaux.

shit [ʃit] **n. m. (mot anglais « merde »)** anglic., fam. Haschisch.

Shitao ou **Che T'ao** Peintre et poète chinois (1641-v. 1718). Appartenant au courant des « individualistes », il peignit de nombreux paysages, multipliant les audaces stylistiques et techniques *(Dix mille affreuses taches d'encre).*

Shiva, Śiva ou **Çiva** Une des trois principales divinités du panthéon hindou, avec Brahmā et Vishnou. Il est la personnification des contraires, à la fois principe destructeur et créateur. Shiva est vénéré sous une multitude de formes, parfois bienveillantes, parfois terrifiantes.

Shiva Naṭarāja, « Seigneur de la danse », bronze du Tamil Nadu (XIe s.), musée Guimet, Paris.

Shiva (Vandana) Physicienne, écologiste, écrivaine et féministe indienne (née en 1952). Engagée altermondialiste sur le terrain aux côtés des paysans indiens, elle lutte notamment contre le détournement des ressources naturelles par les multinationales de l'agrochimie et contre l'usage des OGM.

Vandana Shiva en 2007.

Shizuoka Ville du Japon (Honshū), au S. de Tōkyō. 693 700 habitants. Centre industriel et commercial.

Shkodër (lac) Lac des Balkans partagé entre l'Albanie et le Monténégro. 370 km^2.

Shkodër ou **Shkodra** Ville du N. de l'Albanie, au bord du lac Shkodër. 74 876 habitants. Centre religieux (catholique) du pays. Marché agricole. Industries textile et alimentaire. Manufacture de tabac.

Shlonsky (Abraham) Poète israélien d'expression hébraïque (1900-1973). Il renouvela la poésie hébraïque et bénéficia d'une immense notoriété en Israël. *Le Livre des Échelles.*

Shoah **n. f.** Mot hébreu signifiant « anéantissement », utilisé pour désigner le processus d'extermination systématique des Juifs par le régime nazi au cours de la Seconde Guerre mondiale.

shocking [ʃɔkiŋ] **adj. invar. (mot anglais « choquant »)** anglic., vieilli ou plais. Choquant, inconvenant.

shogun ou **shogoun** [ʃɔgun] **n. m. (mot japonais, du chinois)** hist. Général en chef des armées, au Japon (du XIIe au XIXe siècle). *Des shoguns.*

Sholapur Ville d'Inde (Maharashtra), sur le plateau du Dekkan. 951 600 habitants. Studios de cinéma. Industries textiles et mécaniques.

shoot [ʃut] **n. m. (mot anglais, de *to shoot* « lancer »)** anglic. **I.** (au football) Tir (au but) ou dégagement puissant. **II.** fam. Piqûre, injection d'un stupéfiant. → **²fixe.**

shooter [ʃute] **v. < 1 > (→ shoot)** anglic. **I. v. intr.** Exécuter un shoot (I). **II. v. tr.** fam. Injecter un stupéfiant à (qqn). ■ pronom. *Se shooter.* → se **piquer.** *Se shooter à l'héroïne.* – par ext. Se droguer.

shopping **n. m. (mot anglais, de *shop* « boutique », même origine que *échoppe*)** anglic. Fait d'aller de magasin en magasin pour regarder et acheter (→ **lèche-vitrine**). *Faire du shopping.* - var. RO **shoping.** - Au Canada, on dit *magasinage**.

short [ʃɔʀt] **n. m. (anglais *shorts*, de *short* « court »)** Culotte courte (pour le sport, les vacances).

shorty [ʃɔʀti] **n. m. (mot anglais)** anglic. **1.** Combinaison de plongée s'arrêtant aux genoux. **2.** Sous-vêtement pour homme ou femme, caleçon collant plus court que le boxer.

shot [ʃɔt] **n. m. (fém. au Canada) (mot anglais)** anglic. Dose d'alcool fort, servie dans un petit verre. *Des shots de vodka.*

Shōtoku Taishi Régent impérial du Japon (572-621). Il propagea le bouddhisme au Japon et, très marqué par la civilisation chinoise, promulgua un code législatif inspiré de la Chine.

show [ʃo] **n. m. (mot anglais « spectacle »)** anglic. **1.** Spectacle de variétés centré sur une vedette. **2.** Prestation (d'une personnalité). *Des shows télévisés.*

show-business [ʃobiznɛs] **n. m. invar. (mot anglais des États-Unis → show et business)** anglic. Industrie, métier du spectacle. - var. **showbizness** ou RO **showbusiness.** - abrév. fam. **showbiz** [ʃobiz].

show-room [ʃoʀum] **n. m. (mot anglais « magasin ») anglic.** Local d'exposition d'un créateur, d'une marque. *Des show-rooms.* - **var.** RO **showroom.** - **recomm. offic. salle d'exposition.**

shrapnel n. m. (mot anglais, du n. de l'inventeur) Obus rempli de balles, qu'il projette en éclatant. - **var. shrapnell.**

Shreveport Ville des États-Unis (Louisiane), sur la Red River. 199 300 habitants. Industries chimique, alimentaire, mécanique. Industrie du bois.

Shrewsbury Ville d'Angleterre, chef-lieu du Shropshire, sur la Severn. 71 700 habitants. Édifices médiévaux. Marché agricole.

Shrinagar Ville d'Inde, capitale de l'État de Jammu-et-Cachemire, dans la « vallée du Cachemire », à 1 500 m d'altitude. 1,2 million d'habitants. Monuments (temples hindous, mosquées). Jardins. Tourisme.

Shropshire ou comté de Salop Comté de l'Angleterre occidentale. 3 490 km^2. 405 000 habitants. Chef-lieu : Shrewsbury. Région d'élevage et de cultures céréalières.

shunt [ʃœt] **n. m. (mot anglais, de *to shunt* « dériver ») anglic. 1. électr.** Résistance placée en dérivation aux bornes d'un appareil. → **court-circuit. 2. méd.** Déviation de la circulation sanguine, d'où résulte un mélange des sangs artériel et veineux. → **pontage.**

shunter [ʃœte] **v. tr. < 1 > (de l'anglais → shunt) anglic. 1. électr., méd.** Munir d'un shunt. **2. fig., fam.** Court-circuiter (2). *Shunter un intermédiaire.*

Shylock Personnage d'usurier juif dans *Le Marchand de Venise* de William Shakespeare. Il reflète l'antisémitisme de l'époque élisabéthaine, mais Shakespeare en fait un personnage complexe, tantôt cruel et avare, tantôt émouvant d'humanité.

¹si conj. (vient du latin *si* « toutes les fois que ; au cas où », *cf.* sinon) devient *s'* devant *il, ils* I. (hypothétique) 1. Introduit soit une condition (à laquelle correspond une conséquence dans la principale), soit une simple supposition ou éventualité. → **au cas où.** *Si tu lui en parlais, elle accepterait peut-être. Si j'avais su, je ne serais pas venu. Est-ce que tu viendras ? Si oui, préviens-moi à l'avance.* **2. (en corrélation avec une proposition implicite)** *« J'ai plus de souvenirs que si j'avais mille ans »* (Baudelaire). *Et si ça tourne mal ?* – **(souhait, regret)** *Si seulement, si au moins je pouvais me reposer ! Si j'avais su !* **3. (dans des loc.)** *Si on veut. Si on peut dire. Si je ne me trompe.* ■ ***Si ce n'est...*** → **sinon.** ***Si ce n'est que...*** : sauf que... **4. n. m. invar.** Hypothèse, supposition. **loc. prov.** *Avec des si, on mettrait Paris dans une bouteille.* **II. (non hypothétique) 1. (servant à marquer un lien logique)** *S'il revient, c'est qu'il t'aime.* → **puisque. 2. (introduisant une complétive, une interrogative indirecte)** *Je dois m'assurer si tout est en ordre. Tu me diras si c'est lui.* – **(exclamatif)** *Vous pensez s'ils étaient fiers !* → **combien, comme.**

²si adv. (vient du latin *sic* « ainsi », *cf.* ainsi, aussi, sitôt ; sic) I. 1. vieux Ainsi. – **littér., vieux** ***Si fait*** : mais oui. **2.** S'emploie pour « oui », en réponse à une phrase négative. *Tu n'iras pas. — Si ! – Mais si ! Que si ! – Elle ne viendra pas, moi si.* **II. (exprime l'intensité) 1.** À un tel degré. → **tellement.** *Ce n'est pas si facile.* **2. (avec une consécutive)** *« Le coup passa si près que le chapeau tomba »* (Hugo). – ***Si bien que*** **loc. conj.** : de sorte que. *Tant* et si bien que...* **III. adv. de compar. (avec *que*)** Au même degré (que). → **aussi. (prov.)** *On n'est jamais si bien servi que par soi-même.* ■ **(avec une concessive)** *Il échouera, si malin qu'il soit.* → **quelque.**

³si n. m. invar. (des initiales de *Sancte Iohannes* dans l'hymne de saint Jean-Baptiste → ut) Note de musique, septième son de la gamme naturelle. *Si bémol.*

⁴SI [ɛsi] **n. m.** Sigle de *système* international d'unité.*

sial n. m. (de *Si* et *Al*, symb. chim. du silicium et de l'aluminium) géol., vieilli Couche superficielle du globe terrestre (lithosphère) surtout formée de silice et d'aluminium.

sialagogue adj. (du grec *sialon* « salive » et de *-agogue*) méd. Qui accroît la sécrétion de la salive.

sialis [sjalis] **n. m. (du latin zool.) zool.** Insecte brun dont la larve est aquatique.

Sialk (Tepe) Site archéologique situé près de Kāchān, au S. de Téhéran, en Iran. Les vestiges d'une civilisation protohistorique y ont été découverts en 1933, par R. Ghirsham.

Sialkot Ville du Pakistan (Panjab), au pied de l'Himalaya. 421 500 habitants. Centre industriel.

sialorrhée n. f. (du grec *sialon* « salive » et de *-rrhée*) méd. Salivation excessive.

Siam voir **Thaïlande**

siamois, oise adj. (de *Siam*, ancien n. de la Thaïlande) I. vieilli Thaïlandais. – *Chat siamois* **et n. m.** *un siamois* : chat à poil ras et aux yeux bleus. **II. (des *frères siamois*, originaires du Siam, jumeaux présentés en France en 1829)** *Frères siamois, sœurs siamoises*, jumeaux, jumelles rattaché(e)s l'un(e) à l'autre par deux parties homologues de leurs corps. – **fig.** Ami(e)s inséparables.

Siauliai anciennement Saule puis Chavli Ville de Lituanie. 128 400 habitants. Cycles. Électronique.

Sībawayh (ʿAmr ibn ʿUthmān ibn Qanbar al-Basrī, dit) Grammairien arabe (750-795). Il réalisa la synthèse la plus complète de la grammaire arabe dans son *Kitāb fi al-nahwi* (« Traité de grammaire »).

Sibelius (Jean) Compositeur finlandais (1865-1957). Figure majeure de la musique du XXe s., il est l'auteur de 7 symphonies, d'un *Concerto pour violon*, de poèmes symphoniques *(Finlandia ; Tapiola)*, de mélodies et de musiques de scène dans le style moderniste, parmi lesquelles la célèbre *Valse triste.*

Sibérie n. f. Région de la Russie qui s'étend sur tout le N. de l'Asie, de l'Oural à l'océan Pacifique, et sur le Kazakhstan et la Mongolie au S. 12 765 900 km^2. 33,8 millions d'habitants. Le climat continental est rigoureux (de –15 °C à –40 °C l'hiver). Du N. au S. se succèdent la toundra, la taïga et les steppes. La Sibérie occidentale, plaine marécageuse s'étendant jusqu'à l'Ienisseï, constitue la principale région agricole (cultures céréalières, élevage bovin) et fournit l'essentiel du charbon, du gaz et du pétrole russes. La partie centrale, entre l'Ienisseï et la Lena, couverte aux trois quarts par la forêt, concentre les industries (métallurgie, chimie). La Sibérie orientale, à l'E. de la Lena, essentiellement montagneuse, est riche en gisements (gaz, charbon, diamants). Longtemps sous domination turco-mongole, la région passa sous l'autorité du tsar de Russie au XVIIe s. À la fin du XIXe s., les premières grandes vagues de peuplement accompagnèrent la construction du Transsibérien. Le régime soviétique y fut instauré en 1918. La Sibérie servit de lieu de déportation pendant les purges staliniennes.

Sud-ouest de la Sibérie, derrick et station-service à Nefteïougansk, ville créée dans les années 1960 pour l'exploitation du pétrole.

sibérien, enne adj. (de *Sibérie*) De Sibérie. – **fig.** *Un froid sibérien*, extrême.

Sibérie Orientale (mer de) Mer de l'océan Arctique, située en bordure de la Russie, entre les îles de Nouvelle-Sibérie et l'île Vrangel. 913 000 km^2. Principal port : Pevek.

sibilant, ante adj. (du latin *sibilare* « siffler ») méd. Qui produit un sifflement. *Râle sibilant.*

Sibillet (Thomas) voir **Sébillet (Thomas)**

Sibiu Ville de Roumanie (Transylvanie méridionale). 145 200 habitants. Édifices médiévaux. Musée. Centre commercial et industriel (travail du cuir et du bois, textile).

sibylle n. f. (du latin, du grec, n. d'une prophétesse) Devineresse, femme inspirée qui prédisait l'avenir, dans l'Antiquité (→ **pythie**).

sibyllin, ine adj. (→ sibylle) 1. didact. D'une sibylle. **2. littér.** Dont le sens est caché. → **énigmatique, mystérieux, obscur.** *Des propos sibyllins.*

sic adv. (mot latin « ainsi » → ²si) Se met entre parenthèses après un mot ou une expression que l'on cite, pour souligner qu'on cite textuellement.

sicaire n. m. (latin *sicarius*, de *sica* « poignard ») vieux ou littér. Tueur à gages.

Sicambres n. m. pl. Peuple germanique établi dans la Ruhr. Ils furent soumis par les Romains en 12 av. J.-C. et déportés en Gaule. Ils se mêlèrent aux Francs au IIIe siècle.

Sicanes n. m. pl. Peuple primitif de la Sicile, qui s'y établit avant le Ier millénaire av. J.-C.

sicav [sikav] **n. f. invar. (sigle de *société d'investissement à capital variable*)** Portefeuille de valeurs mobilières détenu collectivement par des épargnants et géré par un établissement spécialisé ; fraction de ce portefeuille.

siccatif, ive adj. (latin *siccativus*, de *siccare* → sécher) Qui fait sécher ; **spécialt** qui accélère le séchage des peintures, etc. – **n. m.** Produit siccatif.

siccité [siksite] **n. f. (latin *siccitas*, de *siccus* « sec ») didact.** État de ce qui est sec. → **sécheresse.**

Sichem Ancienne ville de Canaan. Elle fut le théâtre de la rupture entre les royaumes de Juda et d'Israël (931 av. J.-C.) et devint la capitale de Jéroboam. Ses ruines se trouvent à l'E. de l'actuelle Naplouse.

Sichuan ou Sseu-Tch'ouan n. m. Province du centre de la Chine. 570 000 km^2. 80 417 500 habitants. Capitale : Chengdu. La région est formée d'une plaine fertile (« Bassin rouge ») cernée de hautes montagnes : Alpes du Sichuan à l'O., culminant à 7 590 m, plateaux du Yunnan au S., chaîne des Micang Shan au N. Agriculture diversifiée. Sériciculture. Ressources en hydrocarbures, en minerais. Industries textile et alimentaire.

Sicile n. f. Île de la Méditerranée formant une région administrative autonome de l'Italie. 25 708 km^2. 4 969 000 habitants. Chef-lieu : Palerme. Elle est formée de neuf provinces : Agrigente, Caltanissetta, Catane, Enna, Messine, Palerme, Raguse, Syracuse, Trapani. Le N. de l'île est montagneux (Etna), et l'intérieur couvert de collines. Des plaines bordent le littoral. Agriculture (céréales, agrumes, olives). Viticulture. Élevage ovin. Industries variées (agroalimentaire, chimie). Tourisme.

Les premiers habitants de l'île (–IIIe millénaire) furent les Sicanes puis les Sicules. D'abord envahie par les Phéniciens (–IXe s.), la Sicile est, à partir du –VIIIe s., colonisée par les Grecs qui établissent des comptoirs et fondent des cités sur ses côtes (Naxos, Syracuse) et sur celles d'Italie du Sud (Grande-Grèce). Au –Ve s., une longue lutte s'engagea contre Carthage, puis Rome en fit une province à l'issue de la première guerre punique (–241). Au Moyen Âge, la Sicile fut conquise par les Vandales, par les Ostrogoths (491) et par les Byzantins (535). Elle fut occupée par les Arabes au IXe s., puis devint possession des Normands pendant plus d'un siècle (1061-1194) avant de revenir à l'empereur germanique, puis à Charles Ier d'Anjou. La révolte contre le pouvoir angevin (« vêpres siciliennes ») conduisit à la prise de la Sicile par le roi d'Aragon (1282). En 1442, toujours aragonaise, elle devint le royaume des Deux-Siciles (insulaire et napolitaine). Elle passa ensuite à la Savoie (1713), à l'Autriche (1718) et aux Bourbons, avec Naples, en 1735. En 1860, Garibaldi débarqua sur l'île et obtint le ralliement de la population. La Sicile, qui fait partie de l'Italie depuis lors, est devenue autonome en 1948.

Siciles (Deux-) voir **Naples** (royaume de)

sicilien, ienne adj. et n. De Sicile. *La mafia sicilienne. Dialecte sicilien.*

Sicyone Cité antique du Péloponnèse. Fondée au IIe millénaire av. J.-C., elle connut son apogée aux VIIe et VIe s. av. J.-C. Vestiges de monuments grecs et romains.

sida n. m. (acronyme de *syndrome d'immuno-déficience acquise* ; *cf.* anglais *AIDS*) Maladie très grave d'origine virale, caractérisée par une chute brutale des défenses immunitaires de l'organisme. *Virus du sida.* → **VIH** ; anglic. **HIV.** *Le sida est transmissible par voie sexuelle ou sanguine. Traitement du sida par trithérapie.*

side-car [sidkaʀ ; sajdkaʀ] n. m. (mot anglais, de *side* « côté » et *car* « véhicule ») anglic. Habitacle à une roue et pour un passager, monté sur le côté d'une moto ; l'ensemble du véhicule. *Course de side-cars.* - var. RO **sidecar.**

sidéen, enne adj. et n. (de *sida*) (Malade) atteint du sida.

sidéral, ale, aux adj. (latin *sideralis*, de *sidus, sideris* « constellation ; étoile ») didact. Qui a rapport aux astres. → **astral.** *Jour sidéral :* durée d'une rotation complète de la Terre sur son axe par rapport aux étoiles fixes (23 heures et 56 minutes).

sidérant, ante adj. Qui sidère. → **stupéfiant.**

sidération n. f. méd. Anéantissement soudain des fonctions vitales, avec état de mort apparente, sous l'effet d'un violent choc émotionnel.

sidérer v. tr. < 6 > (latin *siderari* « subir l'influence néfaste des astres », de *sidus, sideris* → **sidéral**) Frapper de stupeur. → **abasourdir, stupéfier.** *Cette nouvelle m'a sidéré.* – au p. p. *Elle était complètement sidérée.*

sidérite n. f. (latin d'origine grecque *sidêritês*) minéralogie Carbonate naturel de fer. → **sidérose.**

sidér(o)- Élément (du grec *sidêros* « fer »).

sidérographie n. f. techn., rare Gravure sur acier.

sidérolithique ou **sidérolitique** adj. (de *sidér[o]-* + *-lit(h)ique*) géol. Qui contient beaucoup de concrétions ferrugineuses.

sidérophiline n. f. (de *sidér[o]-* + *-phile* + *-ine*) biochim. → **transferrine.**

sidérose n. f. (de *sidér[o]-* + 2*-ose*) **1.** géol. Carbonate naturel de fer. → **sidérite. 2.** méd. Maladie pulmonaire due à l'inhalation de poussière de fer.

sidérostat n. m. (du latin *sidus, sideris* « astre », d'après *héliostat*) astron. Appareil muni d'un miroir plan permettant d'observer un astre dans une direction fixe et d'en réfléchir l'image. → **héliostat.**

sidéroxylon n. m. (de *sidér[o]-* et du grec *xulon* « bois ») bot. Arbre des régions subtropicales qui fournit un bois très dur et imputrescible appelé *bois de fer.*

sidérurgie n. f. (grec *sidêrourgos* « forgeron », de *sidêros* « fer » et *ergon* « travail » ; *cf.* **métallurgie**) Métallurgie du fer, de la fonte, de l'acier et des alliages ferreux. □ adj. **sidérurgique**

sidérurgiste n. Métallurgiste qui produit de l'acier.

sida

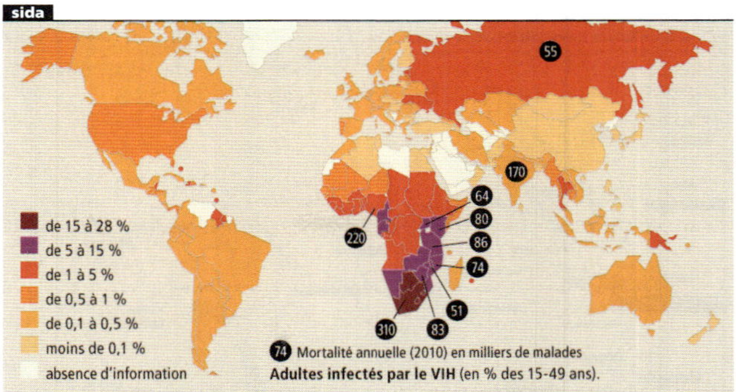

En 2010, 34 millions de personnes étaient infectées par le VIH. 68 % des personnes infectées sont des habitants de l'Afrique sub-saharienne où la mortalité liée au sida est également la plus élevée. La moitié des malades sont des femmes. Cette situation est notamment due au manque d'information sur les risques de transmission et à la carence de moyens médicaux.

▶ Le **sida** est une infection due aux rétrovirus VIH 1 (isolé en 1983 par une équipe de l'Institut Pasteur) ou VIH 2 (isolé en 1985). Le virus a pour cible les lymphocytes T de type CD4 et entraîne une désorganisation du système immunitaire.
Il se trouve en abondance dans le sang et certaines humeurs des personnes infectées et se diffuse selon trois modes de contamination. **La voie sexuelle,** mode de contamination le plus fréquent actuellement, ce qui justifie les recommandations de protection efficace lors des rapports sexuels. **La voie sanguine,** par du matériel d'injection souillé de sang contaminé, ce qui concerne essentiellement les usagers de drogues par voie intraveineuse et le personnel de santé, qui peut être contaminé accidentellement. La transfusion sanguine et le traitement de l'hémophilie qui ont contaminé de nombreuses personnes au début des années 1980 ne présentent maintenant plus de risque en France. **La transmission de la mère à l'enfant** à la fin de la grossesse, durant l'accouchement et lors de l'allaitement. L'application de mesures prophylactiques efficaces a permis de faire passer le taux de ce mode de contamination de 20 % à moins de 1 % dans les pays développés.
La maladie se développe par phases. La primo-infection se manifeste plus ou moins explicitement (syndrome grippal, fatigue...) et entraîne l'apparition de la séropositivité au VIH. Après quelques semaines débute une phase de latence de durée variable (quelques mois à plusieurs années). Cette phase est définie comme étant le stade A de l'infection. L'apparition d'infections mineures à répétition caractérise le stade B. Cette période, assez courte spontanément, peut durer de nombreuses années sous traitement. La survenue d'affections sévères annonce le passage au stade C, de pronostic très réservé.
Le traitement repose sur l'association de médicaments antirétroviraux, souvent en trithérapie, qui gênent ou empêchent la réplication ou la pénétration du virus dans les cellules immunitaires.
En 2019, 38 millions de personnes étaient infectées par le virus du sida dans le monde. Chaque année, environ 1,8 million de personnes sont contaminées. La grande majorité des personnes vivant avec le VIH se trouve dans des pays à revenu faible ou intermédiaire. Des programmes de l'Onusida et de l'OMS visent à endiguer ce fléau. Outre l'information sur les comportements à risque, l'accès à la prévention et aux soins pour tous est une priorité.

voir aussi **virus, anticorps**

Sidi Bel-Abbès Ville d'Algérie, chef-lieu de wilaya, sur l'oued Sig, dans la *plaine de Sidi Bel-Abbès.* 210 100 habitants. Centre agricole : viticulture, céréales. Cultures maraîchères. Centre de la Légion étrangère française jusqu'en 1962.

Sidi Bou-Saïd Ville de Tunisie, près de Tunis. 39 920 habitants. Lieu de villégiature (nombreux palais) depuis le XVIIIe s. Artisanat d'art.

Sidi Brahim Localité d'Algérie, à proximité de la frontière marocaine. Viticulture. Elle fut le théâtre de violents combats entre les troupes françaises et celles d'Abd El-Kader du 23 au 25 septembre 1845.

Sidi Fredj anciennement **Sidi-Ferruch** Localité d'Algérie, à l'O. d'Alger. 7 000 habitants. Station balnéaire. L'armée française y débarqua le 14 juin 1830.

Sidney (sir Philip) Écrivain anglais (1554-1586). Il connut un grand succès avec *L'Arcadie,* roman pastoral et chevaleresque, écrit en prose et en vers. *Astrophel et Stella* (sonnets).

Sidobre n. m. Plateau granitique du S.-O. du Massif central, dans le Tarn. Site touristique (chaos rocheux). Carrières de granit.

Sidoine Apollinaire (saint) Poète latin chrétien (v. 430-v. 486). Préfet de Rome (468), puis évêque de Clermont (471), il lutta contre les Wisigoths. Ses *Lettres* constituent un document historique sur la Gaule du Ve siècle.

sidologie n. f. didact. Branche de la médecine consacrée à l'étude et au traitement du sida.

sidologue n. didact. Médecin ou biologiste spécialiste du sida.

Sidon Ancienne cité phénicienne, sur la Méditerranée (aujourd'hui Saïda, au Liban). Elle fut le principal port de la Méditerranée au début du Ier millénaire av. J.-C. Détruite par les Assyriens au VIIe s. av. J.-C., elle retrouva un certain rayonnement à partir de l'époque d'Alexandre le Grand (–IVe s.). Nécropoles.

siècle n. m. (latin *saeculum* « génération ; époque ; espace de cent ans », *cf.* **séculaire, séculier**) **I. 1.** Période de cent ans dont le début est déterminé arbitrairement, en particulier par rapport à l'ère chrétienne. *Le cinquième siècle après Jésus-Christ* (de 401 à 500), *avant J.-C.* (de 499 à 400). *Au siècle dernier.* **2.** Période de cent années environ, considérée comme une unité historique. *Le Siècle des lumières,* le XVIIIe siècle en Europe. – *Siècle d'or*.* ■ Époque où l'on vit. *Les idées de son siècle, d'un autre siècle.* – fam. (par exagér.) *C'est l'affaire du siècle.* **3.** Durée de cent années (→ **centenaire ; séculaire**). **4.** au plur. Très longue période. *Depuis des siècles. Pendant des siècles. Dans les siècles des siècles :* éternellement. – par exagér. *Il y a des siècles que je ne l'ai vu,* très longtemps. **II.** relig. *Le siècle,* le monde temporel (→ **séculier**). *Vivre dans le siècle.*

Sieff (Jean-Louis, dit **Jeanloup**) Photographe français d'origine polonaise (1933-2000). Il fut une figure marquante de la photographie de mode (*Vogue ; Harper's bazar*). Il développa un style dépouillé, s'illustrant dans le portrait et le paysage, souvent déclinés en noir et blanc.

S

Sierra Leone

Siegbahn (Karl Manne) Physicien suédois (1886-1978). Il travailla sur la spectroscopie des rayons X et révéla leur réfraction (1925). Prix Nobel 1924.

Siegbahn (Kai) Physicien suédois (1918-2007). Fils de Karl Manne. Il mit au point une nouvelle technique spectroscopique. Prix Nobel 1981.

Siegburg Ville d'Allemagne (Rhénanie-du-Nord-Westphalie), sur la Sieg. 42 490 habitants. Église Sankt Servatius (XIIe-XIIIe s.). Centre industriel. Mines de fer.

siège n. m. (vient du latin *sedicum* ; famille de *seoir*) **I. 1.** Lieu où se trouve la résidence principale (d'une autorité, d'une société...). *Le siège d'un parti.* – ***Siège social*** : domicile légal (d'une société). **2.** Lieu où réside, où se trouve la cause (d'un phénomène). *Le siège d'une douleur.* **II.** Lieu où s'établit une armée, opérations menées pour prendre une place forte. *Faire le siège d'une ville.* → **assiéger.** *Lever le siège.* – ***État de siège*** : régime spécial qui soumet les libertés individuelles à une emprise renforcée de l'autorité publique. **III. 1.** Objet fabriqué, meuble disposé pour qu'on puisse s'y asseoir. *Offrir un siège à qqn.* « *Prends un siège, Cinna, prends* [...] » (Corneille). – *Les sièges d'une automobile.* **2.** Place, fonction d'un membre d'une assemblée. *Siège de député.* **3.** Dignité d'évêque, de pontife. *Siège épiscopal.* **IV.** (dans quelques emplois) Partie du corps humain sur laquelle on s'assied. → fam. **fondement, postérieur.** *Bain de siège. Enfant qui se présente par le siège* (lors d'un accouchement).

siéger v. intr. < 3 et 6 > **1.** Tenir séance, être en séance. *Le juge siégera demain.* **2.** Occuper un siège, une fonction. **3.** Avoir son siège à tel endroit. *L'Assemblée nationale siège au palais Bourbon.* **4.** (choses) littér. Résider, se trouver. *Voilà où siège le mal.*

Siegfried ou **Sigfried** Héros de la mythologie germanique, correspondant pour l'Allemagne au Sigurd des Scandinaves. Il est le personnage principal de l'opéra de Wagner qui porte ce nom.

Siegfried (André) Économiste et sociologue français (1875-1959). Il contribua au développement de la sociologie électorale en France. *Tableau politique de la France de l'Ouest, sous la IIIe République.* Académie française.

Siegfried (ligne) Fortifications édifiées par l'Allemagne de 1936 à 1940 allant de la Suisse au Luxembourg. Elles furent conquises par les Alliés en 1945.

siemens [simɛns ; sjemɛ̃s] **n. m.** Unité de mesure de conductance électrique (symb. S), qui correspond à un ampère par volt.

Siemens (Werner von) Ingénieur et industriel allemand (1816-1892). Il fonda, avec J. G. Halske, la société qui installa la première grande ligne télégraphique européenne (Berlin-Francfort). On lui doit le principe de la dynamo (1866) et la première locomotive électrique (1879).

sien, sienne adj. et pron. poss. de la 3e pers. du sing. (du latin *suum*, accusatif de *suus* [→ 1son], d'après *mien*) **I.** adj. littér. *Il a fait siennes les idées de sa femme.* **II.** pron. *Je préfère mon vélo au sien.* **III.** n. **1.** *Il y a mis du sien*, de la bonne volonté. **2.** fam. ***Faire des siennes***, des sottises. *Elle a encore fait des siennes.* **3.** *Les siens*, sa famille, ses amis ; ses partisans.

Sienkiewicz (Henryk) Romancier polonais (1846-1916). Il est l'auteur de romans historiques. *Les Chevaliers Teutoniques ; Quo Vadis ?* Prix Nobel 1905.

Sienne en italien **Siena** Ville d'Italie (Toscane), chef-lieu de province. 52 630 habitants. Riche patrimoine architectural et artistique : Torre del Mangia du Palazzo Pubblico (XIIIe-XIVe s.) ; cathédrale des XIIIe et XIVe s., dite le « Duomo » (chaire de Nicola Pisano, pavement de marbre) ; pinacothèque (importante collection de peintures de l'école siennoise). Course du Palio, en été, depuis le XIIIe s. Centre touristique. Industrie alimentaire (sucre).

Sierpiński (Wacław) Mathématicien polonais (1882-1969). Il effectua des travaux sur la théorie des ensembles analytiques et l'analyse fonctionnelle.

sierra n. f. (mot espagnol, du latin *serra* « scie ») Montagne à relief allongé (pays de langue espagnole). « *L'âpre arête des sierras* » (Verlaine).

Sierra Leone

n. f. ■ offic. république de Sierra Leone État d'Afrique occidentale. 73 326 km². 7 557 200 habitants (les *Sierraléonais*). **Langues :** anglais (offic.), krio, mendé, temné. **Population :** Krios (Créoles), Mendés, Peuls, Soussous, Temnés. **Religion :** en majorité musulmans. **Monnaie :** leone. **Capitale :** Freetown. **Régime :** présidentiel.

GÉOGRAPHIE

La Sierra Leone est formée d'un plateau (monts Loma, 1 948 m) et s'abaisse au sud vers une plaine fertile en bordure des côtes découpées. Le climat tropical humide est marqué par de fortes précipitations.

ÉCONOMIE

Les cultures vivrières sont le riz, le maïs, le manioc, le sorgo, le millet, les patates douces, le sésame, les bananes plantains, les fruits. Les cultures d'exportation sont la canne à sucre, le cacao, le café, le gingembre, l'arachide. La principale richesse de la Sierra Leone est constituée par le diamant (60 % des exportations, 14e rang mondial), les autres ressources minières sont la bauxite et le fer.

HISTOIRE

Les forêts servirent de refuge aux populations comme les Kissis, les Sherbros et les Krims. Au XVe siècle, les migrations des peuples de langues mandés atteignirent la Sierra Leone : les Temnés s'installèrent sur la côte ouest puis les Mendés à la frontière du Liberia et les Soussous dans le centre. En 1462, les Portugais abordèrent la baie de Freetown. Dès le XVIe siècle, les marchands européens pratiquèrent le commerce d'esclaves. En 1792, les Britanniques fondèrent Freetown pour accueillir les esclaves libérés, les Krios, et firent du pays une colonie en 1808, puis un protectorat en 1896. Il obtint son indépendance dans le cadre du Commonwealth en 1961. La Sierra Leone connut de nombreux coups d'État et fut touchée par la guerre civile du Liberia (1991), qui provoqua la ruine du pays et l'exode de ses habitants. L'armée britannique intervint pour faire respecter les accords de paix signés en 1999. Un Tribunal spécial jugea, de 2002 à 2009, les principaux responsables de la guerre civile, laissant le président libérien Charles Taylor entre les mains du Tribunal pénal international (TPI) de La Haye qui le reconnut coupable de crimes contre l'humanité en 2012. Deux partis dominent la vie politique, le Congrès de tout le peuple et le Parti du peuple de Sierra Leone (au pouvoir depuis 2018 avec le président Julius Maada Bio).

sieste n. f. (espagnol *siesta*, qui vient du latin *sexta [hora]* « la sixième heure ; midi » → six) Repos pris après le repas de midi. *Faire la sieste.*

sieur n. m. (forme de *sire**) vieux ou dr. Monsieur. – péj. *Le sieur Un tel.*

sievert [sivɛʀt] **n. m.** (du nom de Rolf Sievert, physicien suédois [1896-1966]) Unité SI de mesure d'équivalent de dose de rayonnement ionisant (symb. Sv). *Un sievert vaut 100 rems.*

Sieyès (Emmanuel Joseph) dit l'abbé Sieyès Homme politique français (1748-1836). Vicaire général de Chartres, il se rendit célèbre par sa brochure *Qu'est-ce que le tiers état ?* Député du tiers état en 1789, il joua un rôle décisif dans la transformation des États généraux en Assemblée nationale. Monarchiste constitutionnel, élu à la Convention, il vota cependant la mort de Louis XVI. Président du Conseil des Cinq-Cents (1795) et membre du Directoire (1799), il prépara avec Bonaparte le coup d'État du 18 Brumaire an VIII. Consul provisoire, il participa à la rédaction de la Constitution de l'an VIII. Il fut progressivement écarté des hautes fonctions politiques.

sifflage **n. m.** vétér. Râle sifflant. → **cornage.**

sifflant, ante **adj.** Qui s'accompagne d'un sifflement. *Respiration sifflante.* – *Consonne sifflante* ou **n. f.** *une sifflante,* fricative dont l'émission est caractérisée par un bruit de sifflement.

sifflement **n. m.** **1.** Action de siffler ; son émis en sifflant. *Un sifflement admiratif.* **2.** Fait de siffler ; production d'un son aigu. *Le sifflement des balles.*

siffler **v.** < 1 > (vient du bas latin *sifilare,* var. de *sibilare,* d'origine onomatopéique *cf.* persifler) **I. v. intr. 1.** Émettre un son aigu, modulé ou non, en faisant échapper l'air par une ouverture étroite (bouche, sifflet...). *Savoir siffler.* – *Asthmatique qui siffle en respirant.* ■ (animaux) *Le merle siffle.* **2.** Produire un son aigu par un frottement, par un mouvement rapide de l'air. *Le vent sifflait dans la cheminée.* – *Jet de vapeur qui siffle.* → **chuinter.** **3.** *Avoir les oreilles qui sifflent :* éprouver une sensation de sifflement, sans cause extérieure. – plais. *Les oreilles* ont dû vous siffler.* **II. v. tr. 1.** Moduler (un air) en sifflant. *Siffler un petit air joyeux.* → **siffloter. 2.** Appeler ou signaler en sifflant. *Siffler son chien. L'arbitre a sifflé une faute.* **3.** Désapprouver bruyamment, par des sifflements, des cris, etc. *La pianiste s'est fait siffler.* → **conspuer, huer.** **4.** fam. Boire d'un trait. *Il a sifflé toute la bouteille.*

sifflet **n. m.** **1.** Petit instrument formé d'un tuyau court à ouverture en biseau, servant à émettre un son aigu (→ **appeau**). **2.** *Coup de sifflet,* ou absolt *sifflet,* son produit en soufflant dans un sifflet ou en sifflant. **3.** fam. et vieux Gorge, gosier. – mod. loc. (fam.) *Couper le sifflet à qqn,* lui couper la parole, l'empêcher de s'exprimer. – *Ça m'a coupé le sifflet.* → **interloquer.**

siffleur, euse **adj.** Qui siffle. *Merle siffleur.*

siffleux **n. m.** (Canada) Marmotte.

sifflotement **n. m.** Action de siffloter ; air siffloté.

siffloter **v. intr.** < 1 > Siffler négligemment en modulant un air. *Siffloter gaiement.* – trans. *Siffloter un air.*

sifilet **n. m.** (de *six* et *filet*) Oiseau de paradis à plumage noir de Nouvelle-Guinée, dont le mâle porte sur la tête six longues plumes minces.

Sigean Commune de l'Aude. 5 542 habitants. Réserve zoologique.

Sigean (étang de) ou **Bages et de Sigean (étang de)** Lagune située entre Narbonne et Port-la-Nouvelle. Salines.

Sigebert Nom de plusieurs rois d'Austrasie. ■ **Sigebert Ier** (mort en 575). Roi d'Austrasie de 561 à sa mort. Fils de Clotaire Ier, époux de Brunehaut. Frédégonde le fit assassiner. ■ **Sigebert III** (631-656). Roi d'Austrasie de 634 à sa mort. Fils de Dagobert Ier. Il régna sous la tutelle du maire du palais Grimoald.

Sigebert de Gembloux Chroniqueur brabançon (v. 1030-1112). Il est l'auteur de chroniques couvrant la période 381-1110 qui firent autorité au Moyen Âge. *Chronicon* ou *Chronographia.*

Siger de Brabant Philosophe brabançon (v. 1235-1281). Il quitta le Brabant pour enseigner à Paris où il défendit l'averroïsme contre les thèses de Thomas d'Aquin (*De anima intellectiva*). Ses thèses furent condamnées par la hiérarchie religieuse en 1277.

sigillaire [siʒilɛʀ] **adj.** (du latin *sigillum* → sceau) didact. Muni d'un sceau. – Relatif aux sceaux, à la sigillographie.

sigillé, ée **adj.** (du latin *sigillatus*) didact. Marqué d'un sceau. *Vases sigillés :* vases gallo-romains de teinte brique, décorés de sceaux.

sigillographie **n. f.** (du latin *sigillum* « sceau ») didact. Étude scientifique des sceaux.

sigisbée **n. m.** (de l'italien *cicisbeo*) vieux ou iron. Chevalier* servant (d'une femme).

Sigismond (saint) (mort en 523). Fils de Gondebaud. Roi des Burgondes de 516 à 523. Il se convertit au catholicisme et fonda le monastère de Saint-Maurice d'Agaune. Clodomir le fit assassiner.

Sigismond Nom de plusieurs rois de Pologne. ■ **Sigismond Ier Jagellon** dit le Vieux ou le Grand (1467-1548). Roi de Pologne de 1506 à sa mort. Il combattit les Moscovites qu'il parvint à repousser en dépit de la perte de Smolensk (1514) et imposa sa suzeraineté sur la Prusse orientale (1525). Il fut un protecteur des arts. ■ **Sigismond II Auguste Jagellon** (1520-1572). Fils de Sigismond Ier. Roi de Pologne de 1548 à sa mort. Il proclama l'Union de Lublin qui consacrait la fusion de la Lituanie et de la Pologne (1569). ■ **Sigismond III Vasa** (1566-1632). Roi de Pologne à partir de 1587 et roi de Suède de 1592 à 1599. Neveu de Sigismond II Auguste Jagellon. Il succéda à Étienne Ier Báthory sur le trône de Pologne et fit de Varsovie la nouvelle capitale du royaume. Il fut déposédé de la couronne de Suède.

Sigismond de Luxembourg (1368-1437). Roi des Romains (1411-1433) et empereur germanique de 1411 à sa mort. Il fut à l'origine du concile de Constance (1414-1418) qui mit fin au schisme d'Occident, et permit la condamnation de Jan Hus par la justice religieuse. Il accéda au trône de Bohême en 1 419 mais ne fut reconnu qu'en 1436.

siglaison **n. f.** Formation de sigles.

sigle **n. m.** (bas latin *sigla* « abréviations », p.-ê. de *singula* → singulier) Suite des initiales de plusieurs mots employée comme abréviation (ex. HLM). → aussi **acronyme.**

siglé, ée **adj.** Qui porte un sigle comme élément de décoration (accessoire de mode). *Sac siglé.*

sigma **n. m. invar.** (mot grec) Dix-huitième lettre de l'alphabet grec (Σ, σ), notant la sifflante sourde [s].

Sigmaringen Ville d'Allemagne (Bade-Wurtemberg), sur le Danube. 16 700 habitants. Château qui fut la résidence des Hohenzollern. En 1944-1945, le maréchal Pétain y séjourna et une « commission gouvernementale » française, prolongeant le gouvernement de Vichy, y siégea.

sigmoïde **adj. et n.** (du grec *sigma*) anat. Qui a la forme d'un sigma grec majuscule. *Valvules sigmoïdes,* à l'entrée de l'aorte et de l'artère pulmonaire. *Côlon sigmoïde* ou **n. m.** *le sigmoïde,* dernier segment du côlon, précédant le rectum.

Signac (Paul) Peintre et critique français (1863-1935). Ami et disciple de Seurat, il fonda avec lui le salon des Indépendants qu'il présida à partir de 1908. Il fut le théoricien du néo-impressionnisme et du divisionnisme (*D'Eugène Delacroix au néo-impressionnisme*). On lui doit des marines (*Port de Collioure*) et des scènes d'intérieur (*Le Petit Déjeuner ; Femme se peignant*).

signal, aux **n. m.** (latin *signale,* de *signum* → signe) **1.** Signe convenu (geste, son...) fait par qqn pour indiquer le moment d'agir. *À son signal, tout le monde se leva. Donner le signal du départ.* – Fait qui déclenche une action, un processus. *Leur arrestation a été le signal de l'insurrection.* **2.** Signe (ou système) conventionnel destiné à transmettre une information. *Signal d'alarme. Signaux optiques, acoustiques.* – *Signaux routiers* (→ **signalisation**). ■ didact. Message véhiculant de l'information ; grandeur servant de support à une information. *Signal électrique.*

signalé, ée **adj.** (de l'italien, même origine que *signal ; cf.* ¹insigne) littér. (dans des loc., devant le n.) Remarquable, insigne. *Il m'a rendu un signalé service.*

signalement **n. m.** Description physique (d'une personne qu'on veut faire reconnaître). *Diffuser le signalement d'un criminel.*

signaler **v. tr.** < 1 > (de *signalé*) **1.** Annoncer par un signal (ce qui se présente, un mouvement). – au passif *Le virage est signalé par un panneau.* **2.** Faire remarquer ou connaître (qqch.) en attirant l'attention. *Permettez-moi de vous signaler que...* → **avertir.** *Rien à signaler* (abrév. RAS). ■ Appeler l'attention sur (qqn). **3.** *Se signaler* **v. pron.** Se faire remarquer, se distinguer (en bien ou en mal). *Elle s'est signalée par son courage.*

signalétique (de *signaler*) **1. adj.** Qui donne un signalement. *Fiche signalétique.* **2. n. f.** Ensemble des éléments d'une signalisation (dans un lieu public). *La signalétique d'un musée.*

signaleur, euse **n.** Personne chargée de la signalisation.

signalisation **n. f.** Emploi, disposition des signaux destinés à assurer la bonne utilisation d'une voie et la sécurité des usagers. *Panneaux, feux de signalisation.*

signaliser **v. tr.** < 1 > Munir d'un ensemble de signaux coordonnés. *Signaliser une route, une côte.*

signataire **n.** (de *signature*) Personne, autorité qui a signé un acte, etc. *Les signataires d'un accord.*

signature **n. f.** (latin médiéval *signatura ;* famille de ¹*signer*) **1.** Inscription qu'une personne fait de son nom (sous une forme par-

Sienne

Sienne, la vieille ville avec, en marbre blanc, la cathédrale ou Duomo.

ticulière et constante) en vue de certifier exact ou authentique, ou d'engager sa responsabilité. → **griffe, paraphe, seing.** *Apposer sa signature au bas d'un contrat.* → **[1]signer.** – *Honorer sa signature*, l'engagement qu'on a signé. – *Signature électronique* : système de codification donnant à un document numérique la même valeur que l'inscription sur un document papier. **2.** Action de signer (un écrit, un acte). *L'arrêté va être porté à la signature du ministre.*

signe **n. m.** **(latin *signum* → seing, *cf.* sceau, signal, signer, signifier ; insigne)** **I. 1.** Chose perçue qui permet de conclure à l'existence ou à la vérité (d'une autre chose, à laquelle elle est liée). → **indice, manifestation, marque, signal, symbole, symptôme.** *La fumée est le signe du feu. Un portrait est un signe de la personne représentée.* → **image.** *Signes cliniques d'une maladie.* → **symptôme.** *Donner des signes de fatigue, de nervosité.* – loc. *Ne pas donner **signe de vie*** : paraître mort ; ne donner aucune nouvelle. *C'est **bon signe**, c'est **mauvais signe**,* c'est l'annonce que ça va bien, mal. *C'est signe que...* : cela veut dire que. **2.** Élément ou caractère (d'une personne, d'une chose) qui permet de distinguer, de reconnaître. *Signes distinctifs.* – loc. *Un signe des temps,* une chose qui caractérise l'époque où l'on vit. ■ Marque faite pour distinguer. *Marquer qqch. d'un signe.* **II. 1.** Mouvement ou geste destiné à communiquer avec qqn, à faire savoir qqch. → **signal.** *Un signe de tête. Il me fit signe que oui ; d'entrer.* – *Je vous ferai signe,* j'entrerai en contact avec vous. – *En signe de,* pour manifester, exprimer. *Agiter son mouchoir en signe d'adieu.* ■ *Langue des signes* : code manuel et corporel destiné aux personnes sourdes. *Langue des signes française (LSF).* **2.** Représentation matérielle simple qui se rapporte conventionnellement, dans une société donnée, à une réalité complexe. → **symbole.** *Le noir, signe de deuil dans les civilisations occidentales. Le signe « plus » (+), le signe « moins »* (–). **3.** didact. Tout objet perceptible qui renvoie à une chose qu'il évoque. *Étude des signes.* → **sémiologie, sémiotique ; sémantique.** *« La langue est un système de signes exprimant des idées »* (Saussure). ■ ling. Élément du langage associant un signifiant à un signifié. *Les mots sont des signes.* **4.** Emblème, insigne (d'une société, d'une fonction...). *Le signe de (la) croix* (emblème des chrétiens). **5.** Chacune des figures représentant en astrologie les douze constellations du zodiaque. *Être né sous le signe du Bélier, être du signe du Bélier.* ■ fig. *Sous le signe du...* : dans une atmosphère de. *Sous le signe de la bonne humeur.*

[1]signer **v.** < 1 > **(vient du latin *signare*, de *signum* [→ signe], *cf.* désigner, résigner, signature)** **1. v. tr.** Revêtir de sa signature (une lettre, une œuvre d'art...). *Signer un chèque.* – *Signer la paix,* le traité de paix. – **au p. p.** *Œuvre signée de la main de l'artiste.* **2. v. intr.** S'exprimer dans la langue des signes. – trans. *Signer une question.*

[2]se signer **v. pron.** < 1 > **(→ [1]signer)** Faire le signe de croix.

signet **n. m. 1.** Petit ruban ou bande d'une matière souple qui sert à marquer tel ou tel endroit d'un livre. → **marque-page. 2.** inform. → **favori.**

signifiance **n. f.** didact. Le fait d'avoir du sens.

signifiant, ante **1. adj.** Qui signifie, a du sens. **2. n. m.** ling. Partie matérielle du signe (phonèmes ou sons, caractères écrits), opposée et liée au signifié*.

significatif, ive **adj.** **(du latin → signifier)** Qui signifie, exprime ou renseigne clairement. → **expressif ; révélateur.** *Fait significatif.*

signification **n. f.** **(du latin → signifier)** **1.** Ce que signifie (une chose, un fait). *Quelle est la signification de ce geste ?* ■ Sens (d'un signe, d'un ensemble de signes, et notamment d'un mot). *Les diverses significations d'un mot.* → **acception. 2.** dr. Action de signifier (un jugement). → **notification.**

signifié **n. m.** ling. Contenu du signe, opposé et lié au signifiant*. → **[1]sens.**

signifier **v. tr.** < 7 > **(du latin *significare*, de *signum* [→ signe] et *facere* [→ [1]faire])** **1.** **(sujet chose)** Avoir pour sens, être le signe de. → vouloir **dire.** *Qu'est-ce que cela signifie ?* **(expression de mécontentement)** ■ **(signes)** Avoir pour sens. → **désigner, exprimer.** *Je ne sais pas ce que signifie ce mot. Le mot anglais « bed » signifie « lit ».* **2.** **(sujet personne)** Faire connaître par des signes, des termes parfaitement clairs. *Il nous a signifié ses intentions.* ■ dr. Faire savoir légalement. → **notifier.** *Signifier un jugement.*

Signorelli **(Luca)** Peintre italien (v. 1450-1523). Il fut influencé par Piero della Francesca, avant d'affirmer un style plus personnel qui accorde une place centrale au corps humain. Dernier grand fresquiste toscan, il annonce Michel-Ange. Il réalisa des fresques pour la chapelle Sixtine (les *Derniers Jours de Moïse*) et pour la cathédrale d'Orvieto.

Signoret **(Simone Kaminker, dite Simone)** Actrice française (1921-1985). Elle fit l'essentiel de sa carrière au cinéma. Après des débuts avec Yves Allégret, elle fut consacrée pour son rôle dans *Casque d'or* de Jacques Becker. Elle tourna dans 50 films (*La Ronde* d'Ophuls ; *Les Diaboliques* de Clouzot ; *L'Armée des ombres* de Melville). Elle fut mariée à Yves Montand, dont elle partageait l'engagement politique.

Simone Signoret dans *Casque d'or* de Jacques Becker (1952).

Sigurd voir **Siegfried**

Sihanouk **(Norodom)** voir **Norodom Sihanouk**

Sihanoukville ou **Kompong Som** Ville du Cambodge, sur le golfe du Siam. 89 447 habitants. Port. La ville a été fondée par les Français en 1960.

Siirt Ville de Turquie, en Anatolie. 127 200 habitants. Bâtiments datant de l'époque seldjoukide. Centre commercial.

Šik **(Ota)** Économiste suisse d'origine tchèque (1919-2004). Il anima dès 1963 la commission chargée de la réforme économique en Tchécoslovaquie. Opposé au rôle prééminent de la bureaucratie, il préconisa la participation accrue des travailleurs à la gestion des entreprises.

Sikasso Ville du Mali. 230 000 habitants (agglomération 3 millions). Culture du riz et du coton. La ville fut assiégée par Samory Touré et prise par les troupes françaises en 1898.

Sikelianos **(Angelos)** Poète grec (1884-1951). Sa poésie profondément ancrée dans la tradition hellénique recherche une expression universelle de la beauté du monde et de la vie, dans une langue d'une grande richesse, aux accents mystiques *(Le Visionnaire ; Prologue à la vie).* Il est aussi l'auteur de tragédies *(Le Dithyrambe de la rose).*

sikh, sikhe **n. et adj.** **(mot sanscrit « disciple »)** Adepte d'une religion monothéiste fondée dans le nord de l'Inde au xve siècle (opposée notamment au système des castes hindoues).

Sikhote-Aline **n. m.** Massif montagneux de Russie (Sibérie orientale), en bordure de la mer du Japon. Il culmine à 2 090 m. Gisements de houille et de charbon, métaux non ferreux.

sikhs **n. m. pl.** Membres d'une confrérie religieuse indienne concentrée dans le Pandjab et fondée au xve s. Les sikhs sont opposés au système de castes hindoues, et donnent à la femme un statut égal à celui de l'homme.

Sikkim **n. m.** État d'Inde, dans la partie orientale de l'Himalaya. 7 096 km^2. 690 300 habitants. Capitale : Gangtok. Monarchie fondée par les Tibétains au xviie s., le Sikkim devint un protectorat britannique au xixe s. avant de passer sous domination indienne. Il fut rattaché à l'Inde en 1975.

Sikorski **(Władysław)** Général et homme politique polonais (1881-1943). Il fut chef du gouvernement (1922-1923) puis ministre de la Guerre (1924-1925). Il se retira de la vie politique après le coup d'État de Pilsudski en 1926. À partir de 1939, il dirigea le gouvernement polonais en exil en France, puis à Londres.

sil **n. m.** **(mot latin)** Argile rouge ou jaune avec laquelle les Anciens faisaient des poteries.

silane **n. m.** **(de *silicium*)** chim. Composé hydrogéné de silicium, préparé par électrolyse des silicates d'aluminium.

silence **n. m.** **(latin *silentium*, de *silere* « [se] taire »)** **I. 1.** Fait de ne pas parler ; état, attitude d'une personne qui reste sans parler. → **mutisme.** *Garder le silence,* se taire. *Faire silence.* ellipt *Silence !* – *Minute de silence,* hommage que l'on rend aux morts en demeurant debout, immobile et silencieux. ■ (Un, des silences) Moment pendant lequel on ne dit rien. → **[2]blanc.** *Une conversation coupée de silences.* **2.** Fait de ne pas exprimer, de ne pas divulguer (ce qui est secret) ; attitude, état d'une personne qui ne s'exprime pas. *Promets-moi un silence absolu.* → **[2]secret.** – *La loi du silence* (entre malfaiteurs ; dans des sociétés secrètes). → **omerta.** – *Passer qqch. sous silence,* n'en rien dire. *Réduire, forcer qqn au silence.* ■ Le fait de ne plus se manifester. *Son silence m'inquiète.* **II. 1.** Absence de bruit, d'agitation. → **[1]calme, paix.** *Un silence de mort,* total. *« Dans le silence et la solitude de la nuit »* (Baudelaire). ■ *Silence radio* : interruption de toute émission électromagnétique pour éviter de signaler sa position à l'ennemi. fig. Absence de réaction, de nouvelles (de qqn). **2.** mus. Interruption du son musical, indiquée dans la notation ; signe qui l'indique. → **pause, soupir.**

silencieusement **adv.** Sans parler ; sans faire de bruit.

silencieux, euse **(→ silence)** **I. adj. 1.** Qui garde le silence. *Rester silencieux.* → **muet.** ■ Qui ne s'accompagne pas de paroles. *Repas silencieux.* – *Une douleur silencieuse.* **2.** Qui se fait, fonctionne sans bruit. – Où le silence et le calme règnent. *Une rue silencieuse.* **II. n. m.** Dispositif qui étouffe le bruit (d'une arme, d'un moteur). *Revolver à silencieux.*

silène **n. m.** **(de *Silène*, héros mythologique)** Plante herbacée, à nombreuses variétés, dont certaines sont ornementales.

Silène Dans la mythologie grecque, fils de Pan ou d'Hermès et père nourricier de Dionysos. Il a le plus souvent l'apparence d'un vieillard jouisseur et ivre.

silentbloc [silɑ̃tblɔk ; silɛ̃ntblɔk] **n. m.** **(n. déposé ; de l'anglais *silent* « silencieux » et *bloc*)** anglic., techn. Petit bloc de caoutchouc, interposé entre des pièces mécaniques à faible mouvement rotatif, qui absorbe bruits et vibrations.

Silésie **n. f.** Région historique d'Europe centrale partagée entre la République tchèque et la Pologne, dans le bassin de l'Oder. Intégrée au royaume de Pologne à la fin du xe s., la Silésie fut morcelée en diverses principautés, passant sous la suzeraineté de la Bohême en 1335. Rattachée à l'Autriche en 1526, elle fut conquise par la Prusse en 1741. Avec le plébiscite de 1921, la Pologne obtint un partage de la haute Silésie, qui fut

sikhs

Un pèlerin sikh devant le Temple d'or d'Amritsar, édifice sacré de sa communauté.

annexée par le Reich en 1939. En 1945, la région fut rattachée à la Pologne qui en expulsa la population allemande.

Silésie n. f. en polonais **Śląsk**, en allemand **Schlesien**, en tchèque **Selzsko** Région d'Europe centrale s'étendant sur le S.-O. de la Pologne, le N.-O. de la République tchèque et l'Allemagne. En Pologne, la basse Silésie (voïvodie de Basse-Silésie), au S.-O. du pays (ville principale : Wrocław) est une région qui allie une agriculture intensive à des industries traditionnelles ; la haute Silésie, au S., (ville principale : Katowice) est une riche région industrielle grâce aux gisements de charbon, de plomb et de zinc.

silex [silɛks] **n. m.** (latin *silex, silicis, cf.* silice) **1.** Roche sédimentaire siliceuse, cristallisée (→ **quartz**). *Silex taillé.* **2.** Objet en silex. – spécialt Arme, outil préhistorique en silex.

silhouette **n. f.** (du n. de É. de Silhouette) **1.** Forme (de qqn, de qqch.) qui se profile sur un fond plus clair. *« Dans le brouillard s'en vont deux silhouettes grises »* (Apollinaire). – Forme ou dessin aux contours schématiques. *Silhouette des arbres reflétée dans l'eau.* **2.** Allure ou ligne générale (d'une personne). *Une silhouette jeune.* **3.** Petit rôle au cinéma ou au théâtre ; figurant disant quelques phrases.

Silhouette (Étienne de) Homme politique français (1709-1767). Il fut contrôleur général des Finances sous Louis XV. Ses projets d'impôts sur les terres des nobles et de réduction des pensions entraînèrent sa disgrâce.

silhouetter **v. tr.** < 1 > Représenter en silhouette. – pronom. *Se silhouetter.* → se **profiler**.

silicate **n. m.** (de *silice*, et *-ate*) Minéral, combinaison de silice avec un oxyde métallique.

silice **n. f.** (du latin *silex, silicis* → silex) Oxyde de silicium, corps solide de grande dureté, entrant dans la composition de nombreux minéraux. *Silice pure cristallisée.* → **quartz**.

siliceux, euse **adj.** Formé de silice. *Roche siliceuse.*

silicicole **adj.** (de *silice* et *-cole*) bot. Qui croît en terrain siliceux. *Plante silicicole.*

silicium [silisjɔm] **n. m.** (→ silice) Corps simple (symb. Si, n° at. 14, masse at. 28,08), métalloïde du groupe du carbone.

siliciure **n. m.** (de *silicium*) chim. Combinaison de silicium et d'un autre élément. *Siliciure de carbone.*

silicone **n. f.** (de *silicium*) **1.** chim. Composé du silicium se présentant sous forme d'huiles, de résines et d'élastomères. **2. n. f. ou m.** Polymère synthétique inorganique formé d'une chaîne silicium-oxygène. *Moule à gâteau en silicone. Gel de silicone.*

siliconer **v. tr.** < 1 > **1.** Garnir de silicone. *Siliconer des câbles.* **2.** Injecter du gel de silicone dans (une partie du corps). *Se faire siliconer les seins, les lèvres.*

Silicon Valley Agglomération d'entreprises de haute technologie autour de l'université Stanford aux États-Unis (Californie). C'est aujourd'hui l'un des plus grands pôles de recherche et de production de nouvelles technologies au monde.

silicose **n. f.** (de *silice* et 2-*ose*) Maladie pulmonaire (maladie professionnelle) due à l'inhalation de poussières de silice. *Silicose du mineur.*

silicotique **adj.** (de *silicose*) méd. Relatif à la silicose. *Infiltration silicotique du poumon.* ■ Atteint de silicose. – **n.** *Un silicotique.*

silionne **n. f.** (n. déposé ; de *sili[ce]* et *[ray]onne*) techn. Fibre continue de verre, formée de filaments extrêmement fins.

silique **n. f.** (latin *siliqua*) bot. Fruit sec déhiscent dont la cavité portant les graines se divise en deux par une fausse cloison. *Les siliques du chou.*

Silistra Ville de Bulgarie, sur le Danube, près de la frontière roumaine. 28 400 habitants. Tombeau de l'époque romaine. Musée. Centre agricole et commercial. Port fluvial. Industries du bois.

Silius Italicus Poète latin (v. 25-101). Il fut un courtisan de Néron. Il est l'auteur des *Guerres puniques*, poème qui retrace la lutte de Rome contre Hannibal.

Silkeborg Ville du Danemark, dans le Jutland, sur le Langs. 41 300 habitants. Centre touristique. Industrie du papier, du meuble et de l'électronique.

sillage **n. m.** (de l'ancien v. *siller* ; famille de *sillon*) Trace qu'un bateau laisse derrière lui à la surface de l'eau. – loc. *Être, marcher* **dans le sillage de** *qqn* : à la suite de, derrière qqn (qui ouvre la voie). ■ fig. *Un sillage parfumé.*

Sillanpää (Frans Eemil) Écrivain finlandais d'expression finnoise (1888-1964). Il proposa une vision du monde procédant d'une forme de déterminisme biologique qui n'exempte pas pour autant les individus de leur responsabilité. *La Vie et le Soleil ; Sainte Misère ; Silja.* Prix Nobel 1939.

Sillery (Nicolas Brulart de) Homme politique français (1544-1624). Chancelier sous Henri IV, puis sous Louis XIII, il négocia le traité de Vervins (1598), puis l'annulation du mariage d'Henri IV avec Marguerite de Valois (1599).

sillet **n. m.** (de l'italien *ciglieto* « petit cil », de *ciglio* « cil, bord ») mus. Petite pièce de bois collée sur le manche de certains instruments à cordes pour empêcher que les cordes n'appuient sur la touche. *Sillet de tête, de chevalet d'un violon.*

Sillitoe (Alan) Romancier britannique (1928-2010). Il s'est fait, dans ses romans comme dans ses nouvelles, le porte-parole des frustrations de la classe ouvrière. *Samedi soir, dimanche matin ; La Solitude du coureur de fond.*

sillon **n. m.** (origine incertaine, p.-ê. gauloise) **1.** Longue tranchée ouverte dans la terre par la charrue. – au plur., poét. Les champs cultivés, la campagne. **2.** Ligne, ride. *Menton creusé d'un sillon.* – anat. *Les sillons du cerveau*, les rainures qui séparent les circonvolutions. **3.** Trace produite à la surface d'un disque par l'enregistrement phonographique (→ **microsillon**).

Sillon (Le) Mouvement intellectuel catholique français d'inspiration sociale, fondé en 1894 et dirigé par Marc Sangnier. Il fut condamné par le pape Pie X en 1910.

Sillon alpin **n. m.** Nom donné à un large couloir situé entre les Préalpes françaises et les massifs centraux des Alpes. Il comprend le val d'Arly, la Combe de Savoie, le Grésivaudan et la vallée intérieure du Drac.

sillonner **v. tr.** < 1 > **1.** Creuser en faisant des sillons, des fentes. – au p. p. *Un front sillonné de rides.* **2.** Traverser d'un bout à l'autre. *Les éclairs sillonnaient le ciel.* → **zébrer**. – Traverser, parcourir en tous sens. *Sillonner les routes en voiture.*

Sillon rhodanien **n. m.** Nom donné à la dépression séparant le Massif central et les Alpes. Le Rhône l'emprunte à partir de Lyon. Le Sillon rhodanien constitue un axe de circulation majeur entre le N. de la France et la Méditerranée.

silo **n. m.** (mot espagnol, du latin *sirus*, d'origine grecque) Réservoir où l'on entrepose les produits agricoles pour les conserver (→ **ensiler**). *Des silos à blé.*

Silo Principal sanctuaire d'Israël à l'époque des Juges. Samuel y passa sa jeunesse.

Siloe ou **Siloé** (Gil de) Sculpteur espagnol d'origine flamande (actif entre 1486 et 1505). Représentant du style gothique tardif, auteur de nombreux monuments funéraires et de retables à Burgos, il contribua à la chartreuse de Miraflores. ■ Diego de **Siloé**. Architecte et sculpteur espagnol (v. 1495-1563). Fils de Gil. Il décora la cathédrale de Burgos et imposa le style Renaissance dans l'édification de celle de Grenade, influençant durablement l'architecture hispanique.

Silone (Secondo Tranquilli, dit Ignazio) Écrivain italien (1900-1978). Très tôt engagé au Parti communiste, puis dans la lutte antifasciste, il dut s'exiler en Suisse dès 1930. Il est l'auteur de romans réalistes d'inspiration sociale. *Fontamara ; Pain et Vin ; Le Grain sous la neige.*

silotage **n. m.** (de *silo*) techn. Conservation en silo. → **ensilage**.

silphe **n. m.** (du grec) zool. Insecte coléoptère, au corps noir et plat, dont une espèce s'attaque aux betteraves.

silure **n. m.** (latin *silurus*, d'origine grecque) Poisson à longs barbillons, aussi appelé *poisson-chat.*

silurien, ienne **adj.** (anglais *silurian*, du latin *Silures*, n. d'un peuple breton installé en Angleterre) géol. Qui concerne la troisième période de l'ère primaire. – **n. m.** *Le silurien*, cette période.

Silva (Aníbal Antonio Cavaco) Homme d'État portugais (né en 1939). Leader du Parti social-démocrate, Premier ministre de 1985 à 1995, il fut président de la République de 2006 à 2016.

Silvacane (abbaye de) Abbaye située sur la Durance, près de La Roque-d'Anthéron. Haut lieu cistercien à partir du XIIe s., elle est aujourd'hui propriété de l'État.

silvaner voir **sylvaner**

Silverberg (Robert) Écrivain américain (né en 1935). Sous son nom et sous divers pseudonymes, il est l'auteur de récits de

S

science-fiction marqués par l'idéologie de la beat generation. *Les Ailes de la nuit ; L'Homme dans le labyrinthe ; Les Chroniques de Majipoor.*

Silves Ville du S. du Portugal, dans le district de Faro. 6 300 habitants. Château de style mauresque. Cathédrale gothique (XIIIe s.).

Silvestre (Israël) Dessinateur et graveur français (1621-1691). Entré au service de Louis XIV en 1662, il réalisa pour lui de nombreuses vues de Paris et de ses alentours : *Les Maisons royales ; Plaisirs de l'île enchantée.*

Silvestre de Sacy (Antoine Isaac) Orientaliste français (1758-1838). Il introduisit les études arabes en France, s'imposant comme le père de l'orientalisme français. *Mémoire sur l'histoire des Arabes avant Mahomet ; Chrestomathie arabe ; Grammaire arabe.*

SIM [sim] **n. f. (sigle anglais de *Subscriber Identity Module* « module portant l'identité de l'abonné »)** *SIM* ou *carte SIM* : carte à puce insérée dans un téléphone portable, sur laquelle sont stockées les informations concernant la connexion GSM de l'abonné.

sima n. m. (de *Si* et *Ma*, symboles chimiques du silicium et du magnésium) géol. Couche intermédiaire de l'écorce terrestre où prédominent la silice et le magnésium. *Le sima et le sial.*

Sima (Josef Šíma, devenu Joseph) Peintre français d'origine tchèque (1891-1971). Proche du courant surréaliste et de l'avant-garde pragoise, il est l'auteur de compositions le plus souvent non-figuratives. *Europe ; Double Paysage.*

simagrée n. f. (origine obscure ; on a proposé *si m'agrée* [de *agréer*] ou une var. dialectale de *singe*) surtout au plur. Comportement affecté destiné à attirer l'attention, à tromper. → **manière.** *Faire des simagrées.*

Sima Qian ou Sseu-ma Ts'ien Historien chinois (135-93 av. J.-C.). Il rédigea les *Mémoires historiques*, ouvrage retraçant l'histoire de la Chine jusqu'au Ier s. av. J.-C.

simarre n. f. (italien *zimarra* → chamarrer) anciennt Longue robe d'homme ou de femme, faite de riche étoffe. – Partie antérieure de la robe des magistrats.

simaruba n. m. (mot guyanais) bot. Arbre d'Amérique tropicale dont on extrait de l'écorce une substance amère, la *quassine.* → **quassia.**

Simbirsk anciennement **Oulianovsk (du nom de Lénine)** Ville de Russie, sur la Volga. 636 000 habitants. Industries (mécanique, agroalimentaire).

simbleau n. m. (de l'ancien provençal *cembel, sembel* « leurre pour les oiseaux », d'origine latine) techn. Cordeau servant à tracer des cercles de grande dimension.

S

Simenon (Georges) Écrivain belge d'expression française (1903-1989). Arrivé à Paris en 1922, il y publia des romans populaires et aborda le genre policier en 1930,

Georges Simenon posant en Maigret, en 1952, devant les bureaux de la police judiciaire à Paris.

créant le personnage du commissaire Maigret *(Pietr-le-Letton)*, héros d'une longue série. Ses nombreux romans, à la psychologie sûre, construisent une atmosphère réaliste et illustrent des thèmes forts (le départ, la solitude). Traduits en diverses langues, ils furent souvent adaptés au cinéma et à la télévision. Il publia des souvenirs *(Je me souviens ; Pedigree).*

Siméon Personnage de la Genèse, fils de Jacob et de Léa. Il prit part au massacre des habitants de Sichem. Siméon donna son nom à l'une des tribus d'Israël.

Siméon (saint) Personnage de l'Évangile de saint Luc. Lors de la Présentation de l'Enfant Jésus au Temple, il le reconnaît comme le Messie.

Siméon le Stylite (saint) Ascète chrétien (v. 390-459). Il est célèbre pour être demeuré 37 ans sur le haut d'une colonne, près d'Alep.

Siméon Ier le Grand ou le Magnifique (mort en 927). Tsar des Bulgares (893-927). Il fonda le premier empire bulgare en conquérant une partie de la Grèce et de la Serbie, mais échoua devant les murs de Constantinople.

Siméon II prince de Saxe-Cobourg-Gotha Homme politique bulgare (né en 1937). Dernier roi de Bulgarie de 1943 à 1946, il dut s'exiler à la suite de l'invasion soviétique. Rentré en Bulgarie en 1996, il remporta les élections législatives de 2001 et fut Premier ministre jusqu'en 2005.

Simferopol Ville d'Ukraine, chef-lieu de la Crimée. 341 600 habitants. Vestiges scythes. Carrefour ferroviaire. Centre commercial et industriel.

simien n. m. (du latin *simia* → singe) Primate du sous-ordre comprenant les singes. *Les anthropoïdes sont des simiens.*

simiesque adj. (du latin *simia* → singe) littér. Qui tient du singe, évoque le singe. *Grimace simiesque.*

similaire adj. (du latin *similis* « semblable », *cf.* sembler, simuler ; ensemble, simultané) Qui est à peu près semblable. → **analogue, équivalent.**

similarité n. f. Caractère des choses similaires. → **ressemblance, similitude.**

simili (du latin *similis* → simili-) 1. n. m. Imitation d'une matière plus précieuse. *Sac en simili.* → **similicuir.** ■ Cliché ou film tramé obtenu par similigravure. **2. n. f.** Similigravure.

simili- Élément **(du latin *similis* → similaire)** qui entre dans des mots désignant des imitations. → **pseudo-.**

similicuir n. m. Matière plastique imitant le cuir. → **skaï.**

similigravure n. f. Photogravure en demi-teinte au moyen de trames à travers lesquelles sont photographiés les objets ; cliché ainsi obtenu. - abrév. **simili.**

similiser v. tr. < 1 > techn. Traiter (le coton) de façon à lui donner un aspect mercerisé, soyeux. – au p. p. *Coton similisé.*

similiste n. techn. Spécialiste en similigravure.

similitude n. f. (latin *similitudo*, de *similis* → similaire) Relation unissant deux choses semblables. → **analogie, identité, ressemblance.** – géom. Caractère de deux figures semblables ; transformation du plan, composée d'une rotation et d'une homothétie de même centre.

similor n. m. (de *simili* et ¹*or*) Métal imitant l'or. → **chrysocale.**

Simla Ville d'Inde, capitale de l'Himachal Pradesh à 2 200 m d'altitude. 171 600 habitants.

Simmel (Georg) Sociologue et philosophe allemand (1858-1918). Il considérait que l'interaction entre les individus formait l'atome de base des études sociologiques et il fut le promoteur de la sociologie formelle. *Sociologie ; Problèmes de la philosophie de l'histoire.*

Simon (saint) dit **le Cananéen ou le Zélote** Un des douze apôtres de Jésus (Ier s.). Il aurait évangélisé l'Égypte et la Perse.

Simon (Richard) Oratorien français (1638-1712). Il remit en cause nombre de conclusions de l'exégèse biblique traditionnelle. Il fut violemment attaqué par Bossuet et par les jansénistes, et fut mis à l'index. *Histoire critique du Vieux Testament ; Histoire critique du texte, des versions, et des principaux commentateurs du Nouveau Testament.*

Simon (Jules François Simon Suisse, dit Jules) Homme politique et philosophe français (1814-1896). Républicain modéré, ministre de l'Instruction publique de 1870 à 1873, puis chef du gouvernement en 1876, il fut désavoué par Mac Mahon à la suite de la crise du 16 mai 1877.

Simon (François, dit Michel) Comédien français d'origine suisse (1895-1975). Il anima ses interprétations d'une personnalité bourrue et chaleureuse au théâtre *(Jean de la Lune*, d'Achard) comme au cinéma *(Boudu sauvé des eaux*, de Renoir ; *Drôle de drame*, de Carné).

Simon (Pierre-Henri) Écrivain français (1903-1972). Intellectuel engagé, il est l'auteur d'essais critiques, politiques *(Contre la torture)* et littéraires *(L'Homme en procès)*, ainsi que de romans *(Les hommes ne veulent pas mourir)*. Académie française.

Simon (Claude) Écrivain français (1913-2005). Ses textes jouent avec le temps et la mémoire, utilisant une phrase sinueuse et faite de reprises *(Le Vent ; La Route des Flandres ; La Bataille de Pharsale ; L'Acacia)*. Ses autres romans mettent en scène la discontinuité des émotions et les rapports complexes de la conscience et de la réalité. Prix Nobel 1985.

Simon (Herbert) Économiste américain (1916-2001). Il est l'auteur d'importants travaux en théorie de la décision. Prix Nobel 1978.

Simonds (Charles) Artiste américain (né en 1945). Il a réalisé d'éphémères installations de cités miniatures de terre, de sable. *Landscape-Body-Dwelling ; Torque.*

Simone (Eunice Waymon, dite Nina) Pianiste et chanteuse américaine (1933-2003). Sa voix grave et puissante a transfiguré les standards du jazz, du blues et du gospel *(Songs as Plain Gold Ring ; I loves you Porgy)*. Son répertoire illustre également son engagement dans la lutte pour les droits civiques aux États-Unis *(The King of Love is Dead ; Gifted and Black).*

Nina Simone en 1991.

simoniaque adj. (latin ecclés. *simoniacus*) littér. Coupable ou entaché de simonie.

Simonide de Céos Poète lyrique grec (556-467 av. J.-C.). Ses élégies et ses épigrammes en font l'un des pères de la poésie grecque antique.

simonie n. f. (latin ecclés. *simonia*, du n. de Simon le Magicien) relig. ou littér. Volonté d'acheter ou de vendre une chose intrinsèquement spirituelle.

Simonin (Albert) Écrivain français (1905-1980). Il nourrit ses romans policiers de sa connaissance intime du Paris nocturne et de formules argotiques propres à ce milieu. *Touchez pas au grisbi ; Le Hotu, chronique de* *la vie d'un demi-sel ; Confessions d'un enfant de la Chapelle* (souvenirs).

Simonov (Kirill Mikhaïlovitch, dit Konstantin) Écrivain soviétique (1915-1979). Son expérience de soldat durant la Seconde Guerre mondiale inspira ses poèmes *(Souviens-toi ; Aliocha des routes de Smolensk)*, ses nouvelles *(De la mer Noire à la mer de Barentz)* et ses romans *(Les Jours et les Nuits ; Compagnons d'armes)*.

simoun [simun] **n. m.** (de l'anglais, emprunt à l'arabe *samūn*, de *samma* « empoisonner ») Vent violent, chaud et sec, qui souffle sur les régions désertiques (Arabie, etc.). → **siroco.**

simple adj. (latin *simplex, simplicis*) **I.** (personnes) **1.** Qui agit selon ses sentiments, sans affectation, sans calcul, sans recherche. → **direct.** *Un homme simple et bon.* **2.** Dont les manières, les goûts ne dénotent aucune prétention. *Elle a su rester simple.* **3.** Qui est de condition modeste. *Des gens simples.* **4.** Qui a peu de finesse, se laisse facilement tromper. → **crédule, simplet.** *Il est un peu simple.* ■ ***Simple d'esprit*** : qui n'a pas une intelligence normalement développée. → **arriéré.** – **n.** *Un, une simple d'esprit.* **II.** (choses) **1.** Qui n'est pas composé de parties, est indécomposable. *Corps (chimiques) simples. Un aller simple* (opposé à *aller et retour*). *Temps simples d'un verbe* (opposé à *composé*). – **n. m.** *Varier du simple au double.* **2.** (avant le n.) Qui est uniquement (ce que le substantif implique), et rien de plus. *Une simple formalité.* → **pur.** *Un simple soldat.* – *Pur* et simple.* **3.** Qui est formé d'un petit nombre de parties ou d'éléments (opposé à *complexe*). → **élémentaire. 4.** Qui, étant formé de peu d'éléments, est aisé à comprendre, à utiliser (opposé à *compliqué, difficile*). → **[1]commode, facile.** *Il y a un moyen bien simple.* loc. *Simple comme bonjour*.* – fam. *C'est simple, bien simple,* se dit pour présenter une évidence ou résumer une situation. **5.** Qui comporte peu d'éléments ajoutés, peu d'ornements (opposé à *recherché*). *Une robe toute simple.* – loc. *Dans le plus simple appareil*.* **III. n. m. 1.** (au plur.) Plante médicinale. *Cueillir des simples.* **2.** Partie de tennis, de tennis de table entre deux adversaires (opposé à *double*). *Un simple dames.*

simplement adv. 1. D'une manière simple ; avec simplicité. → **naturellement. 2.** Seulement. *Je voulais simplement te dire... Tout simplement.*

simplet, ette adj. 1. Qui est un peu simple (I, 4). → **[1]naïf. 2.** (choses) D'une excessive simplicité. *Une mélodie simplette.*

simplexe n. m. math. Ensemble formé par les parties d'un ensemble.

Simplicissimus Personnage picaresque du roman *Les Aventures de Simplicius Simplicissimus,* de H. J. C. von Grimmelshausen, paru en 1668-1669. Ce héros ingénu se retrouve entraîné dans la guerre de Trente Ans et fait montre d'une remarquable faculté d'adaptation.

simplicité n. f. (du latin → simple) **I. 1.** Sincérité sans détour. → **franchise.** – Comportement naturel et spontané. → **naturel. 2.** Caractère d'une personne simple (I, 2). – loc. *En toute simplicité* : sans cérémonie. **3.** littér. Naïveté exagérée. → **candeur. II.** (choses) **1.** Caractère de ce qui n'est pas composé ou décomposable. **2.** Caractère de ce qui est facile à comprendre, à utiliser. *Problème d'une grande simplicité, d'une simplicité enfantine.* **3.** Qualité de ce qui n'est pas chargé d'ornements superflus. *Tournus, « abbaye d'une simplicité exemplaire »* (J. Green).

Simplicius Philosophe néoplatonicien (v. 500). Ses commentaires d'Aristote influencèrent le développement de la philosophie médiévale.

simplificateur, trice adj. Qui a pour but ou pour effet de simplifier (souvent péj.). *Une explication simplificatrice.*

simplification n. f. Action, fait de simplifier ; résultat de cette action.

simplifié, ée adj. Qui a fait l'objet d'une simplification, d'une schématisation. *Formule simplifiée.*

simplifier v. tr. < 7 > (→ simple) Rendre plus simple (moins complexe, moins chargé, plus facile). *Cet appareil me simplifie la vie.* ■ math. *Simplifier une fraction,* en réduisant les deux termes également. □ **adj. simplifiable**

simplisme n. m. Défaut de l'esprit simpliste, de ce qui est simpliste.

simpliste adj. Qui simplifie outre mesure. *Un raisonnement simpliste.*

Simplon n. m. Passage des Alpes occidentales reliant le Valais suisse au Piémont italien, situé à 2 005 m d'altitude. Tunnel ferroviaire (20 km).

Simpson (George Gaylord) Paléontologue américain (1902-1984). À partir d'observations des mammifères, il élabora la théorie de l'évolution dite « synthétique » qui se voulut une synthèse du néodarwinisme avec les mathématiques, la génétique et la biophysique.

simulacre n. m. (du latin, de *simulare* → simuler) littér. Ce qui n'a que l'apparence (de ce qu'il prétend être). → **parodie, semblant.** *Un simulacre de procès.*

simulateur, trice (→ simuler) **1. n.** Personne qui simule un sentiment, prend une attitude trompeuse. – spécialt Personne qui simule une maladie. **2. n. m.** Appareil qui permet de représenter artificiellement un fonctionnement réel. *Simulateur de vol.*

Sinaï

Les monts du Sinaï, vus du sommet du mont Moïse.

simulation n. f. (→ simuler) **1.** dr. Fait de simuler (un acte juridique). **2.** Action de simuler (un sentiment ; une maladie). **3.** techn. Représentation simulée d'un fonctionnement, d'un processus.

simulé, ée adj. 1. Feint. *Une amabilité simulée.* **2.** Représenté ou imité. *Ornements simulés.*

simuler v. tr. < 1 > (latin *simulare*, de *similis* « semblable » [→ similaire], *cf.* assimiler, dissimuler, simulacre) **1.** dr. Faire paraître comme réel, effectif (ce qui ne l'est pas). *Simuler une vente.* **2.** Imiter l'apparence de. → **contrefaire, feindre,** faire **semblant** de. *Simuler un malaise.* **3.** (choses) Avoir l'apparence de. **4.** techn. Représenter artificiellement (un fonctionnement ; un processus).

simulie n. f. (latin zool. *simulia*, p.-ê. du radical de *simulare* → simuler) zool. Insecte diptère, moustique vecteur de l'onchocercose, très dangereux pour le bétail.

simultané, ée adj. (du latin, famille de *similis* → similaire) **1.** Se dit d'évènements distincts ayant lieu au même moment. → **concomitant, synchrone.** *Mouvements simultanés.* **2.** *Interprétation, traduction simultanée,* donnée en même temps que parle l'orateur. ■ *Partie simultanée* ou *une simultanée* **n. f.** : partie jouée par un joueur d'échecs contre plusieurs adversaires, sur plusieurs échiquiers.

simultanéisme n. m. Procédé de narration qui consiste à présenter sans transition des évènements simultanés (appartenant à des actions parallèles). *Le simultanéisme des romans de Dos Passos.*

simultanéité n. f. Caractère simultané.

simultanément adv. En même temps.

sin-, sino- Élément (du latin d'origine grecque *Sinae*, n. d'une ville d'Extrême-Orient) qui signifie « de la Chine ».

Sinaï n. m. Péninsule d'Égypte, située à l'E. du canal de Suez, entre la Méditerranée, Israël et Gaza, et les golfes de Suez et d'Aqaba. Ce prolongement du désert d'Arabie est formé pour l'essentiel de plateaux et de montagnes (2 637 m au mont Sainte-Catherine). Manganèse ; pétrole. Port d'Abou Zénima. Station balnéaire de Charm el-Cheikh. Selon la Bible, c'est au Sinaï que Moïse aperçoit le buisson ardent et reçoit les dix commandements. Le Sinaï fut le théâtre de violents combats entre les armées égyptienne et israélienne lors de la guerre des Six Jours (1967) qui vit l'occupation du territoire par Israël, et en 1973 lors de la guerre du Kippour. Il fut restitué à l'Égypte en 1982, en application du traité de paix signé en 1979.

Sinaloa n. f. État du N.-O. du Mexique, en bordure du Pacifique. 58 328 km^2. 2,8 millions d'habitants. Capitale : Culiacán. Zone agricole : céréales, fourrages, tomate. Pêche. Mines d'argent, de cuivre et de plomb. Industries alimentaire et textile.

Sinan (Mimar) Architecte turc (1489-1588). Il est considéré comme le plus grand représentant de l'architecture ottomane classique. Il fut nommé architecte en chef de l'empire ottoman. Mosquées Selimiye (Édirne), Süleymaniye (Istanbul).

sinanthrope n. m. (de *sin-* + *-anthrope*) Grand primate fossile (hominien : homo erectus) dont les restes ont été découverts en Chine.

sinapisé, ée adj. (du grec → sinapisme) À base de farine de moutarde. *Cataplasme sinapisé.*

sinapisme n. m. (du grec, de *sinapi* « moutarde » → sénevé) Traitement révulsif par application d'un cataplasme sinapisé ; ce cataplasme.

Sinatra (Frank) Chanteur et acteur américain (1915-1998). « Crooner » à la voix de velours, il fut surnommé « The Voice ». Certaines de ses interprétations sont devenues des classiques de la chanson sentimentale américaine : *New York New York ; Strangers* *in the Night.* Il s'illustra également au cinéma : *Tant qu'il y aura des hommes.*

sincère **adj.** **(latin *sincerus*)** **1.** Qui est disposé à reconnaître la vérité et à faire connaître ce qu'il pense, ce qu'il ressent. → **²franc, loyal.** – **(épithète)** Véritable, authentique. *Ami sincère.* **2.** Réellement pensé ou senti. *Aveu, repentir sincère.* – **(politesse)** *Sincères salutations.*

sincèrement **adv.** D'une manière sincère.

sincérité **n. f.** **(→ sincère)** **1.** Qualité d'une personne sincère. → bonne **foi, franchise, loyauté.** *En toute sincérité.* **2.** Caractère de ce qui est sincère.

sinciput [sɛ̃sipyt] **n. m.** **(mot latin « moitié de la tête », de *semi* et *caput*)** **anat.** Partie supérieure de la voûte du crâne. □ **adj. sincipital, ale, aux**

Sinclair **(Upton Beall)** Écrivain américain (1878-1968). Tôt converti au socialisme, il multiplia, dans ses romans, les attaques contre le capitalisme. *La Jungle ; Les Brasseurs d'argent ; Les Griffes du dragon.*

Sind **n. m.** Province du Pakistan, dans la basse vallée et delta de l'Indus. 140 900 km². 24 millions d'habitants. Capitale : Karachi. Importante production de coton dans la région du delta de l'Indus.

Sindbad le Marin Personnage d'un conte des *Mille et Une Nuits.* Il affronte, au cours de ses sept voyages, nombre d'aventures fantastiques.

Sindelfingen Ville d'Allemagne (Bade-Wurtemberg), au S.-O. de Stuttgart. 60 000 habitants. Construction automobile. Industries électroniques.

Siné **(Maurice Sinet, dit)** Dessinateur et caricaturiste français (1928-2016). Dans ses dessins au trait simple, il a affirmé son anticapitalisme et son anti-cléricalisme et s'est fait le critique de la vie bourgeoise. Il a collaboré à de nombreux journaux (*Le Canard enchaîné ; L'Express ; Charlie Hebdo ; Siné Hebdo*).

sinécure **n. f.** **(de l'anglais, du latin *sine cura* « sans souci » → sans et ¹cure)** Charge ou emploi où l'on est rétribué sans avoir rien (ou presque rien) à faire ; situation de tout repos. – **loc. fam.** *Ce n'est pas une sinécure :* ce n'est pas de tout repos.

sine die [sinedje] **loc. adv.** **(loc. latine « sans [fixer] le jour »)** Sans fixer de date pour une autre séance. *Ajourner un débat sine die.*

sine qua non [sinekwanɔn] **loc. adj. invar.** **(loc. latine, proprt « [condition] sans laquelle non »)** *Condition sine qua non,* absolument indispensable.

S

singalette **n. f.** **(de *Saint-Gall*, n. d'une ville suisse)** Mousseline de coton très claire et très apprêtée, dont on faisait surtout des patrons en couture.

Sinatra (Frank)

Frank Sinatra en 1947, en studio à New York.

Singapour

Singapour, l'île principale avec, au premier plan, l'Esplanade, centre d'art et lieu de concert, évoquant un durian.

Singapour

■ offic. république de Singapour Cité-État de l'Asie du S.-E. formée d'une île principale (570 km²) et de 63 petites îles couvrant au total 699 km², à l'extrémité S.-E. de la péninsule de Malacca → Malaisie (carte). 5 076 700 habitants (les *Singapouriens*). **Langues offic. :** malais, chinois, anglais, tamoul. **Population :** Chinois, 77 % ; Malais, 14 % ; Indiens, 8 %. **Religions :** bouddhisme (42,5 %), islam (14,9 %), christianisme (14,6 %), taoïsme (8,5 %), hindouisme (4 %). **Monnaie :** dollar de Singapour. **Capitale :** Singapour. **Régime :** semi-présidentiel.

GÉOGRAPHIE

L'île principale, au climat tropical chaud et humide, est séparée de la Malaisie par l'étroit détroit de Johor et est reliée au continent par une digue routière et ferroviaire. L'urbanisation s'étend à toute l'île, qui possède l'une des densités de population les plus élevées du monde.

ÉCONOMIE

Essentiellement basée sur le commerce international, mais alimentée depuis les années 1960 par une industrie compétitive (construction navale, composants électroniques), son économie de marché apparaît comme un modèle de réussite. Le pays possède l'un des niveaux de vie les plus élevés de la région.

HISTOIRE

La colonisation européenne L'ancienne *Tumasik* fut baptisée *Singapura* (« ville du lion » en sanskrit) au XIVᵉ s. par le prince Parameswara, futur fondateur de Melaka. L'île fut acquise en 1819 par sir Thomas Stamford Raffles qui y établit un comptoir commercial pour le compte de la Compagnie des Indes orientales. Le port gagna en importance après l'ouverture du canal de Suez (1869) et attira de nombreux migrants, majoritairement chinois. Les Britanniques y établirent en 1921 une base navale dont les Japonais s'emparèrent durant la Seconde Guerre mondiale. Reprise en sept. 1945, la colonie fut dotée en 1959 d'une constitution propre et intégra le Commonwealth.

La république Après avoir rejoint la fédération de Malaisie en 1963, Singapour s'en retira en 1965 et devint un État souverain. Doté d'un régime parlementaire autoritaire, il est depuis lors contrôlé par un parti dominant (le Parti d'action populaire). Le chef du gouvernement est depuis 2004 Lee Hsien Loong, fils de l'ancien Premier ministre Lee Kwan Yew considéré comme le fondateur de la cité-État.

singe **n. m.** **(vient du latin *simius*, var. de *simia* → simien, simiesque)** **1.** Mammifère (primate) à face nue, au cerveau développé, aux membres préhensiles à cinq doigts. → **simien ; pithéc(o)- ; simiesque.** – Mâle de l'espèce. *Un singe et une guenon.* **2.** **loc.** *Malin comme un singe,* très malin. – *Payer en* ***monnaie de singe,*** par de belles paroles. – *Faire le singe :* faire des singeries. – **prov.** *On n'apprend pas à un vieux singe à faire la grimace :* on n'apprend pas les ruses à une personne pleine d'expérience. **3.** **fig.** Personne laide. **4.** Imitateur ; personne qui contrefait. **5.** **fam., vieilli** Corned-beef.

singer **v. tr.** < 3 > **1.** Imiter maladroitement ou d'une manière caricaturale. → **contrefaire.** *Singer qqn, les manies de qqn.* **2.** Feindre, simuler. *« Il avait souvent singé la passion »* (Baudelaire).

Singer **(Isaac Merrit)** Inventeur américain (1811-1875). Il perfectionna l'un des premiers modèles de machine à coudre et mit au point un procédé de fabrication en série (1851).

Singer **(Yitskhek Bashyevis Zinger, dit Isaac Bashevis)** Écrivain américain d'expression yiddish (1904-1991). Dans ses romans, il a décrit la vie dans les ghettos juifs de Pologne et les difficultés de la diaspora émigrée à New York. *Le Magicien de Lublin ; La Couronne de plumes ; Shosha.* Prix Nobel 1978.

Singer **(Bryan)** Réalisateur américain (né en 1965). Il a notamment réalisé *Usual Suspects,* resté célèbre pour son magistral retournement de situation final *(twist),* plusieurs films de la série *X-Men* et *Bohemian Rhapsody,* le biopic de Freddie Mercury, couronné par quatre Oscars.

singerie **n. f.** **I.** **1.** **au plur.** Grimace, attitude comique. **2.** **fig.** Imitation maladroite ou caricaturale. **II.** Ménagerie de singes.

single [singœl] **adj. et n. m.** **(mot anglais « seul » → singulier)** **anglic.** **1.** Occupé par une seule personne (chambre, cabine, wagon-lit). - **recomm. offic.** **individuel, elle.** **2.** **n. m.** Disque vinyle ne comportant qu'un seul morceau par face ; disque compact offrant moins de quatre titres. - **recomm. offic.** **simple n. m.** ou **format court.** ■ Morceau principal de ce disque. ■ Morceau faisant l'objet d'une promotion particulière.

singlet **n. m.** **(mot anglais, de *single* « [vêtement] non doublé »)** **(Belgique)** Maillot de corps masculin, sans manche.

singleton **n. m.** **(mot anglais, de *single* « seul »)** **1.** Unique carte d'une certaine couleur, dans la main d'un joueur (au boston, au whist, au bridge). **2.** **math.** Ensemble constitué d'un seul élément.

singulariser **v. tr.** < 1 > **(du latin → singulier)** Distinguer des autres par qqch. de peu courant. ■ **se singulariser** **v. pron.** Se faire remarquer par quelque chose de particulier, d'extraordinaire.

singularité n. f. (→ singulier) **1.** littér. Caractère exceptionnel de ce qui se distingue (en bien ou en mal). → **étrangeté, originalité. 2.** Fait, trait singulier. → **particularité.**

singulier, ière (latin *singularis* « seul » [*cf.* sanglier], de *singuli* « un par un ») **I.** adj. **1.** loc. *Combat singulier,* entre une personne et un seul adversaire. **2.** littér. Différent des autres. → **extraordinaire, unique.** *Une personnalité singulière.* ▪ cour. Digne d'être remarqué par des traits peu communs. → **bizarre, étonnant, rare.** *Un charme très singulier.* **II.** n. m. Catégorie grammaticale qui exprime l'unité (opposé à *pluriel*). → [2]**duel ; nombre.**

singulièrement adv. **1.** Particulièrement ; notamment. **2.** Beaucoup, très. **3.** littér. Bizarrement ; étrangement. *Singulièrement accoutré.*

Siniavski (Andreï Donatovitch) Écrivain et critique littéraire russe (1925-1997). Il fit paraître divers textes à l'étranger, ce qui lui valut une condamnation à cinq ans de camp au terme d'un procès retentissant. Émigré à Paris en 1973, il s'y affirma comme l'une des grandes figures de la dissidence *(Une voix dans le chœur)* et publia plusieurs études critiques *(Promenades avec Pouchkine ; Dans l'ombre de Gogol).*

siniser v. tr. < 1 > (de *sin[o]-*) didact. Répandre la civilisation chinoise dans (un pays). – pronom. *Se siniser.* □ n. f. **sinisation**

sinistralité n. f. dr. Taux de sinistres.

[1]**sinistre** adj. (de l'ancien français *senestre* → sénestre, qui vient du latin *sinister* « gauche », et aussi « funeste » [à cause du rite des augures grecs]) **1.** Qui fait craindre un malheur, une catastrophe. *Présage sinistre.* – *Des bruits sinistres.* → **effrayant.** ▪ Menaçant, inquiétant. **2.** (sens affaibli) Triste et ennuyeux. *Une soirée sinistre.* **3.** littér. Dangereux (par lui-même). *Un sinistre avenir.* **4.** avant le n., cour. (intensif) *Un sinistre crétin.* □ adv. **sinistrement**

[2]**sinistre** n. m. (de l'italien, même origine que [1]*sinistre*) **1.** Évènement catastrophique naturel (incendie, inondation, etc.) qui occasionne des pertes, des dommages. **2.** Dommages ou pertes subis par un assuré. *Évaluer le sinistre.*

sinistré, ée adj. **1.** Qui a subi un sinistre. *Région sinistrée.* – n. *Indemniser des sinistrés.* **2.** Gravement atteint par une crise, des difficultés économiques. *Un secteur sinistré.*

sinistrose n. f. **1.** psych. État mental de certains accidentés qui s'exagèrent leur infirmité. **2.** Pessimisme (collectif) excessif.

sinité n. f. (→ sin-) didact. Ensemble des caractères, des manières de penser propres à la civilisation chinoise.

Sinjar Ville du nord de l'Irak, située dans le Kurdistan irakien au pied des monts Sinjar, habitée principalement par des Kurdes de religion yézidie.

Sin-le-Noble Commune du Nord, près de Douai. 15 442 habitants.

Sinnamary n. m. Fleuve côtier de la Guyane française, tributaire de l'océan Atlantique. 260 km. Centre spatial de Kourou à proximité. Barrage du Petit-Saut.

Sinn Féin [ʃinfejn] (« nous seuls ») Mouvement nationaliste et républicain irlandais fondé en 1902 par A. Griffith. Il devint après la Seconde Guerre mondiale la branche politique de l'IRA. Gerry Adams en fut le président de 1983 à 2018.

sino- voir sin-

sinologie n. f. didact. Ensemble des études relatives à la Chine.

sinologue n. Spécialiste de la Chine.

sinon conj. (de [1]*si* et *non*) **1.** (après une proposition négative) En dehors de. → **excepté, sauf.** « *Parfois je ne sais plus bien ce qui me maintient encore en vie sinon l'habitude de vivre* » (Gide). – (après une proposition interrogative) Si ce n'est. *Que peut-on faire sinon accepter ?* **2.** (concession) En admettant que ce ne soit pas. *Sinon l'approbation, du moins l'indulgence.* → à **défaut** de. ▪ Peut-être même. « *Une force indifférente sinon ennemie* » (Mauriac). → **voire. 3.** Si la supposition (énoncée) ne se réalise pas. → **autrement, sans** quoi. *Elle n'a pas eu ma lettre, sinon elle serait venue.*

Sinop anciennement **Sinope** Ville de Turquie en Asie Mineure, sur la mer Noire. 37 700 habitants. Port. Centre commercial et touristique. Elle fut la capitale du royaume du Pont (–IIe s.).

sinophone adj. et n. (→ -phone) didact. Qui parle le chinois. – n. *Les sinophones.*

sinople n. m. (d'abord « rouge », du grec *sinôpis* « terre rouge de Sinope ») blason Un des émaux héraldiques, de couleur verte.

sinoque adj. (origine incertaine, p.-ê. dialectale [Savoie] *sinoc* « bille ») fam. et vieilli Fou, folle. → **cinglé.** - var. **cinoque.**

Sint-Niklaas voir Saint-Nicolas

Sint-Pieters-Leeuw en français **Leeuw-Saint-Pierre** Ville de Belgique (province du Brabant flamand). 34 621 habitants. Église gothique des XVe et XVIe s. Industries chimiques.

Sintra ou **Cintra** Ville du Portugal (région de Lisbonne), au pied de la *serra de Sintra.* 29 900 habitants. Ancien palais royal des XIVe-XVe s. Ruines du Castelo dos Mouros (VIIe-VIIIe s.). Station balnéaire.

Sint-Truiden en français **Saint-Trond** Ville de Belgique (province du Limbourg). 40 672 habitants. Monuments remarquables (églises des XIIIe et XIVe s.). Important marché agricole. Industries automobile et alimentaire. Le « Compromis des Nobles » contre la domination espagnole et la persécution des réformés y fut signé en 1566.

sinuer v. intr. < 1 > (→ sinueux) littér. Être sinueux, faire des détours, des sinuosités. → **serpenter.**

sinueux, euse adj. (du latin, de *sinus* → sein ; [1] et [2]sinus) Qui présente une suite de courbes irrégulières. – fig. → **tortueux.** *Raisonnement sinueux.*

Sinŭiju ou **Sin-eui-ju** Ville de Corée du Nord, sur le Yalu à la frontière chinoise. 334 000 habitants. Capitale de la Corée du Nord de 1950 à 1951. Industrie du bois.

sinuosité n. f. (du latin → sinueux) Ligne sinueuse ; courbe. → **détour.** *Les sinuosités d'une rivière.* → **méandre.**

[1]**sinus** [sinys] n. m. (mot latin « courbe, pli » → sein) **1.** Cavité de certains os de la face (frontal, maxillaire supérieur). **2.** Renflement de certains vaisseaux sanguins.

[2]**sinus** [sinys] n. m. (latin *sinus* « pli », pour traduire l'arabe) *Sinus d'un angle* : rapport entre la longueur d'une perpendiculaire menée d'un côté de l'angle sur l'autre côté, et la longueur de l'hypoténuse du triangle rectangle ainsi formé (→ **trigonométrie** ; aussi **cosinus).**

sinusite n. f. Inflammation des sinus de la face.

sinusoïdal, ale, aux adj. **1.** math. Relatif à une sinusoïde. **2.** Qui fait des sinuosités, des zigzags.

sinusoïde n. f. (→ -oïde) math. Courbe représentant les variations du sinus (ou du cosinus) d'un angle.

Siodmak (Robert) Réalisateur américain d'origine allemande (1900-1973). Il s'affirma comme un des maîtres du film noir. *Les Tueurs,* d'après Hemingway.

Sion Nom de la colline de Jérusalem où fut édifiée la citadelle de David. Ce terme désigne également la ville de Jérusalem et la Jérusalem céleste.

Sion en allemand **Sitten** Ville de Suisse, chef-lieu du canton du Valais, située à 512 m d'altitude. 34 353 habitants. Évêché catholique. Château féodal, église fortifiée et cathédrale du XVe s. Vins. Tourisme. Ancien chef-lieu du département français du Simplon (1810-1814).

Sion, le château de Tourbillon (au centre) dominant la ville.

sionisme n. m. (de *Sion,* montagne de Jérusalem) Mouvement politique et religieux, visant à l'établissement puis à la consolidation d'un État juif en Palestine.

▶ L'émergence, au XIXe siècle, d'une « question juive » liée au mouvement des nationalités et à la montée de l'antisémitisme en Europe, conduisit des intellectuels à revendiquer la formation d'un État juif indépendant en Palestine. Le **sionisme** consiste d'abord à donner de l'identité juive une définition nationale — sur la « terre des ancêtres ». L'idée en fut énoncée par Moses Hess (*Rome et Jérusalem,* 1862) et développée par Theodor Herzl en 1896 dans un manifeste fondateur, *L'État des Juifs.*
L'*Organisation sioniste mondiale* créée en 1897 stimula, par son aide financière, le mouvement d'implantation d'immigrants en Palestine initié dans les années 1880 (fondation de villages pionniers : kibboutz, mochav). L'appui de la Grande-Bretagne (déclaration Balfour, 1917 ; établissement du mandat britannique sur la Palestine, 1920-1922) aboutit à la fondation du « foyer national juif » réclamé par les sionistes.
L'*Agence juive* fondée en 1929 devint le gouvernement officieux des Juifs de Palestine. Toute une société juive se structura en Palestine dans l'entre-deux-guerres. Dans le même temps, le nationalisme sioniste, appuyé sur des formations militaires (Haganah et groupes dissidents : Irgoun, groupe Stern), devait rapidement se heurter au nationalisme des Arabes de Palestine.
L'Assemblée générale de l'ONU (1947) décida le partage du pays en deux États (juif et arabe). Mais, alors que s'achevait le mandat britannique, Ben Gourion proclama l'indépendance de l'État d'Israël (mai 1948), aboutissement logique de la politique sioniste qui s'accompagna de l'exode d'une proportion importante de la population arabe palestinienne.
L'organisation sioniste créée par Herzl se vit alors chargée de l'installation en Israël des nouveaux immigrants — dont les rescapés du génocide perpétré en Europe par les nazis — et du développement des localités juives.
Le sionisme a forgé l'État d'Israël mais l'État l'a modifié en retour, en particulier du fait du long conflit opposant Israël à ses voisins arabes au sujet notamment de la « question palestinienne ».
voir aussi **judaïsme, antisémitisme, israélo-arabes (guerres)**

sioniste adj. et n. Relatif ou favorable au sionisme. – n. *Les sionistes.*

Sioua (oasis de) en arabe **Siwā** Oasis d'Égypte, près de la frontière libyenne. 20 562 habitants. Sources thermales. Alexandre le Grand y aurait entendu l'oracle du dieu Amon.

Sioule n. f. Rivière d'Auvergne, affluent de l'Allier. 150 km. Elle prend sa source près du Mont-Dore et conflue près de Saint-Pourçain. Aménagements hydroélectriques.

sioux n. et adj. (n. donné par les Indiens Chippewa aux Sioux, qui se nommaient eux-mêmes *Dakotas*) Membre d'un peuple sioux. – loc. *Une ruse de Sioux,* très habile. – n. m. *Le sioux* : la langue des Sioux.

Sioux ou **Dakota(s)** n. m. pl. Peuple d'Indiens d'Amérique du Nord. Ils sont divisés en quatre branches (Tetons Sioux, Santee Sioux, Yankton Sioux, Yanktonai Sioux) présentes dans le Dakota du Nord et du Sud, dans le Mississippi et dans le Montana. Sous l'impulsion de leurs chefs Red Cloud, Sitting Bull et Crazy Horse, ils opposèrent une résistance farouche à l'avancée des Blancs (bataille de Little Big Horn de 1876), mais durent finalement se soumettre en 1890 (massacre de Wounded Knee). Il existe actuellement plusieurs réserves sioux aux États-Unis.

Sioux City Ville des États-Unis (Iowa), sur le Missouri. 82 700 habitants. Centre commercial, industriel et agroalimentaire. Port fluvial.

Sioux Falls Ville des États-Unis (Dakota du Sud). 154 000 habitants. Centre agricole et commercial. Industrie agroalimentaire.

siphoïde adj. (→ -oïde) techn. En forme de siphon.

siphomycète n. m. (de *siphon* et *-mycète*) bot. Champignon inférieur à mycélium en tube allongé non cloisonné (ordre des *Siphomycètes*).

siphon n. m. (du latin, du grec *siphôn*) **1.** Tube courbé ou appareil permettant de transvaser un liquide ou de faire communiquer deux liquides. – Tube en forme de S, à la sortie des appareils sanitaires. **2.** Bouteille remplie d'une boisson gazeuse sous pression et munie d'un bouchon à levier. *Un siphon d'eau de Seltz. Un siphon à soda.* ■ Récipient, généralement en métal, rempli d'une préparation sucrée ou salée mise sous pression par l'adjonction d'un gaz, pour la réalisation de mousses légères. *Siphon à chantilly.*

siphonné, ée adj. fam. Fou, folle.

siphonner v. tr. <1> Transvaser (un liquide), vider (un contenant) à l'aide d'un siphon. □ n. m. **siphonnage**

siphonophore n. m. (→ -phore) zool. Cnidaire qui forme des colonies composées de polypes et de méduses.

Siping ou **Sseu-p'ing** Ville de Chine (Jilin). 509 100 habitants. Nœud routier et ferroviaire. Céréales (maïs, soja, sorgo). Industries alimentaire et textile.

sipo n. m. (mot d'une langue ivoirienne) techn. Arbre africain dont le bois, de couleur rougeâtre, est utilisé en menuiserie industrielle.

Siqueiros (David Alfaro) Peintre mexicain (1896-1974). Il représenta les conditions de vie des prolétaires par des compositions murales au caractère expressif chargé de violence. *Mort à l'Envahisseur ; Allégorie de l'égalité raciale ; Marche de l'humanité.*

sire n. m. (vient du latin *senior* [→ seigneur ; sénior], comparaison de *senex* « vieux » [→ sénat, sénile], *cf.* sieur) **1.** Ancien titre honorifique. ■ loc. *Un triste sire* : un individu peu recommandable. **2.** (appellatif) Titre donné à un souverain.

sirène n. f. (grec *seirên*, par le latin) **I.** mythol. Être fabuleux, à tête et torse de femme avec un corps d'oiseau ou une queue de poisson, qui passait pour attirer, par la douceur de son chant, les navigateurs sur les écueils. – *Résister aux sirènes de la notoriété.* ■ fig., littér. Dangereuse séductrice. **II.** Puissant appareil sonore destiné à produire un signal. *Sirène d'alarme.*

Sirènes n. f. pl. Dans la mythologie grecque, démons marins représentés par des femmes ailées ou des oiseaux à tête de femme. Elles attirent par leurs chants les navigateurs pour mieux les dévorer. Dans *L'Odyssée*, Ulysse se fait attacher au mât de son navire pour ne pas succomber à leur appel.

sirénien n. m. zool. Mammifère aquatique qui a la forme d'un poisson (ordre des *Siréniens* ; ex. le dugong, le lamantin).

Siret n. m. Rivière d'Ukraine et de Roumanie. 706 km. Elle prend sa source dans les Carpates et rejoint le Danube près de Galaţi.

sirex n. m. (mot latin sc.) zool. Insecte hyménoptère térébrant, dont la femelle est pourvue d'une tarière puissante. - syn. **mouche à scie.**

Sirey (Jean-Baptiste) Juriste français (1762-1845). Il est l'auteur d'un célèbre *Recueil général des lois et arrêts* publié mensuellement à partir de 1802.

Sirice (saint) Pape de 384 à 399. Ses décrétales sont les plus anciennes de l'histoire de l'Église.

Sirius Nom de l'étoile la plus brillante du ciel, située dans la constellation du Grand Chien. Elle forme un système double avec une étoile plus petite (naine blanche Sirius-B ou Compagnon de Sirius).

Sirk (Hans Detlev Sierk, dit Douglas) Cinéaste américain d'origine danoise (1897-1987). Il réalisa des films mélodramatiques, d'une grande intensité lyrique. *Le Secret magnifique ; Écrit sur du vent.*

sirli n. m. (onomatopée du chant de l'oiseau) zool. Alouette de taille moyenne, vivant en Europe du Sud-Est et sur les hauts plateaux d'Afrique.

Sirmione Ville d'Italie (Lombardie), sur la rive méridionale du lac de Garde. 6 540 habitants. Vestiges de l'antique *Sirmio.* Station thermale. Tourisme.

siroco ou **sirocco** n. m. (de l'italien, emprunt à l'arabe) Vent de sud-est chaud et sec, d'origine saharienne (régions méditerranéennes). → **simoun.**

sirop n. m. (du latin médiéval, de l'arabe) Solution de sucre dans de l'eau, du jus de fruit... *Sirop d'orgeat.* – *Sirop pharmaceutique. Sirop contre la toux.* – fig., fam. *Cette musique, c'est du sirop* (→ **sirupeux**).

siroter v. tr. <1> (de *sirop*) fam. Boire à petits coups, en savourant. → **déguster.** *Siroter son café.*

sirtaki n. m. (mot grec popularisé par le film *Zorba le Grec*) Danse traditionnelle grecque.

sirupeux, euse adj. (du latin → sirop) **1.** De la consistance du sirop. **2.** fig., péj. *Musique sirupeuse,* facile, mièvre.

Sirven (Pierre-Paul) Protestant français (1709-1777). Il fut injustement accusé d'avoir tué sa fille afin de l'empêcher de se convertir au catholicisme. Réfugié en Suisse, il fut condamné à mort par contumace. Voltaire obtint sa réhabilitation en 1771.

sirvente [siʀvɑ̃t] ou **sirventès** [siʀvɑ̃tɛs ; siʀvɛ̃tɛs] n. m. (de l'ancien occitan, de *sirvent* « serviteur », qui vient du latin *servientem*) hist. littér. Poème moral ou satirique, inspiré le plus souvent de l'actualité politique, que chantait le troubadour.

sis, sise adj. (du p. p. de *seoir*) dr. ou littér. Situé. *Un domaine sis à tel endroit.*

sisal, als n. m. (n. d'un port du Mexique) Agave dont les feuilles fournissent une fibre textile ; cette fibre.

Sirènes

Cygne entre sirènes, vase corinthien (v. 600-575 av. J.-C.), musée du Louvre, Paris.

Sisley (Alfred) Peintre britannique (1839-1899). Il vécut en France et, sous l'influence de Monet, adhéra au mouvement impressionniste. Il peignit presque exclusivement des paysages de l'Île-de-France. *Inondations à Port-Marly.*

Alfred Sisley, *Un coin de bois aux Sablons* dit *La Route à l'orée du bois* (1883), musée d'Orsay, Paris.

sismicité n. f. didact. Fréquence et intensité des séismes d'une région donnée.

sismique adj. Relatif aux séismes. *Secousse sismique.* → [1]**tellurique.**

sism(o)- ou **séism(o)-** Élément (du grec *seismos* → séisme ; sistre) qui signifie « secousse ; séisme ». - REM. La formation normale des composés de *seismos* est *sism-*, mais on utilise aussi les composés en *séismo-* (influence de *séisme* et de l'anglais).

sismogramme n. m. (de *sismo-* + *-gramme*) didact. Tracé d'un sismographe.

sismographe n. m. (de *sismo-* + *-graphe*) Appareil qui enregistre les mesures des séismes.

sismologie n. f. Étude des séismes. □ adj. **sismologique** □ n. **sismologue**

Sismondi (Jean Charles Léonard Simonde de) Historien et économiste suisse (1773-1842). Critiquant le libéralisme économique, il préconisa un interventionnisme étatique ayant pour but la protection de la classe ouvrière. Il fut un précurseur du mouvement social-démocrate en économie. *Nouveaux Principes d'économie politique.*

sismothérapie n. f. méd. Traitement par des convulsions provoquées à l'aide du courant électrique (électrochoc) ou de diverses substances.

Sisowath (1840-1927). Roi du Cambodge de 1904 à sa mort. Il soutint la politique du protectorat français. ■ **Sisowath Monivong** (1875-1941), roi du Cambodge de 1927 à sa mort. Il succéda à son père Sisowath dont il poursuivit la politique.

Sīstān ou **Seīstān** n. m. Région désertique située de part et d'autre de la frontière irano-afghane. 90 000 km^2. Elle correspond à l'ancienne Drangiane.

Sisteron Commune des Alpes-de-Haute-Provence, sur la Durance. 7 669 habitants. Cathédrale du XIIe s. et citadelle du XIVe s. Agro-industrie. Centrale hydroélectrique.

sistership [sistœʀʃip] n. m. (mot anglais, de *sister* « sœur » et *ship* « navire ») anglic. Navire identique, construit suivant le même modèle (que les autres de la série). *Des sisterships.*

sistre n. m. (du latin, du grec, de *seiein* « secouer » → séisme) Instrument de musique à percussion comportant des objets (coquilles, rondelles) qui s'entrechoquent quand on le secoue.

sisymbre n. m. (du latin, du grec) bot. Plante annuelle (crucifère), dont une variété *(herbe aux chantres)* était utilisée contre l'enrouement. → **vélar.**

Sisyphe Roi légendaire de Corinthe. Aux Enfers, il est condamné à rouler éternellement, sur le versant d'une montagne, un rocher qui retombe sans cesse.

sitar n. m. (mot hindi) Instrument de musique à cordes pincées, en usage en Inde. □ n. **sitariste**

Sisyphe

Sisyphe roulant son rocher, vase attique (IVe s. av. J.-C.), Musée national d'archéologie, Naples.

sitcom [sitkɔm] **n. f.** (de l'anglais des États-Unis, de *situation comedy* « comédie de situation ») anglic., télév. Comédie de situation tournée en studio, en brefs épisodes, qui présente des personnages dans des situations sociales familières.

site **n. m.** (vient du latin *situs* « position », *cf.* situer) **1.** Paysage (du point de vue de l'esthétique, du pittoresque). *Un site grandiose.* **2.** Configuration d'un lieu (en rapport avec son utilisation par l'homme). → **situation.** *Site urbain. – Site archéologique.* **3.** Ensemble de pages web, accessible par Internet. *Des sites Internet.*

sit-in [sitin] **n. m. invar.** (mot anglais des États-Unis, de *to sit* « s'asseoir ») anglic. Manifestation non-violente consistant à s'asseoir en groupes sur la voie publique.

sitographie **n. f.** (de *site* et *-graphie*) Liste de sites Internet, de pages web relatifs à un sujet donné.

sitologue **n.** didact. Spécialiste de l'étude des sites et des moyens pour les préserver. ▫ **n. f. sitologie**

sitostérol **n. m.** (du grec *sitos* « blé » et de *stérol*) biochim. Substance lipidique (stérol) d'origine végétale, abondante dans l'huile de coton, de soja, de maïs.

sitôt **adv.** (de ²*si*, et *tôt*) **1. adv. de temps** Aussitôt. *Sitôt dit, sitôt fait.* – littér. *Sitôt après.* – **loc. adv.** *Pas de sitôt* (→ pas de si tôt*). *Il ne reviendra pas de sitôt :* il n'est pas près de revenir. **2.** *Sitôt que* **loc. conj.** (+ indic.) : aussitôt que. → **dès** que. *Sitôt qu'elle le vit, elle sortit.*

Sittard Ville des Pays-Bas (Limbourg). 91 000 habitants. Centre industriel et tertiaire.

sittelle **n. f.** (du latin savant *sitta*, du grec *sittê* « pic, pivert ») Petit oiseau (passereau) qui grimpe avec agilité sur les troncs. → **grimpereau.**

Sitting Bull (« Taureau assis ») Surnom du chef indien sioux Tatanka Lyotake (v. 1831-1890). Il remporta une victoire éclatante sur les troupes du général Custer à Little Big Horn en 1876.

Sitting Bull et Buffalo Bill en 1885, musée McCord, Montréal.

Sittwe anciennement **Akyab** Ville de Birmanie, capitale de l'État d'Arakan, sur le golfe du Bengale. 107 630 habitants. Port. Pêche. Constructions navales. Industrie du bois.

situation **n. f.** (→ situer) **1.** Fait d'être dans un lieu ; place occupée dans un espace. – spécialt Emplacement (d'une ville, d'un édifice). → **site** (2). **2.** Ensemble des circonstances dans lesquelles une personne se trouve. → **condition, position.** *Être maître de la situation.* – loc. fam., vieilli *Elle est dans une situation intéressante :* elle est enceinte. – *Situation de famille* (célibataire, marié...). – loc. *Être* **en situation de** (+ inf.), en mesure de ; bien placé pour. ■ (pays, collectivité) *La situation est grave.* ■ (au théâtre, etc.) *Une situation comique, dramatique.* **3.** Emploi, poste rémunérateur régulier et stable. → **fonction, place.** *Elle a une belle situation.* **4.** Ensemble des relations qui unissent une personne, un groupe à son milieu. *L'homme en situation. – Mettre qqn* **en situation**, dans une situation aussi proche que possible de la réalité. ▫ **situationnel, elle adj.** *Contexte situationnel.*

Sixtine (chapelle)

La chapelle Sixtine : sur la voûte en berceau, les neuf épisodes de la *Genèse*, peints par Michel-Ange.

situationnisme **n. m.** Mouvement gauchiste de contestation qui prit des positions radicales dans les années 1960 (notamment, refus de la « société du spectacle »). ▫ **adj. et n. situationniste** - abrév. fam. **situ.**

situer **v. tr.** < 1 > (latin médiéval *situare*, de *situs* → site) **1.** Placer en un lieu. – au p. p. *Ville située en plaine.* – (par la pensée) → **localiser.** *L'auteur a situé l'action à Londres.* **2.** Mettre à une certaine place dans un ensemble. *Situer un évènement à telle époque.* – fam. *On ne la situe pas bien,* on ne voit pas quelle sorte de femme c'est. ■ **se situer v. pron. 1.** passif Se trouver. – Avoir lieu. **2.** réfl. *Se situer par rapport à qqn, qqch. :* préciser sa position (sens propre et figuré).

Situmorang (Sitor) Écrivain et journaliste indonésien (1924-2014). Son œuvre est marquée par l'influence de l'existentialisme (*Lettres sur papier vert*). Emprisonné durant huit ans pour ses sympathies communistes, à la suite du coup d'État de 1965, il s'installa en Europe et y résida jusqu'à la fin de sa vie.

Śiva voir **Shiva**

Sivas anciennement **Sébaste** Ville de Turquie, en Asie Mineure. 362 000 habitants. Médersas du XIIIe s. Centre commercial. Industries alimentaires et textiles. Cimenteries.

six [sis] (vient du latin *sex* → **bissextile, seize, semestre, sieste, soixante**) **1. adj. numéral** Cinq plus un (6). → **demi-douzaine ; hexa-.** ■ **ordinal** Sixième. *Page six. Charles VI.* – **n. m.** *Il habite au six,* au numéro six. **2. n. m.** Le chiffre, le nombre, le numéro six.

Six (groupe des) Groupe de compositeurs français formé en 1918. Il réunit G. Auric, L. Durey, A. Honegger, D. Milhaud, F. Poulenc et Germaine Tailleferre autour d'E. Satie et de J. Cocteau.

sixain voir **sizain**

Six-Fours-les-Plages Commune du Var. 35 339 habitants. Fortifications. Église romane et gothique. Station balnéaire.

six-huit **n. m. invar.** mus. *Mesure à six-huit* (6/8) : mesure à deux temps dont la noire pointée est l'unité de temps.

sixième [sizjɛm] **adj. 1.** Dont le numéro, le rang est six (6e). *Le sixième jour.* – **n. f.** Classe qui commence l'enseignement secondaire (en France). **2.** Se dit d'une partie d'un tout divisé également en six. – **n. m.** *Un sixième.* ▫ **adv. sixièmement**

Six Jours (guerre des) voir **israélo-arabes** (guerres)

Six Nations (tournoi des) Compétition annuelle de rugby créée en 1910 qui oppose l'Angleterre, l'Écosse, la France, l'Irlande, le Pays-de-Galles (sous le nom de « tournoi des Cinq Nations »), rejoints par l'Italie en 2000.

à la **six-quatre-deux** [alasiskatdø] **loc. adv.** fam. À la hâte ; sans soin. → à la **va-vite.** *Un travail fait à la six-quatre-deux.*

sixte **n. f.** (du latin *sextus* « sixième », de *sex* → six) mus. Sixième degré de la gamme diatonique. – Intervalle de six degrés.

Sixte (saint) Nom de plusieurs papes. ■ **Sixte II** (saint) Grec. Pape de 257 à 258. Il mourut en martyr. ■ **Sixte IV** (1414-1484). Pape de 1471 à sa mort. Opposé aux Médicis, il excommunia Laurent le Magnifique, qui le combattit par les armes. Grand mécène, il fit construire et décorer la chapelle Sixtine. ■ **Sixte Quint** ou **Sixte V** (Felice Peretti) (1520-1590). Pape de 1585 à sa mort. Il poursuivit l'œuvre de la Contre-Réforme. En France, il prit le parti de la Ligue et excommunia Henri de Navarre en 1585. Il finança l'Invincible Armada contre l'Angleterre (1589) et réforma l'administration pontificale.

Sixtine (chapelle) Chapelle du palais du Vatican qui tire son nom du pape Sixte IV qui en initia la construction. Elle fut construite par Giovanni de' Dolci de 1473 à 1481, puis décorée par d'illustres artistes florentins, Rosselli, Botticelli, Ghirlandaio, Signorelli, le Pérugin, le Pinturicchio. Sous les papautés de Jules II puis de Paul III, Michel-Ange peignit la voûte et le mur de l'autel *(Le Jugement dernier)*. La chapelle a été restaurée de 1980 à 1994.

Siza (Álvaro) Architecte portugais (né en 1933). Il chercha à allier le courant moderniste et le respect des traditions locales (reconstruction du quartier du Chialdo à Lisbonne, Centre d'art contemporain de Saint-Jacques-de-Compostelle, musée d'Art contemporain de Porto). Prix Pritzker 1992.

sizain **n. m. 1. jeux** Paquet de six jeux de cartes. **2. hist. littér.** Petite pièce de poésie, strophe composée de six vers et construite sur deux ou trois rimes **(→ stance). - var. sixain** [sizɛ̃].

sizerin **n. m. (flamand *sijsje* ; *cf.* allemand *Zeisig* « tarin, serin »)** Oiseau (passereau) voisin de la linotte, commun dans les forêts du nord de l'Europe et de l'Amérique.

SJ voir **Jésus** (Compagnie de)

Sjælland ou **Sjalland** Principale île du Danemark, située entre la Suède et la Fionie. L'île forme deux régions : le Hovedstaden au N. (2 561 km^2 ; 1 636 750 habitants) et au S. la région du Sjælland avec les îles de Lolland, Falster et Møn (7 273 km^2 ; 816 200 habitants). Principale ville : Copenhague. Agriculture intensive (culture betteravière, arbres fruitiers, horticulture). Centre industriel du pays.

Sjöström (Victor) Cinéaste et acteur suédois (1879-1960). Il fut l'un des grands créateurs du cinéma muet *(Ingeborg Holm ; La Charrette fantôme)*. *La Lettre écarlate* et *Le Vent* furent tournés aux États-Unis. Il fut aussi acteur (*Les Fraises sauvages* d'Ingmar Bergman).

ska **n. m.** Style musical issu du rock, du reggae et du jazz, né à la Jamaïque dans les années 1960, à la mode vers 1980. **– appos.** *Des groupes ska.*

Skagerrak **n. m.** Détroit séparant la Norvège, au N., du Danemark, au S. Il unit la mer du Nord au Kattegat.

skaï [skaj] **n. m. (n. déposé)** Tissu enduit de matière synthétique, imitant le cuir. **→ simili-cuir.**

Skanderbeg ou **Scanderbeg (Georges Castriota, dit)** Chef de guerre albanais (v. 1403-1468). Il se retourna contre les Turcs, qu'il combattit jusqu'à sa mort. Il fut proclamé prince par les Albanais.

skateboard [skɛtbɔʀd] **n. m. (mot anglais des États-Unis, de *skate* « patin » et *board* « planche ») anglic.** Planche* à roulettes. *Des skateboards.* **- var. skate-board. - abrév. fam. skate.** *Des skates.*

skatepark [skɛtpaʀk] **n. m. (mot anglais, de *skate* → skate-board et *park* « parc ») anglic.** Lieu aménagé pour la pratique du skateboard. **→ régional planchodrome.** *Des skateparks.*

skateur, euse [skɛtœʀ, øz] **n. anglic.** Personne qui fait du skateboard.

skating [skɛtiŋ] **n. m. (mot anglais, de *to skate* « patiner ») anglic.** Patinage avec des patins à roulettes. ■ Lieu, piste où l'on pratique ce sport.

skeleton [skələtɔn] **n. m. (origine incertaine, p.-ê. de l'anglais *skeleton* « structure » → squelette) sports** Petite luge métallique sur laquelle on se place sur le ventre. ■ Sport pratiqué avec cet engin, dans un couloir de glace.

Skellefteå Ville du N. de la Suède. 32 430 habitants. Port d'exportation. Mines.

Skelton (John) Poète et auteur dramatique anglais (v. 1460-1529). Écrivain baroque, il s'illustra en tant que satiriste, dans la veine de Chaucer. *La Bouche de cour ; Colin Clout.*

sketch **n. m. (mot anglais, proprt « esquisse », même origine que *esquisse*) anglic.** Courte scène, comique et enlevée, pour un petit nombre d'acteurs. **→ saynète.** *Des sketchs* ou *des sketches* **(plur. anglais).**

Skhira ou **Skhirra (La)** Ville de Tunisie (gouvernorat de Sfax), sur le golfe de Gabès. 18 500 habitants. Port pétrolier. Terminal d'oléoducs.

ski **n. m. (mot norvégien) 1.** Longue lame relevée à l'avant, placée sous le pied pour glisser sur la neige. *Une paire de skis. Aller en skis, à skis.* **2.** *Le ski* : la locomotion, le sport en skis (descente, slalom, saut...). *Faire du ski.* **–** *Ski de piste, ski alpin. Ski de fond*, sur parcours à faible dénivellation. ■ **fam.** Sports d'hiver. *Aller au ski.* **3.** ***Ski nautique*** : sport où l'on glisse sur l'eau, tiré par un canot à moteur et chaussé d'un ou deux longs patins.

skiable **adj.** Où l'on peut faire du ski. *Piste, neige skiable.*

skiascopie **n. f. (du grec *skia* « ombre » et de *-scopie*) méd.** Examen de l'ombre pupillaire pour déterminer le degré de réfraction de l'œil.

skiathlon **n. m. sport** Épreuve de ski de fond au cours de laquelle la distance est parcourue d'abord en style classique puis en style libre.

Skibine (George) Danseur et chorégraphe américain d'origine russe (1920-1980). Il fut engagé dans les Ballets russes de Monte-Carlo et au Ballet Theater de New York, avant de devenir maître de ballet à l'Opéra de Paris.

ski-bob **n. m. (mot anglais, de *ski* et *to bob* « se balancer ») anglic.** Véhicule léger, analogue à une bicyclette et monté sur skis. *Des ski-bobs. – Faire du ski-bob.* **- var. RO skibob.**

Skien Ville de Norvège, au S.-O. d'Oslo. 52 000 habitants. Industries (papeterie, équipement électrique).

skier **v. intr. < 7 >** Aller en skis, faire du ski.

skieur, skieuse **n.** Personne qui fait du ski.

skiff ou **skif** **n. m. (anglais *skiff*, même origine que *esquif**)** Bateau de sport très long, effilé, pour un seul rameur.

Skikda anciennement **Philippeville** Ville d'Algérie, chef-lieu de wilaya, dans l'E. de la Kabylie. 175 000 habitants. Viticulture. Tourisme. Port. Activités pétrolières et gazières.

skinhead [skinɛd] **n. (mot anglais « crâne rasé ») anglic.** Garçon ou fille qui prône l'agressivité et la violence, et dont la tenue manifeste cette idéologie (crâne rasé, etc.). **- abrév. fam. skin.**

Skinner (Burrhus Frederic) Psychologue américain (1904-1990). Béhavioriste, il travailla sur le conditionnement de l'animal, avant d'entreprendre des recherches sur les comportements humains. *Science et comportement humain.*

skippeur, euse [skipœʀ] **n. (anglais *skipper* → skiff ; *cf.* anglais *ship*) anglic. 1.** Chef de bord d'un yacht de croisière. **2.** Barreur, barreuse d'un voilier de régates. **- var. skipper n. m.**

Skolem (Thoralf) Mathématicien et logicien norvégien (1887-1963). Il est l'auteur d'importants travaux concernant les axiomes de l'arithmétique. Il fut notamment à la base de la théorie des modèles, branche de la logique mathématique.

Skopje ou **Skoplje** Capitale de la Macédoine du Nord, sur le Vardar. 506 900 habitants. Ville industrielle (sidérurgie) et centre culturel du pays. Elle a été en grande partie reconstruite à la suite d'un séisme en 1963.

Skou (Jens Christian) Biophysicien danois (1918-2018). Il découvrit la première enzyme transporteuse d'ions. Prix Nobel de chimie 1997.

Skriabine voir **Scriabine**

skunks **n. m.** voir **sconse**

Škvorecký (Josef) Romancier canadien d'origine et d'expression tchèques (1924-2012). Il a consacré nombre de ses romans à la description acerbe de la situation de la Bohême de l'après-guerre. *Le Lionceau ; Miracle en Bohême.*

Skye (île de) Île britannique située à l'O. de l'Écosse, dans les Inner Hebrides. 155 km^2. 7 500 habitants. Ville principale : Portree. Tourisme. Élevage ovin. Whisky.

skye-terrier [skajtɛʀje] **n. m. (mot anglais, du n. de l'île de Skye et de *terrier*) anglic.** Chien d'agrément, terrier à longs poils. *Des skye-terriers.*

Skylab Station orbitale américaine. Elle fut lancée le 14 mai 1973, occupée par des astronautes de 1973 à 1974 et retomba dans l'atmosphère le 11 juillet 1979. L'expérience du Skylab démontra la possibilité de vols habités de durée pouvant atteindre 2 ou 3 mois.

Skylab, en orbite lors de sa quatrième mission (1973-1974).

skyr **n. m. (mot islandais)** Produit laitier riche en protéines (spécialité islandaise).

Skyros Île grecque de la mer Égée (district régional d'Eubée), dans les Sporades. 209 km^2. 2 600 habitants. Chef-lieu : Skyros.

Slagelse Ville du Danemark, dans l'île de Sjælland. 31 780 habitants.

slalom [slalɔm] **n. m. (mot norvégien)** Épreuve de ski, descente sinueuse où l'on passe entre des piquets **(→ ¹porte).** *Slalom géant, supergéant.* **– fig.** *Faire du slalom entre les voitures* (moto, vélo...).

slalomer **v. intr. < 1 >** Effectuer un slalom. **– fig. → zigzaguer.**

slalomeur, euse **n.** Skieur, skieuse qui pratique le slalom.

slam **n. m. (mot anglais, littéralt « claquement ») anglic.** Poésie, narration scandée librement, de manière rythmée. □ **n. slameur, euse**

Slánský (Rudolf) Homme politique tchèque (1901-1952). Il fut pendant la Seconde Guerre mondiale l'un des organisateurs à Moscou de la résistance contre les nazis. Secrétaire général du Parti communiste de Tchécoslovaquie de 1945 à 1951, victime des purges staliniennes, il fut condamné à mort et exécuté.

slash **n. m. (de l'anglais des États-Unis, aussi *slash mark*, d'abord « cassure », de *to slash*, de l'ancien français *esclachier* « briser, éclater ») anglic., inform.** Barre oblique (/), qui marque une séparation.

Slater (Robert Kelly, dit Kelly) Surfeur américain (né en 1972). Vitesse, équilibre et originalité des figures lui ont valu de remporter huit fois le championnat du monde et d'être le surfeur le plus titré de ce sport.

Slauerhoff (Jan Jacob) Écrivain néerlandais (1898-1936). Esprit romantique épris d'exotisme, il nourrit ses recueils de poèmes *(Archipel ; Eldorado)* et de nouvelles *(Île du printemps)* de ses voyages à travers l'Inde, la Chine et l'Amérique.

slave **adj. et n.** **(latin médiéval *s[c]lavus* → esclave)** Se dit des peuples d'Europe centrale et orientale dont les langues sont apparentées (*langues slaves :* bulgare, polonais, russe, serbo-croate, slavon, slovaque, slovène, tchèque ; plusieurs sont écrites en alphabet cyrillique). **– n.** *Les Slaves.*

Slavejkov **(Petko)** Poète bulgare (1827-1895). Il contribua à la définition des normes du bulgare littéraire moderne et traduisit la Bible.

Slavejkov **(Penčo)** Poète bulgare (1866-1912), fils de Petko Slavejkov. Imprégné des œuvres de Heine, Schiller et Nietzsche, il mêla dans ses poèmes thèmes folkloriques et méditations intimes. Critique littéraire, il défendit des valeurs spirituelles universelles dans le but de rapprocher la littérature bulgare des littératures européennes. *Chants épiques ; Rêves de bonheur ; Dans l'île des bienheureux.*

Slaves **n. m. pl.** Groupe de peuples d'Europe centrale et orientale d'origine indo-européenne. Il rassemble plus de 300 millions d'individus, essentiellement sur le continent eurasiatique. Les Slaves, dont l'unité est surtout linguistique, se subdivisent en *Slaves orientaux* (Russes, Ukrainiens, Biélorusses), *Slaves occidentaux* (Polonais, Tchèques, Slovaques, Sorabes) et *Slaves du Sud* (Slovènes, Croates, Serbes, Bulgares, Macédoniens).

Slaviansk en russe **Sloviansk** Ville d'Ukraine, dans le Donbass. 122 100 habitants. Importants gisements de sel. Industrie chimique.

slavisant, ante **n. et adj.** didact. **1.** Linguiste spécialiste des langues slaves. - syn. **slaviste. 2. adj.** Qui a certains caractères slaves.

slaviser **v. tr.** < 1 > didact. Rendre slave (linguistiquement ; culturellement ; démographiquement).

slavistique **n. f.** didact. Linguistique des langues slaves.

slavon, onne **adj. et n.** **(de *Slavonie*)** De Slavonie. **– n.** *Les Slavons.* ■ **n. m.** *Le slavon,* langue liturgique des slaves orthodoxes, au Moyen Âge, appelée aussi *vieux slave.*

Slavonie **n. f.** Région de l'Est de la Croatie, entre la Drave, la Save et le Danube. Ville principale : Osijek. Zone agricole.

slavophile **adj. et n.** **(d'abord en parlant des Russes hostiles à l'influence occidentale)** didact. (Personne) qui aime les Slaves, les civilisations slaves.

sleeping [slipiŋ] **n. m.** **(abrév. de l'anglais *sleeping car*)** anglic., vieilli Wagon-lit.

slice [slajs] **n. m.** **(mot anglais, de *to slice* « couper en tranches »)** anglic., sports **1.** Effet donné à une balle de tennis en la frappant latéralement et de haut en bas. *Le lift et le slice.* **2.** Coup qui fait dévier la balle à droite, au golf. □ **slicer v. tr.** < 3 >

slim **n. m.** **(mot anglais « mince, svelte »)** anglic. Pantalon très moulant. *Des slims.* **– appos.** *Jean slim.*

Slimane **(Hedi)** Couturier français (né en 1968). Il a contribué à renouveler l'image de la mode masculine chez Yves Saint Laurent, Dior et Céline.

¹slip **n. m.** **(mot anglais, de *to slip* « glisser »)** anglic., mar. Plan incliné permettant de haler les navires.

²slip **n. m.** **(mot anglais « combinaison de femme » ; faux anglic.)** Culotte échancrée sur les cuisses, à ceinture basse (sous-vêtement ou culotte de bain). *Slip de bain.* **– loc. fam. et plais.** *C'est la fête du slip,* un moment de relâchement, de laisser-aller collectif.

Slipher **(Vesto Melvin)** Astronome américain (1875-1969). Il contribua à la découverte de Pluton. Ses travaux sur les nébuleuses furent à l'origine de la théorie de l'expansion de l'univers.

Slovaquie

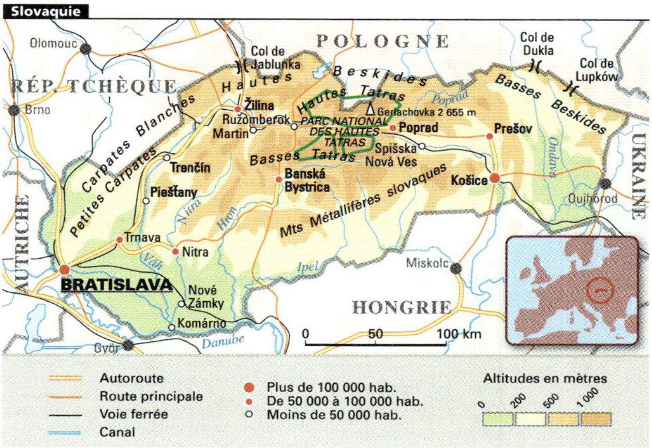

Sliven Ville de Bulgarie. 80 400 habitants. Musée archéologique. Textile. Constructions mécaniques.

Slodtz **(René Michel, dit Michel-Ange)** Sculpteur français (1705-1764). Ses réalisations sont emblématiques du courant baroque : mausolée de Languet de Gergy et statues du porche de Saint-Sulpice à Paris.

slogan **n. m.** **(mot anglais, du gaélique « cri de guerre »)** Formule concise et frappante, utilisée par la publicité, la propagande politique, etc.

sloop [slup] **n. m.** **(mot anglais, du néerlandais)** Voilier à un seul mât.

Sloterdijk **(Peter)** Philosophe et écrivain allemand (né en 1947). Dans la *Critique de la raison cynique,* constatant l'échec du projet rationaliste des Lumières, il propose de ressusciter le cynisme antique et d'en faire la forme moderne de la conscience critique. *Sphères.*

Slough Ville d'Angleterre (Berkshire), dans la banlieue O. de Londres. 155 300 habitants. Pôle technologique, commercial et industriel.

sloughi [slugi] **n. m.** **(de l'arabe maghrébin)** Lévrier d'Afrique du Nord.

slovaque **adj. et n.** **(de *Slovaquie*)** De Slovaquie. **– n.** *Les Slovaques.* ■ **n. m.** *Le slovaque,* langue slave occidentale.

Slovaquie

n. f. ■ offic. République slovaque État d'Europe centrale. 49 036 km². 5 397 000 habitants (les *Slovaques*). **Langues :** slovaque, hongrois, romani. **Population :** Slovaques, 86 % ; Hongrois, 9,5 % ; Tsiganes, Polonais, Tchèques, Ruthènes. **Religions :** catholiques latins, 68,9 % ; protestants, 10,8 % ; catholiques grecs, 4,1 % ; sans religion, 13 %. **Monnaie :** euro. **Capitale :** Bratislava. **Régime :** parlementaire. La Slovaquie est divisée en 8 régions.

GÉOGRAPHIE

L'espace slovaque, très compartimenté, est largement occupé par la chaîne des Carpates (d'O. en E., Petites Carpates, Carpates Blanches, Hautes (2 655 m) et Basses Tatras, monts Métallifères). La seule grande vallée est celle du Váh. La forêt constitue 38 % du territoire. Au S.-O., de grandes plaines labourables bordent le Danube. Le climat est continental.

ÉCONOMIE

Le démarrage industriel n'a lieu qu'au milieu du xxᵉ s., lorsque la Slovaquie est intégrée dans le système soviétique Les entreprises tchèques essaiment alors vers la Slovaquie. De vastes complexes industriels utilisent les ressources du pays (cimenteries, bois) ou celles des pays voisins. Le manque de charbon est pallié par la construction de barrages sur les grandes rivières (Váh, Hron, Hernád). La Slovaquie occidentale (Bratislava) constitue le cœur économique du pays (haute technologie, électronique, ingénierie, pétrochimie). La Slovaquie centrale, montagneuse, associe une industrie disséminée dans les vallées (chimie, bois, confection, machines-outils) et le tourisme (stations de ski). L'est du pays est touché par la crise (chômage, pollution). La présence d'une très forte minorité tsigane suscite des tensions. La crise qui a suivi l'éclatement de la Tchécoslovaquie a été rapidement surmontée. La croissance est stable (entre 3 % et 4 % de 2015 à 2019, avec un ralentissement à partir de 2020 dû à la crise sanitaire mondiale). L'agriculture (céréales, betterave, élevage) se modernise.

HISTOIRE

La région fut peuplée par les Celtes (vᵉ s. av. J.-C.), puis par les Sarmates et les Germains, enfin par les Slovaques, peuple slave (viiᵉ s.). Elle fit partie du royaume de Moravie (viiiᵉ s.) puis fut conquise par les Hongrois (xᵉ s.). Après la conquête ottomane, Bratislava (alors Presbourg) devint la capitale de ce qui restait du royaume de Hongrie, sous l'autorité des Habsbourg (1541). Mais la reconstitution d'une grande Hongrie (1699), la germanisation forcée et le refus par la noblesse magyare de toute industrialisation suscitèrent des révoltes. Au xixᵉ s., le sentiment national s'éveilla. Les partisans d'une culture purement slovaque (L. Štúr) parvinrent à ressusciter un dialecte régional. Mais l'échec de la révolution de 1848 et le compromis austro-hongrois de 1867 entraînèrent l'accentuation de la magyarisation. L'abbé A. Hlinka fonda en 1905 le Parti populiste slovaque (autonomiste).

En 1918, la Slovaquie et les pays tchèques formèrent la Tchécoslovaquie. Mais le mécontentement crût devant la politique centralisatrice de Prague. Mgr J. Tiso, chef du Parti populiste, obtint l'autonomie de la Slovaquie (1938) puis son indépendance (mars 1939) sous la protection allemande. La Slovaquie pro-nazie entra en guerre contre l'URSS (1941). La Tchécoslovaquie fut reconstituée en 1945. La république de Slovaquie obtint pacifiquement son indépendance (1ᵉʳ janv. 1993) sous la présidence de M. Kováč (1993-1998). Le Premier ministre populiste V. Mečiar mena d'abord une politique d'isolement. La coalition qui lui succéda fit entrer la Slovaquie dans l'Otan et dans l'Union européenne (2004) et se rapprocha des États-Unis. Mais sa politique d'austérité et de réformes sociales lui valut d'être battue à l'élection

2004 par le populiste I. Gašparovič. Le pays adopta l'euro en 2009 et dut essuyer le contrecoup de la crise financière internationale de 2008 (augmentation du chômage, chute des exportations). Les législatives de 2012 virent le retour du social-démocrate et ancien communiste Robert Fico au poste de Premier ministre mais des scandales de corruption le contraignirent à démissionner en 2018 en faveur de Peter Pellegrini, ancien membre du gouvernement. Le centre droit dirige à nouveau le gouvernement depuis les législatives de 2020.

slovène adj. et n. (de *Slovénie*) De Slovénie. – n. *Les Slovènes.* ■ n. m. *Le slovène,* langue slave méridionale.

Slovénie

n. f. ■ offic. république de Slovénie Pays d'Europe centrale. 20 273 km². 2 108 900 habitants (les *Slovènes*). **Langue :** slovène. **Religion :** catholique. **Monnaie :** euro. **Population :** Slovènes, 83 % ; Croates, 2 % ; Serbes, 2 %. **Capitale :** Ljubljana. **Régime :** démocratie parlementaire. La Slovénie est divisée en 8 régions.

GÉOGRAPHIE

Au nord-ouest du pays s'étendent les Alpes slovènes qui culminent au mont Triglav (2 864 m). Elles dominent les bassins et collines du piémont alpin, du centre et de l'est du pays, où se concentrent les villes. Au sud-ouest, les chaînons boisés du Karst surplombent la côte de l'Istrie. Le climat est continental. Le sous-sol est riche (plomb, zinc, mercure, charbon, pétrole, bois) et l'industrie diversifiée (sidérurgie, métallurgie, textile, électronique). L'agriculture (betterave, céréales, pomme de terre) souffre de la petite taille des exploitations. Dynamique malgré un taux de chômage élevé et le ralentissement dû à la crise sanitaire de 2020, l'économie bénéficie de l'afflux de capitaux étrangers.

HISTOIRE

Le peuple slave des Slovènes s'installa au VIe s. dans la région, qui fut envahie par les Magyars (Xe s.), morcelée puis réunie progressivement par les Habsbourg (XIIIe-XVe s.). La Slovénie, unie aux royaumes de Serbie et du Monténégro (1918), devint une république fédérée de la Yougoslavie en 1945. Elle proclama son indépendance en 1991. La Slovénie rejoignit l'Otan, l'Union européenne en 2004 et la zone euro en 2007. Le socialiste Borut Pahor fut élu président de la République en 2012. Nataša Pirc Musar lui succéda en 2022.

slow [slo] n. m. (mot anglais « lent ») anglic. Danse lente à pas glissés, où les partenaires se tiennent enlacés ; musique qui accompagne cette danse. *Des slows.*

Słowacki (Juliusz) Poète et auteur dramatique polonais (1809-1849). Très influencé par Byron, il fut une figure emblématique du courant romantique en Pologne. Il est considéré comme le créateur du théâtre tragique moderne polonais. *Mindowe ; Lilla Weneda.*

Słupsk Ville de Pologne septentrionale. 13 380 habitants. Industries métallurgique et alimentaire. Travail du bois.

slurp [slyʀp] ou [slœʀp] interj. (anglais *to slurp* « boire bruyamment ») Bruit que fait l'aspiration d'un liquide.

Sluter (Claus) Sculpteur hollandais (v. 1350-1406). Ses sculptures, très expressives, montrent un souci du détail réaliste. Il eut une grande influence en Flandres et en Allemagne, et fut l'un des initiateurs du courant réaliste du XVe s. *Le Puits de Moïse* (chartreuse de Champmol).

Sm Symbole chimique du samarium.

SM (abrév.) fam. **1.** n. m. Sadomasochisme. **2.** adj. Sadomasochiste. *Pratiques SM.*

smack interj. (mot anglais « gros baiser ») Bruit d'un baiser sonore. ■ n. m. fam. Ce baiser.

smala n. f. (arabe d'Algérie *zmālah*) **1.** Réunion de tentes abritant la famille, le personnel, les bagages d'un chef arabe. **2.** fam. Famille ou suite nombreuse qui vit aux côtés de qqn. → **tribu.**

Småland n. m. Région de Suède méridionale, forestière et peu peuplée.

Smale (Stephen) Mathématicien américain (né en 1930). Il travailla sur la topologie différentielle et contribua à la démonstration de la conjecture de Poincaré. Médaille Fields 1966.

Smalley (Richard E.) Chimiste américain (1943-2005). Il contribua à la découverte des fullerènes. Prix Nobel 1996.

smalt n. m. (italien *smalto* « émail ») techn. *Bleu de smalt* ou *smalt* : colorant bleu, dit *bleu d'azur.*

smaltite n. f. minér. Arséniure naturel de cobalt.

smaragdin, ine adj. (du latin, du grec *smaragdos* « émeraude ») didact. D'un vert émeraude.

smaragdite n. f. (de *smaragdin*) minér. Silicate naturel de couleur verte.

smart adj. (mot anglais) vieilli Élégant, chic. *Elles sont smarts* ou *smart* (invar.).

smartphone [smaʀtfɔn] n. m. (mot anglais, de *smart* « intelligent » et *phone* « téléphone ») anglic. Téléphone mobile possédant des fonctions d'assistant personnel, conçu pour avoir des utilisations variées (internet, jeux...). - recomm. offic. **mobile multifonction.**

smash [sma(t)ʃ] n. m. (mot anglais, de *to smash* « fracasser ») anglic., sports (tennis, volleyball...) Coup qui rabat violemment une balle haute. *Faire un smash* (*smasher* v. intr. < 1 >). *Des smashs* ou *des smashes* (plur. anglais).

smectique adj. (grec *smêktikos* « propre à nettoyer », de *smêgma* « savon ») phys. Se dit de l'état d'un liquide où les molécules ne peuvent se déplacer qu'à l'intérieur des couches parallèles d'espacement régulier.

Smetana (Bedřich) Compositeur tchèque (1824-1884). Affecté dans son patriotisme par l'écrasement de la révolte tchèque contre l'Empire autrichien, en 1848, il composa des opéras aux thèmes nationaux, dont *La Fiancée vendue,* des poèmes symphoniques (*Ma Patrie* qui contient la célèbre *Moldau*), de la musique de chambre.

Smethwick Ville d'Angleterre (West Midlands), près de Birmingham. 48 700 habitants. Centre industriel.

SMIC [smik] n. m. invar. (sigle de *salaire minimum interprofessionnel de croissance*) Salaire minimum autorisé par la loi, en France (depuis 1970). *Salarié payé au SMIC* (fam. *smicard, arde* n.).

smiley [smajlɛ] n. m. (mot anglais des États-Unis, de *to smile* « sourire ») anglic., inform. Suite de caractères alphanumériques qui évoque un visage stylisé traduisant un sentiment, une émotion... → **émoticone.** *Le smiley ;-) représente un clin d'œil.*

smille [smij] n. f. (bas latin *smila,* grec *smilê* « ciseau ») techn. Marteau à deux pointes avec lequel le maçon pique les moellons pour en régulariser les faces (opération du *smillage* n. m.).

Smith (John) Navigateur et colonisateur anglais (v. 1579-1631). Fondateur de la colonie de Jamestown, il explora une partie de la côte est nord-américaine, à laquelle il donna le nom de « Nouvelle-Angleterre ».

Smith (Adam) Philosophe et économiste écossais (1723-1790). Il publia en 1776 *Recherches sur la nature et les causes de la richesse des nations,* premier grand traité du capitalisme libéral. Il voyait dans le travail la source de toute richesse et la mesure réelle de la valeur échangeable des biens, et croyait en la convergence des intérêts individuels vers l'intérêt général. Il considérait le libre-échange et la concurrence comme les principes fondamentaux de la politique économique.

Smith (Joseph) (1805-1844). Fondateur de la secte des mormons en 1830. Il mourut lynché à la suite d'une accusation de polygamie.

Smith (William Robertson) Orientaliste britannique (1846-1894). Il étudia les structures de la parenté dans les sociétés musulmanes. *Kinship and Marriage in Early Arabia.*

Smith (Elizabeth, dite Bessie) Chanteuse de jazz américaine (1894-1937). Elle fut surnommée « l'Impératrice du blues ». *Saint Louis Blues* (avec Louis Armstrong) ; *Gimme a Pig Foot.*

Smith (David) Sculpteur américain (1906-1965). Il se fit remarquer par ses réalisations en métal aux formes abstraites et son utilisation de matériaux industriels. *Medals of Dishonor ; Australia.*

Smith (Tony) Sculpteur américain (1912-1980). Il fut l'une des grandes figures du courant minimaliste. *Die* (« meurs ») ; *Ten Elements.*

Smith (W. Eugene) Photographe américain (1918-1978). Il se distingua par des reportages d'une grande force dramatique : *Médecin de campagne ; MinAmata.*

Smith (Ian Douglas) Homme politique rhodésien (1919-2007). Premier ministre de 1964 à 1979, il proclama l'indépendance de la Rhodésie en 1965.

Slovénie

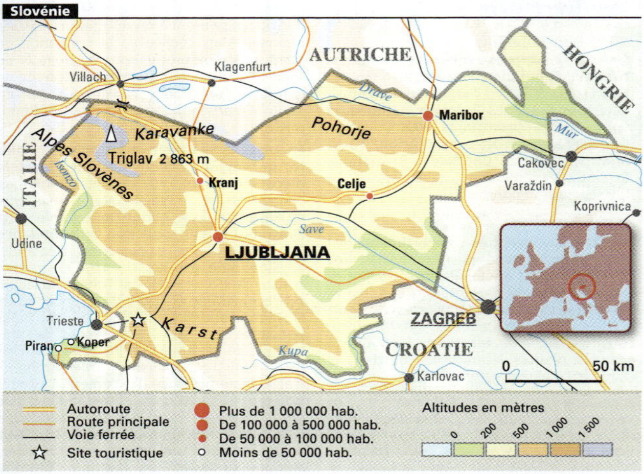

Smith (Jimmy) Organiste de jazz américain (1925-2005). Il s'illustra par ses improvisations audacieuses. *My Funny Valentine ; Piano Solo Medley.*

Smith (Vernon L.) Économiste américain (né en 1927). Il a posé les bases de l'économie expérimentale. Prix Nobel 2002.

Smith (Hamilton) Biologiste américain (né en 1931). Il codécouvrit une nouvelle famille d'enzymes de restriction, dites de type II, qui segmentent une séquence d'ADN en des sites spécifiques. Prix Nobel 1978.

Smith (Michael) Biochimiste canadien d'origine britannique (1932-2000). Il mit au point la technique de la « mutagenèse dirigée » qui permet de modifier un élément précis de l'ADN. Prix Nobel 1993.

Smith (Patricia Lee Smith, dite Patti) Poète et chanteuse américaine (née en 1946). Icône du rock, elle a posé les bases du punk avec son album *Horses. Hey Joe* (de Hendrix) ; *Because the Night ; Gone Again.*

Smith (Zadie) Écrivaine britannique (née en 1975). D'origine jamaïcaine par sa mère, elle a abordé avec humour et émotion des thèmes politiques et sociaux : l'héritage colonial, le métissage culturel, l'homosexualité, la pauvreté, l'amitié. *Sourires de loup ; Ceux du Nord-Ouest.*

Smith (détroit de) Détroit de l'Arctique canadien, entre le Groenland et l'île d'Ellesmere.

Smithson (Robert) Artiste américain (1938-1973). D'abord peintre expressionniste abstrait, il devint une figure emblématique du land art. *Earthworks.*

smithsonite [smitsɔnit] **n. f. (du n. d'un chimiste)** minér. Carbonate naturel de zinc.

smocks [smɔk] **n. m. pl. (de l'anglais)** anglic. Fronces décoratives, brodées. *Robe à smocks.*

smog **n. m. (mot anglais, de *smoke* « fumée » et *fog* « brouillard »)** anglic. Brouillard épais formé de particules de suie et de gouttes d'eau, dans certaines régions humides et industrielles.

smoking **n. m. (abrév. de l'anglais *smoking jacket* « veste d'intérieur » ; faux anglic.)** Tenue habillée comportant un veston à revers de soie, un gilet et un pantalon à galon de soie. - abrév. fam. **smok.**

Smolensk Ville de Russie, chef-lieu de région, sur le Dniepr. 325 500 habitants. Remparts du XVIe s. ; cathédrale de l'Assomption du XVIIe s. Centre industriel. Au cours de la Seconde Guerre mondiale, elle fut le théâtre de violents combats entre troupes allemandes et soviétiques.

Smollett (Tobias) Romancier britannique (1721-1771). Il introduisit le roman picaresque dans la littérature anglaise. *Les Aventures de Roderick Random ; Le Voyage de Humphry Clinker.*

Smith (Eugene)

Eugene Smith photographie ses enfants pour *The Walk to Paradise Garden* (1946).

smolt **n. m. (mot anglais)** anglic., pêche Jeune saumon qui redescend vers la mer.

Smoot (George F.) Physicien américain (né en 1945). Il dirigea l'étude des variations du rayonnement cosmique fossile. Prix Nobel 2006.

smoothie [smuzi], cour. [smusi] **n. m. (mot anglais, de *smooth* « doux, onctueux »)** Boisson onctueuse à base de fruits mixés (avec du lait, du yaourt...). *Smoothie aux fraises, à la fraise. Smoothies et milkshakes**.*

smorrebrod [smɔʀbʀɔd] **n. m. (mot danois, proprt « pain *[brød]* beurré »)** Tranche de pain beurrée avec une garniture (salade, poisson fumé...), dans les pays scandinaves. → **canapé.**

SMS **n. m. (sigle, de l'anglais *short message service* « service de messages courts »)** anglic. Minimessage. → **²texto.** *Recevoir, envoyer des SMS.* ■ Traitement graphique abrégé utilisé dans ces messages. – appos. *L'écriture SMS.*

smurf [smœʀf] **n. m. (mot anglais des États-Unis, n. anglais du Schtroumpf*)** Danse hip-hop caractérisée par des mouvements saccadés et ondulatoires. ▫ **smurfer v. intr. < 1 >** ▫ **n. smurfeur, euse**

Smuts (Jan Christiaan) Maréchal et homme politique sud-africain (1870-1950). Il participa à la guerre des Boers (1899-1902), et fut Premier ministre de 1919 à 1924 et de 1939 à 1948. Il dirigea la lutte aux côtés de la Grande-Bretagne durant la Seconde Guerre mondiale. Il lutta contre la politique de ségrégation.

Smyrne voir **Izmir**

Smythson (Robert) Architecte britannique (v. 1535-1614). Ses constructions furent représentatives du style élisabéthain (Wollaton Hall ; Wooton Lodge).

Sn Symbole chimique de l'étain.

snack-bar ou **snackbar** **n. m. (mot anglais des États-Unis, de *to snack* « mordre » et *bar* → ¹bar)** anglic. Café-restaurant où l'on sert rapidement des plats simples. *Des snack-bars, des snackbars.* - abrév. cour. **snack.** *Des snacks.*

Snake River **n. f.** Rivière des États-Unis. 1 450 km. Elle arrose l'Idaho et l'Oregon avant de rejoindre la Columbia.

SNCF (Société nationale des chemins de fer français) Société d'économie mixte créée en 1937 et chargée du transport ferroviaire en France. Elle prit en 1982 le statut d'établissement public industriel et commercial. En 1997, la gestion des infrastructures a été confiée à un autre établissement public, le Réseau ferré de France (RFF), la SNCF conservant l'exploitation du réseau ferroviaire.

Snell (George Davis) Généticien américain (1903-1996). Il est l'auteur de travaux sur la génétique et l'immunologie tissulaire de la souris. Prix Nobel 1980.

Snell Van Royen (Willebrord) latinisé en **Villebrordus Snellius** Astronome et mathématicien hollandais (1581-1626). Il mit au point la méthode de triangulation, dite *« de Snellius »*, et découvrit la loi de réfraction de la lumière qui fut reprise plus tard par Descartes.

snif **interj. (anglais des États-Unis *to sniff* « renifler », d'origine onomatopéique)** Onomatopée (bruit de reniflement). - var. **sniff.**

snifer **v. tr. < 1 > (→ snif)** anglic. (argot de la drogue) Priser (un stupéfiant). - var. **sniffer.** ▫ **snifeur, euse** ou **sniffeur, euse n.** *Les sniffeurs de cocaïne.*

sniper [snajpœʀ] **n. m. (mot anglais, de *to snipe* « tuer [en embuscade] »)** anglic. Tireur isolé et embusqué. *Des snipers.* - var. RO **sniper, euse n.**

snob [snɔb] **n. (mot anglais)** Personne qui admire et imite sans discernement les manières, les goûts, les modes des milieux dits distingués. *Un, une snob. Des snobs.* – **adj.** *Des manières snobs.* (parfois invar.) *Elles sont snob.*

snober **v. tr. < 1 >** Traiter (qqn) de haut ; tenir (qqn) à l'écart, l'éviter. – *Snober une invitation.*

snobinard, arde **adj.** fam., péj. Un peu snob. – **n.** *Des snobinards.*

snobisme **n. m.** Comportement de snob.

Snoopy Personnage de bande dessinée créé par C. M. Schulz, chien aux propos emplis de sagesse. Il apparut en 1950 dans la revue *Peanuts.*

snorkeling [snɔʀkəliŋ] **n. m. (mot anglais, de *snorkel* « tuba »)** anglic. Randonnée subaquatique pratiquée en surface avec palmes, masque de plongée et tuba. - recomm. offic. **nage avec palmes, masque et tuba (ou nage PMT), randonnée palmée.**

Snorri Sturluson Écrivain et homme politique islandais (v. 1178-1241). On lui attribue la *Heimskringla*, collection de sagas des rois de Norvège, et l'*Edda en prose*, chef-d'œuvre de la poésie scaldique.

snowboard [snobɔʀd] **n. m. (mot anglais, de *snow* « neige » et *board* « planche »)** anglic. Sport de glisse qui se pratique sur la neige, debout sur une planche. → **monoski, surf** (des neiges). – La planche elle-même.

snow-boot ou **snowboot** [snobut] **n. m. (de l'anglais *snow* « neige » et *boot* « botte » ; faux anglic.)** vieilli Bottine de caoutchouc qui se met par-dessus la chaussure. *Des snow-boots, des snowboots.*

Snowden (Edward) Informaticien et lanceur d'alerte américain puis russe (né en 1983). Ancien consultant de l'Agence nationale de sécurité américaine (NSA) et de la CIA, il a rendu publique une partie des milliers de documents secrets qu'il a subtilisés sur les programmes de surveillance des États-Unis. Immédiatement inculpé en juin 2013 pour vol et utilisation de biens gouvernementaux, il a fui en Russie. *Mémoires vives* (autobiographie).

Snowdon **n. m.** Massif du N.-O. du pays de Galles. Il culmine à 1 085 m au Moel-Y-Wyddfa. Parc national.

snowpark [snopaʀk] **n. m. (de l'anglais des États-Unis, de *snow* « neige » et *park* « parc »)** anglic. Espace enneigé réservé aux surfeurs, avec des bosses et des tremplins pour exécuter des figures à ski.

Snyders ou **Snijders (Frans)** Peintre flamand (1579-1657). Ses compositions de scènes animalières et de natures mortes sont représentatives du style baroque flamand. *Combat de coqs.*

soap-opéra [sɔpɔpeʀa] **n. m. (mot anglais, de *soap* « savon » et *opera*, ces feuilletons étant à l'origine produits par les lessiviers)** anglic. Série télévisée populaire. *Les soap-opéras.* - abrév. fam. **soap.**

Soares (Mario) Homme d'État portugais (1924-2017). Secrétaire général du Parti socialiste, il fut Premier ministre (1976-1978 ; 1983-1985), et président de la République de 1986 à 1996.

soba **n. f. (mot japonais « sarrasin »)** au plur. Pâtes japonaises à la farine de sarrasin. – appos. *Nouilles soba.*

Sobat **n. m.** Rivière d'Afrique orientale. 740 km. Elle prend sa source à l'O. de l'Éthiopie pour rejoindre le Bahr el-Abiad (ou Nil blanc) près de Malakal, au Soudan.

Sobibór Camp d'extermination créé par les nazis en Pologne (Lublin), entre 1942 et 1943. 250 000 Juifs y furent exterminés.

Sobieski (Jean III) voir **Jean III Sobieski**

Soboul (Albert) Historien français (1914-1982). Spécialiste de la révolution française et de Napoléon, il a écrit notamment *Les Sans-culottes parisiens en l'an II* et *La Civilisation et la Révolution française.* Dans les années 1970, sa vision sociale et marxiste fut critiquée notamment par François Furet.

sobre **adj. (latin *sobrius* « qui n'est pas ivre », de *ebrius* → ivre)** **1.** Qui mange, boit avec modération. → **tempérant.** ■ spécialt Qui boit peu ou ne boit pas d'alcool. **2.** littér. Mesuré, modéré. *Être sobre de gestes ; en paroles.* ■

cour. *Vêtement de coupe sobre.* → **classique, simple.**

sobrement adv. De manière sobre, simple.

sobriété n. f. (du latin → sobre) **1.** Comportement d'une personne sobre. **2.** Modération, réserve (dans un domaine quelconque). *La sobriété d'une architecture. Sobriété énergétique, numérique.*

sobriquet n. m. (origine incertaine) Surnom familier, généralement moqueur.

soc n. m. (vient probablt du gaulois) Lame de la charrue qui tranche horizontalement la terre.

soccer [sɔkœʀ] n. m. (mot anglais des États-Unis, de *football association*) anglic. (Canada) Jeu de ballon au pied, collectif. → **football.**

Sochaux Commune du Doubs, dans la banlieue de Montbéliard. 3 820 habitants. Industrie automobile (usines Peugeot).

sociabiliser v. < 1 > **1.** v. tr. Rendre sociable. *Sociabiliser les enfants.* **2.** v. intr. Rechercher et entretenir des relations aimables. *Sociabiliser avec ses voisins.* → **sociabiliser.** □ n. f. **sociabilisation**

sociabilité n. f. Caractère d'une personne sociable.

sociable adj. (du latin, famille de *socius* → social) **1.** didact. Capable de vivre en société. **2.** Capable de relations humaines faciles, qui recherche la compagnie. – *Caractère sociable.*

social, ale, aux adj. (latin *socialis*, de *socius* « compagnon, associé » → **société ; associer, sociable, socio-**) **1.** Relatif à un groupe d'individus (êtres humains) considéré comme un tout (→ **société**), et aux rapports de ces individus entre eux. *Rapports sociaux. Les phénomènes sociaux. Les sciences sociales.* – *Animaux sociaux,* qui vivent en société. **2.** Propre à la société constituée. *Classes sociales. Milieu social.* → **condition. 3.** Relatif aux rapports entre les classes de la société (et notamment à la condition des travailleurs, des catégories moins favorisées, et à l'amélioration de celle-ci). *Conflits sociaux.* – *Mesures sociales. Politique sociale.* – n. m. *Le social. Faire du social.* **4.** Relatif à une société civile ou commerciale. *Siège social.*

social-démocrate adj. et n. (d'après l'allemand) Partisan de la social-démocratie. – n. *Les sociaux-démocrates.*

social-démocrate allemand (Parti) voir SPD

social-démocratie n. f. Socialisme de tendance réformiste (à l'origine, en Allemagne). *Les social-démocraties.*

sociale (Guerre) Guerre qui opposa, de 91 à 88 av. J.-C., les peuples d'Italie alliés de Rome (les *socii*) au sénat qui leur refusait le droit de cité. Ces peuples formèrent deux confédérations qui tinrent les troupes romaines en échec. Le sénat finit par accorder la citoyenneté romaine aux confédérés.

S

socialement adv. Quant aux rapports sociaux, spécialt entre classes sociales.

socialisation n. f. Fait d'opter pour la propriété collective, publique.

socialiser v. tr. < 1 > **1.** didact. Susciter les rapports sociaux entre individus. ▪ intrans. cour. Faire connaissance. *Socialiser avec ses voisins.* → **sociabiliser, sympathiser. 2.** Gérer ou diriger au nom de la société entière (→ **socialisme**). *Socialiser la propriété.* → **collectiviser.**

socialisme n. m. (de *social*) **1.** Doctrine d'organisation sociale qui entend faire prévaloir l'intérêt général sur les intérêts particuliers, au moyen d'une organisation concertée (opposé à *libéralisme*). *Socialisme réformiste et socialisme révolutionnaire. « Le socialisme ne réalisera toute son idée que par la victoire du prolétariat »* (Jaurès). ▪ Ensemble des partis ou des personnes qui se réclament de cette doctrine. **2.** polit. (vocabulaire marxiste) Phase transitoire entre la disparition du capitalisme et l'instauration du communisme.

▶ Le **socialisme** désigne un mouvement politique ou un régime basé sur un ensemble de doctrines économiques, sociales, philosophiques, ou encore, directement, ces doctrines elles-mêmes. L'idée d'une société idéale où chaque membre participerait au bien collectif dans une égalité de droits a jalonné l'histoire des idées, de Platon à Rousseau en passant par Thomas More. Toutefois, il faut attendre le XIXe siècle et la première révolution industrielle pour voir se cristalliser une pensée proprement socialiste, qui tâche, d'une part, de comprendre le système capitaliste et, d'autre part, de proposer des solutions à ses effets néfastes, en particulier, à l'exploitation d'une nouvelle classe sociale, la classe ouvrière. Dans la première moitié du XIXe siècle, Saint-Simon, Charles Fourier, Robert Owen sont les principaux penseurs d'une société plus juste et plus fraternelle. Mais c'est l'analyse de Karl Marx dans *Le Capital* (1867) qui constitue l'œuvre la plus importante en ce sens. Il appelle de ses vœux l'avènement d'une société socialiste, qui résulterait de la victoire du prolétariat sur le patronat dans sa lutte pour se réapproprier les moyens de production et abolir la propriété privée.

C'est la différence entre un socialisme révolutionnaire et un socialisme réformiste qui est à l'origine de la double acception contemporaine du mot socialisme comme régime politique, faisant du socialo-communisme un mouvement distinct, intimement lié à l'expérience russe. En effet, la révolution de 1917 a été menée par les bolcheviks, partisans d'une centralisation étatique et de la dictature du prolétariat. Elle a conduit à la création de l'URSS. Le cercle d'influence géopolitique de l'URSS va s'élargir à travers une série d'États « socialistes »-communistes qui partagent avec elle le caractère révolutionnaire et non démocratique de leur régime (Chine, Cuba, Vietnam, Cambodge...).

Le socialisme démocratique, quant à lui, est issu du socialisme réformiste, défendu par les délégués français de la IIe Internationale (1889-1912), Jean Jaurès et Aristide Briand. Il préconise une transformation progressive de la société à l'aide de moyens législatifs existant dans les régimes parlementaires. L'histoire du socialisme français passe par la fondation, en 1905, de la SFIO, qui deviendra le Parti socialiste en 1969, et a pour temps forts, le Front populaire mené par Léon Blum, de 1936 à 1938, ainsi que les septennats de François Mitterrand, de 1981 à 1996.

L'Allemagne est, quant à elle, le berceau de la social-démocratie. Fondé en 1869 par August Bebel et Wilhelm Liebknecht, le Parti ouvrier social-démocrate présente assez vite des divergences avec certains « dogmes » socialistes. C'est de cette mouvance que se réclame aujourd'hui une tendance réformiste du socialisme européen. L'économie de marché n'est de fait guère remise en cause par les représentants actuels du socialisme réformiste.

voir aussi **Internationale (socialiste), marxisme, communisme**

socialiste adj. et n. (de *social*) **1.** Relatif au socialisme ; qui fait profession de socialisme. *Les partis socialistes.* – n. *Un, une socialiste.* **2.** Qui appartient à un parti socialiste. – n. *Les socialistes et les radicaux.* - abrév. fam. **socialo. 3.** Relatif au socialisme organisé dans certains pays. *Économie socialiste.*

socialiste (Parti) Parti politique français créé en 1969 et issu de la SFIO. Rénové lors du congrès d'Épinay (1971), il participa au gouvernement de 1981 à 1986, à la suite de l'élection à la présidence de F. Mitterrand, puis, pendant la période de cohabitation de 1997 à 2002, avec L. Jospin comme Premier ministre de J. Chirac. Il revint au pouvoir de 2012 à 2017 avec le président François Hollande.

socialiste unifié (Parti) Parti politique français fondé en 1960 et dissous en 1989, issu de la fusion entre l'Union de la gauche socialiste et d'anciens membres de la SFIO. Il participa au gouvernement de 1981 à 1984.

sociétaire adj. et n. (de *société*) (Personne) qui fait partie d'une société (→ **associé**), spécialt d'une société d'acteurs. *Sociétaire de la Comédie-Française.* □ n. m. **sociétariat**

sociétal, ale, aux adj. De société. *Débats, enjeux sociétaux.*

société n. f. (latin *societas*, de *socius* → social) **I. 1.** vieux Vie en compagnie, en groupe. *Aimer la société.* – loc. ***Jeux de société*** : jeux distrayants qui se jouent à plusieurs. **2.** Compagnie habituelle. *Se plaire dans la société des femmes.* **II. 1.** État particulier à certains êtres vivants, qui vivent en groupes organisés. *Les abeilles vivent en société.* **2.** Ensemble des personnes entre lesquelles existent des rapports durables et organisés (avec des institutions, etc.) ; milieu humain par rapport aux individus. → **communauté ; collectif, public, social.** *L'homme et la société. Un phénomène de société* (→ **sociétal**). – *Une société* : groupe social limité dans le temps et dans l'espace. *Les sociétés primitives. Les coutumes d'une société.* – Type d'état social. *La société de consommation.* **3.** Ensemble de personnes réunies (à un moment). *Une société brillante.* ▪ (Habituellement, en raison d'affinités de classe) *La haute société,* absolt *la société* : les personnes qui ont une vie mondaine, les couches aisées. → fam. **gratin. III.** (Groupe organisé dans un but précis) **1.** Compagnie ou association religieuse. → **congrégation.** *La Société de Jésus.* **2.** Organisation fondée pour un travail commun ou une action commune. *Société savante.* – *Société secrète,* qui fonctionne en secret. **3.** Groupement, issu d'un contrat, dont le patrimoine social est constitué par les apports de chaque associé. *Détenir des actions dans une société.* – *Société civile,* ayant une activité non commerciale. ***Société (commerciale)***, qui réalise des opérations commerciales à but lucratif. → **compagnie, entreprise, établissement.** *Société anonyme**. Société à responsabilité limitée.* → **SARL.** – *Le président, le conseil d'administration d'une société.* **4.** Association d'États. – hist. *La Société des Nations* (SDN).

Société (îles de la) Archipel de la Polynésie française, dans l'océan Pacifique sud. 1 747 km². 242 726 habitants. Île principale : Tahiti. Il regroupe les îles du Vent (Tahiti, Moorea, Mehetia et l'atoll de Tetiaroa) et les îles Sous-le-Vent (Maupiti, Bora Bora, Tahaa, Raiatea, Huahine). Cocotiers, vanilliers, bananiers. Pêche. Tourisme. L'archipel fut découvert par Samuel Wallis (1767) et James Cook (1769).

Société des auteurs, compositeurs et éditeurs de musique voir Sacem

Société des auteurs et compositeurs dramatiques (SACD) Association créée en 1777 à l'instigation de Beaumarchais pour la protection des droits des auteurs.

Société des Nations (SDN) Organisation internationale issue du traité de Versailles, créée en 1920 pour assurer le maintien de la paix et la coopération entre les peuples. Elle fut remplacée par l'ONU en 1946.

Société nationale des chemins de fer français voir SNCF

socio voir sociologie

socio- Élément (du radical de *social* ou de *société*).

sociobiologie n. f. didact. Étude des fondements biologiques des comportements sociaux. □ adj. **sociobiologique** □ n. **sociobiologiste**

socioculturel, elle adj. Qui concerne à la fois les structures sociales et la culture qui leur correspond.

sociodrame n. m. (d'après l'anglais) psych. Psychothérapie de groupe reposant sur l'improvisation de scènes dramatiques sur un thème donné. → **psychodrame.**

socioéconomique adj. didact. Relatif aux phénomènes sociaux, économiques et à leurs relations. *Les difficultés socioéconomiques.*

sociogenèse n. f. (→ -genèse) didact. Développement du comportement social de l'individu. ▪ Rôle joué par l'environnement social d'un sujet dans la genèse et l'évolution de ses troubles psychiques.

sociogramme n. m. didact. (psych., sociol.) Représentation graphique des relations individuelles entre les différents membres d'un groupe.

sociolecte n. m. (de *socio-* et *[dia]lecte*) ling. Usage langagier d'un groupe social, à l'exception des usages liés à la zone géographique (dialectes). *Sociolecte et idiolecte.*

sociolinguistique [sɔsjolɛ̃gɥistik] n. f. didact. Partie de la linguistique qui traite des relations entre langage, culture et société. – adj. *Une étude sociolinguistique.* □ n. **sociolinguiste**

sociologie n. f. (mot créé par Auguste Comte) **1.** Étude scientifique des faits sociaux humains. *Sociologie et anthropologie.* - abrév. fam. **socio. 2.** Étude de toutes les formes de sociétés. *Sociologie animale.*

▶ Science des faits sociaux, la **sociologie** est ainsi nommée par Auguste Comte qui veut créer une « physique de la société humaine ». Les sciences humaines ont émergé dès la fin du XVIIIe siècle autour d'un programme intellectuel novateur. Il s'agit de rompre avec le discours normatif de la théologie et de la morale qui postule une « nature humaine » éternelle, pour fonder une représentation dynamique de l'homme en situation : ce dernier est un sujet historique, produit par les conditions de son époque. Cette idée se trouve chez Hegel, Tocqueville ou Marx.
Inspirée du positivisme de Comte, la sociologie scientifique apparaît avec Émile Durkheim à la fin du XIXe siècle. Dans son étude du suicide, il montre que ce qui semblait l'acte individuel par excellence est un « fait social », qui peut être décrit par des statistiques. On peut dès lors l'envisager et l'étudier, non pas comme un acte isolé, mais à travers le faisceau des facteurs sociaux qui le déterminent. Innovation majeure dans la compréhension de l'homme, cette sociologie n'est pas dépourvue d'ambiguïtés : dans l'esprit des premiers sociologues, il s'agit aussi de rappeler la primauté du lien social face à l'individualisme moderne et de mieux maîtriser les bouleversements sociaux.
Au XXe siècle, la sociologie perfectionne ses méthodes : à la statistique s'ajoutent l'étude de terrain et les analyses qualitatives sur la base d'entretiens, puis l'observation participante. Le monde économique et politique fait appel à ses ressources dans les études de marché et d'opinion. L'esprit de la discipline évolue : à la suite de Marx et Pareto se développe l'analyse de classes sociales déterminées par les conditions économiques (G. Friedmann). Une autre école, dans la lignée de G. Simmel et M. Weber, insiste sur les interactions entre l'individu et le groupe (A. Touraine).
L'« individualisme méthodologique » s'intéresse ainsi à la façon dont les faits sociaux sont les effets émergents des stratégies individuelles (R. Boudon). En contrepoint, P. Bourdieu rappelle le poids des facteurs extérieurs (en particulier les positions et les « habitus » de classe) dans la « reproduction sociale ». L'école de Chicago, enfin, travaille sur la vie quotidienne et développe les notions d'institution, de rôle, de rituel (E. Goffman).
voir aussi **anthropologie, statistique**

sociologique adj. **1.** De la sociologie. *Analyse sociologique.* **2.** (abusivt) Relatif aux faits étudiés par la sociologie. *Phénomène sociologique.* → **social.** □ adv. **sociologiquement**

sociologisme n. m. didact. Théorie suivant laquelle la sociologie suffit à rendre compte des faits sociaux, indépendamment de la psychologie, de la physiologie, etc.

sociologue n. Spécialiste de sociologie.

sociométrie n. f. (de *socio-* + *-métrie*, par l'anglais) didact. Méthode de mesure des relations et réactions humaines. □ adj. **sociométrique**

sociopathe n. et adj. (de *socio-* + *-pathe*) psychiatr. Personne affectée de troubles de la personnalité entraînant un comportement asocial.

sociopolitique adj. Qui concerne à la fois les données sociales et politiques. *Le profil sociopolitique des électeurs.*

socioprofessionnel, elle adj. didact. Se dit des catégories utilisées pour classer une population selon l'activité professionnelle (ex. agriculteur, ouvrier, etc.).

sociothérapie n. f. didact. Psychothérapie visant à l'intégration de l'individu à un groupe, ou à une amélioration des relations dans le groupe (→ **sociodrame**).

socket ou **soquet** [sɔkɛ] n. m. (anglais *socket*) (Belgique) Douille dans laquelle on fixe le culot d'une ampoule. – par métonymie Culot d'une ampoule. - var. **socquet.**

socle n. m. (italien *zoccolo* « sabot », d'un dérivé latin de *soccus* → **socque**) **1.** Base sur laquelle repose une construction, un objet. *Le socle d'une statue.* **2.** géol. *Socle continental,* sur lequel reposent les mers peu profondes. **3.** fig. Élément fondamental. → **base, fondement.** – didact. (en France) *Le socle commun des connaissances et des compétences,* que les élèves doivent maîtriser à la fin de la scolarité obligatoire.

Socotra ou **Socotora (île de)** Île de l'océan Indien, dépendance du Yémen. 3 500 km². 15 000 habitants. Pêche. Exportation de perles, de dattes et d'aromates. Elle est revendiquée par la Somalie.

socque n. m. (de l'ancien provençal, du latin *soccus*) **1.** Antiq. romaine Chaussure basse portée par les acteurs de comédie. *Le socque et le cothurne.* **2.** Chaussure à semelle de bois. → **sabot.**

socquet voir **socket**

socquette n. f. (de l'anglais *sock*, du latin *soccus* → **socque**, suffixe français *-ette*) Chaussette basse arrivant au-dessus de la cheville.

Socrate Philosophe grec (470-399 av. J.-C.). Bien qu'il n'ait laissé aucun écrit, il exerça une influence profonde sur la philosophie antique et sur toute la pensée occidentale. Il s'est consacré à l'éducation philosophique des jeunes Athéniens et fut, dans le contexte troublé de la fin de la guerre du Péloponnèse, condamné à mort par le régime démocratique pour « impiété » et « corruption de la jeunesse ». Platon, son disciple, le présente, dans ses *Dialogues*, comme le père de la maïeutique — l'art d'accoucher les esprits par l'interrogation raisonnée — et comme un sage qui s'est donné pour maxime « connais-toi toi-même » et dont la sagesse tient en ce qu'il sait qu'il ne sait rien. Xénophon confirme le témoignage de Platon, tandis qu'Aristophane, par ses railleries malveillantes, en fait un sophiste ridicule dans les *Nuées*.

socratique adj. (du grec, de *Sôkratês* « Socrate ») didact. Propre à Socrate, ou qui l'évoque. *L'ironie socratique.*

soda n. m. (abrév. de l'anglais *soda water*, de *soda* « soude », du latin → **soude** et *water* « eau ») Boisson gazeuse aromatisée. ■ Eau gazéifiée. – appos. *Un whisky soda.*

Soddy (sir Frederick) Chimiste et physicien britannique (1877-1956). Il établit la loi qui régit les désintégrations radioactives. On lui doit aussi la notion d'isotopie. Prix Nobel 1921.

sodé, ée adj. chim. Qui contient de la soude ou du sodium.

Soderbergh (Steven) Réalisateur américain (né en 1963). *Sexe, mensonges et vidéo* a obtenu la Palme d'or à Cannes. Ont suivi, dans des genres très divers, *Kafka*, *Erin Brockovich*, *Ocean's Eleven*.

Södergran (Edith Irene) Poète finlandaise d'expression suédoise (1892-1923). Méconnue de son vivant, elle fut reconnue par la suite comme l'un des grands poètes scandinaves du XXe s. *La Lyre de septembre* ; *L'Ombre du futur*.

Södertälje Ville de Suède, au S.-O. de Stockholm, sur le *Södertälje Kanal*. 82 420 habitants. Port. Musée de plein air. Centre industriel (constructions automobiles).

sodique adj. chim. Relatif au sodium.

sodium [sɔdjɔm] n. m. (mot créé en anglais, de *soda* « soude », du latin → **soude**) Corps simple (symb. Na, n° at. 11, masse at. 22,99), métal alcalin mou d'un blanc argenté, qui brûle à l'air et réagit violemment avec l'eau, avec formation de soude et dégagement d'hydrogène. *Chlorure de sodium* (sel). *Hydroxyde de sodium* (soude caustique).

sodoku [sɔdɔku] n. m. (mot japonais, de *so* « rat » et *doku* « poison ») méd. Maladie infectieuse transmise par la morsure de rongeurs (rat...).

Sodoma (Giovanni Antonio Bazzi, dit le) Peintre lombard (1477-1549). Il fut l'élève de Léonard de Vinci auquel il emprunta le sens de l'espace pictural. Il peignit des scènes antiques et religieuses d'un esthétisme affecté, cohabitant parfois avec le morbide. Il réalisa des fresques à Monteoliveto Maggiore, à Rome puis à Sienne.

Sodome Ville de l'ancienne Palestine, au S. de la mer Morte, qui, selon la Bible, fut détruite, avec Gomorrhe, à cause de la dépravation de ses habitants.

sodomie n. f. (du latin ecclés., de *Sodoma* « Sodome » → **Sodome**) Pratique du coït anal.

sodomiser v. tr. < 1 > Pratiquer la sodomie sur (qqn). → vulg. **enculer.**

sodomite n. m. (→ **sodomie**) littér. Celui qui pratique la sodomie. – par ext. Homosexuel (homme).

Soekarno voir **Sukarno**

Soest Ville d'Allemagne (Rhénanie-du-Nord-Westphalie). 48 220 habitants. Centre agricole et industriel.

sœur n. f. (vient du latin *soror* → **sororal, sororité**) **1.** Personne de sexe féminin, considérée par rapport aux autres enfants des mêmes parents. *Sœur aînée, sœur cadette* (plus fam. *grande sœur, petite sœur*). *Être frère et sœur.* – loc. fam. *Et ta sœur ?* (refus iron., incrédulité...). – par ext. *Sœur de lait**. **2.** Nom donné à une femme à laquelle on est lié par une grande tendresse. *« Mon enfant, ma sœur* [...] *»* (Baudelaire). **3.** fig. Se dit de choses apparentées (mots de genre féminin). *« L'avarice, compagne et sœur de l'ignorance »* (La Fontaine). ■ appos. ***Âme sœur*** : personne avec laquelle on a de fortes affinités sentimentales. *Trouver l'âme sœur* (rencontre amoureuse). **4.** Titre donné aux religieuses. *La sœur Claire. Au revoir, ma sœur.* – loc. fam. ***Bonne sœur*** : religieuse.

sœurette n. f. Terme d'affection envers une sœur (1).

sofa n. m. (de l'arabe, par le turc) Lit de repos à trois appuis, servant aussi de siège. → **canapé, divan.**

soffite n. m. (de l'italien, qui vient du latin pop. *suffictus*, du latin class. *suffigere* « fixer par-dessous, suspendre ») archit. Dessous d'un ouvrage, d'un larmier. ■ Plafond à caissons décorés de rosaces.

Sofia Capitale de la Bulgarie, dans l'O. du pays. 1 203 000 habitants. Cathédrale néobyzantine. Églises. Mosquées. Important carrefour des Balkans, Sofia est le centre administratif, culturel, industriel (métallurgie, chimie) et commercial du pays.

Sofia, l'Assemblée nationale (XIXe-XXe s.) et, à l'arrière-plan, la cathédrale Alexandre-Nevski (XXe s.) pouvant accueillir sept mille fidèles.

soft (mot anglais « doux ») anglic. **1.** adj. Sans violence, calme. *Une discussion soft.* ■ spécialt Se dit de la forme allusive des images et spectacles pornographiques. *Des scènes softs* ou *soft* (invar.). **2.** n. m. Boisson sans alcool (soda, jus de fruit...).

softball [sɔftbol] n. m. (mot anglais, de *soft* « mou » et *ball* « ballon ») anglic. Sorte de baseball pratiqué sur un terrain plus petit avec une balle plus grosse et moins dure.

software [sɔftwaʀ ; sɔftwɛʀ] n. m. (mot anglais des États-Unis, de *soft* « mou », d'après *hardware* → **hardware**) anglic. (opposé à *hard-*

SOL (l'écosystème des sols et des sous-sols)

Le sol est recouvert de matière organique d'origine végétale ou animale qui est transformée en humus. Cette lente décomposition naturelle implique des micro-organismes et des invertébrés décomposeurs. Elle assure la fertilité et conditionne les propriétés des sols, notamment la capacité à absorber l'eau. Ainsi, la disparition de l'humus, due à la pratique du labour et à l'utilisation d'engrais, provoque l'appauvrissement des terres et l'érosion des sols.

ware) Logiciel (recomm. offic.). - abrév. fam. **soft.**

Sogdiane n. f. Région historique d'Asie centrale (Ouzbékistan actuel). Ville principale : Marcande (auj. Samarkand).

Sognefjord n. m. Le plus long fjord de Norvège (175 km sur 5 à 6 km de large). Il s'ouvre sur la mer du Nord, près de Bergen.

Sohag Ville d'Égypte, chef-lieu de gouvernorat, sur le Nil. 267 000 habitants. Couvents coptes du IVe siècle.

Soho Quartier du centre de Londres, au N. de Trafalgar Square, célèbre pour son cosmopolitisme et sa vitalité.

Sohrawardī (Chihāb al-Dīn Yahyā) Philosophe et mystique de l'islam chiite (1155-1191). Il développa des principes de sagesse proches des thèses de Platon et fut à l'origine de l'école de pensée des platoniciens de Perse. *Théosophie de l'Orient.*

soi pron. pers. réfl. de la 3e pers. (vient du latin *se* [comme *se**]) **I.** (personnes) **1.** (se rapportant à un sujet indéterminé) *Avoir confiance en soi. La conscience de soi.* – *Chez soi :* à son domicile (→ **chez-soi**). **2.** vieux (se rapportant à un sujet déterminé) → **lui, elle, eux.** *Elle regardait droit devant soi.* **II.** (choses) « *Hâtons-nous ; le temps fuit, et nous traîne avec soi* » (Boileau). – loc. *Cela va de soi :* c'est tout naturel, évident. – ***En soi :*** de par sa nature propre. *Ce n'est pas une fin en soi.* **III.** ***Soi-même.*** *Être soi-même. Sortir de soi-même.* **IV.** n. m. invar. **1.** La personnalité de chacun. → **moi. 2.** psych. Ensemble des pulsions inconscientes. → **²ça. 3.** loc. *Un autre soi-même.* → **alter ego.**

soi-disant adj. invar. **1.** Qui se dit, qui prétend être (tel). *De soi-disant amis.* **2.** (emploi critiqué) Qui n'est pas ce qu'on en dit, qui n'est pas vraiment. → **prétendu.** *Le soi-disant escroc était un honorable diplomate.* **3.** adv. Prétendument. *Il est là soi-disant pour affaires.*

¹soie n. f. (vient du latin *saeta* « crins, poil » → **sas**) **I. 1.** Substance filiforme sécrétée par des larves (*vers à soie* → **bombyx**), utilisée comme matière textile. → **sériciculture ; magnanerie.** *Fil de soie. Soie grège.* – *Bas de soie.* – Tissu de soie. → **soierie.** ■ *Soie sauvage,* produite par certaines chenilles d'Extrême-Orient. **2.** ***Papier de soie :*** papier fin, translucide et brillant. **II.** Poil long et rude du porc et du sanglier.

²soie n. f. (origine inconnue) techn. Prolongement en pointe de la lame (d'un couteau, d'une épée, etc.) qu'on encastre dans le manche ou la poignée.

Soie (route de la) Réseau de pistes caravanières qui, depuis l'Antiquité jusqu'à la fin du XIIIe s., assura la liaison commerciale (or, pierres précieuses, soie, épices) entre l'Occident et l'Orient. La route se divisait en deux branches, l'une conduisant vers l'Inde, l'autre vers la Chine. Elle contribua à la diffusion de l'hellénisme en Asie centrale et du bouddhisme en Chine. Depuis 2013, la Chine mène un projet expansionniste transcontinental, « les **nouvelles routes de la soie** » *(Belt and Road Initiative),* afin de relier le pays à l'Afrique, l'Europe, l'Océanie, l'Amérique latine et au reste de l'Asie par un vaste réseau routier, ferroviaire et maritime.

soierie n. f. **1.** Tissu de soie. **2.** Industrie et commerce de la soie.

soif n. f. (vient du latin *sitis*) **1.** Sensation correspondant à un besoin de l'organisme en eau. *Avoir soif, très soif. Donner soif.* → **altérer.** – loc. fig. ***Jusqu'à plus soif :*** à satiété. *Rester sur sa soif :* n'être pas satisfait. ■ (terre, végétation) *Les rosiers ont soif.* **2.** fig. Désir passionné et impatient. *Avoir soif d'aimer ; soif d'indépendance.*

soiffard, arde adj. fam. Qui est toujours prêt à boire, qui boit exagérément (du vin, de l'alcool). – n. *Une bande de soiffards.*

soignant, ante adj. Qui est chargé de soigner ou d'accompagner les malades. *Le personnel soignant, l'équipe soignante d'un hôpital. Aide*-soignant(e).* – n. *Les soignants et les patients.*

soigner v. tr. < 1 > (vient du latin médiéval, d'origine francique → **soin**) **1.** S'occuper du bien-être et du contentement de (qqn), du bon état de (qqch.). *Soigner sa clientèle. Soigner ses outils, ses livres.* **2.** Apporter du soin à (ce que l'on fait). *Soigner un travail.* – *Soigner les détails.* → **fignoler. 3.** S'occuper de rétablir la santé de (qqn). *Le médecin qui me soigne* (→ médecin **traitant**). – loc. fam. *Il faut te faire soigner ! :* tu es fou ! ■ S'occuper de guérir (un mal). *Soigner son rhume.* ■ **soigné, ée** adj. **1.** Qui prend soin de sa personne. – *Des mains soignées.* **2.** Fait avec soin. *Cuisine soignée.* ■ **se soigner** v. pron. **1.** S'occuper de son bien-être, de son apparence physique. **2.** Faire ce qu'il faut pour guérir. **3.** passif (maladie) Pouvoir ou devoir être soigné. – loc. fam. *Ça se soigne !,* se dit de qqn dont on juge le comportement peu normal. □ **adj. soignable**

soigneur, euse **n. 1.** Personne chargée de prendre soin de l'état physique de (un sportif, spécialt un boxeur). **2.** Personne chargée des soins et de l'alimentation d'animaux.

soigneusement **adv.** Avec soin.

soigneux, euse **adj. 1.** *Soigneux de* (qqch.) : qui prend soin de. *Être soigneux de sa personne.* **2.** Qui apporte du soin à ce qu'il fait ; spécialt propre et ordonné. *Enfant soigneux.* **3.** Qui est fait avec soin, avec méthode. *Travail soigneux.*

Soignies Ville de Belgique (province de Hainaut), sur la Senne. 28 271 habitants. Collégiale romane de Saint-Vincent (XIe-XVe s.). Carrières. Verreries.

soin **n. m.** (vient du latin médiéval, d'origine francique) **1.** littér. Pensée qui occupe l'esprit, préoccupation. *Son premier soin fut de m'avertir.* – ***Avoir, prendre soin de*** (+ inf.) : penser à, s'occuper de. → **veiller** à. *Prenez soin de fermer la porte.* ▪ Occupation, travail dont on est chargé. *Je vous laisse le soin de le prévenir.* → **responsabilité. 2.** ***Avoir, prendre soin de*** *(qqn, qqch.)* : soigner (1). *Prendre soin de soi-même ; de ses affaires.* **3.** ***Les soins.*** Actes par lesquels on soigne (1). → **attention, prévenance, sollicitude.** *Un enfant a besoin de soins. Aux bons soins de M. X,* se dit d'une lettre confiée à qqn. – loc. *Être* ***aux petits soins*** *pour qqn* : être très attentionné. – spécialt *Les soins du corps. Soins de beauté.* ▪ Actions par lesquelles on conserve ou on rétablit la santé (→ **soigner** (3) ; **curatif**). *Le blessé a reçu les premiers soins.* **4.** ***Le soin.*** Manière appliquée, exacte, scrupuleuse (de faire qqch.). → **application, sérieux.** *Apporter, mettre du soin à faire qqch.* – Ordre et propreté ; aspect soigné. *Être habillé avec soin.*

soir **n. m.** (vient du latin *sero* « tard », de *serus* « tardif » → ²**serein**) **1.** Fin du jour, moments qui précèdent et qui suivent le coucher du soleil. → **crépuscule ; vespéral.** – *Il fait frais le soir.* ▪ fig. *Le soir de la vie* : la vieillesse. **2.** Les dernières heures du jour et les premières de la nuit (s'oppose à *après-midi*). → **soirée.** *Sortir le soir. Tous les lundis soir. Hier (au) soir. À ce soir !* – *Robe du soir,* de soirée. ▪ loc. ***Être du soir*** : être actif le soir, aimer se coucher tard. – ***Le grand soir*** : le jour de la révolution sociale. **3.** (décompte des heures) Temps qui va de midi à minuit. *Dix heures du soir* (s'oppose à *du matin*).

Soir (Le) Quotidien belge francophone fondé en 1887. Il réalise aujourd'hui le plus gros tirage de la presse d'information belge.

soirée **n. f.** (de *soir*) **1.** Temps compris entre le déclin du jour et le moment où l'on s'endort. → **soir ; veillée.** *Les longues soirées d'hiver. Toute la soirée.* **2.** Réunion qui a lieu le soir, généralement après le repas du soir. *Soirée mondaine.* – *Tenue de soirée,* très habillée. **3.** Séance de spectacle qui se donne le soir (opposé à *matinée*).

Soissonnais **n. m.** Région du Bassin parisien, entre l'Oise, le Laonnois et le Valois. Cultures céréalières, betteravières et maraîchères.

Soissons Chef-lieu d'arrondissement de l'Aisne. 28 888 habitants. Évêché. Cathédrale Saint-Gervais-et-Saint-Protais de style gothique (XIIIe-XIVe s.). Vestiges des anciennes abbayes Saint-Médard et Saint-Jean-des-Vignes (XIIIe-XVe s.). Musée. Marché agricole et centre industriel. La ville fut le théâtre de la victoire de Clovis sur Syagrius (486) qui donna lieu au fameux épisode du *vase de Soissons* : Clovis y aurait tué un soldat qui aurait fracassé un vase qu'il désirait restituer à l'évêque de Reims. Soissons fut également la capitale du royaume de Neustrie à partir du VIe s. En 751, Pépin le Bref y fut proclamé roi des Francs.

Soisy-sous-Montmorency Commune du Val d'Oise. 18 061 habitants.

soit (du v. *être*) **I. conj. 1.** *Soit... soit...* : marque l'alternative. → **ou.** *Soit l'un, soit l'autre.* – ***Soit que... soit que...*** (+ subj.). *Soit qu'il aille chez lui, soit qu'il vienne.* **2.** *Soit* (présentant une hypothèse ou une supposition) : étant donné. *Soit un triangle rectangle.* – À savoir, c'est-à-dire. *Soixante secondes, soit une minute.* **II.** ***Soit*** [swat] **adv. d'affirmation** (valeur de concession). Bon ; admettons. *Soit ! et après ?*

soixantaine **n. f. 1.** Nombre de soixante ou environ. **2.** Âge de soixante ans. *Friser la soixantaine.*

soixante [swasɑ̃t] (du latin *sexaginta,* cf. *sexagénaire,* de *sex* → **six**) **1. adj. numéral invar.** Six fois dix (60). *Soixante-huit* (68). *Âge de soixante ans* (→ **sexagénaire**), *de soixante-dix ans* (→ **septuagénaire ; septante**). ▪ ordinal *Page soixante.* – **n. m.** *Il habite au 60.* **2. n. m. invar.** Le nombre, le numéro soixante. ▪ (d'après la graphie *69*) fam. *Un soixante-neuf* : position sexuelle où les deux partenaires, placés tête-bêche, réalisent une caresse buccogénitale mutuelle.

soixante-huitard, arde **adj.** fam. Relatif aux évènements de Mai* 1968. – **n.** Personne qui en a conservé l'esprit, les idées. *Les soixante-huitards.*

soixantième [swasɑ̃tjɛm] **adj. 1.** Dont le numéro, le rang est soixante (60e). **2.** Se dit d'une partie d'un tout divisé également en soixante. – **n. m.** *Le soixantième.*

soja **n. m.** (mot mandchou) Plante légumineuse originaire d'Extrême-Orient, aux graines comestibles. *Huile, germes de soja.*

Sokodé Ville du Togo. 110 000 habitants. Égrenage de kapok. Culture du coton.

Sokoto Ville du Nigeria, capitale de l'État de Sokoto, sur le Sokoto. 381 900 habitants. Université. Centre artisanal. Marché agricole. La ville fut la capitale de l'empire peul fondé par Ousman dan Fodio au début du XIXe siècle.

¹sol **n. m.** (latin *solum,* cf. *seuil, sole*) **1.** Partie superficielle de la croûte terrestre, à l'état naturel ou aménagée par l'homme. → **terre.** *Posé au sol, à même le sol.* – par ext. *Le sol lunaire.* – **loc. adj. invar.** milit. *Sol-sol, sol-air,* se dit d'un engin lancé du sol contre un objectif terrestre ou aérien. *Des missiles sol-sol.* **2.** Surface de terre, territoire. *Le sol natal.* – *Le droit du sol,* permettant à un individu d'acquérir la nationalité du territoire de naissance. **3.** Terrain. *Science des sols.* → **pédologie.** *Sol riche, pauvre.* **4.** Surface plane constituant la limite inférieure d'une construction. *Un sol en terre battue.*

²sol **n. m. invar.** (étym. → **ut** ; cf. *solfège*) Note de musique, cinquième son de la gamme naturelle. *Sol dièse.*

³sol **n. m.** (mot anglais, de *solution*) chim. Solution colloïdale. *Sol dont le milieu de dispersion est l'air* : aérosol.

⁴sol **n. m.** (mot espagnol « soleil ») Unité monétaire du Pérou.

solage **n. m.** (de *sol*) (Canada) Fondations (d'une construction). *Un bon solage.*

solaire **adj.** (latin *solaris,* de *sol* → **soleil**) **1.** Relatif au Soleil, à sa position ou à son mouvement apparent dans le ciel. *Heure solaire et heure légale.* **2.** Du Soleil. *Taches solaires. Couronne solaire. Énergie solaire.* – *Système solaire* : ensemble des corps célestes formé par le Soleil et les astres qui gravitent autour de lui. – astron. *Éruption, tempête* ou *orage solaire* : explosions à la surface du Soleil qui projettent du plasma ionisé dans l'espace. **3.** Qui fonctionne grâce au soleil. *Cadran solaire. Panneau*, capteur* solaire. Route solaire,* équipée de capteurs solaires. *Avion solaire,* équipé de panneaux photovoltaïques. **4.** Qui protège du soleil. *Crème solaire.* ▪ **n. f. pl.** Lunettes de soleil. *Une paire de solaires.* **5.** fig., littér. Radieux, rayonnant. *« Un beau sourire solaire »* (Duhamel). **6.** De forme rayonnante. *Plexus* solaire.*

Solal (Martial) Pianiste de jazz, compositeur et chef d'orchestre français (né en 1927). Ses compositions sont au carrefour du classicisme et du modernisme : *Concerto pour piano de jazz et orchestre ; Fantaisie pour 2 orchestres.* Principaux enregistrements : *Solal series « suite for trio » ; Martial Solal Dodecaband Plays Ellington.* Il a également

solaire (système)

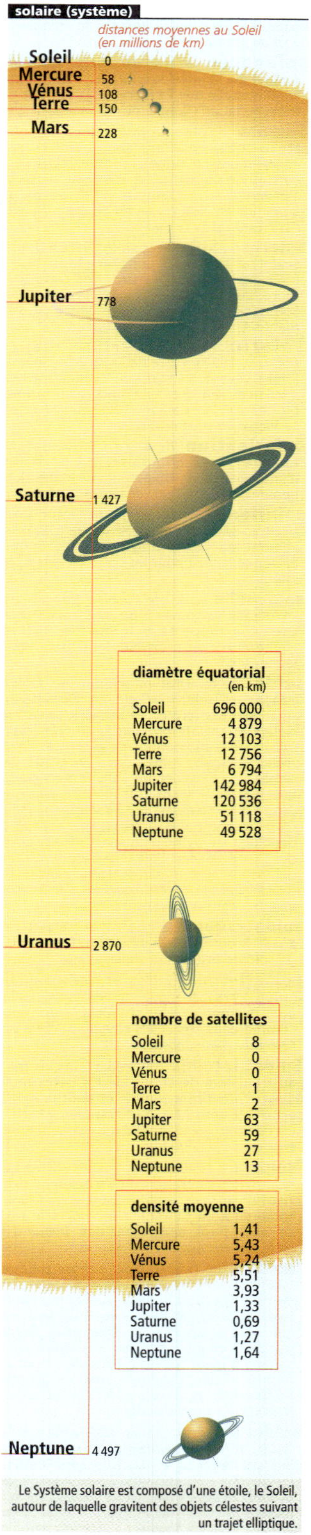

diamètre équatorial (en km)

Soleil	696 000
Mercure	4 879
Vénus	12 103
Terre	12 756
Mars	6 794
Jupiter	142 984
Saturne	120 536
Uranus	51 118
Neptune	49 528

nombre de satellites

Soleil	8
Mercure	0
Vénus	0
Terre	1
Mars	2
Jupiter	63
Saturne	59
Uranus	27
Neptune	13

densité moyenne

Soleil	1,41
Mercure	5,43
Vénus	5,24
Terre	5,51
Mars	3,93
Jupiter	1,33
Saturne	0,69
Uranus	1,27
Neptune	1,64

Le Système solaire est composé d'une étoile, le Soleil, autour de laquelle gravitent des objets célestes suivant un trajet elliptique.

S

composé de la musique pour le cinéma (*À bout de souffle*, de J.-L. Godard).

solanacée n. f. **(du latin *solanum* « morelle » ; famille de *soleil*) bot.** Plante dicotylédone telle que l'aubergine, la pomme de terre, le tabac (famille des *Solanacées*).

Solanas (Fernando) Réalisateur argentin (1936-2020). Ses films témoignent de son engagement politique contre les abus et la corruption du pouvoir (*L'Heure des brasiers ; Mémoire d'un saccage*). On lui doit aussi un diptyque en hommage au tango : *Tangos, l'exil de Gardel ; Le Sud.*

Solario ou **Solari (Cristoforo) dit il Gobbo** Sculpteur et architecte italien (1460-1527). Il réalisa le gisant en marbre de Ludovic le More, aujourd'hui à la chartreuse de Pavie. Son œuvre témoigne de l'influence de Bramante.

Solario (Andrea) Peintre italien (1470-v. 1524). Frère de Cristoforo Solario. Il fut l'élève de Léonard de Vinci. Il travailla à Milan et Venise et, en France, aux fresques du château de Gaillon. *L'Homme à l'œillet ; La Vierge au coussin vert.*

solarisation n. f. **(du latin *solaris* « solaire ») photogr.** Exposition à la lumière d'une surface sensible pendant le développement, pour obtenir des effets spéciaux.

solarium [sɔlaʀjɔm] n. m. **(mot latin « cadran solaire », de *sol* → soleil) 1.** Établissement où l'on pratique l'héliothérapie. **2.** Lieu aménagé pour les bains de soleil. *Des solariums.*

soldanelle n. f. **(de l'ancien français *solz* « végétaux conservés » ou de l'italien *soldo* « sou », à cause de la forme des feuilles)** Plante vivace qui croît dans les régions montagneuses.

soldat n. m. **(italien *soldato*, de *soldare* « payer une solde » → ¹solde) 1.** Homme qui sert dans une armée. → **militaire.** *Soldats de métier et soldats du contingent. Un grand soldat :* un grand homme de guerre. **2.** *Simple soldat* ou *soldat :* militaire non gradé des armées de terre et de l'air. → **sans-grade ;** fam. **bidasse.** – appos. *Une femme soldat* (*soldate*, n. f.). – *La tombe du Soldat inconnu* (sous l'Arc de triomphe, à Paris), où repose la dépouille anonyme d'un soldat de la guerre de 14-18. **3.** fig. *Soldat de*, combattant, défenseur au service de (une cause). *Un soldat de la liberté.* **4.** *Soldats de plomb, petits soldats :* figurines pour jouer.

soldatesque (de l'italien → soldat) péj. 1. adj. Propre aux soldats. **2.** n. f. Ensemble de soldats brutaux et indisciplinés.

Soldati (Mario) Écrivain et cinéaste italien (1906-1999). Il manifesta de formidables dons de conteur dans ses films (*Provinciale*) comme dans ses écrits (*L'Affaire Motta ; Le Festin du commandeur*).

Soldat inconnu (le) Soldat français mort au front lors de la Première Guerre mondiale, d'identité inconnue et dont la tombe est située sous l'Arc de Triomphe, à Paris. Il est le symbole des soldats morts pour la patrie.

¹solde n. f. **(italien *soldo*, même origine que *sou**) 1.** Rémunération versée aux militaires. *Toucher sa solde.* – par ext. *Congé sans solde* (accordé à un salarié). **2.** loc. péj. ***À la solde de (qqn)***, payé, acheté par qqn. *Il était à la solde de l'étranger.*

²solde n. m. **(italien *saldo* « chose solide » ; famille du latin *solidus* → solide) 1.** Différence entre le crédit et le débit, dans un compte. *Solde créditeur, débiteur.* – absolt *Le solde :* ce qui reste à payer. – loc. ***Pour solde de tout compte***, s'emploie lorsque la totalité de la somme due est réglée. **2.** ***En solde :*** vendu au rabais. *Acheter qqch. en solde.* – au plur. ***Soldes :*** articles mis en solde. *Des soldes intéressants.* – *Faire les soldes.*

solder v. tr. < 1 > **(italien *saldare*, de *saldo* → ²solde) 1.** Arrêter, clore (un compte) en établissant le solde. – Acquitter (une dette...) en payant ce qui reste dû. ■ **pronom. (compte, budget)** ***Se solder par :*** faire apparaître à la clôture un solde de. *Le bilan se solde par un déficit de dix millions.* – fig. Aboutir en défi-

Soleil

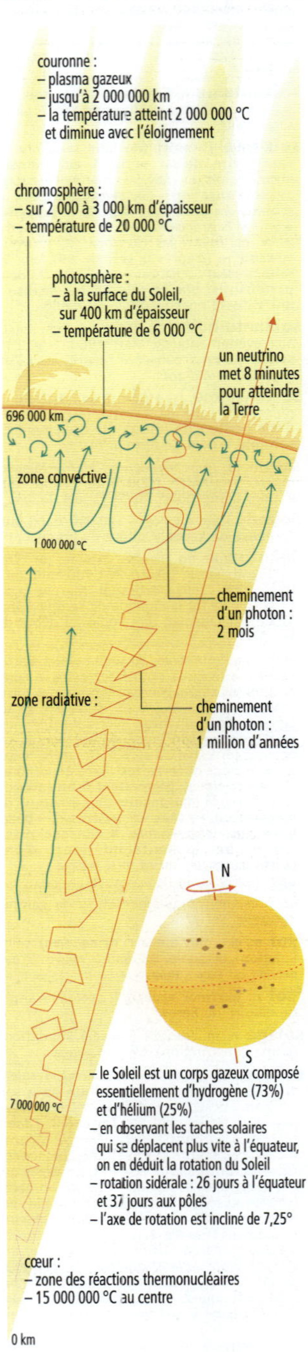

Structure du Soleil en coupe. On estime que le diamètre du Soleil fait 109 fois celui de la Terre, mais en réalité il n'a pas de limite bien définie : la densité de ses gaz chute lorsqu'on s'éloigne de son centre. Dans le noyau, des réactions de fusion nucléaire génèrent de l'énergie, transmise notamment jusqu'à la Terre sous forme de rayonnements électromagnétiques apportant ainsi la lumière et la chaleur nécessaires à la vie.

nitive à. *Tous ses efforts se sont soldés par un échec.* **2.** Mettre en solde, vendre en solde. – au p. p. *Articles soldés.*

solderie n. f. **(n. déposé)** Commerce spécialisé dans les ventes à prix réduits. → anglic. **discounteur.**

soldeur, euse n. Personne qui fait le commerce d'articles soldés.

¹sole n. f. **(latin *solea* « sandale ; sole [poisson] » → seuil, solive, de *solum* → ¹sol) zool.** Partie cornée formant le dessous du sabot chez le cheval, l'âne, etc.

²sole n. f. **(même origine que ¹*sole**)** Poisson de mer plat et ovale, à chair très estimée.

³sole n. f. **(vient du latin pop. *sola*) techn. 1.** Pièce de bois posée à plat et servant d'appui dans les charpentes. **2.** Partie d'un four qui reçoit les produits à traiter.

⁴sole n. f. **(sens fig. de ³*sole*) agric.** Chacune des parties d'une terre soumise à l'assolement et à la rotation.

soléaire adj. **(bas latin *solearis* « qui a la forme d'une sandale » → ¹sole) anat.** *Muscle soléaire :* muscle large et épais de la face postérieure de la jambe (un des principaux muscles de la marche et du saut).

solécisme n. m. **(du latin, du n. grec d'une ville où l'on parlait un grec très incorrect)** Emploi syntaxique fautif de formes par ailleurs existantes (ex. *je suis été*). *Barbarisme et solécisme.*

soleil n. m. **(vient du latin, de *sol, solis* → solaire ; insolation, solstice, ²souci) 1.** Astre qui donne lumière et chaleur à la Terre, et rythme la vie à sa surface. *Le lever, le coucher du soleil. Rien de nouveau **sous le soleil**,* sur la terre. – allusion « *Le soleil ni la mort ne se peuvent regarder fixement* » (La Rochefoucauld). – *Le soleil de minuit, dans les régions polaires.* ■ sc. Cet astre, en tant qu'étoile de la Galaxie, autour duquel gravitent plusieurs planètes dont la Terre. → **héli(o)- ; solaire.** *Éclipse de Soleil.* **2.** Lumière de cet astre ; temps ensoleillé. *Un beau soleil. Il fait soleil.* ■ Rayons du soleil. *Le soleil tape.* – *Lunettes* de soleil.* – *Bain* de soleil.* – ***Coup de soleil :*** insolation ou légère brûlure causée par le soleil. → **actinite.** ■ Lieu exposé aux rayons du soleil. *S'asseoir au soleil. En plein soleil.* – loc. ***Une place au soleil :*** une situation où l'on profite de certains avantages. **3.** loc. fig. ***Rayon de soleil :*** personne, chose qui réjouit, console. *Ses nièces sont son rayon de soleil.* **4.** Image de cet astre, cercle entouré de rayons. **5.** Pièce d'artifice, cercle qui tourne en lançant des feux. **6.** Tour acrobatique autour d'un axe horizontal. *Faire le grand soleil à la barre fixe.* **7.** Fleur de tournesol.

Soleil n. m. Astre autour duquel gravitent les planètes du système solaire. Diamètre : 1,39 million de km. Il est situé à 150 millions de km de la Terre.

▶ Le **Soleil** est une sphère gazeuse composée à 92,1 % d'hydrogène et à 7,8 % d'hélium. Des réactions de fusion nucléaire se déroulent en son cœur, où règnent des conditions de température et de pression extrêmes. Elles provoquent la transformation de l'hydrogène en hélium et sont sources de quantités phénoménales d'énergie, transmise sous forme de lumière. L'astre émet en outre un flux de particules (ions et électrons) appelé *vent solaire.*

Son âge est estimé à environ 4,6 milliards d'années, ce qui correspond à peu près à la moitié de sa vie. Après avoir consommé son hydrogène, il perdurera en transformant l'hélium qu'il aura produit en éléments plus lourds encore : il aura alors atteint le stade de *géante rouge*, lors duquel sa surface touchera l'orbite terrestre. Il s'effondrera ensuite sur lui-même pour former une *nébuleuse planétaire*, avant de se transformer en *naine blanche*.

Depuis la Terre, le Soleil semble en faire le tour en 24 h, comme en témoignent les expressions telles que « le Soleil se lève/se couche ». Mais la physique de Copernic, Tycho Brahé, Galilée, Kepler et enfin Newton, en caractérisant les mouvements des astres les uns par rapport aux autres, a permis de montrer que dans un référentiel lié aux étoiles, c'était la Terre et les autres planètes du système solaire qui se déplaçaient selon des orbites elliptiques autour du Soleil.

Cette contestation de la position géocentrique selon laquelle Dieu aurait placé la Terre immobile au centre de l'Univers mit plusieurs siècles à s'imposer. Il est en outre désormais établi que le Soleil est en mouvement autour du centre de la Voie lactée, aux deux tiers du rayon de cette dernière et à une vitesse de 220 km/s.
Par un hasard étonnant, la Lune et le Soleil vus de la Terre ont le même diamètre apparent. Lorsque la Lune s'interpose entre la Terre et le Soleil, on assiste alors à des éclipses solaires partielles ou totales.
voir aussi **fusion, planète, Univers, Lune**

Soleil (Théâtre du) Troupe de théâtre française, fondée en 1964 par Ariane Mnouchkine et installée à la Cartoucherie de Vincennes depuis 1970.

solen [sɔlɛn] **n. m.** (**mot latin, du grec *sôlên* « canal, tuyau »**) zool. Mollusque (lamellibranche) à coquille droite allongée, qui vit enfoncé verticalement dans le sable. → **couteau.**

solennel, elle [sɔlanɛl] **adj.** (**du latin *sollemnis***) **1.** Qui est célébré avec pompe, par des cérémonies publiques. *Obsèques solennelles.* **2.** Accompagné de formalités qui donnent une importance particulière. *Un serment solennel.* **3.** (souvent péj.) Qui a une gravité propre aux grandes occasions. *Un ton solennel.* → **cérémonieux, pompeux.** □ **adv. solennellement** [sɔlanɛlmɑ̃]

solenniser [sɔlanize] **v. tr.** < 1 > (**bas latin *sollemnizare***) **1.** Fêter de façon solennelle. **2.** Rendre solennel.

solennité [sɔlanite] **n. f.** (**du latin → solennel**) **1.** Manifestation, fête solennelle. **2.** (souvent péj.) Caractère solennel, pompeux.

solénoïde **n. m.** (**du grec *sôlên* « tuyau » et de *-oïde***) Bobine allongée constituée par un fil conducteur enroulé qui crée sur son axe un champ magnétique quand il est parcouru par un courant.

soleret **n. m.** (**de l'ancien français *soller* « soulier »**) Partie de l'armure qui protégeait le pied.

Soler y Ramos (Antonio) dit **le Padre Soler** Compositeur espagnol (1729-1783). Maître de chapelle et organiste, il composa de la musique religieuse et instrumentale ainsi que des sonates. Il écrivit un traité sur la modulation. *Fandango* pour clavecin.

Solesmes Commune de la Sarthe. 1 212 habitants. Abbaye bénédictine fondée au début du XIe s., célèbre pour ses chants grégoriens.

Soleure (canton de) Canton de Suisse. 791 km². 269 441 habitants. Chef-lieu : Soleure. Industrie horlogère (Swatch), mécanique de précision. Centre de tri postal de la Suisse à Bienne.

Soleure en allemand **Solothurn** Ville de Suisse, au pied du Jura, sur l'Aar. Chef-lieu du canton de Soleure. 16 697 habitants. Fontaines et maisons du XVe s., cathédrale de style baroque italien, tour de l'Horloge du XIIIe s., arsenal du XVIIe s. Horlogerie, mécanique de précision.

Canton de Soleure, les ruines du château Neu-Falkenstein (XIIe s.) surplombant Balsthal.

solex **n. m.** (**de *Vélosolex*, n. déposé**) Cyclomoteur de conception particulièrement simple.

solfatare **n. f.** (**de l'italien, du n. d'un volcan, de *solfo* « soufre », du latin *sulfur* → soufre**) Terrain volcanique qui dégage des fumerolles sulfureuses. □ **adj. solfatarien, ienne**

solfège

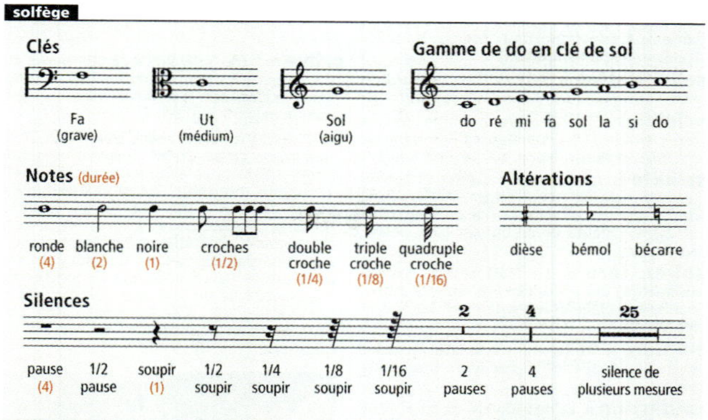

Éléments de notation de la musique occidentale.

solfège **n. m.** (**italien *solfeggio*, de *solfa* « gamme » → ²sol et fa**) Étude des principes élémentaires de la musique et de sa notation.

Le **solfège** associe l'étude des principes élémentaires de la musique à celle de sa notation. Son objet est d'aider le musicien (chanteur, instrumentiste) à se construire une représentation mentale d'une musique préalablement à la réalisation sonore proprement dite.
Guido d'Arezzo a posé les bases du solfège dès le XIe siècle avec la *solmisation* (association d'un son à chaque note de la gamme : ut [do], ré, mi, fa, sol, etc.). L'usage de ces monosyllabes — liées à l'écriture musicale et à ses degrés — permet au musicien d'appréhender (« lire ») la durée et la hauteur des notes qu'il exécute, indépendamment de leur réalisation sur tel ou tel instrument. Grâce au solfège, il repère aussi les divisions en mesures, les intervalles harmoniques, les modes et les tonalités choisis par le compositeur. C'est ce même mécanisme qui permet au chef d'orchestre d'entendre mentalement la partition qu'il doit diriger, ou au musicologue de dégager l'analyse des œuvres qu'il étudie. Un certain nombre d'exercices mènent à la maîtrise du solfège : lecture de notes, déchiffrage chanté, dictées musicales, théorie de la musique.
Dès la création du Conservatoire de musique à Paris en 1795, le solfège a fait partie intégrante des cursus d'enseignement. Cette discipline est toujours enseignée dans les écoles de musique, mais a connu une évolution pédagogique importante à partir des années 1970, tendant à instaurer une relation plus étroite entre l'étude théorique et la pratique vocale et instrumentale. Le solfège, s'il n'est pas indispensable pour pratiquer la musique — de nombreux artistes de rock, de variété ou de musique traditionnelle n'y ont pas recours —, est un outil efficace et parfois irremplaçable pour sa compréhension.
voir aussi **musicologie, notes, tonalité, rythme**

Solférino Village d'Italie, en Lombardie (province de Mantoue). 2 300 habitants. Il fut le théâtre de la bataille meurtrière qui, le 24 juin 1859, vit la victoire des troupes franco-sardes sur l'armée autrichienne. Ce massacre inspira à Henri Dunant la fondation de la Croix-Rouge.

solfier **v. tr.** < 7 > (→ **solfège**) Chanter (un morceau de musique) en nommant les notes.

solidage **n. f.** (**du latin *solidare* « consolider », à cause de ses propriétés vulnéraires**) bot. Plante herbacée vivace, à fleurs jaunes groupées en capitules, communément appelée *verge d'or.*

solidaire **adj.** (**du latin ; famille de *solide***) **1.** Se dit de personnes qui sont ou se sentent liées par une responsabilité et des intérêts communs. – *L'économie solidaire.* **2.** Se dit de choses, de mécanismes qui dépendent l'un de l'autre, qui fonctionnent ensemble. *Problèmes solidaires.* – *Bielle solidaire d'un vilebrequin.* □ **adv. solidairement**

solidariser **v. tr.** < 1 > Rendre solidaire. ■ **se solidariser v. pron.** *Se solidariser avec qqn* (→ faire cause commune).

solidarité **n. f. 1.** Fait d'être solidaire ; relation entre personnes qui entraîne une obligation morale d'assistance mutuelle. *Solidarité professionnelle.* – **spécialt** Contribution à l'assistance aux moins favorisés. *Impôt de solidarité.* ■ Sentiment humanitaire qui pousse à assister autrui. *Lancer un appel à la solidarité.* **2.** Fait d'être solidaire (2).

Solidarność en français **Solidarité** Syndicat polonais constitué, en 1980, au terme des grandes grèves qui eurent lieu sur les chantiers navals de Gdańsk. Sous l'impulsion de son leader, Lech Wałęsa, il s'opposa au régime communiste tout au long des années 1980. Légalisé en 1989, il participa à plusieurs gouvernements.

Une banderole de Solidarność déployée pour la venue de Jean-Paul II en Pologne (1983).

solide **adj.** (**latin *solidus* « dense, compact ; complet » → consolider, solidaire, sou, souder**) **I. 1.** Qui a de la consistance, qui n'est pas liquide (tout en pouvant être plus ou moins mou). *Aliments solides et aliments liquides.* ■ (en physique) *L'état solide* (opposé à *gazeux* et à *liquide*). – **n. m.** *Les solides :* les corps solides. **2. n. m.** Figure à trois dimensions, limitée par une surface fermée, à volume mesurable. *Le cube, la sphère sont des solides.* **II. 1.** Qui résiste aux efforts, à l'usure. → **résistant, robuste.** *Rendre plus solide.* → **consolider.** – **n. m.** fam. *C'est du solide !* ■ Qui garde sa position. → **¹ferme, stable.** *Être solide sur ses jambes.* **2.** abstrait Sur quoi l'on peut s'appuyer, compter ; qui est à la fois effectif et durable. → **sérieux, sûr.** *Une amitié solide. Un solide bon sens.* **3.** Qui est massif, puissant. → **¹fort.** *Un solide gaillard.* – Qui a une santé à toute épreuve, une grande endurance. → **vigoureux.** *Solide comme un roc*.*

S

– *Solide au poste,* inébranlable. – Équilibré, sérieux. **4.** fam. Important, intense. *Un solide appétit.* □ **adv. solidement**

solidification n. f. Action de (se) solidifier.

solidifier v. tr. < 7 > Donner une consistance solide à (une substance). – pronom. *Se solidifier.* → **durcir.** – p. p. adj. *Laves solidifiées.*

solidité n. f. **(du latin → solide) 1.** Robustesse, résistance (d'une chose). **2.** Caractère de ce qui est effectif et durable **(→ solide (II, 2)). 3.** Qualité de ce qui est bien pensé, sérieux.

solier, ière n. (→ [1]sol) techn. Professionnel(le) qui pose les revêtements autres que le carrelage et le parquet sur les sols et les parois.

soliflore n. m. **(formé sur le latin → seul et fleur)** Vase destiné à recevoir une seule fleur.

solifluxion n. f. **(de l'anglais, du latin *solum* « sol » et *fluctio* « écoulement »)** géol. Glissement de terrain consistant en un lent écoulement de boue.

Solihull Banlieue résidentielle de Birmingham (Warwickshire). 199 500 habitants.

Solikamsk Ville de Russie, région de Perm. 110 000 habitants. Industrie chimique. Papier. Centrale thermique.

soliloque n. m. **(du latin, de *solus* → seul et *loqui* « parler » → locuteur)** Discours d'une personne qui se parle à elle-même ou qui pense tout haut. → **monologue.**

soliloquer v. intr. < 1 > Se livrer à un, à des soliloques. → **monologuer.**

Soliman II surnommé **le Magnifique** par les Occidentaux et **le Kanuni (« le Législateur »)** par les Turcs (v. 1494-1566). Sultan ottoman de 1520 à sa mort. Fils et successeur de Sélim Ier. Il prit Belgrade (1521), vainquit les Hongrois lors de la bataille des Mohács (1526), mais échoua devant Vienne (1529). Il s'empara de Bagdad et de Tabriz (1534) et imposa la domination ottomane sur la Perse et une grande partie du monde arabe. Son règne fut marqué par des réformes juridiques et administratives et par de grandes réalisations architecturales.

Solimena (Francesco), dit **l'Abate Ciccio,** en français **Solimène** Peintre italien (1657-1747). Son style expressif aux coloris subtils, à la fois libre et soigné, en fit l'un des derniers grands représentants du baroque napolitain. Il travailla à Rome et en Espagne. *Le Repas d'Hérode ; Héliodore chassé du Temple.*

solin n. m. (de [3]*sole*) techn. Petite bande d'enduit permettant de raccorder des surfaces, d'assurer une étanchéité…

Solingen Ville d'Allemagne (Rhénanie-du-Nord-Westphalie). 159 100 habitants. Coutellerie.

S

solipsisme n. m. **(de l'ancien adj. *solipse*, du latin *solus* « seul » et *ipse* « même »)** philos. Théorie d'après laquelle il n'y aurait pour le sujet pensant d'autre réalité que lui-même.

soliste n. (→ solo) Musicien ou chanteur qui exécute un solo. *Le, la soliste d'un concerto.*

solitaire (du latin, de *solus* → seul) I. adj. 1. Qui vit seul, dans la solitude. – Qui vit dans la solitude et s'y complaît. **2.** *Fleur solitaire* (ex. la tulipe). *Ver solitaire.* → **ténia. 3.** Que l'on accomplit seul, qui se passe dans la solitude. *Une enfance solitaire.* – loc. *Plaisir solitaire :* masturbation. **4.** Où l'on est seul ; qui est inhabité. → [1]**écarté, isolé, retiré.** *Un endroit solitaire.* **II.** n. Ermite. – Personne qui a l'habitude de vivre seule. *Vivre en solitaire.* **III.** n. m. **1.** Sanglier mâle qui a quitté toute compagnie. **2.** Diamant monté seul (en particulier sur une bague). **3.** Jeu de combinaisons, à un seul joueur.

solitairement adv. Dans la solitude.

solitude n. f. **(latin *solitudo*, de *solus* → seul) 1.** Situation d'une personne qui est seule (de façon momentanée ou durable). *Troubler la solitude de qqn.* – *Vivre dans la solitude.* → **isolement.** *Solitude morale. La solitude des inadaptés.* **2.** littér. Lieu solitaire. – Atmosphère, aspect solitaire (d'un lieu). *La solitude des forêts.*

solive n. f. (de [3]*sole*) Pièce de charpente qui s'appuie sur les poutres ou les murs et soutient le plancher. *Une petite solive* (ou *soliveau* **n. m.**).

Soljenitsyne (Alexandre Issaïevitch) Écrivain russe (1918-2008). Il fut emprisonné (1945-1953) pour avoir critiqué le régime de Staline. Interdites en Union soviétique à partir de 1964, ses œuvres parurent à l'étranger. Arrêté en 1974, il fut déchu de la citoyenneté soviétique et expulsé. Installé à Zurich puis aux États-Unis, il revint dans son pays en 1994, et continua de porter un regard critique sur la Russie postsoviétique. *Le Premier Cercle ; L'Archipel du Goulag ; Une journée d'Ivan Denissovitch ; Le Pavillon des cancéreux.* Prix Nobel 1970.

Alexandre Soljenitsyne, première allocution publique après vingt ans d'exil (1994).

Sollers (Philippe Joyaux, dit Philippe) Écrivain français (né en 1936). Il fut une figure majeure de la revue *Tel Quel* (1960-1982). Il est l'auteur de récits classiques *(Une curieuse solitude),* puis expérimentaux *(Nombres ; Lois),* jusqu'à une sorte d'épopée du discours *(H ; Paradis).* Il est revenu ensuite à une narration plus traditionnelle *(Femmes ; Le Secret)* et a écrit de nombreux textes sur l'art et la littérature.

sollicitation n. f. (→ solliciter) **1.** Incitation, tentation insistante. **2.** Demande pressante. *Céder aux sollicitations de qqn.*

solliciter v. tr. < 1 > **(latin *sollicitare* → soucier, de *sollicitus* « remué ; inquiet ») 1.** Chercher à éveiller (l'attention, la curiosité). *Solliciter l'attention de qqn par des signes.* → **attirer.** – Agir sur (qqn) en attirant l'attention. *Être continuellement sollicité par la publicité.* **2.** Faire appel à, prier (qqn) de façon pressante en vue d'obtenir qqch. *J'ai oublié « de vous solliciter au sujet d'une décision »* (Sainte-Beuve). – *Solliciter qqn de faire qqch.* ■ *Solliciter qqch. (de qqn),* le lui demander dans les formes. *Solliciter une audience.* **3.** Forcer l'interprétation de (un texte).

solliciteur, euse n. Personne qui sollicite qqch. d'une autorité, d'un personnage influent. → **quémandeur.** *Éconduire une solliciteuse.*

sollicitude n. f. **(latin *sollicitudo* « inquiétude » → solliciter)** Attention soutenue et affectueuse. *Une sollicitude toute maternelle.* – Témoignage de cette attention.

Solliès-Pont Commune du Var, sur le Gapeau. 11 974 habitants. Marché agricole.

solo n. m. **(mot italien, du latin *solus* → seul) 1.** Morceau joué ou chanté par un seul interprète **(→ soliste).** *Des solos ou des soli* (plur. italien). – appos. *Flûte solo.* ■ *En solo :* sans accompagnement ; par ext. (fam.) seul, en solitaire. *Vie en solo* (opposé à *en couple*). – appos. *Une carrière solo.* **2.** *Spectacle solo* ou *un solo :* recomm. offic. pour l'anglic. one man show.

Solo voir **Surakarta**

Sologne n. f. Région du centre de la France, entre le Val de Loire et la vallée du Cher. Elle est formée de plaines, de landes, de forêts et d'étangs. Chasse et pêche.

Sologoub (Fedor Kouzmitch Teternikov, dit) Écrivain russe (1863-1927). Il s'imposa comme l'un des grands représentants du symbolisme russe dans ses romans *(Le Démon mesquin),* ses poèmes *(Le Cercle enflammé)* et ses pièces de théâtre *(Danses nocturnes).*

Solomos (Dionysios) Poète grec (1798-1857). Il est considéré comme le premier des grands poètes de la Grèce moderne. Son *Hymne à la liberté* est devenu l'hymne national de la Grèce.

Solon Législateur et poète athénien (v. 640-v. 558 av. J.-C.). L'un des Sept Sages de la Grèce. Il fut à l'origine d'une vaste réforme sociale et politique qui marqua, selon Aristote, le commencement de la démocratie athénienne.

Solotareff (Grégoire) Écrivain et illustrateur français (né en 1953). Il a créé pour la jeunesse des albums aux dessins épurés (aplats de couleur pure). *Loulou ; Mathieu.*

Soloviev ou **Solovev (Vladimir Sergueïevitch)** Philosophe et poète russe (1853-1900). Il mena une réflexion approfondie sur la pensée théologique orthodoxe dans ses rapports avec la question du progrès et le problème du mal. *Trois Entretiens sur la guerre, le progrès et la fin de l'histoire humaine.*

Solow (Robert Merton) Économiste américain (né en 1924). Il a étudié le rôle des compétences humaines dans la relation entre progrès technique et croissance économique. Prix Nobel 1987.

solstice n. m. **(du latin, proprt « arrêt du soleil » ; famille de *soleil*)** Chacune des deux époques où le Soleil atteint son plus grand éloignement de l'équateur. *Solstice d'hiver* (vers le 21 décembre), *d'été* (vers le 21 juin), jour le plus court et jour le plus long de l'année dans l'hémisphère Nord.

Solti (sir Georg) Chef d'orchestre britannique d'origine hongroise (1912-1997). Ancien assistant de Toscanini, il dirigea l'orchestre de Covent Garden (1961-1971), puis l'Orchestre symphonique de Chicago (1969-1991). On lui doit le premier enregistrement discographique de la *Tétralogie* de Wagner.

solubiliser v. tr. < 1 > Rendre soluble. – au p. p. *Cacao solubilisé.* □ **n. f. solubilisation**

solubilité n. f. Caractère de ce qui est soluble.

soluble adj. **(du latin, de *solvere* → solution) 1.** Qui peut se dissoudre (dans un liquide). *Café soluble.* **2.** (problème) Qui peut être résolu. - contr. **insoluble.**

soluté n. m. **(du latin → solution) 1.** Remède liquide contenant une substance en solution. **2.** Corps dissous dans un solvant*.

solution n. f. **(latin *solutio*, de *solvere* [supin *solutum*] « détacher ; payer ; dissoudre ; résoudre » → soluble, solvable ; absoudre, résoudre) I. 1.** Opération mentale par laquelle on surmonte une difficulté, on résout un problème ; son résultat. *Chercher, trouver la solution d'une énigme, d'un problème* **(→ résoudre). 2.** (situations concrètes) Ensemble de décisions et d'actes qui peuvent résoudre une difficulté. *Une solution de facilité,* qui exige un faible effort. *Ce n'est pas une solution !* ■ hist. loc. *La solution finale :* le projet d'extermination des Juifs par les nazis, lors de la Seconde Guerre mondiale. **3.** Manière dont une situation compliquée se dénoue ; évènements qui la terminent. → **dénouement, issue.** *La solution de la crise est proche.* **II. 1.** loc. *Solution de continuité :* interruption de la continuité ; séparation. → **coupure, rupture.** *Sans solution de continuité :* continu ; joint. **2.** chim. Action de dissoudre (un solide) dans un liquide ; fait de se dissoudre. → **dissolution.** *Solution à chaud.* **3.** Résultat de la dissolution ; mélange homogène **(→ soluté ; solvant).** *Solution saturée.* – Liquide contenant un solide dissous.

solutionner v. tr. < 1 > (mot critiqué) Résoudre. *Solutionner un problème.*

solutréen, enne adj. et n. m. **(de *Solutré*, n. d'une commune de Saône-et-Loire)** didact. Relatif à une période du paléolithique récent et à la culture qui y correspond. – **n. m.** *Le solutréen précède le magdalénien.*

Solutré-Pouilly Commune de la Saône-et-Loire. 364 habitants. Vignobles. Site préhistorique découvert, en 1866, au pied de la roche de Solutré, qui donna son nom au *solutréen.*

solvable adj. (du latin *solvere* → solution) Qui a les moyens de payer ; qui peut respecter ses engagements financiers. □ **n. f. solvabilité**

solvant n. m. (du latin *solvere* → solution) Substance (le plus souvent liquide) qui a le pouvoir de dissoudre d'autres substances.

solvatation n. f. (de *solvant*) chim. Association moléculaire entre un soluté et son solvant.

solvate n. m. chim. Corps obtenu par solvatation.

Solvay (Ernest) Industriel belge (1838-1922). Il mit au point un procédé de préparation industrielle du carbonate de sodium à l'ammoniac (soude Solvay). Il organisa des réunions internationales ayant pour but de débattre des principales questions de physique et de chimie *(conseils Solvay).*

soma n. m. (grec *sôma* « corps ») biol. Ensemble des cellules non sexuelles d'un être vivant (opposé à *germen*).

Somain Commune du Nord, près de Douai. 11 869 habitants. Nœud ferroviaire. Sellerie automobile.

Somaize (Antoine Baudeau de) Écrivain français (seconde moitié du XVIIe s.). Il écrivit divers ouvrages sur la préciosité littéraire : *Dictionnaire des précieuses, ou la Clef de la langue des ruelles ; Le Grand Dictionnaire des précieuses.*

Somalie

n. f. ■ offic. république de Somalie Pays d'Afrique orientale. 637 657 km². 16 300 000 habitants (les *Somaliens*). **Langues :** somali, arabe (offic.), anglais, italien. **Population :** peuple hamite (95 %) composé de clans rivaux. **Religion :** musulmans sunnites. **Monnaie :** shilling somalien. **Capitale :** Mogadiscio. **Régime :** présidentiel.

GÉOGRAPHIE

La Somalie est un pays de plaines et de bas plateaux couverts de steppes, de savanes dont les altitudes s'élèvent vers le nord pour atteindre 2 416 m au mont Shimbiris. La côte est basse et rectiligne sauf à l'ouest du cap Guardafui. Le climat est chaud avec de faibles précipitations.

ÉCONOMIE

L'économie repose sur l'élevage pastoral (chameaux, bovins, moutons et chèvres) et les cultures vivrières (sorgo, maïs, haricot) ou commerciales (bananes, canne à sucre, coton). La guerre civile freine le développement économique : les activités industrielles sont très réduites (alimentaire, textile).

Somaliennes partant vendre leur récolte de sorgo au marché.

HISTOIRE

Les Somalis, établis depuis le Moyen Âge dans la Corne de l'Afrique, étaient divisés en clans et sous-clans. Dès le IXe siècle, les Arabes s'installèrent sur les côtes — l'islam devint alors la religion dominante — et luttèrent contre l'Éthiopie chrétienne (XVIe siècle). Au XIXe siècle, les puissances coloniales européennes s'affrontèrent : le nord de la Somalie devint le protectorat britannique du Somaliland (1884-1887) et le sud un protectorat italien (1889). Après avoir envahi l'Éthiopie en 1935, les Italiens annexèrent la Somalie britannique, mais en furent chassés par les Britanniques en 1941, qui cédèrent la région d'Ogaden à l'Éthiopie en 1948. Le pays obtint son indépendance en 1960. Après un coup d'État militaire (1969), le nouveau président Mohammad Siyad Barré opta pour un régime socialiste. En 1977, la Somalie envahit l'Ogaden, mais fut battue par l'Éthiopie en 1978. Les luttes de pouvoir avec l'opposition, soutenue par l'Éthiopie, provoquèrent une guerre civile en 1991 et la destitution de Siyad Barré. Dans le nord, l'ancien Somaliland britannique proclama son indépendance en 1991 ainsi que le nord de l'ancienne Somalia italienne qui prit le nom de Puntland en 1998. Un gouvernement fédéral de transition dirigea le pays entre 2000 et 2004 puis Abdullahi Yusuf Ahmed fut élu président. En juin 2006, l'Union des tribunaux islamiques (mouvement fondamentaliste) s'empara des principales villes du pays. En décembre, le gouvernement de transition s'installa à Mogadiscio avec l'aide des troupes éthiopiennes. Le départ des tribunaux islamiques entraîna la reprise des combats entre les insurgés et l'armée éthiopienne. L'instabilité de la région n'a cessé de croître, comme en témoignent les nombreux piratages de navires circulant au large des côtes somaliennes et les actions terroristes des Shebab (issus de l'Union des tribunaux islamiques) qui laissent le pouvoir affaibli (nombreux attentats dont celui de Mogadiscio en 2017 qui a fait environ 500 morts). Le président Mohamed Abdullahi, élu en 2017, fut battu en 2022 par Hassan Cheikh Mohamoud qui avait déjà dirigé le pays entre 2012 et 2017.

Somaliland n. m. Région du nord de la Somalie qui fit sécession en 1991.

Somalis (Côte française des) voir république de **Djibouti**

somatique adj. (grec *sômatikos,* de *sôma, sômatos* « corps ») **1.** Qui concerne le corps (opposé à *psychique*). – Qui provient de causes physiques. → **physiologique. 2.** biol. Relatif au soma.

somatiser v. tr. < 1 > (→ somatique) Rendre somatique, physiologique (un trouble psychique). *Elle somatise sa culpabilité, en tombant malade.* – absolt *Franchement, tu somatises !* □ **n. f. somatisation**

somato- Élément (du grec *sôma*) qui signifie « corps ».

somatostatine n. f. (→ somato- et -stat) biochim. Hormone peptidique du cerveau, inhibant la sécrétion des hormones de croissance.

somatotrope adj. (de *somato-* + *-trope*) biochim. *Hormones somatotropes,* sécrétées par l'hypophyse, qui favorisent la croissance.

Somme (batailles de la)

La bataille de la Somme de 1916 vit pour la première fois l'utilisation de chars.

somatotrophine ou **somatotropine** n. f. biochim. Hormone somatotrope*.

Sombart (Werner) Économiste et sociologue allemand (1863-1941). Dans ses études sur le socialisme *(Le Socialisme et le Mouvement social au XIXe s.)* et sur le capitalisme, il insista sur l'impossibilité de séparer les faits économiques de leur contexte politique et culturel. D'abord influencé par le marxisme, il finit par se rallier au national-socialisme *(Le Socialisme allemand)*.

sombre adj. (probablt d'un ancien v. *sombrer* « faire de l'ombre » ; famille de *ombre*, *cf.* sombrero) **I. 1.** Qui est peu éclairé, reçoit peu de lumière. → **obscur.** *Pièce sombre.* – *Il fait sombre.* **2.** Foncé. *Une teinte sombre.* **II.** fig. **1.** poét. Qui évoque la mort, le danger. *« Le temps, qui sur une ombre en verse une plus noire, / Sur le sombre Océan jette le sombre oubli »* (Hugo). **2.** Empreint de tristesse, d'inquiétude. → **¹morne, ¹morose, triste.** *Il était sombre et silencieux.* – *Regard, air sombre.* – *De sombres réflexions.* **3.** (choses) D'une tristesse tragique ou menaçante. → **inquiétant, ¹sinistre.** *L'avenir est sombre.* **4.** fam. Déplorable, lamentable. *Un sombre idiot.*

sombrer v. intr. < 1 > (origine catalane : *sotsobre* « sens dessus dessous », même origine que *sous* et *sur*) **1.** (bateau) Cesser de flotter, s'enfoncer dans l'eau. → **couler,** faire **naufrage. 2.** fig. Disparaître, s'anéantir, se perdre. *Sombrer dans le désespoir.* – *Sa raison a sombré.*

sombréro [sɔ̃bʀeʀo] n. m. (espagnol *sombrero*, de *sombra* « ombre » → sombre) Chapeau à larges bords, porté surtout en Amérique latine. *Des sombréros.* - var. **sombrero.** *Des sombreros.*

-some Élément (du grec *sôma*) qui signifie « corps ».

Somers ou **Sommers** (John, baron) Homme politique anglais (1651-1716). Il participa à la révolution de 1688, puis devint l'un des leaders du parti whig, proche conseiller du roi Guillaume III.

Somerset (île) Île de l'Arctique canadien, au N. de la péninsule de Boothia.

Somerset n. m. Comté du sud de l'Angleterre. 3 458 km². 538 100 habitants. Chef-lieu : Taunton. Premier centre de production laitière de Grande-Bretagne. Parc national d'Exmoor.

Someş n. m. en hongrois **Szamos** Rivière d'Europe centrale. 435 km. Elle prend sa source dans le massif du Bihor, arrose la Hongrie puis la Roumanie pour rejoindre la Tisa.

somesthésie n. f. (du grec *sôma* « corps » et de *esthésie*) didact. Sensibilité générale excluant les perceptions fournies par les organes sensoriels.

somite n. m. (du grec *sôma* « corps », par l'anglais) embryol., zool. Métamère.

sommable adj. (de *2 sommer*) didact. Dont la somme peut être calculée.

sommaire adj. (du latin « abrégé », de *summa* → ¹somme) **I. 1.** Qui est résumé brièvement. → **¹court ; succinct.** *Exposé sommaire.* **2.** Qui est fait promptement, sans formalité. → **expéditif.** *Exécution sommaire.* **3.** Qui est réduit à sa forme la plus simple. *Connaissances sommaires.* → **élémentaire, rudimentaire.** – *Repas sommaire.* → **frugal. II.** n. m. Bref résumé des chapitres d'un livre. → **table** des matières. – *Sommaire d'une revue,* liste des articles et de leurs auteurs.

sommairement adv. D'une manière sommaire.

¹sommation n. f. **1.** dr. Action de sommer qqn. **2.** littér. Demande, invitation impérative. → **injonction, ordre.**

²sommation n. f. (de *2 sommer*) **1.** math. Action d'effectuer une somme. **2.** physiol. Effet produit par l'addition de plusieurs stimulations inopérantes de même espèce.

¹somme n. f. (vient du latin *summa*, de *summa linea* « ligne d'en haut [dans les calculs] », de *summus* « le plus haut » → sommet, *cf.* sommaire, sommité) **1.** Quantité formée de quantités additionnées ; résultat d'une addition. *Faire la somme de deux nombres.* **2.** Ensemble de choses qui s'ajoutent. → **total.** – Quantité considérée dans son ensemble. → **¹masse.** *Une somme de travail considérable.* ■ *En somme* loc. adv. : tout bien considéré. – *Somme toute* : en résumé. → **finalement. 3.** *Somme (d'argent)* : quantité déterminée d'argent. *Une grosse somme. Arrondir une somme.* **4.** didact. Œuvre qui fournit une synthèse des connaissances relatives à un domaine.

²somme n. f. (du latin *sagma*, mot grec « selle, bât », *cf.* sommelier, sommier) loc. *Bête de somme* : bête qui porte les fardeaux. – *Travailler comme une bête de somme,* avec acharnement et sans répit.

³somme n. m. (vient du latin *somnus* « sommeil ; inaction » [aussi n. d'un dieu] → sommeil, somnifère, songe ; apparenté à *sopor* → soporifique) Action de dormir, considérée dans sa durée. *Faire un petit somme.* → fam. **roupillon.**

Somme n. f. Fleuve côtier de Picardie. 245 km. La Somme prend sa source dans l'Aisne, près de Fonsommes, arrose Saint-Quentin, Amiens, Abbeville et se jette dans la Manche.

Somme n. f. [80] Département français de la Région Hauts-de-France (→ carte). 6 170 km². 568 748 habitants. Chef-lieu : Amiens. Chefs-lieux d'arrondissement : Abbeville, Montdidier, Péronne. Le département s'étend sur un vaste plateau calcaire aux sols limoneux, la plaine « picarde », découpé par les vallées de la Bresle, de l'Avre, de l'Authie et de la Somme, qui forme un large estuaire. La côte, basse, parfois marécageuse (Marquenterre), abrite des ports de pêche et des petites stations balnéaires. Culture et élevage (moutons de prés salés, bovins) sont associés dans l'O., tandis que domine partout ailleurs la culture (céréales, pomme de terre, betterave). L'agroalimentaire et l'industrie mécanique (machine agricole) dominent l'industrie, à côté d'activités anciennes (textile, en difficulté, serrurerie-robinetterie). Les pôles industriels sont Abbeville, Doullens, Péronne et Amiens.

Somme (batailles de la) Batailles qui opposèrent la France et ses alliés à l'Allemagne au cours des deux guerres mondiales. En 1916 (juill.-nov.), l'offensive franco-britannique permit de soulager le front de Verdun. En 1940, les combats (5-8 juin) ne purent arrêter les blindés allemands.

sommeil n. m. (vient du bas latin *somniculus*, diminutif de *somnus* → ³somme) **1.** État d'une personne qui dort, caractérisé essentiellement par la suspension de la vigilance et le ralentissement de certaines fonctions. – *Dormir d'un sommeil profond ; d'un sommeil de plomb*. Avoir le sommeil léger.* – *Le premier sommeil,* qui suit l'endormissement. *Sommeil paradoxal*.* – *Chercher le sommeil* (→ **insomnie).** *Provoquer le sommeil* (→ **somnifère, soporifique ; hypnose, narcose).** – *Maladie du sommeil.* → **trypanosomiase.** ■ Envie de dormir. *Avoir sommeil. Tomber de sommeil.* **2.** Ralentissement des fonctions vitales pendant les saisons froides, chez certains êtres vivants (→ **hibernation). 3.** littér. *Le sommeil éternel, le dernier sommeil* : la mort. **4.** fig. État de ce qui est provisoirement inactif. *Laisser une affaire en sommeil,* en suspens.

sommeiller v. intr. < 1 > **1.** Dormir d'un sommeil léger et bref. **2.** fig. Exister à l'état latent. *Une passion qui sommeille.*

sommeilleux, euse adj. **1.** littér. Qui sommeille, est plein de sommeil. **2.** Atteint de la maladie du sommeil. – n. *Un sommeilleux.*

sommelier, ière n. (de l'ancien français *somier* « bête de somme » → sommier) Personne chargée de la cave, des vins, dans un restaurant. → **caviste.**

sommellerie n. f. Fonction de sommelier. ■ par ext. Lieu où le sommelier range les vins.

¹sommer v. tr. < 1 > (→ ¹somme) dr. Mettre (qqn) en demeure (de faire qqch.) dans les formes établies ; avertir par une sommation. *Sommer qqn à, de comparaître.* → **assigner.** ■ littér. *Sommer qqn de.* → **enjoindre, ordonner.** *Je l'ai sommé de répondre.*

²sommer v. tr. < 1 > math. Faire la somme de (plusieurs quantités).

Sommerfeld (Arnold) Physicien allemand (1868-1951). Il modifia le modèle de l'atome de Bohr. On lui doit également des contributions importantes à la théorie des électrons dans les métaux.

sommet n. m. (de l'ancien français *som* [même sens], qui vient du latin *summum* → summum, de *summus* → ¹somme) **1.** Point ou endroit le plus élevé (d'une chose verticale). → **faîte, ²haut.** *Monter au sommet d'une tour.* ■ Point culminant (du relief). *Le sommet d'une montagne.* → **cime.** – *L'air pur des sommets.* **2.** fig. Ce qui est le plus haut ; degré le plus élevé. → **apogée, ¹comble, summum.** *Être au sommet de la gloire.* ■ *Conférence au sommet,* ou *sommet,* entre les dirigeants suprêmes. **3.** géom. Intersection de deux côtés (d'un angle, d'un polygone). *Angles opposés par le sommet.*

sommier n. m. (vient du bas latin *sagmarius* « bête de somme », de *sagma* → ²somme) **I. 1.** techn. Pièce servant de support. **2.** Partie souple d'un lit, qui supporte le matelas. *Sommier à ressorts.* **II.** admin. Gros registre ou dossier. *Les sommiers de la police judiciaire.*

sommital, ale, aux adj. didact. Qui est au sommet.

sommité n. f. (du latin, de *summus* → sommet) **I.** didact. Extrémité (d'une tige, d'une plante). **II.** Personnage éminent. → **personnalité.** *Les sommités de la science.*

somnambule [sɔmnɑ̃byl] n. (du latin *somnus* → sommeil et *ambulare* « marcher » → ambulant) **1.** Personne qui, pendant son sommeil, effectue par automatisme des actes coordonnés (marche, etc.). – **adj.** *Elle est* *somnambule.* **2.** Personne qui, dans un sommeil hypnotique, peut agir ou parler.

somnambulique [sɔmnɑ̃bylik] **adj.** Relatif au somnambulisme. – Qui évoque un somnambule.

somnambulisme [sɔmnɑ̃bylism] **n. m.** État d'automatisme inconscient du somnambule.

somnifère [sɔmnifɛʀ] **adj. et n. m.** (du latin, de *somnus* → **sommeil** et *ferre* « porter » → **-fère**) (Médicament) qui provoque le sommeil. → **soporifique.**

somnolence [sɔmnɔlɑ̃s] **n. f.** (du latin, de *somnus* → **sommeil**) **1.** État intermédiaire entre la veille et le sommeil. → **demi-sommeil, torpeur.** – Tendance irrésistible à s'assoupir. **2.** fig. Inaction, mollesse.

somnolent, ente [sɔmnɔlɑ̃, ɑ̃t] **adj.** (→ **somnolence**) Qui somnole.

somnoler [sɔmnɔle] **v. intr.** < 1 > Être dans un état de somnolence, dormir à demi.

Somosierra (col de) Col d'Espagne (1 444 m), dans la sierra de Guadarrama, entre le Tage et le Douro. Les troupes napoléoniennes y remportèrent une importante victoire sur l'armée espagnole en 1808.

Somoza (Anastasio) Homme d'État nicaraguayen (1925-1980). Élu président de la République en 1967, il fut renversé en 1979.

Somport (col du) Col des Pyrénées-Atlantiques (1 632 m). Il relie les vallées d'Aspe (France) et d'Aragón (Espagne). Tunnel routier (8,8 km).

somptuaire **adj.** (du latin, de *sumptus* → **somptueux**) **1.** Antiq. *Loi somptuaire,* qui, à Rome, restreignait les dépenses de luxe. **2.** (critiqué) *Dépenses somptuaires,* de luxe.

somptueux, euse **adj.** (latin *sumptuosus,* de *sumptus* « charge ; coût », du v. *sumere* → **assumer, consumer**) Qui est d'une beauté coûteuse, d'un luxe visible. → **fastueux, luxueux, magnifique.** *Un cadeau somptueux.* □ **adv. somptueusement**

somptuosité **n. f.** (→ **somptueux**) Beauté de ce qui est riche, somptueux.

^{1}son, sa, ses **adj. poss.** (3e pers. du sing.) (vient des formes du latin *suus* « son, sien, leur » → **sien**) Qui appartient, est relatif à la personne ou la chose dont il est question. *C'est son parapluie, c'est le sien. Sa voiture. Son amie.* – *Une œuvre qui a perdu de son actualité.* – *Être content de son sort. Chacun son tour.*

^{2}son **n. m.** (du latin *sonus* « son, bruit » → **sonner ; sonate ; consonne, unisson**) Sensation auditive créée par un mouvement vibratoire dans l'air ; ce phénomène. → **bruit ; phon-, sonner.** *Entendre, percevoir un son. Émettre des sons.* – *Sons inarticulés, articulés.* – *Vitesse du son* (→ **Mach**). ■ *Sons musicaux.* → **note.** *« Le son pur est une sorte de création. La nature n'a que des bruits »* (Valéry). *Enregistrement, reproduction du son. Preneur* de son.* – *Baisser le son* (d'un appareil), l'intensité du son.

^{3}son **n. m.** (origine discutée, latin ou anglo-saxon) **1.** Résidu de la mouture provenant de l'enveloppe des grains. – *Farine de son,* mêlée de son. **2.** Sciure servant à bourrer. *Poupée de son.* **3.** loc. ***Tache de son*** : tache de rousseur.

sonagramme **n. m.** (de ^{2}*son* et *-gramme*) didact. Représentation graphique d'un son obtenue à l'aide d'un sonagraphe.

sonagraphe **n. m.** (de *2 son* et *-graphe*) didact. Appareil permettant l'analyse spectrale des sons.

sonar **n. m.** (sigle anglais) Équipement, appareil de détection sous-marine par réflexion des ondes sonores. → **asdic.**

sonate **n. f.** (italien *sonata,* du p. p. de *sonare,* du latin *sonare* → **sonner**) Composition musicale pour un ou deux instruments, en trois ou quatre mouvements. *Sonate pour violon et piano.* ■ mus. Structure qui sert de cadre à plusieurs grandes formes musicales (sonates, concertos, symphonies...). – appos. *La forme sonate.*

sonatine **n. f.** (italien *sonatina,* diminutif de *sonata* → **sonate**) Petite sonate de caractère facile.

sondage **n. m.** **1.** Exploration locale et méthodique (d'un milieu : mer, sol...). **2.** Introduction d'une sonde (2) dans l'organisme. → **cathétérisme.** **3.** *Sondage (d'opinion)* : enquête statistique visant à donner une indication quantitative des opinions ou des comportements dans une population donnée.

sonde **n. f.** (probablt d'origine nordique *sund* « mer » ; ou d'un v. latin de la famille de *unda* → **onde**) **1.** Instrument, appareil qui sert à déterminer la profondeur de l'eau et la nature du fond. – Appareil de mesure des altitudes. **2.** Instrument destiné à explorer les canaux (naturels ou accidentels) de l'organisme. → **cathéter.** – Instrument servant à l'alimentation artificielle. **3.** Appareil servant aux forages et aux sondages du sol (→ **trépan**). **4.** *Sonde spatiale* : engin d'exploration spatiale non habité.

Sonde (îles de la) Une partie des îles formant l'Indonésie. On distingue les grandes îles de la Sonde (Java, Sumatra, Célèbes) et les petites îles de la Sonde (Bali, Timor, Florès...).

Sonde (détroit de la) Détroit situé entre Java et Sumatra, offrant un passage entre l'océan Indien et la mer de Chine.

sonder **v. tr.** < 1 > (→ **sonde**) **1.** Reconnaître au moyen d'une sonde ou d'un appareil de sondage. *Sonder les grands fonds.* – *Sonder une plaie.* **2.** abstrait Chercher à entrer dans le secret de. → **explorer, pénétrer, scruter.** *Cet « éclatant regard qui voulait sonder ma conscience »* (Fromentin). **3.** Chercher à connaître l'état d'esprit, les intentions de (qqn). ■ spécialt *Sonder l'opinion* (→ **sondage**). – **p. p. adj.** *Les personnes sondées.* – **subst.** *Les sondés.*

Sonderbund **n. m.** Ligue séparatiste constituée en 1845 par sept cantons catholiques suisses en réaction aux mesures anticléricales prises par les radicaux. L'intervention de l'armée fédérale conduite par le général Dufour entraîna la dissolution de la ligue.

sondeur, euse **I. n.** Personne qui fait des sondages. **II.** techn. **1. n. m.** Appareil de sondage. **2. n. f.** Petite sonde pour forages peu profonds.

Song **n. m. pl.** Dynastie chinoise qui régna de 960 à 1279. On distingue deux périodes, celle des *Song du Nord* (960-1127), puis, à la suite du repli à Hangzou devant les Jin, celle des *Song du Sud* (1127-1279).

songe **n. m.** (vient du latin *somnium* « rêve », de *somnus* → **sommeil**) littér. (cour. jusqu'au XIXe s.) Rêve.

songe-creux **n. invar.** littér. Personne qui nourrit son esprit de chimères.

songer **v. tr. ind.** < 3 > (vient du latin *somniare* « rêver », de *somnium* → **songe**) **1.** vieux Rêver ou s'abandonner à la rêverie (→ **songeur**). **2.** ***Songer à*** : penser à, réfléchir à. *Songez-y bien !* – Évoquer par la mémoire ou l'imagination. *« Si je songe à tes yeux je songe aux sources fraîches »* (Apollinaire). – Envisager en tant que projet. *Il songe au mariage ; à se marier.* – S'intéresser à, se préoccuper de. *Songer au lendemain.* **3.** (trans.) *Songer que* : prendre en considération le fait que. *Avez-vous songé qu'il y a un risque ?*

songerie **n. f.** littér. Rêverie.

songeur, euse **adj.** Perdu dans une rêverie empreinte de préoccupation. → **pensif.** *Cette nouvelle l'a laissée songeuse.*

Songhaï(s) ou **Sonrhaï(s)** **n. m. pl.** Peuple d'Afrique occidentale majoritairement musulman sunnite, établi principalement au Niger, au Mali et au Bénin. Environ 8 millions de personnes. Installés au XIe s. dans la région de Gao, les Songhaïs formèrent un empire au XVe s., qui connut son apogée avec Sonni Ali Ber (1464-1492) et son successeur Mohamed Sylla, le fondateur de la dynastie des Askia. L'empire s'étendait alors jusqu'au fleuve Sénégal. Il disparut en 1591, vaincu par les troupes marocaines.

Sông Hông, par altération **Sông Cái, Sông Koi** **n. m.** appelé aussi **le « fleuve Rouge »** Fleuve principal du Viêtnam. 1 200 km. Il prend sa source au Yunnan, en Chine, et se jette dans le golfe du Tonkin.

Songhua jiang, Song-houa-kiang ou **Soungari** **n. m.** Rivière de Chine, dans les provinces du Heilongjiang et du Jilin. 1 927 km. Elle arrose Harbin et se jette dans le Heilong jiang (Amour).

Songtsen Gampo Roi tibétain (617-650). Il établit la capitale du royaume à Lhassa et favorisa l'introduction du bouddhisme au Tibet.

sonie **n. f.** (de ^{2}*son*) sc. Intensité d'un son appréciée par la sensation auditive qu'il détermine.

Soninkés ou **Sarakolés** **n. m. pl.** Peuple d'Afrique occidentale établi à l'E. du Sénégal, dans le S. de la Mauritanie et à l'O. du Mali. Fondateurs de l'ancien empire du Ghana, les Soninkés ont été les premiers à être islamisés.

sonique **adj.** didact. Relatif au son, spécialt à la vitesse du son.

sonnaille **n. f.** Cloche ou clochette attachée au cou d'un animal. – au plur. Son de ces cloches.

^{1}sonnailler **n. m.** Animal qui porte une sonnaille, et qui va en tête du troupeau.

^{2}sonnailler **v. intr.** < 1 > (de *sonner*) Sonner, tinter.

sonnant, ante **adj.** **1.** vieux Qui résonne, sonne. – mod. loc. *Espèces **sonnantes et trébuchantes*** : monnaie métallique. **2.** (heure) Qui est en train de sonner. → **tapant.** *À cinq heures sonnantes.* → ^{1}**précis.**

sonné, ée **adj.** **1.** Annoncé par une sonnerie. *Il est midi sonné.* → ^{3}**passé.** ■ fam. *Il a cinquante ans bien sonnés,* révolus. **2.** Assommé par un coup. *Boxeur sonné.* → **groggy.** **3.** fam. Fou. → **toqué.** *Il est complètement sonné.*

sonner **v.** < 1 > (vient du latin *sonare,* de *sonus* → ^{2}**son**) **I. v. intr.** **1.** Retentir sous un choc. → **résonner, tinter.** *Les cloches sonnent.* → **carillonner.** **2.** Produire une sonnerie. *Le téléphone a sonné.* – (heure) *Minuit sonne. Trois heures sonnent.* **3.** (avec un adv.) *Une phrase qui sonne mal,* peu harmonieuse. *Sonner juste, bien.* – *Tout cela sonne faux,* donne une impression d'hypocrisie. – *Sonner creux* : donner une impression de vide. **4.** Faire fonctionner une sonnerie. *Entrez sans sonner.* **II. v. tr. ind.** ***Sonner de*** : faire rendre des sons à (un instrument à vent). *Sonner de la trompette.* **III. v. tr.** **1.** Faire résonner. *Le sacristain sonnait les cloches.* – loc. fam. *Se faire sonner les cloches*.* **2.** Faire entendre (une sonnerie) ; annoncer par une sonnerie. *Sonner le tocsin.* – *L'horloge a sonné onze heures.* **3.** Appeler (qqn) par une sonnerie, une sonnette. *Sonner l'infirmière de garde.* – loc. fam. ***On ne t'a pas sonné*** : on ne t'a pas appelé, mêle-toi de tes affaires. ■ (Belgique) Appeler (qqn) au téléphone. **4.** Assommer, étourdir d'un coup de poing (→ **sonné (2)**). – fig. *Cette nouvelle nous a un peu sonnés.* → **abasourdir.**

sonnerie **n. f.** **1.** Son de ce qui sonne ou d'un instrument dont on sonne. *La sonnerie du téléphone.* – *Une sonnerie de clairon.* **2.** Mécanisme qui fait sonner (une horloge, etc.). *Remonter la sonnerie d'un réveil.* **3.** Appareil avertisseur. → **sonnette.** *Sonnerie électrique.*

sonnet **n. m.** (de l'italien, de l'ancien français *sonet,* de ^{2}*son*) Petit poème à forme fixe (deux quatrains sur deux rimes embrassées et deux tercets). *Les sonnets de Ronsard.*

sonnette **n. f.** (de *sonner*) **1.** Petit instrument métallique (clochette) qui sonne pour avertir. – Timbre, sonnerie électrique ; objet qui sert à déclencher la sonnerie. *Coup de sonnette. Sonnette d'alarme. Appuyer sur la sonnette.* **2.** Son produit par une sonnette. → **sonnerie.**

sonneur, euse **n.** Personne qui sonne les cloches. – loc. *Dormir comme un sonneur* (que les cloches ne réveillent pas). ■ vieilli ou régional (instruments à vent) *Sonneur de cor, de cornemuse.*

sono **n. f.** voir **sonorisation**

S

sonomètre n. m. (de *2 son* et *-mètre*) techn. Instrument de mesure de l'intensité des bruits en décibels.

Sonora n. m. État du N. du Mexique, entre la sierra Madre et le golfe de Californie. 182 052 km^2. 2,7 millions d'habitants. Capitale : Hermosillo. Ressources minières (cuivre, manganèse, or). Coton. Élevage extensif.

sonore adj. (latin *sonorus*, famille de *sonus* → ^{2}son) **1.** Qui résonne fort. → **éclatant, retentissant.** *Une voix sonore.* – *Consonne sonore* et n. f. *une sonore* (opposé à *sourde*), dont l'émission s'accompagne de vibrations du larynx (ex. [b]). → **voisé. 2.** Qui renvoie ou propage le son. **3.** Relatif au son, phénomène physique ou sensation auditive. *Ondes sonores.* – *Effets sonores* (dans un film...).

sonorisation n. f. **1.** Action de sonoriser. **2.** Matériel d'amplification du son. - abrév. fam. **sono.**

sonoriser v. tr. < 1 > **1.** Rendre sonore. **2.** Adjoindre du son à (un film, un spectacle). **3.** Munir (une salle) d'une sonorisation (2). – au p. p. *Salle sonorisée.*

sonorité n. f. (du latin → sonore) **1.** Caractère particulier, qualité d'un son. *La sonorité d'un instrument de musique. Une belle sonorité.* – au plur. Inflexions, sons particuliers (d'une voix). **2.** Caractère, qualité acoustique (d'un local).

sonothèque n. f. (de ^{2}*son* et *-thèque*) Collection d'enregistrements de bruits, d'effets sonores.

sonotone n. m. (marque déposée ; → ^{2}son et ^{2}ton) Appareil destiné aux malentendants, constitué d'un amplificateur que l'on place près de l'oreille. → **audiophone.**

Sontag (Susan) Écrivaine américaine (1933-2004). Grande figure du monde intellectuel et féministe de l'Amérique contemporaine, elle a écrit de nombreux essais sur l'art, le langage, les phénomènes culturels et sociaux *(Sur la photographie ; Le Sida et ses métaphores)*. On lui doit également des films et plusieurs romans *(Le Bienfaiteur ; En Amérique)*.

Susan Sontag dans les années 1980.

Son Tây Ville du Viêtnam, à l'O. de Hanoi. 66 500 habitants. Centre historique comprenant une grande citadelle (1822). Travail du coton et de la soie.

sopalin n. m. (marque enregistrée ; de *Société de papier linge*, n. de la société qui a créé ce papier) Papier absorbant à usage ménager. → **essuie-tout.**

Sophia Antipolis Technopole établie en 1969 au cœur du plateau de Biot, Valbonne, Vallauris et Antibes.

sophisme n. m. (du grec « habileté », famille de *sophos* → philosophe) Argument, raisonnement faux malgré une apparence de vérité.

sophiste (grec *sophistês* → sophisme) **1.** n. m. Antiq. grecque Maître de rhétorique et de philosophie qui enseignait l'art de parler en public et de défendre toutes les thèses. **2.** n. Personne qui use de raisonnements spécieux (→ **sophisme**).

sophistication n. f. (de *sophistiquer*, par l'anglais) anglic. **1.** Caractère sophistiqué, artificiel. **2.** Élaboration poussée, complexité technique.

sophistique (grec *sophistikos* → sophisme) didact. **1.** adj. Qui constitue un sophisme. *Un raisonnement sophistique.* **2.** n. f. Art des sophistes.

sophistiqué, ée adj. (de *sophistiquer*, par l'anglais) **1.** Alambiqué, affecté. *Un style sophistiqué.* **2.** anglic. Qui se distingue par son allure recherchée, artificielle. **3.** anglic. Complexe, perfectionné. *Du matériel très sophistiqué.*

sophistiquer v. tr. < 1 > (bas latin *sophisticari* ; famille de *sophiste*) **1.** Rendre recherché, raffiné. **2.** Rendre plus perfectionné, élaboré. – pronom. *Les techniques se sophistiquent de plus en plus.*

Sophocle Poète grec (496-406 av. J.-C.). De sa volumineuse production dramatique, il ne nous reste que les fragments d'une satire *(Les Limiers)* et sept tragédies : *Ajax ; Antigone ; Œdipe roi ; Électre ; Les Trachiniennes ; Philoctète ; Œdipe à Colone.* Il transforma profondément la tragédie classique en faisant du héros tragique, non plus le simple jouet du destin et de la volonté des dieux, mais un acteur de sa perte, mû par ses propres passions. Il accorda un rôle accru aux parties parlées, au détriment du chœur.

Sophonisbe Reine de Numidie (235-203 av. J.-C.). Épouse de Syphax, puis de Masinissa, elle préféra s'empoisonner plutôt que d'être livrée à Scipion l'Africain.

sophora n. m. (du latin sc., de l'arabe *çufayra*) Grand arbre exotique utilisé pour l'ornement des parcs, des avenues.

sophrologie n. f. (du grec *sôphrôn* « sensé, sage » et de *-logie*) didact. Ensemble de pratiques visant à dominer les sensations douloureuses et de malaise psychique (→ **relaxation**). □ n. **sophrologue**

soporifique adj. (du latin *sopor* « sommeil profond » et *facere* → ^{1}faire) **1.** Qui provoque le sommeil. – n. m. vieilli *Un soporifique.* → **somnifère. 2.** fam. Endormant, ennuyeux. *Un discours soporifique.*

sopraniste n. m. (→ soprano) mus. Chanteur (homme) qui a une voix de soprano. → **haute-contre.**

soprano (mot italien « qui est au-dessus » ; même origine que ^{1}*souverain*) **1.** n. m. La plus élevée des voix. *Le soprano de la femme, de l'enfant.* **2.** n. *Soprano* ou *soprane* : personne qui a cette voix. *Un, une soprano. Une soprano colorature. Des sopranos, des sopranes* ou *des soprani* (plur. italien).

Sopron Ville de Hongrie, dans le comitat de Györ-Moson-Sopron, à la frontière autrichienne. 62 600 habitants. Tour du Moyen Âge, remaniée au XVIIe s. Édifices religieux des XIIIe, XIVe et XVe s. Musée Liszt. Industries textile et alimentaire. Centre touristique. La ville fut rattachée à la Hongrie à la suite d'un plébiscite de la population organisé en 1921.

Sorabes ou **Sorbes** n. m. pl. Peuple slave de Lusace, appelé *Wendes* par les Allemands. Soumis à la domination allemande au XIe s., les Sorabes, réduits au servage, ne retrouvèrent le libre usage de leur langue et de leurs coutumes qu'au XVIIe s. En 1949, ils obtinrent de la RDA la reconnaissance d'une autonomie culturelle.

sorbe n. f. (de l'ancien provençal, du latin) Fruit du sorbier, baie rouge orangé.

sorbet n. m. (italien *sorbetto*, de l'arabe) Glace légère, sans crème, généralement à base de jus de fruit.

sorbetière [sɔʀbətjɛʀ] n. f. Appareil pour préparer les glaces et les sorbets.

sorbier n. m. (→ sorbe) Arbre sauvage ou ornemental dont certaines espèces produisent des fruits comestibles (→ **sorbe**). → **alisier.**

sorbitol n. m. (de *sorbier*) biochim. Polyalcool dérivé du glucose ou du fructose, employé comme édulcorant artificiel.

Sorbon (Robert de) Théologien français (1201-1274). Chapelain de Louis IX, il créa, en 1257, un collège dédié à l'étude de la théologie qui porte son nom : la Sorbonne.

sorbonnard, arde n. et adj. péj. Étudiant ou professeur de la Sorbonne. – adj. *Esprit sorbonnard.*

Sorbonne (la) n. f. Établissement public d'enseignement supérieur parisien, dans le Quartier latin. Elle abrite notamment l'École des Chartes, l'École pratique des hautes études et les universités de Paris-I et Paris-IV. Elle fut fondée en 1257 par Robert de Sorbon. D'abord lieu d'enseignement théologique, elle devint, en tant que tribunal ecclésiastique, la plus haute autorité religieuse du monde chrétien après le pape. Elle s'opposa aux jésuites (XVIe s.), aux jansénistes (XVIIe s.), et aux philosophes (XVIIIe s.). Le tribunal fut supprimé en 1790, et le bâtiment transmis à l'Université de Paris en 1808. La Sorbonne fut reconstruite par Lemercier au XVIIe s., sur ordre de Richelieu. Les bâtiments furent remaniés par Nénot au XIXe siècle.

sorcellerie n. f. (→ sorcier) Pratique des sorciers. *Les anciens procès de sorcellerie.* – *C'est de la sorcellerie* : c'est inexplicable, extraordinaire.

sorcier, ière (vient du latin, de *sors, sortis* → sort) **I. 1.** n. Personne qui pratique une magie de caractère traditionnel, secret et illicite ou dangereux. → **magicien.** *Les sorciers du Moyen Âge. Sorciers et devins.* ■ loc. *L'apprenti* sorcier.* – (trad. de l'anglais des États-Unis) *Chasse aux sorcières* : poursuite systématique d'opposants (spécialt → **maccarthysme**) ; persécution organisée. **2.** n. f. fam. péj. *(Vieille) sorcière* : vieille femme laide et méchante. **II.** adj. m. loc. fam. *Ce n'est pas sorcier* : ce n'est pas difficile. → **malin.**

sordide adj. (latin *sordidus* « sale ») **1.** D'une saleté repoussante, qui dénote une misère extrême. *Des taudis sordides.* **2.** Qui est bassement intéressé et mesquin. *Avarice sordide.* – *Une sordide affaire d'héritage.* □ adv. **sordidement**

sordidité n. f. littér. Caractère de ce qui est sordide.

sore n. m. (grec *sôros* « tas ») bot. Amas de sporanges sous la feuille d'une fougère.

Sorel (Agnès) (v. 1422-1450). Favorite de Charles VII, elle eut sur lui une grande influence. Elle fut surnommée la « Dame de Beauté » du nom du château de Beauté-sur-Marne que lui avait offert le roi.

Sorel (Charles) sieur de Souvigny Écrivain français (v. 1600-1674). Il jeta un regard ironique et lucide sur la société française sous Louis XIII dans son roman picaresque *La Vraye Histoire comique de Francion.*

Sorel (Georges) Théoricien politique français (1847-1922). Il prôna un socialisme éthique dans lequel le recours à l'action violente, en particulier la grève générale, apparaît comme l'occasion de mettre à nu les ressorts de la lutte des classes. Son œuvre influença le syndicalisme révolutionnaire, mais aussi le fascisme italien. *Réflexions sur la violence ; Matériaux pour une théorie du prolétariat.*

Sorel (Cécile Seurre, dite Cécile) Actrice française (1873-1966). Elle fut pensionnaire de la Comédie-Française pendant 30 ans avant d'entamer une carrière au music-hall.

Sørensen (Søren Peter Lauritz) Chimiste danois (1868-1939). On lui doit le concept de pH (indice d'acidité) et divers travaux sur la synthèse des acides aminés.

sorgo ou **sorgho** n. m. (italien *sorgo*) Plante (graminée) des pays chauds, utilisée comme céréale.

Sorgue n. f. Rivière du Vaucluse, affluent du Rhône. 36 km.

Sorgues Commune du Vaucluse, sur l'Ouvèze. 18 930 habitants. Marché agricole.

Soria Ville d'Espagne (Castille-et-León), sur le Douro. 40 286 habitants. Monuments romans.

sorite n. m. (du latin, du grec *sôreitês*) log. Raisonnement composé d'une série de propositions agencées sous la forme : tout A est B, or tout B est C, or tout C est D, donc tout A est D. *Le sorite est un syllogisme étendu.*

Sorlingues (îles) voir **Scilly** (îles)

sornette n. f. (origine provençale : *sorn* « sombre, obscur », *cf.* sournois) surtout au plur. Propos frivole, affirmation sans fondement. → **baliverne.** *Raconter, débiter des sornettes.*

Sorocaba Ville du Brésil (État de São Paulo). 580 000 habitants. Centre commercial et industriel.

Sorokin (Pitirim) Sociologue américain d'origine russe (1889-1968). Il élabora une théorie du changement et de la dynamique sociale. *Sociologie de la révolution ; Société, Culture et Personnalité : leur structure et leur dynamique.*

Sorong Ville d'Indonésie, sur la côte N.-O. de la Nouvelle-Guinée (province de Papua). 112 700 habitants. Port. Industries pétrolières. Exportation de nickel, coprah, poisson.

sororal, ale, aux adj. (du latin *soror* → sœur) didact. D'une sœur, de sœurs (correspond à *fraternel*).

sororité n. f. (du latin *soror* → sœur) didact. Solidarité entre femmes (considérée comme spécifique).

sorption n. f. (de *absorption*) sc. Fixation (→ **absorption, adsorption**) ou libération (→ **désorption**) de molécules d'un gaz au contact de la surface d'un solide.

Sorrente Ville d'Italie (Campanie), sur la presqu'île de Sorrente. 16 540 habitants. Lieu de villégiature depuis l'Antiquité. Centre touristique.

sort n. m. (vient de *sortem*, accusatif du latin *sors, sortis* → consort, sorcier, ¹sortir) **1.** Ce qui échoit (à qqn) du fait du hasard, ou d'une prédestination supposée ; situation faite ou réservée (à une personne, une catégorie de personnes). → **destinée.** *Abandonner qqn à son sort. L'amélioration du sort des travailleurs.* – littér. ***Faire un sort à** qqch.*, le mettre en valeur ; fam. s'en débarrasser d'une manière radicale. *Faire un sort à une bouteille*, la boire. **2.** Puissance qui est supposée fixer le cours des choses. → **chance, destin, destinée, fortune.** *C'est un coup du sort. L'ironie* du sort.* – *Le **mauvais sort** :* la malchance. *Conjurer le mauvais sort.* – fam. (juron) *Coquin de sort !* **3.** Désignation par le hasard (s'oppose à *choix, élection*). *Le sort décidera.* – *Tirer au sort :* décider, désigner par le recours au hasard. – *Le sort en est jeté* ; cf. la locution latine *alea jacta est* (→ les dés* sont jetés). **4.** Effet magique, généralement néfaste, en relation avec une opération de sorcellerie (surtout dans : *jeter un sort*). → **envoûtement, sortilège.**

sortable adj. Que l'on peut sortir, présenter en public. *Tu n'es vraiment pas sortable.*

sortant, ante adj. **1.** Qui sort par le fait du hasard. *Les numéros sortants.* → **gagnant.** **2.** Qui cesse de faire partie d'une assemblée. *Député sortant.*

sorte n. f. (emprunt au latin *sors, sortis* [→ sort], au sens de « catégorie ») **1.** Ensemble (de gens ou d'objets caractérisés par une certaine manière d'être). → **espèce, genre.** *Il y a plusieurs sortes de problèmes. Cette sorte de gens. Toutes sortes de gens. Des fruits de toutes sortes, de la même sorte.* **2.** ***Une sorte de*** : ce que l'on ne peut qualifier exactement et que l'on rapproche de. → **une espèce de.** *Une sorte de vagabond. Une sorte de fascination.* **3.** dans des expr. Façon d'accomplir une action. → **manière.** – littér. ***De la sorte*** : de cette façon, ainsi. – ***En quelque sorte*** : d'une certaine manière ; pour ainsi dire. *Vous avez eu de la chance, en quelque sorte.* – ***De sorte à*** (+ inf.) : de manière à. – ***De telle sorte que*** : de telle manière que. – ***De sorte que*** : si bien que. – ***Faire en sorte que*** (+ subj.), ***de*** (+ inf.) : s'arranger pour (que). *Fais en sorte que tout soit prêt ; d'être à l'heure.*

sortie [sɔʀti] n. f. (de *sortir*) **I.** (Action de sortir) **1.** Action de quitter un lieu ; moment où (qqn) sort. *La sortie des ouvriers* (des usines). *La sortie des usines, des bureaux.* – au théâtre Action de quitter la scène. *Fausse sortie* (pour rentrer en scène peu après). **2.** Action militaire pour sortir d'un lieu. *Tenter une sortie.* ■ fig. Attaque verbale ; parole incongrue. **3.** Action de sortir pour faire qqch. (se distraire, etc.). *Une courte sortie.* – fam. *Aujourd'hui, nous sommes **de sortie**.* **4.** (biens) Fait de sortir d'un pays. *D'importantes sorties de capitaux.* **5.** Fait d'être produit, livré au public. *La sortie d'un nouveau modèle.* **6.** Somme dépensée. *Les rentrées et les sorties.* **7.** (fluides) Action de s'écouler, de s'échapper. *La sortie des gaz.* **8.** inform. Émission de données de l'unité centrale vers l'extérieur (par oppos. à *entrée*). – *Sortie papier.* → **impression. II.** Porte, endroit par où les personnes, les choses sortent. *Sortie de secours.* → **issue.** *Par ici la sortie !* – *Les sorties d'une autoroute.* **III.** ***Sortie de bain*** : vêtement (peignoir...) que l'on porte après le bain.

sortilège n. m. (du latin, de *sors, sortis* → sort et *legere* « recueillir » → ¹lire) Artifice de sorcier ; action, influence qui semble magique. → **¹charme.** *Sortilège malfaisant.* → **maléfice, sort.**

¹sortir v. < 16 > (vient du latin *sortiri* « tirer au sort », de *sors, sortis* → sort ; a remplacé l'ancien v. *issir* → issu) **I.** v. intr. avec l'auxiliaire *être* (Aller du dedans au dehors) - contr. **entrer. 1.** Aller hors (d'un lieu). *Sortir de chez soi.* – absolt Quitter une maison, une pièce. → **¹partir,** se **retirer.** *Il est sorti discrètement.* **2.** Aller dehors (notamment pour se promener). *Ce n'est pas un temps pour sortir ! Elle est sortie faire un tour.* → **¹aller.** – Aller hors de chez soi pour se distraire (au spectacle, etc.). *Nous sortons beaucoup.* ■ *Sortir avec qqn*, avoir une relation amoureuse avec lui. → **fréquenter. 3.** (objet en mouvement, fluide) Aller hors (de). *Eau qui sort d'une source.* → **s'échapper, jaillir, sourdre.** ■ Aller hors du contenant ou de l'espace normal. *Rivière qui sort de son lit.* → **déborder.** *La voiture est sortie de la route.* – fig. *Cela m'est sorti de la tête*, je l'ai oublié. **4.** Apparaître en se produisant à l'extérieur. → **pousser ; percer.** *Les bourgeons sortent.* ■ Être livré au public. *Ce film sort la semaine prochaine.* **5.** Apparaître, être visible hors de qqch. → **saillir ; dépasser.** *« Du long fourreau [...] sortaient deux bras ronds »* (A. Daudet). **6.** Se produire (au jeu, au tirage au sort). *Ce numéro n'est pas encore sorti.* **II.** v. intr. (personnes) (Cesser d'être dans un tel lieu, dans un tel état) **1.** Quitter (le lieu d'une occupation). *Sortir de table :* avoir fini de manger. – absolt *Les élèves sortent à cinq heures.* **2.** Quitter (une occupation). *Sortir d'un travail difficile.* **3.** Quitter (un état), faire ou voir cesser (une situation). *Sortir de l'enfance. Il sort de maladie. Nous sommes sortis de ce mauvais pas.* – (+ attribut) *Sortir indemne d'un accident.* ■ Abandonner (un comportement habituel). *Sortir de sa réserve.* → se **départir. 4.** Ne pas se tenir (à une chose fixée). → **s'écarter.** *Vous sortez de votre rôle.* ■ (choses) Être en dehors (de). *Ce modèle sort de l'ordinaire.* **III.** v. intr. (Être issu de) **1.** Avoir son origine, sa source (dans). → **venir** de. *Des paroles sincères, qui sortent du cœur.* **2.** (personnes) Avoir pour ascendance. *Elle sort d'une bonne famille.* → **descendre.** ■ Avoir été formé (quelque part). *Sortir d'une grande école.* **IV.** v. tr. (avec l'auxiliaire *avoir*) **1.** Mener dehors (un être que l'on accompagne). *Je vais sortir le chien.* – fam. Mener (qqn) au spectacle, etc. **2.** Mettre dehors (qqch.), tirer (d'un lieu). *Sortir qqch. de sa poche.* **3.** fam. Expulser, jeter dehors (qqn). *À la porte ! Sortez-le !* – Éliminer (un concurrent, une équipe). **4.** Tirer (d'un état, d'une situation). *Il faut le sortir de là.* ■ pronom. *Se sortir d'un mauvais pas.* – ***S'en sortir*** : venir à bout d'une situation pénible, dangereuse. *Elle s'en est sortie brillamment.* → s'en **tirer. 5.** Produire pour le public. *Éditeur qui sort un livre.* → **publier. 6.** fam. Dire, débiter. *Qu'est-ce qu'elle va encore nous sortir ?*

²sortir n. m. (de ¹*sortir*) littér. ***Au sortir de*** : en sortant de (un lieu ; un état, une occupation). *Au sortir de l'enfance.*

SOS [ɛsoɛs] n. m. (suite de trois lettres de l'alphabet morse) Signal de détresse (d'un bateau, d'un avion). *Envoyer, lancer un SOS.* – Appel à secourir d'urgence des personnes en difficulté.

sosie n. m. (du n. propre) Personne qui a une ressemblance parfaite avec une autre. *Être le sosie d'une célébrité.*

Sosie Personnage de Plaute, esclave d'Amphitryon dont Jupiter prend l'apparence pour séduire son épouse. Mercure à son tour prend les traits de Sosie (de son nom vient le mot *sosie*). Le personnage a été repris par Molière, dans *Amphitryon.*

Sosnowiec Ville de Pologne, dans la voïvodie de Silésie. 224 300 habitants. Centre industriel et minier.

sosténuto [sɔstenuto] adv. (italien *sostenuto* « soutenu ») mus. De façon égale et soutenue. – adj. invar. *Allégro sosténuto.* - var. **sostenuto** [-ste-].

sot, sotte (origine inconnue, p.-ê. onomatopéique) **I.** adj. littér. **1.** Qui a peu d'intelligence et peu de jugement. → **bête, idiot, stupide.** *Je ne suis pas assez sot pour lui en vouloir.* – Privé momentanément de jugement (du fait de la surprise, etc.). → **confus.** *Se trouver tout sot.* → **penaud.** ■ n. → **crétin. 2.** (choses) Qui dénote un manque d'intelligence et de jugement. → **absurde, inepte.** *Une sotte vanité.* **II.** n. m. hist. littér. Personnage de bouffon, dans les soties*.

Sōtatsu Nonomura Peintre japonais (actif au début du XVIIe s.). Son art de la composition et de la couleur inspira l'école d'Ogata Kōrin.

sotch n. m. (mot régional d'origine prélatine) géogr. Grande dépression fermée, dans les Causses. → **doline.**

Sotchi Ville de Russie, sur la mer Noire. 432 300 habitants. Port. La plus importante station balnéaire de Russie. Nombreuses sources d'eaux minérales. Site des Jeux olympiques d'hiver de 2014.

Sotheby's Société londonienne de vente aux enchères, créée en 1733. Elle est aujourd'hui la première entreprise mondiale du secteur, particulièrement réputée pour ses importantes ventes d'œuvres d'art.

sotie voir **sottie**

sot-l'y-laisse n. m. invar. (de *[le] sot l'y laisse*) Morceau délicat, au-dessus du croupion d'une volaille.

Soto (Hernando de) Navigateur et explorateur espagnol (1500-1542). Un temps compagnon de Pizarro, il lança une expédition en Amérique du Nord, explora la Floride, la Géorgie ainsi que les régions de l'Alabama et du Mississippi.

Soto (Jesús Rafael) Sculpteur vénézuélien (1923-2005). Il participa au courant de l'art cinétique. *Vibrations ; Progressions.*

sottement adv. D'une manière sotte. → **bêtement.**

Sotteville-lès-Rouen Commune de la Seine-Maritime sur la Seine. 29 071 habitants. Gare de triage. Industries diversifiées.

sottie ou **sotie** [sɔti] n. f. (de *sot*) hist. littér. Farce satirique et allégorique du Moyen Âge, jouée par des acteurs en costume de bouffon.

sottise n. f. **1.** littér. Manque d'intelligence et de jugement. → **bêtise, stupidité. 2.** Parole ou action qui dénote un manque d'intelligence. *Dire des sottises.* → **ânerie. 3.** Maladresse, acte de désobéissance (d'enfant). **4.** Chose de peu d'importance. *« Je me tracasse pour des sottises »* (Bernanos).

sottisier n. m. Recueil de sottises (2) ou de platitudes échappées à des auteurs connus. → **bêtisier.**

Sottsass (Ettore) Architecte et designer italien (1917-2007). Fondateur du groupe Memphis, qui influença le design italien

S

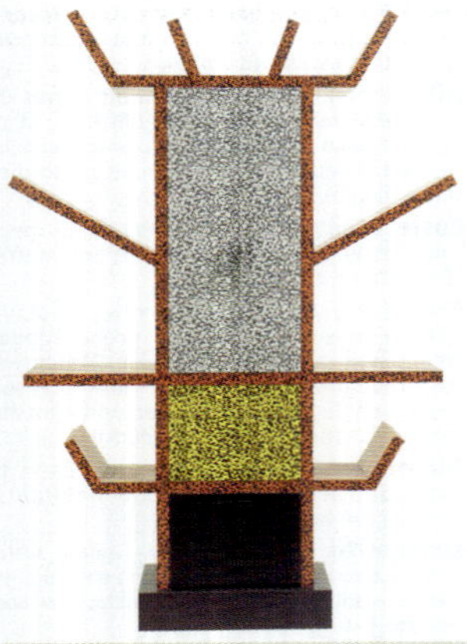

Ettore Sottsass, *Crédence* (1981), Victoria and Albert Museum, Londres.

(« meubles-totem »), il a instauré des rapports nouveaux avec les objets du quotidien (design du modèle *Valentine*, machine à écrire portable d'Olivetti).

sou n. m. (d'abord *sol* ; vient du latin *solidus* « pièce d'or », de l'adj. *solidus* → solide* ; soudard, soudoyer) **1.** anciennt Le vingtième du franc, cinq centimes. *Une pièce de cent sous.* – mod. *Machine à sous,* appareil où l'on joue des pièces de monnaie. – loc. *Amasser sou à sou, sou par sou. Dépenser jusqu'au dernier sou. N'avoir* **pas le sou** *; être* **sans le sou** : ne pas avoir d'argent. *Un bijou de quatre sous,* sans valeur. *Il n'est pas compliqué* **pour un sou** (pas du tout). *Elle n'a pas un sou de bon sens* (→ **grain, gramme, ¹once**). **2.** fam. au plur. Argent. *Être près de ses sous,* avare. *Une question de gros sous,* d'intérêt.

Souabe n. f. en allemand **Schwaben** Région historique d'Allemagne, à cheval sur le Wurtemberg et le Bavarois. Le duché de Souabe fut une possession des Hohenstaufen du xᵉ au xiiiᵉ s. La période qui suivit l'extinction de cette maison fut marquée par d'importants désordres, jusqu'à la formation de la *grande ligue de Souabe* (1488-1533), qui soutint l'autorité autrichienne. Déchirée par la guerre de Trente Ans, la Souabe fut définitivement démantelée lors du traité de Westphalie (1648).

Souabe-Bavarois (plateau) Région d'Allemagne méridionale, au S. du Danube, correspondant au piémont des Alpes de Bavière. Élevage de bovins, cultures céréalières et de houblon. Tourisme.

Souabe-Franconie (bassin de) Bassin sédimentaire du S.-O. de l'Allemagne. Il s'étend de la Forêt-Noire à la Forêt de Bohême, et se partage entre la Bavière, le Bade-Wurtemberg et la Hesse. Vastes étendues forestières. Vignes.

S

souahéli, ie voir **swahili**

soubassement n. m. (de *sous* et *¹bas*) **1.** Partie inférieure (d'une construction...) sur laquelle porte l'édifice. → **base.** – fig. *Les soubassements de la société.* **2.** Socle sur lequel reposent des couches géologiques.

Soubirous (Bernadette) voir sainte **Bernadette Soubirous**

Soubise (Charles de Rohan, prince de) Maréchal de France (1715-1787). Il fut un favori de Louis XV. Il subit une lourde défaite militaire face à Frédéric II à Rossbach en 1757, mais rétablit la situation en 1758 en prenant le landgraviat de Hesse.

Soubise (hôtel de) Demeure située à Paris, dans le Marais. Il fut construit par Delamair de 1705 à 1709 pour François de Rohan, prince de Soubise. Germain Boffrand en modifia la décoration intérieure. Napoléon Iᵉʳ y installa les Archives nationales.

soubresaut [subʀəso] n. m. (origine provençale ou espagnole ; correspond à *sursaut*) **1.** Saut brusque (d'un animal) ; secousse imprévue. – fig. *Les soubresauts de la Bourse.* **2.** Mouvement convulsif et violent (du corps). → **haut-le-corps.**

soubressade n. f. (mot du français d'Afrique du Nord, du catalan ou de l'espagnol, p.-ê. de *sobre* et *asado* « grillé ») Grosse saucisse pimentée, dont le goût est analogue à celui du chorizo*, de consistance molle, qui se mange froide.

soubrette n. f. (du provençal, fém. de *soubret* « affecté » ; famille du latin *super* → super-) Suivante ou servante de comédie. ■ vieilli ou plais. Femme de chambre.

soubreveste n. f. (italien *sopravesta* « veste de dessus ») ancien Longue veste sans manches que portaient les mousquetaires.

souche n. f. (vient du gaulois) **1.** Ce qui reste du tronc, avec les racines, quand l'arbre a été coupé. *Brûler de vieilles souches.* – loc. *Rester comme une souche,* inerte. *Dormir comme une souche,* profondément. **2.** (dans des loc.) Origine d'une lignée. *Faire souche,* avoir des descendants. *De vieille souche,* de vieille famille. – Origine commune (d'un groupe de peuples, de langues). *Mot de souche germanique.* **3.** biol. Ensemble d'organismes d'une même espèce et provenant d'un même ancêtre. **4.** Partie d'un document qui reste fixée, reliée, quand on en a détaché l'autre partie. → **talon.** *Carnet à souche.*

¹souchet n. m. (de *souche*) Plante herbacée qui pousse au bord de l'eau.

²souchet n. m. (origine inconnue) Canard migrateur au bec noir très élargi à l'extrémité.

souchette n. f. (de *souche*) Champignon basidiomycète à lames et à pied coriace.

Souchon (Alain Kienast, dit Alain) Chanteur et auteur français de variété (né en 1944). Ses chansons tendres et poétiques sont teintées d'un humour très personnel. *J'ai dix ans ; Foule sentimentale.*

souchong n. m. (du chinois *siao-chung,* par l'anglais) Thé noir de Chine à larges feuilles.

¹souci n. m. (de *se soucier*) **1.** Préoccupation inquiète (à propos de qqn ou de qqch.). → **contrariété, tracas.** *Être accablé de soucis. De graves soucis.* – *Se faire du souci.* – *Être sans souci* (→ **insouciant, insoucieux, sans-souci**). **2.** Ce qui détermine cet état d'esprit. *Sa santé est devenue un souci.* **3.** Intérêt soutenu. → **soin.** *Avoir le souci de la perfection ; de bien faire.*

²souci n. m. (vient du latin *solsequia* « qui suit le soleil », de *sol* → **soleil** et *sequi* → **suivre**) Petite plante de jardin, à fleurs jaunes ou orangées. → **calendula.** *Cueillir des soucis.* – *Souci d'eau.* → **populage.**

se **soucier** v. pron. < 7 > (vient du latin *sollicitare* → **solliciter**) (surtout négatif) Prendre intérêt à, se préoccuper de. *Je ne m'en soucie guère. Elle s'en soucie comme de sa première chemise,* pas du tout.

soucieux, euse adj. **1.** Qui est absorbé, marqué par le souci. → **inquiet, préoccupé.** – *Un air soucieux.* **2.** *Soucieux de :* qui se préoccupe, se soucie de. *Être soucieux de sa liberté.* □ adv. **soucieusement**

soucoupe n. f. (italien *sottocoppa,* de *sotto* « sous » et *coppa* « coupe ») **1.** Petite assiette qui se place sous une tasse. → **sous-tasse.** – fam. *Des yeux comme des soucoupes,* écarquillés. **2.** *Soucoupe volante :* objet volant d'origine inconnue. → **ovni.**

Souda (la) Lexique byzantin anonyme (fin xᵉ s. ou début xiᵉ s.). Il contient des renseignements sur des écrivains, des notices bibliographiques et des fragments d'œuvres.

soudable adj. Qui peut être soudé. □ n. f. **soudabilité**

soudage n. m. Action de souder (1) ; opération par laquelle on soude. → **soudure.**

soudain, aine (vient du latin, de *subitus* → **subit**) **I.** adj. Qui arrive, se produit en très peu de temps, sans avoir été prévu. → **brusque, rapide, subit.** *Une mort soudaine.* **II.** adv. Dans l'instant même, tout à coup. *Soudain, il s'enfuit.*

soudainement adv. D'une manière soudaine. → **soudain, subitement.**

soudaineté n. f. Caractère de ce qui est soudain. → **brusquerie, rapidité.**

Soudan

n. m. ■ offic. république du Soudan Pays d'Afrique orientale. 1 885 068 km². 40 533 300 habitants (les *Soudanais*). **Langues :** arabe (offic.), plusieurs langues et dialectes locaux dont le peul, le dinka et le nuer. **Religions :** musulmans sunnites (70 %), chrétiens (10 %), animistes (20 %). **Monnaie :** livre soudanaise. **Capitale :** Khartoum. **Régime :** présidentiel.

Soudan

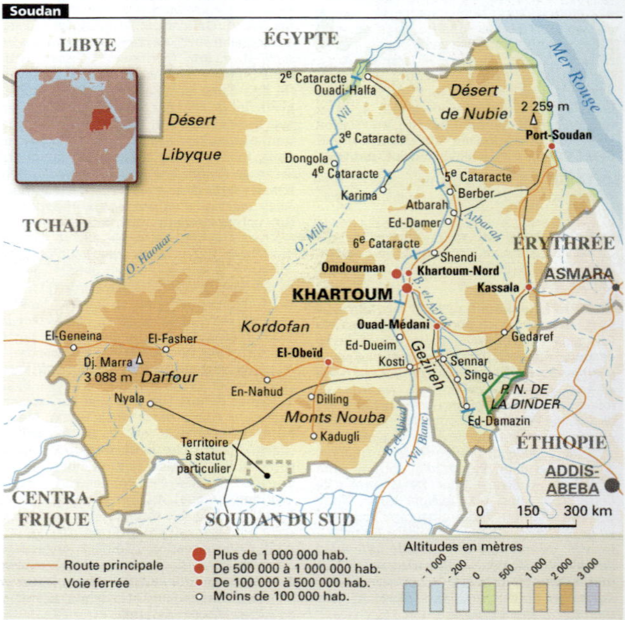

GÉOGRAPHIE

La grande vallée du Nil traverse le Soudan du sud au nord. Elle est bordée à l'est par le désert de Nubie (au bord de la mer Rouge) et le massif éthiopien. À l'ouest de la vallée s'étendent le désert Libyque et des hauts plateaux. Le mont Kinyeti (3 187 m), point culminant du Soudan, se trouve au sud près de la frontière avec l'Ouganda. Le climat tropical devient équatorial au sud et désertique au nord.

ÉCONOMIE

Le Soudan, affecté par une longue guerre civile qui a sévi dans le Sud jusqu'au début de 2005, et celle qui déchire le Darfour depuis 2003, est l'un des pays les plus pauvres du monde, alors qu'il possède des potentialités agricoles et pétrolières considérables. L'agriculture est le principal secteur de l'économie : des cultures comme le coton, le sorgo, l'arachide se sont développées grâce à l'irrigation et sont destinées à l'exportation. Des barrages sur le Nil et ses affluents, nécessaires à l'irrigation, n'ont pas été terminés à cause de la guerre civile. L'élevage (bovins, moutons, chèvres, dromadaires) est pratiqué par les peuples nomades. La pêche reste marginale. Le pays a un sous-sol riche en gaz naturel, pétrole, chrome, gypse et or. L'industrie, réduite, concerne les biens de consommation courante et le traitement primaire des produits agricoles.

HISTOIRE

Après le déclin de Méroé, cité antique de la Nubie (région du nord du Soudan), deux royaumes chrétiens se constituèrent vers le VIe siècle. Coupés du reste du monde chrétien par la conquête de l'Égypte par les Arabes, ces royaumes subsistèrent cependant jusqu'aux XIVe-XVe siècles, période à laquelle ils furent conquis par des royaumes musulmans, à l'économie fondée en grande partie sur le trafic des esclaves. La conquête égyptienne en 1820-1822 unifia le pays pour la première fois. En 1898, la Grande-Bretagne, qui occupait l'Égypte, réprima la révolte antiégyptienne et antibritannique du Mahdi, qui s'était emparé de Khartoum, et fit avorter la tentative d'implantation française à Fachoda. Le Soudan devint un condominium anglo-égyptien (janv. 1899). En 1956, après le renversement du roi d'Égypte Farouk (1952), il devint indépendant. Il fut immédiatement en proie à une guerre civile qui opposa le Sud (populations noires chrétiennes ou animistes), soutenu par l'Éthiopie et l'Érythrée, et le Nord (populations arabes et musulmanes), soutenu par l'Égypte. Omar el-Bechir s'empara du pouvoir par un coup d'État militaire en 1989. À partir de 2003, le pouvoir central utilisa des milices arabes *(janjawid)* pour une campagne de répression meurtrière contre la population de la province du Darfour, accusée de soutenir les mouvements rebelles qui réclamaient un partage plus équitable des richesses. Ce conflit fit plus de 250 000 morts, 2 millions de déplacés. En janvier 2005, un accord de paix mit fin à plus de vingt ans de guerre civile entre Khartoum et les rebelles sudistes. Le référendum de janvier 2011 entérina la sécession du Soudan du Sud qui forme depuis juillet 2011 un État séparé. Toutefois, les régions sud-soudanaises riches en pétrole sont l'objet d'une sanglante contestation entre les deux pays. Au pouvoir durant trente ans, le président Bechir fut destitué par l'armée en avril 2019 et jugé pour le coup d'État perpétré en 1989. Il fut remplacé par une coalition bicéphale, militaire et civile. À la faveur d'une grave crise économique, l'armée mit fin au processus démocratique en réalisant un putsch en octobre 2021.

Soudan du Sud

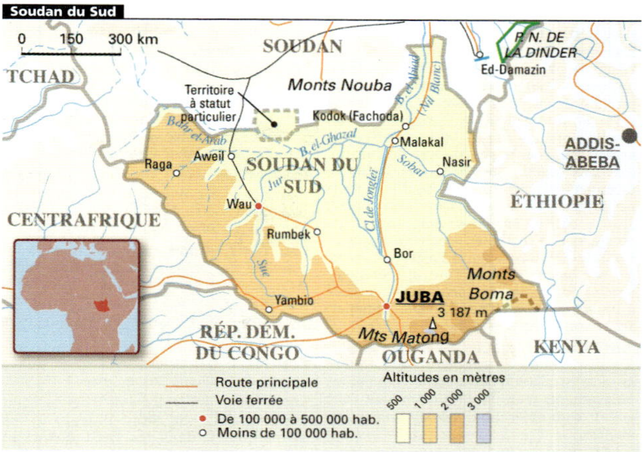

Soudan du Sud

n. m. ■ offic. république du Soudan du Sud Pays d'Afrique orientale. 619 745 km². 12 230 000 habitants (les *Sud-Soudanais*). **Langues :** anglais (offic.), langues nationales dont le dinka, le nuer, le shilluck, et de nombreux dialectes ; arabe local. **Population :** Dinka, Nuer, Shilluck, Zande, Luo, Acholis. **Religions :** chrétiens (75 %), animistes, musulmans. **Monnaie :** livre sud-soudanaise. **Capitale :** Juba. **Régime :** constitutionnel.

Agriculture vivrière et d'exportation. Pétrole. Le pays a accédé à l'indépendance le 9 juillet 2011, sous la présidence de Salva Kiir, à l'issue d'un référendum qui mettait fin à une cinquantaine d'années de conflits meurtriers avec le régime de Khartoum. Déchiré par des combats entre l'armée et la rébellion, le pays a fait l'objet d'une surveillance accrue de la part de l'ONU dont le Conseil de sécurité a autorisé l'envoi sur place de près de 6 000 casques bleus (2013-2018). La famine, la corruption des élites et le changement climatique maintiennent la région en état de crise.

Soudan français voir Mali

soudard n. m. (→ soudoyer) **1.** vieux Soldat mercenaire. **2.** littér. Homme de guerre brutal et grossier.

soude n. f. (latin médiéval *soda,* d'origine arabe, *cf.* soda, sodium) **1.** Carbonate de sodium (Na_2CO_3). *Cristaux de soude.* **2.** *Soude caustique :* hydroxyde de sodium (NaOH). **3.** pharm. Sodium. *Sulfate de soude.*

souder v. tr. < 1 > (vient du latin *solidare* « consolider », de *solidus* → solide) **1.** Joindre, ou faire adhérer (des pièces métalliques, des matières plastiques) en faisant une seule masse (→ **braser**). – absolt *Lampe à souder* (→ **chalumeau**). **2.** fig. Unir étroitement et solidement. – au p. p. *Un groupe très soudé.*

soudeur, euse **1.** n. Spécialiste de la soudure. **2.** techn. n. f. Machine à souder.

soudier, ière techn. **1.** adj. Relatif à la soude, à sa production. **2.** n. f. Fabrique de soude.

soudoyer v. tr. < 8 > (famille de ¹*solde,* de *sou*) S'assurer à prix d'argent et d'une manière immorale le concours de (qqn). → **acheter, corrompre.**

soudure n. f. **1.** Alliage fusible servant à souder les métaux. **2.** Résultat de l'opération de soudage ; cette opération elle-même. *Soudure autogène. Soudure au chalumeau.* – Partie soudée. **3.** fig. *Faire la soudure :* satisfaire à la demande, entre deux récoltes, deux livraisons. – par ext. Assurer la transition (entre deux systèmes, etc.).

soue n. f. (vient du latin médiéval *sutis,* du gaulois) régional Étable à cochons.

Souf n. m. Région du Sahara algérien et tunisien, au S. de Biskra, entre Touggourt et le chott el-Djerid. Palmeraies (dattes).

soufflage n. m. Opération par laquelle on façonne un verre en le soufflant.

soufflant, ante adj. **1.** Qui sert à souffler. *Radiateur soufflant.* **2.** fam. Qui coupe le souffle. → **étonnant.**

soufflante n. f. techn. Compresseur utilisé pour le soufflage de l'air nécessaire au fonctionnement d'un haut-fourneau ou d'un convertisseur.

soufflard n. m. (de *souffler*) géol. **1.** Orifice d'où s'échappe un gaz. **2.** Dégagement brusque de vapeur d'eau, dans une zone volcanique.

souffle n. m. (de *souffler*) **I. 1.** Mouvement de l'air que l'on produit en soufflant. *Éteindre une bougie d'un souffle.* **2.** Expiration ; air rejeté par la bouche. → **haleine.** – loc. *Le dernier souffle,* la dernière manifestation de la vie, au moment de la mort (→ **le dernier soupir**). *Jusqu'à son dernier souffle.* ■ La respiration ; son bruit. *Retenir son souffle. Couper le souffle à qqn* (et, fig., étonner vivement). *Une beauté à couper le souffle.* – *Être à bout de souffle,* haletant de fatigue, épuisé. *« À bout de souffle »* (film de Godard). – *Le souffle :* la capacité à ne pas s'essouffler. *Avoir du souffle.* – fig. *Trouver un second souffle,* un regain d'énergie. **3.** Force qui anime, crée. *Souffle créateur.* → **inspiration.** – *Ce récit manque de souffle.* **II. 1.** Mouvement naturel de l'air dans l'atmosphère. → **bouffée, ²courant.** *Un souffle d'air, de vent.* **2.** Air, fluide déplacé (par une différence de pression). → **poussée.** *Le souffle d'un réacteur.* – *Effet de souffle d'un explosif.* **3.** Bruit anormal perçu à l'auscultation du cœur ou des poumons. *Souffle au cœur.* **4.** Bruit de fond, dans un récepteur radio.

soufflé, ée **I.** adj. **1.** Gonflé. *Beignet soufflé* (par la cuisson). **2.** Bouffi, boursouflé. *Des traits soufflés.* **3.** fam. Stupéfait. → **ahuri, époustouflé, sidéré.** **II.** n. m. Préparation de pâte légère qui se gonfle à la cuisson. *Soufflé au fromage.*

soufflement n. m. Action de souffler ; bruit, mouvement de l'air qui en résulte.

Soufflenheim Commune du Bas-Rhin. 4 796 habitants. Poterie.

souffler v. < 1 > (vient du latin *sufflare,* de *sub-* → sub- et *flare* « souffler ; exhaler » → **boursouflé, essouffler ; enfler, flatulent, gonfler**) **I.** v. intr. **1.** Expulser de l'air par la bouche ou par le nez, par une action volontaire. *Souffler sur le feu ; dans une trompette.* **2.** Respirer avec peine, en expirant fort. → **haleter.** *Souffler comme un bœuf, comme un phoque.* ■ Reprendre haleine ; se reposer. *Laissez-moi le temps de souffler.* **3.** (vent) Produire un mouvement de l'air. *« L'âpre bise soufflait »*

(Hugo). **II. v. tr. 1.** techn. Envoyer un courant d'air sur (qqch.). *Souffler une bougie* (pour l'éteindre). **2.** fam. ***Souffler** qqch. à qqn*, le lui enlever. **–** *Souffler un pion*, aux dames, le prendre quand l'adversaire ne s'en est pas servi pour prendre. **3.** Détruire par un souffle violent. **–** au p. p. *Maison soufflée par une explosion.* **4.** techn. Envoyer de l'air, du gaz dans (qqch.). *Souffler le verre* (pour le façonner). **5.** Faire sortir en soufflant. *Souffler la fumée par le nez.* **6.** Dire à voix basse. *Souffler qqch. à l'oreille de qqn*, lui dire en confidence. **→ chuchoter.** **–** loc. *Ne pas souffler mot* : ne rien dire. **–** fig. **→ suggérer.** *C'est toi qui m'a soufflé l'idée.* ▪ Dire discrètement (qqch.) pour aider qqn. *Souffler une réplique à un acteur* (**→ souffleur**). **7.** fam. Stupéfier. *Son courage nous a soufflés.*

soufflerie **n. f. 1.** Machine servant à souffler et conduire de l'air. *La soufflerie d'une forge.* **2.** Installation permettant d'étudier les mouvements d'un fluide (notamment l'air) autour d'un objet. *Essais aérodynamiques en soufflerie.*

soufflet **n. m. (de *souffler*) I. 1.** Instrument qui sert à souffler de l'air par le rapprochement de deux tablettes reliées par un assemblage souple. **2.** Partie pliante ou souple entre deux parties rigides. *Sac à soufflets.* **–** Passage articulé entre deux voitures d'un train, d'un autobus. **II.** littér. Gifle. **–** fig. Insulte grave. **→ camouflet.**

souffleter **v. tr. < 4 ou RO 5 >** littér. Gifler.

souffleur, euse **I. n. 1.** Personne qui façonne le verre par soufflage. **2.** au théâtre Personne qui souffle leur rôle aux acteurs, en cas de trou de mémoire. **II. n. f. (Canada)** Chasse-neige qui projette la neige à distance.

Soufflot (Germain) Architecte français (1713-1780). Il réalisa l'église Sainte-Geneviève de Paris, devenue le Panthéon.

soufflure **n. f.** techn. Bulle de gaz (défaut de fabrication).

souffrance **n. f. (→ souffrir) 1.** Fait de souffrir. *La souffrance au travail. La souffrance animale.* **–** *Être en souffrance* : souffrir psychiquement. *Adolescents en souffrance.* ▪ Douleur physique ou morale. *Endurer d'atroces souffrances.* **2.** ***En souffrance*** : se dit de marchandises qui n'ont pas été retirées, ou d'une affaire qui reste en suspens.

souffrant, ante **adj. 1.** littér. Qui souffre. *L'humanité souffrante.* **2.** Légèrement malade. **→ indisposé.**

souffre-douleur **n.** Personne qui est en butte aux mauvais traitements, aux tracasseries de son entourage (**→ tête* de Turc**). *Des souffre-douleurs* ou *des souffre-douleur* (invar.).

souffreteux, euse **adj. (de l'ancien français *suffraite* « privation » [famille du latin *frangere* → fraction], avec influence de *souffrir*)** Qui est de santé fragile, qui est habituellement souffrant. **→ maladif, malingre.**

souffrir **v. < 18 > (vient du latin, de *sufferre* « supporter », de *sub-* → sub- et *ferre* → -fère) I. v. tr.** littér. **1.** Supporter (qqch. de pénible ou de désagréable). **→ endurer.** **–** (compl. personne ; tournure négative) *Je ne peux pas souffrir ce type.* **2.** Permettre, tolérer. *Souffrez que...* (+ subj.). **–** (choses) *Une règle qui ne souffre aucune exception.* **→ admettre.** **II. v. intr. 1.** Éprouver une souffrance, des douleurs physiques ou morales ; avoir mal. *Où souffrez-vous ?* **–** ***Souffrir de*** (origine, cause). *Souffrir de rhumatismes. Souffrir du froid. Souffrir de la solitude.* ▪ fam. Avoir du mal, peiner. *J'ai souffert pour lui expliquer le problème.* **2.** Éprouver un dommage. **→ pâtir.** *Plante qui souffre de la sécheresse. Sa réputation en a souffert.* **3.** trans. Éprouver avec souffrance. **–** loc. *Souffrir le martyre, mille morts*, souffrir beaucoup.

soufi, ie **adj. et n. (de l'arabe « vêtu de laine »)** Adepte du soufisme.

soufisme **n. m.** Courant ascétique et mystique de l'islam, qui vise au pur amour de Dieu.

soufre **n. m. (du latin *sulfur* → solfatare, sulf[o]-, sulfureux)** Corps simple (symb. S, n° at. 16, masse at. 32,06), solide, jaune clair, très répandu dans la nature. **→ sulf(o)-.** *Vapeurs de soufre* (**→ sulfureux ; solfatare**). ▪ *Odeur de soufre*, qui passe pour signaler la présence du diable. **–** loc. *Sentir le soufre*, paraître diabolique ; être peu orthodoxe.

soufrer **v. tr. < 1 > 1.** Imprégner, enduire de soufre. **–** au p. p. *Allumettes soufrées.* **2.** techn. Traiter au soufre, à l'anhydride sulfureux (la vigne, des étoffes...). ▫ **n. m. soufrage**

soufreur, euse techn. **1. n.** Ouvrier, ouvrière qui prépare ou répand le soufre. **2. n. f.** Appareil qui sert à pulvériser le soufre.

soufrière **n. f.** Lieu d'où l'on extrait le soufre.

Soufrière (la) Volcan actif de la Guadeloupe, dans l'île de Basse Terre. 1 467 m.

Soufrière (la) Volcan de l'île de Saint-Vincent (État de Saint-Vincent-et-les-Grenadines), dans les Petites Antilles. 1 234 m.

souhait **n. m. (de *souhaiter*) 1.** Désir d'obtenir qqch., de voir un évènement se produire. **→ vœu.** *Exprimer, former des souhaits. Souhaits de réussite.* **–** *Les souhaits de bonne année.* **–** *À tes, vos souhaits !*, se dit à qqn qui éternue. **2.** ***À souhait*** **loc. adv.** : autant, aussi bien qu'on peut le souhaiter. *Tout marche à souhait.*

souhaitable **adj.** Qui peut ou doit être souhaité, recherché. **→ désirable.** *Elle a toutes les qualités souhaitables pour cet emploi.*

souhaiter **v. tr. < 1 > (origine discutée, p.-ê. du francique *haitan* « promettre »)** Désirer, pour soi ou pour autrui, l'accomplissement de (qqch.). **→ espérer.** *Je souhaite sa réussite ;* (+ subj.) *qu'il réussisse. Je souhaite le rencontrer. Je lui souhaite de réussir.* ▪ *Souhaiter la bienvenue, le bonjour à qqn. Je vous souhaite bonne chance.* **–** fam. *Souhaiter la bonne année*, offrir ses vœux de nouvel an.

Souillac Commune du Lot, sur la Dordogne. 3 203 habitants. Église romane (célèbre bas-relief dit *Le Prophète*). Musée de l'automate.

souillard **n. m. (de l'ancien français → souiller)** techn. Trou percé dans une dalle, dans un mur, pour l'écoulement des eaux.

souillarde **n. f. (de l'ancien français *souillard* « malpropre »)** régional Arrière-cuisine.

souille **n. f. (→ souiller) 1.** Bourbier où le sanglier aime à se vautrer. **2.** techn. Empreinte (dans la terre, etc.) de qqch. qui s'est enfoncé.

souiller **v. tr. < 1 > (de l'ancien français *soil* [d'où *souille*], qui vient du latin *solium* « siège ; cuve » ; ou famille du latin *sus* « porc »)** littér. **1.** Salir. **–** au p. p. *Plage souillée de détritus.* **2.** fig. Salir, altérer (ce qui aurait dû être respecté). **→ entacher.** *On tente de souiller sa mémoire.*

souillon **n. f. (de *souiller*)** littér. Femme (notamment, servante) malpropre.

souillure **n. f.** littér. **1.** Saleté, tache. **2.** fig. Tache morale, flétrissure.

Souilly Commune de la Meuse. 452 habitants. Le général Pétain y installa son quartier général en février 1916 pour mener les opérations de la bataille de Verdun.

souimanga ou **soui-manga** **n. m. (mot malgache)** Petit oiseau (passereau) de l'Afrique tropicale, colibri au long bec recourbé. *Des souimangas, des soui-mangas.* - var. **swi-manga.** *Des swi-mangas.*

souk **n. m. (arabe *sūq* « marché ») 1.** Marché couvert des pays arabes, réunissant des boutiques et des ateliers. **→ bazar.** **2.** fam. Lieu où règne le désordre, le bruit. *Quel souk !*

Souk Ahras Ville d'Algérie (wilaya d'Annaba). 153 500 habitants. Ruines romaines. Centre commercial.

Soukhoumi Ville de Géorgie, sur la mer Noire, capitale de la république autonome d'Abkhazie. 63 000 habitants. Port. Station balnéaire. Industries alimentaires. Centrale électrique.

soul [sul ; sawl] **n. f. (mot anglais « âme »)** anglic. Style musical vocal créé par les Noirs américains dans les années 1960, issu du blues, du gospel et du jazz. **–** **adj.** *La musique soul.*

soûl, soûle [su, sul] **adj. (vient du latin *satullus*, diminutif de *satur* « rassasié » → saturer) I. 1.** vieux Rassasié, repu. **–** mod., littér. *Être soûl de qqch.*, en avoir trop, en être rassasié. **2. (n. m.)** ***Tout mon (ton, son...) soûl*** **loc. adv.** : à satiété, autant qu'on veut. **II.** fam. **1.** Ivre. *Soûl comme un cochon, comme une grive, comme un âne.* **2.** fig. Enivré, grisé. *« Nous étions soûls de terribles espoirs »* (Rimbaud). - var. **saoul, saoule** ou **RO soul, soule.**

Soulac-sur-Mer Commune de la Gironde. 2 833 habitants. Basilique Notre-Dame-de-la-Fin-des-Terres (XIIe-XIVe s.). Station balnéaire.

soulagement **n. m. 1.** Action ou manière de soulager ; ce qui soulage. *Chercher un soulagement.* **2.** État d'une personne soulagée. *Soupir de soulagement.*

soulager **v. tr. < 3 > (vient du latin ; famille de *lever* et de *léger*) 1.** Débarrasser (qqn, un animal) de (une partie d'un fardeau), dispenser de (un effort, une fatigue...). **→ décharger.** *Soulager qqn de ses paquets ; d'une tâche.* **–** plais. *Un pickpocket l'a soulagé de son portefeuille.* **→ délester.** ▪ ***Se soulager*** **v. pron.** fam. Satisfaire un besoin naturel. **2.** techn. Diminuer la poussée qui s'exerce sur (un mur...). **3.** Débarrasser partiellement (qqn) de ce qui pèse sur lui (douleur, inquiétude, etc.). *Ce remède va soulager le malade. Parlez, cela vous soulagera.* **4.** Rendre moins pénible à supporter (un mal). *Soulager la peine, la douleur de qqn.*

Soulages (Pierre) Peintre français (1919-2022). Après des paysages dépouillés et tragiques, il élabora un style abstrait puissant et équilibré. Dans ses compositions dominent les formes rectangulaires noires, construites sur le jeu des horizontales et des verticales, des crêtes et des sillons. Sa peinture monopigmentaire, qu'il nomma « l'Outrenoir », présente une multitude de variations de lumière et d'intensité de la couleur. Il a réalisé les vitraux de Sainte-Foy de Conques.

Pierre Soulages, *Composition* (1955), musée des Beaux-Arts, Hambourg.

soulane **n. f. (mot dialectal ; famille de *soleil*)** régional Versant ensoleillé d'une montagne, dans les Pyrénées.

soûlant, ante **adj.** fam. Ennuyeux, lassant. - var. **RO soulant, ante.**

S

soûlard, arde adj. fam. Ivrogne. → **soûlaud.** - var. **saoulard, arde** ou RO **soulard, arde.**

soûlaud, aude adj. fam. Ivrogne. → **soûlard.** - var. RO **soulaud, aude, soûlot, ote** ou RO **soulot, ote.**

Soule (pays de) Ancienne province du Pays basque, dans la vallée de la Saison, rattachée à la couronne de France au XVe siècle.

soûler v. tr. < 1 > (→ **soûl**) **1.** Enivrer. – pronom. *Se soûler au whisky.* **2.** fig. Griser. *On l'a soûlé de promesses.* **3.** fam. Ennuyer, fatiguer. *Tu nous soûles avec tes histoires !* - var. **saouler** ou RO **souler.**

soûlerie n. f. fam. Fait de se soûler ; ivresse. → **beuverie, soûlographie.** - var. **saoulerie** ou RO **soulerie.**

soulèvement n. m. **1.** Fait de se soulever, d'être soulevé. *Un soulèvement de terrain.* **2.** Mouvement massif de révolte. → **insurrection.**

soulever v. tr. < 5 > (de *sous,* et *lever*) **1.** Lever à une faible hauteur. *Soulever un poids.* – pronom. *Se soulever sur le coude.* ■ Relever. *Soulever un rideau.* **2.** Faire s'élever. *Soulever de la poussière.* – loc. *Soulever le cœur*.* – pronom. *Ces terrains se sont soulevés à l'ère tertiaire.* **3.** fig. Transporter, exalter (qqn). *« Des souffles de colère le soulevaient »* (Maupassant). **4.** Animer de sentiments hostiles ; entraîner à la révolte. *Soulever le peuple contre un dictateur.* – pronom. Se révolter ; s'insurger (→ **soulèvement**). **5.** Exciter puissamment (une réaction...). → **provoquer.** *Soulever l'enthousiasme, la curiosité.* **6.** Faire que se pose (une question, un problème). → **poser. 7.** fam. Enlever, prendre. *Elle lui a soulevé l'affaire.*

Soulié (Frédéric) Écrivain français (1800-1847). Il écrivit des pièces de théâtre et des romans illustrant l'histoire du Languedoc, et l'un des premiers grands romans-feuilletons, *Les Mémoires du diable.*

soulier n. m. (vient du latin, de *sub-* → **sub-** et *talus* → **talon**) Chaussure épaisse, qui couvre bien le pied. *Souliers de marche.* – loc. *Être dans ses petits souliers :* être mal à l'aise, embarrassé.

soulignage n. m. Action de souligner ; trait qui souligne.

souligner v. tr. < 1 > (de *sous* et *ligne*) **1.** Tirer une ligne, un trait sous (des mots qu'on veut signaler). *Souligner un passage en rouge.* ■ Border d'un trait qui met en valeur. *Des paupières soulignées de noir.* **2.** fig. Accentuer ; mettre en valeur. → **appuyer.** *Souligner une allusion par un sourire.* – Faire remarquer avec une insistance particulière.

soûlographe n. (formation plais.) fam. Ivrogne. - var. RO **soulographe.**

soûlographie n. f. fam. Ivrognerie ; excès de boisson. → **soûlerie.** - var. RO **soulographie.**

soûlon, onne n. régional Ivrogne. - var. RO **soulon, onne.**

soûlot, ote voir **soûlard**

Soulouque (Faustin) Homme d'État haïtien (1782-1867). Élu président de la république d'Haïti en 1847, il se fit nommer empereur, sous le nom de Faustin Ier, en 1849. Il s'exila en 1859, à la suite d'une rébellion militaire.

Soult (Nicolas Jean de Dieu) Maréchal de France (1769-1851). Il se distingua dans les campagnes de la Révolution et de l'Empire, prit part à la victoire d'Austerlitz (1805), et vainquit les Anglais en Espagne (1811, 1813). Rallié aux Bourbons, il devint ministre de la Guerre (1814-1815) mais rejoignit Napoléon Ier pendant les Cent-Jours. À nouveau ministre de la Guerre sous la monarchie de Juillet, il réprima l'insurrection de Lyon (1831).

soulte n. f. (de l'ancien v. *soldre* « payer », qui vient du latin *solvere* → **²solde, solution, sou**) dr. Somme d'argent qui, dans un partage ou un échange, compense une inégalité.

Soumarokov (Aleksandr Petrovitch) Écrivain russe (1717-1777). Ses poèmes et ses pièces de théâtre *(Khoriev)* sont marqués par l'influence de Racine et de Voltaire.

soumettre v. tr. < 56 > (vient du latin *submittere,* de *sub-* → **sub-** et *mittere* « envoyer » → **mettre**) **1.** Mettre dans un état de dépendance ; ramener à l'obéissance. *Soumettre des rebelles.* **2.** Mettre dans l'obligation d'obéir à une loi, d'accomplir un acte. → **assujettir.** – (choses) *Revenus soumis à l'impôt.* **3.** Présenter, proposer à l'examen, au choix. *Soumettre un manuscrit à un éditeur.* **4.** Exposer à un effet que l'on fait subir. *Sportif soumis à un entraînement sévère.* ■ **se soumettre** v. pron. Obéir, se conformer (à). → **se plier.** *Se soumettre à une règle.*

soumis, ise adj. Docile, obéissant.

soumission n. f. (du latin, de *submittere* → **soumettre**) **1.** Fait de se soumettre, d'être soumis (à une autorité, une loi) ; attitude d'une personne soumise. → **obéissance.** *Une soumission aveugle.* **2.** Action de se soumettre, d'accepter une autorité contre laquelle on a lutté. *Faire acte de soumission.* **3.** dr. Devis établi en réponse à un appel d'offres, à une adjudication publique.

soumissionnaire n. dr. Personne qui fait une soumission (3).

soumissionner v. tr. < 1 > dr. Proposer par une soumission (3).

Soummam n. f. Oued d'Algérie. Issue de la réunion des oueds Sahel et Bousselam, la Soummam arrose Bouiza et se jette dans le golfe de Béjaïa. 70 km.

Soumy Ville d'Ukraine, sur le Psiol. 282 200 habitants. Industries mécanique, chimique et alimentaire.

Soungari voir **Songhua jiang**

Sounion ou **Colonne (cap)** Promontoire de Grèce, à l'extrémité S.-E. de l'Attique. Ruines du temple de Poséidon (v. –400). Parc national.

soupape n. f. (probablt emploi plais. de l'ancien français *souspape* « coup sous le menton », de *sous* et *pape,* du latin [d'origine onomatopéique]) Pièce mobile qu'une surpression peut ouvrir momentanément. → **clapet, valve.** *Les soupapes d'un moteur d'automobile* (commandant l'admission et l'échappement). – *Soupape de sûreté, de sécurité.*

Soupault (Philippe) Écrivain français (1897-1990). Participant activement aux mouvements dada et surréaliste, il écrivit avec A. Breton *Les Champs magnétiques,* textes obtenus par l'écriture automatique. Devenu journaliste, il se fit le témoin de son temps *(Voyages en URSS ; Charlot),* écrivit des romans *(Le Bon Apôtre),* des essais *(Lautréamont ; Paolo Uccello),* des recueils de poésie *(Odes),* du théâtre, et réalisa des émissions radiophoniques.

soupçon n. m. (vient du latin *suspectio,* famille de *suspicere* → **suspect**) **1.** Opinion qui fait attribuer à qqn des actes ou des intentions blâmables. → **suspicion.** *Nous avons des soupçons à son sujet. Être l'objet d'un soupçon* (→ **suspect**). – *Être au-dessus, à l'abri de tout soupçon,* d'une honnêteté irréprochable. **2.** Fait de soupçonner (qqch.) ; idée, pressentiment. *Avoir soupçon de qqch.* **3.** Apparence qui laisse supposer la présence d'une chose ; très petite quantité. *Un soupçon de vulgarité.* → **¹ombre, pointe.**

soupçonner v. tr. < 1 > **1.** Faire peser des soupçons sur (qqn). → **suspecter.** *On le soupçonne de vol, d'avoir volé.* **2.** Pressentir (qqch.) d'après certains indices. → **entrevoir, flairer.** *Soupçonner un danger.* □ adj. **soupçonnable**

soupçonneux, euse adj. Enclin aux soupçons. → **méfiant ; suspicieux.** – *Un air soupçonneux.* □ adv. **soupçonneusement**

soupe n. f. (vient du bas latin *suppa,* d'origine germanique) **I.** vieux Tranche de pain arrosée de bouillon. – *Tremper la soupe :* arroser le pain de bouillon. – loc. *Être trempé comme une soupe,* complètement trempé (par la pluie). **II. 1.** Potage ou bouillon épaissi. *Soupe de légumes. Soupe à l'oignon.* ■ loc. *Un gros plein de soupe* (fam.) : un homme très gros. – *Être soupe au lait,* irascible (par allusion au lait qui déborde). **2.** Repas composé d'un plat unique, souvent une soupe épaisse (contexte communautaire : armée, etc.). → **rata.** *À la soupe ! – Soupe populaire,* repas gratuit servi aux défavorisés ; local où on le sert. **3.** loc. fam. *Par ici la bonne soupe !,* l'argent. – *Aller à la soupe :* chercher les avantages, un profit.

soupente n. f. (de l'ancien v. *soupendre,* autre forme de *suspendre*) Réduit aménagé dans la hauteur d'une pièce ou sous un escalier.

¹souper v. intr. < 1 > (de *soupe*) **1.** vieux ou régional Prendre le repas du soir. → **¹dîner. 2.** Faire un souper (², 2). **3.** fam. *J'en ai soupé :* j'en ai assez.

²souper n. m. (de ¹*souper*) **1.** vieux ou régional Repas du soir. → **²dîner. 2.** Repas que l'on prend à une heure avancée de la nuit, après le spectacle, etc.

soupeser v. tr. < 5 > (de *sous* et *peser*) **1.** Soulever et soutenir un moment dans la main (pour juger du poids). *Soupeser une valise.* **2.** fig. Peser, évaluer. *Soupeser des arguments.*

soupeur, euse n. vieilli Personne qui participe à un souper.

Souphanouvong Homme d'État laotien (1912-1995). Il créa le Pathet Lao en 1949 et s'opposa au neutralisme du prince Souvanna Phouma, son demi-frère. Il fut président de la République populaire démocratique du Laos de 1975 à 1986.

soupière n. f. Récipient large et profond, dans lequel on sert la soupe ou le potage ; son contenu.

soupir n. m. (de *soupirer*) **1.** Inspiration ou respiration plus ou moins bruyante, dans les états d'émotion. *Pousser des soupirs ; un profond soupir.* – *Rendre le dernier soupir :* mourir (→ **le dernier souffle***). **2.** littér. Plainte lyrique, mélancolique. *« Tu vis naître ma flamme et mes premiers soupirs »* (Racine). **3.** mus. Silence correspondant à une noire ; signe indiquant ce silence.

soupirail, aux n. m. (de *soupirer,* au sens de « exhaler ») Ouverture pratiquée pour donner de l'air, du jour à un sous-sol.

soupirant n. m. (de *soupirer* « être amoureux ») plais. Celui qui fait la cour à une femme. → **prétendant.**

soupirer v. < 1 > (vient du latin *suspirare,* de *sub-* → **sub-** et *spirare* « souffler » → **respirer**) **1.** v. intr. Pousser un soupir, des soupirs. ■ littér. Être amoureux. – *Soupirer après, pour* (qqn, qqch.) : désirer ardemment (ce dont on ressent la privation). **2.** v. tr. (surtout en incise) Dire en soupirant. *Hélas ! soupira-t-il.*

souple adj. (vient du latin *supplex, supplicis* « qui se plie » → **supplice ;** famille de *plier, ployer*) **1.** Que l'on peut plier et replier facilement, sans casser ni détériorer. → **flexible.** *Un cuir souple.* ■ (corps, personnes) Qui se plie et se meut avec aisance. *Elle est très souple ; souple comme une anguille.* **2.** abstrait Capable de s'adapter adroitement aux exigences d'une situation. *Un caractère souple.* ■ Qui est capable d'adaptation, qui n'est pas rigide. *Une éducation souple.* □ adv. **souplement**

souplesse n. f. **1.** Propriété de ce qui est souple (1). → **élasticité, flexibilité ; agilité. 2.** Caractère, action d'une personne souple (2). ■ Faculté d'adaptation. *Souplesse d'esprit.* – *La souplesse d'un règlement.*

souplex n. m. (mot-valise, de *sous-sol* et *duplex*) Appartement sur plusieurs niveaux dont un en sous-sol.

Souppes-sur-Loing Commune de la Seine-et-Marne. 5 253 habitants. Carrières de pierre dure.

souquenille n. f. (origine slave) vieilli Longue blouse de travail.

S

souquer v. < 1 > (origine provençale) mar. **1.** v. tr. Tirer fortement sur. *Souquer un nœud.* **2.** v. intr. Tirer fortement sur les avirons.

Sour ou **Sur** Ville du Liban, sur la Méditerranée. Plus de 100 000 habitants. Port de pêche, marché agricole. C'est l'ancienne *Tyr.*

sourate n. f. (arabe *sūrăt*) Chapitre du Coran. - var. **surate.**

source n. f. (de *sours,* ancien p. p. du v. *sourdre**) **1.** Eau qui sort de terre ; lieu où une eau souterraine se déverse à la surface du sol. *Source thermale. Eau de source.* – fig. *Cela coule* de source.* ■ spécialt *La source d'un cours d'eau,* celle qui lui donne naissance. *Le fleuve prend sa source à (tel endroit).* **2.** fig. Origine, principe. *La source d'une erreur. Une source de profit, d'inspiration.* – *Retour aux sources,* à ses racines. – appos. *Langue source* (dans une traduction ; opposé à *langue cible*). **3.** Origine (d'une information). *Savoir de source sûre. Citer ses sources.* ■ Œuvre antérieure qui a fourni un thème, une idée (à un artiste). **4.** Corps, point d'où rayonne (une énergie). *Source de chaleur ; source lumineuse.* → **foyer.**

sourceur, euse n. (de *source*) comm. Personne dont le métier est de rechercher ce qui peut satisfaire le client en explorant les ressources existantes.

sourcier, ière n. Personne à laquelle on attribue l'art de découvrir les sources et les nappes d'eau souterraines. → **radiesthésiste.** *Baguette, pendule de sourcier.*

sourcil [suʀsi(l)] n. m. (vient du latin *supercilium,* de *super* → super- et *cilium* → cil) (êtres humains) Arc garni de poils qui surplombe les yeux ; ces poils. *Avoir de gros sourcils.* – *Froncer les sourcils* (en signe de mécontentement).

sourcilier, ière adj. Relatif aux sourcils. – *Arcade sourcilière.*

sourciller v. intr. < 1 > (en emploi négatif) Manifester son trouble, son mécontentement. *Il n'a pas sourcillé, il a répondu sans sourciller.* → **ciller.**

sourcilleux, euse adj. (du latin « renfrogné » → sourcil) **1.** littér. Hautain, sévère. **2.** Exigeant. → **pointilleux.**

sourd, sourde (vient du latin *surdus* « qui n'entend pas ; insensible ; assourdi » → absurde ; surdité ; sourdine) **I.** adj. et n. (personnes) **1.** Qui perçoit insuffisamment les sons ou ne les perçoit pas (→ **surdité**). *Être sourd ; sourd d'une oreille.* – loc. *Sourd comme un pot :* complètement sourd. – *Faire la sourde oreille*.* ■ n. *Les sourds et les malentendants.* – loc. *Crier ; frapper, cogner comme un sourd,* de toutes ses forces. – ***Dialogue de sourds,*** où aucun des interlocuteurs ne comprend l'autre. **2.** fig., littér. ***Sourd à :*** qui refuse d'entendre, reste insensible à. *« Rebelle à tous nos soins, sourde à tous nos discours »* (Racine). **II.** adj. (choses) **1.** Peu sonore, qui ne retentit pas. *Un bruit sourd.* → **étouffé.** – *Consonne sourde* et n. f. *une sourde* (opposé à *sonore*), émise sans vibration des cordes vocales (ex. [p]). **2.** Qui est peu prononcé, ne se manifeste pas nettement. *Une douleur sourde.* – *Une lutte sourde,* cachée.

sourdement adv. **1.** Avec un bruit sourd. **2.** D'une manière sourde, cachée.

sourdine n. f. (de l'italien, de *sordo,* du latin *surdus* → sourd) **1.** Dispositif qu'on adapte à des instruments à vent ou à cordes, pour amortir le son. **2.** loc. ***En sourdine :*** sans bruit, sans éclat. → **discrètement.** – *Mettre une sourdine à,* exprimer moins bruyamment.

sourdingue adj. (de *sourd* et suffixe argotique) fam., péj. Sourd, malentendant.

sourd-muet, sourde-muette n. vieilli, péj. Personne qui, atteinte de surdité congénitale ou très précoce, est aussi privée de la parole. – adj. *Des enfants sourds-muets.*

sourdre v. intr. < seulement inf. et 3e pers. de l'indic. : *il sourd, ils sourdent ; il sourdait, ils sourdaient* > (vient du latin *surgere* → surgir, de *sub-* → sub- et *regere* [→ régir ; diriger] → s'insurger, source) littér. **1.** (eau) Sortir de terre. **2.** fig. Naître, surgir.

Sourgout Ville de Russie, sur l'Ob. 285 500 habitants. Pétrochimie. Hydrocarbures.

souriant, ante adj. Qui sourit, est aimable et gai. – *Un air souriant.*

Souriau (Étienne) Philosophe français (1892-1979). Spécialiste d'esthétique, il fut l'un des créateurs de la filmologie. Il dirigea la *Revue d'esthétique.*

souriceau n. m. Jeune souris. *Des souriceaux.*

souricière n. f. **1.** Piège à souris. → **ratière.** **2.** Piège tendu par la police (en un lieu où qqn doit se rendre).

[1]sourire v. intr. < 36 > (vient du *latin,* de *sub-* → sub- et *ridere* → [1]rire) **1.** Prendre une expression rieuse ou ironique par un léger mouvement de la bouche et des yeux. → aussi **[1]rire.** – *Sourire à qqn,* lui adresser un sourire. – *Cela fait sourire :* cela amuse. **2.** (sujet chose) Être agréable. → **plaire.** *Ce projet ne me sourit guère.* – Être favorable. *La chance lui a souri.*

[2]sourire n. m. (de *[1]sourire*) Action de sourire, mouvement et expression d'un visage qui sourit. *Le sourire de la Joconde.* – *Avoir le sourire :* être heureux, content. *Garder le sourire* (en dépit d'une déception).

souris n. f. (vient du latin, de *sorex, soricis*) **1.** Petit mammifère rongeur (spécialt la souris commune, au pelage gris). *Souris femelle, souris mâle. Jeune souris.* → **souriceau.** ■ appos. *Gris souris :* gris clair. **2.** fam. Jeune fille, jeune femme. **3.** Muscle charnu à l'extrémité du gigot. **4.** inform. Boîtier connecté à un ordinateur, qui permet, par déplacement et pression sur un bouton (→ **cliquer**), de donner des instructions.

sournois, oise adj. (probablt du provençal, de *sorn* → sornette) **1.** Qui dissimule ses sentiments réels dans une intention malveillante. → **dissimulé.** – n. *C'est un sournois.* → **hypocrite.** ■ *Une méchanceté sournoise.* **2.** Qui ne se déclare pas franchement. *Une douleur sournoise.* □ adv. **sournoisement**

sournoiserie n. f. Caractère sournois, conduite sournoise ; action sournoise. → **dissimulation, fourberie.**

sous prép. (vient du latin *subtus* « en dessous, par-dessous », dérivé de *sub* → sub-) **I.** Marque la position en bas par rapport à ce qui est en haut, ou en dedans par rapport à ce qui est en dehors (contr. **[1]sur**). → **[1]dessous.** **1.** (chose en contact) *Disposer un oreiller sous sa tête.* – *Sous la terre, sous terre.* **2.** (chose qui recouvre) *Lettre sous enveloppe.* – abstrait *« Le vrai caché sous l'apparence »* (La Fontaine). **3.** (sans contact) *S'abriter sous un parapluie.* – *Sous les fenêtres de qqn,* devant chez lui. – (chose à quoi l'on est exposé) *Sous le feu de l'ennemi.* **II.** fig. **1.** (subordination ou dépendance) *Sous sa direction. Sous condition*.* – Sous l'action de. *Malade sous perfusion.* **2.** (temporel) Pendant le règne de, à l'époque de. *Sous Louis XIV.* – Avant que ne soit écoulé (un espace de temps). *Sous huitaine. Sous peu :* bientôt. **3.** (causal) Par l'effet de. *Sous la pression des évènements.* **4.** En considérant (par un aspect, un côté). *Vu sous cet angle.*

sous- Préfixe tiré de *sous,* qui marque la position (ex. *sous-sol*), la subordination (ex. *sous-préfet*), la subdivision (ex. *sous-ensemble*), le degré inférieur (ex. *sous-merde*) et l'insuffisance (ex. *sous-alimenté*). → **hypo-, infra-, sub-.**

Sous Dépression du Maroc méridional ouverte sur l'Atlantique, correspondant au bassin versant de l'*oued Sous* et peuplée par les Chleuhs. Agrumes.

sous-affluent [suzaflyɑ̃] n. m. géogr. Affluent d'un affluent (d'une rivière).

sous-alimentation [suzalimɑ̃tasjɔ̃] n. f. Grave insuffisance alimentaire.

sous-alimenté, ée [suzalimɑ̃te] adj. Victime de la sous-alimentation.

sous-amendement [suzamɑ̃dmɑ̃] n. m. dr. Amendement proposé ou apporté à un amendement.

sous-arbrisseau [suzaʀbʀiso] n. m. bot. Plante ligneuse à la base et dont les ramifications sont herbacées. *Le genêt, la bruyère sont des sous-arbrisseaux.*

sous-assurer [suzasyʀe] v. tr. < 1 > Assurer (qqch.) au-dessous de sa valeur réelle.

sous-barbe n. f. **1.** Pièce du harnais du cheval qui réunit les deux montants du licol. **2.** mar. Câble ou chaîne qui maintient le beaupré par-dessous.

sous-bibliothécaire n. Bibliothécaire en second.

sous-bois n. m. Végétation qui pousse sous les arbres ; partie de la forêt où pousse cette végétation.

sous-brigadier, ière n. Douanier, gardien de la paix dont le rang est inférieur à celui du brigadier.

sous-calibré, ée adj. techn. *Projectile sous-calibré,* d'un calibre inférieur à celui du canon.

sous-chef n. Personne qui, dans la hiérarchie, vient immédiatement après le chef. *La sous-chef.*

sous-chemise n. f. Couverture légère dans laquelle on insère des documents pour les classer dans une chemise.

sous-classe n. f. sc. nat. Subdivision de la classification des êtres vivants, immédiatement inférieure à la classe.

sous-clavier, ière adj. (→ clavicule) anat. Qui est sous la clavicule. *Artère sous-clavière.*

sous-comité n. m. Comité constitué à l'intérieur d'un comité.

sous-commission n. f. écon. Commission secondaire qu'une commission nomme parmi ses membres.

sous-consommation n. f. écon. Consommation inférieure à la normale, ou aux possibilités de l'offre.

sous-continent n. m. Partie importante et différenciée d'un continent. *Le sous-continent indien :* la péninsule indienne.

sous-couche n. f. **1.** Première couche de peinture, qui sert de support aux couches suivantes. **2.** Couche de neige sous la neige fraîche.

souscripteur, trice n. (du latin → souscrire) Personne qui souscrit.

souscription n. f. (du latin → souscrire) Action de souscrire ; somme versée par un souscripteur. *Ouvrage vendu par, en souscription.*

souscrire v. < 39 > (latin *subscribere,* de *sub-* → sub- et *scribere* → écrire) **1.** v. tr. dr. Revêtir (un acte) de sa signature. ■ S'engager à payer, en signant. *Souscrire un abonnement.* **2.** v. tr. ind. littér. ***Souscrire à :*** donner son adhésion à. → **acquiescer, consentir.** *Souscrire aux exigences de qqn.* ■ S'engager à fournir une somme pour. *Souscrire à un emprunt.* – spécialt S'engager à acheter (un ouvrage en cours de publication).

sous-culture n. f. Culture d'un groupe social déterminé, parfois considérée comme marginale ou inférieure.

sous-cutané, ée adj. Qui est situé ou se fait sous la peau. → **hypodermique.** *Injection sous-cutanée* (s'oppose à *intramusculaire* et à *intraveineux*).

sous-déclarer v. tr. < 1 > Déclarer qqch. au-dessous de sa valeur réelle. □ n. f. **sous-déclaration**

sous-développé, ée adj. écon. Qui est insuffisamment développé. *Une économie sous-développée.* ■ *Pays sous-développés,* qui ont une production insuffisante pour leur population, pour des raisons naturelles, historiques, techniques, financières, politiques (on dit plutôt *en voie de développement*).

sous-développement n. m. État d'un pays sous-développé, d'une économie sous-développée.

sous-diaconat n. m. relig. Ordre (supprimé en 1972) précédant le diaconat.

sous-diacre n. m. relig. Clerc promu au sous-diaconat.

sous-directeur, trice n. Directeur, directrice en second.

sous-dominante n. f. mus. Quatrième degré de la gamme diatonique (cf. dominante).

sous-effectif [suzefɛktif] n. m. Effectif insuffisant pour assurer le bon fonctionnement (d'une opération, d'une entreprise). *Être en sous-effectif.*

sous-embranchement [suzɑ̃bʀɑ̃ʃmɑ̃] n. m. sc. nat. Subdivision d'un embranchement, dans la classification des êtres vivants.

sous-emploi [suzɑ̃plwa] n. m. Emploi d'une partie seulement des travailleurs disponibles (opposé à *plein-emploi*). → **chômage.** – Utilisation insuffisante (de qqn, qqch.).

sous-employer [suzɑ̃plwaje] v. tr. <8> Utiliser en partie seulement les possibilités, les capacités de (qqn, qqch.). – au p. p. *Équipements sous-employés.*

sous-ensemble [suzɑ̃sɑ̃bl] n. m. math. Ensemble inclus dans un autre.

sous-entendre [suzɑ̃tɑ̃dʀ] v. tr. <41> Avoir dans l'esprit sans dire expressément, laisser entendre. → **suggérer.** – impers. *Il est sous-entendu que...* : il va sans dire que...

sous-entendu [suzɑ̃tɑ̃dy] n. m. Action de sous-entendre ; ce qui est sous-entendu (souvent dans une intention malveillante). → **allusion, insinuation.**

sous-entrepreneur, euse [suzɑ̃tʀəpʀənœʀ, øz] n. écon. Entrepreneur qui exécute en sous-traitance une partie des travaux d'un autre entrepreneur.

sous-équipé, ée [suzekipe] adj. Dont l'équipement est insuffisant par rapport aux besoins. – *Région, ville sous-équipée*, dont les infrastructures collectives sont insuffisantes.

sous-équipement [suzekipmɑ̃] n. m. Insuffisance en équipements, en infrastructures, par rapport aux besoins.

sous-espace [suzɛspas] n. m. math. *Sous-espace vectoriel* : partie d'un espace vectoriel ayant elle-même une structure d'espace vectoriel.

sous-espèce [suzɛspɛs] n. f. sc. nat. Subdivision de l'espèce, dans la classification des êtres vivants.

sous-estimer [suzɛstime] v. tr. <1> Estimer au-dessous de sa valeur, de son importance. → **sous-évaluer.** – pronom. *Tu te sous-estimes !* ▫ n. f. **sous-estimation**

sous-étage [suzetaʒ] n. m. Végétation qui se développe sous la végétation principale (d'une forêt), et qui forme un milieu de vie déterminé. *Sous-étage de la hêtraie, de la chênaie.*

sous-évaluer [suzevalɥe] v. tr. <1> Estimer (qqch.) à une valeur inférieure à la valeur réelle. – au p. p. *Monnaie, devise sous-évaluée.* ▫ n. f. **sous-évaluation**

sous-exploiter [suzɛksplwate] v. tr. <1> Exploiter de façon insuffisante. *Sous-exploiter les possibilités touristiques d'une région.* ▫ n. f. **sous-exploitation**

sous-exposer [suzɛkspoze] v. tr. <1> Exposer insuffisamment (une pellicule, un film) à la lumière. – au p. p. *Cliché sous-exposé.* ▫ n. f. **sous-exposition**

sous-faîte n. m. techn. Pièce de charpente posée horizontalement au-dessous du faîte. *Des sous-faîtes.* - var. RO **sous-faite.**

sous-famille n. f. sc. nat. Subdivision de la classification des animaux, inférieure à la famille.

sous-fifre n. (de *fifre* « homme maladroit » en argot, de *fifrelin*) fam., péj. Personne subalterne.

sous-garde n. f. techn. Pièce protégeant la détente (d'une arme à feu). *Sous-garde d'un fusil.* → **pontet.**

sous-genre n. m. sc. nat. Division venant après le genre, dans la classification des êtres vivants.

sous-gorge n. f. Partie de la bride qui passe sous la gorge du cheval. *Des sous-gorges.*

sous-gouverneur n. m. Adjoint du gouverneur de certaines banques. *Sous-gouverneur de la Banque de France.*

sous-groupe n. m. **1.** Groupe faisant partie d'un groupe plus important (dans une classification, une répartition). **2.** math. Partie d'un groupe* ayant elle-même une structure de groupe.

sous-homme [suzɔm] n. m. Homme privé de sa dignité d'homme. *« L'homme est en butte à deux tentations : l'imbécillité et la sainteté : sous-homme et sur-homme, jamais lui-même »* (Cioran).

sous-humanité [suzymanite] n. f. État de sous-homme ; ensemble des sous-hommes.

sous-information [suzɛ̃fɔʀmasjɔ̃] n. f. Insuffisance d'information (distinct de *désinformation*).

sous-informé, ée [suzɛ̃fɔʀme] adj. Qui ne bénéficie pas d'une information suffisante.

sous-jacent, ente adj. (du latin, de *subjacere* « être placé dessous », de *sub-* → **sub-** et *jacere* → **gésir**) **1.** Qui s'étend au-dessous. *La couche sous-jacente.* **2.** fig. Caché, implicite. *Raisonnement sous-jacent.*

Sous-le-Vent (îles) Îles des Petites Antilles au large des côtes vénézuéliennes, comprenant Aruba, Bonaire, Curaçao.

Sous-le-Vent (îles) Îles du N.-O. des îles de la Société, comprenant Bora Bora, Huahine, Maupiti, Raiatea, Tahaa.

sous-lieutenant, ante n. Officier du premier grade des officiers, au-dessous du lieutenant.

sous-locataire n. Personne qui prend un local en sous-location.

sous-location n. f. Action de sous-louer ; état de ce qui est sous-loué.

sous-louer v. tr. <1> **1.** Donner à loyer (ce dont on est locataire principal). **2.** Prendre à loyer du locataire principal.

Souslov (Mikhaïl Andreïevitch) Homme politique soviétique (1902-1982). Gardien de l'orthodoxie communiste, il contribua à la chute de Khrouchtchev et à l'arrivée au pouvoir de Brejnev.

[1]**en sous-main** loc. adv. littér. En secret ; clandestinement.

[2]**sous-main** n. m. Accessoire de bureau sur lequel on place le papier pour écrire. *Des sous-mains.*

sous-maître n. m. Sous-officier de l'école d'équitation de Saumur. - var. RO **sous-maitre.**

sous-maîtresse n. f. Surveillante d'une maison de tolérance (avant leur interdiction légale). → **maquerelle.** - var. RO **sous-maitresse.**

sous-marin, ine I. adj. Qui est dans la mer ; qui s'effectue sous la mer. *Plongée sous-marine.* II. n. m. **1.** Navire capable de naviguer sous l'eau, en plongée. → **submersible.** *Sous-marin nucléaire.* **2.** Personne qui agit secrètement. → [1]**taupe.** **3.** (Canada) Long sandwich.

sous-marinier, ière n. Marin faisant partie de l'équipage d'un sous-marin.

sous-marque n. f. Marque utilisée par un fabricant pour commercialiser des produits moins élaborés ou différents.

sous-maxillaire adj. anat. Qui est placé sous la mâchoire. *Glande sous-maxillaire.*

sous-médicalisé, ée adj. Qui manque de personnel médical, d'équipement médical. *Région sous-médicalisée.*

sous-merde n. f. fam., péj. Chose, personne nulle, lamentable.

sous-ministre n. (Canada) Haut fonctionnaire responsable de l'administration d'un ministère.

sous-multiple n. m. Grandeur contenue un nombre entier de fois dans une autre. → **diviseur.** *3 et 5 sont des sous-multiples de 15.*

sous-munition n. f. Chacune des charges explosives placées dans un conteneur (bombe, obus, missile...) destiné à les disperser sur une vaste zone. *Bombes à sous-munitions.*

sous-nappe n. f. Molleton, tapis qu'on met sous la nappe.

sous-occipital, ale, aux [suzɔksipital, o] adj. méd. Qui est situé, ou qui s'effectue au-dessous de l'os occipital. *Ponction sous-occipitale.*

en sous-œuvre [ɑ̃suzœvʀ] loc. adv. techn. Par les fondations, le fondement. *Reprise en sous-œuvre d'une construction.* ▪ fig. Par la base.

sous-officier, ière [suzɔfisje, jɛʀ] n. Militaire d'un grade qui fait de lui un auxiliaire de l'officier. → **adjudant, aspirant, maréchal des logis, sergent.** - abrév. fam. **sous-off** [suzɔf].

sous-orbitaire [suzɔʀbitɛʀ] adj. anat. Situé au-dessous de l'orbite. *Artère sous-orbitaire.*

sous-ordre [suzɔʀdʀ] n. m. **1.** vieilli Employé subalterne. **2.** sc. nat. Division d'un ordre, dans la classification des êtres vivants.

sous-palan adj. mar. Se dit d'une marchandise qui doit être livrée au port prête pour l'embarquement. – loc. adv. *En sous-palan.*

sous-payer v. tr. <8> Payer insuffisamment (qqn). – au p. p. *Personnel sous-payé.*

sous-peuplé, ée adj. Dont le peuplement est faible. *Région sous-peuplée.*

sous-peuplement n. m. État d'un pays insuffisamment peuplé (compte tenu de ses ressources potentielles).

sous-pied n. m. Bande qui passe sous le pied pour maintenir tendu un pantalon. *Pantalon fuseau à sous-pieds.*

sous-plat n. m. régional (Nord, Belgique, Canada) Dessous-de-plat.

sous-préfectoral, ale, aux adj. Qui appartient, a rapport à une sous-préfecture, à un sous-préfet.

sous-préfecture n. f. (en France) **1.** Partie du département qu'administre le sous-préfet. **2.** Ville où réside le sous-préfet et où sont installés ses services ; bâtiment qui abrite ces services.

sous-préfet, préfète n. (en France) **1.** Fonctionnaire représentant le pouvoir central dans un arrondissement (→ **préfet**). **2.** n. f. vieilli Femme d'un sous-préfet.

sous-production n. f. Production insuffisante.

sous-produit n. m. **1.** Produit secondaire obtenu au cours de la fabrication du produit principal. **2.** Mauvaise imitation.

sous-programme n. m. inform. Programme secondaire pouvant être utilisé en plusieurs points d'un programme principal. *Sous-programme récursif.*

sous-prolétaire n. et adj. Prolétaire particulièrement exploité, non protégé par les lois, etc.

sous-prolétariat n. m. Classe sociale la plus pauvre, vivant dans des conditions misérables.

sous-pull [supyl] n. m. Pull très fin, à col montant, qui se porte sous un autre vêtement.

S

sous-qualifié, iée adj. Qui n'a pas la qualification nécessaire pour un emploi déterminé. *Main-d'œuvre sous-qualifiée.*

sous-scapulaire adj. anat. Situé sous l'omoplate. *Muscle sous-scapulaire.*

Sousse Ville de Tunisie, sur la côte S. du golfe d'Hammamet. 173 100 habitants. Musée archéologique, remparts, mosquée (IXe s.). Port de commerce, tourisme.

Sousse, la casbah (IXe s.) dominant les ruelles de la médina.

sous-secrétaire n. *Sous-secrétaire d'État* : membre du gouvernement auquel est dévolue une partie de la compétence d'un ministre ou d'un secrétaire d'État. □ n. m. **sous-secrétariat**

sous-seing [susɛ̃] n. m. dr. Acte sous seing* privé. *Des sous-seings.*

soussigné, ée adj. (de l'ancien v. *soussigner, de signer*) Qui a signé plus bas, au-dessous. *Je soussigné Untel déclare...* – n. *Les soussignés.*

sous-sol n. m. **1.** Partie de l'écorce terrestre qui se trouve au-dessous du sol. **2.** Partie d'une construction aménagée au-dessous du rez-de-chaussée. *Troisième sous-sol.*

sous-soleuse n. f. agric. Charrue remuant le sol en profondeur, sans le retourner.

sous-station n. f. techn. Station secondaire (d'un réseau de distribution d'électricité).

sous-tasse n. f. Soucoupe. - var. RO **soutasse.**

Soustelle (Jacques) Ethnologue et homme politique français (1912-1990). Spécialiste du Mexique précolombien, il fut sous-directeur du musée de l'Homme. Il rallia en 1940 la France libre, prit part à la fondation du mouvement gaulliste, puis fut ministre sous de Gaulle. S'étant vivement opposé à la politique algérienne d'autodétermination, il dut s'exiler. *L'Art du Mexique ancien ; Envers et contre tout ; L'Espérance trahie.* Académie française.

sous-tendre v. tr. < 41 > **1.** Constituer ou joindre les extrémités de (un arc ; une voûte). **2.** fig. Servir de base à (un raisonnement, une politique, etc.). *Les hypothèses qui sous-tendent sa position.*

sous-tension n. f. électr. Tension inférieure à la normale.

sous-texte n. m. Contenu implicite d'un texte, sous le sens littéral.

sous-titre n. m. **1.** Titre secondaire (placé sous ou après le titre principal). **2.** Traduction condensée du dialogue d'un film, en bas de l'image.

sous-titrer v. tr. < 1 > Munir (un film) de sous-titres. – au p. p. *Version originale sous-titrée.* □ n. m. **sous-titrage**

sous-toilé, ée adj. Se dit d'un voilier muni d'une surface de voile réduite (opposé à *surtoilé*).

Soustons Commune des Landes, au S. de l'étang de Soustons. 8 318 habitants. Industrie du liège.

sous-total, aux n. m. Total intermédiaire, dans un calcul.

soustractif, ive adj. math. Relatif à la soustraction.

soustraction n. f. (du latin → soustraire) **1.** vieux Action de soustraire, de retirer. ■ mod., dr. Délit consistant à enlever une pièce d'un dossier. – *Soustraction de mineur* : fait d'enlever illégalement un mineur à la personne qui exerce l'autorité parentale. **2.** Opération inverse de l'addition, par laquelle on retranche un ensemble d'un autre, pour obtenir la différence entre les deux.

soustraire v. tr. < 50 > (latin *subtrahere*, de *sub-* → sub- et *trahere* « tirer » → traire) **1.** Enlever (qqch.), le plus souvent par la ruse, la fraude. → ^{2}**voler.** **2.** Faire échapper (à qqch. à quoi on est exposé). *On a pu le soustraire aux questions des journalistes.* **3.** Retrancher par soustraction (un nombre d'un autre). → **déduire, ôter.**

sous-traitance n. f. Travail confié à un sous-traitant ; recours à un sous-traitant.

sous-traitant, ante n. Personne chargée d'un travail pour le compte d'un entrepreneur principal. → **sous-entrepreneur.**

sous-traiter v. tr. < 1 > **1.** Agir comme sous-traitant pour (un travail). **2.** Confier à un sous-traitant.

sous-utiliser [suzytilize] v. tr. < 1 > Utiliser de façon insuffisante. – au p. p. *Des ressources sous-utilisées.*

sous-ventrière n. f. Courroie attachée aux deux limons d'une voiture et qui passe sous le ventre du cheval. ■ loc. fam. *Manger à s'en faire péter la sous-ventrière* : manger avec excès, s'empiffrer.

sous-verge n. m. Cheval non monté attelé à la droite d'un cheval monté par le conducteur, dans un attelage. *Des sous-verges.*

sous-verre n. m. **1.** Image, photo placée entre une plaque de verre et un fond rigide ; cet encadrement. *Des sous-verres.* **2.** régional (Nord, Belgique, Luxembourg) Petit support sur lequel on pose un verre.

sous-vêtement n. m. Vêtement de dessous (slip, tricot, culotte, bas, soutien-gorge...).

sous-virer v. intr. < 1 > techn. En parlant d'une automobile, Déraper par les roues avant, l'axe médian s'orientant vers l'extérieur du virage (opposé à *survirer*). □ adj. **sous-vireur, euse**

soutache n. f. (du hongrois) Galon cousu servant d'ornement ; passementerie d'uniforme (→ **ganse**).

soutane n. f. (de l'italien, de *sotto* « dessous », du latin *subtus* → sous) Longue robe, pièce principale du costume ecclésiastique traditionnel. *Prêtre en soutane.*

soutasse voir **sous-tasse**

Sou-tcheou voir **Suzhou**

soute n. f. (de l'ancien provençal ; famille du latin *subtus* → sous) **1.** Magasin, dans la cale d'un navire ou dans un avion. *Soute à bagages.* **2.** au plur. *Les soutes* : combustible liquide pour les navires.

soutenable adj. **1.** Qui peut être soutenu (I, 6). *Sa position n'est guère soutenable* (→ **défendable**). **2.** Qui peut être supporté. *Une scène difficilement soutenable.*

soutenance n. f. (de *soutenir*) Action de soutenir (un mémoire, une thèse de doctorat).

soutènement n. m. (de *soutenir*) (dans des expr.) Action de soutenir (une pression ; une masse). *Mur de soutènement.*

souteneur n. m. (de *soutenir*) Proxénète.

soutenir v. tr. < 22 > (vient du latin, de *sustinere*, de *sub-* → sub- et *tenere* → tenir, cf. sustenter) **I. 1.** Tenir (qqch.) en place, en servant de support ou d'appui. → ^{1}**porter.** – au p. p. *« La salle, massive, obscure, soutenue par de lourds piliers romans »* (Huysmans). **2.** Maintenir debout (qqn). *L'infirmier soutenait le blessé.* **3.** Empêcher de défaillir, en rendant des forces. → **fortifier, remonter.** **4.** Empêcher de fléchir, en apportant secours, réconfort. → **aider, encourager.** *Soutenir l'effort de qqn. – Son amitié m'a soutenu.* **5.** Appuyer en défendant (qqn, qqch.). *Soutenir un candidat, un parti.* **6.** Affirmer, faire valoir en appuyant par des raisons. *Soutenir une opinion.* – spécialt Présenter et défendre devant le jury (une thèse de doctorat) (→ **soutenance**). ■ *Soutenir que...*, affirmer, prétendre que... → **assurer.** **7.** Faire que (qqch.) continue sans faiblir. *Soutenir l'intérêt d'un auditoire. Soutenir la conversation.* **II.** Subir sans fléchir (une force, une action qui s'exerce). *Soutenir l'assaut d'une armée.* – *Soutenir le regard de qqn*, le regarder sans baisser les yeux. – fig. *Soutenir la comparaison* (avec qqn, qqch.) : se montrer l'égal. → **rivaliser.**

soutenu, ue adj. **1.** Qui est constant, régulier. *Une attention soutenue.* **2.** Accentué, prononcé. *Un bleu soutenu.* → **intense, profond.** **3.** (style) Qui se maintient à un certain niveau dans la hiérarchie sociale des discours, qui évite la familiarité.

Soutine (Chaïm)

Soutine, *Nature morte au faisan* (v. 1924), musée de l'Orangerie, Paris.

souterrain, aine (de *sous,* et *terre,* d'après le latin *subterraneus* → terre) **I. adj. 1.** Qui est ou se fait sous terre. *Passage souterrain. Travaux souterrains.* **2.** fig., littér. Caché, obscur. *Une évolution souterraine.* **II. n. m.** Passage souterrain, naturel ou pratiqué par l'homme. *Les souterrains d'un château.*

Souterraine (La) Commune de la Creuse. 4 953 habitants. Église romane et gothique. Vestiges d'un sanctuaire gallo-romain. Métallurgie.

souterrainement adv. rare Par une voie souterraine. – fig. Secrètement.

South (Eddie) Violoniste de jazz américain (1904-1962). Son swing et sa virtuosité le firent surnommer *the Dark Angel of the Violin* (« l'Ange noir du violon »). *Nagasaki ; Sweet Georgia Brown* (avec Django Reinhardt).

Southampton (île) Île du Canada (Territoires du Nord-Ouest) dans le N. de la baie d'Hudson. 41 200 km^2.

Southampton Ville d'Angleterre (comté du Hampshire), sur la ria de la Southampton Water. 253 600 habitants. Université. Port en eaux profondes : pétrole, ferries. Centre industriel.

South Bend Ville des États-Unis (Indiana). 101 200 habitants. Industries diverses.

Southend-on-Sea Ville d'Angleterre (comté de l'Essex), sur l'estuaire de la Tamise. 175 550 habitants. Station balnéaire. Industries.

Southern Uplands Hautes terres d'Écosse, au S. des Lowlands. 843 m au Merrick. Elles sont quasi désertes. Élevage ovin. Tourisme.

Southey (Robert) Poète britannique (1774-1843). Il étudia à Oxford, où il se lia avec Coleridge. Il écrivit des poèmes lyriques et épiques *(Thalaba le Destructeur)* et des biographies dont celle de Thomas More.

Southport Ville d'Angleterre (comté de Merseyside), sur la mer d'Irlande. 91 700 habitants. Station balnéaire.

South Shields Ville d'Angleterre (comté de Tyne and Wear), sur l'estuaire de la Tyne. 75 340 habitants. Station balnéaire.

Southwell Ville d'Angleterre (comté de Nottinghamshire). 6 700 habitants. Cathédrale romane et gothique.

soutien [sutjɛ̃] n. m. (de *soutenir*) **1.** Ce qui soutient une chose, la maintient dans une position. → **support. 2.** (abstrait) Action ou moyen de soutenir (dans l'ordre financier, politique, militaire, moral...). → ^{1}**aide, appui.** *Apporter son soutien à qqn, à une cause.* – *Soutien scolaire* (→ **rattrapage**). **3.** Personne qui soutient (une cause, un parti...). – ***Soutien de famille*** : personne dont l'activité est indispensable pour assurer la subsistance de sa famille.

soutien-gorge n. m. Sous-vêtement féminin destiné à soutenir les seins. *Des soutiens-gorges.* - syn. fam. **soutif.**

soutier, ière n. Matelot chargé du service de la soute à charbon (anciens navires à charbon). ▪ fig. Personne qui effectue une tâche ingrate et est peu considérée.

Soutine (Chaïm) Peintre français d'origine lituanienne (1894-1943). Il étudia à l'école des Beaux-Arts de Vilna, puis s'installa en France. Il peignit des séries : portraits *(Le Groom),* paysages *(Arbres couchés),* natures mortes *(Bœufs écorchés).* À la fois lyrique et angoissée, son œuvre fait montre d'une grande homogénéité.

soutirage n. m. Action de soutirer (1).

soutirer v. tr. < 1 > (de *sous,* et *tirer*) **I.** Transvaser doucement (le vin, le cidre...) d'un récipient à un autre, de façon à éliminer les dépôts. → **tirer. II.** *Soutirer (qqch.) à qqn,* obtenir de lui (ce qu'il ne céderait pas spontanément). *Soutirer de l'argent, des informations à qqn.*

soutra ou **sutra** [sutʀa] n. m. (mot sanskrit) didact. Précepte sanskrit. – Recueil d'aphorismes de ce genre.

Souvanna Phouma Prince laotien (1901-1984), demi-frère de Souphanouvong. Il lutta en 1946 contre la présence française, puis dirigea plusieurs gouvernements neutralistes entre 1951 et 1975. Il fut renversé par le Pathet Lao.

Souvarine (Boris Lifschitz, dit Boris) Homme politique français (1895-1984). Il contribua à la création du Parti communiste français et siégea à Moscou au praesidium de l'Internationale communiste (1921). Il en fut exclu, ainsi que du PCF, pour ses positions trotskistes.

souvenance n. f. (de ^{1}*souvenir*) littér. Souvenir. *Avoir, garder souvenance de qqch., de qqn,* s'en souvenir.

^{1}**souvenir** v. < 22 > (vient du latin *subvenire* « venir en aide ; survenir » → subvenir, de *sub-* → sub- et *venire* → venir) **I. v. pron.** ***Se souvenir (de)* 1.** Avoir de nouveau présent à l'esprit (qqch. qui appartient à une expérience passée). → se **rappeler,** se **remémorer,** se **ressouvenir.** *Je m'en souviens. Je me souviens de cette rencontre, de l'avoir rencontré, que je l'ai rencontré.* – (avec ellipse du pron.) *Faites-m'en souvenir.* – (avec une nuance affective) *Se souvenir d'un bienfait. Je m'en souviendrai !* (menace). – *Se souvenir de qqn,* l'avoir présent à l'esprit, penser à lui. **2.** à l'impératif Ne pas oublier, penser à. *Souvenez-vous de vos promesses, que vous me l'avez promis.* **II. v. intr.** impers. littér. Revenir à la mémoire, à l'esprit. « *Faut-il qu'il m'en souvienne* » (Apollinaire).

^{2}**souvenir** n. m. (de ^{1}*souvenir*) **I. 1.** Mémoire ; fait de se souvenir. *Conserver le souvenir d'un évènement.* **2.** Ce qui revient ou peut revenir à l'esprit des expériences passées ; image que garde et fournit la mémoire. → **réminiscence.** *Souvenir d'enfance. Un bon, un mauvais souvenir.* – *Meilleurs souvenirs* (formule de politesse). – ***Gardez cela en souvenir de moi.*** ▪ au plur. Récit de souvenirs. → ^{1}**mémoire(s). II.** (objets concrets) **1.** Ce qui fait souvenir, témoignage (de ce qui appartient au passé). « *Des gravures* [...] *souvenirs d'un temps meilleur* » (Flaubert). **2.** Objet, cadeau (qui fait qu'on pense à qqn). **3.** Bibelot qu'on vend aux touristes. *Magasin de souvenirs.*

souvent adv. (vient du latin *subinde,* de *sub-* → sub- et *inde* « de là » → ^{2}en) Plusieurs fois, à plusieurs reprises (dans un espace de temps limité) ; en de nombreux cas. *Assez souvent, très souvent.* → **fréquemment.** *Peu souvent.* → **rarement.** ▪ loc. *Plus souvent qu'à mon (ton...) tour,* plus souvent qu'il n'est normal pour moi (toi...). – *Le plus souvent,* dans la plupart des cas. → **généralement.** – fam., vieilli *Plus souvent !,* sûrement pas !

souventes fois adv. vieux ou régional Souvent.

^{1}**souverain, aine** (vient du latin *superanus* [*cf.* soprano], de *super* « sur » → super-) **I. adj. 1.** Qui est au-dessus des autres, dans son genre. → **suprême.** *Une habileté souveraine.* – *Un remède souverain.* → **infaillible. 2.** Dont le pouvoir n'est limité par celui d'aucun autre. *Puissance souveraine. Le peuple souverain.* – loc. *Le souverain pontife* : le pape. ▪ Qui possède la souveraineté (2). *État souverain.* ▪ Qui juge ou décide sans appel. *Assemblée souveraine.* **3.** Qui exprime un sentiment de supériorité. *Un souverain mépris.* **II. n.** Chef d'État monarchique.

^{2}**souverain** n. m. (de l'anglais *sovereign,* pris au français) Ancienne monnaie d'or anglaise, de valeur égale à la livre sterling.

souverainement adv. **1.** littér. Supérieurement. « *Un être souverainement parfait, qui est Dieu* » (La Bruyère). **2.** Avec une autorité souveraine. *Décider souverainement.*

souveraineté n. f. **1.** Autorité suprême (d'un souverain, d'une nation...). *La souveraineté du peuple, fondement de la démocratie.* **2.** Caractère d'un État qui n'est soumis à aucun autre État. → **indépendance.**

souverainiste adj. **1.** Au Canada, Partisan de la souveraineté du Québec. – **n.** *Les souverainistes québécois.* **2.** Partisan d'une Europe formée de nations souveraines. *Un nationalisme souverainiste.* – **n.** *Les souverainistes et les fédéralistes.* □ **n. m. souverainisme**

Souvigny Commune de l'Allier. 1 736 habitants. Église Saint-Pierre romane et gothique, ancienne nécropole des ducs de Bourbon.

souvlaki n. m. Plat grec de brochettes de viande accompagnées de légumes grillés.

Souvorov (Aleksandr Vassilievitch) Maréchal russe (1729-1800). Il soumit les tribus du Caucase, fut vainqueur des Turcs (1787), réprima les insurrections polonaises (1768 ; 1794), et vainquit les Français en Italie du Nord (1799).

Souzdal Ville de Russie, au N.-E. de Moscou. 12 100 habitants. Kremlin (XIe-XIIe s.), cathédrale (XIIIe s.), monastères médiévaux.

Sova (Antonín) Écrivain tchèque (1864-1928). Tour à tour réaliste, impressionniste, symboliste, il chercha constamment à se renouveler. *De mon pays ; Histoires de pauvres.*

soviet [sɔvjɛt] n. m. (mot russe « assemblée ») hist. Conseil de délégués ouvriers et soldats, lors de la révolution russe de 1917. – Chambre des représentants de la nation *(Soviet de l'Union),* chambre des républiques fédérées *(Soviet des nationalités),* formant le parlement de l'URSS (ou *Soviet suprême*) jusqu'en 1991. – péj., vieilli *Les soviets,* le communisme soviétique.

S

Souzdal

Souzdal : les édifices civils et religieux sont de précieux témoins de l'architecture russe des XII-XIIIe siècles.

soviétique adj. et n. hist. Relatif aux soviets et à l'État fédéral socialiste, né de la révolution de 1917 et dissous en 1991 (→ **URSS**). – n. *Les Soviétiques.*

soviétiser v. tr. < 1 > (de *soviétique*) hist. Soumettre à l'autorité ou à l'influence de l'Union soviétique. – au p. p. *États soviétisés.* → aussi **russifier**. □ n. f. **soviétisation**

soviétologue n. (de *soviet*) Spécialiste de la politique soviétique (→ **kremlinologie**).

sovkhoze [sɔvkoz] n. m. (abrév. russe de *sov[ietskoïé]* « soviétique » *khoz[iaïstvo]* « économie ») hist. En URSS, Ferme pilote qui appartenait à l'État.

Sow (Ousmane) Sculpteur sénégalais (1935-2016). À partir d'un matériau de son invention, il modèle de grandes figures humaines sur des armatures de fer (série des *Masai*, des *Peuls*).

Ousmane Sow, *le chef indien Two Moon*, exposé sur le pont des Arts à Paris (1999).

Soweto Banlieue de Johannesburg (Afrique du Sud). 2 millions d'habitants. Elle fut le siège de violentes émeutes en 1976.

Soyaux Commune de la Charente, banlieue est d'Angoulême. 9 969 habitants.

soyeux, euse (de *soie*) **1.** adj. Qui est doux et brillant comme la soie. **2.** n. m. Industriel ou négociant de la soierie. *Les soyeux de Lyon.*

Soyinka (Wole) Écrivain nigérian d'expression anglaise (né en 1934). Il explore dans son théâtre le passé mythique de l'Afrique et l'après-colonialisme *(La Danse de la forêt).* Critique et romancier, il traite de la nostalgie et de l'espoir, de la violence et du pouvoir. Ses poèmes sont marqués par l'univers de la cosmogonie yorouba. Il dut s'exiler en 1994. Prix Nobel 1986.

S

Soyouz Programme spatial soviétique, puis russe, de vols habités né à la fin des années 1960. Après l'abandon du projet d'envoyer un cosmonaute soviétique sur la Lune, le programme a continué, permettant le lancement de très nombreux satellites et l'envoi de personnel et de matériel vers les stations spatiales Saliout et Mir puis vers l'ISS.

spa n. m. (du n. de la ville belge) **1.** Bain à remous. → **jacuzzi**. **2.** Centre de beauté et de remise en forme par hydrothérapie.

Spa Commune de Belgique (province de Liège), sur le Wayai. 10 149 habitants. Église romane. Station thermale. Eaux minérales. Circuit automobile de Spa-Francorchamps à proximité.

SPA (Société protectrice des animaux) Association française fondée en 1845 pour recueillir les animaux abandonnés ou maltraités.

Spaak (Paul Henri) Homme politique belge (1899-1972). Député socialiste, il fut plusieurs fois ministre puis Premier ministre (1946, 1947-1949). Il présida l'Assemblée consultative du Conseil de l'Europe (1949-1951) puis celle de la CECA (1952-1959). Il fut secrétaire général de l'Otan (1957-1961) et participa à un gouvernement d'union avec Théo Lefèvre.

space opéra [spɛsɔpeʀa] n. m. (de l'anglais des États-Unis, de *space* « espace » et *opera* « opéra ») anglic. Œuvre de science-fiction caractérisée par une intrigue se déroulant sur un temps considérable et située dans l'espace sidéral. - var. **space opera** [-ɔpeʀa].

spacieux, euse adj. (du latin, de *spatium* → ¹espace) Où l'on a de l'espace. → **vaste**. *Une voiture spacieuse.* □ adv. **spacieusement**

spadassin n. m. (de l'italien, de *spada* « épée », de même origine que *épée**) anciennt Assassin à gages. → **sbire**.

spadice n. m. (latin *spadix, spadicis* « branche de palmier », d'origine grecque) bot. Inflorescence en épi ou en panicule enveloppée par une bractée protectrice (→ **spathe**).

spaetzle [ʃpɛtzœl(ə) ; ʃpɛtzlə] n. m. (de l'alémanique « petit moineau ») régional (Alsace) au plur. Pâtes alimentaires en lanières. *Civet aux spaetzles ou aux spaetzle* (invar.).

spaghetti [spageti] n. m. (mot italien, diminutif de *spago* « ficelle ») au plur. Pâtes alimentaires fines et longues. *Des spaghettis à la tomate.*

spahi n. m. (turc *sipâhi* « soldat » → **cipaye**) Soldat des corps de cavalerie indigène organisés autrefois par l'armée française en Afrique du Nord.

Lieutenant du 1er régiment de spahis algériens (1845) en grande tenue, par Lucien Rousselot (XXe s.), musée de l'Armée, Paris.

spalax [spalaks] n. m. (mot grec « taupe ») zool. Petit rongeur d'Europe centrale et orientale, sans queue, à fourrure épaisse, qui creuse des galeries dans le sol. → **rat-taupe**.

Spallanzani (Lazzaro) Biologiste italien (1729-1799). Il étudia les mécanismes de la reproduction et montra que la vie ne peut apparaître sans l'existence préalable de germes, réfutant la thèse de la génération spontanée.

spallation n. f. (mot anglais, de *to spall* « éclater ») phys. Réaction nucléaire provoquée par des particules accélérées avec une si grande énergie que le noyau atomique qu'elles bombardent « éclate » en éjectant des particules plus légères.

spalter [spaltɛʀ] n. m. (de l'allemand *spalten* « fendre, crevasser ») techn. Brosse de peintre en bâtiment, utilisée pour faire les faux bois.

spam [spam] n. m. (mot anglais des États-Unis, du n. d'une marque de jambon en boîte, répété dans un sketch) anglic. Envoi répété d'un message électronique, souvent publicitaire, à un grand nombre d'internautes sans leur consentement ; ce type de messages. → régional **pourriel**.

spammer v. tr. < 1 > anglic. Envoyer des spams à (qqn). *Entreprise qui spamme ses clients.*

Spandau Ancienne ville forte d'Allemagne aujourd'hui réunie à Berlin, où fut conservé le trésor de guerre de l'Empire allemand de 1870 à 1914. En 1946, certains criminels de guerre nazis condamnés à Nuremberg y furent incarcérés.

Spanish Town Ville de Jamaïque. 89 100 habitants. Elle fut la capitale de l'île à l'époque coloniale.

sparadrap n. m. (famille de *drap*) Bande adhésive utilisée pour maintenir un pansement.

sparidé n. m. (du latin *sparus*) zool. Poisson de mer osseux, de forme allongée, souvent hermaphrodite (famille des *Sparidés* ; ex. le bar, la dorade).

Spark (Muriel) Écrivaine britannique (1918-2006). Elle construisit dans son œuvre romanesque un imaginaire inquiétant *(Les Célibataires ; Intentions suspectes)*, ayant souvent pour cadre l'Italie où elle vécut *(Le Banquet)*. Elle a publié des ouvrages critiques *(Mary Shelley)*, de la poésie, des nouvelles et une autobiographie *(Curriculum vitae)*.

Spartacus Esclave thrace (mort en 71 av. J.-C.). Il mena la plus grande révolte d'esclaves de l'Antiquité : réfugié au sommet du Vésuve avec des milliers d'esclaves, il défia les armées romaines pendant deux ans. Il fut vaincu par Crassus et tué.

spartakiste n. (allemand *Spartakist*, de *Spartakusbund* « groupe Spartacus » → **Spartacus**) hist. Membre d'un mouvement socialiste et communiste allemand animé par Karl Liebknecht et Rosa Luxemburg (1916-1919). – adj. *Le groupe spartakiste.* □ n. m. **spartakisme**

Spartakus (ligue ou **groupe)** Groupe de socialistes révolutionnaires allemands, fondé par Karl Liebknecht et Rosa Luxemburg. En 1918, la ligue Spartakus devint le Parti communiste allemand. Rosa Luxemburg et Karl Liebknecht furent assassinés lors d'une insurrection organisée à Berlin en 1919.

sparte ou **spart** [spaʀt] n. m. (latin *spartum*, grec *sparton* « corde de genêt ») bot. Plante monocotylédone dont les fibres sont utilisées en sparterie. *Natte en sparte tressé.* ■ Alfa.

Sparte ou **Lacédémone** Ancienne ville de Grèce, dans le Péloponnèse. Elle est dans la légende homérique le royaume de Ménélas. La cité historique, constituée au –IXe s., oligarchique, comprenait trois classes, les *Égaux*, seuls citoyens, les *ilotes*, cultivateurs, et les *périèques*, commerçants. L'éducation des Spartiates, très militaire, était assurée par l'État. Sparte mena une politique expansionniste, et devint la plus puissante force militaire grecque à la fin du –VIe s. Elle vainquit Athènes lors de la guerre du Péloponnèse (de –431 à –404). Mais Thèbes et la Macédoine mirent fin à sa puissance, et le déclin de Sparte fut consommé aux –IIIe s. La ville fut détruite au IVe s. par les Wisigoths. La ville moderne de Sparte a été construite au S. de l'antique Sparte. 20 000 habitants.

sparterie n. f. (→ **sport**) Fabrication d'objets en fibres végétales (jonc, alfa, crin) vannées ou tissées. – Ouvrage ainsi fabriqué.

spartiate [spaʀsjat] (du latin, du grec, de *Spartê* « Sparte ») **I. 1.** n. Habitant de l'ancienne Sparte (Lacédémone). **2.** adj. Qui évoque les citoyens de Sparte et leur austérité. *Une éducation spartiate.* **II.** n. f. Sandale montante faite de lanières de cuir croisées.

spasme n. m. (latin *spasmus* [→ se pâmer], du grec *spasmos*, de *spân* « tirer ») Contraction brusque et involontaire d'un ou de plusieurs muscles. → **convulsion, crampe, crispation**.

spasmodique adj. (→ spasme) Caractérisé par des spasmes ; relatif aux spasmes. → **convulsif.** *Colite spasmodique.*

spasmolytique adj. (de *spasme* et *lytique*) méd. Qui supprime les spasmes. – n. m. *Un spasmolytique.* → **antispasmodique.**

spasmophile adj. et n. méd. (Malade) atteint de spasmophilie.

spasmophilie n. f. méd. Affection bénigne caractérisée par des spasmes musculaires et viscéraux. □ adj. **spasmophilique**

spatangue n. m. (latin *spatangius*, grec *spatangês* « hérisson de mer ») zool. Oursin ovoïde, à piquants courts, vivant dans les sables vaseux.

spath n. m. (mot allemand, *cf.* feldspath) minér., vieux Minéral à structure cristalline et lamellaire. *Spath fluor :* principal minerai du fluor. → **fluorine.** *Des spaths.* ■ mod. *Spath d'Islande :* calcite en gros cristaux, transparente et incolore.

spathe n. f. (latin *spatha* → épée, grec *spathê*) **1.** archéol. Épée à large lame des Gaulois et des Germains. **2.** bot. Grande bractée en forme de sac, de cornet, enveloppant un spadice*.

spatial, ale, aux adj. (du latin *spatium* → ¹espace) **1.** Qui est du domaine de l'espace (s'oppose à *temporel*). *Représentation spatiale.* □ n. f. **spatialité 2.** Relatif à l'espace interplanétaire, interstellaire, à son exploration. → **cosmique.** *Navette spatiale.*

spatialiser v. tr. < 1 > didact. Adapter (un engin, un appareillage...) aux conditions de l'espace. □ n. f. **spatialisation**

spatio- Élément (tiré de *spatial*) qui signifie « espace ».

spationaute [spasjonot] n. (de *spatio-* + *-naute*, d'après *aéronaute*) rare Membre de l'équipage d'un engin spatial. → **astronaute.**

spatiotemporel, elle adj. didact. Qui se rapporte à la fois à l'espace et au temps. *Repères spatiotemporels.*

spatule n. f. (du latin, de *spatha* → épée) **1.** Instrument à lame plate et large. *Spatule de sculpteur. Spatule en bois,* pour la cuisine. *Spatule souple.* → **maryse. 2.** Extrémité antérieure (relevée) d'un ski. **3.** zool. Oiseau échassier à long bec noir et droit en forme de spatule, qui vit en colonies.

spatulé, ée adj. didact. En spatule, large et plat du bout. *Bec spatulé.*

SPD (**Sozialdemokratische Partei Deutschlands**) en français **Parti social-démocrate allemand** Parti politique fondé en 1875 et issu du Parti ouvrier socialiste d'Allemagne, il prit le nom de SPD en 1891. Interdit par Hitler, il se reconstitua en 1945. À l'Ouest, il fit partie de plusieurs gouvernements de coalition de 1966 à 1982. À l'Est, il fusionna avec le Parti communiste, pour former le Parti socialiste unifié (SED) qui réintégra le SPD peu avant la réunification de l'Allemagne en 1990. Il fut au pouvoir de 1998 à 2005 avec G. Schröder et depuis 2021 avec O. Scholz.

speaker [spikœʀ] n. m. (mot anglais « orateur », de *to speak* « parler ») **I. 1.** Président de la Chambre des Communes, en Angleterre. **2.** Président de la Chambre des représentants, aux États-Unis. **II.** anglic., vieilli Présentateur (de radio...). - var. RO **speakeur.**

speakerine [spikʀin] n. f. (de *speaker* ; faux anglic.) vieilli Présentatrice (de radio...).

Spearman (**Charles**) Psychologue et mathématicien britannique (1863-1945). Il fonda la psychologie différentielle en utilisant la méthode mathématique de l'analyse factorielle.

spécial, ale, aux adj. (latin *specialis*, de *species* « vue ; aspect ; type » → espèce, de *specere* → spectacle) **I. 1.** Qui concerne, est limité à une catégorie de cas (opposé à *général*). **2.** Qui est particulier ou destiné (à une personne, un groupe ; une chose). → **particulier.** *Un régime spécial. Train spécial.* ■ Qui constitue une exception, est employé dans des circonstances extraordinaires. *Des mesures spéciales.* – *L'envoyé spécial d'un journal.* **3.** Qui présente des caractères particuliers dans son genre ; qui n'est pas commun, ordinaire. → **singulier.** – fam. *C'est un peu spécial,* bizarre. – par euphémisme *Des mœurs spéciales* (par rapport à une norme sexuelle). **II.** n. f. **1.** Huître grasse qui a séjourné plusieurs mois en claire*. **2.** sports Épreuve sur parcours imposé, dans un rallye automobile.

spécialement adv. **1.** D'une manière spéciale ; en particulier. → **notamment.** – Dans un sens restreint (mot). **2.** D'une manière adéquate ; tout exprès. *Salle spécialement équipée.* **3.** D'une manière caractéristique. → **particulièrement.** – fam. *Pas spécialement,* pas tellement.

spécialisation n. f. Action, fait de (se) spécialiser (en particulier dans un domaine de la connaissance).

spécialisé, ée adj. Qui a une spécialité. *Éducateur spécialisé.* – *Ouvrages spécialisés.*

spécialiser v. tr. < 1 > Employer, cantonner dans une spécialité. – pronom. *Elle s'est spécialisée dans la littérature médiévale.*

spécialiste n. **1.** Personne qui s'est spécialisée, qui a des connaissances approfondies dans un domaine déterminé et restreint (science, technique...). → **expert.** – spécialt Médecin qui se spécialise dans une branche particulière de la médecine. **2.** fam. Personne qui est coutumière (de qqch.). *Un spécialiste de la gaffe.*

spécialité n. f. (→ spécial) **1.** didact. Caractère de ce qui est spécial. ■ dr. *Spécialité administrative :* limite d'attribution et de compétence d'une autorité. **2.** Ensemble de connaissances sur un objet d'étude déterminé et limité. → **branche, discipline, domaine, partie. 3.** Production déterminée à laquelle on se consacre. *Spécialités régionales.* ■ pharm. Médicament préparé industriellement par un laboratoire pharmaceutique. **4.** fam. Comportement particulier et personnel. *Les insinuations, c'est sa spécialité.*

spéciation n. f. (du latin *species* → espèce) biol. Formation d'espèces nouvelles ; différenciation des espèces.

spécieux, euse adj. (du latin « de bel aspect », de *species* → espèce ; spécial) littér. Qui n'a qu'une belle apparence, qui est sans valeur. *Un raisonnement spécieux et trompeur.* → **captieux, fallacieux.**

spécification n. f. (→ spécifier) **1.** didact. Action de spécifier. **2.** Définition précise des caractères d'un produit, d'une construction. *Les spécifications techniques d'un matériel.*

spécificité n. f. didact. Caractère spécifique ; qualité de ce qui est spécifique.

spécifier v. tr. < 7 > (latin *specificare*, de *species* [→ espèce] et *facere* [→ ¹faire]) Caractériser ou mentionner de façon précise. → **indiquer, préciser.**

spécifique adj. (→ spécifier) **1.** didact. Propre à une espèce* et à elle seule (commun à tous les individus de cette espèce). *Caractère spécifique.* – *Terme spécifique* (opposé à *générique*). ■ méd. *Remède spécifique,* propre à guérir une maladie particulière. ■ comm. (droits, impôts) Calculé sur le nombre d'unités physiques du bien taxé. *Droits spécifiques* (opposé à *droits ad valorem*). **2.** Qui a son caractère et ses lois propres. *Un problème spécifique.* → **particulier.**

spécifiquement adv. D'une manière spécifique. → **proprement, typiquement.**

spécimen [spesimɛn] n. m. (latin *specimen* « preuve ; modèle », de *specere* → spectacle) **1.** Individu qui donne une idée de l'espèce ; unité qui donne une idée du tout. → **échantillon, exemple, représentant.** *Des spécimens.* **2.** Exemplaire ou feuillet publicitaire (d'une revue, d'un manuel). – Mention caractérisant des exemplaires sans valeur fonctionnelle (billets, etc.).

spéciosité n. f. (du latin *speciosus* → spécieux) rare Caractère de ce qui est spécieux. *La spéciosité d'un argument.*

spécisme n. m. (du latin *species* → espèce) didact. **1.** Idéologie qui postule une hiérarchie entre les espèces, spécialt la supériorité de l'être humain sur les animaux. **2.** par ext. Mauvais traitement, exploitation des animaux. □ adj. et n. **spéciste**

speck [spɛk] n. m. (mot allemand « lard ») Variété de jambon cru fumé.

spectacle n. m. (latin *spectaculum*, de *spectare* « regarder », de *specere*, *spicere* [même sens] → aspect, espèce, inspecter, prospectus, suspect) **1.** Ensemble de choses ou de faits qui s'offre au regard. → **tableau, vision.** *Le spectacle de la nature.* – *Au spectacle de,* à la vue de. – loc. péj. *Se donner en spectacle,* se faire remarquer. **2.** Représentation (théâtre, cinéma...) ; ce qu'on présente au public au cours d'une même séance. *Aller au spectacle.* – *Salle de spectacle(s).* ■ *Le spectacle :* l'ensemble des activités concernant le théâtre, le cinéma, le music-hall, etc. *L'industrie du spectacle.* → anglic. **show-business. 3.** loc. *Pièce, revue à grand spectacle :* qui comporte une mise en scène somptueuse.

spectaculaire adj. (→ spectacle) Qui parle aux yeux, frappe l'imagination. *Un exploit spectaculaire.* □ adv. **spectaculairement**

spectateur, trice n. (du latin, de *spectare* → spectacle) **1.** Témoin d'un évènement ; personne qui regarde un spectacle (1). *Les spectateurs du drame.* **2.** Personne qui assiste à un spectacle (2), à une manifestation. → **assistance, auditoire, public.**

spectral, ale, aux adj. **I.** De spectre (I). – *Une pâleur spectrale.* **II.** sc. Relatif aux spectres (II), à leur étude. *Raies spectrales.*

spectre n. m. (latin *spectrum*, de *specere* → spectacle) **I. 1.** Apparition effrayante d'un mort. → **fantôme, revenant.** – *Une pâleur de spectre.* **2.** littér. Perspective menaçante. *Le spectre de la guerre.* **II. 1.** sc. Décomposition d'une onde ou d'un rayonnement en ses différentes composantes. *Le spectre solaire* (obtenu à travers un prisme). **2.** Champ d'action, d'efficacité (d'un antibiotique). **3.** Ensemble de faits de même nature. *Un large spectre d'opinions.* → **éventail.**

spectro- Élément (tiré de *spectre*) qui entre dans la composition de mots savants, notamment en physique.

spectrochimique adj. (de *spectro-* et *chimique*) sc. Qui utilise l'analyse spectrale, en chimie.

spectrogramme n. m. (→ -gramme) phys. Photographie (ou dessin) reproduisant le spectre obtenu avec un spectrographe.

spectrographe n. m. (→ -graphe) phys. Appareil permettant d'enregistrer un spectre, après avoir produit et sélectionné des radiations visibles ou invisibles. → **spectromètre.**

spectrographie n. f. (→ -graphie) Formation et analyse des spectres pour étudier la constitution des atomes, des molécules. □ adj. **spectrographique**

spectrohéliographe n. m. astron. Spectrographe à haute résolution servant à obtenir des images photographiques monochromes du Soleil.

spectromètre n. m. phys. Appareil d'étude des spectres (optiques ou électroniques). – *Spectromètre de masse,* permettant de séparer et d'identifier, par leur masse et leur charge électrique des atomes, des radicaux, des molécules. □ n. f. **spectrométrie**

spectrophotomètre n. m. techn. Appareil permettant de mesurer des grandeurs énergétiques associées aux spectres. □ n. f. **spectrophotométrie**

spectroscope n. m. (→ -scope) phys. Instrument pour produire ou examiner des spectres lumineux.

spectroscopie n. f. (→ -scopie) phys. Analyse des constituants d'un corps par leur spectre d'absorption.

spéculaire adj. (du latin, de *speculum* → spéculum) didact. **1.** Qui réfléchit la lumière comme un miroir. **2.** Relatif au miroir ; produit par un miroir. *Image spéculaire.*

spéculateur, trice n. (→ spéculer) Personne qui fait des spéculations (II).

spéculatif, ive adj. (du latin → spéculer) Qui relève de la spéculation (I et II).

spéculation n. f. (→ spéculer) **I.** didact. Théorie, recherche abstraite. *« Les profondeurs inouïes de l'abstraction et de la spéculation pure »* (Hugo). ▪ Considération théorique. → **conjecture, hypothèse, supposition.** **II.** Opération financière ou commerciale fondée sur les fluctuations du marché ; pratique de ces opérations. *Spéculation en Bourse.*

spéculer v. intr. < 1 > (latin *speculari* « observer », de *specere* → spectacle) **I.** didact. Méditer, se livrer à la spéculation (I). **II.** Faire des spéculations (II). ▪ fig. *Spéculer sur qqch.*, compter dessus pour réussir.

spéculos ou **spéculoos** [spekylos] n. m. (néerlandais *speculaas*) Biscuit croquant à la cassonade, parfois moulé en forme de figurine (d'origine belge). - var. (Belgique) **spéculaus.**

spéculum [spekylɔm] n. m. (latin *speculum* « miroir », de *specere* → spectacle ; spéculer) méd. Instrument utilisé pour explorer certaines cavités de l'organisme. *Examen gynécologique au spéculum. Des spéculums.* - var. **speculum** [spekylɔm].

speech [spitʃ] n. m. (mot anglais) Petite allocution de circonstance. *Des speechs* ou *des speeches* (plur. anglais).

speed [spid] (mot anglais « vitesse ») anglic., fam. **1.** n. m. Amphétamine. *Prendre du speed.* **2.** adj. Qui a pris des amphétamines. ▪ fig. Très agité, excité. *Elles sont speeds !* - syn. **speedé, ée.**

Speer (Albert) Homme politique et architecte allemand (1905-1981). Il fut un des architectes de l'Allemagne nazie. Ministre de l'Armement à partir de 1942, il fut condamné à 20 ans de prison au procès de Nuremberg.

Speke (John Hanning) Explorateur britannique (1827-1864). Il explora l'Afrique centrale (1856) et découvrit le lac Victoria.

spéléo (abrév.) **1.** n. f. Spéléologie. **2.** n. Spéléologue.

spéléo- Élément (du grec *spêlaion* « caverne ») qui signifie « grotte ; cavité souterraine ».

spéléologie n. f. Exploration et étude scientifique des cavités du sous-sol (grottes, etc.). - abrév. fam. **spéléo.** ▫ adj. **spéléologique**

spéléologue n. Spécialiste de la spéléologie. - abrév. fam. **spéléo.**

S

Spemann (Hans) Biologiste allemand (1869-1941). Il mit en évidence les mécanismes du développement embryonnaire et de son organisation. Prix Nobel 1935.

Spence (Michael) Économiste américain (né en 1943). Ses travaux ont porté sur le fonctionnement des marchés en asymétrie d'information. Prix Nobel 2001.

spencer [spɛnsœʀ ; spɛnsɛʀ] n. m. (mot anglais, du n. de lord Spencer) Veste courte et ajustée.

Spencer (Herbert) Philosophe britannique (1820-1903). Il chercha à donner une explication globale de l'évolution des êtres à partir des lois ordinaires mécaniques. Il appliqua ces principes à la biologie et à la sociologie. Cette philosophie, influencée par Darwin, a reçu le nom d'évolutionnisme.

Spencer (sir Stanley) Peintre britannique (1891-1959). Expressionniste influencé par les préraphaélites, il peignit des scènes religieuses, des portraits, des scènes de guerre. *Port Glasgow Resurrected.*

Spender (Stephen) Écrivain britannique (1909-1995). Il fut membre du groupe formé autour de W. H. Auden. Sa poésie *(Ruines et visions)* et son œuvre narrative *(Monde dans le monde)* sont le fidèle reflet de sa vie et de son engagement en faveur des droits de l'homme.

Spengler (Oswald) Philosophe allemand (1880-1936). Comparant les cultures à un tout organique soumis aux lois du développement biologique, il développa une conception cyclique de l'histoire. *Le Déclin de l'Occident.*

Spenser (Edmund) Poète anglais (1552-1599). Il est l'auteur de poèmes mystiques ou allégoriques dont l'originalité formelle influença Keats, Shelley et Byron *(La Reine des fées ; Amoretti ; Épithalame).*

spéos [speos] n. m. (grec *speos* « caverne ») archéol. Temple d'Égypte creusé dans le roc.

Sperber (Manès) Écrivain français (1905-1984). Enseignant la sociologie et la philosophie à Berlin, il dut fuir les persécutions antisémites et se réfugia à Paris en 1933. Son œuvre, consacrée à la dénonciation du totalitarisme, se compose d'essais *(Analyse de la tyrannie)*, d'une série autobiographique et de romans *(La Baie perdue).*

spergule n. f. (du latin *asparagus* → asperge ou de *spargere* → épars) bot. Petite plante herbacée, à feuilles en lanières, dont une variété est appelée *fourrage de disette.*

spermacéti ou **spermaceti** [spɛʀmaseti] n. m. (latin *spermaceti*, de *sperma* → sperme et *cetus, ceti* « baleine » → cétacé) didact. Blanc de baleine*.

spermaphyte n. m. (du grec *sperma* « semence » et de *-phyte*) bot. Plante à organes de reproduction apparents et développés (fleurs) ou plante à graines (embranchement des *Spermaphytes*). → **phanérogame.**

spermatide n. f. (→ -ide) biol. Cellule sexuelle mâle dont dérive le spermatozoïde.

spermatie [spɛʀmasi ; spɛʀmati] n. f. (du latin *sperma* → sperme) bot. Spore à un seul noyau de certains champignons. – Gamète mâle libéré par les anthéridies des algues.

spermatique adj. (latin d'origine grecque *spermaticus* « séminal ») Du sperme, relatif au sperme. ▪ anat. *Cordon spermatique*, comprenant le canal déférent et des veines et artères du testicule.

spermat(o)-, sperm(o)- Éléments (du grec *sperma, spermatos* « semence » → sperme, de *speirein* « semer » → spore) qui signifient « sperme ; semence ; graine ».

spermatocyte n. m. (→ -cyte) biol. Cellule germinale mâle qui devient une spermatide, puis un spermatozoïde.

spermatogenèse n. f. (→ -genèse) biol. Ensemble des processus qui aboutissent à la formation des spermatozoïdes. → **gamétogenèse.** ▫ adj. **spermatogénétique**

spermatogonie n. f. (→ -gonie) biol. Cellule souche qui forme par division les spermatocytes.

spermatophore n. m. (→ -phore) zool. Organe contenant des agglomérats de cellules reproductrices mâles, chez les céphalopodes.

spermatozoïde n. m. (de *spermato-* et du grec *zôon* « animal » → zoo et *eidês* → -oïde) Cellule reproductrice (gamète) mâle des animaux sexués. *Fécondation de l'ovule par un spermatozoïde.*

sperme n. m. (latin *sperma* « semence », du grec → spermat[o]-) Liquide constitué par les spermatozoïdes et les sécrétions des glandes génitales mâles. → **semence ; liquide séminal.** *L'éjaculation du sperme.*

-sperme, -spermie Éléments de mots (du grec *sperma* « semence, graine ») entrant notamment dans la composition de termes botaniques (ex. *gymnosperme*).

spermicide n. m. (de *sperme* et *-cide*) Contraceptif local qui, introduit dans le vagin, détruit les spermatozoïdes. – adj. *Gelée, crème, ovule spermicide.*

sperm(o)- voir **spermat(o)-**

spermogramme n. m. (de *spermo-* + *-gramme*) méd. Examen effectué pour déterminer les caractéristiques du sperme.

spermophile n. m. (latin *spermophilus*, du grec *sperma* « graine » et *philein* → -phile) zool. Petit rongeur voisin de la marmotte, à abajoues volumineuses, qui vit dans des terriers où il entasse des graines.

Sperry (Roger Wolcott) Neuropsychologue américain (1913-1994). Il mit en évidence les fonctions différentes des deux hémisphères cérébraux. Prix Nobel 1931.

Spessart n. m. Petit massif de l'Allemagne s'étendant sur la Hesse méridionale et la Basse-Franconie.

Spessivtseva (Olga) Danseuse russe (1895-1991). Figure du ballet romantique, elle dansa avec la troupe des Ballets russes de Diaghilev, puis à l'Opéra de Paris avec S. Lifar.

Spétsai ou **Spetsès** Île grecque de la mer Égée. 22 km². 3 500 habitants. Tourisme.

spetsnaz n. m. (abrév. russe) Membre d'un corps d'élite de l'armée russe chargé de missions et opérations spéciales.

Speusippe en grec **Speusippos** Philosophe grec (399-339 av. J.-C.). Neveu de Platon, il lui succéda à la direction de l'Académie dont il infléchit la doctrine en substituant aux Formes intelligibles platoniciennes l'ensemble structuré des nombres et des entités mathématiques.

Spey n. f. Rivière d'Écosse se jetant dans la mer du Nord. 180 km.

Spezia (La) Ville d'Italie (Ligurie), chef-lieu de province, sur la mer Ligurienne. 91 400 habitants. Base navale et port commercial. Industries métallurgique et mécanique. Centrale thermique. Constructions navales. Raffineries de pétrole.

sphacèle n. m. (grec *sphakelos* « gangrène ») méd. Fragment de tissu nécrosé qui se détache d'une plaie, d'un ulcère.

sphaigne [sfɛɲ] n. f. (latin *sphagnum*, grec *sphagnos* « mousse ») Mousse des marais dont la décomposition est à l'origine de la formation de la tourbe.

sphénodon n. m. (du grec *sphên* « coin » et *odous, odontos* « dent ») zool. Grand lézard de Nouvelle-Zélande. → **hattéria.**

sphénoïde n. m. (grec *sphênoeidês*, proprt « en forme de coin ») anat. Os constituant de la base de la boîte crânienne, au niveau des fosses nasales et des cavités orbitaires. – adj. *Os sphénoïde.* ▫ adj. **sphénoïdal, ale, aux**

sphère n. f. (latin *sphaera* « globe », du grec *sphaira*) **1.** Surface fermée dont tous les points sont à égale distance (rayon) du centre ; solide limité par cette surface. – *Sphère céleste*, sphère fictive de rayon indéterminé, à la surface de laquelle les corps célestes semblent situés pour un observateur qui serait au centre de cette sphère. *La sphère terrestre.* → **globe.** **2.** fig. Domaine d'activité ou de connaissance (de qqn). ▪ Domaine, milieu. – *Les hautes sphères de la politique*, les milieux dirigeants. ▪ *Sphère d'action* (d'un agent physique). – *Sphère d'influence* (d'une puissance politique).

-sphère Élément (de *sphère*) de mots composés (ex. *oosphère, planisphère*).

sphérique adj. (→ sphère) **1.** En forme de sphère. → **rond.** *Une bille parfaitement sphérique.* **2.** math. Qui appartient à la sphère. *Calotte sphérique.*

sphéroïde n. m. (→ -oïde) Solide à peu près sphérique. *La Terre est un sphéroïde.* ▫ adj. **sphéroïdal, ale, aux**

sphéromètre n. m. (de *sphère* et *-mètre*) phys. Instrument servant à mesurer la courbure des surfaces sphériques (en particulier celles des verres d'optique).

sphincter [sfɛ̃ktɛʀ] n. m. (mot latin d'origine grecque) Muscle annulaire autour d'un orifice naturel qu'il ferme en se contractant. *Le sphincter de l'anus.* ▫ adj. **sphinctérien, ienne**

sphinge n. f. (forme fém. de *sphinx*) Sphinx féminin.

sphingidé n. m. Papillon nocturne à corps épais et ailes souvent étroites, à vol rapide (famille des *Sphingidés* ; ex. le sphinx).

sphinx [sfɛ̃ks] n. m. (latin *sphinx*, d'origine grecque) **I. 1.** Monstre fabuleux, lion ailé à tête et buste de femme. ■ Statue de lion couché, à tête d'homme, de bélier ou d'épervier (divinité égyptienne antique). *Le sphinx de Gizeh.* **2.** fig. Personne énigmatique, à l'attitude mystérieuse. **II.** Grand papillon du crépuscule, au vol puissant. *Sphinx tête-de-mort.*

▶ Originaire d'Égypte, cette créature à tête d'homme sur un corps de lion incarnait le roi ou le dieu-Soleil, symbole de puissance et de protection. Des doubles files de **sphinx**, gardiens des sanctuaires, bordaient les allées menant aux temples. Le plus ancien et le plus imposant est le sphinx de Gizeh, statue du pharaon Khéphren. Au IIe millénaire av. J.-C., le sphinx passa en Asie (où on lui ajouta des ailes) et de là en Grèce, où il devint un monstre ailé au visage et au buste de femme. Selon la légende d'Œdipe, le sphinx s'établit près de Thèbes, où il dévorait tous ceux qui échouaient à résoudre ses énigmes. Il se tua de dépit après qu'Œdipe eut répondu à cette question : « Quel est l'être pourvu d'une seule voix qui a quatre pieds le matin, deux à midi et trois le soir ? » en proposant l'homme (qui marche à quatre pattes quand il est enfant et s'aide d'une canne quand il est vieux).
voir aussi **pyramide, Œdipe**

Le Sphinx de Gizeh, gigantesque sculpture taillée dans le roc v. 2500 av. J.-C.

sphygmo- Élément (du grec *sphugmos*) qui signifie « pouls, pulsation ».

sphygmomanomètre n. m. (→ **manomètre**) méd. Appareil servant à mesurer la tension artérielle. → **tensiomètre.** - syn. **sphygmotensiomètre.**

sphyrène n. f. (latin d'origine grecque *sphyraena*) zool. Poisson de mer, à la mâchoire inférieure saillante. *La sphyrène barracuda* ou barracuda.*

spi n. m. voir **spinnaker**

spic voir **²aspic**

spicilège n. m. (latin *spicilegium* « glanage » ; de *spicum* « épi » et *legere* « recueillir ») didact. Recueil d'actes, de documents, de notes, d'essais. « *Le Spicilège* » (de Montesquieu).

spicule n. m. (latin *spiculum* « dard », de *spicum* « épi ») **1.** sc. nat. Chacun des petits bâtonnets calcaires ou siliceux constituant le squelette des éponges. **2.** virol. Pointe protéique qui entoure la membrane de la capside de certains virus. **3.** astron. Jet de matière dans la chromosphère solaire, ayant l'apparence de flammes qui disparaissent en quelques minutes.

spider [spidɛʀ] n. m. (mot anglais « araignée », à cause des hautes roues) anciennt **1.** Voiture hippomobile décapotable, à quatre roues, proche du phaéton. **2.** Coffre aménagé à l'arrière d'un cabriolet automobile pouvant recevoir des passagers, des bagages.

Spiderman (anglais « Homme araignée ») Personnage de justicier, héros d'une bande dessinée américaine, créé en 1962 par Stan Lee et Steve Kitko.

spiegel [spigœl ; ʃpigœl] n. m. (abrév. de l'allemand *Spiegeleisen*, proprt « fer *[Eisen]* à miroir *[Spiegel]* », à cause de la cassure miroitante de cet alliage) techn. Alliage de fer, manganèse et carbone, employé dans la fabrication de l'acier par le procédé Bessemer.

Spiegel (Der) Magazine hebdomadaire allemand créé en 1946. Indépendant, il tire à près de un million d'exemplaires.

Spiegelman (Art) Dessinateur américain (né en 1948). Il fonda en 1980 une revue d'arts graphiques, *Raw*, dans laquelle il publia une bande dessinée, *Maus*, évoquant, sous forme animalière, le génocide des Juifs de Pologne.

Spielberg (Steven) Réalisateur américain (né en 1946). Il a réalisé des films d'aventures *(Les Dents de la mer ; Indiana Jones)* et de science-fiction *(E. T. l'extraterrestre ; Minority Report)*, et abordé des thèmes historiques *(La Liste de Schindler ; Il faut sauver le soldat Ryan)*. Ses films, foisonnant d'effets spéciaux, ont connu un grand succès public et critique.

Steven Spielberg, *E. T. l'extraterrestre*, film présenté à Cannes en 1982, et longtemps en tête du box-office mondial.

Spielberg ou **Špilberk** Forteresse tchèque située à Brno, en Moravie. Elle fut prison d'État sous les Habsbourg, puis prison de la Gestapo.

Spillane (Frank Morrison, dit Mickey) Écrivain américain (1918-2006). Il écrivit des romans policiers violents, souvent adaptés au cinéma *(Kiss me Deadly)*.

Spilliaert (Léon) Peintre belge (1881-1946). Marquées par le symbolisme, l'expressionnisme et l'Art nouveau, ses peintures dégagent une atmosphère à la fois simple et étrange. *Troncs de hêtres.*

spin [spin] n. m. (mot anglais « tournoiement ») sc. Moment cinétique propre (d'une particule).

spina-bifida n. m. invar. ou **spinabifida** n. m. (mots latins « épine [dorsale] bifide ») méd. Malformation congénitale, fissure d'un ou de plusieurs arcs vertébraux postérieurs, pouvant se compliquer d'une hernie des méninges et de la moelle épinière. *Des spina-bifida, des spinabifidas.*

spinal, ale, aux adj. (du latin, de *spina* « épine » → **épine**) anat. De la colonne vertébrale, ou de la moelle épinière.

spinelle n. m. (italien *spinella*, du latin *spina* → **épine**, ce minéral présentant des cristaux pointus) Aluminate naturel de magnésium, utilisé en joaillerie.

Spinello Aretino (Spinello di Luca Spinelli, dit) Peintre italien (v. 1346-1410). Il réalisa, en Toscane, des fresques inspirées par Giotto, marquant le début de la peinture réaliste et narrative du Quattrocento. *Scènes de la vie de saint Benoît.*

spinnaker [spinɛkœʀ] n. m. (mot anglais) anglic. Grande voile creuse légère, de forme triangulaire, hissée aux allures portantes. - abrév. **spi.** *Toile de spi.*

Spinola (Ambrogio, marquis de) Homme de guerre génois (1569-1630). Il servit le roi d'Espagne, puis le duc de Savoie pendant la guerre de Trente Ans.

Spínola (António Sebastião Ribeiro) Maréchal et homme politique portugais (1910-1996). Gouverneur de la Guinée-Bissau (1968-1973), il organisa le coup d'État du 25 avril 1974 qui le porta à la présidence de la République. Il démissionna en septembre, tenta un putsch contre son successeur en 1975 et dut s'exiler au Brésil. Il revint à Lisbonne en 1976 et fut promu maréchal en 1981.

spinosaure n. m. (du latin *spina* « épine » et de *-saure*) Dinosaure carnivore du crétacé, de très grande taille, dont les vertèbres formaient une crête dorsale.

Spinoza (Baruch) Philosophe hollandais (1632-1677). Fils de commerçants juifs, il fut exclu de la communauté juive d'Amsterdam pour hérésie (1656). Il s'opposa à Descartes en affirmant l'unicité de la substance, nommée Dieu ou nature, cause d'elle-même. L'homme ne peut connaître cette substance infinie que sous les deux modes de la pensée et de l'étendue. Il en déduisit alors une éthique de la liberté humaine fondée sur la libération par l'amour intellectuel de Dieu, autrement dit par la connaissance des causes véritables qui asservissent les hommes à leurs passions. Dans le *Traité théologico-politique*, il souligna les conséquences funestes des passions superstitieuses et montra la nécessité politique de la tolérance religieuse. Taxée de panthéiste, d'athéiste, sa philosophie a fait l'objet de polémiques virulentes, notamment au XVIIIe s. *L'Éthique.*

spinozisme n. m. (de *Spinoza*) didact. Système philosophique de Spinoza. - var. **spinosisme.** □ n. **spinoziste** ou **spinosiste**

spiral, ale, aux adj. (du latin, de *spira* → **spire**) rare Qui a la forme d'une spirale. *Ressort spiral.*

spirale n. f. (de *spiral*) **1.** cour. Courbe qui tourne autour d'un axe ou d'un point, forme un enroulement dans l'espace. → **hélice** (seul terme correct en science), **volute.** *Des spirales de fumée.* – fig. Évolution ascendante rapide et irrésistible (d'un phénomène). *La spirale de la violence.* **2.** géom. Courbe plane qui décrit autour d'un point fixe (pôle) des révolutions en s'en écartant de plus en plus. ■ **spiralé, ée** adj. Roulé en spirale.

spire n. f. (latin *spira* « spirale », du grec *speira*) didact. Tour complet (d'une spirale ; d'une hélice). *Les spires d'une vis.* – Enroulement (d'une coquille).

Spire en allemand **Speyer** Ville d'Allemagne (Rhénanie-Palatinat), au confluent du Rhin et du Speyerbach. 46 000 habitants. Cathédrale de style roman rhénan (XIe s.). Musée historique. Centre industriel et chimique.

Spire (les diètes de) Mesures prises par Charles Quint, accordant aux princes allemands la liberté de choix de religion (1526), puis leur refusant (1529), d'où la « protestation » des princes (et *protestant*).

spirée n. f. (du latin, du grec *speiraia* « couronne ») Plante herbacée ou arbrisseau (rosacée), à fleurs décoratives. → **reine-des-prés.**

spirifer [spiʀifɛʀ] n. m. (du latin, proprt « qui porte des spires ») zool. Brachiopode fossile de l'ère primaire, à supports brachiaux en spirale.

spirille [spiʀij] n. m. (latin *spirillum*, de *spira* « spire ») Micro-organisme mobile, en forme de filament ondulé ou contourné en spirale, à extrémités pourvues de flagelles. *Certains spirilles sont pathogènes.*

spiritain n. m. (de **esprit** [I, 1]) relig., rare Membre de la congrégation des Pères du Saint-Esprit.

spirite (anglais *spirit*, même origine que *esprit*) **1. adj.** Relatif à l'évocation des esprits des morts. *Pratiques spirites.* **2. n.** Personne qui évoque les esprits, qui s'occupe de spiritisme.

spiritisme n. m. Science occulte fondée sur l'existence, les manifestations et l'enseignement des esprits.

spiritual n. m. voir **negro-spiritual**

spiritualiser v. tr. < 1 > (de *spirituel*) littér. Doter d'un caractère de spiritualité, d'élévation morale. □ n. f. **spiritualisation**

spiritualisme n. m. (→ **spirituel**) Doctrine selon laquelle l'esprit constitue une réalité indépendante et supérieure (opposé à *matérialisme*).

spiritualiste adj. et n. Du spiritualisme ; tenant du spiritualisme.

spiritualité n. f. (du latin → **spirituel**) **1.** philos. Caractère de ce qui est spirituel, indépendant de la matière. **2.** relig. Croyances et pratiques qui concernent la vie de l'âme, la vie spirituelle. **3.** Vie de l'esprit ; aspiration aux valeurs morales.

spirituel, elle adj. (latin *spiritualis*, de *spiritus* → **esprit**) **I. 1.** philos. Qui est de l'ordre de l'esprit, considéré comme distinct de la matière. → **immatériel. 2.** relig. De l'âme, en tant qu'émanation d'un principe supérieur (notamment divin). *La vie spirituelle.* ■ Qui ne relève pas du monde physique, sensible (opposé à *temporel*). *Le pouvoir spirituel* (de l'Église). **3.** Qui concerne l'esprit, ou qui est d'ordre moral. *Les valeurs spirituelles d'une civilisation.* **II.** Qui est plein d'esprit, de drôlerie. → **²fin, malicieux.** « *Parfois ironique, spirituel, incisif* » (Renan). – *Une plaisanterie spirituelle.* → **¹piquant.**

spirituellement adv. **1.** En esprit, par l'esprit. **2.** Avec esprit, finesse.

spiritueux, euse (du latin *spiritus* → **esprit**) **1. adj.** Qui contient une forte proportion d'alcool. **2. n. m.** Boisson forte en alcool. *Vins et spiritueux.*

spirochète [spiʀɔkɛt] n. m. (du radical de *spire* et du grec *khaitê* « longs cheveux, crinière ») Micro-organisme à corps grêle et spiralé, mobile par des mouvements en vrille. → **leptospire, tréponème.**

spirochétose [spiʀɔketoz] n. f. (de *spirochète* et *²-ose*) méd. Maladie causée par un spirochète (→ **borréliose, leptospirose, tréponématose**).

spirographe n. m. (latin *spirographis*, de *spira* « spire » et *graphis* « crayon, pinceau ») zool. Ver sédentaire marin dont les branchies céphaliques, fines et ondulées, forment un panache en hélice.

spirogyre n. f. (du radical de *spire* et du grec *guros* « cercle » → **-gyre**) Algue d'eau douce commune.

spiroïdal, ale, aux adj. (grec *speiroeidês*) didact. En forme de spire, de spirale.

spiromètre n. m. (latin *spirare* « respirer » [→ **respirer**] et *-mètre*) méd. Instrument servant à mesurer la capacité respiratoire pulmonaire. □ n. f. **spirométrie**

spirorbe n. m. (latin *spirorbis*, de *spira* « spire » et *orbis* « cercle » → **²orbe**) zool. Petit ver sédentaire marin construisant sur les rochers, les coquillages, un petit tube calcaire spiralé dans lequel il vit.

Spirou Personnage de bande dessinée créé en 1938 par Rob-Vel dans l'hebdomadaire du même nom. Jeune homme roux et espiègle, vêtu d'un costume de groom, il est rapidement rejoint par Spip l'écureuil. Le personnage fut repris par divers dessinateurs dont Jijé, qui conçut Fantasio, et Franquin qui leur adjoignit le Marsupilami.

spiruline n. f. (latin sc. *spirulina*, de l'anglais *spiral* « spirale », à cause de la forme de cette algue) Algue bleue microscopique (→ **cyanobactérie**) croissant dans les eaux saumâtres (Tchad, Mexique, Chine), aux propriétés nutritives très riches.

spitant, ante [spitɑ̃, ɑ̃t] adj. (de *spiter* « éclabousser », du flamand *spitten*) (Belgique) Déluré, éveillé. *Une enfant très spitante.*

Spitteler (Carl) Poète suisse d'expression allemande (1845-1924). Son œuvre témoigne d'une révolte contre les dieux et les interdits sociaux et moraux. *Prométhée et Épiméthée ; Printemps olympien.* Prix Nobel 1919.

Spitz (René Arpad) Psychanalyste américain d'origine hongroise (1887-1974). Il étudia la relation entre la mère et le nourrisson. *De la naissance à la parole. La première année de la vie.*

Spitz (Mark) Nageur américain (né en 1950). Il remporta sept médailles d'or aux Jeux olympiques de Munich en 1972.

Mark Spitz en 1972.

Spitzberg n. m. La plus grande île de l'archipel norvégien du Svalbard. 2 500 habitants. Houille.

Spitzer (Lyman) Astronome américain (1914-1997). Il étudia la formation des planètes et des étoiles ainsi que le champ magnétique. Il eut le premier l'idée d'envoyer un télescope dans l'espace, hors des interférences atmosphériques, et participa activement à la réalisation du télescope spatial Hubble.

splanchnique [splɑ̃knik] adj. (grec *splankhnikos*, de *splankhnon* « les viscères ») anat. Qui appartient aux viscères. *Nerfs splanchniques pelviens, abdominaux.*

splanchnologie [splɑ̃knɔlɔʒi] n. f. (du grec *splankhnon* « viscère ») didact. Partie de l'anatomie qui traite des viscères.

spleen [splin] n. m. (mot anglais « mélancolie », d'abord « rate », organe considéré comme le siège des humeurs noires → **splén[o]-**) littér. Mélancolie sans cause apparente, caractérisée par le dégoût de toute chose. → **ennui ; cafard, ³vague** à l'âme. « *Spleen et Idéal* » (de Baudelaire ; partie des *Fleurs du mal*). □ adj. **spleenétique**

splendeur n. f. (du latin *splendor*, de *splendere* « briller », *cf.* **resplendir**) **1.** littér. Grand éclat de lumière. ■ fig. Prospérité, gloire. *Athènes au temps de sa splendeur.* **2.** Beauté pleine de magnificence. → **somptuosité. 3.** Chose splendide. *Cette tapisserie est une splendeur.*

splendide adj. (du latin, de *splendere* → **splendeur**) **1.** Plein d'éclat. → **clair, rayonnant.** *Il fait un temps splendide.* **2.** Riche et beau. → **magnifique.** *Une fête splendide.* **3.** D'une beauté éclatante. → **²superbe.** *Un panorama splendide.* □ adv. **splendidement**

Spirou

Le personnage de Spirou.

splénectomie n. f. (de *splén-* et *-ectomie*) chir. Ablation totale ou partielle de la rate.

splénique [splenik] adj. (latin d'origine grecque *splenicus*) anat. Qui appartient, est relatif à la rate. *Artère splénique.*

splén(o)- Élément (du grec *splên, splênos*) qui signifie « rate ».

splénomégalie n. f. (de *spléno-* + *-mégalie*) méd. Augmentation anormale du volume de la rate.

Split Ville de Croatie, sur la côte dalmate. 167 100 habitants. Vestiges romains (palais de Dioclétien). Monuments du Moyen Âge et de la Renaissance. Université. Centre industriel et touristique.

Splügen (col du) Col des Alpes, formant la frontière entre l'Italie et la Suisse, à 2 115 m d'altitude. À proximité, village de Splügen. Station d'été et de sports d'hiver (1 450 m).

Spoerri (Daniel Isaac Feinstein, dit Daniel) Artiste plasticien suisse d'origine roumaine (né en 1930). D'abord danseur, il se tourna vers le théâtre puis adhéra au groupe des Nouveaux Réalistes. Il exposa des « tableaux-pièges » puis des œuvres comestibles, et utilisa des animaux morts pour certaines de ses installations *(Natures mortes)*.

Spohr (Ludwig) Musicien allemand (1784-1859). Violoniste virtuose, il fut directeur de l'opéra de Francfort, puis maître de chapelle à la cour de Kassel, et composa dans tous les genres.

¹spoiler [spɔjlœʀ] n. m. (mot anglais « aérofrein ») anglic., techn. Élément de carrosserie qu'on rajoute pour améliorer l'aérodynamisme (d'une voiture).

² spoiler [spɔjle] v. tr. < 1 > (de l'anglais *to spoil*) anglic. **1.** Gâcher l'effet de surprise en dévoilant un élément clé de (un film, une série, etc.). *Parler d'un film sans le spoiler.* **2.** Révéler à (qqn) un élément important d'une intrigue. *Ne me spoile pas !* - recomm. offic. **divulgâcher.**

³spoiler [spɔjlœʀ] n. m. (mot anglais) Élément dévoilant l'intrigue d'une série, d'un film, d'un livre… *Attention aux spoilers !* - syn. **spoil** [spɔjl] n. m.

Spokane Ville des États-Unis (Washington). 209 000 habitants. Centre commercial et financier. Industrie du bois, métallurgie.

Spolète en italien **Spoleto** Ville d'Italie (Ombrie). 37 900 habitants. Cathédrale (XIIe-XVe s.) ornée de fresques de F. Lippi. Château (XIVe s.). Centre commercial et touristique. Festival international.

spolier v. tr. < 7 > (latin *spoliare* « déposséder » → **dépouiller**) Dépouiller (qqn) par violence, fraude ou abus de pouvoir. – au p. p. *Des héritiers spoliés.* □ adj. et n. **spoliateur, trice** □ n. f. **spoliation**

Sponde (Jean de) Humaniste et poète français (1557-1595). Issu d'une famille calviniste, il se convertit au catholicisme et servit Henri IV. Il composa dans un style baroque des poèmes religieux marqués par la hantise de la mort *(Méditations sur les psaumes)*.

spondée n. m. (du latin, du grec *spondeios*) didact. Pied de deux syllabes longues (prosodie grecque et latine). *Dactyles* et spondées.*

spondias [spɔ̃djɑs] n. m. (grec *spondias* « prunier sauvage ») bot. Arbre exotique à fruits comestibles dits *pommes de Cythère.*

spondylarthrite n. f. (de *spondyle* « vertèbre » et *arthrite*) méd. Arthrite de la colonne vertébrale. *Spondylarthrite ankylosante.*

spondylite n. f. (de *spondyle* « vertèbre » et *-ite*) méd. Inflammation d'un ou de plusieurs corps vertébraux associée à celle des disques intervertébraux correspondants.

spongiaire **n. m.** (du latin *spongia* → éponge) zool. Organisme animal aquatique primitif, pluricellulaire (embranchement des *Spongiaires*, composé des éponges).

spongieux, euse **adj.** (latin *spongiosus*, de *spongia* → éponge) **1.** Qui rappelle l'éponge, par sa structure et sa consistance. *Tissu spongieux des os.* – *Corps spongieux* : formation érectile médiane de la verge. **2.** Qui s'imbibe, retient les liquides. *Un sol spongieux.* □ **n. f. spongiosité**

spongiforme **adj.** (du latin *spongia* « éponge » et de *-forme*) didact. Qui rappelle la structure alvéolaire de l'éponge. – *Encéphalopathie spongiforme bovine*, qui transforme le cerveau en une masse spongieuse.

spongille [spɔ̃ʒil] **n. f.** (latin zool. *spongilla*, de *spongia* → éponge) zool. Éponge d'eau douce.

sponsor [spɔ̃sɔʀ ; spɔnsɔʀ] **n.** (mot anglais « caution » ; famille du latin *spondere* → épouser) anglic. Personne ou entreprise qui finance une entreprise, une initiative sportive ou culturelle à des fins publicitaires. - recomm. offic. **mécène, parraineur.**

sponsoring [spɔ̃sɔʀiŋ ; spɔnsɔʀiŋ] **n. m.** (mot anglais) anglic. Fait de sponsoriser (qqch.). → **mécénat, parrainage, sponsorisation.**

sponsoriser **v. tr.** < 1 > faux anglic. Financer à des fins publicitaires (une entreprise, un sport...). - recomm. offic. **commanditer, parrainer.** □ **n. f. sponsorisation**

spontané, ée **adj.** (du latin, de *spons, spontis* « volonté », de *spondere* → épouser) **1.** Que l'on fait de soi-même, sans être incité ni contraint par autrui. → **libre.** *Des aveux spontanés.* **2.** Qui se produit de soi-même, sans avoir été provoqué. → **naturel.** *Émission spontanée d'un rayonnement.* **3.** Qui se fait, s'exprime directement, sans réflexion ni calcul. → **instinctif.** *« Les élans spontanés d'un cœur libre »* (Baudelaire). ■ (personnes) Qui obéit au premier mouvement, ne calcule pas.

spontanéisme **n. m.** polit. Doctrine ou attitude qui repose sur la confiance dans la spontanéité révolutionnaire des masses, la spontanéité créatrice de l'individu. □ **adj. et n. spontanéiste**

spontanéité **n. f.** Caractère de ce qui est spontané ; qualité d'une personne spontanée. → **franchise, naturel, sincérité.**

spontanément **adv.** D'une manière spontanée.

Spontini **(Gaspare)** Compositeur italien (1774-1851). Il vécut à Paris et à Berlin, et composa des opéras *(La Vestale ; Fernand Cortez)*. Il introduisit à Paris les opéras italiens de Mozart.

Sporades **n. f. pl.** Archipel grec de la mer Égée, comprenant les îles de Skyros, Skiathos, Skopelos et Alonissos.

Sporades équatoriales **n. f. pl.** voir **Ligne** (îles de la)

sporadique **adj.** (grec *sporadikos* « dispersé », famille de *speirein* → spore) **1.** Qui apparaît, se produit çà et là et d'une manière irrégulière. *Des affrontements sporadiques.* **2.** méd. *Maladie sporadique*, qui atteint des individus isolés (s'oppose à *épidémique* et à *endémique*). **3.** sc. nat. Dispersé (dans l'espace). *Espèce végétale, animale sporadique.* □ **n. f. sporadicité**

sporadiquement **adv.** D'une manière sporadique, irrégulière.

sporange **n. m.** (de *spore* et du grec *angos* « réceptacle ») bot. Organe qui renferme ou produit les spores.

spore **n. f.** (grec *spora* « semence », de *speirein* « semer » → spermat(o)- ; sporadique) biol. Corpuscule reproducteur de nombreux végétaux et de certains protistes. *Les spores des algues, des champignons, des plantes à fleurs* (→ **pollen**).

sporogone **n. m.** (de *spore* et ²*-gone*) bot. Appareil producteur des spores chez les bryophytes.

sporophyte **n. m.** (de *spore* et *-phyte*) bot. Organisme producteur de spores d'une espèce à reproduction sexuée.

sporotrichose [spɔʀɔtʀikoz] **n. f.** (de *sporotriche*, n. d'un champignon microscopique, et ²*-ose*) méd. Mycose dont les lésions caractéristiques sont des nodules inflammatoires sous-cutanés.

sporozoaire **n. m.** (de *spore* et *-zoaire*) zool. Protozoaire parasite des cellules ou des tissus chez l'homme et les animaux, dont le cycle de reproduction débute par une spore (classe des *Sporozoaires* ; ex. la coccidie, le plasmodium).

sport **n. m.** (anglais *sport*, de l'ancien français *desport* « divertissement » → déporter) **1.** (Le sport) Activité physique exercée dans le sens du jeu et de l'effort, et dont la pratique suppose un entraînement méthodique et le respect de règles. → **éducation physique ; athlétisme, gymnastique.** *Faire du sport.* – *Terrain de sport. Vêtements de sport.* ■ loc. fam. *C'est du sport !*, c'est un exercice difficile. – *Il va y avoir du sport !*, de la bagarre. **2.** (Un, des sports) Chacune des formes particulières et réglementées de cette activité. *Pratiquer un sport. Sports de compétition. Sports de combat* (boxe, judo...) ; *individuels* (athlétisme...), *d'équipe* (football, rugby...). *Sports d'hiver* (ski, patinage...). ■ par ext. *Sport cérébral* : jeu nécessitant une habileté intellectuelle. *Sport électronique* : pratique du jeu vidéo dans le cadre d'une compétition. → anglic. **e-sport.**

▶ L'origine anglaise du mot « **sport** » atteste que les sports modernes ne se réduisent pas aux épreuves physiques des jeux antiques. En Grèce, l'exercice physique est une composante essentielle de l'éducation des jeunes gens. Il s'agit d'assurer un développement harmonieux de leur corps et de les préparer à l'art de la guerre. La Rome impériale tend à réserver ces activités aux soldats et aux gladiateurs. Le Moyen Âge les réduit à la chasse et aux arts militaires ; c'est à la Renaissance que les jeux physiques redeviennent une activité à part : salles d'armes et jeu de paume sont au centre de la sociabilité des élites masculines, et la glorification médiévale de la force cède la place à la valorisation d'un corps plus souple et plus agile.
Au XIXe siècle, l'athlétisme allemand fait revivre l'idéal militaire du corps martial, alors que la gymnastique suédoise cultive l'idéal d'un corps sain et naturel. Les collèges anglais mettent l'éducation physique au centre de leur projet. Les sports collectifs (rugby, football) trouvent leur forme définitive et se fixent des valeurs propres : esprit d'équipe, *fair play*, discipline et recherche de la performance.
Les Jeux olympiques contribuent à partir de 1896 à donner au sport moderne sa forme institutionnelle (fédérations) et sa valeur symbolique : image de la « saine » compétition entre les peuples, le sport tend à se substituer à la guerre. Dès les années 1920, le sport commence à se professionnaliser avec des enjeux économiques croissants.
Dans nos sociétés contemporaines fascinées par la jeunesse et la santé, le sport a pris une place majeure attestée par la vigueur des passions qu'il suscite, sa surmédiatisation, ses dérives financières et éthiques (dopage), mais aussi positivement par le nombre des personnes qui ont une pratique sportive régulière.
voir aussi **Jeux olympiques, dopage**

sportif, ive **adj.** **1.** Propre ou relatif au sport, aux différents sports. *Épreuves sportives.* **2.** Qui pratique, qui aime le sport. – **n.** *Sportifs amateurs et professionnels.* ■ Qui atteste la pratique du sport. *Une allure sportive.* **3.** Qui respecte l'esprit du sport. *Le public n'a pas été très sportif.*

sportivement **adv.** Avec un esprit sportif, loyal. *Accepter sportivement sa défaite.*

sportivité **n. f.** Attitude sportive, loyale (dans le sport ou un autre domaine que le sport).

sportule **n. f.** (latin *sportula*, de *sporta* « panier ») didact. (Antiq. romaine) Don, en nature ou en argent, que les patrons accordaient chaque jour à leurs clients.

sportwear [spɔʀtwɛʀ] ou **sportswear** [spɔʀtswɛʀ] **n. m.** (anglais *sportswear*, de *sport* → sport et *wear* « tenue ») anglic. Ensemble des vêtements, des chaussures de sport.

sporuler **v. intr.** < 1 > (de *sporule*, ancienne désignation des conidies) biol., bot. Se reproduire par spores, produire des spores. □ **n. f. sporulation**

spot [spɔt] **n. m.** (mot anglais « tache ») anglic. **1.** Point lumineux (sur un écran...). **2.** Petit projecteur orientable. **3.** Bref message publicitaire. → **écran** ; anglic. **flash.** **4.** Site favorable à la pratique d'un sport. *Un spot de plongée.* ■ par ext. fam. Lieu très prisé. *Le nouveau spot des amateurs de mode.*

Spot **[Satellite pour l'observation de la Terre]** Famille de satellites français d'observation civile de la Terre. Spot 1 fut lancé en 1986, Spot II en 1990.

Spoutnik Nom des trois premiers satellites artificiels de la Terre construits par l'URSS, lancés entre 1957 et 1958. Spoutnik 2, en 1957, emporta dans l'espace le premier être vivant, la chienne Laïka.

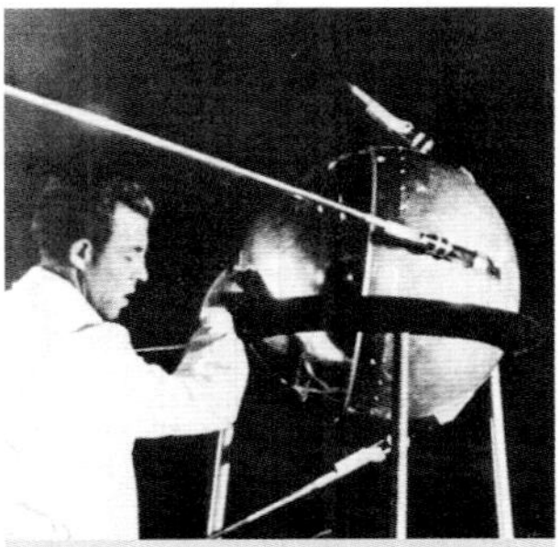

Spoutnik 1, le premier satellite artificiel, lancé le 4 octobre 1957 de Baïkonour.

Spranger **(Bartholomeus)** Peintre et graveur flamand (1546-1611). À Rome, Vienne et Prague, il contribua à l'éclosion d'un courant maniériste. Il peignit des sujets bibliques et mythologiques au climat sensuel et étrange. *Hercule et Omphale.*

sprat [spʀat] **n. m.** (mot anglais) Petit poisson, voisin du hareng.

Spratly **(îles)** Archipel de la Chine méridionale, composé d'une centaine d'îles inhabitées. 130 000 km². Elles sont revendiquées par les pays avoisinants (Viêtnam, Chine, Taiwan, Philippines, Malaisie, Brunei).

spray **n. m.** (mot anglais « gouttelettes ») anglic. Jet de liquide projeté par un pulvérisateur ; ce pulvérisateur. *Médicament en spray.*

sprechgesang [ʃpʀɛʃgesaŋ] **n. m.** (mot allemand « chant parlé ») mus. Style de chant déclamé et modulé d'après les intonations de la parole, utilisé par les compositeurs de l'école de Vienne (début du XXe siècle).

Sprée **n. f.** Rivière d'Allemagne. 400 km. Elle prend sa source dans la Haute-Lusace, et rejoint la Havel à Spandau. Elle arrose Berlin.

springbok [spʀiŋbɔk] **n. m.** (mot néerlandais « bouc sauteur ») Antilope commune dans le sud de l'Afrique.

springer [spʀiŋgɛʀ] **n. m.** (mot anglais, de *to spring* « sauter ») Race anglaise de chiens de chasse. *Des springers.*

Springfield Ville des États-Unis, capitale de l'Illinois. 114 390 habitants. Centre commercial. Industries électroniques. Maison et tombeau d'A. Lincoln.

Springfield Ville des États-Unis (Massachusetts), sur le Connecticut. 155 920 habitants. Université. Musée. Centre financier, commercial et industriel.

Springfield Ville des États-Unis (Missouri). 169 170 habitants. Centre commercial, agricole et industriel.

S

Springs Ville d'Afrique du Sud, à l'E. de Johannesburg. Environ 80 000 habitants. Charbon. Or. Pâte à papier.

Springsteen (Bruce) Chanteur auteur-compositeur américain (né en 1949). Surnommé The Boss, il est depuis 1975 l'une des figures les plus populaires du rock. Il chante la vie des classes populaires, en particulier des ouvriers, et dénonce les dérives sociales et politiques de la société américaine. Son répertoire a évolué d'un rock pur vers la folk et la country. *Born in the U. S. A. ; The River ; Streets of Philadelphia.*

Bruce Springsteen en 2007, à Mannheim.

sprinkler [spʀinklœʀ] **n. m.** (mot anglais, de *to sprinkle* « répandre, arroser ») anglic., techn. Système d'arrosage tournant.

sprint [spʀint] **n. m.** (mot anglais « course rapide et brève ») anglic. Allure, la plus rapide possible, qu'un coureur prend à un moment déterminé d'une course, et notamment à la fin ; fin de la course. *Il a gagné au sprint.* – Course de vitesse sur petite distance (athlétisme, cyclisme).

sprinter [spʀinte] **v. intr.** < 1 > anglic. Effectuer un sprint.

sprinteur, euse [spʀintœʀ, øz] **n.** (mot anglais → sprint) anglic. Spécialiste des courses de vitesse, en athlétisme et en cyclisme. - var. **sprinter** [spʀintœʀ] **n. m.**

spritz [spʀits ; ʃpʀits] **n. m.** (mot italien, de l'allemand *spritzen* « arroser ») Cocktail composé de prosecco, d'un amer et d'eau gazéifiée.

sprue [spʀy] **n. f.** (mot anglais) méd. Affection intestinale chronique caractérisée par une diarrhée fréquente et abondante.

spumescent, ente **adj.** (latin *spumescens*, de *spuma* → écume) didact. Qui est semblable à de l'écume ; qui produit de l'écume. → **écumant.**

spumeux, euse **adj.** (latin *spumosus*, de *spuma* → écume) didact. Qui a l'aspect de l'écume, qui contient de l'écume. → **écumeux.** – méd. *Expectoration spumeuse.* □ **n. f. spumosité**

squale [skwal] **n. m.** (latin *squalus* « requin ») Requin ; spécialt requin sans nageoire anale (squalidé).

squamate [skwamat] **n. m.** (de *squame*) zool. Reptile à écailles, à fosses temporales inférieures ouvertes vers le bas (ordre des *Squamates* ; ex. les lézards, les serpents).

squame [skwam] **n. f.** (latin *squama* « écaille ») **1.** didact. Écaille (de poisson, de serpent...). **2.** Lamelle qui se détache de l'épiderme (→ **desquamation**).

squameux, euse [skwamø, øz] **adj.** (du latin → squame) **1.** didact. Écailleux. **2.** méd. Qui est couvert de squames.

squamifère [skwamifɛʀ] **adj.** (latin *squamifer*, de *squama* → squame et *ferre* « porter ») zool., vieilli Qui est recouvert d'écailles. → **écailleux, squameux.**

squamule [skwamyl] **n. f.** (latin *squamula*, de *squama* → squame) zool. Écaille cornée ou membraneuse, très petite et très fine, comme celles des ailes des papillons et de certains insectes.

square [skwaʀ] **n. m.** (mot anglais « carré », d'une ancienne var. française de *équerre*) Petit jardin public.

squash [skwaʃ] **n. m.** (mot anglais) anglic. Sport pratiqué en salle, où deux joueurs se renvoient une balle en la frappant à la raquette contre les murs.

^{1}**squat** [skwat] **n. m.** (mot anglais des États-Unis, de *to squat* « se tapir ») anglic. **1.** Occupation (d'un lieu) par des squatteurs. **2.** Local occupé par des squatteurs.

^{2}**squat** [skwat] **n. m.** (mot anglais, de *to squat* « s'accroupir ») anglic. sport Exercice de renforcement musculaire qui consiste à fléchir les jambes en maintenant le buste droit, puis à se redresser. *Faire une série de squats.*

squatter [skwate] **v. tr.** < 1 > (→ ^{1}squat) anglic. Occuper (un lieu) en squatteur. - syn. **squattériser** < 1. > – fig. Accaparer, monopoliser. *Squatter un ordinateur, une ligne téléphonique.*

squatteur, euse [skwatœʀ, øz] **n.** (→ ^{1}squat) **I.** n. m. hist. Aux États-Unis, Pionnier qui s'installait sur une terre encore inexploitée de l'Ouest. **II.** anglic. Personne qui réside illégalement dans un local vacant. - var. **squatter** [skwatœʀ] **n. m.**

squaw [skwo] **n. f.** (mot algonquin « femme », par l'anglais) Femme indienne, en Amérique du Nord.

Squaw Valley Station de sports d'hiver des États-Unis (Californie), dans les Rocheuses.

squeeze [skwiz] **n. m.** (de *squeezer*) anglic. Action, fait de squeezer l'adversaire, au bridge.

squeezer [skwize] **v. tr.** < 1 > (de l'anglais *to squeeze* « presser, comprimer ») anglic. **1.** Au bridge, Obliger (l'adversaire) à se défausser, à supprimer sa garde dans les couleurs qui lui restent. **2.** fam. Prendre l'avantage sur (qqn) sans lui laisser d'échappatoire. *Elle s'est fait squeezer.*

squelette **n. m.** (grec *skeletos* « desséché », puis subst. « momie ») **I.** Charpente osseuse des vertébrés. – Restes osseux d'un humain ou d'un animal mort. – fig., fam. Personne très maigre. **II. 1.** Structure, charpente (d'un immeuble...). **2.** Grandes lignes (d'un ensemble, d'une œuvre). → ^{3}**plan.**

squelettique **adj. 1.** Qui évoque un squelette (par sa maigreur). ■ fig. Très réduit ; très peu nombreux. *Des effectifs squelettiques.* **2.** anat. Du squelette (I).

squille [skij] **n. f.** (latin *squilla*) zool. Crustacé comestible appelé aussi *sauterelle, mante* ou *cigale de mer.*

squirrhe ou **squirre** [skiʀ] **n. m.** (grec *skirrhos* « tumeur dure ») pathol. Forme de cancer (épithélioma) de consistance dure du fait de la prédominance d'une sclérose avec rétraction des tissus. *Squirrhe du sein.* □ **adj. squirrheux, euse** ou **squirreux, euse**

Sr Symbole chimique du strontium.

Sraffa (Piero) Économiste italien (1898-1983). Introduisant le concept de « marchandise-étalon » dans l'analyse des coûts de production, il a remis en question la théorie économique néoclassique. *La Production de marchandises par des marchandises.*

sras [sʀas] **n. m.** (sigle de *syndrome respiratoire aigu sévère*) Pneumopathie fébrile d'origine virale, pouvant évoluer vers une insuffisance respiratoire très sévère. *L'épidémie de SRAS, de Sras.*

Srebrenica [-nitsa] Ville de Bosnie-Herzégovine. 5 700 habitants. Placée par l'ONU en zone de sécurité en 1993, elle fut prise en 1995 par l'armée serbe qui y massacra des milliers de Bosniaques musulmans.

Sremac (Stevan) Écrivain serbe (1855-1906). Il a décrit avec humour et réalisme la vie provinciale serbe. *La Fête d'Ivko.*

Sri Lanka

■ anciennement Ceylan, offic. République socialiste démocratique de Sri Lanka

Pays insulaire d'Asie du Sud, au S. de l'Inde. 65 610 km^2. 21 444 000 habitants (les *Srilankais*). **Langues :** cinghalais et tamoul (offic.), anglais. **Religions :** bouddhisme (69 %), hindouisme (15 %), islam (8 %) et christianisme (7 %). **Population :** Cinghalais 70 %, Tamouls 20 %, Maures (7 %). **Monnaie :** roupie srilankaise. **Capitale :** Sri Jayawardenepura Kotte (capitale commerciale : Colombo). **Régime :** parlementaire.

GÉOGRAPHIE

L'île, tropicale, est exposée à la mousson. Elle est occupée en son centre par une zone montagneuse (pt culm. 2 524 m) où sont cultivés thé et café. Le nord de l'île, plus sec, est un plateau incliné que prolonge la péninsule de Jaffna. Le S.-O., où se situe Colombo, est la région la plus active et la plus peuplée. Le pays est le troisième producteur mondial de thé et le sixième producteur de caoutchouc naturel.

HISTOIRE

Les premiers peuplements Les Vedda (aborigènes vivant dans les jungles du centre) semblent être les descendants des premiers habitants de l'île (10 000 av. J.-C.). Colonisée au Ve s. av. J.-C. par des tribus venues d'Inde, elle fut dès le IIIe s. av. J.-C. au contact du bouddhisme. Venus du Tamil Nadu, les premiers Tamouls arrivèrent à la même époque et constituèrent au XIe s. un royaume indépendant.

La colonisation européenne et l'indépendance Les Portugais (1505) puis les Hollandais (1658) occupèrent l'île, qui passa sous contrôle britannique en 1802. Après l'obtention d'un statut d'autonomie en 1931, Ceylan accéda à l'indépendance en février 1948.

Les conflits ethniques Devenu en 1972 république de Sri Lanka, le pays, dont la vie politique est dominée par la communauté cinghalaise (bouddhiste), fut confronté aux revendications des indépendantistes tamouls (hindous), les Tigres de la libération de l'Eelam en constituant la frange la plus radicale. L'intervention de l'armée indienne (1987 à 1990) ne put mettre un terme à la guerre civile qui avait débuté en 1983. Passé le choc du tsunami qui dévasta le 26 déc. 2004 une partie de l'île et fit 35 000 morts, les hostilités reprirent jusqu'à l'annonce officielle de la fin de la guerre civile en mai 2009, au lendemain de la mort du chef des Tigres tamouls. La puissante famille Rajapaksa à la tête du pays depuis 2005 fut momentanément écartée du pouvoir après de violentes manifestations en 2022.

SS [ɛsɛs] **n. m.** (sigle allemand, de *Schutz-Staffel* « échelon *[Staffel]* de protection *[Schutz]* ») Membre de la police militarisée de l'Allemagne nazie.

SS **n. f. et n. m.** (abréviation de *Schutzstaffel* « échelon de protection ») Formation de police militarisée du parti nazi. Créées en 1926, les SS constituèrent d'abord une branche des SA puis devinrent, à partir de 1934, la principale force de police du mouvement nazi. Dirigées par Himmler à partir de 1929, elles furent chargées de la surveillance des territoires occupés, et furent responsables de l'extermination systématique des Juifs dans les camps spéciaux. Les SS furent condamnées par le tribunal de Nuremberg.

SSII [ɛsɛsdøzi] **n. f.** Sigle de *société de service et d'ingénierie informatique.*

Staël de Launay (Marguerite Jeanne Cordier, baronne de) Femme de lettres française (1684-1750). Au service de la duchesse du Maine, elle écrivit des comédies et des *Mémoires.*

Sri Lanka

stabat mater [stabatmatɛʀ] **n. m. invar. (début d'une prose latine, *Stabat mater dolorosa...* « sa mère se tenait debout pleine de douleur... ») relig.** Prose du missel romain rappelant la douleur de la mère du Christ crucifié. – Œuvre musicale sur les paroles de cette prose. *Le Stabat mater de Pergolèse.*

Stabies Ville de l'Italie ancienne (Campanie), détruite en 79 par l'irruption du Vésuve. Ruines de villas romaines. C'est l'actuelle Castellammare di Stabia.

stabilisant, ante 1. adj. Qui rend stable. **2. n. m.** chim. Additif incorporé à une matière pour la rendre plus stable.

stabilisateur, trice 1. adj. Propre à stabiliser. **2. n. m.** Dispositif destiné à stabiliser (un véhicule), à équilibrer. *Navire muni de stabilisateurs.*

stabiliser v. tr. < 1 > (→ stable) 1. Rendre stable (la monnaie, une situation...). **2.** Amener (un système, une substance) à la stabilité. **3.** Assurer la stabilité, l'équilibre de (un véhicule, etc.). **→ équilibrer.** □ **n. f. stabilisation**

stabilité n. f. (du latin → stable) 1. Caractère de ce qui tend à demeurer dans le même état. **→ continuité, équilibre, fermeté.** *Stabilité des institutions.* – *La stabilité d'une monnaie.* **2.** État d'une construction capable de demeurer dans un équilibre permanent. ■ Propriété (d'un véhicule...) de revenir à sa position d'équilibre. **3.** Tendance (d'un composé chimique, d'un système physique) à rester dans un état défini.

stable adj. (latin *stabilis,* de *stare* → station) 1. Qui n'est pas sujet à changer ou à disparaître ; qui demeure dans le même état. **→ durable, solide.** *Équilibre stable.* **2.** Qui est en équilibre stable. *Cette échelle n'est pas stable.* **3.** Doué de stabilité (3). **→ inerte.**

Stabroek Ville de Belgique (province d'Anvers), dans les polders de l'Escaut. 18 789 habitants. Industrie alimentaire.

stabulation n. f. (du latin ; famille de *stabulum* → étable, de *stare* → station) agric. Séjour du bétail en étable.

staccato adv. (mot italien « détaché ») mus. En jouant les notes détachées (s'oppose à *légato*). ■ **n. m.** Passage joué en détachant les notes. *Des staccatos.*

Stace en latin **Publius Papinius Statius** Poète latin (v. 45-96). Il écrivit deux épopées, la *Thébaïde* et l'*Achilléide*, et trente pièces de circonstance, les *Silves.*

stade n. m. (latin *stadium* [mesure de longueur], du grec *stadion* ; même famille que *stase*) I. 1. Distance (180 m environ) sur laquelle on disputait les courses (Grèce antique) ; piste de cette longueur ; terrain de sport et enceinte qui la comprenaient. **2.** Terrain aménagé pour la pratique des sports, souvent entouré de gradins, de tribunes. *Stade olympique.* **II.** Chacune des étapes (d'une évolution) ; chaque forme que prend une réalité en devenir. **→ phase, période.** – psych. *Les stades de la libido, selon Freud* (oral, anal, génital).

Stade Ville d'Allemagne (Basse-Saxe), sur la Schwinze et l'estuaire de l'Elbe. 42 100 habitants. Église du XIIe s. Complexe chimique.

stadia n. m. (du latin, du grec *stadion* → stade) techn., sc. Instrument (mire graduée) permettant de mesurer les distances.

stadier, ière n. Personne employée dans un stade pour l'accueil et la sécurité du public (notamment lors des rencontres de football). - var. **stadiaire.**

Staël [stal] **(Germaine Necker, baronne de Staël-Holstein, dite Mme de)** Écrivaine française (1766-1817). Fille de Necker. Elle s'enthousiasma pour la Révolution et ouvrit son salon à divers opposants au Directoire. Exilée en 1803, elle parcourut l'Europe. Son œuvre, prélude au romantisme *(De l'Allemagne)*, se compose de poésies et de romans *(Delphine ; Corinne ou l'Italie).*

Staël [stal] **(Nicolas de)** Peintre français d'origine russe (1914-1955). Il commença par peindre des natures mortes et des portraits, puis évolua vers l'abstraction. La structure de ses toiles s'épura pour faire place à des surfaces simples, aux couleurs chaudes. Il réalisa aussi des illustrations, des tapisseries, des collages. *Footballeurs ; Ciel à Honfleur.*

Nicolas de Staël, *Les Musiciens* (1953), The Phillips Collection, Washington.

1staff n. m. (mot allemand) Matériau fait de plâtre et de fibres végétales (employé en décoration, etc.). **→ stuc.** □ **staffer v. tr. < 1 >** □ **n. staffeur, euse**

2staff n. m. (mot anglais, d'abord « bâton [de commandement] ») anglic. Groupe de travail. – Équipe dirigeante (d'une entreprise).

Staff **(Leopold)** Poète polonais (1878-1957). Influencé par Nietzsche, il écrivit des poèmes lyriques contre le pessimisme de son temps *(Le Chas de l'aiguille)*. Avec le recueil *Wiklina*, il se révolta contre les normes staliniennes imposées à la culture.

Staffa Îlot écossais, dans les Hébrides, où se trouve la grotte de Fingal.

Stafford Famille anglaise. ■ **Humphrey Stafford** (1402-1460) participa à la guerre des Deux-Roses du côté des Lancastre. ■ **Henry Stafford** (1454-1483) aida Richard III à s'emparer du trône, se révolta puis fut décapité.

Stafford Ville d'Angleterre (comté de Staffordshire). 68 470 habitants. Église gothique. Constructions mécaniques et électriques.

Staffordshire Comté du centre de l'Angleterre. 2 716 km². 857 000 habitants. Chef-lieu : Stafford. Faïence et céramique, agriculture.

stage **n. m.** **(latin *stagium* « séjour » ; famille de *étage*)** **1.** Période d'études pratiques exigée pour certaines professions. *Stage pédagogique.* **2.** Période de formation, de perfectionnement dans une entreprise. *Stage pratique.* – *Stage de reconversion.* **3.** Courte période de formation ou de perfectionnement à une activité professionnelle ou de loisir. *Stage de voile ; d'informatique.*

stagflation **n. f.** **(mot anglais des États-Unis, de *stag[nation]* et *[in]flation*)** **anglic., écon.** Situation économique d'un pays caractérisée par la stagnation de l'activité, de la production, et par l'inflation* des prix.

stagiaire **adj. et n.** Qui fait un stage. *Avocat stagiaire.* – **n.** *Un, une stagiaire.*

Stagire Ancienne ville de Macédoine, patrie d'Aristote, dit « le Stagirite ».

stagnant, ante [stagnɑ̃, ɑ̃t] **adj.** **(→ stagner)** **1. (fluides)** Qui ne s'écoule pas, reste immobile. **→ dormant.** *Eaux stagnantes.* **2. fig.** Peu actif, qui ne progresse pas. *Économie stagnante.*

stagnation [stagnasjɔ̃] **n. f.** **(→ stagner)** **1.** État d'un fluide stagnant. **2. fig.** État fâcheux d'immobilité, d'inactivité. **→ inertie, marasme.** *Stagnation de la production.*

stagner [stagne] **v. intr.** **< 1 >** **(latin *stagnare*, de *stagnum* « étang »)** **1. (fluides)** Rester immobile sans couler, sans se renouveler. **2. fig.** Ne pas évoluer ou évoluer très lentement. **→ languir, piétiner.** *Les affaires stagnent.* – *« Ce dénuement où il stagnait depuis des mois »* (Céline).

Stahl **(Georg Ernst)** Médecin et chimiste allemand (1660-1734). Il développa la théorie du phlogistique, fluide censé provoquer la combustion.

S

Stahly **(François)** Sculpteur français d'origine allemande (1911-2006). Il créa des formes organiques dans divers matériaux, en accordant une grande place aux espaces vides *(Les Pousses)*. Il exécuta des œuvres monumentales pour des bâtiments *(Aimant)* et des parcs *(Labyrinthes)*.

Stains Commune de la Seine-Saint-Denis. 39 193 habitants.

Stakhanov **(Alekseï Grigorievitch)** Mineur soviétique (1905-1977). En 1935, il réussit, selon l'hagiographie soviétique, à extraire en une nuit 105 tonnes de charbon, la norme étant de 7 tonnes (d'où le mot *stakhanovisme*).

Stakhanov Ville d'Ukraine. 84 400 habitants. Industrie métallurgique.

stakhanovisme **n. m.** **(de *Stakhanov*)** Méthode d'encouragement au travail incitant à battre des records de production, qui fut appliquée en Union soviétique.

stakhanoviste **1. n.** Travailleur soviétique adhérant au stakhanovisme. – **adj.** *Un ouvrier stakhanoviste.* ■ **fam.** Travailleur qui fait du zèle. **2. adj.** Relatif au stakhanovisme.

stakning [stakniŋ] **n. m.** **(du norvégien)** Le fait d'avancer à ski en poussant simultanément sur les deux bâtons. **→ stawug.**

stalactite **n. f.** **(du grec *stalaktos* « qui coule goutte à goutte » → stalagmite)** Concrétion calcaire qui descend de la voûte d'une grotte.

stalag [stalag] **n. m.** **(mot allemand)** Camp de prisonniers de guerre non officiers, en Allemagne (1940-1945). *Stalags et oflags.*

stalagmite **n. f.** **(du grec *stalagmos* « écoulement goutte à goutte » → stalactite)** Concrétion calcaire qui monte du sol vers la voûte d'une grotte **(→ stalactite).**

Staline **(Iossif Vissarionovitch Djougachvili, dit)** Homme politique soviétique (1879-1953). Après des études au séminaire orthodoxe de Tiflis, Staline devint, en 1899, membre du comité clandestin du parti social-démocrate géorgien. Rallié au bolchevisme, il fut plusieurs fois déporté en Sibérie. En 1913, il prit le nom de Staline (« l'homme d'acier »). Libéré peu avant la révolution de mars 1917, il ne joua qu'un rôle secondaire pendant l'insurrection armée d'octobre. Élu secrétaire général du parti communiste en 1922, il affirma son autorité sur le parti malgré Lénine, qui le jugeait « trop brutal ». Après la mort de celui-ci (1924), il parvint à évincer tous ses rivaux, faisant d'abord bloc avec Zinoviev et Kamenev contre Trotski, puis les éliminant en 1927 avec l'appui de Boukharine et Rykov, qu'il écarta également en 1929. Devenu le chef incontesté du parti et le maître absolu de l'URSS, il imposa la collectivisation de l'agriculture et une industrialisation massive. L'assassinat de Kirov lui permit de déclencher une vaste « purge » du parti (« procès de Moscou », 1936-1938), qui aboutit à la liquidation de la majorité des membres de la vieille garde bolchevique et de l'Armée rouge. En 1941, après l'invasion de l'URSS par l'Allemagne, Staline, devenu généralissime, sut exalter le patriotisme soviétique, et obtint après la guerre un partage avantageux de l'Europe. Il imposa alors un régime communiste dans les pays de l'Europe de l'Est et mena une politique de « guerre froide » qui conduisit, notamment, au blocus de Berlin-Ouest (1948). Il rejeta le plan Marshall (juill. 1947) et ressuscita la IIIe Internationale (Komintern), qu'il avait dissoute en 1943, sous le nom de Kominform (oct. 1947). Développant à l'extrême le « culte de la personnalité », il gouverna en s'appuyant sur la répression (déportation dans les goulags) et les persécutions.

Staline en 1949 (à g.), avec Molotov.

Stalingrad voir **Volgograd**

Stalingrad **(bataille de)** Bataille qui débuta en août 1942 entre les armées allemande et soviétique. Elle se termina par la défaite allemande, signée par Paulus le 2 février 1943, et marqua un tournant décisif dans la guerre à l'est.

Stalingrad (bataille de)

Photo de la bataille de Stalingrad (1942), très meurtrière, et qui fut aussi le théâtre d'intenses combats de rue.

stalinien, ienne **(de *Staline*)** **1. adj.** Relatif à Staline, au stalinisme. **2. adj. et n.** Partisan du stalinisme.

stalinisme **n. m.** **(de *Staline*)** Doctrine et politique de Staline, de ses continuateurs et de ses partisans (caractérisée par son totalitarisme, la centralisation des partis communistes, etc.).

stalle **n. f.** **(latin *stallum* ; famille de *étal*)** **1.** Chacun des sièges de bois à dossier élevé réservés au clergé, des deux côtés du chœur d'une église. **2.** Compartiment cloisonné réservé à un animal **(étable, écurie).** **→ ¹box.**

Stambolijski **(Aleksandar)** Homme politique bulgare (1879-1923). Chef de l'Union agrarienne, arrivé au pouvoir en 1919, il établit une dictature paysanne, jusqu'au coup d'État de 1923.

Stamboulov **(Stefan)** Homme politique bulgare (1854-1895). À la tête du parti national-libéral, il favorisa le retour d'Alexandre de Battenberg après l'insurrection de 1886 puis assura la régence et conserva le pouvoir effectif jusqu'en 1894. Il préserva l'indépendance de la Bulgarie face à la Russie et à la Turquie, et exerça à l'intérieur une répression impitoyable contre ses adversaires politiques. Il fut assassiné.

Stamford Ville des États-Unis (Connecticut), à proximité de New York. 135 470 habitants. Université. Industries chimiques.

staminal, ale, aux **adj.** **(du latin *stamen, staminis* → ²étamine)** **bot.** Qui appartient, est relatif aux étamines.

staminé, ée **adj.** **(du latin *stamen, staminis* → ²étamine)** **bot.** *Fleur staminée,* pourvue d'étamines.

staminifère **adj.** **(du latin *stamen, staminis* → ²étamine et de *-fère*)** **bot.** Qui porte des étamines.

Stamitz ou **Stamič** Musicien tchèque (1717-1757). Violoniste, compositeur et chef d'orchestre. Établi à Mannheim (Allemagne), il mit au point l'écriture symphonique moderne.

Stampa **(Gaspara)** Poète italienne (1523-1554). Elle écrivit des poèmes d'amour influencés par Pétrarque *(Canzoniere ; Rime)*.

Stampa **(La)** Quotidien italien fondé en 1866, proche du centre gauche.

stance **n. f.** **(italien *stanza* « demeure ; repos » ; famille du latin *stare* → station)** **1.** vieux Strophe. **2.** au plur. Poème composé d'une suite de strophes lyriques d'inspiration grave. *Les stances de Malherbe. Les stances de Rodrigue, dans « Le Cid »* (de Corneille).

¹stand [stɑ̃d] **n. m.** (**mot allemand ; même origine que ²*stand***) Emplacement aménagé pour le tir à la cible. *Stand de tir.*

²stand [stɑ̃d] **n. m.** (**mot anglais, de *to stand* « se tenir debout », d'origine germanique → ¹stand**) **1.** Emplacement réservé, dans une exposition, une foire ; ensemble des installations et produits exposés. **2.** Emplacement aménagé en bordure de piste pour le ravitaillement, les réparations (courses automobiles...).

¹standard (**mot anglais « modèle, étalon », pris au français *étendard***) anglic. **I. n. m. 1.** Type, norme de fabrication. **→ norme.** *Des standards.* **2.** mus. Thème classique du jazz, sur lequel on improvise. ▪ par ext. Morceau de musique célèbre et représentatif. *Les standards des Beatles.* **II. adj. 1.** Conforme à un type, ou à une norme de fabrication. *Prises électriques standards* ou *standard* (invar.). **–** loc. comm. *Échange standard,* d'une pièce usée par une autre du même type. **2.** Conforme au type habituel, sans originalité. *« L'homme d'affaires standard* [...] *derrière ses lunettes de fausse écaille »* (P. Morand).

²standard **n. m.** (**mot anglais [→ ¹standard], pris pour désigner ce que l'anglais nomme *switchboard***) Dispositif permettant, dans un réseau téléphonique, de mettre en relation les interlocuteurs.

Standard & Poor's Agence de notation financière fondée en 1941 suite à la réunion de Poor Co, créée par Henri Varnum Poor, et du Standard Statistics Bureau, créé par Luther Lee Blake, tous deux chargés de fournir des informations financières sur les compagnies de chemin de fer américaines.

standardiser **v. tr.** < 1 > (**→ ¹standard**) anglic. Rendre conforme à un standard ; rendre standard. **→ normaliser ; uniformiser. –** au p. p. *Produits standardisés.* □ **n. f. standardisation**

standardiste **n.** Personne chargée du service d'un standard téléphonique.

stand-by [stɑ̃dbaj] **n. m. invar. et adj. invar.** (**de l'anglais, de *to stand by* « se tenir prêt »**) anglic. **1.** Embarquement de dernière minute dans un avion en fonction de places restées vacantes. *Voyager en stand-by.* **–** *Passager (en) stand-by* (cf. sur liste d'attente). **– adj.** *Des billets stand-by.* **2.** fig. En suspens, à l'arrêt, en veilleuse. *Le projet est en stand-by.*

standing **n. m.** (**mot anglais « situation », de *to stand* → ²stand**) anglic. **1.** Position économique et sociale (de qqn) aux yeux de l'opinion. **→ niveau** de vie, **rang. 2.** (choses) Grand confort, luxe. *Immeuble de grand standing.* **–** appos. invar. *Immeubles standing.*

stand-up [stɛ̃dœp] **n. m. invar.** (**mot anglais, de *to stand up* « se lever, se mettre debout »**) Genre de spectacle, né à la fin du XIXᵉ siècle aux États-Unis, au cours duquel un humoriste s'adresse au public directement, sans accessoires ni personnages, d'une manière spontanée, quasi improvisée ; spectacle de ce genre. *La vie quotidienne est l'un des thèmes de prédilection des stand-up.* - var. RO **standup n. m.**

Stanev (**Emilian**) Écrivain bulgare (1907-1978). Ses romans dépeignent la société bulgare après la Première Guerre mondiale. *Le Voleur de pêches.*

Stanhope (**James, 1ᵉʳ comte**) Homme politique et général anglais (1673-1721). Il participa à la guerre de Succession d'Espagne, puis dirigea la politique étrangère sous George Iᵉʳ, recherchant les alliances avec la France.

Stanislas (**saint**) Prélat polonais (1030-1079). Évêque de Cracovie, il fut assassiné par Boleslas II pour avoir condamné ses débauches et ses violences. Il est le patron de la Pologne.

Stanislas Iᵉʳ Leszczyński (1677-1766). Roi de Pologne (1704-1709 ; 1733-1736). Imposé en 1704 sur le trône de Pologne par Charles XII de Suède, il dut s'enfuir après la défaite de Poltava. Appuyé par Louis XV, qui avait épousé sa fille, il fut réélu roi par la Diète en 1733. Il abdiqua en 1736, mais reçut les duchés de Bar et de Lorraine. Il embellit Lunéville et Nancy.

Stanislas II Auguste Poniatowski (1732-1798). Dernier roi de Pologne (1764-1770). Élu grâce à Catherine II de Russie, dont il était l'ancien favori, il dut abdiquer après le troisième partage de la Pologne.

Stanislavski (**Konstantin Sergueïevitch Alekseïev,** dit) Acteur et metteur en scène de théâtre russe (1863-1948). Fondateur avec V. N. Dantchenko du Théâtre d'art de Moscou, il rénova la pratique théâtrale et étudia les phénomènes psychiques propres au jeu de l'acteur. *La Formation de l'acteur.*

Stanković (**Borislav**) Écrivain serbe (1876-1927). Il dépeignit avec nostalgie la vie dans la Serbie sous influence turque. *Le Sang impur.*

Stanley (**John Rowlands,** puis **sir Henry Morton**) Journaliste et explorateur britannique (1841-1904). Il explora l'Afrique équatoriale, découvrit le lac Léopold II et prit possession de la rive gauche du Congo au nom de la Belgique.

Stanley (**Wendell Meredith**) Biochimiste américain (1904-1971). Il cristallisa le virus de la mosaïque du tabac. Il étudia, en outre, celui de la grippe. Prix Nobel 1946, avec J. H. Northrop et J. Sumner.

stanneux, euse **adj.** (**du latin *stannum* « étain »**) chim. *Composés, sels stanneux,* de l'étain bivalent.

stannifère **adj.** (**du latin *stannum* → étain et de *-fère***) minér. Qui contient de l'étain.

stannique **adj.** (**du latin *stannum* « étain »**) chim. *Composés, sels stanniques,* de l'étain quadrivalent. *Oxyde stannique.* **→ cassitérite.**

Stanovoï (**monts**) Chaîne montagneuse de Russie, en Sibérie orientale, entre l'Olekma et l'Outchour. Point culminant : 2 412 m. Gisements d'or et de fer.

Stans Ville de Suisse, chef-lieu du canton de Nidwald. 8 333 habitants. Station estivale. Industrie textile.

Stanton (**Elizabeth**) Féministe américaine (1815-1902). Plaçant le vote des femmes au cœur de son combat, elle organisa avec Lucretia Mott la « Convention des droits de la femme » en 1848.

staphisaigre **n. f.** (**latin *staphis agria,* mots grecs « raisin sauvage »**) bot. Espèce du genre dauphinelle, à graines toxiques, utilisée en décoction comme insecticide (d'où son nom courant, *herbe aux poux*).

staphylier **n. m.** (**du grec *staphulê* « grain de raisin »**) bot. Arbrisseau d'Europe appelé aussi *faux pistachier,* dont les graines peuvent se consommer comme des pistaches.

¹staphylin **n. m.** (**grec *staphulinos,* de *staphulê* « grain de raisin »**) zool. Coléoptère à élytres très courts, carnassier et vorace.

²staphylin, ine **adj.** (**du grec *staphulê* « luette »**) anat. Qui appartient, est relatif à la luette. **→ uvulaire.**

staphylococcie [stafilɔkɔksi] **n. f.** (**de *staphylocoque***) méd. Infection provoquée par un staphylocoque. **→ anthrax, furonculose, impétigo, pyodermite.** *Staphylococcie cutanée.* □ **adj. staphylococcique**

staphylocoque **n. m.** (**du grec *staphulê* « grappe de raisin » et de *-coque***) Bactérie de forme arrondie qui se présente en grappes (agent de diverses infections).

Stapledon (**Olaf**) Philosophe et romancier britannique (1886-1950). Dans des romans de science-fiction, il imagina les possibilités de l'évolution de la pensée et des sociétés. *Odd John ; Sirius.*

star **n. f.** (**mot anglais « étoile »**) anglic. **1.** Acteur ou actrice de cinéma très célèbre. **→ étoile. 2.** Personne célèbre, très en vue. *Les stars de la politique.*

Stara Zagora Ville du S. de la Bulgarie, dans la Vallée des Roses. 138 200 habitants. Centre commercial et industriel.

Starck (**Philippe**) Architecte d'intérieur et designer français (né en 1949). Créateur des plus novateurs aussi bien en architecture qu'en design, il a conçu et produit en série des meubles et des accessoires du quotidien, inventant constamment dans le domaine de la forme et de la destination de l'objet.

Philippe Starck, Fauteuil *Louis Ghost* (2001), Musée national d'art moderne, Centre Georges-Pompidou, Paris.

starets [staʀɛts] **n. m.** (**mot russe « vieillard »**) didact. (hist.) Dans l'ancienne Russie, Ermite ou pèlerin considéré comme thaumaturge ou prophète, et souvent choisi comme maître spirituel. - var. **stariets** [staʀjɛts].

starie **n. f.** (**provençal *estarié,* du latin *stare* « rester »**) mar. Nombre de jours stipulés pour les opérations de chargement et de déchargement des marchandises d'un navire. **→** aussi **surestarie.** - syn. **estarie.**

stariser **v. tr.** < 1 > fam. Transformer en star, en vedette. - syn. **starifier** < 7. > □ **n. f. starisation** et **starification**

Stark (**Johannes**) Physicien allemand (1874-1957). Il découvrit l'effet Doppler et observa la décomposition des raies spectrales d'un atome sous l'action d'un champ magnétique *(effet Stark).* Prix Nobel 1919.

starking **n. f.** (**mot anglais, de *Stark,* n. propre**) Variété de pomme rouge, originaire d'Amérique.

starlette **n. f.** (**anglais *starlet,* diminutif de *star* → star**) Jeune actrice qui rêve d'une carrière de star.

Starobinski (**Jean**) Critique littéraire suisse d'expression française (1920-2019). Influencé par la phénoménologie, l'analyse structurale et l'interprétation psychanalytique, il a étudié Montesquieu, Rousseau *(La Transparence et l'Obstacle),* Montaigne.

staroste [staʀɔst] **n. m.** (**polonais puis russe *starosta* « le plus vieux » ; *cf. starets***) hist. Dans l'ancienne Russie, Chef d'un mir*, responsable de la répartition de l'impôt.

star-système **n. m.** (**anglais des États-Unis *star system***) anglic. Dans le monde du spectacle, Organisation de la production, de la diffusion et de la promotion basée sur le culte de la vedette. - var. **star-system.**

starter [staʀtɛʀ] **n. m.** (**mot anglais, de *to start* « partir »**) anglic. **I.** Personne chargée de donner le départ d'une course. **II.** Dispositif destiné à faciliter le démarrage à froid d'un moteur à explosion.

starting-block **n. m.** (**mot anglais « bloc pour partir »**) anglic. Dispositif formé de deux cales réglables sur lesquelles les

S

athlètes prennent appui au départ d'une course de vitesse. – **au plur.** (même sens) *Des starting-blocks.*

starting-gate [startiŋgɛt] **n. m.** (mot anglais « barrière pour partir ») anglic., turf Barrière faite de rubans élastiques tendus, qu'on relève au départ d'une course de chevaux. *Des starting-gates.*

start-up [startœp] **n. f. invar.** (de l'anglais, de *to start up* « commencer ») anglic., écon. Jeune entreprise novatrice dans le secteur des nouvelles technologies, sur Internet. → **licorne.** - var. RO **startup n. f.** - recomm. offic. **jeune pousse.**

Staryï Oskol Ville de Russie, sur l'Oskol. 216 000 habitants. Minerai de fer. Industries métallurgiques, constructions mécaniques.

stase n. f. (grec *stasis* « arrêt ») méd. Arrêt ou ralentissement considérable de la circulation ou de l'écoulement d'un liquide organique. → **congestion.**

-stat Élément (du grec *statos* « stable ») (ex. *rhéostat*).

Staten Island Île des États-Unis (New York), dans la baie de New York.

statère n. m. (grec *statêr*) Antiq. grecque Monnaie valant de deux à quatre drachmes.

stathouder [statudɛʀ] **n. m.** (mot néerlandais « lieutenant ») hist. Gouverneur de province, dans les Pays-Bas espagnols. – Dans les Provinces-Unies, Titre porté par les chefs de l'exécutif (notamment les princes d'Orange-Nassau). □ **n. m. stathoudérat**

statice n. f. ou m. (mot latin, grec *statikê* « herbe astringente », de *statikos* « capable d'arrêter » → statique) Plante herbacée à fleurs roses, bleues.

statif n. m. (du latin *stativus*, de *stare* « être debout ») techn. Partie métallique massive servant de support à un appareil optique. *Le statif d'un microscope.*

statine n. f. (de *lovastatine*, de *statique* ou de l'anglais *statin*) pharm. Inhibiteur de l'enzyme qui contrôle la synthèse du cholestérol, utilisé pour traiter l'excès de cholestérol.

station n. f. (latin *statio*, de *stare* « se tenir debout ; demeurer » → état ; stable, stature, substance, superstition ; rester ; et composés en *-sister* [*résister...*]) **I.** Fait de s'arrêter au cours d'un déplacement. → **arrêt, halte.** *Une brève station.* – spécialt *Les stations de la croix,* les arrêts de Jésus portant sa croix. **II.** (Lieu où l'on s'arrête) **1.** Endroit où l'on effectue des observations scientifiques ; installations qui y sont aménagées. *Station météorologique. Station spatiale.* **2.** Lieu où se fait un certain travail. *Station d'épuration.* – *Station d'essence.* → **station-service.** ▪ *Station d'émission* (de radio, de télévision). – *Station de radio.* **3.** Endroit aménagé pour l'arrêt momentané de véhicules. *Station d'autobus.* → **arrêt.** *Station de taxis.* **4.** Lieu de séjour, où l'on pratique certaines activités. *Station thermale. Station de sports d'hiver.* **III.** Fait de se tenir (de telle façon) ; spécialt fait de se tenir debout. *Station verticale.*

stationnaire adj. (du latin → station) **1.** didact. Qui s'arrête, reste un certain temps à la même place. **2.** Qui demeure un certain temps dans le même état ; qui n'évolue pas. *L'état du malade est stationnaire.* **3.** phys. Se dit d'un phénomène qui conserve les mêmes caractéristiques physiques au cours du temps.

stationnement n. m. 1. Fait de stationner. *Stationnement interdit. Parc* de stationnement.* **2.** (Canada) Parking. *Garer sa voiture au stationnement.*

stationner v. intr. < 1 > Faire une station (I). *Troupes qui stationnent.* – (véhicule) Être rangé sur la voie publique ; être garé.

station-service n. f. (d'après l'anglais) Poste de distribution d'essence accompagné d'installations pour l'entretien des véhicules. *Des stations-services.*

Station spatiale internationale voir **ISS**

statique (grec *statikos*) **I. n. f.** phys. Étude des corps en équilibre (s'oppose à *dynamique*). **II. adj. 1.** didact. Relatif aux états d'équilibre. – *Électricité* statique.* **2.** Qui est fixé, qui n'évolue pas. *Une mentalité statique.* □ **adv. statiquement**

statisticien, ienne n. Spécialiste de la statistique.

statistique (de l'italien *statista* « homme d'État » ; famille du latin *status* → état) **I. n. f.** Science et techniques d'interprétation mathématique de données complexes et nombreuses, permettant de faire des prévisions. – Ensemble de données utilisables selon ces méthodes. *Statistiques économiques.* **II. adj. 1.** Relatif à la statistique. *Méthodes, données statistiques.* **2.** Qui concerne les grands nombres, les phénomènes quantitatifs complexes. *Prévisions d'ordre statistique.*

▶ On distingue *la* **statistique**, en tant que champ particulier des mathématiques, de *une* statistique qui désigne une information numérique, calculée par l'application d'une méthode statistique à un ensemble de données.
La statistique regroupe l'ensemble des outils et des méthodes nécessaires à l'extraction d'informations significatives de données numériques difficiles à interpréter par une lecture directe. Elle comporte deux composantes essentielles.
La *statistique descriptive* consiste à représenter, par des données statistiques (moyenne, écart-type...) et de la manière la plus concise possible, une situation caractérisée par un large échantillon de données.
La *statistique mathématique* est interprétative. Elle valide les hypothèses ou les modèles de la statistique descriptive et formalise des phénomènes aléatoires. Elle prend sa source au XVIIe siècle, dans les travaux de Fermat et Pascal sur les probabilités.
Les méthodes statistiques sont utilisées dans la plupart des sciences expérimentales et humaines comme méthode de preuve. Elles servent dans tous les domaines de la vie civile, politique et économique, en fournissant des données exploitables, susceptibles d'éclairer des décisions à prendre (traitements médicaux), de fournir des panoramas explicites de situations complexes (recensements de populations) ou de prédire des résultats (sondages électoraux). Pour chacune de ces prédictions, elles tentent en plus de fournir un intervalle de confiance qui permet de juger de la fiabilité de la prédiction.
Les limites de l'estimation par les méthodes de la statistique mathématique, tout en étant l'un des objets d'étude de cette dernière, n'en épuisent cependant pas les difficultés, tant au niveau de la collecte des données que de l'interprétation des résultats produits.
voir aussi **mesure, modèle, sociologie**

statistiquement adv. Par la statistique, selon les statistiques.

statocyste n. m. (du latin *status* « fixé » et de *-cyste*) zool. Organe sensoriel servant à l'équilibration, chez certains invertébrés.

stator n. m. (mot latin « celui qui se tient immobile ») techn. Partie fixe d'un générateur, d'un moteur électrique, d'une turbine (opposé à *rotor*).

statoréacteur n. m. (du latin *status* « fixé » et de *réacteur*) aviat. Réacteur sans organe mobile, composé d'un diffuseur, d'une chambre de combustion et d'une tuyère. → **pulsoréacteur.**

statthalter [stataltɛʀ ; ʃtataltœʀ] **n. m.** (mot allemand, de *statt* « à la place de » et *Halter* « celui qui gouverne ») hist. Gouverneur allemand, spécialt en Alsace-Lorraine, de 1879 à 1918.

statuaire (du latin → statue) **I. n.** didact. Sculpteur qui fait des statues. **II. n. f.** Art de représenter en relief ou dans l'espace la figure humaine ou animale. **III. adj.** Relatif aux statues. *Marbre statuaire.*

statue n. f. (latin *statua*, de *statuere* → statuer) Ouvrage de sculpture représentant en entier un être vivant. *Statue équestre.* – fig. Personne immobile, sans expression.

statuer v. intr. < 1 > (latin *statuere* « établir ; mettre debout », de *status* → état ; cf. composés en *-stituer* [instituer, restituer...]) Prendre une décision (sur une affaire...). *Statuer sur le fond.*

statuette n. f. Statue de petite taille.

statufier v. tr. < 7 > plais. Représenter (qqn) par une statue. – fig. Vouer à (qqn) une admiration excessive (→ mettre sur un piédestal).

statu quo [statykwo] **n. m. invar.** (de la loc. latine *in statu quo ante* « dans l'état [*status* → état] où [les choses étaient] auparavant ») État actuel des choses. *Maintenir le statu quo.* - var. RO **statuquo n. m.**

stature n. f. (latin *statura*, de *stare* → station) **1.** Corps humain, considéré dans sa taille et sa position debout. *Une stature impressionnante.* **2.** fig. Importance, valeur (de qqn). → **envergure.** *Il a la stature d'un chef d'État.*

statut n. m. (du latin, de *statuere* → statuer) **1.** Ensemble de textes qui règlent la situation (d'une personne, d'un groupe) ; cette situation. *Le statut des fonctionnaires.* **2.** Situation de fait dans la société, position. *Le statut de la femme dans l'Antiquité.* **3.** au plur. Suite d'articles définissant une association, une société, et réglant son fonctionnement. **4.** inform. Court message sur un réseau social. ▪ Indicateur de disponibilité (sur un logiciel de messagerie). *Statut « hors ligne ».*

statutaire adj. 1. Conforme aux statuts (3). **2.** Relatif au statut (1 et 2). *Évolution statutaire.* □ **adv. statutairement**

Staudinger (Hermann) Chimiste allemand (1881-1965). Il créa la chimie macromoléculaire. Il découvrit notamment que les polymères sont de longues chaînes moléculaires. Prix Nobel 1953.

Stauffenberg (Claus Schenk, comte von) Officier allemand (1907-1944). Auteur de l'attentat manqué contre Hitler (20 juillet 1944), il fut fusillé.

staurotide n. f. (du grec *stauros* « croix ») didact. Silicate naturel d'aluminium et de fer, présentant souvent des macles en croix, appelé aussi *pierre de croix.*

Stavanger Ville de Norvège, sur l'océan Atlantique. 126 000 habitants. Cathédrale romane et gothique. Musées. Centre d'activités pétrolières. Port de pêche, de commerce et de voyageurs. Industries, chantiers navals.

Stavelot Ville de Belgique (province de Liège), sur l'Amblève, fusionnée avec Francorchamps. 7 153 habitants. Restes d'une abbaye du VIIe s. Anciennes tanneries. Carnaval de Laetare. Usine hydroélectrique.

Stavisky (Serge Alexandre) Homme d'affaires français d'origine russe (1886-1934). Directeur du Crédit municipal de Bayonne, il commit des malversations dans lesquelles étaient impliquées plusieurs personnalités politiques. La mise au jour de ce scandale, en 1933, et sa mort dans des circonstances non élucidées, furent exploitées par les ligues d'extrême droite, ce qui entraîna la démission du cabinet Chautemps et les émeutes du 6 février 1934 à Paris.

Stavropol Ville de Russie, au centre du Caucase du Nord. 354 600 habitants. Industries diverses. Traitement du cuir.

stawug [stavyg] **n. m.** (mot norvégien) Technique du ski nordique qui combine le stakning* avec les pas alternatifs.

stayer ou **stayeur** [stɛjœʀ] **n. m.** (anglais *stayer*, de *to stay* « soutenir l'allure », de l'ancien français *estai*) anglic. **1.** turf Cheval apte aux courses sur longue distance. **2.** cyclisme Coureur de demi-fond. – Coureur sur piste derrière moto.

S

steak [stɛk] n. m. (mot anglais « tranche de viande », cf. bifteck, romsteck) Tranche de bœuf grillée. → **bifteck.** *Des steaks.*

steamer ou **steameur** [stimœʀ] n. m. (anglais *steamer*, de *steam* « vapeur ») vieilli Bateau à vapeur. *« Les grands steamers, dragons dégorgeant des flots noirs »* (Hugo).

stéarate n. m. (du grec *stear* « graisse » et de *-ate*) chim. Sel ou ester de l'acide stéarique.

stéarine n. f. (du grec *stear* « graisse » et de *-ine*) Corps solide, blanc, obtenu à partir des graisses naturelles. *Bougie en stéarine.*

stéarique adj. (du grec *stear* « graisse ») biochim. *Acide stéarique :* acide gras saturé, abondant surtout dans le suif de bœuf et de mouton.

stéatite n. f. (latin *steatitis,* mot grec) minér. Silicate de magnésium naturel, talc compact ou granulaire, dit *craie de Briançon.*

stéat(o)- Élément (du grec *stear, steatos*) qui signifie « graisse ».

stéatopyge adj. (de *stéato-* et *-pyge*) didact. Dont le tissu adipeux est très développé au niveau des fesses ; qui a de très grosses fesses. *La Vénus hottentote est stéatopyge.* → aussi **callipyge.** □ n. f. **stéatopygie**

stéatose n. f. (de *stéat[o]-* et *²-ose*) pathol. Surcharge de graisse dans les hépatocytes.

Steeman (Stanislas-André) Écrivain belge d'expression française (1908-1970). Il écrivit des romans policiers, dont plusieurs furent adaptés au cinéma par Clouzot (*L'assassin habite au 21 ; Quai des Orfèvres*).

Steen (Jan) Peintre hollandais (1626-1679). Il étudia à Utrecht, Haarlem et La Haye. Il peignit des paysages et des sujets religieux, puis des scènes de la vie populaire dans un esprit satirique et moralisateur.

Steenkerque voir **Steinkerque**

Steensen (Niels) voir **Sténon**

steeple-chase [stipœlʃɛz] ou (abrév.) **steeple** [stipœl] n. m. (anglais « course au clocher *[steeple]* ») anglic. **1.** Course d'obstacles pour les chevaux. *Des steeple-chases.* **2.** *Steeple :* course à pied (course de fond) sur 3000 m comportant divers obstacles.

Stefan (Josef) Physicien autrichien (1835-1893). Il énonça la loi qui porte son nom, selon laquelle la puissance rayonnée par un corps noir est proportionnelle à sa température.

stéganographie n. f. (du grec *steganos* « caché ») inform. Procédé de dissimulation d'un message confidentiel au sein de données.

stégo- Élément (du grec *stegos*) qui signifie « toit ».

stégocéphale n. m. (→ -céphale) paléont. Amphibien fossile, parfois géant, au crâne fortement ossifié, présent du dévonien au trias (sous-classe des *Stégocéphales*).

stégomyie [stegɔmii] n. f. (de *stégo-* et du grec *muia* « mouche », à cause de sa forme) zool. Moustique des régions chaudes qui transmet la fièvre jaune, la dengue, le chikungunya...

stégosaure n. m. (→ -saure) paléont. Grand reptile dinosaurien herbivore du jurassique, qui présentait sur le dos de larges plaques osseuses.

Steichen (Edward) Photographe américain (1879-1973). Membre-fondateur du groupe Photo-Secession, il usa d'abord du flou artistique, puis adopta un géométrisme net. Il organisa en 1955 la grande exposition « Family of Man ».

Stein (Karl, baron von) Homme politique prussien (1757-1831). Ministre du Commerce, de l'Industrie et des Douanes, il fut à l'origine de réformes libérales abolissant le servage et élargissant les droits des roturiers et des nobles. Napoléon obtint sa démission en 1808.

Stein (Gertrude) Écrivaine américaine (1874-1946). Elle s'installa à Paris à partir de 1903 et fréquenta de nombreux artistes, dont Picasso. Son œuvre est poétique, romanesque *(The Making of Americans)* et autobiographique *(Autobiographie de tout le monde).*

Gertrude Stein, par Cecil Beaton (v. 1936), Musée national d'art moderne, Centre Georges-Pompidou, Paris.

Stein (Edith) Philosophe allemande (1891-1942). D'origine juive, elle se convertit au catholicisme et entra au Carmel sous le nom de sœur Bénédicte de la Croix. Son œuvre est influencée par la phénoménologie (elle étudia auprès de Husserl) et le thomisme. Béatifiée en 1987, elle fut canonisée en 1998. *Science de la croix ; Phénoménologie et philosophie chrétienne.*

Stein (Peter) Metteur en scène allemand (né en 1937). Il a dirigé la Schaubühne de Berlin de 1970 à 1987. Influencé par Brecht, il élabore les mises en scènes de textes avec les acteurs.

Steinarr (Adalsteinn Kristmundsson, dit Steinn) Poète islandais (1908-1950). Il est l'auteur de poèmes *(Le Temps et l'Eau),* marqués par un nihilisme désespéré, d'une forme brève, ouvrant la voie aux poètes « atomiques ».

Steinbeck (John) Romancier américain (1902-1968). Ses romans, de tendance naturaliste, mettent en scène des gens simples ou des exclus confrontés à l'inhumanité du développement économique. *Tortilla Flat ; Des souris et des hommes ; Les Raisins de la colère ; À l'est d'Éden.* Prix Nobel 1962.

Steinberg (Saul) Peintre et dessinateur américain d'origine roumaine (1914-1999). Il publia plusieurs albums de dessins humoristiques, au service d'une critique sociale et psychologique impitoyable. *All in Line ; The New World.*

steinbock [stɛnbɔk ; stɛjnbɔk] n. m. (mot repris à l'afrikaans) Petite antilope d'Afrique australe, à oreilles noires et cornes courtes.

Steiner (Jacob) Mathématicien suisse (1796-1863). Il contribua à l'élaboration de la géométrie projective synthétique.

Steiner (Rudolf) Penseur et pédagogue autrichien (1861-1925). Il élabora l'anthroposophie, doctrine inspirée par Goethe, qui vise à harmoniser l'être physique et l'être spirituel de l'homme au sein du cosmos. L'anthroposophie a eu des développements avant tout pédagogiques (écoles Rudolf-Steiner), mais aussi esthétiques, médicaux, scientifiques et agricoles (biodynamique). *Les Bases spirituelles de l'éducation ; Le Faust de Goethe.*

Steinert (Otto) Photographe allemand (1915-1978). Membre du groupe Fotoform, se réclamant de la Nouvelle Vision et du surréalisme, il fut la principale figure de la photographie subjective.

Steinitz (Ernst) Mathématicien allemand (1871-1928). Il créa la théorie des corps algébriques.

Steinkerque aujourd'hui **Steenkerque** Localité de Belgique, dépendant de la ville de Braine-le-Comte. Le maréchal de Luxembourg y vainquit Guillaume III d'Orange en 1692.

Steinlen [stɛ̃lɛn] ou [stɛnlɛn] (Théophile Alexandre) Dessinateur, peintre, lithographe français d'origine suisse (1859-1923). Inspiré par Daumier et Toulouse-Lautrec, travaillant pour plusieurs journaux *(Le Chat noir),* il réalisa des illustrations, des affiches et des tableaux de mœurs populaires. Ses dessins de chats le rendirent célèbre.

Steinway (Henry Engelhard, à l'origine Heinrich Engelhardt Steinweg) Facteur allemand de pianos (1797-1871). Il fonda, à New York, la manufacture de pianos Steinway and Sons.

Stekene Ville de Belgique (province de Flandre-Orientale). 18 687 habitants. Industrie textile.

stèle n. f. (grec *stêlê*) Monument monolithe qui porte une inscription, des ornements sculptés. *Stèle funéraire.*

Stella (Frank) Peintre américain (né en 1936). Il a peint par séries, supprimant la distinction figure-fond par la répétition de bandes parallèles *(Stripe Paintings)* et réalisé plus tard des toiles *(Shaped Canvases),* des collages de feutre et de grands reliefs peints *(Brazilian Series).*

Frank Stella, *Glinne II* (1972), série des *Villages polonais,* coll. privée.

S

¹stellaire adj. (du latin, de *stella* → étoile) **1.** Des étoiles ; relatif aux étoiles. *Amas stellaire.* **2.** En forme d'étoile. *Angiome stellaire.*

²stellaire n. f. (du latin, de *stella* → étoile) bot. Plante, aux fleurs en étoile, dont une variété est le *mouron* des oiseaux.*

stellite n. m. (n. déposé, probablt du latin *stella* « étoile ») techn. Alliage à haute teneur en cobalt (plus de 40 %), contenant du chrome, du tungstène, etc.

Stelvio (col du) Col des Alpes italiennes (2 758 m), à l'E. du massif de l'Ortler.

stem [stɛm] n. m. (de l'allemand, de *stemmen* « appuyer ») ski Virage effectué en écartant le talon du ski amont puis en rétablissant le parallélisme des skis. - var. **stemm.**

stemmate n. m. (grec *stemma, stemmatos* « couronne ») zool. Œil simple des larves d'insectes (→ **ocelle**).

stencil [stɛnsil] n. m. (mot anglais « pochoir ») anglic. Papier paraffiné servant à la polycopie.

Stendal Ville d'Allemagne (Saxe-Anhalt). 36 700 habitants. Monuments gothiques et Renaissance.

Stendhal (Henri Beyle, dit) Écrivain français (1783-1842). Athée et jacobin, il entreprit une carrière militaire, puis vécut entre Paris et l'Italie et exerça diverses fonctions diplomatiques. Dans un style dépouillé, ses romans explorent avec réalisme la psychologie et prônent, contre les mœurs du temps, la grandeur des passions et la recherche du bonheur *(Le Rouge et le Noir ; La Chartreuse de Parme ; Lamiel ; Lucien Leuwen).* On lui doit également des essais *(De l'amour)*, des nouvelles, un *Journal* et des récits autobiographiques *(Vie de Henry Brulard).*

Stendhal, par Johan Olaf Södermark (1840), musée du château, Versailles.

Stenmark (Ingemar) Skieur suédois (né en 1956). Vainqueur de trois Coupes du monde (1976-1978), il domina le slalom durant une décennie (1975-1985) avec quatre-vingt six victoires et cinq médailles d'or aux Jeux olympiques et aux championnats du monde.

Ingmar Stenmark en 1980, lors des Jeux olympiques de Lake Placid.

sténo (abrév.) **1.** n. → **sténographe. 2.** n. f. → **sténographie.**

sténo- Élément (grec *stenos* « étroit ») qui signifie « resserré » (en parlant de l'écriture).

sténodactylo (abrév.) **1.** n. → **sténodactylographe. 2.** n. f. → **sténodactylographie.**

sténodactylographe ou (abrév.) **sténodactylo** n. Personne qui pratique la sténodactylographie à titre professionnel.

sténodactylographie ou (abrév.) **sténodactylo** n. f. Emploi combiné de la sténographie et de la dactylographie.

sténogramme n. m. (de *sténo-* + *-gramme*) rare ou techn. Tracé en sténographie d'une syllabe ou d'un mot.

sténographe ou (abrév.) **sténo** n. Personne qui pratique la sténographie à titre professionnel.

sténographie ou (abrév.) **sténo** n. f. Écriture abrégée, formée de signes propres, qui permet de noter la parole à la vitesse de prononciation normale. *Prendre un texte en sténo.*

sténographier v. tr. < 7 > Noter par la sténographie.

sténographique adj. Relatif à la sténographie. – Noté en sténographie.

sténohalin, ine adj. (de *sténo-* et du grec *hals, halos* « sel ») zool. Qui ne peut vivre que dans les eaux de salinité constante ou voisine. *Espèces sténohalines.*

Sténon (Niels Steensen, latinisé en Nicolaus Steno, en français Nicolas) Anatomiste et géologue danois (1638-1686). Il découvrit le canal excréteur de la glande parotide (dit *canal de Sténon*). Il est par ailleurs fondateur de la paléontologie.

sténopé n. m. (de *sténo-* et du grec *ôps* « œil ») photogr. Petit trou dans une paroi faisant office d'objectif photographique.

sténose n. f. (grec *stenôsis* « rétrécissement ») pathol. Rétrécissement d'un canal ou d'un orifice. *Sténose artérielle.* □ adj. **sténosé, ée**

sténotypie n. f. (→ -typie) Sténographie mécanique (au moyen d'une machine à clavier appelée **sténotype** n. f., utilisée par un ou une **sténotypiste** n.).

stent [stɛnt] n. m. (mot anglais, d'un n. propre) anglic., chir. Petite prothèse tubulaire interne servant notamment à maintenir ouvert un vaisseau en cas de sténose.

stentor n. m. (du n. du personnage de *L'Iliade*) **I.** *Voix de stentor :* voix forte, retentissante. **II.** zool. Protozoaire d'eau douce cilié, en forme de trompe.

Stentor Personnage de *L'Iliade*, qui criait aussi fort que cinquante guerriers.

step [stɛp] n. m. (mot anglais « pas ; marche (d'escalier) ») anglic. sport **1.** Marchepied utilisé pour pratiquer des exercices physiques. **2.** Méthode de fitness basée sur ces exercices. *Un cours de step.*

Stephens (James) Écrivain irlandais (1882-1950). Il publia des romans, des poésies *(Insurrection)* et des recueils de contes *(Deirdre).*

Stephenson (George) Ingénieur britannique (1781-1848). Il imagina et construisit en 1814 la première locomotive à vapeur, et réalisa la ligne ferroviaire Liverpool-Manchester.

steppage n. m. (de l'anglais *to step* « trotter ») méd. Anomalie de la marche obligeant à lever très haut la jambe à chaque pas.

steppe n. f. (du russe) Grande plaine inculte, couverte d'herbe rase en plaques. – arts *Art des steppes*, des peuples nomades des steppes (Russie méridionale...), à l'âge du bronze.

steppeur n. m. (anglais *stepper*, de *to step* « trotter ») anglic., hippol. Cheval de trot à l'allure vive, qui lève haut et lance bien en avant ses membres antérieurs. - var. **stepper** [stɛpœʀ].

steppique adj. De la steppe. *Flore steppique.*

Steptoe (Patrick Christofer) Médecin britannique (1913-1988). Il mit au point, avec R. G. Edward, la technique de la fécondation *in vitro.*

stéradian n. m. (du grec *stereos* « solide » → stéréo- et de *radian*) Unité d'angle solide (portion d'espace située dans un cône) correspondant à un angle solide ayant son sommet au centre d'une sphère et découpant sur la surface de cette sphère une aire égale à celle d'un carré qui aurait pour côté le rayon de la sphère (symb. sr).

stercoraire (du latin, de *stercus, stercoris* « excrément ») **I.** n. m. **1.** Oiseau palmipède des mers arctiques, qui se nourrit de poisson dérobé à d'autres oiseaux. → **labbe. 2.** Insecte qui vit sur les excréments. **II. 1.** adj. didact. Relatif aux excréments. → **stercoral. 2.** Qui vit, croît sur les excréments (→ **scatophile**) ; qui s'en nourrit (→ **scatophage**).

stercoral, ale, aux adj. (du latin *stercus, stercoris* → stercoraire) sc., méd. Qui concerne les excréments ou en contient. → **excrémentiel, stercoraire.**

sterculiacée n. f. (de *sterculie*, n. d'une plante à l'odeur excrémentielle, du latin *stercus* → stercoraire) bot. Plante dicotylédone des régions tropicales (famille des *Sterculiacées* ; ex. le cacaoyer, le colatier).

stère n. m. (du grec, de *stereos* → stéréo-) **1.** Volume (de bois) mesurant 1 m^3 (symb. st). **2.** techn. Dispositif qui sert à mesurer le bois.

stéréo (abrév.) **1.** adj. invar. → **stéréophonique. 2.** n. f. → **stéréophonie.**

stéréo- Élément (du grec *stereos* « solide, dur ») qui signifie « massif, solide », « volume » et « relief ».

stéréochimie n. f. didact. Branche de la chimie qui étudie la disposition dans l'espace des atomes d'une molécule. □ adj. **stéréochimique**

stéréocomparateur n. m. techn. Appareil de mesure, qui à partir de clichés photographiques, permet de donner avec précision la position de points topographiques.

stéréognosie [steʀeognozi] n. f. (→ -gnosie) didact. Reconnaissance ou identification des objets par le toucher (gnosie* tactile).

stéréogramme n. m. (→ -gramme) techn. Épreuve photographique double, destinée à la vision stéréoscopique.

stéréographie n. f. (latin *stereographia* → stéréo- et -graphie) sc. Représentation des objets à trois dimensions par projection sur un plan. □ adj. **stéréographique**

stéréo-isomère n. m. chim. Forme chimique, molécule ne différant des autres isomères que par sa configuration spatiale. □ n. f. **stéréo-isomérie**

stéréométrie n. f. (latin *stereometria*, mot grec) sc. Application pratique de la géométrie à la mesure des solides naturels (cubage, jaugeage, métrage). □ adj. **stéréométrique**

stéréophonie ou (abrév.) **stéréo** n. f. (→ -phonie) Enregistrement et reproduction du son (par deux sources) donnant l'impression du relief acoustique.

stéréophonique adj. ou (abrév.) **stéréo** adj. invar. Relatif à la stéréophonie (opposé à *monophonique*). – *Chaîne stéréo*, utilisant le principe de la stéréophonie.

stéréophotographie n. f. (de *stéréo[scopique] et photographie*) techn. Photographie stéréoscopique.

stéréoscope n. m. (→ -scope) didact. Instrument d'optique basé sur le principe de la stéréoscopie.

stéréoscopie n. f. didact. Technique permettant d'obtenir une impression de relief, au moyen de deux images d'un objet. □ adj. **stéréoscopique**

stéréospécificité n. f. chim. Propriété des catalyseurs qui entraînent la formation d'un isomère spécifique à structure régulière. □ adj. **stéréospécifique**

stéréotaxie n. f. (→ -taxie) méd. Technique de repérage en trois dimensions des structures internes du cerveau, surtout utilisée lors d'interventions neurochirurgicales.

stéréotomie n. f. (→ -tomie) techn. Taille et coupe (des pierres et matériaux de construction). □ adj. **stéréotomique**

stéréotype n. m. (→ -type) **1.** Opinion toute faite réduisant les particularités. → **cliché.** ■ *Stéréotypes culturels :* préjugés répandus. **2.** didact. Association stable d'éléments (symboles, etc.) formant une unité.

stéréotypé, ée adj. Tout fait, figé. → **convenu.** *Des formules stéréotypées.*

STEPPE (l'écosystème de l'Asie centrale)

Le cheval de Przewalski est le dernier cheval sauvage. Il a failli disparaître dans les années 1970.

L'antilope saïga est un indicateur des climats froids et secs.

Endémique du sud du Gobi, l'hémione est aujourd'hui très fortement menacé d'extinction.

Le vautour moine, nettoyeur de la steppe, se nourrit presque exclusivement de charognes.

Carnassier légendaire, le loup gris des steppes s'adapte à des milieux variés.

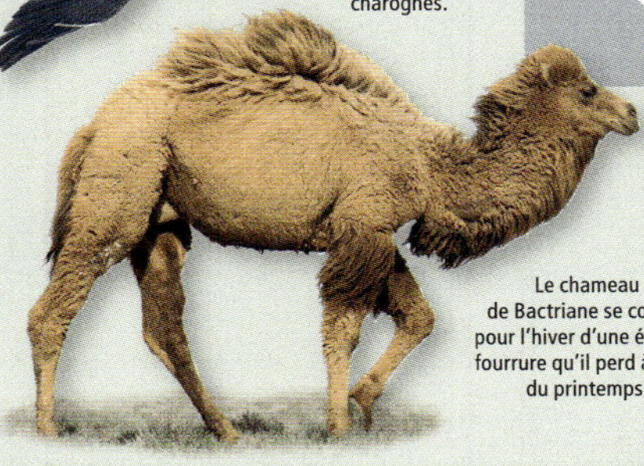

Le chameau de Bactriane se couvre pour l'hiver d'une épaisse fourrure qu'il perd à la fin du printemps.

En hiver, la marmotte vit sur ses réserves de graisse accumulées pendant l'été.

Dans les steppes d'Asie centrale, certains hommes mènent encore une vie de tradition nomade et pastorale. Dans ces vastes étendues herbeuses, les arbres sont rares voire absents. Le climat est rude, caractérisé par de faibles précipitations, des hivers froids et des étés torrides. La steppe peut aussi se faire désertique, comme le désert de Gobi, où le sol caillouteux accueille une végétation pauvre mais robuste.

stéréotypie n. f. didact. Caractère stéréotypé. – psych. Tendance à conserver la même attitude, à répéter le même mouvement ou les mêmes paroles. *Stéréotypie des schizophrènes.*

stérer v. tr. < 6 > (de *stère*) techn. Mesurer (du bois) au stère.

stérile adj. **(latin *sterilis* « infécond »)** **I. 1.** (êtres vivants) Inapte à la génération, à la reproduction. **→ infécond.** *Animal stérile. – Couple stérile.* **2.** (terre, sol) Qui ne produit pas de végétaux utiles. **→ aride, improductif.** **3.** Exempt de tout germe microbien. *Milieu stérile.* **II.** fig. Qui ne produit rien, ne donne aucun résultat positif. – *Des discussions stériles.* □ **adv. stérilement**

stérilet n. m. Dispositif anticonceptionnel placé dans l'utérus. - syn. **dispositif intra-utérin.**

stérilisant, ante adj. **1.** Qui rend stérile. – méd. Qui détruit tout germe microbien. *Une filtration stérilisante.* **2.** fig. *Une position philosophique stérilisante.*

stérilisateur n. m. Appareil de stérilisation (2).

stérilisation n. f. **1.** Suppression de la capacité de procréer. **2.** Opération qui consiste à détruire les germes microbiens.

stériliser v. tr. < 1 > **1.** Rendre stérile, infécond. *Se faire stériliser.* **2.** Opérer la stérilisation (2) de (qqch.) **→ aseptiser, désinfecter, pasteuriser.** – au p. p. *Lait stérilisé.* **3.** Rendre stérile (II).

stérilité n. f. **(du latin → stérile)** **1.** (êtres vivants) Incapacité de procréer ou de se reproduire. **2.** État, caractère de ce qui est stérile.

stérique adj. **(du grec *stereos* « solide, cubique » → stère, stéréo-)** chim. Relatif à la configuration spatiale d'un composé chimique **(→ stéréochimie).**

sterlet n. m. **(russe *sterljad'*)** Esturgeon d'une variété de la mer du Nord, de la mer Noire et des fleuves russes. *Œufs de sterlet.* **→ caviar.**

sterling adj. invar. **(mot anglais)** *Livre sterling.* **→ [2]livre.**

Sterling (Charles) Historien d'art français d'origine polonaise (1901-1991). Il fut spécialiste de l'art médiéval français. *Les Primitifs français.*

Sterlitamak Ville de Russie (Bachkirie). 264 400 habitants. Industries mécanique et chimique. Verreries. Cuir et bois.

Stern (William) Philosophe et psychologue allemand (1871-1938). Il étudia la psychologie de l'enfant et inventa la notion de quotient intellectuel. *L'Intelligence des enfants et des adolescents.*

Stern (Otto) Physicien américain d'origine allemande (1888-1965). Il étudia les propriétés magnétiques des atomes et confirma le caractère ondulatoire des particules. Il contribua au développement de l'épitaxie par jet moléculaire et découvrit le moment magnétique du proton. Prix Nobel 1943.

Stern (Isaac) Violoniste américain d'origine russe (1920-2001). Il mena une brillante carrière internationale, se spécialisant dans le répertoire romantique. Il forma un trio avec E. Istomin et L. Rose.

sternal, ale, aux adj. **(de *sternum*)** anat. Qui a rapport au sternum. *Côtes sternales.*

Sternberg (Josef von) Cinéaste américain d'origine autrichienne (1894-1969). Plasticien au goût baroque et fastueux, il révéla Marlene Dietrich, imposant le personnage de la femme fatale. *L'Ange bleu ; Cœurs brûlés ; Shanghai Express ; L'Impératrice rouge.*

Sternberg (Fritz) Économiste allemand (1895-1963). De tendance marxiste, il analysa le développement du système capitaliste, insistant sur la relation entre impérialisme et sous-développement. *Le Conflit du siècle.*

sterne n. f. **(ancien anglais *stern*)** Petit oiseau marin voisin de la mouette, aussi appelé *hirondelle de mer.*

Sterne (Laurence) Romancier britannique (1713-1768). Son premier roman, *Vie et Opinions de Tristram Shandy*, suite de digressions d'une grande liberté et d'une continuelle fantaisie, exerça une influence notable, sur Diderot notamment. Il est aussi l'auteur de *Voyage sentimental en France et en Italie.*

Sternheim (Carl) Écrivain allemand (1878-1942). Il est l'auteur de comédies (*Vie héroïque de la bourgeoisie*), de nouvelles et de romans dans lesquels il dénonce avec cynisme et violence la société de son temps.

sterno- Élément (de *sternum*) entrant dans la composition de quelques termes d'anatomie.

sternocléidomastoïdien adj. m. et n. m. (de *sterno-*, du grec *kleis, kleidos* « clavicule » et de *mastoïdien*) anat. Se dit d'un muscle qui s'insère sur le sternum, la clavicule et l'apophyse mastoïde. - var. **sterno-cléido-mastoïdien.**

sternum [stɛʀnɔm] n. m. (grec *sternon*, par le latin) Os plat de la face antérieure du thorax (qui reçoit les sept paires de côtes supérieures, chez l'homme). *Des sternums.*

sternutation n. f. (du latin, de *sternutare* → éternuer, *cf.* sternutatoire) didact. Fait d'éternuer ; éternuements répétés.

sternutatoire adj. (→ sternutation) didact. Qui provoque des éternuements.

stéroïde n. m. et adj. (de *stér[ol]* et *-oïde*) biochim. Substance dont la structure de base comporte un stérol. – spécialt Hormone ayant la structure d'un stérol. *Stéroïde hormonal ou hormone stéroïde.* → **corticoïdes.** *Stéroïdes anabolisants.* → **nandrolone.** □ adj. **stéroïdien, ienne**

stérol n. m. (de *[chole]stérol*) biochim. Alcool polycyclique de masse moléculaire élevée. → **cholestérol, ergostérol.** *Les stérols sont des stéroïdes.* □ adj. **stérolique**

stertoreux, euse adj. (du latin *stertere* « ronfler ») méd. *Respiration stertoreuse* : respiration bruyante accompagnée de ronflement.

Stésichore (Tisias, dit en grec **Stêsikhoros,** « maître de chœur », et en français) Poète grec (v. 640-v. 550 av. J.-C.). Il fut l'un des créateurs du lyrisme choral.

stéthoscope n. m. (du grec *stêthos* « poitrine » et de *-scope*) Instrument destiné à l'auscultation, qui transmet les bruits internes du corps.

Stétié (Salah) Poète libanais d'expression française (1929-2020). Son œuvre poétique tente de saisir l'essence des êtres et des choses par des moyens verbaux épurés (*L'Eau froide gardée*). Il a également traduit des poètes arabes, et écrit des essais et des aphorismes.

stetson [stɛtsɔn] n. m. (mot anglais des États-Unis [n. propre]) Chapeau à larges bords relevés.

Stettin voir **Szczecin**

Stevenage Ville nouvelle d'Angleterre (comté de Hertfordshire), au N. de Londres. 81 500 habitants. Elle a été créée en 1946.

Stevens (John) Industriel et inventeur américain (1749-1838). Il contribua à l'essor des chemins de fer et de la navigation à vapeur aux États-Unis.

Stevens (Alfred) Peintre belge (1823-1906). Il est surtout connu pour ses portraits de femmes du monde sous le Second Empire. *Dame en rose.*

S

Stevens (Wallace) Poète américain (1879-1955). Il composa des poèmes influencés par la peinture moderne. *Harmonium ; L'Homme à la guitare bleue.*

Stevens (Siaka Probyn) Homme d'État de la Sierra Leone (1905-1988). Il fut Premier ministre (1967 et 1968-1971) puis président de la République (1971-1985).

Stevens (Stanley Smith) Psychophysiologiste américain (1906-1973). Il contribua au développement de la psychophysique. *Handbook of Experimental Psychology.*

Stevenson (Robert Louis Balfour) Écrivain britannique (1850-1894). Il publia des récits de voyage (*Voyage avec un âne dans les Cévennes*), avant de s'imposer comme le maître du roman d'aventures (*L'Île au trésor*). Il est aussi l'auteur d'un chef-d'œuvre de la littérature fantastique, *Docteur Jekyll et Mister Hyde.*

stévia n. m. ou f. (du latin sc. *stevia*) Plante d'Amérique du Sud dont les feuilles ont un fort pouvoir sucrant. – Produit extrait de cette plante, utilisé comme édulcorant.

Stevin (Simon), dit aussi **Simon de Bruges** Mathématicien et physicien flamand (1548-1620). Il systématisa et simplifia l'arithmétique et l'algèbre, introduisit les fractions décimales et démontra l'impossibilité du mouvement perpétuel.

steward [stiwaʀt] n. m. (mot anglais) anglic. **1.** Maître d'hôtel ou garçon de service, à bord d'un paquebot. **2.** Membre (homme) du personnel de cabine d'un avion.

Stewart (James) Acteur américain (1908-1997). Il marqua un demi-siècle de cinéma hollywoodien, jouant pour de nombreux réalisateurs comme Capra (*Mr. Smith au Sénat*), Lubitsch (*Rendez-vous*), Hitchcock (*Sueurs froides*).

James Stewart (à dr.), avec Daniel Gélin, dans *L'Homme qui en savait trop* d'Alfred Hitchcock (1956).

Stewart (île) Île située à l'extrémité sud de la Nouvelle-Zélande. 1 735 km².

Steyr Ville d'Autriche (Haute-Autriche), à la confluence de l'Ems et de la Steyr. 38 248 habitants. Église du xvᵉ s. Maisons anciennes. Usines d'armement.

sthénique adj. (du grec *sthenos* « force ») méd. Qui possède la plénitude de sa capacité fonctionnelle. *Une musculature sthénique.*

Sthers (Amanda Queffélec-Maruani, dite Amanda) Écrivaine et scénariste française (née en 1978). Elle a publié une quinzaine de romans pour adultes (*Les Promesses*) et pour la jeunesse, écrit plusieurs pièces de théâtre (*Le Vieux Juif blonde*) et réalisé des longs-métrages (*Madame*).

stibié, iée adj. (du latin *stibium* « antimoine ») pharm. Qui contient de l'antimoine. *Médicament stibié.*

stibine n. f. (de *stibié*) chim. Sulfure naturel d'antimoine (Sb_2S_3).

Stibitz (George Robert) Ingénieur et informaticien américain (1904-1995). Il conçut une interface permettant l'utilisation du système décimal pour le codage en système binaire des machines à calculer.

stick n. m. (mot anglais « bâton ») anglic. **I. 1.** Courte baguette souple ; cravache. **2.** Produit présenté sous forme de bâtonnet. *Stick de colle.* **II.** Équipe de parachutistes sautant du même avion.

sticker [stikœʀ] n. m. (mot anglais, de *to stick* « coller ») anglic., comm. Étiquette autocollante apposée sur un produit, un emballage. → **autocollant.**

Stieglitz (Alfred) Photographe américain (1864-1946). Chef de file de la photographie d'avant-garde américaine, il contribua à lui donner un statut d'œuvre d'art. *Équivalents.*

Stiernhielm (Georg) Poète suédois (1598-1672). Poète favori de la reine Christine, il est considéré comme le père de la poésie suédoise. *Hercule.*

Stifter (Adalbert) Écrivain autrichien (1805-1868). Il est l'auteur de romans et de nouvelles qui dépeignent la beauté du monde. *L'Été de la Saint-Martin.*

Stigler (George) Économiste américain (1911-1991). Défenseur de la libre concurrence, il a mené des travaux d'analyse microéconomique. Prix Nobel 1982.

Stiglitz (Joseph) Économiste américain (né en 1943). Vice-président et économiste de la Banque mondiale (1997-2000), il a attaqué les fondements de la théorie libérale classique. *Quand le capitalisme perd la tête ; Peuple, Pouvoir et Profits.* Prix Nobel 2001.

stigmate n. m. (du latin, du grec *stigma* « piqûre, plaie ») **I. 1.** au plur. relig. Blessures du Christ ; marques miraculeuses disposées sur le corps comme les cinq blessures du Christ. **2.** Marque laissée sur la peau (par une plaie, une maladie). → **cicatrice.** *Les stigmates de la petite vérole.* **3.** anciennt Marque d'infamie appliquée au fer rouge. **4.** fig. « *Tous les stigmates de la stupidité la plus affreuse* » (Queneau). **II. 1.** zool. Chacun des orifices respiratoires des trachées des insectes. **2.** bot. Orifice du pistil.

stigmatisé, ée adj. et n. (Personne) qui porte des stigmates (I, 1).

stigmatiser v. tr. < 1 > **1.** anciennt Marquer d'un stigmate (I, 3). **2.** littér. Dénoncer comme infâme, condamner avec force. **3.** Chercher à déconsidérer (une caractéristique, un groupe). *Stigmatiser le handicap, les immigrés.* □ n. f. **stigmatisation**

stigmatisme n. m. (de l'anglais, du grec *stigma* « piqûre ») opt. Qualité d'un système optique qui donne une image nette d'un point objet (opposé à *astigmatisme*). □ adj. **stigmatique**

stiletto n. m. (mot italien → stylet) Chaussure au très haut talon effilé. *Des stilettos.*

Stilicon en latin **Flavius Stilicho** Général et homme politique romain, d'origine vandale (v. 360-408). L'empereur Théodose Iᵉʳ lui confia la régence de l'empire d'Occident. Il contint les Barbares en Italie, mais ne put défendre la Gaule contre les Vandales.

stillation [stilasjɔ̃] n. f. (latin *stillatio*, de *stillare* « couler goutte à goutte » → distiller, instiller) didact. Écoulement d'un liquide qui tombe goutte à goutte. *Formation des stalactites par stillation de l'eau.*

Stiller (Mauritz) Cinéaste suédois (1883-1928). Ses films muets, inspirés des sagas nationales, traitent du quotidien transfiguré par le surnaturel (*Le Trésor d'Arne*). *La Légende de Gösta Berling* révéla Greta Garbo.

stilligoutte n. m. (de *still[ation]* et *goutte*) didact. Compte-gouttes.

stilton [stiltɔn] n. m. (du n. d'un village anglais) Fromage de lait de vache à pâte persillée, d'origine anglaise.

Stilwell (Joseph Warren) Général américain (1883-1946). Chef d'état-major de Jiang Jieshi (Tchang Kaï-chek), il commanda

Stieglitz (Alfred)

Alfred Stieglitz, *From an American Place* (1930).

les troupes américaines en Chine pendant la guerre sino-japonaise.

stimulant, ante adj. **1.** Qui augmente l'activité physique ou psychique, les fonctions organiques. → **fortifiant, ¹tonique.** – **n. m.** Substance stimulante. **2.** Qui stimule, qui augmente l'ardeur de qqn. → **encourageant.** – **n. m.** Ce qui stimule.

stimulateur, trice **1. adj.** littér. Qui stimule. → **stimulant. 2. n. m.** *Stimulateur cardiaque :* appareil électronique implanté dans l'organisme, destiné à stimuler les contractions cardiaques (recomm. offic. pour l'anglic. **pacemaker**).

stimulation n. f. Action de stimuler. – Ce qui stimule.

stimuler v. tr. < 1 > (latin *stimulare*, de *stimulus* « aiguillon ; tourment ; encouragement » → **stimulus**) **1.** Augmenter l'énergie, l'activité de (qqn) ; pousser (qqn) à agir. → **encourager, exciter, motiver. 2.** Augmenter l'activité de (une fonction organique) ; redonner des forces à (qqn).

stimuline n. f. (de *stimuler* et *-ine*) physiol. Substance capable d'accroître l'activité d'un organe ou d'un tissu.

stimulus [stimylys] n. m. (mot latin → **stimuler**) didact. Cause externe ou interne capable de provoquer la réaction d'un système excitable, d'un organisme vivant. *Les stimulus ou les stimuli* (plur. latin) *sensoriels.*

Sting (Gordon Matthew Thomas Sumner dit) Chanteur britannique (né en 1951). Il appartint au groupe de rock The Police (*Message in a bottle*) jusqu'en 1986 puis, engagé dans la défense de l'écologie, il mena une carrière en solo. Ses influences musicales vont du jazz à la musique classique ou orientale (*Russians*).

Sting lors du concert « Live Earth for a Climate in Crisis » le 7 juillet 2007 au Giants Stadium d'East Rutherford (New Jersey).

Stinnes (Hugo) Industriel et homme politique allemand (1870-1924). À la tête d'un immense empire sidérurgique, il fut député au Reichstag et défendit les positions de l'Allemagne à l'égard de la France sur la question des réparations.

stipe n. m. (latin *stipes* « tronc ») bot. Tige ligneuse (de plantes arborescentes, de fougères...).

stipendier v. tr. < 7 > (du latin, de *stipendium* « impôt ; solde militaire ») littér. Corrompre, payer pour une basse besogne. → **soudoyer.**

stipulation n. f. (du latin → **stipuler**) Clause, condition (dans un contrat). – Précision donnée expressément.

stipule n. f. (latin *stipula* « chaume, paille » → **éteule**) bot. Chacun des deux appendices insérés à la base du pétiole des feuilles dans certaines espèces. □ **adj. stipulaire**

stipuler v. tr. < 1 > (latin *stipulare* « promettre ») **1.** Énoncer comme condition (dans un contrat, un acte). **2.** Faire savoir expressément. → **préciser.** – impers. *Il est stipulé que...*

Stiring-Wendel Commune de la Moselle. 11 043 habitants. Métallurgie.

Stirling (James) Mathématicien écossais (1692-1770). Il développa la théorie des suites et des séries. La *formule de Stirling* permet de calculer la factorielle d'un grand nombre.

Stirling (James) Architecte britannique (1926-1992). Il fut proche de Le Corbusier (Engineering Faculty Building, à Leicester), puis évolua vers un classicisme post-moderne (Neue Staatsgalerie, à Stuttgart).

Stirling Ville d'Écosse, chef-lieu de la région Central, sur le Forth. 36 100 habitants. Château médiéval. Université. Industrie agroalimentaire.

Stirner (Johann Kaspar Schmidt, dit Max) Philosophe allemand (1806-1856). Il développa un individualisme anarchiste. *L'Unique et sa propriété.*

STO voir **Service du travail obligatoire**

stochastique [stɔkastik] (du grec « qui vise bien », famille de *stokhos* « but ») didact. **1. adj.** Qui se produit par l'effet du hasard. → **aléatoire. 2. n. f.** Traitement des données statistiques, par le calcul des probabilités.

stock n. m. (mot anglais, d'abord « souche », même origine que *estoc, étau*) **1.** Quantité (de marchandises en réserve). *Un stock de blé. Être en rupture* de stock.* **2.** fam. Choses en réserve ; provisions. – Choses possédées en grande quantité. *Gardez-le, j'en ai tout un stock.*

stockage n. m. **1.** Action de stocker. **2.** inform. Enregistrement, mise en mémoire (de données).

stock-car ou **stockcar** n. m. (anglais des États-Unis *stock car*, de *stock* → **stock** et *car* « voiture », pris au français *char*) anglic. **1.** Voiture de série spécialement équipée pour résister aux chocs. **2.** Course où ces voitures se heurtent à des obstacles, font des carambolages. *Des stock-cars, des stockcars.*

stocker v. tr. < 1 > **1.** Mettre, garder (qqch.) en stock, en réserve. → **emmagasiner. 2.** inform. Procéder au stockage (de données).

stockfisch [stɔkfiʃ] n. m. invar. (moyen néerlandais *stocvisch* « poisson [*visch*] séché sur des bâtons [*stoc*] ») Morue séchée à l'air ; poisson salé et séché. *Un, des stockfisch ; du stockfisch.*

Stockhausen (Karlheinz) Compositeur allemand (1928-2007). Il chercha à étendre les principes du dodécaphonisme au rythme, au timbre et aux intensités sonores, évoluant vers des formes de plus en plus ambitieuses qui culminent avec *Licht.*

Stockholm Capitale de la Suède. 978 770 habitants (2,3 millions dans l'agglomération). La ville s'étend sur des îles et des presqu'îles du lac Mälar et de la Baltique. Siège des institutions Nobel, elle possède des monuments remarquables : le château royal (construit au XVIIIe s. sur des plans de Tessin le Jeune), Storkyrkan (église du XVe s. où ont été couronnés les rois suédois), Riddarholms Kyrkan (XIIIe s., lieu de sépulture des rois). Elle abrite aussi de nombreux musées : musée de plein air de Skansen (maisons traditionnelles), musée Nobel, musée Vasa (qui renferme un vaisseau coulé en 1628, repêché en 1961), musée Abba. Important port de commerce, Stockholm est le plus grand centre industriel et commercial du pays. Fondée en 1255, Stockholm fut au Moyen Âge un important centre du commerce hanséatique. Elle affirma son rôle politique avec l'affranchissement du pays par Vasa Ier en 1523 et devint la capitale de la Suède en 1634.

Stockholm

Stockholm, au confluent du lac Mälar et d'un bras de la Baltique.

stockiste n. Commerçant(e) qui détient en dépôt les pièces détachées de machines, de véhicules d'un constructeur. → **dépositaire.**

stock-option [stɔkɔpsjɔ̃] n. f. (de l'anglais) anglic., fin. Option d'acquisition ou de souscription d'actions. *Des stock-options.* - recomm. offic. **option sur titres.**

▶ Les **stock-options** sont des droits accordés à des salariés d'une entreprise (en général des cadres dirigeants), qui leur permettent d'acheter (ou de souscrire) des actions de la société à un prix fixé à l'avance. Ce prix est appelé prix d'exercice. Les options peuvent être exercées à des moments bien précis dans le cadre d'un échéancier préétabli (cinq à dix ans). L'intérêt pour l'individu est d'utiliser son droit lorsque le cours de l'action est supérieur au prix d'exercice. Le rôle des stock-options est double. D'une part, elles sont censées résoudre les conflits d'intérêts entre actionnaires et dirigeants. D'autre part, elles permettent de rémunérer des collaborateurs à fort potentiel dans des sociétés jeunes en forte croissance mais dépourvues de moyens. D'une manière générale, elles incitent en principe les cadres dirigeants à intensifier la création de valeurs au sein de l'entreprise.
Toutefois, elles peuvent favoriser la recherche d'une rentabilité de court terme au détriment d'une logique industrielle de plus long terme. Cette recherche peut même revêtir un caractère illégal comme le cas du « délit d'initiés » : les stock-options sont alors exercées avant que le résultat de l'entreprise ne se détériore, sur la base d'informations confidentielles.
voir aussi **capitalisme, Bourse**

stock-outil ou **stockoutil** n. m. écon. Stock nécessaire au fonctionnement d'une entreprise. *Des stocks-outils, des stockoutils.*

Stockport Ville d'Angleterre (Greater Manchester), sur la Mersey. 134 700 habitants. Industries textile et chimique.

Stockton Ville des États-Unis (Californie), sur le San Joaquin. 320 800 habitants. Centre minier et agricole.

Stockton-on-Tees Ville d'Angleterre (Cleveland), sur la Tees. 178 000 habitants. Industries mécanique et chimique.

Stodola (Aurel) Ingénieur suisse d'origine slovaque (1859-1942). Il contribua au développement des turbines à vapeur et à gaz.

S

stœchiométrie [stekjɔmetʀi] **n. f. (du grec *stoikheion* « élément » et de *-métrie*)** chim. Étude des proportions suivant lesquelles les corps réagissent ou se combinent entre eux. □ **adj. stœchiométrique**

Stoetzel (Jean) Sociologue français (1910-1987). Créateur de l'IFOP (1938), il contribua au développement des sondages d'opinion dans le domaine de la psychologie sociale.

Stofflet (Jean Nicolas) Chef vendéen (v. 1751-1796). Il participa à la prise de Cholet (1793) et combattit sous les ordres de La Rochejaquelein, qu'il remplaça en 1794. Il se soumit à la Convention (1795), avant de reprendre les armes. Arrêté, il fut exécuté à Angers.

stoïcien, ienne (du latin → stoïcisme) 1. adj. philos. Qui suit la doctrine de Zénon ; relatif au stoïcisme. **– n.** *Les stoïciens.* **2. n.** littér. Personne stoïque.

stoïcisme n. m. (du latin *stoïcus*, du grec *stôikos*, de *stoa* « portique », n. du lieu où enseignait le philosophe Zénon) 1. philos. Doctrine des philosophes antiques, selon laquelle le bonheur est dans la vertu, la fermeté d'âme. *Zénon, Épictète, Marc Aurèle ont marqué l'histoire du stoïcisme.* **2.** Courage pour supporter la douleur, le malheur, etc., avec les apparences de l'indifférence.

▶ L'école philosophique du Portique, ou **stoïcisme**, est née en Grèce vers 300 av. J.-C., quelques années après sa rivale, l'école du Jardin d'Épicure. Elle a pour fondateur Zénon de Citium. À l'ancien stoïcisme représenté par Zénon, Cléanthe et Chrysippe, succèdent le moyen stoïcisme puis à Rome le stoïcisme impérial, dont les grandes figures sont Sénèque, Épictète et Marc Aurèle. On en connaît surtout les aspects moraux, popularisés par les *Entretiens* d'Épictète et le *Manuel* : ils reposent sur la distinction entre ce qui dépend de nous (nos pensées, nos représentations) et ce qui ne dépend pas de nous. Est vertueux, et donc heureux, celui qui accepte ce qui découle inévitablement de la nature, vit en accord avec la raison et le destin qui régissent le monde et s'éloigne des passions.
Cette morale est inséparable d'une certaine conception de la connaissance et d'une vision de la nature comme d'un tout ordonné, rationnel, animé par un feu artiste qui lui assure sa cohésion (la « sympathie universelle »). Dans le stoïcisme, éthique, logique et physique font corps. Cette école a marqué, bien au-delà du monde antique, l'histoire intellectuelle de l'Occident, la morale, la politique (droit naturel, cosmopolitisme) comme la logique (étude sur les propositions, analyse du langage).
voir aussi **épicurisme, éthique, raison**

stoïque adj. (latin *stoïcus* → stoïcisme) Qui fait preuve de stoïcisme (2). **→ courageux, impassible.** □ **adv. stoïquement**

Stonehenge

L'ensemble de Stonehenge constitue le site mégalithique le plus complexe au monde.

Stoke-on-Trent Ville d'Angleterre (Staffordshire), sur la Trent, dans les Midlands. 259 200 habitants. Fabriques de céramiques et de faïences.

Stoker (Abraham Stoker, dit Bram) Écrivain irlandais (1847-1912). Il est l'auteur du roman *Dracula*, qui popularisa le mythe du vampire de Transylvanie.

stokes [stɔks] **n. m. (du n. du physicien G. Stokes)** phys. Ancienne unité CGS de mesure de la viscosité cinématique (symb. St) équivalant à 10^{-4} mètre carré par seconde.

Stokes (sir George Gabriel) Mathématicien et physicien irlandais (1819-1903). Outre ses travaux d'hydrodynamique, il étudia la fluorescence et les rayons X, et mit au point une expression *(formule de Stokes)* qui permet de transformer une intégrale de surface en intégrale curviligne.

Stokowski (Leopold) Chef d'orchestre américain d'origine britannique (1882-1977). Il dirigea les orchestres de Philadelphie, Houston et New York et contribua à faire connaître des compositeurs contemporains (Varese, Charles Ives).

STOL [stɔl] **n. m. (sigle anglais, de *short taking-off and landing*)** anglic., techn. Avion susceptible de décoller ou d'atterrir sur une distance très courte. - recomm. offic. **ADAC (avion à décollage et à atterrissage courts).**

stolon n. m. (latin *stolo* « bouture ») 1. bot. Tige aérienne rampante qui s'enracine en produisant de nouveaux pieds **(→ marcotte).** *Stolons du fraisier.* **2.** zool. Long cordon reliant les individus d'une colonie, chez certains invertébrés marins inférieurs, et donnant naissance à de nouveaux individus.

stolonifère adj. (de *stolon* et *-fère*) bot. Qui produit des stolons. *Plante stolonifère.*

Stolypine (Petr Arkadievitch) Homme politique russe (1862-1911). Ministre de l'Intérieur et Premier ministre après la dissolution de la première douma (1906), il réprima l'opposition révolutionnaire et lança une réforme agraire afin de lutter contre le paupérisme des paysans.

stomacal, ale, aux adj. (du latin *stomachus* → estomac, du grec *stomakhos*, de *stoma* → stomat[o]-) méd. De l'estomac. **→ gastrique.**

stomachique adj. (latin *stomachicus*, de *stomachus*) méd., vieilli Qui facilite la digestion gastrique. **– n. m.** *L'eau de mélisse est un stomachique.*

stomate n. m. (du grec *stoma, stomatos* « bouche ») bot. Ouverture naturelle sur l'épiderme de la tige ou de la feuille, qui assure des échanges gazeux avec le milieu extérieur (respiration, excrétion). **→ pore.**

stomatite n. f. (de *stomat-* et *-ite*) méd. Inflammation de la muqueuse buccale. *Stomatite localisée aux gencives.* **→ gingivite.**

stomat(o)- Élément **(du grec *stoma, stomatos*)** qui signifie « bouche ».

stomatologie n. f. didact. Discipline médicale qui traite des maladies de la bouche et des dents. - abrév. fam. **stomato.**

stomatologiste n. didact. Spécialiste de stomatologie. - syn. **stomatologue ;** abrév. fam. **stomato.**

stomie n. f. (du grec *stoma* « orifice », « bouche ») Abouchement d'un viscère creux (estomac, côlon, uretère...) à la peau, créé chirurgicalement. **–** absolt Colostomie.

stomiser v. tr. <1> (de *stomie*) Pratiquer une stomie sur (qqn).

stomoxe n. m. (grec *stoma* « bouche » et *oxos* « aigu ») zool. Mouche piqueuse susceptible de transmettre notamment le bacille du charbon. - syn. **mouche charbonneuse.**

Stone (sir John Richard Nicholas) Économiste britannique (1913-1991). Influencé par Keynes, il travailla sur l'analyse empirique des différents systèmes de comptabilité nationale. Prix Nobel 1984.

Stone (Oliver) Réalisateur et scénariste américain (né en 1946). Son regard critique sur la guerre du Viêtnam *(Platoon ; Né un 4 juillet)* et sur le pouvoir, qu'il soit politique, économique ou financier *(Midnight Express ; Wall Street ; Snowden)*, vise à démythifier le rêve américain.

Stonehenge Ville d'Angleterre (Wiltshire), dans la plaine de Salisbury, où se trouve le plus grand ensemble mégalithique du pays. Formé de plusieurs rangs de menhirs disposés en cercle, mesurant entre 3 et 6 m, cet ensemble commencé dès la fin du néolithique (–3000) fut érigé surtout à l'âge du bronze (–1500).

Stoney (George Johnstone) Physicien irlandais (1826-1911). Il travailla sur la structure de la matière, évalua le nombre d'Avogadro (1867) et donna le nom d'électron à l'unité naturelle de charge électrique.

stop [stɔp] **(mot anglais, de *to stop* « [s']arrêter », même origine que [2]*stopper*) I. interj.** Commandement ou cri d'arrêt. *Stop ! Arrêtez !* ■ Mot employé dans les télégrammes pour séparer les phrases. **II. n. m. 1.** Feu arrière des véhicules automobiles, qui s'allume quand on freine. *Des stops.* **–** appos. (invar.) *Des feux stop.* **2.** Panneau routier imposant l'arrêt complet du véhicule à une intersection. - Au Québec, on emploie *arrêt.* **3.** fam. Auto-stop.

stop and go [stɔpɛ̃ndgɔ] **n. m. invar. (expression anglaise, de *stop* « arrêter », *and* « et » et *go* « aller »)** anglic. (comm., écon.) Politique économique conjoncturelle par alternance de mesures de freinage et de relance.

Stoph (Willi) Homme d'État allemand (1914-1999). Il fut chef du gouvernement de la RDA (1964-1973 et 1976-1989), ainsi que chef de l'État de 1973 à 1976.

Stoppard (Thomas Straussler, devenu Tom) Auteur dramatique britannique d'origine tchèque (né en 1937). Ses pièces à l'humour grinçant dénoncent l'absurdité du destin et parodient des œuvres célèbres *(Rosencrantz et Guildenstern sont morts ; Arcadia).* Il est aussi l'auteur de scénarios *(Shakespeare in Love).*

[1]stopper v. <1> (→ stop) I. v. tr. 1. Commander l'arrêt de (une masse en mouvement). **2.** Arrêter, empêcher de se continuer. *Stopper le développement d'une maladie.* **II. v. intr.** (véhicule...) S'arrêter.

[2]stopper v. tr. <1> (néerlandais *stoppen* « boucher », venant d'un germanique *stôppon* « arrêter », *cf.* stop) Réparer (une déchirure ; un vêtement déchiré) en refaisant la trame et la chaîne. *Stopper un accroc ; une veste.* □ **n. m. stoppage**

[1]stoppeur, euse n. (de [2]*stopper*) Personne dont le métier est de stopper les étoffes.

²stoppeur, euse n. (de l'anglais *to stop* « arrêter ») Au football, Arrière central chargé de surveiller et d'arrêter l'attaque adverse. *Le stoppeur et le libéro.*

³stoppeur, euse n. (de *stop* [II, 3]) fam. Auto-stoppeur, euse.

store n. m. (de l'italien du Nord, du latin *storea* « natte ») Rideau ou assemblage souple d'éléments destiné à abriter une fenêtre, une vitrine, et qui s'enroule ou se replie vers le haut. *Store vénitien,* à lames horizontales orientables.

storiste n. (de *store*) comm. Fabricant(e) ou commerçant(e) de stores et dispositifs analogues.

Storm (Theodor Woldsen) Poète et nouvelliste allemand (1817-1888). Il est l'auteur de poèmes lyriques qui célèbrent la beauté du Schleswig *(Immensee).* Ses nouvelles, d'abord romantiques, puis plus réalistes, traitent de la psychologie humaine et du malaise existentiel *(L'Homme au cheval blanc).*

story n. f. (mot anglais « histoire ») anglic. Vidéo de format très court ou image publiée par un internaute sur un réseau social et visible pendant une période limitée. *Poster des storys* ou *des stories* (plur. angl.). - recomm. offic. **microrécit (vidéo).**

story-board [stɔRibɔRd] n. m. (mot anglais, de *story* « histoire » et *board* « planche, tableau ») anglic. Montage de dessins réalisé avant le tournage pour visualiser les plans d'une séquence cinématographique. *Des story-boards.* - var. RO **storyboard.** - recomm. offic. **scénarimage** ou **scénario en images.**

Stoss (Veit) ou **Wit Stwosz** Sculpteur et graveur allemand (v. 1438-1533). Proche de l'esprit gothique, il réalisa les sculptures du retable de l'église Notre-Dame de Cracovie (1477-1489). Son influence sur l'école de Nuremberg fut considérable.

stoupa ou **stupa** [stupa] n. m. (mot hindi, du sanskrit) Monument bouddhique (commémoratif, funéraire...) de l'Inde et de l'Asie du Sud-Est. *Des stoupas.*

Le grand stoupa de Bodnath (XIVe s.), au Népal, l'un des plus grands au monde.

stout [staut ; stut] n. f. (mot anglais « épais ») Bière très brune, amère.

Stowe (Mrs Beecher) voir **Beecher-Stowe**

strabisme n. m. (du grec, de *strabos* « tordu ») didact. Défaut de convergence des deux axes visuels, se traduisant par la déviation d'un œil (→ **loucher**). *Strabisme convergent ; divergent.* □ adj. **strabique**

Strabon Géographe grec (v. 58 av. J.-C.-entre 21 et 25 apr. J.-C.). Sa *Géographie* pose les problèmes de l'origine des peuples, de leurs migrations, de la fondation des empires, et étudie les relations de l'homme et du milieu naturel.

Strachey (Lytton) Critique et biographe britannique (1880-1932). Il est considéré comme le maître de la biographie en Angleterre. *Victoriens éminents.*

Stradella (Alessandro) Violoniste et compositeur italien (v. 1645-1682). Il renouvela l'aria, la cantate et l'oratorio *(San Giovanni Battista)* en y introduisant la structure du concerto grosso.

stradiot, stradiote voir **estradiot**

stradivarius [stRadivaRjys] n. m. (de *Stradivarius*) Violon, alto ou violoncelle fabriqué par Antonio Stradivari.

Stradivarius (Antonio Stradivari, dit) Luthier italien (v. 1644-1737). Il atteignit sa plus grande maîtrise entre 1695 et 1720, et ses fabrications conservent encore une réputation inégalée. Il produisit, dans son atelier de Crémone, plus de 1 100 violons (dont 400 existent toujours) pour toutes les cours d'Europe.

Strafford (Thomas Wentworth, 1er comte de) Homme politique anglais (1593-1641). Député du Yorkshire (1614), il fit adopter la Pétition des droits. Nommé lord-député d'Irlande (1632-1639), il devint avec Laud le principal conseiller de Charles Ier. Accusé de trahison par Pym, il fut condamné à mort sans que le roi intervienne.

Stralsund Ville d'Allemagne (Mecklembourg-Poméranie-Antérieure), sur la Baltique. 58 300 habitants. Port. Monuments gothiques. Musée océanographique.

stramoine n. f. (latin *stramonia, stramonium*) bot. Datura appelé aussi *pomme épineuse,* dont les feuilles contiennent plusieurs alcaloïdes toxiques.

Strand (Paul) Photographe américain (1890-1976). Adepte de la photographie pure, au style dépouillé jusqu'à l'abstraction, il a aussi réalisé des films d'avant-garde *(Manhattan).*

Paul Strand, *New York* (1916), musée d'Orsay, Paris.

strangulation n. f. (du latin, de *strangulare* → **étrangler**) didact. Fait d'étrangler (qqn). *Asphyxie par strangulation.*

strapontin n. m. (de l'italien, de *strapunto* « matelas » ; famille du latin *pungere* « piquer » → **poindre**) Siège d'appoint à abattant (fixé dans un véhicule, une salle de spectacle...). ■ fig. Place, situation d'importance secondaire.

Strasberg (Lee) Metteur en scène américain (1901-1982). Directeur d'acteurs à l'Actors Studio, il eut notamment pour élèves Marlon Brando et Dustin Hoffman.

Strasbourg Chef-lieu du Bas-Rhin et de la Région Grand Est, sur l'Ill, près du Rhin. 290 576 habitants (410 346 pour l'agglomération). Siège du Conseil de l'Europe et du Parlement européen. Port fluvial (2e de France après Paris), aéroport, centre industriel. Située à proximité des grands foyers économiques et urbains européens, Strasbourg jouit d'une position stratégique de ville-carrefour, renforcée par la mise en service du TGV Est en 2007. La ville abrite de nombreux et célèbres monuments : cathédrale en grès rouge (construite entre le XIe et le XIVe s.), maison de l'Œuvre Notre-Dame. Le palais Rohan (XVIIIe s.) renferme trois musées : Beaux-Arts, Arts décoratifs, Archéologique. En 842, Charles le Chauve et Louis le Germanique y prononcèrent les *Serments de Strasbourg* contre Lothaire. À partir de 855, Strasbourg et l'Alsace firent partie du Saint Empire. La ville fut annexée par Louis XIV en 1681, et Vauban y construisit une citadelle. Assiégée par les Allemands le 28 septembre 1870, elle capitula après une résistance héroïque et resta sous domination allemande jusqu'en 1918. Réoccupée par les Allemands pendant la Seconde Guerre mondiale, elle fut libérée le 23 novembre 1944 par le général Leclerc.

Strasbourg, le quartier de la Petite France et ses maisons à colombages, le long des canaux.

strass [stRas] n. m. (de *Stras,* n. de l'inventeur) **1.** Verre coloré imitant certaines pierres précieuses. *Bracelet orné de strass* (*strassé* adj.). **2.** fig. Ce qui brille d'un éclat trompeur. *Strass et paillettes.*

strasse n. f. (du italien *straccio* « chiffon ») techn. Bourre, rebut de soie.

stratagème n. m. (latin « ruse [de guerre] », du grec ; famille de *stratège*) Ruse habile, bien combinée. → **subterfuge.**

strate n. f. (latin *stratum* « lit ; pavage », de *sternere* « étendre », cf. **strato-, estrade, consterner**) **1.** géol. Chacune des couches de matériaux constituant un terrain. **2.** Couche constitutive (d'un ensemble), niveau. *Les strates de la société.*

stratège n. (grec *stratêgos,* de *stratos* « armée » et *agein* « conduire ») **1.** n. m. Antiq. grecque Magistrat chargé des questions militaires. **2.** Chef militaire qui conduit des opérations de grande envergure. **–** Personne spécialisée en stratégie (opposé à *tacticien*). **3.** fig. Personne habile à élaborer des plans, à diriger une action dans un but précis. *Un fin stratège* (→ **manœuvrier**).

stratégie n. f. (→ **stratège**) **1.** Art de faire évoluer une armée en campagne jusqu'au moment du contact avec l'ennemi (opposé à *tactique*). **–** Partie de la science militaire qui concerne la conduite générale de la guerre. **2.** fig. Art d'élaborer un plan d'actions coordonnées ; ensemble d'actions coordonnées. *La stratégie d'un parti.*

stratégique adj. (→ **stratégie**) **1.** (opposé à *tactique*) Qui concerne la stratégie (1). **2.** Relatif à l'art de la guerre ; qui présente un intérêt militaire. *Position stratégique.* **3.** fig. D'une importance déterminante ; qui donne un avantage décisif (contre un adversaire). □ adv. **stratégiquement**

Stratford-upon-Avon Ville d'Angleterre (Warwickshire), sur l'Avon. 22 200 habitants. Centre touristique (maison natale de Shakespeare et Shakespeare Memorial Theatre).

stratification n. f. didact. Disposition (de terrains...) par strates.

stratifié, ée adj. **1.** Disposé en strates. **2.** Se dit d'un matériau constitué de couches (lamelles de bois, fibre de verre...) imprégnées de résine. **–** n. m. *Du stratifié.*

stratifier v. tr. < 7 > (du latin, de *stratum* → **strate** et *facere* → **¹faire**) Disposer en couches superposées.

stratigraphie n. f. **1.** géol. Étude de la stratification des roches sédimentaires, et de l'âge relatif des terrains. **2.** méd. Tomographie dans laquelle la source de rayons X reste fixe. □ adj. **stratigraphique**

stratiome n. m. (du latin, du grec *stratiôtês* « soldat » [à cause de l'aiguillon de cet insecte] et *muia* « mouche ») zool. Mouche à l'abdomen large et aplati, qui vit parmi les plantes aquatiques.

strato- Élément (du latin *stratum* → **strate**) qui signifie « étendu ».

stratocumulus [stRatokymylys] n. m. didact. Nuage de l'étage inférieur formant une couche régulière ou des bancs minces d'aspect pommelé.

Straton Philosophe grec péripatéticien (v. 340-268 av. J.-C.). Élève et successeur d'Aristote à la direction du Lycée, il orienta

S

les recherches et l'enseignement de l'école vers les sciences de la nature, ce qui lui valut le surnom de Physicien.

Stratonice Princesse macédonienne (morte en 254 av. J.-C.). Fille de Démétrios Poliorcète et épouse de Séleucos Ier Nicator, elle inspira une violente passion à son beau-fils Antiochos. Séleucos divorça et céda Stratonice à son fils.

stratopause n. f. (de *strato[sphère]* et du grec *pausis* « cessation, fin ») sc. Limite supérieure de la stratosphère.

stratosphère n. f. (de *strato-* et *sphère*, sur le modèle d'*atmosphère*) Une des couches supérieures de l'atmosphère (entre 12 et 50 km d'altitude). □ adj. **stratosphérique**

stratus [stʀatys] n. m. (du latin « étendu », de *sternere* → strate) didact. Nuage bas qui présente l'aspect d'un voile continu.

Strauss (Johann) Chef d'orchestre et compositeur autrichien (1804-1849). Directeur des bals de la cour (1834), il laissa de nombreuses valses et airs de danse.

Strauss (David Friedrich) Historien et philosophe allemand (1808-1874). Il publia en 1835 une *Vie de Jésus*, critique historique des Évangiles, qui fit scandale car elle tentait de mettre en lumière ce qu'il y a de mythique dans le personnage de Jésus.

Strauss (Johann II) Chef d'orchestre et compositeur autrichien, fils de Johann Strauss (1825-1899). Surnommé le « prince de la valse », il porta ce genre à son plus haut degré de perfection par l'équilibre rythmique et l'invention de mélodies simples et gaies (*Le Beau Danube bleu ; La Vie d'artiste ; La Valse de l'Empereur*). Il composa également des opérettes (*La Chauve-Souris*).

Strauss (Richard) Compositeur allemand (1864-1949). Il fut d'abord marqué par les œuvres des romantiques allemands et de Wagner et trouva dans le poème symphonique une forme d'expression privilégiée (*Don Juan ; Till Eulenspiegel ; Ainsi parlait Zarathoustra*). Il consacra ensuite la majeure partie de son œuvre à l'opéra, réalisant une synthèse inédite entre l'épure mozartienne, le réalisme puccinien et l'expressionnisme (*Salomé ; Elektra*, qui inaugura sa collaboration avec Hofmannsthal ; *Le Chevalier à la rose ; Arabella ; Capriccio*). Sa dernière œuvre, les *Quatre Derniers Lieder* est un poignant adieu à la vie. Il fut le dernier des grands musiciens romantiques.

Strauss (Leo) Philosophe américain d'origine allemande (1899-1973). Ses œuvres (*Droit naturel et Histoire ; La Cité et l'Homme*) opposent la pensée politique antique et la pensée moderne, soumise selon lui à l'individualisme, à l'historicisme et au positivisme.

S

Strauss (Botho) Écrivain allemand (né en 1944). Ses œuvres théâtrales et narratives mettent en avant le thème de l'incommunicabilité entre les êtres (*Trilogie du revoir ; Grand et Petit ; Le Temps et la Chambre*).

Strauss-Kahn (Dominique) Homme politique français (né en 1949). Plusieurs fois député socialiste entre 1986 et 2007, il fut ministre de l'Industrie et du Commerce extérieur (1991-1993) puis ministre de l'Économie, des Finances et de l'Industrie (1997-1999). Il fut nommé directeur général du FMI en 2007 et, accusé d'agression sexuelle, dut démissionner en 2011.

Stravinski (Igor) Compositeur russe, naturalisé français puis américain (1882-1971). La rencontre avec Diaghilev, qui lui commanda son premier ballet, *L'Oiseau de feu*, marqua les débuts de sa carrière. *Petrouchka, Le Sacre du printemps* et l'opéra *Le Rossignol*, trois œuvres d'une totale nouveauté rythmique et harmonique, lui permirent d'acquérir d'emblée la célébrité. Il évolua ensuite vers des mélodies plus consonantes. De cette période datent l'oratorio *Œdipus Rex*, l'opéra *The Rake's Progress* et nombre d'œuvres instrumentales et de chambre (*Symphonie des psaumes* ; concertos pour piano, sonates). À la recherche constante de nouvelles formes, il adopta après 1952 le dodécaphonisme sériel (*Canticum sacrum*).

Strawson (sir Peter Frederick) Philosophe britannique (1919-2006). Son œuvre, en réaction contre la dépendance de la philosophie analytique par rapport à la logique formelle, s'inscrit dans la tradition de l'analyse du langage ordinaire. *Les Individus*.

streaming n. m. (mot anglais) anglic. Technique de diffusion et de lecture en ligne et en continu de données multimédias, qui évite le téléchargement des données et permet la diffusion en direct (ou en léger différé). *Regarder une émission en streaming. Site de streaming musical.*

Streep (Mary Louise, dite Meryl) Actrice américaine (née en 1949). Elle a excellé dans les rôles de composition, passant, avec un égal talent, de la tragédie à la comédie, d'un rôle d'Américaine moyenne à celui d'une femme engagée. *Voyage au bout de l'enfer ; Kramer contre Kramer ; Out of Africa ; Le Choix de Sophie ; Le Diable s'habille en Prada ; Mamma Mia !*

Meryl Streep dans *The Hours* de Stephen Daldry (2002).

street art [stʀitaʀt] n. m. (mot anglais, de *street* « rue » et *art* → art) anglic. Mouvement artistique utilisant l'espace public comme champ d'intervention. □ n. **street-artiste**

Strehler (Giorgio) Metteur en scène et directeur de théâtre italien (1921-1997). Cofondateur et directeur du Piccolo Teatro de Milan jusqu'en 1996, il dirigea également le Théâtre de l'Europe-Odéon. Reprenant les techniques de la commedia dell'arte (*Arlequin serviteur de deux maîtres*), il fit du théâtre un lieu de réflexion sociale, sans sacrifier sa force ludique.

Strauss-Kahn (Dominique)

Dominique Strauss-Kahn en 2010 lors d'une conférence de presse du FMI à Washington.

Streisand (Barbara Joan, dite Barbra) Actrice, chanteuse et cinéaste américaine (née en 1942). Elle a renouvelé le genre de la comédie musicale (*Funny Girl ; Hello Dolly !*). À partir de 1970, elle se tourna vers la chanson grâce à laquelle elle devint une star internationale (*Woman in Love Memories*). Elle réalisa son premier film, *Yentl*, en 1983.

strélitzia n. m. (probablt de *Streliz*, n. propre) bot. Plante monocotylédone d'Afrique tropicale, cultivée pour ses fleurs ornementales orangées et bleues.

strepto- Élément (du grec *streptos* « arrondi », de *strephein* → strophe) qui signifie « tordu ; en rouleau ».

streptococcie [stʀɛptɔkɔksi] n. f. méd. Infection par des streptocoques. □ adj. **streptococcique**

streptocoque n. m. (→ -coque) Bactérie qui se présente en chaînettes, et dont plusieurs espèces provoquent des infections graves.

streptomycine n. f. (→ streptocoque, -myce et -ine) Antibiotique utilisé pour combattre diverses maladies, notamment la tuberculose.

Stresa Ville d'Italie (Piémont), sur le lac Majeur. 4 840 habitants. Station touristique.

Stresa (conférence de) Conférence réunissant les représentants de l'Italie, de la Grande-Bretagne et de la France (11-14 avril 1935), et qui visait à s'opposer au réarmement de l'Allemagne. Elle demeura sans lendemain.

Stresemann (Gustav) Homme politique allemand (1878-1929). Ministre des Affaires étrangères, il mena une politique de conciliation avec la France, obtenant en 1925 l'évacuation de la Ruhr. Après le pacte de Locarno, il fit admettre l'Allemagne à la SDN (1926). Il signa le pacte Briand-Kellogg en 1928. Prix Nobel de la paix 1926, avec A. Briand.

stress n. m. (mot anglais [H. Selye], même origine que le français *détresse*) anglic., didact. Réaction de l'organisme à une agression, un choc physique ou nerveux ; ce choc (syn. **réaction d'alarme**). – cour. Situation de tension nerveuse excessive, traumatisante pour l'individu.

stressant, ante adj. anglic. Qui provoque un stress, une tension. *Une situation stressante.*

stressé, ée adj. anglic. Qui éprouve un stress, une tension.

stresser v. tr. < 1 > **1.** anglic. Causer un stress, une tension à (qqn). *La vie dans les très grandes villes stresse les habitants.* **2.** intrans., fam. S'inquiéter. *Arrête de stresser !*

stretch n. m. (n. déposé ; mot anglais, de *to stretch* « tendre ») anglic. Procédé de traitement des tissus qui les rend élastiques dans le sens de la largeur ; tissu ainsi traité. *Des stretchs.* – appos. *Velours stretch.*

stretching [stʀɛtʃiŋ] n. m. (mot anglais, de *to stretch* « s'étirer ») anglic. Gymnastique douce basée sur des étirements des fibres musculaires.

strette n. f. (italien *stretta* « étreinte, resserrement », venant du latin *strictus* → étroit, strict) mus. Partie d'une fugue qui précède la conclusion et dans laquelle le sujet et la réponse se poursuivent avec des entrées de plus en plus rapprochées.

striation [stʀijasjɔ̃] n. f. didact. **1.** Disposition par stries parallèles ; ensemble de stries. **2.** Opération qui consiste à tracer des stries sur une surface.

Strickland (Donna) Physicienne canadienne (née en 1959). Elle a mis au point, avec Gérard Mourou, une technique d'amplification des lasers qui a permis des avancées dans la chirurgie oculaire. Prix Nobel 2018.

strict, stricte [stʀikt] **adj.** (latin *strictus* → étroit, p. p. de *stringere* → étreindre) **1.** Qui laisse très peu de liberté d'action ou d'interprétation. → **étroit.** *Des principes stricts.* → **sévère.** – Rigoureusement conforme aux règles, à un modèle. → **exact.** *La stricte application de la loi.* **2.** Qui ne tolère aucun relâchement, aucune négligence. → **rigoureux.** **3.** (choses) Qui constitue un minimum. *C'est son droit strict, le plus strict.* – *Dans la plus stricte intimité*.* ■ *Le sens strict d'un mot,* le sens le moins étendu. *Au sens strict du terme.* → **étroit, ¹précis ; stricto sensu. 4.** Très correct et sans ornements ; conforme à un type classique. *Une tenue très stricte.*

strictement adv. D'une manière stricte. *Une affaire strictement personnelle.* → **rigoureusement.** – *Elle était vêtue très strictement.*

striction n. f. (latin *strictio* « pression ») **1.** méd. Constriction, resserrement. **2.** phys. Resserrement, diminution de section (d'une pièce métallique soumise à une traction, d'un plasma, d'un fluide soumis à des forces électromagnétiques).

stricto sensu [stʀiktosɛ̃sy] **loc. adv.** (ablatif des mots latins *strictus* → strict et *sensus* → ¹sens) didact. Au sens strict, restreint.

stridence n. f. littér. Bruit strident. – Caractère strident (d'un son).

strident, ente adj. (du latin, de *stridere* « produire un bruit aigu ») (bruit, son) Qui est à la fois aigu et intense. *Des cris stridents.*

stridor n. m. (mot latin « sifflement », de *stridere* → strident) méd. Bruit strident lors de l'inspiration, parfois provoqué par une obstruction partielle du larynx ou de la trachée.

stridulation n. f. (du latin ; famille de *stridant*) Bruit modulé que produisent certains insectes (cigales, criquets...).

striduler v. intr. < 1 > (du radical du latin *stridulus,* de *stridere* → strident) didact. ou littér. Produire une stridulation. *La cigale stridule.* □ **adj. stridulant, ante**

striduleux, euse adj. méd. Qui a un son aigu et sifflant, qui produit un stridor. *Laryngite striduleuse :* faux croup*.

strie n. f. (latin *stria* « sillon ») Petit sillon, rayure ou ligne (quand il y en a plusieurs à peu près parallèles). → **rainure.**

strié, ée adj. Couvert, marqué de stries. ■ anat. *Muscles striés,* qui se contractent volontairement (s'oppose à *muscles lisses*).

strier v. tr. < 7 > Marquer de stries.

strige n. f. (latin *strix, strigis,* grec *strinx, stringos* « oiseau de nuit au cri strident ») littér. Esprit nocturne, vampire tenant de la femme et de la chienne. - var. **stryge.**

strigidé n. m. (du latin *strix, strigis* → strige) zool. Rapace nocturne (famille des *Strigidés ;* ex. la chouette, le hibou).

strigile n. m. (latin *strigilis* → étrille) didact. **1.** Antiq. Racloir pour nettoyer et frictionner le corps. **2.** archéol. Cannelure en forme de S utilisée dans la décoration des sarcophages antiques.

Strindberg (August) Auteur dramatique et écrivain suédois (1849-1912). Il fit scandale avec un roman, *La Chambre rouge,* et surtout trois pièces de théâtre, *Père, Mademoiselle Julie* et *Les Créanciers.* Il s'illustra également dans le genre historique avec des drames comme *La Danse de mort.* Il évolua ensuite vers un mysticisme teinté d'occultisme *(Le Songe),* avant de créer en 1907 le Théâtre intime, pour lequel il écrivit ses « pièces de chambre » *(Kammarspel),* comme *Orage, Le Pélican* et *La Sonate des spectres.* Il exerça une profonde influence sur l'expressionnisme allemand.

string n. m. (mot anglais « ficelle ») anglic. Slip ou maillot de bain réduit à un cache-sexe, maintenu par des cordons.

strioscopie n. f. (de *strie* et *-scopie*) sc. Méthode photographique pour étudier les ondes de choc. □ **adj. strioscopique**

stripage n. m. (d'après l'anglais *stripping* → stripping) phys. nucléaire Réaction nucléaire dans laquelle un nucléon d'un noyau projectile est capté par un noyau cible, les autres étant diffusés.

stripping [stʀipiŋ] **n. m.** (mot anglais « action de dépouiller », de *to strip* → striptease) anglic. **1.** chir. Méthode d'ablation chirurgicale des varices. - recomm. offic. **éveinage. 2.** phys. nucléaire → **stripage.**

striptease ou **strip-tease** [stʀiptiz] **n. m.** (mot anglais des États-Unis, de *to strip* « déshabiller » et *to tease* « agacer, taquiner ») anglic. Spectacle de cabaret au cours duquel qqn se déshabille de manière suggestive. *Des stripteases, des strip-teases.*

stripteaseur, euse ou **strip-teaseur, euse** [stʀiptizœʀ, øz] **n.** anglic. Artiste qui exécute un numéro de striptease. *Des stripteaseurs, des strip-teaseurs.*

striure n. f. Disposition par stries ; manière dont une chose est striée. → **rayure.**

strobile n. m. (latin *strobilus,* grec *strobilos* « pomme de pin ») **1.** bot. Formation compacte en forme d'épi ou de cône (chez les fougères, les conifères, le houblon, etc.). **2.** zool. Ensemble des segments (→ **proglottis**) qui forme le corps du ténia.

strobo- Élément (du grec *strobos* « rotation, tournoiement ») entrant dans la composition de termes savants, notamment en physique et photographie.

stroboscope n. m. (du grec *strobos* « rotation » et de *-scope*) didact. **1.** anciennt Appareil rotatif donnant l'illusion du mouvement par une suite d'images fixes. **2.** Instrument qui, fournissant des éclairs à intervalles réguliers, fait apparaître immobile ou animé d'un mouvement lent ce qui est animé d'un mouvement périodique rapide. □ **n. f. stroboscopie** □ **adj. stroboscopique**

Stroessner (Alfredo) Général et homme politique paraguayen (1912-2006). Il prit le pouvoir en 1954 et imposa une dictature jusqu'à ce qu'il soit renversé en 1989.

Stroheim (Erich von) Cinéaste et acteur américain d'origine autrichienne (1885-1957). Le réalisme violent et l'esthétique baroque de ses films *(Folies de femmes ; Les Rapaces ; La Veuve joyeuse ; Queen Kelly),* son goût du faste et son mépris des impératifs matériels détournèrent de lui les producteurs hollywoodiens. Il poursuivit alors une carrière d'acteur *(La Grande Illusion ; Boulevard du crépuscule).*

stroma n. m. (grec *strôma* « tapis, couverture ») biol. Trame conjonctive d'un tissu. *Stroma choroïdien.* – spécialt, pathol. Tissu conjonctif constituant la charpente d'une tumeur cancéreuse.

Stromae (Paul Van Haver dit) Auteur-compositeur-interprète belge (né en 1985). Dans ses chansons *(Alors on danse ; Formidable ; Papaoutai),* il mêle le hip-hop, la musique électro et la variété.

Stromae en concert à Milan, en 2014.

stromatolithe ou **stromatolite n. m.** ou **f.** (du latin *stroma, stromatis* « tapis » et de *-lithe*) sc. Concrétion calcaire à feuillets concentriques, due à des algues bleues, fossile du précambrien supérieur.

strombe n. m. (latin *strombus,* grec *strombos* « toupie ») zool. Mollusque gastéropode tropical de grande taille, dont la coquille porte une large fente.

Stromboli Île d'Italie, la plus septentrionale des îles Éoliennes, dans la mer Tyrrhénienne. Elle est formée d'un volcan toujours en activité. 500 habitants.

Stromboli

Stromboli, vue aérienne de l'île et de son volcan.

strombolien, enne adj. (de *Stromboli*) Du Stromboli. – géol. *Volcan du type strombolien,* caractérisé par une lave très fluide et des éruptions violentes avec projection de bombes et de petites pierres.

strongyle n. m. (grec *strongulos* « rond ») zool. Long ver cylindrique (nématode) parasite des mammifères, responsable de la strongylose*. - syn. **strongle.**

strongylose n. f. (de *strongyle* et *²-ose*) vétér. Maladie parasitaire des animaux domestiques, notamment les équidés, due au strongyle.

strontium [stʀɔ̃sjɔm] **n. m.** (mot anglais, d'un n. de lieu) chim. Élément (symb. Sr, n° at. 38, masse at. 87,63), métal d'un blanc

S

argenté, mou, dont certains isotopes sont radioactifs.

strophante [stʀɔfɑ̃t] **n. m.** (mot latin, du grec *strophos* « torsade » et *anthos* « fleur ») bot. Liane d'Afrique et d'Asie tropicale, dont les graines renferment des glucosides à propriétés cardiotoniques.

strophe **n. f.** (latin *stropha*, du grec *strophê* « tour », de *strephein* « tourner » → **apostrophe, catastrophe ; strepto-**) Ensemble cohérent formé par plusieurs vers, avec une disposition déterminée de mètres et de rimes.

Strozzi Famille de banquiers florentins, connue dès la fin du XIIIe s., et rivale des Médicis. ■ **Filippo Strozzi** (1426-1491). Il fit élever le palais Strozzi. ■ **Filippo II Strozzi** (1489-1538). Fils du précédent. Il conspira contre les Médicis et se tua en prison.

structurable adj. didact. Qui peut être structuré.

structural, ale, aux adj. didact. **1.** De la structure. *État structural d'un organe* (par oppos. à *fonctionnel*). **2.** Qui étudie les structures, en analyse les éléments ; qui relève du structuralisme. *Linguistique structurale.*

structuralisme **n. m.** didact. Théorie selon laquelle l'étude d'une catégorie de faits (notamment en sciences humaines) doit envisager principalement les structures.

▶ Le **structuralisme** est une méthode qui, à partir des années 1950, a renouvelé profondément les sciences humaines en privilégiant l'étude et l'analyse des structures d'un champ de connaissances à un moment donné. Ses précurseurs, les linguistes F. de Saussure et R. Jakobson, ont montré que les langues peuvent être étudiées comme des systèmes, des ensembles de signes organisés par des règles. La linguistique structurale s'intéresse aux relations entre les éléments plus qu'à leur histoire ou à la valeur propre qu'ils auraient isolément : c'est leur inscription dans une « structure » qui leur donne sens.
Claude Lévi-Strauss est le premier à comprendre l'intérêt de l'élargissement de cette approche : il l'utilise pour étudier les structures familiales et les mythes (« anthropologie structurale »). Puis J. Lacan renouvelle la psychanalyse en affirmant que « l'inconscient est structuré comme un langage » : pour comprendre une phobie, il faut ainsi décrypter la « grammaire » du récit qui en est fait. L'analyse structuraliste permet d'expliquer des phénomènes qui se produisent dans la vie sociale ou individuelle sans recourir à la notion de sujet. Elle marque ainsi une rupture avec la tradition philosophique kantienne, qui insiste sur la liberté et la souveraineté du sujet humain. Le structuralisme s'écarte aussi du marxisme, selon lequel, en dernier ressort, les choix et les opinions d'une personne sont le produit des conditions historiques dans lesquelles elle vit. R. Barthes et G. Genette développent dans les études littéraires une approche critique insistant sur la structure interne des œuvres et non sur leur signification historique, tout en refusant de les réduire à l'expression de la psychologie de leur auteur.
voir aussi **anthropologie, linguistique**

structuraliste adj. et n. didact. Qui relève du structuralisme ; qui en est partisan. – n. *Les structuralistes.*

structurant, ante adj. didact. Qui favorise, détermine la structuration.

structuration **n. f.** didact. Le fait de donner ou d'acquérir une structure. *Structuration de la personnalité.* – inform. *Structuration de données.*

structure **n. f.** (latin *structura* « construction ; disposition », de *struere* → **construire**) **1.** Disposition, agencement des parties (d'un bâtiment ; d'une œuvre). « *L'immobile structure des cathédrales* » (Huysmans). – par analogie *La structure métallique d'une chaise.* **2.** Agencement des parties (d'un ensemble), tel qu'il apparaît lorsqu'on l'étudie. → **constitution.** *La structure de l'atome.* – *La structure d'un État.* – Ensemble d'éléments essentiels, profonds. *Des réformes de structure.* ■ Organisation complexe et importante. *Les grandes structures administratives.* **3.** sc. Système complexe formé de phénomènes solidaires, conçu en fonction des relations réciproques entre ses parties. *Structures logiques.*

structuré, ée adj. **1.** didact. Qui a une structure propre ; qui peut être défini par une structure. **2.** cour. → **organisé.** *Mouvement, parti (peu, fortement) structuré.*

structurel, elle adj. Des structures (2). *Déséquilibre structurel* (opposé à *conjoncturel*). □ adv. **structurellement**

structurer v. tr. < 1 > Donner une structure à. – pronom. Acquérir une structure.

strudel [ʃtʀudœl] **n. m.** (allemand *Apfelstrudel* « roulé aux pommes ») Pâtisserie garnie de morceaux de pomme et de raisins secs parfumés à la cannelle. *Des strudels.*

Struensee (Johann Friedrich, comte von) Homme politique danois (1737-1772). Médecin de Christian VII de Danemark, amant de la reine Caroline-Mathilde, il devint Premier ministre en 1771. Il accomplit d'importantes réformes (abolition du servage) mais, accusé de complot, il fut condamné à mort.

Struma ou **Strouma** **n. f.** anciennement **Strymon** Fleuve de Bulgarie et de Grèce. Long de 430 km, il naît dans le massif de Vitosa, traverse le Rhodope et se jette dans la mer Égée.

Struthof Camp de concentration et d'extermination nazi (1941-1944), dans un écart de la commune de Natzwiler (Bas-Rhin). Sur son emplacement furent érigés une nécropole des victimes des camps de concentration et le Centre européen du résistant déporté.

Struve Famille d'astronomes russes. ■ **Wilhelm von Struve** (1793-1864). Auteur d'un catalogue de 3 134 étoiles multiples, il fonda l'observatoire de Poulkovo (1839). ■ **Otto von Struve** (1819-1905). Fils du précédent. Il découvrit de nombreuses étoiles doubles et établit le premier catalogue fondamental de Poulkovo (1868). ■ **Otto von Struve** (1897-1963). Petit-fils du précédent. Il se consacra à la spectroscopie et à l'astrophysique stellaire, découvrit la matière interstellaire.

strychnine [stʀiknin] **n. f.** (du latin, du grec *strukhnon* [plante vénéneuse]) Poison violent, alcaloïde toxique extrait de la noix vomique.

strychnos [stʀiknos] **n. m.** (mot latin « vomiquier », pris au grec → **strychnine**) bot. Arbre ou liane des régions tropicales, dont plusieurs variétés contiennent des alcaloïdes toxiques (→ **brucine, curare, strychnine, upas**). *Le vomiquier est un strychnos.*

stryge voir **strige**

Stuart Dynastie qui régna sur l'Écosse à partir de 1371 et dont les souverains furent également rois d'Angleterre de 1603 à 1714. Elle eut pour fondateur Alan Fitzalan (XIIe s.), dont les descendants reçurent le titre de *stewart* (sénéchal) d'Écosse.

Stubbs (George) Peintre animalier et graveur britannique (1724-1806). Il fut le peintre animalier le plus célèbre de son époque. *Lion attaquant un cheval.*

stuc **n. m.** (italien *stucco*) Enduit mural à usage décoratif, fait de plâtre ou de poussière de marbre et de colle, qui imite le marbre. → **¹staff.** *Les stucs d'un décor baroque.*

stucage **n. m.** (de *stuc*) techn. Application de stuc ; son résultat.

stucateur, trice **n.** (de l'italien, de *stucco* → **stuc**) techn. Spécialiste qui prépare, applique ou travaille le stuc.

stud-book [stœdbuk] **n. m.** (mot anglais, de *stud* « haras » et *book* « livre ») anglic. Registre portant les noms, les généalogies, les victoires des pur-sang. *Des stud-books.* - var. RO **studbook.**

Sturges (John)

John Sturges, *Les Sept Mercenaires* (1960), avec Y. Brynner, S. McQueen, H. Buchholz, Ch. Bronson, R. Vaughn, B. Dexter et J. Coburn.

studette **n. f.** (diminutif de *studio*) fam. Petit studio (II).

studieux, euse adj. (latin *studiosus*, de *studium* → **étude**) **1.** Qui aime l'étude, le travail intellectuel. *Un élève studieux.* → **appliqué.** **2.** Favorable ou consacré à l'étude. *Des vacances studieuses.* □ adv. **studieusement**

studio **n. m.** (italien *studio* « atelier d'artiste » [du latin *studium* → **étude**], par l'anglais) **I. 1.** vieux Pièce destinée à l'étude. **2.** Atelier d'artiste (peintre, sculpteur...). **3.** Locaux aménagés pour les prises de vues de cinéma, les prises de son de radio, etc. **4.** Salle de spectacle de petite dimension. *Studio d'art et d'essai.* **II.** Appartement formé d'une seule pièce principale.

stuka [ʃtuka ; styka] **n. m.** (allemand *Stuka*, abrév. de *Sturzkampfflugzeug* « avion de combat en piqué ») hist. Bombardier allemand d'attaque en piqué, en action pendant la Seconde Guerre mondiale.

stupa voir **stoupa**

stupéfaction **n. f.** (du latin → **stupéfier**) **1.** État d'une personne stupéfaite. **2.** État d'une personne stupéfiée (1).

stupéfaire v. tr. < 60 ; rare sauf 3e pers. sing. prés. et temps composés > (de *stupéfait*, d'après *faire*) Frapper de stupeur. → **étonner, stupéfier.** « *On l'eût stupéfaite en prononçant le mot* » (Romains).

stupéfait, aite adj. (du latin → **stupéfier**) Frappé de stupeur ; étonné au point d'être sans réactions. → **¹interdit, stupide (1).**

stupéfiant, ante **I.** adj. **1.** littér. Qui stupéfie (1). **2.** Qui stupéfie (2). *Une nouvelle stupéfiante.* **II.** **n. m.** Substance toxique (narcotique, euphorisant...) entraînant généralement une accoutumance et un état de stupeur. → **drogue.** *Trafic de stupéfiants.*

stupéfier v. tr. < 7 > (du latin, de *stupere* → **stupeur** et *facere* → **¹faire**) **1.** littér. Engourdir en inhibant les centres nerveux. **2.** Rendre stupéfait. → **étonner.** *Cela me stupéfie.*

stupeur **n. f.** (latin *stupor* « engourdissement », de *stupere* « être frappé de stupeur », cf. **stupéfier, stupide**) **1.** littér. État d'inertie et d'insensibilité profondes. – psych. Incapacité totale d'agir et de penser (due à un choc, des substances chimiques...). **2.** Étonnement profond. → **stupéfaction.**

stupide adj. (latin *stupidus*, de *stupere* → **stupeur**) **1.** littér. Frappé de stupeur, paralysé par l'étonnement. → **hébété.** *J'en suis resté stupide.* **2.** Dénué d'intelligence. → **abruti, bête, idiot.** – (choses) *Une remarque stupide.* **3.** Absurde, privé de sens. *Une obstination stupide.*

stupidement adv. D'une manière stupide.

stupidité **n. f.** (du latin → **stupide**) Caractère d'une personne, d'une chose stupide. → **absurdité, bêtise, idiotie.** – Action ou parole stupide. → **ânerie.**

stuporeux, euse adj. (du latin *stupor* → **stupeur**) psych. De la stupeur. *Mélancolie stuporeuse.*

stupre **n. m.** (latin *stuprum* « déshonneur ») littér. Débauche. → **luxure.**

stuquer v. tr. < 1 > (de *stuc*) Enduire de stuc (→ **stucage**). – au p. p. *Décoration stuquée.*

Sture Famille noble suédoise. ■ **Sten Sture l'Ancien** (v. 1440-1503). Régent de Suède (1470), défenseur des paysans contre le clergé et la noblesse, il vainquit le roi de Danemark à Brunkeberg (1471). ■ **Sten Sture le Jeune** (v. 1492-1520). Régent de Suède (1512), il fut vaincu par Christian II de Danemark (bataille de Bogesund).

Sturges (Edmond P. Biden, dit Preston) Réalisateur américain (1898-1959). Il renouvela la comédie américaine, alliant burlesque et satire sociale. *The Lady Eve ; Les Voyages de Sullivan ; The Palm Beach Story.*

Sturges (John) Réalisateur américain (1911-1992). D'abord documentariste, il se distingua dans le western et le film d'action. *Règlement de comptes à O. K. Corral ; Les Sept Mercenaires ; La Grande Évasion.*

Sturluson (Snorri) voir **Snorri Sturluson**

Sturzo (Luigi) Prêtre et homme politique italien (1871-1959). Il fonda le Parti populaire italien (1919), premier grand parti démocrate-chrétien. Adversaire du fascisme, il s'exila (1924-1946) puis, de retour en Italie, devint sénateur à vie.

Stuttgart Ville d'Allemagne, capitale du Bade-Wurtemberg, sur le Neckar. 630 300 habitants. Château et nombreux bâtiments publics des XVIIIe-XIXe s. Musée d'art moderne, Opéra célèbre, bibliothèque (riche collection de bibles). Universités. Centre industriel (automobile, informatique).

Stuyvesant (Peter) Gouverneur hollandais (1592-1672). Directeur général des possessions hollandaises en Amérique (Antilles, 1643), il arriva en 1647 à Nieuwe Amsterdam, future New York, qu'il développa, avant de la céder aux Anglais (1664).

[1]style n. m. (latin *stilus* « instrument à tige pointue », puis « écriture », rapproché du grec *stulos* « colonne ») **I. 1.** Part de l'expression (notamment écrite) qui est laissée à la liberté de chacun, n'est pas directement imposée par les normes, les règles de l'usage, de la langue. → **écriture, expression, façon, langage, langue.** *« Le style résulte d'une sensibilité spéciale à l'égard du langage. Cela ne s'acquiert pas ; mais cela se développe »* (Valéry). – Façon de s'exprimer propre à une personne, à un groupe, à un type de discours. *Il a un style original. Le style administratif.* – Aspect particulier de l'énoncé. *Style parlé, écrit ; familier, soutenu.* → **registre.** – (en grammaire) *Style direct* (ex. où allez-vous ?), *style indirect* (ex. je lui demande où il va). **2.** absolt Manière d'écrire présentant des qualités artistiques. *Auteur qui manque de style.* **II.** Manière de traiter la matière et les formes dans une œuvre d'art ; ensemble des caractères d'une œuvre qui permettent de la rapprocher d'autres œuvres. *Le style d'un peintre, d'une école.* → **[1]facture.** *Le style Louis XIII.* ■ (objets) ***De style*** : qui appartient à un style ancien défini. – Exécuté selon un style ancien (s'oppose à *authentique, d'époque*). → **copie, imitation. III. 1.** Manière personnelle d'agir, de se comporter, etc. *C'est bien là son style. Style de vie.* – loc. *De grand style,* de vaste envergure ou brillamment exécuté. **2.** Manière personnelle de pratiquer un sport alliant beauté et efficacité. *Le style d'un skieur.* **IV.** inform. Ensemble d'attributs de mise en forme (police, interlignage, etc.) stockés dans un document. *Feuille de style.*

[2]style n. m. (→ [1]style) didact. **1.** Antiq. Poinçon avec lequel on écrivait sur des tablettes de cire. **2.** Tige verticale (d'un cadran solaire) dont l'ombre indique l'heure. **3.** bot. Partie allongée du pistil entre l'ovaire et les stigmates.

stylé, ée adj. **1.** (personnel hôtelier...) Qui accomplit son service dans les formes. **2.** Qui a du style, de l'allure. *Une coiffure stylée.*

stylet n. m. (de l'italien, diminutif de *stilo* « poignard », du latin *stilus* → [1]style) **1.** Poignard à lame effilée. **2.** Instrument pointu servant à écrire, dessiner. **3.** zool. Pointe qui arme la bouche, chez certains insectes (moustique, etc.) (→ **rostre**).

styliser v. tr. < 1 > Représenter (un objet) en simplifiant les formes en vue d'un effet décoratif. – au p. p. *Fleurs stylisées.* □ n. f. **stylisation**

stylisme n. m. **I.** littér. Souci extrême, souvent exagéré du style, de la forme. **II.** mod. Activité, profession de styliste (2). → **design, esthétique** (industrielle).

styliste n. **1.** Écrivain, artiste remarquable par son style, son goût du style. **2.** Spécialiste de la création de modèles dans la mode, l'ameublement, etc. → **modéliste ;** anglic. **designer.**

stylistique (mot formé en allemand ; même origine que *[1]style*) didact. **I.** n. f. Étude du style (I), de ses procédés, de ses effets (→ **rhétorique**). **II.** adj. Relatif au style, aux façons de s'exprimer. □ n. **stylisticien, ienne**

stylite n. m. (grec *stulitês* « qui se tient sur une colonne » → [1]style) didact. Solitaire qui vivait au sommet d'une colonne ou d'une tour.

stylo n. m. (abrév. de *stylographe,* de l'anglais *stylograph* → [1]style et -graphe) Instrument pour écrire dont le corps contient une réserve d'encre. *Stylo (à) plume, (à) bille.*

stylobate n. m. (latin *stylobata,* grec *stulobatês* « base de colonne ») archit. Soubassement continu, orné de moulures, supportant une rangée de colonnes.

stylo-feutre n. m. voir **feutre** (2)

styloïde adj. (grec *stuloeidês* « qui ressemble à une colonne ») anat. Se dit de certaines apophyses allongées. *Apophyse styloïde du cubitus, du temporal.*

stylométrie n. f. (de *[1]style* et *-métrie*) didact. Étude statistique des faits de style.

stylomine n. m. (n. déposé) Portemine.

Stymphale (lac) Lac de l'ancienne Grèce (Arcadie). Héraclès tua les oiseaux monstrueux qui vivaient sur ses berges et se nourrissaient de chair humaine.

styrax n. m. (mot latin, grec *sturax* « arbre » et « baume ») **1.** bot. Petit arbre des régions chaudes dont certaines espèces fournissent des baumes. **2.** Baume extrait des arbres du genre liquidambar et styrax, employé en parfumerie et en pharmacie.

styrène n. m. (de *styrax*) chim. Hydrocarbure benzénique, entrant dans la composition de nombreuses matières plastiques (→ **polystyrène**).

Styrie n. f. en allemand **Steiermark** Land d'Autriche. 16 392 km^2. 1,21 million d'habitants. Capitale : Graz. Érigée en duché en 1180, elle passa aux Habsbourg (1282) et adopta la Réforme. Le S. du pays fut donné à la Yougoslavie par le traité de Saint-Germain-en-Laye (1919).

Styron (William) Romancier américain (1925-2006). Entre histoire et métaphysique, ses œuvres explorent les différentes facettes du mal et les tourments de l'âme. *Un lit de ténèbres ; Les Confessions de Nat Turner ; Le Choix de Sophie.*

Styx n. m. Dans la mythologie grecque, fleuve des Enfers. Ses eaux possèdent des propriétés magiques.

su, sue Participe passé du verbe *[1]savoir.*

au su de loc. prép. (de *su,* p. p. de *[1]savoir ; cf. insu*) littér. La chose étant connue de. → **au vu et au su de.** *Au su de tout le monde.*

suage n. m. **1.** mar. Humidité qui sort du bois d'un bateau neuf. **2.** techn. Eau qui suinte (du bois chauffé, etc.).

suaire n. m. (vient du latin *sudarium* « mouchoir », de *sudare* → **suer**) littér. Linceul. *« Spectres de mon pays reposez reposez / Laissez sur vous tomber la dalle et le suaire »* (Aragon). – relig. *Le Saint Suaire (de Turin),* le linceul dans lequel le Christ aurait été enseveli.

Sualem (René) voir **Rennequin**

suant, ante adj. **1.** Qui transpire. **2.** fam., vieilli Qui fait suer (I, 3) ; très ennuyeux.

Suarès (André) Écrivain français (1868-1948). Il est l'auteur d'essais et de récits qui manifestent une « mystique » du héros et de la création artistique. *Le Voyage du condottiere.*

Suarez (Francisco) Jésuite, philosophe et théologien espagnol (1548-1617). Dans ses *Disputationes metaphysicæ,* il proposa une synthèse systématique des grands courants métaphysiques de la pensée scolastique médiévale.

Suarez Gonzalez (Adolfo) Homme politique espagnol (1932-2014). Centriste, il dirigea le gouvernement de 1976 à 1981.

suave adj. (latin *suavis* « agréable ») littér. Qui a une douceur exquise, délicieuse. *Un parfum, une musique suave.* □ adv. **suavement**

suavité n. f. (du latin → **suave**) littér. Caractère suave.

sub- Préfixe (du latin *sub-,* de *sub* « sous », dont le dérivé *subtus* a donné *sous**) qui exprime la position en dessous, le faible degré et la proximité.

subaigu, uë adj. pathol. Dont les caractères sont intermédiaires entre l'état aigu et l'état chronique. *Inflammation, maladie subaiguë.* - var. du fém. RO **subaigüe.**

Styx

La barque de Charon sur le Styx dans *La Traversée du monde souterrain* par Joachim Patenier (v. 1520), musée du Prado, Madrid.

S

subalpin, ine adj. géogr. Qui est situé au pied, en bordure des Alpes.

subalterne (du latin, de *alternus* [→ alterner], de *alter* → autre) **1.** adj. Qui occupe un rang inférieur, qui dépend d'un autre. *Officier subalterne.* ■ *Un emploi subalterne.* – par ext. *Un rôle subalterne,* secondaire. **2.** n. Personne subalterne. → **subordonné.**

subaquatique [sybakwatik] adj. (anglais *subaquatic* → aquatique) didact. Qui existe, qui a lieu sous l'eau. → **immergé, sous-marin.** *Recherche archéologique subaquatique.*

subarctique adj. Qui est situé ou qui concerne les régions situées immédiatement au sud de l'Arctique.

subatomique adj. phys. Inférieur au niveau atomique. *Particules subatomiques,* situées à l'intérieur de l'atome, et notamment du noyau. → **nucléaire.**

subconscient, ente [sypkɔ̃sjɑ̃, ɑ̃t] **1.** adj. (phénomène, état psychique) Qui n'est pas clairement conscient. **2.** n. m. Ce qui est subconscient ; conscience vague. □ adv. **subconsciemment**

subdéléguer v. tr. < 6 > (→ déléguer) Déléguer (qqn) dans une fonction pour laquelle on a été délégué soi-même (surtout p. p. ou passif). *Être subdélégué.* – subst. *Un subdélégué, une subdéléguée.* □ n. f. **subdélégation**

subdésertique adj. géogr. Dont les conditions biogéographiques sont voisines de celles du désert. → **semi-aride.** *Climat subdésertique.*

subdiviser v. tr. < 1 > Diviser (un tout déjà divisé ; une partie d'un tout divisé). *Roman divisé en tomes subdivisés en chapitres.* – pronom. *Se subdiviser :* se diviser (en parties).

subdivision n. f. Fait d'être subdivisé ; partie obtenue en subdivisant. □ adj. **subdivisionnaire**

subduction n. f. (latin *subductio* « action de tirer ») géol. Glissement d'une plaque lithosphérique océanique sous une plaque adjacente avançant en sens opposé.

subéquatorial, iale, iaux [sybekwatɔʀjal, jo] adj. géogr. Qui est proche de l'équateur ; dont les caractères biogéographiques sont proches de ceux de l'équateur. *Climat subéquatorial.*

suber [sybɛʀ] n. m. (mot latin) bot. Liège. □ adj. **subéreux, euse**

subérine n. f. (de *suber* et *-ine*) biochim. Substance lipidique du liège, provenant d'une transformation de la cellulose.

Subiaco Commune d'Italie (Latium). 9 000 habitants. Monastère du XIIIᵉ s. Papeteries et industries d'albâtre. Saint Benoît de Nursie y établit son premier monastère (début VIᵉ s.). Centre d'une congrégation bénédictine.

subintrant, ante adj. (du latin, de *subintrare* « entrer dessous ») méd. Se dit d'accès (de fièvre, de convulsions) dont l'un commence avant que le précédent ne soit terminé. *Crises épileptiques subintrantes.*

subir v. tr. < 2 > (latin *subire* « aller sous ; se présenter » [→ subit], de *sub-* → sub- et *ire* « aller » → ¹aller) **I.** (sujet personne) **1.** Être l'objet sur lequel s'exerce (une action, un pouvoir sentis comme négatifs) ; recevoir l'effet pénible de. → **supporter.** *Subir un interrogatoire.* ■ Avoir une attitude passive envers (qqch.). **2.** Se soumettre volontairement à (un traitement, un examen). *Subir une intervention chirurgicale.* **3.** (compl. personne) Supporter effectivement (qqn qui déplaît, ennuie...). *Il va falloir subir cet imbécile.* **II.** (sujet chose) Être l'objet de (une action, une modification). *La poutre a subi une déformation.*

subit, ite adj. (latin *subitus* « soudain », cf. soudain, de *subire* → subir) Qui arrive, se produit en très peu de temps, de façon soudaine. → **brusque, brutal, inopiné, soudain.** *Un changement subit. Une mort subite.* → **foudroyant.**

subitement adv. Brusquement, soudainement.

subito adv. (adv. latin, ablatif de *subitus* → subit) fam. Subitement. – *Subito presto :* subitement et rapidement.

subjacent, ente adj. (latin *subjacens,* de *subjacere* « être placé dessous ») littér. Sous-jacent.

subjectif, ive adj. (du latin, de *subjectus* → ¹sujet) **1.** philos. Qui concerne le sujet (→ ²sujet, IV, 3) en tant que personne consciente (opposé à *objectif*). *La pensée, phénomène subjectif.* **2.** Propre à une personne en particulier, à son affectivité. → **personnel.** *Une vision subjective du monde.* **3.** Exagérément personnel, partial. *Il est trop subjectif.*

subjectile n. m. (du latin, de *subjicere* « placer dessous ») peint. Surface (mur, panneau, toile) servant de support à une couche de peinture.

subjectivement adv. D'une façon subjective, personnelle.

subjectivisme n. m. **1.** philos. Théorie qui ramène l'existence à celle du sujet, de la pensée (s'oppose à *objectivisme*). □ adj. et n. **subjectiviste** **2.** Attitude d'une personne qui tient compte de ses sentiments personnels plus que de la réalité objective.

subjectivité n. f. **1.** philos. Caractère de ce qui appartient au sujet, à l'individu seul. **2.** Attitude de qui juge la réalité d'une manière subjective.

subjonctif n. m. (du latin, de *subjungere* « atteler ; subordonner », de *sub-* → sub- et *jungere* → joindre) Mode personnel du verbe, exprimant le doute, l'éventualité, la volonté, le sentiment, ou caractérisant certaines subordonnées. *Subjonctif présent* (ex. je veux *que tu viennes*) ; *imparfait du subjonctif* (ex. je voulais *qu'il finît*), *passé, plus-que-parfait du subjonctif* (ex. je veux *que tu aies fini* à temps ; je voulais *que tu eusses fini*).

subjuguer v. tr. < 1 > (du latin, de *jugare* « attacher », de *jugum* → joug) **1.** vieux Réduire à la soumission (→ mettre sous le joug*). **2.** Séduire vivement (par son talent, son charme...). → **conquérir, envoûter.**

Subleyras (Pierre Hubert) Peintre français (1699-1749). Après avoir remporté le premier prix de peinture de l'Académie de Paris (1727), il s'installa à Rome. Sa peinture, tout en contrastes et en couleurs, se partage entre le portrait et des sujets religieux.

sublimation n. f. (du latin → sublime) **I.** chim. Passage (d'un corps) de l'état solide à l'état gazeux sans passage par l'état liquide. **II.** psych. Transformation (de pulsions réprouvées) en valeurs socialement reconnues.

sublime (latin *sublimis* « élevé », de *sub-* → sub- et *limis* « oblique ») littér. **I.** adj. **1.** Qui est très haut, dans la hiérarchie des valeurs (morales, esthétiques). → **admirable, divin.** *Une musique sublime. Un dévouement sublime.* – *La Sublime Porte*.* **2.** (personnes) Qui fait preuve de génie ou d'une vertu exceptionnelle. *Un homme sublime de dévouement.* **II.** n. m. **1.** Ce qu'il y a de plus élevé, dans l'ordre moral, esthétique... → **grandeur.** *« "Du sublime au ridicule, il n'y a qu'un pas", disait Napoléon »* (Hugo). **2.** hist. littér. (dans l'esthétique classique) Style, ton propre aux sujets élevés.

sublimé n. m. chim. Produit d'une sublimation (I). – spécialt Composé du mercure obtenu par sublimation.

sublimement adv. littér. D'une manière sublime, admirable.

sublimer v. tr. < 1 > (du latin → sublime) **I.** chim. Opérer la sublimation (I) de (une substance). **II.** psych. Transposer (des pulsions) sur un plan supérieur de réalisation (art, action...), de façon consciente ou non.

subliminal, ale, aux adj. (du latin *limen, liminis* « seuil » → liminaire) psych. Qui est inférieur au seuil de la conscience (→ subconscient). – spécialt *Publicité, message subliminal,* destiné à être perçu subconsciemment par le destinataire.

sublimité n. f. (du latin → sublime) littér. Caractère de ce qui est sublime ; chose, action... sublime.

sublingual, ale, aux [syblɛ̃gwal, o] adj. (du latin *lingua* « langue* ») anat., méd. **1.** Situé sous la langue. *Glandes sublinguales.* **2.** Qui s'effectue sous la langue. *Par voie sublinguale.*

sublunaire adj. (→ ¹lunaire) vieux **1.** Situé plus bas que la Lune, entre la Terre et la Lune. **2.** plais. De la Terre, d'ici-bas. *« Notre boule sublunaire »* (Gautier).

submerger v. tr. < 3 > (latin *submergere* « engloutir » [supin *submersum* cf. submersion, submersible], de *mergere* « enfoncer » → émerger, immerger) **1.** (liquide...) Recouvrir complètement. → **inonder, ¹noyer.** *Le fleuve en crue a submergé la plaine.* **2.** fig. Envahir complètement. *La douleur le submergeait.* – spécialt au passif *Être submergé de travail.* → **débordé.**

submersible (du latin → submerger) **1.** adj. Qui peut être recouvert d'eau. *Moteur submersible.* **2.** n. m. Sous-marin. – spécialt Sous-marin d'exploration scientifique, plus léger que le bathyscaphe.

submersion n. f. (du latin → submerger) didact. Fait de submerger, d'être submergé.

submillimétrique adj. didact. De l'ordre d'un dixième de millimètre au plus.

subodorer v. tr. < 1 > (du latin, de *odor* → odeur) Deviner, pressentir. → **flairer.**

suborbital, ale, aux adj. (→ orbital) didact. Se dit des caractéristiques d'un véhicule spatial avant la mise en orbite. *Vitesse suborbitale.*

subordination n. f. (→ subordonner) **1.** Fait d'être soumis (à une autorité). → **dépendance.** **2.** Fait de subordonner une chose à une autre ; état d'une chose subordonnée à une autre. **3.** (opposé à *juxtaposition,* à *coordination*) Construction grammaticale dans laquelle une proposition est subordonnée à une autre. *Conjonction de subordination.*

subordonnant, ante adj. (de *subordonner*) gramm. Qui établit un lien de subordination. – n. m. *Les relatifs sont des subordonnants.*

subordonné, ée adj. **1.** Qui est soumis à une autorité. ■ n. Personne placée sous l'autorité d'une autre (dans une hiérarchie). → **subalterne.** **2.** *Proposition subordonnée* et n. f. *subordonnée :* proposition qui est dans une relation de dépendance syntaxique (marquée explicitement) par rapport à une autre (la principale). *Subordonnée complétive ; relative.*

subordonner v. tr. < 1 > (du latin, de *sub-* → sub- et *ordinare* « mettre en ordre » → ordonner) **1.** Placer (une personne, un groupe) sous l'autorité de qqn, dans une hiérarchie (surtout passif et p. p.). **2.** Donner à (une chose) une importance secondaire (par rapport à une autre) ; soumettre à une condition. **3.** gramm. Mettre (une proposition) en état de subordination.

suborner v. tr. < 1 > (du latin, de *ornare* « équiper » → orner) **1.** vieilli ou littér. Détourner du droit chemin. ■ spécialt Séduire (une femme). **2.** dr. Corrompre (un témoin). □ n. f. **subornation**

suborneur, euse n. littér. Personne qui suborne (qqn). ■ spécialt n. m. → **séducteur.**

Subotica Ville de Serbie (Voïvodine). 100 000 habitants. Grand marché agricole.

subrécargue n. m. (de l'italien, de *sopra* « sur » et *carico* « cargaison ») mar. Agent qui représente les intérêts de l'armateur ou de l'affréteur à bord d'un navire.

subreptice adj. (du latin, famille de *repere* « ramper » → reptation) Qui est obtenu, qui se fait par surprise, à l'insu de qqn et contre sa volonté. → clandestin, furtif. *Une manœuvre subreptice.* → souterrain.

subrepticement adv. De manière subreptice.

subrogatif, ive adj. dr. Qui produit ou constitue une subrogation.

subrogation n. f. (du latin → subroger) dr. Substitution d'une personne ou d'une chose à une autre, dans une relation juridique.

subrogatoire adj. dr. Qui produit une subrogation. *Acte subrogatoire.*

subrogé, ée adj. loc. dr. *Subrogé tuteur, subrogée tutrice* : personne chargée de défendre les intérêts du pupille en cas de conflit avec le tuteur. ▪ n. Personne qui en remplace une autre par subrogation.

subroger v. tr. < 3 > (du latin, de *rogare* « demander » → interroger ; rogatoire) dr. Substituer (qqn, qqch.) par subrogation.

subsaharien, ienne [sybsaaʀjɛ̃, jɛn] adj. Relatif aux régions situées au sud du Sahara. *L'Afrique subsaharienne.*

subséquemment [sypsekamɑ̃] adv. (du latin → subséquent) didact. Après cela, en conséquence de quoi.

subséquent, ente [sypsekɑ̃, ɑ̃t] adj. (du latin, p. prés. de *subsequi*, de *sub-* → sub- et *sequi* → suivre) didact. Qui vient immédiatement après (dans le temps, dans une série).

subside [sybzid ; sypsid] n. m. (du latin « troupes de réserve ; soutien », famille de *sedere* « siéger » → seoir) Somme versée à titre d'aide, de subvention, etc.

subsidiaire [sybzidjɛʀ ; sypsidjɛʀ] adj. (du latin ; famille de *subside*) Qui est destiné à être utilisé en second lieu, à l'appui d'une chose plus importante. – *Question subsidiaire,* destinée à départager les gagnants d'un concours. ▪ par ext. Secondaire, accessoire. □ adv. **subsidiairement**

subsidiarité [sybzidjaʀite ; sypsidjaʀite] n. f. Qualité, statut de ce qui est subsidiaire. ▪ polit. *Principe de subsidiarité,* selon lequel une autorité centrale ne peut effectuer que les tâches qui ne peuvent pas être réalisées à l'échelon inférieur.

subsidier [sybzidje ; sypsidje] v. tr. < 7 > (de *subside*) (Belgique) Subventionner. □ n. f. **subsidiation**

subsistance [sybzistɑ̃s] n. f. **1.** Fait de subsister, de pourvoir à ses besoins ; ce qui sert à assurer l'existence matérielle. *Pourvoir à la subsistance de qqn. Moyens de subsistance.* ▪ écon. *Économie de subsistance,* fondée sur la réponse aux besoins matériels essentiels. **2.** au plur., vieilli Ensemble de ce qui permet de subsister.

subsistant, ante [sybzistɑ̃, ɑ̃t] (de *subsister*) **1.** adj. Qui existe encore, après la disparition des autres éléments. **2.** n. admin. Assuré(e) social(e) qui perçoit ses prestations d'une autre caisse que sa caisse d'affiliation.

subsister [sybziste] v. intr. < 1 > (latin *subsistere* « s'arrêter ; résister », de *sistere,* de *stare* → station) **1.** (choses) Continuer d'exister, après élimination des autres éléments, ou malgré le temps. *« Quand d'un passé ancien rien ne subsiste, après la mort des êtres, après la destruction des choses [...] »* (Proust). **2.** (personnes) Entretenir son existence, pourvoir à ses besoins essentiels. → survivre. *Subsister tant bien que mal.*

subsonique [sypsɔnik] adj. (→ [2]son) Dont la vitesse est inférieure à celle du son (opposé à *supersonique*).

substance n. f. (latin *substantia,* de *substare* « être dessous », de *sub-* → sub- et *stare* → station) **I.** (Partie essentielle) **1.** philos. Ce qui est permanent (opposé à ce qui change). **2.** Ce qu'il y a d'essentiel (dans une pensée, un écrit...). – *En substance* : en résumé ; pour le fond. *C'est, en substance, ce qu'il a dit.* **II.** (Totalité) **1.** philos. Ce qui existe par soi-même. → [2]être. **2.** Matière (dont un corps est formé). *La substance d'un objet.* **3.** Ce qui constitue (une chose abstraite). *Plaisir riche de substance.* **4.** Matière caractérisée par ses propriétés. → corps. *Substances médicamenteuses.*

substantialisme [sypstɑ̃sjalism] n. m. philos. Doctrine qui admet l'existence d'une substance (I, 1 ou II, 1). □ adj. et n. **substantialiste**

substantialité [sypstɑ̃sjalite] n. f. (du latin → substance) philos. Caractère de ce qui est une substance.

substantiel, elle adj. (du latin → substance) **1.** didact. Qui appartient à la substance, à la chose en soi. **2.** Qui nourrit bien ; abondant. → nourrissant. **3.** Riche par son contenu. *Un texte substantiel.* **4.** Important ; considérable. *Des avantages substantiels.* □ adv. **substantiellement**

substantif, ive (du latin [terme de gramm.], de *substantia* → substance) **1.** n. m. Mot (ou groupe de mots) qui peut constituer le noyau du syntagme nominal, être le sujet d'un verbe et qui correspond sémantiquement à une substance (être, notion...). → nom. **2.** adj. gramm. Du nom. → nominal.

substantifique adj. (du latin *substantia* → substance) loc. (allusion à Rabelais) *La substantifique moelle* : la valeur profonde, les richesses (d'un écrit, d'une œuvre).

substantivement adv. gramm. Avec valeur de substantif. *Un adjectif pris substantivement.*

substantiver v. tr. < 1 > gramm. Transformer en substantif. – au p. p. *Le nom « sourire » est un infinitif substantivé.* □ n. f. **substantivation**

substituer v. tr. < 1 > (latin « mettre sous, à la place », de *sub-* → sub- et *statuere* → statuer) Mettre (qqch., qqn) à la place de qqch., qqn d'autre, pour faire jouer le même rôle. *Substituer un mot à un autre.* – pronom. *Se substituer à qqn.* □ adj. **substituable**

substitut, ute n. (du latin → substituer) **1.** dr. Magistrat(e) du ministère public, chargé(e) de suppléer un autre magistrat. *La substitut(e) du procureur.* **2.** n. m. didact. Ce qui tient lieu d'autre chose. → succédané.

substitutif, ive [sypstitytif, iv] adj. (du latin → substituer) didact. Qui peut remplacer, tenir lieu de (qqch.). – méd. *Traitement substitutif,* qui pallie une carence, un déficit.

substitution n. f. (du latin → substituer) Fait de substituer ; son résultat. → remplacement. – *Un produit de substitution.* – *Peine de substitution,* qui remplace l'emprisonnement.

substrat n. m. (du latin, famille de *sternere* « étendre » → strate) **1.** philos. Ce qui sert de support, ce sans quoi une réalité ne saurait exister. → essence, fond. **2.** ling. Langue supplantée par une autre dans laquelle son influence reste perceptible. *Le substrat gaulois en français.* **3.** géol. Élément sur lequel repose une couche géologique. **4.** biochim. Substance sur laquelle agit un enzyme en déterminant sa transformation.

substruction [sypstʀyksjɔ̃] n. f. (latin *substructio* « fondation ») archit. Construction servant de base à une autre construction. - syn. **substructure.**

subsumer [sypsyme] v. tr. < 1 > (du latin mod. « prendre sous ») philos. Penser (un objet individuel) comme compris dans un ensemble.

subterfuge n. m. (du latin, de *subterfugere* « fuir en cachette » ; famille de *fuir*) Moyen habile et détourné pour se tirer d'embarras. → échappatoire, ruse, stratagème.

subtil, ile adj. (latin *subtilis* « fin, menu », de *tela* → toile) **I.** **1.** Qui a de la finesse, qui est habile à percevoir des nuances ou à trouver des moyens ingénieux. → adroit, [2]fin, perspicace. **2.** Qui est dit ou fait avec finesse, habileté. → ingénieux. *Une argumentation subtile.* **3.** *Odeur subtile,* fine et pénétrante. **II.** Qui est difficile à percevoir, à définir. *Une nuance subtile.* → ténu. *C'est trop subtil pour moi.* □ adv. **subtilement**

subtiliser v. < 1 > (de *subtil*) **I.** v. tr. Dérober avec adresse ; s'emparer avec habileté de (qqch.). → escamoter. *Subtiliser un document.* **II.** v. intr. Raffiner à l'extrême (dans le raisonnement, le style...). □ n. f. **subtilisation**

subtilité n. f. (→ subtil) **1.** Caractère d'une personne subtile, de ce qui est subtil. → finesse. **2.** Pensée, parole, nuance subtile. *Des subtilités de langage.*

subtropical, ale, aux adj. didact. Situé sous le tropique de l'hémisphère Nord. – Situé entre les tropiques. → intertropical.

subulé, ée adj. (du latin *subula* « alène ») sc. nat. Qui s'effile en pointe. *Antenne, feuille subulée.*

suburbain, aine adj. (du latin → sub- et urbain) Qui est près d'une grande ville, qui l'entoure. *Zone suburbaine.* → banlieue, faubourg.

suburbicaire adj. (du latin, de *urbs* « la ville » → urbain) relig. Qui appartient aux sept diocèses qui entourent Rome. *Évêques suburbicaires.*

subvenir v. tr. ind. < 22 auxiliaire *avoir* > (latin *subvenire* → [1]souvenir) *Subvenir à* : fournir en nature, en argent, ce qui est nécessaire à. → pourvoir. *Subvenir aux besoins de qqn.*

subvention n. f. (du bas latin → subvenir) Aide financière accordée par l'État (à un groupement, une association). □ adj. **subventionnel, elle**

subventionner v. tr. < 1 > Soutenir par une subvention. – p. p. *Théâtre subventionné* (par l'État).

subversif, ive adj. (du latin → subvertir) Qui renverse ou menace l'ordre établi, les valeurs reçues. → séditieux. *Idées ; menées subversives.* □ adv. **subversivement**

subversion n. f. (du latin → subvertir) Action subversive. – Idéologie subversive.

subvertir v. tr. < 2 > (du latin « retourner ; bouleverser », de *vertere* « tourner » → version) didact. Bouleverser, renverser (un ordre...) (→ subversion).

suc n. m. (latin *sucus* « jus ; sève », *cf.* succulent) **1.** Liquide susceptible d'être extrait des tissus animaux ou végétaux. *Le suc des plantes.* → sève. ▪ physiol. Liquide de sécrétion. *Le suc gastrique.* **2.** fig. Ce qu'il y a de plus substantiel. → quintessence.

succédané n. m. (du latin « qui remplace » → succéder) **1.** Médicament, produit qui peut en remplacer un autre. *Un succédané de café* (→ ersatz). **2.** abstrait Ce qui peut remplacer, suppléer (qqch.). → substitut.

succéder v. < 6 > (latin *succedere* « aller sous », de *sub-* → sub- et *cedere* « aller » → céder) **I.** *Succéder à* v. tr. ind. **1.** Venir après (qqn) de manière à prendre sa charge, sa place. *Le fils a succédé à son père* (→ successeur). **2.** Se produire, venir après, dans l'ordre chronologique. → remplacer, suivre. *« Le jour succède au jour, et la peine à la peine »* (Lamartine). – (dans l'espace) *Des champs succédaient aux vignes.* **II.** *Se succéder* v. pron. (le p. p. *succédé* reste invar.) Venir l'un après l'autre. *Les gouvernements qui se sont succédé.* ▪ *Phénomènes qui se succèdent.* → se suivre. – (dans l'espace) *Les tableaux se succèdent le long du mur.*

succenturié, iée adj. (du latin médiéval) zool. *Ventricule succenturié* : renflement de l'œsophage des oiseaux.

S

succès n. m. (du latin, de *succedere* → succéder) **I.** vieux Manière dont une chose se passe ; ce qui arrive de bon ou de mauvais. → **issue.** « *Le succès du combat réglera leur conduite* » (Racine). **II. 1.** Heureux résultat ; caractère favorable de ce qui arrive. *Assurer le succès d'une entreprise* (→ mener à bien). – *Sans succès* : en vain. **2.** Fait, pour qqn, de parvenir à un résultat souhaité. → **réussite.** *Elle est sur le chemin du succès.* **3.** Évènement particulier qui constitue un résultat très heureux pour qqn. **4.** Fait d'obtenir une audience nombreuse et favorable, d'être connu du public. *L'auteur, la pièce a du succès ; un succès fou.* – *Un auteur à succès,* qui a du succès. ■ *Un succès* : ce qui a du succès. → fam. **carton.** *Cette chanson est un succès.* → **tube.** – *Un succès de librairie,* un livre qui se vend beaucoup. → **best-seller. 5.** Fait de plaire. *Elle a beaucoup de succès.*

successeur n. (latin *successor,* de *succedere* → succéder) au féminin *successeur,* (Canada) *successeure* **1.** Personne qui succède ou doit succéder (à qqn). *Il a désigné sa fille comme successeur.* – Personne qui continue l'œuvre (de qqn). → **continuateur.** *Les successeurs d'un savant.* **2.** dr. Personne appelée à recueillir une succession. → **héritier.**

successible adj. (du latin, de *succedere* → succéder) dr. **1.** Qui est apte à recueillir une succession. *Descendants successibles.* **2.** Qui donne droit à la succession. *Parent au degré successible.* □ n. f. **successibilité**

successif, ive adj. (du latin → succéder) au plur. Qui se succèdent. *Des transformations successives.*

succession n. f. (du latin → succéder) **I. 1.** Transmission du patrimoine laissé par une personne décédée à une ou plusieurs personnes vivantes ; manière dont se fait cette transmission. → **héritage.** *Léguer qqch. par voie de succession.* – Patrimoine ainsi transmis. **2.** Fait de succéder à qqn, spécialt d'obtenir le pouvoir d'un prédécesseur. *Sa fille a pris sa succession.* **II.** Ensemble de faits, de choses qui se succèdent selon un certain ordre ; cet ordre. → **enchaînement, série, suite.** *Une succession ininterrompue de difficultés.*

Succession d'Autriche (guerre de) Conflit (1740-1748) qui opposa les États européens et qui révéla la rivalité franco-britannique. La guerre éclata en 1740, à la mort de l'empereur Charles VI, avec la contestation par les puissances européennes de la pragmatique sanction de 1713, qui assurait la succession à sa fille, Marie-Thérèse. La France, la Saxe, la Bavière et l'Espagne se rangèrent aux côtés de la Prusse lorsque Frédéric II engagea les hostilités, tandis que les Pays-Bas et la Grande-Bretagne soutenaient Marie-Thérèse. Les Français et les Bavarois envahirent l'Autriche et la Bohême. Mais, la Prusse ayant signé une paix séparée, par laquelle elle obtenait la Silésie, et la Bavière ayant traité de son côté, la France se retrouva seule face à la Grande-Bretagne. La victoire de Fontenoy (1745) lui livra les Pays-Bas, mais elle ne conserva aucune de ses conquêtes au traité d'Aix-la-Chapelle (1748), qui reconnut la pragmatique sanction.

Succession de Pologne (guerre de) Conflit qui opposa, de 1733 à 1738, la France, alliée de l'Espagne, de la Bavière et de la Sardaigne, à la Russie et à l'Autriche. À la mort du roi de Pologne Auguste II, Stanislas Leszczyński, soutenu par son gendre Louis XV, fut proclamé roi de Pologne par la diète de Varsovie. Les Austro-Russes, qui soutenaient Auguste III, également prétendant au trône, entrèrent en Pologne et chassèrent Stanislas Leszczyński. Les combats, engagés sur plusieurs fronts (Rhin, Lombardie), aboutirent en 1738 au traité de paix de Vienne : la France reconnaissait Auguste III comme roi de Pologne ; en compensation, Stanislas Leszczyński recevait la Lorraine et le Barrois.

Succession d'Espagne (guerre de) Conflit qui, de 1701 à 1714, opposa l'Espagne et la France à une coalition européenne. La guerre fut provoquée par l'avènement au trône d'Espagne du petit-fils de Louis XIV, Philippe d'Anjou (Philippe V), conformément au testament de Charles II. Louis XIV dut alors combattre à la fois l'Autriche, les Provinces-Unies, l'Angleterre, puis le Piémont et le Portugal, qui, se sentant menacés par l'alliance dynastique de la France et de l'Espagne (Philippe V ayant conservé ses droits sur la couronne de France), s'unirent en une Grande Alliance (La Haye, 1701). Après quelques succès en Italie et en Allemagne, les armées franco-espagnoles durent essuyer une succession de revers (1706-1709), avant de remporter des victoires décisives à Villaviciosa, en Espagne (1710), puis à Denain (1712). La guerre se termina par les traités d'Utrecht (1713) et de Rastadt (1714). Philippe V conservait le trône d'Espagne mais devait renoncer, pour lui et pour sa descendance, au trône de France.

successivement adv. Selon un ordre de succession, par degrés successifs. *Successivement furieux et ravi* (→ tour à tour).

successoral, ale, aux adj. (→ successeur) dr. Relatif aux successions (I). *Droits successoraux.*

succin n. m. (du latin, de *sucinum* « ambre ») didact. Ambre jaune.

succinct, incte [syksɛ̃, ɛ̃t] adj. (latin *succinctus* « retroussé ; serré », famille de *cingere* → ceindre) **1.** Qui est dit, écrit en peu de mots. → [1]**bref, concis, sommaire.** *Un compte rendu succinct.* – (personnes) *Soyez succinct.* → [1]**bref. 2.** plais. Peu abondant. *Un repas succinct.* □ adv. **succinctement** [syksɛ̃tmɑ̃]

succinique adj. (de *succin*) chim. *Acide succinique* ($C_4H_6O_4$) : acide organique qui intervient dans le métabolisme des lipides.

succion [sy(k)sjɔ̃] n. f. (du latin, de *sugere* → sucer) didact. Action de sucer, d'aspirer. *Bruit de succion.*

succomber v. intr. < 1 > (du latin « s'affaisser sous ») **I.** littér. **1.** S'affaisser (sous un poids trop lourd). **2.** Être vaincu dans une lutte. **3.** Mourir. *Le blessé succomba aussitôt. Succomber à ses blessures.* **II.** *Succomber à* : se laisser aller à, ne pas résister à. → **céder.** *Succomber à la tentation.*

succube n. m. (du latin, de *succubare* « être couché sous », de *cubare* → couver) théol. Démon qui prend l'apparence d'une femme et vient la nuit s'unir à un homme pendant son sommeil. *Les incubes et les succubes.*

succulent, ente adj. (du latin, de *sucus* → suc) **1.** bot. *Plante succulente,* dont les tissus charnus sont riches en eau. **2.** Qui a une saveur délicieuse. → **excellent, exquis, savoureux.** *Un mets succulent.* – fig. *Un récit succulent.* □ n. f. **succulence**

succursale n. f. (du latin médiéval *succursus* « aide » ; famille de *secourir*) Établissement qui dépend d'un siège central, tout en jouissant d'une certaine autonomie. → **annexe, filiale.** *Les succursales d'une banque.*

succursalisme n. m. comm. Mode d'organisation commerciale par de multiples succursales.

succursaliste comm. **1.** adj. Organisé par magasins à succursales. **2.** n. m. Entreprise commerciale formée d'une chaîne de magasins.

suce n. f. (de *sucer*) régional, fam. Tétine.

Suceava Ville du N.-E. de la Roumanie, en Moldavie, sur la Suceava. 88 300 habitants. Vestiges de la citadelle (XIVe s.), églises des XVe et XVIe s. La ville fut par deux fois capitale de la Moldavie (XIVe et XVIe s.).

sucer v. tr. < 3 > (vient du latin, de *sugere* [supin *suctum* cf. succion], cf. sangsue) **1.** Exercer une pression et une aspiration sur (qqch.) avec les lèvres, la langue (pour extraire un liquide, faire fondre). *Sucer des pastilles.* **2.** Porter à la bouche et aspirer. *Bébé qui suce son pouce.* ■ (sens érotique) *Sucer qqn* (→ **cunnilingus, fellation**). **3.** (animaux) Aspirer (un liquide nutritif) au moyen d'un organe qui pompe (→ **suçoir**).

sucette n. f. (de *sucer*) **1.** Bonbon fixé à un bâtonnet. **2.** Petite tétine pour nourrisson.

suceur, euse **1.** n. rare Personne qui suce (qqch.). – fig. *Suceur, suceuse de sang* : personne qui exploite les autres. **2.** adj. (insectes) Qui aspire sa nourriture avec une trompe.

Suchet (Louis Gabriel), duc d'Albufera Maréchal de France (1770-1826). Il se distingua en Italie, puis lors des batailles d'Austerlitz (1805) et d'Iéna (1806), et soumit la Catalogne.

suçoir n. m. zool. Trompe d'un insecte suceur.

suçon n. m. (de *sucer*) Légère ecchymose qu'on fait en tirant la peau par succion. *Faire un suçon à qqn.*

suçoter v. tr. < 1 > Sucer longuement et délicatement. *Suçoter un bonbon.* □ n. m. **suçotement**

sucrage n. m. Action de sucrer. – spécialt Addition de sucre au moût avant la fermentation (fabrication des vins). → **chaptalisation.**

sucrant, ante adj. (substance) Qui sucre.

sucrase n. f. biochim. Saccharase.

sucrate n. m. (de *sucre*) biochim. Composé d'un sucre avec un oxyde basique.

sucre n. m. (italien *zucchero,* emprunt à l'arabe *sukkar,* d'origine indienne [de même que le grec *sakkharon,* cf. sacchar[o]-]) **1.** Substance alimentaire (saccharose) de saveur douce, soluble dans l'eau. → **gluc(o)-, sacchar(o)-.** *Sucre de canne, de betterave. Sucre en morceaux, cristallisé, en poudre. Sucre glace,* finement broyé. *Sucre brun, roux.* → **cassonade.** – loc. *Être tout sucre tout miel* : se faire très doux. *Casser* du sucre sur le dos de qqn.* ■ *Un sucre* : un morceau de sucre. **2.** (en confiserie) *Bonhomme en sucre.* – *Sucre d'orge* : sucre cuit et parfumé, présenté en bâtons. **3.** chim. Corps ayant une constitution voisine de celle du saccharose. → **glucide, hydrate** de carbone.

Sucre (Antonio José de) Général vénézuélien (1795-1830). Lieutenant de Bolívar, il remporta les victoires qui libérèrent l'Équateur et le Pérou de la domination espagnole. Élu président à vie de Bolivie (1826), il se retira en 1828. Il tenta de secourir la Colombie contre le Pérou, mais il fut assassiné.

Sucre Capitale constitutionnelle de la Bolivie, dans la Cordillère centrale. 261 570 habitants. Université (1624). Industries agroalimentaires. Baptisée Chuquisaca à sa fondation en 1538, la ville fut appelée La Plata du XVIIIe s. à 1839.

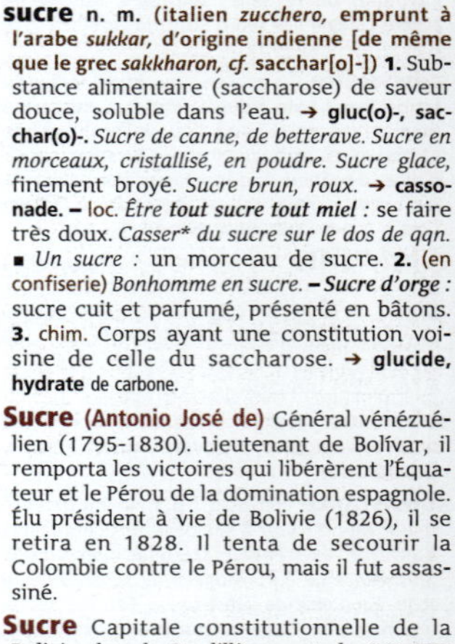

Sucre, l'église Saint-Philippe-Neri (XVIIIe s.).

sucré, ée adj. **1.** Qui a le goût du sucre. – Additionné de sucre. *Café trop sucré.* ■ n. m. *Préférer le sucré au salé.* **2.** fig. et péj. Doucereux, mielleux. *Un petit air sucré.* ■ Mièvre. *Mélodie sucrée.* → **sirupeux.**

sucrer v. tr. < 1 > **1.** Additionner de sucre (ou d'une matière sucrante). – loc. fam. *Sucrer les fraises*.* – loc. (Canada) *Se sucrer le bec,* manger des sucreries. **2.** absolt Donner une saveur sucrée. *La saccharine sucre plus que le sucre.* **3.** fam. Supprimer, confisquer. *Elle s'est fait sucrer son permis.* ■ **se sucrer** v. pron. fam. **1.** Se servir en sucre (pour le café, le thé...). **2.** Faire de gros bénéfices (au détriment des autres).

sucrerie n. f. **1.** Usine où l'on fabrique le sucre. → **raffinerie. 2.** Friandise à base de sucre. → **bonbon, confiserie, douceur.**

sucrette n. f. (*sucrettes* n. déposé ; de *sucre*) Petite pastille à base d'édulcorant de synthèse, qui remplace le sucre.

sucrier, ière 1. adj. Qui produit le sucre. **2.** n. m. Récipient où l'on met le sucre.

sucrin adj. m. (de *sucre*) *Melon sucrin,* très sucré.

Sucy-en-Brie Commune du Val-de-Marne. 27 040 habitants. Église des XIIe-XIIIe s., château du XVIIe siècle.

sud [syd] n. m. invar. (de l'anglo-saxon ; cf. anglais mod. *South*) **1.** Celui des quatre points cardinaux (abrév. S.) qui est diamétralement opposé au nord. *Façade exposée au sud.* → **¹midi.** – *Au sud de la Loire.* ■ adj. invar. → **méridional.** *Hémisphère Sud.* → **austral.** *Le pôle Sud.* → **antarctique. 2.** Ensemble des régions situées dans l'hémisphère Sud. *L'Afrique, l'Amérique du Sud.* – Région sud (d'un pays). *Le sud de la France.* → **¹Midi.** ■ *Le Sud* : les pays moins développés (par rapport aux pays industrialisés → **Nord**).

▶ Le **Sud** a eu divers visages au cours de l'histoire. Ses civilisations souvent brillantes ont été niées par les pays développés du Nord qui en ont forgé des représentations péjoratives variées : barbarie, sauvagerie, populations indigènes incultes vouées à la colonisation et à l'esclavage. Toutes ces figures ont en commun une même négation ou ignorance de la richesse et de la diversité des peuples du Sud. Le partage imaginaire du monde se fait ensuite en deux blocs (Est/Ouest), lors de la guerre froide tandis que la décolonisation ne laisse que difficilement émerger un groupe de pays « non alignés », également appelé « tiers-monde » (Alfred Sauvy), situés majoritairement au sud des pays développés. La fin de l'URSS fait disparaître cette représentation tripolaire au profit d'un nouveau clivage Nord/Sud qui fait apparaître la réalité brutale d'un partage de la planète entre riches et pauvres. Mais le « Sud » reste une figure contradictoire : tout d'abord, c'est moins la richesse d'un pays que les inégalités sociales qui définissent une forme d'appartenance au « Sud ». Ensuite, certains pays émergents développent parfois des rapports économiques et politiques « néo-coloniaux » avec d'autres pays du Sud.
voir aussi **Nord, Occident, Orient**

Sud (île du) voir **Nouvelle-Zélande**

sud-africain, aine adj. De l'Afrique du Sud, spécialt de l'Union sud-africaine. – n. *Les Sud-Africains.* → **afrikaner.**

sud-africaine (République) voir **Afrique du Sud**

sud-américain, aine adj. De l'Amérique du Sud. – n. *Les Sud-Américains.*

sudamina n. m. (du latin, de *sudare* → **suer**) méd. Éruption cutanée due à la transpiration.

sudation n. f. (du latin → **suer**) **1.** méd. Transpiration abondante. **2.** Transpiration. *Sudation insuffisante.*

sudatoire adj. (du latin → **suer**) méd. Qui s'accompagne de sudation.

Sudbury (Grand) en anglais **Greater Sudbury** Ville du Canada (Ontario), au N. de la baie Georgienne. 161 531 habitants. Université. Centre commercial et minier en pleine reconversion.

sud-coréen, enne adj. De la Corée du Sud. – n. *Les Sud-Coréens.*

sud-est [sydɛst] n. m. invar. **1.** Point de l'horizon situé à égale distance entre le sud et l'est. **2.** Région située dans cette direction. *Le Sud-Est asiatique.* ■ adj. invar. *La région sud-est.*

Sudètes (monts des) Massifs montagneux à la frontière polono-tchèque, formant le rebord N.-E. du quadrilatère de Bohême.

Sudètes (Allemands des) Nom donné, entre les deux guerres mondiales, à la population de langue allemande établie dans la région des Sudètes, en Tchécoslovaquie. Annexée par l'Allemagne en 1938, la région fut rendue en 1945 à la Tchécoslovaquie mais une grande partie des germanophones fut expulsée.

sudiste n. et adj. hist. Partisan de l'indépendance des États du Sud (et de l'esclavagisme), pendant la guerre de Sécession, aux États-Unis. → **confédéré.**

sudoku n. m. (mot japonais) Jeu de logique d'origine japonaise consistant à compléter une grille de neuf fois neuf cases avec les chiffres de 1 à 9.

Su Dongpo ou **Sou Tong-p'o (Su Shi** ou **Sou Che,** dit) Poète chinois (1036-1101). Archétype du taoïste, il chanta dans ses poèmes le retour à l'état naturel *(La Falaise rouge).* Il fut aussi un calligraphe et un peintre de renom.

sudoral, ale, aux adj. (du latin *sudor* « sueur ») méd. Relatif à la sueur. *Sécrétion sudorale.*

sudorifère adj. (du latin *sudor* → **sueur** et de *-fère*) anat. Qui conduit la sueur. *Conduit sudorifère.*

sudorifique adj. (du latin *sudor* → **sueur** et *facere* → **¹faire**) méd. Qui provoque la sudation. – n. m. *Un sudorifique.*

sudoripare adj. (du latin *sudor* → **sueur** et de *-pare*) anat. Qui sécrète la sueur. *Glandes sudoripares.*

sud-ouest [sydwɛst] n. m. invar. **1.** Point de l'horizon situé à égale distance entre le sud et l'ouest. *Vent du sud-ouest.* → **suroît. 2.** Région située dans cette direction. *Le Sud-Ouest* (de la France). ■ adj. invar. *La région sud-ouest.*

Sud Provence-Alpes-Côte d'Azur voir **Provence-Alpes-Côte d'Azur**

sud-vietnamien, ienne adj. Du Vietnam du Sud (avant la réunification). – n. *Les Sud-Vietnamiens.*

Sue (Marie-Joseph, dit **Eugène)** Romancier français (1804-1857). Il inaugura en France la vogue du roman-feuilleton avec *Les Mystères de Paris.* Son œuvre contribua à répandre les théories humanitaires annonçant *Les Misérables* de Victor Hugo. Il est aussi l'auteur du *Juif errant.*

suède n. m. (du n. du pays) Peau utilisée avec le côté chair à l'extérieur (→ **suédé**). *Gants de suède.*

Suède

n. f. ■ en suédois Sverige, offic. royaume de Suède Pays de l'Europe du Nord, comprenant aussi les îles d'Öland et de Gotland. 449 964 km². 10 000 000 habitants dont 17 000 Lapons, 500 000 étrangers, 185 000 Nordiques (les *Suédois*). **Langues :** suédois, sami. **Religion :** luthériens, 80 %. **Monnaie :** couronne suédoise. **Capitale :** Stockholm. **Régime :** monarchie parlementaire. Le royaume est divisé en 21 comtés *(län).*

GÉOGRAPHIE

La Suède s'étend sur env. 1 600 km en latitude et une partie de son territoire est située au-delà du cercle polaire. Au nord, le rythme diurne de 24 heures disparaît : pendant six mois, le soleil est toujours au-dessus de l'horizon (ce qui permet une période végétative), les six mois restants la nuit est permanente. Au sud, le climat est tempéré du fait de l'action du Gulf Stream. Les littoraux (au sud et à l'est) sont constitués d'un très grand nombre de petits golfes (des fjärdar). De nombreux îlots et îles (Gotland et Öland) forment des archipels (Stockholm, Göteborg). Les lacs occupent 10 % de la superficie du pays. 58 % du territoire sont recouverts de forêts, 11 % de marais et tourbières et 8,5 % sont consacrés à l'agriculture (élevage, céréales).

Au nord de la Suède, en Laponie, une antenne de contrôle pour satellites de l'Agence spatiale européenne.

La moitié du pays a moins de 1 hab./km² et la chaîne de montagne scandinave (maximum 2 114 m) est presque inhabitée. Le niveau de vie est parmi les plus élevés du monde. Le modèle social très avancé a permis de réduire les inégalités entre catégories sociales, entre hommes et femmes, entre régions, grâce notamment au développement des services publics.

L'industrie a bénéficié d'un sous-sol riche en minerais, de l'importance de la forêt et d'une source d'énergie abondante et bon marché avec l'hydroélectricité. Le pays assure encore 20 à 25 % de la production de métaux sulfurés, cuivre, plomb, zinc et de métaux précieux de l'Europe de l'Ouest. Autre secteur traditionnel, l'industrie du bois (scieries, pâte à papier, cellulose) s'est modernisée et reste compétitive. Mais ce sont désormais les produits à haute technologie qui dominent l'industrie (automobile, machine-outil, matériel de transport, électronique, biotechnologies). Une grande partie de la production est destinée au marché extérieur et de nombreuses entreprises sont implantées à l'étranger.

HISTOIRE

Sédentarisée au néolithique, la population suédoise s'étendit vers l'est du VIIe au Xe s. apr. J.-C. : sous le nom de Varègues, les Suédois pénétrèrent en Russie et gagnèrent Constantinople (860). La christianisation du pays, amorcée à partir de 830, se développa sous les règnes d'Olof Skötkonung (XIe s.) et d'Éric le Saint (XIIe s.). Au XIIIe s., Birger Jarl annexa la Finlande et installa sa capitale à Stockholm.

L'union de Kalmar Le XIVe s., marqué par des querelles dynastiques, s'acheva avec la formation de l'union de Kalmar (1397) : la Suède, la Norvège et le Danemark furent placés sous l'autorité d'Éric XIII de Poméranie. L'absolutisme des souverains danois suscita, jusqu'en 1520, des révoltes à caractère national, qui, à plusieurs reprises, imposèrent des régents suédois.

Une grande puissance Gustave Ier Vasa (1523-1560), brisa l'union de Kalmar, chassa les Danois, instaura une royauté héréditaire et imposa le luthéranisme. Son règne inaugura une politique de domination en mer Baltique, poursuivie par ses successeurs Éric XIV, Jean III et Charles IX. L'intervention de Gustave II Adolphe (1611-1632) dans la guerre de Trente Ans plaça le pays au premier plan de la politique européenne. Bénéficiaire des traités de Westphalie (1648) sous le règne de la reine Christine (1632-1654), la Suède reçut la

S

Suède

Poméranie et d'autres territoires lui assurant le contrôle de la mer Baltique. Engagée dans la guerre du Nord sous Charles XII (1697-1718), elle perdit son rang de grande puissance face à une coalition réunissant le Danemark, la Russie, la Pologne et la Saxe. Le règne de Frédéric Ier (1720-1751) marqué par le déclin de l'absolutisme au profit du *Riksdag* (Parlement), fut dominé par la lutte entre le parti des Bonnets et celui des Chapeaux. Parvenu au pouvoir par un coup d'État (1771), Gustave III pratiqua un despotisme éclairé. En 1810, Charles XIII fit du maréchal français Bernadotte (futur Charles XIV) son héritier.

L'union avec la Norvège Engagé dans la coalition contre Napoléon Ier, Bernadotte obtint du Danemark la cession de la Norvège (1814). L'union entre les deux pays prit fin en 1905. Les sociaux-démocrates, au pouvoir à partir de 1932, pratiquèrent une politique sociale active et maintinrent la neutralité du pays pendant les deux guerres mondiales. Dirigés par Olof Palme, Premier ministre de 1969 à 1976, ils durent faire face à la crise économique des années 1970. Après un gouvernement conservateur (1976-1982), ils revinrent au pouvoir et y restèrent jusqu'en 1991 avec Olof Palme (1982-1986) et Ingvar Carlsson pour Premiers ministres. De nouveau à la tête du gouvernement à partir de 1994, Ingvar Carlsson fit entrer la Suède dans l'Union européenne (1995). Son successeur, le social-démocrate Göran Persson (1996-2006), fut remplacé par le conservateur Fredrik Reinfeldt (2006-2014) auquel succédèrent à nouveau les sociaux-démocrates jusqu'en 2022. C'est avec le soutien de l'extrême droite, devenue la deuxième formation du pays, que les conservateurs remportèrent les législatives.

---

suédé, ée adj. (de *suède*) (peau) Dont le côté chair est à l'extérieur. *Cuir suédé.* → **daim, suède.**

suédine n. f. Tissu imitant le suède.

suédois, oise adj. et n. De Suède (→ **scandinave**). – n. *Les Suédois.* ■ n. m. *Le suédois :* langue du groupe germanique nordique.

suée n. f. (de *suer*) fam. Transpiration abondante (sous l'effet d'un travail...). *Prendre une suée.*

Suenens (Leo Jozef ou Léon Joseph) Prélat belge (1904-1996). Primat de Belgique de 1961 à 1979, il eut un rôle prépondérant lors du concile Vatican II dont il fut l'un des quatre « modérateurs ».

suer v. < 1 > (vient du latin *sudare* → **sueur ; suaire, exsuder**) **I. v. intr. 1.** Produire beaucoup de sueur. → **transpirer.** *Suer à grosses gouttes* (→ **être en nage, en sueur**). **2.** fig. Se fatiguer, se donner du mal. → **peiner. 3.** *Faire suer.* fam. Fatiguer, embêter (qqn). *Tu commences à me faire suer !* (→ **suant**). – *Se faire suer :* s'ennuyer. **4.** techn. Dégager de l'humidité. *Les plâtres suent.* → **suinter. 5.** cuis. *Faire suer des légumes,* leur faire rendre de l'eau. **II. v. tr. 1.** Rendre par les pores de la peau. – loc. ***Suer sang et eau :*** faire de grands efforts, se donner beaucoup de peine. **2.** fig. Exhaler. *Ce type sue l'ennui.* → **respirer.**

Suess (Eduard) Géologue autrichien (1831-1914). Auteur d'importants travaux en paléogéographie, il fut le premier à supposer l'existence d'un continent unique, le Gondwana. On lui doit la première étude géologique globale de la Terre *(La Face de la Terre).*

suet [sɥɛ(t)] **n. m. invar.** mar. Sud-est. *Un vent de suet.*

Suétone Historien latin (v. 70-v. 126). Secrétaire de l'empereur Hadrien, il eut accès aux archives du Palatin et écrivit les *Vies des douze Césars.* Il est aussi l'auteur de

De viris illustribus, recueil de biographies érudites.

suette n. f. (de *suer*) méd. *Suette (miliaire) :* maladie contagieuse caractérisée par une sudation abondante et une éruption cutanée de petites vésicules blanchâtres.

sueur n. f. (vient du latin *sudor,* de *sudare* → **suer**) **1.** Liquide odorant, salé, composé d'eau, de sels et d'acides gras, qui, dans certaines conditions, suinte des pores de la peau sous forme de gouttes. → **sudation, transpiration.** *Couvert, trempé, ruisselant de sueur.* – ***En sueur*** (→ en eau, en nage). **2.** *Une, des sueurs :* fait de suer. → **suée.** ■ loc. ***Sueur froide,*** accompagnée d'une sensation de froid et de frisson. – fig. *J'en ai des sueurs froides :* cela me fait peur, m'inquiète vivement. **3.** fig. *La sueur,* symbole du travail et de l'effort.

Suèves n. m. pl. Peuple germanique qui se fixa en Souabe au Ier s. av. J.-C. Ils franchirent le Rhin en 406 lors des grandes invasions et s'établirent en Galice. Le royaume suève fut annexé par les Wisigoths v. 585.

Suez Ville d'Égypte, sur la mer Rouge, à l'entrée du canal de Suez. 700 000 habitants. Port. Centre industriel.

Suez (golfe de) Bras nord-occidental de la mer Rouge, entre l'Égypte et la presqu'île du Sinaï, au fond duquel débouche le canal de Suez. Champs pétrolifères sous-marins.

Suez (canal de) Canal maritime traversant l'isthme de Suez (Égypte), et reliant la mer Rouge à la Méditerranée. 190 km de long (avec les chenaux), de Suez à Port-Saïd. L'ouverture du canal, réalisé par le consul de France Ferdinand de Lesseps entre 1859 et 1869, réduisit de près de la moitié le trajet entre le golfe Persique et la mer du Nord. Il constitua un enjeu important entre la France et la Grande-Bretagne, qui, craignant de perdre sa suprématie sur la route des Indes, devint le principal actionnaire de la compagnie qui gérait le canal (1875). À la suite de sa nationalisation par Nasser (1956), Israël, la France et la Grande-Bretagne occupèrent la région N. du canal mais se retirèrent sous la pression des États-Unis, de la Russie et de l'ONU (1958). Fermé à la navigation après la guerre de juin 1967, il fut rouvert en 1975 et agrandi en 2015.

Photo satellite du canal de Suez, qui joint la mer Rouge (en bas) à la Méditerranée (en haut).

Suez (isthme de) Isthme d'Égypte, entre la mer Rouge et la Méditerranée, reliant l'Asie et l'Afrique.

suffète n. m. (mot d'origine sémitique) Antiq. À Carthage, Chacun des deux premiers magistrats de la République revêtus du pouvoir exécutif et du commandement des armées.

suffire v. tr. ind. < 37 > (vient du latin *sufficere* « mettre sous », de *sub-* → **sub-** et *facere* → [1]**faire**) **I.** (choses) **1.** ***Suffire à, pour :*** avoir juste la quantité, la qualité, la force nécessaire à, pour (qqch.). *Cela suffit à mon bonheur.* – prov. *À chaque jour suffit sa peine.* **2.** Être de nature à contenter (qqn) sans qu'il ait besoin de plus ou d'autre chose. *Votre parole me suffit.* ■ absolt *Cela ne suffit pas.* – ***Ça suffit*** *(comme ça) !* : je suis, nous sommes excédé(s). **3.** impers. ***Il suffit à (qqn) de*** (+ inf.). *« Ne te suffit-il pas de m'avoir tourmentée ? »* (Laclos). – *Il suffisait d'y penser.* ■ avec *que* (+ subj.) *Il suffit que tu viennes.* ■ absolt, littér. *Il suffit :* cela suffit, c'est assez. **II.** (personnes) ***Suffire à* 1.** Être capable de fournir ce qui est nécessaire à, de satisfaire à (qqch.). *Suffire à ses besoins.* – *Je n'y suffis plus :* je suis débordé. **2.** Être pour (qqn) tel qu'il n'ait pas besoin d'un autre. ■ **se suffire** v. pron. Avoir, trouver de quoi satisfaire ses besoins ou ses aspirations. *Pays qui se suffit à lui-même* (→ **autarcie**).

suffisamment adv. En quantité suffisante, d'une manière suffisante (I). → **assez.** *Votre lettre n'est pas suffisamment affranchie.* – *Suffisamment de :* assez de.

suffisance n. f. **I.** vieux ou régional Quantité suffisante (à qqn). *J'en ai ma suffisance,* mon content. – *Avoir du vin en suffisance.* **II.** littér. Caractère, esprit d'une personne suffisante (II). → **autosatisfaction.**

suffisant, ante adj. (de *suffire*) **I.** (choses) Qui suffit. *C'est suffisant pour qu'il se mette en colère.* – *Je n'ai pas la place suffisante* (→ **assez de**). – didact. *Condition suffisante,* qui suffit à elle seule pour entraîner une conséquence. **II.** (personnes) littér. Qui a une trop haute idée de soi. → **fat, prétentieux, vaniteux.** – *Un air suffisant.* → **arrogant, satisfait.**

suffixation n. f. ling. Dérivation par suffixe.

suffixe n. m. (du latin « fixé dessous », famille de *figere,* supin *fixum* → [1]**fixe**) ling. Élément de formation (affixe) placé après un radical pour former un dérivé. *« -able » est un suffixe.* □ adj. **suffixal, ale, aux**

suffixer v. tr. < 1 > ling. Pourvoir d'un suffixe. – au p. p. *Mot suffixé.*

suffocant, ante adj. **1.** Qui suffoque, qui gêne ou empêche la respiration. → **étouffant.** *Une chaleur suffocante.* **2.** fig. Qui suffoque, indigne. → **ahurissant, stupéfiant.**

suffocation n. f. (→ **suffoquer**) Fait de suffoquer ; impossibilité ou difficulté de respirer. → **asphyxie, étouffement, oppression.**

Suffolk (William de la Pole, 4e comte puis **1er duc de)** Homme politique et diplomate anglais (1396-1450). Il fut le principal ministre d'Henri VI d'Angleterre (1445), dont il avait négocié le mariage avec Marguerite d'Anjou. Il fut banni puis assassiné pour avoir tenté de faire la paix avec la France.

Suffolk Comté du S.-E. de l'Angleterre. 761 300 habitants. Chef-lieu : Ipswich.

suffoquer v. < 1 > (du latin *suffocare* « serrer la gorge ») **I.** v. tr. **1.** (choses) Empêcher (qqn) de respirer, rendre la respiration difficile. → **étouffer, oppresser.** – au p. p. *Suffoqué par des sanglots.* **2.** fig. Remplir d'une émotion vive qui coupe le souffle. *La colère le suffoquait.* – Stupéfier, sidérer. *Elle m'a suffoqué, avec son aplomb.* **II.** v. intr. **1.** Respirer avec difficulté, perdre le souffle. → **étouffer. 2.** fig. ***Suffoquer de.*** *Suffoquer d'indignation.*

suffragant, ante (du latin, de *suffragari* « voter pour ») **1.** adj. m. et n. m. relig. Se dit d'un évêque dépendant (de tel archevêque). **2.** n. Personne qui a droit de suffrage dans une assemblée, un jury.

suffrage n. m. (latin *suffragium* « tesson servant au vote ») **1.** Acte par lequel on déclare sa volonté, dans un choix, une délibération (notamment politique). → **vote.** *Suffrage censitaire*. Suffrage direct* (sans intermédiaire) ; *indirect* (par l'intermédiaire des grands électeurs*). *Suffrage universel,* qui n'est pas restreint par des conditions de fortune, de capacité, d'hérédité. ■ → **voix.** *Suffrages exprimés* (excluant les bulletins blancs et nuls). **2.** littér. Opinion, avis favorable. → **adhésion, approbation.**

suffragette n. f. (mot anglais, même origine que *suffrage*) hist. Femme qui, d'abord en Grande-Bretagne, militait pour le droit de vote féminin (obtenu en Grande-Bretagne en 1928).

Les suffragettes françaises envahissant un bureau de vote à Paris en mai 1908, gravure du *Petit Journal.*

Suffren de Saint-Tropez (Pierre André de) dit **le bailli de Suffren** Marin français (1729-1788). Bailli de l'ordre de Malte et capitaine de vaisseau, il participa activement à la guerre d'Indépendance des États-Unis d'Amérique, puis prit part comme chef d'escadre aux expéditions contre les Anglais dans les Indes orientales (1781-1784). À son retour en France, Louis XVI le fit vice-amiral.

suffusion n. f. (latin *suffusio,* de *sub* « sous » et *fundere* « verser ») méd. Infiltration de sang dans les tissus. → **épanchement.**

Suger Abbé et homme politique français (v. 1081-1151). Abbé de Saint-Denis, il fut également le conseiller de Louis VI puis de Louis VII, qui lui confia la régence du royaume à son départ pour la croisade (1147-1149). Il développa l'autorité royale en favorisant la naissance des communes urbaines contre le pouvoir des nobles *(Histoire de Louis le Gros).*

suggérer v. tr. < 6 > (latin *suggerere* « porter sous », de *gerere* → **gérer**) **1.** (personnes) Faire penser (qqch.) sans exprimer ni formuler. → **insinuer, sous-entendre.** *Suggérer une opinion à qqn.* – Présenter (une idée...) en tant que proposition, conseil. → [2]**conseiller, proposer.** *Je vous suggère d'agir sans plus tarder.* ■ (choses) Faire naître (une idée...) dans l'esprit. → **évoquer. 2.** psych. Faire penser ou exécuter (qqch.) par suggestion (2).

suggestible adj. didact. Qui accepte facilement les suggestions. □ n. f. **suggestibilité**

suggestif, ive adj. (de l'anglais, même origine que *suggérer*) **1.** Qui a le pouvoir de suggérer des idées, des sentiments. → **évocateur. 2.** Qui suggère des idées érotiques. → **aguichant.** □ n. f. **suggestivité**

suggestion n. f. (du latin → **suggérer**) **1.** Action de suggérer. ■ Ce qui est suggéré ; idée, projet que l'on propose. → **conseil, proposition.** *C'est une simple suggestion que je vous fais.* **2.** psych. Fait d'inspirer à qqn une idée, une croyance..., sans qu'il en ait conscience. *Suggestion sous hypnose.*

suggestionner v. tr. < 1 > Influencer par la suggestion. – pronom. *Se suggestionner* (→ **autosuggestion**).

Suisse

Sugimoto (Hiroshi) Photographe japonais (né en 1948). Il revendique la diversité des moyens artistiques (photos, sculptures, installations) pour célébrer la nature. Sa conscience aiguë de l'évanescence du monde et son interrogation sur l'évolution de l'humanité, et son prévisible destin, donnent à son œuvre une dimension philosophique et tragique *(Seascapes).*

Suharto Général et homme d'État indonésien (1921-2008). Il se fit élire président de la République après avoir évincé Sukarno (1966-1967). Candidat unique, il fut réélu cinq fois mais démissionna à la suite d'émeutes (mai 1998) provoquées par les conséquences de la crise financière asiatique de 1997.

suicidaire adj. **1.** Du suicide ; qui mène au suicide. *Tendances suicidaires.* **2.** Qui semble prédisposé au suicide. – **n.** *Un, une suicidaire.* **3.** fig. Qui mène à l'échec. *Un projet suicidaire.*

suicidant, ante n. didact. Personne qui a tenté de se suicider.

suicide n. m. (du latin *sui* « de soi », et de *-cide*) **1.** Fait de se tuer, de se donner volontairement la mort (ou de le tenter). → **autolyse.** *Un suicide par noyade. Tentative de suicide. « Il n'y a qu'un problème philosophique vraiment sérieux : c'est le suicide »* (Camus). **2.** Fait de risquer sa vie sans nécessité. *Rouler si vite, c'est un* (fam. du) *suicide !* **3.** appos. Qui comporte des risques mortels. *Des missions suicide.* – *Avion-suicide,* dont le pilote est sacrifié. → **kamikaze.**

suicidé, ée adj. et n. (Personne) qui s'est tué(e) par suicide.

se **suicider** v. pron. < 1 > Se tuer par suicide. → se **supprimer.** ■ trans. plais. *Suicider qqn,* le tuer et maquiller le crime en suicide.

suidé n. m. (du latin *sus, suis* « porc ») zool. Mammifère au corps massif, couvert de soies, au groin fouisseur et aux pattes courtes (famille des *Suidés ;* ex. le phacochère).

suie n. f. (vient probablt du gaulois) Noir de fumée mêlé d'impuretés que produisent les combustibles qui ne brûlent qu'incomplètement. *Enlever la suie* (→ **ramoner**). – loc. *Noir comme de la suie* (→ **fuligineux**).

suif n. m. (vient du latin *sebum* « graisse » → sébum) Graisse animale fondue. *Chandelle de suif.*

suiffer v. tr. < 1 > Enduire de suif.

suiffeux, euse adj. De la nature du suif.

sui generis [sɥiʒeneʀis] loc. adj. invar. (loc. latine « de son espèce », des génitifs de *suus* → ¹son et *genus* → genre) Propre à une espèce, à une chose. → **spécifique.** *Odeur sui generis,* particulière et, spécialt, désagréable.

suint n. m. (de *suer*) Graisse que sécrète la peau du mouton, et qui se mêle à la laine.

suintant, ante adj. Qui suinte (2).

suintement n. m. Fait de suinter. – Liquide, humidité qui suinte.

suinter v. intr. < 1 > (de *suint*) **1.** S'écouler très lentement, sortir goutte à goutte. → **exsuder ; perler. 2.** Produire un liquide qui s'écoule goutte à goutte. *Murs qui suintent.* – *Plaie qui suinte.* ■ trans. fig. *Un film qui suinte l'ennui.*

suisse adj. et n. (adaptation de l'allemand *Schweiz*) **I.** De la Suisse. → **helvétique.** *Les Alpes suisses. Dix francs suisses.* ■ **n.** *Un Suisse ; une Suisse ou une Suissesse.* **II.** n. m. **1.** vieux Portier, concierge d'un hôtel particulier. – loc. *Manger, boire en Suisse,* tout seul ou en cachette. **2.** Employé chargé de la garde d'une église, de l'ordonnance des céré-

19 Thurgovie (Thurgau)
20 Uri
121 Unterwald Nidwald
22 Unterwald Obwald
23 Valais (Wallis)
24 Vaud (Waadt)
25 Zoug (Zug)
26 Zurich (Zürich)

monies, etc. → **bedeau. 3.** → **petit-suisse.** **III. n. m.** Écureuil au pelage rayé. → **tamia.**

Suisse

n. f. ■ offic. Confédération suisse, en allemand die Schweiz, en italien Svizzera Pays de l'Europe centrale. 41 285 km². 8 419 550 habitants (les *Suisses*), dont 20,3 % d'étrangers. **Langues :** allemand (63 %, dont env. 94 % de dialecte alémanique), français (20,3 %), italien (6,4 %), romanche (0,5 %). La plupart des cantons sont monolingues ; trois sont bilingues français-allemand (Valais, Fribourg et Berne, les deux premiers avec une majorité francophone), les Grisons sont trilingues (allemand, romanche, italien). **Religions :** catholiques (38 %), protestants (25 %). **Monnaie :** franc suisse (CHF). **Capitale :** Berne. **Régime :** parlementaire. La Suisse est divisée en 26 cantons, 143 districts et 2 222 communes. Des droits constitutionnels spécifiques, le référendum et l'initiative populaire, permettent à la population de changer la Constitution en dehors des voies législatives parlementaires (droit de vote accordé aux femmes en 1971 ; refus de séparer complètement l'Église de l'État en 1980 ; droit à l'avortement en 2002).

GÉOGRAPHIE

Le pays est structuré par deux chaînes montagneuses, les Alpes et le Jura, que sépare la dépression du Moyen Pays *(Mittelland)*. La chaîne alpine occupe presque 60 % de la superficie du pays, avec quelques-uns des plus hauts sommets d'Europe (mont Rose, 4 634 m). Les grandes vallées de l'intérieur (Rhône, Rhin, Inn) offrent des climats particuliers, plus secs. Grâce à ces vallées et à des cols comme le Grand-Saint-Bernard, le Simplon ou le Saint-Gothard, la montagne alpine est une plaque tournante des communications européennes. Le tourisme a pénétré dans presque toutes les vallées, avec des stations de renommée mondiale (Zermatt, Gstaad, Davos, Saint-Moritz). La production hydroélectrique, qui exploite la plus grande partie du potentiel existant, a permis le développement industriel. Le nombre des exploitations agricoles décroît, mettant en péril la conservation du paysage alpin cultivé.

Le Moyen Pays doit au fœhn, un vent chaud et sec, ses températures plus douces. La densité de population y atteint les maxima européens (400 hab./km² en moyenne). Les cinq plus grandes agglomérations urbaines de Suisse (Zurich, Bâle, Genève, Berne et Lausanne) y concentrent le tiers de la population du pays, avec un tissu urbain de plus en plus dense qui forme une conurbation autour des deux pôles rivaux, Zurich et les villes du Léman.

Culminant au mont Tendre (1 679 m), le Jura avec ses plis serrés forme une barrière topographique plus hermétique que les Alpes du fait de l'absence de grandes vallées transversales et de la rareté des cols praticables toute l'année. Le Jura est caractérisé par de nombreux petits centres industriels qui travaillent à l'exportation et sont très sensibles à la conjoncture, en particulier dans les cantons de Neuchâtel et du Jura : horlogerie, construction électronique, machines et véhicules. Les nouvelles technologies ont pris le relais des activités traditionnelles, ce qui témoigne d'une adaptation rapide aux mutations industrielles liées à la mondialisation des économies.

Les alpages, qui couvrent une part importante du territoire.

ÉCONOMIE

Si la Suisse n'a pas échappé à la crise des années 1990, elle n'en demeure pas moins l'image même de la réussite économique et sociale, avec un PIB/hab. de 80 200 dollars en 2017 et une espérance de vie élevée (81 ans pour les hommes, 85 pour les femmes). Ce pays joue dans le monde un rôle hors de proportion avec ses dimensions.

L'agriculture occupe 3,6 % des actifs. Elle ne contribue au PIB que pour 1,2 % mais conserve un rôle important dans la sauvegarde du milieu rural et la préservation des paysages. Les fortes subventions allouées au secteur agricole diminuent et une libéralisation du marché a été amorcée dans les années 1990, notamment sous la pression de l'Union européenne.

L'industrie occupe 22 % des actifs. Elle est partagée en une multitude de petites structures (horlogerie, bois) et quelques multinationales comme Nestlé (agroalimentaire), Novartis et Hofmann-La Roche (pharmacie), ABB ou Sulzer (machines-outils).

Les services emploient 74,4 % des actifs, avec des activités à haute valeur ajoutée (banques, assurances, immobilier, conseil) qui ont vu l'émergence de leaders mondiaux (UBS, Crédit Suisse). Les services financiers représentent à eux seuls 11 % du PIB, un chiffre trois fois supérieur à la moyenne européenne. Cependant la crise financière mondiale de 2008 a contraint le gouvernement à adopter un plan d'aide pour assurer la stabilité du système bancaire.

Les réussites de l'économie suisse tiennent à son orientation vers les technologies de pointe, à sa capacité d'ouverture sur l'extérieur et à son dynamisme financier. Ces qualités s'ajoutent aux bénéfices historiques tirés de la taille et des particularités de son empire financier (importance des capitaux accumulés et faiblesse des taux d'intérêt), stimulant un commerce extérieur qui, par habitant, est deux fois supérieur à celui des autres pays d'Europe. Le pays finit par céder à la pression internationale sur la levée du secret bancaire auquel elle renonça en 2013.

Ce commerce est déficitaire, mais le déficit est compensé par les bénéfices issus du réseau de relations financières tissé à travers le monde. L'Union européenne est le principal partenaire de la Suisse. Les régions frontalières et l'ensemble de la Suisse romande sont favorables à l'intégration européenne, qui renforcerait les pôles de Bâle et de Genève face à Zurich.

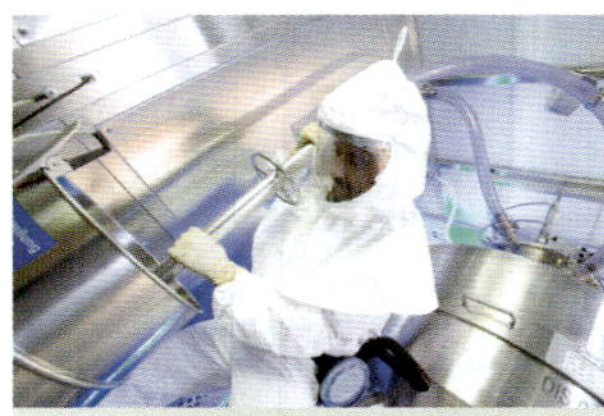
La Suisse possède une importante industrie pharmaceutique et près de 150 sociétés spécialisées dans les biotechnologies.

HISTOIRE

Les premières traces de présence humaine remontent au paléolithique inférieur. Après –500, les Celtes envahirent le pays, qui devint le centre de la civilisation de La Tène. À la fin du –IIe s., une seconde invasion celtique aboutit à l'occupation de la partie occidentale de la Suisse par les Helvètes, qui passèrent sous la domination romaine. L'Helvétie fut rattachée à la Belgique puis à la Lyonnaise Ire tandis que la Suisse orientale faisait partie de la province de Rhétie. Au Ve s., la région fut occupée par deux peuples germaniques, les Burgondes et les Alamans, qui se répartirent en deux domaines linguistiques correspondant aux actuelles Suisse romande et alémanique. Intégré dans la monarchie franque, le pays fut christianisé du VIIe au IXe s. Après le démembrement de l'Empire carolingien (888), il fut compris dans le royaume de Bourgogne transjurane et rattaché avec lui au Saint Empire en 1032.

La Confédération Des principautés apparurent, dont celle des Habsbourg, qui accédèrent à l'Empire en 1273. Menacés par leur autorité croissante, les cantons forestiers d'Uri, de Schwyz et d'Unterwald conclurent le 1er août 1291 une alliance perpétuelle qui fut à l'origine de la Confédération. En 1315, les confédérés vainquirent Léopold Ier de Habsbourg à Morgarten et renouvelèrent leur alliance par le pacte de Brunnen. Lucerne (1332), Zurich (1351), Glaris et Zoug (1352) puis Berne (1353) les rejoignirent pour former la Confédération des huit cantons. Défaits à Sempach (1386) et à Naefels (1388), les Habsbourg reconnurent son indépendance en 1389.

Le serment du Rütli, le 1er août 1291 (gravure de G. Gallina, XIXe s.), jeta les bases de la Confédération helvétique.

Ce fut aussi la victoire d'une bourgeoisie qui n'avait cessé au long du XIVe s. de favoriser l'émergence d'une culture profane et d'exalter le passé national : un pays naissait. Après avoir battu Charles le Téméraire à Grandson et à Morat (1476), les Suisses vainquirent Maximilien Ier et la ligue de Souabe (1499), obtenant par la paix de Bâle la séparation définitive des pays suisses et des pays allemands. Fribourg et Soleure (1481), Bâle et Schaffhouse (1501), puis Appenzell (1513) entrèrent dans la Confédération pour former la Confédération des treize cantons, qui renonça à toute politique étrangère et conclut en 1516 une paix perpétuelle avec la France.

La Réforme, prêchée à Zurich par Zwingli, en 1519, conduisit à un conflit entre catholiques et protestants qui se solda par la victoire des catholiques (bataille de Kappel, 1531) et par la division religieuse de la Suisse : sept cantons catholiques, quatre protestants, deux mixtes. Genève, alliée à Berne et à Fribourg contre le duc de Savoie, devint la métropole du protestantisme avec Calvin, à partir de 1536.

La Suisse vit son indépendance reconnue solennellement par toutes les puissances européennes aux traités de Westphalie (1648), début d'une période de prospérité et de paix. Au XVIIIe s., le développement de centres industriels comme Zurich (soie) et Genève (horlogerie) alla de pair avec le rayonnement de grands esprits (Euler, Lavater, Pestalozzi, Rousseau). Après 1789 le pays connut une agitation révolutionnaire qui donna au Directoire français un prétexte pour l'envahir. Le 22 mars 1798, la République helvétique fut proclamée. Elle ne dura que cinq ans : Bonaparte rétablit le fédéralisme par l'Acte de médiation de 1803.

La neutralité Après l'invasion du pays par les Alliés (1813), le traité de Paris (1814) et le congrès de Vienne (1815) fixèrent le statut international de la Suisse, garantissant la neutralité et l'inviolabilité de son territoire. La France céda Genève, Neuchâtel et le Valais. La Confédération comptait désormais vingt-deux cantons, auxquels le Pacte fédéral de 1815 reconnut une pleine souveraineté. Une courte guerre civile opposa en 1847 cantons conservateurs et libéraux. La paix revenue, une constitution remplaça en 1848 le Pacte de 1815. Les cantons restaient souverains sauf dans les domaines réservés à la Confédération (diplomatie, poste, douane, monnaie, organisation militaire). Berne devint le siège permanent du gouvernement fédéral. Une stricte neutralité resta le principe fondamental de la politique extérieure.

La Suisse commença à accomplir une importante œuvre humanitaire en faveur des victimes de guerre. C'est l'une des raisons pour lesquelles en 1919, Genève fut choisie comme siège de la Société des Nations. La Suisse refusa en 1945 de faire partie de l'ONU, mais elle adhéra aux institutions internationales d'ordre économique, social ou culturel.

La neutralité profitait au pays, qui prospéra tout au long du XXe s. Mais avec la construction européenne apparut le risque d'un isolement. Un rapprochement s'esquissa en 1986, mais le référendum du 6 déc. 1992 a montré que la Suisse n'était pas prête à s'intégrer pleinement à l'Union européenne. Elle a fini par adhérer à l'ONU en 2002 et participe depuis 2008 aux accords de Schengen.

Suisse normande voir Bocage normand

Suisse saxonne Région d'Allemagne orientale et de la République tchèque s'étendant de part et d'autre de l'Elbe, en amont de Dresde.

suite n. f. (vient du latin pop. *sequita* « poursuite », de *sequere* → suivre) **I.** (dans des loc.) **1.** Situation de ce qui suit. *Prendre la suite de qqn,* lui succéder. – ***Faire suite à :*** venir après, suivre. ■ ***À la suite de.*** *Entraîner qqch. à sa suite,* derrière soi. – Après ; à cause de. *Il « s'était fait prêtre* [...] *à la suite d'un chagrin d'amour »* (Maupassant). – ***À la suite.*** → **successivement.** *Il a bu trois verres à la suite,* coup sur coup. **2.** Ordre de ce qui se suit en formant un sens. – *Des mots* ***sans suite,*** incohérents, incompréhensibles. – ***Esprit de suite :*** aptitude à suivre une idée avec constance. – loc. *Avoir de la suite dans les idées :* être opiniâtre ; iron. être entêté. **3.** ***De suite :*** à la suite les uns des autres, sans interruption. *J'ai écrit quatre pages de suite.* → d'**affilée.** – ***Et ainsi de suite :*** en continuant de la même façon. **4.** ***Tout de suite :*** sans délai, immédiatement. *Venez tout de suite !* – fam. (même sens ; emploi critiqué) *J'arrive de suite.* ■ (dans l'espace) *C'est tout de suite après le coin.* **II.** (Ce qui suit ; ce qui vient après) **1.** Personnes qui se déplacent avec une autre dont elles sont les subordonnées. → **équipage, escorte, train.** *La suite présidentielle.* **2.** Ce qui suit qqch. ; ce qui vient après (ce qui n'était pas terminé). *La suite du discours se perdit dans le vacarme.* – ***Suite et fin :*** suite qui termine l'histoire. *Apportez-nous la suite* (du repas). **3.** Temps qui vient après le fait ou l'action dont il est question. *Attendons la suite.* – ***Dans, par la suite :*** dans la période suivante, après cela. → **depuis, ensuite. 4.** Ce qui résulte (de qqch.). → **conséquence, effet, résultat.** *Un projet sans suite.* – au plur. *Les suites d'une maladie.* → **séquelle.** ■ ***Donner suite à :*** poursuivre son action en vue de faire aboutir (un projet, une demande). – admin. *Suite à votre lettre du tant,* en réponse à. – ***Par suite (de) :*** à cause de, en conséquence (de). **5.** Ensemble de choses, de personnes qui se suivent. → **séquence, série, succession.** *La suite des nombres premiers.* **6.** Composition musicale faite de plusieurs pièces de même tonalité. *Les suites de Bach.* **7.** Appartement dans un hôtel de luxe. **8.** *Suite parentale :* grande chambre intégrant une salle de bains, un dressing.

[1]suivant, ante **I.** adj. **1.** Qui suit, qui vient immédiatement après. *La page suivante.* – *La fois suivante.* → **prochain.** ■ n. *Au suivant ! :* au tour de la personne qui suit. **2.** Qui va suivre (dans un énoncé). *L'exemple suivant,* ci-dessous, ci-après. **II. 1.** n. m. vieux Personne qui en accompagne une autre pour la servir. **2.** n. f. anciennt Dame de compagnie. *Les suivantes de la reine.*

[2]suivant prép. **1.** Conformément à ; en suivant. → **selon.** *Suivant son habitude.* – *Suivant tel auteur.* → d'**après. 2.** Conformément à (des circonstances). *« Le bois verdoie ou roussit* [...] *suivant l'heure et la saison »* (Baudelaire). **3.** *Suivant que* loc. conj. (+ indic.) : dans la mesure où, selon que.

suiveur, euse n. (Personne qui suit) **1.** n. m. Homme qui suit les femmes, dans la rue. **2.** Personne qui suit une course, à titre officiel (observateur, journaliste). *La caravane des suiveurs du Tour de France.* **3.** fig. Personne qui, sans esprit critique, ne fait que suivre (un mouvement intellectuel, etc.). → **imitateur. 4.** (calque de l'anglais *follower*) Personne abonnée aux messages publiés par un autre utilisateur d'un microblog.

suivi, ie **I.** adj. **1.** Qui se fait d'une manière continue. → **régulier.** *Un travail suivi.* **2.** Dont les éléments s'enchaînent pour former un tout. *Un raisonnement suivi.* **II.** n. m. Surveillance continue en vue de contrôler. *Suivi médical.* – *Le suivi d'un produit.*

suivisme n. m. Attitude de suiveur (3). → **panurgisme.** □ adj. et n. **suiviste**

suivre v. tr. < 40 > (vient du bas latin *sequere,* var. du latin class. *sequi* « suivre ; accompagner » → suite ; conséquence, exécution, second, séquelle) **I.** (Venir après) **1.** Aller derrière (qqn qui marche, qqch. qui avance). *Suivre qqn de près.* → **talonner.** – *Suivez le guide !* ■ (choses) Être transporté après (qqn). *Bagages qui suivent un voyageur. Faire suivre son courrier.* **2.** Aller derrière pour rattraper, surveiller. → **poursuivre.** *Suivre qqn à la trace.* – *Policier qui suit un suspect.* → **filer. 3.** Aller avec (qqn qui a l'initiative d'un déplacement). → **accompagner.** *Si vous voulez bien me suivre.* ■ loc. *Suivre le mouvement :* aller avec les autres, faire comme eux. **4.** *Suivre qqn, qqch. des yeux, du regard :* accompagner par le regard (ce qui se déplace). ■ loc. fig. *Suivez mon regard :* vous voyez tous à qui je fais allusion. **5.** Être placé ou considéré après, dans un ordre donné. *On verra dans l'exemple qui suit que...* – impers. ***Comme suit :*** comme il est dit dans ce qui suit. **6.** Venir, se produire après, dans le temps. → **succéder** à. *« Une chaleur orageuse suivait ces brusques ondées »* (Camus). **7.** Venir après, comme effet (surtout impers.). *Il suit de là que...* → s'**ensuivre ; conséquence, résultat. II.** (Garder une direction) **1.** Aller dans (une direction, une voie). *Suivre un chemin.* → **prendre.** *Suivre la piste de qqn.* – *Suivre le fil de ses idées.* – ***Suivre son cours :*** évoluer, se développer normalement. *L'enquête suit son cours.* **2.** Aller le long de. → **longer. 3.** abstrait Garder (une idée, etc.) avec constance. *Suivre son idée.* ■ *Suivre un traitement, un régime.* – *Suivre un feuilleton à la télévision.* – ***À suivre :*** mention indiquant qu'un récit se poursuivra (dans d'autres numéros d'un périodique...). **4.** intrans. au poker Miser pour rester dans le jeu. *Je suis.* **III.** (Se conformer à) **1.** Aller dans le sens de, obéir à (une force, une impulsion). → s'**abandonner** à. *Suivre son penchant.* **2.** Penser ou agir selon (les idées, la conduite de qqn). → **imiter.** *Un exemple à suivre.* – *Suivre la mode.* ■ Approuver (qqn). *Là, je ne te suis plus.* **3.** Se conformer à (un ordre, une recommandation). → **obéir.** *Suivre la règle.* **4.** Se conformer à (un modèle abstrait). *Suivre une méthode. La marche* à suivre.* **IV.** (Porter son attention sur) **1.** Rester attentif à (un énoncé). *Je suivais leur conversation.* **2.** Observer attentivement et continûment dans son cours. *Suivre un match avec passion.* ■ *Suivre qqn,* être attentif à son comportement, notamment pour le surveiller, le diriger. *Médecin qui suit un malade.* – Être abonné aux messages publiés par (un autre utilisateur des réseaux sociaux). **3.** Comprendre dans son déroulement (un énoncé). *Je ne suis pas votre raisonnement.* – *Vous me suivez ?* ■ se **suivre** v. pron. **1.** Aller les uns derrière les autres. **2.** Se présenter dans un ordre, sans qu'il manque un élément. *Nos numéros se suivent.* **3.** Venir les uns après les autres, dans le temps. → se **succéder.**

[1]sujet, ette (latin *subjectus* « soumis », famille de *jacere* « jeter » [→ gésir ; jeter], cf. [2]sujet ; subjectif, sujétion) **I.** adj. **1.** Exposé à. *Être sujet au vertige.* **2.** *Sujet à caution*.* **II.** n. **1.** Personne soumise à une autorité souveraine (→ sujétion). *Le souverain et ses sujets.*

2. rare au fém. Ressortissant d'un État. *Elle est sujet britannique.*

^{2}sujet **n. m.** (latin *subjectum,* neutre de *subjectus* → ^{1}sujet) **I. 1.** Ce sur quoi s'exerce (la réflexion). *Des sujets de méditation.* – Ce dont il s'agit, dans la conversation, dans un écrit. → **matière, ^{1}point, propos, question, thème.** *Revenons à notre sujet* (→ à nos moutons). – *Au sujet de :* à propos de. *C'est à quel sujet ?* **2.** Ce qui constitue le thème qu'a voulu traiter l'auteur (œuvre littéraire). → **idée, thème.** *Un bon sujet de roman.* **3.** Ce sur quoi s'applique la réflexion (dans un travail, un ouvrage didactique). *Bibliographie par sujets.* → **thématique.** – *Son devoir est hors (du) sujet.* **4.** Ce qui est représenté, dans une œuvre plastique. → **motif.** **II.** *Sujet de :* ce qui fournit matière, occasion à (un sentiment, une action). → **motif, occasion, raison.** *Un sujet de dispute.* – littér. *Je n'ai pas sujet de me plaindre.* **III.** gramm. Terme considéré comme le point de départ de l'énoncé, à propos duquel on exprime quelque chose ou qui régit le verbe. *Sujet, verbe et complément. Inversion du sujet.* **IV.** (personnes) **1.** loc. ***Bon sujet*** (vieilli), ***mauvais sujet*** : personne qui se conduit bien, mal. – *Un sujet brillant :* un(e) excellent(e) élève. **2.** Être vivant soumis à l'observation ; individu présentant tel ou tel caractère. *Sujet d'expérience.* → **cobaye.** ■ ling. *Le sujet parlant :* le locuteur. **3.** philos. Être pensant, considéré comme le siège de la connaissance (s'oppose à *objet*). → **^{1}personne ; subjectif.**

sujétion **n. f.** (latin *subjectio* → ^{1}sujet) **1.** Situation d'une personne soumise à une autorité souveraine. → **assujettissement, dépendance, soumission.** **2.** littér. Situation d'une personne astreinte à une nécessité ; obligation pénible, contrainte.

Sukarno ou **Soekarno** Homme d'État indonésien (1901-1970). Fondateur du Parti nationaliste indonésien (1927), il proclama en 1945 l'indépendance de l'Indonésie et devint le premier président. Il instaura à partir de 1959 un régime présidentiel fort. Le général Suharto le déposséda de ses titres et fonctions (1966-1967).

Sukhothaï Ville de la Thaïlande, sur le Yom. 35 720 habitants. Sukhotaï fut l'ancienne capitale du premier royaume thaï (XIIIe-XIVe s.). L'enceinte de la vieille ville renferme de nombreux vestiges des XIVe et XVe s., dont les ruines du Wat Mahathat.

Sukkur Ville du Pakistan (Sind), sur l'Indus. 335 600 habitants. Un barrage de dérivation sur le fleuve permet l'irrigation de 2 millions d'hectares de désert.

Sulawesi en français **Célèbes** Île d'Indonésie située à 600 km au S. des Philippines, divisée en 5 provinces. 189 216 km^2. 18 700 000 habitants. Montagneuse et volcanique, elle a la forme d'un K déformé projetant 4 péninsules. Point culminant : le Latimojong [mont Rantemario] (3 455 m). Ville principale : Makassar. Production de café, coprah, épices (girofle), riz, bois, rotin et minerais. Industries : cimenterie, papeterie, minoterie au S. ; huile de coco, conserveries de thon au nord.

sulcature **n. f.** (du latin, de *sulcus* « sillon ») géol. Trace en forme de sillon.

sulciforme **adj.** (du latin *sulcus* « sillon » et de *-forme*) didact. Qui a la forme d'un sillon.

sulfamide **n. m.** (→ amide) pharm. Composé de synthèse dont les dérivés sont utilisés dans le traitement des maladies infectieuses.

sulfatation **n. f.** techn. Production de sulfate de plomb sur les plaques d'un accumulateur électrique.

sulfate **n. m.** (→ -ate) Sel ou ester de l'acide sulfurique.

sulfaté, ée **adj.** **1.** Qui contient un sulfate. *Eau sulfatée.* **2.** Traité au sulfate. *Vignes sulfatées.*

sulfater **v. tr.** < 1 > Traiter (un végétal) par pulvérisation de sulfate de cuivre ou de fer. □ **n. m. sulfatage**

sulfateuse **n. f.** **1.** Appareil servant à sulfater. **2.** argot Mitraillette.

sulfhydrique **adj.** (de *sulf[o]-* + *-hydrique*) chim., vieux *Acide sulfhydrique :* hydrogène sulfuré.

sulfinisation **n. f.** (→ sulf[o]-) techn. Cémentation (des alliages ferreux) par diffusion superficielle de soufre.

sulfitage **n. m.** (de *sulfite*) techn. Traitement à l'anhydride sulfureux.

sulfite **n. m.** (→ -ite) chim. Sel ou ester de l'acide sulfureux.

sulf(o)- Élément (du latin *sulfur* → soufre) qui signifie « soufre ».

sulfone **n. f.** (→ -one) chim. Composé renfermant le groupement SO_2 (nom générique).

sulfoné, ée **adj.** (→ sulf[o]-) chim. Se dit d'un dérivé renfermant le radical SO_3H dans sa molécule.

sulfosel **n. m.** (de *sulfo-* et *sel*) chim. Sel complexe renfermant le groupe SO_4 dans l'anion.

sulfuration **n. f.** chim. Combinaison d'une substance avec le soufre ; transformation d'un corps en sulfure.

sulfure **n. m.** (→ -ure) **1.** Composé du soufre avec un élément (métal, etc.), constituant de nombreux minerais. **2.** Objet en cristal dans lequel est inclus un camée.

sulfuré, ée **adj.** Combiné avec le soufre.

sulfurer **v. tr.** < 1 > Traiter (un végétal) au sulfure de carbone pour détruire les parasites. □ **n. m. sulfurage**

sulfureux, euse **adj.** (du latin, de *sulfur* → soufre) **1.** Qui contient du soufre ; relatif au soufre. *Vapeurs sulfureuses.* ■ *Anhydride sulfureux* ou *gaz sulfureux :* composé de soufre (SO_2), gaz incolore, suffocant, utilisé dans la fabrication de l'acide sulfurique, les industries de blanchiment, etc. – *Acide sulfureux :* composé du soufre (H_2SO_3), existant en solution. **2.** fig., littér. Qui évoque le démon, l'enfer (→ sentir le soufre*). « *Une splendeur sulfureuse émanait de ces trois personnages* » (Baudelaire). ■ par ext. Qui choque la morale sociale. *Une réputation sulfureuse.*

sulfurique **adj.** (du latin *sulfur* → soufre) ***Acide sulfurique*** : acide dérivé du soufre (H_2SO_4), corrosif, attaquant les métaux. → **vitriol.**

sulfurisé, ée **adj.** Traité à l'acide sulfurique. – *Papier sulfurisé,* rendu imperméable par trempage dans l'acide sulfurique dilué.

sulky **n. m.** (mot anglais « boudeur ») anglic. Voiture légère à deux roues, sans caisse, utilisée pour les courses au trot attelé. *Des sulkys* ou *des sulkies* (plur. anglais).

Sullana Ville du Pérou, traversée par la Panaméricaine. 140 000 habitants. Culture et industrie du coton.

Sullivan (Louis Henry) Architecte américain (1856-1924). Il éleva des immeubles-tours innovants à armature métallique, tels que le Wainwright Building de Saint Louis (1890), et défendit une conception fonctionnaliste de l'architecture.

Sully (Maximilien de Béthune, baron de Rosny, duc de) Homme politique français (1560-1641). De famille protestante, il fut le compagnon d'armes du futur Henri IV (1576-1590), avant de devenir son surintendant des Finances (1598). Il réussit à rétablir l'équilibre financier du royaume, favorisa l'agriculture (réduction de la taille) et le commerce, en améliorant les voies de communication. Il laissa des Mémoires *(Économies royales).*

Sully (hôtel de) Demeure située à Paris, dans le Marais. Construit en 1624 par Jean Androuet du Cerceau, il fut acquis en 1634 par Sully. Propriété de l'État depuis 1945, il abrite le siège du Centre des Monuments nationaux.

Sully Prudhomme (René François Armand Prudhomme, dit) Poète français (1839-1907). D'abord proche du mouvement parnassien, il est passé d'une veine intimiste et élégiaque *(Les Solitudes)* à de vastes poèmes philosophiques *(La Justice ; Le Bonheur).* Prix Nobel 1901.

Sully-sur-Loire Commune du Loiret. 5 141 habitants. Château des XIIIe et XIVe s., acquis et remanié par Sully au début du XVIIe siècle.

Sully-sur-Loire, le château des ducs de Sully.

Sulpice le Sévère (saint) Évêque de Bourges (mort en 647).

Sulpice Sévère Historien chrétien (v. 360-v. 420), auteur d'une *Vie de Saint-Martin* et d'une *Chronique* ou *Histoire sacrée.*

sulpicien, ienne **adj.** **1.** De la congrégation de Saint-Sulpice. – **n. m.** Membre de cette congrégation. **2.** Se dit de l'imagerie religieuse de mauvais goût (comme celle des objets vendus près de l'église Saint-Sulpice à Paris).

Sulston (sir John Edward) Biochimiste britannique (1942-2018). Il entreprit, en 1983, le premier séquençage complet du génome d'un organisme multicellulaire, achevé en 1998, et qui est à l'origine du séquençage du génome humain. Il contribua aussi à la découverte de la mort programmée des cellules (apoptose). Prix Nobel 2002.

sultan **n. m.** (de l'arabe, par le turc) Souverain de l'Empire ottoman, ou de certains pays musulmans.

sultanat **n. m.** **1.** Dignité de sultan. **2.** État gouverné par un sultan.

sultane **n. f.** **1.** Épouse ou favorite d'un sultan. **2.** Canapé formé d'une banquette et de deux dossiers latéraux.

Sulu ou **Soulou** Petit archipel des Philippines. 619 700 habitants. Chef-lieu : Jolo.

sumac **n. m.** (arabe *sŭmmāq*) bot. Arbre aux nombreuses variétés, riche en tanin.

Sumatra Île de l'Indonésie, à l'O. de Java. 473 481 km^2. 56,4 millions d'habitants. Exploitations pétrolières, gaz, charbon, bauxite, aciéries. Grandes plantations d'hévéas, et production de tabac, de cacao et d'huile de palme. Le tsunami du 26 décembre 2004 a fait plus de 200 000 victimes sur l'île.

Sumba Île d'Indonésie, dans l'archipel des petites îles de la Sonde. 11 150 km^2. 685 184 habitants.

Sumbawa Île d'Indonésie, dans l'archipel des petites îles de la Sonde. 15 650 km^2. 1 130 000 habitants.

Šumen ou **Choumen** Ville du N.-E. de la Bulgarie. 67 900 habitants. La ville, appelée *Kolarovgrad* de 1950 à 1965, compte une importante communauté turcophone.

Sumer Ancienne région correspondant à la basse Mésopotamie, en bordure du golfe Arabo-Persique. Une population non sémitique, les Sumériens, s'y établit au –IVe millénaire. La civilisation sumérienne introduisit en Mésopotamie le travail du cuivre et l'habitation de brique, inventa l'architecture et l'écriture.

sumérien, ienne adj. Relatif à Sumer. *L'art sumérien.* ■ **n. m.** *Le sumérien :* la plus vieille langue écrite de l'humanité.

summum [sɔ(m)mɔm] **n. m. (mot latin → sommet)** Le plus haut point, le plus haut degré. → [1]**comble, sommet.** *Être au summum de la gloire. Des summums.*

Sumner (James Batcheller) Biochimiste américain (1887-1955). Ses travaux portèrent sur la cristallisation des enzymes qu'il parvint à réaliser avec l'uréase. Prix Nobel 1946.

sumo n. m. (mot japonais) 1. Lutte japonaise, pratiquée par des professionnels exceptionnellement grands et corpulents. **2.** Lutteur de sumo. *Des sumos.* - var. **sumotori.**

Deux sumotoris mongols lors du tournoi de Nagoya en 2008.

Sun (The) Quotidien populaire britannique conservateur, qui a remplacé en 1964 le *Daily Herald.* C'est le plus fort tirage des quotidiens britanniques.

Sund voir **Øresund**

Sundanais n. m. pl. Peuple d'Indonésie (partie O. de l'île de Java), de langue malayo-polynésienne différente du javanais (environ 24 millions de personnes).

Sundarbans n. m. pl. Ensemble d'îles du golfe du Bengale formant la bordure du delta du Gange-Brahmapoutre (Inde et Bangladesh).

Sunderland Ville du N.-O. de l'Angleterre, sur la mer du Nord. 280 800 habitants. Port et industries (électronique, chimie, papier, automobile).

Sundgau n. m. Région du S. de l'Alsace, traversée par l'Ill supérieur.

Sundsvall Ville de Suède, sur le golfe de Botnie. 94 520 habitants. Port. Important centre de commerce du bois.

sunlight [sœnlajt] **n. m. (mot anglais des États-Unis, proprt « lumière du soleil ») anglic.** Projecteur puissant utilisé pour les prises de vues cinématographiques. *Des sunlights.*

sunna n. f. (mot arabe) didact. Tradition orthodoxe de la religion islamique.

sunnisme n. m. didact. Doctrine religieuse de sunnites.

sunnite adj. Qui se conforme à la sunna. *L'islam sunnite.* – **n.** *Les sunnites et les chiites.*

Sun Ra (Herman Poole Blount, dit) Compositeur et pianiste de jazz américain (1914-1993). Pionnier du free jazz, il produisit des concerts-spectacles extravagants qui mêlaient les sons d'Afrique noire et du Moyen-Orient, les standards du jazz et des morceaux improvisés.

Sun Yat-sen Homme politique chinois (1866-1925). Fondateur de la Ligue jurée en 1905, puis du Guomindang, il devint le premier président de la République chinoise (1er janvier 1912). Il démissionna en faveur de Yuan Shikai. Il est considéré comme le « père de la révolution chinoise ».

Sun Zi ou **Sun Tse** Théoricien militaire chinois (VIe-Ve s. av. J.-C.), dont l'existence reste hypothétique. Il est l'auteur du premier traité de stratégie connu *(L'Art de la guerre).*

[1]**super** [sypɛʀ] **n. m. (abrév.)** Supercarburant. *Rouler au super.*

[2]**super** [sypɛʀ] **(de *super-*) fam. 1. adj.** Supérieur dans son genre ; formidable. → **épatant,** [2]**extra.** *Un type super. Des soirées supers* ou *super* (invar.). **2. adv.** Remarquablement, très. *Des gens super sympas.*

super- (du latin *super* « sur, au-dessus » → [1]**sur, *cf.* supra-, suprême) 1.** Élément qui signifie « au-dessus, sur ». → **supra-, sus-. 2.** Préfixe de renforcement marquant le plus haut degré ou la supériorité. → **hyper-, sur-.**

superaliment n. m. comm. Aliment qui serait particulièrement bénéfique pour la santé. → aussi **alicament.**

superalliage n. m. techn. Alliage possédant une grande résistance aux pressions et aux températures élevées.

superamas n. m. astron. Amas d'amas galactiques.

Superbagnères Station de sports d'hiver de la Haute-Garonne (commune de Bagnères-de-Luchon), dans les Pyrénées.

[1]**superbe n. f. (latin *superbia*, de *superbus* →** [2]**superbe) littér.** Assurance orgueilleuse, qui se manifeste par l'air, le maintien.

[2]**superbe adj. (latin *superbus* « hautain ; imposant ») 1.** vieux ou littér. Orgueilleux ; plein de magnificence, de majesté. **2.** Très beau, d'une beauté éclatante. → **magnifique, splendide.** *Un temps superbe.* – *Elle a une superbe situation.* → **excellent.** □ **adv. superbement**

superbénéfice n. m. Bénéfice très élevé. → **superprofit.**

Super-Besse voir **Besse-et-Saint-Anastaise**

supercalculateur n. m. Ordinateur d'une très grande puissance de calcul.

supercarburant n. m. Carburant (essence) de qualité supérieure. - **abrév.** → [1]**super.**

supercentenaire voir **centenaire**

superchampion, ionne n. Champion(ne) célèbre qui a obtenu de nombreuses victoires.

supercherie n. f. (de l'italien « affront » ; famille du latin *super* → super-) Tromperie qui généralement implique la substitution du faux à l'authentique. → **fraude.**

superclasse n. f. sc. nat. Subdivision de la classification des êtres vivants, supérieure à la classe.

supercontinent n. m. géol. Chacun des anciens continents ayant regroupé les continents actuels (la Rodinia, la Pangée, la Laurasie et le Gondwana).

supercritique adj. aéron. Se dit d'une aile d'avion dont le profil permet un vol sonique sans accroissement de la traînée.

SuperDévoluy Station de sports d'hiver des Hautes-Alpes (commune de Dévoluy).

supère adj. (latin *superus*) bot. *Ovaire supère,* situé au-dessus du point d'insertion des autres parties de la fleur (opposé à *infère*).

supérette n. f. (anglais des États-Unis *superette*, de *super[market]* → supermarché et suffixe *-ette*, emprunt au français) comm. Magasin d'alimentation en libre service, de taille moyenne.

superfamille n. f. sc. nat. Subdivision de la classification des animaux, supérieure à la famille.

superfétation n. f. (du latin *superfetare* « concevoir de nouveau » ; famille de *fœtus*) didact. Production superfétatoire, addition inutile.

superfétatoire adj. (de *superfétation*) littér. Qui s'ajoute inutilement (à une chose utile). → **superflu.**

superficialité n. f. didact. Caractère superficiel.

superficie n. f. (latin *superficies* [*cf.* surface], de *facies* « forme extérieure » → face, faciès) 1. Surface ; mesure d'une surface. *La superficie d'un terrain.* **2.** fig., littér. Aspect superficiel (par oppos. à *fond*). → **surface.** *Rester à la superficie des choses.*

superficiel, elle adj. (du latin → superficie) 1. Propre à la surface ; qui n'appartient qu'à la surface. *Les couches superficielles de l'écorce terrestre.* – *Plaie superficielle.* **2.** fig. Qui n'est ni profond ni essentiel. → **apparent.** *Une amabilité superficielle.* ■ Qui ne va pas au fond des choses. *Esprit superficiel.* → **futile, léger.** – *Travail superficiel.* □ **adv. superficiellement**

superfin, ine adj. Extrêmement fin ; d'une qualité supérieure. → **surfin.**

superfinition n. f. techn. Polissage très poussé (d'une pièce), allant au-delà de la simple finition.

superflu, ue adj. (du latin « débordant », famille de *fluere* « couler » → fluer) 1. Qui n'est pas strictement nécessaire. → **superfétatoire.** – **n. m.** *L'essentiel et le superflu.* ■ par euphémisme *Poils superflus,* que l'on cherche à faire disparaître. **2.** Qui est en trop. → **inutile, oiseux.** *Des précautions superflues.* – *Il est superflu d'insister.*

superfluide adj. et n. m. phys. Se dit de l'hélium à une température extrêmement basse, quand sa viscosité s'abaisse brusquement. □ **n. f. superfluidité**

superfluité n. f. littér. Chose superflue.

supergéant n. m. Épreuve de ski plus longue que le slalom géant. - **abrév. super-G** ou **super G.** *Des super-G, des super G.*

supergrand n. m. fam. Superpuissance (surtout à propos des États-Unis et de l'URSS avant sa disparition).

super-héroïne n. f. Héroïne dotée de pouvoirs hors du commun. *Les super-héroïnes des comics.* - var. RO **superhéroïne.**

super-héros n. m. invar. Personnage fantastique doué de pouvoirs surhumains. *Les super-héros des comics.* - var. RO **superhéros.**

superhétérodyne adj. et n. m. techn. Se dit d'un récepteur qui transforme les oscillations de haute fréquence en oscillations de moyenne fréquence.

super-huit [sypɛʀɥit] **n. m. invar.** Format de film d'amateur intermédiaire entre le huit millimètres standard et le seize. *Filmer en super-huit.* – **adj. invar.** *Caméra super-huit.* - var. **super-8.**

supérieur, eure adj. (latin *superior*, comparaison de *superus* « qui est au-dessus », de *super* → super-) (opposé à *inférieur*) I. Qui est plus haut, en haut. *Les étages supérieurs d'un immeuble. La lèvre supérieure.* **II. 1.** *Supérieur à :* qui a une valeur plus grande ; qui occupe un degré au-dessus dans une hiérarchie. ■ absolt Qui est au-dessus des autres. → **suprême.** *Des intérêts supérieurs. Qualité supérieure.* → **excellent.** – *Intelligence supérieure* (→ hors pair). **2.** *Supérieur à :* plus grand que. *Un nombre supérieur à 10.* – *Ennemi supérieur en nombre.* **3.** Plus avancé dans une évolution.

Les animaux supérieurs : les vertébrés. **4.** Plus élevé dans une hiérarchie politique, administrative, sociale. *Les classes dites supérieures de la société.* → **dominant.** – *L'enseignement supérieur. Cadres supérieurs* (opposé à *moyen*). *Officiers supérieurs* (opposé à *subalterne*). ■ **n. m.** Personne hiérarchiquement placée au-dessus d'autres qui sont sous ses ordres. *En référer à son supérieur.* ■ **n.** Religieux, religieuse qui dirige une communauté, un couvent. – appos. *Le père supérieur, la mère supérieure.* **5.** Qui témoigne d'un sentiment de supériorité. → **arrogant, condescendant, dédaigneux.** *Un air, un sourire supérieur.*

Supérieur (lac) Le plus vaste des Grands Lacs américains, à la frontière entre le Canada et les États-Unis. 82 380 km².

supérieurement adv. D'une manière supérieure (II). → **excellemment.** – fam. Très.

supériorité n. f. (→ supérieur) **1.** Fait d'être supérieur (II). *Supériorité numérique.* – *La supériorité que l'on a sur qqn.* → **avantage ;** l'**emporter** sur. **2.** Qualité d'une personne supérieure. – « [...] *un sentiment de bienveillante supériorité* » (Proust). – (abusif en psych.) *Complexe de supériorité.*

superlatif n. m. (du latin, terme de gramm., de *superlatio* « exagération », famille de *ferre* « porter » [supin *latum*] → -fère) **1.** Terme qui exprime le degré supérieur d'une qualité. « *Rarissime* » *est un superlatif.* – emploi adj. *Superlatif, ive. Préfixes superlatifs* (ex. archi-, extra-, super-, hyper-). ■ par ext. Terme exagéré, hyperbolique. *Abuser des superlatifs.* **2.** gramm. *Le superlatif :* l'ensemble des procédés grammaticaux qui expriment la qualité au degré le plus élevé. *Superlatif relatif* (article défini + comparatif, ex. le plus, le moindre) ; *absolu* (ex. très).

superlativement adv. (de *superlatif*) fam. et vieilli Extrêmement.

superléger n. m. Boxeur de la catégorie de poids entre 60 et 63,5 kg. - var. **super-léger.** *Des super-légers.*

superman [sypɛʀman] n. m. (du n. propre) anglic., fam. (souvent iron.) Homme supérieur. *Jouer les supermans* ou *les supermen* [-mɛn] (plur. anglais).

Superman Personnage de bande dessinée créé en 1938 aux États-Unis par le scénariste Jerry Siegel et le dessinateur Joe Shuster. Superhéros, il se dissimule sous les apparences d'un employé timide.

supermarché n. m. (adaptation de l'anglais des États-Unis *supermarket*) Magasin à grande surface (de 400 à 2 500 m²). → aussi **hypermarché ; supérette.**

supernova, plur. **supernovæ** [sypɛʀ nɔva, e] n. f. (→ nova) astron. Explosion très lumineuse qui marque la fin de la vie de certaines étoiles ; étoile dans ce stade. *Des supernovæ* (ou RO *supernovas*).

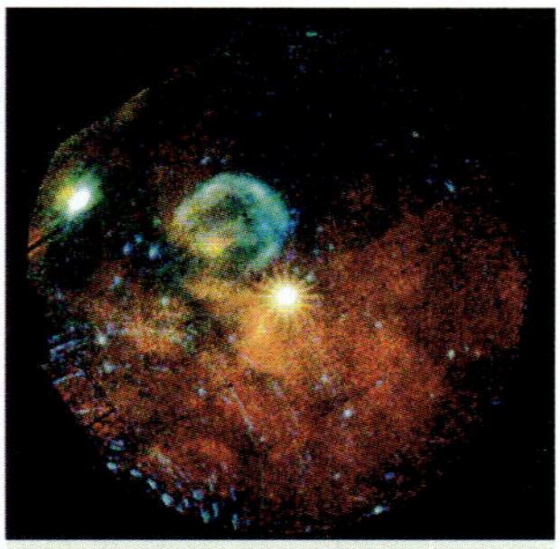

Une supernova vue, en 1987, depuis le satellite XMM-Newton de l'ESA.

superordre n. m. sc. nat. Subdivision de la classification des êtres vivants, supérieure à l'ordre.

superovarié, iée adj. (de *supère* et d'un dérivé de *ovaire*) bot. (fleur) Dont l'ovaire est supère (opposé à *inférovarié*).

superphosphate n. m. chim. Engrais artificiel à base de phosphate et de sulfate de calcium.

superposable adj. Que l'on peut superposer.

superposer v. tr. < 1 > (adaptation, d'après *poser*, du latin *superponere* « placer sur », de *super* → super- et *ponere* → pondre ; *cf.* supposer) Mettre, poser au-dessus, par-dessus ; disposer l'un au-dessus de l'autre. *Superposer des livres.* → **empiler.** – au p. p. *Lits superposés.* ■ fig. Mettre en plus ; accumuler. ■ **se superposer** v. pron. *Couches de peinture qui se superposent.* – fig. *Souvenirs qui se superposent.*

superposition n. f. (du latin → superposer) **1.** Action, fait de superposer ; état de ce qui est superposé. **2.** Ensemble de choses superposées.

superproduction n. f. Film ou spectacle réalisé à grands frais.

superprofit n. m. Profit très important. → **superbénéfice.**

superpuissance n. f. État qui dépasse en importance les autres puissances mondiales.

supersonique adj. (→ ²son) Dont la vitesse est supérieure à celle du son (opposé à *subsonique*). *Avion supersonique,* et **n. m.** *un supersonique* (→ **Mach).**

superstar n. f. (de l'anglais des États-Unis → star) anglic. Vedette, personnalité très célèbre.

superstitieux, euse adj. (du latin → superstition) Qui a de la superstition ; qui voit des signes favorables ou néfastes dans certains faits. – *Pratiques superstitieuses.* □ adv. **superstitieusement**

superstition n. f. (latin *superstitio* « observation scrupuleuse », famille de *stare* → station) **1.** (en religion) Comportement irrationnel vis-à-vis du sacré ; attitude religieuse considérée comme vaine. « *La superstition n'est que la caricature du vrai sentiment religieux* » (Gide). **2.** Fait de croire que certains actes, certains signes entraînent mystérieusement des conséquences bonnes ou mauvaises ; croyance aux présages, aux signes. **3.** Attitude irrationnelle, magique (dans quelque domaine que ce soit) ; respect maniaque (de qqch.). *Elle a la superstition de l'ordre.*

superstructure n. f. (opposé à *infrastructure*) **1.** Partie (d'une construction, d'une installation) située au-dessus du sol, d'un niveau. **2.** (vocabulaire marxiste) Système d'institutions, d'idéologies, dépendant d'une structure économique.

supertanker [sypɛʀtɑ̃kœʀ] n. m. (→ tanker) anglic. Pétrolier de plus de 100 000 tonnes.

Supervielle (Jules) Poète et romancier français (1884-1960). Sa poésie *(Gravitations ; Oublieuse Mémoire ; Naissances),* ses contes *(L'Enfant de la haute mer)* et ses pièces de théâtre *(La Belle au bois)* mettent en avant l'inquiétude devant un monde mystérieux et « surnaturel », que tempèrent l'humour et la volonté de fraternisation avec l'univers.

superviser v. tr. < 1 > (de l'anglais ; même origine que *voir*) Contrôler (un travail effectué par d'autres) sans entrer dans les détails. □ n. f. **supervision**

superviseur, euse n. (de l'anglais → superviser) Personne qui supervise.

superwoman [sypɛʀwuman] n. f. (mot anglais → superman) anglic., fam. (souvent iron.) Femme supérieure. *Des superwomans* ou *des superwomen* [-mɛn] (plur. anglais).

supin n. m. (du bas latin grammatical, de l'adj. *supinus* « penché en arrière », *cf.* supination) gramm. Forme nominale du verbe latin (substantif verbal), sur laquelle se forment de nombreux dérivés.

supinateur n. m. (du latin → supin) anat. Chacun des deux muscles de l'avant-bras qui déterminent la supination. – **adj. m.** *Muscles supinateurs.*

supination n. f. (du latin → supin) didact. (opposé à *pronation*) Mouvement de rotation externe de la main et de l'avant-bras.

supion n. m. (de l'occitan ; famille du latin *sepia* → ¹seiche) régional Petite seiche. *Des supions à l'ail.*

supplanter v. tr. < 1 > (du latin, proprt « donner un croc-en-jambe », de *plantare* → planter) **1.** Passer devant, prendre la place de (qqn) en lui faisant perdre son crédit. → **évincer.** *Supplanter un rival.* **2.** (choses) Éliminer (une chose) en la remplaçant. *Le disque compact a supplanté le microsillon.*

suppléance n. f. Fait de suppléer qqn ; fonction de suppléant.

suppléant, ante adj. Qui supplée qqn dans ses fonctions. → **adjoint.** *Juge suppléant.* – **n.** → **remplaçant.** *Elle n'est pas titulaire, mais suppléante.*

suppléer v. < 1 > (latin *supplere* « compléter », de *plere* « emplir » → plein) **I. v. tr. dir.** littér. **1.** Mettre à la place de (ce qui manque) ; combler en remplaçant, en ajoutant. *Suppléer une lacune.* **2.** *Suppléer qqn,* remplir ses fonctions, sa place (→ **suppléant).** **II. v. tr. ind.** *Suppléer à.* Remédier à (un manque ; un défaut, une insuffisance) en remplaçant, en compensant.

supplément n. m. (latin *supplementum,* de *supplere* → suppléer) **1.** Ce qui est ajouté à une chose déjà complète ; addition extérieure (à la différence du *complément*). → **surplus.** *Un supplément de travail.* → **surcroît. 2.** Ce qui est ajouté (à un livre, une publication). *Le supplément illustré d'un journal.* **3.** Somme payée en plus, au-dessus du tarif ordinaire. *Payer un supplément.* – *Train à supplément.* **4.** *En supplément :* en plus (d'un nombre fixé, d'une quantité indiquée). *Vin en supplément* (au restaurant).

supplémentaire adj. Qui constitue un supplément, est en supplément. *Des dépenses supplémentaires.* – *Heures supplémentaires :* heures de travail faites en plus de l'horaire normal (abrév. fam. *heures sup*). – *Personnel supplémentaire* (→ ¹extra). □ adv. **supplémentairement**

supplémenter v. tr. < 1 > **1.** Charger (qqn) d'un supplément à payer. – par ext. *Supplémenter un billet.* **2.** Enrichir (un aliment). – au p. p. *Lait supplémenté.* □ n. f. **supplémentation**

supplétif, ive adj. (du bas latin → suppléer) (troupes...) Recruté temporairement pour renforcer les forces régulières. – **n. m.** *Des supplétifs.*

supplétoire adj. (du latin → suppléer) dr. Qui est déféré pour suppléer les preuves insuffisantes. *Serment supplétoire.*

suppliant, ante 1. adj. Qui supplie. – Qui exprime la supplication. *Un regard suppliant.* → **implorant. 2.** n. Personne qui supplie.

supplication n. f. (latin *supplicatio,* de *supplicare* → supplier) Prière instante faite avec soumission ; situation, attitude d'une personne qui supplie. → **imploration.**

supplice n. m. (latin *supplicium,* de *supplex, supplicis* « qui se plie, supplie » → souple ; supplier) **1.** Peine corporelle grave, très douloureuse, mortelle ou non, infligée par la justice à un condamné (→ **torture).** *Le supplice de la croix, de la roue.* ■ loc. *Le supplice de Tantale :* situation où l'on est proche de l'objet de ses désirs, sans pouvoir l'atteindre. **2.** Souffrance très vive (physique ou morale). → **calvaire, martyre.** – *Être au supplice :* souffrir beaucoup ; être dans une

Support-Surface

Support-Surface : vue de l'installation (toiles et cordes nouées peintes) réalisée par Claude Viallat en 1972 à la galerie Jean Fournier, Paris.

situation très pénible (→ être à la torture). – *L'attente le mettait au supplice.*

supplicier v. tr. < 7 > **1.** Livrer au supplice ; mettre à mort par un supplice. – p. p. subst. *Un, une supplicié(e).* **2.** fig., littér. Torturer moralement.

supplier v. tr. < 7 > (vient du latin *supplicare* « plier sur les genoux ; prier », cf. supplication ; famille de *souple, supplice* et de *ployer, plier*) Prier (qqn) avec insistance et humilité, en demandant qqch. comme une grâce. → **adjurer, implorer.** « *Je la suppliais de m'aimer quand même* » (Radiguet). ■ (terme de politesse) Prier instamment. *Je vous supplie de vous taire.*

supplique n. f. (du latin → supplier) Demande par laquelle on sollicite une grâce, une faveur d'un supérieur. → **requête.**

support n. m. (de [1]*supporter*) **1.** Ce sur quoi repose ou s'appuie une chose. *Le support d'une sculpture.* → **socle.** – Assemblage destiné à recevoir un objet, un instrument (chevalet, monture, trépied...). **2.** Élément matériel qui sert de base à une œuvre graphique. *Le support d'un dessin,* le papier sur lequel il est fait. ■ inform. Élément matériel sur lequel sont enregistrées, véhiculées et stockées des informations, dans un système électronique. **3.** Ce qui sert de base à une réalité abstraite. *Le signe, support du concept.* – *Support publicitaire :* moyen matériel utilisé pour une publicité.

supportable adj. **1.** Que l'on peut supporter. *Douleur supportable.* → **tolérable.** – n. m. *C'est à la limite du supportable.* **2.** Que l'on peut tolérer, admettre. – Acceptable. → **passable.**

supporter v. tr. < 1 > (latin *supportare* « apporter ; soutenir », de *portare* → [1]porter) **I. 1.** Recevoir le poids, la poussée de (qqch.) sur soi. → **soutenir ;** [1]**porter.** *Piliers qui supportent une voûte.* **2.** Avoir (qqch.) comme charge ; être assujetti à. *Supporter les conséquences de ses actes.* → **subir. II. 1.** Subir les effets pénibles de (qqch.) sans faiblir. → **endurer.** *Elle supporte mal cette attente.* ■ (avec *de* et l'inf.) *Elle supporte mal d'attendre.* **2.** Subir de la part d'autrui, sans réagir. *Je ne vais pas supporter cet affront.* → **tolérer.** – (avec *que* et le subj.) *Il ne supporte pas qu'on lui mente.* **3.** Admettre (qqn), tolérer sa présence, son comportement. *Je ne peux pas le supporter* (→ **détester ; aversion**). – pronom. *Ils se sont supportés pendant dix ans.* **4.** Subir sans dommage (une action physique). → **résister.** *Bien supporter le froid.* – *Mon foie ne supporte pas l'alcool.* ■ Résister à (une épreuve). *Cette thèse ne supporte pas l'examen.* **5.** Admettre, accepter. *Elle ne supporte pas l'hypocrisie.* **III.** anglic. Encourager, soutenir (un sportif, une équipe sportive). ■ *Supporter un parti, un candidat.*

supporteur, trice [sypɔʀtœʀ, tʀis] n. ou **supporter** [sypɔʀtɛʀ, sypɔʀtœʀ] n. m. (anglais *supporter,* du français → supporter) anglic. Partisan (d'un sportif, d'une équipe) qui manifeste son appui.

Support-Surface Mouvement artistique apparu en France vers 1966. Attachés à « l'énigme de la forme plus qu'à sa résolution », ses représentants s'inspirent de Matisse, de Hantaï, de Buren et du *minimal art* américain pour élaborer des œuvres libérées de leur support conventionnel.

supposable adj. rare Qui peut être supposé. → **imaginable.**

supposé, ée adj. **1.** Considéré comme probable. *L'auteur supposé d'un vol.* → **présumé. 2.** Qui n'est pas authentique. *Sous un nom supposé,* faux.

supposément adv. (Canada) Prétendument.

supposer v. tr. < 1 > (adaptation, d'après *poser,* du latin *supponere* « mettre dessous », de *sub-* → sub- et *ponere* → pondre ; cf. superposer) **I. 1.** Poser à titre d'hypothèse. *Supposons le problème résolu. La température étant supposée constante.* – (avec *que* et le subj.) *Supposez que ce soit vrai.* → **imaginer.** *En supposant que, à supposer que ce soit possible.* **2.** Croire, considérer comme probable ou plausible. → **présumer.** *Je le suppose, mais je n'en suis pas sûr.* – *On vous supposait averti.* – *Je suppose que vous étiez là.* **II.** (choses) Comporter comme condition nécessaire. → **impliquer.** « *Un message suppose un expéditeur, un messager et un destinataire* » (Sartre). **III.** dr. Donner pour authentique, en trompant. *Supposer un testament, une signature.*

supposition n. f. (latin *suppositio,* de *supponere* → supposer) **1.** Action de supposer (I) ; ce que l'on suppose. → **hypothèse.** *C'est une simple supposition.* – fam. *Une supposition que :* supposons que. **2.** dr. Action de supposer (III) ; substitution frauduleuse. *Supposition d'enfant.*

suppositoire n. m. (du latin, terme de méd., famille de *supponere* → supposer) Préparation pharmaceutique solide, de forme conique, que l'on introduit dans l'anus. - abrév. fam. **suppo.**

suppôt n. m. (latin *suppositus* « placé au-dessus » ; famille de *supposer ;* d'abord « vassal, subordonné » et « support, substrat ») littér. Partisan (d'une personne, d'une chose nuisible). *Les suppôts d'un tyran.* – loc. *Suppôt de Satan :* démon ; fig. personne méchante.

suppresseur n. m. et adj. m. biol. Gène capable de supprimer les effets des mutations d'autres gènes. – adj. *Gène suppresseur.*

suppression n. f. (latin *suppressio* → supprimer) **1.** Action de supprimer, de mettre fin à qqch. *La suppression d'un privilège.* **2.** Action de faire disparaître, de détruire. *Suppressions d'emplois.* **3.** dr. *Suppression d'enfant,* fait de faire disparaître la preuve légale de son existence.

supprimer v. tr. < 1 > (latin *supprimere* « faire enfoncer » [supin *suppressum* cf. suppression], de *premere* « presser ») **1.** Rendre sans effet légal ; enlever de l'usage. → **abolir, abroger, annuler.** *Supprimer une loi, une taxe.* **2.** Faire disparaître, faire cesser d'être en défaisant (qqch. qui gêne). → **détruire, éliminer.** *Supprimer la douleur.* → **arrêter, vaincre.** ■ par exagér. Réduire considérablement. *L'avion supprime les distances.* **3.** Faire cesser d'être dans un ensemble. → **ôter, retrancher.** *Un mot, un passage à supprimer.* – *Supprimer le sel de son alimentation.* – *Supprimer un avantage.* → fam. **sucrer. 4.** Faire disparaître (qqn) en tuant. → **éliminer ;** fam. **liquider.** – pronom. Se suicider. *Elle a tenté de se supprimer.*

suppurant, ante adj. Qui suppure. *Plaie suppurante.* → **purulent.**

suppuratif, ive adj. méd. Qui facilite l'écoulement du pus. – n. m. *Un suppuratif.*

suppuration n. f. (→ suppurer) Production et écoulement de pus. → **pyorrhée.** *Suppuration d'une plaie.*

suppurer v. intr. < 1 > (latin, de *pus, puris* → pus) Laisser écouler du pus. *La plaie suppure* (→ **purulent**).

supputer v. tr. < 1 > (latin *supputare* « évaluer », de *putare* « nettoyer ; évaluer » → putatif) **1.** Évaluer indirectement (un nombre, une somme ; la valeur de qqch.), par un calcul. → **calculer. 2.** Évaluer empiriquement, apprécier (les chances, la probabilité). *Supputer ses chances de réussite.* □ n. f. **supputation**

supra adv. (mot latin → supra-) Sert à renvoyer à un passage qui se trouve avant, dans un texte (→ **ci-dessus, plus haut**). - contr. **infra.**

supra- Élément de mots (du latin *supra* → supra, de *superus* cf. suprême, de *super* → super-) qui signifie « au-dessus, au-delà ».

supraconductivité n. f. phys. Phénomène par lequel la résistivité de certains matériaux (*supraconducteurs* n. m.) décroît progressivement jusqu'à une valeur proche de zéro, à mesure que leur température s'abaisse.

supraliminaire adj. didact. Supérieur au seuil. *Stimulus supraliminaire,* capable d'éveiller une sensation.

supramoléculaire adj. biol. *Chimie supramoléculaire,* qui étudie les structures formées par l'assemblage non covalent de molécules complémentaires.

supranational, ale, aux adj. Placé au-dessus des institutions nationales. *Organisme supranational.* □ n. f. **supranationalité**

supranationalisme n. m. polit. Tendance à privilégier les institutions supranationales.

suprasegmental, ale, aux adj. ling. Se dit de traits phoniques qui concernent des unités plus longues que le segment. *L'intonation et l'accent sont des traits suprasegmentaux.*

suprasensible adj. didact. Qui n'est pas accessible aux sens ; qui est supérieur à la réalité sensible. → **extrasensible, surnaturel.**

supraterrestre adj. De l'au-delà. *Le monde supraterrestre.*

suprématie n. f. (de l'anglais, du français → suprême) **1.** Situation dominante (en matière politique, religieuse). → **hégémonie, prééminence.** *Suprématie politique, économique d'un pays.* **2.** Domination, supériorité (intellectuelle, morale). → [2]**ascendant.**

suprématie (acte de) Loi (1534) par laquelle Henri VIII devenait « chef unique et suprême de l'Église d'Angleterre », titre que reprit Élisabeth Ire en 1559.

suprématisme n. m. (du russe ; même origine que *suprême*) arts Théorie artistique et style pictural (abstraction géométrique dépouillée) du peintre russe Malevitch.

suprême (latin *supremus,* superl. de *superus* « qui est au-dessus » → supra-) **I.** adj. **1.** Qui est au-dessus de tous, dans son genre, dans son espèce. → **supérieur ; suprématie.** *Autorité suprême.* → [1]**souverain.** – relig. *L'Être suprême :* Dieu. ■ Le plus élevé en valeur. *Le bonheur suprême.* – loc. *Au suprême degré :* au plus haut degré. → **extrêmement. 2.** Qui est le dernier (avec une idée de solennité ou de tragique). *L'instant, l'heure suprême,* de la mort. → **dernier, ultime.** – *Dans un suprême effort.* → **désespéré. II.** n. m. Filets (de poisson, de volaille) servis avec un velouté à la crème *(sauce suprême).*

suprêmement adv. Au suprême degré ; extrêmement.

¹sur prép. (vient du latin *super* → super-) I. (Marque la position « en haut » ou « en dehors ») - contr. sous. 1. (surface, chose qui en porte une autre) *Poser un objet sur une table. La clé est sur la porte. Le terrain sur lequel on a bâti.* → où. *Sur terre et sur mer.* – (accumulation) *Les uns sur les autres.* – *Sur soi* : avec soi, dans la poche... *Je n'ai pas d'argent sur moi.* ■ *S'étendre sur* : couvrir (telle distance). *La plage s'étend sur huit kilomètres.* 2. (surface ou chose atteinte) *Appuyer sur un bouton. Tirer sur qqn. Écrire sur une feuille. Chercher sur une carte.* ■ (en enlevant, en ôtant) *Prélever sur ses économies. Impôt sur le revenu.* – (proportion) *Un jour sur deux.* 3. (sans contact) → au-dessus de. « *Des nuées qui passent bien loin sur nos têtes* » (Molière). 4. (direction) *Sur votre droite.* – *Foncer sur qqn.* II. abstrait 1. (base, fondement) *Juger les gens sur la mine.* → d'après. *Jurer sur son honneur. Sur mesure.* ■ Relativement à. *Apprendre qqch. sur qqn.* → à propos de. – *Essai, propos sur...* 2. (temporel) Immédiatement après, à la suite de. *Sur le coup.* « *Elle fumait cigarette sur cigarette* » (Simenon). – *Sur ce**. ■ (approximation) → ¹vers. *Sur le soir.* – *Être sur le départ*, près de partir. 3. (supériorité) *Prendre l'avantage sur qqn.* – (état, manière) *Être sur la défensive, sur le qui-vive.*

²sur, sure adj. (vient du francique « aigre » ; cf. anglais *sour*, allemand *sauer*) Qui a un goût acide. → aigrelet. *Pommes sures.*

sur- Élément (tiré de ¹sur) qui signifie « plus haut, au-dessus », au sens spatial ou temporel (ex. *surélever, surlendemain*), ou qui marque l'excès (ex. *surdoué, surenchère*). → hyper-, super-, sus-.

sûr, sûre adj. (vient du latin *securus* « tranquille, confiant » → assurer, sécurité, de *cura* « soin » → ¹cure) I. (personnes) *Sûr de* 1. Qui envisage avec confiance, qui tient pour assuré (un évènement). → certain, convaincu. *Il est sûr du résultat ; de réussir. J'en étais sûre !* – *Être sûr de qqn*, avoir confiance en lui. – *Sûr de soi* : qui se comporte avec assurance. *Il est sûr de lui, elle est sûre d'elle.* 2. Qui sait avec certitude, qui est assuré de ne pas se tromper. *J'en suis sûr.* II. 1. (choses) Où l'on ne risque rien, qui ne présente pas de danger (→ sécurité, sûreté). *Une cachette sûre.* – *En lieu sûr*, à l'abri. – *Ce sera plus sûr*, cela constituera une garantie. – *Le plus sûr est de*, le meilleur parti est de. 2. En qui l'on peut avoir confiance. *Un ami sûr.* ■ Sur quoi l'on peut compter. → solide. *Des valeurs sûres. De source sûre.* – loc. *À coup sûr* : sans risque d'échec. 3. Qui fonctionne avec efficacité et exactitude. *Un goût très sûr.* 4. Dont on ne peut douter, qui est considéré comme vrai ou inéluctable. → assuré, certain, évident, indubitable. *La chose est sûre. Ce n'est pas si sûr. Ce qui est sûr, c'est que...* 5. loc. adv. *Bien sûr* : c'est évident, cela va de soi. → sûrement. – vieux ou pop. *Pour sûr* : certainement. - var. du fém. sure. - var. du plur. surs, sures.

Surabaya Ville d'Indonésie (Java), capitale de la province de Jawa-Timur. 2,7 millions d'habitants. Base navale et port commercial important.

surabondance n. f. Abondance extrême ou excessive. → pléthore, profusion.

surabondant, ante adj. Qui surabonde ; très ou trop abondant ou nombreux. *Production surabondante.* □ adv. **surabondamment**

surabonder v. intr. < 1 > littér. Exister en quantité plus grande qu'il n'est nécessaire. → abonder.

suractif, ive adj. Très actif, très efficace. *Nettoyant suractif.* → surpuissant.

suractivé, ée adj. chim., pharm. Traité pour avoir une efficacité plus grande. *Sérum suractivé.*

suractivité n. f. Activité supérieure à la normale.

surah n. m. (de *Surat*, ville d'Inde) Étoffe de soie croisée, légère et souple.

suraigu, uë [syʀegy] adj. (son...) Très aigu. *Une voix suraiguë.* - var. du fém. RO suraigüe.

surajouter v. tr. < 1 > Ajouter (qqch. à ce qui est déjà complet), ajouter après coup.

Surakarta anciennement **Solo** Ville d'Indonésie (Java). 499 337 habitants. Elle fut le centre du royaume de Mataram de 1746 jusqu'à sa scission et la fondation du sultanat de Yogyakarta en 1755.

suralimentation n. f. 1. Alimentation plus riche que la normale (la ration d'entretien) ; alimentation trop riche. 2. Action de suralimenter (un moteur).

suralimenter v. tr. < 1 > 1. Alimenter au-delà de la normale. – au p. p. *Animal suralimenté.* 2. Fournir à (un moteur) une quantité de combustible supérieure à la normale.

suranné, ée adj. (de *sur-* et *an*) littér. Qui a cessé d'être en usage, qui évoque une époque révolue. → démodé, désuet, obsolète, vieillot. « *Un de ces meubles antiques magnifiques et surannés* [...] » (Michelet).

surarbitre n. m. dr. Arbitre choisi pour trancher, en cas de contestation.

surarmement n. m. Armement excessif. *La course au surarmement.*

surarmer v. tr. < 1 > Armer de manière excessive. – au p. p. *Pays surarmé.*

Surat Ville et port d'Inde (Gujarat). 4,5 millions d'habitants. Importante ville industrielle (diamants taillés).

surate n. f. voir sourate

surbaissé, ée adj. 1. archit. *Arc surbaissé*, dont la hauteur est inférieure à la moitié de l'ouverture. - contr. surhaussé. 2. *Voiture surbaissée*, très basse. □ **surbaisser** v. tr. < 1 > □ n. m. **surbaissement**

surbooking n. m. (de *sur-* et anglais *[over]booking*) faux anglic. Surréservation. → survente. □ adj. **surbooké, ée**

surboum n. f. vieilli Surprise-partie. → ²boum.

surbrillance n. f. (trad. de l'anglais *brightening*) inform. Mise en évidence à l'écran (d'un mot, d'un passage) par un contraste lumineux et un fond de couleur différente. *Mots sélectionnés apparaissant en surbrillance.*

surcapacité n. f. écon. Capacité de production supérieure aux besoins.

surcapitalisation n. f. fin. Cours excessif d'un titre de société par rapport à la valeur économique de celle-ci ; différence entre la valeur boursière des titres et leur valeur réelle.

surcharge n. f. I. 1. Charge ajoutée à la charge ordinaire, ou qui excède la charge permise. *Une surcharge de deux cents kilos.* 2. Fait de surcharger, d'être surchargé. *Ascenseur en surcharge.* ■ méd. *Surcharge pondérale* : excès de poids. *Surcharge cardiaque* : excès de travail demandé au cœur. 3. fig. Excès, surabondance. *Surcharge décorative.* II. Mot, inscription qui en recouvre un(e) autre.

surchargé, ée adj. 1. Qui est trop chargé. *Classes surchargées.* ■ Qui a trop d'ornements. *Une décoration surchargée.* 2. Qui a trop d'occupations, de travail. 3. Qui porte une surcharge (II). « *Il arrive que mes brouillons soient très surchargés* » (Gide).

surcharger v. tr. < 3 > I. 1. Charger d'un poids qui excède la charge ordinaire ou permise ; charger à l'excès. *Surcharger un camion.* ■ abstrait *Surcharger sa mémoire de chiffres.* → encombrer. 2. Imposer une charge excessive à (qqn). *Être surchargé d'impôts ; de travail.* II. Marquer d'une surcharge (manuscrite ou imprimée).

surchauffe n. f. (de *surchauffer*) 1. techn. Opération qui consiste à chauffer (la vapeur). → resurchauffe. ■ (moteurs, etc.) Fait de chauffer au-delà de la normale. 2. écon. État de tension dû à un déséquilibre entre la croissance de la demande et la saturation des facteurs de production.

surchauffé, ée adj. 1. Chaud ou chauffé au-delà de ce qui convient. *Une pièce surchauffée.* 2. fig. Surexcité, exalté. *Imagination surchauffée.*

surchauffer v. tr. < 1 > Chauffer à l'excès.

surchauffeur n. m. techn. Appareil à surchauffer la vapeur.

surchemise n. f. Chemise large en tissu épais portée sur un tee-shirt ou un pull.

surchoix adj. Premier choix, qualité supérieure (d'une marchandise). *Viande surchoix.* → ²extra. ■ n. m. *Du surchoix.*

surclasser v. tr. < 1 > Avoir une incontestable supériorité sur. *Il surclasse tous ses concurrents.* – (choses) *Ce produit surclasse tous les autres.*

surcompensation n. f. 1. fin. Égalisation du rapport des charges et des recettes de plusieurs caisses. 2. psych. Conduite par laquelle une personne, surmontant une déficience, une infériorité, excelle dans un domaine qui lui semblait au départ inaccessible.

surcomposé, ée adj. gramm. Se dit du temps composé d'un verbe dont l'auxiliaire est lui-même à un temps composé (ex. quand *j'ai eu terminé*). *Passé surcomposé.*

surcompression n. f. techn. Augmentation de la compression d'un gaz, spécialt du mélange gazeux d'un moteur à explosion.

surcomprimer v. tr. < 1 > techn. Augmenter la compression de (un gaz déjà comprimé). – au p. p. *Moteur surcomprimé.* - On dit abusivt **surcompressé**.

surconsommation n. f. Consommation excessive.

surcontrer v. tr. < 1 > Contrer (l'adversaire) au bridge.

surcostal, ale, aux adj. anat. Situé sur les côtes. *Muscles surcostaux*, ou n. m. pl. *les surcostaux.*

surcot n. m. (de *sur-* et *cotte*) hist. Vêtement porté par-dessus la cotte, au Moyen Âge.

Surcouf (Robert) Navigateur et corsaire français (1773-1827). Il sillonna l'océan Indien entre 1795 et 1807, capturant de nombreux navires anglais. Il devint ensuite un des armateurs les plus riches de Saint-Malo.

surcouper v. intr. < 1 > (aux cartes) Couper avec un atout supérieur à celui avec lequel un autre joueur vient de couper.

surcoût n. m. Coût supplémentaire. - var. RO surcout.

surcreusement n. m. géol. Creusement d'un fond de vallée au-dessous de son profil limite.

surcroît n. m. (de l'ancien v. *surcroître*, de *croître*) Ce qui vient s'ajouter à ce qu'on a déjà. → supplément. *Un surcroît de précautions. C'est un surcroît de travail.* – littér. *De surcroît, par surcroît* loc. adv. : en plus, en outre. - var. RO surcroit.

surdent n. f. rare Dent surnuméraire ou dent nouvelle qui pousse avant que la précédente ne soit tombée. – vétér. Dent de cheval plus longue que les autres.

surdéterminant, ante adj. (d'après *surdétermination*) didact. Qui produit une surdétermination ou y concourt.

surdétermination n. f. 1. psych. Caractère d'une conduite déterminée par plusieurs motivations concourantes. 2. ling. Restriction du sens d'un terme par le contexte.

surdéterminé, ée adj. psych. Qui fait l'objet d'une surdétermination. *L'hystérie est surdéterminée.*

surdimensionné, ée adj. Dont les dimensions sont excessives. → démesuré. *Un ego surdimensionné.*

S

surdimutité n. f. (du latin *surdus* « sourd » et de *mutité*) État d'une personne sourde-muette.

surdité n. f. (latin *surditas*, de *surdus* → sourd) Affaiblissement ou abolition de l'ouïe (→ **sourd**). ■ *Surdité verbale* : impossibilité de comprendre le sens des mots qu'on entend, due à une lésion cérébrale.

surdos n. m. techn. Bande de cuir qui sert à retenir les traits, sur le dos d'un cheval.

surdosage n. m. Dosage excessif (médicaments).

surdose n. f. Dose excessive (d'un stupéfiant, d'un médicament), susceptible d'entraîner la mort.

surdoué, ée adj. Dont l'intelligence (évaluée par des tests) est très supérieure à la moyenne. *Un enfant surdoué.* – n. *Une surdouée.*

Sûre n. f. Rivière née en Belgique, qui traverse le Luxembourg, où elle forme la frontière avec l'Allemagne, et se jette dans la Moselle. 170 km.

sureau n. m. (vient du latin *sa[m]bucus*) Arbrisseau à baies rouges ou noires, dont la tige peut facilement s'évider. *Des sureaux.*

sureffectif n. m. Effectif trop important. *Personnel en sureffectif.*

surélever v. tr. < 5 > Donner plus de hauteur à. *Surélever une maison d'un étage.* □ n. f. **surélévation**

surelle n. f. (diminutif de ^{2}*sur*) régional (Ouest) Oseille.

sûrement adv. **1.** De manière sûre ; en sûreté. *Conduire sûrement.* **2.** De manière sûre, qui ne saurait manquer. « *L'expérience instruit plus sûrement que le conseil* » (Gide). **3.** adv. de phrase, modifiant tout l'énoncé D'une manière certaine, évidente. → **certainement.** *On va sûrement le condamner.* – (en réponse) *Sûrement ! Sûrement pas !* **4.** De façon très probable. → sans **doute.** *Elle est sûrement malade.* → **probablement.** - var. RO **surement.**

suréminent, ente adj. littér. Très éminent. → **supérieur.** *Qualités suréminentes.*

surémission n. f. fin. Émission excessive de papier-monnaie.

suremploi n. m. écon. Emploi excessif de la main-d'œuvre disponible. - contr. **sous-emploi.**

surenchère n. f. (de *enchère*) **1.** Enchère supérieure à la précédente. *Des surenchères successives.* **2.** fig. *Surenchère électorale.*

surenchérir v. intr. < 2 > **1.** Faire une surenchère. *Surenchérir dans une adjudication.* **2.** fig. *Surenchérir sur* : proposer, promettre plus que (qqn) ; renchérir sur (qqch.). □ n. m. **surenchérissement**

surenchérisseur, euse n. dr. Personne qui fait une surenchère dans une adjudication.

S

surencombré, ée adj. Très encombré. *Rues surencombrées.*

surencombrement n. m. Encombrement extrême.

surendetté, ée adj. Endetté de manière excessive par rapport à ses ressources. *Pays surendettés.*

surendettement n. m. Endettement excessif.

surentraîner v. tr. < 1 > Entraîner de manière trop poussée. *Surentraîner un cheval de course.* - var. RO **surentrainer.** □ n. m. **surentraînement** ou RO **surentrainement**

suréquiper v. tr. < 1 > Équiper au-delà des besoins. □ n. m. **suréquipement**

surérogation n. f. (du latin jurid., de *supererogare* « payer en plus ») vieux ou littér. Ce que l'on fait au-delà de ce qui est dû ou obligé.

surérogatoire adj. (du latin) littér. Qui est fait en plus, supplémentaire. *Prière surérogatoire*, faite par un musulman en plus des cinq prières quotidiennes.

Suresnes Commune des Hauts-de-Seine, à l'O. de Paris. 49 482 habitants. Mont Valérien, mémorial national de la Résistance ; cimetière américain.

surestarie n. f. (du provençal *sobrestaria* « inspection », de *sobrestar* « dominer », du latin *stare* → starie) mar. Dépassement du temps convenu par contrat (→ **starie**) pour le chargement ou le déchargement d'un navire. – Somme payée à l'armateur en cas de retard.

surestimation n. f. Fait de surestimer. → **surévaluation.**

surestimer v. tr. < 1 > **1.** Estimer au-delà de son prix. *Surestimer un tableau.* **2.** Apprécier, estimer au-delà de son importance, de sa valeur. *Surestimer ses possibilités.* → **exagérer.** – pronom. *Elle se surestime.*

suret, ette adj. (de ^{2}*sur*) Légèrement sur, acide. → **aigrelet.** *Un goût suret.*

sûreté n. f. (de *sûr** ; correspond à *sécurité* [de l'adj. latin]) **I. 1.** (vieilli, sauf en loc.) Absence de risque, de danger. → **sécurité.** prov. *Prudence est mère de sûreté.* – *Pour plus de sûreté...* – *En sûreté* : à l'abri du danger. – *De sûreté* : destiné à assurer une protection. *Verrou de sûreté.* **2.** Garantie, assurance d'ordre et de sécurité collective. *La sûreté publique.* → **ordre, sécurité.** *Atteintes à la sûreté de l'État.* ■ *Sûreté nationale* et, absolt, *la Sûreté*, ancienne direction du ministère de l'Intérieur français, chargée de la police. **II.** Caractère de ce qui est sûr, sans danger ou sans risque d'erreur. *La sûreté de son jugement.* → **justesse. III.** dr. Garantie. *Donner des sûretés à qqn.* - var. RO **sureté.**

Sûreté générale (loi de) Loi adoptée sous le Second Empire après l'attentat d'Orsini (1858). Elle donnait au gouvernement le droit d'interner ou de déporter sans jugement tous les condamnés politiques. Elle fut abrogée en 1870.

surévaluer v. tr. < 1 > Évaluer au-dessus de sa valeur réelle. → **surestimer.** □ n. f. **surévaluation**

surexcitation n. f. État d'excitation, de nervosité extrême.

surexcité, ée adj. Qui est dans un état de surexcitation. → **survolté** (2). « *Je me sentais surexcité, vibrant* » (Maupassant).

surexciter v. tr. < 1 > Exciter à l'extrême ; mettre dans un état d'exaltation, de nervosité extrême. → **énerver, exalter.** □ adj. **surexcitant, ante** □ adj. **surexcitable**

surexploiter v. tr. < 1 > Exploiter outre mesure. *Surexploiter les ressources de la planète.*

surexposer v. tr. < 1 > **1.** Exposer à la lumière (une pellicule, un film) plus longtemps que la normale. – au p. p. *Cliché surexposé.* **2.** fig. Exposer exagérément à un danger. □ n. f. **surexposition**

surf [sœʀf] n. m. (mot anglais « lame ; ressac », dans *surf-board* [*board* « planche »]) anglic. **1.** Sport qui consiste à se laisser porter, sur une planche, par une vague déferlante. **2.** Planche permettant de pratiquer ce sport. **3.** *Surf des neiges* : glisse pratiquée sur la poudreuse. → **snowboard.**

surface n. f. (de *sur-* et *face*, d'après le latin *superficies* → superficie) **1.** Partie extérieure (d'un corps), qui le limite en tous sens ; face apparente. *La surface de la Terre. La surface de l'eau. Poissons qui nagent en surface*, près de la surface. – *Faire surface* (→ **émerger**) ; fig. *faire, refaire surface* : réapparaître après une absence, revenir à la conscience. ■ fig. Ce qu'on observe ou comprend d'abord, avec le moins d'effort ; les apparences (opposé à *fond*). **2.** Aire, superficie. *Surface habitable d'un logement.* – dr. *Surface corrigée* (servant au calcul des loyers). – *Magasin à grande surface* ; absolt *grande surface.* → **hypermarché, supermarché.** – sports *Surface de réparation**. **3.** Figure géométrique à deux dimensions. – Zone de l'espace parcourue par une ligne qui se déplace. *Surface plane, courbe.* **4.** phys. Limite entre deux milieux physiques différents. *Surface de séparation.*

surfacer v. tr. < 3 > techn. **1.** Polir mécaniquement (une surface) en opérant par bandes successives. **2.** Renouveler la terre en surface autour de (une plante). *Surfacer des géraniums.* □ n. m. **surfaçage**

surfaceuse n. f. techn. Machine à surfacer.

surfacturer v. tr. < 1 > Facturer à un prix supérieur au prix réel. *Surfacturer les appels téléphoniques.*

surfaire v. tr. < 60 ; rare sauf inf. et indic. prés. > littér. Estimer ou proposer à un prix exagéré. – fig. Vanter exagérément. → **surestimer.**

surfait, aite adj. Trop apprécié, inférieur à sa réputation. *Roman surfait.*

surfaix [syʀfɛ] n. m. (de *faix*) techn. Sangle servant à maintenir une charge sur le dos d'une bête de trait.

surfer [sœʀfe] v. tr. < 1 > **1.** Faire du surf. – fig. *Surfer sur* : tirer parti de. *Marque qui surfe sur son succès.* **2.** inform. → **naviguer** ; région. **fureter.** *Surfer sur Internet.*

surfeur, euse [sœʀfœʀ, øz] n. (anglais *surfer* → surf) Personne qui pratique le surf.

surfil n. m. cout. Action de surfiler. → **surfilage.**

surfilage n. m. Surfil. ■ techn. Supplément de torsion donné au fil.

surfiler v. tr. < 1 > Passer un fil qui chevauche le bord de (un tissu) pour l'empêcher de s'effilocher. – au p. p. *Ourlet surfilé.*

surfin, ine adj. De la qualité la plus fine. → **superfin.** *Chocolats surfins.*

surfondu, ue adj. phys. En surfusion.

surfusion n. f. phys. État d'une substance qui reste liquide au-delà de son point de solidification. *Corps en surfusion.*

surgélateur n. m. techn. Appareil servant à la surgélation.

surgelé, ée adj. (aliment) Traité par surgélation. *Légumes surgelés.* – n. m. *Décongélation des surgelés.*

surgeler v. tr. < 5 > Congeler rapidement et à très basse température (un produit alimentaire). □ n. f. **surgélation**

surgénérateur, trice adj. techn. Qui produit plus de matière fissile qu'il n'en consomme. *Réacteur surgénérateur* et n. m. *un surgénérateur.* → **surrégénérateur.**

surgeon [syʀʒɔ̃] n. m. (du latin *surgere* → sourdre ; surgir) arbor. Rejet qui pousse au pied d'un arbre.

surgeonner [syʀʒɔne] v. intr. < 1 > arbor. Produire des surgeons, des drageons. → **drageonner.**

Surgères Commune de la Charente-Maritime. 6 801 habitants. Église romane du XIIe siècle.

surgir v. intr. < 2 > (latin *surgere* [cf. surgeon] → sourdre) **1.** Apparaître brusquement en s'élevant, en sortant (de). → **jaillir. 2.** abstrait Se manifester brusquement. → **naître.** *Des difficultés surgissent.*

surgissement n. m. littér. Fait de surgir ; brusque apparition.

surhaussé, ée adj. archit. Dont la hauteur est supérieure à la moitié de la largeur. *Arc surhaussé.* - contr. **surbaissé.**

surhaussement n. m. archit. Augmentation de la hauteur ; état de ce qui est surhaussé. → **surélévation.** *Surhaussement d'un immeuble.*

surhausser v. tr. < 1 > Surélever. → **exhausser.**

surhomme n. m. (d'après l'allemand *Übermensch*) Être humain doté de qualités, de capacités exceptionnelles. – philos. (chez Nietzsche) Homme supérieur que doit engendrer l'avènement de la « volonté de puissance ».

surhumain, aine adj. Qui apparaît au-dessus des forces et aptitudes humaines normales. *Un effort surhumain.*

surhumanité n. f. littér. Caractère de ce qui est surhumain.

suricate n. m. (mot d'une langue d'Afrique du Sud) Petit mammifère carnivore, voisin de la mangouste.

surimi n. m. (mot japonais) Préparation alimentaire à base de chair de poisson aromatisée au crabe. *Bâtonnets de surimi.*

surimposer v. tr. < 1 > Frapper d'un impôt supplémentaire. → **surtaxer.** □ n. f. **surimposition**

surimpression n. f. Impression de deux images ou plus sur une même surface sensible. *Trucage par surimpression.*

surin n. m. (tsigane *churi* « couteau ») argot, vieilli Couteau, poignard.

Suriname ou Surinam

n. m. ■ offic. république du Suriname Pays d'Amérique du Sud → Guyanes (carte). 163 000 km². 581 000 habitants (les *Surinamiens*). **Langues :** néerlandais (offic.), langue caraïbe chez les indigènes. **Population :** Amérindiens, métis, Asiatiques (Indiens et Indonésiens), Noirs. **Religions :** hindouisme, christianisme, islam. **Monnaie :** dollar du Suriname. **Capitale :** Paramaribo. **Régime :** présidentiel.

GÉOGRAPHIE

Sur le littoral atlantique, le pays est constitué d'une étroite plaine côtière peuplée et cultivée (canne à sucre, riz, bananes). Dans l'arrière-pays, les massifs montagneux forestiers des Guyanes s'étendent entre le Guyana et la Guyane française. De très faible densité humaine, la forêt équatoriale est un espace exploité ponctuellement pour le bois et pour les richesses minérales (bauxite, fer, manganèse).

HISTOIRE

La région fut occupée par les Anglais puis cédée aux Pays-Bas (1667). L'abolition de l'esclavage fut suivie d'une immigration de travail indienne et indonésienne. Le pays devint indépendant (1975) et connut une alternance entre démocratie et dictatures militaires (1980-1988 et 1990-1991). Le centriste Ronald Venetiaan fut président de 1991 à 1996 et de 2000 à 2010, année qui vit l'élection à la présidence de l'ancien dictateur Désiré Bouterse, à l'origine du coup d'État de 1980. Depuis 2020 le Suriname est dirigé par le Parti de la réforme progressiste (centre). Le pays est étroitement lié au Brésil.

suriner v. tr. < 1 > (→ surin ; d'abord *chouriner*) argot, vieilli Frapper, tuer à coups de couteau. *Se faire suriner.*

se **surinfecter** v. pron. < 1 > méd. S'infecter par de nouveaux germes pathogènes. *L'angine s'est surinfectée.*

surinfection n. f. Infection supplémentaire survenant au cours d'une maladie infectieuse.

surintendance n. f. Charge, fonction de surintendant.

surintendant n. m. (→ intendant) hist. Titre de certains ministres, sous l'Ancien Régime. *Le surintendant (des Finances) Fouquet.*

surintendante n. f. 1. hist. Femme du surintendant des Finances. – Dame placée à la tête de la maison de la Reine. 2. mod. Directrice d'une maison d'éducation de la Légion d'honneur. ■ *Surintendante d'usine :* assistante sociale dans une entreprise industrielle.

surintensité n. f. électr. Intensité anormalement forte (d'un courant).

surinvestir v. < 2 > 1. v. intr. fin. Investir à l'excès. 2. v. tr. psych. Trop investir dans (qqch.). – trans. *Surinvestir son travail.*

surinvestissement n. m. 1. Investissement supérieur aux besoins. 2. psych. Action de mettre trop d'énergie psychique dans (une activité, un objet). *Surinvestissement affectif.*

surir v. intr. < 2 > (de ²*sur*) Devenir sur, un peu aigre. → **aigrir.** – au p. p. *Du lait suri.*

surjaler v. intr. < 1 > (du latin *jugum* → ¹jas) mar. Être engagé sous le jas et faire un tour par-dessus. *La chaîne de l'ancre surjale.*

surjectif, ive adj. (d'après *injectif, bijectif*) math. *Application surjective :* → **surjection.**

surjection n. f. (de *sur-* et *injection*) math. Application telle que tout élément de l'ensemble d'arrivée soit l'image d'au moins un élément de l'ensemble de départ (syn. **application surjective**).

surjet n. m. (de l'ancien v. *surjeter*, de *sur-* et *jeter*) Point de couture serré servant à assembler bord à bord. *Faire un surjet.*

surjeter v. tr. < 4 > cout. Coudre en surjet. *Machine à surjeter.*

surjouer v. tr. < 1 > Jouer (un rôle au théâtre, au cinéma) avec un excès fâcheux. *Acteur qui surjoue.*

sur-le-champ voir **champ** (II, 2).

surlendemain n. m. Jour qui suit le lendemain (→ **après-demain**). *Le surlendemain de son départ.*

surligner v. tr. < 1 > Recouvrir (une partie d'un texte) d'un trait de surligneur* afin d'attirer l'attention.

surligneur n. m. (→ ligne) Marqueur à encre fluorescente.

surlonge n. f. (→ ¹longe) Morceau du bœuf, à la hauteur des trois premières vertèbres dorsales. → **flanchet.**

surloyer n. m. Somme payée en plus du loyer principal par le locataire d'un appartement.

surmédicaliser v. tr. < 1 > Médicaliser à l'excès. *Surmédicaliser la grossesse.*

surmenage n. m. Fait de (se) surmener ; ensemble des troubles résultant d'un excès d'activité.

surmenant, ante adj. Qui surmène, fatigue à l'excès. *Vie surmenante.*

surmener v. tr. < 5 > (de *sur-* et *mener*) Fatiguer à l'excès (jusqu'au surmenage). → **éreinter.** *Surmener ses collaborateurs.* – pronom. *Elle se surmène.* ■ **surmené, ée** adj. *Un élève surmené.* – n. *Des surmenés.*

surmoi n. m. invar. (adaptation de l'allemand *Überich*, de *über* « au-dessus » et *Ich* « je, moi ») psych. L'une des trois instances de la personnalité (selon Freud), agissant sur le moi comme moyen de défense contre les pulsions, et qui se développe à partir des interdits parentaux. *Le surmoi, le moi et le ça.*

surmontable adj. Qui peut être surmonté (3). *Un obstacle surmontable.*

surmonter v. tr. < 1 > 1. vieux Franchir, passer par-dessus. 2. Être placé, situé au-dessus de. *La coupole qui surmonte le Panthéon, à Paris.* 3. abstrait Aller au-delà de (un obstacle...), par un effort victorieux. → **franchir.** *Surmonter des difficultés.* – Vaincre par un effort volontaire (une difficulté psychologique). *Surmonter sa peur, sa timidité.*

surmortalité n. f. démogr. Supériorité d'un taux de mortalité par rapport à un autre. *Surmortalité masculine.*

surmoulage n. m. techn. Action de surmouler. – Moulage pris sur un moulage.

surmoule n. m. techn. Moule pris sur un moulage et servant à fabriquer des copies. *Surmoule en plâtre.*

surmouler v. tr. < 1 > techn. En sculpture, Mouler dans un moule obtenu sur un moulage (et non sur le modèle ou l'œuvre originale).

surmulet n. m. (de *mulet*, et de l'ancien adj. *sor* « jaune-brun », d'origine francique) Variété de rouget (poisson).

surmulot n. m. (de *sur-* et *mulot*) Gros rat commun, appelé couramment *rat d'égout.*

surmultiplication n. f. mécan. Dispositif de changement de vitesse qui permet d'obtenir une vitesse surmultipliée.

surmultiplié, ée adj. *Vitesse surmultipliée,* permettant de donner à l'arbre de transmission une vitesse supérieure à celle du moteur.

surnager v. intr. < 3 > (de *sur-* et *nager*) 1. Se soutenir, rester à la surface d'un liquide. → aussi ¹**flotter.** 2. fig. Subsister, se maintenir (parmi ce qui disparaît). « *Le vrai* [...] *surnage toujours et finit par l'emporter* » (Renan).

surnatalité n. f. démogr. Taux de natalité supérieur à l'accroissement des biens de consommation. *Surnatalité et surpopulation.*

surnaturel, elle adj. 1. relig. D'origine divine. 2. Qui dépasse, ne s'explique pas par les lois naturelles connues. → **magique.** *Phénomènes surnaturels* (→ **miraculeux**). – n. m. *Admettre le surnaturel.* 3. Extraordinaire, prodigieux. *Une beauté surnaturelle.* → **fantastique.**

surnom n. m. 1. Nom ajouté (lorsqu'il ne s'agit pas du nom de famille). 2. Nom que l'on substitue au véritable nom d'une personne. → aussi **sobriquet.**

surnombre n. m. *En surnombre :* en trop, par rapport à un nombre normal. *Voyageurs en surnombre.* → **surnuméraire.**

surnommer v. tr. < 1 > Désigner par un surnom.

surnuméraire adj. (famille du latin *numerus* « nombre ») Qui est en surnombre. *Embryons surnuméraires* (dans une fécondation in vitro).

suroffre n. f. dr. Offre supérieure à une offre précédente. → **surenchère.**

suroît n. m. (altération de *sud-ouest ; cf. noroît*) I. mar. Vent du sud-ouest. II. Chapeau de marin, imperméable. - var. RO **suroit.**

suros [syRo] n. m. vétér. Tumeur osseuse des membres du cheval. → **exostose.**

suroxyder v. tr. < 1 > chim. Oxyder au maximum ; transformer en peroxyde. → **peroxyder.**

surpasser v. tr. < 1 > 1. vieilli Dépasser, excéder. « *Une entreprise qui surpasse les forces de l'esprit humain* » (Taine). 2. Faire mieux que, être supérieur à (qqn) sous certains rapports. *Surpasser qqn en habileté.* → **surclasser.** – pronom. *Se surpasser :* faire mieux qu'à l'ordinaire. *La cuisinière s'est surpassée.* □ **surpassement** n. m. littér.

surpayer v. tr. < 8 > Payer (qqn) au-dessus du salaire normal ou de ce qu'il mérite. – Acheter trop cher (qqch.).

surpêche n. f. Pêche trop intensive compromettant les ressources de la mer.

surpeuplé, ée adj. Où la population est trop nombreuse. *Un pays surpeuplé.*

surpeuplement n. m. État d'un lieu surpeuplé ; peuplement excessif (par rapport aux ressources).

surpiqûre n. f. Piqûre apparente, souvent décorative (sur un vêtement, un sac, une chaussure). - var. RO **surpiqure.**

surplace ou **sur-place** n. m. *Faire du surplace :* ne pas avancer. *Les voitures font du surplace sur l'autoroute embouteillée.*

surplis [syRpli] n. m. (famille du latin *pellis* « fourrure » → peau) Vêtement liturgique, souvent plissé, porté par-dessus la soutane.

S

SURRÉALISME

1

2

3

4

5
6

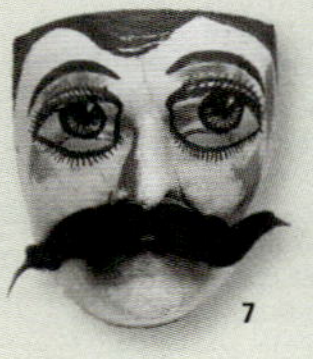
7

8

1. *Ubu Imperator,* Max Ernst (1923), Centre Georges-Pompidou, Paris. 2. *Jour de lenteur,* Yves Tanguy (1937), Centre Georges-Pompidou, Paris. 3. *La Persistance de la mémoire,* Salvador Dalí (1931), musée d'Art moderne, New York. 4. *Mélancolie d'une rue,* Giorgio De Chirico (1924), musée d'Art de Hambourg. 5. *Le Rendez-vous des amis,* Max Ernst (1922), musée Ludwig, Cologne. 6. *L'Empire des lumières,* René Magritte (1954), collection de M. et Mme Ahmet Ertegun. 7. *Masque moustache,* Man Ray (1952), Galleria Schwarz, Milan. 8. *Le Roi jouant avec la reine,* Max Ernst (1944), musée d'Art moderne, New York.

Issu du symbolisme du XIXe s. tout autant que du mouvement Dada des années de guerre, le surréalisme est d'abord un mouvement littéraire. Dans les arts plastiques, il développera un imaginaire fantastique et insolite proprement révolutionnaire, aussi bien par ce qu'il présente (le monde des rêves, l'inconscient) que par les moyens techniques radicalement nouveaux qu'il invente ou réactive (collage, frottage, décalcomanie, etc.).

surplomb [syʀplɔ̃] **n. m.** **(de *surplomber*)** Partie (d'un bâtiment...) qui est en saillie par rapport à la base. – ***En surplomb*** : qui présente un surplomb.

surplombant, ante **adj.** Qui surplombe, fait saillie.

surplombement **n. m.** Fait de surplomber, d'être en surplomb.

surplomber **v.** **< 1 >** **(de *sur-* et *plomb* → aplomb)** **1. v. intr.** Dépasser par le sommet la ligne de l'aplomb. *Mur qui surplombe,* qui penche. **2. v. tr.** Dominer, faire saillie au-dessus de. *Le viaduc surplombe le port.*

surplus [syʀply] **n. m.** **(de *sur-* et *plus*)** **1.** Ce qui excède la quantité, la somme voulue. → **excédent.** – Stock vendu à bas prix. **2.** loc. littér. ***Au surplus*** : au reste, d'ailleurs.

surpoids **n. m.** Poids excessif. *Être en surpoids.*

surpopulation **n. f.** Population excessive (par rapport aux ressources). *Surpopulation carcérale.*

surprenant, ante **adj.** **1.** Qui surprend, étonne. → **étonnant ; inattendu.** *Nouvelle surprenante.* **2.** Remarquable. *Des progrès surprenants.*

surprendre **v. tr.** **< 58 >** **(de *sur-* et *prendre*)** **1.** vieux Abuser, tromper. – mod. loc. *Surprendre la confiance, la bonne foi de qqn.* **2.** Prendre sur le fait. *Surprendre un voleur.* → fam. **pincer.** **3.** Découvrir (ce que qqn cache). *Surprendre un secret.* **4.** Se présenter inopinément à (qqn). *Surprendre qqn chez lui.* ■ Attaquer par surprise. *Surprendre l'ennemi.* ■ (sujet chose) *L'orage nous a surpris.* **5.** Frapper l'esprit de (qqn qui ne s'y attend pas ou s'attend à autre chose). → **déconcerter, étonner, stupéfier.** *Vous me surprenez, cela semble incroyable.* – passif et p. p. *J'en suis surpris, agréablement surpris.* → **étonné, stupéfait.** ■ **se surprendre** **v. pron.** *Se surprendre à* (+ inf.) : se découvrir soudain en train de. « *Je me surprends quelquefois à pleurer comme un enfant* » (Rousseau).

surpression **n. f.** techn. Pression supérieure à la normale. *Surpression pulmonaire.*

surprime **n. f.** Prime supplémentaire exigée par un assureur en cas de risque aggravé ou pour couvrir un risque nouveau.

surpris, ise voir **surprendre**

surprise **n. f.** **(de *surprendre*)** **1.** Action ou attaque inopinée (surtout dans *par surprise*). *Vous avez obtenu mon accord par surprise.* **2.** État d'une personne surprise, émotion provoquée par qqch. d'inattendu. → **étonnement.** *Rester muet de surprise. Exclamation de surprise. À ma grande surprise...* **3.** Ce qui surprend ; chose inattendue. *Une bonne, une mauvaise surprise. Un voyage sans surprise(s),* qui se passe normalement. – appos. *Grève surprise,* inattendue, soudaine. **4.** Plaisir ou cadeau fait à qqn de manière à le surprendre agréablement. *Préparer une surprise à qqn.* – appos. *Pochette*-surprise.*

surprise-partie **n. f.** **(anglais des États-Unis *surprise-party,* emprunt au français *surprise* et *partie*)** vieilli Soirée ou après-midi dansante de jeunes gens. → **²boum, fête.** *Des surprises-parties.* - var. **surprise-party.** *Des surprise-partys.*

surproducteur, trice **adj.** Qui produit en excès. *Pays surproducteurs.*

surproduction **n. f.** Production excessive. *Surproduction agricole.*

surproduire **v. tr.** **< 38 >** Produire en excès.

surprotecteur, trice **adj.** (personnes) Qui protège de manière excessive. *Mère surprotectrice.*

surprotection **n. f.** Manifestation excessive de protection.

surprotéger **v. tr.** **< 6 et 3 >** Protéger à l'excès.

surpuissant, ante **adj.** Très puissant. *Moteur surpuissant.*

surqualifié, ée **adj.** Qui a un niveau de qualification trop élevé par rapport au travail demandé. *Main-d'œuvre surqualifiée.*

surréagir [syʀʀeaʒiʀ] **v. intr.** **< 2 >** Réagir de manière exagérée.

surréalisme [syʀʀealism] **n. m.** **(de *sur-* et *réalisme* ; 1er emploi chez Apollinaire, qui répandit le mot)** Ensemble de procédés de création et d'expression utilisant des forces psychiques (automatisme, rêve, inconscient) libérées du contrôle de la raison ;

mouvement littéraire et artistique se réclamant de ces procédés. *Les « Manifestes du surréalisme »* (écrits théoriques d'André Breton).

surréaliste [syʀʀealist] **adj. 1.** Du surréalisme. *La poésie surréaliste.* – *Peintre surréaliste.* – **n.** *Les surréalistes belges.* **2.** Qui évoque l'art surréaliste (par l'étrangeté...). *Un paysage surréaliste.* **3.** fam. Extravagant. *Situation surréaliste.*

surréalité **n. f.** (de *sur-* et *réalité*, d'après *surréalisme*) littér. Ce qui dépasse la réalité ordinaire.

surrection **n. f.** (du latin, de *surgere* « surgir ») géol. Soulèvement lent et progressif d'une zone de l'écorce terrestre.

surréel, elle **adj.** littér. Qui est au-delà du réel.

surrégénérateur [syʀʀeʒeneʀatœʀ] **n. m.** techn. Réacteur surgénérateur.

surrégime [syʀʀeʒim] **n. m.** techn. Régime (d'un moteur) supérieur au régime normal. *Être en surrégime.*

surrénal, ale, aux [sy(ʀ)ʀenal, o] **adj.** Placé au-dessus du rein. – *Glande surrénale* et **n. f.** *surrénale* : chacune des deux glandes endocrines situées au sommet des reins et qui produisent l'adrénaline. □ **adj. surrénalien, ienne**

surrénalite **n. f.** méd. Inflammation des glandes surrénales.

surréservation **n. f.** Réservation de places (transports, hôtels, spectacles) en surnombre par rapport au nombre de places réelles. - recomm. offic. pour **surbooking.**

Surrey (Henry Howard, comte de) Homme politique et poète anglais (1517-1547). Il introduisit en Angleterre l'usage du vers blanc *(blank verse)* et, inspiré par l'œuvre de Pétrarque, inventa la forme anglaise du sonnet.

Surrey **n. m.** Comté du S. de l'Angleterre. Plus d'1 million d'habitants. Chef-lieu : Kingston-upon-Thames. Le N. du comté correspond au S. de l'agglomération londonienne.

sursalaire **n. m.** Supplément au salaire normal.

sursaturant, ante **adj.** sc. Qui cause une sursaturation. *Vapeur sursaturante.*

sursaturation **n. f.** sc. État d'équilibre d'une solution contenant une quantité de substance dissoute supérieure à celle qui est normalement nécessaire à la saturation de la solution. ■ État d'un gaz contenant une quantité de vapeur supérieure à celle qui serait nécessaire pour le saturer.

sursaturé, ée **adj.** sc. Qui est en état de sursaturation. *Solution sursaturée.*

sursaut **n. m.** (de *sur-* et *saut* ; cf. **soubresaut**) **1.** Mouvement involontaire qui fait qu'on se dresse brusquement. ➔ **soubresaut.** ■ *Se réveiller **en sursaut**,* brusquement. **2.** Regain subit (d'un sentiment conduisant à une réaction vive). *Un sursaut d'indignation ; d'énergie.* **3.** astron. Brève émission du rayonnement d'un astre.

sursauter **v. intr.** < 1 > Avoir un sursaut. ➔ **tressaillir, tressauter.** *Sursauter de peur.*

sursemer **v. tr.** agric. Semer une terre déjà ensemencée.

surseoir [syʀswaʀ] **v. tr. ind.** < 26 (forme en *-oi*) > (➔ **seoir**) ***Surseoir à*** : attendre l'expiration d'un délai pour procéder à (un acte juridique...). ➔ **différer, remettre.** *Surseoir à l'exécution d'une peine* (➔ **sursis**). - var. **RO** **sursoir.**

sursis [syʀsi] **n. m.** (de *surseoir*) **1.** Décision de surseoir à qqch. ; remise à une date postérieure. *Obtenir un sursis. Trois ans de prison avec sursis* (opposé à *ferme*). – *Sursis (à l'exécution des peines),* accordé sous condition par le tribunal à un délinquant. – *Sursis (d'incorporation),* report du service militaire. **2.** Période de répit. ➔ **délai.** – ***En sursis.*** *« Mon destin d'assassiné en sursis »* (Céline).

sursitaire **adj. et n.** (de *sursis*) (Personne) qui bénéficie d'un sursis, notamment d'un sursis d'incorporation.

sursoufflage **n. m.** techn. Alimentation forcée en air soufflé (des convertisseurs, lors de l'affinage de l'acier).

surstock **n. m.** Stock en excédent par rapport à un quota habituel, à une demande.

surtaux **n. m.** Taux excessif.

surtaxe **n. f.** Majoration d'une taxe ; droit perçu en même temps qu'une autre taxe. *Surtaxe postale* (pour affranchissement insuffisant).

surtaxer **v. tr.** < 1 > Taxer à l'excès. – Frapper d'une surtaxe. – au p. p. *Numéros de téléphone surtaxés.*

surtension **n. f.** électr. Élévation, supérieure à la normale, de la différence de potentiel appliquée à un appareil. ➔ **survoltage.**

surtoilé, ée **adj.** (de *sur-* et *toile*) mar. (voilier) Qui a une surface de voilure supérieure à la normale (opposé à *sous-toilé*).

surtondre **v. tr.** < 41 > Couper les extrémités de (la laine, du poil) après le lavage des peaux.

¹surtout **adv.** (de *sur* et *tout*) **1.** Avant tout, plus que toute autre chose. *« Je me plaisais surtout aux mathématiques »* (Descartes). – (renforçant un ordre...) *Surtout ne dites rien !* **2.** Plus particulièrement. ➔ **principalement.** *« Adroite, soigneuse, diligente, et surtout fidèle »* (Molière). **3.** fam. (emploi critiqué) ***Surtout que*** : d'autant plus que.

²surtout **n. m.** (de *sur* et *tout*) Pièce de vaisselle ou d'orfèvrerie décorative, qu'on place sur une table.

survaleur **n. f.** didact. Valeur excessive attribuée à une chose.

survaloriser **v. tr.** < 1 > Accorder une valeur excessive à. *Survaloriser la réussite sociale.*

surveillance **n. f.** Fait de surveiller ; ensemble des actes par lesquels on exerce un contrôle suivi. *Tromper la surveillance de qqn. Une surveillance attentive.* – *Surveillance militaire, policière. Surveillance à distance.* ➔ **télésurveillance.** *Surveillance électronique d'un prisonnier.* ➔ **bracelet (électronique).** ■ *Surveillance médicale,* situation d'un malade, d'un blessé qui est suivi attentivement par des médecins.

surveillant, ante **n. 1.** Personne qui surveille ce dont elle a la responsabilité. ➔ **²garde, gardien. 2.** Personne chargée de la discipline, dans un établissement d'enseignement, une communauté. *Surveillant d'internat.* ➔ fam. **²pion.** – anciennt *Surveillant(e) général(e),* dans un lycée (abrév. fam. **surgé**).

surveillé, ée **adj.** *Liberté surveillée* : situation de délinquants laissés libres mais soumis à une surveillance.

surveiller **v. tr.** < 1 > **1.** Observer avec une attention soutenue, de manière à exercer un contrôle, à éviter un danger. *Surveiller qqn ; son comportement. Surveiller des enfants.* ➔ **garder. 2.** Suivre avec attention (un processus) de manière à contrôler son déroulement. ➔ **inspecter. 3.** Être attentif à (ce que l'on fait...). *Surveiller son langage ; sa ligne.* – pronom. *Elle ne se surveille pas assez.*

survenance **n. f.** rare ou dr. Fait de survenir. *Survenance d'un sinistre.*

survenant, ante **n.** (Canada) Personne qui survient.

survenir **v. intr.** < 22 > (de *sur-* et *venir*) Arriver, venir à l'improviste, brusquement. – *Une grave crise est survenue.*

survente **n. f.** comm. Vente à un prix trop élevé. ■ Surbooking. *Survente de billets d'avion.*

survenue **n. f.** littér. Fait de survenir, d'arriver à l'improviste.

surveste **n. f.** Veste large qui se porte sur d'autres vêtements. *Surveste polaire.*

survêtement **n. m.** Vêtement de sport ou de détente composé d'un pantalon en matière souple et d'un blouson ou d'un sweat-shirt. ➔ aussi **jogging.** - abrév. fam. **survêt.**

survie **n. f.** (de *sur-* et *vie*) **1.** Vie après la mort (dans les croyances religieuses). ➔ **immortalité. 2.** Fait de survivre, de se maintenir en vie. *Chances de survie d'un blessé.*

survirer **v. intr.** < 1 > autom. Déraper par l'arrière, l'axe du véhicule s'orientant vers l'intérieur du virage (opposé à *sous-virer*). □ **n. m. survirage**

survitaminé, ée **adj. 1.** Auquel on a incorporé une quantité importante de vitamines. *Boisson survitaminée.* **2.** fig. et fam. Très énergique. *Un film survitaminé.*

survitrage **n. m.** Vitre qui se superpose à une autre par l'intermédiaire d'un châssis, à des fins d'isolation.

survivance **n. f. 1.** littér. Fait de survivre, de continuer à vivre. ➔ **survie. 2.** Ce qui survit, ce qui subsiste (d'une chose disparue). ➔ **vestige.** *Une survivance du passé.*

survivant, ante **adj. 1.** Qui survit à qqn, à d'autres. – dr. *L'époux survivant.* **2.** Qui survit à une époque, à une société. – **n.** *Les survivants d'une époque révolue.* ■ (choses) Qui subsiste. **3.** Qui a échappé à la mort (là où d'autres sont morts). ➔ **rescapé.** – **n.** *Il n'y a aucun survivant.*

survivre **v. tr. ind.** < 46 > (de *sur-* et *vivre*) ***Survivre à* 1.** Demeurer en vie après la mort de (qqn). *Elle a survécu à tous les siens.* – Vivre encore après (un temps révolu, une chose passée). **2.** (choses) Exister encore après, durer plus longtemps que. *L'œuvre d'art survit à l'artiste.* **3.** Continuer à vivre après (une chose insupportable). *Survivre à la honte.* **4.** Échapper à (une mort violente et collective). *Elle a survécu à la catastrophe* (➔ **survivant**). **5.** absolt Continuer à vivre, rester en vie. *L'espoir de survivre.* ■ (choses) ➔ **subsister.** ■ **se survivre v. pron. 1.** Vivre encore (dans qqn, qqch.), après sa mort. *Il se survit dans ses enfants.* **2.** Vivre encore (alors qu'on a perdu ses qualités, etc., ou qu'on estime sa vie achevée). *« L'exil condamne à se survivre »* (Mme de Staël).

survol **n. m.** (de *survoler*) Action de survoler (1 ou 2).

survoler **v. tr.** < 1 > (de *sur-* et *¹voler*) **1.** (oiseau, avion...) Voler au-dessus de. *Nous avons survolé les Alpes.* **2.** Examiner de façon rapide et superficielle. *Il n'a fait que survoler la question.*

survoltage **n. m.** électr. Augmentation anormale de la tension. ➔ **surtension.**

survolté, ée **adj. 1.** (courant, appareil) Dont la tension est anormalement élevée. **2.** Dont la tension nerveuse est extrême. ➔ **surexcité.** – *Une atmosphère survoltée.*

survolter **v. tr.** < 1 > (➔ **voltage**) **1.** Augmenter la tension électrique de (qqch.) au-delà de la valeur normale. **2.** Rendre survolté (2).

survolteur **n. m.** électr. Appareil destiné à survolter le courant.

survolteur-dévolteur **n. m.** électr. Transformateur qui augmente ou diminue la tension à volonté. *Des survolteurs-dévolteurs.*

sus [sy(s)] **adv.** (vient du latin *susum*, de *sub-* ➔ **sub-** et *versum* ➔ **¹vers** ; cf. **suzerain**) **1.** littér. ➔ **¹dessus.** – vieux *Courir sus à l'ennemi,* l'attaquer. **2.** vieilli ***En sus de*** **loc. prép.** : en plus de. ➔ **²outre.**

sus- Élément (tiré de l'adv. *sus*) qui signifie « en haut, plus haut, sur ». ➔ **sur-.**

S

susceptibilité n. f. **1.** Caractère d'une personne susceptible. *Ménager la susceptibilité de qqn.* **2.** phys. *Susceptibilité magnétique* : constante de proportionnalité entre la magnétisation et le champ magnétisant.

susceptible adj. (latin *susceptibilis*, de *suscipere* « prendre par-dessous ; assumer », de *capere* « prendre » → capter, chasser) **I.** *Susceptible de* **1.** Qui peut présenter (un caractère), recevoir (une impression), subir (une modification). *Texte susceptible d'interprétations différentes.* **2.** (+ inf.) Capable de (à l'occasion). *Propositions susceptibles d'intéresser qqn. Il est susceptible d'accepter.* **II.** (personnes) Particulièrement sensible dans son amour-propre ; qui se vexe, s'offense facilement. → **chatouilleux, ombrageux.**

susciter v. tr. < 1 > (latin *suscitare* « lever ; éveiller » [*cf.* ressusciter], de *citare* « faire venir » → citer) **1.** littér. Faire naître, exister, agir (qqch. ; qqn) pour aider ou pour contrecarrer (qqn). → **créer.** *On lui a suscité des ennuis, des adversaires. Susciter des troubles.* → **fomenter.** **2.** Faire naître (un sentiment, une idée). → **éveiller, exciter, provoquer, soulever.** *Susciter l'admiration. – Susciter des plaisanteries.*

suscription n. f. (latin *superscriptio*, famille de *scribere* → écrire) **1.** admin. Adresse d'une lettre. **2.** dr. *Acte de suscription*, par lequel un notaire constate qu'on lui a présenté un testament.

susdit, dite [sysdi, dit] adj. (de *sus-*, et p. p. de *dire*) didact. Dit, mentionné ci-dessus. → **susmentionné.**

sus-dominante n. f. mus. Sixième degré de la gamme diatonique (opposé à *sous-dominante*).

Suse Ville d'Italie, dans le Piémont (province de Turin), sur la Doire Ripaire. 6 800 habitants. Cathédrale du XIe s., arc d'Auguste. Le col, dit *Pas de Suse*, qui commandait la route des Alpes, occupait une situation stratégique.

Suse Ancienne capitale de l'Élam, dans le S. de l'Iran actuel. Darios en fit la capitale de l'Empire perse achéménide à la fin du VIe s. av. J.-C. De nombreux vestiges de Suse sont conservés au Louvre.

Suse

Frise d'archers du palais de Darios Ier, bas-relief de briques émaillées (VIe s. av. J.-C.), musée du Louvre, Paris.

sus-hépatique adj. anat. Qui est situé au-dessus du foie. *Veines sus-hépatiques.*

sushi [suʃi] n. m. (mot japonais) Plat japonais fait de riz assaisonné accompagné de lamelles de poisson cru. *Des sushis.*

Su Shi voir **Su Dongpo**

Susiane voir **Élam**

Süskind (Patrick) Écrivain, dramaturge et scénariste allemand (né en 1949). Auteur de théâtre *(La Contrebasse)*, il a acquis une notoriété internationale avec son roman *Le Parfum*, variation sur le thème des odeurs et de la monstruosité humaine. *Le Pigeon ; L'Amour et la Mort.*

S

sus-maxillaire adj. anat. De la mâchoire supérieure.

susmentionné, ée adj. admin. Mentionné plus haut. *L'article susmentionné.*

susnommé, ée adj. admin. Nommé plus haut. *Les personnes susnommées.*

Suso (bienheureux Heinrich Seuse, dit Heinrich) Théologien et mystique suisse (v. 1295-1366). Dominicain, il fut l'élève de Maître Eckhart. Il est l'auteur de deux ouvrages mystiques, *Le Livre de la vérité* et *Le Livre de la sagesse éternelle.*

suspect, ecte [syspɛ(kt), ɛkt] adj. (latin *suspectus* « soupçonné ; qui soupçonne », de *suspicere* *cf.* soupçon, suspicion, de *specere* « regarder » → spectacle) **1.** (personnes) Qui est soupçonné ou éveille les soupçons. *Un individu suspect.* → **douteux,** [1]**louche.** *Se rendre suspect.* – n. *Trois suspects ont été arrêtés.* ■ *Suspect de* : que l'on soupçonne ou peut soupçonner de (→ **suspicion**). *Peu suspect de méchanceté.* **2.** (choses) Qui éveille les soupçons ou le doute. *Un témoignage suspect. – Un savoir suspect.* **3.** méd. Susceptible d'avoir une maladie contagieuse ou grave. *Malades suspects. – Lésions suspectes.*

suspecter v. tr. < 1 > (→ suspect) Tenir pour suspect (qqn, qqch.). → **soupçonner.** *On suspecte sa bonne foi. On le suspecte de mensonge, d'avoir menti.*

Suspects (loi des) Loi votée par la Convention nationale (17 septembre 1793). Elle déclarait suspectes les personnes supposées hostiles à la Révolution (nobles, parents d'émigrés, fonctionnaires destitués) et servit de base à la Terreur. Elle fut abrogée en octobre 1795.

suspendre v. tr. < 41 > (latin *suspendere* « faire pendre », de *pendere* → pendre, *cf.* suspens ; soupente) **I.** (sens temporel) **1.** Interrompre (une action) pour quelque temps. → **arrêter.** *On a suspendu la séance ; les combats sont suspendus* (→ **suspension**). **2.** Mettre un terme aux activités de, aux effets de. *Suspendre la publication d'un journal.* – Destituer provisoirement (qqn). **3.** Remettre à plus tard, réserver. *Suspendre son jugement.* **II.** (Faire pendre). Fixer (qqch., qqn), de manière à faire pendre. *Suspendre un lustre au plafond* (→ **suspension**), *un tableau au mur.* – au p. p. *Jambon suspendu à un crochet.* **III.** (passif) loc. *Être suspendu aux lèvres de qqn*, l'écouter avec avidité (→ boire ses paroles). ■ **suspendu, ue** adj. **1.** *Pont suspendu*, dont le tablier est maintenu par des câbles. ■ *Véhicule* ***bien, mal suspendu***, dont la suspension est plus ou moins souple. **2.** Qui se tient à une certaine hauteur. *Jardins suspendus*, en terrasses. – géogr. *Vallée suspendue.*

suspens [syspɑ̃] n. m. (latin *suspensus*, p. p. de *suspendere* → suspendre) **1.** *En suspens* loc. adv. : dans l'indécision ; sans solution, sans achèvement. *La question reste en suspens.* **2.** littér. Incertitude, appréhension ; attente angoissée (→ l'anglic. **suspense**).

suspense [syspɛns] n. m. (mot anglais, emprunt au français *suspens*) anglic. Moment ou passage (film, récit...) qui fait naître un sentiment d'attente angoissée ; ce sentiment. → aussi **suspens (2).**

suspenseur adj. m. anat. Qui soutient. *Ligaments suspenseurs* (du foie, de l'œsophage).

suspensif, ive adj. dr. Qui suspend, interrompt le cours d'une décision de justice. *Appel suspensif.*

suspension n. f. (latin *suspensio* → suspendre) **I.** (→ suspendre, I) **1.** Interruption ou remise à plus tard. – loc. *Suspension d'armes* : arrêt concerté des opérations de guerre. → **trêve.** *Suspension d'audience* (décidée par le président du tribunal). **2.** Fait de retirer ses fonctions (à un magistrat, etc.). **3.** ***Points de suspension*** : signe de ponctuation (...) qui marque l'interruption d'un énoncé, une coupure dans un texte. **II.** (→ suspendre, II) **1.** Manière dont un objet suspendu est maintenu en équilibre stable. *La suspension du tablier d'un pont.* ■ Appui élastique (d'un véhicule) sur ses roues. *Une bonne suspension.* – Ensemble des pièces (amortisseurs, ressorts...) assurant la liaison élastique du véhicule et des roues. **2.** chim. (surtout dans *en suspension*) État d'un solide en fines particules divisées dans un liquide ou un gaz. *Plancton en suspension dans la mer.* **3.** Appareil d'éclairage destiné à être suspendu. → [2]**lustre.**

suspensoir n. m. (latin *suspensorium*) Bandage, dispositif destiné à soutenir un organe, spécialt le scrotum et les testicules.

suspente n. f. **1.** mar. Cordage ou chaîne qui entoure un mât et supporte une vergue en son milieu. **2.** Corde, câble reliant la voilure d'un parachute, d'un parapente au harnais ou rattachant la nacelle au filet d'un ballon. **3.** techn. Organe reliant les câbles porteurs d'un pont suspendu à la charpente d'un tablier. **4.** (Suisse) Boucle permettant de suspendre un vêtement, un torchon. → **bride.**

suspicieux, euse adj. (latin *suspiciosus* → suspicion) littér. Plein de suspicion. → **soupçonneux.** *Un regard suspicieux.* □ adv. **suspicieusement**

suspicion n. f. (latin *suspicio*, famille de *suspicere* → suspect) littér. Fait de considérer comme suspect. → **défiance, méfiance.** *Un regard plein de suspicion.* → **soupçon.** *Tenir qqn en suspicion.*

Susquehanna n. f. Fleuve de l'E. des États-Unis. 750 km. Il naît dans les Appalaches, traverse l'État de New York et la Pennsylvanie et se jette dans la baie de Chesapeake.

Sussex n. m. Ancien comté du S. de l'Angleterre divisé en 1974 en deux comtés, le *West Sussex* et l'*East Sussex.*

Süssmayr (Franz Xaver) Compositeur autrichien (1766-1803). Disciple de Salieri, ami de Mozart, il acheva le célèbre *Requiem* après la mort de ce dernier.

Susten (col du) Col des Alpes suisses, reliant la vallée de l'Aar à celle de la Reuss. 2 224 m.

sustentateur, trice adj. (latin *sustentare*) Qui assure la sustentation. *Surfaces sustentatrices d'un avion*, sur lesquelles s'exerce la portance (ailes).

sustentation n. f. (latin *sustentatio* → sustenter) didact. I. Fait de sustenter, de nourrir. *La sustentation d'un malade.* II. Fait de (se) soutenir en équilibre. – loc. *Polygone de sustentation,* formé par des points d'appui qui permettent un équilibre stable. ■ Maintien en équilibre d'un appareil se déplaçant hors du sol. → **portance.** *Train à sustentation magnétique.*

sustenter v. tr. < 1 > (latin *sustentare* « soutenir », de *sustinere* → soutenir) didact., vieilli Soutenir les forces de (qqn) par la nourriture. ■ se **sustenter** v. pron. plais. Se nourrir. → se **restaurer.**

sus-tonique n. f. mus. Deuxième degré de la gamme diatonique.

susurrant, ante adj. Qui susurre. *Voix susurrante.*

susurration n. f. rare Bruit de ce qui susurre.

susurrement n. m. Action de susurrer ; bruit de ce qui susurre. → **murmure.**

susurrer [sysyʀe] v. < 1 > (latin *susurrare,* de *susurrus* « murmure », d'origine onomatopéique) 1. v. intr. Murmurer doucement. → **chuchoter.** 2. v. tr. Dire en susurrant. *Susurrer des mots doux à qqn.*

susvisé, ée adj. admin. Visé plus haut. *L'article susvisé.*

Sutherland (Graham) Peintre britannique (1903-1980). Peintre officiel durant la Seconde Guerre mondiale, il a également réalisé la tapisserie de l'église de Coventry, *Le Christ en gloire.*

Sutherland (dame Joan) Cantatrice australienne (1926-2010). Soprano dramatique colorature, dotée d'un timbre magnifique et d'une technique hors pair, elle contribua au renouveau du bel canto *(Lucia di Lammermoor ; La Sonnambula ; La Traviata).*

Joan Sutherland en 1959 dans le rôle-titre de *Lucia di Lammermoor.*

Sutlej voir **Satlej**

sutra voir **soutra**

Suttner (Bertha Kinsky, baronne von) Romancière autrichienne (1843-1914). Elle écrivit un roman pacifiste, *Bas les armes,* et participa à la création de la Ligue de la paix autrichienne. Prix Nobel de la paix 1905.

sutural, ale, aux adj. didact. Relatif à une suture.

suture n. f. (latin *sutura* « couture », de *suere* « coudre » → coudre) 1. Réunion, à l'aide de fils, de parties de chair coupées. *Des points de suture.* 2. anat. Articulation immobile caractérisée par deux surfaces réunies par du tissu fibreux. → **synarthrose, synchondrose.** *Sutures du crâne.* 3. sc. Ligne de soudure entre deux organes, deux parties. *Suture des carpelles d'un fruit.*

suturer v. tr. < 1 > Réunir par une suture. *Suturer les bords d'une plaie.* → **coudre, recoudre.**

SUV [ɛsyve] n. m. (mot anglais, sigle de *sport utility vehicle* « véhicule utilitaire sportif ») anglic. Véhicule de loisir, haut et spacieux, à caisse autoporteuse, souvent équipé de quatre roues motrices. *SUV et crossovers.* - REM. Au Canada, on emploie *VUS* [veyɛs]. - recomm. offic. **tout-terrain de loisir (TTL).**

Suva Capitale et port principal des îles Fidji, sur l'île de Viti Levu. 86 180 habitants. Université. Centre administratif et commercial.

Suwŏn ou **Su-weon** Ville de Corée du Sud. 1 210 100 habitants. Ancienne capitale de la dynastie des Chosŏn. Nombreux monuments des XVIIe et XVIIIe siècles.

suzerain, aine n. (de *sus,* d'après *souverain*) hist. Seigneur qui avait concédé un fief à un vassal (système féodal). *Le suzerain devait protection et justice à ses vassaux.*

suzeraineté n. f. hist. Qualité de suzerain.

Suze-sur-Sarthe (La) Commune de la Sarthe, arrondissement du Mans. 4 498 habitants. Vestiges d'un château des XIIIe et XVe s. Industrie automobile.

Suzhou ou **Sou-tcheou** Ville de Chine (Jiangsu), sur le Grand Canal. 4 millions d'habitants. Monuments anciens, jardins, canaux, musée construit par Pei.

Suzor-Coté (Marc-Aurèle de Foy) Peintre et sculpteur canadien (1869-1937). Marqué par l'impressionnisme, il fut un portraitiste et un paysagiste renommé.

Suzuka Ville du Japon, sur la baie d'Ise. 195 700 habitants. Circuit automobile.

Suzuki (David) Généticien et écologiste canadien d'origine japonaise (né en 1936). Grâce à ses émissions de radio et de télévision et à sa fondation, il a sensibilisé le public canadien à la pollution et au réchauffement climatique.

Svalbard n. m. Archipel norvégien de l'Arctique, comprenant notamment le Spitzberg, l'île de Barents, la Terre du Nord-Est, l'île du Prince-Charles, l'île du Roi-Charles et l'île aux Ours. 62 050 km². 2 500 habitants. Pêcheries.

svastika [svastika] n. m. (sanskrit *svastika* « de bon augure ») Symbole religieux hindou, croix aux branches coudées. – *La croix gammée* est un svastika aux branches coudées vers la droite.* - var. **swastika.**

Svealand n. m. Région de la Suède centrale, au N. des grands lacs.

svelte adj. (italien *svelto* ; famille du latin *vellere* « arracher » → révulsion) Qui produit une impression de légèreté, de souplesse, par sa forme élancée. → ²**fin, mince.** – *Une taille svelte.* □ n. f. **sveltesse**

Sven ou **Svend** Nom de plusieurs rois de Danemark (X^e^-XIe s.). ■ **Sven Ier** (v. 960-1014). Roi de Danemark (986-1014). Il rétablit la domination danoise sur la Norvège et conquit l'Angleterre.

Sverdrup (Harald Ulrik) Géophysicien norvégien (1888-1957). Il effectua en Arctique des recherches sur la météorologie et le magnétisme terrestre. Ses travaux en océanographie le rendirent célèbre.

Sverdrup (îles) Îles arctiques canadiennes, à l'extrême N. du Nunavut.

Svevo (Ettore Schmitz, dit Italo) Écrivain italien (1861-1928). Polyglotte, de culture européenne (allemande, française, anglaise, italienne), il traduisit Freud. À Trieste, il rencontra Joyce, qui l'encouragea. *La Conscience de Zeno,* son chef-d'œuvre, est un monologue intérieur au ton ironique et pénétrant.

SVP [silvuplɛ ; ɛsvepe] Abréviation de *s'il vous plaît.*

swahili, ie [swaili] ou **souahéli, ie** [swaeli] (de l'arabe, de *sāḥil* « rivage » ; même origine que le n. propre *Sahel*) 1. n. m. Langue bantoue parlée dans l'est de l'Afrique et écrite en caractères arabes. 2. adj. Du swahili. *Grammaire swahilie.*

Swahili n. m. pl. Ensemble des populations islamisées des îles et de la côte orientale de l'Afrique, du Mozambique à la Tanzanie, descendant des musulmans arabes et persans. Leur langue, le swahili (ou kiswahili), est la plus importante d'Afrique.

Swammerdam (Jan) Naturaliste néerlandais (1637-1680). Il fut l'un des fondateurs de l'anatomie des invertébrés.

Swan (sir Joseph Wilson) Chimiste britannique (1828-1914). Il conçut la première lampe électrique à incandescence dans une ampoule sous vide (1845), ainsi que le filament de tantale. Il inventa également divers papiers photographiques.

Swansea Ville du S. du pays de Galles, à l'embouchure de la Tawe. 169 900 habitants. Ancienne place forte. Port. Exploitation de l'aluminium et construction mécanique.

Swanson (Gloria) Actrice américaine (1899-1983). Elle fut une star du cinéma muet (*Madame Sans-Gêne ; Queen Kelly* d'Erich von Stroheim). Elle retrouva ce dernier dans *Boulevard du Crépuscule,* où tous deux jouent quasiment leur propre rôle.

swap n. m. (mot anglais « troc, échange ») anglic., fin. Accord de crédit réciproque. - recomm. offic. **crédit croisé, échange financier.**

SWAPO n. f. (South West African People's Organization, « Organisation du peuple du Sud-Ouest africain ») Principal parti politique de la Namibie, à l'origine syndicat marxiste et indépendantiste.

swastika voir **svastika**

Swatow voir **Shantou**

Swaziland voir **Eswatini**

sweater [switœʀ ; swɛtœʀ] n. m. (mot anglais, de *to sweat* « transpirer ») anglic., vieilli Gilet en maille, à manches longues. - var. RO **sweateur.**

sweat-shirt [switʃœʀt ; swɛtʃœʀt] n. m. (mot anglais, de *to sweat* [→ sweater] et *shirt* « chemise », *cf.* tee-shirt) anglic. Vêtement de sport, pull-over (en coton, tissu éponge, etc.) terminé à la taille et aux poignets par un bord côtes. *Des sweat-shirts.* - var. RO **sweatshirt.** - abrév. **sweat.**

Swedenborg (Emanuel) Savant et théosophe suédois (1688-1772). À la suite de visions, il développa une doctrine religieuse fondée sur la théorie des correspondances entre le naturel et le spirituel. Il pensait communiquer avec les esprits et publia ces entretiens dans des traités. Il est considéré en littérature comme un des pères du symbolisme et son œuvre influença Balzac, Nerval et Baudelaire.

S

Sweelinck (Jan Pieterszoon) Organiste et compositeur néerlandais (1562-1621). Auteur de nombreuses pièces vocales, il fut surtout très novateur dans ses œuvres pour orgue : elles enrichirent le matériau italien du *ricercare* et introduisirent les premiers motifs de fugue.

sweepstake [swipstɛk] n. m. (mot anglais, de *to sweep* « rafler » et *stake* « enjeu ») anglic. Loterie basée sur une course de chevaux. *Des sweepstakes.*

Swift (Jonathan) Écrivain irlandais (1667-1745). Secrétaire du diplomate William Temple, il fut nommé pasteur en 1694. Précepteur d'Esther Johnson, il lui écrivit des lettres rassemblées sous le titre de *Journal à Stella.* Pamphlétaire et satiriste, il fut de toutes les luttes, littéraires *(La Bataille des livres),* politiques *(Lettres de M. B., drapier),* religieuses *(Le Conte du tonneau).* Son chef-d'œuvre, *Les Voyages de Lemuel Gulliver,* est une utopie pessimiste et violemment critique à l'égard de la société anglaise.

swi-manga voir **souimanga**

Swinburne (Algernon Charles) Poète, auteur dramatique et critique britannique (1837-1909). Aristocrate érudit marqué par la lecture de Sade, il conçut son œuvre comme un défi à la morale bourgeoise. Il publia trois drames consacrés à Marie Stuart, dont *Atalante en Calcydon*. Ses *Poèmes et Ballades* firent scandale par leur érotisme sulfureux. Devenu poète de la révolte politique, il s'attaqua ensuite à la religion *(Chants d'avant l'aube)*.

Swindon Ville d'Angleterre (Wiltshire). 180 000 habitants. Centre industriel.

¹swing [swiŋ] **n. m. (mot anglais « balancement ») anglic. 1.** boxe Large coup de poing donné en ramenant le bras vers l'intérieur. **2.** golf Mouvement de balancement du joueur qui frappe la balle.

²swing [swiŋ] **n. m. (de ¹*swing*) anglic. 1.** vieilli Danse sur une musique très rythmée, inspirée du jazz américain ; cette musique. **–** appos. *Orchestre swing.* **2.** Qualité rythmique (fluidité, pulsation...) propre à la musique de jazz.

swinguer [swiŋge] **v. intr. < 1 > (de ²*swing*) anglic.** Jouer avec swing ; avoir du swing. *Ça swingue bien.*

Sy (Omar) Comédien français (né en 1978). Popularisé par l'émission humoristique *SAV des émissions* à partir de 2005, il obtint le César du meilleur acteur pour *Intouchables* en 2012.

Omar Sy et François Cluzet dans le film *Intouchables* d'Olivier Nakache et Éric Toledano (2011).

S

Syagrius Général gallo-romain (v. 430-486). Il gouverna le dernier territoire (entre la Somme et la Loire) possédé par les Romains. Défait par Clovis à Soissons (486), il fut assassiné sur ordre de ce dernier.

Sybaris Ancienne ville d'Italie, sur le golfe de Tarente. Cette cité de la Grande-Grèce, fondée en –720, fut fameuse pour son luxe et pour les mœurs libres de ses habitants *(Sybarites)*.

sybarite n. (latin *Sybarita*, du grec, de *Subaris* « Sybaris », ville renommée pour la mollesse de ses mœurs) littér. Personne qui recherche les plaisirs de la vie dans une atmosphère de luxe et de raffinement. **→ jouisseur, voluptueux.** □ **n. m. sybaritisme**

sycomore n. m. (du grec « figuier sauvage », de *sukon* « figue » [*cf.* sycophante] et *moron* → mûre) 1. Figuier originaire d'Égypte, au bois très léger et imputrescible. **2.** Érable blanc aussi appelé *faux platane.*

sycophante n. m. (du latin, du grec *sukophantês* « dénonciateur », de *sukon* « figue » [→ sycomore] et d'un dérivé de *phainein* « faire voir » → fantaisie) littér. Délateur ; espion.

Sydney

La baie de Sydney avec, à droite, l'Opéra de l'architecte Jørn Utzon (1973).

sycosis n. m. (du latin, du grec *sukôsis* « tumeur en forme de figue ») méd. Folliculite bactérienne des poils de la barbe et de la moustache, provoquée par un staphylocoque.

Sydenham (Thomas) Médecin anglais (1624-1689). Surnommé « l'Hippocrate d'Angleterre », il formula le laudanum connu depuis Paracelse, nomma la scarlatine et décrivit la *chorée de Sydenham.*

Sydney Ville d'Australie, capitale de l'État de Nouvelle-Galles-du-Sud, sur l'océan Pacifique. 4 900 000 habitants. C'est la plus grande ville et le plus grand port exportateur d'Australie. Premier marché mondial de la laine. Centre commercial, industriel et culturel (musées, Opéra, universités).

Sydney Ancienne ville du Canada (Nouvelle-Écosse), intégrée dans Cape Breton.

syénite n. f. (du grec *suênitês* « de Syène », ancien n. d'Assouan) minér. Roche magmatique grenue, constituée principalement de feldspaths alcalins, de biotite et d'amphibole.

Syktyvkar Ville de Russie, capitale de la république des Komis. 230 000 habitants. Nœud de transports fluviaux et routiers.

syl- voir **syn-**

Sylla Général et homme politique romain (138-78 av. J.-C.). Légat de Marius, il fut nommé consul en –88 et mit fin à la guerre sociale. Destitué par Marius, il entra dans Rome à la tête de ses légions, tandis que Marius s'enfuyait en Afrique. Il partit ensuite combattre Mithridate et s'empara d'Athènes (-86). Fort d'un butin de guerre immense, il revint en Italie et écrasa les partisans de Marius, mort en –86. Il se fit nommer dictateur à vie (-82), massacra ses opposants et tenta d'instaurer un nouveau régime. En –79, à l'apogée de sa puissance, il abdiqua et se retira à Cumes.

syllabaire n. m. 1. Manuel, livre élémentaire de lecture qui présente les mots décomposés en syllabes. **→ alphabet** (2). **2.** didact. Système d'écriture dans lequel chaque signe représente une syllabe (et non un son simple).

syllabation n. f. ling. Analyse d'un discours en syllabes, soit faite spontanément par le sujet parlant, soit pratiquée scientifiquement.

syllabe n. f. (du latin, du grec *sullabê* « groupement ») Voyelle, consonne ou groupe de consonnes et de voyelles se prononçant d'une seule émission de voix. *Parler en détachant les syllabes.* **–** *Elle n'a pas prononcé une syllabe,* un seul mot.

syllabique adj. (→ syllabe) De la syllabe. *Écriture syllabique,* où chaque syllabe est représentée par un signe. **–** *Méthode syllabique* (d'apprentissage de la lecture).

syllabus [si(l)labys] **n. m. (mot latin ecclés. « sommaire, table ») 1.** relig. Liste de propositions émanant de l'autorité ecclésiastique. **2.** (Belgique) Support de cours, dans l'enseignement supérieur. **→ polycopié.**

syllepse n. f. (latin *syllepsis*, du grec « compréhension » ; famille de *syllabe*) gramm. Tour syntaxique qui consiste à faire l'accord des mots selon le sens, et non selon les règles grammaticales (ex. « minuit sonnèrent »).

syllogisme n. m. (latin *syllogismus*, du grec, famille de *legein* → ¹logique) 1. Raisonnement déductif rigoureux qui, ne supposant aucune proposition étrangère sous-entendue, lie des prémisses* à une conclusion (ex. « si tout B est A et si tout C est B, alors tout C est A »). « *— Autre syllogisme : tous les chats sont mortels. Socrate est mortel. Donc Socrate est un chat. — Et il a quatre pattes. C'est vrai, j'ai un chat qui s'appelle Socrate* » (Ionesco). **2.** péj. Raisonnement purement formel, étranger au réel. □ **adj. syllogistique**

syllogomanie n. f. (du grec *sullogos* « rassemblement » et de *-manie*) didact. Accumulation pathologique d'objets.

sylphe n. m. (latin *sylphus* « génie ») Génie aérien des mythologies gauloise, celtique et germanique. **→ elfe.**

sylphide n. f. (de *sylphe*) littér. Génie aérien féminin plein de grâce. **–** *Une taille de sylphide,* très mince.

Sylt Île d'Allemagne (Schleswig-Holstein), dans la mer du Nord, reliée à la terre par une digue. 93 km². Tourisme.

sylvain n. m. (latin *Sylvanus*, n. du dieu des forêts et surnom du dieu Mars, de *silva* → sylv[i]-) didact. Divinité des forêts dans la mythologie latine.

sylvaner [silvanɛʀ] **n. m. (mot allemand, du latin *silva* « forêt »)** Cépage blanc cultivé en Alsace, en Allemagne. **–** Vin blanc sec issu de ce cépage. - var. **silvaner** [-ɛʀ].

sylve n. f. (latin *silva* « forêt ») poét. Forêt, bois.

Sylvester (James Joseph) Mathématicien britannique (1814-1897). Il travailla, avec A. Cayley, sur la théorie des invariants algébriques et sur celle des déterminants.

sylvestre adj. (latin → sylv[i]-) littér. Relatif, propre aux forêts, aux bois. **–** *Pin sylvestre* (à l'écorce orangée, vers la cime).

Sylvestre Iᵉʳ (saint) Pape de 314 à 335. Son autorité fut éclipsée par celle de l'empereur Constantin, qui reconnut le christianisme comme religion de l'Empire romain et convoqua le concile de Nicée (325).

Sylvestre (Anne) Autrice-compositrice et chanteuse française (1934-2020). Son répertoire tantôt gai tantôt grave se compose de 600 chansons dont la moitié pour enfants (*Fabulettes*). Elle a beaucoup écrit sur les femmes : *La Porteuse d'eau.*

sylv(i)- Élément **(du latin *sylva* ou *silva* « forêt », *cf.* sylvestre ; sauvage)** qui signifie « forêt ».

sylvicole adj. (latin *silvicola* « qui habite dans les forêts ») 1. didact. Qui vit dans les forêts. *Oiseaux, plantes sylvicoles.* **2.** techn. Relatif à la sylviculture. **→ forestier.** *Problèmes sylvicoles.*

sylviculteur, trice n. Exploitant(e) de forêts. **→ forestier.**

sylviculture n. f. Exploitation rationnelle des arbres forestiers (entretien, reboisement, etc.). **→ foresterie ; arboriculture.**

SYMBOLISME

1. *Le Rêve,* Pierre Puvis de Chavannes (1883), musée d'Orsay, Paris.
2. *La Perte du pucelage,* Paul Gauguin (1890-1891), musée Chrysler des Arts, Norfolk.
3. *Who shall deliver me,* Fernand Khnopff (1891), collection particulière, Paris.
4. *Le Cri,* Edvard Munch (1893), musée Munch, Oslo.
5. *L'Intrigue,* James Ensor (1890), musée royal des Beaux-Arts, Anvers.
6. *Le Cyclope,* Odilon Redon (1898), musée Kröller-Müller, Otterlo.
7. *Cassandre,* Max Klinger (v. 1893), musée d'Orsay, Paris.
8. *Beethoven,* Max Klinger (1902), musée des Beaux-Arts, Leipzig.

Le terme « symbolisme », emprunté au mouvement littéraire contemporain, désigne un groupe de plasticiens travaillant à contre-courant des recherches impressionnistes, qui valorisent l'acte pictural pour lui-même. Pour ces artistes de toute l'Europe, c'est au contraire le sujet, support de l'« idée » ou du « rêve », qui reste central. Leurs nombreuses représentations imaginaires ou fantastiques, transposition de leur inconscient, influenceront fortement le futur surréalisme.

sylvinite n. f. (de *sylvine* « chlorure naturel de potassium », du n. du savant hollandais Sylvius) agric. Minerai de potassium formé de chlorure de potassium et de chlorure de sodium, utilisé comme engrais.

sym- voir syn-

symbiose n. f. (grec *sumbiôsis,* de *sun* → syn- et *bioun* « vivre », de *bios* « vie » → bio-) **1.** sc. Association biologique, durable et réciproquement profitable, entre deux organismes vivants. *Algue et champignon vivant en symbiose* (lichen). **2.** littér. Étroite union. → **fusion.** – *Vivre en symbiose avec qqn.*

symbiote n. m. (de *symbiose*) sc. Chacun des êtres associés en symbiose.

symbiotique adj. (du grec → symbiose) sc. Relatif à la symbiose.

symbole n. m. (latin chrét. *symbolum,* emprunt au grec *sumbolon* « signe de reconnaissance », de *sun* → syn- et *ballein* « jeter » → bal) **I.** relig. Formule dans laquelle l'Église chrétienne résume sa foi. → **credo.** *Le Symbole des apôtres.* **II. 1.** Être, objet ou fait perceptible, identifiable, qui, par sa forme ou sa nature, évoque spontanément (dans un groupe social donné) quelque chose d'abstrait ou d'absent. → **signe.** *La colombe, symbole de la paix.* – *Mythes et symboles populaires.* ■ littér. Image ou énoncé à valeur évocatrice. → **allégorie, image, métaphore. 2.** Ce qui, en vertu d'une convention arbitraire, correspond à ce qu'il désigne. *Symbole algébrique. O, symbole chimique de l'oxygène.* **3.** Personne qui incarne, représente, évoque (qqch.) de façon exemplaire. → **personnification.**

symbolique (→ symbole) **I.** adj. **1.** Qui constitue un symbole, repose sur un ou des symboles. → **allégorique, emblématique.** *Objet symbolique.* **2.** Qui vaut surtout par ce qu'il représente ; qui est le signe d'autre chose. *Geste symbolique.* **II.** n. f. **1.** Système de symboles. *La symbolique des fleurs.* → **langage. 2.** Étude, théorie des symboles. → **sémiologie, sémiotique.** *La symbolique des rêves chez Freud.* **III.** n. m. *Le symbolique :* le domaine des symboles.

symboliquement adv. D'une manière symbolique.

symbolisation n. f. Fait de représenter par des symboles ou d'utiliser des symboles. *Symbolisation en mathématiques.*

symboliser v. tr. < 1 > (→ symbole) **1.** Représenter par un symbole. **2.** (personnes ou choses) Être le symbole de (une abstraction).

symbolisme n. m. **1.** Figuration par des symboles ; système de symboles. *Le symbolisme religieux. Le symbolisme des masques africains.* **2.** Mouvement littéraire et d'arts plastiques (de la fin du XIXe siècle) qui s'efforça de fonder l'art sur une vision symbolique et spirituelle du monde.

symboliste adj. Du symbolisme (2) ; partisan du symbolisme. *Mouvement symboliste.* – n. *Les symbolistes.*

symétrie n. f. (latin *symmetria,* mot grec « juste mesure », de *sun* → syn- et *metron* « mesure » → -mètre) **1.** littér. Régularité et harmonie, dans les parties d'un objet ou dans la disposition d'objets semblables. **2.** Distribution régulière de parties, d'objets semblables de part et d'autre d'un axe, autour d'un centre. *La parfaite symétrie des deux ailes d'un château.* – *Axe de symétrie :* droite par rapport à laquelle il y a symétrie. *Centre, plan de symétrie.* ■ fig. Similitude (de phénomènes, de situations).

symétrique adj. Qui présente une symétrie ; qui est en rapport de symétrie (2). □ **adv. symétriquement**

Symmaque Orateur et homme politique romain (340-410). Préfet de Rome en 384, consul en 391, il défendit le paganisme et les valeurs traditionnelles de Rome.

sympa adj. voir sympathique

sympathectomie n. f. (de *sympathique* I, 2 et *-ectomie*) méd. Ablation d'un nerf, d'un ou de plusieurs ganglions du système sympathique.

sympathie n. f. (latin *sympathia,* du grec *sumpatheia* « participation à la souffrance d'autrui », de *sun* → syn- et *pathos* → -pathie ; *cf.* compatir) **1.** vieux Similitude de sentiments (entre deux ou plusieurs personnes). → **accord, harmonie. 2.** Relations entre personnes qui, ayant des affinités, se conviennent, se plaisent. → **entente. 3.** Sentiment chaleureux et spontané qu'une personne éprouve (pour une autre). → **amitié, cordialité, inclination ;** - contr. **antipathie.** *Avoir de la sympathie pour qqn.* ■ Bonne disposition (à l'égard d'une action, d'une production humaine). *Accueillir un projet avec sympathie.* **4.** littér. (au sens du grec → étym.) Participation à la douleur d'autrui : fait de ressentir ce qui touche autrui. → **compassion ; empathie.** *Témoignage de sympathie.* – cour. (politesse) *Croyez à toute ma sympathie.*

sympathique adj. I. 1. vieux Qui est en relation, en affinité avec (autre chose). – mod. loc. *Encre* sympathique.* 2. n. m. physiol. *Le sympathique* : le système nerveux périphérique qui commande les mouvements inconscients, incontrôlés comme ceux de l'œil, du cœur, des poumons, etc. → **orthosympathique, parasympathique.** 3. littér. Relatif à la sympathie entre personnes. II. (personnes) Qui inspire la sympathie. → **agréable, aimable** ; - contr. **antipathique.** *Je le trouve sympathique ; il m'est très sympathique.* ■ (choses) *Un geste sympathique.* – fam. Très agréable. *Une soirée très sympathique.* - abrév. fam. **sympa.** *Des filles sympas.*

sympathiquement adv. Avec sympathie ; d'une façon sympathique. → **amicalement, chaleureusement.**

sympathisant, ante n. Personne qui, sans appartenir à un parti, à un groupe, approuve l'essentiel de sa politique, de son action. *Les militants et les sympathisants.*

sympathiser v. intr. < 1 > Être en affinité (avec qqn). ■ Avoir un contact sympathique (avec qqn). *Ils ont tout de suite sympathisé.*

sympatrique adj. (anglais *sympatric* → patrie) biol. Se dit d'espèces voisines vivant dans une même aire géographique sans s'hybrider.

symphonie n. f. (latin *symphonia* « concert », du grec « accord », famille de *phônê* « voix » → -phone) 1. Composition musicale à plusieurs mouvements, construite sur le plan de la sonate et exécutée par un nombre important d'instrumentistes. *Les neuf symphonies de Beethoven.* – *Symphonie concertante,* concerto à plusieurs solistes. 2. fig., littér. Ensemble harmonieux. *Une symphonie de couleurs.*

▶ Le terme **symphonie** désigne à partir du XVIe siècle une pièce orchestrale qui précède et introduit une pièce vocale. Au XVIIIe siècle, la symphonie devient un genre musical à part entière, qui se fixe dans un premier temps autour d'une alternance de trois mouvements (rapide-lent-rapide), puis de quatre (en général allegro, andante, menuet ou scherzo, presto) avec Haydn (symphonies « Parisiennes » et « Londoniennes ») et Mozart (symphonie n° 41 *Jupiter*). L'orchestre comprend alors une trentaine de musiciens.
Beethoven étoffe l'orchestre, dont il tire des effets dramatiques d'une rare puissance, et bouleverse les canons de la symphonie classique par des inventions formelles audacieuses (particulièrement dans les *Cinquième* et *Neuvième Symphonies*). Il ouvre ainsi la voie à des compositeurs qui vont faire éclater les dimensions et la forme de la symphonie : Schumann, Brahms, Bruckner. Parallèlement, Berlioz introduit la symphonie à programme (*Symphonie fantastique,* 1830), genre repris et développé par Franz Liszt et Richard Strauss (*Till l'espiègle,* 1895 ; *Ainsi parlait Zarathoustra,* 1896). Le chef d'orchestre et compositeur Gustav Mahler exploite toutes les possibilités instrumentales d'un orchestre parfois pléthorique (symphonie n° 8, dite *Symphonie des mille* en raison du nombre d'exécutants) et aboutit à des œuvres d'une grande complexité formelle.
Le genre symphonique a survécu à l'abandon de la tonalité (Schoenberg, *Première* et *Deuxième Symphonies de chambre,* 1906 et 1939 ; Webern, *Symphonie opus 21,* 1928), et a continué de séduire des compositeurs actuels tels que Henri Dutilleux (*Symphonies 1* et *2,* 1951 et 1959), Luciano Berio (*Sinfonia,* 1968), Gérard Grisey (*Modulations,* 1976) ou Pierre Boulez (*Notations,* 1980 et 1997).
voir aussi **composition, polyphonie**

symphonique adj. 1. *Poème symphonique* : composition musicale assez ample, écrite pour tout l'orchestre et illustrant un thème précis. 2. De la symphonie ; de la musique classique pour grand orchestre. *Orchestre symphonique. Concert, musique symphonique.*

symphoniste n. Personne qui compose ou exécute des symphonies.

synapse

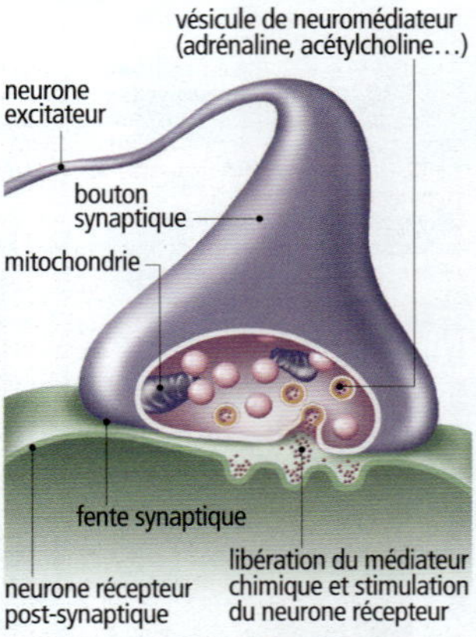

Communication entre deux neurones par synapse excitatrice.

symphorine n. f. (du latin bot., du grec *sumphoros* « qui accompagne ») Arbuste buissonnant originaire d'Amérique du Nord, à petites fleurs roses et à baies blanches ou roses.

symphyse n. f. (du grec « union ») anat. Articulation peu mobile. → **amphiarthrose.** *La symphyse pubienne.*

symplectique adj. (du latin, du grec *sumplektikos* « qui entrelace ») didact. Qui est entrelacé (avec une autre chose, une autre partie).

symposium [sɛ̃pozjɔm] n. m. (mot latin « banquet », du grec *sumposion,* de *sumpotês* « qui boit avec ») Congrès de spécialistes, sur un thème scientifique. → **colloque.** *Des symposiums.*

symptomatique adj. (→ symptôme) 1. méd. Qui constitue un symptôme. *Douleur symptomatique de telle maladie. Maladie symptomatique* (s'oppose à *idiopathique*). 2. Qui révèle ou fait prévoir (un état ou un processus caché). → **caractéristique ; révélateur.** *Une réaction symptomatique.*

symptomatiquement adv. D'une manière symptomatique.

symptomatologie n. f. (→ symptôme et -logie) méd. Étude des symptômes des maladies. → **séméiologie** (1). – Ensemble des symptômes étudiés.

symptôme n. m. (latin médical *symptoma,* du grec « coïncidence [de signes] ») 1. Phénomène, caractère perceptible ou observable lié à un état, une maladie qu'il permet de déceler, dont il est le signe. → aussi **syndrome ; prodrome.** 2. fig. Ce qui manifeste, révèle ou permet de prévoir (un état, une évolution). → **signe.** *« Les malheurs ont leurs symptômes comme les maladies »* (Musset). – *Symptômes avant-coureurs d'une crise.*

syn- Élément de mots savants (du grec *sun* « avec, ensemble ») qui marque l'idée de réunion dans l'espace ou le temps, qui peut prendre les formes *syl-* et *sym-*.

synagogue n. f. (latin chrét. *synagoga,* du grec « réunion », de *sunagein* « rassembler », de *sun* → syn- et *agein* « conduire » → agonie) 1. Édifice, temple consacré au culte israélite. 2. didact. La religion juive ; l'ensemble des fidèles juifs.

synalèphe n. f. (du latin des grammairiens, du grec *sunaloiphê* « fusion ») gramm. Fusion de deux ou plusieurs syllabes en une seule, par élision, synérèse ou contraction.

synallagmatique adj. (du grec *sunallagma* « contrat ») dr. Qui comporte une obligation réciproque entre les parties. → **bilatéral, réciproque.**

synanthéré, ée adj. (de *syn-* et *anthère*) bot. *Étamines synanthérées,* soudées par leurs anthères.

synapse n. f. (du grec *sunapsis* « liaison ») didact. Région de contact entre deux neurones ou entre un neurone et une autre cellule.

synaptique adj. didact. Relatif à une synapse.

synarchie n. f. (grec *sunarkhia* « pouvoir commun » → syn-, -archie) didact. Gouvernement d'un État par plusieurs personnes à la fois.

synarthrose n. f. (du grec *arthron* « articulation ») anat. Articulation fixe qui ne permet pas le mouvement. → **suture, synchondrose.**

synchondrose n. f. (du grec *khondros* « cartilage ») anat. Synarthrose dans laquelle l'union des pièces osseuses est assurée par du cartilage.

synchrocyclotron n. m. (de *synchro[ne]* et *cyclotron* → synchrotron) phys. Accélérateur de particules (cyclotron) dans lequel le synchronisme des corpuscules avec la tension haute fréquence est obtenu par une modulation de fréquence de cette tension.

synchrone [sɛ̃kʀon] adj. (du latin, du grec *sunkhronos,* de *sun* → syn- et *khronos* « temps » → chrono-) Qui se produit dans le même temps ou à des intervalles de temps égaux. → **simultané.** *Mouvements synchrones.*

synchronie [sɛ̃kʀɔni] n. f. (créé par F. de Saussure) 1. ling. Ensemble des faits linguistiques considérés comme formant un système à un moment donné (opposé à *diachronie*). 2. Ensemble d'évènements considérés comme simultanés.

synchronique [sɛ̃kʀɔnik] adj. Qui concerne ou étudie des phénomènes, des évènements qui ont lieu en même temps. – *Linguistique synchronique* (→ **synchronie**).

synchroniquement adv. De manière synchronique, dans le même temps.

synchronisation [sɛ̃kʀɔnizasjɔ̃] n. f. Action de synchroniser ; son résultat. *Synchronisation d'un film doublé.* → **postsynchronisation.**

synchronisé, ée [sɛ̃kʀɔnize] adj. 1. Rendu synchrone. *Opérations synchronisées.* 2. (sportif...) Dont les gestes s'enchaînent harmonieusement. *Natation synchronisée.*

synchroniser v. tr. < 1 > 1. techn. Rendre synchrones (des phénomènes, des mouvements, des mécanismes). *Synchroniser des mouvements.* → **coordonner.** – Mettre en concordance la piste sonore et les images de (un film). → **postsynchroniser.** 2. cour. Faire s'accomplir simultanément (des actions).

synchroniseur n. m. 1. électr. Système qui permet de coupler automatiquement deux alternateurs au moment du synchronisme. ■ Dispositif de vitesses synchronisées (automobile). 2. biol. Phénomène cyclique entraînant un rythme biologique.

synchronisme [sɛ̃kʀɔnism] n. m. (grec *sunkhronismos* → synchrone) 1. Caractère de ce qui est synchrone (phénomènes, mouvements) ou synchronisé (mécanismes...). 2. (évènements) Coïncidence de dates, identité d'époques. → **concordance, simultanéité.** 3. cour. Caractère de ce qui est synchronisé. *Avec un synchronisme parfait.*

synchrotron [sɛ̃kʀɔtʀɔ̃] n. m. (de *synchro[ne]* et *[cyclo]tron*) phys. Cyclotron dans lequel le champ magnétique varie avec la vitesse des particules.

synclinal, ale, aux (du grec, de *sun* → syn- et *klinein* « incliner » → clinique, par l'anglais) géol. 1. n. m. Pli concave vers le haut (opposé à *anticlinal*). 2. adj. D'un synclinal. *Vallée synclinale.*

syncopal, ale, aux adj. méd. Relatif à la syncope ; qui s'accompagne de syncopes fréquentes. *Fièvre syncopale.*

syncope n. f. (du latin, du grec *sugkopê*, d'un v. signifiant « briser ») **I.** Perte de connaissance brutale, parfois causée par un arrêt cardiaque. → **évanouissement.** *Avoir une syncope, tomber en syncope,* s'évanouir, se trouver mal. **II.** mus. Prolongation sur un temps fort d'un élément accentué d'un temps faible. *La syncope dans le jazz.*

syncopé, ée adj. mus. Caractérisé par un emploi systématique de la syncope (II). *Rythme syncopé.*

syncoper v. < 1 > mus. **1. v. tr.** Unir (une note) à la suivante en formant une syncope. **2. v. intr.** Former une syncope.

syncrétisme n. m. (du grec « union de Crétois » [de *Krês, Krêtos* « Crétois », les Crétois ayant la réputation d'être faux]) didact. Combinaison de doctrines, de systèmes initialement incompatibles. *Le syncrétisme religieux du vaudou.* – psych. Appréhension globale et indifférenciée qui précède la perception et la pensée par objets nettement distincts les uns des autres. □ **adj. syncrétique**

syncrétiste didact. **1. n.** Partisan d'un syncrétisme religieux ou philosophique. **2. adj.** Qui a adopté le syncrétisme. *Philosophe syncrétiste.* – Relatif au syncrétisme. *Doctrine syncrétiste.*

syncristalliser v. intr. < 1 > chim. Cristalliser ensemble.

syncytium [sɛ̃sitjɔm] n. m. (de *syn-* et du grec *kutos* « noyau ») biol. Masse de cytoplasme qui comporte plusieurs noyaux.

syndactylie n. f. (de *syn-* et *-dactyle*) pathol. Malformation caractérisée par la soudure de deux ou plusieurs doigts ou orteils.

synderme n. m. (de *syn[thétique]* et du grec *derma* « peau » → **derme**) techn. Cuir synthétique formé de fibres agglomérées par du latex.

syndic n. m. (du latin « représentant d'une ville », du grec *sundikos* « celui qui assiste qqn en justice ») **1.** hist. Représentant des habitants, dans une ville franche. **2.** *Syndic de faillite :* administrateur provisoire d'une entreprise en faillite. → **liquidateur. 3.** Mandataire choisi(e) par les copropriétaires d'un immeuble, et chargé(e) de l'administrer. *Syndic de copropriété.* **4.** (Suisse) Premier magistrat d'une commune (cantons de Vaud et de Fribourg). - Au fém. **syndique.**

syndical, ale, aux adj. **I.** rare Relatif à un syndic. **II. 1.** Relatif à un syndicat (II, 2), à une association professionnelle. *Chambre syndicale.* **2.** Relatif à un syndicat (II, 3) de salariés, au syndicalisme. *Centrale syndicale. Délégué syndical* (→ **syndicaliste**). *« Sauvegarder* [les] *libertés politiques et syndicales »* (Péguy). **3.** *Conseil syndical,* chargé d'assister le syndic de copropriété et de contrôler sa gestion.

syndicalisation n. f. Fait d'adhérer ou d'appartenir à un syndicat. *Taux de syndicalisation d'une profession.*

syndicaliser v. tr. < 1 > Donner une conscience syndicale à (un secteur professionnel). – au p. p. *Secteur économique peu syndicalisé.*

syndicalisme n. m. Fait social et politique que représentent l'existence et l'action des syndicats de travailleurs salariés (→ **syndicat** (II, 3)) ; doctrine de ces syndicats. *Les lois sociales, conquête du syndicalisme.* – Activité exercée dans un syndicat. *Faire du syndicalisme.*

▶ Le **syndicalisme** est apparu dans la classe ouvrière avec la Révolution industrielle, avant de s'étendre au monde des « cols blancs » et au patronat.

En France, les syndicats, interdits en 1791, ne sont autorisés qu'en 1884 (loi Waldeck-Rousseau). La CGT fédère en 1895 les traditions marxiste et syndicaliste révolutionnaire (fédération des *Bourses du travail* méfiante envers les partis politiques). La Charte d'Amiens (1906) s'inspire encore de cette dernière.

Dans la plupart des pays occidentaux, les syndicats de salariés sont liés à des partis (mais pas aux États-Unis où la puissante AFL-CIO est apolitique). Le *Labour* britannique, issu en 1906 du *Trade Union Congress,* a gardé des liens étroits avec le syndicalisme jusqu'au milieu des années 1980. Dans le monde communiste, les syndicats sont subordonnés au Parti.

En Europe, trois grandes tendances se partagent le syndicalisme : les syndicats réformistes rejettent la lutte des classes ; les syndicats révolutionnaires ont parfois servi de « courroie de transmission » à l'Internationale communiste (liens de la CGT avec le PCF) ; le syndicalisme chrétien s'inspire de la doctrine sociale de l'Église (CFTC en France, Solidarité en Pologne) mais il s'est souvent laïcisé (CFDT). Après la Seconde Guerre mondiale, le syndicalisme européen participe à la gestion de l'État-providence (au sein des caisses de retraite par exemple).

En crise depuis les années 1980, victime des grandes mutations économiques et sociales (désindustrialisation), le syndicalisme a perdu une partie de ses effectifs mais son influence reste importante en particulier dans la fonction publique.

voir aussi **révolution industrielle, grève, communisme**

syndicaliste 1. n. Personne qui fait partie d'un syndicat et y joue un rôle actif. **2. adj.** Des syndicats ; du syndicalisme. *Esprit syndicaliste.*

syndicat n. m. (de *syndic*) **I.** vieux Fonction de syndic. **II. 1.** Association qui a pour objet la défense d'intérêts communs. *Syndicat de copropriétaires. Syndicat de communes.* – ***Syndicat d'initiative :*** organisme, service destiné à développer le tourisme dans une localité et auprès duquel les touristes peuvent se renseigner. **2.** Association qui a pour objet la défense d'intérêts professionnels. *Syndicat patronal. Syndicats ouvriers.* **3.** (employé seul) Syndicat ouvrier, de salariés. *L'action sociale des syndicats.* → **syndicalisme ; syndical** (II, 2). *Adhérent d'un syndicat.* → **syndiqué.**

syndicataire n. dr. Membre d'un syndicat financier, d'un syndicat de copropriétaires. – **adj.** Relatif à un tel syndicat.

syndiqué, ée adj. et n. (Personne) qui fait partie d'un syndicat. *Syndiqués et syndicalistes.*

syndiquer v. tr. < 1 > (de *syndic*) Grouper (des personnes), organiser (une profession) en syndicat (II). ■ **se syndiquer v. pron.** Se grouper en un syndicat. – Adhérer à un syndicat (surtout II, 3).

syndrome n. m. (grec *sundromê* « réunion », de *sun* → **syn-** et *dromê* « course » → **-drome**) **1.** méd. Ensemble de symptômes constituant une entité, et caractérisant un état pathologique. **2.** fig., cour. Ensemble de signes, de comportements révélateurs (d'une situation jugée mauvaise).

synecdoque n. f. (du latin, du grec « compréhension simultanée ») didact. Figure de rhétorique qui consiste à prendre le plus pour le moins, la partie pour le tout (ex. *une voile* pour *un navire*), le singulier pour le pluriel (ex. *l'ennemi* pour *les ennemis*)... ou inversement. → aussi **métonymie.**

synéchie n. f. (du grec *sunekheia* « continuité ») pathol. Fusion de deux tissus contigus qui sont normalement séparés. *Synéchie utérine.*

synérèse n. f. (du latin, du grec *sunairesis* « rapprochement ») phonét. Prononciation de deux voyelles contiguës d'un même mot en une seule syllabe (opposé à *diérèse*). → **contraction.**

synergie n. f. (grec *sunergia*, de *sunergein* « travailler ensemble » ; famille de *énergie*) **1.** Action coordonnée de plusieurs organes qui concourent à une seule action. *Synergie musculaire.* **2.** Action coordonnée de plusieurs éléments. *Créer une synergie entre les services d'une entreprise.* □ **adj. synergique**

synesthésie n. f. (grec *sunaisthêsis* « perception simultanée ») méd. Trouble de la perception dans lequel une sensation supplémentaire est ressentie dans une autre région du corps que celle qui est perçue normalement.

Synge (John Millington) Auteur dramatique irlandais (1871-1909). Son théâtre mêle le réalisme social, décrivant les milieux de pêcheurs et de paysans, et un imaginaire mystérieux. *À cheval vers la mer ; Le Baladin du monde occidental ; Deirdre des douleurs.*

Synge (Richard Laurence Millington) Chimiste britannique (1914-1994). Il est l'inventeur, avec Martin, de la chromatographie de partage sur papier. Prix Nobel 1952, avec A. Martin.

Syngman Rhee ou **Yi Sŭngman** Homme politique coréen (1875-1965). Il lutta contre l'occupation japonaise et fut à plusieurs reprises emprisonné. Élu premier président de la République sud-coréenne en 1948, il instaura une dictature et fut renversé en 1960.

syngnathe [sɛ̃gnat] n. m. (du latin, du grec *sun* « avec » et *gnathos* « mâchoire ») zool. Poisson de mer au long corps grêle, au museau allongé, appelé aussi *aiguille de mer.*

synodal, ale, aux adj. Relatif à un synode. *Assemblée synodale.*

synode n. m. (latin *synodus*, du grec « assemblée [religieuse] », de *hodos* « chemin » → **période**) relig. Assemblée d'ecclésiastiques (spécialt catholiques, protestants). ■ *Le saint-synode :* le conseil suprême de l'Église russe (orthodoxe). *Les saints-synodes.*

synodique adj. (→ **synode**) didact. **I.** astron. Relatif à une conjonction d'astres. **II.** Relatif à un synode.

synonyme (du bas latin, terme de gramm., du grec *sunônumos* « de même nom que », de *onoma* « nom » → **-onyme**) **1. adj.** Se dit de mots ou d'expressions qui ont un sens identique ou très voisin. *« Marjolaine » et « origan » sont synonymes.* – fig. *Être synonyme de :* évoquer, correspondre à. *« Boue est synonyme de honte »* (Hugo). **2. n. m.** Mot, expression synonyme (d'un[e] autre).

synonymie n. f. (→ **synonyme**) didact. Relation entre deux mots ou expressions synonymes.

synonymique adj. Relatif aux synonymes, à la synonymie.

synopse n. f. (grec *sunopsis* « vue d'ensemble ») relig. Livre qui présente les Évangiles de manière parallèle, en rapprochant autant que possible les passages relatifs aux mêmes évènements. → **synoptique** (2).

synopsie n. f. (de *syn-* et *-opsie*) méd. Forme de synesthésie appelée aussi *audition colorée* dans laquelle le sujet perçoit un son associé à une couleur déterminée.

synopsis [sinɔpsis] n. m. (d'abord fém. ; du grec « vue d'ensemble », de *opsis* « vue » → **optique**, par l'anglais) cinéma Récit très bref qui constitue un schéma de scénario.

synoptique adj. (grec *sunoptikos* « qui embrasse d'un coup d'œil », de *sun* → **syn-** et *optikos* → **optique**) **1.** Qui donne une vue générale. *Tableau synoptique.* **2.** relig. *Les Évangiles synoptiques* ou **n. m. pl.** *les synoptiques :* les trois Évangiles (de saint Matthieu, de saint Marc, de saint Luc) dont les plans sont à peu près semblables.

synostose n. f. (de *syn-* et du grec *osteon* « os ») anat. Union de deux pièces osseuses à l'origine séparées.

synovial, ale, aux adj. Relatif à la synovie. – *Membrane synoviale,* qui sécrète la synovie.

synovie n. f. (du latin médical ; probablt créé par Paracelse) Liquide d'aspect filant qui lubrifie les articulations mobiles. *Épanchement de synovie* (notamment au genou).

S

Syracuse

Le théâtre grec de Syracuse (Ve s. av. J.-C.), inscrit au patrimoine mondial de l'Unesco.

synovite n. f. méd. Inflammation d'une membrane ou d'une gaine synoviale. *Synovite du genou. Synovite aiguë transitoire de la hanche,* affectant certains petits garçons d'une boiterie passagère, et appelée couramment *rhume de hanche.*

syntacticien, ienne n. didact. Spécialiste de la syntaxe.

^{1}syntactique adj. voir **syntaxique**

^{2}syntactique n. f. didact. Science des combinaisons et de l'ordre ; syntaxe ou syntagmatique logique.

syntagmatique adj. et n. f. ling. **1. adj.** Du syntagme. *Rapports syntagmatiques et rapports paradigmatiques.* **2. n. f.** Étude des syntagmes.

syntagme n. m. (grec *suntagma* « ensemble de choses rangées », famille du v. *tassein* « ranger » → taxer, taxi-) ling. Groupe de morphèmes ou de mots qui se suivent avec un sens déterminé (ex. relire, sans s'arrêter). – spécialt Ce groupe, formant une unité à l'intérieur de la phrase. *Syntagme nominal, syntagme verbal.*

syntaxe n. f. (du bas latin, terme de gramm., du grec *suntaxis,* de *suntassein* « arranger » → syntagme) didact. **1.** Étude des règles grammaticales d'une langue ; ces règles. → **grammaire.** *Respecter la syntaxe.* ■ Étude descriptive des relations existant entre les unités linguistiques et de leurs fonctions. *Syntaxe et morphologie.* – Ouvrage consacré à cette étude. **2.** Relations qui existent entre les unités linguistiques. *La syntaxe d'une phrase.* → **construction.**

syntaxique adj. didact. De la syntaxe. → **grammatical.** *Analyse syntaxique.* - var. **syntactique.**

S

synthèse n. f. (grec *synthesis* « assemblage ; arrangement » → thèse) **I. 1.** Suite d'opérations mentales qui permettent d'aller des notions simples aux notions composées (opposé à *analyse*). **2.** Opération intellectuelle par laquelle on rassemble des éléments de connaissance en un ensemble cohérent. *Un effort de synthèse. Esprit de synthèse.* **3.** Formation d'un tout matériel au moyen d'éléments. → **composition, mélange.** – Préparation (d'un composé chimique) à partir des éléments constituants. *Produit de synthèse.* → **synthétique** (2). – *Images de synthèse,* produites par des moyens informatiques, électroniques… – *Synthèse de la parole, synthèse vocale,* production artificielle du langage parlé. **II.** (Résultat d'une synthèse [I]) **1.** Ensemble complexe d'objets de pensée, d'éléments réunis. *Une vaste synthèse.* → **exposé. 2.** Notion philosophique (issue de Hegel et Fichte) qui réalise l'accord de la thèse et de l'antithèse en les faisant passer à un niveau supérieur (→ **dialectique**). « *Il y a toujours* plus *dans la synthèse que dans la thèse et dans l'antithèse réunies* » (Sartre).

synthétase n. f. (de *synthèse* et *-ase*) biochim. Enzyme qui réalise une synthèse en formant une liaison entre deux molécules. → **ligase.**

synthétique adj. (grec *sunthetikos* → synthèse) **1.** Qui constitue une synthèse ou provient d'une synthèse. *Méthode synthétique. Exposé synthétique.* **2.** Produit par synthèse chimique (artificielle). *Textile synthétique* et **n. m.** *du synthétique.* **3.** (esprit) Apte à la synthèse. *Esprits synthétiques et esprits analytiques.*

synthétiquement adv. Par une synthèse.

synthétiser v. tr. < 1 > (→ synthèse) Associer, combiner par une synthèse.

synthétiseur n. m. **1.** Instrument de musique électronique à clavier dont le son est produit par une synthèse acoustique. - abrév. fam. **synthé. 2.** *Synthétiseur de parole,* recomposant le langage humain.

syntone adj. (grec *suntonos* « qui est d'accord ») psych. (personnes) Dont les sentiments, les tendances sont en harmonie.

syntonie n. f. (du grec *suntonos* « accordé », de *tonos* → ^{2}ton) phys. État de circuits électriques qui ont des oscillations de même fréquence. *Circuits en syntonie,* accordés sur la même longueur d'onde.

syntonisation n. f. phys. Accord de deux circuits oscillants. – Réglage de résonance qui assure le rendement maximum.

syntoniser v. tr. < 1 > (de *syntonie*) phys. **1.** Mettre en syntonie. *Syntoniser deux circuits.* **2.** (Canada) Sélectionner (une fréquence). *Syntoniser une station de radio.*

syntoniseur n. m. (→ syntonie) Recommandation officielle pour *tuner.*

Syphax Roi des Numides occidentaux (mort en 202 av. J.-C.). Sous l'influence de sa femme Sophonisbe, il prit le parti de Carthage lors de la deuxième guerre punique, fut défait par Masinissa et mourut en captivité.

syphiligraphe n. (de *syphilis*) didact. Médecin spécialiste de la syphilis.

syphiligraphie n. f. didact. Étude médicale de la syphilis.

syphilis [sifilis] n. f. (latin de la Renaissance, du n. de Syphilus, personnage d'une légende) Grave maladie vénérienne, contagieuse, causée par un tréponème.

syphilitique adj. De la syphilis. *Chancre syphilitique.* ■ Atteint de syphilis. – **n.** *Un, une syphilitique.*

Syra voir **Syros**

Syracuse Ville des États-Unis (État de New York). 148 620 habitants. Université. Elle fut le principal producteur de sel du pays.

Syracuse Ville d'Italie, chef-lieu de province, sur la côte S.-E. de la Sicile. 123 660 habitants. Port. Nombreux vestiges grecs et romains (théâtre grec, amphithéâtre romain, temples, latomies), palais du Moyen Âge et de l'époque baroque. Musées. Station touristique. Colonie corinthienne fondée en –734, elle imposa au –Ve s. son hégémonie sur la Sicile, après avoir repoussé les Carthaginois (-480). Sous la tyrannie de Denys l'Ancien (405-367 av. J.-C.), la ville prospéra et étendit son influence à la Grande Grèce (-379). Demeurée neutre entre Rome et Carthage, elle se rangea finalement aux côtés de cette dernière en –215 mais la ville fut prise par les Romains en –212.

syrah n. m. ou f. (mot d'origine obscure) Cépage noir produisant des vins rouges aromatiques (côtes du Rhône).

Syr-Daria ou **Syr-Darya** n. m. Fleuve d'Asie centrale. Appelé Naryn dans sa partie amont, il naît dans les glaciers du Kirghizstan, fertilise la vallée du Fergana puis le Kazakhstan méridional et se jette dans la mer d'Aral en formant un grand delta. 2 200 km.

syriaque n. m. (latin *syriacus,* du grec) Langue sémitique ancienne du groupe araméen (Syrie, Palestine, Arabie) utilisée comme langue littéraire et liturgique du IIIe au XIIIe siècle. – **adj.** *Langue syriaque.*

Syrie

n. f. ■ offic. République arabe syrienne, en arabe Sūriya Pays du Proche-Orient. 185 000 km^{2}. 22 900 000 habitants (les *Syriens*). **Langues :** arabe (offic.), kurde, circassien, arménien et syriaque. **Population :** Arabes, 89 % ; Kurdes, 8 %. **Religions :** musulmans sunnites, 75 % ; alaouites, 11 % ; chrétiens, 10 % ; druzes, 3 %. **Monnaie :** livre syrienne. **Capitale :** Damas. **Régime :** présidentiel.

GÉOGRAPHIE

Le territoire syrien se compose, dans sa partie orientale, d'un vaste plateau au climat aride et à la végétation steppique (Hamada) dans lequel s'encaisse, au nord-est, le fleuve Euphrate. Plus à l'ouest, une double chaîne de montagnes (Anti-Liban et djebel Ansariya) qui culmine au mont Hermon (2 814 m) encadre la vallée de l'Oronte. Au sud se développent les reliefs boisés du djebel Druze. À l'extrémité occidentale du territoire, une étroite bande côtière s'étend en latitude sur 180 km env. qui offre à la Syrie une façade littorale sur la Méditerranée. Bien que les massifs montagneux soient bien arrosés et malgré la construction de barrages (lacs de retenue sur l'Euphrate notamment), les ressources en eau sont insuffisantes : la Syrie est en dessous du seuil de pénurie fixé à 1 000 m^{3}/an/habitant.

Bergers nomades dans les steppes de la région de Deir ez-Zor.

ÉCONOMIE

L'agriculture occupe 40 % de la population active et réalise 23 % du PIB, malgré le développement de l'irrigation. Les cultures se concentrent sur les côtes, dans les vallées des fleuves et dans les oasis *(ghoutas).* Le blé, le coton et les fruits sont exportés. L'éle-

Syrie

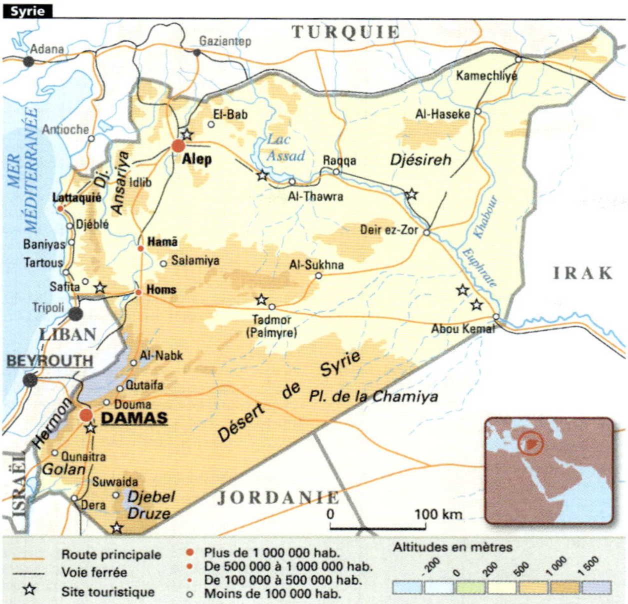

vage d'ovins et de bovins est pratiqué par les populations semi-nomades. Le sous-sol est riche (pétrole, gaz naturel, phosphates, chrome, asphalte, fer, or). L'industrie se développe (pétrochimie, textile, alimentaire, métallurgie). L'importance du secteur public et des dépenses militaires entravent le développement d'une économie qui bénéficie depuis 1989 du soutien des pays du Golfe. Les principaux secteurs ont été dévastés par neuf ans de guerre civile (2011-2020).

HISTOIRE

De la préhistoire à la domination ottomane Cette région du Croissant fertile fut habitée dès 800 000 ans av. J.-C. par une population sémite. Elle fut dominée par les Égyptiens (–XVIe s.), les Hittites (–XIVe s.), les Assyriens (–VIIIe-VIIe s.) et des Perses après –539 puis conquise en –333 par Alexandre le Grand. La dynastie des Séleucides en fit un royaume (–312). Les tribus arabes venues du sud s'y installèrent. Les arts et l'économie connurent un grand essor. La Syrie fut conquise par les Romains en –64 puis, après le partage de l'Empire, fut rattachée à l'Empire byzantin (395). La domination byzantine fut marquée par les nombreux schismes chrétiens et les incursions perses (611-623). Les Arabes musulmans conquirent la Syrie en 636 lors de la bataille du Yarmouk et l'islamisèrent. Damas devint la capitale du califat omeyade (661-750), mais les Abbassides s'installèrent ensuite à Bagdad. Les conflits entre les dynasties arabes et turques permirent aux croisés de prendre Jérusalem et la côte (1099). Les chrétiens d'Occident s'installèrent sur la côte jusqu'à l'intervention de Saladin. Les mamelouks d'Égypte dominèrent le pays, repoussant les Mongols (1260, puis de nouveau avec Tamerlan en 1401) et les Francs. Le pays passa sous domination ottomane en 1516. Bonaparte envahit la Syrie en 1799 puis le vice-roi d'Égypte Méhémet Ali conquit le pays et introduisit des réformes (1831-1840). La Syrie fut reprise par l'Empire ottoman.

Le nationalisme arabe. L'indépendance Le début du XXe s. vit la naissance du nationalisme arabe qui se rangea aux côtés des Britanniques dans la Première Guerre mondiale pour combattre les Ottomans. La Grande-Bretagne promit de soutenir l'indépendance arabe avant de se partager les pays arabes avec la France (accords Sykes-Picot, 1916). Malgré la tentative de l'émir Fayçal de créer un royaume, la France administra la Syrie sous la forme d'un mandat et dut affronter plusieurs insurrections.

La mobilisation nationaliste obligea la France à engager des négociations. Elle dénonça pourtant le premier traité de 1936 et instaura une domination directe. Les heurts avec les nationalistes se multiplièrent après la Seconde Guerre mondiale et la répression fut dure (bombardement de Damas en mai 1945). La Syrie obtint son indépendance en 1946.

L'instabilité du pouvoir D'emblée, la Syrie fut secouée par plusieurs coups d'État. En 1954, Adīb Chichaklī fut renversé par un coup d'État d'une alliance du parti Baas, du parti communiste et du bloc socialiste. La Syrie forma avec l'Égypte nassérienne la République arabe unie (1958-1961). Un nouveau coup d'État porta le parti Baas au pouvoir (1963) mais des luttes internes le divisèrent, l'aile gauche menée par les officiers alaouites prenant le pouvoir en 1966. La Syrie participa à la guerre israélo-arabe de 1967 au cours de laquelle Israël occupa le Golan.

La prise de pouvoir par Hafiz al-Assad Un coup d'État (nov. 1970) porta Hafiz al-Assad au pouvoir. Le pays devint un État démocratique, populaire et socialiste (1973), mais le régime demeura répressif. La Syrie participa avec l'Égypte à la guerre de 1973 contre Israël et subit une défaite. Les années 1980 furent marquées par l'opposition au pouvoir des Frères musulmans. Durant la guerre Iran-Irak, la Syrie soutint l'Iran.

La Syrie installa sa domination sur le Liban : en 1991, un traité stipulait que les deux pays appartenaient à la même nation. Mais la Syrie améliora ses relations avec l'Occident et devint un élément du règlement du conflit israélo-arabe, participant aux négociations de 1991. Mais le traité de paix israélo-syrien est toujours empêché par la question du Golan.

La présidence de Bachar al-Assad Bachar al-Assad a succédé à son père (2000). À partir de 2003, les États-Unis accusèrent le pays de possession d'armes de destruction massive et le contraignirent à accélérer son retrait du Liban. Syrie et Liban établissent des relations diplomatiques en 2008. En 2011, défendant la liberté d'expression et l'opposition politique, des manifestations contre le pouvoir furent réprimées dans le sang. En 2012, les combats se concentrèrent dans Alep et dans les villes le long d'un axe Damas-Alep. En 2013, le chef d'al-Qaida appela à l'instauration d'un État islamique en Syrie. Le régime de Bachar al-Assad ayant eu recours à des armes chimiques lors d'une attaque meurtrière à Damas, les 15 pays membres du Conseil de sécurité votèrent aussitôt une résolution intimant au pays le démantèlement et la destruction de son arsenal d'armes chimiques. En 2014, Daech proclama un « califat » en Irak et en Syrie. Le contrôle du pays était alors divisé entre le gouvernement de Damas, les forces rebelles (Armée syrienne libre), les forces kurdes et les djihadistes de l'État islamique qui contraignirent plusieurs milliers de Kurdes syriens à s'exiler. En mai 2015, Daech s'empara de Palmyre, dominant ainsi la moitié du territoire syrien, le régime n'en contrôlant plus que le quart et les 25 % restants se partageant entre l'Armée syrienne libre et les différents groupes djihadistes nationalistes comme le front al-Nosra affilié à Daech. La France intensifia ses frappes aériennes antiterroristes après les attentats de Paris du 13 novembre ; la Russie intervint également, à la demande du président al-Assad, en ciblant prioritairement les rebelles au régime syrien et l'aida à reprendre Alep à ces derniers en décembre 2016. Daech fut chassé de Raqqa puis de Deir ez-Zor en 2017 mais disposait encore de quelques poches de résistance un an plus tard à la frontière avec l'Irak. Grâce à leurs victoires successives sur Daech, les Kurdes avaient, à la fin de la guerre, étendu leur bastion sur un territoire bordant la frontière avec la Turquie. Dès l'annonce d'un retrait des troupes américaines, l'armée turque lança en oct. 2019 une offensive afin de repousser ces populations considérées comme terroristes par le président turc Erdogan. Le parti Baas au pouvoir remporta les législatives de 2020 et al-Assad fut réélu en 2021 alors que des millions de Syriens, notamment les opposants, avaient fui le pays. Plusieurs villes du Kurdistan syrien, région la plus pauvre du pays, furent en partie détruites par le séisme de février 2023.

syringe n. f. (du latin, du grec *surinx* « tuyau ») archéol. Tombe royale de l'Égypte pharaonique, creusée dans le roc en forme de galerie.

syringomyélie n. f. (du grec *surinx* « tuyau » et *muelos* « moelle ») méd. Maladie chronique de la moelle épinière, caractérisée par la formation d'une cavité allongée près du canal central, qui entraîne une perte de la sensibilité à la température et à la douleur.

syrinx n. f. ou rare m. (grec *surinx* → syringe, syringomyélie) Flûte de Pan.

Syrinx Dans la mythologie grecque, nymphe d'Arcadie aimée de Pan. Poursuivie par ce dernier, elle se transforme en roseau. Pan, en écoutant le vent siffler sur les roseaux, fabrique une flûte faite de plusieurs roseaux, appelée *syrinx* en souvenir de la nymphe.

Syros ou **Syra** Île grecque des Cyclades. 84 km^2. 21 000 habitants. Chef-lieu : Hermoupolis.

syrphe n. m. (grec *surphos* « mouche ») zool. Insecte diptère, mouche à abdomen jaune et noir, aux antennes courtes et au vol rapide.

syrte n. f. (grec *surtis* « sables mouvants ») **1.** vieux au plur. Sables mouvants. **2.** Région côtière sablonneuse. « *Le Rivage des Syrtes* » (roman de J. Gracq).

S

Syrte **(golfe de)** ou **(golfe de la Grande)** Golfe de Libye (Tripolitaine et Cyrénaïque) ouvert sur la Méditerranée.

systématicien, ienne **n.** didact. Spécialiste de la systématique, de la classification des êtres vivants. → **taxinomiste.**

systématique **(→ système)** **I. adj. 1.** Qui appartient à un système, est intégré dans un système intellectuel. – Qui forme un système. *Raisonnement systématique.* **2.** Qui procède avec méthode. – Organisé méthodiquement. *Une exploitation systématique. Un refus systématique,* entêté. **3.** Qui pense ou agit selon un système. *Esprit systématique.* → **[2]logique, méthodique.** – péj. Qui préfère son système à toute autre raison. → **dogmatique. II. n. f.** didact. **1.** Science des classifications des êtres vivants. → **taxinomie. 2.** Ensemble (de données, de méthodes) relevant d'un système de pensée.

systématiquement **adv.** D'une manière systématique. *Il refuse systématiquement.*

systématisé, ée **adj.** Qui forme un système. – au p. p. psych. *Délire systématisé,* où les idées délirantes sont ordonnées.

systématiser **v. tr.** **<1>** **1.** Réunir (plusieurs éléments) en un système. *Systématiser des recherches.* **2.** Rendre systématique. *Systématiser les contrôles.* **3.** Généraliser. *Il ne faut pas systématiser.* □ **n. f. systématisation**

système **n. m.** **(du latin, du grec** ***sustêma*** **« assemblage ; ensemble »)** **I. 1.** Ensemble abstrait dont les éléments sont coordonnés par une loi, une théorie. *Le système astronomique de Copernic. Système philosophique.* → **doctrine, idéologie, [1]théorie. 2.** Ensemble de pratiques organisées en fonction d'un but. → **méthode.** *Le système de défense d'un accusé.* – fam. Moyen habile. *Je connais le système.* → **combine.** ***Le système D*.*** **3.** Ensemble de pratiques et d'institutions. *Système politique, social.* → **[1]régime.** *Système démocratique. Le système scolaire d'un pays.* – absolt, péj. La société sentie comme contraignante. *Il refuse le système.* **4.** ***Esprit de système*** : tendance à organiser, à relier les connaissances en ensembles cohérents ; péj. tendance à faire prévaloir la conformité à un système sur une juste appréciation du réel. **II. 1.** Ensemble complexe d'éléments naturels de même espèce ou de même fonction. → **structure.** *Le système solaire. Le système grammatical d'une langue. Le système nerveux.* – fam. *Il commence à me porter, à me taper* ***sur le système*** *(nerveux),* à m'énerver. **2.** Dispositif ou appareil complexe mis en œuvre pour aboutir à un résultat. *Système de miroirs. Système d'exploitation* d'un ordinateur. Système d'alarme.* **3.** Ensemble structuré (de choses abstraites). *« Le système universel de la nature et de l'art »* (Diderot). – *Système d'unités* : ensemble d'unités de mesure. *Le système métrique. Système décimal.*

systémicien, ienne **n.** **(de** ***systémique*****)** didact. Spécialiste de la systémique.

systémique **adj.** **(anglais** ***systemic,*** **même origine que** ***système*****)** didact. **1.** Relatif à un système dans son ensemble. – *Analyse systémique* et **n. f.** *la systémique,* qui analyse les faits en tant qu'éléments de systèmes complexes. ■ didact. Inhérent à un système social donné. *Discrimination systémique.* **2.** *Insecticide systémique,* qui agit sur tous les organes de la plante. **3.** *Maladie systémique,* touchant les éléments d'un même tissu.

systole **n. f.** **(grec** ***sustolê*** **« contraction »)** physiol. Contraction du cœur (alternant avec la diastole*).

systolique **adj.** physiol. Relatif à la systole. *Bruit systolique.*

systyle **n. m.** **(du latin d'origine grecque « aux colonnes rapprochées »)** archit. Ordonnance où les colonnes sont de deux diamètres différents. – **adj.** *Portique systyle.*

Syzran Ville de Russie, dans la région de Samara, sur la Volga. 188 000 habitants. Raffineries de pétrole.

syzygie **n. f.** **(du latin « assemblage », du grec, de** ***sun*** **→ syn- et** ***zugon*** **« joug »)** astron. Position de la Lune (et par ext. d'une planète) en conjonction ou en opposition avec le Soleil (nouvelle lune et pleine lune).

Szafran **(Sam)** Peintre français (1934-2019). Il a travaillé sur la modification de la perception de l'espace en jouant avec la perspective et la déformation *(L'Atelier de la rue de Crussol ; Escalier rue de Seine).* Ses toiles sont par la suite consacrées à des feuillages finement ciselés.

Szasz **(Thomas)** Psychanalyste américain d'origine hongroise (1920-2012). S'inscrivant dans le courant de l'antipsychiatrie, il critiqua, dans ses œuvres, les institutions psychiatriques. *Idéologie et folie ; La Persécution rituelle des drogués, boucs émissaires de notre temps.*

Szczecin en allemand **Stettin** Ville de Pologne, chef-lieu de la Poméranie-Occidentale, sur l'estuaire de l'Oder. 409 100 habitants. Important port et centre industriel.

Szeged Ville de Hongrie, sur la Tisa. 160 700 habitants. Université.

Székesfehérvár Ville de Hongrie au S.-O. de Budapest. 96 900 habitants. Bâtiments baroques, église gothique.

Szell **(George)** Chef d'orchestre américain d'origine hongroise (1897-1970). À la tête de l'orchestre de Cleveland (1946-1970), il se distingua dans le répertoire allemand, de Haydn à Strauss, ainsi que dans Dvořák et Bartók.

Szent-Györgyi von Nagyrapolt **(Albert)** Biochimiste américain d'origine hongroise (1893-1986). Il découvrit la vitamine C (1932) puis la vitamine P (1936). Prix Nobel 1937.

Szilard **(Leo)** Physicien américain d'origine hongroise (1898-1964). Spécialiste en physique nucléaire, il participa avec E. Fermi à la préparation de la première pile atomique.

Szolnok Ville de Hongrie, sur la Tisa. 71 200 habitants. Centre industriel. Port fluvial.

Szombathely Ville de Hongrie, chef-lieu du comitat de Vas. 78 400 habitants. Vestiges romains, monuments gothiques et baroques (palais épiscopal).

Szymanowski **(Karol)** Compositeur polonais (1882-1937). Directeur du conservatoire de Varsovie (1926), il a notamment laissé un opéra *(Le Roi Roger),* un *Stabat Mater,* une symphonie concertante et deux concertos pour violon.

Szymborska **(Wisława)** Poète polonaise (1923-2012). Son œuvre s'affranchit du réalisme socialiste pour laisser place à une description simple et concise, parfois ironique, du monde. *Le Sel ; À tout hasard ; La Fin et le Commencement.* Prix Nobel 1996.

Wisława Szymborska, lors de la remise du prix Nobel.

T

t [te] **n. m. invar. I. 1.** Vingtième lettre, seizième consonne de l'alphabet. - REM. Le *t* euphonique se place entre le verbe et le pronom sujet dans l'inversion lorsque le verbe n'a pas de finale en *t* ou en *d* : *puisse-t-il, arrive-t-on,* mais *prend-elle, vient-il.* **2.** Forme du T majuscule. *Antenne en T.* → aussi **té. II.** *t* : abrév. de *tome* ; de *tonne.*

¹ta voir **¹ton**

²Ta Symbole chimique du tantale.

TAAF voir **Australes et Antarctiques françaises** (terres)

¹tabac [taba] **n. m.** (espagnol *tabaco,* emprunt à une langue indienne d'Haïti) **1.** Plante originaire d'Amérique, haute et à larges feuilles, qui contient un alcaloïde, la nicotine. *Champs de tabac.* **2.** Feuilles de tabac séchées et préparées (pour priser [→ **tabatière**], chiquer, fumer). *Tabac gris.* → **caporal.** *Tabac blond. Bureau de tabac.* ■ Consommation, habitude du tabac. *Campagne contre le tabac* (→ **antitabac**). ■ **adj. invar.** D'une couleur brun roux. *Des imperméables tabac.* **3.** Bureau de tabac. *Des cafés-tabacs.*

²tabac [taba] **n. m.** (de *tabasser*) **1.** loc. *Passer qqn à tabac* : battre, rouer de coups (une personne qui ne peut se défendre). → **tabasser.** *Passage à tabac.* ■ *Coup de tabac* : tempête, mauvais temps. **2.** loc. fam. *Faire un tabac,* avoir un grand succès.

tabacologie **n. f.** méd. Discipline médicale qui étudie le tabac et les effets du tabagisme. □ **n. tabacologue** □ **adj. tabacologique**

tabacomanie **n. f.** didact. Abus du tabac. → **nicotinisme, tabagisme.**

tabaculteur, trice **n.** agric. Personne spécialisée dans la culture du tabac.

tabagie **n. f.** (algonquin *tabaguia* « festin ») **I.** Endroit où l'on a beaucoup fumé. *Quelle tabagie, chez vous !* **II.** (de *tabac*) au Québec Débit de tabac.

tabagique **adj.** méd. Relatif au tabagisme. *La dépendance tabagique.* – **n.** Personne qui abuse du tabac.

tabagisme **n. m.** méd. Habitude de fumer ; intoxication, troubles provoqués par l'usage du tabac. → **nicotinisme.** *Tabagisme passif,* des non-fumeurs, par inhalation.

▶ Le **tabagisme** est un fléau dont l'extension mondiale s'explique notamment par l'action de la nicotine qui entraîne rapidement la dépendance tabagique et par le marketing des fabricants de tabac. Cet excitant du système nerveux central agit sur les mêmes structures cérébrales que les autres drogues.
On estime à 1,1 milliard le nombre de fumeurs dans le monde, dont 80 % dans des pays à revenu faible ou intermédiaire. Il y aurait chaque année dans le monde environ 7 millions de décès dus au tabac.
Le tabagisme est la principale cause de la bronchite chronique et de l'insuffisance respiratoire. C'est un facteur de risque majeur de l'athérome et de l'artériosclérose, responsable de l'artérite des membres inférieurs, de l'infarctus du myocarde et de certains accidents vasculaires cérébraux (ictus, hémiplégie). En outre, la fumée de tabac contient de nombreuses substances irritantes qui sont responsables de cancers dans les tissus avec lesquels ces substances entrent en contact. Le tabac reste la principale cause de cancer en France où, en 2019, environ 75 000 cancers lui étaient attribués. Le tabagisme passif comporte, quoique à un moindre degré, les mêmes dangers, ce qui justifie l'interdiction de fumer dans les lieux publics. La lutte antitabac, par les campagnes de prévention, d'information, et l'aide aux fumeurs, est une priorité de santé publique.
voir aussi **cancer, drogue**

tabard **n. m.** (origine inconnue) Au Moyen Âge, Manteau court et ample porté sur l'armure.

Tabarin Bateleur français (1584-1633). Il est l'auteur de célèbres farces.

Tabarly (Éric) Officier de marine et navigateur français (1931-1998). Vainqueur de plusieurs courses transatlantiques en solitaire, il battit le record de la traversée de l'Atlantique en 1980.

Éric Tabarly en 1996, au haut du mât du navire-école le *Belem.*

tabasco **n. m.** (marque déposée ; du n. propre) Condiment liquide à base de piment rouge, de vinaigre et d'épices.

Tabasco État du S. du Mexique. 25 267 km². 2,23 millions d'habitants. Capitale : Villahermosa. Plantations ; élevage bovin. Ressources pétrolières.

tabasser **v. tr.** < 1 > (famille de *tarabuster*) fam. Battre, rouer de coups. □ **n. m. tabassage** et **n. f. tabassée**

tabatière [tabatjɛʀ] **n. f. 1.** Petite boîte pour le tabac à priser. **2.** Lucarne à charnière. *Châssis à tabatière.*

tabellaire **adj.** (du latin *tabella* « tablette » → **table**) typogr. *Impression tabellaire,* qui se faisait avec des planches gravées, avant l'invention des caractères mobiles.

tabellion **n. m.** (latin juridique *tabellio* « qui écrit sur des tablettes ») plais. Notaire.

tabernacle **n. m.** (du latin, de *taberna* → **taverne**) Petite armoire qui occupe le milieu de l'autel d'une église et contient le ciboire.

tabès [tabɛs] **n. m.** (latin *tabes* « putréfaction », de *tabere* « se décomposer ») méd. Forme de syphilis touchant la moelle épinière, caractérisée par une incoordination des mouvements et de violentes douleurs. → aussi **paralysie** (générale). - var. **tabes.** □ **adj. et n. tabétique**

tabla **n. m.** (mot hindi) Instrument de musique à percussion de l'Inde, petites timbales frappées avec la main.

tablard ou **tablar** **n. m.** (du franco-provençal *tabla,* de *table*) (Suisse) **1.** Étagère. **2.** Terrasse, parcelle (de vigne) soutenue par un mur.

tablature **n. f.** (de *tabulature,* du latin *tabula* → **table**) **1.** Figuration graphique des sons musicaux propres à un instrument. *Tablature d'orgue.* **2.** fig., vieux Leçon.

table **n. f.** (vient du latin *tabula* → **tabulaire**) **I.** Meuble sur pied(s) comportant une surface plane. *Table ronde ; à rallonges. Table basse. Table roulante.* **1.** spécialt Le meuble où l'on prend ses repas. – *Mettre la table,* disposer sur la table tout ce qu'il faut pour manger. – ***De table*** : qui sert au repas. *Service de table.* – loc. ***Se mettre à table*** : s'attabler pour manger ; fig. et fam. avouer. – *À table !,* passons, passez à table. – *Se lever, sortir de table. Quitter la table,* interrompre son repas. ■ La nourriture. *Les plaisirs de la table.* ■ Ceux qui prennent leur repas, qui sont à table. → **tablée.** *Présider la table.* **2.** Table servant à d'autres usages que les repas. *Table de travail.* → **bureau.** *Table à dessin.* – *Table à repasser.* – *Table de jeu, de bridge.* loc. *Jouer cartes sur table,* ne rien dissimuler. – *Tennis* de table.* **3.** ***Table ronde,*** autour de laquelle peuvent s'asseoir (sans hiérarchie) les participants à un congrès… – Réunion pour discuter d'un problème. → **colloque.** *Participer à une table ronde.* ■ ***Tour de table*** : prise de parole successive des participants à une réunion. **4.** Meuble comprenant, outre un support plat, différentes parties (tiroirs, tablettes...). ***Table de nuit, de chevet*** *:* petit meuble placé au chevet du lit. **5.** ***Table d'orientation*** *:* surface plane sur laquelle sont figurés les directions des points cardinaux et les principaux accidents topographiques. **6.** Partie supérieure de l'autel. *La sainte table,* l'autel. **II.** (Surface plane) **1.** Partie plane ou légèrement incurvée d'un instrument de musique, sur laquelle les cordes sont tendues. *Table (d'harmonie),* sur laquelle repose le chevalet. **2.** *Table d'écoute**. **3.** Surface plane naturelle. *Une table calcaire.* → **plateau** (cf. espagnol mesa). **III. 1.** (dans quelques emplois) Surface plane sur laquelle on peut écrire, inscrire. → **tablette.** – loc. (latin *tabula rasa*) ***Faire table rase*** *du passé :* le considérer comme inexistant, nul. – *Les* ***tables de la Loi*** *(remises par Dieu à Moïse) :* les commandements de Dieu. **2.** Présentation méthodique sous forme de liste ou de tableau. → **index.** *Table alphabétique.* – ***Table des matières*** *:* dans un livre, énumération des chapitres, des questions traitées. ■ Recueil d'informations, de données groupées de façon systématique. *Tables de multiplication.*

tableau n. m. (de *table*) **I. 1.** Peinture exécutée sur un support rigide et autonome. → **toile ; ¹marine, nature morte, paysage, portrait.** *Mauvais tableau.* → **croûte.** *Un tableau figuratif, abstrait. « Un tableau était une somme d'additions. Chez moi, un tableau est une somme de destructions »* (Picasso). **2.** ***Tableau vivant*** *:* groupe de personnages immobiles évoquant un sujet. **3.** Image, scène réelle. *Un tableau touchant.* – fam. *Vous voyez d'ici le tableau !,* la scène. **4.** ***Tableau de chasse*** *:* ensemble des animaux abattus, rangés par espèces ; fig. ensemble de succès. **5.** Description ou évocation imagée, par la parole ou par écrit. → **récit. 6.** Subdivision d'un acte qui correspond à un changement de décor, au théâtre. *Drame en vingt tableaux.* **II.** (Panneau plat) **1.** Panneau destiné à recevoir une inscription, une annonce. *Un tableau d'affichage.* – *Tableau de service.* **2.** loc. *Jouer, miser sur deux tableaux, sur tous les tableaux,* se réserver plusieurs chances de réussir. *Gagner sur tous les tableaux.* **3.** ***Tableau (noir)*** *:* panneau sur lequel on écrit à la craie, dans une salle de classe. **4.** Support plat réunissant plusieurs objets ou appareils. *Le tableau des clés, dans un hôtel.* **5.** ***Tableau de bord*** *(d'un avion, d'une voiture) :* panneau où sont réunis les instruments de bord. **III.** (Ce qui est écrit sur un tableau) **1.** Liste par ordre (de personnes). – ***Tableau d'honneur*** *:* liste des élèves les plus méritants. **2.** Série de données, de renseignements, disposés d'une manière claire et ordonnée. *Tableau statistique. Tableau synoptique.* → **table** (III, 2). *Disposer en tableau* (→ **tabulaire ; tableur**).

tableautin n. m. Tableau de petite dimension.

T

tablée n. f. Ensemble des personnes assises à une table, qui prennent ensemble leur repas. → **table** (I, 1).

tabler v. intr. < 1 > (d'abord « être à table » ; de *table*) ***Tabler sur*** *(qqch.) :* baser une estimation, un calcul sur (ce qu'on croit sûr). → **compter.** *Tabler sur le succès d'une entreprise.*

Table ronde (chevaliers de la) Ensemble des chevaliers (Galaad, Gauvain, Lancelot, Perceval, Yvain) qui, dans le cycle de la Table ronde ou cycle breton, se réunissent autour d'une table ronde magique créée par Merlin pour Uterpandragon, père du roi Artus (ou Arthur) et symbolisant l'égalité entre le roi et les chevaliers.

tabletier, ière [tablətje, jɛʀ] n. Personne qui fabrique ou vend de la tabletterie.

tablette n. f. **1.** anciennt Planchette, petite surface plane destinée à recevoir une inscription. *Tablettes de cire.* – loc. *Je l'écris, je le marque sur mes tablettes,* j'en prends note, je m'en souviendrai. **2.** Petite planche horizontale. → **planchette.** *Les tablettes d'une armoire* (→ **²rayon**). ■ Plaque d'une matière dure, servant de support, d'ornement. *Tablette de lavabo.* **3.** Produit alimentaire présenté en petites plaques rectangulaires. *Tablette de chocolat* (→ **plaque**), *de chewing-gum.* **4.** Ordinateur ou terminal d'ordinateur portable dont l'écran tactile recouvre toute la surface.

tabletter v. tr. < 1 > (Canada) fam. **1.** Mettre (qqn) à l'écart, sur la touche. **2.** Mettre (qqch.) de côté (cf. mettre aux oubliettes, au placard). □ n. m. **tablettage**

tabletterie n. f. **1.** Fabrication, commerce d'objets en bois précieux, ivoire, os (notamment échiquiers, damiers, tablettes). **2.** Ces objets.

tableur n. m. Logiciel pour la création et la manipulation de tableaux (III, 2).

tablier n. m. (de *table*) **I. 1.** Plateforme horizontale (d'un pont). **2.** Dispositif, plaque ou assemblage de plaques servant à protéger. *Le tablier d'une cheminée.* **II. 1.** Vêtement de protection, pièce de matière souple qui protège le devant du corps. *Mettre un tablier pour faire la vaisselle. Tablier de cuir.* – loc. *Rendre son tablier,* refuser de servir plus longtemps ; démissionner. **2.** Blouse de protection. *Tablier d'écolier.*

tabloïd ou **tabloïde** n. m. (n. déposé ; de l'anglais, de *tablet,* du français *tablette*) anglic. Journal, périodique de petit format, souvent populaire, à grand tirage.

Tábor Ville de la République tchèque (Bohême du S.), sur la Lužnice. 33 300 habitants. Remparts. Musée hussite. Constructions mécaniques.

tabou, e n. m. et adj. (anglais *taboo,* mot polynésien) **1.** didact. Système d'interdictions religieuses appliquées à ce qui est considéré comme sacré ou impur. – **adj.** Qui est soumis au tabou, exclu de l'usage commun. *Des armes taboues.* **2.** Ce sur quoi on fait silence, par crainte, pudeur. *Les tabous sexuels.* – **adj.** Interdit. *Sujets tabous* ou (invar.) *tabou.*

tabouiser v. tr. < 1 > didact. Rendre, déclarer tabou.

taboulé n. m. (arabe *tabula* « relevé, assaisonné ») Préparation culinaire d'origine libanaise, à base de blé concassé ou de semoule, de menthe, de persil, assaisonnée d'huile d'olive et de jus de citron.

tabouret n. m. (de l'ancien français *tabour* → **tambour**) Siège sans bras ni dossier, à pied(s). *Tabouret de bar.*

Tabourot (Jehan) Écrivain français (1520-1595). Il est l'auteur de l'*Orchésographie,* l'un des plus anciens ouvrages de notation de danses.

Tabourot (Étienne), sieur des Accords Écrivain français (1549-1590). Neveu de Jehan Tabourot. Il est l'auteur de facéties et de contes. *Les Bigarrures.*

Tabriz ou **Tabrīz** Ville d'Iran (Azerbaïdjan oriental). 1,5 million d'habitants. Monuments anciens (mosquée Bleue du XVe s.). Centre administratif, universitaire, commercial et industriel. Carrefour de communications. Tabrīz fut le siège de la République démocratique d'Azerbaïdjan en 1946.

Tabucchi (Antonio) Écrivain italien (1943-2012). Traducteur de Pessõa, il est également connu pour ses romans mettant en scène des personnages tourmentés. *Nocturne indien.*

tabulaire adj. (du latin *tabula* → **table**) didact. **1.** Disposé en tables, en tableaux (III). **2.** En forme de table. *Plateau tabulaire.*

tabulateur n. m. (du latin *tabula* → **table**) Dispositif permettant d'aligner des signes en colonnes, en tableaux.

tabulation n. f. (du latin *tabula* → **table**) inform. Caractère remplaçant plusieurs espaces. *Touche de tabulation.*

tabulatrice n. f. Machine à trier des informations, utilisant les cartes perforées.

tabun [tabun] n. m. (de l'allemand) chim. Gaz de combat (arme chimique), très dangereux.

tac n. m. (onomatopée « bruit sec », *cf.* tacot) **1.** Bruit sec. **2.** loc. *Répondre, riposter* ***du tac au tac,*** riposter immédiatement à une attaque verbale.

tacaud n. m. (breton *takohed*) Poisson de petite taille, commun dans l'Atlantique.

tacca n. m. (malais *takah* « dentelé ») bot. Plante tropicale à grandes feuilles découpées, dont les tubercules fournissent une fécule comestible.

tacet [tasɛt] n. m. (mot latin « il se tait ») mus. Silence d'un instrument, d'une voix, pendant une partie d'un morceau, indiqué sur la partition par le mot *tacet.*

Tachaouz Ville du Turkménistan, chef-lieu de région. 165 400 habitants. Industrie textile.

tache n. f. (vient du latin pop. d'origine germanique) **I. 1.** Petite étendue de couleur, d'aspect différent (d'un fond). *Taches de rousseur. Les taches du léopard.* – anat. *Tache jaune de l'œil.* → **macula. 2.** *Taches solaires,* zones relativement sombres à la surface du Soleil. **3.** peint. Chacune des touches de couleur uniforme, juxtaposées dans un tableau (→ **tachisme**). **II. 1.** Surface salie par une substance étrangère ; cette substance. → **éclaboussure, salissure, souillure ; tacher.** *Tache d'encre. Taches d'humidité.* → **marque. 2.** loc. ***Faire tache*** *:* rompre une harmonie. *Ce vase fait tache dans le salon.* **3.** Souillure morale. → **déshonneur, tare.** *Réputation sans tache.* ■ relig. *La tache originelle,* le péché originel. **4.** fam. Personne lamentable ou ridicule. *Quelle tache, ce type !*

tâche n. f. (latin médiéval *taxa,* de *taxare* → **taxer**) **I. 1.** Travail qu'on doit exécuter. → **besogne, ouvrage.** *Accomplir sa tâche. S'acquitter d'une tâche.* ■ loc. ***À la tâche,*** se dit de personnes payées selon l'ouvrage exécuté. **2.** Ce qu'il faut faire ; conduite commandée par une nécessité ou dont on se fait une obligation. → **²devoir, mission, rôle. II.** (d'après l'anglais *task*) inform. Opération exécutée par un ordinateur (impression d'un document...).

taché, ée adj. **1.** Sali d'une tache, de plusieurs taches. **2.** Qui porte naturellement des taches. → **tacheté.** *Un pelage blanc taché de roux.* – *Fruits tachés.* → **tavelé.**

tachéomètre [takeɔmɛtʀ] n. m. (du grec *takheos* « rapide » et de *-mètre*) techn. Instrument dérivé du théodolite, permettant de lever rapidement un plan nivelé. □ n. f. **tachéométrie**

tacher v. tr. < 1 > (vient du latin pop. *taxicare* → **tache**) Salir en faisant une tache, des taches. → **maculer, souiller.** *Tacher une nappe, ses vêtements.* – (sujet chose) absolt *La confiture tache.* ■ **se tacher** v. pron. **1.** Faire des taches sur soi, sur ses vêtements. **2.** (choses) Recevoir des taches, se salir.

tâcher v. < 1 > (de *tâche*) **1.** v. tr. ind. vieux ***Tâcher à*** *;* mod. ***tâcher de*** *:* faire des efforts, faire ce qu'il faut pour. → **s'efforcer, essayer.** *Tâchez de nous rendre visite.* ■ (à l'impér. ; ordre atténué) *Tâchez d'arriver à l'heure !* **2.** v. tr. dir. ***Tâcher que*** (+ subj.) : faire en sorte que. *Tâchez que ça ne se reproduise plus.*

tâcheron, onne n. Personne qui travaille beaucoup, avec application mais sans initiative, et accomplit des tâches peu importantes.

tacheter v. tr. < 4 ou RO 5 > Couvrir de petites taches. ■ **tacheté, ée** adj. *Tissu tacheté de brun.* → **moucheté.**

tacheture n. f. Ensemble des marques de ce qui est tacheté ; aspect tacheté.

tachine [takin] n. f. (du latin zool., du grec *takinos* « rapide ») zool. Grosse mouche, qui vit sur les fleurs et dont les larves sont parasites des chenilles.

tachisme n. m. **1.** vieilli Style de peinture par taches de couleur juxtaposées. → **pointillisme. 2.** Façon de peindre par éléments colorés de forme imprécise.

tachiste 1. adj. Relatif au tachisme. **2.** n. Peintre qui pratique le tachisme.

tachistoscope [takistɔskɔp] **n. m. (du superlatif grec *takhistos* « le plus rapide, très rapide » [→ tachy-] et de *-scope*)** techn. Appareil permettant de présenter des images à différentes vitesses (utilisé par ex. pour l'entraînement à la lecture rapide). □ **adj. tachistoscopique**

Tachkent Capitale de l'Ouzbékistan. 2 700 000 habitants. Important centre culturel (université) et industriel (industries mécanique, textile et alimentaire). Nœud ferroviaire. La ville fut prise par les Arabes au VIIIe s., par Gengis Khan au XIIIe s. et par Tamerlan au XIVe s. Annexée par la Russie en 1865, elle devint capitale de l'Ouzbékistan en 1991.

Tachkent, la vieille ville avec la médersa Koukeldach (XVIe s.) et la mosquée Djouma (XVe s.).

tachy- [taki] Élément **(du grec *takhus*)** signifiant « rapide » (ex. *tachymètre* **n. m.** « compte-tour »).

tachyarythmie [takiaʀitmi] **n. f. (de *tachy-* et *arythmie*)** méd. Accélération et irrégularité des battements du cœur.

tachycardie [takikaʀdi] **n. f. (→ tachy- et cardio-)** Accélération du rythme des battements du cœur.

tachygenèse [takiʒənɛz] **n. f.** biol. Accélération du développement de l'embryon chez certains crustacés et insectes. □ **adj. tachygénétique**

tachygraphe [takigʀaf] **n. m.** techn. Appareil enregistreur de vitesse (pour les véhicules automobiles...).

tachyon [takjɔ̃] **n. m. (→ tachy-)** phys. Particule inobservable, supposée se déplacer à une vitesse supérieure à celle de la lumière.

tachyphagie [takifaʒi] **n. f.** méd. Action de manger trop vite.

tachyphémie [takifemi] **n. f. (de *tachy-* et du grec *phêmê* « parole »)** didact. Trouble de la parole caractérisé par l'accélération du rythme d'émission des mots.

tachyphylaxie [takifilaksi] **n. f. (de *tachy-* et *[pro]phylaxie*)** méd. Immunisation rapide contre l'action d'une dose mortelle de poison, par inoculation préalable d'une dose non mortelle du même poison.

tacite adj. (du latin, de *tacere* → taire) Non exprimé, sous-entendu entre plusieurs personnes. → **implicite, inexprimé.** *Un consentement tacite.* □ **adv. tacitement**

Tacite en latin **Publius Cornelius Tacitus** Historien latin (v. 55-v. 120). Consul, puis proconsul d'Asie, célèbre orateur, il écrivit le *Dialogue des orateurs*, la *Vie d'Agricola* et la *Germanie*. Il est aussi l'auteur de deux grands ouvrages historiques, les *Annales* et les *Histoires*. Il fit de la chronique historique un genre littéraire.

taciturne adj. (du latin, de *tacere* → taire, influence de *nocturnus* → nocturne) Qui parle peu, reste habituellement silencieux. – Qui n'est pas d'humeur à faire la conversation. → **¹morose, sombre.** □ **taciturnité n. f.** littér.

tacle n. m. (anglais *tackle* ou *tackling*, de *to tackle* « saisir ») anglic. (football) Action de prendre le contrôle du ballon, dans les pieds de l'adversaire. – **fig.** Prise de contrôle subite, aux dépens de qqn.

tacler v. intr. < 1 > anglic. (football) Faire un tacle. – **fig. trans.** *Tacler un adversaire politique.*

Tacna Ville du Pérou, à la frontière du Chili. 89 000 habitants. Coton, canne à sucre, vigne, tabac.

taco n. m. (du nahuatl) Crêpe (tortilla) de maïs fourrée (de viande, fromage...) roulée et frite. *Des tacos* [takɔs].

Tacoma Ville des États-Unis (État de Washington), au S. de Seattle. 219 340 habitants. Industrie du bois, métallurgie, électrochimie ; pêche.

¹tacon n. m. (mot franco-provençal, de l'ancien francique *takko* « dentelure ») régional Pièce servant à raccommoder les vêtements.

²tacon n. m. (du bas latin *tecco*, probablt mot gaulois) Jeune saumon qui n'est pas encore descendu à la mer.

taconéos ou **taconeos** [takɔneɔs ; takɔneos] **n. m. pl. (espagnol *taconeos*, de *taconear* « frapper du talon »)** didact. Martèlement rythmé des talons, dans le flamenco.

tacot n. m. (→ tac) fam. Vieille voiture (bruyante) qui n'avance pas vite. → **guimbarde.**

tact [takt] **n. m. (latin *tactus*, de *tangere* → tangible) 1.** vieux Sens du toucher **(→ tactile). 2.** Qualité qui permet d'apprécier intuitivement ce qu'il convient de dire, de faire ou d'éviter dans les relations humaines. → **délicatesse, doigté.** *Avoir du tact. Manquer de tact.*

tacticien, ienne n. et adj. (Personne) habile en tactique.

tactile adj. 1. Qui concerne les sensations du tact, du toucher. → didact. **haptique.** – *Les moustaches du chat sont des poils tactiles,* qui servent au toucher. **2.** Qui aime toucher les autres, qui a des contacts physiques spontanés avec ses interlocuteurs. *Elle est très tactile.* **3.** *Écran tactile,* fonctionnant par contact du doigt.

tactique (grec *taktikê*, de *taktikos*, de *tassein* « placer ») I. n. f. 1. Art de combiner tous les moyens militaires (troupes, armements) au combat ; exécution des plans de la stratégie*. *Tactique d'encerclement.* **2.** Ensemble des moyens coordonnés que l'on emploie pour parvenir à un résultat. → **³plan, stratégie.** *Changer de tactique.* **II. adj.** Relatif à la tactique. *Armes tactiques* **(opposé à *stratégique*)**, à moyenne portée. – *Habileté tactique.* □ **adv. tactiquement**

tactisme n. m. (du grec *taktos* « réglé, ordonné » [→ tactique]) didact. Réaction de déplacement orienté des cellules isolées et mobiles sous l'effet de divers facteurs physiques ou chimiques.

tadelakt [tadlakt] **n. m. (mot berbère, de l'arabe *dlek* « malaxer, mélanger »)** Enduit coloré imperméable, fait de chaux polie avec un galet de rivière et traitée au savon noir, recouvrant traditionnellement les murs des habitations dans le Sud marocain. *Murs d'un hammam recouverts de tadelakt.*

Tademaït (plateau du) Région du Sahara algérien, au S. du Grand Erg occidental.

Tadjikistan

n. m. ■ offic. **république du Tadjikistan** Pays d'Asie centrale. 143 100 km². 9,1 millions d'habitants (les *Tadjiks*). **Langue :** tadjik. **Population :** Tadjiks, 79,9 % ; Ouzbeks, 15,3 % ; Russes, 1,1 % ; Kirghiz, 1,1 %. **Religion :** islam sunnite. **Monnaie :** somoni. **Capitale :** Douchanbé. **Régime :** présidentiel.

GÉOGRAPHIE

La montagne occupe 93 % du territoire et culmine à l'est dans le Pamir (7 495 m). Les plaines du nord et du sud (coton, céréales, fruits et légumes, fleurs à parfum, élevage ovin) concentrent plus de 90 % de la population. L'exploitation de gisements (aluminium, charbon, pétrole) et la production d'hydroélectricité ont permis de développer l'industrie lourde. Les industries traditionnelles (peaux, coton, soie, tapis) demeurent prépondérantes.

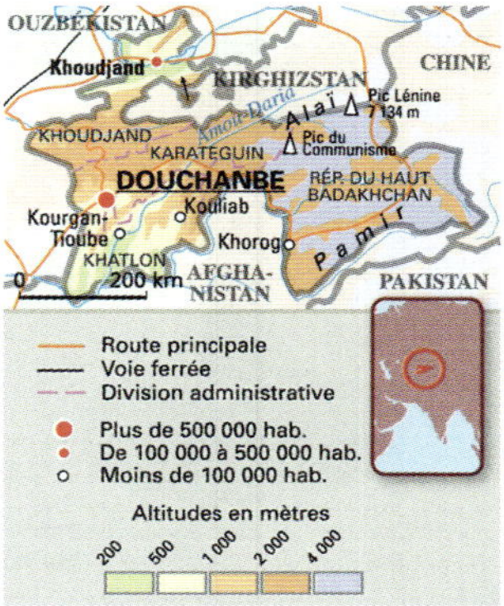

HISTOIRE

Conquise par les Arabes (VIIIe s.), les Samanides (IXe-Xe s.) et les Mongols (XIIIe s.), la région fit partie du khanat de Boukhara (XVIe-XIXe s.). Elle devint une république fédérée d'URSS en 1929. Après l'indépendance (1991), une guerre civile opposa islamistes et néocommunistes au pouvoir. Elle entraîna le départ des russophones, l'exode des Tadjiks et l'intervention militaire de la Russie. Un cessez-le-feu a été signé en 1997. Le pays subit un régime autoritaire et corrompu exercé par E. Rahmon depuis 1994. Il a pris des mesures contre l'islam radical mais l'influence de Daech ne cesse pour autant de grandir parmi la population.

Tadjik(s) n. m. pl. Peuple originaire du N. de l'Iran, établi au Tadjikistan, en Afghanistan et en Ouzbékistan. Leur langue, le *tadjik*, est un dialecte persan. Les Tadjiks sont des agriculteurs sédentaires qui pratiquent une agriculture de montagne et la culture d'arbres fruitiers.

Tadla n. m. Plaine du Maroc occidental, au pied du Moyen-Atlas. Agrumes, betteraves, coton, élevage ovin.

tadorne n. m. (origine obscure) Grand canard sauvage, migrateur, à bec rouge.

Taech'ŏn, Daejon ou **Taejon** Ville de Corée du Sud, chef-lieu de province. 1 488 430 habitants. Universités. Industries légères.

tædium vitæ [tedjɔmvite] **n. m. (loc. latine « dégoût de la vie »)** pathol. État permanent de lassitude, de manque d'appétence, sans cause observable, chez des sujets lucides menant une vie sociale et professionnelle considérée comme normale. → **mélancolie, spleen.**

Taëf ou **Taïf** Ville d'Arabie saoudite, dans le Hedjaz, au S.-E. de La Mecque. 700 000 habitants. Vignobles, vergers.

Taegu ou **Daegu** Ville de Corée du Sud, chef-lieu de province, sur le Naktong. 2 149 680 habitants. Université. Industries textile et électronique.

taekwondo [tekwɔ̃do] **n. m. (mot coréen « la voie *[do]* des [coups de] pieds *[tae]* et des poings *[kwon]* »)** Sport de combat d'origine coréenne, sans arme.

tænia n. m. voir **ténia**

Taeuber-Arp (Sophie) Peintre et sculptrice suisse (1889-1943). Avec Hans Arp, son mari, elle prit part au mouvement dada de Zurich. Elle produisit des tableaux et des objets colorés aux géométries raffinées. *Sculpture conjugale.*

Sophie Taeuber-Arp, *Tête dada* (1920), Musée national d'art moderne, Centre Georges-Pompidou, Paris.

taf n. m. **(origine obscure)** fam. Métier ; travail. *Aller au taf. Avoir beaucoup de taf.*

taffe n. f. **(de *taf* « part de butin »)** fam. Bouffée de cigarette. *File-moi une taffe.*

taffetas n. m. **(de l'italien, du persan)** **1.** Tissu de soie à armure unie. *Taffetas changeant*, dont la chaîne et la trame sont de nuances différentes. **2.** *Taffetas gommé*, qu'on applique sur les plaies. → **sparadrap.**

tafia n. m. **(mot créole → ratafia)** anciennt Alcool tiré des mélasses de canne à sucre. → **rhum.**

Tafilalet, Tafilalt ou **Tafilet** n. m. Région saharienne du Maroc, cuvette dominée par l'Anti-Atlas à l'O. et le Haut-Atlas au N. Palmeraies.

Tafna (oued) Fleuve côtier de l'Algérie occidentale.

Tage

Le méandre du Tage autour de Tolède qui aurait, selon la légende, été tracé par l'épée d'Héraclès.

Tafna (traité de la) Traité signé le 30 mai 1837 entre Bugeaud et Abd el-Kader par lequel la France reconnaissait la souveraineté de l'émir sur près des deux tiers de l'Algérie.

Taft (William Howard) Homme d'État américain (1857-1930). Républicain, il fut président des États-Unis de 1909 à 1913. ■ **Robert Alphonso Taft.** Homme politique américain (1889-1953). Fils de William Howard. Sénateur républicain, il fut le principal auteur de la loi *Taft-Hartley* (1947), qui autorisait le contrôle des fonds des syndicats et restreignait le droit de grève.

tag [tag] n. m. **(mot anglais des États-Unis)** anglic. **1.** Graffiti formant une signature d'intention décorative, tracé généralement à la bombe dans un lieu public. → aussi **graff.** **2.** inform. Mot-clé permettant d'identifier un élément ou un document. → aussi **hashtag.**

tagal, als n. m. **(du malais *taga* « indigène »)** **1.** ling. Langue malayo-polynésienne, parlée par les Tagals (Philippines). - syn. **tagalog.** **2.** Fibre végétale tirée de certains palmiers. *Chapeaux en tagal.*

Tagals ou **Tagalogs** n. m. pl. Peuple des Philippines. Établis dans l'île de Luçon, les Tagals parlent le *tagal* (ou *tagalog*), langue officielle des Philippines.

Tahiti

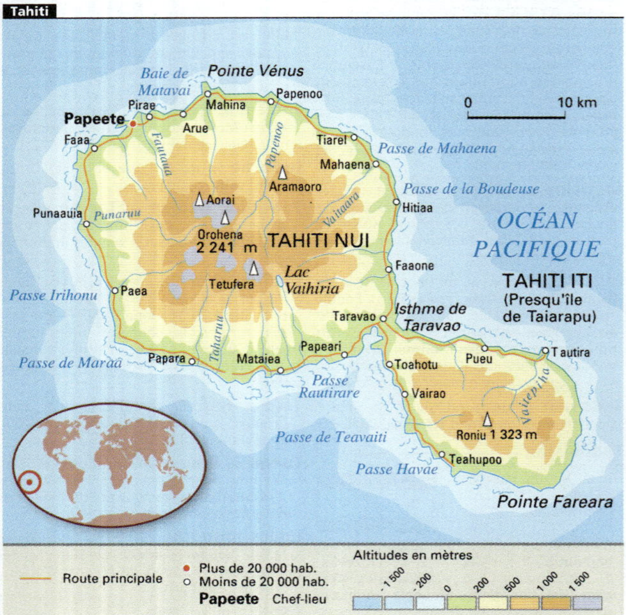

Taganrog Ville de Russie, sur la côte N. de la mer d'Azov. 257 700 habitants. Port. Constructions navales ; industries métallurgique et chimique. Maison natale de A. Tchekhov (musée).

Tagar Site préhistorique de l'âge du bronze en Sibérie (v. 700-v. 100 av. J.-C.), caractérisé par un art animalier.

Tage n. m. Fleuve de la péninsule Ibérique. 1 006 km. Né en Espagne (Aragon), il arrose Tolède, Alcántara, et se jette dans l'Atlantique dans la baie de Lisbonne. Hydroélectricité.

tagète n. m. **(du latin bot., du n. de Tages, divinité étrusque)** bot. Plante herbacée ornementale, appelée communément *œillet, rose d'Inde*, à fleurs orangées ou jaunes.

tagine voir **tajine**

Tagliamento n. m. Fleuve d'Italie. 170 km. Né dans les Alpes carniques, il se jette dans l'Adriatique entre Venise et Trieste.

tagliatelle [taljatɛl] n. f. **(de l'italien, proprt « petites tranches »)** souvent au plur. Pâte alimentaire en forme de mince lanière. - var. RO **taliatelle.**

Taglioni (Filippo) Danseur et chorégraphe italien (1777-1871). Considéré comme le créateur du ballet romantique, il monta de nombreuses chorégraphies, sur les plus grandes scènes d'Europe. *La Sylphide ; La Fille du Danube ; L'Ombre.*

Taglioni (Maria, en français Marie) Danseuse italienne (1804-1884). Fille de Filippo Taglioni, elle suscita l'enthousiasme du public européen par sa grâce et la technique de son style. *La Sylphide ; La Révolte au sérail ; Pas de quatre.*

Tagore ou **Thākur (Rabindranāth)** Écrivain indien (1861-1941). Auteur éclectique, il eut une grande influence sur la littérature moderne indienne. *Gītāñjali* (traduit sous le titre *L'Offrande lyrique* par A. Gide). Prix Nobel 1913.

taguer v. tr. < 1 > **1.** Tracer des tags sur. – au p. p. *Murs tagués.* **2.** Mentionner le nom de (qqn, qqch.) dans un tag (2). *Taguer ses amis sur une photo.*

tagueur, euse n. anglic. Personne qui trace, dessine des tags. → **bombeur, graffiteur.**

Ṭāha Ḥusayn Écrivain égyptien (1889-1973). Ses écrits constituent la première œuvre arabe contemporaine à avoir eu un écho en Occident. *Le Livre des jours* (autobiographie).

Tahiti Île de la Polynésie française (archipel de la Société). 1 042 km². 183 480 habitants. Chef-lieu : Papeete. Entourée d'un récif de corail, l'île est formée de deux parties, *Tahiti Nui*, à l'O., et *Tahiti Iti*, à l'E., reliées par l'isthme de Taravao et surmontées de deux cônes volcaniques. Tourisme. Découverte par Samuel Wallis en 1767, protectorat français en 1843, Tahiti devint une colonie française en 1880.

Tahiti, photo satellite de la Nasa.

Taian ou **T'ai-ngan** Ville de Chine (Shandong), au pied du mont Tai shan. 1,12 million d'habitants. Pèlerinage.

taïaut [tajo] interj. Dans la chasse à courre, Cri du veneur pour signaler la bête. - var. **tayaut.**

TAÏGA (l'écosystème sibérien)

Les aigles chassent le plus souvent à deux. Profitant des courants aériens, ils peuvent planer pendant des heures.

La taïga forme un vaste anneau au sud de la toundra. Elle constitue 1/3 des forêts mondiales.

Le bec-croisé des sapins se nourrit essentiellement de graines de conifère qu'il extrait à l'aide de son bec croisé, semblable à celui d'un perroquet.

Chassée pour sa fourrure, la zibeline est en voie de disparition.

L'ours brun se dresse sur ses pattes arrière lorsqu'il flaire un danger.

Les bois des élans mâles tombent puis repoussent chaque année.

La linaigrette participe à la formation de la tourbe.

Les cônes ou pommes de pin renferment les graines de cet arbre.

Le grand tétras est un gallinacé qui aime marcher dans les arbres.

Dans ces régions aux hivers longs et rigoureux, aux étés doux où les précipitations sont faibles, s'étendent des forêts de conifères (mélèzes, pins, épicéas) adaptés au climat et à l'acidité du sol. Ce milieu rude est peuplé d'une grande variété d'oiseaux, de grands herbivores (daims, élans) et de carnivores (loups, ours). Par endroits, la forêt laisse place à des marécages et des tourbières bordées d'arbres feuillus (saules, bouleaux).

taï-chi-chuan [tajʃiʃɥan] ou **taï-chi** **n. m. (mot chinois)** Gymnastique chinoise consistant en un enchaînement lent de mouvements. - var. RO **taïchichuan** ou RO **taïchi.**

Taichung ou **Taizhong** Ville de Taiwan. 2,7 millions d'habitants. Centre culturel et universitaire. Zone franche industrielle.

taie **n. f. (vient du latin *theca*, du grec *thêkê* « étui »)** **1.** Enveloppe de tissu (d'un oreiller). **2.** anat. Tache opaque de la cornée.

Taïf voir Taëf

Taifas (royaumes des) Petits États musulmans établis en Andalousie au XIe s. Issus de la décomposition du califat de Cordoue, ils disparurent pour la plupart avec l'arrivée des Almoravides et les débuts de la Reconquista.

taïga **n. f. (mot russe)** Forêt de conifères qui borde la toundra (nord de l'Europe, de l'Asie et de l'Amérique).

Taiheiki Récit historique japonais retraçant les conflits de la fin du shogunat des Kamakura et du début du shogunat des Ashikaga (XIVe s.).

Tai hu ou **T'ai-ho** Lac de Chine, dans la province du Jiangsu. 2 420 km^2.

taïkonaute **n. (du chinois *taïkong* « espace »)** Occupant d'un vaisseau spatial chinois. → **astronaute.**

Tailhade (Laurent) Écrivain français (1854-1919). Il est l'auteur de recueils parnassiens satiriques et de poèmes au service d'idées anarchistes. *Poèmes élégiaques ; À travers les groins.*

taillable **adj.** hist. Soumis à l'impôt de la taille. *Les serfs étaient taillables et corvéables à merci*, soumis aux impôts arbitraires du seigneur.

taillade **n. f. (italien *tagliata* → tailler)** **1.** Coupure dans les chairs avec un instrument tranchant. → **entaille, estafilade.** **2.** anciennt Ouverture pratiquée dans l'étoffe d'un vêtement pour laisser apparaître la doublure ou un vêtement de dessous. *Manches à taillades.* → **crevé.**

taillader **v. tr. <1>** Couper en plusieurs endroits (les chairs, la peau). *Se taillader le menton en se rasant.* → **entailler.** ■ *Taillader une table avec un canif.*

taillage **n. m.** techn. Découpage de la terre à briques en tranches minces. – Usinage spécial (de certaines pièces métalliques).

taillanderie **n. f.** techn. Commerce, métier de taillandier ; fabrication des outils et fers tranchants. – Ensemble des articles fabriqués par le taillandier.

taillandier, ière **n.** techn. Personne qui fabrique les outils et fers tranchants utilisés par les cultivateurs et certains artisans. – appos. *Ouvrier taillandier.*

[1]taille **n. f. (de *tailler*)** **1.** Opération qui consiste à tailler qqch. ; forme qu'on donne à une chose en la taillant. *La taille des pierres.* – loc. ***Pierre de taille,*** taillée (pour servir à la construction). ■ *La taille des arbres, de la vigne.* **2.** Tranchant de l'épée, du sabre. *Frapper d'estoc* et de taille.*

[2]taille **n. f. (de *tailler*, p.-ê. au sens de « prélever »)** hist. Redevance payée au seigneur féodal (→ **taillable).** *La taille et la gabelle.*

[3]taille **n. f. (de *tailler* : « dimension, forme de ce qui est taillé, coupé »)** **I. 1.** Hauteur du corps humain, debout et droit. → **stature.** *Mesurer la taille de qqn avec une toise. Un homme de petite taille.* **2.** loc. ***À la taille de, de la taille de*** : en rapport avec. *« Un sujet à sa taille, à la taille de son génie »* (Gide). – ***Être de taille à*** (+ inf.) : avoir la force suffisante, les qualités nécessaires pour. → **capable** de. *Elle est de taille à se défendre.* **3.** Grandeur, grosseur et conformation (du corps) par rapport aux vêtements. *Cette veste n'est pas à ma taille*, ne me va pas. – Chacun des types standards dans une série de confection. *Taille 40. La taille au-dessus.* **4.** Grosseur ou grandeur. – fam. ***De taille*** : très grand, très important. → **immense.** fig. *Une erreur de taille.* → **énorme. II. 1.** Partie plus ou moins resserrée du tronc entre les côtes et les hanches. *Avoir la taille fine. Tour de taille*, mesuré à la ceinture. *Prendre qqn par la taille.* **2.** Partie plus ou moins resserrée (d'un vêtement) à cet endroit du corps. *Un pantalon à taille basse* (qui se porte sur les hanches).

taillé, ée **adj.** **1.** Fait, bâti (corps humain). *Ce garçon est taillé en athlète.* **2.** ***Être taillé pour*** : être fait pour, apte à. **3.** Coupé, rendu moins long. *Moustache taillée.* – Élagué. *Arbres taillés.* – ***Taillé en*** : qu'on a taillé en donnant la forme de. *Cheveux taillés en brosse. Bâton taillé en pointe.*

Taillebourg Village de la Charente-Maritime. Saint Louis y vainquit Henri III d'Angleterre et le comte de La Marche en 1242.

taille-crayon **n. m.** Petit instrument avec lequel on taille les crayons. *Des taille-crayons.*

taille-douce **n. f. 1.** Gravure en creux. *Image gravée en taille-douce.* **2.** Gravure sur cuivre au burin. *Des tailles-douces.*

Tailleferre **(Germaine)** Compositrice française (1892-1983). Membre du groupe des Six, elle composa de la musique de scène, de la musique de chambre et des pièces pour piano.

taille-haie **n. m.** Cisaille électrique munie de lames superposées, utilisée pour tailler les haies. *Des taille-haies.*

tailler **v. < 1 > (vient du bas latin *taliare*, de *talia* « bouture ») I. v. tr. 1.** Couper, travailler (une matière, un objet) avec un instrument tranchant, de manière à lui donner une forme déterminée. *Tailler une pièce de bois. Tailler la pierre. Tailler un crayon,* en pointe pour dégager la mine **(→ taille-crayon). 2.** Confectionner, obtenir (une chose) en découpant. *Tailler des torchons dans un drap usagé.* ■ *Tailler un vêtement,* découper les morceaux que l'on coud ensuite pour faire le vêtement. **→ couper ; tailleur. – fig., fam.** *Tailler un costard, une veste à qqn :* dire du mal de lui en son absence. ■ **fig.** *Se tailler un beau succès,* l'obtenir. **II. v. intr.** *Modèle qui taille grand, petit,* qui est grand (petit) pour la taille annoncée. **III.** *Se tailler* **v. pron. fam.** Partir en hâte, s'enfuir. **→ se sauver, se tirer.**

taillerie **n. f.** Atelier où l'on taille des pierres précieuses ou semi-précieuses. *Taillerie de diamants.* – Industrie, art de la taille de ces pierres.

tailleur, euse **I. n. m. 1.** Personne, artisan qui fait des vêtements sur mesure pour hommes ; personne qui dirige l'atelier où on les confectionne. *Se faire faire un costume sur mesure chez un tailleur.* ■ **loc.** *S'asseoir en tailleur,* par terre, les jambes à plat sur le sol et repliées, les genoux écartés. **2.** Costume de femme (veste et jupe ou pantalon de même tissu). **II. n.** Ouvrier, ouvrière qui taille, qui façonne (qqch.) par la taille. *Tailleur de pierre(s).*

taillis **n. m. (de *tailler*)** Partie d'un bois ou d'une forêt où il n'y a que des arbres de faible dimension ; ces arbres. *Des taillis et des futaies.*

tailloir **n. m. archit.** Partie supérieure d'un chapiteau, tablette carrée ou polygonale sur laquelle repose la retombée des voûtes. **→ abaque.**

taillole **n. f. (de l'ancien provençal, de *talhar* « tailler ») régional (Provence)** Ceinture de laine enroulée autour de la taille.

Taïmyr **(presqu'île de)** Presqu'île de Russie, sur la côte N. de la Sibérie centrale. Environ 400 000 km².

tain **n. m. (de *étain*)** Amalgame métallique (étain ou mercure) qu'on applique derrière une glace pour qu'elle puisse réfléchir la lumière. *Miroir sans tain.*

Tainan Ville de Taiwan. 1,88 million d'habitants. Port. Monuments anciens. Ancienne capitale.

Taine **(Hippolyte)** Historien, philosophe et critique français (1828-1893). La diversité de ses intérêts (philosophie, art, histoire, littérature), ainsi que la clarté et la rigueur de son style en font un des représentants les plus importants du positivisme et du scientisme. Son analyse de la Révolution française et l'expérience de la Commune l'ont conduit à une vision pessimiste de l'histoire, qui selon lui, peut bénéficier des méthodes des sciences expérimentales. *Introduction à l'étude de l'Histoire expérimentale ; Les Origines de la France contemporaine.*

taille-douce

Vue du Jardin des Plantes prise de la grille du bord de l'eau (v. 1800), coll. particulière.

Tain-l'Hermitage Commune de la Drôme, près de Valence, sur le Rhône. 6 025 habitants. Vins (côtes-du-rhône) ; confiserie.

Taipei ou **Taibei** Capitale de Taiwan. 2,7 millions d'habitants. Musée du Palais (trésor de la Cité interdite). Universités. Tour Taipei 101 (508 m). Centre administratif, culturel, commercial et industriel.

Taipei, la tour Taipei 101.

Taiping ou **T'ai-p'ing** Mouvement politique et religieux chinois qui, de 1850 à 1864, prit la tête de la révolte contre la dynastie mandchoue Qing.

taire **v. tr. < 54 sauf 3ᵉ pers. du sing. de l'indic. *il tait* et p. p. fém. *tue* > (vient du latin *tacere* → tacite, taciturne)** Ne pas dire ; s'abstenir ou refuser d'exprimer (qqch.). **→ cacher, celer.** *Taire ses raisons. Une personne dont je tairai le nom.* ■ **se taire v. pron. 1.** Rester sans parler, s'abstenir de s'exprimer. – *Savoir se taire,* être discret. *Je préfère me taire là-dessus,* ne rien dire à ce propos. – **loc. fam.** *Il a manqué, perdu une belle occasion de se taire,* il a parlé mal à propos. **2.** Cesser de parler (ou de crier, de pleurer). *Elles se sont tues. Taisez-vous !* **→ chut, silence.** ■ **(avec ellipse de *se*)** *Faire taire qqn :* empêcher de parler, de crier, de pleurer ; forcer à se taire. – **fig.** *Faire taire l'opposition.* **→ museler. 3. (sujet chose)** Ne plus se faire entendre. **→ s'éteindre.** *L'orchestre s'était tu.*

Tairov **(Aleksandr Iakovlevitch Kornblit, dit)** Acteur et metteur en scène russe (1885-1950). Fondateur et directeur du « Théâtre de chambre », il associa la danse, la musique et le cinéma à l'art dramatique.

taiseux, euse **n. (de *taire*) fam.** Personne qui, par nature, ne parle guère. **→ taciturne.**

Tai shan ou **T'ai-chan** **n. m.** Montagne de Chine (Shandong), culminant à 1 524 m. Lieu de pèlerinage.

Tai shan, le « pic de l'Est », inscrit au patrimoine mondial de l'Unesco, source d'inspiration des artistes chinois.

Taishō Tennō (1879-1926). Empereur du Japon (1912-1926). Il succéda à son père Meiji Tennō et laissa la régence à son fils Hirohito en 1921.

Taiwan [tajwan] ■ **anciennement Formose** Île située au S.-E. de la Chine continentale. Revendiquée par la Chine en tant que 23ᵉ province, Taiwan est administrée depuis 1949 par son propre gouvernement sous le nom de République de Chine. 35 966 km². 22 800 000 habitants. Capitale : Taipei.

GÉOGRAPHIE

L'île, baignée par la mer de Chine, est longée, à l'E., par une chaîne de montagnes qui culmine à 3 950 m, et occupée, à l'O., par une plaine alluviale bordée d'une côte sableuse. Le climat, tropical, est soumis au régime des moussons.

ÉCONOMIE

L'agriculture, limitée aux plaines de l'ouest, repose essentiellement sur la production de riz et de canne à sucre. L'industrie est la base de l'économie, en particulier les produits manufacturés (électronique, produits dérivés du pétrole, chimie, textile). De nombreux pays ont des relations économiques avec Taiwan même s'ils ne la reconnaissent pas diplomatiquement. Grâce au commerce extérieur, l'île est devenue l'un des plus grands investisseurs mondiaux.

HISTOIRE

Occupée au XVIIe s. par les Portugais, qui l'appelèrent *Formosa* (« la Belle »), puis par les Hollandais, l'île fut intégrée à l'Empire chinois (1683) puis au Japon (1895), avant d'être rendue à la Chine en 1945. Après la victoire communiste de 1949, Taiwan servit de refuge aux nationalistes de Jiang Jieshi (Tchang Kai-chek), qui fut président de la République jusqu'à sa mort (1975). Sous la présidence de son fils, Jiang Jingguo, puis, après la mort de ce dernier (1988), sous celle de Lee Teng-hui, le pouvoir resta entre les mains du parti nationaliste, le Guomindang. Lee Teng-hui, qui chercha à assouplir le régime, fut réélu en 1996, pour la première fois au suffrage universel. Avec l'élection de Chen Shui-bian aux présidentielles de 2000 et de 2004, le Parti démocratique progressiste (DPP), de tendance indépendantiste, évinça le Guomindang de la tête de l'État. Celui-ci revint au pouvoir en 2008 avec l'élection du président Ma Ying-jeou qui œuvra au rapprochement avec la Chine, mécontentant les Taiwanais désireux de s'affranchir de Pékin et qui occupèrent le Parlement en signe de protestation en 2014 (mouvement des tournesols). La candidate du DPP, Tsai Ing-wen, remporta la présidentielle en 2016 et fut réélue en 2020, notamment en raison de l'impact de la récente répression de Pékin à Hong Kong.

Taiyuan ou **T'ai-yuan** Ville de Chine, capitale du Shanxi. 3,1 millions d'habitants. Nombreux temples et pagodes. Centre industriel au cœur du principal bassin houiller du pays. Minerais.

Taïz Ville du Yémen, au N.-O. d'Aden. 467 000 habitants. Ancienne capitale (XIXe s.). Centre commercial et artisanal. La *province de Taïz* occupe une région fertile (cultures en terrasses ; café).

Taizé Village de la Saône-et-Loire. Communauté œcuménique fondée en 1940 par frère Roger.

Taizong ou **T'ai-tsong** Titre posthume de plusieurs empereurs de Chine. ■ **Taizong des Tang** ou **Li Shimin** (598-649). Empereur (627-649). Il est considéré comme le fondateur de la dynastie Tang. Sous son règne, l'empire connut la prospérité et la paix.

Taizu ou **T'ai-tsou** Titre posthume de plusieurs empereurs de Chine. ■ **Taizu des Song** ou **Zhao Kuangyin** (927-976). Empereur de Chine (960-976). Fondateur de la dynastie des Song, il entreprit de réunifier l'empire. ■ **Taizu des Ming** ou **Zhu Yuanzhang** (1328-1398). Empereur de Chine (1368-1398). Fondateur de la dynastie des Ming, il parvint à chasser les Mongols et pacifia le pays.

Tajín (El) Site archéologique du Mexique (État de Veracruz), daté du –Ier s. au IXe s. Il est célèbre pour sa pyramide constituée de sept degrés superposés et de 365 niches.

tajine n. m. (mot arabe) **1.** Ragoût (de mouton...) cuit à l'étouffée (cuisine d'Afrique du Nord). *Tajine d'agneau.* ■ Plat en terre muni d'un couvercle conique, pour cuire ce ragoût. **2.** Sorte d'omelette garnie de pommes de terre, de poulet ou de thon, cuite au four (cuisine tunisienne). - var. **tagine.**

Tāj Mahal n. m. Mausolée de marbre blanc construit à Agra (Inde) entre 1631 et 1648 par l'empereur shāh Jahān pour sa défunte épouse Mumtaz Mahal. Centre touristique important.

Tajumulco n. m. Volcan du S.-O. du Guatemala. 4 200 m. Point culminant de l'Amérique centrale.

Takarlī (Fu'ād al-) Écrivain irakien (1927-2008). Ses nouvelles décrivent la misère du peuple et dénoncent certaines traditions islamiques. *L'Autre Visage ; Recueil de nouvelles.*

Takemitsu Tōru Compositeur japonais (1930-1996). Marqué à ses débuts par l'avant-gardisme et la musique électronique, il revint à la musique instrumentale, accordant toujours une grande importance au timbre. *Relief statique ; Requiem.*

Takis (Panayiotis Vassilakis, dit) Sculpteur grec (1925-2019). Travaillant principalement le fer *(Signaux)*, il intégra également le magnétisme dans ses compositions animées par des aimants. *Télélumières ; Télésculptures ; Murs magnétiques.*

Taklamakan shamo n. m. Désert de Chine, dans le Xinjiang, entre le Tian shan au N. et les monts Kunlun au S.

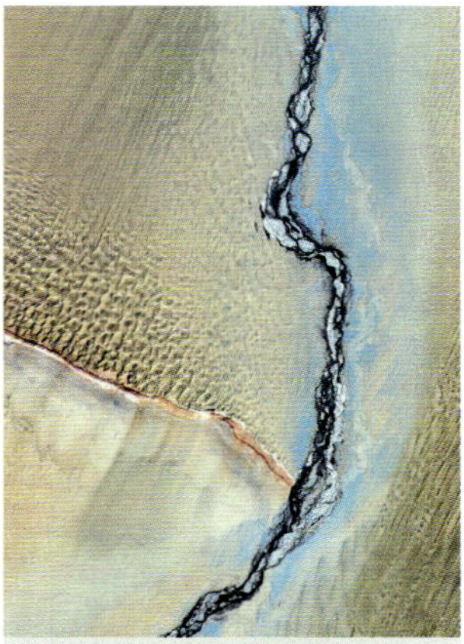

Le Taklamakan shamo, le plus grand désert du monde après le Sahara et le Kalahari, est traversé par plusieurs cours d'eau.

Talaat Pacha (Mehmet) Homme d'État ottoman (1872-1921). Membre de la Jeune-Turquie, plusieurs fois ministre, il participa au triumvirat avec Enver Pacha et Djamal Pacha (1913). Grand vizir de 1917 à 1918, il fut assassiné par un Arménien.

Talabani (Djalal) Homme d'État irakien (1933-2017). Fondateur de l'Union patriotique du Kurdistan, il fut président de la République de 2005 à 2014.

Talant Commune de la Côte-d'Or, dans la banlieue N.-O. de Dijon. 11 788 habitants. Église du XIIIe s. (statues).

Talas n. m. Rivière d'Asie centrale. 661 km. Le Talas draine le Kirghizstan et le Kazakhstan.

Talavera de la Reina Ville d'Espagne (Castilla-La Mancha), sur le Tage. 83 600 habitants. Broderies et céramiques. Wellington y vainquit les Français en 1809.

Talbot (John) 1er comte de Shrewsbury Homme de guerre anglais (v. 1384-1453). Il combattit en France pendant la guerre de Cent Ans. Vaincu à la bataille de Patay (1429), il conquit la Guyenne en 1452 et fut tué à la bataille de Castillon.

Talbot (William Henry Fox) Physicien britannique (1800-1877). Il obtint des négatifs photographiques dès 1835 et parvint à tirer des épreuves positives à partir de négatifs sur papier (*procédé caltype* ou *talbotype*).

talc n. m. (arabe *talq*) Silicate naturel de magnésium. *Poudre de talc.* – *Saupoudrer de talc.* → **talquer.**

Talca Ville du Chili central, chef-lieu de région. 194 000 habitants.

Talcahuano Ville du Chili, sur la baie de Talcahuano (océan Pacifique). 249 000 habitants. Port de pêche et de commerce ; base navale militaire. Industries du bois et du papier.

Tal Coat (Pierre Jacob, dit) Peintre français (1905-1985). Il réalisa la série des *Massacres,* inspirée par la guerre d'Espagne, et se rapprocha de la peinture non figurative. *Tracé dans le blanc.*

talé, ée adj. (de *taler*) (fruit) Meurtri. *Pêches talées.* → **tapé.**

Talence Commune de la Gironde, banlieue S.-O. de Bordeaux. 44 359 habitants. Vignobles. Campus universitaire.

¹talent n. m. (grec *talenton* « plateau » et « poids de balance ») Antiq. **1.** Poids de 20 à 27 kg, dans la Grèce antique. **2.** Monnaie de compte équivalant à un talent d'or ou d'argent.

²talent n. m. (même mot que *¹talent ;* de la parabole des *talents,* dans l'Évangile) **1.** Aptitude particulière, dans une activité. → **capacité, ¹don.** *Talent de société,* qui intéresse, divertit en société. *Avoir du talent pour,* être doué pour. – *Avoir le talent de* (+ inf.). → **¹don. 2.** *Le talent :* aptitude remarquable dans le domaine intellectuel ou artistique. *Avoir du talent. Le talent et le génie.* – *Un écrivain de talent.* **3.** Personne qui a du talent. *Encourager les jeunes talents.*

talentueux, euse adj. Qui a du talent.
□ adv. **talentueusement**

taler v. tr. < 1 > (vient du germanique *tâlôn* « arracher », *cf.* **taloche**) Fouler, meurtrir (spécialt les fruits). → **talé.** – fig. Importuner (qqn).

Tāj Mahal

Le Tāj Mahal, chef-d'œuvre de l'art musulman en Inde, inscrit au patrimoine mondial de l'Unesco.

taleth n. m. (hébreu *tallith*, de *talal* « couvrir ») relig. Châle pourvu de franges, dont les juifs se couvrent les épaules pour prier.

taliban, ane n. et adj. (de l'arabe, plur. de *tālib* « étudiant », d'abord « étudiant en théologie ») Membre d'un mouvement islamiste fondamentaliste d'Afghanistan. *Des talibans.* – adj. *La milice talibane.*

▶ Cofondé en 1994 par Mohammad Omar et Abdul Ghani Baradar, le mouvement **taliban** prône un islam sunnite très rigoureux. Lors de la guerre civile qui suivit le retrait des Soviétiques d'Afghanistan (1989), les talibans conquirent la quasi-totalité du pays, imposèrent un régime fondamentaliste islamique et s'efforcèrent de faire disparaître toute trace du passé antérieur à l'arrivée de l'islam (destruction des Bouddhas de Bāmyān). En 2001, les talibans refusant d'extrader Ben Laden, les États-Unis et l'Otan intervinrent militairement, avec l'appui des forces de l'opposition afghane anti-talibanes. Les forces de l'Otan quittèrent le pays fin 2014 et les États-Unis se retirèrent en 2021, laissant les talibans reprendre immédiatement le territoire et le pouvoir.

talion n. m. (latin *talio*, de *talis* → tel) hist. Châtiment qui consiste à infliger au coupable le traitement qu'il a fait subir à autrui. – *La loi du talion* (œil pour œil, dent pour dent) ; fig. la vengeance.

talipot voir **tallipot**

talisman n. m. (arabe *tilasm*, du grec *telesma* « rite religieux », « objet protecteur ») Objet (pierre, anneau, etc.) portant des signes, et auquel on attribue des vertus magiques. → **amulette.** □ adj. **talismanique**

talitre n. m. (du latin sc., du latin class. *talitrum* « chiquenaude » [→ talon], à cause du saut de l'animal) zool. Petit crustacé sauteur qui vit au bord des plages, appelé couramment *puce de sable, de mer.*

talkie-walkie [tokiwoki ; tɔlkiwɔlki] n. m. (de l'anglais, de *to talk* « parler » et *to walk* « marcher ») anglic. Petit émetteur-récepteur à faible portée, permettant d'échanger des messages vocaux par radiocommunication. *Des talkies-walkies.*

talk-show [to(l)kʃo] n. m. (mot anglais des États-Unis, de *to talk* « parler » et *show* « spectacle ») anglic. Émission de télévision présentant une conversation entre un animateur et des invités. *Des talk-shows.* - recomm. offic. **débat-spectacle, émission-débat.**

tallage n. m. agric. **1.** Ensemble des talles. *Le tallage d'une variété de blé.* **2.** Production des talles.

Tallahassee Ville des États-Unis, capitale de la Floride. 196 160 habitants. Industrie alimentaire et du bois.

talle n. f. (latin *thallus*, grec *thallos* « jeune pousse » → thalle) bot. Tige adventice au collet d'une plante. → **rejeton.**

Tallemant des Réaux (Gédéon) Mémorialiste français (1619-1692). Ses *Historiettes* offrent un témoignage précieux des mœurs et des évolutions de la haute société du XVIIe siècle.

taller v. intr. < 1 > agric. Émettre des tiges secondaires à la base de sa tige. *Plus le blé talle, plus il produit.*

Talleyrand [tal(ɛ)ʀɑ̃] (Charles Maurice de Talleyrand-Périgord) Homme d'État français (1754-1838). Évêque d'Autun, député aux États généraux de 1789 et à l'Assemblée nationale constituante, il contribua à la nationalisation des biens de l'Église et prêta serment à la Constitution civile du clergé. Condamné comme schismatique par le pape, il quitta l'Église et débuta une longue carrière diplomatique. Après avoir séjourné en Angleterre puis aux États-Unis, il revint en France lors de la chute de Robespierre. Ministre des Relations extérieures (1797-1807), il fut l'inspirateur du Concordat de 1801 et négociateur à Lunéville, Amiens, Presbourg et Tilsit. Grand chambellan (1804), prince de Bénévent (1806) puis vice-Grand Électeur (1807), il s'opposa à Napoléon Ier sur des questions de politique extérieure, puis intrigua contre ce dernier avec Fouché et tomba en disgrâce (1809). Chef du gouvernement provisoire (1814), il contribua à faire voter par le Sénat la déchéance de Napoléon Ier et à porter Louis XVIII au pouvoir. Ministre des Affaires étrangères, il négocia le premier traité de Paris (mai 1814) et participa au congrès de Vienne (1814-1815). Président du Conseil en 1815, il dut démissionner peu après face à l'hostilité des ultras. Membre de la Chambre des pairs, il passa dans l'opposition au régime. En 1830, il fut nommé ambassadeur à Londres par Louis-Philippe.

Tallien (Jean-Lambert) Homme politique français (1767-1820). Député montagnard à la Convention, il fut envoyé à Bordeaux pour y organiser la Terreur. Il y rencontra Thérésa Cabarrus, qu'il épousa, et adopta dès lors des positions plus modérées. Il contribua à la chute de Robespierre et prit une part active à la réaction thermidorienne. ■ **Thérésa Cabarrus, Mme Tallien** (1773-1835). Épouse de Jean-Lambert Tallien, elle fut surnommée « Notre-Dame de Thermidor ».

Tallinn ou **Tallin** Capitale de l'Estonie, sur le golfe de Finlande. 400 400 habitants. Remparts des XIVe-XVe s. Cathédrale gothique (XIIIe-XIVe s.). Palais baroque construit par Pierre le Grand (musée des Beaux-Arts). Centre culturel et industriel. Port important. Nœud ferroviaire. Tallinn fut appelée *Reval* (ou *Revel*) jusqu'au XXe siècle.

La vieille ville de Tallinn avec, à l'arrière-plan, les bulbes de la cathédrale orthodoxe Alexandre-Nevski.

tallipot ou **talipot** n. m. (pris à l'anglais, de l'hindi par le malayalam, du sanskrit *tālapattra*, de *tāla* « palmier » et *pattra* « feuille ») bot. Palmier à larges feuilles en éventail, qui pousse dans le sud de l'Inde et au Sri Lanka.

Tallis (Thomas) Compositeur anglais (v. 1505-1585). Organiste de la chapelle royale avec Byrd, il composa de la musique polyphonique sacrée. *Spem in alium ; Lamentations de Jérémie.*

Talma (François Joseph) Tragédien français (1763-1826). Protégé par Napoléon Ier, il introduisit au théâtre une réforme profonde de la diction et du costume, privilégiant le naturel et la vérité historique.

Talmont-Saint-Hilaire Commune de la Vendée. 7 933 habitants. Château des XVe-XVIe s. (donjon du XIe s.).

talmud [talmyd] n. m. (de l'hébreu « étude, doctrine », de *lāmad* « apprendre ») **1.** (avec maj.) Recueil des enseignements des grands rabbins. *Étudier le Talmud.* **2.** Le livre luimême. *Une bible et un talmud.* □ adj. **talmudique**

▶ Le **Talmud** (« ce qui est étudié ») est le livre le plus important du judaïsme après la Bible et le principal objet d'étude des écoles rabbiniques. Il est constitué par la réunion de la Mishnah, compilation de lois orales et d'enseignements transmis par la tradition et fixés par écrit (200-220), et de la Guemarah, qui en est un commentaire contradictoire. Les débats des auteurs de la Guemarah autour d'un passage de la Mishnah concernent principalement des questions juridiques ; les thèmes abordés sont toutefois très variés : théologie, éthique, métaphysique, médecine, science, agriculture, histoire, astrologie, mœurs, légendes, etc. Le tout vise à interpréter la Torah, la Loi révélée à Moïse, et à fournir un enseignement complet et les règles à suivre sur tous les points de la vie religieuse et civile des juifs.
Il existe deux versions du Talmud, toutes deux en araméen et en hébreu : celle dite de Jérusalem, achevée à la hâte au Ve siècle, et celle de Babylone, plus volumineuse, terminée au VIe siècle. Le Talmud le plus utilisé est celui de Babylone ; composé de plusieurs strates de commentaires sur la Torah, il fut à son tour commenté, notamment par Rashi au XIe siècle. Sa première édition complète (Venise, 1519-1523) sert toujours de référence.
voir aussi **judaïsme, Bible**

talmudiste n. didact. **1.** Auteur, compilateur du Talmud. **2.** Spécialiste du Talmud.

1taloche n. f. (de *taler* « taper » → talé) fam. Gifle.

2taloche n. f. (vient, avec changement de suffixe, de l'ancien français *talevaz* « petit bouclier », probablt d'origine gauloise) techn. Planche munie d'une poignée, qui sert à étendre un enduit (plâtre, mortier...). □ n. m. **talochage** □ **2talocher** v. tr. < 1 >

1talocher v. tr. < 1 > fam. et vieilli Donner une taloche à (qqn). → **gifler.**

talon n. m. (vient du latin pop., de *talus* « osselet du pied ») **I. 1.** Partie postérieure du pied humain, dont la face inférieure touche le sol pendant la marche. *Talon et pointe du pied.* – *Le talon d'Achille de qqn,* son point vulnérable. ■ *Marcher, être* **sur les talons** *de qqn,* le suivre de tout près. → **talonner.** – *Tourner les talons,* s'en aller, partir, s'enfuir. **2.** Partie (d'un bas, d'une chaussette, etc.) qui enveloppe le talon. *Talons renforcés.* **3.** Pièce qui rehausse l'arrière d'une chaussure. *Talons aiguilles,* hauts et fins. – *Des chaussures à talons,* à talons hauts. **II. 1.** Reste, dernier morceau (d'un pain, d'un fromage, d'un jambon). **2.** Ce qui reste d'un jeu de cartes après la première distribution. *Piocher dans le talon.* **3.** Partie non détachable d'un carnet à souches. *Le talon d'un chèque.*

Talon (Jean) Administrateur français (1625-1694). Intendant de la Nouvelle-France (Canada) de 1665 à 1668 et de 1670 à 1672, il fit croître la colonie par la mise en valeur économique et l'organisation administrative du territoire.

talonnade n. f. (au football) Geste consistant à frapper la balle en arrière, avec le talon. *Faire une talonnade.*

talonnage n. m. rugby Action de talonner (3).

talonnement n. m. Action de talonner (1 et 2).

talonner v. tr. < 1 > (de *talon* ; cf. *être sur les talons*) **1.** Suivre ou poursuivre de très près (→ serrer de près). ■ fig. *Ses créanciers le talonnent.* → **harceler.** – (sujet chose) *La peur le talonnait.* **2.** Frapper du talon. *Talonner un cheval,* pour le faire avancer. **3.** rugby *Talonner (la balle),* lors d'une mêlée, envoyer le ballon vers son camp d'un coup de talon (→ **talonnage**). ■ (au football) Faire une talonnade.

talonnette n. f. **1.** Lame de liège placée sous le talon à l'intérieur de la chaussure. **2.** Ruban cousu au bas des jambes d'un pantalon pour en éviter l'usure.

talonneur, euse n. (au rugby) Joueur, joueuse chargé(e) de talonner.

talonnière n. f. **1.** didact. Aile que le dieu Mercure porte à chaque talon. **2.** méd. Étrier de contention d'une table d'opération.

talpack n. m. (du turc *kalpak* « bonnet fourré ») anciennt Bonnet d'astrakan porté, sous le Second Empire, par les chasseurs à cheval de l'armée française.

talquer v. tr. < 1 > Enduire, saupoudrer de talc. – au p. p. *Gants de caoutchouc talqués.*

talqueux, euse adj. minér. Formé de talc. *Schiste talqueux.*

talure n. f. (→ taler) régional Meurtrissure d'un fruit talé.

[1]talus n. m. (vient du latin *talutium,* p.-ê. du gaulois) Terrain en pente très inclinée, aménagé par des travaux de terrassement. *Les talus qui bordent un fossé.* ▪ Ouvrage de fortifications. → **[1]glacis.**

[2]talus [talys] adj. m. (mot latin → talon) pathol. *Pied talus :* pied bot dont le seul point d'appui est le talon, le reste du pied remontant vers la jambe.

talweg [talvɛg] n. m. (de l'allemand, proprt « chemin de la vallée ») géogr. Ligne de plus grande pente d'une vallée. - var. **thalweg.**

Tamale Ville du Ghana, chef-lieu de région. 371 350 habitants. Marché agricole.

tamandua n. m. (mot tupi, par le portugais) zool. Mammifère édenté voisin du tamanoir, arboricole et insectivore, qui vit en Amérique du Sud. → **fourmilier.**

tamanoir n. m. (mot amérindien caraïbe) Mammifère édenté, appelé aussi *grand fourmilier,* au pelage noir et blanc, à la langue effilée et visqueuse qui lui sert à capturer les fourmis dont il se nourrit.

Tamanrasset ou **Tamenghest** Ville du Sahara algérien, chef-lieu de wilaya. 54 500 habitants. Elle se situe au cœur d'une oasis, dans le S.-O. du Hoggar.

[1]tamarin n. m. (du latin médiéval, de l'arabe *tamr hindī* « datte de l'Inde ») Fruit du tamarinier, utilisé notamment comme laxatif.

[2]tamarin n. m. (d'une langue amérindienne) zool. Singe de petite taille qui vit en Amérique du Sud.

tamarinier n. m. Grand arbre exotique à fleurs en grappe, qui produit le tamarin.

tamaris [tamaʀis] n. m. (latin *tamariscus,* d'origine obscure) Arbrisseau décoratif originaire d'Orient, à petites feuilles en écailles, à fleurs roses en épi. - var. **tamarix** [-iks].

Tamaris-sur-Mer Station balnéaire du Var, dans la commune de La Seyne-sur-Mer.

Tamatave voir **Toamasina**

Tamaulipas n. m. État du Mexique septentrional, en bordure du golfe du Mexique. 79 384 km^2. 3,3 millions d'habitants. Capitale : Ciudad Victoria. Gaz naturel ; raffineries de pétrole ; industrie chimique.

Tamayo (Rufino) Peintre mexicain (1899-1991). Peintre muraliste, il subit les influences de l'art précolombien, du cubisme et du surréalisme. Il participa à la décoration du palais de l'Unesco, à Paris.

tamazight [tamazigt] n. m. (mot berbère « langue de l'homme libre ») Nom donné par les Berbères de Kabylie à leur langue. – La langue berbère.

Tamerlan

Tamerlan [sur le cheval blanc] *fait son entrée dans Samarcande*, miniature persane (1486), musée des Arts turc et islamique, Istanbul.

Tambora (mont) Volcan d'Indonésie, dans l'île de Sumbawa. 2 851 m. Son éruption de 1815 fut la plus puissante de l'histoire moderne.

tambouille n. f. (p.-ê. de *pot-en-bouille,* de *bouillir*) fam. Cuisine (généralement médiocre). *Faire la tambouille.*

tambour n. m. (d'abord *tabour ;* du persan *tabīr* → tabouret) I. 1. Instrument à percussion, formé de deux peaux tendues sur un cadre cylindrique (→ **caisse**). *Baguettes de tambour. Un roulement de tambour.* – Bruit du tambour. ▪ loc. *Sans tambour ni trompette,* sans attirer l'attention. – *Raisonner* (résonner) *comme un tambour,* très mal. **2.** Personne qui bat le tambour. *Les tambours du régiment* (→ **tambour-major**). **3.** par ext. Instrument à percussion à membrane tendue (→ **timbale**). *Tambour de basque,* petit cerceau de bois muni d'une peau tendue et entouré de grelots. → **tambourin.** *Tambours africains.* → **djembé, tam-tam.** II. **1.** Petite entrée à double porte, servant à isoler l'intérieur d'un édifice. ▪ Tourniquet formé de quatre portes vitrées, en croix. **2.** Métier circulaire pour broder à l'aiguille. **3.** Cylindre (d'un treuil, d'une machine). *Le tambour d'un lave-linge.* **4.** *Tambour de frein,* pièce cylindrique solidaire de la roue, à l'intérieur de laquelle frottent les segments.

tambourin n. m. **1.** Tambour* de basque. ▪ par analogie Cercle de bois tendu de peau, sur lequel on fait rebondir une balle, un volant. – Jeu qui se joue avec cet instrument. **2.** Tambour haut et étroit, que l'on bat d'une seule baguette. *Tambourin provençal.*

Tamise

La Tamise longe l'hôtel de ville de Londres (à g.), situé sur la berge sud du fleuve, non loin de Tower Bridge.

tambourinaire n. m. (du provençal → tambourin) Joueur de tambourin (2).

tambouriner v. < 1 > I. v. intr. Faire un bruit de roulement, de batterie (avec un objet dur, avec ses doigts...). *Tambouriner à la porte.* II. v. tr. Jouer (un air) sur un tambour, un tambourin. *Tambouriner une marche.* – au p. p. *Langages tambourinés,* signaux transmis par les tambours, les tam-tams, en Afrique. □ n. m. **tambourinage** ou **tambourinement**

tambourineur, euse n. **1.** Personne qui joue du tambourin. → **tambourinaire. 2.** Joueur de tambour, de tam-tam, etc., en Afrique et en Asie.

tambour-major n. Sous-officier, sous-officière qui dirige une formation musicale militaire. *Des tambours-majors.*

Tambov Ville de Russie. 294 300 habitants. Industries chimique, mécanique et alimentaire. Nœud ferroviaire.

Tamerlan en persan **Timur Lang** Conquérant turco-mongol (1336-1405). Il se proclama roi de Transoxiane (1370), puis sultan musulman (1388). Il constitua un immense empire par la conquête de l'Asie centrale, de l'Iran, de la Syrie, du sultanat de Delhi et de la Turquie d'Europe, où il vainquit Bayazid Ier en 1402. Il mourut alors qu'il projetait d'attaquer la Chine.

tamia n. m. (du latin sc., p.-ê. du grec *tamias* « économe ») Écureuil d'Amérique du Nord et de Russie, au pelage rayé. → **suisse.**

tamier n. m. (du latin *thamnum,* du grec *thamnos* « buisson ») bot. Plante grimpante, aux baies rouges et aux feuilles cordées.

tamil voir **tamoul**

Tamil Nadu anciennement **État de Madras** État du S. de l'Inde. 130 069 km^2. 77,8 millions d'habitants, essentiellement tamouls. Capitale : Madras (Chennaï). Le Tamil Nadu est une des régions les plus industrialisées et les plus urbanisées de l'Inde.

Tamils voir **Tamouls**

tamis n. m. (p.-ê. famille de *étamine*) **1.** Instrument qui sert à passer et à séparer les éléments d'un mélange. → **crible, sas ; chinois, passoire.** – loc. *Passer au tamis :* trier, ne conserver que certains éléments. **2.** Partie cordée d'une raquette de tennis.

Tamise n. f. en anglais **Thames** Fleuve de Grande-Bretagne. 338 km. La Tamise prend sa source au pied des Cotswold Hills, traverse Londres et se jette dans la mer du Nord.

tamiser v. tr. < 1 > **1.** Trier, passer au tamis. → **cribler.** *Tamiser de la farine.* **2.** Laisser passer (la lumière) en partie. → **[1]voiler.** – au p. p. *Lumière tamisée,* douce, voilée. □ n. m. **tamisage**

tamiserie n. f. techn. Fabrique de tamis, de cribles, de sas. ▪ Commerce, fabrication de ces instruments.

tamiseur, euse n. techn. **1.** Personne qui tamise certaines substances (en verrerie, droguerie...). **2.** n. m. Tamis grossier, crible pour les cendres du foyer. **3.** n. f. Machine à tamiser (industries alimentaires).

tamisier, ière n. techn. Fabricant(e), commerçant(e) spécialisé(e) en tamiserie.

Tammerfors voir **Tampere**

Tammuz Dieu babylonien de la Fertilité, symbole de la mort et du renouveau de la nature. Il est assimilé à l'Adonis syro-phénicien.

tamoul, e adj. et n. (vient du sanskrit *Drāviḍa* « Dravidiens ») Des Tamouls, peuple du sud-est de l'Inde. – n. m. *Le tamoul* (la plus importante des langues dravidiennes). - syn. **tamil, e.**

T

Tamouls ou **Tamils** **n. m. pl.** Groupe ethnique peuplant le S. de l'Inde (Tamil Nadu) et le N. du Sri Lanka. Environ 40 millions de personnes. Les Tamouls sont de religion hindouiste et parlent une langue dravidienne, le *tamoul* (ou *tamil*). Depuis les années 1980, une guerre civile les oppose, au Sri Lanka, à la communauté cinghalaise.

tamouré **n. m.** **(du polynésien)** Danse polynésienne.

Tampa Ville des États-Unis (Floride). 387 950 habitants. Port. Tourisme. Principal centre agricole et industriel de Floride.

Tampere en suédois **Tammerfors** Ville de Finlande (Häme), située sur un isthme entre les lacs Pyhäjärvi et Näsijärvi et traversée par les rapides de Tammerkoski. 207 870 habitants. Université. Musées. Principale ville industrielle du pays (mécanique, bois, textile, cuir, caoutchouc). Nokia fait partie de l'agglomération de Tampere.

tampico **n. m.** **(du n. de la ville)** Crin végétal provenant d'un agave du Mexique.

Tampico Ville du Mexique septentrional, sur le golfe du Mexique. 297 300 habitants. Zone industrialo-portuaire. Centre de raffinage de pétrole.

tampon **n. m.** **(ancien français *tapon*, qui vient du francique *tappo*)** **I. 1.** Petite masse dure ou d'une matière souple pressée, qui sert à boucher un trou, à empêcher l'écoulement d'un liquide. → **bouchon. 2.** Cheville plantée pour y fixer un clou, une vis. **3.** Petite masse formée ou garnie d'une matière souple, servant à étendre un liquide. *Tampon encreur.* – *Tampon à récurer,* formé d'une masse de fils. **4.** Petite masse de gaze, d'ouate..., servant à étancher le sang, nettoyer la peau, etc. *Tampon imbibé d'éther.* – *Tampon hygiénique, périodique,* porté dans le vagin pendant les règles (→ **protection**). **5.** *En tampon* : froissé en boule (papier, tissu). *Mouchoir en tampon.* **II.** Timbre (sur un tampon encreur) qui sert à marquer, à oblitérer. *Apposer un tampon sur un passeport.* ■ Cachet, oblitération. **III. 1.** Plateau métallique vertical destiné à recevoir et à amortir les chocs. *Les tampons d'une locomotive.* **2.** Ce qui amortit les chocs, empêche les heurts (au propre et au fig.). *Servir de tampon entre deux personnes.* – appos. ***État, zone tampon,*** dont la situation intermédiaire empêche les conflits directs (entre États...). **3.** appos., inform. *Mémoire tampon* (d'un ordinateur), collectant temporairement les données. **4.** appos., chim. *Solution tampon,* permettant de maintenir le pH d'un liquide, d'une substance.

Tampon (Le) Commune de la Réunion. 80 778 habitants.

tamponnade **n. f.** **(d'après l'allemand)** méd. Compression brutale du cœur par épanchement péricardique, pouvant provoquer une mort subite.

T

tamponnage **n. m. 1.** chim. Action de tamponner (une solution). **2.** méd. → **tamponnement.**

tamponnement **n. m. 1.** *Désinfecter une plaie par tamponnement,* en appliquant un tampon d'ouate. **2.** Fait de heurter avec les tampons. **3.** Accident résultant du heurt de deux trains.

tamponner **v. tr.** < 1 > **I. 1.** Enfoncer des chevilles (→ **tampon** (I, 2)) dans (un mur). **2.** Enduire d'un liquide ; essuyer, nettoyer avec un tampon (I, 3 et 4). *Tamponner une plaie avec de la gaze.* – loc. fam. *Il s'en tamponne (le coquillard)* : il s'en moque. **3.** chim. Ajouter une solution tampon à. **II.** Timbrer, apposer un tampon (II) sur. *Faire tamponner une autorisation.* **III.** Heurter avec les tampons (III, 1). – (véhicules) Heurter violemment. ■ pronom. *Les deux voitures se sont tamponnées.*

tamponneur, euse **adj.** Qui tamponne. ■ ***Autos tamponneuses*** : attraction foraine où de petites voitures électriques circulent et se heurtent sur une piste.

tamponnoir **n. m.** techn. Mèche d'acier avec laquelle on perce les murs, les cloisons pour y placer un tampon, une cheville, un taquet.

tam-tam [tamtam] **n. m. invar.** **(créole de l'océan Indien)** **1.** Tambour de bronze ou gong d'Extrême-Orient. *Des tam-tam.* **2.** plus cour. Tambour en usage en Afrique subsaharienne comme instrument de musique et pour la transmission de messages. **3.** fig. Bruit, publicité tapageuse. - var. RO **tamtam n. m.**

tan **n. m.** **(vient du gaulois *tann* « chêne »)** techn. Écorce de chêne utilisée pour la préparation du cuir (→ **tanner**).

Tana **n. m.** Fleuve du Kenya. 800 km. Il prend sa source près du mont Kenya et se jette dans l'océan Indien.

Tana **n. f.** Fleuve de Norvège. 304 km. La Tana trace la frontière avec la Finlande.

Tana ou **Tsana** **(lac)** Lac d'Éthiopie (environ 3 000 km^2), où naît le Nil Bleu.

tanagra **n. m.** **(du n. propre)** Figurine grecque antique en terre cuite, simple et gracieuse.

Tanagra, femme jouant du luth (300-250 av. J.-C.), musée du Louvre, Paris.

Tanagra Ancienne ville de Grèce (Béotie). Statuettes de terre cuite des VIe-IVe s. av. J.-C. *(tanagras).* Ruines ; nécropole.

tanaisie **n. f.** **(vient du latin pop. *tanacita*, p.-ê. de *tanacetum* « acide *[acetum]* du tan *[thannus]* »)** bot. Plante des talus, à fleurs jaunes, appelée communément *barbotine, herbe aux coqs, aux mites.*

Tanaka Koichi Chimiste japonais (né en 1959). Il a développé une méthode qui permet d'analyser les échantillons de protéines par la spectrométrie de masse. Prix Nobel 2002.

Tananarive voir **Antananarivo**

Tanaro **n. m.** Rivière italienne, affluent du Pô. 276 km.

tancarville **n. m.** **(marque enregistrée ; du n. de la ville, par analogie avec les haubans du pont)** régional (Ouest) Séchoir à linge pliable.

Tancarville Commune de la Seine-Maritime, sur l'estuaire de la Seine. 1 233 habitants. Pont suspendu sur la Seine (1 420 m). Le *canal de Tancarville* (26 km) aboutit au Havre.

tancer **v. tr.** < 3 > **(vient du latin pop. *tentiare*, de *tendere* →** [1]**tendre)** littér. Réprimander. *Tancer vertement qqn.*

tanche **n. f.** **(vient du latin *tinca*, p.-ê. du gaulois)** **1.** Poisson d'eau douce, à peau sombre et gluante, à chair délicate. **2.** fig. et fam. Personne incompétente. *C'est une tanche en informatique.*

Tancrède Prince normand de Sicile (mort en 1112). Prince de Galilée (1099), il gouverna la principauté d'Antioche puis le comté d'Édesse.

Tancrède de Lecce (mort en 1194). Roi de Sicile (1190-1194). Il lutta contre l'empereur germanique Henri VI, qui s'empara de ses États à sa mort.

tandem [tɑ̃dɛm] **n. m.** **(pris à l'anglais argotique *tandem* « à la longue, en longueur », du latin *tandem* « à la fin, enfin »)** **1.** Bicyclette à deux sièges et deux pédaliers placés l'un derrière l'autre. **2.** fig., fam. Groupe de deux personnes associées. → **binôme.** – loc. *En tandem,* en collaboration.

tandis que **loc. conj.** **(vient du latin *tam* « autant » *diu* « longtemps » *quam* « que »)** **1.** Pendant le temps que, dans le même moment que. → **alors** que, **comme,** [3]**pendant** que. **2.** (marquant l'opposition) → **alors** que. *Tandis que l'un travaille, l'autre se repose.*

tandouri **adj. et n. m.** **(de l'hindi *tandoor* « four à pain », de l'arabe *tānnūr*, même sens)** cuis. Mariné dans une sauce épicée et cuit au four (viande). *Poulet tandouri.* – **n. m.** *Un tandouri.* - var. **tandoori** [-du-].

Tanegashima Île japonaise de l'archipel Osumi, au S. de Kyūshū. Base de lancement spatial.

Tanezrouft Région très aride du Sahara qui s'étend à l'O. du Hoggar, en Algérie et au Mali.

Tang ou **T'ang** **n. m. pl.** Dynastie chinoise qui régna de 618 à 907. Fondée par Li Yuan, la dynastie des Tang fit de la Chine l'empire le plus vaste et le plus puissant du monde. Son autorité s'étendait jusqu'à la Corée, la Mandchourie et le Viêtnam. Sous son règne, l'art et le commerce chinois connurent leur apogée.

tanga **n. m.** **(p.-ê. mot bantou « pagne »)** Slip ou maillot de bain très échancré. – appos. *Un slip tanga en dentelle.*

Tanga Ville de Tanzanie, sur l'océan Indien. 243 000 habitants. Port. Centre industriel.

tangage **n. m.** Mouvement alternatif d'un navire dont l'avant et l'arrière plongent successivement. *Le tangage et le roulis.* – *Le tangage d'un avion.*

Tanganyika **(lac)** Grand lac de l'Afrique orientale. 31 900 km^2. Il forme frontière entre la République démocratique du Congo, le Burundi, la Zambie et la Tanzanie. Alimenté par les eaux de la Ruzizi, il se déverse par la Lukuga dans le Congo.

Tanganyika **n. m.** Nom que prit l'Afrique-Orientale allemande, en 1920, en passant sous mandat britannique. Devenue une république indépendante en 1961, le Tanganyika forme aujourd'hui, avec l'île de Zanzibar, la Tanzanie.

tangara **n. m.** **(mot tupi)** Oiseau passereau d'Amérique du Sud, au plumage à vives couleurs. *Le tangara écarlate.*

Tange Kenzō Architecte japonais (1913-2005). Il s'inspira de l'architecture traditionnelle japonaise dans ses premières réalisations, puis créa un style international abstrait (hôtel de ville de Tōkyō). Prix Pritzker 1987.

tangélo **n. m.** **(mot-valise, de *tangerine* et *pomélo*)** Agrume de la taille d'une petite orange, issu du croisement du pomélo et de la mandarine. *Hybride de tangélo et de clémentine.* → **clémenvilla.**

tangence **n. f.** Position de ce qui est tangent.

tangent, ente **adj.** (→ **tangente**) **1.** Qui touche en un seul point, sans couper (une ligne, une surface). *Droite tangente à un cercle.* **2.** Qui se fait de justesse. *Il a été reçu, mais c'était tangent.*

tangente **n. f.** **(du latin, de *tangens, tangentis*, p. prés. de *tangere* « toucher » → tangible)** **1.** *La tangente à une courbe,* la droite

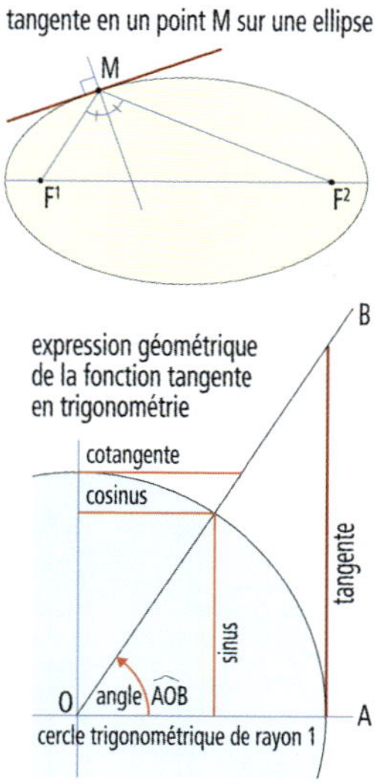

La tangente possède une définition différente en géométrie (tangente en un point) et en trigonométrie (fonction tangente).

qui touche cette courbe en un seul point. **–** math. *Tangente d'un arc, d'un angle* : rapport du sinus au cosinus de cet arc, de cet angle. **2.** loc. fig. ***Prendre la tangente*** : se sauver sans être vu ; se tirer d'affaire adroitement. « *Mon esprit prenait facilement la tangente* » (Gide).

tangentiel, elle adj. et n. f. **1.** Qui a rapport aux tangentes. *Force tangentielle,* exercée dans le sens de la tangente à une courbe. **2.** n. f. Liaison (ferroviaire…) de banlieue à banlieue. □ **adv. tangentiellement**

Tanger en arabe **Tandja** Ville du Maroc, au débouché du détroit de Gibraltar. 947 900 habitants. Port franc. Industries. Tourisme. La ville fut une zone internationale de 1923 à 1956, sauf durant l'occupation espagnole (1940-1945).

tangerine n. f. (mot anglais « mandarine », proprt « [orange] de Tanger ») Hybride de mandarine et d'orange amère.

tangible adj. (du bas latin, de *tangere* → tangente) **1.** Que l'on peut connaître en touchant. *La réalité tangible.* → **¹matériel, palpable. 2.** Dont la réalité est évidente. *Des preuves tangibles.* □ **n. f. tangibilité** □ **adv. tangiblement**

tango n. m. (mot espagnol d'Argentine, p.-ê. d'origine africaine) **1.** Musique et danse originaires d'Argentine, sur un rythme assez lent à deux temps. *Des tangos langoureux.* **2.** Couleur orange vif. → **orangé. – adj. invar.** *Des robes tango.* **3.** Demi de bière additionné de grenadine.

tangon n. m. (p.-ê. du moyen néerlandais *tange*) mar. Poutre mobile établie horizontalement à l'extérieur d'un navire, pour amarrer les embarcations.

tangram n. m. Jeu de réflexion d'origine chinoise, puzzle constitué de sept pièces à assembler.

Tangshan ou **T'ang-chan** Ville de Chine (Hebei). 2,1 millions d'habitants. Centre industriel. La ville, détruite par un séisme en 1976, a été reconstruite.

tangue n. f. (de l'ancien nordique *thang* « goémon », p.-ê. confondu avec *tangi* « langue de terre ») régional Sable vaseux, calcaire, grisâtre, du littoral de la Manche, qu'on prend dans une sablière (*tanguière* n. f.) pour l'utiliser comme engrais.

tanguer v. intr. < 1 > (origine incertaine, p.-ê. famille du latin *tangere* → tangente) **1.** (bateaux) Se balancer par un mouvement de tangage. *Navire qui roule* et qui tangue.* **2.** Remuer par un mouvement alternatif d'avant en arrière. *Tout tanguait autour de lui.*

Tanguy (Yves) Peintre français naturalisé américain (1900-1955). Il élabora une œuvre surréaliste, où des « êtres-objets » imaginaires apparaissent dans des paysages oniriques. *Il faisait ce qu'il voulait ; Nombres imaginaires.*

Yves Tanguy, *Nombres imaginaires* (1954), musée Thyssen-Bornemisza, Madrid.

tanière n. f. (famille du latin *taxo* « blaireau » [ancien français *taisson*]) **1.** Retraite (d'une bête sauvage), caverne, lieu abrité ou souterrain. → **antre, gîte, repaire, terrier.** *Renard tapi au fond de sa tanière.* **2.** Lieu fermé dans lequel on s'isole, on se cache.

tanin ou **tannin** n. m. (de *tan*) **1.** Substance d'origine végétale, rendant les peaux imputrescibles. → **tan. 2.** Cette substance provenant du raisin, et qui entre dans la composition des vins rouges. *Bordeaux riche en tanin.*

tanique voir **tannique**

Tanis Ancienne ville d'Égypte, dans le delta du Nil, entre Damiette et Port-Saïd. Tanis remonterait à l'Ancien Empire. Elle fut la capitale de la XXIe à la XXIVe dynastie (1085-720 av. J.-C.).

taniser ou **tanniser** v. tr. < 1 > (de *tan*) techn. **1.** Ajouter du tan à (une substance). **2.** Ajouter du tanin à (un moût, un vin). □ **n. m. tanisage** ou **tannisage**

Tanit ou **Tinnit** Déesse de Carthage. Compagne de Baal Hammon, elle est assimilée à Héra et Junon.

Tanizaki Junichirō Écrivain japonais (1886-1965). D'abord influencé par le romantisme occidental, il approfondit par la suite la culture traditionnelle japonaise dans des récits nostalgiques évoquant l'évolution des mœurs. *Les Quatre Sœurs ; Journal d'un vieux fou.*

Tanjung priok Port de Jakarta, le premier d'Indonésie.

tank [tɑ̃k] n. m. (mot anglais « réservoir ») **I.** Citerne d'un navire pétrolier. *Des tanks.* ■ Réservoir de stockage. **II.** (par analogie d'aspect et n. de code) vieilli Char d'assaut. → **¹char.** ■ fam. et plais. Grosse voiture.

tanker [tɑ̃kœʀ] n. m. (→ tank) Bateau-citerne transportant du pétrole. → **pétrolier.**

tankiste n. (de *tank,* II) Soldat d'une unité de tanks, de blindés.

Tanlay Commune de l'Yonne. 915 habitants. Château des XVIe-XVIIe s. À proximité, vestiges de l'abbaye de Quincy (XIIe-XVIe s.).

tannage n. m. Action de tanner (les peaux).

tannant, ante adj. **1.** techn. Qui permet de tanner. **2.** fig. et fam. Qui tanne (II), lasse. *Elle est tannante avec ses questions.* → **assommant, fatigant.**

tanne n. f. (de *tanner*) **1.** techn. Marque brune qui reste sur une peau après le tannage. **2.** méd. → **¹loupe.**

tanné, ée adj. **1.** Qui a subi le tannage. *Peaux tannées.* **2.** (personnes) Dont la peau a bruni sous l'effet du soleil, des intempéries. *Un marin au visage tanné.* → **basané, hâlé.**

tannée n. f. (de *tanner le cuir*) **1.** techn. Résidu du tan, qui ne contient plus de tanin. **2.** fam. et vieilli Volée de coups. → **raclée.**

Tannenberg (bataille de) Bataille (août 1914) qui se déroula dans cette ancienne localité de Prusse-Orientale (aujourd'hui *Stębark,* en Pologne) et au cours de laquelle les Allemands de Hindenburg remportèrent une victoire décisive sur les Russes de Samsonov.

Tannenberg (bataille de) voir **Grunwald**

tanner v. tr. < 1 > (de *tan*) **I. 1.** Préparer (les peaux) avec du tanin ou d'autres produits pour les rendre imputrescibles et en faire du cuir (→ **mégisserie**). **2.** loc. fam. *Tanner le cuir à qqn,* le rosser. → **tannée. II.** fam. Agacer, importuner. → **harceler.**

Tanner (Alain) Réalisateur suisse (1929-2022). Il réalisa des films reflétant l'esprit contestataire de l'époque, *Charles mort ou vif* et *La Salamandre.*

tannerie n. f. **1.** Établissement où l'on tanne les peaux. **2.** Opérations de tannage. *La tannerie et le corroyage.*

tanneur, euse n. Personne qui tanne les peaux. ■ Personne qui possède une tannerie et vend des cuirs.

Tannhäuser Poète allemand (v. 1205-v. 1270). Chanteur errant, auteur de poèmes lyriques, il devint un personnage de légende dès la fin du XIIIe s. Il inspira des poètes et des musiciens, parmi lesquels Wagner.

tannin voir **tanin**

tannique ou **tanique** adj. (de *tan*) techn. Constitué par le tanin ; qui contient du tanin. *Vin rouge tannique.* ■ chim. *Acide tannique* : solide blanc amorphe qu'on extrait de la noix de galle.

tannisage ; tanniser voir **tanisage ; taniser**

tanrec ou **tenrec** n. m. (du malgache *tandraka*) zool. Mammifère insectivore de Madagascar, au museau pointu, au corps couvert de poils et de piquants.

tansad [tɑ̃sad] n. m. (mot anglais, de *tan[dem] sad[dle]* « selle ») anglic. Selle pour passager, sur une motocyclette.

tant adv. et nominal (vient du latin *tantum*) **I.** adv. de quantité, marquant l'intensité **1.** *Tant que,* exprime qu'une action ou qu'une qualité portée à un très haut degré devient la cause d'un effet. → **tellement.** *Il souffre tant qu'il ne peut plus se lever.* **2.** *Tant de… que…* : une si grande quantité, un si grand nombre de… que… *Elle a tant d'argent qu'elle ne sait qu'en faire.* **–** absolt Tant de choses. *Il a fait tant pour vous ! Faire **tant et si bien** que :* parvenir après beaucoup d'efforts à. **3.** (sans *que*) Tellement. *Je voudrais tant avoir fini.* **4.** ***Tant de*** : une si grande, une telle quantité de. *Celui-là et tant d'autres. Ne faites pas tant d'histoires.* → **autant** de. *Des gens comme il y en a tant.* loc. fam. *Vous m'en direz tant !,* je ne suis plus étonné après ce que vous m'avez dit. **–** ***Tant soit peu*** : si peu que ce soit. subst. *Un tant soit peu* (et adj.). **–** ***Tant s'en faut*** : il s'en faut de beaucoup. *Elle n'est pas généreuse, tant s'en faut.* **5.** littér. (introduisant la cause) *Il n'ose plus rien entreprendre, tant il a été déçu.* → **tellement. –** loc. *Tant il est vrai que,* introduit une vérité qui découle de ce qui vient d'être dit. **II.** nominal Une quantité qu'on ne précise pas. *Être payé à tant par mois, à tant la page.* **–** ***Tant et plus*** : la quantité

T

dont on parle et plus encore. *J'ai des amis tant et plus.* **III.** (exprimant une comparaison) **1.** ***Tant... que,*** exprime l'égalité dans des propositions négatives ou interrogatives. → **autant.** *Il ne craint pas tant l'isolement que le silence.* – ***Tant que,*** en phrase affirmative. → **autant.** *Tant qu'il vous plaira. Tant que tu voudras.* – *Tant que ça,* tellement. – ***Si tant est que*** (+ subj.) : exprime une supposition très improbable. *Il a l'air d'un honnête homme, si tant est qu'il en existe.* – ***Tous tant que vous êtes,*** tous, sans exception. **2.** ***En tant que,*** dans la mesure où. – Considéré comme. *Le cinéma en tant qu'art ou en tant qu'industrie.* → **comme. 3.** ***Tant... que...*** : aussi bien... que... *Des activités tant sportives qu'artistiques.* – ***Tant bien que mal*** (+ verbe d'action) : ni bien ni mal et avec peine. *Il a réussi tant bien que mal à réparer le moteur.* **4.** ***Tant qu'à*** (+ inf.) : puisqu'il faut. *Tant qu'à déménager, j'aimerais mieux habiter en ville.* – loc. ***Tant qu'à faire.*** *Tant qu'à faire, faites-le bien* (littér. *à tant faire que de...*). **5.** ***Tant mieux, tant pis,*** exprimant la joie ou le dépit. *Il est guéri, tant mieux ! Elle n'est pas là, tant pis !* – *Tant pis pour vous,* c'est dommage, mais c'est votre faute. **IV.** ***Tant que*** : aussi longtemps que. « *Et nul ne se connaît tant qu'il n'a pas souffert* » (Musset). – *Tant que vous y êtes* : en continuant de la même façon (→ **pendant que**).

Ṭanṭā Ville de Basse-Égypte, au centre du delta du Nil. 576 600 habitants. Nœud de communications. Centre commercial et religieux (tombeau de Sidi Amad al-Badawī). Raffinerie de pétrole.

tantale n. m. (latin *Tantalus,* n. propre, du grec) **I.** zool. Oiseau échassier d'Amérique centrale, voisin de la cigogne. **II.** (latin sc. *tantalum,* à cause de la difficulté d'en préparer des composés) chim. Élément (symb. Ta, n° at. 73, masse at. 180,95), métal d'aspect analogue à celui de l'argent, très dense. *Alliages, aciers au tantale* (instruments chirurgicaux, appareils dentaires...).

Tantale Dans la mythologie grecque, roi de Lydie ou de Phrygie. Fils de Zeus, il est condamné à subir aux Enfers une faim et une soif perpétuelles pour avoir abusé des faveurs des dieux (le supplice* de Tantale).

tante n. f. (de *ta ante,* de l'ancien français, qui vient du latin *amita* « sœur du père ») **I. 1.** Sœur du père ou de la mère ; femme de l'oncle ou de la tante (→ lang. enfantin **tata, tatie, tantine**). **2.** fam. ***Ma tante*** : le Crédit municipal, le mont-de-piété. **II.** fam. et injurieux Homosexuel efféminé.

tantième [tɑ̃tjɛm] n. m. (de *tant*) Pourcentage d'un tout. *Le tantième du chiffre de vente.*

tantine n. f. appellation enfantine Ma tante. *Bonjour, tantine.*

tantinet (de *tant*) **1.** n. m. vieux ou plais. *Un tantinet de,* un tout petit peu de. **2.** ***Un tantinet*** loc. adv. Un petit peu. *Il est un tantinet farceur.* → **passablement.**

tant mieux ; tant pis voir **tant** (III, 5)

tantôt adv. (de *tant* et *tôt*) **I.** régional **1.** Cet après-midi. – n. m. fam. *À ce tantôt !* **2.** Peu de temps avant, après. **II.** ***Tantôt..., tantôt...*** : à un moment, puis à un autre moment (pour exprimer des états différents d'une même chose). → **parfois.** *Tantôt elle pleure, tantôt elle rit.*

tantouze n. f. (de *tante*) vulg. et injurieux Homosexuel efféminé. → **tante, tata.** - var. **tantouse.**

tantrisme n. m. (du sanskrit *tantra* « doctrine, règle ») relig. Forme de l'hindouisme, religion inspirée des *tantras,* livres sacrés ésotériques. □ adj. **tantrique**

Tanucci (Bernardo, marquis) Homme politique italien (1698-1783). Principal ministre, à Naples, de Charles VII et de Ferdinand IV, il fut un représentant du despotisme éclairé, encourageant le développement économique et menant une politique anticléricale.

Tanzanie

n. f. ■ offic. république unie de Tanzanie Pays d'Afrique orientale, formé de l'union politique d'une partie continentale ouverte sur l'océan Indien et d'un archipel (Zanzibar et Pemba). 945 037 km². 57 300 000 habitants (les *Tanzaniens*). **Langues :** anglais et souahéli (offic.), nombreuses langues bantoues et nilotiques. **Population :** Souahélis et 120 groupes ethniques, dont Sukumas, Nyamouézis, Nyakyusas, Chagas, Makondés, Massaïs. **Religions :** christianisme, islam, religions traditionnelles, hindouisme. **Monnaie :** shilling tanzanien. **Capitale :** Dodoma. **Régime :** présidentiel. La Tanzanie est divisée en 26 régions, dont 5 insulaires dans l'archipel de Zanzibar.

GÉOGRAPHIE

La Tanzanie est formée d'un grand plateau traversé du nord au sud par la vallée du Rift. Le Kilimandjaro (5 895 m) est le point culminant d'Afrique. Elle est bordée à l'ouest par de grands lacs (Victoria, Tanganyika, Nyasa). Au large des plaines côtières se trouvent les îles de Zanzibar et de Pemba. Le climat tropical (avec des phénomènes de mousson sur les côtes) devient continental à l'intérieur du pays.

ÉCONOMIE

L'économie est dominée par l'agriculture : agriculture vivrière (maïs, manioc, sorgo) et agriculture d'exportation (canne à sucre, noix de cajou, coton, sisal, tabac, thé, café, agrumes, clou de girofle). L'élevage est important sur les plateaux. La pêche est pratiquée sur les côtes. Le pays est riche en ressources minières (or, diamant, étain, charbon), qui ne sont pas exploitées intensivement. Les parcs nationaux (N'Gorongoro) attirent les touristes pour des safaris notamment. La pauvreté est en recul depuis les années 2010 et l'alphabétisation progresse (86 % de la population en 2016).

HISTOIRE

Dans la vallée du Rift ont été trouvés des restes des premiers hommes *(Homo habilis)* datant de 1,8 million d'années et, sur les rives du lac Victoria, des vestiges remontant à 40 000 ans. Les Bantous arrivèrent dans cette région au début de notre ère. Des comptoirs, qui vivaient du commerce entre l'Afrique, le monde arabe et l'Asie jalonnaient les côtes lorsque les Portugais s'installèrent au XVIe siècle. Les Britanniques prirent Zanzibar en 1890. Les Allemands occupèrent l'intérieur des terres en 1891 puis la Grande-Bretagne envahit l'ensemble du territoire qui prit le nom de Tanganyika (1920). Le pays obtint son indépendance dans le cadre du Commonwealth en 1961 et prit son nom actuel avec le rattachement de l'île semi-autonome de Zanzibar en 1964, date à laquelle Julius Nyerere accéda au pouvoir. Son orientation socialiste fut abandonnée par les présidents suivants au profit du libéralisme. Élu en 2015, le président John Magufuli mit en place un régime autoritaire. La vice-présidente, Samia Suluhu, lui succéda après son décès en 2021.

Tao (Terence) Mathématicien australien (né en 1975). Il a démontré qu'on trouve toujours des suites arithmétiques arbitrairement longues, qui ne contiennent que des nombres premiers. Médaille Fields 2006.

taoïsme n. m. (du chinois *tao* « voie, raison ») Doctrine religieuse et philosophique chinoise fondée par Lao Tseu, qui enseigne la solidarité totale entre la nature et l'homme. □ n. et adj. **taoïste**

taon [tɑ̃] n. m. (vient du bas latin *tabonem,* accusatif de *tabo*) Insecte piqueur et suceur, grosse mouche dont la femelle suce le sang des animaux.

Taormine Ville d'Italie, en Sicile. 10 800 habitants. Ruines antiques (théâtre des IIIe-IIe s. av. J.-C.) ; château médiéval. Tourisme.

Taoyuan Ville de Taiwan. 391 830 habitants. Centre agricole. Aéroport international.

tapage n. m. (de *taper*) **1.** Bruit violent produit par un groupe de personnes. → **¹boucan, chahut, raffut, vacarme ;** fam., vieilli **potin.** *Un* *tapage infernal.* – dr. *Tapage nocturne.* **2.** fig. Esclandre, scandale. *Faire beaucoup de tapage autour d'une affaire.* → **bruit, publicité.**

tapageur, euse adj. **1.** vieilli Qui fait du tapage. **2.** Qui fait du scandale. *Publicité tapageuse.* **3.** Qui se fait remarquer par l'outrance, le contraste des couleurs. → **criard, [1]voyant.** – *Un luxe tapageur.* □ adv. **tapageusement**

Tapajós Rivière du Brésil, affluent de l'Amazone. 1 555 km.

tapant, ante adj. À l'instant même où sonne (une heure). → **juste ; pétant, sonnant.** *À midi tapant. À neuf heures tapantes.*

tapas [tapas] n. f. pl. (de l'espagnol, plur. de *tapa* « couvercle », de *tapar* « couvrir » → **[2]taper**) Assortiment de petites entrées variées, à l'espagnole, servi à l'apéritif. *Un bar à tapas.*

[1]tape n. f. Coup donné avec le plat de la main. *Une tape amicale dans le dos.*

[2]tape n. f. (de *[2]taper*) mar. Bouchon servant à boucher les écubiers.

tapé, ée adj. **1.** Trop mûr, pourri par endroits (aux endroits des heurts). → **talé.** *Des pommes tapées.* ▪ fam. *Elle est un peu tapée,* marquée par l'âge. **2.** fam. ***Bien tapé*** *:* réussi, bien fait. *Une réponse bien tapée.* **3.** fam. Fou. → **frappé.**

tape-à-l'œil [tapalœj] **1.** adj. invar. Qui attire l'attention par des couleurs voyantes, un luxe tapageur. → **clinquant.** *Une décoration tape-à-l'œil.* **2.** n. m. invar. *C'est du tape-à-l'œil,* cela fait beaucoup d'effet mais a peu de valeur.

tapecul [tapky] n. m. **1.** Voiture mal suspendue. **2.** Balançoire rudimentaire formant bascule, et qui « tape le cul » en touchant le sol. *Des tapeculs.* **3.** Exercice de trot sans étriers, à cheval. - var. **tape-cul.** *Des tape-culs.*

tapée n. f. fam. Grande quantité. → **flopée, [1]masse.**

tapement n. m. Action de taper. *Des tapements de pieds.* – Bruit ainsi produit. *Un tapement sourd.*

tapenade n. f. (provençal *tapenado,* de *tapeno* « câpre ») Préparation de câpres, olives noires, anchois écrasés et additionnés d'huile d'olive.

[1]taper v. < 1 > (d'un radical exprimant un bruit sec) **I.** v. tr. **1.** Frapper du plat de la main. **2.** Donner des coups sur (qqch.). → **cogner, frapper.** ▪ (le compl. désigne une partie du corps) *Il lui a tapé la tête contre le mur.* – *C'est à se taper la tête contre les murs,* c'est une situation révoltante et sans issue. ▪ fam. (enfants) *Il m'a tapé !* **3.** Produire (un bruit) en tapant. *On a tapé trois coups à la porte.* **4.** Écrire (un texte) au moyen d'une machine à écrire (→ **dactylographier ; [2]frappe**), d'un ordinateur (→ **saisir**). **5.** fam. Emprunter de l'argent à (qqn). *Je l'ai tapé de trois cents euros* (→ **tapeur**). **II.** v. intr. **1.** Donner des coups. → **cogner.** – *Taper des mains, dans ses mains.* → **applaudir.** *Taper du poing sur la table.* **2.** loc. fig. *Taper sur qqn,* dire du mal de lui. → **critiquer, médire.** – *Taper sur les nerfs à, de qqn,* l'agacer. – *Taper dans l'œil à, de qqn,* lui plaire vivement. **3.** Écrire au moyen d'une machine. *Cette dactylo tape vite.* **4.** *Le soleil tape, tape dur,* chauffe très fort. **5.** fam. ***Taper dans*** *:* prendre dans, se servir de. *Taper dans les provisions.* → **puiser. III. *Se taper*** + compl. (faux pronom.) fam. **1.** Manger, boire (qqch.). *Elle se tape son litre de rouge.* **2.** Avoir des relations sexuelles avec (qqn). **3.** Faire (une corvée). *Se taper tout le travail.* ▪ Supporter. *Se taper la famille à dîner.* **4.** ***S'en taper*** *:* s'en moquer. *Je m'en tape.*

[2]taper v. tr. < 1 > (ancien provençal *tapar,* du francique *tappôn* « boucher ») mar. Boucher avec une tape. *Taper les écubiers.*

tapette n. f. **I. 1.** Petite tape. **2.** Instrument (raquette) pour battre les tapis ; pour tuer les mouches. **3.** Piège à ressort pour les souris. **II.** fam. et injurieux Homosexuel.

Tàpies (Antoni)

Antoni Tàpies, *1789* (1987), coll. de l'artiste.

tapeur, euse n. fam. Personne qui emprunte souvent de l'argent (→ **[1]taper** (I, 5)).

taphophilie n. f. (du grec *taphos* « tombeau » et de *-philie*) psych. Attrait pathologique pour les tombes et les cimetières.

tapi, ie adj. **1.** Caché, dans une posture ramassée. **2.** (abstrait) Caché, d'une manière plus ou moins menaçante. → **embusqué.**

Tàpies (Antoni) Peintre espagnol (1923-2012). Ses œuvres, d'abord rattachées au surréalisme, évoluèrent vers des compositions lacérées, griffées, intégrant des objets de récupération (fil de fer, vieux journaux). *Rideau de fer et violon ; Fardeau ; Grand Drap noué et détritus.*

tapin n. m. (de *[1]taper,* d'après l'idée de racolage bruyant) argot Racolage de prostituée. *Faire le tapin.* → **tapiner** (cf. faire le trottoir*). ▪ par métonymie Prostituée. → **tapineur.**

tapiner v. intr. < 1 > argot Racoler dans la rue et se prostituer.

tapineur, euse n. argot Prostitué(e). → **tapin.**

en **tapinois** loc. adv. (même origine que *se tapir*) En se cachant, à la dérobée. → en **catimini.** *S'approcher en tapinois.*

tapioca n. m. (mot indien du Brésil) Fécule extraite de la racine de manioc. *Un potage au tapioca* ou ellipt *un tapioca.*

se **tapir** v. pron. < 2 > (du francique *tappjan* « enfermer ») Se cacher, se dissimuler en se blottissant.

tapir n. m. (mot indien du Brésil) Mammifère ongulé, herbivore, bas sur pattes, dont le nez se prolonge en trompe.

tapis n. m. (d'un dérivé du grec *tapês* « couverture ») **1.** Ouvrage fait de fibres textiles, le plus souvent étendu sur le sol. *Tapis de haute laine. Secouer les tapis. Tapis cloué ;* (Belgique) *tapis plain.* → **moquette.** – *Marchand de tapis,* marchand ambulant de tapis ; fig. et péj. personne trop insistante, qui marchande âprement. – loc. *Le tapis rouge,* les honneurs. *Tapis volant* (des légendes orientales). **2.** Revêtement souple de sol (tissu, natte, etc.). *Tapis de sol.* – ***Tapis-brosse*** *:* paillasson. *Des tapis-brosses.* – (boxe) *Envoyer son adversaire **au tapis,*** au sol. **3.** ***Tapis roulant*** *:* surface plane animée d'un mouvement de translation et servant à transporter des personnes, des marchandises. **4.** Couche, surface qui évoque un tapis. *Un tapis de neige.* **5.** Pièce de tissu recouvrant un meuble. *Tapis de table.* – loc. *Mettre une question sur le tapis,* la faire venir en discussion. ▪ inform. *Tapis de souris,* pour faciliter les déplacements d'une souris.

tapisser v. tr. < 1 > (de *tapis*) **1.** Couvrir de tapisseries, tentures, étoffes, papiers, etc., pour orner. *Tapisser un mur, une pièce.* – au p. p. *Pièce tapissée de jute.* **2.** (sujet chose) Recouvrir (un mur, une paroi) en l'ornant. *Le papier peint qui tapisse un appartement.* – Recouvrir parfaitement. *Le lierre tapissait tout le mur.*

tapisserie n. f. **1.** Ouvrage d'art tissé à la main sur un métier, dans lequel le dessin résulte de l'armure même. *Tapisseries des Gobelins* (à Paris). ▪ loc. ***Faire tapisserie*** *:* n'être pas invité(e) à danser, dans un bal ; rester seul(e). **2.** Papier peint ou tissu tendu sur les murs. **3.** Ouvrage de dame à l'aiguille, brodé sur un canevas.

Homme offrant une rose à une femme, tapisserie du XVIe s., musée des Arts décoratifs, Paris.

tapissier, ière n. **1.** Personne qui fabrique et vend des tissus utilisés en ameublement et en décoration. **2.** Personne qui tapisse une pièce, une maison, pose les papiers peints. *Tapissier-décorateur.*

tapissière n. f. anciennt Grande voiture à chevaux.

T

Tarantino (Quentin)

Quentin Tarantino dirigeant Uma Thurman dans *Kill Bill 1* (2003).

taponner v. < 1 > (mot normand « tamponner », de *tapon* « petite boule chiffonnée ») (Canada) fam. **1.** v. tr. Toucher, tâter. **2.** v. intr. Perdre son temps. *On va encore taponner à l'aéroport.* □ n. m. **taponnage**

tapotement n. m. Action de tapoter ; bruit qui en résulte.

tapoter v. tr. < 1 > Frapper légèrement à petits coups répétés. *Tapoter la joue d'un enfant.* – intrans. *Tapoter sur la table.* → **tambouriner.**

Tapti n. f. Fleuve de l'Inde. Environ 720 km. Née dans le Madhya Pradesh, elle se jette dans le golfe de Khambhat (Cambay).

tapuscrit n. m. (de *taper* [à la machine] et *[man]uscrit*) Texte original tapé à la machine.

taque n. f. (du bas allemand *tak* « plaque de cheminée ») **1.** techn. Plaque de fonte appliquée sur le fond d'une cheminée. **2.** (Belgique) Plaque de fonte servant à couvrir un fourneau, un égout.

taquer v. tr. < 1 > (p.-ê. de *tac*, onomatopée) imprim., anciennt Mettre de niveau (les caractères) avec un outil en bois (le *taquoir* n. m.). □ n. m. **taquage**

taquet n. m. (ancien normand *estaque*, du francique *stakka* « poteau ») **1.** Pièce de bois qui soutient l'extrémité d'un tasseau ou sert à caler un meuble. **2.** Morceau de bois qui tourne autour d'un axe et sert à maintenir une porte fermée. → **loquet. 3.** mar. Pièce de bois ou de métal autour des extrémités de laquelle on tourne des cordages pour les maintenir. – loc. fam. *Être au taquet*, au maximum de ses possibilités. → **à fond.**

taquin, ine adj. (famille du néerlandais *taken* « prendre » ; d'abord « bandit ») Qui prend plaisir à irriter, pour plaisanter. *Un caractère taquin.* – n. *Un taquin, une taquine.*

taquiner v. tr. < 1 > **1.** S'amuser à irriter, à contrarier (qqn) dans de petites choses et sans méchanceté. → **asticoter,** faire **enrager.** – pronom. *« On se lance des petites pointes très légères pour s'émoustiller, pour se taquiner un peu »* (N. Sarraute). **2.** (sujet chose) Être la cause d'une douleur légère. *J'ai une dent qui me taquine.* → **agacer. 3.** loc. fam. *Taquiner le goujon :* pêcher à la ligne.

T

taquinerie n. f. **1.** Tendance à taquiner. **2.** Action de taquiner ; parole taquine.

tara n. m. (mot d'une langue africaine) (Afrique) Lit bas fait de fibres végétales assemblées.

tarabiscotage n. m. Caractère de ce qui est tarabiscoté.

tarabiscoté, ée adj. (de *tarabiscot* « rainure entre deux moulures ») **1.** Surchargé d'ornements. *Des meubles tarabiscotés.* **2.** abstrait Inutilement compliqué. *Style tarabiscoté.* → **alambiqué.**

tarabuster v. tr. < 1 > (de deux radicaux avec l'idée de « frapper ») **1.** Importuner (qqn) par des paroles, des interventions renouvelées (plus fort que *taquiner*). → **houspiller, tourmenter, tracasser. 2.** (sujet chose) Causer de la contrariété, de l'inquiétude, de l'agitation à (qqn). *Cette idée me tarabuste.* → **turlupiner.**

tarage n. m. (de *tarer*) comm. Opération qui consiste à tarer un récipient ou un emballage avant de le remplir.

tarama n. m. (mot grec) Hors-d'œuvre à base d'œufs de cabillaud fumés, de crème et de citron.

Taranis Dieu gaulois de la Foudre et du Tonnerre, identifié au Jupiter romain.

Tarantino (Quentin) Réalisateur américain (né en 1963). Révélé par son premier film, *Reservoir Dogs*, où il mêle la violence à l'humour, il est aussi le réalisateur de *Pulp Fiction, Jackie Brown, Kill Bill, Inglourious Basterds, Django Unchained.*

Tarapacá Région administrative du Chili. 57 000 km². 429 000 habitants. Capitale : Iquique. Exploitation de nitrate. Mines de cuivre.

tarare n. m. (p.-ê. onomatopée du bruit de la machine) techn. Appareil qui sépare les grains de blé de la balle, par ventilation. *Les cribles d'un tarare.*

Tarare Commune du Rhône, dans le Beaujolais. 10 572 habitants. Industries textiles. Plasturgie.

Tarascon Commune des Bouches-du-Rhône. 15 508 habitants. Église des XIIIe, XIVe et XVIIe s. Château des comtes de Provence (XIIIe-XVe s.). Marché agricole.

tarasque n. f. (du provençal, de *Tarascon*) Animal fabuleux, dragon des légendes provençales.

Tarasques n. m. pl. Peuple indien du Mexique (Michoacán). Puissants et prospères, les Tarasques résistèrent à la conquête aztèque. Ils vivent encore aujourd'hui d'agriculture, de pêche et d'artisanat (tissage, laque).

Tarass Boulba Personnage du roman éponyme de N. Gogol (1835). Chef cosaque cruel, il tue son fils, coupable de trahison.

taratata interj. (onomatopée) Onomatopée exprimant l'incrédulité, la défiance, le mépris. *Taratata ! tout ça, c'est des histoires !*

taraud n. m. (altération de *tareau*, var. de *tarel*, de l'ancien français *tarere* → tarière) techn. Outil d'acier servant à faire des pas de vis.

taraudage n. m. techn. **1.** Action de tarauder ; son résultat. **2.** Filetage intérieur d'un trou cylindrique.

taraudant, ante adj. littér. Qui taraude (3), transperce. → **taraudeur.**

tarauder v. tr. < 1 > (de *taraud*, famille de *tarière*) **1.** techn. Creuser, percer (une matière dure) pour y pratiquer un pas de vis. **2.** (insectes) Percer avec une tarière. **3.** fig. Tourmenter. – passif et p. p. *Être taraudé par le remords.*

taraudeur, euse n. et adj. **1.** n. Ouvrier, ouvrière qui taille des filets en creux. ■ n. f. *Taraudeuse :* machine-outil servant à tarauder et à fileter. **2.** adj. Qui taraude, transperce. *Insecte taraudeur.*

taravelle n. f. (du latin *terebellum*, de *terebra* « tarière », de *terere*) régional Plantoir en forme d'étrier, employé en Bordelais et dans les Charentes, pour planter la vigne.

Tarawa Atoll situé au N. de l'équateur, sur lequel se trouve la capitale de la république de Kiribati (*Tarawa*). 45 000 habitants. Université. Commerce maritime. Aéroport international.

Taraz Ville du Kazakhstan. 330 130 habitants. Industrie alimentaire. Usine de superphosphates.

Tarbes Chef-lieu des Hautes-Pyrénées, sur l'Adour. 42 925 habitants (agglomération 76 700). Cathédrale romane. Musées. Industries tertiaires (constructions aéronautiques et électriques).

tarbouche n. m. (arabe *tarbūš*, du turc) Bonnet rouge cylindrique portant un gland de soie, coiffure masculine en usage en

Tarbes

Le jardin Massey, à Tarbes, abrite le cloître de l'abbaye bénédictine de Saint-Sever-de-Rustan.

Égypte et en Turquie. *Le tarbouche et la chéchia.* - var. **tarbouch.**

tard adv. (vient du latin *tarde*, de *tardus* « lent » → s'attarder, retarder, tardif) **1.** Après le moment habituel ; après un temps considéré comme long. *Se lever tard* (opposé à *tôt*). prov. *Mieux vaut tard que jamais.* – *Rentrer plus tard que d'habitude. Votre lettre est arrivée trop tard,* après le moment convenable. prov. *Il n'est jamais trop tard pour bien faire.* – ***Tôt ou tard :*** inévitablement mais à un moment qu'on ne peut prévoir avec certitude. – *Au plus tard,* en prenant le délai le plus long. *Tout sera prêt dans un mois au plus tard.* – ***Plus tard :*** dans l'avenir. → **ultérieurement.** *Ce sera pour plus tard. Quelques minutes plus tard.* → **après.** *Pas plus tard qu'hier* (tout récemment). **2.** À la fin d'une période ; à une heure avancée (du jour ou de la nuit). *Tard dans la matinée, dans la saison.* – adj. *Il est, il se fait tard,* l'heure est avancée. **3.** n. m. ***Sur le tard :*** à un âge considéré comme avancé. *Apprendre à danser sur le tard.* → **tardivement.**

Tarde (Gabriel de) Sociologue français (1843-1904). Ses travaux sur la criminalité en font l'un des premiers représentants de la psychosociologie et un pionnier de la criminologie. *Les Lois de l'imitation ; Études de psychologie sociale.*

Tardenois n. m. Région de l'E. du Bassin parisien, entre la Vesle et la Marne.

tarder v. intr. < 1 > (du latin → tard) **1.** Se faire attendre ; être lent à venir. *« Il y a que je languis après une lettre qui tarde »* (Apollinaire). **2.** Mettre beaucoup de temps ; rester longtemps avant de commencer à agir. *Venez sans tarder,* tout de suite. – ***Tarder à*** (+ inf.). *Il n'a pas tardé à réagir.* **3.** impers. ***Il me (te, lui...) tarde de*** (+ inf.) ; ***que*** (+ subj.), exprimant l'impatience de faire, de voir se produire qqch. *Il me tarde d'avoir les résultats ; que ce soit terminé.*

Tardi (Jacques) Dessinateur de bandes dessinées français (né en 1946). Son œuvre est inspirée par les faubourgs parisiens du début du XXe s. et marquée par la Première Guerre mondiale (*Moi, René Tardi, prisonnier de guerre au Stalag IIB*). Il a créé la série *Adèle Blanc-Sec,* adapté *Nestor Burma* (de Léo Mallet) et illustré des œuvres de Céline.

Jacques Tardi en 1990, devant un décor de rue, propre à son style.

Tardieu (André) Homme d'État français (1876-1945). Plusieurs fois ministre, il fut président du Conseil en 1929-1930 et en

1932. Face à la crise économique internationale, il pratiqua une politique de prospérité (assurances sociales, grands travaux).

Tardieu (Jean) Poète et auteur dramatique français (1903-1995). Son œuvre poétique *(Formeries)* et dramatique *(Poèmes à jouer ; Théâtre de chambre)* exprime une inquiétude existentielle dans un jeu verbal subtil.

tardif, ive adj. (vient du latin pop. *tardivus*, de *tardus* → tard) **1.** Qui apparaît, qui a lieu tard, vers la fin d'une période, d'une évolution. *Développement tardif.* **2.** Qui a lieu tard dans la journée, la matinée ou la soirée. *Rentrer à une heure assez tardive.* → **avancé.** – Qui vient, qui se fait trop tard. *Des remords tardifs.* **3.** (opposé à *précoce*) Qui se forme, se développe plus lentement ou plus tard que la moyenne. *Fruit tardif.*

tardigrade n. m. et adj. (du latin « qui marche [*gradus* → -grade] lentement [*tardus*] ») **1.** n. m. zool. Petit acarien pourvu de quatre paires de pattes non articulées, qui vit dans les mousses ou l'eau. **2.** adj. didact. et vieux Qui marche lentement.

tardivement adv. Tard. *Elle s'en aperçut tardivement.*

tare n. f. (de l'arabe « soustraction, déduction ») **I.** techn. **1.** Poids de l'emballage, du récipient pesé avec une marchandise. *Le poids brut comprend la tare* (→ **tarer**). **2.** Poids placé sur le plateau d'une balance pour faire équilibre à celui d'un objet qu'on ne veut pas compter dans le poids total. **II. 1.** Grave défaut (d'une personne, d'une institution...). *Les tares d'un système.* → **vice. 2.** Déficience héréditaire, d'ordre physique ou psychologique.

taré, ée adj. **1.** Affecté d'une tare morale, physique ou psychique. *Un politicien taré.* **2.** fam. Inintelligent. → **crétin, idiot.** *Mais tu es complètement taré !* – **n.** *Bande de tarés !*

Tarentaise n. f. Région de Savoie formée par la haute vallée de l'Isère et par les vallées de ses affluents. Élevage bovin. Hydroélectricité. Tourisme.

tarente n. f. (du n. de la ville italienne de Tarente) régional (sud de la France) Lézard grimpeur, gecko.

Tarente Ville du S. de l'Italie (Pouilles), sur le *golfe de Tarente.* 202 000 habitants. Cathédrale (XIe-XIIe s., remaniée). Musée national. Port. Centre industriel. Marché agricole. Tarente fut l'une des plus anciennes villes de la Grande Grèce. Conquise par Rome en –272, elle se rallia à Hannibal en –212 et fut reprise par Rome –209.

tarentelle n. f. (de l'italien, même origine que *tarentule*) Danse du sud de l'Italie, sur un air au rythme très rapide.

tarentule n. f. (de l'italien, de *Tarente*, ville) Grosse araignée venimeuse des pays chauds.

tarer v. tr. < 1 > Peser (un emballage, un récipient) avant de le remplir afin de pouvoir déduire son poids du poids brut. → **tare** (I).

taret n. m. (→ tarière) Mollusque au corps vermiforme, qui creuse des galeries dans les bois immergés (pilotis, carènes, etc.).

targe n. f. (francique *targa* → se targuer) didact. Petit bouclier en usage au Moyen Âge.

targette n. f. (de l'ancien français *targe* « bouclier », d'origine francique, cf. se targuer) Petit verrou, généralement à tige plate, que l'on manœuvre en poussant ou en tournant un bouton.

Târgovişte, Tîrgovişte ou **Turgovişte** Ville de Roumanie méridionale, en Munténie. 72 200 habitants. Église de style byzantin (XVIe-XVIIe s.). Musées. Centre industriel.

se targuer v. pron. < 1 > (de *se targer* « se protéger [comme d'un bouclier] » → targette) littér. Se prévaloir (de qqch.) avec ostentation, se vanter (de). *« La seule vertu dont je me targue : le scrupule »* (Colette). – (+ inf.) *Elle se targue d'y parvenir.*

Tarkovski (Andreï)

Andreï Tarkovski sur le tournage de *Stalker* (1979).

targui, ie n. et adj. (mot berbère) Singulier de *touareg.*

Târgu Mureş ou **Tîrgu Mureş** Ville de Roumanie centrale, en Transylvanie, sur le Mureş. 125 700 habitants. Centre universitaire et culturel. Industries diverses. Aux environs, gisement de gaz naturel.

tari, ie adj. (p. p. de *tarir*) Sans eau. *Une rivière tarie.* → **à sec.**

taricheute [taʀikøt] n. m. (grec *tarikheutês* « qui embaume ») hist. Embaumeur, dans l'ancienne Égypte.

tarière n. f. (vient du latin *taratrum*, mot gaulois) **1.** Grande vrille pour percer le bois. **2.** Prolongement de l'abdomen (de certains insectes) capable de creuser des trous.

tarif n. m. (de l'italien, de l'arabe) **1.** Tableau ou liste qui indique le montant des droits à acquitter, des prix fixés ; ces prix. *Les tarifs des chemins de fer. Payer plein tarif.* – *Tarif douanier* : taux du droit de douane des produits pouvant être importés. **2.** Prix tarifé ou usuel (d'une marchandise, d'un travail). *Le tarif, les tarifs d'un fabricant.* – fam. *Deux mois de prison, c'est le tarif,* la peine habituelle.

Tarifa Ville d'Espagne (Andalousie), sur le détroit de Gibraltar. 18 100 habitants. Vestiges mauresques. Le *cap Tarifa* est à 12 km des côtes africaines.

tarifaire adj. écon. Concernant un tarif.

tarifer v. tr. < 1 > Fixer à un montant, à un prix déterminé ; déterminer le tarif de. *Faire tarifer une ordonnance.* – au p. p. *Des services tarifés.*

tarification n. f. Fixation des prix selon un tarif précis.

Tarim n. m. Fleuve de Chine (Xinjiang). 2 137 km. Né dans le Karakoram, il se perd dans la cuvette du Lob nor. Le *bassin du Tarim* est constitué d'un désert entouré d'oasis et de marais salants. Agriculture.

¹tarin n. m. (p.-ê. onomatopée d'après le chant de l'oiseau) Petit chardonneret jaune, vert et noir qui vit en Europe occidentale. *Tarin des aulnes.*

²tarin n. m. (origine incertaine) fam. Nez. → **²pif.** *Un gros tarin.*

Ṭāriq ibn Ziyād Chef berbère (VIIIe s.). Commandant les troupes musulmanes lors de la conquête de l'Espagne, il prit Tolède (711) et Saragosse (714). Il a donné son nom à Gibraltar *(Jabal al-Ṭāriq).*

tarir v. < 2 > (du francique *tharrjan* « sécher ») **I.** v. intr. **1.** Cesser de couler ; s'épuiser. *La source a tari, vient de tarir* (→ **tari**). *Ses larmes ne tarissent plus.* **2.** *La conversation tarit,* s'arrête parce qu'on n'a plus rien à se dire. – (personnes) *Ne pas tarir :* ne pas cesser de parler. *Il ne tarit pas sur ce sujet* (→ **intarissable**). **II.** v. tr. Faire cesser de couler ; mettre à sec. → **assécher.** *La sécheresse a tari les ruisseaux.* ■ **se tarir** v. pron. *La source s'est tarie.* – fig. *Sa veine poétique s'est tarie.* → **s'épuiser.**

tarissement n. m. Fait de tarir, de se tarir. → **assèchement.**

Tarkovski (Arseni Aleksandrovitch) Poète soviétique (1907-1989). Sa poésie philosophique se rapproche de celle de Pasternak et de M. Tsvetaïeva. *Avant la neige ; La Terre terrestre ; Les Montagnes enchantées.*

Tarkovski (Andreï) Réalisateur soviétique (1932-1986). Fils d'Arseni Tarkovski, il montra une grande exigence esthétique et morale et affirma la pérennité des valeurs religieuses dans son pays. *Andreï Roublev ; Solaris ; Le Miroir ; Stalker ; Le Sacrifice.*

tarlatane n. f. (du portugais) Étoffe de coton très peu serrée et très apprêtée. *Jupon de tarlatane.*

tarlouze n. f. (origine inconnue) vulg. et injurieux Homosexuel. → **tantouze.** - var. **tarlouse.**

tarmac n. m. (anglais *tarmacadam*, de *tar* « goudron » et → macadam) Dans un aérodrome, Emplacement réservé à la circulation et au stationnement des avions.

Tarn n. m. Rivière du Massif central et du Bassin aquitain. 375 km. Le Tarn prend sa source au mont Lozère, traverse les Causses, arrose Millau, Albi, Montauban et se jette dans la Garonne.

Tarn n. m. [81] Département français de la Région Occitanie (→ carte). 5 780 km². 391 066 habitants. Chef-lieu : Albi. Chef-lieu d'arrondissement : Castres. S'étendant sur les régions historiques de l'Albigeois et du Languedoc, le département est traversé par les vallées du Tarn et de l'Agout. Élevage sur les reliefs (chèvres, moutons) ; polyculture à l'O. (blé, vignes autour de Gaillac). Albi, Castres et Graulhet sont les principaux pôles industriels (chimie, agroalimentaire, industries du verre et des matériaux de construction) et d'activités traditionnelles (cuir, chaussure, textile).

Tarn-et-Garonne n. m. [82] Département français de la Région Occitanie (→ carte). 3 718 km². 262 316 habitants. Chef-lieu : Montauban. Chef-lieu d'arrondissement : Castelsarrasin. Le département, situé dans le Bassin aquitain, est traversé par la Garonne. À l'E. et au N.-E. s'élèvent les plateaux calcaires de la bordure du Massif central, au N.-O., les collines du Bas Quercy. Au S. de la vaste plaine alluviale de la Garonne s'étend le plateau de la Lomagne. Élevage sur les hauteurs ; agriculture dans les vallées (céréales, maraîchage, vignes). Industrie, peu développée (constructions électriques et mécaniques), autour de Montauban, Castelsarrasin et Moissac.

Tarnier (Étienne, dit Stéphane) Chirurgien français (1828-1897). Il mit au point un forceps à tracteur et introduisit l'usage de l'asepsie en obstétrique.

Tarnobrzeg Ville de Pologne (Basses-Carpates), sur la Vistule. 50 000 habitants. Important gisement de soufre.

Tarnos Commune des Landes. 12 914 habitants. Aéronautique.

Tarnów Ville de la Pologne méridionale (Petite-Pologne). 117 000 habitants. Monuments Renaissance. Maisons en bois (XIVe s.). Centre administratif et industriel. Carrefour ferroviaire.

Tarnowskie Góry Ville de Pologne (Silésie). 61 000 habitants. Houillères. Industrie.

taro n. m. (mot tahitien) bot. Plante tropicale cultivée pour son tubercule alimentaire. → **colocase.**

Taro n. m. Rivière d'Italie. 126 km. Né dans l'Apennin ligure, le Taro est un affluent du Pô.

tarot n. m. (de l'italien ; famille de *tare*) Carte à jouer portant des figures spéciales, plus longue que les cartes ordinaires, utilisée notamment en cartomancie *(tarots de Marseille).* → **arcane, ¹lame.** *Un jeu de tarots* (ou ellipt *un tarot*). ■ Jeu qui se joue avec ces cartes.

T

Taroudant ou **Taroudannt** Ville du Maroc méridional (province d'Agadir), au pied du Haut Atlas et de l'Anti-Atlas. 80 100 habitants. Remparts. Oliveraies. Artisanat. La ville connut son âge d'or sous la dynastie saadienne.

tarpan n. m. (mot kirghiz) Cheval retourné à l'état sauvage, dans les steppes de l'Asie occidentale.

Tarpeia Vestale romaine qui, selon la légende, aurait livré Rome aux Sabins (fin –VIIIe s.), lesquels la tuèrent. Elle fut enterrée dans la *roche Tarpéienne,* crête rocheuse du Capitole d'où l'on précipitait les criminels, dans la Rome antique.

tarpon n. m. (mot anglais, d'origine inconnue) zool. Grand poisson de l'Atlantique tropical, recherché pour ses écailles.

Tarquin l'Ancien Cinquième roi légendaire de Rome (616-578 av. J.-C.). Il introduisit dans la cité la civilisation étrusque et fit construire le Forum, le Grand Cirque, le temple de Jupiter Capitolin et les égouts.

Tarquin le Superbe Septième et dernier roi légendaire de Rome (534-509 av. J.-C.). Il régna en tyran. Son fils Sextus ayant déshonoré Lucrèce, il fut chassé par le peuple romain, et la république fut proclamée.

Tarquinia Ville d'Italie (Latium). 15 160 habitants. Nécropole étrusque (VIe-Ier s. av. J.-C.), dont les chambres funéraires sont revêtues de fresques. Musée national.

Tarquinia, la tombe des Léopards (Ve s. av. J.-C.), dans la nécropole Monterozzi.

Tarraconaise n. f. Ancienne province romaine du N.-E. de l'Espagne, fondée par Auguste en –27. Tarragone était sa capitale.

Tarragone Ville d'Espagne (Catalogne), sur la Méditerranée. 136 400 habitants. Premier port du pays. Vestiges romains : murailles, aqueduc, amphithéâtre, palais d'Auguste. Cathédrale des XIIe-XIIIe s. Musée archéologique. Centre industriel. Tourisme.

Tarrasa Ville d'Espagne (Catalogne), près de Barcelone. 223 600 habitants. Églises du Ve s. (époque wisigothique) et des IXe-XIIe s. (retables du XVe s.). Centre textile très ancien.

tarse n. m. (grec *tarsos*) anat. Partie postérieure du squelette du pied (double rangée d'os courts).

tarsectomie n. f. (→ -ectomie) méd. Ablation totale ou partielle des os du tarse.

tarsien, ienne adj. Du tarse. *Os tarsiens.*

tarsier n. m. zool. Petit mammifère lémurien vivant en Malaisie, qui se nourrit de lézards et d'insectes.

Tarski (Alfred) Mathématicien et logicien polonais naturalisé américain (1902-1983). Avec Łukasiewicz, il élabora des systèmes logiques à trois valeurs (vrai, faux, possible) puis à *n.* Il développa une sémantique établissant une distinction entre logique et métalogique, entre langage et métalangage. *La Notion de vérité dans les langages formels ; La Conception sémantique de la vérité.*

Tarsus Ville de Turquie, en Asie Mineure (Cilicie). 274 400 habitants. Vestiges hittites, hellénistiques et romains. Patrie de saint Paul. Centre industriel.

Tartaglia (Niccolò Fontana, dit) Mathématicien italien (v. 1499-1557). On lui doit la résolution des équations du troisième degré et notamment la *formule de Cardan.*

1tartan n. m. (mot anglais) Étoffe de laine écossaise propre à un clan. ▪ Tissu à décor quadrillé (→ écossais).

2tartan n. m. (mot anglais ; marque déposée) Revêtement de pistes d'athlétisme fait d'un agglomérat de caoutchouc, de matières plastiques et d'amiante.

tartane n. f. (de l'italien, p.-ê. de l'occitan *tartana* « buse ») Petit navire de la Méditerranée, utilisé autrefois pour la pêche et le cabotage.

tartare adj. (mot turco-mongol) **1.** hist. Des populations d'Asie centrale (Turcs et Mongols). **2.** *Sauce tartare,* mayonnaise aux câpres et à la moutarde. ▪ *Steak tartare* et n. m. *un tartare,* préparation de viande de bœuf crue et hachée, assaisonnée. *Des steaks tartares* ou *tartare* (invar.) – par analogie *Tartare de poisson.*

Tartare n. m. Dans la mythologie grecque, région placée en dessous des Enfers où sont châtiés les grands criminels.

Tartarie (détroit de) Bras de mer entre la Sibérie et l'île de Sakhaline, qui unit les mers du Japon et d'Okhotsk. 900 km. Il fut découvert par Lapérouse en 1787.

tartarin n. m. (de *Tartarin de Tarascon*) fam. Fanfaron, vantard.

Tartarin de Tarascon Personnage créé en 1872 par Alphonse Daudet dans les *Aventures prodigieuses de Tartarin de Tarascon.* Héros d'une trilogie, il incarne le type du Méridional hâbleur et tonitruant.

tarte n. f. (famille de *tourte* et p.-ê. du latin *tartarum* → tartre) **I. 1.** Pâtisserie formée d'un fond de pâte entouré d'un rebord et garni (de confiture, de fruits, de crème). *Tarte aux pommes.* – *Tarte aux poireaux. Tarte flambée.* → flammekueche. ▪ loc. fig. (d'après un passage de Molière) *Tarte à la crème :* argument, thème banal qui revient à tout propos. ▪ fam. *C'est pas de la tarte !,* c'est difficile. **2.** fam. Coup, gifle. → 1beigne. **II.** adj. fam. Laid ; sot et ridicule, peu dégourdi. → 2cloche. *Ce qu'ils sont tartes* ou *tarte* (invar.) ! – (choses) *Ce film est tarte.* → tartignolle.

tartelette n. f. Petite tarte individuelle.

tartempion n. propre et n. m. (de *tarte* et *pion*) Nom propre fictif utilisé pour une personne quelconque. → machin, truc. – n. m. *Un vague Tartempion.*

tartiflette n. f. (de l'occitan *tartifle* « pomme de terre ») Gratin de pommes de terre au reblochon (plat savoyard).

tartignolle ou **tartignole** adj. (de *tarte,* et suffixe plais.) fam. Sot ; un peu ridicule ; laid. → tarte.

tartine n. f. (de *tarte*) **1.** Tranche de pain recouverte de beurre, de confiture..., ou destinée à l'être. *Tartines grillées.* → rôtie, toast. **2.** fam. Développement interminable, grand discours. → laïus, tirade. *Elle a fait là-dessus toute une tartine.*

tartiner v. < 1 > **1.** v. tr. Étaler (du beurre, etc.) sur une tranche de pain. **2.** v. tr. Étaler en couche sur. – *Tartiner les enfants de crème solaire.* **3.** v. intr. fam. Faire un long développement.

Tartini (Giuseppe) Compositeur et violoniste italien (1692-1770). Il composa de la musique de chambre (sonates, concertos pour violon, trios pour cordes). Pédagogue réputé, il a laissé plusieurs ouvrages théoriques sur le violon.

tartir v. intr. < 2 > (de l'argot italien ancien, de l'ancien français *tortir* « tordre ») **1.** argot Déféquer. → chier. **2.** fig. et pop. *Se faire tartir :* s'ennuyer. – *Faire tartir qqn.* → emmerder.

tartrate n. m. (de *tartre*) chim. Sel de l'acide tartrique.

tartre n. m. (bas latin *tartarum* « dépôt » [*cf. le Tartare* « l'enfer »] → détartrer, entartrer) **1.** Dépôt qui se forme dans les récipients contenant du vin. **2.** Dépôt de couleur jaune ou brune (phosphate de calcium), qui s'attache au collet des dents. **3.** Croûte calcaire laissée par l'eau (dans les conduits, ustensiles...). □ adj. **tartreux, euse**

tartrique adj. chim. *Acide tartrique :* acide-alcool extrait du tartre (1), utilisé pour la fabrication des levures chimiques, des sels effervescents.

Tartt (Donna) Écrivaine américaine (née en 1963). Mettant en scène la violence, la peur, la paranoïa, ses romans sont servis par une prose raffinée et un discours sur l'histoire de l'art : *Le Maître des illusions, Le Chardonneret.*

Tartu Ville d'Estonie, sur le fleuve Emajogi. 101 200 habitants. Centre culturel et universitaire. Industries diverses.

tartufe ou **tartuffe** n. m. (du n. du personnage de Molière) **1.** vieilli Faux dévot. **2.** Personne hypocrite. – adj. *Il est un peu tartufe.*

Tartuffe ou l'Imposteur Comédie en cinq actes et en vers de Molière (1664). Tartuffe, hypocrite et faux dévot, exploite la naïveté d'Orgon, qu'il manipule, et dont il obtient la promesse d'épouser la fille, en même temps qu'il tente de séduire l'épouse. La pièce connut trois versions. Ses deux premières ayant été interdites, la version définitive fut jouée en 1669.

tartuferie ou **tartufferie** n. f. Conduite de tartufe. → hypocrisie.

Tarvis (col de) Col des Alpes orientales. 812 m. Il relie l'Italie, l'Autriche et la Slovénie.

tarzan n. m. (du n. propre) fam. et plais. Bel athlète.

Tarzan Personnage d'un feuilleton créé par Edgar Rice Burroughs (1912), popularisé par la bande dessinée et par le cinéma. Élevé par une guenon dans la jungle, Tarzan devient l'ami des bêtes sauvages. Il incarne la liberté et la générosité.

tas n. m. (vient du francique, ou de *tasser*) **1.** Amas (de matériaux, de morceaux, d'objets) s'élevant sur une large base. *Un tas de pierres, de sable ; de détritus.* → monceau. **2.** fig., fam. Grande quantité, grand nombre (de choses). *Des tas de.* → beaucoup. ▪ souvent péj. Grand nombre (de gens). → multitude. *Un tas de gens.* – *Tirer, taper* **dans le tas,** dans un groupe, sans viser précisément qqn. – (injure) *Tas de crétins, de salauds !* → 2bande. **3.** archit. Chantier à pied d'œuvre. – loc. *Sur le tas. Grève sur le tas,* sur le lieu du travail. fam. *Être formé sur le tas,* par le travail même. → sur le terrain. **4.** archit. *Tas de charge :* masse de pierre où prennent naissance les ogives.

Tasmanie n. f. Île australienne située au S.-E. du continent. Elle en est séparée par le détroit de Bass. Superficie : 68 300 km². 567 900 habitants (les *Tasmaniens*). Capitale : Hobart. La Tasmanie est formée d'un plateau au climat océanique, entouré de montagnes boisées d'où descendent de nombreux fleuves côtiers. Une zone de nature sauvage d'un million d'hectares est inscrite sur la liste du patrimoine mondial de l'Unesco. L'île vit de l'agriculture (élevage de bovins et de moutons, bois d'eucalyptus et de hêtres, fruits, légumes, houblon) et de ses ressources naturelles (cuivre, fer, étain, tungstène, zinc, plomb, hydroélectricité). L'industrie se développe (bois, conserveries, textile, métallurgie). L'île, habitée depuis plus de 20 000 ans, fut découverte par le Hollandais Abel Tasman (1642) et visitée par de nombreux Européens (notamment James Cook, 1777). Colonisée par les Britanniques (1804), qui en firent un lieu de détention jusqu'en 1853, elle est devenue un État du Commonwealth australien en 1901.

tassage n. m. Action de tasser. → **tassement.**

tasse n. f. (de l'arabe) **1.** Petit récipient à anse ou à oreilles, servant à boire. *Des tasses à café.* ▪ Son contenu. *Prendre une tasse de thé.* **2.** loc. fam. *Boire une tasse, la tasse,* avaler involontairement de l'eau en se baignant. – (calque de l'anglais) *Ce n'est pas ma tasse de thé :* cela ne fait pas partie de mes goûts, de mes intérêts.

Tasse (Torquato Tasso, dit en français le) Poète italien (1544-1595). Il connut un vif succès avec *Aminta,* fable pastorale. Son œuvre majeure, *La Jérusalem délivrée,* mêle l'évocation historique de la conquête des lieux saints au thème de la passion amoureuse.

tassé, ée adj. (p. p. de *tasser*) **1.** Affaissé. *Constructions tassées.* – *Une petite vieille toute tassée.* → **recroquevillé. 2.** fam. *Bien tassé :* qui remplit bien le verre. *Un demi bien tassé.* – *Un café bien tassé,* très fort. → **serré.** ▪ fig. *Elle a cinquante ans bien tassés,* au moins.

tasseau n. m. (vient du latin ; famille de *talon*) Petite pièce de bois ou de métal destinée à soutenir l'extrémité d'une tablette. → **support.**

tassement n. m. **1.** Action de tasser ; fait de se tasser. *Le tassement du sol.* **2.** fig. *Le tassement des ventes.*

tasser v. tr. < 1 > (de *tas* [germanique] ou venant du latin *taxare* → **taxer**) **1.** Comprimer le plus possible, en tapant, poussant, serrant. *Tasser ses affaires dans un sac. Tasser la neige, de la terre.* → **damer. 2.** (compl. personne) → **entasser.** ▪ passif et p. p. *On était tassés dans le métro.* ▪ **se tasser** v. pron. **1.** S'affaisser sur soi-même. *Terrain qui se tasse.* **2.** (sujet chose) fam. Revenir, après quelque incident, à un état normal. → **s'arranger.** *Il y a des difficultés ; ça se tassera !*

tassette n. f. (de l'ancien français *tasse* « poche, bourse ») archéol. Plaque d'acier articulée qui, dans les armures, protégeait le haut des cuisses.

tassili n. m. (mot berbère) géogr. Plateau de grès, au Sahara.

Tassili n. m. Désert montagneux du Sud algérien, au N.-E. du Hoggar. Vestiges rupestres du néolithique.

Tassilon III (v. 742-v. 794). Duc de Bavière (749-788). Il se révolta contre Charlemagne, qui l'emprisonna et annexa la Bavière (788).

Tassin-la-Demi-Lune Commune du Rhône, dans l'agglomération de Lyon. 22 475 habitants. Constructions mécaniques.

Tassoni (Alessandro) Poète italien (1565-1635). Auteur de *Philippiques* contre Philippe III d'Espagne, il composa également un poème héroïcomique, *Le Seau enlevé.*

taste-vin [tastəvɛ̃] n. m. invar. (de *taster* « goûter » et *vin*) Petite tasse plate servant aux dégustateurs de vin. - syn. **tâte-vin** n. m. invar. ou RO n. m.

TAT [teate] ou [tat] n. m. (sigle anglais de *thematic apperception test*) psych. Test projectif par interprétation d'images.

tata n. f. fam. **1.** Tante. **2.** pop. Homosexuel. → **tante** (II).

Ṭāṭā (Jamshed Nassarwān) Industriel indien (1839-1904). Directeur de manufactures de coton, de soie, et d'usines hydroélectriques, il participa activement au développement économique de Bombay, puis de l'ensemble de l'Inde.

Tatabánya Ville de Hongrie, au N.-O. de Budapest. 65 800 habitants. Centre minier (houille) et industriel (cimenteries, aluminium, industries chimiques).

tataki n. m. (mot japonais) Plat de viande ou de poisson cuit(e) seulement en surface (cuisine japonaise). *Tataki de thon.*

tatami n. m. (mot japonais) Tapis, natte couvrant le sol des intérieurs japonais traditionnels, des locaux où l'on pratique les sports de combat japonais. *Des tatamis.*

tatane n. f. (de *titine,* de *[bot]tine*) fam. Chaussure.

tatar n. m. (même origine que *tartare*) Langue turque parlée dans la vallée de la Volga, les monts Oural et la Sibérie.

Tatars n. m. pl. Nom donné par les Chinois aux Mongols puis aux tribus turques qui suivaient Gengis Khan. D'origine turque, descendants des Mongols de la Horde d'Or, les Tatars s'établirent dans la région au XIIIe s. et fondèrent le khanat de Kazan, qui fut annexé par Ivan le Terrible en 1552. Musulmans, les Tatars se répartissent aujourd'hui en plusieurs groupes, dont les Tatars de Crimée, les Tatars de la Volga (Tatars de Kazan), auxquels on ajoute les Tatars de Lituanie.

Tatars (république des) ou **Tatarstan** ou **Tatarie** République de la fédération de Russie. 68 000 km². 3,8 millions d'habitants (48 % de Tatars, 43 % de Russes). Capitale : Kazan. Complexe pétrochimique (Second-Bakou). En 1917, le régime soviétique fut instauré à Kazan et, en 1920, fut créée la république socialiste autonome de Tatarie.

Tate (John Orley Allen) Poète et critique littéraire américain (1899-1979). Son œuvre poétique évoque la perte des valeurs traditionnelles du Sud américain. *The Winter Sea ; Collected Poems.*

Tassili

Targui montrant des dessins préhistoriques dans une caverne du Tassili.

Tate Britain n. f. Musée de peinture de Londres fondé en 1897 sous l'appellation *Tate Gallery* par le collectionneur Henry Tate. Ses collections sont aujourd'hui réparties entre la *Tate Britain,* qui renferme la plus grande collection d'art britannique du monde et la *Tate Modern,* qui regroupe les collections d'art contemporain.

tâter v. tr. < 1 > (vient du latin, de *taxare* « toucher fortement ») **1.** Toucher attentivement avec la main, pour explorer, éprouver, reconnaître. → **¹manier, palper.** *Tâter un fruit. Tâter le pouls d'un malade.* – fig. ***Tâter le terrain*** *:* s'assurer, avec précaution, des possibilités d'action, des intentions de qqn, etc. **2.** Chercher à connaître les forces ou les dispositions de (qqn), en questionnant avec prudence. → **sonder.** *Tâter qqn, l'opinion.* ▪ pronom. fig. et fam. ***Se tâter*** *:* s'interroger longuement, hésiter. *Il n'a rien décidé, il se tâte.* **3.** intrans., fig. ***Tâter de*** *:* faire l'expérience de. → **essayer.** *Il a tâté de tous les métiers.*

tâteur n. m. (de *tâter*) techn. Organe de contrôle d'une décolleteuse, d'une planteuse.

tâte-vin voir **taste-vin**

Tati (Jacques Tatischeff, dit Jacques) Réalisateur français (1907-1982). Figure emblématique et originale du cinéma comique français, il mit en scène la vie quotidienne avec poésie et sens du détail (*Jour de fête ; Les Vacances de M. Hulot ; Mon oncle*). Dans ses derniers films, il fit la satire d'un monde devenu absurde sous l'effet de la tyrannie des machines (*Playtime ; Trafic*).

Jacques Tati incarnant Monsieur Hulot dans *Mon oncle* (1958).

tatie [tati] n. f. fam., enfantin Tante. - var. **tati.**

Tatien Apologiste chrétien (v. 120-apr. 173). Disciple de Justin, il fonda une secte ascétique. Il critiqua sévèrement le paganisme dans son *Discours aux Grecs.*

tatillon, onne adj. (de *tâter*) Exagérément minutieux, exigeant. → **pointilleux.** *Un bureaucrate tatillon.* – n. *Un tatillon, une tatillonne.*

tatin n. f. (du n. des sœurs Tatin, qui inventèrent la recette) Tarte faite de pommes caramélisées et recouverte d'une pâte mince, que l'on retourne après cuisson. – appos. *Une tarte tatin.*

Tatline (Vladimir) Peintre et sculpteur russe (1885-1953). Il fut le principal promoteur du constructivisme.

tâtonnant, ante adj. Qui tâtonne. – fig. *Une mémoire tâtonnante.*

tâtonnement n. m. Action de tâtonner. – fig. → **essai, tentative.**

tâtonner v. intr. < 1 > (de *tâter*) **1.** Tâter plusieurs fois le sol, les objets autour de soi, pour se diriger ou trouver qqch. *Elle tâtonnait dans l'obscurité.* **2.** fig. Hésiter, faute de compréhension suffisante. ▪ Faire divers essais pour découvrir une solution. → **essayer.**

à tâtons loc. adv. En tâtonnant (1). → **à l'aveuglette.** *Avancer à tâtons dans l'obscurité.* – fig. *Procéder à tâtons dans ses recherches.*

tatou n. m. (mot tupi) Mammifère édenté d'Amérique du Sud, au corps recouvert d'une carapace. *Des tatous.*

tatouage n. m. **1.** Action de tatouer. **2.** Signe, dessin exécuté en tatouant la peau. *Bras couverts de tatouages.*

tatouer v. tr. <1> (d'une langue polynésienne, par l'anglais) **1.** Marquer, orner (une partie du corps) d'inscriptions ou de dessins indélébiles en introduisant au moyen de piqûres des matières colorantes sous l'épiderme. *Tatouer qqn, sa poitrine. Se faire tatouer.* ■ au p. p. *Bras tatoués.* – n. *Un dur, un tatoué.* **2.** Exécuter (un dessin) par tatouage (et abusivt par un autre procédé). – au p. p. « *Une ancre tatouée sur l'avant-bras* » (Sartre).

tatoueur, euse n. Personne qui pratique la technique du tatouage.

Tatras n. f. pl. Massif montagneux faisant partie des Carpates et s'étendant le long de la frontière polono-slovaque. 2 655 m. Stations de ski. Parc national.

Chalet typique des Tatras polonaises dans la station de sports d'hiver de Zakopane.

Tatta Ville du Pakistan, à l'E. de Karachi. Environ 22 000 habitants. Immense nécropole (XVIe-XVIIe s.).

Tatum (Edward Lawrie) Biologiste américain (1909-1975). Il démontra que l'activité biologique est régie par les gènes. Prix Nobel de médecine 1958.

Tatum (Art) Pianiste de jazz américain (1910-1956). Il est considéré comme l'un des plus grands pianistes de l'histoire du jazz. *Tea for Two ; Night and Day.*

Art Tatum au piano (v. 1935).

tau n. m. invar. **1.** Lettre grecque correspondant au t (T, τ). **2.** blason Figure en forme de T.

Taubaté Ville du Brésil (État de São Paulo). 272 800 habitants. Université. Centre industriel.

Taube (Henry) Chimiste américain d'origine canadienne (1915-2005). Il élucida le mécanisme du transfert des électrons dans les complexes métalliques. Ses découvertes ont eu notamment des applications dans l'élaboration de catalyseurs et dans la compréhension du rôle enzymatique joué par certains métaux. Prix Nobel 1983.

taud n. m. (de l'ancien normand *tjald* « tente ») mar. Abri de toile goudronnée, qu'on établit sur le pont d'une embarcation en cas de pluie.

taudis n. m. (de l'ancien v. *se tauder* « se mettre à l'abri ») **1.** Logement misérable, sans confort ni hygiène. **2.** Logement mal tenu. *Cette chambre est un vrai taudis.*

Tauern Chaîne des Alpes centrales, en Autriche. 3 798 m. La chaîne est divisée entre le Hohe Tauern à l'O. et le Niedere Tauern à l'E. Tourisme (parc national). Installations hydroélectriques.

taulard, arde n. fam. Détenu(e). - var. **tôlard, arde.**

taule n. f. (famille de *étable* → [1]tôle) fam. **1.** péj. Chambre. → **piaule. 2.** Prison. *Aller en taule.* - var. **tôle.**

taulier, ière n. fam. et péj. Propriétaire ou gérant(e) d'un hôtel. - var. **tôlier, ière.**

Taunton Ville d'Angleterre (Somerset). 38 000 habitants. Château du XIIe s. Église du XVe s. Centre commercial.

Taunus n. m. Partie du Massif schisteux rhénan d'Allemagne, au N. de Francfort. 880 m. Tourisme.

[1]taupe n. f. (vient du latin *talpa*) **1.** Petit mammifère insectivore qui vit sous terre en creusant de longues galeries (→ **taupinière**). – loc. *Myope comme une taupe,* très myope. ■ fam. *Vieille taupe :* vieille femme désagréable. ■ adj. invar. De couleur grise à reflets bruns. *Des robes taupe.* **2.** Fourrure à poil court et soyeux de la taupe. **3.** *Requin-taupe.* → **lamie. 4.** techn. Engin servant à creuser des tunnels. → **tunnelier. 5.** fam. Espion(ne) infiltré(e) dans le milieu qu'il observe.

[2]taupe n. f. (de *taupin*) argot scol. Classe de mathématiques* spéciales préparant aux grandes écoles scientifiques.

taupé n. m. Chapeau d'un feutre dont l'aspect rappelle la fourrure de taupe.

taupe-grillon n. m. Courtilière (insecte). *Des taupes-grillons.*

taupier, ière n. techn. Ouvrier, ouvrière chargé(e) de détruire les taupes.

taupière n. f. techn. Piège à taupes.

taupin n. m. (de [1]*taupe*) **1.** Insecte (coléoptère) dont la larve cause de grands dégâts dans les cultures en sectionnant les racines. **2.** argot Élève de mathématiques spéciales (→ [2]**taupe**).

taupinière n. f. Monticule de terre formé par la taupe lorsqu'elle creuse des galeries.

taure n. f. (latin *taura,* fém. de *taurus* → taureau) régional ou techn. Génisse.

taureau n. m. (vient du latin *taurus,* du grec *tauros*) **1.** Mâle de la vache, apte à la reproduction. *Taureau mugissant.* – loc. *Un cou de taureau,* épais et puissant. – *Prendre le taureau par les cornes :* attaquer de front une difficulté. ■ *Taureau de combat :* taureau sélectionné pour les courses de taureaux (→ **corrida ; tauromachie**). **2.** avec maj. Constellation zodiacale et deuxième signe du zodiaque (21 avril-20 mai). – *Être Taureau,* de ce signe.

Taureau n. m. Constellation zodiacale contenant notamment les Pléiades et dont Aldébaran est l'étoile la plus brillante ; deuxième signe du zodiaque.

Tauride ou **Chersonèse Taurique** n. f. Nom donné à la Crimée par les Grecs dans l'Antiquité.

taurillon n. m. Jeune taureau qui ne s'est pas encore accouplé.

taurin, ine adj. Relatif au taureau, au taureau de combat, aux corridas. *Chronique taurine.* → **tauromachique.**

taurine n. f. biochim. Acide aminé, substance azotée qui joue un rôle dans la fonction musculaire et la digestion et l'absorption des graisses. *La taurine est utilisée comme additif alimentaire, dans certains pays.*

taurobole n. m. (du latin, du grec *taurobolos* « qui immole un taureau ») Antiq. Sacrifice expiatoire, dans les cultes de Cybèle et de Mithra, où le prêtre se faisait arroser du sang d'un taureau égorgé.

tauromachie n. f. (grec *tauros* → taureau et *makhê* « combat ») Art de combattre les taureaux dans l'arène. → **corrida.** □ adj. **tauromachique**

Taurus n. m. Ensemble de chaînes montagneuses de la Turquie méridionale. 3 756 m à l'Aladağ.

Tausen (Hans) Réformateur danois (1494-1561). Ancien disciple de Luther, aumônier du roi Frédéric Ier, il introduisit la Réforme au Danemark.

Tautavel Village des Pyrénées-Orientales, dans les Corbières. En 1971, on y découvrit dans une grotte (caune de l'Arago) le crâne daté de –450 000 ans d'un *Homo erectus,* ancêtre de l'homme de Neandertal.

tauto- Élément (grec *tauto*) qui signifie « le même ».

tautochrone adj. (de *tauto-* + *-chrone*) sc. Qui a lieu dans des temps égaux. → **isochrone.**

tautologie n. f. (→ tauto- et -logie) **1.** log. Proposition vraie quelle que soit la valeur de vérité de ses composants. **2.** péj. Répétition inutile de la même idée sous une autre forme. → **pléonasme, redondance, truisme.**

tautologique adj. **1.** log. De la tautologie. **2.** péj. Qui n'apporte aucune information. → **redondant.**

tautomère adj. et n. m. (de *tauto-* + *-mère*) chim. Se dit d'un corps qui a la propriété d'exister sous plusieurs formes en équilibre plus ou moins stable. □ n. f. **tautomérie**

taux n. m. (de l'ancien français *tauxer* → taxer) **1.** Montant d'une imposition, d'un prix fixé par l'État. *Taux de change,* prix d'une monnaie étrangère. → **cours,** [1]**pair. 2.** *Taux d'intérêt :* montant de l'intérêt annuel (en pourcentage de la somme empruntée). – absolt *Taux actuariel**. **3.** Proportion dans laquelle intervient un élément variable. *Le taux d'urée sanguin.* – Pourcentage. *Taux de mortalité.*

tauzin n. m. (origine obscure) Chêne noir du sud-ouest de la France, à feuilles cotonneuses.

Tavant Village de l'Indre-et-Loire. Église du XIIe s. (peintures murales romanes).

Tavastsjerna (Karl August) Écrivain finlandais d'expression suédoise (1860-1898). Il fut, dans son pays, l'un des pionniers du réalisme. *Dans la brise du matin ; Amis d'enfance.*

Tavčar (Ivan) Écrivain slovène (1851-1923). Ses nouvelles et ses romans dépeignent fidèlement son pays. *Fleurs d'automne ; Dans les montagnes.*

Tavel Commune du Gard, près de Nîmes. 2 029 habitants. Vins rosés. Carrières *(marbre de Tavel).*

tavelé, ée adj. (de *tavelle* « planchette », qui vient du diminutif du latin *tabula* → table) Marqué de petites taches. *Visage tavelé. Fruit tavelé.*

tavelure n. f. **1.** Petite tache (de ce qui est tavelé). **2.** Maladie cryptogamique du pommier et du poirier.

taverne n. f. (vient du latin *taberna*) **1.** anciennt Lieu public où l'on mangeait et l'on buvait en payant. → **auberge. 2.** Café-restaurant de genre ancien et rustique. → **hostellerie.**

tavernier, ière n. vieux ou plais. Personne tenant une taverne.

Tavernier (Jean-Baptiste) Voyageur français (1605-1689). Il est l'auteur de récits de voyages en Europe centrale, en Turquie, en Perse, en Indonésie et aux Indes. *Les Six Voyages de Jean-Baptiste Tavernier.*

Tavernier (Bertrand) Réalisateur français (1941-2021). Il a réalisé des films d'une verve chaleureuse teintée de gravité *(Le Juge et l'Assassin ; Coup de torchon)* ou de réalisme social *(L'Appât)* ainsi que des films à sujets historiques *(Capitaine Conan)*. Il a également signé des documentaires sur l'histoire du cinéma.

Taverny Commune du Val-d'Oise. 26 607 habitants. Église gothique (XIIIe s.).

Taviani (Vittorio et Paolo) Réalisateurs italiens. Vittorio (1929-2018) et Paolo (né en 1931) sont à l'origine d'une œuvre engagée, d'une grande beauté formelle. *Padre Padrone ; La Nuit de San Lorenzo ; Good Morning Babylon.*

tavillon n. m. (du latin *tabella*) (Suisse) Petit bardeau servant à recouvrir les toits.

Tavoliere n. m. Plaine argileuse du S. de l'Italie, dans les Pouilles. Agriculture. Élevage.

Tawfik al-Hakim voir **Hakim** (Tawfik al-)

Tawfiq (Muḥammad) (1852-1892). Khédive d'Égypte (1879-1892). Fils d'Ismaïl Pacha, il céda le portefeuille de la Guerre au nationaliste Arabi Pacha (1881) et dut subir un contrôle renforcé des Britanniques.

Tawḥīdī (Abū Ḥayyān Al-) Philosophe, juriste, grammairien et essayiste arabe (v. 923-v. 1023). Il est considéré comme l'un des grands athées de la littérature arabe. *Délectation ; Entretiens.*

taxable adj. (de *taxer*) Qui peut être soumis à une taxe. → **imposable.**

taxage n. m. (Québec) Racket opéré entre jeunes.

taxateur, trice n. et adj. Personne qui fixe une taxe, une imposition.

taxation n. f. Fait de taxer (I).

taxe n. f. (→ taxer) **1.** Prélèvement fiscal, impôt perçu par l'État. *Taxe sur le chiffre d'affaires.* (en France) *Taxe à la valeur ajoutée.* → **TVA.** *Prix* **hors taxes,** sans les taxes. *Produits hors taxes* (→ **détaxer**). *Taxe écologique.* → **écotaxe.** – *Taxe professionnelle :* → anciennt **patente. 2.** Somme que doit payer le bénéficiaire d'une prestation fournie par des services administratifs, des établissements publics, etc. *Taxe postale. Taxe sur les appareils de télévision.* → **redevance.** ■ *Taxe d'habitation* (impôts locaux).

taxer v. tr. ‹ 1 › (latin *taxare* « évaluer, estimer », du grec → taxi-) **I. 1.** (État, tribunal) Fixer à une somme déterminée. *Taxer le prix des denrées alimentaires.* – au p. p. *Prix taxés.* **2.** Soumettre à une imposition, à une taxe (un service, une transaction...) ; percevoir une taxe sur. → **¹imposer.** *Taxer les objets de luxe.* **3.** fam. Extorquer. *Taxer une clope à qqn.* **II.** fig. **Taxer qqn de,** accuser de. *Taxer qqn de méchanceté.* ■ Qualifier (qqn, qqch.) de. → **appeler, considérer** comme.

taxi n. m. (abrév. de *taximètre*) Voiture automobile munie d'un compteur qui indique le prix de la course (→ **taximètre**). *Prendre un taxi. Station de taxis.* – (en Afrique) *Taxi-brousse :* taxi collectif desservant les endroits reculés. – hist. *Les taxis de la Marne* (réquisitionnés en 1914). ■ fam. *Elle fait le taxi,* elle est chauffeur de taxi.

taxi-, taxo-, -taxie Éléments (du grec *taxis* « arrangement, ordre » → taux, taxer) qui signifient « arrangement, classification ».

taxidermie n. f. (→ -derme) didact. Art de préparer, d'empailler les animaux morts. → **empaillage, naturalisation.** □ adj. **taxidermique** □ n. **taxidermiste**

taxie n. f. (grec *taxis* « arrangement, ordre ») biol. Mouvement déclenché par des agents externes, chez les organismes se déplaçant librement dans l'espace.

taxigirl ou **taxi-girl** [taksigœʀl] n. f. (de *taxi* et de l'anglais *girl* « fille ») Jeune femme qui loue ses services comme partenaire de danse, dans un bar, un cabaret. → **entraîneuse.**

taximan [taksiman] n. m. (faux anglic. ; de *taxi* et de l'anglais *man* « homme ») (Afrique, Belgique) Chauffeur de taxi. *Des taximen* [-mɛn] (plur. anglais) ou *des taximans.*

taximètre n. m. (→ -mètre) Compteur de taxi qui enregistre le temps écoulé et la distance, et détermine la somme à payer.

taxinomie n. f. (→ -nomie) didact. Science des classifications. → **systématique** (II). - var. **taxonomie** (anglic.). □ adj. **taxinomique** □ n. **taxinomiste**

taxiphone n. m. (→ -phone) vieilli Téléphone public à pièces.

taxiway [taksiwɛ] n. m. (mot anglais des États-Unis, de *to taxi* « rouler au sol » et *way* « chemin ») anglic. Voie de circulation des avions, dans un aéroport.

taxodium [taksɔdjɔm] n. m. (mot latin sc., du grec *taxos* « if ») Grand arbre, conifère du sud des États-Unis, appelé aussi *cyprès chauve.*

taxol n. m. (du grec *taxos* « if ») biochim. Terpène extrait de plusieurs espèces d'if, aux propriétés cytotoxiques.

taxon n. m. (du grec *taxis* → taxi-) sc. nat. Unité taxinomique (telle qu'une famille, un genre, une espèce).

taxonomie voir **taxinomie**

tayaut voir **taïaut**

Taylor (Brook) Mathématicien anglais (1685-1731). Il énonça la formule qui donne le développement en série d'une fonction au voisinage d'un point *(formule de Taylor).*

Taylor (Zachary) Général et homme d'État américain (1784-1850). Militaire populaire, il fut élu président des États-Unis (1849-1850).

Taylor (Isidore Justin Séverin, baron) Écrivain, administrateur et philanthrope français (1789-1879). Inspecteur des Beaux-Arts (1938), il contribua à la fondation de la Société des gens de lettres. Il est l'auteur de pièces de théâtre et de récits de voyages.

Taylor (Frederick Winslow) Ingénieur et économiste américain (1856-1915). Il fut le promoteur de l'organisation scientifique du travail industriel *(taylorisme),* destinée à augmenter le rendement et la production.

Taylor (Paul) Danseur et chorégraphe américain (1930-2018). Il fonda en 1954 sa propre compagnie avec laquelle il monta de nombreux ballets *(Three Epitaphs ; Le Sacre du Printemps).*

Taylor (Charles) Philosophe canadien (né en 1931). Il s'est attaché à dégager les diverses configurations de la subjectivité moderne à l'œuvre dans la constitution des identités individuelles et collectives. *Les Sources du moi. La Formation de l'identité moderne.*

Taylor (Elizabeth) Actrice américaine (1932-2011). Célèbre dès l'âge de onze ans, elle est l'une des dernières grandes stars hollywoodiennes *(Géant ; Cléopâtre ; Qui a peur de Virginia Woolf ?).*

Elizabeth Taylor dans *La Chatte sur un toit brûlant,* film de Richard Brooks (1958).

tayloriser [tɛlɔʀize] v. tr. ‹ 1 › écon. Appliquer le taylorisme à. □ n. f. **taylorisation**

taylorisme [tɛlɔʀism] n. m. (de l'anglais des États-Unis ; du n. de F. W. Taylor) écon. Méthode d'organisation scientifique du travail industriel, par l'utilisation maximale de l'outillage et la suppression des gestes inutiles.

Taymūr (Muḥammad) Romancier et dramaturge égyptien (1892-1921). Adepte de la langue populaire, il écrivit des pièces de théâtre réalistes. Son frère, **Mahmud Taymūr,** poursuivit son œuvre en publiant à son tour nouvelles et contes.

Tayside Ancienne région administrative d'Écosse (1975-1996).

Taza Ville du Maroc septentrional, chef-lieu de province, entre le Rif et le Moyen-Atlas. 148 500 habitants. Mosquée almohade. Artisanat.

Tazieff (Haroun) Géologue français d'origine polonaise (1914-1998). Spécialiste du volcanisme, il est célèbre par ses ouvrages de vulgarisation et ses films documentaires. De 1984 à 1986, il fut secrétaire d'État chargé de la prévention des risques naturels et technologiques majeurs.

Haroun Tazieff filmant un volcan en éruption (1951).

Tazoult Ville d'Algérie, au N. du massif des Aurès. 27 500 habitants. Importantes ruines romaines de l'ancienne *Lambaesis.*

Tbilissi anciennement **Tiflis** Capitale de la Géorgie, sur la Koura. 1 062 300 habitants. Cathédrale de Sion et basilique (VIe s.). Église de Metekhi (XIIIe s.). Centre universitaire et industriel. Capitale du royaume de Géorgie au XIIe s., elle fut détruite au XVIIIe s. lors des guerres turco-persanes puis annexée par la Russie en 1801. Elle devint capitale de la république socialiste soviétique de Géorgie en 1936 et de la Géorgie indépendante en 1991.

Tchad (lac) Lac de l'Afrique centrale situé au S. du Sahara, partagé entre le Niger, le Tchad, le Cameroun et le Nigeria. Sa superficie (environ 5 000 km²), diminuant sous l'effet de la désertification, le lac prend l'aspect d'un immense marécage.

Tchad

n. m. ■ offic. république du Tchad Pays du nord de l'Afrique centrale sans accès à la mer. 1 284 000 km². 15,75 millions d'habitants (les *Tchadiens*). **Langues :** français et arabe (offic.), sara, peul, haoussa. **Population :** Kanouris, Peuls, Saras, Toubous. **Religions :** musulmans, chrétiens, animistes. **Monnaie :** franc CFA. **Capitale :** N'Djamena. **Régime :** présidentiel.

GÉOGRAPHIE

Le Tchad est situé au niveau de la vaste dépression du lac Tchad bordée par les massifs volcaniques du Tibesti (point culminant à 3 415 m) au nord, de l'Ennedi et du Ouaddaï à l'est. Il comprend trois zones climatiques : désertique au nord, sahélien au centre et tropical au sud.

ÉCONOMIE

Le Tchad est un pays agricole (datte, mil, sorgo, maïs, patate douce, riz, canne à sucre, coton, arachide, élevage de chameaux, de chèvres et de bovins). La production de coton est importante. La pêche est pratiquée dans le lac Tchad (menacé de

T

Tchad

sécheresse) et fait l'objet d'une commercialisation régionale sous forme de poisson séché ou fumé. Le sous-sol est riche en uranium, bauxite, or, fer et surtout pétrole à Sédigui à proximité du lac Tchad et à Doba dans le sud du pays.

HISTOIRE

Le peuplement du Tchad est ancien : Tumaï, le plus ancien des préhumains, y a été découvert en 2001. Ses ossements sont datés de plus de 7 millions d'années. Des peintures rupestres dans le Tibesti et l'Ennedi témoignent d'une civilisation de pasteurs de bovidés dans le nord en 6 000 av. J.-C. Chassés du Sahara par la sécheresse, les populations se déplacèrent ensuite vers le sud entraînant brassages et migrations. À partir du ve siècle av. J.-C., les Saos s'établirent sur les buttes fortifiées au sud du lac Tchad et développèrent une civilisation originale. Au IXe siècle, au contact des nomades et des sédentaires, au nord du lac Tchad, les Toubous formèrent le royaume de Kanem, intégré à l'empire musulman du Bornou au XVIe siècle. Après l'arrivée des explorateurs européens, le lac Tchad fut partagé en zones britannique, allemande et française en 1890. La France, qui conquit la région, l'incorpora à l'Afrique-Équatoriale française (A-ÉF) et en fit une colonie (1920). Le pays obtint son indépendance en 1960. La guerre civile oppose depuis 1979 le Nord musulman et le Sud animiste et chrétien. Sous la présidence de Hissène Habré (1982-1990), la situation politique se dégrada. Depuis 1990, Idriss Déby soutenu par la France gouverne le pays. Le conflit du Darfour (à partir de 2003) fragilisa son pouvoir : il était accusé de ne pas soutenir suffisamment les Zaghawa, tribu dont il est issu. Les relations se dégradant entre le Tchad et le Soudan, une mission de l'ONU fut mise en place en 2009 pour protéger les populations jusqu'à la réconciliation des deux pays, en 2010. Le pays est aujourd'hui la principale puissance militaire de la région et apporte son aide au Cameroun visé par Boko Haram. Lui-même subit de nombreux attentats de la part de la secte. La réélection d'I. Déby en 2016 et la mauvaise gestion de « la manne pétrolière » (corruption) ont engendré une grave crise politique, économique et sociale. En réponse, le président renforça son pouvoir en faisant adopter une nouvelle Constitution. Il fut assassiné par des rebelles au lendemain de sa réélection en avril 2021. Son fils Mahamat Déby, à la tête d'une junte militaire, lui succéda.

tchador n. m. (mot persan) Voile noir porté par les musulmanes chiites, notamment en Iran.

tchadri n. m. (origine persane) Voile couvrant l'ensemble du corps, porté par les femmes en Afghanistan. → **burqa.**

Tchaïkovski (Piotr Ilitch) Compositeur russe (1840-1893). Chef d'orchestre et compositeur, il connut un vif succès en Russie, en Europe et aux États-Unis. Son œuvre, d'inspiration lyrique et influencée par la musique occidentale, s'oppose aux tendances nationalistes de ses contemporains. Elle comprend dix opéras (*Eugène Onéguine*), trois ballets (*Le Lac des cygnes*), six symphonies, dont la 6e dite *Pathétique*, plusieurs ouvertures et des concertos.

Tchang Kaï-chek voir **Jiang Jieshi**

tchao ou **ciao** [tʃao] interj. (italien *ciao*, de *schiavo* « esclave » : « [Je suis votre] serviteur ») fam. Au revoir, adieu. → **salut !**

Tchao Tseu-yang voir **Zhao Ziyang**

tchapalo n. m. (origine inconnue) (Afrique) Bière de petit mil ou de sorgo.

tcharchaf n. m. (mot turc) Voile avec lequel les femmes turques se cachaient le visage.

tchatche n. f. (de l'espagnol *chacharear* « bavarder ») fam. Disposition à s'exprimer facilement, à parler beaucoup. → **bagou.**

tchatcher v. intr. < 1 > (de *tchatche*) fam. Parler beaucoup ; bavarder, discuter. □ n. **tchatcheur, euse**

tchatter ; tchatteur voir **chatter ; chatteur**

Tchavtchavadze (Ilia Grigorievitch) Homme politique, écrivain et journaliste géorgien (1837-1907). Il milita pour le développement de la littérature en langue géorgienne et dirigea le Mouvement de rénovation nationale. *L'Ermite.*

Tcheboksary Ville de Russie, capitale de la Tchouvachie, sur la Volga. 440 000 habitants. Industries mécanique et alimentaire.

Tchebychev (Pafnouti Lvovitch) Mathématicien russe (1821-1894). Fondateur de l'école de mathématique de Saint-Pétersbourg, il travailla notamment sur la théorie des nombres et sur les lois de probabilité.

tchécoslovaque adj. et n. hist. Relatif à la Tchécoslovaquie (jusqu'en 1992).

Tchécoslovaquie n. f. Ancien État de l'Europe centrale formé par la fédération de la Bohême et de la Moravie (qui constituent depuis le 1er janvier 1993 la République tchèque) avec la Slovaquie.

La république de Tchécoslovaquie fut créée le 28 octobre 1918 sur les décombres de l'Empire austro-hongrois. Son premier président fut Thomas Masaryk. Le pays comprenait les provinces de Bohême, de Moravie et de Slovaquie, ainsi que la Ruthénie subcarpatique et une partie de la Silésie, englobant d'importantes minorités (Allemands, Magyars, Ruthènes et Polonais). Après la conférence de Munich (sept. 1938), l'Allemagne nazie annexa la région des Sudètes et, en 1939, procéda au démantèlement de l'État tchécoslovaque : les pays tchèques formèrent un protectorat de Bohême-Moravie, et la Slovaquie devint indépendante. En 1940, un gouvernement en exil, animé par Beneš, se forma à Londres.

Après la défaite de l'Allemagne (1945), la Tchécoslovaquie, amputée de la Ruthénie subcarpatique, prise par l'URSS, passa dans l'orbite soviétique (« coup de Prague », févr. 1948). Sous la présidence de K. Gottwald (1948-1953), le pays rejoignit les démocraties populaires : son économie fut socialisée, et divers pactes la lièrent à Moscou. Les années 1950 furent marquées par de nombreux procès (condamnation de Slansky et des « nationalistes slovaques »). La libéralisation portée par A. Dubček provoqua l'intervention des forces du pacte de Varsovie lors du « printemps de Prague » (août 1968) et la « normalisation » menée par G. Husák jusqu'en 1987. Son successeur, M. Jakeš, dut faire face au renforcement de l'opposition au régime, qui aboutit en 1989, à la démission des dirigeants du PC et à l'élection de V. Havel à la présidence de la République (« révolution de velours »). La montée de la crise économique et celle des nationalismes provoquèrent la scission de l'État tchécoslovaque (1993) et la naissance de la République tchèque et de la Slovaquie.

Tcheka **n. f.** Police créée en 1917 pour combattre la contre-révolution en Russie soviétique. Abolie en 1922, elle fut remplacée par la Guépéou.

Tchekhov (Anton Pavlovitch) Écrivain russe (1860-1904). Médecin et voyageur, conteur et nouvelliste, il connut le succès avec ses pièces de théâtre *(Ivanov ; La Mouette ; Oncle Vania ; Les Trois Sœurs ; La Cerisaie)*, qui marquèrent une rupture avec l'écriture dramatique traditionnelle, conférant aux dialogues et silences une résonance psychologique nouvelle.

Tcheliabinsk ou **Chelyabinsk** Ville de Russie, dans l'Oural. 1,1 million d'habitants. Centre culturel. Industries métallurgique et sidérurgique. Nœud ferroviaire.

tchèque **adj.** De la République tchèque (Bohême et Moravie). – **n.** *Les Tchèques et les Slovaques.* ■ **n. m.** *Le tchèque* (langue slave).

tchèque (République)

ou **Tchéquie** **n. f.** ■ en tchèque Česká Republika Pays d'Europe centrale. 78 864 km². 10 701 000 habitants (les *Tchèques*). **Langues :** tchèque (offic.), allemand, polonais, rom, ukrainien (ruthène). **Population :** Tchèques, 90,4 % ; Moraves, 3,7 % ; Slovaques, 1,9 % ; Polonais, Allemands, Tsiganes. **Religions :** catholiques, 39 % ; protestants, 4,4 % ; sans religion, 58 %. **Monnaie :** couronne. **Capitale :** Prague. **Régime :** république parlementaire. La République tchèque est divisée en 13 régions administratives + Prague.

tchèque (République)

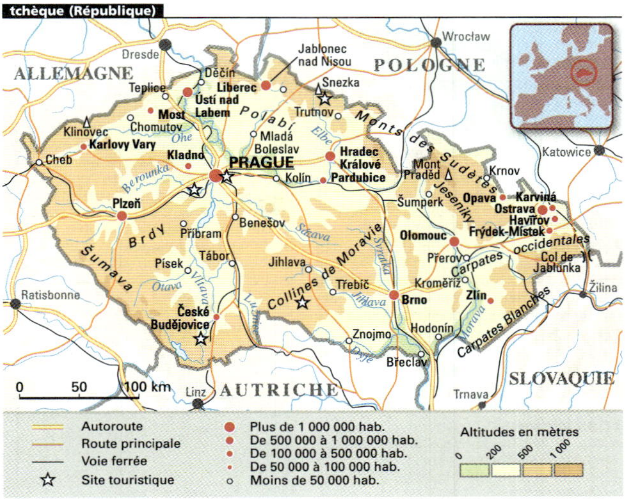

GÉOGRAPHIE

Les plateaux de Bohême à l'ouest et de la Moravie à l'est sont traversés par des vallées encaissées (Elbe, Vltava ou Moldau, Svratka, Moravie) qui sont les principaux axes de circulation. Aux périphéries du territoire (sud-ouest et nord), les reliefs sont plus élevés (les monts des Géants au nord culminent à 1 603 m d'altitude notamment). Le pays chevauche deux ensembles géologiques majeurs de l'Europe montagnarde (quadrilatère hercynien de Bohême et bassins sédimentaires tertiaires de Moravie et de Silésie au contact de la chaîne des Carpates). Le climat est semi-continental : hivers longs et souvent rigoureux, précipitations estivales ; celles-ci sont contrastées (abondantes en montagne et modérées dans les bassins qui connaissent périodiquement des problèmes de sécheresse). Grâce à sa situation au cœur de l'Europe centrale, le pays, depuis le Moyen Âge, est un carrefour des grands flux d'échanges.

ÉCONOMIE

Grâce à son sous-sol riche et intensivement exploité (bassin lignitier de l'Ohře et bassin houiller moravo-silésien autour d'Ostrava au nord, gisements de charbon de Kladno près de Prague, kaolin et uranium des régions du Sud, mercure), l'actuelle République tchèque s'est industrialisée très tôt et a été le secteur privilégié sous le régime communiste (1945-1989). Lors de la transition postcommuniste, l'économie tchèque s'est adaptée plus vite que celle de ses voisins à l'économie de marché, ce qui lui a valu d'intégrer l'OCDE dès 1995. Les investissements étrangers concernent surtout l'électroménager et l'automobile (Škoda a été racheté par Volkswagen).

La région de Prague, à l'agriculture fertile et au sous-sol riche en minerais (charbon, métaux précieux), constitue le cœur du pays. Son aéroport est le plus important d'Europe centrale. Son industrie est dominée par la branche des constructions mécaniques (matériel roulant lourd, camions, automobiles, avions, électronique et mécanique de précision). Le croissant industriel du Nord est centré sur d'importants gisements de lignite et de houille, autour desquels se sont fixées des industries de base (électricité thermique, carbochimie, sidérurgie, métallurgie lourde). Le Centre-Nord regroupe les industries traditionnelles (textile, cristallerie, joaillerie). La Moravie se compose de riches régions agricoles (céréales, betterave, vigne, élevage) et industrielles (construc. mécaniques, textile, cuir). Zlín est le siège des usines de chaussures Baťa. Brno, métropole économique de la Moravie, est concurrencée par la capitale historique et religieuse, Olomouc.

Le tourisme est en plein développement (Prague, stations thermales de Karlovy Vary et de Mariánské Lázně).

HISTOIRE

Après avoir été l'une des deux républiques fédérées de la Tchécoslovaquie, la République tchèque devint indépendante le 1er janv. 1993, intégra l'Otan en 1999 et l'Union européenne en 2004. V. Havel en était le président et son Premier ministre, le libéral eurosceptique V. Klaus, lui succéda en 2003. En 2013, la première élection présidentielle au suffrage universel direct porta au pouvoir le social-démocrate et pro-russe Miloš Zeman qui resta très hostile à l'accueil de migrants malgré le manque de main-d'œuvre dont souffre le pays. La présidentielle de 2023, qui s'inscrivit dans le contexte de la guerre russo-ukrainienne, vit la victoire de l'ancien chef du Comité militaire de l'Otan, Petr Pavel.

tchérémisse **n. m.** **(mot russe)** Langue finno-ougrienne parlée dans la région de la haute Volga.

Tchérémisses voir **Maris**

Tcheremkhovo Ville de Russie, près du lac Baïkal. 55 600 habitants. Mines (houille). Constructions mécaniques.

Tcherenkov (Pavel Alekseïevitch) Physicien soviétique (1904-1985). Il découvrit, en 1934, qu'une particule traversant un milieu transparent plus rapidement que la lumière dans ce même milieu émet une radiation lumineuse *(effet Tcherenkov)*. Prix Nobel 1958.

Tcherepnine (Aleksandr Nikolaïevitch) Pianiste et compositeur russe (1899-1977). Professeur au Conservatoire de Paris puis aux États-Unis, il composa des pièces pour piano, des opéras et des ballets.

Tcherepovets Ville de Russie, dans la région de Vologda. 310 000 habitants. Chantier naval. Sidérurgie. Équipements automobiles.

tchèque (République)

Prague envahie par les troupes du pacte de Varsovie (août 1968), photographie de Joseph Koudelka.

Tcherkassy Ville d'Ukraine, sur le Dniepr. 293 300 habitants. Industries chimique, mécanique, textile et alimentaire.

Tcherkesses ou **Circassiens** **n. m. pl.** Peuple du Caucase du Nord établi dans la république de Karatchaïevo-Tcherkessie (Russie), islamisé depuis le XVIe s. Les Adygués et les Kabardes appartiennent au même groupe.

Tcherkessk Ville de Russie, capitale de la république de Karatchaïevo-Tcherkessie. 120 000 habitants. Centre industriel.

Tchernenko **(Konstantin Oustinovitch)** Homme d'État soviétique (1911-1985). Il succéda à Andropov au secrétariat général du PCUS (février 1984) et à la tête du Praesidium du Soviet suprême (avril 1984).

Tchernihiv Ville d'Ukraine, sur la Desna. 300 500 habitants. Cathédrales des XIe et XIIe s. Monastère des XVIIe et XVIIIe s. Industries alimentaire, électromécanique et textile. Traitement du bois.

Tchernikhowsky **(Saül)** Écrivain d'origine russe de langue hébraïque (1875-1943). Il introduisit les thèmes majeurs du romantisme dans la poésie hébraïque. *Visions et Mélodies.*

Tchernivtsi Ville d'Ukraine, sur le Prout, près de la frontière roumaine. 242 250 habitants. Université. Marché agricole. Industries électrique, textile et alimentaire.

Tchernobyl Ville d'Ukraine, au N. de Kiev, sur le Pripiat. Le 26 avril 1986, l'explosion d'un des quatre réacteurs de la centrale nucléaire provoqua l'irradiation du site et des régions environnantes. La centrale a été fermée en 2000.

Le réacteur explosé de Tchernobyl, photo prise quelques heures après l'accident depuis l'hélicoptère chargé de mesurer le niveau de radiation.

tchernoziom [tʃɛʀnozjɔm] **n. m.** **(du russe « terre noire »)** géogr. Sol très fertile, de couleur noire (Russie méridionale, Ukraine).

Tchernychevski **(Nikolaï Gavrilovitch)** Philosophe, écrivain et critique russe (1828-1889). Son roman *Que faire ?*, inspiré par les idées du socialisme utopique et la confiance dans le rôle du progrès scientifique, a exercé une profonde influence sur les milieux révolutionnaires. *Rapport esthétique de l'art et de la réalité.*

Tchétchènes Peuple de langue caucasienne (le *tchétchène*) établi en Russie dans le Caucase du Nord (environ 950 000). Musulmans, les Tchétchènes luttèrent contre la domination russe au XVIIIe s. et dans la première moitié du XIXe s. À partir de 1859, ils furent contraints d'émigrer vers l'Empire ottoman et, de 1944 à 1957, subirent, comme les Ingouches, la déportation vers l'Asie centrale.

Tchétchénie **n. f.** République de la fédération de Russie, au N. du Caucase. 16 600 km^2. 1,2 million d'habitants. Capitale : Groznyï. D'abord russe puis soviétique (1918), la Tchétchénie proclama son indépendance en 1991. Devant son refus de signer le traité fédéral russe, la Russie engagea un premier conflit armé (1994-1996) et dut faire face à une résistance tchétchène importante. En 1999, l'armée russe relança une guerre particulièrement meurtrière. Malgré des résultats contestés, la Constitution qui fut adoptée par référendum en 2003 garantit le maintien de la Tchétchénie au sein de la Fédération. Orchestrée par Moscou, la reconstruction de la Tchétchénie s'accompagne toujours de violences. A. Kadyrov, président prorusse (2003-2004), a mis en place un régime totalitaire que son fils Ramzam Kadyrov a maintenu.

Façade d'une maison éventrée et criblée de balles à Groznyï en Tchétchénie.

Tchicaya U Tam'si **(Gérald-Félix)** Écrivain congolais (1931-1988). Il est l'auteur de recueils de poèmes *(Feu de brousse)*, de pièces de théâtre *(Le Zulu)* et de romans *(La Main sèche)*.

tchin-tchin [tʃintʃin] **interj.** **(du pidgin de Canton « salut »)** fam. Interjection pour trinquer. → **santé.**

Tchirikov **(Ievgueni Nikolaïevitch)** Romancier russe (1864-1932). Il critiqua dans ses œuvres les idées et les mœurs petites-bourgeoises. *Les Juifs ; Les Moujiks.*

Tchirtchik Ville d'Ouzbékistan, près de Tachkent. 145 600 habitants. Industries métallurgique et chimique.

Tchita ou **Chita** Ville de Russie, au S. de la Sibérie orientale. 320 000 habitants. Extraction de charbon. Industries métallurgique et mécanique.

Tchitcherine **(Gueorgui Vassilievitch)** Homme d'État soviétique (1872-1936). Commissaire aux Affaires étrangères (1918-1930), il signa la paix de Brest-Litovsk (1918) et le traité de Rapallo (1922).

tchitola **n. m.** **(d'une langue africaine)** techn. Bois résineux d'Afrique, utilisé en menuiserie.

Tchoibalsan Homme d'État mongol (1895-1952). Il dirigea le gouvernement de 1932 à 1951 et le Parti communiste de 1939 à 1952.

Tchouang-tseu voir **Zhuangzi**

Tchoukotka ou **Tchouktches** **(mer de)** Mer bordière de Russie (océan Arctique). 595 000 km^2. Port principal : Ouelen.

Tchoukovskaïa **(Lydia Korneïevna)** Écrivaine russe (1907-1996). Elle dénonça dans son œuvre la terreur du régime stalinien. *Maison déserte ; La Plongée.*

Tchoukovski **(Nikolaï Ivanovitch Korneïtchouk, dit Korneï Ivanovitch)** Écrivain soviétique (1882-1969). Il est resté célèbre pour ses contes poétiques destinés aux enfants. *Le Crocodile ; Barmaleï.*

Tchouktches **n. m. pl.** Peuple de la Sibérie orientale, d'origine paléosibérienne. Ils sont environ 15 000.

Tchouvachie **n. f.** République de la fédération de Russie. 18 300 km^2. 1,23 million d'habitants. Capitale : Tcheboksary. Agriculture. Industries métallurgique, mécanique et alimentaire. La Tchouvachie proclama sa souveraineté au sein de la fédération de Russie en 1990.

te **pron. pers.** **(→ toi)** Pronom personnel de la deuxième personne du singulier, employé comme complément **(→ toi, ¹tu).** - REM. *Te s'élide en t' devant une voyelle ou un h muet.* **1.** (compl. d'objet direct ou attribut) *Je t'accompagne. Je te quitte. Cela va te rendre malade.* **2.** (compl. indir.) À toi. *Cela te plaît ? Il t'a répondu.* – (rapport de possession) *Si cela te vient à l'esprit.* – (compl. de l'attribut) *Cela peut t'être utile.* **3.** (dans une forme pronom.) *Tu t'en souviens. Ne te perds pas.*

té **n. m.** **(du n. de la lettre t)** Règle plate, faite de deux branches en équerre. *Des tés.*

Teasdale **(Lucille)** Médecin canadienne (québécoise) (1929-1996). L'une des premières femmes chirurgiennes canadiennes, elle s'établit en Ouganda où elle réalisa des milliers d'interventions chirurgicales. Elle mourut des suites du sida, contracté lors d'une de ces opérations.

teaser [tizœʀ] **n. m.** **(mot anglais)** anglic. Publicité au message plus ou moins énigmatique, dont le sens sera dévoilé plus tard. - recomm. offic. **aguiche n. f.** - var. RO **teaseur.**

teasing [tiziŋ] **n. m.** **(mot anglais, de *to tease* « taquiner »)** anglic. Procédé publicitaire qui cherche à éveiller la curiosité du public par l'emploi de teasers. - recomm. offic. **aguichage.**

Tebaldi **(Renata)** Soprano italienne (1922-2004). Elle débuta en 1944 et triompha sur la scène internationale dans le répertoire italien et wagnérien.

Tébessa ou **Tbessa** Ville d'Algérie orientale, au N. des *monts de Tébessa.* 194 500 habitants. Ruines romaines (arc de triomphe, temple, basilique). Marché agricole.

tec **n. f. invar.** **(sigle de *tonne équivalent charbon*)** métrologie Unité de mesure thermique correspondant aux thermies produites par une tonne de charbon.

tech [tɛk] **n. f.** **(abrév.)** *La tech :* le secteur des nouvelles technologies. *Les géants de la tech.*

Téchiné **(André)** Cinéaste français (né en 1943). Il a réalisé des films souvent empreints d'une sensibilité délicate. *Souvenirs de France ; Ma saison préférée ; Les Roseaux sauvages ; Les Témoins.*

technétium [tɛknesjɔm] **n. m.** **(du grec *tekhnêtos* « artificiel »)** chim. Élément atomique radioactif artificiel (symb. Tc, n° at. 43, masse at. 98,90).

technétronique **adj.** **(de *techn[ologie]* et *[élec]tronique*)** didact. Qui est fondé à la fois sur la technologie et l'électronique.

technicien, ienne [tɛknisjɛ̃, jɛn] **I. n. 1.** Personne qui possède, connaît une technique particulière. → **professionnel, spécialiste.** *Une technicienne de la télévision.* – *Technicien(ne) de surface :* personne chargée du ménage dans les lieux publics, les bureaux. **2.** (opposé à *théoricien*) Personne qui connaît et contrôle professionnellement les applications pratiques, économiques d'une science. **3.** Agent spécialisé qui travaille sous les ordres directs d'un ingénieur. **II. adj.** Qui fait prévaloir la technique. *Civilisation technicienne.*

techniciser **v. tr. < 1 >** didact. Rendre technique ; pourvoir de moyens techniques. □ **n. f. technicisation**

technicisme **n. m.** didact. Tendance à privilégier la technique dans tous les domaines. □ **adj. techniciste**

technicité [tɛknisite] **n. f.** Caractère technique. *Un exposé d'une haute technicité.*

technico-commercial, iale, iaux [tɛknikokɔmɛʀsjal, jo] **adj.** Qui relève à la fois de la technique et du commerce. *Cadre, agent* *technico-commercial.* **– n.** *Un(e) technico-commercial(e).*

techno

Une parade techno à Paris (2004).

technicolor **n. m.** **(n. déposé ; mot anglais, de *technic* « technique » et *color* « couleur »)** Procédé de cinéma en couleurs. *Film en technicolor.*

-technie, -technique Éléments **(du grec *tekhnê* → technique)** signifiant « art, métier, technique ».

technique [tɛknik] **(du latin, du grec *tekhnê* « méthode, art, métier »)** **I. adj. 1.** Qui appartient à un domaine particulier, spécialisé, de l'activité ou de la connaissance. → **spécial.** *Termes techniques.* **2.** (en art) Qui concerne les procédés de travail plus que l'inspiration. *Les difficultés techniques d'une sonate.* **3.** Qui concerne les applications de la science, de la théorie, dans le domaine de la production et de l'économie. *Progrès techniques et scientifiques.* **4.** Qui concerne les objets, les mécanismes nécessaires à une action. **– *Incident technique,*** dû à une défaillance du matériel. **5.** *Fibre technique,* utilisée pour ses propriétés particulières (isolation, résistance, etc.). **II. n. f. 1.** Ensemble de procédés employés pour produire une œuvre ou obtenir un résultat déterminé. → **art, métier.** *Les techniques audiovisuelles.* **–** *Musicien qui manque de technique.* **2.** fam. Manière de faire. *N'avoir pas la (bonne) technique :* ne pas savoir s'y prendre. **3.** Ensemble de procédés méthodiques, fondés sur des connaissances scientifiques, employés à la production. *Les industries et les techniques. Les techniques de pointe* (dites par anglicisme *technologies*).

techniquement [tɛknikmɑ̃] **adv.** Selon, d'après la technique. *Un procédé techniquement au point.*

techno **n. f.** **(de *technique*)** Musique électronique répétitive, au rythme marqué. **– adj. invar.** *Des soirées techno.*

techno- [tɛkno] Élément **(du grec *tekhnê* → technique)** signifiant « métier, procédé, technique ».

technocrate **n.** Responsable qui tend à faire prévaloir les aspects techniques, au détriment de l'élément humain. **–** appos. *Un ministre technocrate.*

technocratie **n. f.** **(→ -cratie)** Système politique et économique dans lequel les techniciens et les technocrates ont un pouvoir prédominant. □ **adj. technocratique**

technocratiser **v. tr.** < 1 > didact. Rendre technocratique ; soumettre à l'autorité des technocrates. □ **n. f. technocratisation**

technologie **n. f.** **(→ -logie) 1.** Étude des techniques, des outils, des machines, etc. *Un enseignement de technologie.* (en France) *Institut universitaire de technologie* (IUT). **2.** anglic. Technique (II, 3). *Les nouvelles technologies* (informatique, multimédia...). *Les technologies de l'information et de la communication (TIC).*

technologique **adj.** Qui appartient à la technologie. □ **adv. technologiquement**

technologue **n.** Spécialiste de la technologie. - syn. **technologiste.**

technophile **adj. et n.** Qui est attiré par les nouvelles technologies. **– n.** *Les technophiles.*

technophobe **adj. et n.** Qui est hostile aux nouvelles technologies. **– n.** *Les technophobes.*

technopole **n. f.** **(→ -pole)** Centre urbain disposant de structures de recherche et d'enseignement techniques, ainsi que des industries de pointe.

technopôle **n. m.** **(→ pôle)** Site aménagé pour accueillir des entreprises, en favoriser la création et le développement.

technoscience **n. f.** didact. Recherche scientifique axée sur l'innovation technique. □ **adj. technoscientifique**

technostructure **n. f.** **(de *techno-* et *structure,* d'après l'anglais des États-Unis)** didact. Ensemble des technocrates et des techniciens qui commandent le processus de prise de décision.

teck **n. m.** **(du tamoul, par le portugais) 1.** Arbre des zones tropicales. **2.** Bois de cet arbre, brunâtre, dur, très dense et imputrescible. - var. **tek.**

teckel **n. m.** **(mot allemand)** Basset d'origine allemande, à pattes très courtes.

tectonique **(allemand *Tektonik,* du grec, famille de *tektôn* « charpentier » → technique)** didact. **1. n. f.** géol. Étude de la structure de l'écorce terrestre et de ses déformations. ■ Processus étudiés par cette science. *La tectonique des plaques.* **2. adj.** Relatif à la tectonique.

tectrice **adj. f. et n. f.** **(du latin *tectus* « couvert »)** zool. *Les plumes tectrices* ou *les tectrices :* plumes du dos des oiseaux.

Tecumseh Chef indien (1768-1813). Il tenta sans succès d'unir les Indiens des États-Unis et du Canada contre les Blancs.

Tedder (Arthur) Maréchal de l'air britannique (1890-1967). Il commanda l'aviation alliée en Tunisie, en Sicile et en Italie (1943). Adjoint d'Eisenhower (fin 1943), il fut

tectonique

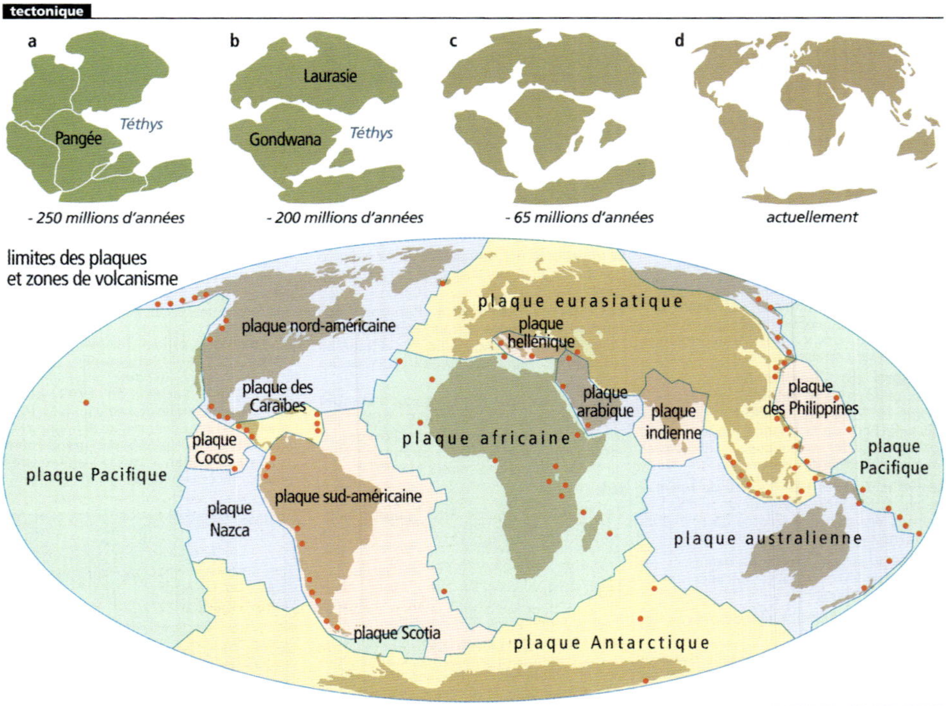

Carte de l'activité tectonique et de la limite des plaques. Le modèle de la tectonique des plaques explicite la formation et les mouvements des plaques qui constituent la couche externe de la Terre ou lithosphère. Les plaques tectoniques, flottant sur l'asthénosphère, subissent différentes interactions. Le volcanisme est lié à ce phénomène.

T

envoyé à Berlin pour recevoir la capitulation allemande (8 mai 1945).

Te Deum [tedeɔm] **n. m. invar. (du latin « toi, Dieu » [nous te louons])** Chant religieux catholique de louange et d'action de grâces.

tee [ti] **n. m. (mot anglais d'origine écossaise)** anglic., golf Petit socle sur lequel on place une balle de golf avant de la frapper.

teenager [tinɛdʒœʀ] **n. (mot anglais)** anglic., vieilli Adolescent.

teeshirt ou **tee-shirt** [tiʃœʀt] **n. m. (de l'anglais « chemise en T »)** anglic. Maillot de coton à manches courtes ou longues, en forme de T. *Des teeshirts, des tee-shirts.* - var. **t-shirt.** *Des t-shirts.*

téflon **n. m. (n. déposé ; de *té[tra]fl[uoroéthylène]*)** Matière plastique très résistante aux agents chimiques et à la température.

Tégée Ancienne ville de Grèce, dans le Péloponnèse. Site archéologique.

tégénaire **n. f. (du latin, de *tegetarius* « fabricant de nattes »)** Araignée sédentaire qui tend sa toile dans les endroits humides des maisons.

Tegucigalpa Capitale du Honduras. 1 million d'habitants. Université. Musée national. Centre commercial.

tégument **n. m. (du latin, famille de *tectum* → toit) 1.** anat. Tissu vivant qui recouvre le corps, avec ses appendices (poils, plumes, écailles, piquants, etc.). → **peau. 2.** bot. Enveloppe protectrice. *Le tégument de la graine.* □ **adj. tégumentaire**

Téhéran Capitale de l'Iran, au pied de l'Elbourz. 8,7 millions d'habitants. Université. Musée archéologique. Centre commercial et industriel.

Téhéran (conférence de) Conférence tenue à Téhéran du 28 novembre au 1er décembre 1943 entre Roosevelt, Churchill et Staline. Elle prévoyait notamment les débarquements de Normandie et de Provence.

Tehuantepec (isthme de) Isthme du Mexique, large d'environ 200 km, et séparant le Pacifique et le golfe du Mexique. La ville de Tehuantepec (État de Oaxaca), proche de la côte Pacifique, lui donne son nom.

teigne **n. f. (vient du latin *tinae*) 1.** Petit papillon de couleur terne (ex. la mite). *La teigne des jardins.* **2.** cour. Maladie parasitaire du cuir chevelu entraînant la chute des cheveux. → **pelade.** – loc. *Il est mauvais comme une teigne,* très méchant, hargneux. → **gale.** ■ fig. *Quelle teigne !* → **peste.**

teigneux, euse **adj. 1.** Qui a la teigne. – **n.** *Un teigneux.* **2.** fam. Hargneux, agressif.

Teil (Le) Commune de l'Ardèche, sur le Rhône. 8 841 habitants. Église romane (XIe-XIIe s.) gravement endommagée par un tremblement de terre en 2019. Aux environs, carrières de calcaire.

T

Teilhard de Chardin (Pierre) Théologien, philosophe et paléontologue français (1881-1955). Jésuite, il s'efforça de concilier les exigences de la science moderne avec celles de la foi catholique. *Le Phénomène humain ; L'Avenir de l'homme.*

teille **n. f. (latin *tilia* « écorce de tilleul »)** techn. **1.** Liber du tilleul, dont on fait des cordes, des nattes. **2.** Écorce de la tige de chanvre. - var. **tille.**

teiller **v. tr. < 1 >** techn. Débarrasser (le chanvre, le lin) de la teille. - var. **tiller.** □ **n. m. teillage** ou **tillage**

teilleuse **n. f.** techn. Machine à teiller. - var. **tilleuse.**

teindre **v. tr. < 52 > (vient du latin *tingere* → teinture, tinctorial) 1.** Imprégner (qqch.) d'une substance colorante par teinture. *Teindre un vêtement.* – pronom. *Se teindre :* teindre ses cheveux. **2.** littér. Colorer. → **teinter.** – pronom. (sujet chose) *Les champs se teignent de pourpre.* ■ [1]**teint, teinte adj.** Que l'on a teint. *Cheveux teints.*

Téhéran

Téhéran, située dans une zone de transition entre montagne et désert.

[2]**teint** **n. m. I.** vieux Action de teindre, teinture. ■ loc. *Tissu bon teint, grand teint,* dont la teinture résiste au lavage et à la lumière. – fig. et plais. **loc. adj. invar.** *Bon teint :* qui ne change pas, solide. *Un catholique bon teint.* **II.** Nuance ou aspect particulier de la couleur du visage. → **carnation.** *Un teint de blonde.* – *Fond* de teint.*

teintant, ante **adj.** Qui sert à teinter. → **colorant.**

teinte **n. f. 1.** Couleur, le plus souvent complexe ; nuance. → [2]**ton.** *Teintes vives, douces* (→ **demi-teinte**). *Une teinte rougeâtre.* **2.** fig. Apparence peu marquée ; petite dose. *Une légère teinte d'ironie.*

teinté, ée **adj.** Légèrement coloré. *Lunettes à verres teintés.*

teinter **v. tr. < 1 > 1.** Couvrir uniformément d'une teinte légère, colorer légèrement. *Teinter un papier.* – pronom. *Le ciel se teintait de rouge.* **2.** fig. Marquer d'un caractère peu tranché (surtout pronom. et p. p.). *Souvenirs teintés de nostalgie.*

teinture **n. f. (vient du latin *tinctura*, de *tingere* → teindre) I.** Action de teindre (qqch.) en fixant une matière colorante. *La teinture du coton.* **II. 1.** Matière colorante pour teindre. *Teinture acajou pour les cheveux.* **2.** pharm. Solution dans l'alcool d'un ou plusieurs produits actifs. *Teinture d'iode.* **3.** fig. Connaissance superficielle. → **vernis.**

teinturerie **n. f. 1.** Industrie de la teinture (I). **2.** Magasin de teinturier (2). → anglic. **pressing.**

teinturier, ière **n. 1.** Personne qui effectue la teinture. **2.** cour. Personne dont le métier est d'entretenir les vêtements (nettoyage, repassage, teinture). *Porter un costume chez le teinturier.*

Teisserenc de Bort (Léon Philippe) Météorologiste français (1855-1913). Fondateur de l'observatoire de Trappes, il découvrit l'existence de la stratosphère en utilisant des ballons-sondes (1899).

tek voir **teck**

Te Kanawa (dame Kiri) Soprano néo-zélandaise (née en 1944). Après des débuts remarqués à Covent Garden en 1971, elle mena une carrière internationale.

Tekirdağ Ville de Turquie (Thrace orientale). 182 200 habitants. Port. Mosquée. Centre commercial et industriel.

tel, telle **adj. et pron. (vient du latin *talis*) I.** (Marquant la ressemblance, la similitude) **1.** Semblable, du même genre. → **même, pareil, semblable.** *Je m'étonne qu'il tienne de tels propos,* ces propos-là. *S'il n'est pas riche, il passe pour tel.* – (en tête de proposition) *Telle est ma décision.* ■ ***Comme tel*** : en cette qualité, à ce titre. – ***En tant que tel*** : par sa seule nature. *Détester la violence en tant que telle.* ■ (redoublé et représentant deux personnes ou deux choses) **loc. prov.** *Tel père, tel fils,* le père et le fils sont semblables. **2. *Tel que*** : comme. *Les arbres tels que les pins, les cèdres, etc.* – *Tel qu'il est...* **3.** littér. Comme. *Elle a filé telle une flèche. Tel je l'ai laissé, tel je le retrouve,* je le retrouve sans changement. **4. *Tel quel*** : sans arrangement, sans modification. *Laisser les choses telles quelles* (incorrect : *telles que*). **II. 1.** (Exprimant l'intensité) Si grand, si important. → **pareil, semblable.** *Je n'ai jamais eu une telle peur.* – *À tel point.* → **tellement.** – ***Rien de tel*** : rien de si efficace. **2.** (Introduisant une conséquence) *J'ai eu une peur telle, une telle peur que je me suis enfui.* – (+ subj., avec négation) *Je n'en ai pas un besoin tel que je ne puisse attendre.* **III.** indéfini Un... particulier. **1. adj.** (sans article) *Telle et telle chose sera faite.* ■ (désignant une chose précise qu'on ne nomme pas) *Telle quantité de.* → **tant.** *Tel jour, à telle heure.* **2. pron.** littér. Certain, quelqu'un. *« Tel qui rit vendredi, dimanche pleurera »* (Racine ; proverbe). **3.** *Un tel,* tenant lieu d'un nom propre. *Monsieur Un tel, Madame Une telle.* – *La famille Un tel* ou *Untel* (en un seul mot).

télamon **n. m. (du latin, mot grec, proprt « ce qui supporte »)** archit. Statue qui supporte une corniche, un entablement. → **atlante.**

Telangana État du S.-E. de l'Inde. 114 840 km^2. 39,3 millions d'habitants. Capitale : Hyderabad. Cet ancien État principer, inclus dans l'Andhra Pradesh de 1956 à 2013, devint le 29e État de l'Union indienne. Industrie de haute technologie.

Tel-Aviv nom officiel **Tel-Aviv-Jaffa** Ville d'Israël, sur la Méditerranée. 461 000 habitants (zone urbaine : 2,7 millions d'habitants). Fondée en 1909, elle a fusionné avec la ville arabe de Jaffa en 1948. Principal centre économique et financier du pays, Tel-Aviv est aussi le plus grand centre culturel israélien (presse, universités, musées, théâtres, opéra).

Tel-Aviv, deuxième ville d'Israël pour le nombre d'habitants, s'étire en bordure de la Méditerranée.

télé n. f. fam. 1. → **télévision.** *Regarder la télé.* – appos. invar. *Les séries télé.* 2. → **téléviseur.** *Une télé couleur.*

télé- (grec *têle* « loin, au loin ») 1. Élément signifiant « au loin, à distance » (ex. *télésurveillance*). 2. Élément tiré de *télévision* (ex. *téléfilm*). 3. Élément tiré de *téléférique* (ex. *télésiège, téléski*). 4. Élément tiré de *téléphone, télécommunication* (ex. *télécarte, téléconseiller*).

téléachat n. m. (de *télé-* et *achat*) Présentation à la télévision de produits que le téléspectateur peut commander. - var. **télé-achat.** *Des télé-achats.*

téléacteur, trice n. (→ acteur) Personne qui réalise des enquêtes, de la prospection par téléphone.

téléaffichage n. m. Affichage télécommandé (notamment d'horaires, dans les aéroports, les gares).

téléalarme n. f. Dispositif qui permet de déclencher une alarme à distance.

télébenne n. f. Télécabine.

téléboutique n. f. Boutique équipée de cabines téléphoniques permettant de téléphoner à l'étranger à des tarifs compétitifs.

télécabine n. f. Téléférique à un seul câble et à plusieurs petites cabines. → **télébenne.**

télécarte n. f. (n. déposé) Carte de téléphone à mémoire utilisable dans les cabines publiques.

téléchargement n. m. inform. Opération qui consiste à télécharger des données.

télécharger v. tr. < 3 > (→ charger) inform. Copier (des données stockées sur un ordinateur ou un serveur) sur son propre ordinateur par l'intermédiaire d'un réseau téléinformatique. □ adj. **téléchargeable**

téléchirurgie n. f. didact. Chirurgie à distance, réalisée à l'aide d'un robot commandé par un système informatique.

télécinéma n. m. Appareil servant à transmettre un film par télévision.

télécommande n. f. Commande à distance d'un appareil ; dispositif servant à télécommander. *La télécommande d'un téléviseur.*

télécommander v. tr. < 1 > Commander à distance (une opération). → **téléguider.** *Télécommander la mise à feu d'une fusée.* – fig. *La rébellion a été télécommandée de l'étranger.*

télécommunication n. f. Ensemble des procédés de transmission d'informations à distance (télégraphe, téléphone, télévision...). *Informatique et télécommunications.* → **télématique.**

▶ Le mot **télécommunications** désigne étymologiquement les communications à distance. La première utilisation du terme par Édouard Estraunié en 1904, dans son *Traité pratique de télécommunication électrique,* renvoie non pas à la simple communication naturelle à travers la voix, mais à l'application de techniques modernes aux échanges d'information.
Si l'on communiquait déjà depuis longtemps à l'aide de sonneries ou de drapeaux, le premier exemple notable de télécommunication est sans doute le télégraphe aérien de Claude Chappe (1794). Celui-ci était basé sur un réseau de relais, chacun équipé de bras articulés visibles à la longue vue depuis au moins un autre relais. Le réseau pouvait ainsi, de proche en proche, acheminer très rapidement des messages complexes sur des milliers de kilomètres. Il s'agissait de la première mise en œuvre à grande échelle d'un système de transport d'informations dématérialisées. Les solutions alors développées pour assurer la qualité et la sécurité de l'information (langage dédié, cryptage, gestion d'erreur) et son acheminement à travers le réseau (routage, gestion de collisions) ont ouvert la voie aux différents systèmes apparus par la suite.
L'évolution des techniques a bien sûr rendu obsolète le télégraphe optique aérien, pour le remplacer successivement par le télégraphe électrique (1832), le téléphone (1876), la télégraphie sans fil (1896), le télex (1930), le fax (1970), l'Internet (1972), le Minitel (1982)...
L'évolution actuelle tend à découpler de plus en plus les supports de transmission (fils électriques, signaux radio, fibres optiques) des informations transmises (son, image, texte) grâce à la numérisation, qui permet l'interconnexion de réseaux hétérogènes (comme l'Internet). Leur accès ne cesse de se diversifier et de se démocratiser, devenant peu à peu un enjeu majeur de développement.
voir aussi **Internet, informatique, satellite**

téléconférence n. f. Discussion entre des interlocuteurs qui se trouvent dans des lieux différents et sont reliés entre eux par des moyens de télécommunication. → **audioconférence, visioconférence.**

téléconseiller, ère n. Personne qui fournit une assistance téléphonique aux clients d'une entreprise. □ n. m. **téléconseil**

téléconsultation n. f. Consultation médicale à distance, grâce aux moyens de télécommunication.

télécopie n. f. Procédé permettant la reproduction à distance d'un document, par l'intermédiaire du réseau téléphonique. → anglic. **fax.**

télécopier v. tr. < 7 > Transmettre (un document) par télécopie. → **faxer.**

télécopieur n. m. Appareil de télécopie. → anglic. **fax.**

télédéclaration n. f. Déclaration de revenus sur Internet.

télédétection n. f. didact. Science et techniques de la détection à distance. *Télédétection par satellite.*

télédiffuser v. tr. < 1 > Diffuser par télévision. → **téléviser.** □ n. f. **télédiffusion**

télédistribution n. f. techn. Procédé de diffusion de programmes télévisés par câble ou par relais hertziens.

téléenseignement n. m. Mode d'enseignement à distance (par correspondance, multimédia, etc.).

téléfax (n. déposé) voir **fax** (étym.).

téléférage ou **téléphérage** n. m. (de *télé-* et du grec *pherein* « porter ») techn. Procédé de transport par des véhicules suspendus et portés par des câbles aériens.

téléférique ou **téléphérique** n. m. (de *téléférage*) Dispositif de transport par cabine suspendue à un câble, utilisé surtout en montagne (→ **télécabine**).

téléfilm [telefilm] n. m. Film réalisé pour la télévision. *Des téléfilms.*

téléga ou **télègue** n. f. (mot russe) Charrette à quatre roues, utilisée en Russie.

télégénique adj. (de *télé-* [2] et *[photo]génique*) (personnes) Dont l'image télévisée est agréable. □ n. f. **télégénie**

télégestion n. f. Gestion à distance des informations au moyen d'un système téléinformatique.

télégramme n. m. Communication transmise par télégraphe ou radiotélégraphie ; son support matériel. *Télégramme de presse.* → **dépêche.**

télégraphe n. m. Système de transmission de messages écrits, de signaux par une ligne électrique.

télégraphie n. f. 1. Technique de la transmission par télégraphe électrique. *Alphabet morse utilisé en télégraphie.* 2. vieux ou admin. *Télégraphie sans fil.* → **TSF** (vieux), [1]**radio.**

télégraphier v. tr. < 7 > Transmettre par télégraphe. → **câbler.**

télégraphique adj. 1. Du télégraphe. *Fils télégraphiques.* 2. Expédié par télégraphe ou télégramme. *Mandat télégraphique.* 3. *Style télégraphique,* abrégé comme dans les télégrammes. □ adv. **télégraphiquement**

télégraphiste n. 1. Spécialiste de la transmission et de la réception des messages télégraphiques. 2. Personne qui délivre les télégrammes et les messages urgents.

télègue voir **téléga**

téléguider v. tr. < 1 > 1. Diriger, guider à distance (un véhicule, un engin). – au p. p. *Une petite voiture téléguidée.* 2. fig. et fam. Inspirer, conduire par une influence lointaine, secrète. → **télécommander.** □ n. m. **téléguidage**

téléimprimeur n. m. techn. Appareil télégraphique qui permet l'envoi direct d'un texte par clavier dactylographique et son inscription au poste de réception. → **téléscripteur.**

téléinformatique n. f. Informatique faisant appel à des moyens de transmission à distance. – adj. *Réseau téléinformatique.*

téléjournal, aux n. m. (Suisse, Canada) Journal télévisé.

télékinésie n. f. (de *télé-* et du grec *kinesis* « mouvement ») didact. Mouvement spontané d'objet sans intervention d'une énergie observable. → **psychokinésie.** □ adj. **télékinétique**

télémaintenance n. f. techn. Maintenance à distance d'un véhicule spatial au moyen de liaisons de télémesure et de télécommande.

télémanipulateur n. m. techn. Dispositif permettant la télémanipulation.

télémanipulation n. f. techn. Manipulation à distance (de substances dangereuses, d'objets inaccessibles...).

Telemann (Georg Philipp) Compositeur allemand (1681-1767). Auteur d'opéras, d'œuvres religieuses et de musique instrumentale, il réalisa la synthèse des courants musicaux français, italien et allemand.

Télémaque Personnage de la mythologie grecque, fils d'Ulysse et de Pénélope. Guidé par Athéna, il part à la recherche de son père et, de retour à Ithaque, il aide celui-ci à écarter les prétendants. Le personnage a inspiré la littérature, notamment Fénelon (*Les Aventures de Télémaque*).

Telemark n. m. Comté du S. de la Norvège. 15 315 km². 169 200 habitants. Région montagneuse et boisée.

télémark n. m. (n. d'une localité de Norvège) Technique de ski alpin laissant le talon libre.

télémarketing [telemaʀketiŋ] n. m. Marketing par téléphone. ■ par ext. → **télévente.** - var. **télémarkéting.**

télématique (de *télé-* [1] et *[infor]matique*) n. f. Ensemble des techniques qui combinent les moyens de l'informatique avec ceux des télécommunications. – adj. *Systèmes télématiques.*

télémédecine n. f. Pratique médicale réalisée à distance à l'aide des technologies de l'information et de la communication.

télémesure n. f. Technique de lecture à distance des données d'un appareil de mesure.

télémètre n. m. Appareil de télémétrie.

télémétrie n. f. (→ -métrie) techn. Mesure des distances par procédé optique. □ adj. **télémétrique**

télencéphale n. m. (du grec *tel[os]* « 1 fin » et de *encéphale*) anat. Partie du cerveau qui provient de la vésicule cérébrale antérieure de l'embryon, formée par les deux hémisphères cérébraux et les lobes olfactifs.

téléo-, télo- Éléments (du grec *telos* et *tel[e]ios*) qui signifient « fin, but » et « complet, achevé ».

téléobjectif n. m. Objectif photographique à longue distance focale, servant à photographier des objets éloignés.

T

téléologie n. f. didact. Étude de la finalité. – Doctrine qui considère le monde comme un système de rapports entre moyens et fins. □ adj. **téléologique**

téléonomie n. f. (de *téléo-* + *-nomie*) didact. Étude des lois de la finalité. □ adj. **téléonomique**

téléopérateur, trice n. Personne qui effectue des opérations de télémarketing. → **téléprospecteur.**

téléosaure n. m. (→ téléo- et -saure) paléont. Reptile fossile de l'ère secondaire.

téléostéen n. m. (du latin, du grec *teleios* « achevé » et *osteon* « os ») zool. Poisson vertébré au squelette complètement ossifié et à nageoire caudale homocerque (famille des *Téléostéens* ; ex. les gades).

télépaiement n. m. Paiement à distance par des moyens informatiques.

télépathe n. et adj. (de *télépathie*) (Personne) qui a le sentiment d'une communication à distance extrasensorielle.

télépathie n. f. (→ -pathie) Sentiment de communication à distance par la pensée ; communication réelle extrasensorielle. → **transmission** de pensée. □ **télépathique** adj. *Phénomène télépathique.*

télépéage n. m. Péage autoroutier automatique par identification informatique à distance des usagers.

téléphérage ; téléphérique voir **téléferage ; téléférique**

téléphone n. m. (→ -phone) **1.** Instrument qui permet de transmettre à distance des sons, par l'intermédiaire d'un circuit électrique. – Procédés, dispositifs permettant la liaison d'un grand nombre de personnes au moyen de cet appareil. *Liste des abonnés au téléphone.* → **annuaire.** *Numéro de téléphone. Appeler qqn au téléphone* (→ **appel ; allo**). *Donner un **coup de téléphone*** (→ coup de fil*). → **communication. 2.** Appareil constitué d'un combiné* microphone-récepteur qui repose sur un support. *Téléphone sans fil.* – *Téléphone mobile, portable.*

Téléphone Groupe de rock français (1976-1986). Influencés par les Rolling Stones, les membres de ce groupe, dont J.-L. Aubert, ont été les représentants d'un rock tranchant, jouant avec les mots du quotidien. *Ça c'est vraiment toi ; Cendrillon ; Un autre monde.*

téléphoner v. < 1 > **1.** v. tr. Communiquer, transmettre par téléphone. *Téléphone-lui la nouvelle.* – au p. p. *Commande téléphonée.* – fig. *C'est téléphoné* : c'est trop prévisible. **2.** v. tr. ind. (avec *à*) Se mettre, être en communication par téléphone (avec). *Téléphoner à qqn.* → **appeler. 3.** v. intr. Se servir du téléphone. *Téléphoner pour donner de ses nouvelles.*

téléphonie n. f. (de *téléphone*) Ensemble des techniques et des opérations concernant la transmission des sons à distance. – *La téléphonie mobile.*

téléphonique adj. Relatif au téléphone ; par téléphone. *Communication, appel téléphonique.* □ adv. **téléphoniquement**

téléphoniste n. Personne chargée d'assurer les liaisons téléphoniques. → **standardiste.**

téléphotographie n. f. techn. Photographie au téléobjectif.

télépointage n. m. milit. Dispositif qui permet le pointage à distance des canons d'un navire de guerre, à partir d'un poste central de tir.

téléport n. m. (de *télé-* et *port*) Complexe de télécommunication destiné à recevoir et à distribuer des informations à des utilisateurs dans une zone d'activité.

téléporter v. tr. < 1 > (de *télé-* et *porter*) Transporter (qqn, qqch.) d'un lieu à un autre sans parcours physique (dans les récits de science-fiction). □ n. f. **téléportation**

téléprospection n. f. Prospection par téléphone. □ n. **téléprospecteur, trice**

téléradar n. m. techn. Technique d'émission ou de réception d'une image radar au moyen de la télévision.

téléradiographie n. f. méd. Radiographie effectuée à une distance d'au moins 1,50 m, donnant une image grandeur nature de l'organe et supprimant la déformation conique de l'image.

Télérama Hebdomadaire culturel français fondé par Georges Montaron en 1947. Il se consacre à toute l'actualité culturelle : télévision, radio, cinéma, théâtre, musique, livres, expositions.

téléréalité n. f. (calque de l'anglais *reality-TV*) Genre télévisuel qui consiste à filmer la vie quotidienne de candidats placés dans des situations déterminées. → **reality show.**

téléreportage n. m. vieilli Reportage télévisé.

téléroman n. m. (de *télé-* et *roman*) (Canada) Feuilleton télévisé.

télescope n. m. (→ -scope) Instrument d'optique à miroir (à la différence de la lunette) destiné à l'observation des objets éloignés, des astres.

Grand télescope de l'Observatoire royal de Greenwich (Sussex), transféré sur une île des Canaries, dans un site en altitude présentant peu de nuages.

télescoper v. tr. < 1 > (de l'anglais, d'un sens ancien de *telescope* « lunette dont les tubes s'emboîtent » → **télescope**) Rentrer dans, enfoncer par un choc violent (un autre véhicule). → **heurter, tamponner.** ■ se **télescoper** v. pron. **1.** *Les deux voitures se sont télescopées.* **2.** fig. Se chevaucher, se mêler. *Souvenirs qui se télescopent dans la mémoire.* □ n. m. **télescopage**

télescopique adj. **I.** (de *télescope*) Qui se fait à l'aide du télescope. *Observations télescopiques.* **II.** (de *télescoper*) Dont les éléments s'emboîtent et coulissent les uns dans les autres. *Antenne télescopique.*

téléscripteur n. m. Appareil télégraphique qui permet d'envoyer directement un texte dactylographié. → **télétype, télex.**

téléservice [teleseʀvis] n. m. Service accessible à distance (par téléphone, Internet...).

télésiège [telesjɛʒ] n. m. Téléférique constitué par une série de sièges suspendus à un câble unique.

télésignalisation [telesiɲalizasjɔ̃] n. f. techn. Signalisation à distance (par câbles ou par voie hertzienne).

téléski n. m. Remonte-pente pour les skieurs.

téléspectateur, trice n. Spectateur et auditeur de la télévision.

télesthésie n. f. (de *télé-* et *esthésie*) didact. Perception à distance de phénomènes, d'évènements. → **télépathie.**

télésurveillance [telesyʀvɛjɑ̃s] n. f. techn. Surveillance à distance, à l'aide de moyens électroniques.

télétex n. m. (n. déposé ; anglais *teletex*) télécomm. Service et technique de traitement automatique et transmission de textes par télématique.

télétexte n. m. (de *télé-* et *texte*, d'après l'anglais *teletext*) Système de vidéographie qui permet la diffusion de textes par un réseau de télévision. *Sous-titrage par télétexte.*

téléthon n. m. (marque déposée ; de l'anglais des États-Unis, de *tele[vision]* et *[mara]thon*) Longue émission de télévision à caractère caritatif (recherche médicale...).

télétoxie n. f. (de *télé-* et du latin *toxicum* « poison ») biol. Intoxication de certains êtres vivants provoquée par les toxines sécrétées par l'un d'entre eux et répandues dans le milieu ambiant. □ adj. **télétoxique**

télétraitement n. m. inform. Mode de traitement dans lequel les données sont émises ou reçues par des terminaux éloignés de l'ordinateur central.

télétransmettre v. tr. < 56 > Transmettre (des informations) à distance par un réseau télématique. □ n. f. **télétransmission**

télétravail n. m. (→ ¹travail) Activité professionnelle exercée à distance (d'une entreprise), grâce aux outils de télécommunication. □ v. intr. **télétravailler** □ n. **télétravailleur, euse**

télétype n. m. Téléscripteur.

télévangéliste n. (de l'anglais des États-Unis → **évangéliste**) (aux États-Unis) Prédicateur qui anime des émissions religieuses à la télévision.

télévente n. f. Vente par téléphone ou télématique ; prospection par téléphone. □ n. **télévendeur, euse**

téléviser v. tr. < 1 > Transmettre (des images, un spectacle) par télévision. – au p. p. *Journal télévisé.*

téléviseur n. m. Poste récepteur de télévision. → **télévision** (3). - abrév. fam. → **télé, TV.**

télévision n. f. **1.** Ensemble des procédés et techniques employés pour la transmission des images, après analyse (en points et en lignes) et transformation en ondes hertziennes. *Caméra de télévision.* **2.** Ensemble des activités et des services assurant l'élaboration et la diffusion d'informations et de spectacles par le procédé de la télévision (1) ; ces programmes (→ **le petit écran**). → fam. **télé.** *Émissions, programmes, studios, régie, chaînes de télévision. Télévision privée, à péage. Télévision par câble.* **3.** Poste récepteur de télévision. → **téléviseur.**

télévisuel, elle adj. De la télévision, en tant que moyen d'expression. *Création télévisuelle.*

télex [telɛks] n. m. (de l'anglais des États-Unis, de *tele[graph] ex[change]*) Service de dactylographie à distance par téléscripteur. ■ Message ainsi transmis. □ **télexer** v. tr. < 1 >

télexiste n. techn. Personne chargée d'assurer les liaisons par télex.

Telford Ville de Grande-Bretagne, au N.-E. de Birmingham (comté de Shropshire). 130 000 habitants.

tell n. m. (mot arabe « colline ») archéol. Colline artificielle formée par des ruines. □ adj. **tellien, ienne**

Tell n. m. Région d'Algérie et de Tunisie proche de la Méditerranée, formée par des chaînes montagneuses. Les précipitations permettent de pratiquer l'agriculture et l'élevage.

Tell (Guillaume) voir **Guillaume Tell**

T

Tell el-Amarna voir Amarna

tellement adv. (de *tel*) **1.** À un degré si élevé. → ²si. *Un spectacle tellement original.* – fam. *Pas tellement, plus tellement* : assez peu, modérément. ■ *Tellement... que...* *Elle allait tellement vite qu'elle ne nous a pas vus.* → ²si. – littér. (+ subj., avec négation) *Il n'est pas tellement vieux qu'il ne puisse travailler.* ■ (+ compar.) *Ce serait tellement mieux.* **2.** fam. *Tellement de.* → tant. *J'ai tellement de soucis (que).* **3.** (+ proposition causale) Tant. *Je ne le reconnais plus, tellement il a changé.*

Teller (Edward) Physicien américain d'origine hongroise (1908-2003). Il participa à la mise au point des bombes atomique et thermonucléaire.

Tellier (Charles) Ingénieur français (1828-1913). Inventeur d'une machine frigorifique à compression, il aménagea le premier navire à cales réfrigérées, *Le Frigorifique* (1876).

tellière n. m. (du n. du chancelier Le Tellier) Format de papier (34×44). – adj. *Papier tellière.*

tellurate n. m. chim. Sel ou ester de l'acide tellurique.

tellure n. m. (du latin mod., de *tellus* « terre ») Élément atomique (symb. Te, n° at. 52, masse at. 127,60), souvent combiné à des métaux lourds ou précieux.

tellureux, euse adj. chim. Se dit d'un acide H_2TeO_3 dérivé du tellure.

tellurhydrique adj. (de *tellure* et *-hydrique*) chim. Se dit d'un acide H_2Te, appelé aussi *hydrure de tellure.*

¹tellurique adj. (du latin *tellus, telluris* « terre ») De la Terre. – *Secousse tellurique* : tremblement* de terre. → séisme.

²tellurique adj. (de *tellure*) chim. *Acide tellurique* (H_6O_6Te), *anhydride tellurique* (TeO_3), dérivés du tellure.

tellurisme n. m. (du latin → ¹tellurique) didact. Influence de la terre sur les mœurs de l'homme en société.

tellurure n. m. chim. Sel ou ester de l'acide tellurhydrique.

télo- voir téléo-

télolécithe adj. (de *télo-* et du grec *lekithos* « jaune d'œuf ») biol. *Œuf télolécithe*, caractérisé par un volume considérable de vitellus localisé à l'un des pôles (reptiles, oiseaux).

télomère n. m. (de *télo-* + *-mère*) biol. Extrémité d'un chromosome.

télophase n. f. (de *télo-* et *phase*) biol. Phase terminale de la mitose qui comprend la reconstitution de deux noyaux cellulaires, la division du cytoplasme, puis la formation des deux cellules filles.

télougou n. m. L'une des principales langues dravidiennes de l'Inde du Sud. - var. **telugu** [telugu].

telson n. m. (mot grec « limite », par l'anglais) zool. Dernier anneau de l'abdomen des arthropodes.

Tema Port artificiel du Ghana, à l'E. d'Accra. Env. 160 000 habitants. Principal centre industriel du pays.

téménos ou **temenos** [temenɔs] n. m. (mot grec, de *temnein* « couper ») Antiq. grecque Terrain sacré fermé par une enceinte, sur lequel était édifié un temple.

téméraire adj. (du latin ; famille de *ténèbres*) **1.** Hardi à l'excès, avec imprudence. → audacieux, aventureux. *Être téméraire dans ses jugements.* – iron. *Courageux, mais pas téméraire* : pas très courageux. **2.** plus cour. (choses) Qui dénote une hardiesse imprudente. *Une entreprise téméraire.* → hasardeux, dangereux. – *Jugement téméraire*, porté à la légère, sans réflexion. □ adv. **témérairement**

témérité n. f. (du latin → téméraire) littér. Disposition à oser, à entreprendre sans réflexion ou sans prudence. → audace, hardiesse.

Temin (Howard Martin) Biologiste américain (1934-1994). Ses recherches le menèrent notamment à la découverte de la transcriptase inverse et permirent de mieux comprendre l'action cancérigène des virus à ARN. Prix Nobel 1975.

Temirtaou Ville du Kazakhstan. 220 000 habitants. Sidérurgie. Métallurgie.

témoignage n. m. **1.** Déclaration de ce que l'on a vu, entendu, servant à l'établissement de la vérité. → attestation, rapport. *Invoquer le témoignage de qqn* (pour prouver qqch.). *Un témoignage irrécusable.* ■ loc. *Porter témoignage.* → témoigner. – *Rendre témoignage à qqn*, témoigner en sa faveur. **2.** Déclaration d'un témoin en justice. → déposition. *Faux témoignage* : témoignage inexact et de mauvaise foi. **3.** Fait de donner des marques extérieures ; marque, preuve. → démonstration, manifestation. *Témoignages d'affection.* – *Recevez ce cadeau, en témoignage de mon amitié.* → gage. ■ (choses) Ce qui constitue la marque, la preuve (de qqch.). *Des « témoignages de passions oubliées »* (Gautier).

témoigner v. < 1 > (vient du latin → témoin) **I.** v. tr. dir. **1.** (compl. à l'inf. ou introduit par *que*) Certifier qu'on a vu ou entendu. → attester ; témoignage. *Il a témoigné qu'il l'a vu, l'avoir vu.* **2.** Exprimer, faire paraître. → manifester, montrer. *Témoigner son amitié, son amour à qqn ; témoigner qu'on l'aime.* **3.** (choses) littér. (avec *que, combien*) Être l'indice, la preuve, le signe de. → attester, montrer, révéler. *Ce geste témoigne qu'il vous est attaché, combien il vous est attaché.* **II.** intrans. Faire un témoignage. → témoin (I, 2). *Témoigner en justice. Témoigner pour, en faveur de, contre qqn.* **III.** v. tr. ind. *Témoigner de.* **1.** (sujet personne) Confirmer la vérité, la valeur de (qqch.), par des paroles, ou simplement par ses actes, son existence même. → témoin. *Elle peut témoigner de ma bonne foi ; elle en témoignera.* **2.** (sujet chose) Être la marque, le signe de. *Il est courageux, sa conduite en témoigne.*

témoin n. m. (vient du latin *testimonium*, de *testis* → ²tester) **I. 1.** Personne qui certifie ou peut certifier qqch., qui peut en témoigner. *Témoin oculaire. Elle est le seul témoin.* – loc. *Prendre à témoin* (invar.) : invoquer le témoignage de. **2.** dr. Personne en présence de qui s'est accompli un fait et qui est appelé à l'attester en justice. *Comparution, déposition des témoins. Témoin à charge*, à décharge*. Les témoins de l'accusation, de la défense.* – *Faux témoin* : personne qui fait un faux témoignage. **3.** Personne qui doit certifier les identités, l'exactitude des déclarations, lorsqu'un acte est dressé. *Les témoins d'un mariage.* **4.** Personne qui assiste involontairement à un évènement, un fait. *J'en ai été témoin.* → assister à, voir. *Des témoins gênants.* – Le fém. *la témoin* est rare. **II.** (choses, actions) (Ce qui sert de preuve) **1.** littér. Ce qui, par sa présence, son existence, atteste, permet de constater, de vérifier. *Les derniers témoins d'une civilisation disparue.* – appos. *Butte*-témoin.* **2.** appos. Élément de comparaison. *Sujet témoin* (dans une expérience). – Ce qui sert de repère. *Appartement témoin.* → modèle. – Ce qui sert de contrôle. *Lampe témoin.* **3.** sports Bâtonnet que doivent se passer les coureurs de relais. *Le passage du témoin.* **III.** (en tête de phrase) invar. À preuve. *Il est stupide ; témoin son dernier discours.*

¹tempe n. f. (de l'ancien français *temple*, qui vient du latin, de *tempus*) Côté de la tête, entre le coin de l'œil et le haut de l'oreille. *Un homme aux tempes grisonnantes*, aux cheveux grisonnants sur les tempes.

²tempe n. f. (latin *templum* « traverse ») techn. Morceau de bois au moyen duquel le boucher tient ouvert le ventre d'un animal.

Tempelhof Quartier périphérique du S. de Berlin, dans l'ancien secteur américain. Ancien aéroport international fermé en 2008.

a tempera [atɑ̃peʀa] loc. adj. invar. (mots italiens « à détrempe ») peint. Se dit d'une couleur délayée dans de l'eau additionnée d'un agglutinant (gomme, colle, œuf), et du procédé de peinture avec cette couleur. → ¹détrempe. – loc. adv. *Peindre a tempera.* - var. RO **à tempéra.** - syn. **à la tempera** ou RO **à la tempéra.**

tempérament n. m. (du latin, de *temperare* → tempérer) **I. 1.** Constitution physiologique de l'individu et traits de caractère résultant de cette constitution. → nature ; personnalité. *Tempérament nerveux ; sanguin ; actif.* – absolt *C'est un tempérament*, une forte personnalité. **2.** *Avoir du tempérament*, des appétits sexuels. → sensualité. **II.** (Équilibre) **1.** *Vente à tempérament*, où le règlement du prix par l'acheteur est réparti en plusieurs paiements partiels. → à crédit. **2.** mus. Organisation de l'échelle des sons, qui donne une valeur commune au dièse d'une note et au bémol de la note immédiatement supérieure (ex. sol dièse et la bémol). → tempéré.

tempéramental, ale, aux adj. didact. Qui se rapporte au tempérament constitutionnel d'un individu.

tempérance n. f. (du latin → tempérer) littér. Modération dans les plaisirs (→ mesure), notamment dans la consommation d'alcool et de nourriture (→ frugalité, sobriété).

tempérant, ante adj. littér. Qui a de la tempérance. → frugal, sobre.

température n. f. (du latin → tempérer) **1.** Degré de chaleur ou de froid de l'atmosphère en un lieu. → thermo- ; degré. *Température en hausse, en baisse.* – *La température de l'eau.* ■ (en physique) Manifestation de l'énergie cinétique d'un système thermodynamique. **2.** Chaleur du corps. *Animaux à température fixe* (à « sang chaud »), *variable* (à « sang froid »). *Prendre sa température avec un thermomètre.* – loc. fig. *Prendre la température de* (qqn, un groupe...), prendre connaissance de son état d'esprit. **3.** Chaleur excessive de l'organisme. *Avoir de la température.* → fièvre.

tempéré, ée adj. **1.** vieux ou littér. Modéré. **2.** *Climat tempéré*, ni très chaud ni très froid. → doux. – *Zone tempérée*, où règne ce climat. **3.** mus. Qui est réglé par le tempérament. *« Le Clavier* (ou *Clavecin*) *bien tempéré »* (œuvre de J.-S. Bach).

tempérer v. tr. < 6 > (latin *temperare* « combiner ; modérer », cf. tempérament, température ; intempéries ; et p.-ê. temps) **1.** Adoucir l'intensité (du froid, de la chaleur). **2.** littér. Adoucir et modérer. → atténuer. *Tempérer l'ardeur de qqn, son agressivité.* → assagir, calmer.

tempête n. f. (vient du latin pop. *tempesta* « mauvais temps », de *tempus* → temps) **1.** Violente perturbation atmosphérique ; vent rapide qui souffle en rafales, souvent accompagné d'orage. → bourrasque, cyclone, ouragan, tourmente. – *Tempête de neige*, chutes de neige avec un vent violent. – *Tempête solaire*, magnétique*.* ■ spécialt Ce temps sur la mer, provoquant l'agitation des eaux. ■ appos. *Lampe-tempête, briquet-tempête*, dont la flamme protégée ne s'éteint pas par grand vent. **2.** par métaphore ou fig. Agitation, trouble. – loc. *Une tempête dans un verre d'eau*, beaucoup d'agitation pour rien. *Déchaîner la tempête, des tempêtes*, provoquer de vives protestations. **3.** *Une tempête de*, une explosion subite de. *Une tempête d'applaudissements.*

tempêter v. intr. < 1 > Manifester à grand bruit son mécontentement, sa colère. → fulminer, tonner.

tempétueux, euse adj. **1.** littér. Où les tempêtes sont fréquentes. **2.** fig. Plein d'agitation, de trouble. → tumultueux.

T

temple n. m. (latin *templum*) **1.** Édifice public consacré au culte d'une divinité. → **église, mosquée, pagode, synagogue.** *Les temples grecs. Un temple bouddhiste.* **2.** Édifice où les protestants célèbrent le culte. *Aller au temple.* **3.** hist. *Le Temple* : ordre de moines-soldats fondé lors des premières croisades près de l'emplacement du temple de Jérusalem.

Temple (sir William) Écrivain et homme politique anglais (1628-1699). Il négocia la Triple-Alliance contre la France (1668), puis le traité de Westminster (1674) et le mariage de Marie Stuart avec Guillaume d'Orange. Il est l'auteur d'essais politiques.

Temple (Shirley) Actrice américaine (1928-2014). Enfant-star d'Hollywood, elle joua dans de nombreuses comédies *(Depuis ton départ)*. Elle mit fin à 20 ans à sa carrière d'actrice puis s'impliqua dans la politique.

Temple (ordre du) Ordre religieux militaire fondé en 1119 pour la défense des pèlerins en Terre sainte. Il s'enrichit considérablement et servit de banque aux pèlerins puis aux rois. Persécuté à partir de 1307 par Philippe IV le Bel, l'ordre fut supprimé par Clément V en 1312.

Temple (le) Ancien prieuré fortifié de l'ordre du Temple, établi à Paris au XIIe s. Louis XVI et la famille royale furent enfermés dans le donjon en 1792.

Temple de Jérusalem (le) Temple bâti par le roi Salomon au –Xe s. et détruit par les Babyloniens en –587. Les Juifs construisirent au –VIe s. un second Temple, rasé par les Romains au Ier siècle.

templier n. m. hist. Chevalier de l'ordre religieux et militaire du Temple (3).

tempo [tɛmpo ; tɛ̃po] n. m. (de l'italien « temps », même origine que *temps*) **1.** Notation d'un mouvement musical. *Indication des tempos* (ou, plur. italien, *des tempi*). ■ Vitesse d'exécution. *Un tempo lent, rapide.* **2.** par ext. *Le tempo d'un film.*

temporaire adj. (du latin → temps) **1.** Qui ne dure ou ne doit durer qu'un temps limité. → **momentané, passager, provisoire.** *Nomination à titre temporaire. Mesures temporaires.* – loc. *Travail temporaire.* → aussi **intérim.** **2.** Qui n'exerce ses activités que pour un temps. *Directeur temporaire.*

temporairement adv. Pour un temps limité. → **provisoirement.**

temporal, ale, aux adj. (du latin → [1]tempe) anat. Qui appartient aux tempes. *Os temporal* ou n. m. *le temporal.*

temporalité n. f. (→ temporel) didact. Caractère de ce qui est dans le temps, qui a une valeur temporelle.

temporel, elle adj. (du latin, de *tempus* → temps) **1.** relig. Qui est du domaine du temps, des choses qui passent (opposé à *éternel*). – Qui est du domaine des choses matérielles (opposé à *spirituel*). → **séculier, terrestre.** *La puissance temporelle de l'Église.* **2.** gramm. Qui concerne, qui marque le temps, les temps. *Subordonnées temporelles,* propositions circonstancielles de temps. **3.** didact. Relatif au temps ; situé dans le temps (surtout opposé à *spatial*). → **spatiotemporel.** □ adv. **temporellement**

temporisateur, trice adj. Qui temporise. – n. *Un temporisateur.*

temporiser v. < 1 > (→ temps) **1.** v. intr. Différer d'agir, par calcul, dans l'attente d'un moment plus favorable. → **attendre.** **2.** v. tr. techn. Différer l'exécution de. *Temporiser le déclenchement d'une alarme.* □ n. f. **temporisation**

temps [tɑ̃] n. m. (vient du latin *tempus, temporis* → temporaire, temporel ; longtemps, printemps) **I.** Continuité indéfinie, milieu où se déroule la succession des évènements et des phénomènes, les changements, mouvements, et leur représentation dans la conscience. → **durée.** *Le temps et l'espace.* **1.** (Durée globale). *Avoir du temps libre,* des loisirs. *Perdre, gagner du temps. Rattraper le temps perdu. Le temps presse* : il faut agir rapidement. *Dans, en peu de temps.* – (Grandeur mesurable) *La division du temps en années, mois, semaines, jours, heures, minutes, secondes.* → **calendrier, chronologie.** **2.** Portion limitée de durée. → **[1]moment, période.** *Emploi du temps. Travailler à plein temps, à temps partiel, à mi-temps.* – loc. *Pendant ce temps. Depuis quelque temps. Quelque temps après. Pour un temps. N'avoir qu'un temps* : être éphémère, provisoire. – loc. conj. *Voilà* **beau temps** *que* : il y a longtemps que. – *La plupart du temps* : le plus souvent. *Tout le temps* : continuellement. – ***Le temps de*** (+ inf.), ***que*** (+ subj.) : le temps nécessaire pour. *Le temps d'y aller, que j'y aille.* – *Vous avez tout le temps. Je n'ai pas le temps.* ■ ***Mon, ton, son temps.*** *Vous avez tout votre temps.* ***Le plus clair de son temps*** : la plus grande partie de son temps. *Perdre son temps. Prendre son temps,* ne pas se presser. – *Avoir fait son temps,* avoir terminé sa carrière ; être hors d'usage. **3.** (Un, des temps) Chacune des divisions égales de la mesure, en musique. *Une noire, une croche par temps. Temps fort,* qui doit être fortement accentué ; fig. moment important. – loc. fam. *En deux temps, trois mouvements,* très rapidement. **4.** Chacune des phases (d'une manœuvre, d'une opération, d'un cycle de fonctionnement). *Moteur à quatre temps.* – loc. *Au temps pour moi* : je me suis trompé. **5.** Durée chronométrée d'une course. *Réaliser le meilleur temps.* – *Temps mort* (dans un match) ; fig. période sans activité. **II.** (Dans une succession, une chronologie) **1.** Point repérable dans une succession par référence à un « avant » et un « après ». → **date, époque, [2]instant, [1]moment.** *En ce temps-là. Depuis ce temps-là* : depuis lors. – loc. *Chaque chose* ***en son temps,*** quand il convient. ■ gramm. *Adverbes, compléments de temps,* marquant le moment. *Subordonnées de temps.* → **temporel.** ■ astron., phys. Ce point déterminé par le calcul. *Temps solaire vrai* ou *apparent,* déterminé par la position du Soleil. *Temps (solaire) moyen,* calculé sans tenir compte des irrégularités de mouvement du Soleil. **2.** Époque. → **ère, siècle.** *Notre temps,* celui où nous vivons. *Être de son temps,* en avoir les mœurs, les idées. *Le temps passé ; l'ancien temps. « À la recherche du temps perdu »* (œuvre de Proust). – *Temps de,* occupé, caractérisé par. *Le temps des vendanges. En temps de paix, de guerre. En temps normal.* ■ ***Les temps*** (avec une nuance d'indétermination). *Les temps ont changé, sont durs.* – *Je l'ai vu ces derniers temps.* **3.** Époque de la vie humaine. – (avec un adj. poss.) *De mon temps,* quand j'étais jeune. ■ ***Bon temps*** : moments agréables, de plaisir. *Se donner, prendre du bon temps,* s'amuser. *C'était le bon temps,* une époque heureuse. **4.** *Le temps de* (+ inf.) : le moment où il convient de, le bon moment pour. *« Ai-je passé le temps d'aimer ? »* (La Fontaine). – ***Il est temps de*** (+ inf.), ***que*** (+ subj.), le moment est venu. *Il est temps de se décider, que tu te décides.* **5.** loc. adv. ***À temps*** : juste assez tôt. – ***En même temps*** : simultanément ; à la fois, aussi bien. – ***Entre temps.*** → **entre-temps.** – ***De temps en temps, de temps à autre*** : à des intervalles de temps plus ou moins longs et irréguliers. → **parfois, quelquefois.** – ***De tout temps*** : depuis toujours. *De tout temps à jamais.* – ***En tout temps*** : toujours. – ***Dans le temps*** : autrefois, jadis. ■ loc. conj. ***Du temps que*** (+ indic.) : lorsque. *« Ronsard me célébrait du temps que j'étais belle »* (Ronsard). – ***Dans le temps, au temps, du temps où.*** → **quand.** **6.** gramm. Forme verbale particulière à valeur temporelle. *Temps et modes.* – (en français) *Temps simples* : présent, imparfait, passé simple, futur. *Temps composés,* formés avec un auxiliaire : futur antérieur, passé composé, passé antérieur, plus-que-parfait. **III.** ***Le temps*** : entité (souvent personnifiée) représentative du changement continuel de l'univers. *La fuite du temps. « Ô Temps, suspends ton vol* [...] *»* (Lamartine). – *Tuer le temps* : échapper à l'ennui, en s'occupant ou en se distrayant. **IV.** État de l'atmosphère à un moment donné, considéré surtout dans son influence sur la vie et l'activité humaines (→ **[1]air, ciel, température, vent ; météorologie**). *Un temps chaud, pluvieux. Il fait beau temps. Le mauvais temps.* → **pluie ; orage.** *Un temps froid, gris. Temps lourd, orageux. Gros temps.* → **tempête.**

▶ Dès le IVe siècle, le caractère insaisissable du concept de **temps** a été énoncé par saint Augustin : « Qu'est-ce donc que le temps ? Si personne ne m'interroge, je le sais ; si je veux répondre à cette demande, je l'ignore. » *(Confessions)*.
À rebours du temps subjectif, qui est le sentiment variable de la durée, selon l'intérêt que la conscience porte à ses propres activités, le temps de la physique classique, après Isaac Newton, est un temps unique, uniforme, objectif et absolu. On le postule aussi réel que les choses ou les évènements auxquels il sert de cadre universel. C'est aussi un temps mesurable, qu'on prenne comme unité de mesure le cours régulier des astres, le mouvement périodique de rouages mécaniques ou la période d'une radiation particulière de l'atome de césium 133 (qui définit la seconde avec précision dans les horloges atomiques modernes).
De nombreuses lois physiques sont non invariantes par renversement du temps : on dit qu'il est *fléché* (Arthur Eddington). L'irréversibilité constatée du temps fut ainsi exprimée dès le XIXe siècle, par le biais du *second principe de la thermodynamique* (Carnot, Clausius) : dans un système physique isolé, l'*entropie* — qu'on apparentera plus tard au désordre qui le caractérise au niveau microscopique — ne peut que croître ou rester constante au cours du temps.
Toutefois, il y a un siècle, les travaux d'Einstein vinrent nettement remettre en question l'analyse classique des relations temps-espace. Depuis les théories de la relativité restreinte et générale, le temps physique a en effet cessé de s'écouler uniformément et on sait désormais que sa perception dépend de la vitesse de déplacement de l'observateur, ou du champ de gravitation dans lequel il est placé.
voir aussi **mesure, relativité, big bang**

Temps (Le) Quotidien français fondé à Paris en 1861. Très influent sous la IIIe République, il cessa de paraître en 1942.

Temps (Le) Quotidien suisse de langue française né de la fusion, en 1998, du *Nouveau Quotidien,* du *Journal de Genève* et de la *Gazette de Lausanne.* C'est le premier quotidien de Suisse romande.

tempura [tɛmpuʀa] n. m. (mot japonais) Beignet très léger de légumes ou de poisson (cuisine japonaise).

Temse en français **Tamise** Ville de Belgique (province de Flandre-Orientale), sur l'Escaut. 30 196 habitants. Églises des XIIIe et XVIIIe s. Industrie textile. Imprimerie.

Temuco Ville du Chili. 236 377 habitants. Centre commercial et touristique.

Temüjin ou **Temudjin** voir **Gengis Khān**

tenable adj. Où l'on peut se tenir, demeurer (emploi négatif ou valeur négative). *C'est à peine tenable.* → **supportable.** – fig. *Sa position n'était plus tenable.*

tenace adj. (latin *tenax,* de *tenere* → tenir) **1.** Dont on se débarrasse difficilement. *Des préjugés tenaces.* → **durable.** – *Odeur tenace.* → **persistant.** **2.** (personnes) Qui respecte et fait respecter ses opinions, ses décisions avec fermeté. → **entêté, [1]ferme, obstiné, opiniâtre, persévérant.** – (actes) Qui implique la ténacité, l'obstination. □ adv. **tenacement**

ténacité n. f. **1.** Caractère de ce qui est tenace. **2.** Attachement opiniâtre à une décision, un projet. → **obstination, persévérance.** *Poursuivre un objectif avec ténacité.*

tenaillant, ante adj. littér. Qui tenaille, fait souffrir. *Une faim tenaillante.*

tenaille n. f. (vient du latin *tenaculum,* de *tenere* → tenir) (surtout au plur.) Outil de métal, formé de deux pièces croisées et articulées, terminées par des mâchoires.

tenailler v. tr. < 1 > Faire souffrir moralement ou physiquement. → **torturer, tourmenter.** – au p. p. *Tenaillé par le remords.* □ n. m. **tenaillement**

tenancier, ière n. (de l'ancien français *tenance,* de *tenir*) péj. Personne qui dirige, qui gère un établissement soumis à la surveillance des pouvoirs publics. *Le tenancier d'une maison de jeux.*

tenant, ante (p. prés. de *tenir, cf.* lieutenant) **I. adj. 1.** Qui se poursuit. ■ loc. *Séance* tenante.* **2.** Qui tient, est attaché. **II. n. 1.** *Le tenant, la tenante du titre,* la personne qui le détient. **2.** Personne qui soutient. → **adepte, partisan.** *Les tenants du libéralisme.* **3. n. m.** (choses) ***D'un seul tenant*** : d'une seule pièce. *Deux hectares d'un seul tenant.* **4. n. m. pl.** ***Les tenants et les aboutissants*** *d'une affaire.* → **aboutissants.**

Ténare ou **Matapan** (cap) Pointe S. du Péloponnèse (Grèce).

Tenasserim n. m. Région du S.-E. de la Birmanie sur l'isthme de Kra, bordée à l'O. par la mer d'Andaman et à l'E. par la frontière avec la Thaïlande.

Tencin (Pierre Guérin de) Prélat français (1680-1758). Cardinal (1739), archevêque de Lyon (1740), puis ministre d'État (1742-1751), il combattit les jansénistes.

tendance n. f. (de [1]*tendre*) **1.** Ce qui porte à être, à agir, à se comporter d'une certaine façon. → **disposition, inclination, penchant.** *Des tendances altruistes. Tendances refoulées.* → **pulsion.** – ***Avoir tendance à*** (+ inf.) : être enclin à. *Il a tendance à grossir.* **2.** Orientation commune à une catégorie de personnes. *Quelle est sa tendance politique ?* **3.** Évolution (de qqch.) dans un même sens. → **direction, orientation.** *Les tendances du cinéma, de la mode.* – *Planche des tendances* : assemblage servant de support d'inspiration (recomm. offic. pour **moodboard**). – ***Avoir tendance à*** : s'orienter sensiblement vers. *Les prix ont tendance à monter.* → [1]**tendre.** ■ **adj. invar.** fam. *Des bottes très tendance,* à la mode.

tendanceur, euse n. Personne dont le métier consiste à repérer les nouvelles tendances, spécialt dans le domaine de la mode.

tendanciel, ielle adj. didact. Qui marque une tendance (3). □ adv. **tendanciellement**

tendancieux, euse adj. péj. Qui manifeste des préjugés. → **partial.** *Récit tendancieux,* qui n'est ni neutre ni objectif. □ adv. **tendancieusement**

tende n. f. (de *1 tendre*) *Tende de tranche* : morceau de bœuf situé sur la face interne de la cuisse.

tendelle n. f. (de *tendre [un piège]*) chasse Collet pour prendre les grives.

tender [tɑ̃dɛʀ] n. m. (mot anglais, de *to tend* « servir ») anciennt Wagon qui suivait une locomotive à vapeur et contenait le combustible et l'eau nécessaires.

tenderie n. f. (de [1]*tendre*) Chasse où l'on tend des pièges (aux oiseaux) ; terrain où l'on tend ces pièges.

tendeur, euse I. n. Personne qui tend qqch. **II. n. m. 1.** Appareil servant à tendre (une chaîne de bicyclette, des fils, etc.). **2.** Câble élastique servant à fixer (qqch. sur la galerie d'une voiture, etc.).

tendineux, euse adj. (→ tendon) **1.** anat. Des tendons. **2.** Qui contient beaucoup de tendons. *Une viande tendineuse.*

tendinite n. f. méd. Inflammation d'un tendon.

tendon n. m. (de [1]*tendre*) Organe conjonctif, fibreux, d'un blanc nacré, par lequel un muscle s'insère sur un os. *Tendon d'Achille,* tendon du talon. – spécialt Cet organe, dans une viande.

[1]**tendre** v. < 41 > (vient du latin *tendere* → étendre, tendance, ostensible) **I. v. tr. dir. 1.** Tirer sur (une chose souple ou élastique), de manière à la rendre droite (→ **tension** ; **tendu**). *Tendre une corde. Tendre un arc.* → **bander.** – *Tendre ses muscles,* les raidir. → [2]**contracter.** ■ fig. pronom. *Leurs rapports se tendent, se sont tendus.* → **tendu** (4). **2.** Déployer en allongeant en tous sens. *Tendre un filet.* – fig. *Tendre un piège, une embuscade.* **3.** Recouvrir d'une chose tendue (→ **tenture**). *Tendre un mur de tissu.* → **tapisser. 4.** Allonger ou présenter en avançant (une partie du corps). – *Tendre les bras* (pour accueillir, embrasser). – *Tendre la main,* pour prendre ; pour saluer ; pour demander l'aumône ; pour aider, secourir. *Tendre à qqn une main secourable.* – loc. *Tendre l'oreille* : écouter avec attention. → [1]**dresser. 5.** Présenter (qqch.) à qqn. → **donner. II. v. tr. ind. 1.** ***Tendre à, vers*** : avoir un but, une fin et s'en rapprocher d'une manière délibérée. → [1]**viser** à ; **tendance.** *Tendre à la perfection.* **2.** (choses) ***Tendre à*** (+ inf.) : avoir tendance à, évoluer de façon à. *La situation tend à s'améliorer.* ■ Conduire, mener à (un résultat), sans réaliser pleinement. *Ceci tend, tendrait à prouver que...* → **sembler.**

[2]**tendre** adj. (vient du latin *tener* ; famille de *ténu, tenir*) **1.** (choses) Qui se laisse facilement entamer, qui oppose peu de résistance (opposé à *dur*). → [1]**mou.** *Une viande tendre* (→ **tendreté**). – *Roche tendre,* moins dure que d'autres. **2.** Délicat, fragile. *L'âge tendre,* le jeune âge. *Tendre enfance.* **3.** (personnes) Porté à la sensibilité, aux affections. → **sensible ; attendrir, tendresse.** *Tendre et passionné.* – **n.** *Un, une tendre.* → **sentimental.** – fam. *N'être pas tendre pour qqn,* être sévère, impitoyable. ■ (sentiments) Qui présente un caractère de douceur et de délicatesse. *Une tendre amitié.* – Qui manifeste l'affection. *Un tendre aveu.* → **amoureux.** *Un regard tendre.* → **caressant, langoureux. 4.** (couleurs) Doux, atténué. *Un rose tendre.* → **pâle. 5. n. m.** (du sens 3) vieux Les sentiments, les émotions tendres. ■ littér. *Le royaume de Tendre* (imaginé par Mlle de Scudéry, dans son roman *Clélie*). *La carte du Tendre,* topographie des sentiments amoureux.

tendrement adv. Avec tendresse. *S'embrasser tendrement.*

tendresse n. f. Sentiment tendre pour qqn. → **affection, attachement.** *La tendresse maternelle.* ■ au plur. Témoignages de tendresse.

tendreté n. f. Caractère d'une viande tendre.

[1]**tendron** n. m. Morceau de viande (veau, bœuf) constituant la paroi inférieure du thorax.

[2]**tendron** n. m. vieux Très jeune fille (d'âge tendre).

tendu, ue adj. **1.** Rendu droit par traction. *Corde tendue. Les jambes tendues. À bras tendus.* **2.** Tapissé (de). **3.** *Esprit tendu, volonté tendue,* qui s'applique avec effort à un objet. – (personnes ; opposé à *détendu*). *Il était très tendu,* soucieux. → **contracté, préoccupé. 4.** Qui menace de se dégrader, de rompre. → **difficile.** *Atmosphère tendue.* **5.** Que l'on tend, que l'on avance. *Politique de la main tendue.*

ténèbres n. f. pl. (latin *tenebrae*) Obscurité profonde. → **noir.** *Les ténèbres d'un cachot. Une lueur dans les ténèbres.* – fig., littér. *« Les ténèbres de la barbarie se dissipent »* (Chateaubriand). ■ relig. *Le prince des ténèbres* : le démon. - REM. Le sing. *la ténèbre* est archaïque.

ténébreux, euse adj. **1.** littér. Où il y a des ténèbres, une obscurité menaçante. → **sombre.** *Un bois ténébreux.* **2.** Secret et dangereux. → **mystérieux. 3.** (personnes) Sombre et mélancolique. ■ **n.** *« Je suis le ténébreux, le veuf, l'inconsolé »* (Nerval). – loc. (de l'espagnol) *Un beau ténébreux,* un bel homme à l'air sombre et profond.

ténébrion n. m. (latin *tenebrio* « ami des ténèbres ») Insecte (coléoptère) d'un noir profond, qui habite les lieux sombres et dont la larve vit dans la farine (ver de farine).

tènement n. m. (de *tenir*) régional Ensemble de propriétés contiguës.

Ténéré n. m. Région du Sahara nigérien, entre l'Aïr et le Tibesti, constituée d'ergs et de regs.

Tenerife ou **Ténériffe** La plus vaste des îles de l'archipel espagnol des Canaries. 2 053 km². 995 000 habitants. D'origine volcanique, l'île culmine au pic du Teide (3 718 m). Agriculture (vigne, fruits, tabac). Tourisme.

ténesme [tenɛsm] n. m. (latin *tenesmus,* du grec, de *teinein* « tendre ») méd. Tension douloureuse avec sensation de brûlure et envies continuelles d'aller à la selle ou d'uriner.

teneur n. f. (latin *tenor* → ténor, de *tenere* → tenir) **1.** Contenu exact (d'un écrit officiel ou important). *La teneur d'un article.* **2.** Quantité (d'un élément) contenu (dans un mélange), en pourcentage. *La teneur en or d'un minerai.*

Teng Siao-p'ing voir **Deng Xiaoping**

ténia n. m. (grec *tainia* « bandelette ») Ver parasite de l'intestin des mammifères, au corps formé d'un grand nombre d'anneaux plats. → **ver** solitaire. - var. **tænia.**

Teniers (David), dit **le Jeune** Peintre et graveur flamand (1610-1690). Fils du peintre David **Teniers,** dit Teniers le Vieux (1582-1649), il fut influencé par Brouwer et exprima son talent dans la peinture de scènes de genre d'inspiration populaire.

ténifuge adj. méd. Qui provoque l'expulsion du ténia. *Plante ténifuge.* – **n. m.** Vermifuge contre le ténia.

tenir v. < 22 > (vient du latin pop. *tenire,* de *tenere* ; famille de [1]*tendre*) **I. v. tr. 1.** Avoir (un objet) avec soi en le serrant afin qu'il ne tombe pas, ne s'échappe pas. *Tenir qqch. à la main. Elle tient son bébé dans ses bras.* – *Tenir un enfant par la main,* tenir sa main. **2.** (choses) Faire rester (qqch., qqn) en place. → **retenir.** *La courroie qui tient des livres.* **3.** Faire rester (dans une situation, un état) pendant un certain temps. → **maintenir.** *Tenir une porte fermée.* – loc. *Tenir qqn en respect, en échec.* – *Cette enfant ne tient pas en place.* → **rester.** ■ (sujet chose) *Ces travaux me tiennent occupé. Vêtement qui tient chaud.* **4.** Saisir (un être qui s'échappe), s'emparer de. *Nous tenons le voleur.* – *Tenir qqn,* être maître de lui, pouvoir le punir, etc. *Si je le tenais !* **5.** Résister à (dans des expr.). *Tenir l'alcool,* être capable d'en boire beaucoup sans être ivre. – *Tenir tête* à.* **6.** Avoir en sa possession (surtout abstrait). → **détenir.** *Ils croient tenir la solution.* ■ fam. Avoir attrapé, pris (un mal). *Je tiens un de ces rhumes ! – Qu'est-ce qu'il tient !* (il est idiot ; il est ivre). – (substantivé) *Un tiens vaut mieux que deux tu l'auras,* mieux vaut avoir effectivement un bien que des promesses. **7.** ***Tiens, tenez !,*** prends, prenez. *Tenez, voilà votre argent.* – (pour présenter qqch.) *Tenez, je l'ai vu hier.* – ***Tiens !*** (marque l'étonnement). *Tiens, te voilà ? Tiens donc !* (répété) *Tiens, tiens !* **8.** ***Tenir en*** (et n. d'attitude psychologique) : avoir en. *Tenir qqn en haute estime.* **9.** ***Tenir*** *qqch.* ***de*** *qqn* : l'avoir par lui. *De qui tenez-vous ce renseignement ?* ■ Avoir par hérédité. *Elle tient cela de son père.* **II. v. tr.** (sens affaibli) **1.** Occuper (un certain espace). *Ce meuble tient trop de place.* → **prendre. 2.** Occuper (un lieu), sans s'en écarter. *Tenir la route.* → **tenue** de route. *Tenez votre droite !* **3.** Remplir (une activité). *Tenir son rôle.* ■ S'occuper de. *Tenir un hôtel.* → **diriger, gérer.** *Tenir la comptabilité.* ■ Réunir (une assemblée) ; y prendre part. ■ *Tenir des propos ; un discours.* → [1]**dire. 4. *Tenir... pour*** : considérer comme, croire. *Tenir un fait pour certain.* – loc. *Tenez-vous-le pour dit,* tenez-en compte (on ne vous le redira pas). **5.** Observer fidèlement (ce que l'on a promis). *Tenir parole, sa parole ; ses pro-*

messes. **III. v. intr. 1.** Être attaché, fixé, se maintenir dans la même position. *Ce bouton ne tient plus. Je ne tiens plus debout* (de fatigue). – loc. *Cette histoire ne tient pas debout,* est invraisemblable. **2.** Être solide, ne pas céder, ne pas se défaire. *Avec un double nœud, cela tiendra mieux.* – *Il n'y a pas de raison qui tienne,* qui puisse s'opposer à... ■ Résister à l'épreuve du temps. → **durer.** *Leur mariage tient toujours.* – fam. (en parlant d'un projet) *Ça tient toujours pour jeudi ?,* nous sommes toujours d'accord ? **3.** (sujet personne) Résister. *Il faudra tenir.* – loc. ***Tenir bon*** : ne pas céder. *Ne plus pouvoir tenir, y tenir* : être au comble de l'impatience. **4.** Être compris, être contenu dans un certain espace. → **entrer.** *Nous ne tiendrons pas tous dans la voiture.* **IV. v. tr. ind. 1.** *Tenir à qqn, à qqch.,* y être attaché par un sentiment durable. *Elle tient à lui. Tenir à qqch. comme à la prunelle* de ses yeux.* ■ Vouloir absolument. *Si vous y tenez...* – (avec une proposition) *J'ai tenu à les inviter.* **2.** (sujet chose) *Tenir à qqch.,* avoir un rapport de dépendance, d'effet à cause. → **provenir, résulter, venir.** *Leur dynamisme tient à leur jeunesse.* – impers. ***Ne tenir qu'à...*** *Il ne tient qu'à vous que l'affaire se termine,* cela ne dépend que de vous. – *Qu'à cela ne tienne !,* peu importe. **3.** ***Tenir de qqn, de qqch.*** *Elle tient de sa mère.* → **ressembler à.** *Il a de qui tenir,* ses parents ont bien ce trait qu'il possède. – Participer de la nature de (qqch.). *Cela tient du miracle.* ■ **se tenir v. pron. I. 1.** *Se tenir à qqch.* : tenir qqch. afin de ne pas tomber, de ne pas changer de position. *Tenez-vous à la rampe.* **2.** Être, demeurer (dans une position). *Se tenir debout. Tiens-toi droit !* ■ (choses) *Une histoire qui se tient,* cohérente, vraisemblable. **3.** Être (quelque part). *Il se tenait sur le seuil.* ■ Avoir lieu. *La salle où se tient la réunion.* **4.** Être et rester (d'une certaine manière, dans un certain état) ; se conduire. *Se tenir sur la réserve.* – (et adj.) *Se tenir tranquille,* ne pas bouger ; rester sage. ■ *Se tenir bien, mal,* se conduire en personne bien, mal élevée. – *Elle sait se tenir en société,* bien se comporter. **5.** littér. ***Ne pouvoir se tenir de,*** ne pouvoir s'empêcher de (faire telle chose). → **se retenir.** *Ils ne pouvaient se tenir de rire.* **6.** ***S'en tenir à (qqch.),*** ne pas aller au-delà, ne vouloir rien de plus. → **se borner.** *Je m'en tiens aux ordres.* – loc. *Savoir à quoi s'en tenir,* être fixé, informé. **II.** (récipr.) Se tenir l'un l'autre. *Se tenir par la main.* ■ (choses) Être dans une dépendance réciproque. *Dans cette affaire, tout se tient.* ■ **tenu, ue 1. v. passif *Être tenu à*** : être obligé à (une action). *Le médecin est tenu au secret professionnel.* ■ ***Être tenu de*** (+ inf.) : être obligé de. *Être tenu d'obéir.* **2. adj. *Bien, mal tenu,*** bien (mal) entretenu, en ordre ou en désordre.

Tennessee n. m. Rivière des États-Unis. 1 050 km. Issu des Appalaches, il traverse sept États dont le Tennessee et l'Alabama, et se jette dans l'Ohio. Hydroélectricité (programme de la Tennessee Valley Authority [TVA]).

T

Tennessee n. m. État du S.-E. des États-Unis. 109 412 km². 6,91 millions d'habitants. Capitale : Nashville. Le Tennessee, qui s'étend de la plaine du Mississippi aux Appalaches, est un État essentiellement agricole.

tennessine n. m. (de *Tennesse*) chim. Élément atomique artificiel (symb. Ts ; n° at. 117).

tennis [tenis] n. m. (anglais *[lawn] tennis,* du français *tenez,* exclamation du joueur qui sert, au jeu de paume) **1.** Sport dans lequel deux ou quatre joueurs se renvoient alternativement une balle, à l'aide de raquettes, de part et d'autre d'un filet, selon des règles et sur un terrain de dimensions déterminées. *Jouer au tennis en simple, en double.* ■ *Tennis de table* : sport qui se joue sur une table partagée par un filet bas, avec des raquettes pleines et des balles de celluloïd. → **ping-pong. 2.** Terrain de tennis. *Les tennis d'un club sportif.* → **²court. 3. n. f.** Chaussure de sport basse, à semelle de caoutchouc. *Tennis en toile.*

tennis-elbow [tenisɛlbo] n. m. (de l'anglais *elbow* « coude ») anglic. Épicondylite fréquente chez les joueurs de tennis. *Des tennis-elbows.*

tennisman n. m. (pseudo-anglicisme, de *tennis* et *man* « homme ») Joueur de tennis. *Des tennismans ou des tennismen* [tenismɛn].

tennistique adj. Relatif au tennis.

Tennyson (Alfred, lord) Poète et auteur dramatique britannique (1809-1892). Il est considéré comme l'un des plus grands poètes de l'époque victorienne. *Idylles du roi ; Maud ; Enoch Arden.*

Tenochtitlán Ancienne capitale aztèque. La ville fut conquise et détruite en 1521 par Cortés. Sur son emplacement fut édifiée Mexico.

tenon n. m. (de *tenir*) Partie saillante d'un assemblage, qui s'ajuste à une mortaise.

tenonner v. tr. < 1 > techn. Mettre un tenon sur (une pièce de bois).

ténor n. m. (italien *tenore* → teneur) **1.** Voix d'homme la plus aiguë après la haute-contre (→ **contre-ténor**) ; chanteur qui a ce type de voix. *Un ténor de l'opéra.* ■ **adj.** Se dit des instruments dont l'étendue correspond à celle de cette voix. *Saxophone ténor.* **2.** fig. Personnage très en vue dans l'activité qu'il exerce. *Les ténors du barreau.*

ténorino n. m. (italien *tenorino,* de *tenore*) mus. Ténor très léger, qui utilise la voix de tête dans l'aigu. *Des ténorinos.* - var. **tenorino.** *Des tenorini* (plur. italien).

ténoriser v. intr. mus. Chanter comme un ténor, dans le registre du ténor.

ténorite n. f. (de G. *Tenore,* naturaliste italien) minér. Oxyde naturel de cuivre.

ténotomie n. f. (du grec *tenôn* « tendon » et de *-tomie*) méd. Section chirurgicale d'un tendon.

tenrec voir **tanrec**

tenseur n. m. **1.** Muscle qui produit une tension. **2.** math. Être mathématique, généralisation de la notion de vecteur. □ **tensoriel, elle adj.** *Calcul tensoriel.*

tensioactif, ive adj. et n. m. chim. Capable d'augmenter les capacités d'étalement, de mouillage superficielle d'un liquide, en abaissant sa tension superficielle. *Agent tensioactif.* – n. m. *Des tensioactifs.*

tensiomètre n. m. (→ tension et -mètre) Appareil servant à mesurer la tension (notamment la tension artérielle).

tension n. f. (bas latin *tensio,* de *tendere* → **¹tendre**) **I. 1.** État d'une substance souple ou élastique tendue. *La tension d'un élastique, d'une corde de violon. Tension et détente.* **2.** phys. Force qui agit de manière à écarter, à séparer les parties constitutives d'un corps. **3.** *Tension (artérielle, veineuse),* pression du sang. *Prendre la tension de qqn.* – absolt Tension excessive. → **hypertension.** *Avoir de la tension.* **4.** Différence de potentiel électrique entre deux points d'un circuit. *Appareil sous tension. Haute tension,* tension élevée (plusieurs milliers de volts). *Basse tension.* **II. 1.** Effort intellectuel ; application soutenue. → **concentration ; tendu.** *Tension d'esprit.* → **attention. 2.** État de ce qui menace de rompre. *La tension des relations entre deux pays.* → **crispation. 3.** *Tension nerveuse,* énervement. → **stress.**

tenson n. f. (ancien français « querelle » → tancer, **¹tendre**) hist. littér. Genre poétique dialogué du Moyen Âge, où les interlocuteurs s'opposent sur un sujet donné. – Poème de ce genre.

tentaculaire adj. Qui se développe dans toutes les directions. *Ville tentaculaire.*

tentacule n. m. (du latin *tentare* « tâter » → tenter) Bras de certains mollusques (poulpes, calmars), organe allongé muni de ventouses. *Tentacules de la pieuvre.*

tentant, ante adj. Qui tente, éveille le désir, l'envie. → **alléchant, séduisant.**

tentateur, trice 1. n. m. *Le Tentateur.* → **démon.** – adj. *L'esprit tentateur.* **2. n.** Personne qui cherche à tenter, à séduire. – adj. *Une beauté tentatrice.*

tentation n. f. (latin *temptatio* → tenter) **1.** relig. Impulsion qui pousse au péché, au mal. *Succomber à la tentation. « Tout est tentation à qui la craint »* (La Bruyère). **2.** Ce qui incite à (une action) en éveillant le désir. → **envie.** *La tentation des voyages ; de partir en voyage.*

tentative n. f. (latin *tentativa* → tenter) Action par laquelle on s'efforce d'obtenir un résultat. → **essai.** *Réussir à la première tentative, du premier coup. Une tentative de suicide.* – spécialt (le résultat étant douteux ou nul) *Tentative infructueuse.*

tente n. f. (du latin *tenta* ou *tendita* → **¹tendre**) Abri fait d'une matière souple tendue sur des supports (mâts, piquets). *Tente de camping.* – *Tente à oxygène* (pour les malades).

tenter v. tr. < 1 > (latin *temptare* [ou *tentare*] « toucher » et « essayer » → attenter, intenter, tentacule) **I. 1.** vieux Éprouver (qqn). loc. *Il ne faut pas tenter le diable,* présenter à qqn ce qui le ferait succomber à la tentation. **2.** relig. Essayer d'entraîner au mal, au péché. → **tentation. 3.** (sujet chose) Éveiller le désir, l'envie de (qqn). → **attirer, séduire.** *Cela ne me tente pas,* cela ne me dit rien. → **plaire.** *Se laisser tenter par,* céder à (une envie, un désir). – passif et p. p. *Être tenté, très tenté,* avoir envie (d'une chose) ; avoir envie de, tendance à. *Je suis tenté de penser que...* **II.** Éprouver (les chances de réussite) ; commencer, en vue de réussir. → **tentative.** *Tenter une démarche. Tenter l'impossible. Tenter de* (+ inf.). → **chercher à, essayer de.** *Tenter de battre un record.* – loc. *Tenter sa chance,* tenter de gagner, de réussir.

tenthrède [tɑ̃tʀɛd] n. f. (latin sc., du grec *tenthrêdôn* « guêpe ») zool. Insecte hyménoptère appelé *mouche à scie.*

tenture n. f. (de l'ancien français *tendeüre* → **¹tendre**) Pièce de tissu, de cuir, de papier (tendu) servant d'élément de décoration murale. → **tapisserie.** *Des tentures de cretonne.* ■ (Belgique) Doubles rideaux.

tenu, ue voir **tenir**

ténu, ue adj. (latin *tenuis* → atténuer, exténuer, **²tendre**) Très mince, très fin. *Un fil ténu.* – abstrait *Une différence ténue.* → **subtil.**

tenue n. f. **I.** (de *tenir*) **1.** Fait, manière de tenir, de gérer (un établissement, etc.). *La tenue d'une maison,* son entretien. **2.** Fait de tenir (une séance, une réunion...). **3.** ***Tenue de route*** : aptitude d'un véhicule à se maintenir dans la direction commandée par le conducteur. **II.** (de *se tenir*) **1.** Fait de bien se tenir ; dignité de la conduite, correction des manières. *Manquer de tenue. Un peu de tenue !* **2.** Façon de se tenir (bien ou mal). *Bonne tenue à table.* **3.** Façon de se tenir (2). → **attitude, maintien. 4.** Manière dont une personne est habillée ; son aspect, sa présentation. → **mise.** *Une tenue impeccable ; négligée.* ■ Habillement particulier (à une profession, une circonstance). *Tenue de sport. Tenue de soirée.* – fam. *Être en petite tenue,* peu vêtu. **5.** fin. Fermeté du cours (d'une valeur), en Bourse.

ténuirostre adj. (du latin *tenuis* « fin » → ténu et -rostre) zool. Qui a le bec fin. *Oiseau ténuirostre.*

ténuité n. f. (→ ténu) littér. Caractère de ce qui est ténu. → **finesse.**

tenure n. f. (de *tenir*) hist. Dans la féodalité, Mode de concession d'une terre ; cette terre. *Tenure noble, féodale.* → **fief.** – Relation de dépendance (d'un fief par rapport à un autre). → **mouvance.**

ténuto adv. (italien *tenuto* « tenu ») mus. En tenant les notes pendant toute la durée de leur émission. - var. **tenuto.**

Tenzing Norgay **(Namgyal Wangdi, dit)** Sherpa tibétain (1914-1986). Il réalisa, avec Edmund Hillary, la première ascension de l'Everest en 1953.

Tenzing Norgay.

Tenzin Gyatso Quatorzième dalaï-lama (né en 1935), intronisé en 1940. Exilé en Inde depuis 1959, il s'efforce de défendre la cause tibétaine. Prix Nobel de la paix 1989.

téocalli **n. m.** **(du nahuatl *teoti* « dieu » et *calli* « maison »)** archéol. Chez les Aztèques, pyramide tronquée portant un temple et un autel à son sommet.

téorbe ou **théorbe** **n. m.** **(italien *tiorba* ; *th-* d'après des mots grecs)** Sorte de luth à sonorité grave.

Teotihuacán Site archéologique du Mexique, à 50 km de Mexico. Centre religieux du -IIIe s. au Xe s., Teotihuacán a donné son nom à une importante civilisation. Temple de Quetzalcóatl. Pyramides de la Lune et du Soleil. Palais.

tep **n. f. invar.** **(sigle de *tonne équivalent pétrole*)** techn. Unité de mesure thermique équivalant à la quantité d'énergie produite sous forme de chaleur par la combustion d'une tonne de pétrole brut et appliquée à d'autres sources d'énergie.

téphillin **n. m.** ou **tephillin** [tefilin] **n. m. invar.** **(de l'hébreu, plur. de *t'phillah* « prière »)** relig. Phylactères.

téphrochronologie **n. f.** **(du grec *tephra* « cendre »)** géol. Procédé de datation par l'analyse stratigraphique des cendres volcaniques réparties sur le globe par les vents.

téphrosie **n. f.** **(latin bot. *tephrosia*, du grec *tephra* « cendre »)** bot. Plante exotique (légumineuse) dont une espèce fournit un indigo et une autre un insecticide.

Tepic Ville du Mexique occidental, capitale de l'État de Nayarit. 332 900 habitants. Cathédrale du XVIIIe s. Université. Industries alimentaire, textile et chimique. Tanneries.

tepidarium ou **tépidarium** [-ʀjɔm] **n. m.** **(mot latin, de *tepidus* « tiède »)** Antiq. romaine Partie des bains romains maintenue à température modérée, faisant transition entre le caldarium et le frigidarium. *Des tepidariums, des tépidariums.*

Teplice Ville de la République tchèque, en Bohême septentrionale. 48 400 habitants. Centre industriel. Verreries. Station thermale.

téquila ou **tequila** [tekila] **n. f.** **(du n. de la ville)** Alcool d'agave.

Tequila Ville du Mexique (État de Jalisco). 29 200 habitants. Distilleries.

1ter [tɛʀ] **adv.** **(du latin « trois fois », de *tres* → trois)** 1. mus. Indication d'avoir à répéter un passage trois fois. 2. Indique la répétition, une troisième fois, du numéro (sur une maison, devant un paragraphe...). *Le 12 bis et le 12 ter de la rue Balzac.*

2TER [teøɛʀ] **n. m. invar.** En France, Train de voyageurs d'intérêt régional. *Les TER d'Île-de-France.*

téra- Élément **(du grec *teras* → térato-)** qui indique la multiplication par un million de millions (10^{12}) de l'unité dont il précède le nom (symb. T).

téragone **n. m.** **(de *téra-* et *-gone*)** géom. Polygone qui a un très grand nombre de côtés.

Teramo Ville d'Italie, dans les Abruzzes. 51 000 habitants. Université. Église romane et cathédrale du XIVe s. Ruines romaines.

térato- Élément **(du grec *teras, teratos*)** signifiant « monstre ».

tératogène **adj.** méd. Qui, par son action sur l'embryon, peut produire des malformations. *Le thalidomide est tératogène.*

tératogenèse **n. f.** embryol. Formation et développement d'anomalies aboutissant à des malformations. - syn. **tératogénie.**

tératologie **n. f.** didact. Étude des malformations des êtres vivants. □ **adj. tératologique** □ **n. tératologue**

tératome **n. m.** **(de *térat[o]-* et *-ome*)** didact. Tumeur des cellules germinales des mammifères qui garde la capacité de se différencier en structures embryonnaires précoces.

Terauchi **Hisaichi** Maréchal japonais (1879-1946). Ministre de la Guerre en 1936, il commanda à partir de 1938 les forces japonaises en Chine, puis dans le Pacifique. Il capitula à Saigon en août 1945.

terbium [tɛʀbjɔm] **n. m.** **(de *Ytterby*, localité suédoise où fut trouvé ce minerai)** chim. Élément atomique du groupe des terres rares (symb. Tb ; n° at. 65 ; masse at. 158,92).

Terborch, Ter Borch ou **Terborg** **(Gerard)** Peintre hollandais (1617-1681). Après avoir débuté par des portraits, il contribua à l'évolution de la peinture de genre hollandaise par la représentation délicate de scènes bourgeoises.

Terbrugghen ou **Ter Brugghen** **(Hendrick)** Peintre hollandais (1588-1629). Après avoir séjourné en Italie, il contribua à propager l'influence du Caravage aux Pays-Bas, notamment par ses scènes religieuses.

tercer voir **tiercer**

tercet **n. m.** **(italien *terzetto* → tiers)** Couplet, strophe de trois vers. *Les deux tercets d'un sonnet.*

térébelle **n. f.** **(latin *terebella*, de *terebra* « tarière » → térébrant)** zool. Ver marin dont la partie inférieure du corps est dissimulée dans un fourreau gélatineux recouvert de grains de sable et dont la partie supérieure porte des branchies et des tentacules.

térébellum [teʀebɛlɔm] **n. m.** **(latin *terebellum*, de *terebra* « tarière »)** zool. Mollusque gastéropode vivant dans l'océan Indien et couramment appelé *tarière.* - var. **terebellum.**

térébenthine [teʀebɑ̃tin] **n. f.** **(de *térébinthe* « arbre résineux », mot grec)** Résine que l'on recueille par l'incision de certains végétaux (conifères). *Essence de térébenthine.*

térébinthacée **n. f.** **(de *térébinthe*)** bot. Plante phanérogame angiosperme formant une famille qui comprend des arbres et des arbrisseaux lactescents et résineux (térébinthe, anacardier, lentisque, manguier, pistachier).

térébinthe **n. m.** **(latin *terebinthus*, du grec)** Pistachier qui donne une résine très aromatique.

térébrant, ante **adj.** **(du latin *terebrare* « percer avec une tarière », de *terere* « frotter » → trier)** didact. 1. *Insecte térébrant,* qui perce des trous. 2. *Douleur térébrante,* qui donne l'impression qu'une pointe s'enfonce dans la partie douloureuse.

térébration **n. f.** **(latin *terebratio*)** méd. Perforation chirurgicale ou spontanée.

térébratule **n. f.** **(latin mod. *terebratula*)** zool. Animal marin (brachiopode), à coquille lisse en forme de V ou de W.

Terechkova **(Valentina Vladimirovna)** Cosmonaute russe (née en 1937). Elle fut, en 1963, la première femme à effectuer un vol spatial.

Valentina Terechkova (en 1963) reste l'unique femme à avoir réalisé seule un vol spatial.

Térence, en latin **Publius Terentius** Poète comique latin (v. 190-159 av. J.-C.). Esclave africain affranchi, influencé par la culture grecque, il composa six comédies dont *L'Andrienne, Héautontimoroumenos* et *L'Eunuque.* Son œuvre marqua la fin de la comédie latine.

Terengganu **n. m.** État de la fédération de Malaisie, bordant la mer de Chine. 12 955 km^2. 880 000 habitants. Capitale : Kuala Terengganu. Exploitation offshore de pétrole et de gaz naturel. Artisanat. Tourisme.

téréphtalique **adj.** **(de *téré[benthine]* et *phtalique*)** chim. *Acide téréphtalique :* isomère de l'acide phtalique dont les sels réagissent avec les glycols pour former des résines polyesters **(→ tergal).**

Teresa **(Agnes Gonxha Bajaxhiu,** en religion **Mère)** Religieuse indienne d'origine albanaise (1910-1997). Fondatrice de la Congrégation des missionnaires de la Charité (1950), elle œuvra en faveur des déshérités et des malades de Calcutta. Prix Nobel de la paix 1979. Elle fut canonisée en 2016.

Mère Teresa (1979), dans un orphelinat de Calcutta.

Teresina Ville du Brésil, capitale de l'État de Piauí, sur le Parnaíba. 768 000 habitants. Centre commercial et industriel.

tergal **n. m.** **(n. déposé)** Fibre de polyester. **→ dacron.** *Pantalon de tergal.*

tergiversation **n. f.** Fait de tergiverser ; attitude d'une personne qui tergiverse. **→ atermoiement, hésitation.** *Assez de tergiversations !*

tergiverser v. intr. < 1 > (latin *tergiversari* « tourner le dos » → verser) littér. User de détours, de faux-fuyants pour éviter de donner une réponse nette, pour retarder le moment d'une décision. → **atermoyer, temporiser.**

Tergnier Commune de l'Aisne. 13 504 habitants. Nœud ferroviaire. Métallurgie.

teriyaki [teʀ(i)jaki] **n. m.** (mot japonais, de *teri* « laqué » et *yaki* « grillé ») Plat de viande ou de poisson grillé après avoir mariné dans une sauce à base de soja et de saké doux. *Des teriyakis de poulet.* – appos. *Bœuf teriyaki.* ■ Cette sauce.

termaillage n. m. (de *ter[me]* et *maille*, d'après l'anglais) fin. Décalage des règlements des transactions internationales, afin de tirer profit des variations de taux de change.

[1]terme n. m. (vient du latin *terminus* « borne » → terminer, terminus) **1.** Limite fixée dans le temps. *Passé ce terme, les billets seront périmés.* → **délai, échéance.** – *Mettre un terme à qqch.*, faire cesser. ■ ***À terme*** : dont l'exécution correspond à un terme fixé. *Vente, achat à terme* (opposé à *au comptant*). → **à crédit.** – *À court, à moyen, à long terme*, qui doit se réaliser dans un temps bref, moyen, long. – *Le court terme.* ■ Bourse *Marché à terme*, à règlement mensuel. **2.** Époque fixée pour le paiement des loyers. ■ Somme due au terme. **3.** littér. Dernier élément, dernier stade (de ce qui a une durée). → **conclusion, [1]fin.** *Le terme de la vie*, la mort. *Mener qqch. à (son) terme.* → **terminer. 4.** *Accouchement à terme*, dans le temps normal de la grossesse (neuf mois, chez la femme). – *Enfant né avant terme.* → **prématuré.**

[2]terme n. m. (« ce qui délimite un sens » → [1]terme) **I. 1.** Mot ou expression. *Chercher le terme exact. Terme usuel, rare, savant.* **2.** au plur. Discours, expressions employés pour faire savoir qqch. ; manière de s'exprimer. *Aux termes du contrat.* → **formule.** *Parler en termes choisis.* – loc. ***En d'autres termes*** : pour donner une équivalence à l'aide d'autres mots. → **c'est-à-dire. 3.** Mot appartenant à un vocabulaire spécial. *Les termes techniques.* → **terminologie.** *Terme juridique.* **4.** Chacun des éléments simples entre lesquels on établit une relation. *Les termes d'une équation.* ■ fig. ***Moyen terme*** : solution, situation intermédiaire. **II.** loc. *Être **en bons, en mauvais termes** avec qqn* : entretenir de bonnes ou de mauvaises relations avec qqn.

Termier (Pierre) Géologue français (1859-1930). Directeur du Service de la carte géologique de la France, il fut le premier à considérer les Alpes comme un ensemble structuré, dont il découvrit la structure géologique complexe.

terminaison n. f. **1.** Dernier élément d'un mot (sons, lettres, éléments). → **[1]finale ; désinence.** *Terminaisons des mots en fin de vers.* → **assonance, consonance, rime. 2.** Extrémité (d'une chose). – anat. *Les terminaisons nerveuses.*

[1]terminal, ale, aux adj. (latin *terminalis* → terminer) **1.** didact Qui forme l'extrémité de. *Bourgeon terminal.* **2.** cour. Qui forme le dernier élément, la fin. → **final.** *Phase terminale d'une maladie.* ■ (en France) *Les classes terminales des lycées.* – **n. f.** *Être en terminale.*

[2]terminal, aux n. m. (de l'anglais → terminer) anglic. **1.** Installations pour le déchargement de navires de transport (pétroliers, etc.). **2.** Périphérique d'entrée et de sortie d'un ordinateur central. **3.** Point de départ et d'arrivée en ville des passagers d'un aéroport. *Navette entre l'aéroport et le terminal.*

terminer v. tr. < 1 > (latin *terminare* « borner, limiter », de *terminus* → [1]terme) **1.** Faire cesser (qqch. dans le temps) par une décision. *Terminer une séance.* → **clore, clôturer, [1]lever. 2.** Faire arriver à son terme, mener à terme (ce qui est fait en grande partie). → **achever, finir.** *Terminer un travail.* – absolt *Ça y est, j'ai terminé ! En avoir terminé avec qqch., qqn*, avoir enfin fini. ■ Passer la dernière partie de (un temps). *On a terminé la soirée chez eux.* **3.** (choses) Constituer, former le dernier élément de (qqch.). *Formule qui termine une lettre.* – au p. p. *Fête terminée par un feu d'artifice.* ■ **se terminer** v. pron. **1.** Prendre fin. → **finir** (opposé à *commencer, débuter*). – (dans l'espace) *Le chemin se termine à la ferme.* → **aboutir.** – (dans le temps) *La soirée s'est mal terminée.* **2. *Se terminer par*** : avoir pour dernier élément, pour conclusion. *Les mots qui se terminent par un x* (→ **terminaison**). **3.** *Se terminer en.* – (dans l'espace) Avoir (telle forme) à son extrémité. *Clocher qui se termine en pointe.* – (dans le temps) Prendre (un aspect) à sa fin. *L'histoire se termine en queue de poisson.*

Termini Imerese Ville d'Italie, en Sicile, sur le site de l'ancienne Himère. 27 000 habitants. Port. Station balnéaire et thermale.

terminologie n. f. (→ [2]terme) **1.** Ensemble des désignations et des notions appartenant à un domaine spécial (science, technique, etc.). *La terminologie de la médecine.* ■ Vocabulaire didactique d'un groupe social. **2.** Étude des systèmes de termes et de notions. *Commission de terminologie.* □ **adj. terminologique**

terminologue n. Spécialiste de terminologie (2).

terminus [tɛʀminys] **n. m.** (de l'anglais, du latin → [1]terme) Dernière station (d'une ligne de transports). *Le terminus des cars.* – interj. *Terminus ! tout le monde descend !*

termite n. m. (de l'anglais, altération du latin *tarmes*) Insecte social à quatre ailes, à pièces buccales broyeuses qui ronge le bois par l'intérieur. ■ loc. fig. *Travail de termite*, travail de destruction lent et caché.

termitière [tɛʀmitjɛʀ] **n. f.** Nid de termites, butte de terre durcie percée de galeries.

Termonde voir **Dendermonde**

ternaire adj. (du latin, famille de *tres* → trois) Composé de trois éléments, de trois unités. *Système de numération ternaire* (0, 1, 2). – chim. *Composés ternaires*, formés de carbone, d'hydrogène et d'oxygène (glucides, lipides). ■ mus. *Mesure, rythme ternaire*, à trois temps.

Ternaux (baron Louis Guillaume) Industriel et homme politique français (1763-1833). Il fonda en France plusieurs manufactures de textiles et implanta de nombreux comptoirs à l'étranger (Naples, Saint-Pétersbourg...).

terne adj. (de *ternir*) **1.** Qui manque d'éclat, qui reflète peu ou mal la lumière. *Des couleurs ternes.* → **fade.** *Œil, regard terne*, sans éclat ni expression. → **éteint. 2.** Qui n'attire ni ne retient l'intérêt. → **fade, [1]morne.** – (personnes) Falot, insignifiant. *Des gens ternes.*

Terneuzen Ville des Pays-Bas (Zélande) sur l'estuaire de l'Escaut. 54 500 habitants. Port. Pétrochimie. Le *canal de Terneuzen* relie Gand (Belgique) à l'Escaut.

Terni Ville d'Italie (Ombrie). 105 000 habitants. Nœud ferroviaire. Centre industriel.

ternir v. tr. < 2 > (vient du francique °*tarnjan*) **1.** Rendre (qqch.) terne. → **décolorer, [2]faner.** – pronom. *L'argenterie se ternit.* – au p. p. *Couleurs ternies.* → **[3]passé. 2.** Porter atteinte à la valeur morale, intellectuelle de. → **[1]flétrir.** *Ternir la réputation de qqn.* → **salir.** □ **n. m. ternissement**

ternissure n. f. État de ce qui est terni ; endroit terni.

Ternopil Ville d'Ukraine (Volhynie). 210 000 habitants. Carrefour ferroviaire. Industrie alimentaire.

Terpandre Poète et musicien grec (VIIe s. av. J.-C.). Il établit les premières règles musicales à Sparte et aurait été l'inventeur de la lyre à sept cordes.

terpène n. m. (allemand *Terpene*, de *Terpetin* « térébenthine ») chim. Hydrocarbure naturel ($C_{10}H_{16}$) extrait d'huiles essentielles et de résines végétales. *Terpènes de l'essence de térébenthine.* □ **adj. terpénique**

terpinol n. m. (de *terpine* « hydrate d'essence de térébenthine », de l'anglais *turp[ent]ine* « térébenthine ») chim. Isomère d'un composé terpénique utilisé en pharmacie et dans la préparation des parfums.

Terpsichore L'une des neuf muses, considérée comme la mère des Sirènes et figurée par une jeune femme jouant de la lyre. On lui attribuait la danse, les chœurs dramatiques et la poésie lyrique.

Terracina Ville d'Italie, dans le Latium. 36 650 habitants. Vestiges romains (enceinte, thermes, amphithéâtre). Cathédrale (XIe-XIIIe s.).

terrage n. m. (de *terre*) hist. Champart.

Terragni (Giuseppe) Architecte italien (1904-1942). Il fut l'un des principaux promoteurs, sous Mussolini, de l'architecture moderne et du fonctionnalisme *(Casa del Fascio).*

terrain n. m. (vient du latin *terrenum*, de *terra* → terre) **I. 1.** Étendue de terre (considérée dans son relief ou sa situation). → **[1]sol.** *Un terrain accidenté. En terrain plat. Un terrain fertile.* – fig. *Un terrain glissant*, une situation dangereuse, hasardeuse. – **loc. adj. invar.** *Véhicules **tout terrain** ou **tout-terrain***.* **2.** Portion plus ou moins étendue et épaisse de l'écorce terrestre, considérée quant à sa nature, son âge ou son origine (souvent au plur.). *Terrains glaciaires.* **3.** ***Le terrain***, la zone où se déroulent des opérations militaires. – loc. *Sur le terrain*, en se rendant sur les lieux mêmes du combat ; fig. sur place. *Être sur*

Terre de Feu

Lac en Terre de Feu chilienne, en bordure du parc national de Torres del Paine.

T

son terrain, dans un domaine familier. *Gagner, perdre du terrain*, avancer, reculer (aussi fig.). fig. *Se conduire comme en terrain conquis*, avec arrogance. *Un terrain d'entente* : une base, un sujet sur lequel on s'entende. *Reconnaître, préparer le terrain, tâter le terrain*, la situation, l'état des choses et des esprits, avant d'agir. ■ spécialt *Le terrain*, le lieu de l'action, de l'observation. *Travail, enquête de terrain* (en ethnologie, etc.). *Un homme, une femme de terrain*, en contact direct avec les gens, les réalités. **4.** État (d'un organisme, d'un organe, d'un tissu), quant à sa résistance à la maladie. *Terrain allergique*. **II. 1.** *(Un, des terrains)* Espace, étendue de terres de forme et de dimensions déterminées. → **parcelle.** *Acheter un terrain. – Terrain vague**. **2.** Emplacement aménagé ou disposé pour une activité particulière. *Terrain de camping, de sport.*

[1]terramare n. f. (mot italien, de *terra amara* « terre amère ») agric. Terre ammoniacale utilisée comme engrais.

[2]terramare n. f. (mot italien, altération de *terra mala* « mauvaise terre ») didact. Butte de terre formée de débris datant de la préhistoire, en Italie du Nord. – Habitat situé sur ces buttes.

terraqué, ée adj. (bas latin *terraqueus*, de *terra* « terre » et *aqua* « eau ») vieux ou littér. Composé de terre et d'eau, en parlant de notre monde. *La planète terraquée*, la Terre.

terrarium [teʀaʀjɔm] n. m. (de *terre*, d'après *aquarium*) Emplacement aménagé pour l'élevage et l'observation de certains animaux (araignées, serpents...). → **vivarium.**

terra rossa n. f. (mots italiens « terre rouge ») didact. Terre argileuse rouge, commune en Méditerranée.

terrasse n. f. (de *terre*) **1.** Levée de terre formant plateforme. *Cultures en terrasses.* **2.** Plateforme en plein air d'un étage de maison (→ **balcon).** *Appartement avec terrasse.* – Toiture plate (d'une maison). **3.** Partie d'un café qui déborde sur le trottoir (en plein air ou couverte).

Terrasse (Claude Antoine) Compositeur français (1867-1925). Il composa de nombreuses opérettes (*Les Travaux d'Hercule*) et écrivit la musique de scène d'*Ubu Roi* d'A. Jarry.

terrassement n. m. **1.** Opération par laquelle on creuse et on déplace la terre. *Travaux de terrassement.* **2.** Terres, matériaux déplacés. → **déblai(s), remblai.**

[1]terrasser v. tr. < 1 > (de *terrasse*) Creuser, remuer la terre de. *Terrasser un chemin* (→ **terrassement).**

[2]terrasser v. tr. < 1 > (de *terre*) **1.** Abattre, renverser (qqn), jeter à terre dans une lutte. *Terrasser son adversaire.* **2.** (sujet chose) Abattre, rendre incapable de réagir, de résister. → **foudroyer.** *Cette nouvelle l'a terrassé.* → **accabler, atterrer.** – *Être terrassé par l'émotion.*

terrassier, ière n. Ouvrier, ouvrière employé(e) aux travaux de terrassement.

Terrasson-Lavilledieu Commune de la Dordogne, sur la Vézère. 6 264 habitants. Pont du XIIe s. Industrie agroalimentaire.

Terray (Joseph Marie, dit l'abbé) Ecclésiastique et homme politique français (1715-1778). Nommé contrôleur général des Finances (1769), il réduisit la dette par des mesures autoritaires qui le rendirent impopulaire.

terre n. f. (vient du latin *terra* → **atterrir, enterrer, souterrain, terrestre, territoire)** **I.** L'élément solide qui supporte les êtres vivants et où poussent les végétaux. **1.** Surface sur laquelle les humains, les animaux se tiennent et marchent. → **[1]sol.** ***À terre, par terre*** : sur le sol. *Tomber par terre. Adversaire à terre.* ■ loc. fig. *Vouloir rentrer* ***sous terre*** (de honte). – *Avoir les pieds* ***sur terre*** : être réaliste. → **terre à terre. 2.** (concret) Matière qui forme la couche superficielle de la croûte terrestre (lorsqu'elle n'est pas rocheuse). *Un*

Terre

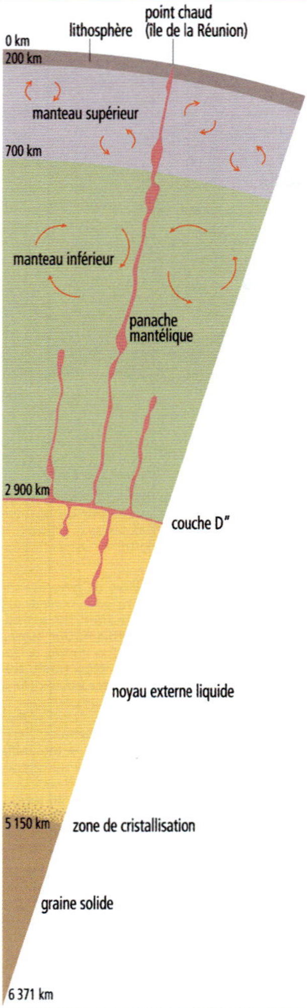

La Terre est constituée de couches concentriques de nature différente, identifiées en utilisant les ondes sismiques. Le changement brutal d'une onde indique un changement de milieu.

chemin de terre, non revêtu. *Sol de terre battue. Mottes de terre.* – loc. *Mettre un mort en terre.* → **enterrer, inhumer.** ■ au plur. Quantité de terre. *Des terres rapportées.* **3.** L'élément où poussent les végétaux. *Une terre aride, fertile.* → **terrain.** *Cultiver la terre. Les produits de la terre. – De terre* : qui pousse dans la terre (→ **pomme de terre).** – loc. ***En pleine terre*** : (de végétaux) dans la terre, sans contenant (opposé à *en caisse, en pot*, et aussi à *hors-sol*). *Endives cultivées en pleine terre.* ■ ***Les terres*** : étendue de terrain où poussent les végétaux. *Terres à blé*, propres à cette culture. *Terres cultivées.* → **champ.** *Défricher les terres vierges.* – par métonymie Les cultures. ■ loc. *Politique de la terre brûlée*, de destruction des récoltes. **4.** ***La terre*** : la vie paysanne. → **glèbe.** *Aimer la terre.* – loc. *Le retour à la terre*, aux activités agricoles. **5.** Étendue de surfaces cultivables, considérée comme objet de possession. → **[2]bien, domaine, propriété, terrain.** *Acquérir une terre, des terres. – Acheter de la terre. Lopin de terre.* ■ au plur. *Se retirer sur ses terres.* **6.** Vaste étendue de la surface solide du globe. → **territoire, [1]zone.** *Les terres arctiques, australes. – Terre sainte* : les lieux où vécut Jésus. **7.** ***La terre, les terres*** (opposé à *la mer, à l'air*). → **[2]continent, île.** *La répartition des terres et des mers à la surface du globe. La terre ferme. – L'armée de terre* (opposé à *la marine, l'aviation*). – *À l'intérieur des terres, dans les terres* : loin de la mer, des côtes (région maritime). **8.** La croûte terrestre. loc. *Tremblement* de terre.* → **séisme. 9.** Le sol, considéré comme ayant un potentiel électrique égal à zéro. loc. *Prise de terre.* **II.** Le milieu où vit l'humanité. → **monde ; terrestre. 1.** (avec une majuscule) Planète appartenant au système solaire, animée d'un mouvement de rotation sur elle-même et de révolution autour du Soleil (et où vit l'humanité). *La Lune, satellite de la Terre. La Terre, Mars et Vénus.* **2.** L'ensemble de tous les lieux de la surface de la planète. *Parcourir la terre entière. Partout sur la terre.* **3.** Cette planète, en tant que milieu où vit l'humanité. *Être seul sur (la) terre*, au monde. *Être sur terre.* → **exister, vivre.** – loc. *Remuer ciel et terre* (pour obtenir qqch.), s'adresser à tous ceux que l'on connaît. *La terre entière*, tout le monde. *Elle en veut à la terre entière.* **III. 1.** Matière extraite du sol, caractéristique de l'élément solide du globe. – chim. *Terres rares* : oxydes métalliques des minerais. → **lanthanide. 2.** Matière pulvérulente contenant généralement de l'argile, et servant à fabriquer des objets. *Terre glaise.* – ***Terre cuite*** : argile ordinaire ferrugineuse durcie par la chaleur. – *Récipient de terre.* → **terrine. 3.** Couleur minérale brune. *Terre de Sienne*, colorant brun. → **ocre.**

Terre n. f. Troisième planète du Système solaire dans l'ordre croissant des distances au Soleil. Elle a la forme d'un globe légèrement aplati aux pôles.

▶ La **Terre** est située à 149,6 millions de km du Soleil. Elle en fait le tour complet en 365 jours, 6 heures, 9 minutes et 9,76 secondes, sur une orbite elliptique. La Terre tourne sur elle-même en 23 heures, 56 minutes et 4 secondes, autour d'un axe passant par son centre de gravité. Sa masse est de 6 000 milliards de milliards de tonnes et son diamètre équatorial de 12 756 kilomètres. La Terre, dont l'âge est estimé à 4,54 milliards d'années, possède un satellite naturel, la Lune. Le globe terrestre est composé de plusieurs couches : la croûte terrestre (épaisse de 10 à 70 km), le manteau en partie visqueux, le noyau liquide constitué de nickel, de soufre et de fer (à 2 900 km de profondeur) et la graine, sa partie centrale solide. La croûte est formée de plaques rigides dont le déplacement (on appelle ce phénomène la *tectonique des plaques*) est à l'origine des phénomènes volcaniques et des tremblements de terre. Les terres émergées représentent à peine 30 % de la surface du globe et abritent 7,8 milliards d'hommes.

voir aussi **atmosphère, Soleil, Lune, continents**

terre à terre loc. adj. invar. Matériel et peu poétique. *Un esprit terre à terre.* → **prosaïque.**

terreau n. m. Engrais naturel, formé d'un mélange de terre végétale et de produits de décomposition. → **humus.**

terreauter v. tr. < 1 > hortic. Améliorer une terre avec du terreau.

Terrebonne Ville du Canada (Québec), dans la banlieue nord de Montréal. 111 575 habitants.

Terre de Feu Archipel chilien et argentin de l'extrême sud de l'Amérique du Sud. 71 500 km^2. Formé d'une île principale (*Terre de Feu*) et de nombreuses petites îles, l'archipel est séparé du continent par le détroit de Magellan. Élevage ovin. Exploitation de pétrole et de gaz naturel.

terre de Sienne voir **terre** (III, 3)

terre-neuvas ou **terre-neuvier** n. m. (du n. de l'île de Terre-Neuve *[Newfoundland]*) Navire ou marin qui pêche à Terre-Neuve. *Les terre-neuvas ou les terre-neuviers.*

T

terre-neuve n. m. invar. Gros chien à tête large, à longs poils, dont la race est originaire de Terre-Neuve. *Des terre-neuve.*

Terre-Neuve-et-Labrador Province du Canada formée de l'île de Terre-Neuve et de la partie orientale du Labrador. 405 212 km². 519 716 habitants. Capitale : St. John's. Pêcheries. Industrie du bois. Exploitation pétrolière. Terre-Neuve, avec la côte du Labrador, devint après référendum la dixième province du Canada (1949).

terre-plein n. m. (italien *terrapieno*) Plateforme, levée de terre généralement soutenue par une maçonnerie. *Les terre-pleins d'une route.* - var. RO **terreplein.**

se **terrer** v. pron. < 1 > **1.** (animaux) Se cacher dans un terrier ou se blottir contre terre. – au p. p. *Bête terrée dans sa tanière.* **2.** Se mettre à l'abri, se cacher dans un lieu couvert ou souterrain. *Se terrer chez soi.*

terrestre adj. (du latin → terre) **1.** De la planète Terre. *Le globe terrestre :* la Terre. **2.** Qui vit sur la surface solide de la Terre (opposé à *marin, aquatique*). *Les animaux terrestres.* ■ Qui est, se déplace sur le sol (opposé à *aérien, maritime*). *Transports terrestres.* **3.** (opposé à *céleste*) Du monde où vit l'homme ; d'ici-bas. *Les choses terrestres,* temporelles, matérielles. *Le paradis* terrestre.*

terreur n. f. (latin *terror,* de *terrere* « effrayer », cf. terrible, terrifier) **1.** Peur extrême qui bouleverse, paralyse. → **effroi, épouvante, frayeur.** *Une terreur affreuse. Être muet, glacé de terreur. Inspirer de la terreur à qqn.* → **terrifier, terroriser.** – *La terreur de,* inspirée par. – au plur. *Terreurs nocturnes de l'enfant.* → **angoisse, cauchemar. 2.** Peur collective qu'on fait régner dans une population, un groupe pour briser sa résistance ; régime fondé sur l'emploi de l'arbitraire imposé et de la violence. → **terrorisme.** *Gouverner par la terreur. « La terreur, sans laquelle la vertu est impuissante »* (Robespierre). **3.** (avec un compl.) Être ou chose qui inspire une grande peur. *Ce chien est la terreur des voisins.* ■ absolt, fam. *Il joue les terreurs.* → **dur.**

Terreur n. f. Nom donné à une période de la Révolution française. Après le 10 août 1792, la crainte d'un complot aristocratique aboutit à la création d'un Tribunal criminel extraordinaire, puis aux massacres de Septembre *(première Terreur).* La Terreur, légalisée en septembre 1793, visait notamment les nobles, les prêtres réfractaires, les émigrés et les officiers suspects de trahison. On estime que 17 000 personnes ont été exécutées après procès, et 25 000 sur simple constat d'identité. Reposant sur l'idée d'une souveraineté populaire absolue et indivisible, la Terreur fut renforcée à partir de juin 1794 *(Grande Terreur)* et devint un véritable moyen de gouvernement jusqu'à la chute de Robespierre.

La première Terreur, gravure de G. Jacowick, Bibliothèque nationale de France, Paris.

Terreur blanche n. f. Nom donné aux différents mouvements menés en France par les royalistes contre les révolutionnaires. La *première Terreur blanche* se développa après l'échec des insurrections jacobines (avr. et mai 1795). La *seconde Terreur blanche,* déclenchée après Waterloo (18 juin 1815), visa, dans l'O. et le S.-E. de la France, les anciens jacobins et les bonapartistes.

Terre-Neuve-et-Labrador

Dans l'île de Terre-Neuve, le petit port de pêche de Petty Harbour.

terreux, euse adj. (du latin → terre) **1.** Qui est de la nature, de la couleur de la terre. *Un goût terreux. Un teint terreux,* grisâtre. → **blafard. 2.** Mêlé, sali de terre. *Des bottes terreuses.* → **¹boueux.**

terrible adj. (latin *terribilis,* de *terrere* → terreur) **1.** (choses) Qui inspire de la terreur (1), qui amène ou peut amener de grands malheurs. → **effrayant, terrifiant.** *Une terrible catastrophe.* → **effroyable.** ■ (personnes) n. *Ivan le Terrible.* **2.** Très pénible, très grave, très fort. *Un froid terrible.* → **excessif, extrême.** – *C'est terrible de ne pouvoir compter sur elle, qu'on ne puisse pas compter sur elle.* → **désolant. 3.** (personnes) Agressif, turbulent, très désagréable. *Un enfant terrible.* → **intenable, insupportable.** fig. Personne qui se signale dans un groupe par sa turbulence. *L'enfant terrible du parti.* – (antéposé) *C'est un terrible bavard,* un grand bavard. **4.** fam. Extraordinaire, grand. → **formidable.** *Un type terrible.* → **étonnant.** – *C'est pas terrible,* c'est médiocre, mauvais. ■ adv. fam. *Ça marche terrible.*

terriblement adv. **1.** D'une manière très intense. → **affreusement, horriblement. 2.** Extrêmement. *C'est terriblement cher.*

terricole adj. (du latin *terra* « terre » et de *-cole*) zool. Qui vit dans la terre ou dans la vase (opposé à *aéricole*). *Ver terricole.* – n. m. *Un terricole.*

terrien, ienne I. adj. **1.** Qui possède des terres. *Propriétaire terrien.* → **foncier. 2.** littér. Qui concerne la terre, la campagne, qui est propre aux paysans (opposé à *citadin*). *Un atavisme terrien.* ■ n. *« Un vrai terrien, attaché au sol »* (Zola). → **paysan. II.** n. Habitant(e) de la planète Terre (opposé aux extraterrestres imaginés).

terrier n. m. **I.** Trou, galerie que certains animaux creusent dans la terre et qui leur sert d'abri. → **tanière.** *Faire sortir un lapin de son terrier.* **II.** Chien habile à débusquer le gibier dans son terrier. → **fox-terrier, scotch-terrier.**

terrifiant, ante adj. **1.** Qui terrifie. → **effrayant, terrible. 2.** Très remarquable. *C'est terrifiant comme il a vieilli !* → **étonnant, effarant, terrible.**

terrifier v. tr. < 7 > (du latin → terreur) Frapper (qqn) de terreur. → **effrayer, terroriser.** – au p. p. *Une foule terrifiée.*

terrigène adj. (latin *terrigena* « né de la terre ») **1.** géol. Qui a été arraché à la terre par l'érosion ou entraîné par un cours d'eau. *Dépôts terrigènes.* **2.** biol. D'origine terrestre. *Bactéries terrigènes.*

terril [teʀi(l)] n. m. (de *terre*) Grand tas de déblais au voisinage d'une mine. → **crassier.**

Terrillon (Octave) Chirurgien français (1844-1895). Dès 1886, il introduisit l'asepsie dans les interventions chirurgicales.

terrine n. f. Récipient de terre assez profond où l'on fait cuire et où l'on conserve certains aliments. ■ Son contenu. → **pâté.** *Terrine de viande, de poisson.*

territoire n. m. (latin *territorium,* cf. terroir, famille de *terra* → terre) **1.** Étendue de la surface terrestre sur laquelle vit un groupe humain. *Le territoire national français, belge.* → **¹sol.** – *Aménagement du territoire,* politique de répartition des activités économiques, selon un plan régional. **2.** Étendue de pays sur laquelle s'exerce une autorité, une juridiction. *Le territoire de la commune.* ■ Pays qui jouit d'une personnalité, mais ne constitue pas un État souverain. – (France) *Les départements et territoires d'outre-mer* (abrév. **DOM-TOM**). **3.** Zone qu'un animal se réserve. – par ext. *Défendre son territoire,* l'espace (physique, moral) que l'on s'est approprié.

Territoire du Nord voir Nord (Territoire du)

Territoires du Nord-Ouest voir Nord-Ouest (Territoires du)

territorial, ale, aux adj. **1.** Qui consiste en un territoire, le concerne. *Limites territoriales.* – *Les eaux territoriales,* zone de la mer sur laquelle s'exerce la souveraineté d'un État riverain. **2.** vieilli Qui concerne la défense du territoire national. *Armée territoriale.*

territorialité n. f. dr. Qualité juridique tenant au territoire. *Territorialité d'un impôt.*

terroir n. m. (vient du latin pop., de *territorium* → territoire) **1.** Région rurale, provinciale, considérée comme influant sur ses habitants. *Accent du terroir. Poètes du terroir.* **2.** Ensemble des terres d'une même région fournissant un produit agricole caractéristique. *Goût de terroir,* dû au terrain.

terroriser v. tr. < 1 > Frapper de terreur, faire vivre dans la terreur. → **effrayer, terrifier.** □ adj. **terrorisant, ante**

terrorisme n. m. **1.** hist. Gouvernement par la terreur. **2.** Emploi systématique de la violence pour atteindre un but politique ; les actes de violence (attentats, destructions, prises d'otages). *Actes de terrorisme.* **3.** Attitude d'intolérance, d'intimidation. *Terrorisme intellectuel.*

▶ Si l'histoire recense dès l'Antiquité romaine des actes que l'on qualifierait aujourd'hui de terroristes, la notion de **terrorisme** n'apparaît réellement qu'à l'aube de l'époque moderne. La Terreur (1792-1794), au cours de la Révolution française, peut ainsi être considérée comme le premier exemple d'un terrorisme d'État. Puis la « guerre de partisans », mouvement de résistance à l'occupation d'un territoire par l'armée napoléonienne, s'éloigne du modèle de la guerre conven-

tionnelle en adoptant certaines caractéristiques de la guérilla.
Plus tard, au XIXe siècle, le terrorisme anarchiste théorisé par le révolutionnaire russe Kropotkine fait apparaître la figure actuelle du terroriste : il cherche à déstabiliser un régime en place en recourant à la violence ; il agit seul ou au sein d'un groupe réduit ; ses victimes sont des personnalités politiques ou des civils. La Russie des années 1880, la France de la « bande à Bonnot » en offrent des exemples. Lutte pour l'indépendance, anarchisme et révolution communiste sont à l'époque les principales motivations des groupes ayant recours au terrorisme.
Au XXe siècle, le terrorisme est le moyen d'action privilégié de causes plus diverses : la résistance aux fascismes, la décolonisation (FLN algérien et OAS), le nationalisme (Ulster, Pays basque, Corse, Palestine), l'idéologie révolutionnaire d'extrême gauche dans les années 1970 (Brigades rouges en Italie, « bande à Baader » en Allemagne). En développement depuis les années 1990, le terrorisme islamiste s'appuie sur des réseaux internationaux informels (al-Qaida et les attentats du 11 septembre 2001 ; Aqpa et les attentats de janvier 2015 à Charlie Hebdo ; Daech depuis 2015 à Paris, Bruxelles, Tunis, Sousse, Bagdad, Nice, Berlin... ; Boko Haram au Cameroun, au Nigeria, au Tchad, en Somalie ; les Shebab au Kenya).
Depuis les années 2020, les États-Unis sont également confrontés à un risque de terrorisme d'extrême droite lié à la question raciale.
voir aussi **anarchisme, résistance, Révolution française**

terroriste **1. n.** Membre d'une organisation politique qui use du terrorisme. *Un, une terroriste.* **2. adj.** Relatif au terrorisme (2). *Attentat terroriste.*

terser voir **tiercer**

tertiaire **adj.** **(latin *tertiarus*, de *tertius* → tiers)** **I.** géol. *Ère tertiaire* ou **n. m.** *le tertiaire* : ère géologique (environ 70 millions d'années) succédant à l'ère secondaire, marquée par les plissements alpins et la diversification des mammifères. – *Terrains tertiaires.* **II.** écon. **(opposé à** *primaire, secondaire***)** *Secteur tertiaire* ou **n. m.** *le tertiaire* : secteur comprenant toutes les activités (commerces, administration, services) qui ne produisent pas directement des biens de consommation.

tertiarisation **n. f.** écon. Développement du secteur tertiaire.

tertio [tɛʀsjo] **adv.** **(mot latin, de *tertius* → tiers)** En troisième lieu (après *primo, secundo*). → **troisièmement.**

tertre **n. m.** **(vient du latin pop. *terminem*, de *termen*, forme de *terminus* → ^{1}terme)** Petite éminence isolée à sommet aplati. → **butte, monticule.** – *Tertre funéraire* : éminence de terre recouvrant une sépulture. → **tumulus.**

Tertullien en latin **Septimius Florens Tertullicenus** Écrivain latin et apologiste chrétien (v. 155-v. 225). Il est considéré comme le fondateur de la théologie chrétienne de langue latine. Son style polémique et la rigueur de sa morale le conduisirent au montanisme, doctrine hérétique de Montanus. *Apologétique ; Sur les spectacles.*

Teruel Ville d'Espagne (Aragon). 36 200 habitants. Églises aux tours mudéjares (XIIe-XIIIe s.). Cathédrale (XVIe s.).

Tervuren Ville de Belgique (province du Brabant-Flamand), près de Louvain. 22 708 habitants. Musée royal de l'Afrique centrale. Château.

terza rima **n. f.** **(mots italiens « troisième rime »)** hist. littér. Poème formé de tercets dont le premier et le troisième vers riment ensemble, tandis que le second fournit les rimes extrêmes du tercet suivant (a, b, a — b, c, b — c, d, c, etc.).

Terzieff **(Laurent)** Acteur et metteur en scène français (1935-2010). Il s'est consacré à la mise en scène de textes contemporains *(Zoo Story ; Tango)* et a travaillé avec des cinéastes tels que Carné *(Les Tricheurs)*, Rossellini *(Vanina Vanini)*, Pasolini *(Médée)* ou Godard *(Détective)*.

tes voir **^{1}ton**

Teshigahara **Hiroshi** Réalisateur japonais (1927-2001). Son œuvre est une interrogation sur l'identité japonaise dans le monde contemporain. *La Femme des sables ; Le Visage d'un autre.*

tesla **n. m.** **(du n. propre)** phys. Unité de mesure d'induction et de densité de flux magnétique (symb. T), valant un weber par mètre carré.

Tesla **(Nikola)** Ingénieur et physicien américain d'origine serbe (1856-1943). Il effectua le premier transport d'énergie électrique en courant triphasé et mit au point un alternateur à haute fréquence. Son nom a été donné à l'unité d'induction magnétique.

tesselle **n. f.** **(italien *tessella*, du latin *tesserra* → tessère)** techn. Pièce faisant partie d'une composition ornementale formée de petits éléments juxtaposés (mosaïque, pavement, etc.).

Tessenderlo Commune de Belgique (province de Limbourg), sur le canal Albert. 17 000 habitants. Église du XVe s. Parc naturel.

tessère **n. f.** **(latin *tessera* « dé », abrév. probable du grec *tessaragônos* « carré »)** Dans la Rome antique, Tablette ou jeton ayant divers usages (billet de théâtre, bulletin de vote, etc.).

Tessier **(Gaston)** Syndicaliste français (1887-1960). Secrétaire général puis président de la CFTC (1919-1953), il fut membre du Conseil national de la Résistance et présida la Confédération internationale des syndicats chrétiens. ■ **Jacques Tessier.** Syndicaliste français (1914-1997). Fils de Gaston, il fut secrétaire général (1964-1970) puis président (1970-1981) de la CFTC.

terril

Terril de Loos-en-Gohelle, dans le Pas-de-Calais, le plus haut d'Europe.

Tessin **(Nicodemus)** dit **le Vieux** ou **Tessin l'Ancien** Architecte suédois (1615-1681). Il introduisit les styles français et italien dans l'architecture scandinave. Il réalisa le palais royal de Drottningholm (1662-1700), près de Stockholm. ■ **Nicodemus Tessin,** dit **le Jeune.** Architecte suédois (1654-1728), fils du précédent. Il devint architecte de la cour en 1681 et reconstruisit le château royal de Stockholm.

Tessin **n. m.** Rivière de Suisse et d'Italie. Né dans le massif du Saint-Gothard, il se déverse dans le lac Majeur. 280 km.

Tessin **(canton du)** en italien **Ticino** Canton du S. de la Suisse, à la frontière italienne. 2 812 km². 354 375 habitants. Chef-lieu : Bellinzona. Tourisme (lacs Majeur et de Lugano).

tessiture **n. f.** **(de l'italien « texture » ; même origine que *tisser*)** mus. Étendue des sons qui peuvent être émis normalement par une voix, un instrument. → **registre.**

tesson **n. m.** **(de l'ancien français *tes*, plur. de *test* [→ test], qui vient du latin *testum* « vase de terre »)** Débris (d'un objet de verre, d'une poterie). *Des tessons de bouteille.*

Tesson **(Sylvain)** Écrivain et documentariste français (né en 1972). Grand voyageur, passionné d'escalade et adepte de la marche, il a sillonné le monde et publié des récits : *Dans les forêts de Sibérie ; Une très légère oscillation ; La Panthère des neiges.*

test [tɛst] **n. m.** **(de l'anglais, de l'ancien français *test* « pot servant à l'essai de l'or » → tesson)** **1.** psych. Épreuve qui permet de déceler les aptitudes d'une personne et fournit des renseignements sur ses connaissances, son caractère, etc. *Faire passer des tests à qqn. Test d'orientation professionnelle.* **2.** Essai de fonctionnement. *Le test d'un nouveau produit avant sa commercialisation.* **3.** Contrôle biologique ou chimique. *Test de grossesse. Test génétique.* **4.** Épreuve ou expérience décisive, opération témoin permettant de juger. – **appos.** *Élection-test.*

testabilité **n. f.** **(du latin *testabilis* « apte à témoigner »)** psych. Caractère d'un fait plus ou moins propre à devenir un objet de témoignage.

testable **adj.** **(de ^{1}*tester*)** Qui peut être mesuré, évalué ou éprouvé.

testacé, ée **adj.** **(du latin *testa* « terre cuite, coquille »)** zool. Couvert d'une coquille.

testacelle **n. f.** **(latin sc. *testacella*, de *testa*)** zool. Mollusque gastéropode, pourvu d'une petite coquille à l'arrière du corps, qui vit enfoui dans le sol.

Test Act Loi votée en 1673 par le Parlement anglais, interdisant aux catholiques toute charge dans l'administration ou dans l'armée. Le Test Act fut aboli en 1829.

testage **n. m.** techn. Méthode de sélection des reproducteurs d'après la valeur de leurs descendants.

testament **n. m.** **(latin *testamentum*, de *testari* « témoigner » → ^{2}tester)** **I.** relig. chrét. Nom des deux parties des Écritures (religions judéo-chrétiennes). *L'Ancien, le Nouveau* **(→ évangile)** *Testament.* → **Bible.** **II. 1.** Acte par lequel une personne dispose des biens qu'elle laissera en mourant **(→ héritage).** *Léguer ses biens à ses héritiers par testament. Coucher qqn sur son testament,* l'y inscrire comme légataire. **2.** fig. Dernière œuvre, dernier écrit en tant que suprême expression de la pensée et de l'art de qqn.

testamentaire **adj.** Qui se fait par testament, se rapporte à un testament. *Dispositions testamentaires. Exécuteur* testamentaire.*

T

têt

La fête du Têt, ou nouvel an vietnamien, est marquée par plusieurs jours de festivités.

Testart (Jacques) Biologiste français (né en 1939). Spécialiste de la procréation médicalement assistée chez l'animal et chez l'homme, il fut à l'origine, avec René Frydman, du premier bébé-éprouvette en France. Abordant dans ses ouvrages les enjeux eugéniques de la biomédecine de la procréation, il prit une place importante dans le débat bioéthique. *L'Œuf transparent ; Le Désir du gène ; Procréation et manipulations du vivant.*

testateur, trice n. dr. Auteur d'un testament.

Teste-de-Buch (La) Commune de la Gironde, sur le bassin d'Arcachon. 26 269 habitants. Pêche et ostréiculture. Station balnéaire.

[1]tester v. tr. < 1 > (de *test*) **1.** Soumettre à des tests. *Tester des élèves.* **2.** Contrôler, éprouver. *Tester un produit, un procédé.* → **essayer, expérimenter.**

[2]tester v. intr. < 1 > (latin *testari*, de *testis* « témoin », *cf.* attester, intestat) dr. Disposer de ses biens par testament, faire un testament.

testeur, euse n. **1.** Personne qui fait passer des tests. **2.** n. m. techn. Appareil de contrôle pour l'observation de certains phénomènes. ■ Appareil effectuant des diagnostics sur des composants ou des équipements. **3.** n. m. Produit de beauté, de parfumerie mis à la disposition des clients d'un magasin.

testiculaire adj. Qui concerne les testicules. *Hormones testiculaires.*

testicule n. m. (latin *testiculus*, diminutif de *testis* « témoin » → [2]tester) Glande génitale mâle, productrice des spermatozoïdes. ■ Ces glandes et leur enveloppe (→ **[1]bourse, scrotum**) chez l'homme. → fam. **couille.**

testimonial, ale, aux adj. (de *testimonium* → témoin) Qui repose sur des témoignages. *Preuve testimoniale.*

testologie n. f. (de *test*) didact. Science qui a pour objet la conception et l'interprétation de tests psychologiques. → **psychométrie.**

testostérone n. f. (de *test[icule]*, *stér[ol]* et *[horm]one*) biochim. Hormone mâle sécrétée par les testicules, qui stimule le développement des organes génitaux mâles et détermine l'apparition des caractères sexuels mâles secondaires.

[1]têt [tɛ] ou **test** [tɛst] n. m. (latin *testum* « vase en terre ») **1.** vieux Tesson. **2.** mod., chim. *Têt à rôtir* : coupelle en terre réfractaire employée pour la calcination ou l'oxydation de certaines substances. *Têt à gaz* : support en terre cuite qui supporte une éprouvette à gaz.

[2]têt [tɛt] n. m. (mot vietnamien) Premier jour de l'année vietnamienne. *La fête du Têt.*

Têt n. f. Fleuve côtier des Pyrénées-Orientales. 120 km. Elle traverse Prades et Perpignan et se jette dans la Méditerranée.

tétanie n. f. (de *tétanos*) méd. État pathologique se traduisant par des accès de contractures ou de spasmes musculaires. *Crise de tétanie.*

tétanique adj. **1.** Du tétanos. *Convulsions tétaniques.* ■ Atteint du tétanos. ■ Qui cause le tétanos. *Bacille tétanique.* **2.** Du tétanos musculaire.

tétanisation n. f. physiol. Fait de se tétaniser (muscle).

tétaniser v. tr. < 1 > **1.** méd. Mettre en état de tétanos musculaire. **2.** fig. Figer, paralyser. – au p. p. *Être tétanisé par la peur.*

tétanos [tetanos] n. m. (du grec « tension », de *teinein* « tendre » → [2]ton) **1.** Grave maladie infectieuse caractérisée par une contraction douloureuse des muscles, avec des crises convulsives. **2.** *Tétanos musculaire* : contraction prolongée d'un muscle.

têtard n. m. (de *tête*) Larve de batracien, à grosse tête prolongée par un corps effilé, qui respire par des branchies. *Un têtard qui devient grenouille.*

tête n. f. (vient du latin *testa* « pot » → test) **I. 1.** Extrémité antérieure des animaux, qui porte la bouche et les principaux organes des sens (lorsque cette partie est distincte et reconnaissable). → **céphal(o)-.** *La tête d'un oiseau, d'un poisson, d'un serpent. L'aigle* à deux têtes.* – *Tête de veau* (préparée pour la consommation). **2.** Partie supérieure du corps (d'un être humain) contenant le cerveau, qui est de forme arrondie et tient au tronc par le cou. *Squelette de la tête.* → **[1]crâne.** ■ loc. *Des pieds* à la tête, de la tête aux pieds.* ■ *Avoir mal à la tête.* → **céphalée, migraine.** *La tête lui tourne.* → **étourdissement.** ■ *La tête haute*, redressée ; fig. avec fierté ou sans avoir rien à se reprocher. *La tête basse* ; fig. → **confus, honteux.** *Tourner, hocher la tête. Signe de tête.* ■ (contextes du coup, de la chute) → fam. **caboche, [1]citron, poire, tirelire.** ■ loc. *Être tombé sur la tête* : être un peu fou, déraisonner. *Ça va pas, la tête !* : tu es fou ! – *Se jeter tête baissée dans qqch.* ; fig. sans tenir compte du danger. – *Ne savoir où donner de la tête* : avoir trop d'occupations. – *En avoir par-dessus la tête*, assez. ■ *Tenir tête* : résister (à l'adversaire) ; s'opposer avec fermeté (à la volonté de qqn). **3.** Partie de la tête où poussent les cheveux. *Tête chauve.* → fam. **caillou.** – *Tête nue*, sans chapeau. **4.** *La tête*, considérée comme la partie vitale. → **vie.** *Risquer sa tête.* – loc. *Donner sa tête à couper que* : affirmer avec conviction que. *Je le jure sur la tête de mes enfants.* **5.** Le visage, quant aux traits et à l'expression. → **face, figure** ; fam. **gueule.** *Une bonne tête.* → fam. **[2]bouille.** – *Faire une drôle de tête.* → fam. **bobine, tronche.** – *Faire la tête.* → **bouder.** ■ Visage (qui rend qqn reconnaissable). *J'ai vu cette tête-là quelque part.* **6.** Représentation de cette partie du corps de l'homme, des animaux supérieurs. *Tête sculptée.* – ***Tête de pipe*.*** – *Être la tête de Turc, servir de tête de Turc* : → **souffre-douleur.** **7.** ***Tête de mort*** : crâne humain ; sa représentation, emblème de la mort. **8.** Hauteur d'une tête d'homme. *Il a une tête de plus que sa sœur.* ■ Longueur d'une tête de cheval, dans une course. *Cheval qui gagne d'une courte tête.* **9.** Coup de tête dans la balle, au football. *Joueur qui fait une tête.* **10.** Partie (d'une chose) où l'on peut poser la tête. *La tête du lit.* → **chevet. II. 1.** Le siège de la pensée, chez l'être humain. → **cerveau, cervelle, esprit.** *Une tête bien faite.* – appellatif fam. *Salut, petite tête !* – loc. *Être tête en l'air* : être étourdi. *Avoir une tête de linotte*. Une grosse tête* : une personne savante, intelligente. péj. *Avoir la grosse tête* : être prétentieux. – absolt *Il n'a pas de tête*, il oublie tout. – *Une femme de tête*, énergique, efficace. – ***De tête*** : mentalement. *Calculer de tête.* – *Se creuser* la tête. Avoir une idée derrière la tête*, une intention cachée. – loc. (Canada) *Se faire une tête (sur qqch.)*, se faire une idée, une opinion. ■ *Se mettre dans la tête, en tête de..., que...* : décider ; imaginer, se persuader. fam. *Prendre la tête* : obséder, préoccuper. *Arrête de te prendre la tête !* – fam. *Mettez-vous bien ça dans la tête*, tâchez de vous en persuader. → **enfoncer.** ■ ***En tête.*** *Avoir une idée en tête. Je n'ai plus son nom en tête* : je ne m'en souviens plus. **2.** Le siège des états psychologiques. – (Caractère) *Avoir la tête froide*. Avoir une tête de cochon*, un mauvais caractère. – (États passagers) *Perdre la tête* : perdre son sang-froid. → **boule, boussole.** *Mettre (à qqn) la tête à l'envers.* → **égarer, griser.** *Retourner* la tête à qqn. Avoir la tête à ce qu'on fait*, y appliquer son attention. *Avoir la tête ailleurs* : penser à autre chose (→ **être dans la lune**). *N'en faire qu'à sa tête* : agir selon sa fantaisie. – *Un **coup de tête*** : une décision, une action inconsidérée, irréfléchie. **3.** Symbole de l'état mental. loc. *Perdre la tête* : devenir fou ou gâteux. *Il a perdu la tête pour cette fille. Avoir toute sa tête.* **III. 1.** (Représentant une personne). *Faute qui retombe sur la tête de qqn.* – *Tête couronnée*. Une tête brûlée*. Une forte tête* : une personne qui s'oppose aux autres et fait ce qu'elle veut. *Une mauvaise tête* : une personne obstinée, querelleuse. **2.** ***Par tête*** : par personne, par individu. *Trente euros par tête.* fam. *Par tête de pipe* (même sens). **3.** Personne qui conçoit et dirige. *Elle est, c'est la tête de l'entreprise.* → **cerveau, chef. 4.** Animal d'un troupeau. *Cent têtes de bétail.* **IV.** (choses) **1.** Partie supérieure, notamment lorsqu'elle est arrondie. *La tête des arbres.* → **cime. 2.** Extrémité, partie terminale. *La tête d'un os long. La tête d'un clou. Tête d'ail*.* – *Tête de lecture d'une platine, d'un magnétoscope.* **3.** Partie antérieure (d'une chose qui se déplace). *La tête d'un train, d'un cortège.* – *Fusée à **tête chercheuse***, munie d'un dispositif pouvant modifier sa trajectoire vers l'objectif. **4.** Partie antérieure (d'une chose orientée). *Tête de ligne* : point de départ d'une ligne de transport. – *Tête de liste* : premier nom d'une liste. *Tête d'affiche.* **5.** Place de ce qui est à l'avant ou au début (surtout : ***de, en tête***). *Passer en tête.* → **[1]devant, le premier.** – *Wagon de tête.* – *L'article de tête d'un journal. Mot en tête de phrase.* **6.** Place de la personne qui dirige, commande. *Prendre la tête du peloton.* – *Se trouver à la tête d'une grosse fortune.*

tête-à-queue n. m. invar. Volte-face d'un cheval, d'un véhicule. *La voiture a fait un tête-à-queue.*

tête-à-tête n. m. invar. **1.** Situation de deux personnes qui se trouvent seules ensemble, et spécialt qui s'isolent ensemble. *Elle essaya de nous ménager un tête-à-tête.* → **entrevue.** ■ EN TÊTE-À-TÊTE (ou *en tête à tête*) loc. adv. : dans la situation de deux personnes qui se trouvent seules ensemble ou qui s'isolent. *Laissons ces amoureux en tête-à-tête.* **2.** Service à petit-déjeuner pour deux personnes.

têteau **n. m.** **(de tête)** régional Arbre étêté qui commence à refaire des branches.

tête-bêche ou **têtebêche** **adv.** Dans la position de deux personnes dont l'une a la tête du côté où l'autre a les pieds ; parallèlement et en sens inverse, opposé. *Bouteilles rangées tête-bêche.*

tète-chèvre **n. m.** **(de *téter* et *chèvre*)** régional Engoulevent. *Des tète-chèvres.*

tête-de-clou **n. m.** archit. Petite pyramide ornementale à quatre faces. *Têtes-de-clou d'un portail roman.*

tête-de-loup **n. f.** Brosse ronde à long manche, pour nettoyer les plafonds. *Des têtes-de-loup.*

tête-de-Maure **n. f.** Fromage de Hollande sphérique. *Des têtes-de-Maure.*

tête-de-nègre **adj. invar.** De couleur marron foncé.

tétée **n. f.** Action de téter. **–** Repas du nourrisson au sein. *L'heure de la tétée.*

téter **v. tr.** **< 6 >** **(de *tette* vieux « bout du sein », probablt d'origine germanique)** **1.** Boire (le lait) en suçant le mamelon ou une tétine. *Téter le lait.* **–** absolt *Donner à téter à son enfant.* **→ allaiter, nourrir.** **–** *Veau qui tète sa mère.* **2.** (Canada) fig. et fam. Flatter (qqn) avec insistance.

téteux, euse **adj. et n.** (Canada) fam. Flatteur, flagorneur.

téterelle **n. f.** **(de *téter*)** Petit ustensile que l'on applique au bout du sein pour faciliter l'allaitement de l'enfant. - var. RO **tèterelle.**

Téthys Déesse de la Mer dans la mythologie grecque. Elle est la mère des fleuves et des Océanides.

Téthys ou **Mésogée** Océan, né il y a 250 millions d'années, qui séparait les terres émergées en deux continents, le Gondwana et la Laurasie. La Méditerranée, la mer Caspienne et la mer d'Aral en sont issues.

têtière **n. f.** **1.** Partie inférieure de la bride **(→ caveçon)** qui passe derrière les oreilles et soutient le mors. **2.** Garniture ou petit coussin placé sur le dossier d'un fauteuil, d'un divan pour appuyer la tête. **3.** mar. Partie renforcée au point de drisse d'une voile triangulaire.

tétin **n. m.** vieux Mamelon du sein.

tétine **n. f.** **1.** Mamelle de certains mammifères. *Tétine de vache.* **→ ¹pis.** **2.** Embouchure percée et ajustée d'un biberon, que tète le nourrisson. ■ Embout de caoutchouc qu'on donne à sucer à un bébé, à un jeune enfant pour le calmer, le réconforter. **→ sucette.**

téton **n. m.** **1.** fam. Sein de femme. ■ Bout du sein. **→ mamelon.** **2.** techn. Petite saillie sur une pièce métallique, permettant de l'assujettir à une autre pièce.

Tétouan Ville du Maroc septentrional. 380 800 habitants. Entre 1915 et 1956, Tétouan fut la capitale du Maroc espagnol.

tétra **n. m.** **(mot d'origine inconnue)** Poisson exotique d'eau douce dont de nombreuses espèces sont recherchées pour les aquariums.

tétra- Élément **(du grec *tetra-*, de *tettares* « quatre »)** signifiant « quatre ».

tétrachlorure **n. m.** chim. Composé dont la molécule comporte quatre atomes de chlore. *Tétrachlorure de carbone* (employé comme détachant).

tétracorde **n. m.** **(du latin, pris au grec)** mus. **1.** Dans la musique antique, Système de quatre sons conjoints, dont les deux extrêmes sont à distance de quarte juste. **2.** Lyre à quatre cordes.

tétracycline **n. f.** méd. Antibiotique à large spectre, actif sur de nombreuses bactéries.

tête

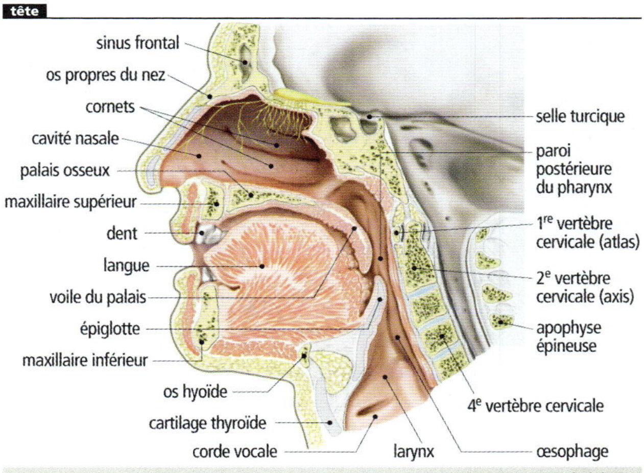

Coupe sagittale de la tête.

tétradactyle **adj.** **(→ -dactyle)** zool. Qui a quatre doigts au pied.

tétrade **n. f.** **1.** didact. Groupe de quatre éléments. **2.** biol. Ensemble formé par une paire de chromosomes dédoublés, lors de la méiose.

tétraèdre **n. m.** **(→ -èdre)** Polyèdre à quatre faces triangulaires. **→ pyramide.** *Tétraèdre régulier.* □ **adj. tétraédrique**

tétragone **n. f.** **(latin *tetragonus*, du grec)** Plante potagère à feuilles épaisses, appelée parfois *épinard d'été.*

tétrahydronaphtalène **n. m.** chim. Hydrocarbure ($C_{10}H_{12}$), solvant peu volatil qui peut servir de carburant pour les moteurs à injection. **→ tétraline.**

tétraline **n. f.** chim. Tétrahydronaphtalène.

tétralogie **n. f.** Ensemble de quatre œuvres littéraires ou musicales (spécialt : les quatre opéras de Wagner formant *L'Anneau des Niebelungen*).

tétramère **adj. et n. m.** **(grec *tetramerês*)** **1. adj.** zool. (insectes) Dont les tarses sont composés de quatre parties. **2. n. m.** biochim. Oligomère formé de quatre monomères.

tétraplégie **n. f.** **(de *tétra-* et *-plégie*)** méd. Paralysie des quatre membres. □ **adj. et n. tétraplégique**

tétraploïde **adj.** **(du grec *tetraplous* « quadruple » → diploïde)** biol. (individu) Dont les cellules ont quatre stocks de chromosomes au lieu de deux. *Embryon tétraploïde.*

tétrapode **adj. et n. m.** zool. Qui a quatre membres. **– n. m.** Vertébré à quatre membres, apparents ou non (batracien, reptile, oiseau, mammifère).

tétraptère **adj. et n. m.** **(grec *tetrapteros*)** zool. (insectes) Qui possède deux paires d'ailes.

tétrarchat [tetʀaʀka] **n. m.** **(de *tétrarque*)** didact. Fonction, dignité de tétrarque.

tétrarque **n. m.** Antiq. Gouverneur de l'une des quatre régions d'une province. ■ L'un des quatre empereurs romains sous Dioclétien. □ **n. f. tétrarchie**

tétras [tetʀɑ(s)] **n. m.** **(bas latin *tetrax*, mot grec)** Oiseau de grande taille, gallinacé sauvage des régions montagneuses. *Grand tétras.* **→ ¹coq de bruyère.**

tétrastyle **adj.** **(du latin, du grec *tetrastulos*)** archit. Dont la façade présente quatre colonnes de front. *Temple tétrastyle.*

tétrasyllabe **n. m.** **(latin des grammairiens *tetrasyllabus*, du grec)** didact. Mot, vers qui a quatre syllabes. **→ quadrisyllabe.** □ **adj. tétrasyllabique**

tétratomique **adj.** **(de *tétra-* et *atome*)** chim. Se dit d'un corps qui contient quatre atomes par molécule.

tétravalent, ente **adj.** **(→ -valent)** chim. Qui a pour valence chimique 4. **→ quadrivalent.**

tétrode **n. f.** **(de *tét[ra-]* et *[électr]ode*)** techn. Tube électronique possédant quatre électrodes.

tétrodon **n. m.** **(du grec *tetra* « quatre » et *odous, odontos* « dent »)** **1.** zool. Poisson des mers chaudes au corps ovale et massif, qui peut augmenter de volume à volonté, appelé parfois *poisson-globe.* **2.** archit. Construction modulaire qui peut être agrandie.

tette **n. f.** **(du germanique *titta* « sein » ; cf. téton, téter, tétine)** zool. Bout de la mamelle, chez les animaux.

têtu, ue **adj.** **(de *tête*)** Entêté, obstiné. **→ buté.** *Têtu comme une mule. « Têtu comme une chèvre, terrible »* (M. Duras). **–** *Un front têtu.*

teuf **n. f.** **(verlan, avec apocope, de *fête*)** fam. Fête.

teufeur, euse **n.** fam. Personne qui participe à une fête. **→ fêtard.**

teuf-teuf **n. m. invar.** ou **teufteuf** **n. m.** **(onomatopée)** fam. Automobile vieille et poussive. **→ tacot.** *Des teuf-teuf, des teufteufs.*

teurgoule **n. f.** **(normand *teurt-goule* « qui tord la gueule »)** régional (Normandie) Dessert à base de riz et de lait, cuit au four dans une terrine.

Teutatès ou **Toutatis** Dieu gaulois, protecteur de la tribu.

teuton, onne **adj. et n.** **(latin *Teutoni*, n. de peuple)** **1.** hist. Relatif aux anciens Teutons ou aux anciens peuples de la Germanie. **→ ²germain.** **2.** péj. Allemand, germanique.

teutonique **adj.** **(du latin → teuton)** hist. Qui appartient au pays des anciens Teutons, à la Germanie. *Ordre des chevaliers Teutoniques*, ordre de chevalerie allemand, au Moyen Âge.

Teutonique (ordre) Ordre hospitalier et militaire fondé en 1190 en Terre sainte par Frédéric de Souabe. Les chevaliers Teutoniques établirent leur suzeraineté sur de nombreux territoires d'Europe de l'Est. Vaincus par Ladislas II Jagellon en 1410, ils furent durablement affaiblis, ne conservant plus que la Prusse orientale (traité de Toruń, 1466). En 1525, le grand maître Albert de Brandebourg sécularisa les biens de l'ordre. L'ordre Teutonique, supprimé en Allemagne par Napoléon Ier (1809), subsiste en Autriche encore aujourd'hui.

TGV

Le TGV traversant l'Esterel, dans le Var.

Teutons **n. m. pl.** Peuple germanique qui se joignit aux Cimbres et aux Ambrons pour envahir la Gaule. Les Teutons furent vaincus près d'Aquae Sextiae (Aix-en-Provence) par Marius (–102).

tex **n. m.** **(abrév. de *textile*)** techn. Unité de titrage d'un fil, correspondant à un gramme au kilomètre de fil (**→ décitex**).

Texas **n. m.** État du S. des États-Unis. 692 408 km^2 (État le plus vaste après l'Alaska). 29,14 millions d'habitants. Capitale : Austin. Agriculture. Élevage bovin et ovin. Exploitation de pétrole et de gaz naturel. Industries (transformation des matières premières minérales et agricoles). Colonisé par les Espagnols, le Texas devint indépendant avec le Mexique en 1821 et fut annexé par les États-Unis en 1845.

tex-mex ou **texmex** **adj.** **(mot anglais des États-Unis, de *tex[an]* et *mex[ican]*)** Se dit de la cuisine mexicaine adaptée par les Texans. *Restaurant tex-mex.*

texte **n. m.** **(latin *textus*, de *texere* → tectonique, textile, tisser)** **1.** Les termes, les phrases qui constituent un écrit ou une œuvre. *Lire, traduire un texte. Lire Platon dans le texte,* dans l'original grec. *Le texte et la musique d'un opéra, d'une chanson.* **→ livret, parole.** – *Texte manuscrit, imprimé. Traitement* de texte.* **2.** La composition, la page imprimée. *Illustration dans le texte* (opposé à *hors-texte*). **3.** Écrit considéré dans sa rédaction originale et authentique. *Le texte d'un testament. Textes juridiques, législatifs.* ■ Œuvre littéraire. *Un texte bien écrit.* **4.** Page, fragment d'une œuvre. *Textes choisis.* **→ morceau.**

texter **v.** < 1 > **I. v. intr.** Rédiger, envoyer un texto. **II. v. tr. 1.** Envoyer un texto à (qqn). **2.** Envoyer par texto. *Texter une adresse à qqn.* - syn. **textoter.**

T

textile **adj.** et **n. m.** **(latin *textilis*, de *texere* → tisser)** **1.** Susceptible d'être tissé, d'être divisé en fils que l'on peut tisser. *Matières textiles naturelles, végétales, animales, minérales, chimiques, artificielles, synthétiques.* – **n. m.** Fibre, matière textile. **2.** Qui concerne les tissus. *Industries textiles.* **→ filature, tissage.** – **n. m.** *La crise du textile.*

[1]texto **adv.** **(abrév.)** fam. Textuellement. *C'est ce qu'il m'a dit texto.*

[2]texto **n. m.** **(n. déposé ; de *texte*)** Bref message échangé entre téléphones portables. **→ minimessage, SMS.**

textoter voir **texter**

textuel, elle **adj.** **(du latin médiéval → texte)** **1.** Conforme au texte. *Traduction textuelle.* **→ littéral.** – *Textuel !* ce sont ses propres mots. **→ sic,** fam. **[1]texto. 2.** didact. Du texte. *Analyse textuelle.*

textuellement **adv.** Conformément au texte. **→** fam. **[1]texto ; →** **mot à mot.**

texturant **n. m.** **(de *texture*)** techn. Agent de texture.

texture **n. f.** **(latin *textura*, de *texere* → tectonique, tisser)** Arrangement, disposition (des éléments d'une matière, d'un tout). **→ constitution, structure.** *Une roche à texture spongieuse.*

texturer **v. tr.** < 1 > techn. Traiter (les fils de matières synthétiques) par des procédés propres à les employer de façon différenciée (fibres mousse, frisées, gonflées...).

Tezuka **Osamu** Mangaka et réalisateur japonais d'animes (1928-1989). Inventeur d'un graphisme moderne, il est l'auteur de quelque 150 000 planches de mangas et de soixante films. *Le Roi Leo ; Astro Boy ; Black Jack.*

TF1 **(Télévision Française 1)** Chaîne généraliste privée de télévision française. Issue de la première chaîne publique de télévision française émettant depuis 1935, devenue *TF1* en 1974, elle est privatisée en 1987.

TGV **n. m.** **(sigle)** Train à grande vitesse.

Thabor **(mont)** Sommet des Alpes françaises, dans le S. de la Savoie, près de Modane. 3 178 m.

Thabor **(mont)** en arabe **Djabal Tūr** Mont de Galilée, en Israël, à l'O. du Jourdain. 588 mètres. La tradition y situe la transfiguration du Christ.

Thackeray **(William Makepeace)** Journaliste et romancier britannique (1811-1863). Il est l'auteur, notamment, du *Livre des snobs* et de *La Foire aux vanités*, « roman sans héros » qui révolutionna le monde littéraire.

Thaddée **(saint)** voir **Jude** (saint)

thaï, thaïe [taj] **adj.** **(mot de la langue thaïe)** Se dit de langues de l'Asie du Sud-Est, parlées notamment par les Thaïlandais, et des populations parlant ces langues. *Langues thaïes.* – **n.** *Les Thaïs.* ■ **n. m.** *Le thaï* : les langues du groupe thaï.

thaïlandais, aise **adj.** et **n.** De Thaïlande. *Cuisine thaïlandaise.* – **n.** *Les Thaïlandais.*

Thaïlande

n. f. ■ offic. royaume de Thaïlande Pays de l'Asie du S.-E. 513 115 km^2. 69 037 000 habitants (les *Thaïlandais*). **Langue** : thaï. **Population** : Thaïs (75 %), Chinois (14 %), Malais, Vietnamiens, Cambodgiens, Birmans. **Religions** : bouddhisme (94,6 %), islam (4,6 %). **Monnaie** : baht. **Capitale** : Bangkok. **Régime** : monarchie constitutionnelle. 76 provinces (+ Bangkok) réparties en 6 régions.

GÉOGRAPHIE

Le pays, qui s'étend sur 1 770 km du N. au S., occupe la péninsule indochinoise et une partie de la péninsule malaise. Le centre est occupé par le bassin du Menam Chao Phraya, le plus grand fleuve thaïlandais, agricole et densément peuplé. Dans le prolongement de la frontière birmane, le N. et l'O. sont le domaine des montagnes. L'E. est occupé par le plateau de Korat, limité par la vallée du Mékong et par les monts Dangrek (frontière cambodgienne). L'étroite bande péninsulaire est occupée par une chaîne montagneuse bordée de plaines côtières (culture de l'hévéa).

Les pitons calcaires, à base érodée, sont une des curiosités du parc national maritime d'Ao Phang-nga, sur la côte sud-ouest du pays.

ÉCONOMIE

L'agriculture emploie 40 % de la population. Premier exportateur mondial de riz et de caoutchouc, la Thaïlande est également parmi les premiers pays exportateurs de poulets et de crevettes surgelées. Les ressources énergétiques et minières sont restreintes (étain, lignite). L'industrie se concentre dans les secteurs destinés à l'exportation (automobile, électronique, textile, transformation alimentaire). Le tourisme et le commerce extérieur lui ont permis une rapide sortie de la crise financière de 1997. L'encadrement bancaire qui en a résulté a écarté les effets de la crise de 2008. Les infrastructures lourdement touchées par le tsunami de 2004 ont été reconstruites. L'arrêt du tourisme et la chute des exportations lors de la pandémie de 2020-2021 ont plongé le pays dans la récession.

HISTOIRE

Les royaumes thaïs Les premiers royaumes du Centre et du Sud passèrent sous le contrôle des Khmers (XIe, XIIe s.), puis des Thaïs, qui créèrent le royaume de Siam (1220). Fondé en 1350, le royaume d'Ayuthya fut florissant durant quatre siècles. Il résista à la tentative d'implantation des Français au XVIIe s. mais tomba sous le joug birman (1767). Libéré, le pays connut une nouvelle dynastie qui fit de Bangkok la capitale (1782). Au XIXe s., il s'ouvrit aux influences occidentales mais, menacé par les ambitions britanniques et françaises, perdit des territoires au Laos, au Cambodge et en Malaisie.

Une fragile démocratie Doté d'une monarchie constitutionnelle par un coup d'État militaire en 1932, le Siam prit en 1938 le nom de Thaïlande. Depuis 1947, il a connu une longue suite de coups d'État. Une junte militaire renversa, en sept. 2006, le gouvernement du Premier ministre Thaksin Shinawatra et la Constitution de 1997 — la plus démocratique de l'histoire du pays — fut abolie. Le pays connut alors une crise politique renforcée par une forte mobilisation populaire (manifestations de grande ampleur en avril-mai 2010). Yingluck Shinawatra, sœur de Taksin, fut élue à la tête du gouvernement en août 2011. Condamnée pour abus de pouvoir, elle fut destituée en 2014 par la Cour constitutionnelle de Thaïlande. Le général Prayuth Chan-o-Cha la remplaça. La loi martiale fut maintenue jusqu'en 2015 mais le pouvoir de la junte

Thaïlande

ne cesse de se renforcer. Après le décès du roi Bhumibol qui régna soixante-dix ans, son fils Maha Vajiralongkorn monta sur le trône en 2016 sous le nom de Rama X. De nombreux soulèvements pro-démocratie se tinrent en 2020 et furent réprimés en vertu de la loi sur le crime de lèse-majesté.

Thaïs [taj] **n. m. pl.** Peuples originaires de la Chine du Sud et du Yunnan, qui émigrèrent vers l'Asie du Sud-Est dès le Ier s. Ils sont à l'origine de nombreux peuples, notamment les Siamois et les Laotiens. Ils sont répartis en Thaïlande (80 % de la population), en Birmanie, au Laos, au Viêtnam, en Chine.

Thaïs [tais] Courtisane athénienne (IVe s. av. J.-C.). Elle fut la maîtresse d'Alexandre le Grand puis de Ptolémée, l'un des diadoques.

thalamus [talamys] **n. m. (du latin, du grec *thalamos* « chambre » → épithalame)** Les deux noyaux de substance grise situés à la base du cerveau et qui constituent un relais pour les voies sensitives. → aussi **hypothalamus.** □ **adj. thalamique**

thalassémie **n. f. (du grec *thalassa* « mer » et de *-émie*)** méd. Maladie génétique caractérisée par la synthèse défectueuse de l'hémoglobine et affectant principalement les populations du bassin méditerranéen.

thalasso- Élément **(du grec *thalassa*)** signifiant « mer ».

thalassothérapie **n. f. (→ -thérapie)** Usage thérapeutique de l'eau de mer, du climat marin. *Centre de thalassothérapie.* – *Faire une thalassothérapie.* - abrév. fam. **thalasso.**

thalassotoque **adj. (de *thalasso-* et du grec *tokos* « frai »)** zool. *Poisson thalassotoque,* qui vit en eau douce mais se reproduit en mer. – **n. m.** *Les thalassotoques.*

Thalberg (Sigismund) Pianiste et compositeur autrichien (1812-1871). Pianiste virtuose, il fut considéré comme l'émule de Liszt. Il a laissé des fantaisies, des caprices pour piano et des airs d'opéra.

thaler [talɛʀ] **n. m. (mot allemand, abrév. de *Joachimsthaler* « de Joachimsthal », ville de Bohême → dollar)** Ancienne monnaie allemande d'argent.

Thaler (Richard H.) Économiste américain (né en 1945). Il reçut le prix Nobel d'économie 2017 pour ses travaux sur les mécanismes psychologiques et sociaux et leur effet sur la prise de décision individuelle et les orientations du marché.

Thalès de Milet Mathématicien, physicien, astronome et philosophe grec (v. 625-v. 546 av. J.-C.). Le plus ancien des Sept Sages, il réalisa de nombreuses démonstrations mathématiques, parmi lesquelles le *théorème de Thalès,* concernant la proportionnalité des segments découpés sur deux droites sécantes par trois droites parallèles. Il devint célèbre par la prédiction d'une éclipse de Soleil.

thalidomide **n. f. (de *[acide N-ph]thal[y-glutamique], -ide* et *imide,* de *amide*)** méd. Tranquillisant (qui s'est révélé tératogène sur les femmes enceintes).

Thalie Muse de la Comédie dans la mythologie grecque. Elle est représentée tenant un masque.

thalle **n. m. (grec *thallos* « rameau, pousse »)** bot. Appareil végétatif des plantes inférieures sans feuilles, tiges ni racines (algues, champignons, lichens).

thallium [taljɔm] **n. m. (du grec *thallos* « rameau vert », à cause de la raie verte dans son spectre, par l'anglais)** chim. Élément atomique (symb. Tl ; n° at. 81 ; masse at. 204,39), métal blanc bleuté, très malléable et très toxique.

thallophyte **n. f. (de *thalle* et *-phyte*)** bot. Végétal inférieur dont l'appareil végétatif est un thalle.

thalweg **n. m.** voir **talweg**

Thalwil Ville de Suisse, sur le lac de Zurich. 17 789 habitants. Industrie textile.

Thamar ou **Tamar** (1160-1213). Reine de Géorgie (1184-1213). Sous son règne, la Géorgie s'étendit sur une grande partie du Caucase et connut un âge d'or artistique.

Thana Ville d'Inde (Maharashtra). 1,3 million d'habitants. Banlieue industrielle de Bombay.

thanato- Élément **(du grec *thanatos*)** signifiant « mort ».

thanatologie **n. f.** didact. Étude des différents aspects (biologiques, sociologiques, médicolégaux) de la mort.

thanatopraxie **n. f. (de *thanato-* et du grec *prassein* « agir », d'après *chiropraxie*)** didact. Ensemble des soins de conservation effectués sur un défunt. → **embaumement.**

thanatos **n. m. (du n. du dieu grec)** psych. Ensemble des pulsions de mort (souvent opposé à *éros*).

Thanatos Dans la mythologie grecque, dieu de la Mort. Il est représenté comme un vieillard barbu et ailé, ou drapé dans un manteau noir.

Thanjavur Ville d'Inde (Tamil Nadu). 215 000 habitants. Ancienne capitale de la dynastie des Chola (907-1331), elle conserve de très grands temples.

Thanksgiving [sɑ̃ksgiviŋ] **n. m. (mot anglais)** Fête religieuse annuelle, célébrée le quatrième jeudi de novembre aux États-Unis et le deuxième jeudi d'octobre au Canada, destinée à remercier la bonté divine.

Thann Chef-lieu d'arrondissement du Haut-Rhin, sur la Thur. 7 784 habitants (agglomération 31 554 habitants). Collégiale gothique (XIVe-XVIe s.). Viticulture. Industrie chimique.

Thant (Sithu U) Diplomate birman (1909-1974). Il fut secrétaire général de l'ONU de 1961 à 1971.

Thaon di Revel (Paolo) Amiral italien (1859-1948). Chef des forces navales alliées de l'Adriatique pendant la Première Guerre mondiale, il fut ministre de la Marine sous Mussolini.

Thar **n. m.** Région désertique et steppique s'étendant entre l'Inde occidentale (Rajasthan) et le Pakistan.

Tharaud (Ernest, dit Jérôme, et Charles, dit Jean) Écrivains français (1874-1953 et 1877-1952). Leur collaboration est à l'origine d'une œuvre abondante, comprenant des romans de mœurs *(Dingley, l'illustre écrivain),* des récits exotiques *(À l'ombre de la croix)* et des recueils de souvenirs *(Notre cher Péguy).*

Thasos Île grecque proche de la côte de Macédoine. 379 km^2. 15 000 habitants. Chef-lieu : Thasos. Ruines antiques. Musée archéologique.

Thatcher (Margaret) Femme politique britannique (1925-2013). Chef du Parti conservateur (1975) puis Premier ministre (1979-1990), elle mena une politique d'aus-

Margaret Thatcher, au sommet de l'Otan, à Bruxelles (1989).

térité et de rigueur, pratiquant un libéralisme radical. Attachée à la souveraineté britannique, elle s'opposa à la politique communautaire européenne. Elle démissionna en 1990.

Thau (étang de) Étang du Languedoc, à l'extrémité du canal du Midi. Le chenal qui le relie à la Méditerranée, près de Sète, est bordé d'industries. Ostréiculture.

thaumaturge adj. (du grec, de *thauma* « merveille », *cf.* démiurge) didact. ou littér. Qui fait des miracles. – n. Faiseur, faiseuse de miracles.

thaumaturgie n. f. didact. Pouvoir des thaumaturges.

THC n. m. (abrév. de *tétrahydrocannabinol*) chim. Molécule ($C_{21}H_{30}O_2$) dérivée du cannabis, aux effets psychoactifs. *THC et cannabidiol.*

thé n. m. (du malais ou du chinois, par le néerlandais) **1.** Arbre ou arbrisseau d'Extrême-Orient, cultivé pour ses feuilles qui contiennent des alcaloïdes, parmi lesquels la théine. → **théier.** ■ Feuilles de thé séchées. *Thés de Chine, de Ceylan. Thé Earl grey, oolong. Thé vert (du Japon). – Thé rouge.* → **rooibos. 2.** Boisson préparée avec des feuilles de thé infusées. *Une tasse de thé.* – loc. fig. *Ce n'est pas ma tasse* de thé.* – *Prendre le thé* : boire du thé. *Salon de thé.* **3.** Réunion où l'on sert du thé, des gâteaux. *Un thé dansant.* **4.** appos. *Une rose thé ou rose-thé* (de la couleur de la boisson). – *Couleur rose thé.*

théatin n. m. (de *Theato*, ville d'Italie [aujourd'hui Chieti]) Religieux de l'ordre fondé par P. Carafa, évêque de Theato, pour réformer les mœurs du clergé.

théâtral, ale, aux adj. **1.** Qui appartient au théâtre ; de théâtre (II, 1). → **dramatique.** *Œuvre théâtrale.* **2.** fig. et péj. Qui a le côté artificiel, excessif du théâtre. *Une attitude théâtrale.*

théâtralement adv. **1.** Conformément aux règles du théâtre. *S'exprimer théâtralement.* **2.** fig. D'une manière théâtrale (2).

théâtraliser v. tr. < 1 > didact. Donner un caractère théâtral à.

théâtralisme n. m. (de *théâtral*) psych. Tendance aux manifestations émotives spectaculaires. *Théâtralisme de l'hystérie.*

théâtralité n. f. Caractère théâtral.

théâtre n. m. (latin *theatrum*, emprunt au grec *theatron*) **I. 1.** dans l'Antiquité Construction en plein air, généralement adossée à une colline creusée en hémicycle, réservée aux spectacles. → **amphithéâtre.** ■ mod. Construction ou salle destinée aux spectacles se rattachant à l'art dramatique. *Théâtre à l'italienne.* – Petite scène où l'on donne un spectacle sans acteurs. *Théâtre de marionnettes.* **2.** Entreprise de spectacles dramatiques (→ **compagnie, troupe**). *Le répertoire d'un théâtre.* **3.** *Théâtre de verdure* : aménagement artistique d'un parc. **4.** fig. *Le théâtre de* : le cadre, le lieu où se passe un évènement. → **scène.** *Le théâtre du crime.* – *Le théâtre des opérations* (militaires). **II. 1.** Art visant à représenter devant un public une suite d'évènements où des êtres humains agissent et parlent ; genre littéraire, œuvres qui y correspondent. → **scène, spectacle ; dramatique.** *Personnages, rôles, décors de théâtre. « Nous concevons le théâtre comme une véritable opération de magie »* (Artaud). – *Aller au théâtre.* ■ *Pièce de théâtre* : texte littéraire qui expose une action dramatique, généralement sous forme de dialogue entre des personnages. – *Coup de théâtre* : retournement brutal d'une situation. → **rebondissement. 2.** Genre littéraire ; ensemble d'œuvres dramatiques. → **comédie, drame, tragédie.** – *Le théâtre de Racine, de Shakespeare.* – *Le théâtre de boulevard.* **3.** Activités de l'acteur ; profession de comédien de théâtre. *Cours de théâtre. Faire du théâtre.* → **jouer.**

théâtreux, euse n. fam. Professionnel(le) du théâtre. *Théâtreux et gens de cinéma.*

théâtrothérapie n. f. psych. Thérapie basée sur l'improvisation théâtrale.

thébaïde n. f. (du n. propre) littér. Lieu isolé et sauvage, où l'on mène une vie austère, calme et solitaire. → ^{1}**retraite.**

Thébaïde n. f. Ancien nom de la partie méridionale de la Haute-Égypte, dont la capitale était *Thèbes.* Au IIIe s., un grand nombre de chrétiens s'y réfugièrent.

thébaïne n. f. (de *thébaïque*) chim. Alcaloïde très toxique extrait de l'opium.

thébaïque adj. (du grec *thebaikos* « de Thèbes », cette ville d'Égypte étant autrefois un important centre du commerce de l'opium) didact. Relatif à l'opium, qui contient de l'opium. → **opiacé.** *Pilules thébaïques.*

thébaïsme n. m. (de *thébaïque*) didact. Intoxication par l'opium. → **opiomanie.**

Thèbes Ville de Grèce centrale (Béotie). 25 000 habitants. Musée archéologique. Au –IVe s., Thèbes prit la tête de la Confédération béotienne et acquit une brève hégémonie sur la Grèce, notamment grâce aux victoires d'Épaminondas dans le Péloponnèse. Battue à Chéronée (–338), elle dut subir la domination macédonienne et fut rasée par Alexandre le Grand en –336.

Thèbes Ancienne ville de Haute-Égypte, sur les deux rives du Nil. Capitale de l'Empire égyptien à son apogée, elle était le centre du culte du dieu Amon. Elle constitue actuellement le plus grand site archéologique d'Égypte.

-thée Élément (du grec *theos* « dieu »).

théier n. m. Arbre à thé. *Plantation de théiers.*

théière n. f. Récipient dans lequel on fait infuser le thé.

Theiler (Max) Médecin américain d'origine sud-africaine (1899-1972). Il mit au point un vaccin contre la fièvre jaune. Prix Nobel 1951.

théine n. f. chim. Variété de caféine contenue dans les feuilles de thé (alcaloïde).

théisme n. m. (de l'anglais → -théisme) didact. Doctrine qui admet l'existence d'un dieu unique (contr. *athéisme*). → **déisme.**

-théisme, -théiste Éléments (du grec *theos* « dieu »). → aussi **théo-.**

théiste n. et adj. (de l'anglais → -théisme) didact. (Personne) qui professe le théisme. → **déiste.**

Theix-Noyalo Commune du Morbihan, près de Vannes. 8 386 habitants.

thématique adj. (du grec → thème) **I.** Relatif à un thème. *Catalogue thématique.* ■ ling. Qui appartient à un thème de pensée, à une terminologie. *Vocabulaire thématique* (opposé à *athématique*). ■ *Chaîne de télévision thématique* (opposé à *généraliste*). **II.** n. f. didact. Ensemble, système organisé de thèmes (conscients et inconscients). *La thématique d'un auteur.*

thématisme n. m. (de *thème*) didact. Organisation d'une œuvre littéraire ou musicale autour de thèmes.

thème n. m. (du latin, du grec *thema* « ce qui est posé » → thèse) **1.** Sujet, idée, proposition qu'on développe (dans un discours, un ouvrage) ; ce sur quoi s'exerce la réflexion ou l'activité. → **objet,** ^{2}**sujet.** *Les thèmes d'un écrivain, d'un peintre. Thème d'un discours.* – *Voyage à thème.* ■ *Thème astral* : représentation symbolique de l'état du ciel au moment de la naissance de qqn, permettant d'établir son horoscope. **2.** Exercice scolaire, traduction d'un texte de sa langue maternelle dans une langue étrangère. *Thème et version.* – loc. *Un fort en thème* : un très bon élève ; péj. une personne de culture essentiellement livresque. **3.** mus. Dessin mélodique qui constitue le sujet d'une composition musicale et qui est l'objet de variations. → **motif.** *Thème et variations.*

Thémines (Pons de Lauzières, marquis de) Maréchal de France (1552-1627). Il participa aux guerres de Religion et soumit le Quercy. Il fut gouverneur de Bretagne.

Thémis L'une des Titanides dans la mythologie grecque, déesse de la Justice.

Thémistocle Homme d'État et général athénien (v. 525-v. 460 av. J.-C.). Il développa la puissance maritime d'Athènes et fortifia Le Pirée, qui devint le principal port de la ville. Il fut l'artisan de la victoire de Salamine sur les Perses.

thénar n. m. (grec *thenar* « paume ») anat. Saillie formée sur la paume de la main par les muscles du pouce. *Thénar et hypothénar.*

Thenard (Louis Jacques, baron) Chimiste français (1777-1857). Il établit une classification des métaux d'après leur résistance à l'eau et à l'oxygène. Il découvrit le bore et l'eau oxygénée.

théo- Élément (du grec *theos*) signifiant « dieu ».

théobromine n. f. (de *theobroma*, littéralt « nourriture *[brôma]* des dieux », n. scient. du cacaoyer) biochim. Alcaloïde du cacao, présent également dans le thé, le café, la noix de cola.

théocratie n. f. (du grec → -cratie) didact. **1.** Gouvernement par un souverain considéré comme le représentant de Dieu. **2.** Régime où l'Église, les prêtres jouent un rôle politique important. □ adj. **théocratique**

Théocrite en grec **Theokritos** Poète grec (v. 315-v. 250 av. J.-C.). L'un des plus illustres poètes de la période alexandrine, il inaugura le genre pastoral donnant son essor à l'idylle bucolique. *Idylles.*

Théodebald (mort en 555). Roi d'Austrasie (548-555). Fils de Théodebert Ier, il eut pour successeur Clotaire Ier.

Théodebert Ier (504-548). Fils de Thierry Ier, il fut roi d'Austrasie de 534 à 548.

Théodebert II (586-612). Roi d'Austrasie (596-612). Fils de Childebert II, il fut renversé par son frère Thierry II et assassiné sur l'ordre de Brunehaut.

théodicée n. f. (de *théo-* et du grec *dikê* « justice ») didact. Justification de la bonté divine par la réfutation des arguments tirés de l'existence du mal.

théodolite n. m. (du latin mod., d'origine inconnue) sc. Instrument de visée muni d'une lunette, servant en géodésie à mesurer les angles, à lever les plans.

Théodora (morte en 548). Impératrice d'Orient (527-548). Épouse de Justinien Ier, elle eut une grande influence sur sa politique.

Théodora (morte en 867). Impératrice d'Orient (842-856). Régente pendant la minorité de son fils Michel III, elle convoqua un concile qui rétablit le culte des images et persécuta les hérétiques (843).

« Le théâtre n'est pas le pays du réel: il y a des arbres de carton, des palais de toile, un ciel de haillons [...]. C'est le pays du vrai. Il y a des cœurs humains sur la scène [...] des cœurs humains dans la salle » (Victor Hugo). Malgré la multiplicité des formes et des genres, le théâtre a deux généalogies essentielles. La représentation du sacré et du pouvoir a donné naissance à une histoire de la tragédie qui réunit Sophocle, Racine, Shakespeare, mais aussi Claudel et Beckett et même le Nô japonais. La veine comique est aussi ancienne : « à son origine c'est un loustic à la langue bien pendue qui imitait ses camarades, inventait des farces et faisait rire » (P. Léautaud). La « commedia dell'arte » est ainsi proche des œuvres d'Aristophane ou de Molière, autant que de celles de Jarry ou d'Arrabal. Aujourd'hui les créateurs contemporains nous entraînent dans un aller-retour incessant entre ces deux visages du théâtre, qu'ils s'appellent Tchekhov, Audiberti, Brecht, Genet, Pinter.

Ci-dessus, *Le Roi Lear* de William Shakespeare, mise en scène Jean-François Sivadier.
1. *Le Bourgeois gentilhomme* de Molière, Jean Le Poulain dans le rôle-titre.
2. *Bellissimo* de *Viva La Commedia*, mise en scène Anthony Magnier.
3. *Stabat Mater Furiosa* de Jean-Pierre Siméon, mise en scène Dominique Lurcel.
4. *Mère Courage et ses enfants* de Bertolt Brecht, mise en scène Anne-Marie Lazarini.
5. *Les Bouts de bois de Dieu* de Ousmane Sembène, mise en scène Hugues Serge Limbvani.
6. *Ubu roi* d'Alfred Jarry, mise en scène Jean Vilar.
7. *Tartuffe* de Molière, mise en scène Ariane Mnouchkine.
8. Le mime Charles Deburau, créateur avec son père du personnage de Pierrot.
9. *Les Perses* d'après la tragédie d'Eschyle, réalisation Jean Prat.
10. *Le Dit du Genji* de Murasaki Shikibu.

1

2

3

4

5

6

7

8

9

10

Theodorakis (Mikis) Compositeur et homme politique grec (1925-2021). Réfugié en France pendant le « régime des colonels », il milita en faveur de la liberté de son pays. Auteur de musique instrumentale, il est surtout connu pour ses musiques de films *(Zorba le Grec ; Z)* et ses mélodies.

Théodore le Studite (saint) Religieux byzantin (759-826). Réformateur monastique, il combattit les iconoclastes *(Contre les iconomaques)*.

Théodore Ier Lascaris (mort en 1222). Empereur byzantin (1204-1222), fondateur de l'empire de Nicée. ■ **Théodore II Doukas Lascaris** (1222-1258). Empereur byzantin de Nicée (1254-1258), petit-fils de Théodore Ier Lascaris.

Théodoric le Grand (v. 455-526). Roi des Ostrogoths (493-526). Élevé à Constantinople, il se posa en héritier de l'empire d'Occident. Il fonda un royaume autonome en Italie (488-493) dans lequel il imposa le droit romain et fit de Ravenne sa capitale.

Théodoric Ier (mort en 451). Roi des Wisigoths (418-451). Il périt en combattant Attila aux champs Catalauniques.

Théodoros II (1818-1868). Empereur d'Éthiopie (1855-1868). Artisan de l'unification de l'Éthiopie, il fut vaincu par les Britanniques à Magdala et se suicida.

Théodose Ier le Grand (v. 346-395). Empereur romain (379-395). Il fut le dernier souverain à régner sur l'ensemble de l'Empire romain. Il combattit le paganisme et fit du christianisme une religion d'État. À sa mort, l'Empire fut partagé entre ses deux fils, l'Occident revenant à Honorius, et l'Orient à Arcadius. ■ **Théodose II** (v. 401-450). Empereur d'Orient (408-450). Petit-fils de Théodose Ier, il ne put empêcher l'invasion des Huns et dut payer un tribut à Attila. Il fit rédiger le *Code Théodosien* (435-438).

Théodulf Prélat (milieu du VIIIe s.-821). Évêque d'Orléans et abbé de Fleury, poète et théologien, il fut l'un des principaux représentants de la renaissance carolingienne.

théogonie n. f. (du grec, de *theos* → théo- et *-gonia* « origine ») dans les religions polythéistes Système, récit qui explique la naissance des dieux. → **mythologie.** □ adj. **théogonique**

théologal, ale, aux adj. relig. chrét. *Vertus théologales,* qui ont Dieu lui-même pour objet (foi, espérance, charité).

théologie n. f. (du grec → -logie) relig. monothéistes, surtout chrétienne Étude des questions religieuses fondée sur les textes sacrés, les dogmes et la tradition. *Enseignement de la théologie.* → aussi **scolastique.** ■ *La théologie juive.*

▶ La **théologie** est un discours sur Dieu, et en conséquence sur l'homme et sur le monde. Une tradition qui va d'Aristote à saint Thomas d'Aquin voit en elle la source de tous les savoirs. Les vérités scientifiques ne sont alors que la reconnaissance des lois divines. De la même façon, la morale antique et médiévale se fonde sur l'affirmation d'une « nature humaine » dont la définition immuable est théologique.
En Occident, l'émancipation des sciences physiques à la Renaissance, puis celle des sciences humaines au XVIIIe siècle bouleversent profondément l'édifice de la connaissance. Malgré une longue résistance de l'Église catholique, la théologie perd alors son statut de « mère des sciences », tout en approfondissant sa différence. En reconnaissant, à partir de Pascal, son objet dans un au-delà de la raison, la théologie chrétienne se recentre sur l'expérience du divin. Sans renoncer à éclairer et à donner des repères, elle devient moins dogmatique. Le discours théologique se transforme en réflexion spirituelle et en méditation. Contestée par l'histoire, la valeur de vérité littérale des textes sacrés s'efface devant leur valeur symbolique. Confessant ses propres limites, reconnaissant l'autonomie des autres savoirs, la théologie moderne se donne ainsi comme la quête d'une vérité qui commence là où finissent les discours profanes qui seraient marqués par les limites du savoir humain.
voir aussi **humanisme, raison, Bible, Coran, science**

théologien, ienne n. Spécialiste de théologie.

théologique adj. Relatif à la théologie.

théophilanthrope n. (de *théo-, -phile* et *anthrope,* formation abusive) hist. Adepte d'un système philosophique et religieux d'inspiration déiste, en vogue à la fin du XVIIIe siècle et opposé au catholicisme.

Théophile de Viau voir **Viau (Théophile de)**

Théophraste d'Érèse Philosophe grec (v. 372-v. 287). Successeur d'Aristote à la direction du Lycée, il a laissé, outre deux traités d'histoire naturelle sur les plantes, une *Métaphysique* et des *Caractères* qui servirent de modèle à La Bruyère.

théophylline n. f. (de *thé* et du grec *phullon* « feuille ») biochim. Principal alcaloïde des feuilles de thé.

théorbe voir **téorbe**

théorématique adj. (du grec → théorème) didact. Qui a le caractère d'un théorème. *Sciences théorématiques,* énonçant des lois.

théorème n. m. (grec *theorema* « objet d'étude », de *theôrein* « observer » → ¹théorie) Proposition démontrable qui résulte d'autres propositions déjà posées (opposé à *définition, axiome, postulat, principe*). *Démontrer un théorème de géométrie.*

théorétique adj. et n. f. (latin *theoreticus*) philos. Qui vise à la connaissance pure, à la spéculation. → **théorique.** – Étude de la connaissance pure.

théoricien, ienne n. **1.** Personne qui connaît la théorie d'un art, d'une science. **2.** Personne qui élabore, défend une théorie sur un sujet. *Les théoriciens du socialisme.* **3.** absolt Personne qui, dans un domaine, se préoccupe surtout de connaissance abstraite et non de la pratique, des applications.

¹théorie n. f. (du latin, pris au grec *theôria,* de *theôrein* → théorème) **1.** Ensemble organisé d'idées, de concepts abstraits appliqué à un domaine particulier. → **conception, doctrine, système, thèse.** *Bâtir une théorie.* ■ absolt *La théorie* (opposée à *la pratique*). – *En théorie :* en envisageant la question d'une manière abstraite ; péj. d'une manière irréalisable. → **théoriquement. 2.** sc. Système formé d'hypothèses, de connaissances vérifiées et de règles logiques. *La théorie des quanta.*

²théorie n. f. (du grec → ¹théorie) littér. Groupe de personnes qui s'avancent les unes derrière les autres. → **cortège, défilé, procession.** *« Des théories de femmes se rendaient aux lieux où leurs proches se trouvaient enterrés »* (Camus).

théorique adj. (→ ¹théorie) **1.** Qui consiste en connaissance abstraite ; qui élabore des théories. *La recherche théorique.* → **fondamental, spéculatif.** *Physique théorique et physique appliquée.* **2.** souvent péj. Qui est conçu, étudié d'une manière abstraite et souvent incorrecte (opposé à *expérimental, réel, vécu*). *Une égalité toute théorique.*

théoriquement adv. **1.** D'une manière théorique (opposé à *pratiquement*). **2.** En principe, normalement.

théoriser v. tr. < 1 > **1.** v. intr. Émettre, présenter une théorie. **2.** v. tr. Mettre en théorie. *Théoriser une opinion.*

théosophe n. (→ théosophie) Adepte de la théosophie.

théosophie n. f. (grec *theosophia,* de *theos* → théo- et *sophia* « sagesse » → philosophie) didact. Doctrine ésotérique du divin, fondée sur la contemplation de l'univers et l'illumination intérieure.

thèque n. f. (grec *thêkê* « boîte ») biol. Enveloppe, graine. *Thèque du follicule ovarien.*

-thèque Élément (du grec *thêkê* « coffre, boîte ») qui signifie « endroit où l'on conserve (qqch.) » (ex. *bibliothèque, cinémathèque*).

Théra voir **Santorin**

thérapeute n. (du grec → -thérapie) didact. Personne qui soigne des malades. → **médecin.** – spécialt Psychothérapeute.

thérapeutique (du grec → -thérapie) **1.** adj. Qui concerne le traitement des maladies ; apte à guérir. → **curatif, médical, médicinal.** *Substances thérapeutiques.* → **médicament, remède.** – *Acharnement* thérapeutique.* – *Usage thérapeutique du cannabis* (opposé à *récréatif*). **2.** n. f. didact. *La thérapeutique :* partie de la médecine qui s'attache à guérir et à soulager les malades (→ -thérapie). – *Une thérapeutique.* → **thérapie.** *Une thérapeutique nouvelle.*

thérapie n. f. (du grec → -thérapie) **1.** didact. Ensemble de procédés concernant un traitement déterminé. → **thérapeutique** (2). **2.** Psychothérapie. *Thérapie familiale.*

-thérapie Élément (du grec *therapeia,* de *therapeuein* « soigner ») signifiant « soin, cure » (ex. *kinésithérapie, psychothérapie, radiothérapie*).

Thérèse d'Ávila (sainte) Carmélite et mystique espagnole (1515-1582). Elle réforma l'ordre du Carmel avec saint Jean de la Croix et fonda plusieurs couvents réformés. Figure emblématique du mysticisme espagnol, canonisée en 1622, elle fut la première femme proclamée docteur de l'Église (1970). *Chemin de la perfection ; Les Demeures ou le Château intérieur.*

Thérèse de l'Enfant-Jésus (sainte) [Thérèse Martin], dite sainte Thérèse de Lisieux Carmélite française (1873-1897). Entrée au carmel de Lisieux en 1888, elle y rédigea son autobiographie, *Histoire d'une âme,* témoignage de son abandon à Dieu. Elle fut canonisée en 1925 et proclamée docteur de l'Église en 1997.

thériaque n. f. (latin médical *theriaca,* du grec *thêrion* « bête sauvage ») méd., ancien Électuaire contenant de nombreux principes actifs (dont l'opium) qui était employé contre la morsure des serpents.

Thériault (Yves) Écrivain canadien (québécois) [1915-1983]. Ses romans mettent en scène les minorités canadiennes juive *(Aaron),* inuite *(Agaguk),* amérindienne *(Ashini)* et scandinave *(Kesten).*

théridion ou **theridium** n. m. (diminutif du grec *thêrion* « bête sauvage ») zool. Petite araignée aux couleurs vives qui construit une toile irrégulière.

thérien n. m. (du grec *thêrion* « bête sauvage ») zool. Mammifère évolué qui porte ses petits en développement et qui ne pond pas d'œufs (sous-classe des Thériens).

therm- voir **thermo-**

thermal, ale, aux adj. (→ thermes) **1.** Qui a une température élevée à la source et des propriétés thérapeutiques. *Eaux thermales.* → aussi **minéral.** – *Source thermale.* **2.** Où l'on utilise les eaux médicinales (eaux minérales chaudes ou non). *Station thermale. Cure thermale.*

thermalisme n. m. **1.** didact. Science des eaux thermales. **2.** Aménagement, exploitation des stations thermales.

thermalité n. f. didact. Propriété d'une eau naturelle qui sort de la source à une température relativement élevée.

-therme, -thermie, -thermique Éléments (du grec *thermos* « chaud »). → **therm(o)-.**

thermes n. m. pl. (grec *therma,* de *thermos* « chaud » → therm[o]-) **1.** Établissement de bains publics de l'Antiquité. **2.** Établissement thermal.

thermicien, ienne n. Spécialiste de l'énergie thermique.

thermicité n. f. phys. Le fait d'avoir un effet thermique.

thermidor n. m. (du grec *thermê* « chaleur » et *dôron* « don ») Onzième mois du calendrier républicain (du 19 juillet au 18 août).

Thermidor an II (journée du 9) Journée révolutionnaire (27 juill. 1794) qui aboutit à la chute de Robespierre et mit fin à la Convention montagnarde.

thermie n. f. (→ therm[o]-) Ancienne unité MTS de quantité de chaleur.

thermique (→ therm[o]-) **1.** adj. Relatif à la chaleur, à la température. *Énergie thermique. Effet thermique.* → **calorifique.** *Isolation thermique.* – *Centrale thermique,* utilisant des moteurs thermiques pour produire l'énergie électrique. **2.** n. f. Partie de la physique qui étudie les phénomènes thermiques. □ adv. **thermiquement**

thermisation n. f. (de *thermique*) techn. Traitement thermique doux que l'on fait subir au lait de fromagerie pour réduire la flore microbienne.

thermistance n. f. (de *therm[o]-* et *[résis]tance*) phys. Résistance électrique dont la valeur varie rapidement en fonction de la température, et spécialt en raison inverse de la température.

thermite n. f. (du grec *thermê* « chaleur ») techn. Mélange de poudre d'aluminium et d'oxyde ferrique utilisé dans l'industrie de l'aluminium.

therm(o)- Élément de mots savants (du grec *thermos* « chaud » ou *thermon* « chaleur » → **thermal, thermes, thermique**).

thermoacidophile adj. et n. m. biol. Se dit d'une archéobactérie qui croît à température élevée en milieu très acide.

thermocautère n. m. (→ cautère) méd. Instrument (tige maintenue incandescente) pour cautériser par la chaleur intense.

thermochimie n. f. sc. Étude des quantités de chaleur mises en jeu par les réactions chimiques.

thermocline n. f. (de *therm[o]-* et du grec *klinein* « incliner ») didact. Différence de température entre deux zones d'eau de mer contiguës, l'eau plus chaude se trouvant en surface, l'eau froide dans les fonds.

thermocollant, ante adj. Que la chaleur rend adhésif.

thermocouple n. m. phys. Instrument qui permet de repérer les hautes températures et de mesurer l'énergie rayonnante.

thermodurcissable adj. techn. Se dit des matières plastiques auxquelles un échauffement prolongé fait perdre leur élasticité.

thermodynamicien, ienne n. Spécialiste de la thermodynamique.

thermodynamique n. f. et adj. (anglais *thermodynamics* → thermo- et dynamique) sc. Branche de la physique qui étudie les relations entre phénomènes thermiques et mécaniques. ▪ adj. *Potentiel thermodynamique.*

thermoélectricité n. f. sc. **1.** Étude des relations entre phénomènes thermiques et électriques. **2.** Électricité produite à partir de l'énergie thermique.

thermoélectrique adj. sc. Relatif à la thermoélectricité.

thermoélectronique adj. phys. *Effet thermoélectronique :* émission d'électrons par les métaux incandescents. → **thermoïonique.**

thermoformage n. m. Technique permettant la réalisation de formes d'un matériau par chauffage.

thermogène adj. (→ -gène) Qui produit de la chaleur. – *Ouate thermogène,* pour congestionner la peau.

thermogenèse n. f. biol. Production de la chaleur physiologique (→ **chaleur animale**).

thermogénie n. f. phys. Ensemble des techniques ayant pour objet la production d'énergie calorifique.

thermographe n. m. Thermomètre enregistreur qui inscrit les variations de température.

thermographie n. f. Technique d'enregistrement graphique des températures d'un corps par détection du rayonnement qu'il émet.

thermogravimétrie n. f. phys. Technique consistant à enregistrer les variations de masse d'un échantillon (liquide ou solide) en fonction de la température et du temps.

thermoïonique adj. phys. Thermoélectronique.

thermolabile adj. sc. Qui peut subir des modifications ou qui perd ses propriétés lorsqu'une élévation de température déterminée s'est produite.

thermoluminescence n. f. sc. Luminescence provoquée par l'élévation de température d'une substance préalablement excitée par irradiation.

thermolyse n. f. **1.** chim. Décomposition d'un corps par la chaleur. → **pyrolyse. 2.** physiol. Déperdition de chaleur par l'organisme, faisant partie du processus normal de thermorégulation.

thermomagnétique adj. phys. Qui concerne le magnétisme lié à la température. *Effet thermomagnétique.*

thermomécanique adj. phys. Où interviennent simultanément des phénomènes mécaniques et thermiques.

thermomètre n. m. Instrument destiné à la mesure des températures, généralement grâce à la dilatation d'un liquide ou d'un gaz. *Thermomètre à mercure, à hélium.* – *Thermomètre médical,* destiné à indiquer la température interne du corps. – par ext. La colonne de liquide. *Le thermomètre monte, descend :* la température augmente, diminue. ▪ fig. Ce qui permet d'évaluer (un phénomène). → **baromètre.**

thermométrie n. f. sc. Mesure scientifique des températures.

thermométrique adj. Relatif au thermomètre ou à la température. *Échelle thermométrique.*

thermonucléaire adj. phys. Relatif à la réaction de fusion de couples de noyaux d'atomes légers portés à très haute température. *Bombe thermonucléaire :* bombe atomique à hydrogène (cour. : *bombe H*).

thermophile adj. et n. m. biol. Se dit des organismes qui vivent à des températures élevées. *Bactéries thermophiles.* – n. m. *Les thermophiles.*

thermoplastique adj. techn. Se dit d'une matière malléable à la chaleur.

thermoplongeur n. m. Petit appareil muni d'une résistance électrique, que l'on plonge dans de l'eau pour la faire chauffer.

thermopompe n. f. techn. Pompe à chaleur.

thermopropulsion n. f. sc. Propulsion d'un mobile obtenue directement par l'énergie thermique d'une combustion, sans transformation en travail mécanique par un moteur. □ adj. **thermopropulsif, ive**

Thermopyles (bataille des) Bataille qui se déroula en 480 av. J.-C. au défilé des Thermopyles, en Grèce (Phtiotide). Elle opposa aux Perses de Xerxès Ier le roi Léonidas Ier, qui y périt avec 300 Spartiates.

thermorégulateur, trice 1. n. m. Mécanisme permettant de régler la chaleur dans divers appareils. **2.** adj. Qui concerne la thermorégulation.

thermorégulation n. f. biol. Mécanisme régulateur par lequel la température interne du corps des animaux homéothermes reste constante.

thermorésistant, ante adj. **1.** techn. Se dit d'une matière plastique qui résiste à la chaleur. **2.** biol. Se dit d'un organisme qui résiste à des températures élevées.

thermos [tɛRmos] n. m. ou f. (n. déposé ; mot grec « chaud » → therm[o]-) Récipient isolant qui maintient durant quelques heures la température du liquide qu'il contient. *Un thermos de thé.* – appos. *Une bouteille thermos.*

thermosensible adj. techn. Dont les propriétés peuvent varier en fonction de la température. *Papier thermosensible.*

thermosphère n. f. phys. Couche de l'atmosphère située au-dessus de la mésosphère, caractérisée par une augmentation continue de la température avec l'altitude.

thermostable adj. sc. Se dit d'un composé ou d'un objet qui, dans des conditions déterminées, reste stable sous l'action de la chaleur. → **réfractaire.**

thermostat n. m. (→ -stat) Appareil qui permet d'obtenir une température constante dans une enceinte fermée. *Four à thermostat.*

thermostatique adj. (de *thermostat*) Qui permet de maintenir une température constante. *Régulation thermostatique.*

thésard, arde n. fam. Personne qui fait une thèse de doctorat. → **doctorant.**

thésaurisation n. f. didact. Action de thésauriser. → aussi **épargne.**

thésauriser v. < 1 > (du latin, de *thesaurus* → thésaurus, du grec *thesauros* → trésor) littér. **1.** v. intr. Amasser de l'argent pour le garder, sans le faire circuler ni le placer. → **capitaliser, économiser, épargner. 2.** v. tr. Amasser (de l'argent) de manière à se constituer un trésor. □ n. **thésauriseur, euse**

thésaurus n. m. (mot latin « trésor » → thésauriser) didact. Répertoire structuré de termes (mots-clés) pour l'analyse de contenu et le classement de documents. - var. **thesaurus.**

thèse n. f. (latin *thesis,* mot grec, de *tithenai* « poser », *cf.* synthèse ; famille de *thème*) **1.** Proposition ou théorie qu'on tient pour vraie et qu'on s'engage à défendre par des arguments. *Avancer, soutenir une thèse.* → **doctrine, opinion.** – littér. *Pièce, roman à thèse,* qui illustre une thèse (philosophique, morale, politique, etc.). **2.** Ouvrage présenté pour l'obtention du doctorat. *Soutenance de thèse.* **3.** philos. Premier moment de la démarche dialectique auquel s'oppose l'*antithèse,* jusqu'à ce que ces contraires soient conciliés par la *synthèse.*

Thésée Héros de la mythologie grecque. Fils d'Égée ou de Poséidon, il tue le Minotaure avec l'aide d'Ariane puis devient roi d'Athènes.

Thésée châtiant Sinis, coupe attique (v. 490 av. J.-C.), Staatliche Antikensammlung, Munich.

thesmophories n. f. pl. (grec *thesmophoria,* de *thesmophors* « législateur », surnom de Déméter) Antiq. grecque Fêtes en l'honneur de Déméter, célébrées par les femmes.

tholos

La tholos du sanctuaire d'Athéna Pronaia (IVe s. av. J.-C.), l'une des merveilles du site de Delphes.

Thespis Poète et dramaturge grec (VIe s. av. J.-C.). Personnage semi-légendaire, il fut considéré par les Anciens comme l'inventeur de la tragédie.

Thessalie **n. f.** Région de Grèce, au S. de l'Olympe. 14 037 km². 800 000 habitants. Villes principales : Lárissa et Vólos. Plaine fertile agricole. Ruines antiques (citadelles). Elle fut la région principale de la Grèce antique.

Thessalonique ou **Salonique** Ville de Grèce, en Macédoine, chef-lieu du district régional de Macédoine centrale. 322 200 habitants. Centre d'art byzantin ; remparts. Musée archéologique. Capitale économique et culturelle de la Grèce du Nord, 2e port du pays. Fondée par Cassandre en –315, la ville devint capitale de la Macédoine après la conquête romaine (–168). Capitale du royaume de Thessalonique de 1205 à 1223, latine de 1225 à 1241, elle fut intégrée à l'empire de Constantinople en 1313. Prise par les Turcs en 1430, elle fut réintégrée à la Grèce en 1912.

thêta **n. m. invar.** **(mot grec)** Huitième lettre de l'alphabet grec (Θ, θ) à laquelle correspond *th*, dans les mots français issus du grec.

Thetford Mines Ville du Canada (Québec), dans l'Estrie. 25 403 habitants. Mine d'amiante.

thétique **adj.** **(latin *theticus*, du grec)** **philos.** Relatif à une thèse. *Jugements thétiques.* ■ Qui pose qqch. en tant qu'existant. *Conscience thétique.* → **existentiel.**

Thétis Divinité marine grecque, la plus célèbre des Néréides. Elle est la mère d'Achille.

T

théurgie **n. f.** **(du latin tardif, du grec *theourgia* « opération divine »)** **didact.** Magie faisant appel aux esprits surnaturels dont l'homme utilise les pouvoirs.

Theuriet **(André)** Écrivain français (1833-1907). Il est l'auteur de nombreux recueils de poèmes *(Le Bleu et le Noir)* et de romans *(Mademoiselle Guignon).*

Thévenot **(Jean de)** Voyageur français (1633-1667). Il explora l'Asie occidentale et les Indes, et aurait introduit le café en France.

The Who Groupe de rock anglais. Créé en 1964, The Who était constitué notamment de P. Townshend et R. Daltrey. Symboles des années 1960, ils ont influencé l'histoire du rock. *My Generation* ; l'opéra rock *Tommy.*

THG **n. f.** **(sigle de *tétrahydrogestrinone*)** **chim.** Stéroïde anabolisant de synthèse. *Dopage à la THG.*

thi- voir **thi(o)-**

Thiais Commune du Val-de-Marne. 30 788 habitants. Église (XIIIe s.). Grand cimetière parisien. Centre commercial.

thiamine **n. f.** **(de *thi[o]-* et *amine*)** **biochim.** Vitamine B1.

Thibaud, comte de Champagne (1201-1253). Roi de Navarre (1234-1253). Il prit la tête de la révolte des barons contre Blanche de Castille (1226), puis se rallia à celle-ci (1227). Auteur de poèmes lyriques, il fut l'un des trouvères les plus célébrés de son temps.

Thibaud **(Jacques)** Violoniste français (1880-1953). Il fit une brillante carrière internationale comme soliste, puis au sein d'un trio formé avec A. Cortot et P. Casals. Il fonda avec Marguerite Long le concours d'interprétation qui porte leur nom.

thibaude **n. f.** **(de *Thibaud*, n. traditionnel de berger)** Molleton de tissu grossier ou de feutre que l'on met entre le sol et les tapis.

Thibaudet **(Albert)** Critique littéraire français (1874-1936). Ses écrits eurent une grande influence sur la pensée critique de l'entre-deux-guerres. *La Poésie de Stéphane Mallarmé.*

Thibaw (1858-1916). Dernier roi de Birmanie (1878-1885). Il provoqua la révolte de son peuple et l'intervention des Britanniques, qui le déposèrent.

Thiérache **n. f.** Région du N. de la France, entre l'Oise et la Sambre.

Thierrée **(James)** Danseur, comédien, musicien et metteur en scène suisse (né en 1974). Issu d'une famille talentueuse (petit-fils de Charlie Chaplin), il a participé à la tournée mondiale du Cirque imaginaire puis du Cirque invisible de Jean-Baptiste Thierrée et Victoria Chaplin, ses parents. Il a ensuite monté et joué des spectacles dans le cadre de la compagnie du Hanneton qu'il créa en 1998 : *La Symphonie du hanneton* ; *Tabac rouge.*

Thierry II Roi de Bourgogne (596-613) et d'Austrasie (612-613). Fils de Childebert II, il renversa son frère Théodebert II et annexa l'Austrasie.

Thierry III Roi de Neustrie et de Bourgogne (673-691). Fils de Clovis II, il fut vaincu par Pépin de Herstal à Tertry (687).

Thierry IV de Chelles Roi des Francs (721-737). Fils de Dagobert III, il gouverna sous la tutelle de Charles Martel.

Thiers **(Louis Adolphe)** Homme d'État, journaliste et historien français (1797-1877). Il est l'auteur d'une *Histoire de la Révolution française* et cofondateur du journal *Le National.* Orléaniste, il assura plusieurs ministères (Finances, Intérieur, Affaires étrangères) sous la monarchie de Juillet et fut président du Conseil à deux reprises. Après la révolution de 1848, il rejoignit la droite conservatrice puis s'opposa à la formation du Second Empire. À partir de 1863, il prit la tête de l'opposition libérale et fustigea la politique de Napoléon III. Nommé chef du pouvoir exécutif de la République (février 1871), il organisa la répression violente de la Commune de Paris (« Semaine sanglante », 22-28 mai 1871). Devenu président de la République (août 1871), il travailla au redressement de la France, réorganisant les finances et l'armée. Le 24 mai 1873, il fut renversé par la majorité conservatrice de l'Assemblée.

Thiers Chef-lieu d'arrondissement du Puy-de-Dôme, sur la Durolle. 11 470 habitants. Églises romanes (XIe et XIIIe s.). Ancien centre de la coutellerie (musée).

Thimonnier **(Barthélemy)** Inventeur français (1793-1857). Il réalisa la première machine à coudre, brevetée en 1830.

Thimphou Capitale du Bhoutan, à 2 350 m d'altitude. 30 000 habitants. Palais royal. Marché agricole ; industries légères.

Thimphou, le monastère fortifié (XVIIe s.), siège du gouvernement et de l'assemblée nationale du Bhoutan.

think tank ou **think-tank** [sinktɔ̃k] **n. m.** **(mot anglais, de *think* « réflexion » et *tank* → tank)** **anglic.** Groupe de réflexion privé qui produit des études sur des thèmes de société au service des décideurs. *Des think tanks ou des think-tanks.* - **recomm. offic. laboratoire d'idées.**

thi(o)- Élément savant **(du grec *theion*)** signifiant « soufre » (ex. *thioalcool, thiosulfate*).

thioalcool **n. m.** **chim.** Alcool ou phénol sulfuré **(abrév. thiol).**

thionine **n. f.** **(de *thion-*, var. de *thi[o]-* et *-ine*)** **chim.** Matière colorante, appelée aussi *violet de Lauth.*

thionique **adj.** **chim.** Qui concerne le soufre. *Série thionique,* des acides oxygénés du soufre.

Thionville Chef-lieu d'arrondissement de la Moselle, sur la Moselle. 41 383 habitants. Vestiges du château des comtes de Luxembourg.

thiosulfate **n. m.** **chim.** Sulfate dans lequel un atome périphérique d'oxygène est remplacé par un atome de soufre.

thiosulfurique **adj.** **chim.** *Acide thiosulfurique :* acide instable qui se décompose en soufre et en acide sulfureux.

thio-urée **n. f.** **chim.** Composé qui dérive de l'urée par substitution de soufre à l'oxygène. *Oxydation des thio-urées.*

Thiriet **(Maurice)** Compositeur français (1906-1972). Il est l'auteur de nombreuses musiques de films *(Les Enfants du paradis* ; *Fanfan la Tulipe).* On lui doit également des ballets et des œuvres symphoniques.

Thiry **(Marcel)** Écrivain belge de langue française (1897-1977). Il porta un regard attentif sur le monde moderne et cultiva un univers très personnel imprégné de fantastique. *Toi qui pâlis au nom de Vancouver* ; *Nouvelles du grand possible.*

thixotrope adj. (du grec *thixis* « action de toucher » et de *-tropie*) chim. Se dit de gels qui se liquéfient par agitation et se régénèrent au repos. ■ géol. *Sédiments thixotropes,* qui génèrent les sables mouvants.

thlaspi n. m. (mot latin, du grec) bot. Plante qui croît sur les lieux incultes, à fleurs en grappes. → **ibéris.**

Thoiry Commune des Yvelines. 1 428 habitants. Château (XVIe-XVIIe s.). Parc zoologique.

tholos n. f. (mot grec) didact. **1.** Sépulture préhistorique, à rotonde et à coupole. **2.** Temple grec circulaire. *Des tholos.*

Thom (René) Mathématicien français (1923-2002). Il est l'auteur de la théorie des catastrophes. Médaille Fields 1958.

Thomas (saint) surnommé **Didyme** Un des douze apôtres. Selon l'Évangile de Jean, il refuse de croire à la résurrection de Jésus avant d'avoir touché ses plaies.

Thomas Poète anglo-normand (fin XIIe s.). Il composa *Tristan,* version dite « courtoise » de *Tristan et Iseult.*

Thomas (Ambroise) Compositeur français (1811-1896). Il rencontra le succès avec ses opéras et ses opéras-comiques. *Mignon ; Hamlet.*

Thomas (Sidney Gilchrist) Inventeur britannique (1850-1885). Il imagina en 1876 un procédé d'affinage des fontes riches en phosphore.

Thomas (Albert) Homme politique français (1878-1932). Ministre aux Armements, il favorisa la mobilisation industrielle pendant la Première Guerre mondiale. Il présida le Bureau international du travail de 1920 à 1932.

Thomas (Henri) Écrivain français (1912-1993). Ses œuvres, souvent autobiographiques, explorent les détails de la vie quotidienne. *Le Promontoire ; Le Goût de l'éternel.*

Thomas (Dylan Marlais) Écrivain britannique (1914-1953). Sa poésie, tragique et obsessionnelle, traduit une profonde angoisse *(Un sommeil de campagne).* Il est aussi l'auteur de nouvelles et d'une pièce de théâtre *(Au bois lacté).*

Thomas (Edward Donnall) Médecin américain (1920-2012). Il réalisa en 1956 la première greffe de moelle osseuse. Prix Nobel 1990.

Thomas (Chantal) Écrivaine et historienne française (née en 1945). Spécialiste du XVIIIe siècle, elle a écrit des essais sur Sade et sur Casanova, puis des romans dont *Les Adieux à la reine,* sur les journées qui suivirent la prise de la Bastille, et *L'Échange des princesses.* Académie française.

Thomas Becket (saint) Prélat et homme politique anglais (v. 1118-1170). Ami du roi Henri II, il fut nommé chancelier du royaume (1154), puis élu archevêque de Canterbury (1162). Il défendit la liberté du clergé contre les intérêts du roi, qu'il excommunia, et fut assassiné sur l'ordre de ce dernier.

Thomas d'Aquin (saint) Théologien italien (1228-1274). Dominicain, il fut l'élève d'Albert le Grand et enseigna à Paris, à la curie romaine et à Naples. Sa doctrine *(thomisme)* est centrée sur l'articulation entre foi et raison *(Somme théologique).* Il fut proclamé docteur de l'Église en 1567.

Thomas de Celano (Tommaso da Celano, dit en français) Franciscain italien (mort v. 1244-1250). Il rédigea deux *Vies de saint François* et, selon la tradition, le *Dies irae.*

Thomas More (saint) voir More (saint Thomas)

thomise n. m. (du latin sc., du grec *thômigx* « corde, fil ») zool. Araignée à marche oblique, dite *araignée-crabe,* qui tend des fils isolés, sans faire de toile, et change de couleur pour capturer les insectes.

thomisme n. m. philos. Système théologique et philosophique de saint Thomas d'Aquin. □ n. et adj. **thomiste**

Thompson (John Eric Sidney) Archéologue britannique (1898-1975). Il contribua au déchiffrement de l'écriture des Mayas.

Thomsen (Christian Jürgensen) Préhistorien danois (1788-1865). Il fut le premier à donner une classification scientifique des temps préhistoriques (âges de pierre, du bronze et du fer).

Thomson (James) Poète britannique (1700-1748). Son poème *Les Saisons* le rendit célèbre et inspira l'oratorio de Haydn.

Thomson (sir William) lord Kelvin Physicien britannique (1824-1907). Il compléta les travaux de Carnot et de Joule en thermodynamique et contribua au développement de la télégraphie sous-marine. Son nom fut donné à l'unité de température absolue, le *kelvin.*

Thomson (Elihu) Ingénieur américain d'origine britannique (1853-1937). Il participa, par ses nombreuses inventions, à l'industrialisation de l'électricité. Il fut l'un des fondateurs de la Thomson-Houston Company.

Thomson (sir Joseph John) Physicien britannique (1856-1940). Il prouva l'existence de l'électron et précisa sa masse et sa charge électrique. Prix Nobel 1906.

Thomson (sir George Paget) Physicien britannique (1892-1975). Fils de Joseph John. Il confirma expérimentalement la théorie de L. de Broglie sur la nature ondulatoire de l'électron. Prix Nobel 1937.

Thomson (Virgil) Compositeur américain (1896-1989). Son œuvre, d'une grande diversité d'inspiration, comprend presque tous les genres musicaux. Critique musical influent, il joua un rôle important dans l'évolution de la musique américaine contemporaine.

thon n. m. (de l'ancien provençal, venant du latin, du grec *thunnos*) Poisson de grande taille qui vit dans l'Atlantique et la Méditerranée. *Thon rouge. Thon blanc.* → **germon.** – *Thon en boîte.*

thonaire n. m. (de *thon*) Série de filets mis bout à bout, dont une extrémité est amarrée à la côte et l'autre au bateau.

Thonburi Ville de Thaïlande, dans l'agglomération de Bangkok. Monastères bouddhistes. Quartier chrétien de Santa Cruz. Elle fut capitale du Siam de 1767 à 1781.

Thônes Commune de la Haute-Savoie. 6 599 habitants. Industrie du meuble. Tourisme estival.

Thônex Commune de Suisse, banlieue de Genève. 13 906 habitants.

thonier n. m. Navire pour la pêche au thon.

thonine n. f. Petit thon de Méditerranée.

Thonon-les-Bains Chef-lieu d'arrondissement de la Haute-Savoie, sur le lac Léman. 36 626 habitants. Château de Sonnaz (XVIIe s.). Station thermale.

Thor ou **Tor** Dieu germanique du Tonnerre. Dieu guerrier, il est armé d'un marteau.

Thor (Le) Commune du Vaucluse. 8 883 habitants. Église (XIIIe s.). Maraîchage. Arboriculture. Viticulture.

thoracentèse n. f. (de *thorac[o]-* et *-centèse*) méd. Ponction de la paroi thoracique pour évacuer du liquide de la plèvre.

thoracique adj. Du thorax. *Cage thoracique.*

thorac(o)- Élément de mots de médecine (du grec *thôrax, thôrakos* « thorax »).

thoracoplastie n. f. méd. Ablation d'une ou de plusieurs côtes, dans certaines tuberculoses pulmonaires, pour provoquer l'affaissement du poumon malade et l'arrêt de son fonctionnement.

thorax [tɔʀaks] n. m. (du latin, mot grec) **1.** chez l'homme Cavité limitée par le diaphragme, les côtes et le sternum, renfermant le cœur et les poumons. → **poitrine, torse. 2.** chez les vertébrés Partie antérieure du tronc. **3.** Partie du corps de l'insecte portant les organes locomoteurs.

Thorbecke (Johan Rudolf) Homme d'État néerlandais (1798-1872). Chef des libéraux, il prit part à la réforme constitutionnelle de 1848 et dirigea le gouvernement à plusieurs reprises entre 1849 et 1872.

Thoreau (Henry David) Écrivain américain (1817-1862). Son œuvre influença les mouvements contestataires américains des années 1960-1970 ainsi que les partisans de la non-violence, notamment Gandhi et Martin Luther King. *La Désobéissance civile ; Walden ou la Vie dans les bois ; Journal.*

Thorez (Maurice) Homme politique français (1900-1964). Secrétaire général du PCF à partir de 1930, il travailla à la formation du Front populaire. Mobilisé en 1939, il quitta son régiment et passa en URSS. Amnistié à la Libération, il fut, de 1945 à 1947, ministre d'État puis vice-président du Conseil.

thorite n. f. (de *thorium*) minér. Silicate naturel de thorium ($ThSiO^4$), de couleur brun rouge.

thorium [tɔʀjɔm] n. m. (du latin mod., de *Thor,* dieu scandinave) chim. Élément atomique (symb. Th, n° at. 90, masse at. 232,04), métal gris dont un isotope est radioactif.

Thorndike (Edward Lee) Psychologue américain (1874-1949). Il étudia la formation des habitudes dans le comportement animal et mena des recherches expérimentales sur l'apprentissage scolaire.

Thorne (Kip S.) Astrophysicien américain (né en 1940). Ses travaux contribuèrent à la détection directe, en 2015, de vibrations de l'univers, ou ondes gravitationnelles, produites par la fusion de deux trous noirs. Prix Nobel de physique 2017.

thoron n. m. (mot allemand ; de *thor[ium]* et *-on*) chim. Émanation du thorium, isotope du radon.

Thoronet (Le) Commune du Var. 2 598 habitants. Abbaye cistercienne du XIIe siècle.

Thorpe (Richard) Cinéaste américain (1896-1991). Il réalisa plusieurs *Tarzan* ainsi que des films d'aventure très populaires *(Ivanhoé).*

Richard Thorpe (à dr.) dirigeant Stewart Granger et Deborah Kerr dans *Le Prisonnier de Zenda* (1952).

Thorpe (Ian) Nageur australien (né en 1982). Il a remporté entre 1998 et 2006 cinq médailles d'or aux Jeux olympiques et onze titres mondiaux.

Thorvaldsen ou **Thorwaldsen** (Bertel, dit Alberto) Sculpteur danois (1770-1844). Partisan du retour à l'antique, il propagea le néoclassicisme en Allemagne.

Thot Dieu égyptien du Savoir, inventeur de l'écriture. Il est représenté comme un homme à tête d'ibis ou de babouin. Il fut

Thot à tête d'ibis apporte l'œil oudjat, signe de plénitude, bronze (664-332 av. J.-C.), musée du Louvre, Paris.

assimilé par les Grecs à Hermès Trismégiste.

Thou (de) Famille de magistrats français. ■ **Christophe de Thou** (1508-1582). Il fut premier président du parlement de Paris. ■ **Jacques Auguste de Thou** (1553-1617). Fils de Christophe. Il contribua à la rédaction de l'édit de Nantes. Il est l'auteur d'un ouvrage historique *(Historia sui temporis).* ■ **François Auguste de Thou** (1607-1642). Fils de Jacques Auguste, il fut impliqué dans la conspiration de Cinq-Mars et décapité.

Thouars Commune des Deux-Sèvres. 13 917 habitants. Vestiges de fortifications (XIIe-XIVe s.). Église romane. Château du XVIIe siècle.

Thouet n. m. Rivière de l'O. de la France. 140 km. Il prend sa source dans les Deux-Sèvres et conflue avec la Loire en aval de Saumur.

Thoune en allemand **Thun** Ville de Suisse (canton de Berne), non loin du *lac de Thoune.* 43 743 habitants. Monuments médiévaux. Station climatique.

Thoutmôsis Nom de quatre pharaons de la XVIIIe dynastie (Nouvel Empire). ■ **Thoutmôsis Ier** (v. 1530-1520 av. J.-C.). Fils et successeur d'Aménophis Ier, il fonda la province de Coush (Nubie) et étendit la domination égyptienne en Syrie. ■ **Thoutmôsis III** (v. 1504-1450 av. J.-C.). Petit-fils de Thoutmôsis Ier, il mena une politique d'expansion territoriale et porta le Nouvel Empire à son apogée.

Thrace n. f. Région d'Europe formant l'extrémité S.-E. de la péninsule des Balkans, partagée entre la Bulgarie, la Grèce (Thrace occidentale) et la Turquie (Thrace orientale). Conquise vers 513 av. J.-C. par le roi de Perse Darios Ier, la Thrace passa ensuite sous domination macédonienne (–IVe s.), puis romaine (168 av. J.-C.). Elle fit partie de l'Empire ottoman de 1361 à 1878. Son partage actuel fut réglé par les traités de Sèvres (1920) et de Lausanne (1923).

Thrasybule Général et homme politique athénien (mort en 388 av. J.-C.). Ami d'Alcibiade, il renversa le gouvernement des Trente et rétablit la démocratie à Athènes (403 av. J.-C.).

thréonine n. f. **(de l'allemand *Threose,* altération de *erythrose* + *-ine,* par l'anglais)** biochim. Acide aminé, l'un des principaux constituants des protéines.

thridace n. f. **(latin *thridax,* du grec « laitue »)** pharm. Extrait sec de laitue employé comme calmant.

thriller [sʀilœʀ] **n. m. (mot anglais, de *to thrill* « faire frissonner »)** anglic. Film (policier, fantastique), roman, récit qui provoque des sensations fortes. - var. RO **thrilleur.**

thrips [tʀips] **n. m. (mot grec)** zool. Insecte de petite taille, à ailes nervurées, qui s'attaque à de nombreuses plantes.

thrombine n. f. biochim. Enzyme favorisant la coagulation du sang.

thromb(o)- Élément **(du grec *thrombos*)** signifiant « caillot ».

thrombocyte n. m. méd. Plaquette sanguine.

thrombokinase n. f. **(→ kinase)** biochim. Enzyme sécrétée par les plaquettes sanguines.

thrombophlébite n. f. méd. Inflammation des parois d'une veine, compliquée de thrombose.

thrombose n. f. **(du grec → thromb[o]-)** Formation d'un caillot dans un vaisseau sanguin ou dans le cœur.

thrombus [tʀɔ̃bys] **n. m. (mot latin, du grec)** méd. Masse sanguine coagulée dans un vaisseau, où elle provoque une thrombose.

Thucydide en grec **Thoukudidês** Homme politique et historien athénien (470 ou 460-400 ou 395 av. J.-C.). Sa relation du conflit entre Athènes et Sparte constitue l'un des tout premiers exemples d'analyse historique rigoureuse et impartiale. *La Guerre du Péloponnèse.*

Thuin Ville de Belgique (province du Hainaut), sur la Sambre. 14 703 habitants. Vestiges de remparts médiévaux.

Thulé Nom donné par les Grecs et les Romains à la terre la plus septentrionale du monde connu. Il pourrait s'agir de l'une des Shetland ou des Orcades, de l'Islande ou d'une partie de la Norvège.

Thulé Comptoir polaire, sur la côte N.-O. du Groenland, fondé en 1910 par K. Rasmussen. Une base aérienne américaine y fut installée en 1945.

Thulé (culture de) Civilisation développée par les ancêtres des Inuits en Arctique, en Alaska et en Sibérie (XIe-XVIIe s.). Chasseurs de baleines, les gens de Thulé constituèrent un habitat permanent formé de pierres, d'os de baleine et de tourbe. Leur artisanat reposait sur l'emploi de l'os, du bois de cervidés et de l'ivoire. La détérioration des conditions climatiques et l'introduction de maladies européennes provoquèrent le déclin progressif de la culture de Thulé.

Thulin (Ingrid) Actrice suédoise (1926-2004). Égérie d'I. Bergman, elle tourna avec lui neuf films *(Les Fraises sauvages ; Cris et chuchotements).* Elle a également joué sous la direction d'A. Resnais et de L. Visconti *(Les Damnés).*

thulium [tyljɔm] **n. m. (latin *Thule,* du grec, n. de la Scandinavie)** chim. Élément atomique (symb. Tm ; n° at. 69 ; masse at. 168,93), métal blanc argenté, du groupe des terres rares, utilisé dans la fabrication des ferrites.

Thunberg (Greta) Militante écologiste suédoise (née en 2003). Dès l'âge de 15 ans, elle entreprend un combat pour défendre la planète et prône la grève scolaire auprès de la jeunesse pour alerter les gouvernements. Rapidement, elle exprime ses revendications dans les rassemblements internationaux (COP24, Forum économique mondial à Davos, ONU...) et devient un symbole de la lutte pour l'urgence climatique. *Le Grand Livre du climat.*

Thunder Bay Ville du Canada (Ontario), sur le lac Supérieur. 107 909 habitants. Port de commerce. Tourisme.

thune ou **tune** **n. f. (origine inconnue)** **1.** argot, vieux Pièce de cinq francs. **2.** fam. Argent. *Ils ont de la thune.*

Thur n. f. Rivière d'Alsace. 60 km. Elle se jette dans l'Ill.

Thur n. f. Rivière de Suisse. 130 km. Elle prend sa source dans les Alpes, au pied du Säntis, et se jette dans le Rhin.

Thuret (Gustave Adolphe) Botaniste français (1817-1875). Il découvrit le processus de la fécondation chez les algues brunes.

Thurgovie (canton de) en allemand **Thurgau** Canton du N.-E. de la Suisse, séparé de l'Allemagne par le lac de Constance. 991 km². 270 709 habitants. Chef-lieu : Frauenfeld.

thuriféraire n. **(du latin, de *thus* « encens », et *ferre* « porter », du grec) 1.** relig. Porteur d'encensoir. **2.** fig., littér. Encenseur, flatteur, laudateur.

Thuringe n. f. en allemand **Thüringen** État (Land) de la République fédérale d'Allemagne. 16 176 km². 2 250 000 habitants. Capitale : Erfurt. La Thuringe est constituée d'un bassin sédimentaire au N. *(bassin de Thuringe)* et d'un massif boisé au S. *(Thüringerwald).* Ressources forestières, agricoles et minières. Marche de l'Empire carolingien au IXe s., la Thuringe passa ensuite aux ducs de Saxe puis fut élevée en landgraviat (XIIe s.), avant d'être à nouveau intégrée à la Saxe. En 1920 fut créé le land de Thuringe, qui appartint à la RDA de 1949 à 1990.

thurne n. f. voir **turne**

Thurrock Ville d'Angleterre (Essex), sur l'estuaire de la Tamise. 130 000 habitants. Centre industriel.

Thúy (Kim) Écrivaine canadienne (québécoise) d'origine vietnamienne (née en 1968). Émigrée au Canada à l'âge de 10 ans, elle exerce plusieurs métiers avant d'écrire des romans sur le déracinement et son pays d'origine : *Ru ; Mãn ; Vi ; Em.*

thuya [tyja] **n. m. (mot grec ; famille de *thym*)** Grand conifère proche du cyprès. *Une haie de thuyas.*

thyade n. f. **(latin *thyas, thyadis,* du grec)** Bacchante (mythol. grecque).

Thyeste Héros de la mythologie grecque, fils de Pélops et père d'Égisthe. Le conflit qui l'oppose à son frère Atrée marque le début du drame des Atrides.

thylacine n. m. **(du latin sc., du grec *thulakos* « poche, bourse »)** zool. Mammifère carnivore (marsupial), appelé aussi *loup de Tasmanie.*

thym n. m. **(du latin, du grec *thumon* ; famille de *thuriféraire, thuya, thymus*)** Plante aromatique des régions tempérées, abondante dans les garrigues et les maquis, utilisée en cuisine.

thymie n. f. **(du grec *thumos* « cœur »)** psych., rare Humeur.

-thymie Élément **(du grec *-thumia,* de *thumos* « cœur »).**

thymine n. f. **(de *thymus* et *-ine*)** biochim. Base azotée entrant dans la composition des acides désoxyribonucléiques.

thymoanaleptique adj. et n. m. **(de *thymie* et *analeptique*)** psych. Médicament psychotrope et antidépresseur. **– n. m.** *Un thymoanaleptique.*

Thunberg (Greta)

Greta Thunberg lors d'une grève scolaire (« Friday for future ») à Rome en 2019.

Tiananmen

Sur la place Tiananmen en 1989, un jeune homme fait face à une colonne de chars.

thymocyte n. m. (de *thymus* et *-cyte*) biol. Cellule du système immunitaire se différenciant dans le thymus. - syn. **lymphocyte T.**

thymol n. m. (de *thym* et *[crés]ol*) chim. Crésol, d'odeur agréable, qui se trouve dans les essences de thym, de serpolet et d'une ombellifère de l'Inde.

thymus [timys] n. m. (grec *thumos* « excroissance » ; famille de *thym*) Glande située à la partie inférieure du cou. *Thymus de veau.* → ²ris de veau. □ adj. **thymique**

thyratron n. m. (n. déposé ; du grec *thura* « porte » et *-tron,* de *électron*) électron. Tube à gaz, à cathode chaude, utilisé notamment comme redresseur de courant alternatif.

thyréo-, thyro- Élément signifiant « thyroïde ».

thyréotrope adj. méd. Se dit d'une substance qui a une action stimulante sur la sécrétion de la glande thyroïde.

thyristor n. m. (de *thyr[atron]* et *[trans]istor*) électron. Composant semi-conducteur possédant une électrode de commande permettant de déclencher le passage du courant dans une seule direction.

thyroglobuline n. f. biochim. Protéine iodée des vésicules thyroïdiennes (→ thyroxine).

thyroïde adj. et n. f. (grec *thuroeidês* « en forme de bouclier », de *thura* « porte » et → -oïde) **1.** anat. *Cartilage thyroïde,* cartilage du larynx formant chez l'homme une saillie (la pomme* d'Adam). **2.** *Glande thyroïde* ou n. f. *la thyroïde :* glande endocrine située à la partie antérieure et inférieure du cou et dont le rôle physiologique est essentiel. *Action de la thyroïde sur la croissance. Tumeur de la thyroïde.* → **goitre.**

thyroïdectomie n. f. méd. Ablation de la thyroïde.

thyroïdien, ienne adj. De la thyroïde. *Insuffisance thyroïdienne.*

thyroïdite n. f. méd. Inflammation de la glande thyroïde. - syn. **goitre inflammatoire.**

thyrotrophine ou **thyrotropine** n. f. biochim. Hormone du lobe antérieur de l'hypophyse qui stimule la production des hormones de la glande thyroïdienne. → **thyroxine.**

thyroxine n. f. biochim. L'une des principales hormones thyroïdiennes, libérée dans le sang par l'hydrolyse de la thyroglobuline et contenant de l'iode.

thyrse [tiʀs] n. m. (du latin, pris au grec *thursos*) **1.** mythol. Bâton entouré de feuilles, attribut du dieu Bacchus. **2.** bot. Inflorescence en grappe fusiforme. *Les thyrses du marronnier.*

Thys (Philippe) Coureur cycliste belge (1890-1971). Il gagna le Tour de France à trois reprises (1913, 1914 et 1920).

thysanoure n. m. (du latin sc., du grec *thusanos* « frange » et de *-oure*) zool. Insecte aptère, au corps lisse et plat, sans métamorphoses, vivant dans les endroits humides (ordre des *Thysanoures*).

Thyssen (August) Industriel allemand (1842-1926). Il fonda en 1871 la Thyssen Co. et fut à l'origine du mouvement de cartellisation encouragé par Bismarck.

Tiahuanaco Site archéologique précolombien d'Amérique du Sud, en Bolivie, au S. du lac Titicaca. Classé patrimoine mondial de l'Unesco, il présente de gros blocs de pierres taillées (porte du Soleil).

tian n. m. (du grec *teganon*) régional (Provence) Plat en terre cuite. – Flan aux légumes cuit dans ce plat. *Tian de courgettes.*

Tiananmen ou **Tien an men** Vaste place de Pékin située devant une porte de la Cité impériale. Elle abrite le mausolée de Mao Zedong et fut, en 1989, le théâtre de manifestations étudiantes violemment réprimées.

Tianjin ou **T'ien-tsin** Ville de Chine, à 120 km au S.-E. de Pékin. 9,3 millions d'habitants (municipalité autonome : 13 millions). Premier port artificiel du pays. Centre industriel. Les *traités de T'ien-tsin* (26 et 28 juin 1858) ouvrirent la Chine aux Occidentaux.

Tianjin (traités de) Traités signés les 26 et 28 juin 1858 à Tianjin (Chine), qui consacrèrent l'ouverture commerciale de la Chine aux Européens. Un autre traité, conclu le 9 juin 1885 par la France et la Chine, obligea cette dernière à renoncer à ses droits sur le Tonkin et l'Annam.

Tibet

Au Tibet, la ligne de chemin de fer la plus haute du monde relie Lhassa à Pékin depuis 2006.

Tian shan ou **T'ien-chan** n. m. Système montagneux de Chine *(Tian shan oriental),* du Kazakhstan et du Kirghizstan *(Tian shan occidental).* Il culmine au pic Pobedy. 7 439 m.

tiare [tjaʀ] n. f. (du latin, mot grec d'origine orientale [Perse ?]) **1.** anciennt Coiffure conique portée par certains dignitaires dans l'Orient antique. **2.** Coiffure papale à trois couronnes. *La tiare pontificale.* – fig. Dignité papale.

tiaré n. m. (mot polynésien) Plante polynésienne dont on utilise les fleurs pour préparer le monoï.

Tiaret ou **Tihert** Ville d'Algérie, chef-lieu de wilaya, au pied de l'Ouarsenis. 179 000 habitants. Centre commercial. Site antique.

Tibéhirine ou **Tibhrine** Village d'Algérie, dans l'Atlas. Sept moines français y furent enlevés en 1996. La faction radicale du Groupe islamique armé revendiqua leur assassinat. Le film *Des hommes et des dieux* relate ce drame. Les moines furent béatifiés en 2018.

Tibère en latin **Tiberius Claudius Nero** (42 av. J.-C.-37 apr. J.-C.). Empereur romain (14-37). Fils de Livie, il succéda à Auguste, dont il poursuivit la politique. Retiré à Capri en 27, il gouverna par l'intermédiaire de son ministre Séjan, qui établit un régime de terreur.

Tibère II Constantin (mort en 582). Empereur d'Orient (578-582). Successeur de Justin II, il vainquit les Perses, mais ne put empêcher la progression des Avars et des Slaves.

Tibériade (lac de) ou **Génésareth (lac de)** ou **Galilée (mer de)** Lac d'Israël, aux frontières de la Syrie, en Galilée. 200 km². Situé à 209 m au-dessous du niveau de la mer, il est relié à la mer Morte par le Jourdain. Arboriculture. Les Évangiles y situent plusieurs épisodes de la vie de Jésus.

Tibériade Ville d'Israël, sur le *lac de Tibériade.* 44 700 habitants. La cité antique se situait au S. de l'agglomération actuelle, reconstruite au XIXᵉ siècle.

Tibesti n. m. Massif montagneux du Sahara central, situé au N. du Tchad. De formation volcanique, il culmine à l'Emi Koussi. 3 415 m.

Tibet n. m. Région autonome de Chine, dans l'Himalaya. 1 221 600 km². 3 002 165 habitants. Capitale : Lhassa. Région de hauts plateaux désertiques dont l'altitude moyenne est de 4 900 m. Agriculture vivrière et élevage (chevaux, yaks) dans les vallées du S., qui rassemblent 75 % de la population. Sous domination chinoise depuis le XVIIIe s., et fermé aux étrangers, le Tibet proclama son indépendance en 1911. En 1950, la Chine envahit le territoire qu'elle avait toujours considéré comme l'une de ses provinces. La résistance tibétaine fut durement réprimée. Tenzin Gyatso, le dalaï-lama, s'exila alors en Inde avec son gouvernement, suivi par le Parlement en 1960. En 2011, le dalaï-lama s'étant retiré de la vie politique et ne gardant qu'un rôle spirituel, Lobsang Sangay assura la fonction de Premier ministre du gouvernement des Tibétains en exil. Penpa Tsering lui succéda en 2021.

tibétain, aine adj. et n. Du Tibet. *Bouddhisme tibétain.* – n. *Les Tibétains.* ■ n. m. *Le tibétain* : langue littéraire du même groupe que le birman.

tibéto-birman n. m. Groupe de langues asiatiques comprenant le tibétain, le birman, etc.

tibia n. m. (mot latin → tige) Os du devant de la jambe, en forme de prisme triangulaire. *Tibia et péroné.* – Partie antérieure de la jambe. *Coup de pied dans les tibias.* □ **adj. tibial, ale, aux**

Tibre n. m. Fleuve d'Italie. 396 km. Né dans l'Apennin, il traverse Rome et se jette dans la mer Tyrrhénienne.

Le pont Saint-Ange sur le Tibre, l'un des vingt-cinq ponts qui enjambent le fleuve à Rome.

Tibulle en latin **Albius Tibullus** Poète latin (v. 50-19 ou 18 av. J.-C.). Poète de la vie rurale, il est l'auteur d'*Élégies*.

tic n. m. (onomatopée) **1.** Mouvement convulsif, geste bref automatique, répété involontairement. *Avoir un tic, des tics.* **2.** Geste, attitude habituels, que la répétition rend plus ou moins ridicules. → **manie.** *C'est devenu un tic.* ■ *Tic de langage* : emploi d'un mot, d'un tour qui revient anormalement souvent dans le discours de qqn ou d'un groupe. « *Certains tics du style contemporain* » (Artaud).

TIC voir **technologie**

tichodrome n. m. (du grec *teikhos* « muraille » et de *-drome*) Passereau gris et rouge qui vit sur les rochers.

ticket n. m. (mot anglais → étiquette) **1.** Rectangle de carton, de papier, donnant droit à un service, à l'entrée dans un lieu, etc. → **billet.** *Un ticket de métro.* **2.** *Ticket modérateur* : quote-part que la Sécurité sociale laisse à la charge de l'assuré. **3.** fam. *Avoir un ticket avec qqn,* lui plaire manifestement (→ avoir une touche). **4.** Aux États-Unis, Couple formé par les deux candidats du même parti à la présidence et à la sous-présidence. *Le ticket républicain.*

tic-tac interj. et n. m. invar. Bruit sec et uniformément répété d'un mécanisme (surtout d'horlogerie). *Le tic-tac d'une pendule. Faire tic-tac.*

Tidikelt Plaine sablonneuse du Sahara algérien, au S. du Tademaït. Oasis.

tie-break [tajbʀɛk] n. m. (de l'anglais) anglic. (au tennis) Jeu supplémentaire permettant d'accorder la victoire du set, quand les joueurs ont chacun six points. - var. RO **tiebreak.** - recomm. offic. **jeu décisif.**

Tieck (Ludwig) Écrivain allemand (1773-1853). Il est l'auteur de contes populaires à thèmes médiévaux, de romans et de tragédies alliant lyrisme et ironie. *Le Fidèle Eckart ; Vie et mort de sainte Geneviève.*

tiédasse adj. D'une tiédeur désagréable. *Une bière tiédasse.*

tiède adj. (vient du latin *tepidus*) **1.** Légèrement chaud, ni chaud ni froid. *De l'eau tiède. Un vent tiède. Il fait tiède.* → **doux.** – adv. *Boire tiède.* **2.** fig. Qui a peu d'ardeur, de zèle ; sans ferveur. → **indifférent.** *Un militant tiède.* – *Un accueil plutôt tiède.* **3.** littér. Doux et agréable.

tièdement adv. D'une manière tiède, sans chaleur. *Elle l'a tièdement soutenu.*

tiédeur n. f. **1.** État, température de ce qui est tiède. **2.** fig. Défaut d'ardeur, de passion. → **indifférence.** *Tiédeur de sentiments.* **3.** littér. Douceur agréable.

tiédir v. < 2 > **I. 1.** v. intr. Devenir tiède (1). *Faire tiédir de l'eau.* → **attiédir. 2.** fig. *Ses sentiments tiédissent.* **II.** v. tr. Rendre tiède (1). *Tiédir l'eau.* □ n. m. **tiédissement**

Tielt Ville de Belgique (province de Flandre-Occidentale). 20 603 habitants. Beffroi (XVe s.).

tien, tienne [tjɛ̃, tjɛn] adj. et pron. poss. de la 2e pers. du sing. (latin *tuum,* accusatif de *tuus* → ¹ton) **I.** adj. poss. littér. De toi. → ¹**ton.** *Un tien parent.* – (attribut) *Je suis tien* : je t'appartiens. **II.** pron. poss. *Le tien, la tienne, les tiens, les tiennes,* l'objet ou l'être lié par un rapport à la personne à qui l'on s'adresse et que l'on tutoie. *Ce sont mes clés ; où sont les tiennes ?* – (attribut) *C'est le tien !* – fam. *À la tienne !* : à ta santé ! **III.** n. **1.** *Du tien* (partitif). *Il faut y mettre du tien* : il faut que tu fasses un effort. **2.** *Les tiens* : tes parents, tes amis ; tes partisans.

Tienen en français **Tirlemont** Ville de Belgique (province du Brabant-Flamand). 32 100 habitants. Églises médiévales. Raffinerie de sucre.

tiens [tjɛ̃] Forme du verbe *tenir.*

T'ien-tsin voir **Tianjin**

Tiepolo (Giambattista) Peintre, décorateur et graveur italien (1696-1770). Il travailla notamment au palais Dolfin de Venise, à la Résidence des princes-évêques de Würzburg et au palais royal de Madrid. Ses grandes compositions baroques sont caractérisées par la fantaisie, la légèreté et la virtuosité des formes et des couleurs. Brillant portraitiste (*Le Procurateur Jean Querini*), il est également l'auteur de gravures (*Caprices*).

Tiepolo (Giandomenico) Peintre et décorateur italien (1727-1804). Fils de Giambattista, dont il fut le collaborateur, il est l'auteur de scènes de genre (*Les Pierrots qui se reposent*).

tierce n. f. (fém. de *tiers*) **1.** Intervalle musical de trois degrés (ex. do-mi). *Tierce majeure, mineure.* **2.** Trois cartes de même couleur qui se suivent.

tiercé adj. m. et n. m. (de *tiers*) *Pari tiercé,* ou n. m. *le tiercé* : pari mutuel où l'on parie sur trois chevaux, dans une course en précisant l'ordre d'arrivée. → **PMU.** *Toucher le tiercé dans l'ordre.*

tiercelet n. m. (famille de *tiers,* le mâle faisant le tiers de la femelle) Mâle de certains oiseaux de proie. *Tiercelet de faucon.* – Faucon mâle.

tiercer v. tr. < 3 > (de *tierce*) agric. Donner un troisième labour à (une terre). *Tiercer une vigne.* - var. **tercer, terser.**

tierceron n. m. (de *tiers*) archit. Nervure supplémentaire de certaines voûtes gothiques, unissant l'extrémité de la lierne aux angles de la voûte.

Tierney (Gene) Actrice américaine (1920-1991). D'une grande beauté, elle a tourné avec les plus grands metteurs en scène, O. Preminger (*The Shanghai Gesture ; Laura*), E. Lubitsch (*Le ciel peut attendre*), J. L. Mankiewicz (*L'Aventure de Mme Muir*).

tiers, tierce [tjɛʀ, tjɛʀs] (vient du latin → trois) **I.** adj. **1.** vieux Troisième. *Le « Tiers Livre » de Rabelais.* – *Le tiers état*.* **2.** mod. loc. *Une tierce personne* : une troisième personne ; une personne extérieure. – *Le tiers-monde* (voir ce mot). **II.** n. m. **1.** *Un tiers* : une troisième personne. ■ dr. Personne qui n'est et n'a pas été partie à un contrat, à un jugement. ■ Personne étrangère (à une affaire, à un groupe). *Apprendre qqch. par un tiers.* **2.** log. Troisième terme. *Principe du tiers exclu,* selon lequel de deux propositions, l'une est nécessairement vraie et l'autre fausse. **3.** Fraction d'un tout divisé en trois parties égales. *Les deux tiers d'un gâteau.* ■ *Tiers provisionnel* : acompte sur l'impôt, égal au tiers de l'imposition de l'année précédente. ■ *Tiers payant,* modalité selon laquelle l'assuré social n'a à sa charge que le « ticket modérateur ».

tiers-lieu n. m. (calque de l'anglais *third place*) Espace de sociabilité d'initiative citoyenne, où une communauté peut se rencontrer, se réunir, échanger et partager ressources, compétences et savoirs. *Des tiers-lieux.*

tiers-monde n. m. (mot créé par A. Sauvy, d'après *tiers état*) Ensemble des pays pauvres en voie de développement. → ¹**PMA.**

tiers-mondisation n. f. Évolution économique caractérisée par un appauvrissement et une absence de croissance, qui affecte un pays qui n'appartient pas au tiers-monde.

tiers-mondisme n. m. Attitude de solidarité avec le tiers-monde. □ **adj. et n. tiers-mondiste**

tiers-point n. m. **1.** archit. *Arc en tiers-point,* inscrit dans un triangle équilatéral (arc brisé équilatéral, abusivt ogive). **2.** techn. Lime, poinçon à section triangulaire. *Des tiers-points.*

Tietê n. m. Rivière du Brésil. 1 032 km. Né dans la Serra do Mar, il traverse São Paulo et se jette dans le río Paraná.

tif n. m. (origine incertaine) fam. Cheveu. *Elle s'est fait couper les tifs.*

Tiffany (Charles Lewis) Orfèvre et joaillier américain (1812-1902). Il fonda en 1837, à New York, une entreprise réputée pour son travail de joaillerie et d'argenterie.

Tiffany (Louis Comfort) Décorateur et verrier américain (1848-1933). Fils de Charles Lewis Tiffany, il réalisa des vitraux dans le style Art nouveau.

Lampe Tiffany, Art nouveau verre et bronze (1899).

Tiffauges Commune de la Vendée. 1 581 habitants. Château de Gilles de Rais (XIIe-XVe s.).

Tiflis voir Tbilissi

tifosi n. m. (mot italien, plur. de *tifoso* « supporteur ») Supporteur italien (surtout pour le football, le cyclisme). *Des tifosis* ou *des tifosi* (plur. italien).

tige n. f. (vient du latin *tibia* → tibia) **I.** Partie allongée des plantes, qui naît au-dessus de la racine et porte les feuilles. *Tige ligneuse.* → **tronc.** *La tige d'une fleur. La tige de la rhubarbe est comestible.* **II.** fig. **1.** Partie (d'une chaussure, d'une botte) qui couvre le dessus du pied et éventuellement la jambe. *Bottines à tige.* **2.** Partie, pièce mince et allongée. *La tige d'un parasol. Tige de fer.* → **barre, tringle.** **3.** argot Cigarette.

tigelle n. f. (de *tige*) bot. Partie de l'embryon comprise entre la radicule et les cotylédons, qui devient la tige.

tigette n. f. (de *tige*) archit. Tige ornée de feuilles en volutes, sur un chapiteau corinthien.

tignasse n. f. (de *teigne*) Chevelure touffue, rebelle, mal peignée.

Tignes Commune de la Savoie, en Tarentaise, sur l'Isère. 2 016 habitants. Station de sports d'hiver.

Tignous (Bernard Verlhac, dit) Dessinateur français (1957-2015). Collaborateur de *Marianne, Fluide Glacial* et *Charlie Hebdo*, il fut abattu au siège de *Charlie Hebdo* le 7 janvier 2015, par des terroristes islamistes.

Tigrane le Grand (v. 140-v. 55 av. J.-C.). Roi d'Arménie (v. 95-v. 55 av. J.-C.). Allié avec Mithridate contre les Romains, il conquit la Cappadoce, la Cilicie, la Syrie et la Mésopotamie septentrionale. Soumis par Pompée en –66, il devint vassal de Rome.

tigre, tigresse n. (latin *tigris*, mot grec d'origine orientale) **1.** Le plus grand des félins, carnassier dangereux, au pelage jaune roux rayé de bandes noires transversales. *Tigre royal* ou *du Bengale.* ■ (du chinois) *Tigre de papier* : adversaire menaçant, mais inoffensif. **2.** Personne cruelle, dangereuse. – n. f. *Tigresse* : femme violente, jalouse. ■ loc. *Jaloux comme un tigre.*

Tigre n. m. Fleuve d'Asie occidentale. 1 718 km. Il prend sa source dans le Taurus turc, traverse l'Irak, où il forme le Chatt al-Arab avec l'Euphrate, et se jette dans le golfe Arabo-Persique. Il arrose Mossoul et Bagdad.

tigré, ée adj. **1.** Marqué de taches arrondies. → **moucheté, tacheté.** *Bananes tigrées.* **2.** Marqué de bandes foncées. → **rayé, zébré.** *Chat tigré.*

Tigré n. m. Province du N. de l'Éthiopie. 6 millions d'habitants. Chef-lieu : Makalé. Monastères. Églises rupestres. Le Tigré fut le théâtre de combats avec l'Érythrée de 1998 à 2000. De 2020 à 2022 les rebelles tigréens menèrent des attaques armées contre les forces gouvernementales.

Tigréens ou **Tigrés** n. m. pl. Peuple de l'Érythrée et du N. de l'Éthiopie parlant une langue proche de l'amharique, le *tigrinya*, et suivant le culte de l'Église éthiopienne orthodoxe.

tigridie n. f. (du latin *tigris*) bot. Plante herbacée, bulbeuse, à sépales violets mouchetés de jaune et de rouge. - var. **tigridia** n. m.

tigron n. m. (de *tigre* et *lion*) Félin, hybride d'une lionne et d'un tigre.

tiguidou adj. (mot d'origine inconnue) (Canada) fam. Très bien, parfait. *C'est tiguidou !*

Tiguina Ville de Moldavie, sur le Dniestr. 95 000 habitants.

Tihama Plaine côtière de l'Arabie saoudite et du Yémen, sur la mer Rouge, au pied des montagnes de l'Asir.

Tijuana Ville du Mexique (Basse-Californie-du-Nord), sur la côte Pacifique, à la frontière avec les États-Unis. 1 301 000 habitants. Centre touristique. Industries.

Tikal Site archéologique maya du Guatemala (État du Petén). Centre cérémoniel daté du VIIIe s., il comprend six temples pyramidaux.

Tilburg Ville des Pays-Bas (province du Brabant-Septentrional). 224 400 habitants. Université catholique.

tilbury n. m. (mot anglais, n. de l'inventeur) anciennt Voiture à cheval, cabriolet léger à deux places. *Des tilburys.*

Tilbury Principal site portuaire de Londres et de l'estuaire de la Tamise.

tilde [tild(e)] n. m. (mot espagnol, du latin *titulus* « ce qui est placé au-dessus » → [1]titre) **1.** Signe en forme de S couché (˜) qui se met au-dessus du *n*, en espagnol, lorsqu'il se prononce [ɲ] (ex. *España*). **2.** Signe utilisé en transcription phonétique pour indiquer une prononciation nasale (ex. [ɛ̃] notant *ain, in, ein*).

Tilden (William Tatem) Joueur de tennis américain (1893-1953). Vainqueur du tournoi de Wimbledon (1920, 1921, 1930), il remporta la coupe Davis à sept reprises, de 1920 à 1926.

tillac [tijak] n. m. (p.-ê. d'origine scandinave *thilja* « planche ») anciennt Pont supérieur (d'un navire).

tillandsie n. f. (du latin savant, du n. du botaniste suédois Elias Tillands) bot. Plante d'Amérique tropicale, aux nombreuses variétés, le plus souvent épiphytes. - var. **tillandsia** n. m.

tille ; tiller voir **teille ; teiller**

tilleul n. m. (vient du latin pop. *titiolus*, class. *tilia*) **1.** Grand arbre à feuilles simples, à fleurs blanches ou jaunâtres très odorantes. – en appos. D'un vert clair très doux. *Des gants tilleul.* **2.** La fleur de cet arbre, séchée pour faire des infusions ; cette infusion. *Une tasse de tilleul.* **3.** Le bois de cet arbre, tendre et léger.

Till Eulenspiegel en français **Till l'Espiègle** Héros d'une légende germanique du XVe s. Fils de paysan, il est célèbre par ses farces. Ce personnage inspira un poème symphonique de R. Strauss.

Tillich (Paul) Philosophe et théologien allemand (1886-1965). Dans sa *Théologie de la culture*, il tenta de concilier religion et modernité.

Tillier (Claude) Écrivain français (1801-1844). Ses récits humoristiques offrent un savoureux tableau des mœurs provinciales. *Mon oncle Benjamin.*

Tillieux (Maurice) Dessinateur et scénariste belge de bandes dessinées (1921-1978). Il créa la série policière et humoristique *Gil Jourdan* pour le journal *Spirou.*

Tillion (Germaine) Ethnologue française (1907-2008). Elle fut une des premières à mener des recherches sur les ethnies berbères dans le Sud algérien. Entrée dans la Résistance dès 1940, elle fut déportée à Ravensbrück. Elle s'éleva contre l'usage de la torture lors de la guerre d'Algérie. Ses cendres ont été transférées au Panthéon en 2015.

Tillmans (Wolfgang) Photographe allemand (né en 1968). Défenseur de la culture non-commerciale, il a livré une œuvre à la dimension politique qui interroge la perception des choses, l'importance du paraître, la liberté de penser et la sincérité au travers de portraits et de natures mortes d'une apparente spontanéité.

Tillon (Charles) Homme politique français (1897-1993). En 1942, il prit la tête des Francs-Tireurs et Partisans français. Membre du PCF, il fut ministre de l'Air en 1944.

Tilly (Johann T'Serclaes, comte de) Général belge au service du Saint Empire (1559-1632). Commandant des forces de la Sainte Ligue contre les protestants, il remporta la victoire décisive de la Montagne Blanche (1620). Il remplaça Wallenstein à la tête des troupes impériales (1630) et fut tué à la bataille du Lech contre Gustave Adolphe de Suède.

Tilsit (traités de) Traités signés à Tilsit (Prusse-Orientale) entre la France et la Russie d'une part, et la France et la Prusse d'autre part. Le premier, signé le 7 juillet 1807 entre Napoléon Ier et le tsar Alexandre Ier, alliés contre l'Angleterre, mit fin à la quatrième coalition. Le second, le 9 juillet, prévoyait la création d'un royaume de Westphalie et d'un grand-duché de Varsovie au détriment de la Prusse.

tilt [tilt] n. m. (mot anglais « action de basculer ») anglic. Signal qui interrompt la partie, au billard électrique. – loc. fig. *Ça a fait tilt* : j'ai soudain compris. → **tilter.**

tilter v. intr. < 1 > **1.** au jeu Déclencher le tilt. **2.** fam. Comprendre soudainement.

timbale n. f. (espagnol *atabal*, de l'arabe « tambour ») **I.** Instrument à percussion, grand tambour formé d'un bassin hémisphérique couvert d'une peau tendue, utilisé généralement par paires. *Jouer des timbales.* **II.** **1.** Gobelet de métal de forme cylindrique, sans pied. *Timbale en argent.* – *Décrocher la timbale* : obtenir une chose disputée, un résultat important. **2.** Moule de cuisine de forme circulaire. ■ Préparation cuite dans ce moule. → **vol-au-vent.**

timbalier, ière n. Musicien(ne) qui joue des timbales (I).

timbrage n. m. Opération qui consiste à timbrer (spécialt, une lettre). *Envoi dispensé de (du) timbrage.*

timbre n. m. (du grec *tumpanon* → tympan) **I.** **1.** Calotte de métal, qui frappée par un petit marteau, émet une sonnerie. *Timbre de bicyclette.* → **sonnette.** *Timbre électrique.* → **sonnerie.** **2.** Qualité spécifique des sons, indépendante de leur hauteur, de leur intensité et de leur durée. → **sonorité.** *Le timbre de la flûte.* – *Une voix sans timbre*, blanche. **II.** **1.** Marque, cachet que doivent porter certains documents officiels, et qui donne lieu à la perception d'un droit au profit de l'État ; ce droit. *Timbre fiscal.* **2.** Marque apposée sur un document pour en garantir l'origine. → **cachet.** **3.** Instrument qui sert à imprimer cette marque. → **cachet, tampon.** *Timbre dateur.* **4.** *Timbre* ou *timbre-poste* : petite vignette qui, collée sur un objet confié à la poste, a une valeur d'affranchissement égale au prix marqué sur son recto. *Des timbres, des timbres-poste. Timbre oblitéré. Collection de timbres.* → **philatélie.** **5.** méd. Pastille adhésive imprégnée d'une substance, d'un médicament. → **patch.**

T

timbré, ée adj. **I.** Qui a du timbre (I, 2), un beau timbre. *Voix bien timbrée.* **II.** **1.** Marqué d'un timbre (II, 1). *Papier timbré*, émis par le gouvernement, et destiné à la rédaction de certains actes. **2.** Qui porte un timbre-poste. *Enveloppe timbrée.* **III.** (de *timbre* « cloche » et « tête ») Un peu fou. → **cinglé.** *Elle est un peu timbrée.*

timbrer v. tr. < 1 > Marquer d'un timbre (II). → **affranchir ; estampiller.** *Timbrer une lettre.*

Time Hebdomadaire américain fondé en 1923 par Henry Luce et Briton Hadden. Il est considéré comme le premier « newsmagazine ».

Timée de Locres en grec **Timaios** Philosophe grec (Ve s. av. J.-C.) On ne connaît sa vie qu'à travers les dialogues *Timée* et *Critias*, de Platon. Personnage peut-être inventé par Platon, il est considéré comme un représentant du courant pythagoricien.

Timgad

L'arc dit « de Trajan », à Timgad, ville fondée par cet empereur en 100 apr. J.-C.

Times **(The)** Quotidien britannique conservateur fondé en 1785 par J. Walter.

Timgad Ville d'Algérie, sur le versant N. des Aurès. 9 000 habitants. Site archéologique (vestiges romains).

timide adj. **(latin *timidus*, de *timere* « avoir peur » → timoré)** **1.** Qui manque d'audace et de décision. **→ timoré.** – *Protestation timide.* **2.** Qui manque d'aisance et d'assurance dans ses rapports avec autrui. *Un amoureux timide.* – **n.** *C'est une grande timide.*

timidement adv. Avec timidité.

timidité n. f. **(latin *timiditas* → timide)** **1.** Manque d'audace et de vigueur dans l'action ou la pensée. *La timidité d'un projet.* **2.** Manque d'aisance et d'assurance en société ; comportement, caractère d'une personne timide. **→ confusion, embarras, gaucherie, gêne, modestie.** *Surmonter sa timidité.*

timing [tajmiŋ] n. m. **(mot anglais, de *to time* « déterminer le moment ») anglic.** Répartition dans le temps des différentes tâches à effectuer. **→ minutage.** *Un timing précis.*

Timiş n. m. Rivière d'Europe centrale. 350 km. Il traverse la Roumanie et la Serbie, et rejoint le Danube en amont de Belgrade.

Timişoara Ville de Roumanie, capitale du Banat. 308 500 habitants. Château (XIVe-XIXe s.). Églises baroques (XVIIIe s.). Centre industriel.

Timmermans **(Felix)** Écrivain belge de langue néerlandaise (1886-1947). Il décrivit avec humour et truculence la vie de ses compatriotes flamands. Il est l'auteur de romans *(Pallieter)*, de contes et de nouvelles.

Timmins Ville du Canada (Ontario), au centre d'une importante région minière. 41 788 habitants, dont plus d'un quart francophones. Industries minières (or, argent, zinc) et forestières.

Timochenko **(Semen Konstantinovitch)** Maréchal soviétique (1895-1970). Commissaire du peuple à la Défense (1940-1941), il reçut le commandement du front sud et fut défait à Kharkov (1942).

Timoléon Homme politique grec (v. 410-v. 337 av. J.-C.). Il mit fin à la tyrannie de Denys le Jeune à Syracuse et y rétablit la démocratie (–344). Par sa victoire sur les Carthaginois à Crimisos (v. –339), il ouvrit la Sicile à la colonisation grecque.

timon n. m. **(vient du bas latin *timo, timonis*)** **1.** Longue pièce de bois de chaque côté de laquelle on attelle une bête de trait. **2.** vieux Gouvernail **(→ timonerie, timonier).**

Timon de Phlionte Philosophe grec (v. 325-235 av. J.-C.). Disciple de Pyrrhon, il est l'auteur d'un ouvrage satirique, les *Silles* (« railleries »), où il brocarde les philosophes dogmatiques en parodiant les vers d'Homère. On l'a parfois confondu avec Timon d'Athènes, surnommé le Misanthrope, évoqué par Plutarque et Lucien, et qui inspira la comédie éponyme de Shakespeare.

timonerie n. f. mar. **1.** Service dont sont chargés les timoniers. **2.** Partie du navire qui abrite les appareils de navigation.

timonier, ière n. **1.** mar. Personne qui tient le timon (2), la barre du gouvernail, qui s'occupe de la direction du navire. **2.** fig. Conducteur, guide. *Le grand timonier* : surnom de Mao Zedong.

Timor **(mer de)** Partie de l'océan Indien comprise entre l'île de Timor au N. et l'Australie au S. Exploitation de pétrole.

Timor Île de l'archipel de la Sonde. 33 615 km². La partie occidentale fait partie de l'Indonésie ; la partie orientale *(Timor oriental)* est un État indépendant depuis 2002.

timoré, ée adj. **(du latin, de *timere* « avoir peur, craindre » → timide)** Qui est trop méfiant, trop attaché à ses habitudes, qui craint le risque, les responsabilités, l'imprévu. **→ craintif, indécis, pusillanime, timide.**

Timor oriental

■ **offic. république démocratique du Timor oriental**

Pays d'Asie du S.-E. Il est constitué de la partie orientale de l'île de Timor, des îles Atauro et Jaco et de l'enclave d'Oecussi située dans la partie occidentale de l'île de Timor. → Indonésie (carte). 14 874 km². 1,2 million d'habitants (les *Est-Timorais*). **Langue :** portugais et tétum (offic.). **Religion :** catholiques (96 %). **Capitale :** Dili. **Monnaie :** dollar des États-Unis. **Régime :** semi-présidentiel.

La partie orientale du Timor, alors portugaise, fut envahie militairement en 1975 par l'Indonésie qui pratiqua une répression brutale contre les forces de résistance, faisant des milliers de morts. Les massacres entraînèrent l'intervention de l'Onu en faveur d'un référendum d'autodétermination qui se tint en 1999 et lors duquel 78,5 % des votants se prononcèrent pour l'indépendance. En 2002, l'indépendance fut officiellement proclamée et la première élection présidentielle fut organisée. Depuis, les deux principaux partis, le Congrès national pour la reconstruction du Timor (CNRT) et le Fretilin (Front révolutionnaire pour l'indépendance du Timor oriental), alternent au pouvoir. Le prix Nobel de la paix Jose Ramos-Horta, qui fut plusieurs fois ministre puis président de 2007 à 2012, fut à nouveau élu à la présidence en 2022 grâce au soutien du CNRT.

Timothée **(saint)** (Ier s.) Compagnon de saint Paul. Selon la tradition, il aurait été évêque d'Éphèse et serait mort martyr. Deux épîtres de saint Paul (Nouveau Testament) lui sont adressées.

Timurides n. m. pl. Dynastie turcomongole fondée par Tamerlan. Elle régna à Samarkand de 1369 à 1499 et domina la Perse et l'Afghanistan (v. 1400-v. 1506). La lignée indo-musulmane des Moghols en est issue.

Timur Lang voir **Tamerlan**

tin [tɛ̃] n. m. **(ancien occitan *tin, tind*) mar.** Pièce de bois qui supporte la quille d'un navire en construction. **→ béquille, billot.** *Tin de ber*.*

tinamou n. m. **(caraïbe *tinamu*) zool.** Oiseau gallinacé à ailes réduites et à queue très courte, qui niche sur le sol et vit en Amérique du Sud. *Des tinamous.*

Tinbergen **(Jan)** Économiste néerlandais (1903-1994). Il fut l'un des promoteurs de l'économétrie. Prix Nobel 1969.

Tinbergen **(Nikolaas)** Zoologiste néerlandais (1907-1988). Il fut, avec K. Lorenz, le fondateur de l'éthologie. Prix Nobel 1973.

tinctorial, ale, aux adj. **(du latin → teindre) didact.** Qui sert à teindre. *Matières tinctoriales.* **→ colorant.** – Relatif à la teinture.

Tindemans **(Léo)** Homme politique belge (1922-2014). Démocrate-chrétien, il fut Premier ministre de 1974 à 1978 et ministre des Affaires étrangères de 1981 à 1989. Il œuvra en faveur de l'intégration européenne et du respect des droits de l'homme.

Tindouf Ville du Sahara algérien, proche des frontières du Maroc et de la Mauritanie. 45 600 habitants.

tinette n. f. **(de l'ancien français *tine* « baquet », venant du latin)** Baquet servant au transport des matières fécales. – **vieilli** Lieux d'aisances sommaires.

Tinguely **(Jean)** Sculpteur suisse (1925-1991). Il construisit, à partir de matériaux de récupération, des machines cinétiques pleines de fantaisie, dans un esprit parfois proche du dadaïsme. Avec sa femme, Niki de Saint Phalle, il créa plusieurs fontaines animées (dont celle qui jouxte le Centre Georges-Pompidou à Paris), ainsi qu'une sculpture monumentale, le *Cyclop* (Milly-la-Forêt).

Jean Tinguely en 1964, dans son atelier.

Tinos Île grecque des Cyclades. 194 km². Environ 8 000 habitants.

Tinqueux Commune de la Marne, banlieue O. de Reims. 10 456 habitants.

tintamarre n. m. **(de *tinter*)** Grand bruit discordant. **→ ¹boucan, raffut, vacarme.** *Le tintamarre des klaxons.* □ adj. **tintamarresque**

tintement n. m. Bruit de ce qui tinte. *Le tintement d'une sonnette.* ■ *Tintement d'oreilles* : bourdonnement interne analogue à celui d'une cloche qui tinte.

tinter v. < 1 > **(vient du latin, de *tinnire*, onomatopéique, *cf.* retentir)** **I.** v. intr. **1.** Produire des sons aigus qui se succèdent lentement (se dit d'une cloche dont le battant ne frappe qu'un côté). **→ résonner, sonner.** *La cloche tinte.* **2.** Produire des sons clairs et aigus. *Trousseau de clés qui tinte.* – loc. *Les oreilles* ont dû vous tinter.* **II.** v. tr. littér. Faire tinter. **→ sonner.** *Tinter le glas.*

tintin n. m. (onomatopée « bruit de cloche ») loc. fam. *Faire tintin* : se priver. – ellipt *Tintin !* : rien du tout.

Tintin Personnage de bande dessinée créé en 1929 par Hergé dans *Le Petit Vingtième*. Jeune reporteur intrépide et redresseur de torts, il parcourt le monde en compagnie de son chien Milou. Au fil de ses aventures, il est rejoint par différents personnages, le capitaine Haddock, le professeur Tournesol et les policiers Dupond et Dupont.

tintinnabuler v. intr. < 1 > (du latin → tinter) littér. Se dit d'une clochette, d'un grelot qui sonne, et par ext. de ce qui tinte.

Tintoret (Jacopo Robusti, dit il Tintoretto, en français le) Peintre vénitien (1518-1594). Il réalisa, au palais des Doges et à la Scuola di San Rocco de Venise, de grandes compositions religieuses ou historiques. Coloriste brillant, il privilégia les contrastes et tenta de dynamiser l'espace du tableau en jouant sur la profondeur et la lumière. Proche du maniérisme, son œuvre préfigura le mouvement baroque. *Suzanne au bain ; Le Paradis.*

tintouin n. m. (dialectal ; de *tinter*) fam. **1.** Bruit fatigant, vacarme. → **tintamarre.** **2.** vieilli Souci, tracas.

Tioumen ou **Tyumen** Ville de Russie, en Sibérie occidentale, sur la Toura. 511 000 habitants. Chantier naval. Industries ferroviaire et mécanique. Raffinerie de pétrole.

TIP [tip] n. m. (sigle de *titre interbancaire de paiement*) En France, document imprimé portant l'autorisation donnée à une banque par son client de payer une somme d'argent (à un bénéficiaire).

Tipasa ou **Tipaza** Ville d'Algérie, sur la côte méditerranéenne, près de Cherchell. 15 200 habitants. Vestiges antiques. Tourisme.

tipi [tipi] n. m. (anglais des États-Unis *tepee*, d'un mot amérindien) Tente de forme conique des Indiens d'Amérique du Nord.

Un tipi d'Indien apsaroke (1908).

TIPP [tip] n. f. (sigle) fin. anciennt Taxe intérieure sur les produits pétroliers.

Tipperary Ville de la république d'Irlande, chef-lieu du *comté de Tipperary*. 5 000 habitants.

Tippett (sir Michael) Compositeur britannique (1905-1998). Auteur d'oratorios (*A Child for Our Time*), de symphonies, de sonates et de concertos, il développa une écriture polyphonique et polyrythmique originale.

Tippu Sultān ou **Sāhib** Sultan du Mysore (v. 1749-1799). Il expulsa les Britanniques du Mysore en 1784, mais fut battu par Wellesley à Seringapatam, où il mourut.

tipule n. f. (latin *tippula* « araignée d'eau ») zool. Insecte diptère de grande taille, à longues pattes grêles, dont les larves rongent les racines des plantes.

Tintoret (le)

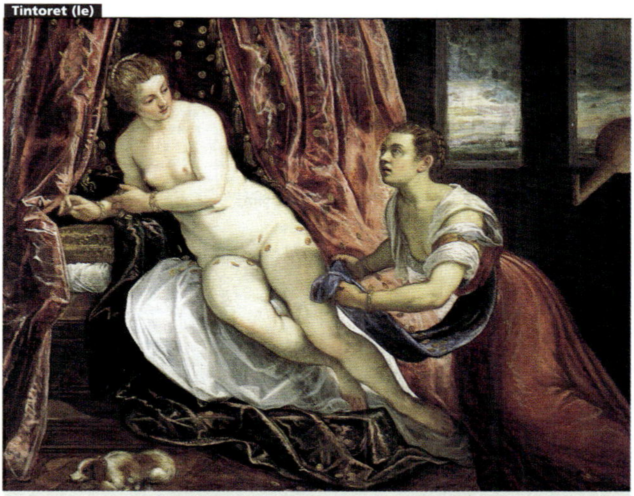

Le Tintoret, *Danaé* (v. 1580), huile sur toile, musée des Beaux-Arts, Lyon.

tique n. f. (moyen anglais) Acarien parasite des animaux, se nourrissant de sang, et qui peut aussi piquer l'homme et transmettre des maladies contagieuses. → **ixode.**

tiquer v. intr. < 1 > (de *tic*) Manifester par la physionomie, ou par un mouvement involontaire, son mécontentement, sa désapprobation, son dépit. *Il a tiqué sur le prix.*

tiqueté, ée adj. (du néerlandais *tik* « piqûre légère, point ») Marqué de petites taches. → **moucheté, piqueté, tacheté.** *Des fruits tiquetés.* → **tavelé.**

tir n. m. **I. 1.** Fait de tirer, de lancer un projectile (à l'aide d'une arme). *Tir à l'arc, au fusil.* – *Arme à tir automatique.* – *Ligne* de tir.* ■ Lancement (d'une fusée, d'un engin). *Base de tir.* **2.** Direction selon laquelle une arme à feu lance ses projectiles ; leur trajectoire. *Ajuster, régler le tir* (aussi fig.). → [1]**viser.** – loc. fig. *Rectifier le tir* : modifier sa façon d'agir pour obtenir de meilleurs résultats. **3.** Série de projectiles envoyés par une ou plusieurs armes. *Un violent tir d'artillerie.* → **coup, salve, rafale.** **4.** Fait de tirer (IV, 4), au jeu de boules. ■ football *Tir au but* : tir où le tireur est seul face au gardien. **II.** Emplacement aménagé pour s'exercer au tir à la cible. → [1]**stand.** *Tir forain.* – ***Tir au pigeon*** : dispositif pour s'exercer au tir des oiseaux au vol (→ aussi **balltrap**) ; emplacement où l'on s'exerce à ce tir.

tirade n. f. (de *tirer*) Long développement récité sans interruption par un personnage de théâtre. *La tirade du nez, dans le « Cyrano » de Rostand.* – souvent péj. Longue phrase emphatique. → **discours ;** fam. **laïus.**

tirage n. m. **I.** Fait de tirer (I) ; son résultat. **1.** Allongement, étirage. *Tirage des métaux.* → **tréfilage.** **2.** *Un cordon de tirage*, qui sert à tirer. **3.** loc. fam. *Il y a du tirage*, des difficultés, des frictions entre personnes en désaccord. **4.** Circulation de l'air facilitant la combustion. *Régler le tirage d'un poêle.* **5.** méd. Dépression anormale du thorax à l'inspiration traduisant une difficulté respiratoire. **II. 1.** Fait d'imprimer, de reproduire par impression. → **impression.** **2.** Ce qui est imprimé. *Tirage sur grand papier.* ■ Ensemble des exemplaires tirés en une fois. *Tirage de luxe.* → **édition.** – *Journal à gros tirage.* **3.** Impression définitive (d'une œuvre gravée). *Le tirage d'une estampe.* **4.** Opération par laquelle on obtient une image positive (épreuve) d'un cliché photographique. *Développement et tirage.* – *Le tirage d'un film.* **III. 1.** *Tirage au sort* : désignation par le sort. – Fait de tirer au hasard un ou plusieurs numéros. *Tirage d'une loterie.* **2.** Fait de tirer le vin. **3.** Émission d'un chèque, d'une traite. *Droits de tirage spéciaux* (DTS).

tiraillement n. m. **1.** Fait de tirailler (I, 1). **2.** fig. Fait d'être tiraillé entre divers sentiments, désirs, etc. ; difficultés résultant de volontés ou d'intérêts contradictoires. **3.** Sensation douloureuse, crampe. *Des tiraillements d'estomac.*

tirailler v. < 1 > **I.** v. tr. **1.** Tirer (I) à plusieurs reprises, en diverses directions. **2.** fig. Solliciter de façon contradictoire et importune (surtout passif et p. p.). *Être tiraillé par, entre des raisons contraires.* → **écartelé.** **II.** v. intr. Tirer (IV) souvent, irrégulièrement, en divers sens ; tirer à volonté (→ **tirailleur**).

tirailleur n. m. **1.** Soldat détaché pour tirer à volonté et harceler l'ennemi. *En tirailleurs*, en lignes espacées, sans profondeur. – fig. Personne qui agit, se bat isolément, en franc-tireur. **2.** anciennt Soldat de certaines troupes d'infanterie coloniale, encadrées par des Français. *Tirailleurs algériens, sénégalais.*

tiramisu [tiʀamisu] n. m. (italien *tirami su* « remonte-moi », à cause des vertus roboratives du plat) Entremets italien à base de mascarpone, de biscuit, parfumé au café et saupoudré de cacao.

Tiran Petite île de la mer Rouge appartenant à l'Arabie saoudite. Tiran commande l'accès au golfe d'Akaba.

Tirana ou **Tiranë** Capitale de l'Albanie, sur l'Ishm. 421 286 habitants. Musées. Université. Centre commercial et industriel. Fondée au XVIIe s., sous domination ottomane, la ville devint capitale en 1920.

T

tirant n. m. **I. 1.** Ce qui sert à tirer (I). ■ *Les tirants d'une chaussure*, les parties portant les attaches. **2.** mar. ***Tirant d'eau*** ou ***tirant*** : quantité, volume d'eau que déplace, « tire » un navire ; distance verticale entre la ligne de flottaison et le bas de la quille. **II.** Tendon (de la viande de boucherie).

Tirard (Pierre-Emmanuel) Homme politique français (1827-1893). Président du Conseil (1887-1888 ; 1889-1890), il fit comparaître les responsables du boulangisme.

Tiraspol Ville de Moldavie, sur le Dniestr inférieur. 155 000 habitants.

tirasse n. f. (de *tirer*) **1.** chasse Filet pour prendre certains oiseaux (cailles, perdrix). **2.** mus. Pédale permettant d'accoupler le pédalier d'un orgue aux claviers, ou bien les claviers entre eux.

[1]**tire** n. f. (de *tirer* [V]) loc. *Vol à la tire*, en tirant qqch. de la poche, du sac de qqn. *Voleur à la tire* (→ **pickpocket**).

²tire n. f. (de *tirer* [II] « aller ») argot Voiture.

³tire n. f. (de *tirer* V) (Canada) Confiserie à la mélasse ou au sirop d'érable.

tiré, ée adj. 1. Qui a été tiré, tendu. *Cheveux tirés en arrière.* – loc. *Être tiré à quatre épingles*.* – Allongé, amaigri par la fatigue. *Visage tiré, traits tirés.* 2. Qui a été tiré, imprimé. *Article tiré à part.* – n. m. *Tiré à part :* extrait d'une revue ou d'un ouvrage relié à part en un petit livret. *Des tirés à part.* 3. Qui est tiré (projectile, coup de feu). 4. n. m. *Le tiré :* personne désignée comme devant exécuter un ordre de payer. *Le tireur et le tiré.* → **accepteur.**

tire-au-cul [tiʀoky] n. invar. fam. Personne paresseuse. → **tire-au-flanc.**

tire-au-flanc [tiʀoflɑ̃] n. invar. fam. 1. n. m. Soldat qui cherche à échapper aux corvées. 2. n. Personne paresseuse. → **tire-au-cul.**

tire-bonde n. m. techn. Outil servant à retirer la bonde d'un tonneau. *Des tire-bondes.*

tire-botte n. m. 1. Crochet qui sert à tirer une botte, pour la mettre. *Des tire-bottes.* 2. Planchette entaillée où l'on emboîte le talon, pour se débotter.

tirebouchon ou **tire-bouchon** n. m. 1. Instrument, formé d'une hélice de métal et d'un manche, qu'on enfonce dans le bouchon d'une bouteille pour le retirer. *Des tirebouchons, des tire-bouchons.* 2. loc. *En tirebouchon :* en hélice.

tirebouchonner v. ‹1› 1. v. tr. rare Mettre en tirebouchon, en spirale. – au p. p. *Pantalon tirebouchonné.* 2. v. intr. *Ses chaussettes tirebouchonnent.* - var. **tire-bouchonner.**

tire-braise n. m. techn. Pique-feu dont se sert le boulanger pour retirer la braise du four. *Des tire-braises.*

tire-clou n. m. techn. Outil formé d'une tige plate et dentée, pour arracher les clous. *Des tire-clous de couvreur.*

à tire-d'aile loc. adv. 1. Avec des coups d'ailes, des battements d'ailes rapides et ininterrompus. 2. fig. Très vite, comme un oiseau. *Filer à tire-d'aile.*

tirée n. f. (de *tirer* [II]) fam. Longue distance pénible à parcourir. → **trotte.**

tire-fesses n. m. invar. fam. Téléski, remonte-pente. - var. RO **tire-fesse** n. m.

tire-fond n. m. 1. Longue vis dont la tête est un anneau. *Des tire-fonds.* 2. Longue vis à bois à tête carrée. - var. RO **tirefond.**

tire-jus n. m. invar. fam. Mouchoir.

tire-lait n. m. Petit appareil permettant d'aspirer le lait du sein. *Des tire-laits.*

à tire-larigot ou **à tirelarigot** loc. adv. (de *larigot* vieux « flûte » ; cf. *flûter,* vieux, « boire beaucoup ») fam. Beaucoup, en quantité. *Boire à tire-larigot.* → **à gogo.**

tire-ligne n. m. Instrument de métal servant à tracer des lignes de largeur constante. *Des tire-lignes.*

T

tirelire n. f. (du refrain de chanson *tire-lire*) 1. Petit récipient percé d'une fente par où on introduit les pièces de monnaie. → **cagnotte.** *Casser sa tirelire ;* loc. fam. dépenser toutes ses économies. 2. fam. Tête. *Prendre un coup sur la tirelire.*

tire-nerf n. m. chir. Aiguille filetée servant à l'extraction des nerfs dentaires et à la dévitalisation des dents. *Des tire-nerfs.*

tirer v. ‹1› (origine incertaine) I. v. tr. 1. Amener vers soi une extrémité, ou éloigner les extrémités de (qqch.), de manière à étendre, à tendre. → **allonger, étirer.** *Tirer un élastique.* – loc. fig. *Se faire tirer l'oreille :* se faire prier. – *Tirer les ficelles :* faire agir, manœuvrer. 2. Faire aller dans une direction, en exerçant une force sur la partie qu'on emmène vers soi, tout en restant immobile. *Tirer et pousser (qqch., un tiroir).* – fig. *Tirer qqch. à soi,* l'accaparer, le prendre. *Tirer un auteur, un texte à soi,* lui faire dire ce qu'on veut. ■ Faire mouvoir latéralement pour ouvrir ou fermer. *Tirer le verrou.* 3. Faire avancer ; déplacer derrière soi. → **traîner ; entraîner.** *Tirer un enfant par la main.* – *Tirer la jambe.* → **traîner.** 4. v. tr. ind. *Tirer sur :* exercer une traction, faire effort sur, pour tendre ou pour amener vers soi. – loc. fam. *Tirer sur la ficelle :* exagérer, aller trop loin. 5. Exercer une forte aspiration sur. → **aspirer.** *Tirer sur sa pipe.* ■ intrans. Avoir une bonne circulation d'air. *Poêle qui tire bien* (→ **tirage**). (Belgique) *Ça tire :* il y a un courant d'air. 6. v. intr. Subir une tension, éprouver une sensation de tension. *La peau lui tire.* ■ loc. *Cela tire en longueur,* dure trop. II. (idée d'« aller ») 1. v. intr. vieux Aller dans une direction ou le long de. *Tirer à droite, vers la droite.* – mod. (loc.) fam. *Tirer au flanc, au cul* (→ **tire-au-flanc, tire-au-cul**). – (dans le temps) *Tirer à sa fin :* approcher de sa fin. → **¹toucher.** *L'été tire à sa fin.* – fig. *Cela ne tire pas à conséquence,* n'est pas grave. 2. *Tirer sur :* se rapprocher de, évoquer. → **ressembler** à. *Un bleu tirant sur le vert,* un peu vert. 3. v. tr. vieilli (navire) Déplacer une certaine masse d'eau. → **tirant** d'eau. 4. v. tr. fam. Passer péniblement (une durée). *Il a tiré six mois de prison.* III. v. tr. 1. Allonger sur le papier (une figure). → **tracer.** *Tirer un trait. Tirer un plan ;* fig. l'élaborer. 2. Faire un tirage (photographique). *Faire tirer des photos numériques sur papier.* loc. *Se faire tirer le portrait :* se faire dessiner, peindre, photographier. 3. Imprimer (→ **tirage**). *Tirer un tract.* – trans. ind. *Ce journal tire à trente mille (exemplaires).* – loc. *Bon à tirer :* mention portée sur les épreuves corrigées, bonnes pour l'impression. *Les bons à tirer,* ces épreuves. IV. v. tr. 1. Envoyer au loin (un projectile) au moyen d'une arme. → **tir.** *Tirer une flèche. Tirer un coup de feu, de revolver.* – absolt *Tirez !* → **¹feu.** *Tirer à vue. Tirer à blanc.* – *On lui a tiré dessus.* – *Tirer dans le dos,* attaquer par derrière. – *Se tirer une balle dans la tête.* ■ intrans. *Tirer à,* avec (une arme). *Tirer à l'arc, au fusil.* 2. Faire partir (une arme à feu), faire exploser. → **décharger.** *Tirer le canon. Tirer un feu d'artifice.* 3. Chercher à atteindre (qqn, un animal) par un coup de feu, une flèche, etc. *Tirer un oiseau au vol.* 4. intrans. Lancer (la boule) sans la faire rouler, de manière à heurter le cochonnet ou une autre boule, à la pétanque. *Je tire ou je pointe ?* ■ au football → anglic. **shooter.** 5. très fam. *Tirer son coup :* avoir un rapport sexuel (homme). V. v. tr. (Faire sortir) 1. Faire sortir (une chose) d'un contenant. → **extraire, retirer, ¹sortir.** *Tirer un mouchoir de son sac.* – *Tirer qqn du lit,* le forcer à se lever. – loc. *Tirer la langue,* l'allonger hors de la bouche ; fig. → **langue.** *Tirer la langue à qqn,* pour se moquer. ■ *Tirer le vin* (du tonneau). 2. Choisir parmi d'autres, dans un jeu de hasard. *Tirer une carte, un numéro de loterie.* – *Tirer qqch. au sort*.* – *Tirer les cartes :* prédire l'avenir à l'aide des cartes, des tarots (→ **cartomancie ; oracle**). – *Tirer les rois*.* 3. *(Tirer qqn de...)* Faire cesser d'être dans un lieu, une situation où l'on est retenu. → **délivrer, ¹sortir.** *Tirer un blessé des décombres.* « *Il les tira du sale pétrin où ils venaient de se fourrer* » (Céline). – loc. *Tirer qqn d'affaire,* le sauver. ■ fig. Faire cesser d'être dans un état. *Tirer qqn du sommeil,* le réveiller. – *Tirer qqn du doute, de l'erreur.* → **détromper.** VI. v. tr. (Obtenir en séparant, en sortant de) 1. Obtenir (un produit) en utilisant une matière première, une source, une origine. → **extraire.** *L'opium est tiré d'un pavot.* → **provenir.** 2. dans des loc. (*tirer* + nom + *de*) Obtenir (qqch.) d'une personne ou d'une chose. *Tirer avantage, profit de. Tirer vanité de :* s'enorgueillir, se prévaloir de. – loc. *Tirer parti* de.* ■ Obtenir (des paroles, des renseignements, une action) de qqn. *On ne peut rien en tirer,* il reste muet. *Il n'y a pas grand-chose à en tirer.* 3. Obtenir (de l'argent, un avantage matériel). → **retirer.** *Tirer de l'argent de qqn.* → **extorquer, soutirer.** *Tirer un revenu d'un capital.* – *Tirer un chèque sur le compte de qqn, sur qqn,* prélever une somme sur le crédit de ce compte (→ **tireur**). 4. Faire venir (une chose) de. → **dégager, déduire.** *Il ne faudrait pas en tirer des conclusions hâtives.* 5. Emprunter (son origine, sa raison d'être) de qqch. *Tirer sa force, son pouvoir de... Tirer son origine de...,* descendre, venir de. → **provenir.** ■ Dégager (un élément) pour l'utiliser. – au p. p. *Roman tiré d'un fait divers.* – *Tirer la leçon d'une expérience.* ■ se **tirer** v. pron. 1. fam. Partir, s'en aller ; s'enfuir. *Se tirer en douce.* → se **tailler.** 2. fam. S'écouler lentement (durée) ; tirer à sa fin (tâche fastidieuse). *Ouf ! Ça se tire !* 3. *Se tirer de :* échapper, sortir de (un lieu où l'on est retenu, une situation fâcheuse). *Se tirer d'affaire.* → s'en **sortir.** – Venir à bout de (une chose difficile). → se **dépêtrer,** se **sortir.** ■ *S'en tirer :* en réchapper, en sortir indemne. – Réussir une chose délicate, difficile. *À l'oral, il s'en est bien tiré.* → **réussir.** – En être quitte pour. *Elle s'en tire avec plus de peur que de mal.*

Tirésias Devin de la mythologie grecque. Frappé de cécité par Héra, il reçoit de Zeus le don de prophétie et devient le devin de Thèbes.

tiret n. m. (de *tirer* [III]) 1. Petit trait horizontal que l'on place après un mot interrompu en fin de ligne. 2. Trait un peu plus long qui fonctionne comme une parenthèse ou qui indique un changement d'interlocuteur dans un dialogue. 3. abusivt Trait d'union.

tiretaine n. f. (de l'ancien français *tiret,* probablt de *Tyr,* n. de ville) anciennt Grosse étoffe (de laine, coton).

tirette n. f. (de *tirer* [I]) 1. Tige ou pièce métallique que l'on tire pour provoquer un fonctionnement. 2. Planchette mobile adaptée à certains meubles. *Une table à tirette.* → **tablette.** 3. régional Fermeture à glissière. 4. fam. Distributeur de billets de banque.

tireur, euse n. 1. Personne qui se sert d'une arme à feu. *Tireur d'élite.* 2. aux boules Joueur, joueuse chargé(e) de tirer (opposé à *pointeur*). – football Joueur, joueuse qui tire au but. – escrime Personne qui effectue un assaut. 3. Personne qui tire un chèque. → **émetteur.** ■ *Tireur, tireuse de cartes.* → **cartomancien.**

tireuse n. f. techn. 1. Appareil effectuant le tirage des films positifs. 2. Dispositif permettant de tirer la bière à la pression, dans un café.

tire-veille n. m. (altération de *tire-vieille,* ancienne plaisanterie de marins) mar. Chacun des deux filins reliés au gouvernail permettant de le manœuvrer. *Des tire-veilles.*

tire-veine n. m. chir. Instrument utilisé pour l'ablation d'un segment de veine (recomm. offic. pour **stripper**). *Des tire-veines.*

Tiridate Nom de plusieurs rois d'Arménie. ■ **Tiridate Iᵉʳ.** Roi d'Arménie (v. 52-73). Frère de Vologèse Iᵉʳ, roi des Parthes, il combattit les Romains puis fut reconnu par Néron (66). ■ **Tiridate II ou III.** Roi d'Arménie (v. 294-v. 324). Converti au christianisme, il fit adopter cette religion en Arménie.

Tiris el-Gharbia Région du S. du Sahara occidental. 90 000 km². Le territoire fut annexé par le Maroc en 1979.

Tirlemont voir **Tienen**

tiroir n. m. (de *tirer* [I]) 1. Casier coulissant emboîté dans un emplacement réservé (d'un meuble, etc.). *Ouvrir, tirer ; fermer, pousser un tiroir.* ■ *Fond de tiroir :* ce qu'on oublie au fond des tiroirs ; fig. chose vieille, sans valeur. *Publier les fonds de tiroirs d'un auteur.* – loc. *Racler les fonds de tiroirs :* prendre tout l'argent disponible jusqu'au dernier sou. 2. *À tiroirs. Pièce à tiroirs,* avec des scènes étrangères à l'action principale, et emboîtées dedans. – fam. *Nom à tiroirs.* → à **rallonge.**

tiroir-caisse n. m. Caisse où l'argent est renfermé dans un tiroir qu'un mécanisme peut ouvrir lorsqu'un crédit est enregistré. *Des tiroirs-caisses.*

Tirole (Jean) Économiste français (né en 1953). Partisan du libéralisme, il a mené des travaux sur les mécanismes du marché concurrentiel. Prix Nobel d'économie 2014.

Tirpitz (Alfred von) Amiral allemand (1849-1930). Ministre de la Marine (1897-1916), il créa la flotte de guerre allemande et mena la guerre sous-marine pendant la Première Guerre mondiale.

Tirso n. m. Fleuve de Sardaigne. 150 km. Aménagement hydroélectrique.

Tirso de Molina (fray Gabriel Téllez, dit) Auteur dramatique espagnol (v. 1583-1648). Il écrivit des comédies d'intrigue et des comédies dramatiques, dont *Le Trompeur de Séville et le convive de pierre,* première apparition de Don Juan au théâtre.

Tiruchirapalli ou **Trichy** Ville d'Inde (Tamil Nadu). 847 000 habitants. Artisanat traditionnel (soieries). Centre industriel.

Tirynthe Ancienne ville de Grèce, en Argolide (Péloponnèse). Vestiges d'une muraille cyclopéenne des XIVe-XIIIe s. av. J.-C.

Tisa n. f. Rivière d'Europe centrale. 966 km. Née en Ukraine, dans les Carpates, elle traverse la Hongrie et se jette dans le Danube.

tisane n. f. (du latin, du grec *ptisanê*) Boisson contenant une substance végétale (obtenue par macération, infusion, décoction) à effet médical ou hygiénique.

tisanière n. f. Grande tasse à couvercle pour la tisane.

Tiso (Jozef) Homme d'État slovaque (1887-1947). Président du gouvernement autonome slovaque (1939-1945), il fut condamné à mort et exécuté pour avoir collaboré avec l'Allemagne nazie.

tison n. m. (vient du latin, famille de *attiser*) Reste d'un morceau de bois, d'une bûche dont une partie a brûlé.

tisonner v. tr. < 1 > Remuer les tisons, la braise de (un foyer, un feu).

tisonnier n. m. Longue barre de fer à extrémité un peu relevée pour attiser le feu. → **pique-feu.**

tissage n. m. **1.** Action de tisser ; ensemble d'opérations consistant à entrelacer des fils textiles pour produire des étoffes ou tissus. **2.** Établissement, ateliers où s'exécutent ces opérations.

Tissandier (Gaston) Aéronaute français (1843-1899). Il réalisa et expérimenta, avec son frère Albert, le premier ballon dirigeable muni d'une hélice entraînée par un moteur électrique (1883).

Tissapherne Homme politique et général perse (mort en 395 av. J.-C.). Il participa à la victoire de Counaxa sur Cyrus le Jeune (–401). Vaincu par le roi de Sparte Agésilas II, il fut destitué et mis à mort.

tisser v. tr. < 1 > (de l'ancien v. *tistre,* venant du latin *texere* → texte, texture) **1.** Fabriquer (un tissu) par tissage. *Tisser une toile.* ▪ Transformer (un textile) en tissu. *Tisser de la laine.* – absolt *Métier à tisser.* ▪ *L'araignée tisse sa toile.* **2.** littér. Former, élaborer, disposer les éléments de (qqch.) comme par tissage. → **ourdir, tramer.** *« Tisser des intrigues plus ou moins bien ourdies »* (Gautier). – au p. p. (**tissé, ée** ou littér. **tissu, ue**). *Un livre tissu (ou tissé) d'aventures compliquées.*

tisserand, ande n. Ouvrier, ouvrière qui fabrique des tissus.

tisserin n. m. (de *tisser*) Petit oiseau passériforme de l'Afrique équatoriale, qui construit de remarquables nids tissés en feuilles de palmiers.

tisseur, euse n. Ouvrier, ouvrière sur métier à tisser. *Tisseur de tapis.*

tissu n. m. (de l'ancien v. *tistre* → tisser) **I. 1.** Surface souple et résistante constituée par un assemblage régulier de fils entrelacés, tissés ou à mailles. → **étoffe.** *Un tissu de coton. Robe en tissu imprimé. Tissus d'ameublement.* **2.** abstrait Suite ininterrompue (de choses regrettables ou désagréables). → **enchaînement.** *Un tissu de mensonges, d'absurdités.* **II. 1.** Ensemble de cellules de l'organisme possédant la même organisation et concourant à la même fonction (→ **histologie**). *Tissu osseux, musculaire, nerveux. Tissus végétaux.* – *Le tissu vivant.* **2.** fig. *Le tissu urbain, industriel.*

tissulaire adj. didact. Relatif aux tissus (II).

Tisza (Kálmán) Homme politique hongrois (1830-1902). Premier ministre (1875-1890), il lutta contre les catholiques et tenta la magyarisation des minorités. ▪ **István, comte Tisza.** Homme politique hongrois (1861-1918). Fils de Kálmán, il fut Premier ministre de 1903 à 1905 et de 1913 à 1917.

titan n. m. (n. de géants de la mythologie grecque) littér. Géant, personne d'une force surhumaine. – *Un travail de titan.*

Titan Deuxième plus grand satellite du système solaire (5 150 km de diamètre), après Ganymède, Titan est le principal satellite de Saturne et est le seul satellite du système solaire à posséder une atmosphère dense. Il fut découvert en 1655 par Huygens.

titane n. m. (du grec *titanos* « chaux ») chim. Élément (symb. Ti, n° at. 22, masse at. 47,90), métal blanc brillant. *Blanc de titane :* oxyde employé en peinture. ▫ **adj. titanique**

titanesque adj. (de *titan*) littér. Grandiose et difficile. → **gigantesque.** *Une œuvre titanesque.*

Titanic n. m. Paquebot britannique qui fit naufrage dans la nuit du 14 au 15 avril 1912, lors de sa traversée de l'Atlantique. Il heurta un iceberg au S. de Terre-Neuve et sombra, entraînant la mort de 1 513 personnes.

Titanides n. f. pl. Dans la mythologie grecque, nom générique des six filles d'Ouranos et de Gaïa, sœurs et épouses des Titans.

Titanic

1. Parti de Southampton et heurté par un iceberg dans le nord de l'Atlantique, le Titanic fit naufrage lors de son voyage inaugural vers New York. 2. La proue de l'épave du paquebot gît par plus de 3 800 m de fond.

Titans n. m. pl. Dans la mythologie grecque, nom générique des six fils d'Ouranos et de Gaïa. Ils furent vaincus par les Olympiens et précipités par Zeus dans le Tartare.

Tite (saint) (Ier s.). Compagnon de saint Paul. Une épître de saint Paul (Nouveau Testament) lui est adressée.

Tite-Live en latin **Titus Livius** Historien romain (v. 64 ou 59 av. J.-C.-v. 17 apr. J.-C.). Il est l'auteur d'une *Histoire de Rome* en 142 livres, allant des origines à –9, dans laquelle il exalte la grandeur et l'héroïsme du peuple romain.

Titelouze (Jehan) Compositeur français (v. 1563-1633). Titulaire des orgues de la cathédrale de Rouen, il laissa une œuvre uniquement destinée à l'orgue *(Hymnes de l'Église pour toucher l'orgue)* qui fait de lui le véritable fondateur de l'école française d'orgue.

titi n. m. (de *petit*) fam. Gamin déluré et malicieux. → **gavroche.** *Des titis parisiens.*

Titicaca (lac) Lac d'Amérique du Sud, partagé entre le Pérou et la Bolivie, dans les Andes (3 800 m d'altitude). 8 340 km².

Sur le lac Titicaca, îles flottantes en roseau, habitées par des Aymaras.

Titien (Tiziano Vecellio, dit en français) Peintre vénitien (v. 1490-1576). Élève de Giovanni Bellini, il fut employé par Giorgione, qui eut une influence décisive sur ses premières œuvres. Peintre favori de Charles Quint, il exécuta les portraits des grands de l'époque *(Isabelle d'Este ; François Ier),* dont celui de Philippe II, son plus fidèle mécène. Il excella dans la peinture religieuse *(Présentation de la Vierge au Temple)* comme dans les compositions mythologiques *(La Vénus d'Urbino).* À partir des années 1550, Titien, sensible au maniérisme, laissa s'exprimer toute la force de son génie, travaillant la matière picturale avec une liberté totale. Maître incontestable de la peinture vénitienne, il exerça une influence durable sur l'art européen. *L'Amour sacré et l'Amour profane ; Portrait du doge Andrea Gritti ; Le Supplice de Marsyas.*

Titien, *La Femme au miroir* (v. 1515), musée du Louvre, Paris.

titiller v. tr. < 1 > (du latin « chatouiller » ; famille de *tétine, téter*) **1.** Chatouiller agréablement. **2.** Exciter légèrement (à faire qqch.). ▫ **n. f. titillation**

T

Titisee n. m. Lac d'Allemagne, dans la Forêt-Noire. 1,3 km^2. Centre touristique et climatique.

titisme n. m. (de *Tito*, n. propre) hist., polit. Idées politiques, politique socialiste d'indépendance du maréchal Tito en Yougoslavie. □ **adj. titiste**

Tito (Josip Broz, dit) Maréchal et homme d'État yougoslave (1892-1980). Croate, il devint secrétaire général du Parti communiste yougoslave en 1937 et organisa la résistance contre l'occupation allemande à partir de 1941. Chef du gouvernement (1945), il fit de la Yougoslavie une démocratie populaire indépendante de l'URSS et rompit avec Staline (1948). Promoteur du non-alignement, président de la République à partir de 1953 (élu à vie en 1974), il parvint à maintenir l'unité yougoslave fragilisée par les revendications nationalistes.

Le maréchal Tito en 1942, sur le front dans les montagnes bosniaques, Bibliothèque nationale de France, Paris.

titrage n. m. Action de titrer (1et 2).

titraille n. f. typogr., journalisme Ensemble des titres d'une publication. ■ Composition de ces titres. *Moderniser la titraille.*

1titre n. m. (vient du latin *titulus* « inscription ; affiche » → titulaire) **I. 1.** Désignation honorifique exprimant une distinction de rang, une dignité. *Titres de noblesse. Le titre de maréchal.* **2.** Nom de charge, de fonction, de grade. *Titres universitaires.* – ***En titre*** : qui a effectivement le titre de la fonction qu'il exerce (opposé à *auxiliaire, suppléant*). *Professeur en titre.* → **titulaire.** *Le fournisseur en titre d'une maison.* → **attitré. 3.** Qualité de vainqueur, de champion (dans une compétition). *Le tenant* du titre.* **4.** ***À titre ; à titre de*** **loc. prép.**, en tant que, comme. *À titre d'exemple.* – ***À ce titre*** : pour cette raison (le titre donnant un droit). – ***Au même titre*** : de la même manière. (loc. conj.) *J'y ai droit au même titre que lui.* – ***À titre*** (+ adj.). *À titre amical. À titre indicatif. À plus d'un titre, à plusieurs titres*, pour plusieurs raisons. **II.** (Cause qui établit un droit) **1.** Document qui constate et prouve un droit (de propriété, à un service, etc.). → **certificat, papier, pièce.** *Titres de propriété. Titre de transport* : billet, carte, ticket. – Certificat représentatif d'une valeur de Bourse. → **valeur.** *Vendre des titres.* **2.** Qualité ou service qui donne droit à qqch. *Un titre de gloire.* **3.** loc. ***À juste titre*** : à bon droit, avec fondement, raison. **III.** (Proportion) **1.** Proportion d'or ou d'argent contenue dans un alliage. *Le titre d'une monnaie.* **2.** chim. Rapport de la masse d'une substance dissoute à la masse ou au volume de solvant ou de solution. → **degré.**

2titre n. m. (→ 1titre) **1.** Nom donné (à une œuvre, un livre) et qui évoque souvent son contenu. *Le titre d'un roman, d'un recueil de poèmes. Donner un titre à.* → **intituler.** *Page de titre*, portant le titre, le sous-titre, le nom de l'auteur, etc. ***Faux-titre*** : titre simple sur la page précédant la page de titre. *Des faux-titres.* ***Titre courant*** : titre imprimé en haut ou en bas de chaque page d'un ouvrage. – par ext. *Les meilleurs titres de l'année.* ■ *Le titre d'une chanson, d'un film, d'un tableau.* **2.** Expression, phrase qui présente un article de journal. → **rubrique.** *Titre sur cinq colonnes.* → **manchette.** *La nouvelle fait les gros titres de tous les journaux.* **3.** Subdivision du livre (dans un recueil juridique). *Titres, chapitres, sections d'une Constitution, d'un code.*

titré, ée adj. **I.** Qui possède un titre de noblesse. **II.** chim. Dont le titre (III) est connu. *Liqueur, solution titrée.*

1titrer v. tr. < 1 > **I.** Donner un titre de noblesse à (qqn). **II. 1.** Déterminer le titre de. *Titrer un alliage, un alcool.* **2.** Avoir (tant de degrés) pour titre. *Les liqueurs doivent titrer 15° minimum.*

2titrer v. tr. < 1 > **1.** Donner un titre à. → **intituler. 2.** *Titrer un film* : y joindre les textes de présentation (titres, intertitres, sous-titres).

titreuse n. f. techn. **1.** cinéma Appareil permettant de filmer titres et sous-titres. **2.** imprim. Machine utilisée pour composer les gros titres.

titrimétrie n. f. (de *titrer* et *-métrie*) chim. Mesure du titre d'une solution. → **volumétrie.** □ **adj. titrimétrique**

titrisation n. f. (de *titre*) fin. Transformation des créances détenues par une banque en titres négociables.

titubant, ante adj. Qui titube. → **chancelant, vacillant.** *Une démarche titubante.*

tituber v. intr. < 1 > (du latin) Vaciller sur ses jambes, aller de droite et de gauche en marchant. → **chanceler.** *Un malade qui titube.* □ **n. f. titubation**

titulaire adj. et n. (du latin *titulus* → 1titre) **1.** Qui a une fonction, une charge pour laquelle il a été personnellement nommé (→ 1titre). *Professeur titulaire.* – **n.** *Le, la titulaire d'un poste.* **2.** Qui possède juridiquement (un droit). *Être titulaire d'un diplôme.* – **n.** *Les titulaires du permis de conduire.*

titulariser v. tr. < 1 > Rendre (qqn) titulaire d'une fonction, d'une charge qu'il remplit. *Titulariser un fonctionnaire.* □ **n. f. titularisation** □ **adj. titularisable**

titulature n. f. (du latin *titulus* → 1titre) didact. Ensemble des titres portés par une personne, une famille.

Titus en latin **Titus Flavius Sabinus Vespasianus** (39-81). Empereur romain (79-81). Fils de Vespasien, il prit Jérusalem (70) et fut associé au trône par son père. Durant son règne, il dut faire face à plusieurs catastrophes, dont l'incendie de Rome et l'éruption du Vésuve (79) qui ensevelit Herculanum et Pompéi.

Tivoli Ville d'Italie, dans le Latium, à l'E. de Rome. 49 350 habitants. Jardins de la villa d'Este.

Tizi Ouzou Ville d'Algérie, chef-lieu de wilaya, en Grande Kabylie. 104 300 habitants.

Tjibaou (Jean-Marie) Homme politique néo-calédonien (1936-1989). Chef du mouvement indépendantiste kanak (FLNKS), il signa les accords de Matignon (1988), première étape vers l'autonomie de la Nouvelle-Calédonie. Il fut assassiné par un extrémiste de son camp.

Tl Symbole chimique du thallium.

Tlaloc Dieu de la Pluie et de la Végétation, dans le Mexique précolombien.

Tlaxcala n. m. État du Mexique, au S.-E. de Mexico. 4 016 km^2. 1,17 million d'habitants. Capitale : Tlaxcala.

Tlemcen ou **Tilimsen** Ville de l'Algérie occidentale, chef-lieu de wilaya. 173 500 habitants. Centre religieux. Mosquée (XIIIe et XIVe s.). Agriculture (oliveraies, vignobles), artisanat (tapis, cuir, textile).

Tm Symbole chimique du thulium.

tmèse n. f. (latin *tmesis*, mot grec, de *temnein* « couper ») rhét. Séparation de deux éléments d'un mot habituellement liés, et intercalation d'un ou plusieurs autres mots (ex. *lors... que* : lorsque, puisque. *Lors même que*).

TMS voir **musculosquelettique**

TNP (traité sur la non-prolifération des armes nucléaires) Traité entré en vigueur en 1970, et engageant les États signataires à refuser de fournir ou d'accepter des armes nucléaires. Le TNP a été complété en 1998 par un protocole additionnel fondant l'AIEA (Agence internationale de l'énergie atomique), chargée d'en vérifier la bonne application.

TNP (abrév. de **Théâtre national populaire**) Théâtre subventionné créé en 1920 à l'initiative de F. Gémier. Installé en 1937 au palais de Chaillot, il fut notamment dirigé par J. Vilar et G. Wilson. En 1973, il fut transféré à Villeurbanne. Ouvert au plus grand nombre, le TNP s'efforce de rendre accessible à tous le répertoire classique et contemporain.

1TNT n. m. (sigle) Trinitrotoluène, puissant explosif.

2TNT n. f. Sigle de *télévision numérique terrestre.*

Toamasina ou **Tamatave** Ville de Madagascar, sur la côte orientale de l'île. 362 280 habitants. Premier port du pays.

toast [tost] n. m. (de l'anglais « pain grillé », de l'ancien français *toster* « griller ») **I.** Action (fait de lever son verre) ou discours par lequel on propose de boire en l'honneur de qqn ou de qqch., à la santé de qqn, etc. *« Je porte un toast à l'allégresse »* (Hugo). *Prononcer un toast.* **II.** Tranche de pain de mie grillée (→ **rôtie**). *Des toasts beurrés.*

toasteur [tostœʀ] n. m. (anglais *toaster*, de *to toast* « [faire] griller » → toast) Ustensile électrique pour griller les toasts. → **grille-pain.**

Toba (lac) Lac d'Indonésie, dans le N. de Sumatra. 1 266 km^2.

Tobago Île des Antilles, constituant, avec l'île de la Trinité, l'État de Trinité-et-Tobago. 301 km^2. 44 200 habitants. Ville principale : Scarborough. Tourisme.

Tobey (Mark) Peintre américain (1890-1976). Initié à la calligraphie et au lavis, il s'inspira de la calligraphie orientale pour développer une peinture non figurative présentant des tracés aux modulations subtiles, le plus souvent dans des tons pâles.

Tobie ou **Tobias** Personnage biblique, héros du livre de Tobie. Grâce à Azanias, en réalité l'ange Raphaël, il parvient à guérir son père de la cécité.

Tobin (James) Économiste américain (1918-2002). Spécialiste des problèmes monétaires et financiers, il a proposé de taxer les transactions à court terme sur les devises *(taxe Tobin)*. Prix Nobel 1981.

▶ La **taxe Tobin** est une proposition de taxation des opérations de change de nature spéculative. Elle a été formulée par l'économiste James Tobin en 1972. L'objectif d'une petite taxe (son taux serait compris entre 0,01 % et 1 %) appliquée aux mouvements internationaux de capitaux est de réduire la volatilité des cours de change et l'instabilité financière. Par ailleurs les sommes ainsi récoltées pourraient financer l'aide au développement.
Cette proposition a été très discutée à la fin des années 1990, en particulier sous la pression de l'association ATTAC créée en 1998 (dont le sigle signifie au départ Action pour une Taxe Tobin d'Aide aux Citoyens). Quelques pays se sont prononcés en faveur de la taxe : la France, la Finlande, la Belgique, l'Allemagne, l'Inde, l'Australie, mais son instauration se heurte à beaucoup d'obstacles. Un accord au niveau mondial est

nécessaire pour une mise en œuvre simultanée : faute d'un tel accord planétaire les capitaux se dirigeraient vers les zones non taxées. Par ailleurs, aux yeux de certains économistes, la taxe serait dangereuse car elle réduirait la liquidité des marchés financiers et, par conséquent, leur efficacité. Selon eux, paradoxalement, la réduction de la liquidité des marchés financiers et du volume des transactions accentuerait l'instabilité des cours. D'autre part, elle serait incompatible avec le secret bancaire car elle nécessiterait une « traçabilité » des transactions financières. Pour certains au contraire, la crise financière de 2008 a remis à l'ordre du jour le principe de la taxe Tobin.

voir aussi **capitalisme, Bourse, fonds de pension**

toboggan n. m. (de l'anglais, mot amérindien [Canada] « traîneau ») **1.** Traîneau à longs patins métalliques. *Piste de toboggan.* **2.** Équipement de jeu fait d'une rampe inclinée sur laquelle on se laisse glisser. **3.** Appareil de manutention formé d'une glissière. ■ Voie de circulation automobile qui enjambe un carrefour.

Tobol n. m. Rivière d'Asie centrale et de Sibérie occidentale. 1 591 km. Il arrose le Kazakhstan, la Russie, et se jette dans l'Irtych.

Tobolsk Ville de Russie, en Sibérie occidentale, au confluent de l'Irtych et du Tobol. 98 000 habitants. Port fluvial et chantier naval. Pétrochimie. Ancienne capitale de la Sibérie, Tobolsk fut l'un des principaux lieux de déportation sous les tsars.

Tobrouk Ville de Libye, sur la côte orientale de la Cyrénaïque. 75 000 habitants. Port. Raffinerie de pétrole. La ville fut le théâtre de violents combats durant la Seconde Guerre mondiale.

¹toc interj. (onomatopée) Onomatopée d'un bruit sec, d'un heurt (souvent répété). *Toc, toc ! Qui est là ?*

²toc n. m. (de ¹*toc*) **1.** Imitation d'une matière précieuse, d'un objet ancien. *C'est du toc.* → **camelote.** *Bijou en toc.* → de **pacotille. 2. adj. invar.** fam. Sans valeur, faux et prétentieux. → **tocard.** *Une marchandise toc. Ça fait toc.*

³toc n. m. (sigle de *trouble obsessionnel compulsif*) Trouble mental d'une personne qui ne peut s'empêcher de répéter très souvent et inutilement certains actes. *Souffrir d'un toc.*

tocade ou **toquade** n. f. (de *se toquer*) fam. Goût très vif, généralement passager, souvent bizarre et déraisonnable, pour qqch. ou qqn. → **caprice, lubie.** *C'est sa dernière tocade.* → **manie.**

tocante n. f. (de ¹*toc*) fam. Montre. - var. **toquante.**

Tocantins n. m. Fleuve du Brésil. 2 416 km. Il se jette dans l'Atlantique, non loin de Belém.

Tocantins n. m. État du centre du Brésil. 286 796 km². 1,38 million d'habitants. Capitale : Palmas.

tocard, arde (de ²*toc*) **1. adj.** fam. Ridicule, laid. *Des chaussures tocardes.* → fam. **moche. 2. n.** fam. Personne incapable, sans valeur. *Quelle tocarde !* → ²**ringard.** ■ **n. m.** Mauvais cheval. *Miser sur un tocard.* - var. **toquard, arde.**

toccata n. f. (mot italien, de *toccare* « toucher ») Pièce de musique écrite pour le clavier, à rythme régulier et marqué. *Toccatas* ou *toccate* (plur. italien) *et fugues de J.-S. Bach.*

toco-, -tocie Éléments (du grec *tokos*) qui signifient « accouchement » (ex. *dystocie*).

tocophérol n. m. (de *toco-* et du grec *pherein* « transporter ») biochim. Composé organique de forte activité biologique entrant dans la composition de la vitamine E (facteur de fertilité).

Tocqueville (Charles Alexis Clérel de) Historien et homme politique français (1805-1859). Magistrat sous la Restauration, il fut chargé d'une enquête sur le système pénitentiaire aux États-Unis et publia *De la démocratie en Amérique.* Ministre des Affaires étrangères, il renonça à la vie politique sous le Second Empire. Dans *L'Ancien Régime et la Révolution,* il s'est attaché à démontrer l'existence d'une continuité entre les régimes monarchique et révolutionnaire, au-delà des éléments de rupture.

tocsin n. m. (de l'occitan) Sonnerie de cloche répétée et prolongée, pour donner l'alarme. *Faire sonner le tocsin.*

Todd (sir Alexander Robertus) Biochimiste britannique (1907-1997). Il effectua la synthèse des vitamines B1, B12 et E. Il travailla également sur la structure de l'ADN. Prix Nobel de chimie 1957.

Todi Ville d'Italie (Ombrie). 16 700 habitants. Vestiges d'une triple enceinte étrusque, romaine et médiévale. Nombreux monuments des XIIᵉ et XIIIᵉ siècles.

Tödi Sommet des Alpes suisses, à la limite des cantons de Glaris et des Grisons. 3 614 m.

Todorov (Tzvetan) Essayiste et sémiologue français d'origine bulgare (1939-2017). D'abord théoricien de la littérature s'inspirant des méthodes du structuralisme, il s'est intéressé par la suite à l'histoire de la culture et de l'humanisme. *Les Abus de la mémoire.*

Todos os Santos (bahia de) Grande baie du Brésil, sur l'Atlantique. À l'entrée de la baie se trouve la ville de Salvador.

Todt (Fritz) Ingénieur et homme politique allemand (1891-1942). À partir de 1933, il construisit le réseau autoroutier de l'Allemagne nazie. En 1938, il donna son nom à une formation paramilitaire qui fut chargée, notamment, de la construction de la ligne Siegfried et du mur de l'Atlantique. Il fut nommé ministre de l'Armement et des Munitions en 1940.

Toer (Pramoedya Ananda) Écrivain indonésien (1925-2006). Ses grandes fresques réalistes en font l'un des meilleurs prosateurs indonésiens. *Famille de maquisards ; Terre des hommes.*

tofu [tɔfu] n. m. (mot japonais) Pâte de soja.

toge n. f. (latin *toga*) **1.** Ample pièce d'étoffe sans coutures dans laquelle les Romains se drapaient. **2.** Robe de cérémonie, dans certaines professions. *Toge et épitoge d'avocat, de professeur.*

Togliatti (Palmiro) Homme politique italien (1893-1964). Après avoir participé à la création du Parti communiste italien (1921), il s'exila en URSS sous le fascisme et devint secrétaire du Komintern (1937). Plusieurs fois ministre entre 1944 et 1946, il se montra favorable à la déstalinisation après 1956.

Togliatti ou **Toliatti** Ville de Russie, sur le réservoir d'eau de Samara. 702 000 habitants. Centre industriel.

Togo

n. m. ■ offic. république togolaise Pays d'Afrique occidentale ouvert sur le golfe de Guinée. 56 785 km². 7 600 000 habitants (les *Togolais*). **Langues :** français (offic.), anglais, éwé, kabyé, kotokoli, mina, peul. **Population :** 60 groupes ethniques, principalement Éwés, Kabyés, Minas, et groupes apparentés. **Religions :** animistes, catholiques, musulmans. **Monnaie :** franc CFA. **Capitale :** Lomé. **Régime :** présidentiel. Le Togo est divisé en 5 régions.

GÉOGRAPHIE

De forme allongée, le Togo est constitué du sud au nord d'une étroite bande côtière sableuse, de lagunes (lac Togo), de terres sédimentaires plus élevées (60 à 200 m) dites « terres de barre » et d'un vaste plateau couvert de savanes à moins de 500 m d'altitude. Celui-ci est entouré de montagnes boisées à l'ouest (les monts du Togo qui culminent au mont Agou à 986 m) et de vallées au nord et au sud. Le climat tropical sec au nord devient chaud et humide au sud.

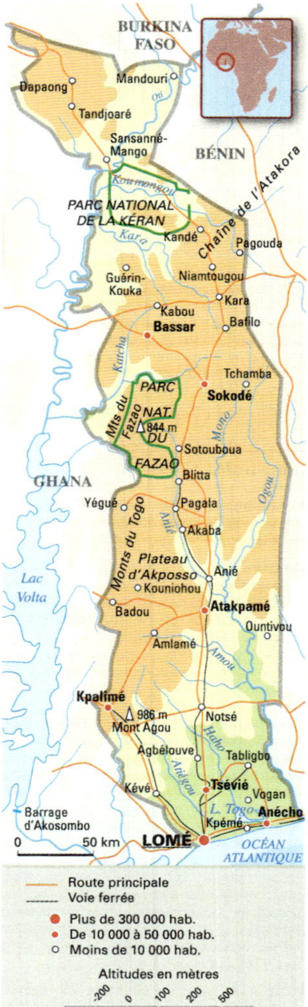

ÉCONOMIE

L'agriculture est une activité importante du Togo, même si peu de terres sont cultivées (20 % du PIB, 60 % de l'emploi). Le Togo produit des cultures vivrières (manioc, igname, maïs, sorgo, mil) ou destinées à l'exportation (cocotier, palmier, café, cacao, coton, arachide). L'exploitation des phosphates et des carrières de marbre constitue la principale richesse du pays.

HISTOIRE

Le Nord, habité dès le Iᵉʳ millénaire, est lié à l'empire du Mali, le Sud à ceux du Ghana et du Bénin. Les Portugais (XVᵉ siècle), les

Les installations d'une mine de phosphate, principale source de revenus du Togo.

Britanniques et les Hollandais (XVIIe siècle) puis les Danois (XVIIIe siècle) s'y livrèrent au commerce d'esclaves dans la région d'Aneho (lac Togo) jusqu'au milieu du XIXe siècle. L'Allemagne établit son protectorat en 1884. Puis le pays fut partagé entre la France et l'Angleterre en 1922. Le Togo britannique devint le Ghana en 1956 tandis que la partie française obtenait son indépendance en 1960. L'opposition entre les populations du Nord et du Sud fut à l'origine de coups d'État et de nombreux troubles politiques. Étienne Gnassingbé Eyadéma détint le pouvoir de 1967 jusqu'à sa mort en 2005. Opposé aux hommes politiques du sud du pays, Eyadéma traqua l'opposition. Il tenta de donner à son pays un rôle régional. Grâce à l'appui de l'armée, son fils Faure Gnassingbé lui succéda. Une révision constitutionnelle lui permit d'être réélu pour un quatrième mandat en 2020. Prenant ses distances avec la France et espérant développer ses échanges avec les pays anglophones, le Togo a adhéré au Commonwealth en 2022.

tohu-bohu [tɔybɔy] **n. m. invar.** **(de l'hébreu « le chaos »)** **1.** **vieilli** Désordre, confusion de choses mêlées. *Le tohu-bohu des voitures.* **2.** Bruits nombreux entremêlés. **→ tintamarre.** - **var.** RO **tohubohu n. m.**

toi **pron. pers.** **(vient du latin *te* [comme *te**], accusatif de *tu* → ¹tu)** Pronom personnel (forme tonique) de la 2e personne du singulier et des deux genres, qui représente la personne à qui l'on s'adresse. **→ ¹tu.** **1.** **avec un impératif (sauf devant *en* et *y* → te)** *Toi, viens ici !* **–** **(verbes pronominaux)** *Dépêche-toi. Mets-toi là.* **2.** **(avec un infinitif)** *Toi, nous quitter ?* **–** **sujet d'un participe** *Toi parti, la maison sera bien triste.* **–** **sujet d'une proposition elliptique** *Moi d'abord, toi après.* **3.** **coordonné à un n., un pronom** **–** **(sujet)** *Paul et toi partirez. Toi ou moi* (nous) *irons.* **–** **(compl.)** *Elle invitera tes parents et toi.* **4.** **(avec une comparaison)** *Il est plus gentil que toi.* **5.** **(renforçant le pronom *tu*)** *Et toi, tu restes. Toi, tu vas aller te coucher.* **6.** ***Toi, qui...*** *Toi qui me comprends.* **–** ***Toi que.*** *Toi que j'aime.* **7.** ***Toi,* attribut.** *C'est toi. Si j'étais toi...,* à ta place. **–** *C'est toi qui l'as voulu.* **8.** **(précédé d'une préposition)** *Chez toi. C'est à toi. Je suis content de toi. Avant, après toi. Sans toi. Je crois en toi.* **9.** **(renforcé)** ***Toi-même.*** *Connais-toi toi-même.* **–** *Toi seul. Toi aussi. Toi non plus.*

T

toile **n. f.** **(vient du latin *tela,* de *texere* → tisser ; texte, texture)** **I.** **(sens général)** **1.** Tissu d'armure (II) unie, fait de fils de lin, de coton, de chanvre, etc. *Tisser une toile. Toile de jute. Toile à matelas. Une robe de toile.* **2.** *(Une, des toiles)* Pièce de toile. *Toile de tente.* **–** ***Toile cirée*** : pièce de toile vernie servant de nappe, de revêtement. **II.** **1.** Pièce de toile, montée sur un châssis, et servant de support pour une œuvre peinte. *La toile et le châssis d'un tableau.* ■ Peinture, tableau. *Des toiles de maître.* **2.** **fam.** Écran de cinéma ; film. **–** **loc.** *Se faire une toile,* aller au cinéma. ■ **loc.** ***Toile de fond*** : fond de décor (toile verticale). **–** **fig.** Ce qui sert d'arrière-plan. **3.** **mar.** Ensemble des voiles déployées d'un navire. **→ voilure.** **III.** **1.** Réseau de fils (d'araignée). *L'araignée tisse sa toile.* **–** **par métaphore** **→ piège.** **2.** *La Toile* : partie d'Internet regroupant tous les sites du réseau mondial. **→ web.**

toilé, ée **adj.** Garni, couvert de toile. *Reliure toilée.* **–** *Papier toilé,* dont le grain imite la toile.

toilerie **n. f.** Fabrication, commerce des toiles de lin, coton, chanvre. **–** Atelier, fabrique de toiles.

toilettage **n. m.** Action de toiletter. *Le toilettage d'un chien.*

toilette **n. f.** **(de *toile* « petite toile pour présenter des ustensiles de parure sur une table »)** **1.** **vieux** Ustensiles et produits servant à la parure. *« Qu'on apporte ici la toilette de Madame »* (Marivaux). **2.** Fait de se préparer pour paraître en public ; **spécialt,** de s'habiller et de se parer. **→ ajustement, habillement.** *Avoir le goût de la toilette* : être coquet. **3.** Manière dont une femme est vêtue et apprêtée. **→ mise, parure, vêtement.** *Être en grande toilette.* **–** ***Une toilette*** : les vêtements que porte une femme. **4.** Ensemble des soins de propreté du corps. *Faire sa toilette* : se laver. *Savon, gant de toilette. Produits de toilette. Trousse de toilette. Eau de toilette.* **–** *Chat qui fait sa toilette.* ■ ***Cabinet* de toilette.*** **5.** **au plur.** Cabinet d'aisances. *Aller aux toilettes.* **→ cabinet, lavabo, WC.** *Le siège des toilettes.* **–** *Toilettes sèches,* qui n'utilisent pas d'eau. *Toilettes à litière, à compost,* où l'on mélange aux matières organiques (selles et urine) des déchets végétaux (sciure, etc.).

toiletter **v. tr.** **<1>** **1.** Faire la toilette (d'un animal de compagnie). **→ toilettage.** **2.** **fig.** Retoucher légèrement. *Toiletter un texte.*

toise **n. f.** **(vient du latin, de *tendere* → ¹tendre)** **1.** **anciennt** Mesure de longueur valant 6 pieds (1,949 m). **2.** Tige verticale graduée qui sert à mesurer la taille de qqn. *Passer des soldats à la toise.*

toiser **v. tr.** **<1>** **(d'abord « mesurer à la toise »)** Regarder avec dédain, mépris. **→ dévisager, examiner.**

toison **n. f.** **(vient du latin, de *tondere* → tondre)** **1.** Pelage laineux des ovidés. *La toison d'un agneau. La Toison d'or,* trésor fabuleux (dans l'Antiquité). **2.** Chevelure très fournie. **→ tignasse.** **–** Poils abondants de certains animaux (chat, chien). **–** Poils (humains) abondants. *Poitrine recouverte d'une toison blonde.*

Toison d'or Toison d'un bélier ailé, dans la mythologie grecque. Gardée par un dragon en Colchide, elle est dérobée par Jason.

Toison d'or **(ordre de la)** Ordre de chevalerie créé en 1429 par le duc de Bourgogne Philippe III le Bon. Il passa à la maison de Habsbourg avec Maximilien d'Autriche, puis à l'Espagne avec Charles Quint.

toit **n. m.** **(vient du latin *tectum,* de *tegere* « couvrir » → protéger)** **1.** Surface supérieure (d'un édifice) ; matériaux recouvrant une construction et la protégeant contre les intempéries. **→ couverture, toiture.** *Toit de tuiles, d'ardoises. Les toits de Paris. Toit plat, en terrasse.* **–** *Habiter sous les toits,* au dernier étage d'un immeuble. **–** **loc.** *Crier qqch. sur les toits,* divulguer, répandre. **–** **loc.** *Le toit du monde* : la région du Pamir ; le Tibet ; l'Himalaya (**spécialt** le mont Everest). **2.** Maison, abri. **→ domicile, logement.** *Posséder un toit. Recevoir qqn **sous son toit**,* chez soi. **3.** Paroi supérieure (d'un véhicule). *Voiture à toit ouvrant.*

toiture **n. f.** Ensemble constitué par la couverture d'un édifice et son armature. *Réparer la toiture d'une maison.*

toiture-terrasse **n. f.** Terrasse qui sert de couverture à un bâtiment. *Des toitures-terrasses.* - **syn.** **toit-terrasse.**

Tōjō **Hideki** Général et homme politique japonais (1884-1948). Chef du gouvernement de 1941 à 1944, reconnu coupable de crimes de guerre par le tribunal militaire international, il fut condamné à mort et exécuté.

Tōkaidō Ancienne route qui reliait Edo (aujourd'hui Tōkyō) à Kyōto. La ligne ferroviaire de Tōkaidō est actuellement empruntée par les trains à grande vitesse (Tōkaidō Shinkansen).

Tokaj Ville du N.-E. de la Hongrie. 4 990 habitants. Vin doux ou liquoreux *(tokay).*

tokamak **n. m.** **(mot russe)** **phys.** Appareil, sorte de miniréacteur dans lequel on réalise les essais de fusion nucléaire.

Tokarczuk **(Olga)** Écrivaine et psychologue polonaise (née en 1962). La permanence de l'antisémitisme dans l'histoire de son pays lui a inspiré une immense fresque sur le chef d'une secte d'hérétiques juifs polonais du XVIIIe siècle, *Les Livres de Jakób.* Situé à une époque plus contemporaine, *Les Pérégrins* forme un ensemble de textes sur des voyageurs nomades du monde entier. Prix Nobel 2018.

Tokat Ville de Turquie, en Asie Mineure. 161 100 habitants. Monuments anciens (périodes seldjoukide, mongole et ottomane). Centre administratif et commercial.

tokay [tɔkɛ] **n. m.** **(région de Hongrie)** **1.** Vin de liqueur, de Hongrie. **2.** Pinot gris d'Alsace ; vin de ce cépage.

tokharien, ienne **n. m. et adj.** **(de l'allemand, du grec *Tokharoi,* désignant un peuple d'Asie centrale)** **ling.** Langue du groupe indo-européen, encore parlée au VIIe siècle dans le Turkestan et dont on a retrouvé quelques textes. **–** **adj.** *Désinence tokharienne.*

Tokugawa Dynastie de shoguns fondée par Tokugawa Ieyasu (1542-1616). Les Tokugawa dominèrent le Japon de 1603 à 1867.

Tōkyō Capitale du Japon, sur la côte orientale de l'île de Honshū. 9 744 530 habitants (agglomération 14 millions). Palais impérial (reconstruit après 1945 selon les plans du XVIe s.). Nombreux musées et universités. Principal pôle financier, industriel et commercial du pays. L'ancienne Edo (nom conservé jusqu'en 1868) devint capitale au XVIIe s., et fut brièvement supplantée dans cette fonction par Kyōto au XIXe s. Tōkyō fut détruite par un grand séisme en 1923 puis par les bombardements durant la Seconde Guerre mondiale. La ville accueillit les Jeux olympiques d'été en 1964 et en 2021.

tôlard, arde voir **taulard**

Tolbiac **(bataille de)** Victoire remportée par Clovis sur les Alamans en 496 à Tolbiac (aujourd'hui *Zülpich,* en Allemagne).

Tolboukhine **(Fedor Ivanovitch)** Maréchal soviétique (1894-1949). Il se distingua lors de la bataille de Stalingrad (1942) et libéra successivement Bucarest, Sofia, Belgrade (1944) et Budapest (1945).

¹tôle **n. f.** **(forme dialectale de *table,* ou p.-ê. de *étable*)** **1.** Feuille de fer ou d'acier obtenue par laminage. *La tôle est utilisée en carrosserie automobile.* **–** **loc.** *Froisser de la tôle,* endommager la carrosserie. **2.** ***Tôle ondulée*** : tôle de fer présentant des plis courbes, alternés, et servant à couvrir des hangars, etc.

²tôle ; tôlier voir **taule ; taulier**

Toledano **(Éric)** Scénariste et réalisateur français (né en 1971). Il écrit et réalise dès ses débuts, en collaboration avec Olivier Nakache, des comédies couronnées de succès : *Nos jours heureux ; Intouchables ; Le Sens de la fête.*

Tolède Ville d'Espagne, capitale de la Communauté autonome Castilla-La Mancha, sur le Tage. 85 800 habitants. Archevêché (primat d'Espagne). Monuments mau-

Tolède, dominée par sa cathédrale et l'Alcázar.

resques (pont d'Alcántara) ; Alcázar ; cathédrale gothique (XIIIe-XVe s.) ; églises Renaissance ; musées. Industries chimique et agroalimentaire ; manufactures d'armes blanches *(lames de Tolède)*. Centre touristique. Colonie romaine puis capitale des Wisigoths (576-711), siège de plusieurs conciles, Tolède fut rattachée au califat de Cordoue en 711 et promue capitale d'un royaume arabe indépendant. Reconquise par le roi Alphonse VI en 1085, elle conserva son statut de capitale politique jusqu'en 1561.

Toledo (Juan Bautista de) Architecte espagnol (mort en 1567). Formé en Italie, il fut chargé par Philippe II de la construction du monastère de l'Escurial.

Toledo Ville des États-Unis (Ohio), à l'extrémité O. du lac Érié. 270 800 habitants. Port. Centre industriel.

tôlée adj. f. fam. *Neige tôlée :* neige qui a regelé après un début de fusion.

Tolentino (traité de) Traité signé le 19 février 1797 entre Bonaparte et Pie VI à Tolentino, en Italie. Il donnait à la France Avignon et le Comtat Venaissin.

tolérable adj. **1.** Qu'on peut tolérer, excuser. *De telles négligences ne sont pas tolérables.* → **admissible, excusable. 2.** Qu'on peut supporter. *Une douleur qui n'est plus tolérable.* → **supportable.**

tolérance n. f. **(de *tolérer*) I. 1.** Attitude qui consiste à admettre chez autrui une manière de penser ou d'agir différente de celle qu'on adopte soi-même ; fait de respecter la liberté d'autrui en matière d'opinions. *Faire preuve de tolérance envers qqn.* **2.** *Une tolérance :* ce qui est toléré, permis. *Ce n'est pas un droit, c'est une tolérance.* **3.** anciennt *Maison de tolérance,* de prostitution. **II. 1.** Aptitude de l'organisme à supporter qqch. sans symptômes de maladie. *La tolérance à un médicament. Tolérance immunitaire :* absence de réaction immunitaire à certains antigènes. ■ Capacité à supporter qqch. *Seuil de tolérance.* **2.** Limite de l'écart admis entre les caractéristiques réelles et les caractéristiques prévues. *Marge de tolérance* (d'un produit).

tolérant, ante adj. Qui manifeste de la tolérance (I, 1). *Ses parents sont très tolérants.* → **compréhensif, indulgent.**

tolérer v. tr. < 6 > **(latin *tolerare* « porter » et « supporter ») I. 1.** Laisser se produire ou subsister (une chose qu'on aurait le droit ou la possibilité d'empêcher). → **permettre.** – au p. p. *Stationnement toléré.* ■ Considérer avec indulgence (une chose qu'on n'approuve pas). → **excuser, pardonner.** *Tolérer qqch., tolérer que... Tolérer qqch. de qqn, chez qqn,* (vieux) *à qqn.* – *Je ne tolérerai pas cela plus longtemps.* **2.** Supporter avec patience (ce qu'on trouve désagréable, injuste). → **endurer. 3.** *Tolérer qqn,* admettre sa présence, le supporter malgré ses défauts. – pronom. *« Ils semblaient s'accepter, se tolérer »* (Zola). **II. (organisme vivant)** Supporter sans réaction fâcheuse. *Tolérer un médicament.* → **tolérance (II).**

tôlerie n. f. **1.** Fabrication, commerce de la tôle. **2.** Atelier où l'on travaille la tôle. **3.** (collectif) Ensemble des éléments en tôle (d'un objet). *La tôlerie d'une automobile.*

tolet n. m. **(de l'ancien nordique *tholir*)** Cheville de fer ou de bois enfoncée dans le renfort (*toletière* **n. f.**) du plat-bord d'une embarcation, qui sert de point d'appui à l'aviron.

^{1}**tôlier, ière** n. Personne qui fabrique, travaille ou vend la tôle.

^{2}**tôlier, ière** voir **taulier**

tolite n. f. **(de *tol[uène]*)** techn. Trinitrotoluène*. → ^{1}**TNT.**

Tolkien (John Ronald Reuel) Romancier britannique (1892-1973). Maître de la fantasy, il créa, avec *Le Hobbit* et *Le Seigneur des anneaux,* un monde surnaturel empruntant aux mythologies germanique et celtique. Ses romans ont été adaptés au cinéma par Peter Jackson.

tollé n. m. **(impératif de l'ancien v. *toldre* « enlever », venant du latin *tollere ;* famille de *tolérance*)** Clameur de protestation ; mouvement collectif d'indignation. → **huée.** *Sa déclaration déclencha un tollé général. Des tollés.*

Toller (Ernst) Auteur dramatique allemand (1893-1939). Il explora dans son théâtre les thèmes de la révolte sociale dans l'Allemagne de l'entre-deux-guerres. *Foule humaine ; Destructeurs de machines.*

Tolman (Edward Chace) Psychologue américain (1886-1959). Il appliqua les principes de la théorie de la forme *(Gestalttheorie)* à l'étude du comportement animal et humain *(Purposive Behavior in Animals and Men).*

Tolstoï (Alekseï Konstantinovitch) Poète, romancier et auteur dramatique russe (1817-1875). Il est l'auteur d'un roman historique *(Le Prince Serebriany),* d'une trilogie dramatique *(La Mort d'Ivan le Terrible ; Le Tsar Fiodor Ivanovitch ; Le Tsar Boris)* ainsi que de ballades et de poésies satiriques publiées sous le pseudonyme collectif de Kozma Proutkov.

Tolstoï (Lev Nikolaïevitch, en français Léon) Écrivain russe (1828-1910). Aristocrate pris dans des contradictions entre sa vie facile et des aspirations morales exigeantes, il se lança dans la littérature et rencontra le succès dès ses premiers écrits, autobiographiques *(Enfance ; Adolescence ; Jeunesse).* De son œuvre romanesque se détachent deux chefs-d'œuvre, l'un épique et complexe, *Guerre et Paix,* l'autre psychologique et moralisant, datant de l'époque de sa conversion au catholicisme, *Anna Karénine.* À partir de cette date, ses textes portent tous la marque de cette quête à la fois mystique et rationaliste, notamment dans les récits brefs que sont *La Mort d'Ivan Ilitch* ou *Le Père Serge.*

Léon Tolstoï dans les dernières années de sa vie.

Tolstoï (Alekseï Nikolaïevitch, en français Alexis) Écrivain soviétique (1883-1945). Il est l'auteur de récits d'anticipation et de romans historiques d'inspiration patriotique. *Le Chemin des tourments ; Ivan le Terrible.*

Toltèques n. m. pl. Peuple amérindien établi au Mexique du Xe au XIIe s. Placée sous le signe de l'aigle et du jaguar, leur civilisation domina tout le Mexique central. Leur capitale était Tula.

tolu n. m. **(de *Tolu,* ville de Colombie → toluène)** *Baume de Tolu,* tiré de la résine d'un arbre d'Amérique du Sud, utilisé contre la bronchite. *Sirop de tolu.*

Toluca Ville du Mexique central, capitale de l'État de Mexico. 489 300 habitants. Centre agricole, commercial et industriel.

toluène n. m. **(de *baume de Tolu* → tolu)** chim. Hydrocarbure benzénique, liquide incolore, inflammable à odeur forte.

toluidine n. f. **(de *toluène*)** chim., techn. Amine aromatique obtenue par réduction du toluène, utilisée pour fabriquer des colorants.

TOM [tɔm] n. m. invar. sigle Territoire français d'outre-mer.

Tom n. m. Rivière de Russie, en Sibérie. 827 km. Il se jette dans l'Ob.

tomahawk [tɔmaok] n. m. **(de l'anglais, mot algonquin)** Hache de guerre dont se servaient les Indiens d'Amérique du Nord. *Des tomahawks.* - var. **tomawak** [tɔmawak].

tomaison n. f. Indication du numéro du tome* (d'un ouvrage).

Tōkyō

Tōkyō, le quartier commerçant de Ginza.

T

toman n. m. (du persan, pris au turc *tuman* « dix mille », probablt du tokharien) Ancienne monnaie d'or de la Perse (encore utilisée comme monnaie de compte).

Tomar Ville du Portugal, dans l'Estrémadure. 14 020 habitants. Ancienne capitale des Templiers (forteresse et chapelle du XIIe s.). Centre industriel.

Tomasi (Henri) Compositeur et chef d'orchestre français (1901-1971). Il composa notamment des ballets et des opéras, dans un style inspiré par le folklore corse ou provençal. Il dirigea l'opéra de Monte-Carlo de 1946 à 1950.

tomate n. f. (de l'espagnol, mot aztèque) **1.** Plante potagère annuelle cultivée pour ses fruits. *Plant de tomate. Tomate cerise,* à fruits de taille réduite. **2.** Fruit sphérique rouge de cette plante. *Tomates farcies.* – *Sauce tomate,* à la tomate. **3.** fam. Boisson, mélange de pastis et de grenadine.

tombac n. m. (thaï *tambac* « alliage d'or et de cuivre ») techn. Alliage de cuivre (plus de 80 %) et de zinc (laiton), pouvant renfermer de petites quantités d'étain.

tombal, ale, aux adj. **1.** Qui appartient à une tombe. *Pierre tombale* : dalle qui recouvre une tombe. **2.** littér. Qui évoque la tombe, la mort.

tombant, ante adj. **1.** *À la nuit tombante* : au crépuscule. **2.** Qui s'incline vers le bas, s'affaisse. *Des épaules tombantes.*

Tombaugh (Clyde William) Astronome américain (1906-1997). Il découvrit la planète Pluton (1930).

tombe n. f. (vient du latin *tumba,* du grec *tumbos* « tumulus ») **1.** Lieu où l'on ensevelit un mort, fosse recouverte d'une dalle. → **sépulture, tombeau.** *Les tombes d'un cimetière. Se recueillir sur la tombe de qqn.* – *Il doit se retourner dans sa tombe,* se dit d'un défunt qu'on imagine indigné par qqch. ■ loc. *Avoir un pied dans la tombe,* être près de mourir. *Être muet comme une tombe,* observer un mutisme absolu ; garder les secrets. ■ fig. (Symbole de la mort). *« La tombe finit toujours par avoir raison »* (Hugo). **2.** Pierre tombale, monument funéraire. *Un nom gravé sur une tombe.*

tombé n. m. *Le tombé d'un tissu, d'un vêtement,* le fait de bien tomber, de bien s'adapter au corps.

tombeau n. m. **1.** Monument funéraire servant de sépulture. → **caveau, mausolée, sépulcre, stèle.** *Un tombeau en marbre.* **2.** fig. Lieu clos, sombre, d'aspect funèbre. *Cette maison est un vrai tombeau.* **3.** loc. *Rouler à tombeau ouvert* : à une vitesse telle qu'on risque un accident mortel.

tombée n. f. littér. Chute (de la neige, de la pluie...). ■ loc. *La **tombée de la nuit, du jour,*** moment où la nuit tombe, où le jour décline. → **crépuscule.**

T

tombelle n. f. archéol. Petite butte funéraire. → **tumulus.**

tomber v. intr. < 1 auxiliaire *être* (sauf V > (d'un radical *tumb-,* d'origine onomatopéique) **I. 1.** Être entraîné à terre en perdant son équilibre ou son assise. → **chute.** *Tomber par terre, à terre. Tomber de tout son long.* – loc. *Tomber de fatigue, de sommeil* : être épuisé. – spécialt *Tomber mort.* ■ Être tué. *Tomber au champ d'honneur.* ■ (Sans aller à terre) Se laisser aller, choir. *Se laisser tomber dans un fauteuil. Tomber dans les bras de qqn.* ■ (choses) S'écrouler. – loc. *Tomber en ruine, en poussière, en morceaux.* – fig. *Faire tomber les barrières, les cloisons.* **2.** (personnes) Cesser de régner, être déchu, renversé. *Le gouvernement est tombé.* **3.** (abstrait) Être détruit ou disparaître. *L'obstacle est tombé.* **4.** Perdre de sa force, ne pas se soutenir. → **diminuer.** *Le jour tombe.* → **décliner ; tombée.** *Sa colère était tombée.* **II. 1.** Être entraîné vers le sol, d'un lieu élevé à un lieu bas ou profond. → **dégringoler.** *Tomber dans le vide. L'oiseau est tombé du nid. La pluie tombe.* impers. *Il tombe une de ces pluies !* au p. p. *Des fruits tombés.* – *Laisser tomber un paquet. Attention ! ça va tomber. Ce livre me tombe des mains* (d'ennui, de fatigue, d'horreur...). – fig. *Tomber de haut, de sa chaise, de l'armoire* : être très étonné, stupéfait. ■ loc. ***Laisser tomber*** : ne plus s'occuper de. *Elle laisse tomber la danse.* → **abandonner.** *Laisser tomber qqn,* ne plus s'intéresser à lui. – fam. *Laisse tomber,* abandonne (un projet, une attitude). **2.** (lumière, obscurité, son, paroles, etc.) Arriver, parvenir du haut. → **frapper.** *La nuit ; la fraîcheur tombe. Ce n'est pas tombé dans l'oreille* d'un sourd.* **3.** Être en décadence. *Il est tombé bien bas.* **4.** (choses) S'abaisser en certaines parties, tout en restant suspendu ou soutenu. → **pendre.** *Ses cheveux tombaient en boucles sur ses épaules. Une robe qui tombe bien* (→ **tombé**). ■ S'affaisser. *Des épaules qui tombent.* → **tombant.** – loc. fig. *Les bras* m'en tombent.* **III. 1.** ***Tomber sur*** : s'élancer de toute sa force et par surprise sur. → **attaquer, charger, foncer.** *Tomber sur qqn, lui tomber dessus,* l'accuser ou le critiquer sans ménagement, l'accabler. – (choses) *Le malheur est tombé sur elle.* **2.** ***Tomber dans*** : se trouver entraîné dans (un état critique, une situation fâcheuse). *Tomber dans l'oubli. Elle tombe d'un excès dans un autre.* → **passer.** – ***Tomber en.*** *Tomber en disgrâce. La voiture est tombée en panne.* – loc. ***Tomber à l'eau*** : être abandonné, échouer. *Notre projet est tombé à l'eau.* **3.** en fonction de v. d'état, suivi d'un attribut (avec un adj.) Être, devenir (après une évolution rapide). *Tomber malade. Tomber amoureux.* – *Tomber d'accord,* s'accorder. **IV. 1.** Arriver ou se présenter inopinément. → **survenir.** *Il est tombé en pleine réunion.* – ***Tomber sur*** *(qqn, qqch.)* : rencontrer ou toucher par hasard. *Tu ne devineras jamais sur qui je suis tombé !* – ***Tomber sous*** : se présenter à portée de (la main...). *Elle attrape tout ce qui lui tombe sous la main.* loc. *Tomber sous le sens* : être évident. *Tomber sous le coup de la loi* : être passible d'une peine. ■ ***Tomber bien, mal,*** *etc.* (choses, personnes) : arriver à propos ou non. *Tiens ! tu tombes bien.* – (même sens) *Ça tombe à pic.* **2.** Arriver, par une coïncidence. *Noël tombe un dimanche.* **V. v. tr.** (auxiliaire *avoir*) (Faire tomber) **1.** Vaincre (en plaquant au sol). *Tomber l'adversaire.* **2.** fam. Séduire. *Elle les tombe tous.* **3.** fam. loc. *Tomber la veste,* l'enlever.

tombereau n. m. (de *tomber*) **1.** Voiture de charge, faite d'une caisse montée sur deux roues, susceptible d'être déchargée en basculant à l'arrière. *« Le faubourg secoué par les lourds tombereaux »* (Baudelaire). ■ Son contenu. *Des tombereaux de sable.* **2.** fig. Quantité importante (de qqch.). *Des tombereaux d'injures.* **3.** techn. Recommandation officielle pour *dumper.*

tombeur, euse n. (de *tomber* [V]) **1.** Personne qui l'emporte sur un adversaire, lui ravit son titre, sa place. **2.** fam. Séducteur, séductrice aux nombreuses conquêtes. *C'est un vrai tombeur.* → **don juan.**

tombola n. f. (de l'italien, d'abord « culbute » ; famille de *tomber*) Loterie où chaque gagnant reçoit un lot en nature. *Billet de tombola.*

tombolo n. m. (mot italien « tumulus, tertre », par l'anglais) géogr. Cordon littoral constitué par une levée de galets ou de sable, reliant une île au continent.

Tombouctou Ville du Mali, au N.-O. de la grande boucle du Niger. Env. 60 000 habitants. Fondée vers le XIe s. par les Touareg, la ville devint un centre de commerce important entre le Soudan et le Maghreb. René Caillié atteignit Tombouctou en 1828. De nombreux manuscrits et mausolées du XIIe s. furent détruits en 2012 par des attaques d'islamistes.

tome n. m. (du latin, mot grec « morceau ») **1.** Division principale (d'un ouvrage). *Un livre divisé en quatre tomes et publié en deux volumes.* **2.** Volume (d'un ouvrage en plusieurs volumes). *Dictionnaire en neuf tomes.*

-tome, -tomie Éléments (du grec *-tomos* et *-tomia,* de *temnein* « couper, découper » → **tomo- ; -ectomie ; entomo-**) (ex. *dichotomie ; atome*).

tomenteux, euse adj. (du latin *tomentum* « bourre, duvet ») bot. Couvert de poils fins ou d'un duvet. *Des feuilles tomenteuses.*

tomette n. f. (vient du savoyard *tometa* « petit fromage » → **tomme**) Petite brique de carrelage pour sol, de forme hexagonale, de couleur rouge. *Des tomettes provençales.*

tomme n. f. (ancien provençal *toma,* mot prélatin) **1.** Fromage à pâte pressée. *Tomme de Savoie.* – *Tomme fraîche* : pâte issue de la première maturation du cantal, utilisée pour l'aligot, la truffade. **2.** régional Fromage frais, fait à partir de lait caillé.

tommy n. m. (mot anglais, diminutif de *Thomas Atkins,* n. traditionnel du simple soldat) fam., vieilli Soldat anglais. *Les tommys ou les tommies* (plur. anglais).

tomo- Élément (du grec *tomê* « coupure », de *temnein* → **-tome**).

tomodensitomètre ; tomodensitométrie voir [1]**scanner ; scanographie**

tomographie n. f. méd. Procédé d'imagerie médicale (radiographie) permettant d'obtenir des images en coupe (→ **scanographie ; stratigraphie**). □ adj. **tomographique**

tom-pouce [tɔmpus] n. m. invar. (traduction de l'anglais ; n. de nains, du prénom *Tom* [Thomas]) vieux **1.** fam., péj. Homme de très petite taille, nain. **2.** Petit parapluie à manche court.

Tomsk Ville de Russie, en Sibérie occidentale, sur le Tom. 487 700 habitants. Centre universitaire et industriel. La ville connut un grand essor au XIXe s. à la suite de la découverte de gisements aurifères dans ses environs.

[1]**ton, ta, tes** adj. poss. (vient du latin, de *tuus* → **tien,** de *tu* → **toi,** [1]**tu**) **I.** (sens subjectif) **1.** Qui est à toi, t'appartient (→ **toi, tien,** [1]**tu**). *C'est ta veste. Occupe-toi plutôt de ton avenir. Ce n'est pourtant pas ton habitude.* **2.** (devant un n. de personne) Exprime des rapports de parenté, d'amitié, de vie sociale. *Ton père, ta mère. Ton amie.* **II.** (sens objectif) *Ton juge,* celui qui te juge. *À ta vue,* en te voyant.

[2]**ton** n. m. (latin *tonus* [cf. **tonus**], du grec *tonos,* de *teinein* « tendre », même racine que le latin *tenere* → **tenir**) **I. 1.** Hauteur de la voix. *Le ton aigu, grave d'une voix. Changement de ton,* inflexion. **2.** Qualité de la voix humaine, en hauteur (*ton* proprt dit), en timbre et en intensité, qui dépend du contenu du discours, de ce qui est exprimé. → **accent, expression, intonation.** *Un ton suppliant, moqueur. Un ton de supériorité. Avoir un ton détaché, sec. Dire qqch. sur le ton de la plaisanterie. Hausser, baisser le ton* : se montrer plus, moins arrogant. – *Ne le prenez pas **sur ce ton*** : de si haut. *Dire, répéter qqch. **sur tous les tons*** : de toutes les manières. **3.** Manière de s'exprimer. *Le ton amical d'une lettre.* **4.** loc. ***De bon ton*** : de bon goût. *Une élégance, une réserve de bon ton.* (influence du sens musical II) *Donner le ton* : fixer, par ses propres manières, le ton admis dans une société. **II. 1.** ling. Hauteur du son de la voix ; accent de hauteur. ■ Hauteur, ton obligé d'un son (dans les *langues à tons* : chinois, langues africaines, suédois...). **2.** mus. Intervalle qui sépare deux notes consécutives de la gamme (dans une tonalité*). *Il y a un ton majeur entre do et ré, un demi-ton entre mi et fa.* **3.** mus. Hauteur absolue d'une échelle de sons musicaux (réglée par le diapason) ; échelle musicale d'une hauteur déterminée (désignée par le nom de sa tonique). *Le ton*

de si bémol majeur, mineur. **4.** Hauteur des sons émis par la voix dans le chant ou par un instrument, définie par un repère. *Donner le ton. Sortir du ton :* détonner. *Se mettre **dans le ton** :* s'accorder. **III.** Couleur, considérée dans sa force, son intensité. → **teinte, nuance.** *Une tenue aux tons criards.* – loc. *Ton sur ton :* dans une même couleur nuancée, claire et foncée. → **camaïeu.**

tonal, ale, aux ou **als** adj. **1.** Qui concerne ou définit un ton (II), une hauteur caractéristique. *Hauteur tonale des sons musicaux.* **2.** Qui concerne la tonalité (I). *Musique tonale et musique modale.*

tonalité n. f. **I. 1.** Système musical fondé sur la disposition des tons et demi-tons dans la gamme. **2.** Ensemble des caractères, hauteur, timbre (d'un ensemble de sons, d'une voix). **3.** Son que l'on entend au téléphone quand on décroche le combiné. **II.** Ensemble de tons, de nuances de couleur ; impression dominante que ces nuances produisent. *Ce tableau est dans une tonalité verte.*

▶ La **tonalité** est un système d'organisation des sons musicaux, qui suppose un « ancrage » autour d'une note de référence, la tonique (do dans une gamme de do), avec laquelle les autres notes de la gamme (dominante, sous-dominante, sensible...) entretiennent des relations hiérarchisées.
La tonalité est le dénominateur commun à plusieurs siècles de musique occidentale. Rameau en est l'un des premiers théoriciens. Le mot « tonalité » n'apparaît cependant dans les écrits des théoriciens qu'au début du XIXe siècle. À l'époque classique, le système tonal fonctionne à partir des deux modes, majeur et mineur. L'évolution de la musique et la complexité croissante de l'usage de la tonalité entre le XVIIe siècle, avec Monteverdi, et le XXe siècle, notamment avec Wagner et Debussy, a progressivement conduit à sa dissolution ; Schoenberg abandonne le système tonal à partir de 1921, au profit du dodécaphonisme. D'autres musiques du XXe siècle, n'utilisant pas nécessairement le système dodécaphonique, sont désignées comme atonales.
La tonalité n'a pas disparu pour autant du langage musical contemporain ; les musiques dites *actuelles* telles que le rock ou la musique de variété sont toujours solidement ancrées dans le système tonal.
voir aussi **solfège, notes, composition, dodécaphonisme**

tonca voir **tonka**

tondage voir **¹tonture**

tondeuse n. f. **1.** Instrument destiné à tondre le poil des animaux, les cheveux de l'homme. **2.** techn. Machine ou instrument destiné à couper court, et d'une manière égale, les poils de certains tissus. **3.** *Tondeuse à gazon :* petite faucheuse rotative.

tondre v. tr. < 41 > (vient du latin *tondere* → **tonsure**) **1.** Couper à ras (les poils, la laine). *Tondre le poil d'un chien. Tondre le drap, le feutre :* couper l'extrémité des poils pour le rendre uni. **2.** Dépouiller (un animal) de ses poils, (une personne) de ses cheveux en les coupant ras. *Tondre un mouton* (→ **tonte**). – *Se faire tondre.* → **raser.** ■ fig. *Tondre qqn,* le dépouiller de son argent. **3.** Couper à ras ; égaliser en coupant. *Tondre le gazon.* □ **tondage** n. m. □ n. **tondeur, euse**

tondu, ue adj. Coupé à ras. *Des cheveux tondus.* → **¹ras.** ■ **n.,** loc. *Quatre pelés et un tondu.* → **pelé.**

Tonegawa Susumu Généticien japonais (né en 1939). Il a mis en évidence le phénomène de défense des organismes face aux antigènes par la réorganisation spontanée des anticorps. Prix Nobel 1987.

toner [tɔnɛʀ] n. m. (mot anglais, de *tone* « ton, nuance ») Poudre pigmentée utilisée dans les copieurs, les imprimantes. *Cartouche de toner.*

tonfa n. m. (mot d'une langue des Ryūkyū) Bâton de défense muni d'une poignée perpendiculaire.

tong [tɔ̃g] n. f. (de l'anglais *thong* « lanière », puis « sandale ») Sandale de plage de plastique léger, formée d'une semelle et d'une bride en V passant entre le gros orteil et le second. → régional **gougoune.** *Être chaussé de tongs.*

Tonga (les)

n. f. pl. ■ offic. royaume des Tonga État de Polynésie, dans l'océan Pacifique à l'est des îles Fidji, comportant plus de 160 îles et îlots répartis en trois groupes, du nord au sud : îles Vava'u et Niu ; îles Ha'apai ; îles Tongatapu et Eua. → Océanie (carte). 650 km². 103 200 habitants (les *Tongiens*). **Langues :** anglais, tongien (offic.). **Population :** Polynésiens. **Religion :** à majorité protestants. **Monnaie :** pa'anga. **Capitale :** Nuku'alofa. **Régime :** monarchie.

GÉOGRAPHIE
Les îles hautes au relief volcanique (Vava'u dans le Nord et Tongatapu dans le Sud) alternent avec des îles basses (atolls). L'éruption d'un volcan sous-marin, en 2022, déclencha un tsunami sur les côtes du Pacifique. Le climat est tropical.

ÉCONOMIE
La population vit en majorité sur Tongatapu et y pratique l'agriculture vivrière (taro, igname) ou commerciale (potirons, coprah, canne à sucre, vanille, bananes) ainsi que la pêche dans les lagons. Le manque de terres a obligé une partie de la population à émigrer. Le tourisme est la principale source de devises.

HISTOIRE
Des poteries attestent d'une présence humaine dès 1 300 ans av. J.-C. Découvertes par les Hollandais au XVIIe siècle, les îles furent baptisées par James Cook (vers 1775) *îles des Amis.* Le royaume devint un protectorat britannique en 1900 puis obtint son indépendance dans le cadre du Commonwealth en 1970. Le souverain gouverne avec l'assistance d'un cabinet ministériel et d'une assemblée législative.

Tongatapu Île du royaume de Tonga, la plus grande de l'archipel, sur laquelle se trouve la capitale Nuku' alofa.

Tongres Ville de Belgique (province de Limbourg). 31 142 habitants. Grand-Place des XVIe-XVIIe s. Béguinage (église du XIIIe s.).

tonicardiaque adj. (de *toni[que]* et *cardiaque*) méd. Qui exerce un effet tonique sur le cœur. → **cardiotonique.** – **n. m.** *L'adrénaline est un tonicardiaque.*

tonicité n. f. didact. Caractère de ce qui est tonique.

-tonie Élément (du grec *tonos*) qui signifie « tension ».

tonifiant, ante adj. Qui tonifie. → **vivifiant.** *Promenade tonifiante. Lotion tonifiante.*

tonifier v. tr. < 7 > (de *tonique*) Avoir un effet tonique sur. → **vivifier.**

¹tonique adj. (grec *tonikos,* de *tonos* → **²ton**) **I. 1.** Qui reconstitue les forces, redonne du tonus. *Médicament tonique,* ou **n. m.** *un tonique.* → **fortifiant, remontant. 2.** Qui raffermit la peau. *Lotion tonique.* → **tonifiant. 3.** fig. Qui stimule, rend plus vif. – *Une idée tonique, réconfortante.* **II. 1.** Qui porte le ton (→ **²ton, II, 1**). *Voyelle, syllabe tonique.* – *Formes toniques et atones des pronoms.* **2.** Qui marque le ton. *Accent tonique* (intensité et hauteur).

²tonique n. f. mus. Première note de la gamme (d'un ton donné), celle qui lui donne son nom (ex. do majeur). → **²ton (II, 3) ; tonalité (I).**

tonitruant, ante adj. (du latin, de *tonitrus* « tonnerre » → **tonner**) fam. Qui fait un bruit de tonnerre, un bruit énorme. *Une voix tonitruante.* → **tonnant.**

tonitruer [tɔnitʀye] v. intr. < 1 > (latin *tonitruare*) Faire un bruit de tonnerre ; parler, crier d'une voix très forte (→ **fulminer, tempêter, tonner**).

tonka [tɔ̃ka] n. m. (mot guyanais) Fruit d'un arbre d'Amérique tropicale, d'où l'on extrait la coumarine*. – en appos. *Fève tonka.* - var. RO **tonca.**

Tonkin n. m. Partie N. du Viêtnam. Le Tonkin est formé d'une zone de plaine fortement peuplée, où est pratiquée une riziculture intensive (delta du Sông Hồg ou fleuve Rouge), et d'une partie montagneuse. Villes principales : Hanoi, Haiphong. La région joua un rôle de premier plan dans la résistance à l'occupation japonaise, française puis américaine entre 1945 et 1975.

Tonle Sap n. m. Lac du Cambodge, déversoir naturel des eaux du Mékong. Sa superficie varie entre 3 000 m² et 10 000 m² en fonction des saisons. C'est la plus riche réserve de poissons d'eau douce du monde.

Pêche à l'épervier dans le Tonle Sap, déclaré réserve de biosphère par l'Unesco.

tonlieu n. m. (latin *teloneum,* grec *telônion* « bureau du percepteur ») hist. Impôt ou taxe que l'on percevait au Moyen Âge sur les marchandises transportées ; droit payé par les marchands pour étaler dans les foires et marchés. *Les tonlieux.*

tonnage n. m. (de *tonne*) **1.** Capacité de transport (d'un navire de commerce), évaluée en tonneaux. → **jauge.** *Un bâtiment d'un fort tonnage.* **2.** Capacité totale des navires marchands (d'un port ou d'un pays).

tonnant, ante adj. (de *tonner*) Qui fait un bruit de tonnerre. **1.** didact. Qui tonne. *Jupiter tonnant.* **2.** *Une voix tonnante.* → **tonitruant.**

tonne n. f. (vient du latin, probablt d'origine celtique) **I. 1.** Unité de masse, mesure valant 1 000 kilogrammes (symb. t). **2.** Unité de poids de 1 000 kilogrammes servant à évaluer le déplacement ou le port en lourd d'un navire. *Un paquebot de 16 000 tonnes.* → **¹tonneau (II). 3.** Mesure du poids (des véhicules, des poids lourds). *Un camion de 7 tonnes,* et ellipt, *un 7 tonnes.* **4.** Énorme quantité (de choses). *Éplucher des tonnes de légumes.* **II.** techn. Grand récipient plus large que le tonneau. *Une énorme tonne de vin.* → **²foudre (n. m.).**

¹tonneau n. m. (d'abord *tonnel ;* de *tonne*) **I.** Grand récipient cylindrique en bois, renflé au milieu. → **barrique.** *Mettre le vin en tonneau.* – absolt Tonneau de vin. *Fond de tonneau,* ce qui reste au fond du tonneau, où il y a de la lie ; mauvais vin ; fig. résidu. ■ loc. *Du même tonneau :* du même genre (péj.). – *Le tonneau des Danaïdes,* une tâche infinie, interminable. **II.** Unité internationale de

T

volume employée pour déterminer la capacité des navires (→ **jauge, tonnage**) et valant 2,83 mètres cubes.

[2]**tonneau** n. m. (de la forme du *tonneau*) **1.** Tour complet (d'un avion) autour de son axe longitudinal. *Loopings et tonneaux.* **2.** Accident par lequel une automobile fait un tour complet sur le côté. *La voiture a fait plusieurs tonneaux.*

tonnelage n. m. (de l'ancien français *tonnel* « tonneau ») comm. *Marchandises de tonnelage,* qu'on met en tonneaux.

tonnelet n. m. (de l'ancien français *tonnel* → [1]tonneau) Petit tonneau, petit fût. → **baril.**

tonnelier, ière n. Personne qui fabrique et répare les tonneaux et autres récipients en bois.

tonnelle n. f. (de *tonne* → tunnel) Petit abri à sommet arrondi, fait de lattes en treillis soutenues par des cerceaux, sur lequel on fait grimper des plantes. → **charmille.** *Déjeuner sous une tonnelle.*

tonnellerie n. f. (de *tonnelier*) Métier, atelier, industrie, commerce du tonnelier. – Articles fabriqués par le tonnelier.

tonner v. intr. < 1 > (vient du latin *tonare*) **1.** impers. (tonnerre) Gronder, éclater. *Il commence à tonner.* **2.** Faire un bruit de tonnerre. *Le canon tonne au loin.* → **gronder. 3.** Exprimer violemment sa colère en parlant très fort. → **crier, fulminer.** *Tonner contre l'injustice.*

tonnerre n. m. (vient du latin *tonitrus* → tonitruant, tonner) **1.** Bruit de la foudre, accompagnant l'éclair (perçu plus ou moins longtemps après lui). **2.** fig. ***Coup de tonnerre*** : évènement brutal et imprévu. **3.** Bruit très fort. *Un tonnerre, des tonnerres d'applaudissements.* – *Une voix de tonnerre.* → **tonitruant. 4.** fam. ***Du tonnerre,*** superlatif exprimant l'admiration. → **formidable, terrible.** *Une fille du tonnerre.* **5.** interj. (violence, menace) *Tonnerre de Dieu ! Tonnerre !*

Tonnerre Commune de l'Yonne, sur l'Armançon. 4 345 habitants. Monuments médiévaux (hôpital de la fin du XIIIe s.). Électronique.

Tönnies (Ferdinand) Philosophe et sociologue allemand (1855-1936). À la communauté, fondée sur des liens organiques, affectifs et spirituels, il opposa la société de la civilisation urbaine et industrielle, reposant sur une logique de contrat. *Communauté et société.*

tonométrie n. f. (du grec *tonos* « tension ») **1.** phys. Étude des solutions diluées, au moyen de la mesure de leurs pressions de vapeur. **2.** méd. Mesure des tensions (artérielle, veineuse, oculaire).

tonsure n. f. (du latin, de *tondere* → tondre) **1.** Petit cercle rasé au sommet de la tête des ecclésiastiques. *Porter la tonsure.* **2.** fam. Calvitie circulaire au sommet de la tête.

tonsurer v. tr. < 1 > Raser le sommet de la tête de (qqn). – au p. p. *Clerc tonsuré.*

tonte n. f. (de *tondre*) **1.** Action de tondre. *La tonte des moutons. L'époque de la tonte.* – *La tonte des gazons.* **2.** Laine obtenue en tondant les moutons.

[1]**tontine** n. f. (de *Tonti,* n. d'un financier napolitain) **1.** Association de personnes qui mettent de l'argent en commun pour jouir d'une rente viagère reportable sur les survivants. **2.** (Afrique) Association de personnes cotisant à une caisse commune dont le montant est remis à tour de rôle à chacune d'elles. □ adj. **tontinier, ière**

[2]**tontine** n. f. (de [1]*tontine* ou de *tondre* avec le sens de « brins coupés ») hortic. Corbeille de mousse ou paillon servant à protéger les racines emmottées d'un arbuste que l'on veut transplanter. □ **tontiner** v. tr. < 1 >

tonton n. m. (de *oncle [ton oncle],* d'après *tante*) **1.** lang. enfantin Oncle. *Tonton Pierre. Oui, tonton !* – *Tonton macoute*.* **2.** argot Informateur de police.

[1]**tonture** n. f. (de *tonte*) techn. Action de tondre le drap ; le poil tondu. - syn. **tondage.**

[2]**tonture** n. f. (de *tonte* « élagage, émondage ») mar. Courbure des ponts des navires, légèrement relevés aux extrémités.

tonus [tɔnys] n. m. (de l'anglais, mot latin → [2]ton) **1.** *Tonus musculaire,* légère contraction permanente du muscle vivant. **2.** Énergie, dynamisme. → [1]**ressort, vitalité.**

[1]**top** [tɔp] n. m. (onomatopée) Signal sonore qu'on donne pour déterminer un moment avec précision.

[2]**top** [tɔp] adj. invar. et n. (mot anglais « sommet », même origine que *toupet, toupie*) anglic. **I.** comme premier élément de composés. → **top-modèle, top niveau, top secret. II.** fam. **1.** adj. invar. Supérieur, excellent. *Elles sont top.* → [2]**super. 2.** n. m. Le sommet, ce qu'il y a de mieux.

topaze n. f. (mot grec d'origine orientale) Pierre fine (silicate), pâle ou jaune, transparente. – en appos. D'un jaune vif et transparent. *Des étoffes topaze.*

top-case [tɔpkɛz] n. m. (mot anglais « boîte de dessus ») Mallette fixée à l'arrière d'une moto. *Des top-cases.*

Topeka Ville des États-Unis, capitale du Kansas, sur le Kansas. 126 580 habitants. Centre administratif, agricole et industriel.

Topelius (Zachris) dit **le Jeune** Poète et romancier finlandais d'expression suédoise (1818-1898). Auteur de contes pour la jeunesse (*Lectures pour les enfants*) et de romans historiques, il domina, avec le poète J. Runeberg, la littérature d'expression suédoise de Finlande.

toper v. intr. < 1 > (de l'espagnol, onomatopée) surtout à l'impér. Accepter un défi, un enjeu ; taper dans la main (du partenaire) pour signifier qu'on accepte, qu'on conclut le marché. *Topez là, affaire conclue !*

topette n. f. (probablt du francique *toppin* « pot ») Petite bouteille longue et étroite. *Topette de vin.*

Töpffer (Rodolphe) Écrivain et dessinateur suisse d'expression française (1799-1846). Ses volumes illustrés (*Les Amours de monsieur Vieux-Bois*) annoncent la bande dessinée moderne.

tophus n. m. (latin *tofus* ou *tophus* → tuf) méd. Concrétion d'urate de sodium ou de calcium qui se forme, chez les goutteux, aux articulations et parfois au bord du pavillon de l'oreille. □ adj. **tophacé, ée**

topiaire n. f. (du latin, de *topia* « jardin d'ornement ») didact. Art de tailler architecturalement les arbres des jardins. – adj. *L'art topiaire.*

topinambour n. m. (du n. d'une tribu indienne du Brésil, les *Tupinambis*) **1.** Plante herbacée (composée), hélianthe tubéreux. **2.** Tubercule de cette plante, utilisé surtout pour la nourriture du bétail.

topique adj. (du latin, du grec → topo-) didact. **1.** Relatif à un lieu, à un endroit précis. – méd. *Médicament topique* et n. m. *un topique* : médicament qui agit sur un point précis du corps. **2.** n. f. psych. Forme de représentation du fonctionnement de l'appareil psychique, différencié en systèmes organisés les uns par rapport aux autres.

Topkapı Ancienne résidence des sultans de l'Empire ottoman, à Istanbul. Construit entre le XVe et le XIXe s., ce palais abrite depuis 1924 un musée d'art islamique et ottoman.

topless [tɔplɛs] adj. invar. (mot anglais des États-Unis « sans haut ») anglic. Sans soutien-gorge ; les seins nus. *Danseuses topless.*

top-modèle ou **top model** [tɔpmɔdɛl] n. (anglais *top model,* de *top* « du plus haut niveau » et *model* « mannequin ») Mannequin vedette à la carrière internationale (d'une femme). *C'est une (ou un) top-modèle. Des top-modèles, des top models.* - abrév. fam. **top** [tɔp]. *Le salaire des tops.* - recomm. offic. **mannequin vedette.**

top niveau n. m. (de l'anglais *top* « le plus haut » et *niveau ;* cf. anglais des États-Unis *top level*) fam. Niveau supérieur. → **sommet.**

topo n. m. (abrév. de *topographie*) fam. Discours, exposé. → **laïus.** *Faire un petit topo sur une question.* – *C'est toujours le même topo :* la même histoire, la même chose.

topo-, -tope Éléments (du grec *topos,* cf. topique) signifiant « lieu ».

topographie n. f. **1.** Technique du levé des cartes et des plans de terrains. → **cartographie. 2.** Configuration, relief (d'un lieu, terrain ou pays). *Étudier la topographie d'un lieu.* □ n. **topographe** □ adj. **topographique** □ adv. **topographiquement**

topoguide n. m. (de *topo-* et *guide*) Guide topographique destiné aux randonneurs.

topologie n. f. math. Étude des propriétés invariantes dans la déformation géométrique des objets et dans les transformations continues appliquées à des êtres mathématiques. □ adj. **topologique**

topométrie n. f. (de *topo-* + *-métrie*) Ensemble des travaux effectués sur le terrain pour procéder aux relevés métriques nécessaires à l'établissement d'une carte. □ adj. **topométrique**

Topkapı

Salon de réception du sultan, dans le palais de Topkapı, qui abrite un musée aux riches collections sur la civilisation ottomane.

T

toponyme n. m. (→ -onyme) ling. Nom de lieu.

toponymie n. f. ling. **1.** Ensemble des noms de lieux d'une région, d'une langue. **2.** Étude des noms de lieux, de leur étymologie. □ adj. **toponymique** □ n. **toponymiste**

Topor (Roland) Dessinateur et écrivain français (1938-1997). Son œuvre est dominée par un violent humour noir, mêlant l'absurde à un lyrisme onirique.

top secret adj. invar. (anglais des États-Unis *top-secret*, de *top* « du plus haut niveau » et *secret*) anglic. Absolument confidentiel, ultrasecret. *Un projet top secret.* - var. **top-secret.**

toquade voir **tocade**

toquante voir **tocante**

toquard, arde voir **tocard**

toque n. f. (de l'espagnol [ou de l'italien] d'origine germanique) **1.** Coiffure cylindrique sans bords. *Une toque de fourrure.* **2.** Casquette hémisphérique (de jockey).

toqué, ée adj. (de *se toquer*) fam. **1.** Un peu fou, bizarre. → **cinglé, sonné, timbré.** – n. *Une vieille toquée.* **2.** *Toqué de :* épris de (qqn, qqch.).

[1]**toquer** v. intr. < 1 > (onomatopée → [1]toc) fam. Frapper légèrement, discrètement. → [1]**toc.** *On toque à la porte.*

[2]**se toquer** v. pron. < 1 > (de [1]*toquer* ; influence de *toque*) fam. *Se toquer de,* avoir une tocade pour (qqn). → **s'amouracher.** *Elle s'est toquée d'un chanteur de rock.*

Torah n. f. hébreu « doctrine, enseignement » Nom hébreu des cinq premiers livres de la Bible, ou *Pentateuque.* Attribuée par la tradition à Moïse, la Torah comprend les textes de la Loi juive.

Torbay District de la côte S. de l'Angleterre, sur la Manche, et regroupant les stations balnéaires de Torquay, Paignton et Brixham. 130 000 habitants.

Torcello Île de la lagune de Venise. Cathédrale de style vénéto-byzantin des IX-XIe siècles.

torche n. f. (vient du latin, de *torques* « torsade », de *torquere* → tordre) **1.** Flambeau grossier (bâton de bois résineux). *Des porteurs de torches.* **2.** *Torche électrique, lampe torche :* lampe électrique de poche, de forme cylindrique. **3.** *Parachute en torche,* non déployé, en forme de torsade en raison d'une mauvaise ouverture.

torché, ée adj. fam. **1.** Réussi, bien fait. *Ça, c'est torché !* **2.** Expédié, fait trop vite. → **bâclé.** *C'est du travail torché.*

torche-cul [tɔʀʃəky] n. m. fam. **1.** Papier, etc., avec lequel on s'essuie après être allé à la selle. **2.** Écrit, journal méprisable. → **torchon.** *Des torche-culs.*

torcher v. tr. < 1 > (de *torche* « torsade de paille ») fam. **I.** Essuyer pour nettoyer. *Torcher un plat.* – spécialt *Torcher le derrière d'un enfant. Torcher un enfant.* **II.** (de « construire en torchis ») Bâcler, faire vite et mal. *Torcher son travail.* → **torchonner.** ■ **se torcher** v. pron. (du sens I) loc. fam. *Je m'en torche :* je m'en fiche totalement.

torchère n. f. (de *torche*) **1.** Candélabre monumental ; applique qui porte plusieurs sources lumineuses. **2.** Tuyauterie élevée qui permet de dégager et de brûler les gaz excédentaires d'hydrocarbures. *Les torchères d'une raffinerie de pétrole.*

torchis n. m. (→ torcher) Terre argileuse malaxée avec de la paille hachée et utilisée en construction. *Des murs de torchis* (→ **pisé**).

torchon n. m. (de *torcher* « essuyer ») **1.** Morceau de toile qui sert à essuyer la vaisselle, les meubles. ■ loc. fam. *Ne pas mélanger les torchons et les serviettes,* traiter différemment les gens selon leur condition sociale, les choses selon leur valeur. – *Le torchon brûle,* il y a une querelle entre les personnes dont on parle. – *Coup de torchon :* altercation, bagarre ; action brutale d'épuration (→ **coup de balai**). **2.** fam. Écrit sale, mal présenté ou sans valeur ; journal médiocre. → **torche-cul.**

torchonner v. tr. < 1 > fam. → **bâcler** ; fam. **torcher.** – au p. p. *Du travail torchonné.*

torcol n. m. (de *tordre* et *col*) Oiseau grimpeur passériforme, à cou flexible.

Torcy Chef-lieu d'arrondissement de la Seine-et-Marne. 22 500 habitants.

Torcy (Jean-Baptiste Colbert, marquis de) Homme politique français (1665-1746). Neveu de Colbert, il succéda à son père aux Affaires étrangères. Considéré comme un des meilleurs diplomates du règne de Louis XIV, il fut parmi les artisans des traités d'Utrecht.

tordage n. m. (de *tordre*) techn. Action de tordre ; opération qui consiste à joindre bout à bout en les tordant les fils d'une chaîne nouvelle à ceux d'une chaîne terminée. *Le tordage de la soie.*

tordant, ante adj. (de *se tordre*) fam. Très drôle, très amusant. → **marrant.**

tord-boyau n. m. ou **tord-boyaux** n. m. invar. (de *tordre* et *boyau*) fam. Eau-de-vie très forte, de mauvaise qualité. *Des tord-boyaux.*

Tordesillas (traité de) Traité signé le 7 juin 1494 entre l'Espagne et le Portugal à Tordesillas (Espagne). Il établissait la ligne de démarcation entre les colonies espagnoles et les colonies portugaises en Amérique à 370 lieues à l'ouest des îles du Cap-Vert.

tordeur, euse n. (de *tordre*) **1.** techn. Retordeur, euse ; préposé(e) au tordage. ■ **n. f.** Machine qui sert à tordre les fils de fer pour en faire des câbles. **2. n. f.** Chenille de divers papillons qui attaque les végétaux et roule les feuilles en cornets pour s'isoler dans un étui protecteur.

tord-nez n. m. invar. vétér. Instrument à l'aide duquel on saisit le nez d'un cheval que l'on veut contenir.

tordoir n. m. (de *tordre*) techn. Bâton qui sert à tordre et à serrer une corde.

tordre v. tr. < 41 > (vient du latin *torcere,* de *torquere* → torche, torsion, tort, torture, tourment) **1.** Déformer par torsion, enrouler en hélice, en torsade. *Tordre ses cheveux.* **2.** Soumettre (un membre, une partie du corps) à une torsion. *Il m'a tordu le bras. Tordre le cou à qqn :* étrangler. – *L'angoisse lui tord l'estomac.* → **serrer.** **3.** Déformer par flexion ; plier. *Tordre une barre de fer.* **4.** Plier brutalement (une articulation, en la forçant). *Se tordre le pied, la cheville.* **5.** Tourner de travers en déformant. *Tordre la bouche de douleur.* ■ **se tordre** v. pron. Se plier en deux (sous l'effet de la douleur, d'une émotion vive). *Se tordre de douleur.* – *C'est à se tordre* (de rire). → **tordant.**

tordu, ue adj. **1.** Dévié, tourné de travers ; qui n'est pas droit. *Ta règle est tordue. Des jambes tordues.* → [1]**cagneux,** [1]**tors. 2.** fig. *Avoir l'esprit tordu,* bizarre, mal tourné. ■ fam. *Elle est complètement tordue,* folle. – n. *Quel tordu !* ■ (choses, actions) *Un coup tordu,* compliqué et malveillant.

tore n. m. (latin *torus* → toron) **1.** archit. Moulure en demi-cylindre. **2.** géom. Surface de révolution engendrée par un cercle qui tourne autour d'un axe situé dans son plan et ne passant pas par son centre. → **anneau. 3.** Petit anneau constituant, grâce à ses propriétés magnétiques, des mémoires d'ordinateur. *Tore de ferrite.* □ adj. **torique**

toréador n. m. (de l'espagnol *toreador*) vieilli Torero.

toréer v. intr. < 1 > (espagnol *torear,* de *toro* → toréro) Combattre le taureau selon les règles de la tauromachie.

Torelli (Giuseppe) Violoniste et compositeur italien (1658-1709). Considéré comme le créateur du *concerto grosso,* il fut le premier à utiliser la forme du concerto de soliste.

toréro ou **torero** [tɔʀeʀo] n. m. (espagnol *torero,* de *toro* « taureau », même origine que *taureau*) Homme qui combat et doit tuer le taureau, dans une corrida. → **matador.** *Des toréros.* Pour une femme, on dit *une toréra* ou *une torera* [tɔʀeʀa].

toreutique n. f. (grec *toreutikê [tekhnê]* « art de graver ») didact. Art de ciseler, de graver, de sculpter sur métaux ou sur ivoire (→ **gravure, sculpture**).

torgnole n. f. (de *tournier,* var. régionale de *tournoyer*) fam. Gifle, série de coups. *Flanquer une torgnole à qqn.* → **raclée.**

torii [tɔʀii] n. m. invar. ou RO n. m. (mot japonais, de *tori* « oiseau » et du radical *t* « percher ») arts Portique ornemental des temples japonais shintoïstes.

toril [tɔʀil] n. m. (mot espagnol, de *toro* → toréro) Enceinte attenant à l'arène où l'on tient enfermés les taureaux, avant une corrida.

Toriyama Akira Mangaka japonais (né en 1955). Il a créé l'un des plus célèbres mangas de la fin du XXe siècle, *Dragon Ball,* adapté en animes et en jeux vidéo.

tornade n. f. (espagnol *tornado,* de *tornar,* même origine que *tourner*) Mouvement tournant de l'atmosphère, effet violent de certaines perturbations tropicales. → **bourrasque, cyclone, ouragan.** – *Elle est entrée comme une tornade,* brusquement (→ **en coup de vent**).

toroïdal, ale, aux adj. (de *tore*) didact. En forme de tore. → **torique.**

toron n. m. (du latin *torus* « corde » → tore) Fils tordus ensemble, pour fabriquer les câbles, etc.

toronneuse n. f. techn. Machine qui tord les torons.

Toronto Ville du Canada, capitale de l'Ontario, sur le lac Ontario. 2 731 571 habitants (zone urbaine : 5 429 524). Universités. Musées. Premier centre commercial, financier et industriel du Canada.

Le centre-ville de Toronto, avec le Flatiron Building (1891) et, à l'arrière-plan, les gratte-ciels de Brookfield Place.

torpédo n. f. (anglais des États-Unis *torpedo,* du latin, par l'espagnol, proprt « torpille ») vieux Automobile décapotable de forme allongée. *Torpédo grand sport.*

T

torpeur n. f. (du latin, de *torpere* « engourdir ») Diminution de la sensibilité, de l'activité, sans perte de conscience. *Une sorte de torpeur l'envahit.* → **somnolence.** *Tirer qqn de sa torpeur.*

torpide adj. (latin *torpidus* « engourdi » → torpeur) didact. **1.** littér. Qui est dans un état de torpeur ; qui a le caractère de la torpeur. **2.** méd. Qui ne manifeste aucune tendance à l'amélioration ni à l'aggravation. *Lésion, plaie, ulcère torpide.*

torpillage n. m. Action de torpiller ; son résultat.

torpille n. f. (du provençal, du latin *torpedo*, de *torpere* → torpeur) **1.** Poisson voisin des raies, capable de produire une décharge électrique (qui peut engourdir). **2.** (anglais *torpedo*, du latin) Engin de guerre automobile lancé d'un navire (→ **torpilleur**) pour frapper un objectif sous l'eau. – *Torpille aérienne :* bombe à ailettes.

torpiller v. tr. < 1 > **1.** Attaquer, faire sauter à l'aide de torpilles. *Sous-marin qui torpille un navire.* **2.** fig. Attaquer sournoisement. *Torpiller un projet.* ■ Critiquer vivement. *La ministre a torpillé son homologue.*

torpilleur n. m. Bateau de guerre léger et rapide, destiné à lancer des torpilles (→ aussi **contre-torpilleur**).

Torquay Ville de la côte S. de l'Angleterre (Devon), dans le district de Torbay. 100 000 habitants. Station balnéaire. Port de plaisance.

torque (→ torche) **1.** n. f. Torsade. **2.** n. m. Collier métallique rigide. *Le torque celte.*

Torquemada (Tomás de) Dominicain et inquisiteur espagnol (1420-1498). Nommé inquisiteur général pour la péninsule Ibérique (1483), il organisa le tribunal du Saint-Office et montra une intransigeance qui fit de lui le symbole du fanatisme de l'Inquisition.

torr n. m. (du n. du physicien italien Torricelli) Unité pratique de mesure des faibles pressions correspondant à la pression de 1 mm de mercure. *Un torr vaut 133,33 pascals.*

Torrance Ville des États-Unis (Californie), dans l'agglomération de Los Angeles. 147 000 habitants.

Torre Annunziata Ville d'Italie (Campanie), au S. du Vésuve. 48 000 habitants. Port de pêche. Station balnéaire et thermale.

Torre del Greco Ville d'Italie (Campanie), sur le golfe de Naples. 90 610 habitants. Port de pêche.

torrée n. f. (du latin *torrere* « rôtir » → torréfier) (Suisse) Pique-nique où l'on mange des plats cuits sur la braise.

T

torréfacteur, trice n. **1.** Personne qui vend le café qu'elle torréfie elle-même. **2.** n. m. Appareil servant à torréfier. *Un torréfacteur à café.*

torréfaction n. f. (du latin → torréfier) Début de calcination à feu nu, que l'on fait subir à certaines matières organiques. *La torréfaction du café.*

torréfier v. tr. < 7 > (du latin, de *torrere* « brûler » et *facere* « faire », *cf.* torrent, torride) Calciner superficiellement à feu nu (le tabac, le café).

Torrelavega Ville d'Espagne (Cantabrie). 51 600 habitants. Port.

Torremolinos Ville d'Espagne (Andalousie). 69 100 habitants. Station balnéaire sur la Costa del Sol.

torrent n. m. (du latin, de *torrere* [→ torréfier] « dessécher », d'un cours d'eau souvent à sec) **1.** Cours d'eau à forte pente, à rives encaissées, à débit rapide et irrégulier. *Les torrents des Pyrénées.* → **gave.** **2.** Écoulement rapide et brutal. *Des torrents de boue. Un torrent de lave.* – loc. *Il pleut à torrents :* très abondamment. → à **verse ; torrentiel.** **3.** Grande abondance (de ce qui afflue violemment). *Des torrents de larmes.* → **déluge, flot.** – *Un torrent d'injures.*

torrentiel, ielle adj. **1.** géogr. D'un torrent ; qui caractérise les torrents. **2.** Qui coule comme un torrent. *Une pluie torrentielle.* → **diluvien.** □ adv. **torrentiellement**

torrentueux, euse adj. (de *torrent*) littér. Qui forme, constitue un torrent. *Ruisseau torrentueux.* □ adv. **torrentueusement**

Torreón Ville du Mexique (État de Coahuila). 608 000 habitants (1 216 000 pour la conurbation de Torreón-Gómez Palacio). Centre commercial et industriel.

Torres (Luis Váez de) Navigateur espagnol (mort en 1613). Il explora les côtes de la Nouvelle-Guinée, emprunta le *détroit de Torres* (1606) et atteignit Manille.

Torres (détroit de) Bras de mer (environ 160 km) reliant l'océan Indien à l'océan Pacifique et séparant l'Australie de la Nouvelle-Guinée.

Torres Quevedo (Leonardo) Ingénieur et mathématicien espagnol (1852-1936). Pionnier dans le domaine des machines à calculer, il développa aussi le principe de la télécommande par ondes hertziennes.

Torricelli (Evangelista) Physicien italien (1608-1647). Disciple de Galilée, il mit en évidence le phénomène de la pression atmosphérique (1643) et formula la loi qui porte son nom sur la vitesse d'écoulement d'un liquide.

torride adj. (du latin, de *torrere* → torréfier) **1.** Où la chaleur est extrême. → **brûlant, chaud.** *Un climat torride. Une chaleur torride,* extrême. **2.** fig. Plein de sensualité, d'érotisme.

Torriti (Iacopo) Peintre et mosaïste italien (fin XIIIe s.). Sa mosaïque du *Couronnement de la Vierge* de la basilique Sainte-Marie-Majeure, à Rome, fait de lui un précurseur de Giotto.

1tors, torse adj. (de l'ancien p. p. de *tordre*, venant du latin, du p. p. de *torquere* → tordre) **1.** Qui est tordu. *Fils tors.* ■ archit. *Colonne torse,* à fût contourné en spirale. **2.** *Jambes torses,* tordues, arquées.

2tors [tɔʀ] n. m. (de *1tors*) techn. Torsion donnée aux brins pour former un fil, une corde. *Tors droit, gauche.*

torsade n. f. (de *torser* « tordre », de *tors*) **1.** Rouleau de fils, cordons tordus ensemble en hélice pour servir d'ornement. *Torsade retenant un rideau.* – *Des torsades de cheveux.* **2.** Motif ornemental en hélice. *Colonne à torsades.*

torsader v. tr. < 1 > Mettre en torsade. *Torsader des cheveux.* – au p. p. *Colonnes torsadées.*

torse n. m. (italien *torso*) Buste, poitrine. *Se mettre torse nu.* – loc. *Bomber* le torse.* – Sculpture représentant un tronc sans tête ni membres. *Un torse d'Aphrodite.*

torsion n. f. (latin *torsio* « coliques », de *torquere* → tordre) **1.** Action de tordre. *Un mouvement de torsion.* **2.** État, position de ce qui est tordu. **3.** mécan. Déformation d'un solide subissant l'action de deux forces de rotation s'exerçant en sens inverse.

tort n. m. (vient du latin *tortum*, du p. p. *tortus* de *torquere* → tordre) **I.** (employé sans article) **1.** *Avoir tort :* ne pas avoir le droit, la raison de son côté (opposé à *avoir raison*). → **se tromper.** – *Avoir tort de* (+ inf.). *On a tort de croire que... Avoir grand tort.* – *Donner tort à :* accuser, désapprouver. *Les faits vous ont donné tort,* ont montré que vous aviez tort. **2.** *À tort :* pour de mauvaises, de fausses raisons ; injustement. *Accuser qqn à tort* (opposé à *avec raison, à bon droit*). – *À tort ou à raison :* avec ou sans motifs justes. – *À tort et à travers :* sans raison ni justesse. → **inconsidérément.** *Parler, agir à tort et à travers.* **3.** *Dans son tort :* dans la situation d'une personne qui a tort (relativement à la loi, à une autre personne) ; opposé à *dans son (bon) droit. Elle s'est mise dans son tort en agissant ainsi.* – *En tort. Vous êtes en tort et passible d'amende.* **II.** *(Un, des torts ; le tort de...)* **1.** Action, attitude blâmable (envers qqn). *Avoir des torts envers qqn. Reconnaître ses torts.* **2.** Action, attitude qui constitue une erreur, une faute. *Elle a le tort de trop parler.* → **défaut.** *C'est un tort.* → **erreur.** **3.** Fait d'agir injustement contre qqn, de léser qqn. *Causer des torts à qqn.* → **préjudice.** *Demander réparation d'un tort.* ■ *Faire (du) tort à qqn. Ça ne fait de tort, ça ne fait tort à personne.*

torticolis n. m. (du latin [ou de l'italien] « cou tordu ») Contracture douloureuse des muscles du cou qui empêche de tourner la tête.

tortil n. m. (de *tortiz* « tordu », du latin → tordre) blason Ruban, collier de perles qui s'entortille autour d'une couronne de baron ; cette couronne.

tortilla n. f. (mot espagnol, « omelette » au sens mexicain) **1.** Galette de maïs, plat populaire au Mexique. **2.** Omelette fourrée (de

Toscane

La Toscane aux alentours de San Gimignano, célèbre pour son vin blanc.

pommes de terre, d'oignons...), plat espagnol.

Toruń

La vieille ville de Toruń, qui vit naître Nicolas Copernic, est inscrite au patrimoine mondial de l'Unesco.

tortillard **n. m.** Train d'intérêt local dont l'itinéraire fait de nombreux détours.

tortille **n. f.** (de *tortiller*) vieux Allée étroite et tortueuse dans un parc, un jardin.

tortiller **v.** < 1 > (de *entortiller* ou du latin ; famille de *tordre*) **I. v. tr.** Tordre à plusieurs tours (une chose souple). *Tortiller une mèche de cheveux.* **II. v. intr. 1.** Se remuer en ondulant, se tourner de côté et d'autre. *Danser en tortillant des fesses.* → **balancer. 2.** loc. fam. *Il n'y a pas à tortiller :* à hésiter. → **tergiverser.** ■ **se tortiller v. pron.** Se tourner de côté et d'autre sur soi-même. *Se tortiller comme un ver.* □ **n. m. tortillage** et **tortillement**

tortillon **n. m.** Chose tortillée. *Un tortillon de tissu, de papier.* – Linge tortillé en bourrelet qu'on met sur la tête pour porter un fardeau.

tortionnaire **n.** (du latin *tortio* « torture », de *torquere* → **tordre, torsion**) Personne qui fait subir des tortures. → **bourreau.** – **adj.** *Militaires tortionnaires.*

tortorer **v. tr.** < 1 > (de l'occitan *tortoirar* « tordre ») argot Manger.

tortu, ue **adj.** (→ **tordre, tort**) vieux Tordu.

tortue **n. f.** (de l'occitan *tartuga*, qui vient du latin « bête du Tartare, de l'Enfer ») **1.** Reptile à quatre pattes courtes, à corps enfermé dans une carapace, à tête munie d'un bec corné, à marche lente. *Tortue marine.* – *Quelle tortue, c'est une vraie tortue !*, se dit d'une personne très lente. **2.** Sorte de toit que les soldats romains formaient avec leurs boucliers levés pour s'abriter des projectiles ennemis.

Tortue (île de la) Île rattachée à la république d'Haïti, au N. de l'île d'Haïti. Française de 1665 à 1804, elle fut au XVIIe s. un repaire de flibustiers.

tortueux, euse **adj.** (du latin, de *tortus* → **tort**) **1.** Qui fait des détours, présente des courbes irrégulières. → **sinueux.** *Des rues tortueuses.* **2.** fig. Plein de détours, qui ne se manifeste pas franchement. *Un esprit tortueux.* → **retors.** □ **adv. tortueusement**

torturant, ante **adj.** Qui torture, fait souffrir. *Des remords, des scrupules torturants.*

torture **n. f.** (vient du latin, de *torquere* → **tordre, tortionnaire**) **1.** Souffrances physiques infligées à qqn, notamment pour lui faire avouer ce qu'il refuse de révéler. → ancienn **question.** « *Quant à la torture, elle est née de la partie infâme du cœur de l'homme* » (Baudelaire). *Parler sous la torture.* **2.** Souffrance infligée. – plais. *Instrument de torture,* se dit d'objets qui font souffrir. ■ *Mettre qqn* ***à la torture,*** l'embarrasser ou le laisser dans l'incertitude. **3.** Souffrance physique ou morale intolérable. → **martyre, tourment.** *Les tortures de la jalousie.*

torturer **v. tr.** < 1 > **1.** Infliger la torture (1), faire subir des tortures à (qqn). *Torturer un prisonnier.* → **supplicier ; tortionnaire. 2.** Faire beaucoup souffrir. → **martyriser.** *Ne le torturez pas avec vos questions. Se torturer l'esprit :* faire des efforts intellectuels pénibles. – (sujet chose) *La faim, la jalousie le torture.* → **tourmenter. 3.** Transformer par force. *Torturer un texte,* l'altérer en le transformant. → **défigurer, dénaturer.** – au p. p. *Un visage torturé,* déformé (par l'angoisse, un sentiment violent).

Toruń Ville de Pologne (voïvodie de Couïavie-Poméranie), sur la Vistule. 208 000 habitants. Églises et maisons gothiques. Port fluvial. Industries métallurgique, chimique et alimentaire. Fondée au XIIIe s. par les chevaliers Teutoniques, la ville fut affiliée à la Hanse. Elle devint l'un des foyers du protestantisme polonais au XVIe siècle.

torve **adj.** (latin *torvus,* p.-ê. famille de *tordre*) Œil *torve,* regard *torve,* oblique et menaçant.

tory **n. m.** (mot anglais, de l'irlandais) au Royaume-Uni Membre du parti conservateur. *Les torys* ou *les tories* (plur. anglais) *s'opposent aux travaillistes.*

Tory (Geoffroy) Typographe, écrivain et graveur français (v. 1480-apr. 1533). Nommé imprimeur du roi par François Ier, il réforma la typographie et décrivit ses principes dans *Champfleury.*

toscan, ane **adj.** De la Toscane. – archit. *Ordre toscan* ou ellipt *le toscan :* un des cinq ordres de l'architecture classique, forme simplifiée du dorique grec. – **n. m.** *Le toscan :* ensemble de dialectes devenu la base de l'italien. → **florentin.**

Toscane **n. f.** Région administrative du N.-O. de l'Italie. 22 992 km². 3 497 800 habitants. Chef-lieu : Florence. C'est une région de montagnes (2 165 m au mont Cimone) et de collines, anciennement marécageuse au S. (Maremme). L'agriculture est très diversifiée (céréales, vignes, produits maraîchers), de même que l'industrie. Villes culturelles (Pise, Sienne, Florence, Arezzo) et stations balnéaires font de la Toscane un haut lieu du tourisme italien. Tour à tour romaine (IVe s. av. J.-C.), lombarde (VIe s.) puis carolingienne (VIIIe s.), occupée par les comtes de Lucques à partir du IXe s., la Toscane passa en 1115 au Saint-Siège, ce qui provoqua l'hostilité des empereurs germaniques. La lutte des Guelfes et des Gibelins y apporta la guerre, attisée par la rivalité de Pise et de Florence. Victorieuse, Florence procéda au XIVe s. à une série d'annexions (Pistoia, Volterra et Pise). En 1569, le grand-duché de Toscane fut constitué au profit des Médicis, avant de passer aux Habsbourg (1773) et de subir l'occupation française (1799). Réunie à la France (1807) par Napoléon Ier, qui la confia à sa sœur Élisa, la Toscane revint aux Habsbourg (1814). Après l'échec d'une première révolte menée par Mazzini contre ces derniers (1848), la région fut réunie au Piémont-Sardaigne (1860).

Toscanini (Arturo) Chef d'orchestre italien (1867-1957). Il dirigea notamment la Scala de Milan et le Metropolitan Opera de New York et créa des œuvres du répertoire lyrique (Verdi) et symphonique (Beethoven).

tosser **v. intr.** < 1 > (origine incertaine, p.-ê. de l'anglais *to toss* « lancer ») mar. Cogner fortement et de manière répétée sous l'effet du ressac. *Bateau qui tosse contre le quai.*

tôt **adv.** (vient du latin *tostum,* de *torrere* → **torréfier**) **1.** Au bout de peu de temps et sensiblement avant le moment habituel ou normal (opposé à *tard*). *Les arbres ont fleuri tôt cette année. Vous êtes arrivés trop tôt.* – *Tôt ou tard* (→ un jour* ou l'autre). – ***Plus tôt.*** → **auparavant.** *Il est arrivé plus tôt que moi.* – *Nous n'étions pas plus tôt rentrés qu'il fallut repartir,* nous étions à peine rentrés qu'il fallut repartir. – ***Le plus tôt, au plus tôt.*** *Le plus tôt que vous pourrez,* dès que vous pourrez. *Le plus tôt sera le mieux. Dans quinze jours au plus tôt,* pas avant. – *Elle ne viendra pas* ***de si tôt,*** pas dans un proche avenir et peut-être jamais (→ **pas de sitôt**). **2.** Au commencement d'une portion déterminée de temps. *Se lever tôt,* de bonne heure. **3.** loc. *Avoir tôt fait de.* → **vite** fait de.

total, ale, aux (latin *totalis,* de *totus* → ¹**tout**) **1. adj.** Qui affecte toutes les parties, tous les éléments. → **absolu, complet,** ¹**général.** *Destruction totale. Confiance totale ; totale confiance.* → **entier, parfait.** ■ Pris dans son entier, dans la somme de toutes ses parties. *La somme totale* (→ **global**). **2. n. m.** Quantité totale. → **montant,** ¹**somme.** *Le total de la population. Faire le total :* additionner le tout. – ***Au total :*** en comptant tous les éléments ; fig. tout compte fait, tout bien considéré. → en **somme.** *Au total, c'est mieux comme ça.* – **adv.** fam. En conclusion, finalement. *Total, on n'a rien pu faire.* **3. n. f.** fam. Hystérectomie. ■ fig., fam. *C'est* ***la totale !,*** le comble, le summum.

totalement **adv.** Complètement, entièrement.

totalisateur, trice **adj.** (appareil) Qui totalise. *Machine totalisatrice.* – **n. m.** *Un totalisateur.*

totalisation **n. f.** Opération consistant à totaliser. *La totalisation des voix, dans un scrutin.*

totaliser **v. tr.** < 1 > **1.** Additionner. *Totaliser les points avec une calculette.* **2.** Comporter, avoir au total. *C'est l'équipe qui totalise le plus grand nombre de points.*

totalitaire **adj.** (de *totalité*) **1.** *Régime totalitaire :* régime à parti unique, n'admettant aucune opposition organisée. → **dictatorial.** *États totalitaires.* → **dictature. 2.** didact. Qui englobe la totalité des éléments (d'un ensemble). *Une conception totalitaire du monde.*

totalitarisme **n. m.** Système politique des régimes totalitaires. → **dictature.**

▶ Le **totalitarisme** est étroitement lié à l'histoire du XXe siècle. C'est un système de gouvernement dans lequel l'État, en général par le biais d'un parti unique accapare la totalité des pouvoirs politique, économique, culturel, judiciaire..., au détriment des libertés individuelles. À la différence des tyrannies de l'Antiquité ou des dictatures de toutes les époques, le pouvoir totalitaire, même s'il est incarné par un chef charismatique ou une caste dirigeante, prétend tirer sa légitimité non pas d'un individu, mais de la totalité abstraite que serait l'État.

On attribue à Mussolini la première définition de ce système politique, lorsqu'il affirmait « tout dans l'État, rien contre l'État, rien en dehors de l'État ». Le fascisme italien, né en 1919, constitue ainsi le premier modèle de totalitarisme : tous les aspects de la vie sociale et individuelle sont organisés et contrôlés par un État tout-puissant représenté par un « guide » suprême (le *Duce*), toute opposition est muselée ou éliminée. Le nazisme en Allemagne repose sur les mêmes présupposés — Hitler se présentant comme le « Führer » de la nation allemande — mais avec une idéologie nationaliste et raciste plus marquée. Le totalitarisme marxiste partage avec les expériences fascistes et nazies l'idée commune d'un État tout-puissant qui a droit de vie ou de mort sur les individus, mais il est dans ce cas censé agir au nom du peuple lui-même (dictature du prolétariat). La personnalisation du pouvoir, son évolution vers une répression sanglante et l'élimination de tous les « dissidents » atteint en Union soviétique son paroxysme avec Staline.

Sur le plan philosophique, des penseurs (Hannah Arendt, Emmanuel Levinas...) ont analysé dans le totalitarisme la négation de la différence, de l'altérité, comme trait fondamental de l'homme,

et l'affirmation d'une identité « nouvelle » (nationale ou idéologique) et indifférenciée. Les grands-messes fascistes ou communistes, rassemblant des foules où les personnes « se fondent » passivement dans une identité commune, constituent des exemples de cette négation totalitaire de la différence.
voir aussi **fascisme, national-socialisme, marxisme, maoïsme**

totalité n. f. (de *total*) Réunion totale des parties ou éléments constitutifs (d'un ensemble, d'un tout). → **intégralité, total.** *La totalité de ses biens. La totalité du personnel.* → **ensemble.** *Lire un texte dans sa totalité.* → en **entier.** – *En totalité.* → en **bloc, intégralement, totalement.**

totem [tɔtɛm] n. m. (mot algonquin, par l'anglais) ethnol. Animal (ou végétal) considéré comme l'ancêtre et le protecteur d'un clan, objet de tabous et de devoirs particuliers. – Représentation du totem (mât sculpté, souvent).

Totem en bois sculpté et peint, dans le parc Stanley, à Vancouver (Canada).

totémique adj. Du totem. *Clan totémique.*

totémisme n. m. ethnol. Organisation sociale, familiale fondée sur les totems et leur culte.

Totila ou **Baduila** (mort en 552). Roi des Ostrogoths (541-552). Il rétablit son autorité sur une grande partie de l'Italie aux dépens des Byzantins. Il fut vaincu et tué par Narsès.

totipotent, ente adj. (latin *totus* « tout entier », d'après *omnipotent*) biol. Se dit des cellules embryonnaires non encore différenciées. □ n. f. **totipotence**

toto n. m. (mot champenois, formation populaire par redoublement) fam. Pou. *Avoir des totos.*

T

Totò (Antonio De Curtis, dit) Acteur italien (1898-1967). Il joua dans de très nombreux films et devint l'acteur comique le plus populaire du cinéma italien. *Gendarmes et Voleurs.*

toton n. m. (latin *totum*, pour « enjeu total » → [1]tout) littér. Petite toupie. *Tourner comme un toton.*

Totonaques n. m. pl. Peuple indien du Mexique, établi dans l'État de Veracruz. Soumis aux Aztèques, puis alliés aux Espagnols, ils développèrent une culture qui s'éteignit au XVe s. Ils furent les constructeurs du site précolombien d'El Tajín.

touage n. m. (de *touer*) Remorquage ; système de traction sur une chaîne immergée.

touareg [twaʀɛg] adj. invar. et n. (mot berbère) Relatif à la population nomade du Sahara parlant une langue berbère. *Des guerriers touareg.* – *La langue touareg.* – n. *Les Touaregs* ou *les Touareg* (invar.). – au sing. *Un Touareg* ou *un Targui*.*

Toulon

La rade de Toulon, réputée pour sa beauté, héberge le premier port militaire de France.

Touaregs n. m. pl. Peuple nomade du Sahara, parlant une langue berbère. Répartie dans les régions montagneuses du Sahara central (Hoggar, Tibesti, Aïr) et sur la bordure du Sahel, sa population atteint 2,5 millions de personnes. Les Touaregs contrôlèrent pendant des siècles le commerce caravanier entre la Tunisie, la Libye et la boucle du Niger. Leur unité, fragilisée par la colonisation, disparut avec l'établissement des frontières des nouveaux États indépendants.

toubab n. et adj. (origine obscure) (Afrique) **1.** Européen, Français métropolitain, Blanc. **2.** péj. Africain ayant adopté le mode de vie européen. - verlan **babtou.**

toubib [tubib] n. (de l'arabe d'Algérie) fam. Médecin.

Toubkal (djebel) Sommet du Haut Atlas (Maroc). 4 167 m. C'est le point culminant de l'Afrique du Nord.

Le djebel Toubkal, dont l'ascension est techniquement peu difficile, attire de nombreux randonneurs.

Toubous n. m. pl. Population nomade du Sahara regroupant les Teda, les Goranes (ou Daza) et les Zaghawa. Estimé à 800 000 personnes environ, le peuple des Toubous, de religion musulmane, se compose essentiellement de marchands caravaniers et d'éleveurs.

toucan n. m. (mot tupi du Brésil) Oiseau grimpeur d'Amérique du Sud, au plumage éclatant et à bec gros et long.

[1]touchant prép. littér. Au sujet de. → **concernant, [1]sur.** *Je ne sais rien touchant cette affaire.*

[2]touchant, ante adj. **1.** littér. Qui fait naître de la pitié, de la compassion. *Un récit touchant.* → **attendrissant, émouvant. 2.** Qui émeut, attendrit d'une manière douce et agréable. *Des adieux touchants.* – (personnes) Attendrissant (iron.). *Elle est touchante de maladresse.*

touchau n. m. (de *toucher*) techn. Ensemble de petites plaques d'alliage d'or ou d'argent de titres différents, disposées sur un support en étoile, permettant de déterminer le titre d'un bijou. *Des touchaux.*

touche n. f. **I.** Action de toucher ; son résultat. **1.** Action, manière de poser la couleur, les tons sur la toile. *Peindre à larges touches.* – Couleur posée d'un coup de pinceau. *Une touche de rouge.* ■ loc. *Mettre une touche de gaieté, une touche exotique* (dans un décor, une toilette, une description, etc.). **2.** (Action d'éprouver l'or). *Pierre* de touche.* **3.** au rugby, au football *Ligne de touche* ou *la touche* : chacune des limites latérales du champ de jeu, perpendiculaires aux lignes de but. *En touche, sur la touche.* ■ loc. *Rester, être mis* **sur la touche,** dans une position de non-activité, de non-intervention. **4.** Action, fait de toucher (escrime, billard). **5.** Action du poisson qui mord à l'hameçon. *Pas la moindre touche aujourd'hui, je n'ai rien pris.* ■ fig., fam. *Faire une touche* : séduire, plaire à qqn qui donne des signes de son intérêt. *Avoir une touche avec qqn* : plaire manifestement à qqn. → **ticket** (3). **II.** Ce qui sert à toucher. **1.** Chacun des petits leviers que l'on frappe des doigts, qui constituent un clavier. *Les touches d'un piano.* – Pièce collée sur le manche des instruments à cordes, où appuient les doigts pour raccourcir la corde. **2.** Commande manuelle (d'un dispositif). *Les touches d'une télécommande.* – *Les touches d'un clavier d'ordinateur.* **III.** (p.-ê. de I, 1 en peinture) fam. Aspect, allure d'ensemble. → **[1]tournure.** *Elle a une drôle de touche.*

touche-à-tout n. invar. **1.** Personne, enfant qui touche à tout. **2.** Personne qui a des activités multiples.

[1]toucher v. tr. < 1 > (vient du latin pop. *toccare* → [1]toc) **I.** (avec mouvement) **1.** (êtres vivants) Entrer en contact avec (qqn, qqch.) en éprouvant les sensations du toucher. → **palper.** *Toucher un objet ; qqn, sa main.* – *Je n'ai jamais touché une carte,* jamais joué. – *Lutteur qui touche le sol des deux épaules. Toucher le fond* (de l'eau), avoir pied. **2.** Atteindre (l'adversaire), notamment à l'escrime. absolt *« À la fin de l'envoi, je touche ! »* (E. Rostand, *Cyrano de Bergerac*). – (sans contact direct) *Il tira et toucha son adversaire à l'épaule.* → **blesser.** ■ *Toucher le sol de sa canne.* **3.** (compl. n. de personne)

Joindre, arriver à rencontrer (qqn), par un intermédiaire (lettre, téléphone). → **atteindre, contacter.** *Où peut-on vous toucher ?* **4.** (sujet chose) Entrer en contact avec (qqn, qqch.) au terme d'un mouvement. → **atteindre.** *Être touché par une balle,* blessé. – *Le bateau a touché le port, a touché terre.* **5.** Entrer en possession de, percevoir. → **recevoir.** *Toucher de l'argent.* **6.** abstrait Procurer une émotion à (qqn), faire réagir en suscitant l'intérêt affectif. → **intéresser.** *Ce reproche l'a touché.* → **blesser.** – plus cour. Émouvoir en excitant la compassion, la sympathie et une certaine tendresse. → **attendrir ;** ^{2}**touchant.** *Ses larmes m'ont touché.* **7.** loc. *Toucher un mot de qqch. à qqn* : dire un mot à qqn concernant qqch. **II.** (sans mouvement) **1.** Se trouver en contact avec ; être tout proche de. *Sa maison touche l'église.* → **jouxter** (cf. ci-dessous toucher à). **2.** Concerner, avoir un rapport avec. → **regarder.** *C'est un problème qui les touche de près. Elle connaît tout ce qui touche à l'informatique.* → ^{1}**touchant.** – pronom. (récipr.) Être en rapport étroit. *Les extrêmes se touchent.* **III.** v. tr. ind. *Toucher à.* **1.** Porter la main sur, pour prendre, utiliser. *Ne touche pas à ce vase, n'y touche pas !* fam. *Pas touche !* – (négatif) *Ne pas toucher à* : ne pas utiliser, consommer. *Elle n'a pas touché à son repas. Il n'a jamais touché à un volant,* il n'a jamais conduit. **2.** abstrait Se mêler, s'occuper de (qqch.). *Il vaut mieux ne pas toucher à cette question.* → **aborder.** ■ S'en prendre (à qqch.), pour modifier, corriger. *Ils n'osent pas toucher aux traditions.* – *Un air de ne pas y toucher,* faussement innocent (→ **sainte nitouche**). **3.** littér. Atteindre, arriver à (un point qu'on touche ou dont on approche). *Toucher au port* (navire). – *Nous touchons au but.* – (dans le temps) *Toucher à sa fin. L'été touche à sa fin.* **4.** Être en contact avec. *Un immeuble qui touche à la mairie* (cf. ci-dessus II, 1). **5.** Avoir presque le caractère de. → **confiner.** *Sa minutie touche à la névrose.*

^{2}**toucher** n. m. (de ^{1}*toucher*) **1.** Un des cinq sens correspondant aux sensibilités qui interviennent dans l'exploration des objets par palpation, contact avec la peau. → **tact.** **2.** Action ou manière de toucher. → **attouchement, contact.** *Le velours est doux au toucher.* **3.** mus. Manière de jouer d'un instrument à touches. *Pianiste qui a un beau toucher.* ■ sports Manière de recevoir, frapper une balle, un ballon. **4.** méd. Exploration d'une cavité naturelle du corps à la main. → **palpation.** *Toucher vaginal, rectal.*

à touche-touche loc. adv. fam. En se touchant presque ; en se suivant de très près. *Les « camions à touche-touche sur la rampe d'accès »* (Y. Queffélec).

Toucouleurs n. m. pl. Peuple d'Afrique occidentale principalement établi au Sénégal, de langue peule. Islamisé par les Almoravides au XIe s., le royaume des Toucouleurs disparut lors de la colonisation française au XIXe siècle.

touée [twe] n. f. (de *touer*) mar. **1.** Câble, chaîne servant à touer. **2.** par ext. Longueur de chaîne filée en mouillant l'ancre.

touer v. tr. < 1 > (du francique *togon* « tirer ») Faire avancer en tirant, en remorquant ; spécialt (navire, barque) en tirant à bord sur une amarre (→ **touage**).

toueur [twœʀ] n. m. Remorqueur qui avance par touage* et tire des péniches.

touffe n. f. (vient du germanique, famille de *toupet*) Assemblage naturel de plantes, de poils, de brins..., rapprochés par la base. → ^{1}**bouquet.** *Une touffe d'herbe. Une touffe de poils, de cheveux.* → **épi,** ^{1}**mèche.**

touffeur n. f. (de *étouffeur,* mot dialectal, de *étouffer*) littér. Atmosphère chaude et étouffante.

touffu, ue adj. **1.** Qui est en touffes ; épais et dense. *Un bois touffu. Une barbe touffue.* → **dru, fourni.** **2.** fig. Qui présente en peu d'espace trop d'éléments abondants et complexes. *Un livre touffu.*

touille n. m. (de *touiller*) régional Lamie (squale).

touiller v. tr. < 1 > (vient du latin *tudiculare* « piler, broyer », de *tundere* → **contusion**) fam. et régional Remuer, agiter, mêler. *Touiller la salade.* → ^{1}**brasser.** □ n. m. **touillage**

touillette n. f. fam. Petite spatule qui sert à remuer les boissons chaudes délivrées par un distributeur automatique.

toujours adv. de temps (de *tous* et *jours*) **1.** Dans la totalité du temps considéré (la vie, le souvenir, etc.). → **constamment, continuellement.** *Je l'ai toujours su. Ça ne durera pas toujours.* → **éternellement.** ■ À chaque instant, sans exception. *Il est toujours à l'heure.* ■ loc. *Toujours plus, toujours moins* (+ adj.), de plus en plus, de moins en moins. – ***Comme toujours*** : de même que dans tous les autres cas. – ***Presque toujours*** : très souvent. → **généralement, ordinairement ;** → d'habitude. – ***De toujours*** : qui est toujours le même. *Avec sa bonne humeur de toujours.* – ***Depuis toujours*** (→ **de tout temps**). – ***Pour toujours.*** *Il est parti pour toujours.* → **définitivement.** **2.** Encore maintenant, encore au moment considéré. *Je l'aime toujours. Il court toujours.* – *Elle n'est toujours pas partie* (→ **pas encore**). **3.** Dans toute circonstance (→ **en tout cas, de toute façon**). *Il arrive toujours un moment où...* – fam. *Il peut toujours courir*. Cause toujours !* – **interj.** (à la fin d'une phrase négative) *« Qui a dit ça ? — Ce n'est pas moi, toujours ! »* ■ loc. ***Toujours est-il (que),*** sert à introduire un fait ou un jugement en opposition avec d'autres qui viennent d'être présentés. *Personne ne voulait y croire, toujours est-il que c'est arrivé.*

Toukhatchevski (Mikhaïl Nikolaïevitch) Maréchal soviétique (1893-1937). Chef d'état-major du Comité révolutionnaire de l'Armée rouge (1925), commissaire du peuple adjoint à la Défense (1931), il fut accusé de trahison et exécuté. Il fut réhabilité par Khrouchtchev en 1971.

touk-touk n. m. (mot thaï, onomatopée) Tricycle motorisé aménagé pour faire office de taxi dans certains pays d'Asie et d'Afrique. *Des touk-touks.* - var. **tuk-tuk** [tuktuk]. *Des tuk-tuks.*

Toul Chef-lieu d'arrondissement de la Meurthe-et-Moselle. 15 857 habitants. Enceintes de Vauban. Cathédrale des XIIIe-XVe s. Toul, qui formait avec Verdun et Metz les Trois-Évêchés, fut annexée à la France par le traité de Westphalie (1648).

Toula ou **Tula** Ville de Russie, sur l'Oupa. 472 300 habitants. Kremlin du XVIe s. Centre du bassin houiller de Moscou.

Toulouse-Lautrec

Toulouse-Lautrec, *L'Artiste lyrique May Belfort,* aquarelle (1895), bibliothèque des Arts décoratifs, Paris.

touladi n. m. (mot d'origine amérindienne) Grosse truite grise d'Amérique du Nord.

Toulet (Paul-Jean) Écrivain français (1867-1920). Il est l'auteur d'un recueil poétique, *Les Contrerimes,* dont la virtuosité et la fantaisie masquent avec pudeur une profonde gravité, et de romans *(La Jeune Fille verte).*

Toulon Chef-lieu du Var. 179 659 habitants (agglomération 456 000). Évêché. Port militaire, de commerce et de plaisance. Centre touristique. Aéroport.

touloupe n. f. (mot russe) Peau d'agneau, de mouton ; veste en peau de mouton, portée par les paysans russes.

Toulouse (Louis Alexandre de Bourbon, comte de) Amiral de France (1678-1737). Troisième fils légitimé de Louis XIV et de Mme de Montespan, il prit part à la guerre de Succession d'Espagne.

Toulouse (Édouard) Médecin aliéniste et psychologue français (1865-1947). Fondateur du laboratoire de psychologie expérimentale de l'hôpital Sainte-Anne à Paris, il publia, dans la lignée des travaux de Freud, *Les Conflits intersexuels et sociaux.*

Toulouse Chef-lieu de la Haute-Garonne et de la Région Occitanie, sur la Garonne. 498 003 habitants (agglomération 741 100). Surnommée la « ville rose », Toulouse est riche en édifices religieux et en bâtiments d'art : basilique romane Saint-Sernin, cathédrale gothique, Capitole. Technopole européenne dans les domaines aéronautique et spatial ; électronique civile et militaire (radars, missiles). Second centre universitaire français. Aéroport. Intégrée à la Narbonnaise au IIe s., elle fut capitale du royaume wisigoth (Ve s.) puis fut conquise par Clovis Ier (507). Capitale du comté de Toulouse et foyer de la civilisation occitane, elle accueillit les albigeois avant de devenir le siège de l'Inquisition (1233). Intégrée au domaine royal en 1271, elle connut un important développement économique qui s'accrut au XVIIIe s. grâce à la construction du canal du Midi.

La place du Capitole à Toulouse et, en arrière-plan, l'ensemble conventuel des Jacobins (XIIIe-XIVe s.).

Toulouse-Lautrec (Henri de) Peintre, affichiste et lithographe français (1864-1901). Installé à Montmartre, fasciné par le monde du music-hall et des cabarets, il illustra les chansons de Bruant et réalisa des portraits féminins réalistes et des scènes de danse et de cirque. Il est l'auteur d'une série d'affiches aux aplats de couleurs vives, *Le Bal du Moulin-Rouge ; Femme qui tire son bas ; La Goulue.*

Toumaï Nom donné à un hominidé *(Sahelanthropus tchadensis)* daté de 7 millions d'années, dont le crâne fut découvert au Tchad en 2001.

T

TOUNDRA (l'écosystème nord-américain)

Son épaisse toison laineuse protège le bœuf musqué des intempéries.

L'hiver, le lièvre arctique se terre dans la neige pour se protéger.

Les fruits de la camarine noire, des boules noires, sont comestibles.

Le harfang des neiges, un grand hibou, chasse de jour. Il capture de petits animaux (lemmings, lièvres, poissons…

Les feuilles de l'épilobe à feuilles larges sont comestibles.

Le saule arctique est un arbuste qui ne dépasse pas 10 cm, les herbivores s'en nourrissent.

La toundra forme un cercle autour du pôle arctique.

Le plumage du lagopède des saules est un excellent camouflage : blanc l'hiver, il fonce en été.

Le renne est la proie des grands carnivores (loups, ours).

Le petit renard arctique peut vivre par - 70 °C.

Dans la toundra, un hiver de gel domine. Composée de landes à arbustes, de mousses et de lichens qui se développent grâce à l'humidité du sol, elle présente une flore restreinte. Quelques arbres subsistent. La faune est peu diversifiée mais adaptée au climat rigoureux. Les courts étés, où la température n'excède pas 10°C, sont propices à la croissance des végétaux et attirent des oiseaux migrateurs (eider, oie des neiges) ; les moustiques pullulent.

toundra [tundʀa] n. f. (mot russe, du finnois) Steppe de la zone arctique, caractérisée par des associations végétales de mousses et de lichens, des bruyères. *La toundra sibérienne.*

toungouse ou **toungouze** [tunguz] adj. (n. turc d'un peuple d'Asie) Se dit d'un groupe de langues de l'Eurasie et de l'Asie septentrionale (comprenant le mandchou).

Toungouses ou **Toungouzes** ou **Tunguz** n. m. pl. Groupe de tribus de Sibérie orientale. La population est en voie de russification.

toupaye n. m. (mot malais) Petit mammifère proche des lémuriens, à museau allongé, vivant en Asie du Sud-Est.

toupet n. m. (de l'ancien français *top*, du francique, *cf.* [2]top) **I.** Touffe de cheveux bouffant au-dessus du front. **II.** fig., fam. Hardiesse, assurance effrontée. → **aplomb, audace, culot.** *Quel toupet !*

toupie n. f. (normand *topet*, de l'anglais *top*, *cf.* [2]top) **1.** Petit objet conique ou sphérique, muni d'une pointe sur laquelle il peut se maintenir en équilibre en tournant. → **toton.** – *Tourner comme une toupie* (sur soi-même). **2.** techn. Organe de machine-outil (→ **toupilleuse**) pour creuser, évider le bois. **3.** injure *(Vieille) toupie,* femme désagréable.

toupiller v. tr. < 1 > (de *toupie*) techn. Travailler, évider avec une toupie (2). *Toupiller le bois.* □ n. m. **toupillage** □ n. **toupilleur, euse**

toupilleuse n. f. techn. Tour, machine-outil munie d'une toupie (2).

toupillon n. m. (de *toupet*) Petit toupet. ■ Petite touffe, bouquet de branches. ■ Touffe de poils de la queue des bovidés.

toupine n. f. (de l'occitan, p.-ê. du francique *toppin* « pot ») régional Pot en grès, à oreilles, pour les conserves familiales.

touque n. f. (p.-ê. occitan *tuca*, de *tuc* « courge », d'un radical pré-indoeuropéen *tukka*) Récipient métallique pour la conservation et le transport des poudres, pâtes, liquides. → **fût.**

Touques n. f. Fleuve côtier de Normandie. 108 km. Elle se jette dans la Manche entre Deauville et Trouville.

Touquet-Paris-Plage (Le) Commune du Pas-de-Calais, sur la Manche. 4 226 habitants. Station balnéaire. Aérodrome.

[1]tour n. f. (vient du latin *turris*) **1.** Bâtiment (souvent cylindrique) construit en hauteur, dominant un édifice ou un ensemble architectural. *Tour d'un château.* → **donjon, tourelle.** *Tour de guet.* → **beffroi.** – Clocher à sommet plat. *Les tours de Notre-Dame de Paris.* – Immeuble à nombreux étages (en France remplace *building, gratte-ciel*). **2.** Construction en hauteur. *Tour métallique. La tour Eiffel.* ■ ***Tour de contrôle :*** local surélevé d'où s'effectue le contrôle des activités d'un aérodrome. ■ *Tour de forage.* **3.** aux échecs Pièce en forme de tour crénelée, qui avance en ligne. **4.** inform. Unité centrale d'un ordinateur, enfermée dans un boitier vertical. **5.** loc. (calque du latin) ***Tour d'ivoire :*** retraite d'un penseur, d'un écrivain, etc., qui se tient à l'écart de la vie sociale, refuse de se compromettre. **6.** loc. *Tour de Babel :* lieu où l'on parle toutes les langues.

[2]tour n. m. (de *tourner*) **I. 1.** Limite circulaire. → **circonférence.** *Le tour d'un arbre, d'un tronc. Avoir soixante centimètres de tour de taille.* **2.** Chose qui en recouvre une autre en l'entourant (vêtements, garnitures). *Un tour de cou* (fourrure, foulard). **3.** ***Faire le tour de qqch. :*** aller autour (d'un lieu, d'un espace). *Faites le tour du pâté de maisons.* – fig. Passer en revue. *Faire le tour de la situation.* **4.** ***Faire un tour,*** une petite sortie. → **promenade.** *Faire un (petit) tour en ville.* **5.** ***Tour de… :*** parcours, voyage où l'on revient au point de départ. → **circuit, périple ; tournée.** « *Le Tour du monde en quatre-vingts jours* » (de Jules Verne). – *Le Tour de France,* course cycliste disputée chaque année sur un long circuit de routes, principalement en France. **II. 1.** Mouvement giratoire. → **révolution, rotation.** *Un tour de manivelle.* – loc. *Partir **au quart de tour**,* immédiatement et sans difficulté ; fig. s'énerver subitement. *Monter, grimper dans les tours :* augmenter le régime moteur ; fig. s'emporter. – *Fermer la porte **à double tour**,* en donnant deux tours de clé. **2.** loc. ***À tour de bras :*** de toute la force du bras ; fig. avec violence. *Il le frappe à tour de bras.* **3.** ***En un tour de main :*** très vite. → en un **tournemain.** – *Tour de main,* mouvement adroit qu'accomplit la main. *Le tour de main d'un artisan.* → **[2]adresse, habileté.** **4.** ***Tour de reins :*** torsion, faux mouvement douloureux dans la région des lombes. → **lumbago.** **III. 1.** Mouvement, exercice difficile à exécuter. *Tours de magie, de passe-passe.* ***Tour de cartes :*** tour d'adresse effectué avec des cartes. – *Tour de force :* action qui exige de la force ou de l'habileté. → **exploit. 2.** Action ou moyen d'action qui suppose de l'adresse, de l'habileté, de la ruse. *Avoir plus d'un tour dans son sac.* – *Jouer (un) tour à qqn,* agir à son détriment. *Jouer un bon tour à qqn,* lui faire une plaisanterie. *Méfiez-vous, cela vous jouera des tours,* cela vous nuira. – *Le tour est joué,* c'est accompli, terminé (→ **l'affaire est dans le sac**). **3.** (Suisse) *Donner le tour :* terminer avec succès un travail ; évoluer vers la guérison, en parlant d'une maladie. **IV.** (→ [1]**tournure**) **1.** Aspect que présente une chose selon la façon dont elle est faite, la manière dont elle évolue. *Observer le tour des évènements.* **2.** *Tour (de phrase) :* manière d'exprimer qqch. selon l'agencement des mots. **3.** *Tour d'esprit :* manière de comprendre et d'exprimer les choses. **V. 1.** loc. *À mon (son,...) tour.* Moment auquel (ou durant lequel) une personne se présente, accomplit qqch. dans un ordre, une succession d'actions du même genre. *À toi, c'est ton tour. Chacun parlera à son tour.* – *Chacun son tour,* à son tour. **2.** loc. *Tour à tour :* l'un, puis l'autre (l'un après l'autre). – (états, actions) → **alternativement, successivement.** *Elle riait et pleurait tour à tour.* ■ *À tour de rôle**. **3.** *Tour de chant :* série de morceaux interprétés par un chanteur, une chanteuse. **4.** *Tour de scrutin :* vote (d'une élection qui en compte plusieurs).

[3]tour n. m. (vient du latin *tornus,* du grec *tornos*) **1.** Dispositif qui sert à façonner des pièces par rotation, à les tourner (II, 1). *Travailler au tour* (→ **tourner** (II) ; **tourneur**). *Tour de potier. Tour à main.* – *Tour automatique* (machine-outil). **2.** Armoire cylindrique tournant sur pivot, dans l'épaisseur d'un mur.

Toura n. f. Rivière de Russie. 1 030 km. Née dans l'Oural, elle se jette dans le Tobol.

touraille n. f. (du latin *torrere* « rôtir, brûler » → **torréfier**) techn. Étuve dans laquelle on sèche l'orge germé pour arrêter la germination. □ n. m. **touraillage**

touraillon n. m. Germes d'orge séchés.

Touraine (Alain) Sociologue français (né en 1925). Il s'est consacré à la sociologie du travail dans le monde ouvrier, substituant la notion de domination culturelle à celle de lutte des classes. *La Conscience ouvrière.*

Touraine n. f. Région de l'O. de la France. Ville principale : Tours. La Touraine couvre le département d'Indre-et-Loire, l'O. du Loir-et-Cher et une petite partie de l'Indre. La région est constituée de plateaux peu fertiles coupés de vallées alluviales prospères (viticulture, cultures maraîchères, élevage).

touranien, ienne adj. (du persan *Turan,* terme vague désignant les pays d'Asie centrale au nord de l'Iran) ling. S'est dit autrefois des langues ouralo-altaïques (→ **altaïque, ouralien**), considérées comme les rameaux d'une même famille linguistique (théorie abandonnée). – n. m. *Le touranien.*

[1]tourbe n. f. (du francique « touffe d'herbe » ; même origine que *turf*) Matière combustible spongieuse et légère, qui résulte de la décomposition de végétaux à l'abri de l'air. *Un feu de tourbe.* □ adj. **tourbeux, euse**

[2]tourbe n. f. (de *torbe,* qui vient du latin *turba* « mêlée ») péj., vieux Foule (→ **peuple, populace**) ; ramassis de personnes sans intérêt ou méprisables (→ **canaille**).

tourbier, ière (de [1]*tourbe*) **1.** n. Ouvrier, ouvrière qui travaille à l'extraction, à la préparation de la tourbe. ■ Propriétaire, exploitant d'une tourbière. **2.** adj. Relatif à la tourbe ; qui contient suffisamment de tourbe pour qu'on l'exploite. *Terrain tourbier.*

tourbière n. f. (de [1]*tourbe*) Terrain où l'on trouve de la tourbe ; gisement de tourbe en quantité exploitable. *Les tourbières d'Irlande.*

Tour de France

Le plus célèbre des grands tours nationaux. 1. De gauche à droite, Merckx, Ocaña et Poulidor gravissant le mont Ventoux (1972). 2. Encouragements des spectateurs à Saint-Venant, Pas-de-Calais (1954). 3. Kim Kirchen en maillot jaune, entre Brioude et Aurillac (2008).

tourbillon n. m. (vient du latin, de *turba* → [2]**tourbe**) **1.** Masse d'air qui tournoie rapidement. → **cyclone.** *Un tourbillon de vent.* **2.** Mouvement tournant et rapide (en hélice) d'un fluide, ou de particules entraînées par l'air. *Un tourbillon de poussière. Les tourbillons d'une rivière.* ■ Tournoiement rapide. *Le tourbillon de la valse.* **3.** littér. Ce qui emporte, entraîne dans un mouvement rapide, irrésistible. *Un tourbillon de plaisirs.*

tourbillonnant, ante adj. Tournoyant.

tourbillonnement n. m. Mouvement en tourbillon.

tourbillonner v. intr. <1> **1.** Former un tourbillon ; être emporté en un tournoiement rapide. *La neige tourbillonnait.* **2.** Être agité par un mouvement rapide, irrésistible.

Tourcoing Commune du Nord. 99 165 habitants. La ville fait partie de la conurbation Lille-Roubaix-Tourcoing. Centre textile.

tourd n. m. (latin *turdus*) Labre (poisson de mer).

Tour de France Compétition annuelle de cyclisme par étapes, créée en 1903 par Henri Desgrange.

Tour-du-Pin (La) Chef-lieu d'arrondissement de l'Isère, sur la Bourbre. 8 148 habitants. Maison des Dauphins (XVIe s.).

Touré (Sékou) Homme d'État guinéen (1922-1984). Président de la République de 1958 à sa mort, il fut l'artisan de l'indépendance de la Guinée (1958) et instaura un régime dictatorial.

Touré (Ali Ibrahim Touré, dit Ali Farka) Musicien et chanteur malien (1939-2006). Dans les années 1980, il incarna la *world music* et devint une vedette internationale de la musique africaine.

tourelle n. f. **1.** Petite tour. *Les tourelles du château.* **2.** Abri blindé, fixe ou mobile contenant des pièces d'artillerie. *La tourelle d'un char d'assaut.*

touret n. m. (de *tour* « treuil ») **1.** Nom donné à divers rouets, dévidoirs, moulinets, etc. **2.** techn. Petit tour de graveur en pierres fines. ■ Petite machine-outil agissant par la rotation de meules ou de disques de feutre. *Touret à meuler, à polir.*

Tourgueniev (Ivan Sergueïevitch) Écrivain russe (1818-1883). Auteur de romans *(Père et Fils),* de pièces de théâtre *(Un mois à la campagne)* et de nouvelles *(Deux Amis),* il publia *Récits d'un chasseur,* témoignage sur le servage en Russie.

tourie n. f. (origine inconnue, p.-ê. du radical latin *torrere* → **touraille** ou de *torus* → **tore, toron**) techn. Grande bouteille, bonbonne entourée de paille, d'osier. *Tourie de verre, de grès.*

Touré (Ali Farka)

Ali Farka Touré en 2000.

tourier, ière adj. et n. (de *tour* « armoire pivotante ») Se dit du religieux (de la religieuse) non cloîtré(e), chargé(e) de faire passer au tour des choses apportées au couvent, et, par ext. qui s'occupe des relations avec l'extérieur. *Le tourier, la tourière.*

tourillon n. m. (diminutif de *tour*) techn. **1.** Pièce cylindrique servant d'axe. – Axe ou pivot d'une arme lourde (canon, etc.). **2.** Cheville de bois rainurée servant à assembler des pièces de menuiserie.

tourin n. m. (mot béarnais, de *torrer* « cuire », du latin *torrere*) Soupe à l'oignon, à l'ail (spécialité du Périgord).

tourisme n. m. (de l'anglais → touriste) **1.** Le fait de voyager, de parcourir pour son plaisir un lieu autre que celui où l'on vit habituellement. *Faire du tourisme. Guide de tourisme. Avion, voiture* ***de tourisme,*** destinés aux déplacements privés et non utilitaires. **2.** Ensemble des activités liées aux déplacements des touristes.

Le **tourisme** (1) est un fait de société récent même si dès la Renaissance, des curieux comme Montaigne prennent le relais des pèlerins médiévaux et commencent à voyager pour le plaisir. Après 1648, dans une Europe pacifiée par les traités de Westphalie, le mouvement s'amplifie. De jeunes Anglais aisés viennent faire leur « tour » sur le continent, traversant la France pour rejoindre Rome ou Pompéi. À cette époque se développent aussi des villes thermales (Baden-Baden, Spa) où l'aristocratie européenne vient prendre les eaux et se livrer à la passion du jeu. La vogue du « grand tour » se développe au XIXe siècle : l'agence Cook offre des itinéraires clés en main et regroupe les voyageurs. À la suite du *Guide des voyageurs en Europe* de H. Reichard (1784), de nombreux guides sont publiés, comme ceux de K. Baedeker à partir des années 1840. Avec la navigation à vapeur et l'apparition des chemins de fer, les voyages se font plus sûrs et plus rapides : certains voyageurs vont jusqu'en Orient. Des palaces et des hôtels modernes sont bâtis.
Le XXe siècle voit le développement du **tourisme de masse** : les congés payés lancent dès 1936 des millions de Français sur les routes. Du camping aux voyages intercontinentaux en passant par les auberges de jeunesse et les clubs de vacances nés dans les années 1960, le tourisme est désormais un secteur économique important, mais aussi un trait structurant d'une société moderne où chacun fait de ses voyages un reflet de son identité sociale : mer ou montagne, tourisme culturel ou aventure, tourisme vert, « écotourisme »...

tourista [tuʀista] n. f. (espagnol *turista* « touriste ») fam. Diarrhée d'origine infectieuse qui touche de nombreux voyageurs. - var. **turista** [-tu-].

touriste n. (de l'anglais, de *tour,* du français) **1.** Personne qui fait du tourisme. **2.** appos. *Classe touriste* : classe économique (en avion).

touristique adj. **1.** Relatif au tourisme. *Guide touristique. Activités touristiques* (hôtellerie, agences de voyage, etc.). **2.** Qui attire les touristes. *Ville touristique.*

Tourmalet (col du) Col routier des Hautes-Pyrénées. 2 115 m.

tourmaline n. f. (d'un mot cinghalais) Pierre fine aux tons divers.

tourment n. m. (vient du latin *tormentum* « instrument de torture », de *torquere* → tordre) **1.** littér. Très grande souffrance physique ou morale. → **peine, supplice, torture. 2.** Grave souci. *Cette affaire nous a donné bien du tourment.*

tourmente n. f. (vient du latin *tormenta* → tourment) **1.** littér. Tempête soudaine et violente. → **bourrasque, orage, ouragan.** *Une tourmente de neige. Pris dans la tourmente.* **2.** Troubles (politiques ou sociaux) violents et profonds. *La tourmente révolutionnaire.*

tourmenté, ée adj. **1.** En proie aux tourments, aux soucis. → **anxieux, inquiet.** *Un être tourmenté. Un visage tourmenté.* **2.** littér. Qui s'accomplit dans l'agitation, le tumulte. *Une période, une vie très tourmentée.* → **agité. 3.** De forme très irrégulière. *Un relief tourmenté.* → **accidenté. 4.** Trop chargé d'ornements. → **tarabiscoté.** *Un style tourmenté.*

tourmenter v. tr. < 1 > **1.** Affliger de souffrances physiques ou morales ; faire vivre dans l'angoisse. *Il tourmente toute sa famille.* **2.** (sujet chose) Faire souffrir ; préoccuper en angoissant. *Des préoccupations, des remords le tourmentent.* → **obséder, torturer.** ■ se **tourmenter** v. pron. réfl. Se faire des soucis, éprouver de l'inquiétude, de l'angoisse. → s'**inquiéter,** se **tracasser.**

tourmentin n. m. (de *tourmente*) mar. Petit foc en toile très résistante qu'on utilise par gros temps.

tournage n. m. Action de tourner (I, 8), de faire un film. → **réalisation.** *Pendant le tournage (du film).*

Tournai Ville de Belgique, chef-lieu d'arrondissement du Hainaut, sur l'Escaut. 69 083 habitants. Ville d'art aujourd'hui très touristique, Tournai dut son développement économique précoce (XVe s.) à sa qualité de premier centre de production de tapisseries, puis de porcelaines (XVIIIe s.). Nombreux bâtiments anciens : cathédrale (XIIe-XIIIe s.) ; églises et édifices médiévaux ; citadelle Vauban (XVIIe s.) ; musées. Centre industriel. Tournai fut l'une des capitales mérovingiennes. Incorporée aux Pays-Bas espagnols en 1521, elle fut reprise par la France par Louis XIV et durant la Révolution. Elle fit partie du royaume des Pays-Bas (1815) puis de celui de Belgique (1830).

tournailler v. intr. < 1 > Aller et venir en tournant, sans but précis. → **tournicoter.**

1tournant, ante adj. **1.** Qui tourne (III), pivote sur soi-même. *Plaque* tournante. Des ponts tournants.* **2.** Qui contourne, prend à revers. *Mouvement tournant,* pour cerner l'ennemi. **3.** Qui fait des détours, présente des courbes. → **sinueux.** *Un escalier tournant,* en colimaçon. **4.** ***Grève tournante,*** qui affecte successivement différents secteurs.

2tournant n. m. **1.** Endroit où une voie tourne ; courbe (d'une rue, d'une route). → **coude.** *Tournant en épingle à cheveux.* → **virage. 2.** loc. fam. *Avoir qqn* ***au tournant*** : se venger dès que l'occasion s'en présente. *Je t'attends au tournant.* **3.** fig. Moment où ce qui évolue change de direction, devient autre. *Elle est à un tournant de sa vie.*

tournante n. f. fam. Viol collectif. *Elle a été victime d'une tournante.*

tourne n. f. (de *tourner [une page]*) imprim. Dans un journal, Suite d'un article renvoyée à une autre page.

tourné, ée adj. **1.** loc. *Avoir l'esprit mal tourné* : être disposé à tout interpréter de manière scabreuse. **2.** Exprimé de telle manière. *Un compliment bien tourné.* **3.** Aigri, altéré. *Mayonnaise tournée.*

tourne-à-gauche n. m. invar. techn. Outil formé d'un levier et creusé d'une encoche, servant à tordre, à faire tourner une pièce.

tournebouler v. tr. < 1 > (de l'ancien français *tourneboele* « culbute », de *tourner* et de *boele* → boyau) fam. Mettre l'esprit à l'envers. → **bouleverser.** *Cette nouvelle l'a tourneboulé.* – au p. p. *Elle était toute tourneboulée.* → **retourner.**

tournebroche n. m. (de *tourner* et *broche*) Mécanisme servant à faire tourner une broche. → **rôtissoire.**

tourne-disque n. m. vieilli Appareil pour écouter des disques (microsillons). → **1platine.** *Des tourne-disques.*

tournedos n. m. Tranche de filet de bœuf à griller. → **2filet, steak ; chateaubriand.**

tournée n. f. **1.** Voyage à itinéraire fixé, comportant des arrêts, des visites déterminés. *Tournée de prospection, d'inspection. La tournée du facteur.* – *Tournée théâtrale,* voyage d'une compagnie qui donne des représentations dans plusieurs endroits. **2.** Tour dans lequel on visite des endroits de même sorte. → **virée.** *Faire la tournée des boîtes de nuit.* – loc. *La tournée des grands-ducs*.* **3.** fam. Ensemble des consommations offertes par qqn, au café. *C'est ma tournée.* **4.** fam. Volée de coups, raclée. *Recevoir une tournée.*

Tournefeuille Commune de la Haute-Garonne, banlieue O. de Toulouse. 28 763 habitants.

Tournefort (Joseph Pitton de) Botaniste et voyageur français (1656-1708). Botaniste au Jardin du Roi, il établit une classification des plantes qui fit de lui un précurseur de Linné.

en un **tournemain** loc. adv. (de *tourner* et *main*) En un instant. *Il a sauvé la situation en un tournemain.* → **2tour** de main.

Tournemire (Charles) Organiste et compositeur français (1870-1939). Élève de Franck et de Widor, il composa de nombreuses pièces de musique religieuse *(L'Orgue mystique),* ainsi que des opéras, des symphonies et de la musique de chambre.

tourne-pierre n. m. Oiseau échassier qui se nourrit de petits animaux qu'il trouve sous les pierres. *Des tourne-pierres.*

tourner v. < 1 > (vient du latin *tornare,* de *tornus* → 2tour) **I. v. tr. 1.** Faire mouvoir autour d'un axe, d'un centre, selon une courbe fermée (→ **rotation).** *Tourner une manivelle. Tourner la poignée.* – *Tourner et retourner qqch.,* manier en tous sens ; fig. *Ce problème qu'il tournait et retournait dans sa tête.* **2.** Remuer circulairement. *Tourner une sauce.* **3.** loc. ***Tourner la tête à, de qqn,*** étourdir. – *Cette fille lui a tourné la tête,* l'a rendu fou d'amour. **4.** *Tourner les pages d'un livre,* les faire passer du recto au verso, en feuilletant. – loc. fig. *Tourner la page*.* **5.** Mettre, présenter (qqch.) en sens inverse, sur une face opposée. – loc. *Tourner le dos à qqn, à qqch.* → **dos. 6.** Diriger par un mouvement courbe. *Tournez la tête de ce côté. Tourner les yeux, son regard vers, sur qqn.* – abstrait *Tourner toutes ses pensées vers...* → **appliquer, orienter. 7.** Suivre, longer en changeant de direction. *Tourner le coin de la rue.* **8.** (par allusion à la manivelle des premières caméras) *Tourner un film* : faire un film (→ **tournage).** – absolt *Silence, on tourne !* **II. v. tr. 1.** Façonner, faire (un objet) au tour (3). *Tourner une poterie.* **2.** Arranger (les mots) d'une certaine manière, selon un certain style. *Tourner un compliment.* **3.** ***Tourner en, à,*** transformer (qqn ou qqch.) en donnant un aspect, un caractère différent. *Tourner qqn en dérision. Tourner les choses à son avantage.* **III. v. intr. 1.** Se mouvoir circulairement ou décrire une ligne courbe (autour de qqch.). *La Terre tourne autour du Soleil.* – *Voir tout tourner* : avoir le vertige. – loc. *Tourner en rond** : être désœuvré. *Tourner comme un ours en cage.* **2.** ***Tourner autour,*** évoluer sans s'éloigner. *Arrêtez de tourner autour de nous !* – fig. *Tourner autour de qqn,* vouloir le séduire. ■ (choses) Avoir pour centre d'intérêt. *La conversation tournait autour de l'éducation des enfants.* ■ Être proche (d'un chiffre). *Le résultat tourne autour de 20 %.* **3.** Avoir un mouvement circulaire (sans que l'ensemble de l'objet se déplace). *Tourner sur soi-même comme une toupie.* ■ Se mouvoir autour d'un axe fixe. → **pivoter.** *La porte tourne sur ses gonds. Les aiguilles* (de montre) *tournent.* – loc. *L'heure tourne* : le temps passe. **4.** fam. Passer de main en main (cigarette...). *Faire tourner un joint.* **5.** Fonctionner (en parlant de mécanismes dont les pièces ont un mouvement de rotation). *Le moteur tourne, tourne rond. Tourner à vide.* ■ Fonctionner, marcher. *Faire tourner une entreprise.* **6.** loc. *La tête lui tourne,* il est étourdi, perd le sens de l'équilibre. *Ça me fait tourner la tête*, ça m'étourdit. **7.** Changer de direction. *Tournez à gauche ! – La chance a tourné*, changé. **8.** *Tourner à..., en...* : changer d'aspect, d'état, pour aboutir à (un résultat). → **se transformer.** *Le temps tourne au froid. – La discussion tourne à l'aigre*, au vinaigre*.* **9.** *Tourner bien, mal* : évoluer bien, mal. *Ça va mal tourner.* → **se gâter.** – (personnes) *Elle a mal tourné.* **10.** Devenir aigre. *Le lait a tourné.* → **cailler.** ■ **se tourner v. pron. réfl. 1.** Aller, se mettre en sens inverse ou dans une certaine direction. → **se retourner.** *Se tourner vers qqn. Se tourner d'un autre côté.* → **se détourner.** *Il se tourne et se retourne dans son lit.* **2.** Se diriger. *Elle s'était tournée vers les études.* → **s'orienter.**

tournesol [tuʀnəsɔl] **n. m.** (italien *tornasole*, ou espagnol *tornasol* « qui se tourne vers le soleil ») **I.** Plante à grande fleur jaune (→ **hélianthe, soleil**), cultivée pour ses graines oléagineuses. *Graines de tournesol. Huile de tournesol.* **II.** chim. Substance d'un bleu-violet, qui tourne au rouge sous l'action d'un acide, au bleu sous l'action des bases.

tourneur, euse I. n. 1. Ouvrier, ouvrière qui travaille au tour (à main ou automatique). *Il est tourneur sur métaux.* **2.** Organisateur, organisatrice de tournées de spectacles. **II. adj.** *Derviche* tourneur.*

Tourneur (Cyril) Auteur dramatique anglais (v. 1575-1626). Ses drames mettent en scène une cruauté sanglante chère au théâtre élisabéthain. *La Tragédie du vengeur.*

Tourneur (Maurice) Réalisateur français (1876-1961). Il s'imposa à Hollywood avec, notamment, *Le Dernier des Mohicans.* ■ **Jacques Tourneur.** Réalisateur français naturalisé américain (1904-1977). Fils de Maurice, il se spécialisa dans le film de genre, notamment fantastique *(La Féline).*

tournevis [tuʀnəvis] **n. m.** (→ vis) Outil pour tourner les vis, tige d'acier emmanchée, aplatie ou cruciforme à son extrémité.

tournicoter v. intr. < 1 > (de *tourniquer*) fam. Tourniquer.

Tournier (Michel) Écrivain français (1924-2016). Son œuvre romanesque, inspirée par le recours au mythe, est à la fois une réflexion sur la civilisation et une interrogation sur le pouvoir de fascination. Il est également l'auteur de contes, de nouvelles et d'essais. *Vendredi ou les Limbes du Pacifique ; Le Roi des aulnes ; Le Médianoche amoureux.*

tourniole n. f. fam. Panaris autour de l'ongle.

tourniquer v. intr. < 1 > (de *tourniquet*) Tourner, aller et venir sur place, sans but.

tourniquet n. m. (de *tourner*) **1.** Appareil formé d'une croix horizontale tournant autour d'un pivot vertical, pouvant livrer passage aux personnes, chacune à son tour. – Porte à tambour. **2.** Plateforme horizontale tournant sur un pivot, servant de jeu pour les enfants. ■ Présentoir tournant. **3.** Arroseur qui tourne sous la force de l'eau.

tournis n. m. (de *tourner*) **1.** Maladie des bêtes à cornes qui se manifeste par le tournoiement de la bête atteinte. **2.** fam. Vertige. *Vous me donnez le tournis.*

tournoi n. m. (de *tournoyer*) **1.** au Moyen Âge Combat courtois entre chevaliers. **2.** littér. Lutte d'émulation. → **concours.** *Un tournoi d'éloquence.* **3.** Compétition, concours à plusieurs séries d'épreuves ou de manches. *Tournoi de tennis. Le Tournoi des Six Nations* (rugby).

tournoiement n. m. (de *tournoyer*) Le fait de tournoyer ; mouvement de ce qui tournoie. *Un tournoiement de feuilles mortes.*

tournois adj. invar. (latin *turonensis* « monnaie frappée à Tours ») anciennt Se disait de la monnaie frappée à Tours, devenue par la suite monnaie royale. *Denier tournois et denier parisis.*

Tournon (François de) Prélat et homme d'État français (1489-1562). Il négocia la paix de Madrid (1526) et joua un rôle politique de premier plan sous le règne de François Ier. Il s'opposa à la Réforme et fonda, en 1536, le *collège de Tournon.*

Tournon-sur-Rhône Chef-lieu d'arrondissement de l'Ardèche. 10 835 habitants. Collégiale du XIVe s. Château des XVe-XVIe s. Industrie chimique.

tournoyant, ante adj. Qui tournoie. *Danses tournoyantes.*

tournoyer v. intr. < 8 > (de *tourner*) **1.** Décrire des courbes, des cercles inégaux sans s'éloigner. *Les oiseaux tournoient, tournoyaient dans le ciel.* **2.** Tourner sur soi (→ **pivoter**) ou tourner en hélice (→ **tourbillonner**). *« Une fumée blanche, qui quelquefois s'élevait dans le ciel en tournoyant »* (Stendhal).

[1]tournure n. f. (vient du latin, de *tornare* → tourner) **I. 1.** Forme particulière donnée à l'expression, à la phrase. *Une tournure impersonnelle, négative.* → **[2]tour** (IV, 3). *Tournures affectées, régionales, dialectales.* **2.** Air, apparence (d'une chose). → **allure.** *Avoir (une) meilleure tournure.* – Aspect général (des évènements). *Je n'aime pas la tournure que prend cette affaire.* → **cours.** – *Ça commence à prendre tournure*, à s'organiser. **3.** *Tournure d'esprit* : manière d'envisager, de juger les choses. **II.** anciennt Rembourrage sous la robe, au bas du dos (→ **faux cul**).

[2]tournure n. f. (de *tourner*) techn. Fragment métallique détaché par l'outil d'un tour. *Tournure de fer, de cuivre.*

Tournus Commune de la Saône-et-Loire, sur la Saône. 5 552 habitants. Église romane (XIe s.). Maisons anciennes. Viticulture.

touron n. m. (espagnol *turrón*, du catalan, qui vient du latin *torrere* → torréfier) Confiserie aux amandes, aux noisettes, sorte de nougat très tendre.

tour-opérateur n. m. (anglais *tour operator*) anglic. Entreprise qui organise et commercialise des voyages à forfait. *Des tour-opérateurs.* - recomm. offic. **voyagiste, organisateur de voyages.**

Tourouvre-au-Perche Commune de l'Orne. 3 069 habitants. En 1944, le village fut incendié par les Allemands, et ses habitants massacrés.

Tours Chef-lieu de l'Indre-et-Loire, sur la Loire. 137 850 habitants. Archevêché. Cathédrale gothique (XIIe-XVe s.). Maisons et hôtels anciens. Musée des Beaux-Arts. Université. Microélectronique. Micromécanique. Industries chimique et pharmaceutique. Capitale des Turons, qui lui donnèrent son appellation actuelle, Tours fut au Moyen Âge un important centre religieux et de négoce.

Le centre-ville de Tours et les maisons médiévales de la place Plumereau.

Tours (congrès de) Congrès de la SFIO (25-31 déc. 1920) qui marqua la scission entre les socialistes, partisans de la IIe Internationale, et les communistes, partisans de la IIIe Internationale.

tourte n. f. (vient du latin, de *torquere* → tordre) **1.** Pâtisserie ronde garnie de produits salés. **2.** fam. Imbécile, idiot. *Quelle tourte !*

[1]tourteau n. m. (de *tourte*) **1.** Résidu de graines, de fruits oléagineux, servant d'aliment pour le bétail ou d'engrais. **2.** *Tourteau (fromager)* : gâteau au fromage de chèvre frais (spécialité du Poitou).

[2]tourteau n. m. (de l'ancien français *tort* → [1]tors) Gros crabe de l'Atlantique, de la Manche, à chair estimée (appelé aussi *dormeur*).

tourtereau n. m. (→ tourterelle) **1.** Jeune tourterelle. **2.** fig. *Des tourtereaux* : de jeunes amoureux.

tourterelle n. f. (vient du latin pop., dérivé de *turtur*, onomatopée) Oiseau voisin du pigeon, mais plus petit. *La tourterelle roucoule.* – appos. invar. *Gris tourterelle*, très doux.

tourtière [tuʀtjɛʀ] **n. f. 1.** Ustensile de cuisine pour faire des tourtes. **2.** (Canada) Tourte à la viande.

Tourville (Anne Hilarion de Cotentin, comte de) Amiral français (1642-1701). Il remporta la victoire de Beachy Head sur la flotte anglo-hollandaise (1690), mais fut défait à la Hougue (1692). Il fut nommé maréchal de France.

tous voir **[1]tout**

toussailler v. intr. < 1 > Tousser faiblement et souvent.

Toussaint n. f. (de *feste tous saints* [de tous les saints]) Fête catholique en l'honneur de tous les saints, le 1er novembre (confondue avec la fête des morts [2 novembre]). – *Un temps de Toussaint*, gris et froid, triste.

Toussaint (Jean-Philippe) Romancier et cinéaste belge d'expression française (né en 1957). Il décrit dans ses romans, à l'écriture incisive et dense, l'obsession de l'intime et du quotidien le plus minuscule, allant jusqu'à l'absurde et l'étrangeté *(La Salle de bain ; Fuir ; La Disparition du paysage).* Ses films dépeignent le même univers *(La Patinoire).*

Toussaint-Louverture (François Dominique Toussaint, dit) Général et homme politique de Saint-Domingue (1746-1803). Esclave affranchi, rallié à la France révolutionnaire après la première abolition de l'esclavage (1794), il proclama l'autonomie de Saint-Domingue dans le cadre de la République française (1801), premier pas vers l'indépendance de la colonie sous le nom d'Haïti en 1804. Battu par C. Leclerc (1802), il fut interné en France, où il mourut.

Toussaint-Louverture, chef des Noirs insurgés de Saint-Domingue, eau-forte coloriée, Bibliothèque nationale de France.

tousser v. intr. < 1 > (vient du latin → toux) **1.** Avoir un accès de toux. ■ par analogie *Moteur qui tousse*, qui a des ratés. **2.** Se racler

T

la gorge, volontairement, pour éclaircir sa voix ou faire signe à qqn, l'avertir.

tousseur, euse n. Personne qui tousse.

toussoter v. intr. < 1 > Tousser d'une petite toux peu bruyante. □ n. m. **toussotement**

¹tout [tu] ; **toute ; tous** [tu ; tus] ; **toutes** adj., pron. et adv. (vient du latin *totus, cf.* surtout, toujours) I. *Tout, toute* (pas de pluriel) adj. qualificatif Complet, entier (➔ totalité). 1. (devant un n. précédé d'un article, d'un possessif, d'un démonstratif) *Tout le, toute la* (+ nom). *Tout le jour, toute la nuit, tout le temps.* – *Tout le monde* : l'ensemble des gens (selon le contexte) ; chacun d'eux. *Tout le reste* : l'ensemble des choses qui restent à mentionner. – *Tout un, toute une. Pendant tout un hiver. C'est toute une affaire, toute une histoire,* une véritable, une grave affaire. – *Lire toute l'œuvre d'un auteur.* (devant un titre) *J'ai lu tout* (ou toute) *« la Chartreuse de Parme », tout « les Misérables ».* – (devant un possessif) *Toute sa famille.* – (devant un démonstratif) *Toute cette nuit, il a plu.* – *Tout ce qu'il y a de* (+ nom pluriel). *Tout ce qu'il y avait de professeurs était venu* ou *étaient venus.* – fam. *Tout ce qu'il y a de plus* (avec un adj. ou un n. employé comme adj.) : très. *Des gens tout ce qu'il y a de plus cultivé* (ou *cultivés*). 2. (dans des loc.) devant un n. sans article *Avoir tout intérêt à,* un intérêt évident et grand à. *À toute vitesse*. – De toute beauté*. En toute simplicité*. Selon toute apparence*.* – *Pour tout* (+ nom sans article) : en fait de..., sans qu'il y ait rien d'autre. *Il n'eut qu'un sourire pour toute récompense.* ➔ seul, unique. – (devant un n. d'auteur) *Lire tout Racine.* – (devant un n. de ville ; invar.) *Tout Marseille était en émoi.* – *Le Tout-Paris* (ou n. de grande ville) : les personnes les plus notables, tout ce qui compte socialement (dans une grande ville). 3. *Tout, toute à* : entièrement à. *Elle était toute à son travail.* – *Tout, toute en, de* : entièrement fait(e) de. *Une robe toute en soie. Habillée toute en noir. Elles sont tout de bleu vêtues.* II. adj. indéf. 1. *Tous, toutes* (toujours plur.) : l'ensemble, la totalité de, sans excepter une unité ; le plus grand nombre de. *« La chair est triste, hélas ! et j'ai lu tous les livres »* (Mallarmé). *Nous partons tous les deux.* – (devant un n. sans article) *Toutes sortes de choses. Tous deux, tous trois ont tort* (REM. La série ne va pas au-delà de *tous quatre*). – *C'est tout un,* la même chose. – *Tous, toutes* (+ nom sans article et participe ou adj.). *Tous feux éteints. Toutes proportions gardées.* – (précédé d'une prép.) *En tous lieux. En toutes lettres.* 2. *Tous, toutes* (plur. de *chaque*), marque la périodicité, l'intervalle. *Tous les ans, je voyage. Toutes les dix minutes,* à chaque instant. 3. *Tout, toute* (singulier ; + nom sans article) : un quelconque, n'importe lequel ; un individu pris au hasard. *Toute personne.* ➔ quiconque. prov. *Toute peine mérite salaire.* – (avec prép.) *À tout âge. À toute heure. De toute façon. En tout cas. Avant toute chose* : avant tout, plus que tout. – loc. *Tout un chacun* : tout le monde. – *Tout(e) autre... « Tout autre que mon père l'éprouverait sur l'heure »* (Corneille). III. pron. *Tout ; tous, toutes.* 1. *Tous, toutes* (plur.), représentant un ou plusieurs noms, pronoms, exprimés avant. *« Ils ne mouraient pas tous, mais tous étaient frappés »* (La Fontaine). *La première de toutes. Tous ensemble. Tous autant que nous sommes* : nous, sans exception. 2. *Tous, toutes* (en emploi nominal) : tous les hommes, tout le monde ; une collectivité entière. *Tous sont venus. Il les aime toutes. Nous avons tous nos défauts.* – *Eux tous, nous tous.* 3. *Tout* (masc. sing.) pronom ou nominal : l'ensemble des choses dont il est question (contr. rien). *Le temps efface tout. Il sait tout. Tout va bien.* – *Tout est là* : là réside le problème. – fam. *Une noce à tout casser** – *À tout prendre* : tout bien considéré. – *Pour tout dire* : en somme. – (résumant une série de termes) *Ses amis, ses enfants, son travail, tout l'exaspère.* – (attribut) *Elle est tout pour lui,* elle a une extrême importance. – *C'est tout,* marque la fin d'une énumération ou d'une déclaration. *Un point, c'est tout. Ce sera tout pour aujourd'hui.* – *Ce n'est pas tout* : il reste encore qqch. – *Ce n'est pas tout de..., que de...* : ce n'est pas assez. fam. *C'est pas tout ça* : il y a autre chose à faire. – *Voilà tout,* pour marquer que ce qui est fini, borné, n'était pas très important. *Il a trop bu, voilà tout.* – *Avant tout. Par-dessus tout* (➔ ¹surtout). – *Comme tout* : extrêmement. *Elle est jolie comme tout.* ■ *En tout* : complètement. *Un récit conforme en tout à la réalité.* – Au total. *Cent euros en tout. Il y avait en tout et pour tout trois personnes.* ■ *Tout de... Il ignore tout de cette affaire, de vous.* – fam. *Avoir tout de,* avoir toutes les qualités, les caractéristiques de. *Elle a tout d'une mère.* ■ nominal L'ensemble des choses. ➔ ²tout. *« Tout est dans tout »* (maxime des philosophes présocratiques). IV. adv. *Tout* (parfois *toute, toutes*) : entièrement, complètement ; d'une manière absolue (➔ absolument, ¹bien, exactement, extrêmement). 1. devant quelques adjectifs, des participes présents et passés – Invariable au masc., et devant les adj. f. commençant par une voyelle ou un h muet. *Ils sont tout jeunes. Tout ému, tout émue. Tout entière. Il était tout gosse.* – Variable en genre et en nombre devant les adj. f. commençant par une consonne ou par un h aspiré. *Toute belle. Portes ouvertes toutes grandes. Elle est toute honteuse.* ■ *Tout autre* : complètement différent. *C'est une tout autre affaire.* – *Le tout premier, la toute première.* ■ *Tout... que...,* exprime la concession. *Tout riches qu'ils sont, toutes riches qu'elles sont,* bien que riches. – (+ subj.) *Tout intelligente qu'elle soit, elle s'est trompée.* 2. *Tout,* invar., devant une préposition, un adverbe. *Elle est habillée tout en noir. Elle était tout en larmes.* – *Parlez tout bas. J'habite tout près. Tout récemment.* – *Tout à coup*. Tout à l'heure*. Tout au plus* : au plus, au maximum. – *Tout d'abord.* 3. *Tout à fait.* ➔ entièrement, totalement. *Ce n'est pas tout à fait pareil.* ■ en réponse Exactement. – abusif Oui. 4. *Tout en...* (+ p. prés.), marque la simultanéité. *Il chante tout en travaillant.* 5. *Tout,* invar., pour renforcer un n. épithète ou attribut. *Je suis tout ouïe*. Elle est tout yeux tout oreilles.* 6. dans des tours elliptiques formant un composé à valeur adjectivale ou nominale *Chauffage tout électrique.* – *Le tout nucléaire.*

²tout, plur. **touts** n. m. (même origine que ¹*tout*) I. 1. *Le tout* : l'ensemble dont les éléments viennent d'être désignés. ➔ totalité. *Vendez le tout.* loc. *Risquer* le tout pour le tout.* – *Un tout. Les touts et leurs parties.* 2. *Un, le tout* : l'ensemble des choses dont on parle ; l'unité qu'elles forment. *Former un tout.* ■ Le mot à trouver dans une charade. *Mon premier, mon second... ; mon tout.* 3. L'ensemble de toutes choses. *Le tout, le grand tout.* ➔ univers. 4. *Le tout* : ce qu'il y a de plus important. *Le tout est d'être attentif.* – fam. *C'est pas le tout de rigoler,* ça ne suffit pas. II. loc. adv. 1. *Du tout au tout* : complètement, en parlant d'un changement. *Elle a changé du tout au tout.* 2. *Pas du tout* : absolument pas. *Il ne fait pas froid du tout. Plus du tout. Rien du tout* : absolument rien. – ellipt *« Croyez-vous que je le blâme ? du tout »* (Balzac).

tout-à-l'égout [tutalegu] n. m. invar. Système de vidange qui consiste à envoyer directement à l'égout les eaux usées, les matières fécales.

Toutankhamon Pharaon de la XVIIIe dynastie (v. 1354-1343 av. J.-C.). Successeur d'Aménophis IV, il abolit le culte d'Aton et rétablit celui d'Amon. Sa tombe fut découverte en 1922 dans la Vallée des Rois.

Toutatis voir Teutatès

tout à trac [tutatʀak] loc. adv. (de *trac,* vieux, p.-ê. de *traquer*) vieilli En s'exprimant soudainement et sans préparation. *« Partons », lui dit-il tout à trac.*

toute-boîte ou **toutes-boîtes** n. m. (Belgique) Imprimé publicitaire, publication gratuite, distribués dans toutes les boîtes aux lettres. *Des toutes-boîtes.* - var. **toute-boite** ou **toutes-boites**.

toute-bonne n. f. voir orvale

toute-épice n. f. Condiment constitué de graines de nigelle. *Des toutes-épices* [tutepis].

toutefois adv. (« toutes les fois que... ») En considérant toutes les raisons, toutes les circonstances (qui pourraient s'opposer), et malgré elles. ➔ cependant, néanmoins, pourtant.

tout-en-un n. m. 1. Ouvrage de référence qui regroupe en un volume des informations de toutes sortes. 2. Appareil qui regroupe les fonctionnalités de plusieurs appareils. *Tout-en-un qui fait office d'imprimante, de scanner et de photocopieur.*

toute-puissance n. f. Puissance, autorité absolue. ➔ omnipotence. *Des toutes-puissances.*

tout-fou adj. m. et n. m. fam. Très excité, un peu fou. *Ils sont tout-fous.*

toutim [tutim] n. m. (de *tout*) argot *Et le toutim, et tout le toutim* : et le tout, et tout le reste.

toutou n. m. (onomatopée, formation enfantine) affectif Chien, spécialt bon chien, chien fidèle. *Des petits toutous.*

tout-petit n. m. Très jeune enfant ; bébé. *Les tout-petits.*

tout-puissant, toute-puissante adj. Qui peut tout, dont la puissance est absolue, illimitée. ➔ omnipotent. – n. m. relig. *Le Tout-Puissant* : Dieu. ■ Qui a un très grand pouvoir. *Assemblées toutes-puissantes.*

tout-terrain adj. invar. et n. invar. 1. (véhicule) Capable de rouler hors des routes, sur toutes sortes de terrains. *Voiture tout-terrain.* – n. invar. *Des tout-terrain* (➔ jeep, quatre-quatre). – *Vélo tout-terrain.* ➔ VTT. 2. n. m. invar. Sport pratiqué avec ces véhicules. *Faire du tout-terrain motorisé.*

à **tout va** loc. adv. Sans limite, sans retenue. - var. à **tout-va**.

tout-venant n. m. invar. (choses, personnes) Tout ce qui se présente (sans triage, sans classement préalable). *Le tout-venant.*

Touva ou **Tuva** (république de) République autonome de la fédération de Russie (Sibérie). 170 500 km^2. 305 500 habitants (un tiers de Russes, deux tiers de Touvas qui parlent une langue du groupe turc). Capitale : Kyzyl. Houille. Élevage. Cultures céréalières.

toux n. f. (vient du latin *tussis* ➔ antitussif, tousser) Expulsion forcée et bruyante d'air à travers la glotte rétrécie, due en général à une irritation des muqueuses des voies respiratoires (➔ tousser). *Accès, quinte de toux. Une toux grasse, sèche,* avec, sans expectoration.

Toutankhamon

Toutankhamon et son épouse Ankhesenamon (v. 1330 av. J.-C.), musée Pergamon, Berlin.

Townes (Charles Hard) Physicien américain (1915-2015). Inventeur du premier maser à gaz ammoniac (1954), il établit le principe du laser (1958). Prix Nobel 1964.

township [tɔnʃip ; taonʃip] **n. f. ou m.** (mot anglais) anglic. Ghetto noir à la périphérie des grandes villes d'Afrique du Sud, spécialt pendant l'Apartheid.

Townsville Ville du N.-E. de l'Australie (Queensland), sur la mer de Corail. 128 800 habitants. Port. Raffinage de zinc, de cuivre, de nickel.

toxémie **n. f.** (de *toxique* et *-émie*) méd. Présence de toxines dans le sang. □ **adj. toxémique**

toxicité **n. f.** Caractère toxique.

toxico voir **toxicomane**

toxico- Élément (du latin *toxicum*, du grec « poison de flèche », de *toxon* « arc ») signifiant « poison ».

toxicodépendance **n. f.** didact. État d'une personne qui ne peut se passer d'une drogue qu'elle a pris l'habitude de consommer. □ **adj. et n. toxicodépendant, ante**

toxicodermie **n. f.** (→ -dermie) méd. Affection cutanée provoquée par des médicaments.

toxicologie **n. f.** Étude scientifique des poisons. □ **adj. toxicologique**

toxicologue **n.** Spécialiste en toxicologie.

toxicomane **adj.** (→ ²-mane) Qui souffre de toxicomanie. → **drogué, intoxiqué.** – **n.** *Un, une toxicomane.* - abrév. fam. **toxico.**

toxicomanie **n. f.** (→ -manie) État d'intoxication engendré par la prise répétée de substances toxiques (drogues, stupéfiants), créant un état de dépendance psychique et physique (→ **accoutumance, intoxication**). □ **adj. toxicomaniaque**

toxicose **n. f.** (→ ²-ose) méd. Intoxication endogène. *Toxicose aiguë du nourrisson.*

toxi-infection **n. f.** (de *toxique* et *infection*) méd. Infection compliquée d'intoxication, due à des toxines produites par des microorganismes. *Les toxi-infections alimentaires.* → **intoxication.** - var. RO **toxiinfection.** □ **adj. toxi-infectieux, euse** ou RO **toxiinfectieux, euse**

toxine **n. f.** méd. Substance toxique élaborée par un organisme vivant auquel elle confère son pouvoir pathogène. *Rôle du foie dans l'élimination des toxines.*

toxique (du latin, d'un mot grec → toxico-) **1. n. m.** didact. Poison. **2. adj.** Qui agit comme un poison. *Gaz toxiques.* → **délétère.** ■ fig. Nuisible (de manière sournoise).

toxocarose **n. f.** (du n. du parasite *Toxocara canis* et de *²-ose*) méd. Maladie transmise par un ver parasite présent dans les excréments des animaux domestiques et atteignant surtout les enfants.

toxoplasme **n. m.** (du latin mod., du grec, de *toxon* « arc » et *plasma*) Protozoaire parasite dont une espèce provoque la toxoplasmose.

toxoplasmose **n. f.** (→ ²-ose) méd. Maladie causée par les toxoplasmes, dangereuse pour le fœtus humain.

Toyen (Maria Čermínová, dite Maria) Peintre tchécoslovaque (1902-1980). D'abord influencée par le cubisme, elle fut une figure majeure du surréalisme tchèque.

Toynbee (Arnold) Historien britannique (1889-1975). Il est l'auteur d'une *Étude de l'histoire* en 12 volumes, dans laquelle il élabora une théorie cyclique des civilisations.

Toyota anciennement **Koromo** Ville du Japon (Honshū), près de Nagoya. 422 510 habitants. La ville prit en 1959 le nom du célèbre constructeur automobile qui y bâtit son entreprise.

Toyotomi Hideyoshi voir **Hideyoshi**

Tozeur Ville de Tunisie, dans le chott el-Djerid. 32 400 habitants. Oasis. Centre touristique.

Tozzi (Federigo) Écrivain italien (1883-1920). Considéré comme l'un des grands narrateurs italiens du XXe s., il est l'auteur de romans réalistes. *Trois croix ; Les Yeux fermés.*

TPE **n. f.** (sigle de *très petite entreprise*) Entreprise de moins de 20 salariés. → **microentreprise.**

trabée **n. f.** (latin *trabea*) Antiq. romaine Toge de pourpre, ou ornée de bandes de pourpre horizontales.

traboule **n. f.** (de l'ancien v. *trabouler*, venant probablt du latin pop., de *trans* et *ambulare* → ambulant) régional (Lyon) Passage étroit qui traverse un pâté de maisons, des cours d'immeubles.

Trabzon anciennement **Trébizonde** Ville de Turquie, chef-lieu de province, sur la mer Noire. 292 700 habitants. Églises byzantines du XIIIe s. et mosquées du XVIe s. Port. Centre industriel et commercial. Fondée vers –700, elle fut la capitale d'un empire grec à partir de 1204, puis d'une province ottomane à partir de 1461.

trac **n. m.** (p.-ê. famille de *traquer*) **1.** Peur ou angoisse que l'on ressent avant d'affronter le public, de subir une épreuve, etc. *Comédien qui a le trac.* **2.** → **tout à trac.**

traçabilité **n. f.** (emprunt à l'anglais) anglic., comm. Possibilité d'identifier l'origine et de reconstituer le parcours (d'un produit), de la production à la distribution. □ **traçable adj.** *Produits alimentaires traçables.*

traçage **n. m. 1.** techn. Opération consistant à exécuter le tracé d'un schéma, d'une pièce à exécuter, etc. **2.** Fait de tracer (un produit). *Le traçage des colis.* → **suivi.** ■ Suivi des déplacements de qqn. *Traçage numérique,* à partir des données du téléphone mobile.

traçant, ante **adj. 1.** bot. *Racine traçante,* horizontale. **2.** *Balle traçante,* qui laisse derrière elle une trace lumineuse.

tracas **n. m.** (→ tracasser) **1.** vieilli Embarras, peine, effort. *Se donner bien du tracas.* **2.** Souci ou dérangement causé par des préoccupations d'ordre matériel. → **difficulté, ennui.** *Tracas domestiques.*

tracasser **v. tr.** < 1 > (de *traquer*) Tourmenter avec insistance, physiquement ou moralement, de façon agaçante. → **obséder, travailler.** *Ses ennuis d'argent le tracassent.* ■ **se tracasser v. pron.** S'inquiéter. *Ne vous tracassez pas.*

tracasserie **n. f.** Difficulté ou ennui qu'on suscite à qqn en le tracassant. *Tracasseries administratives.*

tracassier, ière **adj.** Qui se plaît à tracasser les gens. *Un directeur tracassier.*

tracassin **n. m.** (de *tracasser*) fam., vieilli Humeur inquiète, chagrine. ■ Souci.

trace **n. f.** (→ tracer) **1.** Empreinte ou suite d'empreintes, que laisse le passage d'un être ou d'un objet. *Traces de pas. Suivre, perdre la trace d'un fugitif.* → **piste.** – *Suivre qqn, un animal* **à la trace.** ■ loc. fig. *Suivre les traces, marcher sur les traces de qqn,* suivre son exemple. **2.** Marque. *Des traces de sang, d'encre.* → **tache.** ■ Ce qui subsiste d'une chose passée. → **reste, vestige.** *Retrouver les traces d'une civilisation disparue.* **3.** Très petite quantité perceptible. *L'autopsie a révélé des traces de poison.*

tracé **n. m. 1.** Ensemble des lignes constituant le plan d'un ouvrage à exécuter. → **graphique, ³plan.** *Le tracé d'une route.* **2.** Ligne continue, dans la nature. *Le tracé sinueux d'une rivière.* **3.** Contours d'un dessin, d'une écriture. → **graphisme.**

tracelet voir **traceret**

tracement **n. m.** rare Action de tracer (une ligne, un dessin ; une voie, une route).

tracer **v.** < 3 > (vient du latin pop., de *tractus* → trait) **I. v. tr. 1.** Indiquer et ouvrir plus ou moins (un chemin) en faisant une trace. → **frayer.** – au p. p. *Sentier à peine tracé.* – fig. *Tracer le chemin, la voie :* indiquer la route à suivre, donner l'exemple. **2.** Suivre le parcours de (qqch.). *Tracer un colis, des marchandises.* **3.** Mener (une ligne) dans une direction. *Tracer un trait.* ■ Former, en faisant plusieurs traits. *Tracer un triangle, le plan d'une ville.* – fig. *Le portrait qu'en trace l'écrivain.* ■ Écrire. *Tracer quelques lignes.* **II. v. intr.** fam. Aller vite, courir. *J'ai tracé pour arriver à temps.*

traceret **n. m.** techn. Traçoir (de charpentier, etc.). - syn. **tracelet.**

traceur, euse **1. n.** Personne qui trace (qqch.), établit un tracé. **2. n. m.** sc. Isotope radioactif que l'on peut suivre « à la trace ». **3.** sport Personne qui pratique le parkour.

trachée **n. f.** (du latin, du grec « [artère] rugueuse » → trachome) **1.** Portion du conduit respiratoire comprise entre l'extrémité inférieure du larynx et l'origine des bronches. **2.** zool. (insectes, arachnides...) Chacun des tubes apportant l'air des stigmates aux organes. □ **adj. trachéal, ale, aux** [tʀakeal, o]

trachée-artère **n. f.** (grec *artêria trakheia* → trachée) vieilli Trachée. *Des trachées-artères.*

trachéen, enne [tʀakeɛ̃, ɛn] **adj.** zool. Relatif aux trachées (2). *Respiration trachéenne des insectes.*

trachéite [tʀakeit] **n. f.** Inflammation de la trachée.

trachéobronchite [tʀakeobʀɔ̃ʃit] **n. f.** méd. Inflammation simultanée de la trachée et des bronches. *Trachéobronchite tabagique.*

trachéotomie [tʀakeɔtɔmi] **n. f.** Incision chirurgicale de la trachée, destinée à rétablir le passage de l'air et permettant une intubation.

trachome [tʀakom] **n. m.** (du grec, de *trakhus* « rude, raboteux » → trachée) méd. Conjonctivite contagieuse pouvant entraîner la cécité.

trachyte [tʀakit] **n. m.** (du grec *trakhus* « rude, raboteux » → trachée ; trachome) minér. Roche volcanique, composée surtout de feldspath et de silice. → **obsidienne.** □ **adj. trachytique**

traçoir **n. m.** Poinçon servant à faire des tracés sur le bois, le métal, etc. → **traceret.**

tract [tʀakt] **n. m.** (mot anglais, du latin *tractatus* → traité) Petite feuille ou brochure gratuite de propagande. *Distribuer des tracts.*

tractable **adj.** Qu'on peut tracter.

tractation **n. f.** (du latin, de *tractare* → traiter) péj. surtout au plur. Négociation clandestine, où interviennent des manœuvres ou des marchandages. *Tractations électorales.*

¹tracter **v. tr.** < 1 > Tirer au moyen d'un tracteur, d'un véhicule à moteur. → **remorquer.** ■ **tracté, ée adj.** *Engins tractés.* □ **n. m. ¹tractage**

²tracter **v. intr.** < 1 > (de *tract*) Distribuer des tracts. *Militants qui tractent sur les marchés.* □ **n. m. ²tractage**

¹tracteur **n. m.** (du latin → traire, trait) Véhicule automobile destiné à tirer un ou des véhicules, en particulier des instruments et machines agricoles. ■ spécialt Tracteur agricole.

²tracteur, trice **adj.** Capable de tracter. *Voiture tractrice d'une caravane.*

tractif, ive **adj.** (du latin → ²tracteur) didact. Qui exerce une traction. *Forces tractives.*

traction **n. f.** (du latin → traire, trait) **1.** techn. Action de tirer en tendant, en étendant ; la force qui en résulte. *Résistance des matériaux à la traction.* **2.** Mouvement de gymnastique consistant à tirer le corps (suspendu), en

T

amenant les épaules à la hauteur des mains, ou à relever le corps (étendu à plat ventre) en tendant et raidissant les bras (→ fam. ²pompe). **3.** Action de traîner, d'entraîner. → **remorquage.** *Véhicules à traction animale. Traction électrique.* → **locomotion.** – *Traction avant :* dispositif dans lequel les roues avant sont motrices ; voiture équipée de ce dispositif. *Des tractions avant.*

tractopelle n. f. (de *tracteur* et *pelle*) Pelle mécanique automotrice.

tractoriste n. Conducteur, conductrice de tracteur.

tractus [tʀaktys] n. m. (du latin « traînée », de *trahere* « tirer » → traire) anat. Faisceaux de fibres (nerveuses, musculaires, conjonctives). ■ Ensemble d'organes qui constitue un appareil. *Le tractus urogénital.*

Tracy (Spencer) Acteur américain (1900-1967). Il s'est notamment illustré dans les comédies de G. Cukor, dans lesquelles il a formé un couple de légende avec sa partenaire Katharine Hepburn. *Madame porte la culotte.*

trader [tʀɛdœʀ] n. m. ou **tradeur, euse** [tʀɛdœʀ, øz] n. (anglais *trader* « marchand ») anglic. Opérateur, opératrice de marchés financiers. → **broker.**

tradescantia [tʀadɛskɑ̃sja] n. m. (du latin bot., du n. du botaniste hollandais Tradescant) bot. Plante exotique ornementale, aux longues tiges rampantes, communément appelée *misère.*

trade-union [tʀɛdynjɔ̃ ; tʀɛdjunjɔn] n. f. (mot anglais, de *trade* « commerce » et *union* « union ») anglic. Syndicat ouvrier corporatiste, en Grande-Bretagne. *Des trade-unions.* □ n. m. **trade-unionisme** □ adj. et n. **trade-unioniste**

tradition n. f. (latin *traditio* « transmission », de *trans* et *dare* « donner* », cf. trahir) **1.** Doctrine, pratique transmise de siècle en siècle, originellement par la parole ou l'exemple. *La tradition juive, chrétienne, islamique.* **2.** Ensemble de notions relatives au passé, transmises de génération en génération. → **folklore, légende, mythe.** *Tradition orale.* **3.** Manière de penser, de faire ou d'agir, qui est un héritage du passé. → **coutume, habitude.** *Elle reste attachée aux traditions de sa famille.* – loc. adv. *Par tradition.* – *De tradition* loc. adj. invar. : traditionnel. – appos. *Baguette tradition* ou n. f. *une tradition :* baguette de pain traditionnelle.

traditionalisme n. m. Attachement aux notions, aux coutumes, aux techniques traditionnelles. → **conformisme, conservatisme.** ■ spécialt Intégrisme religieux.

traditionaliste adj. Propre au traditionalisme. ■ adj. et n. Partisan du traditionalisme. → **conformiste, conservateur.** – spécialt Intégriste.

traditionnel, elle adj. **1.** Qui est fondé sur la tradition, correspond à une tradition (religieuse, politique, etc.). → **orthodoxe.** *Grammaire traditionnelle.* → **classique.** *Costume traditionnel.* → **folklorique. 2.** (avant le n.) D'un usage ancien et familier, consacré par la tradition. → **habituel.** *La traditionnelle fête de famille.* □ adv. **traditionnellement**

T

traducteur, trice n. (du latin → traduire) Auteur d'une traduction. *La traductrice d'une œuvre, d'un écrivain.* – *Traducteur-interprète :* professionnel chargé de traduire des textes oralement et par écrit. ■ n. m. ou f. Appareil électronique fournissant des éléments de traduction. *Traducteur, traductrice de poche.*

traduction n. f. (du latin → traduire) **1.** Action, manière de traduire. *Traduction fidèle ; traduction littérale. Traduction libre.* → **adaptation.** *Traduction orale, simultanée.* → **interprétation.** – *Traduction automatique ; traduction assistée par ordinateur.* **2.** Texte ou ouvrage traduit. **3.** fig. Expression, transposition. **4.** Transcodage. – biochim. Synthèse protéique, faite selon la séquence indiquée par un ARN messager.

traduire v. tr. < 38 p. p. *traduit, e* > (du latin, de *trans* et *ducere* « mener » → **déduire, conduire, induire ; éduquer**) **I.** dr. Citer, déférer. → faire **passer.** *Traduire qqn en justice, devant le tribunal.* **II. 1.** Faire passer d'une langue dans une autre, en tendant à l'équivalence de sens et de valeur des deux énoncés. *Traduire un texte russe en français.* – au p. p. *Un roman, un auteur traduit de l'italien.* **2.** Exprimer, de façon plus ou moins directe, en utilisant les moyens du langage ou d'un art. *Traduire ses émotions en paroles.* – *Les mots qui traduisent notre pensée.* **3.** Manifester aux yeux d'un observateur (un enchaînement, un rapport). *« Les mythes traduisent les règles de conduite d'un groupe social »* (Rougemont). – pronom. *Sa politique s'est traduite par un échec.* → se **solder.**

traduisible adj. Qui peut être traduit. *Ce jeu de mots n'est guère traduisible.*

Traetta (Tommaso) Compositeur italien (1727-1779). Auteur d'une quarantaine d'opéras, il fit la synthèse des influences française et italienne.

Trafalgar (bataille de) Victoire remportée par Nelson, à la tête de la flotte britannique, le 21 oct. 1805, au cap Trafalgar (N.-O. de Gibraltar), sur une flotte franco-espagnole commandée par Villeneuve.

Trafalgar Square Place du centre de Londres où se dresse une colonne célébrant l'amiral Nelson.

trafic n. m. (italien *traffico,* de *trafficare* → trafiquer) **I.** péj. Commerce plus ou moins clandestin, immoral ou illicite. *Trafic d'esclaves* (→ **traite**). *Faire du trafic d'armes, de drogue.* – *Trafic d'influence :* fait de recevoir des présents pour faire obtenir de l'autorité publique un avantage quelconque. → **corruption ; pot-de-vin. II.** Mouvement général des trains. – par ext. *Trafic maritime, routier, aérien.* ■ Circulation routière. *Trafic dense sur l'autoroute.*

traficoter v. intr. < 1 > fam. Trafiquer. □ n. m. **traficotage**

trafiquant, ante n. péj. Personne qui se livre à un commerce illicite. *Un trafiquant de drogue* (→ **dealeur**).

trafiquer v. tr. < 1 > (italien *trafficare*) **1.** Faire trafic de, acheter et vendre en réalisant des profits illicites. *Trafiquer l'ivoire.* **2.** fam. Modifier (un objet, un produit) en vue de tromper sur la marchandise. → **falsifier.** *Trafiquer un vin.* → **frelater.** *Trafiquer un moteur de voiture.* – au p. p. *Moteur trafiqué.* **3.** fam. Faire (qqch. de mystérieux). *Qu'est-ce que tu trafiques ici ?* → **fabriquer.**

tragédie n. f. (du latin, du grec *tragôdia* → ode) **1.** Œuvre dramatique (surtout en vers), représentant des personnages illustres aux prises avec des conflits intérieurs et un destin exceptionnel et malheureux ; genre de ce type de pièces. *Les tragédies grecques. Les tragédies de Corneille, de Racine. « La tragédie* [...] *veut pour son sujet une action illustre, extraordinaire, sérieuse »* (Corneille). **2.** fig. *Cet accident est une tragédie.* → **drame.**

▶ Invention grecque, la **tragédie** naît à la fin du VIᵉ siècle av. J.-C. dans une Grèce en plein bouleversement. La cité d'Athènes organisait chaque année, lors des fêtes de Dionysos, un concours de théâtre auquel participèrent les trois grands tragiques grecs : Eschyle, Sophocle et Euripide. Les tragédies, qui comportent une partie chantée (par le chœur) et une partie dialoguée (par les héros), mêlent alors théâtre, poésie, musique et danse. Puisant leurs thèmes dans des mythes familiers au public, les tragiques grecs mettent en scène la lutte et la chute d'un héros en proie à un malheur immense. Ils s'interrogent sur le destin, le mal, la démesure ou la justice, sur les contradictions qui traversent le cœur de l'homme, sur sa grandeur et sa misère. De tous les personnages tragiques, Œdipe et Antigone sont sans doute les plus représentatifs. Aristote définit la tragédie comme devant susciter chez le spectateur terreur et pitié afin de le purger de ses passions (*catharsis*).
Après à peine un siècle d'existence fulgurante, la tragédie grecque s'éteint. Elle inspire la tragédie latine représentée par Sénèque, puis réapparaît nettement plus tard (XVIᵉ s.) et sous une forme nouvelle avec les drames de Shakespeare ou la tragédie française, qui s'épanouit au XVIIᵉ siècle. Celle-ci a pour maîtres Corneille, le peintre de l'héroïsme et de la gloire, et Racine, qui met à nu la violence des passions. Au XXᵉ s., de nombreux auteurs revisitent les thèmes de la tragédie grecque : Anouilh, Cocteau, Gide, Giraudoux, O'Neill, Sartre. Analysées par les philosophes (Hegel, Nietzsche), par les psychanalystes (Freud), les images de la tragédie dépassent le théâtre pour nourrir toutes les formes d'expression culturelle (musique, arts visuels, cinéma...).
voir aussi **comédie, théâtre**

tragédien, ienne n. Acteur, actrice qui joue spécialement les rôles tragiques (tragédie ou drame).

tragicomédie n. f. **1.** didact. Tragédie dont l'action est romanesque et le dénouement heureux (ex. *« Le Cid »,* de Corneille). **2.** fig. Évènement, situation où le comique se mêle au tragique.

tragicomique adj. **1.** didact. Qui appartient à la tragicomédie. **2.** fig. Où le tragique et le comique se mêlent. *Une aventure tragicomique.*

tragique adj. (du latin, d'un mot grec → tragédie) **1.** De la tragédie (1). *Auteur tragique.* – n. m. *Les tragiques grecs* (Eschyle, Sophocle, Euripide...). ■ Qui évoque une situation où l'homme prend douloureusement conscience d'un destin ou d'une fatalité. – par ext. *Le destin, la fatalité tragique.* – n. m. *Le tragique et le comique.* **2.** Qui inspire une émotion intense, par un caractère effrayant ou funeste. → **dramatique, émouvant, terrible.** *Elle a eu une fin tragique. Une tragique méprise.* – fam. *Ce n'est pas tragique :* ce n'est pas bien grave. ■ n. m. *Prendre qqch. au tragique,* s'en alarmer à l'excès. – *La situation tourne au tragique.*

tragiquement adv. D'une manière tragique (2).

tragus [tʀagys] n. m. (latinisation du grec, de *tragos* « bouc ») anat. Saillie aplatie triangulaire de l'orifice externe du conduit auditif.

trahir v. tr. < 2 > (vient du latin pop., de *tradere,* de *trans* et *dare* « donner » → tradition) **1.** Livrer ou abandonner (qqn à qui l'on doit fidélité). → **dénoncer, vendre.** *Judas trahit Jésus.* – Passer à l'ennemi. *Trahir son pays.* **2.** Cesser d'être fidèle à (qqn). *Trahir un ami.* – *Trahir la confiance de qqn.* ■ Desservir par son caractère révélateur. *« Tout nous trahit, la voix, le silence, les yeux »* (Racine). **3.** Lâcher, cesser de seconder. *Ses forces le trahissent.* – Exprimer infidèlement. *Les mots trahissent parfois la pensée.* **4.** Livrer (un secret). → **divulguer, révéler.** *Trahir un secret.* ■ Être le signe, l'indice de (une chose peu évidente ou dissimulée). → **révéler.** *Voix qui ne trahit aucune émotion.* ■ se **trahir** v. pron. Laisser apparaître, laisser échapper ce qu'on voulait cacher. *Le menteur finit par se trahir.* → se **couper.**

trahison n. f. **1.** Crime d'une personne qui trahit, qui passe à l'ennemi. → **défection, désertion ; traître.** – *Haute trahison :* intelligence avec une puissance étrangère ou ennemie, dans le contexte d'une guerre. **2.** Action de trahir (2), de manquer au devoir de fidélité. → **traîtrise.**

trail [tʀɛ(j)l] n. m. (anglais *trail bike,* de *trail* « piste, sentier ») anglic. **1.** Moto tout-terrain. **2.** sport Course à pied de longue distance en terrain accidenté.

Traill (Catharine), née **Parr** Botaniste et pionnière canadienne (1802-1899). Sœur de Susanna Moodie. Elle décrivit la vie des pionniers dans *The Backwoods of Canada.*

traille n. f. (vient du latin *tragula* « javelot, herse ») Câble tendu d'une rive à l'autre, le long duquel se déplace un bac ; ce bac lui-même.

train n. m. (de *traîner*) **I. 1.** vieux Convoi, caravane accompagnant un grand personnage. ■ File de choses traînées ou entraînées. *Un train de péniches.* **2.** techn. Suite ou ensemble de choses semblables qui fonctionnent en même temps. *Train de pneus.* – fig. Série, ensemble. *Un train de réformes, de mesures.* **3.** milit. *Train des équipages**. **4.** dans des loc. *Train de maison :* domesticité, dépenses d'une maison. – *Mener* **grand train** *:* vivre dans le luxe. **II.** La locomotive et l'ensemble des voitures (wagons) qu'elle entraîne. → **convoi, [3]rame.** *Le train de Lyon,* qui va à Lyon, ou qui vient de Lyon. *Train à grande vitesse* (→ **TGV**). *Train de marchandises. Avoir, manquer son train.* – loc. fig. *Prendre le train en marche :* s'associer à une action déjà en cours. – fig. et fam. *Avoir un train de retard :* ne pas être au courant des dernières nouvelles. ■ Moyen de transport ferroviaire. → **chemin de fer, rail.** *Voyager par le train.* ■ *Train miniature* (jouet). *Jouer au train électrique.* **III.** (Partie qui traîne) **1.** Partie qui porte le corps d'une voiture et à laquelle sont attachées les roues. *Le train avant, arrière d'une automobile.* – ***Train d'atterrissage*** *:* parties (d'un avion) destinées à être en contact avec le sol. **2.** ***Train de devant, de derrière*** *:* partie de devant (→ **avant-train**), de derrière (→ **arrière-train**) des animaux de trait, des quadrupèdes. **3.** pop. Derrière. *Je vais te botter le train ! Se manier le train.* – *Filer le train à qqn,* le suivre de près. **IV.** fig. (Allure, marche) **1.** dans des loc. *Du train où vont les choses :* si les choses continuent comme cela. *Aller son train :* suivre son cours. ■ ***Train de vie*** *:* manière de vivre, relativement aux dépenses de la vie courante que permet la situation des gens. **2.** Allure (du cheval, d'une monture, d'un véhicule ou d'un coureur, d'un marcheur). *Accélérer le train.* – *Aller bon train,* vite. fig. *Les rumeurs vont bon train.* – loc. *Aller* ***à fond de train,*** très vite. **3.** ***En train*** loc. adv. **:** en mouvement, en action, ou en humeur d'agir. *Se mettre en train. Je ne suis pas en train :* je ne me sens pas bien disposé. ***Mise en train*** *:* début d'exécution, travaux préparatoires. **4.** ***En train de*** loc. prép., marque l'action en cours. *Elle est en train de travailler.*

traînage n. m. Transport par traîneaux. - var. RO **trainage.**

traînailler v. intr. < 1 > Traîner, être trop long (à faire qqch.). → **lambiner.** – Errer inoccupé. *Traînailler dans les cafés.* - var. RO **trainailler.** - syn. **traînasser** ou RO **trainasser.**

traînant, ante adj. **1.** Qui traîne par terre ; qui pend. *Une robe traînante.* – *D'un pas traînant.* **2.** (sons) Monotone et lent. *Une voix traînante.* - var. RO **trainant, ante.**

traînard, arde n. **1.** Personne qui traîne, reste en arrière d'un groupe en marche. **2.** Personne trop lente dans son travail. → **lambin. 3.** adj. Qui traîne. *« Les derniers restes du parler* traînard *de mon pays »* (Stendhal). - var. RO **trainard, arde.**

traînasser voir **traînailler**

traîne n. f. **1.** ***À la traîne*** loc. adv. **:** en arrière d'un groupe de personnes qui avance. *Elle est toujours à la traîne.* – À l'abandon, en désordre. *Des cravates à la traîne sur un lit.* ■ *Ciel de traîne* (fin de perturbation). **2.** Bas d'un vêtement qui traîne à terre derrière une personne qui marche. *Robe de mariée à traîne.* - var. RO **traine.**

traîneau n. m. Voiture à patins que l'on traîne (ou pousse) sur la neige. → **luge, troïka.** *Chien de traîneau.* → **husky.** - var. RO **traineau.**

traîne-bûche n. m. Larve aquatique de la phrygane. *Des traîne-bûches.* - var. RO **traine-buche.**

traîne-buisson n. m. régional Fauvette d'hiver. *Des traîne-buissons.* - var. RO **traine-buisson.**

traînée n. f. **I. 1.** Longue trace laissée sur une surface par une substance répandue. – *Traînée de poudre :* poudre répandue sur une ligne pour communiquer le feu à l'amorce. – fig. *Comme une* ***traînée de poudre*** *:* très rapidement, de proche en proche. **2.** Ce qui suit un corps en mouvement et semble émaner de lui. *La traînée lumineuse d'une comète.* ■ Bande allongée. *Des traînées rouges dans le ciel.* **3.** techn. Composante des forces aérodynamiques sur le vecteur vitesse ; résistance à l'avancement (s'oppose à *poussée*). **II.** fam. Femme de mauvaise vie, prostituée. - var. RO **trainée.**

traînement n. m. Fait de traîner. - var. RO **trainement.**

traîne-misère n. Personne qui traîne partout sa misère. → **gueux, miséreux.** *Une traîne-misère. Des traîne-misère* (invar.) ou *des traîne-misères.* - var. RO **traine-misère.**

traîner v. < 1 > (vient du latin pop., de *trahere* « tirer » → **traire ; train**) **I.** v. tr. **1.** Tirer après soi (→ **traction**) ; déplacer en tirant derrière soi sans soulever. *Traîner un fardeau. Le corps de la victime a été traîné sur plusieurs mètres.* ■ *Traîner la jambe, la patte :* avoir de la difficulté à marcher. – *Traîner les pieds :* marcher sans soulever les pieds du sol ; fig. obéir sans empressement. **2.** Forcer (qqn) à aller (quelque part). *Traîner qqn à une soirée.* – *Traîner qqn en justice.* **3.** Amener, avoir partout avec soi par nécessité (les gens ou les choses dont on voudrait pouvoir se libérer). → fam. **trimbaler.** *Elle est obligée de traîner ses enfants partout.* – Supporter (une chose pénible qui se prolonge). *Traîner un rhume.* **II.** v. intr. **1.** Pendre à terre en balayant le sol. *Vos lacets traînent par terre.* **2.** Être étendu ; s'étendre. *Le ciel où traînent des nuages.* **3.** Être posé ou laissé sans être rangé. *Ramasser, ranger ce qui traîne.* ■ fig. *Ça traîne partout :* c'est usé, rebattu. **4.** Durer trop longtemps, ne pas finir. → **s'éterniser.** *La réunion traîne en longueur. Ça n'a pas traîné !,* cela a été vite fait. → **tarder.** ■ *Sa voix traîne sur certaines syllabes* (→ **traînant**). **5.** Rester en arrière d'un groupe qui avance. – Aller trop lentement, s'attarder (→ **traînard**). *Ne traîne pas en rentrant de l'école.* ■ Agir trop lentement. → **lambiner.** *Dépêchez-vous, vous traînez !* **6.** péj. Aller sans but ou rester longtemps (en un lieu peu recommandable ou peu intéressant). → **errer, vagabonder.** *Traîner dans les rues.* - var. RO **trainer.** ■ **se traîner** v. pron. **1.** Avancer, marcher avec peine (par infirmité, maladie, fatigue). *Elle ne peut plus se traîner.* **2.** Aller à contrecœur. *Se traîner à une réunion.* **3.** Avancer à plat ventre ou à genoux. – fig. *Se traîner aux pieds de qqn,* le supplier, s'abaisser. **4.** Durer trop. *La conversation se traîne.* → **s'éterniser.** - var. RO **se trainer.**

traîne-savate n. fam. Personne oisive, indigente. *Des traîne-savates.* - var. RO **traine-savate.** - syn. **traîne-semelle** n. ou RO **traine-semelle.**

traîneur, euse n. **1.** Personne qui traîne (qqch.) [surtout, *traîneur de sabre*]. **2.** → **traînard.** - var. RO **traineur, euse.**

training [tʀeniŋ] n. m. (mot anglais) anglic. **I. 1.** Entraînement (sportif). **2.** psych. Méthode de relaxation par autosuggestion. *Training autogène.* **II.** Survêtement.

traintrain n. m. ou **train-train** n. m. invar. (de *tran-tran,* onomatopée ; influence de *train,* IV) Marche régulière sans imprévu. → **routine.** *Le traintrain quotidien. Des traintrains, des train-train.*

traire v. tr. < 50 > (vient du latin pop., de *trahere* « tirer » → **tracer, traîner, traiter**) **I.** vieux Tirer. **II.** Tirer le lait de (la femelle de certains animaux domestiques) en pressant le pis, ou mécaniquement (→ **traite ; trayeuse**). *Traire une vache.* – *Traire le lait.*

trait n. m. (vient du latin *tractus,* de *trahere* → **traire**) **I. 1.** dans des loc. Fait de tirer. → **traction.** *Bête, animal* ***de trait,*** destiné à tirer des voitures. ■ Corde servant à tirer les voitures. *Les traits d'un attelage.* **2.** Projectile lancé à la main (javelot, lance) ou à l'aide d'une arme (flèche). *Décocher un trait.* **3.** dans des loc. Fait de boire en une seule fois (→ **gorgée**). *Boire à longs, à grands traits.* ■ ***D'un trait.*** *Il a bu son verre d'un trait.* – *Dormir d'un trait,* d'une seule traite. **4.** Le fait de dessiner une ou des lignes. *Dessin* ***au trait,*** sans ombres ni modelé, fait seulement de lignes. – *Esquisser à grands traits,* en traçant rapidement les lignes générales ; fig. sans entrer dans le détail. ■ Ligne (spécialt ligne droite), surtout quand on la forme sans lever l'instrument. *Faire, tirer, tracer un trait* (→ aussi **trait d'union**). fig. *Tirer un trait sur qqch.,* y renoncer. *Rayer d'un trait ;* fig. supprimer brutalement. *Copier trait pour trait,* avec une parfaite exactitude. **5.** au plur. Les lignes caractéristiques du visage. → **physionomie.** *Traits fins, réguliers.* **II.** fig. **1.** ***Trait de,*** acte, fait qui constitue une marque, un signe (d'une qualité, d'une capacité). *Un trait de bravoure. Un trait d'esprit,* une parole, une remarque vive et spirituelle. *Trait de génie :* idée remarquable et soudaine. **2.** loc. ***Avoir trait à*** *:* se rapporter à, concerner. *Ce qui a trait à son métier.* **3.** Élément caractéristique qui permet d'identifier, de reconnaître. → **caractère, caractéristique. 4.** (de I, 3) littér. Parole qui manifeste un esprit médisant ou piquant. → **sarcasme.** – Bon mot, mot d'esprit. *« Ses traits étaient des éclairs, justes, vifs, profonds »* (Stendhal).

traitable adj. littér. Accommodant.

traitant, ante adj. **1.** (médecin) Qui traite les malades d'une manière suivie. *Médecin traitant.* **2.** Qui traite. *Shampooing traitant.*

trait d'union n. m. **1.** Signe en forme de petit trait horizontal, reliant les éléments de certains composés (ex. arc-en-ciel) ou le verbe et le pronom postposé (ex. crois-tu ?, prends-le). *Des traits d'union.* **2.** fig. Personne, chose qui sert d'intermédiaire.

traite n. f. (de *traire* « tirer ») **I. 1.** anciennt *La traite des esclaves, des Noirs :* le commerce et le transport des esclaves noirs. – *Traite des Blanches :* entraînement ou détournement de femmes blanches en vue de la prostitution. **2.** vieux Action de retirer (de l'argent). – mod. Lettre de change ; billet, effet de commerce. *Tirer, escompter, payer une traite.* **II.** vieilli Trajet effectué sans s'arrêter. → **chemin, parcours.** *Une longue traite.* – mod. *D'une (seule)* ***traite*** loc. adv. **:** sans interruption. → **d'un trait. III.** Action de traire (les vaches, les femelles d'animaux domestiques).

traité n. m. (du latin *tractatus* → **traiter**) **1.** Ouvrage didactique, où un sujet est exposé d'une manière systématique. → **cours, [2]manuel. 2.** Acte juridique par lequel des États établissent des règles et des décisions communes. → **pacte.** *Conclure, ratifier un traité de paix. Le traité de Maastricht.*

traitement n. m. **1.** Comportement à l'égard de qqn ; actes traduisant ce comportement. *Un traitement de faveur. Mauvais traitements :* coups, sévices. **2.** Manière de soigner (un malade, une maladie) ; ensemble des moyens employés pour guérir. → **médication, thérapeutique.** *Suivre un traitement ; être en traitement. Prescrire un traitement. Traitement de choc.* **3.** Rémunération (d'un fonctionnaire) ; gain attaché à un emploi régulier d'une certaine importance sociale. → **émoluments, salaire. 4.** Manière de traiter (une substance). *Traitement de l'eau, des déchets.* ■ *Traitement de l'information,* effectué par un ordinateur. – ***Traitement de texte,*** méthode informatique, progiciel pour composer, corriger, éditer des textes. **5.** Manière de traiter (un sujet, un problème).

traiter v. < 1 > (vient du latin *tractare,* de *trahere* → **traire**) **I.** v. tr. (compl. personne) **1.** Agir, se conduire envers (qqn) de telle ou telle manière. *Traiter qqn très mal, comme un chien.* → **maltraiter.** *Il la traite en gamine.* **2.** littér. Convier ou recevoir à sa table. *« Je veux vous traiter cependant / Venez souper chez moi [...] »* (La Fontaine). **3.** Soumettre à un traitement médical. → **soigner ; traitant. 4.** ***Traiter de...*** *:* qualifier, appeler de tel ou tel nom. – péj. loc. *Traiter qqn de tous les noms* (injurieux). – pronom. *Ils se sont traités d'idiots.* **II.** v. tr. (compl. chose) **1.** Régler (une affaire) en discutant, en négociant. *Traiter une affaire avec qqn.* **2.** Soumettre (une substance) à diverses opérations de manière à la modifier. *Traiter un minerai* (pour obtenir le métal qu'il contient). ■ Soumettre (des cultures) à l'action de produits chimiques. – au p. p. *Citrons non traités.* **3.** Soumettre (un objet) à la pensée en vue d'étudier, d'exposer. → **aborder, examiner.** *L'élève n'a pas traité le sujet.* ■ arts Mettre en œuvre de telle ou telle manière. *La scène traitée par le peintre.* **4.** inform. Soumettre (une information) à un programme. *Traiter les résultats d'un sondage.* **III.** v. tr. ind. **1.** *Traiter de* : avoir pour objet. *Un livre qui traite d'économie.* → **¹parler. 2.** absolt Entrer en pourparlers, pour régler une affaire, conclure un marché. → **négocier, parlementer.**

traiteur, euse n. (de *traiter* [I, 2]) Personne, entreprise qui prépare des repas, des plats à emporter et à consommer chez soi. – appos. *Charcutier(-)traiteur.*

traitillé n. m. (de *trait*, d'après *pointillé*) (Suisse) Trait discontinu formé d'une succession de petits traits. *Découpez suivant le traitillé.*

traître, traîtresse (latin *traditor* → trahir) **I.** n. **1.** Personne qui trahit, se rend coupable d'une trahison. → **délateur, parjure, renégat.** ■ loc. *Prendre qqn en traître*, agir avec lui de façon perfide, sournoise. **2.** langage classique Perfide, scélérat. **II.** adj. **1.** Qui trahit ou est capable de trahir. → **déloyal, félon, infidèle.** *On l'accusa d'être traître à sa patrie.* **2.** (choses) Qui est nuisible sans le paraître, sans que l'on s'en doute. *Ce vin est traître.* ■ loc. fam. *Ne pas dire un traître mot*, pas un seul mot. – var. RO **traitre, traitresse.**

traîtreusement adv. (de *traîtreux*, adj., vieux) littér. Par traîtrise. → **perfidement, sournoisement.** – var. RO **traitreusement.**

traîtrise n. f. **1.** Caractère, comportement de traître. → **déloyauté, fourberie.** ■ Acte de traître. *Une infâme traîtrise.* **2.** Danger que présente ce qui est traître (II, 2). – var. RO **traitrise.**

Trajan en latin **Marcus Ulpius Trajanus** (53-117). Empereur romain (98-117). Adopté par Nerva en 97, il lui succéda. Conquérant, il annexa la Dacie (101-102 et 105-107), l'Arabie Pétrée, l'Arménie, l'Assyrie et la Mésopotamie. Bâtisseur, il fit notamment construire le forum de Trajan et agrandir le port d'Ostie. La *colonne Trajane*, élevée sur le forum de Trajan, à Rome, commémore les victoires de l'empereur en Dacie.

trajectographie n. f. (de *trajecto[ire]* et *-graphie*) didact. Technique de la trajectoire des engins spatiaux.

trajectoire n. f. (du latin *trajectus* → trajet) Courbe décrite par le centre de gravité (d'un mobile, d'un projectile). *La trajectoire d'une planète.* → **orbite.** *La trajectoire d'un obus.*

trajet n. m. (de l'italien, du latin *trajectus* « traversée », de *trans* et *jacere* « jeter ») Le fait de parcourir un certain espace, pour aller d'un lieu à un autre ; le chemin ainsi parcouru. → **parcours.** *Il y a une heure de trajet. Nous avons fait le trajet à pied.* – anat. *Le trajet d'un nerf.*

Trakl (Georg) Poète autrichien (1887-1914). Hanté par la mort, il exprima la cruauté d'un monde décadent et la nostalgie de l'innocence. *Crépuscule et Déclin.*

tralala n. m. (onomatopée) **1.** fam., dans des loc. Luxe recherché et voyant. → **flafla.** *Recevoir à dîner en grand tralala.* – *Et tout le tralala* : et tout ce qui s'ensuit. *Des tralalas.* **2.** interj. *Tralala !*, exprime la joie ou l'ironie.

trâlée n. f. (du latin pop. *tragulare*, de *trahere* → traire) régional (Ouest ; Suisse, Canada) Grande quantité, longue suite.

tram [tʀam] n. m. (abrév.) Tramway. *Des trams.*

tramail n. m. (latin médiéval *tremaculum* « à trois mailles ») Grand filet de pêche formé de trois nappes superposées.

trame n. f. (vient du latin *trama*, famille de *trans-*) **1.** Ensemble des fils qui se croisent avec les fils de chaîne*, dans le sens de la largeur, pour constituer un tissu. *Un tapis usé jusqu'à la trame.* → **corde.** ■ techn. Film finement quadrillé utilisé en photogravure. – Ensemble des lignes horizontales constituant une image de télévision. **2.** fig. Ce qui constitue le fond et la liaison (d'une chose organisée). → **texture.** *La trame d'un récit.*

tramer v. tr. < 1 > (vient du latin → trame) **1.** techn. Tisser. ■ Tirer ou agrandir (un cliché) avec une trame. **2.** fig. Élaborer par des manœuvres cachées. → **combiner, machiner, ourdir.** *Tramer une conspiration.* (passif) *C'est là que s'est tramé le complot.* – pronom. (impers.) *Il se trame quelque chose.* ■ **tramé, ée** adj. *Étoffe tramée (de) coton.* – *Cliché tramé.*

traminot, ote n. (de *tram*, d'après *cheminot*) Personne dont le métier est de conduire un tramway.

tramontane n. f. (de l'italien, du latin *transmontanus* « au-delà des monts ») Vent venant du nord-ouest qui souffle sur la côte méditerranéenne. *Le mistral et la tramontane.*

tramp [tʀɑ̃p] n. m. (mot anglais « vagabond ») anglic. Cargo non affecté à une ligne régulière et qui navigue au hasard des affrètements.

tramping [tʀɑ̃piŋ] n. m. (→ tramp) anglic. Mode d'exploitation d'un cargo (→ **tramp**) qui touche tous les ports où se trouve le fret, sans itinéraire fixe. – recomm. offic. **transport maritime à la demande.**

trampoline n. m. (italien *trampolino* → tremplin) Surface souple, tendue à une certaine hauteur, sur laquelle on effectue des sauts.

tramway [tʀamwɛ] n. m. (mot anglais, de *tram* « brancard, rail plat » et *way*, famille de *voie*) Voiture publique qui circule sur des rails plats dans les rues des villes. → **tram ; traminot.** *Tramways électriques à trolley.*

tranchage n. m. **1.** Action de trancher (un aliment). **2.** techn. Opération par laquelle on débite le bois destiné aux placages.

tranchant, ante **I.** adj. **1.** Qui est dur et effilé, peut diviser, couper. → **coupant.** *Instruments tranchants* (ciseaux, couteau... ; → **tranchet**). **2.** (réalités humaines) Qui tranche, décide d'une manière péremptoire. → **cassant, impérieux.** – *D'un ton tranchant.* **II.** n. m. Côté mince, destiné à couper, d'un instrument tranchant. *Un couteau à deux tranchants, à double tranchant.* – loc. fig. *À double tranchant*, se dit d'un argument, d'un procédé qui peut avoir des effets opposés (et se retourner contre celui qui les emploie). – *Le tranchant de la main* : le côté mince de la main, à l'opposé du pouce.

tranche n. f. (→ trancher) **I.** concret **1.** Morceau (d'une chose comestible) coupé assez mince, sur toute la largeur. *Tranche de jambon.* – *Une tranche de gâteau.* → **part, portion.** ■ *Tranche napolitaine* : glace à plusieurs parfums, en forme de tranche de gâteau. **2.** Partie moyenne de la cuisse de bœuf. *Bifteck dans la tranche.* **3.** Partie des feuillets d'un livre qui est rognée pour présenter une surface unie. *Livre doré sur tranche(s).* **4.** Bord mince. *La tranche d'une pièce de monnaie.* **II.** abstrait **1.** Série de chiffres. *Nombre divisé en tranches de trois chiffres.* **2.** Partie séparée arbitrairement (dans le temps) d'une opération de longue haleine. *Paiement en plusieurs tranches.* – *Une tranche de vie* : scène, récit réaliste. ■ loc. fam. *S'en payer une tranche* (de bon temps) : s'amuser beaucoup. ■ *Tranche d'âge* : âge compris entre deux limites. ■ *Tranches d'imposition sur le revenu.* **3.** *Tranche nucléaire* : dans un réacteur nucléaire, Ensemble formé par un réacteur et le système de production associé.

tranchée n. f. **1.** Excavation pratiquée en longueur dans le sol. → **cavité, fossé.** *Creuser, ouvrir une tranchée.* **2.** Fossé allongé, creusé à proximité des lignes ennemies, et où les soldats demeurent à couvert. *Guerre de tranchées* (opposé à *guerre de mouvement*). **3.** méd. *Tranchées (utérines)* : contractions douloureuses de l'utérus, après l'accouchement.

tranchée-abri n. f. Tranchée aménagée, couverte pour servir d'abri. *Des tranchées-abris.*

tranchefile n. f. Bourrelet entouré de fils qui renforce le haut et le bas d'un dos de reliure. *Des tranchefiles.*

tranche-montagne n. m. (de *trancher* « traverser ») vieux ou littér. Fanfaron qui se vante d'exploits fabuleux. → **vantard ; vieilli matamore.** *Des tranche-montagnes.*

trancher v. < 1 > (probablt du latin pop. *trinicare*, famille de *trois*, pour « couper en trois ») **I.** v. tr. **1.** Diviser, séparer d'une manière nette, au moyen d'un instrument dur et fin (instrument tranchant). → **couper.** *Trancher une corde.* – *Trancher la tête de qqn*, le décapiter. *Trancher la gorge* : égorger. ■ Couper en tranches. *Trancher du jambon.* **2.** fig. Couper court à. – absolt *Tranchons là.* → **briser.** ■ Terminer par une décision, un choix ; résoudre en terminant (une affaire, une question). *Trancher un différend.* **II.** v. intr. **1.** loc. fig. *Trancher dans le vif* : employer les grands moyens, agir de façon énergique. **2.** Décider d'une manière franche, catégorique. *Elle « affirme et tranche ; n'hésite jamais »* (Larbaud). **3.** *Trancher sur, avec* : se distinguer avec netteté ; former un contraste, une opposition. → **contraster, se détacher, ¹ressortir.** ■ **tranché, ée** adj. **1.** Coupé en tranches. *Saumon tranché.* **2.** fig. Qui se distingue nettement. *Couleurs tranchées.* → **¹net, ²franc.** – *Opinion tranchée*, nette, affirmée catégoriquement.

tranchet n. m. techn. Outil tranchant, formé d'une lame plate, sans manche, servant à couper le cuir.

trancheur, euse **I.** n. **1.** Personne chargée de trancher, de débiter. **2.** Personne qui débite du bois à la trancheuse. **II.** n. f. **1.** techn. Machine à trancher le bois. **2.** *Trancheuse à jambon* (machine).

tranchoir n. m. **I.** Support sur lequel on tranche (la viande, etc.). **II.** Grande lame pour trancher (→ **hachoir**).

Trani Ville d'Italie, dans les Pouilles, sur l'Adriatique. 53 140 habitants. Cathédrale romane (XIIe-XIIIe s.). Station balnéaire.

tranquille [tʀɑ̃kil] adj. (latin *tranquillus*, p.-ê. famille de *quies* → quiétude) **I. 1.** Où se manifestent un ordre et un équilibre qui ne sont affectés par aucun changement soudain ou radical (mouvement, bruit...). → **²calme, immobile, silencieux.** *Mer tranquille. Un quartier tranquille.* ■ Calme et régulier. *Un sommeil tranquille. Un pas tranquille.* **2.** (êtres vivants) Qui est, par nature, peu remuant, n'éprouve pas le besoin de mouvement, de bruit. → **paisible.** *Des voisins tranquilles.* – loc. fam. *Un père* tranquille.* **3.** Qui est momentanément en repos, qui ne bouge pas. *Les enfants, restez tranquilles !* → **sage. II. 1.** Qui éprouve un sentiment de sécurité, de paix. *Soyez tranquille* : ne vous inquiétez pas. **2.** *Laisser qqn tranquille*, s'abstenir ou cesser de l'inquiéter, de le tourmenter. *Laisse-moi tranquille.* – *Avoir l'esprit, la conscience tranquille* : n'avoir rien à se reprocher. **3.** fam. Qui est certain de la réalité de qqch., qui est sûr de ce qu'il avance. *Elle n'ira pas, je suis tranquille.* → **sûr.**

tranquillement [tʀɑ̃kilmɑ̃] adv. **1.** D'une manière tranquille. → **paisiblement. 2.** Sans émotion ni inquiétude. → **calmement.**

tranquillisant, ante [tʀɑ̃kilizɑ̃, ɑ̃t] **1. adj.** Qui tranquillise. → **rassurant.** *Une nouvelle tranquillisante.* **2. n. m.** Médicament qui agit comme calmant global ou en faisant disparaître l'angoisse. → **anxiolytique, neuroleptique.**

tranquilliser [tʀɑ̃kilize] **v. tr.** < 1 > Rendre tranquille ; délivrer de l'inquiétude. → **calmer, rassurer.** *Cette idée me tranquillise.* – pronom. *Tranquillisez-vous.* – au p. p. *Me voilà tranquillisé.*

tranquillité [tʀɑ̃kilite] **n. f.** (latin *tranquillitas* → **tranquille**) **1.** État stable, constant, ou modifié régulièrement et lentement. *La tranquillité de la nuit.* → **¹calme.** – *En toute tranquillité* **loc. adv.** : sans être dérangé. → **en toute quiétude.** *Vous pouvez partir en toute tranquillité.* **2.** Stabilité morale ; état tranquille. → **¹calme, paix, quiétude, sérénité.** *Elle tient à sa tranquillité. Tranquillité d'esprit.*

¹trans **adj.** (mot latin « par-delà ») chim. Se dit d'un stéréo-isomère dans lequel les atomes ou groupes d'atomes portés par les atomes de carbone sont situés de part et d'autre d'un plan de symétrie. *Isomères trans* (opposé à *cis*).

²trans **n. et adj.** (abrév.) (Personne) dont l'identité de genre ne correspond pas au sexe assigné à la naissance. → **transgenre, transsexuel.** – *La communauté trans.*

trans- Élément (du latin *trans* → **très**) signifiant « au-delà de » (ex. *transalpin*), « à travers » (ex. *transpercer*), et qui marque le passage ou le changement (ex. *translittération*).

transaction [tʀɑ̃zaksjɔ̃] **n. f.** (latin *transactio* → **transiger**) **1.** dr. Contrat où chacun renonce à une partie de ses prétentions. – cour. Arrangement, compromis. **2.** écon. Contrat entre un acheteur et un vendeur. *Transaction immobilière.* – Opération effectuée dans les marchés commerciaux, financiers.

transactionnel, elle [tʀɑ̃zaksjɔnɛl] **adj.** **1.** dr. Qui concerne une transaction, a le caractère d'une transaction. **2.** (anglic.) psych. *Analyse transactionnelle* : thérapie de groupe visant à améliorer les relations entre personnes.

transafricain, aine **adj.** Qui traverse l'Afrique. *Chemin de fer transafricain.*

transalpin, ine [tʀɑ̃zalpɛ̃, in] **adj.** Qui est au-delà des Alpes (opposé à *cisalpin*).

transamazonien, ienne **adj.** Qui traverse l'Amazonie. *Route transamazonienne,* ou **n. f.** *la transamazonienne.*

transaminase **n. f.** biochim. Enzyme qui transporte le groupement moléculaire NH_2 d'un corps à un autre. *Élévation du taux de transaminases dans le sang lors d'une hépatite.*

transandin, ine **adj.** Qui traverse les Andes.

transat [tʀɑ̃zat] (abrév. de *transatlantique*) **1. n. m.** Chaise longue pliante en toile. *Des transats.* **2. n. f.** Course transatlantique de voiliers. *La transat en solitaire.*

transatlantique [tʀɑ̃zatlɑ̃tik] **adj. et n. m.** (→ **atlantique**) **1.** Qui traverse l'Atlantique. *Paquebot transatlantique.* – **n. m.** *Un transatlantique.* ■ *Course transatlantique.* → **transat** (2). **2.** Qui concerne l'Europe et les États-Unis. *Accord transatlantique.* **3. n. m.** vieilli Chaise longue. → **transat** (1).

transbahuter **v. tr.** < 1 > (de *bahut*) fam. Transporter, déménager. *Transbahuter un lit.* – pronom. fam. *Se transbahuter* : se déplacer.

transborder **v. tr.** < 1 > (→ **trans-** et **bord**) Faire passer d'un bord, d'un navire à un autre, d'un train, d'un wagon à un autre. □ **n. m. transbordement**

transbordeur **n. m.** *Transbordeur* ou *pont transbordeur* : pont mobile, plateforme qui glisse le long d'un tablier. ■ *Transbordeur* ou *navire transbordeur* - (recomm. offic. pour **ferry-boat**).

transcanadien, ienne **adj.** Qui traverse le Canada. *Route transcanadienne,* ou **n. f.** *la transcanadienne.*

Transcarpatie ou **Transcarpathie** **n. f.** Région de l'Ukraine, dans les Carpates. 12 800 km². 1 251 200 habitants. Chef-lieu : Oujhorod. Élevage. Cultures céréalières. Industrie du bois.

transcaspien, ienne **adj.** Qui est au-delà de la mer Caspienne.

transcaucasien, ienne **adj.** Qui est au-delà du Caucase.

transcendance **n. f.** philos. **1.** Caractère de ce qui est transcendant ; existence de réalités transcendantes. *La transcendance divine.* **2.** Action de transcender ou de se transcender.

transcendant, ante **adj.** (→ **transcender**) **1.** Qui s'élève au-dessus du niveau moyen. → **sublime, supérieur.** *« On se figure être des génies transcendants »* (Chateaubriand). **2.** philos. Qui suppose un ordre de réalités supérieur, un principe extérieur et supérieur (opposé à *immanent*). – *Transcendant à...* *Le monde est transcendant à la conscience.* **3.** math Non algébrique. *Nombre transcendant. Équation transcendante.*

transcendantal, ale, aux **adj.** (latin scolastique *transcendantalis* → **transcendant**) philos. **1.** vieux Transcendant. ■ chez Kant Qui constitue une condition a priori de l'expérience. *Idéalisme transcendantal.* – *Sujet transcendantal* : la conscience pure. **2.** anglic. *Méditation transcendantale* : effort de l'esprit pour s'abstraire des réalités sensorielles.

transcendantalisme **n. m.** (de *transcendantal*) philos. Système admettant des formes et des concepts a priori dominant l'expérience (opposé à *immanentisme*).

transcender **v. tr.** < 1 > (latin *transcendere* « franchir, dépasser » de *trans* et *scandere* → **scander**) Dépasser en étant supérieur ou d'un autre ordre, se situer au-delà de. *Transcender la réalité.* – pronom. *Se transcender* : se dépasser.

transcodage **n. m.** Traduction d'une information dans un code différent. – inform. Transcription des instructions d'un programme dans un code interne.

transcoder **v. tr.** < 1 > (→ **code**) Traduire dans un code différent.

transcodeur **n. m.** techn. Dispositif capable d'opérer un transcodage.

transconteneur **n. m.** techn. Conteneur de grande capacité, conçu pour un transport sans difficultés de transbordement. – Navire porte-conteneur.

transcontinental, ale, aux **adj.** Qui traverse un continent d'un bout à l'autre. *Chemin de fer transcontinental.*

transcriptase **n. f.** (mot anglais ; de *transcription* + *-ase*) biochim. *Transcriptase inverse* : enzyme qui catalyse la synthèse d'ADN, à partir d'une matrice d'ARN. → **rétrovirus.**

transcripteur, trice **n.** Personne qui transcrit.

transcription **n. f.** (du latin → **transcrire**) **1.** Action de transcrire (1) ; son résultat. → **copie, enregistrement.** **2.** Action de transcrire (2). → **translittération.** – *Transcription phonétique,* permettant de noter la prononciation. **3.** Action de transcrire une œuvre musicale. → **arrangement.** **4.** biol. *Transcription génétique* : transfert de l'information génétique des chromosomes de la cellule sur l'ARN.

transcrire **v. tr.** < 39 > (latin *transcribere* → **trans-** et **écrire**) **1.** Copier très exactement, en reportant. → **copier, enregistrer.** *Transcrire un texte.* **2.** Noter (les mots d'une langue) dans un autre alphabet. *Transcrire un texte grec en caractères latins.* → **translittérer.** **3.** Adapter (une œuvre musicale) pour d'autres instruments que ceux pour lesquels elle a été écrite.

transculturel, elle **adj.** didact. Relatif aux influences réciproques entre plusieurs cultures.

transdisciplinaire **adj.** didact. Qui traverse les frontières entre les disciplines. → **interdisciplinaire.**

transducteur **n. m.** (de *trans-* et *[con]ducteur*, d'après l'anglais) techn. Dispositif assurant la transformation d'une grandeur physique en une autre.

transduction **n. f.** (d'après *conduction*) biol. Transfert génétique entre bactéries s'effectuant sous l'action d'un bactériophage.

transe **n. f.** (de *transir,* vieux « aller au-delà ») **1.** au plur. Inquiétude ou appréhension extrêmement vive. → **affres.** *Être dans les transes.* **2.** État du médium dépersonnalisé comme si l'esprit étranger s'était substitué à lui. *Médium qui entre en transe.* – par ext. *Être, entrer en transe* : être hors de soi.

transept [tʀɑ̃sɛpt] **n. m.** (mot anglais, du latin *trans* « au-delà » et *saeptum* « enclos ») Nef transversale qui coupe la nef principale d'une église, formant ainsi une croix. *La croisée du transept.*

transférable **adj.** dr. Qui peut être transféré. *Valeurs transférables.* → **cessible, négociable.**

transfèrement **n. m.** Action de transférer (un prisonnier ou une personne assimilée).

transférentiel, ielle **adj.** (de *transfert,* d'après l'anglais *transferential*) psych. Relatif au transfert (3).

transept

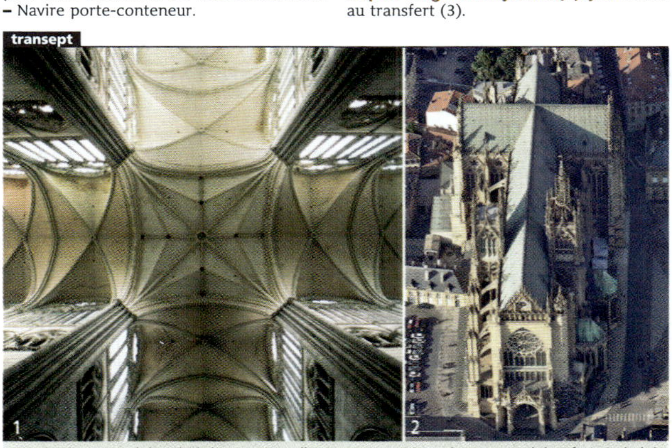

1. Voûte du transept de la cathédrale Notre-Dame d'Amiens. 2. Vue aérienne du transept et de la nef principale de la cathédrale Saint-Étienne de Metz.

T

transférer v. tr. < 6 > (latin *transferre*, de *ferre* → -fère) **1.** Transporter en observant les formalités prescrites. *Transférer un prisonnier. Le siège social sera transféré à Lyon.* ■ *Transférer des titres de propriété* (d'une personne à une autre). **2.** psych. Étendre (un sentiment) à un autre objet, par un transfert (3). **3.** inform. Copier ou déplacer (des données) d'un support de mémoire à un autre.

transferrine n. f. (anglais *transferrin*, d'après le latin *trans* et *ferrum* « fer ») biochim. Molécule qui transporte le fer dans le sang.

transfert n. m. (latin *transfert*, forme de *transferre* → transférer) **1.** dr. Déplacement d'une personne à une autre. *Transfert de propriété.* → **translation. 2.** Déplacement d'un lieu à un autre. → **transport.** *Transfert de populations.* → **déplacement.** – *Transfert de fonds.* – *Transfert d'appel* (téléphonique). – *Transfert d'un footballeur* (d'un club à un autre). – techn. appos. *Machine*-transfert.* – sc. *Le transfert de l'information génétique* (→ **transcription**). – inform. *Transfert de données.* → **téléchargement. 3.** psych. Phénomène par lequel un sentiment éprouvé pour un objet est étendu à un objet différent. → **identification, projection.** – Fait, pour le patient en analyse, de revivre une situation affective de son enfance dans sa relation avec l'analyste. *Transfert et contre-transfert.*

transfigurateur, trice adj. littér. Qui transfigure, peut transfigurer.

transfiguration n. f. **1.** relig. chrét. Changement glorieux survenu chez le Christ. – *La « Transfiguration » de Raphaël (tableau).* **2.** Action de transfigurer, état de ce qui est transfiguré.

transfigurer v. tr. < 1 > (du latin *figura* « figure, forme » → figure) **1.** relig. chrét. Transformer en revêtant d'un aspect éclatant et glorieux. **2.** Transformer en donnant une beauté et un éclat inhabituels. → **embellir.** *Le bonheur l'a transfiguré.* → **métamorphoser.**

transfiler v. tr. (var. de *tranchefile*, d'après *trans*-) mar. Joindre (deux toiles) bord à bord en passant un filin dans les œillets de l'une et de l'autre alternativement. *Transfiler une voile.*

transfini, ie adj. (de l'allemand *transfinit*) math. *Nombre transfini* : nombre d'éléments d'un ensemble infini, que l'on ne peut compter.

transfixion n. f. (du latin *transfigere* « transpercer ») méd. Procédé qui consiste à traverser d'un coup avec un bistouri ou un scalpel la partie que l'on veut amputer.

transformable adj. Qui peut être transformé. *Canapé transformable* (en lit). → **convertible.**

transformateur, trice **1.** adj. Qui transforme. *Action transformatrice.* **2.** n. m. Appareil servant à modifier la tension d'un courant électrique alternatif. - abrév. fam. **transfo.**

transformation n. f. (latin *transformatio* → transformer) **1.** Action de transformer, opération par laquelle on transforme. → **conversion.** *Industrie de transformation,* qui transforme les matières brutes en produits finis ou semi-finis. – *Une, des transformations* : modifications. *Faire des transformations dans une maison.* → **amélioration, aménagement, rénovation.** ■ au rugby Action de transformer un essai. **2.** Fait de se transformer ; modification qui en résulte. → **changement.** *Transformation lente* (→ **évolution**), *brutale* (→ **mutation, révolution**). – *Transformation de mouvement en chaleur.* ■ ling. Toute opération permettant le passage de la structure profonde de la phrase à sa structure superficielle. ■ biol. Modification du patrimoine génétique d'une cellule par introduction d'une information génétique étrangère.

transformationnel, elle adj. ling. *Grammaire transformationnelle* : ensemble des règles de réécriture régissant les transformations.

transformée n. f. math. Fonction résultant d'une transformation.

transformer v. tr. < 1 > (du latin → former) **1.** Faire passer d'une forme à une autre, donner un autre aspect à. → **changer, modifier, renouveler.** *Transformer une maison.* – *Les progrès qui transforment une société.* – *Son séjour à la mer l'a transformé.* → **métamorphoser.** ■ au rugby *Transformer un essai* : envoyer le ballon, qu'on a posé au sol, entre les poteaux du but adverse. **2.** *Transformer en* : faire prendre la forme, l'aspect, la nature de. → **convertir.** *Transformer un grenier en bureau.* ■ **se transformer** v. pron. **1.** Prendre une autre forme, un autre aspect. → **changer, évoluer.** *Le quartier s'est complètement transformé.* – *Ses goûts se sont transformés.* **2.** *Se transformer en* : devenir différent ou autre en prenant la forme, l'aspect, la nature de. *La chenille se transforme en papillon.* – *Leur amitié s'est transformée en amour.*

transformisme n. m. **1.** sc. Théorie de l'évolution par transformations successives (→ **évolutionnisme**). *Le transformisme de Darwin, de Lamarck* (darwinisme, lamarckisme). **2.** Art du transformiste.

transformiste adj. et n. **I.** Partisan du transformisme. *Théories transformistes.* → **évolutionniste. II.** n. Artiste de music-hall qui interprète de nombreux personnages en changeant de costume.

transfrontalier, ière adj. Qui concerne les deux côtés d'une frontière. *Relations transfrontalières.*

transfuge (latin *transfuga*, de *fugere* « fuir ») **1.** n. m. milit. Déserteur qui passe à l'ennemi. → **traître. 2.** n. Personne qui abandonne son parti pour rallier le parti adverse ; personne qui trahit une cause. → **dissident.** – *Transfuge de classe* : personne qui change de classe sociale.

transfuser v. tr. < 1 > (→ transfusion) Faire passer (le sang d'un organisme [humain]) dans un autre. ■ **transfusé, ée** adj. *Sang transfusé.* ■ *Malade transfusé,* qui reçoit une transfusion. – n. *Les transfusés* (opposé à *donneur*).

transfuseur n. m. **1.** Appareil servant à la transfusion sanguine d'un donneur à un receveur. – Dispositif pour la transfusion du sang conservé. **2.** Médecin, infirmier qui effectue une transfusion sanguine.

transfusion n. f. (du latin, de *trans*- et *fundere* → fondre, fusion) *Transfusion (sanguine),* injection de sang humain dans la veine d'un malade, d'un accidenté.

transgène n. m. (n. de société) biol. Gène ajouté au patrimoine génétique d'un être vivant.

transgénique adj. (→ gène) (organisme) Dont le génome a été modifié (par *transgenèse* n. f.). → **OGM.** *Maïs transgénique. Tomates transgéniques.*

transgenre **1.** adj. et n. (Personne) dont le genre ne correspond pas à celui qui lui a été assigné à la naissance (opposé à *cisgenre*). → [2]**trans. 2.** adj. Qui mélange les genres. *Un film transgenre.*

transgresser v. tr. < 1 > (→ transgression) Passer par-dessus (un ordre, une obligation, une loi). → **contrevenir** à, **désobéir** à, **enfreindre, violer.** *Transgresser la loi. Transgresser des ordres.* □ n. **transgresseur, euse** □ adj. **transgressif, ive**

transgression n. f. (du latin, de *trans*- et *gradi* « marcher » → grade) Action de transgresser. → **désobéissance, violation.** *La transgression d'une interdiction.*

transhumance [tʀɑ̃zymɑ̃s] n. f. Migration périodique du bétail de la plaine, qui s'établit en montagne pendant l'été.

transhumanisme n. m. didact. Courant de pensée selon lequel les capacités physiques et intellectuelles de l'être humain pourraient être accrues grâce au progrès scientifique et technique (*cf.* Être humain augmenté*). □ adj. et n. **transhumaniste**

transhumant, ante [tʀɑ̃zymɑ̃, ɑ̃t] adj. Qui transhume. *Troupeaux transhumants.*

transhumer [tʀɑ̃zyme] v. intr. < 1 > (espagnol *transhumar* ; famille de *humus*) (troupeaux) Aller paître en montagne pendant l'été.

transi, ie [tʀɑ̃zi] adj. (p. p. de *transir*) Pénétré, engourdi (de froid ou d'un sentiment qui paralyse). *Être transi de froid, de peur.* – iron. *Un amoureux transi,* timide.

transidentité n. f. didact. Identité de genre des personnes trans.

transiger [tʀɑ̃ziʒe] v. intr. < 3 > (latin *transigere*, de *agere* « conduire ») **1.** Faire des concessions réciproques, de manière à régler, à terminer un différend. → **s'arranger, composer ; transaction. 2.** *Transiger sur, avec qqch.* : céder ou faire des concessions, par faiblesse. *Je ne transigerai pas là-dessus* (→ **intransigeant**).

transir [tʀɑ̃ziʀ] v. tr. < 2 seulement prés. de l'indic., temps composés et inf. > (latin *transire*, de *trans*- et *ire* « aller* », en latin chrét. « mourir ») littér. (froid, sentiment) Pénétrer en engourdissant, transpercer. → **glacer, saisir.** ■ fig. *« La peur avait transi leur âme »* (Lamennais).

transistor [tʀɑ̃zistɔʀ] n. m. (anglais *trans[fer] [res]istor* « résistance de transfert ») **1.** électron. Dispositif électronique utilisé pour redresser, moduler ou amplifier les courants électriques. *Poste de radio à transistors.* **2.** Poste récepteur portatif de radio.

transistoriser [tʀɑ̃zistɔʀize] v. tr. < 1 > Équiper de transistors. – au p. p. *Téléviseur portatif transistorisé.*

transit [tʀɑ̃zit] n. m. (italien *transito*, du latin → transir) **1.** Situation d'une marchandise qui ne fait que traverser un lieu et ne paye pas de droits de douane ; passage en franchise (surtout dans *en, de transit*). *Marchandises en transit. Port de transit.* **2.** *Voyageurs, passagers en transit,* qui ne doivent pas franchir les contrôles de police, de douane lors d'une escale. **3.** physiol. Passage des aliments à travers les voies digestives. *Transit intestinal.* **4.** astron. Passage d'un objet céleste devant un autre objet céleste, vu par un observateur. *Planète en transit.*

transitaire [tʀɑ̃zitɛʀ] **1.** adj. De transit. *Commerce transitaire.* – *Pays transitaire,* où se fait le transit. **2.** n. Mandataire qui s'occupe des transits (1). *Transitaire agréé.*

transiter [tʀɑ̃zite] v. < 1 > **1.** v. tr. Faire passer (des marchandises, etc.) en transit. **2.** v. intr. Passer, voyager en transit. *Marchandises qui transitent par la Belgique.*

transitif, ive [tʀɑ̃zitif, iv] adj. (du latin → transir) **1.** gramm. (verbe) Qui peut avoir un complément d'objet (opposé à *intransitif*). *Verbes transitifs directs* (ex. il travaille la terre). *Verbes transitifs indirects,* dont le complément est construit avec une préposition *(à, de)* (ex. il travaille à son devoir). *Emploi absolu* (sans complément) *des verbes transitifs* (ex. je mange). **2.** math., log. *Relation transitive,* qui, lorsqu'elle lie le premier terme à un second, et ce dernier à un troisième, lie de la même façon le premier terme au troisième (→ **équivalence**).

transition [tʀɑ̃zisjɔ̃] n. f. (latin *transitio* « passage », de *transire* → transir) **1.** Manière de passer de l'expression d'une idée à une autre en les reliant dans le discours. **2.** Passage d'un état à un autre, en général lent et graduel ; état intermédiaire. → **changement, évolution.** *La transition entre le froid et la chaleur.* – *Il passe* **sans transition** *du désespoir à l'exaltation,* brusquement. – **De transition** : qui constitue un intermédiaire. → **transitoire.** *Période de transition entre deux styles.*

3. didact. Démarche volontaire visant à faire correspondre son expression de genre à son identité de genre. *Faire sa transition.* → **transitionner.**

transitionnel, elle adj. 1. Qui marque une transition. → **transitoire.** 2. psych. *Objet transitionnel :* objet (pouce, peluche) fortement investi par le jeune enfant et lui assurant la transition entre la première relation orale à la mère et la relation d'objet. → fam. **²doudou.**

transitionner v. intr. < 1 > 1. Faire une transition. *Transitionner vers des transports moins polluants.* 2. Faire sa transition (3). *Attendre sa majorité pour transitionner.*

transitivement [tʀɑ̃zitivmɑ̃] adv. Avec la construction d'un verbe transitif direct.

transitivité n. f. didact. Caractère de ce qui est transitif. *Transitivité d'un verbe.*

transitoire [tʀɑ̃zitwaʀ] adj. Qui constitue une transition. *Un régime transitoire.* → **provisoire.** ■ Qui dure peu de temps. → **passager.** *Période transitoire.* □ adv. **transitoirement**

Transjordanie n. f. Région historique à l'E. du Jourdain. État princier créé par la Grande-Bretagne en 1921, elle devint le Royaume hachémite de Jordanie en 1949.

Transkei n. m. Ancien homeland (bantoustan) d'Afrique du Sud, sur l'océan Indien. Créé en 1963 dans le cadre de la politique d'apartheid, il fut intégré à la province de Cap-Est en 1994.

translatif, ive adj. (latin *translativus*) dr. Par lequel on cède, on transfère à qqn. *Acte translatif de propriété.* → **cession, donation, vente.**

translation n. f. (du latin, de *translatum*, forme de *transferre* → **transférer**) 1. Transport, déplacement. ■ dr. Translation de propriété. → **transfert.** 2. sc. Déplacement, mouvement (phys. d'un corps, géom. d'une figure) pendant lequel les positions d'une même droite (de la figure ou liée à elle) restent parallèles. *Translation et rotation.*

translittération n. f. (de *trans-* et latin *littera* « lettre ») ling. Transcription lettre par lettre, dans laquelle on fait correspondre à chaque signe d'un système d'écriture un signe dans un autre système. *Translittération du russe en caractères latins.* □ **translittérer** v. tr. < 6 >

translocation n. f. (de *trans-* et du latin *locatio*, par l'anglais) biol. Anomalie génétique due à la cassure d'un segment de chromosome puis à son transfert sur un chromosome non homologue.

translucide adj. (latin *translucidus*, de *lux* « lumière » → **lucide**) Qui laisse passer la lumière, mais n'est pas transparent. → **diaphane.** *Verre translucide,* dépoli. □ **translucidité** n. f. didact.

transmetteur n. m. et adj. Appareil qui sert à transmettre les signaux.

transmettre v. tr. < 56 > (latin *transmittere* → **mettre**) 1. Faire passer d'une personne à une autre (un bien, matériel ou moral). *Transmettre un héritage.* → **léguer.** *Transmettre son pouvoir à qqn.* → **déléguer.** ■ *Transmettre des traditions à ses enfants.* – au p. p. *Secret de fabrication transmis de père en fils.* 2. Faire passer d'une personne à une autre (un écrit, des paroles, etc.) ; faire changer de lieu, en vue d'une utilisation. *Transmettre un message à qqn.* → faire **parvenir.** *Transmettre une information, un ordre.* → **communiquer ; transmission.** – (formule de politesse) *Transmettez-lui mes amitiés.* 3. Faire parvenir (un phénomène physique) d'un lieu à un autre. → **conduire.** *Transmettre un mouvement, une impulsion. Corps qui transmettent l'électricité.* 4. Faire passer (un germe, une maladie) d'un organisme à un autre (→ **contaminer**). – pronom. (passif) *Caractère qui se transmet par hérédité* (→ **héréditaire, transmissible**).

transmigration n. f. (du latin → **migration**) relig. Passage (d'une âme) d'un corps dans un autre. → **métempsychose.**

transmigrer v. tr. < 1 > (latin *transmigrare*) relig. Passer d'un corps dans un autre. *Âmes qui transmigrent.*

transmissible adj. Qui peut être transmis. *Patrimoine transmissible.* ■ méd. → **contagieux, infectieux.** *Maladies sexuellement transmissibles.* → **MST.** □ n. f. **transmissibilité**

transmission n. f. (latin *transmissio* → **transmettre**) I. 1. Action, fait de transmettre (1). *La transmission d'un bien.* → **cession.** *Transmission des pouvoirs.* → **passation.** – *Transmission héréditaire de la propriété* (→ **héritage**). – biol. *Transmission des caractères.* → **hérédité.** 2. Le fait de transmettre (une maladie). → **contagion.** 3. Action de faire connaître. *La transmission d'un message, d'un ordre.* → **communication.** ■ *Transmission de pensée :* coïncidence entre les pensées de deux personnes. → **télépathie.** 4. Déplacement (d'un phénomène physique) lorsque celui-ci implique un ou plusieurs facteurs intermédiaires. *La transmission de la lumière dans l'espace.* → **propagation.** *Transmission des sons.* → **diffusion, émission.** *La transmission d'informations* (→ **télécommunication**). ■ Système qui transmet le mouvement. *Réparer la transmission.* II. *Les transmissions :* ensemble des moyens destinés à transmettre les informations (renseignements, troupes). → **communication, ¹radio.** *Service des transmissions.* ■ Troupes spécialisées qui mettent en œuvre ces moyens.

transmodulation n. f. techn. Déformation d'un signal radioélectrique, dû à une interférence entre l'onde sur laquelle un récepteur est accordé et l'onde modulée d'un émetteur voisin.

transmuable adj. rare Qui peut être transmué. → **transmutable.**

transmuer v. tr. < 1 > (latin *transmutare* → **muer**) littér. Transformer (qqch.) en altérant profondément sa nature ; changer en une autre chose. → **transmuter.**

transmutable adj. rare Qui peut être transmuté. → **transmuable.**

transmutation n. f. (du latin → **mutation**) 1. Changement d'une substance en une autre. *La transmutation des métaux en or, rêvée par les alchimistes.* ■ phys. Transformation d'un élément chimique en un autre par modification du noyau atomique, souvent accompagnée de phénomènes radioactifs. 2. littér. Changement de nature, transformation totale.

transmuter v. tr. < 1 > (de *transmuer* et *transmutation*) Transmuer.

transnational, ale, aux adj. didact. Qui dépasse le cadre national, qui concerne plusieurs nations. → **multinational.**

Transnistrie n. f. Région de Moldavie. 4 163 km². 530 000 habitants. Capitale : Tiraspol. Elle constitue depuis 1991 une république autoproclamée non reconnue par la Moldavie (ni par les pays de l'ONU) et appuyée par la Russie.

transocéanique adj. Qui est au-delà de l'océan. – Qui se fait à travers l'océan. *Course transocéanique.*

Transoxiane n. f. Ancienne région qui s'étendait au-delà du fleuve Oxus (Amou-Daria), correspondant approximativement à l'actuel Ouzbékistan.

transpalette n. m. (de *trans(port)* et *palette*) techn. Chariot à fourches pour le déplacement des palettes de manutention.

transparaître v. intr. < 57 > (de *paraître*) Se montrer au travers de qqch. → **apparaître.** ■ fig. *L'angoisse transparaît sur son visage. Rien ne transparaît de ses intentions.* - var. RO **transparaitre.**

transparence n. f. (→ **transparent**) 1. Qualité d'un corps transparent ; phénomène par lequel les rayons lumineux visibles sont perçus à travers certaines substances. *La transparence de l'eau.* → **limpidité.** – loc. *Par transparence :* à travers un milieu transparent ou translucide. 2. *La transparence du teint,* sa clarté, sa finesse. 3. littér. Qualité de ce qui est transparent (3). → **limpidité.** *La transparence de ses intentions.* → **lisibilité.** ■ Caractère de ce qui est visible par tous (en matière économique, politique...). *La transparence du financement des partis.*

transparent, ente (du latin, de *trans-* et *parere* → **paraître**) I. adj. 1. Qui laisse passer la lumière et paraître avec netteté les objets qui se trouvent derrière (différent de *translucide*). *Le verre est transparent. Une eau transparente.* → **cristallin, limpide.** – *Papier transparent.* 2. Translucide, diaphane. *Avoir un teint transparent,* clair et délicat. 3. Qui laisse voir clairement la réalité, le sens. *Une allusion transparente.* → **clair, évident.** II. n. m. Panneau, tableau éclairé par derrière.

transpercement n. m. Fait de transpercer ; état de ce qui est transpercé.

transpercer v. tr. < 3 > (de *percer*) 1. Percer de part en part. *La balle a transpercé l'intestin.* → **perforer.** 2. littér. *Douleur qui transperce le cœur.* → **fendre.** 3. Pénétrer ; passer au travers. → **traverser.** *La pluie a transpercé ses vêtements.*

transphobie n. f. didact. Attitude d'hostilité, de discrimination envers les personnes transsexuelles ou transgenres. □ adj. et n. **transphobe**

transphrastique adj. ling. Qui concerne les unités de discours d'un niveau supérieur à la phrase. *Sémantique transphrastique.*

transpirant, ante adj. Qui transpire, est en sueur. → **suant.**

transpiration n. f. 1. Sécrétion de la sueur par les pores de la peau. → **sudation.** *Être en transpiration,* couvert de sueur (→ **en nage**). 2. Sueur. *Chemise humide de transpiration.*

transpirer v. intr. < 1 > (du latin médiéval, de *spirare* « respirer » → **spirituel**) 1. Sécréter de la sueur par les pores de la peau. → **suer.** *Elle transpirait à grosses gouttes.* 2. littér. (d'une information tenue cachée) Finir par être connu. *La nouvelle a transpiré.*

transplant n. m. Organe, tissu transplanté (→ **²greffe**).

transplantable adj. Qui peut être transplanté. *Organe transplantable.*

transplantation n. f. 1. Action de transplanter (une plante, un arbre). 2. biol. Greffe d'un organe entier dans un autre organisme. *Transplantation cardiaque.* ■ Implantation d'un embryon dans un utérus pour qu'il s'y développe. 3. fig. Déplacement (de personnes, d'animaux) de leur lieu d'origine dans un autre lieu.

▶ La **transplantation** est la greffe d'un organe entier fonctionnel (rein, foie, cœur, poumon, pancréas...) d'un individu à un autre, avec rétablissement de la continuité des gros vaisseaux. Depuis la première transplantation rénale effectuée en 1952 (à Paris, à l'initiative de Jean Hamburger), et la première transplantation cardiaque (au Cap en 1967, par Christian Barnard), la transplantation d'organe est devenue un moyen thérapeutique éprouvé dans des cas jadis désespérés.

La survie à dix ans d'un transplant rénal varie de 62 % à 77 % selon qu'il provient d'un donneur décédé ou vivant. La survie des receveurs, dix ans après la transplantation, dépasse 53 % pour le cœur, 62 % pour le foie et 33 % pour la transplantation cardio-pulmonaire. Ces résultats ont été obtenus grâce aux progrès des techniques chirurgicales et surtout à l'amélioration du traitement immunosuppresseur destiné à empêcher le rejet du transplant.

Cependant la pénurie de transplants est le principal facteur limitant ; en France, en 2017, 6 105 transplantations ont été effectuées concernant surtout les reins, le foie, le cœur et le poumon, mais aussi le pancréas, le bloc cœur-poumon et l'intestin, mais le nombre de personnes inscrites sur les listes d'attente augmente chaque année. Selon le principe du consentement présumé, en cas de mort cérébrale, toute personne n'ayant pas

T

demandé son inscription sur le registre national des refus est considérée comme donneuse potentielle.
voir aussi **greffe**

transplanté, ée n. Personne qui a subi une transplantation d'organe.

transplanter v. tr. < 1 > (latin *transplantare* → planter) **1.** Sortir (un végétal) de la terre pour replanter ailleurs. *Transplanter un jeune arbre.* → **repiquer. 2.** biol. Opérer la transplantation de (un organe ; un embryon). *Transplanter un rein.* → **greffer.** – au p. p. *Cœur transplanté.* **3.** fig. Transporter d'un pays dans un autre, d'un milieu dans un autre. *Transplanter des populations.* – au p. p. *Coutume transplantée.*

transplantoir n. m. techn. Outil pour transplanter.

transpolaire adj. Qui passe par le pôle. *Ligne aérienne transpolaire.*

transpondeur n. m. (de l'anglais *transponder*) techn. Appareil équipant les cibles radar actives, et destiné à répondre aux impulsions radar. *Transpondeur d'un avion, d'un satellite.*

transport n. m. **I. 1.** Manière de déplacer ou de faire parvenir par un procédé particulier et sur une distance assez longue. *Transport de marchandises par la route* (camionnage, routage), *par chemin de fer* (→ **ferroutage**), *par voie fluviale.* – *Avions de transport. Moyen de transport,* utilisé pour transporter les marchandises ou les personnes (véhicules, avions, navires). **2.** au plur. Moyens d'acheminement des personnes et des marchandises. *Transports aériens* (→ **messagerie**). – *Transports en commun :* transport des voyageurs dans des véhicules publics. **3.** vieux *Transport au cerveau :* hémorragie cérébrale. **II.** littér. Vive émotion, sentiment passionné qui émeut, entraîne ; état de la personne qui l'éprouve. → **enthousiasme, exaltation, ivresse.** – *Des transports de colère, de joie.* → **1élan, emportement.**

transportable adj. Qui peut être transporté (dans certaines conditions). *Marchandise transportable par avion.* – *Malade transportable,* qui peut supporter sans danger un transport.

transportation n. f. (du latin) **1.** vieux Déportation. **2.** dr., ancien Institution par laquelle les condamnés aux travaux forcés étaient transportés dans une colonie pour y effectuer leur peine. → **relégation.**

transporté, ée adj. Qu'un sentiment violent transporte, exalte. → **enivré, éperdu.** *Transporté d'admiration.*

transporter v. tr. < 1 > (du latin, de *portare* → 1porter) **I. 1.** Déplacer (qqn, qqch.) d'un lieu à un autre en portant. *Transporter un colis chez qqn. Transporter des fonds.* → **convoyer.** *Train qui transporte des voyageurs.* ■ au p. p. *Les marchandises transportées.* ■ pronom. (personnes) *Nous nous sommes transportés sur les lieux.* → se **rendre.** *Transportez-vous par la pensée à Pékin.* **2.** Faire passer d'un point à un autre. → **transmettre.** *Les ondes transportent l'énergie à distance.* **3.** Faire passer dans un autre contexte. *Transporter un thème dans une œuvre.* → **introduire. II.** (sujet chose) Agiter (qqn) par un sentiment violent, un transport (II) ; mettre hors de soi. → **enivrer, exalter.** *Ce spectacle l'a transporté.* → **enthousiasmer.** – au passif et p. p. *(Être) transporté de joie.*

transporteur, euse n. **1.** Personne qui se charge de transporter (des marchandises ou des personnes) ; entrepreneur, entrepreneuse de transports. **2.** n. m. Appareil, dispositif (comportant des éléments mobiles) servant à transporter des marchandises.

transposer v. tr. < 1 > (latin *transponere* → poser) **I. 1.** (avec un compl. plur. ou collectif) Placer en intervertissant l'ordre. → **intervertir.** *Transposer les mots d'une phrase.* **2.** Faire changer de forme ou de contenu en faisant passer dans un autre domaine. → **adapter.** *Transposer au XXe siècle l'histoire de Tristan et Iseult.* **II.** Faire passer (une structure musicale) dans un autre ton sans l'altérer. □ adj. **transposable**

transpositeur n. m. mus. Dispositif adapté à un instrument, qui transpose la musique dans plusieurs tons.

transposition n. f. **1.** Déplacement ou interversion dans l'ordre des éléments de la langue. *La transposition des lettres d'un mot.* → **anagramme. 2.** Le fait de faire passer dans un autre domaine. *La transposition de la réalité dans un roman.* **3.** Le fait de transposer un morceau de musique. ■ Morceau transposé.

transposon n. m. (de *transposer*) biol. Élément génétique transposable, composé d'ADN dont les terminaisons sont constituées de séquences identiques inversées, capable de réplication et d'insertion ailleurs dans le génome.

transpyrénéen, enne adj. Qui est au-delà des Pyrénées. – Qui traverse les Pyrénées.

transsaharien, ienne adj. Qui traverse le Sahara.

transsexualisme n. m. psych. Sentiment d'appartenir au sexe opposé, souvent associé au désir de changer de sexe.

transsexualité n. f. didact. Situation d'une personne qui change de sexe.

transsexuel, elle adj. et n. (→ sexe) (Personne) qui ne s'identifie pas au sexe qui lui a été assigné à la naissance. → **2trans ;** aussi **transgenre.** ■ spécialt (Personne) qui a fait sa transition (3).

transsibérien, ienne adj. Qui traverse la Sibérie. *Chemin de fer transsibérien* et n. m. *le transsibérien,* qui relie Moscou à Vladivostok. *« La Prose du transsibérien »* (de Cendrars). *Voyage à bord du transsibérien. La ligne du transsibérien,* construite de 1891 à 1898, fut prolongée au sud du lac Baïkal en 1916.

transsonique adj. phys. *Vitesse transsonique,* voisine de celle du son.

transsubstantiation n. f. (du latin → substance) relig. cathol. Changement du pain et du vin en la substance du corps du Christ.

transsudat n. m. (de *transsudation,* d'après *exsudat*) méd. Liquide séreux, accumulé dans une cavité ou un tissu par suintement.

transsuder v. intr. < 1 > (→ suer) didact. Passer au travers des pores d'un corps en fines gouttelettes. → **filtrer, suinter.** □ n. f. **transsudation**

transuranien, enne [tʀɑ̃zyʀanjɛ̃, ɛn] adj. (→ uranium) chim. Dont le nombre atomique est supérieur à celui de l'uranium. *Éléments radioactifs transuraniens.*

Transvaal n. m. Région du N.-E. de l'Afrique du Sud. Principale région minière et industrielle du pays. Colonisée par les Boers dans les années 1830, la région acquit son indépendance, reconnue par les Britanniques, en 1852. Annexé par la Grande-Bretagne en 1877, le Transvaal devint, après la guerre des Boers (1899-1902), une province de l'Union sud-africaine (1910).

transvaser v. tr. < 1 > (de *vase*) Verser, faire couler d'un récipient dans un autre. *Transvaser du vin.* → **soutirer.** □ n. m. **transvasement**

transversal, ale, aux (du latin, de *transversus* → travers) **I.** adj. **1.** Qui traverse une chose en la coupant perpendiculairement à sa plus grande dimension (longueur ou hauteur). *Coupe transversale* (opposé à *longitudinal*). **2.** Qui traverse, est en travers. *Barre transversale.* ■ fig. *Disciplines, recherches transversales.* **II.** n. f. Voie transversale (par rapport à un axe principal). *Une transversale.*

transversalement adv. Dans une position transversale.

transverse adj. (du latin → transversal) anat. Se dit d'un organe qui est en travers. *Côlon transverse.*

transvestisme voir **travestisme**

transvider v. tr. < 1 > (mot dialectal) Faire passer (un contenu) d'un récipient à un autre. → **transvaser.**

Transylvanie n. f. Région historique et géographique de la Roumanie centrale, limitée à l'E. et au S. par les Carpates. Élevage bovin et ovin. Gaz naturel. Conquise par les Habsbourg en 1691, sous administration hongroise de 1867 à 1918, elle fut ensuite rattachée à la Roumanie.

Transylvanie (Alpes de) Partie méridionale de la chaîne des Carpates. Elles culminent au Moldoveanu. 2 544 m.

Traoré (Moussa) Général et homme d'État malien (1936-2020). Parvenu au pouvoir par le putsch militaire de 1968, il fut président de la République jusqu'en 1991.

Trapani Ville d'Italie, en Sicile. 68 350 habitants. Édifices religieux baroques. Port. Centre tertiaire, commercial et industriel.

trapèze n. m. (mot grec « petite table ») **I. 1.** Quadrilatère dont deux côtés sont parallèles (surtout lorsqu'ils sont inégaux). *Les bases d'un trapèze,* les côtés parallèles. **2.** anat. *Muscle trapèze* ou n. m. *trapèze :* muscle plat au niveau des omoplates. **II. 1.** Appareil de gymnastique, d'acrobatie ; barre horizontale suspendue par les extrémités à deux cordes. *Faire du trapèze.* – *Trapèze volant.* **2.** mar. Dispositif permettant de se suspendre à l'extérieur de la coque, pour faire contrepoids, sur un dériveur léger.

transsibérien

Sur son parcours, qui dure une semaine, le transsibérien dessert près de 990 gares.

trapéziste n. Acrobate spécialisé dans les exercices du trapèze.

trapézoïdal, ale, aux adj. didact. En forme de trapèze.

trapézoïde adj. (du grec) didact. Qui ressemble à un trapèze. – anat. *Os trapézoïde*, situé dans la zone inférieure du carpe.

¹trappe n. f. (vient du francique *trappa* « piège », *cf.* attraper) **1.** Ouverture pratiquée dans un plancher ou un plafond et munie d'une fermeture qui se rabat. – loc. *Passer à la trappe* : être rejeté, oublié. – *Trappe de visite d'une baignoire.* **2.** Piège formé d'une fosse recouverte de branchages ou d'une bascule. → **chausse-trape.**

²trappe n. f. (du n. de N.-D. de la Trappe, lieu de sa fondation) avec maj. Ordre religieux cistercien.

Trappe (la) Abbaye cistercienne fondée en 1140 à Soligny, dans l'Orne. Rattachée à Cîteaux, elle fut réformée par Rancé en 1664 (ordre cistercien de la stricte observance).

Trappes Commune des Yvelines, près de Versailles. 33 419 habitants. Centre météorologique départemental.

trappeur, euse n. (de *trappe* « chasse à la trappe ») Personne qui fait commerce de fourrures notamment en Amérique du Nord.

trappillon n. m. (de *¹trappe*) Ouverture dans le plancher de la scène d'un théâtre pour donner passage aux décors.

trappiste I. n. m. Moine, religieux qui observe la règle réformée de la Trappe. II. n. f. Bière brassée par des trappistes de Belgique et des Pays-Bas.

trappistine n. f. I. Religieuse qui suit la règle cistercienne des trappistes. II. Liqueur fabriquée par les trappistes.

trapu, ue adj. (de l'ancien français *trape* « grosse patte », d'origine obscure) **1.** (personnes) Qui est court et large (souvent avec l'idée de robustesse, de force). *Un homme petit et trapu.* ■ (choses) Ramassé, massif. *Une construction trapue.* **2.** fam., vieilli Fort. *Il est trapu en maths.* ■ Difficile. *Un problème trapu.*

traque n. f. Action de traquer (un animal ou une personne).

traquenard n. m. (du gascon, de *traca* « marche » ; famille de *traquer*) Piège. *Être pris dans un traquenard.* → **souricière.** – fig. *Des questions pleines de traquenards.* → **embûche.**

traquer v. tr. < 1 > (de l'ancien français *trac* « piste ») **1.** Poursuivre (le gibier) en resserrant toujours le cercle qu'on fait autour de lui. → **forcer.** – au p. p. *Un air de bête traquée.* **2.** Poursuivre (qqn), le forcer dans sa retraite. – au p. p. *Un homme traqué par la police.*

traquet n. m. (d'un radical expressif) Petit passereau appelé aussi *cul-blanc, motteux.*

¹traqueur, euse n. Chasseur qui traque, rabat le gibier.

²traqueur, euse adj. et n. fam. Qui a le trac. *Comédien traqueur.* – n. *C'est une traqueuse.* - syn. **traqueux, euse.**

trash [tʀaʃ] adj. invar. (anglais des États-Unis « poubelle, déchet ») anglic., fam. D'un goût douteux, qui flatte les bas instincts. *Publicité trash.*

Trasimène (lac) Lac de l'Italie centrale (Ombrie). 124 km². Lors de la deuxième guerre punique, Hannibal y vainquit les Romains (–217).

Trás-os-Montes Ancienne province du N.-E. du Portugal.

trattoria n. f. (mot italien) Restaurant populaire traditionnel, en Italie.

trauma n. m. (mot grec « blessure ») **1.** méd. Lésion, blessure produite par un impact. *Trauma crânien.* **2.** psych. (emploi critiqué) Traumatisme (2).

traumatique adj. (du latin, du grec *traumatikos*, de *trauma* « blessure ») didact. Qui a rapport aux plaies, aux blessures. *Choc traumatique*, après une blessure grave, une opération. ■ Qui a rapport à un choc émotionnel. *Amnésie traumatique.*

traumatiser v. tr. < 1 > Provoquer un traumatisme psychologique. → **choquer.** *Cette aventure l'a traumatisée.* □ adj. **traumatisant, ante**

traumatisme n. m. **1.** Ensemble des troubles provoqués dans l'organisme par une lésion, une blessure grave. → **trauma (1).** *Traumatisme crânien.* **2.** Choc émotionnel très violent.

traumatologie n. f. didact. Partie de la médecine, de la chirurgie consacrée à soigner les blessures, les suites d'accidents. □ adj. **traumatologique** □ n. **traumatologue** et **traumatologiste**

Trauner (Alexandre) Décorateur de cinéma français d'origine hongroise (1906-1993). Il collabora, en France et à Hollywood, avec les plus grands réalisateurs, dont M. Carné *(Les Enfants du paradis)*, H. Hawks et B. Wilder *(La Garçonnière).*

¹travail, aux n. m. (de *travailler*) I. (« torture, souffrance » → **travailler**, étym.) Période de l'accouchement pendant laquelle se produisent les contractions. *Femme en travail. Salle de travail.* II. **1.** *(Le travail)* Ensemble des activités humaines organisées, coordonnées en vue de produire ce qui est utile ; activité productive d'une personne. → **¹action, activité, labeur ; travailler.** *Travail manuel, intellectuel. L'organisation du travail. Avoir du travail.* – *Se mettre, être au travail.* **2.** Action ou façon de travailler (I) une matière *(le travail du bois)* ; de manier un instrument. **3.** *(Un travail ; le travail de qqn)* Ensemble des activités manuelles ou intellectuelles exercées pour parvenir à un résultat utile déterminé. → **besogne, tâche ; ²boulot.** *Entreprendre, accomplir, faire un travail.* – loc. *Un travail de Romain*, de bénédictin*.* **4.** Manière dont un ouvrage, une chose ont été exécutés. *Travail soigné.* – iron. *Regardez-moi ce travail !* III. *Les travaux.* **1.** Suite d'entreprises, d'opérations exigeant une activité physique suivie et l'emploi de moyens techniques. *Les travaux des champs*, l'agriculture. *Les travaux ménagers. Gros travaux*, pénibles et n'exigeant pas une habileté particulière. – (en France) *Travaux d'intérêt général* (TIG) : peine de substitution pour les petits délinquants. – loc. plais. *Inspecteur* des travaux finis.* **2.** *Travaux publics* : travaux de construction, de réparation, ou d'entretien d'utilité générale faits pour le compte d'une administration (ex. routes, ponts, etc.). *Ingénieur des Travaux publics.* **3.** ancienn*t* *Travaux forcés* : peine de droit commun qui s'exécutait dans les bagnes. **4.** Recherches dans un domaine intellectuel, scientifique. *Travaux scientifiques. Travaux pratiques* (TP) : séance d'exercices en application d'un cours théorique. **5.** Délibérations (d'une assemblée) devant aboutir à une décision. IV. **1.** Activité rétribuée, dans une profession. → **emploi, fonction, gagne-pain, métier, profession, spécialité ;** fam. **²boulot, job, turbin.** *« Aimez le travail, nous dit la morale ; c'est un conseil ironique et ridicule »* (Ch. Fourier). *Travail à mi-temps, à plein temps. Travail temporaire* (→ **intérim).** *Arrêt de travail* : grève momentanée ; interruption de travail (spécialt, pour une maladie). *Être sans travail* (→ **chômeur).** *Travail payé à l'heure, aux pièces. Réduction du temps de travail* (→ **RTT).** ■ *Travail à la chaîne*. Travail à domicile* (exécuté chez soi). ■ *Carte de travail* (pour les travailleurs étrangers, immigrés...). – *Contrat de travail.* – *Travail au noir*, exercé dans des conditions illégales. **2.** L'ensemble des travailleurs, surtout agricoles et industriels. → **ouvrier, paysan, prolétariat, travailleur(s) ; main-d'œuvre.** *Le monde du travail. Le ministère du Travail.* V. sc. **1.** Action continue, progressive (d'une cause naturelle) ; son effet. *Le travail d'érosion des eaux.* ■ (abstrait) *Le travail du temps.* **2.** Le fait de produire un effet utile, par son activité. → **fonctionnement, force.** *Travail musculaire* : quantité d'énergie fournie par l'ensemble des muscles d'un organisme. **3.** phys. Produit d'une force par le déplacement de son point d'application (estimé suivant la direction de la force).

²travail, travails n. m. (vient du bas latin *trepalium*, var. de *tripalium*, de *tri* « trois » et *palus* [→ ¹pal, pieux]) techn. Dispositif servant à immobiliser les chevaux, les bœufs, pour les ferrer ou les soigner.

travailler v. < 1 > (vient du latin pop. *tripaliare* « torturer », de *tripalium* → **²travail** ; famille de *travée*) I. v. tr. **1.** (sens étym. : « faire souffrir » → ¹travail, I) (sujet chose) vieux Faire souffrir. ■ mod. Inquiéter, préoccuper. *Cette affaire le travaille.* → **tracasser.** **2.** Modifier par le travail. Soumettre à une action suivie, pour donner forme (ou changer de forme), rendre plus utile ou utilisable. *Travailler une matière première.* → **élaborer, façonner.** *Travailler l'ivoire. Travailler la terre.* → **cultiver.** ■ Soumettre à un travail intellectuel, pour améliorer. *Travailler son style.* → **perfectionner.** – au p. p. *Une « prose rythmée, travaillée et polie »* (Gautier). **3.** Chercher à acquérir ou perfectionner (une science, une technique, une activité, un art) par l'exercice, l'étude ou la pratique. *Travailler la philosophie.* → **étudier ;** fam. **²bûcher, potasser.** *Travailler un morceau de piano.* **4.** Soumettre à des influences volontaires de manière à faire agir de telle ou telle façon. *Travailler l'opinion. Travailler les esprits*, les pousser au mécontentement, à la révolte. → **exciter.** **5.** *Travailler à...* : faire tous ses efforts pour obtenir (un résultat), en vue de... *Travailler à la perte de qqn.* ■ Consacrer son activité à (un ouvrage). *Elle travaille à un exposé.* → **préparer.** II. v. intr. **1.** Agir d'une manière suivie, avec plus ou moins d'effort, pour obtenir un résultat utile. → **besogner, œuvrer ;** fam. **²bosser, boulonner, ²bûcher.** *Travailler dur, d'arrache-pied.* → **trimer.** – fam. *Faire travailler sa matière grise* : réfléchir. ■ spécialt Étudier. *Elle travaille bien en classe.* **2.** Exercer une activité professionnelle, un métier. *Travailler en usine, dans un bureau.* **3.** S'exercer, effectuer un exercice. *Acrobate qui travaille sans filet.* **4.** (sujet chose : temps, force...) Agir. *Le temps travaille pour nous.* **5.** Fonctionner pour la production. *Industrie qui travaille pour l'exportation.* **6.** loc. fam. *Travailler du chapeau* : être fou. III. v. intr. (choses) **1.** Subir une force, une action. *Le bois a travaillé.* → **se déformer, se gondoler.** **2.** Fermenter, subir une action interne. *Le vin travaille.* **3.** Être agité. *Son imagination travaille.*

travailleur, euse I. n. **1.** Personne qui travaille physiquement ou intellectuellement. **2.** Personne qui exerce une profession, un métier. *Travailleurs manuels* (→ **ouvrier, paysan),** *intellectuels. Travailleurs sociaux* : éducateurs, assistantes sociales. – *Les travailleurs*, les salariés, surtout les ouvriers de l'industrie. → **prolétaire ; ¹travail (IV, 2).** II. adj. **1.** Qui aime le travail. → **laborieux.** *Un étudiant très travailleur.* → **appliqué, consciencieux ; bûcheur.** **2.** Des travailleurs. *Les masses travailleuses*, laborieuses.

travailleuse n. f. Petit meuble pour le rangement des travaux de couture.

travailliste n. et adj. Membre du Labour Party (parti du *Travail*), en Grande-Bretagne. → **socialiste.** *Les conservateurs et les travaillistes.* – adj. *Député travailliste.* □ n. m. **travaillisme**

travailliste (Parti) en anglais **Labour Party** Parti politique britannique fondé en 1893 sous le nom de Parti travailliste indépendant. J. R. MacDonald, C. Attlee, H. Wilson, J. Callaghan, M. Foot, N. Kinnock, John Smith, Tony Blair et G. Brown figurent parmi ses principaux représentants.

travailloter v. intr. < 1 > Travailler peu.

T

travée n. f. (de l'ancien français *tref,* qui vient du latin *trabs, trabis* « poutre ») **1.** Portion (de voûte, de comble, de pont...) comprise entre deux points d'appui (colonnes, piles, piliers, etc.). *Nef à cinq travées.* **2.** Rangée de tables, de sièges placés les uns derrière les autres. *Les travées d'un amphithéâtre.*

travelage n. m. (d'une var. ancienne de *travée*) techn. Ensemble des traverses d'une voie ferrée ; nombre de traverses au kilomètre.

traveller's chèque ou **traveller's check** [tʀavlœʀ(s)ʃɛk] n. m. (de l'anglais des États-Unis) anglic. Chèque de voyage (recomm. offic.), permettant au porteur de toucher des fonds dans un autre pays. - abrév. **traveller.** *Des travellers.*

travelling ou **traveling** [tʀavliŋ] n. m. (anglais *travelling shot* « prise en mouvement », de *to travel* « voyager ») anglic. Mouvement de la caméra placée sur un chariot qui glisse sur des rails. *Travelling avant, arrière.*

travelo n. m. (de *trav[esti]* et suffixe pop.) fam. Travesti, homme qui s'habille en femme. *Des travelos.*

travers n. m. (vient du latin *transversus* « oblique, transversal », de *vertere* « tourner » → version) **I.** (en loc.) **1.** *En travers :* dans une position transversale par rapport à un axe. → **transversalement.** *Il dort en travers du lit.* – fig., littér. *Se mettre, se jeter en travers de...,* s'opposer, faire obstacle à. **2.** *À travers :* par un mouvement transversal d'un bout à l'autre d'une surface ou d'un milieu qui constitue un obstacle. *Passer à travers champs, à travers la foule.* → au **milieu, parmi ; traverser.** *Objets vus à travers une vitre.* – fig. *À travers les âges.* ■ *Au travers :* en passant d'un bout à l'autre ; de part en part. – loc. *Passer au travers,* échapper à un danger, à une punition. ■ *Par le travers :* sur le côté. **3.** *De travers :* dans une direction, une position oblique par rapport à la normale ; qui n'est pas droit. → fam. de **traviole.** *Avoir le nez de travers.* – loc. *Regarder qqn de travers,* avec animosité, suspicion. – → **²mal.** *Raisonner de travers. Il comprend tout de travers.* – *Tout va de travers.* **4.** *À tort et à travers.* → **tort.** **II. 1.** *Travers de porc,* côtes coupées en travers (cuisine extrême-orientale). **2.** Léger défaut (d'une personne). → **imperfection.**

traversable adj. Qui peut être traversé.

traversant, ante adj. Qui traverse, passe à travers. *Une douleur traversante.* ■ (concret) *Appartement traversant,* qui donne sur les deux façades opposées d'un bâtiment. *Trottoir traversant,* passage pour piétons surélevé.

traverse n. f. (vient du latin pop. → travers) **I. 1.** Barre de bois, de métal, etc., disposée en travers, servant à assembler, à consolider des montants, des barreaux. *Les traverses d'une fenêtre.* **2.** Pièce (de bois, de métal, de béton) placée en travers de la voie pour maintenir l'écartement des rails. **II.** littér. Difficulté, obstacle. *« Ce qu'on nomme malheur, adversité, traverses »* (Hugo). **III. 1.** loc. adj. invar. *Chemin de traverse,* qui coupe. → **raccourci. 2.** (Canada) Point de passage d'un cours d'eau, en traversier.

traversée n. f. **1.** Action de traverser la mer, une grande étendue d'eau (surtout en bateau). **2.** Action de traverser (un espace) d'un bout à l'autre. → **passage.** *La traversée d'une ville en voiture.* – fig. *La traversée du désert*.*

traverser v. tr. < 1 > (vient du latin *transversare* → travers ; cf. *transversal*) **I. 1.** Passer, pénétrer de part en part, à travers (un corps, un milieu interposé). → **percer, transpercer.** *Traverser un mur à coups de pioche. L'eau traverse la toile.* → **filtrer. 2.** Se frayer un passage à travers (des personnes rassemblées). *Traverser la foule.* **II. 1.** Parcourir (un espace) d'une extrémité, d'un bord à l'autre. → **franchir, parcourir.** *Traverser une ville. Traverser l'Atlantique à la voile.* – Couper (une voie de communication), aller d'un bord à l'autre. *Traverser la rue, la rivière.* – sans compl. *Piétons qui traversent.* **2.** (choses ; sans mouvement) Être, s'étendre, s'allonger au travers de... *La route traverse la voie ferrée.* → **croiser. 3.** Aller d'un bout à l'autre de (un espace de temps), dépasser (un état durable). *Traverser une période difficile.* **4.** Passer par (l'esprit, l'imagination). *Idée qui traverse l'esprit.* → se **présenter.**

traversier, ière **I.** adj. vieux Qui est en travers. *Rue traversière.* loc. *Flûte traversière,* qui se tient horizontalement. **II.** n. m. (Canada) Bac (pour remplacer l'anglic. *ferry-boat*).

traversin n. m. (de *travers*) Long coussin cylindrique, placé en travers, à la tête du lit. → **polochon.**

traversine n. f. techn. Traverse reliant des pilotis, les éléments d'un train de bois flotté. ■ Traverse d'une palissade, d'un grillage.

travertin n. m. (de l'italien, du latin « de Tibur [Tivoli] ») Roche calcaire présentant de petites cavités, utilisée en construction.

travesti, ie **I. 1.** adj. Revêtu d'un déguisement. → **costumé, déguisé.** *Un acteur travesti* ou n. m. *un travesti,* un acteur qui se travestit (notamment, homme qui joue un rôle féminin). ■ fig. *« Le Virgile travesti »* (parodie de Scarron). **2.** n. m. Homme qui s'habille en femme et qui manifeste de manière volontaire des caractères apparents de la féminité. → fam. **travelo ;** anglic. **drag-queen.** *Cabaret de travestis.* **II.** n. m. vieilli Déguisement.

travestir v. < 2 > (de l'italien, de *trans-* [→ trans-] et du latin *vestire* → vêtir) **1.** v. pron. réfl. *Se travestir :* se déguiser pour un bal, un rôle de théâtre. – spécialt Prendre l'apparence de l'autre sexe. **2.** v. tr. Transformer en revêtant un aspect mensonger qui défigure, dénature. → **déformer, fausser.** *Travestir la vérité, la pensée de qqn.* → **falsifier.**

travestisme n. m. psych. Adoption habituelle des vêtements et des habitudes de l'autre sexe. - syn. **transvestisme.**

travestissement n. m. **1.** Action ou manière de travestir, de se travestir. → **déguisement. 2.** Déformation, parodie. *Le travestissement de la vérité.*

de **traviole** loc. adv. fam. De travers. *« Le calot crânement posé de traviole »* (Perec).

Travnik Ville de Bosnie-Herzégovine. 18 850 habitants. Elle fut la capitale de la Bosnie de 1680 à 1850.

Travolta (John) Acteur américain (né en 1954). Après le succès de la comédie musicale *La Fièvre du samedi soir,* sa carrière redémarra avec *Pulp Fiction* de Tarantino. Il a surtout tourné des films d'action. *Volte-Face ; Broken Arrow.*

John Travolta dans *Grease* de Randal Kleiser (1978).

trayeur, euse n. **1.** Personne chargée de traire. **2.** n. f. Machine effectuant la traite.

trayon n. m. L'une des tétines du pis (d'une vache).

Trébie n. f. Rivière d'Italie. 115 km. Née dans l'Apennin, elle se jette dans le Pô. Lors de la deuxième guerre punique, Hannibal y vainquit le Romain Sempronius (–218).

Trébizonde voir **Trabzon**

Treblinka Camp d'extermination nazi, à 80 km de Varsovie. Environ 800 000 Juifs y périrent (1942-1943).

Třeboň (Maître de) Peintre tchèque (XIVe s.). Il est l'auteur d'un chef-d'œuvre de l'art gothique, *La Passion du Christ* (retable).

trébuchant, ante adj. **1.** Qui trébuche. *Une démarche trébuchante.* **2.** Qui hésite à chaque difficulté. *Une diction trébuchante.* **3.** vieux (pièce de monnaie) Qui pèse le poids requis (→ **trébuchet**). ■ mod. loc. *Espèces sonnantes* et trébuchantes.*

trébucher v. intr. < 1 > (de *tres-,* du latin *trans* → trans- et de l'ancien français *buc* « tronc », d'un mot germanique) **1.** Perdre soudain l'équilibre, faire un faux pas. → **chanceler.** *Trébucher contre, sur une pierre.* → **¹buter. 2.** Être arrêté par une difficulté, une erreur. *Elle trébuche sur les mots difficiles.* □ n. m. **trébuchement**

trébuchet n. m. **1.** Piège à oiseaux, muni d'une bascule. **2.** Petite balance pour les pesées délicates.

tréfilage n. m. techn. Opération par laquelle on tréfile (un métal).

tréfiler v. tr. < 1 > (→ filer) techn. Étirer (un métal) en le faisant passer au travers des trous d'une filière.

tréfilerie n. f. techn. Atelier, usine où l'on tréfile des métaux.

tréfileur, euse n. techn. Ouvrier, ouvrière employé(e) au tréfilage.

trèfle n. m. (du grec, de *tri-* → tri- et *phullon* « feuille ») **1.** Plante, herbe aux feuilles composées de trois folioles, qui pousse dans les prairies des régions tempérées. *Un champ de trèfle.* → **tréflière.** – *Trèfle à quatre feuilles,* considéré comme porte-bonheur. ■ (autres plantes) *Trèfle d'eau.* → **ményanthe.** *Trèfle cornu.* → **lotier. 2.** Motif décoratif évoquant la feuille de trèfle. – archit. Ornement à trois lobes. – aux cartes Ce motif, de couleur noire. *Roi de trèfle.* **3.** *Croisement en trèfle* ou n. m. *trèfle :* croisement de routes à niveaux séparés, à raccords courbes. → **échangeur.**

tréflé, ée adj. didact. En forme de trèfle.

tréflière n. f. Champ semé de trèfle.

tréfonds n. m. (de *tres-,* du latin *trans* → trans- et *fond*) littér. Ce qu'il y a de plus profond, de plus secret. → **fond.** *Le tréfonds de son cœur.*

Trégorrois ou **Trégor** n. m. Région du N. de la Bretagne (Côtes-d'Armor et Finistère), entre la baie de Saint-Brieuc et la baie de Morlaix. Agriculture. Tourisme estival.

Tréguier Commune des Côtes-d'Armor. 2 411 habitants. Cathédrale des XIVe-XVe s. (gothique rayonnant).

tréhalose n. m. (de *tréhala* « galle du chardon » [du turc *tigalah*] et *¹-ose*) biochim. Disaccharide présent dans certains champignons.

treillage n. m. Assemblage de lattes, d'échalas posés parallèlement ou croisés dans un plan vertical. ■ Clôture à claire-voie. → **¹treillis.**

treillager v. tr. < 3 > Garnir ou protéger d'un treillage.

treillageur, euse n. Ouvrier, ouvrière qui fait des treillages.

treille n. f. (vient du latin *trichila*) Vigne qui pousse en berceau, en voûte ou contre un support (treillage, mur, espalier...) ; tonnelle où grimpe la vigne. ■ loc. plais. *Le jus de la treille,* le vin.

[1]treillis n. m. (de *treille*) Entrecroisement de lattes, de fils métalliques formant claire-voie. ■ archit. Entrecroisement de poutrelles métalliques.

[2]treillis n. m. (du latin *trilix* « à trois fils » ; famille de *lice*) **1.** Toile de chanvre très résistante. *Pantalon de treillis.* **2.** Tenue militaire d'exercice ou de combat. *Des soldats en treillis.*

treillisser v. tr. < 1 > Garnir d'un treillis. *Treillisser une fenêtre.*

treize (vient du latin *tredecim* « trois plus dix ») **1. adj. numéral cardinal invar.** (13 ou XIII) Dix plus trois. *Treize ans. Treize cents* ou *mille trois cents (1 300). Rugby à treize.* – loc. *Treize à la douzaine,* treize choses pour le prix de douze. **2. adj. numéral ordinal invar.** Treizième. *Louis XIII (treize). Treize heures.* **3. n. m. invar.** Le nombre, le numéro treize.

treizième adj. numéral ordinal **1.** Qui suit le douzième (13e ; XIIIe). – **n.** *Le, la treizième.* **2.** *La treizième partie* ou **n. m.** *le treizième* (1/13), fraction d'un tout également partagé en treize. □ **adv. treizièmement**

treiziste n. m. sports Joueur de rugby à treize.

trekkeur, euse n. Personne qui pratique le trekking.

trekking n. m. (de l'anglais, de *to trek* « avancer », du néerlandais) anglic. Randonnée pédestre dans des régions montagneuses difficilement accessibles. - syn. **trek.**

Trélazé Commune du Maine-et-Loire, banlieue S.-E. d'Angers. 15 056 habitants. Musée de l'ardoise.

Trélissac Commune de la Dordogne, banlieue E. de Périgueux. 7 191 habitants.

tréma n. m. (du grec « trou ; point sur un dé ») Signe formé de deux points juxtaposés que l'on met sur les voyelles *e, i, u,* pour indiquer que la voyelle qui précède doit être prononcée séparément. *« Astéroïde » s'écrit avec un i tréma.*

trémail voir **tramail**

trémater v. tr. < 1 > (p.-ê. du bas latin *trema,* de *trames* « sentier ») mar. Dépasser (un bateau) sur une voie fluviale. □ **n. m. trématage**

trématode n. m. (du grec, de *trêma, trêmatos* « trou ») zool. Ver plat parasite, à corps non segmenté, possédant des ventouses (classe des *Trématodes* ; ex. la douve).

Trembecki (Stanisław) Poète polonais (1739-1812). Partisan du despotisme éclairé, il devint le favori du roi Stanislas Auguste. Il exposa ses idées humanistes et matérialistes dans *Zofiówka.*

tremblaie n. f. régional Terrain planté de trembles.

tremblant, ante adj. **I. 1.** Qui tremble. *Tremblant de froid.* → **grelottant.** *Lueur tremblante.* → **vacillant.** *Voix tremblante.* → **chevrotant. 2.** Qui tremble, craint, qui a peur. → **craintif.** *Effrayée et tremblante, elle se taisait.* **II.** *Maladie tremblante des moutons* ou *la tremblante* **n. f.** : maladie (encéphalopathie) des ovins, caractérisée par des troubles neuromoteurs.

Tremblay (Gilles) Compositeur canadien (québécois) [1932-2017]. Élève d'O. Messiaen, il manifesta une prédilection pour les vents et la percussion. *Fleuves ; Vêpres de la Vierge.*

Tremblay (Michel) Écrivain canadien (québécois) [né en 1942]. Son œuvre dramatique, qui recourt au parler populaire montréalais, a renouvelé le théâtre québécois. *Les Belles-Sœurs ; Chronique du Plateau-Mont-Royal ; Victoire !*

Tremblay-en-France Commune de la Seine-Saint-Denis. 36 477 habitants. Commune résidentielle.

tremble n. m. (vient du bas latin *tremulus* « le tremblant » → **trembler**) Peuplier à écorce lisse, à tige droite, dont les feuilles frissonnent au moindre vent.

tremblé, ée adj. **1.** Tracé d'une main tremblante. *Écriture tremblée.* **2.** (son, voix) Qui tremble.

tremblement n. m. **1.** Secousses répétées qui agitent une chose. → **ébranlement.** – *Tremblement de terre :* secousses en relation avec la déformation de l'écorce terrestre en un lieu. → **séisme ;** secousse **sismique, [1]tellurique.** ■ Mouvement, oscillations de ce qui tremble. *Le tremblement des feuilles.* – *Le tremblement d'une lumière.* → **vacillement. 2.** Agitation du corps ou d'une partie du corps par petites oscillations involontaires. → **frémissement, frisson.** *Un, des tremblements de froid, de peur.* **3.** loc. fam. *Et tout le tremblement :* et tout le reste. → **tralala.**

trembler v. intr. < 1 > (vient du latin pop. *tremulare,* de *tremulus,* famille de *terror* → **terreur** ; *cf.* aussi **craindre**) **1.** Être agité de petits mouvements répétés autour d'une position d'équilibre. *Le choc fit trembler les vitres.* → **remuer, trépider, vibrer.** *Le feuillage tremble sous la brise.* → **frémir, osciller.** – Être ébranlé. *La terre tremble.* → **tremblement** de terre. – (lumière) Produire une image vacillante. – (voix, son) Ne pas conserver la même intensité ; varier rapidement (en intensité, hauteur). → **tremblé ; trémolo. 2.** (personnes) Être agité par une suite de petites contractions involontaires des muscles. → **frissonner.** *Trembler de froid* (→ **grelotter**) ; *de peur.* loc. *Trembler comme une feuille,* beaucoup. **3.** fig. Éprouver une violente émotion, sous l'effet de la peur. *Tout le monde tremble devant lui. Je tremble qu'on ne l'ait vu.* → **craindre.** *Trembler pour qqn :* craindre un danger, un malheur pour lui. *Elle tremble de le perdre.*

trembleur, euse I. adj. Tremblant. **II.** n. **1.** Personne très craintive. **2.** n. m. Vibreur. **3.** n. f. *Trembleuse :* petite tasse retenue sur une soucoupe par un évidement.

tremblotant, ante adj. Qui tremblote. → **tremblant.** – *Voix tremblotante.* → **chevrotant.**

tremblote n. f. fam. Tremblement. *Avoir la tremblote.*

trembloter v. intr. < 1 > Trembler (1, 2) légèrement. □ **n. m. tremblotement**

trémelle n. f. (du latin sc., de *tremulus* « tremblant ») bot. Champignon basidiomycète à réceptacle gélatineux et irrégulier.

Tremblay (Michel)

Michel Tremblay en 2007, à Saint-Malo.

trémie n. f. (vient du latin *trimodia,* de *modius* « muid ») Entonnoir en forme de pyramide renversée qui permet de déverser une substance à traiter.

trémière adj. f. (pour *d'outre-mer*) *Rose trémière,* plante décorative (guimauve) à fleurs semblables à de petites roses ; cette fleur. → **passerose.**

trémolo n. m. (de l'italien, du latin *tremulus* → **trembler**) **1.** Effet musical obtenu par la répétition très rapide d'un son, d'un accord. **2.** Tremblement d'émotion (souvent affecté) dans la voix. *Avoir des trémolos dans la voix.*

se **trémousser** v. pron. < 1 > (de *tres-,* du latin *trans* → **trans-,** et *mousse* « écume ») S'agiter avec de petits mouvements vifs et irréguliers. → **frétiller,** se **tortiller.** *Se trémousser d'énervement, d'impatience.* □ **n. m. trémoussement**

trempabilité n. f. techn. Possibilité, pour un alliage, d'être trempé.

trempage n. m. Action de tremper. *Le trempage du linge.*

[1]trempe n. f. **I. 1.** Immersion dans un bain froid (d'un métal, d'un alliage chauffé à haute température). *La trempe de l'acier.* **2.** Qualité qu'un métal acquiert par cette opération. ■ loc. fig. *De... trempe. Un joueur de sa trempe.* → **caractère, qualité. II.** fam. Volée de coups. → **raclée.**

[2]trempe adj. régional Trempé, très mouillé. *Chemise trempe.*

trempé, ée adj. **1.** Durci par la trempe. *Acier trempé, verre trempé.* ■ fig. et littér. *Caractère bien trempé,* aguerri, énergique. **2.** Imbibé ; très mouillé. – *Trempé jusqu'aux os**.

tremper v. < 1 > (vient du latin *temperare* → **tempérer**) **I. v. tr. 1.** (liquide) Mouiller fortement, imbiber. *La pluie a trempé sa chemise.* **2.** Plonger (un solide) dans un liquide pour imbiber, enduire. ■ Immerger, baigner. *Tremper son bras dans le lavabo.* – pronom. (réfl.) *Se tremper :* prendre un bain rapide. **3.** Plonger (l'acier) dans un bain froid (→ **[1]trempe**). ■ fig. et littér. Aguerrir, fortifier. **II. v. intr. 1.** Rester plongé dans un liquide. *Faire tremper le linge* (avant le lavage). **2.** loc. (sujet personne) *Tremper dans* (une affaire malhonnête) : y participer, en être complice. *« N'avait-il pas trempé dans une affaire de drogues, de suicide, l'autre année ? »* (Aragon).

trempette n. f. fam. *Faire trempette :* prendre un bain hâtif sans entrer complètement dans l'eau.

trempeur, euse n. techn. Ouvrier, ouvrière qui trempe l'acier ; qui trempe le papier.

tremplin n. m. (de l'italien, de *trempellare* « remuer » → **trampoline**) **1.** Planche élastique sur laquelle on prend élan pour sauter. *Plonger du haut d'un tremplin.* ■ *Tremplin pour le saut à skis.* **2.** fig. Ce qui lance qqn, lui permet de parvenir à un but.

trémulation n. f. méd. Tremblement à secousses rapides et peu accusées. → **trépidation.**

trémuler v. < 1 > (du latin *tremulus,* de *tremere* → **trembler**) rare **1. v. intr.** Trembler. **2. v. tr.** Agiter d'un tremblement. *Trémuler les doigts.*

trenail n. m. (de l'anglais « cheville », de *tree* « arbre » et *nail* « clou ») techn. Cheville servant à mettre le tire-fond dans les traverses des voies de chemin de fer. *Des trenails.*

trench-coat ou **trenchcoat** [trɛnʃkot] **n. m.** (de l'anglais, « manteau de tranchée » [pendant la guerre]) anglic. Imperméable à ceinture. *Des trench-coats, des trenchcoats.* - abrév. **trench.** *Des trenchs.*

Trenet (Charles) Chanteur français (1913-2001). L'univers poétique de ses chansons, riche de fantaisie et de liberté, célèbre la

Charles Trenet en 1987, au Théâtre des Champs-Élysées à Paris.

légèreté et la joie de vivre. *Y'a d'la joie ; La Mer.*

Trent n. f. Rivière d'Angleterre. 270 km. Elle arrose les Midlands, Nottingham et se jette dans la Humber.

trentain n. m. relig. cathol. Série de trente messes dites pour un défunt pendant trente jours consécutifs. *Trentain grégorien.*

trentaine n. f. Nombre de trente, d'environ trente. *Une trentaine de personnes.* ■ Âge d'environ trente ans.

trente (vient du latin *triginta* « trois fois dix ») **1. adj. numéral cardinal invar.** Trois fois dix (30). *Octobre a trente et un jours.* ■ *Trente-six :* fam. un grand nombre indéterminé. → ^{1}**cent.** *Il n'y a pas trente-six façons de le dire.* – (subst.) loc. *Tous les trente-six du mois,* quasiment jamais. **2. adj. numéral ordinal invar.** Qui suit le vingt-neuvième. → **trentième.** *Numéro trente, page trente.* – *Les années trente,* de 1930 à 1939. **3. n. m. invar.** Nombre, numéro trente. *Il habite au trente.* ■ loc. *Se mettre sur son trente et un (ou trente-et-un) :* mettre ses plus beaux habits.

Trente (les) Nom donné au gouvernement oligarchique de trente magistrats imposé par Sparte à Athènes à l'issue de la guerre du Péloponnèse (–404). Ils furent renversés par Thrasybule et Anytos.

Trente (combat des) Combat qui opposa, en 1351, lors de la guerre de Succession de Bretagne, trente Français, partisans de Charles de Blois, et trente Anglais, partisans de Jean IV. Il se solda par la victoire des Français.

Trente en italien **Trento** Ville d'Italie, capitale du Trentin-Haut-Adige, sur l'Adige. 104 950 habitants. Cathédrale romano-lombarde du XIIIe s., palais Renaissance. Musées. Centre touristique.

Trente (concile de) Concile œcuménique convoqué par le pape Paul III de 1545 à 1563 (trois sessions) en réponse aux progrès de la Réforme protestante. Il établit les fondements de la Contre-Réforme.

Trente Ans (guerre de) Conflit politique et religieux qui déchira le Saint Empire et qui s'étendit à l'Europe (1618-1648). Né de l'antagonisme qui opposait les princes allemands protestants à l'autorité impériale catholique, le conflit fut déclenché par la Défenestration de Prague (23 mai 1618). Il engagea contre Ferdinand II de Habsbourg l'électeur palatin Frédéric V, qui fut vaincu à la Montagne Blanche (1620). À partir de 1625, la lutte fut menée par Christian IV du Danemark, à la tête du parti protestant, contraint d'accepter la paix de Lübeck (1629). Avec le soutien financier de la France — inquiète de la puissance des Habsbourg —, Gustave II Adolphe, roi de Suède, entra en guerre contre Ferdinand II et, après plusieurs victoires, trouva la mort à Lützen (1632). En 1635, Richelieu entraîna ouvertement la France dans le conflit en attaquant l'Espagne. Au terme d'une série de victoires contre les Impériaux (Rocroi, 1643), les traités de Westphalie (1648) consacrèrent l'affaiblissement du pouvoir impérial et le morcellement de l'Allemagne.

trente-et-quarante n. m. invar. Jeu de cartes et d'argent où le banquier aligne deux rangées de cartes dont les points réunis doivent être entre 31 et 40.

trente et un voir trente

Trente Glorieuses (les) Nom donné aux trente années (1945-1975) qui, après la Seconde Guerre mondiale, ont été marquées par une croissance économique exceptionnelle.

▶ L'expression « **Trente Glorieuses** », due à l'économiste français Jean Fourastié, désigne la période de croissance économique ininterrompue dont bénéficient les pays développés (Amérique du Nord, Europe occidentale, Japon, Australie et Nouvelle-Zélande) de 1945 aux lendemains du premier choc pétrolier (1975). Cette exceptionnelle croissance (en moyenne 5 % par an) s'explique notamment par les innovations techniques, la révolution des transports, la réduction des barrières douanières, l'augmentation de la productivité du travail et des rendements (travail à la chaîne) ainsi que la forte demande due à l'augmentation de la population après la guerre (*baby boom*).
Elle se caractérise par le plein emploi (augmentation de la population active) et l'irruption de la consommation de masse. Elle s'accompagne de la modification des équilibres ville/campagne (exode rural et augmentation du nombre des citadins) et entre catégories socio-professionnelles (diminution du nombre des paysans, des petits commerçants et artisans ; augmentation du nombre des employés et des cadres). Tandis que se constitue une vaste classe moyenne, le niveau de vie des Occidentaux s'améliore considérablement : équipement massif des ménages en biens de consommation courante (réfrigérateurs, automobiles, téléviseurs...) et quasi-généralisation du confort domestique (eau courante, électricité, chauffage central).
Cet essor du confort matériel pour le plus grand nombre s'accompagne d'un bouleversement des modes de vie (travail des femmes, irruption de la culture de masse et de la société de consommation illustrée par l'omniprésence de la publicité) mais donne aussi lieu à d'importants mouvements de contestation parmi les intellectuels et dans la jeunesse étudiante (Mai 1968). Le renforcement de l'individualisme, marqué entre autres par la baisse de la pratique religieuse, débouche à partir de la fin des années 1960 sur une révolution des mœurs (contraception, avortement, libéralisation du divorce) qui modifie profondément les structures familiales. La croissance donnait déjà des signes de ralentissement dès la fin des années 1960, mais c'est le premier choc pétrolier (1973) qui porte le coup de grâce aux « Trente Glorieuses ».
voir aussi **croissance, consommation, Mai 68**

trentenaire adj. **1.** rare Qui dure trente ans. **2.** Dont l'âge est compris entre trente et trente-neuf ans. – n. *Une trentenaire.*

trente-six voir trente

trentième [tʀɑ̃tjɛm] **adj. numéral ordinal 1.** Qui vient après le vingt-neuvième. **2.** *La trentième partie* ou **n. m.** *le trentième,* partie d'un tout également divisé en trente.

Trentin-Haut-Adige n. m. Région administrative du N. de l'Italie. 13 613 km^2. 940 000 habitants. Chef-lieu : Trente. Région montagneuse. Élevage. Hydroélectricité. Industries diverses. Tourisme d'hiver. Possession autrichienne au XIXe s., le Trentin-Haut-Adige fut rattaché à l'Italie en 1919.

trépan n. m. (du grec, de *trupan* « percer ») **1.** Instrument de chirurgie destiné à percer les os du crâne. **2.** Vilebrequin pour forer. → **foreuse.** *Trépan de sonde.*

trépanation n. f. chir. Opération par laquelle on trépane.

trépaner v. tr. < 1 > chir. Pratiquer un trou dans la boîte crânienne à l'aide d'un trépan. – au p. p. *Crâne, malade trépané.* – n. *Les trépanés.*

trépang voir tripang

trépas n. m. vieux ou littér. Mort (d'une personne). loc. *Passer de vie à trépas :* mourir.

trépasser v. intr. < 1 > (de *tres-,* du latin *trans* → trans-, et *passer*) littér. Mourir ; décéder. – n. *Les trépassés,* les morts. *La baie des Trépassés* (dans le Finistère).

trépidant, ante adj. **1.** Agité de petites secousses. **2.** Très rapide et agité. *Un rythme trépidant.* **3.** fig. D'une activité incessante, d'une agitation perpétuelle.

trépidation n. f. Agitation de ce qui trépide. – *« Cette trépidation de la vie parisienne »* (Goncourt).

trépider v. intr. < 1 > (du latin, de *trepidus* → intrépide) Être agité de petites secousses fréquentes, d'oscillations rapides. → **trembler, vibrer.** *Le plancher du wagon trépidait.*

trépied n. m. Meuble ou support à trois pieds.

trépigner v. intr. < 1 > (de l'ancien français *treper,* qui vient du francique *trippôn* « sauter ») Piétiner ou frapper des pieds contre terre à plusieurs reprises, sous le coup d'une émotion. *Trépigner d'enthousiasme, d'impatience, de colère.* □ n. m. **trépignement**

trépointe n. f. techn. Bande de cuir entre deux cuirs cousus ensemble, pour renforcer la couture.

tréponématose n. f. méd. Maladie infectieuse et contagieuse causée par des tréponèmes (syphilis, pian, etc.).

tréponème n. m. (du grec *trepein* « tourner » et *nema* « fil ») Micro-organisme (spirochète) dont une espèce est responsable de la syphilis.

Tréport (Le) Commune de la Seine-Maritime, sur la Manche. 4 441 habitants. Station balnéaire.

très adv. (vient du latin *trans* → trans-, devenu *tras* « de part en part, complètement » ; *cf. tré-, trés-* dans *trépasser,* etc.) se prononce [tʀɛ] devant une consonne, [tʀɛz] devant une voyelle ou un *h* muet Marque le superlatif absolu. → ^{1}**bien,** ^{2}**fort. 1.** (devant un adj.) *Elle est très gentille. Très drôle.* → **extrêmement.** *Un hiver très froid. C'est très clair.* → **parfaitement.** *Une question très embarrassante.* → **terriblement.** *Très connu.* – *Pas très,* moyennement, un peu ; (euphémisme) pas du tout, peu. – (+ terme, expr. à valeur d'adj.) *Être très en retard. Elle est déjà très femme.* **2.** (devant un adv.) *Il se porte très bien. Aller très vite.* **3.** (dans des locutions verbales d'état ; devant un n.) – (adj. substantivé) *Il fait très chaud. Se faire très mal.* – emploi critiqué *J'ai très faim.* → **grand.** *Faites très attention.*

trésaille n. f. (de l'ancien français, de *teser* « tendre », qui vient du latin pop. *tensare* → étrésillon) techn. Pièce de bois horizontale qui maintient les ridelles d'une charrette.

trésor n. m. (latin *thesaurus,* d'un mot grec, *cf.* thésaurus, thésauriser) **I. 1.** Ensemble de choses précieuses amassées et cachées. *Découvrir un trésor.* « *L'Île au trésor* » (roman de Stevenson). *Trésor de guerre ;* fig. économies. – *Amasser un trésor.* → **thésauriser. 2.** *Des trésors :* grandes richesses concrètes, objets de grand prix. *Les trésors artistiques des musées.* – *Le trésor d'une église :* l'ensemble de ses objets précieux, réunis. **3.** *Le Trésor (public) :* ensemble des moyens financiers dont dispose un État. – en France Service financier chargé d'encaisser les recettes fiscales et de payer les dépenses du budget de l'État. *Des bons du Trésor.* **II.** fig. **1.** *Un, des trésor(s) de :* une abondance précieuse de (choses utiles, belles). *Déployer des trésors de patience.* **2.** Titre d'ouvrages encyclopédiques, de dictionnaires. *Le Trésor de la langue française,* de Jean Nicot. **3.** *Mon trésor,* terme d'affection.

trésorerie n. f. **1.** Administration du Trésor public. – Services financiers (de l'armée, d'une association...). **2.** État et gestion des fonds, des ressources. → **finance.** *Difficultés de trésorerie :* insuffisance de ressources pour faire face aux dépenses.

Trente Glorieuses

1. La multiplication des appareils ménagers marque l'entrée de la France dans l'ère de la consommation de masse. 2. Dans les années 1960, la télévision commence à pénétrer dans les foyers français. 3. « Caravelle », un même nom pour deux réussites de l'industrie nationale.

trésorier, ière n. Personne chargée de l'administration des finances (d'une organisation publique ou privée). *Le trésorier d'un parti.* – *Trésorier-payeur général,* chargé de gérer le Trésor public dans un département.

tressage n. m. Action de tresser. *Le tressage de l'osier.* – *Le tressage d'une corbeille.*

tressaillement n. m. Ensemble de secousses musculaires qui agitent brusquement le corps, sous l'effet d'une émotion vive ou d'une sensation inattendue. → **frémissement, sursaut.**

tressaillir v. intr. < 13 > (de *saillir*) Éprouver un tressaillement. → **sursauter, tressauter.** *Elle tressaillait au moindre bruit. Tressaillir de peur, de joie.* → **frémir, trembler.**

tressauter v. intr. < 1 > **1.** Tressaillir. **2.** (choses) Être agité de façon désordonnée. *La guimbarde tressautait sur le chemin défoncé.* → **cahoter.** □ n. m. **tressautement**

tresse n. f. (origine obscure) **1.** Assemblage de trois longues mèches de cheveux entrecroisées à plat et retenues par une attache. → **natte. 2.** Cordon plat fait de fils entrelacés ; galon fait de plusieurs cordons. **3.** régional (Alsace ; Suisse) Pâtisserie de pâte briochée en rubans entrelacés.

tresser v. tr. < 1 > **1.** Entrelacer (des brins de paille, de jonc, etc.). *Tresser de l'osier.* – au p. p. *Cuir tressé.* ▪ Faire une tresse (de cheveux). → **natter. 2.** Faire (un objet) en entrelaçant des fils, des brins. *Tresser des paniers.* ▪ loc. *Tresser des couronnes à qqn,* le louer, le glorifier.

tresseur, euse n. Ouvrier, ouvrière exécutant des travaux de tressage. *Tresseur de corbeilles.* → **vannier.**

tréteau n. m. (vient du latin pop., de *transtrum* « poutre, traverse ») **1.** Longue pièce de bois sur quatre pieds, servant de support (à une estrade, un étalage, etc.). *Table à tréteaux.* **2.** littér. *Les tréteaux :* scène sommairement installée. → **planche(s).**

treuil n. m. (vient du latin *torculum* « pressoir », de *torquere* → **tordre**) Appareil de levage composé d'un cylindre que l'on fait tourner sur son axe *(le tambour)* et autour duquel s'enroule une corde, un câble. → **cabestan, winch.**

treuiller v. tr. < 1 > Manipuler au moyen d'un treuil. → aussi **hélitreuiller.** □ n. m. **treuillage**

trêve n. f. (vient du francique *treuwa* « sécurité » ; même origine que l'anglais *true* « vrai » → **truisme**) **1.** Cessation provisoire des combats, par convention des belligérants. → **cessez-le-feu. 2.** fig. Interruption dans une lutte. *Une trêve politique.* ▪ *Trêve hivernale :* période hivernale pendant laquelle un locataire ne peut être expulsé. **3.** *Sans trêve :* sans arrêt, sans relâche. *Il a plu sans trêve pendant une semaine,* sans cesse, sans répit. – exclam. *Trêve de... :* assez de. *Trêve de plaisanterie !*

Trèves en allemand **Trier** Ville d'Allemagne (Rhénanie-Palatinat), sur la Moselle. 110 600 habitants. Nombreux vestiges romains (*Porta Nigra,* thermes). Monuments médiévaux (cathédrale des IVe-XIIIe s.). Important centre commercial. Soumise par César vers –56, la ville devint une capitale de l'Empire romain. Elle fut rattachée à l'Allemagne en 1871.

Trèves, la Porta Nigra (« Porte noire »), vestige imposant du passé romain de la ville.

trévire n. f. (de *trévirer*) mar. Cordage amarré à un corps-mort au haut d'un plan incliné et que l'on file pour amener au bas de ce plan une barrique, un fût.

trévirer v. tr. < 1 > (de *tré-,* du latin *trans* [→ **trans-**], et *virer*) mar. Déplacer (une barrique, un fût) à l'aide d'une trévire.

Trévires n. m. pl. Peuple de la Gaule Belgique établi dans la vallée inférieure de la Moselle.

trévise n. f. (de *chicorée de Trévise*) Chicorée d'origine italienne, à cœurs pommés rouges veinés de blanc.

Trévise Ville d'Italie, en Vénétie. 80 150 habitants. Remparts des XVe-XVIe s. Églises (XIIe-XIVe s.). Cathédrale des XVe-XVIe s. Céramiques.

Trévoux Commune de l'Ain, près de Bourg-en-Bresse, sur la Saône. 6 945 habitants. Palais du parlement (XVIIe s.). Maisons anciennes. À partir de 1701, les jésuites y publièrent le *Journal de Trévoux,* puis le *Dictionnaire* dit *de Trévoux,* pour combattre les jansénistes et les encyclopédistes.

tri n. m. Action de trier. → **triage.** *Le tri des lettres.*

tri- Élément (du grec et du latin *tri-,* du grec *treis,* du latin *tres* → **trois**) signifiant « trois » (ex. *tricycle, trident, trilogie*).

triacide n. m. chim. Corps possédant trois fonctions acide.

triade n. f. (du latin, d'un mot grec → **tri-**) didact. **1.** Groupe de trois personnes ou de trois unités. **2.** (par l'anglais) Organisation secrète chinoise de type mafieux.

triage n. m. **1.** Fait de trier dans un ensemble ou de répartir ; son résultat. → **choix, tri. 2.** Séparation et regroupement des wagons pour former des convois. *Gare de triage.*

trial (de l'anglais « épreuve », de *to try* « essayer ») anglic. **1.** n. m. Course motocycliste d'obstacles sur terrain accidenté. **2.** n. m. ou f. Moto conçue pour ce type de course. *Des trials.*

trialcool n. m. chim. Corps possédant trois fonctions alcool. - syn. **triol.**

triangle n. m. (latin *triangulus* → **tri-, angle**) **1.** Figure géométrique, polygone à trois côtés (→ **trigonométrie**). *Triangle isocèle, équilatéral, rectangle.* **2.** Objet de cette forme. *Triangles de signalisation routière.* ▪ Instrument de musique à percussion, fait d'une tige d'acier repliée, sur laquelle on frappe avec une baguette. ▪ Région formant un triangle. *Le triangle des Bermudes.*

triangulaire adj. **1.** En forme de triangle. *Voile triangulaire.* – Dont la base est un triangle. *Pyramide triangulaire.* **2.** fig. Qui met en jeu trois éléments. *Élection triangulaire,* à trois candidats.

triangulation n. f. Division (d'un terrain) en triangles pour le mesurer. □ **trianguler** v. tr. < 1 >

Trianon (traité de) Traité qui fixa les frontières de la Hongrie à l'issue de la Première Guerre mondiale (4 juin 1920). Le pays dut céder des territoires à la Yougoslavie, à la Roumanie et à la Tchécoslovaquie.

Trianon Nom de deux châteaux construits dans le parc du château de Versailles. Le *Grand Trianon* fut bâti par Mansart en 1687. Le *Petit Trianon* fut construit par Gabriel entre 1762 et 1768.

trias [tʀijɑs] n. m. (de l'allemand, du latin → **triade**) géol. Terrain sédimentaire dont les dépôts contiennent trois parties (grès, calcaire coquillier, marnes). – Période la plus reculée de l'ère secondaire. □ adj. **triasique**

triathlon n. m. (→ **athlète, pentathlon**) sport Épreuve d'athlétisme comportant trois disciplines (natation, course cycliste et course à pied). □ n. **triathlète**

triatomique adj. chim. Qui a trois atomes.

tribade n. f. (du latin, du grec, de *tribein* « frotter ») vieux ou littér. Femme homosexuelle. → **lesbienne.**

tribal, ale, aux adj. didact. De la tribu. *Guerres tribales,* entre tribus.

tribalisme n. m. sociol. Organisation sociale par tribus.

triballer v. tr. < 1 > (de l'ancien v. *tribaler* → **trimbaler**) techn. Assouplir (les peaux) en les battant avec une petite tringle de fer (*triballe* n. f.).

tribart n. m. (mot angevin, d'origine incertaine) techn. ou régional Bâton qu'on attache au cou d'un animal pour l'empêcher de passer au travers des haies.

tribasique adj. chim. Qui possède trois fonctions base.

tribo- Élément (du grec *tribein* « frotter »).

triboélectricité n. f. phys. Électricité statique produite par frottement. □ adj. **triboélectrique**

tribologie n. f. (→ **-logie**) phys. Partie de la mécanique traitant du frottement et de ses effets.

T

triboluminescence n. f. phys. Propriété de certains corps cristallins qui deviennent lumineux par frottement, écrasement ou rupture. □ adj. **triboluminescent, ente**

tribomètre n. m. sc. Instrument pour mesurer la force d'un frottement. □ n. f. **tribométrie**

Tribonien Jurisconsulte byzantin (mort v. 546). Principal conseiller juridique de Justinien Ier, il participa à la rédaction du Code Justinien.

tribord n. m. Côté droit d'un navire quand on regarde vers la proue, l'avant (opposé à *bâbord*).

triboulet n. m. (de l'ancien français *triboler, tribouler* « agiter, secouer ») techn. Tige graduée servant à mesurer le diamètre des bagues.

Triboulet Bouffon français (v. 1479-v. 1536). Fou de Louis XII et de François Ier, il inspira Victor Hugo dans *Le roi s'amuse*.

tribu n. f. (latin *tribus*) **1.** Antiq. Division du peuple (juif, grec, romain). *Les douze tribus d'Israël*, issues de chacun des douze fils de Jacob. **2.** Groupe social et politique fondé sur une parenté ethnique réelle ou supposée, dans les sociétés pré-industrielles. **3.** fig. et iron. Groupe nombreux ; famille nombreuse, et, spécialt, famille recomposée. → **smala.**

tribulations n. f. pl. (du latin « tourment ») Aventures plus ou moins désagréables. → **épreuve, mésaventure.**

tribun n. m. (du latin, de *tribus* → tribu) **1.** Antiq. Nom d'officiers *(tribuns militaires)* ou de magistrats *(tribuns de la plèbe)* romains. **2.** littér. Défenseur éloquent (d'une cause, d'une idée), orateur qui remue les foules. **3.** hist. Membre du Tribunat.

tribunal, aux n. m. (du latin « estrade des tribuns ») **1.** Lieu où l'on rend la justice. → **¹palais** de justice. **2.** Magistrats exerçant une juridiction. → **chambre, cour.** *Tribunaux administratifs, judiciaires. Tribunal de commerce. Porter une affaire devant les tribunaux.* **3.** Justice de Dieu. – Jugement de la postérité. *Le tribunal de l'histoire.*

▶ Du conseil des anciens, chez les peuples premiers, à la justice professionnalisée du monde moderne, on trouve des **tribunaux** dans toutes les sociétés. Leur fonction est de juger délinquants et criminels, ce qui est aujourd'hui de la compétence de l'État, mais aussi plus simplement d'arbitrer les litiges. En marge de la justice institutionnelle peuvent alors exister d'autres instances, comme les conseils de prud'hommes en France ou les tribunaux arbitraux en Suisse. Il existe enfin depuis 1945 une justice internationale.

La nature des affaires définit différents types de juridiction. En France, par exemple, les crimes sont jugés en cour d'assises, par des jurés tirés au sort. La cour d'appel peut, sous certaines conditions, rejuger une affaire. En dernier ressort, la Cour de cassation (ou le Conseil d'État dans les conflits avec l'administration) peut casser un jugement et donner la possibilité de rejuger une affaire.

Le tribunal est souvent assimilé au palais de justice où siègent les magistrats. On y use d'un langage particulier et souvent de costumes spécifiques (robe, perruque pour les juges britanniques). Un certain formalisme et parfois un rituel participent à la solennité de la justice, au nécessaire respect de la procédure et au fait que, dans un prétoire, chaque parole compte. Le palais de justice est aussi un espace symbolique, qui réunit les parties en présence et l'État dans ses différentes fonctions. Lors d'un procès, accusés et plaignants sont représentés par un avocat membre du *barreau*, le ministère public par un membre du *parquet* (le procureur et ses substituts) ; la *cour*, formée des juges ou magistrats du *siège*, dit la loi et rend des décisions.

voir aussi **loi, justice, Cour pénale internationale (CPI)**

Tribunal pénal international (TPI) Juridiction pénale internationale créée par le Conseil de sécurité de l'ONU afin de juger les crimes de guerre et les crimes contre l'humanité. Le TPI pour l'ex-Yougoslavie a fonctionné de 1993 à 2017. Le TPI pour le Rwanda a fonctionné de 1994 à 2015.

Tribunal révolutionnaire Tribunal d'exception institué le 10 mars 1793 à Paris par la Convention. Créé sous la pression des sections parisiennes, il était chargé de juger les ennemis de la République. Il joua un rôle de premier plan pendant la Terreur et fut supprimé le 31 mai 1795.

tribunat n. m. (du latin → tribun) didact. Charge de tribun dans la Rome antique ; son exercice. ■ Institution politique (ou militaire) par laquelle les tribuns exerçaient leur pouvoir.

Tribunat Assemblée instituée par la Constitution de l'an VIII, consécutive au 18 Brumaire. Composé de cent membres nommés par le Sénat, le Tribunat se prononçait pour ou contre les projets de loi dont l'initiative revenait au Premier consul. Devenu une chambre d'opposition, il fut supprimé en 1807.

tribune n. f. (du latin médiéval → tribunal) **1.** Emplacement élevé où sont réservées des places (dans une église, une salle publique). *Tribune de presse.* ■ Emplacement en gradins (dans un champ de courses, un stade). **2.** Emplacement élevé, estrade d'où l'orateur s'adresse à une assemblée. ■ par ext., vieilli L'éloquence parlementaire, politique (→ **tribun**). **3.** fig. Lieu où l'on s'exprime par le discours ou l'écriture. *La **tribune libre** d'un journal* : rubrique offerte au public pour s'exprimer.

Tribune de Genève (La) Quotidien suisse francophone fondé en 1879.

tribunitien, ienne adj. (du latin, de *tribunus* « tribun ») **1.** Antiq. Du tribun, du tribunat. *Le pouvoir tribunitien.* **2.** littér. Du tribun, de l'orateur populaire.

tribut n. m. (latin *tributum*, de *tribuere* « répartir [entre tribus] », cf. **contribuer, distribuer, rétribuer**) **1.** Contribution forcée, imposée par un État à un autre. **2.** littér. Contribution payée à une autorité, un pouvoir. *Lever un tribut sur la population.* **3.** fig. et littér. Ce qu'on est obligé de supporter ou d'accorder. *Payer un lourd tribut à la maladie.*

tributaire adj. (→ tribut) **1.** Qui paye tribut, est soumis à une autorité. **2.** Qui dépend (de qqn, de qqch.). **3.** géogr. (cours d'eau) Affluent.

tributyrine n. f. chim. Butyrine.

tric voir **trick**

tricard, arde adj. et n. (de *trique*) argot Interdit de séjour.

Tricastin n. m. Ancien pays du Dauphiné, dans la vallée du Rhône. Le site nucléaire du Tricastin est l'un des plus importants complexes industriels de France.

tricennal, ale, aux adj. (du bas latin, de *triceni* « chaque fois trente » et *annus* → an) didact. Qui couvre trente ans, porte sur trente ans.

tricentenaire **1.** n. m. Troisième centenaire. *Fêter le tricentenaire d'un grand écrivain*, de sa naissance. **2.** adj. rare Qui a trois cents ans. *Bâtiment tricentenaire.*

tricéphale adj. (du grec → -céphale) didact. Qui a trois têtes. *Cerbère tricéphale.*

triceps adj. et n. m. (mot latin « triple », de *tri-* → tri- et *caput* « tête » → chef) Se dit d'un muscle dont l'une des extrémités s'insère à trois points osseux différents. *Le triceps brachial.*

tricératops [triseratɔps] n. m. (de *tri-* + grec *keras* « corne » et *ôps* « face ») didact. Grand reptile fossile (dinosaurien) à trois cornes.

triche n. f. fam. Tricherie. *C'est de la triche !*

tricher v. intr. <1> (vient du latin pop., de *tricari*) **1.** Enfreindre les règles d'un jeu en vue de gagner. **2.** Enfreindre une règle, un usage en affectant de les respecter. *Tricher à un examen. Tricher sur la qualité.* → **frauder.** **3.** Se conduire avec mauvaise foi, avec hypocrisie. **4.** Dissimuler un défaut par un artifice.

tricherie n. f. **1.** Action de tricher. → **triche.** **2.** Tromperie, mauvaise foi.

tricheur, euse n. **1.** Personne qui triche au jeu. **2.** Personne qui enfreint secrètement les règles, est de mauvaise foi.

trichiasis [trikjazis] n. m. (du bas latin, du grec, de *thrix, trikhos* « cheveu, poil ») méd. Déviation des cils vers le globe oculaire, pouvant provoquer une irritation de la cornée.

trichine [trikin] n. f. (du grec *thrix, thrikhos* « cheveu, poil ») Petit ver parasite vivant dans l'intestin de certains animaux et de l'homme, et à l'état de larve dans leurs muscles (→ **trichinose**).

trichiné, ée [trikine] adj. méd. Qui est envahi de trichines. *Muscle trichiné.*

trichineux, euse [trikinø, øz] adj. didact. Relatif à la trichine.

trichinose [trikinoz] n. f. méd. Maladie provoquée par les larves de trichines* introduites dans l'organisme (par consommation de viande de porc infestée et mal cuite) et disséminées dans le tissu musculaire.

trichite [trikit] n. f. (du grec *thrix, trikhos* « cheveu, poil ») minér. Fibre minérale monocristalline de résistance très élevée. *Trichite d'alumine.*

trichloracétique [triklɔrasetik] adj. (de *tri-, -chlore* et *acétique*) chim. *Acide trichloracétique* : acide organique dérivé de l'acide acétique.

triclinium

Le triclinium de la maison de Neptune et d'Amphitrite à Herculanum.

T

trichloréthylène [tʀiklɔʀetilɛn] **n. m.** chim. Dérivé chloré de l'éthylène, utilisé comme solvant des corps gras (pour nettoyer les tissus). - abrév. **trichlo.**

trich(o)-, -triche Éléments (du grec *thrix, trikhos* « poil, cheveu »).

trichocéphale [tʀikosefal] **n. m.** (→ -céphale) zool. Ver parasite (nématode) vivant dans l'intestin de l'être humain et de certains animaux, qui peut provoquer divers troubles, surtout digestifs (*trichocéphalose* **n. f.**).

trichogramme [tʀikɔgʀam] **n. m. I.** zool. Insecte utilisé pour détruire les œufs des vers parasites des fruits. **II.** méd. Examen des cheveux.

tricholome [tʀikɔlɔm ; tʀikolom] **n. m.** (grec *lôma* « frange ») bot. Champignon à lamelles et à large chapeau, dont plusieurs espèces sont comestibles. → **griset, mousseron.**

trichoma [tʀikɔma] **n. m.** (du grec « touffe de poils », de *thrix, trikhos* « poil ») méd. Enchevêtrement des cheveux, formant un feutrage avec des parasites, des poussières agglutinées par la graisse.

trichomanie [tʀikɔmani] **n. f.** (de *tricho-* et de *-manie*) didact. Manie consistant à s'arracher les cheveux, les poils. - syn. **trichotillomanie.**

trichomonas [tʀikɔmɔnɑs] **n. m.** (grec *monas* « unité ») zool. Protozoaire flagellé, parasite des cavités naturelles de l'être humain et de certains animaux.

trichophyton [tʀikɔfitɔ̃] **n. m.** (→ -phyte) bot. Champignon parasite qui se développe dans les cheveux, sur la peau, les ongles, produisant une sorte de teigne (*trichophytie* **n. f.**).

trichrome [tʀikʀom] **adj.** (du grec → -chrome) techn. Obtenu par trichromie. *Photographie trichrome.*

trichromie [tʀikʀɔmi] **n. f.** (→ -chromie) techn. Procédé photographique basé sur la séparation des trois couleurs fondamentales : bleu, rouge, jaune.

Trichy voir Tiruchirapalli

trick **n. m.** (mot anglais « ruse, stratagème ») jeu Au whist, au bridge, La septième levée (la première à compter un point). - var. **tric.**

triclinique **adj.** (du grec *klinein* « pencher ») phys. *Système triclinique* : système cristallin dont le seul élément de symétrie est le centre.

triclinium [tʀiklinjɔm] **n. m.** (du latin, du grec, de *klinein* « incliner ») Antiq. romaine Salle à manger à lits en pente, autour d'une table ronde ou carrée. *Des tricliniums.*

tricoises **n. f. pl.** (altération de *turcoise*, ancien fém. de *turc*, proprt « [tenailles] turques ») techn. Tenailles de maréchal-ferrant.

tricolore **adj.** (du latin → tri- ; couleur) **1.** Qui est de trois couleurs. *Feux tricolores à un carrefour. Le drapeau italien est tricolore.* **2.** Des trois couleurs du drapeau français : bleu, blanc et rouge. *Cocarde tricolore.* ■ *L'équipe tricolore*, française. – **n.** *Les tricolores.*

tricorne **n. m.** (du latin → corne) Chapeau à trois cornes formées par ses bords relevés.

tricot **n. m.** (→ tricoter) **1.** Tissu formé d'une matière textile disposée en mailles et confectionné avec des aiguilles (→ **bonneterie**). *Un gilet de tricot.* **2.** Action de tricoter. *Faire du tricot.* **3.** Vêtement tricoté. → **chandail, pull-over.** – *Tricot de corps, de peau.* → **maillot.**

tricotage **n. m.** Action, manière de tricoter.

tricoter **v.** < 1 > (de l'ancien français *tricot* → trique ; d'abord « battre », puis « agiter ») **I. v. intr.** vieux Agiter. ■ loc. *Tricoter (des jambes)* : courir vite, fuir. **II. v. tr.** Exécuter au tricot. *Tricoter des chaussettes.* – absolt *Aiguilles, machine à tricoter.* – au p. p. *Tissu tricoté.* → **jersey.**

tricotets **n. m. pl.** (de *tricoter* I) mus. Danse ancienne, gaie et rapide. – Musique sur laquelle on exécutait cette danse. *Les tricotets de Rameau, de Couperin.*

tricoteur, euse **1. n.** Personne qui tricote. **2. n. f.** Machine à tricoter.

tricourant **adj. invar.** Qui peut fonctionner avec trois types de courant électrique. *Locomotive tricourant.*

trictrac **n. m.** (onomatopée) Jeu de dés, où l'on fait avancer des pions sur une surface à deux compartiments comportant chacun six cases triangulaires. → **jacquet.**

tricuspide **adj.** (latin *tricuspis* « à trois pointes ») anat. *Valvule tricuspide*, qui fait communiquer l'oreillette et le ventricule droits du cœur.

tricycle **n. m.** (→ ²cycle) Cycle à trois roues dont deux parallèles. *Tricycle de livreur.* → **triporteur.**

tridacne **n. m.** (du grec *tridaknos*, proprt « à mordre trois fois ») zool. Grand mollusque des mers chaudes, à deux valves ondulées, appelé aussi *bénitier.*

tridactyle **adj.** (→ -dactyle) didact. Qui a trois doigts. *L'aï, paresseux tridactyle.*

trident **n. m.** (du latin → dent) **1.** Fourche à trois pointes. – Emblème du dieu des Mers. **2.** Engin de pêche, harpon à trois pointes.

tridi **n. m.** (d'après la finale de *lundi, mardi...*) Troisième jour de la décade, dans le calendrier républicain.

tridimensionnel, elle **adj.** didact. Qui a trois dimensions ; qui se développe dans un espace à trois dimensions. *Image tridimensionnelle.*

trièdre **n. m.** (→ -èdre) géom. Figure (dans l'espace) formée par trois plans qui se coupent deux à deux. *Trièdre trirectangle.*

Triel-sur-Seine Commune des Yvelines, sur la Seine. 12 360 habitants. Église des XIIIe, XVe et XVIe siècles.

triennal, ale, aux **adj.** (latin *triennalis* → an, année) Qui a lieu tous les trois ans ou dure trois ans. *Assolement triennal* : alternance de trois cultures sur un même terrain.

trier **v. tr.** < 7 > (vient du latin *tritare* « broyer », cf. *détritus, triturer*, de *terere* « frotter ; user », cf. *térébrant*) **1.** Choisir parmi d'autres ; extraire d'un plus grand nombre (→ **tri, triage**). *Trier des semences.* – loc. *Trier sur le volet* : sélectionner avec le plus grand soin. **2.** Traiter de manière à ôter ce qui est mauvais. **3.** Répartir en plusieurs groupes sans rien éliminer. → **classer.** *Trier les lettres.* → **tri.** – inform. *Trier des données en fichiers.*

Trier (Lars von) Réalisateur danois (né en 1956). Il s'imposa avec *Europa*, puis réalisa *Element of crime, Breaking the Waves* et *Les Idiots* puis lança le Dogme, avec Th. Vinterberg, en réaction au cinéma institutionnel. Sa comédie musicale *Dancer in the dark* fut primée au festival de Cannes en 2000. Autres films : *Dogville ; Manderlay ; Antichrist ; Melancholia ; Nymphomaniac.*

triérarque **n. m.** (du grec *treis* « trois » et *arkhôs* « chef ») Antiq. grecque Commandant d'une trière. – Citoyen athénien tenu d'armer une trière à ses frais.

trière **n. f.** (mot grec) Antiq. grecque Bateau à trois rangs de rames. → **trirème.**

Trieste Ville d'Italie (Frioul-Vénétie Julienne), sur l'Adriatique, au fond du *golfe de Trieste.* 211 190 habitants. Université. Cathédrale (XIe-XIVe s.). Ruines romaines. Port. Centre commercial et industriel. Sous domination autrichienne, Trieste fut rattachée à l'Italie en 1918. Devenue *Territoire libre de Trieste* en 1947, la ville fut rendue à l'Italie en 1954.

triester **n. m.** (→ ²ester) chim. Corps possédant trois fonctions ester.

trieur, trieuse **n. 1.** Personne chargée de trier qqch. *Trieur de minerai.* **2. n. m.** Appareil servant au triage. **3. n. f.** Machine à trier, à classer des fiches, etc.

trifide **adj.** (latin *trifidus* ; famille de *fendre*) sc. nat. Partagé en trois par des fentes profondes. *Organe trifide.*

trifoliolé, ée **adj.** (→ foliole) bot. Dont le pétiole se termine par trois folioles.

Trifonov (Iouri Valentinovitch) Écrivain soviétique (1925-1981). Il décrivit les mécanismes du stalinisme à travers la peinture de l'intelligentsia moscovite. *L'Échange ; La Maison du quai.*

triforium [tʀifɔʀjɔm] **n. m.** (de l'anglais, du latin *transforare* « percer à jour ») archit. Galerie étroite à ouvertures (églises gothiques).

Le triforium de la cathédrale Saint-Étienne de Bourges.

trifouiller **v.** < 1 > (de *tri[poter]* et *fouiller*) fam. **1. v. tr.** Mettre en désordre, en remuant. *On a trifouillé mes papiers.* **2. v. intr.** Fouiller (dans). → **farfouiller.**

trigémellaire **adj.** méd. *Grossesse trigémellaire*, où se forment trois embryons (→ **triplés II**).

trigéminé, ée **adj.** (→ géminé) méd. *Pouls trigéminé*, caractérisé par la succession de trois pulsations suivies d'une pause.

trigle **n. m.** (grec *trigla*) zool. Rouget grondin.

triglycéride **n. m.** biochim. Ester du glycérol contenant trois molécules d'acides gras. *Taux de triglycérides dans le sang*, taux de graisses.

triglyphe **n. m.** (du grec, de *gluphê* « ciselure ») archit. Ornement de la frise dorique, à trois rainures verticales. *Triglyphes et métopes.*

T

Triglyphes de l'entablement du temple d'Athéna, au Parthénon d'Athènes.

trimaran

Le trimaran est inspiré du prao polynésien, lui-même dérivé de la pirogue à balancier.

trigone adj. et n. m. **(du latin, du grec *trigônos* « à trois angles »)** **I. adj.** didact. Qui a trois angles. **II. n. m.** didact. et sc. Espace ou région triangulaire. – *Trigone cérébral :* lame triangulaire de substance blanche, située entre les deux hémisphères cérébraux au-dessus du corps calleux*.

trigonelle n. f. **(latin bot. *trigonella,* de *trigonus* → trigone)** bot. Plante dicotylédone, aux feuilles trifoliolées.

trigonocéphale n. m. **(→ trigone, -céphale)** zool. Grand serpent venimeux à tête triangulaire, voisin des crotales.

trigonométrie n. f. **(du grec *trigônos,* de *gônia* « angle »)** math. Application du calcul à la détermination des mesures des angles et des côtés des triangles.

trigonométrique adj. Qui concerne la trigonométrie ; utilisé en trigonométrie. *Calculs, tables trigonométriques. Lignes trigonométriques.* → **cosinus, ²sinus, tangente.** – *Sens* trigonométrique.*

trigramme n. m. **(grec *trigrammos* « de trois lettres »)** **1.** didact. Mot de trois lettres. – Groupe de trois caractères (dans une écriture, un code alphanumérique). **2.** Figure formée de trois traits superposés, coupés ou non en leur milieu, utilisée dans la divination chinoise.

trijumeau adj. et n. m. *(Nerf) trijumeau,* cinquième nerf crânien, qui se divise en trois : nerf ophtalmique, deux nerfs maxillaires. *Névralgie du trijumeau.*

trilatéral, ale, aux adj. **1.** vieux Qui a trois côtés. → **triangulaire. 2.** mod. Qui engage trois parties. → **triparti.** *Accord trilatéral.*

trilingue adj. **(du latin ; *cf. bilingue*)** didact. **1.** Qui est en trois langues. *Inscription trilingue.* **2.** Qui connaît trois langues. *Secrétaire trilingue.*

trilitère adj. **(du latin *littera* → lettre)** ling. Qui comporte trois consonnes servant de support aux éléments vocaliques (langues sémitiques).

trille n. m. **(italien *trillo*)** mus. Battement rapide et ininterrompu sur deux notes voisines. *Exécuter un trille sur la flûte.*

triller v. < 1 > **1. v. tr.** Orner de trilles. *Triller un air.* **2. v. intr.** Faire un trille.

trillion [tʀiljɔ̃] n. m. Un milliard de milliards (soit 10^{18}).

trilobé, ée adj. **(→ lobe)** bot. Qui a trois lobes. *Feuille de trèfle trilobée.* ■ archit. *Ogives trilobées.*

trilobite n. m. **(du latin mod. → trilobé, lobe)** paléont. Arthropode marin fossile de l'époque primaire, dont le tégument dorsal est divisé en trois lobes. *Les trilobites forment une classe.*

triloculaire adj. **(du latin *loculus* « loge »)** didact. Divisé en trois loges. *Ovaire triloculaire de la tulipe.*

trilogie n. f. **(→ -logie)** **1.** Ensemble de trois tragédies grecques sur un même thème. **2.** Groupe de trois pièces de théâtre, de trois œuvres dont les sujets se font suite.

trimaran n. m. **(de l'anglais, de *tri-* et *[cata]maran*)** Voilier (multicoque) formé d'une coque centrale flanquée de deux petites coques parallèles réunies transversalement par une armature rigide.

trimard n. m. **(famille de *trimer*)** pop. **1.** vieux Route. **2.** Vagabondage.

trimarder v. intr. < 1 > pop., vieilli Vagabonder sur les routes. – trans. Transporter, trimbaler. □ **n. m. trimardeur**

trimbalage ou **trimballage** n. m. fam. Fait de trimbaler (qqch. ou qqn). - syn. **trimbalement** ou **trimballement.**

trimbaler ou **trimballer** v. tr. < 1 > **(de *tribouler,* famille de *tribulation*)** fam. Mener, porter partout avec soi (souvent avec l'idée de difficulté). → **traîner, transporter.** *Trimbaler une valise dans le métro.* ■ fam. – *Qu'est-ce qu'elle trimbale !,* comme elle est bête !

Trimble (David) Homme d'État d'Irlande du Nord (1944-2022). Chef du parti unioniste, l'UUP (Ulster Unionist Party), de 1995 à 2005, il joua un rôle important dans la signature de l'accord de paix de 1998. Il fut chef du gouvernement d'Irlande du Nord de 1999 à 2002. Prix Nobel de la paix 1998, avec J. Hume.

trimer v. intr. < 1 > **(probablt de l'ancien français *trumer* « courir »)** Travailler avec effort, à une besogne pénible. *Trimer du matin au soir.* → **peiner.**

trimère adj. et n. m. **(de *tri-* + *-mère*)** **1. adj.** bot. Formé de trois parties semblables. *Plantes trimères.* **2. n. m.** chim. Polymère dont la masse moléculaire est le triple de celle du monomère.

trimestre n. m. **(du latin, de *tri-* et *mensis* → mois)** **1.** Durée de trois mois. – Division de l'année scolaire (en France). **2.** Somme payée ou allouée tous les trois mois. *Toucher son trimestre.*

trimestriel, ielle adj. **1.** Qui dure trois mois. **2.** Qui a lieu, qui paraît tous les trois mois. *Revue trimestrielle.* □ **adv. trimestriellement**

trimètre n. m. **(latin d'origine grecque *trimetrus*)** didact. Vers composé de trois mètres. – Vers français partagé en trois unités métriques.

trimmer [tʀimœʀ ; tʀimɛʀ] n. m. **(mot anglais, de *to trim* « équilibrer, orienter »)** Engin de pêche formé d'un flotteur circulaire sur lequel est enroulé le fil. *Des trimmers.* - var. RO **trimmeur.**

trimoteur n. m. Avion qui a trois moteurs. → **triréacteur.**

Trimūrti Trinité hindoue, composée des trois grandes divinités du panthéon brahmanique, Brahmā, Shiva et Vishnou.

trin, trine adj. **(latin *trinus* « triple » → tri-)** relig. chrét. Divisé en trois **(→ trinité).**

tringle n. f. **(ancien français *tingle,* du néerlandais)** Tige métallique ou en bois servant de support. *Tringle à rideaux. Tringle d'une penderie.*

Trinil Localité du centre de Java. Eugène Dubois y découvrit en 1891 un homme fossile, le *Pithecanthropus erectus,* ou *homme de Java* (–900 000 à –700 000).

trinité n. f. **(latin *trinitas,* de *trini,* de *tres* → trois)** **1.** relig. chrét. *La Trinité :* Dieu unique en trois personnes. ■ Fête religieuse (après la Pentecôte). loc. *À Pâques ou à la Trinité :* jamais. **2.** Groupe de trois dieux **(→ triade),** ou de trois principes, de trois objets considérés comme sacrés.

Trinité n. f. Île la plus méridionale des Petites Antilles (îles du Vent). 4 828 km². Elle forme avec l'île de Tobago l'État de Trinité-et-Tobago.

Trinité (La) Chef-lieu d'arrondissement de la Martinique. 11 860 habitants. Port de pêche. Rhumeries, sucreries.

Trinité-et-Tobago

■ offic. république de Trinité-et-Tobago État formé de deux îles (l'île de Trinité et l'île plus petite de Tobago) et d'îlets situés au large des côtes de l'Amérique du Sud dans les Petites Antilles (→ carte). 5 128 km². 1 318 000 habitants (les *Trinidadiens*). **Langue :** anglais (offic.). **Population :** Noirs, Indiens, métis. **Religions :** chrétiens, hindous ou musulmans. **Monnaie :** dollar de Trinité-et-Tobago. **Capitale :** Port of Spain. **Régime :** parlementaire.

GÉOGRAPHIE

Au nord de l'île de Trinité (4 828 km²), le Cerro del Aripo culmine à 940 m. Au centre et au sud, le relief est constitué de collines et de plaines (bassin du Caroni). Les îles de Trinité-et-Tobago sont marquées par un climat chaud et humide avec des précipitations abondantes de juin à décembre.

Face à Tobago, l'île de Little Tobago, surnommée « l'île des oiseaux du paradis ».

ÉCONOMIE

L'agriculture (canne à sucre, café, cacao) et l'élevage sont peu importants. En revanche, le pays est riche en pétrole et en gaz naturel. L'exploitation se fait à terre et en mer dans le golfe de Paria et dans l'Atlantique. Le lac d'asphalte naturel de La Brea est exploité depuis le XIXe siècle. La présence d'énergie abondante et à bon marché a encouragé l'industrialisation : aciérie, usine pétrochimique, fabriques de produits alimentaires. Le tourisme est encore peu développé.

HISTOIRE
Découverte par Christophe Colomb en 1498, l'île de la Trinité, d'abord possession espagnole, est conquise par les Britanniques en 1797. L'État de Trinité-et-Tobago a obtenu son indépendance dans le cadre du Commonwealth en 1962.

trinitrobenzène n. m. (→ nitrobenzène) chim. Dérivé isomère du benzène, utilisé comme explosif.

trinitrotoluène n. m. (de *tri-* et *nitrotoluène*) chim. Explosif puissant, dérivé du toluène. - abrév. cour. TNT.

trinôme n. m. (→ binôme) 1. math. Polynôme à trois termes. 2. Équipe de trois personnes.

trinquart n. m. (origine inconnue) mar. Petit bateau de forme lourde, employé autrefois pour la pêche au hareng.

trinqueballe voir triqueballe

trinquer v. intr. < 1 > (allemand *trinken* « boire ») 1. Choquer son verre contre celui d'un autre et boire à sa santé. ■ Boire en même temps que d'autres convives. *Trinquer avec des amis.* 2. fam. Subir des désagréments, des pertes. → **écoper.** *Ce sont toujours les mêmes qui trinquent !*

[1]trinquet n. m. (italien *trinchetto* « voile triangulaire ») mar. Mât de misaine portant des voiles latines. *Trinquet d'une galère.*

[2]trinquet n. m. (mot du Sud-Ouest ; probablt de l'espagnol *trinquete* « jeu de pelote en salle ») régional Salle quadrangulaire où l'on joue à la pelote basque.

trinquette n. f. (de [1]*trinquet*, de l'italien) mar. Voile d'avant triangulaire, en arrière du foc.

Trintignant (Jean-Louis) Acteur français (1930-2022). Incarnant souvent des personnages ambigus et déroutants, il a tourné une centaine de films, notamment avec Vadim *(Et Dieu créa la femme)*, Costa-Gavras *(Z)*, Rohmer *(Ma nuit chez Maud)* et Lelouch *(Un homme et une femme)*. Il a également joué au théâtre.

J.-L. Trintignant, entre K. Kieślowski et I. Jacob, sur le tournage de *Trois Couleurs : Rouge* (1994).

trio n. m. (de l'italien, de *tri-* [→ tri-], d'après *duo*) 1. mus. Morceau pour trois instruments ou trois voix. *Trio pour piano, violon, violoncelle.* – Groupe de trois musiciens. *Un trio de jazz.* – Seconde partie du menuet*, dans la sonate. 2. Groupe de trois personnes (souvent plais. ou péj.). *Un drôle de trio.*

triode n. f. (→ diode) phys. Tube électronique à trois électrodes.

triol voir trialcool

triolet n. m. mus. Groupe de trois notes de valeur égale qui se jouent dans le temps de deux.

Triolet (Elsa) Romancière française d'origine russe (1896-1970). Compagne et inspiratrice de L. Aragon, elle écrivit des romans et des nouvelles dans lesquels le devenir de l'homme est au centre de sa réflexion. *L'Âge de nylon ; L'Âme.*

triolisme n. m. (de *trio*) Relations sexuelles à trois personnes. □ adj. et n. **trioliste**

triomphal, ale, aux adj. (du latin → triomphe) 1. Qui a les caractères d'un triomphe, qui est accompagné d'honneurs. *Un accueil triomphal.* 2. Qui constitue une grande réussite. *Une élection triomphale.*

triomphalement adv. D'une manière triomphale ; en triomphe.

triomphalisme n. m. Croyance affichée au succès. *Faire du triomphalisme.* □ adj. et n. **triomphaliste**

triomphant, ante adj. 1. Qui triomphe, qui a remporté une éclatante victoire. → **victorieux, vainqueur.** 2. Qui exprime le triomphe, est plein d'une joie éclatante. → **heureux, radieux.** *Un air triomphant.*

triomphateur, trice n. 1. Personne qui remporte une éclatante victoire. → **vainqueur.** 2. n. m. Antiq. Général romain à qui l'on faisait les honneurs du triomphe.

triomphe n. m. (latin *triumphus* [sens 2]) 1. Victoire éclatante à l'issue d'une lutte, d'une rivalité. – (choses) *Le triomphe d'une cause.* 2. Antiq. Honneur décerné à un général romain qui avait remporté une grande victoire. ■ loc. *Arc de triomphe,* élevé pour un triomphe. 3. loc. *Porter qqn en triomphe :* le hisser au-dessus de la foule pour le faire acclamer. 4. Grande satisfaction (après un succès). *Un cri de triomphe.* 5. Approbation enthousiaste du public. *Remporter un triomphe.* ■ Action, objet, représentation qui déchaîne l'enthousiasme du public.

triompher v. < 1 > (du latin → triomphe) I. v. tr. ind. *Triompher de... :* vaincre (qqn) avec éclat à l'issue d'une lutte. *Il a triomphé de tous ses adversaires.* – Venir à bout de (qqch.). *Nous avons triomphé des difficultés.* II. v. intr. 1. Remporter une victoire absolue. *« À vaincre sans péril, on triomphe sans gloire »* (Corneille). – (choses) S'imposer, s'établir de façon éclatante. *La vérité a triomphé.* 2. Éprouver un sentiment de triomphe. *Elle aurait tort de triompher* (→ crier victoire*). 3. Réussir brillamment. → **exceller.** ■ Être l'objet de l'enthousiasme du public. *La pièce a triomphé.*

trionyx n. m. (grec *onux* « ongle ») zool. Grande tortue d'eau douce, à carapace molle, très carnassière, qui vit dans les régions chaudes du globe.

trip n. m. (mot anglais « voyage ») anglic., fam. 1. État qui résulte de l'absorption de substances hallucinogènes. → **défonce.** *Trip d'acide.* 2. Aventure intérieure. – loc. *C'est pas mon trip,* je n'aime pas cela, cela ne correspond pas à ce que je suis.

tripaille n. f. fam. Amas de tripes, d'entrailles.

tripale adj. mécan. À trois pales. *Hélice tripale.*

tripang [tʀipɑ̃] ou **trépang** [tʀepɑ̃] n. m. (mot malais) Grosse holothurie comestible, très appréciée en Extrême-Orient.

tripartisme n. m. Système de gouvernement tripartite.

tripartite adj. (du latin → tri- et [2]parti) polit. Qui réunit trois partis ou trois parties qui négocient. *Pacte tripartite.*

tripartite (pacte) Pacte signé le 27 septembre 1940 par les pays de l'Axe (Allemagne, Italie) et le Japon.

tripartition n. f. didact. Division (d'une quantité, d'un ensemble) en trois parties.

tripatouillage n. m. fam. 1. Action de tripatouiller. 2. Modification malhonnête. *Des tripatouillages électoraux.* → **magouille, tripotage.**

tripatouiller v. tr. < 1 > (de *tripoter*) fam. 1. Altérer (un texte original) en ajoutant, retranchant. *Tripatouiller la comptabilité d'une entreprise.* → **truquer.** 2. concret Tripoter. □ n. **tripatouilleur, euse**

tripe n. f. (origine incertaine ; p.-ê. du latin pop. *trippa*) 1. *Des tripes,* plat fait de boyaux de ruminants préparés. *Tripes à la mode de Caen.* 2. fam. Intestin de l'homme ; ventre. ■ loc. *Rendre **tripes et boyaux** :* vomir. 3. au plur. fig. et fam. Entrailles. *Une musique qui prend aux tripes,* qui bouleverse. – loc. *Avoir **la tripe** républicaine :* être viscéralement républicain. → **fibre.**

triperie n. f. Commerce du tripier.

tripette n. f. (diminutif de *tripe*) loc. *Ça ne vaut pas tripette :* cela ne vaut rien.

triphasé, ée adj. (→ phase) électr. *Courant triphasé,* à trois phases.

triphénylméthane n. m. chim. Hydrocarbure cristallisé de la série aromatique $(C_6H_5)_3CH$, dont dérivent de nombreux colorants.

triphosphate n. m. chim., biol. Molécule présente dans toutes les cellules servant de réserve d'énergie pour les biosynthèses. – appos. *Adénosite triphosphate (ATP).*

triphtongue n. f. (d'après *diphtongue*) Voyelle complexe dont le timbre varie deux fois en cours d'émission.

tripier, ière n. Commerçant qui vend des abats (tripes, etc.).

triplace adj. À trois places. *Avion triplace.*

triplan n. m. anciennt Avion à trois plans de sustentation. *Biplans et triplans.*

Le premier triplan, *Goupy n° 1*, conçu par Ambroise Goupy (1908).

triple adj. (du latin *triplex*, → tri-, de *plicare* « plier ») 1. Qui équivaut à trois, se présente comme trois. *Un triple rang de perles.* – mus. *Triple croche.* – Qui concerne trois éléments. *Triple entente,* entre trois puissances. ■ fam. (sert de superlatif) *Au triple galop,* très vite. – *Triple idiot !* 2. Trois fois plus grand. *Prendre une triple dose.* – n. m. *Le triple :* une quantité trois fois plus grande.

triplé I. n. m. 1. sports Triple succès d'un athlète, d'une équipe. *Tenter le triplé.* 2. Combinaison de trois chevaux gagnants. *Toucher le triplé.* II. n. au plur. *Triplés, ées :* groupe de trois enfants nés d'une même grossesse. → **jumeau.**

Triple-Alliance voir Alliance (Triple-)

Triple-Entente voir Entente (Triple-)

tripler v. < 1 > 1. v. tr. Rendre triple, multiplier par trois. 2. v. intr. Devenir triple. *Ce terrain a triplé de valeur.* □ n. m. **triplement**

triplet n. m. (→ triple) 1. opt. Combinaison de trois lentilles. ■ Raie spectrale triple. 2. math. Association ordonnée de trois éléments appartenant à trois ensembles distincts. 3. biochim. Unité d'information représentée par trois nucléotides successifs, suffisante pour coder un acide aminé. → **codon.**

triplette n. f. Équipe de trois joueurs (aux boules, à la pétanque). – *Triplette centrale :* au football, l'avant-centre et les deux intérieurs.

[1]triplex n. m. (marque déposée ; de *triple*) Verre de sécurité formé de deux feuilles de verre séparées par une feuille d'acétate.

[2]triplex n. m. (mot latin, d'après *duplex*) 1. Appartement disposé sur trois étages. 2. (Canada) Maison comprenant trois logements superposés.

triplicata n. m. (du latin, d'après *duplicata*) admin. Troisième copie (d'une pièce, d'un acte). *Des triplicatas* ou *des triplicata* (plur. latin).

triptyque

Triptyque de la Trinité, provenant de la clôture de l'église d'Augerolles (xvie s.), dans le Puy-de-Dôme.

Triplice voir Alliance (Triple-)

triploïde adj. (→ -oïde) biol. Se dit d'un individu dont les cellules ont 3n chromosomes au lieu de 2n (→ **diploïde**).

triplure n. f. (d'après *doublure*) Tissu en armure toile très apprêté, que l'on met entre la doublure et le tissu pour renforcer le vêtement.

tripode adj. et n. m. (du grec « à trois pieds ») **1.** À trois pieds. *Mât tripode* : mât métallique en forme de trépied. **2. n. m.** Tourniquet à trois branches réglant l'accès des voyageurs au quai d'une gare ou d'un métro.

tripodie n. f. (grec *tripodia*) métrique ancienne Réunion de trois pieds métriques.

tripoli n. m. (de *Tripoli*, ville du Liban) minér. Roche siliceuse d'origine organique, de couleur grise ou jaune. → **diatomite.** ■ Matière pulvérulente tirée de cette roche et utilisée pour le polissage du verre et des métaux.

Tripoli Ville du Liban, sur la Méditerranée. Environ 500 000 habitants. Vestiges romains, islamiques, francs. Port.

Tripoli Capitale de la Libye, sur la Méditerranée. 1,8 million d'habitants. Vestiges romains. Universités. Port important. Colonie romaine (Oca), la ville passa sous domination arabe (643) puis fut intégrée à l'Empire ottoman en 1551. Après le départ des Italiens, elle devint capitale de la Libye en 1951.

Tripoli (comté de) État latin du Levant dont la fondation (1102-1109) fut initiée par Raymond de Saint-Gilles, comte de Toulouse. Reconquis par les musulmans, il disparut en 1289.

Tripolis ou **Tripoli** Ville de Grèce, au centre du Péloponnèse (Arcadie). 25 500 habitants.

Tripolitaine n. f. Région du N.-O. de la Libye, sur la Méditerranée. 285 000 km^2. Colonisée par les Phéniciens (–viiie s.) puis par les Romains (–i^{er} s.), la province de Tripolitaine fut conquise par les Arabes à partir de 643, et fit partie de l'Empire ottoman au xvie s. En 1912, elle passa à l'Italie, devint une province du royaume de Libye en 1951 puis de l'État de Libye après 1969.

T

triporteur n. m. Tricycle muni d'une caisse pour le transport des marchandises légères.

tripot n. m. (p.-ê. de l'ancien français *treper* → trépigner) péj. Maison de jeu, café où l'on joue.

tripotage n. m. fam. **1.** Action de tripoter (1), de toucher. **2.** Action de tripoter (2) ; arrangement, combinaison louche. → **trafic, tripatouillage.**

tripotée n. f. fam. **1.** Raclée, volée. **2.** Grand nombre. *Une tripotée d'enfants.* → **ribambelle.**

tripoter v. < 1 > (→ tripot) fam. **1. v. tr.** Manier, tâter sans délicatesse. – Toucher de manière répétée, machinalement. → **tripatouiller, triturer.** *Tripoter ses cheveux.* **2. v. intr.** Se livrer à des opérations et combinaisons malhonnêtes. → **magouiller ; trafiquer.** *Elle a tripoté dans des affaires louches.*

tripoteur, euse n. Personne qui se livre à des tripotages. → **magouilleur.**

tripous n. m. pl. Tripes et abats (pieds de mouton, etc.) à la mode auvergnate. - var. **tripoux.**

Triptolème Héros grec associé au culte de Déméter et de Perséphone. Il parcourt le monde sur un char et sème le blé.

triptyque n. m. (du grec « plié en trois », cf. triple) **1.** Peinture, sculpture composée d'un panneau central et de deux volets mobiles pouvant se rabattre. *Retable en forme de triptyque.* – Œuvre littéraire en trois tableaux ou récits. **2.** Document douanier en trois feuillets.

Tripura n. m. État du N.-E. de l'Inde, près de la frontière du Bangladesh. 10 477 km^2. 4,1 millions d'habitants. Capitale : Agartala. Culture du thé.

trique n. f. (dialecte du Nord, d'origine germanique → étriqué) Gros bâton utilisé pour frapper. *Mener les hommes à la trique*, par la brutalité. – loc. *Sec comme un coup de trique* : très maigre.

triqueballe ou **trinqueballe** n. m. (origine obscure) Chariot, fardier destiné au transport d'objets longs et lourds.

trique-madame n. f. invar. (de l'ancien français *triper* « sauter » → tripot) bot., régional Orpin blanc. - var. RO **triquemadame n. f.**

triquet n. m. (de *trique*) techn. Échafaudage de couvreur en forme de triangle.

triréacteur n. m. Avion à trois réacteurs.

trirectangle adj. géom. Qui a trois angles droits. *Trièdre trirectangle.*

trirègne n. m. (mot italien, du latin *regnum*) didact. Tiare du pape ou triple couronne, symbolisant les trois pouvoirs, impérial, royal et sacerdotal.

trirème n. f. (latin *triremis*, de *remus* « rame ») Antiq. Navire de guerre des Romains, des Carthaginois, etc., à trois rangées de rames superposées. → **trière.**

trisaïeul, eule n. Père, mère du bisaïeul ou de la bisaïeule. *Mes trisaïeuls.*

trisannuel, elle adj. (d'après *bisannuel*) Qui a lieu tous les trois ans ou qui dure trois ans. *Plante trisannuelle.*

trisecteur, trice adj. géom. Qui divise en trois parties. *Courbe trisectrice.*

trisection n. f. géom. Division d'une grandeur en trois parties égales. *Trisection de l'angle.*

triskèle n. m. (grec *triskelês* « à trois jambes », de *skelos* « jambe ») Motif symbolique et décoratif celtique formé de trois jambes ou trois branches incurvées dans le même sens autour d'un centre, souvent inscrites dans un triangle équilatéral.

Triskèle romano-celtique (iiie s. av. J.-C., coll. privée), dit « dextrogyre », ses courbes s'enroulant dans le sens des aiguilles d'une montre.

trismus [tʀismys] n. m. (grec *trismos* « petit bruit aigu ») méd. Contraction des muscles masticateurs, rendant difficile l'ouverture de la bouche.

trisoc n. m. agric. Charrue à trois socs.

trisomie n. f. (du grec *soma* « corps ») méd. Présence anormale d'un chromosome supplémentaire dans une paire. *Trisomie 21*, caractérisée par un faciès typique, souvent associée à des malformations et à un retard mental. □ **adj. et n. trisomique**

¹trisser v. intr. < 1 > (du latin, du grec *trizein* « grincer ») rare Pousser son cri (hirondelle).

²trisser v. tr. < 1 > (d'après *bisser*) rare Répéter ou faire répéter trois fois de suite un morceau, au concert, au théâtre.

³trisser v. < 1 > (de l'allemand *stritzen*, ancienne var. de *spritzen* « jaillir ») fam. **1. v. intr.** Partir. **2. v. pron.** *Se trisser* : s'en aller, se sauver. → se **casser**, se **débiner.**

Tristam ou **Tristão (Nuño)** Explorateur portugais (mort en 1447). Il explora les régions du Sahara, du Río de Oro, et atteignit le banc d'Arguin (1443).

Tristan (Flore Célestine Thérèse Tristan-Moscoso, dite Flora) Femme politique française (1803-1844). Elle fut l'une des initiatrices du féminisme en France et contribua à développer un socialisme internationaliste.

Flora Tristan à 20 ans (image colorisée).

Tristan da Cunha Archipel britannique des terres Australes, composé de quatre îles. 201 km^2. 278 habitants. Il fut découvert en 1506 par Tristão da Cunha.

Tristan et Iseult Héros d'une légende médiévale celtique, reprise notamment dans les poèmes de Béroul et de Thomas d'Angleterre. Victimes d'un philtre magique et unis par une passion fatale, Tristan et Iseult la blonde trouvent dans la mort la seule issue à leur amour.

La Mort de Tristan, miniature d'Éverard d'Espinques, in *Roman de Tristan* (1480), bibliothèque du musée Condé, Chantilly.

Tristan l'Hermite Homme politique français (mort apr. 1475). Principal conseiller de Louis XI, il se montra implacable dans l'application de l'absolutisme.

Tristan L'Hermite (François, dit) Poète, auteur dramatique et romancier français (v. 1601-1655). Il écrivit des recueils poétiques *(Les Amours de Tristan)*, des pièces de théâtre *(Marianne)* et un roman autobiographique *(Le Page disgracié)*.

triste adj. (latin *tristis*) **I. 1.** Qui éprouve un malaise douloureux, de la tristesse. → **affligé.** *Être triste de partir, de l'absence de qqn.* → **abattu.** – loc. *Triste comme un bonnet de nuit :* ennuyeux. *Triste à mourir,* très triste. ■ Habituellement sans gaieté. → **mélancolique,** [1]**morose. 2.** Qui exprime la tristesse, est empreint de tristesse. → **malheureux, sombre.** *Un visage triste. Le Chevalier à la triste figure :* don Quichotte. *De tristes pensées.* **3.** (choses) Qui répand la tristesse. → [1]**morne,** [1]**sinistre.** *Le ciel est triste.* **II.** (choses) **1.** Qui fait souffrir, fait de la peine. → **affligeant, attristant, douloureux, malheureux, pénible.** *Une triste nouvelle.* – Qui raconte ou montre des choses pénibles. **2.** Qui suscite des jugements pénibles. → **déplorable.** *Ce malade est dans un triste état.* → **lamentable.** *C'est bien triste.* → **malheureux, regrettable. 3.** péj. devant le n. Dont le caractère médiocre ou odieux afflige. → **lamentable.** *Quelle triste époque ! Un triste sire.*

tristement adv. **1.** En étant triste, d'un air triste. **2.** D'une manière pénible, affligeante. *Il est tristement célèbre* (à cause de ses méfaits).

Tristes (Les) Recueil d'élégies écrites par Ovide durant son exil à Tomes.

tristesse n. f. **1.** État affectif pénible et durable ; envahissement de la conscience par une douleur morale qui empêche de se réjouir du reste. → **ennui, mélancolie, peine.** *Accès de tristesse.* **2.** Moment où l'on est dans cet état ; ce qui le fait naître. *Les tristesses de la vie.* → [2]**chagrin. 3.** Caractère de ce qui exprime ou suscite cet état. *« La tristesse de la nuit lui entra dans le cœur »* (A. France).

tristounet adj. fam. Un peu triste, morose. - var. **tristoune.**

trisyllabe adj. et n. m. didact. Qui a trois syllabes. – n. m. *Un trisyllabe.* □ adj. **trisyllabique**

trithérapie n. f. méd. Traitement associant trois médicaments (maladies virales...). *Malade du sida traité par trithérapie.*

triticale n. m. (du latin *triti[cum]* « blé » et *[se]cale* « seigle ») agric. Hybride de blé et de seigle.

tritium [tʀitjɔm] n. m. (du grec *tritos* « troisième », d'après *deutérium*) chim. Isotope radioactif de l'hydrogène (symb. T, ^{3}H), et qui donne l'isotope 3 de l'hélium.

triton n. m. (du latin, du grec, n. de divinités marines) **I.** mythol. Divinité marine à figure humaine et à queue de poisson. **II.** zool. **1.** Grand mollusque marin à coquille en spirale. **2.** Batracien aquatique, proche de la salamandre, à queue aplatie.

Triton Dieu marin, dans la mythologie grecque, fils de Poséidon et d'Amphitrite. Il est représenté comme un homme muni d'une queue de poisson.

Triton Principal satellite de Neptune (2 707 km de diamètre). Il fut découvert en 1846.

triturateur n. m. techn. Appareil servant à la trituration des substances. → **broyeur.** *Triturateur de chiffons dans l'industrie papetière.*

triturer v. tr. < 1 > (latin *triturare* « battre [le blé] » ; famille de *trier, détritus*) **1.** Réduire en poudre ou en pâte en écrasant par pression et frottement. → **broyer.** *Les molaires triturent les aliments.* **2.** Manier à fond. → **pétrir.** – fam. *Se triturer les méninges, la cervelle :* se fatiguer l'esprit. **3.** Manier avec insistance, machinalement. → fam. **tripoter.** *Il triturait sa casquette.* □ n. f. **trituration**

triumvir [tʀijɔmviʀ] n. m. (du latin, → tri- et de *vir* « homme » → viril) Antiq. Magistrat romain chargé, avec deux collègues, d'une mission administrative ou du gouvernement. *Les trois triumvirs.* □ **triumviral, ale, aux** adj. *Pouvoirs triumviraux.*

triumvirat [tʀijɔmviʀa] n. m. **1.** Antiq. Fonction de triumvir. **2.** littér. Association de trois personnes qui exercent un pouvoir, une influence.

trivalent, ente adj. (→ valence) chim. Qui possède la triple valence. *Corps trivalent.*

trivalve adj. sc. nat. Qui a trois valves. *Coquille trivalve.*

Trivandrum ou **Tiruvanandapuram** Ville d'Inde, capitale du Kerala. 744 739 habitants. Centre culturel de langue malayalam. Université.

Trivelin Type de la commedia dell'arte. Valet d'intrigue, il inspira notamment des personnages de Marivaux.

trivial, ale, aux adj. (latin *trivialis,* de *trivium* « carrefour à trois voies », « lieu public ») **1.** Vulgaire, contraire aux bons usages. *Langage trivial.* → **grossier, obscène. 2.** vieilli ou littér. Ordinaire, commun, banal. *Détails triviaux.* **3.** sc., anglic. Banal, non scientifique. *Hypothèse triviale.* □ adv. **trivialement**

trivialité n. f. Caractère de ce qui est grossier, vulgaire. *La trivialité de ses propos.* → **grossièreté, vulgarité.**

trivium [tʀivjɔm] n. m. (mot latin « carrefour à trois voies ») anciennt Division inférieure des sept arts enseignés dans les universités médiévales (grammaire, rhétorique, dialectique). *Le trivium et le quadrivium.*

Trivulce (Giangiacomo Trivulzio, marquis de Vigevano, dit en français) Maréchal de France (v. 1441-1518). Il s'illustra lors de la conquête du Milanais par les Français (1499), ainsi qu'à Agnadel (1509) et à Marignan (1515).

Trnava Ville de Slovaquie, chef-lieu de région. 70 280 habitants. Églises gothiques et baroques. Maisons Renaissance.

Trnka [tʀɛnka] (Jiří) Cinéaste tchèque d'animation (1912-1969). Créateur du film de marionnettes, il rénova le cinéma d'animation en Europe. *Le Cadeau ; Vieilles Légendes tchèques ; La Main.*

Troade n. f. Ancienne région à l'extrémité N.-O. de l'Asie Mineure (Mysie). Elle s'étendait autour de Troie.

Trobriand (îles) Archipel de Papouasie-Nouvelle-Guinée, au large de la côte E. de la Nouvelle-Guinée.

troc n. m. (→ troquer) Échange direct d'un bien contre un autre. *Faire du troc.* → **troquer.** – Système économique primitif, excluant l'emploi de monnaie. *Économie de troc.*

Trocadéro (bataille de) Bataille qui se déroula près de Cadix (Espagne) le 31 août 1823. Le corps expéditionnaire français, sous le commandement du duc d'Angoulême, s'empara des positions fortifiées défendant la ville.

trocart n. m. (altération de *trois-quarts*) méd. Tige métallique pointue coulissant à l'intérieur d'une canule, servant à faire des ponctions et des biopsies.

trochaïque adj. (du latin, du grec *trokhaïkos*) prosodie antique Dont le pied fondamental est le trochée. *Vers trochaïque.*

trochanter [tʀɔkɑ̃tɛʀ] n. m. (grec *trokhantêr*) **1.** anat. Chacune des deux apophyses de l'extrémité supérieure du fémur. *Grand, petit trochanter.* **2.** zool. Premier ou second article des pattes arrière des insectes.

troche n. f. (du latin, du grec *trokhos* « roue ») Coquillage univalve en forme de toupie. - var. **troque.**

[1]**trochée** n. m. (du latin, du grec *trokhaios* « coureur ») prosodie antique Pied formé de deux syllabes, une longue et une brève.

[2]**trochée** n. f. (de *troches*) arbor. Faisceau de bourgeons, de rameaux qui poussent d'un arbre coupé.

troches n. f. pl. (latin pop. *traduca*) vén. Excréments à demi formés du cerf.

trochile [tʀɔkil] n. m. (du grec *trokhilos* « roitelet ») zool. Colibri.

trochilidé n. m. Petit oiseau d'Amérique à plumage multicolore (famille des *Trochilidés ;* ex. le colibri).

trochin [tʀɔʃɛ̃] n. m. (grec *trokhos* « roue ») anat. Petite tubérosité de l'extrémité supérieure de l'humérus, située en dedans du trochiter.

trochisque [tʀɔʃisk] n. m. (du latin médical, du grec *trokhiskos* « petite roue, pastille » → trochanter, trochiter, [1]trochée) pharm. Médicament fait de substances sèches pulvérisées et moulées en forme de cône, destiné aux fumigations.

trochiter [tʀɔkitɛʀ] n. m. (var. de *trochanter*) anat. Grosse tubérosité de l'extrémité supérieure de l'humérus.

trochlée [tʀɔkle] n. f. (du latin d'origine grecque *trochlea* « poulie ») anat. Surface articulaire en forme de poulie. *Trochlée fémorale.*

Trochu (Louis Jules) Général français (1815-1896). Gouverneur militaire de Paris (1870), il présida le gouvernement de la Défense nationale après la chute de Napoléon III (4 sept. 1870-22 janv. 1871).

trochure [tʀɔʃyʀ] n. f. (de *troches*) vén. Quatrième andouiller du cerf.

troène n. m. (vient du francique *trugil*) Arbuste à feuilles presque persistantes, à petites fleurs blanches très odorantes. *Une haie de troènes.*

troglobie adj. (grec *troglê* « trou » + *-bie*) didact. Qui vit dans les profondeurs souterraines. → **cavernicole.**

troglodyte n. m. (du grec, de *troglê* « trou ») Habitant d'une caverne, d'une grotte, ou d'une demeure aménagée dans le roc. adj. *Village troglodyte.* □ adj. **troglodytique**

Maison troglodyte et champignonnière du Saut aux Loups à Montsoreau (Maine-et-Loire).

trogne n. f. (gaulois *trugna*) fam. Visage grotesque ou plaisant. *« Trognes bouffies à force de ribotes, de beuveries »* (Grainville). → **trombine, tronche.**

trognon n. m. (de l'ancien français *estronner* « retrancher », famille de *tronquer*) **1.** Ce qui reste quand on a enlevé la partie comestible (d'un fruit, d'un légume). *Un trognon de pomme.* ■ loc. fam. *Jusqu'au trognon :* jusqu'au bout, complètement. *Se faire avoir jusqu'au trognon* (→ jusqu'à l'os). **2.** fam. Terme d'affection désignant un enfant. *Quel petit trognon !* – adj. Mignon. *Elles sont trognons.* → **chou.**

Troie Ancienne ville du N.-O. de l'Asie Mineure, localisée à Hissarlik. Capitale de la Troade, elle est le théâtre de la *guerre de Troie,* épisode légendaire raconté par Homère dans *L'Iliade.* Après l'enlèvement d'Hélène par le Troyen Pâris, les Achéens assiégèrent la cité, dont ils s'emparèrent

T

grâce au stratagème du *cheval de Troie*. Détruite vers le –XIIe s., la cité prit à l'époque hellénistique le nom d'*Ilion*. Incendiée par les Romains en –85, elle fut reconstruite par Sylla. À la fin du XIXe s., Schliemann entreprit des fouilles qui attestèrent neuf couches de fondations, du –IVe millénaire à environ 400, dont *Troie VIII*, la ville hellénistique, et *Trois IX*, la ville romaine.

troïka n. f. (du russe, famille de *trois*) **1.** Grand traîneau russe, attelé à trois chevaux de front. **2.** Groupe de trois dirigeants politiques, de trois entreprises, etc.

Troïka dans le parc du palais de Pavlovsk, près de Saint-Pétersbourg.

trois (vient du latin *tres* → tiers, tri-) **1.** adj. numéral cardinal Deux plus un (3 ou III). *Les trois dimensions. Trois cents, trois mille.* loc. *Règle de trois*, par laquelle on cherche le quatrième terme d'une proportion, quand les trois autres sont connus. – *Deux ou trois, trois ou quatre*, un très petit nombre. **2.** adj. numéral ordinal Troisième. *Page trois.* **3.** n. m. *Un, deux, trois, partez !* – Le chiffre, le numéro trois. – Ce qui est marqué d'un trois, de trois signes (carte, domino...). *Le trois de carreau.* – Troisième jour du mois. *Le trois mars.*

Trois-Bassins (Les) Commune de la Réunion, à l'O. de l'île. 6 953 habitants.

trois-deux n. m. mus. Mesure à trois temps qui a la blanche pour unité.

trois-étoiles ou **trois étoiles** n. m. et adj. Hôtel ou restaurant réputé. *Des trois-étoiles.* – adj. *Restaurant trois-étoiles.*

Trois-Évêchés (les) Nom donné aux trois villes de Metz, Toul et Verdun, annexées par Henri II en 1552. Celles-ci furent reconnues possessions françaises par l'Espagne en 1559 et par l'Empire en 1648.

Trois Glorieuses (les) voir Glorieuses (les Trois)

Trois-Gorges (barrage des) Grand barrage de Chine, sur le Chang jiang, dans la région du Yichang, en aval des gorges Qutang, Wu et Xiling. Commencé en 1996, mis en eau en 2003, il a été achevé en 2011. C'est le plus grand barrage du monde.

Troisgros (les frères) Cuisiniers français (Jean 1926-1983 ; Pierre 1928-2020). Ils sont restés célèbres pour leur cuisine créative, simple et exigeante. Michel (né en 1958), fils de Pierre, a perpétué cette tradition.

T

trois-huit [tʀwaɥit] n. m. pl. *Les trois-huit :* système de travail continu qui nécessite la succession de trois équipes travaillant chacune huit heures. *Faire les trois-huit.*

troisième **1.** adj. Qui vient après le deuxième. *Leur troisième enfant.* ■ n. m. *Habiter au troisième* (étage). ■ n. f. *Passer en troisième* (vitesse). *Entrer en troisième* (classe). **2.** adj. Qui s'obtient en divisant par trois. *La troisième partie d'un tout.* → **tiers.**

troisièmement adv. En troisième lieu. → **tertio.**

trois-mâts n. m. Navire à voiles à trois mâts.

trois-points adj. (à cause des trois points, symbole de la franc-maçonnerie) fam. *Les frères trois-points*, les francs-maçons.

trois-ponts n. m. mar., ancien Navire de guerre à trois ponts.

trois-quarts n. m. **1.** Vêtement de longueur intermédiaire entre la veste et le manteau. **2.** au rugby Joueur de la ligne offensive placée entre les demis et l'arrière. *Trois-quarts aile, centre.*

trois-quatre n. m. invar. mus. Mesure à trois temps, avec la noire comme unité.

Trois-Rivières Ville du Canada (Québec), sur le Saint-Laurent, entre Québec et Montréal. 134 413 habitants. Fabrication de carton. Hydroélectricité.

trois-roues n. m. Motocycle à trois roues.

Trois-Vallées Nom donné au domaine skiable (600 km de pistes) couvrant les vallées du Doron de Belleville, du Doron des Allues et des torrents de Saint-Bon, en Savoie. Stations de sports d'hiver : Courchevel, Méribel-les-Allues, Les Menuires, Val Thorens...

1troll n. m. (mot suédois) Lutin des légendes scandinaves.

2troll (mot anglais d'origine obscure) anglic. inform. **1.** n. Personne qui cherche à créer la polémique sur un forum de discussion ou sur les réseaux sociaux. **2.** n. m. Message publié par un troll. *Poster des trolls.*

1trolle ou **trole** n. f. (du latin pop. *tragulare*) vén. Manière de chasser au hasard du lancer, quand on n'a pas pu détourner le cerf avec le limier.

2trolle n. m. (mot allemand) bot. Plante vivace herbacée, aux fleurs jaunes globuleuses, appelée aussi *boule d'or*.

trolley n. m. (mot anglais, de *to troll* « rouler ») anglic. **1.** Dispositif mobile servant à transmettre le courant d'un câble conducteur au moteur d'un véhicule. *Trams à trolleys.* ■ fam. Trolleybus. **2.** Sac (de voyage, de golf) muni de roulettes pour le déplacer. – appos. *Valise trolley.*

trolleybus [tʀɔlɛbys] n. m. Autobus à trolley.

Trollhättan Ville de Suède, sur le Göta älv, au N. de Göteborg. 53 830 habitants. Les *chutes de Trollhättan*, utilisées depuis le Moyen Âge, sont à la base du développement industriel de la ville.

Trollope (Anthony) Romancier britannique (1815-1882). Ses romans, d'abord inspirés par le milieu clérical (*Le Pasteur ; La Cure de Framley*), explorent l'atmosphère provinciale.

trombe n. f. (italien *tromba* « trompe, trompette », d'origine germanique → trompe) **1.** Cyclone tropical déterminant la formation d'une colonne tourbillonnante qui soulève la surface des eaux. → **tornade.** **2.** *Trombe d'eau :* pluie torrentielle. **3.** loc. *En trombe, comme une trombe :* avec un mouvement rapide et violent. *Démarrer en trombe.*

trombidion n. m. (latin zool. *trombidium ;* de *trompe*) zool. Petit acarien rouge vif dont la larve (→ aoûtat) pique l'homme et provoque une éruption et un prurit.

trombidiose n. f. (de *trombidion*) méd. Dermatose provoquée par le trombidion.

trombine n. f. (famille de *trombe, trompe*) fam. Tête, visage.

trombinoscope n. m. Document regroupant les photos des membres d'un groupe (société, assemblée, etc.).

tromblon n. m. (italien *trombone* → trombe) anciennt Arme à feu individuelle au canon évasé en entonnoir.

trombone n. m. (italien *trombone*, de *tromba* → trombe) **I.** Instrument à vent, cuivre de grande dimension, à embouchure. *Trombone à pistons.* – spécialt *Trombone à coulisse*, dont le tube s'allonge et se raccourcit pour produire des sons différents. ■ Joueur de trombone. **II.** Petite agrafe de fil de fer repliée en deux boucles.

trommel n. m. (mot allemand « tambour ») techn. Trieur rotatif servant à classer les minerais et les cailloux, selon leur grosseur.

Tromp (Maarten Harpertszoon) Amiral hollandais (1598-1653). Il remporta des victoires décisives sur l'Espagne, à Gravelines et aux Dunes (1639). ■ **Cornelis Tromp** (1629-1691). Fils de Maarten, nommé vice-amiral en 1653, il battit les Anglais à Dunkerque (1666).

trompe n. f. (vient du francique *trumba* → trombe) **I.** Instrument à vent à embouchure, formé d'un simple tube évasé en pavillon. *Trompe de chasse :* cor. – loc. *Annoncer qqch. à son de trompe*, avec bruit et publicité. **II.** **1.** Prolongement de l'appendice nasal de l'éléphant, organe tactile, qui lui sert à saisir, à aspirer, pomper les liquides. **2.** Organe buccal (de certains insectes). *La trompe des papillons.* **3.** anat. *Trompe de Fallope :* chez la femme, conduit par lequel l'ovule quitte l'ovaire. ■ *Trompe d'Eustache :* canal qui relie la caisse du tympan au rhinopharynx. **III.** archit. Section de voûte qui fait saillie et supporte une construction qui dépasse (encorbellement). *Coupole sur trompes* (opposé à *pendentif*). *Petite trompe.* → **trompillon.**

trompe-la-mort n. invar. fam. Personne qui échappe à la mort.

trompe-l'œil [tʀɔ̃plœj] n. m. invar. **1.** Peinture décorative visant à créer l'illusion d'objets réels en relief, par la perspective. *Décor en trompe-l'œil.* **2.** fig. Apparence trompeuse, qui fait illusion. → **façade.** *Son amabilité n'est que du trompe-l'œil.*

tromper v. tr. < 1 > (du sens de *tromper* « jouer de la trompe », puis *se tromper de qqn* « se moquer ») **1.** Induire (qqn) en erreur par

Trois-Gorges (barrage des)

Le barrage des Trois-Gorges, sur le fleuve Chang jiang.

mensonge, dissimulation, ruse. ➔ **berner, duper, leurrer, mystifier, rouler.** **2.** (dans la vie amoureuse) Être infidèle à... *Il l'a souvent trompée.* – au p. p. *Mari trompé.* ➔ fam. **cocu.** **3.** Échapper à. ➔ **déjouer.** *Tromper la surveillance de ses gardiens.* **4.** (sujet chose) Faire tomber (qqn) dans l'erreur. *La ressemblance vous trompe.* ➔ **trompeur.** – absolt *Ça ne trompe pas* : c'est un indice sûr. **5.** littér. Être inférieur à (ce qu'on attend, ce qu'on souhaite). ➔ **décevoir, frustrer.** *L'évènement a trompé notre attente.* – au p. p. *Un espoir toujours trompé.* **6.** Donner une satisfaction illusoire ou momentanée à (un besoin, un désir). *Lire pour tromper l'ennui.* ■ **se tromper** v. pron. réfl. (sujet personne) Commettre une erreur. ➔ **s'illusionner, se méprendre, avoir tort.** *Tout le monde peut se tromper. Se tromper sur qqn, à son propos. Se tromper de cent euros.* ■ *Se tromper de...* (+ nom sans article), faire une confusion de... *Se tromper de route.* ■ *Si je ne me trompe* : sauf erreur.

tromperie n. f. Fait de tromper, d'induire volontairement en erreur. ➔ **imposture, mensonge.** *Tromperie sur la marchandise.*

trompeter v. < 4 ou RO 5 > ou **trompetter** [tʀɔ̃pete] v. < 1 > **1.** v. intr. vieux Jouer de la trompette. ■ Pousser son cri, en parlant de l'aigle. ➔ **glatir.** **2.** v. tr. vieux Annoncer (une nouvelle) à son de trompe. ■ mod., fig. Publier bien haut et partout. - var. RO **trompéter** < 6 >.

trompette (de *trompe* [I]) **I.** n. f. **1.** Instrument à vent à embouchure, qui fait partie des cuivres. *Sonnerie de trompettes. Trompette bouchée,* dont l'embouchure a été munie d'une sourdine. **2.** loc. ***En trompette*** : relevé du bout. *Nez en trompette,* retroussé. **3.** Nom de coquillages ; de champignons. ➔ **trompette-de-la-mort.** **II.** n. m. Musicien qui joue de la trompette dans une musique militaire. *Un trompette.* ➔ **trompettiste.**

trompette-de-la-mort n. f. cour. Champignon noir comestible (craterelle). *Des trompettes-de-la-mort.* - syn. **trompette-des-morts.**

trompettiste n. Instrumentiste qui joue de la trompette. *Trompettiste classique, de jazz.*

trompeur, euse adj. **1.** (personnes) Qui trompe, est capable de tromper par mensonge, dissimulation. ➔ **déloyal, fourbe, hypocrite, perfide.** **2.** (choses) Qui induit en erreur. *Apparences trompeuses.* ➔ **menteur.** □ adv. **trompeusement**

trompillon n. m. archit. Petite trompe. *Trompillon de voûte.*

Tromsø Ville de Norvège septentrionale, dans une île du *fjord de Tromsø.* 68 200 habitants. Université. Musée polaire. Port.

tronc [tʀɔ̃] n. m. (vient du latin *truncus* « partie coupée ») **I. 1.** Partie inférieure et dénudée de la tige (d'un arbre), entre les racines et les branches maîtresses. ■ fig. ***Tronc commun*** : partie commune appelée à se diviser, à se différencier. **2.** Boîte percée d'une fente, où l'on dépose des offrandes. **3.** Partie principale (d'un nerf, d'un vaisseau). *Tronc et ramifications d'un nerf.* **4.** Partie comprise entre la base et une section plane parallèle (d'une figure solide). *Tronc de cône.* ➔ **tronconique.** **II.** Partie du corps humain où sont fixés la tête et les membres. ➔ **buste, torse.** – appos. *Homme-tronc, femme-tronc,* sans bras ni jambes. *Des hommes-troncs.*

troncation n. f. (du latin ➔ tronquer) didact. Procédé d'abrègement d'un mot par suppression d'une ou plusieurs syllabes. Vélo *est la troncation de* vélocipède.

troncature n. f. (du latin ➔ tronquer) **1.** Partie tronquée de qqch. **2.** minér. Remplacement d'un angle ou d'une arête par une facette. *La troncature d'un cristal.*

tronche n. f. (de *tronc*) fam. Tête. *Avoir, faire une drôle de tronche. Faire la tronche.* ➔ **gueule.**

tronchet n. m. (de *tronc*) techn. Gros billot de tonnelier, à trois pieds.

Tronchet (François Denis) Juriste et homme politique français (1726-1806). Il participa à la défense de Louis XVI devant la Convention et à la préparation du Code civil (1800).

tronçon n. m. (vient du latin pop. *trunceus* ➔ tronc) **1.** Partie coupée (d'un objet plus long que large). **2.** Partie (d'une voie, d'une distance). *Un tronçon d'autoroute.*

tronconique adj. Qui constitue un tronc (I, 4) de cône.

tronçonner v. tr. < 1 > Couper, diviser en tronçons. *Tronçonner un arbre.* □ n. m. **tronçonnage**

tronçonneur, euse n. techn. Ouvrier, ouvrière qui manœuvre une tronçonneuse.

tronçonneuse n. f. Machine-outil, scie à chaîne servant à découper en tronçons du bois, du métal, etc. ➔ **disqueuse.**

tronculaire adj. (du latin *trunculus* ➔ tronc) anat. Relatif à un tronc nerveux ou vasculaire.

Trondheim (Laurent Chabosy, dit Lewis) Dessinateur et scénariste de bande dessinée français (né en 1964). Il met en scène des personnages au corps humain surmonté d'une tête d'animal. *Lapinot ; Donjon.*

Trondheim Ville de la côte O. de la Norvège, au bord du *fjord de Trondheim.* 173 500 habitants. Cathédrale gothique. Port. Centre industriel. Fondée en 995, elle fut la capitale de la Norvège jusqu'en 1380.

trône n. m. (du latin, du grec *thronos*) **1.** Siège élevé sur lequel prend place un souverain dans des circonstances solennelles. *« Au plus élevé trône du monde, si* [pourtant, nous] *ne sommes assis que sur notre cul »* (Montaigne). – fam. et iron. Siège des toilettes. **2.** fig. Puissance d'un souverain. ➔ **souveraineté.** *Les prétendants au trône.* – *Asseoir un prince sur le trône.* ➔ **introniser.**

trôner v. intr. < 1 > **1.** Siéger sur un trône. **2.** Être comme sur un trône, occuper la place d'honneur. – par ext. (choses) Être bien en évidence. *La photo de sa femme trône sur la cheminée.*

tronquer v. tr. < 1 > (du latin ➔ tronc) **1.** Couper en retranchant une partie importante. **2.** fig. et péj. Retrancher qqch. de (une chose abstraite). *Tronquer un texte.* ■ **tronqué, ée** adj. Dont on a retranché une partie. *Colonne tronquée.* – *Citation tronquée.*

Tronson du Coudray (Guillaume) Avocat français (1750-1798). Il fut le défenseur de Marie-Antoinette.

Troodos n. m. Massif montagneux de Chypre. Il culmine à 1 951 m au Chionistra (ou mont Olympe).

trop (vient du francique *thorp* « village ») **I.** adv. **1.** D'une manière excessive, abusive ; plus qu'il ne faudrait. ➔ **excessivement.** (modifiant un adj.) *C'est trop cher, trop loin.* – (un adv.) *Trop tard. Trop peu* : pas assez. *Ni trop, ni trop peu.* – (un verbe) *Elle a trop bu.* – ***Trop... pour*** : s'emploie pour exclure une conséquence. *C'est trop beau pour être vrai* : on n'ose y croire. *Trop poli pour être honnête.* – (modifié par un adv.) *Un peu trop. Beaucoup trop.* – (avec négation) ***Pas trop*** : un peu, suffisamment. *Pas trop de sel.* **2.** À un haut degré. ➔ **beaucoup, très.** *Vous êtes trop aimable.* – *Ne... que trop. Cela n'a que trop duré.* – (avec négation) *Je ne sais pas trop,* pas bien. *Sans trop comprendre. Pas trop mal,* plutôt bien. **3.** fam. adjectivt Excessif, incroyable (cf. anglais *too much*). *Il, elle est trop !* **II. 1.** nominal Une quantité excessive. *C'est trop !* (en remerciement pour un cadeau). – loc. *Trop c'est trop.* – ***De trop ; en trop*** : en plus, au-delà de ce qu'il fallait. *Boire un coup de trop. J'ai de l'argent en trop.* ■ ***De trop*** (attribut) : superflu. *Huit jours de travail ne seront pas de trop.* – *Être, se sentir de trop, en trop* : gêner, être indésirable, importun.

– ***Trop de*** (+ n.) : une quantité excessive de. *Il y a trop de bruit. Je n'ai montré que trop de patience. C'en est trop* : ce n'est plus supportable. **2.** (sujet) employé comme n. Excès. *« Votre trop d'amour pour cet infâme époux »* (Corneille).

trope n. m. (du latin, du grec, idée de « tourner » ➔ -trope, trophée) didact. Figure de rhétorique par laquelle un mot ou une expression sont détournés de leur sens propre. *La métaphore, la métonymie sont des tropes.*

-trope, -tropie, -tropisme Éléments (du grec *-tropos* « qui se tourne vers », de *tropos* « tour, direction ») (ex. *héliotrope*).

tropézienne adj. f. et n. f. (de *tropézien,* gentilé de *Saint-Tropez*) **1.** *Tarte tropézienne* (marque déposée) ou n. f. *une tropézienne* : gâteau fait d'un disque de brioche garni de crème parfumée à la fleur d'oranger. **2.** n. f. Sandale basse faite de lanières de cuir croisées.

trophée n. m. (du latin, du grec *tropaion,* famille de *trope, -trope*) **1.** Dans l'Antiquité, Dépouille d'un ennemi vaincu. **2.** Objet attestant une victoire, un succès. ■ *Trophée de chasse* : tête empaillée de l'animal abattu. – *Trophée sportif* (coupe, médaille). **3.** Motif décoratif formé d'armes (➔ **panoplie**), d'emblèmes ou d'attributs.

trophique adj. (du grec *trophê* « nourriture ») biol. Qui concerne la nutrition des tissus. *Troubles trophiques.* ➔ **dystrophie.**

tropho-, -trophe Éléments (du grec *trophê*) qui signifient « nourriture ».

trophoblaste n. m. (➔ -blaste) embryol. Chez les mammifères, Feuillet mince formé de cellules enveloppant l'œuf, fixé au tissu utérin et jouant un rôle nourricier.

trophonévrose n. f. méd. Affection caractérisée par des troubles trophiques qu'on ne peut rattacher à une lésion nerveuse.

Trophonios Héros béotien d'origine obscure. La tradition en fait un architecte, auteur du premier temple d'Apollon à Delphes.

tropical, ale, aux adj. **1.** Qui concerne les tropiques, les régions situées autour de chaque tropique. ➔ **équatorial.** *Climat tropical* : type de climat chaud à forte variation du régime des pluies, qui règne de part et d'autre de chaque tropique. **2.** *Chaleur, température tropicale,* très forte, très élevée. ➔ **caniculaire, torride.** **3.** Destiné aux tropiques. *Vêtements tropicaux.* – *Médecine tropicale.*

tropicaliser v. tr. < 1 > techn. Rendre (un matériau, un matériel) peu sensible à l'action du climat tropical. – au p. p. *Réfrigérateur tropicalisé.*

-tropie, -tropisme voir -trope

tropique n. m. (du bas latin, du grec, de *tropos* « tour » ➔ -trope) **1.** Chacun des deux parallèles de la sphère terrestre, distants de l'équateur de 23° 27′, délimitant la zone où le Soleil passe au zénith, à chacun des solstices. *Tropique du Cancer* (hémisphère Nord), *du Capricorne* (Sud). **2.** *Les tropiques,* la région intertropicale. *Sous les tropiques.* « *Tristes tropiques* » (œuvre de Lévi-Strauss).

tropisme n. m. (➔ -trope) **1.** biol. Réaction d'orientation ou de locomotion orientée, causée par des agents physiques ou chimiques. **2.** fig. et littér. Réaction élémentaire ; acte réflexe très simple.

tropo- Élément (du grec *tropê* « tour »).

tropopause n. f. (de *tropo[sphère]* et du grec *pausis* « cessation ») sc. Zone de transition entre la troposphère et la stratosphère.

troposphère n. f. (➔ -trope, et *sphère*) sc. Couche de l'atmosphère située entre la surface du globe et la stratosphère.

Troppau (congrès de) Congrès qui réunit en 1820, à Troppau (aujourd'hui Opava, en République tchèque), les cinq puissances de la Sainte-Alliance. Celles-ci décidèrent

TROPICALE (l'écosystème d'une forêt)

La forêt tropicale dite ombrophile est caractérisée par une chaleur et une forte humidité permanentes. Les précipitations sont très importantes et constantes. De très nombreux arbres, de 30 à 50 mètres de hauteur, fournissent un habitat à des animaux variés, en particulier dans la canopée, au climat plus sec et plus chaud. Peu de lumière parvient au sol, lieu de formation de l'humus qui sera rapidement appauvri par la végétation.
Écosystème le plus diversifié de la planète, la forêt tropicale renfermerait entre 50 et 80 % des espèces animales et végétales connues. Mais les populations sont fragiles car chaque espèce ne compte que très peu d'individus.

Le caïman noir est un grand prédateur qui noie ses proies avant de les avaler entièrement.

Le *Dendrobates tinctorius* est un batracien de quelques centimètres qui produit un venin extrêmement toxique.

Connu pour son intelligence, le sapajou brun sait utiliser des outils rudimentaires.

Comme son nom l'indique, le fourmilier est un insectivore.

Suspendu à l'envers, le paresseux se déplace dans les arbres avec lenteur.

Les forêts tropicales se situent entre les tropiques du Capricorne et du Cancer.

Fleur d'hibiscus.

Les aras sont de splendides oiseaux dont le plumage est de couleurs variées.

Le puma concolor est un excellent chasseur solitaire.

L'*Aequidens maronii* vit dans les eaux calmes à la végétation dense.

L'iguane vert peut mesurer jusqu'à 2 mètres.

Dans la forêt tropicale, les lianes forment parfois de véritables rideaux.

Fougère arborescente.

Un colibri flavescent se nourrit d'une fleur d'héliconia.

Exclusivement arboricole, le boa émeraude est un serpent constricteur (qui étouffe ses victimes avant de les manger).

d'agir face à l'essor des mouvements révolutionnaires européens.

trop-perçu n. m. Ce qui a été perçu en sus de ce qui était dû. *Des trop-perçus.*

trop-plein n. m. **1.** abstrait Ce qui est en trop, ce qui excède la capacité. *Épancher le trop-plein de son cœur,* exprimer les sentiments que l'on ne peut garder en soi. *Un trop-plein de vie, d'énergie.* ➔ **surabondance. 2.** Ce qui excède la capacité d'un récipient, ce qui déborde. **3.** Réservoir destiné à recevoir un liquide en excès. ➔ **déversoir.** *Des trop-pleins.*

troque voir **troche**

troquer v. tr. < 1 > (p.-ê. onomatopée, cf. toper) **1.** Donner en troc. ➔ **échanger. 2.** Changer, faire succéder à. « *Dans bien des moments de notre vie, nous troquerions tout l'avenir contre un pouvoir en soi-même insignifiant* » (Proust).

troquet n. m. (abrév. de *mastroquet*) fam. Café. ➔ **bistrot.**

troqueur, euse n. rare Personne qui fait des trocs, des échanges.

Tros Héros éponyme de Troie. Il est l'un des fondateurs mythiques de la cité.

trot n. m. (de *trotter*) **1.** Allure naturelle du cheval et de quelques quadrupèdes, intermédiaire entre le pas et le galop. *Le cheval a pris le trot, est parti au trot, au petit, au grand trot. Courses de trot (trot attelé ; trot monté).* **2.** fam. ***Au trot*** : en marchant rapidement, sans traîner. *En route, et au trot !*

Trotski (Lev Davidovitch Bronstein, dit Lev Davidovitch Trotski, en français Léon) Homme politique soviétique (1879-1940). Militant révolutionnaire, déporté en Sibérie (1898), il s'évada en 1902 pour gagner l'Angleterre où il côtoya Lénine. D'abord menchevik, il formula, après son retour en Russie, sa théorie de la révolution permanente. Banni après la révolution de 1905, il fonda à Prague le journal *Pravda* (« la Vérité »). Rallié aux bolcheviks (1917), il joua un rôle central, à Petrograd, dans la révolution d'Octobre. Commissaire du peuple aux Affaires étrangères, il signa la paix de Brest-Litovsk (1918) puis, commissaire du peuple à la Guerre, il organisa l'Armée rouge. Son opposition à Staline, après la mort de Lénine, le conduisit à fonder la IVe Internationale (1938) mais lui valut d'être assassiné, au cours de son exil au Mexique, par un agent du Guépéou. *Histoire de la révolution russe ; La Révolution trahie.*

Léon Trotski et des officiers de l'Armée rouge à Moscou (1921).

trotskisme n. m. Courant politique issu des idées de Trotski (révolution permanente).

trotskiste n. Partisan de Trotski et de sa doctrine. – **adj.** *Groupe trotskiste.*

trotte n. f. fam. Chemin assez long à parcourir à pied. *Ça fait une trotte !*

trotte-menu adj. invar. vieux Qui trotte à petits pas. « *La gent trotte-menu* » (La Fontaine) : les souris.

trotter v. intr. < 1 > (vient du francique *trotten* « marcher ») **1.** Aller au trot. *Cheval qui trotte.* **2.** (de l'homme et de quelques animaux) Marcher rapidement à petits pas. ➔ **trottiner. 3.** fig. (choses) Passer rapidement, courir. – loc. *Une idée, un air qui vous trotte dans, par la tête.* ➔ **poursuivre, préoccuper.** ■ **se trotter** v. pron. fam., vieilli Se sauver, partir. ➔ **se tirer.** *Allez, je me trotte.*

trotteur n. m. **1.** Cheval entraîné pour la course au trot. **2.** Chaussure de ville à talon large et assez bas. **3.** Support muni de roulettes et d'une nacelle sur laquelle un enfant se soutient pour apprendre à marcher.

trotteuse n. f. Aiguille des secondes (d'une montre, d'un chronomètre).

trottin n. m. vieux Jeune employée d'une modiste, d'une couturière, chargée de faire les courses.

trottiner v. intr. < 1 > **1.** Avoir un trot très court. *Ânes qui trottinent.* **2.** Marcher à petits pas courts et pressés. □ n. m. **trottinement**

trottinette n. f. Jouet d'enfant, planchette montée sur deux roues et munie d'une tige de direction. ➔ **patinette.** ■ Petit véhicule de forme similaire, pour se déplacer en ville. – *Trottinette électrique,* équipée d'un moteur.

trottoir n. m. (de *trotter*) **1.** Chemin surélevé réservé à la circulation des piétons, sur les côtés d'une rue. ■ loc. *Faire le trottoir :* se prostituer, racoler les passants. **2.** *Trottoir roulant :* plateforme roulante qui sert à faire avancer des personnes ou des marchandises.

trou n. m. (vient du latin pop., p.-ê. mot gaulois) **I. 1.** Abaissement ou enfoncement naturel ou artificiel de la surface extérieure (de qqch.). ➔ **cavité, creux, excavation ; fosse.** *Un trou du mur, dans le mur. Tomber dans un trou. Boucher un trou.* – *Trou d'air :* courant atmosphérique descendant qui fait que l'avion descend brusquement. **2.** Abri naturel ou creusé. *Animal qui se réfugie dans son trou.* ➔ **tanière, terrier.** – loc. *Faire son trou :* se faire une place, réussir. – *Trou du souffleur :* loge dissimulée sous le devant de la scène, où se tenait le souffleur. **3.** loc. fig. *Boucher un trou :* remplir une place vide, combler un manque. – *Avoir un* ***trou de mémoire,*** un oubli momentané. – *Il y a un trou dans son emploi du temps,* un espace de temps inoccupé. *Trou dans une comptabilité,* de l'argent disparu des comptes. – *Faire le* ***trou normand*** : boire un verre d'alcool entre deux plats pour activer la digestion. **4.** fam. Petit village perdu, retiré. ➔ fam. **bled.** *N'être jamais sorti de son trou,* ne rien connaître du monde. **5.** fam. Prison. *Être au trou, aller au trou.* **II. 1.** Ouverture pratiquée de part en part dans une surface ou un corps solide. *Trou d'aération. Le trou d'une aiguille.* ➔ **chas.** *Le trou de la serrure :* l'orifice par lequel on introduit la clé. **2.** Endroit percé involontairement (par l'usure, etc.). *Trous dans un vêtement.* ➔ **accroc. 3.** fam. Orifice, cavité anatomique. *Trous de nez.* ➔ **narine.** – vulg. *Trou du cul :* anus. - abrév. **trouduc.** - syn. **trou de balle. III.** sc. **1.** astron. *Trou noir :* région de l'espace tellement dense qu'aucun rayonnement n'en sort. **2.** phys. Charge positive égale et opposée à celle de l'électron, créée dans un cristal par l'absence d'un électron.

▶ Les **trous noirs** sont des corps célestes décrits théoriquement par l'astrophysique dans les années 1960, dont il n'est possible d'observer que les manifestations. Leur densité est telle que le champ gravitationnel qu'ils engendrent empêche toute forme de matière ou de rayonnement de s'en échapper, d'où leur nom. Pour définir ce *rayon de non-retour,* on parle de l'*horizon du trou noir.* Il serait de 3 km pour un trou noir de la masse du Soleil, ce qui lui conférerait une densité 10^{16} fois supérieure.
Les *trous noirs stellaires* proviennent de l'effondrement sur elles-mêmes d'étoiles d'environ 30 masses solaires. Au centre des galaxies, les masses des *trous noirs supermassifs* peuvent atteindre plusieurs milliards de masses solaires. Les *trous noirs primordiaux* ou *micro-trous noirs,* dont l'existence reste hypothétique, auraient quant à eux été formés lors du big bang. Selon l'astrophysicien Stephen Hawking, ces derniers s'évaporeraient très rapidement, contrairement aux trous noirs stellaires, en libérant des paires de particules-antiparticules, générées par le vide puis séparées par les « forces de marée » du trou noir.
La théorie de la relativité d'Einstein prédit qu'au centre d'un trou noir, la courbure de l'espace devient infinie : on parle de singularité gravitationnelle. À proximité, l'espace reste extrêmement distordu et la lumière y semble fortement déviée : c'est le phénomène de lentille gravitationnelle. On y observe par ailleurs un fort ralentissement du temps.
En avril 2019, une équipe internationale d'astrophysiciens a dévoilé la première « photo » d'un trou noir, reconstituée grâce à la combinaison d'images simultanées provenant d'un réseau de plusieurs radiotélescopes répartis sur la surface du globe.
Objets fascinants, les trous noirs constituent, en raison de toutes ces caractéristiques qui défient notre vision traditionnelle de l'espace-temps, une source d'inspiration intarissable pour de nombreux scénarios de science-fiction.
voir aussi **big bang, gravitation, lumière, planète, temps, Univers**

troubadour n. m. (ancien provençal, de *trobar* « faire des vers ; inventer », même origine que *trouver* ➔ **trouvère**) Poète lyrique courtois de langue d'oc, aux XIIe et XIIIe siècles. ➔ **ménestrel.** *Troubadours et trouvères.*

Troubetskoï Famille princière russe. ■ **Dimitri Troubetskoï** (mort en 1625). Il refusa le trône et appuya Michel III, élu tsar en 1613. ■ **Sergueï Troubetskoï** (1790-1860). Il fut l'un des chefs de l'insurrection manquée des décabristes (1825). Exilé en Sibérie, il fut gracié par Alexandre II.

Troubetskoï (Nikolaï Sergueïevitch, en français Nicolas) Linguiste russe (1890-1938). Collaborateur de Jakobson au Cercle linguistique de Prague, il fonda avec lui la phonologie, ou phonétique fonctionnelle, et établit la définition du phonème. *Principes de phonologie.*

troublant, ante adj. **1.** Qui rend perplexe en inquiétant. ➔ **déconcertant.** *Coïncidence, ressemblance troublante. Rêve troublant.* **2.** Qui éveille le désir. *Un regard troublant.*

¹trouble adj. (vient du latin pop., de *turbulus* ➔ **turbulent**) **1.** (liquide) Qui n'est pas limpide, qui contient des particules en suspension. *Eau trouble.* – Qui n'est pas net. *Image trouble.* ➔ **flou.** – *Avoir la vue trouble, voir trouble.* **2.** fig. Qui contient des éléments obscurs, équivoques. « *Nos bonnes actions sont souvent plus troubles que nos péchés* » (M. Aymé). *Une affaire trouble.* ➔ **¹louche.**

²trouble n. m. (de *troubler*) **1.** littér. État de ce qui cesse d'être en ordre. ➔ **confusion, désordre.** *Jeter, porter, semer le trouble dans une famille.* – cour., au plur. Ensemble d'évènements caractérisés par l'agitation, le désordre à l'intérieur d'une société. ➔ **désordre, émeute, insurrection, soulèvement.** *Troubles sociaux. Fauteur de troubles.* ➔ **agitateur, trublion. 2.** littér. Perte de la lucidité ; état anormal et pénible d'agitation, d'angoisse. ➔ **agitation, émotion.** – État, attitude d'une personne qui manifeste son trouble (rougeur, voix altérée, etc.). **3.** souvent au plur. Modification pathologique des activités de l'organisme ou du comportement de l'être vivant. ➔ **dérèglement, perturbation.** *Troubles de la vue, de la vision.* – *Troubles obsessionnels compulsifs* (toc).

trouble-fête n. Personne qui trouble une situation agréable, des réjouissances. *Jouer les trouble-fêtes.*

troubler v. tr. < 1 > (vient du latin pop., de *turbulus* ➔ **¹trouble**) **1.** Altérer la clarté, la transparence. *Troubler l'eau.* – Rendre moins net. *La fatigue lui trouble la vue.* ➔ **brouiller, obscurcir. 2.** Modifier en empêchant que se maintienne (un état d'équilibre ou de paix). ➔ **bouleverser, déranger, perturber.** *Troubler l'ordre public.* **3.** Interrompre ou gêner le cours normal de (qqch.). ➔ **déranger, perturber.** *Troubler les plans de qqn.* ➔ **contre-**

carrer. – *Troubler la digestion.* **4.** Priver (qqn) de lucidité. → **égarer.** *Passion qui trouble la raison.* **5.** *Troubler qqn,* susciter chez lui un état émotif qui compromet le contrôle de soi. → **impressionner, inquiéter.** *Rien ne trouble le sage.* → **atteindre.** – Rendre perplexe. → **embarrasser, gêner.** *Il y a un détail qui me trouble.* → **intriguer, tracasser.** ■ Émouvoir en suscitant le désir. ■ **se troubler v. pron. 1.** Devenir trouble. *Liquide qui se trouble.* **2.** Perdre sa lucidité. **3.** Éprouver un trouble ; perdre son sang-froid. → **s'affoler ;** fam. **paniquer.** ■ **troublé, ée adj. 1.** Rendu trouble. *Eau troublée.* **2.** Bouleversé, rendu confus. *Une période troublée de l'histoire,* agitée de troubles. **3.** Qui a perdu sa lucidité. **4.** Ému, perturbé.

trouée n. f. **1.** Large ouverture qui permet le passage, ou qui laisse voir. *Une trouée dans la haie.* **2.** Ouverture faite dans les rangs de l'armée ennemie. → **percée. 3.** Large passage naturel dans une zone de montagnes. *La trouée de Belfort.*

Trouée Héroïque Nom donné à une partie de la moyenne vallée du Rhin en Allemagne (Rhénanie-Palatinat). Nombreux châteaux ; rocher de la Lorelei.

trouer v. tr. < 1 > (→ trou) **1.** Faire un trou, des trous dans. → **percer, perforer.** – loc. fam. *Se faire trouer la peau :* se faire tuer par balles. **2.** Faire une trouée dans. *Lumière qui troue les ténèbres.* □ **troué, ée adj.** *Chaussettes trouées.*

troufignon n. m. (de *trou* et *fignon,* diminutif dialectal de *fin* → fignoler, ²fion) fam. Anus.

troufion n. m. (de *troupier* et du mot pop. *fion* « coup », puis « derrière ») fam. Simple soldat. → **pioupiou.**

trouillard, arde adj. et n. fam. Peureux, poltron. → **froussard.**

trouille n. f. (mot dialectal, probablt famille de *treuil*) fam. Peur. *Avoir la trouille.* → **frousse.**

trouillomètre n. m. (de *trouille* et *-mètre*) loc. fam. *Avoir le trouillomètre à zéro :* avoir très peur.

Troumouse (cirque de) Cirque des Hautes-Pyrénées, à l'E. du Marboré.

troupe n. f. (→ troupeau) **1.** Réunion de gens qui vont ensemble. → **²bande, groupe.** *Une troupe d'amis.* – *En troupe :* à plusieurs, tous ensemble. – Groupe d'animaux de même espèce vivant naturellement ensemble. *Une troupe de singes.* **2.** Groupe régulier et organisé de soldats. *Rejoindre la troupe, le gros de la troupe.* – *Les troupes :* la force armée. ■ *La troupe :* la force armée, la force publique. *La troupe dut intervenir.* – L'ensemble des soldats (opposé à *officiers*). *Homme de troupe.* → **troupier.** *Le moral de la troupe.* **3.** Groupe de comédiens, d'artistes qui jouent ensemble. *Troupe théâtrale.* → **compagnie.** *Troupe en tournée.*

troupeau n. m. (probablt d'un ancien subst. *trop* « rassemblement », venant du francique) **1.** Réunion d'animaux domestiques qu'on élève ensemble. *Un troupeau de vaches, de moutons, d'oies. Gardeur, gardien de troupeau* (→ **berger, cow-boy, gardian, gaucho, vacher**). *Troupeau en transhumance.* – (bêtes sauvages) *Un troupeau d'éléphants, de buffles.* **2.** péj. Troupe nombreuse et passive (de personnes).

troupiale n. m. (probablt d'une langue du Brésil, d'après *troupe*) zool. Oiseau exotique (passereau) qui vit en troupe et bâtit des nids très élaborés.

troupier n. m. vieilli Simple soldat. → fam. **bidasse, troufion.** ■ **adj. m.** *Comique troupier :* genre comique grossier, à base d'histoires de soldats, à la mode vers 1900.

troussage n. m. cuis. Action de trousser (une volaille).

trousse n. f. (de *trousser*) **I.** anciennt Haut-de-chausses court et relevé. ■ loc. *Aux trousses (de qqn),* à sa poursuite. *Avoir la police aux trousses, à ses trousses.* – *Avoir le feu aux trousses :* être très pressé. **II.** Poche, étui à compartiments pour ranger un ensemble d'objets. *Trousse de médecin. Trousse de toilette.* → **nécessaire.** *Trousse à outils.*

Troyes

Troyes, les maisons à colombages de la rue Émile-Zola.

trousseau n. m. (de *trousse*) **I.** *Trousseau de clés :* ensemble de clés réunies par un anneau, un porte-clé. **II. 1.** vieux Vêtements, linge, etc. qu'emporte une jeune fille qui se marie. **2.** Vêtements et linge que l'on donne à un enfant qui va en pension, en colonie de vacances.

Trousseau (Armand) Médecin français (1801-1867). Grand praticien et didacticien exceptionnel, il publia les *Cliniques médicales de l'Hôtel-Dieu.*

trousse-pied n. m. techn. Lien qui maintient replié le pied d'un animal domestique qu'on soigne ou qu'on ferre. *Des trousse-pieds.*

trousse-queue n. m. techn. Gaine de cuir dans laquelle on passe la queue d'un cheval pour la relever. *Des trousse-queues.*

¹troussequin n. m. (de *trousse* et suffixe picard) techn. Arcade postérieure relevée de l'arçon de la selle.

²troussequin voir **trusquin**

trousser v. tr. < 1 > (vient du latin pop. *torsare ;* famille de *tordre*) **1.** *Trousser une volaille,* replier ses membres et les lier au corps avant de la faire cuire. → **brider. 2.** vieilli Retrousser (un vêtement). *Trousser ses jupes.* – fam., vieilli *Trousser une femme,* la posséder sexuellement. **3.** vieilli ou littér. Faire rapidement et habilement. *Trousser un sonnet.* – au p. p. *Un compliment bien troussé.* → **tourné.**

trousseur n. m. loc. fam., vieilli *Un trousseur de jupons :* un coureur, un débauché.

trou-trou n. m. fam. Ornement de lingerie formé de petits trous alignés, dans lesquels on peut passer un ruban. *Jupon à trous-trous.* - var. RO **troutrou.**

trouvable adj. Qu'on peut trouver, découvrir (s'oppose à *introuvable*).

trouvaille n. f. **1.** Fait de trouver avec bonheur ; chose ainsi trouvée. *Faire une trouvaille aux puces.* **2.** Fait de découvrir (une idée, une image, etc.) d'une manière heureuse ; idée, expression originale. → **création, invention.** *Les trouvailles d'un écrivain.*

trouvé, ée adj. en loc. *Enfant* trouvé. Objets* trouvés.* ■ Qui constitue une trouvaille. *Formule bien trouvée,* heureuse, originale. *Une excuse toute trouvée.*

trouver v. tr. < 1 > (vient du latin pop. *tropare,* de *tropus* → trope, « créer de la poésie » → trouvère) **I. 1.** Apercevoir, rencontrer (ce que l'on cherchait ou ce que l'on souhaitait avoir). → **découvrir ;** fam. **dégoter, dénicher.** *Trouver une place pour se garer. Trouver du pétrole.* **2.** Se procurer, parvenir à avoir. *Trouver un logement, un emploi.* **3.** Parvenir à rencontrer, à être avec (qqn). *Où peut-on vous trouver ?* → **atteindre, contacter, joindre.** – *Aller trouver qqn,* aller le voir, lui parler. **II.** Découvrir, rencontrer (qqn, qqch.) sans avoir cherché. *J'ai trouvé un parapluie dans le taxi.* – *Trouver la mort dans un accident,* mourir. – fam. *Si tu me cherches, tu vas me trouver,* je riposterai. ■ *Trouver qqn, qqch.* (+ adj.) : trouver dans tel état. *Je l'ai trouvée affaiblie.* **III. 1.** Découvrir par un effort de l'esprit, de l'imagination. → **imaginer, inventer.** *Trouver (le) moyen de. Trouver la solution d'une énigme.* → **deviner.** – fam. *Où avez-vous trouvé cela ?,* qu'est-ce qui vous fait croire cela ? → **prendre.** ■ absolt *Eurêka, j'ai trouvé !* **2.** Pouvoir disposer de (temps, occasion, etc.). *Trouver le temps, la force de* (+ inf.). – littér. ***Trouver à*** (+ inf.) : trouver le moyen de. *« J'aurais bien fini par trouver à gagner ma vie »* (Gide). ***Trouver qqch. à*** (+ inf.) : avoir à. *Je n'ai rien trouvé à répondre.* **3.** ***Trouver*** *(tel sentiment, tel état d'âme)* ***dans, à*** : éprouver. *Trouver un malin plaisir à taquiner qqn.* **IV.** Voir (qqn, qqch.) se présenter d'une certaine manière. **1.** (avec un compl. et un attribut) *J'ai trouvé porte close.* – *On l'a trouvé évanoui.* **2.** ***Trouver*** *(un caractère, une qualité)* ***à*** *(qqn, qqch.),* lui reconnaître. *Je lui trouve mauvaise mine ; bien du mérite.* **3.** ***Trouver*** *qqn, qqch.* (+ attribut) : estimer, juger que (qqn, qqch.) est… → **regarder** comme, **tenir** pour. *Je le trouve sympathique.* – *Trouver le temps long. Je trouve ça bon.* – loc. fam. *La trouver mauvaise*.* – ***Trouver bon, mauvais que*** (+ subj.). → **approuver, désapprouver. 4.** ***Trouver que,*** juger, estimer que. *Je trouve que c'est grave. Je ne trouve pas que ça lui aille.* – absolt *« Il est rudement joli garçon. — Tu trouves ? »* (Maupassant). ■ **se trouver v. pron. 1.** Découvrir sa véritable personnalité. *Elle s'est enfin trouvée.* **2.** Être (en un endroit, en une circonstance, en présence de). – *Le dossier se trouvait dans un tiroir.* **3.** Être (dans un état, une situation). *Se trouver dans une impasse* (fig.). *Je me trouve dans l'impossibilité de vous aider.* **4.** ***Se trouver*** (+ inf.) : être, avoir… par hasard. *Il se trouvait habiter tout près de chez moi. Elle se trouve être la sœur de mon ami.* **5.** impers. ***Il se trouve*** : il existe, il y a. *Il se trouve toujours des gens qui disent, pour dire…* – ***Il se trouve que*** : il se fait que. *Il se trouve que j'ai raison.* → **s'avérer.** – fam. ***Si ça se trouve,*** se dit pour présenter une éventualité. *Si ça se trouve, on nous a oubliés.* → **peut-être. 6.** (avec un attribut) Se sentir (dans un état). *Je me trouvais dépaysé. Comment vous trouvez-vous ce matin ?* → **¹aller.** – loc. ***Se trouver mal*** : s'évanouir. – ***Se trouver bien, mal de*** *qqch.,* en tirer un avantage, en éprouver un désagrément. *Un remède dont il s'est bien trouvé.* – Se croire. *Se trouver trop gros.*

trouvère n. m. (de *trouver*) au Moyen Âge Poète et jongleur de la France du Nord, s'exprimant en langue d'oïl. → **ménestrel.** *Trouvères et troubadours.*

trouveur, euse n. rare Personne qui trouve, invente.

Trouville-sur-Mer Commune du Calvados, sur la Manche. 4 603 habitants. Station balnéaire.

Troyat (Lev Tarassov, dit Henri) Écrivain français d'origine russe (1911-2007). Ses cycles romanesques sont consacrés à l'histoire de la Russie *(Tant que la terre durera)* ou à la peinture de la société française *(Les Semailles et les Moissons)*. Il est également l'auteur de nombreuses biographies *(Tolstoï)*. Académie française.

Troyes Chef-lieu de l'Aube, sur la Seine. 62 597 habitants (agglomération 126 000). Évêché. Cathédrale (XIIIe-XVIIe s.). Nombreux monuments médiévaux. Musées. Industrie de la bonneterie.

Troyes (traité de) Traité signé le 21 mai 1420 à Troyes par le roi d'Angleterre Henri V et le roi de France Charles VI. Appuyé par Isabeau de Bavière et le duc de Bourgogne, il déshéritait le Dauphin (le futur Charles VII) au profit d'Henri V, héritier du royaume de France.

truand, ande n. (du gaulois) **1.** vieux Mendiant professionnel. **2.** mod., rare au fém. Malfaiteur qui fait partie du milieu. → **bandit, gangster.**

truander v. tr. < 1 > fam. Voler, escroquer. *Se faire truander.*

truanderie n. f. vieilli État de truand ; ensemble des truands.

truble n. f. (grec *trublê* « écuelle ») Filet de pêche en forme de poche, ajusté à un cerceau muni d'un manche. → **caudrette.** *Truble à crevettes.* → **épuisette.**

trublion n. m. (du latin *trublium*, du grec, n. d'un récipient, influence de *trouble*) Fauteur de troubles, agitateur.

truc n. m. (ancien provençal, qui vient du latin pop.) **1.** fam. Façon d'agir qui requiert de l'habileté, de l'adresse. → **combine, ²moyen.** – Procédé habile pour obtenir un effet particulier. *Les trucs d'un prestidigitateur.* **2.** Machine ou dispositif scénique destiné à créer une illusion. → **trucage. 3.** fam. Chose quelconque. → **²bail, bidule, machin.** *C'est quoi ce truc ?* **4.** fam. Domaine, spécialité. – *Ce n'est pas mon truc* : ce n'est pas dans mes goûts. *Chacun son truc.*

trucage n. m. **1.** Fait de truquer, de falsifier. → **contrefaçon.** – *Le trucage des élections.* **2.** Procédé employé au cinéma, pour produire une illusion (→ **effet spécial**). - var. **truquage.**

truchement n. m. (arabe *targūmān* « traducteur » → **drogman**) littér. **1.** Personne qui parle à la place d'une autre, exprime sa pensée. → **porte-parole. 2.** loc. *Par le truchement de qqn*, par son intermédiaire.

trucider v. tr. < 1 > (du latin → **-cide**) fam. Tuer.

trucmuche n. m. (de *truc* + suffixe argotique *-muche*) fam. Objet, personne que l'on ne nomme pas. → **machin, truc.**

truculence n. f. (→ **truculent**) Caractère de ce qui est truculent.

truculent, ente adj. (du latin, de *trux, trucis* « farouche ») **1.** vieux Qui a une apparence farouche, terrible. **2.** mod. Haut en couleur, qui étonne et réjouit par ses excès. *Un personnage truculent.* → **pittoresque.** *Une prose truculente.* → **savoureux.**

Trudaine (Daniel Charles) Administrateur français (1703-1769). Il fonda, avec Perronet, l'École des ponts et chaussées en 1747.

Trudeau (Pierre Elliott) Homme d'État canadien (1919-2000). Chef du Parti libéral, défenseur du fédéralisme, il fut Premier ministre de 1968 à 1979 et de 1980 à 1984.

Pierre Trudeau lors d'une visite au président Nixon à Washington (1969).

Trudeau (Justin) Homme d'État canadien (né en 1971). Fils de P. E. Trudeau. Chef du Parti libéral depuis 2013 puis Premier ministre depuis 2015.

Justin Trudeau en 2015.

Trudel (Sylvain) Écrivain canadien (québécois) [né en 1963]. Avec une référence permanente à la mythologie, il fait planer sur ses personnages la menace constante de la mort tout en mêlant tragédie et extravagance. *Terre du roi Christian. La Mer de la tranquillité* (nouvelles). Il écrit également pour le jeune public.

truelle n. f. (vient du bas latin *truella*) Outil de maçon, à manche coudé, servant à étendre le mortier, l'enduit.

truellée n. f. Quantité de plâtre prise en une fois sur la truelle.

truffade n. f. (occitan *trufada*, ancien provençal *trufa* → **truffe**) Préparation de pommes de terre rissolées mélangées à de la tomme fraîche fondue (cuisine auvergnate). *La truffade et l'aligot.*

Truffaut (François) Réalisateur français (1932-1984). D'abord critique aux *Cahiers du cinéma*, puis auteur d'une œuvre en grande partie autobiographique, il fut l'un des principaux réalisateurs de la Nouvelle Vague. *Les Quatre Cents Coups ; Jules et Jim ; Fahrenheit 451 ; Le Dernier Métro.*

François Truffaut dans le film *L'Enfant sauvage* (1970).

truffe n. f. (ancien provençal *trufa*, qui vient du bas latin *tufera* ; famille de *tuber* → **tubercule**) **1.** Tubercule souterrain de la famille des champignons, qui constitue une garniture très recherchée. *Truffe noire, blanche. Foie gras aux truffes.* ■ *Truffes en chocolat*, confiserie à base de beurre et de chocolat. **2.** Extrémité du museau du chien.

truffer v. tr. < 1 > **1.** Garnir de truffes. **2.** fig. Remplir, de choses disséminées en abondance. → **bourrer, farcir.** *Truffer un discours de citations.* ■ **truffé, ée** adj. **1.** Garni de truffes. *Dinde truffée.* **2.** fig. *Un devoir truffé de fautes.*

trufficulture n. f. agric. Production méthodique de truffes.

truffier, ière adj. Où poussent les truffes. *Terrain truffier.* – Dressé à la recherche des truffes. *Chien truffier.*

truffière n. f. Terrain où poussent les truffes.

truie n. f. (vient du bas latin *troia*, probablt d'origine gauloise) Femelle du porc, du verrat. *Une truie et ses porcelets.*

truisme n. m. (de l'anglais, de *true* « vrai ») littér. Vérité d'évidence. → **banalité, lapalissade, ¹lieu commun.**

truite n. f. (vient du bas latin *tructa*) Poisson à chair estimée qui vit surtout dans les eaux pures et vives. *Truite saumonée.* – *Truite au bleu.* ■ *Truite de mer.*

truité, ée adj. (de *truite*) **1.** (animal) Dont le pelage est marqué de petites taches rousses, brunes ou noires. *Jument truitée.* **2.** techn. *Céramique, porcelaine truitée*, dont la surface est couverte d'un réseau de fentes. → **craquelé, fendillé.**

truiticulture n. f. didact. Élevage des truites.

Trujillo Ville du Pérou. Env. 700 000 habitants. Vestiges de Chanchán, capitale de l'empire Chimú (XIIIe-XVe s.).

Trujillo y Molina (Rafael Leónidas) Homme d'État dominicain (1891-1961). Il s'empara du pouvoir par un coup d'État (1930) et exerça une dictature violente jusqu'à son assassinat.

trullo [tʀu(l)lo ; tʀylo] n. m. géogr. Construction rurale de forme conique, en Italie du Sud. *Les trullos* ou *les trulli* (plur. italien) *des Pouilles.*

Truman (Harry S.) Homme d'État américain (1884-1972). Vice-président de F. D. Roosevelt, il fut président des États-Unis (1945-1953). Il mit fin à la Seconde Guerre mondiale en ordonnant le lancement de la bombe atomique contre le Japon (1945). Il aida l'Europe occidentale par le plan Marshall (1947), fut à l'origine de l'Otan (1949) et décida l'intervention en Corée (1950-1953).

trumeau n. m. (probablt du francique) Panneau, revêtement (de menuiserie, de glace) qui occupe l'espace entre deux fenêtres. ■ Panneau de glace au-dessus d'une cheminée.

T

Trump (Donald) Homme d'État américain (né en 1946). Homme d'affaires et républicain, il fut président des États-Unis de 2017 à 2021. Il appliqua un programme anti-immigration, de retour au protectionnisme et de relance par une politique de grands travaux et s'affirma climatosceptique.

Trương Vĩnh Ký ou **Petrus Ký** Écrivain vietnamien (1837-1898). Auteur d'une œuvre considérable, il fut l'un des rénovateurs de la littérature vietnamienne moderne. On lui doit aussi un dictionnaire et une grammaire. *Passe-temps ; Événements de la vie.*

truquage voir **trucage**

truquer v. tr. < 1 > (de *truc*) Changer pour tromper, donner une fausse apparence. → **falsifier, maquiller.** *Truquer des dés.* → **piper.** – *Truquer un combat de boxe*, le fausser pour obtenir le résultat souhaité. – au p. p. *Élections truquées.*

truqueur, euse n. 1. Personne qui truque, triche. 2. Technicien du trucage cinématographique. → truquiste.

truquiste n. techn. Spécialiste du trucage, au cinéma. → truqueur (2).

trusquin n. m. (mot wallon, du flamand *kruisken* « petite croix ») techn. Outil de menuisier servant à tracer une ligne parallèle à l'arête d'une pièce de bois. □ **trusquiner** v. tr. < 1 >

trust [trœst] n. m. (mot anglais des États-Unis, de *to trust* « confier ») anglic. 1. écon. Concentration financière réunissant plusieurs entreprises sous une direction unique. *Un trust international.* → multinationale. 2. Entreprise assez puissante pour dominer un marché. *Trust du pétrole.*

truste n. f. (latin *trustis*, du francique *trost* « foi ») hist. Sous les Mérovingiens, Serment prêté par l'antrustion* ; ensemble des hommes liés par ce serment.

truster [trœste] v. tr. < 1 > anglic. Accaparer, monopoliser, comme le font les trusts. *Truster un marché.*

trusteur n. m. Organisateur d'un trust. – fig., fam. Personne qui truste, accapare qqch.

Truyère n. f. Rivière du Massif central. 160 km. Affluent du Lot, elle a été l'objet d'aménagements hydroélectriques.

trypanosome n. m. (du grec *trupanon* « tarière » et *sôma* « corps ») méd. Protozoaire parasite du sang. *La mouche tsétsé, véhicule des trypanosomes.*

trypanosomiase n. f. méd. Maladie causée par des trypanosomes. *Trypanosomiase africaine* : maladie du sommeil.

trypsine n. f. (du grec *tripsis* « frottement ») biochim. Enzyme du suc pancréatique, susceptible d'hydrolyser certains polypeptides.

trypsinogène n. m. (de *tryptophane* et *-gène*) biochim. Substance sécrétée par le pancréas (précurseur de la trypsine).

tryptamine n. f. (de *trypsine* et *amine*) biochim. Amine produite par la décarboxylation du tryptophane.

tryptophane n. m. (du radical de *trypsine* et *-phane*) biochim. Acide aminé indispensable à l'organisme et dont dérivent plusieurs composés biologiques importants (sérotonine, tryptamine).

Tsahal Nom de l'armée de l'État d'Israël.

Tsana (lac) voir Tana (lac)

Ts'ao Tche voir Cao Zhi

Ts'ao Ts'ao voir Cao Cao

Ts'ao Yu voir Cao Yu

tsar [dzar ; tsar] n. m. (mot slave, du latin *Caesar* → césar ; cf. kaiser) hist. Titre porté par les empereurs de Russie, les souverains serbes et bulgares.

T

Tsaratanana (massif de) Massif du N. de Madagascar. Point culminant : le Maromokotro (2 876 m).

tsarévitch [dzarevitʃ ; tsa-] n. m. (du russe → tsar) hist. Titre porté par le fils aîné du tsar de Russie.

tsarine [dzarin ; tsa-] n. f. (russe → tsar) hist. Femme du tsar. Impératrice de Russie.

tsarisme [dzarism ; tsa-] n. m. hist. Régime autocratique des tsars ; période de l'histoire russe où ont régné les tsars.

tsariste [dzarist ; tsa-] adj. Propre au tsarisme. *L'époque tsariste.*

Tsavo (parc national de) Réserve nationale du S.-E. du Kenya, l'une des plus grandes du monde. 21 000 km^2.

Tschumi (Bernard) Architecte franco-suisse (né en 1944). D'abord théoricien de l'architecture, il a conçu le Parc de La Villette à Paris, le musée de l'Acropole à Athènes ou encore le nouveau Zoo de Vincennes en privilégiant l'idée de mouvement et de circulation (escaliers, ponts, passerelles).

tsétsé n. f. ou **tsé-tsé** n. f. invar. (mot bantou) Mouche d'Afrique qui peut transmettre des trypanosomiases. – appos. *Des mouches tsétsés.*

Ts'eu-Hi voir Cixi

Tseu-po voir Zibo

TSF n. f. (sigle de *télégraphie sans fil*) vieux 1. Émission, par procédés radioélectriques, de signaux en morse. → radiotélégraphie. 2. Radiodiffusion ; poste récepteur. → [1]radio.

t-shirt voir teeshirt

Tshwane voir Pretoria

Tsiang Kiai-che voir Jiang Jieshi

tsigane (didact.) ou **tzigane** (cour.) [dzigan ; tsigan] 1. n. *Les Tsiganes* : ensemble de populations venues de l'Inde, qui mènent une vie nomade. → bohémien, gitan. – n. m. *Le tsigane* (langue indo-européenne). 2. adj. *Musique tsigane*, musique populaire de Bohême et de Hongrie, adaptée par les musiciens tsiganes.

Tsiganes ou **Tziganes** n. m. pl. Ensemble de populations originaires de l'Inde, principalement établies en Europe. De langue indo-européenne, les Tsiganes partagent une même culture et mènent une vie le plus souvent nomade. On distingue les Manouches (Italie), les Gitans (Espagne) et les Roms (Europe centrale). Marqués par le rejet, les expulsions et les persécutions tout au long de l'Histoire, les Tsiganes furent l'objet d'une volonté d'extermination dans l'Allemagne nazie.

Ts'ing-hai voir Qinghai

Ts'in-houang-tao voir Qinhuangdao

Tsiolkovski (Konstantin Edouardovitch) Ingénieur russe (1857-1935). Précurseur de l'astronautique, il imagina des fusées à étages et des stations orbitales. Il fit des recherches sur les carburants et sur la propulsion par réaction.

Tsipras (Alexis) Homme d'État grec (né en 1974). Leader du parti antilibéral Syriza (2008), il devint Premier ministre en 2015 et dut négocier un aménagement de la dette de la Grèce avec ses créanciers (zone euro, FMI, BCE) qui lui imposèrent une politique d'austérité. Il perdit les législatives de 2019 au profit de la droite.

Alexis Tsipras en 2015.

Tsiranana (Philibert) Homme d'État malgache (1912-1978). Fondateur du Parti social-démocrate, il fut président de la République de 1959 à 1972.

Ts'iuan-tcheou voir Quanzhou

tsoin-tsoin interj. (formation expressive) fam. Interjection comique à la fin d'un couplet, d'un refrain, imitant un bruit de cymbales. *Tagada tsoin-tsoin !*

Tsonga ou **Thonga** n. m. pl. Ensemble de populations bantoues du Mozambique, d'Afrique du Sud et d'Eswatini, de langue tsonga (environ 6 millions de personnes).

tss-tss interj. (onomatopée expressive) Interjection exprimant le scepticisme, la perplexité, la désapprobation.

Tsubouchi Shōyō (Tsubouchi Yuze, dit) Écrivain japonais (1859-1935). Il jeta les bases de la mise en scène du théâtre occidental au Japon. Dans *Shōsetsu Shinzui* (« La Quintessence du roman »), il revendique un roman psychologique, propre à révéler l'essence de l'homme.

Tsugaru (détroit de) Détroit qui sépare les îles japonaises de Honshū et de Hokkaidō, reliant la mer du Japon à l'océan Pacifique.

tsunami n. m. (mot japonais « vague, raz-de-marée ») Onde océanique provoquée par un séisme ou une éruption volcanique, provoquant d'énormes vagues sur les côtes. → raz (de marée).

Tsushima Archipel du Japon, au N. de Kyūshū, dans le détroit de Corée. 709 km^2. 40 000 habitants. Les 27 et 28 mai 1905, la flotte russe y fut défaite par les Japonais.

Tsvetaïeva (Marina Ivanovna) Poète russe (1892-1941). Son œuvre lyrique, puissante et novatrice, ses tragédies, ses essais et ses récits autobiographiques témoignent de son immense désir d'absolu. *Le Preneur de rats* ; *Le Poète et le Temple.*

Marina Tsvetaïeva en 1925.

Tswana n. m. pl. Population bantoue d'Afrique du Sud, du Botswana, du Zimbabwe et de Namibie, de langue tswana.

TTC Abréviation de *toutes taxes comprises. Prix HT et TTC.*

[1]tu pron. (vient du latin *tu* → te, toi ; tien, [1]ton) Pronom personnel sujet de la deuxième personne du singulier et des deux genres. 1. *Tu as tort.* – fam. (élidé en *t'* devant voyelle ou *h* muet) *T'as tort.* – (en inversion) *As-tu bien dormi ?* – fam. *Tu viens ?* 2. (nominal) *On se dit tu depuis hier.* → tutoyer. – loc. *Être à tu et à toi avec qqn*, être très lié, intime avec lui.

[2]tu, tue P. p. du verbe *taire.*

tuage n. m. 1. rare Abattage des bestiaux ; prix de cet abattage. 2. techn. Opération par laquelle on supprime un puits de pétrole par explosion.

Tuamotu (îles) Archipel de la Polynésie française, à l'E. des îles de la Société. 860 km^2. Environ 15 000 habitants. Bases d'essais nucléaires aériens puis souterrains dans les atolls de Mururoa et Fangataufa.

tuant, ante adj. 1. fam. Épuisant, éreintant. *Un travail tuant.* → crevant. 2. Énervant, assommant. *Ce gosse est tuant !*

tub [tœb] n. m. (mot anglais) vieilli Large cuvette où l'on peut prendre un bain sommaire ; ce bain. *Prendre un tub.*

tuba n. m. (mot latin) I. Instrument à vent à trois pistons et embouchure. *Joueur de tuba.* → [2]tubiste. II. Tube respiratoire pour nager la tête sous l'eau. III. météorol.

tsunami

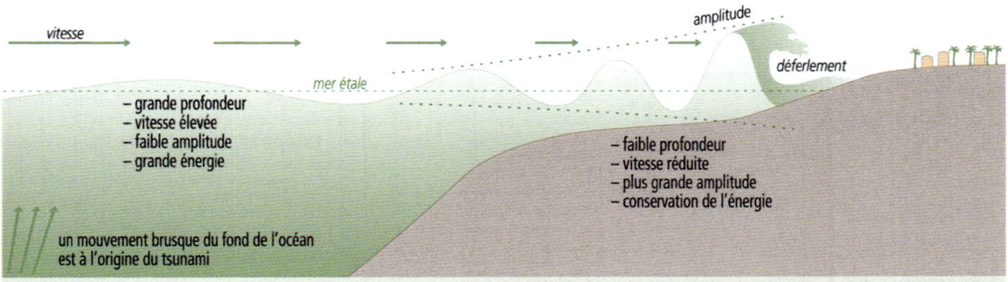

Une déformation du fond de l'océan entraîne une masse d'eau qui avance jusqu'aux côtes.

Colonne nuageuse formée sous certains nuages par un tourbillon aérien.

tubage n. m. méd. Introduction d'un tube dans un organe. → **intubation.** *Tubage gastrique.*

tubaire adj. méd. Relatif aux trompes de Fallope ou d'Eustache. *Grossesse tubaire,* extra-utérine.

tubard, arde adj. et n. fam. Tuberculeux.

tube n. m. (latin *tubus* → tuba) **1.** Conduit à section circulaire, généralement rigide, ouvert à une extrémité ou aux deux. *Un tube de verre.* – *Tube à essai* : tube de verre cylindrique et fermé à un bout. → **éprouvette.** ■ Tuyau de métal. *Les tubes d'une chaudière* (→ **tubulure).** ■ loc. *À plein(s) tube(s)* : à pleine puissance. – fig., fam. *Déconner à pleins tubes.* ■ *Tube de* (ou *au*) *néon* (pour l'éclairage). **2.** fam. Chanson à succès. *Le tube de l'été.* **3.** Organe creux et allongé. ***Tube digestif*** : ensemble des conduits de l'appareil digestif, par lesquels passent et sont assimilés les aliments. **4.** Conditionnement cylindrique fermé par un bouchon. *Un tube d'aspirine.* – *Tube de dentifrice, de gouache.*

tuber v. tr. < 1 > techn. Garnir de tubes (un trou de sonde). ■ Poser des tubes d'acier vissés les uns à la suite des autres au moyen de filetages coniques, lors du forage d'un puits de pétrole. → **cuveler.**

tubéracée n. f. (du latin *tuber* « truffe ») bot. Champignon ascomycète, dont le type est la truffe (famille des *Tubéracées*).

tubercule n. m. (du latin médical, de *tuber* « tumeur » ; famille de *truffe*) **1.** anat. Petite protubérance arrondie à la surface d'un os ou d'un organe. *Les tubercules des molaires. Tubercules quadrijumeaux*.* **2.** méd. Petite masse solide arrondie (dans certaines maladies) ; spécialt, petite nodosité au centre nécrosé, caractéristique de la tuberculose. **3.** Excroissance arrondie d'une racine, d'un rhizome, qui est une réserve nutritive de la plante. *Tubercules comestibles* (ex. la pomme de terre).

tuberculeux, euse adj. et n. **1.** Qui s'accompagne de tubercules (2) pathologiques. **2.** Relatif à la tuberculose. *Méningite tuberculeuse.* ■ Atteint de tuberculose. – n. *Un tuberculeux, une tuberculeuse.* → vieux **phtisique, poitrinaire** ; fam. **tubard.**

tuberculide n. f. méd. Lésion cutanée due à une sensibilisation de l'organisme à la tuberculose, mais dans laquelle on ne trouve pas de bacilles tuberculeux.

tuberculine n. f. Extrait d'une culture de bacilles de Koch utilisé pour diagnostiquer la tuberculose. → **cutiréaction.** □ adj. **tuberculinique**

tuberculisation n. f. méd. Envahissement de l'organisme par le bacille tuberculeux.

tuberculose n. f. (de *tubercule*) Maladie infectieuse et contagieuse, causée par le bacille de Koch, et qui affecte le plus souvent le poumon. *Tuberculose pulmonaire* (→ vieux **phtisie**), *osseuse, rénale.* – absolt Tuberculose pulmonaire.

tubéreuse n. f. Plante à bulbe, à hautes tiges portant des grappes de fleurs blanches très parfumées.

tubéreux, euse adj. bot. Qui présente des tubercules. *Racine tubéreuse.*

tubérisation n. f. (du latin *tuber* « truffe ») bot. Transformation (d'une tige ou d'une racine) en tubercule.

tubérosité n. f. (latin *tuberositas*) anat. Partie proéminente et arrondie. *Tubérosité d'un os.* → **apophyse, tubercule.**

tubi- Élément (du latin *tubus* « tube »).

Tubi ou **Tuby (Jean-Baptiste), dit le Romain** Sculpteur français d'origine italienne (1630 ou 1635-1700). Il participa à la décoration sculptée des jardins de Versailles *(Apollon sur son char ; La Saône ; Flore).*

Tubiana (Maurice) Médecin français (1920-2013). Cancérologue, il fut l'un des pionniers de la radiothérapie en France.

tubicole n. m. (→ -cole) zool. Annélide qui vit dans le tube qu'il a sécrété. – adj. *Ver tubicole.*

tubifex n. m. (de *tubi-* et du suffixe latin *-fex* « qui fait ») zool. Petit annélide tubicole appelé couramment *ver de vase.*

Tübingen Ville d'Allemagne (Bade-Wurtemberg), sur le Neckar. 91 000 habitants. Monuments médiévaux. Université.

¹tubiste n. (de *tube*) techn. **1.** Ouvrier, ouvrière qui travaille en caisson, sous l'eau. **2.** Ouvrier, ouvrière qui fabrique des tubes de métal, des tubes électroniques.

²tubiste n. (de *tuba*) Musicien, musicienne qui joue du tuba.

tubitèle adj. (de *tubi-* et du latin *tela* « toile ») zool. *Araignée tubitèle,* qui tisse une toile en forme de tube de fils de soie où elle se met à l'affût.

Tubman (William Vacanarat Shadrach) Homme d'État libérien (1895-1971). Président de la République, il gouverna en dictateur de 1943 à sa mort. Il fut à l'origine des conférences panafricaines de Monrovia (1959 et 1961).

Tubuaï (archipel des) ou **îles Australes** Archipel le plus méridional de la Polynésie française. 174 km². 6 668 habitants.

tubul- Élément (du latin *tubulus* « petit tube »).

tubulaire adj. (du latin *tubulus* → tube) **1.** Qui a la forme d'un tube. *Conduit tubulaire.* **2.** Qui est fait de tubes métalliques. *Chaise tubulaire.*

tubule n. m. anat. Structure en forme de petit tube. *Tubule rénal.*

tubulé, ée adj. **1.** sc. nat. Qui présente un tube, des tubes. *Fleur tubulée du bleuet.* → **tubuliflore. 2.** Qui présente une ou plusieurs tubulures. *Flacon tubulé.*

tubuliflore adj. bot. Dont toutes les fleurs du capitule sont tubulées (chardon, bleuet).

tubuline n. f. biochim. Protéine constituant principal des microtubules.

tubulure n. f. (du latin *tubulus* → tube) Ensemble de tubes, de tuyaux d'une installation. → **tuyauterie.**

Tuc-d'Audoubert Grotte préhistorique d'Ariège (commune de Montesquieu-Avantès). Elle contient des empreintes, des gravures et deux bisons modelés dans l'argile crue (magdalénien).

Tucholsky (Kurt) Écrivain allemand (1890-1935). Il dénonça dans ses œuvres le nationalisme et le militarisme. *Deutschland über alles.*

Tucson Ville des États-Unis (Arizona), sur le río Santa Cruz. 520 000 habitants. Université. Marché agricole important. Centre touristique.

tudesque adj. et n. (du latin médiéval d'origine germanique) vieux Allemand, allemande.

tudieu interj. (abrév. de *par la vertu de Dieu*) Ancien juron familier, aux XVIe et XVIIe siècles.

Tudjman (Franjo) Homme d'État croate (1921-1999). Chef de l'Union démocratique croate, il fut à partir de 1990 président de la république de Croatie, qui fit sécession en 1991, et fut réélu en 1997.

Tudor Famille, originaire du pays de Galles, qui régna sur l'Angleterre de 1485 à 1603. Fondée par Owen Tudor (mort en 1461), elle donna à l'Angleterre cinq souverains : Henri VII (1485-1509), Henri VIII (1509-1547), Édouard VI (1547-1553), Marie Tudor (1553-1558) et Élisabeth Ire (1558-1603). Les Stuarts lui succédèrent à la suite du mariage de Marguerite Tudor, fille de Henri VII, avec Jacques IV Stuart.

Tudor (William Cook, dit Antony) Danseur et chorégraphe britannique (1909-1987). Directeur de l'école de ballet du Metropolitan Opera de New York, il donna au ballet classique une nouvelle portée *(Pillar of Fire).*

Tự Đức Nom de règne de l'empereur du Viêtnam Nguyễn Dục Tông ou Nguyễn Phúc Hồng Nhậm (1829-1883). Il régna de 1848 à sa mort. Il céda la Cochinchine à la France (1867) et ne put empêcher l'invasion française du Tonkin (1882).

tue-chien n. m. régional Colchique d'automne. – Morelle noire. *Des tue-chiens.*

tue-diable n. m. Appât à plusieurs hameçons (chenille, poisson artificiel) pour la pêche à la truite. *Des tue-diables.*

tue-loup n. m. régional Aconit. *Des tue-loups.*

tue-mouche **1.** n. m. *Tue-mouche* ou appos. *amanite tue-mouche* : fausse oronge, champignon vénéneux. *Des tue-mouches.* **2.** adj. *Papier tue-mouche,* imprégné d'une substance empoisonnée pour engluer et tuer les mouches.

tuer v. tr. < 1 > (vient du latin *tutare,* d'abord « protéger », puis « éteindre [une chandelle] ») **1.** Faire mourir (qqn) de mort violente. → **assassiner, éliminer,** vieux **occire** ; fam. **descendre, ¹fumer, liquider, trucider, zigouiller ; -cide.** *Tuer qqn avec une arme à feu.* → fam. **flinguer.** ■ spécialt Faire mourir à la guerre.

T

« On leur tua beaucoup de monde » (Racine). ■ Donner involontairement la mort à (qqn). *Tuer qqn dans un accident.* **2.** Faire mourir volontairement (un animal). *Tuer un lièvre à la chasse.* → **abattre. 3. (sujet chose)** Causer la mort de. *« Le boulet qui me tuera n'est pas encore fondu »* (Napoléon). – *Antibiotique qui tue les microbes.* **4. fig.** Causer la disparition de, faire cesser. → **ruiner, supprimer.** *La bureaucratie tue l'initiative.* ■ **loc.** *Tuer qqch. dans l'œuf,* l'étouffer avant tout développement. – *Tuer le temps :* essayer de l'occuper pour tromper l'ennui. **5. (sujet chose)** Épuiser (qqn) en brisant la résistance. *Ces escaliers me tuent.* → **éreinter, user ; tuant.** – Plonger dans un désarroi ou une détresse extrême. → **désespérer.** ■ **se tuer v. pron. 1.** Se suicider. – Être cause de sa propre mort par accident. *Elle s'est tuée au volant de sa voiture.* **2. fig.** User ses forces, compromettre sa santé. *Se tuer au travail, à la peine.* – ***Se tuer à* (+ inf.) :** se donner beaucoup de mal. *Je me tue à vous le répéter.* → **s'évertuer.** ■ **tué, ée adj.** *Soldats tués à la guerre.* – **n.** *Il y a eu des tués.* → **[1]mort.**

tuerie **n. f.** Action de tuer en masse, sauvagement. → **boucherie, carnage, massacre.**

à tue-tête **loc. adv.** D'une voix si forte qu'on casse (« tue ») la tête, qu'on étourdit. *Chanter à tue-tête.*

tueur, euse **n. 1.** Personne qui tue. → **assassin, meurtrier.** *Un tueur à gages*.* *Tueur en série*.* **2. techn.** Professionnel qui tue les bêtes dans un abattoir.

tuf **n. m. (de l'italien, du latin *tofus*)** Roche poreuse de faible densité, souvent pulvérulente. *Tuf calcaire. Tuf volcanique.*

tuffeau ou **tufeau** **n. m. (de *tuf*)** Tuf calcaire poreux et tendre, utilisé dans la construction. *Tuffeau de Touraine.*

Tuffier (Théodore) Chirurgien français (1857-1929). Il mit au point l'anesthésie rachidienne *(procédé de Tuffier)* et se spécialisa dans la chirurgie pulmonaire, cardiaque et vasculaire.

Tugendbund Association fondée à Königsberg en 1808 pour lutter contre la domination française et relever la Prusse écrasée par Napoléon Ier. Elle fut définitivement dissoute en 1815.

tuile **n. f. (vient du latin, de *tegere* « couvrir » → toit) I. 1.** Plaque de terre cuite servant à couvrir un édifice. *Un toit de tuiles.* **2.** Petit gâteau sec moulé sur un rouleau. **II. fig. et fam. (de la tuile qui tombe sur qqn)** Désagrément inattendu. → **[2]guigne, malchance.** *Quelle tuile !*

tuileau **n. m. techn.** Fragment de tuile.

tuiler **v. tr. < 1 > (de *tuile*) techn.** Disposer en faisant se chevaucher. – *Tuiler des opérations :* commencer chacune avant la fin de la précédente. □ **n. m. tuilage**

tuilerie **n. f.** Fabrique de tuiles ; four où elles sont cuites.

T

Tuileries (palais des) Ancienne résidence des rois de France, à Paris, entre le Louvre et les Champs-Élysées. Initiée par Catherine de Médicis, sa construction fut d'abord confiée à Philibert Delorme. Résidence royale sous Louis XV, le palais fut le siège de la Convention durant la Révolution (1793). Habité par les souverains à partir de l'Empire, il fut partiellement incendié pendant la Commune (1871), puis démoli en 1882. Les *jardins des Tuileries* abritent aujourd'hui l'Orangerie et le Jeu de paume.

tuilier, ière **1. n.** Ouvrier, ouvrière qui fait les tuiles. **2. adj.** Relatif à la fabrication des tuiles.

tuk-tuk voir **touk-touk**

Tula Village du Mexique (État de Hidalgo). Il abrite les ruines de l'ancienne capitale toltèque (pyramide et temple).

Tula voir **Toula**

tularémie **n. f. (de *Tulare*, n. d'un comté de Californie) méd.** Maladie infectieuse due à un bacille, transmise des animaux sauvages à l'homme par des tiques.

tulipe **n. f. (du turc → turban, du persan) 1.** Plante à bulbe dont la fleur renflée à la base est évasée à l'extrémité ; cette fleur. **2.** Objet (verre, globe, lampe...) dont la forme rappelle celle de la tulipe.

tulipier **n. m.** Arbre de la famille du magnolia, dont la fleur ressemble à une tulipe. *Tulipier de Virginie.*

Tulkarm ou **Tulkarem** Ville de Cisjordanie, en Samarie. Environ 30 000 habitants. Occupée par Israël après la guerre des Six Jours, elle est sous autogouvernement palestinien depuis 1995.

tulle **n. m. (du n. propre)** Tissu léger, formé d'un réseau de mailles rondes ou polygonales. *Voile de tulle.*

Tulle Chef-lieu de la Corrèze, au confluent de la Corrèze et de la Solane. 14 314 habitants. Évêché. Cathédrale (XIIe-XIVe s.). Maisons Renaissance.

Tulle et ses anciennes maisons à toit d'ardoise.

tullerie **n. f.** Industrie, commerce du tulle.

Tullianum ou **prison Mamertine** Prison de la Rome antique. On y enferma Catilina, Jugurtha, Vercingétorix et, selon la tradition, saint Pierre et saint Paul.

tullier, ière **adj.** Du tulle. *L'industrie tullière.*

tulliste **n.** Personne qui fabrique du tulle.

Tullus Hostilius Troisième roi légendaire de Rome (v. 672-v. 640 av. J.-C.). Il fut à l'origine de la guerre contre Albe (épisode des Horaces et des Curiaces).

Tulsī Dās Poète mystique indien (v. 1532-v. 1623). Il traduisit en hindi le *Rāmāyana.*

Tulúm Site archéologique du Mexique (État de Quintana Roo), de culture toltéco-maya (1200-1500). Son Castillo (XIIe-XIIIe s.) domine la mer des Caraïbes.

Tulunides **n. m. pl.** Dynastie fondée par Ahmad Ibn Tûlûn, officier du gouverneur abbasside de l'Égypte. Elle régna sur l'Égypte et la Syrie de 868 à 905.

tumbling [tœmbliŋ] **n. m. (mot anglais « cabriole ») anglic.** Gymnastique acrobatique consistant à enchaîner des sauts sur une piste étroite et longue.

tuméfaction **n. f. (→ tuméfier) 1.** Fait de se tuméfier, d'être tuméfié. → **enflure. 2.** Partie tuméfiée.

tuméfier **v. tr. < 7 > (du latin → tumeur)** Causer une augmentation de volume anormale à (une partie du corps). → **enfler, gonfler.** – **pronom.** *Son nez se tuméfie.* ■ **tuméfié, ée adj.** *Œil tuméfié.*

tumescence **n. f. (→ tumescent) didact.** Gonflement des tissus ; **spécialt** turgescence d'un organe érectile (pénis, clitoris). → **érection.**

tumescent, ente **adj. (du latin → tumeur) didact. (tissus vivants)** Qui s'enfle, se gonfle, grossit.

tumeur **n. f. (latin *tumor*, de *tumere* « gonfler », même racine que *truffe*, *tubercule*) 1.** Gonflement pathologique formant une saillie anormale. **2. méd.** Amas de cellules qui se forme par multiplication anarchique. *Tumeur bénigne. Tumeur maligne,* se disséminant à distance et ayant tendance à récidiver. → **cancer, sarcome.**

tumoral, ale, aux **adj. didact.** Relatif à une tumeur.

tumorigène **adj. (du latin *tumor* → tumeur et de *-gène*) méd.** Qui provoque la formation de tumeurs.

tumulaire **adj. (de *tumulus*) didact.** D'une tombe. → **tombal.** *Dalle tumulaire.*

tumulte **n. m. (latin *tumultus*)** Désordre bruyant ; bruit confus que produisent des personnes assemblées. → **brouhaha, chahut, vacarme.** *Un tumulte s'éleva.* – Agitation bruyante et incessante. *Le tumulte de la rue.* ■ **fig., littér.** *Le tumulte des passions.*

tumultueux, euse **adj. (du latin → tumulte) littér. 1.** Agité et bruyant. *Séance tumultueuse.* → **houleux, orageux. 2.** Agité, violent. *Les flots tumultueux.* **3.** Plein d'agitation, de trouble. *Vie tumultueuse.* □ **adv. tumultueusement**

tumulus [tymylys] **n. m. (mot latin ; famille de *tumeur*) archéol.** Tertre artificiel élevé au-dessus d'une tombe. *Des tumulus* ou *des tumuli* **(plur. latin).**

Tunder (Franz) Compositeur allemand (1614-1677). Il introduisit, notamment dans la musique d'orgue, la forme classique de la *toccata.*

tune voir **thune**

tuner [tynɛʀ ; tynœʀ] **n. m. (mot anglais des États-Unis, de *tune* « air, mélodie ») anglic.** Amplificateur de haute fréquence, utilisé dans les récepteurs de radio et de télévision. ■ **par ext.** Récepteur de modulation de

tumulus

Tumulus néolithique de Knowth, dans le comté de Meath (Irlande).

fréquence (radio). - recomm. offic. **syntoniseur n. m.**

tungar n. m. (de *tung[stène]* et *ar[gon]*) électr. Redresseur de courants alternatifs, permettant le passage de grandes intensités.

tungstate n. m. (de *tungstène*) chim. Sel renfermant l'anion WO_4.

tungstène n. m. (suédois *tungsten* « pierre *[sten]* lourde ») Élément atomique (symb. W, n° at. 74, masse at. 183,85), métal gris très dense et très réfractaire. *Filaments de lampe en tungstène.*

tunicier n. m. (du latin *tunica* → tunique) zool. Animal marin primitif protégé par une tunique cellulosique (sous-embranchement des *Tuniciers* ; ex. l'ascidie).

tuning [tyniŋ] n. m. (mot anglais, de *to tune* « régler [un moteur] ») anglic. Pratique consistant à apporter des modifications à un véhicule de série pour le personnaliser (carrosserie, accessoires, moteur...).

tunique n. f. (latin *tunica*) **I. 1.** Dans l'Antiquité, Vêtement de dessous, chemise longue avec ou sans manches. *La tunique et la toge.* **2.** anciennt *Tunique d'armes* : veste d'armure en mailles d'acier. **–** Veste ou redingote d'uniforme. **3.** Chemisier léger descendant jusqu'à mi-cuisses. **II.** anat. Membrane qui enveloppe, protège (un organe). *Tunique de l'œil. Tunique vaginale* : enveloppe séreuse la plus interne du testicule.

Tunis Capitale de la Tunisie, sur la Méditerranée, au fond du *golfe de Tunis.* 728 460 habitants. Mosquée. Musée archéologique. Centre administratif, financier, commercial et industriel. Souks. L'antique *Tunes* devint à la fin du VIIe s. la capitale économique de l'Ifrīqiya et au XIIIe s. la capitale des Hafsides.

Tunis, la ville moderne, en bordure du lac qui la sépare du golfe de Tunis.

Tunisie

n. f. ■ offic. République tunisienne, en arabe al-Djumhūriya al-Tūnisiya Pays du Maghreb. 164 000 km². 17,7 millions d'habitants (les *Tunisiens*). **Langues :** arabe (offic.), français et berbère. **Religion :** musulmans sunnites 99 % (dont 85 % de rite malékite, 15 % de rite hanéfite). **Monnaie :** dinar tunisien. **Capitale :** Tunis. **Régime :** présidentiel.

Site romain de Thuburbo Majus, dans la région agricole du nord de la Tunisie.

GÉOGRAPHIE

La Tunisie se compose de plusieurs ensembles topographiques. La frange septentrionale et occidentale du territoire est montagneuse (son point culminant est le djebel Chambi à 1 544 m) et traversée par la plaine alluviale de la Medjerda. La partie méridionale désertique est une succession de chotts, de plateaux et de dunes. Le littoral, parsemé de tombolos et de lagunes, s'étend sur 1 298 km dont 575 km de plages sablonneuses. Le climat méditerranéen sur le littoral devient plus aride à mesure que l'on pénètre dans l'arrière-pays.

ÉCONOMIE

L'économie du pays s'est développée depuis les années 1970 mais souffre de carences structurelles et d'un faible taux de création d'emploi qui incite les jeunes générations à émigrer.

L'agriculture représente 10 % du PIB (2020) et, depuis 2004, est mise en valeur par la construction d'un réseau d'irrigation. Les céréales occupent un tiers des terres cultivées (dans le Tell) mais ne satisfont pas les besoins. L'arboriculture permet l'exportation d'olives, agrumes et dattes ainsi que la production d'huile d'olive. L'élevage se maintient et la pêche est en pleine expansion. La Tunisie dispose de gisements de phosphates considérables (Gafsa) mais des quotas limitent les exportations. Les hydrocarbures (gaz naturel et pétrole à el-Borma) alimentent 18 centrales thermiques et fournissent 14 % des exportations du pays. L'industrie représente 32 % du PIB avec des industries de base (agroalimentaire, sidérurgie, chimie) et de biens de consommation, notamment le textile qui souffre de la concurrence chinoise. Le tourisme (8 % du PIB) bénéficie d'aménagements importants. Après avoir considérablement diminué après les attentats islamistes de Tunis (musée du Bardo) et de Sousse en 2015, il a connu une reprise entre 2017 et 2020, année de la pandémie mondiale, puis à partir de 2022.

HISTOIRE

De Carthage à la conquête arabe Le pays était peuplé de Berbères lorsque les Phéniciens installèrent des comptoirs sur les côtes (fin –IIe millénaire) et fondèrent Carthage qui s'émancipa et devint, au –VIe s., la capitale d'un empire. Les guerres puniques qui l'opposèrent à Rome aboutirent à la destruction de Carthage (–146).

Le pays fut intégré dans la province romaine d'Afrique. Il fut romanisé, latinisé et le christianisme s'y répandit ; l'irrigation permit de développer l'agriculture. Mais au IIIe s. les troubles sociaux provoquèrent le déclin de la province.

Les Vandales occupèrent le pays et prirent Carthage en 429. Mais leur royaume ne résista pas à la poussée de l'empereur byzantin Justinien qui s'empara de Carthage en 534. Les attaques berbères parvinrent à affaiblir la province favorisant la conquête arabe, qui ne débuta vraiment qu'après la fondation de Kairouan (670). Carthage fut prise en 698. Les Arabes fondèrent Tunis. La Tunisie et l'Est algérien constituèrent une province, l'Ifrīqiya, qui relevait du califat de Damas. Mais les Berbères islamisés multiplièrent les soulèvements.

Les dynasties orientales (IXe-XIIe s.) Le gouverneur, Ibrahim al-Aghlab, profita des troubles pour prendre le titre d'émir et fonda en 800 la dynastie des Aghlabides renversés un siècle plus tard par les Fatimides (909), arabes et chiites, qui s'établirent ensuite au Caire et confièrent la province aux Zirides berbères. Ces derniers adoptèrent le sunnisme (1048) mais la province fut ravagée par les tribus des Hilaliens venus d'Égypte et par les Normands de Sicile.

Les dynasties berbères (XIIe-XVIe s.) Après une brève période de paix, sous l'autorité almohade, le gouverneur de Tunis profita de troubles pour s'émanciper du pouvoir central, prenant le titre d'émir (1230) et créant la dynastie hafside. Le pays connut une période de prospérité.

La Tunisie ottomane (XVIe-XIXe s.) Le pirate Barberousse s'empara de plusieurs villes tunisiennes au nom de Constantinople (1534). La Tunisie passa sous tutelle turque et fut gouvernée par des beys choisis par les janissaires. Deux dynasties beylicales se succédèrent : les Mouradites puis les Husseinites qui régnèrent de 1710 à 1957 et tentèrent de moderniser le pays. Mais celui-ci restait rattaché à l'Empire ottoman et les traités de commerce le rendaient dépendant de l'Europe.

Les beys réformateurs Ahmad Bey (1837-1855) et Mohammed Bey (1855-1859) tentèrent de moderniser le pays en empruntant de l'argent à l'Europe. La ruine de l'État tunisien (1869) provoqua l'intervention de la Grande-Bretagne, l'Italie et la France qui parvint à s'imposer en envoyant un corps expéditionnaire de 30 000 hommes, obligeant le bey à lui réserver la Défense et les Affaires étrangères (traité du Bardo, 12 mai 1881).

Le protectorat français (1881-1955) Plusieurs villes furent occupées et le bey obligé d'accepter la convention de La Marsa établissant le protectorat (1883) qui ne lui laissait qu'un pouvoir symbolique. La France pouvait exploiter économiquement le pays en le développant au profit des colons. Le nationalisme s'organisa au sein du parti des Jeunes-Tunisiens (1907). Émeutes et grèves furent réprimées en 1911 et 1912. Le parti Destour (1920) incarna ensuite la lutte contre la domination française.

En 1934, de jeunes intellectuels fondèrent le Néo-Destour avec Habib Bourguiba. Moncef Bey, qui réclamait des réformes, fut déposé par les autorités françaises en 1943. Bourguiba s'appuya sur l'Union générale des travailleurs tunisiens dirigée par Ferhat Hached pour durcir le conflit. Les chefs nationalistes furent arrêtés. F. Hached fut assassiné en 1952 alors que l'agitation populaire s'intensifiait.

Le président du Conseil, Pierre Mendès France, promit en juillet 1954 l'« autonomie interne ». Celle-ci fut reconnue en 1955. En mai 1956, la France reconnaissait l'indépendance totale de la Tunisie.

Depuis l'indépendance Les élections législatives d'avr. 1956 donnèrent au Néo-Destour la majorité permettant de mettre en place un régime présidentiel : Bourguiba était président de la République. Il laïcisa la justice et le droit, réforma l'enseignement et tenta de moderniser l'État. La doctrine Eisenhower lui permit de bénéficier d'une aide des États-Unis.

Habib Bourguiba en 1956, alors qu'il était président de l'Assemblée nationale constituante.

Le Néo-Destour se constitua en Parti socialiste destourien (PSD) en 1964, et tenta d'organiser l'économie de façon étatique et autoritaire. Cette politique échoua (1970) ouvrant à la libéralisation économique mais le caractère autoritaire du régime s'accrut. Tunis devint le siège de la Ligue arabe (1979) mais les relations se tendirent avec la Libye de Kadhafi. Les tensions sociales s'amplifièrent et les affrontements entre forces de l'ordre et islamistes en 1987 firent de nombreuses victimes.

Bourguiba fut remplacé par son Premier ministre Ben Ali en nov. 1987. Celui-ci admit le multipartisme et éradiqua l'intégrisme mais l'opposition, harcelée, mit régulièrement en cause le déroulement des élections : il fut en effet sans cesse réélu jusqu'en 2009 avec à chaque fois entre 89 % et 99 % des voix. Après avoir poursuivi la politique pro-occidentale de Bourguiba, il fut renversé par le peuple lors de la « révolution de jasmin » en janvier 2011. Fin 2011, les élections législatives virent la montée du parti islamiste Ennahda et Moncef Marzouki, du Congrès pour la République (CPR), ancien dirigeant de la Ligue des droits de l'homme tunisienne, fut élu président de la République. En 2014, l'Assemblée constituante approuva une nouvelle Constitution pour les fondements d'un État démocratique (place réduite de l'islam, objectif de parité hommes femmes dans les assemblées élues). La même année, l'ancien ministre de Bourguiba et candidat de l'alliance laïque, Béji Caïd Essebsi, remporta l'élection présidentielle. C'était la première fois qu'un chef d'État était élu démocratiquement depuis l'indépendance du pays. Depuis 2015, la Tunisie est victime d'attentats meurtriers revendiqués par Daech (Tunis, Sousse). Le retour des djihadistes, chassés de Syrie et d'Irak, fait peser une lourde menace sur le pays. Le conservateur Kaïs Saïed, élu en 2019, est revenu sur les acquis sociaux et notamment les droits des femmes et a renforcé le pouvoir présidentiel. L'opposition à sa dérive autoritaire s'est traduite par un taux d'abstention de 89 % aux législatives de 2023.

tunisien, enne adj. De Tunisie. – n. *Les Tunisiens.* ■ *Encolure tunisienne,* arrondie et fendue sur le devant, fermée par des boutons.

tunnel n. m. (mot anglais, emprunt au français → [1]tonneau, tonnelle) **1.** Galerie souterraine destinée au passage d'une voie de communication. *Le tunnel sous la Manche.* – par ext. *Les tunnels d'une fourmilière.* ■ loc. fig. *Voir le bout du tunnel, sortir du tunnel :* sortir d'une période difficile, pénible. **2.** Discours, exposé trop long lors d'une émission de radio. ■ Longue suite. *Cette journée n'est qu'un tunnel de réunions.*

tunnelier n. m. techn. Engin destiné à forer des tunnels.

tupaïa n. m. (mot malais) Mammifère primitif d'Asie tropicale, sorte de musaraigne arboricole.

tupi, ie adj. et n. (mot indigène) D'un groupe ethnique (amérindien) du Brésil et du Paraguay. – n. *Les Tupis.* ■ n. m. *Le tupi,* langue apparentée au guarani. – *Le tupi-guarani* (ensemble linguistique).

Tupi n. m. pl. Ensemble de peuples amérindiens du Brésil (forêt amazonienne, de la côte atlantique aux contreforts des Andes et jusqu'au Paraguay). Linguistiquement et ethniquement apparentés, on distingue les Tupi proprement dits, les Tupinamba et les Tupi-Guarani.

tupinambis [typinɑ̃bis] n. m. (→ topinambour) Grand lézard carnassier d'Amérique tropicale.

Tupolev (Andreï Nikolaïevitch) Ingénieur soviétique (1888-1972). Il construisit de nombreux types d'avions civils et militaires.

tupperware [typɛʀwɛʀ ; tœpœʀwɛʀ] n. m. (marque déposée ; mot anglais des États-Unis, du n. de Earl *Tupper,* qui inventa cette boîte, et de l'anglais *ware* « articles ») Récipient alimentaire en matière plastique, à couvercle hermétique.

tuque n. f. (var. de *toque*) (Canada) Bonnet de laine en forme de cône, à bords roulés.

Tura (Cosmè) Peintre italien (v. 1430-1495). Peintre officiel de la cour de Ferrare, il fut, par son style expressif, un maître de l'allégorie et de la décoration monumentale.

Turati (Filippo) Homme politique italien (1857-1932). Il fut l'un des dirigeants de la tendance modérée du Parti socialiste italien. Exclu du parti en 1922, il s'opposa au fascisme et dut s'exiler en France.

turban n. m. (du turc → tulipe, du persan) **1.** Coiffure d'homme portée en Orient, faite d'une longue bande d'étoffe enroulée autour de la tête. **2.** Coiffure de femme évoquant cette coiffure.

turbé ou **turbeh** [tyʀbe ; tyʀbɛ] n. m. (arabe *trbă* « tombe ») Édifice funéraire musulman, formé d'un cube surmonté d'une coupole basse.

turbellarié n. m. (du latin *turbella,* de *turba* « agitation ») zool. Ver plat à épiderme cilié et à bouche ventrale (classe des *Turbellariés ;* ex. la planaire).

turbide adj. (latin *turbidus*) littér. ou sc. Trouble, agité.

turbidimétrie n. f. (→ turbidité) sc. Mesure du trouble produit par les substances en suspension dans un milieu liquide.

turbidité n. f. (du latin *turbidus*) sc. État d'un liquide trouble. ▪ Teneur en matériaux en suspension.

Turbie (La) Commune des Alpes-Maritimes. 2 997 habitants. Trophée des Alpes ou Trophée d'Auguste (monument romain).

Turbigo Localité d'Italie (Lombardie), sur le Tessin. 7 230 habitants. Elle fut le théâtre de deux victoires militaires françaises sur les Autrichiens, en 1800 et 1859.

turbin n. m. fam., vieilli Travail, métier. → ^{2}**boulot.**

turbine n. f. (latin *turbo, turbinis*) **1.** Dispositif rotatif, destiné à utiliser la force d'un fluide et à transmettre le mouvement au moyen d'un arbre (→ **turbo-**). *Turbine hydraulique. Turbine à gaz.* **2.** techn. Appareil qui sert à purifier le sucre par la force centrifuge.

turbiné, ée adj. (latin impérial *turbinatus*, de *turbo* « tourbillon ») sc. nat. En forme de toupie, de cône. *Coquille turbinée.*

turbinelle n. f. (du latin → ^{1}**turbo**) Mollusque (gastéropode) à coquille épaisse, en forme de toupie.

^{1}**turbiner** v. intr. < 1 > (→ turbine) fam., vieilli Travailler dur, trimer.

^{2}**turbiner** v. tr. < 1 > techn. **1.** Utiliser (l'eau) pour actionner une turbine. **2.** Faire passer (le sucre) dans une turbine. ▫ n. m. **turbinage**

turbith n. m. (de l'arabe) pharm. Purgatif extrait du jalap.

^{1}**turbo** n. m. (mot latin) Mollusque (gastéropode) dont la coquille épaisse et ronde présente une large ouverture circulaire. *Des turbos.*

^{2}**turbo** n. m. (abrév.) Turbocompresseur de suralimentation. – appos. *Moteur turbo. Des moteurs turbos* ou *turbo* (invar.). – loc. fig. *Mettre le turbo* : donner toute la puissance.

turbo- Élément (du latin *turbo*) signifiant « turbine ».

turboalternateur n. m. techn. Groupe électrogène composé d'une turbine entraînant un alternateur.

turbocompressé, ée adj. autom. Se dit d'un moteur équipé d'un turbocompresseur.

turbocompresseur n. m. techn. Turbomachine destinée à augmenter la pression ou le débit d'un gaz. *Turbocompresseur de suralimentation.* → ^{2}**turbo.**

turbofiltre n. m. techn. Procédé de filtrage qui utilise un système rotatif.

turboforage n. m. techn. Système de forage dans lequel le trépan est entraîné par une turbine située au-dessus.

turbomachine n. f. techn. Appareil agissant sur un fluide au moyen d'un système rotatif à pales.

turbomoteur n. m. techn. Moteur dont l'élément principal est une turbine à gaz.

turbopompe n. f. techn. **1.** Turbomachine réceptrice destinée à élever la pression d'un gaz. **2.** Pompe centrifuge entraînée par une turbine.

turbopropulseur n. m. techn. Moteur d'avion dans lequel une turbine à gaz entraîne une ou plusieurs hélices.

turboréacteur n. m. techn. Moteur à réaction dans lequel une turbine à gaz alimente les compresseurs.

turbosoufflante n. f. techn. Soufflante à grande vitesse de rotation.

turbot n. m. (de l'ancien scandinave) Poisson de mer plat à chair très estimée.

turbotière n. f. (de *turbot*) Récipient en losange destiné à la cuisson des poissons plats.

turbotin n. m. Jeune turbot.

turbotrain n. m. Train mû par des turbines à gaz.

Turenne (Henri de)

Louis XIV accompagné de Turenne (à g.), détail du *Siège de Douai le 4 juillet 1667* par Beaudrin Yvart (XVIIe s.), musée du château, Versailles.

turbulence n. f. (→ turbulent) **1.** Agitation désordonnée, bruyante. – Caractère d'une personne turbulente. → **dissipation, pétulance. 2.** phys. Formation de tourbillons, dans un fluide. *L'avion entre dans une zone de turbulences.*

turbulent, ente adj. (du latin, de *turbare* « troubler ») **1.** Qui est porté à s'agiter physiquement, qui est souvent dans un état d'excitation bruyante. → **agité, bruyant, remuant.** *Enfant turbulent.* – *Foule turbulente.* **2.** phys. *Régime turbulent* (opposé à *laminaire*) : écoulement irrégulier des fluides, entraînant la formation de tourbillons.

turbulette n. f. (marque déposée ; de *turbulent*) Gigoteuse.

turc, turque (grec byzantin *Tourkos*, mot persan et arabe qui vient du mongol) **1.** adj. De la Turquie (ottomane ou moderne). *Café turc*, noir et fort, servi avec le marc dans une très petite tasse. *Bain turc* : bain de vapeur suivi de massages. → **hammam.** ▪ *Être assis à la turque,* en tailleur. *Cabinets à la turque*, sans siège. **2.** n. *Les Turcs.* – *Les Jeunes-Turcs* : les révolutionnaires turcs qui prirent le pouvoir en 1908 ; fig., vieilli dans un parti, les éléments jeunes qui souhaitent une évolution. ▪ loc. *Fort comme un Turc* : très fort. – *Tête* de Turc.* **3.** n. m. *Le turc* : langue parlée entre autres en Asie centrale et en Turquie.

turcique adj. (latin mod. *turcicus* « turc ») anat. *Selle turcique* : face supérieure du corps de l'os sphénoïde, en forme de selle, où est logée la glande hypophyse.

Turcs ou **Türks** n. m. pl. Nom donné aux populations d'Asie centrale, parlant le turc, une langue altaïque. Comptant environ 150 millions d'individus, les Turcs sont établis aujourd'hui principalement en Turquie mais aussi en Azerbaïdjan, au Kazakhstan, au Kirghizstan, au Turkménistan, en Ouzbékistan, en Russie et en Iran. Apparus vers le VIe s., ils sont à l'origine de plusieurs dynasties : les Turkmènes, qui conquirent l'Iran, et les Seldjoukides, qui fondèrent la Turquie. Au XVe s., les Turcs reconquirent l'Asie Mineure et constituèrent l'Empire ottoman, qui disparut au début du XXe siècle.

turdidé n. m. (latin *turdus* « grive ») zool. Oiseau insectivore de l'ordre des passereaux (famille des *Turdidés* ; ex. la grive, le merle, le rossignol).

Turenne (Henri de La Tour d'Auvergne, vicomte de) Maréchal de France (1611-1675). Il combattit pendant la guerre de Trente Ans en Flandre et en Italie où il prit Turin aux Espagnols (1640). Proche, dans un premier temps, des frondeurs, il se rallia à la cause royale et défit Condé au faubourg Saint-Antoine, puis à Arras et aux Dunes, ce qui lui valut d'être nommé maréchal de France (1660). Il ôta la Flandre à l'Espagne lors de la guerre de Dévolution, et envahit le Palatinat et l'Alsace (victoire de Turckheim, 1675). Il mourut en combattant Montecuccoli à Sasbach.

turf [tyʀf ; tœʀf] n. m. (mot anglais « pelouse, gazon », d'origine francique) **1.** Terrain où se disputent les courses de chevaux. **2.** Ce qui concerne les courses de chevaux. → **hippisme. 3.** fig. et fam. Travail. *Aller au turf.*

Turfan ou **Tourfan** Ville et oasis de Chine (Xinjiang). 90 000 habitants. Ancienne étape sur la route de la Soie. Le *bassin de Turfan* comprend de nombreux sites archéologiques.

turfiste [tyʀfist ; tœʀfist] n. Personne qui fréquente les courses de chevaux, qui parie. → **parieur.**

turgescence n. f. (du latin médiéval, de *turgere* « se gonfler ») **1.** physiol. Augmentation de volume par rétention de sang veineux. → **tumescence.** *Turgescence du pénis.* → **érection. 2.** bot. Dureté due à l'afflux d'eau.

turgescent, ente adj. (du latin → turgescence) physiol. Qui enfle par turgescence.

turgide adj. (du latin → turgescence) littér. Gonflé, boursouflé.

Turgot (Anne Robert Jacques), baron de L'Eaulne Homme politique et économiste français (1727-1781). Destiné à une carrière ecclésiastique, il fréquenta le milieu des philosophes et collabora à l'*Encyclopédie*. Intendant de la généralité de Limoges (1761-1774), il rédigea ses *Réflexions sur la formation et la distribution des richesses*. Devenu contrôleur général des Finances (1774), il entreprit d'importantes réformes économiques : il institua la liberté du commerce et de la circulation des grains à l'instigation des physiocrates (1774), puis celle du travail par la suppression des jurandes et des corporations (1776). Ses réformes lui attirèrent l'hostilité des privilégiés et causèrent sa disgrâce.

Turin en italien **Torino** Ville d'Italie (Piémont), sur le Pô. 865 260 habitants. Université. Cathédrale Renaissance (XVe s.). Nombreux palais. Musées (musée du cinéma dans la Mole Antonelliana). Centre industriel (Fiat-Lancia).

Turin, la galerie marchande Subalpina, construite en 1874.

Turina (Joaquin) Pianiste et compositeur espagnol (1882-1949). Son œuvre, inspirée par le folklore andalou, se caractérise par une grande rigueur de construction (*Sinfonía sevillana*).

Turing (Alan Mathison) Mathématicien et logicien britannique (1912-1954). En imaginant, en 1936, la *machine de Turing*, automate fictif universel, il parvint à éclaircir les notions d'algorithme et de calculabilité. Il s'intéressa également au décryptage et participa à celui d'Enigma, utilisée par les nazis. Considéré comme l'inventeur de l'ordinateur, il est aussi à l'origine du *test de Turing*, destiné à donner un contenu empirique à l'idée d'intelligence artificielle.

turion n. m. (latin *turio* « jeune pousse ») bot., agric. Bourgeon souterrain ou formé à fleur de terre par une plante vivace. *Turions d'asperge.*

turista voir **tourista**

Turkana (lac) Lac du Kenya. 8 600 km².

Turkestan n. m. Ancienne dénomination des régions de l'Asie centrale s'étendant entre la Sibérie au N. et le Tibet, l'Inde, l'Afghanistan et l'Iran. Le *Turkestan de l'Ouest*, ou *Turkestan russe*, correspondait au territoire formé aujourd'hui par le Turkménistan, l'Ouzbékistan, le Tadjikistan, le Kirghizstan et le S. du Kazakhstan. Le *Turkestan de l'Est*, ou *Turkestan chinois*, correspondait au Xinjiang.

turkmène adj. et n. Du Turkménistan. – n. m. *Le turkmène*, langue du groupe turc.

Turkmènes n. m. pl. Peuple apparenté aux Turcs, parlant une langue ouralo-altaïque, le turkmène, et installé principalement au Turkménistan et dans le N. de l'Iran. Environ 6 millions de personnes. Ils conquirent l'Iran et s'installèrent au début du XIe s. en Anatolie. Les Turkmènes sont parfois appelés Oghouz.

Turkménistan

n. m. ■ offic. république du Turkménistan Pays d'Asie centrale. 488 100 km². 5 700 000 habitants (les *Turkmènes*). **Langue :** turkmène. **Population :** Turkmènes, 85 % ; Ouzbeks, 5 % ; Russes, 4 %. **Religion :** musulmans (89 %). **Monnaie :** manat. **Capitale :** Achgabat. **Régime :** présidentiel.

GÉOGRAPHIE

Le pays est occupé par le désert du Karakoum, traversé par un canal reliant l'Amou-Daria à la mer Caspienne (1 400 km) et bordé au S. par les monts Kopet-Dag et le Garabil. Le climat continental connaît des températures extrêmes.

ÉCONOMIE

Au N.-E. et au S.-O., les plaines irriguées sont fertiles (coton, fruits, élevage de chameaux, de moutons caraculs). À côté de l'artisanat traditionnel (soie, coton, peaux, tapis) s'est développée une puissante industrie chimique et pétrochimique (importantes réserves de gaz naturel et de pétrole).

HISTOIRE

Envahie par les Arabes aux VIIe et VIIIe s. puis par Gengis Khān au XIIIe s., la région fut disputée entre le chah de Perse, les khans de Khiva, les émirs de Boukhara et les féodaux afghans (XVIIe-XIXe s.). Colonisée par la Russie à partir de 1877, elle fut intégrée dans la République socialiste soviétique du Turkestan (1918). Le 27 oct. 1924 fut formée la RSS fédérée du Turkménistan. Depuis l'indépendance acquise le 27 oct. 1991, le pays est dirigé de façon autoritaire.

Turks et Caicos Archipel britannique situé dans l'océan Atlantique, au N. d'Haïti. 417 km². 31 500 habitants. Chef-lieu : Cockburn Town.

Turksib n. m. Ligne de chemin de fer (1 462 km) d'Asie centrale. Elle part du Turkestan et se rattache au Transsibérien à Novossibirsk.

Turku Ville de Finlande, à l'embouchure de l'Aurajoki. 175 300 habitants. Port. Université. Cathédrale romane et château du XIIIe s. Musées. Centre industriel.

Turlupin (Henri Le Grand, dit) Comédien de la farce française (mort en 1637). Il forma avec Gros-Guillaume et Gaultier-Garguille un trio célèbre à l'Hôtel de Bourgogne, premier théâtre régulier de Paris.

turlupiner v. tr. < 1 > (de *Turlupin*, n. d'un personnage de farce) fam. Tourmenter, tracasser. *Ça me turlupine.*

turlutaine n. f. (refrain de chanson) vieilli Propos sans cesse répété. → **rengaine.**

Turkménistan

¹turlutte n. f. (origine inconnue) pêche Instrument constitué par une tige de plomb armée d'hameçons disposés en couronne.

²turlutte n. f. (probablt de *turlututu* « flûte » et « pénis ») fam. Fellation. → **pipe.**

turlututu interj. (origine onomatopéique) Exclamation moqueuse qui sert à refuser. *Turlututu chapeau pointu !*

turne n. f. (de l'alsacien) **1.** fam. Chambre ou maison sale et sans confort. → **taudis. 2.** argot scol. *Turne* ou *thurne* : chambre. → **piaule.**

Turnèbe (Adrien Tournebous, dit) Poète et humaniste français (1512-1565). Professeur au Collège des trois langues (Collège de France), il contribua à faire connaître la littérature grecque.

turnep [tyʀnɛp] n. m. (mot anglais) agric. Navet fourrager.

Turner (Joseph Mallord William) Peintre britannique (1775-1851). L'un des principaux représentants de la peinture romantique, il annonce l'impressionnisme, par ses paysages et ses recherches sur les effets de lumière à travers les nuages, le brouillard ou la pluie. *Navire en feu dans la tempête ; Pluie, vapeur et vitesse.*

Turnhout Ville de Belgique, chef-lieu d'arrondissement de la province d'Anvers. 45 280 habitants. Château des ducs de Brabant (XIIe s.), béguinage (XIIIe s.).

turnover [tœʀnɔvœʀ] n. m. (mot anglais, de *to turn* « tourner » et *over* « par-dessus ») anglic., écon. Taux de renouvellement du personnel d'une entreprise. - var. **turn-over** (invar.).

turonien, ienne adj. et n. m. (du latin *Turonia* « Touraine ») géol. Se dit d'un des étages du système crétacé qui correspond à la craie marneuse du bassin de Paris.

turpide adj. (du latin, de *turpis* « laid ») littér. et vieilli Qui a une certaine laideur morale. □ adv. **turpidement**

Turpin (Eugène) Chimiste français (1848-1927). Il inventa la mélinite, explosif puissant à base d'acide picrique.

Turpin (Raymond) Médecin français (1895-1988). À partir des travaux de Marthe Gautier, il put étudier les déterminations chromosomiques et découvrit, avec J. Lejeune, l'origine de la trisomie 21.

turpitude n. f. (du latin → turpide) **1.** littér. ou iron. Caractère de bassesse, d'indignité. → **ignominie, infamie. 2.** Action, parole... basse, honteuse. → **bassesse.** *« Les turpitudes quotidiennes qui sont la pâture des imbéciles »* (Flaubert).

turquerie n. f. Objet, composition artistique ou littéraire de goût ou d'inspiration turcs, orientaux.

Turner

William Turner, *Pluie, vapeur et vitesse* (1844), The National Gallery, Londres.

Turquie

Turquie

n. f. ■ offic. République turque Pays du Proche-Orient. 779 452 km². 80,7 millions d'habitants (les *Turcs*). **Population :** Turcs, Kurdes (24 %), Arabes, peuples du Caucase et des Balkans, Grecs, Arméniens. **Langue :** turc. **Religion :** musulmans (98,3 %). **Monnaie :** livre turque. **Capitale :** Ankara. **Régime :** démocratie parlementaire.

GÉOGRAPHIE

Située presque totalement sur le continent asiatique, la Turquie recouvre également l'extrémité sud-est de l'Europe balkanique (Thrace). La mer intérieure de Marmara, reliée à la mer Noire par le détroit du Bosphore et à la mer Égée par celui des Dardanelles, sépare les deux continents. La partie orientale du pays est ceinturée par la chaîne Pontique au nord et le Taurus au sud, qui se rejoignent à l'est au mont Ararat (5 165 m). Au centre, s'étend l'Anatolie, vaste région montagneuse découpée par des vallées et soumise au climat continental. Les côtes méditerranéennes et égéennes connaissent un climat méditerranéen ; le climat des côtes de la mer Noire, plus doux et plus humide, est dit « pontique ». Le Tigre et l'Euphrate, qui prennent leur source dans l'Est anatolien, sont les principaux fleuves du pays.

Les cheminées de fées, l'une des caractéristiques des paysages de la Cappadoce.

ÉCONOMIE

Agriculture Engagée dans une politique de modernisation constante, l'agriculture turque est une des plus puissantes du Proche-Orient. Employant encore 20 % de la population active en 2019, sa productivité reste malgré tout limitée en raison de l'émiettement des structures d'exploitation. Elle produit principalement des céréales (blé, orge), de la betterave à sucre et du thé. Elle est le premier producteur et exportateur mondial de noisettes. L'élevage des ovins et des caprins est aussi très développé.

Ressources énergétiques et minières Malgré une forte production d'hydroélectricité (55 milliards de kWh produits en 2021), d'importantes ressources en lignite et en hydrocarbures (gisement de Batman dans le sud-est du pays), la Turquie doit importer l'essentiel de son énergie. La richesse de son sous-sol (minerai de fer, chrome, cuivre, manganèse, etc.) est encore inégalement exploitée.

Industrie L'industrie nationale reste insuffisamment développée et inégalement répartie : le quart de la main-d'œuvre industrielle est concentré à Istanbul. Le secteur du textile, principal employeur du pays, est le plus important (tissage et artisanat du tapis). Depuis 2000, l'automobile est la deuxième industrie exportatrice. Le tourisme, première source de revenus, est en forte croissance depuis 1960 : les principales régions touristiques (Istanbul, la Cappadoce et les côtes de la Méditerranée et de l'Égée) attirent plus de 40 millions de touristes par an.

Commerce Les exportations se font principalement avec l'Allemagne, le Royaume-Uni et les États-Unis. Le déficit commercial persistant est en bonne partie comblé par les revenus du tourisme et les envois d'argent des travailleurs turcs expatriés.

L'usine Renault-Oyak, à Bursa.

HISTOIRE

Histoire ancienne : voir Anatolie, Asie Mineure, byzantin (Empire) ; Seldjoukides ; ottoman (Empire).

La Turquie moderne La République kémaliste Après la défaite des empires centraux et le traité de Sèvres (10 août 1920), défavorable aux intérêts turcs, Mustafa Kemal abolit le sultanat (1922) et instaura la république (1923). Il modernisa l'État en imposant la laïcisation, l'instruction obligatoire, l'industrialisation et la planification. Brisant toute opposition intérieure — les révoltes kurdes furent violemment réprimées —, il mena une politique étrangère pacifique. Pendant la Seconde Guerre mondiale, la Turquie garda sa neutralité tout en obtenant l'appui des États-Unis pour renforcer son armée. Sous la présidence de Celâl Bayar, fondateur du Parti démocrate, le gouvernement favorisa le retour à l'islam et abandonna le dirigisme économique. En 1952, la Turquie entra dans l'Otan mais l'affaire de Chypre envenima ses rapports avec la Grèce et la Grande-Bretagne.

Les gouvernements militaires En mai 1960, profitant d'un contexte de tensions économiques et sociales, un putsch militaire porta au pouvoir le général Gürsel. De nombreux dirigeants du Parti démocrate, dont l'ancien Premier ministre A. Menderes, furent exécutés. La nouvelle Constitution mise en place en 1961 ouvrit cependant la voie à la démocratisation de la société. En 1970, de graves troubles éclatèrent dans les centres industriels, relayés par les milieux étudiants. L'armée intervint de nouveau en mars 1971 et imposa un gouvernement fort, qui démissionna un an plus tard. Pendant les dix ans qui suivirent, l'État, affaibli par la succession de gouvernements de coalition, fut incapable d'enrayer la crise de l'économie turque et de contrer les actions terroristes de l'extrême droite, puis de l'extrême gauche. Face à des institutions discréditées, le putsch de l'armée du 12 septembre 1980 porta sans peine au pouvoir le général Kenan Evren, qui instaura la loi martiale. La politique de répression du terrorisme s'accompagna de l'interdiction des partis politiques et des syndicats, de la censure des médias et des élites intellectuelles, et d'arrestations brutales.

Une lente démocratisation En 1982, le gouvernement militaire fit adopter par référendum une constitution qui permit une redémocratisation progressive du régime. Trois nouveaux partis, autorisés par l'armée, virent le jour : le parti de la Juste Voie (DYP) et le Parti populiste social-démocrate (SHP), proches de la junte, et le parti de la Mère Patrie (ANAP), dont le chef T. Özal fut élu président de la République en 1989. Après la mort de T. Özal en 1993, le gouvernement dut faire face à la montée des partis islamistes et à la recrudescence de la guérilla menée par le parti des Travailleurs du Kurdistan (PKK). Après l'arrestation en 2000 de son chef, A. Öcalan, et l'annonce par le PKK d'un cessez-le-feu, le conflit reprit, le gouvernement refusant de considérer la question kurde. Issu de la mouvance islamiste modérée (AKP), R. Erdoğan dirigea le gouvernement à partir de 2003. En 2007, l'AKP remporta les élections législatives en dépit de vives craintes de la part des laïcs et son leader, A. Gül, fut élu à la présidence de la République. Le Premier ministre R. Erdoğan lui succéda en 2014 et poursuivit sa politique d'hostilité envers les Kurdes bien qu'elle le place dans une position ambiguë aux yeux de la communauté occidentale en lutte contre Daech (barrage aux renforts lors du siège de Kobané par les djihadistes et engagement tardif dans la coalition internationale). Une tentative de putsch militaire en juillet 2016 lui permit de procéder à des milliers d'arrestations d'opposants et de faire adopter en 2017 une réforme de la Constitution renforçant son pouvoir. Dès la fin de la guerre en Syrie, il lança une offensive contre les populations kurdes syriennes afin de les repousser pour empêcher l'éventuelle constitution d'un territoire autonome kurde à la frontière turque depuis oct. 2019. Dans une volonté de restauration de l'hégémonie ottomane, il continua de mener des opérations militaires sur plusieurs fronts (Yémen, Lybie, Irak). Sur le plan international, la Turquie est soutenue par le Qatar, l'Iran et surtout la Russie. Lors de la guerre russo-ukrainienne, R. Erdoğan a joué un rôle majeur sur la scène internationale en se posant en médiateur auprès des présidents Poutine et Zelensky et en tirant parti de la place de la Turquie dans l'Otan pour multiplier ses revendications. Sur le plan intérieur, il a en revanche été fragilisé par la mauvaise gestion des secours lors du séisme de grande ampleur intervenu dans le sud-est du pays en février 2023.

turquin adj. m. (italien *turchino*, de *turco* « turc ») littér. D'un bleu foncé. – spécialt *Marbre turquin.*

turquoise (de l'ancien adj. *turquois* « turc ») **1.** n. f. Pierre fine opaque d'un bleu tirant sur le vert. – Bijou fait de cette pierre. **2.** adj. invar. De la couleur de la turquoise. *Robes bleu turquoise.* – n. m. *Le turquoise.*

Turrell (James) Artiste américain (né en 1943). Il a travaillé sur la perception visuelle (illusions d'optique notamment) avec des installations de lumières.

turriculé, ée adj. (du latin *turricula* « petite tour ») zool. En forme de petite tour. *Coquille turriculée.*

T

turritelle n. f. (du latin mod., de *turris* « tour ») Mollusque (gastéropode) à coquille allongée et pointue.

Turtiainen (Arvo Albin) Poète finlandais d'expression finnoise (1904-1980). Ses œuvres s'articulent autour de la lutte du prolétariat construisant un avenir meilleur. *Le Chemin sous le nuage ; L'Automne du printemps.*

Tuscarora Fosse marine du Pacifique de 10 535 m de profondeur, à l'E. des îles du Japon et des Kouriles.

Tusk (Donald) Homme d'État polonais (né en 1957). Cofondateur du parti de centre droit Plateforme civique, il devint Premier ministre (2007-2014), président du Conseil européen (2014-2019) puis reprit la direction de son parti en 2021.

tussah n. m. (mot anglais, de l'hindi) Soie sauvage indienne.

tussilage n. m. (du latin, de *tussis* → toux) Plante herbacée, vivace, dont les fleurs jaunes ont des propriétés pectorales. → **pas-d'âne.**

tussor n. m. (anglais *tussore*, de l'hindi) Étoffe de tussah. – par ext. Étoffe légère de soie.

tutélaire adj. (→ tutelle) **1.** littér. (divinité) Qui assure une protection. *Ange tutélaire* (vieilli) : ange gardien. **2.** dr. Qui concerne la tutelle.

tutelle n. f. (du latin « protection », de *tueri* « surveiller » → tuer) **1.** dr. Institution conférant à un tuteur le pouvoir de prendre soin de la personne et des biens d'un mineur ou d'un incapable majeur. *Gestion d'une tutelle* (→ **tutélaire**). ■ *Tutelle administrative* : contrôle du gouvernement sur les collectivités publiques. – dr. international *Régime de tutelle*, prévu par la Charte des Nations unies pour des territoires dits *sous tutelle.* **2.** État de dépendance. *Se libérer de la tutelle de sa famille.* **3.** Protection vigilante. *Être sous la tutelle des lois.* → **sauvegarde.**

tuteur, trice (du latin → tutelle) **I.** n. **1.** Personne chargée de veiller sur un mineur ou un incapable majeur, de gérer ses biens, et de le représenter dans les actes juridiques. *Le tuteur et son pupille.* **2.** Enseignant qui suit et conseille un élève. **II.** n. m. Tige, armature fixée dans le sol pour soutenir ou redresser des plantes. → [2]**perche**, [2]**rame.**

tuteurer v. tr. < 1 > Munir (une plante) d'un tuteur. □ n. m. **tuteurage**

tuto voir tutoriel

tutoiement n. m. Action de tutoyer.

tutorat n. m. Qualité, fonction de tuteur (dans l'éducation).

tutoriel, ielle (anglais *tutorial*, de *tutor* « tuteur ») anglic. **1.** adj. Relatif à l'enseignement assisté, au tutorat. **2.** n. m. inform. Logiciel conçu pour faciliter la compréhension du fonctionnement d'un logiciel. → **didacticiel.** ■ Guide d'apprentissage (texte, vidéo) pour se familiariser étape par étape avec une activité. *Des tutoriels.* - abrév. fam. **tuto.** *Des tutos coiffure.*

tutoyer v. tr. < 8 > (de *tu* et *toi*) **1.** S'adresser à (qqn) en employant la deuxième personne du singulier. – pronom. *Ils se tutoient depuis l'enfance.* **2.** fig. Approcher au plus près. → **frôler.** *Tutoyer la gloire.*

Tutsis n. m. pl. Peuple vivant au Rwanda, au Burundi et à l'E. de la République démocratique du Congo. Éleveurs, les Tutsis partagent la région avec les Hutus, ces derniers étant majoritaires. À partir de l'indépendance du Rwanda (1962), l'hostilité entre les deux communautés a mené à un génocide qui fit plusieurs centaines de milliers de victimes parmi les Tutsis et les Hutus modérés (1994).

tutti [tu(t)ti] n. m. invar. ou RO n. m. (mot italien « tous ») mus. Morceau exécuté par l'orchestre entier. *Des tutti.*

tutti frutti [tutifʀuti] loc. adj. invar. ou RO loc. adj. (mots italiens « tous les fruits ») Composé ou parfumé avec des fruits variés. *Glace tutti frutti.*

tutti quanti [tutikwɑ̃ti] loc. nominale (expr. italienne « tous tant qu'ils sont ») souvent péj. (après plusieurs noms de personnes) *Et tutti quanti* : et tous les gens de cette espèce.

tuttiste [tu(t)tist] n. m. Instrumentiste d'un orchestre qui joue les tutti. *Les tuttistes et les chefs de pupitre.*

tutu n. m. (de *cucu*, de *cul*) Jupe de gaze évasée, portée par les danseuses de ballet classique. *Des tutus.*

Tutu (Desmond) Prélat sud-africain (1931-2021). Partisan de la lutte non-violente contre l'apartheid, il devint chef de l'Église anglicane sud-africaine et archevêque du Cap en 1986. Prix Nobel de la paix 1984.

Tutuila La plus grande des îles Samoa américaines, dans le Pacifique. 137 km^2. 55 880 habitants.

Tutuola (Amos) Romancier nigérian d'expression anglaise (1920-1997). Issu du peuple yorouba, il emprunta à ses traditions orales la matière de son œuvre. *The Palm Wine Drunkard* (« L'Ivrogne dans la brousse », traduit par R. Queneau).

Tuva voir Touva

Tuvalu

Pays de Polynésie au centre de l'océan Pacifique et au sud de l'équateur constitué de 9 atolls coralliens. → Océanie (carte). 26 km^2. 900 000 km^2 de domaine maritime. 8 229 habitants (les *Tuvaluans*). **Langues :** anglais (offic.), tuvaluan. **Population :** Polynésiens. **Monnaie :** dollars tuvaluan et australien. **Capitale :** Vaiaku sur l'atoll de Funafuti, centre administratif. **Régime :** démocratie parlementaire.

GÉOGRAPHIE

Les îles basses soumises à un climat équatorial sont couvertes par la végétation habituelle des atolls (pandanus, cocotiers, arbres à pain). Tuvalu est menacé par l'élévation du niveau de l'océan (liée au réchauffement climatique) : les inondations sont de plus en plus fréquentes.

ÉCONOMIE

Le coprah est le seul produit d'exportation. Les autres récoltes notables sont celles de la noix de coco, du chou chinois, des fruits de pandanus et des bananes. Une partie de la population de Tuvalu travaille à l'extraction de phosphates dans l'île de Nauru.

HISTOIRE

L'archipel a été découvert par les Espagnols (1568-1595). Il devint un protectorat (1892) puis une colonie britannique (1915) appelée Gilbert et Ellice. Les îles Ellice prirent leur autonomie en 1975 puis leur indépendance dans le cadre du Commonwealth sous le nom de Tuvalu en 1978, tandis que les îles Gilbert devenaient Kiribati.

Tuwim (Julian) Poète polonais (1894-1953). Il révolutionna le lyrisme polonais et manifesta un goût particulier pour la satire. *Le Piège tendu à Dieu ; Socrate dansant ; Fleurs polonaises.*

Tuxtla Gutiérrez Ville du Mexique, capitale du Chiapas. 553 400 habitants. Centre administratif et commercial.

tuyau n. m. (vient du francique « cor, trompe », de *thut* « sonner », onomatopée) **I. 1.** Conduit à section circulaire destiné à faire passer un liquide, un gaz. → **canalisation, conduite, tube ; tuyère.** *Tuyau d'arrosage, d'incendie. Tuyau d'échappement d'une automobile.* → **pot.** *Tuyau de cheminée*, partie du conduit qui évacue la fumée. *Tuyau de poêle*, qui relie un poêle à une cheminée. – loc. fam. *Dans les tuyaux* : en cours de réalisation. **2.** Cylindre creux. *Le tuyau d'une plume.* – loc. fam. *Le tuyau de l'oreille* : le conduit auditif. **3.** Pli ornemental en forme de tube. *Tissu plissé à gros tuyaux.* **II.** (de *tuyau de l'oreille*) fam. Information, indication confidentielle

Tutu (Desmond)

Desmond Tutu recevant le prix Gandhi pour la non-violence en 2007.

pour le succès d'une opération. ➜ **renseignement.** *Avoir un bon tuyau aux courses.*

tuyauté, ée adj. Orné de tuyaux (I, 3). *Bonnet tuyauté.* – n. m. *Un tuyauté* : un ensemble de plis, de tuyaux juxtaposés.

tuyauter v. tr. < 1 > **I.** Orner de tuyaux (I, 3). **II.** fam. Donner un, des tuyaux (II) à (qqn). □ n. m. **tuyautage**

tuyauterie n. f. Ensemble des tuyaux d'une installation. ➜ **canalisation, tubulure.**

tuyauteur, euse n. **1.** Personne chargée de la pose et de l'entretien des tuyauteries industrielles. **2.** fam. Personne qui vend des tuyaux, aux courses ; qui donne un tuyau à qqn.

tuyère [tyjɛʀ ; tɥijɛʀ] n. f. (de *tuyau*) Large tuyau d'admission ou de refoulement des gaz. *Les tuyères d'une fusée.*

TV n. f. (abrév. anglaise) anglic., fam. Télévision ; téléviseur. ➜ **télé.**

TV5Monde ou **TV5** Chaîne de télévision francophone internationale. Issue de TV5, première chaîne câblée créée en 1984, couvrant les cinq continents depuis 1998, elle prend le nom de TV5Monde en 2006.

TVA n. f. (sigle de *taxe sur la valeur ajoutée*) Taxe perçue à chaque stade du circuit économique. – *TVA sociale* : partie de la TVA affectée au financement de la protection sociale.

Tvardovski (Aleksandr Trifonovitch) Poète soviétique (1910-1971). Il critiqua le culte de Staline *(Lointains)*. Rédacteur en chef de la revue *Noviÿ Mir*, il prit la défense de Soljenitsyne.

Tver anciennement **Kalinine** Ville de Russie, sur la Volga, au N.-O. de Moscou. 405 600 habitants. Port fluvial.

TVHD n. f. (abrév.) Télévision haute définition.

Twain (Samuel Langhorne Clemens, dit Mark) Journaliste, romancier et humoriste américain (1835-1910). Considéré comme l'un des grands maîtres de la littérature nationale, il est l'auteur d'une œuvre satirique *(Les Aventures de Tom Sawyer ; Les Aventures d'Huckleberry Finn)*. Il connut également un grand succès comme journaliste et comme conférencier-humoriste.

Twardowski (Samuel ze Skrzypny) Poète polonais (v. 1600-1661). Il est un représentant de l'élégie et du roman pastoral à l'espagnole. *Daphné changée en laurier.*

Twardowski (Kazimierz) Philosophe polonais (1866-1938). Élève de Brentano, proche de Husserl, il est l'auteur de travaux dans les domaines de la théorie de la connaissance et de l'ontologie inspirés aussi bien des principes de la phénoménologie que de ceux de la philosophie analytique. *Sur les objets intentionnels.*

tweed [twid] n. m. (mot anglais) anglic. Tissu de laine cardée, à l'origine fabriqué en Écosse. *Des tweeds.*

tweet [twit] n. m. (marque déposée par la société Twitter Inc., mot anglais « gazouillis ») anglic. Court message informatif posté sur le web par l'intermédiaire d'un service qui le transmet à des abonnés. ➜ **post.**

1tweeter [twitœʀ] n. m. (mot anglais, de *to tweet* « pépier ») anglic., techn. Haut-parleur conçu pour reproduire les fréquences aiguës.

2tweeter [twite] v. intr. < 1 > anglic. Écrire des tweets*.

Twickenham Banlieue résidentielle du S.-O. de Londres, sur la Tamise. Stade de rugby.

twill [twil] n. m. (mot anglais d'origine germanique) anglic. Tissu souple d'armure sergé.

twin-set ou **twinset** [twinsɛt] n. m. (anglais *twin set*, de *twin* « jumeau » et *set* « ensemble ») anglic. Ensemble de tricot pour femme, formé d'un chandail et d'une veste assortis. *Des twin-sets, des twinsets.*

twist [twist] n. m. (mot anglais des États-Unis, de *to twist* « tortiller ») Danse d'origine américaine, caractérisée par un mouvement rapide de rotation des jambes et du bassin. □ **twister** v. intr. < 1 >

Twitter Nom commercial d'un réseau social créé en 2006 pour l'envoi gratuit de messages courts (tweets) à des abonnés.

twittosphère n. f. (de *Twitter* et *-sphère*) Communauté des personnes qui postent des tweets et de celles qui les lisent.

Twombly (Cy) Peintre et sculpteur américain (1928-2011). Influencée à ses débuts par l'expressionnisme abstrait, son œuvre est remarquable par la liberté du geste *(Hero and Leandro)*.

Tyāgarāja Poète et musicien indien (v. 1759-v. 1847). Il fut le réformateur de la musique classique de l'Inde du Sud (musique carnatique).

Tyard ou **Thiard (Pontus de)** Poète français (1521-1605). Ami de M. Scève et rattaché à la Pléiade par Ronsard, il est l'auteur d'un *Livre des vers lyriques*. Il fut évêque de Chalon-sur-Saône.

Tycho Brahé voir **Brahé (Tycho)**

Tyl (Josef Kajetán) Auteur dramatique et publiciste tchèque (1808-1856). Figure populaire du « renouveau national », il produisit des comédies sociales (*La Kermesse des cordonniers*, dont la chanson « Où est ma maison ? » est devenue l'hymne national) et des drames historiques *(Jan Hus)*.

tylenchus [tilɛ̃kys] n. m. (du grec *tulos* « bosse » et *egkhelus* « anguille ») Ver (nématode) qui s'attaque à certaines plantes cultivées.

Tyler (John) Homme d'État américain (1790-1862). Il fut président des États-Unis de 1841 à 1845. Son mandat fut marqué par l'annexion du Texas.

Tyler (Wat ou **Walter)** Révolutionnaire anglais (mort en 1381). Il prit la tête des paysans révoltés contre les impôts excessifs, obtint des concessions du roi Richard II, mais fut tué par le maire de Londres.

Tylor (sir Edward Burnett) Ethnologue britannique (1832-1917). Créateur d'une théorie sur l'animisme, il promut une conception du développement uniforme de la civilisation.

tympan n. m. (du latin, du grec « tambourin ») **I.** Dans les églises romanes ou gothiques, espace compris entre le linteau et les voussures d'un portail. *Tympan roman sculpté.* **II.** Membrane fibreuse translucide qui sépare le conduit auditif externe de l'oreille moyenne. – loc. *Crever, déchirer le tympan* : assourdir (d'un bruit).

tympanal, ale, aux adj. et n. m. (de *tympan*) anat. *Os tympanal* ou *le tympanal* : os du conduit auditif externe.

tympanique adj. anat. Du tympan.

tympaniser v. tr. < 1 > (de *tympan*) Casser les oreilles de (qqn).

tympanisme n. m. (du grec ➜ tympan) méd. État de l'abdomen quand l'intestin est distendu par des gaz.

tympanon n. m. (du grec ➜ tympan) Instrument de musique fait de cordes tendues sur une caisse trapézoïdale et que l'on frappe avec deux petits maillets.

Tyndale (William) Théologien gallois (v. 1494-1536). Il fut condamné à mort et brûlé pour avoir entrepris la traduction de la Bible en anglais.

Tyndall (John) Physicien irlandais (1820-1893). Il découvrit le phénomène de regel de la glace, ce qui lui permit d'interpréter la marche des glaciers. Il étudia également la diffusion de la lumière et découvrit l'*effet Tyndall*, qui explique la couleur bleue du ciel.

tyndallisation n. f. (de *Tyndall*) chim. Procédé de stérilisation par chauffage discontinu à une température de 60 à 80 degrés.

Tyndare Roi légendaire de Sparte. Son épouse Léda s'unit à Zeus métamorphosé en cygne et enfante Clytemnestre, Hélène et les Dioscures.

typage n. m. didact. Classification en types.

type n. m. (du latin, du grec *tupos* « empreinte », de *tuptein* « frapper ») **I.** techn. Pièce portant une empreinte destinée à être reproduite. **II.** **1.** Ensemble des traits caractéristiques d'une catégorie de personnes ou de choses, en tant que modèle. ➜ **2canon, idéal.** *Un type de beauté éternelle.* – *Le type de l'avare dans la littérature.* **2.** sc. Ensemble des caractères qui permettent de distinguer des catégories d'objets et de faits, d'individus. *Sans type déterminé.* ➜ **atypique. 3.** Schéma ou modèle de structure. ➜ **typologie.** – *Types humains*, considérés du point de vue ethnique, esthétique, etc. *Elle a le type nordique.* – fam. « *"C'est tout à fait mon type" : mot de dragueur* » (Barthes). ➜ **genre. 4.** Ensemble des caractères d'une série d'objets fabriqués. ➜ **modèle, norme, 1standard. 5.** Personne ou chose qui réunit les principaux éléments d'un modèle abstrait et qui peut être donné en exemple. ➜ **personnification, représentant.** – appos. *C'est la sportive type.* **6.** fam. Homme en général, individu. ➜ **gars, mec.** *Un brave type.*

-type, -typie Éléments (du grec *tupos* ➜ type) signifiant « empreinte ; modèle » (ex. *prototype ; linotypie*).

tympan

Tympan central de la façade ouest de la cathédrale de Chartres, représentant le Christ en majesté.

T

typé, ée adj. Qui présente nettement les caractères d'un type. *Un personnage bien typé.*

typer v. tr. < 1 > Donner à (une création) les caractères apparents d'un type.

typesse n. f. (de *type*) fam. et péj. Femme, fille.

typha n. m. (mot latin, du grec *tuphê* « varech ») Grande plante amphibie, sorte de roseau à longues feuilles rubanées et longs épis. → **massette.**

typhique adj. Du typhus ou de la typhoïde. ■ Qui en est atteint. – n. *Un, une typhique.*

typhlite n. f. (du grec *tuphlos* « aveugle » et de *-ite*) méd. Inflammation du cæcum.

typhoïde adj. et n. f. (de *typhus*) *Fièvre typhoïde,* ou n. f. *la typhoïde :* maladie infectieuse, contagieuse, caractérisée par une fièvre élevée, un état de stupeur et des troubles digestifs graves. □ adj. **typhoïdique**

typhon n. m. (du grec) Cyclone des mers de Chine et de l'océan Indien.

Typhon Monstre de la légende grecque. Fils de Gaïa et de Tartare, il est vaincu par Zeus.

typhose n. f. (du grec → typhus) vétér. Maladie contagieuse des oiseaux de basse-cour.

typhus [tifys] n. m. (grec *tuphos* « stupeur ») Maladie infectieuse, épidémique, caractérisée par une fièvre intense et brutale, des rougeurs généralisées et un état de stupeur pouvant aller jusqu'au coma.

typicité n. f. didact. Caractère typique. – spécialt Caractère marqué (d'un vin), en rapport avec le terroir, la vinification...

typique adj. (du grec → type) **1.** Qui constitue un type, un exemple caractéristique. → **caractéristique, distinctif.** *Un cas typique.* **2.** Qui présente suffisamment les caractères d'un type pour servir d'exemple, de repère (dans une classification). → **spécifique.**

typiquement adv. D'une manière typique. → **spécifiquement.**

typo voir **typographe ; typographie**

typo- Élément (du grec *tupos* → type) signifiant « marque, caractère ». → **-type.**

typographe n. Professionnel de la typographie ; spécialt compositeur à la main. - abrév. fam. **typo** (fém. **typote,** en argot de métier). *Les typos.*

typographie n. f. **1.** Ensemble des techniques permettant de reproduire des textes par l'impression d'un assemblage de caractères en relief (par opposition aux procédés par report : offset, etc.) ; spécialt les opérations de composition. **2.** Manière dont un texte est imprimé (quant au type des caractères, à la mise en pages, etc.). - abrév. **typo** n. f.

typographique adj. Qui concerne la typographie. □ adv. **typographiquement**

typologie n. f. didact. **1.** Science de l'élaboration des types, facilitant l'analyse d'une réalité complexe et la classification. **2.** Système de types. → **classification.** *Une typologie des langues africaines.* □ adj. **typologique**

typomètre n. m. (de *typo-* + *-mètre*) typogr., anciennt Règle divisée en cicéros, pour évaluer les compositions typographiques.

typon n. m. (du n. d'une firme suisse, de *type*) imprim. Film à points tramés, destiné à être reproduit sur la plaque offset.

typtologie n. f. (du grec *tuptein* « frapper » et de *-logie*) didact. Communication des esprits frappeurs*.

Tyr Dans la mythologie scandinave, dieu germanique de la Guerre et du Droit, issu du groupe des Ases.

Tyr aujourd'hui **Sour (Liban)** Ancienne cité phénicienne. Principal port de la Méditerranée orientale à la fin du –XIIe s., elle fonda plusieurs colonies, dont Gadès (Cadix) et Carthage. Tributaire de l'Assyrie à partir du –IXe s., elle fut plusieurs fois assiégée, notamment par Nabuchodonosor II (586-573 av. J.-C.) et par Alexandre le Grand (–332). La ville retrouva une certaine prospérité sous les Séleucides, puis à l'époque romaine. Conquise par les Arabes en 636, elle passa sous la domination des mamelouks d'Égypte (1291) et fut détruite.

tyramine n. f. (du grec *turos* « fromage » et de *amine*) biochim. Amine dérivée de la tyrosine, employée dans le traitement de l'hypertension.

tyran n. m. (du latin, du grec *turannos* « maître ») **I. 1.** hist. Chez les Grecs, celui qui s'emparait du pouvoir par la force. **2.** Personne qui, ayant le pouvoir suprême, l'exerce de manière absolue, oppressive. → **autocrate, despote, dictateur.** – fig. *« Mariée avec* [...] *un de ces tyrans domestiques devant qui tout doit céder et plier »* (Maupassant). **II.** Gobe-mouches d'Amérique tropicale.

tyranneau n. m. littér. Petit tyran, tyran subalterne.

tyrannicide n. (latin *tyrannicida*) littér. **1.** Personne qui tue un tyran. **2.** n. m. (latin *tyrannicidium*) Meurtre d'un tyran.

tyrannie n. f. **1.** hist. antique Usurpation et exercice du pouvoir par un tyran (1). **2.** Gouvernement absolu, oppressif et arbitraire. → **despotisme, dictature. 3.** littér. Abus de pouvoir. *Se libérer de la tyrannie d'un père.* ■ *La tyrannie de la mode.*

tyrannique adj. Qui exerce une tyrannie. *Régime tyrannique.* – *Coutume tyrannique.* □ adv. **tyranniquement**

tyranniser v. tr. < 1 > Traiter (qqn) avec tyrannie, en abusant de son pouvoir ou de son autorité. → **opprimer, persécuter.**

tyrannosaure n. m. (→ tyran ; saurien) Grand reptile fossile du secondaire (dinosaure), carnivore.

Tyrol n. m. État fédéral (Land) de l'O. de l'Autriche. 712 077 habitants. Capitale : Innsbruck. Tourisme (stations climatiques et de sports d'hiver). Région historique d'Autriche et d'Italie, le Tyrol devint possession des Habsbourg en 1363. Il fut partagé entre les deux pays par le traité de Saint-Germain (1919), le sud du Tyrol (le Trentin, de langue italienne, et la province de Bolzano, surtout germanophone) revenant à l'Italie. En 1969, un accord entre les deux États a laissé une grande autonomie à la province de Bolzano.

tyrolien, ienne adj. Du Tyrol. – *Chapeau tyrolien :* feutre à plume passée dans le ruban.

tyrolienne n. f. **1.** Chant montagnard à trois temps originaire du Tyrol, caractérisé par le passage rapide de la voix de poitrine à la voix de tête (→ **iodler**). **2.** Ensemble composé d'un câble et d'une poulie, grâce auquel on peut rallier deux points élevés entre lesquels on glisse le long du câble tendu.

tyrosinase n. f. biochim. Enzyme qui active l'oxydation de la tyrosine, aboutissant à la production de mélanine.

tyrosine n. f. (du grec *turos* « fromage ») biochim. Acide aminé essentiel très répandu dans la nature, jouant un rôle important grâce aux composés organiques qui en dérivent (mélanine, adrénaline...).

tyrothricine n. f. (du n. d'une bactérie, du grec *turos* « fromage » et *thrix* « cheveu, filament ») méd. Antibiotique extrait des cultures d'une bactérie, employé en applications locales dans diverses affections de la peau, de la bouche et du pharynx.

Tyrrhénienne (mer) Portion de la Méditerranée comprise entre la Corse, la Sardaigne, la Sicile et la côte O. de la péninsule italienne.

Tyrtée en grec **Turtaios** Poète grec (VIIe s. av. J.-C.). Il composa des élégies *(Eunomia)* et des chants *(Embatêria)* destinés à encourager les Spartiates au combat.

Tyson (Michael Gerard Tyson, dit Mike) Boxeur américain (né en 1966). Champion du monde des poids lourds à la fin des années 1980, il perdit son titre face à James Douglas.

Tytchina (Pavlo Grigorievitch) Poète et homme politique ukrainien (1891-1967). Il mit son art au service de la cause révolutionnaire *(Le parti dirige).* Il fut ministre de l'Éducation de 1943 à 1948.

Tzara (Samy Rosenstock, dit Tristan) Écrivain français d'origine roumaine (1896-1963). Il illustra dans son œuvre les principes du mouvement dada dont il fut l'initiateur. Contestataire et subversif, Tzara se rapprocha du communisme. *La Première Aventure céleste de M. Antipyrine ; Sept Manifestes dada ; L'Homme approximatif.*

tzatziki [tsatsiki ; tsadziki] n. m. (mot grec, du turc) Préparation à base de concombre et de fromage blanc (cuisine grecque). - var. **tsatsiki.**

Tzeltales n. m. pl. Peuple amérindien du Mexique (Chiapas), de langue maya, essentiellement agriculteurs. Environ 100 000 personnes.

tzigane voir **tsigane**

Tziganes voir **Tsiganes**

Tzotziles n. m. pl. Peuple amérindien du Mexique (Chiapas), de langue maya, proches des Tzeltales. Environ 200 000 personnes.

U

u [y] **n. m. invar. 1.** Vingt et unième lettre de l'alphabet, cinquième voyelle. *U tréma* **ou** *ü.* **–** *En U :* en forme de U. *Tube en U.* **2.** *U :* Symbole chimique de l'uranium.

U2 Groupe de rock irlandais, fondé en 1978. Il s'est imposé comme l'un des groupes les plus populaires de ces dernières décennies. *The Joshua Tree.*

U2, le chanteur Bono et le guitariste The Edge, en 2005.

UA voir **Union africaine**

ubac **n. m.** **(mot provençal, venant du latin** ***opacus*** **→ opaque)** Versant d'une montagne exposé au nord **(opposé à** ***adret*****).**

Ubac (Raoul) Peintre et sculpteur belge (1910-1985). Lié au groupe surréaliste, il pratiqua d'abord la photographie non figurative avant de se consacrer, à partir de 1945, à la peinture et à la sculpture abstraites. *Table ; Terre rouge et noire ;* cycle des *Torses* et des *Labours.*

Ubaye **n. f.** Rivière des Alpes. 80 km. Affluent de la Durance, qu'elle rejoint dans les eaux du barrage de Serre-Ponçon, elle prend sa source au mont Viso.

Úbeda Ville d'Espagne (Andalousie). 34 320 habitants. Nombreux monuments Renaissance.

ubériser **v. tr.** **<1>** **(de** ***Uber,*** **nom d'une start-up)** Transformer (un secteur d'activité) avec un modèle économique innovant tirant parti du numérique. *Start-up qui ubérise le secteur de l'hôtellerie.* □ **n. f. ubérisation**

Uberlândia Ville du Brésil (Minas Gerais). 583 900 habitants. Industrie agroalimentaire.

ubiquiste [ybikɥist] **adj. et n.** **(du latin** ***ubique*** **« partout ») didact.** Qui est présent partout à la fois. **→ omniprésent.** ▪ **biol.** *Espèce ubiquiste,* que l'on rencontre dans des territoires étendus et variés.

ubiquité [ybikɥite] **n. f.** **(du latin** ***ubique*** **« partout », de** ***ubi*** **→ où)** Capacité d'être présent en plusieurs lieux à la fois. *Je n'ai pas le don d'ubiquité :* je ne peux pas être partout à la fois.

Ubu (le père) Personnage burlesque créé par Alfred Jarry (*Ubu roi ; Ubu enchaîné,* etc.), incarnant le pouvoir absolu, avide, imbécile et lâche.

ubuesque **adj.** **(de** ***Ubu*****)** Qui rappelle le personnage d'Ubu, par un caractère grotesque, cruel et couard.

Ucayali **n. m.** Rivière du Pérou. 1 600 km. Formé par l'Apurimac et l'Urubamba, il rejoint le Marañón pour former l'Amazone.

Uccello (Paolo di Dono, dit Paolo) Peintre italien (1397-1475). Artiste complet, il travailla surtout à Florence. Il sut concilier science et poésie, recherche sur la perspective et goût du merveilleux, passion pour la géométrie et art du mouvement et de la couleur. *Bataille de San Romano ; Saint Georges et le dragon.*

Uccle **en néerlandais Ukkel** Ville de Belgique (Bruxelles-Capitale). 83 980 habitants. Chapelle des XIVe-XVe s. ; relais de poste de 1570 ; ferme du XVIIIe s. ; Institut royal météorologique.

uchronie [ykʀɔni] **n. f.** **(du grec** ***ou*** **« non » et** ***khrônos*** **« temps » → chrono-, d'après** ***utopie*****) didact.** Récit d'évènements fictifs à partir d'un point de départ historique. □ **adj. uchronique**

Uckange Commune de la Moselle. 6 951 habitants.

Udaipur Ville d'Inde (Rajasthan). 474 500 habitants. Ancienne capitale d'un État rajput. Palais (XVIe s.), temples. Université. Marché agricole et centre industriel.

Uddevalla Ville de la côte O. de la Suède. 50 500 habitants. Port ; industries.

Uderzo (Albert) Dessinateur français de bandes dessinées (1927-2020). Avec René Goscinny, il fonda le journal *Pilote* et créa la célèbre série des *Astérix.*

UDF (Union pour la démocratie française) Formation politique active de 1978 à 2007, rassemblant divers partis centristes et libéraux, dont le Parti républicain (PR), le Centre des démocrates sociaux (CDS) et le Parti radical. Une majorité fit sécession en 2002 pour se rallier à l'UMP.

UDI (Union des démocrates indépendants) Parti politique français de centre droit fondé en 2012.

Udine Ville d'Italie (Frioul-Vénétie-Julienne), sur la Roja. 95 000 habitants. Château du XVIe s. ; église du XIIIe-XVIe s. ; cathédrale du XIVe s. Palais de l'évêché (fresques de G. B. Tiepolo). Université. Industries (sidérurgie, agroalimentaire, cuir, textile).

udon [ydɔ̃ ; udɔn] **n. f.** **(mot japonais) au plur.** Nouilles japonaises épaisses, de consistance molle et élastique. **– appos.** *Nouilles udon.*

Udong Ancienne capitale du Cambodge, du XVIIe s. jusqu'en 1866.

UDR (Union des démocrates pour la République) Nom pris en 1971 par le mouvement gaulliste Union pour la défense de la République (UDR). En 1976, l'UDR fut transformée par J. Chirac en Rassemblement pour la République (RPR).

UE voir **Union européenne**

Uccello (Paolo)

Paolo Uccello, *Saint Georges et le dragon* (XVe s.), National Gallery, Londres.

Ukraine

Ueda **Akinari** Romancier japonais (1734-1809). Ses *Contes de pluie et de lune*, qui mêlent influences chinoises et japonaises, apportèrent un souffle nouveau à la littérature japonaise.

Uele ou **Ouellé** **n. m.** Rivière de la République démocratique du Congo, affluent de l'Oubangui. 1 150 km.

ufologie **n. f.** **(anglais *ufology*, de *ufo*, acronyme de *Unidentified Flying Object*, et *-logie*)** **anglic.** Étude des ovnis et des phénomènes associés. □ **adj. ufologique** □ **n. ufologue**

UFR [yɛfɛʀ] **n. f. invar.** **(sigle de *unité de formation et de recherche*)** En France, Structure universitaire associant des départements de formation, des laboratoires et des centres de recherche. *L'UFR de chimie de l'université de Bordeaux.*

Ugarit ou **Ougarit** Ancienne cité cananéenne établie sur le site de Ras Shamra, sur la côte syrienne, au N. de Lattaquié. Ugarit fut la capitale d'un royaume florissant au IIe millénaire av. J.-C., avant sa destruction par les Peuples de la Mer (v. −1200). On y a retrouvé un alphabet cunéiforme, antérieur à l'alphabet phénicien, *l'alphabet ougaritique.*

U

Ugine Commune de la Savoie. 7 135 habitants. Musée. Électrométallurgie.

uhlan **n. m.** **(allemand *Ullan*, du polonais, tatar *oglan* « enfant »)** **hist.** Cavalier mercenaire des armées de Pologne, de Prusse et d'Allemagne.

Uhland **(Ludwig)** Poète allemand (1787-1862). Chef de l'école souabe (Kerner, Schwab, Mörike), il est l'auteur de *Poèmes lyriques* et de *Volkslieder*.

Uhlenbeck **(George Eugene)** Physicien américain d'origine néerlandaise (1900-1988). Il est l'auteur, avec Goudsmit, du concept de spin de l'électron.

UHT [yaʃte] **n. f.** **(sigle de *ultra-haute température*)** Stérilisation par élévation à haute température pendant un temps très court. **– appos.** *Lait UHT.*

Uilenspiegel **(Till)** **voir Till Eulenspiegel**

Uitlanders **n. m. pl.** Nom donné jadis par les Boers aux étrangers venus chercher fortune au Transvaal et dans l'État d'Orange.

Uji Ville du Japon (Honshū). 179 780 habitants. Elle abrite le Byōdōin, temple bouddhique du XIe siècle.

Ujjain Ville d'Inde (Madhya Pradesh), sur le plateau du Malva. 512 200 habitants. C'est l'une des sept villes sacrées de l'hindouisme, lieu de pèlerinage. Université. Artisanat, commerces.

Ujungpandang **voir Makassar**

ukase **voir oukase**

ukiyo-e **n. m.** **(mot japonais)** École picturale japonaise caractérisée par une peinture populaire et des estampes polychromes.

Ukraine

n. f. ■ **offic. république d'Ukraine, en ukrainien Ukraïna** Pays d'Europe orientale. 603 700 km². 44,5 millions d'habitants (les *Ukrainiens*). **Langues :** ukrainien (offic.), russe, turco-tatar, roumain, hongrois, bulgare, polonais, allemand, slovaque, biélorussien, grec. **Population :** Ukrainiens, 78 % ; Russes, 17 % ; Biélorusses, Moldaves, Tatars de Crimée. **Religions :** orthodoxes, 36,5 % ; catholiques (uniates), 6 % ; sans religion, 38 %. **Monnaie :** grivnia. **Capitale :** Kiev. **Régime :** démocratie parlementaire. L'Ukraine comprend 24 régions et une république autonome, la Crimée. Elle ne reconnaît pas les indépendances autoproclamées en 2014 de la Crimée et du Donbass (Donetsk et Lougansk).

GÉOGRAPHIE

La majeure partie du territoire ukrainien est formée par de vastes plaines, domaine des *terres noires (tchernoziom)* céréalières. L'agriculture (blé, betterave à sucre, maïs, tournesol) représente 10 % du PIB mais les rendements sont faibles. À l'O., sur la rive droite du Dniepr (Volhynie, plateaux de Podolie), le relief est plus marqué et plus arrosé. La Polésie, au N.-O., est une dépression marécageuse et boisée. La partie ukrainienne des Carpates (mont Hoverla 2 061 m) reste une région d'élevage et de travail du bois. À l'E. et au S., les fréquentes sécheresses nécessitent l'irrigation des plaines entre le Dniepr et la mer d'Azov. Le climat continental devient, au S., méditerranéen sur la mer Noire et la presqu'île de Crimée. Les stations balnéaires (Yalta, Alouchta) y avoisinent des vignobles de qualité.

ÉCONOMIE

L'exploitation d'un sous-sol riche en minerais reste importante (fer, manganèse, titane), mais le charbon du Donbass s'épuise. L'industrie (agroalimentaire, métallurgie, chimie, mécanique, électronique, aéronautique) est en pleine restructuration, en particulier l'industrie lourde installée près des mines ou des centrales sur le Dniepr. 8e producteur mondial d'énergie nucléaire (2020), l'Ukraine reste dépendante de la Russie pour ses combustibles (gaz). Les grands centres urbains (Kharkiv, Kiev, Odessa) sont dynamiques. Le pays a connu, de 2008 à 2016, des difficultés économiques dues à la crise financière mondiale, aggravées par la situation politique (dévaluation de la monnaie en 2015, inflation). La pandémie de 2020-2022 a provoqué une nouvelle détérioration.

HISTOIRE

D'abord habité par les Scythes puis les Sarmates, le pays fut tour à tour occupé par les Goths, les Huns, les Slaves orientaux et les Khazars. Le chef varègue Oleg fonda en 882 la principauté de Kiev, berceau de l'État russe. Les destins de l'*Ukraine* (« marche », mot apparu au XIIe s.) et de la Moscovie se séparent lors des invasions mongoles (XIIIe s.). La Galicie-Volhynie fut rattachée à l'État polono-lituanien (XIVe s.). Le groupe des Cosaques zaporogues, réfugié au-delà du Dniepr, s'insurgea contre la Pologne (XVIIe s.). L'Ukraine orientale, avec Kiev, fut cédée à la Russie en 1667. Catherine II abolit les dernières franchises cosaques (1775) et annexa la Crimée (1783). Le deuxième partage de la Pologne attribua une grande partie de l'Ukraine à la Russie (1793).

Après la révolution russe (1917), l'Ukraine fut morcelée en une république nationaliste et une république soviétique. Le traité de Riga (1921) partagea le pays entre la Pologne (Galicie orientale, Volhynie) et l'Union soviétique qui l'érigea en république fédérée en 1922. La grande famine de 1932-1933, lors de la collectivisation, fit 4 millions de morts. Occupée par les Allemands (1941-1942), l'Ukraine retrouva la partie ouest de son territoire en 1945. La Crimée lui fut rattachée en 1954.

L'indépendance L'Ukraine devint indépendante au sein de la CEI (1991) et tenta de se rapprocher de l'Occident tout en conservant de difficiles relations avec la Russie. La succession du président L. Koutchma (1994-2004) se traduisit par la « révolution orange » (déc. 2004) : en dépit de fortes pressions de Moscou, le candidat pro-occidental et leader de la révolution V. Iouchtchenko fut élu. La présidentielle de 2010 vit l'élection du candidat pro-russe V. Ianoukovitch. Tout en maintenant son souhait d'entrer dans l'UE, celui-ci entreprit de normaliser les relations avec la Russie. Si son « Parti des régions » remporta les législatives en 2012, sa position ambiguë finit par provoquer une crise majeure en 2013, dont le point d'orgue fut atteint lorsqu'il refusa de signer l'accord d'association avec l'UE. Après de violents affrontements entre les forces de l'ordre et les manifestants (révolution de Maïdan), le président fut destitué par le Parlement début 2014. Le premier volet de l'accord d'association avec l'UE fut signé en mars (et entra en vigueur en 2016) par le gouvernement provisoire qui ne put empêcher l'annexion de la Crimée par la Russie. Une élection présidentielle organisée en mai porta à la tête du pays l'ancien ministre et homme d'affaires Petro Porochenko. Cependant, les régions du Donbass (Donetsk et Lougansk), dans l'est du pays, restèrent divisées entre les partisans de l'unité nationale et les séparatistes pro-russes épaulés par des soldats russes. Malgré les accords de Minsk 2 signés par l'Ukraine, la Russie, l'Allemagne et la France en 2015, le conflit se poursuivit dans le Donbass et Porochenko fut désavoué à la présidentielle de 2019 au profit d'un nouveau venu en politique, l'acteur Volodymyr Zelensky. Alors que la Russie massait ses troupes à la frontière ukrainienne, celui-ci manifesta sa volonté de déposer une demande d'adhésion à l'Otan. Le 21 février 2022, la reconnaissance des républiques séparatistes de Donetsk et de Lougansk par la Russie fournit à celle-ci le prétexte de s'y déployer militairement. Le 24, Vladimir Poutine lança une invasion sur tout le territoire ukrainien. De nombreuses villes furent bombardées, faisant plusieurs milliers de morts et détruisant les infrastructures. Une assistance financière et militaire, européenne mais surtout américaine, intervint rapidement à la demande du président Zelensky afin de résister à l'avancée de l'armée russe épaulée par les mercenaires du groupe Wagner.

---

ukrainien, ienne adj. De l'Ukraine. – n. *Les Ukrainiens.* ■ n. m. *L'ukrainien* (langue slave).

***ukulélé** [jukulele] n. m. (anglais des États-Unis *ukulele*, mot hawaïen « puce [*uku*] qui saute [*lele*] ») Guitare à quatre cordes d'origine portugaise, adoptée à Hawaii vers 1880, dont la sonorité mate et grêle rappelle celle du banjo. *Des ukulélés.*

Ulbricht (Walter) Homme d'État allemand (1893-1973). L'un des fondateurs, avec W. Pieck, en 1918, du Parti communiste allemand, il contribua à instaurer le pouvoir communiste prosoviétique en RDA, dont il fut le chef de 1960 jusqu'à sa mort.

ulcération n. f. didact. 1. Formation d'un ulcère. 2. Ulcère. *Ulcérations cancéreuses.* □ adj. **ulcératif, ive**

ulcère n. m. (du latin *ulcus, ulceris*) Perte de substance de la peau ou d'une muqueuse sous forme de plaie qui ne cicatrise pas. *Ulcère à* (ou *de*) *l'estomac.*

ulcérer v. tr. < 6 > (du latin → ulcère) I. méd. Produire un ulcère sur. II. fig. Blesser (qqn) profondément, en l'irritant. → **froisser.** *Ces critiques l'ont ulcéré.* ■ **ulcéré, ée** adj. 1. méd. *Lésion ulcérée de la peau.* 2. fig. → **blessé.** « *Leurs cœurs ulcérés* » (Zola).

ulcéreux, euse adj. (du latin → ulcère) méd. 1. Qui a la nature de l'ulcère ou de l'ulcération. *Plaie ulcéreuse.* 2. adj. et n. Atteint d'un ulcère de l'estomac ou du duodénum.

uléma [ylema ; ulema] ou **ouléma** n. m. (de l'arabe, plur. de *alīm* « savant ») Théologien musulman. *Des ulémas.*

Ulfeldt (Leonora Christina) Écrivaine danoise (1621-1698). Fille du roi de Danemark, Christian IV, accusée de haute trahison, elle fit le récit de ses vingt-trois années d'enfermement et de brimades dans *Souvenirs de misère.*

Ulfilas, Ulfila ou **Wulfila** Évêque goth d'origine cappadocienne (v. 311-383). Il traduisit la Bible en gotique et prêcha le christianisme arien auprès des Goths.

Ulhasnagar Ville d'Inde (Maharashtra), dans l'agglomération de Bombay. 472 950 habitants. Industries chimique et textile.

Ulis (Les) Commune de l'Essonne, créée en 1977. 25 165 habitants. Centre de recherches universitaires. Laboratoires pharmaceutiques, informatique, industries de pointe.

Ullmann (Liv) Actrice norvégienne (née en 1938). Interprète au Théâtre national d'Oslo, elle vint au cinéma après sa rencontre avec Ingmar Bergman dont elle fut une interprète privilégiée (*Persona ; Cris et Chuchotements ; Scènes de la vie conjugale ; Sonate d'automne*). Elle est aussi réalisatrice.

ulluque n. m. (espagnol *ulluco*, quichua *ullucu*) bot. Plante herbacée d'Amérique du Sud, vivace, à tubercules comestibles.

ULM [yɛlɛm] n. m. invar. (sigle de *ultra-léger motorisé*) Petit engin volant monoplace ou biplace, de conception simplifiée.

Ulm Ville d'Allemagne (Bade-Wurtemberg), au confluent du Danube avec la Blau et l'Iller. 126 400 habitants. Cathédrale gothique (XIVe-XIXe s.) ; hôtel de ville Renaissance. Centre industriel (construction mécanique et électrique, agroalimentaire, textile). Les troupes de Napoléon y vainquirent celles du général autrichien Mack, le 20 octobre 1805.

ulmacée n. f. (latin *ulmus* « orme ») bot. Plante dicotylédone apétale (famille des *Ulmacées* ; ex. le micocoulier, l'orme).

Ulmer (Edgar George) Cinéaste américain d'origine autrichienne (1900-1972). Il est l'auteur de films d'horreur (*Le Chat noir*), de mélodrames policiers (*Détour ; L'Impitoyable*), ainsi que d'un western (*Le Bandit*).

ulmiste n. (de *ULM*) Personne qui fait de l'ULM.

ulna n. m. (mot latin « avant-bras ») anat. Cubitus.

ulnaire adj. anat. Qui a trait au cubitus. → **cubital.** *Nerf ulnaire* (cf. petit juif*).

Ulpien Jurisconsulte romain (mort en 228). Préfet du prétoire sous Sévère Alexandre, il fut massacré par les prétoriens. *Commentaires de l'Édit ; Responsa* (fragments).

Ulsan Ville de Corée du Sud, sur la mer du Japon. 910 370 habitants. Port. Construction navale, métallurgie, pétrochimie.

Ulster n. m. Région historique du N.-O. de l'Irlande qui recouvre trois comtés de la république d'Irlande, formant la province d'Ulster, et les six comtés de l'Irlande du Nord, rattachés au Royaume-Uni.

ultérieur, eure adj. (du latin → ultra-) Qui sera, arrivera plus tard. → **futur, postérieur.** *Réunion reportée à une date ultérieure.*

ultérieurement adv. Plus tard. → **après, ensuite.**

ultimate [yltimɛt] n. m. (mot anglais « ultime ») anglic. Sport qui se joue avec un frisbee, opposant deux équipes de cinq ou sept joueurs. - recomm. offic. **ultime-passe,** n. f.

ultimatum [yltimatɔm] n. m. (du latin → ultime) Les dernières conditions présentées par un État à un autre et comportant une sommation. *Envoyer, lancer un ultimatum. Des ultimatums.* – par ext. *Les grévistes ont adressé un ultimatum à la direction.*

ultime adj. (du latin → ultra-) 1. Dernier, final (dans le temps). *Une ultime tentative.* 2. (de l'anglais *ultimate*) anglic. Le plus élevé en valeur. *La méthode ultime pour vaincre la fatigue.*

ultimo adv. (mot latin, de *ultimus* « dernier ») rare En dernier lieu (après *primo, secundo...*).

ultra n. (mot latin → ultra-) 1. hist. Ultraroyaliste, sous la Restauration. 2. Réactionnaire extrémiste. *Des ultras.* – adj. *Elles sont ultras.*

ultra- Élément (du latin *ultra* « au-delà » → ²outre) qui signifie « au plus haut point » (ex. adj. *ultrachic, ultrasecret*) ou « au-delà » (ex. *ultramarin, ultramontain*).

ultrabasique adj. minér. Se dit d'une roche sombre à minéraux lourds et riche en silice.

ultracentrifugation n. f. sc. Centrifugation très rapide effectuée par ultracentrifugeuse.

ultracentrifugeuse n. f. sc., techn. Centrifugeuse dont la vitesse de rotation dépasse 50 000 tours par minute.

ultrafiltre n. m. sc. Membrane à pores très fins, qui permet de retenir des particules microscopiques. □ n. f. **ultrafiltration**

ultralibéralisme n. m. 1. hist. Attitude des libéraux extrémistes sous la Restauration. 2. Système économique, politique prônant le libéralisme absolu, encourageant l'économie de marché, l'entreprise privée, le désengagement de l'État. □ adj. et n. **ultralibéral, ale, aux**

ultramarin, ine adj. 1. littér. Couleur outremer. « *Les cieux ultramarins* » (Rimbaud). 2. adj. et n. rare Des pays, de la France d'outre-mer.

ultramicroscope n. m. sc. Microscope optique muni d'un dispositif d'éclairement qui permet de rendre visibles des objets trop petits pour être observés au microscope optique classique.

ultramoderne adj. Très moderne. *Du matériel ultramoderne.*

ultramontain, aine adj. et n. (latin *ultramontanus* « qui est au-delà des montagnes », cf. tramontane) Qui soutient la position traditionnelle de l'Église italienne (pouvoir absolu du pape), par opposition à *gallican.* □ n. m. **ultramontanisme**

U

ultra-petita [yltrapetita] adv. (mots latins) dr. Au-delà de ce qui a été demandé. *Juge qui statue ultra-petita.* – n. m. Fait de statuer sur une chose non demandée, d'accorder plus qu'il n'a été demandé. *Vice d'ultra-petita.*

ultrapression n. f. phys. Pression extrêmement élevée atteignant plusieurs milliers d'atmosphères.

ultraroyaliste adj. et n. hist. Partisan extrémiste des principes de l'Ancien Régime (royauté absolue, de droit divin), sous la Restauration. → **ultra.**

ultrasensible [yltrasɑ̃sibl] adj. Sensible à l'extrême. *Pellicule ultrasensible.*

ultrason [yltrasɔ̃] n. m. Vibration sonore de fréquence très élevée, non perceptible par l'oreille humaine. □ adj. **ultrasonique** et **ultrasonore**

ultraviolet, ette adj. (radiations électromagnétiques) Dont la longueur d'onde se situe entre celle de la lumière visible (extrémité violette du spectre) et celle des rayons X. *Rayons ultraviolets* ; **n. m.** *les ultraviolets.* → **UV.**

▶ Les **ultraviolets** (UV) constituent un rayonnement invisible pour l'œil humain, plus énergétique que la lumière visible, dont la longueur d'onde est comprise entre 200 et 400 nanomètres (nm). Ils sont émis de façon naturelle par le Soleil ou par des sources artificielles, telles que les « lumières noires » (utilisées par exemple dans les discothèques).
Les composants de l'atmosphère, et en particulier les molécules d'ozone, absorbent la quasi-totalité des ultraviolets C (les plus énergétiques et les plus nocifs), ainsi qu'une grande partie des ultraviolets A et B. Ces derniers sont à l'origine du bronzage, mais également des érythèmes solaires (les coups de soleil) et de brûlures des yeux (favorisant l'apparition de cataractes), ainsi que du vieillissement prématuré de la peau. Ils peuvent en outre déclencher des mutations génétiques, susceptibles de causer des cancers de la peau. Sans la protection par l'atmosphère de ces rayonnements, la vie terrestre n'aurait pu se développer.
La raréfaction de l'ozone stratosphérique (appelé « trou d'ozone »), présent naturellement en proportions infimes entre 20 et 50 km d'altitude, est donc un phénomène particulièrement préoccupant.
L'intensité du rayonnement ultraviolet varie par ailleurs selon la densité nuageuse, l'altitude et la réverbération, particulièrement par la neige, l'eau ou le sable. Une échelle — l'index UV — a été mise en place pour quantifier la dose d'UV reçue sur une région particulière et inviter les populations à s'en protéger.
Mais les UV ont aussi des rôles bénéfiques : ils permettent la synthèse de la vitamine D (dont le rôle fixateur du calcium prévient le rachitisme) et peuvent être utilisés à faibles doses pour soigner certaines maladies de peau comme le psoriasis. À des longueurs d'onde spécifiques, ils ont la capacité de stériliser du matériel ou de détecter de faux billets de banque.
voir aussi **lumière, onde**

Ulúa n. m. Principal fleuve du Honduras. 400 km. Il prend sa source sur les hauts plateaux volcaniques du S.-O. du pays et se jette dans la mer des Antilles.

ululement ; ululer voir **hululement ; hululer**

ulve n. f. (latin *ulva*) bot. Algue verte, communément appelée *laitue de mer*, qui croît en eau salée.

Ulysse en grec **Odusseus** Roi légendaire d'Ithaque, époux de Pénélope et père de Télémaque. Homère le présente en héros de la guerre de Troie dans *L'Iliade* et raconte son retour à Ithaque dans *L'Odyssée*.

Ulysse et Pénélope, relief de Milo (v. 450 av. J.-C.), musée du Louvre, Paris.

umami [umami] **n. m.** (mot japonais « goût délicieux ») didact. Saveur produite notamment par le glutamate de sodium, considérée comme l'une des cinq saveurs fondamentales.

umbanda [umbɑ̃da] **n. m.** Culte syncrétiste afro-brésilien mêlant spiritisme, magie blanche, éléments catholiques et africains. □ **adj. et n. umbandiste**

Umeå Ville de Suède, à l'embouchure du Ume Älv, dans le golfe de Botnie. 111 240 habitants. Centre administratif et de services.

Ume Älv n. m. Fleuve de Suède septentrionale. 460 km.

Umm Kulthum voir **Oum Kalsoum**

Umm Saïd Port pétrolier du Qatar, relié par oléoducs et gazoducs à Dukhan. 35 150 habitants. Principal centre industriel du pays.

UMP (Union pour un mouvement populaire) Parti politique français (2002-2015) fondé sous le nom d'Union pour la majorité présidentielle, regroupant le RPR, la Démocratie libérale et une partie de l'UDF. Il fut rebaptisé Les Républicains (LR).

UMTS [yɛmteɛs] **n. m.** (sigle anglais, de *universal mobile telecommunications system*) anglic., télécomm. Norme de téléphonie mobile à haut débit.

un, une (vient du latin *unus*) **I. numéral** Expression de l'unité. → **mon(o)-, uni-. 1. adj. cardinal** invar. en nombre *Une ou deux fois. Sans un sou* ; fam. *sans un.* – *Deux heures un quart. Six heures une* (minute). – loc. *Il était moins une* : il s'en fallait de très peu (de temps). – (avec de + adj.) *Il n'y en a pas une de libre.* – ***Pas un..., pas une...*** : aucun(e), nul(le). *Pas un navire à l'horizon.* **2. pron.** « *Et s'il n'en reste qu'un, je serai celui-là !* » (Hugo). – ***Un à un, une à une ; un par un, une par une*** : à tour de rôle et un(e) seul(e) à la fois. **3. n. m. invar.** *Un et un (font) deux.* – loc. ***Ne faire qu'un avec*** : se confondre avec. *Lui et son frère ne font qu'un.* – ***C'est tout un*** : c'est la même chose. **4. ordinal** Premier. *La page un.* → **une.** *Vers les une heure.* ■ **n. m.** *Elle habite au un de la rue.* – (dans un commandement) *Une !... deux !...* fam. *À la une, à la deux...* – fam. ***Ne faire ni une ni deux*** : agir sans hésitation. **II. adj. qualificatif** (après le n. ou attribut) Qui n'a pas de parties et ne peut être divisé. *La République une et indivisible.* **III. art. indéf.** (plur. des) **1.** Désigne un individu, un élément distinct mais indéterminé. *Un homme est venu. J'ai reçu une lettre.* – (valeur générale) *Un triangle est une figure à trois côtés.* – loc. *Un jour. Une fois. Un peu. Un autre..., un certain...* **2.** (avec le pron. en) *Je vais vous en raconter une bien bonne* (histoire). *En voilà un, une qui ne s'en fait pas.* **3.** (en phrase exclamative ; emphatique) *Il fait une chaleur ! Cette rue est d'un sale !* – fam. *J'ai une de ces faims !* **4.** (devant un n. propre) Une personne telle que... ; une personne comparable à... *C'est un Machiavel, un don Juan.* – Une personne de telle famille. *C'est une Bonaparte.* **IV. pron. indéf. 1.** ***Un, une.*** *Un de mes camarades. Un de ces jours.* – ***Un, une des... qui ; un, une des... que*** (+ verbe au plur.). « *Un des ouvrages qui contribuèrent le plus à former le goût de la nation* » (Voltaire). – ***L'un, l'une ; les uns, les unes.*** *L'un d'eux est venu. L'un(e) l'autre. Ni l'un ni l'autre*.* **2. nominal** Un homme, une femme ; quelqu'un. « *Un de Baumugnes* » (roman de Giono).

Unamuno (Miguel de) Philosophe et écrivain espagnol (1864-1936). Inspirateur du régime républicain, dont il dénonça les erreurs, profondément individualiste, il écrivit des essais pessimistes (*Le Sentiment tragique de la vie* ; *L'Agonie du christianisme*), des romans, des contes, des poèmes. Il eut une profonde influence sur les milieux intellectuels de son temps.

unanime adj. (du latin, de *unus* « un » et *animus* « esprit ») **1.** au plur. Qui ont tous la même opinion, le même avis (→ **d'accord**). *Ils sont unanimes à penser, pour penser que...* **2.** Qui exprime un avis commun à tous. → **général.** *Une réprobation unanime.* **3.** Qui est fait par tous, en même temps. *Un éclat de rire unanime.* ■ *La vie unanime* (J. Romains), en accord profond avec le sentiment du collectif. → **unanimisme.**

unanimement adv. Par tous ; d'un commun accord.

unanimisme n. m. **1.** littér. Doctrine littéraire d'après laquelle l'auteur doit exprimer la vie unanime, les états d'âme collectifs. **2.** cour. Accord complet, consensus*. *Un unanimisme préélectoral.* □ **adj. et n. unanimiste**

Ungerer (Tomi)

Tomi Ungerer, *White Power/Black Power*, affiche (1967), coll. privée.

unanimité n. f. (du latin → **unanime**) **1.** Conformité d'opinion ou d'intention entre tous les membres d'un groupe. → **accord, consensus.** *Il y a unanimité dans l'assemblée. Il a fait l'unanimité contre lui.* **2.** Expression de la totalité des opinions dans le même sens. *Décision prise à l'unanimité.*

Unasur Union des nations sud-américaines, organisation d'union douanière fondée en 2008 à l'initiative des présidents de gauche Chávez et Lula. Fragilisée par les différentes transitions politiques à droite du continent depuis 2015, elle ne rassemblait plus, en 2022, que cinq pays sur les douze initiaux.

unau n. m. (mot tupi) zool. Mammifère d'Amérique tropicale, variété de paresseux*. *Des unaus.*

unci- Élément (du latin *uncus*) qui signifie « crochet ».

unciné, ée [ɔ̃sine] **adj.** (du latin, de *uncus* « crochet ») bot. Qui porte un crochet, se termine en crochet, par des crochets.

undéc(i)- Élément (du latin *undecim*) qui signifie « onze ».

underground [œndœʀgʀaund ; œdɛʀgʀ(a)und] **adj. et n. m.** (mot anglais, proprt « souterrain ») anglic. Se dit d'un mouvement artistique d'avant-garde indépendant des circuits traditionnels commerciaux. *Des films undergrounds* ou *underground* (invar.). – **n. m.** *L'underground berlinois. Des undergrounds.*

Undset (Sigrid) Romancière norvégienne (1882-1949). Son œuvre critique l'émancipation des femmes, dont le destin réside, selon elle, dans le don total de soi. *Jenny* ; *Kristin Lavransdatter* ; *Olav Audunssøn* ; *Le Buisson ardent.* Prix Nobel 1928.

une n. f. La première page d'un journal. *Cinq colonnes à la une. Faire la une.*

UNEDIC (Union nationale interprofessionnelle pour l'emploi dans l'industrie et le commerce) Organisme fédérant les ASSEDIC. Créée en 1958, assurant la gestion financière des ASSEDIC, elle a fusionné avec l'ANPE en janvier 2009 pour former le Pôle Emploi.

Unesco [United Nations Educational, Scientific and Cultural Organization] « Organisation des Nations unies pour l'éducation, la science et la culture » Institution spécialisée de l'ONU, créée en 1946. Elle se consacre à l'alphabétisation, à la diffusion de l'enseignement, à la lutte contre le racisme, à la défense des droits de l'homme, à la recherche scientifique, à la préservation du patrimoine culturel mondial et à la communication sur le changement climatique.

unetelle voir **tel**

Ungaretti (Giuseppe) Poète italien (1888-1970). Marquée par la recherche du dépouillement et l'hermétisme, sa poésie revient d'abord sur son expérience de la guerre des tranchées avant d'évoluer vers une méditation lyrique sur le destin. *L'Allégresse ; Sentiment du temps ; La Douleur.*

Ungerer (Jean-Thomas, dit Tomi) Dessinateur français (1931-2019). Ses dessins satiriques, ses dessins pour enfants et ses affiches, d'un graphisme clair et expressif, sont souvent d'une gaieté cruelle. Il est également l'auteur de récits pour enfants *(Les Trois Brigands ; Le Géant de Zéralda).*

unguéal, ale, aux [ɔ̃gɥeal, o] **adj.** (du latin *unguis* « ongle ») didact. Relatif à l'ongle. *Phalange unguéale.*

ungu(i)- Élément de mots savants (du latin *unguis* → ongle) qui signifie « ongle ».

unguifère [ɔ̃gɥifɛʀ] **adj.** (→ -fère) didact. Qui porte un ongle, qui a des ongles.

uni, unie **adj.** (→ unir) **I. 1.** Qui est avec *(uni à, avec)* ou qui sont ensemble *(unis)* de manière à former un tout ou à être en union. *Cœurs unis* (par le sentiment, l'amour). *Ils sont unis par les liens du mariage.* – *Les États-Unis* (d'Amérique). *Les Nations unies.* **2.** Joint, réuni. « *Les talons unis, le corps droit* » (Maupassant). **3.** Qui est formé d'éléments liés ; qui constitue une unité. *Le Royaume-Uni.* **4.** En bonne entente (opposé à *désuni*). *Une famille unie.* **II.** Dont les éléments sont semblables ; qui ne présente pas d'inégalité, de variation apparente. → **cohérent, homogène. 1.** (surface) Sans aspérités. → **égal, ¹lisse.** *Mer unie.* ▪ De couleur, d'aspect uniforme. *Couleur unie. Tissu uni,* d'une seule couleur et sans motifs. **2.** vieux ou littér. Qui s'écoule sans changement notable. → **²calme, monotone, tranquille.** « *Ma vie est la plus unie du monde* » (Gautier).

uni- Élément (du latin *unus* → un) qui signifie « un ». → **mon(o)-**. - contr. **multi-, poly-**.

uniate **adj.** et **n.** (du russe, du latin *unio* → union) Se dit des Églises chrétiennes orientales qui acceptent les dogmes du catholicisme tout en conservant leur liturgie et leur organisation. – **n.** Chrétien de ces Églises. □ **n. m. uniatisme**

uniaxe [yniaks] **adj.** sc. Qui n'a qu'un axe.

Unicef [United Nations International Children's Emergency Fund] « Fonds d'urgence des Nations unies pour l'enfance » Organisation de l'ONU créée en 1946 pour améliorer la condition de l'enfance dans les pays en voie de développement. Prix Nobel de la paix 1965.

unicellulaire **adj.** biol. Formé d'une seule cellule. *Organismes unicellulaires.* – **n. m.** *Les unicellulaires.* → **protiste.**

unicité **n. f.** (du latin → unique) littér. Caractère de ce qui est unique. *L'unicité d'un cas.*

unicolore **adj.** (latin *unicolor*) didact. D'une seule couleur. → **uni ; monochrome.** - contr. **multicolore.**

unicorne **I. adj.** Qui n'a qu'une corne. **II. n. m.** vieux → **licorne.**

unidimensionnel, elle **adj.** didact. Qui n'a qu'une dimension.

unidirectionnel, elle **adj.** sc. Qui se propage, qui reçoit ou propage dans une seule direction. *Faisceau, émetteur, récepteur unidirectionnel.*

unidose **n. f.** Conditionnement contenant la quantité de produit nécessaire à un usage unique. *Collyre en unidoses.*

unième **adj. numéral ordinal** (après un numéral) Qui vient en premier, immédiatement après une dizaine (sauf soixante-dix, quatre-vingt-dix), une centaine, un millier. *Vingt et unième. Cent unième.* □ **adv. unièmement**

unificateur, trice **adj.** Qui unifie, qui contribue à unifier.

unification **n. f.** Fait d'unifier (plusieurs éléments), de rendre unique ou uniforme ; fait de s'unifier. → **intégration.** *L'unification de l'Allemagne.*

unifier **v. tr.** < 7 > (du latin, de *unus* → un et *facere* → ¹faire) **1.** Faire de (plusieurs éléments) une seule et même chose. *Unifier deux régions.* Rendre unique, faire l'unité de. → **unir.** *Unifier un pays.* **2.** Rendre semblables (divers éléments rassemblés). → **normaliser, uniformiser.** *Unifier des programmes scolaires.* **3.** Rendre homogène. *Unifier un parti.* ▪ **s'unifier v. pron.** Se fondre en un tout (en parlant de plusieurs éléments).

unifilaire **adj.** (de *uni-* et *filaire,* de *fil*) techn. Qui ne comprend qu'un fil électrique. *Circuit unifilaire.*

uniflore **adj.** (→ -flore) bot. Qui ne porte qu'une fleur. *Une tige uniflore.*

unifolié, ée **1. adj.** bot. Qui ne porte qu'une feuille. **2. n. m.** (Canada) Drapeau du Canada.

uniforme (du latin → un ; forme) **I. adj. 1.** Qui présente des éléments tous semblables ; dont toutes les parties sont ou paraissent identiques. → **régulier.** *Mouvement uniforme.* **2.** Qui ne varie pas ou peu ; dont l'aspect reste le même. *Un ciel uniforme et gris.* **3.** Qui ressemble beaucoup aux autres. → **même, pareil.** « *Des manières uniformes de sentir et de voir* » (Rousseau). **II. n. m. 1.** Costume militaire dont la forme, le tissu, la couleur sont définis par un règlement. *En uniforme ou en civil. En grand uniforme* : en uniforme de cérémonie. – loc. *Le prestige de l'uniforme.* **2.** Vêtement déterminé, obligatoire pour un groupe. *Uniforme d'hôtesse de l'air.*

uniformément **adv. 1.** D'une manière uniforme, par un mouvement régulier. *Mouvement uniformément accéléré.* **2.** De la même façon dans toute sa durée ou son étendue. *Sa vie s'écoule uniformément.* **3.** Comme tous (toutes) les autres ; tous de la même façon.

uniformiser **v. tr.** < 1 > **1.** Rendre uniforme. *Uniformiser une teinte.* **2.** Rendre semblables ou moins différents. *Uniformiser les programmes.* → **standardiser, unifier.** □ **n. f. uniformisation**

uniformité **n. f.** (du latin → uniforme) **1.** Caractère de ce qui est uniforme. **2.** Absence de changement, de variété.

Unigenitus Dei Filius Bulle de Clément XI (8 sept. 1713) qui condamnait le jansénisme. Elle fut érigée en loi française en 1730.

unijambiste **adj.** et **n.** Qui a été amputé d'une jambe. – **n.** *Un, une unijambiste.*

unilatéral, ale, aux **adj. 1.** Qui ne se fait que d'un côté. – *Stationnement unilatéral,* autorisé d'un seul côté d'une voie. – *Strabisme unilatéral.* **2.** dr. Qui n'engage qu'une seule partie. *Contrat unilatéral.* **3.** Qui provient d'un seul, n'intéresse qu'un seul (lorsque deux personnes, deux éléments sont concernés). *Décision unilatérale.* □ **adv. unilatéralement**

unilatéralisme **n. m.** polit. Attitude qui consiste, pour une puissance, à décider d'une action sans tenir compte du point de vue des autres, ni des instances internationales. □ **adj.** et **n. unilatéraliste**

unilinéaire **adj.** ethnol. Se dit d'un mode de filiation ne reconnaissant qu'une seule ligne, soit patrilinéaire, soit matrilinéaire.

unilingue **adj.** (de *uni-* et du latin *lingua* « langue ») didact. Qui est en une seule langue. ▪ Qui parle, écrit une seule langue (opposé à *bilingue, multilingue*). → **monolingue.** □ **n. m. unilinguisme**

uniloculaire **adj.** bot. Qui ne comprend qu'une seule loge ; qui n'est pas divisé en compartiments. *Ovaire uniloculaire de la violette.*

uniment **adv.** D'une manière unie. **1.** littér. Avec régularité. → **également, régulièrement.** *Rouler uniment.* **2.** *Tout uniment* : avec simplicité, sans détour. → **franchement, simplement.** *Elle a répondu tout uniment.*

uninominal, ale, aux **adj.** admin. Qui porte sur un seul nom. *Scrutin, vote uninominal* (opposé à *de liste*).

union **n. f.** (latin *unio, unionis* → oignon ; de *unus* → un) **I. 1.** Relation qui existe entre deux ou plusieurs personnes ou choses considérées comme formant un tout. → **assemblage, association, réunion.** *Union étroite, solide. L'union produit l'unité*.* – relig. *Union mystique,* de l'âme à Dieu. **2.** Relation réciproque qui existe entre deux ou plusieurs personnes ; vie en commun. → **accord, attachement.** *L'union des cœurs.* – *Union conjugale* : mariage. *Union libre.* → **concubinage. 3.** État dans lequel se trouvent des personnes, des groupes liés. – (Entre États) *Union douanière. Union économique et monétaire. L'Union européenne* (1993). **4.** Entente (entre plusieurs personnes, plusieurs groupes). → **concorde, entente, harmonie.** – prov. *L'union fait la force.* **5.** math. Réunion. *Union de deux ensembles.* **II.** Ensemble de personnes unies. → **association, groupement, entente, ligue.** *Union ouvrière.* – *Union d'États.* → **confédération, fédération. III.** Réunion. *L'union de deux terres, de deux domaines.*

Union (L') Commune de la Haute-Garonne, dans la banlieue de Toulouse. 12 339 habitants.

union (Actes d') Lois par lesquelles fut prononcée l'union de l'Écosse (1707) et de l'Irlande (1800) à l'Angleterre.

Union africaine (UA) Union de l'ensemble des pays d'Afrique, entrée en vigueur en 2002, qui a remplacé l'OUA (Organisation de l'unité africaine). Elle compte 55 membres.

Union de l'Europe occidentale (UEO) Organisation politique et militaire de défense et de sécurité, fondée par les accords de Paris du 23 oct. 1954. Ses activités ont été transférées à l'Union européenne en 2010.

Union des démocrates indépendants voir UDI

Union des démocrates pour la république voir UDR

Union des Républiques socialistes soviétiques voir URSS

Union européenne (UE) Union politique, économique et monétaire prévue et définie par le traité de Maastricht du 7 février 1992 entre les 12 pays de la Communauté économique européenne (CEE) qu'elle a remplacée en entrant en vigueur le 1er novembre 1993. Après plusieurs élargissements, elle comptait 28 membres en 2013. La Grande-Bretagne, par voie de référendum en 2016, s'engagea dans une procédure de retrait (Brexit) acceptée par le Parlement britannique en 2020. Le retrait effectif eut lieu le 31 décembre 2020. L'Union a reçu le prix Nobel de la paix en 2012. → Union européenne (planche).

▶ L'**Union européenne**, qui comptait à l'origine 12 membres (Allemagne, Belgique, France, Italie, Luxembourg, Pays-Bas, Danemark, Irlande, Royaume-Uni, Grèce, Espagne, Portugal) s'est depuis élargie en 1995 (Finlande, Suède, Autriche), en 2004 (Chypre, Estonie, Hongrie, Lettonie, Lituanie, Malte, Pologne, République tchèque, Slovaquie, Slovénie), en 2007 (Bulgarie, Roumanie) et en 2013 (Croatie). Le Royaume-Uni est sorti de l'Union en 2020.
Sa cohésion économique est fondée sur l'unicité du marché (libre circulation des hommes, des marchandises et des capitaux, libre concurrence), sur des mécanismes de solidarité (Politique régionale...), et sur des politiques communes (Politique agricole commune notamment). Elle est renforcée depuis le 1er janvier 2002 par la circulation fiduciaire de la monnaie unique prévue par le traité de Maastricht, l'euro. La zone euro n'est pas étendue à toute l'UE, la Suède et le Danemark ayant préféré conserver leurs monnaies, et les nouveaux membres n'ayant pas tous effectué le changement de monnaie. Cette unité économique est limitée par l'absence ou la « modestie » de normes sociales et fiscales communes.
La cohésion politique de l'UE est réduite car ses institutions en font une association d'États souverains et non une fédération : les décisions importantes se prennent à l'unanimité, ce qui implique de longues tractations diplomatiques entre les 27 membres, et lui confère une forte inertie. C'est pourquoi les dynamiques d'élargissement et d'approfondissement sont parfois présentées comme contradictoires. En réalité, deux conceptions s'opposent au sein même de l'UE : celle d'une Europe-marché à l'intérieur de laquelle la liberté des échanges serait un gage suffisant de

U

Amorcée après 1945, l'idée européenne bénéficie également du climat de la guerre froide et, dès les années 1950, elle exprime, outre le désir de réconciliation et de reconstruction, une ambition politique. D'abord industrielle, l'union des États devient économique avec la CEE en 1957. D'élargissement en élargissement, l'Union européenne s'affirme comme une puissance économique, tout en entendant peser sur la scène diplomatique internationale.

- **18 avr. 1951** Traité instituant la CECA
- **27 mars 1957** Traité de Rome instituant la CEE et Euratom
- **30 janv. 1962** Naissance de la PAC
- **13 mars 1979** Mise en place du SME
- **7-10 juin 1979** 1re élection au suffrage universel du Parlement
- **2 déc. 1985** Adoption de l'acte unique
- **19 juin 1990** Accords de Schengen
- **7 févr. 1992** Traité de Maastricht
- **1er janv. 2002** Entrée en vigueur de l'euro
- **1er févr. 2003** Entrée en vigueur du traité de Nice
- **29 oct. 2004** Traité établissant une Constitution pour l'Europe
- **13 déc. 2007** Traité de Lisbonne
- **2019** Retrait du Royaume-Uni (Brexit)

1950 — 1960 — 1970 — 1980 — 1990 — 2000 — 2010 — 2020

Ci-dessus : séance du Parlement européen à Strasbourg (mai 2004).
1. L'Europe, gage de paix, affiche de Boecksile (v. 1950). **2.** Signature de la CECA à Paris, 1951. **3.** Signature du traité de Rome, 1957. **4.** Traité de l'Élysée, de Gaulle et Adenauer, 1963. **5.** Simone Veil, présidente du Parlement européen, 1979. **6.** L'euro, symbole de l'intégration économique, 2002. **7.** Le traité de Maastricht, 1992. **8.** Signature du traité de Nice, 2001. **9.** Référendum français sur la Constitution européenne, 2005.

4

3

5

6

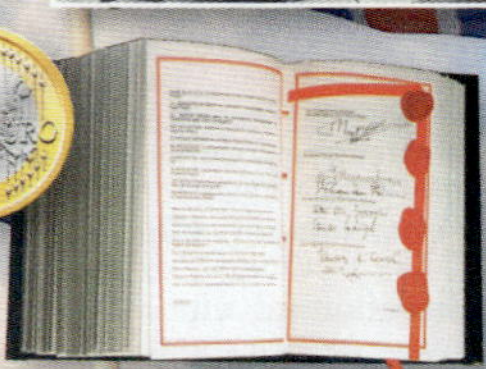
7

2

8

9

1

Union européenne

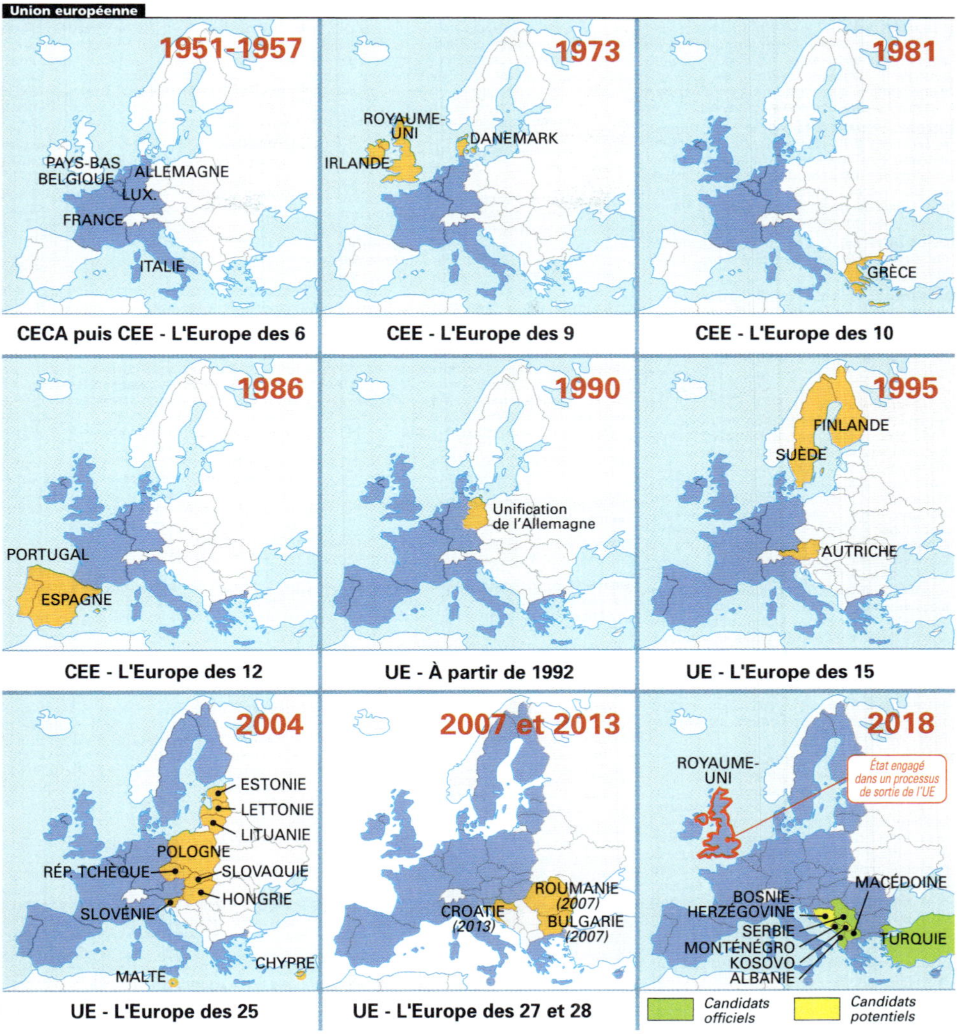

CECA puis CEE - L'Europe des 6 · CEE - L'Europe des 9 · CEE - L'Europe des 10 · CEE - L'Europe des 12 · UE - À partir de 1992 · UE - L'Europe des 15 · UE - L'Europe des 25 · UE - L'Europe des 27 et 28

prospérité, et celle d'une Europe-puissance capable de régler les problèmes économiques, sociaux et environnementaux pour lesquels l'échelon national est moins opérant. La politique extérieure de l'Union est également limitée par la diversité de ses membres et par ses institutions qui prévoient un changement de présidence tous les six mois.
La nécessité d'une réforme institutionnelle fait consensus, même s'il reste très difficile de trouver un compromis entre les différents États, leurs intérêts et leurs conceptions. Le projet de traité constitutionnel européen, négocié entre 2002 et 2004, n'a pu être ratifié du fait des « non » exprimés lors des référendums de ratification en France et aux Pays-Bas (2005). Le traité de Lisbonne, dit « traité modificatif », est entré en vigueur en 2009 après avoir été ratifié par chacun des États membres. Il reprend l'essentiel du projet de traité constitutionnel, mais renonce à toute référence à une Constitution européenne. La crise financière américaine, dont les répercussions se sont fait sentir en Europe à partir de 2008, a déstabilisé la zone euro et impacté l'économie. La Grèce s'est retrouvée en situation de faillite. Le Portugal, l'Espagne, l'Italie puis l'Irlande ont été fragilisés. Sous l'impulsion de l'Allemagne, de sévères plans d'austérité ont été imposés en contrepartie de plans d'aide, mécontentant les populations, et un système de surveillance a été mis en place notamment par le traité sur la stabilité, la coordination et la gouvernance (Pacte budgétaire européen), entré en vigueur en 2013, qui impose la limitation du recours à l'emprunt. À partir de 2014, un autre sujet, celui de l'accueil des réfugiés et avec lui la remise en question de la libre circulation dans l'espace Schengen (lui-même confronté au problème de la porosité de ses frontières), a causé de profondes divisions, plusieurs pays se montrant défavorables à une immigration trop nombreuse, en particulier ceux de l'Est (Hongrie) ainsi que le Royaume-Uni. Soucieux de préserver sa souveraineté, le Royaume-Uni est finalement sorti de l'Union européenne en déc. 2020. D'autres États ont mis en œuvre la construction de murs anti-migrants : Hongrie, Pologne, Autriche, Lituanie, Grèce, Bulgarie, Slovénie. Un plan de relance économique post-Covid-19 a été mis en place en 2021 afin d'apporter des subventions aux pays les plus touchés par la crise sanitaire (en particulier l'Italie et l'Espagne). Les relations de l'Union européenne avec la Russie se sont dégradées à partir de 2014 avec l'annexion de la Crimée, appartenant à l'Ukraine. Le déclenchement de la guerre en Ukraine par Vladimir Poutine en février 2022 a amené la Commission européenne à prendre la décision historique de financer l'achat d'armes pour le pays envahi. L'Ukraine et la Moldavie, dont le territoire russophone de Transnistrie revendique son indépendance, ont aussitôt demandé leur adhésion à l'Union européenne et obtenu le statut de candidat.
voir aussi **euro**, **PAC**, **Schengen**

Union française Nom donné, de 1946 à 1958, à l'ensemble formé par la France et les pays d'outre-mer.

unioniste **1.** **n.** hist. Partisan de l'union politique, de l'unité (à propos de l'Amérique du Nord ; de l'Irlande du Nord et de la Grande-Bretagne). ▪ Au Québec, Membre de l'ancien parti de l'Union nationale. ▪ par ext. Partisan du maintien de l'union dans un État fédéral. □ **n. m.** **unionisme** **2.** **adj.** *Éclaireurs unionistes* : scouts protestants français.

Union Jack **n. m.** Drapeau du Royaume-Uni. Créé en 1606, officialisé en 1707, il réunit la croix de Saint-Georges (emblème de l'Angleterre) et la croix de Saint-André (Écosse). La croix de Saint-Patrick a été ajoutée en 1801 après l'union avec l'Irlande.

Union pour la démocratie française voir **UDF**

Union pour un mouvement populaire voir **UMP**

Union sud-africaine voir **Afrique du Sud**

uniovulé, ée [ynjɔvyle] **adj.** (→ **ovule**) bot. Qui ne possède qu'un ovule. *Loge uniovulée.*

unipare adj. (→ -pare) biol. Se dit des femelles des mammifères lorsqu'elles ne donnent généralement naissance qu'à un seul petit à chaque parturition. ■ Se dit d'une femme qui n'a eu qu'un seul enfant (opposé à *multipare*). → aussi **primipare.**

unipersonnel, elle adj. et n. m. (de *uni-* et *personne*) **1.** ling. Se dit des verbes qui ne peuvent être employés qu'à la 3e personne du singulier (du point de vue conceptuel, ce sont des verbes impersonnels). **2.** dr. *Entreprise unipersonnelle à responsabilité limitée (EURL),* ne comportant qu'un associé.

unipolaire adj. Qui ne concerne qu'un des deux pôles. *Câble unipolaire. Neurone unipolaire.*

unique adj. (du latin ; famille de *un*) **I.** (quantitatif) **1.** Qui est un seul, n'est pas accompagné par d'autres du même genre. *Son unique fils. Il est fils unique.* – *Rue à sens unique. Un cas unique.* → **isolé.** *Salaire unique,* quand une seule personne est salariée dans un couple. – *Une seule et unique occasion.* **2.** (généralt après le n.) Qui est un seul, qui répond seul à sa désignation et forme une unité. *Dieu unique en trois personnes* (Trinité des catholiques). ■ Qui est le même pour plusieurs choses, plusieurs cas. *Prix unique.* – *Marché unique,* sans frontières intérieures. **II.** (qualitatif ; le comparatif et le superlatif sont alors possibles) « *Je verrai mon amant, mon plus unique bien* » (Corneille). **1.** (généralt après le n.) Qui est le seul de son espèce ; qui n'a pas son semblable. *Trouver le mot juste, le mot unique.* **2.** (après le n.) Qui est ou qui paraît foncièrement différent des autres. → **irremplaçable ; exceptionnel.** *C'est un artiste unique. Unique en son genre.* → **incomparable.** ■ fam. Qui étonne beaucoup (en bien ou en mal). → **curieux, extravagant, inouï.** *Elle, alors, elle est vraiment unique !*

uniquement adv. **1.** vieux À l'exclusion des autres. → **exclusivement.** « *Elle t'aimait uniquement* » (G. Sand). **2.** Seulement. *Pas uniquement :* pas seulement.

unir v. tr. < 2 > (du latin ; famille de *un*) **1.** Mettre ensemble (les éléments d'un tout). → **assembler, confondre, réunir.** *Unir deux provinces, une province à un pays.* → **annexer. 2.** Faire exister, faire vivre ensemble (des personnes). *Le prêtre qui les a unis.* → **marier.** ■ Constituer l'élément commun, la cause de l'union entre (des personnes). → **lier, rapprocher, réunir.** *L'amitié, l'intérêt qui les unit.* **3.** Associer par un lien politique, économique. *Unir deux pays.* → **allier ; union. 4.** Avoir, posséder à la fois (des caractères différents et souvent en opposition). → **allier, associer, joindre.** *Unir la force à la douceur.* ■ **s'unir** v. pron. **1.** récipr. Ne plus former qu'un tout. → **fusionner,** se **mêler.** *Rivières qui s'unissent en mêlant leurs eaux.* ■ Former une union ; spécialt, conjugale, sexuelle. ■ Faire cause commune. → **s'associer,** se **liguer,** se **solidariser.** « *Prolétaires de tous les pays, unissez-vous* » (Marx et Engels, *Manifeste du Parti communiste*). ■ S'associer politiquement, économiquement. **2.** passif Se trouver ensemble, de manière à former un tout. → **s'associer,** se **joindre.** *Leurs idées s'unissent sans peine.* **3.** réfl. *S'unir à, avec qqn* (spécialt par des liens affectifs, par le mariage). ■ Se trouver avec, en même temps que. → **s'allier.**

unisexe [ynisɛks] adj. (habillement, coiffure) Destiné indifféremment aux hommes et aux femmes. *Pantalons unisexes.*

unisexué, ée [ynisɛksɥe] adj. didact. (fleurs, animaux) Qui n'a qu'un seul sexe (opposé à *bisexué, hermaphrodite*). □ n. f. **unisexualité**

unisson n. m. (du latin → uni- et ²son) Son produit simultanément par plusieurs voix ou instruments et faisant entendre la même fréquence. → **consonance.** *Un bel unisson.* ■ loc. adv. *À l'unisson. Chanter, jouer à l'unisson.* – fig. *Leurs cœurs sont à l'unisson.*

unitaire adj. **1.** Qui forme une unité politique. *Manifestation unitaire.* **2.** Relatif à l'unité, à un seul objet. *Prix unitaire.*

unité n. f. (latin *unitas,* de *unus* → un) **I.** État de ce qui est un. **1.** Caractère de ce qui est unique. *Unité et pluralité.* → **unicité.** – *Unité de... :* caractère identique. *Unité de vues, unité d'action.* → **communauté, conformité, identité.** – *La règle des trois unités* (temps, lieu, action) *du théâtre classique.* **2.** Caractère de ce qui n'a pas de parties, ne peut être divisé. *L'unité d'une espèce.* ■ État de ce qui forme un tout organique, fonctionnel. *Faire, maintenir ; briser, rompre l'unité. Unité nationale.* **3.** Cohérence interne. → **cohésion, homogénéité. II.** Chose qui est une. **1.** Élément simple ou structure organisée faisant partie d'un ensemble. *Le département, unité administrative.* – *Les unités de production d'une usine.* – *Unités d'enseignement* (d'un diplôme universitaire). **2.** Formation militaire ayant une composition, un armement, des fonctions déterminées et spécifiques. *Rejoindre son unité.* **3.** Objet fabriqué (identique à d'autres). → **pièce.** *Prix à l'unité.* **4.** inform. *Unité centrale :* partie principale d'un ordinateur, regroupant le microprocesseur, la mémoire, le disque dur et les lecteurs. **5.** Élément arithmétique qui forme les nombres. – spécialt Dans les nombres de deux chiffres et plus, le chiffre placé à droite de celui des dizaines. *Dans 1 215, le chiffre 5 est celui des unités.* ■ Le nombre un. **6.** Grandeur finie servant de base à la mesure des autres grandeurs de même espèce. → **²étalon.** *Unités de mesure. Le système international d'unités physiques* (sigle **SI**). ■ écon. *Unité monétaire.* → **monnaie.**

univalent, ente adj. (→ -valent) chim. → **monovalent.**

univalve adj. didact. Dont la coquille n'est formée que d'une pièce. *Mollusque univalve.*

univers n. m. (latin *universus* « tourné [*versus* → version] de manière à former un tout ») **1.** Ensemble des groupes humains sur la Terre. *Citoyen de l'univers.* → **monde. 2.** L'ensemble de tout ce qui existe. → **monde, nature.** *Les lois de l'univers.* – sc. (parfois avec une maj.) Ensemble de la matière distribuée dans l'espace et dans le temps. *Théories de l'Univers en expansion.* **3.** fig. Milieu matériel ou moral dans lequel on évolue. *Univers mental. L'univers de l'enfance. Son univers se borne à ses livres.*

▶ L'**Univers** (2) a longtemps été considéré comme un espace fini dont la Terre était le centre. La *révolution copernicienne,* portée notamment par Copernic, Giordano Bruno, Galilée, Kepler et Newton entre le XVe et le XVIIe siècle, allait pourtant conduire à la remise en cause du modèle géocentrique et à l'hypothèse d'un univers infini.
La théorie du big bang, publiée en 1950, s'appuie essentiellement sur l'existence d'un rayonnement fossile micro-onde uniforme baignant tout l'Univers, observé par Arno Penzias et Robert Wilson en 1965. Elle doit son renom à sa capacité à rendre compte de toutes les observations astronomiques réalisées lors du dernier siècle, telles que les fluctuations du rayonnement fossile ou la distribution des galaxies.
L'âge de l'Univers est aujourd'hui estimé à environ 13,7 milliards d'années. Les étoiles et leurs éventuelles planètes ne sont généralement pas isolées, mais se regroupent au sein d'ensembles, les galaxies, qui incluent les gaz et poussières du milieu interstellaire, ainsi qu'une grande quantité de matière sombre (masse diffuse dans l'Univers et qui n'émet pas de lumière). L'Univers contient quelque 2 000 milliards de galaxies qui tendent à se grouper en amas, puis en superamas.
Si la morphologie des galaxies peut être déterminée, la taille et la forme de l'Univers reste un sujet de débat. L'Univers ne peut avoir de bords puisqu'il englobe théoriquement tout ce qui peut être observé et imaginé. Il soulève ainsi des questions et des paradoxes qui en font un sujet scientifique des plus fascinants.
voir aussi **big bang, planète, Soleil, trou noir**

universaliser v. tr. < 1 > (du latin → universel) Rendre universel ; répandre largement. → **diffuser, généraliser.** – pronom. *Une pratique qui s'universalise.* □ n. f. **universalisation**

universalisme n. m. (du latin *universalis* → universel) **1.** relig. Doctrine, croyance selon laquelle tous les hommes peuvent être sauvés. **2.** Caractère d'une doctrine, d'une religion universaliste. **3.** philos. Doctrine qui considère la réalité comme un tout unique, dont dépendent les individus (opposé à *individualisme, atomisme*). □ adj. et n. **universaliste**

universalité n. f. (→ universel) **1.** didact. Caractère de ce qui est universel ou considéré sous son aspect de plus grande généralité. *L'universalité d'une théorie.* **2.** Caractère d'un esprit universel. *L'universalité de Voltaire.* **3.** Caractère de ce qui concerne la totalité des hommes.

universaux n. m. pl. (latin *universalia,* plur. neutre de *universalis* → universel) **1.** hist. philos. Les cinq concepts qui définissent les diverses manières dont un prédicat est lié au sujet par un rapport (le genre, l'espèce, la différence, le propre et l'accident). **2.** *Les universaux du langage :* ensemble de concepts, formes, relations supposés exister dans toutes les langues du monde.

universel, elle adj. (latin *universalis* « relatif à l'ensemble » → univers) **1.** Qui s'étend, s'applique à la totalité des objets (personnes ou choses) qui existent. → **¹général.** *Jugement universel,* qui s'applique à tous les cas, est vrai partout et toujours. – *Un remède universel* (→ **panacée**). – techn. *Clé universelle,* qui s'adapte à différents types de boulons, d'écrous. ■ n. m. didact. Ce qui s'étend à tous les individus d'une classe. *L'universel et le particulier.* **2.** Dont les connaissances, les aptitudes s'appliquent à tous les sujets. → **complet, omniscient.** *On ne peut être universel.* **3.** dr. À qui échoit la totalité d'un patrimoine. *Légataire universel.* **4.** Qui concerne la totalité des hommes. *Histoire universelle.* – *Guerre, paix universelle.* → **mondial.** ■ *Suffrage universel,* étendu à tous les individus (sauf les exceptions prévues par la loi). ■ Commun à tous ou à un groupe donné ; qui peut s'appliquer à tous. *La science est universelle.* **5.** Qui concerne l'univers entier. → **cosmique.** *Gravitation universelle.*

universellement adv. Par tous les êtres humains, sur toute la terre. → **mondialement.**

universitaire adj. **1.** Relatif à l'Université (1). *Le corps universitaire.* ■ n. Membre de l'Université (enseignant[e] ou chercheur). – (Belgique) Étudiant(e) dans une université ; personne diplômée de l'université. **2.** Relatif aux universités, à l'enseignement supérieur. *Diplômes universitaires. Restaurant universitaire* (abrév. fam. **resto* U**).

université n. f. (du latin, de *universus* « intégral, général » → univers) **1.** *L'Université :* le corps des maîtres de l'enseignement public des divers degrés. **2.** *Une université :* établissement public d'enseignement supérieur dépendant d'une académie. → **faculté. 3.** *Université d'été :* enseignement universitaire ayant lieu pendant les congés d'été. – Stage de formation, session de réflexion organisés l'été par les partis politiques.

univitellin, ine adj. (de *uni-* et latin *vitellus* « jaune de l'œuf ») biol. Se dit de jumeaux provenant du même œuf (opposé à *bivitellin*). → **monozygote.** - syn. cour. **vrais jumeaux.**

univoque adj. (du latin → un et voix) didact. Se dit de ce qui garde toujours le même sens (opposé à *ambigu, équivoque, plurivoque*). *Mot, signe, relation univoque.* □ n. f. **univocité**

Unkei Sculpteur japonais (mort en 1223). Descendant de Jōchō, il fut le plus célèbre des sculpteurs de statues bouddhiques de son époque.

UNSA-Éducation (Union nationale des syndicats autonomes-Éducation) Organisation syndicale des personnels enseignants issue de la CGT, appelée FEN (Fédération de l'Éducation nationale) jusqu'en 2000. La FSU, créée en 1993, en est issue.

untel, unetelle voir **tel**

Unter den Linden Grande avenue berlinoise, tracée en 1647, joignant la vieille ville à la porte de Brandebourg.

Unterwald en allemand **Unterwalden** Ancien canton de Suisse partagé en deux cantons : Nidwald (276 km² ; 42 969 habitants ; chef-lieu : Stans) et Obwald (491 km² ; 37 575 habitants ; chef-lieu : Sarnen). Élevage laitier. Travail du bois.

Unzen (mont) Volcan japonais, dans l'île de Kyūshū (1 486 m), entré en éruption de 1991 à 1995.

Upanishad ou **Upaniṣad** **n. m. pl.** Textes sacrés de l'hindouisme, les plus anciens écrits philosophiques de l'Inde. Traditionnellement fixés au nombre de 108, on en recense en fait plus de 200. Ils constituent la principale base du Vedānta.

upas [ypa(s)] **n. m.** (mot malais « poison ») bot. Poison végétal utilisé par les populations des îles de la Sonde pour empoisonner les flèches. – Arbre dont est tiré ce poison.

Updike (John Hoyer) Écrivain américain (1932-2009). Styliste spirituel et sophistiqué, il explore dans ses romans et ses nouvelles l'ambiguïté morale et sexuelle dans un univers incohérent. *Cœur de lièvre ; Le Centaure ; Rabbit est riche ; Les Sorcières d'Eastwick.*

upérisation **n. f.** (contraction de *ultrapasteurisation*, d'après l'allemand) techn. Méthode de stérilisation des aliments liquides par injection continue de vapeur très chaude.

Upits (Andreï Martinovitch) Écrivain letton (1877-1970). Auteur de romans (*Les Gardes-frontières*) et de comédies, il participa à la révolution russe.

Upolu Île des Samoa occidentales, sur laquelle se situe la capitale, Apia. 1 118 km^2. 122 230 habitants.

uppercut [ypɛʀkyt] **n. m.** (mot anglais, de *up* « en haut » et *cut* « coup ») anglic., boxe Coup porté de bas en haut. → **crochet.** *Des uppercuts.*

Uppsala Ville de Suède, sur le Fyriså, chef-lieu de province. 185 200 habitants. Première université du pays, fondée en 1477 (riche bibliothèque). Cathédrale gothique (fin du XIIIe s.) ; château du XVIe siècle.

upsilon [ypsilɔn] **n. m. invar.** (grec *u psilon* « u mince ») Vingtième lettre de l'alphabet grec (Y, υ).

upwelling [œpweliŋ] **n. m.** (mot anglais, de *up* « vers le haut » et *to well* « jaillir ») anglic., didact. Remontée vers la surface des eaux froides profondes, le long de certains littoraux océaniques.

Ur ou **Our** Ancienne cité de Mésopotamie, autrefois à l'embouchure de l'Euphrate (aujourd'hui à l'intérieur des terres). Ville sumérienne très puissante au IIIe millénaire av. J.-C., elle connut son apogée sous la IIIe dynastie d'Ur (v. 2100-2000 av. J.-C.). Elle disparut au IIIe s. av. J.-C. Les fouilles (L. Woolley) ont mis au jour des temples, des palais, des ziggourats et des tombes royales. Selon la Genèse, Ur aurait été la patrie d'Abraham.

Urabe Kenkō voir **Kenkō Hōshi**

uracile **n. m.** (de *ur[o]-*, *ac[étique]* et suffixe *-ile*) biochim. Base pyrimidique qui entre dans la constitution des acides ribonucléiques cellulaires.

uraète **n. m.** (du grec *oura* « queue » et *aetos* « aigle ») zool. Aigle d'Australie, de très grande envergure.

uræus [yʀeys] **n. m.** (mot latin, du grec *ouraios* « de la queue ») archéol. Représentation du serpent naja dressé et portant sur la tête un disque solaire (attribut des pharaons).

uræus

Toutankhamon portant une coiffe ornée d'un uræus, Musée égyptien, Le Caire.

uranate **n. m.** (de *urane*, ancien n. de l'oxyde d'uranium, et *-ate*) chim. Sel de l'acide uranique.

uranie **n. f.** (latin *urania*, du grec *ouranios* « céleste ») zool. Papillon de grande taille aux vives couleurs.

Uranie L'une des neuf Muses. Elle préside à l'astronomie.

uranifère **adj.** (de *urani[um]* et *-fère*) minér. Qui contient de l'uranium.

uraninite **n. f.** (de *urani[um]* et *-ite*) minér. → **pechblende.**

uranisme **n. m.** (allemand *Uranismus*, du grec *Ourania* « la Céleste », surnom d'Aphrodite) didact. Homosexualité masculine.

uranium [yʀanjɔm] **n. m.** (de *Uranus*) Élément radioactif naturel (symb. U, n° at. 92, masse at. 283,03), métal gris, dur, présent dans plusieurs minerais (mélange d'isotopes accompagné de radium). □ **adj. uranique**

urano- Élément (du grec *ouranos* « ciel »), signifiant en latin scientifique « voûte du palais ».

uranoscope **n. m.** (grec *ouranoskopos* « qui regarde le ciel ») zool. Poisson osseux commun en Méditerranée, à grosse tête plate, aux yeux dirigés vers le haut, appelé aussi *rascasse blanche.*

Uranus **n. f.** Planète du système solaire, la septième dans l'ordre croissant des distances par rapport au Soleil (2 870 millions de km). Elle fut découverte en 1781 par W. Herschel. Diamètre : 51 118 km (quatre fois celui de la Terre). Atmosphère constituée d'hydrogène (82,5 %), d'hélium (5 %) et de méthane. Température moyenne : –215 °C. Révolution sidérale : 84 ans. On lui connaît 27 satellites ; elle est entourée de treize anneaux sombres et fins, distants de 39 600 à 97 700 km du centre de la planète.

uranyle **n. m.** (de *uran[ium]* et *-yle*) chim. Radical UO_2. *Sel d'uranyle.*

Urartu ou **Ourartou** **n. m.** Ancien royaume d'Orient situé autour du lac de Van (actuelle Turquie), formé au IXe s. av. J.-C. Son expansion connut son apogée dans la première moitié du VIIIe s. av. J.-C., mais elle fut entravée par celle de l'Empire assyrien. Il disparut dans la seconde moitié du –VIIe s., lors des invasions scythes.

Ur

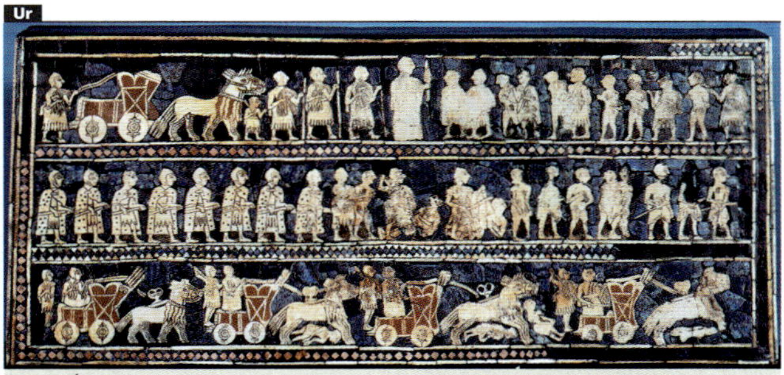

L'Étendard d'Ur, la Guerre, mosaïque d'une tombe royale d'Ur (2600-2400 av. J.-C.), British Museum, Londres.

urate **n. m.** (de *ur[ée]* et *-ate*) chim. Sel ou ester de l'acide urique. *Dépôts d'urates.* → [3]**goutte.**

urbain, aine **adj.** (du latin, de *urbs* « ville ») **I.** Qui est de la ville, des villes (opposé à *rural*). *Transports urbains. Éclairage, mobilier urbain. Populations urbaines.* – **n.** Habitant(e) des villes. → **citadin.** *Les urbains et les ruraux.* **II.** littér. Qui témoigne, fait preuve d'urbanité. → **courtois.** **III.** Qui concerne la culture hip-hop. *Mode urbaine. Art urbain.* → anglic. **street art.**

Urbain Nom de huit papes. ■ **Urbain II** (bienheureux) [Eudes ou Odon de Châtillon] (v. 1042-1099). Pape de 1088 à 1099. Il réunit plusieurs conciles, dont celui de Clermont (1095) annonçant la première croisade. ■ **Urbain III** [Uberto Crivelli] (1120-1187). Pape de 1185 à 1187. Il se heurta à Frédéric Ier Barberousse, lequel fit ravager les États de l'Église. ■ **Urbain V** (bienheureux) [Guillaume de Grimoard] (1310-1370). Pape de 1362 à 1370. Pape en Avignon, il entra à Rome en 1367. Il fut le premier des papes humanistes. ■ **Urbain VI** [Bartolomeo Prignano] (v. 1318-1389). Pape de 1378 à 1389. Son pontificat fut marqué par l'élection de l'antipape Clément VII, qui déclencha le grand schisme d'Occident. ■ **Urbain VIII** [Maffeo Barberini] (1568-1644). Pape de 1623 à 1644. Ami de Galilée, il adoucit sa détention après sa condamnation par l'Inquisition (1633). Il qualifia d'hérétique l'*Augustinus* de Jansénius (1642).

Urbain (Georges) Chimiste français (1872-1938). Spécialiste des terres rares, il identifia notamment le lutécium.

urbanisation **n. f.** Concentration croissante de la population autour des agglomérations urbaines existantes.

urbaniser **v. tr.** <1> (→ **urbain**) Donner le caractère urbain, citadin à (un lieu) ; transformer en ville. – (en France) *Zone à urbaniser en priorité* (ZUP). □ **adj. urbanisable**

urbanisme **n. m.** (de *urbain*) Étude, ensemble des arts et techniques permettant d'adapter l'habitat urbain aux besoins des hommes. *Architecture et urbanisme.* □ **adj. urbanistique**

▶ Comme celles des Aztèques et de la Chine ancienne, les villes de l'Antiquité attestent un souci d'**urbanisme** dont Hippodamos de Milet et Vitruve donnent les premières théories, projetant un espace urbain idéal aux rues rectilignes et aux maisons alignées. Un souci de beauté s'articule à des préoccupations d'hygiène et de sécurité, la croissance urbaine anarchique favorisant les épidémies et la criminalité.

En Europe, la constitution de centres urbains au Moyen Âge se fait de manière largement informelle, sans réflexion préalable. C'est à la Renaissance que renaît une pensée urbanistique représentée par les architectes italiens Alberti et Filarete, qui promeuvent une vision géométrique et radiale de la cité dont Palmanova est le plus bel exemple historique.

Au XVIIIe s., la création de villes ex nihilo, en Amérique ou en Russie (Saint-Pétersbourg, 1703), favorise une réflexion qui peut prendre une forme utopique (C. N. Ledoux) et valorise la dimension monumentale, avec de vastes places et de grandes perspectives. La ville se donne à voir.

C'est dans cet esprit, mais aussi avec le souci de pouvoir faire manœuvrer l'armée face aux insurrections urbaines, que sont redessinés le Paris de Haussmann et le Barcelone de Cerdá y Suñer. L'enjeu est également de réduire les taudis, la délinquance et l'insalubrité des grandes villes, en croissance rapide. La question sociale sera au cœur de l'urbanisme du XXe siècle.

Suivant l'idée de la « cité industrielle » de l'architecte Tony Garnier, l'œuvre de Le Corbusier et la *Charte d'Athènes* (1933) distinguent quatre fonctions urbaines : habiter, travailler, se récréer, circuler. Villes nouvelles et grands ensembles viennent incarner cette vision « fonctionnaliste », même si l'école culturaliste représentée par L. Mumford dénonce l'inhumanité de ces « villes-machines ». Dans la lignée de F. L. Wright, la référence à la nature et au vivant s'impose

U

aujourd'hui et, au moment de la transition énergétique, une recherche de la ville autosuffisante.
voir aussi **cité, architecture**

urbaniste n. Spécialiste de l'aménagement des villes.

urbanité n. f. (du latin → urbain) I. littér. Politesse où entrent affabilité naturelle et usage du monde. II. didact. Caractère urbain, de ville (opposé à *ruralité*).

urbi et orbi [yʀbiɛtɔʀbi] loc. adv. (loc. latine « à la ville [Rome] et à l'univers ») relig. Se dit de la bénédiction que le pape donne à Rome et au monde entier. – fig. *Publier, proclamer qqch. urbi et orbi*, partout.

Urbino Ville d'Italie (Marches). 15 300 habitants. Ville de briques roses entourée de remparts. Nombreux monuments : palais ducal (1444-1472), aujourd'hui Galerie nationale des Marches (chefs-d'œuvre du Quattrocento) ; maison natale de Raphaël ; églises du XIVe et du XVIe s. Université. Centre agricole et commercial. Tourisme. Capitale d'un ancien duché, elle passa aux États de l'Église en 1631 avant d'être intégrée à la République italienne en 1860.

urcéolé, ée adj. (du latin *urceolus*, de *urceus* « pot ») bot. En forme de vase renflé, de grelot. *Corolle urcéolée.*

urdu voir **ourdou**

-ure Suffixe indiquant que le composé chimique est un sel d'hydracide : *sulfure, chlorure.*

urédinale n. f. (du latin *uredo* « nielle, charbon », de *urere* « brûler ») bot. Champignon, parasite des plantes supérieures, produisant des rouilles (ordre des *Urédinales*).

urée n. f. (famille de *urine*) Substance cristalline que l'on rencontre dans le sang et l'urine des carnivores. *Excès d'urée.* → **urémie.** □ **adj. uréique**

urémie n. f. méd. Intoxication due à une accumulation d'urée dans le sang. *Une crise d'urémie.* □ **adj. urémique**

uretère n. m. (du latin, du grec *ourein* « uriner » → diurèse) Canal qui conduit l'urine du rein, où elle est fabriquée, à la vessie. *Uretères droit et gauche.* □ **adj. urétéral, ale, aux**

urétérite n. f. (de *uretère* et *-ite*) méd. Inflammation des uretères.

uréthane n. m. (de *urée* et *éthane*) chim. Carbamate de formule type NH_2—CO—OR, R représentant un radical hydrocarboné. – Carbamate d'éthyle.

urètre n. m. (du latin, du grec *ourêthra*, de *ourein* → uretère) Canal excréteur de l'urine qui part de la vessie et aboutit à l'extérieur (→ **méat** urinaire). *Chez l'homme, l'urètre sert également au passage du sperme.* □ **adj. urétral, ale, aux**

urétrite n. f. (de *urètre* et *-ite*) méd. Inflammation de l'urètre. *Urétrite gonococcique* : infection transmise lors des relations sexuelles (→ fam. **chaude-pisse**).

Urey (Harold Clayton) Chimiste américain (1893-1981). Spécialiste des isotopes, il découvrit notamment le deutérium et l'eau lourde. Son étude des isotopes de l'oxygène lui permit de discuter l'abondance des éléments chimiques sur Terre et dans les étoiles. Prix Nobel 1934.

Urfa Ville de Turquie, en Anatolie orientale. 586 700 habitants. Ruines de la citadelle des croisés (début XIIe s.). Centre commercial et industriel.

Urfé (Honoré d') Écrivain français (1567-1625). Homme d'action, ayant participé à La Ligue, il est l'auteur de textes sur l'amour. Son roman pastoral *L'Astrée* fixa l'idéal moral du XVIIe s. classique.

-urge, -urgie Éléments (du grec *-ourgos* et *-ourgia* ; radical *ergo* « je fais », *ergon* « œuvre, art ») (ex. *chirurgie ; démiurge, dramaturge, liturgie*).

Urgel voir **Seo de Urgel**

urgence n. f. 1. Caractère de ce qui est urgent. *L'urgence d'un travail.* 2. Nécessité d'agir vite. *Il y a urgence. Dans l'urgence, en urgence. En cas d'urgence.* – *Une urgence* : un malade à opérer, à soigner sans délai. *Le service des urgences d'un hôpital* ou, ellipt, *les urgences.* 3. *D'urgence* loc. adv. : sans délai, en toute hâte. *Venez d'urgence, de toute urgence.* → **immédiatement.**

urgent, ente adj. (du latin, de *urgere* « presser ») Dont on doit s'occuper sans retard. *Des affaires urgentes.* → **pressé.** *Un besoin urgent.* → **pressant.** – n. m. *« L'urgent pour moi était de savoir où tu es »* (Colette). □ **adv. urgemment**

urgentiste n. méd. Médecin spécialiste des interventions d'urgence.

urger v. intr. < 3 seulement 3e pers. sing. > fam. Être urgent. → **presser.** *Ça urge !*

Ürgüp Ville de Turquie (Cappadoce). 24 000 habitants. Relief caractéristique (aiguilles, cheminées des fées), villages troglodytiques et églises rupestres. Tourisme.

Uri Canton de Suisse centrale, de langue allemande. 1 077 km². 36 299 habitants. Chef-lieu : Altdorf. Industries, production laitière ; centrales hydroélectriques. Il est l'un des trois cantons fondateurs de la Confédération helvétique (1291).

Uriage Station thermale de l'Isère, à 416 m d'altitude (commune de Saint-Martin-d'Uriage).

uricémie n. f. (→ urique et -émie) méd. Teneur du sang en acide urique.

-urie Élément (du grec *ourêsis* « action d'uriner ») qui indique la sécrétion d'urine ou la présence anormale d'une substance dans les urines (ex. *acétonurie*).

urinaire adj. Qui a rapport à l'urine. *Appareil urinaire* : rein, uretère, urètre, vessie. → **urogénital.** *Voies urinaires.*

urinal, aux n. m. (du latin → urine) Récipient à col incliné où un homme peut uriner allongé.

urine n. f. (vient du latin pop. *aurina*, d'après *aurum* → ¹or, refait sur le latin class. *urina* ; cf. grec *oûron* et *ourein* → uretère) Liquide organique clair et ambré, odorant, qui se forme dans le rein, passe dans les uretères, séjourne dans la vessie et est évacué (→ **miction**) par l'urètre. → fam. **pipi**, vulg. **pisse.** *Les urines* : l'urine évacuée. *Analyse d'urines.*

uriner v. intr. < 1 > Évacuer l'urine. → fam. faire **pipi, pisser.** *Qui fait uriner.* → **diurétique.**

urineux, euse adj. méd. Qui a rapport à l'urine. *Odeur urineuse.*

urinifère adj. (→ -fère) anat. Qui conduit l'urine. *Les tubes urinifères du rein.*

urinoir n. m. Édifice public, lieu où les hommes peuvent uriner. ■ Cuvette ou autre dispositif à l'usage des hommes, pour uriner debout. → **vespasienne** ; fam. **pissotière.**

urique adj. (de *urine*) biochim. *Acide urique* : substance azotée à propriétés acides, éliminée par les urines.

URL n. f. invar. (sigle anglais de *uniform* [ou *universal*] *resource locator* « repère uniforme [ou universel] des ressources ») anglic., inform. Adresse d'un site ou d'une page hypertexte sur Internet (ex. https://www.lerobert.com). – appos. *Adresse URL.* - recomm. offic. **adresse universelle** ou **réticulaire.**

urne n. f. (latin *urna*) 1. Vase qui sert à renfermer les cendres d'un mort. *Urne funéraire, cinéraire.* 2. Vase antique à flancs arrondis. *Urnes et amphores.* 3. Boîte dont le couvercle est muni d'une fente, où l'on dépose des bulletins de vote. *Aller aux urnes* : aller voter. 4. bot. Feuille en forme de réceptacle de certaines plantes carnivores.

¹uro- Élément (du grec *oûron*) qui signifie « urine ».

²uro- Élément (du grec *oura*) qui signifie « queue ».

urobiline n. f. (de ¹*uro-* et *bile*) méd. Pigment biliaire jaune orangé, résultant de la dégradation de la bilirubine dans l'intestin.

urodèle n. m. (de ²*uro-* et du grec *dêlos* « apparent ») zool. Amphibien à corps allongé, aux membres propres à la reptation (ordre des *Urodèles* ; ex. la salamandre).

urogénital, ale, aux adj. didact. Qui a rapport aux appareils urinaire et génital. → **génito-urinaire.**

urographie n. f. méd. Radiographie de l'appareil urinaire.

urolagnie n. f. (de *uro-* et du latin *lagneia* « rapport sexuel ») didact. Pratique sexuelle qui repose sur une érotisation de l'urine. → **ondinisme.**

urologie n. f. méd. Partie de la médecine qui s'occupe de l'appareil urinaire. □ **adj. urologique**

urologue n. méd. Spécialiste d'urologie.

uronique adj. (de l'anglais, de la finale *-uronic* de termes de chimie) chim. Se dit d'un acide dérivant d'un aldose par oxydation de la fonction alcool primaire en fonction carboxyle.

uropode n. m. (de ²*uro-* + *-pode*) zool. Appendice abdominal des crustacés.

uropyge n. m. (de ²*uro-* + *-pyge*) zool. Arachnide de petite taille muni d'un flagelle prolongeant le dernier segment de l'abdomen (ordre des *Uropyges*).

uropygial, iale, iaux adj. (de ²*uro-* + *-pyge*) zool. Du croupion des oiseaux. *Plumes uropygiales.*

uropygien, ienne adj. (de ²*uro-* + *-pyge*) zool. *Glande uropygienne* : glande des oiseaux située à la base du croupion, dont la sécrétion protège les plumes.

Urraque (1081-1126). Reine de Castille et de León (1109-1126). Fille d'Alphonse VI, elle épousa Raymond de Bourgogne puis Alphonse Ier, roi d'Aragon et de Navarre. Celui-ci se fit reconnaître roi de Castille mais dut renoncer au trône après l'annulation du mariage par le pape.

Urrugne Commune des Pyrénées-Atlantiques. 10 495 habitants.

ursidé n. m. (du latin *ursus* « ours ») zool. Mammifère carnivore et plantigrade (famille des *Ursidés* ; ex. l'ours).

Ursins (Marie-Anne de La Trémoille, princesse des) Dame française (1642-1722). Elle joua un rôle prépondérant dans la politique espagnole par ses intrigues à la cour de Philippe V. Elle fut évincée par Élisabeth Farnèse en 1714.

URSS (Union des républiques socialistes soviétiques) Ancien État d'Europe et d'Asie fondé après la révolution russe de 1917 et dissous après son éclatement en 1991. Formé de 15 républiques socialistes soviétiques (Estonie, Lettonie, Lituanie, Biélorussie, Ukraine, Moldavie, Russie, Arménie, Azerbaïdjan, Géorgie, Kazakhstan, Kirghizstan, Ouzbékistan, Tadjikistan, Turkménistan), il s'étendait sur 22,4 millions de km² et comptait 283 millions d'habitants. La capitale était Moscou. L'économie de l'URSS reposait sur une organisation socialiste dans laquelle les moyens de production et d'échange étaient étatisés et planifiés (plans quinquennaux et annuels). La production agricole était confiée aux sovkhozes (fermes d'État) et aux kolkhozes (coopératives d'État), aux rendements médiocres. L'industrie, secteur le plus développé (énergie, métallurgie, mécanique), privilégiait les domaines stratégiques (aviation, espace, armement), sans répondre de façon satisfaisante aux besoins d'équipement et de consommation.

LES DÉBUTS DE L'URSS
En octobre 1917, la prise de pouvoir par les bolcheviks, dirigés par Lénine, s'accompagna aussitôt de mesures radicales : réforme agraire, nationalisations des entreprises, création de l'Armée rouge, mise en place d'une police d'État, la Tcheka — remplacée en 1922 par le Guépéou —, instauration du « communisme de guerre ». Après la signature du traité de Brest-Litovsk (mars 1918), et l'exécution du tsar Nicolas II (nuit du 16 au 17 juill. 1918), les Alliés apportèrent leur soutien aux contre-révolutionnaires (les « Blancs »), restés fidèles au régime impérial. La guerre civile, opposant Armée rouge et Blancs, s'acheva en faveur des bolcheviks mais laissa le pays

URSS

dans une situation économique et politique critique. En mars 1921, Lénine instaura la NEP (Nouvelle Politique économique), qui permit à la production de retrouver son niveau d'avant-guerre, mais suscita, au sein du parti bolchevique (opposition de Trotski notamment), de fortes dissensions, encore aggravées par la mort de Lénine (1924).

L'URSS SOUS STALINE

Devenu secrétaire du Parti communiste, Staline entreprit d'en écarter ses contradicteurs (Trotski, Zinoviev, Kamenev, puis Boukharine) et instaura un régime totalitaire. La collectivisation forcée (1928-1939), établie par le premier plan quinquennal, se heurta aux paysans propriétaires (les koulaks), qui subirent une impitoyable répression, faisant des millions de morts. S'appuyant sur un système policier efficace, le nouveau régime évinça tous les opposants, qui furent systématiquement éliminés ou déportés (dans les goulags). À la veille de la Seconde Guerre mondiale, grâce à une propagande active et bien orchestrée, Staline jouissait d'un grand prestige, mais les épurations massives, les « purges » politiques, l'exécution des membres de la vieille garde bolchevique (procès truqués de Moscou) avaient contribué à affaiblir le régime. En août 1939, l'URSS signa avec Hitler un pacte de non-agression, rompu en juin 1941 quand les armées allemandes envahirent le pays. La victoire de l'Armée rouge à la bataille de Stalingrad (1942-1943) marqua un tournant dans l'évolution du conflit. Le rôle décisif tenu par l'URSS durant la guerre donna à Staline les moyens de renouer des relations avec les puissances alliées, et de prendre une part active à la conférence de Yalta (févr. 1945). L'URSS sortit agrandie de la Seconde Guerre mondiale, tant à l'ouest qu'à l'est, mais elle avait subi de très lourdes pertes sur le plan économique comme sur le plan humain (environ 26 millions de morts). L'effort de reconstruction (IVe plan quinquennal) permit au pays de dépasser son niveau économique d'avant-guerre et de devenir la deuxième puissance mondiale (après les États-Unis). À l'intérieur, le gouvernement accentua le travail d'« éducation politique » des masses ; le réalisme socialiste (jdanovisme) domina toute la production culturelle soviétique. À l'extérieur, l'URSS renforça ses positions (création du Comecon en réaction au plan Marshall, naissance de la République populaire de Chine) et imposa le régime communiste dans les pays de l'Europe orientale. La création du Kominform (1947) puis le blocus de Berlin (1948-1949) marquèrent le début de la « guerre froide » entre l'Est et l'Ouest. Dès 1949, l'URSS possédait l'arme nucléaire.

LA « DÉSTALINISATION »

À la mort de Staline (1953), Nikita Khrouchtchev, devenu premier secrétaire du Parti communiste, entreprit une politique d'« ouverture » : décentralisation, relative libéralisation idéologique, ébauche de « déstalinisation » (exécution de Beria, réhabilitation d'anciens condamnés politiques, critique du culte de la personnalité). Les liens de l'URSS avec les démocraties populaires furent renforcés (pacte de Varsovie), alors que les liens avec la Chine commençaient à se détériorer. Une « coexistence pacifique » fut établie avec les pays capitalistes occidentaux, vite compromise par la guerre du Viêtnam, le problème de Berlin, le coup de force en Hongrie (Budapest, 1956), la crise de Cuba (1960-1962) et l'invasion de la Tchécoslovaquie (1968). En 1964, Khrouchtchev, auquel était reprochée la mauvaise situation économique du pays, fut démis de ses fonctions et remplacé, à la tête du parti, par Leonid Brejnev. Au milieu des années 1970, l'URSS semblait alors au sommet de sa puissance (entrée de nouveaux pays, Viêtnam, Éthiopie, Angola, Mozambique dans le mouvement communiste international), mais elle était affaiblie par une dissidence interne grandissante (Sakharov, Soljenitsyne) et par un immobilisme bureaucratique paralysant les réformes politiques et économiques. Après l'invasion de l'Afghanistan par les troupes soviétiques (1979), l'URSS dut faire face à l'hostilité de nombreux pays musulmans, notamment de l'Iran et du Pakistan.

LA FIN DE L'URSS

À Brejnev (mort en 1982), succédèrent Andropov puis (1984) Tchernenko. En 1985, Mikhaïl Gorbatchev, nouveau premier secrétaire du Parti communiste, lança la *perestroïka* (« restructuration ») et la *glasnost* (« transparence ») pour tenter de libéraliser le régime et relancer l'économie. Il fit retirer les troupes d'Afghanistan, renoua avec la Chine et relança, avec les États-Unis, les négociations sur le désarmement nucléaire. La chute du mur de Berlin (1989) mit à l'épreuve sa volonté de ne plus intervenir dans les pays socialistes. En 1990, le Congrès des députés du peuple vota la fin du système du parti unique et l'adoption d'un régime présidentiel. M. Gorbatchev, élu premier président de l'URSS, fit adopter des lois sur la presse et sur la liberté de conscience et de culte, tandis que la situation économique continuait de se dégrader et que les revendications nationalistes se multipliaient. En 1991, le Comecon puis le pacte de Varsovie furent dissous. Élu président de la république de Russie, Boris Eltsine mit en échec une tentative de coup d'État des communistes conservateurs. M. Gorbatchev démissionna du poste de secrétaire général du Parti communiste, qui fut suspendu. L'indépendance des pays Baltes (Estonie, Lettonie, Lituanie) fut reconnue, suivie par les déclarations d'indépendance de la plupart des autres républiques. En décembre 1991, la Biélorussie, la Russie et l'Ukraine déclarèrent l'URSS dissoute et remplacée par la CEI (Communauté des États indépendants) à laquelle adhérèrent plusieurs républiques de l'ancienne URSS.

URSSAF **(Unions de recouvrement des cotisations de sécurité sociale et d'allocations familiales)** Réseau d'organismes créés en 1960 et chargés de la collecte des cotisations patronales et salariales de sécurité sociale et d'allocations familiales.

Ursule **(sainte)** Personnage légendaire de la tradition chrétienne. Elle aurait accompli, en compagnie de onze mille vierges, un pèlerinage à Rome et aurait été massacrée avec elles par les Huns sur le chemin du retour.

ursuline n. f. (de *sainte Ursule*) Religieuse d'un ordre fondé en 1537, en Italie, par sainte Angèle Merici.

urticacée n. f. (latin *urtica* → ortie) bot. Plante dicotylédone apétale, annuelle ou vivace (famille des *Urticacées* ; ex. l'ortie).

urticaire n. f. (du latin *urtica* → ortie) Éruption passagère semblable à des piqûres d'ortie, accompagnée de démangeaisons et d'une sensation de brûlure.

urticant, ante adj. (→ urticaire) didact. Dont la piqûre ou le contact produit une urtication.

U

Uruguay

urtication n. f. didact. Sensation de piqûre d'ortie qui accompagne l'urticaire.

urubu n. m. **(mot tupi)** zool. Petit vautour répandu dans l'Amérique tropicale.

Uruguay n. m. Fleuve d'Amérique du Sud. Environ 1 580 km. Il prend sa source dans le Serra Geral, au Brésil, forme la frontière entre le Brésil et l'Argentine puis entre l'Argentine et l'Uruguay. Il se jette avec le río Paraná dans le río de La Plata.

Uruguay

n. m. Pays d'Amérique du Sud. Superficie : 176 220 km^2. 3 530 900 habitants (les *Uruguayens*). **Langue** : espagnol. **Religion** : chrétiens. **Monnaie** : peso uruguayen. **Capitale** : Montevideo. **Régime** : démocratie présidentielle.

GÉOGRAPHIE

Le pays est constitué d'un vaste ensemble de plaines, qui prolonge la Pampa argentine au-delà du fleuve Uruguay. Il est mis en valeur par une agriculture performante et diversifiée (élevage ovin et bovin, soja, blé, riz, fruits) qui alimente une importante filière industrielle agroalimentaire (viande, produits laitiers, vins), textile (laine, cuirs, confection) et papetière autour de la capitale et port atlantique de Montevideo. Les cultures intensives sont concentrées dans la vallée du fleuve Uruguay et autour de la capitale, tandis que l'arrière-pays est dévolu aux grandes exploitations *(estancias)*, souvent orientées vers l'élevage.

HISTOIRE

Exploré en 1516, l'Uruguay était peuplé d'Indiens charruas, qui furent décimés ou exterminés pour la plupart. Portugais et Espagnols se le disputèrent. Montevideo fut fondée par les Espagnols en 1726. Le pays fut annexé par le Brésil (1810) jusqu'à son indépendance (1828). Les XIXe et XXe s. furent marqués par la lutte entre *blancos* (conservateurs) et *colorados* (libéraux), ces derniers devant conserver le pouvoir le plus longtemps. À partir de 1970, le pays fut agité par la révolte des Tupamaros, guérilléros urbains marxistes. Les militaires s'installèrent au pouvoir de 1973 à 1984. Le parti Colorado revint démocratiquement au pouvoir (1985-2004) et le pays adhéra au Mercosur à sa création en 1991. Le premier président socialiste du pays, Tabaré Vázquez, porté au pouvoir en 2005, parvint à juguler l'inflation (19,4 % en 2003, 4,3 % en 2007) tout en réduisant le chômage. L'ancien guérilléro José Mujica, également du Frente Amplio, lui succéda en 2010. Réélu en 2015, Tabaré Vázquez laissa la gauche fragilisée par l'augmentation des impôts et le climat d'insécurité. Le conservateur Luis Lacalle Pou, fils du président Luis Alberto Lacalle (1990-1995), accéda au pouvoir en 2020.

Uruk ou **Ourouk** Localité de Mésopotamie, sur la rive gauche de l'Euphrate. Site sumérien, elle a donné son nom à la *civilisation d'Uruk* (env. 3300-3100 av. J.-C.), caractérisée par la naissance de l'écriture (pictogrammes).

Urumqi ou **Ouroumtsi** ou **Wulumugi** anciennement **Dihua** Ville de Chine (Xinjiang). 2,8 millions d'habitants. Sidérurgie ; industrie textile et mécanique, artisanat. Mines de calcaire et de gypse.

urus n. m. **(mot latin d'origine germanique)** zool. Aurochs ; bison d'Europe.

us [ys] **n. m. pl. (du latin → user)** vieux Usage. ▪ mod. loc. *Les us et coutumes* : les habitudes, les mœurs, les usages traditionnels.

USA voir **États-Unis d'Amérique**

usage n. m. **(→ us) I. 1.** Action d'user, de se servir de qqch. → **emploi, utilisation.** *L'usage d'un outil, d'un instrument.* – *L'usage de la force.* **2.** Mise en activité effective (d'une faculté). → **exercice, fonctionnement.** *L'usage des sens* : le fait de sentir, de percevoir. *Elle a perdu l'usage de la parole.* **3.** loc. ***Faire usage de*** : se servir de. → **utiliser ; employer.** *Faire usage de stratagèmes. Faire bon, mauvais usage de qqch.* **(→ mésuser).** ▪ ***À l'usage*** : lorsqu'on s'en sert. *À l'usage, sa découverte s'est révélée utile.* ▪ ***En usage*** : qui est habituellement employé. ▪ ***Hors d'usage*** : qui ne peut plus servir et, spécialt, fonctionner. ▪ fam. *Faire de l'usage* : pouvoir être utilisé longtemps sans se détériorer. → **durer. 4.** Fait de pouvoir produire un effet particulier et voulu. → **fonction, utilité.** *Couteau à usages multiples.* ▪ ***À usage*** : destiné à être utilisé (de telle ou telle façon). *Médicament à usage externe, interne.* ▪ ***À l'usage de*** : destiné à être utilisé par. → **pour.** *Guides à l'usage des étrangers. À son usage personnel* : pour soi. – littér. *Je n'en ai pas l'usage* : cela ne m'est pas utile. **5.** Fait d'employer les éléments du langage dans le discours, la parole ; manière dont ils sont employés. *L'usage oral, écrit, courant, populaire. Mot en usage* **(→ usité).** – *Le bon usage* (considéré comme seul correct). **II. 1.** Pratique que l'ancienneté ou la fréquence rend normale, dans une société. → **coutume, habitude, mœurs, us.** *Un usage reçu.* – *Les usages,* les comportements considérés comme les meilleurs, ou les seuls normaux. **2.** ***L'usage*** : ensemble des pratiques sociales. → **coutume, habitude.** *C'est l'usage* : c'est ce qu'il convient de faire, de dire. – *Consacré par l'usage.* – ***D'usage*** : habituel, normal. *La formule d'usage. Il est d'usage de...* **3.** littér. Les bonnes manières. → **civilité, politesse.** *Manquer d'usage.* **III.** dr. Droit réel qui permet à son titulaire (l'usager) de se servir d'une chose appartenant à autrui. → **usufruit.** *Avoir l'usage d'un bien.* → **jouissance.**

usagé, ée adj. Qui a beaucoup servi (sans être forcément détérioré, à la différence de *usé*). *Vêtements usagés.*

usager, ère n. **1.** dr. Personne qui a un droit réel d'usage (III). *L'usager et le propriétaire.* **2.** Personne qui utilise (qqch.). → **utilisateur.** ▪ Personne qui utilise (un service public, le domaine public). *Les usagers des transports en commun.* ▪ Utilisateur (d'une langue). → **locuteur.**

Uşak Ville de Turquie, chef-lieu de province, en Anatolie occidentale. 226 500 habitants. Tapis réputés.

usant, ante adj. Qui use la santé, les forces. → **épuisant, fatigant, tuant.**

USB n. m. **(sigle anglais de *Universal Serial Bus*)** anglic., inform. Type de prise (port) permettant de connecter un périphérique à un ordinateur. ▪ appos. *Port USB.* – *Clé* USB.*

usé, ée adj. **1.** Altéré par un usage prolongé, par des actions physiques. → **détérioré, vieux.** *Pneus usés.* → **défraîchi, ^{1}râpé.** – loc. *Usé jusqu'à*

Uruk

Figurine de fondation du temple de Nammu à Uruk (v. 2380 av. J.-C.), Vorderasiatisches Museum, Berlin.

U

*la corde**. – *Eaux usées,* salies par l'usage (domestique ou industriel). **2.** Diminué, affaibli, par une action progressive. → **émoussé, éteint.** *Théorie usée.* → **démodé. 3.** Dont les forces, la santé sont diminuées. **4.** Qui a perdu son pouvoir d'expression, d'évocation par l'usage courant, la répétition. → **rebattu.** *Calembour usé.* → **éculé.**

Usedom en polonais **Uznam** Île de la mer Baltique, à l'embouchure de l'Oder. 445 km². Elle est traversée du N. au S. par la frontière germano-polonaise.

user v. < 1 > **(du latin tardif, de *uti* « se servir de »)** **I. v. tr. ind.** *User de.* **1.** (compl. chose abstraite) Avoir recours à (qqch.), mettre en œuvre. → se **servir, utiliser ; usage.** *User d'un droit, d'un stratagème. User et abuser de qqch.* **2.** vieux ou littér. *En user avec qqn* : agir, se conduire d'une certaine manière. → se **comporter.** *La mère « en usait très mal avec le cadet »* (Rousseau). **II. v. tr. dir. 1.** Détruire par la consommation. → **consommer.** *User de l'essence.* **2.** Modifier (qqch.) progressivement en enlevant certaines de ses parties, en altérant son aspect, par un usage prolongé. → **abîmer, élimer ; [1]usure.** *User sa semelle. User ses vêtements jusqu'à la corde*.* ■ Altérer ou entamer (qqch.). – au p. p. *Terrains usés par l'érosion.* **3.** Diminuer, affaiblir (une sensation, la force de qqn) par une action lente, progressive. *User ses forces, sa santé. S'user les yeux, la vue.* → **abîmer. 4.** (sujet chose) Diminuer ou supprimer les forces de (qqn). → **épuiser.** *Les épreuves l'ont usé.* ■ **s'user v. pron. 1.** Se détériorer à l'usage. *Tissu qui s'use vite.* **2.** fig. S'affaiblir, être diminué avec le temps. → s'**émousser. 3.** (personnes) Perdre sa force, sa santé. *Elle s'est usée au travail.* → se **fatiguer,** s'**épuiser,** se **tuer.**

Ushuaia Ville d'Argentine, capitale de la province de Terre de Feu. 45 000 habitants. La ville la plus australe du monde. Pêche. Zone franche. Parc national. Musée du Bout du Monde, musée maritime. Tourisme.

usinage n. m. Action d'usiner. *Usinage à chaud.*

usine n. f. **(vient du latin *officina* → officine) 1.** Établissement de la grande industrie destiné à la fabrication d'objets ou de produits, à la transformation de matières premières, à la production d'énergie. → **fabrique, manufacture.** *Travailler dans une usine, en usine. Usine de métallurgie. Usine textile.* – fig. et péj. *Usine à gaz* : construction très compliquée et peu performante. – *Magasin d'usine,* écoulant les surplus de production. **2.** *L'usine* : la grande industrie. *L'ouvrier d'usine.* **3.** fam. Local qui, par son nombreux personnel et l'importance de son rendement, évoque une usine. *Ce restaurant est une véritable usine.*

usiner v. tr. < 1 > **1.** Façonner (une pièce) avec une machine-outil. **2.** Fabriquer dans une usine. *Usiner des produits finis.* – au p. p. *Produits usinés.*

usinier, ière adj. vieilli Qui a rapport à l'usine. ■ Où il y a des usines. → **industriel.** *Complexe usinier.*

usité, ée adj. **(du latin → user)** ling. Qui est employé, en usage. *Un mot usité.* → **[1]courant, usuel.** *Peu usité* : rare.

usnée n. f. **(du latin médiéval, de l'arabe)** bot. Lichen de couleur grisâtre, à longs cils.

Ussel Chef-lieu d'arrondissement de la Corrèze. 9 162 habitants. Église du XIIe s. ; maisons des XVe et XVIe s. ; hôtel de Ventadour (Renaissance).

Ustaritz Commune des Pyrénées-Atlantiques. 7 399 habitants. Tourisme.

ustensile n. m. **(latin *utensilia* → outil)** Objet ou accessoire d'usage domestique, sans mécanisme ou muni d'un mécanisme simple. *Ustensiles de cuisine, de jardinage, de toilette.*

Uster Ville de Suisse (canton de Zurich), sur l'Aa. 34 319 habitants. Château médiéval.

ustilaginale n. f. **(du bas latin *ustilago* « chardon sauvage »)** bot. Champignon basidiomycète qui provoque certaines maladies de végétaux.

Ústí nad Labem Ville de la République tchèque (Bohême-Septentrionale), au confluent de la Bílina et de l'Elbe. 89 700 habitants. Industries diverses.

Ushuaia

Le port en eau profonde d'Ushuaia.

usucapion n. f. **(du latin, de *capere* « prendre » et *usus* « usage »)** dr. Prescription* acquisitive.

usuel, elle **(du bas latin → us) 1. adj.** Qui est utilisé habituellement, qui est dans l'usage courant. *Un objet usuel.* → **commun, familier, ordinaire.** *Expression usuelle.* → **usité. 2. n. m.** Ouvrage de référence, de consultation (notamment, dans une bibliothèque).

usuellement adv. Communément. → **habituellement.**

usufructuaire adj. **(du latin → usufruit)** dr. Qui a rapport à l'usufruit.

usufruit n. m. **(du latin → us, usage ; [1]fruit)** dr. Jouissance légale d'un bien dont on n'a pas la propriété. *Avoir l'usufruit d'une maison, une maison en usufruit.*

usufruitier, ière n. dr. Personne qui détient un usufruit.

Usumacinta n. m. Fleuve d'Amérique centrale. 560 km. Il prend sa source dans les hauteurs du Guatemala et se jette dans le golfe de Campeche (Mexique).

usuraire adj. **(du latin → [2]usure)** Qui a le caractère de l'usure ([2]). *Intérêt, taux usuraire.*

[1]usure n. f. **(de *user*) 1.** Détérioration par un usage prolongé. → **[1]dégradation.** *Résister à l'usure.* – *L'usure du temps.* ■ Le fait d'user les forces de qqn. *Guerre d'usure.* **2.** Diminution ou altération (d'une qualité, de la santé). *L'usure des forces, de l'énergie.* – fam. *Avoir qqn à l'usure,* prendre l'avantage sur lui en le fatiguant peu à peu. **3.** État de ce qui est détérioré par l'usage **(→ usé).** *L'usure des marches les rendait glissantes.*

[2]usure n. f. **(du latin, de *uti* → user)** Intérêt de taux excessif ; fait de prendre un tel intérêt. *Pratiquer l'usure. Prêter à usure.* – littér. *Avec usure* : au-delà de ce que l'on a reçu. *Il lui rendit « avec usure le mauvais tour qu'elle lui avait joué »* (Musset).

usurier, ière n. Personne qui prête à usure ([2]).

usurpateur, trice n. Personne qui usurpe (un pouvoir, un droit ; spécialt, la souveraineté). → **imposteur.**

usurpation n. f. Action d'usurper ; son résultat. → **appropriation.** – dr. *Usurpation de pouvoir,* commise par un agent administratif qui empiète sur le domaine réservé aux autorités judiciaires.

usurper v. tr. < 1 > **(du latin, de *rapere* → rapt)** S'approprier sans droit, par la violence ou la fraude (un pouvoir, une dignité, un bien). → s'**arroger,** s'**emparer.** *Usurper un titre, des honneurs.* ■ Obtenir de façon illégitime. – au p. p. *Une réputation usurpée,* imméritée.

ut [yt] n. m. invar. **(du premier mot *[ut]* de l'hymne latin à saint Jean-Baptiste, dont les syllabes initiales des six premiers vers ont été choisies par Gui d'Arezzo au XIe s. pour désigner six notes de la gamme) 1.** Do (note). *Ut de poitrine.* → **contre-ut. 2.** Ton de do. *La Cinquième Symphonie de Beethoven, en ut mineur. Clé d'ut.*

Utah n. m. État de l'O. des États-Unis. 219 932 km². 3,27 millions d'habitants. Capitale : Salt Lake City. Il est constitué notamment des plateaux du Colorado, du Grand Lac Salé et de montagnes le plus souvent boisées. Élevage ; richesses minières ; industrie du métal et de produits alimentaires ; tourisme. Les mormons s'y établirent à partir de 1847. L'État devint membre de l'Union en 1896.

Utamaro Kitagawa Peintre japonais d'estampes (1753-1806). Son style gracieux, aux lignes souples, en fait l'un des artistes les plus populaires au Japon et en Occident.

utérin, ine adj. **(du latin jurid. → utérus) 1.** dr. Se dit des frères et sœurs ayant la même mère, mais un père différent. *Frère utérin.* → **demi-frère. 2.** anat. Relatif à l'utérus. *Grossesse utérine* (normale).

utérus [yteʀys] n. m. **(latin *uterus* « ventre », p.-ê. famille de *venter* → ventre)** (chez la femme) Organe situé entre la vessie et le rectum, destiné à contenir l'œuf, l'embryon jusqu'à son complet développement. → **matrice.** *Col de l'utérus.* – (chez les animaux vivipares) Organe de la gestation chez la femelle.

Utica Ville des États-Unis (New York). 65 280 habitants.

utile adj. **(du latin, de *uti* → user) 1.** Dont l'usage, l'emploi satisfait un besoin, est ou peut être avantageux. → **[1]bon, profitable, salutaire ; indispensable, nécessaire ;** opposé à *inutile.* **Utile à...** *Achetez ce livre, il vous sera utile. Des conseils utiles.* – *Il est utile de* (+ inf.). – *Il est utile que* (+ subj.). *Il serait utile que tu sois là.* – **Utile à** (+ inf.) : qu'il est utile de. *Ouvrages utiles à consulter.* – *Charge utile,* que peut transporter un véhicule. ■ **n. m.** ***L'utile.*** → **[2]bien, utilité.** – loc. *Joindre l'utile à l'agréable.* **2.** (personnes) Dont l'activité est ou peut être avantageusement mise au service d'autrui. → **précieux.** *Chercher à se rendre utile. En quoi puis-je vous être utile ?* – *Animaux utiles* (opposé à *nuisibles*). **3.** *En temps utile* : au moment opportun.

utilement adv. D'une manière utile.

utilisable adj. Qui peut être utilisé. *Énergie directement utilisable.*

utilisateur, trice n. Personne qui utilise (qqch.). → **usager.** – *Nom d'utilisateur.* → **identifiant,** anglic. **log-in.**

utilisation n. f. Action, manière d'utiliser. → **emploi.** *Notice d'utilisation d'un appareil.*

utiliser v. tr. < 1 > **1.** Rendre utile, faire servir à une fin précise. → **exploiter.** *Utiliser l'eau de pluie.* **2.** Employer. → **pratiquer,** se **servir** de, **user** de. *Utiliser un procédé, un instrument.*

utilitaire **(de *utilité,* d'après l'anglais *utilitarian*)** **I. adj. 1.** Qui vise essentiellement à l'utile. *Véhicules utilitaires* ou **n. m.** *utilitaires* : camions, autocars, etc. (opposé à *véhicules de*

U

tourisme). **2.** péj. Préoccupé des seuls intérêts matériels. → **intéressé.** – *Époque utilitaire.* → **matérialiste. II. n. m.** inform. Logiciel qui assure des opérations de gestion ou d'exploitation.

utilitarisme n. m. (de *utilitaire*) philos. Doctrine selon laquelle l'utile est le principe de toutes les valeurs. □ **adj. et n. utilitariste**

utilité n. f. (du latin → utile) **1.** Caractère de ce qui est utile. *Avoir son utilité.* → **fonction. 2.** Le bien ou l'intérêt (de qqn). *Pour mon utilité personnelle.* → **convenance.** – *Association reconnue d'utilité publique.* **3.** Emploi subalterne d'acteur. – loc. *Jouer les utilités.*

Utique Ancienne ville d'Afrique, sur la Méditerranée (Tunisie). Capitale de la province romaine d'Afrique, elle disparut après la conquête arabe.

utopie n. f. (latin mod. *utopia* [Thomas More] « en aucun lieu », du grec → topo-) Idéal, vue politique ou sociale qui ne tient pas compte de la réalité. ■ Conception ou projet qui paraît irréalisable. → **chimère, illusion, mirage, rêve.**

▶ L'**utopie** est d'abord le nom d'une île imaginée par Th. More (en 1516) pour décrire la cité idéale. S'inspirant de la *République* de Platon, l'écrivain anglais invente à la fois un genre littéraire et une nouvelle façon de penser la légitimité politique, en ne fondant plus l'autorité d'un régime sur son ancienneté mais sur sa perfection. Il se permet ainsi, en creux, une critique discrète du monde réel et de ses folies. Pendant trois siècles, les cités idéales se trouvent surtout dans les livres, notamment ceux de Campanella ou de Fénelon qui recourent au même schéma pour les décrire ; un voyageur de retour des antipodes nous raconte ce qu'il a vu : abondance, justice, parfois volupté. En 1770, *L'An 2440* de L. S. Mercier situe pour la première fois dans le futur la cité idéale.
Plus tard, dans le sillage de la Révolution française, le rêve utopique déborde de la littérature pour investir le monde politique et social, avec les grandes utopies du XIXe siècle : fouriérisme, socialisme, marxisme. Mais lorsque, au siècle suivant, certaines de ces théories sont mises en œuvre, « les lendemains qui chantent » se révèlent souvent inhumains. L'utopie littéraire connaît alors une seconde jeunesse, sous la forme de l'anti-utopie : I. I. Zamiatine, A. Huxley ou G. Orwell démasquent le mensonge totalitaire sous le masque du « meilleur des mondes ». Pourtant, l'esprit de l'utopie renaît aujourd'hui dans l'idée plus modeste, chère au mouvement altermondialiste, qu'un autre monde — plus juste — est possible.
voir aussi **cité, humanisme**

utopique adj. Qui constitue une utopie, tient de l'utopie. → **chimérique, imaginaire, irréalisable.** *Projet utopique.*

utopiste n. Auteur de systèmes utopiques ; esprit attaché à des vues utopiques. → **rêveur.** □ **n. m. utopisme**

Utrecht Ville des Pays-Bas, chef-lieu de province. 361 700 habitants. Canaux ; nombreux monuments : cathédrale (1254-1517), cloître gothique, église romane. Centre religieux, culturel, commercial et administratif. Carrefour ferroviaire. Industries textile et alimentaire ; métallurgie ; céramique.

Utrecht (province d') Province des Pays-Bas. 1 386 km^2. 1 369 900 habitants. Chef-lieu : Utrecht. Pâturages ; élevage bovin, avicole et porcin ; fruits et horticulture. Tourisme.

Utrecht (Union d') Union conclue le 23 janvier 1579 par les provinces protestantes du N. des Pays-Bas (Hollande, Zélande, Utrecht, Gueldre, Overijssel, Frise, Groningue) en réaction à l'Union d'Arras. Cette union marqua le début de la formation des Provinces-Unies.

Utrecht (traités d') Traités (1713-1715) qui mirent fin à la guerre de Succession d'Espagne. Philippe V conservait la couronne d'Espagne mais renonçait à la France, laquelle retrouvait ses frontières. La Grande-Bretagne recevait des avantages outre-mer et affirmait sa suprématie sur mer. Ces traités furent complétés par le traité de Rastadt.

Uzès

Le centre-ville d'Uzès est classé « secteur sauvegardé » depuis 1965.

utriculaire (du latin → utricule) **1. n. f.** bot. Herbe aquatique portant des utricules qui servent à la capture de petits animaux. **2. adj.** didact. En forme d'utricule.

utricule n. m. (du latin, de *uter, utris* « outre ») **1.** bot. Petit organe en forme d'outre porté par certains végétaux. **2.** anat. Vésicule occupant la partie supérieure du vestibule de l'oreille interne.

utriculeux, euse adj. bot. Pourvu d'utricules.

Utrillo (Maurice) Peintre et dessinateur français (1883-1955). Fils naturel de Suzanne Valadon, il peignit d'abord des tableaux réalistes et sombres *(Les Toits).* Il utilisa ensuite des couleurs plus vives, se rapprochant de l'imagerie naïve pour représenter la ville et notamment Montmartre.

Maurice Utrillo, *Rue Saint-Rustique* (1922), galerie Daniel Malingue, Paris.

Uttarakhand n. m. État du N. de l'Inde, dans l'Himalaya. 54 483 km^2. 11,2 millions d'habitants. Capitale : Dehradun. Détaché de l'Uttar Pradesh en 2000, il s'est nommé Uttaranchal jusqu'en 2006.

Uttar Pradesh n. m. État du N. de l'Inde. 294 928 km^2. État le plus peuplé de l'Inde, avec 237,8 millions d'habitants. Capitale : Lucknow. Il s'étend au N. sur l'Himalaya, au S. sur la plaine du Gange et les monts Vindhya. Agriculture intensive (blé et riz) ; industrialisation rapide.

Utzon (Jørn) Architecte danois (1918-2008). Rompant avec le fonctionnalisme froid, il cherche à introduire une dimension poétique dans l'architecture. Il a réalisé l'Opéra de Sydney.

UV [yve] n. m. pl. (sigle) Rayons ultraviolets. – *UVA :* UV dont la longueur d'onde s'étend de 400 à 320 nanomètres. *UVB :* UV dont la longueur d'onde s'étend de 320 à 290 nanomètres.

uval, ale, aux adj. (du latin *uva* « raisin », *cf.* luette) didact. Qui a rapport au raisin.

uva-ursi n. m. invar. (mots latins « raisin d'ours ») bot. Busserole.

Uvéa ou **Ouvéa** La plus grande des îles Wallis, sur laquelle se situe le chef-lieu de Wallis-et-Futuna. 96 km^2. 8 090 habitants.

uvée n. f. (du latin *uva* « raisin ») anat. Tunique moyenne de l'œil, comprenant une membrane interne (choroïde) et l'iris.

uvéite n. f. (de *uvée* et *-ite*) méd. Inflammation de l'uvée.

uvulaire adj. (de *uvule*) anat. Qui a rapport à la luette. – phonét. *R uvulaire,* produit par l'action de la luette vibrant contre le dos de la langue.

uvule n. f. (du latin, de *uva* → uvée) anat. Luette.

Uxellodunum Oppidum gaulois, dernière place forte à résister à César (jusqu'en –51). Le site a été identifié en 2001 au Puy-d'Issolud, près de Vayrac (Lot).

Uxmal [uʃmal] Site archéologique maya du Mexique (Yucatán). Pyramide, palais et ensemble architectural dit « quadrilatère des nonnes ».

uxorilocal, ale, aux adj. (du latin *uxor* « épouse » et de *local*) didact. Se dit du type de résidence des couples lorsque le lieu de celle-ci est déterminé par celui de la résidence de l'épouse.

Uzerche Commune de la Corrèze, sur la Vézère. 2 787 habitants. Église romane fortifiée au XIVe s. ; nombreuses maisons à tourelles des XVe-XVIe siècles.

Uzès Commune du Gard, sur l'Alzon. 8 390 habitants. Château des duc d'Uzès ; tour du XIIe s. ; maisons à arcades (XVIe-XVIIIe s.) ; cathédrale des XVIIe et XIXe s. (tour romane). Poterie ; confiserie. Haras national.

'Uzzā (al-) La plus importante des divinités de la triade arabe, avec al-Lāt et al-Manāt, à l'époque de la prédication de Mahomet.

V

V [ve] **n. m. invar. 1.** Vingt-deuxième lettre de l'alphabet, dix-septième consonne. **–** *En V :* en forme de V majuscule. *Décolleté en V*, en pointe. **2.** *V*, cinq (en chiffres romains). **3.** *V :* symbole du volume (en géométrie). ■ *V :* symbole du volt. ■ *V :* symbole chimique du vanadium.

V1, V2 [veœ̃, vedø] **n. m. invar. (abrév. de l'allemand *Vergeltungswaffe* « arme de représailles »)** Fusée porteuse d'explosifs, utilisée par les Allemands contre les Alliés en 1944-1945.

va (latin *vadit*, de *vadere* « aller ») 1. → [1]aller. ■ fam. *Va pour :* je suis d'accord pour. **2.** interj. *Va !*, s'emploie pour encourager ou menacer. *Va donc !*, s'emploie devant une injure. *Va donc, eh crétin !* **3.** loc. *À la va-vite :* rapidement et sans soin.

Vaal n. m. Rivière d'Afrique du Sud. 1 200 km. Il prend sa source au Transvaal et se jette dans l'Orange.

Vaalserberg n. m. Point culminant des Pays-Bas (321 m), aux frontières de l'Allemagne et de la Belgique.

vacance n. f. (de *vacant* « oisif ») I. 1. Période où les tribunaux interrompent leur activité. **2.** État d'une charge, d'un poste vacant ou sans titulaire. **II.** au plur. **1.** Période pendant laquelle les écoles, les universités ne sont pas en activité. *Vacances scolaires. Les grandes vacances :* les deux ou trois mois d'été. **–** *Colonie de vacances.* **2.** Repos, cessation du travail, des occupations ordinaires. *Avoir besoin de vacances.* ■ Temps de repos accordé aux employés. **→ congé. –** *Partir en vacances.*

vacancier, ière n. Personne en vacances. **→ estivalier, estivant.**

vacant, ante adj. (latin *vacans*, de *vacare* « être vide » → vaquer) 1. Qui n'a pas de titulaire. *Poste vacant.* **2.** Qui n'est pas rempli, qui est libre. **→ libre ; inoccupé.** *Siège vacant.*

vacarme n. m. (ancien néerlandais *wach* « hélas » *arme* « pauvre », c'est-à-dire « au secours », dans une bagarre) 1. Grand bruit de gens qui crient, se querellent, s'amusent. **→ chahut, tapage, tumulte. 2.** Bruit assourdissant.

vacataire n. (de *vacation*) Personne affectée à une fonction précise pendant un temps déterminé.

vacation n. f. (de *vaquer*) Temps consacré à l'accomplissement d'une fonction par la personne qui en a été chargée. *Médecin payé à la vacation.* **→ vacataire. –** Travail fait pendant ce temps.

vaccaire n. f. (du latin *vacca* « vache ») bot. Plante à fleurs roses appelée aussi *saponaire des vaches.*

Vaccarès (étang de) Étang des Bouches-du-Rhône, le plus grand de Camargue avec 6 000 ha. Il abrite une réserve géologique et botanique.

Étang de Vaccarès, gardians camarguais, et, au fond, le village de Saintes-Maries-de-la-Mer.

vaccin n. m. (de *vaccine*) 1. Préparation administrée pour stimuler le système immunitaire de manière à développer une immunité durable contre une maladie. *Sérum et vaccin. L'injection, l'inoculation d'un vaccin. Vaccin antivariolique.* **2.** Vaccination. *Faire un vaccin à qqn.*

▶ Un **vaccin** est une substance antigénique destinée à immuniser un individu ou un animal contre une maladie infectieuse. Il est obtenu à partir de la bactérie ou du virus contre lequel on désire vacciner. Dépourvu de pouvoir infectieux grâce à des procédés spéciaux, il stimule la production, par les lymphocytes du receveur, d'anticorps immunisant contre l'antigène administré.

On distingue les vaccins antibactériens (contre le tétanos, la diphtérie, la coqueluche, la typhoïde, les méningites, les pneumococcies, le typhus et la tuberculose...) des vaccins antiviraux (contre la grippe, les hépatites A et B, la poliomyélite, la rougeole, la rubéole, les oreillons, la varicelle, la fièvre jaune et la rage). La vaccination antivariolique, découverte par Edward Jenner en 1796, est une exception car elle consistait à inoculer un virus responsable d'une maladie animale, la vaccine (ou *cow-pox*), bénigne pour l'homme. Elle a permis d'éradiquer la variole.

Pour certains vaccins, une seule inoculation suffit à induire l'immunité ; pour d'autres, 2 ou 3 inoculations réalisées à 15 jours d'intervalle sont nécessaires. Des inoculations de rappel sont pratiquées au bout d'un nombre variable d'années pour réactiver la sécrétion des anticorps par les lymphocytes différenciés.

La législation française rend obligatoires certains vaccins (diphtérie, tétanos, poliomyélite, ainsi que 8 vaccins supplémentaires pour les enfants nés à partir de 2018). Certaines professions sont en outre soumises à des règles vaccinales strictes. Le personnel soignant doit être vacciné contre le Covid-19 depuis oct. 2021. Enfin, des recommandations aux voyageurs, variant selon les pays visités, sont publiées par les autorités sanitaires. Les vaccins n'ont aucune vertu curative mais sont un formidable outil de prévention des maladies infectieuses : faute de vaccination, l'OMS estime que la rougeole a tué 207 500 personnes en 2019, dont une majorité d'enfants dans les pays pauvres.

voir aussi **bactérie, virus, anticorps, hépatite, cancer**

vaccinal, ale, aux adj. 1. méd. Qui a rapport à la vaccine. **2.** Qui a trait à la vaccination, qui est causé par une vaccination. *Schéma vaccinal complet, partiel.*

vaccination n. f. Inoculation d'un vaccin.

vaccine n. f. (latin mod. *[variola] vaccina* « [variole] des vaches », de *vacca* → vache) vieilli Maladie infectieuse des bovins, inoculée pour immuniser contre la variole.

vacciner v. tr. < 1 > (de *vaccine*) Immuniser par un vaccin. *Vacciner qqn contre la fièvre typhoïde.* ■ **vacciné, ée p. p. 1.** *Les enfants vaccinés.* **– n.** *Les vaccinés.* **2.** fig., fam. *Être vacciné contre qqch. :* être préservé par l'expérience d'une chose désagréable, dangereuse.

vaccinodrome n. m. (de *vaccin* et *-drome*) Centre de vaccination collective aménagé dans un vaste espace. *Gymnase transformé en vaccinodrome.*

vaccinogène adj. didact. Se dit d'un organisme producteur de vaccin.

vaccinoïde n. f. et adj. (→ -oïde) méd. **1.** Éruption vaccinale bénigne que l'on observe souvent chez un sujet revacciné. **2. adj.** Qui ressemble à la vaccine. *Réaction vaccinoïde.*

vaccinostyle n. m. (→ [2]style) méd. Lancette à vacciner, plume métallique très pointue.

vaccinothérapie n. f. méd. Utilisation du vaccin contre une maladie infectieuse, à titre préventif.

vachard, arde adj. (de *vache*) fam. Méchant. *Une réflexion vacharde.*

vache n. f. (vient du latin *vacca*) **I. 1.** Femelle du taureau (en boucherie, on dit *du bœuf*). *Jeune vache.* → **génisse.** *La vache meugle, beugle. Vache laitière. La vache et son veau. La vache vient de vêler**. – anglic. *Maladie de la vache folle* ; fam. *la vache folle* : encéphalopathie spongiforme bovine (épizootie). **2.** loc. *Vache à lait* : personne, chose qu'on exploite. – *Gros comme une vache* : très gros. – *Manger de la vache enragée* : en être réduit à de dures privations. – *Parler français comme une vache espagnole,* le parler mal. **3.** Peau de la vache apprêtée en fourrure, en cuir (→ **vachette**). *Sac en vache.* **4.** fig. et vieux Personne molle. – **adj.** → **avachi.** « *Je me sens un peu moins vache* » (Flaubert). **II.** (de *ruer en vache* « sur le côté », d'où « nuire hypocritement ») fam. **1. n. f.** Personne méchante, qui se venge ou punit sans pitié. *C'est une vieille vache, une belle vache.* – *Peau de vache.* – *Un coup en vache,* nuisible et hypocrite. – (en parlant de qqn dont on a à se plaindre) *Ah ! les vaches, ils m'ont oublié !* ■ spécialt, vieux Gendarme, agent de police. *Mort aux vaches !* **2. n. f.** *La vache !,* exclamation exprimant l'étonnement, l'admiration (→ **vachement**) ou l'indignation. **3. adj.** Méchant ou sévère, injuste. → régional **chien, cochon.** *Elle a été vache avec moi.*

vachement adv. (de *vache* [II]) fam. **1.** Méchamment. **2.** (intensif, admiratif) Beaucoup ; très. → **drôlement, rudement.** *C'est vachement bien.*

vacher, ère n. (de *vache* [I]) Personne qui mène paître les vaches et les soigne.

vacherie n. f. (de *vache* [II]) fam. **1.** Parole, action méchante. → **méchanceté.** *Dire, faire des vacheries.* **2.** Caractère vache (II, 3), méchant. → **méchanceté.**

vacherin n. m. (de *vache* [I]) **I.** Fromage de vache de Franche-Comté. **II.** (analogie d'aspect) Meringue garnie de glace.

vachette n. f. **1.** Jeune vache. **2.** Cuir de génisse.

Vachiravudh (1881-1925). Roi du Siam sous le nom de Rāma VI (1910-1925). Il s'illustra par ses talents littéraires et œuvra pour l'indépendance du Siam.

vacillant, ante [vasijɑ̃ ; vasilɑ̃, ɑ̃t] adj. **1.** Qui vacille. *Démarche vacillante.* → **chancelant, tremblant.** – *Flamme, lumière vacillante.* **2.** Faible, hésitant. *Une conviction vacillante.*

vacillement [vasijmɑ̃ ; vasilmɑ̃] n. m. (du latin → vaciller) **1.** Mouvement, état de ce qui vacille. **2.** fig. Hésitation à agir ; changement d'opinion. - syn. **vacillation** n. f. « *Les faiblesses et les vacillations de sa conduite* » (Proust).

vaciller [vasije ; vasile] v. intr. < 1 > (latin *vacillare* « osciller ») **1.** Être animé de mouvements répétés, alternatifs ; être en équilibre instable. → **chanceler.** *Vaciller sur ses jambes.* **2.** Trembler, être sur le point de s'éteindre ; scintiller faiblement. → **trembloter. 3.** Devenir faible, incertain ; manquer de solidité. *Mémoire, intelligence qui vacille.* → **s'affaiblir.**

vacive n. f. (du latin *vacivus* « vide ») régional Brebis de deux ans, qui n'a pas encore porté.

à la **va comme je te pousse** voir pousser (I, 1)

Vacquerie (Auguste) Écrivain et journaliste français (1819-1895). Membre du groupe romantique, il est l'auteur de recueils de poèmes *(L'Enfer de l'esprit)* et de pièces de théâtre *(Tragaldabas).*

vacuité n. f. (latin *vacuitas,* de *vacuus* « vide », de *vacare* → vaquer) **1.** didact. État de ce qui est vide. **2.** Vide moral, intellectuel. *La vacuité de ses propos.*

Vaculík (Ludvík) Écrivain tchèque (1926-2015). Il est l'auteur de *2 000 mots,* texte qui symbolisa l'esprit du « printemps de Prague » à la veille de l'invasion soviétique.

vacuole n. f. (du latin *vacuus* → vacuité) didact. Petite cavité. □ **adj. vacuolaire**

vacuoliser v. tr. < 1 > didact. (biol.) Transformer en vacuole ; produire des vacuoles dans. – pronom. *Se vacuoliser.* □ **n. f. vacuolisation**

vacuome n. m. (de *vacuole* et *-ome*) biol. Ensemble des vacuoles aqueuses d'une cellule végétale.

vacuum [vakɥɔm] n. m. (mot latin → vacuité) sc. Espace vide, sans matière. → **vide.**

vade-mecum n. m. invar. ou **vadémécum** [vademekɔm] n. m. (du latin « viens *[vade]* avec *[cum]* moi *[me]* ») littér. Livre (manuel, guide, aide-mémoire) que l'on garde sur soi pour le consulter. *Des vade-mecum, des vadémécums.*

vadrouille n. f. (p.-ê. de *drouilles* « vieux chiffons » ou d'un dérivé du latin *vadare* « passer à gué », d'où « patauger ») **I. 1.** Tampon fixé au bout d'un manche pour nettoyer le pont d'un navire. **2.** fig., vieux Femme de mauvaise vie. **II.** (de *vadrouiller*) fam. Action de vadrouiller. → **balade.** *Être en vadrouille.*

vadrouiller v. intr. < 1 > (de *vadrouille* [I], d'abord « traîner comme une prostituée ») fam. Se promener sans but précis. → **traîner.** □ **adj. et n. vadrouilleur, euse**

Vaduz Capitale du Liechtenstein, sur le Rhin. 5 400 habitants. Château du XIIe s. Centre touristique.

Vaduz, surplombée par le château de la famille princière.

va-et-vient n. m. invar. **1.** Dispositif servant à établir une communication en un sens et dans le sens inverse. – spécialt Dispositif électrique permettant d'allumer et d'éteindre de plusieurs endroits. **2.** Mouvement alternatif. *Les va-et-vient d'une balançoire.* → **balancement. 3.** Allées et venues de personnes.

vagabond, onde (du latin, de *vagus* « errant » → ²vague) **I. adj. 1.** littér. Qui mène une vie errante. → **nomade. 2.** Qui change sans cesse, n'est retenu par rien. *Humeur, imagination vagabonde.* **II. n. 1.** Personne qui se déplace sans cesse. **2.** Personne sans domicile fixe et sans ressources. → **chemineau, clochard, SDF.**

vagabondage n. m. **1.** Le fait ou l'habitude d'errer, d'être vagabond. **2.** État de l'imagination vagabonde.

vagabonder v. intr. < 1 > **1.** Circuler sans but, sans avoir de lieu de repos, de domicile. → **errer.** *Vagabonder sur les chemins.* **2.** fig. Passer sans s'arrêter d'un sujet à l'autre. *Son imagination vagabondait.*

vagal, ale, aux adj. (de ³*vague*) anat. Relatif au nerf vague. – méd. *Malaise vagal.*

Vaganova (Agrippina) Danseuse soviétique (1879-1951). Elle fut danseuse étoile au théâtre Mariinski puis maître de ballet, et a laissé une méthode d'enseignement.

vagin n. m. (latin *vagina* « gaine, fourreau » → gaine) Organe sexuel féminin, conduit qui s'étend de l'utérus à la vulve.

vaginal, ale, aux adj. Du vagin. *La muqueuse vaginale.*

vaginisme n. m. méd. Contraction spasmodique des muscles constricteurs du vagin, qui peut se produire au cours d'un rapport sexuel.

vaginite n. f. Inflammation de la muqueuse du vagin.

vagir v. intr. < 2 > (latin *vagire,* onomatopée « faire oua ») Pousser de faibles cris.

vagissant, ante adj. Qui vagit.

vagissement n. m. **1.** Cri de l'enfant nouveau-né. **2.** Cri plaintif et faible (de quelques animaux).

vagolytique adj. (de *[nerf] vague* et *-lytique*) physiol. Qui paralyse le nerf vague.

vagotonie n. f. (de *[nerf] vague* et *-tonie*) méd. Prédominance de l'activité du système parasympathique (du *nerf vague*), se traduisant principalement par une lenteur du pouls, une tension artérielle basse, etc.

vagotonique adj. et n. physiol. (Personne) chez qui prédomine l'activité du parasympathique.

¹vague n. f. (probablt mot germanique, p.-ê. ancien norrois *vagr* « mer ») **1.** Inégalité de la surface d'une étendue liquide (mer, lac...) due aux courants, au vent ; masse d'eau qui se soulève et s'abaisse. → **flot, houle, ²lame.** *Le bruit des vagues. Une grosse vague.* **2.** Mouvement (comparé à celui des flots). *Une vague d'enthousiasme.* → **²courant, mouvement.** ■ loc. fig. *Faire des vagues,* des remous, de l'agitation. – *La nouvelle vague* : la dernière génération ou tendance. → aussi **Nouvelle Vague.** ■ *Vague de chaleur, de froid* : afflux de masses d'air chaud, froid. **3.** Masse (d'hommes, de choses) qui se répand brusquement. *Des vagues successives d'immigrants.* **4.** Surface ondulée. *Les vagues de sa chevelure.*

²vague adj. (vient du latin *vacuus* « vide », de *vacare* → vacation, vaquer) *Terrain vague,* vide de cultures et de constructions, dans une ville.

³vague adj. et n. m. (latin *vagus* « qui erre », puis « inconstant, indéterminé ») **I. adj. 1.** Que l'esprit a du mal à saisir, mouvant, mal défini, mal établi. → **confus, imprécis, incertain ; flou, indéfini.** *Il m'a donné des indications vagues.* – *Elle est restée vague.* → **évasif.** – (avant le n.) Insuffisant, faible. *De vagues connaissances d'anglais.* **2.** Regard *vague,* qui exprime des pensées ou des sentiments indécis. → **distrait. 3.** Perçu d'une manière imparfaite. → **indéfinissable.** *On apercevait une silhouette vague, une vague silhouette* (opposé à *distinct, net*). **4.** Qui n'est pas ajusté, serré. *Manteau vague.* **5.** (avant le n.) Dont l'identité précise importe peu ; quelconque, insignifiant. *Un vague cousin.* **II. n. m. 1.** Ce qui n'est pas défini, fixé (espace, domaine intellectuel, affectif). *Regarder dans le vague. Rester dans le vague* : ne pas préciser sa pensée. **2.** loc. *Vague à l'âme* : état mélancolique. **III. adj.** (du latin médiéval) *Le nerf vague* : le nerf pneumogastrique (à cause de ses ramifications en tous sens).

vaguelette n. f. Petite vague ; ride à la surface de l'eau.

vaguement adv. **1.** D'une manière vague, en termes imprécis. **2.** D'une manière incertaine ou douteuse. *Un geste vaguement désapprobateur.*

vaguemestre n. (allemand *Wagenmeister,* de *Wagen* « véhicule, équipage ») **1.** Sous-officier chargé du service de la poste dans l'armée, sur un navire. **2.** Personne préposée au courrier dans une entreprise, une institution.

vaguer v. intr. < 1 > (latin *vagari* « errer ») littér. Aller au hasard, sans but précis. → **errer.** – fig. (pensées, regards) Errer, ne pas se fixer. → **vagabonder.**

vahiné n. f. (mot tahitien « femme ») Femme de Tahiti. *Des vahinés.*

vaigrage n. m. mar. Ensemble des vaigres ; côté intérieur des membrures.

vaigre n. f. (néerlandais *weger*) mar. Planche qui revêt le côté intérieur des membrures d'un navire.

vaillamment adv. Avec vaillance. → **bravement, courageusement.**

vaillance n. f. (de *vaillant*) **1.** littér. Valeur guerrière, bravoure. **2.** Courage d'une personne que la souffrance, les difficultés, le travail n'effraient pas.

Vailland (Roger) Écrivain français (1907-1965). Cofondateur de la revue surréaliste *Le Grand Jeu,* il fut un écrivain engagé, profondément attaché à la liberté. *Drôle de jeu ;*

Beau Masque ; 325 000 francs ; Les Mauvais Coups.

vaillant, ante adj. (ancien p. prés. de *valoir*) **1.** littér. Plein de bravoure, de courage, de valeur pour se battre, pour le travail, etc. → **brave, courageux. 2.** régional Vigoureux. *Elle est guérie, mais pas encore bien vaillante.* **3.** vieux Qui vaut qqch. – loc. *N'avoir pas un sou vaillant :* être pauvre, démuni.

Vaillant (Édouard) Homme politique français (1840-1915). Proche de Blanqui, il participa à la Commune de Paris et dut se réfugier en Grande-Bretagne. De retour en France, il s'imposa lors de la IIe Internationale puis se rapprocha de Jaurès.

Vaillant (Auguste) Anarchiste français (1861-1894). En 1893, il lança une bombe lors d'une séance de la Chambre des députés. Il fut guillotiné.

Vaillant-Couturier (Paul) Homme politique et journaliste français (1892-1937). L'un des dirigeants du PCF, il fut rédacteur en chef du journal *L'Humanité.*

vaillantie [vajɑ̃ti] n. f. (du latin bot., du n. du botaniste S. Vaillant) bot. Plante herbacée des lieux arides, à fleurs blanches ou jaunâtres.

vain, vaine adj. (vient du latin *vanus* « vide, dégarni » → **vanité, vaniteux**) **I.** (choses) **1.** littér. Dépourvu de valeur, de sens. → **dérisoire, insignifiant.** *Un vain mot.* → **creux.** – Qui n'a pas de base sérieuse. → **chimérique, illusoire.** *Un vain espoir.* **2.** Sans efficacité. → **inefficace, inutile.** *Faire de vains efforts.* – impers. *Il est vain de songer à cela.* **II.** (personnes) littér. Fier de soi sans avoir de bonnes raisons de l'être. → **glorieux, vaniteux ; vanité.** « *Te mesurer à moi ? qui t'a rendu si vain* [...] » (Corneille). **III.** ***En vain*** **loc. adv. :** sans obtenir de résultat, sans que la chose en vaille la peine. → **inutilement, vainement.** *J'ai protesté en vain,* en pure perte.

vaincre v. tr. < 42 > (vient du latin *vincere* → **convaincre**) **1.** L'emporter par les armes sur (un ennemi). → **battre.** *Nous vaincrons l'ennemi.* – absolt « *À vaincre sans péril, on triomphe sans gloire* » (Corneille). ■ Dominer et réduire à sa merci. **2.** L'emporter sur (un adversaire, un concurrent) dans une compétition. → **battre.** *Personne ne peut le vaincre* (→ **invincible**). – absolt → **gagner. 3.** Être plus fort que (une force naturelle), faire reculer ou disparaître. → **dominer, surmonter.** *Vaincre sa timidité, sa paresse.* – *Vaincre la maladie, les difficultés.*

vaincu, ue adj. (opposé à *vainqueur*) Qui a subi une défaite (de la part d'un ennemi, d'un rival, d'une force). *S'avouer vaincu :* reconnaître sa défaite. *Elle était vaincue d'avance :* sa défaite était inévitable. – **n.** *Malheur aux vaincus !* (cf. latin *vae victis !*).

vainement adv. En vain, inutilement.

vainqueur n. : au féminin *vainqueur,* (Canada) *vainqueure* **1.** Personne qui a gagné une bataille, une guerre. – **adj.** Victorieux. *Avoir un air vainqueur.* → **triomphant. 2.** Gagnant. → **champion, lauréat. 3.** Personne qui a triomphé (d'une force, d'une difficulté naturelle). *Le vainqueur de l'Everest.*

vair n. m. (vient du latin *varius* « moucheté ») **1.** Fourrure de petit-gris. **2.** blason Une des deux fourrures du blason.

vairé, ée adj. blason Chargé de vair. *Un écu vairé.*

vairon n. m. (de *vair*) **I.** Petit poisson des eaux courantes, au corps cylindrique. **II.** Se dit des yeux à l'iris cerclé d'une teinte blanchâtre, ou qui ont des couleurs différentes.

Vaison-la-Romaine Commune du Vaucluse, sur l'Ouvèze. 5 892 habitants. Nombreuses ruines romaines. Cathédrale de style roman provençal des XIe et XIIe s. ; chapelle romane. Centre touristique et commercial.

vaisseau n. m. (vient du bas latin *vascellum,* de *vasculum,* diminutif de *vas* → ^{1}**vase**) **I.** vieux Récipient. **II. 1.** vieilli, sauf dans certaines locutions Bateau d'une certaine importance. → **navire ; bâtiment.** *Capitaine, enseigne de vaisseau.* **2.** *Vaisseau spatial, cosmique :* véhicule des astronautes. → **astronef. III.** Espace allongé que forme l'intérieur d'un grand bâtiment, d'un bâtiment voûté. → **nef.** *Le vaisseau d'une église.* **IV.** Organe tubulaire permettant la circulation des liquides organiques, et spécialt du sang (→ **artère, veine ; vasculaire**). *Les vaisseaux lymphatiques.*

vaisselier n. m. Meuble rustique, où la vaisselle est exposée à la vue. → **buffet.**

vaisselle n. f. (vient du bas latin *vascella,* de *vascellum* → **vaisseau**) **1.** Ensemble des récipients qui servent à manger, à présenter la nourriture. **2.** Ensemble des plats, assiettes, ustensiles de table qu'il faut laver. *Faire, laver, essuyer la vaisselle. Machine à laver la vaisselle.* → **lave-vaisselle.** – *Elle n'a pas fini sa vaisselle,* le lavage de sa vaisselle.

Vakhtangov (Ievgueni Bagratenovitch) Acteur et metteur en scène soviétique (1883-1922). Il s'attacha à synthétiser les enseignements de Stanislavski et de Meyerhold et exerça une grande influence sur l'évolution du théâtre russe. *La Princesse Turandot,* de Gozzi ; *Le Dibbouk,* d'An-Ski.

^{1}**val,** plur. **vaux** ou **vals** n. m. (vient du latin *vallus* → **vallée**) **1.** (dans des noms de lieux) Vallée. *Le Val de Loire. Les Vaux-de-Cernay.* **2.** loc. *À val :* en suivant la pente de la vallée. → en **aval.** – *Par monts et par vaux.* → **mont.** – loc. *À vau l'eau.* → à **vau-l'eau.**

^{2}**VAL** [val] n. m. (sigle de *véhicule automatique léger*) (en France) Sorte de métro entièrement automatisé, circulant sans conducteur.

valable adj. (de *valoir*) **1.** Qui remplit les conditions requises (pour être reçu en justice, accepté par une autorité, etc.). → **valide.** *Acte, contrat valable.* **2.** Qui a une valeur, un fondement reconnu. → **acceptable, sérieux.** *Elle n'a donné aucun motif valable.* **3.** (emploi critiqué) Qui a des qualités estimables. *Une solution valable.* → ^{1}**bon.** *Interlocuteur valable,* qualifié, autorisé.

valablement adv. **1.** De manière à produire ses effets juridiques. *Valablement autorisé.* **2.** À bon droit. **3.** D'une manière efficace, appréciable.

Valachie n. f. Région historique de Roumanie, entre les Carpates et le Danube. Ancienne principauté fondée par Bessarab Ier au XIVe s., elle passa sous la domination successive des Ottomans, de l'Autriche et de la Russie, avant de s'unir à la Moldavie pour former la Roumanie (1859).

Valadon (Marie Clémentine, dite Suzanne) Peintre française (1865-1938). D'abord acrobate, elle devint modèle pour Chavannes, Degas, Renoir et surtout Toulouse-Lautrec qui l'immortalisa dans son célèbre portrait *La Buveuse.* Elle peignit elle-même des natures mortes, des paysages et des nus féminins remarquables par leur expressivité et l'éclat des coloris. *La Chambre bleue ; Nu à la couverture rayée.*

Suzanne Valadon, *Les Baigneuses* (1923), musée des Beaux-Arts, Nantes.

Valais n. m. Canton du S.-O. de la Suisse, dans la haute vallée du Rhône, entre l'Oberland bernois et les Alpes du Valais. 5 224 km^2. 341 463 habitants. Chef-lieu : Sion. Agriculture. Industries métallurgiques et chimiques. Tourisme (sports d'hiver). Le territoire demeura longtemps la possession des évêques de Sion. Il entra dans la Confédération helvétique en 1815.

Valbonne Commune des Alpes-Maritimes, sur le *plateau de Valbonne.* 13 162 habitants. Église abbatiale du XIIe s. Technopole de Sophia Antipolis à proximité.

Val-Cenis Commune de la Savoie, sur l'Arc, au pied du col du Mont-Cenis. 2 068 habitants. Station de sports d'hiver. Chapelle Saint-Sébastien du XVe siècle.

Val d'Aoste voir Aoste (Vallée d')

Val de Briey Chef-lieu d'arrondissement de la Meurthe-et-Moselle. 8 041 habitants. Ancien bassin minier. « Cité radieuse » de Le Corbusier à Briey.

Val-de-Grâce (le) Ancienne abbaye de Paris. L'église de style baroque, au dôme inspiré de celui de Saint-Pierre-de-Rome, fut commencée par Mansart et poursuivie par Lemercier, Le Muet et Le Duc. L'édifice devint sous la Révolution un hôpital militaire qui ferma en 2016.

Val de Loire n. m. Partie de la vallée de la Loire qui s'étend sur les départements du Loiret, de Loir-et-Cher, d'Indre-et-Loire et de Maine-et-Loire, couvrant une bande longue de 350 km et large de 2 à 6 km. La Loire y reçoit le Cher, l'Indre et la Vienne. Zone de cultures maraîchères, fruitières et viticoles (cabernet, sauvignon).

Valdemar Nom de plusieurs rois de Danemark. ■ **Valdemar Ier le Grand** (1131-1182). Roi de Danemark (1157-1182). Il restaura l'unité du pays. ■ **Valdemar II le Victorieux** (1170-1241). Roi de Danemark (1202-1241). Il annexa l'Estonie, puis fut vaincu par les princes de l'Allemagne du Nord (1227). ■ **Valdemar IV** (v. 1320-1375). Roi de Danemark (1340-1375). Son règne fut marqué par des dissensions internes qu'il parvint difficilement à apaiser. Il vendit l'Estonie aux chevaliers Teutoniques.

Val-de-Marne n. m. [94] Département français de la Région Île-de-France (→ carte). 244 km^2. 1 407 972 habitants. Chef-lieu : Créteil. Chefs-lieux d'arrondissement : L'Haÿ-les-Roses, Nogent-sur-Marne. Situé au cœur du Bassin parisien, le département, traversé par la Seine et la Marne, appartient à la Petite Couronne parisienne. Très urbanisé, il est desservi par de nombreuses voies de transport (autoroutes, métro, RER). Aéroport d'Orly (deuxième aéroport de France). Marché d'intérêt national de Rungis. Industries diversifiées, le long de la Seine et de ses ports, près de zones d'activités récentes (hautes technologies), surtout autour du pôle Orly-Rungis. Activités tertiaires (bureaux, santé, université de Créteil, École vétérinaire de Maisons-Alfort) en fort développement.

Val-de-Reuil Commune de l'Eure. 12 702 habitants. Pôle pharmaceutique.

Valdés (Juan de) Écrivain et humaniste espagnol (v. 1500-1541). Sa morale inspirée des enseignements d'Érasme lui valut les foudres de l'Inquisition. Réfugié à Naples, il y publia divers ouvrages de réflexion. *Dialogue de la langue.*

Valdés (Chucho) Pianiste cubain (né en 1941). Mêlant de très nombreuses influences allant de la musique classique à la salsa, il est l'un des principaux représentants du jazz latino.

Valdés (Manolo) Peintre et sculpteur espagnol (né en 1942). Il cofonda en 1964 le groupe Equipo Crónica, l'un des principaux mouvements du pop art espagnol. Il revisita

V

ensuite avec talent des œuvres des peintres classiques (Titien, Rembrandt, Vélasquez, Goya) en les réinterprétant au moyen de dessins sur papier transparent, de toiles de jute ou encore de pâtes de verre. *Rembrandt ; Lillie VIII ; Ménines.*

Valdès (Zoé) Romancière cubaine (née en 1959). Installée en France à partir de 1995, elle a, dans un style cru et tendre, évoqué Cuba, l'exil et la nostalgie de sa terre natale. *Le Néant quotidien ; La Douleur du dollar ; Café Nostalgia.*

Valdés Leal (Juan de) Peintre et décorateur espagnol (1622-1690). Il fut l'un des maîtres de la peinture espagnole du XVIIe s. Ses peintures, exaltées et tragiques, parfois macabres, sont remarquables par leur grande liberté de composition. *Histoire de sainte Claire ; Hiéroglyphes de nos fins dernières.*

valdinguer v. intr. < 1 > (de *val* et *dinguer*) fam. Tomber, dégringoler. *Il l'a envoyé valdinguer.* → fam. **dinguer.**

Val-d'Isère Commune de la Savoie, sur l'Isère. 1 589 habitants. Station d'été et de sports d'hiver (1 850-3 650 m).

Valdivia (Pedro de) Conquistador espagnol (v. 1500-1553). Il fut l'un des lieutenants de Pizarro pendant la conquête du Pérou. Au Chili, il fonda les villes de Santiago (1541) et de Valparaíso (1544).

Valdo ou **Valdès (Pierre)** Prédicateur lyonnais (v. 1140-apr. 1206). Il fonda le mouvement des « Pauvres de Lyon », qui fut à l'origine de l'église vaudoise. Ce mouvement fut condamné comme hérétique au concile du Latran en 1215.

Val-d'Oise n. m. [95] Département français de la Région Île-de-France (→ carte). 1 252 km². 1 251 804 habitants. Chef-lieu : Cergy. Chefs-lieux d'arrondissement : Argenteuil, Sarcelles, Pontoise. Situé dans le Bassin parisien, le département, traversé par l'Oise, appartient à la Grande Couronne parisienne. Il abrite deux vastes forêts (Montmorency et L'Isle-Adam). Très urbanisé dans ses parties centrales et S.-E., il conserve, au N. et à l'O., de vastes étendues agricoles (céréales, pommes de terre, betterave). Réseau de transport dense (autoroutes, RER). Aéroport de Roissy Charles-de-Gaulle et aéroport d'affaires de Paris-Le Bourget. Tissu industriel important et diversifié. Nombreuses activités tertiaires (pôle d'activité de Roissy, Cergy-Pontoise). Tourisme (deux parcs naturels régionaux).

valençay n. m. (du n. propre) Fromage de chèvre en forme de pyramide. *Des valençays.*

Valençay Commune de l'Indre. 2 303 habitants. Château des XVIe et XVIIIe s. qui fut la propriété de Talleyrand. Musée automobile. Parc animalier.

valence n. f. (bas latin *valentia* « valeur », de *valere* → valoir) Nombre de liaisons chimiques qu'un atome ou un ion peut avoir avec les atomes d'autres substances, dans une combinaison.

Valence Communauté autonome d'Espagne orientale. 23 305 km². 5 millions d'habitants. Capitale : Valence. Composée des provinces de Castellón de la Plana, d'Alicante et de Valence, elle s'étend le long de la côte méditerranéenne. Grande région agricole (agrumes et légumes) et touristique (stations balnéaires). Industries diversifiées (métallurgie, pétrochimie, papeterie).

Valence Ville d'Espagne, capitale de Communauté autonome et de province, à l'embouchure du Turia, sur la Méditerranée. 800 210 habitants. La ville conserve de riches monuments (cathédrale du XIIIe s., halle de la soie du XVe s.) et accueille plusieurs musées. Université. École des Beaux-Arts. Le port exporte les agrumes produits dans la région. Centre industriel (soie, aciéries, papeteries). Valence fut la capitale d'un royaume maure au XIe s., avant d'être conquise provisoirement par le Cid Campeador, puis définitivement par Jacques Ier d'Aragon en 1238.

Valence Chef-lieu de la Drôme, sur le Rhône. 64 431 habitants. Cathédrale romane et monument funéraire dit « le Pendentif » (1548). Musée des peintures des XVIe et XIXe s. Important marché agricole. Industries mécaniques, aéronautiques et chimiques.

Valence, sur le Rhône, est surnommée « la porte du Midi ».

Valencia Ville du Venezuela, capitale de l'État de Carabobo. 1 196 000 habitants. Métropole située au cœur d'une riche région agricole (canne à sucre, café, coton, cacao) et industrielle (textile, mécanique et agroalimentaire). Port maritime de Puerto Cabello, au nord.

valenciennes n. f. (du n. de la ville) Dentelle fine, fabriquée initialement à Valenciennes, puis en Belgique.

Valenciennes (Pierre Henri de) ou **Devalenciennes** Peintre et dessinateur français (1750-1819). Il se spécialisa dans la représentation de paysages historiques dans un style italianisant. *Deux Peupliers à la villa Farnèse.*

Valenciennes Chef-lieu d'arrondissement du Nord, sur l'Escaut. 42 738 habitants (agglomération : 337 000). Maisons du XVe s., église du XIIIe s. Musée des Beaux-Arts (peinture flamande du XVe au XVIIIe s.). Secteur tertiaire. Centre industriel.

Valens en latin **Flavius Valens** (v. 328-378). Empereur romain (364-378). Il reçut de son frère Valentinien Ier le gouvernement de l'Orient et favorisa l'arianisme. Il fut vaincu et tué par les Goths.

-valent, ente Élément (du latin *valens* → équivalent) qui signifie (en chimie) « qui a pour valence ».

Valentigney Commune du Doubs, sur le Doubs, près de Montbéliard. 10 897 habitants. Industrie automobile. Cycles.

Valentin Chrétien gnostique du IIe s. Né en Égypte, il enseigna la doctrine gnostique à Rome. La tradition issue de Valentin (Héracléon, Ptolémée) a pour trait spécifique de ne se référer qu'aux Évangiles canoniques.

Valentin de Boulogne, dit **Valentin** Peintre et dessinateur français (1591-1632). Par ses représentations de scènes antiques et religieuses, il s'affirma comme l'un des disciples les plus brillants du Caravage. *Martyre de saint Procès et saint Martinien.*

Valentinien Nom de trois empereurs romains. ■ **Valentinien Ier** en latin Flavius Valentinianus (321-375). Empereur romain (364-375). Il confia le gouvernement de l'Orient à son frère Valens. Son règne fut marqué par les guerres contre les Germains, dont il parvint à limiter les invasions. ■ **Valentinien II** en latin Flavius Valentinianus (v. 371-392). Empereur romain (375-392). Fils de Valentinien Ier, il fut placé sous la tutelle d'Arbogast, qui l'aurait fait étrangler. ■ **Valentinien III** en latin Flavius Placidus Valentinianus (419-455). Empereur romain (425-455). Son règne fut marqué par la perte de la Bretagne et l'installation des Vandales en Afrique. Il fut assassiné par Maxime Pétrone.

valentinite n. f. (du n. de l'alchimiste B. Valentin) minér. Oxyde naturel d'antimoine.

Valentino (Rodolfo Guglielmi, dit **Rudolph)** Acteur américain d'origine italienne (1895-1926). Il fut la première star de l'histoire du cinéma hollywoodien, incarnant le type du séducteur latin. *Les Quatre Cavaliers de l'Apocalypse ; Le Cheik ; Arènes sanglantes.*

Valentinois n. m. Région historique française, dans le Dauphiné. Possession des comtes de Savoie, il fut réuni à la couronne de France en 1446.

Valenton Commune du Val-de-Marne, sur la Seine. 14 538 habitants.

Valera (Juan) Romancier, essayiste et critique espagnol (1824-1905). Ses romans évoquant les atmosphères castillane et andalouse en firent l'un des auteurs classiques de la littérature espagnole du XIXe s. *(Pepita Jiménez).* Dans ses nombreux essais, il fait montre d'un esprit rationaliste et tolérant.

Valera (Eamon de) voir **De Valera**

valériane n. f. (du latin médiéval, de *Valeria*, province romaine orientale [Hongrie]) Plante à fleurs roses ou blanches, à la racine très ramifiée. *Valériane officinale* (aussi appelée *herbe à chats*).

valérianelle n. f. bot. Mâche. → **doucette.**

Valérien en latin **Publius Licinius Valerianus** (mort en 260). Empereur romain (253-260). Il associa son fils Gallien à l'Empire en lui confiant la défense de l'Occident. Son règne fut marqué par la reprise de la persécution contre les chrétiens. Battu par le roi perse Chahpūr Ier, il mourut en captivité en Iran.

Valérien (mont) Colline située à l'O. de Paris, sur la rive gauche de la Seine. Elle abrite un fort et un mémorial de la Résistance en souvenir du millier de Français qui y furent fusillés par les Allemands, de 1941 à 1944.

valérique adj. chim. *Acide valérique,* extrait de la valériane.

Valéry (Paul) Écrivain français (1871-1945). Au terme d'une crise existentielle qu'il appela « la nuit de Gênes » (1892), il se tourna vers la maîtrise de la forme et du raisonnement abstrait plutôt que vers une recherche du simple plaisir esthétique. Son œuvre se déploya alors selon deux axes : la poésie *(La Jeune Parque ; Charmes),* sous l'influence de Mallarmé, et la réflexion. Depuis *Monsieur Teste* jusqu'à *Tel Quel* et *Mauvaises Pensées et autres,* en passant par les *Regards sur le monde actuel* et les quatre recueils titrés *Variétés,* ses textes et ses aphorismes expriment une sagesse lucide et amère. Dans ses *Cahiers,* écrits chaque jour, il développa un véritable point de vue philosophique sur son époque.

Paul Valéry en 1945 à son domicile parisien.

valet n. m. (vient du latin pop. *vasselitus,* de *vassalus* → vassal) **I. 1.** Domestique. → **laquais.** – anciennt *Valet de pied :* domestique de grande maison, en livrée. *Des valets à la française.* – ***Valet de chambre :*** domestique masculin servant dans une maison ou un hôtel. ■ par ext. Personne complaisante et servile, par intérêt. *Les valets du capitalisme.* **2.** Salarié chargé de travaux manuels, à la campagne. *Valet de ferme :* ouvrier agricole.

Valet d'écurie. **II.** Carte sur laquelle est représenté un jeune écuyer, et qui vient en général après le roi et la dame. *Un, le valet de pique.* **III.** Cintre monté sur pied, sur lequel on place ses vêtements quand on se déshabille.

valetaille **n. f.** vieux, péj. Ensemble des valets d'une maison. ▪ fig. Ensemble de personnes serviles.

Valette-du-Var (La) Commune du Var, près de Toulon. 24 114 habitants.

valétudinaire **adj. et n.** (du latin, de *valetudo, valetudinis* « santé », de *valere* → valoir) littér. Maladif. *Vieillard valétudinaire.*

valeur **n. f.** (vient du latin *valor, valoris,* de *valere* → valoir) **I. 1.** Ce en quoi une personne est digne d'estime. → **mérite.** *C'est un homme de grande valeur. Estimer qqn à sa juste valeur.* **2.** littér. Courage. *« La valeur n'attend pas le nombre des années »* (Corneille). **II. 1.** Caractère mesurable (d'un objet) en tant que susceptible d'être échangé, d'être désiré. → **prix.** *Avoir la valeur de...* → **valoir.** – loc. ***Mettre en valeur*** : faire valoir, faire produire (un bien matériel, un capital) ; fig. faire valoir (une personne, une chose) en la montrant à son avantage. *Mot mis en valeur dans la phrase.* – ***Être en valeur*** : être à son avantage. **2.** Qualité estimée, en économie. *Valeur d'échange* (→ **prix**), *d'usage.* – *Taxe à la valeur ajoutée.* → **TVA. 3.** *Valeurs (mobilières)* : titres. *Valeurs cotées (en Bourse).* → **[2]action, billet, effet, obligation, [1]titre. III. 1.** Caractère de ce qui répond aux normes idéales de son type. *Des œuvres de valeur inégale.* **2.** Qualité estimée par un jugement. – loc. ***Jugement de valeur,*** par lequel on affirme qu'un objet est plus ou moins digne d'estime. **3.** Qualité de ce qui produit l'effet souhaité. → **efficacité, portée, utilité.** *La valeur d'une méthode.* **4.** ***Une valeur*** : ce qui est vrai, beau, bien dans une société, à une époque. *Les valeurs morales, sociales, esthétiques. Échelle des valeurs.* – *Valeur logique. Valeurs de vérité.* **IV. 1.** Mesure (d'une grandeur ou d'une quantité variable). – Quantité approximative. *Ajoutez la valeur d'un litre d'eau.* **2.** Mesure conventionnelle attachée à un signe. *La valeur des cartes change selon les jeux.* ▪ mus. Durée relative (d'une note, d'un silence), indiquée par sa figure, et pouvant être modifiée par certains signes. **3.** didact. Sens, dans un système d'oppositions, dans un contexte.

valeureux, euse **adj.** littér. Brave, courageux. → **vaillant.** *De valeureux soldats.* ▫ **adv. valeureusement**

valgus [valgys] **adj. et n. m.** (mot latin « bancal ») méd. Se dit du pied, du genou, de la cuisse, de la main qui sont déviés en dehors (opposé à *varus*). *Pied bot valgus.* ▪ **n. m.** *Valgus du pied.*

Valhalla voir **Walhalla**

validation **n. f.** Action de valider ; son résultat.

valide **adj.** (latin *validus,* de *valere* → valoir ; invalide) **1.** Qui est en bonne santé, capable de travail, d'exercice. **2.** Qui présente les conditions requises pour produire son effet. → **valable.** *Passeport valide.*

validement **adv.** dr. Dans les conditions requises pour produire un effet juridique.

valider **v. tr.** < 1 > Rendre ou déclarer valide (2). → **entériner, homologuer, ratifier.** *Faire valider un certificat.* – *Valider un ticket de bus.* → **[2]composter.**

validisme **n. m.** didact. Système faisant des personnes valides la norme sociale. ▪ par ext. Discrimination envers les personnes en situation de handicap. ▫ **adj. et n. validiste**

validité **n. f.** Caractère de ce qui est valide (2). *Durée de validité d'un billet.*

valine **n. f.** (de *val[érique]* et *[am]ine*) biochim. Acide aminé indispensable à la nutrition, l'un des constituants des protéines.

valise **n. f.** (italien *valigia,* p.-ê. d'origine gauloise) **1.** Bagage de forme rectangulaire, relativement plat et pouvant être porté à la main. → fam. **valoche.** *Petite valise.* → **mallette.** *Faire sa valise, ses valises,* y disposer ce qu'on emporte ; s'apprêter à partir. → **malle. 2.** ***Valise diplomatique*** : correspondance, objets transportés, couverts par l'immunité diplomatique. **3.** fig., fam. Poche sous les yeux.

Valla ou **della Valle** (Lorenzo) latinisé en **Laurentius Vallensis** Humaniste italien (1407-1457). Traducteur des œuvres des auteurs de l'Antiquité, il démontra que la Donation de Constantin était une contrefaçon. Ses propres écrits manifestent la volonté de concilier la morale chrétienne avec la sagesse des Anciens. *Elegantiae linguae latinae.*

Valladolid Ville d'Espagne, capitale de la Communauté autonome de Castille-et-León, chef-lieu de province, sur le Pisuerga. 299 260 habitants. Université. Nombreux monuments des XVe et XVIe s. (cathédrale, musée national). Industries automobile et chimique.

Vallāthōl Poète indien (1878-1958). Il contribua à la renaissance des danses religieuses du kathakali.

Vallauris Commune des Alpes-Maritimes. 27 970 habitants. Chapelle de Lérins décorée par Picasso. Poterie et céramique traditionnelle.

vallée **n. f.** (de *val*) **1.** Espace allongé entre deux zones plus élevées (pli concave) ou espace situé de part et d'autre du lit d'un cours d'eau. → **[1]val, vallon ; gorge, ravin.** *Les pentes, le fond d'une vallée.* ▪ relig. *Vallée de larmes, de misère* : la vie terrestre. **2.** Région qu'arrose un cours d'eau. → **bassin.** *La vallée de la Loire, du Nil.* **3.** en montagne Se dit des régions moins hautes (vallées proprement dites et pentes).

Vallée (Jean-Marc) Réalisateur et scénariste canadien (québécois) (1963-2021). Il porte à l'écran des personnages hauts en couleur confrontés au système de valeurs dominant fondé sur le patriarcat ou l'hétérosexualité, que ce soit pour le cinéma *(Dallas Buyers Club)* ou pour la télévision *(Sharp Objects ; Big Little Lies).*

Vallée des Rois voir **Rois (vallée des)**

Valle Inclán (Ramón María del) Écrivain espagnol de Galice (1866-1936). Poète et dramaturge prolifique, il fut aussi romancier. Ses *Comédies barbares,* d'un réalisme poétique et violent, mêlent le macabre et la caricature.

Vallejo (César) Poète péruvien (1892-1938). Dans une langue novatrice, proche parfois du langage populaire, il exprima une vision lucide du monde et de la souffrance humaine. *Poèmes humains ; Le Tungstène.*

Vallès (Jules) Écrivain et journaliste français (1832-1885). Auteur d'articles polémiques défendant le prolétariat *(Les Réfractaires ; La Rue),* il fut membre de la Commune de Paris qu'il soutint par son journal, *Le Cri du peuple.* Condamné à mort, il s'exila à Londres. *Jacques Vingtras,* trilogie d'un style vif et passionné comportant *L'Enfant, Le Bachelier* et *L'Insurgé,* évoque sa vie.

Vallespir **n. m.** Région des Pyrénées-Orientales correspondant à la haute vallée du Tech. Agriculture et élevage. Industrie du bois, textile. Anc. mines de fer.

valleuse **n. f.** (mot normand, de *avalleuse* « descente de falaise » → [1]val) régional (Ouest) Petite vallée suspendue, aboutissant à la mer et formant entaille dans une falaise.

Valleyfield voir **Salaberry-de-Valleyfield**

vallisnérie **n. f.** (du latin bot., du n. du naturaliste A. Vallisnieri) bot. Plante herbacée aquatique à longues feuilles rubanées.

Vallois (Henri Victor) Anthropologue et paléontologue français (1889-1979). Il mena des travaux sur l'origine de l'homme et la notion de « race » et établit une taxinomie des « races humaines ». *Les Races humaines ; La Paléontologie et l'origine de l'homme.*

vallon **n. m.** (de *val*) Petite dépression allongée entre deux collines, deux coteaux. → **vallée.**

vallonné, ée **adj.** Parcouru de vallons. *Région vallonnée.*

vallonnement **n. m.** Relief d'un terrain où il y a des vallons et des collines.

Vallonnet (Le) Grotte préhistorique des Alpes-Maritimes, sur le territoire de la commune de Roquebrune-Cap-Martin. Des outils et des os vieux de 950 000 ans y furent trouvés en 1962.

Vallon-Pont-d'Arc Commune de l'Ardèche. 2 435 habitants. À proximité, se dresse le pont d'Arc, une arcade creusée par l'Ardèche formant un pont naturel. Dans les environs, grotte préhistorique ornée, découverte par le spéléologue J.-M. Chauvet en 1994.

Vallotton (Félix) Peintre, graveur et écrivain français d'origine suisse (1865-1925). Sa peinture est traversée par l'influence des peintres nabis et japonais (scènes d'intérieur, nus féminins). Il est également l'auteur d'un roman posthume : *La Vie meurtrière.*

Vallouise-Pelvoux Commune des Hautes-Alpes. 1 129 habitants. Église des XVe-XVIe s. Station d'été et de sports d'hiver. Parc national des Écrins. Elle a donné son nom à la vallée de la Gyronde, la Vallouise.

Valls (Manuel) Homme d'État français (né en 1962). Engagé au Parti socialiste, il remporta la mairie d'Évry en 2001 et, sous la présidence de F. Hollande, fut ministre de

Vallotton (Félix)

Félix Vallotton, *La Visite* (1899), Kunsthaus, Zurich.

V

l'Intérieur (2012-2014), puis Premier ministre (2014-2016).

Valmier (Georges) Peintre français (1885-1937). De tendance cubiste, son style, très personnel, est proche de l'abstraction et inspiré par la musique *(Fugue ; Improvisation)*. Il créa des décors pour les pièces de Max Jacob, Marinetti et Claudel.

Vālmīki Sage indien, peut-être mythique (v. le vᵉ s. av. J.-C.). On lui attribue la rédaction du Rāmāyana.

Valmont Commune de la Seine-Maritime. 863 habitants. Vestiges d'une ancienne abbaye bénédictine (xiiᵉ s.) et d'un château des xivᵉ-xviᵉ siècles.

Valmy (bataille de) Victoire remportée à Valmy, dans la Marne, le 20 septembre 1792, par les troupes françaises de Dumouriez et Kellermann sur l'armée prussienne du duc de Brunswick. Elle mit fin à l'invasion du territoire de la France révolutionnaire.

valoche **n. f.** fam. Valise (1 et 3).

Valognes Commune de la Manche. 6 802 habitants. Vestiges gallo-romains. Hôtels des xviiᵉ et xviiiᵉ siècles.

valoir **v.** < 29 > **(d'abord *valeir* ; vient du latin *valere* « être fort, bien portant » → évaluer, valeur)** **I. v. intr. 1.** Correspondre à (une valeur) ; avoir un rapport d'égalité avec (autre chose) selon une estimation. → **coûter, ¹faire.** *Valoir peu, beaucoup. Cela ne vaut pas cher, pas grand-chose.* – loc. *Cela vaut son pesant d'or !* (d'une chose étonnante, ridicule). *Il ne vaut plus les mille euros qu'il a valu* (p. p. invar.). **2.** Correspondre, dans le jugement des hommes, à (une qualité, une utilité). *Prendre une chose pour ce qu'elle vaut.* – (négatif) *Ne rien valoir* : être sans valeur, médiocre. – *Cela ne lui vaut rien,* ne lui réussit pas. **3.** sans compl. Avoir de la valeur, de l'intérêt, de l'utilité ; agir, s'appliquer. *Cette loi vaut pour tout le monde.* – loc. *Rien qui vaille* : rien de bon, rien d'important. *Cela ne me dit rien qui vaille* : cela m'inquiète. – *Vaille que vaille* : tant bien que mal. – *À valoir* : en constituant une somme dont la valeur est à déduire d'un tout. ■ ***Faire valoir*** : faire apprécier **(→ faire-valoir)** ; rendre plus actif, plus efficace. *Faire valoir ses droits,* les exercer, les défendre. – *Se faire valoir* : se montrer à son avantage. – Rendre productif (un bien). → **exploiter. 4.** Être égal en valeur, en utilité à (autre chose). *Cette façon de faire en vaut bien une autre,* n'est pas inférieure. ■ (personnes) Avoir les mêmes qualités, le même mérite que (qqn). *Tu le vaux bien.* ■ ***Se valoir*** **v. pron.** : avoir même valeur, être équivalent. fam. *Ça se vaut* : ce n'est ni meilleur ni pire. **5.** ***Valoir mieux que*** (+ nom) : avoir plus de valeur, être plus utile. ■ impers. *Il vaut mieux, mieux vaut* : il est préférable, meilleur de. – (avec *que* + subj.) *Il vaut mieux qu'il se taise plutôt que de dire des bêtises.* – (+ inf.) *Il vaut mieux perdre de l'argent que la santé.* – fam. *Ça vaut mieux (que...)* : c'est préférable. **6.** Être comparable en intérêt à (autre chose), mériter (un effort, un sacrifice). *Cela vaut le dérangement.* – loc. ***Valoir la peine,*** fam. ***le coup*** : mériter qu'on prenne la peine de... ; fig. être bon, excellent. *Ça ne vaut pas la peine d'en parler, que nous en parlions* : c'est insignifiant. **II. v. tr.** Faire obtenir, avoir pour conséquence. → **procurer.** *Qu'est-ce qui nous vaut cet honneur ?*

Valois Branche cadette des Capétiens qui régna en France de 1328 à 1589. Fondée par Charles de Valois, frère de Philippe le Bel et père de Philippe VI, la dynastie se scinda en plusieurs branches : les Valois directs, les Valois-Orléans et les Valois-Angoulême. À la mort d'Henri III, le trône passa à la maison de Bourbon.

Valois (Edris Stannus, dite Ninette De) voir **De Valois**

Valois **n. m.** Région géographique du Bassin parisien. Elle recouvre une partie des départements de l'Oise et de l'Aisne. Ville principale : Crépy-en-Valois. Culture de céréales, betteraves et fourrage. Le Valois tient son nom de la maison de Valois qui y régna de 1284 à 1406.

valorisant, ante **adj.** Qui valorise. *Un métier valorisant.*

valorisation **n. f. (du latin *valor* → valeur)** Action de valoriser. *La valorisation de ses efforts.*

valoriser **v. tr.** < 1 > **(de *valorisation*) 1.** Faire prendre de la valeur à (qqch., un bien), augmenter la valeur que l'on attribue à qqch. → **revaloriser. 2.** Augmenter la valeur reconnue de (qqn). – pronom. *Elle cherche à se valoriser.* **3.** Transformer en matière première (des déchets industriels).

Valparaíso Ville du Chili, capitale de région. 252 888 habitants. Cité portuaire. Universités. Valparaíso abrite le siège du Congrès chilien. Funiculaires ; maisons de bois pittoresques. La ville fut fondée en 1544 par le conquistador Pedro de Valdivia.

valpolicella [valpɔlitʃɛlla ; valpɔlitʃela] **n. m. (du n. propre)** Vin rouge fruité et peu corsé de la région de Vérone. *Des valpolicellas.*

Valpolicella Région d'Italie, en Vénétie. Vins.

Valréas [valʀeas] Commune du Vaucluse. 9 381 habitants. Monuments médiévaux et maisons anciennes. Cartonnages, matières plastiques, imprimeries. Viticulture.

Valromey **n. m.** Région du Jura, dans le département de l'Ain. Zone d'élevage bovin laitier. Le Valromey fut cédé par la Savoie à la France par le traité de Lyon en 1601.

valse **n. f. (allemand *Walzer,* même famille indo-européenne que le latin *volvere* « rouler » → volte) 1.** Danse à trois temps, où chaque couple tourne sur lui-même tout en se déplaçant. *Valse viennoise. Valse musette.* – Musique au rythme de cette danse. *Les valses de Chopin.* **2.** fam. Mouvement fréquent de personnel. *La valse des ministres.* – Changements répétés. *La valse des étiquettes* (de prix). – loc. *Valse-hésitation* : actes, décisions contradictoires.

valser **v. intr.** < 1 > **1.** Danser la valse, une valse. **2.** fam. Être projeté. *Elle est allée valser sur le trottoir.* → fam. **valdinguer.** – *Faire valser des employés,* les déplacer. *Envoyer valser qqn,* le rembarrer.

Valserhône Commune de l'Ain, au confluent du Rhône et de la Valserine. 16 434 habitants.

Valserine **n. f.** Rivière du Jura, affluent du Rhône. 50 km.

valseur, euse **n.** Personne qui valse, qui sait valser.

valseuses **n. f. pl.** argot Testicules.

Valteline **n. f.** Vallée glacière des Alpes italiennes, située entre les Alpes des Grisons et les Alpes bergamasques. Ville principale : Sondrio. Pâturages. Tourisme. Convoité et disputé par les cités italiennes et les ligues suisses, ce territoire fut définitivement rattaché à l'Italie en 1859.

Val-Thorens Station de sports d'hiver de la Savoie, située dans la commune de Saint-Martin-de-Belleville, dans la Vanoise (2 300-3 400 m).

valve **n. f. (latin *valvae* « battants de porte » ; famille de *volvere* → évoluer, révolution, volte)** **I. 1.** Chacune des deux parties de la coquille (bivalve*) de certains mollusques et crustacés. *Les valves d'une moule.* **2.** bot. Fraction du péricarpe d'un fruit, qui se soulève quand se forment les fentes de déhiscence. □ **adj. valvaire 3.** anat. Chaque partie d'une valvule cardiaque. **4.** Système de régulation d'un courant de fluide (assurant souvent le passage du courant dans un seul sens). – Soupape à clapet. *Valve de chambre à air.* **5.** Appareil laissant passer le courant électrique dans un sens. **II. n. f. pl. (sens du latin) (Belgique)** Tableau d'affichage, généralement sous vitrine.

valvé, ée **adj.** bot. Muni, formé de valves.

valvulaire **adj.** anat. Qui présente des valvules, ou qui remplit l'office d'une valvule. ■ Relatif aux valvules du cœur. *Insuffisance valvulaire.*

valvule **n. f.** anat. Repli muqueux ou membraneux qui règle le cours de matières circulant dans les vaisseaux. *Les valvules du cœur.*

valvuloplastie **n. f. (→ -plastie)** chir. Opération par laquelle on répare une valvule cardiaque altérée.

vamp [vɑ̃p] **n. f. (mot anglais des États-Unis, abrév. de *vampire*)** anglic. Femme fatale et irrésistible.

vamper **v. tr.** < 1 > fam. Séduire par des allures de vamp.

vampire **n. (de l'allemand, du serbe, du turc *upir* « sorcière ») I. 1.** Fantôme sortant la nuit de son tombeau pour aller sucer le sang des vivants. *Un film de vampires.* **2.** Personne avide d'argent. **3.** Meurtrier, meurtrière cruel(le). □ **adj. vampirique II. n. m.** Grande chauve-souris insectivore de l'Amérique du Sud, qui suce parfois le sang des animaux pendant leur sommeil.

▶ Si l'on trouve déjà trace de créatures vampiriques dans les traditions mythologiques anciennes chinoises, indiennes et gréco-romaines, la croyance au **vampire** émerge en Europe au xivᵉ siècle, en lien avec les épidémies de peste qui frappent les imaginations. Les régions isolées d'Europe centrale et orientale (Hongrie, Bohême, Moravie, Transylvanie) lui fournissent un contexte favorable pour s'enraciner et se déployer : au tournant du xviiiᵉ siècle, une véritable psychose du vampire, venue de l'Est, gagnera toute l'Europe. Avides de légendes et de surnaturel, les romantiques allemands et anglais mettent en scène cette créature maléfique, avant que

Valparaíso

Valparaíso, premier port et deuxième ville du Chili.

V

les écrivains du XIXe siècle ne l'exploitent à leur tour.

C'est sans aucun doute le *Dracula* de l'écrivain irlandais Bram Stoker (1897) qui a imposé la version la plus durable du vampire et en a fixé les caractéristiques traditionnelles : le revenant craint les symboles de la religion chrétienne (mais aussi l'ail !) ; il n'a pas de reflet ; il ne sort de son tombeau que la nuit pour se nourrir du sang qui lui assure la vie éternelle ; la lumière du jour lui est fatale ; il « contamine » ses victimes, le plus souvent des femmes, en leur transmettant son mal. Plus tard, le cinéma se saisit du personnage et amplifie encore son succès : *Vampires* (Louis Feuillade, 1915-1916) ; *Nosferatu* (Murnau, 1922) ; *Vampire* (Dreyer, 1932) ; *Bal des vampires* (Polanski, 1967) ; *Dracula* (Coppola, 1992) ; *Dark Shadows* (Burton, 2012).

voir aussi **fantastique**

vampiriser v. tr. < 1 > **1.** Absorber la substance, la force vitale de (qqn), en le dominant psychologiquement. **2.** Accaparer (qqch.). → **phagocyter.**

vampirisme n. m. **1.** vieux Faits attribués aux vampires ; croyance à leur activité. **2.** fig. Âpre avidité, exploitation féroce.

¹van n. m. **(latin *vannus*)** Panier à fond plat, large, muni de deux anses, qui sert à vanner les grains.

²van n. m. **(anglais *van* « camion », de *caravan*, emprunt au français → caravane)** anglic. Voiture, fourgon servant au transport des chevaux de course. *Des vans.*

Van (lac de) Lac salé de Turquie orientale, en Anatolie. Situé à 1 700 m d'altitude au sein de montagnes volcaniques, c'est le plus grand lac de Turquie. 3 740 km².

Van Ville de Turquie, sur la rive E. du lac de Van, chef-lieu de province, en Anatolie orientale. 514 400 habitants. La ville abrite le siège de l'université du Centenaire. Centre commercial et administratif.

Van Acker (Achille) Homme d'État belge (1898-1975). Issu du syndicalisme, socialiste, il fut Premier ministre en 1945-1946, puis de 1954 à 1958. Il fonda la Sécurité sociale belge.

vanadinite n. f. minér. Combinaison naturelle du plomb avec le chlore et le vanadium.

vanadique adj. chim. Se dit des dérivés du vanadium pentavalent.

vanadium [vanadjɔm] n. m. **(formé sur *Vanadis*, n. latin de la déesse scandinave Freyja)** chim. Métal blanc (symb. V, n° at. 23, masse at. 50,94), peu fusible, assez rare. *Aciers au vanadium.*

Van Allen (James Alfred) Astrophysicien américain (1914-2006). Il découvrit en 1958 des zones autour de la Terre, appelées *ceintures de Van Allen*, contenant en grande quantité des particules énergétiques.

Van Artevelde (Jacob) Homme politique flamand (v. 1290-1345). Gantois, il prit la tête de la révolte qui chassa le comte de Flandre (1337) et soutint le roi d'Angleterre Édouard III dans ses prétentions au trône de France. ■ **Philip Van Artevelde.** Homme politique flamand (1340-1382). Fils de Jacob, il dirigea la révolte de Gand contre le comte de Flandre Louis II de Male, mais fut vaincu et tué à Rozebeke (1382).

Van Buren (Martin) Homme d'État américain (1782-1862). Il fut président des États-Unis de 1837 à 1841. Son mandat fut marqué par une grave crise économique et son refus d'annexer le Texas.

Van Campen (Jacob) Architecte hollandais (1595-1657). Il est l'auteur du palais royal (ancien hôtel de ville) à Amsterdam et du musée Mauritshuis à La Haye. Il fut également peintre.

Vance (John Holbrook Vance, dit Jack) Romancier américain (1916-2013). Ses grands cycles romanesques de science-fiction manifestent une prodigieuse imagination doublée d'une grande inventivité langagière. *La Geste des princes-démons ; Bonne Vieille Terre ; Les Langages de Pao.*

Vance (William Van Cutsem dit) Dessinateur belge (1935-2018). Après avoir illustré les bandes dessinées *Bob Morane, Rodric, Ramiro,* il créa le personnage de XIII (scénario de J. Van Hamme).

Van Cleve ou **Van der Beke (Joos)** Peintre flamand d'origine allemande (v. 1485-1540). Il se fit connaître par un célèbre retable représentant la *Mort de Marie,* puis s'illustra comme portraitiste et paysagiste, utilisant un fondu de couleurs proche du « sfumato » de Léonard de Vinci.

Vancouver (George) Navigateur britannique (1757-1798). Il explora la côte Pacifique de l'Amérique du Nord et établit la première carte de la côte nord-ouest du Canada.

Vancouver (île de) Île du Canada, en Colombie-Britannique, dans l'océan Pacifique. 32 137 km². Ville principale : Victoria. 631 468 habitants (zone urbaine : 2 264 823). Relief montagneux (2 201 m au mont Golden Hinde). Fjords. Vastes étendues forestières. Pêche. Agriculture. Gisements de minerais et de charbon. Haute technologie. Tourisme.

Vancouver Ville du Canada (Colombie-Britannique), sur le Pacifique. 578 041 habitants. Certains quartiers de la ville sont reliés par des ponts suspendus. Universités. Musée d'anthropologie. Centre industriel, commercial et financier de l'O. du Canada. Importante activité portuaire. Carrefour ferroviaire.

vanda n. f. **(du latin bot., de l'hindi)** bot. Plante épiphyte exotique (Inde, Océanie), orchidée à grandes fleurs bleues ou brunes, tachetées de pourpre.

vandale n. **(bas latin *Vandali*, peuple germanique)** Destructeur brutal, ignorant. *Le musée a été saccagé par des vandales.*

Vandales n. m. pl. Ancien groupe de peuples germaniques. Établis au IIIe s. entre la Vistule et l'Oder, ils émigrèrent vers l'ouest et franchirent le Rhin en 406. De là, ils envahirent la Gaule, puis l'Espagne, et poursuivirent leur périple jusqu'en Afrique du Nord. Ils ne purent cependant résister à la reconquête byzantine menée sous Justinien Ier par Bélisaire (VIe s.).

vandaliser v. tr. < 1 > Commettre des déprédations sur (qqch.).

vandalisme n. m. Destruction ou détérioration des œuvres d'art, des équipements. *Des actes de vandalisme.*

Van Dam (Joseph Van Damme, dit José) Baryton belge (né en 1940). Il est le créateur du rôle-titre du *Saint François d'Assise* de Messiaen.

Van de Graaff (Robert Jemison) Physicien américain (1901-1967). Il inventa en 1931 le premier accélérateur de particules, appelé *accélérateur de Van de Graaff.*

Van den Berghe (Frits) Peintre belge (1883-1939). Après s'être essayé au cubisme et à l'impressionnisme, il s'imposa comme l'un des fondateurs de l'expressionnisme belge. *Le Semeur.*

Vanderbilt (Cornelius) Homme d'affaires américain (1794-1877). Il fit fortune dans la construction des chemins de fer et le rachat de compagnies ferroviaires.

Van der Goes (Hugo) Peintre et miniaturiste flamand (v. 1440-1482). Son triptyque de *L'Adoration des bergers,* d'une forte intensité lyrique et d'une grande richesse chromatique, en fit l'un des plus brillants peintres flamands de la seconde moitié du XVe s. Il inspira de nombreux artistes dont le Maître de Moulins.

Van der Helst (Bartholomeus) Peintre hollandais (1613-1670). Portraitiste rigoureux, il peignit de nombreux personnages de son temps, réalisant parfois des tableaux intimistes *(La Dame en bleu),* souvent des portraits collectifs *(Quatre Chefs de la confrérie de Saint-Sébastien).*

Van der Meulen (Adam Frans) Peintre et graveur français d'origine flamande (1632-1690). Peintre officiel de Louis XIV, il fut chargé de célébrer ses victoires militaires, excellant dans la représentation de chevaux et la composition de vastes paysages. *Vue de Lille assiégée.*

Van der Noot (Henri) Homme politique belge (1731-1827). Il fut, avec Vonck, l'un des chefs de la révolte brabançonne contre l'empereur Joseph II (1787-1790).

Van der Waals (Johannes Diderik) Physicien néerlandais (1837-1923). Il mit en évidence les forces d'interaction moléculaire de faible intensité *(forces de Van der Waals)* qui permettent de comprendre le passage de l'état gazeux à l'état liquide d'un corps. Il a mis en outre au point une équation d'état pour les gaz réels. Prix Nobel 1910.

Van der Weyden (Rogier) dit parfois en français **Roger de La Pasture** Peintre flamand (v. 1399-1464). Élève de Campin, il a également été influencé par Van Eyck et il s'imposa comme le plus grand maître flamand après lui. Ses nombreux portraits et triptyques mêlent équilibre formel et intensité dramatique. Son style fit école auprès de nombreux artistes flamands et étrangers. *Portrait de François d'Este ; La Vierge et saint Jean ;* le triptyque du *Calvaire.*

Van de Velde Famille de peintres et graveurs hollandais du XVIIe s. ■ **Esaias Van de Velde.** Peintre et graveur (v. 1591-1630). La finesse de ses représentations de paysages trahit l'influence du Caravage *(Plaisir de l'hiver).* Il eut Van Goyen pour élève. ■ **Willem Van de Velde, dit le Vieux** (1611-1693). Frère de Esaias. Il se spécialisa dans la représentation de batailles navales. ■ **Willem Van de Velde, dit le Jeune** (1633-1707). Fils de Willem le Vieux et frère d'Adrian. Ses compositions de combats navals furent le prétexte à de subtils jeux de lumière. *La Bataille des Dunes.* ■ **Adrian Van de Velde** (1636-1672). Frère de Willem. Il s'illustra dans la peinture de paysages et d'animaux aux coloris brillants. *Repos des bergers.*

Van de Velde (Henry Clemens) Architecte, peintre et théoricien belge (1863-1957). En peinture, il adopta la technique du divisionnisme de Seurat mais il s'illustra surtout en architecture et en décoration comme le maître de l'Art nouveau et du fonctionnalisme. *Déblaiement d'art ; L'Art futur.*

Van de Woestijne (Karel) Écrivain belge d'expression flamande (1878-1929). Naviguant entre sensualisme et mysticisme, ses poèmes et ses œuvres en prose sont directement inspirés par Baudelaire et Laforgue. *Le Paysan qui meurt ; L'Homme de boue.*

Van de Woestijne (Gustaaf) Peintre belge (1881-1947). Frère de Karel Van de Woestijne. Il s'illustra au sein du mouvement expressionniste. *Fugue ; Azur.*

Van Diemen (Anthony) Administrateur hollandais (1593-1645). Gouverneur général pour la Compagnie des Indes néerlandaises, il fut à l'origine de la découverte de la Tasmanie *(Terre de Van Diemen).*

Van Dijk (Peter) Danseur et chorégraphe allemand (1929-1997). Danseur étoile, il dirigea ensuite ses propres ballets dans la pure tradition néoclassique. *La Nuit transfigurée,* d'après Schoenberg.

Van Doesburg (Christian Emil Marie Küpper, dit Theo) Architecte, peintre et théoricien néerlandais (1883-1931). D'abord proche de Mondrian avec qui il fonda en 1917 la revue *De Stijl,* il s'éloigna de l'abstraction géométrique et mena une réflexion sur l'architecture. Il lança, en 1929, avec Hélion, le manifeste de *L'Art concret.*

Vandœuvre-lès-Nancy Commune de la Meurthe-et-Moselle, dans la banlieue de Nancy. 29 723 habitants.

vandoise n. f. **(du gaulois *vindos* « blanc »)** Poisson d'eau douce, aussi appelé *chevesne, meunier.*

Van Dongen (Cornelis Theodorus Marie, dit Kees) Peintre et dessinateur français d'origine néerlandaise (1877-1968). D'abord proche du fauvisme, il s'orienta vers l'expressionnisme allemand. Son œuvre, expressive et élégante, aux couleurs sobres, en fit, après 1913, le portraitiste mondain de la femme parisienne. *Danseuse borgne ; Fille au grand chapeau ; Au bois de Boulogne.*

Kees Van Dongen, *La Comtesse de Noailles* (1931), Stedelijk Museum, Amsterdam.

Van Dyck (Antoon Van Dijk, sir Antony) Peintre flamand (v. 1599-1641). Disciple et admirateur de Rubens, il s'inspira également, une fois en Italie, des œuvres de Titien. De retour à Anvers, il multiplia les peintures de scènes religieuses et mythologiques, jouant sur les effets de lumière et la consistance de la pâte *(Déposition de Croix ; Vénus et Vulcain).* Il s'établit ensuite en Angleterre, où il fut le portraitiste adulé de Charles Ier et de sa cour *(Charles Ier à la chasse ; Lady Ann Carr).*

Antoon Van Dyck, *Charles Ier, roi d'Angleterre, d'Écosse et d'Irlande, à la chasse* (1635-1638), musée du Louvre, Paris.

Vane (sir Henry) Homme politique anglais (1613-1662). Il fut, avec Pym, l'un des chefs de l'opposition à Charles Ier. Il fut exécuté sous le règne de Charles II.

Vane (sir John Robert) Biochimiste britannique (1927-2004). Ses découvertes sur le rôle des prostaglandines eurent d'importantes applications pharmacologiques. Prix Nobel de médecine 1982, avec S. Bergström et B. Samuelson.

Vaneigem (Raoul) Philologue et essayiste révolutionnaire belge (né en 1934). S'inscrivant dans le mouvement situationniste avant d'en être exclu, il fut l'un des promoteurs du « jouir sans entraves ». *Traité de savoir-vivre à l'usage des jeunes générations ; Le Livre des plaisirs.* Il étudia les hérésies chrétiennes.

Vanel (Charles) Acteur français (1892-1989). De sa très longue carrière cinématographique (1912-1988), on retiendra ses rôles dans *Le Salaire de la peur, Le ciel est à vous, L'Aîné des Ferchaux.*

Vänern (lac) Le plus grand lac de Suède. 5 600 km^2. Il est traversé par le Göta kanal qui relie Göteborg et la mer Baltique, et baigne Karlstad et Lidköping.

vanesse n. f. **(du latin sc., p.-ê. du latin *vanities* « vanité »)** Papillon diurne aux riches couleurs, au vol rapide. → **morio, paon (2), vulcain.**

Van Eyck (Jan) Peintre flamand (v. 1390-1441). Son chef-d'œuvre, le polyptyque de *L'Adoration de l'agneau mystique*, constitua une rupture avec la tradition médiévale européenne. Faisant preuve d'une maîtrise totale de la perspective, des formes, de l'espace et des effets de contraste, Van Eyck se consacra surtout au thème de la Vierge et à des portraits tout en nuances et en finesse *(L'Homme au turban rouge ; Baudoin de Lannoy ; Marguerite Van Eyck).* Son style ouvrit la voie à l'école flamande de peinture.

Jan Van Eyck, *Arnolfini et sa femme* (1434), National Gallery, Londres.

Van Gennep (Arnold Kurr, dit Arnold) Ethnographe français (1873-1957). Auteur de travaux sur la méthodologie ethnographique, il se consacra aussi à l'étude des rites et des mœurs des populations, notamment algériennes, ainsi qu'au folklore de différentes provinces françaises. *Les Rites de passage ; Manuel du folklore français contemporain.*

Van Gogh (Vincent) Peintre et dessinateur néerlandais (1853-1890). D'abord peintre de paysages et de natures mortes *(Les Mangeurs de pommes de terre)*, il découvrit Rubens et les estampes japonaises et se forgea son propre style. À Paris, il rejoignit les impressionnistes et son frère Théo, avec lequel il entretint une volumineuse correspondance. Des tons très sombres de ses débuts, il évolua alors vers une palette plus éclatante et adopta une touche fragmentée *(Tournesols).* Il fut très lié à Gauguin et, lorsque celui-ci le quitta, en proie au délire il se mutila l'oreille gauche *(Autoportrait à l'oreille coupée).* Il s'installa à Arles et l'expressivité de ses toiles s'accrut encore *(Le Champ de blé aux corbeaux)*, le positionnant en précurseur de l'expressionnisme. Il se suicida le 27 juillet 1890 à Auvers-sur-Oise.

Van Goyen (Jan) Peintre hollandais (1596-1656). Il reprit de son maître, Esaias Van de Velde, son art de la composition de paysages calmes, puis évolua vers un style plus sombre et plus nerveux. Ses peintures exercèrent une influence profonde sur les paysagistes hollandais. *Vue du Rhin près d'Etten.*

Van Hamme (Jean) Auteur belge (né en 1939). Romancier, il est surtout connu pour ses personnages de bande dessinée : Thorgal, le Viking ; XIII, l'espion amnésique ; Largo Winch, le milliardaire anticonformiste.

Van Helmont (Jan Baptist) Médecin et chimiste flamand (1577-1644). Il découvrit la nature des gaz (qu'il fut le premier à nommer ainsi) et mit en évidence le rôle du suc gastrique dans la digestion.

Van Honthorst (Gerrit) Peintre néerlandais (1590-1656). Surnommé « Gérard de la nuit » pour ses peintures de scènes nocturnes éclairées par des chandelles, il contribua à diffuser l'enseignement de son maître, le Caravage, en Hollande. Il réalisa également des portraits pour plusieurs familles royales d'Europe. *L'Adoration des bergers ; Le Joyeux Musicien.*

Van Houtman (Cornelis) Navigateur hollandais (v. 1565-1599). À la tête d'une flotte de la Compagnie des Indes, il atteignit la Malaisie en 1595. Il fut tué par le sultan de l'Aceh.

vanille n. f. **(de l'espagnol, de *vaina* qui vient du latin *vagina* « gousse » → gaine)** **1.** Gousse allongée du vanillier, qui, séchée, devient noire et aromatique. **2.** Substance aromatique contenue dans cette gousse ou artificielle. *Crème, glace à la vanille* (souvent faite avec un extrait chimique, la *vanilline* [vanilin]).

vanillé, ée adj. Aromatisé avec de la vanille. *Sucre, chocolat vanillé.*

vanillier n. m. Plante des régions tropicales à tige grimpante, dont le fruit est la vanille.

vanillisme [vanilism] n. m. méd. Intoxication provoquée par la manipulation ou l'ingestion de la vanille.

vanillon n. m. comm. Vanille d'une variété à petites gousses du Mexique et des Antilles.

Vanini (Lucilio, dit Giulio Cesare) Philosophe et prêtre italien (1585-1619). Il mit en question l'idée de l'immortalité de l'âme *(Amphitheatrum aeternae Providentiae).* Accusé d'athéisme, de sorcellerie, de corruption de mœurs, il fut condamné à mort et brûlé vif.

vanité n. f. **(latin *vanitas*, de *vanus* → vain)** **I. 1.** Caractère de ce qui est frivole, insignifiant ; chose futile, illusoire. **2.** Caractère de ce qui est vain (I, 2), inefficace. *La vanité de leurs efforts.* **3.** Défaut d'une personne vaine*, satisfaite d'elle-même et étalant cette satisfaction. → **fatuité, orgueil, prétention, suffisance.** *Flatter, ménager la vanité*

Van Gogh (Vincent)

Vincent Van Gogh, *L'Homme à la pipe*, autoportrait (1889), coll. privée.

Vannes

Vannes, le jardin des Remparts.

de qqn. **II.** didact. Image, tableau évoquant la vanité (I, 1) des choses humaines et la mort.

vaniteux, euse adj. Plein de vanité (I, 3). → **orgueilleux, prétentieux, suffisant.** *Un air vaniteux.* – n. *C'est une vaniteuse* (s'oppose à *modeste*). □ adv. **vaniteusement**

vanity-case [vanitikɛz] n. m. (mot anglais, de *vanity* « vanité, futilité » et *case* « valise ») anglic. Petit bagage ou sac pour les produits de beauté féminins. *Des vanity-cases.* - abrév. **vanity.** *Des vanitys.* - var. RO **vanitycase.**

Van Laar ou **Van Laer** (Pieter) dit **il Bamboccio,** en français **le Bamboche** Peintre et graveur hollandais (v. 1592-1642). Il peignit des scènes de genre originales auxquelles on donna le nom de « bambochades », caractérisées par leurs thèmes populaires et l'énergie de leur composition.

Van Leeuwenhoek (Antonie) Naturaliste hollandais (1632-1723). Il observa et découvrit des éléments microscopiques (bactéries, spermatozoïdes...) grâce aux microscopes qu'il fabriquait lui-même.

Van Loo (Jean-Baptiste) Peintre français (1684-1745). Il réalisa des portraits remarquables d'élégance ainsi que des scènes mythiques et religieuses. *Portrait de Louis XV à cheval ; Triomphe de Galatée.* ■ **Charles André, dit Carle Van Loo.** Peintre français (1705-1765). Frère de Jean-Baptiste. Ses compositions de scènes allégoriques et religieuses inspirées de Rubens et de Van Dyck lui valurent une grande renommée. Il fut nommé peintre officiel à la cour de Louis XV en 1762.

Van Mander (Carel) Peintre et homme de lettres flamand (1548-1606). Il se réappropria le maniérisme italien. Son fameux *Livre de peinture,* ouvrage de théorie, constitue un document précieux sur les artistes des XVe et XVIe siècles.

Van Musschenbroek (Petrus) Physicien néerlandais (1692-1761). Il inventa le premier condensateur électrique (bouteille de Leyde).

¹vannage n. m. Action de vanner (les grains).

²vannage n. m. (de *¹vanne*) techn. Ensemble et disposition des vannes qui règlent le débit d'un fluide dans des canalisations.

¹vanne n. f. (du latin médiéval, p.-ê. du gaulois « nasse en osier ») Panneau vertical mobile disposé dans une canalisation pour en régler le débit. *Les vannes d'une écluse, d'un moulin.*

²vanne n. f. (de *¹vanner* « tourmenter, railler » en ancien français) fam. **1.** Remarque ou allusion désobligeante à l'adresse de qqn. **2.** par ext. Plaisanterie, blague.

vanné, ée adj. fam. Très fatigué. → fam. **crevé, fourbu.**

vanneau n. m. (de *¹van,* à cause du bruit et du mouvement des ailes) Oiseau échassier de la taille du pigeon, à huppe noire. *Des vanneaux.*

vannelle n. f. techn. Petite vanne d'écluse. ■ Petite valve d'une conduite d'eau.

¹vanner v. tr. < 1 > (de *¹van*) **I.** Secouer dans un van (les grains), de façon à les nettoyer en les séparant de la paille, des poussières et des déchets. *Vanner du blé.* **II.** fam. Accabler de fatigue. *Cette course à pied m'a vanné.* → fam. **crever.**

²vanner v. tr. < 1 > (→ *¹vanne*) techn. Poser des vannes sur (une canalisation...).

³vanner v. < 1 > (→ *²vanne*) fam. **1.** v. tr. Tourmenter (qqn) par des plaisanteries désobligeantes. **2.** v. intr. Dire des plaisanteries. → **blaguer.**

vannerie n. f. (→ vannier) **1.** Fabrication des objets tressés avec des fibres végétales, des tiges. **2.** Objets ainsi fabriqués.

Vannes Chef-lieu du Morbihan, dans le golfe du Morbihan. 54 017 habitants. Nombreux édifices des XIIIe, XVe, XVIIe et XIXe s., dont l'ancien Parlement de Bretagne. Université de Bretagne-Sud. 3e régiment d'infanterie. Centre touristique. Port de plaisance.

vannet n. m. (→ *¹vanne*) techn. Filet de pêche qu'on tend sur le bord de la mer pour qu'il soit recouvert par le flux.

vanneur, euse n. Personne qui vanne les grains. ■ n. f. *Vanneuse :* machine à vanner le grain.

vannier, ière n. (de *¹van* « fabricant de vans ») Personne qui travaille, tresse l'osier, le rotin, pour en faire des objets de vannerie.

vannure n. f. (de *¹vanner*) Matières (balle, paille) séparées du grain par le vannage.

Vanoise (massif de la) Massif des Alpes de Savoie, entre la Maurienne et la Tarentaise. 3 855 m à la Grande Casse. Parc national.

L'aiguille du Fruit dans le massif de la Vanoise.

Van Orley (Bernard) Peintre et ornemaniste flamand (1488-1541). Portraitiste s'inscrivant dans la plus pure tradition flamande, il réalisa aussi de nombreux décors, dans un style plus romanisant. *Triptyque de la Vertu de patience.*

Van Ostade (Adriaen) Peintre et graveur hollandais (1610-1685). Il s'illustra par ses peintures de scènes de genre, en particulier des scènes de divertissements populaires, au ton pittoresque et satirique *(Les Joyeux Buveurs).* De coloris sombres inspirés de Rembrandt, il évolua vers une palette plus lumineuse et plus transparente *(Le Ménétrier de village).* ■ **Isaac Van Ostade** (1621-1649). Frère d'Adriaen. Il peignit des scènes populaires imitées de son aîné ainsi que des paysages d'hiver.

Van Parys (Georges) Compositeur français (1902-1971). Auteur d'opérettes et de chansons (notamment pour Maurice Chevalier), il composa aussi la musique de nombreux films : *Fanfan la Tulipe ; Casque d'or.*

Van Rompuy [-ɔj] (Herman) Homme politique belge (né en 1947). Membre du parti chrétien-démocrate flamand, Premier ministre (2008-2009), il a été choisi pour être le premier président du Conseil européen (2010-2014).

Van Ruisdael ou **Ruysdael** voir **Ruysdael**

Van Rysselberghe (Théodore, dit Théo) Peintre, dessinateur, affichiste et décorateur belge (1862-1926). Fervent promoteur de l'art moderne, il adopta dans ses peintures la technique néo-impressionniste avant de se tourner vers l'art décoratif (affiches, meubles et bijoux). *La Promenade ; La Lecture.*

Van Sant (Gus) Cinéaste américain (né en 1952). Intéressé par les marginaux *(My Own Private Idaho),* les arrivistes *(Prête à tout),* il a réalisé une série sur la jeunesse et la mort *(Gerry ; Elephant ; Last Days ; Paranoid Park)* avec une vision quasi documentaire, souvent sans acteurs professionnels.

Van Schendel (Arthur) Écrivain néerlandais (1874-1946). Son travail sur le style en fait l'un des plus grands écrivains de langue néerlandaise. *Pandora ; L'Homme de l'eau ; Les Sept Jardins.*

Van Scorel (Jan) Peintre hollandais (1495-1562). Il fut l'une des figures les plus influentes des styles romaniste et vénitien de la peinture hollandaise du XVIe s. La liberté des lignes et des jeux de lumière de ses scènes allégoriques ou religieuses *(Polyptyque de saint Étienne)* contraste avec la sobriété de ses portraits *(Portrait d'un jeune garçon).*

vantail, aux ou **ventail, aux** n. m. (de *vent*) Panneau mobile. → **¹battant.** *Les vantaux d'une fenêtre.*

vantard, arde adj. (de *vanter*) Qui a l'habitude de se vanter. → **bluffeur, fanfaron, hâbleur.** – n. *Quel vantard !*

vantardise n. f. Caractère ou propos de vantard. → **bluff, fanfaronnade.**

vanter v. < 1 > (vient du latin pop. *vanitare,* de *vanitas* → vanité) v. tr. littér. Parler très favorablement de (qqn ou qqch.), en louant publiquement et avec excès. → **célébrer, exalter.** *« S'il s'abaisse* [l'homme] *je le vante »* (Pascal). ■ **se vanter** v. pron. **1.** Exagérer ses mérites ou déformer la vérité par vanité. – *Sans me vanter :* soit dit sans vanité. **2.** *Se vanter de :* tirer vanité de, prétendre avoir fait. *Se vanter d'un succès, d'avoir réussi.* fam. *Elle ne s'en est pas vantée,* elle l'a caché. *Il n'y a pas de quoi se vanter :* il n'y a pas de quoi être fier. ■ Prétendre être capable de faire qqch. → **se flatter, se targuer.** *Il se vante de réussir sans travailler.*

Van't Hoff (Jacobus Henricus) Chimiste néerlandais (1852-1911). Ses travaux sur la stéréochimie et la notion d'isomérie optique en firent l'un des pères fondateurs de la chimie moderne. Prix Nobel 1901.

Vantongerloo (Georges) Peintre et sculpteur belge (1866-1963). Il peignit des formes géométriques dans le style de Mondrian et réalisa des sculptures assemblées selon des formules mathématiques. Il publia ses théories sur l'art dans *Paintings, Sculptures, Reflections.*

Vanua Levu Deuxième île de l'archipel des Fidji, au N.-E. de l'île Viti Levu. 5 535 km². Ville principale : Lambasa. Cultures de la canne à sucre et du coprah.

Vanuatu

n. m. ■ offic. république de Vanuatu Pays de la Mélanésie, dans l'océan Pacifique du Sud-Ouest, en mer de Corail, au N.-E. de la Nouvelle-Calédonie. 14 763 km². 301 690 habitants (les *Vanuatans*). **Langues :** français, anglais, bichlamar (créole) [offic.]. **Population :** Mélanésiens, Wallisiens, Tahitiens, Néo-Calédoniens, Vietnamiens, Chinois, Européens. **Monnaie :** vatu. **Capitale :** Port-Vila. **Régime :** parlementaire.

GÉOGRAPHIE

L'archipel est composé d'une quarantaine d'îles volcaniques, couvertes de forêts et bordées de récifs coralliens. Les plus grandes îles sont Espiritu Santo, Mallicolo, Aurora, Pentecôte, Ambrym, Epi, Vaté, Erromango. Le climat équatorial est chaud et humide notamment sur les versants à l'est. La forêt dense couvre l'intérieur des îles et la savane boisée les zones ayant été soumises à des défrichements antérieurs.

ÉCONOMIE

L'igname, le taro, la patate douce et les bananes constituent les principales cultures vivrières. Sur les côtes, les plantations de cocotiers fournissent du coprah, la production principale ; le cacao et, dans une moindre mesure, le café sont cultivés sur les collines. L'archipel vit aussi de l'élevage (des bovins du Charolais et du Limousin ont été introduits en altitude), de la sylviculture et de la pêche (thon). L'archipel a une activité touristique importante. Vanuatu est aussi un centre financier offshore et un centre d'immatriculation pour les navires étrangers.

HISTOIRE

Des recherches archéologiques ont établi que l'île de Vaté commerçait avec les îles voisines dès 1 500 av. J.-C., bien avant l'arrivée des Micronésiens (XIIIe s.). Le Portugais Queirós découvrit Espiritu Santo en 1606. Bougainville redécouvrit l'archipel en 1768 et lui donna le nom de Grandes Cyclades du Sud. Cook, en 1774, la rebaptisa Nouvelles-Hébrides et en établit la carte. Dans la première moitié du XIXe s., Français et Britanniques s'établirent sur l'archipel au détriment des indigènes, provoquant des révoltes. Durant la Seconde Guerre mondiale, l'archipel servit de base contre le Japon. C'est en 1980 qu'il obtint son indépendance dans le cadre du Commonwealth. Le nouveau régime s'engagea parmi les non-alignés à appuyer le mouvement kanak de Nouvelle-Calédonie et la guérilla papoue en Irian Jaya. La vie politique est marquée par l'opposition entre francophones et anglophones. L'instabilité politique se traduit par une succession de coalitions au pouvoir et le développement de la corruption.

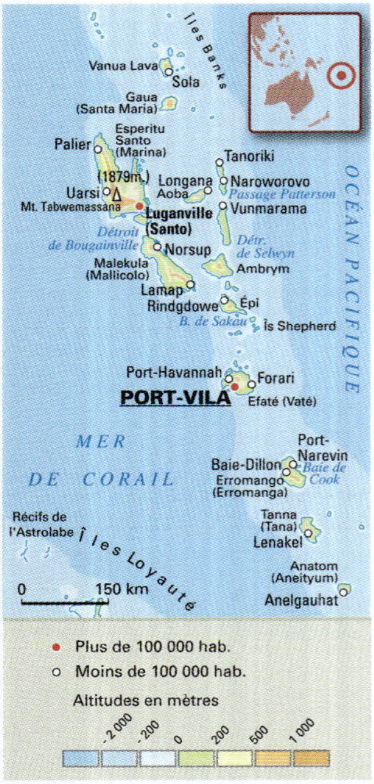

va-nu-pieds n. invar. Misérable qui vit en vagabond. ➔ **gueux.** - var. RO **vanupied n.**

Van Veen, Venius ou **Vaenius (Otto)** Peintre flamand (1556-1629). Il séjourna en Italie et ses peintures de scènes historiques procèdent du maniérisme italien tardif. Il fut l'un des maîtres de Rubens.

Van Velde (Abraham, dit Bram) Peintre néerlandais (1895-1981). Un temps proche des expressionnistes, puis du fauvisme, il évolua vers une abstraction très personnelle. ■ **Geer Van Velde.** Peintre néerlandais (1898-1977). Frère de Bram. Il fut l'une des figures du postcubisme. *Composition.*

Vanves Commune des Hauts-de-Seine, au S. de Paris. 27 871 habitants. Centre de téléenseignement (CNED). Industries diversifiées.

Van Vleck (John Hasbrouck) Physicien américain (1899-1980). Il effectua des travaux sur le magnétisme et la structure des matériaux amorphes. Il est considéré comme le père du magnétisme moderne. Prix Nobel 1977, avec P. Anderson et N. Mott.

Van Vogt (Alfred Elton) Romancier américain d'origine canadienne (1912-2000). Il écrivit de nombreux romans de science-fiction, parmi lesquels ceux du « Cycle des Ā », son chef-d'œuvre.

Van Zeeland (Paul) Homme d'État belge (1893-1973). L'un des leaders du Parti catholique, il fut Premier ministre de 1935 à 1937. Ministre des Affaires étrangères (1949-1954), il défendit l'idée d'une Union européenne.

Vanzetti voir **Sacco et Vanzetti**

vape n. f. (de **vapeur** [I, 4]) loc. *Être dans la vape* (rare), *dans les vapes,* dans l'hébétude, la somnolence.

vapeur (latin *vapor, vaporis* ➔ **vaporeux, vaporiser**) **I.** n. f. **1.** Amas visible, en masses ou traînées blanchâtres, de très fines et légères gouttelettes d'eau suspendues dans l'air. ➔ **¹brouillard, brume, nuage. 2.** *Vapeur d'eau, ou vapeur :* eau à l'état gazeux, état normal de l'eau au-dessus de son point d'ébullition. *Machine à vapeur.* – loc. *Renverser la vapeur,* la faire agir sur l'autre face du piston ; fig. agir en sens contraire. – *À toute vapeur :* en utilisant toute la vapeur possible ; à toute vitesse. – *Bain de vapeur.* ➔ **étuve.** – *Pommes de terre cuites à la vapeur (pommes vapeur).* **3.** sc. Substance à l'état gazeux au-dessous de sa température critique. *Vapeur d'essence. Condensation de la vapeur.* **4.** Troubles, malaises attribués à des exhalaisons montant au cerveau. *Les vapeurs de l'ivresse.* – iron. *Avoir ses vapeurs.* **II.** n. m. vieux Bateau à vapeur.

vapocraquage n. m. techn. Craquage* d'un hydrocarbure en présence de vapeur d'eau.

vaporeux, euse adj. (latin *vaporosus,* de *vapor* ➔ **vapeur**) **1.** littér. Où la présence de la vapeur est sensible ; voilé par des vapeurs. ➔ **nébuleux.** – *Des lointains vaporeux,* aux contours incertains. ➔ **flou, fondu. 2.** Léger, fin et transparent. *Une robe de tulle vaporeux.* □ **vaporeusement adv.** littér.

vaporisage n. m. techn. Opération consistant à soumettre des textiles à l'action de la vapeur, en vue de donner de l'apprêt, de fixer les couleurs.

vaporisateur n. m. Petit pulvérisateur. ➔ **atomiseur.** *Vaporisateur à parfum.* - abrév. fam. **vapo.**

vaporisation n. f. Action de vaporiser. ➔ **pulvérisation.**

vaporiser v. tr. < 1 > (du latin *vapor*) **1.** Disperser et projeter en fines gouttelettes. ➔ **pulvériser.** *Vaporiser un insecticide.* **2.** didact. Transformer en vapeur. ■ pronom. *Se vaporiser.*

vapoter v. intr. < 1 > (de *vapeur*) fam. Utiliser une cigarette électronique. □ **n. m. vapotage**

vapoteur, euse n. fam. **1.** Personne qui utilise une cigarette électronique. **2.** n. f. (marque déposée) Cigarette électronique.

vaquer v. tr. ind. < 1 > (latin *vacare* « être vide ; être libre, inoccupé » ➔ **vacant, vacation**) *Vaquer à.* S'occuper de, s'appliquer à. *Vaquer à ses occupations.*

var n. m. (sigle de *volt ampère réactif*) phys. Unité de puissance réactive, correspondant à un courant alternatif sinusoïdal de 1 ampère sous une chute de tension de 1 volt.

Var n. m. Fleuve du S. de la France. 120 km. Il prend sa source près de Barcelonnette, creuse des gorges avant de se jeter dans la Méditerranée, à proximité de Nice.

Var n. m. [83] Département français de la Région Provence-Alpes-Côte d'Azur (➔ carte). 5 973 km^2. 1 085 189 habitants. Chef-lieu : Toulon. Chefs-lieux d'arrondissement : Brignoles, Draguignan. Le département est formé d'une mosaïque de reliefs, calcaires à l'O. et au N., volcaniques au S.-E. (Estérel, Maures). Ces derniers, qui s'étendent jusqu'à la mer et donnent naissance à un littoral très découpé, sont prolongés au large par des îles (îles d'Hyères). Cultures dans les vallées (vignes, fruits, fleurs). Toulon, second port militaire de France, est aussi le principal pôle industriel du département (construction navale). Ports de pêche, ports de plaisance et stations balnéaires (Cavalaire, Le Lavandou, Saint-Raphaël, Saint-Tropez) sur la côte, de plus en plus urbanisée.

varaigne n. f. (probablt forme dialectale de *varenne,* var. de *garenne*) régional (Ouest) Ouverture par laquelle l'eau de mer entre dans un marais salant.

varan n. m. (arabe *waral*) zool. Reptile saurien, grand lézard.

Varanasi voir **Bénarès**

Varangéville Commune de la Meurthe-et-Moselle, sur la Meurthe et le canal de la Marne au Rhin. 3 600 habitants. Église de style gothique flamboyant du XVe siècle.

¹varangue n. f. (p.-ê. mot germanique, norrois *vrong* ou famille du latin *vara* « perche ») mar. Pièce courbe ou fourchue, placée sur la quille, perpendiculaire à l'axe du navire.

²varangue n. f. (mot créole ; cf. le portugais *barandra* [➔ **véranda**]) Véranda en usage dans les pays de l'océan Indien.

varappe n. f. (n. d'un couloir rocheux, près de Genève) Ascension d'un couloir rocheux, d'une paroi abrupte, en montagne. *Faire de la varappe.*

varapper v. intr. < 1 > Faire de la varappe. □ **n. varappeur, euse**

Varda (Agnès) Cinéaste française (1928-2019). Grande figure de la Nouvelle Vague, elle a posé un regard intimiste et sensible sur ses personnages tout en faisant preuve d'une grande inventivité de mise en scène. *Cléo de cinq à sept ; Le Bonheur ; Jacquot de Nantes* (en hommage au cinéaste Jacques Demy, son compagnon disparu) ; *Les Glaneurs et la Glaneuse ; Les Plages d'Agnès.*

Agnès Varda (à dr.) dirige Jane Birkin dans *Jane B. par Agnès V.* (1987).

Vardar n. m. en grec **Axios** Fleuve des Balkans. 388 km. Il arrose Skopje (Macédoine), puis traverse le N. de la Grèce avant de se jeter dans le golfe de Salonique.

Vardhamāna dit **Mahāvīra** Prophète indien du VIe s. av. J.-C. Contemporain de Bouddha, il fonda le djaïnisme.

varech [varɛk] n. m. (ancien scandinave *vagrek* « épave ») Ensemble des algues, des goémons rejetés par la mer et qu'on récolte sur le rivage.

Varègues n. m. pl. Nom donné aux Vikings qui pénétrèrent en Russie par les voies fluviales, au IXe s. Peuple de commerçants, pirates ou mercenaires, ils fondèrent la principauté de Novgorod, vers 860, puis celle de Kiev.

Varengeville-sur-Mer Commune de la Seine-Maritime. 952 habitants. Elle est célèbre pour son cimetière marin où reposent A. Roussel, G. de Porto-Riche et G. Braque. Station balnéaire.

Varenius (Bernhard Varen, latinisé en **Bernhardus)** Géographe néerlandais d'origine allemande (1622-1650). Il est considéré comme l'un des fondateurs de la géographie moderne. *Geographia generalis.*

Varenne (Alexandre) Homme politique français (1870-1947). Il travailla auprès de Jean Jaurès au journal *L'Humanité.* Député

Vargas (Fred)

Fred Vargas en 2006.

socialiste du Puy-de-Dôme, il fonda le journal *La Montagne* (1919). Il fut Gouverneur général d'Indochine (1925-1927), puis se rallia au Front populaire. Hostile au régime de Vichy, il fut réélu député après la Libération et fut Ministre d'État en 1946.

Varennes-en-Argonne Commune de la Meuse, sur l'Aire. 635 habitants. Mémorial de Pennsylvanie édifié à la mémoire des soldats américains morts durant la Première Guerre mondiale. La ville fut le théâtre, le 21 juin 1791, de l'arrestation de Louis XVI en fuite vers l'étranger.

Varèse (Edgar) Compositeur américain d'origine française (1883-1965). Un des premiers à composer non plus avec des notes mais avec des sons, il s'affirma comme l'une des personnalités les plus originales de la musique contemporaine. Il privilégia les instruments à vent et davantage encore les percussions *(Hyperprism)*. On lui doit en particulier une composition écrite pour percussions seules *(Ionisation)*. Ses recherches sur les rythmes et les sonorités l'orientèrent vers la musique concrète et électronique *(Déserts)*.

Varèse Ville d'Italie, en Lombardie, chef-lieu de province, située entre le lac de Côme et le lac Majeur. 80 510 habitants. Palais du XVIIIe s. Centre touristique. Industries diversifiées.

vareuse n. f. (du dialectal *varer* → garer) **1.** Blouse courte en grosse toile. *Vareuse de marin.* **2.** Veste de certains uniformes. – Veste assez ample (d'intérieur, de sport).

Vargas (Getúlio) Homme d'État brésilien (1883-1954). Il devint président de la République en 1930 et instaura un régime autoritaire. Déposé en 1945, il fut réélu en 1950. Sa politique protectionniste suscita une opposition si violente qu'il se suicida en 1954.

Vargas (Frédérique Audoin-Rouzeau, dite Fred) Romancière et archéologue française (née en 1957). Elle est l'autrice de romans policiers remarquables par l'originalité de l'intrigue. *Debout les morts ; L'Homme à l'envers ; Pars vite et reviens tard ; Dans les bois éternels.*

Vargas Llosa (Mario) Écrivain et homme politique espagnol d'origine péruvienne (né en 1936). Il est considéré comme l'un des plus grands représentants de la littérature latino-américaine contemporaine. Son œuvre est une peinture minutieuse de la société péruvienne *(La Maison verte ; La Tante Julia et le Scribouillard ; Aux cinq rues, Lima)*. Il a relaté avec brio son expérience malheureuse à l'élection présidentielle de 1990 au Pérou *(Le Poisson dans l'eau)*. Prix Nobel 2010. Académie française.

varia n. m. pl. (mot latin « choses variées ») didact. Recueil d'œuvres variées. *Des varia* (ou RO *varias*).

variabilité n. f. Caractère de ce qui est variable.

variable adj. (latin *variabilis* → varier) **1.** Qui est susceptible de se modifier, de changer souvent (opposé à *invariable*). → **changeant, incertain, instable.** *Temps variable.* – *Vent variable,* qui change souvent de direction ou d'intensité. ■ sc. Qui prend, peut prendre plusieurs valeurs distinctes. *Grandeur, quantité variable.* – n. f. *Une variable :* symbole ou terme auquel on peut attribuer plusieurs valeurs numériques différentes. ■ gramm. *Mot variable,* dont la forme est susceptible de se modifier suivant le contexte. **2.** Qui prend plusieurs valeurs, plusieurs aspects (selon les cas individuels, les circonstances). *Des horaires variables.* ■ Qui peut se réaliser diversement. *Les formes variables de l'art.* **3.** Conçu, fabriqué pour subir des variations. *Lentilles à foyer variable.* □ adv. **variablement**

variance n. f. (latin *variantia* « variété ») statist. Moyenne des carrés des écarts (2). *L'écart type, racine carrée de la variance.*

variant n. m. biol. Organisme qui se différencie des autres membres de la même espèce par des caractères mineurs.

variante n. f. **1.** Élément d'un texte qui présente des différences par rapport à la version éditée ; différence selon les versions. *Édition critique accompagnée de variantes.* **2.** Forme ou solution légèrement différente. **3.** Moyen d'expression qui s'écarte d'une référence, d'un type. *Variantes graphiques.*

Varennes-en-Argonne

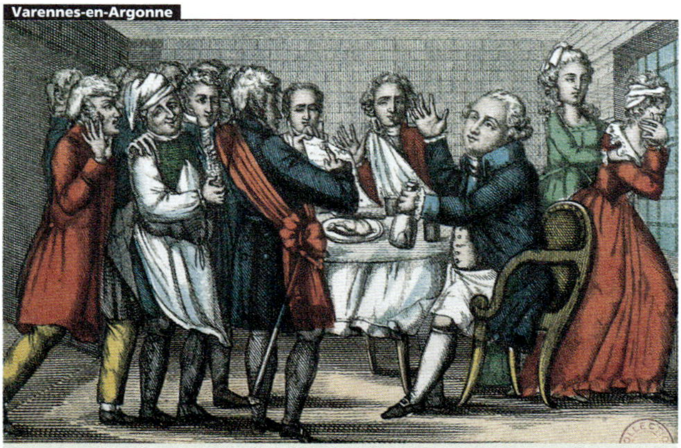

Le Roi arrêté à Varennes, anonyme (XVIIIe s.), musée Carnavalet, Paris.

variateur n. m. **1.** mécan. *Variateur de vitesse :* appareil permettant de transmettre le mouvement d'un arbre à un autre arbre en modifiant la vitesse de rotation de ce dernier. **2.** Dispositif permettant de faire varier une intensité électrique. *Le variateur d'une lampe halogène.*

variation n. f. (latin *variatio* → varier) **1.** Passage d'un état à un autre ; différence entre deux états successifs. → **modification. 2.** Écart entre deux valeurs numériques (d'une quantité variable) ; modification de la valeur (d'une quantité, d'une grandeur). *Variations de la température.* **3.** Changement psychologique ou de comportement. **4.** Modification d'un thème musical. – Composition formée d'un thème et de ses modifications. *Variations pour piano.*

varice n. f. (latin *varix, varicis* → variqueux) Dilatation permanente d'un vaisseau, d'une veine (surtout aux jambes).

varicelle n. f. (de *variole,* d'après les diminutifs latins en *-cellus, -cella*) Maladie infectieuse, contagieuse, généralement bénigne, caractérisée par des éruptions.

varicocèle n. f. (→ -cèle) pathol. Dilatation variqueuse des veines du cordon spermatique, des veines ovariennes.

varicosité n. f. pathol. Dilatation permanente des veines, parfois avec nécrose.

varié, ée adj. **1.** Qui présente des aspects ou des éléments distincts. → **divers.** *Un répertoire, un programme varié.* – *Terrain varié,* accidenté. **2.** au plur. Qui sont nettement distincts, donnent une impression de diversité. *Des arguments variés. Hors-d'œuvre variés.*

varier v. < 7 > (latin *variare* « diversifier », de *varius* « moucheté » et « inconstant » → vair) **I.** v. tr. **1.** Donner à (une seule chose) plusieurs aspects distincts ; rendre divers. *Varier son alimentation.* **2.** Rendre (plusieurs choses) nettement distinctes, diverses. *Varier ses lectures, ses distractions.* → **changer. II.** v. intr. **1.** Présenter au cours d'une durée plusieurs modifications ; changer souvent. → se **modifier ; variation.** – (personnes) Ne pas conserver la même attitude, les mêmes opinions. prov. *Souvent femme varie...* **2.** Se réaliser sous des formes différentes, diverses. *Les coutumes varient selon les lieux.* → **différer.**

variétal, ale, aux adj. didact. D'une variété, en sciences. *Caractères spécifiques* (de l'espèce) *et caractères variétaux.*

variété n. f. (latin *varietas,* de *varius* → vair, varier) **1.** vieux Changement. → **variation. 2.** Caractère d'un ensemble formé d'éléments variés, donnant une impression de changement ; différences qui existent entre ces éléments. → **diversité. 3.** Subdivision de l'espèce, délimitée par la variation de caractères individuels. → **type. 4.** au plur. Titre de recueils contenant des morceaux sur des sujets variés. → **mélange(s).** *« Variétés »* (de Valéry). – *Spectacle, émission de variétés,* comprenant des attractions variées. – au sing. *La variété française* (chanson populaire).

Varin ou **Warin** (Jean) Sculpteur français d'origine wallonne (1604-1672). On lui doit des sculptures de Richelieu, de Louis XIII et de Louis XIV jeune. Il réalisa également de fameuses effigies révélant sa maîtrise dans l'art de la médaille *(Louis XIII ; Christine de Suède)*.

variole n. f. (bas latin *variola,* pour *varulus,* de *varus* « bouton », influence de *varius* → varier) Maladie infectieuse, épidémique et contagieuse, caractérisée par une éruption de boutons. → petite **vérole.**

variolé, ée adj. méd. Marqué de cicatrices dues à la variole. *Un visage variolé.* – n. *Un variolé.*

varioleux, euse adj. et n. (Personne) qui a la variole.

variolique adj. méd. De la variole. *Une éruption variolique.*

V

variomètre n. m. 1. techn. Appareil servant à la mesure des inductances électriques. 2. aviat. Instrument de mesure des vitesses ascensionnelles.

variorum [vaʀjɔʀɔm] adj. invar. (abrév. de la loc. latine *cum notis variorum scriptorum* « avec les notes de plusieurs commentateurs ») didact. *Édition variorum,* avec l'ensemble des notes et commentaires donnés sur un auteur ou une œuvre.

variqueux, euse adj. et n. (→ varice) Accompagné de varices. *Ulcère variqueux.* ■ (Personne) qui souffre de varices.

varlope n. f. (néerlandais *woorlooper,* de *woor* « devant » et *loop* « qui court [devant] ») Grand rabot à poignée, qui se manie à deux mains. □ **varloper** v. tr. < 1 >

Varmus (Harold) Biologiste américain (né en 1939). Il découvrit, avec J. M. Bishop, l'origine cellulaire des oncogènes rétroviraux. Prix Nobel de médecine 1989, avec J. M. Bishop.

Varna Ville de Bulgarie, sur la mer Noire. 332 300 habitants. Port commercial. Important tourisme balnéaire.

varon n. m. (mot dialectal, du latin *varus* « pustule ») vétér. Tumeur avec perforation, sur la peau des bovins, provoquée par la larve de l'hypoderme ; cette larve. - var. **varron.**

Varron en latin **Terentius Varro** Homme politique romain (IIIe s. av. J.-C.). Consul, il fut vaincu par Hannibal lors de la deuxième guerre punique.

Varron en latin **Marcus Terentius Varro** Érudit latin (116-27 av. J.-C.). Il fut chargé par Jules César de constituer les premières bibliothèques publiques de Rome. Il est l'auteur d'une importante production, dont un traité de grammaire et de philologie et un traité historique. *La Langue latine ; Les Antiquités ; Les Satires Ménippées.*

Vars (col de) Col des Alpes, à la frontière du Dauphiné et de la Provence. 2 108 m. Il relie le Haut-Embrunais, le Queyras avec l'Ubaye. Station de sports d'hiver (Vars-Sainte-Marie) dans les environs.

Varsovie en polonais **Warszawa** Capitale de la Pologne, sur la Vistule, chef-lieu de la voïvodie de Mazovie. 1 702 140 habitants. Centre culturel, commercial et industriel du pays. La ville fut presque entièrement détruite au cours de la Seconde Guerre mondiale. Les quartiers historiques, ainsi que les nombreux monuments qui ornent la ville, ont été reconstitués (cathédrale du XIIIe s., remparts du XIVe s., château gothique). Varsovie fut la capitale de la Pologne dès le XVIe s. avant d'être cédée à la Prusse en 1795 pour redevenir capitale du royaume de Pologne en 1815. Occupée par les Allemands dès 1939, elle fut le théâtre de massacres lors de la destruction du ghetto juif (1943), puis lors de la répression de l'insurrection de 1944. Elle fut libérée par les armées soviétiques le 17 janvier 1945.

Varsovie (pacte de) Pacte de défense réciproque signé le 14 mai 1955 par l'URSS, l'Albanie, la Bulgarie, la Hongrie, la Pologne, la République démocratique allemande, la Roumanie et la Tchécoslovaquie, en réponse à l'entrée de la République fédérale d'Allemagne dans l'Otan. Il a été officiellement dissous le 1er juillet 1991.

Varuna Divinité hindoue. Dieu créateur dans les Véda, il est le garant de la justice, de l'ordre du monde et des rites. Souvent cité avec Mitra, il devient, dans le brahmanisme, le dieu des Mers et des Fleuves.

varus [vaʀys] adj. et n. m. (mot latin) méd. Se dit du pied, du genou, de la cuisse, de la main, quand ils sont tournés en dedans (opposé à *valgus*). *Un tibia varus.* – n. m. *Un varus :* un pied bot varus.

Varus en latin **Publius Quintilius Varus** Général romain (v. 56 av. J.-C.-9 apr. J.-C.). Chargé d'organiser la Germanie, il fut vaincu par Arminius et se donna la mort.

varve n. f. (du suédois *varv* « couche ») géol. Mince lit de vase.

vas- voir **vas(o)-**

Vasa voir **Gustave Ier Vasa**

vasard, arde adj. et n. m. (→ ²vase) régional Constitué de vase. *Sable vasard,* mêlé de vase. – n. m. Fond de vase molle.

Vasarely (Gyözö Vásárhelyi, dit Victor) Peintre français d'origine hongroise (1906-1997). L'originalité de son style repose sur les effets d'optique et les recherches sur la lumière (op art). Il a réalisé des compositions abstraites à partir de formes géométriques simples répétées à l'infini.

Victor Vasarely, *Boo* (1978), coll. privée.

Vasari (Giorgio) Historien d'art, architecte et peintre italien (1511-1574). Son art se voulut une tentative de synthèse entre les styles de Michel-Ange et de Raphaël, comme en témoignent ses décorations du Palazzo Vecchio de Florence (*Scènes de la vie de Paul III*). Ses écrits sont une source documentaire précieuse sur l'histoire de l'art médiéval italien.

Varsovie

Varsovie, la place du Marché dans la vieille ville.

Vasco de Gama voir **Gama (Vasco de)**

Vasconcelos (Joana) Artiste portugaise (née en 1971). Elle offre une vision nouvelle d'objets préexistants : *Les Escarpins de Marilyn ; La Théière.*

Vascons n. m. pl. Ancien peuple de la péninsule Ibérique établi dans la Navarre actuelle. Les Vascons donnèrent leur nom à la Gascogne et aux Basques dont ils sont les ancêtres.

vasculaire adj. (du latin *vasculum* « petit récipient », de *vas* → ¹vase) didact. Qui appartient aux vaisseaux (IV), contient des vaisseaux. *Le système vasculaire :* ensemble des vaisseaux de l'organisme. ■ bot. *Plantes vasculaires :* végétaux supérieurs à tige, racine(s) et feuilles.

vasculariser v. tr. < 1 > anat. Pourvoir de vaisseaux (surtout pronom. et p. p.). *Tissus vascularisés.* □ n. f. **vascularisation**

¹vase n. m. (d'abord *vas ;* latin *vas, vasis* « récipient » → évasé, vaisseau, vasculaire) 1. vieux Récipient pour les liquides. *« Deux sous de lait dans un vase de fer blanc »* (Renan). 2. mod. Récipient servant à des usages nobles ou ayant une valeur historique, artistique. *Vases grecs.* 3. Récipient destiné à recevoir des fleurs coupées. *Un grand vase en cristal.* 4. (du sens 1) *Vases sacrés,* destinés à la célébration de la messe. → **burette, ¹calice, ciboire, patène.** ■ Récipient utilisé en chimie. – loc. *Le principe des* **vases communicants** (fig. se dit de deux choses en communication dont l'une s'accroît quand l'autre diminue). ■ loc. *En vase clos :* sans communication avec l'extérieur.

²vase n. f. (mot germanique ; ancien néerlandais *wase* → gazon) Dépôt de terre et de particules organiques en décomposition, qui se forme au fond des eaux stagnantes ou à cours lent. → **boue, ¹limon.** *Un chalutier échoué dans la vase.*

vasectomie n. f. (de *vas-* + *-ectomie*) méd. Opération qui consiste à couper les canaux déférents des testicules (pour entraîner la stérilité chez l'homme).

vaseline n. f. (mot anglais des États-Unis, de l'allemand *Wasser* « eau » + grec *elaion* « huile », suffixe *-ine*) Substance molle, grasse obtenue à partir des pétroles de la série des paraffines, utilisée en pharmacie.

vaseliner v. tr. < 1 > Enduire de vaseline.

vaser v. impers. < 1 > (de l'argot *vase* « pluie », de l'allemand *Wasser* « eau ») argot Pleuvoir.

vaseux, euse adj. (de ²vase) I. Qui contient de la vase, est formé de vase. *Fonds vaseux.* II. fam. 1. (personnes) Qui se trouve dans un état de malaise, de faiblesse. → **fatigué.** *Je me sens vaseux ce matin.* 2. Trouble, embarrassé, obscur. *Un raisonnement vaseux.* → fam. **vasouillard.** ■ *Blague vaseuse,* peu drôle, ratée.

vasière n. f. régional ou techn. 1. Endroit, fond vaseux. 2. Premier bassin d'un marais salant, où arrive l'eau de mer. 3. Parc à moules.

vasistas [vazistɑs] n. m. (allemand *was ist das ?* « qu'est-ce que c'est ? », question posée à travers une lucarne, un guichet, et mal comprise par des Français) Petit vantail pouvant s'ouvrir dans une porte ou une fenêtre.

vas(o)- Élément (du latin *vas* « récipient » → ¹vase) signifiant « récipient ».

vasoconstricteur adj. m. (nerfs) Qui commande la diminution du calibre d'un vaisseau par contraction de ses fibres musculaires (*vasoconstriction* n. f.).

vasodilatateur adj. m. (nerfs) Qui commande la dilatation des vaisseaux (*vasodilatation* n. f.).

vasomoteur, trice adj. Relatif à la dilatation et à la contraction des vaisseaux.

vasopresseur n. m. méd. Substance qui contracte les artères.

vasopressine n. f. méd. Hormone hypophysaire qui contracte les artères et élève la pression sanguine (syn. **hormone antidiurétique**).

vasouillard, arde adj. fam. Qui vasouille, est vaseux (II). *Une explication vasouillarde.* - syn. **vasouilleux, euse.**

vasouiller v. intr. < 1 > (de ^{2}*vase*, suffixe péj. *-ouiller*) fam. Être hésitant, peu sûr de soi, maladroit (dans une réponse, etc.). → fam. **cafouiller, s'embrouiller, nager, patauger.** *Elle vasouille à tous ses oraux.*

vasque n. f. (italien *vasca*, qui vient du latin *vascula*, plur. de *vasculum* → vaisseau) **1.** Bassin ornemental peu profond qui peut être aménagé en fontaine. *Vasque de marbre.* **2.** Large coupe (pour décorer une table, etc.). **3.** Cuvette de lavabo évasée, posée sur un plan.

vassal, ale, aux n. (latin médiéval *vassalus*, du bas latin *vassus*, du gaulois → valet) **1.** hist. Sous le système féodal, Homme lié personnellement à un seigneur, un suzerain qui lui concédait la possession effective d'un fief. **2.** Personne, groupe dépendant d'un autre et considéré comme un inférieur. – appos. *Pays vassaux.* → **satellite.**

Vassal (Jean-Philippe) Architecte français (né en 1954). Prix Pritzker 2021 avec Anne Lacaton.

vassaliser v. tr. < 1 > hist., littér. Asservir, rendre semblable à un vassal. □ n. f. **vassalisation**

vassalité n. f. **1.** hist. Dépendance de vassal à suzerain. **2.** fig., littér. Assujettissement, soumission.

Vassilevski (Aleksandr Mikhaïlovitch) Maréchal soviétique (1895-1977). Chef d'état-major pendant la Seconde Guerre mondiale, il fut l'un des conseillers de Staline. Il fut ministre des Forces armées de 1949 à 1953.

Vassili Nom de plusieurs grands-princes de Moscou. ■ **Vassili Ier** (1371-1425). Grand-prince de Vladimir et de Moscou (1389-1425). Il repoussa Tamerlan (1395) mais ne put empêcher les Mongols de ravager Moscou (1408). ■ **Vassili II l'Aveugle** (1415-1462). Grand-prince de Moscou (1425-1462). Il renforça le pouvoir de Moscou sur les terres russes, libéra l'Église russe de la tutelle byzantine et refusa le décret d'union des Églises grecque et romaine. ■ **Vassili III** (1479-1533). Grand-prince de Moscou (1505-1533). Il étendit son pouvoir sur une partie de la Lituanie mais dut affronter les Tatars de Crimée et de Kazan. Il fut le père d'Ivan IV le Terrible.

Vassili Chouïski (1552-1612). Tsar de Russie (1606-1610). Il s'empara du pouvoir par un coup d'État. Vaincu par Sigismond III de Pologne, il fut destitué et mourut en captivité en Pologne.

Vassivière Lac artificiel de la Haute-Vienne (1 000 ha), créé par un barrage établi sur la Maulde.

vaste adj. (d'abord *wast* ; vient du latin *vastus* « ravagé », « désolé, vide » ; famille indo-européenne signifiant « vide », *cf.* vain, vaquer) **1.** (surface) Très grand, immense. *Une vaste forêt.* **2.** Très grand ; ample. **3.** Important en quantité, en nombre. **4.** Étendu dans sa portée ou son action. *Il possède une vaste culture.* – fam. *C'est une vaste blague.* □ **vastement** adv. littér.

Västerås Ville de Suède, sur le lac Mälar, chef-lieu du comté de Västmanland. 133 000 habitants. Cathédrale et château du XIIIe s. Port. Centre industriel. En 1527, la ville accueillit la Diète lors de laquelle Gustave Ier Vasa introduisit la Réforme en Suède.

vastitude n. f. (du latin → vaste) littér. Caractère de ce qui est vaste ; immensité (concret et abstrait).

Vaté ou **Efaté** (île) Île du centre de la république de Vanuatu. 1 100 km^2. 80 000 habitants. Elle abrite la capitale de l'État, Port-Vila. Gisements d'or.

Vatel Maître d'hôtel de Nicolas Fouquet puis du Grand Condé (v. 1625-1671). Célèbre pour les festins fastueux qu'il savait organiser, il se suicida en apprenant que la marée sur laquelle il comptait pour un banquet n'était pas arrivée.

va-t-en-guerre n. invar. (de *aller, en* et *guerre*, d'après la formule *s'en va-t'en guerre*, dans la chanson de Malbrough) fam. Militaire ; personne qui pousse à la guerre ; partisan de la force pour la résolution d'un conflit. → **belliciste.** – adj. invar. *Des ministres va-t-en-guerre.* ■ fig. Personne qui recherche le combat, l'affrontement.

Vatican n. m. Résidence des papes située sur une colline de Rome. Autour de la basilique Saint-Pierre (IVe s.), se dressent de nombreux édifices et de vastes jardins. Le palais fut sans cesse remanié, notamment par Bramante sous Jules II, et de très belles chapelles y furent ajoutées, parmi lesquelles la chapelle Sixtine. Le Vatican abrite également la Bibliothèque vaticane, les loges et les chambres de Raphaël, et plusieurs musées.

Vatican (État de la Cité du)

État d'Europe, situé à Rome. → Italie (carte). 44 ha. 833 habitants. Il fut créé par les accords du Latran (1929) afin d'assurer une base temporelle à la souveraineté spirituelle du pape. Outre la basilique Saint-Pierre et les édifices alentour, il englobe une douzaine de propriétés situées à Rome et à Castel Gandolfo.

Vatican, la coupole de la basilique Saint-Pierre.

vaticane adj. f. (du n. du Vatican, du latin *Vaticanus [mons]*, n. d'une des sept collines de Rome) didact. Qui a rapport, appartient au Vatican, au Saint-Siège. *La Bibliothèque vaticane* ou *la Vaticane* n. f.

vaticane (Bibliothèque) Bibliothèque fondée par le pape Nicolas V au Vatican, en 1450. Elle conserve 1 600 000 volumes (nombreux manuscrits et ouvrages anciens).

Vatican I ou **premier concile du Vatican** Concile œcuménique réuni par le pape Pie IX en 1869. Il précisa la doctrine catholique sur la révélation et sur la foi, et affirma le dogme de l'infaillibilité pontificale. Il fut suspendu en 1870 à la suite de l'entrée des troupes italiennes dans Rome.

Vatican II ou **deuxième concile du Vatican** Concile œcuménique réuni par le pape Jean XXIII en 1962 et poursuivi par Paul VI. Il eut pour objet de rénover l'Église et la liturgie pour les mettre en adéquation (*aggiornamento*, « mise à jour ») avec le monde moderne. Il eut de très nombreux contributeurs et s'acheva en 1965.

vaticinateur, trice n. (latin *vaticinator* « devin, prophète ») littér. Personne qui prétend connaître l'avenir.

vaticination n. f. littér. Prédiction de l'avenir. → **oracle, prophétie.** ■ péj. Discours pompeux et répété.

vaticiner v. intr. < 1 > (latin *vaticinare*, de *vates* « prophète », mot d'origine italique et celtique, et *canere* « chanter ») littér. Prédire l'avenir (en parlant comme un oracle), prophétiser. ■ péj. Tenir un discours pompeux, ressemblant à une prophétie.

Vatnajökull n. m. Glacier du S.-E. de l'Islande. 8 500 km^2.

va-tout n. m. invar. (de *aller* et *tout*) aux cartes Coup où l'on risque tout son argent. – loc. fig. *Jouer son va-tout* : risquer le tout pour le tout. - var. RO **vatout** n. m.

Vattel (Emmer ou Emmerich de) Diplomate et juriste suisse (1714-1767). Auteur d'un traité sur le *Droit des gens*, source doctrinale importante, il est l'un des fondateurs du droit international moderne.

Vättern (lac) Lac de Suède méridionale. 1 912 km^2. Il communique avec le Vänern et est relié à la Baltique par un canal.

Vattimo (Gianni) Philosophe et homme politique italien (né en 1936). Il a contribué à introduire la pensée herméneutique en Italie. Théoricien de la pensée faible et de la fin des grands récits métaphysiques, il est un des représentants du courant post-moderne. *Au-delà du sujet ; La Société transparente.*

vau n. m. (graphie moderne de *veau*, qui avait ce sens par métaphore) techn. Pièce porteuse d'un cintre, utilisée pendant la construction d'une voûte. *Des vaux.*

Vauban (Sébastien Le Prestre de) Maréchal de France (1633-1707). Nommé commissaire des fortifications en 1678, il multiplia les enceintes fortifiées aux frontières du royaume et édifia de grands ports et des canaux. Il publia plusieurs ouvrages de politique et d'art militaire. Son *Projet d'une dîme royale*, qui préconisait l'instauration d'un impôt sur le revenu, et sa liberté d'esprit provoquèrent sa disgrâce.

Vaucanson (Jacques de) Ingénieur français (1709-1782). Il conçut de nombreuses machines, dont le premier métier à tisser automatique et des automates restés célèbres : le *Joueur de flûte traversière*, le *Joueur de tambourin*. Les machines-outils modernes doivent beaucoup à ses inventions.

vauchérie n. f. (du n. de J. Vaucher, botaniste suisse) bot. Algue verte filamenteuse, ramifiée, qui croît sur la terre humide ou dans les eaux douces.

Vaucluse n. m. [84] Département français de la Région Provence-Alpes-Côte d'Azur (→ carte). 3 742 km^2. 561 941 habitants. Chef-lieu : Avignon. Chefs-lieux d'arrondissement : Apt, Carpentras. Le Vaucluse est constitué, à l'E., de reliefs calcaires annonçant les Alpes (Luberon, monts de Vaucluse, mont Ventoux) et, à l'O., de plaines fertiles, limitées par le cours du Rhône. La Durance forme la limite sud du département (agriculture fruitière et maraîchère, vigne [côtes-du-rhône]). L'agglomération d'Avignon accueille l'essentiel des industries (agroalimentaire, engrais, produits réfractaires, poudrerie). Tourisme vert (parc naturel régional du Luberon) et tourisme culturel (Avignon, Orange, Vaison-la-Romaine et leurs festivals).

vauclusien, ienne adj. et n. (du n. du département du Vaucluse) **1.** Du Vaucluse. **2.** adj. géol. *Source vauclusienne*, source karstique*, rivière souterraine venant au jour. → **résurgence.**

Vaucouleurs Commune de la Meuse, sur la Meuse. 1 929 habitants. Vestiges de fortifications, musée d'archéologie. En 1429, Jeanne d'Arc s'y présenta à Robert de Baudricourt, gouverneur du roi, pour qu'il la fasse escorter à Chinon auprès de Charles VII.

Vaucresson Commune des Hauts-de-Seine, à l'O. de Paris. 8 627 habitants. Église Saint-Denys (XIIe s.). Villas de Le Corbusier.

Vaud (canton de) Canton du S.-O. de la Suisse. 3 211 km². 793 129 habitants. Chef-lieu : Lausanne. Territoire formé de la vallée de Joux, du plateau suisse et des Alpes bernoises, recouvert de plusieurs lacs (lac de Joux, lac Léman, lac de Neuchâtel) et irrigué par de nombreuses rivières. C'est une riche région agricole (céréales, betterave à sucre, tabac, vignes). Stations de sports d'hiver (Les Diablerets, Leysin). Troisième canton de la Confédération, par la population, il abrite la moitié de la population romande de Suisse. La République lémanique proclamée en 1798 prit le nom de canton du Léman avant celui de *canton de Vaud* en 1803.

vaudeville [vod(ə)vil] **n. m.** **(altération, d'après *ville*, de *vau-de-vire*, p.-ê. n. de lieu, ou composé de l'ancien v. *vaudrer* « tourner » et de *virer*)** **1.** vieux Chanson populaire à thème satirique. **2.** mod. Comédie légère, divertissante, fertile en intrigues et rebondissements. **3.** Situation comique et compliquée.

vaudevillesque [vod(ə)vilɛsk] **adj.** Qui a le caractère léger ou burlesque du vaudeville. *Une situation vaudevillesque.*

vaudevilliste [vod(ə)vilist] **n.** Auteur de vaudevilles.

¹vaudois, oise **n.** **(de Pierre *Valdo*)** Membre d'une secte chrétienne intégriste du Moyen Âge, en France. **– adj.** *L'hérésie vaudoise.*

²vaudois, oise **adj. et n.** **(vient du latin médiéval *Valdensis*)** Du pays de Vaud (en Suisse romande).

vaudou, e **n. m. et adj.** **(mot créole d'Haïti, venu du Bénin)** Culte religieux des Antilles, d'Haïti, mélange de pratiques magiques, de sorcellerie et d'éléments chrétiens. **– adj.** *Des cérémonies vaudoues.*

▶ Le **vaudou**, qui mêle des rituels animistes originaires d'Afrique de l'Ouest à des éléments catholiques, est né au XVIe siècle dans les communautés d'esclaves de Saint-Domingue, avant de passer dans les autres îles des Antilles, en Louisiane, puis en Afrique et dans le reste du monde.
Cette religion secrète reste liée au monde caraïbe, dont elle imprègne la culture. Elle fut le creuset d'une résistance à l'esclavage : très vite, les rites vaudou firent peur aux maîtres blancs, qui y voyaient à la fois un défi à leur pouvoir et une pratique diabolique. Interdit en Louisiane dès 1817, le vaudou n'en devint que plus puissant. Le caractère secret du « culte des esprits » (*vaudou*, en fon, langue parlée au Bénin) et des rumeurs invérifiables de sacrifices humains font craindre et respecter *hougans* et *mambos*, les prêtres et prêtresses vaudou. Ceux-ci entrent en contact avec les esprits par la transe, au son des tambours. Les *loas rada*, issus de la tradition africaine, sont des esprits bénéfiques. Les *loas petro*, apparus à l'époque de l'esclavage, sont associés à des forces obscures et mauvaises. Certains prêtres pratiquent une magie noire à l'aide d'images ou de poupées : ces rites d'envoûtement, pourtant minoritaires et pratiqués aussi dans l'Europe médiévale, sont devenus grâce au cinéma l'une des images les plus connues du vaudou.
voir aussi **animisme, christianisme, magie**

Vaudreuil (Philippe de Rigaud, marquis de) Administrateur français (1643-1725). Il fut gouverneur de Montréal puis gouverneur général de la Nouvelle-France (1703-1725). En 1713, malgré la perte de l'Acadie et de Terre-Neuve au profit des Britanniques, il parvint à soutenir la traite des fourrures pour assurer la prospérité de la colonie. ■ **Pierre de Rigaud de Cavagnal, marquis de Vaudreuil.** Administrateur français (1698-1778). Fils de Philippe, il fut le dernier gouverneur de la Nouvelle-France.

V

Vaugelas [-la] **(Claude Favre, seigneur de)** Grammairien et linguiste français (1585-1650). Dans ses *Remarques sur la langue française*, il préconisa le recours à l'usage, fondé sur le « bon goût » de la cour, pour régler la langue.

Vaughan (Henry) Poète anglais (1622-1695). Il est l'auteur de poèmes d'inspiration religieuse aux forts accents mystiques. *Étincelles tirées du silex.*

Vaughan (Sarah) Chanteuse de jazz américaine (1924-1990). Dotée d'une voix d'une rare étendue, elle s'illustra dans un très large répertoire. Principaux enregistrements : *Lover Man* (avec Dizzy Gillespie) ; *Sometimes I Feel Like a Motherless Child.*

Vaughan Williams (Ralph) Compositeur britannique (1872-1958). Il contribua au renouveau musical en Grande-Bretagne avec des compositions inspirées des mélodies populaires et de la musique élisabéthaine. *Fantaisies sur un thème de Thomas Tallis ; A London Symphony.*

à **vau-l'eau** **loc. adv.** **(de *vau* → ¹val et *eau*)** vieilli Au fil de l'eau. **–** fig. *Aller à vau-l'eau :* péricliter par une évolution naturelle, par inaction, passivité.

Vaulx-en-Velin Commune du Rhône, dans la banlieue de Lyon. 51 761 habitants.

Vauquelin (Nicolas Louis) Chimiste français (1763-1829). Il découvrit le chrome et démontra, avec Laugier, sa présence dans les météorites.

Vauquelin de La Fresnaye (Jean) Poète français (v. 1536-1606). Ses poésies sont inspirées de Ronsard et d'Horace. *Les Diverses Poésies ; Foresteries.*

Vauréal Commune du Val-d'Oise. 16 020 habitants.

vaurien, enne **n.** **(de *valoir* et *rien*)** **I. 1.** vieux Bandit, brigand. **2.** Jeune voyou. **→ chenapan, galopin, garnement. II. n. m.** (n. déposé) Petit bateau de régate, dériveur monotype gréé en sloop. *Une régate de vauriens.*

vautour **n. m.** **(latin *voltur, vultur*)** **1.** Oiseau rapace de grande taille, au bec crochu, à la tête et au cou dénudés, qui se nourrit de charognes et de détritus. **2.** Personne dure et rapace. **→ requin.**

vautrait **n. m.** **(du bas latin *vertragus* « chien courant », mot d'origine celte)** chasse Grand équipage de chiens pour la chasse au sanglier.

se **vautrer** **v. pron. réfl.** **< 1 > (vient du latin pop. *volutulare*, de *volutus*, p. p. de *volvere* « tourner » → révolution, volute)** **1.** Se coucher, s'étendre (sur, dans qqch.) en prenant une position abandonnée (Il, 2). **– au p. p.** *Il reste des heures vautré sur son lit.* **2.** Se complaire. *Ils se vautraient dans la paresse.* **3.** fam. Faire une chute, tomber. ■ Subir un échec. *Elle s'est vautrée aux examens.*

Vautrin Personnage de *La Comédie humaine* de Balzac. Figure de forçat évadé, vivant en marge de la société, il prend sous son aile de jeunes gens, tel Rastignac, qu'il pousse dans les allées du pouvoir et de l'argent pour assouvir sa soif de revanche et de puissance. Il finit par représenter l'ordre social en accédant à la fonction de chef de la sûreté.

Vautrin (Jean Herman, dit Jean) Écrivain, réalisateur et scénariste français (1933-2015). On lui doit notamment les romans *Billy-Ze-Kick, La Vie Ripolin* et *Le Cri du peuple*, qui évoque avec un réalisme étonnant l'épisode de la Commune.

Vauvenargues (Luc de Clapiers, marquis de) Moraliste français (1715-1747). À l'instar de La Bruyère, il publia des *Caractères* où se manifeste un regard acerbe sur la société de son temps. Paradoxalement, ses *Maximes et Réflexions*, condensées dans des formules ciselées, expriment plutôt sa confiance en l'homme et en sa bonté naturelle.

Vaux (fort de) Fort situé sur le territoire de la commune de Vaux-devant-Damloup, dans la Meuse (arrondissement de Verdun). Lors de la bataille de Verdun, il fut pris par les Allemands le 9 juin 1916, puis repris par les Français le 2 novembre.

Vaux-le-Pénil Commune de la Seine-et-Marne, dans la banlieue de Melun. 11 102 habitants. Château du XVIIIe s. abritant le musée du Surréalisme.

Vaux-le-Vicomte Château situé en Seine-et-Marne, près de Melun. Il fut édifié de 1657 à 1661, selon les plans de Le Vau, pour le surintendant Fouquet. Le Brun le décora et Le Nôtre en dessina les jardins. Par son architecture et ses décorations, il annonce le château de Versailles.

vavasseur **n. m.** **(du latin médiéval *vassus vassorum* proprt « vassal des vassaux »)** hist. (féodalité) Vassal d'un arrière-fief.

à la **va-vite** **loc. adv.** Trop rapidement et sans soin.

Vazov (Ivan) Écrivain bulgare (1850-1921). Il publia des nouvelles et des romans dans une veine réaliste qui en fit le grand témoin de son temps. Il est considéré comme l'un des écrivains majeurs de la littérature bulgare. *Sans feu ni lieu ; Sous le joug ; Borislav.*

Vázquez Montalbán (Manuel) Journaliste et romancier espagnol (1939-2003). Il écrivit des romans policiers par lesquels il s'affirme comme un fin analyste de la vie politique et de la société espagnoles. Créateur du personnage de Pepe Carvalho, il allie un humour noir et une sensibilité qui lui ont valu un immense succès populaire et critique. *Une éducation sentimentale ; J'ai tué Kennedy ; La Solitude du patron.*

vé **n. m.** **(du n. de la lettre *v*)** techn. Sorte de cale, ayant la forme d'un v.

veau **n. m.** **(d'abord *vedel* et *veel*, venant du latin *vitellus*, diminutif de *vitulus* « petit d'une année », de *vetus, veteris* « âgé d'une année » → vieux)** **I. 1.** Petit de la vache, mâle ou femelle, pendant sa première année. **– allusion biblique** *Tuer le* **veau gras** *:* faire un festin en l'honneur de qqn de qqch. **–** *Adorer le Veau d'or :* avoir le culte de l'argent. **2.** Viande de cet animal (viande blanche). *Escalope, tête de veau.* **3.** Peau de veau ou de génisse, tannée et apprêtée. **→ ²box, vélin.** *Reliure en veau.* **4.** *Veau marin :* phoque. **II.** fam. **1.** (personnes) Niais ou indolent. *Vous n'êtes tous que des veaux !,* vous êtes tous veules. **2.** Mauvais cheval de course. **–** Automobile peu nerveuse. *Cette voiture est un vrai veau.*

Veauche Commune de la Loire, en bordure de Loire. 9 001 habitants. Église du Xe s. Verrerie.

Veau d'or (le) Dans la Bible, idole adorée par les Hébreux sortis d'Égypte, pendant l'ascension du Sinaï par Moïse.

Veblen (Thorstein Bunde) Économiste américain (1837-1929). Théoricien de la « consommation ostentatoire », il s'est intéressé aux motivations cachées des consommateurs (la vanité et le désir de se distinguer). Il a théorisé *l'effet Veblen*, expliquant le paradoxe suivant lequel plus le prix d'un bien augmente, plus sa consommation augmente. *Théorie de la classe de loisir ; La Théorie de l'entreprise moderne.*

Vecchietta (Lorenzo di Pietro, dit) Peintre, sculpteur et architecte italien (v. 1405-1480). Il réalisa des fresques représentatives du style siennois du XIVe s. *(Histoire de Tobie).* On lui doit également des bronzes inspirés de Donatello *(Christ ressuscité).* Il dirigea des travaux de fortification commandés par la ville de Sienne.

vécés **n. m. pl.** **(graphie populaire de la prononciation courante de *W.-C.*)** fam. Toilettes.

vecteur **n. m.** **(latin *vector* « passager », de *vehere* « transporter » → véhicule)** **1.** math. Segment de droite orienté, formant un être mathématique sur lequel on peut effectuer des opérations. *Grandeur, direction, sens d'un vecteur.* **2.** méd. Organisme (spécialt insecte) susceptible de transmettre un agent infectieux d'un sujet à un autre. **3.** Chose ou personne qui sert d'intermédiaire. **4.** milit. Aéronef, engin capable de transporter une charge nucléaire.

vectoriel, ielle adj. (anglais *vectorial* → **vecteur**) **1.** math. Relatif aux vecteurs. *Calcul vectoriel :* étude des opérations que l'on peut effectuer sur les vecteurs. *Espace vectoriel.* **2.** inform. Se dit d'un mode de codage des images sous forme de descriptions géométriques, et non point par point.

vectoriser v. tr. < 1 > (du radical de *vecteur*) inform. Transformer une image en mode point en une image vectorielle. □ **n. f. vectorisation**

vécu, ue adj. Qui appartient à l'expérience de la vie. → **réel.** *Histoire vécue.* → **vrai.** *Expérience vécue.* – **n. m.** *Le vécu.*

Véda n. m. pl. Nom donné aux quatre textes sacrés de l'hindouisme : le Rigveda, le Sāmaveda, le Yajurveda et l'Atharvaveda qui forment le socle de la littérature védique.

véda n. m. (mot sanskrit « savoir », famille indo-européenne de *idée,* de *voir*) didact. Texte religieux et poétique de l'Inde ancienne. → **védique.** *Les védas.*

Vedel (Georges) Juriste français (1910-2002). Spécialiste du droit public français, il présida, en 1993, le comité consultatif pour la révision de la Constitution. Académie française.

vedettariat n. m. **1.** Situation de vedette, condition sociale des vedettes. *Les contraintes du vedettariat.* **2.** Phénomènes liés à l'existence des vedettes.

vedette n. f. (italien *vedetta* « position élevée », p.-ê. famille de *vedere* → **voir,** ou de *vigilare* → **vigilant**) **I. 1.** vieux *Être en vedette :* en sentinelle (autrefois à cheval). **2.** *Mettre en vedette :* mettre en évidence, en valeur. **3.** Fait d'avoir son nom imprimé en gros caractères. *Avoir, partager la vedette.* – *Avoir, tenir la vedette :* être au premier plan. **4.** vieilli Artiste qui a la vedette, personne qui jouit d'une grande renommée. *Les vedettes du cinéma.* → **étoile, star.** *C'est une des vedettes de l'actualité.* **II.** (du sens I, 1) Petit navire de guerre chargé de l'observation. – Canot rapide. *Les vedettes de la douane.*

védique adj. didact. Relatif aux védas. *Hymnes védiques.* – *Langue védique* et **n. m.** *le védique :* forme archaïque du sanskrit, langue des textes sacrés des védas.

védisme n. m. (de *védique*) didact. (relig.) Brahmanisme primitif.

Védrines (Jules) Aviateur français (1881-1919). L'un des grands aviateurs de son époque, il multiplia les performances aéronautiques, en particulier au cours de la Première Guerre mondiale. Il se tua lors du raid Paris-Rome de 1919.

Vega (Lope de) voir **Lope de Vega**

Véga Étoile la plus brillante du ciel boréal, appartenant à la constellation de la Lyre, à 25 années-lumière de la Terre.

Vega (La) Ville de la République dominicaine, au pied de la Cordillère centrale. 107 500 habitants. Centre commercial. Ruines de l'ancienne ville de Concepción de La Vega, un fort fondé, à l'origine, par Christophe Colomb.

végane n. et adj. (anglais *vegan,* contraction de *vegetarian* « végétarien ») **1. n.** Personne qui exclut de son alimentation tout produit d'origine animale et adopte un mode de vie respectueux des animaux. – **adj.** *Le mouvement végane.* → **véganisme. 2. adj.** Qui ne contient pas de substance d'origine animale et dont la fabrication est respectueuse des animaux. *Cosmétiques véganes.*

véganisme n. m. (anglais *veganism,* de *vegan* → **végane**) Mode de vie des véganes.

Végèce Écrivain latin (fin IVe-début Ve s.). Il a laissé un *Traité de l'art militaire,* document précieux sur le système militaire romain.

végétal, ale, aux (du latin, de *vegetare* « pousser » → **végéter,** de *vegetus* « vif, animé », de *vegere, vigere* → **vigueur**) **I. n. m.** Être vivant caractérisé, par rapport aux animaux, par des mouvements et une sensibilité plus faibles, une composition chimique particulière, une nutrition à partir d'éléments simples. → **[1]plante, végétation.** *Étude des végétaux.* → **botanique. II. adj. 1.** Relatif aux plantes. *Règne végétal* (opposé à *animal, minéral*). **2.** Qui provient d'organismes de végétaux. *Huiles végétales. Crin végétal.*

végétalisation n. f. (de *végétal*) Mise en place d'une couverture végétale. *Végétalisation d'un talus, d'un toit-terrasse.* □ **végétaliser** v. tr. < 1 > □ **végétalisé, ée** adj. *Mur végétalisé.*

végétalisme n. m. rare Régime alimentaire excluant tous les aliments qui ne proviennent pas du règne végétal (distinct du *végétarisme*). □ **adj. et n. végétalien, ienne**

végétarien, ienne adj. et n. (de l'anglais, de *vegetable* « légume », de l'ancien français → **végétal**) *Régime végétarien,* d'où sont exclus la viande, le poisson. – **n.** Personne qui suit ce régime. - abrév. fam. **végé.** *Des recettes végés.* → anglic. **veggie.** □ **n. m. végétarisme**

végétatif, ive adj. (du latin, de *vegetare* → **végétal**) **1.** Qui concerne les fonctions physiologiques contrôlées par le système neurovégétatif. – Relatif à la partie du système nerveux qui innerve les viscères. → **sympathique** (I, 2). *Système végétatif centrifuge.* **2.** Qui évoque la vie des végétaux, par son inaction. → **inactif ; végéter.** *Une existence végétative.*

végétation n. f. (du latin, de *vegetare* → **végétal**) **I. 1.** rare Vie des végétaux ; pousse. **2.** cour. Ensemble des végétaux, des plantes qui poussent en un lieu. → **flore.** *Une végétation luxuriante.* **II.** méd. au plur. Papillome de la peau ou d'une muqueuse ayant un aspect bourgeonnant. → **condylome.** ■ *Végétations adénoïdes.* absolt, cour. *Opérer un enfant des végétations.*

végéter v. intr. < 6 > (latin *vegetare* « pousser, se développer » → **végétal**) **I.** vieux Se développer (surtout des plantes). *« On sentait sourdre, et vivre, et végéter déjà / Tous les arbres futurs »* (Hugo). **II.** mod. (comparaison des plantes avec les animaux) **1.** (plantes) Mal pousser, croître avec difficulté. **2.** péj. (personnes) Avoir une activité réduite ; vivre dans une morne inaction ou rester dans une situation médiocre. → **vivoter.** ■ (choses) *Son entreprise végète.* → **stagner.**

veggie [vɛdʒi] adj. et n. (mot anglais, abrév. de *vegetarian* « végétarien ») anglic. Végétarien. *Burger veggie.* – **n.** *Les veggies et les véganes.*

véhémence n. f. (latin *vehementia* → **véhément**) littér. Force impétueuse (des sentiments ou de leur expression). → **ardeur, emportement, fougue, impétuosité.** *Elle protesta avec véhémence.*

véhément, ente adj. (latin *vehemens, vehementis,* p.-ê. négation de *mens, mentis* « esprit ») littér. Qui a une grande force expressive, qui entraîne ou émeut. → **enflammé, entraînant, fougueux.** *Un discours véhément. Un orateur véhément.* □ **adv. véhémentement**

véhiculaire adj. didact. *Langue véhiculaire,* qui sert aux communications entre des communautés de langue maternelle différente (opposé à *vernaculaire*).

véhicule n. m. (latin *vehiculum,* de *vehere* « transporter » → **vecteur, voiture**) **I.** didact. Ce qui sert à transmettre, à faire passer d'un lieu à un autre, à communiquer. *Le langage, véhicule de la pensée.* – relig. Voie du salut, dans le bouddhisme. *Le grand, le petit véhicule* (formes de bouddhisme). **II.** cour. Engin de transport muni de roues. *Véhicule automobile.* → **voiture.** *Véhicule prioritaire. Véhicule de courtoisie,* gracieusement mis à disposition en remplacement temporaire d'un véhicule immobilisé.

véhiculer v. tr. < 1 > **1.** Transporter (qqn) avec un véhicule (II). *Il les a véhiculées jusqu'à l'école.* → **conduire. 2.** Constituer un véhicule (I) pour (qqch.). *Idéologie véhiculant des thèses suspectes.*

Vehme n. f. Organisation secrète apparue en Westphalie à la fin du XIIe s., chargée, par l'intermédiaire de tribunaux, de pratiquer dans le Saint Empire une justice expéditive afin de lutter contre les guerres féodales privées. Elle perdit son influence sous Charles Quint et fut officiellement supprimée en 1808.

Véies en latin **Veii** Ville de l'Italie ancienne, en Étrurie. Temple d'Apollon ; musée étrusque. Grande rivale de Rome, elle fut prise par le dictateur romain Camille après un siège de dix ans (405-395 av. J.-C.).

Veil (Simone) Femme politique française (1927-2017). Déportée à Auschwitz en 1944-1945, elle fut la première femme secrétaire générale du Conseil supérieur de la magistrature (1970). Ministre de la Santé (1974-1979), elle fit voter en 1975 la loi autorisant en France l'interruption volontaire de grossesse. Elle présida le Parlement européen de 1979 à 1982. Ministre des Affaires sociales, de la Santé et de la Ville (1993-1995), elle fut ensuite membre du Conseil constitutionnel (1998-2007). Ses cendres ont été transférées au Panthéon en 2018. Académie française.

Simone Veil défendant le projet de loi sur l'IVG devant l'Assemblée nationale (1974).

veille n. f. (vient du latin *vigilia* → **[1]vigile,** de *vigere* « être bien vivant, éveillé », var. de *vegere* → **végéter**) **I. 1.** Action de veiller (I, 1) ; moment sans sommeil pendant le temps normalement destiné à dormir. *De longues veilles passées à travailler.* **2.** Garde de nuit. *Elle a pris la veille cette nuit-là.* **3.** Surveillance. *Veille technologique :* activité consistant à se tenir informé des innovations dans un secteur déterminé. **II.** Jour qui en précède un autre, qui précède celui dont il est question. *La veille et l'avant-veille. La veille au soir.* – loc. fam. *Ce n'est pas demain la veille :* ce n'est pas pour bientôt. – ***À la veille de** (un événement),* dans la période qui le précède immédiatement. (+ inf.) *Être à la veille de faire qqch.,* sur le point de. **III. 1.** État d'une personne qui ne dort pas (opposé à *sommeil*). **2.** techn. État d'un appareil électrique arrêté mais toujours sous tension et prêt à l'emploi. *Mode veille.*

veillée n. f. (de *veiller*) **1.** Temps entre le moment du repas du soir et celui du coucher, qui était consacré à des réunions familiales ou de voisinage. → **soirée.** *À la veillée.* **2.** loc. ***Veillée d'armes :*** préparation morale à une épreuve, une action difficile. **3.** Action de veiller un malade, un mort ; nuit passée à le veiller. *Veillée funèbre.*

veiller v. < 1 > (vient du latin *vigilare,* de *vigilia* → **veille ; éveiller, surveiller**) **I. v. intr. 1.** Rester volontairement éveillé pendant le temps habituellement consacré au sommeil. → **veille** (I). **2.** Être de garde. *Veiller auprès d'un malade.* – Être en éveil, vigilant. **II. v. tr. 1. v. tr. dir.** Rester la nuit auprès de (un malade pour s'occuper de lui ; un mort). **2. v. tr. ind.** ***Veiller à** qqch.,* y faire grande attention, s'en occuper activement. *Elle veille au bon déroulement des opérations.* loc. *Veiller au grain*.* (+ inf.) *Il faudra veiller à ranger tes affaires.* – ***Veiller sur** qqn.*

veilleur, euse n. **1.** Soldat de garde. **2.** ***Veilleur, veilleuse de nuit :*** gardien(ne) (d'un magasin, d'une banque, d'un hôtel), qui est de service de nuit. **3.** Infirmier, infirmière de nuit dans un hôpital.

veilleuse n. f. **1.** Petite lampe qu'on laisse allumée pendant la nuit ou en permanence dans un lieu sombre. – Feu de position d'automobile. → **lanterne.** *Éteignez vos veilleuses.* – *Mettre une lampe* ***en veilleuse*** : réduire la flamme. fig. *Mettre, se mettre en veilleuse* : réduire l'activité. **2.** Petite flamme maintenue pour l'allumage automatique d'un appareil (chauffe-eau à gaz, réchaud).

veinard, arde adj. et n. (de *veine*) fam. Qui a de la veine (IV). → **chanceux, verni.** – n. *Elle a gagné, la veinarde.*

veine n. f. (latin *vena* « conduit, filon » et « voie » → venelle, spécialisé en anatomie) **I. 1.** Vaisseau qui conduit le sang des organes et des muscles vers le cœur. *Les veines et les artères*.* **2.** Les vaisseaux sanguins, symboles de la vie (dans des loc.). *Avoir du sang dans les veines* : du courage. **II. 1.** Filon mince (d'un minéral). *Exploiter une veine dans une mine.* **2.** Dessin coloré, mince et sinueux (dans le bois, les pierres dures). *Les veines d'un marbre.* **3.** bot. Nervure très saillante (de certaines feuilles). *Les veines du chou.* **III.** (du filon à exploiter) **1.** Inspiration de l'artiste. *La veine poétique, dramatique.* **2.** *En veine de...* : disposé à. *« Julien était en veine de courage »* (Stendhal). **IV.** fam. Chance (opposé à *déveine*). → fam. **¹bol, pot.** *Avoir de la veine. C'est un coup de veine.*

veiné, ée adj. (de *veine*) **I.** Qui présente des veines (I) apparentes sous la peau. **II.** Qui présente des veines (II). *Papier veiné.*

veiner v. tr. < 1 > (de *veine*) Orner de dessins sinueux imitant les veines du bois, du marbre.

veineux, euse adj. (de *veine* → intraveineux) Qui a rapport aux veines (I). *Circulation veineuse et artérielle.*

veinosité n. f. (du radical du latin *vena* « veine ») méd. Petite veine visible à travers la peau.

veinule n. f. (du latin, de *vena* → veine [I]) **1.** Petit vaisseau qui, convergeant avec d'autres, forme les veines. **2.** Ramification extrême des nervures des feuilles.

veinure n. f. (de *veiné*) Dessin des veines du bois, du marbre. – Aspect veiné.

Veksler (Vladimir Iossifovitch) Physicien soviétique (1907-1966). Il fut l'un des concepteurs du principe du synchrotron.

vél-, véli- Élément (du latin *velum* → vélum) qui signifie « voile (de bateau) ».

vêlage n. m. **1.** Fait de vêler (vaches). - syn. **vêlement. 2.** géogr. Désagrégation (de la banquise).

vélaire adj. (du latin, de *velum* → ¹voile, n. m.) phonét. Qui est articulé près du voile du palais. [k] *est une consonne vélaire.* – n. f. *Une vélaire.*

vélani n. m. (grec moderne *balanidi* « gland ») bot. Chêne à feuilles oblongues, à gros fruits, à cupules écailleuses (ou *vélanèdes* n. f.) qui sont utilisées en teinturerie.

vélar n. m. (latin *velarum*, de *vela* « cresson d'hiver », d'origine gauloise) Plante herbacée (crucifère) appelée aussi *herbe aux chantres.* - syn. **sisymbre officinal.**

V

vélarium ou **velarium** [velaʀjɔm] n. m. (mot latin, de *velare* « voiler ») Antiq. Grande toile formant tente amovible (sur un amphithéâtre, un cirque). *Des vélariums.*

Vélasquez (Diego Rodríguez de Silva y Velázquez, en français) Peintre espagnol (1599-1660). Peintre officiel de Philippe IV d'Espagne, il est reconnu comme le plus grand peintre espagnol du XVIIᵉ s. S'écartant des schémas conventionnels, il renouvela la composition des peintures de scènes religieuses, rompit avec l'austérité des portraits royaux, simplifia le portrait équestre, donna de la légèreté aux représentations mythologiques. Son style allie au naturalisme une expressivité révolutionnaire pour l'époque. *Le Triomphe de Bacchus ; Le Bouffon de don Diego de Acedo ; Les Ménines.*

Velay n. m. Région volcanique du Massif central, entre l'Allier et le Vivarais. Il comprend les massifs du Mégal, du Mézenc et les *monts du Velay.* Élevage, fabrication de fromage, culture du blé. Ville principale : Le Puy.

Velázquez (Diego) Conquistador espagnol (v. 1465-v. 1524). Compagnon de Christophe Colomb, il rejoignit Cortés pour entreprendre la conquête de Cuba (1511-1514).

velcro n. m. (marque déposée, de *vel[ours]* et *cro[chet]*) Ensemble de deux rubans qui s'agrippent par contact et qui servent à la fermeture de vêtements, de sacs. *Des velcros.* – appos. invar. *Fermetures velcro.*

veld [vɛlt] n. m. (mot néerlandais « champ, campagne ») géogr. Steppe herbeuse de l'Afrique du Sud. - var. **veldt** [vɛlt].

Vél' d'Hiv (rafle du) Arrestation à Paris, les 16 et 17 juillet 1942, de 12 884 Juifs, internés au vélodrome d'Hiver avant d'être déportés pour la plupart. Cette opération fut menée par la police française dans le cadre de la politique de collaboration avec l'Allemagne nazie.

vêlement voir **vêlage**

vêler v. intr. < 1 > (de *veel* → veau) (vache) Mettre bas, avoir son veau.

vélie n. f. (latin *velia* n. m., d'origine inconnue) zool. Insecte aquatique qui court à la surface des eaux vives, appelé aussi *araignée d'eau.*

Veliko Tărnovo Ville de Bulgarie centrale, sur la Jantra. 58 500 habitants. Églises médiévales. Université. Centre commercial et industriel.

vélin n. m. (d'abord *veelin*, de *veel* → veau) **1.** Peau de veau mort-né, plus fine que le parchemin ordinaire. *Manuscrit, ornements sur vélin.* – Cuir de veau, utilisé en reliure d'art. **2.** Papier très blanc et de pâte très fine, non vergé. *Exemplaire sur vélin.*

véliplanchiste n. (de *véli-* et *planche [à voile]*) Personne qui pratique la planche à voile ou le funboard. → **planchiste.**

vélique adj. (du latin *velum* « voile ») didact. Des voiles d'un navire. *Point vélique* : centre de voilure.

vélite n. m. (latin *veles, velitis*) hist. Soldat d'infanterie légère.

vélivole adj. et n. (latin *velivolus* « qui vole, va vite *[volare]* à la voile *[velum]* ») Relatif au vol à voile ; qui pratique le vol à voile. – n. *Un, une vélivole.*

Vélizy-Villacoublay Commune des Yvelines. 22 836 habitants. Base aérienne. Industries aéronautique et automobile. Centre commercial.

Velléda Prêtresse et prophétesse germanique (Iᵉʳ s.). Elle soutint la révolte de Civilis et des Bataves contre les Romains sous le règne de Vespasien (69).

velléitaire adj. et n. Qui n'a que des intentions faibles, ne se décide pas à agir. – n. *Un, une velléitaire.*

velléité n. f. (latin médiéval *velleitas*, de *velle* → ¹vouloir) Intention *(vouloir)* qui n'aboutit pas à une décision. *Il a eu des velléités de résister, de résistance.*

vélo n. m. (abrév. de *vélocipède*) **1.** Bicyclette. *Elle est à vélo, en vélo. Vélo tout-terrain* (VTT). **2.** Fait de monter, de rouler à bicyclette. *Faire du vélo, aimer le vélo.* → **cyclisme.**

véloce adj. (latin *velox, velocis* « rapide » → vélocité) littér. Agile, rapide. □ adv. **vélocement**

vélocimétrie n. f. (du latin *velox* « rapide » et de *-métrie*) didact. Mesure des vitesses.

vélocipède n. m. (du latin *velox, velocis* → véloce et de *-pède*) anciennt Appareil de locomotion, ancêtre de la bicyclette. □ adj. **vélocipédique**

vélociraptor n. m. (latin scientifique *velociraptor*, de *velox, velocis* « rapide » et *raptor* « voleur ») paléont. Dinosaure bipède de petite taille, carnivore aux mâchoires et aux griffes puissantes, qui vivait en Asie au crétacé supérieur.

vélocité n. f. (du latin, de *velox* → véloce) **1.** rare Mouvement rapide. → **vitesse. 2.** Agilité, vitesse dans le jeu d'un instrument de musique. *Exercice de vélocité au piano.* → **virtuosité.**

vélocross n. m. Vélo tout-terrain sans garde-boue ni suspension. → **VTT.**

vélodrome n. m. (de *vélo[cipède]* et *-drome*) Piste entourée de gradins, aménagée pour les courses cyclistes. anciennt *Le Vélodrome d'hiver* (abrév. **Vél' d'hiv**), *à Paris.*

vélomoteur n. m. Vélo à moteur de petite cylindrée, entre 50 et 125 cm³. → **cyclomoteur.** □ n. **vélomotoriste**

véloroute n. f. Route spécialement aménagée pour la circulation des cyclistes.

véloski n. m. Engin de sport d'hiver, comparable à une bicyclette dont les roues seraient remplacées par des skis. → **ski-bob** (anglic.). *Des véloskis.*

Vélasquez (Diego)

Diego Vélasquez, *La Reddition de Breda* ou *Les Lances* (v. 1635), musée du Prado, Madrid.

velot n. m. (de l'ancien français *veel* → veau) techn. Veau mort-né ; sa peau, servant à fabriquer le vélin.

velours n. m. (de l'ancien français *velous*, venant du latin *villosus* « velu », de *villus* « touffe de poils ») **1.** Tissu à deux chaînes superposées dont l'endroit est formé de poils très serrés et dressés. *Velours uni, côtelé. Pantalon de velours.* ■ loc. fig. *Jouer sur le (du) velours* : agir sans risques. – *Faire patte de velours* : dissimuler un dessein de nuire sous une douceur affectée (comme le chat qui rentre les griffes). **2.** Ce qui donne une impression de douceur au toucher, à la vue, au goût. → **velouté**. – plais. *Faire des yeux de velours*, des yeux doux. – loc. (Canada) *Faire un petit velours à qqn*, lui faire plaisir, le flatter. **3.** vieilli Faute de liaison qui consiste à remplacer le son [t] par le son [z].

velouté, ée adj. et n. m. (de *velous* → velours) **1.** Qui a la douceur du velours. *Pêche veloutée.* ■ fig. *« Ces regards veloutés qui ranimeraient un cœur mort à l'amour »* (Balzac). **2.** Doux et onctueux (au palais). *Potage, vin velouté.* – n. m. *Un velouté d'asperges.* **3.** n. m. Douceur de ce qui est velouté au toucher ou à l'aspect. *Le velouté de la peau.*

velouter v. tr. < 1 > Donner l'apparence, la douceur du velours à. □ n. m. **veloutement**

velouteux, euse adj. (du radical de *velouté*) Qui, au toucher, rappelle le velours. → **velouté**. *Lainage velouteux.*

veloutier, ière n. (de *velous* → velours) techn. Ouvrier, ouvrière qui fabrique le velours. ■ Ouvrier, ouvrière qui donne aux peaux un aspect velouté.

veloutine n. f. (de *velouté*) **1.** vieilli Poudre de toilette qui veloute la peau. **2.** Tissu de coton qui a été gratté pour avoir un aspect velouté (→ **suédine**).

Veltman (Martinus J. G.) Physicien néerlandais (1931-2021). Il est l'auteur d'importants travaux de mathématiques qui ont permis d'élucider la structure quantique de l'interaction électrofaible. Prix Nobel 1999, avec Gerard 't Hooft.

velu, ue adj. (vient du bas latin *villutus*, de *villus* → velours) **1.** Qui a les poils très abondants. → **poilu**. *Mains velues.* **2.** (plantes) Garni de poils fins. *Feuille velue.*

vélum [velɔm] n. m. (latin *velum* → ¹voile) **1.** Grande pièce d'étoffe servant à tamiser la lumière ou à couvrir un espace sans toiture. **2.** zool. Membrane (de méduses) servant à la locomotion. *Des vélums.* - var. **velum** [velɔm].

Veluwe n. f. Région des Pays-Bas située entre la vallée du Rhin et l'IJsselmeer. Parc national. Musée. Tourisme.

velux n. m. (marque enregistrée, probablt du radical du latin *velum* « voile ») Fenêtre conçue pour être installée dans un toit en pente.

velvet [vɛlvɛt] n. m. (mot anglais « velours ») anglic. Velours de coton uni (par trame) imitant le velours de soie (à deux chaînes).

velvote n. f. (de *velu* n. m. « velours ») Plante à feuilles velues (linaire, etc.).

venaison n. f. (vient du latin *venatio*, de *venari* « poursuivre le gibier » → vénerie) Chair de grand gibier (cerf, chevreuil, daim, sanglier).

venaissin (Comtat) voir **Comtat venaissin**

vénal, ale, aux adj. (latin *venalis* « à vendre », de *venum* « vente ») **1.** Qui se laisse acheter au mépris de la morale. → **cupide**. *Un politicien vénal.* → **corrompu**. – (choses) *Amour vénal* (→ **prostitution**). **2.** écon. Estimé en argent. *La valeur vénale d'un bien.* □ adv. **vénalement**

vénalité n. f. (du latin → vénal) **1.** Fait d'être cédé pour de l'argent au mépris des valeurs morales. **2.** Caractère ou comportement d'une personne vénale. → **bassesse, corruption**. **3.** hist. *La vénalité des charges, des offices*, le fait qu'ils s'achetaient et se vendaient.

à tout venant loc. À chacun, à tout le monde. *Se confier à tout venant* ou *à tous venants.* → **tout-venant**.

Vence Commune des Alpes-Maritimes. 19 315 habitants. Vestiges romains ; cathédrale du XIe s. ; chapelle du Rosaire décorée par Matisse. Centre touristique et artisanal.

vendable adj. Qui peut être vendu (opposé à *invendable*).

vendange n. f. (vient du latin *vindemia*, de *vinum* → vin et *demia*, de *demere* « retrancher », de *emere* « prendre » → assumer, présumer) **1.** Fait de recueillir les raisins mûrs pour la fabrication du vin. *Faire la vendange, les vendanges.* → **vendanger**. **2.** au plur. Époque des vendanges, en automne. **3.** Raisin récolté pour faire le vin. *La vendange est abondante.*

vendangeoir n. m. techn. ou régional Hotte, panier pour la vendange. - syn. **vendangerot**.

vendanger v. < 3 > (vient du latin *vindemiare* → vendange) **1.** v. tr. Récolter les raisins pour faire le vin. **2.** v. intr. Cueillir les raisins et les transporter. □ n. **vendangeur, euse**

vendangeuse n. f. **I.** Plante qui fleurit à l'automne (aster, colchique sauvage). **II.** Machine automotrice effectuant la récolte des raisins.

Vendée n. f. Rivière de l'O. de la France. 70 km. Elle arrose les départements des Deux-Sèvres et de la Vendée. Elle traverse le Marais poitevin et se jette dans la Sèvre Niortaise.

Vendée n. f. [85] Département français de la Région Pays de la Loire (→ carte). 6 720 km^2. 692 705 habitants. Chef-lieu : La Roche-sur-Yon. Chefs-lieux d'arrondissement : Fontenay-le-Comte, Les Sables-d'Olonne. Bordé par l'océan Atlantique à l'O., le département s'étend sur le Massif armoricain au N., sur la plaine du Chantonnay au centre et sur le Marais poitevin au S. Pêche et ostréiculture sur la côte (Sables-d'Olonne, Saint-Gilles-Croix-de-Vie) et dans les îles (Noirmoutier, Yeu). La surface agricole occupe 77 % du département avec une prédominance de l'élevage dans le Bocage (bovins, volailles). Industries (agroalimentaire, textile, mécanique, plasturgie). Tourisme (principale activité économique).

Vendée (guerre de) Insurrection contre-révolutionnaire qui se développa, à partir de 1793, en Vendée, en Loire-Inférieure (auj. Loire-Atlantique) et en Maine-et-Loire. Elle opposa aux troupes républicaines une armée « catholique et royale » composée essentiellement de paysans et commandée par Bonchamps, Cathelineau, Charette, d'Elbée, La Rochejaquelein, Lescure et Stofflet. La guerre de Vendée, qui donna lieu à de terribles massacres de part et d'autre, se poursuivit jusqu'à la pacification obtenue par Hoche en 1796. La région fut de nouveau le théâtre de soulèvements sporadiques de septembre 1799 à janvier 1800, puis lors des Cent-Jours.

vendéen, enne adj. et n. (de *Vendée*) De la Vendée. ■ hist. De l'insurrection royaliste des provinces de l'Ouest, pendant la Révolution. – n. *Les Vendéens.* → **chouan**.

vendémiaire n. m. (du latin *vindemia* → vendange) hist. Premier mois du calendrier révolutionnaire qui commençait le 22 (ou 23) septembre.

vendémiaire an IV (journée du 13) Insurrection royaliste du 5 octobre 1795 consécutive à l'adoption par la Convention thermidorienne de la Constitution de l'an III. Les insurgés menaçant d'investir la Convention qu'ils assiégeaient, Barras, avec l'aide de Bonaparte et de Murat, rétablit l'ordre en faisant tirer sur la foule.

vendetta [vɑ̃deta ; vɑ̃dɛtta] n. f. (mot italien venant du latin *vindicta* « vengeance » → vindicte) Coutume, notamment corse, par laquelle les membres de deux familles ennemies poursuivent une vengeance réciproque jusqu'au crime.

vendeur, euse **I.** n. **1.** Personne qui vend ou a vendu qqch. (s'oppose à *acheteur, client*). **2.** Personne dont la profession est de vendre (en général, sans commerce fixe). → **marchand**. *Vendeur ambulant.* → **colporteur**. **3.** Employé(e) chargé(e) d'assurer la vente. *Vendeuse de grand magasin.* **4.** Personne qui connaît et applique les procédés de vente. *Ce directeur commercial est un excellent vendeur.* **II.** adj. **1.** Disposé à vendre. *Il n'est pas vendeur à ce prix.* **2.** Qui fait vendre. *Une présentation très vendeuse.*

Vendôme (César de Bourbon, duc de) Prince français (1594-1665). Fils d'Henri IV et de Gabrielle d'Estrées, il prit part aux conspirations de la noblesse sous Louis XIII. ■ **Louis-Joseph, duc de Vendôme et de Penthièvre** (1654-1712). Petit-fils de César, il fut l'un des plus grands généraux de la guerre de Succession d'Espagne et remporta la victoire de Villaviciosa (1710).

Vendôme Chef-lieu d'arrondissement du Loir-et-Cher, sur le Loir. 15 680 habitants. Église des XIe-XVIe s. Nombreux édifices médiévaux. Constructions mécaniques.

Vendôme (place) Place de Paris, située dans le 1er arrondissement. Conçue par Hardouin-Mansart, elle est ornée en son centre par la colonne de la Grande Armée, faite des canons ennemis pris à Austerlitz, et fondus.

vendre v. tr. < 41 > (vient du latin *vendere*, de *venum* « vente » → vénal et *dare* « donner » → vente) **1.** Céder (qqch.) à qqn en échange d'une somme d'argent (s'oppose à *acheter*). → **vente**. *Elle a vendu ses livres. Vendre qqch. (à) tel prix, tant. Vendre à perte.* – *À vendre* : offert pour la vente. ■ Faire commerce de (ce que l'on a fabriqué ou acheté). *Vendre qqch. au détail. Vendre en solde.* → **brader, liquider, solder**. ■ Organiser, faire la vente de. *Pays qui vend des produits finis.* → **exporter**. **2.** souvent péj. Accorder ou céder (un avantage, un service) en faisant payer, ou contre un avantage matériel. *Vendre ses charmes.* **3.** Exiger qqch. en échange de. *Vendre chèrement sa vie* : se défendre avec vaillance jusqu'à la mort. **4.** Trahir, dénoncer (qqn). *Il a vendu ses complices.* → **donner, livrer**. ■ **se vendre** v. pron. **1.** (passif) Être vendu. *Ce modèle se vend bien.* **2.** (réfl.) Se mettre au service de qqn par intérêt matériel (→ **vénal, vendu**). *Se vendre à un parti.* **3.** Se mettre en valeur, se faire valoir. *Elle sait se vendre.*

vendredi n. m. (vient du latin *veneris dies* « jour de Vénus ») Cinquième jour de la semaine*, qui succède au jeudi. *Vendredi prochain. Le Vendredi saint* : commémoration de la Crucifixion, précédant le dimanche de Pâques.

vendu, ue adj. **1.** (choses) Cédé pour de l'argent. *Adjugé, vendu !* (aux enchères). **2.** (personnes) Qui a aliéné sa liberté, promis ses services pour de l'argent. *Juge vendu.* → **corrompu, vénal**. **3.** n. Personne qui a trahi pour de l'argent. → **traître**. – Crapule, homme sans honneur (injure). *Tas de vendus !*

venelle n. f. (de *veine* « conduit ») Petite rue étroite. → **ruelle**.

vénéneux, euse adj. (latin *venenosus*, de *venenum* → venin) (végétaux) Qui contient un poison, qui peut empoisonner. → **toxique**. *Champignons vénéneux. « Le pré est vénéneux mais joli en automne / Les vaches y paissant / Lentement s'empoisonnent »* (Apollinaire).

vénérable (du latin → vénérer) **1.** adj. littér. ou plais. Digne de vénération. – *D'un âge vénérable* : très vieux. → **respectable**. *Cette vénérable institution.* **2.** n. relig. Personne qui a obtenu le premier degré de la canonisation (avant *bienheureux* et *saint*). *Bède le Vénérable.* **3.** n. Président(e) d'une loge maçonnique.

vénération n. f. (du latin → vénérer) **1.** Respect religieux. **2.** Grand respect fait d'admiration et d'affection. → **adoration, culte, dévotion**. *Elle a pour son père une véritable vénération.*

vénérer v. tr. < 6 > (latin *venerari* « adresser une demande aux dieux », même origine que *Venus*) **1.** Considérer avec le respect dû aux choses sacrées. → **adorer, révérer**. *Vénérer un saint.* **2.** littér. Avoir un grand respect empreint d'affection pour (qqn, qqch.). → **adorer**.

vénerie n. f. (de l'ancien français *vener* « chasser », latin *venari* → venaison) **1.** Art de la chasse à courre. *Petite, grande vénerie.* **2.** Administration des officiers des chasses (→ veneur). - var. RO **vènerie.**

vénérien, enne adj. (du radical du latin *venerius* « de Vénus » déesse de l'amour → vénus) *Maladies vénériennes :* maladies contagieuses qui se communiquent par les rapports sexuels (blennorragie, syphilis...). → **MST.**

vénérologie n. f. (→ vénérien) méd. Médecine des maladies vénériennes. □ **adj. vénérologique** □ **n. vénérologue**

venet n. m. (diminutif de l'ancien français *venne* « engin de pêche », gallo-roman *venna* → 1vanne) pêche Enceinte demi-circulaire de filets verticaux pour retenir le poisson à marée basse.

Vénètes n. m. pl. Ancien peuple indo-européen, établi en Armorique (région de Vannes) et sur l'Adriatique (en Vénétie actuelle) au Ier millénaire av. J.-C. Les Vénètes de l'Adriatique furent soumis par Rome au IIe s. av. J.-C. Les Vénètes de l'Armorique furent vaincus par César en 56 av. J.-C.

Vénétie ou **Vénétie euganéenne** n. f. Région administrative de l'Italie. 18 364 km^2. 4 528 000 habitants. Chef-lieu : Venise. Elle comprend les provinces de Belluno, Padoue, Rovigo, Trévise, Venise, Vérone et Vicence. La région, qui s'étend sur les Alpes (Dolomites), les collines préalpines et la plaine du Pô, est aussi très ouverte sur la mer. L'agriculture y est importante (blé, betterave sucrière, vignobles). L'industrie est surtout présente dans la zone portuaire de Venise-Marghera-Mestre. Le tourisme est très présent dans les Dolomites, sur les bords du lac de Garde et sur le littoral.

Vénétie n. f. Région historique du N.-E. de l'Italie, située entre le lac de Garde, le Pô et l'Adriatique. Elle est formée du Frioul et de la province d'Udine *(Vénétie Julienne)*, des Dolomites *(Vénétie Tridentine)* et de la Vénétie proprement dite *(Vénétie Euganéenne)*. Occupée par les Vénètes au Ier millénaire av. J.-C., la région fut soumise par les Romains au –IIe s., avant d'être envahie par les Ostrogoths puis par les Lombards. Au XVe s., elle fut rattachée à la république de Venise et, au XVIIIe s., passa à l'Autriche. Elle revint à l'Italie en 1866.

veneur n. m. (vient du latin *venator*, de *venari* → venaison, vénerie) Celui qui organise les chasses à courre. – *Grand veneur :* chef d'une vénerie.

Veneziano (Domenico) voir **Domenico Veneziano**

Venezuela ou Vénézuéla

n. m. ■ offic. République bolivarienne du Venezuela Pays d'Amérique du Sud. 912 050 km^2. 27 500 000 habitants (les *Vénézuéliens*). **Langue :** espagnol. **Population :** métis, Blancs, Noirs, Amérindiens. **Religion :** majorité de catholiques. **Monnaie :** bolívar. **Capitale :** Caracas. **Régime :** présidentiel.

GÉOGRAPHIE

Le territoire vénézuélien se compose de trois ensembles topographiques : au N.-O., la plaine du lac de Maracaibo est entourée des cordillères andines colombienne et vénézuélienne (max. pic Bolívar 4 981 m) ; au centre et en rive gauche de l'Orénoque s'étendent les grandes plaines *(Llanos)* ; le S.-O. est occupé par le plateau des Guyanes. Le peuplement est très concentré sur les régions littorales et, à une échelle plus grande, dans les principales villes (88 %). Seuls 5 % du territoire sont cultivés, le reste étant partagé entre les forêts denses (54 %) et les savanes partiellement exploitées par l'élevage bovin. La mise en valeur se concentre avant tout sur l'exploitation des abondantes matières premières, au 1er rang desquelles le pétrole, et sur l'industrie lourde (raffineries, chimie, métallurgie). Ces activités se partagent entre la région de

Venezuela

Caracas et celle de Maracaibo, où se trouve l'essentiel des gisements pétroliers exploités. En conséquence, le pays est marqué par de très profondes inégalités entre les régions et les catégories sociales. Depuis 2014 et la chute des cours du pétrole, le pays entier est plongé dans une crise aggravée par le manque d'investissements et une guerre économique menée par les États-Unis contre le régime socialiste.

HISTOIRE

Avant sa découverte par Colomb (1498), le Venezuela n'était peuplé que par de petits groupes d'Indiens. Caracas fut fondée en 1567. La côte devint un centre de commerce alimenté par les plantations de coton, café, tabac et cacao. F. Miranda dirigea les premiers mouvements d'indépendance (1810) du continent sud-américain. Il fut relayé par S. Bolívar, qui obtint l'indépendance (1821) et devint président de la Grande-Colombie qui incluait le Venezuela. Cet ensemble se disloqua dès la mort de Bolívar (1830). Le pays connut alors une série de dictatures et de révolutions. L'exploitation du pétrole commença en 1922. Une période de stabilité politique débuta en 1945 avec l'alternance au pouvoir de deux grands partis (Action démocratique et COPEI) et permit une modernisation du pays financée par la rente pétrolière. L'absence de diversification de l'économie et l'accentuation des inégalités sociales se soldèrent par des violences : émeutes en 1989, tentatives de coup d'État en 1992. La décennie 1990 fut celle d'une profonde crise économique et sociale. L'ex-militaire Hugo Chávez fut élu président de la République en 1998. Il fit adopter une nouvelle Constitution pour engager le pays dans une transition socialiste tout en affirmant maintenir la démocratie. En 2002, de grandes grèves paralysèrent le secteur pétrolier. Chávez accentua son autoritarisme après 2004 et instaura des programmes sociaux et éducatifs ambitieux, financés par les prix élevés du pétrole exporté. Sa politique extérieure fut constamment très hostile aux États-Unis. Il décéda en 2013 et Nicolás Maduro, son successeur, fut immédiatement confronté à une immense vague de contestation contre la hausse permanente des prix, la pénurie alimentaire et l'endettement croissant du pays dû à la chute des prix du pétrole. En 2017, l'effondrement économique engendra une crise humanitaire et une vague migratoire vers les pays voisins. Le président de l'Assemblée nationale contrôlée par l'opposition, Juan Guaidó, tenta de renverser Maduro en se proclamant président de la République par intérim en janvier 2019 mais les législatives de déc. 2020 redonnèrent la majorité parlementaire au président élu.

vengeance n. f. (de venger) Action de se venger ; dédommagement moral de l'offensé par punition de l'offenseur. → **vendetta.** *Tirer vengeance d'un affront. Soif, désir de vengeance.* – loc. prov. *La vengeance est un plat qui se mange froid :* il faut savoir attendre pour se venger.

venger v. tr. <3> (vient du latin *vindicare* « réclamer en justice » → revendiquer, vindicatif) **1.** Dédommager moralement (qqn) en punissant son offenseur. *Venger qqn d'un affront. Venger la mémoire d'un ami.* – (sujet chose) Constituer une vengeance ou une compensation pour (qqn). *Son échec me venge.* **2.** littér. Réparer (une offense) en punissant l'offenseur. *Venger une injure, un affront.* ■ **se venger** v. pron. **1.** Rendre une offense (à qqn) pour se dédommager moralement. *Elle s'est vengée de lui. Je me vengerai.* **2.** Se dédommager (d'une offense) en punissant son auteur. *Se venger d'une insulte, d'une injure.*

vengeron n. m. (origine celtique) (Suisse) Gardon.

vengeur, vengeresse (vient du latin *vindicator* → venger) **1.** adj. Qui venge (une personne, sa mémoire, ses intérêts). – littér. *Un bras vengeur,* animé par la vengeance. **2.** n. Personne qui venge, punit (rare au fém.). *Le vengeur de qqn ; d'une offense.*

véniel, elle adj. (latin *veniales*, de *venia* « faveur, grâce », même origine que *Venus*) **1.** relig. *Péché véniel :* faute digne de pardon (opposé à *péché mortel*). **2.** littér. Se dit d'une faute légère.

venimeux, euse adj. (→ venin) **1.** (animaux) Qui a du venin. *Serpents venimeux.* **2.** fig. Malveillant, perfide. *Des remarques, des allusions venimeuses.*

venin n. m. (d'abord *venim ;* vient du latin pop. *venimen*, de *venenum*, p.-ê. d'abord « philtre d'amour », de *Venus* « Vénus », déesse de l'amour) **1.** Substance toxique sécrétée par certains animaux, et qu'ils injectent par piqûre ou morsure. *Crochets à venin d'un serpent.* – Substance végétale toxique. **2.** fig. Animosité, méchanceté perfide. → **fiel.** loc. *Cracher son venin* : dire des méchancetés dans un accès de colère.

venir v. intr. < 22 > (vient du latin *venire* → **advenir, avenir, aventure, bienvenu, évènement, venue**) **I.** (sens spatial) Se déplacer de manière à aboutir dans un lieu (où se trouve une personne de référence). → **¹aller,** se **déplacer,** se **rendre. 1.** (sans compl. de lieu) *Venez avec moi* : accompagnez-moi. *Aller et venir.* – *Faire venir qqn, qqch.* – ***Voir venir.*** *Je te vois venir* : je devine tes intentions. *Voir venir* (les évènements) : attendre prudemment. **2.** (avec un compl. marquant le terme du mouvement) ***Venir à, chez, dans...*** *Venez ici. Elle viendra vers nous, jusqu'à nous.* – ***Venir à qqn,*** aller le trouver*. ■ (choses) *Idée qui vient à l'esprit.* – impers. *Jamais il ne m'est venu à l'esprit de* (+ inf.). **3.** Arriver à, s'étendre jusqu'à (une limite, un niveau). → **atteindre.** *L'eau nous venait aux genoux.* **4.** Parvenir (à un but, une étape). *Venir à bout de qqch.* – *Il faudra bien qu'il y vienne,* qu'il accepte. – ***Venir à*** *(un sujet, une question).* → **aborder.** ***En venir à*** : finir par faire, par employer, après une évolution. *En venir aux mains, aux coups. Où veut-il en venir ?* **5.** ***Venir de*** (avec un compl. marquant le point de départ, l'origine). *D'où venaient-ils ?* – *Des biens qui lui venaient de son grand-père* (par héritage). **6.** Provenir, sortir de. *Beaucoup de mots français viennent du latin.* → **¹dériver. 7.** Avoir pour cause ; être l'effet de. → **découler.** *Son malheur vient de son imprévoyance. Cela vient de ce que* (+ indic.). – impers. *De là vient que..., d'où vient que...* : c'est pourquoi. **II.** (semi-auxiliaire ; + inf.) **1.** Se déplacer (pour faire). *J'irai la voir et ensuite je viendrai vous chercher.* **2.** ***Venir à*** (+ inf. ; surtout à la 3e pers.) : se trouver en train de faire, de subir qqch. *S'il venait à mourir.* – impers. *S'il venait à passer quelqu'un.* **3.** ***Venir de*** (+ inf.) : avoir (fait) très récemment, avoir juste fini de. *Elle vient de sortir. Elle venait d'être malade.* **III.** Arriver, se produire, survenir. **1.** (personnes) Arriver (dans la vie). *« Je suis venu trop tard dans un monde trop vieux »* (Musset). *Ceux qui viendront après nous.* → **succéder.** – (évènements) Se produire. → **survenir.** *Prendre les choses comme elles viennent.* – (temps) *L'heure est venue de réfléchir.* – au p. p. *La nuit venue,* tombée. ■ loc. adv. *À venir.* → **avenir.** *Les générations à venir.* → **futur. 2.** (végétaux, tissus vivants) Naître et se développer. → **pousser.** *Un sol où le blé vient bien.* **3.** (idées, créations) *Les idées ne viennent pas. Alors, ça vient ?* : allez-vous répondre ? ■ **s'en venir** v. pron. régional Venir, arriver.

Venise en italien **Venezia** Ville d'Italie (chef-lieu de la Vénétie), sur l'Adriatique. 271 080 habitants. Bâtie sur 118 îlots de la *lagune de Venise,* la ville comprend 200 canaux et 400 ponts. Un cordon littoral, le Lido, sépare la lagune de la mer. Le Grand Canal divise la ville en deux parties que relient trois ponts, dont le Rialto (XVIe s.). Le Grand Canal est bordé de somptueux palais (Ca'd'Oro, palais Grassi) construits entre les XIIe et XVIIIe s. Le centre historique est occupé par la place Saint-Marc autour de laquelle se trouvent la basilique Saint-Marc (XIe s., remaniée aux XIIIe-XIVe s.), le palais des Doges (XIIe s., remanié aux XIIIe et XIVe s.), le Campanile et les Procuraties (XVIe-XVIIe s.) et la Piazzetta, entre la place et le Grand Canal. Venise compte un grand nombre d'églises et de bâtiments religieux (Le Redentore, de Palladio ; l'église baroque Santa Maria della Salute) et est riche de nombreux musées (Accademia, palais Rezzonico, collection Peggy Guggenheim, collection F. Pinault). Ville d'art internationale, elle est célèbre par sa biennale d'art et son festival de cinéma. Le projet d'une immense digue protégeant la ville de la montée des eaux démarra au début des années 2000 mais il dut être reporté en raison de son coût et de plusieurs scandales de corruption.

▶ **Venise** doit son origine à l'afflux de populations réfugiées dans les îles de la lagune pour échapper aux Barbares (Goths, Huns et Lombards). À partir de 697, elle fut gouvernée par un doge élu, placé sous l'autorité de l'Empire byzantin jusqu'en 814. Grâce à sa puissante flotte, et aux croisades qui favorisèrent son essor, Venise conquit un empire maritime, fondant des comptoirs commerciaux (Sidon, Tyr). Du XIIIe au XVe s., à l'apogée de sa puissance, elle étendit sa domination sur de nombreux ports de la Méditerranée, de la Dalmatie à Chypre, ainsi que sur les villes de la basse vallée du Pô. Mais sa richesse attisa les jalousies, et accrut sa rivalité avec Gênes. La chute de Constantinople (1453), la découverte du Nouveau Monde (1492) et celle de la route de l'Inde par Vasco de Gama entraînèrent une diminution du trafic maritime vers le Levant, puis la perte des comptoirs. Venise, affaiblie par ses guerres successives avec l'Empire turc, perdit son indépendance. La République fut abolie par Bonaparte en 1797 et Venise fut livrée à l'Autriche avant de rejoindre le royaume d'Italie en 1866.

Vénissieux Commune du Rhône, dans la banlieue S.-E. de Lyon. 66 765 habitants. Industries.

vénitien, enne adj. et n. (ancien italien *venetiano,* de *Venetia, Venezia* « Venise ») De la ville de Venise. – *Blond vénitien* : blond tirant sur le roux. – n. *Les Vénitiens, les Vénitiennes.* – n. m. *Le vénitien* : dialecte italien de Vénétie.

Venizélos (Éleuthérios) Homme d'État grec (1864-1936). Il s'opposa au prince Georges de Grèce et prit la tête du mouvement d'émancipation de la Crète. Premier ministre (1910-1915), il mena une politique extérieure d'entente balkanique qui rapporta à la Grèce l'Épire, la Macédoine, une partie de la Thrace et des îles de la mer Égée. Partisan des Alliés lors de la Première Guerre mondiale, il fut renvoyé par le roi Constantin Ier. Après avoir formé un gouvernement insurrectionnel à Salonique (1916), il destitua Constantin au profit du fils de ce dernier, Alexandre Ier, puis engagea la Grèce dans la guerre. Il dirigea de nouveau le gouvernement de 1928 à 1932, puis s'exila en France à partir de 1935.

Venlo Ville des Pays-Bas (Limbourg), sur la Meuse. 102 130 habitants. Hôtel de ville (XVIe s.) et église du XVe siècle.

Vennberg (Karl) Écrivain suédois (1910-1995). À travers le mouvement 40-tal (« des années 40 »), il répandit en Suède les thèmes existentialistes et kafkaïens. Ses œuvres firent de lui une autorité morale influente. *Torche de paille ; Croisement de rues.*

vent n. m. (vient du latin *ventus* « air » et « vent ») **I.** Déplacement naturel de l'atmosphère. **1.** Mouvement de l'atmosphère ressenti au voisinage du sol ; déplacement d'air. *Vent modéré* (→ **brise**), *violent, glacial* (→ **¹bise**). *Le vent du nord,* qui vient du nord. *Le vent souffle. Il y a du vent, il fait du vent. Coup, rafale de vent.* – loc. *Passer en* ***coup de vent*** : rapidement. – loc. *Au vent* (dans la direction du vent) ; *sous le vent* (dans la direction opposée). *Vent debout*.* – *Prendre le vent, observer d'où vient le vent* : étudier la situation pour adapter sa conduite. ■ ***À vent*** : mû par l'air. *Moulin à vent.* ■ *Les quatre vents* : les quatre points cardinaux (directions des vents). *Aux quatre vents ; à tous les vents* : partout, en tous sens. **2.** L'atmosphère, l'air (généralement agité par des courants). *Flotter, voler au vent. Exposé au vent* (→ **éventé, venté**). *En plein vent* : en plein air. *Le nez au vent* : le nez en l'air, d'un air étourdi. – loc. *Autant en emporte* le vent.* **3.** loc. (Symbole des impulsions, des influences) *Contre vents et marées* : envers et contre tout. *Avoir le vent en poupe*. Être dans le vent,* à la mode. – *Quel bon vent vous amène ?* : quelle est la cause de votre venue ? (formule d'accueil). iron. *Bon vent !* : bon débarras. – *Le vent tourne* : la situation va changer. *Le vent était à l'optimisme.* – (Symbole de vitesse) *Aller comme le vent, plus vite que le vent.* **4.** *Du vent* : des choses, des paroles vaines, vides. **5.** ***Avoir vent de*** : avoir connaissance de. **II. 1.** Déplacement d'air, de gaz. *Sentir le vent du boulet,* le danger imminent ; frôler la catastrophe. – *Personne qui fait du vent,* fait l'importante. **2.** *Instrument* (de musique) *à vent,* dans lequel on souffle. – au plur. *Les vents* : les instruments à vent, bois et cuivres. **3.** (d'un sens du latin *ventus*) au plur. Gaz intestinaux. → **pet.**

Vent (îles du) Partie orientale des Petites Antilles, formée d'un arc d'îles fortement exposées au souffle des alizés. Elles s'étendent de Porto Rico à la Trinité au S., comprennent entre autres la Guadeloupe, la Martinique, la Dominique, Sainte-Lucie, Saint-Vincent, la Barbade, Grenade, les Grenadines et Trinité-et-Tobago.

Vent (îles du) Îles de l'E. des îles de la Société, comprenant Tahiti, Moorea, l'atoll de Tetiaroa et Mehetia.

Venta (La) Site archéologique du Mexique (État de Tabasco), sur la côte du golfe du Mexique. Vestiges de la civilisation olmèque.

¹ventail, aux n. m. (de *venter*) archéol. Partie de la visière des casques clos (→ **heaume**) par où passait l'air.

²ventail voir **vantail**

vente n. f. (vient du latin *vendita,* du p. p. de *vendere* → **vendre**) **I. 1.** Échange d'un bien contre de l'argent (→ **vendre**). – loc. *En vente* : pour être vendu, ou disponible dans le commerce. – *Magasin, lieu, point de vente.* – *Vente au comptant, à crédit, à tempérament. Prix de vente. Vente en gros, au détail. Vente par correspondance* (abrév. **VPC**). *Vente en ligne* (commerce électronique). **2.** Réunion des vendeurs et des acquéreurs éventuels, au cours de laquelle on vend publiquement. *Vente aux enchères.* → **adjudication.** *Salle des ventes.* – *Vente de charité,* au cours de laquelle on vend au bénéfice d'une œuvre des objets généralement donnés. **II. 1.** Coupe réglée

Venise

Venise, surnommée la « Cité des doges », le Grand Canal et le pont du Rialto.

V

dans un bois, une forêt. **2.** Partie de la forêt qui vient d'être coupée.

venté, ée adj. Soumis, exposé au vent. → **éventé, venteux.** *Une plage ventée.*

venter v. impers. < 1 > (vent) Souffler. *Il vente :* il fait du vent. – loc. *Qu'il pleuve ou qu'il vente :* par tous les temps.

venteux, euse adj. (latin *ventosus* → vent) Où il y a beaucoup de vent. → **éventé, venté.** *Plaine venteuse.*

ventilateur n. m. (de *ventiler*) **1.** Appareil servant à brasser de l'air. spécialt Mécanisme utilisé dans le refroidissement du moteur d'une automobile. *Courroie de ventilateur.* - abrév. fam. **ventilo. 2.** méd. Respirateur (2).

ventilation n. f. (latin *ventilatio,* d'abord « exposition à l'air » → ventiler) **I. 1.** Opération par laquelle l'air est brassé, renouvelé ou soufflé. → **aération.** *La ventilation de cette salle est insuffisante.* **2.** méd. Renouvellement de l'air par les poumons. *Ventilation artificielle :* respiration assistée. → **oxygénothérapie. II.** Répartition entre divers comptes. *Ventilation des frais généraux.*

ventiler v. tr. < 1 > (latin *ventilare* « exposer à l'air libre », de *ventus* → vent) **I.** Produire un courant d'air dans, sur. → **aérer.** – au p. p. *Une pièce mal ventilée.* **II.** Répartir (une somme totale) entre plusieurs comptes. *Ventiler les dépenses.* – Répartir en plusieurs groupes (des choses, des personnes).

ventileuse n. f. (de *ventiler* [I]) zool. Abeille qui bat des ailes à l'entrée de la ruche pour la ventiler, en renouveler l'atmosphère.

ventôse n. m. (latin *ventosus* → venteux) hist. Sixième mois du calendrier révolutionnaire commençant le 19, 20 ou 21 février.

ventouse n. f. (latin *ventosa,* de *cucurbita ventosa* « courge pleine d'air », de *ventus* → vent) **1.** anciennt Petite cloche de verre appliquée sur la peau après qu'on y a raréfié l'air, pour provoquer une révulsion. **2.** Organe de succion, d'aspiration où un vide partiel se fait. *Ventouse des pieuvres, des sangsues.* – *Faire ventouse :* adhérer. – fig. *Voiture ventouse,* en stationnement permanent. **3.** Dispositif (rondelle de caoutchouc, etc.) qui se fixe par vide partiel sur une surface plane.

Ventoux (mont) Montagne des Préalpes du Sud, dans le Vaucluse. 1 910 m. Observatoire météorologique. Sports d'hiver.

ventral, ale, aux adj. (latin *ventralis,* de *venter, ventris* → ventre) **1.** Du ventre, de l'abdomen. → **abdominal.** *Nageoires ventrales.* **2.** Qui se porte sur le ventre. *Parachute ventral.*

ventre n. m. (vient du latin *venter, ventris* [même famille indo-européenne que le grec *gastêr* → gastéro-] → éventrer, ventricule ; cf. utérus) **I.** (chez l'être humain) **1.** Partie antérieure de la cavité qui contient l'intestin (→ **abdomen**) ; paroi antérieure du bassin, au-dessous de la taille. *Le dos et le ventre. Être allongé, couché sur le ventre.* – loc. *À plat ventre.* fig. *Se mettre à plat ventre devant qqn :* s'humilier par intérêt. – *Marcher, passer sur le ventre (de, à qqn),* l'éliminer par intérêt. *Taper sur le ventre de (à) qqn,* se montrer trop familier avec lui. – *Bas-ventre.* → **bas-ventre.** ▪ *Danse du ventre :* danse orientale caractérisée par les mouvements rythmés du bassin de la danseuse. **2.** (animaux) Paroi inférieure du corps (opposé à *dos*). *Le ventre argenté d'un poisson.* – loc. (cheval) *Courir ventre à terre,* très vite. **3.** Proéminence que forme la paroi antérieure de l'abdomen, de la taille au bas-ventre. → fam. **bedaine, bedon, bide, brioche, panse.** *Rentrer le ventre. Avoir, prendre du ventre.* ▪ loc. *Le ventre mou* (de qqn, qqch.) : la partie faible, peu résistante. **4.** L'abdomen en tant que siège de la digestion (estomac et intestins). *Se remplir le ventre. Avoir mal au ventre,* aux intestins. – loc. *Avoir le ventre creux,* l'estomac vide. *Avoir les yeux plus grands (ou gros) que le ventre :* vouloir manger plus qu'on ne peut ; fig. entreprendre au-delà de ses capacités. **5.** L'abdomen féminin en tant que siège de la gestation et des organes génitaux internes. → **sein** (3), **utérus. 6.** Intérieur du corps ; siège de la vie, de l'énergie. loc. *Avoir, mettre du cœur au ventre,* de l'énergie, du courage. *Il n'a rien dans le ventre :* il est lâche. **II.** Partie creuse, lorsqu'elle présente à l'extérieur un renflement. *Le ventre d'une cruche.* – Partie bombée de la coque d'un bateau.

ventrèche n. f. (de *ventre*) régional (Sud-Ouest) Lard de poitrine. *Ventrèche fumée, grillée.*

ventrée n. f. fam. Quantité de nourriture qui remplit bien le ventre.

ventricule n. m. (latin *ventriculus [cordis]* « petit ventre [du cœur] » → ventre) anat. **1.** Chacun des deux compartiments inférieurs (du cœur), séparés par une cloison. **2.** Chacune des cavités contenues dans l'encéphale. *Ventricules latéraux, ventricule moyen.* ▫ adj. **ventriculaire**

ventrière n. f. (de *ventre*) Pièce de toile servant à soutenir et soulever un animal (pour l'embarquer par exemple).

ventriloque n. et adj. (du latin, de *venter* → ventre et *loqui* « parler » → loquace) n. Personne qui peut articuler sans remuer les lèvres, d'une voix étouffée qui semble venir du ventre. – adj. *Il est ventriloque.* ▫ n. f. **ventriloquie**

ventripotent, ente adj. (du latin, de *potens* « puissant ») littér. Qui a un gros ventre. → **gros, ventru.**

ventru, ue adj. **1.** Qui a un gros ventre. → **gros, pansu, ventripotent. 2.** (choses) Renflé, bombé.

Ventura (Raymond, dit Ray) Compositeur et chef d'orchestre français (1908-1979). Alternant chansons et sketches comiques, son groupe les Collégiens innova en introduisant le swing dans la chanson populaire.

Ventoux (mont)

Le mont Ventoux, classé réserve de biosphère, est le plus haut sommet du Vaucluse.

Tout va très bien, madame la Marquise ; Ça vaut mieux que d'attraper la scarlatine.

Ventura (Angiolino, dit Lino) Acteur français d'origine italienne (1919-1987). Ancien lutteur et catcheur, il se révéla dans le cinéma noir ou policier, auquel il contribua à donner des lettres de noblesse. *Classe tous risques ; Touchez pas au grisbi ; Les Tontons flingueurs.*

Lino Ventura, avec Bernard Blier (à g.) et Paul Meurisse (à dr.), dans *Marie-Octobre* de Julien Duvivier (1959).

venturi n. m. (n. d'un physicien italien) techn. Appareil de mesure du débit des fluides.

Venturi (Giovanni Battista) Physicien italien (1746-1822). Spécialiste en dynamique des fluides, il réalisa la tuyère à cônes divergents qui porte son nom et s'intéressa à l'étendue des sons audibles.

Venturi (Lionello) Critique et historien d'art italien (1885-1961). Il s'intéressa à l'histoire des idées sur l'art. *Histoire de la critique d'art ; Art Criticism Now.*

Venturi (Robert) Architecte américain (1925-2018). Théoricien du postmodernisme, il s'attacha à rendre indépendantes la fonction et la décoration, dotant souvent cette dernière de références symboliques.

venu, ue adj. et n. **1.** littér. *Être bien, mal venu :* arriver à propos (ou non) ; être bien (ou mal) accueilli. – *Être mal venu de (+ inf.) :* n'être pas fondé à. *Vous seriez mal venu d'insister.* **2.** *Bien, mal venu :* qui s'est développé (bien, mal). *Un enfant mal venu,* chétif. **3.** n. *Le premier venu :* n'importe qui. *Ce n'est pas la première venue.* – *Les nouveaux, les derniers venus.*

venue n. f. **1.** Action, fait de venir (I). → **arrivée.** *Des allées* et venues.* **2.** littér. Action, fait de venir (III), de se produire, d'arriver. *La venue du beau temps.* **3.** loc. *D'une seule venue, tout d'une venue :* d'un seul jet (en parlant des plantes, des arbres).

vénus [venys] n. f. (du latin, n. de la déesse de l'Amour → vénérien) **I. 1.** Très belle femme. **2.** Statue de Vénus. **II.** zool. Mollusque bivalve comestible. → **praire.**

Vénus Déesse italique de la Végétation et des Jardins, puis de la Beauté et de l'Amour, après son assimilation par les Romains à la déesse grecque Aphrodite.

▶ **Vénus,** très ancienne divinité italique, est à l'origine la protectrice des jardins, des fleurs et des cultivateurs. Vers le IIe siècle av. J.-C., elle s'enrichit grâce à son assimilation avec Aphrodite, la déesse grecque de l'Amour et de la Beauté. Cette dernière, née de l'écume de la mer, est l'épouse volage d'Héphaïstos (Vulcain), dieu du Feu, et la maîtresse — entre autres ! — d'Arès (Mars), le dieu de la Guerre. Dès lors, Vénus veille sur les amoureux, le mariage et la fécondité du couple. Elle est honorée dans les temples par les matrones mais aussi par les prostituées. À partir de la première guerre punique (IIIe s. av. J.-C.), la divinité est considérée à Rome comme garante de la victoire. Sa dimension politique ne cesse de s'accroître : Virgile fait de Vénus la mère du Troyen Énée, venu en Italie fonder une glorieuse lignée, tandis que César se glorifie du fait que la déesse serait à l'origine de sa famille.
La tradition occidentale a appelé « Vénus » des œuvres d'art représentant Aphrodite, des copies romaines de celle-ci, voire des figures féminines préhistoriques qui, par la générosité de leurs formes, évoquent la déesse de l'Amour. Dès l'Antiquité, celle-ci inspire fortement les artistes qui veulent rendre hommage à la beauté féminine (*Vénus de Milo, Vénus* de Praxitèle). La Renaissance

renoue avec ce thème qui connaît un énorme succès jusqu'au XIXe s. (*La Naissance de Vénus* de Botticelli, *Vénus présentant des armes à Énée* de Poussin).
voir aussi **mythe, polythéisme**

Vénus n. f. Deuxième planète à partir du Soleil, elle est aussi appelée étoile du Berger, étant le premier et le dernier astre visible, dans le ciel nocturne. Semblable à la Terre à de nombreux égards (diamètre, âge, composition chimique, présence d'eau et de nuages denses dans l'atmosphère), Vénus, en raison de sa proximité avec le Soleil, fut victime d'un effet de serre accéléré et perdit l'eau liquide qui aurait probablement permis la vie.

vénusien, ienne adj. (de *Vénus*) De la planète Vénus.

vénusté n. f. (latin *venustas*, de *Venus* « Vénus ») littér. Grâce, beauté digne de Vénus. *« J'aime tes yeux pour leur liesse / Et ton corps pour sa vénusté »* (Verlaine).

vépéciste n. (de *V. P. C.*) techn. Spécialiste, entreprise qui fait de la vente par correspondance. *Catalogues des vépécistes.*

vêpres n. f. pl. (latin *vesperae*, de *vespera*, fém. de *vesper* « le soir ») Cérémonie religieuse (catholique) célébrée l'après-midi.

Vêpres siciliennes Émeute fomentée par Pierre III d'Aragon et Michel VIII Paléologue contre Charles Ier d'Anjou, roi de Sicile, le 30 mars 1282 (jour de Pâques, à l'heure des vêpres). Pendant un mois, les Français de Sicile furent massacrés par les Siciliens. Cette révolte amena la maison d'Aragon sur le trône de Sicile.

ver [vɛʀ] n. m. (d'abord *verm* ; vient du latin *vermis* [aussi *vermen* → vermine] → [1]vermeil, vermicelle) **I.** cour. **1.** Petit animal au corps mou (insecte, larve) sans pattes. *Il y a des vers dans ce fruit. Se tortiller comme un ver.* ■ (expressions) *Ver de terre* : lombric terrestre, annelé et rougeâtre. – *Ver solitaire* : le ténia. – *Ver blanc* : larve de hanneton ; asticot. – *Ver luisant* : femelle d'un coléoptère (le lampyre) qui brille la nuit ; luciole. – *Ver à soie* : chenille du bombyx du mûrier, qui s'enferme dans un cocon fait d'un enroulement de fils de soie. – *Ver de farine* : larve de ténébrion. **2.** loc. *Être nu comme un ver*, tout nu. – *Tirer les vers du nez de qqn*, le faire parler, avouer. **3.** Vermine qui, selon la croyance populaire, ronge la chair des morts. **II.** zool. *Les vers.* **1.** vieux Invertébrés, à l'exception des insectes. **2.** mod. Métazoaires à mésoderme, avec cavité centrale (annélides, etc.) ou sans cette cavité *(vers plats)*.

Veracini Famille de compositeurs et violonistes italiens (XVIIe-XVIIIe s.). ■ **Antonio Veracini** (v. 1655-1733). Son œuvre marque une étape importante dans l'évolution de la sonate. ■ **Francesco Maria Veracini** (1690-v. 1750), neveu d'Antonio. Compositeur (opéras, symphonies, concertos et sonates pour violon) et violoniste virtuose, il dirigea l'orchestre de l'Opéra-Italien à Londres et fut un habitué de nombreuses cours européennes.

véracité n. f. (latin *verax* « véridique », de *verus* → vrai) **1.** littér. Qualité d'une personne qui dit la vérité. *Décrire, raconter avec véracité.* → **exactitude, fidélité. 2.** Qualité de ce qui est rapporté avec véracité (1). *La véracité d'un témoignage.* → **authenticité, sincérité.**

Veracruz (État de) État de l'E. du Mexique. 71 699 km². 7,64 millions d'habitants. Capitale : Jalapa. Agrumes et élevage. Pétrole et gaz naturel. Industries alimentaire, textile, chimique, métallurgique. Importants vestiges précolombiens.

Veracruz Ville du Mexique central, sur le golfe du Mexique, dans l'État du même nom. 428 300 habitants. Ville coloniale fondée en 1519 par Cortés, elle est aujourd'hui le plus grand port du pays et un important centre industriel (construction navale, métallurgie, agroalimentaire).

véraison n. f. (de *vérir*, var. de *varier*, « commencer à mûrir », latin *variare*) agric. Maturation des fruits, spécialt du raisin qui prend sa couleur.

véranda n. f. (de l'anglais, du bengali *baranda* « balustrade ») **1.** Galerie vitrée contre une maison, servant généralement de petit salon. **2.** (Afrique) Toit en pente, vitré ou non, sur la façade ou le côté d'une construction. → **auvent.**

vératre n. m. (latin *veratrum* « ellébore ») bot. Plante vivace, vénéneuse. *Vératre blanc*, utilisé comme émétique et purgatif.

verbal, ale, aux adj. (latin *verbalis*, de *verbum* → verbe) **I.** Du verbe (II) ; relatif au verbe. *Désinences verbales. Adjectif verbal* : participe présent du verbe, adjectivé (ex. *partant*). *Locution verbale* : groupe de mots formé d'un verbe et d'un complément (ex. *prendre froid*). **II. 1.** Qui se fait de vive voix (opposé à *écrit*). → **oral.** *Promesse verbale.* **2.** Qui se fait, s'exprime par des mots et non par d'autres signes. *Violence verbale.* **3.** Qui concerne les mots plutôt que la chose ou l'idée. *La beauté verbale d'un texte.* → **formel.**

verbalement adv. **1.** De vive voix et non par écrit. → **oralement. 2.** Par des mots. *S'exprimer verbalement.*

verbaliser v. ‹ 1 › **I.** v. intr. Dresser un procès-verbal (1). **II.** v. tr. psych. Exprimer (qqch.) par le langage. □ n. f. **verbalisation** □ adj. et n. **verbalisateur, trice**

verbalisme n. m. péj. Utilisation des mots pour eux-mêmes au détriment de l'idée (et sans intention esthétique). → **verbiage.**

Verbano (lac) voir **Majeur** (lac)

verbatim [vɛʀbatim] (de l'anglais, du latin, de *verbum* → verbe) **1.** adv. Selon les termes exacts. *Reproduire un discours verbatim.* **2.** n. m. Compte rendu écrit fournissant le mot à mot d'une déclaration, d'un débat oral.

verbe n. m. (latin *verbum* « mot, parole », et en gramm. « verbe » [opposé au nom] puis « parole divine » en latin chrét. → aussi verve) **I. 1.** (avec une majuscule) relig. chrét. Parole (de Dieu) adressée aux hommes. *Le Verbe de Dieu. « Car le mot, c'est le Verbe, et le Verbe c'est Dieu »* (Hugo). **2.** littér. Expression de la pensée (oralement ou par écrit) au moyen du langage. → **langage, langue.** *La magie du verbe.* **3.** Ton de voix. loc. *Avoir le verbe haut* : parler très fort ; parler, décider avec hauteur. **II.** Mot qui exprime une action, un état, un devenir, et qui présente un système complexe de formes (→ **conjugaison**). *Formes, temps, modes, personnes du verbe. Verbe transitif, intransitif, pronominal.*

verbeux, euse adj. (latin *verbosus*, de *verbum* → verbe) péj. Qui dit les choses en trop de paroles, trop de mots. *Un orateur verbeux.* → **bavard, prolixe.** *Commentaire verbeux.* □ adv. **verbeusement** □ n. f. **verbosité**

verbiage n. m. (de l'ancien français *verbier* « gazouiller, chanter », du francique *werbilôn* « tourbillonner » ; sens moderne d'après *verbe, verbeux*) péj. Abondance de paroles, de mots vides de sens ou qui disent peu de chose. → **bavardage.**

verbicruciste n. (du latin *verbum* « mot » → verbe et de *cruci-*) Personne qui crée, est l'auteur de grilles de mots croisés.

verbigération n. f. (du latin *verbigerare* « se quereller ») psych. Discours incohérents avec répétitions, altérations de mots et néologismes nombreux, que font certains malades atteints de manie ou de démence.

verboquet n. m. (de *virer* « tourner », et *bouquet* « faisceau ») techn. Cordage qui sert à guider et stabiliser un fardeau que l'on hisse.

Verceil en italien **Vercelli** Ville d'Italie, chef-lieu de province, dans le Piémont, sur la Sesia. 45 130 habitants. Basilique du XIIIe s. ; cathédrale du XVIe s. Musée (peintures de l'école piémontaise). Défaite des Cimbres par Marius et Catulus (–101).

Vercingétorix Chef des Arvernes (v. 72-46 av. J.-C.). En 52 av. J.-C., il prit la tête de la révolte gauloise contre les Romains et infligea une lourde défaite à César devant Gergovie (juin). Mis à mal près de Dijon (août), il se replia sur Alésia où, après deux mois de siège, il rendit ses armes à César. Emmené à Rome, il mourut probablement étranglé dans sa prison. Fin stratège et fédérateur de nombreux peuples de la Gaule, il incarna l'espoir de la délivrance gauloise.

Vercingétorix, denier romain (48 av. J.-C.), Bibliothèque nationale de France, Paris.

Vercors (Jean Bruller, dit) Romancier et essayiste français (1902-1991). Résistant pendant la Seconde Guerre mondiale, il cofonda clandestinement les Éditions de Minuit et publia, en 1942, *Le Silence de la mer*, dont la sobriété et la pureté formelle soulignent la réflexion amère menée au long de ses autres œuvres sur la guerre. *La Marche à l'étoile ; Les Animaux dénaturés.*

Vercors n. m. Massif des Préalpes françaises, situé entre l'Isère et la Drôme. Plateau calcaire culminant à 2 341 m (Grand

Vercors

Parc naturel régional du Vercors, les falaises du balcon est.

V

Veymont), recouvert de nombreuses forêts, il fait partie du *Parc naturel régional du Vercors*. En juin-juillet 1944, 3 500 résistants y menèrent contre les troupes allemandes un violent combat, au terme duquel le maquis du Vercors fut anéanti.

Verdaguer i Santaló (Jacint) Poète espagnol de langue catalane (1845-1902). Il écrivit notamment deux épopées, *L'Atlantide* et *Le Canigou*, évoquant des légendes ancestrales.

verdâtre adj. (de *verd* → vert) Qui tire sur le vert, est d'un vert un peu sale et trouble. *Teinte verdâtre.*

verdelet, ette adj. (diminutif de *verd* → vert) vieux ou régional *Vin verdelet*, un peu vert, légèrement acide.

Verdelot (Philippe) Compositeur français (v. 1480-v. 1530). Il se consacra essentiellement à la composition de madrigaux dans le style italien. On lui doit également une messe et des motets.

Verden Ville d'Allemagne (Basse-Saxe), sur l'Aller, près de Brême. Environ 29 500 habitants. En 782, Charlemagne, qui menait alors la conquête de la Saxe, fit massacrer 4 500 Saxons.

verdeur n. f. (de *verd* → vert) **1.** Vigueur de la jeunesse (chez qqn qui n'est plus jeune). **2.** Acidité (d'un fruit vert, d'un vin trop jeune). **3.** Liberté, spontanéité savoureuse dans le langage. *« Un langage dont la verdeur et la vigueur me saisirent »* (Valéry).

Verdi (Giuseppe) Compositeur italien (1813-1901). Il connut tôt le succès, notamment avec ses opéras *Nabucco* et *I Lombardi*, où le patriotisme le dispute à la puissance dramatique. Champion des idées libérales, favorable au Risorgimento, il entra au Parlement (1861), sans cesser de composer *(Rigoletto ; La Traviata)*. Ses œuvres tardives, progressivement libérées du *bel canto* et délaissant le récitatif au profit du discours musical continu, expriment avec raffinement, rigueur et justesse toute la gamme des sentiments humains, incarnant l'idéal humaniste du romantisme *(Falstaff ; Otello ; Don Carlos ; Aïda)*. Il a aussi composé un *Requiem* à la mémoire de Manzoni.

verdict [vɛʀdik(t)] n. m. (de l'anglais, du français *voir dit*, de *voir* « vrai » et *dit*, de *dire*) **1.** Déclaration par laquelle le jury répond, après délibération, aux questions posées par le tribunal. → **sentence.** *Verdict d'acquittement. Prononcer, rendre un verdict.* **2.** Jugement rendu par une autorité. → **décision.**

verdier n. m. (de *verd* → vert) Oiseau passereau, de la taille du moineau, à plumage verdâtre, commun en Europe.

verdir v. <2> (de *verd* → vert) **1.** v. intr. Devenir vert. – (végétaux) Pousser, se couvrir de feuilles. – fig. → **blêmir.** *Il a verdi en le voyant.* **2.** v. tr. Rendre vert. □ n. m. **verdissage** et **verdissement**

verdissant, ante adj. Qui verdit, est en train de verdir.

verdoiement n. m. littér. Fait de verdoyer. *Le verdoiement des prés.*

Verdon n. m. Rivière des Alpes du S., affluent de la Durance. 175 km. Il prend sa source au massif des Trois-Évêchés, traverse Allos, Colmars, Castellane puis emprunte les *gorges du Verdon*. Barrages (hydroélectricité, irrigation).

verdoyant, ante adj. Qui verdoie ; où la végétation est vivace. *Une vallée verdoyante.*

verdoyer v. intr. <8> (de *verd* → vert) rare Se dit des végétaux, de la campagne lorsqu'ils offrent une sensation dominante de vert.

Verdun Chef-lieu d'arrondissement de la Meuse, sur la Meuse. 16 877 habitants. Ancien oppidum gaulois, ville libre impériale au XIIIe s. faisant partie des Trois-Évêchés, elle fut réunie à la Couronne par Henri II. Fortifiée par Vauban au XVIIe s., la ville fut assiégée lors de la guerre de 1870, puis lors de la Première Guerre mondiale, à l'issue de laquelle elle fut reconstruite.

Verdun (traité de) Traité de partage de l'Empire carolingien conclu à Verdun en août 843 entre les fils de Louis le Pieux. Louis le Germanique reçut la Germanie à l'E. du Rhin, Charles le Chauve la partie occidentale de l'Empire, et Lothaire le territoire intermédiaire de la mer du Nord à l'Italie, ainsi que le titre impérial.

Verdun (bataille de) Bataille de la Première Guerre mondiale qui se déroula du 21 février au 19 décembre 1916, près de Verdun. Face à l'offensive allemande menée par Falkenhayn, la défense française s'organisa, sous le commandement de Pétain, Nivelle, puis Joffre, et mit en échec l'armée allemande. Cette bataille, meurtrière, fit environ 700 000 morts et blessés dans les deux camps.

La bataille de Verdun, tranchée de première ligne côté français.

verdure n. f. (de *verd* → vert) **1.** Couleur verte de la végétation. **2.** Arbres, plantes, herbes, feuilles. → **végétation.** *Un rideau, un tapis de verdure.* – *Théâtre* de verdure.* ■ *Tapisserie de verdure ; verdure* : tapisserie médiévale représentant des végétaux et non des personnages. **3.** fam. Plante potagère que l'on mange crue, en salade.

Vereeniging Ville d'Afrique du S. (Gauteng), située au S. de Johannesburg et du Witwatersrand. 540 000 habitants. Les Boers battus et les Britanniques y négocièrent la paix de Vereeniging (signée le 31 mai 1902 à Pretoria) qui mit fin à la guerre des Boers.

Vereeniging (traité de) Traité signé le 31 mai 1902 entre les Boers et les Britanniques, et qui mit fin à la guerre des Boers. Les Britanniques annexèrent l'Orange et le Transvaal.

vérétille n. f. ou m. (latin *veretillum*, de *veretrum* « parties sexuelles », par analogie de forme) zool. Animal coralliaire vivant en colonies dans les vases côtières, dont le polypier est un axe cylindrique. - syn. **verge de mer.**

véreux, euse adj. (de *ver*) **1.** Qui contient un ver, est gâté par des vers. *Fruits véreux.* **2.** Foncièrement malhonnête. *Agent, financier véreux.* – *Affaire véreuse.* → **¹louche, suspect.**

Verga (Giovanni) Romancier italien (1840-1922). La découverte de Flaubert, puis de Zola, le fit renoncer aux romans à base d'intrigues bourgeoises et mondaines, et devenir l'un des principaux représentants du vérisme. Dans *Les Vaincus*, cycle dont il rédigea les deux premiers volets, il dénonça l'écrasante influence des richesses matérielles sur les caractères et les êtres. *Mastro Don Gesualdo ; Vie des champs*, nouvelles.

verge n. f. (vient du latin *virga* « branche souple » → vergue, en bas latin « membre viril ») **I. 1.** littér. Baguette (pour frapper, battre). – loc. *Donner des verges pour se faire battre* : fournir des armes contre soi-même. **2.** (Canada) Unité de longueur valant 0,914 m. → **yard. II.** Organe de la copulation (chez l'homme et les mammifères). → **pénis, phallus.**

vergé, ée adj. (vient du latin *virgatus* « rayé ») **1.** Se dit du papier marqué de vergeures. – n. m. *Du vergé.* **2.** Se dit d'une étoffe à fils saillants.

vergence n. f. (p.-ê. de l'anglais *to verge* « se diriger obliquement vers », d'après *convergence, divergence*) phys. Inverse de la distance focale d'un système optique centré. *Vergence positive* (→ **convergence**), *négative* (→ **divergence**).

Vergennes (Charles Gravier, comte de) Homme d'État et diplomate français (1719-1787). Ministre des Affaires étrangères de Louis XVI (1774), il engagea la France dans la guerre de l'Indépendance américaine (1778) et veilla à préserver la paix européenne (convention de Teschen, 1779). Poursuivant la politique d'hostilité à l'égard de la Grande-Bretagne menée par Choiseul, il dut cependant accorder à celle-ci un avantageux traité de commerce (1786).

vergeoise n. f. (de *verge*, dans un sens technique) Sucre à la saveur prononcée, coloré par la cuisson du sirop de betterave.

verger n. m. (vient du latin *viridarium* « bosquet », de *viridis* → vert) Terrain planté d'arbres fruitiers.

vergerette n. f. (diminutif de *verge*) Érigéron, plante du bord des chemins.

vergeté, ée adj. (de *verge* [I]) Marqué de vergetures, de petites raies.

vergette n. f. (diminutif de *verge*) Petite verge, petite baguette.

vergeture n. f. surtout au plur. Petites stries qui sillonnent la peau aux endroits qui ont été distendus.

vergeure [vɛʀʒyʀ] n. f. (de *verge*) techn. Fil de cuivre du châssis utilisé dans la fabrication du papier. ■ Motif que laissent ces fils, fines lignes horizontales parallèles dans le filigrane du papier *vergé*. - var. RO **vergeüre.**

Vergèze Commune du Gard, près de Nîmes. 5 465 habitants. Source d'eau gazeuse naturelle.

verglaçant, ante adj. Qui provoque le verglas. *Pluie verglaçante.*

verglacé, ée adj. Couvert de verglas. *Route verglacée, dangereuse.*

verglas n. m. (de *verre* et *glas*, autre forme de *glace*) Couche de glace naturelle très mince qui se forme sur un sol au-dessous de 0 °C. *Une plaque de verglas.*

vergne n. m. (gaulois *verne*) régional Aulne.

Vergniaud (Pierre Victurnien) Homme politique français (1753-1793). L'un des chefs des Girondins, président de la Convention, il vota la mort de Louis XVI. Condamné à mort après la chute de la Gironde (31 mai-2 juin 1793), il fut guillotiné.

vergobret n. m. (mot gaulois) hist. Chef et juge suprême de certaines confédérations gauloises.

vergogne n. f. (vient du latin *verecundia*, de *verecundus* « respectueux, réservé », de *vereri* « révérer ») **1.** vieux Sentiment de honte. **2.** *Sans vergogne* loc. adv. Sans honte, sans scrupule. *Il nous a menti sans vergogne.* → **effrontément, impudemment.**

vergue n. f. (forme normande de *verge*) Longue pièce de bois disposée en croix sur l'avant des mâts pour soutenir une voile.

Verhaeren [vɛʀaʀɛn] **(Émile)** Poète belge d'expression française (1855-1916). Après une grave crise morale dont *Les Débâcles* et *Les Flambeaux noirs* expriment l'intensité, il se rallia à un socialisme fraternel et fut le poète simple et lyrique de la modernité, de la grandeur de l'effort humain, des machines et des nouveaux paysages industriels. *Les Campagnes hallucinées ; Les Villes tentaculaires ; Les Rythmes souverains.*

Verhoeven (Paul) Cinéaste néerlandais (né en 1938). Réalisateur éclectique, il a mené sa carrière aux Pays-Bas, aux États-Unis où il a signé plusieurs films policiers *(Basic Instinct)* et de science-fiction *(Robocop ; Total Recall)*, et en France *(Elle)*.

Verhofstadt (Guy) Homme d'État belge (né en 1953). Président du Parti libéral démocrate flamand, il fut Premier ministre de 1999 à 2008.

véridique adj. (latin *veridicus*, de *verus* → vrai et *dicere* → [1]dire) **1.** littér. Qui dit la vérité, qui rapporte qqch. avec exactitude (→ **véracité**). *Témoin véridique.* **2.** cour. Conforme à la vérité, à ce qui a été éprouvé, constaté. → **authentique, exact.** *Témoignage, récit véridique.* □ n. f. **véridicité**

véridiquement adv. D'une manière véridique, exacte.

vérifiable adj. Qui peut être vérifié ; dont on peut prouver la vérité (s'oppose à *invérifiable*).

vérificateur, trice n. **1.** Professionnel(le) chargé(e) de vérifier. → **contrôleur, vérifieur.** **2.** *Vérificateur orthographique* : logiciel permettant de vérifier l'orthographe d'un texte informatisé. → **correcteur orthographique.**

vérification n. f. **1.** Fait de vérifier. → **contrôle, épreuve.** *Faire des vérifications. Vérification des faits* : recomm. offic. pour **fact checking.** **2.** Fait d'être vérifié (3), d'être reconnu exact. → **confirmation.** *Une vérification par les faits.*

vérifier v. tr. < 7 > (latin *verificare*, de *verus* → vrai et *facere* → [1]faire) **1.** Examiner la valeur de (qqch.), par une confrontation avec les faits ou par un contrôle de la cohérence interne. *Vérifier une nouvelle. Vérifier un compte. Vérifier l'exactitude, l'authenticité d'une assertion.* – *Vérifier si* (+ indic.) : examiner de manière à constater que. → **s'assurer.** *Vérifier que* (+ indic.). **2.** Examiner (une chose) de manière à pouvoir établir si elle est conforme à ce qu'elle doit être, si elle fonctionne correctement. *Vérifier ses freins.* **3.** Reconnaître ou faire reconnaître (une chose) pour vraie. → **prouver.** *Vérifier une hypothèse.* – (sujet chose) Constituer le signe non récusable de la vérité de (qqch.). *Les faits ont vérifié nos soupçons.* → **confirmer, justifier.** – pronom. *Se vérifier* : se révéler exact, juste. *Les présomptions se sont vérifiées.*

vérifieur, euse n. techn. Personne chargée d'une vérification. → **vérificateur.**

vérin n. m. (latin *veruina*, de *vera* « javelot » et « broche » → verrou) techn. Appareil de levage à vis. → **cric.** – *Vérins hydrauliques, pneumatiques, électriques.*

vérine n. f. (de *vérin*) mar. Bout de filin muni d'un croc ou d'une griffe, qui sert à manier les chaînes d'ancre. - var. **verrine.**

vérisme n. m. (de l'italien, de *vero* « vrai ») didact. Mouvement littéraire italien de la fin du XIXe siècle, inspiré par le naturalisme. □ adj. et n. **vériste**

véritable adj. **1.** (personnes) vieux Sincère, qui ne trompe pas. *« Qu'un ami véritable est une douce chose »* (La Fontaine). **2.** vieux Conforme à la vérité. → **réel, vrai** (opposé à *inventé*). *Toute cette histoire est véritable.* **3.** Conforme à l'apparence, qui n'est pas imité. *De l'or, des perles véritables.* **4.** Qui est réel, non pas seulement apparent. *On ignore sa véritable identité, son véritable nom.* **5.** Conforme à l'idée qu'on s'en fait, qui mérite son nom. *Le véritable amour. C'est une véritable canaille.*

véritablement adv. **1.** vieilli Réellement. **2.** Conformément à l'apparence, au mot qui désigne. → **absolument, proprement, vraiment.** *C'est véritablement génial.*

vérité n. f. (latin *veritas*, de *verus* → vrai) **1.** Ce à quoi l'esprit peut et doit donner son assentiment (par suite d'un rapport de conformité avec l'objet de pensée, d'une cohérence interne de la pensée) [opposé à *erreur, illusion*]. **2.** Connaissance conforme au réel ; son expression (opposé à *erreur, ignorance* ou à *mensonge*). *Connaître, dire la vérité sur qqch. C'est l'entière, la pure vérité* ; fam. *la vérité vraie.* – *Dire la vérité, toute la vérité.* – *Il n'y a que la vérité qui blesse.* – ***En vérité*** loc. adv., sert à renforcer une affirmation, une assertion. → **assurément, certainement, vraiment.** – ***À la vérité*** loc. adv. : pour être exact. *Elle est intelligente, mais à la vérité plutôt paresseuse.* – loc. *Minute, heure... **de vérité*** : moment décisif où il faut affronter la réalité, montrer sa vraie valeur. **3.** Conformité au sentiment de la réalité. *La vérité d'un portrait* (→ **ressemblance**), *d'un personnage* (→ **vraisemblance**). – loc. (du russe) *Cinéma-vérité* (école de films documentaires). **4.** Idée ou proposition qui mérite ou emporte un assentiment entier. → **conviction, évidence.** *Vérités éternelles.* – loc. *Vérités premières*, évidentes mais indémontrables. *Des vérités de Lapalisse* : des évidences. → **lapalissade, truisme.** – *Dire ses quatre vérités à qqn*, lui dire avec franchise ce qui lui est reproché. **5.** Le réel. → **réalité.** *Au-dessous de la vérité.* **6.** Expression sincère et vraie, bonne foi. *Un accent, un air de vérité*, de sincérité.

verjus n. m. Suc acide de raisin cueilli vert. □ adj. **verjuté, ée**

Verkhoïansk Ville de la république de Sakha, sur la Iana, en Sibérie extrême-orientale, à l'E. des *monts Verkhoïansk* (2 389 m). 1 900 habitants. C'est l'un des points les plus froids du globe (jusqu'à –68 °C.).

Verlaine (Paul) Poète français (1844-1896). Sensible à ses débuts à l'influence parnassienne, il se distingua dès son premier recueil *(Poèmes saturniens)* par la musicalité de sa poésie et le sens de la nuance. Sa vie commune avec Rimbaud se solda par deux coups de revolver qu'il tira sur Rimbaud. Emprisonné, il se convertit au catholicisme puis mena une existence précaire. *Romances sans paroles* (composées en prison) ; *Sagesse* et *Liturgies intimes* (poèmes mystiques) ; *Parallèlement* (pièces érotiques) ; *Poètes maudits* (ouvrage consacré à T. Corbière, Mallarmé et Rimbaud). Le recueil *Jadis et Naguère* contient *L'Art poétique*, qui revendique la fluidité et la légèreté d'une poésie « soluble dans l'air ».

Paul Verlaine vers 1890.

verlan n. m. (retournement oral de *l'envers*) Procédé argotique consistant à inverser les syllabes de certains mots, parfois en modifiant les voyelles (ex. *arabe*, d'où *beur*, d'où *rebeu* ; *mec*, d'où *keum*).

Vermandois n. m. Région du N. du Bassin parisien (Aisne), entre le Ponthieu et la Thiérache. D'abord érigé en comté par Charlemagne, il fut occupé par Philippe Auguste qui le réunit à la Couronne (1212).

vermée n. f. (de l'ancien français *verm* → ver) pêche Appât fait de vers enfilés à une ficelle.

Vermeer (Jan) dit **Vermeer de Delft** Peintre hollandais (1632-1675). Plus que par son répertoire, restreint et classique (pour l'essentiel des scènes d'intérieur, sauf la célèbre *Vue de Delft*, et quelques tableaux allégoriques), il brille par une exécution proche de la perfection et une exceptionnelle intensité expressive (*La Laitière* ; *Jeune Fille au turban* dite aussi *à la perle* ; *La Dentellière*) tout en retenue et en économie. Dans des tableaux qui privilégient presque toujours l'éclairage en pleine clarté, son rendu de la lumière et des matières ainsi que sa grande maîtrise de la composition spatiale contribuent à faire de lui l'un des plus grands peintres du XVIIe siècle.

[1]vermeil, eille adj. (vient du latin *vermiculus* « petit ver », spécialt « cochenille, teinture écarlate » [→ vermillon], diminutif de *vermis* → ver) (teint, peau) D'un rouge vif et léger. *Teint vermeil.*

[2]vermeil n. m. (de [1]*vermeil*) Argent recouvert d'une dorure d'un ton chaud tirant sur le rouge. *Plats en vermeil.*

vermet n. m. (de *verm*, var. ancienne de *ver*) zool. Mollusque gastéropode des mers chaudes ou tempérées, qui vit fixé sur les rochers.

Vermeylen (August) Écrivain belge d'expression néerlandaise (1872-1945). Il fut l'un des propagateurs socialistes les plus influents du flamingantisme. *Le Juif errant* ; *Deux Amis.*

vermi- Élément (du latin *vermis*) qui signifie « ver ».

vermicelle n. m. (de l'italien, du latin, de *vermiculus* → vermiculaire) Pâtes à potage en forme de fils très minces. *Soupe au vermicelle.*

vermiculaire adj. (du latin *vermiculus*, diminutif de *vermis* → ver) didact. Qui a la forme, l'aspect d'un petit ver. *Appendice vermiculaire*, ou cour. *appendice* : prolongement du cæcum.

vermiculé, ée adj. (du latin *vermiculatus*, de *vermiculus* → vermiculaire) Orné de petites stries sinueuses.

vermiculure n. f. (de *vermiculé*) arts Motif ornemental d'un ouvrage vermiculé.

vermiforme adj. (de *vermi-* + *-forme*) En forme de ver. *Appendice vermiforme.* → **vermiculaire.**

vermifuge adj. (→ -fuge) Propre à provoquer l'expulsion des vers intestinaux. – n. m. *Prendre un vermifuge.* ■ **vermifuger** v. tr. < 3 > Faire prendre un vermifuge à. *Vermifuger un chiot.*

vermiller v. intr. < 1 > (du latin *vermiculus* « vermisseau », diminutif de *vermis* « ver ») Fouiller la terre du groin (sanglier, cochon) pour y trouver des vers, des racines. → aussi **vermillonner.**

vermillon n. m. (de *vermeil* adj.) Poudre fine de cinabre, substance colorante ou couleur d'un rouge vif tirant sur l'orangé. – adj. invar. D'un rouge vif tirant sur l'orangé. *Des robes vermillon.*

vermillonner v. intr. < 1 > (de *vermiller*) Se dit du blaireau qui fouille la terre. → aussi **vermiller.**

vermine n. f. (latin *vermina* « les vers », de *vermen* → ver) **1.** (collectif) Insectes (puces, poux, punaises) parasites de l'homme et des animaux. **2.** fig., littér. Ensemble nombreux d'individus méprisables. → **canaille, racaille.**

vermineux, euse adj. (latin *verminosus*) méd. Relatif aux vers intestinaux. *Dermatite vermineuse. Abcès vermineux.*

vermis [vɛʀmis] n. m. (mot latin « ver ») anat., zool. Partie médiane du cervelet des mammifères et des oiseaux.

Vermeer (Jan)

Jan Vermeer, *La Laitière* (1658), Rijksmuseum, Amsterdam.

vermisseau n. m. (du latin → ver) Petit ver, petite larve vermiforme. *« Pas un seul petit morceau / De mouche ou de vermisseau »* (La Fontaine).

Vermont n. m. État du N.-E. des États-Unis, en Nouvelle-Angleterre. 24 887 km². 643 000 habitants. Capitale : Montpelier. Montagneux, avec seulement quatre villes de plus de 10 000 habitants, c'est l'un des États les moins urbanisés de l'Union.

vermoulu, ue adj. (de *ver* et *moulu* → moudre) Rongé, mangé par les vers (objets en bois). → **piqué.** – fig. Usé, caduc, vieux. □ se **vermouler** v. pron. < 1 >

vermoulure n. f. (de *vermoulu*) Fait de devenir vermoulu ; piqûre, trace de vers dans le bois.

vermouth [vɛʀmut] n. m. (allemand *Wermut* « absinthe ») Apéritif à base de vin aromatisé de plantes amères et toniques. - var. **vermout.**

vernaculaire adj. (du latin *vernaculus* « indigène ») didact. **1.** Du pays, propre au pays. *Langue vernaculaire* : dialecte (opposé à *véhiculaire*). **2.** *Nom vernaculaire* (d'un animal, d'une plante), son nom courant (s'oppose à *nom scientifique*).

vernal, ale, aux adj. (du latin, de *ver* « printemps » → primevère) didact. Du printemps. – *Point vernal* : intersection de l'équateur et de l'écliptique à l'équinoxe de printemps.

vernalisation n. f. (calque du russe) agric., bot. Technique d'avancement ou de retardement du cycle d'un végétal par traitement thermique des semences.

Vernant (Jean-Pierre) Helléniste et historien français (1914-2007). À partir de l'analyse structurale des mythes, ses recherches ont porté sur la naissance de la raison en Grèce ancienne. *Les Origines de la pensée grecque ; Mythe et pensée chez les Grecs.*

vernation n. f. (latin *vernatio*) bot. **1.** Préfoliation. **2.** Préfloraison.

Verne (Jules) Écrivain français (1828-1905). Son ouvrage *Cinq Semaines en ballon* lui ouvrit une carrière brillante dans le roman d'aventures et d'anticipation, défendant l'image littéraire d'une science hardie et conquérante, découvreuse de merveilles. *De la Terre à la Lune ; Voyage au centre de la Terre ; Vingt Mille Lieues sous les mers ; Michel Strogoff.*

Jules Verne en 1892.

Verneau (Jean) Général français (1890-1944). Chef d'état-major de l'armée d'armistice jusqu'en 1942, il fonda avec le général Frère l'Organisation de résistance de l'armée (ORA). Arrêté par les Allemands en octobre 1943, il mourut en déportation à Buchenwald.

Vernet Famille de peintres français. ■ Joseph Vernet (1714-1789), fils du peintre et décorateur Antoine Vernet (1689-1753). Maître de la scène de genre et surtout du paysage, il réalisa une série de vingt-quatre ports de France, des paysages méditerranéens ou alpestres. Admirateur de Poussin et de Claude Lorrain, il donna à la nature une place et un rôle qui préfigurent le romantisme *(Naufrage)*. ■ Charles Horace, dit Carle Vernet (1758-1836). Fils de Joseph. Il caricatura les excès vestimentaires des « merveilleuses » et des « incroyables » sous le Directoire et fut l'un des premiers artistes français à pratiquer la lithographie. Il fut le maître de Géricault. ■ Horace Vernet (1789-1863). Fils de Carle. Peintre officiel de Napoléon III, il exalta, par un style brillant, l'héroïsme des soldats de l'Empire.

Vernet-les-Bains Commune des Pyrénées-Orientales, au pied du Canigou. 1 447 habitants. Église romane (XIIe s.) ; aux environs, abbayes Saint-Martin-du-Canigou et Saint-Michel-de-Cuxa.

Verneuil (Achod Malakian, dit Henri) Réalisateur français (1920-2002). Il a dirigé les plus grands acteurs français et étrangers dans de nombreux films aussi sensibles que populaires, dont il était souvent également le scénariste. *Le Mouton à cinq pattes ; La Vache et le Prisonnier ; Un singe en hiver ; Week-end à Zuydcoote ; Le Clan des Siciliens.*

verni, ie adj. **1.** Enduit de vernis. *Souliers vernis.* **2.** fam. (personnes) Qui a de la chance. → **veinard.** *Elle n'est pas vernie.*

vernier n. m. (n. de l'inventeur) Instrument formé de deux règles graduées, servant à la mesure précise des subdivisions d'une échelle.

Vernier (marais) Ancien marais de la basse Seine (Eure), assaini et mis en culture, entre Pont-Audemer et Quillebeuf.

vernir v. tr. < 2 > (de *vernis*) Enduire de vernis. *Vernir un tableau.*

vernis n. m. (latin *veronice*, du grec) **1.** Solution résineuse qui laisse une pellicule brillante et qui sert à décorer ou à protéger. → **enduit, laque.** *Le vernis d'un tableau. Vernis à ongles.* **2.** fig. Apparence séduisante et superficielle. *Elle a un vernis de culture.* **3.** *Vernis du Japon.* → **ailante.**

vernissage n. m. **1.** Action de vernir (un tableau, etc.), de vernisser (une poterie). **2.** (fin du vernissage [1] des tableaux) Jour d'ouverture d'une exposition de peinture.

vernissé, ée adj. **1.** Enduit de vernis (poterie, faïence). → **verni. 2.** Brillant, luisant comme du vernis. *« Les ailes vernissées du corbeau »* (Gautier).

vernisser v. tr. < 1 > Enduire de vernis (une poterie, une faïence). □ n. **vernisseur, euse**

Vernon Commune de l'Eure, sur la Seine. 24 056 habitants. Collégiale Notre-Dame, château des Tourelles.

vérole n. f. (latin *vayrola*, de *variola* → variole) **1.** *Petite vérole* : variole. **2.** vieux Maladie vénérienne. – fam. Syphilis. **3.** fam. Chose très désagréable.

vérolé, ée adj. **1.** Qui a la peau marquée de petits trous comme ceux laissés par la variole. **2.** fam. Qui a la syphilis. **3.** (choses) Endommagé. *Système informatique vérolé.*

véronal, als n. m. (marque déposée ; de *Vérone*, ville d'Italie, siège d'un congrès de chimie) Barbiturique employé comme somnifère. → **barbital.**

Vérone en italien **Verona** Ville d'Italie, en Vénétie, chef-lieu de province, dans une boucle de l'Adige, au pied des monts Lessini. 253 210 habitants. De fondation très ancienne, la ville compte, outre de nombreux monuments du Moyen Âge et de la Renaissance (église romane S. Zeno Maggiore, musée du Castelvecchio...), plusieurs monuments romains, dont la célèbre *Arena.* Carrefour de communication. Centre de commerce. Tourisme (festival d'art lyrique). Annexée par Milan en 1387, Vérone passa à Venise en 1405. Elle devint italienne en 1866 après avoir été à deux reprises autrichienne.

Vérone (congrès de) Congrès qui réunit, d'octobre à décembre 1822, les représentants des puissances de la Sainte-Alliance. Il y fut décidé une intervention française en Espagne pour rétablir la monarchie absolue de Ferdinand VII.

Véronèse (Paolo Caliari, dit Paolo Veronese, en français) Peintre italien (1528-1588). Influencé par Titien dont il fut ensuite le rival à Venise, il se distingue par un dessin d'architecture splendide, une palette claire et raffinée, et une tendance à la mise en scène, particulièrement sensible dans la représentation des grands festins bibliques *(Noces de Cana ; Repas chez Simon le Pharisien ; Repas chez Lévi).* Dans de plus petits formats, il cultiva la dissymétrie *(Le Calvaire)* et fut plus attentif, à la fin de sa vie, à véhiculer l'émotion. On lui doit plusieurs fresques du palais des Doges et l'ensemble de la décoration de l'église San Sebastiano.

1véronique n. f. (de *Veronica*, n. d'une sainte femme qui aurait obtenu des guérisons miraculeuses) Plante herbacée à fleurs bleues.

2véronique n. f. (espagnol *veronica*, du n. de *sainte Véronique*, par analogie avec le geste qu'elle fit pour essuyer la face du Christ) Passe exécutée par le torero, par laquelle il fait passer l'animal le long de son corps en l'enveloppant dans les plis de la cape.

Véronique (sainte) Dans la tradition chrétienne, sainte femme qui aurait essuyé le visage du Christ alors qu'il montait au Calvaire. L'empreinte de ce visage serait restée sur le linge.

verranne n. f. (de *verre* et *[fibr]anne*) techn. Fibre de verre discontinue, à brins de longueur variable.

verrat n. m. (de l'ancien français *ver* « sanglier », qui vient du latin *verres*) Porc mâle employé comme reproducteur.

Verrazane (Giovanni da Verrazano ou Verrazzano, en français Jean de) Explorateur d'origine italienne (1485-1528). Chargé par François Ier de trouver un passage vers les Indes, il découvrit la côte atlantique des actuels États-Unis, des Carolines au Maine. Il mourut dévoré par des cannibales dans une île des Antilles.

verre n. m. (vient du latin *vitrum* → vitre) **I.** Substance fabriquée, dure, cassante et transparente, formée de silicates alcalins. *Souffleur* de verre. Bouteille en verre. Panneau de verre d'une fenêtre.* → **carreau, glace, vitre.** *Verre dépoli.* – loc. *Se briser, se casser comme (du) verre,* très facilement. ■ *Laine de verre,* matériau composé de fils de verre, utilisé comme filtrant ou isolant. – *Papier de verre,* où des débris de verre sont fixés au papier, à la toile (abrasif). – *Verre blanc ; verre au plomb* (→ **cristal**). **II.** (Un, des verres) **1.** Plaque, lame, morceau ou objet de verre. *Verre de montre,* qui protège le cadran. – *Verres optiques.* → **lunettes.** *Verres grossissants.* – *Verres de contact.* → **lentille. 2.** Récipient à boire (en verre, cristal, matière plastique). *Verre à pied. Verre ballon. Verre à vin, à liqueur. Lever son verre* (pour trinquer). – *Verre à dents.* – *Verre à moutarde* : pot pour la moutarde. **3.** Contenu d'un verre. *Boire un verre d'eau.* – loc. *Se noyer dans un verre d'eau,* être incapable de surmonter les moindres

Vérone

Vérone, le Ponte Pietra sur l'Adige.

Véronèse

Véronèse, *Vénus et Adonis* (v. 1580), musée du Prado, Madrid.

difficultés. – Boisson alcoolisée (hors des repas, au café). *Payer un verre à qqn.* → fam. **pot.** *Boire, prendre un verre. Un petit verre,* un verre d'alcool, de liqueur. – loc. fam. *Avoir un verre dans le nez,* être ivre.

verrée n. f. (Suisse) Réunion où l'on offre à boire, vin d'honneur. *La verrée de Noël.*

verrerie n. f. **1.** Fabrique, usine où l'on fait et où l'on travaille le verre ; technique de la fabrication du verre. → **cristallerie, miroiterie, optique, vitrerie. 2.** Commerce du verre, des objets en verre ; ces objets. *Le rayon de verrerie d'un grand magasin.*

Verrès en latin **Caius Licinius Verres** Homme politique romain (v. 119-43 av. J.-C.). Propréteur en Sicile, il pilla la province à son profit, multipliant les impôts illégaux et s'appropriant les œuvres d'art des monuments et des temples. Face à l'accusation des Siciliens, défendus par Cicéron *(Verrines)* il renonça à plaider sa cause et s'enfuit (–70).

verrier, ière n. **1.** Personne qui fabrique le verre, des objets en verre. **2.** Artiste qui fait des vitraux ; peintre sur verre.

verrière n. f. **1.** Grande ouverture ornée de vitraux. **2.** Grand vitrage ; toit vitré (d'une véranda, etc.). **3.** aéron. Dôme transparent recouvrant l'habitacle du pilote.

¹verrine n. f. (de l'ancien adj. *verrin, ine* « en verre », du latin *vitrinus,* de *vitrum* « verre ») **1.** techn. Petit globe de verre protégeant une lampe, une source de lumière. **2.** Récipient en verre pour la conservation des aliments. *Foie gras entier en verrine.* **3.** Préparation (mise en bouche, dessert) joliment présentée dans un petit verre.

²verrine voir **vérine**

Verrocchio (Andrea di Francesco di Cione, dit il) Sculpteur, peintre et orfèvre italien (1435-1488). Il eut pour élèves Botticelli et Léonard de Vinci (qui participa à son *Baptême du Christ*). On suppose qu'il travailla avec Donatello, auquel il emprunta de nombreuses idées. C'est comme sculpteur que son importance demeure la plus décisive. *David ; Colleone* (statue équestre du condottiere B. Colleoni).

verroterie n. f. (de *verre,* d'après *bimbeloterie*) Verre coloré et travaillé, dont on fait des bijoux et des ornements. *De la verroterie. Bijoux en verroterie.*

verrou n. m. (d'abord *verrouil ;* vient du latin *veruculum,* de *veru* « broche » → **vérin**) **1.** Système de fermeture constitué par une pièce de métal allongée qui coulisse horizontalement. → **targette.** *Pousser, tirer le verrou* (pour fermer et ouvrir). – loc. *Mettre qqn* **sous les** *verrous,* l'enfermer, l'emprisonner. *Être sous les verrous,* en prison. **2.** géol. Barre rocheuse fermant une vallée glaciaire. **3.** fig. Ce qui bloque, ferme.

verrouillage n. m. **1.** Fait de verrouiller ; manière dont une ouverture est verrouillée. **2.** inform. Dispositif de sécurité d'un ordinateur, empêchant l'accès à certaines informations.

verrouiller v. tr. < 1 > (de *verrouil* → **verrou**) **1.** Fermer à l'aide d'un verrou (s'oppose à *déverrouiller*). *Verrouiller une porte, une fenêtre.* **2.** Bloquer, fermer ; immobiliser. *Verrouiller un ordinateur.* – *Verrouiller un quartier,* le rendre inaccessible. – *Verrouiller un processus,* le tenir sous contrôle.

verrucosité n. f. (du latin *verrucosus* « qui a des verrues, verruqueux ») pathol. Excroissance de la peau ou d'une muqueuse dont la surface mamelonnée, grisâtre, est couverte d'une couche cornée dure.

verrue n. f. (vient du latin *verruca* « hauteur » et « excroissance ») Petite excroissance cornée de la peau (mains, pieds, face).

verruqueux, euse adj. En forme de verrue ; qui a des verrues (1).

¹vers prép. (vient du latin *versus,* de *vertere* → **verser**) **1.** En direction de. → **à, ¹sur.** *Courir vers la sortie.* – *Tourner la tête vers qqn.* **2.** fig. (pour marquer le terme d'une évolution ou d'une tendance) *C'est un pas vers la découverte de la vérité.* – ellipt (dans les titres de journaux) *Vers la résolution du conflit.* **3.** Du côté de (sans mouvement). *Vers le nord, il y a un village.* – Aux environs de. *Nous nous sommes arrêtés vers Fontainebleau.* **4.** À peu près (à telle époque). → **environ, ¹sur.** *Vers (les) cinq heures.*

²vers n. m. (vient du latin *versus* n. m. « sillon », d'abord « fait de tourner la charrue », de *versum,* supin de *vertere* « tourner » → **verser ; ¹vers**) **1.** *Un vers,* fragment d'énoncé formant une unité rythmique définie par des règles concernant la longueur, l'accentuation, ou le nombre des syllabes. *L'alexandrin, vers de douze syllabes. Vers réguliers,* conformes aux règles de la versification traditionnelle. *Vers blancs,* sans rimes. *Vers libres,* non rimés et irréguliers. → **vers-librisme.** – *Suite de vers.* → **quatrain, strophe, tercet ; poème. 2.** *Les vers,* l'écriture en vers. *Composer, écrire, faire des vers,* de la poésie versifiée.

versaillais, aise adj. et n. (de Versailles) De Versailles. ■ hist. Fidèle à l'Assemblée nationale qui siégeait à Versailles et combattit la Commune. *Armée versaillaise.* – n. *Les versaillais et les communards.*

Versailles Chef-lieu des Yvelines. 83 583 habitants. École d'horticulture. Édifiée de toutes pièces par Louis XIV, qui y fit construire son château, la ville s'organise depuis la place d'Armes en hémicycle. Elle comprend de très nombreux édifices classiques (écuries, églises, hôtels particuliers, salle du Jeu de paume, pavillon de musique de Madame, etc.). Versailles supplanta Paris comme capitale du royaume de France de 1682 à la fin de la monarchie. Elle retrouva un rôle historique durant la guerre de 1870 : l'Empire allemand y fut proclamé ; le gouvernement Thiers s'y établit pendant la Commune de Paris ; jusqu'en 1953, les élections présidentielles s'y déroulaient.

Versailles (château de) Édifié dès 1624 à partir d'un pavillon de chasse de Louis XIII, le château actuel, fleuron de l'art classique français, fut agrandi et embelli entre 1661 et 1686. Il est dû à Le Vau, d'Orbay, J. Hardouin-Mansart et J. A. Gabriel (bâtiments principaux et Trianons), Le Brun (décoration intérieure dont la célèbre galerie des Glaces) et Le Nôtre (jardins). Plus d'une centaine de sculpteurs y collaborèrent, dont Girardon, Tubi, etc., manifestant la grandeur du Roi-Soleil. Louis XIV et sa

Versailles (château de)

Le château de Versailles. 1. La façade côté jardin. 2. La galerie des Glaces, réouverte en 2007 après 3 ans de restauration.

cour délaissèrent le Louvre et Saint-Germain-en-Laye pour s'y installer en 1682.

Versailles (traité de) Traité signé le 28 juin 1919 entre les Alliés (France, États-Unis, Grande-Bretagne, Italie) et l'Allemagne, et qui mit fin à la Première Guerre mondiale. Il prévoyait, notamment, l'abandon par l'Allemagne de ses colonies, la restitution de l'Alsace-Lorraine à la France, la formation du couloir de Dantzig en faveur de la Pologne, l'occupation et la démilitarisation de la Rhénanie, et le versement de réparations par l'Allemagne.

Signature de la Paix dans la galerie des Glaces, Versailles, 28 juin 1919, par William Orpen (1919), Imperial War Museum, Londres.

versant n. m. (de *verser* « pencher ») **1.** Chacune des deux pentes d'une montagne ou d'une vallée. **2.** fig. L'un de deux aspects opposés ou très différents (de qqch.). → **face.**

versatile adj. (latin *versatilis*, de *versare* → verser) Qui change facilement de parti, d'opinion. → **changeant, inconstant.** *Une opinion publique versatile.* □ n. f. **versatilité**

verse n. f. (de *verser*) **I.** *À verse* loc. adv., se dit de la pluie qui tombe en abondance. *Il pleuvait à verse* (→ **averse**). **II.** État des végétaux versés sur le sol (par les pluies, la maladie).

versé, ée adj. littér. *Versé dans,* expérimenté et savant (en une matière), qui en a une longue expérience.

Verseau n. m. (de *verser* et *eau*, d'après le grec *hudrokhoeus* « qui verse de l'eau ») Constellation zodiacale et onzième signe du zodiaque (20 janvier-18 février). – *Elles sont Verseau,* de ce signe.

Verseau n. m. (en latin *Aquarius* « qui concerne l'eau », de *aqua* « eau ») Constellation zodiacale, comprenant des étoiles peu brillantes ; onzième signe du zodiaque.

versement n. m. Action de verser de l'argent ; montant versé. → **paiement.** *S'acquitter en plusieurs versements. Versements mensuels.* → **mensualité.**

verser v. < 1 > (vient du latin *versare* « tourner », « remuer », de *vertere* [supin *versum*] ; famille de *convertir, tergiverser, version, vertèbre, vertige*) **I.** v. tr. **1.** Faire tomber, faire couler (un liquide) d'un récipient qu'on incline. *Verser du vin dans un verre.* – Servir une boisson. *Verser le café. Verse-nous à boire.* **2.** Répandre. *Verser des larmes, des pleurs,* pleurer. – *Verser le sang,* le faire couler en blessant, en tuant. *Verser son sang,* être blessé, ou mourir. **3.** Donner en répandant. → **prodiguer. 4.** Apporter (de l'argent) à titre de paiement, de dépôt, de mise de fonds. → **payer.** *Les sommes à verser. Verser des intérêts (à qqn).* ■ Déposer, annexer (des documents). *Verser une pièce au dossier.* **5.** Affecter (qqn) à une arme, à un corps. → **incorporer.** *On l'a versé, il a été versé dans l'infanterie.* **II.** v. intr. **1.** Basculer et tomber sur le côté. → **culbuter,** se **renverser.** *Sa voiture a versé dans le fossé.* – Coucher (des végétaux) sur le côté (→ **verse**). **2.** fig. *Verser dans... :* tomber. *Verser dans le mélo.*

verset n. m. (de [2]*vers*) **1.** Paragraphe (d'un texte sacré). *Versets de la Bible, d'un psaume ; du Coran* (→ **sourate**). **2.** liturgie Brève formule ou maxime, récitée ou chantée à l'office. **3.** Phrase ou suite de phrases rythmées d'une seule respiration, dans un texte poétique. *Les versets de Claudel.*

verseur n. m. Appareil servant à verser (1). ■ adj. *Bec verseur, bouchon verseur.*

verseuse n. f. Cafetière en métal à poignée droite horizontale.

versicolore adj. (du latin, de *versus,* de *vertere* « tourner », et *color*) didact. Aux couleurs changeantes ou variées.

versificateur, trice n. **1.** Écrivain, poète qui pratique la versification. **2.** péj. Faiseur, faiseuse de vers sans inspiration. → **rimeur.**

versification n. f. (du latin → versifier) **1.** Technique du vers régulier (→ **poésie**). *Les règles de la versification.* → [1]**métrique, prosodie. 2.** Technique du vers propre à un poète. *La versification de Verlaine.*

versifier v. tr. < 7 > (latin *versificare,* de *versus* → [2]vers, et *facere*) Mettre en vers. – au p. p. *Un récit versifié.*

version n. f. (du latin, de *vertere* « tourner » et « traduire » → verser) **1.** Traduction (d'un texte en langue étrangère) dans une langue maternelle (opposé au *thème*). *Version latine* (en français). **2.** Chacun des états d'un texte qui a subi des modifications. *Les différentes versions de la « Chanson de Roland ».* ■ *Film en version originale* (abrév. **VO**), avec la bande sonore originale. *Film en version française* (abrév. **VF**). ■ inform. Chacun des états successifs d'un logiciel au cours de son évolution. *Version bêta*.* **3.** Manière de rapporter, de présenter, d'interpréter un fait, une série de faits. → **interprétation.** *Selon la version du témoin.*

vers-librisme n. m. (de *vers libre*) hist. littér. École, mouvement des poètes symbolistes partisans du vers libre. □ n. **vers-libriste**

verso n. m. (latin *[folio] verso* « sur le feuillet tourné », de *versus,* p. p. de *vertere* « tourner » → verser) Envers d'un feuillet (opposé à *recto*). *Au verso.* → **dos.**

versoir n. m. Pièce de la charrue qui rabat sur le côté la terre détachée par le soc.

verste n. f. (russe *versta* « tournant [de la charrue] », du radical *vert-*, même origine que le latin *vertere* → [2]vers, version) Ancienne unité de distance (1 067 m), en Russie.

versus [vɛʀsys] prép. (mot latin « contre », par l'anglais) didact. Opposé à, par opposition à. - Usité surtout en abrév. (**vs**). *Vieux vs neuf.*

vert, verte (vient du latin *viridis,* de *virere* « être vert », « être vigoureux » ; aussi *verd, verde* en ancien français → verdeur, verdir, verdure ; famille de *verger*) **I.** adj. **1.** Intermédiaire entre le bleu et le jaune ; qui a la couleur dominante de la végétation. *Couleur verte des plantes à chlorophylle* (→ **verdure**). *Chêne vert,* à feuilles persistantes. *Lézard vert.* – *Feu vert,* indiquant que la voie est libre. loc. *Donner le **feu vert** à... :* permettre de commencer à agir. – par exagér. *Le teint vert d'un malade. Être vert de peur.* → **blême.** – *Bleu-vert, gris-vert,* tirant sur le vert. **2.** Qui n'est pas mûr ; qui a encore de la sève. *Blé vert. Bois vert. Fruit vert.* – *Vin vert,* trop jeune. *Légumes verts* (consommés non séchés). – *En voir, en dire des vertes et des pas mûres,* voir, dire des choses scandaleuses, choquantes. **3.** (personnes) Qui a de la vigueur, de la verdeur. *Un octogénaire encore vert.* → [1]**gaillard, vaillant. 4.** Vif, âpre. *Une verte réprimande* (→ **vertement**). *Langue verte.* → **argot. 5.** Qui concerne la végétation. *Des espaces verts.* – loc. *Avoir la main verte, les doigts verts :* être doué pour s'occuper des plantes, les soigner. ■ Relatif à la nature, à la campagne, à l'environnement. *Tourisme vert.* → **écotourisme.** – *Lessive verte.* → **écologique.** – *Un candidat vert,* écologiste. n. m. *Les Verts.* **II.** n. m. **1.** Couleur verte. *Le vert est complémentaire du rouge. Vert foncé ; clair. Vert amande, vert pomme. Vert d'eau.* **2.** Feuilles vertes, verdure ; fourrage frais. *Mettre un cheval au vert,* au pré. – fig. *Se mettre au vert :* aller se reposer à la campagne. – loc. vieilli *Prendre (qqn) sans vert,* au dépourvu. **3.** (Canada) Terrain de golf. → **green.**

Vert (cap) Presqu'île du Sénégal, sur l'Atlantique, pointe la plus occidentale de l'Afrique, dominée par les pitons des Mamelles et la pointe des Almadies, et au large de laquelle se trouvent les îles du Cap-Vert et de Gorée.

vert-de-gris **1.** n. m. invar. Dépôt verdâtre qui se forme à l'air humide sur le cuivre, le bronze. **2.** adj. invar. D'un vert grisâtre.

vert-de-grisé, ée adj. Couvert de vert-de-gris. *Des statues vert-de-grisées.*

vertébral, ale, aux adj. Des vertèbres. *Colonne* vertébrale.* → **rachis.**

vertèbre n. f. (latin *vertebra* « articulation », de *vertere* « tourner » → verser) Chacun des os qui forment la colonne vertébrale. *Se déplacer une vertèbre.*

vertébré, ée **1.** adj. Qui a des vertèbres, un squelette. *Animaux vertébrés et invertébrés.* **2.** n. m. pl. ***Les vertébrés :*** embranchement du règne animal formé des animaux qui possèdent une colonne vertébrale (poissons, batraciens, reptiles, oiseaux, mammifères).

vertébrothérapie n. f. (du radical de *vertèbre* et de *thérapie*) méd. Traitement des douleurs cervicales, dorsales, lombaires par des manipulations de la colonne vertébrale.

vertement adv. Avec vivacité, rudesse. *Répliquer vertement.*

vertex n. m. (mot latin « sommet de la tête ») anat. Point le plus élevé sur la ligne médiane de la voûte du crâne.

vertical, ale, aux adj. et n. (du latin *verticalis,* de *vertex, verticis* « sommet », d'abord « tourbillon d'eau », de *vertere* « tourner » → verser ; vortex) **1.** adj. Qui suit la direction de la pesanteur, du fil à plomb en un lieu ; perpendiculaire à l'horizontale. *Ligne verticale. Station verticale de l'homme.* → **debout ;** s'oppose à *horizontal.* **2.** n. f. Ligne, position verticale. *Une verticale.* – ***À la verticale*** loc. adv. : dans la direction de la verticale. → **verticalement. 3.** n. m. astron. Grand cercle de la sphère céleste contenant la verticale du lieu.

verticalement adv. En suivant une ligne verticale. → **à plomb.** *La pluie tombe verticalement.*

verticalité n. f. Caractère, position de ce qui est vertical. *Vérifier la verticalité d'un mur.* → **aplomb.**

verticille [vɛʀtisil] n. m. (latin *verticillus,* de *vertex* « sommet ») bot. **1.** Groupe de plus de deux feuilles qui naissent au même niveau sur la tige, en anneau. **2.** abusivt Organes disposés circulairement autour de la partie centrale d'une fleur (pétales, sépales, étamines). □ adj. **verticillé, ée**

vertige n. m. (latin *vertigo, vertiginis* « tournoiement », de *vertere* → verser) **1.** Impression par laquelle une personne croit que les objets environnants et elle-même sont animés d'un mouvement circulaire ou d'oscillations. → **éblouissement, étourdissement.** *Un vertige, des vertiges.* **2.** Peur pathologique de tomber dans le vide. *À donner le vertige,* très haut, très impressionnant. **3.** État, trouble d'une personne égarée. *Le vertige du succès.* → **exaltation.**

vertigineux, euse adj. Très haut, très grand (en parlant de ce qui pourrait donner le vertige [2]). *Des hauteurs, des vitesses vertigineuses.* ■ fig. Très grand. *Augmentation, hausse vertigineuse des prix.* → **fantastique, terrible.** □ adv. **vertigineusement**

Vertou Commune de la Loire-Atlantique, sur la rive droite de la Sèvre Nantaise. 25 879 habitants. Viticulture. Industries diversifiées.

Vertov (Denis Arkadievitch Kaufman, dit Dziga) Cinéaste soviétique (1896-1954). Auteur de magazines filmés (comme *Kino-pravda,* « ciné-vérité »), il prit position contre le cinéma de fiction au profit d'une esthétique du simple montage d'éléments empruntés à la réalité quotidienne.

vertèbre

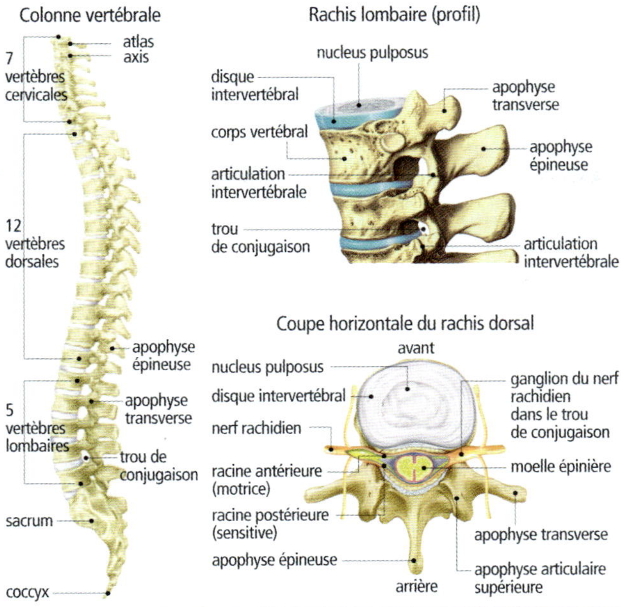

Colonne vertébrale, rachis lombaire et coupe horizontale du rachis dorsal.

L'Homme à la caméra ; La Symphonie du Donbass.

Verts (Les) Parti politique écologiste français créé en 1984 par A. Waechter et rassemblé depuis 2010 dans le parti Europe Écologie-Les Verts.

vertu n. f. **(vient du latin *virtus, virtutis* « courage, énergie morale », de *vir* « homme » → viril) I. 1.** vieilli ou littér. Force morale avec laquelle l'être humain tend au bien, s'applique à suivre la règle, la loi morale (opposé à *vice*). – loc. fam. *Il a bien de la vertu,* il a du mérite (à faire cela). ■ La loi morale. **2.** littér. Conduite, vie vertueuse. **3.** vieux Chasteté ; fidélité conjugale (d'une femme). loc. *Femme de petite vertu,* de mœurs légères. **4.** Disposition à accomplir des actes moraux par un effort de volonté. *Parer qqn de toutes les vertus.* relig. cathol. *Les quatre vertus cardinales,* courage, justice, prudence, tempérance. *Les trois vertus théologales,* charité, espérance, foi. **II. 1.** littér. Principe actif. → **[2]pouvoir, propriété.** *La vertu médicale, curative des plantes.* – *La vertu réparatrice du temps.* **2. *En vertu de* loc. prép. :** par le pouvoir de, au nom de. *En vertu de la loi, des pouvoirs qui me sont conférés.*

vertubleu interj. **(altération de *vertu Dieu* → tudieu)** vieux Juron en usage autrefois. - syn. ancien **vertuchou.**

vertueux, euse adj. **1.** vieilli (personnes) Qui a des vertus, des qualités morales. → **honnête, [1]moral. 2.** vieilli (femme) Chaste ou fidèle. **3.** littér. (choses) Qui a le caractère de la vertu. *Action, conduite vertueuse.* □ **adv. vertueusement**

vertugadin n. m. **(de *vertugade* [vieux], espagnol *verdugado,* de *verdugo* « baguette », de *verde* « vert ») 1.** anciennt Armature, bourrelet porté par les femmes pour faire bouffer la jupe autour des hanches. → **panier. 2.** Glacis de gazon en amphithéâtre, dans un jardin à la française.

Vertumne Dieu étrusque puis romain des Jardins et des Vergers, protecteur des récoltes de l'automne.

Verus en latin **Lucius Aurelius Ceionius Verus** (130-169). Empereur romain (161-169). Adopté par Antonin en même temps que Marc Aurèle, il partagea avec ce dernier le pouvoir. Il combattit les Parthes mais délaissa vite l'exercice du commandement, qu'il laissa à son légat Avidius Cassius.

verve n. f. **(vient du latin *verva,* pour *verba,* de *verbum* → verbe)** Imagination et fantaisie dans la parole. → **brio.** *La verve d'un orateur.* – *Être en verve :* être plus brillant qu'à l'ordinaire.

verveine n. f. **(vient du latin *vervena,* pour *verbena,* de *verbos* « coup » [se disait d'herbes servant à frapper symboliquement]) 1.** Plante dont une espèce a des vertus calmantes. *Verveine odorante,* cultivée pour son parfum (citronnelle). **2.** Infusion de verveine officinale. *Boire une tasse de verveine.* **3.** Liqueur de verveine.

vervet n. m. Primate d'Afrique au pelage gris vert, aux parties génitales très colorées. - syn. **singe vert.**

[1]verveux n. m. **(vient du latin *vertibiculum,* de *vertibulum* « vertèbre »)** techn. Filet de pêche conique monté sur des cercles.

[2]verveux, euse adj. rare Qui a de la verve.

Verviers Ville de Belgique (province de Liège), chef-lieu d'arrondissement, sur la Vesdre. 55 290 habitants. Centre important de l'industrie du drap dès le Moyen Âge, on y construisit en 1797 le premier métier à filer mécanique d'Europe continentale. Industries textile, chimique, mécanique.

Vervins Chef-lieu d'arrondissement de l'Aisne. 2 600 habitants. Fondée au Ier s. av. J.-C., ancienne capitale de la Thiérache, Vervins eut sa charte communale dès 1163. Henri IV y signa en 1598 un traité mettant fin à la guerre avec l'Espagne.

Verwoerd (Hendrik Frensch) Homme d'État sud-africain (1901-1966). Il fut l'un des principaux artisans de l'apartheid. Premier ministre à partir de 1958, il proclama la république d'Afrique du Sud en 1961.

Véry (Pierre) Écrivain et scénariste français (1900-1960). Ses romans concilient intrigue policière et merveilleux. *L'Assassinat du père Noël ; Les Disparus de Saint-Agil ; Goupi-Mains rouges.*

Vesaas (Tarjei) Écrivain norvégien (1897-1970). Son œuvre abondante est caractérisée par un fort symbolisme *(Le Palais de glace ; La Barque, le soir),* malgré une parenthèse « paysanne » naturaliste qui coïncide approximativement avec l'entre-deux-guerres *(Le Grand Jeu).*

Vésale (Andries Van Wesel latinisé en **Andreas Vesalius,** dit en français **André)** Anatomiste flamand (v. 1514-1564). Il fut médecin de Charles Quint. Son traité *De Corporis humani fabrica libri septem,* description détaillée du corps humain faite à partir de ses dissections, est considéré comme l'acte de naissance de l'anatomie moderne.

vésanie n. f. **(du latin, de *vesanus* « fou », négatif de *sanus* → sain)** vieux Folie.

vesce n. f. **(vient du latin *vicia*)** Plante herbacée à vrilles fleuries, ressemblant à celles du pois de senteur.

Vesdre n. f. Rivière de Belgique qui alimente le barrage d'Eupen, arrose Verviers et Pepinster et se jette dans l'Ourthe à Chênée. 71 km.

vésical, ale, aux adj. **(du latin, de *vesica* → vessie)** anat. De la vessie.

vésicant, ante adj. **(du latin, de *vesicare* → vésicatoire)** méd. Qui provoque des ampoules sur la peau.

vésication n. f. **(du latin *vesicare,* de *vesica* → vessie)** méd. Formation d'ampoules sur la peau par l'action d'un vésicatoire*.

vésicatoire n. m. **(du latin *vesicare,* de *vesica* « ampoule » → vessie)** méd. Médicament topique provoquant la formation d'ampoules cutanées, utilisé comme révulsif.

vésiculaire adj. **(de *vésicule*)** didact. **1.** En forme de vésicule. – Qui constitue une vésicule, présente des vésicules. **2.** Des vésicules pulmonaires. *Râle vésiculaire.* ■ De la vésicule biliaire.

vésicule n. f. **(latin *vesicula,* diminutif de *vesica* « ampoule » → vessie) 1.** Cavité, petit sac membraneux (comparé à une petite vessie). – *Vésicule (biliaire),* réservoir membraneux situé à la face inférieure du foie et qui emmagasine la bile. **2.** méd. Lésion de la peau, boursouflure contenant une sérosité. → **ampoule, cloque.**

vésiculeux, euse adj. didact. En forme de vésicule. → **vésiculaire.** ■ Qui porte des vésicules. *Fucus vésiculeux.*

vesou [vəzu] n. m. **(mot créole des Antilles, origine inconnue)** techn. Jus de la canne à sucre écrasée.

Vesoul Chef-lieu de la Haute-Saône, sur le Durgeon. 14 866 habitants. La ville fut annexée à la France en 1678 (traité de Nimègue).

Vesoul, la ville au pied de la colline de La Motte.

vespa n. f. **(marque déposée, mot italien « guêpe »)** Scooter de cette marque.

Vespasien en latin **Titus Flavius Vespasianus** (9-79). Empereur romain (69-79). D'origine plébéienne, il mena une vie simple et réussit à affaiblir l'aristocratie en favorisant l'entrée des provinciaux au sénat. Il entreprit la pacification de la Judée et mit fin aux révoltes, en Gaule, du Batave Civilis (70). Il mena de grands travaux à Rome, restaurant le Capitole et commençant l'édification du Colisée. Monarque absolu, il fonda la dynastie des Flaviens, établissant le caractère héréditaire du régime impérial.

vespasienne n. f. **(du n. de l'empereur Vespasien, qui avait établi un impôt sur la collecte de l'urine à Rome)** vieilli Urinoir public pour hommes. → fam. **pissotière.**

V

vespéral, ale, aux (du latin, de *vesper* → **vêpres**) **1.** n. m. relig. cathol. Livre contenant les prières et offices du soir. **2.** adj. littér. Du soir, du couchant.

vespertilion n. m. (latin *vespertilio* « oiseau du soir », de *vesper* « soir ») zool. Chauve-souris à oreilles pointues, à museau conique, à ailes courtes et larges, commune en France.

vespidé n. m. (du latin *vespa* « guêpe ») zool. Insecte à ailes antérieures repliées (famille des *Vespidés* ; ex. le frelon, la guêpe).

Vespucci (Amerigo) dit parfois en français Améric **Vespuce** Navigateur italien (1454-1512). Il mena quatre expéditions vers le Nouveau Monde. Le cosmographe allemand M. Waldseemüller lui attribua en 1507 la découverte du continent américain, dénommé depuis d'après son prénom.

vesse n. f. (de *vessir*, latin *vissire*) vieilli Gaz intestinal silencieux et malodorant. → **pet.** □ **vesser** v. intr. < 1 >

vesse-de-loup n. f. Champignon à spores grisâtres. *Des vesses-de-loup.* → **lycoperdon.**

vessie n. f. (vient du latin *vessica*, de *vesica* « vessie », « bourse en peau » et « ampoule ») **1.** Organe creux dans lequel s'accumule l'urine. *Inflammation de la vessie*, cystite (→ **vésical**). **2.** Vessie desséchée d'un animal, formant sac. – loc. *Prendre des vessies pour des lanternes*, se tromper grossièrement. **3.** (chez certains poissons) *Vessie natatoire*, sac membraneux relié à l'œsophage, qui, en se remplissant plus ou moins de gaz, règle l'équilibre de l'animal dans l'eau.

Vesta Divinité italique et romaine, gardienne du feu et du foyer domestique, identifiée à l'Hestia grecque.

vestale n. f. (latin *vestalis*, de *Vesta*, déesse du foyer) **1.** Antiq. romaine Prêtresse de Vesta, vouée à la chasteté et chargée d'entretenir le feu sacré. **2.** fig. et littér. Femme d'une parfaite chasteté.

Vestdijk (Simon) Écrivain néerlandais (1898-1971). Il est l'auteur de poèmes, de nouvelles et d'essais, ainsi que de nombreux romans inspirés de souvenirs autobiographiques, d'histoire et de légendes antiques. *Anton Wachter ; L'Apollon mutilé ; La Vie passionnée du Greco.*

veste n. f. (italien *veste*, latin *vestis* « vêture ; vêtement ») **1.** Vêtement de dessus court (à la taille ou aux hanches), avec manches, ouvert devant. *Veste droite, croisée.* → **veston.** *Veste et jupe de tailleur* (femmes). *Veste de sport.* → **blazer.** fam. *Tomber la veste.* – *Veste de pyjama.* **2.** loc. fam. *Ramasser, prendre une veste*, subir un échec. – fam. *Retourner sa veste*, changer brusquement d'opinion, de parti.

Vesterålen Archipel norvégien situé au N. des îles Lofoten, dans l'océan Atlantique. 30 000 habitants. Îles principales : Andøy, Hinnøy et Langøy.

vestiaire [vɛstjɛʀ] n. m. (latin *vestiarium*, de *vestis* → **veste**) **1.** Lieu où l'on dépose momentanément les vêtements d'extérieur (manteaux), les parapluies, cannes, etc., dans certains établissements publics ; les objets déposés. *Le vestiaire d'un théâtre. La dame du vestiaire.* **2.** Lieu où l'on revêt la tenue propre à une activité sportive ou professionnelle. *Le vestiaire d'une piscine, d'un stade, d'une usine.* **3.** Ensemble de vêtements d'une garde-robe. *Renouveler son vestiaire.*

vestibule n. m. (latin *vestibulum* « pièce d'entrée » et « début », d'origine obscure) **1.** Pièce d'entrée (d'un édifice, d'une maison, d'un appartement). → **antichambre, entrée.** **2.** anat. Entrée d'un organe. *Le vestibule de l'oreille interne.* □ adj. **vestibulaire**

vestige n. m. (latin *vestigium* « plante du pied », d'où « trace de pas », de *vestigare* « traquer ») surtout plur. **1.** Ce qui demeure (d'une chose détruite, disparue, d'un groupe d'hommes, d'une société). *Les vestiges d'un temple.* **2.** Ce qui reste (d'une chose abstraite : idée, sentiment ; d'un caractère). *Des vestiges de grandeur.* → **marque, reste, trace.**

vestimentaire adj. (du latin, de *vestimentum* → **vêtement**) Qui a rapport aux vêtements.

Vestmannaeyjar Archipel volcanique au large de la côte S. de l'Islande. Une éruption (1973) détruisit une partie de la ville du même nom (4 500 habitants) sur l'île de Heimaey, la seule habitée.

veston n. m. (de *veste*) Veste d'un complet d'homme. *Être en veston.* – *Des complets-veston.* → **complet, costume.**

Vestris (Gaétan) Danseur italien (1729-1808). Ses interprétations des ballets de Rameau et de Lully, d'une technique et d'une élégance sans faille, firent date dans le style français dit de danse noble. ■ Marie Jean Augustin, dit Auguste **Vestris** (1760-1842). Fils de Gaétan et de la danseuse Marie Allard. Il fit de précoces débuts aux côtés de son père. Il mit son exceptionnelle virtuosité et son sens musical au service d'un style annonçant l'école romantique.

Vésubie n. f. Rivière des Alpes-Maritimes, affluent du Var. 48 km. Gorges.

Vésuve n. m. Volcan italien (Campanie), au S.-E. de Naples. Il est constitué de deux éléments : le mont Somma (1 132 m), responsable de l'éruption de 79 qui ensevelit Pompéi, Herculanum et Stabies, et le Grand Cône, au S., culminant à 1 281 m. Sa dernière éruption date de 1944.

Veszprém Ville de Hongrie, au pied des monts Bakony, au N. du lac Balaton. 59 700 habitants. Cathédrale romane, palais épiscopal baroque.

Vetālapanchavimśatikā Recueil de nouvelles fantastiques indiennes, réunies au XIe s., dont le succès et l'influence furent considérables à travers toute l'Asie.

vêtement n. m. (latin *vestimentum*, de *vestis* → **veste** et de **vêtir**) **1.** plur. Habillement (comprenant le linge mais non les chaussures) ; spécialt vêtements de dessus (opposé à *sous-vêtements*). → **habillement, habits ; vestimentaire ;** fam. **fringue, frusques.** *Vêtements de travail. Vêtements de ville, de sport. Mettre ses vêtements.* → **s'habiller, se vêtir.** ■ (sing. collectif) *Industrie, commerce du vêtement.* **2.** *Un vêtement* : une pièce de l'habillement de dessus.

vétéran, ane n. (latin *veteranus*, de *vetus*, *veteris* → **vieux**) **1.** Ancien combattant. **2.** Personne pleine d'expérience (dans un domaine). *Un vétéran de l'enseignement.* → **ancien.** **3.** Sportif de la catégorie des plus âgés.

vétérinaire (du latin, de *veterina* « bêtes de somme », p.-ê. de *vetus*, *veteris* → **vieux**, à propos des animaux âgés, impropres à la guerre) **1.** adj. Qui a rapport au soin des bêtes (animaux domestiques, bétail). *Médecine vétérinaire.* **2.** n. *Un, une vétérinaire*, médecin vétérinaire, qui soigne les animaux. - abrév. fam. **véto.** *Des vétos.*

vététiste n. (de *VTT*) Personne qui pratique le VTT.

vétille n. f. (de *vétiller*) Chose insignifiante. → **bagatelle, broutille, détail, rien.** *Ergoter sur des vétilles.*

vétiller v. intr. < 1 > (de l'ancien français *vette* « lien, ruban » ; proprt « s'occuper de rubans » ; du latin *vitta* « bandelette ») vieux ou littér. **1.** S'occuper à des choses insignifiantes. *Perdre son temps à vétiller.* **2.** Chicaner, chercher querelle sur des riens.

vétilleux, euse adj. littér. Qui s'attache à des détails, à des vétilles. → **pointilleux, tatillon.**

vêtir v. tr. < 20 > (vient du latin *vestire*, de *vestis* → **veste, vêtement**) littér. Couvrir (qqn) de vêtements ; mettre un vêtement à (qqn). *Vêtir un enfant.* → **habiller.** ■ **se vêtir** v. pron. littér. S'habiller.

vétiver [vetivɛʀ] n. m. (mot tamoul, de *vern* « racine ») **1.** Plante tropicale dont l'odeur éloigne les insectes et dont la racine est utilisée en parfumerie. **2.** Parfum de la racine de cette plante.

veto [veto] n. m. invar. (mot latin « j'interdis », de *vetare*) **1.** Pouvoir d'opposition d'une autorité à une loi votée, à une résolution adoptée. *Droit de veto. Veto suspensif, absolu.* **2.** Opposition, refus. *Mettre son veto à une décision. Des veto.* - var. RO **véto** n. m.

véto voir **vétérinaire**

Vetranović (Mavro) Moine et poète dalmate (1482-1576). Inspiré par la Renaissance italienne, il est l'auteur de poèmes lyriques, religieux et didactiques. *Le Sacrifice d'Abraham ; La Chaste Suzanne.*

Vettel (Sebastian) Pilote automobile allemand (né en 1987). Il a remporté quatre titres de champion du monde de Formule 1 (2010, 2011, 2012 et 2013).

Sebastian Vettel sur le circuit Suzuka lors du grand prix de formule 1 du Japon le 7 octobre 2011.

vêtu, ue adj. Qui porte un vêtement. → **habillé.** *Être bien vêtu. À demi vêtu. Vêtu de neuf.*

vêture n. f. (de *vêtir*) **I.** relig. Cérémonie de prise d'habit ou de voile. **II.** littér. Vêtement. « *Toute fantaisie les enrage, question de la vêture spécialement* » (Céline).

Vésuve

Le Vésuve, dominant la ville de Naples et sa baie, est classé parc national.

vétuste adj. (latin *vetustus,* de *vetus* → vieux) Qui est usé par le temps, n'est plus en bon état (choses, bâtiments et installations). → **dégradé.** *Maison vétuste.* → **délabré.**

vétusté n. f. (latin *vetustas* → vétuste) littér. État de ce qui est vétuste, abîmé par le temps. → [1]**dégradation, délabrement.**

veuf, veuve (vient du latin *vidua* « veuve », de *viduus* « vide, privé de » → viduité) **1. adj.** Dont le conjoint est mort. **2. n.** Personne veuve. *Épouser un veuf.* – loc. iron. *Défenseur de la veuve et de l'orphelin,* des personnes sans appui ; spécialt avocat. **3. n. f.** Passereau d'Afrique au plumage noir et blanc. ■ (calque de l'anglais des États-Unis) loc. *Veuve noire :* grosse araignée venimeuse.

Veuillot (Louis) Journaliste et romancier catholique français (1813-1883). Il fut rédacteur en chef du journal *L'Univers,* qu'il mit au service du parti ultramontain. Son quotidien, qui défendait des idées hostiles à la politique italienne de Napoléon III, fut supprimé (1860). *Les Odeurs de Paris ; Rome pendant le concile.*

veule adj. (vient du latin *volus* « frivole », de *volare* → [1]voler) Qui n'a aucune énergie, aucune volonté. → **faible, lâche,** [1]**mou.** *Rendre veule.* → **aveulir.** – *Un air veule.*

veulerie n. f. Caractère, état d'une personne veule. → **faiblesse, lâcheté.**

Veurne en français **Furnes** Ville de Belgique (Flandre-Occidentale), chef-lieu d'arrondissement. 12 094 habitants. Malgré les bombardements des deux guerres mondiales, la ville conserve son caractère médiéval (église gothique, hôtel de ville Renaissance).

veuvage n. m. (de *veuve*) Situation, état d'une personne veuve et non remariée.

Vevey Ville de Suisse (Vaud), sur le lac Léman, à 386 m d'altitude. 19 780 habitants. Temple du XIIe s. Tourisme.

vexant, ante adj. **1.** Qui contrarie. → **contrariant, irritant. 2.** Qui blesse, froisse l'amour-propre. *Une remarque vexante ; un refus vexant.* → **blessant.** – (personnes) *Elle est vexante.*

vexateur, trice adj. (latin *vexator, vexatoris*) littér. et vieilli Qui cause des vexations (1). *Un pouvoir vexateur.*

vexation n. f. (du latin → vexer) **1.** littér. Action de maltraiter ; son résultat. → **brimade, persécution. 2.** Blessure, froissement d'amour-propre. → **humiliation, mortification.** *Essuyer la vexation d'un refus.*

vexatoire adj. Qui a le caractère d'une vexation (1). *Mesure vexatoire.*

vexer v. tr. < 1 > (latin *vexare* « tourmenter ») Blesser (qqn) dans son amour-propre. → **froisser, humilier, offenser.** ■ **se vexer v. pron.** Être vexé, se piquer. *Il se vexe d'un rien.* → se **fâcher,** se **formaliser,** se **froisser.** ■ **vexé, ée adj.** *Facilement vexé.* → **susceptible.** (avec *que* + subj.) *Elle est vexée que tu ne l'invites pas.*

vexille [vɛksil] n. m. (latin *vexillum* « drapeau », diminutif de *velum* « voile ») **1.** hist. Étendard des armées romaines. **2.** zool. Une des deux rangées de barbes que porte le rachis des plumes d'oiseau.

vexillologie [vɛksilɔlɔʒi] n. f. (du radical de *vexille*) didact. Étude des drapeaux, des pavillons nationaux ou provinciaux. □ **n. vexillologue**

Vexin n. m. Ancienne région de France, située entre l'Oise et l'Andelle. En 911, le Vexin fut divisé en *Vexin normand* (Eure) et en *Vexin français* (Val-d'Oise et Oise). Aujourd'hui, le territoire forme un parc naturel régional (65 000 hectares).

Veyne (Paul) Historien français (1930-2022). Professeur au Collège de France (1975-1998), il s'est intéressé à l'Antiquité gréco-romaine et aux problèmes épistémologiques posés par l'histoire, soulignant l'importance du recours à la sociologie et à l'anthropologie pour aborder le fait historique. Il est l'un des représentants de la « nouvelle histoire ». *Le Pain et le Cirque ; Les Grecs ont-ils cru à leurs mythes ? ; Comment on écrit l'histoire.*

Vézelay

Vézelay, le village et la basilique, perchés sur une colline.

Vézelay Commune de l'Yonne. 433 habitants. La ville a pour origine un monastère bénédictin fondé par Girart de Roussillon en 860. En 1146, saint Bernard de Clairvaux y prêcha la deuxième croisade. La basilique Sainte-Marie-Madeleine, restaurée par Viollet-le-Duc, est un des chefs-d'œuvre de l'art roman bourguignon.

Vézère n. f. Rivière du Massif central, affluent de la Dordogne. 192 km. Nombreux sites préhistoriques, dont des grottes ornées comme celles des Eyzies.

Vezzali (Maria Valentina) Fleurettiste italienne (née en 1974). Triple championne olympique (2000, 2004, 2008), elle est aussi l'escrimeuse la plus titrée de l'histoire de ce sport.

Maria Valentina Vezzali (à dr.), aux Jeux olympiques de Pékin (2008).

VF n. f. (initiales de *version française*) Version française d'un film.

VHS adj. (initiales de *video home system,* marque déposée) anglic. Norme de systèmes vidéo destinés au public non professionnel.

via prép. (du latin, ablatif de *via* → voie) Par la voie de, en passant par. → **par.** *Aller de Paris à Alger via Marseille.* ■ Par l'intermédiaire de (qqch.).

viabiliser v. tr. < 1 > (du radical de *viabilité*) Rendre apte à la construction en effectuant des travaux de viabilité. – au p. p. *Terrains viabilisés.* □ **n. f. viabilisation**

[1]**viabilité** n. f. (de l'ancien adj. *viable,* du latin *viabilis,* de *via* → voie) **1.** État d'un chemin, d'une route où l'on peut circuler. **2.** admin. Ensemble des travaux d'aménagement (voirie, égouts, adductions) à exécuter avant de construire sur un terrain.

[2]**viabilité** n. f. (de *viable*) **1.** État d'un organisme (et notamment d'un embryon) viable. **2.** *La viabilité d'un projet, d'une entreprise.*

viable adj. (de *vie*) **1.** Apte à vivre ; qui peut avoir une certaine durée de vie. *Enfant né viable.* **2.** Qui présente les conditions nécessaires pour durer, se développer. → **durable.** *Affaire viable.*

viaduc n. m. (anglais *viaduct,* du latin *via* → voie et *ductus* « conduite », de *ducere* → conduire, d'après *aqueduc*) Pont de grande longueur servant au passage d'une voie ferrée, d'une route.

via ferrata [vjaferata] n. f. (mots italiens « voie ferrée ») Équipement fixé à une paroi rocheuse pour rendre possible ou faciliter l'ascension. – Activité ainsi pratiquée. *Des vias ferratas.*

viager, ère (de l'ancien français *viage* « durée de la vie », de *vie*) **adj.** Qui doit durer pendant la vie d'une personne et pas au-delà. *Rente viagère.* – **n. m.** *Le viager :* la rente viagère. *Vendre une maison **en viager** :* moyennant une rente viagère.

Viala (Joseph Agricol) Patriote français (1780-1793). Enfant héros, il combattit avec la garde nationale les royalistes sur la Durance et fut tué à coups de baïonnette. Son courage est exalté dans *Le Chant du départ* de Marie-Joseph Chénier.

Vialatte (Alexandre) Écrivain français (1901-1971). Maniant avec habileté l'art de la chronique *(Dernières Nouvelles de l'homme ; L'Almanach des quatre saisons)* et porté par l'humour acide et absurde, le non-sens, il est l'auteur des premières traductions françaises de Kafka. *Battling le Ténébreux ; Le Fidèle Berger.*

Vian (Boris) Écrivain français (1920-1959). Jazzman, critique musical, écrivain, dramaturge *(L'Équarrissage pour tous),* auteur-compositeur *(Le Déserteur ; J'suis snob),* il fut l'une des figures marquantes de Saint-Germain-des-Prés. Il publia, sous le nom de Vernon Sullivan, des romans à scandale *(J'irai cracher sur vos tombes),* puis sous son vrai nom d'autres romans, *L'Écume des jours* et *L'Automne à Pékin.*

Boris Vian, poète et musicien.

viande n. f. (vient du bas latin *vivanda* « ce qui sert à vivre », de *vivendus,* de *vivere* → vivre) **1.** vieux Aliments, nourriture. – loc. *Viande creuse :* nourriture insuffisante. **2.** Chair des mammifères et des oiseaux servant pour la nourriture (surtout animaux de boucherie). *Viande rouge,* le bœuf, le cheval, le mouton. *Viande blanche,* la volaille, le veau, le porc, le lapin. *Viande froide ;* fig., fam. cadavre. *Viande bien cuite, à point ; viande saignante, bleue.* **3.** fam. Chair de l'homme, corps. *Amène ta viande ! :* viens !

Vianden Ville du Luxembourg, chef-lieu de canton, sur l'Our. 1 561 habitants. Château édifié à partir du XIe siècle.

viander [vjɑ̃de] **v.** < 1 > **I. v. intr.** vén. Pâturer, en parlant du cerf, du daim, du chevreuil. **II.** ***Se viander*** **v. pron.** fam. Être gravement accidenté. *Ils se sont viandés en moto.*

Vianney (Jean-Marie) voir saint **Jean-Marie Vianney**

Viard (Karin) Actrice française (née en 1966). Ses multiples facettes se sont exprimées dans une soixantaine de films grâce à des rôles aussi bien dramatiques *(Haut les cœurs ; Polisse)* que comiques *(Les Randonneurs ; La Famille Bélier).* Elle s'est également attiré la sympathie du public en incarnant des femmes de condition modeste au caractère affirmé *(Ma part du gâteau).*

Viardot-García (Pauline) Cantatrice française d'origine espagnole (1821-1910). Sœur de la Malibran, amie de Tourgueniev et élève de F. Liszt, elle fit une brillante carrière de contralto. Elle créa des opéras de Meyerbeer et de Gounod, et triompha en 1859 dans l'*Orphée* de Gluck.

Viareggio Ville d'Italie, en Toscane, sur la mer Tyrrhénienne. 61 100 habitants. Aux environs se trouvent la villa et le tombeau de Puccini. Station balnéaire.

viatique n. m. (latin ***viaticum*** **« provisions de voyage » → voyage) 1.** Provisions, argent procurés pour un voyage. **2.** relig. cathol. Communion portée à un mourant. *Recevoir le viatique.* **3.** littér. Soutien, secours indispensable.

Viatka n. f. Rivière de Russie, affluent de la Kama. 1 314 km. Née dans les collines de l'Oudmourtie, elle arrose la région de Kirov.

Viau (Théophile de) dit parfois **Théophile** Poète français (1590-1626). D'éducation protestante, il évolua vers un libertinage de pensée et de mœurs qui faillit le conduire sur le bûcher. Son mépris des règles classiques, son naturalisme épicurien, sa liberté de ton firent de lui l'un des poètes les plus modernes de son temps.

Viaud (Gaston) Naturaliste et psychologue français (1899-1961). Spécialiste de psychophysiologie, il s'intéressa aux comportements élémentaires des animaux. *L'Intelligence, son évolution et ses formes ; Les Tropismes.*

Viaur n. m. Rivière du Massif central qui se jette dans l'Aveyron à Laguépie. 155 km. Il est enjambé, entre Albi et Rodez, par le *viaduc du Viaur,* pont ferroviaire de 120 m de hauteur.

Viazemski (Petr Andreïevitch) Poète russe (1792-1878). Ami de Pouchkine, auteur de poèmes et d'épigrammes, il est surtout connu comme critique.

vibice n. f. (du latin ***vibices,*** **plur. de** ***vibex, vibicis*** **« meurtrissure »)** méd. **1.** Vergeture (rare au sing.). **2.** au plur. Hémorragie cutanée, formant des stries sur la peau. → **purpura.**

Viborg Ville du Danemark, chef-lieu de département au N. du Jutland, sur le *lac de Viborg.* 34 120 habitants. Résidence épiscopale dès le XIe s., la ville vit le couronnement des rois de Danemark jusqu'en 1340. Lors de la Réforme, elle fut la première ville convertie (1525).

Viborg (Russie) voir **Vyborg**

vibrage n. m. techn. Transmission d'une série d'impulsions, de chocs, capable de faire entrer un milieu en vibration. – *Vibrage du béton,* augmentant sa cohésion, sa solidité (béton *vibré* ou *pervibré*).

vibrant, ante adj. 1. Qui est en vibration. – phonét. *Consonne vibrante* et **n. f.** *une vibrante,* produite par la vibration de la langue ou du gosier (ex. [ʀ]). ■ *Une voix vibrante.* **2.** Qui exprime ou trahit une forte émotion. *Un discours vibrant, un vibrant hommage.*

vibraphone n. m. (de ***vibrer*** **et** ***-phone*****)** Instrument de musique formé de plaques métalliques vibrantes, que l'on frappe à l'aide de marteaux. *Vibraphone et xylophone.* → **métallophone.** □ **n. vibraphoniste**

vibrateur n. m. (du radical de ***vibration*****)** techn. **1.** Appareil qui produit, qui transmet des vibrations (sonores, etc.). **2.** Appareil utilisé pour le vibrage du béton.

vibratile adj. Animé de mouvements rapides de flexion et d'extension. *Cils vibratiles.*

vibration n. f. (du latin, de ***vibrare*** **→ vibrer) 1.** Mouvement, état de ce qui vibre ; effet qui en résulte (son et ébranlement). *Vibration de moteur.* → **trépidation. 2.** phys. Oscillation de fréquence élevée. *Vibrations lumineuses, sonores, électromagnétiques.* **3.** Tremblement. *La vibration d'une voix.* – *Vibration de l'air, de la lumière,* impression de tremblotement que donne l'air chaud. ■ fig., anglic. Ondes supposées agir sur le psychisme.

vibrato n. m. (mot italien, p. p. de ***vibrare*** **« vibrer »)** mus. Tremblement rapide d'un son, utilisé dans la musique vocale ou instrumentale. → **trémolo.**

vibratoire adj. (de ***vibration*****)** didact. Formé par une série de vibrations. *Phénomène vibratoire.*

vibrer v. < 1 > **(latin** ***vibrare*** **« secouer », « balancer ») I. v. intr. 1.** Se mouvoir périodiquement autour de sa position d'équilibre avec une très faible amplitude et une très grande rapidité ; être en vibration. *« Le moteur* [...] *vibrait si fort que toute la masse de l'avion était prise d'un tremblement comme de colère »* (Saint-Exupéry). *Faire vibrer un diapason, une cloche.* **2.** (voix) Avoir une sonorité tremblée qui dénote une émotion intense. *Sa voix vibrait d'émotion.* **3.** Être vivement ému, exalté. *Faire vibrer son auditoire.* **II. v. tr.** Effectuer le vibrage de. *Vibrer le béton.*

vibreur n. m. 1. techn. Élément qui produit, transmet une vibration. **2.** Avertisseur sans timbre. *Le vibreur d'un téléphone.*

vibrion n. m. (de ***vibrer*****) I.** sc. Bactérie mobile de forme incurvée. **II.** fam. Personne agitée.

vibrionner v. intr. < 1 > fam. S'agiter sans cesse. *Arrête de vibrionner autour de nous !* □ **adj. vibrionnant, ante** □ **n. m. vibrionnement**

vibrisse n. f. (latin ***vibrissae*****) 1.** sc. Poil implanté à l'intérieur des narines. – Poil tactile. *Les vibrisses du chat,* ses moustaches. **2.** zool. Plume filiforme, à barbes rares.

vibromasseur n. m. Appareil électrique qui produit des massages par vibration. – spécialt Cet appareil utilisé à des fins érotiques. → **sexe-toy.**

vicaire n. m. (latin ***vicarius,*** **de** ***vicis*** **« tour », « succession » → vicariant, vice-) 1.** Celui qui exerce en second les fonctions attachées à un office ecclésiastique. – Prêtre qui aide le curé. **2.** *Le vicaire de Dieu :* le pape.

vicariant, ante adj. (de l'anglais ou de l'allemand, du latin ***vicarius*** **« remplaçant » → vicaire)** didact. **1.** Qui remplace, qui se substitue (à autre chose). – Se dit d'une plante, d'un animal dont plusieurs variétés ou espèces voisines ont évolué sans contact entre elles. **2.** méd., vieilli *Organe vicariant,* capable de suppléer à l'insuffisance fonctionnelle d'un autre organe. □ **n. f. vicariance**

vicariat n. m. Fonction, dignité de vicaire, durée de cette fonction.

Vicat (Louis) Ingénieur français (1786-1861). Il détermina le rôle de l'argile dans le comportement des chaux hydrauliques naturelles, découvrant ainsi le ciment.

Vic-Bilh n. m. Petite région du N.-E. des Pyrénées-Atlantiques, aux confins des Landes et du Gers. Vins. Pétrole.

vice n. m. (vient du latin ***vitium*** **« défaut ») I. 1.** *Le vice :* disposition habituelle au mal ; conduite qui en résulte. → **immoralité,** ^{3}**mal, péché** (opposé à *vertu*). **2.** *Un vice :* mauvais penchant, défaut grave que réprouve la morale sociale. – prov. *L'oisiveté (la paresse) est mère de tous les vices.* ■ spécialt Perversion sexuelle. **3.** Mauvaise habitude. *Le bavardage est notre vice familial.* → **faiblesse, travers. II.** Imperfection grave qui rend une chose plus ou moins impropre à sa destination. → **défaut, défectuosité.** *Vice de construction d'un bâtiment. Vice caché.* – dr. *Vice de forme :* erreur, absence d'une formalité obligatoire qui rend nul un acte juridique.

vice- Particule invariable **(du latin** ***vice*** **« à la place de », ablatif de** ***vix*** **→ fois)** qui signifie « en second » (noms de grades, de fonctions immédiatement inférieurs ; ex. vice-amiral, vice-consul).

vice-amiral, ale, aux n. (de ***vice-*** **et** ***amiral*****)** Officier de grade immédiatement inférieur à celui d'amiral. *Des vice-amiraux.*

vice-consul, e n. (de ***vice-*** **et** ***consul*****)** Personne qui remplit les fonctions de consul dans une résidence où il n'y a pas de consulat. *Des vice-consuls.* □ **n. m. vice-consulat**

vicelard, arde adj. (de ***vice*****)** fam. **1.** Vicieux. *Un air vicelard.* – **n.** *Un, une vicelarde.* **2.** Malin, rusé et pas très honnête. → **retors.**

Vic-en-Bigorre Commune des Hautes-Pyrénées. 4 831 habitants. Marché.

Vicence en italien **Vicenza** Ville d'Italie, en Vénétie, chef-lieu de province. 107 220 habitants. L'architecte padouan Palladio édifia la plupart des monuments de la ville (XVIe s.) : basilica palladiana ; Loggia del Capitanio. Centre commercial et industriel.

vicennal, ale, aux adj. (latin ***vicennalis,*** **de** ***vicies*** **« vingt fois » et** ***annalis*** **« relatif à l'année »)** didact. **1.** Qui couvre une période de vingt ans. *Plan économique vicennal.* **2.** Qui a lieu tous les vingt ans.

Vicente (Gil) Poète dramatique portugais (v. 1470-v. 1537). Artiste de cour, humaniste et poète populaire, changeant de registre avec virtuosité, il exploita des sujets divers : religieux *(L'Acte de la sibylle Cassandre),* comiques et profanes *(La Comédie du veuf)* ou encore satiriques *(La Trilogie des barques).* Le regard réaliste qu'il posa sur la société de son temps en fait le véritable créateur du théâtre portugais.

vice-président, ente n. Personne qui seconde ou supplée le président, la présidente. *La vice-présidente d'une association.* □ **n. f. vice-présidence**

vice-recteur, trice n. (de ***vice-*** **et** ***recteur*****) 1.** Personne qui supplée le recteur. **2. n. m.** anciennt Titre de la personne qui était à la tête de l'Académie de Paris.

vice-roi n. m. Celui à qui un roi, un empereur a délégué son autorité pour gouverner un royaume, ou une province ayant eu titre de royaume. *Des vice-rois.* □ **n. f. vice-royauté**

vicésimal, ale, aux adj. (du latin ***vicesimus*** **« vingtième »)** math. Qui a pour base le nombre vingt.

vice versa [visevɛʀsa ; visvɛʀsa] **loc. adv. (loc. latine « à tour [*****vice*****] renversé [*****versa*****] »)** Réciproquement, inversement. - var. **vice-versa.**

Vic-Fezensac Commune du Gers, sur l'Osse. 3 583 habitants. Église gothique, restaurée au XVIIe s. Église romane, fortifiée au XVe s. (fonts baptismaux du XVIIIe s.). Eau-de-vie d'Armagnac.

Vichnievski (Vsevolod Vitalievitch) Auteur dramatique soviétique (1900-1951). Sa pièce majeure, *La Tragédie optimiste,* est l'une des plus significatives du théâtre soviétique.

vichy n. m. (du n. de la ville) 1. Toile de coton à carreaux ou rayée. *Tablier de vichy bleu et blanc.* **2.** Eau minérale de Vichy.

Vichy Chef-lieu d'arrondissement de l'Allier, sur l'Allier. 25 372 habitants. Station thermale réputée.

Vichy (gouvernement de) Nom donné au pouvoir exécutif de l'État français installé à Vichy de juillet 1940 à août 1944. Muni des pleins pouvoirs, le maréchal Pétain, chef de l'État français, choisit Pierre Laval comme vice-président du Conseil et engagea une politique de collaboration active avec l'Allemagne nazie. Dans le cadre d'une « révolution nationale » ayant pour devise « Travail, Famille, Patrie », plusieurs mesures furent adoptées : interdiction des syndicats, création de la Milice française et institution du Service du travail obligatoire (1943), rafles et déportations, dont les Juifs furent les principales victimes. Après l'effondrement de la Wehrmacht (été 1944), le gouvernement de Vichy fut transféré à Belfort, puis à Sigmaringen (Allemagne).

Le gouvernement de Vichy (1943)

vichyssois, oise adj. et n. (de *Vichy*) **1.** De Vichy. *Le thermalisme vichyssois.* **2.** hist. Du gouvernement, du régime de Pétain, installé à Vichy. → **pétainiste, vichyste.** *La propagande vichyssoise.*

vichyste adj. et n. (de *Vichy*) hist. Du gouvernement de Vichy. → **vichyssois** ■ Partisan du régime de Vichy. → **pétainiste.** *Un journal vichyste.* – n. *Les vichystes et les gaullistes.*

vicier v. tr. < 7 > (latin *vitiare* « gâter », de *vitium* → vice) **1.** dr. Rendre nul. **2.** littér. Corrompre. → **polluer.** *Des fumées d'usine vicient l'air.* ■ **vicié, ée** adj. Impur, pollué. *Air vicié.* □ n. f. **viciation**

vicieux, euse adj. (vient du latin *vitiosus*, de *vitium* → vice) **I. 1.** littér. Qui a des vices, de mauvais penchants. → **corrompu, dépravé.** ■ Se dit d'une bête ombrageuse et rétive (surtout d'un cheval). ■ Qui est fait pour piéger, pour tromper. *Une question vicieuse.* **2.** Qui a des mœurs ou des tendances sexuelles que la société réprouve. → **pervers** ; fam. **vicelard.** – n. *Un vieux vicieux.* → **satyre.** **3.** fam. Qui a des goûts dépravés, bizarres. *Il faut être vicieux pour aimer ça.* **II.** (choses) **1.** Défectueux, mauvais, entaché de vices (II). *Expression vicieuse.* → **fautif, incorrect.** **2.** *Cercle* vicieux.* □ adv. **vicieusement**

vicinal, ale, aux adj. (latin *vicinalis*, de *vicinus* → voisin) *Chemin vicinal*, voie qui met en communication des villages. – n. f. *Suivre la vicinale jusqu'au hameau.*

vicinalité n. f. admin., dr. **1.** Qualité vicinale d'un chemin. **2.** Ensemble des chemins vicinaux.

vicissitude n. f. (latin *vicissitudo* « alternative », de *vicis* → vice-) littér. (surtout plur.) Choses bonnes et mauvaises, évènements heureux et surtout malheureux qui se succèdent dans la vie. « *Une vie inégale et mémorable par ses vicissitudes* » (Rousseau). → **tribulations.**

Vickrey (William) Économiste canadien (1914-1996). Il a étudié la théorie des incitations en asymétrie d'information. Il a donné son nom à un système d'enchères. Prix Nobel 1996, avec J. Mirrlees.

Vicksburg Ville des États-Unis (Mississippi), sur le Mississippi. 24 000 habitants. Port fluvial. Base militaire. Pendant la guerre de Sécession, la prise de la ville par le général Grant, le 4 juillet 1863, soumit à l'influence nordiste tout le Mississippi.

Vic-le-Comte Commune du Puy-de-Dôme. 5 188 habitants. Église du XIXe s. dont le chœur est une sainte chapelle du XVIe siècle.

Vico (Giambattista) Historien, juriste et philosophe italien (1668-1744). L'un des précurseurs de la philosophie de l'histoire, il a exposé une théorie cyclique selon laquelle les hommes passent de la barbarie à la civilisation. *Principes de la philosophie de l'histoire.*

Vico Commune de la Corse-du-Sud. 929 habitants. Couvent Saint-François fondé en 1481.

vicomte n. m. (du latin → vice- et comte) Personne possédant le titre de noblesse au-dessous du comte.

vicomté n. f. Titre, terre d'un vicomte, d'une vicomtesse.

vicomtesse n. f. **1.** Femme dont le titre est au-dessous de celui de comtesse. **2.** Femme du vicomte.

Vicq d'Azyr (Félix) Médecin français (1748-1794). Connu pour ses travaux d'anatomie comparée, il est aussi le fondateur, avec Joseph-Marie de Lassone, de la Société royale de médecine, consacrée à l'étude des maladies épidémiques.

victime n. f. (latin *victima* « bête offerte en sacrifice ») **1.** Créature vivante offerte en sacrifice aux dieux. *Immoler, égorger une victime.* **2.** Personne qui subit les injustices de qqn, ou qui souffre (d'un état de choses). *Se prendre pour une victime. Elle est victime de son dévouement.* **3.** Personne tuée ou blessée. *La catastrophe a fait plus de cent victimes.* ■ Personne injustement tuée, condamnée à mort. *Les victimes du nazisme.*

victimiser v. tr. < 1 > (anglais *to victimize*, de *victim* « victime ») Considérer (qqn) comme une victime. *Victimiser un accusé.* □ n. f. **victimisation**

victimologie n. f. (de *victime* et *-logie*) didact. Branche de la criminologie qui étudie le statut psychosocial des victimes de crimes et de délits. □ adj. **victimologique** □ n. **victimologue**

victoire n. f. (latin *victoria*, n. d'une déesse, de *victor* « vainqueur », de *vincere* → vaincre) **1.** Succès obtenu dans un combat, une bataille, une guerre (s'oppose à *défaite*). *Remporter une victoire.* – loc. *Une victoire à la Pyrrhus*, trop chèrement acquise (aussi fig.). **2.** Heureuse issue d'une lutte, d'une opposition, d'une compétition, pour la personne qui a eu l'avantage (s'oppose à *échec*). → **triomphe.** *Une victoire facile. Crier, chanter victoire*, se glorifier d'une réussite. – (sports, jeux) Situation de la personne, du groupe qui gagne contre qqn. *La victoire d'une équipe sportive.*

Victoire de Samothrace Sculpture en marbre (début du IIe s. av. J.-C.), commémorant une victoire navale de Démétrios Ier Poliorcète et représentant une figure féminine ailée. C'est l'un des chefs-d'œuvre de l'art grec tardif, conservé au musée du Louvre.

La *Victoire de Samothrace* (v. 190 av. J.-C.), musée du Louvre, Paris.

Victor (Claude Perrin, dit), duc de Bellune Maréchal de France (1764-1841). Il se distingua dans l'armée des Alpes, puis dans celle d'Italie. Remarqué par Napoléon Bonaparte, il participa aux campagnes d'Espagne, de Russie, puis de France. Après la Restauration, rallié aux Bourbons, il fut le ministre de la Guerre (1821-1823).

Victor (Paul-Émile) Explorateur français (1907-1995). Fondateur des Expéditions polaires françaises, il explora le Groenland, la Laponie et la terre Adélie. Son séjour chez les Eskimos d'Angmassalik fit l'objet de divers ouvrages. *L'Iglou* (recueil de souvenirs) ; *Poèmes eskimos* (qu'il traduisit).

Paul-Émile Victor en 1988 au pôle Sud.

Victor-Amédée Nom de plusieurs ducs de Savoie et rois de Sicile ou de Sardaigne. ■ **Victor-Amédée Ier** (1587-1637). Duc de Savoie (1630-1637). Marié à Christine de France, sœur de Louis XIII, il n'en fit pas moins la guerre à celui-ci et obtint, contre Pignerol, une partie du Montferrat. Il prit ensuite la tête des troupes françaises en Italie contre l'Espagne. ■ **Victor-Amédée II** (1666-1732). Duc de Savoie (1675-1730), roi de Sicile (1713-1718) puis de Sardaigne (1718-1730). Il abdiqua en faveur de son fils et fut emprisonné après avoir tenté de reprendre le pouvoir. ■ **Victor-Amédée III** (1726-1796). Roi de Sardaigne (1773-1796). Il perdit Nice et la Savoie en luttant contre la Révolution française (Cherasco, 1796).

Victor-Emmanuel Nom de plusieurs rois de Sardaigne puis d'Italie. ■ **Victor-Emmanuel Ier** (1759-1824). Roi de Sardaigne (1802-1821). Adversaire de la Révolution française, il ne reprit possession de ses États qu'en 1815. Sa politique réactionnaire provoqua des insurrections qui l'obligèrent à abdiquer. ■ **Victor-Emmanuel II** (1820-1878). Roi de Sardaigne (1849-1861), puis roi d'Italie (1861-1878). Il soutint la politique extérieure de son Premier ministre Cavour, qui mena à l'unité italienne. Après la perte de Nice et de la Savoie au profit de la France (1860), son royaume comprenait le Piémont, la Lombardie, la Romagne, Parme, Modène et la Toscane, les Deux-Siciles, la Marche et l'Ombrie. La Vénétie et Rome y furent rattachées respectivement en 1866 et 1870. ■ **Victor-Emmanuel III** (1869-1947). Roi d'Italie (1900-1946). Malgré un rôle politique effacé, il facilita l'arrivée au pouvoir de Mussolini (1922) en lui confiant le gouvernement. Écarté du pouvoir, il fut nommé empereur d'Éthiopie (1936) et roi d'Albanie (1939). Il fit arrêter Mussolini en 1943 mais, compromis par son entente avec le fascisme, dut abdiquer en 1946, en faveur de son fils Humbert II.

victoria n. f. (du n. de la reine Victoria d'Angleterre) **1.** bot. Plante aquatique voisine du nénuphar, aux immenses feuilles rondes. **2.** anciennt Voiture à cheval découverte, à quatre roues.

Victoria (Tomás Luis de) Compositeur espagnol (v. 1549-1611). Chanteur et organiste, également prêtre, il explora toutes les formes de la musique sacrée. *Office pour les défunts ; Office pour la Semaine sainte.*

Victoria (1819-1901). Reine du Royaume-Uni de Grande-Bretagne et d'Irlande (1837-1901) et impératrice des Indes (1876-1901). Fille d'Édouard, duc de Kent, et petite-fille de George III, elle succéda à son oncle Guillaume IV à la mort de celui-ci et fut initiée à la vie politique par

La reine Victoria, lors du soixantième anniversaire de son accession au trône (1897).

Melbourne. Représentante d'une Angleterre puritaine et conventionnelle, dite « victorienne », elle conquit néanmoins le respect de ses sujets, notamment après la mort de son mari, Albert de Saxe-Cobourg. Son règne marqua l'apogée de la puissance mondiale de la Grande-Bretagne.

Victoria (chutes) ou **Mosi-oa-tunya** Chutes du Zambèze, sur la frontière du Zimbabwe et de la Zambie. Le Zambèze y plonge d'une hauteur de 108 m dans une gorge de 75 m de largeur.

Victoria (lac) ou **Victoria Nyanza** Lac d'Afrique orientale, en amont duquel le Nil prend sa source. 68 100 km^2. Il est partagé entre l'Ouganda, le Kenya et la Tanzanie. Nombreuses îles dont Ukerewe. Pêcheries. Le lac fut découvert par J. Speke en 1858.

Victoria (terre) Région de l'Antarctique oriental en bordure de la mer de Ross, présentant une chaîne de montagnes côtières (mont Minto, 4 165 m) et de volcans (Erebus). Elle fut découverte par sir J. Ross en 1841.

Victoria (île ou terre) Île de l'Arctique canadien (Territoires du Nord-Ouest), située au N. du cercle polaire arctique et à l'E. de l'île de Banks. 217 290 km^2.

Victoria État du S.-E. de l'Australie. 227 618 km^2. 5 110 500 habitants. Capitale : Melbourne. C'est l'une des régions les plus accidentées d'Australie, le plus petit État continental australien, et en même temps, le territoire le plus peuplé. Région agricole aux cultures variées et productives, aux importantes réserves naturelles (charbon), elle s'est peuplée, à partir de 1834, lors de la découverte de minerai d'or dont l'extraction a cessé en 1960. L'autonomie de l'État fut acquise en 1855, et il entra dans la fédération du Commonwealth australien en 1901.

Victoria Ville du Canada, dans l'île de Vancouver, capitale de la Colombie-Britannique. 85 792 habitants. Ancien poste de commerce des fourrures (1843). Port actif. Tourisme.

Victoria Capitale et ville principale de l'île de Hong Kong, sur le *Victoria Harbour*. 982 000 habitants. Place bancaire et port industriel.

Victoria Capitale des Seychelles, sur l'île de Mahé. 24 970 habitants. Port. Aéroport.

Victoria (Grand Désert) Étendue désertique qui s'étend sur une partie de l'Australie-Occidentale et de l'Australie-Méridionale, au S. des monts Musgrave.

Victoria and Albert Museum Musée de Londres fondé en 1852 et dédié aux arts décoratifs.

victorien, ienne adj. (de *Victoria*, reine d'Angleterre) Relatif à la reine Victoria, à son règne. *Poésie victorienne.*

victorieux, euse adj. (du latin → victoire) **1.** Qui a remporté une victoire (1). → **vainqueur.** *Armée, troupes victorieuses.* ■ *Sortir victorieux d'une dispute.* – *L'équipe victorieuse.* **2.** Qui exprime, évoque une victoire, un succès. → **triomphant.** □ adv. **victorieusement**

Victor IV ou **V** [Ottaviano de Monticello] (1095-1164). Antipape de 1159 à 1164. Soutenu par Frédéric Barberousse, il anathématisa Alexandre III au concile de Pavie (1160).

victuaille n. f. (ancien français *vitaille*, venant du latin *victualia* « vivres », de *victus*, de *vivere* → vivre) (surtout plur.) Provisions de bouche. → **vivres.**

Vida (Marco Girolamo) Prélat et humaniste italien (1485-1566). Il participa au concile de Trente et exposa les principes de la Contre-Réforme. Son œuvre principale, *Christias* (La Christiade), en six chants, mêle les souvenirs mythologiques et les références chrétiennes.

vidage n. m. Action de vider (II, 2).

Vidal de La Blache (Paul) Géographe français (1845-1918). Il bouleversa les données et les principes de cette science en faisant s'articuler géographie physique et géographie humaine. Il fonda les *Annales de géographie* (1891) ainsi que l'école française de géographie et fut le premier directeur de l'ouvrage collectif *Géographie universelle. Tableau de la géographie de la France ; Principes de géographie humaine.*

Vidal-Naquet (Pierre) Historien français (1930-2006). Spécialiste de la Grèce antique (*Le Monde d'Homère*), il mit sa méthode d'historien au service de son engagement politique et s'attacha particulièrement à dénoncer le négationnisme (*Les Assassins de la mémoire*) ou les tortures pratiquées durant la guerre d'Algérie (*Les Crimes de l'armée française*).

Victoria (chutes)

Les chutes Victoria, marquant le passage du Zambèze supérieur au Zambèze moyen, inscrites au patrimoine mondial de l'Unesco.

vidame n. m. (du latin ecclés. *vice dominus* « lieutenant d'un seigneur ») féodalité Officier qui remplaçait les seigneurs ecclésiastiques dans les fonctions juridiques ou militaires.

vidange n. f. (famille de *vider*, suffixe germanique) **1.** Action de vider de matières sales. *Faire la vidange d'un fossé, du réservoir d'huile d'une voiture.* **2.** Ce qui est enlevé, vidé. *Évacuation des vidanges.* **3.** Mécanisme qui sert à vider, à évacuer l'eau. *La vidange d'un lavabo.* **4.** (Belgique) Verre consigné. – au plur. Bouteilles vides.

vidanger v. tr. < 3 > **1.** Faire la vidange de (une fosse, un réservoir). **2.** Évacuer par une vidange. *Vidanger l'huile d'un moteur.*

vidangeur, euse n. Personne qui fait la vidange des fosses d'aisances.

vide (d'abord *voide* ; vient du latin pop. *vocitus*, de *vocuus*, *vacuus*, de *vocare*, *vacare* « être vide » → vacant) **I.** adj. (opposé à *plein*) **1.** Qui ne contient rien de perceptible ; où il n'y a ni solide ni liquide. *Espace vide entre deux choses.* – math. *Ensemble vide,* qui n'a aucun élément. **2.** Dépourvu de son contenu normal. *Bouteille, verre vide.* – loc. *Avoir l'estomac, le ventre vide.* → **creux.** *Rentrer les mains vides,* sans rapporter ce que l'on allait chercher. **3.** (local, lieu) Où il n'y a personne. *Les rues sont vides.* → ^{1}**désert.** → **inoccupé.** – *Les rues sont vides.* **4.** (durée) Qui n'est pas employé, occupé comme il pourrait l'être ; sans occupation. *Des journées vides et ennuyeuses.* **5.** loc. *Avoir la tête, l'esprit vide,* ne plus avoir momentanément sa présence d'esprit, ses connaissances, ses souvenirs. **6.** Qui manque d'intérêt, de substance. → **creux, vain.** *Des propos vides.* → **insignifiant ; vacuité.** – *Des mots vides de sens.* **7.** (surface) Qui n'est pas couvert, recouvert. → ^{2}**nu.** *Murs vides.* **II.** n. m. **1.** Espace qui n'est pas occupé par de la matière. – Abaissement important de la pression d'un gaz. *Faire le vide en aspirant l'air. Nettoyage par le vide.* **2.** Espace non occupé par des choses ou des personnes. *Faire le vide autour de qqn, de soi.* – loc. *Parler dans le vide,* sans objet ou sans auditeur. **3.** Espace où il n'y a aucun corps solide susceptible de servir d'appui. *Nous étions au-dessus du vide.* – *Regarder dans le vide,* dans le vague. **4.** *Un vide* : espace vide ou solution de continuité. → ^{1}**espace, fente, ouverture.** *Boucher un vide.* ■ Espace où manque qqch. – *Vide juridique*.* ■ Ce qui est ressenti comme un manque. *Son départ laisse un grand vide.* **5.** Caractère de ce qui manque de réalité, d'intérêt. *Le vide de son existence.* → **néant, vacuité. 6.** *À vide* loc. adv. Sans rien contenir. ■ Sans avoir l'effet matériel normalement attendu. *Rouage qui tourne à vide.* ■ loc. *Passage à vide* : moment où un mécanisme tourne à vide, où une activité s'exerce sans effet utile.

vidéaste n. Personne qui exerce une activité créatrice ou technique ayant rapport à la vidéo.

vide-bouteille n. m. Instrument permettant de vider une bouteille sans la déboucher (en enfonçant un siphon dans le bouchon). *Des vide-bouteilles.*

vide-cave n. m. Pompe hydraulique pour évacuer l'eau d'un local inondé. *Des vide-caves.*

vide-dressing n. m. Vente de vêtements d'occasion par des particuliers qui veulent s'en défaire. *Des vide-dressings.*

vide-grenier n. m. Vente d'objets d'occasion par des particuliers qui souhaitent s'en défaire. *Des vide-greniers.*

videlle n. f. (de *vider*) techn. Instrument de confiseur pour vider certains fruits à confire.

vidéo (anglais *video*, du latin « je vois », de *videre* → voir) **I. adj.** Qui concerne l'enregistrement et la transmission des images et des sons. *Signal vidéo. Jeu vidéo,* dans lequel les mouvements, sur un écran de visualisation, sont commandés de manière électronique. *Des jeux vidéos* ou *vidéo* (invar.). **II. n. f. 1.** Technique audiovisuelle permettant d'enregistrer sur un support magnétique l'image et le son, et de reproduire cet enregistrement sur écran. ▪ appos. *Caméra vidéo.* → **caméscope. 2.** Enregistrement vidéo. *Regarder des vidéos.*

vidéo- Élément (du latin *video*, de *videre* → voir) qui signifie « de la transmission des images, des techniques audiovisuelles ».

vidéocapsule n. f. méd. Caméra miniaturisée logée dans une capsule que l'on ingère pour effectuer un examen endoscopique.

vidéocassette n. f. Cassette contenant une bande vidéo où sont enregistrés l'image et le son d'un programme télévisé.

vidéoclip voir ^{2}**clip**

vidéoclub n. m. Boutique qui vend ou loue des enregistrements vidéo.

vidéocommunication n. f. techn. Ensemble des techniques permettant de transmettre des informations sous forme d'images (câble, satellite...).

vidéoconférence n. f. voir **visioconférence**

vidéodisque n. m. Disque optique permettant de restituer images et sons au moyen d'un téléviseur.

vidéofréquence n. f. techn. Fréquence qui donne un signal d'image en télévision.

vidéogramme n. m. techn. Support permettant l'enregistrement et la conservation d'un document audiovisuel ; ce document. → **vidéocassette.**

vidéographie n. f. techn. Transmission des messages graphiques et alphanumériques sur un écran de visualisation. → **télétexte.**

vidéoludique adj. didact. Relatif aux jeux vidéos. *L'industrie vidéoludique.*

vidéophonie n. f. (de *vidéo-* + *-phonie*) techn. Transmission de signaux vidéo par câbles téléphoniques.

vidéoprojecteur n. m. Appareil de projection vidéo.

vidéoprotection n. f. Vidéosurveillance*.

vide-ordures n. m. invar. Conduit vertical dans lequel on peut jeter les ordures par une trappe ménagée à chaque étage, dans un immeuble. - var. RO **vide-ordure n. m.**

vidéosurveillance n. f. Système de surveillance par caméras vidéo.

vidéotex n. m. (n. déposé ; de l'anglais → *vidéo-* et *télétex*) anglic. techn. Système qui relie un terminal et des bases de données, via le réseau téléphonique.

vidéothèque n. f. (→ -thèque) Collection de documents vidéo. – Lieu où on les entrepose.

vidéotransmission n. f. audiovisuel Retransmission de programmes audiovisuels sur grand écran.

vidéoverbalisation n. f. Verbalisation (1) effectuée à l'aide de caméras de surveillance.

vide-poche n. m. Petit meuble ou récipient où l'on peut déposer de petits objets (qui étaient dans les poches). *Des vide-poches.*

vide-pomme n. m. Instrument servant à ôter le cœur d'une pomme sans la couper. *Des vide-pommes.*

vider v. tr. < 1 > (vient du latin pop. *vocitare*, de *vocitus* → vide) **I. 1.** Rendre vide (un contenant) en ôtant ce qui était dedans (opposé à *remplir*). *Vider un seau, un sac, ses poches, un meuble. Vider une bouteille, un verre* (en buvant). – (En emportant, volant, dépensant) *Les cambrioleurs ont vidé les tiroirs.* – ***Vider... dans, sur*** : répandre tout le contenu de... quelque part. → **verser. 2.** Ôter les entrailles de (un poisson, une volaille) pour le faire cuire. – au p. p. *Un poulet vidé.* ▪ fig. *Vider son cœur* : s'épancher. **3.** *Vider... de* : débarrasser de. *Vider une maison de ses meubles.* **4.** Rendre vide en s'en allant. – loc. *Vider les lieux* : partir. **5.** fam. Épuiser les forces de (qqn). → **crever, éreinter ; vidé.** « *Le travail du corps, surtout en usine, cela vous vide* » (Mauriac). **6.** Faire en sorte qu'une question soit épuisée, réglée. → **résoudre, terminer.** *Vider une affaire, une querelle.* **II.** Enlever d'un lieu. **1.** Ôter (le contenu d'un contenant). → **évacuer, retirer.** *Aller vider les ordures.* → **jeter.** *Vider l'eau d'un vase.* **2.** fam. Faire sortir brutalement (qqn) d'un lieu, d'un emploi, d'une situation. → **chasser, renvoyer ;** fam. **virer.** *Elle s'est fait vider.* ■ **se vider v. pron.** *Le seau s'est vidé. La ville se vide de ses habitants.* ■ **vidé, ée adj.** (personnes) Épuisé, sans forces. ▪ Sans ressources morales. → **fini.**

videur, euse n. 1. rare Personne qui vide, est chargée de vider. **2.** Personne qui est chargée de vider (II, 2) les indésirables (d'une discothèque, etc.).

vide-vite n. m. invar. techn. Dispositif de vidange rapide utilisé en cas de danger.

Vidie (Lucien) Ingénieur mécanicien français (1805-1866). Il breveta le baromètre anéroïde (1844), couramment utilisé.

vidimer v. tr. < 1 > (de *vidimus*) admin. Certifier conforme à l'original, après avoir collationné. *Vidimer la copie d'un acte.*

vidimus [vidimys] **n. m.** (mot latin « nous avons vu », de *videre* → voir) admin. Attestation par laquelle on certifie qu'un acte a été vidimé. ▪ Acte certifié conforme.

Vidin Ville de Bulgarie, sur le Danube. 35 700 habitants. Vidin est l'ancienne forteresse romaine de Bonodia.

Vidocq (François Eugène) Aventurier et policier français (1775-1857). Coupable de nombreux larcins, il fut le chef d'une brigade de sûreté recrutée parmi les forçats libérés. Balzac se serait inspiré de lui pour le personnage de Vautrin.

vidoir n. m. (de *vider*) techn. Cuvette dans laquelle on déverse les eaux de vidange.

Vidor (King) Cinéaste américain (1894-1982). Il est l'auteur d'une œuvre abondante et volontiers grandiose, souvent marquée par la violence. *La Grande Parade ; Duel au soleil ; Le Rebelle.*

Vidourle n. m. Fleuve côtier torrentueux du Languedoc. 85 km. Il se jette dans la Méditerranée, entre le Grau-du-Roi et la Grande Motte.

viduité n. f. (du latin, de *viduus* « veuf ») littér. **1.** État de veuf, de veuve. → **veuvage. 2.** fig. Abandon, solitude.

vidure n. f. Ce qu'on enlève en vidant une volaille, un poisson.

vie n. f. (vient du latin *vita*, famille de *vivere* → vivre) **I. 1.** Fait de vivre*, propriété essentielle des êtres organisés qui évoluent de la naissance à la mort. → **existence.** *Être en vie,* vivant. *Sans vie,* mort ou évanoui. *Revenir à la vie. Être entre la vie et la mort. Donner la vie à un enfant,* enfanter. *Sauver la vie de qqn. Donner, risquer sa vie pour qqn, qqch. Lutte pour la vie. C'est une question de vie ou de mort. Assurance sur la vie.* ▪ Vigueur, vivacité. *Un enfant plein de vie.* ▪ Animation que l'artiste donne à son œuvre. *Un portrait plein de vie.* **2.** ***La vie*** : ensemble des phénomènes (croissance, métabolisme, reproduction) que présentent tous les organismes, animaux ou végétaux, de la naissance à la mort. *Science de la vie.* → **biologie.** – La matière vivante. *Vie animale, végétale.* **3.** Espace de temps compris entre la naissance et la mort d'un individu. *Espérance* de vie. Durée moyenne de vie.* – loc. *Jamais* de la vie.* – relig. *Cette vie, la vie terrestre* (opposée à *l'autre vie, la vie future, éternelle*). ▪ Temps qui reste à vivre à un individu. *Amis pour la vie.* – loc. *Nous sommes amis à la vie à la mort.* – ***À vie*** : pour tout le temps qui reste à vivre. *Il a été élu membre à vie. Prison à vie.* → **perpétuité. 4.** Ensemble des activités et des évènements qui remplissent pour chaque être cet espace de temps. → **destin, destinée.** *Écrire la vie de qqn.* → **biographie.** – Manière de vivre (d'un individu, d'un groupe). → **mœurs.** *La vie rude des pêcheurs. Mode, train, style de vie. Une vie simple, rangée.* ▪ loc. *Mener, faire la vie dure à qqn,* le tourmenter. *Ce n'est pas une vie !,* c'est insupportable. *Mener joyeuse vie.* – *Vivre sa vie,* la vie pour laquelle on s'estime fait. – vieilli *Femme de mauvaise vie* : prostituée. **5.** (suivi d'une épithète, d'un compl.) Part de l'activité humaine, type d'activité. *La vie privée et la vie professionnelle. La vie politique.* – *La vie intérieure, spirituelle.* **6.** Moyens matériels (nourriture, argent) d'assurer la subsistance d'un être vivant. *Gagner (bien, mal) sa vie. Niveau de vie.* – *Lutte contre la vie chère,* contre les prix élevés. **7.** absolt Le monde humain, le cours des choses humaines. *Regarder la vie en face. C'est la vie !* : il faut accepter le sort humain. **II.** Existence dont le caractère temporel et dynamique évoque la vie. **1.** (dans le monde humain) *La vie des sociétés. La vie du pays.* **2.** (dans le monde matériel, inorganique) *La vie des étoiles.* **3.** ***Avoir la vie dure*** : résister contre toute cause de mort ou de disparition. *Une idée, une erreur qui a la vie dure.*

▶ La **vie** peut se définir comme un état situé entre la naissance et la mort. La biologie l'oppose également à l'inerte, à l'inorganique.
Les êtres vivants présentent trois propriétés fondamentales :
1) *L'autoconservation* : capacité des organismes à maintenir leur intégrité grâce à leur métabolisme ; c'est le critère qui, par opposition, définit le mieux la mort.
2) *L'autoreproduction* : capacité à générer des mécanismes de réplication et de développement ; les minéraux ne sont donc pas des êtres vivants.
3) *L'autorégulation* : existence de mécanismes permettant la coordination, le contrôle et la stabilité des réactions d'ensemble.
Les organismes vivants ont la capacité d'évoluer par les mutations de leur matériel génétique. Leur métabolisme s'effectue dans le milieu interne aqueux des cellules ; fondé entre autres sur l'utilisation du carbone, de l'hydrogène, de l'oxygène, du soufre, du phosphore et de l'azote, il produit les molécules *organiques* spécifiques à la vie, essentiellement grâce à la lumière du soleil.
Les limites du concept de vie sont toutefois incertaines. Aux frontières du vivant, les virus, bien qu'ils possèdent un génome, ne sont pas capables de se multiplier de façon autonome.
La vie semble être apparue entre –3,8 et –3,5 milliards d'années et la question scientifique de son origine est débattue depuis des siècles. Deux hypothèses majeures sont pour le moment retenues : l'émergence de systèmes moléculaires complexes à partir de molécules organiques issues de l'espace, sous l'influence de la lumière solaire et de la foudre, et la chimiosynthèse réalisée dans les failles océaniques par les sources hydrothermales.
De nombreux mythes dépeignent la re-création de la vie par l'homme (*Frankenstein, Jurassic Park*). Mais en dépit des efforts des chimistes, de l'essor de la biologie synthétique (initiée par Stéphane Leduc au début du XXe siècle) et des progrès de l'intelligence artificielle, il est encore impossible de créer du vivant à partir de l'inerte.
voir aussi **ADN, mort cellulaire, bioéthique, créationnisme, embryon, gène, évolution**

Viedma Ville d'Argentine, capitale de la province du Río Negro, sur le río Negro. 51 000 habitants.

vieil, vieille voir **vieux**

vieillard, arde n. (de *vieil* → vieux) Personne d'un grand âge. → **vieux ; géront(o)-.**

Vieille (Paul) Ingénieur français (1854-1934). Il découvrit, avec Berthelot, le processus de l'onde explosive, puis inventa la poudre sans fumée ou poudre blanche.

vieillerie n. f. 1. Objet vieux, démodé, usé. **2.** Idée, conception rebattue, usée ; œuvre démodée.

V

vieillesse n. f. (de *vieil* → vieux) (s'oppose à *jeunesse*) **1.** Dernière période de la vie humaine, temps de la vie caractérisé par le ralentissement des activités biologiques (sénescence). → **âge.** *Avoir une vieillesse triste, heureuse, une longue vieillesse.* **2.** Fait, pour un être humain, d'être vieux. – par ext. *La vieillesse d'un chien, d'un arbre.* ■ (Considérée comme une puissance active parfois personnifiée). *La vieillesse arrive à grands pas.* **3.** Les personnes âgées, les vieillards (→ troisième âge). *Aide à la vieillesse.*

Vieilleville (François) Maréchal de France (1510-1571). Il s'illustra pendant les guerres sous François Ier puis Henri II.

vieilli, ie adj. (de *vieillir*) **1.** Marqué par l'âge. *Je l'ai trouvé vieilli.* **2.** Qui a perdu de sa force, de son intérêt, avec le temps. → **usé.** **3.** ling. *Mots, termes vieillis,* qui sont encore compris mais employés plus rarement.

vieillir v. <2> (de *vieil* → vieux) **I. v. intr. 1.** Prendre de l'âge ; continuer à vivre alors qu'on est vieux. *Vieillir bien, vieillir mal,* être peu, beaucoup éprouvé par les effets de l'âge. **2.** Acquérir les caractères de la vieillesse ; changer par l'effet du vieillissement. → **décliner.** *Elle a beaucoup vieilli depuis sa maladie.* **3.** (choses) Perdre de sa force, de son intérêt, avec le temps. *Ce film a vieilli.* **4.** (produits) Acquérir certaines qualités par le temps. → **vieux** (II, 1). *Faire vieillir du vin.* **II. v. tr. 1.** Faire paraître plus vieux ; donner les caractères (physiques, moraux) de la vieillesse (opposé à *rajeunir*). *Ce vêtement la vieillit.* – pronom. *« Elle n'était pas vieille, cette fille, elle se vieillissait »* (Maupassant). **2.** Attribuer à (qqn) un âge supérieur à son âge réel. *Vous me vieillissez d'un an !*

vieillissant, ante adj. Qui vieillit, est en train de vieillir.

vieillissement n. m. **1.** Le fait de devenir vieux, ou de s'affaiblir par l'effet de l'âge. *Lutter contre le vieillissement.* – démogr. Augmentation de la proportion de vieillards. **2.** Fait de se démoder. **3.** Processus par lequel les vins se modifient, acquièrent leur bouquet.

▶ Le **vieillissement** est un processus physiologique qui atteint tout être vivant. Chez les humains, il se caractérise par une perte progressive de l'acuité sensorielle, une atrophie musculaire, le ralentissement du fonctionnement des organes vitaux et du cerveau et une moindre capacité d'adaptation. Au point de rencontre des sciences humaines et médicales, la *gérontologie* étudie les conditions et les caractéristiques du vieillissement humain. Une de ses branches, la *gériatrie,* est la médecine appliquée à la personne âgée.
Grâce aux progrès biomédicaux réalisés à partir du XIXe siècle — vaccinations, antibiotiques, asepsie, chirurgie, nutrition — l'espérance de vie a considérablement augmenté dans les pays développés. En France, elle était en 2010 de 77,8 années pour les hommes et de 84,5 pour les femmes. Cet allongement de la vie, associé à une diminution de la natalité, inverse progressivement la pyramide des âges ; on assiste ainsi de plus en plus au vieillissement de la population.
La généralisation de la longévité a engendré une problématique spécifique introduisant sur les personnes de plus de 65 ans un regard nouveau dont certains aspects sont contrastés, voire contradictoires.
On relève d'abord un certain embarras lorsqu'il faut nommer les personnes âgées en évitant toute connotation dépréciative. À l'expression *troisième âge* (qui faisait référence aux personnes ayant cessé leur activité professionnelle) s'ajoutent celle de *quatrième âge* (personnes âgées de plus de 75 ans) et, celle de *seniors,* plus large qui englobe les personnes dès 50 ans. Dans notre société contemporaine, les valeurs positives reconnues jadis à la vieillesse — la sagesse, l'expérience, la transmission des traditions — ont tendance à s'effacer au profit d'un « jeunisme » qui pousse à vouloir atténuer à tout prix les effets du vieillissement et à masquer les traces de l'âge.
Inversement, l'allongement de la vie a montré que l'on pouvait continuer très longtemps à se soucier de son bien-être, de ses relations sociales, de ses loisirs, de son corps et de sa sexualité. La société s'efforce aussi de mieux intégrer les personnes âgées dans les institutions et dans l'organisation économique.
S'il est vrai que la médecine a permis à la population d'arriver à un âge avancé en meilleure santé, le vieillissement physiologique et les pathologies qui l'accompagnent souvent peuvent condamner la personne âgée à un état d'isolement social, de perte d'autonomie et donc de *dépendance.* Ces problèmes sont souvent aggravés par l'absence de réseau familial solidaire et le manque de structures d'accueil adaptées.
À l'avenir, la prise en charge de la grande dépendance liée à l'âge constituera un enjeu politique et économique majeur dans la plupart des pays développés. En 2050, plus de 15 % de la population française aura plus de 75 ans et on comptera environ 1,5 million de personnes âgées dépendantes.

vieillot, otte adj. Qui a un caractère vieilli et un peu ridicule. → **désuet, suranné.**

Vieira (António) Prêtre et écrivain portugais (1608-1697). Il défendit les Indiens du Brésil, se prononça en faveur des juifs et lutta contre l'esclavage et l'Inquisition. Ses *Sermons* et sa *Correspondance* font de lui l'un des maîtres de la prose portugaise.

Vieira (João Bernardo) Général et homme d'État de la Guinée-Bissau (1939-2009). Il prit le pouvoir à la suite d'un coup d'État (1980-1999) et fut élu président de la République en 2005. Il fut assassiné.

Vieira da Silva (Maria Elena) Peintre française d'origine portugaise (1908-1992). Ses œuvres font apparaître un espace labyrinthique dense, construit par des réseaux de lignes grossièrement parallèles à points de fuite multiples, représentant allusivement leur sujet *(La Bibliothèque).*

Maria Elena Vieira da Silva, *Sérénité* (1986), galerie Jeanne Bucher, Paris.

Vielé-Griffin (Francis) Poète français (1864-1937). Proche de l'école symboliste, il fut l'un des premiers à prendre parti pour le vers libre. *La Clarté de la vie ; La Voix d'Ionie.*

Viella Bourgade d'Espagne (Catalogne), sur le río Negro. 5 470 habitants. Tunnel de 6 km reliant l'Espagne au val d'Aran (France).

vielle n. f. (de *vieller,* p.-ê. d'un radical expressif → viole) Instrument de musique à touches et à cordes, frottées par une roue à manivelle.

vielleur, euse n. Personne qui joue de la vielle. - syn. **vielleux, euse.**

Vien (Joseph Marie) Peintre français (1716-1809). Maître de David, il fut l'instigateur du néoclassicisme en peinture. *La Marchande d'amours.*

Vienne n. f. Rivière du centre-ouest de la France, affluent de la Loire. 372 km. Elle naît sur le plateau de Millevaches, traverse Limoges, Châtellerault, Chinon et conflue en amont de Saumur.

Vienne n. f. [86] Département français de la Région Nouvelle-Aquitaine (→ carte). 6 990 km². 439 332 habitants. Chef-lieu : Poitiers. Chefs-lieux d'arrondissement : Châtellerault, Montmorillon. Le département s'étend sur le *seuil du Poitou,* qui fait communiquer le Bassin aquitain et le Bassin parisien. Le relief, plat, est drainé par la Vienne et ses affluents. Agriculture (blé, maïs, élevage laitier), y compris sur les anciennes landes défrichées. Industries (constructions mécaniques, électroniques et électriques, pneumatiques) autour de Poitiers (centre universitaire et tertiaire) et Châtellerault.

Vienne Chef-lieu d'arrondissement de l'Isère, sur le Rhône. 30 059 habitants. Vestiges d'un ensemble urbain romain des premiers siècles après J.-C. La ville, un des premiers foyers du christianisme en Gaule, conserve des églises et un cloître romans. Industries diversifiées.

Vienne en allemand **Wien** Capitale de l'Autriche, sur le Danube, au N.-E. du pays. 1 731 236 habitants. Ville d'art aux nombreux monuments, surtout de style baroque et néogothique, Vienne abrite, entre autres, le célèbre *Kunsthistorisches Museum* et l'Albertina, de nombreuses églises et palais, et le château de Schönbrunn, résidence d'été des Habsbourg. Port fluvial. Premier centre industriel du pays. Siège de l'Organisation des pays exportateurs de pétrole (Opep). Agence internationale de l'énergie atomique. Fort romain de la province de Pannonie, Vienne passa sous la domination des Habsbourg à partir de 1276 et devint la capitale du Saint Empire en 1437. Aux XVIe et XVIIe s., elle dut faire face aux menaces de l'Empire ottoman, qui l'assiégea à deux reprises (1529 ; 1683). À partir de la fin du XVIIe s., la ville devint un important centre culturel, notamment en matière d'architecture et de musique. La ville, réorganisée sous François-Joseph, fut un intense foyer artistique et intellectuel au tournant du XIXe-XXe s., et jusqu'à la Première Guerre mondiale.

Vienne, le Belvédère inférieur, musée d'art baroque.

Vienne (cercle de) en allemand **Wiener Kreis** École philosophique néopositiviste qui regroupa, à partir de 1922, autour de Moritz Schlick, logiciens, philosophes et savants allemands et autrichiens (R. Carnap, P. Franck, H. Hahn, O. Neurath, H. Reichenbach, F. Waismann, L. Wittgenstein). Il chercha à tirer, sur une base empiriste, les conséquences philosophiques et notamment épistémologiques de la révolution opérée en logique par Frege et Russell, et des bouleversements représentés par la découverte de la relativité et l'invention de la physique quantique. Il exerça une profonde influence sur la philosophie dite « analytique », et notamment aux États-Unis où beaucoup de ses membres émigrèrent après l'Anschluss.

Vienne (concile de) 15e concile œcuménique réuni en 1311-1312 par le pape Clément V. L'ordre des Templiers fut supprimé, conformément à la volonté de Philippe IV le Bel.

Vienne (congrès de) Congrès réuni à Vienne de septembre 1814 à juin 1815, afin de redessiner la carte politique de l'Europe après la déchéance de Napoléon Ier. Talleyrand y représentait la France de Louis XVIII. Les décisions, délibérées en petits comités et non en séances plénières, y furent prises pour l'essentiel par les représentants des principaux vainqueurs (Metternich pour l'Autriche, Nesselrode pour la Russie, Castlereagh pour la Grande-Bretagne, et Hardenberg pour la Prusse). Ce nouvel aménagement de l'Europe, réglé par les intérêts des souverains, ignorait les aspirations des peuples.

Vienne (traité de) Traité signé le 14 octobre 1809, appelé aussi *paix de Schönbrunn*, consécutif à la victoire française de Wagram. L'Autriche cédait de nombreux territoires au profit de la France, du grand-duché de Varsovie et de la Russie.

Vienne (Haute-) **n. f.** [87] Département français de la Région Nouvelle-Aquitaine (→ carte). 5 520 km^2. 372 123 habitants. Chef-lieu : Limoges. Chefs-lieux d'arrondissement : Bellac, Rochechouart. Situé à la limite du Massif central et du Bassin aquitain, le département est formé d'un vaste plateau mamelonné incliné vers le N.-O. (monts Gargan, d'Ambazac, de Blond), creusé par de profondes vallées (Gartempe, Vienne). L'économie agricole (céréales, plantes fourragères, pommes de terre) est dominée par l'élevage bovin (race limousine). L'industrie (porcelaine, émaux, industrie alimentaire, constructions mécaniques et électriques) est principalement concentrée autour de Limoges.

viennois, oise **adj.** De Vienne, en Autriche. **– n.** *Les Viennois.* ■ *Pâtisserie viennoise. Café, chocolat viennois,* avec de la crème Chantilly.

Viennoise **n. f.** Province de la Gaule romaine, créée lors de la nouvelle division administrative de Dioclétien. Elle s'étendait sur la vallée du Rhône et avait Vienne pour capitale.

viennoiserie **n. f.** Produit fin de boulangerie qui n'est pas du pain (croissant, brioche...). **–** *La viennoiserie* : l'ensemble de ces produits.

Vientiane Capitale du Laos, sur le Mékong. 570 000 habitants. La ville devint capitale du Lan Xang en 1563. Détruite par les Siamois en 1827, elle fut reconstruite et choisie par les Français comme capitale du protectorat, à la fin du XIXe siècle.

vierge **n. f. et adj.** **(d'abord *virge* ; latin *virgo, virginis*)** **I. n. f. 1.** Fille qui n'a jamais eu de rapports sexuels. → **pucelle ; 1virginal. 2.** *La Vierge, la Sainte Vierge,* Marie, mère de Jésus. **–** Représentation de la Sainte Vierge (tableau, statue). → **madone.** *Une vierge romane, gothique.* ■ **loc. fam.** *Avoir vu la Vierge* : se faire des illusions. **3.** Constellation zodiacale et sixième signe du zodiaque (23 août-22 septembre). **– (avec maj.)** *Être Vierge,* de ce signe. **II. adj. 1.** Qui n'a jamais eu de relations sexuelles. *Il est vierge.* → **puceau. 2.** Qui n'a jamais été touché, sali ou utilisé. → **1blanc, 1net, pur.** « *Le vierge, le vivace et le bel aujourd'hui* » (Mallarmé). **–** *Cahier, feuille vierge,* sur quoi on n'a pas écrit. *Film, pellicule vierge,* non impressionnés. *Casier judiciaire vierge.* **– Vierge de.** *Être vierge de toute accusation.* **3.** Qui n'est mélangé à rien d'autre. *Pure laine vierge.* **4.** Inculte, inexploité. *Sol, terre vierge.* **– Forêt vierge** : forêt tropicale, impénétrable. **5.** *Vigne** (3) *vierge.*

Vierge (Daniel Urrabieta, dit Daniel) Dessinateur et peintre espagnol (1851-1904). Établi à Paris, il illustra Michelet, Chateaubriand et Cervantès.

Vierge Constellation zodiacale située presque sur l'équateur, contenant un groupement remarquable de galaxies, l'*Amas Virgo,* et dont Épi est l'étoile principale ; sixième signe du zodiaque.

Vierge Marie voir sainte Marie

Vierges (îles) Archipel des Petites Antilles, à l'E. de Porto Rico. Sa centaine d'îles et îlots, dont les principales activités sont liées au tourisme, se répartit entre les îles Vierges des États-Unis et les îles Vierges britanniques.

Vierges britanniques (îles) Îles des Petites Antilles constituant une dépendance du Royaume-Uni, formées d'une cinquantaine d'îles dont 16 habitées. 21 000 habitants. Les principales îles sont Virgin Gorda, Anegada, Jost Van Dyke et Tortola, où se situe Road Town, chef-lieu et unique ville.

Vierges des États-Unis (îles) Îles des Petites Antilles constituant un territoire « non incorporé » des États-Unis. 355 km^2. 110 000 habitants. Capitale : Charlotte Amalie. Outre une cinquantaine d'îlots, elles comptent trois îles principales : Sainte-Croix, Saint John et Saint Thomas, où se situe la capitale. Tourisme. Elles furent achetées au Danemark en 1917.

Vierne (Louis) Organiste et compositeur français (1870-1937). Il fut organiste à Saint-Sulpice puis à Notre-Dame et forma de nombreux élèves. Il est surtout connu pour ses improvisations et ses œuvres pour orgue (six *Symphonies pour orgue ; Pièces en style libre ; Pièces de fantaisie ; Triptyque*).

Vierzon Chef-lieu d'arrondissement du Cher. 25 045 habitants. Beffroi gothique ; ancienne abbaye bénédictine. Centre industriel.

Viêt-công **n. m.** Nom donné en 1959 par le gouvernement de Saigon à ses adversaires communistes et à leurs alliés, groupés en 1960 en un Front national de libération.

Viète (François) Mathématicien français (1540-1603). Il fut l'un des fondateurs de l'algèbre moderne. Ses travaux portèrent sur la symbolisation du calcul littéral et ses applications à la géométrie. Il donna en outre la valeur de π avec dix décimales exactes.

Viêt-minh **n. m.** Formation politique et militaire vietnamienne constituée en 1941 par Hồ Chí Minh, qui réunit le Parti communiste indochinois et des éléments nationalistes. Le Viêt-minh forma un gouvernement à Hanoi à partir de 1945. Faute d'avoir obtenu de la France la pleine indépendance, il prit les armes contre les forces françaises et leurs alliés vietnamiens. En 1951, le Viêt-minh prit le nom de « Front de la patrie » et se transforma en armée régulière sous la direction du général Giáp.

Viêtnam ou Vietnam

n. m. ■ **offic. république socialiste du Viêtnam** Pays d'Asie du S.-E. 329 566 km^2. 96 208 900 habitants (les *Vietnamiens*). **Langues :** vietnamien (offic.) et langues des minorités ethniques (khmer, cham, thaï, etc.). **Religions :** bouddhisme (9,3 %), catholicisme (6,7 %), caodaïsme et hao hao (sectes). **Monnaie :** dong. **Capitale :** Hanoi. **Régime :** parti unique communiste.

GÉOGRAPHIE

Relief Le pays, qui s'étire sur 1 700 km en latitude et 300 km en longitude, occupe le contrefort oriental de la péninsule indochinoise. Montagnes et plateaux couvrent 80 % du territoire. Au N. s'élèvent les monts du Tonkin. Plus à l'est les montagnes culminent à 3 143 m d'altitude à Fan Si Pan. Les modelés karstiques au nord-est du pays sur le rivage du golfe du Tonkin sont à l'origine de paysages inscrits au patrimoine mondial de l'Unesco (baie d'Along). Au centre, la cordillère Annamitique marque la frontière avec le sud du Laos, accessible par des cols de faible altitude. Plus au sud, de hauts plateaux s'abaissent vers le delta du Mékong.

Les plaines accueillent 80 % de la population : au nord, la plaine du Tonkin accueille le delta du Sông Hồng (14 000 km^2) ; au sud, le delta du Mékong s'étend sur près de un million de km^2.

Climat Subtropical au nord et subéquatorial au sud, le climat varie selon l'altitude et la latitude. Le pays est soumis au régime des moussons et aux cyclones (entre juin et décembre suivant la latitude).

Population Outre les Viêt (86,2 % de la population), on compte une cinquantaine de minorités (Thaïs, Muong, Miao-Yao, Hmong, Khmers...).

ÉCONOMIE

L'économie est dynamique et connaît une croissance stable depuis les années 1990. L'agriculture occupe 43 % de la population active. La culture du riz couvre 50 % de la surface cultivée mais la part des autres cultures augmente (caoutchouc naturel, patate douce, coton, thé, poivre, noix de cajou et canne à sucre). L'exploitation forestière et la pêche sont très actives. Les ressources minières sont nombreuses et concentrées dans le N. du pays (houille, chrome, étain). La production de pétrole offshore augmente régulièrement et engendre des tensions avec la Chine à propos des frontières maritimes. Le tourisme est en progression constante (15 millions de visiteurs étrangers en 2018).

HISTOIRE

La domination chinoise Les plus anciens vestiges remontent au paléolithique inférieur, avant la fondation des premiers royaumes au IIe millénaire av. J.-C. par des tribus venues du S. de la Chine (royaume de Văn Lang, royaume d'Âu Lạc). En –208, le chef militaire chinois Zhao Tuo créa le Nan Viêt (« Pays du Sud »). En –111, le pays fut intégré à l'Empire chinois des Han (province du Giao Chi) et ne retrouva son indépendance qu'en 939.

Les dynasties nationales Les dynasties des Lê antérieurs (980-1009) puis des Lý postérieurs (1009-1225) permirent l'épanouissement du pays, appelé Đại Việt. La dynastie des Trần (1225-1413) repoussa plusieurs tentatives d'invasions mongoles mais la Chine rétablit brièvement sa domination (1406-1428). Lê Lợi, libérateur du pays, fonda la dynastie des Lê postérieurs. Le Đại Việt absorba le royaume hindouisé du Champa (1471) puis une partie du Mékong. Au début du XVIe s., il fut affaibli par la rivalité entre deux clans : les Trịnh régnèrent au N., les Nguyễn au S., les empereurs Lê ne conservant qu'une autorité théorique.

Le protectorat français Les Européens (Hollandais, Anglais, Français) mirent pied dans un pays divisé. Une crise politique et militaire (1771 à 1802) entraîna la chute des clans et de la nouvelle dynastie Tây Sơn. Soutenu par les missionnaires français établis en Cochinchine, Nguyễn Anh réunifia l'empire auquel il donna le nom de *Việt Nam* (1804). Les persécutions contre les chrétiens convertis entraînèrent en 1858 l'intervention militaire de Napoléon III. En 1867, l'ensemble de la Cochinchine fut annexé ; le Tonkin et l'Annam devinrent protectorats français en 1884. Par le traité de T'ien-tsin (Tianjin), la Chine reconnut l'indépendance du Viêtnam sous protectorat français (1885).

L'Union indochinoise En 1887 fut créée l'Union indochinoise (Cochinchine, Annam, Tonkin, Cambodge et Laos). L'opposition nationaliste vietnamienne se manifesta rapidement. En 1931 Hồ Chí Minh fonda le Parti communiste indochinois, puis, en 1941, le Front du Viêt-minh.

L'occupation japonaise Entrés au Viêtnam en 1940, les Japonais s'emparèrent de tous les pouvoirs en mars 1945. Dès la signature de la reddition japonaise, le Viêt-minh proclama l'indépendance de la République démocratique du Viêtnam (2 sept. 1945). Cependant, en vertu des accords de Potsdam, les Chinois occupèrent le pays au nord du 17e parallèle et les Britanniques au sud.

Viêtnam

La guerre d'Indochine En octobre 1945, les troupes françaises relevèrent les Britanniques. La France reconnut le nouvel État mais refusa d'y inclure la Cochinchine. Le bombardement français du port de Haiphong (nov. 1946) et la bataille de Hanoi (déc. 1946) marquèrent le début de la guerre. Inquiets du soutien apporté au Viêtnam du Nord par la Chine communiste, les Américains participèrent à partir de juin 1950 à la lutte contre le Viêt-minh. À la suite de la chute du camp retranché de Điện Biên Phu (mai 1954), les accords de Genève de juillet 1954 reconnurent l'indépendance du Viêtnam, partageant ce dernier en deux zones.

La guerre du Viêtnam Au nord du 17e parallèle fut instaurée, sous la présidence de Hồ Chí Minh, une République démocratique étroitement alliée à l'URSS et à la Chine (capitale Hanoi). Au sud, la République du Viêtnam (capitale Saigon) fut gouvernée de façon autoritaire par Ngô Đình Diệm. Menacé par les guérillas du Việt-cộng, ce dernier obtint des États-Unis un soutien militaire (1961). Le bombardement du Viêtnam du Nord et le déploiement des troupes américaines au sud ne cessèrent de s'amplifier jusqu'en 1968. Perturbés par l'entrée du Cambodge dans le conflit, les pourparlers de paix engagés par le président Johnson avec Hanoi traînèrent cinq ans. En dépit des accords de Paris (1973) et du retrait américain, les combats continuèrent entre les armées du Nord et du Sud. En avril 1975, les troupes communistes soumirent le Sud.

Barques de pêcheurs dans le sud du Viêtnam.

Le Viêtnam réunifié **Les institutions et les dirigeants** Le pays réunifié devint la République socialiste du Viêtnam (juill. 1976). Comme dans l'ancien Viêtnam du Nord, la Constitution de 1980 (modifiée en 1992 et révisée en 2013) inscrit le rôle dominant du Parti communiste au sein du gouvernement. La socialisation forcée et les difficultés économiques entraînèrent la fuite de près de un million de personnes (« boat people »). Engagé dans le conflit avec le Cambodge en décembre 1978, le Viêtnam n'en retira ses troupes qu'en 1989.

L'ouverture Depuis 1986, le Đoi Moi (Renouveau) a permis d'engager des réformes libérales. Dans la foulée de la reprise des relations diplomatiques avec Washington, le Viêtnam est devenu membre de l'ASEAN (1995). En 2000, la création d'entreprises privées a été autorisée et le pays a intégré l'OMC en 2007. La société civile reste extrêmement contrôlée. Après avoir évincé ses rivaux, Nguyen Phu Trong est devenu secrétaire général du parti communiste en 2011 et a cumulé cette fonction avec celle de président du Viêtnam de 2018 à 2021, date à laquelle il fut remplacé par Nguyên Xuân Phuc.

Viêtnam (guerre du) Conflit qui opposa, de 1954 à 1975, la république démocratique du Viêtnam (Viêtnam du Nord), soutenue par l'URSS et la Chine, à la république du Viêtnam (Viêtnam du Sud), appuyée par les États-Unis. Elle aboutit à l'unification des deux États, en 1976, sous le nom de république socialiste du Viêtnam.

vietnamien, ienne adj. Du Viêtnam. → nord-vietnamien, sud-vietnamien. – n. *Les Vietnamiens.* ■ n. m. Langue parlée au Viêtnam.

viet vo dao n. m. (mots vietnamiens « la voie vietnamienne des cinq armes ») Art martial vietnamien.

Vieussens (Raymond) Médecin et anatomiste français (1641-1715). Il fit de nombreuses découvertes anatomiques, notamment de l'anatomie du cerveau et du cœur (*centre ovale de Vieussens ; valvule de Vieussens*).

vieux ou **vieil** (plur. **vieux**), **vieille** (vient du bas latin *veclus*, altération de *vetulus*, diminutif de *vetus, veteris* → vétéran, vétuste ; invétéré ; d'une racine indo-européenne signifiant « année ») REM. au masc. sing. on emploie *vieil* devant un n. commençant par une voyelle ou un *h* muet : *un vieil homme, un vieil arbre* (mais *un homme vieux et malade*). **I. adj.** (êtres vivants) opposé à *jeune* **1.** Qui a vécu longtemps ; qui est dans la vieillesse. → **âgé.** *Les vieilles gens. Être, devenir vieux, vieille. Vivre vieux. Se faire vieux,* vieillir. – *Un vieux chien.* – (dans des loc., avec des termes péj. ou des injures) *C'est un vieux chnoque, une vieille bique.* **2.** Qui a les caractères physiques ou moraux d'une personne âgée. → **décrépit, sénile.** *Vieux avant l'âge.* **3.** loc. *Sur ses vieux jours,* dans sa vieillesse. **4.** Qui est depuis longtemps dans l'état indiqué. *Vieux copain. Vieux garçon, vieille fille,* célibataire d'un certain âge. **5.** (avec *assez, trop, plus, moins*) Âgé. *Elle est plus vieille que moi.* → **aîné. II. adj.** (choses) opposé à *neuf, nouveau* **1.** Qui existe depuis longtemps, remonte à une date éloignée. *Un vieux mur, les vieilles pierres. Une vieille voiture.* – (en insistant sur l'ancienneté, la valeur, le charme) *Une vieille demeure.* → **ancien.** *De vieux meubles.* – (en insistant sur l'usure) *Un vieux manteau.* ■ Se dit de couleurs adoucies, rendues moins vives. *Vieil or. Vieux rose.* ■ (de boissons) Amélioré par le temps. *Vin vieux.* **2.** Hors d'usage, inutilisable. **3.** Dont l'origine, le début est ancien. *Vieille habitude.* → **invétéré.** – loc. *Le Vieux Monde* : l'Europe. – ***Vieux de*** (+ numéral) : qui date de. *Une histoire vieille de vingt ans.* ■ péj. Qui a perdu son intérêt, ses qualités, avec la nouveauté. → **démodé, vieillot.** – ***Vieux jeu*** **adj. invar.** : démodé. *Des idées vieux jeu.* **4.** Qui a existé autrefois, il y a longtemps. → **éloigné, lointain, révolu.** *Le bon vieux temps.* **III. n. 1.** ***Un vieux, une vieille*** : un vieil homme, une vieille femme. → **vieillard.** fam. *Un petit vieux.* – loc. *Un vieux de la vieille* (de la *vieille garde*), un vieux soldat (sous le Premier Empire) ; une personne d'expérience. **2.** Les gens plus âgés ou trop âgés. *Les vieux du village.* **3.** fam. (le plus souvent avec le possessif) Père, mère ; parents. *Ses vieux sont morts.* **4.** (du sens I, 4) fam. Terme d'amitié (même entre personnes jeunes). *Mon (petit) vieux, ma vieille* (aussi à un homme). **5.** fam. ***Coup de vieux*** : vieillissement subit. *Prendre un coup de vieux.*

Vieux-Colombier (théâtre du) Nom donné au théâtre Athénée-Saint-Germain par J. Copeau (1913), ainsi qu'à la troupe qu'il constitua pour rendre le répertoire théâtral accessible à un large public. Après son rachat par l'État en 1986, le Vieux-

Viêtnam (guerre du)

1. À partir d'octobre 1967, les manifestations contre la guerre se multiplient aux États-Unis. 2. Une opération aéroportée sur les hauts plateaux. 3. La photo de cette fillette brûlée par du napalm (1972) a fait le tour du monde.

Colombier est devenu la seconde salle de la Comédie-Française.

Vieux-Habitants Commune de la Guadeloupe, sur la côte O. de Basse-Terre. 7 067 habitants. Église coloniale (XVIIIe s.).

vieux-lille n. m. invar. (de *vieux* et *Lille*) Fromage de Maroilles très longuement affiné.

Vieuxtemps (Henri) Violoniste et compositeur belge (1820-1881). Il est l'auteur de concertos et de transcriptions pour violon.

vif, vive adj. (vient du latin *vivus* « vivant », de *vivere* → vivre) **I.** vieux Vivant, vivante. *Être enterré (tout) vif. Jeanne d'Arc a été brûlée vive.* – loc. *Être plus mort que vif,* paralysé de peur, d'émotion. **II. 1.** Dont la vitalité se manifeste par la rapidité, la vivacité* des mouvements et des réactions. → **agile, [1]alerte, éveillé.** *Un enfant vif et intelligent. Œil, regard vif. Mouvements, gestes vifs.* → **rapide. 2.** Qui est d'une ardeur excessive, qui s'emporte facilement. → **brusque, emporté, violent.** *Elle a été un peu vive dans la discussion.* – *Échanger des propos très vifs.* **3.** Prompt dans ses opérations. *Intelligence vive.* **III.** (choses) **1.** Mis à nu. *Angles vifs, arêtes vives.* **2.** *Eau vive,* eau pure qui coule. *Source vive.* – *Air vif,* frais et pur. **3.** Très intense. *Lumière vive. Couleurs vives. Jaune vif. Il faisait un froid très vif.* – (sensations, émotions) → **[1]fort.** *Une vive douleur.* → **aigu.** *À mon vif regret. Éprouver une vive satisfaction.* **IV.** n. m. (du sens I, 1) **1.** dr. Personne vivante. *Donation entre vifs.* **2.** loc. ***Sur le vif*** : d'après nature. *Peindre, raconter qqch. sur le vif.* **3.** *Tailler, couper* ***dans le vif,*** dans la chair vivante. fig. *Entrer dans le vif du sujet, du débat,* toucher à l'essentiel. → **cœur.** ■ ***À vif*** : avec la chair vive à nu. *Plaie, moignon à vif.* – *Avoir les nerfs, la sensibilité à vif,* être irrité, sensible à tout. **4.** *Être atteint, touché, blessé, piqué* ***au vif*** : au point le plus sensible. **5.** Appât vivant. *La pêche au vif.*

vif-argent n. m. sing. **1.** vieux Mercure (métal). **2.** fig. *C'est du vif-argent,* se dit d'une personne très vive.

Vigan (Delphine de) Écrivaine française (née en 1966). Elle a écrit plusieurs romans inspirés de son histoire intime et explore des thèmes en prise avec la société actuelle tels que les relations parents-enfant, l'identité, la fin de vie, le harcèlement. *Rien ne s'oppose à la nuit ; D'après une histoire vraie.*

Vigano (Salvatore) Chorégraphe et danseur italien (1769-1821). Maître de ballet à la Scala de Milan, il développa un style très réaliste, apparenté au mimodrame. Beethoven composa pour lui *Les Créatures de Prométhée.*

Vigée-Lebrun (Élisabeth) Peintre française (1755-1842). D'abord portraitiste attitrée de Marie-Antoinette *(La Reine et ses enfants),* elle passa d'une esthétique de la grâce, un peu théâtrale, à un style plus classique et plus épuré *(Mme Vigée-Lebrun et sa fille).*

Vigevano Ville d'Italie, en Lombardie, dans la vallée du Tessin. 57 450 habitants. Château des Visconti agrandi par les Sforza (fin XVe s.) ; place Ducale. Centre agricole et industriel (chaussure).

vigie n. f. (portugais *vigia,* de *vigiar,* qui vient du latin *vigilare* [→ veiller ; vigilance], de *vigil* → [2]vigile) **1.** Matelot placé en observation dans la mâture ou à la proue d'un navire. **2.** Son poste d'observation.

vigilance n. f. (du latin, de *vigilare* → veiller) **1.** Surveillance attentive, sans défaillance. *Tromper la vigilance de qqn. Redoubler de vigilance.* ■ Surveillance destinée à informer de l'imminence de phénomènes météorologiques. *Département en vigilance orange, rouge.* **2.** physiol. État de l'organisme qui conditionne la capacité de réaction. *Suspension de la vigilance.*

vigilant, ante adj. (du latin, p. prés. de *vigilare* → veiller) Qui surveille avec une attention soutenue. → **attentif.** *Un observateur vigilant.* – *Attention vigilante. Soins vigilants.* □ adv. **vigilamment**

[1]vigile n. f. (latin *vigil* « éveillé », d'où *vigilare* → veiller) relig. cathol. Veille d'une fête importante. *La vigile de Noël.*

[2]vigile n. (→ [1]vigile) **1.** n. m. Antiq. Garde de nuit chargé de veiller à la sécurité de Rome. **2.** Personne exerçant une fonction de surveillance dans une police privée, un organisme de défense.

vigne n. f. (vient du latin *vinea,* de *vineus* « du vin » → vin) **1.** Arbrisseau sarmenteux, grimpant, à fruits en grappes (→ **raisin**), cultivé pour ce fruit et pour la production du vin. → **viti-.** *Pied de vigne.* → **cep.** *Plant de vigne. Feuille de vigne.* – *Culture de la vigne.* → **viticulture. 2.** Plantation de vignes. → **vignoble.** *Le cépage d'une vigne. Cette vigne produit un bon cru.* – *Pêche de vigne,* qui est à maturité en même temps que le raisin. **3.** *Vigne vierge :* plante décorative grimpante.

[1]vigneau ou **vignot** n. m. (de *vigne,* par analogie d'aspect de la coquille et des vrilles) Coquillage comestible des côtes rocheuses. → **bigorneau, littorine.**

[2]vigneau n. m. (de *vigne*) régional (Normandie) Tertre surmonté d'une treille.

Vigneault (Gilles) Chanteur et compositeur canadien d'expression française (né en 1928). Ses chansons lyriques célèbrent le Québec, ses habitants, et leurs traditions. Il est l'un des plus célèbres représentants de la chanson francophone. *Jack Monoloy ; Mon pays.*

Gilles Vigneault en 1990.

Vignemale n. m. Sommet des Hautes-Pyrénées, dominant le lac de Gaube. 3 298 m. Point culminant des Pyrénées françaises.

vigneron, onne n. Personne qui cultive la vigne, fait le vin. *Les vignerons de Bourgogne, du Bordelais.* → **viticulteur.** – adj. *Les traditions vigneronnes.*

vignetage [viɲ(ə)taʒ] ou **vignettage** [viɲetaʒ] n. m. (de *vignette*) photogr. Assombrissement des angles de l'image, dû à un défaut de l'objectif.

vignette n. f. (de *vigne* « ornement de feuilles de vigne ») **1.** Motif ornemental d'un livre à la première page ou à la fin des chapitres. ■ Illustration dans un texte. **2.** Petit carré de papier, étiquette ou timbre. – en France *Vignette de la Sécurité sociale,* portant le prix du médicament.

vignettiste n. anciennt Dessinateur, graveur de vignettes.

vigneture n. f. (de *vignette*) Ornement de feuilles de vigne qui encadrait les miniatures.

vignoble n. m. (ancien provençal *vinhobre,* qui vient du latin pop. *vineoporius,* de *vinea* « vigne* » et du grec *ampelophoros,* de *ampelos* « vigne » et → -phore) Plantation de vignes. – Ensemble de vignes (d'une région, d'un pays). *Le vignoble français, italien.*

Vignole (Giacomo Barozzi, dit il Vignola, en français le) Architecte italien (1507-1573). Il fut l'un des plus importants architectes de son époque avec Palladio. Il construisit le palais Bocchi à Bologne, et, avec Vasari et Ammannati, la villa Giulia à Rome pour le pape Jules III. Sa grande découverte fut l'utilisation de l'ovale dans les édifices religieux (églises Sainte-Anne-des-Palefreniers et du Gesù, à Rome). Son traité *(Regola degli cinque ordini d'architettura)* fit longtemps autorité en matière d'architecture.

Vignon (Claude) Peintre et graveur français (1593-1670). Son œuvre abondante, inspirée du Caravage, comprend des gravures, des cartons, des illustrations de livres et de la décoration ainsi que des tableaux religieux, assez théâtraux, et à la touche heurtée. *Esther devant Assuérus ; Cléopâtre se donnant la mort.*

Vignory Commune de la Haute-Marne, au N. de Chaumont. 228 habitants. Église romane Saint-Étienne (XIe s.).

vignot voir **[1]vigneau**

V

VIKINGS (art et civilisation)

Tapisserie de l'église de Skog représentant des choristes et des sonneurs de cloches, XIIe siècle, musée d'Histoire, Stockholm.

Boucle en argent, or et pierres précieuses, VIIe siècle, musée d'Histoire, Oslo.

Stèle funéraire représentant un cavalier armé (probablement Wotan), IXe ou Xe siècle, musée d'Histoire, Stockholm.

Dragon sculpté provenant du navire d'Oseberg, IXe siècle, musée des Navires vikings, près d'Oslo.

Pions de jeu en os, ambre et bois, XIe siècle, musée d'Histoire culturelle, Lund, Suède.

Poignée d'épée décorée d'oiseaux et de serpents (argent et or), XIe siècle, musée d'Histoire, Stockholm.

Modèle du navire d'Oseberg, dont l'original se trouve au musée des Navires vikings près d'Oslo.

L'art viking se caractérise surtout par la stylisation, sur bois, métal ou pierre, de formes animales réelles ou mythiques, aux figurations savamment entrelacées et associées à de subtiles et complexes géométries végétalisées. Elles ornent un mobilier et une architecture religieuse ou navale en bois, dont le navire est la production la plus aboutie.

Vigny (Alfred, comte de) Écrivain français (1797-1863). Il devint assez tôt l'un des principaux poètes romantiques de son époque. Il est l'auteur de plusieurs romans (*Cinq-Mars ; Stello.*), d'une pièce (*Chatterton*), de recueils de poèmes (*Poèmes antiques et modernes ; Les Destinées*), d'un ouvrage autobiographique (*Servitude et grandeur militaires*) ainsi que de notes intimes publiées à titre posthume (*Journal d'un poète*). Si l'œuvre de Vigny proclame son optimisme humaniste, elle n'en est pas moins hantée par l'indifférence de la nature à la « comédie humaine », la solitude du génie et l'idée de la destinée.

Alfred de Vigny, par Nadar (1854), Archives photographiques, Paris.

Vigo (Jean) Cinéaste français (1905-1934). Ses films *Zéro de conduite* et *L'Atalante*, remarquables appels à la liberté où se conjuguent les vertus contrastées du réalisme et du surréalisme, ont marqué l'histoire du cinéma.

Vigo Ville d'Espagne (Galice). 296 690 habitants. Important port de pêche et de commerce. Industries (chantier naval, construction automobile, raffinerie, conserverie). Siège de l'agence européenne de contrôle des pêches.

vigogne n. f. **(altération de *vicugne* [vieux], de l'espagnol, du quichua [Pérou]) 1.** Animal ruminant du genre lama, à pelage fin, d'un jaune rougeâtre. **2.** Laine de vigogne. *Un manteau de vigogne.*

vigoureusement adv. **1.** Avec vigueur, force. *Frotter vigoureusement.* – *Elle nie vigoureusement.* → **énergiquement. 2.** Avec de la vigueur (2 et 3).

vigoureux, euse adj. **1.** Qui a de la vigueur. *Un homme, un cheval vigoureux.* → **énergique, ¹fort, robuste, solide.** – *Plante, végétation vigoureuse.* **2.** Qui s'exprime, agit sans contrainte, avec efficacité. *Style vigoureux. Dessin vigoureux,* tracé avec vigueur.

viguerie n. f. Fonction de viguier ; territoire de sa juridiction.

vigueur n. f. **(d'abord *vigur, vigour* ; latin *vigor, vigoris,* de *vigere* « avoir de la force, pousser », même racine que *vegetus* → végétal, *vigilare* → veiller) 1.** Force, énergie d'un être en pleine santé et dans la plénitude de son développement. → **énergie, puissance, robustesse.** *Appuyer, serrer avec vigueur.* **2.** Activité intellectuelle libre et efficace. *La vigueur de l'esprit, de la pensée. Vigueur du style, de l'expression.* → **fermeté, véhémence. 3.** Qualité de ce qui est dessiné, peint avec une netteté pleine de force. → **fermeté.** *Vigueur du coloris, de la touche.* **4.** ***En vigueur*** : en application actuellement. *Loi en vigueur. Entrer en vigueur,* en usage.

viguier n. m. **(de l'ancien provençal, du latin *vicarius* → vicaire) 1.** hist. Magistrat qui avait des fonctions analogues à celles du prévôt, dans le midi de la France. **2.** Magistrat, en Andorre.

VIH [veiaʃ] n. m. **(sigle de *virus de l'immunodéficience humaine*)** Virus responsable du sida. → anglic. **HIV.**

vihara n. m. **(mot sanskrit)** Monastère bouddhique. *Des viharas ou des vihari.*

Viita (Lauri Arvi) Poète et romancier finlandais d'expression finnoise (1916-1965). Le succès du *Meunier de béton* l'encouragea à se consacrer à la littérature. Son refus de la fausseté et de l'hypocrisie donne à son écriture un sérieux parfois moralisateur. *Tordu ; Kukunor ; La Moraine.*

Vijayanagar n. m. Royaume indien hindou fondé en 1336 dans le centre du Dekkan pour lutter contre l'expansion musulmane. Il disparut en 1565, date à laquelle la capitale Vijayanagar, l'actuelle Hampi, fut entièrement pillée.

Vijayavada ou **Bezwada** Ville d'Inde (Andhra Pradesh), à la tête du delta de la Krishna. 1 476 931 habitants. Nœud ferroviaire. Centre administratif et commercial.

viking n. m. et adj. **(mot scandinave, p.-ê. de *vik* « baie »)** *Les Vikings* : les Scandinaves qui prirent part à l'expansion maritime, du VIIIe au XIe siècle. – **adj.** *L'art viking.*

Viking Nom de deux sondes américaines destinées à l'exploration de la planète Mars, lancées le 20 août et le 9 septembre 1975, arrivées sur Mars en 1976. Viking 1 fonctionna jusqu'en 1982 et Viking 2 jusqu'en 1980.

Vikings **n. m. pl.** Navigateurs-marchands scandinaves qui, du début du IXe s. au milieu du XIe s., menèrent des raids à travers l'Europe. Connus à l'est sous le nom de *Varègues*, souvent appelés *Normands* en France, ils inspirèrent une terreur durable en Occident. À bord de leurs bateaux (*knörr* ou *skeid*, et non « drakkar », barbarisme forgé ultérieurement), ils pratiquèrent le cabotage le long des côtes de la Russie, de la France, de l'Espagne et de l'Italie, allant jusqu'à Constantinople. Ils pénétrèrent dans les terres par les lacs et les fleuves et se livrèrent à des pillages systématiques. Le Xe s. inaugura une période de colonisation, notamment en Irlande, en Islande, au Groenland, dans l'actuelle Normandie et dans les principautés slaves de Novgorod et de Kiev. Les raids des Vikings cessèrent vers 1050 du fait de mutations politiques dans les États scandinaves, et en raison de la christianisation du Nord.

vil, vile **adj.** (vient du latin *vilis* « bon marché » → **avilir, vilipender**) **1.** littér. Qui inspire le mépris, qui est sans dignité, sans courage ou sans loyauté. → **indigne, lâche, méprisable.** *Vil courtisan, vil flatteur.* – *Action vile.* → **vilenie.** □ **adv. vilement 2.** *À vil prix* : à très bas prix.

vilain, aine (vient du bas latin *villanus*, de *villa* « ferme, domaine rural » → **ville**) **I. n.** Au Moyen Âge, Paysan libre (qui n'était pas serf). → **manant. II. 1. adj.** vieux Vil, méprisable. – spécialt Impudique. « *Une tendresse raisonnable, ne songeant pas aux vilaines choses* » (Zola). **2.** (surtout en parlant aux enfants) Qui ne se conduit pas bien, qui n'est pas « gentil ». → **méchant.** *Qu'il est vilain !* – **n.** *Le vilain, la petite vilaine !* **3.** Désagréable à voir. → **laid.** *Elle n'est pas vilaine*, elle est assez jolie. – *Il a une vilaine peau.* **4.** (temps) Mauvais, laid. → **sale. 5.** Dont l'apparence est inquiétante. *Une vilaine blessure.* – (au moral) *Une vilaine affaire. Il lui a joué un vilain tour.* → **sale.** – **n. m.** *Il va y avoir du vilain*, un éclat, une dispute. → **grabuge.**

Vilaine **n. f.** Fleuve de Bretagne. 225 km. Elle prend sa source dans la Mayenne, passe à Vitré, Rennes et la Roche-Bernard, où commence son estuaire.

vilainement **adv.** D'une manière laide, vilaine.

Vila Nova de Gaia Ville du Portugal, située en face de Porto, sur le Douro. 188 600 habitants. Commerce du vin de porto.

Vilar (**Jean**) Acteur et metteur en scène de théâtre français (1912-1971). Créateur du Festival d'Avignon (qu'il dirigea jusqu'à sa mort) et directeur du Théâtre national populaire, il a réalisé des mises en scène qui bouleversèrent les mœurs et habitudes du théâtre, touchant un large public : *Meurtre dans la cathédrale*, de T. S. Eliot.

Jean Vilar en 1954, au festival d'Avignon.

vilayet [vilajɛt] **n. m.** (de l'arabe, par le turc) hist. Province de l'empire ottoman.

Vilde (**Eduard**) Romancier et auteur dramatique estonien (1865-1933). Il fit de son œuvre une vaste dénonciation de la misère de son peuple, engageant à une compréhension intime de la révolte. *Les Mains de fer* ; *Vers les terres froides.*

Vildrac (**Charles Messager, dit Charles**) Écrivain français (1882-1971). Fondateur du groupe de l'Abbaye (1907-1908), il fut le poète de la pudeur et de la tendresse (*Livre d'amour*), puis, au lendemain de la Grande Guerre, celui de la douleur et de la révolte (*Chant du désespéré*). Il écrivit également des pièces de théâtre (*Paquebot Tenacity* ; *Michel Auclair*) et des œuvres pour la jeunesse.

vilebrequin **n. m.** (du néerlandais, de *wimmel* « tarière » et suffixe diminutif *-kijn*, cf. **mannequin**) **1.** Outil formé d'une mèche que l'on fait tourner à l'aide d'une manivelle coudée, et qui sert à percer des trous. **2.** techn. Arbre articulé avec des bielles, permettant de transformer le mouvement rectiligne des pistons en mouvement de rotation.

vilenie [vil(ə)ni ; vileni] ou **vilénie** [vileni] **n. f.** (d'abord *vilanie* ; de *vilain*) littér. **1.** Action vile et basse. *C'est une vilenie.* → **infamie, saleté. 2.** Caractère vil.

Vilhjálmsson (**Thor**) Écrivain islandais (1925-2011). Après avoir suivi les tendances du modernisme (*L'homme est toujours seul*), il chanta son Islande natale (*Nuits à Reykjavik*).

vilipender **v. tr.** < 1 > (du bas latin, de *vilis* → **vil** et *pendere* « peser, évaluer » → **pendre**) littér. Dénoncer comme vil, méprisable. → **bafouer, honnir.**

villa [villa] **n. f.** (mot italien, du latin → **ville**) **1.** Riche maison, en Italie. *La villa Médicis.* **2.** Maison de plaisance ou d'habitation avec un jardin. **3.** Voie calme, impasse bordée de belles maisons.

Villa (**Doroteo Arango, dit Pancho**) Général et révolutionnaire mexicain (1878-1923). Paysan, il devint l'un des chefs de la révolution. Il se rallia au gouvernement d'Obregón (1920) et mourut assassiné.

Villach Ville d'Autriche (Carinthie), sur la Drave. 59 585 habitants. Église paroissiale (XIVe-XVe s., remaniée au XIXe s.).

Villa Cisneros voir **Dakhla**

Villacoublay voir **Vélizy-Villacoublay**

Villafranca di Verona Ville d'Italie, en Vénétie, sur le Tione. 29 350 habitants. En 1859, Napoléon III y signa avec l'empereur d'Autriche François-Joseph l'armistice et les préliminaires de paix qui mirent un terme à la campagne d'Italie. Ces accords provoquèrent la démission de Cavour.

villafranchien, ienne **adj. et n. m.** (de *Villafranca d'Asti*, n. d'une ville du Piémont) géol. Se dit de l'étage le plus ancien du quaternaire.

village [vilaʒ] **n. m.** (« groupe de maisons rurales, de *villas* » ; de *ville*) **1.** Agglomération rurale ; groupe d'habitations assez important pour avoir une vie propre (à la différence des *hameaux*). *Un petit village isolé.* → fam. **bled,** ^{2}**patelin, trou.** *Gros village.* → **bourg, bourgade.** *L'école, l'église du village. Village de toile* (→ anglic. **camping**). *Village de vacances.* **2.** Les habitants d'un village. *Tout le village était rassemblé sur la place.*

villageois, oise [vilaʒwa, waz] **1. adj.** D'un village, de ses habitants. → **campagnard, rural.** *Coutumes, danses, fêtes villageoises.* **2. n.** Habitant(e) d'un village. *Une jeune villageoise.* → **paysan.**

Villahermosa Ville du S. du Mexique, capitale de l'État de Tabasco. 353 600 habitants. Parc archéologique d'époque olmèque de La Venta.

Villa-Lobos (**Heitor**) Compositeur brésilien (1887-1959). Ses compositions (notamment les *Bachianas Brasileiras*) tentent de concilier l'écriture contrapontique inspirée de Bach et la musique brésilienne traditionnelle. Son œuvre, très abondante, comprend des opéras, des ballets, seize *Chôros*, des symphonies, concertos, quatuors à cordes, des pièces pour guitare et pour piano.

Villandraut Commune de la Gironde, sur le Ciron. 1 125 habitants. Ruines d'un château (XIVe s.) bâti pour Bertrand de Got, né à Villandraut, le futur pape Clément V.

Villandry Commune de l'Indre-et-Loire, sur le Cher. 1 136 habitants. Château construit au début du XVIe s. par Jean Le Breton pour François Ier.

Villandry, le château et son potager.

villanelle **n. f.** (italien *villanella*, de *villano* → **vilain**) didact. **1.** Chanson, poésie pastorale ; danse qu'elle accompagnait. **2.** Poème de forme fixe (fin du XVIe s.) à couplets de trois vers et à refrains, terminé par un quatrain.

Villani (**Giovanni**) Chroniqueur italien (v. 1275-1348). Il occupa à Florence d'importantes fonctions municipales, et rédigea sa *Nouvelle Chronique*, document précieux sur la vie économique, civique et sociale de la ville.

Villani (**Cédric**) Mathématicien français (né en 1973). Auteur de recherches sur l'analyse, les probabilités, la physique statistique et la géométrie différentielle, il a obtenu la médaille Fields en 2010.

Villanova Village d'Italie, près de Bologne. En 1853 y fut découverte une riche nécropole protohistorique qui a donné son nom à la civilisation *villanovienne*. Celle-ci (v. –1000) marque le début de la métallurgie du fer en Italie.

Villanueva (**Juan de**) Architecte espagnol (1739-1811). Il fut l'un des représentants du style néoclassique. On lui doit notamment le musée du Prado et l'observatoire, à Madrid.

Villard (**Paul Ulrich**) Physicien français (1860-1934). Étudiant les corps radioactifs, il découvrit en 1900 le rayonnement γ.

Villard de Honnecourt Architecte français (première moitié du XIIIe s.). Il est l'auteur d'un précieux manuscrit (« album ») contenant un grand nombre de plans de machines de guerre, de relevés d'édifices, de dessins d'ornements, de motifs d'animaux et de figures humaines, établis à partir de schémas géométriques.

Villaret (**Foulques de**) (mort v. 1327). Grand maître de l'ordre des Hospitaliers de Saint-Jean-de-Jérusalem (1308), il conquit Rhodes pour le compte de son ordre (1309).

Villaret de Joyeuse (**Louis Thomas, comte de**) Amiral français (1750-1812). Il prit part à l'expédition de Saint-Domingue (1801-1802). Gouverneur général de Sainte-Lucie et de la Martinique, il dut rendre celle-ci aux Britanniques en 1809.

Villars (**Claude Louis Hector, duc de**) Maréchal de France (1653-1734). Il se distingua contre les impériaux à Friedlingen (1702). Sa victoire à Denain (1712) permit à Louis XIV d'obtenir de meilleures conditions de paix à Rastadt (1714).

Villars-les-Dombes Commune de l'Ain, sur la Chalaronne. 4 946 habitants. Parc ornithologique.

Villavicencio Ville de Colombie, capitale du département du Meta, au pied de la Cordillère orientale. 492 000 habitants. Centre commercial agricole ; industries alimentaires.

VILLE (l'écosystème urbain)

L'urbanisation a bouleversé irréversiblement les milieux naturels, notamment les sols, élément capital des écosystèmes. Les villes abritent cependant des êtres vivants connus ou ignorés (insectes, micro-organismes...) qui ont su s'adapter à l'homme et à son environnement, voire en profiter jusqu'à devenir nuisibles. Les jardins et espaces verts abritent une végétation qui humidifie l'air et en améliore la qualité en absorbant certains polluants.

Villaviciosa **(bataille de)** Victoire remportée en 1710 par les Français commandés par le duc de Vendôme sur les impériaux de Starhemberg, à Villaviciosa, en Espagne (Nouvelle-Castille).

ville [vil] **n. f.** **(d'abord *vile* ; vient du latin *villa* « maison ou domaine rural » → villa ; puis « groupe d'habitations »)** **1.** Milieu géographique et social formé par une réunion importante de constructions abritant des habitants qui travaillent, pour la plupart, à l'intérieur de l'agglomération. → **capitale, cité, métropole.** *Les grandes villes et leurs banlieues. Les villes d'un pays.* → **commune, localité.** – *La ville de New York.* – **loc.** *La Ville lumière :* Paris. *La Ville éternelle :* Rome. – *Ville d'eaux :* station thermale. – *Ville industrielle, universitaire.* – *Au centre de la ville, au centre-ville.* ■ Partie d'une ville. *La vieille ville et les nouveaux quartiers.* – ***En ville :*** dans la ville. *Aller en ville. Dîner en ville,* hors de chez soi. – *À la ville :* dans la vie réelle. *Ils sont mariés à la ville comme à la scène.* ■ **hist. (XVIIe-XVIIIe siècles)** *La Ville et la Cour :* Paris et Versailles (en tant que milieux sociaux, forces politiques). **2.** L'administration, la personne morale de la ville. → **municipalité.** *Travaux financés par la ville.* **3.** La vie, les habitudes sociales dans une grande ville **(opposé à *la campagne, la terre*).** → **urbain.** *Les lumières, le bruit de la ville.* – *Les gens de la ville.* → **citadin. 4.** Les habitants de la ville. *Toute la ville en parle.*

Ville-d'Avray Commune des Hauts-de-Seine, au S.-O. de Paris. 10 883 habitants. Fresques de l'église Saint-Nicolas par Corot.

Villedieu-les-Poêles-Rouffigny Commune de la Manche, près de Saint-Lô, sur la Sienne. 3 849 habitants. Fonderie de cloches.

Villefontaine Commune de l'Isère. 18 891 habitants.

Villefranche-de-Conflent Commune des Pyrénées-Orientales, sur la Têt. 209 habitants. L'enceinte fortifiée (XIIIe s.) fut remaniée par Vauban.

Villefranche-de-Rouergue Chef-lieu d'arrondissement de l'Aveyron, sur l'Aveyron. 11 681 habitants. Bastide du XIe siècle.

Villefranche-sur-Mer Commune des Alpes-Maritimes, près de Nice, au fond d'une rade. 5 002 habitants. Chapelle décorée par J. Cocteau.

Villefranche-sur-Saône Chef-lieu d'arrondissement du Rhône, dans le Beaujolais, près de la Saône. 36 009 habitants. Église des XIIIe-XVIe s. (façade de style flamboyant). Commerce viticole.

villégiateur, trice **n. vieilli** Personne qui est en villégiature. → **vacancier.**

villégiature [vi(l)leʒjatyʀ] **n. f.** **(de l'italien, de *villeggiare* « aller, séjourner à la campagne », de *villa* → villa)** Séjour de repos, à la campagne ou dans un lieu de plaisance (ville d'eaux, plage...). *Elle est allée en villégiature dans sa maison de campagne.* □ **villégiaturer v. intr. < 1 >**

Villehardouin **(Geoffroi de)** Chroniqueur français (v. 1150-v. 1213). Maréchal de Champagne et l'un des chefs de la quatrième croisade, il rédigea une chronique, *La Conquête de Constantinople.*

Villejuif Commune du Val-de-Marne, dans la banlieue S. de Paris. 56 349 habitants. Groupe hospitalier.

Villèle **(Jean-Baptiste Guillaume Joseph, comte de)** Homme politique français (1773-1854). Ultra-royaliste, président du Conseil (1822-1828), il se rendit impopulaire par sa politique réactionnaire.

Villemain **(Abel François)** Professeur et homme politique français (1790-1870). Il donna un nouvel essor aux études littéraires *(Cours de littérature française ; Études de littérature ancienne et étrangère).* Il fut ministre de l'Instruction publique de 1840 à 1844.

Villemin **(Jean Antoine)** Médecin français (1827-1892). Il découvrit la transmissibilité de la tuberculose.

Villemomble Commune de la Seine-Saint-Denis, au N.-E. de Paris. 30 583 habitants.

Villena **(Enrique de Aragón, dit marquis de)** Écrivain espagnol (1384-1434). Grand érudit, il a écrit sur de nombreux sujets (cuisine, magie, occultisme) mais fut surtout un poète *(Les Douze Travaux d'Hercule).*

Villenave-d'Ornon Commmune de la Gironde, au S. de Bordeaux. 38 444 habitants. Vins, électronique.

Villeneuve **(Pierre Charles Jean Baptiste Silvestre de)** Amiral français (1763-1806). En 1804, il fut chargé par Napoléon d'attirer la flotte de Nelson aux Antilles. L'échec de la manœuvre fut à l'origine de la bataille de Trafalgar (1805). Villeneuve fut fait prisonnier, puis, libéré, se suicida.

Villeneuve **(Denis)** Réalisateur canadien (québécois) (né en 1967). Ses films, troublants et d'une forte intensité dramatique, explorent la complexité de l'âme humaine. *Incendies* (adapté de la pièce de Wajdi Mouawad), enquête tragique sur les trau-

Villette (la)

Le parc de la Villette abrite la Cité des sciences et de l'industrie et la Géode, conçues par Adrien Fainsilber.

matismes de la guerre du Liban ; *Prisoners* et *Dune* invitent à une réflexion sur le mal.

Villeneuve-Bargemont **(Jean Paul Alban, vicomte de)** Administrateur et économiste français (1784-1850). Député légitimiste, il écrivit l'un des premiers ouvrages du catholicisme social : *Économie politique chrétienne ou Recherches sur les causes du paupérisme*.

Villeneuve-d'Ascq Commune du Nord, dans la banlieue de Lille, englobant depuis 1970 Annappes, Ascq et Flers-lez-Lille. 61 258 habitants. Centre universitaire. Musée d'Art moderne.

Villeneuve-en-Retz Commune de la Loire-Atlantique. 5 013 habitants. Musée du pays de Retz. Ostréiculture.

Villeneuve-la-Garenne Commune des Hauts-de-Seine, dans la banlieue N. de Paris, sur la Seine. 24 592 habitants. Industrie chimique.

Villeneuve-le-Roi Commune du Val-de-Marne, dans la banlieue S. de Paris. 21 411 habitants. Une partie de la commune a été annexée par l'aéroport d'Orly.

Villeneuve-lès-Avignon Commune du Gard, sur la rive droite du Rhône, face à Avignon. 12 848 habitants. Construite sur ordre de Philippe le Bel (1293-1307), la ville devint, à partir du XIVe s., la résidence d'été de nombreux cardinaux d'Avignon.

Villeneuve-Loubet Commune des Alpes-Maritimes, à l'embouchure du Loup. 16 329 habitants. Château médiéval restauré au XIXe siècle.

Villeneuve-Saint-Georges Commune du Val-de-Marne, sur la Seine, au confluent de l'Yerres. 34 845 habitants. Centre hospitalier.

Villeneuve-sur-Lot Chef-lieu d'arrondissement du Lot-et-Garonne, sur le Lot. 21 690 habitants. Porte de Paris et porte de Pujols (XIIIe et XVe s.).

Villeneuve-sur-Yonne Commune de l'Yonne, sur la rive droite de l'Yonne. 5 148 habitants. Bastide royale bâtie par Louis VII le Jeune (XIIe s.), elle fut, sous le nom de Villefranche-le-Roy, une des huit résidences royales. Porte de Sens et porte de Joigny (XIIIe s.). Anciens remparts.

Villepin **(Dominique Galouzeau de)** Homme d'État français (né en 1953). Ministre des Affaires étrangères, de la Coopération et de la Francophonie (2002) puis ministre de l'Intérieur, de la Sécurité intérieure et des Libertés locales (2004-2005), il a été Premier ministre de 2005 à 2007.

Villepinte Commune de la Seine-Saint-Denis, dans la banlieue N.-E. de Paris. 38 204 habitants. Parc des expositions. Maison d'arrêt.

Villermé **(Louis René)** Médecin et sociologue français (1782-1863). Son *Tableau de l'état physique et moral des ouvriers dans les fabriques de coton, de laine et de soie* (1840), étude menée dans les régions de Lille et de Rouen, contribua à l'adoption de la loi sur la limitation du travail des enfants (1841).

Villeroi **(Nicolas de Neufville, duc de)** Maréchal de France (1597-1685). Il fut gouverneur de Louis XIV. ■ **François de Neufville, duc de Villeroi.** Maréchal de France (1644-1730). Fils de Nicolas, élevé avec Louis XIV, il fut gouverneur de Louis XV (1716-1722). Il essuya plusieurs défaites (Chiari, 1701 ; Ramillies, 1706).

Villers-Cotterêts **(ordonnance de)** Ordonnance édictée à Villers-Cotterêts (Aisne) par François Ier en 1539, qui réorganisait la justice et prescrivait l'usage du français pour les ordonnances et les jugements des tribunaux.

Villersexel Commune de la Haute-Saône. 1 409 habitants. Bourbaki y remporta une victoire sur les Prussiens (8-9 janvier 1871).

Villerupt Commune de la Meurthe-et-Moselle. 10 098 habitants. Festival du film italien (depuis 1976).

Villetaneuse Commune de la Seine-Saint-Denis. 13 433 habitants. Université Paris-Nord.

Villette (la) Ancienne commune de la banlieue parisienne, rattachée au 19e arrondissement de Paris en 1861. Le *parc de la Villette* (55 ha), aménagé sur le site des anciens abattoirs, rassemble entre autres la Cité des sciences et de l'industrie, la Géode, le Zénith, la Cité de la musique (musée de la Musique et Conservatoire national supérieur de musique et de danse) et la Philharmonie de Paris.

Villeurbanne Commune du Rhône, dans la banlieue de Lyon. 154 781 habitants. Elle est la plus grande commune de banlieue en France, et constitue, avec Bron et Vaulx-en-Velin, la principale zone d'activité industrielle de Lyon.

villeux, euse adj. (latin *villosus*, de *villus* « poil ») sc. nat. Qui porte des villosités. – méd. *Tumeur villeuse.*

Villiers de L'Isle-Adam **(Philippe de)** (1464-1534). Grand maître de l'ordre de Saint-Jean-de-Jérusalem, il soutint, jusqu'en 1522, le siège contre Soliman Ier à Rhodes. Charles Quint lui donna Malte, où il établit son ordre (1530).

Villiers de L'Isle-Adam **(Auguste, comte de)** Écrivain français (1838-1889). Dégoûté des mœurs contemporaines et du positivisme de son époque, il fut conforté dans son idéalisme mystique par la lecture de Hegel. Son œuvre romanesque *(L'Ève future)* et théâtrale, qui culmine dans *Axël*, le rattache au symbolisme. Il est surtout connu, aujourd'hui, pour ses *Contes cruels* tendant vers le fantastique.

Villiers-le-Bel Commune du Val-d'Oise, près de la forêt de Montmorency. 28 636 habitants.

Villiers-sur-Marne Commune du Val-de-Marne. 29 672 habitants.

Villingen-Schwenningen Ville d'Allemagne (Bade-Wurtemberg). 85 680 habitants. Ville formée en 1972 par la fusion de Villingen, ancienne ville d'Empire, en pays de Bade, et Schwenningen, dans le Wurtemberg.

Villon [vijɔ̃] **(François de Montcorbier ou des Loges, dit François)** Poète français (v. 1431-apr. 1463). Il mena une vie aventureuse et fut plusieurs fois sauvé de la potence par Charles d'Orléans ou Louis XI. Ses poèmes utilisent l'octosyllabe *(Lais ; Testament)* ou le décasyllabe (la fameuse *Épitaphe Villon*, dite « Ballade des pendus »), avec un mélange des registres et des tons, du plus trivial au plus élevé. Il ouvre l'ère des grands poètes lyriques modernes.

Portrait de François Villon dans *Le Grand Testament Villon et le petit* (1497), Bibliothèque nationale de France, Paris.

Villon **(Gaston Duchamp, dit Jacques)** Peintre, dessinateur et graveur français (1875-1963). Frère de Marcel Duchamp et de Raymond Duchamp-Villon. D'abord proches du cubisme, ses œuvres évoluèrent vers des compositions non figuratives remarquables par leur construction géométrique et leurs accords chromatiques clairs *(Vers la chimère)*.

Jacques Villon, *Portrait de Marcel Duchamp* (1951), Centre d'art Henie-Onstad, Oslo.

villosité [vilozite] **n. f.** (du latin → villeux) sc. nat. Saillie filiforme qui donne un aspect velu à une surface. *Les villosités intestinales.*

Vilmorin **(Louise Levêque de)** Écrivaine française (1902-1969). Elle est l'autrice de romans pleins de finesse ainsi que du scénario des *Amants* de L. Malle. *Sainte-une-fois ; Le Lit à colonnes ; Madame de* (adapté au cinéma par Max Ophuls).

Vilnius Capitale de la Lituanie, sur la Vilija (affluent du Niémen). 542 800 habitants. Ancienne université ; château médiéval, cathédrale du XIVe s., églises baroques. Située dans une région stratégique, Vilnius changea plusieurs fois de mains, passant de la Suède à l'Allemagne, à la Russie, à la Pologne et à l'URSS.

Vilnius, le centre historique inscrit au patrimoine mondial de l'Unesco.

Vimeu **n. m.** Région de Picardie, située entre la Somme et la Bresle, et bordée à l'O. par la Manche. Agriculture, élevage ; tourisme balnéaire.

Viminal **(mont)** Colline de Rome entre le Quirinal et l'Esquilin, à l'E. de la ville. Thermes de Dioclétien.

Vimy Commune du Pas-de-Calais, en Artois. 4 332 habitants. Pendant la guerre de 1914-1918, la crête de Vimy fut le théâtre de nombreux combats. Mémorial canadien.

vin **n. m.** **(vient du latin *vinum* « vin » et « raisin », de même origine que le grec *oinos* → œnologie)** **1.** Boisson alcoolisée provenant de la fermentation du raisin. → **œno-, vini-** ; fam. **pinard.** *Fabrication, production du vin* (→ **vinicole, vinification**). *Mettre le vin en tonneaux. Tirer le vin.* – *Vin nouveau*, consommé dès la fin de la fermentation. *Vin rouge, blanc, rosé. Vin de pays*, provenant d'un terroir non délimité. *Vin bio, biodynamique, naturel. Vins vieux. Vins fins. Mauvais vin rouge.* → fam. **picrate, vinasse** ; → **gros rouge.** – *Bouteille, verre de vin. Sauce au vin, coq au vin.* – *Vins doux, vins de liqueur* : vins chargés en sucre, auxquels on ajoute de l'alcool de raisin en cours de fermentation (banyuls, malaga, porto, sherry...). ■ *Le vin*, symbole de l'ivresse (→ **aviné**). *Cuver son vin.* – loc. *Être entre deux vins*, un peu gris. – *Avoir le vin gai, triste*, l'ivresse gaie, triste. **2.** loc. *Vin d'honneur*, offert et bu en commun en l'honneur de qqn. **3.** relig. cathol. L'une des deux espèces sous lesquelles se fait la consécration. → **eucharistie.** *Vin de messe.* **4.** Liqueur alcoolisée obtenue par fermentation d'un produit végétal. *Vin de palme, de canne.*

▶ La vigne et le **vin** accompagnent l'histoire du bassin méditerranéen depuis le néolithique.
Dans les grandes civilisations de l'Antiquité, repas, sacrifices et cérémonies funéraires s'accompagnent de libations. De Loth enivré par ses filles (Ancien Testament) au cyclope Polyphème (*L'Odyssée*), les grands textes insistent néanmoins sur l'ambiguïté d'un breuvage qui réveille les mauvaises passions. Le christianisme renforce la valeur attachée au vin, utilisé dans le rituel de l'eucharistie : le développement des vignobles en France dès le Moyen Âge s'opère sous l'impulsion des communautés religieuses qui les cultivent. Dans le monde arabe et en Turquie, la proscription de l'alcool par l'islam n'empêche pas le maintien d'une culture vinicole.
Au XIXe siècle, le développement du commerce, la crise du phylloxéra et les progrès scientifiques conduisent au perfectionnement des techniques vinicoles et à la hiérarchisation des vignobles, ouvrant la voie à l'œnologie moderne. La France se distingue dans ce domaine. Des labels apparaissent, comme le classement de 1855 pour les bordeaux ou la loi de 1935 qui crée l'appellation d'origine contrôlée. Le champagne inventé par dom Pérignon conquiert l'Europe, puis le monde.
La fin du XXe siècle voit se réduire la consommation quotidienne. L'image du vin évolue. Le « compagnon quotidien » du travailleur devient un fléau social. Il est associé aux ravages de l'alcoolisme ouvrier décrits par Zola (*L'Assommoir*).
Aujourd'hui, dans de nombreux pays, la consommation de vins de qualité venus du monde entier se répand dans les couches aisées où elle est considérée comme un signe de distinction. Dans le même temps, la société intègre de plus en plus les risques liés à la consommation excessive d'alcool.
voir aussi **alimentation, drogue**

Viña del Mar Ville du Chili, au N. du port de Valparaíso. 334 248 habitants. Principale station balnéaire du pays.

vinage **n. m.** **(de *viner*)** techn. Opération par laquelle on augmente le degré alcoolique d'un vin par addition d'alcool (pour obtenir des vins doux, des vins de liqueur).

vinaigre **n. m.** **(de *vin* et *aigre*)** Liquide provenant du vin ou d'une solution alcoolisée modifiés par la fermentation acétique, utilisé comme assaisonnement, comme condiment. *Vinaigre de vin, d'alcool.* – loc. *Tourner au vinaigre*, tourner mal, empirer (comme le vin qui s'aigrit). *On ne prend pas les mouches avec du vinaigre*, on ne réussit pas par la dureté.

vinaigrer **v. tr.** <1> Assaisonner avec du vinaigre.

vinaigrerie **n. f.** Fabrique de vinaigre. ■ Fabrication et commerce des vinaigres.

vinaigrette **n. f.** Sauce faite d'huile et de vinaigre, qui sert à assaisonner la salade, les crudités. *Poireaux vinaigrette, en vinaigrette.*

vinaigrier, ière **n. 1.** Personne qui fait, qui vend du vinaigre. **2. n. m.** Flacon pour mettre le vinaigre.

vinasse **n. f.** **(de *vin*, suffixe péj. *-asse*)** **1.** techn. Résidu liquide des liqueurs alcooliques. **2.** fam. Mauvais vin rouge.

Vinaver **(Michel Grinberg, dit Michel)** Auteur dramatique français (1927-2022). Ses œuvres minimalistes, représentantes d'un « théâtre du quotidien », se construisent autour de dialogues parcellaires, ambigus, parfois absurdes. *Les Travaux et les Jours ; L'Émission de télévision ; La Demande d'emploi.*

Vincennes Commune du Val-de-Marne limitrophe du bois de Vincennes, à l'E. de Paris. 49 697 habitants. Son château fort (XIVe s.), ancienne résidence royale, abrite aujourd'hui un musée et les archives historiques de l'armée.

Vincennes **(bois de)** Parc public situé dans l'E. de Paris, rattaché à la capitale. Aménagé en parc d'agrément au XIXe s., il comprend notamment le Parc zoologique de Paris, un parc floral et un hippodrome (trot).

Vincent **(Hyacinthe Jean)** Médecin militaire français (1862-1950). Il découvrit l'amygdalite fuso-spirillaire *(angine de Vincent)* ainsi que divers vaccins et sérums (contre la typhoïde, la gangrène gazeuse).

Vincent **(Clovis)** Médecin français (1879-1947). L'un des fondateurs de la neurochirurgie en France, il étudia notamment les tumeurs hypophysaires et l'œdème cérébral.

Vincent **(Jean-Pierre)** Metteur en scène et directeur de théâtre (1942-2020). Il a prôné (en mettant aussi bien en scène Brecht que Sophocle) un théâtre de réflexion politique et sociale. Il fut administrateur de la Comédie française de 1983 à 1986.

Vincent de Beauvais Dominicain français (v. 1190-1264). Il fut le « lecteur » de Saint Louis à l'abbaye de Royaumont. Son *Speculum majus* est un précieux témoignage sur les connaissances au XIIIe siècle.

Vincent de Paul **(saint)** Prêtre français (1581-1660). Fondateur de la Congrégation des Prêtres de la Mission (ou « lazaristes »), il s'attacha à mener des missions d'apostolat et de charité dans les campagnes. Il fut à l'origine de nombreuses fondations, dont celle des Filles de la Charité (1633) dirigée par Louise de Marillac.

Vincent Ferrier **(saint)** Dominicain espagnol (1350-1419). Lors du grand schisme d'Occident, il soutint Clément VII et Benoît XIII, puis rompit avec ce dernier. Prédicateur itinérant, il parcourut l'Italie, l'Espagne et la France.

Vinci **(Léonard de)** voir **Léonard de Vinci**

vindas [vɛ̃da(s)] **n. m.** **(de l'ancien scandinave ; famille de *guinder*)** techn. Petit treuil ou cabestan volant.

Vindélicie **n. f.** Ancienne région d'Europe (Germanie), aujourd'hui en Bavière. Elle fut soumise par Rome en –15, formant la Rhétie seconde.

Vindex Général gaulois (mort en 68). Propréteur de la Séquanaise, il se souleva contre Néron en faveur de Galba. Vaincu par les légions de Germanie, il se suicida.

Vindhya **(monts)** Chaîne montagneuse peu élevée du centre de l'Inde. Orientés Est-Ouest, ils séparent le bassin du Gange, au N., du plateau du Dekkan, au S. Au cours de l'histoire, ces monts ont souvent joué le rôle de limite politique entre le nord et le sud de l'Inde.

vindicatif, ive **adj.** **(du latin *vindicare* → venger)** Porté à la vengeance. → **rancunier.** *Un rival vindicatif.* □ **adv. vindicativement**

vindicte **n. f.** **(latin *vindicta*, de *vindicare* → venger)** loc. dr. *Vindicte publique* : poursuite et punition des crimes au nom de la société. littér. *Désigner qqn à la vindicte publique.*

vinée **n. f.** vitic. **1.** vieux Récolte de vin. **2.** Branche à fruits, dans la taille longue de la vigne.

viner **v. tr.** <1> **(de *vin*)** techn. Additionner d'alcool (les moûts, les vins).

Vinet **(Alexandre Rodolphe)** Théologien protestant et critique suisse d'expression française (1797-1847). Célèbre pour ses études sur la littérature française du XVIIe s., il fut, en théologie, un partisan convaincu de la liberté de conscience. *Liberté des cultes.*

vineux, euse **adj. 1.** Qui a la couleur du vin rouge. *Teint vineux.* – Qui a l'odeur du vin. **2.** (vin) Qui a une saveur chaude, puissante.

vingt [vɛ̃ ; vɛ̃t] **adj. numéral invar.** **(d'abord *vint* ; vient du bas latin *vinti*, de *viginti*, de *vi-*, var. de *bi-* « deux » → bi-, bis-)** REM. *vingt* se prononce [vɛ̃] isolé ou devant consonne (ex. *vingt jours*), sauf dans les nombres de *vingt-deux* à *vingt-neuf*, en liaison (ex. *vingt ans, vingt et un*) **1.** numéral cardinal Deux fois dix (20 ; XX). *Vingt euros. Cinq heures moins vingt* (minutes). *Vingt ans*, âge représentatif de la jeunesse (→ **vingtenaire**). – *Je vous l'ai répété vingt fois*, de nombreuses fois. **2.** ordinal Vingtième. *Les années vingt*, entre 1920 et 1930. **3. n. m. invar.** Le nombre, le numéro vingt. *Vingt pour cent. Miser sur le vingt.* – *Le vingt du mois.* – *Noter* (un devoir) *sur vingt.* – fam. *Vingt-deux !*, attention ! *Vingt-deux, v'là les flics !*

vingtaine [vɛ̃tɛn] **n. f.** Nombre approximatif de vingt. *Une vingtaine de personnes.*

vingtenaire **adj. et n.** rare **1.** Qui dure vingt ans. *Prescription vingtenaire.* **2.** Dont l'âge est compris entre vingt et vingt-neuf ans. – **n.** *Les vingtenaires.*

vingtième [vɛ̃tjɛm] **adj. 1.** (ordinal de *vingt*) Dont le numéro, le rang est vingt. *Le vingtième siècle.* **2.** Contenu vingt fois dans le tout. *La vingtième partie.* – **n. m.** *Le vingtième.* □ **adv. vingtièmement**

vini- Élément **(du latin *vinum*)** qui signifie « vin ».

vinicole **adj.** **(de *vini-* + *-cole*)** Relatif à la production du vin (culture de la vigne et fabrication du vin). → **viticole.** *Industrie vinicole.*

vinifère **adj.** **(de *vini-* + *-fère*)** didact. Qui produit de la vigne. *Sol vinifère.*

vinificateur, trice **n.** Spécialiste de la vinification.

vinification **n. f.** **(de *vini-*, d'après les mots en *-ification*)** **1.** Procédé par lequel le jus de raisin (moût) est transformé en vin. **2.** Fermentation alcoolique, transformation des glucides (sucres) en alcool par des levures.

vinifier v. tr. < 7 > (de *vinification*) techn. Traiter (les moûts) pour faire le vin.

vinique adj. didact. Du vin. *Alcool vinique.*

Vinland n. m. Pays découvert à l'E. de l'Amérique du Nord, par Leif Eriksson, chef des Vikings, vers l'an mille.

Vinnytsia Ville d'Ukraine, sur le Boug méridional. 360 240 habitants. Centre industriel. La population a souffert des purges soviétiques des années 1936-1938 et des frappes russes en 2022.

Vinogradov (Ivan Matveïevitch) Mathématicien soviétique (1891-1983). Il obtint ses principaux résultats en théorie des nombres, se munissant d'une méthode originale qui porte aujourd'hui son nom.

vinosité n. f. techn. Qualité d'un vin vineux.

Vinoy (Joseph) Général français (1800-1880). Après la capitulation de Sedan (2 septembre 1870), il fut placé à la tête de l'armée de Paris à la suite de Trochu. Commandant des versaillais, il participa à la répression de la Commune.

Vinson (mont) Point culminant du continent Antarctique (4 892 m), situé dans l'isthme des monts Sentinelles.

vintage [vɛ̃taʒ ; vintɛdʒ] (mot anglais « millésime ») anglic. **I.** n. m. Porto, champagne millésimé. **II.** adj. invar. Se dit de vêtements, d'accessoires de mode qui datent d'une époque relativement ancienne. *Des robes vintage des années 1970.* - recomm. offic. **d'époque** ■ n. m. *La mode du vintage.*

Vinterberg (Thomas) Cinéaste danois (né en 1969). Cofondateur du « Dogme » avec Lars Von Trier, mouvement en réaction aux modèles esthétiques. Il a signé *Festen* et *La Chasse*, drames psychologiques sur le thème du viol, puis *Drunk*, sur les effets de l'alcool.

Vintimille en italien **Ventimiglia** Ville d'Italie (Ligurie), sur le golfe de Gênes. 24 670 habitants. Important nœud ferroviaire entre la France et l'Italie.

vinyle n. m. (de *vin* et *éthyle*) **1.** Radical chimique qui entre dans la composition des matières plastiques, etc. **2.** Matière plastique imitant le cuir. **3.** Disque microsillon en vinylite noire.

vinylique adj. chim. Se dit d'une substance renfermant le groupement vinyle. *Éther vinylique.*

vinylite n. f. (n. déposé) Copolymère de chlorure et d'acétate de vinyle utilisé pour la fabrication des disques microsillons.

vioc voir vioque

viol n. m. (de *violer*) **1.** Acte par lequel une personne en force une autre à avoir des relations sexuelles avec elle, par violence, contrainte, menace ou surprise. *Il a été condamné pour viol. Culture du viol :* ensemble des comportements partagés au sein d'une société qui visent à minimiser la gravité du viol. **2.** Fait de violer (I, 2). *Le viol d'un sanctuaire.*

Viola (Bill) Artiste américain (né en 1951). Ses installations vidéo montrent, au ralenti, des personnages emportés par les éléments (le feu dans *Fire Woman* ; l'eau dans *Tritan's Ascension*). Elles rendent également compte des interrogations mystiques de l'artiste.

violacé, ée adj. (latin *violaceus*, de *viola* « violette ») Qui tire sur le violet. *Rouge violacé. Nez, teint violacé* (à cause du froid, de la boisson).

violacer v. tr. < 3 > Rendre violet ou violacé. - pronom. *« Les coquelicots se fanent en se violaçant »* (Apollinaire).

violat adj. m. (du latin → violet) pharm., vieilli Qui contient de l'extrait de violettes. *Sirop violat.*

violateur, trice n. (latin *violator* → violer) littér. Personne qui profane ce qui doit être respecté. → **profanateur.**

violation n. f. (latin *violatio* → violer) Action de violer (un engagement, un droit), de profaner une chose sacrée ou protégée par la loi. → **outrage.** *Violation de la loi.* → **infraction.** *Violation du secret professionnel.* – *Violation de domicile ; de sépulture.*

violâtre adj. Qui tire sur le violet (→ violacé) ; d'un violet un peu fade.

viole n. f. (ancien provençal *viola*, p.-ê. mot expressif → vielle) Instrument de musique à cordes et à archet. *Viole d'amour.* ■ *viole de gambe* (de l'italien, de *gamba* « jambe » → jambe) : viole à six cordes, placée entre les jambes, jouée du XVIe au XVIIIe s. (reprise pour la musique baroque), instrument précurseur du violoncelle.

violemment [vjɔlamɑ̃] adv. **1.** Avec une force brutale. → **brutalement.** *Heurter violemment un obstacle.* **2.** Âprement, vivement. *Réagir, s'insurger violemment contre une injustice.*

violence n. f. (latin *violentia*, de *violentus* → violent) **1.** Abus de la force. – loc. *Faire violence à qqn :* agir sur qqn ou le faire agir contre sa volonté, en employant la force ou l'intimidation. → **forcer.** *Se faire violence,* se contraindre, s'imposer une attitude contraire à celle qu'on aurait spontanément. ■ *La violence :* force brutale pour soumettre qqn. → **brutalité.** *Acte, mouvement de violence.* loc. prov. *La violence engendre la violence* (d'après Eschyle). – Manifestations sociales de cette force brutale. *Escalade de la violence.* **2.** Acte violent. *Il a subi des violences.* → **sévices.** – loc. *Se faire une douce violence :* accepter avec plaisir après une résistance affectée. **3.** Disposition naturelle à l'expression brutale des sentiments. → **brutalité.** *Parler avec violence.* **4.** Force brutale (d'une chose, d'un phénomène). *La violence de la tempête, du vent.* → **fureur.** – Caractère de ce qui produit des effets brutaux. *La violence d'un sentiment, d'une passion.* → **intensité, vivacité.**

violent, ente adj. (latin *violentus*, de *vis* « force » → violer) **1.** Qui agit ou s'exprime sans aucune retenue. → **brutal, coléreux.** – n. *C'est un violent.* ■ *Une violente colère. Des propos violents.* → **virulent.** *Révolution violente* (opposé à *pacifique*). **2.** Qui a un intense pouvoir d'action ou d'expression. *Un violent orage a éclaté. Le choc a été violent.* → **[1]fort, terrible.** ■ Qui a un effet intense sur les sens. *Impression violente.* **3.** Qui exige de la force, de l'énergie. *Faire de violents efforts.* – *Mort violente,* par accident, meurtre. **4.** fam. Excessif. *C'est un peu violent !*

violenter v. tr. < 1 > (de *violent ;* d'abord « contraindre par la force ») **1.** Exercer des violences contre (qqn). – *Violenter une femme,* la violer. **2.** Dénaturer, altérer. *Violenter un texte.*

violer v. tr. < 1 > (latin *violare* « faire violence », « altérer », de *vis* « force », cf. violent) **I.** (compl. chose) **1.** Agir contre, porter atteinte à (ce qu'on doit respecter), faire violence à... *Violer les lois, la constitution.* → **enfreindre, transgresser.** *Violer un traité.* **2.** Ouvrir, pénétrer dans (un lieu sacré ou protégé par la loi). *Violer une sépulture.* → **profaner.** – *Violer les consciences.* **II.** *Violer qqn,* posséder sexuellement (une personne) contre sa volonté. → **abuser** de.

violet, ette (de *violette* ou de l'ancien français *viole*, latin *viola* « violette ») **1.** adj. D'une couleur qui s'obtient par le mélange du bleu et du rouge. *Iris violet.* – *Mains violettes de froid.* → **violacé. 2.** n. m. Couleur violette. *Violet pâle* (→ **lilas, mauve**), *foncé* (→ **violine**).

violette n. f. (de l'ancien français *viole* → violet) **1.** Petite plante à fleurs souvent violettes solitaires, à cinq pétales ; sa fleur. *Violette odorante, violette de Parme* (inodore). *Un bouquet de violettes.* – loc. *L'humble violette* (symbole de modestie). **2.** Essence de cette fleur. *Elle se parfume à la violette.*

violeur, euse n. Personne qui a commis un viol.

violier n. m. (du latin → violet) Giroflée rouge.

violine adj. Violet pourpre, foncé. → **lie** de vin.

violiste n. Personne qui joue de la viole. → **gambiste.**

Violle (Jules) Physicien français (1841-1923). Il réalisa les premiers calculs de la constante solaire, au mont Blanc. Il détermina également les points de fusion du palladium, du platine et de l'or.

Viollet-le-Duc (Eugène Emmanuel) Architecte et théoricien français (1814-1879). Il restaura, avec un parti-pris qui fut parfois violemment contesté, de nombreux monuments historiques médiévaux (basilique de Vézelay, Notre-Dame de Paris, cité de Carcassonne). Son grand œuvre reste la reconstitution du château de Pierrefonds, qui incarne sa conception de l'architecture féodale. Ses théories audacieuses, en matière d'emploi de matériaux notamment, marquèrent des générations d'architectes. *Entretiens sur l'architecture.*

violon n. m. (italien *violone* « grande viole, contrebasse », de *viola* → viole ; en italien, *violon* correspond à *violino* « petite viole ») **I. 1.** Instrument de musique à quatre cordes que l'on frotte avec un archet, et qui se tient entre l'épaule et le menton. *Jouer du violon. Sonate pour piano et violon.* – *La famille des violons* (altos, violoncelles, contrebasses). – loc. *Accordez vos violons !,* mettez-vous d'accord dans ce que vous dites. – *Violon d'Ingres :* activité exercée en dehors d'une profession (le peintre Ingres jouait du violon). → **hobby. 2.** Violoniste. *Le premier violon d'un orchestre,* celui qui dirige les violons. **II.** (p.-ê. comparaison des cordes et des barreaux) fam. Prison d'un poste de police. *Passer la nuit au violon.*

violoncelle n. m. (italien *violoncello*, diminutif de *violone* « contrebasse » → violon) **1.** Instrument de musique à quatre cordes et à archet, de la famille des violons, de plus grande taille, dont on joue assis en le tenant entre les jambes. → **viole** de gambe. **2.** Violoncelliste.

violoncelliste n. Musicien, musicienne qui joue du violoncelle.

violoné, ée adj. arts décoratifs En forme de violon (caractéristique du style Louis XV). *Fauteuil à dossier violoné.*

violoner v. intr. < 1 > fam. Jouer du violon. ■ trans. *Violoner un air.*

violoneux, euse n. (de *violon*, pour *violoneur*) **1.** anciennt Violoniste de village. **2.** fam. Violoniste médiocre.

violoniste n. Musicien, musicienne qui joue du violon. *Une grande violoniste.*

vioque adj. et n. (de l'argot, de *vieux*) fam., péj. Vieux. – au plur. Parents. - var. **vioc.**

viorne n. f. (vient du bas latin *viburna*, plur. de *viburnum*, même sens) Arbrisseau à fleurs blanches. – Clématite.

Viotti (Giovanni Battista) Compositeur et violoniste italien (1755-1824). Auteur de 29 concertos pour violon ainsi que d'œuvres de musique de chambre, il est considéré comme le plus grand violoniste classique.

VIP [veipe ; viajpi] n. invar. (sigle de l'anglais *very important person*) fam. Personnalité de marque.

vipère n. f. (latin *vipera* → [1]vive, vouivre, p.-ê. de *vivipara* → vivipare) **1.** Serpent à tête triangulaire aplatie, à deux dents ou crochets à venin, qui vit dans les terrains broussailleux et ensoleillés. → **[1]aspic, péliade.** *Nid de vipères. Nœud* de vipères.* – loc. *Une langue de vipère,* une personne méchante et médisante. **2.** Personne méchante, malfaisante en paroles.

vipereau n. m. Petit de la vipère.

vipéridé n. m. zool. Vipère ou crotale. *La famille des Vipéridés.*

vipérin, ine adj. et n. f. **I.** adj. Relatif à la vipère. *Couleuvre vipérine,* ressemblant à la vipère, mais non venimeuse. **II.** n. f. Plante herbacée à fleurs bleues et à tige velue, qui pousse dans les lieux incultes.

vir-, -vir Éléments (du latin *vir* « homme ») (ex. *triumvir*).

virage n. m. (de *virer*) **I. 1.** Mouvement d'un véhicule qui tourne, change de direction. *Amorcer, prendre un virage. Virage sur l'aile* (d'un avion). **2.** Courbure du tracé d'une route, d'une piste. → **coude, [2]tournant.** *Virage dangereux. Négocier un virage.* **3.** fig. Changement radical d'orientation, d'attitude. *Virage à 180 degrés.* → **volte-face. II.** Action de virer

(II). **1.** Transformation chimique que subit l'image photographique. ■ chim. Changement de couleur (d'un indicateur), marquant la fin d'une réaction. *Virage au bleu du papier de tournesol.* **2.** Fait de devenir positive, pour une cutiréaction.

virago n. f. **(mot latin « femme courageuse », de *vir* « homme » → viril)** Femme d'allure jugée masculine, aux manières rudes et autoritaires. → vieux **dragon.**

viral, ale, aux adj. **(de *virus*) I.** Qui se rapporte à un virus. Provoqué par un virus. *Infections virales. Hépatite virale.* **II. 1.** Relatif aux virus informatiques. *Protection virale* (→ **antivirus**). **2.** Qui se propage rapidement sur Internet. *Publicité virale.*

Virchow (Rudolf) Médecin et homme politique prussien (1821-1902). Député progressiste, il participa activement au Kulturkampf. En médecine, il se consacra essentiellement à la pathologie cellulaire, qu'il contribua à constituer en tant que discipline.

vire n. f. **(de *virer*)** régional Dans les Alpes, Palier très étroit sur la pente d'une montagne.

Vire n. f. Fleuve du bocage normand. 118 km. Elle arrose Vire, Saint-Lô et se jette dans la Manche.

virée n. f. **(de *virer*)** fam. Promenade, voyage rapide. *Faire une petite virée.* → **balade,** [2]**tour.**

virelai n. m. **(de *virer* et *li-*, refrain de chanson ; influence de *lai*)** didact. Poème du Moyen Âge, petite pièce sur deux rimes avec refrain.

virelangue n. m. **(occitan *viralenga* « dire un mot pour un autre »)** Phrase ou séquence de mots contenant des syllabes phonétiquement proches que l'on doit prononcer très vite sans se tromper. *« Didon dîna, dit-on, du dos d'un dodu dindon » est un virelangue.*

virement n. m. **1.** mar. Action de virer. *Virement de bord.* **2.** Transfert de fonds d'un compte à un autre. *Virement bancaire.*

virémie n. f. **(de *virus* + *-émie*)** méd. Présence d'un virus dans le sang.

Vire Normandie Chef-lieu d'arrondissement du Calvados, sur la Vire. 16 935 habitants. Ancienne cité gauloise puis place forte carolingienne, elle fut disputée entre la France et l'Angleterre. Elle conserve, malgré les ravages de la Seconde Guerre mondiale, une église des XIIIe-XVe s. et un beffroi du XVe s. Produits laitiers, charcuterie (andouille), petites industries.

virer v. **< 1 > (vient du latin pop. *virare*, de *vibrare* « agiter, lancer » → vibrer) I. 1. v. tr.** mar. Faire tourner. *Virer le cabestan.* **2. v. intr.** Tourner sur soi, tourner en rond. *« Elle virait comme une toupie »* (Giono). **3.** Changer de direction. *Virer de bord,* changer d'amures (bateau) ; fig. changer d'avis, de camp. – Aller en tournant. *Braquer pour virer.* **II. v. tr. 1.** Transporter (une somme) d'un compte à un autre : effectuer le virement* de. *Virez la somme à mon compte.* → **transférer.** – (au passif) fam. *Être viré,* être payé sur un compte. **2.** fam. *Virer qqn,* le renvoyer. → **vider.** *Il s'est fait virer de son boulot.* **III. v. intr. 1.** Changer d'aspect, de caractère, spécialt de couleur. *Épreuves qui virent bien.* **2.** *Cuti-réaction qui vire,* qui devient positive. – trans. *Virer sa cuti*.* **3.** *Virer à* : devenir. *Virer à l'aigre.*

virescence [viʀesɑ̃s] n. f. **(du latin *virescere* « devenir vert »)** bot. Verdissement d'une partie d'un végétal ordinairement d'une autre couleur. *Virescence des pétales d'une rose.*

Viret (Pierre) Réformateur suisse (1511-1571). Il fut chassé de Lausanne, où il était pasteur, en raison de la discipline sévère qu'il voulait imposer aux Bernois. Jeanne d'Albret, reine de Navarre, le nomma professeur de théologie au collège d'Orthez.

vireur n. m. techn. Plateau circulaire monté sur l'arbre d'une machine, percé de trous dans lesquels on engage un levier qui le fait tourner.

vireux, euse adj. **(latin *virosus*, de *virus* « poison »)** Vénéneux. *Plante vireuse.*

virevoltant, ante adj. Qui virevolte, tourne sur soi.

virevolte n. f. **1.** Mouvement de ce qui fait un demi-tour. **2.** Changement complet. → **volte-face.** – Changement d'avis, d'opinion. → **revirement.**

virevolter v. intr. **< 1 > (altération, d'après l'italien *giravolta*, de l'ancien v. *virevouster*, de *virer* et ancien français *vouster* « rouler », qui vient du latin *volvitare*, de *volutum* → volute)** Tourner rapidement sur soi. – Aller en tous sens sans nécessité. → **papillonner.**

Virgile Poète latin (v. 70-19 av. J.-C.). D'origine modeste, il fut un protégé d'Octave et de Mécène. Il composa les *Bucoliques,* œuvre pastorale sereine et musicale, et les *Géorgiques,* qui chantent le face-à-face de l'homme et de la nature. Son grand œuvre, *L'Énéide,* équivalent latin de *L'Iliade* grecque, eut une influence immense sur les littératures occidentales bien qu'elle restât inachevée.

[1]**virginal, ale, aux** adj. **(latin *virginalis*, de *virgo* → vierge)** D'une vierge ; propre à une vierge. *Pudeur, fraîcheur virginale.*

[2]**virginal** n. m. **(anglais, du latin *virginalis* → [1]virginal)** mus. Épinette en usage en Angleterre (XVIe-XVIIe siècles). *Des virginals.*

virginie n. m. **(ellipse de *tabac de Virginie*)** Tabac provenant à l'origine, de Virginie.

Virginie n. f. État de l'E. des États-Unis. 107 711 km^2. 8,63 millions d'habitants. Capitale : Richmond. L'État s'étend d'O. en E. sur trois régions : le massif des Appalaches (1 746 m au mont Rogers), le plateau du Piedmont et la plaine côtière parcourue de rivières (Potomac, Rappahannock), qui aboutissent à la baie de Chesapeake. Agriculture prospère (élevage, tabac, cultures maraîchères). Industries variées (agroalimentaire, industries lourdes et de pointe, construction navale). Découverte en 1585 par sir Walter Raleigh, la région (première colonie de la couronne d'Angleterre, 1624) prospéra grâce à la culture du tabac, qui se développa avec l'esclavagisme. La Virginie fit sécession en 1861 ; même après sa réadmission dans l'Union en 1870, les problèmes raciaux y demeurèrent aigus.

Virginie-Occidentale n. f. État de l'E. des États-Unis, formé par une partie du plateau appalachien et par la Grande Vallée. 62 600 km^2. 1 850 000 habitants. Capitale : Charleston. Extraction minière (charbon) et forestière. Industries de transformation, mécanique, agroalimentaire, textile. Initialement peuplé d'Indiens pawnees, cherokees et tuscaroras, l'État, qui intégra l'Union en 1863, résulte de la sécession des comtés abolitionnistes de Virginie.

virginité n. f. **(latin *virginitas*, de *virgo* → vierge)** État d'une personne vierge. *Perdre sa virginité.* → **pucelage.** loc. fig. *Se refaire une virginité* : retrouver une innocence perdue.

virgule n. f. **(latin *virgula* « petite branche », de *virga* « baguette » → verge, vergue)** Signe de ponctuation (,) marquant une pause de peu de durée, qui s'emploie à l'intérieur de la phrase pour isoler des propositions ou des éléments de propositions. – *Point-virgule (;)* : séparant des phrases sans les isoler. *Des points-virgules.* ■ Signe (,) qui précède la décimale dans un nombre décimal.

Viriathe Chef des Lusitaniens révoltés contre la domination romaine (mort en 139 av. J.-C.). Il tint en échec quatre généraux, et Rome n'en triompha qu'en le faisant assassiner.

viril, ile adj. **(latin *virilis*, de *vir* « homme ») 1.** Propre à l'homme adulte. → **mâle, masculin.** *Force virile.* **2.** Qui a un comportement sexuel normalement développé pour un homme. **3.** Qui a les caractères moraux stéréotypés qu'on attribue traditionnellement à l'homme (actif, énergique, courageux). □ **adv. virilement**

virilisation n. f. méd. Apparition, chez une femme, de caractères sexuels secondaires masculins, en particulier de poils (→ **hirsutisme**).

viriliser v. tr. **< 1 >** Donner un aspect viril à. – pronom. *Il s'est virilisé, avec l'âge.* ■ biol. Masculiniser.

virilisme n. m. **1.** méd. État d'une femme qui présente des caractères sexuels secondaires de type masculin (pilosité, timbre de voix, etc.) et dont la fonction génitale est perturbée. **2.** didact. Idéologie prônant le culte de la virilité (1). □ **viriliste adj.** *Une vision viriliste de la masculinité.*

virilité n. f. **(du latin → viril) 1.** Ensemble des attributs et caractères physiques, mentaux et sexuels de l'homme. **2.** Puissance sexuelle chez l'homme. → **vigueur. 3.** Caractère viril (3).

virilocal, ale, aux adj. ethnol. Se dit du type de résidence dans laquelle le couple habite dans la famille du mari. → **patrilocal.**

virion n. m. **(de *virus*)** biol. Particule infectieuse d'un virus formée d'un acide nucléique et de protéines.

virocide adj. et n. m. **(→ -cide)** didact. Qui détruit le pouvoir infectieux d'un virus. → **antiviral.** – **n. m.** *Un virocide.* - var. **virucide.**

virole n. f. **(vient du latin *viriola* « bracelet ») 1.** Petite bague de métal dont on garnit l'extrémité d'un manche pour assujettir ce qui y est fixé. *La virole d'un couteau.* **2.** techn. Moule d'acier circulaire pour la frappe des monnaies et des médailles.

viroler v. tr. **< 1 > 1.** Munir d'une virole. **2.** Introduire (les flancs destinés à produire une monnaie) dans la virole (2). □ **n. m. virolage ; n. virolier, ière**

virologie n. f. **(de *virus*)** sc. Étude des virus.

virologiste n. Spécialiste de la virologie. - var. **virologue.**

virose n. f. méd. Affection causée par un virus.

Virtanen (Artturi Illmari) Chimiste finlandais (1895-1973). Ses travaux concernèrent essentiellement les fermentations et la chimie de la nutrition. Prix Nobel 1945.

Virton Ville de Belgique, chef-lieu d'arrondissement de la province de Luxembourg, au confluent de la Vire et du Ton, à la frontière française. 11 341 habitants. L'un des premiers combats de la bataille des Ardennes eut lieu à Virton en 1914.

virtualiser v. tr. **< 1 > 1.** Rendre virtuel. **2.** inform. Faire fonctionner simultanément sur un même ordinateur plusieurs systèmes d'exploitation comme s'ils fonctionnaient sur des ordinateurs distincts. → **émuler.** □ **n. f. virtualisation**

virtualité n. f. littér. Caractère de ce qui est virtuel. → **potentialité.**

virtuel, elle adj. **(latin médiéval *virtualis*, de *virtus* → vertu) 1.** Qui est à l'état de simple possibilité ; qui a en soi toutes les conditions essentielles à sa réalisation. → **possible, potentiel** ; s'oppose à *réel. Réussite virtuelle. Le marché virtuel d'un produit.* **2.** phys. *Image virtuelle,* qui se forme dans le prolongement des rayons lumineux. **3.** inform. Qui concerne la simulation de la réalité par des moyens informatiques, et qui a sur les sens un effet analogue. *Réalité* virtuelle. Monde virtuel.* → **cyberespace.**

virtuellement adv. **1.** didact. D'une manière virtuelle, en puissance. → **potentiellement. 2.** Selon toute probabilité. *Vous êtes virtuellement admis.* → **pratiquement,** en **principe. 3.** Par la réalité virtuelle. *Jouer virtuellement.*

virtuose n. **(italien *virtuoso*, de *virtu* → vertu) 1.** Musicien, musicienne, exécutant(e) doué(e) d'une technique brillante. *Une virtuose du piano.* **2.** Personne, artiste extrêmement habile. *Une virtuose du pinceau.*

virtuosité n. f. **1.** Talent, technique de virtuose. → **brio, maestria. 2.** Technique brillante (d'un artiste, d'un écrivain, d'un artisan, etc.). → **habileté, maîtrise.**

virucide voir **virocide**

virulence n. f. **(bas latin *virulentia* « infection » → virulent) 1.** Âpreté, violence. *La virulence d'une critique.* **2.** Aptitude des germes pathogènes à se développer et à sécréter des toxines dans un organisme. *Extrême* *virulence d'un virus.* – Caractère nocif, dangereux. *La virulence d'un poison.*

virulent, ente adj. **(bas latin *virulentus*, de *virus* « suc de plantes ; venin » → virus) 1.** Plein d'âpreté, de violence. → **venimeux.** *Satire, critique virulente.* – (personnes) *Il est très virulent contre le gouvernement.* **2.** (agent pathogène, poison) Dangereux, actif. *Germe très virulent.*

virure n. f. **(de *virer*)** mar. File de bordages, s'étendant sur toute la longueur de la carène d'un pont.

virus [viʀys] **n. m. (latin *virus* → virulent ; d'abord « pus, germe de maladie ») 1.** Germe pathogène. – Micro-organisme capable de former sa propre substance par synthèse (sans échanges). *Bactéries, microbes et virus. Le virus de la poliomyélite.* **2.** Principe moral de contagion. *Le virus du racisme.* – Goût excessif. *Il a le virus du cinéma.* **3.** inform. Instruction de nature à empêcher le fonctionnement normal d'un système informatique.

▶ Les **virus** sont des micro-organismes parasites des cellules vivantes, dont ils utilisent la « machinerie » pour se reproduire. Ils se composent d'une molécule d'acide nucléique (ADN ou ARN) et d'une enveloppe protéique appelée *capside*. De très petite taille (10 à 400 nanomètres), ils ne sont visibles qu'au microscope électronique. Il existe un nombre incommensurable d'espèces de virus, qui parasitent tout ce qui vit : bactéries, champignons, végétaux et animaux. Plus d'une centaine de virus sont la cause de maladies chez l'homme, depuis les plus communes telles que le rhume, la grippe, la varicelle, la rougeole ou les hépatites virales, jusqu'aux plus rares ou sévères telles que la rage, la poliomyélite, la fièvre jaune, la variole ou le sida. Certains virus constituent un facteur facilitant pour le cancer (du col utérin par exemple).
La confirmation du diagnostic de certaines maladies virales peut être obtenue par la recherche des anticorps sanguins spécifiques sécrétés par l'organisme attaqué. On peut aussi isoler et identifier certains virus en réalisant des prélèvements sur la personne infectée.
Le traitement de la plupart des maladies virales ne vise que les symptômes et les antibiotiques n'ont aucune action. Les médicaments s'attaquant au cycle ou à la reproduction du virus ne sont disponibles que pour quelques maladies telles que le sida, certaines hépatites, l'herpès, la grippe...
La vaccination, qui est le meilleur traitement préventif, n'existe que contre quelques virus (grippe, poliomyélite, certaines hépatites, rougeole, rubéole...). Certains virus peuvent être utilisés en génie génétique comme vecteurs d'introduction d'un gène déterminé dans des cellules cibles afin de les obliger à fabriquer la protéine codée par ce gène (l'insuline, l'hormone de croissance...). Les tentatives de thérapie génique reposent sur le même principe : introduire dans l'organisme un gène dont l'absence ou l'anomalie est la cause de la maladie.
voir aussi **ADN, bactérie, sida, vaccin, gène**

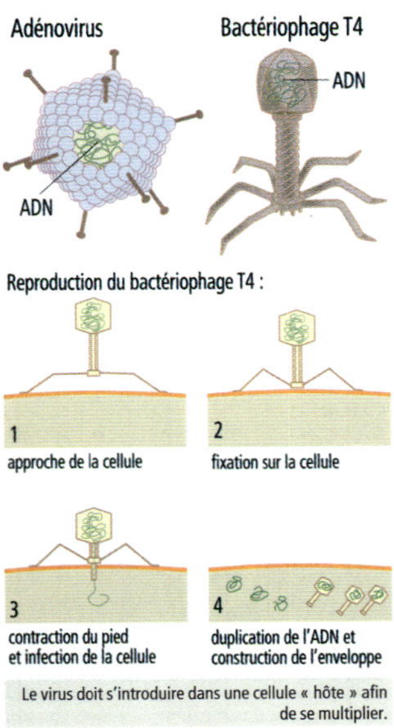

Le virus doit s'introduire dans une cellule « hôte » afin de se multiplier.

vis [vis] **n. f. (vient du latin *vitis* « plante à vrille ») 1.** Tige de métal, de bois, présentant une partie saillant en hélice (filet), et que l'on fait pénétrer dans une pièce en la faisant tourner sur elle-même. *Tête d'une vis. Serrer, desserrer une vis avec un tournevis.* – loc. *Serrer la vis à qqn,* le traiter avec une grande sévérité. *Tour de vis.* **2.** *Escalier à vis :* escalier en forme d'hélice. **3.** loc. sc. *Vis d'Archimède, vis sans fin :* dispositif hélicoïdal transformant un mouvement circulaire en mouvement rectiligne. **4.** *Vis platinée.* → **²platiné.**

Vis Île de Croatie, dans l'archipel dalmate. 88 km². 4 155 habitants.

visa n. m. **(mot latin « choses vues », de *videre* → voir)** Formule ou sceau accompagné d'une signature, qu'on appose sur un acte pour le valider. *Visa de censure* (d'un film). *Donner un visa* (→ **²viser**). *Des visas.* – Formule exigée, en plus du passeport, pour entrer dans certains pays.

visage n. m. **(de l'ancien français *vis* « visage » → vis-à-vis) 1.** Partie antérieure de la tête de l'homme. → **face, figure, tête ;** fam. **²bouille, gueule, tronche.** *« Le vrai blason de chacun, c'est son visage »* (Jouhandeau). *Visage allongé ; rond, joufflu. Un beau visage aux traits réguliers. La peur, la colère se lisait sur son visage. Soins du visage,* soins de beauté. – loc. *À visage découvert,* sans se cacher. – *Système politique **à visage humain** :* qui tient compte de l'individu, qui respecte les droits de l'homme. **2.** Expression du visage. *Faire bon visage à qqn,* être aimable avec lui (notamment lorsqu'on lui est hostile). **3.** La personne (considérée dans son visage). *Un visage inconnu, connu. Mettre un nom sur un visage.* – loc. **(calque de l'anglais *pale face*)** *Les Visages pâles,* les Blancs (pour les Indiens d'Amérique). **4.** Aspect particulier et reconnaissable (de qqch.). → **forme, image.** *Le vrai visage des États-Unis.*

visagiste n. Esthéticien(ne), coiffeur, coiffeuse spécialisé(e) dans la mise en valeur du visage.

vis-à-vis [vizavi] **(de l'ancien français *vis* → visage) I. loc. prép.** *Vis-à-vis de* **1.** En face de. *Se placer vis-à-vis l'un de l'autre. L'un vis-à-vis de l'autre.* **2.** fig. En face de, en présence de, devant (de manière à confronter). *J'ai honte vis-à-vis de lui.* – En regard, en comparaison de. **3.** Envers (qqn). → **avec.** *Il s'est engagé vis-à-vis d'elle.* **II. n. m. 1.** Position de deux personnes, de deux choses qui se font face. *Un long et pénible vis-à-vis.* → **tête-à-tête. 2.** Personne placée en face d'une autre (à table, en train, etc.). – Ce qui est situé en face. *Nous avons le bois pour vis-à-vis.*

Visayas n. f. pl. Archipel central des Philippines, entre Luçon et Mindanao. 61 077 km². 15 520 200 habitants. Cebu en est l'île principale.

Visby Ville de Suède, sur la côte O. de l'île de Gotland, reliée par ferry à la Suède continentale. 22 240 habitants. Important patrimoine médiéval. Visby devint une des plus importantes villes de la Hanse.

viscache n. f. **(mot espagnol, d'origine quéchua)** zool. Petit rongeur d'Amérique du Sud, appelé *lièvre des pampas,* à fourrure moins estimée que celle du chinchilla.

viscéral, ale, aux adj. **(du bas latin → viscère) 1.** Relatif aux viscères. *Cavités viscérales.* **2.** (sentiment) Profond et irraisonné. *Une haine, une peur viscérale.*

viscéralement adv. Profondément, du fond de son être. *Elle est viscéralement jalouse.*

viscère n. m. **(latin *viscera*, de *viscus, visceris* « intérieur du corps »)** anat. Organe contenu dans une cavité du corps (cerveau, cœur, estomac, foie, intestin, poumon, rate, rein, utérus). ■ cour. *Les viscères,* ceux de l'abdomen. → **boyau(x), entrailles.**

Vischer Famille de sculpteurs et bronziers originaires de Nuremberg (XVᵉ-XVIᵉ s.). ■ Hermann **Vischer l'Ancien** (mort en 1488) réalisa les fonts baptismaux de Wittenberg. ■ Peter **Vischer l'Ancien** (v. 1460-1529). Fils du précédent. Il est l'auteur, avec ses trois fils, de la châsse de saint Sébald (église Saint-Sébald de Nuremberg). On doit aux Vischer de nombreuses sculptures funéraires (tombeau de l'empereur Maximilien à Innsbruck, de Frédéric le Sage à Wittenberg).

Visconti Famille italienne qui régna sur Milan du XIIIᵉ au XVᵉ s. ■ Ottone **Visconti** (v. 1208-1295). Il fut archevêque de Milan (1262). ■ Matteo Iᵉʳ **Visconti** (1250-1322). Il conquit Bergame, Crémone, Plaisance, Pavie, Alessandria, Tortona et Verceil. ■ Azzo **Visconti** (1302-1339). Il étendit sa domination sur presque toute la Lombardie. ■ Gian Galeazzo **Visconti** (1351-1402). Il prit Vérone, Pise et Padoue. Il favorisa les arts (construction de la cathédrale de Milan). Il maria sa fille Valentina à Louis d'Orléans, frère du roi de France Charles VI. ■ Filippo Maria **Visconti** (1392-1447). Dernier duc de Milan, il laissa son duché à Francesco Sforza, époux de sa fille naturelle Bianca Maria.

Visconti (Ludovico Tullius Joachim) Architecte français d'origine italienne (1791-1853). Il édifia le tombeau de Napoléon aux Invalides et fut chargé par Napoléon III de réunir le Louvre aux Tuileries. Il fut l'un des représentants majeurs de l'art officiel du Second Empire.

Visconti (Luchino) Metteur en scène de théâtre et cinéaste italien (1906-1976). Pionnier du néoréalisme *(Ossessione),* il réalisa des films à visée sociale *(La terre tremble ; Rocco et ses frères).* On lui doit des chefs-d'œuvre d'une remarquable beauté plastique *(Le Guépard ; Mort à Venise).*

Luchino Visconti en tournage.

viscose n. f. **(du latin *viscosus* → visqueux et [cellul]ose) 1.** chim. Solution colloïdale de cellulose et de soude, fournissant des fibres textiles artificielles (rayonne, etc.). **2.** Fibre textile artificielle fabriquée à partir de la cellulose.

viscosimètre n. m. techn. Appareil servant à déterminer la viscosité des fluides.

viscosité n. f. **(du latin médiéval → visqueux) 1.** État de ce qui est visqueux (1). *Viscosité d'une huile.* **2.** État d'un corps dont la surface est visqueuse, gluante. *La viscosité d'un poisson.* **3.** psych. *Viscosité mentale,* engluement de la pensée dans certaines affections.

visé n. m. Le fait de viser avec une arme à feu. *Tir au visé* (opposé à *au jugé*).

Visé en néerlandais **Wezet** Ville de Belgique (province de Liège), sur la Meuse et le canal Albert, à la frontière des Pays-Bas. 17 926 habitants. Dans la collégiale, châsse de saint Hadelin (XIᵉ-XIIᵉ s.).

visée n. f. **1.** Action de diriger la vue, le regard (ou une arme, un instrument d'optique) vers un but, un objectif. *Ligne de visée.* **2.** surtout plur. Direction de l'esprit, vers un but, un objectif qu'il se propose. →

V

ambition, intention. *Visées ambitieuses. Avoir des visées sur qqn.* → **vue.**

Visegrad (groupe de) Association politique et économique fondée à Visegrad (Hongrie) et parachevée à Cracovie en décembre 1992 par la Hongrie, la Pologne, la République tchèque et la Slovaquie. Son objectif principal est de définir une politique commune d'intégration dans les structures euroatlantiques.

¹viser v. < 1 > (vient du latin pop. *visare*, de *visere*, intensif de *videre* → voir) **I.** v. intr. **1.** Diriger attentivement son regard, un objet, une arme vers le but, la cible à atteindre. *Viser juste.* **2.** *Viser haut*, avoir de grandes ambitions. **II.** v. tr. ind. *Viser à.* **1.** Diriger un objet, une arme sur (qqch.). *Il a visé à la tête.* **2.** Avoir en vue (une fin), tendre à. *C'est le but auquel cet examen vise.* – (+ inf.) *Ses manœuvres visent à nous tromper.* **III.** v. tr. dir. **1.** Regarder attentivement (un but, une cible) afin de l'atteindre. *Viser l'objectif.* **2.** Avoir en vue, s'efforcer d'atteindre (un résultat). *Elle visait ce poste depuis longtemps.* → **briguer. 3.** (sujet chose) S'appliquer à. *Cette remarque vise tout le monde.* → **concerner.** – passif et p. p. *Être, se sentir visé*, être l'objet d'une allusion, d'une critique. **4.** fam. Regarder. *Vise un peu la tête qu'il fait !*

²viser v. tr. < 1 > (de *visa*) Voir, examiner (un acte) et le revêtir d'un visa. *Faire viser son passeport.*

Viseu Ville du Portugal, dans la Beira. 60 500 habitants. Nombreux monuments. Musée renfermant des œuvres de V. Fernandes et de l'*école de Viseu* (XVIe s.).

viseur n. m. Instrument, dispositif optique servant à effectuer une visée. *Regarder dans le viseur.* ■ Dispositif permettant de délimiter le champ (photo, cinéma, télévision). *Le viseur de la caméra.* – loc. fig. *Être dans le viseur de qqn* : être étroitement surveillé par qqn.

Vishnou, Vishnu ou **Viṣṇu** Deuxième grande divinité de la triade brahmanique et divinité suprême de nombreuses sectes hindoues. Vénéré sous de nombreuses formes ou avatars, il est le plus souvent représenté muni de quatre bras portant un disque, une conque, un lotus et une masse et monté sur l'oiseau mythique Garuda.

Vishnou, bronze (VIIe s.), Musée national de l'Inde, New Delhi.

visibilité n. f. (du bas latin → visible) **1.** Caractère de ce qui est perceptible par la vue, sensible à l'œil humain. **2.** Qualité de l'atmosphère, permettant de voir à une plus ou moins grande distance. *Bonne, mauvaise visibilité.* **3.** Possibilité, en un point donné, de voir les abords. *Virage sans visibilité.*

visible adj. (latin *visibilis*, de *visum*, supin de *videre* → voir) **1.** Qui peut être vu (s'oppose à *invisible*). *Visible à l'œil nu, au microscope.* **2.** Sensible à la vue (opposé à *caché, invisible*). → **apparent, ¹manifeste.** *La nature visible.* – n. m. *Le visible et l'invisible.* **3.** Qui se manifeste, peut être constaté par les sens. → **évident, flagrant, ¹manifeste.** *Un embarras, un plaisir visible.* – impers. *Il est visible que* (+ indic.), clair, évident. **4.** (personnes) En état de recevoir une visite. *Elle n'est pas visible à cette heure-ci.* – fam. En état d'être vu (habillé, apprêté). → **présentable.**

visiblement adv. **1.** De manière à être vu ; en se manifestant à la vue. → **ostensiblement. 2.** D'une manière évidente, claire. → **manifestement.** *Il était visiblement préoccupé.*

visière n. f. (de l'ancien français *vis* → visage) **1.** Partie de une casquette, d'un képi qui abrite les yeux. **2.** Pièce rigide qui protège les yeux et qui s'attache autour de la tête. – *Mettre sa main en visière devant ses yeux.*

visioconférence n. f. Téléconférence dans laquelle les participants sont reliés par des circuits de télévision permettant la transmission de la parole, d'images animées et de documents graphiques. - syn. **vidéoconférence.**

vision n. f. (latin *visio*, de *visum*, *videre* → voir) **I. 1.** Perception du monde extérieur par la vue ; mécanisme physiologique par lequel les radiations lumineuses donnent naissance à des sensations visuelles. *Vision nette, indistincte. Champ de vision. Organe de la vision.* → **œil,** nerf **optique. 2.** fig. Action de voir, de se représenter en esprit. → **représentation.** *Avoir une vision confuse de l'avenir. Une vision réaliste, poétique de la réalité.* → **conception. II.** (Une, des visions) **1.** Chose surnaturelle qui apparaît aux yeux ou à l'esprit. → **apparition, révélation.** *Les visions des mystiques ; d'une voyante.* **2.** Représentation imaginaire. → **hallucination, rêve.** – fam. *Avoir des visions*, voir ce qui n'existe pas. *Tu as des visions !* **3.** Image mentale. → **idée.**

visionique n. f. (de *vision*) Ensemble des techniques liées au traitement informatique des images.

visionnaire (de *vision*) **1.** n. Personne qui a ou croit avoir des visions. → **halluciné, illuminé.** – Personne qui a la vision de l'avenir ou de ce qui est caché. → **¹voyant. 2.** adj. Capable d'anticiper, qui a une vision de l'avenir. *Un art visionnaire.*

visionner v. tr. < 1 > **1.** Examiner (un film) d'un point de vue technique. *Visionner une séquence.* **2.** Faire apparaître sur un écran de visualisation. □ n. m. **visionnage**

visionneur n. m. (de *visionner*) inform. Logiciel permettant de visualiser un document sans disposer du logiciel ayant servi à le produire. → **visionneuse.**

visionneuse n. f. **1.** Appareil formé d'un dispositif optique grossissant, pour examiner un film, des diapositives. **2.** inform. Visionneur.

visiophone n. m. (de *vision* et *téléphone*) Téléphone, interphone où chaque correspondant a une image de l'autre.

visiophonie n. f. Technique du visiophone, associant télévision et téléphonie. → **vidéophonie.**

visitation n. f. (du latin → visiter) relig. cathol. *La Visitation* : visite que fit la Sainte Vierge à sainte Élisabeth, alors enceinte de Jean-Baptiste ; fête commémorant cet évènement. – Tableau représentant cette scène.

Visitation (ordre de la) ou **visitandines** Ordre de moniales, fondé à Annecy par saint François de Sales et sainte Jeanne de Chantal en 1610.

visite n. f. (de *visiter*) **I. 1.** Fait d'aller voir (qqn) et de rester avec lui un certain temps ; le fait de recevoir un visiteur. → **entrevue, ¹rencontre.** *L'objet, le but d'une visite. Une petite, une longue visite. L'heure des visites* (dans une pension, un hôpital, une prison, etc.). – *Rendre visite à qqn.* → **visiter** (I, 1). – *Carte* de visite.* – Rencontre mondaine de personnes qui se reçoivent. **2.** La personne qui se rend chez une autre. → **visiteur.** *Tu as une visite.* fam. *De la visite*, des visiteurs. **3.** (contexte professionnel ou institutionnel) Fait de se rendre auprès d'un malade, pour un médecin. *Visites à domicile.* – dr. *Droit de visite*, du parent divorcé qui n'a pas la garde d'enfants, à ces enfants. – Action de visiter (un client). *Les visites d'un représentant.* **II. 1.** Le fait de se rendre (dans un lieu) pour voir, pour parcourir, visiter. *Visite guidée.* **2.** Le fait de se rendre dans un lieu, pour procéder à un examen, une inspection. *Visite d'expert.* → **expertise.** – *Visite de douane*, examen des marchandises, des bagages. → **fouille. 3.** Examen de patients, de malades par un médecin à l'hôpital, en clinique, etc. *L'heure de la visite. Aller à la visite (médicale).*

visiter v. tr. < 1 > (latin *visitare*, fréquentatif de *visere* → ¹viser) **I.** Aller voir (qqn). **1.** rare Faire une visite à (qqn). **2.** Se rendre auprès de (qqn) pour l'assister, le soigner. *Visiter les prisonniers, un malade.* **3.** (en parlant de Dieu) Agir sur, se manifester auprès de (l'homme). **II. 1.** Aller voir (qqch.), parcourir (un lieu) en examinant. → **voir.** *J'ai visité la Hollande l'été dernier. Visiter un musée.* ■ *Visiter un site sur Internet*, s'y connecter pour en consulter le contenu. **2.** Examiner, inspecter. → **fouiller. 3.** par euphémisme Cambrioler. *Des voleurs ont visité leur maison.*

visiteur, euse n. **I. 1.** Personne qui va voir qqn chez lui, lui fait une visite. *Accompagner, reconduire un visiteur.* **2.** Personne qui visite (un pensionnaire, un malade, un prisonnier). **II. 1.** Personne qui visite, inspecte, examine. *Visiteur, visiteuse des douanes.* **2.** Personne qui visite un lieu. → **touriste. 3.** sports Membre d'une équipe qui se déplace et joue sur le terrain de l'adversaire. *Les visiteurs ont gagné par trois buts à deux.*

visnage n. m. (origine inconnue) Fenouil annuel.

Viso (mont) Massif et sommet des Alpes piémontaises, à la frontière italienne, surplombant la source du Pô. 3 841 m.

vison n. m. (bas latin *visio*, de *vissio* « puanteur », de *vissire* → vesse) **1.** Mammifère voisin du putois, dont la variété d'Amérique du Nord est chassée et élevée pour sa fourrure très estimée. **2.** Fourrure de cet animal. *Manteau, étole de vison.* – fam. Manteau de vison. *Elle s'est offert un vison.*

visonnière n. f. Élevage de visons.

visqueux, euse adj. (bas latin *viscosus*, de *viscum* « glu » → ¹gui) **1.** (liquide) Qui est épais et s'écoule avec difficulté. *Pâte visqueuse. L'écoulement des liquides visqueux* (→ **viscosité**). **2.** péj. Dont la surface est couverte d'un liquide épais, d'une couche gluante. *La peau visqueuse d'un crapaud.* **3.** fig. Répugnant par un caractère de bassesse, de traîtrise. *Des êtres visqueux.*

vissage n. m. Action de visser.

visser v. tr. < 1 > (de *vis*) **1.** Fixer, faire tenir avec une vis, des vis. *Visser une applique au mur.* – loc. au p. p. *Il reste des heures vissé sur sa chaise*, sans se lever. **2.** Serrer en tournant sur un pas de vis (opposé à *dévisser*). *Visser un couvercle.* – pronom. *Ce bouchon se visse.* **3.** Traiter sévèrement (qqn), contraindre. → serrer la vis. *« Attends un peu, garnement. Je me charge de te visser, toi »* (M. Aymé).

visserie n. f. Ensemble des pièces métalliques qui fonctionnent avec un pas de vis (vis, écrous, boulons). – Établissement où l'on fabrique ces pièces.

visseuse n. f. techn. Machine à visser.

Vissotski (Vladimir Semenovitch) Acteur, chanteur et poète soviétique (1938-1980). Chanteur engagé, interdit par le pouvoir soviétique, il acquit une grande popularité dans les années 1970.

Vladimir Vissotski.

Vistule n. f. en polonais **Wisła** Fleuve de Pologne. 1 092 km. Née dans les Beskides, elle arrose Cracovie et Varsovie, et se jette dans la Baltique par un vaste delta.

visu (de) voir **de visu**

visualisation n. f. **1.** Action de rendre visible (qqch.). **2.** inform. Présentation d'informations sur un écran. → **affichage.** *Écran de visualisation.*

visualiser v. tr. < 1 > (anglais *to visualize,* de *visual* → **visuel**) **1.** Rendre visible (un phénomène qui ne l'est pas). *Visualiser des chiffres de production par un graphique.* **2.** inform. Faire apparaître sur un écran, les résultats d'un traitement d'information. → **afficher.**

visuel, elle adj. et n. (bas latin *visualis,* de *visum,* de *videre* → **voir**) **1.** Relatif à la vue. *Champ visuel. Images, sensations visuelles. Mémoire visuelle,* des choses vues. ■ **n.** Personne chez qui les sensations visuelles prédominent. *Les visuels et les auditifs.* **2.** Qui fait appel au sens de la vue. *Méthodes visuelles,* dans l'enseignement (→ **audiovisuel**). **3.** n. m. Image (illustration, photographie). *Les visuels d'une campagne publicitaire.*

visuellement adv. Par le sens de la vue. *Constater visuellement.* → **de visu.**

vit [vi] n. m. (vient du latin *vectis* « levier ») vieux Sexe de l'homme. → **pénis, verge.**

vital, ale, aux adj. (latin *vitalis,* de *vita* → **vie**) **1.** Qui concerne, constitue la vie. *Propriétés, fonctions vitales. Pronostic vital.* – *Principe vital, élan vital, force vitale,* énergie propre à la vie. **2.** Essentiel à la vie d'un individu, d'une collectivité. → **indispensable.** – *Espace* vital. C'est un problème vital, une question vitale pour nous,* d'une importance extrême. → **fondamental.**

Vitali (Filippo) Chanteur et compositeur italien (v. 1590-1650). Maître de la chapelle ducale San Lorenzo de Florence, il composa, outre de nombreux madrigaux, la fable musicale *L'Aréthuse.*

Vitali (Giovanni Battista) Violiste et compositeur italien (1632-1692). Il contribua, avant Corelli ou Purcell, à fixer la forme de la sonate-trio baroque. Il a en outre composé les *Artifici musicali,* l'un des sommets du contrepoint.

vitalisme n. m. didact. Théorie du principe vital. – Doctrine d'après laquelle les phénomènes vitaux sont irréductibles. □ **adj. et n. vitaliste**

vitalité n. f. (latin *vitalitas* → **vital**) Caractère de ce qui manifeste une santé, une activité remarquables. → **dynamisme, énergie, vigueur.** *La vitalité d'une personne, d'une plante. Plein de vitalité.* → **vie.**

vitamine n. f. (anglais [créé par C. Funk], du latin *vita* → **vie,** et *amine*) Substance organique, sans valeur énergétique, mais indispensable à l'organisme, apportée en petite quantité par l'alimentation. *Vitamine A* (de croissance), *C* (antiscorbutique), *D* (antirachitique), *E* (de reproduction). *Carence en vitamines.* → **avitaminose.**

▶ Substances organiques apportées par l'alimentation, les **vitamines** sont indispensables à la croissance et au maintien de l'équilibre vital.
Les carences vitaminiques classiques (en vitamine C pour le scorbut, en vitamine PP pour la pellagre, en vitamine B1 pour le béribéri) sont devenues très rares, même dans les pays en développement. En revanche, l'avitaminose A constitue, selon l'OMS, un fléau nutritionnel majeur, qui rend aveugles un million d'enfants chaque année. Les sources alimentaires principales de la vitamine A étant constituées par les fruits et légumes colorés, cette carence est surtout importante dans les régions désertiques (Sahel) et dans les pays asiatiques dont le régime de base est le riz décortiqué. L'hypovitaminose D (la vitamine D est apportée par les aliments gras et synthétisée sous l'action des rayons ultraviolets) est responsable du rachitisme chez l'enfant et de l'ostéomalacie chez l'adulte. Elle est de plus en plus observée dans les pays en développement dont la plupart bénéficient pourtant d'un haut niveau d'ensoleillement.
Dans les pays développés, les carences vitaminiques surviennent surtout en cas d'intoxication alcoolique chronique (carence en vitamines du groupe B, responsable de troubles neurologiques et/ou mentaux) et dans certains troubles nutritionnels ou digestifs de longue durée. Une alimentation équilibrée sans exclusion, et comportant notamment cinq fruits et légumes par jour, suffit à combler les besoins en vitamines, sans risque de surdosage (l'excès de vitamine A et de vitamine D peut en effet être dangereux).
voir aussi **alimentation, ultraviolets**

vitaminé, ée adj. **1.** Auquel on a incorporé une ou plusieurs vitamines. *Biscuits vitaminés.* **2.** fig. Énergique. *Concert vitaminé.*

vitaminique adj. didact. Relatif aux vitamines. *Compléments vitaminiques.*

vite (origine obscure, p.-ê. onomatopéique) **I. adv. 1.** En parcourant un grand espace en peu de temps (opposé à *lentement*). *Aller vite.* → **filer, foncer.** *Marcher, courir vite, passer très vite* (→ comme un éclair, une flèche). – À un rythme rapide. *Son cœur bat vite.* **2.** En peu de temps. → **promptement, rapidement.** *Faire vite,* se dépêcher. *Vous parlez trop vite.* → **précipitamment.** – *Un peu vite,* à la légère. – loc. *Plus vite que le vent,* extrêmement vite. *Plus vite que la musique, que les violons,* trop vite. – (avec un impér.) Sans plus attendre, immédiatement. *Partez vite. Vite, dépêchez-vous !* **3.** Au bout d'une courte durée. → **bientôt.** *On sera plus vite arrivé.* – *Au plus vite,* dans le plus court délai. – *Elle a eu vite fait de, elle aura vite fait de* (+ inf.), elle n'a pas tardé, elle ne tardera pas à. – fam. ***Vite fait*** loc. adv. : rapidement. *Vite fait bien fait.* **II. adj.** vieux Rapide. « *Son chariot, qui était le plus vite du monde* » (Racine). ■ mod., sports (d'après l'anglais *fast*) *Le coureur le plus vite.*

Vitebsk Ville de Biélorussie, chef-lieu de région, sur la Dvina Occidentale. 350 000 habitants. Centre commercial et industriel. Vitebsk fut successivement sous domination lituanienne, polonaise, russe ; elle fut en grande partie détruite durant les guerres napoléoniennes puis durant la Seconde Guerre mondiale.

vitellin, ine adj. biol. Du vitellus. *Membrane vitelline,* autour du jaune d'œuf.

Vitellius en latin **Aulus Vitellius** (15-69). Empereur romain (69). Proclamé empereur par ses soldats à la mort de Galba, il vainquit Othon à Bédriac (69) puis marcha sur Rome. Battu à Crémone par l'armée d'Orient, favorable à Vespasien, il y fut égorgé par le peuple.

vitellus [vitelys] n. m. (mot latin « jaune d'œuf ») biol. Substance qui constitue les réserves de l'œuf, de l'embryon.

Viterbe en italien **Viterbo** Ville d'Italie, chef-lieu de province, dans le Latium. 59 300 habitants. Ancien palais résidentiel des papes (XIIIe s.). Remparts. Léon X et François Ier y signèrent un traité en 1515, par lequel le pape renonçait à Plaisance et à Parme.

vitesse n. f. (de *vite*) **I.** (sens absolu) **1.** Fait ou pouvoir de parcourir un grand espace en peu de temps. → **célérité, rapidité, vélocité.** *Course de vitesse. L'avion prend de la vitesse. Excès de vitesse* (en voiture). **2.** Fait d'accomplir une action en peu de temps. → **hâte, promptitude.** – loc. *Prendre qqn de vitesse,* faire (qqch.) plus vite que lui. → **devancer.** – loc. fam. ***En vitesse*** : au plus vite. *Tirez-vous en vitesse !* **II.** (sens relatif) **1.** Le fait d'aller plus ou moins vite. → **allure.** *Vitesse d'une automobile,* appréciée en kilomètres à l'heure. *Compteur, indicateur de vitesse.* – loc. ***À toute vitesse*** : le plus vite possible, très vite. *Vitesse de croisière*.* – loc. ***Perte de vitesse*** : diminution de la vitesse d'un avion, qui devient inférieure à la vitesse minimale nécessaire au vol. fig. *En perte de vitesse,* qui ne se développe plus, perd son dynamisme. – fig. *À deux vitesses,* dont l'application varie selon le type d'usagers, leurs revenus. *Une économie, un système social à deux vitesses.* – *Passer à la vitesse supérieure.* **2.** Rapport entre la vitesse de rotation de l'arbre moteur et celle des roues, assuré par la transmission. *Changement de vitesse,* dispositif permettant de changer ce rapport. *En troisième vitesse* (ellipt *en troisième*). – loc. fam. *En quatrième vitesse,* très vite. – *Boîte de vitesses,* carter du changement de vitesse. **3.** sc. Quantité exprimée par le rapport d'une distance au temps mis à la parcourir. *Vitesse de propagation des ondes.* – Le fait de s'accomplir en un temps donné. *Vitesse de sédimentation.*

Vitez (Antoine) Acteur et metteur en scène français (1930-1990). Il a monté aussi bien des classiques que des textes russes, allemands et français contemporains, soucieux de tenir, par ses mises en scène, un propos sur la société et l'histoire. Fondateur du Studio-Théâtre d'Ivry, il prit, de 1981 à 1988, la tête du Théâtre national de Chaillot, avant d'être nommé administrateur général de la Comédie-Française.

viti- Élément (du latin *vitis*) qui signifie « vigne ».

viticole adj. **1.** Relatif à la culture de la vigne et à la production du vin. → **vinicole.** *Culture, production viticole.* **2.** Qui produit de la vigne. *Région viticole.*

viticulteur, trice n. Personne qui cultive de la vigne, pour la production du vin. → **vigneron.**

viticulture n. f. Culture de la vigne.

Vitigès (mort apr. 540). Roi des Ostrogoths (536-540). Il défendit l'Italie contre les Byzantins, mais, vaincu à Ravenne par Bélisaire, se rendit et fut mené captif à Constantinople.

Viti Levu La plus grande des îles de l'archipel Fidji, au S.-O. de l'île de Vanua Levu. 10 386 km². Environ 500 000 habitants. S'y trouvent le point culminant de l'archipel, le mont Victoria (1 343 m), et Suva (côte sud-est), la capitale de l'État océanien.

vitiligo n. m. (mot latin « tache blanche ») méd. Trouble de la pigmentation de la peau caractérisé par la présence de taches décolorées, entourées par un bord foncé.

Vitoria Ville du N. de l'Espagne, capitale de la communauté autonome du Pays basque et de la province d'Álava. 240 753 habitants. Wellington y vainquit les Français Joseph Bonaparte et Jourdan le 21 juin 1813.

Vitória Ville du Brésil, capitale de l'État d'Espírito Santo, sur l'île Vitória. 325 500 habitants (agglomération : 1 668 400). Port.

Vitoša n. m. Massif de Bulgarie, dominant Sofia. Le pic Noir y culmine à 2 290 m. La Struma y prend sa source.

Vitrac (Roger) Poète et auteur dramatique français (1899-1952). Issu du surréalisme, il fonda avec Antonin Artaud le théâtre Alfred-Jarry et fut un précurseur du théâtre de l'absurde. *Mystères de l'amour ; Victor ou les Enfants au pouvoir.*

vitrage n. m. (de *vitre,* suffixe collectif *-age*) **1.** Ensemble de vitres (d'une baie, d'une fenêtre, d'une serre). *Fenêtre à double vitrage.* **2.** Châssis garni de vitres, servant de paroi. *Le vitrage d'une véranda.* → **verrière. 3.** Fait de poser des vitres, de garnir de vitres.

vitrail, aux n. m. (d'abord *vitral* ; de *vitre*) Panneau constitué de morceaux de verre, généralement colorés, assemblés et sertis pour former une décoration. *Vitrail d'église.*

Les soldats de Holopherne détruisant les vergers de Damas, vitrail de la Sainte-Chapelle (XIIIe s.), musée des Beaux-Arts, Philadelphie.

→ **rosace, verrière.** – *Le vitrail,* la technique de la fabrication des vitraux ; l'art de faire des vitraux, analogue à la peinture (formes, couleurs).

vitre n. f. (latin *vitrum* → verre) **1.** Panneau de verre garnissant une ouverture (fenêtre, porte, etc.). → **carreau ; vitrage.** *Nettoyer, laver, faire les vitres. Casser une vitre.* **2.** Panneau de verre permettant de voir à l'extérieur lorsqu'on est dans un véhicule. → **glace.** *Baisser, remonter la vitre* (d'une portière).

[1]**vitré, ée** adj. anat. *Corps vitré* ou n. m. *le vitré :* masse transparente entre la rétine et la face postérieure du cristallin. – *Humeur vitrée de l'œil,* substance gélatineuse qui remplit le corps vitré. → **vitreux.**

Vitré Commune de l'Ille-et-Vilaine, sur la Vilaine. 18 603 habitants. Château des XIe, XIVe et XVe s. Château-Marie (XVIIe s.). Remparts. Industrie du caoutchouc. Ancienne baronnie, Vitré accueillit plusieurs fois (entre 1655 et 1706) les états de Bretagne.

vitrer v. tr. < 1 > Garnir de vitres. *Vitrer une porte, un panneau* (→ **vitrage**). □ [2]**vitré, ée** adj. *Porte vitrée. Baie vitrée.*

vitrerie n. f. Industrie des vitres (fabrication, pose, façonnage, etc.).

vitreux, euse adj. (de *vitre* « verre ») **1.** Qui ressemble au verre fondu, à la pâte de verre. *Humeur vitreuse* (de l'œil). → [1]**vitré. 2.** Dont l'éclat est terni. *Œil, regard vitreux.*

vitrier, ière n. Personne qui vend, coupe et pose les vitres, les pièces de verre.

vitrifiable adj. Qui peut être vitrifié, devenir vitreux.

vitrification n. f. **1.** Transformation en verre ; acquisition de la structure vitreuse. *Vitrification de l'émail par fusion.* **2.** Action de vitrifier (un parquet).

vitrifier v. tr. < 7 > (de *vitre* et *-ifier*) **1.** Transformer en verre par fusion ou donner la consistance du verre à (une matière). **2.** Recouvrir d'une matière plastique transparente. – au p. p. *Parquet vitrifié.*

vitrine n. f. (de *verine, verrine, de verre,* d'après *vitre*) **1.** Devanture vitrée d'un local commercial ; espace ménagé derrière cette vitre, où l'on expose des objets à vendre. → **étalage.** *Vitrine de pâtissier. Article exposé en vitrine. Regarder, lécher les vitrines.* → **lèche-vitrine.** – L'aménagement, le contenu d'une vitrine. *Les commerçants refont leurs vitrines pour Noël.* **2.** Petite armoire vitrée où l'on expose des objets de collection.

vitriol n. m. (de *vedriol,* qui vient du bas latin *vitriolum,* de *vitreolus* « de verre » ; famille de *verre*) **1.** Acide sulfurique concentré, très corrosif. **2.** fig. *Portrait au vitriol,* description très corrosive, mordante.

vitrioler v. tr. < 1 > **1.** techn. Additionner d'acide sulfurique ; faire passer dans un bain d'acide sulfurique. **2.** Lancer du vitriol sur (qqn) pour le défigurer. □ n. m. **vitriolage**

vitrioleur, euse n. Personne qui défigure qqn en le vitriolant.

vitrocéramique n. f. Matière constituée de très petits cristaux de minerai de fer et de sable fondu disposés dans une phase vitreuse. *Table de cuisson en vitrocéramique.*

Vitrolles Commune des Bouches-du-Rhône, sur la rive orientale de l'étang de Berre. 34 418 habitants. Mécanique, agroalimentaire.

V

Vitruve en latin **Marcus Vitruvius Pollio** Architecte romain (Ier s. av. J.-C.). Son traité *De architectura* cherche à codifier les principes de l'architecture hellénistique.

Vitry (Louis de L'Hospital, marquis de) Homme de guerre français (1555-1611). Au service d'Henri III, il se rallia à la Ligue et assura la défense de Paris contre Henri IV (1590).

Vitry (Nicolas de L'Hospital, marquis puis duc de) Maréchal de France (1581-1644). Capitaine des gardes, il arrêta et tua Concini (1617).

Vitry (Philippe de) voir **Philippe de Vitry**

Vitry-le-François Chef-lieu d'arrondissement de la Marne, à la jonction des canaux de la Marne au Rhin et de la Marne à la Saône. 11 458 habitants. Centre industriel.

Vitry-sur-Seine Commune du Val-de-Marne, à l'O. de Créteil. 95 649 habitants. Centre industriel. Musée d'Art contemporain du Val-de-Marne.

Vittel Commune des Vosges. 4 805 habitants. Station thermale. Eaux minérales. Tourisme.

Vittorini (Elio) Écrivain italien (1908-1966). Son œuvre tout entière, marquée par un antifascisme intransigeant, interroge les rapports de l'homme et de la société. *Conversation en Sicile ; Les Hommes et les Autres.*

Vittorio Veneto (bataille de) Victoire remportée le 24 octobre 1918 à Vittorio Veneto (Vénétie) par les Italiens, soutenus par les Français et les Britanniques, sur les Autrichiens. Elle aboutit à la signature de l'armistice de Villa Giusti (3 novembre).

vitulaire adj. (du latin *vitulus* « veau ») vétér. *Fièvre vitulaire :* fièvre puerpérale des vaches.

vitupérateur, trice n. Personne qui vitupère, critique.

vitupération n. f. littér. Action de vitupérer. – (Une, des vitupérations) Blâme ou reproche violent.

vitupérer v. < 6 > (latin *vituperare* « blâmer » et « vicier », famille de *vitium* « vice ») **1.** v. tr. littér. Blâmer vivement. **2.** v. intr. *Vitupérer contre qqn, qqch.,* élever de violentes protestations contre (qqn, qqch.). → **pester, protester.**

vivable adj. **1.** Où l'on peut vivre. → **supportable.** *Cette pièce n'est pas vivable.* **2.** Que l'on peut supporter (s'oppose à *invivable*). ■ (personnes) *Il n'est pas vivable, ce type !*

[1]**vivace** adj. (latin *vivax, vivacis,* de *vivere* → vivre) **1.** (plantes, petits animaux) Constitué de façon à résister longtemps à ce qui peut compromettre la santé ou la vie. → **résistant, robuste. 2.** *Plante vivace* ou *une vivace,* plante qui vit plus de deux années (opposé à *plante annuelle*). **3.** Qui se maintient sans défaillance, qu'il est difficile de détruire. → **durable, persistant, tenace.** *Souvenir vivace.*

[2]**vivace** [vivatʃe] adj. invar. et adv. (mot italien, du latin *vivax* → [1]vivace) mus. D'un mouvement rapide, vif. *Allegro vivace.* – n. m. invar. *Des vivace.*

vivacité n. f. (latin *vivacitas* → [1]vivace) **1.** Caractère de ce qui a de la vie, est vif. → **activité, entrain.** *La vivacité d'un enfant. Vivacité d'esprit,* rapidité à comprendre, à raisonner. **2.** Caractère de ce qui est vif, a de l'intensité. *La vivacité d'un coloris, du teint.* → **éclat. 3.** Caractère de l'air frais, vif. **4.** Caractère vif (II, 2), emporté ou agressif. → **emportement, violence.** *Elle a répondu avec vivacité.*

Vivaldi (Antonio) Compositeur et violoniste italien (1678-1741), dit *il prete rosso* « le prêtre roux ». Maître de violon et de composition à l'Ospedale della Pietà de Venise, il eut une intense activité musicale pendant près de quarante ans et ses compositions connurent le succès à l'étranger. Son œuvre, longtemps oubliée, fut redécouverte en même temps que celle de Bach, qui avait transcrit plusieurs de ses 500 concertos. Vivaldi rénove profondément le concerto : il fixe sa structure en trois parties, impose l'importance du soliste, du rythme, d'un thème précis. Cette inventivité se retrouve dans le poème symphonique, *Quatre saisons,* les douze concertos de l'*Estro armonico* ou ceux de la *Stravaganza.* Il est également l'auteur de nombreux opéras, d'oratorios et de cantates.

vivandière n. f. (de l'ancien français *viandier, de viande* « nourriture », d'après le latin médiéval *vivenda*) anciennt Femme qui suivait les troupes pour vendre aux soldats des vivres, des boissons. → **cantinière.**

vivant, ante adj. (p. prés. de *vivre*) **I. 1.** Qui vit, est en vie (opposé à *mort*). *Il est encore vivant. Attrapez-le vivant ! « Je dis que c'est vivant. Je bouffe pas des bêtes vivantes* [des huîtres], *moi »* (Queneau). *Expérience sur des animaux vivants* (→ **vivisection**). – n. *Les vivants et les morts.* **2.** Plein de vie. → **vif.** *Un enfant très vivant.* – (œuvres) Qui a l'expression, les qualités de ce qui vit. *Les personnages de Molière sont vivants.* **3.** Doué de vie. → **animé, organisé.** *Cellule vivante,* possédant les caractères de la vie. *Les êtres vivants.* ■ n. m. Ce qui vit. *Manipulations sur le vivant.* **4.** Constitué par un ou plusieurs êtres vivants. *Tableaux vivants.* – *C'est le portrait vivant de sa mère.* → **ressemblant ;** fam. **craché.** *La preuve vivante.* **5.** (lieu) Plein de vie, d'animation. *Des rues vivantes.* → **animé. 6.** (choses) Animé d'une sorte de vie (II) ; actif, actuel. *Langues vivantes* (opposé à *langues mortes*). *Un mot très vivant,* en usage. – *Son souvenir est toujours vivant.* → **durable. II.** n. m. *Du vivant de..., de son vivant :* pendant la vie de (qqn), sa vie.

Vivarais n. m. Région du S.-E. de la France, en bordure du Massif central, correspondant approximativement au département de l'Ardèche.

Vivarini Famille de peintres vénitiens du XVe s. ■ **Antonio Vivarini** (v. 1415-entre 1476 et 1485). Son style, au dessin sinueux, est ornementé et très coloré. *Vie de sainte Catherine.* ■ **Bartolomeo Vivarini** (v. 1432-apr. 1491), frère et collaborateur d'Antonio. Son utilisation des couleurs contribua à l'évolution de la peinture vénitienne. *Saint Georges.* ■ **Alvise Vivarini** (v. 1446-apr. 1503), fils d'Antonio et élève de Bartolomeo. Il fut le représentant le plus typique du style cristallin *(Sainte Claire ; Saint Antoine).*

vivarium [vivaʀjɔm] n. m. (mot latin → vivier, de *vivere* → vivre) didact. Espace vitré aménagé pour conserver et montrer de petits animaux vivants (insectes, reptiles, etc.) en reconstituant leur milieu naturel. *Des vivariums.*

vivat n. m. (mot latin « qu'il vive ! ») Acclamation. *Il y a eu des vivats en son honneur.* → **hourra.**

[1]**vive** n. f. (ancien français *vivre* n. f., qui vient du latin *vipera* → vipère) Poisson aux nageoires épineuses et venimeuses, vivant surtout dans le sable des côtes.

[2]**vive** exclam. (de *vivre*) Acclamation envers qqn, qqch. à qui l'on souhaite de vivre, de durer longtemps. → **vivat.** *Vive la France, la République* (opposé à *à bas, à mort*). – (avec n. au plur.) *Vive les vacances !* ■ vieux (accordé) *« Vive ce roi, et vivent ses guerriers »* (Ronsard). → **vivre.**

Vivekānanda Philosophe indien (1862-1903). Vulgarisateur de la philosophie du Vedānta, il fit connaître l'hindouisme dans le monde.

vivement adv. (de *vif*) **1.** D'une manière vive ; avec vivacité, ardeur. → **promptement, rapidement.** *Mener vivement une affaire.* **2.** exclam. Exprime l'impatience qu'un évènement se produise. *Vivement les vacances !* – (avec *que* + subj.) *Vivement qu'on s'en aille !* **3.** D'un ton vif, avec un peu de colère. *Elle répliqua vivement.* **4.** Avec force, intensité. → **beaucoup, intensément, profondément.** *J'ai été vivement affecté par sa mort. Nous regrettons vivement que* (+ subj.).

Vives (Juan Luis) Humaniste espagnol (1492-1540). Ses polémiques contre les autorités universitaires *(Contre les pseudo-dialecticiens),* et ses réflexions sur l'éducation et la culture *(De la raison des études enfantines ; De la concorde et de la discorde dans la race humaine)* firent de lui l'un des penseurs les plus influents de son époque.

viveur, euse n. (de *vivre,* d'après *faire la vie* « mener une vie de plaisirs ») vieilli Personne qui aime faire la fête.

vivi- Élément (du latin *vivus*) qui signifie « vivant » (ex. *vivipare*).

Viviane Personnage fabuleux du *cycle breton.* Devenue fée grâce au savoir de Merlin l'Enchanteur, elle révèle à Lancelot les règles de la chevalerie.

Viviani (René) Homme d'État français (1863-1925). Député socialiste (1893-1902), il participa à la fondation de *L'Humanité* (1904). Président du Conseil (1914), il décréta la mobilisation générale (1er août). Remplacé en 1915 par A. Briand, il fut ministre de la Justice (1915-1917).

vivier **n. m.** (vient du latin *vivarium* « parc à gibier » → vivarium, de *vivus* « vivant » → vif) Étang, bassin d'eau aménagé pour la conservation et l'élevage du poisson, des crustacés. *Truites en vivier.* ■ fig. Milieu favorable au développement d'idées, de personnalités. → **pépinière.** *Un vivier de talents.*

Vivier (Robert) Écrivain belge d'expression française (1894-1989). Il fut l'auteur de romans d'inspiration populiste *(Délivrez-nous du mal)* et d'une vingtaine de recueils de poésies, où le quotidien est sans cesse parasité par le rêve. *Un cri du hasard ; S'étonner d'être.*

Viviers Commune de l'Ardèche, sur le Rhône. 3 667 habitants. Résidence épiscopale depuis le Ve s. Cathédrale des XIIe, XVIe, XVIIIe s. C'est la capitale historique du Vivarais, auquel elle a donné son nom.

vivifiant, ante **adj.** Qui vivifie. *Air vivifiant.* → **stimulant.** – *« Baiser vivifiant, nourricier de mon âme »* (Ronsard).

vivificateur, trice **adj. et n.** littér. et rare Vivifiant.

vivifier **v. tr.** < 7 > (bas latin *vivificare,* de *vivus* → vif et *facere* → 1faire) Donner de la vitalité à (qqn). *Ce climat me vivifie.* → **stimuler, tonifier.**

Vivin (Louis) Peintre français (1861-1936). Son style, naïf par l'imitation académique des détails et les aplats de couleurs lumineuses, se double parfois d'irréalisme *(Notre-Dame).* Plus graves, ses scènes de chasse *(Le Cerf et les Loups)* expriment avec talent l'angoisse et la solitude.

vivipare **adj.** (latin *viviparus,* de *vivus* → vif et *parere* → parent) Se dit d'un animal dont l'œuf se développe complètement à l'intérieur de l'utérus maternel, de sorte qu'à la naissance le petit apparaît formé. *Les mammifères sont vivipares.* – **n.** *Les vivipares et les ovovivipares.*

viviparité **n. f.** didact. Mode de reproduction des vivipares.

vivisection [vivisɛksjɔ̃] **n. f.** Opération pratiquée à titre d'expérience sur les animaux vivants. → **dissection.** *Militer contre la vivisection.* □ **n. vivisecteur, trice**

vivoir **n. m.** rare Salle de séjour.

Vivonne (Louis Victor de Rochechouart, duc de Mortemart et de) Maréchal de France (1636-1688). Frère de Mme de Montespan, il prit part à la guerre de Hollande. Il fut nommé gouverneur de Champagne et de Brie (1674), puis vice-roi de Sicile (1675).

vivoter **v. intr.** < 1 > (de *vivre*) **1.** Vivre au ralenti, avec de petits moyens. → **végéter.** **2.** (choses) Subsister ; avoir une activité faible, médiocre. *Son affaire vivote tant bien que mal.*

vivre **v.** < 46 > (vient du bas latin *vivere,* d'une racine indo-européenne → qui-vive, vivres) **I. v. intr.** (sujet personne, être vivant) **1.** Être en vie ; exister. *La joie, le plaisir de vivre. « Tu ne t'étonnes peut-être pas assez de vivre : tu n'admires pas comme il faudrait ce miracle étourdissant qu'est la vie »* (Gide). *Ne vivre que pour...,* se consacrer entièrement à... *Se laisser vivre,* vivre sans faire d'effort. **2.** (avec un compl. de durée) Avoir une vie d'une certaine durée. *Les éléphants vivent longtemps. Les années qu'il a vécu,* pendant lesquelles il a vécu (le participe ne s'accorde pas). – *Qu'il vive longtemps !* → **2vive.** **3.** Passer sa vie, une partie de sa vie en résidant habituellement (dans un lieu). → **habiter.** *Vivre à la campagne. Elle vit encore chez ses parents.* **4.** Mener une certaine vie. *Vivre seul, libre.* – *Vivre dangereusement. Vivre avec qqn* (dans le mariage, ou maritalement). → **cohabiter.** *Ils vivent ensemble depuis un an.* ■ absolt *Art de vivre,* de profiter des bonnes choses de la vie. – loc. *Être facile, difficile à vivre,* d'un caractère accommodant ou non (→ **vivable ; invivable**). **5.** Disposer des moyens matériels qui permettent de subsister. *Travailler pour vivre.* – *Vivre pauvrement, petitement* (→ **végéter, vivoter**), *largement.* – spécialt *Vivre de lait, de fruits.* → se **nourrir.** *Vivre de son travail. Avoir de quoi vivre,* assez de ressources pour subsister. **6.** Réaliser toutes les possibilités de la vie. *« Car le plus lourd fardeau, c'est d'exister sans vivre »* (Hugo). – *Un homme qui a vécu, beaucoup vécu,* qui a eu une vie riche d'expériences. **7.** Rester vivant dans le souvenir (après la mort). *Vivre dans la mémoire de ses proches* (→ **vivant**). **8.** (choses) Exister parmi les hommes. *Cette croyance vit encore dans les campagnes.* → **survivre.** ■ Avoir une vie propre. *« Arbres, roseaux, rochers, tout vit ! Tout est plein d'âmes »* (Hugo). **II. v. tr.** (sujet personne) **1.** Avoir, mener (telle ou telle vie). *Vivre sa vie. Ils ont vécu une existence difficile.* – Passer, traverser (un espace de temps). *Vivre des jours heureux.* → **couler.** *Les jours difficiles qu'elle a vécus.* **2.** Éprouver intimement, réellement par l'expérience de la vie. *Vivre un grand amour.* ■ Traduire en actes réels. *Vivre sa foi, son art.*

vivré, ée **adj.** (de *vivre,* ancienne forme de *guivre*) blason Ondulé comme un serpent.

vivres **n. m. pl.** (de *vivre*) Ce qui sert à l'alimentation des humains. → **aliment, nourriture ; viande (1).** *Les vivres et les munitions d'une armée.* – loc. *Couper les vivres à qqn,* le priver de moyens de subsistance, d'argent.

vivrier, ière **adj.** Dont les produits sont destinés à l'alimentation. *Cultures vivrières.*

Vix Village de la Côte-d'Or. En 1953 fut découvert le *trésor de Vix,* sépulture d'une princesse celte (–VIe s.), où se trouvait aussi le *cratère de Vix,* le plus grand vase de bronze connu.

Vizille Commune de l'Isère, sur la Romanche. 7 305 habitants. Réunis dans son château du XVIIe s., les États du Dauphiné furent les premiers à réclamer, en juillet 1788, la convocation des États généraux.

vizir **n. m.** (du turc, de l'arabe *wazir* « porteur » → argousin, alguazil) Ministre, sous l'empire ottoman. *Grand vizir,* premier ministre.

Vizyïnos (Georges) Prosateur et poète grec (1849-1896). Il déploya son talent de conteur, notamment dans ses nouvelles *Le Péché de ma mère* et *Le Seul Voyage de sa vie.*

Vladikavkaz ou **Vladicaucase** Ville de Russie, capitale de l'Ossétie-du-Nord, sur le Terek, dans le Caucase du Nord. 311 700 habitants. Important centre industriel.

Vladimir Ville de Russie, chef-lieu de région, sur la Kliazma, au N.-E. de Moscou. 340 700 habitants. Remarquables églises du XIIe s. Capitale de la principauté de Vladimir-Souzdal (1157-1339), elle devint la capitale religieuse du pays, avant d'être évincée par Moscou, puis absorbée par l'État moscovite au XIVe siècle.

Vladimir, la cathédrale Saint-Démétrius (XIIe s.).

Vladimir Ier Sviatoslavitch le Saint ou **le Grand** (v. 956-1015). Prince de Novgorod (970) et grand-prince de Kiev (980-1015). Il est considéré comme le fondateur de la Russie kiévienne. Converti au christianisme grec (v. 988), il s'attacha à réunir les peuples conquis (Slaves et Varègues).

Vladimir II Monomaque (1053-1125). Grand-prince de Kiev (1113-1125). Son *Instruction* est l'un des premiers ouvrages de littérature morale russe.

Vladivostok Ville de Russie, chef-lieu du territoire du Littoral, en Sibérie extrême-orientale, sur la mer du Japon. 594 701 habitants. Terminus du Transsibérien. Port d'attache de la flotte russe en Extrême-Orient. Université, centre de recherches scientifiques.

Vlaminck (Maurice de) Peintre, dessinateur, graveur et écrivain français (1876-1958). Marqué par Van Gogh, il peignit des paysages, ruraux et urbains, aux tons purs, violents et contrastés, s'affirmant comme l'un des « fauves » les plus virulents *(Les Arbres rouges).* Il subit l'attraction de Cézanne *(Nature morte)* avant de revenir à une figuration plus traditionnelle.

Vlaminck (Maurice de)

Maurice de Vlaminck, *Les Peupliers* (1910), Musée national d'art moderne, Centre Georges-Pompidou, Paris.

V

vlan **interj.** Onomatopée imitant un bruit fort et sec. *Et vlan, encore une porte qui claque !*

Vlassov **(Andreï Andreïevitch)** Général soviétique (1900-1946). Héros de l'Armée rouge, il se distingua lors de la Seconde Guerre mondiale. Fait prisonnier par les Allemands, il passa au service du Reich et organisa l'« armée de libération russe ». Livré par les Américains aux Soviétiques, il fut exécuté.

vlimeux, euse **adj.** et **n.** **(de** ***venimeux*****)** (Canada) fam. **1.** péj. Rusé, sournois. **2.** (enfant) Malicieux, espiègle. **– n.** *Une petite vlimeuse.*

Vlissingen voir **Flessingue**

vlog **n. m.** **(mot-valise anglais, de** ***v(ideo)*** **et** ***(b)log*****)** anglic. Blog dont le média est la vidéo.

Vlorë ou **Vlora** Ville du S. de l'Albanie, sur l'Adriatique. 79 948 habitants. Port et centre industriel. L'indépendance de l'Albanie y fut proclamée le 28 novembre 1912.

Vltava **n. f.** **(en allemand** ***Moldau*****)** Rivière de la République tchèque. 430 km. Elle prend sa source dans la forêt de Bohême et se jette dans l'Elbe à Mělník. Elle arrose České Budějovice et Prague. Nombreuses centrales hydroélectriques.

VO [veo] **n. f.** **(sigle)** Version originale. *Film en VO.*

vobulateur **n. m.** **(de l'anglais** ***to wobble*** **« osciller, vaciller »)** électron. Générateur d'un signal électrique dont la fréquence évolue selon une loi périodique.

vocable **n. m.** **(latin** ***vocabulum,*** **de** ***vocare*** **« appeler », de** ***vox*** **→ voix)** Mot d'une langue, considéré dans sa signification, sa valeur expressive.

vocabulaire **n. m.** **(du latin médiéval, de** ***vocabulum*** **→ vocable)** **1.** Dictionnaire succinct ou spécialisé. *Vocabulaire français-anglais.* **2.** Ensemble de mots (d'un texte ; disponibles). *Avoir un vocabulaire pauvre, réduit. Enrichir son vocabulaire.* **→ lexique.** **3.** Termes spécialisés (d'une science, d'un art, ou qui caractérisent une forme d'esprit). **→ terminologie.** *Vocabulaire juridique, technique.*

vocal, ale, aux **adj.** **(latin** ***vocalis,*** **de** ***vox, vocis*** **→ voix)** **1.** Qui produit la voix. *Organes vocaux. Cordes vocales.* **2.** De la voix. *Technique vocale,* du chant. **–** Écrit pour le chant, chanté. *Musique vocale* (opposé à *instrumental*). **3.** Qui utilise la voix, naturelle ou artificielle. *Serveur vocal. Boîte vocale,* permettant la réception et l'enregistrement de messages sonores. *Appareil à commande vocale.*

vocalement **adv.** didact. En utilisant la voix, la parole. **→ oralement.**

vocalique **adj.** **(du latin** ***vocalis*****)** Qui a rapport aux voyelles. *Le système vocalique d'une langue.*

vocalise **n. f.** **(de** ***vocaliser*****)** Suite de sons produite par un chanteur qui vocalise. *Faire des vocalises.*

vocaliser **v.** **< 1 >** **(de** ***vocal*****)** **1. v. tr.** Changer en voyelle. *Vocaliser une consonne.* **– pronom.** *Le l s'est vocalisé.* **2. v. intr.** Chanter, en parcourant une échelle de sons et sur une seule syllabe. □ **n. f. vocalisation**

vocalisme **n. m.** phonét. Système des voyelles (d'une langue, d'un discours).

vocatif **n. m.** **(latin** ***vocativus,*** **de** ***vocatum*** **→ vocation)** gramm. Dans les langues à déclinaisons, Cas employé pour s'adresser directement à qqn, à qqch. *Vocatif latin, grec.* ■ Construction, phrase exclamative par laquelle on s'adresse directement à qqn, à qqch. *Le « ô » vocatif.*

vocation **n. f.** **(latin** ***vocatio,*** **de** ***vocatum,*** **supin de** ***vocare*** **« appeler »)** **1.** Mouvement intérieur par lequel on se sent appelé par Dieu. *Avoir, ne pas avoir la vocation.* **2.** Inclination, penchant (pour une profession, un état). **→ attirance, disposition, goût.** *Suivre sa vocation. Vocation artistique.* **3.** Destination (d'une personne, d'un peuple, d'un pays). **→** mission. *La vocation industrielle, touristique d'un pays.*

vocéro [vɔseʀo] ou **vocero** [vɔtʃeʀo ; vɔseʀo] **n. m.** **(du corse** ***voceru*****)** En Corse, Chant funèbre exécuté par une pleureuse (*vocératrice* ou *voceratrice* [voseʀatʀis] **n. f.**) pour un défunt. *Des vocéros ou des voceri.*

vociférateur, trice **n.** littér. Personne qui vocifère.

vocifération **n. f.** **(latin** ***vociferatio*** **« clameur » → vociférer)** Parole bruyante, prononcée dans la colère. *Pousser des vociférations.* **→ cri, hurlement.**

vociférer **v. intr.** **< 6 >** **(latin** ***vociferare,*** **de** ***vox, vocis*** **→ voix et** ***ferre*** **« apporter » → -fère)** Parler en criant et avec colère. **→ hurler** ; fam. **gueuler.** *Vociférer contre qqn.* **→ vitupérer.** **–** trans. *Vociférer des injures.*

vocodeur **n. m.** **(de l'anglais** ***vo[ice] coder*** **« appareil qui code la voix »)** électron. Appareil qui analyse les sons et permet la synthèse de la voix.

vodka **n. f.** **(mot russe, diminutif de** ***voda*** **« eau »)** Eau-de-vie de grain (seigle, orge) en général blanche. *Vodka russe, polonaise.*

Vodnik **(Valentin)** Poète slovène (1758-1819). Son ode la plus populaire, *Le Réveil de l'Illyrie,* contribua à la renaissance littéraire slovène.

vœu **n. m.** **(vient du latin** ***votum,*** **de** ***vovere*** **→ vouer)** **1.** Promesse faite à Dieu ; engagement religieux **(→ votif ; vouer).** *Les trois vœux* (pauvreté, chasteté, obéissance), prononcés en entrant en religion. *Vœux monastiques. Faire vœu de pauvreté.* **2.** Engagement pris envers soi-même. **→ résolution.** *Faire le vœu de ne plus fumer.* **3.** Souhait que s'accomplisse qqch. *Mon vœu a été exaucé. Vœu pieux,* sans espoir de réalisation. **–** au plur. Souhaits. *Vœux de bonne année. Envoyer ses vœux.* **4.** Demande, requête. *Les assemblées consultatives n'émettent que des vœux.* **→ résolution.** **5.** Demande officielle d'affectation (d'un fonctionnaire ; d'un élève).

Voevodsky **(Vladimir)** Mathématicien russe (1966-2017). À partir des travaux de Grothendieck, il a défini un lien nouveau entre géométrie algébrique et topologie « cohomologie motivique ». Médaille Fields 2002.

Vôge **n. f.** Région boisée du S. de la Lorraine, au S.-O. des Vosges. Stations thermales (Plombières-les-Bains).

Vogel **(Hermann Karl)** Astronome allemand (1841-1907). Il fut le premier à mesurer la vitesse de rotation du Soleil.

Vogelsberg **n. m.** Massif volcanique d'Allemagne, au cœur de la Hesse. Il culmine à 772 m au Taufstein. De nombreuses rivières (Fulda, Kinzig, Lahn, Nidda, Nidder, Schwalm, Wetter) y prennent leur source.

vogoul ou **vogoule** **n. m.** et **adj.** **(mot russe)** ling. Langue ougrienne parlée dans l'Oural. *Le vogoul et l'ostiak.* **– adj.** *Les parlers vogouls.*

Vogoules ou **Voghuls** **n. m. pl.** Tribus d'origine finno-ougrienne de la Sibérie occidentale (Khantia-Mansia), à l'E. de l'Oural. Appelés aussi Mansis, ils parlent une langue ob-ougrienne, le vogoul ou mansi. Ils vivent de la pêche, de la chasse et de l'élevage de rennes.

Vogt **(Karl)** Naturaliste allemand (1817-1895). Exclu de l'enseignement en Allemagne pour ses idées politiques socialistes, il fut professeur de géologie et de zoologie à Genève. Matérialiste, il défendit la théorie évolutionniste de Darwin. *Leçons sur l'homme ; Traité de géologie et des pétrifications.*

¹vogue **n. f.** **(de** ***voguer,*** **au fig. « impulsion »)** État de ce qui est apprécié momentanément du public. *Ce chanteur connaît une vogue extraordinaire.* **→ succès.** **–** ***En vogue :*** actuellement très apprécié. **→ ¹mode.** *Il n'est plus en vogue.* **→ démodé.**

²vogue **n. f.** **(probablt de** ***¹vogue*** **→ voguer)** régional Fête, foire annuelle.

Vogüé [vɔgɥe] **(Eugène Melchior, vicomte de)** Écrivain français (1848-1910). Il contribua à faire connaître en France les écrivains russes du XIXᵉ s. *Cœurs russes ; Histoire et Poésie,* essais ; *Jean d'Agrève,* roman.

voguer **v. intr.** **< 1 >** **(probablt du latin** ***vogare,*** **d'origine incertaine)** littér. Avancer avec des rames **(→ nager, ¹ramer).** **–** Avancer sur l'eau. **→ naviguer.** ■ loc. *Vogue la galère ! :* advienne que pourra !

voici **prép.** **(de** ***vois*** **→ voir et** ***ci*** **→ ici)** **1.** Désigne une chose ou une personne relativement proche (alors opposé à *voilà*). *Voici mon père, le voici qui arrive.* **–** littér. *Voici venir... :* voici... qui vient. **2.** Désigne ce qui arrive, approche, commence à se produire. *Voici la pluie.* ■ Désignant ce dont il va être question. *Voici ce dont je veux te parler. En voici un exemple éclairant.* **3.** (présentant un n., un pronom caractérisé) **→ voilà.** *Te voici tranquille,* tu es tranquille, maintenant. *Voici nos amis enfin arrivés.* **–** littér. (suivi d'une complétive) *« Et voici que le monde est un objet utile »* (Éluard). *Voici comment il faut faire.* **4.** littér. Il y a (un certain temps). **→ voilà.** *Voici un an.*

voie **n. f.** **(vient du latin** ***via*** **→ convoi, dévoyé, voyage)** **I.** concret **1.** Espace à parcourir pour aller quelque part. **→ chemin, passage.** *Trouver, suivre ; perdre, quitter une voie, la bonne voie.* ■ loc. fig. *La Voie lactée** (ou *chemin de Saint-Jacques*). **2.** Cet espace, lorsqu'il est tracé et aménagé. **→ artère, chemin, route, ¹rue.** *Les grandes voies de communication d'un pays* (y compris les voies ferrées et voies navigables, ci-dessous, 4 et 5). **–** (collectif) *La voie publique* (faisant partie du domaine public), destinée à la circulation. ■ Route ou rue. *Voie*

Voie sacrée

Arrivée des renforts, en avril 1916 par la route menant de Bar-le-Duc à Verdun, baptisée Voie sacrée.

étroite, prioritaire, à sens unique. Voie express : route à circulation rapide. → **autoroute.** *Voie sur berge.* – Partie d'une route de la largeur d'un véhicule. *Route à trois, à quatre voies.* **3.** Grande route pavée de l'Antiquité. *Les voies romaines.* – loc. *Voie sacrée,* commémorant un itinéraire (religieux, militaire). **4.** *Voie ferrée ; voie :* ensemble des rails mis bout à bout. → **chemin de fer.** *Ligne à voie unique.* – *Voie de garage*.* **5.** *Voies navigables :* les fleuves et canaux. **6.** (collectif) *La voie maritime, aérienne :* les déplacements, transports par mer, air. **II.** par ext. **1.** chasse Lieux par lesquels est passée la bête. *Les chiens suivent la voie.* – loc. fig. *Mettre qqn sur la voie,* l'aider à trouver. ■ Trace laissée par une voiture. – techn. Écartement des roues. **2.** Passage. – loc. ***Voie d'eau*** *:* ouverture accidentelle par laquelle l'eau peut pénétrer dans un navire. *Calfater une voie d'eau.* ■ Passage, conduit anatomique. *Les voies digestives, respiratoires, circulatoires.* – *Médicament à prendre par voie buccale, orale.* – *Accoucher par voie basse,* par les voies naturelles (opposé à *par césarienne*). ■ anat. Ensemble de structures nerveuses (d'une fonction sensorielle ou de la fonction motrice). *La voie olfactive, optique.* **III.** abstrait **1.** Conduite, suite d'actes orientés vers une fin et considérée comme un chemin que l'on peut suivre. → **chemin, ligne, route.** *Préparer la voie :* faciliter les choses à faire en réduisant les obstacles. *Ouvrir la voie.* → **passage.** *Être dans la bonne voie,* en passe de réussir. *Trouver sa voie,* la situation où l'on est bien. ■ *Les voies de Dieu, de la Providence,* ses desseins, ses intentions. **2.** Conduite suivie ou à suivre ; façon de procéder. → [2]**moyen.** *Opérer par la voie la plus simple, par une voie détournée.* – loc. ***Voie de fait*** *:* violence ou acte matériel insultant. *Voies de fait sur agent de la force publique.* **3.** Intermédiaire qui permet d'obtenir ou de faire qqch. *Réclamer par la voie hiérarchique.* – loc. *Par voie de conséquence :* en conséquence. **4.** ***En voie de,*** se dit de ce qui se modifie dans un sens déterminé. *Pays en voie de développement.* **IV.** vieux Quantité (de bois, de charbon, d'eau...) portée en un seul voyage.

Voie lactée n. f. Vaste nébulosité semblant se développer autour du ciel comme une ceinture irrégulière et qui n'est en fait que l'apparence de la Galaxie pour un observateur se trouvant à l'intérieur du système solaire.

La Voie lactée compte entre 200 et 400 milliards d'étoiles.

voilà prép. (de *vois* → voir et *là*) **1.** Désigne une personne ou une chose, quand elle est relativement éloignée (alors opposé à *voici*) ; par ext. une personne, une chose (en général → **voici**). *Le voilà, c'est lui. Voilà notre ami qui vient.* ■ ***En voilà*** **loc. adv. :** voilà de ceci. *En voilà pour dix euros. En veux-tu en voilà :* beaucoup, tant qu'on en veut. – Exclamatif pour mettre en relief. *En voilà des manières !* ■ *Voilà !,* interjection qui répond à un appel, à une demande. *Voilà, voilà, j'arrive ! :* attendez, j'arrive. **2.** Désignant les choses dont il vient d'être question dans le discours (opposé à *voici*). *Voilà les informations dont nous disposons. Voilà ce que c'est de* (+ inf.), telles en sont les conséquences. *Voilà tout.* – *En voilà assez :* cela suffit, je n'en supporterai pas davantage. – construit avec *qui,* en valeur neutre *Voilà qui est bien :* c'est bien. – (avec une valeur exclamative) C'est (ce sont) bien..., c'est vraiment. *Voilà bien les hommes. Ah ! voilà ! :* c'était donc ça. **3.** présentant un n., un pronom (caractérisé) *Nous voilà arrivées. Nous voilà bien ! Nous voilà frais... !* – (avec un compl. de lieu) *Nous voilà à la maison.* – loc. fig. *Nous y voilà :* nous abordons enfin le problème, la question. – (suivi d'une complétive) *Soudain, voilà que l'orage éclate. Voilà comment, pourquoi...* ■ vieux *(Ne) voilà pas :* voilà donc, bien qu'on ne s'y attendait pas. – vieilli *Ne voilà-t-il pas.* mod. *Voilà-t-il* [ti] *pas. « Nous prenons Moscou. Voilà-t-il pas que les Russes brûlent leur ville ! »* (Balzac). **4.** présentant ou soulignant un argument, une objection *C'était simple, seulement voilà, personne n'y avait pensé.* **5.** Il y a (telle durée). *Voilà quinze jours que je suis partie.*

voilage n. m. (de [2]*voile*) Grand rideau de voile.

[1]voile n. m. (vient du latin *velum* → vélum) **I.** Morceau d'étoffe destiné à cacher. **1.** Étoffe qui cache une ouverture ou dont on couvre un monument, une plaque. **2.** Morceau d'étoffe destiné à cacher le visage, ou le front et les cheveux (pour des motifs religieux, esthétiques, hygiéniques). *Voile des musulmanes, voile islamique.* → **abaya, burqa, haïk, hidjab, niqab, tchador.** *Porter le voile. Voile de religieuse.* loc. *Prendre le voile :* se faire religieuse. – *Voile blanc de mariée.* **3.** Tissu léger et fin. *Voile de coton, de soie, de laine. Voile pour faire des rideaux.* → **voilage.** **II.** fig., littér. **1.** Ce qui cache qqch. *« D'un voile d'amitié j'ai couvert mon amour »* (Racine). *Étendre, jeter un voile sur qqch. :* cacher ou condamner à l'oubli. *Lever le voile :* révéler qqch. → **dévoiler.** **2.** Ce qui rend moins net, ou obscurcit. *Un léger voile de brume.* – Partie anormalement obscure ou floue d'une épreuve photographique surexposée. – méd. *Voile au poumon :* diminution de la transparence d'une partie du poumon, visible à la radiographie. **III.** ***Voile du palais*** *:* cloison musculaire et membraneuse, à bord inférieur libre et flottant, qui sépare la bouche du pharynx. *Son articulé près du voile du palais.* → **vélaire.**

[2]voile n. f. (latin pop. *vela,* de *velum*) **1.** Morceau de forte toile ou de textile synthétique, destiné à recevoir l'action du vent pour faire avancer un bateau. *Bateau à voiles.* → **voilier.** *Naviguer à la voile. Hisser, mettre les voiles,* pour faire avancer le bateau. *La grand-voile :* la principale voile du grand mât. *Des grands-voiles.* – loc. *Avoir le vent dans les voiles :* être en train de réussir (→ **avoir le vent en poupe**). – loc. fam. *Avoir du vent dans les voiles :* se dit d'une personne ivre qui ne marche pas droit. – *Mettre toutes les voiles dehors :* fig. déployer tous les moyens. – fam. *Mettre les voiles :* s'en aller, partir. **2.** *La voile,* navigation à voile. – Sport nautique sur voilier. → **plaisance.** *Faire de la voile. École de voile.* **3.** ***Vol à voile*** *:* pilotage des planeurs. **4.** *Planche* à voile* (→ **véliplanchiste**). *Char à voile.*

voilement n. m. (de [2]*se voiler*) État d'une pièce voilée. *Voilement d'une planche.*

[1]voiler v. tr. < 1 > (de [1]*voile*) **1.** Couvrir, cacher d'un voile ; étendre un voile sur. *Voiler une statue. Se voiler le visage :* porter le voile. – loc. (allusion biblique) ***Se voiler la face*** *:* refuser de voir ce qui indigne. **2.** littér. Dissimuler. → **estomper, masquer.** *Il tente de voiler la vérité.* **3.** Rendre moins visible, moins net. → **obscurcir.** ■ **se voiler v. pron.** **1.** Porter le voile. *Musulmane qui se voile.* **2.** Perdre son éclat, se ternir. *Regard qui se voile. Le ciel se voile,* se couvre. **3.** (voix) Perdre sa netteté, sa sonorité. ■ **voilé, ée adj.** **1.** Couvert d'un voile. *Femmes voilées.* – fig. *Un ciel voilé.* **2.** Rendu obscur. *En termes voilés. Des reproches voilés.* **3.** Qui a peu d'éclat, de netteté. *Regard voilé.* → **terne.** – Qui présente un voile. *La photo est voilée.* **4.** Qui émet des sons sans clarté.

[2]se voiler v. pron. < 1 > (de [2]*voile* « prendre la forme bombée d'une voile ») Se déformer, ne plus être plan. → **gauchir.** *Étagère qui se voile.* – au p. p. *Sa bicyclette a une roue voilée.*

voilerie n. f. Atelier pour la confection et la réparation des voiles de bateau.

Voiles n. f. pl. Constellation appartenant au groupe du Navire Argo, dans l'hémisphère austral.

voilette n. f. (de [1]*voile*) Petit voile transparent sur un chapeau de femme, et qui peut couvrir le visage.

voilier n. m. (de [2]*voile*) **I.** Bateau à voiles. *Les grands voiliers d'autrefois.* ■ Bateau de sport ou de plaisance, qui avance à la voile. *Faire du voilier. Course de voiliers.* → **régate.** **II.** n. Professionnel qui fait ou répare les voiles. *Un maître voilier.* - Au fém. on trouve une voilière. **III.** n. m. Oiseau à longues ailes, capable d'utiliser les courants aériens.

voilure n. f. (de [2]*voile*) **1.** Ensemble des voiles d'un bâtiment. *Le centre de voilure ou point vélique*.* **2.** Ensemble des surfaces portantes d'un avion. – Toile d'un parachute.

voir v. < 30 > (d'abord *veder ;* vient du latin *videre,* d'une racine signifiant « connaître ») **I. v. intr.** Percevoir les images des objets par le sens de la vue. *Les aveugles ne voient pas* (→ **non-voyant**). *Ne voir que d'un œil* (→ **borgne**). *Voir trouble. Je ne vois pas clair.* – loc. *Voir loin :* prévoir. **II. v. tr. dir. 1.** Percevoir (qqch.) par les yeux. *Voir qqch. de ses yeux, de ses propres yeux. Je l'ai à peine vu.* → **apercevoir, entrevoir.** *Cela fait plaisir à voir. C'est à voir :* cela mérite d'être vu. *J'ai vu cela dans le journal.* → [1]**lire.** ■ loc. *Voir le jour :* naître ; (choses) paraître. ■ ***Faire voir*** *:* montrer. *Faites-moi voir ce livre.* – (personnes) *Se faire voir :* se montrer. *« Il y a des endroits où il faut se faire voir »* (La Bruyère). – loc. fam. *Va te faire voir ! :* va au diable. ■ ***Laisser voir*** *:* permettre qu'on voie ; ne pas cacher. *Ne pas laisser voir son trouble.* ■ Avoir l'image de (qqn, qqch.) dans l'esprit. → **se représenter.** *Ma future maison, je la vois en Bretagne.* – loc. fam. *Tu vois ça d'ici ! :* tu imagines. ■ ***Voir...*** (+ inf.) *Je vois tout tourner.* – loc. *Je te vois venir :* tes intentions sont connues. *Il faut voir venir,* attendre. – (sujet chose) *Le pays qui l'a vue naître,* où elle est née. *Ce journal a vu son tirage augmenter.* ■ ***Voir...*** (+ attribut) *Je voudrais la voir heureuse. Vous m'en voyez ravi, navré.* – loc. fam. *Je voudrais vous y voir !* (dans cet état, cette situation) : à ma place vous ne feriez pas mieux. **2.** Être spectateur, témoin de (qqch.). *Voir une pièce de théâtre.* → **assister à.** – *Voir une ville, un pays,* y aller, visiter. loc. (trad. d'un dicton italien) *Voir Naples et mourir.* – *Voir du pays*.* – loc. fam. *On aura tout vu :* c'est le comble. *J'en ai vu (bien) d'autres ! :* j'ai vu pire. *En faire voir (de toutes les couleurs) à qqn,* le tourmenter. **3.** Être, se trouver en présence de (qqn). *Je l'ai déjà vu.* → **rencontrer.** *Elle ne veut voir personne.* → **recevoir ; fréquenter.** *Aller voir qqn,* lui rendre visite. – fam. *Je l'ai assez vu,* j'en suis las. *Je ne peux pas le voir, pas le voir en peinture :* je le déteste. → **sentir.** **4.** Regarder attentivement, avec intérêt. → **examiner.** *Il faut voir cela de plus près. Voyez ci-dessous.* – *Voir un malade,* l'examiner. ■ Avoir une vision complète. *« On ne voit rien quand on se contente de regarder »* (Rousseau). – absolt *« Apprendre à voir est le plus long apprentissage de tous les arts »* (Goncourt). **5.** fig. Se faire une opinion sur (qqch.). – absolt *Nous allons voir,* réfléchir (avant un choix). *On verra :* on avisera plus tard. *C'est tout vu :* c'est tout décidé. – prov. *Qui vivra verra :* l'avenir seul permettra de juger. – *On verra bien ! :* attendons la suite des évènements. ■ ***Pour voir*** *:* pour se faire une opinion. – en menace *Essaie un peu, pour voir !* ■ ***Voir que, comme, combien...*** → **constater.** *Voyez comme le hasard fait bien les choses !* ■ ***Voir si...*** *Voyez si elle accepte,* informez-vous-en. ■ (en incise) *Vois-tu, voyez-vous,* appuie une opinion en invitant à la réflexion. ■ ***Voir,*** après un v. sans compl. : pour voir. fam. *Voyons voir ! Écoutez voir !* ■ ***Voyons !,*** s'emploie pour rappeler à

V

Voisin (les frères)

Biplan conçu par les frères Voisin (1908).

la raison, à l'ordre. *Un peu de bon sens, voyons !* **6.** Se représenter par la pensée. → **concevoir, imaginer.** *Voir la réalité telle qu'elle est. Vous voyez, tu vois ce que je veux dire. Je vois !* : je comprends fort bien. ▪ *Voir grand* : avoir de grands projets. – *Elle voyait en lui un ami,* elle le considérait comme... **7.** ***Avoir qqch. à voir*** *(avec, dans)* : avoir une relation, un rapport avec (seulement avec *pas, rien, peu*). *Je n'ai rien à voir dans cette affaire* : je n'y suis pour rien. – absolt *Cela n'a rien à voir !* : c'est tout différent. **III. v. tr. ind.** ***Voir à*** **(+ inf.)** : songer, veiller à. *Nous verrons à vous dédommager.* – fam. *Il faudrait voir à voir !* (menace, avertissement). ■ **se voir v. pron. 1.** (réfl.) Voir sa propre image. *Se voir dans la glace.* – (avec un attribut d'objet, un compl.) *Elle ne s'est pas vue mourir.* → **sentir.** – (semi-auxiliaire) *Elle s'est vue contrainte de renoncer* : elle fut, elle se trouva contrainte... *Elle s'est vu refuser l'entrée,* on lui a refusé... – S'imaginer. *Ils se voyaient déjà gagnants, au bout de leurs peines.* **2.** (récipr.) Se rencontrer, se trouver ensemble. *Ils ne se voient plus.* → **se fréquenter.** – loc. fig. *Ils ne peuvent pas se voir* : ils se détestent. → **se sentir. 3.** (passif) Être, pouvoir être vu. *Une pièce qui se voit avec plaisir.* – Être remarqué, visible. *La retouche ne se voit pas.* – Se rencontrer, se trouver. *Cela se voit tous les jours* : c'est fréquent. *Cela ne s'est jamais vu* : c'est impossible.

voire adv. (vient du latin pop. *vera,* de *verus* → **vrai**) **1.** vieux Vraiment. **2.** vieux ou plais. *Voire !,* marque le doute. **3.** (employé pour renforcer une assertion, une idée) Et même. *Plusieurs mois, voire un an.*

voirie n. f. (de *voyer,* avec influence de *voie*) Aménagement et entretien des voies, des chemins ; administration publique qui s'occupe de l'ensemble des voies de communication. *Travaux de voirie.* ▪ plus cour. Enlèvement quotidien des ordures dans les villes. *Service de voirie.*

Voiron Commune de l'Isère, sur la Morge. 20 332 habitants. Centre industriel (contructions mécaniques).

voisé, ée adj. (de *voix*) phonét. Qui est caractérisé par la vibration des cordes vocales. *Consonne voisée,* sonore. *Consonne non voisée,* sourde.

voisement n. m. phonét. Résonance produite par la vibration des cordes vocales, lors de l'articulation.

Voisenon (Claude-Henri Fuzée de) Écrivain français (1708-1775). Ecclésiastique mondain fréquentant les salons, il écrivit des contes libertins *(Histoire de la félicité),* des poésies galantes et des comédies *(L'Heureuse Ressemblance ; La Coquette fixée).*

voisin, ine (vient du latin *vicinus* → **vicinal**) **I. adj. 1.** Qui est à une distance relativement petite. → **proche, rapproché ; avoisiner.** – Qui touche, est à côté. *La pièce voisine.* → **attenant, contigu.** *Les pays voisins.* → **limitrophe.** – Proche dans le temps. *Les années voisines de 1789.* **2.** Qui présente un trait de ressemblance, une analogie. *Espèces voisines.* – *Voisin de...* : qui se rapproche de. *Un état voisin du coma.* → **proche. II. n. 1.** Personne qui vit, habite le plus près. *Ses voisins de palier.* – Personne qui occupe la place la plus proche. *Mon voisin de table. Sa voisine de droite.* **2.** Autrui. *Envier le sort du voisin.* → **prochain.**

Voisin (Catherine Deshayes, épouse **Monvoisin,** dite **la)** Aventurière française (v. 1640-1680). Impliquée dans l'affaire des Poisons et accusée d'avoir pratiqué la sorcellerie, elle fut condamnée à mort et brûlée en place de Grève.

Voisin (les frères) Ingénieurs et industriels français. Gabriel **Voisin** (1880-1973) et Charles **Voisin** (1882-1912) furent en France les premiers constructeurs d'avions à l'échelle industrielle.

Voisin (Claire) Mathématicienne française (née en 1962). Professeur au Collège de France, membre de l'Académie des Sciences et médaille d'or du CNRS (2016), elle est spécialiste de géométrie algébrique.

Claire Voisin à sa table de travail, en 2015.

voisinage n. m. **1.** Ensemble des voisins. → **entourage.** *Tout le voisinage est venu.* **2.** Relations entre voisins. *Vivre en bon voisinage avec qqn.* **3.** Proximité. *Le voisinage de la mer.* **4.** Espace qui se trouve à proximité, à faible distance. *Les maisons du voisinage,* qui sont dans le voisinage. → **environs, parages.** ▪ math. *Voisinage d'un point,* ensemble ouvert contenant ce point.

voisiner v. intr. ‹ 1 › **1.** vieux ou littér. Visiter, fréquenter ses voisins. **2.** *Voisiner avec* : être placé près de. → **avoisiner.**

voiturage n. m. vieilli Transport en voiture.

voiture n. f. (vient du latin *vectura* → **vecteur,** de *vehere* → **véhicule**) **1.** Véhicule monté sur roues, tiré ou poussé par un animal, un homme. *Voiture attelée.* – vieux *Voiture de place,* de location. *Voiture à bras,* poussée ou tirée par des personnes. – *Voiture d'enfant,* dans laquelle on promène les bébés. → **landau, poussette. 2.** Véhicule automobile. → **auto, automobile ;** fam. **bagnole, caisse, ²tire.** *Voiture de course, de sport, de tourisme. Voiture électrique. Voiture autonome*.* – *Voiture neuve, d'occasion.* – *Accident de voiture.* – *Conduire, garer sa voiture.* – ***Voiture-balai,*** qui recueille les coureurs cyclistes qui abandonnent. *Des voitures-balais.* – ***Voiture-bélier*** : véhicule utilisé comme bélier (I, 2) pour défoncer une vitrine et commettre un cambriolage. *Des voitures-béliers.* **3.** chemins de fer Grand véhicule, roulant sur des rails, destiné aux voyageurs (opposé à *wagon* [de marchandise]). *Voiture de tête, de queue ; de première, de seconde classe.* – loc. *En voiture !* : montez dans le train ; le train va partir.

Voiture (Vincent) Poète et épistolier français (1597-1648). Ses *Poésies* et ses *Lettres* sont écrites dans un style précieux.

voiture-bar n. f. Voiture d'un train aménagée en bar. *Des voitures-bars.* → **wagon-bar.**

voiturée n. f. Contenu d'une voiture. – Les personnes transportées dans une voiture.

voiture-lit n. f. Wagon-lit. *Des voitures-lits.*

voiturer v. tr. ‹ 1 › **1.** vieux Transporter. « *Voiturez-nous ici les commodités de la conversation* » (Molière) : apportez-nous les fauteuils (en langage des précieux). **2.** fam. Transporter en voiture. → **véhiculer.**

voiturette n. f. Petite voiture. *Une voiturette électrique.*

voiturier, ière n. Personne chargée de garer les voitures des clients. *Voiturier d'un grand restaurant.*

voïvode n. m. (mot slave « chef d'armée ») hist. Gouverneur militaire (Europe orientale). – Titre de prince (Roumanie, Bulgarie). ▪ mod. En Pologne, Préfet, chef d'une voïvodie. □ **n. m. voïvodat**

voïvodie n. f. hist. Gouvernement d'un voïvode. – mod. En Pologne, District administratif.

Voïvodine ou **Vojvodine** n. f. Province autonome de Serbie. 21 506 km². 2 031 992 habitants. Capitale : Novi Sad. La Voïvodine fut repeuplée au XVIIe s., après la domination ottomane, par des colons venus de toute l'Europe centrale. La population serbe s'y renforça après l'expulsion de la minorité allemande (1945), puis dans le contexte des guerres yougoslaves (1991-1995).

voix n. f. (vient du latin *vox, vocis* → **vociférer**) **I. 1.** Ensemble des sons produits par les vibrations des cordes vocales (→ **vocal ; phon(o)-**). *Rester sans voix* (→ **muet**). *Perdre la voix* (→ **aphone**). *Une voix forte, puissante, bien timbrée ; une grosse voix. Voix faible, cassée, chevrotante. Voix aiguë, perçante. Voix de crécelle, de fausset. Voix grave, basse.* – *Éclats de voix.* – *Avoir de la voix* : une voix appropriée au chant. *Forcer sa voix. Une belle voix.* ▪ ***La voix,*** organe de la parole. loc. *De vive voix* : en parlant ; oralement. – *Parler à voix basse, à mi-voix*, à voix haute. Élever, baisser la voix. Couvrir la voix de qqn,* parler plus fort que lui. – *Être, demeurer sans voix,* muet. *Avoir des larmes dans la voix.* – *Voix de synthèse, voix artificielle,* reconstituée par des moyens informatiques. **2.** Parole. *Obéir à la voix d'un chef.* – loc. *De la voix et du geste.* – *Entendre des voix,* avoir des hallucinations auditives. **3.** La personne qui parle (avec *dire, crier, faire...*). *Une voix lui cria d'entrer.* **4.** Cri (d'un animal). *Chien qui donne de la voix.* ▪ Bruit, son (d'instruments de musique, de phénomènes de la nature, de certains objets). « *La grosse voix du canon couvrait tout* » (Hugo). **II. fig. 1.** Ce que l'être humain ressent en lui-même, qui l'avertit, l'inspire. *La voix de la conscience, de la raison.* **2.** Expression de l'opinion. → **avis, jugement.** *La voix du peuple.* ▪ Droit de donner son opinion dans une assemblée, une élection. → **suffrage, vote.** *Avoir voix consultative.* – *Donner sa voix à un candidat,* voter pour lui. ▪ Suffrage exprimé. *Gagner des voix. Faire le plein des voix.* **III.** gramm. Aspect de l'action verbale, suivant que l'action est considérée comme accomplie par le sujet *(voix active),* ou subie par lui *(voix passive).* → **forme.** *Voix pronominale.*

▶ La **voix** jouit d'un statut particulier dans l'univers musical : moyen d'expression commun à toute l'humanité, elle est un véhicule privilégié des émotions et de l'intime.

La voix chantée repose sur les mêmes principes que la voix parlée : mise en vibration des cordes vocales par de l'air sous pression fourni par les poumons, et résonance dans les cavités supralaryngées que sont le pharynx, les cavités buccale et nasale. Mais la voix d'un chanteur fait appel à un spectre de fréquences plus large que la voix parlée, et à des harmoniques particulières qui constituent sa signature.

Il existe une classification des voix, du plus aigu au plus grave : soprano, mezzo, alto pour les voix de femmes ; ténor, baryton, basse pour les hommes. On parle de *tessiture* pour désigner l'étendue des notes qu'un chanteur peut atteindre sans forcer, et d'*ambitus* pour désigner l'étendue totale de la voix, notes extrêmes comprises.

Dans la musique classique occidentale, c'est à la Renaissance que la voix a pris toute son importance pour devenir « l'instrument » premier de l'opéra.

Chaque voix peut évoluer dans différents registres : la voix de poitrine et la voix de tête. L'art du chanteur lyrique consiste à passer de l'une à l'autre de manière insensible, alors que ce passage se fait de manière abrupte dans certaines techniques vocales (comme lorsque les Tyroliens *iodlent*). Les registres sont utilisés différemment suivant les cultures ; le placement de voix d'un chanteur de l'opéra de Pékin (voix nasale) n'a rien à voir avec

celui d'un chanteur vietnamien (voix de tête), ou d'un moine tibétain (voix grave).
L'apprentissage vocal a pour but d'éduquer la voix pour lui permettre d'atteindre l'homogénéité et la puissance sur tous les registres. Cette formation passe par la construction d'un schéma corporel et mental associé aux différents sons, et par la nécessité de contrôler avec souplesse les différents muscles impliqués dans la production du son.
Un travail inadapté peut conduire à des pathologies de la voix, d'autant plus graves pour un chanteur professionnel que chaque voix est unique et irremplaçable.
voir aussi **art choral, polyphonie, world music**

Vojnović (Ivo) Conteur et auteur dramatique croate (1857-1929). Ses drames témoignent d'une grande finesse psychologique. *La Résurrection de Lazare.*

¹vol n. m. (de ¹voler) **1.** Action de voler (¹) ; ensemble des mouvements coordonnés faits par les animaux capables de se maintenir et de se déplacer en l'air. *Le vol des oiseaux, des insectes. Prendre son vol :* s'envoler ; fig. améliorer sa position, sa situation. → **essor.** – ***Au vol*** : rapidement au passage. *Attraper une balle au vol. Cueillir une impression au vol. – Dix kilomètres à vol d'oiseau*.* – ***De haut vol*** : de grande envergure. *Un escroc de haut vol.* → **volée. 2.** Fait, pour un engin, de se soutenir et de se déplacer dans l'air. *Altitude, vitesse de vol d'un avion. Vol au-dessus d'un lieu.* → **survol.** *Durée de vol. Vol plané. « Vol de nuit »* (œuvre de Saint-Exupéry). – *En vol, en plein vol :* pendant le vol (se dit de l'engin, de son pilote, des passagers). – *Un vol,* déplacement en vol. *Le vol pour Moscou est retardé. Vols domestiques* (anglic.), intérieurs. ■ ***Vol à voile :*** manœuvre des planeurs. – ***Vol libre,*** au moyen d'un deltaplane, d'un parapente. ■ Fait, pour un engin spatial, de se déplacer dans l'espace ; ce déplacement. *Vol habité.* **3.** Distance parcourue en volant (par un oiseau, un insecte) ; fait de voler d'un lieu à un autre. *Les vols migrateurs.* **4.** La quantité (d'oiseaux, d'insectes) qui se déplacent ensemble dans l'air. → **volée.** *Un vol de grues. Un vol de sauterelles.* → **nuage, nuée.**

²vol n. m. (de ²voler) **1.** Fait de s'emparer du bien d'autrui (→ **²voler**), par la force ou à son insu. *Commettre un vol. Vol avec effraction ; à main armée.* → **attaque, hold-up.** *Vol à l'étalage, à l'arraché. – Assurance contre le vol.* **2.** Fait de faire payer à autrui plus qu'il ne doit, ou de ne pas donner ce que l'on doit. *C'est du vol, du vol qualifié :* c'est beaucoup trop cher. → **escroquerie, fraude.**

volage adj. (vient du latin *volaticus,* de *volare* → ¹voler) Qui change souvent et facilement de sentiments ; qui se détache facilement. – spécialt (dans les relations amoureuses) → **frivole, inconstant, léger.** *Mari volage. – Être d'humeur volage.*

volaille n. f. (vient du bas latin *volatilia,* de *volatilis* → volatil, volatile) **1.** Ensemble des oiseaux qu'on élève (→ **aviculture**) pour leurs œufs ou leur chair. **2.** Viande de volaille. *Quenelles de volaille.* **3.** *Une volaille :* oiseau de bassecour. → **volatile.**

volailler, ère n. Marchand(e) de volailles.

volailleur, euse n. Éleveur, producteur de volailles.

¹volant, ante adj. **1.** Capable de s'élever, de se déplacer dans les airs (pour un être ou un objet qui n'en est pas capable, en règle générale). *Poisson volant.* → **¹exocet.** *Soucoupe volante. Objet volant non identifié.* → **ovni.** – *Personnel volant* (opposé à *rampant*). → **navigant. 2.** Qui n'est pas à un poste fixe, intervient en fonction des besoins. *Brigade volante.* **3.** Qui peut être déplacé facilement. *Pont volant.* → **mobile.** ■ *Feuille* (de papier) *volante,* détachée.

²volant n. m. (de ¹volant) **I.** Petit morceau de liège, de bois léger, de plastique, muni de plumes en couronne, destiné à être lancé et renvoyé à l'aide d'une raquette. – *Jouer au volant.* **II.** Bande de tissu, souvent froncé, libre à un bord et formant une garniture rapportée. *Une robe à volants.* **III.** Dispositif circulaire avec lequel le conducteur oriente les roues directrices d'un véhicule automobile. *Tenir le volant, être, se mettre au volant,* conduire.

volapuk [vɔlapyk] n. m. (mot créé en allemand, de *vol,* de l'anglais *world* « monde » et *pük,* de *to speak* « parler ») Langue artificielle forgée sur l'anglais simplifié.

volatil, ile adj. (latin *volatilis,* de *volare* → ¹voler) Qui passe facilement à l'état de vapeur. *L'éther est volatil. Alcali volatil,* ammoniaque. □ n. f. **volatilité**

volatile n. m. (du latin → volaille, volatil) **1.** vieux Oiseau. **2.** mod. Oiseau domestique, de bassecour. → **volaille.**

volatiliser v. tr. < 1 > Faire passer à l'état gazeux. → **vaporiser.** ■ **se volatiliser** v. pron. **1.** Passer à l'état de vapeur. → se **vaporiser. 2.** fig. (choses, personnes) Disparaître, s'éclipser. *Ce stylo ne s'est quand même pas volatilisé !* □ n. f. **volatilisation**

vol-au-vent n. m. Entrée faite d'un moule de pâte feuilletée garni d'une préparation de viande ou de poisson en sauce. → **timbale.** *Petit vol-au-vent* (→ **bouchée*** à la reine). *Des vols-au-vent* [vɔlovɑ̃] ou *des vol-au-vent* (invar.).

volcan n. m. (italien *volcano, vulcano,* du latin *Vulcanus* « Vulcain ») **1.** Montagne qui émet ou a émis des matières en fusion. *L'éruption d'un volcan. Lave émise par un volcan. Cheminée, cratère d'un volcan. Volcan en activité.* **2.** fig. Violence manifeste ou cachée ; danger imminent. *Nous sommes, nous marchons sur un volcan.*

▶ Les **volcans** — à la fois générateurs de terrains fertiles et causes de terribles destructions — ont nourri de nombreux mythes et croyances. Le terme a pour origine *Vulcano,* volcan de l'une des îles Éoliennes, qui aurait selon certaines sources de la mythologie latine abrité les forges du dieu du feu Vulcain.
Le volcanisme est le plus souvent une manifestation en surface de la dynamique des plaques lithosphériques. Le *volcanisme d'ouverture* s'observe lorsque deux plaques s'écartent l'une de l'autre et que le magma surgit le long de la ligne de fracture : ce phénomène est à l'origine de la formation des dorsales océaniques, qui émergent parfois pour former des îles (comme l'Islande). Lorsqu'une plaque glisse sous une autre, on parle de *volcanisme de subduction :* le chevauchement ainsi obtenu est à l'origine de la formation de chaînes montagneuses volcaniques ou de ceintures volcaniques insulaires (comme celle du Pacifique). Le volcanisme de *points chauds* désigne enfin les volcans qui prennent naissance au milieu d'une plaque (c'est le cas par exemple du piton de la Fournaise, sur l'île de la Réunion), et non en bordure.
Lors d'une éruption volcanique, sous l'effet de la pression, le magma, plus ou moins visqueux, se fraie un chemin du réservoir (chambre magmatique) vers la surface. Son ascension s'accompagne d'un dégazage, dont l'ampleur conditionne le style de l'éruption : émission continue de coulées de lave fluide pour de faibles quantités de gaz ; éjection brutale de colonnes de ponces et de cendres (sur plusieurs kilomètres de hauteur parfois) ou explosions de cendres et de gaz appelées « nuées ardentes », lorsque les gaz sont abondants.
En dehors des périodes d'éruption, il est fréquent qu'un volcan actif éjecte des poussières et des gaz, les *fumerolles* (CO_2, chlorure d'hydrogène, anhydride sulfureux...), dont la température est comprise entre 100 et 500 °C.
On dénombre environ 1 500 volcans terrestres actifs, dont une soixantaine en éruption chaque année. Les volcans sous-marins, bien plus nombreux et principalement situés à la jonction des plaques, assurent l'essentiel du renouvellement de la croûte océanique.
voir aussi **tectonique, continent, océanographie, terre**

volcanique adj. **1.** Relatif aux volcans et à leur activité. *Activité, éruption volcanique. Matières volcaniques* (cendres, lave...). – *Région volcanique.* **2.** fig. Ardent, impétueux. → **explosif.** *Tempérament volcanique.*

volcanisme n. m. didact. Ensemble des manifestations volcaniques.

volcanologie n. f. didact. Science qui étudie les phénomènes volcaniques. □ n. **volcanologue**

Volces voir **Volques**

vole n. f. (de ¹voler) Aux cartes, Coup où l'un des joueurs fait toutes les levées. *Faire la vole.*

volée n. f. (de ¹voler) **I. 1.** Envol, essor. *Prendre sa volée ;* fig. s'affranchir, s'émanciper. **2.** Groupe d'oiseaux qui volent ou s'envolent ensemble. → **¹vol.** *Une volée de moineaux.* **3.** ***De haute volée*** : de haut rang ; de grande envergure (→ **de haut vol***). **II. 1.** Mouvement rapide ou violent (de ce qui est lancé, jeté ou balancé : projectiles, cloches). *Une volée de flèches.* – ***À la volée ; à toute volée*** : en faisant un mouvement ample, avec force. *Lancer qqch. à toute volée. Refermer une porte à la volée.* **2.** Mouvement de ce qui a été lancé et n'a pas encore touché le sol. *Attraper qqch. à la volée. Reprendre la balle de volée,* en l'air, au vol. – *Une volée :* renvoi d'une balle avant qu'elle n'ait touché le sol. *Volée de revers* (au tennis). *Jouer à la volée.* → **volleyer. 3.** Suite de coups rapprochés. *Une volée de coups de bâton.*

volémie n. f. (de *vol[ume]* et *-émie*) physiol. Volume sanguin total.

¹voler v. intr. < 1 > (vient du latin *volare*) **1.** Se soutenir et se déplacer dans l'air au moyen d'ailes. *La plupart des oiseaux, de nombreux insectes volent.* → aussi **voleter, voltiger.** – loc. *On entendrait voler une mouche*.* – pronom. loc. fam. *Se voler dans les plumes :* se battre (comme des oiseaux qui s'attaquent). *Il lui a volé dans les plumes*.* ■ (ballons, engins) Se soutenir et se déplacer au-dessus du sol. *Voler au-dessus de...* → **survoler.** – (personnes) Se trouver dans un appareil en vol ; effectuer des vols. **2.** Être projeté dans l'air. *Pierre, flèche qui vole.* – loc. ***Voler en éclats :*** éclater, se briser de manière que les éclats volent au loin. ■ Flotter. *Voile qui vole au vent.* **3.** Aller très vite, s'élancer. *Voler vers qqn, dans ses bras. Voler au secours de qqn.*

²voler v. tr. < 1 > (de ¹voler en fauconnerie : le faucon *vole* sa proie [l'attaque en vol]) **I.** (compl. chose) **1.** Prendre (ce qui appartient à qqn) contre son gré ou à son insu. → **dérober,** s'**emparer** de ; fam. **barboter, chaparder, chiper, chouraver, faucher, piquer, rafler ; ²vol, voleur.** *Voler de l'argent, mille euros. Elle s'est fait voler son portefeuille, sa voiture.* – prov. *Qui vole un œuf vole un bœuf :* la personne qui commet un petit larcin finira par en commettre de grands. – absolt Commettre un vol. *Impulsion à voler.* → **cleptomanie. 2.** S'approprier (ce à quoi on n'a pas droit). → **usurper.** – loc. fam. *Elle ne l'a pas volé :* elle l'a bien mérité. **3.** Donner comme sien (ce qu'on a emprunté). → **s'attribuer.** *Voler une idée.* **II.** (compl. personne) **1.** Dépouiller (qqn) de son bien, de sa propriété, par force ou par ruse. → **cambrioler, détrousser, dévaliser, escroquer.** *On l'a volé ; il s'est fait voler.* **2.** Ne pas donner ce que l'on doit ou prendre plus qu'il n'est dû à (qqn). *Voler le client.* → **rouler.** – absolt *Voler sur le poids, sur la marchandise.* ■ **volé, ée** adj. **1.** Pris par un vol. *Voiture volée.* **2.** Dépouillé par un vol. – **n.** *Le voleur et le volé.*

volerie n. f. anciennt Chasse avec des oiseaux de proie. → **fauconnerie.**

volet n. m. (de *voler* « se déplacer, jouer librement ») **1.** Panneau (de menuiserie ou de métal) ou battant qui protège une baie (à l'extérieur ou à l'intérieur). → **contrevent, ¹jalousie, persienne.** *Ouvrir, fermer les volets.* **2.** Vantail, aile, partie (d'un objet qui se replie). *Le panneau central et les deux volets d'un triptyque. – Permis de conduire en trois volets.* – fig. *Projet en plusieurs volets.* → **partie. 3.** vieux Tablette pour trier de petits objets. – loc. mod. ***Trier sur le volet :*** choisir avec le plus grand soin. *Collaborateurs triés sur le volet.* **4.** aviat. Partie d'une aile ou d'une gouverne pouvant être orientée pour modifier les conditions de vol.

voletant, ante adj. Qui vole çà et là.

VOLCAN

Les volcans illustrent la dynamique interne de la Terre. Les points chauds, dorsales océaniques et rifts (basaltes), sont dus à des remontées de matière chaude depuis le manteau profond. Le volcanisme de subduction (andésites) provient du réchauffement d'une plaque plongeante imbibée d'eau, ce qui libère cette eau en facilitant la fusion du manteau coincé au-dessus. La lithosphère, sur le dessin ci-dessous, comprend la croûte et le manteau superficiel qui sont froids et cassants. L'asthénosphère correspond à la partie du manteau plastique, proche de la fusion.

Ci-dessus, activité d'un magma basaltique (Etna) : projections incandescentes et débordement de coulées de lave fluides.

Éruption d'un magma andésitique (Montserrat, Antilles) : dôme de lave visqueuse et colonne de cendres s'effondrant en nuées ardentes.

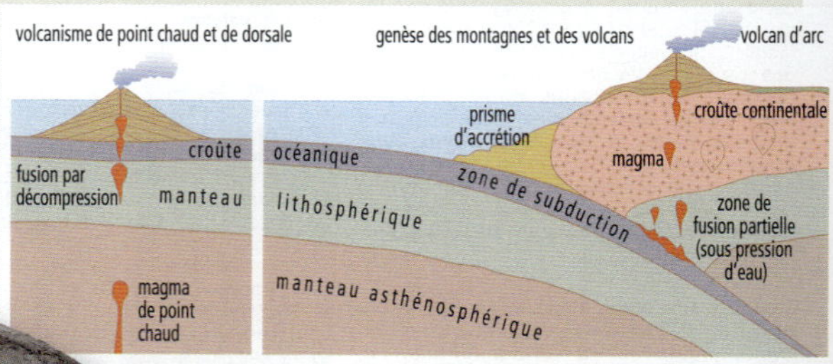

Bombe volcanique en fuseau, longue d'environ 80 cm.

Le Mauna Loa (Hawaii, 4170 m) est un volcan-bouclier surtout formé de minces coulées de basalte. Au sommet, les calderas mesurent plusieurs kilomètres de diamètre.

Le Kilauea crache des millions de mètres cubes de lave chaque année, qui, en refroidissant et en durcissant au contact de l'océan, agrandit l'île d'Hawaï.

Le mont Mayon (Philippines, 2 462 m) est un *stratovolcan* à pentes raides surtout formé de projections alternant avec de rares coulées de lave.

Torrents de boues volcaniques entraînées par les pluies (*lahars*) au pied du Pinatubo (Philippines).

Moulages des corps des victimes à Pompéi, brûlées par les nuées ardentes et ensevelies dans la cendre lors de l'éruption du Vésuve en 79 après J.-C.

voleter v. intr. < 4 ou RO 5 > (de [1]*voler*) Voler à petits coups d'aile, en se posant souvent, en changeant fréquemment de direction. → **voltiger.** *Des papillons volettent autour de la lampe.*

volette n. f. (de [1]*voler*) Claie pour égoutter les fromages. ■ Grille circulaire sur laquelle on pose une pâtisserie qui sort du four ou que l'on place en vitrine.

voleur, euse I. n. 1. Personne qui vole ou a volé le bien d'autrui ; personne qui tire ses ressources de délits de vol. *Voleur de grand chemin,* qui opérait sur les grandes routes. → **brigand, malandrin.** *Voleur par effraction* (→ **cambrioleur**), *à la tire* (→ **pickpocket**). *Voleurs organisés en bande.* → **bandit, gangster.** *« L'activité du voleur est une succession de gestes étriqués, mais brûlants »* (Genet, *Journal du voleur*). – *Un voleur d'enfants.* → **kidnappeur, ravisseur.** – *Jouer au gendarme et au voleur* (jeu de poursuite). – *Crier : au voleur !* 2. Personne qui détourne à son profit l'argent d'autrui (sans prendre d'objet matériel), ou ne donne pas ce qu'elle doit. → **escroc.** *Ce commerçant est un voleur.* II. adj. Qui a l'habitude de voler, a tendance à voler.

Volga n. f. Fleuve de Russie occidentale, le plus long d'Europe. 3 530 km. Née sur le plateau du Valdaï, la Volga se jette dans la mer Caspienne. Elle traverse les villes de Tver, Iaroslavl, Nijni-Novgorod, Kazan, Vladimir, Souzdal, Moscou, Samara, Volgograd, Saratov et Astrakhan. Reliée par des canaux à la Baltique, à la mer Blanche, à la mer d'Azov et à la mer Noire, elle est navigable sur presque tout son cours. Elle fait l'objet d'un intense trafic commercial et est jalonnée de nombreux barrages et centrales hydroélectriques.

Volga (république des Allemands de la) Ancienne république socialiste autonome de la RSFS de Russie (1924-1941), située sur les deux rives du cours inférieur de la Volga. Ses habitants, descendants de colons allemands établis en 1760-1761, furent persécutés et déportés en Sibérie pendant la Première Guerre mondiale.

Volgograd anciennement **Stalingrad** (1925-1961) Ville de Russie, chef-lieu de région et port fluvial sur le cours inférieur de la Volga. 1 012 800 habitants. Barrage sur la Volga. Nombreuses industries.

Volhynie n. f. Région du N.-O. de l'Ukraine, située au N. de la Podolie, avec laquelle elle forme le piémont des Carpates ukrainiennes. La Lituanie, la Pologne et la Russie se la disputèrent au cours de l'histoire. Elle appartient à la Russie depuis 1939.

volière n. f. (de [1]*voler*) Enclos grillagé assez vaste pour que les oiseaux enfermés puissent y voler.

volige n. f. (de *[latte] volice,* qui vient du latin pop. *volaticus* « qui vole, s'envole », d'où « léger », de *volare* → [1]voler) Latte sur laquelle sont fixées les ardoises, les tuiles d'un toit.

voliger v. tr. techn. Garnir (un toit) de voliges.

volis [vɔli] n. m. (de [1]*voler*) arbor. Cime d'un arbre rompue ou arrachée par le vent.

volitif, ive adj. didact. Relatif à la volonté.

volition n. f. (du latin → volonté) didact. Acte de volonté.

Voljski Ville de Russie, dans la région de Volgograd, sur la Volga. 310 518 habitants.

Volkhov n. m. Rivière de Russie. 224 km. Émissaire du lac Ilmen, elle est tributaire du lac Ladoga, dans la région de Saint-Pétersbourg et de Novgorod, qu'elle arrose.

Völklingen Ville d'Allemagne (Sarre), sur la Sarre. 40 350 habitants. Importantes forges et aciéries.

Volksbühne Théâtre allemand fondé en 1890 à Berlin, défenseur d'un art de qualité pour tous.

Volkswagen Entreprise de construction automobile allemande, établie en 1938 sur le site de Wolfsburg (Basse-Saxe). Elle produisit à partir de 1948 un modèle de « voiture du peuple » créé en 1937, la célèbre « Coccinelle ».

Volland (Louise Henriette, dite Sophie) (1717-1784). Elle fut, de 1755 à 1784, la principale correspondante de Diderot. Les *Lettres* qu'il lui adressa ont trait à son travail littéraire.

Vollard (Ambroise) Marchand de tableaux et éditeur français (1868-1939). Au mépris des goûts de l'époque, il fit connaître Manet, Cézanne, Van Gogh et les Nabis, Picasso, Matisse et Rouault.

volleyball ou **volley-ball** [vɔlɛbol] n. m. (mot anglais, de *volley,* emprunt au français *volée,* et *ball* « balle ») anglic. Sport opposant deux équipes de six joueurs, séparées par un filet, au-dessus duquel chaque camp doit renvoyer le ballon à la main et de volée. - abrév. **volley.** *Volley de plage.* → **beach-volley.**

volleyer v. intr. < 1 > (anglais *to volley*) anglic. Pratiquer la volée, au tennis.

volleyeur, euse n. anglic. I. (de *volley*) Joueur, joueuse de volleyball. II. (de *volleyer*) Joueur qui pratique souvent la volée (au tennis).

Volnay Village de la Côte-d'Or. Ses vignobles (213 ha) produisent l'un des vins rouges les plus réputés de la côte de Beaune.

Volney (Constantin François de Chassebœuf, comte de) Philosophe et écrivain français (1757-1820). Avec *Les Ruines ou Méditations sur les révolutions des empires,* son ouvrage le plus célèbre, il se fit le moraliste et le sociologue du groupe des idéologues.

Volochine (Maksimilian Aleksandrovitch Kirienko-Volochine, dit) Poète russe (1877-1932). Il est l'auteur d'un recueil de poésies philosophiques, *Anno mundi ardentis 1915,* et de poèmes de veine symboliste et d'inspiration tragique.

Vologda Ville de Russie, chef-lieu de région sur la Vologda (133 km), au N.-E. de Moscou. 301 800 habitants. Port fluvial.

Vologèse Nom de cinq rois des Parthes. ■ **Vologèse Ier.** Roi des Parthes (51-v. 79). Il mena une guerre contre Rome (54-63). ■ **Vologèse III** Roi des Parthes (148-192). Il dut abandonner aux Romains le nord-ouest de la Mésopotamie. ■ **Vologèse IV.** Roi des Parthes (192-v. 207). Il perdit Ctésiphon face à Septime Sévère (v. 198).

volontaire adj. (latin *voluntarius,* de *voluntas* → volonté) 1. Qui résulte d'un acte de volonté (et non de l'automatisme, des réflexes ou des impulsions). → **délibéré, intentionnel, voulu** (s'oppose à *involontaire*). *Acte volontaire.* ■ Qui n'est pas forcé, obligatoire. *Contribution volontaire.* 2. Qui a, ou marque de la volonté, une volonté ferme. → **décidé, opiniâtre.** *Un enfant têtu et volontaire.* – *Un visage volontaire.* 3. Qui agit librement, sans contrainte extérieure. – ***Engagé volontaire*** : soldat qui s'engage dans une armée sans y être obligé par la loi. – n. m. *Les volontaires et les appelés.* ■ n. Personne bénévole qui offre ses services par simple dévouement. *On demande un, une volontaire.*

volontairement adv. Par un acte volontaire, délibéré. → **délibérément, [2]exprès, intentionnellement.**

volontariat n. m. État de l'engagé volontaire, de toute personne qui offre ses services par simple dévouement.

volontariste n. Personne qui croit pouvoir soumettre le réel à ses volontés. – adj. *Attitude volontariste.* □ n. m. **volontarisme**

volonté n. f. (latin *voluntas,* de *velle* → [1]vouloir) I. 1. Ce que veut qqn et qui tend à se manifester par une décision effective conforme à une intention. → **dessein, détermination, intention, résolution, [2]vouloir.** *Imposer sa volonté à qqn. Respecter les volontés de qqn.* – fam. *Faire les **quatre volontés** de qqn,* tout ce qu'il veut. – loc. ***À volonté*** : de la manière qu'on veut et autant qu'on veut. → **à discrétion.** *Hors-d'œuvre à volonté.* – loc. *Les dernières volontés de qqn,* celles qu'il manifeste avant de mourir pour qu'on les exécute après sa mort. ■ *Elle nous a dit sa volonté de se marier.* → **désir, souhait.** ■ *La volonté du peuple, de la nation.* 2. ***Bonne volonté*** : disposition à bien faire, à faire volontairement et avec plaisir (→ **volontiers**). *Avec la meilleure volonté du monde, c'est impossible.* – par métonymie *Les bonnes volontés* : les gens de bonne volonté. – ***Mauvaise volonté*** : disposition à se dérober (aux ordres, aux devoirs) ou à faire ce qu'on doit de mauvaise grâce. *Y mettre de la mauvaise volonté.* II. *La volonté,* faculté de vouloir, de se déterminer librement à agir ou à s'abstenir. *Effort de volonté.* – Cette faculté considérée comme une qualité individuelle. → **caractère ; énergie, fermeté, résolution.** *Il a de la volonté, une volonté de fer.*

volontiers [vɔlɔ̃tje] adv. (latin *voluntarie,* de *voluntarius* → volontaire) 1. Par inclination et avec plaisir, ou du moins sans répugnance. → **de bonne grâce, de bon gré.** *J'irai volontiers vous voir.* – (en réponse) → **oui.** *Voulez-vous du café ? — Volontiers.* 2. Par une tendance naturelle ou ordinaire. *Elle reste volontiers des heures sans parler.* → **habituellement, ordinairement, souvent.**

volorécepteur n. m. (de *vol[ume]* et *récepteur*) biochim. Récepteur sensible aux variations de volume sanguin.

Volos ou **Volo** Ville de Grèce (Thessalie), chef-lieu du district régional de Magnésie, au fond du golfe Pagasétique. 82 439 habitants. Port industriel. À proximité, se trouvent les sites d'Iolcos, de Pagasae, de Démétrias, et les habitats néolithiques de Dimini et de Sesklo.

Volponi (Paolo) Écrivain italien (1924-1994). Il écrivit des romans sur l'aliénation délirante dans la société industrielle. *Pauvre Albino ; Corporel.*

Volques ou **Volces** n. m. pl. Peuple de Gaule narbonnaise. Les *Volques Tectosages* étaient établis autour de Tolosa (Toulouse), et les *Volques Arecomici* dans le bas Languedoc.

Volsques n. m. pl. Peuple de l'Italie ancienne, établi dans le sud-est du Latium. Ils furent soumis par les Romains vers 310 av. J.-C.

Völsunga saga Saga germanique de la catégorie légendaire (XIIIe s.) qui résume tout le corpus des traditions héroïques et épiques de cette culture. Certains thèmes furent repris par Wagner.

volt [vɔlt] n. m. (du n. du physicien italien Volta) Unité de force électromotrice et de différence de potentiel (symb. V). *Courant de 220 volts.*

Volta (Alessandro, comte) Physicien italien (1745-1827). Il est l'inventeur de la pile (1800), première production de courant électrique continu. Il a donné son nom à l'unité de tension, le volt.

Volta n. f. Fleuve d'Afrique occidentale formé par la réunion au Ghana de la *Volta Noire,* de la *Volta Blanche* et de la *Volta Rouge,* nées toutes trois au Burkina Faso, et qui se jette dans le golfe de Guinée. Le barrage d'Akosombo forme le lac Volta (8 500 km²).

voltage n. m. (de *volt*) Force électromotrice ou différence de potentiel mesurée en volts. → **tension.** – Nombre de volts pour lequel un appareil électrique fonctionne normalement.

voltaïque adj. (de *Volta* inventeur de la pile homonyme) Relatif à la pile Volta. *Arc voltaïque* : arc électrique.

voltaire n. m. (du n. propre) Fauteuil à siège bas, à dossier élevé et légèrement renversé en arrière, créé sous la Restauration. *Des voltaires.*

Voltaire (François Marie Arouet, dit) Écrivain français (1694-1778). Issu d'un milieu bourgeois, il s'illustra d'abord comme bel esprit et poète mondain. Ses impertinences contre le pouvoir le firent embastiller (1717), puis, malgré le succès de son épopée historique *La Henriade,* exiler en Angleterre. Il y rencontra Locke et s'enthousiasma pour le régime libéral, qu'il vanta dans ses *Lettres philosophiques.* Il écrivit des tragédies *(Zaïre)* et fit œuvre d'historien

Voltaire à sa table de travail, par Charles Corbett (XVIIIe s.), Bibliothèque nationale de France, Paris.

dans *Le Siècle de Louis XIV*. Ses démêlés avec le pouvoir l'éloignèrent à nouveau de la France et il trouva refuge auprès de Frédéric II de Prusse à Potsdam, puis s'installa à Ferney, près de la frontière suisse, de 1760 à 1778, où il reçut toute l'élite intellectuelle de l'Europe. Il défendit vigoureusement ses idées par une polémique contre toutes les formes de superstition et d'intolérance *(Poème sur le désastre de Lisbonne ; Traité sur la tolérance ; Dictionnaire philosophique)*, dans ses contes *(Zadig ; Candide ; L'Ingénu)* et dans sa volumineuse correspondance. Il intervint courageusement au profit des victimes d'erreurs judiciaires (affaires Calas, Sirven...). Il demeure l'un des grands esprits du Siècle des lumières.

voltairianisme n. m. didact. Esprit voltairien, irréligieux.

voltairien, ienne adj. et n. Qui adopte ou exprime l'incrédulité, le scepticisme railleur de Voltaire. *Esprit voltairien.*

voltaïsation n. f. méd., ancien Galvanisation thérapeutique. → **électrothérapie.**

voltamètre n. m. techn. Cuve à électrolyse.

voltampère n. m. sc. Unité de puissance apparente (symb. VA) d'un courant alternatif.

volte n. f. **(italien *volta* « tour », du latin *volvere* « rouler » → voûte) 1.** (cheval) Tour complet sur soi-même. **2.** Danse de bal à trois temps caractérisée par le saut que le cavalier fait exécuter à sa cavalière.

volte-face n. f. **(italien *voltafaccia*, de *volta*, impér. de *voltare* « tourner » → volte et *faccia* → face) 1.** Action de se retourner pour faire face. *Faire volte-face.* → **demi-tour. 2.** fig. Changement brusque et total d'opinion, d'attitude (notamment en politique). → **revirement.** *Les volte-faces* ou *les volte-face* (invar.) *de l'opposition.* - var. RO **volteface.**

Volterra (Vito) Mathématicien italien (1860-1940). Il travailla sur les fonctions numériques et contribua à fonder l'analyse fonctionnelle. Ses équations trouvèrent des applications en physique et surtout en biologie. Ses recherches sur la lutte pour la vie et l'évolution des populations en firent l'un des fondateurs de la biologie mathématique.

Volterra Ville d'Italie, en Toscane, ancienne *Volaterrae* (–IXe s.). 11 270 habitants. Vestiges étrusques (fortifications), monuments romains (théâtre du Ier s.) et médiévaux (cathédrale, XIIe et XVIe s.).

voltige n. f. **1.** Exercice d'acrobatie au trapèze volant. → **saut.** *Haute voltige.* – Acrobatie aérienne. **2.** Ensemble des exercices acrobatiques exécutés à cheval (en particulier dans les cirques). ■ fig. *C'est de la haute voltige.* → **acrobatie.**

voltigement n. m. rare Mouvement de ce qui voltige (2, 3).

voltiger v. intr. < 3 > **(italien *volteggiare* → volte, volte-face) 1.** Faire de la voltige. **2.** (insectes, petits oiseaux) Voleter. *Une nuée d'oiseaux voltigeait dans le jardin.* **3.** (choses légères) Voler, flotter çà et là.

voltigeur, euse n. **1.** Acrobate qui fait de la voltige. **2.** n. m. anciennt Fantassin très mobile. – Élément motorisé d'une unité mobile.

voltmètre n. m. techn. Appareil mesurant les différences de potentiel.

Volturno n. m. Fleuve d'Italie. 185 km. Il prend sa source dans le massif des Abruzzes et se jette dans la mer Tyrrhénienne au N. de Naples.

volubile adj. **(latin *volubilis*, de *volvere* « rouler, tourner ») 1.** bot. *Tige volubile*, grêle et qui ne peut s'élever qu'en s'enroulant autour d'un support. **2.** Qui parle avec abondance, rapidité. → **bavard, loquace.** – *Une explication volubile.*

volubilis [vɔlybilis] n. m. **(mot latin bot. médiéval, de *volvere* « tourner » → volubile)** Plante ornementale, à grandes fleurs en entonnoir, qu'on fait grimper sur les clôtures. → **liseron.**

Volubilis Site archéologique du Maroc, situé au N. de Meknès. Ruines romaines (basilique, capitole, arc de Caracalla, thermes de Gallien).

La cité romaine de Volubilis, inscrite au patrimoine mondial de l'Unesco.

volubilité n. f. **(du latin → volubile)** Abondance, rapidité et facilité de parole. → **loquacité.**

volucelle n. f. **(du latin *volucer* « ailé »)** zool. Mouche ressemblant au bourdon.

volucompteur [vɔlykɔ̃tœʀ] n. m. **(marque déposée)** techn. Compteur d'un distributeur d'essence.

volumateur, trice adj. Qui donne du volume (à la chevelure, aux cils). *Shampoing volumateur.*

volume n. m. **(latin *volumen* « rouleau d'un manuscrit », de *volvere* « tourner ») I. 1.** Réunion de cahiers (notamment imprimés) brochés ou reliés ensemble. → **¹livre.** *Les volumes reliés d'une bibliothèque.* **2.** Chacune des parties, brochées ou reliées à part, d'un ouvrage. → **tome.** *Dictionnaire en deux volumes.* **II. 1.** Partie de l'espace qu'occupe un corps ; quantité qui la mesure. *Le volume d'un solide. Volume d'un récipient*, mesure de ce qu'il peut contenir. → **capacité, contenance.** – *Eau oxygénée à vingt volumes*, susceptible de dégager vingt fois son propre volume en oxygène. **2.** géom. Figure à trois dimensions, limitée par des surfaces. → **solide.** ■ Élément, corps considéré dans ses trois dimensions. → aussi **relief.** *L'harmonie des volumes dans un tableau.* **3.** Encombrement (d'un corps). – loc. fig. *Faire du volume* : chercher à prendre de la place, de l'importance. ■ Quantité globale, masse. *Le volume de la production.* **4.** Intensité (de la voix). → **ampleur.** *Sa voix manque de volume.* ■ *Volume sonore*, intensité des sons. *Hausser, baisser le volume.*

volumétrie n. f. phys. Détermination des volumes. ■ chim. Méthode consistant à verser, dans un volume d'une solution à doser, un réactif jusqu'au terme de la réaction. → **titrimétrie.** □ adj. **volumétrique**

volumineux, euse adj. **(du bas latin → volume)** Qui a un grand volume, occupe une grande place. → **gros.** *Paquet volumineux.* → **embarrassant, encombrant.**

volumique adj. phys. Relatif à l'unité de volume. *Masse volumique.*

volupté n. f. **(latin *voluptas*)** littér. **1.** Vif plaisir des sens (surtout plaisir sexuel) ; jouissance pleinement goûtée. *« Luxe, calme et volupté »* (Baudelaire). **2.** Plaisir moral ou esthétique très vif. → **délectation.**

voluptuaire adj. **(bas latin *voluptuarius*)** dr. Se dit des dépenses faites pour le plaisir, consacrées au luxe ou à la fantaisie. → **somptuaire.**

voluptueux, euse adj. **(latin *voluptuosus* → volupté) 1.** Qui aime, recherche la jouissance, les plaisirs raffinés. → **sensuel.** – n. → **épicurien, sybarite.** ■ Qui est porté aux plaisirs de l'amour et à leurs raffinements. → **lascif, sensuel. 2.** Qui exprime ou inspire la volupté, les plaisirs amoureux. *Pose voluptueuse.* □ adv. **voluptueusement**

volute n. f. **(italien *voluta*, du latin *volvere* « tourner ») 1.** archit. Ornement sculpté en spirale. – *Les volutes de fer forgé d'un balcon.* **2.** Forme enroulée en spirale, en hélice. → **enroulement.** *Des volutes de fumée.*

volvaire n. f. **(du latin *volva* → volve)** Champignon basidiomycète à lames et à volve. *Volvaire gluante* (vénéneuse), *soyeuse* (comestible).

volvation n. f. **(du latin *volvere* « rouler »)** zool. Action, pour certains animaux, de se rouler en boule pour se protéger. *Volvation du hérisson, du tatou.*

volve n. f. **(latin *volva* → vulve)** bot. Membrane qui enveloppe le pied et le chapeau de certains champignons jeunes.

Volvic Commune du Puy-de-Dôme. 4 702 habitants. Carrières de laves (pierre de Volvic). Eaux minérales.

volvoce ou **volvox** [vɔlvɔks] n. m. **(latin *volvox* « chenille »)** bot. Algue verte des eaux douces.

volvulus [vɔlvylys] n. m. **(mot latin)** méd. Torsion d'un organe creux entraînant son obstruction. *Volvulus gastrique, intestinal.*

vomer [vɔmɛʀ] n. m. **(mot latin sc. « soc de charrue »)** anat. Os du nez, partie supérieure de la cloison des fosses nasales.

vomi n. m. fam. Vomissure. *Ça sent le vomi.*

vomique adj. **(latin *vomica [nux]* ; famille de *vomir*)** *Noix vomique* : fruit d'un arbre de l'Inde, qui a des propriétés vomitives et contient de la strychnine.

vomiquier n. m. Arbrisseau qui produit la noix vomique. → **strychnos.**

vomir v. tr. < 2 > **(vient du latin pop. *vomire*, de *vomere* « cracher ») 1.** Rejeter par la bouche de manière spasmodique. → **régurgiter, rendre.** *Vomir son repas.* – *Vomir du sang.* ■ absolt → fam. **dégobiller, dégueuler, gerber.** *Avoir envie de vomir* : avoir des nausées. – loc. *C'est à vomir* ; fig. c'est ignoble. **2.** fig. Rejeter, critiquer avec répugnance. *« Ils ne furent pas seulement haïs, mais vomis »* (Genet). → **exécrer. 3.** littér. Laisser sortir, projeter au dehors. – au p. p. *Laves vomies par un volcan.* ■ fig. Proférer avec violence (des injures, des blasphèmes).

vomissement n. m. **1.** Fait de vomir. **2.** Matière vomie. → **vomi, vomissure.**

vomissure n. f. Matière vomie. → **vomi** ; fam. **dégueulis.**

vomitif, ive adj. **(du latin *vomitum*, supin de *vomere* → vomir) 1.** Qui provoque le vomissement. → **émétique.** – n. m. *Un vomitif puis-*

sant. 2. fig., fam. Qui est à faire vomir ; répugnant.

vomitoire n. m. et adj. (latin *vomitorium*) 1. n. m. Antiq. romaine Large passage qui servait à évacuer la foule (d'un théâtre, d'un amphithéâtre). – par ext. *Le vomitoire d'un stade.* 2. adj. *Sac vomitoire,* mis à la disposition des passagers d'un avion en cas de nausée.

vomito negro [vɔmitonegʀo] n. m. (mots espagnols « vomissement noir ») méd. Fièvre jaune. *Des vomitos negros.* - var. RO **vomito négro.**

von der Leyen (Ursula née Albrecht) Femme politique et médecin allemande (née en 1958). Issue de la CDU (Union chrétienne-démocrate), elle a été ministre de la Famille (2005), du Travail (2009) et de la Défense (2013) puis a présidé la Commission européenne à partir de 2019.

Võ Nguyên Giáp Général vietnamien (1911-2013). Chef des forces armées du Viêt-minh, il infligea aux troupes françaises la défaite de Điện Biên Phủ (1954). Pendant la guerre du Viêtnam, il mena la lutte contre les Américains et leurs alliés vietnamiens. Il fut vice-Premier ministre du Viêtnam réunifié (1976-1991).

Võ Nguyên Giáp, en 1969, alors ministre de la Défense.

Vonnegut (Kurt) Écrivain américain (1922-2007). Son œuvre mêle la science-fiction, le fantastique et la satire. *Abattoir 5 ; Le Berceau du chat ; Le Breakfast du champion.*

von Otter (Anne Sofie) Mezzo-soprano suédoise (née en 1955). Elle s'est imposée dans plusieurs opéras de Mozart (avec les rôles de Cherubino, Dorabella, Sesto) puis dans *Le Chevalier à la rose* de Richard Strauss (rôle d'Octavian), *Carmen* de Bizet et *Didon et Énée* de Purcell.

vorace adj. (latin *vorax*, de *vorare* → dévorer ; -vore) 1. Qui dévore, mange avec avidité. – *Un appétit vorace.* 2. fig. Avide, insatiable.

voracement adv. Avec voracité.

voracité n. f. (du latin → vorace) 1. Avidité à manger, à dévorer. → **gloutonnerie, goinfrerie.** 2. fig. Avidité à satisfaire un désir. – vieilli Âpreté au gain.

Vorarlberg n. m. État fédéral (Land) le plus occidental d'Autriche. 2 601 km^2. 371 192 habitants. Capitale : Bregenz. Élevage. Tourisme.

-vore Élément (du latin *vorare* → dévorer) qui signifie « qui mange... » (ex. *carnivore*). → **-phage.**

Vorochilov (Kliment Iefremovitch) Maréchal soviétique (1881-1969). Il fut commissaire du peuple à la Marine (1925-1934), puis à la Défense (1934-1940). De 1953 à 1960, il assura la présidence du praesidium du Soviet suprême.

Vorochilov voir **Oussourisk**

Vorochilovgrad voir **Lougansk**

Voronej Ville de Russie, chef-lieu de région, sur la Voronej (342 km), au S. de Moscou. 975 400 habitants. Centre industriel.

Vörösmarty (Mihály) Poète hongrois (1800-1855). Il connut la célébrité avec un poème épique aux accents nationalistes, *La Fuite de Zalán.* L'échec de la révolution de 1848, à laquelle il avait participé, lui inspira des poèmes pessimistes *(Le Vieux Tzigane).*

Vorselaar Commune de Belgique (province d'Anvers). 7 936 habitants. Château de Borrekens (XIIIe s.), remanié plusieurs fois, de style Tudor.

Vorster (Balthazar Johannes, dit John) Homme d'État sud-africain (1915-1983). Partisan de l'apartheid, il succéda à Verwoerd au poste de Premier ministre en 1966. Président de la République (1978), il dut démissionner l'année suivante.

vortex [vɔʀtɛks] n. m. (mot latin « tourbillon ») didact. Tourbillon qui se produit dans un fluide en écoulement. ■ océanogr. Gyre.

vorticelle n. f. (du latin *vortex* « tourbillon ») zool. Protozoaire en forme d'entonnoir à cils vibratiles, et vivant fixé sur les végétaux par un pédoncule.

vos voir **votre**

Vosges n. f. pl. Massif du N.-E. de la France, pendant occidental de la Forêt-Noire, dont il est séparé par le fossé Rhénan. Les Vosges sont issues du plissement hercynien (ère primaire) et culminent au Grand Ballon, ou ballon de Guebwiller, à 1 424 m.

Vosges n. f. pl. [88] Département français de la Région Grand Est (→ carte). 5 874 km^2. 362 397 habitants. Chef-lieu : Épinal. Chefs-lieux d'arrondissement : Neufchâteau, Saint-Dié. Le territoire s'étend, à l'E., sur le Massif vosgien où la Moselle, qui traverse le département du S. au N., prend sa source, à l'O. sur le Plateau lorrain (Xaintois, Vermois). Polyculture, arboriculture et élevage dans les plaines et sur le plateau. Industrie traditionnelle (textile), verrerie, chimie, métallurgie dans les hautes vallées. Tourisme (ballons des Vosges, route des Crêtes). Thermalisme (Bains-les-Bains, Contrexéville, Vittel, Plombières). Station climatique de Gérardmer.

Vosges (place des) Place de Paris, dans le Marais, anciennement *place Royale,* entreprise par Henri IV et achevée sous Louis XIII. Chef-d'œuvre de l'architecture classique, elle forme un vaste carré entouré de 36 pavillons symétriques à arcades, aux façades de brique et de pierre.

Vosne-Romanée Commune de la Côte-d'Or. 338 habitants. Vignoble de la Côte de Nuits produisant des vins rouges réputés.

Voss (Johann Heinrich) Érudit et poète allemand (1751-1825). Il traduisit les poètes antiques en vers et composa des idylles réalistes *(Louise).*

Vossius ou **Voss** (Gerardus Johannis) Humaniste hollandais (1577-1649). Il est l'auteur de travaux historiques et théologiques. ■ **Isaäcus Vossius** (1618-1689). Fils de Gerardus. Historiographe des États de Hollande, puis bibliothécaire de Christine de Suède, il laissa également des ouvrages érudits.

Vostell (Wolf) Artiste allemand (1932-1998). Il a développé la technique dite du « dé-collage » consistant à déchirer des affiches déjà collées et pratiqua aussi l'encastrement d'objets (postes de télévision) dans le béton. À partir des années 1970, il réalisa des « environnements » *(Salade ; Mania).*

Vostok (lac) Lac sous-glaciaire de l'Antarctique, le plus grand du monde (14 000 km^2). Les forages de la calotte glaciaire entrepris par les Russes permettent d'étudier un cycle climatique complet de 140 000 ans.

votant, ante n. Personne qui a le droit de voter, qui participe à un vote. *Le nombre des votants.*

votation n. f. (de *voter*) (Suisse) Vote ; élections.

vote n. m. (mot anglais, du latin *votum* → vœu) 1. Opinion exprimée, dans une assemblée délibérante, un corps politique. → **suffrage, voix.** ■ Fait d'exprimer ou de pouvoir exprimer une telle opinion. *Droit de vote.* – Mode de scrutin. *Vote à main levée.* 2. Opération par laquelle les membres d'un corps politique donnent leur avis. → **consultation, élection.** *Bulletin, bureau, urne de vote.* – Décision positive ainsi obtenue. *Vote d'une loi.* → **adoption.**

voter v. < 1 > (latin ecclés. *votare*, de *votum* → vœu, puis anglais *to vote* → vote) 1. v. intr. Exprimer son opinion par son vote, son suffrage. *Voter à droite, à gauche. Voter pour un parti.* – ellipt *Voter vert.* 2. v. tr. Contribuer à faire adopter par son vote ; décider par un vote majoritaire. *Voter une loi.* – *Voter des crédits.*

Votiaks voir **Oudmourtes**

votif, ive adj. (latin *votivus*, de *votum* → vœu) Qui commémore l'accomplissement d'un vœu, est offert comme gage d'un vœu. *Inscription votive.* → **ex-voto.** ■ *Fête votive :* fête du saint auquel est vouée une paroisse.

votre, plur. **vos** (vient du latin pop. *voster*, pour *vester* [d'après *noster* « notre »] ; famille de *vous*) Adjectif possessif de la deuxième personne du pluriel et des deux genres, correspondant au pronom personnel *vous.* I. Qui vous appartient, a rapport à vous. 1. (représentant un groupe dont le locuteur est exclu) *Vos différends ne m'intéressent pas.* 2. (représentant une seule personne à laquelle on s'adresse au pluriel de politesse ; correspond à *ton, ta, tes*) *Donnez-moi votre adresse, Monsieur.* – *Votre Excellence.* 3. (emploi stylistique) *Votre Monsieur X est un escroc,* celui dont vous parlez. II. (sens objectif) De vous, de votre personne. *Pour votre bien.*

vôtre, plur. **vôtres** I. adj. poss. (attribut) littér. À vous. *Amicalement vôtre* (formule de politesse). II. pron. poss. (avec l'article) *Le vôtre, la vôtre, les vôtres,* désigne ce qui appartient, a rapport à un groupe de personnes auquel le locuteur n'appartient pas ; ou à une personne à laquelle on s'adresse au pluriel de politesse (correspond alors à *tien*). *« Rome a ses droits, Seigneur : n'avez-vous pas les vôtres ? »* (Racine). ■ *À la (bonne) vôtre :* à votre santé (→ à la tienne). III. n. 1. loc. *Il faut que vous y mettiez du vôtre* (cf. Y mettre* du sien). 2. *Les vôtres :* vos parents, vos amis, vos partisans. *Je ne pourrai être des vôtres,* être parmi vous.

vouer v. tr. < 1 > (vient du latin pop. *votare*, de *votum* → vœu) 1. relig. Consacrer à Dieu, à un saint, par un vœu. 2. littér. Promettre, engager d'une manière solennelle. *Vouer à qqn une haine implacable.* 3. Employer avec un zèle soutenu. → **consacrer.** *Vouer son temps à une cause.* 4. Destiner irrévocablement à un état, une activité. → **condamner.** *Cette erreur le voue à la ruine.* ■ **se vouer** v. pron. 1. loc. *Ne plus savoir à quel saint se vouer,* à qui recourir. 2. Se consacrer. *Se vouer à l'étude.* □ **voué, ée** adj. *Quartier voué à la démolition.*

Vouet (Simon) Peintre français (1590-1649). Après avoir séjourné à Rome et à Gênes, il fut nommé premier peintre du roi. Il introduisit en France le goût pour les compositions amples, les poses recherchées et les perspectives théâtrales *(Diane ; Cérès ou l'Été ; La Présentation au Temple).*

vouge n. m. (bas latin *vidubium*, d'origine gauloise) archéol. Au Moyen Âge, arme d'hast à lame tranchante et à la pointe recourbée. ■ régional Serpe à long manche pour tailler les arbres. → **émondoir.**

Vougeot Village de la Côte-d'Or, sur la Côte de Nuits. Vins rouges (clos-vougeot).

Vouillé (bataille de) Victoire remportée par Clovis sur Alaric II, roi des Wisigoths, à Vouillé (Vienne) en 507. Elle libéra l'Aquitaine de la mainmise des Wisigoths.

vouivre n. f. (var. de *guivre ;* vient du latin *vipera* → vipère) régional Serpent fabuleux.

1vouloir v. tr. < 31 > (vient du latin pop. *volere*, de *volo* « je veux », forme de *velle* → velléité) I. 1. Avoir la volonté, le désir de. → **désirer, souhaiter.** ■ (+ inf.) *Je veux y aller.* – *Je voudrais le voir. Je voudrais bien la connaître.* – (atténuation polie de *je veux*) *Je voudrais vous voir seul.* – (impér. de politesse) *Veuillez m'excuser.* – fam. (choses) *Le feu ne veut pas prendre.* ■ *Vouloir dire*.* 2. *Vouloir que* (suivi d'une complétive au subj., dont le sujet ne peut être celui de *vouloir*) *Il veut que je lui fasse la lecture.* – fam. *Qu'est-ce que vous voulez que j'y fasse ? Que voulez-vous que je dise ?*, je n'y peux rien, c'est comme ça. – ellipt *Que veux-tu ? Que voulez-vous ?* (marque l'embarras ou la résignation). ■ loc. (avec un pronom compl. neutre) *Vous l'avez voulu*, c'est votre faute. *Que tu le veuilles ou non. Sans le vouloir* : involontairement. – *Si tu veux, si vous voulez, si on veut*, sert à introduire une expression qu'on suppose préférée par l'interlocuteur. **3.** (avec un n., un pronom compl.) Prétendre obtenir, ou souhaiter que se produise… → **demander, désirer.** *Elle veut sa tranquillité.* ■ *Vouloir qqn*, le désirer sexuellement. « *Je te veux ; me veux-tu de même ?* » (Molière). ■ *En vouloir pour son argent.* – absolt *En vouloir* : être ambitieux, volontaire. *Il en veut, il réussira !* ■ *Vouloir qqch. à qqn*, souhaiter que qqch. arrive à qqn. *Je ne lui veux aucun mal.* – *Vouloir qqch. de qqn*, vouloir obtenir de lui. → **attendre.** *Que voulez-vous de moi ?* ■ absolt, pop. *Je veux !* : oui (affirmation énergique). **4.** *En vouloir à* : s'en prendre à. *En vouloir à la vie de qqn.* – Garder du ressentiment, de la rancune contre (qqn). *Elle m'en veut. Je lui en veux d'avoir menti. Ne m'en veuillez plus.* – pronom. Se reprocher de. → se **repentir.** *Je m'en veux d'avoir accepté.* **5.** (avec un attribut du compl.) Souhaiter avoir (une chose qui présente un certain caractère). *Comment voulez-vous votre viande ? Je la veux saignante.* **6.** *Vouloir de qqch., qqn* : être disposé à s'intéresser ou à se satisfaire de, à accepter. *Personne ne voulait d'elle. Je ne veux pas de tes excuses.* **7.** absolt Faire preuve de volonté. *Vouloir, c'est pouvoir.* **II.** (avec un sujet de chose, auquel on prête une sorte de volonté) *Le hasard voulut qu'ils soient réunis.* ■ Donner pour vrai, affirmer. *La légende veut que* (+ subj.). **III.** Consentir, accepter. *Si vous voulez me suivre.* – (pour exprimer une prière polie) *Veuillez avoir l'obligeance de signer ici.* – (pour marquer un ordre) *Veux-tu te taire !* ■ *Vouloir bien* : accepter ; être d'accord pour. *Elle veut bien venir. Si vous le voulez bien.*

[2]vouloir n. m. **1.** littér. Faculté de vouloir. → **volonté. 2.** *Bon, mauvais vouloir* : bonne, mauvaise volonté.

voulu, ue adj. **1.** Exigé, requis par les circonstances. *La quantité voulue. En temps voulu.* **2.** Délibéré, volontaire. – fam. *C'est voulu.* → **intentionnel.**

vous pron. (vient du latin *vos*) **I.** Pronom personnel de la deuxième personne du pluriel (réel ou de politesse). **1.** pluriel *Vous pouvez venir tous les trois.* **2.** singulier (remplaçant *tu, toi*, dans le vouvoiement) *Que voulez-vous ? Si j'étais vous*, à votre place. **3.** (renforcé) *Vous devriez lui en parler vous-même.* – *À vous deux, vous y arriverez bien.* – *Vous autres.* **II.** indéfini (remplace *on* en fonction de complément) *La pluie vous transperçait jusqu'aux os.* **III.** nominal *Dire vous à qqn.* → **vouvoyer.** *Un vous cérémonieux.*

voussoir n. m. (du latin pop., de *volsus*, du latin class. *volutus* → volte, voûte) archit. Pierre taillée entrant dans la construction d'une voûte ou d'un arc. → **claveau.**

voussoyer voir **vouvoyer**

voussure n. f. (d'une forme ancienne de *voûte*) Courbure (d'une voûte, d'un arc).

voûte n. f. (vient du latin pop. *volvita*, de *volvere* « rouler » → volte) **1.** Ouvrage de maçonnerie cintré, fait de pierres spécialement taillées, et s'appuyant sur des murs, des piliers, des colonnes, et servant de couverture. *Voûte en plein cintre, en arc brisé. Clef* de voûte.* **2.** Paroi, région supérieure présentant une courbure analogue. – poét. *La voûte céleste.* – *Voûte plantaire* : courbure de la partie inférieure du pied. - var. RO **voute.**

voûter v. tr. < 1 > **1.** Fermer (le haut d'une construction) par une voûte. **2.** Rendre voûté (qqn). *L'âge l'a voûté.* – pronom. *Elle commence à se voûter.* - var. RO **vouter.** ■ **voûté, ée adj. 1.** Couvert d'une voûte ; en forme de voûte. *Cave voûtée.* **2.** Dont le dos est courbé et ne peut plus se redresser. → **cassé.** *Un vieillard voûté.* – *Dos voûté.* - var. RO **vouté, ée.**

Voutyras (Démosthène) Écrivain grec (1872-1958). Il est l'auteur de nouvelles mettant en scène les petites gens des villes. *Fausses civilisations.*

vouvoiement n. m. Le fait de (se) vouvoyer.

vouvoyer v. tr. < 8 > (de *vous*, répété ; a remplacé *voussoyer*) S'adresser à (qqn) en employant la deuxième personne du pluriel.

vouvray n. m. (du n. propre) Vin blanc (pineau) issu d'un cépage de la région de Vouvray. *Vouvray pétillant.*

Vouvray Commune de l'Indre-et-Loire, sur la Loire. 3 294 habitants. Vins blancs pétillants.

Vouziers Chef-lieu d'arrondissement des Ardennes, dans la vallée de l'Aisne. 4 169 habitants. Église Saint-Maurille (XVIe s.) au triple portail Renaissance.

vox populi [vɔkspɔpyli] n. f. invar. (mots latins « voix du peuple ») littér. L'opinion du plus grand nombre.

voyage n. m. (vient du latin *viaticum* → viatique, de *via* → voie) **1.** Déplacement d'une personne qui se rend en un lieu assez éloigné. « *Heureux qui comme Ulysse a fait un beau voyage* » (du Bellay). *Voyage d'agrément, d'affaires. Voyage de noces.* – *Souhaiter (un) bon voyage à qqn. Bon voyage ! Pendant le voyage.* → **route, trajet.** – *Chèque de voyage.* → anglic. **traveller's chèque.** – *Les gens du voyage*, les gens du cirque, les forains, les nomades. ■ loc. *Le grand, le dernier voyage*, la mort. **2.** Course que fait un chauffeur, un porteur pour transporter qqn ou qqch. *Un voyage suffira.*

voyager v. intr. < 3 > **1.** Faire un voyage. *Voyager en train.* – Faire des voyages, aller en différents lieux pour voir du pays. *Il a beaucoup voyagé.* → **bourlinguer. 2.** (représentants, voyageurs de commerce) Faire des tournées. **3.** Être transporté. *Denrées qui voyagent bien, mal*, qui supportent bien ou mal le transport.

Voyager 1 et **2** Noms des deux sondes américaines destinées à l'étude des planètes lointaines, lancées en 1977. Elles observèrent Jupiter, Saturne, Uranus et Neptune puis s'aventurèrent dans le système solaire. En 2012, Voyager 1 a fait une entrée historique dans l'espace interstellaire.

Voyages de Gulliver voir **Gulliver**

voyageur, euse n. **1.** Personne qui est en voyage. – Usager d'un transport public. → **passager. 2.** Personne qui voyage pour voir de nouveaux pays (dans un but de découverte, d'étude). → **explorateur.** *Les récits des grands voyageurs.* – Touriste. **3.** *Voyageur (de commerce)* : représentant de commerce qui voyage pour visiter la clientèle. → **VRP.**

voyagiste n. Personne, entreprise qui organise et commercialise des voyages. - recomm. offic. pour **tour operator.**

voyance n. f. Don de double vue.

[1]voyant, ante (du p. prés. de *voir*) **I.** n. **1.** Personne qui a un don de seconde vue. → **devin, extralucide, spirite.** – Personne qui fait métier de lire le passé et prédire l'avenir. *Une voyante extralucide.* ■ Visionnaire. « *Le Poète se fait* voyant *par un long, immense et raisonné* dérèglement *de* tous les sens » (Rimbaud). **2.** Personne qui voit. *Les voyants et les aveugles (ou non-voyants).* **II.** n. m. Signal lumineux destiné à attirer l'attention. *Voyant d'essence, d'huile*, avertissant l'automobiliste que l'essence, l'huile sont presque épuisées. – loc. fig. *Les voyants sont au vert, au rouge*, la situation est favorable, défavorable.

[2]voyant, ante adj. (→ [1]voyant) Qui attire la vue, qui se voit de loin. *Des couleurs voyantes.* → **criard, éclatant.** *Une robe trop voyante.* → **tapageur.**

voyelle n. f. (vient du latin *vocalis* → vocal) Phonème caractérisé par une résonance de la cavité buccale *(voyelle orale)*, parfois en communication avec la cavité nasale *(voyelle nasale).* → **vocalique.** ■ Lettre qui sert à noter ce son *(a, e, i, o, u, y).*

voûte

1. Voûte en berceau de l'abbaye de Saint-Guilhem-le-Désert, Hérault (Xe-XIe s.). 2. Voûte en berceau brisé de l'abbatiale de Fontenay, Côte-d'Or (XIIe s.). 3. Voûte d'ogives quadripartite de l'abbaye de Clairvaux, Aube (XIIe s.).

voyer n. m. (latin *vicarius* « remplaçant » → vicaire) vieux Officier chargé des voies publiques. ■ mod. *Architecte-voyer,* chargé de la voirie et des équipements urbains.

Voyer (Bernard) Explorateur polaire canadien (québécois) (né en 1953). Il témoigne notamment des conséquences des changements climatiques dans le Grand Nord et l'Arctique, et de la fragilité de la planète.

voyeur, euse n. Personne qui assiste pour sa satisfaction et sans être vue à une scène érotique. → argot **mateur.** – adj. *Être un peu voyeur.*

voyeurisme n. m. Comportement du voyeur.

Voynet (Dominique) Femme politique française (née en 1958). Écologiste, elle fut ministre de l'Aménagement du Territoire et de l'Environnement de 1997 à 2001 et secrétaire nationale des Verts de 2001 à 2003.

Dominique Voynet en 2006, au congrès national des Verts à Bordeaux.

voyou n. m. (dérivé de *voie* « grand chemin », p.-ê. d'après *filou*) **1.** Homme du peuple ayant des activités délictueuses. → **chenapan, vaurien.** *Une bande de voyous.* **2.** Mauvais sujet, aux moyens d'existence peu recommandables. → **crapule. 3.** adj. *Un air voyou.* – *État-voyou,* qui ne respecte pas les règles du droit international. *Patrons-voyous.*

voyoucratie n. f. fam. Pouvoir exercé par des voyous, des personnes corrompues.

Voznessenski (Andreï Andreïevitch) Poète russe (1933-2010). Novateur de la forme poétique, il a développé une esthétique d'avant-garde. Il a aussi publié des mémoires (*Au vent virtuel*). *Quarante Digressions lyriques ; Le Cœur d'Achille.*

VPC n. f. invar. Sigle de *vente par correspondance.*

VPN n. m. (sigle anglais de *Virtual Private Network* « réseau privé virtuel ») inform. Système qui permet une activité en ligne privée et sécurisée, en isolant et en cryptant les données.

vrac n. m. (ancien néerlandais *wrac* « gâté ») **I.** loc. adv. *En vrac.* **1.** Pêle-mêle, sans être arrimé et sans emballage. *Marchandises expédiées en vrac.* **2.** En désordre. *Poser ses affaires en vrac sur une chaise.* ■ loc. fam. (personnes) *Être en vrac,* en mauvaise forme, fatigué. → **cassé. 3.** adj. Au poids (opposé à *en paquet*). *Riz, thé en vrac. Vin en vrac.* **II.** n. m. Marchandise qui n'est pas emballée ou conditionnée pour le transport, la distribution.

vrai, vraie (vient du latin pop. *veracus,* de *verax,* de *verus* → vérité) **I.** adj. **1.** Qui présente un caractère de vérité ; à quoi on peut et doit donner son assentiment (opposé à *faux, illusoire,* ou à *mensonger*). → **certain, exact, incontestable, sûr, véritable.** *Une histoire vraie.* – fam. *C'est la vérité vraie.* → **strict.** ■ *Il est vrai que, cela est si vrai que* (+ indic.), sert à introduire une preuve. *Il n'en est pas moins vrai que,* sert à maintenir une affirmation. *C'est pourtant vrai. (N'est-il) pas vrai ?,* n'est-ce pas ? – *Il est vrai que* (+ indic.), s'emploie pour introduire une concession, une restriction. → sans **doute.** – *Il est vrai, c'est vrai* (en incise). – fam. *C'est pas vrai !,* c'est pas possible ! C'est intolérable, excessif. *Il est pas vrai, ce mec !* – loc. *Incroyable mais vrai,* vrai mais peu vraisemblable. **2.** Réel, effectif (opposé à *imaginaire*). *Ce n'était pas un mirage, c'était un vrai lac.* **3.** (avant le n.) Conforme à son apparence ou à sa désignation. → **véritable.** *De vraies perles* (opposé à *faux*). *Un vrai Renoir.* → **authentique.** – (intensif) *C'est un vrai salaud.* → **véritable.** ■ loc. fam. ***Vrai de vrai*** : absolument vrai, authentique, véritable. *C'est un héros, un vrai de vrai.* **4.** Qui, dans l'art, s'accorde avec le sentiment de la réalité (en général par la sincérité et le naturel). → **naturel, senti, vécu.** *Des personnages vrais. Plus vrai que nature.* **5.** littér. (personnes) Sincère, véridique. « *J'aimais un homme vrai, sans mensonge au front, probe* » (Balzac). **II.** n. m. *Le vrai* **1.** La vérité. « *Apprendre à distinguer le vrai d'avec le faux* » (Descartes). **2.** La réalité. *Vous êtes dans le vrai* : vous avez raison. **3.** loc. *À dire vrai ; à vrai dire,* s'emploient pour introduire une restriction. *À vrai dire, je le connais peu.* – fam. (lang. enfantin) *Pour de vrai* : vraiment. *En vrai* : pour de bon. – loc. adv. fam. *En vrai* : en vérité. *En vrai, c'est toi qui as raison.* **III.** adv. Conformément à la vérité, à notre sentiment de la réalité. *Faire vrai.* – fam. (détaché en tête ou en incise) Vraiment. *Eh bien vrai, je n'aurais pas cru !*

vraiment adv. **1.** D'une façon indiscutable et que la réalité ne dément pas. → **effectivement, véritablement.** *Il a vraiment réussi.* **2.** S'emploie pour souligner une affirmation. → **franchement.** *Vraiment, elle exagère !* – *Vraiment ?* est-ce vrai ? **3.** ***Pas vraiment*** : pas complètement, fort peu.

vraisemblable [vʀɛsɑ̃blabl] adj. (de *vrai* et *semblable* : « qui peut sembler vrai ») Qui peut être considéré comme vrai ; qui semble vrai. *Hypothèse vraisemblable.* → **plausible ;** s'oppose à *invraisemblable.* « *Le vrai peut quelquefois n'être pas vraisemblable* » (Boileau). – (évènements futurs) *Il est vraisemblable qu'elle réussira. Son succès est vraisemblable.* → **possible, probable.**

vraisemblablement [vʀɛsɑ̃blabləmɑ̃] adv. **1.** De manière à rendre croyable. **2.** Selon la vraisemblance, les probabilités. → **apparemment, probablement.**

vraisemblance [vʀɛsɑ̃blɑ̃s] n. f. (de *vrai* et *semblance* « apparence », de *sembler* → vraisemblable) Caractère vraisemblable ; apparence de vérité. → **crédibilité.** *Selon toute vraisemblance* : sans doute.

Vrangel ou **Wrangel** (île) Île de Russie, dans l'océan Arctique, entre la mer de Sibérie orientale et la mer de Tchoukotka. 7 300 km².

vraquier n. m. (de *vrac*) Navire qui transporte des marchandises en vrac.

Vraz (Jacob Fras, dit Stankó) Poète slovéno-croate (1810-1851). Actif dans le « mouvement illyrien » de Gaj, il publia des poèmes en croate sous le titre *Petites Roses,* et laissa un recueil de *Chants populaires.*

Vrchlický (Emil Frida, dit Jaroslav) Poète tchèque (1853-1912). Il est l'auteur très populaire de nombreux recueils de poèmes (*Légende de saint Procope ; Ce que la vie a donné ; Des profondeurs*), de drames historiques et de comédies (*Une nuit au château de Karlštein*).

Vredeman de Vries (Hans) Peintre, décorateur, dessinateur et graveur néerlandais (1527-1604). Il joua un rôle important comme théoricien de l'architecture, et ses recueils d'ornements, de style maniériste, furent largement diffusés en Europe du Nord.

Vréttacos (Nikiforos) Poète grec (1911-1991). Sa sensibilité panthéiste s'exprime dans la douceur et la limpidité. *L'Enfant de Taygète ; Le Fauve et la Tempête* (récit).

Vries (Hugo De) voir De Vries (Hugo)

vrillage n. m. (de *vriller*) techn. **1.** Défaut de fils textiles qui vrillent. **2.** Torsion donnée aux pales d'une hélice, aux ailes d'un avion.

vrille n. f. (vient du latin *viticula,* de *vitis* → viti-) **1.** Organe de fixation de certaines plantes grimpantes, qui s'enroule en hélice. **2.** Outil formé d'une tige que termine une vis. → **foret, tarière. 3.** Hélice. *Escalier en vrille.* – *Avion qui descend en vrille,* en tournant sur lui-même. ■ fig., fam. *Partir en vrille,* échapper à tout contrôle. → **partir en live***.

vrillé, ée adj. **1.** bot. Muni de vrilles. *Pampres vrillés.* **2.** Tordu plusieurs fois sur soi-même. *Fil tout vrillé.*

vrillée n. f. bot. Renouée, appelée aussi *faux liseron.*

vriller v. < 1 > **1.** v. intr. Se mouvoir en tournant sur soi-même. *Avion qui vrille.* ■ S'enrouler sur soi-même. *Ficelle qui vrille.* **2.** v. tr. Percer avec une vrille. → **tarauder.** *Vriller une planche.* – fig. « *Une névralgie furieuse lui vrillait les tempes* » (Huysmans).

vrillette n. f. (de *vrille*) Petit coléoptère dont la larve ronge les vieux meubles.

vrombir v. intr. < 2 > (origine onomatopéique) Produire un son vibré par un mouvement périodique rapide. → **bourdonner.**

vrombissant, ante adj. Qui vrombit. *Un moteur vrombissant.*

vrombissement n. m. Bruit de ce qui vrombit. → **bourdonnement ; ronflement.**

Vroubel (Mikhaïl) Peintre russe (1856-1910). Il fut considéré comme le représentant le plus important du symbolisme et de l'Art nouveau dans son pays. *Fleurs dans un vase bleu ; Séraphin à six ailes ; Lilac.*

vroum [vʀum] interj. Onomatopée imitant un bruit de moteur.

VRP n. (sigle) Voyageur représentant placier.

vs voir **versus**

VSN n. m. (sigle) anciennt Volontaire du service national civil, en coopération. → **coopérant.**

¹VTC n. m. (sigle de *vélo tout chemin*) Vélo plus léger que le VTT, conçu pour une utilisation sur route et pour les randonnées sur les chemins.

²VTC n. m. ou f. (sigle de *voiture* [ou *véhicule*] *de transport* [ou *tourisme*] *avec chauffeur*) Voiture de location avec chauffeur, que l'on peut emprunter uniquement sur réservation.

VTT n. m. (sigle) Vélo tout-terrain. → **vélocross.**

vu, vue **I.** adj. **1.** Perçu par le regard. – loc. *Ni vu ni connu* : sans que personne en sache rien. ■ n. m. *Au vu et au su de tout le monde* : au grand jour. → **ouvertement.** – *C'est du déjà vu !,* ce n'est pas une nouveauté. **n. m. invar.** *Une impression de déjà-vu.* **2.** Compris. *C'est bien vu ?* ellipt *Vu ?* – fam. *C'est tout vu !,* il n'y a pas à revenir là-dessus. **3.** *Être bien, mal vu,* bien ou mal considéré. → **apprécié. II.** *Vu* prép. **1.** En considérant, eu égard à. *Vu la qualité, c'est cher.* **2.** ***Vu que*** loc. conj. Étant donné que. → **¹attendu** que.

vue n. f. (du p. p. de *voir*) **I.** Action, fait de voir. **1.** Sens par lequel les stimulations lumineuses donnent naissance à des sensations de lumière, de couleur, de forme organisées en une représentation de l'espace. *L'œil, organe de la vue. Perdre la vue,* devenir aveugle. **2.** Manière de percevoir les sensations visuelles. → **vision.** *Troubles de la vue.* – *Avoir une bonne, une mauvaise vue. Vue basse, courte* (→ **myopie**). *Sa vue baisse. Vue perçante.* **3.** (dans des loc.) Fait de regarder. → **regard.** *Jeter, porter la vue sur* : diriger ses regards vers. – *À la vue de tous* : en public. – ***À première vue*** : au premier regard, au premier coup d'œil. – *Connaître qqn* ***de vue,*** l'avoir déjà vu, sans avoir d'autres relations avec lui. – ***À vue*** : en regardant, sans quitter des yeux. *Changement à vue,* au théâtre, changement de décor qui se fait devant le spectateur ; fig. changement soudain et total. ■ *À vue d'œil* : d'une manière constatable par les yeux, très vite. – fam. *À vue de nez**. **4.** Les yeux. *S'abîmer la vue.* – loc. fam. *En mettre plein la vue à qqn,* l'éblouir. **5.** Visionnage d'une vidéo (sur Internet). *Son clip a fait un million de vues.* **II.** Ce qui est vu. **1.** Étendue de ce qu'on peut voir d'un lieu. → **panorama.** *D'ici, on a une très belle vue.* – *Point* de vue.* **2.** Aspect sous lequel se présente (un objet). *Vue de face, de côté.* – ***En vue*** : aisément visible. *Être bien en vue.* → en **évidence.** – fig. *Un personnage en vue,* de premier plan. **3.** *La vue de...* → **image, spectacle, vision.** *La vue du* *sang le rend malade.* **4.** Ce qui représente (un lieu) ; image, photo. *Une vue de Madrid.* **5.** Orientation permettant de voir. *Appartement avec vue sur un parc.* **III.** fig. **1.** Faculté de former des images mentales, de se représenter ; exercice de cette faculté. – *Seconde vue, double vue :* faculté de voir par l'esprit des objets réels, des faits qui sont hors de portée des yeux. → **voyance. 2.** Image, idée ; façon de se représenter qqch. *Profondeur, hauteur de vue(s). Vues étroites.* – loc. ***Échange de vues :*** entretien où l'on expose ses conceptions respectives. – loc. *C'est une vue de l'esprit,* théorique, qui a peu de rapport avec la réalité. **3.** ***En vue.*** *Avoir qqch. en vue,* y songer, l'envisager. *Elle a une meilleure situation en vue.* ■ ***En vue de*** **loc. prép. :** de manière à permettre, à préparer (une fin, un but). → **pour.** *Il a travaillé en vue de réussir son examen, en vue de sa réussite.* **4.** au plur. Dessein, projet. *Selon ses vues.* – *Avoir des vues sur qqn,* penser à lui pour tel ou tel projet (spécialt séduction, mariage). – *Avoir des vues sur un héritage.* → **convoiter, guigner.**

Vuillard (Édouard Jean) Peintre, aquarelliste, décorateur et graveur français (1868-1940). Membre du groupe des Nabis, il fut influencé par les maîtres japonais *(Au lit).* Un temps apparenté au symbolisme, il se tourna vers une peinture intimiste, aux tons assourdis.

Vuillard (Éric) Écrivain français (né en 1968). Ses récits reviennent sur l'histoire des opprimés, des vaincus, des peuples colonisés, et de leurs révoltes *(Conquistadors ; L'Ordre du jour ; La Guerre des pauvres).*

Vuillemin (Jules) Philosophe français (1920-2001). Auteur de travaux sur l'histoire de la philosophie et de la philosophie des mathématiques, il s'est constamment interrogé sur la nature et la classification des systèmes philosophiques. *Nécessité et contingence.*

Vuitton (Louis) Maroquinier français (1821-1892). Il fut apprenti chez un fabricant de malles parisien puis ouvrit son propre magasin où il commercialisa de nouveaux modèles de malles de luxe, plates et empilables, aux serrures incrochetables et à l'imprimé brun et beige à ses initiales. La société Vuitton fusionna (1987) avec les champagnes Moët Hennessy pour former le groupe LVMH.

Vukovar Ville de Croatie, en Slavonie orientale, à la confluence du Danube et de la Vuka. 26 500 habitants. La ville a été détruite en 1991 par la guerre serbo-croate.

vulcain n. m. (n. propre *Vulcain,* latin *Vulcanus* → volcan) Papillon rouge et noir, au vol rapide.

Vulcain Dans la mythologie romaine, dieu du Feu. Il fut assimilé au dieu grec Héphaïstos.

vulcanales n. f. pl. (du latin *Vulcanus* « Vulcain ») Antiq. romaine Fêtes en l'honneur de Vulcain.

vulcanien, ienne adj. (du latin *vulcaniae [insulae]* « îles de Vulcain », ancien n. des îles Éoliennes) géol. Se dit d'un type de volcan ou d'éruption volcanique caractérisé par une lave très visqueuse déterminant des explosions.

vulcanisation n. f. (de l'anglais → vulcaniser) Opération par laquelle on incorpore du soufre au caoutchouc pour améliorer sa résistance.

vulcaniser v. tr. < 1 > (anglais *to vulcanize,* de *Vulcan* « Vulcain ») Traiter (le caoutchouc) par vulcanisation.

Vulcain

Vulcain dans sa forge (VIe s. av. J.-C.), Museum of Fine Arts, Boston.

Vulcano La plus méridionale des îles Éoliennes, formée par le volcan actif du même nom (500 m).

vulgaire (latin *vulgaris,* de *vulgus* « foule » → vulgum pecus) **I.** adj. **1.** vieux Très répandu. « *C'était* [la douleur] *un mal vulgaire et bien connu des hommes* » (Musset). ■ didact. Se dit de la forme de langue connue de tous (opposé à *littéraire*). *Latin vulgaire :* latin populaire qui était parlé dans les pays romans. – (opposé à *scientifique, technique*) *Le nom vulgaire d'une plante.* → **¹courant, commun, usuel. 2.** vieux Ordinaire. « *Lecteur vulgaire, pardonnez-moi mes paradoxes* » (Rousseau). ■ (avant le n.) Quelconque, qui n'est que cela. *Un vulgaire passant.* → **simple.** – mod., péj. *Une vulgaire menteuse.* **3.** péj. Qui manque d'élévation ou de distinction. → **¹bas, commun, grossier, trivial.** (opposé à *distingué, élevé*) *Un esprit vulgaire.* – *Avoir des goûts vulgaires.* ■ spécialt Qui choque la bienséance. *Langage, mot vulgaire.* → **trivial. II.** n. m. **1.** vieux ou littér. Le commun des hommes, la majorité (souvent péj.). → **foule, ¹masse.** *Un homme au-dessus du vulgaire.* **2.** Ce qui est vulgaire (I, 3). *Tomber dans le vulgaire.* → **vulgarité.**

vulgairement adv. **1.** didact. *Appelé vulgairement,* dans le langage courant (opposé à *scientifiquement*). **2.** péj. Avec vulgarité.

vulgarisateur, trice n. Spécialiste de la vulgarisation. *Vulgarisateur scientifique.*

vulgarisation n. f. Fait d'adapter des connaissances techniques, scientifiques, pour les rendre accessibles à un lecteur non spécialiste. *Ouvrage de vulgarisation scientifique.*

vulgariser v. tr. < 1 > (du latin *vulgaris* → vulgaire) **1.** Répandre (des connaissances) en mettant à la portée du grand public. → **propager. 2.** péj. Rendre ou faire paraître vulgaire.

vulgarisme n. m. (du latin *vulgaris*) didact. Expression, tournure populaire et fautive.

vulgarité n. f. (latin *vulgaritas* → vulgaire) **1.** Caractère vulgaire (I, 3), absence totale de distinction et de délicatesse. → **bassesse, trivialité. 2.** *Une, des vulgarités.* Manière vulgaire d'agir, de parler.

vulgate n. f. (latin chrét. *[versio] vulgata* « [version] répandue », de *vulgus* → vulgaire) didact. Traduction latine de la Bible.

Vulgate n. f. Traduction latine de la Bible, réalisée par saint Jérôme (390-405) à partir du texte hébreu. D'abord contestée par les défenseurs de la Bible grecque, comme saint Augustin, elle fut déclarée canonique par le concile de Trente en 1546.

vulgum pecus [vylgɔmpekys] n. m. sing. (pseudo-latin, proprt « le vulgaire troupeau ») fam. Le commun des mortels, les ignorants.

vulnérabilité n. f. littér. Caractère vulnérable. → **fragilité.**

vulnérable adj. (bas latin, de *vulnus, vulneris* « blessure ») **1.** Qui peut être blessé, frappé par un mal physique. *Organisme plus ou moins vulnérable.* – *Espèce (animale) vulnérable,* menacée d'extinction à l'état sauvage. **2.** fig. Qui peut être facilement atteint. *Son inexpérience le rend vulnérable. Personne vulnérable* (à cause de son âge, de son état, d'un handicap...).

vulnéraire (latin *vulnerarius,* de *vulnus, vulneris* « blessure ») **1.** n. m. vieux Remède qu'on appliquait sur les plaies. **2.** n. f. Plante dicotylédone utilisée en médecine populaire.

vulnérant, ante adj. (du latin *vulnerare* « blesser ») Qui blesse. *Armes vulnérantes.* – sc. nat. *Animaux vulnérants, plantes vulnérantes,* capables de blesser, de provoquer des lésions.

Vulpian (Alfred) Médecin et physiologiste français (1826-1887). Travaillant avec Charcot sur le système nerveux, il découvrit l'adrénaline et identifia la sclérose en plaques.

vulpin, ine adj. et n. m. (latin *vulpinus* « de renard ») **1.** didact. Du renard. *Rage vulpine.* **2.** n. m. Plante herbacée (graminée) à panicules en forme de queue de renard.

vultueux, euse adj. (latin *vultuosus,* de *vultus* « visage ») didact. Se dit d'un visage congestionné, gonflé. *Face vultueuse.* → **bouffi.**

vulvaire adj. didact. De la vulve. *Fente vulvaire.*

vulve n. f. (latin *vulva, volva* « utérus ») Ensemble des organes génitaux externes de la femme (et des femelles de mammifères). – spécialt Orifice extérieur du vagin.

vulvite n. f. méd. Inflammation de la vulve.

vumètre n. m. (de l'anglais *V[olume] U[nit] [Meter]* « unité de volume » + -mètre) Appareil électrique qui mesure le volume sonore d'un signal électroacoustique.

VUS voir SUV

vuvuzéla ou **vuvuzela** [vuvuzela] n. f. (mot zoulou, d'origine onomatopéique) Instrument à vent élémentaire produisant un seul son (si bémol), utilisé lors des rencontres de football en Afrique australe.

Vyborg ou **Viborg** Ville de Russie, région de Leningrad, sur le golfe de Finlande. 79 700 habitants. Cédée par la Suède à la Russie en 1721, elle fut finlandaise en 1918, puis retourna à l'URSS en 1947.

Vychinski (Andreï Ianouarevitch) Homme politique soviétique (1883-1954). Nommé par Staline procureur général de l'URSS en 1936, il joua un rôle d'accusateur public lors des purges du Parti communiste (1936-1938). De 1944 à 1946, il contribua à l'instauration des régimes communistes en Roumanie et en Bulgarie.

Vygotski (Lev Semenovitch) Psychologue russe (1896-1934). Ses travaux portèrent sur la structuration du psychisme par le langage. *Pensée et langage.*

Vyroubova (Nina) Danseuse française d'origine russe (1921-2007). L'une des grandes interprètes du ballet romantique *(La Sylphide ; Giselle),* elle fut danseuse étoile à l'Opéra de Paris (1949-1956).

Vytchegda n. f. Rivière de Russie, affluent de la Dvina septentrionale. 1 130 km. Elle prend sa source dans l'extrémité S. de la chaîne de montagnes de Timan.

W

W [dubləve] **n. m. invar. I.** Vingt-troisième lettre, dix-huitième consonne de l'alphabet, servant à noter le son [v] (ex. *wagon*) ou le son [w] (ex. *watt*). **II.** *W* **1.** Symbole du watt. **2.** Symbole du tungstène.

Waas ou **Waes** **(pays de)** Région de Belgique (province de Flandre-Orientale), à l'O. de l'Escaut. Production agricole variée. Textile ; industrie chimique ; centrale nucléaire. Ville principale : Sint-Niklaas.

Wabash **n. m.** Rivière du centre des États-Unis, affluent de l'Ohio. 960 km. Il est relié au lac Érié par un canal.

Wace **(Robert)** Poète anglo-normand (v. 1110-v. 1180). Il est l'auteur d'une histoire des Bretons, le *Roman de Brut* (15 000 octosyllabes), et d'une histoire des Normands, le *Roman de Rou*.

Wachau **n. f.** Section encaissée de la vallée du Danube en Autriche, sur 40 km. Vignobles ; tourisme.

Wachita **(monts)** voir **Ouachita**

Wackernagel **(Wilhelm)** Écrivain allemand (1806-1869). Connu pour son *Histoire de la littérature allemande*, il est également l'auteur de poèmes. ■ Jacob **Wackernagel** (1853-1938). Fils de Wilhelm. Helléniste, il est l'auteur d'une grammaire comparée du sanskrit.

Waco Ville des États-Unis (Texas). 138 480 habitants. Centre agricole et industriel.

Wadden **(mer des)** Mer intérieure, au N. des Pays-Bas, séparée de l'IJsselmeer par une digue et de la mer du Nord par les îles Frisonnes.

Waddington **(William Henry)** Archéologue et homme d'État français d'origine britannique (1826-1894). L'un des fondateurs de l'École des hautes études, il fut ministre et président du Conseil de février à décembre 1879.

Wade **(Abdoulaye)** Homme d'État sénégalais (né en 1926). Fondateur du Parti démocratique sénégalais, il a été président de la République de 2000 à 2012.

Wädenswil Ville de Suisse, dans le canton de Zurich. 21 797 habitants. Industries chimique et textile.

Wādī Natrūm voir **Ouadi Natroum**

wading [wediŋ] **n. m.** **(mot anglais, de *to wade* « patauger »)** anglic. Pêche en rivière, le pêcheur étant dans l'eau.

Waes voir **Waas**

Wafd **n. m.** Parti nationaliste égyptien fondé en 1919 qui milita pour l'indépendance de l'Égypte. Dissous en 1952, il fut autorisé à se reconstituer en 1978 sous le nom de Néo-Wafd.

wagage [wagaʒ] **n. m.** **(mot dialectal, du néerlandais *wak* « humide »)** régional Limon de rivière servant d'engrais.

Wagner **(Heinrich Leopold)** Écrivain allemand (1747-1779). Il est l'auteur d'un drame, *L'Infanticide*, typique du Sturm und Drang.

Wagner **(Richard)** Compositeur allemand (1813-1883). Grande figure du romantisme, il forgea une théorie très personnelle du drame musical, dans lequel musique et poésie, étroitement associées, doivent se faire l'écho du conflit entre l'homme et son destin. L'emploi du *leitmotiv*, inauguré par *Le Vaisseau fantôme*, renforce l'harmonie entre la voix et les instruments et crée une profonde unité thématique. Puisant ses sujets dans la légende celte *(Tristan et Isolde)* et germanique, écrivant lui-même ses livrets, il élabora, soutenu par le jeune souverain de Bavière, Louis II, une œuvre immense, puissante, novatrice par la mélodie, les harmonies, l'orchestration. *La Tétralogie : L'Or du Rhin, La Walkyrie, Siegfried, Le Crépuscule des dieux.* Un festival annuel consacré à l'opéra wagnérien se tient à Bayreuth, ville où le compositeur fit construire un théâtre en 1876.

Richard Wagner au piano, en compagnie de Louis II de Bavière, par Fritz Berger (1940), coll. privée.

Wagner **(Adolph)** Économiste allemand (1835-1917). L'un des représentants des « socialistes de la chaire » (universitaires), il préconisait la redistribution des revenus grâce à l'impôt. *Traité de la science des finances.*

Wagner **(Otto)** Architecte autrichien (1841-1918). Il fut l'un des représentants de l'Art nouveau viennois. (Karlsplatz Station ; Caisse d'épargne postale de Vienne).

Wagner **(groupe)** Groupe paramilitaire russe opérant depuis 2015 dans les pays où la Russie possède des intérêts stratégiques. Il combat notamment en Afrique (Mali, Soudan, Centrafrique...), en Syrie, en Ukraine et est considéré par les États-Unis comme une organisation criminelle internationale.

wagnérien, ienne [vagneʀjɛ̃, jɛn] **adj.** Qui concerne Wagner et sa musique.

Wagner-Jauregg **(Julius von)** Médecin autrichien (1857-1940). Il élabora un traitement contre la paralysie générale liée à la syphilis, par inoculation de la malaria, appliqué jusqu'en 1943 puis remplacé par la pénicilline. Prix Nobel 1927.

wagon [vagɔ̃] **n. m.** **(mot anglais, du néerlandais *waghen, wagen* « chariot », famille du latin *vehiculum, via* → véhicule, voie)** Véhicule sur rails, tiré par une locomotive. *Wagon de marchandises ; wagon à bestiaux.* → **²fourgon.** ■ cour., abusivt Voiture d'un train destinée aux voyageurs.

wagon-bar **n. m.** vieilli Voiture-bar. *Des wagons-bars.*

wagon-citerne **n. m.** Wagon aménagé pour le transport des liquides. *Des wagons-citernes.*

wagon-lit **n. m.** Voiture d'un train formée de compartiments équipés de lits. *Des wagons-lits.* - syn. **voiture-lit.**

wagonnet **n. m.** Petit chariot sur rails, destiné au transport de matériaux en vrac dans les mines.

wagon-restaurant **n. m.** Voiture d'un train aménagée en restaurant. *Des wagons-restaurants.* - syn. **voiture-restaurant.**

wagon-tombereau **n. m.** techn. Wagon à bords élevés, dont le chargement se fait par le haut et le déchargement par des portes latérales. *Des wagons-tombereaux.*

wagon-trémie **n. m.** techn. Wagon à trémie servant au transport des matériaux en vrac. *Des wagons-trémies.*

Wagram **(bataille de)** Victoire remportée les 5 et 6 juillet 1809 à Wagram (Autriche) par Napoléon Ier sur les Autrichiens.

wahhabisme [waabism] **n. m.** **(du n. de Muhammad ibn 'Abd al-Wahhab)** didact. Doctrine puritaine islamique, intégrisme musulman. □ **adj. et n. wahhabite**

Wahl [val] **(Jean)** Philosophe français (1888-1974). Il joua un rôle important dans la diffusion en France des pensées de Hegel, de Kierkegaard, de Heidegger, tout en développant une pensée originale de l'expérience métaphysique. *Existence humaine et transcendance ; Traité de métaphysique.*

Waikiki Plage touristique d'Honolulu, sur l'île d'Oahu.

Waismann (Friedrich) Mathématicien, physicien et philosophe autrichien (1896-1959). Il fut l'un des fondateurs du Cercle de Vienne et un des théoriciens du positivisme logique. *Introduction à la pensée mathématique : la formation des concepts en mathématique moderne.*

Wajda (Andrzej) Cinéaste polonais (1926-2016). Son œuvre allie une forte conscience politique et un sens de l'émotion exacerbé. *Ils aimaient la vie ; Cendres et Diamant ; L'Homme de marbre ; L'Homme de fer.*

Andrzej Wajda réalisant *Danton* (1982).

wakamé [wakame] **n. m. (mot japonais)** Algue marine brune utilisée dans la cuisine asiatique.

Wake (île de) Île du N.-O. de l'océan Pacifique, possession des États-Unis depuis 1898. Elle fut occupée par les Japonais de 1941 jusqu'à la fin de la guerre. Base aérienne.

Wakefield Ville d'Angleterre (West Yorkshire), sur la Calder. 99 200 habitants (agglomération : 330 000). Cathédrale du XVe s. Industries chimique et textile ; anciennes mines de houille.

Wakhān n. m. Région d'Afghanistan formant un étroit corridor entre le Tadjikistan au N. et le Pakistan au S. Cette ancienne partie du Pamir fut attribuée à l'Afghanistan en 1895 pour faire tampon entre l'Empire britannique des Indes et l'Empire russe.

Waksman (Selman Abraham) Microbiologiste américain d'origine russe (1888-1973). Ses travaux sur les antibiotiques aboutirent à la découverte de la streptomycine utilisée pour la tuberculose. Prix Nobel de médecine 1952.

Wałbrzych Ville de Pologne (Basse-Silésie). 125 000 habitants. Houille ; cokeries.

Walburge voir **Walpurgis**

Walckenaer (Charles Athanase, baron) Érudit français (1771-1852). Il fut, avec Jomard, l'un des fondateurs de la Société de géographie de Paris.

Walcott (Derek) Poète antillais d'expression anglaise (1930-2017). Auteur d'une abondante œuvre dramatique, il s'est fait surtout connaître par ses poèmes : *Vingt-Cinq Poèmes ; Le Royaume du fruit-étoile ; Le Chien de Tiepolo.* Prix Nobel 1992.

Wald (George) Biologiste américain (1906-1997). Il étudia le mécanisme photochimique de la vision et montra que la carence en vitamine A entraîne un déficit de la vision nocturne. Prix Nobel de médecine 1967.

Waldeck-Rochet voir **Rochet (Waldeck)**

Waldeck-Rousseau (Pierre) Homme d'État français (1846-1904). Député, ministre de l'Intérieur (1881-1882 et 1883-1885), il favorisa le développement du syndicalisme. Président du Conseil (1899-1902), il fit réviser le procès de Dreyfus et adopter la loi sur les associations (1901).

Waldersee (Alfred, comte von) Feld-maréchal prussien (1832-1904). Il commanda les troupes internationales envoyées en Chine contre les Boxers.

Waldeyer (Wilhelm) Anatomiste et histologiste allemand (1836-1921). Il soutint le premier que le système nerveux est composé de cellules indépendantes, et inventa les termes de *neurone* et de *chromosome*.

Waldheim (Kurt) Homme d'État autrichien (1918-2007). Il fut secrétaire général de l'ONU de 1972 à 1981 et président de la République de 1986 à 1992.

Waldseemüller ou **Waltzemüller (Martin)** Géographe et cartographe allemand (v. 1470-entre 1518 et 1521). Sa *Cosmographiae introductio* figurait pour la première fois l'Amérique comme un continent distinct de l'Asie.

walé [wale] **n. m. (mot d'une langue africaine)** Jeu africain qui consiste à faire passer des pions (graines, cailloux...), selon des règles précises, d'un trou à l'autre dans une table évidée de douze trous. - syn. **awalé.**

Wałęsa (Lech) Homme d'État polonais (né en 1943). L'un des leaders de la grande grève de 1980, il fut président du syndicat Solidarité (*Solidarność*) de 1981 à 1990. Il fut président de la République de 1990 à 1995. Prix Nobel de la paix 1983.

Lech Wałęsa en 1980, à Gdańsk.

Walewski (Alexandre Florian Joseph Colonna, comte) Homme politique français (1810-1868). Fils naturel de Napoléon Ier et de la comtesse Walewska, il participa à la conquête de l'Algérie. Ministre des Affaires étrangères (1855-1860), il présida le congrès de Paris (1856) puis se sépara de Napoléon III sur la question italienne.

Walhalla ou **Valhalla n. m.** Dans la mythologie germanique, séjour des guerriers morts au combat. Reçus par les Walkyries, ils y attendent, autour d'Odin (Wotan), le combat final contre les démons.

wali [wali] **n. m. (mot arabe)** En Algérie, Haut fonctionnaire responsable d'une wilaya.

Walker (sir John E.) Biologiste britannique (né en 1941). Il contribua à décrypter le processus enzymatique qui permet la fabrication de l'ATP. Prix Nobel 1997.

walkman [wɔ(l)kman] **n. m. (n. déposé japonais, de l'anglais *to walk* « marcher » et *man* « homme ») anglic. vieilli ➔ baladeur.**

walkyrie n. f. (norrois *valkyria*, de *val* « tué » et *kyria* « celle qui choisit » ; puis allemand *Walküre*, même origine) Déesse guerrière des mythologies germaniques, décidant du sort des combats et de la mort des guerriers. *« La Walkyrie »* (opéra de Wagner).

Walkyries n. f. pl. Dans la mythologie germanique, divinités féminines messagères d'Odin. Hôtesses du Walhalla, elles y servent le festin des héros.

Wall (Jeff) Photographe plasticien canadien (né en 1946). Ses œuvres sont inspirées de tableaux de grands maîtres. Sous une forme apparente de réalisme, leur construction trompeuse diffuse une atmosphère étrange. En renouvelant le mode de fabrication de la photographie documentaire, il amène le spectateur à modifier sa perception de la réalité (*La Chambre détruite ; Un soudain coup de vent*).

wallaby [walabi] **n. m. (mot indigène australien, par l'anglais)** Kangourou de petite taille, de diverses espèces. *Des wallabys* ou *des wallabies* **(plur. anglais).**

Wallace (sir William) Chef écossais (v. 1270-1305). Il prit la tête du soulèvement de l'Écosse contre Édouard Ier d'Angleterre (1297), mais fut capturé et exécuté.

Wallace (sir Richard) Philanthrope britannique (1818-1890). Il finança les ambulances militaires de 1870 et fit installer à Paris une centaine de fontaines qui portent son nom. Sa remarquable collection d'œuvres d'art fut léguée à l'Angleterre (Wallace Collection, Londres).

Wallace (Alfred Russell) Voyageur et naturaliste britannique (1823-1913). Il mit en évidence, indépendamment de Darwin, le rôle de la sélection naturelle dans l'évolution des espèces. Il a défini une frontière entre les faunes et les flores australiennes et asiatiques (*ligne Wallace*).

Wallace (Edgar) Romancier britannique (1875-1932). Auteur de plus de 175 romans policiers, il fut en outre le scénariste du film *King Kong*.

Wallasey Ville d'Angleterre, sur la mer d'Irlande. 60 280 habitants.

Wallenstein (Albrecht von) duc de Friedland Général allemand d'origine tchèque (1583-1634). Au service de l'empereur Ferdinand II, il combattit durant la guerre de Trente Ans, il battit Mansfeld à Dessau (1626) et contraignit Christian IV à la paix de Lübeck (1629). Vaincu par Gustave II Adolphe à Lützen (1632), il négocia avec les protestants et fut assassiné sur ordre de l'empereur.

Waller (Thomas, dit Fats) Pianiste, compositeur et chanteur de jazz américain (1904-1943). Pianiste doué et inventif, il fut également un chanteur plein d'humour. *Handful of Keys ; Moppin' and Boppin'.*

wallingant, ante [walɛ̃gɑ̃, ɑ̃t] **n. et adj. (de *wallon*, d'après *flamingant*)** Partisan de l'autonomie de la Wallonie. *Les wallingants et les flamingants.*

Wallis (John) Mathématicien anglais (1616-1703). Il énonça son célèbre produit infini (*produit de Wallis* qui est une décomposition de π en un produit infini de fractions) et ouvrit la voie au calcul infinitésimal de Newton.

Wallis (Samuel) Navigateur et explorateur britannique (v. 1728-1795). Envoyé en expédition dans le Pacifique, il atteignit les îles Tuamotu, Tahiti, et l'archipel qui porte son nom, Wallis-et-Futuna.

Wallis et Futuna Collectivité française d'outre-mer (COM), cet archipel est situé en Polynésie, à l'ouest des îles Samoa. ➔ Océanie (carte). 274 km². 11 558 habitants (les *Wallisiens et Futuniens*). Chef-lieu : Mata-Utu, sur l'île de Wallis (Uvéa, en polynésien).

GÉOGRAPHIE

Les trois îles principales sont volcaniques. Wallis est entourée d'un récif de corail. Son point culminant le mont Lulu est à 151 m. Futuna et Alofi (appelées parfois les « îles de Horn »), liées à un volcanisme récent, sont des îles montagneuses, dont le mont Puke sur Futuna culmine à 524 m. Le climat est équatorial.

ÉCONOMIE

L'économie est encore très agricole. Les cultures sont vivrières (cocotier, taro et igname) et la pêche dans les lagons reste artisanale. L'éloignement de l'archipel rend le développement d'activités comme le tourisme difficile. L'émigration en Nouvelle-Calédonie est importante.

HISTOIRE

Découvertes par le navigateur britannique Samuel Wallis en 1767, les îles passent sous protectorat français (1886-1887) puis, par référendum (1959), choisissent le statut de territoire d'outre-mer (TOM), devenu collectivité d'outre-mer (2003).

wallon, onne [walɔ̃, ɔn] **adj. (du latin médiéval, du francique *walha* « les Romains »)** De la Wallonie. – **n.** *Les Wallons.* ■ **n. m.** Dialecte français d'oïl, parlé en Belgique.

Wallon (Henri Alexandre) Historien et homme politique français (1812-1904). Député de centre droit, il fit voter en 1875 un amendement concernant l'élection du président de la République qui est considéré comme l'acte de baptême de la IIIe République (*amendement Wallon*). Ministre de l'Instruction et des Cultes (1875-1876), il fit adopter la loi sur la liberté de l'enseignement supérieur (1875).

Walsh (Raoul)

Raoul Walsh (à g.) dirigeant Olivia de Havilland et Errol Flynn dans *La Charge fantastique* (1941).

Wallon (Henri) Psychologue et pédagogue français (1879-1962). Spécialiste de la psychologie de l'enfant, fondateur du groupe d'Éducation nouvelle, député communiste, il présida la commission de la réforme de l'enseignement (*projet Langevin-Wallon*, 1945).

Wallonie n. f. Région linguistique de Belgique où l'on parle le français et des dialectes romans (wallon principalement). La Wallonie constitue aujourd'hui la Région wallonne.

wallonisme [walɔnism] **n. m.** ling. Emprunt au wallon, dans le français de Belgique. → **belgicisme.**

wallonne (Région) Région administrative du S. de la Belgique. 16 844 km^2 (55 % de la superficie). 3 645 243 habitants (32,5 % de la population). Capitale : Namur. Elle comprend les provinces du Brabant wallon, du Hainaut, de Liège, de Luxembourg et de Namur. Francophone, elle englobe à l'E. la Communauté germanophone de Belgique (853 km^2 ; 73 120 habitants). La Région existe depuis la réforme constitutionnelle de 1967-1971. Agriculture et élevage bovin. L'ancien secteur industriel est en difficulté.

wallou voir **oualou**

Wall Street Rue de New York, dans le S. de Manhattan, où se trouve la Bourse de New York.

Wall Street Journal (The) Quotidien économique américain fondé à New York par H. Dow et E. D. Jones en 1889.

walou voir **oualou**

Walpole (Robert), 1er comte d'Orford Homme politique britannique (1676-1745). Chef des whigs, il devint en 1715 premier lord de la Trésorerie et chancelier de l'Échiquier. Avec lui, le Premier ministre devint comptable de son activité devant le Parlement et non plus devant le roi.

Walpole (Horace), 4e comte d'Orford Écrivain britannique (1717-1797). Fils de Robert Walpole. Il inaugura avec *Le Château d'Otrante* le genre du roman noir.

Walpole (sir Hugh Seymour) Critique et romancier britannique (1884-1941). Il publia une quarantaine de romans ainsi que des nouvelles et des essais. *La Force d'âme ; La Forêt obscure.*

Walpurgis ou **Walburge** Religieuse bénédictine anglaise (v. 710-779). Elle s'installa en Allemagne et devint abbesse de Heidenheim. Selon la légende, la nuit qui précédait sa fête, le 1er mai (*nuit de Walpurgis*), était une nuit de sabbat durant laquelle se retrouvaient les sorcières.

Walras [valʀa] **(Léon)** Économiste français (1834-1910). Cherchant à construire une doctrine économique conciliant la libre concurrence et la justice sociale, il formula, en même temps que W. S. Jevons et C. Menger, une théorie de la valeur fondée sur le principe de l'utilité marginale.

Walsall Ville d'Angleterre (West Midlands). 67 600 habitants. Métallurgie du cuivre ; industrie du cuir.

Walschap (Gerard) Écrivain belge d'expression néerlandaise (1898-1989). Il a exprimé dans ses œuvres ses doutes sur la morale catholique et la religion. Son roman *Houtekiet* exalte l'instinct et un mode de vie libéré de la notion de péché.

Walser (Robert) Écrivain suisse d'expression allemande (1878-1956). Son œuvre, qui ne fut reconnue qu'après sa mort, est empreinte d'une apparente gaieté masquant une angoisse existentielle. Atteint de schizophrénie, il fut interné en 1929. *Les Enfants Tanner ; L'Institut Benjamenta ; Jakob von Gunten.*

Walser (Martin) Auteur dramatique et romancier allemand (né en 1927). Son œuvre dresse le portrait de la débâcle morale de l'Allemagne d'après-guerre et met en scène des antihéros aux vies banales. *Chênes et Lapins angoras, chronique allemande ; Le Cygne noir ; Dorn ou le Musée de l'enfance* (roman).

Walsh (Raoul) Cinéaste américain (1892-1980). Représentatif de l'âge d'or de Hollywood, il excella dans des films d'action et d'aventures. *Le Voleur de Bagdad ; La Vallée de la peur ; L'enfer est à lui.*

Waltari (Mika Toimi) Romancier et auteur dramatique finlandais (1908-1979). Il connut le succès avec ses romans historiques. *Sinouhé l'Égyptien ; L'Ange noir.*

Walter (Bruno Walter Schlesinger, dit Bruno) Chef d'orchestre américain d'origine allemande (1876-1962). Il fut l'un des très grands interprètes de Mahler, dont il assura certaines créations posthumes (*Le Chant de la Terre ; Neuvième Symphonie*). Il dirigea le Metropolitan Opera puis l'Orchestre philharmonique de New York.

Walters (Minette) Romancière britannique (née en 1949). Elle a écrit une quinzaine de thrillers psychologiques couronnés par des prix internationaux et devenus des best-sellers. *Chambre froide ; Le Sang du renard.*

Walter Tyler voir **Tyler** (Wat ou Walter)

Walther von der Vogelweide Poète allemand (v. 1170-v. 1230). Auteur de *Lieder* (chansons) sur l'amour, il fut le plus grand minnesinger de son temps.

Walton (sir William Turner) Compositeur britannique (1902-1983). Autodidacte, il s'imposa avec *Façade* (musique de chambre sur des poèmes de E. Sitwell). Il composa deux opéras, un oratorio, deux symphonies, des concertos, ainsi que des musiques de film, notamment pour Laurence Olivier.

Walvis Bay ou **Walfish Bay** Région côtière de la Namibie. 1 124 km^2. Environ 25 000 habitants. Port de pêche (sardines) et d'exportation de minerais ; conserveries.

Walzer (Michael) Philosophe et théoricien politique américain (né en 1935). Il s'est fait le défenseur du pluralisme et du multiculturalisme contre l'universalité abstraite et les tendances à l'abstraction de la théorie politique moderne. *Pluralisme et démocratie.*

Wang Fuzhi ou **Wang Fou-tche** Érudit chinois (1619-1692). Favorable aux Ming, opposé aux Mandchous, il fut le premier théoricien d'un nationalisme chinois fondé sur la culture et le mode de vie.

Wang Meng ou **Wang Mong** Peintre, poète et calligraphe chinois (v. 1308-1385). Il fut l'un des quatre grands maîtres de la fin de la dynastie des Yuan.

Wang Wei Poète, peintre, calligraphe, musicien et fonctionnaire impérial chinois (v. 699-v. 759). Maître des poèmes dits « champs et vergers », il est l'inventeur présumé de la technique monochrome de l'« encre éclaboussée ».

Wang Yirong ou **Wang Yi-jong** Archéologue chinois (1845-1919). Il étudia le premier les os gravés des plus anciens caractères chinois.

Wanze Commune de Belgique (province de Liège). 13 731 habitants. Chapelle romane et abbaye du XIIIe s. ; ferme du XVe s. Importante sucrerie ; carrières.

waouh [wau] **interj.** (**anglais** ***wow***) fam. Exclamation exprimant l'admiration. → **²ouah.**

WAP [wap] **n. m.** (**mot anglais, sigle de** ***wireless application protocol***) anglic. Technique permettant l'accès des téléphones mobiles à Internet. *Le WAP, le Wap.*

wapiti [wapiti] **n. m.** (**mot algonquin**) Cerf d'Amérique du Nord, de plus grande taille que le cerf commun. *Des wapitis.*

Warangal Ville d'Inde (Telangana). 753 440 habitants. Temple du XIIe s. Centre ferroviaire et artisanal d'une région peu urbanisée.

Warburg (Otto) Physiologiste allemand (1883-1970). Il découvrit le rôle des enzymes dans le mécanisme de la respiration cellulaire. Prix Nobel de médecine 1931.

Waregem Commune de Belgique (province de Flandre-Occidentale). 38 350 habitants. Industries textile et alimentaire. Hippodrome.

Waremme Ville de Belgique, chef-lieu d'arrondissement de la province de Liège. 15 444 habitants. Sucrerie.

wargame [waʀgɛm] **n. m.** (**mot anglais, de** ***war*** **« guerre » et** ***game*** **« jeu »**) anglic. Jeu de simulation d'un conflit armé.

Warhol (Andrew Warhola, dit Andy) Peintre et cinéaste américain (1928-1987). Principal représentant du pop art, d'abord inspiré par la bande dessinée, il eut recours à la sérigraphie et à l'impression photomécanique dès 1962. Puisant ses thèmes dans l'imagerie urbaine, il s'est attaché à illustrer la civilisation américaine dans ce qu'elle a de plus aliénant, par ses séries de photos violemment colorées à la peinture acrylique (*Marilyn Monroe ; Elvis Presley ; Président Mao*).

Andy Warhol en 1985.

Warin (Jean) voir **Varin** (Jean)

Warndt n. f. Région forestière de la frontière franco-allemande, au cœur du bassin houiller.

Warnemünde Station balnéaire d'Allemagne (Mecklembourg), rattachée à Rostock, dont elle constitue l'avant-port. Pêche, conserveries.

Warner Bros Société de production et de distribution créée en 1923 par les quatre frères Warner (Sam, Harry, Albert et Jack) après la fondation de leur studio de tournage de cinéma à Hollywood en 1918.

WarnerMedia Conglomérat américain de médias (anciennement Time Warner) créé en 1990 et détenant de nombreuses filiales dont Warner Bros.

warning [waʀniŋ] **n. m.** (**de l'anglais, de** ***to warn*** **« avertir d'un danger »**) anglic. Feux de détresse*.

Waroquier (Henry de) Peintre et sculpteur français (1881-1970). Défenseur de l'art figuratif, il pratiqua un style éclectique intégrant les apports du fauvisme, du cubisme et les souvenirs de la Renaissance italienne.

warrant [vaʀɑ̃] **n. m.** (**mot anglais, de l'ancien français, var. de** ***garant***) **1.** dr. Effet de commerce délivré aux commerçants lors d'un dépôt de marchandises. → **récépissé. 2.** fin. Titre donnant à son propriétaire le droit d'en acquérir un autre, selon des conditions définies.

W

Waterloo (bataille de)

La bataille de Waterloo, gravure anonyme, bibliothèque Thiers, Institut de France.

warranter **v. tr. < 1 > dr.** Gager (une marchandise) par un warrant. □ **n. m. warrantage**

Warren (Earl) Juriste et homme politique américain (1891-1974). Président de la Cour suprême, il fit adopter un arrêt déclarant inconstitutionnelle la ségrégation raciale dans les écoles (1954).

Warren (Robert Penn) Écrivain américain (1905-1989). Critique littéraire, poète, il prit la défense des valeurs rurales du sud des États-Unis, notamment dans son roman *Les Fous du roi*.

Warren (J. Robin) Médecin australien (né en 1937). Il a découvert, avec B. J. Marshall, que la gastrite ainsi que l'ulcère de l'estomac ou du duodénum sont liés à une infection causée par la bactérie *Helicobacter pylori*. Prix Nobel 2005.

Warren Ville des États-Unis (Michigan), dans la banlieue de Detroit. 139 380 habitants. Construction automobile.

Warrington Ville d'Angleterre formant un district, sur la Mersey. 165 500 habitants. Centre industriel.

Warta **n. f.** Rivière de Pologne. 808 km. Née dans les plateaux de la Petite Pologne, elle pénètre en Grande Pologne et se jette dans l'Oder, dont elle est le principal affluent.

Wartburg (Walther von) Linguiste suisse (1888-1971). Romaniste et étymologiste, il tenta de réunir linguistique historique et structuralisme descriptif. Il dirigea un monumental *Französisches etymologisches Wörterbuch (Dictionnaire étymologique de la langue française)*.

Washington (George)

George Washington par José Perovani (1796), Real Academia de Bellas Artes de San Fernando, Madrid.

Wartburg (château de la) Château situé près d'Eisenach, en Thuringe, dont la construction remonte au XIe s. Il fut le cadre de concours de « minnesinger » aux XIIe et XIIIe s. et le lieu de résidence de sainte Élisabeth de Hongrie puis de Luther, qui y trouva refuge en 1521.

Warwick (Richard Neville, comte de) dit le Faiseur de rois Homme politique anglais (1428-1471). Lors de la guerre des Deux-Roses, il soutint Richard d'York contre Henri VI et remporta les victoires de Saint Albans (1455), Northampton (1460) et Towton (1461). Il fit couronner le fils de Richard, Édouard IV, puis rétablit Henri VI sur le trône (1470). Il fut tué par Édouard IV.

W

Warwick Ville d'Angleterre, chef-lieu du Warwickshire. 82 820 habitants. Riche collection de peintures dans le château comtal (XIVe s.).

Warwick Ville des États-Unis (Rhode Island). 85 000 habitants. Industries textile et mécanique. Centre agricole.

Warwickshire Comté du centre de l'Angleterre, dans les Midlands. 1 981 km^2. 545 500 habitants. Chef-lieu : Warwick. Agriculture au N. ; industrie au S. (Coventry).

wasabi [wazabi] **n. m. (mot japonais « rose trémière de montagne »)** Condiment japonais en pâte, voisin du raifort, servi avec le poisson cru.

Wasatch (monts) Chaîne montagneuse de l'E. des États-Unis, dans l'Utah. Ressources minières.

Wash (golfe du) Golfe profond de la côte E. de l'Angleterre, sur la mer du Nord.

Washington (George) Général et homme d'État américain (1732-1799). Héros de la guerre de l'Indépendance américaine, il obtint l'aide militaire de la France contre les Britanniques, qu'il vainquit à Yorktown (1781). Premier président des États-Unis (1789-1797), il dut arbitrer le conflit entre la tendance républicaine (Jefferson) et la tendance fédéraliste (Hamilton), pour laquelle il prit parti.

Washington **n. m.** État du N.-O. des États-Unis, sur la côte Pacifique. 176 617 km^2. 7 705 280 habitants. Capitale : Olympia. Ville principale : Seattle. Ressources minérales. Agriculture prospère. Industrie aéronautique (Boeing), informatique et ingénierie.

Washington Capitale fédérale des États-Unis, occupant tout le district fédéral de Columbia (DC), sur la côte E. 689 540 habitants. Ville administrative dessinée par Charles L'Enfant. Maison-Blanche, Capitole, Pentagone ; siège de la Banque mondiale et du Fonds monétaire international (FMI). Centre intellectuel (5 universités) ; musées (Smithsonian Institution, National Gallery of Art) ; bibliothèque du Congrès.

Washington (accords de) Accords signés à Washington le 13 septembre 1993 entre Israël et l'OLP, au cours desquels fut adoptée une déclaration de principes sur l'autonomie des territoires occupés.

washingtonia [waʃiŋtɔnja] **n. m. (du n. de G. Washington)** Grand palmier de Californie et du Mexique.

Washington Post (The) Quotidien américain créé en 1877 par S. Hutchins. De tendance libérale, il contribua, en 1974, à la démission du président Nixon (affaire du Watergate).

Wāsiṭī (Yaḥyā ibn Mahmūd, dit al-) Peintre et calligraphe arabe (début XIIIe s.). Il fut l'un des plus illustres représentants de l'école de miniatures de Bagdad.

wasp [wasp] **n. (mot anglais des États-Unis, sigle de *white anglo-saxon protestant*) anglic. (aux États-Unis)** Anglo-Saxon blanc et protestant (modèle valorisé). *Les wasps.*

Wasquehal Commune du Nord. 20 980 habitants. Industries textile et chimique.

Wassermann (Jakob) Écrivain allemand (1873-1934). Ses romans témoignent de son aspiration à un monde plus juste et plus humain. *Mon chemin comme Allemand et Juif* ; *La Troisième Existence de Joseph Kerkhoven*.

Wassermann (August von) Médecin allemand (1866-1925). Il mit au point le premier test permettant de diagnostiquer la syphilis.

wassingue [wasɛ̃g ; vasɛ̃g] **n. f. (flamand *wassching* « lavage ») régional (Nord ; Belgique)** Serpillière.

Wassy Commune de la Haute-Marne. 2 780 habitants. Un massacre des protestants, en 1562, y déclencha les guerres de Religion en France.

Watanabe Noboru voir **Kazan**

water voir **waters**

Washington

La Maison-Blanche, résidence officielle du président des États-Unis, abrite le célèbre bureau ovale.

water-ballast [watɛʀbalast] **n. m. (mot anglais, de** ***water*** **« eau » et → ballast)** anglic. Réservoir d'eau, sur un navire. – Réservoir de plongée d'un sous-marin. *Des water-ballasts.* - var. RO **waterballast.**

Waterbury Ville des États-Unis (Connecticut). 114 400 habitants. Industrie du cuivre ; horlogerie.

water-closet voir **waters**

Waterford Ville de la république d'Irlande (province de Munster), sur l'estuaire du Suir. 54 300 habitants. Port. Cristallerie. Industrie agroalimentaire.

watergang [watɛʀgɑ̃g] **n. m. (mot néerlandais, de** ***water*** **« eau » et** ***gang*** **« voie »)** régional (Nord ; Belgique) Canal, fossé en bordure d'un polder ou d'un chemin.

Watergate (affaire du) Scandale politique (1972-1974) révélé par les journalistes du *Washington Post,* B. Woodward et C. Bernstein, qui aboutit à la démission du président américain R. Nixon. Ce dernier était impliqué dans l'espionnage du siège du Parti démocrate (immeuble du *Watergate,* Washington) durant la campagne présidentielle de 1972. La source secrète qui aida les journalistes (« Gorge profonde ») était un haut fonctionnaire du FBI.

wateringue [watʀɛ̃g] **n. m. ou f. (du néerlandais, de** ***water*** **« eau »)** régional (Nord ; Belgique) Ensemble des travaux d'assèchement et de drainage.

Waterloo Ville de Belgique (province du Brabant-Wallon). 30 376 habitants.

Waterloo Ville du Canada (Ontario). 104 986 habitants. Université. Centre financier et industriel. Distilleries. Haute technologie.

Waterloo (bataille de) Victoire remportée le 18 juin 1815 près de Waterloo (Belgique) par les Britanniques de Wellington et les Prussiens de Blücher et de Bülow sur Napoléon. Elle provoqua la chute de ce dernier.

Watermael-Boitsfort Commune de Belgique, dans la banlieue S. de Bruxelles. 24 120 habitants. Centre résidentiel et tertiaire.

waterpolo [watɛʀpɔlo] **n. m. (anglais** ***water polo,*** **de** ***water*** **« eau » et** ***polo*****)** anglic. Jeu de ballon qui se pratique dans l'eau, et où s'opposent deux équipes de sept nageurs. - var. **water-polo.** *Des water-polos.*

waterproof [watɛʀpʀuf] **adj. invar. (mot anglais, de** ***water*** **« eau » et** ***proof*** **« épreuve »)** anglic. Garanti étanche. *Des montres waterproof.* – Qui résiste à l'eau. *Mascara waterproof.*

waters [watɛʀ] **n. m. pl. (anglais** ***water-closet,*** **de** ***water*** **« eau » et** ***closet*** **« cabinet », emprunt au français** ***clos*** **→ clore)** faux anglic. vieilli Lieux d'aisances. → **cabinet, WC.** *Aller aux waters.* - var. **water n. m.** - syn. **water-closet(s).**

waterzoï ou **waterzooi** [watɛʀzɔj] **n. m. (du néerlandais flamand, de** ***water*** **« eau » et** ***zootje*** **« bouillant », de** ***zode*** **« bouillir »)** Ragoût de viande blanche ou de poisson aux légumes (cuisine flamande). *Un waterzoï de poulet.*

Watteau (Antoine)

Antoine Watteau, *La Comédie française* (apr. 1716), Gemäldegalerie, Berlin.

Watford Ville d'Angleterre (Hertfordshire). 132 000 habitants. Centre résidentiel en voie d'industrialisation.

Watson (John Broadus) Psychologue américain (1878-1958). Il établit les bases du « behaviorisme », ou psychologie du comportement.

Watson (James Dewey) Biologiste américain (né en 1928). Il a découvert, avec F. H. C. Crick, la structure en double hélice de l'ADN. Il effectua en outre d'importants travaux sur l'ARN polymérase. Prix Nobel de médecine 1962.

Watson (Ian) Romancier britannique (né en 1943). Il est l'auteur d'une œuvre de science-fiction qui interroge les limites de la connaissance. *Les Visiteurs du miracle ; Le Livre de Mana* (trilogie).

Watson-Watt (sir Robert Alexander) Physicien britannique (1892-1973). Il débuta sa carrière académique en construisant des appareils destinés à localiser les orages. Ses travaux lui permirent par la suite d'inventer le radar.

watt [wat] **n. m. (de J.** ***Watt*****)** Unité de mesure de puissance (symb. W) équivalant à un travail de un joule par seconde. *Mille watts.* → **kilowatt.**

Watt (James) Ingénieur britannique (1736-1819). Les améliorations qu'il apporta à la machine atmosphérique de Newcomen adaptèrent la machine à vapeur aux contraintes industrielles. L'unité de puissance porte son nom.

Wawel

Les fortifications de Wawel, à Cracovie, avec la cathédrale et le château.

Watteau [vato] **(Antoine)** Peintre et dessinateur français (1684-1721). Jouant sur les effets de lumière diffuse, il exprima dans ses tableaux les subtilités du sentiment amoureux, le caractère éphémère des choses, le rêve et la suggestion l'emportant sur la représentation sensible. *L'Embarquement pour Cythère ; L'Amante inquiète ; L'Enseigne de Gersaint.*

wattheure [watœʀ] **n. m. (de** ***watt*** **et** ***heure*****)** Unité de mesure d'énergie, de travail et de quantité de chaleur (symb. Wh) valant 3 600 joules. *Des wattheures.*

Wattignies Commune du Nord. 15 372 habitants.

Wattignies-la-Victoire Commune du Nord. 239 habitants. Jourdan et Carnot y repoussèrent les Autrichiens, le 16 octobre 1793.

wattman [watman] **n. m. (de** ***watt*** **et de l'anglais** ***man*** **« homme »)** vieux Conducteur de tramway. *Des wattmans* ou *des wattmen* [-mɛn] **(d'après l'anglais).**

wattmètre [watmɛtʀ] **n. m. (de** ***watt*** **et** ***-mètre*****)** électr. Appareil de mesure de la puissance électrique.

Wattrelos Commune du Nord, à la frontière belge. 41 015 habitants. Industries textile et mécanique.

Wattwil Ville de Suisse (canton de Saint-Gall). 8 630 habitants. Couvent du XVIIe s. Ruines d'un château fort du XIIIe s. Industrie textile.

Waugh (Evelyn Arthur St. John) Romancier britannique (1903-1966). Il est l'auteur de romans humoristes et satiriques *(Grandeur et Décadence ; Une poignée de cendres).* Converti au catholicisme, il mit en scène la lutte entre le bien et le mal *(Officiers et Gentlemen).*

Wavell (Archibald Percival) 1er comte Maréchal britannique (1883-1950). Commandant en chef au Moyen-Orient en 1939, il conquit la Cyrénaïque. Commandant en chef des forces alliées du Sud-Est asiatique de 1941 à 1943, il fut ensuite nommé vice-roi des Indes (1943-1946).

Wavre Ville de Belgique, chef-lieu de la province du Brabant-Wallon. 34 748 habitants. Parc d'attractions Walibi. Parcs industriels.

Wawel n. m. Ensemble d'édifices historiques situé à Cracovie, en Pologne, lieu de résidence et de sépulture des rois de Pologne.

wax [waks ; waks] **n. m. invar. (mot anglais « cire »)** anglic. (Afrique) Tissu de coton imprimé selon un procédé à la cire.

Wayne (Marion Michael Morrison, dit John) Acteur américain (1907-1979). Célèbre acteur de westerns, il incarna des héros virils et généreux. *La Chevauchée fantastique ; Le Massacre de Fort Apache ; Rio Bravo ; Le Dernier des géants.*

John Wayne dans *Rio Lobo* de Howard Hawks (1970).

Waziristan n. m. Région montagneuse du Pakistan oriental, à la frontière afghane.

WC ou **W.-C.** [dubləvese ; vese] **n. m. pl.** Abréviation de *water-closet(s)*. → **waters.** - var. pop. **vécés.**

Weald n. m. Dépression du S.-E. de l'Angleterre. Région agricole et boisée.

Weaver (John) Danseur, maître de ballet et chorégraphe britannique (1673-1760). Il est le créateur du ballet anglais.

Weaver (Warren) Mathématicien américain (1894-1978). Il établit, avec Shannon, les bases mathématiques de la *Théorie mathématique de la communication.*

web [wɛb] **n. m.** (**mot anglais, de *World Wide Web* « réseau mondial »**) anglic. Ensemble des données reliées par des liens hypertextes*, sur Internet. → **toile.** *Surfer sur le web, Web.* – appos. *Page* web.*

▶ La principale application et le principal usage du réseau Internet est le **World Wide Web**, qui désigne l'ensemble des pages et documents consultables grâce à un navigateur. Pour en supporter l'architecture, les rudiments du langage de mise en forme HTML ont été mis au point par Tim Berners-Lee au début des années 1990.
À la fois simples et publiquement accessibles, ces bases ont vite entraîné une explosion des contenus disponibles grâce à l'utilisation du protocole HTTP.
Apparu en 2004 sous la forme d'une révolution dans la gestion des contenus, le Web 2.0 désigne une nouvelle génération d'outils et d'usages d'Internet. Prenant la forme de sites permettant aux internautes de contribuer à la construction des pages (blogs, « wikis »), le Web 2.0 est « collaboratif » et individualisé. Il désigne également l'ensemble des services qui ont émergé de ces nouveaux usages : sites communautaires, réseaux sociaux, partage et échange de musiques, de vidéos...
Avec le développement du Web, on a assisté à un bouleversement du rapport au savoir : plus disponibles et moins figées, plus riches et moins contrôlées, les informations partagées sur le Web remettent en cause le positionnement des détenteurs traditionnels de la connaissance. Toutefois, cette évolution nécessite de la part de l'utilisateur toujours plus de compétences en termes de sélection, d'analyse et de compréhension de l'information.
voir aussi **télécommunications, informatique, Internet**

web- Élément (**de *web***) entrant dans la composition de mots en rapport avec Internet (ex. *webdocumentaire*). → **cyber-, e-.**

Webb (Sidney), baron Passfield Homme politique et économiste britannique (1859-1947). Socialiste, il prit la tête du Parti travailliste en 1915. Avec sa femme **Beatrice Potter** (1858-1943), il contribua au développement du socialisme en Grande-Bretagne.

Webb (Mary Gladys), née Meredith Romancière britannique (1881-1927). Marquée par la tradition celtique, elle célébra dans ses romans la nature de son comté du Shropshire. *La Renarde ; Sarn.*

Webb (William Henry, dit Chick) Batteur et chef d'orchestre de jazz américain (1909-1939). Il créa un orchestre dans lequel débuta Ella Fitzgerald. *Go Harlem ; Liza.*

webcam [wɛbkam] **n. f. (n. déposé ; mot anglais des États-Unis, de *web* et *camera*)** anglic. Caméra numérique reliée à un ordinateur, permettant de diffuser des images vidéo sur Internet.

webdesign [wɛbdizajn] **n. m. (de *web-* et *design*)** anglic. Conception d'interfaces web. □ **n. webdesigner** [wɛbdizajnœʀ]

weber [vebɛʀ] **n. m. (du n. du physicien)** phys. Unité de mesure de flux d'induction magnétique (symb. Wb).

Weber (Carl Maria von) Compositeur allemand (1786-1826). Pianiste virtuose, il imposa sa réputation de compositeur avec le triomphe des opéras *Der Freischütz, Euryanthe* et *Oberon*, œuvres fondatrices de l'opéra romantique allemand. Il a aussi composé pour le piano (*Invitation à la valse*).

Weber (Ernst Heinrich) Anatomiste et physiologiste allemand (1795-1878). Il est à l'origine de la « loi du seuil différentiel », qui constitue le début de la psychologie scientifique.

Weber (Wilhelm) Physicien allemand (1804-1891). Frère de Ernst Heinrich. Ses travaux portèrent sur l'électromagnétisme. L'unité de flux magnétique porte son nom.

Weber (Max) Sociologue allemand (1864-1920). Il mit en évidence, dans *L'Éthique protestante et l'esprit du capitalisme*, la relation significative entre la morale puritaine du calvinisme et la rationalisation économique. Il appliqua à la sociologie une méthode compréhensive, construisant un « type idéal » pour chaque société. *Écrits de sociologie religieuse ; Économie et Société.*

Weber (Eugénie Segond-Weber, dite Eugénie) Tragédienne française (1867-1945). Sociétaire de la Comédie-Française, elle interpréta les grands rôles du répertoire classique.

Weber (Max) Peintre et graveur américain d'origine russe (1881-1961). Pionnier de l'art moderne, inspiré par le fauvisme, puis par le cubisme, il s'orienta vers la non-figuration (*New York la nuit*), avant de revenir à une figuration véhémente (*Les Fugitifs*).

Weber (Jacques) Acteur français (né en 1949). Doté d'un physique imposant, il a notamment interprété avec finesse les grands rôles du répertoire : *Cyrano de Bergerac ; Dom Juan ; Tartuffe ; l'Avare.*

Webern (Anton von) Compositeur autrichien (1883-1945). Disciple de Schoenberg, il fut l'un des pionniers de la musique sérielle. Atonale dans sa quasi-totalité, son œuvre se caractérise par une concision extrême. Son influence fut considérable sur toute une génération de musiciens. *Six pièces pour orchestre ; Symphonie opus 21.*

webinaire [wɛbinɛʀ] **n. m. (mot-valise, de *web* et *séminaire*)** Séminaire, réunion interactive dont les participants communiquent à distance via Internet.

webmestre [wɛbmɛstʀ] **n. (adaptation de l'anglais *webmaster* sur le modèle de *bourgmestre*)** inform. Personne responsable de l'administration technique et éditoriale d'un site web. - syn. anglic. **webmaster** [wɛbmastœʀ].

Webster (John) Auteur dramatique anglais (v. 1580-v. 1624). Il est l'auteur de deux drames qui témoignent d'une grande vigueur poétique : *Le Démon blanc* et *La Duchesse d'Amalfi.*

Webster (Noah) Lexicographe américain (1758-1843). Il fut l'un des premiers à voir la nécessité de distinguer l'usage linguistique aux États-Unis du modèle anglais. *An American Dictionary of the English Language.*

Webster (Ben) Saxophoniste ténor de jazz américain (1909-1973). Il joua notamment dans les orchestres de Fletcher Henderson, Cab Calloway et Duke Ellington, puis forma son propre groupe, avant de jouer avec Count Basie.

webtoon [wɛbtun] **n. m. (marque enregistrée ; de l'anglais *web* et *[car]toon*)** Bande dessinée sud-coréenne publiée en ligne. *Des webtoons.*

webzine [wɛbzin] **n. m. (mot anglais, de *web* et *magazine*)** anglic. Magazine électronique publié sur Internet.

Wechsler (David) Psychologue américain (1896-1981). Il mit au point des tests d'intelligence, pour enfants et pour adultes, permettant de mesurer le quotient intellectuel.

Weddell (James) Marin britannique (1787-1834). Il découvrit les Orcades du Sud en 1823 et atteignit l'actuelle *mer de Weddell.*

Wedekind (Frank) Auteur dramatique allemand (1864-1918). Précurseur de l'expressionnisme, il est l'auteur de drames qui contestent la société bourgeoise et ses tabous sexuels. *L'Éveil du printemps ; La Boîte de Pandore.*

Wedgwood (Josiah) Artiste et industriel britannique (1730-1795). Céramiste, il utilisa la machine à vapeur de Watt et conçut le premier véritable pyromètre.

week-end ou **weekend** [wikɛnd] **n. m. (mot anglais, de *week* « semaine » et *end* « fin »)** anglic. Congé de fin de semaine, comprenant le samedi et le dimanche. *Des week-ends, des weekends.*

Weenix ou **Weeninx (Jan Baptist)** Peintre et graveur hollandais (1621-1660). Ses paysages idéalisés inspirés par la nature italienne font de lui un des romanistes hollandais. *Port italien ; Les Corsaires repoussés.*

Weert Ville des Pays-Bas (Limbourg). 50 300 habitants. Industries textile, métallurgique et chimique. Imprimerie.

Wegener (Alfred Lothar) Géophysicien allemand (1880-1930). Il est l'auteur de *La Genèse des continents et des océans* qui expose, en 1915, la théorie de la dérive des continents.

Wehnelt (Arthur) Physicien allemand (1871-1944). Il conçut la cathode à oxydes, et réalisa le premier « canon électronique ».

Wehrmacht **n. f. (allemand « force armée défensive »)** Nom donné à l'armée allemande de 1935 à 1945.

Wei **n. f. pl.** Nom de plusieurs dynasties chinoises, désignant principalement celle fondée par Cao Cao, qui régna de 220 à 265.

Weiden Ville d'Allemagne (Bavière). 42 500 habitants. Verreries, porcelaine.

Weierstrass (Karl) Mathématicien allemand (1815-1897). Fondateur de l'analyse moderne, il travailla notamment sur les fonctions elliptiques.

Weifang ou **Wei-fang** Ville de Chine (Shandong). 1 261 600 habitants. Festival international du cerf-volant.

Weigel (Helene) Actrice de théâtre autrichienne (1900-1971). Épouse de Bertolt Brecht, elle créa avec lui le Berliner Ensemble, où elle joua ses pièces.

Weihai ou **Wei-hai** Ville de Chine (Shandong). 698 900 habitants. Port ; pêche et aquaculture. Mines d'or.

Wei he ou **Wei-ho** **n. m.** Nom de deux rivières de Chine. L'une (787 km) constitue le principal affluent du Huang he ; l'autre (environ 900 km), arrose la province du Henan.

Weil (André) Mathématicien français (1906-1998). Il fut l'un des membres fondateurs du groupe Bourbaki. Ses recherches portèrent sur la géométrie algébrique et la théorie des nombres.

Weil [vɛj] **(Simone)** Philosophe française (1909-1943). Sa pensée, toute d'exigence morale et de radicalité, inspirée du message chrétien teinté d'éléments gnostiques et hindouistes, s'est exprimée dans ses engagements militants et révolutionnaires auprès des ouvriers et des laissés pour compte. *Réflexion sur les causes de la liberté* *et de l'oppression sociale ; La Pesanteur et la Grâce ; L'Enracinement.*

Weill (Kurt) Compositeur allemand, naturalisé américain (1900-1950). De sa collaboration avec Brecht naquit une conception nouvelle du théâtre lyrique *(L'Opéra de quat' sous)*.

Weimar Ville d'Allemagne (Thuringe), sur l'Ilm. Environ 65 000 habitants. Église du XVe s. ; château du XVIIIe s. ; maisons de Goethe et de Schiller. Durant le dernier quart du XVIIIe s., la ville fut le centre de la vie culturelle allemande.

Weimar (république de) Nom donné au régime politique de l'Allemagne de 1918 à 1933. Son premier président, F. Ebert (1919-1925), promulgua, après avoir écrasé en janvier 1919 la révolution spartakiste, une constitution à Weimar. Il dut faire face à d'importantes difficultés économiques et sociales, aggravées, sous la présidence d'Hindenburg (1925-1934), par la crise économique de 1929. Ce contexte favorisa la montée du national-socialisme et permit à Hitler d'accéder au pouvoir en 1933.

Weinberg (Steven) Physicien américain (1933-2021). Il est l'auteur, avec S. Glashow et A. Salam, de la théorie dite « électrofaible », décrivant en même temps les forces électromagnétique et d'interaction faible. Prix Nobel 1979.

Weingarten (Romain) Auteur dramatique français (1926-2006). Son œuvre, empreinte de fantastique, mêle naïveté et cruauté. *Les Nourrices ; Neige ; La Mort d'Auguste.*

Weingartner (Felix von) Chef d'orchestre et compositeur autrichien (1863-1942). Successeur de Mahler à l'opéra de Vienne, il est l'auteur d'opéras, de symphonies, de concertos, d'œuvres de musique de chambre et de lieder.

Weipa Port d'Australie (Queensland), non loin du cap York. Extraction et traitement de la bauxite. 2 830 habitants.

Weismann (August) Biologiste allemand (1834-1914). Il élabora la théorie du « plasma germinatif » et fut l'un des premiers à comprendre le rôle des chromosomes.

Weiss [vɛs] **(Pierre)** Physicien français (1865-1940). Il formula, en 1907, la théorie du ferromagnétisme.

Weiss (Louise) Écrivaine et femme politique française (1893-1983). Fondatrice de l'hebdomadaire *Europe nouvelle* (1918), elle milita pour les droits de la femme et l'idée européenne.

Louise Weiss vers 1930.

Weiss (Peter) Écrivain suédois d'origine et de langue allemandes (1916-1982). Il écrivit des récits autobiographiques, un essai *(Esthétique de la résistance)* et des pièces de théâtre *(Marat-Sade)*.

Weiss (Rainer) Physicien américain d'origine allemande (né en 1932). Ses travaux contribuèrent à la détection directe, en 2015, d'ondes gravitationnelles. Prix Nobel 2017.

Welles (Orson)

Orson Welles, acteur principal de son film *Citizen Kane* (1941).

Weiss (Sabine) Photographe française d'origine suisse (1924-2021). Avec une parfaite maîtrise de la lumière et du contre-jour, elle photographia presque exclusivement en noir et blanc, des enfants, des personnes d'âge mûr de condition modeste, des silhouettes traversant le brouillard, des migrants, mais aussi des personnalités qu'elle côtoya.

Weissenfels Ville d'Allemagne (Saxe-Anhalt). 39 900 habitants. Château baroque. Maroquinerie.

Weissmuller (Peter John, dit Johnny) Nageur et acteur américain d'origine roumaine (1904-1984). Champion olympique de natation, il incarna Tarzan au cinéma.

Johnny Weissmuller dans *Tarzan trouve un fils* de Richard Thorpe (1939).

Weitling (Wilhelm) Socialiste allemand (1808-1871). Exilé en Suisse après la publication de *L'Humanité comme elle est et comme elle devrait être,* il y développa des idées communistes à tonalité évangélique.

Wei Yuan Géographe, historien et fonctionnaire impérial chinois (1794-1856). Il se consacra à l'étude des pays européens et rédigea une importante *Histoire des Yuan.*

Weizmann (Chaïm ou Haïm) Homme d'État israélien (1874-1952). Sioniste, il fut le premier président du nouvel État d'Israël. ■ **Ezer Weizmann.** Homme d'État israélien (1924-2005). Neveu de Chaïm, il prit part à la guerre des Six Jours et joua un rôle important dans les accords de Camp David (1977). Il fut président de l'État d'Israël de 1993 à 2000.

Weizsäcker (Carl, baron von) Astrophysicien allemand (1912-2007). Il est l'auteur, indépendamment de Bethe, d'une théorie sur l'origine de l'énergie stellaire (nucléogenèse).

Weizsäcker (Richard, baron von) Homme d'État allemand (1920-2015). Chrétien-démocrate, il fut président de la République fédérale d'Allemagne de 1984 à 1994.

Welhaven (Johan Sebastian) Écrivain norvégien (1807-1873). Attaché à la culture danoise, il a puisé son inspiration dans la mythologie populaire. *La Chevauchée des Valkyries.*

Welkenraedt Commune de Belgique (province de Liège). 10 068 habitants. Carnaval.

Welland (canal) Canal du Canada, long de 44 km, reliant le lac Érié au lac Ontario, en contournant les chutes du Niagara.

Weller (Thomas Huckle) Biochimiste américain (1915-2008). Il a réussi, avec J. F. Enders et F. C. Robbins, à cultiver le virus de la poliomyélite, ce qui a permis l'étude du virus in vitro. Prix Nobel de médecine 1954.

Welles (Orson) Cinéaste, scénariste et acteur américain (1915-1985). Il fit ses débuts au théâtre, puis à la radio (son adaptation de *La Guerre des mondes* sema la panique dans le pays), avant de tourner en 1941 son premier film, *Citizen Kane,* qui révolutionna la technique du film. Adaptateur inspiré de Shakespeare au cinéma *(Macbeth ; Othello ; Falstaff)*, il réalisa également *La Splendeur des Amberson, La Dame de Shanghai, La Soif du mal.*

Wellesley (Richard Colley Wesley ou Wellesley, 1er marquis) Homme politique britannique (1760-1842). Gouverneur général de l'Inde de 1797 à 1805, il étendit la domination britannique à l'Inde du Sud. Lord-lieutenant en Irlande, il prit la défense des catholiques contre son frère Wellington.

Wellington (Arthur Wellesley, 1er duc de) Général et homme politique britannique (1769-1852). Commandant en chef des forces britanniques, il remporta plusieurs victoires au Portugal, chassa les Français d'Espagne et pénétra en France. Commandant de l'armée alliée, il fut l'artisan de la victoire contre Napoléon Ier à Waterloo (1815), puis chef des armées d'occupation en France. Premier ministre (1828-1830), il fit voter la loi d'émancipation des catholiques.

Wellington Capitale de la Nouvelle-Zélande, sur le détroit de Cook. 212 100 habitants. Port. Centre administratif, culturel et commercial. Fondée en 1840, la ville remplaça Auckland comme capitale en 1865.

wellingtonia [weliŋtɔnja] **n. m. (du n. du duc de Wellington) bot.** Séquoia.

Wells (Herbert George) Écrivain britannique (1866-1946). Autodidacte, journaliste, il écrivit des romans d'anticipation. *La Machine à explorer le temps ; L'Île du docteur Moreau ; L'Homme invisible ; La Guerre des mondes.*

H. G. Wells, *La Guerre des mondes*, couverture de Lou Cameron (1955).

Wells Ville d'Angleterre (Somerset). 10 000 habitants. Cathédrale gothique.

Wels Ville d'Autriche (Haute-Autriche), sur la Traun. 58 717 habitants. Importante foire agricole.

Welt (Die) Quotidien allemand de tendance conservatrice, créé en 1946 par les autorités britanniques d'occupation.

weltanschauung [vɛltanʃauŋ(g)] **n. f. (mot allemand, de *Welt* « monde » et *Anschauung* « opinion ») philos.** Vue métaphy-

W

sique du monde, sous-jacente à une conception de la vie.

welter [wɛltɛʀ ; vɛltɛʀ] **n. m.** **(anglais *welter-weight*, de *welter*, de *welt* « garniture de cuir » et *weight* « poids »)** anglic., boxe Poids mi-moyen.

Welwyn Garden City Cité-jardin créée en 1920 dans la banlieue N. de Londres. 63 700 habitants. Cité résidentielle.

Wembley Faubourg résidentiel du N.-O. de Londres. On y construisit en 1923 un grand stade démoli en 2000 pour laisser place en 2007 à une nouvelle enceinte signée par l'architecte N. Forster.

Wemmel Commune de Belgique (province du Brabant-Flamand). 16 814 habitants.

Wemyss (Rosslyn Erskine), lord Wester Amiral britannique (1864-1933). Il participa à la mise au point des clauses navales de l'armistice de Rethondes, qu'il signa au nom de la Grande-Bretagne (11 nov. 1918).

Wendel Famille d'industriels français, originaire de Bruges, établie à Coblence au XVIe s., puis à Hayange au début du XVIIIe s. Ils fondèrent les forges du Creusot (1785).

Wenders (Wilhelm, dit Wim) Réalisateur allemand (né en 1945). Ses films sont une méditation sur l'identité et révèlent sa fascination pour le thème de l'errance. *L'Ami américain ; Paris, Texas ; Les Ailes du désir ; Buena Vista Social Club.* Documentaires : *Nick's Movie ; Pina ; Le Sel de la Terre.*

Wim Wenders (au centre) dirigeant Sam Shepard et Jessica Lange dans *Don't come knocking* (2005).

Wendes **n. m. pl.** Nom donné par les Allemands, au Moyen Âge, aux Slaves d'Allemagne.

Wengen Localité de Suisse, dans l'Oberland bernois. 1 100 habitants. Station d'été et de sports d'hiver. Course de ski.

Wen Yiduo ou **Wen Yi-to** Poète chinois (1899-1946). Il chercha à dégager la poésie de ses influences aussi bien traditionnelles qu'occidentales.

Wenzhou ou **Wen-tcheou** Ville de Chine (Zhejiang). 2 686 830 habitants. Port. Centre céréalier. Pêche ; chantier naval ; exportation (bois, thé). Industrie mécanique et chimique.

Weöres (Sándor) Poète hongrois (1913-1989). Il eut une grande influence sur la poésie hongroise contemporaine. *Il fait froid ; La Tour du silence.*

Werber (Bernard) Écrivain français (né en 1961). Ancien journaliste scientifique, il écrit des romans fantastiques et policiers dont les thèmes privilégiés sont la quête de la spiritualité, la mort, la sagesse, Dieu ou encore la symbolique des chiffres. Il a consacré plusieurs cycles à l'intelligence animale : les Fourmis, les Chats.

Werfel (Franz) Écrivain autrichien (1890-1945). Expressionniste, son œuvre est animée par un profond sentiment humanitaire dans lequel transparaissent ses aspirations religieuses. *L'Ami de l'univers ; L'Étoile de ceux qui ne sont pas nés.*

Wergeland (Henrik Arnold) Poète norvégien (1808-1845). Chef de file du romantisme norvégien, il défendit ardemment l'indépendance culturelle et linguistique de la Norvège. *La Création, l'Homme et le Messie ; Les Fleurs de Jan van Huysum.*

wergeld [vɛʀgɛld] **n. m.** **(du latin médiéval, du saxon, de *wer* « homme » et *geld* « argent »)** hist. Dans le droit germanique et chez les Francs, Indemnité que l'auteur d'un dommage payait à la victime ou à ses ayants droit.

Werner (Abraham Gottlob) Minéralogiste et géologue allemand (1750-1817). Il est l'un des créateurs, avec Hutton, de la géologie (appelée alors « géognosie »).

Werner (Alfred) Chimiste suisse (1866-1919). Ses travaux ont porté sur la stéréochimie des complexes inorganiques. Prix Nobel 1913.

Werner (Pierre) Homme d'État luxembourgeois (1913-2002). Président du gouvernement chrétien-démocrate de 1959 à 1974 et de 1979 à 1984, il participa à la construction européenne (*plan Werner*, 1970).

Werner (Wendelin) Mathématicien français d'origine allemande (né en 1968). Ses travaux concernent les probabilités. Il a démontré la conjecture de Mandelbrot. Médaille Fields 2006.

Wernicke (Carl) Psychiatre et neurologue allemand (1848-1905). Il étudia les localisations cérébrales et donna son nom à un type d'aphasie.

Wertheimer (Max) Psychologue américain d'origine allemande (1880-1943). Il est l'un des fondateurs de la Gestalttheorie, ou « psychologie de la forme ».

Wervik Ville de Belgique (province de Flandre-Occidentale), sur la Lys, face à la commune française de Werwick-Sud. 18 909 habitants. Église des XIVe-XVe s. ; moulin du XVIIIe s. Industrie textile.

Wesel Ville d'Allemagne (Rhénanie-du-Nord-Westphalie), sur le Rhin et la Lippe. 60 300 habitants. Église gothique. Centre industriel important.

Weser **n. f.** Fleuve d'Allemagne centrale. 440 km. Formée par la réunion de la Fulda et de la Werra, la Weser arrose Nienburg puis Brême avant de se jeter dans la mer du Nord, où elle forme un estuaire long et étroit.

Wesker (Arnold) Auteur dramatique britannique (1932-2016). Son œuvre témoigne de son engagement politique en faveur du prolétariat. *La Cuisine.*

Wesley (John) Réformateur religieux britannique (1703-1791). Il fut le fondateur du méthodisme.

Wessel (Johan Hermann) Écrivain norvégien (1742-1785). Il est l'auteur d'une comédie parodique (*L'Amour sans bas*) et de récits comiques, écrits en danois.

Wesselmann (Tom) Peintre américain (1931-2004). Artiste important du pop art, il a réalisé des séries de nus féminins dépersonnalisés (*Great American Nude*), des sculptures peintes en plexiglas et des portraits peints sur du métal découpé.

Wessex **n. m.** Royaume saxon (Ve-IXe s.). Fondé dans le sud de l'Angleterre, il atteignit son apogée sous les règnes d'Egbert le Grand (802-839) et d'Alfred le Grand (871-899).

West (Morris) Écrivain australien (1916-1999). Ses intrigues romanesques explorent, sur une toile de fond historique, les passions et les drames de la conscience. *Les Souliers de saint Pierre.*

West (Kanye) Auteur-compositeur de rap américain (né en 1977). Lancé par Jay-Z, il donna naissance à un rap moins violent, néanmoins critique du racisme et du consumérisme, qui relate ses expériences personnelles (*Through the Wire ; Good Life*).

West Bromwich Ville d'Angleterre (West Midlands), au N. de Birmingham. 73 000 habitants. Friches industrielles et fort taux de chômage.

West End **n. m.** Quartiers résidentiels de l'O. de Londres, progressivement transformés en centres d'affaires.

Westerland Principale station balnéaire d'Allemagne située sur l'île de Sylt, dans la mer du Nord. Casino. Thalassothérapie.

Westerlo Commune de Belgique (province d'Anvers). 25 119 habitants. Château de Mérode des XIIIe, XIVe et XVIIIe s. Abbaye norbertine de Tongerlo, XIIe siècle.

western [wɛstɛʀn] **n. m.** **(mot anglais des États-Unis, de *west* « ouest » → ouest ; Far West)** anglic. Film sur la conquête de l'ouest des États-Unis. – Genre cinématographique que constituent ces films.

West Ham Quartier industriel de la banlieue E. de Londres.

Westinghouse (George) Industriel et inventeur américain (1846-1914). Il inventa le frein à air comprimé, utilisé depuis 1872 sur les chemins de fer du monde entier.

Westmeath (comté de) Comté de la république d'Irlande. 1 764 km^2. 95 800 habitants. Capitale : Mullingan. Nombreux lacs.

Westminster (cité de) L'un des plus vieux quartiers (*borough*) de Londres, comptant les monuments les plus célèbres de la ville : abbaye et palais de Westminster, palais de Buckingham, National Gallery et Tate Britain. L'abbaye de Westminster, fondée au XIe s., reconstruite au XIIIe s. et remaniée jusqu'au XVIe s., abrite les tombeaux des souverains et des hommes célèbres. Le palais de Westminster, ancien palais royal, détruit à deux reprises par des incendies, fut reconstruit au XIXe s. dans le style néogothique.

La cité de Westminster, avec l'abbaye, le palais et Big Ben (à g.).

Westmount Ville du Canada (Québec), dans l'agglomération de Montréal. 20 312 habitants.

Weston (Edward) Photographe américain (1886-1958). Préoccupé par le rendu de la matière, il travailla sur la profondeur de champ, réalisant principalement des nus, des portraits et des paysages.

Weston-super-Mare Ville d'Angleterre (New Somerset) au S.-O. de Bristol. 83 640 habitants.

Westphalie **n. f.** en allemand **Westfalen** Ancienne région de l'O. de Allemagne. Après la disparition du *royaume de Westphalie* (1807-1813), créé par Napoléon Ier, la plus grande partie de la Westphalie revint à la Prusse. Depuis 1946, la région fait partie du Land de Rhénanie-du-Nord-Westphalie.

Westphalie (traités de) Nom de deux traités qui mirent un terme, en 1648, à la guerre de Trente Ans. L'un fut signé à Münster, pour les catholiques, l'autre à Osnabrück, pour les protestants.

West Point Académie militaire des États-Unis, fondée en 1802 sur l'Hudson (New York), où sont formés les officiers des armées de terre et de l'air.

Westport Ville de la république d'Irlande (comté de Mayo), au fond de la Clew Bay. 5 500 habitants. Ville coloniale du XVIIIe s., elle est le principal centre touristique de la région.

Wetteren Commune de Belgique (province de Flandre-Orientale). 26 021 habitants. Cultures florales et pépinières.

Wettingen Ville de Suisse (Argovie) sur la Limmat. 20 532 habitants. Abbaye cistercienne des XIIIe-XVIIe siècles.

Whistler (James Abbott McNeill)

Whistler, *Variations en violet et vert*, 1871, coll. particulière.

Wetzikon Ville de Suisse (canton de Zurich). 24 500 habitants. Château médiéval, remanié au XVIIe siècle.

Wetzlar Ville d'Allemagne (Hesse). 53 100 habitants. Cathédrale des XIIe-XVe siècles.

Wevelgem Commune de Belgique (province de Flandre-Occidentale). 31 579 habitants. Nœud autoroutier.

Wexford Ville de la république d'Irlande, chef-lieu de comté, sur la côte S.-E. 19 000 habitants. Ville créée par les Vikings. Ruines d'un prieuré du XIIe siècle.

Weyergans (François) Écrivain belge de langue française (1941-2019). Il a mêlé humour et amertume dans des romans en grande partie autobiographiques. *Franz et François ; Trois Jours chez ma mère.* Académie française.

Weygand [vɛgɑ̃] **(Maxime)** Général français (1867-1965). Chef d'état-major de l'armée (1930-1935), il remplaça Gamelin à la tête des armées en mai 1940 et se prononça en faveur de l'armistice. Ministre de la Défense nationale (juin-sept. 1940), il fut arrêté par la Gestapo en 1942 et interné en Allemagne. Traduit devant la Haute Cour de justice, il obtint en 1948 un non-lieu sur tous les chefs d'accusation. Académie française.

Weymouth Ville d'Angleterre (Dorset). 54 500 habitants. Station balnéaire et port (Portland Harbour).

Wezet voir **Visé**

wharf [waʀf] **n. m. (mot anglais « quai », d'origine germanique)** anglic. Appontement formant jetée.

Wharton (Edith) née **Jones** Romancière américaine (1862-1937). Proche de Henry James, elle a dépeint, en moraliste et avec un certain fatalisme qui a influencé F. S. Fitzgerald, la haute société décadente des États-Unis, menacée par les parvenus du monde des affaires. *Le Temps de l'innocence ; Chez les heureux du monde ; Ethan Frome.*

Wheatstone (sir Charles) Physicien britannique (1802-1875). Il inventa le stéréoscope et le télégraphe électrique à cadran.

whig [wig] **n. m. (mot anglais)** hist. Libéral anglais, qui était opposé aux torys (XVIIIe et XIXe s.).

whipcord [wipkɔʀd] **n. m. (mot anglais, de *whip* « fouet » et *cord* « corde »)** anglic. Tissu serré à côtes obliques.

Whipple (George Hoyt) Médecin américain (1878-1976). Il découvrit une thérapeutique des anémies graves. Prix Nobel 1934, avec G. R. Minot et W. P. Murphy.

whiskey [wiskɛ] **n. m. (→ whisky)** Whisky irlandais à base d'orge.

whisky [wiski] **n. m. (mot anglais, du gaélique *uisge* « eau » *beatha* « vie » [« eau-de-vie »])** Eau-de-vie de grain (seigle, orge, maïs). **→ bourbon, rye, scotch, whiskey.** *Des whiskys ou des whiskies* (plur. anglais). **– spécialt** Le whisky écossais. *Whisky pur malt ; mélangé* (cf. anglais *blended*). *« Les ales d'or et le whisky, couleur topaze »* (Verhaeren). ▪ Verre de cette eau-de-vie.

whist [wist] **n. m. (mot anglais, p.-ê. de *to whisk* « balayer », probablt d'origine scandinave)** anglic. Jeu de cartes répandu en France au XIXe s., ancêtre du bridge.

Whistler (James Abbott McNeill) Peintre et graveur américain (1834-1903). Il est l'auteur de portraits et de paysages caractérisés par une recherche dans l'abstraction des formes et le raffinement des tons. *Symphonie en gris et vert ; Nocturne en bleu et or.*

White (Patrick) Écrivain australien (1912-1990). Ses romans épiques évoquent la nature sauvage de son pays, et mettent en scène des personnages animés de fortes passions. *Une ceinture de feuilles.* Prix Nobel 1973.

White (Kenneth) Poète britannique (né en 1936). Il a créé la géopoétique, mouvement culturel qui réunit littérature, poésie et science pour fonder dans la connaissance de la nature un art de vivre. *En toute candeur ; La Route bleue.*

Whitehall Grande artère de Londres située entre Westminster et Trafalgar Square, bordée de bâtiments publics.

Whitehead (Alfred North) Mathématicien et logicien britannique (1861-1947). Il a contribué à établir les bases de la logique mathématique moderne en publiant, avec B. Russell, les *Principia Mathematica.*

Whitehead (Colson) Écrivain américain (né en 1969). Il s'empare de la question raciale et rend compte du traitement de la population noire aux États-Unis. Il a reçu deux prix Pulitzer, pour *Underground Railroad* et pour *Nickel Boys.*

Whitehorse Ville du Canada, capitale du Yukon. 25 085 habitants.

White Horse Hills n. f. pl. Collines crayeuses du S. de l'Angleterre. 261 m.

White Mountains n. f. pl. Massif montagneux du N.-E. des États-Unis culminant au mont Washington (1 917 m).

white-spirit [wajtspiʀit] **n. m. (de l'anglais, de *white* « blanc » et *spirit* « esprit »)** anglic. Produit de la distillation du pétrole utilisé comme solvant. *Des white-spirits.*

Whitman (Walter, dit Walt) Poète et journaliste américain (1819-1892). Dans son œuvre maîtresse, *Feuilles d'herbe,* son style, empreint de mysticisme, exalte l'humanisme et la liberté. Il est considéré comme le plus grand poète lyrique américain.

Whitney (William Dwight) Linguiste américain (1827-1894). Ses travaux d'analyse sur les fonctions linguistiques du signe ont annoncé la linguistique structurale.

Whitney (mont) Montagne du S.-O. des États-Unis (Californie). 4 418 m.

Whittle (sir Frank) Ingénieur britannique (1907-1996). Il a conçu le premier turboréacteur.

Whorf (Benjamin Lee) Linguiste américain (1897-1941). Spécialiste des langues amérindiennes, il formula, avec E. Sapir, l'hypothèse selon laquelle les structures des langues modèlent les systèmes de représentation du monde.

Whyalla Ville d'Australie (Australie-Méridionale). 21 120 habitants. Port. Sidérurgie. Minerai de fer.

Whymper (Edward) Alpiniste britannique (1840-1911). Il gravit de nombreux sommets dans les Alpes et fut le premier à accomplir l'ascension du Cervin (1865). Il mena également des expéditions dans le Groenland et les Andes (1880).

Wichita Ville des États-Unis (Kansas). 397 530 habitants. Aéronautique.

Wichita Falls Ville des États-Unis (Texas). 102 310 habitants.

widget [widʒɛt] **n. m. (mot anglais des États-Unis, de *gadget* → gadget et *window* « fenêtre »)** anglic., inform. Application interactive qui permet l'affichage d'informations variées (calendrier, météo...) ou l'accès à des services (actualité, liens...). *Télécharger des widgets.*

Widnes Ville d'Angleterre (Cheshire). 61 500 habitants. Un des principaux centres de l'industrie chimique du Merseyside.

Widor (Charles Marie) Organiste et compositeur français (1844-1937). Maître de Tournemire, Vierne et Dupré, il a donné à l'orgue une dimension symphonique.

Wiechert (Ernst Emil) Écrivain allemand (1887-1950). Son œuvre est empreinte d'un romantisme mystique qui exalte les paysages de la Prusse-Orientale. *Missa sine nomine.*

Wieland (Christoph Martin) Poète, conteur et romancier allemand (1733-1813). Esprit rationaliste, surnommé le « Voltaire de l'Allemagne », il a laissé une œuvre de moraliste enjoué. *Agathon ; Le Miroir doré.*

Wieland (Heinrich Otto) Chimiste allemand (1877-1957). Il inaugura la chimie des hormones sexuelles par ses études sur les stéroïdes. Prix Nobel 1927.

Wieliczka Ville du S. de la Pologne. 48 900 habitants. Mines de sel exploitées depuis le XIe s. Musée.

Wieman (Carl E.) Physicien américain (né en 1951). Ses travaux ont porté sur la condensation des particules (bosons) à très basse température. Prix Nobel 2001.

Wien (Wilhelm) Physicien allemand (1864-1928). Il étudia le rayonnement du corps noir. Il établit en particulier la loi qui porte son nom et qui relie la densité d'énergie d'un corps noir avec sa température et la longueur d'onde émise. Prix Nobel 1911.

Wiener (Norbert) Mathématicien américain (1894-1964). Il travailla sur les problèmes de communication observés tant dans les machines que dans le système nerveux. Il est considéré comme le père de la cybernétique.

Wiener Neustadt Ville d'Autriche au S. de Vienne. 41 537 habitants. Château fort (XIIIe-XVe s.).

Wiesbaden Ville d'Allemagne, capitale du Land de Hesse, au pied du Taunus, sur le Rhin. 278 600 habitants. Station thermale connue depuis l'époque romaine. Industrie cinématographique et nouveaux médias.

Wiesel (Elie) Écrivain américain d'expression française (1928-2016). Son œuvre est une célébration de la mémoire collective du peuple juif, au-delà des persécutions subies et de tout désir de vengeance. *Le Mendiant de Jérusalem ; Le Testament d'un poète juif assassiné.* Prix Nobel de la paix 1986.

Elie Wiesel en 1993, à l'inauguration du musée de l'Holocauste de Washington.

Wiesenthal (Szymon dit Simon) Publiciste et investigateur autrichien (1908-2005). Rescapé de la Shoah, il s'est consacré à la traque des criminels nazis et a contribué à l'arrestation d'Eichmann. Il est l'auteur de *Justice et non vengeance.*

Wieser (Friedrich von) Homme politique et économiste autrichien (1851-1926). Ministre du Commerce durant la Première Guerre mondiale, il fut l'un des promoteurs du courant marginaliste en économie.

wifi n. m. ou **wi-fi** [wifi] **n. m. invar. (mot anglais, de *wireless fidelity* « fidélité sans fil »)** anglic. Technique qui permet la communication sans fil entre divers appareils (ordinateur, périphérique, téléviseur...) grâce aux

W

ondes radioélectriques. *Des wifis, des wi-fi.* - recomm. offic. **accès sans fil à l'internet.**

Wigan Ville d'Angleterre (Grand-Manchester), au N.-E. de Liverpool. 103 600 habitants.

Wight (île de) Île du S. de l'Angleterre (Manche), formant un comté. 381 km². 132 700 habitants. Chef-lieu : Newport. Tourisme. Port de plaisance.

Wigman (Mary) Danseuse et chorégraphe allemande (1886-1973). Elle a contribué à l'évolution de l'art chorégraphique en libérant la danse de la musique, ainsi que de toute contrainte d'école.

Wigner (Eugene Paul) Physicien américain d'origine hongroise (1902-1995). Spécialiste de physique nucléaire, il participa à la mise au point de la première pile atomique. Prix Nobel 1963.

wigwam [wigwam] **n. m. (mot anglais, de l'algonquin *wikwam* « leur maison »)** Habitation traditionnelle (tente, hutte) des Amérindiens (États-Unis, Canada).

Wigwam iroquois fait de perches et d'écorces.

Wijnegem Commune de Belgique (province d'Anvers). 9 983 habitants. Châteaux. Distillerie.

wiki n. m. (mot anglais des États-Unis, abrév. de *WikiWikiWeb*, n. d'un site web, de l'hawaïen *wiki* « vite » et de *web* → web) anglic. Site web collaboratif, au développement duquel les visiteurs peuvent participer par l'écriture de pages web et la création de liens, et dont la permanence repose sur l'identification des auteurs, l'archivage des versions et le suivi des modifications. *Wikis et bases de connaissances.* **– appos.** *Site wiki, encyclopédie wiki.*

WikiLeaks Site web d'information à but non lucratif créé en 2007 par Julian Assange, qui propose en libre consultation anonyme plusieurs millions de documents officiels top secret.

Wil Ville de Suisse (canton de Saint-Gall) dans la vallée de la Thur. 23 751 habitants. Maisons et monuments anciens.

Wilanów (château de) Château situé près de Varsovie, chef-d'œuvre de l'architecture baroque polonaise (XVIIe s., remanié au XIXe s.).

wilaya [wilaja ; vi-] **n. f. (mot arabe d'Algérie)** admin. Division territoriale de l'Algérie.

Wilde (Oscar) Écrivain et auteur dramatique britannique (1854-1900). Prosateur et dramaturge raffiné, esthète et humoriste volontiers provocateur, il critiqua avec esprit la haute société britannique *(L'Éventail de lady Windermere ; De l'importance d'être constant).* Il est l'auteur d'un récit fantastique *(Le Portrait de Dorian Gray).* Célébré par la bonne société intellectuelle anglaise, il n'en fut pas moins condamné en 1895 pour homosexualité à deux ans de travaux forcés *(Ballade de la geôle de Reading).* Il finit ses jours en France dans la misère et la solitude.

Wilder (Thornton Niven) Écrivain américain (1897-1975). Auteur éclectique et érudit, il a écrit des romans *(Le Pont du Roi Saint-Louis)* et des pièces de théâtre *(Notre petite ville).*

Wilder (Billy) Réalisateur et scénariste américain d'origine autrichienne (1906-2002). Il s'est imposé dans des genres variés, du drame *(Assurance sur la mort ; Boulevard du Crépuscule)* à la chronique de mœurs et à la comédie légère *(Sept ans de réflexion ; Certains l'aiment chaud).*

Wilmotte (Jean-Michel)

Jean-Michel Wilmotte, réaménagement du musée du Chiado à Lisbonne.

Wilhelmine (1880-1962). Reine des Pays-Bas (1890-1948). Fille du roi Guillaume III, elle régna d'abord sous la régence de sa mère. Elle accompagna le gouvernement en exil à Londres de 1940 à 1945. En 1948, elle abdiqua en faveur de sa fille Juliana.

Wilhelmshaven Ville d'Allemagne (Basse-Saxe). 75 100 habitants. Grand port pétrolier.

Wilhering Abbaye cistercienne d'Autriche, de décoration rococo (reconstruite au XVIIIe s.).

Wilkes (John) Homme politique britannique (1727-1797). Opposant à la politique autoritaire de George III, il symbolisa la défense des libertés civiles et du parlementarisme contre l'autocratie.

Wilkes (Maurice Vincent) Mathématicien et informaticien britannique (1913-2010). L'un des inventeurs du radar, il mit au point, en 1949, le premier calculateur (ou ordinateur) à programme interne.

Wilkes-Barre Ville des États-Unis (Pennsylvanie). 41 500 habitants. Centre industriel.

Wilkins (Maurice Hugh Frederick) Biophysicien britannique (1916-2004). Il contribua, par ses recherches sur les propriétés des rayons X, à la mise en évidence de la structure de l'ADN. Prix Nobel de médecine 1962.

Wilkinson (John) Industriel britannique (1728-1808). Il est à l'origine d'innovations décisives dans l'industrie lourde (hauts-fourneaux, soufflets actionnés par vapeur), et dans la marine (premier bateau en fer, 1787).

Wilkinson (Jonny) Rugbyman britannique (né en 1979). Demi d'ouverture doté d'un remarquable jeu au pied, il est l'un des joueurs à avoir marqué le plus de points au monde.

Willaert (Adriaan) Compositeur flamand (1480 ou 1490-1562). Maître de chapelle à Saint-Marc de Venise durant trente-cinq ans, il a laissé une œuvre variée, notamment des motets à double chœur, synthèse de ses influences flamandes et de la musique française et italienne.

Willamette n. f. Rivière de l'O. des États-Unis (Oregon), affluent de la Columbia. 300 km.

Willebroek Commune de Belgique (province d'Anvers). 26 826 habitants. À proximité, mémorial de Breendonk, ancien camp nazi.

Willem (Bernhard) Dessinateur néerlandais (né en 1941). Installé en France depuis 1968, il s'est spécialisé dans le dessin politique et a collaboré aux journaux satiriques *L'Enragé, Hara-Kiri* et *Charlie Hebdo.*

Willem-Alexander (né en 1967) Roi des Pays-Bas (depuis 2013). Fils et successeur de la reine Beatrix Ire.

Willems (Paul) Écrivain belge d'expression française (1912-1997). Fils de la romancière Marie Gevers (1883-1975), il est l'auteur de romans *(Tout est réel ici)* et de pièces de théâtre *(Il pleut dans ma maison)* de caractère onirique.

Willemstad Capitale des Antilles néerlandaises, sur l'île de Curaçao. Environ 50 000 habitants. Maisons anciennes. Tourisme.

Willette (Adolphe) Peintre et affichiste français (1857-1926). Créateur de nombreuses affiches typiques de la Belle Époque *(Tournée du Chat-Noir),* il donna à son travail une dimension populaire avec ses dessins de Pierrot et de Colombine.

williams [wiljams] **n. f. (mot anglais, du n. du premier distributeur)** Poire d'une variété fondante et parfumée. **– appos.** *Poires williams.*

Williams (Roger) Prédicateur et théologien américain (1603 ou 1604-1684). Gouverneur de l'État de Rhode Island, qu'il avait fondé, il milita pour une politique de tolérance à l'égard des Indiens et des minorités religieuses persécutées.

Williams (William Carlos) Écrivain américain (1883-1963). Proche des objectivistes, il est l'auteur de romans, d'essais et surtout de poèmes *(Paterson),* d'une apparente simplicité, mais d'une grande finesse.

Williams (Charles Melvin, dit Cootie) Trompettiste et compositeur de jazz américain (1910-1985). Il fut l'un des principaux innovateurs du swing à la trompette, en particulier comme soliste de l'orchestre de Duke Ellington.

Williams (Thomas Lanier Williams, dit après 1939 Tennessee) Auteur dramatique américain (1911-1983). Son théâtre, violent et baroque, traite des conflits psychologiques, moraux et sociaux liés à la décadence de la société sudiste. *La Ménagerie de verre ; Un tramway nommé Désir ; La Chatte sur un toit brûlant.*

Williams (Joseph Goreed, dit Joe) Chanteur de jazz américain (1918-1999). Il fit partie de l'orchestre de Count Basie.

Williams (Marion) Chanteuse américaine (1927-1994). Elle fut l'une des grandes chanteuses de gospel.

Williams (Betty) Pacifiste d'Irlande du Nord (1943-2020). Elle fonda le Mouvement des femmes pour la paix en Irlande. Prix Nobel de la paix 1976, avec M. Corrigan.

Williams (Robin) Acteur américain (1951-2014). Il s'est imposé dans des rôles comiques et émouvants *(Good Morning Vietnam ; Le Cercle des poètes disparus).* Il a aussi tourné des comédies familiales *(Madame Doubtfire ; La Nuit au musée).*

Williams (John) Compositeur, chef d'orchestre et pianiste américain (né en 1932). Outre de nombreux concertos, il a composé certains des thèmes les plus connus du cinéma américain (dont ceux de la plupart des films de Spielberg). *Les Dents*

Wilson (Bob)

Bob Wilson en 2003, lors d'une répétition des *Fables de La Fontaine* à la Comédie-Française, Paris.

de la mer ; Star Wars ; Superman ; E. T. ; Indiana Jones ; Harry Potter.

Williams (Serena) Joueuse de tennis américaine (née en 1981). Meilleure joueuse mondiale en 2002, 2009 et de 2013 à 2015, médaille d'or aux JO de 2012, grâce à des frappes puissantes et un jeu de fond de court. Nombreux titres en double avec sa sœur Vénus **Williams** dont trois médailles d'or aux JO (2000, 2008, 2012).

Willink (Albert Carel) Peintre néerlandais (1900-1983). Influencé dans ses premières œuvres par le futurisme et le constructivisme, il revint au figuratif pour peindre des scènes d'un réalisme fantastique proche du style de De Chirico. *Le Zeppelin.*

Willis (Thomas) Biologiste anglais (1621-1675). Auteur des premières études sur l'anatomie du cerveau humain, il a donné son nom à l'anneau formé par les artères principales du cerveau *(hexagone de Willis).*

Willy (Henry Gauthier-Villars, dit) Écrivain français (1859-1931). Mari de Colette, dont il publia les premiers textes sous son nom, il laisse des romans humoristiques et des écrits licencieux *(La Môme Picrate).*

Wilmington Ville portuaire des États-Unis (Delaware). 106 500 habitants.

Wilmotte (Jean-Michel) Architecte et urbaniste français (né en 1948). Il a construit le stade Allianz Riviera de Nice, l'église orthodoxe du quai Branly à Paris et réalisé un grand nombre d'aménagements de bâtiments publics (Assemblée nationale) et de musées (Arts islamiques de Doha, Rijksmuseum, Louvre). Académie des beaux-arts.

Wilson (Richard) Peintre et dessinateur britannique (1714-1782). Influencé par Poussin, il fut le principal animateur de l'école paysagiste anglaise, et réalisa des paysages poétiques, d'une facture précise. *Vue du Snowdon.*

Wilson (Thomas Woodrow) Homme d'État américain (1856-1924). Démocrate, il fut président des États-Unis de 1913 à 1921. Il pratiqua une politique progressiste et réformiste (loi antitrust, 1914 ; droit de vote des femmes, 1920). Soucieux de préserver la paix, il n'engagea que tardivement son pays dans la guerre (1917). Il est à l'origine de la SDN. Prix Nobel de la paix 1919.

Wilson (Henry Maitland, baron) Maréchal britannique (1881-1964). Commandant des forces britanniques en Grèce (1941), il obtint en 1944 le commandement suprême interallié en Méditerranée.

Wilson (Teddy) Pianiste de jazz américain (1912-1986). Il fit évoluer le piano du style *stride* vers le swing, notamment dans l'orchestre de B. Carter.

Wilson (sir Frank Johnstone, dit Angus) Écrivain britannique (1913-1991). Il est l'auteur de romans critiques sur la bourgeoisie intellectuelle, pleins d'ironie mais aussi d'angoisse devant la violence. *Les Quarante Ans de Mrs Eliot.*

Wilson (sir Harold) Homme d'État britannique (1916-1995). Chef du Parti travailliste (1963), il fut Premier ministre à deux reprises (1964-1970 ; 1974-1976).

Wilson (Georges) Comédien et metteur en scène français (1921-2010). Successeur de Jean Vilar comme directeur du Théâtre national populaire (TNP) de 1963 à 1972, il a interprété et mis en scène aussi bien Molière, Shakespeare, Brecht et Sartre qu'Edward Bond et Thomas Bernhard.

Wilson (Robert, dit Bob) Metteur en scène de théâtre et d'opéra américain (né en 1941). Principal représentant de l'avant-garde américaine, il a souvent fait appel à la chorégraphie et à la musique dans ses spectacles d'une esthétique épurée. *Le Regard du sourd ; Einstein on the beach ; Orlando.*

Wilson (mont) Montagne des États-Unis (Californie) dominant Los Angeles. 1 740 m. Observatoire.

Wiltshire n. m. Comté du S. de l'Angleterre. 3 481 km^2. 433 000 habitants. Chef-lieu : Trowbridge.

Wiltz Ville du Luxembourg. 4 567 habitants. Église du XIIe s. Château du XVIIe siècle.

Wimbledon Banlieue résidentielle du S.-O. de Londres. Célèbre tournoi de tennis sur gazon.

Wimereux Commune du Pas-de-Calais, au N. de Boulogne-sur-Mer. 6 311 habitants. Station balnéaire.

winch [win(t)ʃ] **n. m. (mot anglais)** anglic. Petit treuil à main, utilisé sur les navires de plaisance. **→ cabestan.** *Des winchs* ou *des winches* (plur. anglais).

winchester [win(t)ʃɛstɛʀ] **n. f. (mot anglais, du n. de l'inventeur)** Carabine à répétition, utilisée notamment pendant la guerre de 1870.

Winchester Ville d'Angleterre (Hampshire). 118 270 habitants. Cathédrale romane et gothique (XIIe-XVe s.), la plus longue d'Europe après Saint-Pierre de Rome. Nombreux bâtiments médiévaux. Centre commercial et administratif.

Winckelmann (Johann Joachim) Archéologue et historien de l'art allemand (1717-1768). Il influença le développement du style néoclassique, et posa les bases pour une analyse historique rigoureuse des œuvres d'art. *Histoire de l'art de l'Antiquité.*

Windaus (Adolf) Chimiste allemand (1876-1959). Il posa les bases de la photochimie et de l'étude des hormones sexuelles. Prix Nobel 1928 pour ses recherches sur les stérols, une famille d'alcools, et leurs liens avec les vitamines.

Windelband (Wilhelm) Philosophe allemand (1848-1915). Il fonda l'école néokantienne de Bade. *Introduction à la philosophie.*

Windermere (lac de) Lac du N. de l'Angleterre (Lake District). 17 km^2. Important site touristique.

Windhoek Capitale de la Namibie. 320 000 habitants. Centre administratif et commercial.

Windischgrätz (Alfred, prince zu) Maréchal autrichien (1787-1862). En 1848, il réprima les insurrections de Prague et de Vienne. Après avoir pris Budapest (1849), il fut défait par les Hongrois.

Windsor Ville d'Angleterre (Berkshire), sur la Tamise en amont de Londres. Château du XIIIe s., remanié et partiellement reconstruit après l'incendie de 1992. Résidence de la famille royale.

Windsor Ville du Canada (Ontario), sur la rivière Detroit. 217 188 habitants. La ville est reliée à Detroit (Michigan, États-Unis) par un pont et un tunnel. Important centre industriel et commercial.

windsurf [windsœʀf] **n. m. (marque déposée ; mot anglais, de *wind* « vent » et → surf)** anglic. Planche à voile.

Winehouse (Amy) Auteur, compositrice et chanteuse britannique (1983-2011). Sa voix rocailleuse, puissante et nonchalante, son style soul et jazzy, son look vintage en firent immédiatement une star internationale : *Back to Black.* Son addiction à l'alcool et à la drogue causèrent sa disparition prématurée.

Winehouse (Amy)

Amy Winehouse au festival de Glastonbury le 22 juin 2007.

wingfoil [wiŋfɔjl] **n. m.** anglic. Sport de glisse nautique qui se pratique debout sur une planche équipée d'un plan porteur **(→ foil),** en se faisant tirer par une aile gonflable.

Winnicott (Donald Woods) Pédiatre et psychanalyste britannique (1896-1971). Il introduisit les notions d'« espace transitionnel » et d'« objet transitionnel », comme étapes vers l'intériorisation du principe de réalité (ou « non-moi ») par l'enfant. *Jeu et réalité.*

Winnipeg (lac) Lac du Canada. 24 650 km^2. Pêche.

Winnipeg Ville du Canada, capitale du Manitoba. 705 244 habitants (agglomération : 778 480). Centre de l'industrie céréalière. Aéroport. Fondée en 1875, c'est la plus ancienne ville de l'Ouest canadien.

Winogrand (Garry) Photographe américain (1928-1984). Comiques, poétiques, extravagantes, ambiguës, parfois ridicules, les scènes de rue qu'il a immortalisées composent une chronique en noir et blanc de l'Amérique de l'après-guerre jusqu'au début des années 1980.

Winston-Salem Ville des États-Unis (Caroline du Nord). 249 540 habitants. Industrie du tabac.

winstub [vinʃtub] **n. f. (mot alsacien, de l'allemand)** Débit de vin traditionnel, en Alsace.

wintergreen [wintɛʀgʀin ; wintœʀgʀin] **n. m. (mot anglais « gaulthérie »)** *Essence de wintergreen :* huile essentielle extraite des feuilles de gaulthérie ou de l'écorce de bouleau.

Winterhalter (Franz Xaver) Peintre et lithographe allemand (1805-1873). Il réalisa des tableaux de groupes et des portraits d'une grande élégance, pour l'aristocratie et les cours d'Europe.

Winterhalter, *Madame Rimski-Korsakov*, 1864, musée d'Orsay.

Winterthur Ville de Suisse (canton de Zurich), sur la Töss. 109 775 habitants. Musées. Important centre industriel.

Wintzenheim Commune du Haut-Rhin. 7 933 habitants. Viticulture.

Wisconsin n. m. Rivière des États-Unis, affluent du Mississippi. 1 006 km.

Wisconsin n. m. État du N. des États-Unis. 145 439 km^2. 5,89 millions d'habitants. Capitale : Madison. Agriculture (élevage, produits laitiers, céréales). Industrie du bois. Tourisme très développé.

Wise **(Robert)** Cinéaste américain (1914-2005). Il a renouvelé le genre de la comédie musicale avec *West Side Story* et *La Mélodie du bonheur*.

Wiseman **(Nicholas Patrick)** Prélat britannique (1802-1865). Recteur du collège anglais de Rome (1828), il fut l'un des artisans du renouveau catholique en Grande-Bretagne. En 1850, il fut nommé archevêque de Westminster et cardinal. *Fabiola*.

wishbone [wiʃbon] **n. m.** **(mot anglais)** anglic. Espar formé d'un arceau très allongé qui entoure la voile et permet de la manœuvrer dans certains gréements. *Le wishbone d'une planche à voile.*

wisigoth, othe [vizigo, ɔt] **adj.** Des Wisigoths. - syn. **wisigothique.**

Wisigoths **n. m. pl.** Ancien peuple germanique issu des Goths et établi dans la région du Danube au ɪᴠᵉ s. Ils vainquirent Valens à Andrinople (378), puis conquirent une partie de la Gaule et de l'Espagne (ᴠᵉ s.). Battus à Vouillé par Clovis (507), ils évacuèrent l'Aquitaine mais conservèrent la Septimanie et l'Espagne, où ils constituèrent un puissant royaume, lequel disparut en 711 lors de la conquête du pays par les Arabes.

Fantassin wisigoth, miniature d'un manuscrit (xɪɪɪᵉ s.), British Museum, Londres.

Wisła voir **Vistule**

Wissembourg Commune du Bas-Rhin, sur la Lauter, près de la frontière allemande. 7 492 habitants. Église romane avec cloître gothique (xɪɪɪᵉ-xɪᴠᵉ s.). Maisons anciennes ; musées.

Witkiewicz **(Stanisław Ignacy), dit Witkacy** Écrivain, critique d'art et peintre polonais (1885-1939). Représentant du courant « catastrophiste », pessimiste doté d'un solide sens de l'ironie, il est considéré comme un précurseur du théâtre de l'absurde. *La Mère.*

witloof [witlɔf] **n. f.** **(mot flamand, de *wit* « blanc » et *loof* « feuille »)** Chicorée sauvage qui, traitée par étiolement, donne l'endive.

Witt **(Johan ou Jan de)** Homme politique hollandais (1625-1672). Grand pensionnaire de Hollande (1653-1672), il conclut la paix avec Cromwell (1654) et fit voter contre Guillaume d'Orange l'Acte d'exclusion (1667). Malgré l'alliance avec l'Angleterre et la Suède contre la France (1668), il dut faire face à l'invasion des armées de Louis XIV (1672). Le parti orangiste provoqua alors une émeute populaire au cours de laquelle il fut assassiné, ainsi que son frère Cornelis.

Witt **(Katarina)** Patineuse allemande (née en 1965). Elle a obtenu deux médailles d'or en patinage artistique aux Jeux olympiques (Sarajevo, 1984 ; Calgary, 1988) et a été quatre fois championne du monde.

Witte **(Sergueï Ioulievitch, comte)** Homme politique russe (1849-1915). Ministre des Transports (1892-1893) puis des Finances (1893-1903), il encouragea la construction du Transsibérien et l'industrialisation du pays. Premier ministre (1905-1906), il inspira à Nicolas II le manifeste d'octobre.

Wittelsbach Famille royale qui régna sur la Bavière de 1180 à 1918.

Wittelsheim Commune du Haut-Rhin. 10 358 habitants. Ancienne mine de potasse.

Witten Ville de l'O. de l'Allemagne (Rhénanie-du-Nord-Westphalie), dans la Ruhr. 95 000 habitants. Industries lourdes.

Wittenberg Ville d'Allemagne (Saxe-Anhalt), sur l'Elbe. 45 000 habitants. Université fondée en 1502. Église du xᴠᵉ s., devant laquelle Luther afficha ses 95 thèses en 1517 et lança la Réforme.

Wittenheim Commune du Haut-Rhin, dans la banlieue de Mulhouse. 15 065 habitants. Anciennes mines de potasse.

Wittgenstein **(Paul)** Pianiste américain d'origine autrichienne (1887-1961). Frère de Ludwig Wittgenstein. Mutilé du bras droit durant la Première Guerre mondiale, il commanda à de nombreux compositeurs des œuvres pour la main gauche (Ravel, Prokofiev, R. Strauss).

Wittgenstein **(Ludwig Josef)** Logicien et philosophe britannique d'origine autrichienne (1889-1951). Il formula la théorie de l'atomisme logique dans son *Tractatus logico-philosophicus*, théorie qu'il abandonna progressivement au profit d'une analyse plus descriptive des usages réels du langage.

Witwatersrand ou **Rand** **n. m.** Région aurifère de l'Afrique du Sud, où se situe l'agglomération de Johannesburg.

Witz **(Konrad)** Peintre originaire de Souabe (entre 1400 et 1410-v. 1445). Influencé par l'art flamand et la sculpture bourguignonne, il a composé des panneaux de retables caractérisés par leur aspect monumental.

Włocławek Ville de Pologne, dans la voïvodie de Couïavie-Poméranie, sur la Vistule. 119 260 habitants. Centre industriel. Port fluvial.

Wodehouse **(sir Pelham Grenville, dit P. G.)** Écrivain britannique (1881-1975). Ses romans décrivent, dans un style cocasse empreint de flegme et d'humour, les mœurs de la *gentry* anglaise de l'entre-deux-guerres vues au travers des aventures d'un jeune célibataire et de son majordome. *Jeeves.*

Woëvre **n. f.** Plaine très fertile de l'O. de la Lorraine, au pied des Côtes de Meuse. Cultures céréalières. Pisciculture. Forêts.

Wogenscky **(André)** Architecte français (1916-2004). Disciple de Le Corbusier, il exécuta d'importantes commandes publiques (hôpital Necker, préfecture de Nanterre).

Wohlleben **(Peter)** Ingénieur forestier, écrivain et écologiste allemand (né en 1964). Il défend une gestion de la forêt économiquement et écologiquement durable. *La Vie secrète des arbres ; La Vie secrète des animaux.*

Woippy Commune de la Moselle, dans la banlieue N.-O. de Metz. 14 526 habitants. Maisons du xᴠᵉ s. Château (xɪɪɪᵉ-xᴠɪᵉ s.).

wok [wɔk] **n. m.** **(mot cantonais)** Grande poêle à hauts bords pour faire revenir les aliments à feu vif (cuisine chinoise).

woke [wok] **adj. et n.** **(argot afro-américain « éveillé », de *to wake* « se réveiller »)** anglic. Qui est conscient et offensé des injustices et des discriminations subies par les minorités et se mobilise pour les combattre, parfois de manière intransigeante (surtout péj., par dénigrement). – **n.** *Les wokes.* ▪ **n. m.** Ce mouvement, cette pensée. → **wokisme.**

wokisme [wokism] **n. m.** **(de *woke*)** anglic. (souvent péj.) Courant de pensée d'origine américaine qui dénonce les injustices et discriminations ; mouvement, pensée woke.

Wolf **(Hugo)** Compositeur autrichien (1860-1903). Il a laissé près de 300 lieder écrits dans le plus pur style romantique.

Wolf **(Christa)** Romancière allemande (1929-2011). Critique acerbe du régime totalitaire et oppressif de la RDA, elle a évoqué dans ses romans les difficultés de la société contemporaine. *Le Ciel partagé ; Cassandre.*

Wolfe **(James)** Général britannique (1727-1759). Sa victoire contre Montcalm aux plaines d'Abraham (1759), au cours de laquelle il trouva la mort, mit fin à la domination française au Canada.

Wolfe **(Thomas Clayton)** Écrivain américain (1900-1938). Ses romans, amples et lyriques, proposent une critique sociale de la culture américaine. *Que l'ange regarde de ce côté ; Le Temps et le Fleuve.*

Wolfe **(Thomas, dit Tom)** Écrivain américain (1931-2018). Son roman *Le Bûcher des vanités*, transposé au cinéma par Brian de Palma, est centré sur la toute-puissante sphère financière.

Wolff ou **Wolf** **(Christian, baron von)** Philosophe allemand (1679-1754). Professeur aux universités de Marburg et Halle, il se consacra principalement au commentaire et à la diffusion du système de Leibniz.

wolfram [vɔlfʀam] **n. m.** **(mot allemand, de *Wolf* « loup » et *Rahm* « crème » ; trad. du latin *lupi spuma* « bave de loup »)** **1.** vieux Tungstène. **2.** Minerai de tungstène, tungstate naturel de fer et de manganèse.

Wolfram von Eschenbach Poète allemand originaire d'Eschenbach en Franconie (v. 1170-v. 1220). Poète courtois, il est connu notamment pour ses récits épiques. *Parzival.*

Wolfsburg Ville d'Allemagne (Basse-Saxe). 123 000 habitants. Elle fut fondée en 1938 pour accueillir les ouvriers de l'usine Volkswagen.

Wolgemut **(Michael)** Peintre et graveur allemand (1434-1519). Attaché à l'école de Nuremberg, il participa à la réalisation de plusieurs maîtres-autels.

Wolinski **(Georges)** Dessinateur et illustrateur français (1934-2015). Ses dessins à l'humour insolent furent publiés dans *Pif, Hara-Kiri* ou encore *Charlie Hebdo*. Ses albums, grivois ou politiques, sont illustrés de personnages proches de la caricature (les aventures érotiques de Paulette). Le 7 janvier 2015, il fut abattu au siège de *Charlie Hebdo* par des terroristes islamistes.

Wollaston **(William Hyde)** Chimiste et physicien britannique (1766-1828). On lui doit des travaux sur le spectre solaire ainsi que la découverte de la cystine.

Wollongong ou **Greater Wollongong** Ville d'Australie (Nouvelle-Galles du Sud). Environ 234 500 habitants. Industrie lourde. Importantes aciéries.

wolof ou **ouolof** [wɔlɔf] **adj.** **(mot d'une autre langue africaine, p.-ê. mandé, de *wa* « les gens de... » et *Lof*, n. d'un royaume)** Des Wolofs. ▪ **n. m.** Langue nigéro-congolaise, la plus parlée au Sénégal.

Wolofs ou **Ouolofs** **n. m. pl.** Peuple du Sénégal, originaire de l'ancien royaume du Dyolof. Ethnie dominante du pays, les Wolofs, organisés en castes, sont essentiellement agriculteurs. Le wolof est la langue principale du Sénégal.

Wols **(Wolfgang Schulze, dit)** Peintre allemand (1913-1951). Il fut précurseur de l'art informel, par ses compositions picturales aux formes éclatées.

Wolsey **(Thomas)** Prélat et homme d'État anglais (v. 1473-1530). Archevêque d'York (1514), cardinal et lord-chancelier (1515), il ne put faire reconnaître par le pape le divorce d'Henri VIII avec Catherine d'Aragon.

Wolverhampton Ville d'Angleterre (Staffordshire) au N.-O. de Birmingham. 210 300 habitants. Église de style gothique perpendiculaire.

wombat [wɔ̃ba] **n. m.** **(mot anglais, d'une langue indigène d'Australie)** Petit marsupial australien, aux membres courts, aux pattes fouisseuses.

W

Woods (Tiger)

Tiger Woods en 2003 au Buick Classic de Rye.

won [wɔn] **n. m. (mot coréen)** Unité monétaire de la Corée du Nord et du Sud. *Des wons.*

Wonder (Steveland Morris, dit Stevie) Pianiste, compositeur et chanteur américain (né en 1950). Ses compositions mêlent divers courants de la pop. *You Are The Sunshine of My Life. Happy Birthday.*

Wong Kar-Wai Réalisateur et scénariste chinois de Hong Kong (né en 1958). Ses films, empreints d'un grand esthétisme, sont marqués par une atmosphère puissante et la nostalgie du Hong Kong des années 1960. *In the Mood for Love ; 2046.*

Wong Kar-Wai réalisant *In the Mood for Love* (2000).

Woo (John) Réalisateur chinois de Hong Kong (né en 1948). Auteur de thrillers très violents *(Le Syndicat du crime ; The Killer ; Une balle dans la tête)*, il a imposé le style visuel asiatique à Hollywood, que ce soit dans les films d'action, de guerre ou de science-fiction.

Wood (Grant) Peintre américain (1892-1942). Doté d'une technique précise et réaliste, il est l'un des principaux peintres régionalistes américains.

Wood Buffalo anciennement **Fort McMurray** Ville du Canada (Alberta), sur la rivière Athabasca. 71 589 habitants. Sables bitumineux.

Woods (Eldrick, dit Tiger) Golfeur américain (né en 1975). Il réalisa le grand chelem en remportant en 2000-2001 les quatre tournois majeurs du circuit professionnel mondial. Numéro 1 mondial de 2005 à 2010, il a gagné son 15e titre du Grand Chelem en 2019.

Woodstock Localité des États-Unis (État de New York) où eut lieu, en 1969, le « Woodstock Music and Arts Festival », premier grand rassemblement de pop music, et expression des aspirations pacifistes de la jeunesse.

woofer [wufœʀ] **n. m. (mot anglais des États-Unis, de *to woof* « aboyer »)** anglic., techn. Haut-parleur des sons graves. - var. RO **woofeur.** - recomm. offic. **haut-parleur de graves.**

Woolf (Virginia) née **Stephen** Romancière et critique britannique (1882-1941). Issue de la bourgeoisie intellectuelle londonienne, amie de T. S. Eliot et de J. M. Keynes dans le cercle de Bloomsbury, elle explora à travers ses récits la trame du temps vécu et les « courants de conscience », dans leurs évolutions les plus fines, et s'appuya sur une poétisation virtuose de l'élément narratif. Son *Journal* témoigne de sa vie d'écrivaine. *Mrs Dalloway ; La Promenade au phare ; Orlando.*

Virginia Woolf.

Worcester Ville d'Angleterre, chef-lieu du Worcestershire, sur la Severn, au S. de Birmingham. 100 150 habitants. Cathédrale gothique du XIIIe s. Hôpital du XVIe s. Université. Lors de la bataille de Worcester (3 sept. 1651), l'armée de la République anglaise d'Oliver Cromwell mit en déroute l'armée écossaise du roi Charles II.

Wordsworth (William) Poète romantique anglais (1770-1850). Marqué par une enfance mélancolique et son expérience révolutionnaire à Paris, il est l'auteur avec Coleridge d'un manifeste du romantisme, *Ballades lyriques,* et de poèmes exaltant la nature et le sacré.

world music [wɔʀldmjuzik] **n. f. (mots anglais « musique du monde »)** anglic. Ensemble des formes musicales qui n'appartiennent pas aux courants répandus en Occident.

▶ La **world music**, née dans le contexte de la mondialisation des moyens de communication, recouvre une réalité musicale complexe, lisible dans la diversité de la terminologie employée pour la désigner : *sono mondiale* (musique populaire occidentale qui emprunte des éléments d'autres cultures) ; *musiques du monde* (musiques traditionnelles ou savantes extra-européennes). À partir des années 2020, la dénomination « world music » est critiquée aux États-Unis car jugée trop colonialiste et est abandonnée.
La world music apparaît au début des années 1970, certains artistes de la scène pop anglaise font des emprunts à la musique de l'Inde (les Beatles, par exemple, avec le sitariste indien Ravi Shankar). Ce phénomène se généralise dans les décennies suivantes, en s'ouvrant notamment à l'influence des musiques d'Afrique. La world music a contribué à faire connaître le combat politique de certains artistes (Miriam Makeba, Bob Marley ou Johnny Clegg).
La faveur dont jouit la world music pose avec acuité le problème de la réception des musiques traditionnelles extraites de leur contexte (rituel, par exemple), une donnée désormais prise en compte par certains programmateurs de spectacles. Mais par ailleurs, elle participe au renouvellement des genres musicaux : en faisant connaître à l'échelle mondiale des artistes comme la Capverdienne Cesária Evora ou le Malien Ali Farka Touré, elle contribue à injecter dans la musique populaire occidentale des formes musicales, des instruments et des modes de jeu inédits.
voir aussi **reggae, musicologie**

wormien, ienne [vɔʀ-] **adj. (de *Worm*, n. d'un médecin danois)** anat. *Os wormiens :* petits os surnuméraires du crâne. *Crête wormienne.*

Worms Ville d'Allemagne (Rhénanie-Palatinat), sur le Rhin. 83 500 habitants. Cathédrale XIIe-XIIIe s. Synagogue la plus ancienne d'Europe (XIIe-XIVe-XVIIe s.).

Worms (concordat de) Concordat signé le 23 septembre 1122 par le pape Calixte II et l'empereur Henri V. Il mit fin à la querelle des Investitures.

Worms (diète de) Diète tenue par Charles Quint en 1521. Elle mit Luther au ban de l'Empire.

Worthing Ville d'Angleterre (West Sussex), sur la Manche, à l'O. de Brighton. 109 100 habitants. Station balnéaire.

Wotan voir **Odin**

Wouters (Rik) Peintre et sculpteur belge (1882-1916). Représentant du fauvisme, il annonce par une peinture audacieuse le courant expressionniste. *La Vierge folle.*

Wouwerman ou **Wouwermans (Philips)** Peintre et dessinateur hollandais (1619-1668). Privilégiant les scènes de plein air, il composa principalement des scènes de genre avec chevaux (chasses, batailles, cavalcades).

Wozniak (Stephen Gary, dit Steve) Informaticien américain (né en 1950). Il est l'inventeur du premier micro-ordinateur Apple (1975), et le fondateur, avec Steve Jobs, de la société Apple.

Wrangel ou **Vrangel (Petr Nikolaïevitch, baron de)** Général russe (1878-1928). Il succéda à Denikine à la tête de « l'armée volontaire » (armées blanches d'Ukraine) opposée à l'Armée rouge, et forma un gouvernement qui fut reconnu par la France en 1920.

Wren (sir Christopher) Architecte et homme de science anglais (1632-1723). Membre de la commission de reconstruction après le grand incendie de Londres (1666), il élabora les plans d'une cinquantaine d'églises, notamment celui de la cathédrale Saint-Paul, qu'il édifia dans un style mêlant le baroque et le néoclassique.

Wright (Frank Lloyd) Architecte américain (1867-1959). Maître de l'architecture organique, il exploita une nouvelle conception de l'espace et les possibilités des nouveaux matériaux, notamment du béton armé, aussi bien dans la réalisation de grands édifices que des maisons particulières. Usonian Houses ; musée Guggenheim à New York.

Frank Lloyd Wright, la Maison sur la cascade, en Pennsylvanie (1935-1939).

W

Wright (les frères) Aviateurs et constructeurs d'aéroplanes américains. **Wilbur Wright** (1867-1912) et **Orville Wright** (1871-1946) construisirent un avion à deux hélices et moteur à explosion dans lequel Orville effectua le premier vol mécanique.

Les frères Wright, premier vol du *Flyer* (1903).

Wright (Richard) Romancier américain (1908-1960). Son œuvre, nourrie par l'engagement de son auteur au sein du Parti communiste américain, est consacrée à la dénonciation de la condition faite aux Noirs aux États-Unis. *Les Enfants de l'oncle Tom ; Black Boy ; Douze millions de voix noires.*

Wrocław en allemand **Breslau** Ville du S.-O. de la Pologne, sur l'Oder, chef-lieu de la voïvodie de Basse-Silésie. 630 100 habitants. Capitale administrative, religieuse et culturelle de la Basse-Silésie. Cathédrale Saint-Jean-Baptiste (XIIIe-XIVe s.). Églises gothiques. Centre industriel et commercial.

Wuchang ou **Wou-tch'ang** Ancienne ville de Chine, aujourd'hui quartier de Wuhan. Siège du gouvernement révolutionnaire de 1924 à 1927.

Wuhan ou **Wou-han** Ville de Chine, capitale de la province de Hubei, à la confluence du Han et du Yang-tseu-kiang. 9 millions d'habitants. Centre universitaire et industriel. Port. Nœud ferroviaire. Marché aux animaux où fut détecté, en déc. 2019, le premier cas d'infection au Covid-19.

Wuhu ou **Wu-hou** Ville de Chine (Anhui) sur le Chang jiang. 1 108 000 habitants. Important port de commerce. C'est l'un des quatre principaux marchés du riz.

Wundt (Wilhelm) Psychologue et philosophe allemand (1832-1920). Il créa le premier laboratoire de psychologie expérimentale et proposa une approche physiologiste de la vie psychique. *Éléments de psychologie physiologique.*

Wuppertal Ville d'Allemagne (Rhénanie-du-Nord-Westphalie), au fond de la vallée de la Wupper. 355 000 habitants. Université. Centre de la danse créé par Pina Bausch. Industrie chimique.

würm [vyʀm] **n. m.** **(mot allemand, n. d'un lac et d'une rivière) géol.** La dernière des quatre grandes glaciations du quaternaire dans les Alpes. □ **adj. würmien, ienne**

Wurtemberg n. m. en allemand **Württemberg** Ancien État de l'Allemagne du Sud-Ouest. Comté au XIIe s., érigé en duché (1495) puis en royaume (1805), il fit partie de l'Empire allemand de 1871 à 1918. Il est aujourd'hui réuni au Land de Bade-Wurtemberg.

Wyoming

Le Wyoming et ses vastes plaines propices à l'élevage.

Würzburg Ville d'Allemagne (Bavière), sur le Main. 126 900 habitants. Monuments romans, gothiques et baroques ; résidence des ducs-évêques. Viticulture. Port fluvial.

Wuustwezel Commune de Belgique (province d'Anvers). 21 213 habitants. Étang et parc du château Van de Spiegel (détruit) dessinés par Le Nôtre. Église du XIIIe siècle.

Wuxi ou **Wou-si** Ville de Chine (Jiangsu). 2 757 700 habitants. Ancienne capitale de l'étain, c'est l'une des plus vieilles villes de Chine. Céréales, colza, thé. Pêche. Tourisme.

Wyler (William)

William Wyler (à dr.) dirigeant Charlton Heston et Stephen Boyd dans *Ben Hur* (1959).

WWF (World Wide Fund for Nature, en français **Fonds mondial pour la nature)** Organisation internationale de protection de la nature, fondée en 1961 et appelée World Wildlife Fund jusqu'en 1986.

wyandotte [vjɑ̃dɔt] **n. f.** **(mot anglais des États-Unis, n. d'une ethnie amérindienne)** Poule d'une race américaine, excellente pondeuse. **– adj.** *Poules wyandottes.*

Wyclif ou **Wycliffe (John)** Théologien anglais (1320-1384). Précurseur de la Réforme, il condamna les indulgences, prôna le retour au texte biblique et se prononça pour la séparation de l'Église et de l'État. Sa doctrine fut condamnée au concile de Constance (1414-1515).

Wye n. f. Rivière du S.-O. de la Grande-Bretagne. Son cours inférieur marque la frontière entre l'Angleterre et le pays de Galles. 300 km.

Wyeth (Andrew) Peintre américain (1917-2009). Sa peinture de scènes rurales du Midwest américain fait de lui l'un des plus influents régionalistes américains. *Christina's World.*

Wyler (William) Cinéaste américain d'origine suisse (1902-1981). Ses œuvres sont des chroniques sur la société et l'âme américaines. *Les Plus Belles Années de notre vie ; Vacances romaines ; Ben-Hur.*

Wyoming n. m. État de l'O. des États-Unis. 253 597 km^{2}. 576 850 habitants. Capitale : Cheyenne. Grandes plaines agricoles. Tourisme (parcs nationaux de Yellowstone, du Grand Teton).

Wyspiański (Stanisław) Auteur dramatique et illustrateur polonais (1869-1907). Auteur de deux livrets d'opéra, il laissa également de nombreuses pièces de théâtre, novatrices dans les décors et la mise en scène. *Les Noces.*

Wyss (Johann David) Écrivain suisse de langue allemande (1743-1818). Il est l'auteur d'une célèbre réécriture protestante et dévote de *Robinson Crusoé, Le Robinson suisse.*

Wyszyński (Stefan) Prélat polonais (1901-1981). Archevêque de Varsovie et primat de Pologne, il s'opposa au gouvernement communiste et fut plusieurs fois arrêté. Il joua un rôle important dans la promotion du syndicat Solidarité.

W

X

x [iks] **n. m. invar. I. 1.** Vingt-quatrième lettre, dix-neuvième consonne de l'alphabet. **2.** Forme de cette lettre. *Tréteaux en X.* ■ **adj.** biol. *Chromosome X.* **II. 1.** math. Symbole désignant une inconnue. *Les x et les y.* – *L'axe des x* : l'axe des abscisses. ■ Chose, personne inconnue. *Pendant x années,* un temps non spécifié. *Accoucher sous X,* en abandonnant l'enfant et en gardant l'anonymat. ■ **adj.** *Rayons* X.* **2. (anglais *X rated*)** Classé comme pornographique. *Un film X.* **3.** fam. *L'X* : l'École polytechnique. – *Un, une X* : un, une polytechnicien(ne). **III.** *X* : dix (en chiffres romains).

Xaintrailles [sɛ̃tʀɑj] **(Jean Poton, seigneur de)** Homme de guerre français (mort en 1461). Compagnon d'armes de Jeanne d'Arc, il s'illustra à la bataille de Patay (1429) et conquit la Guyenne (1453).

xanthélasma **n. m. (de *xanth-,* et du grec *elasma* « lame métallique »)** méd. Xanthome* plan ayant l'aspect d'une petite tache jaune, observé surtout aux paupières.

Xanthi Ville de Grèce (Thrace), chef-lieu de district régional. 45 000 habitants.

xanthie **n. f. (latin *xanthia,* du grec *xanthos* « jaune » → xanth[o]-)** zool. Papillon de nuit, jaune et roux. → **noctuelle.**

xanthine **n. f. (de *xanth-* + *-ine*)** biochim. Base organique dérivée de la purine et qui donne sa couleur jaune à l'urine.

xanth(o)- Élément **(du grec *xanthos*)** qui signifie « jaune ».

xanthoderme **adj. (→ -derme)** Se dit d'une personne dont la peau a une coloration jaune. □ **n. f. xanthodermie**

xanthome **n. m. (→ -ome)** pathol. Petit nodule ou petite tache jaunâtre de la peau, constitués de cellules chargées de cholestérol.

xanthophycée **n. f. (de *xantho-* et du grec *phukos* « algue »)** Algue de couleur jaunâtre (classe des *Xanthophycées*).

xanthophylle **n. f. (de *xantho-,* d'après *chlorophylle*)** bot. Pigment caroténoïde jaune, fixé sur les plastes, qui colore les feuilles, les pétales, les fruits.

Xanthos Ancienne ville d'Asie Mineure, capitale de la Lycie. Vestiges archéologiques.

Xe Symbole chimique du xénon.

Xenakis (Yannis) Compositeur français d'origine grecque (1922-2001). Élève de Messiaen, il proposa une nouvelle structuration du temps et de l'espace sonore en s'appuyant sur des modèles mathématiques. *Métastasis* ; *Polytope.*

xénarthre [gzenaʀtʀ ; kse-] **n. m. (du grec *xenon* « étrange » et *arthron* « articulation »)** zool. Mammifère placentaire d'Amérique du Sud, à deux ou trois doigts et sans dents antérieures (ordre des *Xénarthres* [autrefois *Édentés*] ; ex. le fourmilier, le paresseux, le tatou).

xén(o)- Élément **(du grec *xenos* « hôte » et « étranger »)** qui signifie « étranger ».

Xénocrate Philosophe grec (v. 400-v. 314 av. J.-C.). Ami et disciple de Platon, deuxième scolarque de l'Académie, il succéda à Speusippe en 339. Influencé par la tradition pythagoricienne, il identifia les Idées platoniciennes à des nombres.

xénogreffe **n. f.** méd. Hétérogreffe où le donneur et le receveur appartiennent à des espèces différentes (ex. foie de babouin greffé sur un homme).

xénolite **n. f. (de *xéno-* et du grec *lithos* « pierre »)** géol. Roche magmatique contenant une inclusion ou une enclave d'une autre roche.

xénon **n. m. (du grec *xenon* « chose étrangère, étrange », par l'anglais)** chim. Corps simple (symb. Xe, n° at. 54, masse at. 131,30), le plus lourd des gaz rares de l'air. *Ampoule au xénon. Isotopes radioactifs du xénon.*

Xénophane Philosophe grec (VIe-début Ve s. av. J.-C.). Il passe pour le fondateur de l'école d'Élée et aurait eu Parménide pour disciple. *De la nature.*

xénophile **adj. et n. (→ -phile)** rare Qui a de la sympathie pour les étrangers, qui est ouvert à ce qui vient de l'étranger. - contr. **xénophobe.** □ **n. f. xénophilie**

xénophobe **adj. et n. (→ -phobe)** Hostile par principe aux étrangers, à ce qui vient de l'étranger. → **chauvin.** *Il est xénophobe et raciste.* □ **n. f. xénophobie**

Xenakis (Yannis)

Yannis Xenakis en 1994.

Xénophon Historien, essayiste et chef militaire grec (v. 430 ou 425-v. 355 ou 352 av. J.-C.). Mercenaire dans l'armée de Cyrus le Jeune, il conduisit la retraite des Dix Mille (–401), épisode qu'il relata dans *L'Anabase.* Élève de Socrate, il est également l'auteur d'écrits philosophiques *(Les Mémorables)* et historiques *(Les Helléniques).*

xéranthème [gzeʀɑ̃tɛm ; kse-] **n. m. (latin *xeranthemum,* du grec *xêros* « sec » et *anthemon* « fleur » → chrysanthème)** bot. Plante herbacée, communément appelée *immortelle annuelle.*

xérès [gzeʀɛs ; keʀɛs ; kseʀɛs] **n. m. (de *Jerez de la Frontera,* ville d'Andalousie, *cf.* sherry)** Vin blanc sec, apéritif de la région de Jerez. → anglic. **sherry.** - var. **jerez.**

xér(o)- Élément **(du grec *xêros* « sec » → élixir)** qui signifie « desséché ».

xérodermie [gzeʀɔdɛʀmi ; kse-] **n. f. (→ -dermie)** méd. Sécheresse anormale de la peau qui présente une desquamation pulvérulente (premier degré de l'ichtyose*).

xérographie [gzeʀɔgʀafi ; kse-] **n. f. (de *xéro-* + *-graphie*)** Technique permettant de reproduire des documents sans contact, en nombre illimité. □ **adj. xérographique**

xérophile [gzeʀɔfil ; kse-] **adj. (→ -phile)** bot. Qui vit, peut vivre dans des lieux secs. *Plantes xérophiles.* → **xérophyte.**

xérophtalmie [gzeʀɔftalmi ; kse-] **n. f. (grec *xêrophthalmia* → xéro- et ophtalmie)** méd. Sécheresse et atrophie de la conjonctive, entraînant l'opacité de la cornée et la diminution ou la perte de la vision.

xérophyte [gzeʀɔfit ; kse-] **n. f. (→ -phyte)** bot. Plante xérophile. *Des xérophytes.*

xérus [gzeʀys ; kseʀys] **n. m. (latin *xerus,* du grec *xêros* « sec »)** zool. Petit rongeur d'Afrique et d'Asie, aussi appelé *rat palmiste.*

Xerxès Ier Roi achéménide de Perse (486-465 av. J.-C.). Fils de Darios Ier, il réprima les révoltes d'Égypte et de Babylonie. Lors de la seconde guerre médique, il battit les Spartiates aux Thermopyles (480), mais fut vaincu par les Grecs à Salamine, Platées et Mycale.

Xhosa(s) ou **Xosa(s)** **n. m. pl.** Peuple d'Afrique du Sud parlant une langue bantoue, le xhosa. 8 millions de personnes.

xi ou **ksi** [ksi] **n. m. invar.** Quatorzième lettre de l'alphabet grec (Ξ, ξ), correspondant à *x.*

Xia Gui ou **Hia Xouei** Peintre chinois (actif de 1190 à 1225). Il fut l'un des maîtres les plus originaux de l'école de paysage des Song du Sud.

Xiamen, Hia-men ou **Amoy** Ville de Chine (Fujian), sur l'île du même nom. 1 454 450 habitants. Port en eau profonde, sur le détroit de Taiwan.

Xian ou **Si-ngan** Ville de Chine, capitale du Shaanxi. 3 870 500 habitants. Ancienne capitale impériale (Changan). Nombreux sites archéologiques et historiques, dans la ville (sous le nom de pagode des oies sauvages) ou à proximité (tumulus de l'armée en terre cuite de la dynastie Qin). Centre cotonnier.

xiang n. m. Dialecte chinois du Hunan.

Xiang shan ou **Siang shan** Ancien Palais d'Été, plus connu en Occident sous l'appellation de Parc de Chasse, situé à l'O. de Pékin.

Xiangtan, Hiang-t'an ou **Siang-t'an** Ville de Chine (Hunan), sur le Xiang Jiang. 707 800 habitants. À proximité, Shaoshan, village natal de Mao Zedong.

Xianyang ou **Hien-yang** Ville de Chine (Shaanxi). 835 700 habitants. Ancienne capitale du royaume des Qin (IIIe s. av. J.-C.). Nécropoles impériales des Han de l'Ouest et des Tang.

Xie He ou **Sie Ho** Peintre et théoricien chinois (v. 459-v. 532). Il formula les Six Principes de l'esthétique picturale chinoise.

Xi Jinping Homme d'État chinois (né en 1953). Secrétaire général du Parti communiste chinois (2012), il devint président de la République en 2013 et fit abolir la limitation du nombre de mandats présidentiels en 2018.

ximénie [gzimeni ; ksi-] **n. f.** **(de** ***Ximénès,*** **n. d'un missionnaire espagnol)** bot. Petit arbre des régions tropicales, dont les fruits sont appelés *pommes* ou *citrons de mer*. - var. **ximenia n. m.**

Xingu **n. m.** Fleuve du Brésil. 2 266 km. Affluent de l'Amazone.

Xining ou **Si-ning** Ville de Chine, capitale de la province de Qinghai. 1 154 000 habitants.

Xinjiang ou **Sin-kiang** **n. m.** Région autonome de Chine, dans le N.-O. du pays. 1 646 900 km². 22 millions d'habitants, dont environ 6 millions de Ouïgours. Capitale : Urumqi. Agriculture (blé, maïs, coton) et élevage (ovins, chevaux, chameaux). Extraction minière (charbon, or, plomb, zinc, uranium), pétrole.

Xinxiang ou **Sin-hiang** Ville de Chine (Henan), sur la Wei. 920 000 habitants. Industries agroalimentaires et textiles.

xiphoïde [gzifɔid ; ksi-] **adj.** **(grec** ***xiphoeidês*** **« en forme d'épée », de** ***xiphos*** **« épée » et -*eidês* → -oïde)** anat. *Appendice xiphoïde* : partie terminale inférieure du sternum. ■ bot. En forme de glaive. *Iris xiphoïde*. → **ensiforme.** □ **adj. xiphoïdien, ienne**

xiphophore [gzifɔfɔʀ ; ksi-] **n. m.** **(latin** ***xiphophorus*** **« qui porte une épée », du grec** ***xiphos*** **« épée »)** zool. Petit poisson osseux du golfe du Mexique, à prolongement caudal en forme de glaive, appelé aussi *porte-épée*. - abrév. **xipho** [ksifo].

XML [iksɛmɛl] **n. m.** **(sigle anglais, de** ***eXtensible Markup Language*** **« langage de balisage extensible »)** inform. Langage de structuration de données, utilisé notamment pour la gestion et l'échange d'informations sur Internet. *XML* (ou le XML) *est un langage de description des données, plus puissant que HTML.* – en appos. *Le langage XML. Fichiers XML.*

Xochicalco

Le site de Xochicalco est classé au patrimoine mondial de l'Unesco (détail d'un bas-relief représentant Quetzalcóatl).

Xochicalco Site archéologique précolombien du Mexique central (Ve-Xe s.).

Xochimilco Banlieue de Mexico, célèbre par ses « jardins flottants » conçus par les Aztèques.

Xolotl Dans la mythologie aztèque, frère jumeau, à la tête de chien, de Quetzalcóatl. Il accompagne celui-ci lors de son voyage dans le monde souterrain.

Représentation de Xolotl en céramique (v. XVe s.), musée d'Ethnologie, Berlin.

Xu Guangqi ou **Hiu Kouang-k'i** Lettré et savant chinois (1562-1633). Aidé du jésuite Matteo Ricci, il traduisit de nombreux ouvrages scientifiques occidentaux.

Xujiahui ou **Hiu-kia-houei** Quartier de Shanghai où s'installèrent les jésuites européens à partir de 1847. Cathédrale gothique.

Xu Shen Lexicographe chinois (Ier-IIe s.). Il rédigea l'un des premiers dictionnaires chinois.

Xu Wei ou **Siu Wei** Peintre et poète chinois (1521-1593). Il eut une grande influence sur de nombreux peintres comme Zhu Da (Chu Ta).

Xuzhou Ville de Chine (Jiangsu). 1 392 700 habitants. Importante bataille sino-japonaise en 1938.

XXL **adj.** **(mot anglais, de** ***extra extra large*****)** anglic. Se dit d'un vêtement de très grande taille. *Des robes XXL.* – par ext. *Bouteille XXL.* ■ fig. fam. Important, d'envergure. *Un projet XXL.*

xylème [gzilɛm ; ksilɛm] **n. m.** **(du grec** ***xulon*** **« bois », par l'allemand)** bot. Tissu végétal, formé de fibres ligneuses et de vaisseaux conduisant la sève brute, constituant le bois. *Le phloème et le xylème.*

xylène [gzilɛn ; ksilɛn] **n. m.** **(→ xylo-)** chim. Hydrocarbure liquide benzénique, extrait du benzol ou de certaines fractions de pétrole, utilisé comme solvant et pour des colorants **(→ xylidine)**, des explosifs, etc.

xylidine [gzilidin ; ksi-] **n. f.** **(de** ***xylène*****)** chim. Amine dérivée du xylène, utilisée dans la préparation des colorants azoïques.

xylo- Élément **(du grec** ***xulon*****)** qui signifie « bois ».

xylocope [gzilɔkɔp ; ksi-] **n. m.** **(latin** ***xylocopa,*** **du grec** ***xulokopos*** **« coupeur de bois »)** zool. Abeille solitaire, dite *charpentière* ou *perce-bois*, qui creuse des galeries de ponte dans le bois mort.

xylographie **n. f.** didact. Gravure sur bois ; estampe réalisée par cette technique. *Les xylographies de Dürer.* □ **n. xylographe** □ **adj. xylographique**

xylophage **adj.** **(grec** ***xulophagos*** **→ xylo- et -phage)** zool. Qui ronge le bois. *Insectes, larves xylophages.* – **n. m.** *Un xylophage.* □ **n. f. xylophagie**

xylophone **n. m.** **(→ xylo- et -phone)** Instrument de musique à percussion, formé de lames de bois de longueur inégale, sur lesquelles on frappe avec deux petits maillets. *Le balafon est un xylophone.* ■ **(abusif)** Vibraphone, métallophone (lames de métal). □ **n. xylophoniste**

xyste [ksist] **n. m.** **(latin d'origine grecque** ***xystus*****)** Antiq. grecque Galerie couverte d'un gymnase.

X

Y

¹y [igʀɛk] **n. m. invar. I. 1.** Vingt-cinquième lettre, sixième voyelle de l'alphabet, servant à noter les sons [i] et [j]. **2.** Forme de cette lettre. « *L'Y est une lettre pittoresque* [...] *l'arbre est un Y ; l'embranchement de deux routes est un Y* » (Hugo). ■ **adj.** biol. *Le chromosome Y* (mâle chez les mammifères). **II. 1.** math. Lettre désignant une seconde inconnue (après *x*), ou une fonction de la variable *x*. – *L'axe des ordonnées est l'axe des y*. **2.** chim. *Y :* symbole de l'yttrium.

²y **pron. et adv.** **(vient du latin pop. *ibi* « là » et « alors » → alibi ; de *hic*)** Représente une chose ou un énoncé. **1.** Dans ce lieu, dans cela. *J'y vais* (dans un endroit, chez quelqu'un, etc.). *Allons-y*. – *Ah ! j'y suis,* je comprends. **2.** (représentant un compl. précédé de *à*) À ce..., à cette..., à ces... ; à cela. *J'y renonce*. – (représentant un compl. précédé d'une autre prép.) *N'y comptez pas*. **3.** loc. *Il y a* (→ **¹avoir**). – *Vas-y !,* décide-toi (→ **¹aller**). *Ça y est !,* c'est arrivé (enfin).

³y **pron.** S'emploie pour transcrire *il* ou *lui* dans la prononciation négligée. *Y en a pas* (il n'y en a pas). *Y a* (il y a). *J'y ai dit* (je lui ai dit).

Yachine (Lev) Joueur de football russe (1929-1990). Gardien de but surnommé « l'araignée noire », il reçut le ballon d'or (1963).

***yacht** [jɔt] **n. m. (probablt du néerlandais *jaght, jacht,* famille de l'allemand *jagen* « chasser »)** Grand navire de plaisance à voiles ou à moteur. *Yachts de croisière*.

***yacht-club** [jɔtklœb] **n. m. (mot anglais)** anglic. Association groupant des pratiquants du yachting et des sports nautiques. *Des yacht-clubs*.

***yachting** [jɔtiŋ] **n. m.** Pratique de la navigation de plaisance de luxe.

Yacine (Kateb) voir **Kateb Yacine**

Yahvé Dans la Bible, nom du Dieu d'Israël, tiré du tétragramme YHWH, signifiant « Je suis celui qui est ».

Yahyā ou **Yahiā Khān** Général et homme d'État pakistanais (1917-1980). Président de la République islamique du Pakistan (1969-1971), il démissionna après la sécession du Bangladesh.

***yak** ou ***yack** **n. m. (de l'anglais, du tibétain *gyak*)** Ruminant semblable au bœuf, à longue toison soyeuse, domestiqué au Tibet. *Des yaks*.

***yakitori** **n. m. (mot japonais « oiseau grillé »)** Brochette de volaille marinée (plat japonais).

***yakuza** ou ***yakusa** [jakuza] ou [jakyza] **n. m. (mot japonais)** Malfaiteur japonais, membre d'une organisation mafieuse. *Des yakuzas, des yakusas*.

Yale Université située à New Haven (Connecticut, États-Unis). Fondée en 1701, c'est l'une des plus prestigieuses universités privées des États-Unis.

Yalong jiang Rivière de Chine centrale, affluent du Chiang jiang. 1 100 km.

Yalova Ville de Turquie, en Asie Mineure, sur la mer de Marmara. 98 350 habitants. Chef-lieu de province. Station thermale et balnéaire.

Yalow (Rosalyn) Physicienne américaine (1921-2011). Ses recherches sur le développement de la radio-immunologie des hormones peptidiques contribuèrent au développement de l'endocrinologie et à la lutte contre le diabète. Prix Nobel 1977.

Yalta ou **Ialta** Ville d'Ukraine, en Crimée, au bord de la mer Noire. 80 140 habitants. Importante station balnéaire et climatique.

Yalta (conférence de) Conférence qui réunit, du 4 au 11 février 1945, Churchill, Roosevelt et Staline. Alors que la défaite de l'Allemagne ne faisait plus de doute, les Alliés y décidèrent l'occupation et la division du pays en quatre zones et y définirent les nouvelles frontières de la Pologne.

Yalu ou **Ya-lou** **n. m.** Fleuve de Chine. 795 km. Il forme la frontière avec la Corée du Nord (où son nom est Amnok) et se jette dans la mer Jaune.

Yamamoto Isoroku Amiral japonais (1884-1943). Il dirigea l'attaque de Pearl Harbor (1941). Vaincu aux îles Midway, il trouva la mort lors de la bataille des îles Salomon.

Yamamoto Yohji Couturier japonais (né en 1943). Il a bouleversé les codes de la mode féminine en créant des vêtements asexués aux coupes asymétriques, aux volumes distendus et aux couleurs sombres, faits pour cacher le corps et le « protéger du regard des hommes ».

Yamauchi (Hiroshi) Industriel japonais (1927-2013). PDG de Nintendo de 1949 à 2002, il transforma la modeste fabrique de cartes à jouer créée par son arrière-grand-père en un géant mondial du jeu vidéo (Mario, Zelda, Pokémon) et de la console (Game Boy, Super Nintendo, etc.).

Yamoussoukro Capitale de la Côte d'Ivoire depuis 1983, au N.-O. d'Abidjan. Environ 350 000 habitants. Basilique Notre-Dame-de-la-Paix sur le modèle de Saint-Pierre de Rome. Université. Fondation Félix-Houphouët-Boigny pour la recherche et la paix.

Yalta (conférence de)

Churchill, Roosevelt et Staline à la conférence de Yalta (1945).

Yamuna ou **Jamna** n. f. Rivière du nord de l'Inde. 1 370 km. Née dans l'Himalaya occidental, elle arrose Delhi et se jette dans le Gange près d'Allahabad.

Yanam Ville d'Inde (Pondichéry). 55 600 habitants. Ancien comptoir français (Yanaon).

Yanan ou **Yen-han** Ville de Chine (Shaanxi). 336 900 habitants. Capitale de la Chine de 1935 à 1949.

Yancheng ou **Yang-tch'eng** Ville de Chine (Jiangsu). 1,1 million d'habitants. Céréales et coton.

***yang** [jɑ̃g ; jɑ̃ŋ] voir **yin**

Yangon voir **Rangoun**

Yangquan ou **Yang-ts'iuan** Ville de Chine (Shanxi). 623 600 habitants. Mines de fer et de charbon.

Yangzhou ou **Yang-tcheou** Ville de Chine (Jiangsu), sur le Grand Canal. 1 million d'habitants. Fondée sous la dynastie Qin (IIIe s. av. J.-C.), elle eut Marco Polo pour gouverneur de 1282 à 1285.

Yangzi jiang ou **Yang-tseu-kiang** **n. m.** Fleuve de Chine. 6 300 km. Aussi appelé « fleuve Bleu », il prend sa source dans le Kunlun shan et se jette dans la mer de Chine, près de Jiangying (Jiangsu).

Ferrys sur le Yangzi jiang.

***yankee** [jɑ̃ki] **n.** **(mot anglais des États-Unis, p.-ê. du hollandais *Janke*, diminutif de *Jan* « Jean », ou altération de *English* d'après un mot amérindien)** **1.** hist. Habitant du nord-est des États-Unis. *Les Yankees ont gagné la guerre de Sécession* (opposé à *sudiste*). **2.** fam. (souvent péj.) Habitant des États-Unis. → **américain.** – **adj.** *Les capitaux yankees.*

Yan Liben ou **Yen Li-pen** Peintre et architecte chinois (mort en 673). Il dirigea l'édification de la ville de Changan (aujourd'hui Xian) et se rendit célèbre par ses portraits de souverains et de chevaux.

Yanne (Jean) Acteur, réalisateur et humoriste français (1933-2003). Pour le cinéma et la télévision, il composa un personnage de Français moyen à l'humour grinçant (*Nous ne vieillirons pas ensemble*, M. Pialat) et réalisa des films très populaires *(Deux heures moins le quart avant Jésus-Christ)*.

Yanomami(s) ou **Yanomani(s)** **n. m. pl.** Peuple amérindien du Brésil et du Venezuela, principale communauté autochtone d'Amazonie.

Yantai ou **Yen-t'ai** Ville de Chine (Shandong). 1,7 million d'habitants. Port de pêche.

Yaoundé Capitale du Cameroun et de la région du Centre. 4 millions d'habitants. Industries alimentaires.

Yaoundé, le quartier ministériel et administratif.

Yellowstone National Park

Yellowstone, vue aérienne du Grand Prismatic, source naturelle d'eau chaude (85 °C).

***yaourt** [jauʀt] **n. m.** **(d'abord *yocourt, yogourt* ; bulgare *yugurt, yaurt*, du turc *yogurt*)** Lait caillé et fermenté. – Préparation industrielle analogue. *Des yaourts aux fruits.* - var. **yogourt** [jɔguʀt].

***yaourtière** **n. f.** Appareil servant à confectionner les yaourts.

Yāqūt Géographe d'expression arabe (1179-1229). Il composa un dictionnaire géographique monumental.

***yard** [jaʀd] **n. m.** **(mot anglais « baguette », d'origine germanique)** Mesure de longueur anglo-saxonne valant 0,914 mètre.

Yared (Gabriel) Compositeur français d'origine libanaise (né en 1949). Il est l'auteur d'une centaine de musiques de films (il reçut un Oscar pour *Le Patient anglais* de A. Minghella) et de ballets pour R. Petit ou C. Carlson.

Yarkant voir **Shache**

Yarmuk ou **Yarmouk** **n. m.** Rivière du Proche-Orient. Né en Syrie, il longe la frontière jordanienne et se jette dans le Jourdain. La bataille du Yarmouk (636) vit la défaite des Byzantins devant les Arabes.

Yaşar Kemal Romancier turc (1923-2015). Il a fait des paysans de son Anatolie natale les héros de grandes fresques épiques et a dénoncé les injustices sociales de la Turquie contemporaine. *Mèmed le Mince ; L'Herbe qui ne meurt pas.*

***yass** ou ***jass** [jas] **n. m.** **(alémanique *Jass*) (Suisse)** Jeu d'origine hollandaise qui se joue avec trente-six cartes.

yassa **n. m.** **(mot du créole de Casamance)** Plat sénégalais de viande ou de poisson cuit dans une sauce au citron. – appos. *Poulet, mouton yassa.*

***yatagan** **n. m.** **(turc *yatagan* ; var. ancienne *atagan*)** Sabre turc, à lame recourbée vers la pointe. → **cimeterre.**

Yaté Barrage-réservoir du S.-E. de la Nouvelle-Calédonie, sur la rivière du même nom.

Yates (Frances Amelia) Historienne britannique (1899-1981). Spécialiste des théories occultes et du néoplatonisme de la Renaissance, elle a mis en lumière le rôle clé des pensées magiques et hermétiques dans la genèse de la pensée scientifique moderne. Dans *L'Art de la mémoire*, elle a décrit les divers procédés mnémotechniques qui servirent à la transmission des connaissances de l'Antiquité jusqu'à la découverte de l'imprimerie.

Yavné Ville d'Israël, à vingt kilomètres au S. de Tel-Aviv, sur le site de l'antique Jamnia. 47 500 habitants. Siège de la première académie rabbinique (de 70 à 132) et centre du judaïsme après la destruction du Temple.

Yazdgard III Roi sassanide de Perse (de 632 à 651). Dernier souverain de la dynastie sassanide, il fut vaincu par les Arabes.

yazidi voir **yézidi**

Yazilikaya Site archéologique de Turquie (Anatolie), aménagé par les rois hittites vers 1250 av. J.-C.

Yb Symbole chimique de l'ytterbium.

***yearling** [jœʀliŋ] **n. m.** **(anglais *yearling* « d'un an », de *year* « an, année » et suffixe *-ling* ; *cf. sterling*)** anglic. Cheval pur-sang âgé d'un an.

Yeats (William Butler) Poète irlandais (1865-1939). Il créa l'Abbey Theatre de Dublin et y fit représenter plusieurs poèmes dramatiques, teintés d'occultisme et de folklore. Il contribua, avec Joyce, au développement d'une littérature irlandaise autonome. *Les Cygnes sauvages à Coole ; La Tour ; Autobiographies.* Prix Nobel 1923.

yèble voir **hièble**

Yellowknife Capitale des Territoires du Nord-Ouest, au Canada, sur la rive N. du Grand Lac des Esclaves. 19 569 habitants. Commerce, tourisme, industrie minière.

Yellowstone **n. f.** Rivière du N.-O. des États-Unis. 1 080 km. Elle prend sa source dans les Rocheuses, traverse l'État du Montana et se jette dans le Missouri.

Yellowstone National Park Premier parc national créé aux États-Unis (1872), dans les Rocheuses, dans le N.-O. du Wyoming. Sources chaudes et geysers. Canyons.

Yémen

n. m. ■ offic. république du Yémen Pays de la péninsule Arabique. → Arabie (carte). 562 970 km^2. 28 millions d'habitants (les *Yéménites*). **Langue :** arabe. **Religion :** musulmans (sunnites chaafites, chiites zaydites). **Monnaie :** riyal yéménite. **Capitale :** Sanaa. **Régime :** présidentiel.

GÉOGRAPHIE

Sur le littoral de la mer Rouge s'étire, de l'Arabie saoudite au Yémen, la plaine de la Tihama : les précipitations annuelles y sont extrêmement faibles et les températures très élevées durant l'été. Elle est bordée à l'ouest par un puissant massif montagneux qui culmine à 3 666 m d'altitude et bénéficie des pluies de mousson. La partie méridionale de ce massif est la partie la plus densément peuplée et la plus riche du pays : elle abrite les villes de Sanaa, Ibb, Saada et Taïz. Plus à l'est, au bord de l'océan Indien, un système de plateaux constitue le dernier relief de faible altitude avant les grandes étendues sableuses du Rub' al-Khali où le climat est aride.

Yémen

Les ruines du temple de Mahram Bilqis (v. 400 av. J.-C.), où les personnes poursuivies trouvaient asile.

ÉCONOMIE

Si la crise du Golfe a indéniablement aggravé les difficultés du pays, il souffrait déjà d'un déficit budgétaire chronique, de l'inflation et du chômage. La guerre civile qui a débuté en 2014 s'est accompagnée d'une crise humanitaire et économique grave. Les infrastructures ont été détruites. La principale richesse du pays est le pétrole car son industrie, même celle de la pêche, second poste d'exportation après les hydrocarbures, est peu concurrentielle. L'agriculture (coton, tabac, café, céréales, légumes, fruits, khat) est également peu modernisée et tributaire de pluies irrégulières.

HISTOIRE

De l'Arabia felix à la conversion à l'islam Dès le XIIIe s. av. J.-C., la région connut une brillante civilisation fondée sur l'exploitation des épices. Le long des routes caravanières, des royaumes apparurent (dont celui de Saba) avant d'être réunis en un seul, Himyar (Ier-VIe s.). La découverte d'une voie maritime directe jusqu'aux Indes au Ier s. conduisit progressivement au déclin de cette *Arabia felix* (« Arabie heureuse ») comme la nommaient les Romains.

Au VIe s., les Éthiopiens chrétiens envahirent le Yémen puis les Perses sassanides prirent le contrôle du pays avant d'être évincés par la conquête musulmane de 628. Au début du IXe s., le pouvoir abbasside se morcela : au N. du pays s'installa la dynastie chiite des imams zaydites repoussée ensuite par la fondation d'une dynastie fatimide. C'est Saladin qui réunifia le pays sous le règne des Rassoulides (1229-1454).

De la division coloniale aux difficultés de la réunification En 1538, les Turcs s'emparèrent d'Aden mais la résistance zaydite les força à se retirer en 1636. Ce sont les Britanniques qui finirent par la conquérir en 1839 tandis que l'armée ottomane envahissait le Nord (1849). En 1905, un accord frontalier « provisoire » signé entre les deux empires consacra la division du Yémen. Le Nord et le Sud eurent alors des histoires différentes jusqu'à leur réunification en 1990.

En mai 1990, les deux républiques fusionnèrent mais la Constitution du nouvel État, approuvée par référendum en 1991, ne put empêcher une guerre civile, tribale et confessionnelle, d'éclater (1994). Vainqueurs militairement, les nordistes maintinrent l'unité du pays. Le président Saleh, élu au suffrage universel en 1999 et réélu en 2006, peina à donner une stabilité au pays entre les pressions des Occidentaux contre le terrorisme (offensive militaire contre un groupe islamiste houthiste dénonçant les ingérences de l'Arabie saoudite dans la région de Saada en 2004-2005) et la crise économique persistante (répression d'émeutes liées à la hausse des prix en 2005). Les manifestations de 2011 contre le pouvoir furent réprimées dans le sang et Saleh remit le pouvoir à son successeur régulièrement élu, Abd Rabbo Mansour Hadi. Celui-ci fut momentanément chassé du pays en 2015 par les rebelles houthis (chiites zaydistes) et trouva refuge en Arabie saoudite dont le roi décida d'intervenir à la tête d'une coalition pour empêcher la rébellion de prendre le contrôle de tout le Yémen. Les combattants furent repoussés mais la guerre civile s'est installée et s'est internationalisée car la rébellion est soutenue financièrement par l'Iran. Avec l'arrivée au pouvoir du prince saoudien Mohammed ben Salmane, en 2017, les opérations militaires s'intensifièrent. L'aide humanitaire et les réseaux d'approvisionnement ne purent continuer à fonctionner, laissant près de quatorze millions de Yéménites en situation de famine. On comptait près de 380 000 morts au début de l'année 2022.

yen** [jɛn] **n. m.** **(japonais** ***èn, **du chinois** ***yuan*****)** Unité monétaire du Japon.

Yende (Pretty) Soprano coloratura sud-africaine (née en 1985). Elle interprète avec une agilité remarquable le répertoire du bel canto romantique. *Lucia de Lammermoor ; La Flûte enchantée ; Le Barbier de Séville.*

***yeoman** [jɔman] **n. m.** **(de la contraction du vieil anglais « jeune homme, page » [*cf.* l'anglais moderne *young man*])** Vétéran de la Garde, en costume du XVe s., qui paraît dans les cérémonies royales, en Angleterre. *Les yeomans* ou *les yeomen* [jɔmɛn] (plur. anglais).

Yepes (Narciso) Guitariste espagnol (1927-1997). Il composa et joua la musique du film *Jeux interdits* (R. Clément).

Yerres n. f. Rivière de la Brie. 97 km. Née au N. de Provins, elle conflue avec la Seine à Villeneuve-Saint-Georges.

Yerres Commune de l'Essonne, sur l'Yerres. 29 097 habitants. Propriété Caillebotte (parc, musée).

Yersin (Alexandre) Biologiste français d'origine suisse (1863-1943). Il découvrit en 1894, en même temps que le Japonais Shibasaburo Kitasato, le bacille de la peste.

Yeşil Irmak n. m. Fleuve de Turquie. 519 km. Il se jette dans la mer Noire.

***yéti n. m.** **(mot tibétain)** Monstre de légende, humanoïde de l'Himalaya (syn. [calque de l'anglais] **l'abominable homme des neiges**). - var. ***yeti** [jeti].

Yeu (île d') Île de la côte atlantique (Vendée). Elle forme une commune, l'Île-d'Yeu, qui compte 4 800 habitants. Principale agglomération : Port-Joinville.

yeuse n. f. **(ancien provençal** ***euse,*** **qui vient du latin pop.** ***elex, elicis,*** **de** ***ilex, ilicis*****)** Autre nom du chêne vert. *L'yeuse.*

yeux voir **œil**

Yèvre n. f. Rivière du Berry. 80 km. Elle arrose Bourges et se jette dans le Cher à Vierzon.

***yéyé n.** ou ***yé-yé n. invar.** **(onomatopée)** Jeune des années 1960, amateur d'un style de musique venu des États-Unis. *Les yéyés, les yé-yé.* **– adj. invar.** *Les années yéyé.*

Yezd ou **Yazd** Ville d'Iran, chef-lieu de province. 600 000 habitants. Mausolée des Douze-Imams (XIe s.). Mosquée du Vendredi (XIVe s.). Métropole du mazdéisme.

***yézidi, ie adj. et n.** **(peut-être d'un mot persan signifiant « Dieu, ange »)** **relig.** **1.** Relatif au yézidisme. **2.** Adepte du yézidisme. **– n.** *Les yézidis.* - var. ***yazidi, ie** et ***yézide.**

Yézidis n. m. pl. Peuple kurdophone d'Irak et de Syrie où il constitue une minorité religieuse adepte du yézidisme. Persécutés par Daech, les Yézidis irakiens furent victimes en 2014 de ce que les Nations unies ont qualifié de génocide.

yézidisme n. m.** **(de** ***yézidi**)** **relig.** Religion monothéiste syncrétique apparentée aux croyances de l'Iran antique.

Yggdrasil Dans la mythologie scandinave, arbre cosmique reliant les cieux aux enfers, représenté par un frêne.

Yi, Li, Lee ou **Rhee** Famille qui régna sur la Corée, sous le nom dynastique de Chosŏn, de 1392 à 1910.

Yi Sŏnggye ou **Yi Seong-Gye** Général coréen (1355-1408). Il se révolta contre les Chinois et fonda la dynastie royale des Yi. Il introduisit le confucianisme en Corée.

Yichang ou **Yi-tch'ang** Ville de Chine (Hubei), sur le Chang jiang. 1 million d'habitants. Barrages hydroélectriques de Gezhouba et des Trois Gorges.

yiddish** [jidiʃ] **adj. invar.** **(de l'anglais, de l'allemand** ***jüdisch **→ juif)** Qui concerne les parlers allemands des communautés juives d'Europe orientale, autrefois d'Allemagne. *La littérature yiddish.* **– n. m. invar.** *Le yiddish :* ces parlers.

Yijing ou **Yi-king** Traité de divination, l'un des plus anciens textes chinois (Ier millénaire av. J.-C.).

Yilmaz (Mesut) Homme d'État turc (1947-2020). Leader du parti de droite, la Mère Patrie, il fut Premier ministre en 1991, 1996 et 1997-1998, puis vice-Premier ministre de 1999 à 2002.

yin** [jin] **n. m.** **(d'abord** ***in **; mot chinois, comme** ***yang*****)** Principe de la philosophie chinoise (confucianisme, taoïsme), formant couple avec le **yang*, et correspondant (le *yang*) à l'activité (le chaud, le feu) et (le *yin*) à la neutralité (le froid, la terre).

Yinchuan ou **Yin-tch'ouan** Ville de Chine, capitale de la région autonome du Ningxia. 1,1 million d'habitants. Centre industriel.

Yining ou **Kouldja** Ville de Chine (Xingjiang), sur l'Ili, non loin du Kazakhstan. 369 000 habitants.

Yinkou Ville de Chine (Liaoning). 880 400 habitants. Port. Gisement de magnésite et de talc.

ylang-ylang voir **ilang-ilang**

-yle Élément **(du grec** ***hulê*** **« matière ; principe »)** utilisé en chimie dans la formation de noms de composés organiques.

Ymer ou **Ymir** Dans la mythologie scandinave, ancêtre des géants, des hommes et de certains dieux.

Yoccoz (Jean-Christophe) Mathématicien français (1957-2016). Il travailla sur les systèmes dynamiques complexes et contribua à la théorie des fractales. Professeur au Collège de France. Médaille Fields 1994.

***yod** [jɔd] **n. m. invar.** **(mot hébreu : « i consonne »)** phonét. Semi-consonne, transcrite en français par *-i- (pied)*, *-y- (ayant)*, *-il (soleil)*, *-ille (maille)*.

***yoga** **n. m.** **(mot sanskrit « jonction », de *yuj-* « joindre », même racine que le latin *jungere* → joindre, joug)** Doctrine et exercices traditionnels hindous, cherchant à réunir l'individu avec le principe de toute existence. ■ **(de *hatha-yoga* « yoga de l'effort »)** Ces exercices, pratiqués comme une gymnastique. *Faire du yoga.*

Yoga-Sūtra **n. m.** Texte philosophique indien (v. –IIe s.) consacré aux pratiques morales du yoga.

***yogi** [jɔgi] **n.** **(→ yoga)** **1.** Ascète hindou qui pratique le yoga. **2.** Adepte du yoga.

yogourt voir **yaourt**

***yohimbehe** [jɔimbe] **n. m.** **(mot bantou)** bot. Arbre du Cameroun, dont le bois violacé est employé dans les mines, en construction navale.

***yohimbine** [jɔimbin] **n. f.** biochim. Alcaloïde extrait de l'écorce de yohimbehe.

Yoka (Tony) Boxeur français (né en 1992). Médaille d'or des super-lourds aux Jeux olympiques de 2016.

Yokohama Ville du Japon, chef-lieu de la préfecture de Kanagawa. 3 778 320 habitants. Elle forme une conurbation avec Tōkyō. Centre universitaire et industriel. Port international.

Yoko Ono voir **Ono**

Yokosuka Ville du Japon (Honshū), au S. de Tōkyō. 388 500 habitants. Base navale et port de guerre.

***yole** **n. f.** **(néerlandais *jol*, mot scandinave)** Bateau non ponté, étroit et allongé, propulsé à l'aviron.

Yomiuri Shimbun Quotidien japonais fondé en 1874. De tendance conservatrice, il tire à 10 millions d'exemplaires.

***Yom Kippour** ou **Kippour** **n. m.** **(mot hébreu)** Fête juive du Grand Pardon, consacrée au jeûne et à la prière (en septembre ou octobre). - var. **Yom Kippur** [-uʀ].

Yongle ou **Yong-lo** (1360-1424). Empereur de Chine (1403-1424). Il installa sa capitale à Pékin et fit construire la Cité pourpre interdite.

Yonkers Ville des États-Unis, dans la banlieue de New York. 211 560 habitants.

Yonne **n. f.** Rivière de France. 293 km. Née dans le Morvan, elle arrose Auxerre, Joigny et Sens. Elle conflue avec la Seine à Montereau-Faut-Yonne.

Yonne **n. f.** [89] Département français de la Région Bourgogne-Franche-Comté (→ carte). 7 427 km^2. 334 156 habitants. Chef-lieu : Auxerre. Chefs-lieux d'arrondissement : Avallon, Sens. Aux plateaux ondulés (Sénonais, Tonnerrois, Auxerrois, Puisaye) succèdent les contreforts du Morvan. Cultures céréalières, betteraves sucrières. Viticulture (chablis). Élevage bovin. La vallée de l'Yonne accueille les grandes villes (Sens, Auxerre) et les principales industries qui bénéficient de leur situation sur l'axe Paris-Lyon.

York (péninsule de) Péninsule du N.-E. de l'Australie (Queensland). Son extrémité, le cap d'York, est le point le plus septentrional du continent.

York Ville d'Angleterre (Yorkshire du Nord). 152 800 habitants. Cathédrale (XIIIe-XVe s.). Université.

York (maison d') Famille noble anglaise qui s'opposa à la maison des Lancastre, lors de la guerre des Deux-Roses. Elle régna sur l'Angleterre de 1461 à 1485, avec Édouard IV, Édouard V et Richard III.

Yorkshire **n. m.** Région du N.-E. de l'Angleterre correspondant à un ancien comté divisé en 1974 en trois entités.

***yorkshire-terrier** [jɔʀkʃœʀtɛʀje] **n. m.** **(mot anglais, du n. du comté du Yorkshire et de *terrier*)** anglic. Petit chien d'agrément, aux poils longs. *Des yorkshire-terriers.* - abrév. **yorkshire** et **york.**

Yorktown Localité des États-Unis (Virginie), à l'entrée de la baie de Chesapeake. Washington l'assiégea et obtint la capitulation des Britanniques (1781), mettant ainsi fin à la guerre de l'Indépendance américaine.

Yorktown (bataille de) Victoire remportée le 19 octobre1781 à Yorktown (Virginie, États-Unis) par Washington, aidé de Rochambeau, sur les Britanniques.

Yorouba(s) ou **Yoruba(s)** **n. m. pl.** Peuple d'Afrique de l'Ouest (Nigeria, Bénin, Togo), parlant une langue kwa. Environ 43 millions.

Yosemite National Park Parc national des États-Unis (Californie), dans la Sierra Nevada, autour de la vallée de Yosemite. Forêts de séquoias.

Yosemite, parc national de haute montagne.

Yoshida Shigeru Homme politique japonais (1878-1967). Président du Conseil entre 1946 et 1954, il favorisa l'intégration du Japon dans le monde occidental.

Yougoslavie **(République populaire [puis socialiste] fédérative de)** **n. f.** Ancien État européen situé dans le nord-ouest de la péninsule balkanique. À la veille de son démantèlement (1991), la Yougoslavie s'étendait sur 255 000 km^2 et comprenait six républiques : la Bosnie-Herzégovine, la Croatie, la Macédoine, le Monténégro, la Serbie et la Slovénie.

En 1918, la Serbie et le Monténégro, ainsi que les régions austro-hongroises peuplées de Slaves du Sud, formèrent le royaume des Serbes, Croates et Slovènes, dirigé par Pierre Ier Karageorgévitch. Les frontières en furent fixées par les traités de Neuilly-sur-Seine (1919), de Saint-Germain-en-Laye et de Trianon (1920). En 1929, Alexandre Ier (1921-1934) instaura une dictature et donna à l'État le nom de Yougoslavie. Sous la régence du prince Paul, après l'assassinat du roi par des nationalistes croates (1934), une large autonomie fut accordée à la Croatie (1939). Après la signature du pacte tripartite avec l'Allemagne et l'Italie (1941), un putsch militaire porta Pierre II au pouvoir. La Yougoslavie fut alors envahie par l'Allemagne et démembrée. Deux mouvements de résistance se formèrent alors : l'un, royaliste et nationaliste, autour du Serbe Draza Mihajlovic, l'autre, communiste, autour du Croate Tito. Après la victoire de ce dernier aux élections de 1945, la République populaire fédérative de Yougoslavie fut instaurée (1946), regroupant six républiques.

Président du Conseil et ministre de la Défense, Tito fit de la Yougoslavie une démocratie populaire indépendante de Moscou : en 1948, il fut condamné par Staline et le Kominform. Président de la République à partir de 1953, il se rapprocha de nouveau de l'URSS (1955) et se fit le promoteur du non-alignement.

En 1963 fut créée la République socialiste fédérative de Yougoslavie. Les années qui suivirent la mort de Tito (1980) furent marquées par la stagnation économique, par le nationalisme des Albanais du Kosovo, qui réclamaient la transformation de cette province en république, et par le nationalisme serbe. La politique répressive du Serbe Slobodan Milosevic à l'encontre de la population albanaise du Kosovo (1989-1990) provoqua l'opposition des républiques de Croatie et de Slovénie, qui firent sécession et proclamèrent leur indépendance (1991), suivies par la Macédoine (1991) et la Bosnie-Herzégovine (1992). Une guerre meurtrière secoua la Croatie (1991) puis la Bosnie-Herzégovine (1992). La reconnaissance par la communauté internationale de ces indépendances exacerba les affrontements intercommunautaires, les minorités serbes de ces républiques revendiquant leur rattachement à la nouvelle République fédérale de Yougoslavie, créée par la Serbie et le Monténégro en avril 1992.

York

La cathédrale d'York (1220-1472) est un des plus grands édifices gothiques d'Europe du Nord.

Yougoslavie (République fédérale de) **n. f.** Ancien État de l'Europe balkanique formé de la Serbie et du Monténégro. La République fédérale de Yougoslavie fut constituée en avril 1992, après le démantèlement de la République fédérative de Yougoslavie. Impliquée dans la guerre en Bosnie-Herzégovine, elle subit un embargo économique imposé par l'ONU (1992-1993). Sous la présidence de Slobodan Milosevic (1997-2000), une politique d'épuration ethnique fut pratiquée au Kosovo à partir de 1998, provoquant, en 1999, l'intervention militaire de l'Otan (bombardements). Après la victoire de Vojislav Kostunica à l'élection présidentielle (sept. 2000), la République fédérale de Yougoslavie fut admise à l'ONU. En 2003, l'adoption d'une nouvelle Charte constitutionnelle donna naissance à l'Union de Serbie-Monténégro. (Voir Kosovo, Serbie et Monténégro.)

Young (Edward) Poète britannique (1683-1765). Ses méditations mélancoliques influencèrent la génération romantique. *Les Nuits.*

Young (Arthur) Économiste et agronome britannique (1741-1820). Après avoir étudié les conditions de vie de la paysannerie anglaise et irlandaise, il publia *Voyages en*

France, document précieux sur l'état du pays à la veille et au début de la Révolution.

Young (Thomas) Médecin, physicien et philologue britannique (1773-1829). Il étudia les mécanismes de la vision et confirma le caractère ondulatoire de la lumière (expérience des *trous d'Young*). Il contribua également au déchiffrement des hiéroglyphes.

Young (Brigham) Chef religieux américain (1801-1877). Il prit la tête des mormons et fonda la ville de Salt Lake City (1847).

Young (Lester) Saxophoniste de jazz américain (1909-1959). Il fit évoluer le style dédié au saxophone ténor, préfigurant le jazz « cool ».

Young (plan) Plan signé en 1929 afin de fixer les modalités de paiement par l'Allemagne des réparations exigées par le traité de Versailles (1919). Préparé par Owen D. Young (1874-1962), expert financier américain, il réduisait le montant des réparations et en échelonnait le paiement jusqu'en 1988. Entré en vigueur en 1930 en remplacement du plan Dawes, il fut interrompu en 1931.

***youp** interj. (onomatopée) Exprime l'allégresse. – Accompagne un saut, un mouvement vif. → zou. *« Allez du balai !... Youp ! là là ! »* (Céline).

***youpala** n. m. (n. déposé ; → youp) Trotteur (3).

***youpi** interj. (de *youp*, onomatopée, influence de l'anglais des États-Unis *whoopee*) Cri d'enthousiasme, souvent accompagné d'un geste exubérant. *On a gagné, youpi !*

***youpin, ine** n. (déformation argotique de *youdi*, de l'hébreu « juif », par l'arabe) péj. (injure raciste) Juif.

Yourcenar (Marguerite de Crayencour, dite Marguerite) Romancière et essayiste française (1903-1987). Elle est l'autrice de romans philosophiques à arrière-plan historique *(Mémoires d'Hadrien ; L'Œuvre au noir)*, ainsi que de nombreux essais, certains à caractère autobiographique *(Souvenirs pieux)*. Elle fut la première femme à entrer à l'Académie française (1980).

Marguerite Yourcenar en 1980, dans le Maine (États-Unis).

***yourte** ou **iourte** n. f. (russe *iorta*, emprunt à une langue d'Asie centrale) Tente circulaire en feutre des nomades de l'Asie centrale.

Youssoufia Ville du Maroc. 67 630 habitants. Gisement de phosphates.

YouTube Site d'hébergement créé en 2005, permettant aux internautes de mettre en ligne et de regarder des contenus vidéos (clips, tutoriels, bandes-annonces, extraits de films ou d'émissions).

youtubeur, euse n. (de *YouTube*, marque enregistrée) Personne qui publie ses propres vidéos (sketchs, tutoriels...) sur le site YouTube.

1*youyou [juju] n. m. (p.-ê. altération d'un mot chinois) Petit canot, utilisé pour les transports d'un navire à la terre.

2*youyou n. m. (onomatopée) au plur. Cris aigus modulés et interrompus en plaçant et en enlevant la main devant la bouche (au Maghreb, au Sénégal...). *Des youyous de joie.*

***yoyo** n. m. (n. déposé, origine inconnue, p.-ê. chinois) Jeu formé de deux disques reliés par un axe, qu'on fait descendre et monter le long d'un fil. *Des yoyos.* ■ fig. Mouvement alternatif de hausse et de baisse. - var. **yo-yo** n. m. invar.

***yoyoter** v. intr. < 1 > (→ yoyo) fam. Perdre la tête, divaguer. *Il yoyote complètement.* – loc. *Yoyoter de la touffe* : être fou, dérangé. - var. ***yoyotter**.

ypérite n. f. (de *Yper*, n. flamand d'*Ypres*, ville belge) Gaz asphyxiant utilisé comme gaz de combat (d'abord employé par l'armée allemande à Ypres, en 1917).

yponomeute voir **hyponomeute**

ypréau n. m. (du n. de Ypres, ville belge) régional Orme à larges feuilles. – Peuplier blanc. *Des ypréaux.*

Ypres Ville de Belgique (province de Flandre-Occidentale). 34 995 habitants. Beffroi (XIIe s.), hôtel de ville (1620) et palais de justice gothique reconstruit après la Première Guerre mondiale. Industrie textile (depuis le XIIe s.). C'est dans le « saillant d'Ypres » que furent expérimentés les gaz de combat allemands.

Ys ou **Is** Cité légendaire bretonne qui aurait été submergée par les flots au IVe ou au Ve siècle.

Ysaye [izai] **(Eugène Auguste)** Violoniste, chef d'orchestre et compositeur belge (1858-1931). Il fut l'un des plus grands virtuoses de son temps. Il fonda en 1892 le quatuor qui porte son nom. *Concertos et sonates pour violon.*

Ysengrin ou **Isengrin** Nom du loup dans la littérature médiévale. Il apparaît dans l'*Ysengrimus* de Nivard de Gand (1148) et dans le *Roman de Renart* (vers 1170-1250). Symbole de la force brutale, il est victime de sa gloutonnerie et se fait ridiculiser par son neveu, le rusé Renart le goupil.

Yser n. m. Fleuve côtier franco-belge. 78 km. Né dans le département du Nord, il se jette dans la mer du Nord. Ses abords furent le théâtre d'une importante bataille en 1914.

ysopet ou **isopet** n. m. (du n. du fabuliste grec Ésope) hist. littér. Recueil de fables du Moyen Âge. *Les ysopets de Marie de France.*

Yssingeaux Chef-lieu d'arrondissement de la Haute-Loire. 7 320 habitants. Marché agricole ; industries diversifiées.

Yssyk-Köl ou **Issyk-Köl** Lac du Kirghizstan. 6 230 km².

ytterbine n. f. chim. Oxyde d'ytterbium.

ytterbium [itɛʀbjɔm] n. m. (du n. de Ytterby, village de Suède) chim. Corps simple (symb. Yb, n° at. 70, masse at. 173,04), métal blanc du groupe des lanthanides.

yttria n. m. (du latin sc. « terre d'Ytterby » [→ ytterbium]) chim. Oxyde naturel d'yttrium.

yttrialite n. f. minér. Silicate naturel d'yttrium, de thorium.

yttrifère adj. minér. Qui contient de l'yttrium. *Une roche yttrifère.*

yttrique adj. chim. Se dit de composés de l'yttrium.

yttrium [itʀijɔm] n. m. (→ yttria) chim. Corps simple (symb. Y, n° at. 39, masse at. 88,90), métal gris proche des lanthanides.

Yu le Grand Empereur chinois légendaire, fondateur de la dynastie Xia. On lui attribue l'invention des techniques d'irrigation.

yuan [jyan] n. m. (mot chinois → yen) Unité monétaire chinoise.

Yuan Dynastie mongole qui régna sur la Chine de 1280 à 1368.

Yuanmingyuan Résidence d'été des empereurs de Chine située à huit kilomètres au N.-O. de Pékin. Elle fut pillée puis détruite par le corps expéditionnaire franco-britannique lors des guerres de l'Opium (1860).

Yuan Shikai ou **Yuan Che-k'ai** Homme d'État chinois (1859-1916). Généralissime des armées chinoises, il fut président de la République de 1912 à sa mort.

Yucatán n. m. Vaste péninsule du Mexique, dans le S.-E. du pays, séparant le golfe du Mexique de la mer des Antilles. Elle s'étend sur le Belize et le N. du Guatemala. Vestiges de la civilisation maya. Tourisme.

Yucatán (État du) État du S.-E. du Mexique, sur la péninsule du même nom. 62 208 km². 1,96 million d'habitants. Capitale : Mérida. Sites archéologiques.

***yucca** [juka] n. m. (mot amérindien caraïbe [taïno]) Plante originaire d'Amérique, arborescente, à feuillage abondant.

Yueyang Ville de Chine (Hunan), au bord du lac Dongting. 845 100 habitants.

Yuhuang ou **Yu houang** Divinité suprême du panthéon taoïste.

Yukawa Hideki Physicien japonais (1907-1981). Il postula en 1935 l'existence du méson. Prix Nobel 1949.

Yukon n. m. Fleuve du Canada et des États-Unis. 3 190 km. Il traverse le Yukon puis l'Alaska et se jette dans la mer de Béring.

Yukon n. m. Territoire du N.-O. du Canada. 482 443 km². 35 874 habitants. Capitale : Whitehorse. Relief montagneux culminant au mont Logan (5 959 m). Climat arctique. Ressources minières.

Yumen ou **Yu-men** Ville de Chine (Gansu). 122 270 habitants. Vestiges de la Grande Muraille.

Yungang ou **Yun-kang** Ensemble de 53 grottes bouddhiques de Chine (Shanxi), creusées pour la plupart entre 453 et 495.

yourte

La yourte mongole, composée d'une pièce unique (de 10 à 100 m²), est démontable et transportable.

Yunnan

Yunnan, rizières en eau dans le sud de la province.

Yunnan **n. m.** Province du S.-O. de la Chine. 394 000 km². 42 362 000 habitants. Capitale : Kunming. « Grenier à grains » de la Chine (céréales, oléagineux). Cultures tropicales. Pétrole.

Yun Shouping ou **Yun Cheou-p'ing** Peintre et poète chinois (1633-1690). Il excella dans les peintures de fleurs et d'oiseaux.

Yunus (Muhammad) Économiste bangladais (né en 1940). Surnommé « le banquier des pauvres », il a développé le système du microcrédit en créant la Grameen Bank. Prix Nobel de la paix 2006.

Yunus Emre Poète mystique turc (v. 1238-v. 1321). Auteur d'œuvres illustrant une philosophie panthéiste, il inspire encore la poésie turque contemporaine.

Yupanqui (Hector Roberto Chavero, dit Atahualpa) Chanteur, guitariste et écrivain argentin (1908-1992). Inspirées du folklore des populations sud-américaines, ses chansons défendent la cause des opprimés, indiens et paysans.

***yuppie** [jupi] **n. (de l'anglais des États-Unis, sigle de *young urban professional*, par opposition à *hippie*) anglic.** Jeune cadre ambitieux et sans scrupules.

Yushan **n. m.** Point culminant de l'île de Taiwan. 3 950 m. Il est appelé mont Morrison par les Occidentaux.

Yuste (monastère de) Monastère d'Espagne (Estrémadure), où Charles Quint se retira et mourut.

Yutz Commune de la Moselle, banlieue E. de Thionville. 17 304 habitants. Métallurgie.

***yuzu** [juzu] **n. m. (mot japonais)** Agrume très parfumé, originaire de l'est de l'Asie, également appelé *citron du Japon. Des yuzus.*

Yvain (Maurice) Compositeur français (1891-1965). Il rénova l'opérette en s'inspirant du jazz *(Pas sur la bouche)*, et écrivit des chansons pour Mistinguett *(Mon homme)*.

Yvelines **n. f. pl.** [78] Département français de la Région Île-de-France (→ carte). 2 284 km². 1 449 723 habitants. Chef-lieu : Versailles. Chefs-lieux d'arrondissement : Mantes-la-Jolie, Rambouillet, Saint-Germain-en-Laye. Situé dans le Bassin parisien, le département, traversé par les vallées de la Seine et de l'Yvette, appartient à la Grande Couronne parisienne. Ancien domaine de chasse des rois de France. Nombreuses forêts (Saint-Germain-en-Laye, Marly, Rambouillet). Taux d'urbanisation très élevé. Grande culture, à l'O. Industries dans la vallée de la Seine (automobile, agroalimentaire, constructions électriques et mécaniques, aéronautique, armement). Activités tertiaires. Sites historiques (châteaux de Versailles, de Rambouillet, de Saint-Germain, de Dampierre).

Yverdon-les-Bains Ville de Suisse (canton de Vaud), station thermale à l'extrémité S. du lac de Neuchâtel. 29 977 habitants. Le premier parc technologique de la Suisse (Y-Parc) y a été inauguré en 1986.

Yves (saint) Prêtre breton (1253-1303). Il soutint la cause des déshérités et fut surnommé « l'avocat des pauvres ».

Yves de Chartres (saint) Religieux français (1040-1115). Évêque de Chartres, il s'éleva contre l'adultère de Philippe Ier, qui le fit emprisonner.

Yvetot Commune de la Seine-Maritime, près de Rouen. 11 280 habitants. Fief indépendant au Moyen Âge, la capitale du pays de Caux fut une principauté jusqu'en 1789.

Yvré-l'Évêque Commune de la Sarthe. 4 241 habitants. Ruine de l'abbaye cistercienne de l'Épau.

Yzeure Commune de l'Allier, banlieue E. de Moulins. 12 701 habitants. Église romane (crypte des IXe et Xe s.).

Z

z [zɛd] **n. m. invar. 1.** Vingt-sixième et dernière lettre, vingtième consonne de l'alphabet. **– loc.** *De A* à Z.* ▪ La forme de la lettre. *Zorro signait d'un Z tracé à la pointe de l'épée.* **2.** math. $\mathbb{Z}$: l'ensemble des nombres entiers relatifs.

Zaanstad Ville des Pays-Bas (Hollande-Septentrionale), dans la banlieue d'Amsterdam. 157 100 habitants. Musée des moulins. Industrie du bois.

Zab (monts du) ou **Ziban (monts des)** Montagnes de l'Algérie méridionale (1 313 m au djebel Mimouna). Palmeraie.

Zab n. m. Nom de deux rivières de l'Irak (Kurdistan), affluents du Tigre : le Grand Zab (430 km) et le Petit Zab (368 km).

Zabaleta (Nicanor) Harpiste espagnol (1907-1993). Virtuose, il interpréta des œuvres anciennes et fut le dédicataire de nombreuses pièces contemporaines.

Zabłocki (Franciszek) Auteur dramatique polonais (1750-1821). Il composa de nombreuses œuvres dramatiques *(Le Petit-Maître en coquetteries)*, adaptées des œuvres de Molière, Beaumarchais et Corneille.

zabre n. m. (latin sc. *zabrus,* d'origine inconnue) zool. Insecte coléoptère, parasite des céréales.

Zabrze Ville de Pologne (Silésie). 190 110 habitants. Industries minière, chimique et sidérurgique.

ZAC [zak] **n. f. (sigle)** Zone d'aménagement concerté.

Zacatecas (État de) État du centre du Mexique. 73 252 km². 1,5 million d'habitants. Importantes ressources minières.

Zacatecas Ville du Mexique, capitale de l'État du même nom. 129 000 habitants. Cathédrale (XVIIIe s.). Palais. Ancienne cité minière.

Zacconi (Ludovico) Compositeur et théoricien autrichien (1555-1627). Il est l'auteur de compositions pour orgue, de musique vocale et d'ouvrages théoriques sur le contrepoint.

Zach (Nathan) Poète israélien (1930-2020). Son œuvre a marqué une rupture avec la poésie nationaliste *(Continent perdu)*.

Zacharie Personnage biblique (fin VIe s. av. J.-C.). Prêtre et prophète, il incita les Juifs à reconstruire le Temple au retour de l'Exil.

Zacharie (saint) Prêtre juif, époux d'Élisabeth et père de Jean-Baptiste.

Zacharie (saint) Pape de 741 à 752. Il reconnut Pépin le Bref comme roi (751).

ZAD [zad] **n. f. (sigle de *zone d'aménagement différé*)** Zone dont l'aménagement est prévu pour une époque ultérieure.

Zadar Ville de Croatie, sur la côte adriatique. 67 300 habitants. Ruines romaines. Musée archéologique. Port de pêche et de commerce. Industrie alimentaire.

Zadek (Peter) Metteur en scène allemand (1926-2009). Ses mises en scène provocantes de Shakespeare le rendirent célèbre *(Hamlet ; Le Marchand de Venise)*.

Zadkine (Ossip) Sculpteur et graveur français d'origine russe (1890-1967). Parti de l'esthétique cubiste, il évolua vers un style lyrique expressionniste *(Monument pour une ville détruite)*. Son atelier à Paris est devenu le musée Zadkine.

Ossip Zadkine vers 1950.

Zaffarines, Zafarines ou **Chaffarines (îles)** Petit archipel espagnol, proche de la côte méditerranéenne du Maroc.

Zagazig Ville d'Égypte (Basse-Égypte), au N.-E. du Caire. 430 400 habitants. Elle est l'une des principales villes du delta du Nil. Nœud ferroviaire. Centre commercial et industriel.

Zaghlūl Pacha (Sa'd) Homme d'État égyptien (1860-1927). Fondateur du parti nationaliste Wafd, il fut Premier ministre en 1924.

Zagreb Capitale de la Croatie, sur la Save. 663 500 habitants (agglomération : 1 100 000). Palais royal du XIVe s. Musées. Important centre industriel, commercial et culturel.

Zagros n. m. Chaîne de montagnes du Proche-Orient (4 548 m au Zard Kuh), séparant le plateau iranien de la plaine mésopotamienne. Gisements de pétrole. Agriculture. Élevage.

Zahedan Ville d'Iran, dans le Baloutchistan. 587 500 habitants. Centre administratif et commercial. Carrefour routier et ferroviaire.

Zāhêr Chāh (1914-2007). Dernier roi d'Afghanistan (1933-1973). Il fut renversé par un coup d'État.

Zahlé Ville du Liban, dans la plaine de la Bekaa. 150 000 habitants. Vignoble. Station estivale.

Zahradníček (Jan) Poète tchèque (1905-1960). Catholique fervent, il vit dans la foi le salut de son pays épuisé par la guerre. *Retour ; Saint Wenceslas.*

Zähringen Famille princière de l'Allemagne du Sud (VIIe-XIIIe s.). Recteurs de Bourgogne, les ducs de Zähringen étendirent leur domination sur une partie de la Suisse où ils fondèrent plusieurs villes, dont Fribourg (1157) et Berne (1191).

Zaïmis (Alexandros) Homme d'État grec (1855-1936). Il fut six fois Premier ministre de 1897 à 1928, puis président de la République de 1929 à 1935.

zain adj. m. (italien et espagnol *zaino,* d'origine arabe) didact. Se dit d'un cheval dont la robe, toute d'une couleur, n'a aucun poil blanc. **– par analogie** *Chien zain.*

Zaïre n. m. Fleuve d'Afrique équatoriale. → **Congo**

Zaïre voir **Congo (République démocratique du)**

Zaïtsev (Boris Konstantinovitch) Écrivain russe (1881-1972). Il exposa dans son œuvre les interrogations de l'homme face à sa destinée terrestre et spirituelle *(Un voyage étrange ; Le Silence)*.

Zakopane Ville de Pologne (voïvodie de Cracovie), dans les Tatras. 27 200 habitants. Musées. Principale station de sports d'hiver du pays.

zakouski n. m. (du russe, plur. de *zakouska* « collation », de *za-* « pour, à » et *koucit* « goûter ») Hors-d'œuvre à la russe. *Des zakouskis* ou *des zakouski* (invar.).

Zalaegerszeg Ville de Hongrie, sur la Zala. 57 300 habitants. Industries textile et chimique.

Zambie

Zaleski **(Józef Bogdan)** Poète polonais (1802-1886). Exilé en France, il composa des ballades romantiques *(Poésies)* ainsi qu'un long poème épique *(L'Esprit des steppes)*.

Zama **(bataille de)** Victoire remportée en 202 av. J.-C. à Zama (Numidie) par Scipion l'Africain sur Hannibal. Elle mit fin à la deuxième guerre punique.

zamak **n. m. (n. déposé)** Alliage de zinc, d'aluminium et de magnésium, employé pour la construction mécanique.

Zambelli **(Carlotta)** Danseuse italienne (1877-1968). Danseuse étoile à l'Opéra de Paris (1901), elle fut une prestigieuse interprète du ballet romantique *(Giselle ; Coppelia)*.

Zambèze **n. m.** Fleuve d'Afrique australe, tributaire de l'océan Indien par un delta. 2 740 km. Il prend sa source au N.-O. de la Zambie. Son cours est marqué par les chutes Victoria, le lac artificiel de Kariba et le canal de Mozambique (3 000 m^3/s). Importants barrages hydroélectriques.

Zambie

n. f. ■ **anciennement Rhodésie du Nord, offic. république de Zambie** Pays enclavé d'Afrique australe. 752 614 km^2. 17 094 000 habitants (les *Zambiens*). **Langues :** anglais (offic.), souahéli et des langues bantoues. **Population :** Bantous. **Religions :** chrétiens (97 %), musulmans, animistes. **Monnaie :** kwacha. **Capitale :** Lusaka. **Régime :** présidentiel. La Zambie est divisée en 10 provinces.

GÉOGRAPHIE

La Zambie est formée de plateaux couverts de savanes et traversés par le Zambèze et ses affluents. Elle est bordée au nord par les lacs Tanganyika et Mweru et au sud par le lac artificiel de Kariba situé sur le Zambèze, en aval des chutes Victoria. Le climat tropical est tempéré par l'altitude.

ÉCONOMIE

Près du quart de la population est touché par le sida. La Zambie est classée parmi les pays les moins avancés. Les cultures vivrières (maïs, sorgo, manioc) ne suffisent pas à nourrir la population. Les cultures industrielles sont la canne à sucre, l'arachide, le coton et le tabac. L'élevage des bovins est pratiqué sur les hauts plateaux et la pêche dans les lacs. Le pays tire sa richesse de ressources minières : cuivre (qui fait l'objet d'investissements chinois), cobalt, zinc, plomb. Il s'ouvre au tourisme depuis les années 1990.

HISTOIRE

La Zambie est riche en vestiges préhistoriques : le crâne de l'« homme de Rhodésie », découvert en 1921 au nord de Lusaka, remonte à plus de 110 000 ans. Des outillages de pierre associés au Sangoen (–40 000 ans) ont été mis au jour le long des cours d'eau. Les Bochimans laissent des peintures rupestres et les Bantous apportent la métallurgie, l'agriculture, l'élevage au début de l'ère chrétienne. L'exploitation du métal et sa commercialisation donnent naissance à de grands empires au XVIIe siècle. Les Portugais (XVIIIe siècle) et les Zoulous (1835) s'installent dans la région. Livingstone explore la vallée du Zambèze, et le territoire devient la Rhodésie du Nord (1911). Les Britanniques en font une colonie en 1925. Elle proclame son indépendance dans le cadre du Commonwealth et prend le nom de Zambie (1964). Le régime autoritaire subit une grave crise économique et des problèmes politiques des pays voisins. Il se libéralise en 1990. En 2000, la réforme agraire, qui vise à exproprier les terres de la minorité blanche pour les attribuer en priorité aux partisans du pouvoir, s'effectue dans un climat de violence politique. Elle entraîne la chute des deux tiers de la production alimentaire. Dès son élection en 2011, le président Sata fait annoncer un doublement des royalties sur les compagnies minières pour financer les dépenses d'éducation et de santé. Décédé en 2014, il est remplacé en 2015 par le ministre de la Défense et de la Justice, Edgar Lungu. Le libéral, et opposant historique, Hakainde Hichilema remporte la présidentielle en 2021.

Zamboanga Ville portuaire des Philippines (Western Mindanao). 695 000 habitants. Bois, latex. Pêche. Tourisme.

Zamenhof **(Lejzer Ludwik)** Médecin et linguiste polonais (1859-1917). Il est le créateur de l'espéranto (1887).

Zamiatine **(Ievgueni Ivanovitch)** Conteur et romancier russe (1884-1937). Il défendit dans ses nouvelles la liberté de l'homme et de l'artiste. *Les Insulaires ; Nous autres.*

zamier **n. m. (déformation du latin *azaniae [nuces]* « [noix] desséchées », du grec *azanein*)** bot. Arbre des régions équatoriales, voisin du cycas, dont la moelle fournit le sagou.

Zamora Ville d'Espagne (Castille-et-León). 60 900 habitants. Monuments médiévaux (remparts, maison du Cid, cathédrale). Musées. Industrie textile. Vignoble.

Zamość Ville de Pologne orientale (voïvodie de Lublin). 70 000 habitants. Monuments historiques. Église du XVIe s.

Zamoyski **(Jan)** Homme politique polonais (1542-1605). Humaniste et grand érudit, il joua un rôle politique important en Europe auprès d'Étienne Ier Báthory et de Sigismond III Vasa.

zancle **n. m. (du latin sc., du grec *zagklon* « faucille »)** zool. Poisson des mers océaniennes, au tronc extrêmement aplati, communément appelé *tranchoir*.

Zandjan Ville d'Iran. 349 720 habitants. Vestiges mongols du XIVe s. à proximité.

Zandjan, le mausolée du mollah Hassan Kashi.

Zandonai **(Riccardo)** Compositeur italien (1883-1944). Il est l'auteur d'une dizaine d'opéras *(Francesca da Rimini)*, de poèmes symphoniques et d'œuvres de musique sacrée.

Zandvoort Ville des Pays-Bas (Hollande-Septentrionale), sur la mer du Nord. 17 100 habitants. Station balnéaire. Circuit automobile.

Zangwill **(Israel)** Écrivain britannique (1864-1926). Animateur du mouvement sioniste, il exposa dans ses écrits les mœurs juives de son époque. *Tragédies du ghetto ; Le Creuset.*

zani ou **zanni** [(d)zani] **n. m. (du n. vénitien correspondant à l'italien *Giovanni*)** hist. du théâtre Bouffon des comédies vénitiennes.

Zankī **(ʿImād al-Dīn)** Émir seldjoukide (mort en 1146). Gouverneur de Mossoul (1127), il fonda la dynastie des Atabeks. Il reprit aux croisés la forteresse d'Édesse, déclenchant la deuxième croisade.

Zante ou **Zákynthos** Île grecque des îles Ioniennes. 400 km^2. Elle forme le district régional de Zante (39 000 habitants) dont la ville de Zante (20 000 habitants) est le chef-lieu.

zanzi **n. m. (abrév. de *Zanzibar*)** Jeu de dés, qui se joue ordinairement à trois dés.

Zanzibar État semi-autonome de l'océan Indien uni à la Tanzanie. 2 634 km^2. 1 625 000 habitants. Capitale : Zanzibar (501 000 habitants). L'archipel de Zanzibar (îles de Unguja ou Zanzibar, Pemba et Mafia) s'unit au Tanganyika en avril 1964 pour former la République unie de Tanzanie. Production d'épices (girofle, poivre) et de coprah. Tourisme. Ce fut, au Moyen Âge, le centre du commerce, pratiqué par les Swahili, dans l'est de l'océan Indien.

Zanzotto (Andrea) Poète italien (1921-2011). Il est l'auteur de l'une des œuvres les plus novatrices de la poésie italienne contemporaine. *La Beauté ; Le Galaté au bois.*

zaouïa n. f. (de l'arabe) Établissement religieux sous l'autorité d'une confrérie musulmane, spécialement affecté à l'enseignement.

Zao Wou-ki Peintre français d'origine chinoise (1921-2013). Il est l'auteur d'œuvres abstraites raffinées, influencées à la fois par la tradition picturale chinoise et par la peinture occidentale moderne. *Piazza ; Incendie.*

Zao Wou-ki, panneau central de *Triptyque 87/88.*

Zapata (Emiliano) Révolutionnaire mexicain (1879-1919). Paysan, il entraîna les péons du sud du Mexique dans une révolte armée contre les grands planteurs (1911). Il essaya d'engager une réforme agraire, mais fut assassiné.

zapatéado n. m. (de l'espagnol, de *zapato* « soulier ») Danse espagnole sur un rythme à trois temps, scandée par des martèlements de pied.

Zapatero (José Luis Rodríguez) Homme d'État espagnol (né en 1960). Secrétaire général du Parti socialiste ouvrier espagnol (2000-2012), il fut Premier ministre de 2004 à 2011.

José Luis Zapatero en 2008, après le sommet franco-espagnol à Paris.

Zapolska (Gabriela Korwin-Piotrowska, dite Gabriela) Écrivaine polonaise (1860-1921). Elle est l'autrice de romans naturalistes *(Parvis d'enfer)* et de pièces de théâtre critiquant l'hypocrisie bourgeoise *(La Morale de Mme Dulska).*

Zaporijjia Ville d'Ukraine, sur le Dniepr. 799 350 habitants. Grand centre industriel et métallurgique. Construction mécanique. Centrale nucléaire la plus grande d'Europe. Le contrôle de la centrale a été un enjeu majeur pour la Russie pendant la guerre de 2022-2023.

Zapotèques n. m. pl. Peuple de l'ancien Mexique, établi dans la région d'Oaxaca à partir du Xe s. av. J.-C. Leur culture atteignit son apogée entre le Ier et le VIIe s. apr. J.-C.

Urne funéraire zapotèque, *La Femme au casque de jaguar*, Musée archéologique, Monte Albán (Mexique).

Zappa (Frank) Chanteur, compositeur et guitariste américain (1940-1993). Auteur d'une soixantaine d'albums, notamment de rock, il se rendit célèbre par la diversité de son talent et son jeu scénique provocateur.

zapper v. intr. < 1 > (anglais des États-Unis *to zap* « flinguer », onomatopée du bruit de la balle de fusil) 1. Passer fréquemment d'un programme de télévision à un autre au moyen de la télécommande. **–** trans. *Zapper la publicité.* **2.** fig. et fam. Passer rapidement d'une chose à l'autre. ■ trans. *Zapper le petit-déjeuner.* ➔ **sauter.** – par ext. Oublier. *Zapper un rendez-vous.* □ **n. zappeur, euse**

zappette n. f. fam. Télécommande (d'un téléviseur).

zapping [zapiŋ] **n. m. (anglais des États-Unis *to zap*)** anglic. Action de zapper.

Zarathoustra ou **Zoroastre** Prophète et réformateur religieux iranien (v. le VIIIe ou VIIe s. av. J.-C.). Sa réforme repose sur une théologie qui oppose le dieu du Bien (Ahura Mazda) au dieu du Mal (Ahriman). Sa doctrine est appelée zoroastrisme ou mazdéisme. Nietzsche a donné son nom au porte-parole de sa philosophie dans *Ainsi parlait Zarathoustra.*

zarbi ou **zarb adj. (verlan de *bizarre*)** fam. Bizarre, étrange. ➔ **chelou.**

Zaria Ville du Nigeria (État de Kaduna). 980 000 habitants. Centre commercial (arachide, tabac, coton).

Zarlino (Gioseffo) Théoricien et compositeur italien (1517-1590). Il fut l'un des premiers à étudier le système harmonique comme rapport arithmétique de fréquence entre sons voisins. *Istitutioni harmoniche.*

Zarqa Ville de Jordanie, au N.-E. d'Amman. 395 000 habitants. Raffinerie de pétrole.

Zarqālī (al-), dit **Arzachel** Astronome et mathématicien arabe (v. 1029-1087). Il fut le principal auteur des Tables Tolédanes qui déterminèrent l'année solaire.

zarzuela [sarzwela] **n. f. (mot espagnol)** Petit drame lyrique espagnol où la déclamation alterne avec le chant. - var. RO **zarzuéla.**

Zátopek (Emil) Athlète tchécoslovaque (1922-2000). Il fut plusieurs fois champion du monde et champion olympique de course à pied (1950-1956).

Zavatta (Achille) Artiste français (1915-1993). Il fut l'un des plus célèbres clowns du cirque français.

Achille Zavatta en 1982.

Zaventem Commune de Belgique (province du Brabant flamand). 34 782 habitants. Église du XVIe s. Châteaux. Hippodrome. Industries. Aéroport de Bruxelles.

Zay (Jean) Homme politique français (1904-1944). Il fut député radical-socialiste (1932-1940) et ministre de l'Éducation nationale (1936-1939). Arrêté en 1940, il fut assassiné par des miliciens. Ses cendres ont été transférées au Panthéon en 2015.

Zaydān (Jurjī) Écrivain libanais (1861-1914). Il est l'auteur de nombreux romans historiques. *Histoire de la civilisation islamique.*

zaydite adj. et n. relig. Relatif à une branche du chiisme, implantée au Yémen, qui ne reconnaît que les quatre premiers imams descendant d'Ali.

zazou n. (onomatopée) hist. (1941-1950 environ) Jeune qui se signalait par sa passion pour le jazz et son élégance tapageuse. **– adj.** *Des tenues zazoues.*

Zeami Motokiyo Auteur et théoricien du théâtre japonais (1363-1443). Il fonda le nō, dont il composa les plus célèbres pièces et rédigea les principes. *Le Livre de la voie qui mène à la fleur.*

zèbre n. m. (espagnol *zebra*, du portugais *cebra*, désignant un équidé de la péninsule ibérique) 1. Équidé d'Afrique, voisin de l'âne, à la robe rayée de bandes noires ou brunes, au galop très rapide. **–** loc. *Courir, filer comme un zèbre,* très vite. **2.** fig., fam. Individu bizarre. *Un drôle de zèbre.*

zébrer v. tr. < 6 > Marquer de raies qui rappellent celles de la robe du zèbre. ➔ **rayer.** **–** au p. p. *Une robe zébrée. « Une allée zébrée d'ombre et de lumière »* (Baudelaire).

zébrure n. f. 1. Rayure sur le pelage d'un animal. **2.** Marque de coup de forme allongée.

zébu n. m. (p.-ê. du tibétain « bosse [d'un gros mammifère] ») Grand bœuf domestique, caractérisé par une bosse graisseuse sur le garrot.

Zédé (Gustave) Ingénieur naval français (1825-1891). Il réalisa les plans du premier sous-marin opérationnel français, le *Gymnote* (1887).

Zedelgem Commune de Belgique (province de Flandre-Occidentale). 25 852 habitants. Église gothique. Construction métallique. Industrie alimentaire.

zée n. m. (du latin, du grec *zaios*) zool. Saint-pierre (poisson).

Zeeman (Pieter) Physicien néerlandais (1865-1943). Il découvrit la décomposition des raies spectrales émises par les atomes sous l'action d'un champ magnétique *(effet Zeeman).* Prix Nobel 1902.

Zeist Ville des Pays-Bas (province d'Utrecht). 65 990 habitants. Château du XVIIe s. Industries métallurgique, chimique et alimentaire.

Zélande **n. f.** Province du S.-O. des Pays-Bas. 1 791 km². 386 760 habitants. Chef-lieu : Middelburg. D'un niveau souvent inférieur à celui de la mer, la Zélande est protégée par plus de 400 km de digues. Agriculture. Élevage. Pêche. Ostréiculture. Industries. Tourisme.

zélateur, trice **n.** **(bas latin *zelator,* de *zelare,* de *zelus* → zèle)** littér. Partisan ou défenseur zélé (d'une cause, d'une personne). → **adepte.**

Zele Commune de Belgique (province de Flandre-Orientale). 21 338 habitants. Église baroque de 1699. Industrie textile.

zèle **n. m.** **(latin *zelus* « jaloux », du grec *zêlos* « émulation ; ferveur », de *zêtein* « chercher »)** **1.** vieux Ferveur religieuse active. **2.** Ardeur à servir une personne ou une cause à laquelle on est dévoué. → **dévouement, empressement.** *Travailler avec zèle.* ■ loc. *Faire du zèle :* montrer un zèle inhabituel ou hypocrite, exagéré. – *Grève du zèle :* application méticuleuse de toutes les consignes de travail, en vue de bloquer l'activité.

zélé, ée **adj.** Plein de zèle. *Un secrétaire zélé.* → **dévoué.**

Żeleński (Tadeusz), dit Boy Écrivain polonais (1874-1941). Il traduisit de nombreuses œuvres de littérature française et composa des ouvrages critiques. *En Sorbonne et ailleurs.*

Zelensky (Volodymyr) Homme d'État ukrainien (né en 1978). D'abord comédien et humoriste, rompant avec la classe politique postsoviétique, il remporta la présidentielle de 2019 alors qu'une partie du pays était contrôlée par des séparatistes pro-russes. Il se révéla un véritable chef de guerre lors de l'invasion militaire russe lancée en février 2022.

Zeller (Eduard) Philosophe allemand (1814-1908). Historien de la philosophie, il est surtout connu par son ouvrage *La Philosophie des Grecs dans son développement historique.*

Zeller (Florian) Dramaturge et écrivain français (né en 1979). Romancier reconnu *(La Fascination du pire),* il écrit également des comédies à la problématique et aux rebondissements hérités d'un théâtre classique bourgeois *(Le Mensonge)* et des pièces dramatiques *(La Mère ; Le Père* qu'il a adapté au cinéma sous le titre *The Father).*

zellige **n. m.** **(de l'arabe maghrébin)** arts Au Maroc, Petit morceau de céramique émaillée, pour l'ornementation.

Zelliges sur la façade d'un palais à Fès (Maroc).

zélote **n. m.** **(du bas latin, du grec *zêlôtês,* de *zêloun* « rechercher ardemment », de *zêlos* → zèle)** littér. Personne animée d'un zèle fanatique.

Zelter (Karl Friedrich) Compositeur, chef d'orchestre et pédagogue allemand (1758-1832). Il créa et dirigea l'Institut royal de musique d'église de Berlin.

Zelzate Commune de Belgique (province de Flandre-Orientale). 12 899 habitants. Industrie chimique.

Zemlinsky (Alexander von) Compositeur et chef d'orchestre autrichien (1872-1942). Il fut le maître de Schoenberg et l'auteur d'une symphonie, de lieder, d'œuvres de musique de chambre et d'opéras. *Une tragédie florentine.*

Zemst Commune de Belgique (province du Brabant flamand). 23 260 habitants.

zen [zɛn] **(mot japonais, adaptation du chinois *ch'an* « qui étudie », adaptation du sanskrit *dhyana* « méditation »)** **I.** **n. m.** Secte bouddhique du Japon où la méditation prend la première place. – Courant esthétique qui en est issu, caractérisé par le dépouillement. – **adj. invar.** *Le bouddhisme zen. Des jardins zen.* **II.** **adj. invar.** fig. et fam. Calme, serein. → **cool.** *Être, rester zen.*

zénana **n. m.** **(mot hindi, d'origine persane)** **1.** Appartement des femmes, chez les musulmans de l'Inde. **2.** Étoffe cloquée employée pour les vêtements d'intérieur.

Zenica Ville de Bosnie-Herzégovine. 73 700 habitants. Centre sidérurgique.

zénith **n. m.** **(altération de *zemt,* arabe *samt* « chemin » dans *samt ra's* « chemin au-dessus de la tête » → azimut)** **1.** Point du ciel situé à la verticale de l'observateur, vers le haut (opposé à *nadir*). *Regarder au zénith.* **2.** littér. Point culminant. → **apogée, sommet.** *Être à son zénith. Le zénith de la réussite.* □ **adj. zénithal, ale, aux**

Zénobie (morte apr. 272). Reine de Palmyre (v. 266-272). Veuve d'Odenath, elle conquit l'Égypte et l'Asie Mineure, et porta Palmyre à son apogée.

Zénon (v. 426-491). Empereur d'Orient (474-491). Il incita les Ostrogoths à reconquérir l'Italie pour y rétablir son influence.

Zénon de Citium ou **Kition** Philosophe grec (v. 335-264 av. J.-C.). Fondateur de l'école stoïcienne, il fit de la division de la philosophie en logique, physique et éthique un des traits du système stoïcien et introduisit le concept « d'action convenable » ou « d'action conforme à la nature », préfiguration antique du concept moderne de devoir.

Zénon d'Élée Philosophe grec (v. 490-v. 430 av. J.-C.). Disciple de Parménide, il essaya de montrer l'impossibilité du mouvement et de la pluralité. Aristote le tient pour l'inventeur de la dialectique.

zéolithe ou **zéolite** **n. f.** **(du grec *zein* « bouillonner » et de *-lit[h]e*)** minér. Silicate naturel hydraté dont les gisements se rencontrent surtout dans les cavités des laves basiques.

ZEP [zɛp] **n. f. invar.** **(sigle)** anciennt Zone d'éducation prioritaire, où l'action éducative est renforcée afin de lutter contre l'échec scolaire. → **REP.**

Zep (Philippe Chappuis, dit) Dessinateur et scénariste suisse de bandes dessinées (né en 1967). Créateur du personnage de Titeuf qui lui permet d'évoquer avec humour les préoccupations des enfants (y compris l'amour et le sexe : *Guide du zizi sexuel,* avec Hélène Bruller) et d'aborder des thèmes d'actualité, il a contribué au renouvellement de la bande dessinée destinée à la jeunesse.

Zep en 2009 dans son atelier.

zéphyr **n. m.** **(du latin, grec *zephuros* « vent d'ouest », souvent personnifié)** **I.** poét. Vent doux et agréable, brise légère. *« Tout vous est aquilon, tout me semble zéphyr »* (La Fontaine). **II.** Toile de coton fine et souple. □ **adj. zéphyrien, ienne**

zeppelin **n. m.** **(du n. du comte *von Zeppelin*)** hist. Grand dirigeable rigide à carcasse métallique.

Zeppelin (Ferdinand, comte von) Industriel allemand (1838-1917). Il se consacra à la construction de dirigeables rigides.

Zeravchan **n. m.** Vallée de l'Ouzbékistan et du Tadjikistan. Arrosée par le fleuve du même nom (877 km), elle est l'une des plus anciennes et importantes régions agricoles de l'Asie centrale. Villes principales : Boukhara, Samarkand.

Zermatt Commune de Suisse (Valais). 5 714 habitants. Grand centre d'alpinisme (1620-3407 m). Station de sports d'hiver.

Zermelo (Ernst) Mathématicien allemand (1871-1953). Il est l'auteur de la première formalisation de la théorie des ensembles.

zeppelin

Le zeppelin *Hindenburg* en 1936, au-dessus de New York.

Zernike **(Frederik)** Physicien néerlandais (1888-1966). Il inventa la technique de « contraste de phase » en microscopie optique (1938). Prix Nobel 1953.

zéro **n. m. (italien *zero*, contraction de *zefiro*, de l'arabe *sifr* « vide » → chiffre)** **1.** Chiffre arabe (0) notant les ordres d'unités absentes. **2.** Nombre qui représente un ensemble vide. **3.** fam. Néant, rien. *Réduire qqch. à zéro.* – loc. *Avoir le moral à zéro*, être déprimé. *Repartir de zéro, à zéro*, recommencer après avoir échoué. ■ Chose ou personne insignifiante, nulle. *Un zéro*, un homme sans valeur. → **nullité. 4.** (en fonction d'adj. numéral cardinal) Aucun. *Elle a fait zéro faute à sa dictée.* **5.** Point de départ d'une mesure ou d'une évaluation. *Zéro degré. Dix degrés au-dessus, au-dessous de zéro. Le zéro absolu.* – adj. numéral *Zéro heure* : minuit. **6.** Note la plus basse. → ^{2}**bulle.** *Zéro de conduite.* **7.** appos. invar. *Le point zéro. « Le Degré zéro de l'écriture »* (de Barthes). – *Croissance zéro.* ■ méd. *Le patient zéro* : la première personne a avoir été contaminée lors d'une épidémie.

▶ Le **zéro absolu** est la température limite à laquelle la matière ne peut plus être refroidie. Cet état d'énergie minimale n'est pas pour autant un état d'énergie nulle : lorsque la matière refroidit, les particules qui la constituent se figent progressivement ; il devrait donc arriver un moment où elles ne bougent plus. La physique quantique montre cependant que chaque atome, chaque molécule conservent une énergie résiduelle propre qu'il est impossible de leur soustraire.
Il n'existe pas de thermomètre capable d'effectuer des mesures dans cette gamme de températures, mais le lien théorique qui existe entre énergie des atomes et température de la matière permet de définir cette dernière avec précision. Les records de froid actuels, atteints avec des atomes isolés, s'approchent ainsi du zéro absolu de quelques milliardièmes de degré.
Le zéro absolu constitue l'origine d'une échelle définie en 1848 par lord Kelvin, dont le nom est utilisé pour définir l'unité de température absolue : 0 K (kelvin) correspond à –273,15 °C (degrés Celsius) et une variation de 1 kelvin correspond à une variation de 1 degré Celsius. L'exploration des propriétés de la matière aux températures proches du zéro absolu, où des phénomènes quantiques spécifiques commencent à se manifester, a mis en évidence les propriétés extraordinaires de certains matériaux. En deçà de seuils de quelques kelvins ou de quelques dizaines de kelvins, les uns perdent toute viscosité (hélium superfluide), les autres leur résistance électrique (céramiques et métaux supraconducteurs). Ces températures sont toutefois très difficiles, et donc très coûteuses, à obtenir.

voir aussi **glace, univers, semi-conducteur**

Żeromski **(Stefan)** dit aussi **Maurycy Zych** Romancier et dramaturge polonais (1864-1925). Son œuvre témoigne de la lutte pour la justice sociale. *Les Cendres ; Histoire d'un péché.*

zérotage **n. m.** sc. Détermination du point zéro (d'un thermomètre).

Zeroual **(Liamine)** Général et homme d'État algérien (né en 1941). Ministre de la Défense (1993), il fut président de la République de 1995 à 1999.

Zervos **(Christian)** Éditeur, collectionneur, historien et critique d'art français d'origine grecque (1889-1970). Défenseur de l'avant-garde européenne (Kandinsky, Matisse, Picasso), il fonda la revue *Cahiers d'art.*

zeste **n. m. (de l'onomatopée *zek-* « bruit sec »)** **1.** Petit morceau d'écorce fraîche (de citron, d'orange). *Un zeste de citron.* **2.** fig. Petite quantité.

zêta [(d)zɛta] **n. m. invar. (mot grec)** Sixième lettre de l'alphabet grec (Z, ζ).

zététique **adj. (du grec, de *zêtein* « chercher »)** didact. Qui cherche, qui examine (qualificatif donné aux philosophes sceptiques).

Zetkin **(Clara)** née **Eissner** Révolutionnaire allemande (1857-1933). Elle milita pour l'égalité des femmes, adhéra au mouvement spartakiste et contribua au développement du Parti communiste allemand.

zeugma ou **zeugme** **n. m. (du latin, d'un mot grec, proprt « lien »)** rhét. Construction qui consiste à ne pas énoncer de nouveau, quand l'esprit peut les rétablir aisément, un mot ou un groupe de mots déjà exprimés dans une proposition immédiatement voisine (ex. *« L'air était plein d'encens et les prés de verdure »* [Hugo]).

Zeus Dieu suprême du panthéon grec, fils de Cronos et de Rhéa. Dieu de la Lumière céleste, il gouverne les phénomènes physiques et a pour attribut la foudre. Maître des dieux, il est le garant de la royauté et de l'ordre social. Il est identifié avec le Jupiter des Romains.

Zeus, bronze provenant de Dodone (v. 470 av. J.-C.), musée Pergamon, Berlin.

Zeuss **(Johann Kaspar)** Linguiste allemand (1806-1856). Il est le fondateur des études celtiques modernes. *Grammatica celtica.*

Zeuxis Peintre grec (v. le ve s. av. J.-C.). Il fut l'un des initiateurs de la peinture de chevalet. Ses œuvres étaient caractérisées par le clair-obscur et l'opposition des tons. *Hélène à sa toilette.*

zeuzère **n. f. (du latin sc., d'origine inconnue)** zool. Papillon nocturne, dont les chenilles creusent des galeries dans les jeunes arbres.

Zévaco **(Michel)** Écrivain français (1860-1918). Journaliste lié aux milieux anarchistes, il se consacra à l'écriture de romans-feuilletons (série des *Pardaillan*).

Zewail **(Ahmed H.)** Chimiste américain d'origine égyptienne (1946-2016). Il parvint à observer le mouvement des atomes d'une molécule au cours de réactions chimiques. Prix Nobel 1999.

Zeyer **(Julius)** Écrivain tchèque (1841-1901). Il est l'auteur d'épopées, de romans et de récits reflétant le romantisme décadent. *La Maison à l'étoile qui sombre.*

zézaiement **n. m.** Défaut de prononciation d'une personne qui zézaie.

zézayer **v. intr. < 8 > (de *ze* redoublé)** Prononcer *z* à la place de *j* (*ze veux* pour *je veux*) ou *s* à la place de *ch.* → fam. **zozoter.**

zézette **n. f. (de ^{2}*zizi*)** fam. Sexe de la femme ou, vieilli, de l'homme. – spécialt Sexe de la petite fille.

Zhāngjiajie Ville de Chine (Hunan). 250 489 habitants. Parc forestier national. Pont piéton en verre.

Zhangjiakou ou **Kalgan** **(nom mongol)** Ville de Chine (Hebei). 924 600 habitants. Centre industriel. Cuirs, peaux, fourrures.

Zhang **Yimou** Réalisateur et acteur chinois (né en 1951). Il excelle autant dans la description de la société chinoise *(Épouses et Concubines ; Qiu Ju, une femme chinoise ; Vivre)* que dans les films de combat historiques *(Hero ; La Cité interdite).*

Zhang Yimou (à dr.), dirigeant Zhang Ziyi et Takeshi Kaneshiro dans *Le Secret des poignards volants* (2004).

Zhanjiang ou **Tchan-kiang** Ville de Chine (Guangdong). 1 million d'habitants. Port. Industrie alimentaire. Gisements de pétrole et de gaz.

Zhao **Ziyang** ou **Tchao** **Tseu-yang** Homme d'État chinois (1919-2005). Il fut Premier ministre (1980-1987) puis secrétaire général du Parti communiste (1987-1989).

Zhejiang ou **Tchö-kiang** **n. m.** Province du S.-E. de la Chine, sur la mer de Chine orientale (2 200 km de côtes, 2 161 îles). 101 800 km^{2}. 54 700 000 habitants. Capitale : Hangzhou. Agriculture. Élevage. Sériciculture. Pêche. Industries.

Zheng **He** ou **Tcheng** **Ho (Ma, dit)** Navigateur chinois (1371-v. 1434). Il conduisit sept voyages d'exploration et de commerce dans le sud-est de l'Asie, en Inde, à Ceylan et jusqu'aux côtes somaliennes.

Zhengzhou ou **Tchen-tcheou** Ville de Chine, capitale de la province du Henan. 3,6 millions d'habitants. Important centre culturel. Agriculture. Mines (charbon, bauxite). Industries.

Zhongshan ou **Tchong-chan** Ville de Chine (Guangdong). 2,7 millions d'habitants. Zone d'économie spéciale. Agriculture. Pêche. Tourisme.

Zhou ou **Tcheou** **n. m. pl.** Dynastie royale qui régna sur la Chine du XIe s. à 221 av. J.-C. Les Zhou favorisèrent le développement de l'agriculture, de l'artisanat et de l'art du bronze.

Zhou **Dunyi** ou **Tcheou** **Touen-yi** Philosophe confucéen chinois (1017-1073). Il fut l'un des plus importants penseurs de la dynastie des Song.

Zhou **Enlai, Tcheou** **Ngen-lai** ou **Chou** **En-lai** Homme d'État chinois (1898-1976). Il fut l'un des principaux fondateurs du Parti communiste chinois. Premier ministre de 1949 à 1976, il désigna Deng Xiaoping comme successeur.

Zhou Enlai en 1949, au 7e Comité central du Parti communiste chinois.

Z

ziggourat

La ziggourat de Tchogha-Zanbil, en Iran (XIIIe s. av. J.-C.), inscrite au patrimoine mondial de l'Unesco.

Zhoukoudian ou **Tcheou-k'eou-tien** Site préhistorique de Chine, près de Pékin. Des fouilles (1920-1937) ont livré les restes d'*Homo erectus* et d'*Homo sapiens sapiens*.

Zhuangzi, Tchouang-tseu ou **Chuang Tzu** Philosophe chinois (entre 350 et 275 av. J.-C.). Il développa la doctrine du taoïsme en insistant sur la relativité de toute chose.

Zhu De ou **Tchou** Tö Maréchal chinois (1886-1976). Principal organisateur de l'Armée populaire de libération, il devint vice-président de la République en 1954.

Zhuge Liang ou **Tchou-ko** Leang Ingénieur et stratège chinois (182-234). Renommé pour sa sagesse et sa science de la guerre, il est l'un des plus grands héros du peuple chinois.

Zhu hai Ville de Chine (Guangdong), près de Macao. 1,3 million d'habitants.

Zhu jiang ou **Tchou-kiang** n. m. Fleuve du S. de la Chine, connu en français sous le nom de rivière des Perles. 2 210 km. Formé par la confluence de trois rivières, il se jette dans la mer de Chine entre Hong Kong et Macao, formant un large delta.

Zhu Xi ou **Tchou** Hi Philosophe confucéen chinois (v. 1130-1200). Il est le fondateur de la théorie selon laquelle l'univers est le produit de deux principes distincts mais inséparables (le *Li* et le *Qi*).

Zhuzhou ou **Tchou-tcheou** Ville de Chine (Hunan). 1 million d'habitants. Agriculture. Mines de fer et de charbon. Gisements de kaolin.

Zia ul-Haq (Mohammad) Général et homme d'État pakistanais (1924-1988). Devenu président de la République à la suite d'un coup d'État (1977), il instaura une dictature militaire et islamique.

Ziban voir Zab (monts du)

zibeline n. f. (italien *zibellino*, du russe *sobol'*) Petit mammifère de la Sibérie et du Japon, du genre martre, dont la fourrure est très précieuse. ■ Fourrure de cet animal.

Zibo ou **Tseu-po** Ville de Chine (Shandong). 2,2 millions d'habitants. Grand centre industriel. Mines de fer, de charbon et de bauxite. Gisements de kaolin. La municipalité a été formée en 1949 par la fusion des villes de Zichuan et Boshuan.

Zidane (Zinedine) Footballeur français (né en 1972). Sa technique exceptionnelle en a fait l'un des meilleurs meneurs de jeu au monde. Il remporta, avec l'équipe de France, la Coupe du monde (1998) et le championnat d'Europe des Nations (2000).

zidovudine n. f. (de l'anglais, de *[a]zido [deoxythymi]dine*) méd. Médicament antirétroviral, utilisé dans le traitement du sida, couramment nommé *AZT*.

Ziegler (Karl Waldemar) Chimiste allemand (1898-1973). Il travailla sur les composés organométalliques puis sur les polymères. Prix Nobel 1963, avec G. Natta.

Zielona Góra Ville de Pologne (Silésie), chef-lieu de la voïvodie de Lubusz. 118 120 habitants. Industries métallurgique et textile. Viticulture.

zieuter v. tr. < 1 > (de *les yeux*) fam. vieilli Jeter un coup d'œil pour observer, regarder (qqch., qqn). → **reluquer.** - var. **zyeuter.**

zig ou **zigue** n. m. (p.-ê. déformation de *gigue* « personne enjouée ») fam. Individu, type. → **zigoto.** *Un drôle de zig.*

ziggourat [ziguʀat] n. f. (mot assyrien « montagne », de *zaqaru* « culminer ») didact. Temple babylonien, en forme de pyramide à étages.

Zigong ou **Tseu-kong** Ville de Chine (Sichuan). 666 200 habitants. Réserves de gaz naturel, de sel gemme, de calcaire et de charbon. Industrie du bois. Riche musée de paléontologie.

zigoto n. m. (de *zig*) Zig.

zigouigoui n. m. (origine inconnue) fam. **1.** Sexe. → **zigounette,** ^{2}**zizi. 2.** Petit objet que l'on ne sait pas nommer ; dessin, forme que l'on ne reconnaît pas. → **bitoniau, truc.**

zigouiller v. tr. < 1 > (mot du Poitou « couper avec une mauvaise lame », d'un radical onomatopéique) fam. Tuer.

zigounette n. f. (formation onomatopéique, p.-ê. d'après *zizi*) fam., plais. Sexe masculin (notamment du jeune garçon). → **zigouigoui,** ^{2}**zizi.**

zigue voir zig

Ziguinchor Ville du Sénégal, sur l'estuaire de la Casamance. C'est un chef-lieu de région et la capitale historique de la Casamance. Ancien comptoir français qui a conservé son architecture coloniale. 206 000 habitants. Huilerie. Conserveries. Port de pêche.

Zidane (Zinedine)

Zinedine Zidane (Zizou) en 2006, lors de la Coupe du monde.

zigzag [zigzag] n. m. (formation expressive à partir d'un radical évoquant un va-et-vient → zigouiller) Ligne brisée. *Route en zigzag.* → **lacet.**

zigzaguer v. intr. < 1 > Faire des zigzags, aller de travers. □ **adj. zigzagant, ante**

Žilina Ville de Slovaquie, sur le Váh. 85 400 habitants. Carrefour ferroviaire et routier. Industries mécanique et du bois. Tourisme.

Zimbabwe Site archéologique du Zimbabwe, dans le S.-E. du pays. Habité dès l'âge de pierre, ce site est considéré comme une des capitales du Monomotapa (IXe-XVe s.). Édifices en pierres sèches.

Le Grand Zimbabwe (« grande maison de pierre » en bantou), vestige d'une cité qui a donné son nom à toute la région.

Zimbabwe

n. m. ■ anciennement Rhodésie du Sud, offic. république du Zimbabwe Pays enclavé d'Afrique australe. 390 308 km^2. 15 178 000 habitants (les *Zimbabwéens*). **Langues :** anglais, shona, ndébélé, venda, nambya, shangaan, kalanga, southou et tonga (offic.). **Population :** Shonas, Ndébélés (Matabélés). **Religions :** chrétiens (68 %), musulmans, hindouistes. **Monnaie :** dollar zimbabwéen. **Capitale :** Harare. **Régime :** présidentiel.

GÉOGRAPHIE

Le Zimbabwe est formé par une série de hauts plateaux orientés du S.-O. au N.-E. d'une altitude voisine de 1 500 m au sud et s'abaissant jusqu'à 600 m vers la vallée du Zambèze. De nombreux cours d'eau prennent leur source sur les hauts plateaux. Le climat tropical est tempéré par l'altitude.

ÉCONOMIE

Le pays connaît de grandes difficultés économiques et démographiques (12 % de la population sont touchés par le sida et 38 % vivent sous le seuil de pauvreté). Seulement un quart des Zimbabwéens est alphabétisé. Son agriculture est fondée sur les cultures (céréales, sorgo, tabac, soja, arachide, agrumes, thé, café, canne à sucre, maïs et coton), sur l'élevage et la pêche dans les grands lacs. Les ressources minières sont variées (amiante, or, chrome, charbon, cuivre, nickel, fer, argent, platine, étain, cobalt). Les parcs nationaux attirent de nombreux touristes.

HISTOIRE

Des vestiges préhistoriques datant de 500 000 ans av. J.-C. ont été trouvés dans la vallée du Zambèze. Le néolithique est illustré au centre du plateau et dans la vallée du Limpopo par de nombreuses peintures rupestres attribuées aux Bochimans, avant l'arrivée des agriculteurs de langues bantoues au seuil de notre ère. Ces derniers furent probablement à l'origine de la civili-

Zimbabwe

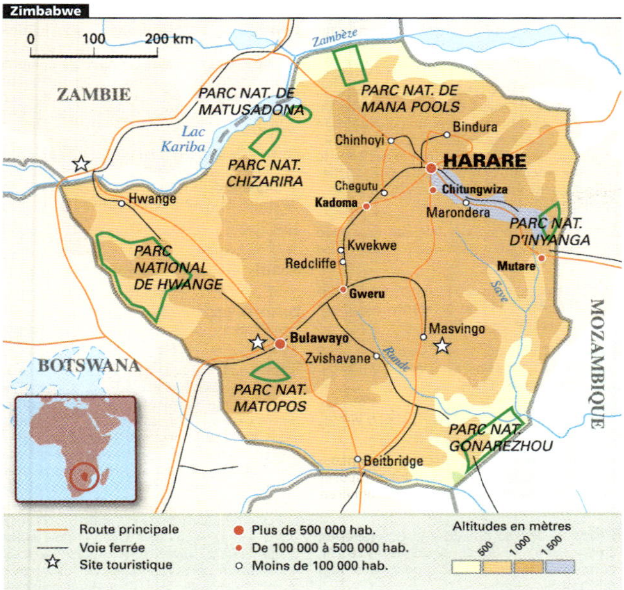

sation qui rayonna autour du site de Zimbabwe durant 1 500 ans. Le royaume bantou déclina avec l'installation des Portugais (XVIIIe siècle) et des Zoulous (1830). Cecil Rhodes fonda la Rhodésie (1895). Les Britanniques réprimèrent durement les révoltes et firent de la Rhodésie du Sud une colonie (1923) qu'ils unirent au Nyasaland (Malawi) et à la Rhodésie du Nord (1953). La minorité blanche proclama l'indépendance du pays sous le nom de Rhodésie (1965), provoquant de nombreux troubles (embargo de la Grande-Bretagne et de l'ONU ; conflits entre Bantous et Zoulous étendus en Zambie et au Mozambique). L'indépendance fut reconnue à l'ancienne Rhodésie du Sud qui prit le nom de Zimbabwe (1980). Robert Mugabe en devint président en 1987. Les violences s'accentuèrent avec les émeutes de la faim (1998) et les expropriations forcées des Blancs (2000). Le pays fut exclu du Commonwealth en 2002 après la réélection contestée de R. Mugabe. Ce dernier fut contraint à la démission par l'armée et le Parlement en nov. 2017, mais c'est cependant l'un de ses fidèles, Emmerson Mnangagwa, qui lui succéda. En 2023, plusieurs candidats potentiels à l'élection présidentielle furent arrêtés.

Zimmer (Hans) Compositeur américain d'origine allemande (né en 1957). Il compte à son actif la bande originale d'une trentaine de grands succès du cinéma : *Rain Man, Le Roi Lion, Pirates des Caraïbes, Interstellar, Dunkerque.*

Zimmermann (Dominikus) Architecte allemand (1685-1766). Il fut l'un des principaux représentants du baroque bavarois (églises de Steinhausen et de Wies).

Zimmermann (Bernd Alois) Compositeur allemand (1918-1970). Il inventa une technique musicale complexe dite « pluralistique » permettant de juxtaposer différentes couches sonores. *Die Soldaten.*

zinc [zɛ̃g] **n. m. (allemand *Zink*, de *Zinken* « fourchon », influence de *Zinn* « étain ») 1.** Corps simple (symb. Zn, n° at. 30, masse at. 65,37), métal dur d'un blanc bleuâtre, utilisé pour sa bonne résistance à la corrosion par l'eau. *Toits en zinc.* **2.** fam. Comptoir (d'un débit de boissons). *Boire un verre sur le zinc.* **3.** fam. Avion. *Un vieux zinc.*

zincifère adj. (de *zinc* et *-fère*) sc. Qui contient du zinc. - syn. **zincique.**

Zinder Ville du Niger, proche de la frontière du Nigeria. Env. 450 000 habitants. Palais du sultan. Centre commercial (arachides, mil, cuirs, peaux). Aéroport international.

Zingarelli (Nicola Antonio) Compositeur italien (1752-1837). Auteur de musique d'église et de nombreux opéras *(Bérénice)*, il est considéré comme le dernier représentant de l'école napolitaine.

zingaro, plur. **zingari** [(d)ziŋgaʀo ; zɛ̃gaʀo, i] **n. m. (mot italien)** vieux Tsigane, bohémien. *Des zingari* ou *des zingaros.*

zinguer v. tr. < 1 > 1. Revêtir de zinc. *Zinguer une toiture.* **2.** Recouvrir (une pièce de fer, d'acier) d'une mince couche protectrice de zinc. **→ galvaniser.** □ **n. m. zingage**

zingueur, euse n. Ouvrier spécialisé dans les revêtements en zinc. **–** appos. *Plombier zingueur.*

zinjanthrope n. m. (de *Zinj*, n. de lieu, et *-anthrope*) préhist. Australopithèque découvert en Tanzanie.

zinneke [zinœkœ] **n. m. (mot flamand)** (Belgique) fam. **1.** Chien bâtard. **2.** Personne représentative du métissage culturel bruxellois. *Des zinnekes.*

Zinnemann (Fred) Cinéaste américain d'origine autrichienne (1907-1997). Plusieurs de ses films connurent un immense succès. *Le train sifflera trois fois ; Tant qu'il y aura des hommes.*

zinnia n. m. (du n. du botaniste allemand Zinn) Plante d'origine exotique, ornementale, aux nombreuses variétés.

Zinoviev (Grigori Ievseïevitch Radomyslski, dit) Révolutionnaire russe (1883-1936). Président du Komintern (1919-1927), il forma la « troïka » avec Kamenev et Staline (1924), puis se rallia à Trotski en 1926. Condamné à mort et exécuté, il fut réhabilité en 1988.

Zinoviev (Aleksandr Aleksandrovitch) Écrivain et philosophe russe (1922-2006). Il a analysé le phénomène du totalitarisme dans des essais philosophiques *(Les Hauteurs béantes)*, des poèmes et des romans *(L'Avenir radieux).*

Zinzendorf (Nikolaus Ludwig, comte von) Chef religieux allemand (1700-1760). Il fonda une communauté d'adeptes de Jan Hus à Herrnhut (Saxe) et restaura l'ordre des Frères moraves au sein de l'Église luthérienne.

[1]zinzin (onomatopée) fam. **I. n. m.** Chose dont le genre échappe ; objet quelconque. **→ bidule, machin. II. adj.** Un peu fou. **→ cinglé, toqué ; zozo.** *Elles sont complètement zinzins.*

[2]zinzin n. m. (abrév. phonétique de *les investisseurs institutionnels*) fin. Société ou organisme amené par nature à investir des sommes importantes, influant ainsi sur l'évolution des cours boursiers.

zinzinuler v. intr. < 1 > (du latin, d'une onomatopée) didact. (mésange, fauvette) Pousser son cri.

zinzolin n. m. et adj. invar. (arabe *djoudjolân* « graine de sésame », par l'italien) Violet rougeâtre.

zip [zip] **n. m. (n. déposé)** anglic. Fermeture à glissière.

zipper v. tr. < 1 > 1. Munir d'un zip ; fermer par un zip. **–** au p. p. *Blouson zippé.* **2.** inform. Compresser.

zircon n. m. (arabe *zarkūn*, du latin *hyacinthus* → hyacinthe) Pierre semi-précieuse (silicate de zirconium) utilisée en bijouterie.

zircone n. f. chim. Oxyde de zirconium (ZrO_2).

zirconium [ziʀkɔnjɔm] **n. m. (de *zircon*)** chim. Corps simple (symb. Zr ; n° at. 40 ; masse at. 91,22), métal blanc du groupe du titane, utilisé notamment dans certains alliages inoxydables.

Zirides n. m. pl. Dynastie berbère (973-1060) qui régna, à partir de sa capitale Kairouan, sur une partie de l'Afrique du Nord. Ils furent renversés par les Almohades. Une autre branche régna sur Grenade jusqu'en 1090.

Zita de Bourbon-Parme Impératrice d'Autriche et reine de Hongrie (1892-1989). Elle épousa le futur empereur Charles Ier en 1911.

Zittau Ville d'Allemagne (Saxe), sur la Neisse, près des frontières tchèque et polonaise. 24 700 habitants. Églises des XIIIe et XVe s. Industrie textile. Construction automobile.

Ziya Gök Alp (Mehmet) Philosophe et poète turc (1865-1924). Il fut le théoricien du nationalisme turc.

zizanie n. f. (du bas latin, du grec *zizanion* « ivraie », mot d'origine sumérienne) littér. Discorde. *Semer la zizanie (entre des personnes, dans un groupe)*, faire naître la discorde, les disputes.

Zinoviev (Grigori)

Grigori Zinoviev vers 1930.

Z

Žižek (Slavoj) Philosophe, essayiste et psychanalyste slovène (né en 1949). En s'appuyant sur des distinctions forgées par Lacan, il a développé dans divers domaines (cinéma, politologie, psychanalyse) une critique polémique de la culture postmoderne. *Subversions du sujet ; La Nouvelle Lutte des classes.*

¹zizi n. m. (onomatopée) Bruant d'une variété commune en France.

²zizi n. m. (onomatopée, *cf.* zinzin ; influence de *zoizeau*, altération de *oiseau*) fam. Pénis (surtout de l'enfant). → **zigounette.** – par ext. Sexe féminin.

Žižka (Jan) Chef hussite (1375-1424). Devenu l'un des chefs hussites après la mort de J. Hus, il fut l'instigateur de la révolte de Prague (1419) et vainquit à plusieurs reprises l'empereur Sigismond.

Zlatooust ou **Zlatoust** Ville de Russie, dans l'Oural. 200 000 habitants. Centre métallurgique. Construction de machines-outils.

Zlín Ville de la République tchèque (Moravie-Méridionale). 74 170 habitants. Centre industriel (aéronautique, pneumatiques, chaussures) et culturel (université, musées).

zloty n. m. (mot polonais, de *złoto* « or ») Unité monétaire de la Pologne. *Des zlotys.*

Zn Symbole chimique du zinc.

-zoaire Élément (de *zoo-* + suffixe *-aire*) signifiant « animal » (ex. *protozoaire*). → **zoo-.**

zob [zɔb] n. m. (mot arabe) vulg. Pénis.

Zochtchenko (Mikhaïl Mikhaïlovitch) Écrivain soviétique (1895-1958). Il analysa avec humour les travers de la révolution et de la vie soviétique *(Les Contes de Nazar Ilitch Sinebrioukhov).*

zodiac n. m. (n. déposé) Bateau pneumatique à moteur.

zodiacal, ale, aux adj. Du zodiaque.

zodiaque n. m. (du latin, du grec *zôdiakos*, de *zôdion* « figure d'animal [dans les constellations] » → zoo-) **1.** Zone circulaire du ciel à l'horizon, dans laquelle le Soleil et les constellations se lèvent au cours de l'année. **2.** *Signes du zodiaque*, les douze figures (Bélier, Taureau, Gémeaux, Cancer, Lion, Vierge, Balance, Scorpion, Sagittaire, Capricorne, Verseau, Poissons) qu'évoque la configuration des étoiles dans cette zone. *L'astrologie utilise le zodiaque dans l'établissement des horoscopes.*

Miniature persane représentant le zodiaque (XVᵉ s.).

zoécie n. f. (de *zoo-* et du grec *oikos* « maison ») zool. Élément d'une colonie de bryozoaires.

Zoé Porphyrogénète (978-1050). Impératrice d'Orient (1028-1050). Fille de Constantin VIII, elle épousa Romain III (1034), qu'elle fit assassiner, puis Michel Paphlagonien, qui devint empereur sous le nom de Michel IV. À la mort de ce dernier (1041), elle épousa Constantin IX Monomaque.

Zoersel Commune de Belgique (province d'Anvers). 22 065 habitants. Château de Halle (1901).

Zoetermeer Ville des Pays-Bas (Hollande-Méridionale). 125 700 habitants. Agglomération satellite de La Haye.

Zofingen Ville de Suisse (Argovie). 11 560 habitants (agglomération : 101 910). Maisons du XVIIIᵉ siècle.

Zog ou **Zogu Iᵉʳ** [Ahmet Zogu] (1895-1961). Roi d'Albanie (1928-1939). Ministre de l'Intérieur (1920-1922) puis Premier ministre, il se fit élire président de la République à la suite d'un coup d'État (1925), se proclama roi (1928) puis s'exila après l'invasion italienne (1939).

Zohar ou **Sefer ha-Zohar** (« Livre de la splendeur ») n. m. Traité ésotérique juif, écrit en araméen, probablement par Moïse de León (v. 1300).

zoïle n. m. (du latin, du grec *Zôilos*, n. d'un détracteur d'Homère) littér. Critique injuste et envieux. → **détracteur.** *« L'affreux portrait que faisait de moi un zoïle »* (Maurois).

-zoïque Élément (du grec *zôikos* « relatif aux animaux »).

Zola (Émile) Écrivain français (1840-1902). Chef de file des naturalistes, il voulut faire du roman le compte rendu exact d'une observation scientifique, le « roman expérimental ». Son souffle épique et son humanisme social assurèrent le succès des *Rougon-Macquart*, série romanesque en 20 volumes *(L'Assommoir ; Nana ; Au bonheur des dames ; Germinal ; La Bête humaine.)* qui dépeint la société française sous le Second Empire. Il prit parti pour Dreyfus *(J'accuse).* Critique d'art éminent, il défendit les impressionnistes *(Édouard Manet).*

Émile Zola vers 1880, par Nadar.

Zöllner (Friedrich) Astrophysicien allemand (1834-1882). Il établit le premier catalogue photométrique des étoiles et effectua les premières mesures de l'albédo des planètes.

Zollverein (Deutscher) [« Union douanière allemande »] Union douanière des États allemands réalisée sous la conduite de la Prusse entre 1834 et 1868. Le Zollverein contribua fortement à l'unité politique de l'Allemagne.

zombie ou **zombi** n. (mot créole haïtien) **1.** n. m. Revenant (dans les croyances vaudoues). **2.** Cadavre animé qui se nourrit de la chair des vivants, dans les récits fantastiques et de science-fiction. **3.** fig. Personne qui paraît vidée de sa substance, sans volonté.

zona n. m. (du bas latin médical, du grec *zônê* → ¹zone) méd. Maladie virale caractérisée par une éruption de vésicules disposées sur le trajet des nerfs sensitifs.

zonage n. m. Division d'un territoire en différentes zones.

zonal, ale, aux adj. géogr. Propre à une zone du globe. *Climat zonal.*

zonard, arde n. (de *zone* [3]) fam. Personne qui vit dans une zone, une banlieue défavorisée.

¹zone n. f. (latin *zona*, du grec *zônê* « ceinture », de *zônnunai* « ceindre ») **1.** géom., sc. Partie d'une surface sphérique comprise entre deux plans parallèles. *La zone équatoriale.* **2.** Partie importante (d'une surface). → **région, secteur.** *La zone médiane du cerveau. Zone sismique.* **3.** Portion (de territoire). *Zone urbaine*, espace urbanisé autour d'une ville. *Zone franche*, soumise à la franchise douanière. *Zone libre, zone occupée* (en France, 1940-1942). – *La zone euro*.* – *Zone industrielle. Zone à urbaniser.* → **ZAC, ZUP.** ▪ absolt Faubourg misérable. – Banlieue défavorisée. **4.** loc. *De seconde zone*, de second ordre, en valeur. → **choix.**

²zone n. f. (de *zoner*) fam. Action de zoner.

zoné, ée adj. minér. Qui présente des zones, des bandes de structure ou d'aspects différents. *Roche zonée.*

zoner v. intr. < 1 > fam. Mener une existence marginale, vivre en zonard. – par ext. Flâner, traîner sans but précis.

Zonguldak Ville de Turquie, sur la mer Noire. 103 000 habitants. Port. Gisements de houille.

Zonhoven Commune de Belgique (province de Limbourg). 21 327 habitants. Église (XVᵉ s.), maison communale (XVIIIᵉ s.). Pisciculture. Constructions métalliques.

zonure n. m. (du grec *zônê* « ceinture, zone » et *oura* « queue ») zool. Lézard d'Afrique du Sud, recouvert d'écailles épineuses et dont la queue présente des anneaux.

zoo [z(o)o] n. m. (de *jardin zoologique*, d'après l'anglais *zoo*) Parc zoologique.

zoo- [zoo] Élément (du grec *zôon* « être vivant », de *zên* « vivre » [dont l'aoriste *biônai* a donné *bio-*]) qui signifie « animal ». → **-zoaire.**

zoogéographie n. f. didact. Étude de la répartition de la vie animale sur le globe terrestre.

zooglée n. f. (du latin sc., du grec *zôon* → zoo- et *gloios* « glu ») sc. nat. Masse d'apparence gélatineuse, constituée par des bactéries agglutinées.

zoolâtrie n. f. (→ -lâtrie) hist. Adoration d'animaux divinisés. ▫ adj. et n. **zoolâtre**

zoologie n. f. (→ -logie) Partie des sciences naturelles qui étudie les animaux.

zoologique adj. Qui concerne la zoologie, les animaux. *Classification zoologique.* – *Jardin zoologique*, parc où des animaux sont présentés dans des conditions rappelant leur vie en liberté. → **zoo.** ▫ adv. **zoologiquement**

zoologiste n. Spécialiste de la zoologie.

zoom [zum] n. m. (mot anglais, de *to zoom* « vrombir », onomatopée) anglic. **1.** Objectif d'appareil photo ou de caméra, à focale variable. **2.** Cadrage réalisé grâce à cet objectif. ▪ fig. *Zoom sur les nouveautés.* → **focus.**

Zorro

Zorro, interprété par Guy Williams en 1958.

zoomer [zume] **v. intr.** < 1 > anglic. Cadrer, spécialt rapprocher grâce au zoom. – **v. tr. ind.** Faire un gros plan (sur).

zoomorphe adj. (de l'allemand → zoo- et -morphe) didact., arts Qui représente des animaux. *Décoration zoomorphe.*

zoomorphisme n. m. (de l'allemand → zoomorphe) didact. Métamorphose en animal.

zoonose n. f. (du grec *nosos* « maladie ») méd. Maladie infectieuse des animaux vertébrés transmissible à l'être humain (ex. la rage). □ **adj. zoonotique**

zoophile adj. (→ -phile) didact. **1.** Qui manifeste de l'intérêt, de l'amour pour les animaux. **2.** pathol. Qui pratique la zoophilie (2). – **n.** *Un, une zoophile.*

zoophilie n. f. (→ -philie) 1. Amour pour les animaux. **2.** Rapports sexuels d'un être humain avec un animal.

zoophobie n. f. (→ -phobie) didact. Peur morbide de certains animaux (insectes, araignées, serpents...). → aussi **zoopsie.**

zooplancton n. m. sc. Plancton animal.

zoopsie n. f. (du grec *opsis* « vue ») psych. Hallucination visuelle qui consiste en vision d'animaux (généralement féroces et terrifiants). *Crise de zoopsie dans le delirium tremens.*

zootechnie n. f. (→ -technie) didact. Étude scientifique de l'élevage des animaux, de leur reproduction et de leur adaptation à des besoins déterminés. □ **adj. zootechnique** □ **n. zootechnicien, enne**

zoreille n. (mot créole, de *les oreilles*) fam. Métropolitain installé depuis peu de temps dans les DOM-TOM. → ^{2}**métro.** *Une zoreille.*

zorille n. f. (espagnol *zorrillo*, diminutif de *zorro* « renard ») Mammifère carnivore d'Afrique, voisin des mouffettes, dont la fourrure est estimée. – Cette fourrure.

Zorn (Anders) Peintre, dessinateur et graveur suédois (1860-1920). Il est surtout connu pour ses portraits à l'eau-forte *(Verlaine ; Renan ; Rodin)*

Zoroastre voir **Zarathoustra**

zoroastrien, ienne adj. et n. (de *Zoroastre*) hist. relig. De la religion de Zarathoustra.

zoroastrisme n. m. (de *Zoroastre*) Religion dualiste fondée par Zarathoustra et professée de nos jours par les parsis. → **mazdéisme.**

Zorobabel Prince de Juda qui dirigea le retour des Juifs vers Jérusalem après la captivité de Babylone (537 av. J.-C.). Il entreprit la reconstruction du Temple.

Zorrilla y Moral (José) Écrivain espagnol (1817-1893). Ses œuvres poétiques *(Granada)* et dramatiques *(Don Juan Tenorio)* évoquent le passé légendaire ou héroïque de l'Espagne.

Zorro Héros créé par l'Américain Johnston McCulley dans son roman *The Curse of Capistrano* (1919). Cavalier masqué vêtu de noir, justicier habile au fouet et à l'épée, il fut popularisé par le cinéma.

zostère n. f. (du latin, du grec *zôstêr* « ceinture ») bot. Plante qui forme des prairies sous-marines.

zostérien, ienne adj. (de *zoster* « zona », du grec) méd. Propre au zona, causé par le zona.

Zottegem Commune de Belgique (province de Flandre-Orientale). 26 686 habitants. Châteaux. Église. Brasserie. Industrie textile.

zou interj. (onomatopée) Allons !, vite !

zouave n. m. (berbère *Zwawa*, n. d'une tribu de Kabylie) 1. hist. Soldat algérien d'un corps d'infanterie coloniale créé en 1830. – Fantassin français d'un corps distinct des tirailleurs indigènes. **2.** fig. *Faire le zouave,* faire le malin, le pitre.

Zouerate ou **Zoueirat** Ville de Mauritanie, près de la frontière du Sahara-Occidental. 44 600 habitants. Centre d'extraction du minerai de fer.

Zoug en allemand **Zug** Ville de Suisse, chef-lieu du canton de Zoug, sur le lac de Zoug. 30 205 habitants (agglomération : 95 560). Tour de l'horloge (XIVe s.), hôtel de ville (XVIe s.). Industries textile, mécanique et pharmaceutique.

Zoug (canton de) en allemand **Zug** Canton du centre de la Suisse. 239 km^2. 123 948 habitants. Services aux entreprises. Agriculture. Industries textile, mécanique et pharmaceutique. Distilleries.

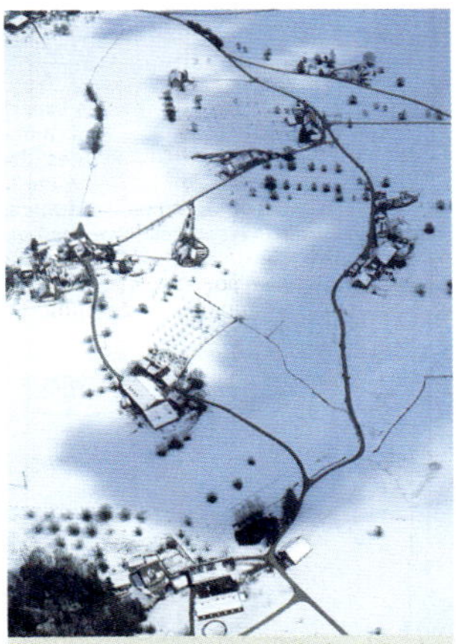

Zoug, les hameaux du canton, isolés par la neige.

zouk n. m. (mot créole) Musique de danse très rythmée, originaire de la Martinique. – Cette danse. *Danser le zouk* (ou *zouker* **v. intr.** < 1 >). □ **n. zoukeur, euse**

zoulou adj. et n. Relatif à un peuple noir d'Afrique du Sud. – **n.** *Les Zoulous.* ■ *Le zoulou* (langue bantoue).

Zoulous ou **Zulus n. m. pl.** Peuple d'origine bantoue du S.-E. de l'Afrique australe. Ils comptent 11 millions de personnes, réparties sur plusieurs États (Afrique du Sud, Zimbabwe).

zozo n. m. (onomatopée, *cf.* zinzin ; influence de *zoizeau*, altération de *oiseau*) Naïf, niais.

zozoter v. intr. < 1 > **(onomatopée)** fam. Zézayer. □ **n. m. zozotement**

Zr Symbole chimique du zirconium.

Zrenjanin Ville de Serbie (Vojvodine). 76 500 habitants. Industrie agroalimentaire, chimique, métallurgique.

Zrínyi (Miklós, comte) Écrivain et homme d'État hongrois (1620-1664). Auteur d'ouvrages politiques et militaires *(L'Opium turc)*, il fut l'initiateur de la littérature épique hongroise *(Zrinyiade)*.

Zsigmondy (Richard) Chimiste autrichien (1865-1929). Il inventa l'ultramicroscope qui permit d'observer pour la première fois la nature hétérogène des solutions colloïdales. Prix Nobel 1925.

Zuccari ou **Zuccaro (Taddeo)** Peintre italien (1529-1566). Il reçut de nombreuses commandes de fresques à Rome (palais et villa Farnèse) et au Vatican *(La Donation de Charlemagne)*. ■ **Federico Zuccari.** Frère, disciple et collaborateur de Taddeo (1542-1609). Dans un style plus décoratif, il exerça son talent à travers toute l'Europe.

Zucchi (Virginia) Danseuse italienne (1847-1930). Douée d'un tempérament dramatique exceptionnel, elle triompha au Théâtre impérial de Saint-Pétersbourg (1885-1892).

Zuckerberg (Mark) Informaticien américain (né en 1984). Alors qu'il étudiait à Harvard, il créa *The Facebook*, un réseau social destiné aux étudiants de l'université. Le succès fut immédiat, et le site fut accessible au public à partir de 2006, sous le nom de *Facebook*.

Zuckmayer (Carl) Auteur dramatique allemand, naturalisé suisse (1896-1977). Il est l'auteur de pièces sur le national-socialisme et la guerre. *Le Général du diable ; Le Chant dans la fournaise.*

Zugspitze n. f. Point culminant des Wettersteingebirge, dans les Alpes bavaroises, à la frontière de l'Autriche et de l'Allemagne. 2 962 mètres.

Zuiderzee voir **IJsselmeer**

Zulia État du N.-O. du Venezuela. 63 100 km^2. 2 983 700 habitants. Capitale : Maracaibo. Plantations (canne à sucre, coton, café). Gisements de pétrole et de charbon. Élevage laitier.

Zulte Commune de Belgique (province de Flandre-Orientale). 15 791 habitants. Église (XIe-XIIe s.).

Zuma (Jacob) Homme d'État sud-africain (né en 1942). Issu de l'ethnie zouloue, activiste anti-apartheid, il fut emprisonné puis exilé. Revenu en Afrique du Sud en 1990, il fut président de la République de 2009 à 2018.

zumba [zumba] **n. f. (marque déposée)** Méthode de fitness inspirée de différentes danses latino-américaines.

Zumthor (Peter) Architecte suisse (né en 1943). Désireux de protéger le paysage et de contrôler l'environnement, il a apporté une rigueur, voire une austérité, à une savante mise en œuvre des matériaux, comme le bois, le béton et le verre (bains des thermes de Vals). Prix Pritzker 2009.

Zuñis voir **Pueblos**

ZUP [zyp] **n. f. (sigle)** Zone à urbaniser en priorité.

Zupančič (Oton) Poète slovène (1878-1949). Son œuvre, célébrant son pays *(La Coupe d'ivresse)* ou d'inspiration révolutionnaire *(Les tombes hurlent)*, a marqué la naissance du modernisme slovène.

Zurbarán (Francisco de) Peintre espagnol (1598-1664). Il réalisa quelques-unes de ses œuvres majeures pour des couvents espagnols (San Pablo) puis devint peintre du roi à Séville. Il est considéré comme l'un des grands maîtres de la peinture espagnole. *Christ en croix ; L'Adoration des bergers ; Oranges, cédrats et rose.*

Zurich en allemand **Zürich** Ville de Suisse, chef-lieu du canton du même nom, sur la Limmat, à l'extrémité N. du *lac de Zurich.* 409 240 habitants (agglomération :

1 369 000). C'est la première ville de Suisse par sa population et le plus grand centre bancaire et financier du pays. Cathédrale du XIIe s. Église du XIIIe s. Musées. Universités. Industries.

Zurich (canton de) en allemand **Zürich** Canton du N. de la Suisse, au bord du lac du même nom. 1 729 km². 1 488 000 habitants. Chef-lieu : Zurich. Industrie traditionnelle (métallurgie, industrie mécanique, chimie) et secteur tertiaire. Importante place financière. Agriculture. Tourisme.

zut [zyt] **interj. (p.-ê. de l'ancien interj. *zest*, d'origine onomatopéique, et de *flûte* ou *foutre*)** fam. Exclamation de dépit. → **flûte (II).** ■ **zutique adj.** hist. littér. « *L'Album zutique* », du cercle des poètes dits *zutistes* (Charles Cros, Verlaine, Rimbaud).

Zutphen ou **Zutfen** Ville des Pays-Bas (Gueldre), au confluent de l'IJssel et de la Berkel. 48 300 habitants. Industrie alimentaire. Imprimerie. Centre commercial.

zwanze [zwɑ̃z] **n. f. (mot du dialecte bruxellois) (Belgique)** Plaisanterie populaire, histoire humoristique, à Bruxelles. □ **zwanzer v. intr. < 1 >** □ **n. zwanzeur, euse**

Zweig (Stefan) Écrivain autrichien (1881-1942). Il publia dans la plupart des genres littéraires, mais réussit particulièrement dans la nouvelle *(Amok ; La Confusion des sentiments ; Le Joueur d'échecs)*, l'essai littéraire critique *(Lutte avec les démons)* et la biographie romancée.

Zweig (Arnold) Écrivain allemand (1887-1968). Auteur de nouvelles et d'œuvres dramatiques, il dut sa renommée à son roman antimilitariste *Le Cas du sergent Grischa.*

Zwickau Ville d'Allemagne (Saxe), sur la Mulde. 87 500 habitants. Église et hôtel de ville du XVIe s. Centre industriel.

Zwicky (Fritz) Astrophysicien américain d'origine suisse (1898-1974). Il étudia la distribution des galaxies dans l'univers, découvrit l'existence des galaxies compactes et réalisa un catalogue photographique des galaxies.

Zwijndrecht Commune de Belgique (province d'Anvers). 19 154 habitants. Industrie chimique.

Zwijndrecht Ville des Pays-Bas (Hollande-Méridionale). 44 700 habitants. Cultures maraîchères. Industrie alimentaire. Métallurgie.

Zurich

Zurich, le centre historique, de part et d'autre de la Limmat qui traverse le lac de Zurich.

Zwingli (Ulrich ou **Huldrych)** Réformateur religieux suisse (1484-1531). Humaniste et homme d'Église, il critiqua le pape et l'Église catholique. Il adhéra à la Réforme, dont il contribua à fixer les dogmes.

zwinglianisme [zvɛ̃glijanism ; swiŋglijanism] **n. m. (de *Zwingli*)** relig. Doctrine religieuse de Zwingli.

Zwolle Ville des Pays-Bas, chef-lieu de la province d'Overijssel, sur la Zwarte Water et l'IJssel. 130 600 habitants (agglomération : 170 620). Église et hôtel de ville du XVe s. Centre administratif et commercial. Industrie chimique.

zyeuter voir **zieuter**

zygène n. f. (du latin, du grec *zugaina* « requin marteau ») **1.** Requin marteau. **2.** Papillon dont les antennes sont renflées en massue.

zygo- Élément **(du grec *zugon* « joug », et fig. « couple »).**

zygoma n. m. (du latin mod., du grec *zugôma*, de *zugôn* → zygo-) anat. Apophyse de la pommette.

zygomatique adj. (→ zygoma) anat. De la joue. *Les muscles zygomatiques* (rire, sourire).

zygomorphe adj. (de *zygo-* + *-morphe*) bot. Se dit des fleurs symétriques par rapport à un plan (ex. l'orchidée).

zygomycète n. m. (→ -mycète) bot. Champignon siphomycète, caractérisé par la formation d'œufs nés de la fusion de gamètes (appelés *zygospores* **n. f.**) [sous-groupe des *Zygomycètes*].

zygopétale n. m. (du latin bot.) Orchidée tropicale d'une variété à ample labelle.

zygote n. m. (du grec, de *zugoûn* « atteler » → zygo-) biol. Œuf fécondé, avant la première segmentation. – Cellule diploïde des végétaux, résultant de la fusion de deux gamètes.

zyklon n. m. (mot allemand) Acide cyanhydrique, gaz mortel utilisé dans les camps d'extermination nazis.

zymase n. f. (de *zym[o]-* + *-ase*) biochim. Enzyme qui détermine la fermentation alcoolique du glucose.

zym(o)- Élément **(du grec *zumê* « levain » → azyme, enzyme)** signifiant « ferment, enzyme ».

Żyrardów Ville de Pologne centrale (voïvodie de Mazovie), sur la Pisia. 41 030 habitants. Industrie textile.

zythum [zitɔm] **n. m. (du latin, du grec *zuthos*)** didact. Boisson fermentée, analogue à la bière, dans l'Égypte antique.

zzz... interj. (onomatopée) Bruit, sifflement léger et continu (bourdonnement d'insecte, souffle d'un dormeur...).

ANNEXES

LES CONJUGAISONS

1 présent **2** imparfait **3** passé simple **4** futur **5** conditionnel présent
6 subjonctif présent **7** impératif **8** participe présent **9** participe passé

Verbes réguliers en *-er*

❶ parler

1 parle, parles, parle, parlons, parlez, parlent **2** parlais, parlais, parlait, parlions, parliez, parlaient **3** parlai, parlas, parla, parlâmes, parlâtes, parlèrent **4** parlerai, parleras, parlera, parlerons, parlerez, parleront **5** parlerais, parlerais, parlerait, parlerions, parleriez, parleraient **6** parle, parles, parle, parlions, parliez, parlent **7** parle, parlons, parlez **8** parlant **9** parlé

Verbes réguliers en *-ir*

❷ finir

1 finis, finis, finit, finissons, finissez, finissent **2** finissais, finissais, finissait, finissions, finissiez, finissaient **3** finis, finis, finit, finîmes, finîtes, finirent **4** finirai, finiras, finira, finirons finirez, finiront **5** finirais, finirais, finirait, finirions, finiriez, finiraient **6** finisse, finisses, finisse, finissions, finissiez, finissent **7** finis, finissons, finissez **8** finissant **9** fini

Verbes irréguliers en *-er*

❸ placer

1 place, plaçons **2** plaçais, placions **3** plaçai, plaçâmes **4** placerai, placerons **5** placerais, placerions **6** place, placions **7** place, plaçons **8** plaçant **9** placé

✚ Les verbes en *-ecer* (ex. *dépecer*) se conjuguent comme *placer* et *geler*. Les verbes en *-écer* (ex. *rapiécer*) se conjuguent comme *céder* et *placer*.

• bouger

1 bouge, bougeons **2** bougeais, bougions **3** bougeai, bougeâmes **4** bougerai, bougerons **5** bougerais, bougerions **6** bouge, bougions **7** bouge, bougeons **8** bougeant **9** bougé

✚ Les verbes en *-éger* (ex. *protéger*) se conjuguent comme *bouger* et *céder*.

❹ appeler

1 appelle, appelons **2** appelais, appelions **3** appelai, appelâmes **4** appellerai, appellerons **5** appellerais, appellerions **6** appelle, appelions **7** appelle, appelons **8** appelant **9** appelé

RO Tous les verbes de ce modèle peuvent se conjuguer comme *geler* (conjug. 5), sauf *appeler* et ses composés.

• jeter

1 jette, jetons **2** jetais, jetions **3** jetai, jetâmes **4** jetterai, jetterons **5** jetterais, jetterions **6** jette, jetions **7** jette, jetons **8** jetant **9** jeté

RO Tous les verbes de ce modèle peuvent se conjuguer comme *acheter* (conjug. 5), sauf *jeter* et ses composés.

❺ geler

1 gèle, gelons **2** gelais, gelions **3** gelai, gelâmes **4** gèlerai, gèlerons **5** gèlerais, gèlerions **6** gèle, gelions **7** gèle, gelons **8** gelant **9** gelé

RO Tous les verbes en *-eler*, sauf *appeler* et ses composés, peuvent se conjuguer selon ce modèle.

• acheter

1 achète, achetons **2** achetais, achetions **3** achetai, achetâmes **4** achèterai, achèterons **5** achèterais, achèterions **6** achète, achetions **7** achète, achetons **8** achetant **9** acheté

✚ Les verbes en *-emer* (ex. *semer*), *-ener* (ex. *mener*), *-eser* (ex. *peser*), *-ever* (ex. *lever*), etc. se conjuguent de la même manière.

✚ Les verbes en *-ecer* (ex. *dépecer*) se conjuguent comme *geler* et *placer*.

RO Tous les verbes en *-eter*, sauf *jeter* et ses composés, peuvent se conjuguer selon ce modèle.

❻ céder

1 cède, cédons **2** cédais, cédions **3** cédai, cédâmes **4** céderai, céderons *ou* **RO** cèderai, cèderons **5** céderais, céderions *ou* **RO** cèderais, cèderions **6** cède, cédions **7** cède, cédons **8** cédant **9** cédé

✚ Les verbes en *-é* + consonne(s) + *-er* (ex. *célébrer, lécher, déléguer, préférer*, etc.) se conjuguent de la même manière.

✚ Les verbes en *-éger* (ex. *protéger*) se conjuguent comme *céder* et *bouger*. Les verbes en *-écer* (ex. *rapiécer*) se conjuguent comme *céder* et *placer*.

REM. La prononciation actuelle appellerait plutôt l'accent grave au futur et au conditionnel *(je cèderai ; je cèderais)*.

❼ épier

1 épie, épions **2** épiais, épiions **3** épiai, épiâmes **4** épierai, épierons **5** épierais, épierions **6** épie, épiions **7** épie, épions **8** épiant **9** épié

• prier

1 prie, prions **2** priais, priions **3** priai, priâmes **4** prierai, prierons **5** prierais, prierions **6** prie, priions **7** prie, prions **8** priant **9** prié

❽ noyer

1 noie, noyons **2** noyais, noyions **3** noyai, noyâmes **4** noierai, noierons **5** noierais, noierions **6** noie, noyions **7** noie, noyons **8** noyant **9** noyé

✚ Les verbes en *-uyer* (ex. *appuyer*) se conjuguent de la même manière.

REM. *Envoyer* fait au futur : *j'enverrai*, et au conditionnel : *j'enverrais*.

• payer

1 paie *ou* paye, payons **2** payais, payions **3** payai, payâmes **4** paierai, paierons *ou* payerai, payerons **5** paierais, paierions *ou* payerais, payerions **6** paie *ou* paye, payions **7** paie *ou* paye, payons **8** payant **9** payé

✚ Tous les verbes en *-ayer* se conjuguent de cette manière.

9 aller

1 vais, vas, va, allons, allez, vont **2** allais, allions, allaient **3** allai, allâmes, allèrent **4** irai, irons, iront **5** irais, irions, iraient **6** aille, allions, aillent **7** va, allons **8** allant **9** allé

Verbes irréguliers en *-ir*

10 haïr

1 hais, haïssons **2** haïssais, haïssions **3** haïs, haïmes **4** haïrai, haïrons **5** haïrais, haïrions **6** haïsse, haïssions **7** hais, haïssons **8** haïssant **9** haï

11 courir

1 cours, courons **2** courais, courions **3** courus, courûmes **4** courrai, courrons **5** courrais, courrions **6** coure, courions **7** cours, courons **8** courant **9** couru

12 cueillir

1 cueille, cueillons **2** cueillais, cueillions **3** cueillis, cueillîmes **4** cueillerai, cueillerons **5** cueillerais, cueillerions **6** cueille, cueillions **7** cueille, cueillons **8** cueillant **9** cueilli

13 assaillir

1 assaille, assaillons **2** assaillais, assaillions **3** assaillis, assaillîmes **4** assaillirai, assaillirons **5** assaillirais, assaillirions **6** assaille, assaillions **7** assaille, assaillons **8** assaillant **9** assailli

14 servir

1 sers, servons **2** servais, servions **3** servis, servîmes **4** servirai, servirons **5** servirais, servirions **6** serve, servions **7** sers, servons **8** servant **9** servi

15 bouillir

1 bous, bouillons **2** bouillais, bouillions **3** bouillis, bouillîmes **4** bouillirai, bouillirons **5** bouillirais, bouillirions **6** bouille, bouillions **7** bous, bouillons **8** bouillant **9** bouilli

16 partir

1 pars, partons **2** partais, partions **3** partis, partîmes **4** partirai, partirons **5** partirais, partirions **6** parte, partions **7** pars, partons **8** partant **9** parti

• sentir

1 sens, sentons **2** sentais, sentions **3** sentis, sentîmes **4** sentirai, sentirons **5** sentirais, sentirions **6** sente, sentions **7** sens, sentons **8** sentant **9** senti

17 fuir

1 fuis, fuyons, fuient **2** fuyais, fuyions **3** fuis, fuîmes **4** fuirai, fuirons **5** fuirais, fuirions **6** fuie, fuyions **7** fuis, fuyons **8** fuyant **9** fui

18 couvrir

1 couvre, couvrons **2** couvrais, couvrions **3** couvris, couvrîmes **4** couvrirai, couvrirons **5** couvrirais, couvririons **6** couvre, couvrions **7** couvre, couvrons **8** couvrant **9** couvert

19 mourir

1 meurs, mourons, meurent **2** mourais, mourions **3** mourus, mourûmes **4** mourrai, mourrons **5** mourrais, mourrions **6** meure, mourions **7** meurs, mourons **8** mourant **9** mort

20 vêtir

1 vêts, vêtons **2** vêtais, vêtions **3** vêtis, vêtîmes **4** vêtirai, vêtirions **5** vêtirais, vêtirions **6** vête, vêtions **7** vêts, vêtons **8** vêtant **9** vêtu

21 acquérir

1 acquiers, acquérons, acquièrent **2** acquérais, acquérions, acquéraient **3** acquis, acquîmes **4** acquerrai, acquerrons **5** acquerrais, acquerrions **6** acquière, acquérions **7** acquiers, acquérons **8** acquérant **9** acquis

22 venir

1 viens, venons, viennent **2** venais, venions **3** vins, vînmes **4** viendrai, viendrons **5** viendrais, viendrions **6** vienne, venions **7** viens, venons **8** venant **9** venu

Verbes irréguliers en *-oir*

23 pleuvoir

1 pleut, pleuvent **2** pleuvait, pleuvaient **3** plut, plurent **4** pleuvra, pleuvront **5** pleuvrait, pleuvraient **6** pleuve, pleuvent **8** pleuvant **9** plu

24 prévoir

1 prévois, prévoyons **2** prévoyais, prévoyions **3** prévis, prévîmes **4** prévoirai, prévoirons **5** prévoirais, prévoirions **6** prévoie, prévoyions **7** prévois, prévoyons **8** prévoyant **9** prévu

25 pourvoir

1 pourvois, pourvoyons, pourvoient **2** pourvoyais, pourvoyions **3** pourvus, pourvûmes **4** pourvoirai, pourvoirons **5** pourvoirais, pourvoirions **6** pourvoie, pourvoyions **7** pourvois, pourvoyons **8** pourvoyant **9** pourvu

26 asseoir

1 assieds, asseyons, asseyez, asseyent *ou* assois, assoyons, assoyez, assoient **2** asseyais, asseyions *ou* assoyais, assoyions **3** assis, assîmes, assirent **4** assiérai, assiérons *ou* assoirai, assoirons **5** assiérais, assiérions *ou* assoirais, assoirions **6** asseye, asseyions *ou* assoie, assoyions **7** assieds, asseyons *ou* assois, assoyons **8** asseyant **9** assis

27 mouvoir

1 meus, mouvons **2** mouvais, mouvions **3** mus, mûmes **4** mouvrai, mouvrons **5** mouvrais, mouvrions **6** meuve, mouvions **7** meus, mouvons **8** mouvant **9** mû *ou* **RO** mu, mue, mus, mues

REM. *Émouvoir* et *promouvoir* font au p. p. *ému, ue* et *promu, ue.*

28 recevoir

1 reçois, reçois, reçoit, recevons, recevez, reçoivent **2** recevais, recevions **3** reçus, reçûmes **4** recevrai, recevrons **5** recevrais, recevrions **6** reçoive, recevions **7** reçois, recevons **8** recevant **9** reçu

REM. *Devoir* fait au p. p. *dû, due, dus, dues ; redevoir* fait au p. p. *redû ou* **RO** *redu, redue, redus, redues.*

29 valoir

1 vaux, vaut, valons **2** valais, valions **3** valus, valûmes **4** vaudrai, vaudrons **5** vaudrais, vaudrions **6** vaille, valions **7** vaux, valons **8** valant **9** valu

REM. *Équivaloir* fait au p. p. *équivalu* (invar.). *Prévaloir* fait au subj. prés. *que je prévale* et au p. p. *prévalu, ue.*

• falloir

1 il faut **2** il fallait **3** il fallut **4** il faudra **5** il faudrait **6** il faille **9** fallu

1 présent **2** imparfait **3** passé simple **4** futur **5** conditionnel présent
6 subjonctif présent **7** impératif **8** participe présent **9** participe passé

30 voir

1 vois, voyons, voient **2** voyais, vo**yi**ons **3** vis, vîmes **4** verrai, verrons **5** verrais, verrions **6** voie, vo**yi**ons **7** vois, voyons **8** voyant **9** vu

31 vouloir

1 veux, veut, voulons, veulent **2** voulais, voulions **3** voulus, voulûmes **4** voudrai, voudrons **5** voudrais, voudrions **6** veuille, voulions **7** veux, voulons, voulez *ou* veuille, veuillez **8** voulant **9** voulu

32 savoir

1 sais, savons, savent **2** savais, savions **3** sus, sûmes **4** saurai, saurons **5** saurais, saurions **6** sache, sachions **7** sache, sachons **8** sachant **9** su

33 pouvoir

1 peux *ou* **puis**, peut, pouvons, peuvent **2** pouvais, pouvions **3** pus, pûmes **4** pourrai, pourrons **5** pourrais, pourrions **6** puisse, puissions **8** pouvant **9** pu

34 avoir

1 ai, as, a, avons, avez, ont **2** avais, avais, avait, avions, aviez, avaient **3** eus, eus, eut, eûmes, eûtes, eurent **4** aurai, auras, aura, aurons, aurez, auront **5** aurais, aurais, aurait, aurions, auriez, auraient **6** aie, aies, ait, ayons, ayez, aient **7** aie, ayons, ayez **8** ayant **9** eu

REM. Avec *être, avoir* est l'un des deux verbes auxiliaires servant à former les temps composés : passé composé *(j'ai aimé)*, plus-que-parfait *(j'avais aimé)*, passé antérieur *(j'eus aimé)*, futur antérieur *(j'aurai aimé)*, etc.

Verbes irréguliers en -re

35 conclure

1 conclus, concluons **2** concluais, concluions **3** conclus, conclûmes **4** conclurai, conclurons **5** conclurais, conclurions **6** conclue, concluions **7** conclus, concluons **8** concluant **9** conclu

✚ *Exclure* se conjugue comme *conclure* : p. p. *exclu, ue*. *Inclure* se conjugue comme *conclure* sauf au p. p. *inclus, use*.

36 rire

1 ris, rions **2** riais, r**ii**ons **3** ris, rîmes **4** rirai, rirons **5** rirais, ririons **6** rie, r**ii**ons **7** ris, rions **8** riant **9** ri

37 dire

1 dis, disons, **dites**, disent **2** disais, disions **3** dis, dîmes **4** dirai, dirons **5** dirais, dirions **6** dise, disions **7** dis, disons, **dites** **8** disant **9** dit

✚ *Médire, contredire, dédire, interdire, prédire* se conjuguent comme *dire* sauf au présent de l'indicatif et de l'impératif à la 2e personne du pluriel : *médisez, contredisez, dédisez, interdisez, prédisez.*

• suffire

1 suffis, suffisons **2** suffisais, suffisions **3** suffis, suffîmes **4** suffirai, suffirons **5** suffirais, suffirions **6** suffise, suffisions **7** suffis, suffisons **8** suffisant **9** suffi

✚ *Confire* se conjugue comme *suffire* sauf au p. p. : *confit, ite.*

38 nuire

1 nuis, nuisons **2** nuisais, nuisions **3** nuisis, nuisîmes **4** nuirai, nuirons **5** nuirais, nuirions **6** nuise, nuisions **7** nuis, nuisons **8** nuisant **9** nui

✚ Les verbes *luire* et *reluire* se conjuguent de la même manière.

• conduire

1 conduis, conduisons **2** conduisais, conduisions **3** conduisis, conduisîmes **4** conduirai, conduirons **5** conduirais, conduirions **6** conduise, conduisions **7** conduis, conduisons **8** conduisant **9** conduit

✚ Les verbes *construire, cuire, déduire, détruire, enduire, induire, instruire, introduire, produire, réduire, séduire, traduire* se conjuguent de la même manière.

39 écrire

1 écris, écrivons **2** écrivais, écrivions **3** écrivis, écrivîmes **4** écrirai, écrirons **5** écrirais, écririons **6** écrive, écrivions **7** écris, écrivons **8** écrivant **9** écrit

40 suivre

1 suis, suivons **2** suivais, suivions **3** suivis, suivîmes **4** suivrai, suivrons **5** suivrais, suivrions **6** suive, suivions **7** suis, suivons **8** suivant **9** suivi

41 rendre

1 rends, rends, rend, rendons, rendez, rendent **2** rendais, rendions **3** rendis, rendîmes **4** rendrai, rendrons **5** rendrais, rendrions **6** rende, rendions **7** rends, rendons **8** rendant **9** rendu

✚ Les verbes en *-andre* (ex. *répandre*), *-erdre* (ex. *perdre*), *-ondre* (ex. *répondre*), *-ordre* (ex. *mordre*) se conjuguent de la même manière.

• rompre

1 romps, rompons **2** rompais, rompions **3** rompis, rompîmes **4** romprai, romprons **5** romprais, romprions **6** rompe, rompions **7** romps, rompons **8** rompant **9** rompu

✚ Les verbes *corrompre* et *interrompre* se conjuguent de la même manière.

• battre

1 bats, bat, battons **2** battais, battions **3** battis, battîmes **4** battrai, battrons **5** battrais, battrions **6** batte, battions **7** bats, battons **8** battant **9** battu

42 vaincre

1 vaincs, vainc, vainquons **2** vainquais, vainquions **3** vainquis, vainquîmes **4** vaincrai, vaincrons **5** vaincrais, vaincrions **6** vainque, vainquions **7** vaincs, vainquons **8** vainquant **9** vaincu

43 lire

1 lis, lisons **2** lisais, lisions **3** lus, lûmes **4** lirai, lirons **5** lirais, lirions **6** lise, lisions **7** lis, lisons **8** lisant **9** lu

44 croire

1 crois, croyons, croient **2** croyais, cro**yi**ons **3** crus, crûmes **4** croirai, croirons **5** croirais, croirions **6** croie, cro**yi**ons **7** crois, croyons **8** croyant **9** cru

45 clore

1 clos, clos, clôt, closent **2** et **3** *(inusité)* **4** clorai, clorons **5** clorais, clorions **6** close, closions **7** clos, **8** closant **9** clos

46 vivre

1 vis, vivons **2** vivais, vivions **3** vécus, vécûmes **4** vivrai, vivrons **5** vivrais, vivrions **6** vive, vivions **7** vis, vivons **8** vivant **9** vécu

47 moudre
1 mouds, moulons **2** moulais, moulions **3** moulus, moulûmes **4** moudrai, moudrons **5** moudrais, moudrions **6** moule, moulions **7** mouds, moulons **8** moulant **9** moulu

REM. Formes rares sauf *moudre, moudrai(s), moulu, ue.*

48 coudre
1 couds, cousons, cousez, cousent **2** cousais, cousions **3** cousis, cousîmes **4** coudrai, coudrons **5** coudrais, coudrions **6** couse, cousions **7** couds, cousons **8** cousant **9** cousu

49 joindre
1 joins, joignons **2** joignais, joi**gni**ons **3** joignis, joignîmes **4** joindrai, joindrons **5** joindrais, joindrions **6** joigne, joi**gni**ons **7** joins, joignons **8** joignant **9** joint

50 distraire
1 distrais, distrayons **2** distrayais, distra**yi**ons **3** *(inusité)* **4** distrairai, distrairons **5** distrairais, distrairions **6** distraie, distra**yi**ons **7** distrais, distrayons **8** distrayant **9** distrait

51 absoudre
1 absous, absolvons **2** absolvais, absolvions **3** *(inusité)* **4** absoudrai, absoudrons **5** absoudrais, absoudrions **6** absolve, absolvions **7** absous, absolvons **8** absolvant **9** absous *ou* RO absout, absoute, absous *ou* RO absouts, absoutes

✚ *Dissoudre* se conjugue comme *absoudre. Résoudre* se conjugue comme *absoudre,* mais le passé simple *je résolus* est courant.

REM. *Résoudre* a deux participes passés : *résolu, ue (problème résolu),* et *résous, oute (brouillard résous en pluie* [rare]).

52 craindre
1 crains, craignons **2** craignais, crai**gni**ons **3** craignis, craignîmes **4** craindrai, craindrons **5** craindrais, craindrions **6** craigne, crai**gni**ons **7** crains, craignons **8** craignant **9** craint

• peindre
1 peins, peignons **2** peignais, pei**gni**ons **3** peignis, peignîmes **4** peindrai, peindrons **5** peindrais, peindrions **6** peigne, pei**gni**ons **7** peins, peignons **8** peignant **9** peint

53 boire
1 bois, buvons, boivent **2** buvais, buvions **3** bus, bûmes **4** boirai, boirons **5** boirais, boirions **6** boive, buvions **7** bois, buvons **8** buvant **9** bu

54 plaire
1 plais, plaît *ou* RO plait, plaisons **2** plaisais, plaisions **3** plus, plûmes **4** plairai, plairons **5** plairais, plairions **6** plaise, plaisions **7** plais, plaisons **8** plaisant **9** plu

REM. Le participe passé de *plaire, complaire, déplaire* est invariable.

• taire
1 tais, taisons **2** taisais, taisions **3** tus, tûmes **4** tairai, tairons **5** tairais, tairions **6** taise, taisions **7** tais, taisons **8** taisant **9** tu

55 croître
1 croîs, croissons **2** croissais, croissions **3** crûs, crûmes **4** croîtrai, croîtrons **5** croîtrais, croîtrions **6** croisse, croissions **7** croîs, croissons **8** croissant **9** crû, crue, crus, crues

• accroître
1 accrois, accroissons **2** accroissais, accroissions **3** accrus, accrûmes **4** accroîtrai *ou* RO accroitrai, accroîtrons *ou* RO accroitrons **5** accroîtrais *ou* RO accroitrais, accroîtrions *ou* RO accroitrions **6** accroisse, accroissions **7** accrois, accroissons **8** accroissant **9** accru

✚ *Décroître* se conjugue comme *accroître.*

56 mettre
1 mets, mettons **2** mettais, mettions **3** mis, mîmes **4** mettrai, mettrons **5** mettrais, mettrions **6** mette, mettions **7** mets, mettons **8** mettant **9** mis

57 connaître
1 connais, connaît *ou* RO connait, connaissons **2** connaissais, connaissions **3** connus, connûmes **4** connaîtrai, connaîtrons **5** connaîtrais, connaîtrions **6** connaisse, connaissions **7** connais, connaissons **8** connaissant **9** connu

58 prendre
1 prends, prenons, prennent **2** prenais, prenions **3** pris, prîmes **4** prendrai, prendrons **5** prendrais, prendrions **6** prenne, prenions **7** prends, prenons **8** prenant **9** pris

59 naître
1 nais, naît *ou* RO nait, naissons **2** naissais, naissions **3** naquis, naquîmes **4** naîtrai, naîtrons **5** naîtrais, naîtrions **6** naisse, naissions **7** nais, naissons **8** naissant **9** né

60 faire
1 fais, fais, fait, faisons, **faites**, font **2** faisais, faisions **3** fis, fîmes **4** ferai, ferons **5** ferais, ferions **6** fasse, fassions **7** fais, faisons, **faites** **8** faisant **9** fait

61 être
1 suis, es, est, sommes, êtes, sont **2** étais, étais, était, étions, étiez, étaient **3** fus, fus, fut, fûmes, fûtes, furent **4** serai, seras, sera, serons, serez, seront **5** serais, serais, serait, serions, seriez, seraient **6** sois, sois, soit, soyons, soyez, soient **7** sois, soyons, soyez **8** étant **9** été

REM. Avec *avoir, être* est l'un des deux verbes auxiliaires servant à former les temps composés : passé composé *(je suis arrivé, ée),* plus-que-parfait *(j'étais arrivé, ée),* passé antérieur *(je fus arrivé, ée),* futur antérieur *(je serai arrivé, ée),* etc.

Données géographiques (chiffres arrondis)

Circonférence à l'Équateur : 40 067 km
Superficie des océans : 362 millions de km² (71 %)
Superficie des terres émergées : 149 millions de km² (29 %)

Océans

Pacifique : 179 millions de km²
Atlantique : 92 millions de km²
Indien : 76 millions de km²
Arctique : 15 millions de km²

Continents

Asie : 44 millions de km²
Amérique : 42 millions de km²
Amérique du Nord : 24 millions de km²
Amérique du Sud : 18 millions de km²
Afrique : 30 millions de km²
Antarctique : 14 millions de km²
Europe : 10 millions de km²
Océanie : 9 millions de km²

OCÉAN
GLAC
Groenland (Dan.)
Alaska (É.-U.)
CANADA
ÉTATS-UNIS
Saint-Pierre et Miquelon (Fr.)
EURO
AMÉRIQUE
Bermudes (R.-U.)
Açores (Port.)
OCÉAN ATLANTIQUE
Madère (Port.)
Canaries (Esp.)
Tropique du Cancer
Hawaï (É.-U.)
Guadalupe (Mex.)
MEXIQUE
BAHAMAS
CUBA
Revilla Gigedo (Mex.)
RÉPUBLIQUE DOMINICAINE
Porto Rico (É.-U.)
J.
HA.
ANTIGUA-ET-BARBUDA
BELIZE
HONDURAS
Guadeloupe (Fr.)
MAURITA
GUATEMALA
DOMINIQUE
Martinique (Fr.)
Cap-Vert
SÉNÉG
Clipperton (Fr.)
SALVADOR
NICARAGUA
BARBADE
GRENADE
GAMBIE
GUINÉE-BISSAU
COSTA RICA
TRINITÉ-ET-TOBAGO
SIERRA LEONE
PANAMÁ
VENEZUELA
GUYANA
SURINAME
GUYANE (Fr.)
Équateur
Galapagos (Éq.)
COLOMBIE
São Paulo (Brésil)
KIRIBATI
ÉQUATEUR
Fernando de Noronha (Brésil)
Ascension (R.-U.)
Wallis et Futuna (Fr.)
Tokelau (N.-Z.)
OCÉAN PACIFIQUE
BRÉSIL
PÉROU
Samoa (É.-U.)
SAMOA
Cook (N.-Z.)
BOLIVIE
Tonga
Niue (N.-Z.)
Polynésie française (Fr.)
PARAGUAY
Pitcairn (R.-U.)
Sala y Gomez (Chili)
CHILI
Tropique du Capricorne
Pâques (Chili)
URUGUAY
Tristan da Cun (R.-U.)
ARGENTINE
Malouines (R.-U.)
Géorgie du Sud (R.-U.)
Sandwic du Sud (R.-U.)
Orcades du Sud (R.-U.)
OCÉAN
(Chili - Argentine - Royaume-Uni)
ISLANDE
SUÈDE
FINLANDE
Féroé (Dan.)
NORVÈGE
ESTONIE
LETTONIE
DANEMARK
LITUANIE
ROYAUME-UNI
IRLANDE
PAYS-BAS
POLOGNE
BIÉLORUSSIE
ALLEMAGNE
BELGIQUE
Îles Anglo-Normandes
LUX.
RÉP. TCHÈQUE
UKRAINE
SLOVAQUIE
LI.
FRANCE
SUISSE
AUTRICHE
HONGRIE
MOLDAVIE
SLOVÉNIE
ROUMANIE
CROATIE
SERBIE
BOSNIE-H.
ANDORE
MONTÉNÉGRO
BULGARIE
ESPAGNE
KOSOVO
MACÉDOINE
PORTUGAL
ALB.
TURQUIE
ITALIE
MALTE
GRÈCE
AMÉRIQUE
HA. : HAÏTI
J. : JAMAÏQUE

AFRIQUE

B.F. : BURKINA FASO
B. : BURUNDI
G. É. : GUINÉE ÉQUATORIALE
MALA. : MALAWI
R. : RWANDA

EUROPE

LI. : LIECHTENSTEIN
LUX. : LUXEMBOURG

ASIE

A. : ARMÉNIE
AZERB. : AZERBAÏDJAN
BANGL. : BANGLADESH
G. : GÉORGIE
JORD. : JORDANIE
KIRG. : KIRGHIZSTAN
OUZB. : OUZBÉKISTAN
TURKM. : TURKMÉNISTAN

Répartition de la population

Un point représente : 500 000 habitants

Europe 742 Population par continent en millions d'habitants (la Russie est comptabilisée dans l'Europe)
Source : Population Reference Bureau, 2015.

Les pays les plus peuplés (en millions d'habitants)

1. Chine : 1 371
2. Inde : 1 314
3. États-Unis : 321
4. Indonésie : 255
5. Brésil : 204
6. Pakistan : 199
7. Nigeria : 181
8. Bangladesh : 160
9. Russie : 144
10. Mexique : 127
11. Japon : 126
12. Philippines : 103
13. Éthiopie : 98
14. Viêtnam : 91
15. Égypte : 89
16. Allemagne : 81
17. Turquie : 78
18. Iran : 78
19. Congo (Rép. Dem.) : 73
20. Thaïlande : 65
21. Royaume Uni : 65
22. France : 64
23. Italie : 62
24. Afrique du Sud : 55
25. Birmanie : 52
26. Tanzanie : 52
27. Corée du Sud : 50
28. Colombie : 48

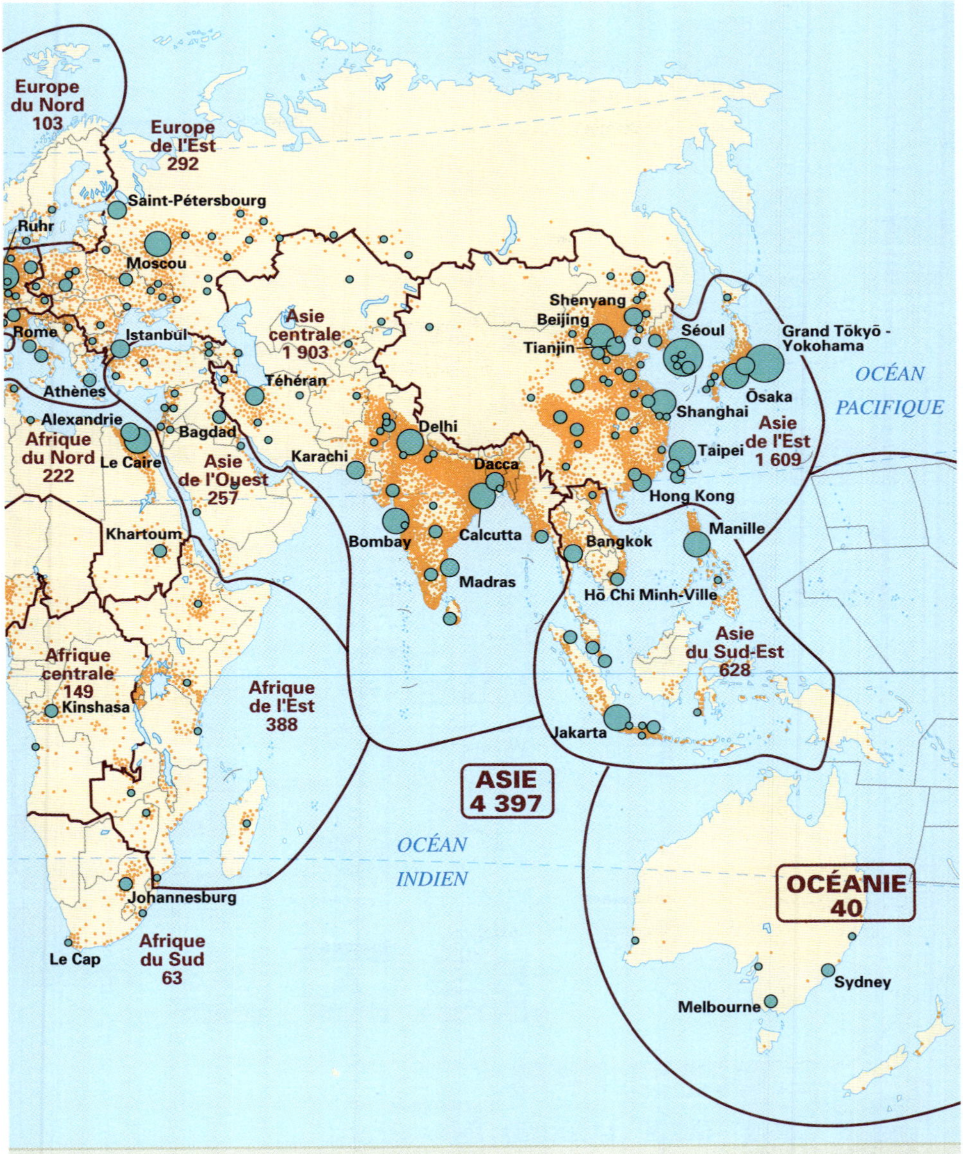

Agglomérations en millions d'habitants :

- 1 à 2,4 millions
- 2,5 à 4,4 millions
- 4,5 à 7,9 millions
- 8 à 14 millions
- Plus de 15 millions

Les plus grandes agglomérations (en millions d'habitants)

1. Tokyo : 38
2. Delhi : 25,7
3. Shanghai : 23,74
4. São Paulo : 21,07
5. Bombay : 21,04
6. Ciudad de México : 21
7. Beijing : 20,38
8. Osaka : 20,24
9. Le Caire : 18,77
10. New York : 18,59
11. Dacca : 17,6
12. Karachi : 16,62
13. Buenos Aires : 15,18
14. Calcutta : 14,86
15. Istanbul : 14,16
16. Chongqing : 13,33
17. Lagos : 13,12
18. Manille : 12,95
19. Rio de Janeiro : 12,9
20. Canton : 12,46
21. Los Angeles : 12,31
22. Moscou : 12,17
23. Kinshasa : 11,59
24. Tianjin : 11,21
25. Paris : 10,84
26. Shenzhen : 10,75
27. Jakarta : 10,32
28. Londres : 10,31

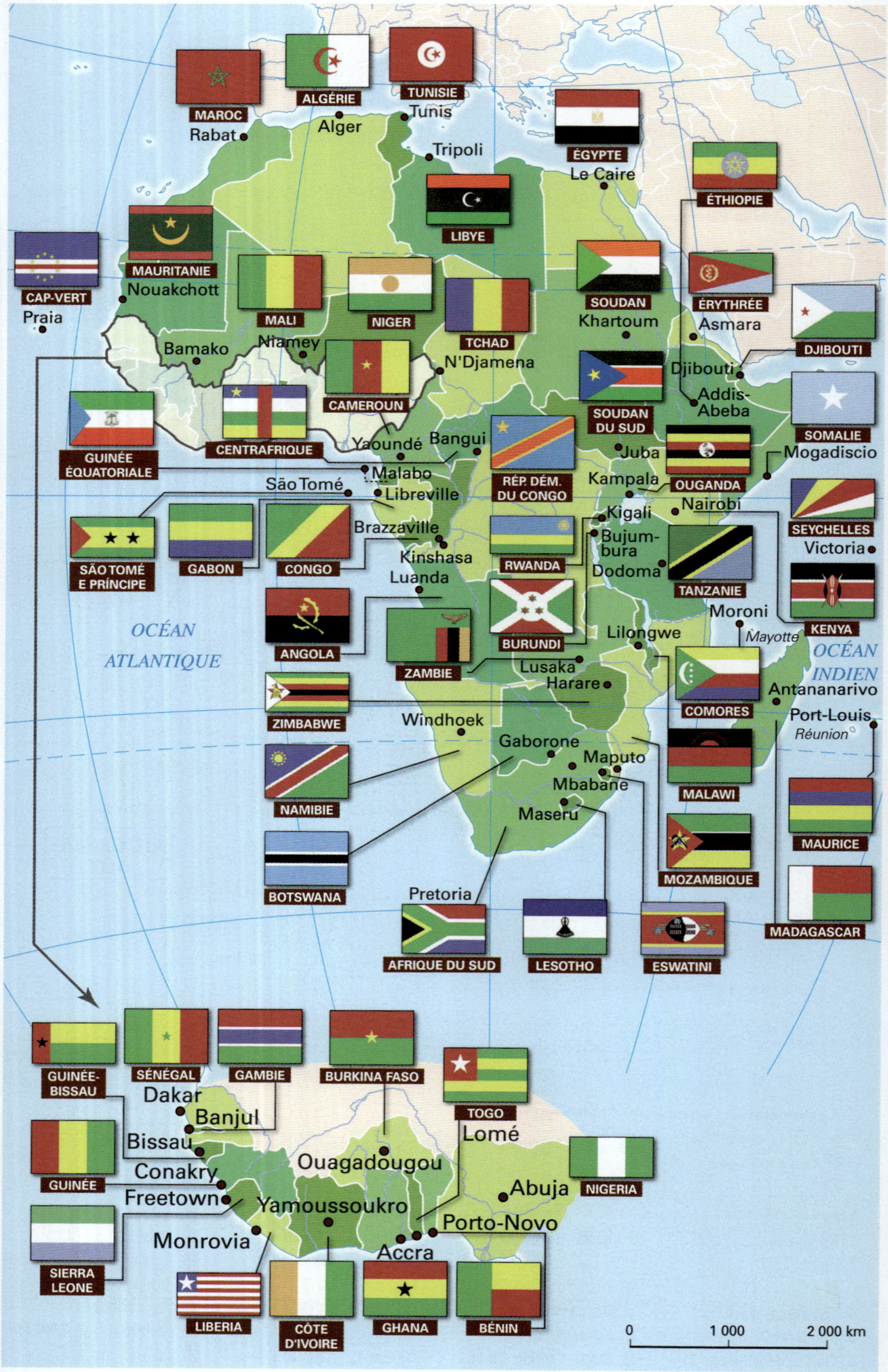
MAROC
Rabat
ALGÉRIE
Alger
TUNISIE
Tunis
Tripoli
LIBYE
ÉGYPTE
Le Caire
ÉTHIOPIE
Addis-Abeba
CAP-VERT
Praia
MAURITANIE
Nouakchott
MALI
Bamako
NIGER
Niamey
TCHAD
N'Djamena
SOUDAN
Khartoum
ÉRYTHRÉE
Asmara
DJIBOUTI
Djibouti
CAMEROUN
Yaoundé
CENTRAFRIQUE
Bangui
SOUDAN DU SUD
Juba
SOMALIE
Mogadiscio
GUINÉE ÉQUATORIALE
Malabo
São Tomé
Libreville
RÉP. DÉM. DU CONGO
Kinshasa
Kampala
OUGANDA
Nairobi
SEYCHELLES
Victoria
SÃO TOMÉ E PRÍNCIPE
GABON
CONGO
Brazzaville
Luanda
RWANDA
Kigali
Bujumbura
Dodoma
TANZANIE
KENYA
Moroni
Mayotte
OCÉAN ATLANTIQUE
ANGOLA
ZAMBIE
BURUNDI
Lilongwe
Lusaka
Harare
COMORES
OCÉAN INDIEN
Antananarivo
Port-Louis
Réunion
ZIMBABWE
Windhoek
Gaborone
Maputo
Mbabane
Maseru
MALAWI
NAMIBIE
MAURICE
MOZAMBIQUE
BOTSWANA
Pretoria
MADAGASCAR
AFRIQUE DU SUD
LESOTHO
ESWATINI
GUINÉE-BISSAU
SÉNÉGAL
GAMBIE
BURKINA FASO
TOGO
Dakar
Banjul
Bissau
Lomé
Ouagadougou
GUINÉE
Conakry
Abuja
NIGERIA
Freetown
Yamoussoukro
Porto-Novo
Monrovia
Accra
SIERRA LEONE
LIBERIA
CÔTE D'IVOIRE
GHANA
BÉNIN
0
1 000
2 000 km

CANADA
Ottawa
ÉTATS-UNIS
Washington D.C.
HAÏTI
Port-au-Prince
RÉP. DOMINICAINE
Saint-Domingue
CUBA
La Havane
BAHAMAS
Nassau
BELIZE
Belmopan
MEXIQUE
Mexico
JAMAÏQUE
Kingston
Petites Antilles
VENEZUELA
HONDURAS
Tegucigalpa
GUATEMALA
Ciudad de Guatemala
Caracas
GUYANA
Panama
NICARAGUA
Managua
Bogotá
Georgetown
Paramaribo
SURINAME
SALVADOR
San Salvador
Quito
COLOMBIE
COSTA RICA
San José
ÉQUATEUR
BRÉSIL
OCÉAN PACIFIQUE
Lima
PANAMA
PÉROU
BOLIVIE
Brasília
Sucre
PARAGUAY
Asunción
CHILI
OCÉAN ATLANTIQUE
Santiago
Buenos Aires
Montevideo
ARGENTINE
URUGUAY
Petites Antilles
ST-KITTS-ET-NEVIS
Basseterre
ANTIGUA-ET-BARBUDA
Saint John's
Guadeloupe
DOMINIQUE
Roseau
STE-LUCIE
Martinique
Castries
ST-VINCENT-ET-LES-GRENADINES
Kingstown
BARBADE
Bridgetown
GRENADE
St George's
TRINITÉ-ET-TOBAGO
Port of Spain
0
1 000
2 000 km

Moscou
RUSSIE
TURQUIE
ARMÉNIE
GÉORGIE
AZERBAÏDJAN
KAZAKHSTAN
Ankara
Noursoultan
SYRIE
LIBAN
Tbilissi
Erevan
Beyrouth
Bakou
Damas
Amman
ISRAËL
Bagdad
Jérusalem
OUZBÉKISTAN
KIRGHIZSTAN
TURKMÉNISTAN
Tachkent
Bichkek
Achgabat
Téhéran
Douchanbé
TADJIKISTAN
IRAK
KOWEÏT
IRAN
JORDANIE
Koweït
AFGHANISTAN
Kaboul
ARABIE SAOUDITE
Riyad
Manama
Doha
Islamabad
Abou Dhabi
PAKISTAN
NÉPAL
BHOUTAN
New Delhi
Katmandou
Thimphou
BAHREÏN
Mascate
Sanaa
OMAN
YÉMEN
QATAR
Dacca
INDE
BANGLADESH
ÉMIRATS ARABES UNIS
Colombo
Malé
SRI LANKA
MALDIVES
OCÉAN INDIEN

0
500
1 000 km
OCÉAN
PACIFIQUE
Oulan-Bator
MONGOLIE
CORÉE DU NORD
Pyongyang
JAPON
Tōkyō
Séoul
CORÉE DU SUD
Beijing (Pékin)
CHINE
LAOS
VIÊTNAM
BIRMANIE (MYANMAR)
Hanoi
Naypyidaw
Vientiane
Manille
PHILIPPINES
CAMBODGE
Phnom Penh
Bangkok
THAÏLANDE
BRUNEI
Bandar Seri Begawan
MALAISIE
Kuala Lumpur
SINGAPOUR
INDONÉSIE
Jakarta
TIMOR ORIENTAL
Dili

0
250
500 km
ISLANDE
Reykjavik
NORVÈGE
Oslo
DANEMARK
Copenhague
IRLANDE
Dublin
ROYAUME-UNI
Londres
PAYS-BAS
Amsterdam
ALLEMAGNE
BELGIQUE
Bruxelles
Luxembourg
Paris
LUXEMBOURG
LIECHTENSTEIN
Berne
Vaduz
FRANCE
SUISSE
SLOVÉNIE
Saint-Marin
Monaco
ITALIE
Andorre
MONACO
SAINT-MARIN
Rome
ESPAGNE
ANDORRE
PORTUGAL
Madrid
Lisbonne
VATICAN

FINLANDE
SUÈDE
Helsinki
Tallinn
ESTONIE
Stockholm
RUSSIE
Riga
LETTONIE
Moscou
LITUANIE
BIÉLORUSSIE
Vilnius
Minsk
Berlin
POLOGNE
Varsovie
Kiev
Prague
RÉP. TCHÈQUE
SLOVAQUIE
UKRAINE
MOLDAVIE
AUTRICHE
Bratislava
Vienne
Budapest
HONGRIE
Chisinau
Ljubljana
CROATIE
Zagreb
ROUMANIE
Belgrade
Bucarest
Sarajevo
SERBIE
BOSNIE-HERZÉGOVINE
Podgorica
Pristina
Sofia
BULGARIE
Skopje
Tirana
MONTÉNÉGRO
MACÉDOINE
KOSOVO
ALBANIE
Athènes
GRÈCE
La Valette
MALTE
Nicosie
CHYPRE

OCÉAN
PACIFIQUE
ÉTATS FÉDÉRÉS DE MICRONÉSIE
Palikir
NAURU
Yaren
MARSHALL
Delap-Uliga-Darrit
KIRIBATI
Tarawa
PALAOS
Melekeok
PAPOUASIE-NOUVELLE-GUINÉE
Port Moresby
TUVALU
Funafuti
Honiara
SALOMON
VANUATU
Port-Vila
Wallis et Futuna
SAMOA
Apia
Suva
Nouvelle-Calédonie
FIDJI
Nuku'alofa
TONGA
AUSTRALIE
Canberra
Polynésie française
Wellington
NOUVELLE-ZÉLANDE
OCÉAN GLACIAL
ANTARCTIQUE
0
1 000
2 000 km

Crédits photographiques

De haut en bas et de gauche à droite pour les planches (pl), les groupements d'images (gr) et les images composites (ic).

A

AALTO ROGER-VIOLLET/Ullstein Bild. **ABBA** PHOTO12-ALAMY. **ABBAS** SIPA/Gaza Press/Rex Features. **ABBAYE** GAMMA-RAPHO/Explorer/Hoa-Qui/Jourdan F. **ABIDJAN** GAMMA-RAPHO/Hoa-Qui/Ascani Maurice. **ABOU DHABI** GAMMA-RAPHO/Hoa-Qui/Perousse Bruno. **ABOU SIMBEL** GAMMA-RAPHO/Hoa-Qui/Buss Wojtek. **ABSIDE** FRANCEDIAS/Rosenthal Régine. **ABSTRAIT** BIS/ Archives Larbor/Artcurial © Adagp, Paris 2022. **ABYSSES** (pl) GAMMA-RAPHO/Npl/Jacana; GAMMA-RAPHO/David Shale/Npl/Jacana; FACE TO FACE/Pierre Guiberte; GAMMA-RAPHO/Npl/Jacana/David Shale; GAMMA-RAPHO/Npl/Jacana/David Shale; GAMMA-RAPHO/Npl/Jacana/David Shale; GAMMA-RAPHO/Npl/Jacana/David Shale; NORBERT WUU/www.norbertwu.com; GAMMA-RAPHO/Npl/Jacana/David Shale; NORBERT WUU/www.nortbertwu.com; NOAA/Monterey Bay Aquarium Research Institute. **ACADÉMISME** BIS/Archives Larbor. **ACCROBRANCHE** URBA IMAGES/Noisette. **AC/DC** GAMMA-RAPHOs/Gamma/De Sota George. **ACHÉMÉNIDE** LEEMAGE/Hubert Josse. **ACONCAGUA** ANA/Jacques du Sordet. **ACROPOLE** GAMMA-RAPHO/Rapho/Georg Gerster. **ADEN** CORBIS. **ADER** BIS/Coll. Archives Larbor. **ADAM** CORBIS/Éric Fougère. **ADJANI** TCD/Bouteiller/Prod DB/Films du Carrosse/DR. **ADOBE** HEMIS/Derwal Fred. **ADORATION** BIS/Archives Larbor. **ADOUBER** BIS/Coll. Archives Nathan. **AÉROPOSTALE** ROGER-VIOLLET. **AFFICHE** (pl) CORBIS/Bob Krist; BIS/Archives Larbor/Jeanbor; BIS/Archives Nathan; BIS/ Archives Larbor/Musée de la Publicité, Paris © Adagp, Paris 2022; BIS/Coll Archives Larbor/ J. Bottet/DR; © « Breastfeeding » « septembre 1989-Oliviero Toscani »; BIS/Coll. Archives Nathan © Adagp, Paris 2022; BIS/Coll. Archives Larbor/Affiche de Léo Kouper/Roy Export S.A.S. © Adagp, Paris 2022; BIS/Coll. Archives Nathan © MOURON. CASSANDRE. Lic.2009-02-03-01 www.cassandre.fr.; BIS/Coll. Archives Larbor © Successió Miró/Adagp, Paris 2022. **AFGHANISTAN** COSMOS/Pascal Maitre. **AFRIQUE** REA/David Rose/Panos; CORBIS/ Sygma/Patrick Robert. **AFRIQUE** (pl) CORBIS/Lindsay Hebberd; RMN/Jean-Gilles Berizzi; BIS/Archives Larbor/Hughes Dubois; RMN Dist./Bkp Berlin/Droits réservés; RMN/Béatrice Hatala; LEEMAGE/Costa; RMN/Jean-Gilles Berizzi; RMN/Jean-Gilles Berizzi; RMN/Michèle Bellot; RMN/Daniel Arnaudet; GAMMA-RAPHO/Hoa-Qui/Huet Michel; RMN/Daniel Arnaudet; RMN/Jean-Gilles Berizzi; RMN/Daniel Arnaudet; BIS/Archives Larbor/J.-M. Labat. **AFRIQUE DU SUD** CORBIS/Gallo Images/Bredan Ryan. **AGAMEMNON** BRIDGEMAN-GIRAUDON. **AGEN** FRANCEDIAS/Cassaigne A.-J. **AHMADINEJAD** SIPA/Farnood. **AIGUIÈRE** RMN/Jean-Gilles Berizzi. **AI WEIWEI** CORBIS/Colin McPherson. **AIX-EN-PROVENCE** GAMMA-RAPHO/Hoa-Qui/Yann Guichaoua. **AJACCIO** FRANCEDIAS/Huitel Roland. **AKHENATON** RMN/Franck Raux. **AKHMATOVA** AKG/Ria-Novosti. **AKIHITO** AFP/Issei Kato. **AKKADIEN** RMN/Les frères Chuzeville. **ALAÏA** SIPA/Catuffe. **ALAMEIN (EL)** ROGER-VIOLLET/Lapi. **ALASKA** COSMOS/B & C Alexander. **ALBERT II** GAMMA-RAPHO/Gamma/Lebrun Didier. **ALBI** FRANCEDIAS/Coppee Patrice. **ALEXANDRE LE GRAND** RMN Dist./ Archives Alinari, Florence/Luciano Pedicini. **ALGER** ANDIA/Khamallah. **ALGÉRIE** SIPA/Delacouchy. REA/Sven Torfinn/Panos; GAMMA-RAPHO/Gamma/Menouar. **ALGÉRIE** (guerre) (gr) GAMMA-RAPHO/Rapho/Maurice Zalewski; GAMMA-RAPHO/Top-Rapho/Michel Desjardins; GAMMA-RAPHO/Rapho/Dominique Berretty. **ALHAMBRA** GAMMA-RAPHO/Rapho/Roland et Sabrina Michaud. **ALIÉNOR** D'AQUITAINE LEEMAGE/Hubert Josse. **ALLEMAGNE** HEMIS/Frilet Patrick; HEMIS/Pompe Ingolf; SIGNATURES/Robert Kluba. **ALLEN** TCD/Bouteiller/Prod DB/Ingenious/DR. **ALMODOVAR** TCD/Bouteiller/Prod DB/El Deseo s. a- Ciby 2000/DR. **ALONG** HEMIS/René Mattes. **ALPAGE** FRANCEDIAS/Patrice Labarbe. **Alsop** SIPA/AP/Desmond Boylan. **ALTAÏ** CORBIS/Hamid Sardar. **ALTAMIRA** AKG. **ALTERMONDIALISME** SIPA/ Haley. **AMALFI** HEMIS/Jean-Pierre Lescourret. **AMAZONE** FOTOLIA/Urbanhearts. **AMERICA** CORBIS/Maurizio Gambarini/epa. **AMÉRINDIENS** (pl) BRIDGEMAN-GIRAUDON/Private Collection/Peter Newark Western Americana; © GALERIE FLAK; © GALERIE FLAK; CORBIS/Geoffrey Clements; © GALERIE FLAK; CORBIS/Nativestock Pictures/Marilyn Angel Wynn; CORBIS/Bowers Museum of Cultural Art; BRIDGEMAN-GIRAUDON/Peabody Essex Museum, Salem, Massachusetts, Usa; CORBIS/Nativestock Pictures/Marilyn Angel Wynn; © GALERIE FLAK; © GALERIE FLAK. **AMIENS** FRANCEDIAS/Roussel Didier. **AMON** RMN/Hervé Lewandowski. **AMPHITHÉÂTRE** GAMMA-RAPHO/Age/Hoa-Qui/José Fuste Raga. **AMSTERDAM** GAMMA-RAPHO/Hoa-Qui/Wolf Alfred. **AMUNDSEN** RUE DES ARCHIVES/Mary Evans. **ANATOMIE** **(muscles)** Medicalpictures/Isabel Christensen; Medicalpictures/Isabel Christensen; BSIP/Jacopin. **ANATOMIE** **(squelette)** Medicalpictures/Isabel Christensen. **ANDES** GAMMA-RAPHO/Hoa-Qui/Veronique Durruty. **ANGELICO** RMN Dist./Archives Alinari, Florence/Nicolo Orsi Battaglini. **ANGERS** FRANCEDIAS/Macherel David. **ANGKOR** ALTITUDE/Hiscocks Helen. **ANGOULÊME** GAMMA-RAPHO/Hoa-Qui/Thibault N. **ANKARA** CORBIS/Yann Arthus-Bertrand. **ANNAPURNA** CORBIS/Howard Davies. **ANNAUD** RDA/Rue des Archives. **ANNECY** FRANCEDIAS/Coupe Serge. **ANONYMOUS** ZUMA-REA/Mark Makela. **ANTHROPOMORPHE** LEEMAGE/Lylho. **ANUBIS** BRIDGEMAN-GIRAUDON/Alinari. **ANVERS** GAMMA-RAPHO/Age/Hoa-Qui/Nils-Johan Norenling. **APARTHEID** (gr) GAMMA-RAPHO/Gamma/Vassal Hughes; BIS/Archives Larbor/Jeanbor. **APHRODITE** BIS/Coll. Archives Larbor. **APOCALYPSE** BIS/ Coll. Archives Larbor. **APOLLINAIRE** BIS/Coll. Archives Larbor/Françoise Foliot. **APOLLON** RMN/René-Gabriel Ojéda. **APÔTRE** LEEMAGE/Heritage Images. **APPENZELL** GAMMA-RAPHO/Age/Hoa-Qui/Angelo Cavalli. **APSARA** LEEMAGE/Costa. **AQUEDUC** GAMMA-RAPHO/Age/Hoa-Qui/Werner Otto. **ARABESQUE** AKG/Gérard Degeorge. **ARAFAT** CORBIS/Antoine Gyori/Agp. **ARAGON** GAMMA-RAPHO/Keystone. **ARARAT** GAMMA-RAPHO/Rapho/Roland et Sabrina Michaud. **ARC-BOUTANT** LEEMAGE/Gusman. **ARDENNES** GAMMA-RAPHO/Keystone/L'Humanité. **ARDITI** THE PICTURE DESK/ The Kobal Collection/SBS Films. **ARIANE** ESA/S. Corvaja. **ARLES** FRANCEDIAS/Rostenthal Régine. **ARLETTY** TCD/Bouteiller/Roger Kahan. **ARMAN** ROGER-VIOLLET © Adagp, Paris 2022. **ARMSTRONG** MAGNUM/Dennis Stock. **ARNO** AFP/Fred Tanneau. **ARRAS** FRANCEDIAS/Verecque Christophe. **ART NOUVEAU** (pl) CORBIS/José Fuste Raga; HEMIS/Philippe Renault; RUE DES ARCHIVES/Tal; CORBIS/Christie's images; BIS/Coll. Archives Larbor; SCALA Florence/V & A Images; PHOTONONSTOP/Hervé Gyssels; SCALA Florence; AKG/Hervé Champollion; BIS/Archives Larbor; RMN/Hervé Lewandowski; SCALA Florence. **ARTAXERXÈS** RMN. **ARTHAUD** GAMMA-RAPHO/Gamma/Darmigny François. **ARTHUS-BERTRAND** ALTITUDE/Yann Arthus-Bertrand. **ASIE** GAMMA-RAPHO/Hoa-Qui/Evrard A. **ASSISE** ANA/Stefano Amantini. **ASSURBANIPAL** LEEMAGE/Aisa. **ASTÉROÏDE** COSMOS/Nasa/Spl. **ASTROLABE** BIS/Coll. Archives Nathan. **ATACAMA** GAMMA-RAPHO/Hoa-Qui/Mascot Hervé. **ATHÉNA** THE PICTURE DESK/Coll. Dagli Orti/Gianni Dagli Orti/The Art Archive. **ATHÈNES** PHOTONONSTOP/Tips/Guido Alberto Rossi. **ATHLETISME** SIPA/REX/R/Heathcliff O'Malley; GAMMA-RAPHO/CAMERAPRESS/IWM; CORBIS/EPA/Bernd Thissen; CORBIS/TempSport/Gilbert Lundt; CORBIS/EPA/Kerim Okten; CORBIS/EPA/Peter Foley; CORBIS/TempSport/Gilbert Lundt; CORBIS/Sampics; CORBIS/EPA/Rungroj Yongrit; SIPA/Nivière/Chamussy; DPPI/KMSP/Eddy Lemaistre. **ATLAS** GAMMA-RAPHO/Explorer/Berbain D. **ATOLL** (gr) GETTY/José Azel; GETTY/Jean-Marc Truchet; GAMMA-RAPHO/Hoa-Qui/Renaudeau Michel. **ATTIQUE** BIS/Archives Larbor/Musées du Vatican. **AUCH** GAMMA-RAPHO/Grive Lou/Grandeur Nature. **AUGUSTE** RMN/Les frères Chuzeville. **AUNG SAN SUU KYI** GAMMA-RAPHO/Gamma/Simon Daniel. **AURIGE** AKG/Erich Lessing. **AURILLAC** FRANCEDIAS/ Régine Rosenthal. **AURIOL** GAMMA-RAPHO/Keystone. **AUSCHWITZ** ROGER-VIOLLET Bilderwelt. **AUSTERLITZ** RMN. **AUSTRALIE** GETTY/Oliver Strewe. **AUTEUIL** Sipa/Philippe Leroux. **AUTISSIER** CORBIS/Sigma/Micheline Pelletier. **AUTRICHE** HEMIS/Richard Manin; BIS/Coll. Archives Larbor. **AUXERRE** GAMMA-RAPHO/Explorer/Hoa-Qui/Brun Jacques. **AVALANCHE** (gr) PHOTONONSTOP/Mauritius; GAMMA-RAPHO/Gamma/Lenhof-Rey; CIT'IMAGES/Pierre Rousseau. **AVEDON** MAGNUM/Burt Glinn. **AVERY** BIS/Archives Bordas/TM © Turner Enternainment Co., 2009. **AVIGNON** FRANCEDIAS/Ferregio Dan. **AZTÈQUES** (pl) RMN Dist./ The Trustees of the British Museum; CORBIS/Werner Forman; RMN Dist./The Trustees of the British Museum; AKG/Werner Forman; SCALA/Werner Forman Archive; AKG/Erich Lessing; AKG; BRIDGEMAN-GIRAUDON/Michel Zabe/Aza Inah.

B

BAAL BRIDGEMAN-GIRAUDON/Peter Willi. **BADLANDS** CORBIS/Pat O'Hara. **BAGDAD** SIPA/Alix Pasca. **BAÏKAL** GAMMA-RAPHO/Hoa-Qui/San Bughet. **BAÏKONOUR** GETTY/Bill Ingalls/Nasa. **BAKER** GAMMA-RAPHO/Keystone. **BAKOU** GAMMA-RAPHO/Gamma/F. Lengaigne. **BÂLE** GAMMA-RAPHO/Rapho/Georg Gerster. **BALLON-SONDE** COSMOS/Spl. **BALZAC** BIS/Archives Larbor/Jeanbor. **BANGKOK** HEMIS/Seux Paule. **BANKSY** SIPA/Rex Features/Jonathan Hordle. **BANQUISE** BIOS/Argus/Andrews Klaus. **BAPTISTÈRE** HEMIS/Rieger Bertrand. **BARBARA** CORBIS/Sygma/Tony Frank. **BARDEM** CORBIS/Claudio Onorati. **BARDOT** RUE DES ARCHIVES/Agip/Paul Apoteker. **BAR-LE-DUC** GAMMA-RAPHO/Explorer/Hoa-Qui/René Mattes. **BAROQUE** (pl) THE PICTURE DESK/Coll. Dagli Orti/Gianni Dagli Orti/The Art Archive; BIS/Archives Larbor/Hubert Josse; BIS/Archives Larbor/Hubert Josse; RMN Dist./Archives Alinari, Florence/Mauro Magliani; RMN Dist./Archives Alinari, Florence/Raffaello Bencini; RMN Dist./Archives Alinari, Florence/Fratelli Alinari; AKG/Hervé Champollion; RMN/Daniel Arnaudet; GAMMA-RAPHO/Age/Hoa-Qu/Javier Larreai; RMN/Jean-Gilles Berizzi. **BARRAGE** CORBIS/Buddy Mays. **BARRIÈRE** (grande) BIOS/J.P. Ferrero. **BARTOLI** AFP/Pool. **BASHUNG** GAMMA-RAPHO/Gamma/Crusiaux Franck. **BASILIQUE** PHOTONONSTOP/Tips/Riccardo Sala. **BASSE-TERRE** GAMMA-RAPHO/Age/Hoa-Qui/Walter Bibikow. **BASSIN** Medicalpicture GmbH. **BASTET** BIS/Archives Larbor. **BASTILLE** BIS/Coll. Archives Larbor. **BAUDELAIRE** BIS/Coll. Archives Larbor. **BAUHAUS** ARTEDIA Collection © Adagp, Paris 2022. **BAUSH** ROGER-VIOLLET/Colette Masson. **BAYE** RUE DES ARCHIVES/Bca. **BAYEUX** BIS/Coll. Archives Larbor. **BD** (pl) FEDEPHOTO/Virginie Clavières; L'intégrale des Pieds Nickelés Tome 16 © GLENAT Editions-1995; Extrait de « Adèle et la Bête », Tardi/CASTERMAN; KING FEATURES SYNDICATE, Inc. © Denoël Graphic, 2005; PHOTO12/Archives du 7e Art @ United Media, Dargaud Dist. 2009; Zig et Puce à New York d'Alain Saint-Ogan © GLENAT Editions, 1995; © François BOURGEON & 12 BIS, 2009; Felix le chat, 1924-1925, Pat Sullivan © Felix the cat Productions, King Features Syndicate Inc. © Editions Horay 1983, 2003; © Marsu 2008 by FRANQUIN-www.gastonlagaffe.com; Little Nemo, Winsor McCay © Editions HORAY 1969, 2004; NARUTO © 1999 by Masashi Kishimoto First published in Japan in 1999 by Shueisha Inc., Tokyo/Version française KANA (Dargaud-Lombard s.a.); Titeuf tome 10: Nadia se marie par Zep © GLENAT Editions 2004. **BEATLES** GAMMA-RAPHO/Keystone. **BEAUNE** GAMMA-RAPHO/Hoa-Qui/Grandadam Sylvain. **BEAUVAIS** GAMMA-RAPHO/Hoa-Qui/Machet Bertrand. **BEAUVOIR** RMN Dist./Cnac/Mnam/Georges Meguerditchan/Gisèle Freund/IMEC Images. **BECKETT** MAGNUM/Bruce Davidson. **BEFFROI** HEMIS/Jean-Pierre Lescourret. **BÉGUINAGE** ANDIA/Belpress/Domange Fernand. **BÉJART** ROGER-VIOLLET/Colette Masson. **BELFAST** GAMMA-RAPHO/Hoa-Qui/Eitan Simanor. **BELFORT** FRANCEDIAS/Cassaigne. **BELGIQUE** ANDIA/Belpress/Claude Cortier; ANDIA/Belpress/Houet Michel; SIPA/Virginie Clavières. **BELGRADE** PHOTONONSTOP/Mauritius. **BELLINZONA** CORBIS/Atlantide Phototravel. **BELMONDO** CORBIS/Sygma/Richard Melloul. **BENACQUISTA** SIGNATURES/Francesco Acerbis. **BÉNARÈS** GAMMA-RAPHO/Hoa-Qui/Boisvieux Christophe. **BENOÎT XVI** GAMMA-RAPHO/Gamma/Vandeville Eric. **BERCEAU** URBA IMAGES/Schneider D. **BERLIN** PHOTONONSTOP/Mauritius. **BERLIN** (gr) AKG; ULLSTEIN BILD/Peter Leibing; SIPA/Witt. **BERNE** PHOTONONSTOP/Sime. **BERNHARDT** ROGER-VIOLLET coll. **BERTOLUCCI** CORBIS/Sygma/Fabian Cevallos. **BESANCON** FRANCEDIAS/Lansard Gilles. **BESSON** TCD/Bouteiller/prod DB/Columbia/Gaumont. **BEYROUTH** PHOTONONSTOP/Tips/Guido Alberto Rossi. **BÉZIERS** FRANCEDIAS/Ngo-Dinh-Phu Quyên. **BIARRITZ** SAGAPHOTO/Stéphane Gaultier. **BIBLE** BIS/Coll. Archives Larbor. **BIBLIOTHÈQUE** URBA IMAGES/J.C. Pattacini © Snohetta architecte. **BIDONVILLE** GAMMA-RAPHO/Hoa-Qui/De Wilde Patrick. **BILAL** CORBIS/Sygma/Bassouls Sophie. **BINOCHE** AKG/Album/Miramax. **BIODIVERSITÉ** (ic) COSMOS/Cnri; PHOTONONSTOP/Mauritius; BIOS/Still Pictures/Georges Gornacz; AKG/Wildlife/B. Kenney; HEMIS/Arnaud Chicurel; BIOS/Jean-Louis Le Moigne; SUNSET/Ant Photo Library; SUNSET/Juniors Bildarchiv; PHOTONONSTOP/Ifa Bilderteam. **BIOSPHÈRE** CORBIS/Yann Arthus-Bertrand. **BIPLAN** AKG. **BIZET** LEEMAGE/Selva. **BJÖRK** CORBIS/epa/Steven C. Mitchell. **BLAKE** PANOS-REA/Tom PILSTON. **BLANC** FRANCEDIAS/Patrice Labarbe. **BLANCO** ICON SPORT/Sports. **BLOIS** GAMMA-RAPHO/Hoa-Qui/Boisvieux Christophe. **BLUM** RUE DES ARCHIVES/Suddeutsche Zeitung. **BOFILL** Collection ARTEDIA © Ricardo Bofill architecte. **BOGART** TCD/Bouteiller/Prod DB/Warner Bros. **BOGOTA** GETTY/Krzysztof Dydynski. **BONHEUR-DU-JOUR** Galerie Gismondi. **BONN** GAMMA-RAPHO/Hoa-Qui/Wojtek Buss. **BORA BORA** BIOS/Carlo Dani/Ingrid Jeske. **BORDEAUX** FRANCEDIAS/M.-J. Jarry/F. Tripelon. **BORÉAL** BIOS/J.-L. Klein/M.-L. Hubert. **BORIE** HEMIS/Frumm John. **BOROBUDUR** GAMMA-RAPHO/Imagestate/Luca Tettoni. **BOSTON** GAMMA-RAPHO/Age/Hoa-Qui/Walter Bibikow. **BOTTICELLI** RMN Dist./Georges Tatge/Archives Alinari, Florence. **BOUBAT** GAMMA-RAPHO/Rapho/Edouard Boubat. **BOUDDHA** BIS/Archives Larbor. **BOUDDHISME** (gr) GAMMA-RAPHO/Hoa Qui/Buss Wojtek; GODONG/Pascal Deloche; Matthieu Ricard. **BOUGLIONE** GAMMA RAPHO/Hoa-Qui/Sadia. **BOUILLON** NP/Parade sauvage. **BOUKHARA** GAMMA-RAPHO/Age/Hoa-Qui/Bruno Morandi. **BOULEZ** SIPA/Ap/Sigi Tischler. **BOULLE** Galerie Gismondi. **BOURG-EN-BRESSE** ANDIA/René Mattes. **BOURGES** FRANCEDIAS/Ngo-Dinh-Phu Quyên. **BOURGET** ANDIA/Belpress/Philippe Poulet. **BOURVIL** TCD/Bouteiller/Prod DB/Films Corona. **BOUSTROPHÉDON** THE PICTURE DESK/Coll. Dagli Orti/Gianni Dagli Orti/The Art Archive. **BOWIE** SIPA/Catuffe. **BRAHMA** RMN/Michèle Bellot. **BRAILLE** ANDIA/Bigot. **BRANAGH** TCD/Bouteiller/Prod DB/Renaissance Films. **BRASILIA** PHOTONONSTOP/Tips/Sergio Tafner Jorge © NIEMEYER, OSCAR - Adagp, Paris 2022. **BRASSAÏ** RMN/Michèle Bellot © Estate Brassaï. **BRASSEMPOUY** BIS/Archives Nathan. **BRASSENS** SIPA/Universal Photo. **BRATISLAVA** PHOTONONSTOP/Mauritius. **BRÉHAT** GAMMA-RAPHO/Hoa-Qui/Le Cordier Julien. **BREL** RUE DES ARCHIVES/Agip. **BRÉSIL** GAMMA-RAPHO/Hoa-Qui/Hervé Collart; SIPA/Andre Penner/AP Photo. **BRETON** MAGNUM/Henri Cartier-Bresson. **BRIANCON** FRANCEDIAS/Bruno Pambour. **BRICS** GAMMA/Xinhua. **BRISBANE** GAMMA-RAPHO/Age/Hoa-Qui/Allison Glen. **BRISE-GLACE** HEMIS/Philippe Renault. **BRISTOL** GAMMA-RAPHO/Age/Hoa-Qui/Atlantide Snc. **BROADWAY** HEMIS/Bertrand Rieger. **BROOKLYN** ANDIA/Blanchi. **BRUEGHEL** AKG/Erich Lessing. **BRUGES** GAMMA-RAPHO/Age/Hoa-Qui/José Fuste Raga. **BRUT** Coll. de l'Art Brut/Claude Bornand; Lam/Donation L'Aracine 1999/Philip Bernard/DR; Coll. de l'Art Brut/Claude Bornand; Lam/Donation L'Aracine 1999/Cécile Dubart © Adagp, Paris 2022; Coll. de l'Art Brut/Onishi Nobuo/DR; Coll. de l'Art Brut/Amélie Blanc/DR; Coll. de l'Art Brut/Onishi Nubuo/DR; BIS/Archives Larbor © Adagp, Paris 2023; BIS/Archives Larbor/Leonard de Selva © Adagp, Paris 2023. **BRUXELLES** GAMMA-RAPHO/Robbrechts Wim/Photo News. **BUCAREST** GAMMA-RAPHO/Age/Hoa-Qui/José Fuste Raga. **BUCKINGHAM** GAMMA-RAPHO/Imagestate/Brian Lawrence. **BUDAPEST** HEMIS/Ingolf Pompe. **BUENOS AIRES** PHOTONONSTOP/Tips/Chad Ehlers. **BUGATTI** (Ettore) AKG. **BUGATTI** (Rembrandt) CORBIS/Christie's Images. **BULGARIE** HEMIS/Frilet Patrick. **BURON** HEMIS/Hughes Hervé. **BURTON** TCD/Bouteiller/Prod DB/20th Century Fox/DR. **BUSH** SIPA/Ap/Charles Dharapak. **BYZANTIN** RMN Dist/Archives Alinari, Florence/Giuliano Valsecchi; RMN/Jean-Gilles Berizzi; LEEMAGE/Aisa.

C

CABALLÉ CORBIS/Georgios Kefalas/epa. **CABINET** Galerie Gismondi. **CABU** SIPA PRESS/Lydie. **CACHEMIRE** REA/Panos/Martin Adler. **CACOYANNIS** RUE DES ARCHIVES/Rda. **CAEN** REA/Gille Rolle. **CAHORS** FRANCEDIAS/Paul. **CAILLEBOTTE** BIS/Archives Larbor. **CAIRE (LE)** HEMIS/Frumm John. **CALAME** AKG/Hervé Champollion. **CALAMITY JANE** Coll. CHRISTOPHE L/The Granger Collection, NY. **CALANQUES** GAMMA-RAPHO/Hoa-Qui/Guichaoua Yann. **CALCUTTA** HEMIS/Franck Guiziou. **CALGARY** GAMMA-RAPHO/Age/Hoa-Qui/Walter Bibikow. **CALLAS** AFP. **CALLIGRAMME** LEEMAGE/Fototeca. **CALLOWAY** MAGNUM/Guy Le Querrec. **CALVAIRE** HEMIS/Hugues Hervé. **CALYPSO** AKG/Erich Lessing. **CAMBRIDGE** GAMMA-RAPHO/Age/Hoa-Qui/P. Narayan. **CAMÉE** LEEMAGE/Raffael. **CAMERON** TCD/Bouteiller/Prod DB/20th Century Fox/DR. **CAMP D'EXTERMINATION** (gr) ROGER-VIOLLET/Imagno; ROGER-VIOLLET/Bilderwelt; CORBIS/Bettmann. **CAMPANILE** GAMMA-RAPHO/Hoa-Qui/Buss Wojtek. **CAMPION** TCD/Bouteiller/Prod DB/Ciby 2000/New South wales Film and Television. **CAMUS** GAMMA-RAPHO/Keystone. **CANADA** BIOS/Vernay Pierre/Polar Lys; HEMIS/Moirenc Camille; BIS © Musée des Beaux-Arts du Canada, Ottawa. **CANBERRA** CORBIS/José Fuste Raga. **CANDÉLABRE** RMN/Hervé Lewandowski. **CANOPE** RMN/Christian Larrieu. **CANOPEE** GAMMA-RAPHO/Mission Santo 2006/Gamma. **CANYON** FOTOLIA/Vlad Turchenko. **CAP (LE)** GETTY/Paul Miles. **CAPA** MAGNUM/George Rodger. **CAPOTE** LEEMAGE/MP. **CAPRA** TCD/Bouteiller/prod DB/Rko/DR. **CARACAS** GAMMA-RAPHO/Hoa-Qui/José Enrique Molina. **CARAVANE** (gr) GAMMA-RAPHO/Jacana/Jouan-Rius; GAMMA-RAPHO/Hoa-Qui/Caroline Elbaz; LEEMAGE/Hubert Josse. **CARBET**

BIOS/Astruc Lionel. **CARCASSONNE** HEMIS/Frilet Patrick. **CARDIN** GAMMA-RAPHO/Lelievre Pierre. **CARIATIDE** HEMIS/Rieger Bertrand. **CARLSON** CORBIS/Sygma/Thierry Orban. **CARMEN** TCD/Bouteiller/Prod DB/Gaumont/DR. **CARNAVAL** (gr) GETTY/Mario Rossi; GAMMA-RAPHO/Hoa-Qui/Frank Chmura; GETTY/Ruth Tomlison. **CARNÉ** RUE DES ARCHIVES/Collection Csff/Les Productions Sigma (Paris). **CARON** CONTACT PRESS/Fondation Gilles Caron. **CARRÈRE D'ENCAUSSE** AFP/Eric Feferberg. **CARTER** RUE DES ARCHIVES/Tal/Harry Burton. **CARTIER** (Jacques) AKG. **CARTIER-BRESSON** MAGNUM/Henri Cartier-Bresson. **CARTOUCHE** GAMMA-RAPHO/Keystone/Henri Veiller. **CARYOTYPE** (gr) COSMOS/Cnri/Spl; COSMOS/Cnri/Spl. **CASBAH** GAMMA-RAPHO/Gamma/Amel Pain. **CASE** PHOTONONSTOP/Brigitte Merle. **CASSAVETES** TCD/Bouteiller/Prod DB/Cannon Filme/DR. **CASTOR ET POLLUX** THE PICTURE DESK/Coll. Dagli Orti/The Art Archive. **ÇATAL HOYUK** THE PICTURE DESK/Coll. Dagli Orti/Gianni Dagli Orti/The Art Archive. **CATAMARAN** SIPA/AP/Laurent Gilliereon. **CATHARES** AKG/Erich Lessing. **CATHÉDRALE** (gr) BIS/Coll. Archives Nathan; PHOTONONSTOP/Simeone; HEMIS/Barbier. **CAVALIER BLEU** BIS/Coll. Archives Nathan. **CAYENNE** ANDIA/Negaret. **CÉLADON** RMN/Richard Lambert. **CÉLINE** BIS/Coll. Archives Larbor. **CELTES** (pl) AKG/Werner Forman; AKG/Erich Lessing; BRIDGEMAN-GIRAUDON; SCALA/Werner Forman Archive; AKG/Pietro Baguzzi; AKG; AKG/Erich Lessing; AKG/Erich Lessing; AKG/Erich Lessing. **CENT ANS** (gr) BIS/Coll. Archives Nathan; BIS/Coll. Archives Larbor. **CENTAURE** AKG/Erich Lessing. **CENTRE NATIONAL ART-CULTURE G. POMPIDOU** AIR IMAGES/Guignard Philippe. **CERBÈRE** RMN/Hervé Lewandowski. **CERDAN** GAMMA-RAPHO/Keystone. **CÉRÈS** THE PICTURE DESK/Coll. Gianni Dagli Orti/The Art Archive. **CERVANTÈS** AKG. **CERVEAU** Medicalpicture/Frank Geisler. **CERVIN** ANDIA/Fischer. **CÉSAIRE** OPALE/Monique Rubinel. **CÉSAR** AKG/Erich Lessing. **CÉZANNE** BIS/Archives Larbor. **CHABAL** CORBIS/Christian Liewig. **CHAGALL** RMN Dist./Cnac/Mnam/Adam Rzepka © Adagp, Paris 2022. **CHAHINE** TCD/Bouteiller/Prod DB/Ognon Pictures/Misr International. **CHÂLONS-EN-CHAMPAGNE** COLORISE/Lebrun. **CHAMAN** GETTY/Coll. National Geographic/Gordon Wiltsie. **CHAMBÉRY** FRANCEDIAS/Pellorce Alain. **CHAMOISEAU** GAMMA-RAPHO/Monier Louis. **CHAMPLAIN** BRIDGEMAN-GIRAUDON/Archives Charmet. **CHAMPOLLION** THE PICTURE DESK/Coll. Dagli Orti/The Art Archive. **CHANEL** GAMMA-RAPHO/Botti/Stills. **CHANG JIANG** GETTY/Christopher Pillitz. **CHANTILLY** GAMMA-RAPHO/Explorer/Hoa-Qui/Roux Olivier. **CHAPITEAU** (gr) AKG/Champollion; AKG/Gérard Degeorge; AKG/Hervé Champollion. **CHAPLIN** © ROY EXPORT S.A.S. **CHAR** SIPA/Ozkok. **CHARCOT** ROGER-VIOLLET/Branger. **CHARISSE** PHOTO12. **CHARLEBOIS** GAMMA-RAPHO/Gamma/Catarina Eric. **CHARLEMAGNE** AKG. **CHARLES VII** BIS/Coll. Archives Nathan. **CHARLES** (Ray) AFP/Bertrand Guay. **CHARLEVILLE-MÉZIÈRES** ANDIA/Blondel. **CHARPENTIER** ZUMA-REA/DPA/Peter Steffen. **CHARTRES** GAMMA-RAPHO/Age/Hoa-Qui/José Fuste Raga. **CHASSÉRIAU** BIS/Archives Nathan. **CHÂTEAU** GAMMA-RAPHO/Hoa-Qui/Martel Olivier. **CHATEAUBRIAND** BIS/Archives Larbor/S. Guiley-Lagache. **CHÂTEAUNEUF-DU-PAPE** HEMIS/Franck Guiziou. **CHÂTEAUROUX** SCOPE/Guillard J. **CHAUMONT** SCOPE/Guillard J. **CHAUSSÉE DES GÉANTS** GAMMA-RAPHO/Explorer/Hoa-Qui/Brun Jacques. **CHÉDID** AFP/François Nascimbeni. **CHEMIN DES DAMES** ROGER-VIOLLET coll. **CHENG** REUTERS/Charles Platiau. **CHENONCEAUX** GAMMA-RAPHO/Top/Catherine Bobillet. **CHÉREAU** SIPA/Ap/Ros Ribas. **CHEUNG** THE PICTURE DESK/Beijing Nex Picture/Elite Group/The Kobal Collection. **CHEVALIER** LEEMAGE/Aisa. **CHICAGO** GAMMA-RAPHO/Hoa-Qui/Duval Paul. **CHICHÉN ITZA** JUPITER Images/Goodshot. **CHICOUTIMI** HEMIS/Renault Philippe. **CHIMÈRE** BIS/Archives Larbor. **CHINE** ANA/Michel Huteau; COSMOS/Russels J-B; GAMMA-RAPHO/Keystone. **CHINE** (pl) LEEMAGE/Grafica; CORBIS/Peter Harholdt; LEEMAGE/Aisa; LEEMAGE/Hubert Josse; CORBIS/Christie's Images; LEEMAGE/Hubert Josse; LEEMAGE/Hubert Josse/DR; LEEMAGE/Agf; LEEMAGE/Selva; LEEMAGE/Heritage Images; CORBIS/Royal Ontario Museum; LEEMAGE/Aisa; CORBIS/Asian Art & Archaeology, Inc. **CHIRAC** GAMMA-RAPHO/Gamma/Gregoire Elodie. **CHO OYU** PHOTONONSTOP/Anne Montfort. **CHOPIN** RMN/Gilles Berizzi. **CHORTEN** GAMMA-RAPHO/Hoa-Qui/Hed. House/Colin Monteath. **CHOSTAKOVITCH** RUE DES ARCHIVES/Lebrecht. **CHRISTIE** GETTY/Popperfoto. **CHUNG** AFP/Jean-Pierre Muller. **CHURCHILL** GETTY/Popperfoto. **CINÉMA** (pl) AKG/LucasFilm/20th Century Fox/Alb; BIS/Coll. Archives Larbor/Pathé Consortium Cinéma; BIS/Coll. Archives Larbor/Pathé Cinéma; THE PICTURE DESK/Pathé Pictures Ltc/The Kobal Collection; AKG/Nippon Herald Fils/Album; BIS/Coll. Archives Larbor; AKG/Sedif, Les Films du Carrosse/Jan; THE PICTURE DESK/The Kobal Collection/Warner Bros; AKG/Album/Touchstone pictures; BIS/Coll. Archives Larbor © Roy Export Company Establishment, 2009. **CIRCÉ** LEEMAGE/Aisa. **CIRCULATION** Medicalpicture/Isabel Christensen; BSIP/Amandine Wanert. **CIRQUE** (gr) CIT'EN SCENE/Benoîte Fanton; AFP/Torsten Blackwood; BIS/Archives Bordas/Michel Didier/ill. Jacques Bonneau © Adagp, Paris 2022. **CITÉ DES SCIENCES** LOOKATSCIENCES/Philippe Plailly/Eurelios. **CITÉ INTERDITE** URBA IMAGES/Vielcanet Fr. **CITROËN** AKG/DR. **CIUDAD DE GUATEMALA** GETTY/De Agostini. **CLAIR** BIS/Coll. Archives Larbor/Serge Beauvarlet/Filmsonor. **CLAIR-OBSCUR** BIS/Archives Larbor/Hubert Josse. **CLAPTON** SIPA/Wenn. **CLASSICISME** (pl) PxP GALLERY/Jean-Daniel Sudres; RMN/Hervé Lewandowski; BRIDGEMAN-GIRAUDON/Bonhams; PHOTONONSTOP/Rozine Mazin; RMN/Thierry Le Mage; BIS/Archives Larbor/Hubert Josse; RMN; AKG/Eric Lessing; RMN/Daniel Arnaudet; RMN/Gérard Blot; BIS/Archives Larbor/Hubert Josse; RMN/Hervé Lewandowski. **CLASSIFICATION** (ic) SHUTTERSTOCK/Andrei Nekrassov; SHUTTERSTOCK/Ian Scott; SHUTTERSTOCK/Carstein Reisinger; SHUTTERSTOCK/Mityukhin Oleg Petrovich; SHUTTERSTOCK/Eric Isselée; FOTOLIA/Jeffrey Banke; SHUTTERSTOCK/Elena3567. **CLAUDEL** (Camille) AKG. **CLAUDEL** (Paul) ROGER-VIOLLET/Studio Lipnitzki. **CLAUSTRA** CORBIS/Adam Woolfitt. **CLEMENCEAU** ROGER-VIOLLET Coll. **CLÉMENT** RUE DES ARCHIVES/Agip/Silver Films. **CLÉOBIS ET BITON** AKG/Hervé Champollion. **CLÉOPÂTRE** THE PICTURE DESK/Coll. Dagli Orti/Gianni Dagli Orti/The Art Archive. **CLERMONT-FERRAND** GAMMA-RAPHO/Explorer/Hoa-Qui/Chazot Franck. **CLIFT** CORBIS/Sunset Boulevard. **CLINTON** GAMMA-RAPHO/Gamma/Xinhua/Zen Yi. **CLOÎTRE** HEMIS/Fred. Thomas. **CLOUZOT** TCD/Bouteiller/Prod DB/Filmsonor/DR. **CLOVIS** BIS/Coll. Archives Larbor. **CLUNY** CIRIC/Michel Troncy. **CLYTEMNESTRE** AKG/Hervé Champollion. **CNOSSOS** GAMMA-RAPHO/Top/Jacques Sierpinski. **COAGULATION** BSIP/Gilles; BSIP/Gilles. **COCHISE** CORBIS/Bettmann. **COCTEAU** BIS/Coll.Archives Larbor/P. Vals. **COEN** TCD/Bouteiller/Victoires Intern/DR. **CŒUR** Medicalpicture/Joachim Lomoth. **COIRE** GAMMA-RAPHO/Age/Hoa-Qui/Otto Werner. **COLETTE** ROGER VIOLLET/Janine Niepce. **COLISÉE** ALTITUDE/Rossi Guido Alberto. **COLLABORATION** (gr) BIS/Archives Nathan; BIS/Coll. Archives Larbor; GAMMA-RAPHO/Keystone. **COLLONGES-LA-ROUGE** GAMMA-RAPHO/Hoa-Qui/Valentin Emmanuel. **COLMAR** FRANCEDIAS/Noto Campanella Yves. **COLOMB** BRIDGEMAN-GIRAUDON. **COLOMBAGE** GAMMA-RAPHO/Hoa-Qui/Roy Philippe. **COLOMBO** HEMIS/Du Boisberranger Jean. **COLONISATION** (gr) GAMMA-RAPHO/Keystone; RMN Dist./Musée de l'Armée, Paris/Pascal Segrette. **COMÉDIE FRANÇAISE** BIS/Coll. Archives Larbor/Luc Joubert. **COMENCINI** TCD/Bouteiller. **COMÈTE** BIS/Archives Larbor/Société astronomique de France © H. Roy. **COMMEDIA DELL'ARTE** LEEMAGE. **COMMUNE** (1871) ROGER-VIOLLET/Bhvp. **COMMUNISME** (gr) AKG/Ullstein Bild; AKG/Ria-Novosti; GAMMA-RAPHO/Gamma/Patrick Glaize. **COMPIÈGNE** FOTOLIA/ Arap. **CONACRY** CORBIS/David Reed. **CONCARNEAU** GAMMA-RAPHO/Rapho/Gérard Sioen. **CONCILE** BIS/Coll. Archives Nathan. **CONCLAVE** LEEMAGE/Fototeca. **CONCORDE** GAMMA-RAPHO/Gamma/Gaillarde Raphaël. **CONDÉ** LEEMAGE/Hubert Josse. **CONDÉ** (Maryse) GAMMA-RAPHO/Ulf Andersen. **CONFIANT** (Raphaël) OPALE/John Foley. **CONFLUENCE** © ESA 2003. **CONGÉS PAYÉS** (gr) GAMMA-RAPHO/Keystone; LEEMAGE. **CONNERY** TCD/Bouteiller/Prod DB/Danjaq-Eon/DR. **CONQUISTADOR** BIS/ Coll. Archives Larbor. **CONSOLE** Galerie Gismondi. **CONSTANTINOPLE** GAMMA-RAPHO/Rapho/Roland et Sabrina Michaud. **CONSTRUCTIVISME** RMN Dist/BPK, Berlin/DR. **CONSULAT** BNF. **CONTEMPORAIN** (art) (pl) URBA IMAGES/F. Vielcanet; RMN Dist./Cnac/Mnam/DR © Adagp, Paris, 2022; RMN Dist./Cnac/Mnam/Jacques Faujour © Adagp, Paris 2022; BIS/© Courtesy Galerie Ghislaine Hussenot, Paris © Adagp, Paris 2022; Philippe Ramette/Photographe : Marc Domage/Courtesy Galerie Xippas © Adagp, Paris 2022; BIS/Archives Nathan/« Compression » de César © Adagp, Paris 2022/Courtesy Stéphanie Busuttil; AKG/The Andy Warhol Foundation for the Visual Arts, Inc/Licensed by Adagp, Paris 2022; REA/Laif/Wolfgang Volz © Christo et Jeanne-Claude/Adagp, Paris 2022; COSMOS/George Steinmetz © Holt/Smithson Foundation and Dia Art Foundation/Adagp, Paris 2022. **CONTICINI** Figarophoto.com/Lucas Barioulet. **CONTREFORT** CORBIS/Walter Rawlings/Robert Harding World Imagery. **CONVENTION NATIONALE** BIS/Coll. Archives Larbor. **COOK** AKG/Nimatallah. **COOPER** TCD/Bouteiller/Prod DB/Stanley Kramer/DR. **COPENHAGUE** GAMMA-RAPHO/Hoa-Qui/Nils-Johan Norenlid. **COPERNIC** BIS/Coll. Archives Larbor. **COPISTE** BIS/Archives Larbor/Hubert Josse. **COPPOLA** TCD/Bouteiller/Prod DB/Paramount/DR. **COPTE** LEEMAGE/Marthelot. **CORINTHE** GAMMA-RAPHO/Hoa-Qui/Putelat Pierre. **CORNEILLE** BIS/Archives Larbor/Hubert Josse. **CORON** FRANCEDIAS/Berquez Jérôme. **COROT** BIS/Archives Larbor/Hubert Josse. **CORRÈGE** AKG/Erich Lessing. **CORSAIRE** LEEMAGE/Selva. **CORTÈS** BIS/Archives Larbor/Dagli Orti. **COSPLAY** GETTY/Ollie Millington. **COSTA-GAVRAS** CORBIS/Sygma/Walter Carone/Gaumont Distribution. **COTOPAXI** CORBIS/Galen Rowell. **COUBERTIN** AKG/Albert Meyer. **COUILLARD** SIPA/Newscom/Pierre Roussel. **COUPOLE** GAMMA-RAPHO/Rapho/Roland et Sabrina Michaud. **COURBET** RMN/DR. **COURONNEMENT** CORBIS/Bettmann. **COUSTEAU** GAMMA-RAPHO/Keystone. **CRACOVIE** GAMMA-RAPHO/Hoa-Qui/Wojtek Buss. **CRÂNE** Medicalpicture/Isabel Christensen; Medicalpicture/Isabel Christensen. **CRASSET** SIPA/Facelly. **CRATÈRE** COSMOS/Spl/Bernard Edmaier. **CRAWFORD** RUE DES ARCHIVES/Bca. **CRÉATION** AKG. **CRÉTEIL** URBA IMAGES/Vielcanet F. **CREVASSE** GETTY/Aurora Creative. **CRISE ÉCONOMIQUE 1929** (gr) RUE DES ARCHIVES/Mary Evans; CORBIS/Lewis Wickes Hine; CORBIS/Bettmann. **CROISADES** (gr) BRIDGEMAN- GIRAUDON; LEEMAGE/Hubert Josse; LEEMAGE/Hubert Josse. **CRONOS** AKG/Erich Lessing. **CROZON** SCOPE/F. Lechenet. **CUBISME** (pl) BIS/Coll. Archives Larbor; RMN Dist/Cnac/Mnam © Adagp, Paris 2022; RMN Dist./Cnac/Mnam © Succession Picasso, Paris 2022; BIS/Archives Nathan © Succession Picasso, Paris 2022; RMN Dist/Cnac/Mnam © Adagp, Paris 2022; BIS/Archives Nathan © Succession Picasso, Paris 2022. **CUNÉIFORME** RMN/Christian Larrieu. **CUNNINGHAM** GAMMA-RAPHO/Rapho/Jean-Marie Pasquier. **CUPIDON** BRIDGEMAN-GIRAUDON/Lauros. **CURIE** BIS/Coll. Archives Larbor/Gribayedoff. **CURULE** Galerie Steinitz. **CYCLADES** RMN/Hervé Lewandowski. **CYCLOPE** BRIDGEMAN-GIRAUDON/Ancient Art and Architecture Coll. Ltd. **CYRULNIK** CORBIS/VIP images/Éric Fougère.

D

DACCA PHOTO12-ALAMY. **DADA** AKG © Adagp, Paris 2022. **Daft Punk** AFP/Getty Images/Karl Walter. **DAKAR** HEMIS/Frumm John. **DALAÏ-LAMA** GAMMA-RAPHO/Rapho. **DALÍ** MAGNUM/Philippe Halsman © Salvador Dali, Fondation Gala-Salvador Dali/Adagp, Paris 2022. **DALIDA** ROGER-VIOLLET/Ullstein Bild. **DALTONISME** (gr) DR; DR. **DAMAS** HEMIS/John Frumm. **DAMASQUINER** RMN Dist. © Paris, Musée de l'armée/Jean-Ives et Nicholas Dubois. **DANAÏDES** AKG/Eric Lessing. **DANEMARK** GAMMA-RAPHO/Hoa-Qui/Morand-Grahame Gérald; LEEMAGE/Fototeca. **DANSE** (pl) CIT'EN SCENE/Benoîte Fanton; CIT'EN SCENE/Benoîte Fanton; CIT'EN SCENE/Benoîte Fanton; BIS/Archives Larbor/Lipnitzki/Fonds Larousse; BIS/Coll. Archives Nathan; COSMOS/Pascal Maitre; CIT'EN SCENE/Benoîte Fanton; ROGER-VIOLLET/Colette Masson; CIT'EN SCENE/Laurent Cerino; CIT'EN SCENE/Benoîte Fanton; GAMMA-RAPHO/Keystone. **DANUBE** ESA 2003. **DAPHNE** BRIDGEMAN-GIRAUDON. **DARFOUR** CORBIS/Addario Lynsey. **DARJILING** GAMMA-RAPHO/Age/Hoa-Qui/Blaine Harrington. **Dark Vador** THE KOBAL COLLECTION/Lukasfilm/20th Century Fox. **DARRIEUSSEC** CIT'EN SCENE/Benoîte Fanton. **DARWIN** KHARBINE-TAPABOR. **DAUDET** BIS/Coll. Archives Larbor. **DAVID** BIS/Archives Larbor/Hubert Josse. **DAVID-NÉEL** AKG/Ullstein Bild. **DAVIS** (Bette) RUE DES ARCHIVES/Bca. **DAVIS** (Miles) CORBIS/Mosaic Images/Wolff. **DAY-LEWIS** CHRISTOPHE L Coll. **DÉAMBULATOIRE** HEMIS/Fred. Thomas. **DEAUVILLE** GAMMA-RAPHO/Hoa-Qui/Buss Wotjek. **DÉBARQUEMENT** (gr) CORBIS/Bettmann; CORBIS/Bettmann; MAGNUM/Robert Capa © 2001 by Cornell Capa. **DEBUSSY** BIS/Archives Larbor. **DÉCOLONISATION** (gr) GAMMA-RAPHO/Keystone; GAMMA-RAPHO/Keystone; ROGER-VIOLLET/TopFoto. **Decosse** SIPA/Chine Nouvelle. **DECOUFLÉ** GAMMA-RAPHO/Jean Marc Zaorski. **DÉCOUVERTES** (gr) LEEMAGE/North Wind Pictures; BIS/Archives Larbor/© National Library of Australia; CORBIS/Historical Picture Archive/Philip de Bay. **DE FOE** RUE DES ARCHIVES/The Granger Collection Nyc. **DEIR EL-BEHARI** HEMIS/Bertrand Rieger. **DE KOONING** The Willem de Kooning Foundation, New York © Adagp, Paris 2022. **DELACROIX** RMN/Thierry Le Mage. **DELANOË** SIPA/Witt. **DELFT** RMN/Jean Schormans. **DELHI** GAMMA-RAPHO/Rapho/Gerard Sioen. **DELLA ROBBIA** AKG/Erich Lessing. **DELLUC** BIS/Coll. Archives Larbor/Prod. Marcel l'Herbier. **DELON** RUE DES ARCHIVES/Collection CSFF. **DÉLOS** GAMMA-RAPHO/Top/Jarry-Tripelon. **DELPHES** GAMMA-RAPHO/Top/Hervé Champollion. **DELTA** GAMMA-RAPHO/Hoa-Qui/Planet Observer. **DÉLUGE** LEEMAGE/Jean Bernard. **DÉMARCATION** ROGER-VIOLLET/Lapi. **DE MILLE** BIS/Coll. Archives Larbor. **DENALI** PHOTONONSTOP/Sime/Damm Fridmar. **DENEUVE** CORBIS/Sygma/Bac Films/Jean-Marie Leroy. **DE NIRO** THE PICTURE DESK/Columbia/The Kobal Collection. **DENIS** RMN Dist./Archives Alinari, Florence/Finsiel. **DENT** GETTY/Mike Courtney; BSIP/Schmitt. **DE PALMA** RUE DES ARCHIVES/Bca. **DEPARDIEU** RUE DES ARCHIVES/Georges Pierre. **DEPARDON** SIPA/Depardon/Dalmas. **DÉPORTATION** LEEMAGE/Fototeca. **DÉPOSITION DE CROIX** AKG/Erich Lessing. **DEPP** TCD/Bouteiller/Prod DB © Jerry Bruckeimer-Walt Disney/DR. **DERVICHE** CORBIS/Kerim Okten. **DESCARTES** RMN/Thierry Le Mage. **DESCHAMPS** UMA/Colorsport/Andrew Cowie. **DÉSERT** (pl) PXP-Gallery/Jacques Sierpinski; BIOS/Jean-Lou Zimmermann; BIOS/Fisher Berndt; Graham Hatherley; BIOS/Jean-Loup Zimmermann; BIOS/James Aldred; BIOS/Alain Dragesco-Joffé; BIOS/Olivier Digoit; BIOS/Jean-Yves Grospas; BIOS/Alain Dragesco-Joffé; BIOS/Cyril Ruoso; BIOS/Alain Draesco-Joffé; BIOS/Daniel Heuclin; BIOS/Michel Gunther. **DE SICA** TCD/Bouteiller. **DESIGN** (pl) REA/Gilles Rolle © Christian Lacroix DR; ARCHIVES NATHAN; MUSEE DES ARTS DECORATIFS/Laurent Sully Jaulmes © Adagp, Paris 2022; © LEICA Camera Sarl; © ADELTA Communication; © ALESSI Communication; © BMW Communication; MUSEE DES ARTS DECORATIFS/Laurent Sully Jaulmes; © VITRA Collection AG/Hans Hansen; RMN Dist./Cnac/Mnam/Philippe Migeat. **DESMOULINS** LEEMAGE/Hubert Josse. **DESNOS** BIS/Archives Larbor/X/DR. **DESPENTES** SIPA/Isabelle Simon. **DESSAY** CORBIS/Robbie Jack. **DE STIJL** AKG/Stefan Dreschel, Rietveld architecte © Adagp, Paris 2022. **DETROIT** GAMMA-RAPHO/Age/Hoa-Qui/A. Farnsworth. **DÉTROIT** CORBIS/Nasa. **DHAULAGIRI** ANA/David Ducoin. **DIABLE** LA COLLECTION/Jean-Paul Dumontier. **DIAGANA** AFP/Gabriel Bouys. **DIAGHILEV** BIS/Coll. Archives Nathan © Succession Picasso, Paris 2009. **DIANA** SIPA PRESS/Rex Feature/Tim Rooke. **DIANE** BRIDGEMAN-GIRAUDON/The Bridgeman Art Library. **DIBANGO** CORBIS/Pascal Perich. **DICAPRIO** SIPA/Lilo. **DIEN BIÊN PHU** BIS/Archives Larbor/Jeanbor © Adagp, Paris 2022. **DIETRICH** RUE DES ARCHIVES/Snap Photos. **DIGESTION** LOOK AT SCIENCES/Lionel Bret. **DIGNE-LES-BAINS** HEMIS/Camille Moirenc. **DIGUE** HEMIS/Jean-Pierre Lescourret. **DINIZ** SIPA/AP/Walter Bieri. **DINOSAURE** (pl) COSMOS/Joe Tucciarone/Spl; GETTY/Dorling Kindersley; GETTY/Dorling Kindersley/Colin Keates; GETTY/Dorling Kindersley/Andy Cawford; GETTY/Dorling Kindersley; COSMOS/Joe Tucciarone/Spl; COSMOS/Roger Harris/Spl; GETTY/Dorling Kindersley/Andy Crawford; GETTY/Dorling Kindersley; GETTY/Dorling Kindersley; GETTY/Dorling Kindersley/Colin Keates. **DION** STARFACE/Lawrence. **DIONYSOS** LEEMAGE/Bianchetti. **DIOR** RMN/Cnac/Mnam/Georges Meguerditchian © Association Willy Maywald/Adagp, Paris 2022. **DIRECTOIRE** BIS/Coll. Archives Larbor. **DIRIGEABLE** GAMMA-RAPHO/Rapho/Scherl. **DISCOBOLE** RMN Dist./The Trustees of the British Museum. **DISNEY** RUE DES ARCHIVES/Pvde. **DJEBAR** AFP/Olivier Laban-Mattei. **DJEBEL** SIPA/Frilet. **DJIBOUTI** HEMIS/Du Boisberranger Jean. **DOHA** GETTY/Hashim. **DOILLON** SIPA/Fister/TF1. **DOISNEAU** GAMMA-RAPHO/Rapho/Robert Doisneau. **DOLOMITES** GAMMA-RAPHO/Age/Hoa-Qui/Angelo Cavalli. **DÔME** GAMMA-RAPHO/Hoa-Qui/Morandi Bruno. **DOMESTICATION** (ic) JUPITER Images/Comstock; SUNSET/Rex Interstock; JUPITER Images/Brandx; HEMIS/Christian Guy; SUNSET/Juniors Bildarchiv; HEMIS/Bruno Morandi; SUNSET/Frank Bouquet; CORBIS/Barry Lewis; GAMMA-RAPHO/Npl/Jacana/Pete Oxford; RMN Dist./Bpk, Berlin; AKG/Erich Lessing; GAMMA-RAPHO/Hoa-Qui/Philippe Body; SUNSET/Renée de Martin; PXP GALLERY/Jean-Daniel Sudres; BIS/Coll. Archives Larbor. **DOMINGO** GAMMA-RAPHO/Rapho/Hervé Bruhat. **DONATELLO** AKG/Erich Lessing. **DONJON** HEMIS/Lenain Hervé. **DONN** ROGER-VIOLLET/Colette Masson. **DON QUICHOTTE** AKG. **DORMITION** LEEMAGE/Jemolo. **DORVAL** Coll. Christophe L/Metafilms/Sons of Manual. **DORYPHORE** AKG/Nimatallah. **DOUCHANBE** AFP/Eric Feferberg. **DOUGLAS** THE PICTURE DESK/Bryna/Universal/The Kobal Collection. **DOUILLET** SIPA PRESS/Millereau/Dppi. **DOUVE** GAMMA-RAPHO/Explorer/Forget. **DRAGON** (gr) LEEMAGE/Grafica; LEEMAGE/Heritage Images; LEEMAGE/Ravenna. **DREYFUS** (gr) BIS/Archives Larbor/Jeanbor; ROGER-VIOLLET/Harlingue Albert. **DROITS DE L'HOMME** BIS/Archives Larbor/Jeanbor. **DRONE** SIPA/Ibo. **DRU** GAMMA-RAPHO/Hoa-Qui/Philippe Roy. **DUBAÏ** AFP/Karim Sahib. **DUBLIN** HEMIS/Pompe Ingolf. **DUBOUT** BIS/J. Dubout. **DUBROVNIK** GAMMA-RAPHO/Hoa-Qui/

Jean-Denis Joubert. **DUEL** BIS/Archives Larbor/Jean-Loup Charmet. **DUFRESNE** GAMMA-RAPHO/Gamma/Pono presse internationale. **DUGUAY-TROUIN** BRIDGEMAN-GIRAUDON. **DU GUESCLIN** BRIDGEMAN-GIRAUDON/Archives Charmet. **DUMAS** BIS/Archives Nathan. **Dumerc** SIPA/Maxi-Basket/J.-F.Molière. **DUMONT D'URVILLE** AKG. **DUNCAN** BIS/Coll. Archives Larbor. **DUNES** RMN/DR. **DUPOND** ROGER-VIOLLET/Colette Masson. **DUSSOLIER** CORBIS/Sygma/MK2 Productions/Etienne George. **DUTRONC** GAMMA-RAPHO/Gamma/Catarina/Stills.

E

EASTWOOD CORBIS/Bettmann. **ÉCHAUGUETTE** HEMIS/Hervé Lenain. **ÉCLIPSE** CIEL ET ESPACE/F. Espenak. **ECO** GAMMA-RAPHO/Rapho/Gérard Uferas. **ÉCRINS** URBA IMAGES/Sautereau S. **ÉCRITURE** (pl) RMN/René-Gabriel Ojéda; RMN Dist./The Trustees of the British Museum; AKG/Erich Lessing; BIS/Coll. Archives Nathan; AKG/Erich Lessing; RMN/Michel Urtado; AKG/Gérard Degeorge; AKG/Schütze/Rodemann; BIS/Coll. Archives Larbor; AKG/Bruce Connolly; AKG/Werner Forman; AKG/Werner Forman; RMN/Hervé Lewandowski. **EDFOU** GAMMA-RAPHO/Top/Daniel Sudres. **ÉDIMBOURG** GAMMA-RAPHO/Age/Hoa-Qui/P. Narayan. **EDISON** THE PICTURE-DESK/The Art Archives/Culver Pictures. **ÉGÉE** CIEL ET ESPACE/Esa. **ÉGYPTE** REA/Yves Carpentier; **GAMMA-RAPHO**/Gamma/Baitel Esaïas; GAMMA-RAPHO/Keystone. **ÉGYPTE** (pl) AKG/Erich Lessing; BIS/Archives Larbor; AKG/Rabatti Domingie; CORBIS/Sandro Vannini; RMN/Franck Raux; SCALA/Werner Forman Archive; BIS/Coll. Archives Larbor © British Museum, Londres; RMN/Les frères Chuzeville; CORBIS/Frank Trapper; SCALA, Florence; BIS/British Museum, Londres; SCALA, Florence; BIS/Archives Larbor; CORBIS/Werner Forman; RMN Dist./Metropolitan Museum of Art/Photo MMA. **ÉGYPTE** (campagne) LEEMAGE/Lee. **EIFFEL** (Gustave) ARTEDIA coll. **EIFFEL** (tour) GAMMA-RAPHO/Gamma/Halarick. **EINSTEIN** GAMMA-RAPHO/Keystone. **EISENHOWER** RUE DES ARCHIVES/Tal. **EISENSTEIN** TCD/Bouteiller/Sovkino/DR. **ÉLECTRE** RMN/Gérard Blot. **ÉLISABETH II** SIPA/Rex Features. **ELLESMERE** GAMMA-RAPHO/Npl/Jacana/David Noton. **ELLINGTON** CORBIS/John Springer Collection. **ELLIS** Brett Easton LEEMAGE/Effigie. **ELTSINE** GAMMA-RAPHO/Gamma/Gilles Bassignac. **ÉLUARD** GAMMA-RAPHO/Rapho/Robert Doisneau. **EMAIL** BIS/Archives Larbor/Pierre Feuillade. **EMINEM** CORBIS/Jared Milgrim. **EMPIRE** (1er) (pl) BIS/Archives Larbor/Hubert Josse; BIS/Archives Larbor/Hubert Josse; BIS/Archives Larbor/Oroñoz; BIS/Archives Larbor/J.-J. Hautefeuille; RMN; RMN/Gérard Blot; RMN/Paris-Musée de l'Armée; BIS/Archives Larbor/Dagli Orti; RMN; BIS/Archives Larbor/Hubert Josse. **EMPIRE** (2nd) (gr) BIS/Archives Larbor/Luc Joubert; RMN/Jean-Gilles Berizzi; RMN/Daniel Arnaudet. **Empire State Building** iStockphoto/BlueMoonPics. **ENCLOS** FRANCEDIAS/Serregio Dan. **ENCORBELLEMENT** AKG/Hervé Champollion. **ENCYCLOPÉDIE** AKG/Erich Lessing. **ÉNÉE** RMN/Hervé Lewandowski. **ÉNERGIE RENOUVELABLE** (gr) REA/Langrock/Zenith-Laif; FOTOLIA/Laurence Gough; REA/Langrock/Zenith-Laif. **ENFER** LEEMAGE/Aisa. **ENGELS** AKG. **ENLUMINURE** BIS/Coll. Archives Larbor. **ENTABLEMENT** GETTY/Paul Damien. **ENTRELACS** BIS/Coll. Archives Larbor. **ÉOLIENNE** AFP/Marcel Mochet. **ÉPHÈBE** LEEMAGE/Raffael. **ÉPIDAURE** GAMMA-RAPHO/Top/Champollion. **ÉPINAL** GAMMA-RAPHO/Hoa-Qui/Grandeur Nature/Cedre J. **EQUILBEY** Laurence Equilbey/Jean-Baptiste Millot. **EREBUS** CORBIS/George Steinmetz. **ÉRECHTHÉION** GAMMA-RAPHO/Top/Eric Champollion. **EREVAN** GAMMA-RAPHO/Hoa-Qui/Buss Wojtek. **ERG** GAMMA-RAPHO/Hoa-Qui/Bourseiller Philippe. **ÉRIÉ** CORBIS/Peter Johnson. **ERMITAGE** ANA/Jean-Jacques Sommeryns. **ERNST** BIS/Archives Larbor © Adagp, Paris 2022. **ÉRYTHRÉE** GAMMA-RAPHO/Hoa-Qui/Durrutuy. **ESCLAVAGE** (gr) LEEMAGE/Hubert Josse; LEEMAGE/Hubert Josse; LEEMAGE/Hubert Josse. **ESCULAPE** RMN/Hervé Lewandowski. **ESCURIAL** GAMMA-RAPHO/Gamma/Eltra-Vandeville. **ESPACE** (pl) ESA/Division de la Communication/Nasa; © NASA; © NASA; BIS/NASA/Archives Nathan; AKG/Nasa; © NASA; AKG/Ria-Novosti; ESA/Division de la Communication; AKG/Ria-Novosti; © NASA; © NASA; © NASA; AFP/Tass; BIS/NASA/Jpl-Caltech/Cornell. **ESPAGNE** REA/Mario Fourmy © Franck O. Gehry architecte; HEMIS/Richard Manin; BIS/Archives Larbor/© Musées du Mans. **ESPAGNE** (guerre) (gr) BIS/Archives Larbor/Centre d'Estudis d'Historia contemporania; LEEMAGE/Farabola; MAGNUM/Robert Capa © 2001 By Cornell Capa. **ESPÈCES MENACÉES** (pl) BSIP/Arco/P. Wegner; GAMMA-RAPHO/Npl/Jacana/Lynn M. Stone; GAMMA-RAPHO/Npl/Jacana/Anup Shah; SUNSET/Nhpa; GAMMA-RAPHO/Npl/Jacana/Doug Perrine; GAMMA-RAPHO/Npl/Jacana/T.J. Rich; GAMMA-RAPHO/Npl/Jacana/Mark Carwardine; SUNSET/Lacz; GAMMA-RAPHO/Npl/Jacana/Nigel Bean; SUNSET/Pakiela Michel; BIOS/Grunewald Olivier/OSF; GAMMA-RAPHO/Npl/Jacana/Yuri Shivbnev; BIOS/Ferrero Jean-Paul; SUNSET/Imagebroker. net; SUNSET/Horizon Vision; GAMMA-RAPHO/Npl/Jacana/Phil Savoie; GAMMA-RAPHO/Npl/Jacana/Andrew Harrington. **ESSAOUIRA** ANDIA/Belpress/Keribar Izzet. **ESTAMPE** BIS/Coll. Archives Larbor. **ESTANGUET** SIPA/Nivière/Chamussy. **ESTRELLA** GAMMA-RAPHO/Gamma/Louis Mounier. **ESTUAIRE** GAMMA-RAPHO/Hoa-Qui/Planet Observer. **ÉTATS-UNIS D'AMÉRIQUE** GAMMA-RAPHO/Hoa-Qui/Sylvain Grandadam; COSMOS/Visum/A. Vossberg; RUE DES ARCHIVES/The Granger Collection, Nyc. **ÉTHIOPIE** GAMMA-RAPHO/Hoa-Qui/Buss Wojtek. **ÉTIENNE** VISTA PHOTO/Stéphane Compoint. **ETNA** CORBIS/Grand Tour/Alessandro Saffo. **ÉTOILE** © NASA. **ÉTRETAT** GAMMA-RAPHO/Age/Hoa-Qui/José Fuste Raga. **ÉTRUSQUES** (pl) AKG/Pirozzi Vincenzo; LEEMAGE/Aisa; GAMMA-RAPHO/Keystone/Faillet; AKG/Nimatallah; AKG/Ullstein Bild; RMN/Hervé Lewandowski; BRIDGEMAN -GIRAUDON; RMN/Hervé Lewandowski. **EUPHRATE** CORBIS/Ed Kashi. **EUROPE** RMN Dist./BPK, Berlin/Reinhardt Saczewski. **EURYDICE** BIS/Archives Larbor/Hubert Josse. **EVANS** GETTY/Hulton Archive/Walker Evans. **EVEREST** GAMMA-RAPHO/Age/Hoa-Qui/Bjorn Svensson. **EVERGLADES** GAMMA-RAPHO/Age/Hoa-Qui/Doug Scott. **ÉVOLUTION DES ESPÈCES** (pl) SHUTTERSTOCK/Khoroshunova Olga; SHUTTERSTOCK/Pedro Silveira; SHUTTERSTOCK/Tomas Bogner; SUNSET/Ant Photo Library; SHUTTERSTOCK/Creative Images; SUNSET/Juniors Bildarchiv; SHUTTERSTOCK/Jocicalek; SHUTTERSTOCK/Pirita; SHUTTERSTOCK/Javarman SHUTTERSTOCK/Nick Bienmans; SHUTTERSTOCK/Eric Isselée; SHUTTERSTOCK/FloridaStock; SHUTTERSTOCK/Amattel; SHUTTERSTOCK/Trutta55. **ÉVREUX** FRANCEDIAS/Bernard Eric. **ÉVRY** HEMIS/Fred. Thomas. **EXODE** RUE DES ARCHIVES/Tal. **EXPRESSIONNISME** (gr) AKG/Erich Lessing © Adagp, Paris 2022; ROGER-VIOLLET; PHOTO12.com/ARJ. **EYLAU** BIS/Archives Larbor/Hubert Josse.

F

FABERGÉ AKG. **FACEBOOK** SIPA/AP/Tony Avelar. **FAÏENCE** Christian Béalu. **FAILLE** BIOS/Schaffer Kevin/Peter Arnold. **FAITHFULL** AFP/Alain Julien. **FALCONETTI** TCD/Bouteiller/Société Générale des Films/DR. **FALSTAFF** CORBIS/John Springer Collection. **FANTASIA** FEDEPHOTO/Jean-Claude Coutausse. **FANTIN-LATOUR** BIS/Archives Larbor/Hubert Josse. **FARÉ** ANA/Patrick Ward. **FASCISME** (gr) LEEMAGE; CORBIS/Bettmann; LEEMAGE/Fototeca. **FATEHPUR** SIKRI REA/Clairy Moustafellou/Iml. **FAUNE** THE PICTURE DESK/Gianni Dagli Orti/The Art Archive. **FAUST** RMN/René-Gabriel Ojéda. **FAUVISME** (gr) ROGER-VIOLLET © Adagp, Paris 2022; BRIDGEMAN-GIRAUDON/Dacs/Peter Willi. **FAVELA** GAMMA-RAPHO/Rapho/Gérard Sioen. **FAYOUM** CORBIS/Sandro Vannini. **FÉCONDATION** PHANIE/Eye Of Science. **FEDERER** CORBIS/Ben Radford. **Femen** Corbis/Kost Bezginsky. **FÉMINISME** (gr) CIRIP/Alain Gesgon; ROGER VIOLLET/Janine Niepce; GAMMA-RAPHO/Delalande Raymond/Jdd. **FÉODALITÉ** (gr) BIS/Coll. Archives Nathan; AKG/Visioars; BIS/Archives Larbor © British Library, Londres. **FERNANDEL** RUE DES ARCHIVES/Collection CSFF © Ferdinand Rotzinger. **FERRARE** GAMMA-RAPHO/Hoa-Qui/Grandadam Sylvain. **FERRARI** LEEMAGE/Mp. **FERRY** AKG/E. Appert. **FÈS** GAMMA-RAPHO/Rapho/Emile Luider. **FEYDEAU** BIS/Archives Larbor/Jean-Loup Charmet. **FEYDER** THE PICTURE-DESK/Mgm/The Kobal Collection. **FEZZAN** GETTY/Franck Guiziou. **FIBRE** (gr) COSMOS/Spl/Susumu Nishinaga; COSMOS/Spl/Andrew Syred; COSMOS/Spl/Dr Keith Wheeler. **FIBULE** AKG/Nimatallah. **FIDJI** REA/Jocelyn Carlin/Panos. **FILIGRANÉ** RMN/Jean-Gilles Berizzi. **FINI** BIS/Archives Larbor/Luc Joubert © Adagp, Paris 2023. **FINLANDE** GAMMA-RAPHO/Hoa-Qui/Bertrand Patrick. **FITZGERALD** (Francis Scott) RUE DES ARCHIVES/The Granger Collection Nyc. **FITZGERALD** (Ella) CORBIS/Ted Williams. **FITZROY** GAMMA-RAPHO/Explorer/Hoa-Qui/Hed. House/Colin Monteath. **FJORD** PHOTONONSTOP/Sime/Grafenhain Gunter. **FLAHERTY** THE PICTURE-DESK/Flaherty/The Kobal Collection. **FLAMBLOYANT** HEMIS/Hugues Hervé. **FLAMENCO** GETTY/Altrendo images. **FLAUBERT** AKG/Nadar. **FLEISCHER** RUE DES ARCHIVES/Bca. **FLEMING** THE PICTURE DESK/Selznick/Mgm/The Kobal Collection. **FLESSEL** AFP/Getty Images/Giuseppe Cacace. **FLIBUSTIER** LEEMAGE/Fototeca. **FLORENCE** GAMMA-RAPHO/Age/Hoa-Qui/Walter Bibikow. **FLYNN** THE PICTURE-DESK/Warner Bros/The Kobal Collection. **FOCH** BIS/Archives Larbor/DR. **FOIX** FRANCEDIAS/Baschenis Alain. **FOLON** BIS/Archives Nathan © Adagp, Paris 2023. **FONDA** CORBIS/Sunset Boulevard. **FONTAINE** CORBIS/Sygma/Éric Fougère. **FONTAINEBLEAU** REA/Laurent Grandguillot. **FONTAINE-DE-VAUCLUSE** GAMMA-RAPHO/Hoa-Qui/Escudero Patrick. **FONTENAY** GAMMA-RAPHO/Gamma/Gaillarde Raphael. **FONTENOY** SIPA/EFE agencia/Lavandeira. **FONTEVRAUD** PHOTO12/ALAMY/Olga Gajewska. **FONTEYN** (Margot) ROGER-VIOLLET/Studio Lipnitzki. **FORD** (John) THE PICTURE DESK/Paramount/The Kobal Collection. **FORD** (Harrison) THE PICTURE DESK/Lucasfilm/Paramount Pictures/The Kobal Collection. **FORÊT** (pl) GAMMA-RAPHO/Npl/Jacana/Bernard Castelein; GAMMA-RAPHO/Npl/Jacana/Jorma Luhta; BIOS/Gilson François; GAMMA-RAPHO/Npl/Jacana/José B. Ruiz; GAMMA-RAPHO/Npl/Jacana/Andy Sands; GAMMA-RAPHO/Npl/Jacana/Philippe Clément; GAMMA-RAPHO/Kim Taylor/Npl/Jacana; GAMMA-RAPHO/Npl/Jacana/Brian Lightfoot; GAMMA-RAPHO/Npl/Jacana/Andrew Cooper; GAMMA-RAPHO/Npl/Jacana/Kevin J Keatley; GAMMA-RAPHO/Npl/Jacana/William Osborn; GAMMA-RAPHO/Jacana/Nicolas Dory; GAMMA-RAPHO/Age/Roger Wilmshurst; GAMMA-RAPHO/Npl/Jacana/Philippe Clement; GAMMA-RAPHO/Npl/Jacana/Asheir Helgestad; GAMMA-RAPHO/Jacana/Dupont/Delorme; GAMMA-RAPHO/Npl/Jacana/José B. Ruiz; Eric Baccega; GAMMA-RAPHO/Npl/Jacana/Duncan McEwan. **FORMAN** RUE DES ARCHIVES/Bca. **FORSYTHE** ROGER-VIOLLET/Colette Masson. **FORT-DE-FRANCE** GAMMA-RAPHO/Imagestate/Ethel Davies. **FORTIFICATION** GAMMA-RAPHO/Rapho/Georg Gerster. **FORUM** GAMMA-RAPHO/Explorer/Raga. **FOSSEY** SIPA/Fossey. **FOSTER** THE PICTURE DESK/Orion/The Kobal Collection/Regan Ken. **FOUJITA** RMN Dist./Cnac/Mnam/Jacqueline Hyde © Adagp, Paris 2022. **FOUQUET** AKG/Erich Lessing. **FRACTAL** BIOS/Hervé Lenain. **FRAGONARD** BIS/Archives Larbor/Hubert Josse. **FRANCE** REA/Michel Jolyot. REA/François Henry; AFP/Getty Images; GAMMA-RAPHO/Rapho/François Le Diascorn; BIS/Coll. Archives Larbor; SIPA/Boccon-Gibod. **FRANCFORT-SUR-LE-MAIN** SCOPE/C. Bowman. **FRANCO-ALLEMANDE** (guerre) BIS/Archives Larbor/Jeanbor. **François** AFP/Getty Images/Dan Kitwood. **FRANÇOIS Ier** BIS/Archives Larbor/Hubert Josse. **FRANK** GETTY/Hulton Archive/Anne Frank Fonds-Basel. **FRANKENTHALER** CORBIS/Geoffrey Clements © Helen Frankenthaler Foundation, Inc./Adagp, Paris 2022. **FRANQUIN © Marsu 2008 by FRANQUIN-www. gastonlagaffe.com.** **FRATELLINI** GAMMA-RAPHO/Rapho/Hervé Bruhat. **FRESNAY** RUE DES ARCHIVES/Collection CSFF. **FREUD** RMN Dist./BPK Berlin/DR. **FREUND** RMN Dist./Cnac/Mnam/Adam Rzepka © Estate Gisèle Freund/IMEC Images. **FREY** AFP/Georges Gobet. **FRIBOURG** GAMMA-RAPHO/Rapho/Georg Gerster. **FRISON-ROCHE** GAMMA-RAPHO/Rapho/De Sazo Serge. **FROMENTIN** RMN/Hervé Lewandowski. **FRONT POPULAIRE** (gr) BIS/Archives Larbor/Jeanbor; GAMMA-RAPHO/Keystone; KHARBINE-TAPABOR/Coll. Dixmier. **FRUCTIDOR** BIS/Coll. Archives Larbor. **FUJI YAMA** GETTY/Gavin Hellier. **FUKSAS** ANDIA/Badias. **Fukushima** Corbis/ZUMA Press/Tepco; Corbis/ZUMA Press/Koichi Kamoshida; Corbis/ZUMA Press/Koichi Kamoshida. **FULLER** TCD/Bouteiller/Prod DB © Lorimar/DR. **FUNÈS** CHRISTOPHE L coll. © Victor Rodrigue. **FUSAIN** BIS/Archives Larbor. **FUSÉE** © NASA. **FUTURISME** (gr) AKG IMAGES © Adagp, Paris 2022; BRIDGEMAN-GIRAUDON © Adagp, Paris 2022. **FUTUROSCOPE** HEMIS/Chicurel Arnaud.

G

GABIN RUE DES ARCHIVES/Marcel Dole. **GAGARINE** COSMOS/Novosti/Spl. **GAINSBOURG** CORBIS/Sygma/Sophie Bassouls. **GALAPAGOS** GETTY/Art Wolfe. **GALAXIE** © NASA. **GALIBIER** Eric Baccega. **GALILÉE** BIS/Archives Larbor/Hubert Josse. **GALLÉ** Cabinet d'expertises Baille-Beauvois. **GALLO** OPALE/John Foley. **GALUCHAT** Galerie Vallois. **GAMBETTA** BRIDGEMAN-GIRAUDON/Lauros. **GAND** CIT'IMAGES/Eric Chauvet. **GANDHI** GETTY/Hulton Archive. **GANDHI** (Indira) CORBIS/Kapoor Baldev. **GANESH** RMN/Thierry Ollivier. **GANYMÈDE** AKG/Erich Lessing. **GAP** PHOTONONSTOP/Jean-Luc Armand. **GARBO** PHOTO12.COM/Collection Cinéma. **GARCIA** GAMMA-RAPHO/Kipa/Gamma/Marco-Garcia-Us Presswire. **GARD** (Pont) SCOPE/Lechenet François. **GARDNER** PHOTO 12.com/Collection Cinéma. **GARGANTUA** BIS/Coll. Archives Larbor. **GARGOUILLE** GAMMA-RAPHO/Hoa-Qui/Bertrand Machet. **GARROS** GAMMA-RAPHO/Keystone. **GARY** MAGNUM/Raymond Depardon. **GASPESIE** GAMMA-RAPHO/Explorer/F. Jourdan. **GASSMAN** Georges Pierre DR. **GAUCHO** REA/Archivelatino/Diego Giudice. **GAUDÍ** ANA/Massimo Borchi. **GAUGUIN** BIS/Archives Nathan. **GAULLE** (de) (gr) BIS/Coll. Archives Larbor; AKG/Ullstein Bild; GAMMA-RAPHO/Bonnotte Jean-Pierre. **GAULTIER** AFP/François Guillot/Jean-Paul Gaultier. **GAVARNIE** GAMMA-RAPHO/Imagestate/Alan Blair. **GAYE** CORBIS/Lgi Stock. **GÉBRÉSÉLASSIÉ** SIPA/Dppi/Faugere. **GEHRY** URBA IMAGES/D. Schneider © Frank Owen Gehry. **GELUCK** Philippe Geluck © Adagp, Paris 2022. **GEMAYEL** GAMMA-RAPHO/Gamma/Frédéric Lafargue. **GÊNES** PHOTONONSTOP/Luigino Visconti/tips. **GENET** GAMMA-RAPHO/Top-Rapho/Edouard Boubat. **GENÈVE** GAMMA-RAPHO/Rapho/Georg Gerster. **GENGIS KHAN** BRIDGEMAN-GIRAUDON. **GÉNITAL** Medicalpicture/Isabel Christensen. **GENNES** (de) CORBIS/Sygma/Patrick Robert. **GENOU** Medicalpicture/Isabel Christiansen. **GÉOLOGIE** (ic) GAMMA-RAPHO/Rapho/Briolle; BIOS/Ghunter Michel; BIOS/Cancalosi John; COSMOS/Christian Darkin/Spl; CORBIS/Louie Psihoyos; BIOS/Michel Lefèvre; CORBIS/Martin Shutt/Dpa; CORBIS/Kevin Schafer; BIOS/Gilles Mermet; COSMOS/Spl/Sinclair Stammers. **GERBIER-DE-JONC** GAMMA-RAPHO/Hoa-Qui/J. Damase. **GERICAULT** BIS/Archives Larbor/Hubert Josse. **GERMINAL** THE PICTURE DESK/Coll. Dagli Orti/Gianni Dagli Orti/The Art Archive. **GERONIMO** GETTY/Hulton Archive. **GERSHWIN** CORBIS/Bettmann/Renato Toppo. **GEYSER** CORBIS/Scott T. Smith. **GHETTO** RUE DES ARCHIVES/Mary Evans. **GIACOMETTI** RMN/Michèle Bellot © Adagp/FAAG, Paris 2022. **GIBRALTAR** AKG/Hervé Champollion. **GIDE** BIS/Coll. Archives Larbor/H. Manuel. **GIGANTOMACHIE** LEEMAGE/Aisa. **GILGAMESH** BRIDGEMAN-GIRAUDON. **GILLESPIE** CORBIS/Sygma/Thierry Orban. **GIONO** AKG/Denise Bellon. **GIOTTO** AKG/Stefan Diller. **GIRARDOT** RUE DES ARCHIVES/Marcel Dole. **GIRAUDOUX** GAMMA-RAPHO/Rapho/Jean-Marie Marcel. **GIRONDINS** LEEMAGE/Selva. **GISCARD d'ESTAING** SIPA/Christian Hartmann. **GIZEH** GAMMA-RAPHO/Age/Hoa-Qui/P. Narayan. **GLACIER** AFP/Jean-Pierre Clatot. **GLADIATEUR** AKG. **GLASNOST** CORBIS/Peter Turnley. **GLÉNAN** GAMMA-RAPHO/Rapho/Gérard Sioen. **GLORIEUSES** BIS/Archives Larbor/Jean-Loup Charmet. **GOA** GAMMA-RAPHO/Age/Hoa-Qui/Dinodia. **GOBELINS** RMN/Christian Jean/Jean Schormans. **GOBI** ANDIA/Wildlife. **GODARD** RUE DES ARCHIVES/Raymond Cauchetier. **GOETHE** AKG. **GOLDEN GATE** JUPITER Images/AbleStock. **GOLFE** (guerre) (gr) SIPA/David Longstreath; SIPA/Haley; SIPA/British Army/Russ Nolan. **GONG LI** RUE DES ARCHIVES/Bca. **GONZÁLEZ** CORBIS/Sygma/Langevin Jacques. **GOODALL** BIOS/Gunther Michel. **GORBATCHEV** SIPA/Witt. **GORDIMER** OPALE/Jean Ber. **GORÉE** GAMMA-RAPHO/Hoa-Qui/Renaudeau Michel. **GORGONE** BRIDGEMAN-GIRAUDON. **GOSCINNY** RUE DES ARCHIVES/Agip. **GOTHIQUE** (pl) HEMIS/Fred. Thomas; RMN/Archives Alinari/Nicola Lorusso; HEMIS/Fred. Thomas; AKG/Electa; LEEMAGE/Laporte; BIS/Archives Nathan/J.J. Derenne; GAMMA-RAPHO/Age/Hoa-Qui/North Light Images; RMN/Daniel Arnaudet; LEEMAGE/Jean Bernard; RMN/René-Gabriel Ojéda. **GOUDE** CORBIS/Sygma/Gérard Rancinan. **GOULAG** (gr) SIPA/Laski; PXP GALLERY/Marc Garanger; Agence VU/Tomasz Kisny. **GOUM** LEEMAGE/Gusman. **GOYA** BIS/Archives Larbor. **GOYETTE** REA/The New York Times/Barton Silverman. **GRAFF** MOREL Christine. **GRAHAM** MAGNUM/Philippe Halsman. **GRAND CANYON** GAMMA-RAPHO/Age/Hoa-Qui/P. Narayan. **GRANDS LACS** © NASA. **GRANT** TCD/Bouteiller/Prod DB/Mgm/DR. **GRATTE-CIEL** GETTY/Yamashita/National Geographic. **GRAY** RMN Dist/Cnac/Mnam/Jean-Claude Planchet/DR. **GRÈCE** GAMMA-RAPHO/Top/Hervé Champollion; GAMMA-RAPHO/Rapho/Emile Luider; GAMMA-RAPHO/Rapho/Emile Luider. **GRÈCE** (pl) AKG/Erich Lessing; RMN Dist./Image of the MMA © Metropolitan Museum of Art; RMN/Hervé Lewandowski; AKG/Nimatallah; AKG; RMN Dist./Archives Alinari, Florence/George Tatge; THE PICTURE DESK/Coll. Dagli Orti/Gianni Dagli Orti/The Art Archive; RMN Dist/BPK, Berlin/Ingrid Geske-Heiden; AKG/Nimatallah; BIS/Coll. Archives Larbor; BIS/Archives Larbor/Hubert Josse. **GRECO** PHOTO12/Oroñoz. **GREENAWAY** LEEMAGE/Heritage Images. **GRENADE** HEMIS/John Frumm. **GREVE** BIS/Archives Larbor/Jean-Loup Charmet. **GRIFFON** BRIDGEMAN-GIRAUDON. **GRIS-NEZ** GAMMA-RAPHO/Hoa-Qui/Charel Franck. **GROPIUS** ARTEDIA/Laus Frahm/Artur © Adagp, Paris 2022. **GROSSESSE** BSIP/MBPL/John Bavosi. **GROTTE** (pl) GAMMA-RAPHO/Npl/Jacana/Juan Manuel Borrero; GAMMA-RAPHO/Npl/Jacana/Andrew Cooper; GAMMA-RAPHO/Npl/Jacana/Hans Christoph Kappel; GAMMA-RAPHO/Npl/Jacana/Ingo Arndt; GAMMA-RAPHO/Npl/Jacana/Andrew Cooper; BIOS/Véchot Christophe; BIOS/Heuclin Daniel. **GRUSS** GAMMA-RAPHO/JDD/Raymon Delalande. **GUARDI** Archivo L.A.R.A./Planeta. **GUÉRANDE** BIS/Archives Larbor/Jeanbor. **GUÉRIN** BIS/Archives Larbor/Hubert Josse. **GUERNICA** BIS/Archives Larbor/Oroñoz © Succession Picasso, Paris 2009. **GUERRE FROIDE** (gr) GAMMA-RAPHO/Keystone; MAGNUM/René Burri; GAMMA-RAPHO/Keystone. **GUERRE MONDIALE** (Première) (pl) LEEMAGE/Hubert Josse; RUE DES ARCHIVES/

Pvde; L'ILLUSTRATION; ROGER-VIOLLE/Bilderwelt; BIS/Coll. Archives Larbor; LA COLLECTION; AKG; LEEMAGE/Luisa Ricciarini; AKG; AKG; BIS/Archives Larbor/Coll. Moreau; AKG/Otto Haeckel. **GUERRE MONDIALE** (Seconde) (pl) CORBIS/Bettmann; ROGER-VIOLLET/Nd; CORBIS/Bettman; CORBIS/Sdf. Zwilling; AKG/Ria-Novosti; BPK/Arthur Grimm; AKG; RUE DES ARCHIVES/The Granger Collection Nyc; CORBIS/Hulton-Deutsch Collection; RUE DES ARCHIVES/Tal; CORBIS/Historical Premium/Yevgeny Khaldei; LEEMAGE/Fototeca; CORBIS/Bettmann. **Guetta** Corbis/People Avenue/Stéphane Cardinale. **GUEVARA** GETTY/Lee Lockwood. **GUGGENHEIM** PHOTONONSTOP/Tips/Mark Edward Smith. **GUIGNOL** CORBIS/Jean-Pierre Lescourret. **GUILLAUME II** AKG. **GUILLEM** GAMMA-RAPHO/Gamma/Benainous Alain. **GUIMARD** BIS/Archives Larbor/Jeanbor. **GUITRY** ROGER-VIOLLET/Ullstein Bild. **GUYANE** GAMMA-RAPHO/Jacana/Cegalerba Nicolas; SIPA/José Nicolas.

H

HAARLEM Archivio L.A.R.A./Planeta. **HADID** AFP/Philippe Demazes. **HADÈS** SCALA/Courtesy of the Ministero Beni e Att. Culturali. **HADRIEN** PHOTONONSTOP/Russel Kord. **HAIGNERÉ** AFP/Alexander Nemenov. **HAÏKU** RMN/Thierry Ollivier. **HAÏTI** AKG. **HAKA** HEMIS/Marc Dozier. **HALAGE** AFP-Images. **HALLES** MAIRIE DE PARIS/Studiosezz. **HALLYDAY** GAMMA-RAPHO/Gamma/Charriau/Stills. **HALS** BIS/Archives Nathan. **HAMBOURG** HEMIS/Ingolf Pompe. **HAMLET** BIS/Archives Nathan. **HAMMOURABI** RMN/Hervé Lewandowski. **HANCOCK** CORBIS/Epa/Fabrice Coffrini. **HANDKE** FEDEPHOTO/Jacques Graf. **HANNIBAL** AKG. **HANOI** HEMIS/Romain Cintract. **HARAR** COSMOS/Pascal Meunier. **HARAS** GAMMA-RAPHO/Hoa-Qui/Body Philippe. **HARDOUIN-MANSART** ALTITUDE/Arthus-Bertrand Yann. **HARDY** PHOTO12/Picture Alliance. **HARPER** AFP/Mandel Ngan. **HATCHEPSOUT** AKG/Hervé Champollion. **HATHOR** RMN/Franck Raux. **HATOUM** FIGAROPHOTO.COM/François Bouchon. **HAVANE** HEMIS/Hugues Hervé. **HAVEL** SIPA/Haley. **HAVRE** GAMMA-RAPHO/Jacana/J.-B. Leroux. **HAWAII** COSMOS/Spl/Brad Lewis. **HAYE (la)** HEMIS/Bertrand Rieger. **HAYWORTH** TCD/Bouteiller/Prod DB/Columbia/DR. **HÉBREU** BRIDGEMAN-GIRAUDON. **HECTOR** RMN/Hervé Lewandowski. **HEIDELBERG** SHUTTERSTOCK/sano7. **HEKLA** GAMMA-RAPHO/Hoa-Qui/Cri Nancy Lorraine/Krafft. **HELSINKI** GAMMA-RAPHO/Hoa-Qui/Christophe Boisvieux. **HÉMATIE** COSMOS/Spl/Jurgen Berger. **HEMINGWAY** GAMMA-RAPHO/Camera press/Yousuf Karsh. **HENDRICKS** GAMMA-RAPHO/Gamma/Le Bot Alain. **HENRI III** BIS/Archives Larbor/Luc Joubert. **HENRI IV** RMN/Jean Schormans. **HEPBURN** (Katharine) RUE DES ARCHIVES/Bca. **HEPBURN** (Audrey) THE PICTURE DESK/Paramount/The Kobal Collection/Conant Howell. **HÉRA** LEEMAGE/Bianchetti. **HÉRACLÈS** RMN/Hervé Lewandowski. **HERCULANUM** AKG/Nimatallah. **HERGÉ** RUE DES ARCHIVES/Agip. **HERZOG** BIS/Coll. Archives Larbor. **Hessel** Getty Images/François G. Durand. **HIDALGO** SIPA/Nicolas Messyasz. **HIDDEN PEAK** CORBIS/Galen Rowell. **HILLARY** (Sir) CORBIS/Bettmann. **HIMALAYA** Matthieu Ricard. **HINDOUISME** (gr) LEEMAGE/Cuboimages; GAMMA-RAPHO/Rapho/Hoa-Qui/Guedj; GETTY/Martin Gray. **HINDU KUSK** KR IMAGES/Roland Quadrini. **HIP-HOP** SIPA/Tao/Color China Photo. **HIROSHIMA** CORBIS/Bettmann. **HITCHCOCK** TCD/Bouteiller/Prod DB/Universal Pictures/DR. **HITLER** AKG. **HITTITES** LEEMAGE/Hubert Josse. **HO CHI MINH** AFP Archives. **HOCKNEY** AKG/David Hockney. **HOFFMAN** TCD/Bouteiller/Prod DB/Columbia/DR. **HOGGAR** GAMMA-RAPHO/Rapho/Jean-Luc Manaud. **HOKUSAI** RMN/Harry Bréjat. **HOLLANDE** SIPA/Chamussy. **HOLLIDAY** GAMMA-RAPHO/Keystone. **HOMME** (ic) LOOK AT SCIENCES/Eurelios/Reconstitution par l'Atelier Daynès/Philippe Plailly; LOOK AT SCIENCES/Eurelios/Reconstitution par l'Atelier Daynès/Philippe Plailly; RMN Dist./MNP, Les Eyzies/Reconstitution par l'Atelier Daynès/Philippe Jugie; AKG/Hess. Landesmuseum/Reconstitution par Schaubelt & Kieser; AKG/Hess. Landesmuseum/Reconstitution par Schnaubelt & Kieser; LOOK AT SCIENCES/Eurelios/Reconstitution d'un Sahelanthropus tchadensis d'après l'artiste Elisabeth Daynès/Elisabeth Daynès; LOOK AT SCIENCES/Eurelios/Reconstitution par l'Atelier Daynès/Philippe Plailly. **HONG KONG** REA/Jérôme Faure. **HONGRIE** AKG/Yann Travert; GAMMA-RAPHO/Keystone. **HOOKER** GAMMA-RAPHO/Gamma/Montes Thierry. **HOOVER** GETTY/Robert Cameron. **HOPKINS** THE PICTURE DESK/Columbia/Merchant Ivory/The Kobal Collection/Santini Derrick. **HOPPER** (Edward) AKG/DR. **Hopper** (Grace) AKG-IMAGES/US Air Force/Science Photo Library. **HORMONE** Medicalpicture/Isabel Christensen. **HORN** GAMMA-RAPHO/Planet Observer. **HORS-SOL** REA/Patrick Allard. **HORTILLONNAGE** PHOTONONSTOP/Brigitte Merle. **HORUS** BRIDGEMAN-GIRAUDON/Ashmolean Museum. **HORVAT** © Franck HORVAT. **HÔTEL DE VILLE** GAMMA-RAPHO/Top/Jarry-Tripelon. **HOUSTON** AIRPHOTO/Jim Wark. **HUANG SHAN** GAMMA-RAPHO/Rapho/Roland et Sabrina Michaud. **HUBBLE** BIS/NASA/Archives Larbor. **HUÉ** GAMMA-RAPHO/Rapho/Emile Luider. **HUGO** BIS/Coll. Archives Larbor. **HU JINTAO** SIPA/Chine Nouvelle. **HULOT** SIPA/Max Colin. **HUMAIR** GETTY/Redferns. **HUPPERT** RUE DES ARCHIVES/Bca. **HUSSEIN DE JORDANIE** GAMMA-RAPHO/Gamma/Baitel-Deville. **HUSSEIN** (Saddam) GAMMA-RAPHO/Camera press/David Farrell. **HUTTE** GAMMA-RAPHO/Hoa-Qui/Joubert Jean-Denis. **HYDROPTÈRE** UMA/Zedda/Arnaud Pilpre. **HYKSOS** AKG/Electa. **HYPOSTYLE** AKG/Hervé Champollion.

I

IAROSLAV PXP Gallery/Philippe Roy. **ICARE** BRIDGEMAN-GIRAUDON. **ICEBERG** REA/Panos/Nick Cobbing. **ICÔNE** RMN/Franck Raux. **IÉNA** RMN Dist./Musée de l'Armée. **IGLOO** COSMOS/B & C. Alexander. **IGUAÇU** GAMMA-RAPHO/Hoa-Qui/Patrick De Wilde. **ÎLE-DE-FRANCE** URBA IMAGES/G. Codina. **ILIADE** RMN/Hervé Lewandowski. **ILLUSION** DR. **IMAGERIE** (pl) REA/EXPANSION/Jérôme Chatin; BSIP/Hank Morgan; BSIP/Ablestock; ISM/Sovereign; BSIP; BSIP/James Cavallini; BSIP/Phototake/Galati; BSIP/James Cavallini. **IMHOTEP** RMN Dist./The Trustees Of The British Museum. **IMPLUVIUM** GAMMA-RAPHO/Hoa-Qui/Michel Renaudeau. **IMPRESSIONNISME** (pl) BIS/Archives Larbor/Hubert Josse; RMN/Hervé Lewandowski; BIS/Archives Larbor/Hubert Josse; BIS/Archives Larbor; BIS/Archives Larbor; BIS/Archives Larbor; LEEMAGE/Aisa; BIS/Archives Larbor; BIS/Archives Nathan/National Gallery of Art, Washington; BRIDGEMAN-GIRAUDON/The Bridgeman Art Library. **INCAS** (pl) RMN Dist./BPK Berlin; RMN Dist/The Trustees of the British Museum; AKG/Ulrich Zillmann; THE PICTURE DESK/The Art Archive/Gianni Dagli Orti; RMN Dist./BPK Berlin/Dietrich Graf; AKG/Werner Forman; THE PICTURE DESK/The Art Archive/Gianni Dagli Orti; RMN/Hervé Lewandowski; LEEMAGE/Aisa. **INCUNABLE** BRIDGEMAN-GIRAUDON. **INDE** GAMMA-RAPHO/Hoa-Qui/Jeremy Horner; SIPA/Haley; FEDEPHOTO/Matthieu Colin. **INDE** (pl) GAMMA-RAPHO/Hoa-Qui/Christophe Boisvieux; AKG/François Guénet; GAMMA-RAPHO/Hoa-Qui/P. Narayan; AKG/Nimatallah; AKG/Monique Pietri; AKG/Nimatallah; BIS/Archives Larbor; AKG/Jean-Louis Nou; AKG/François Guénet; GAMMA-RAPHO/Age/Hoa-Qui/Narayan; AKG/Jean-Louis Nou. **INDÉPENDANCE** BRIDGEMAN-GIRAUDON/Botlin Pictures Library. **INDIGNÉ** SIPA/AP/Arturo Rodriguez; SIPA/SEVGI; GAMMA-RAPHO/Xinhual. **INDOCHINE** (gr) CORBIS/Bettmann; CORBIS/Bettmann; CORBIS/Bettmann. **INDONÉSIE** LEEMAGE/Imagestate. **INGRES** BIS/Coll. Archives Nathan. **INLANDSIS** CIEL ET ESPACE/Nasa. **INQUISITION** RMN/René-Gabriel Ojéda/Thierry le Mage. **INSTITUT** GAMMA-RAPHO/Rapho/Kenneth Poulsen. **INSTITUT DU MONDE ARABE** GAMMA-RAPHO/Hoa-Qui/Jean-Luc Grzeskowiak © Architectes : Jean Nouvel/Architecture Studio/Adagp, Paris 2022. **INTERNATIONALE** (3e) BIS/Archives Larbor/J.-J. Hautefeuille. **INUITS** (pl) © GALERIE FLAK; © GALERIE FLAK; BIS/Coll. Archives Larbor; © GALERIE FLAK; BIS/Coll. Archives Larbor; © GALERIE FLAK; © GALERIE FLAK; © GALERIE FLAK. **INVALIDES** GAMMA-RAPHO/Imagestate/Brian Lawrence. **IONESCO** GAMMA-RAPHO/Gamma/Uzan Gilbert. **IPHIGÉNIE** BIS/Archives Larbor/British Museum. **IRA** CORBIS/Peter Turnley. **IRAK** GAMMA-RAPHO/Gamma/Eric Bouvet. **IRAN** PHOTONONSTOP/Iconotec/Eric Martin; GAMMA-RAPHO/Schlosser Ostrkreuz. **IRIBE** RUE DES ARCHIVES/Mary Evans. **IRKOUTSK** HEMIS/Bruno Morandi. **IRLANDE** GAMMA-RAPHO/Hoa-Qui/Thierry Perrin. **IRRAWADDY** GETTY/National Geographic/Steve Winter. **IRRIGATION** (gr) THE PICTURE DESK/Coll. Dagli Orti/The Art Archive; CORBIS/Kazuyoshi Nomachi; ANDIA/Mediacolors. **ISBA** SCOPE/J. Grenier. **ISERAN** GAMMA-RAPHO/Hoa-Qui/Buss Wojtek. **ISHTAR** RMN Dist./The Trustees Of The British Museum. **ISIS** RMN/Jean-Gilles Berizzi. **ISLAM** (pl) AKG/Gérard Degeorge; LEEMAGE/Hubert Josse; LEEMAGE/Hubert Josse; RMN/René-Gabriel Ojéda; LEEMAGE/Aisa; AKG/François Guénet; GAMMA-RAPHO/Age/Hoa-Qui/Paco Gomez Garcia; GAMMA-RAPHO/Age/Hoa-Qui/G. Azumendi; RMN/Gérard Blot; AKG/Erich Lessing; RMN Dist./Metropolitan Museum of Art; RMN/Jean-Gilles Berizzi; LEEMAGE/Hubert Josse. **ISPAHAN** GAMMA-RAPHO/Hoa-Qui/Buss Wojtek. **ISRAËL** PHOTONONSTOP/Xavier Richer. **ISRAÉLO-ARABES** (gr) SIPA; AFP/Menahem Kahana; SIPA/Heidi Levine. **ISS** AFP/Nasa. **ISTANBUL** AKG/Gérard Degeorge. **ITALIE** GAMMA-RAPHO/Age/Hoa-Qui/Stefano Cellai; LEEMAGE/Agf/Frassineti; LEEMAGE/Costa. **ITHAQUE** HEMIS/Iml/Massimo Pizzocaro. **IVAN IV** BIS/Archives Larbor/Jean-Loup Charmet. **IVORY** TCD/Bouteiller/Prod DB/Merchant Ivory/DR. **IZIS** RMN Dist./Cnac/Mnam/Bertrand Prévost.

J

JACKSON AFP/Luke Frazza. **JACOBINS** LEEMAGE/Hubert Josse. **JACOBS** FEDEPHOTO/Virginie Clavières. **JAKARTA** GETTY/Martin Westlake. **JANUS** AKG. **JAOUI** REUTERS/Philippe Wojazer. **JAPON** REA/Tom Wagner; LEEMAGE/Costa. **JAPON** (pl) GAMMA-RAPHO/Françoise Huguier; AKG; RMN/Martine Beck-Coppola; THE PICTURE DESK/The Art Archive/Coll. Dagli Orti/Alfredo Dagli Orti; GAMMA-RAPHO/Rapho/Ira Block; AKG/Ria-Novosti/Iarine; THE PICTURE DESK/The Art Archive/Coll. Dagli Orti/Eileen Tweedy; RMN/Harry Bréjat; THE PICTURE DESK/The Art Arhive/Coll. Dagli Orti/Alfredo Dagli Orti; RMN/Thierry Ollivier; CORBIS/Michael S. Yamashita © Isamu Noguchi Foundation, New York/Adagp, Paris 2022. **JAQUEMART** SUNSET/Michel Dusart. **JARDIN DES PLANTES** REA/Benoît Decout. **JARMUSCH** AKG/Album/Focus Features. **JASON** RMN/Hervé Lewandowski. **JAURÈS** ROGER-VIOLLET/Maurice Branger. **JAZZ** BIS/Coll. Archives Bordas. **JEAN XXIII** SIPA/Olympia. **Jean** SIPA/AP/Sean Kilpatrick. **JEANNE D'ARC** BRIDGEMAN-GIRAUDON/Archives Charmet. **JEAN-PAUL II** SIPA/Galazka. **JEMAPPES** BRIDGEMAN-GIRAUDON/Lauros. **JÉRUSALEM** HEMIS/John Frumm. **JÉSUS** (gr) AKG/Gilles Mermet; BIS/Archives Larbor; RMN Dist./Archives Alinari, Florence/Mauro Magliani. **JEU DE PAUME** BIS/Archives Larbor/Jeanbor. **JIANG JIESHI** ROGER-VIOLLET collection. **JIANG ZEMIN** SIPA/AP/Wang Jianmin. **JOCONDE** RMN/Hervé Lewandowski/Thierry Le Mage. **JOHN** GAMMA-RAPHO/Gamma/kpa. **JOHNS** AKG/Jasper Johns © Adagp, Paris 2022. **JOHNSON** CORBIS/Bettmann. **JOLIOT-CURIE** GAMMA-RAPHO/Rapho/Robert Doisneau. **JORASSES** FRANCEDIAS/Patrice Labarbe. **JOSÉPHINE** RMN/Daniel Arnaudet. **JOUTE** BIS/Coll. Archives Nathan. **JOYCE** ROGER-VIOLLET/Studio Lipnitzki. **JUAN CARLOS** SIPA/Efe/Barrenechea. **JR** Agence VU/Pierre Olivier Deschamps. **JUBÉ** HEMIS/Jean-Pierre Lescourret. **JUIN** 1940 BIS/Archives Larbor/Hubert Josse. **JUPITER** SCALA/Fotografica Fogliai. **JURA** GAMMA-RAPHO/Jacana/Serge Sautereau.

K

KAABA GAMMA-RAPHO/Rapho/Pps/Kazuyoshi Nomachi. **KABOUL** AFP/Wahidy Farzana. **KABUKI** GAMMA-RAPHO/Rapho/Hervé Bruhat. **KADHAFI** AFP/Ibrahim Osama. **KAFKA** ROGER-VIOLLET/Albert Harlingue. **KAHLO** AKG © Banco de México Diego Rivera & Frida Khalo Museums Trust, México D.F. © Adagp, Paris, 2022. **KALAHARI** GAMMA-RAPHO/Hoa-Qui/Thomas Dressler. **KAMTCHATKA** GAMMA-RAPHO/Hoa-Qui/Philippe Bourseiller. **KANDINSKY** RMN Dist./Cnac/Mnam/Adam Rzepka. **KANGCHENJUNGA** CORBIS/Earl & Nazima Kowall. **KARAJAN** GAMMA-RAPHO/Rapho/Ghislain Dussart. **KARAKORAM** GAMMA-RAPHO/Hoa-Qui/Hed. House/Colin Monteath. **KARAKORUM** HEMIS/Franck Guiziou. **KARNAK** ALTITUDE/Arthus-Bertrand Yann. **KARZAÏ** GAMMA-RAPHO/Gamma/Gérard Holubowicz. **KASPAROV** SIPA/Kostans. **KATCHINA** LEEMAGE/Heritage Images. **KATMANDOU** GAMMA-RAPHO/Hoa-Qui/Michel Gounot. **KAURISMÄKI** SIPA/Nana Production. **KAWABATA** GAMMA-RAPHO/Keystone. **KAZAN** MAXPPP/Wostok Press/A. Morkovkin. **KEATON** RUE DES ARCHIVES/Rda. **KELLY** THE PICTURE DESK/Paramount/The Kobal Collection. **KENNEDY** CORBIS/Bettmann. **KENZO** CORBIS/People Avenue/Stephane Cardinale. **KERSAUSON** DPPI/Yves Pouillade. **KERTÉSZ** RMN Dist./Cnac/Mnam/Adam Rzepka. **KHARTOUM** GETTY/Robert Caputo. **KHMERS ROUGES** CORBIS/Bettmann. **KHOMEINY** GAMMA-RAPHO/Rapho/Michel Setboun. **KHROUCHTCHEV** GETTY/Al Fenn/Stringer. **KIDMAN** Coll. Christophe L. **KIEV** SHUTTERSTOCK/Lena Bernatsky. **KILIMANDJARO** GAMMA-RAPHO/Hoa-Qui/De Wilde Patrick. **KING** MAGNUM/Bob Adelman. **KITANO** RUE DES ARCHIVES/Bca. **KLEE** AKG. **KLEIN** BIS/Galerie Beaubourg, Vence/T © Adagp, Paris 2023. **KLIMT** LEEMAGE/Hubert Josse. **KOHL** SIPA/Jobard/Hadj. **KORÊ** AKG/Nimatallah. **KOUDELKA** MAGNUM/Josef Koudelka. **KOUROS** AKG/Erich Lessing. **KOUROU** GAMMA-RAPHO/Hoa-Qui/Ocean d'Images. **KOWEÏT** GETTY/Peter Ryan. **KRAK** GAMMA-RAPHO/Imagestate/David South. **KREMLIN** PHOTONONSTOP/Mauritius. **KSAR** HEMIS/René Mattes. **KUALA LUMPUR** GAMMA-RAPHO/Age/Hoa-Qui/José Fuste Raga. **KUROSAWA** CORBIS/Sygma/Gérard Rancinan. **KUSTURICA** RUE DES ARCHIVES/Bca. **KUTI** REA/Panos/Jacob Silberberg. **KYOTO** PHANIE/Garo.

L

LABICHE BIS/Coll. Archives Larbor. **LACROIX** GAMMA-RAPHO/Gamma/Raphael Gaillarde. **LADAKH** AKG/Hervé Champollion. **LADY GAGA** Picture Alliance/Photo12. **LA FAYETTE** RMN/DR. **Laferrière** Gamma/Ulf Andersen. **LA FONTAINE** AKG. **Lagarde** SIPA/Chine nouvelle. **LAGERFELD** SIPA/Michel Euler. **LAMARTINE** RMN/Daniel Arnaudet. **LANCASTER** CORBIS/Sunset Boulevard. **LAND ART** GAMMA-RAPHO/Age/Hoa-Qui/Juan Carlos Munoz/Ibarrola Agustin © Adagp, Paris 2022. **LANG** TCD/Bouteiller/Prod DB/Ufa/DR. **LANGE** SIPA/Sa House/Superstock/Aperture Foundation Inc., Ny/DR. **LAOCOON** BIS/Archives Larbor/Mario Carrieri. **LAON** HEMIS/Fred. Thomas. **LAOS** LEEMAGE/Cuboimages. **LA PÉROUSE** BIS/Archives Larbor/Jean-Loup Charmet. **LAQUE** Galerie Gismondi. **LARSSON** CORBIS/Christie's Images. **LARTIGUE** CORBIS/Stapleton coll./JH Lartigue/AAJHL © Ministère de la Culture, France, 2009. **LASCAUX** GAMMA-RAPHO/Hoa-Qui/Explorer/Bouchard J.P. **LA TOUR** BIS/Archives Larbor/Hubert Josse. **LATTRE DE TASSIGNY** (DE) ROGER-VIOLLET coll. **LAUREL** THE PICTURE DESK/Hal Roachua/The Kobal Collection. **LAURENCIN** RMN Dist./Cnac/Mnam/Jean-Claude Planchet © Adagp, Paris 2022. **LAUSANNE** GAMMA-RAPHO/Rapho/Georg Gerster. **LAVAL** GAMMA-RAPHO/Hoa-Qui/Thibaut. **LAWRENCE** AKG. **LEAN** TCD/Bouteiller/Prod DB/Mgm/DR. **LE BRUN** RMN/Hervé Lewandowski. **LECLERC** ROGER-VIOLLET collection. **LE CLÉZIO** OPALE/Daniel Mordzinski. **LE CORBUSIER** ARTEDIA/Coll. Artedia © F.L.C./Adagp, Paris 2022. **LÉCYTHE** AKG/Nimatallah. **LÉDA** AKG/Rainer Hackenberg. **LÉGER** BIS/Archives Nathan © Adagp, Paris 2022. **LELOUCH** TCD/Bouteiller/Prod DB/Films13/DR. **LÉMAN** FRANCEDIAS/Gilles Place. **LEMPICKA** BIS/Archives Nathan © Adagp, Paris 2022. **LE NAIN** RMN/Franck Raux. **LENGLEN** CORBIS/Underwood & Underwood/Bettmann. **LENINE** AKG/Russian Picture Service. **LENNON** CORBIS/Bettmann. **LÉONARD DE VINCI** AKG/Erich Lessing. **LEONE** Park Circus France/DR. **LEPTIS MAGNA** GAMMA-RAPHO/Age/Hoa-Qui/Gerster. **LESPUGUE** THE PICTURE DESK/The Art Archive/Dagli Orti. **LESSING** OPALE/Basso Cannarsa. **LÉVESQUE** CORBIS/Sygma/J.P.Laffont. **LÉVI-STRAUSS** RUE DES ARCHIVES/Pvde. **LEWIS** SIPA/Dear. **LHASSA** GAMMA-RAPHO/Hoa-Qui/Jean Francois Hagenmuller. **LI** Laurent Philippe. **LIBAN** URBA IMAGES/J.C. Pattacini. **LIBÉRATION** (gr) GAMMA-RAPHO/Keystone; GAMMA-RAPHO/Keystone; GAMMA-RAPHO/Keystone. **LICHTENSTEIN** BIS/Archives Larbor/J. Bottet © Adagp, Paris 2023. **LICORNE** LEEMAGE/Hubert Josse. **LIÈGE** GAMMA-RAPHO/Age/Hoa-Qui/P. Narayan. **LIFAR** ROGER-VIOLLET/Studio Lipnitzki. **LILLE** FRANCEDIAS/Bernard Philip. **LIMA** GAMMA-RAPHO/Hoa-Qui/Deya. **LIMBOURG** BIS/Coll. Archives Bordas. **LIMOGES** FRANCEDIAS/Jérome Chabanne. **LINCOLN** BIS/Coll. Archives Larbor/Ambassade américaine, services culturels. **LISBONNE** HEMIS/Patrick Frilet. **LISZT** THE PICTURE DESK/The Art Archive/Coll. Dagli Orti/Alfredo Dagli Orti. **LITTORAL** (pl) GAMMA-RAPHO/Npl/Jacana/José B. Ruiz; GAMMA-RAPHO/Hoa-Qui/Grandeur Nature/Jean Roche; GAMMA-RAPHO/Npl/Jacana/Jane Burton; BIOS/Lattés Emmanuel; BIOS/Bily Guillaume; GAMMA-RAPHO/Npl/Jacana/Chris Gomersall; GAMMA-RAPHO/Npl/Jacana/Geoff Dore; BIOS/Klein J.-L. & Hubert M.-L.; GAMMA-RAPHO/Age/Hoa-Qui/Moralesi; GAMMA-RAPHO/Age/Hoa-Qui/Marevision; BIOS/Larrey Frédéric; GAMMA-RAPHO/Npl/Jacana/Niall Benvie; GAMMA-RAPHO/Npl/Jacana/Artur Tabor; BIOS/Le Moigne Jean-Louis; GAMMA-RAPHO/Imagestate/Alberto Cassio; GAMMA-RAPHO/Npl/Jacana/Richard Bowsher. **LIU XIAOBO** CORBIS/dpa/Liu Xia. **LIVERPOOL** GAMMA-RAPHO/Imagestate. **LOACH** TCD/Bouteiller/Prod DB/Sixteen Fims/DR. **LOEB** SIPA/AP/Shuji Kajiyama. **LOFOTEN** GAMMA-RAPHO/Hoa-Qui/Body Philippe. **LOISEAU** GAMMA-RAPHO/Rapho/Jns. **LOLLOBRIGIDA** RUE DES ARCHIVES/Collection CSFF. **LONDON** AKG/Charmian. **LONDRES** GETTY/Martin Barraud. **LONGO-CIPRELLI** SIPA/Dppi/Bolcina. **LOREN** RUE DES ARCHIVES/Bca. **LORRAIN** BIS/Archives Larbor/Hubert Josse. **LOS ANGELES** GAMMA-RAPHO/Age/Hoa-Qui/Bruno Perousse. **LOSEY** CORBIS/Sygma/William Karel. **LOUIS IX** BIS/Coll. Archives Nathan. **LOUIS XI** BIS/Coll. Archives Nathan. **LOUIS XIV** BIS/Archives Larbor/Hubert Josse. **LOUIS XV** RMN/Gérard Blot. **LOUIS-PHILIPPE Ier** BIS/Coll. Archives Larbor. **LOUVRE** GAMMA-RAPHO/Hoa-Qui/Fred. Thomas. **LOZÈRE** ANDIA/De Richement. **LUBITSCH** CORBIS/Bettmann. **LUCERNE** GAMMA-RAPHO/Age/Hoa-Qui/P. Narayan. **LUMET** TCD/Bouteiller/Prod DB/20th Century Fox/DR. **LUMIÈRE** (frères) BIS/Archives Larbor/Jean-Loup Charmet. **LUMIERES** (les) BIS/Archives Nathan. **LUNE** (ic) CIEL ET ESPACE/Mario Weigand. **LURÇAT** BIS/Archives Larbor/R. Godrant © Adagp, Paris 2023. **LUXEMBOURG** HEMIS/Wysocki Pawel. **LUXEMBURG** ROGER-VIOLLET coll. **LYMPHOCYTE** COSMOS/Eye of Science/Spl. **LYNCH** GAMMA-RAPHO/Gamma/Valérie Quentin. **LYON** FRANCEDIAS/Marc Morel.

M

Mabanckou SIPA/Baltel. **MACAO** HEMIS/Romain Cintract. **MCENROE** GAMMA-RAPHO/Gamma/Camera Press/McCabe Eamonn. **MACHICOULIS** AKG/Hervé Champollion. **MACHU PICCHU** FEDEPHOTO/Eric Fabrer. **MÂCON** GAMMA-RAPHO/Hoa-Qui/Yan Guichaoua. **MACRON** ABACA PRESS/Liewig Christian. **MACROPHOTOGRAPHIE** SHUTTERSTOCK/Michal Filip Gmerek ; SHUTTERSTOCK/Denis Vrublevski ; FOTOLIA/ChriSes ; SHUTTERSTOCK/Arkady. **MADAGASCAR** GAMMA-RAPHO/Hoa-Qui/Christian Vaisse. **MADÈRE** PHOTONONSTOP/Grafenhein Gunter/Sime. **MADONNA** CORBIS/Roland Weihrauch. **MADRID** HEMIS/Emilio Suetone. **MAGELLAN** BRIDGEMAN-GIRAUDON/Coll. Privée. **MAGNANI** TCD/Bouteiller/Prod DB/Excelsa Films/DR. **MAGRITTE** BIS/Archives Larbor/Luc Joubert © Adagp, Paris 2022. **MAHABHARATA** LEEMAGE/Heritage Images. **MAI 1968** (gr) MAGNUM/Guy le Querrec ; MAGNUM/Bruno Barbey ; MAGNUM/Bruno Barbey © Adagp, Paris 2022. **MAÏAKOVSKI** AKG/Ria-Novosti. **MAIER** Vivian Maier/John Maloof collection/Courtesy Howard Greenberg, NY-Les Douches la Galerie, Paris. **MAILLET** SIPA/Andersen. **MAILLOL** RMN/Hervé Lewandowski/Thierry Le Mage. **MAISON CARRÉE** MAXPPP/Bep/Le Midi Libre. **MAJOLIQUE** Christian Béalu. **MAJOR** AFP/Johnny Eggitt. **MAKALU** Matthieu Ricard. **MAKEBA** SIPA/Moctar. **MAKINE** LEEMAGE/Agf. **Malala** CORBIS/Robin Utrecht. **MALAURIE** OPALE/Jean Fowley. **MALAWI** GAMMA-RAPHO/Hoa-Qui/M. & C Denis Huot Michel. **MALCOM X** CORBIS/Bettmann. **MALEVITCH** AKG/DR. **MALI** GAMMA-RAPHO/Hoa-Qui/Michel Renaudeau. **MALLARMÉ** ROGER-VIOLLET/Albert-Harlingue. **MALLE** CORBIS/Sygma/Marianne Rosenstiehl. **MALLET-STEVENS** URBA IMAGES/F. Achdou. **MALLORY** ROGER-VIOLLET/TopFoto. **MALRAUX** GAMMA-RAPHO/Rapho/Maurice Zalewski. **MAMELOUK** BIS/Coll. Archives Larbor. **MANADE** CORBIS/Marc Garanger. **MANAMA** GAMMA-RAPHO/Rapho/Georg Gerster. **MANCHE** REA/Gilles Rolle. **MANDALA** RMN/Daniel Arnaudet. **MANDARIN** BRIDGEMAN-GIRAUDON/Bonora-Giraudon. **MANDELA** GAMMA-RAPHO/Gamma/Bouvet de Keerle. **MANDORLE** RMN Dist./The Trustees of the British Museum. **MANET** BIS/Archives Larbor/Ralph Kleinhempel. **MANGROVE** BIOS/Theo Allofs. **MANHATTAN** GAMMA-RAPHO/Hoa-Qui/D. Lefranc. **MANIERISME** AKG/Erich Lessing. **MANILLE** PHOTONONSTOP/Tips/Guido Alberto Rossi. **MANITOBA** NASA/Modis. **MANOUCHIAN** BIS/Archives Larbor. **MANS** (LE) GAMMA-RAPHO/Hoa-Qui/Yan Guichaoua. **MAO** GAMMA-RAPHO/Gamma/Xinhua-Chine Nouvelle. **MARABOUT** HEMIS/Hervé Hughes. **MARAT** BRIDGEMAN-GIRAUDON. **MARCEAU** GAMMA-RAPHO/Hervé Bruhat. **MARE** (pl) GAMMA-RAPHO/Hoa-Qui/Grandeur Nature/Yann Brioux ; GAMMA-RAPHO/Npl/Jacana/Adrian Davies ; GAMMA-RAPHO/Npl/Jacana/Tom Vezo ; BIOS/Emmanuel Boitier ; BIOS/Christophe Vechot ; SUNSET/Robert Maier ; BIOS/Grégory Mairet ; BIOS/Bruno Cavignaux ; GAMMA-RAPHO/Npl/Jacana/Kim Taylor ; BIOS/Marielle Bruno ; GAMMA-RAPHO/Rapho/Gérard Sioen ; BIOS/Martinez José Antonio ; BIOS/Frédéric Fève ; GAMMA-RAPHO/Npl/Jacana/Mike Wilkes ; GAMMA-RAPHO/Npl/Jacana/Markus Varesvuo ; GAMMA-RAPHO/Npl/Jacana/Philippe Clément. **MARIE-ANTOINETTE** RMN/Gérard Blot. **MARIE DE MÉDICIS** RMN/René-Gabriel Ojéda. **MARIE LESZCZYNSKA** RMN/Gérard Blot. **MARIONNETTE** (gr) FESTIVAL MONDIAL DES THÉÂTRES DE MARIONNETTES, Charleville-Mézières ; COMPAGNIE JEAN-PIERRE LESCOT/Pascal Deboffe ; GAMMA-RAPHO/Hoa-Qui/Philippe Roy. **MARKOVA** THE PICTURE DESK/Coll. Dagli Orti/Culver Pictures. **MARLEY** GAMMA-RAPHO/Gamma/Stills/Starfile. **MARNE** AKG. **MAROC** PHOTONONSTOP/Philippe Saharoff ; RUE DES ARCHIVES/Agip. **MARQUETERIE** Galerie Gismondi. **MARQUISES** GAMMA-RAPHO/Explorer/Hoa-Qui/Sylvain Grandadam. **MARRAKECH** PxP GALLERY/Bruno Morandi. **MARS** SCALA Florence. **MARSEILLE** HEMIS/Jean-Pierre Lescourret. **MARTINI** CORBIS/Sandro Vannini. **MARTINIQUE** HEMIS/Gardel Bertrand. **MARX** (Karl) AKG. **MARX** (Brothers) THE PICTURE DESK/Paramount/The Kobal Collection. **MARY** (Puy) GAMMA-RAPHO/Explorer/Hoa-Qui/Patrick Lorne. **MAS D'AZIL** LOOKATSCIENCES/Eurelios/Philippe Plailly. **MASINA** THE PICTURE DESK/De Laurentiis/Films Marceau/The Kobal Collection. **MASSOUD** GAMMA-RAPHO/Gamma. **MASTROIANNI** TCD/Bouteiller/Prod DB/Cineriz-Francinex. **MATIGNON** KR-IMAGES/N. Marques. **MATISSE** RMN Dist./Cnac/Mnam/Philippe Migeat © Succession Matisse, Paris 2009. **MAUNA KEA** CORBIS/Douglas Peebles. **MAURANE** SIPA/De Russe Axelle. **MAURICE** GAMMA-RAPHO/Hoa-Qui/Buss Wojtek. **MAURITANIE** HEMIS/Emilio Suetone. **MAUSOLÉE** CORBIS/Jai/Michele Falzone. **MAYAS** (pl) BRIDGEMAN-GIRAUDON ; BRIDGEMAN-GIRAUDON ; CORBIS/Atlantis Phototravel/Massimo Borchi ; AKG/François Guénet ; PHOTO12/Oroñoz ; BRIDGEMAN-GIRAUDON/Jean-Pierre Courau ; RMN Dist./The Trustees of the British Museum. **MAZARIN** RMN/Gérard Blot. **MEAD** CORBIS/Bettmann. **MECQUE** GAMMA-RAPHO/Rapho/Pps/Kazuyoshi Nomachi. **MÉDECINS SANS FRONTIÈRES** COSMOS/Dieter Telemans. **MEDERSA** GAMMA-RAPHO/Rapho/Roland et Sabrina Michaud. **MEDICIS** LEEMAGE/Battaglini. **MEDICIS** (Villa) AKG/Pirozzi. **MÉDINET-HABOU** HEMIS/Bertrand Rieger. **MEDUSE** AKG/Gilles Mermet. **MÉGALITHE** (gr) BIOS/Lorgnier Antoine ; HEMIS/Hartmut Krinitz ; URBA IMAGES/Engel F. **MEIER** ARTEDIA/Collection Artedia. **MEIR** GAMMA-RAPHO/Keystone. **MEKNÈS** GAMMA-RAPHO/Explorer/Hoa-Qui/René Mattes. **MÉKONG** GAMMA-RAPHO/Explorer/Sampers E. **MELBOURNE** GETTY/Max Alexander. **MEMNON** BIS/Archives Nathan/Ph. Sonneville. **MENDE** AIR IMAGES/P. Guignard. **MENDES DA ROCHA** REUTERS/Pailo Whitaker. **MENDÈS FRANCE** GAMMA-RAPHO/Rapho/D. Berrety. **MENUHIN** CORBIS/Kipa/Jean Pimentel. **MEPHISTOPHELES** RMN/Hervé Lewandowski. **MER** (pl) GAMMA-RAPHO/Age/Hoa-Qui/Colin Monteath ; GAMMA-RAPHO/Age/Hoa-Qui/Calvin Aitken ; GAMMA-RAPHO/Jacana/C. Jourdan et J. Rius ; GAMMA-RAPHO/Npl/Jacana/Chris Gomersall ; SUNSET/Kuniors Bildarchiv ; GAMMA-RAPHO/Frank Lukasseck ; BIOS/J.M.Labat et Y. Lanceau ; GAMMA-RAPHO/Npl/Jacana/Mark Carwardine ; GAMMA-RAPHO/Age/Hoa-Qui/Marevision ; BIOS/Mark Cawardine ; SUNSET/Juniors Bildarchiv ; GAMMA-RAPHO/Marevision ; GAMMA-RAPHO/Npl/Jacana/José B. Ruiz ; SUNSET/Juniors Bildarchiv ; BIOS/Phone/Alain Le Toquin ; BIOS/Laurent Piechegut. **MERCANTOUR** BIOS/Bousseaud Philippe. **MERCURE** DR. **MERCURY** FASTIMAGE/Neil Zlozower. **MÉRIDA** GAMMA-RAPHO/Age/Hoa-Qui. **MERKEL** AFP/Clemens Bilan. **MERLIN L'ENCHANTEUR** LEEMAGE/Heritage Images. **MERMOZ** ROGER-VIOLLET Coll. **MÉROVINGIENS** AKG/British Library. **MERVEILLES** (Vallée des) GAMMA-RAPHO/Explorer/Hoa-Qui/Philippon A. **MESA VERDE** LEEMAGE/Imagestate. **MÉSOPOTAMIE** (pl) RMN/Les frères Chuzeville ; RMN/Franck Raux ; RMN/Hervé Lewandowski ; RMN Dist/The Trustees of the British Museum ; RMN/Franck Raux ; RUE DES ARCHIVES/The Granger Collection Nyc ; RMN Dist./The Trustees of the British Museum ; RMN/Franck Raux ; BRIDGEMAN-GIRAUDON ; RMN/Franck Raux ; LEEMAGE/Hubert Josse ; BIS/Archives Larbor/Hubert Josse. **MÉTÉORES** GAMMA-RAPHO/Hoa-Qui/Eitan Simanor. **MÉTÉORITE** COSMOS/Spl/Detlev Van Ravenswaay. **MÉTOPE** AKG/Werner Forman. **MÉTRO** REA/Gilles Rolle. **METROPOLITAN MUSEUM OF ART** iSTOCKPHOTO/georgeclerk. **METZ** HEMIS/Barbier Bruno. **MÉXICO** HEMIS/Hervé Hughes. **MEXIQUE** GAMMA-RAPHO/Imagestate/Robin Dansson ; RUE DES ARCHIVES/Bca. **MIAMI** GAMMA-RAPHO/Age/Hoa-Qui/Steve Duwell. **MICHEL** (Louise) BRIDGEMAN-GIRAUDON/Lauros. **MICHEL-ANGE** (gr) RMN Dist./Archives Alinari, Florence/George Tatge ; BIS/Archives Larbor/Scala. **MICHIGAN** CIEL ET ESPACE/Nasa. **MICROSCOPE** (gr) GETTY/Wim Van Egmond ; BSIP/Dr Stanley Flegler. **MIDI** (aiguille) GAMMA-RAPHO/Hoa-Qui/Patrick Forget. **MIES VAN DER ROHE** GAMMA-RAPHO/Age/Hoa-Qui © Adagp, Paris 2022. **MIFUNE** RUE DES ARCHIVES/Bca. **MIKHALKHOV** RUE DES ARCHIVES/Bca. **MILAN** GAMMA-RAPHO/Hoa-Qui/Buss Wojtek. **MILLAU** PHOTOBLOT/Patrice Blot/Compagnie Eiffage Viaduc de Millau/Foster and Partners. **Millepied** Corbis/Outline/Patrick Fraser. **MILLET** BIS/Archives Nathan. **MILO** RMN/Hervé Lewandowski. **MILOSEVIC** SIPA/Porro Michel. **MINARET** GAMMA-RAPHO/Hoa-Qui/Buss Wojtek. **MINBAR** GODONG/Pascal Delloche. **MINE** CORBIS/Bettmann. **MINIATURE** BIS/Coll. Archives Larbor. **MINIMALISME** BIS © Pace Wildenstein Gallery, New York © Adagp, Paris 2022. **MINOEN** THE PICTURE DESK/Coll. Dagli Orti/Gianni Dagli Orti/The Art Archive. **MINOTAURE** AKG/Werner Forman. **MINSK** GETTY/Sergei Guneyev/Time & Life Pictures. **MIRABEAU** RMN/Gérard Blot. **MIRÓ** AKG © Successió Miró/Adagp, Paris 2022. **MIRZAKHANI** SIPA/Sipany. **MISHIMA** MAGNUM/Burt Glinn. **MISSISSIPPI** ESA communication. **MISTRA** GAMMA-RAPHO/Hoa-Qui/Christian Vaisse. **MITHRA** RMN Dist./The Trustees of the British Museum. **MITTERRAND** CORBIS/Sygma/Diego Goldberg. **MIYAZAKI** THE PICTURE DESK/The Kobal Collection/Tohokushinsha Film Corp/NTV/Tokuma Shoten. **M.L.F.** ROGER VIOLLET/Janine Niepce. **MNOUCHKINE** MAGNUM/Martine Franck. **MODÈNE** GAMMA-RAPHO/Age/Hoa-Qui/P. Narayan. **MODIGLIANI** BRIDGEMAN-GIRAUDON/Galerie Daniel Malingue. **MOHAMMED VI** GAMMA-RAPHO/Gamma/Cécile Treal. **MOÏSE** AKG. **MOLIÈRE** BIS/Coll. Archives Nathan. **MOLOTOV** ROGER-VIOLLET/Albert Harlingue. **MOMIE** THE PICTURE DESK/Coll. Dagli Orti/Gianni Dagli Orti/The Art Archive. **MONACO** GAMMA-RAPHO/Hoa-Qui/Guichaoua Yann. **Mondrian** BIS/David Hubbard. **MONET** BIS/Archives Larbor. **MONGOL** (Empire) RMN Dist./BPK, Berlin/Ruth Schacht. **MONK** MAGNUM/Burt Glinn. **MONNET** GAMMA-RAPHO/Keystone. **MONOD** GAMMA-RAPHO/Rapho/Jean-Luc Manaud. **MONOLITHE** FRANCEDIAS/Jarry-Tripelon. **MONROE** ROGER-VIOLLET/Shaw Family Archives. **MONTAGNARDS** RUE DES ARCHIVES/Tal. **MONTAGNE** (pl) CORBIS/Ray Juno ; SUNSET/Simon Christian ; SUNSET/Simon Christian ; SUNSET/Hosking David ; BSIP/Botanicon ; SUNSET/Juniors Bildarchiv ; SUNSET/Filpa ; GAMMA-RAPHO/Npl/Jacana/Niall Benvie ; GAMMA-RAPHO/Npl/Jacana/Elio Della Ferrera ; SUNSET/Flpa ; SUNSET/Juniors Bildarchiv ; GAMMA-RAPHO/Npl/Jacana/Dave Watts ; GAMMA-RAPHO/Jacana/Rodriguez Helene ; SUNSET/Ant Photo Library ; SUNSET/Flpa ; GAMMA-RAPHO/Jacana/Arndt Ingo ; SUNSET/Hamblin Mark ; GAMMA-RAPHO/Jacana/Danegger Manfred ; SUNSET/Juniors Bildarchiv. **MONTAIGNE** BIS/Archives Larbor/Hubert Josse. **MONTAND** AFP Archives. **MONTAUBAN** AIR IMAGES/Guignard P. **MONT-CENIS** FRANCEDIAS/Gilles Lansard. **MONT-DE-MARSAN** PHOTONONSTOP/Jean-Paul Garcin. **MONTESPAN** RMN/Gérard Blot. **MONTESQUIEU** BIS/Archives Larbor/Hubert Josse. **MONTESSORI** GAMMA-RAPHO/Rapho/Blackstar. **MONTGOLFIÈRE** GETTY/The Bridgeman Art Library. **MONTGOMERY** GETTY/Time & Life Pictures. **MONTMARTRE** GETTY/Bruno De Hogues. **MONTPELLIER** HEMIS/Du Boisberranger Jean. **MONTRÉAL** GAMMA-RAPHO/Age/Hoa-Qui/P. Narayan. **MONT-SAINT-MICHEL** LEEMAGE/Cuboimages. **MOORE** (Henry) LEEMAGE/Luisa Ricciarini/Reproduced by permission of the Henry Moore Foundation. **MOON** MAGNUM/Martine Franck. **MOORE** (Michael) THE PICTURE DESK/Alliance Atlantis/Dog Eat Dog/United Broadcasting. The Kobal Collection. **MOOREA** GAMMA-RAPHO/Hoa-Qui/Renaudeau Michel. **MORANTE** LEEMAGE/Mp. **MOREAU** (Gustave) BIS/Archives Nathan. **MOREAU** (Jeanne) RUE DES ARCHIVES/Bca. **MORETTI** RUE DES ARCHIVES/Bca. **MORGAN** RUE DES ARCHIVES/Collection CSFF. **MORONI** GAMMA-RAPHO/Hoa-Qui/Claude Pavard. **MORRIS** AFP/Frank Perry. **MORRISON** (Toni) AFP/Don Emmert. **MORRISON** (Jim) GETTY/Michael Ochs Archive. **MORT** (vallée) GAMMA-RAPHO/Age/Hoa-Qui/Luis Castaneda. **MOSAÏQUE** LEEMAGE/Luisa Ricciarini. **MOSCOU** GETTY/Frans Lemmens. **MOSQUÉE** ADOBESTOCK/Evgeniapp. **MOSSELY** GETTY/Icon Sport/Nolwenn Le Gouic. **MOSTAR** GAMMA-RAPHO/Hoa-Qui/Enrique Algarra. **MOTHERWELL** CORBIS/Albright-Knox Gallery © Dedalus Foundation/Adagp, Paris, 2022. **MOUBARAK** SIPA/Jobard. **MOUCHARABIEH** GAMMA-RAPHO/Hoa-Qui/Explorer/Brun Jacques. **MOULIN** GAMMA-RAPHO/Jacana/Coll. Claude François. **MOULINS** ANDIA/Aucouturier. **MOURMANSK** CORBIS/Dean Conger. **MOUSQUETAIRE** BIS/Archives Larbor/Jeanbor. **MOUSQUETAIRES** (Les) AFP Archives. **MOUSTÉRIEN** RMN/Jean-Gilles Berizzi. **MOZART** THE PICTURE DESK/Coll. Dagli Orti/Alfredo Dagli Orti/The Art Archive. **MUGABE** SIPA/Rex Features. **MUKWEGE** PANOS-REA/Sven Tordinn. **MÜLLER** EPA/Scanpix Sweden/Pool/Pontus Lundahl. **MUNCH** AKG/Erich Lessing/The Munch Museum/The Munch Ellingsen Group. **MUNICH** GAMMA-RAPHO/Imagestate/Gavin Hellier. **MUNICH** (accords de) RUE DES ARCHIVES/Spps. **MURAILLE DE CHINE** LEEMAGE/Heritage Images. **MUSES** RMN/Hervé Lewandowski. **MUSEUM** REA/Laif/Paul Hahn. **MUSEUM OF MODERN ART** **PHOTONONSTOP**/Bernard Foubert © Yoshio Taniguchi architecte/DR. **MUSSET** BIS/Archives Larbor/Hubert Josse. **MUSSOLINI** ROGER-VIOLLET/Alinari/Luce. **MUSTAFA KEMAL** ROGER-VIOLLET coll. **MUTI** LEEMAGE/Emmevi. **MYCENES** HEMIS/Patrick Frilet. **MYKONOS** GAMMA-RAPHO/Top/Jarry-Tripelon. **MYSORE** GAMMA-RAPHO/Age/Hoa-Qui/P. Narayan. **MZAB** CORBIS/Kazuyoshi Nomachi.

N

NABIS BIS/Archives Larbor. **NADAL** CORBIS/Christian Liewig/Liewig Media Sports. **NAGASAKI** GAMMA-RAPHO/Rapho/Michael Yamashita. **NAÏF** RMN Dist./Cnac/Mnam © Adagp, Paris 2022. **NAMIB** GAMMA-RAPHO/Imagestate/Colin Mead. **NAMUR** PHOTO12-ALAMY/Richard Wareeham Fotografie. **NANCY** ANDIA/Beucherie. **NANOTECHNOLOGIE** LOOKATSCIENCEST/Eurelios/Sasaki/Rice Univ. **NANTES** ANDIA/Roger. **NAOS** THE PICTURE DESK/Coll. Dagli Orti/Gianni Dagli Orti/The Art Archive. **NAPLES** ESA/Division de la Communication. **NAPOLÉON Ier** RMN/Daniel Arnaudet. **NAPOLÉON III** RMN/René-Gabriel Ojéda. **NARTHEX** LEEMAGE/Aisa. **NARVIK** CORBIS/Hulton Deutsch. **NASREEN** GAMMA-RAPHO/Gamma/Gaillarde Raphael. **NASSER** GAMMA-RAPHO/Keystone. **NATIONAL GALLERY OF ART** CORBIS/James P. Blair © Ieoh Ming Pei architecte. **NATURE MORTE** RMN/Gérard Blot. **NAVETTE** CORBIS/Nasa. **NAZARBAÏEV** AFP/Daniel Mihailescu. **NDIAYE** MAXPPP/Photo PQR/Sud-Ouest/L. Theillet. **NÉBULEUSE** AFP/Nasa/Esa. **NEF** HEMIS/Camille Moirenc. **NÉFERTITI** CORBIS/Dpa/Stéphanie Pilick. **NEHRU** CORBIS/Bettmann. **NEIGES** (Piton des) CORBIS/Giraud. **NÉMIROVSKI** AFP-Images. **NÉOCLASSICISME** RMN/Jean-Gilles Berizzi. **NÉPAL** GAMMA-RAPHO/Age/Hoa-Qui/Bruno Morandi. **NERVAL** BIS/Coll. Archives Larbor. **NÉTANYAHOU** AFP/Getty/David Silverman. **NEVA** GAMMA-RAPHO/Hoa-Qui/Buss Wotjek. **NEVERS** PHOTO12-ALAMY/Werner Dieterich. **NEWMAN** THE PICTURE DESK/The Kobal Collection/20th Century Fox. **NEWTON** CORBIS/Epa/Horst Ossinger. **NEW YORK** GAMMA-RAPHO/Age/Kord. Com. **NEYMAR** ICON SPORT/Eddy Lemaistre. **NGORONGORO** GETTY/Ron Koeberer. **NIAGARA FALLS** HEMIS/Christian Heeb. **NIAMEY** BIOS/Still Pictures/Schytte Jorgen. **NIBELUNGEN** BIS/Archives Bordas/Jeanbor. **NICE** FRANCEDIAS/Valery Trillaud. **NICHOLSON** PHOTO12/Collection Cinema. **NICOLAS II** ROGER-VIOLLET coll. **NICOSIE** PHOTONONSTOP/Sime. **NIEMEYER** ARTEDIA/Michel Denancé/NIEMEYER, OSCAR © Adagp, Paris 2022. **NIETZSCHE** GAMMA-RAPHO/Keystone/Explorer Archives. **NIJINSKI** BIS/Archives Larbor/Jeanbor. **NIJNI-NOVGOROD** RIA-NOVOSTI/Beznosov Mishail. **NIL** HEMIS/Frumm John. **NÎMES** SCOPE/Guillard. **NIMIER** SIPA/Baltel. **NIORT** ANDIA/Delage. **NIXON** CORBIS/Bettmann. **NÔ** AFP/Manan Vatsyayana. **NOAH** SIPA/TF1-Chognard/TF1-Sureau. **NOIRET** CHRISTOPHE L coll./Ariane Distribution. **NORD** (Cap) SIPA/Caro Fotos/Jandke. **NORODOM SIHANOUK** SIPA/Corrieras. **NORVÈGE** HEMIS/Jean-Pierre Lescourret. **NOTHOMB** CORBIS/Thierry Tronnel. **NOTRE-DAME-DE-PARIS** CIT'IMAGES/Xavier Testelin. **NOUAKCHOTT** CORBIS/George Steinmetz. **NOUMÉA** ARTEDIA/Michel Denancé. **NOUREÏEV** ROGER-VIOLLET/Colette Masson. **NOURSOULTAN** AFP/Antoine Lambroschini. **NOUVEL** ARTEDIA/Michel Denancé/Architectes : Jean Nouvel/Musée du quai Branly © Adagp, Paris 2022. **NOUVELLE-CALÉDONIE** AFP/Marc Le Chelard. **NOUVELLE-ORLÉANS** (LA) HEMIS/Patrick Frilet. **NOVGOROD** GAMMA-RAPHO/Age/Buss Wojtek. **NUISANCES SONORES** (ic) ESA ; GAMMA-RAPHO/Age/Hoa-Qui/Richard T. Nowitz ; SHUTTERSTOCK/Dwphotos ; ISTOCKPHOTO/Pixelfit ; SHUTTERSTOCK/Greenland. **NUNAVUT** SIPA/Paul Chiasson. **NUREMBERG** GAMMA-RAPHO/Keystone.

O

OASIS CORBIS/José Fuste Raga. **OBAMA** SIPA/Washington Pool. **OBÉLISQUE** CORBIS/Design Pics/Bilderbuch. **OBSERVATOIRE** PHOTONONSTOP/Christophe Lehenaff. **OCCUPATION** (gr) ROGER-VIOLLET/Bilderwelt ; RUE DES ARCHIVES/SV-Bilderdienst ; ROGER-VIOLLET/Albert Harlingue. **OCÉANIE** (pl) HEMIS/Morandi Bruno ; PHOTO12 ; SCALA/Hughes Dubois ; RMN Dist./BPK, Berlin ; SCALA/Patrick Gries/Bruno Descoings ; SCALA/Hughes Dubois ; CORBIS/Wendy Stone ; SCALA/Patrick Gries/Bruno Descoings ; SCALA/Hughes Dubois ; SCALA/Hughes Dubois ; SCALA/Hughes Dubois ; SCALA/Patrick Gries/Valérie Torre. **ODALISQUE** BIS/Archives Larbor/Hubert Josse. **ŒDIPE** PHOTO12/Oroñoz. **ŒIL** Medicalpicture/Isabel Christensen. **OGIVE** (gr) RMN/Agence Bulloz ; AKG/Gérard Degeorge. **OLDENBURG** CORBIS/Richard Cummins/Claes Oldenburg/Coosje van Bruggen. **OLIVIER** CHRISTOPHE L coll. **OLMÈQUES** HEMIS/Patrick Frilet. **OLYMPIQUES** (JEUX) (pl) CORBIS/Epa/Vassilis Psomas ; CORBIS/Gero Breloer/dpa ; BIS/Archives Bordas/Musée de la publicité-DR. ; AKG ; GAMMA-RAPHO/Keystone ; RUE DES ARCHIVES/Mary Evans ; GAMMA-RAPHO/Keystone ; RUE DES ARCHIVES/Bca/Werek ; AFP ; GAMMA-RAPHO/Keystone ; CORBIS/NewSport/Troy Wayrynen ; RMN/Hervé Lewandowski ; SIPA/Chine Nouvelle. **OMPHALE** CORBIS/Mimmo Jodice. **ONO** LEEMAGE/Mirrorpix. **OPÉRA** (Bastille) GAMMA-RAPHO/Hoa-Qui/Gérald Moran-Grahame/architecte Carlos Ott, DR. **ORADOUR-SUR-GLANE** ANDIA/Teppe. **ORANGE** HEMIS/Harmut Krinitz. **ORCHESTRE** (ic) HEMERA. **ORDRE** (gr) AKG/Alfio Garozzo ; AKG/Nimatallah ; GETTY/Wolfgang Kaehler. **OREILLE** BSIP/Docstock/Stuttgart. **ORGUE** ARTEDIA/Olivier Placet. **ORLÉANS** SCOPE/J. Guillard. **ORMUZ** NASA/Image Modis. **ORPHÉE** BRIDGEMAN-GIRAUDON/Lauros. **ORSAY** AKG/Hervé Champollion © architecte Gae Aulenti, DR. **ORSENNA** SIPA/Ceccarini. **ORTEGA** SIPA/Llanquin/Ap. **OS** BSIP/Jacopin. **OSAKA** FOTOLIA/Tsuboya. **OSIRIS** AKG/

Erich Lessing. **OSSUAIRE** PHOTONONSTOP/Maurice Smith. **OTHONIEL** Patrick Robert © Adagp, Paris 2022. **OTTAWA** CORBIS/Richard T. Nowitz. **OULAN-BATOR** SIPA/AP/Robert F. Bukaty. **OUM KHALSOUM** GAMMA-RAPHO/Gamma/Annette Lena. **OWENS** ROGER-VIOLLET/Top Foto. **OXFORD** SHUTTERSTOCK/Margaret Smeaton. **OZAWA** REUTERS/Brian Snyder. **OZON** Coll Christophel/Fidélité Productions/Jean-Claude Moireau. **OZONE** ESA Communication.

P

PABST BIS/Archives Larbor/Jeanbor/DR. **PACIFIQUE** (gr) CORBIS/Hulton-Deutsche Collection; CORBIS/Bettmann; MAGNUM/W. Eugene Smith. **PACIFISME** © Marc Riboud. **PADOUE** PHOTONONSTOP/Tips/Guido Alberto Rossil. **PAESTUM** LEEMAGE/Cuboimages. **PAGNOL** BIS/Archives Larbor/Roger Forster. **PAGODE** CORBIS/Robert Essel. **PAIK** AKG/Nam June Paik Estate. **PAIX** (rivière de la) GETTY/Philip Newton. **PAKISTAN** JUPITER Images/Geoff Arrow. **PALAIS** (Grand) CORBIS/Yann Arthus-Bertrand. **PALANQUIN** RUE DES ARCHIVES/Pps. **PALERME** GAMMA-RAPHO/Age/Hoa-Qui/Walter Zerla. **PALLADIO** CORBIS/Owen Franken/Comet. **PALMYRE** HEMIS/Seux Paule. **PAMIR** GAMMA-RAPHO/Age/Hoa-Qui/P. Narayan. **PAMUK** GAMMA-RAPHO/Gamma/Camera Press/Eamonn McCabe. **PAN** AKG/Nimatallah. **PANATHÉNÉES** LEEMAGE/Hubert Josse. **PANTAGRUEL** BIS/Coll. Archives Larbor. **PANTHÈRES NOIRES** COSMOS/Shames Stephen/Matrix. **PANTOMINE** PHOTO12/Ullstein Bild. **PAPANDRÉOU** GAMMA-RAPHO/Keystone. **PAPEETE** GAMMA-RAPHO/Age/Hoa-Qui/Kevin O'Hara. **PAPINEAU** ROGER-VIOLLET coll. **PÂQUES** HEMIS/Bruce Peter. **PARADIS** BIS/Archives Nathan. **PARADIS** (Vanessa) CORBIS/Epa/Yoan Valat. **PARIS** ALTITUDE/Yann Arthus-Bertrand. **PARIZEAU** SIPA/Newscom/Pierre Roussel. **PARKER** Photo12/Hachedé. **PARKER (Tony)** UMA/Hot Sports/Pasca Allee. **Parks** Leemage/Uig. **PARQUES** RMN/Hervé Lewandowski. **PARTHÉNON** AKG/Nimatallah. **PARVATI** AKG/Bildarchiv Steffens. **PASCAL** BIS/Archives Nathan. **PASOLINI** THE PICTURE DESK/Arco/Cineriz/Lyre/The Kobal Collection. **PASTEL** RMN/Franck Raux/René-Gabriel Ojéda. **PASTERNAK** AKG/Ullstein Bild. **PASTEUR** BIS/Archives Nathan. **PATAGONIE** GAMMA-RAPHO/Hoa-Qui/Bourseiller Philippe. **PATAN** HEMIS/Franck Guiziou. **PATOU** GAMMA-RAPHO/Keystone/Getty Timelife. **PATTON** GETTY/Time & Life. **PAU** GAMMA-RAPHO/Hoa-Qui/Boisvieux Christophe. **PAVAROTTI** REUTERS/Ethan Miller. **PAVLOVA** ROGER-VIOLLET/Albert Harlingue. **PAYETTE** SIPA/Rex Features. **PAYS-BAS** HEMIS/Jean-Pierre Lescourret. **PAZ** (La) HEMIS/Gardel Bertrand. **PEARL HARBOR** GETTY/Popperfoto. **PEARY** CORBIS/Hulton-Deutsch Collection. **PEAU** Medicalpicture/Isabel Christensen. **PECTORAL** RMN Dist./The Trustees of the British Museum. **PÉGASE** RMN/Jean Schormans. **PEI** GAMMA-RAPHO/UPI/Kevin Dietsch © architecte PEI Ieoh Ming/DR. **PÉKIN** GAMMA-RAPHO/Rapho/Hervé Bruhat. **PELÉE** GAMMA-RAPHO/Hoa-Qui/Ariel Fuchs. **PÉNÉLOPE** AKG/Erich Lessing. **PENN** CHRISTOPHE L coll. **PENTHÉSILÉE** RMN Dist./The Trustees of the British Museum. **PÉPIN LE BREF** LEEMAGE/Hubert Josse. **PERCEVAL** Photo12/Arj. **PEREC** CORBIS/TempSport/Dimitri Lundt. **PERES** GAMMA-RAPHO/Gamma/Merillon-Rey-Simon. **PERGAME** GAMMA-RAPHO/Gamma/Peters Laurent. **PÉRICLÈS** AKG/Erich Lessing. **PÉRIGUEUX** GAMMA-RAPHO/Hoa-Qui/Repérant Dominique. **PÉRISTYLE** THE PICTURE DESK/Coll. Dagli Orti/Gianni Dagli Orti/The Art Arhive. **PÉROU** LEEMAGE/Cuboimages/Robert Harding. **PERPIGNAN** GAMMA-RAPHO/Hoa-Qui/Deya Jean-Patrick. **PERRAULT** (Dominique) HEMIS/Bertrand Gardel/Bibliothèque Nationale de France/Dominique Perrault, architecte © Adagp, Paris 2022. **PERRET** SIPA/Émile Pol. **PERSÉE** AKG/Erich Lessing. **PESCE** © Gaetano Pesce, réédition Cassina 1980/DR. **PESQUET** STUDIOX/Imago. **PÉTAIN** CORBIS/Bettmann. **PETERSON** REUTERS/Jean-Bernard Sieber-Arc. **PÉTRA** ANDIA/René Mattes. **PEUGEOT** CORBIS/epa/Boris Roessler. **PHAM VAN DONG** CORBIS/Sygma/Richard Melloul. **PHELPS** CORBIS/Reix-liewig/For Picture. **PHÉNICIENS** (pl) RMN Dist./The Trustees of the British Museum; RMN; RMN/Les frères Chuzeville; AKG/Philippe Maillard; BRIDGEMAN-GIRAUDON; RMN/Franck Raux; AKG/Philippe Maillard; AKG/Erich Lessing; RMN; RMN/Franck Raux. **PHÉNIX** AKG. **PHIDIAS** THE PICTURE DESK/The Art Archive. **PHILAE** FEDEPHOTO/Mathieu Colin. **PHILIPE** BIS/Coll. Archives Larbor/Léo Minkine-DR. **Philippe Ier** REUTERS/Belga/Bruno Fahy. **PHILIPPE AUGUSTE** BIS/Coll. Archives Larbor. **PHILIPPINES** GAMMA-RAPHO/Age/Hoa-Qui/José Fuste Raga. **PHNOM PENH** HEMIS/Jean Du Boisberranger. **PHOTOGRAPHIE** (pl) Courtesy Galerie Camera Obscura, Paris/DR.; © Arno Rafael Minkkinen; © Courtesy Alexey Titarenko; RMN Dist./Cnac/Mnam/Georges Meguerditchian; © Courtesy Georges Rousse © Adagp, Paris 2022; © Shoji Ueda Office, Tokyo/DR; © Courtesy Galerie Lelong, Paris/DR; RMN Dist./Cnac/Mnam/Adam Rzepka; © Ralph Gibson; RMN Dist./Cnac/Mnam/Bertrand Prévost/Museum-Folkwang, Essen. **PHOTOMONTAGE** © Christine Morel. **PIAF** ROGER-VIOLLET/Studio Lipnitzki. **PIANA** HEMIS/Wysocki Pawel. **PIANO** ARTEDIA/Michel Denancé/Piano Renzo architecte. **PICASSO** BRIDGEMAN-GIRAUDON © Succession Picasso, Paris 2022. **PICCARD** SIPA/AP/Noah Berger. **PIED** Medicalpicture/Isabel Christensen. **PIERO DELLA FRANCESCA** CORBIS/George Tatge. **PIERRE** (Saint) AKG. **PIERRE** (Ier de Russie) BRIDGEMAN-GIRAUDON. **PIERRE** (L'Abbé) GAMMA-RAPHO/Gamma/Gilles Bassignac. **PIETÀ** LA COLLECTION/Jean-Paul Dumontier. **PIETRAGALLA** CORBIS/Kipa/David Lefranc. **PIGEONNIER** PHOTONONSTOP/A.J. Caissaigne. **PIGNON-ERNEST** REA/La Vie/Boisseaux Chical © Adagp, Paris 2022. **PILASTRE** AKG/Andrea Jemolo. **PILE** CORBIS/The Art Archive/Alfredo Dagli Orti. **PILOTIS** ANA/Gérard Buthaud. **PINAR DEL RIO** GAMMA-RAPHO/Hoa-Qui/Eitan Simanor. **PINATUBO** AFP/Arlan Naeg. **PIÑERA** SIPA PRESS/Xinhua/Wong Pun Keung. **PINK FLOYD** GAMMA-RAPHO/Gamma/Charneau. **PIQUET** (Nelson) PRESSE-SPORTS/Boutroux. **PISE** HEMIS/Jean-Pierre Lescourret. **Pitt** THE KOBAL COLLECTION/Mandalay Ent. **PLAINES** CORBIS/Zefa/Frank Krahmer. **PLANTES MÉDICINALES** (pl) GAMMA-RAPHO/Npl/Jacana/Niall Benvie; GAMMA-RAPHO/Npl/Jacana/Adrian Davies; BIOS/Huguet Pierre; GAMMA-RAPHO/Npl/Jacana/Fabio Liverani; GAMMA-RAPHO/Npl/Jacana/Philippe Clement; GAMMA-RAPHO/Jacana/Pascal Tordeux; BIOS/Mermet Gilles; DR; GAMMA-RAPHO/Npl/Jacana/Philippe Clement; CORBIS/Dk Limited; BIOS/Agelet Antoni. **PLÉIADES** CIEL ET ESPACE/R. Gendler. **PLISSEMENT** BIOS/Malausa Annie & Jean-Claude. **PLOMB DU CANTAL** GAMMA-RAPHO/Hoa-Qui/Christian Vaisse. **Podalydès** GAMMA/JDD/Raymon Delalande. **POINTE-À-PITRE** MAXPPP/Bim. **POINTILLISME** BIS/Archives Larbor/Hubert Josse. **POIRET** (Paul) Coll. part. **POITIERS** ANDIA/Taulin-Hommell. **POLANSKI** RUE DES ARCHIVES/Bca. **PÔLES** (pl) CORBIS/Paul A. Souders; GAMMA-RAPHO/Npl/Jacana/Peter Bassetta; Eric Baccega; GAMMA-RAPHO/Npl/Jacana/David Tipling; GAMMA-RAPHO/Imagestate/Martin Ruegner; GAMMA-RAPHO/Jacana/Sylvain Corider; GAMMA-RAPHO/Jacana/Polking Fritz; SUNSET/Juniors Bildarchiv; BIOS/Guillemont Alain; CORBIS/Arthur Morris; GAMMA-RAPHO/Npl/Jacana/Mike Potts; GAMMA-RAPHO/Npl/Jacana/John Cancalosi; GAMMA-RAPHO/Jacana/Delphine Aures; GAMMA-RAPHO/Npl/Jacana/Doc White. **POLLOCK** GETTY/Time & Life © Adagp, Paris 2022. **POLLUTION** (ic) BIOS/Gilson François; SUNSET/Denis Bringard; SUNSET/Juniors Bildarchiv; GAMMA-RAPHO/Npl/Jacana/José B. Ruiz; SUNSET/Ernie Janes; SUNSET/Juniors Bildarchiv. **POLO** (Marco) BIS/Coll. Archives Nathan. **POLOGNE** GAMMA-RAPHO/Age/Hoa-Qui/Walter Bibikow; LEEMAGE/Selva. **POL POT** CORBIS/Bettmann. **POLYNÉSIE** AFP/Gregory Boissy. **POMPÉI** AKG/Hervé Champollion. **POMPIDOU** AFP/Stf. **POMPON** RMN/Hervé Lewandowski. **PONT-AVEN** RMN/Jean-Gilles Berizzi. **PONTI** ARTEDIA/Luc Boegly/Gio Ponti/Pier Luigi Nervi. **PONTOISE** PHOTONONSTOP/Yvan Travert. **POP ART** RMN Dist./Cnac/Mnam © Adagp, Paris 2022. **POPOCATEPETL** GETTY/Witold Skrypczak. **POPOV** UMA/Alain Grosclaude. **PORTAIL** (gr) AKG/Bildarchiv Monheim; GAMMA-RAPHO/Top/Martin Fraudeau. **PORT-AU-PRINCE** REA/François Perri. **PORT-LOUIS** GAMMA-RAPHO/Rapho/Friedel Michael. **PORTO** GAMMA-RAPHO/Age/Hoa-Qui/Gonzalo Azumendil. **PORTO-NOVO** GETTY/De Agostini Picture Library. **PORTUGAL** GAMMA-RAPHO/Hoa-Qui/Buss Wojtek; AFP/José Manuel; GAMMA-RAPHO/Rapho/Hervé Gloaguen. **PORTULAN** BIS/Coll. Archives Nathan. **POSÉIDON** AKG/Nimatallah. **POTALA** REA/Jeremy Horner. **POTOMAC** CORBIS/Harold Flecknoe. **POULBOT** BIS/Coll. Archives Nathan. **POUSSIN** BIS/Archives Larbor/Hubert Josse. **POUTINE** AFP/Ria-Novosti/Mikhail Klimentyev. **POWELL** RUE DES ARCHIVES/Limot. **PRADO** HEMIS/Hughes Hervé. **PRAGUE** GETTY/Joe Cornish. **PRAIA** GAMMA-RAPHO/Hoa-Qui/Valentin Emmanuel. **PRAIRIE** (pl) BIOS/Prevot Jean-Marie; GAMMA-RAPHO/Npl/Jacana/Kim Taylor; GAMMA-RAPHO/Npl/Jacana/Colin Preston; GAMMA-RAPHO/Age/Hoa-Qui/Gary Smith; GAMMA-RAPHO/Npl/Jacana/Arco/H. Reinharda; GAMMA-RAPHO/Npl/Jacana/Mike Wilkes; GAMMA-RAPHO/Npl/Jacana/Geoff Simpson; GAMMA-RAPHO/Jacana/Danegger Manfred. **PRATT** SIPA/Saldi. **PRAXITÈLE** THE PICTURE DESK/Coll. Dagli Orti/Gianni Dagli Orti/The Art Archive. **PRÉCOLOMBIEN** BIS/Archives Larbor/British Museum. **PRÉHISTOIRE** (pl) RMN/Hervé Lewandowski; AKG/Herbert Kraft; RMN/Jean-Gilles Berizzi; SIPA/Jean Clottes/Ap; HEMIS/Boisvieux Christophe; BIS/Archives Larbor; AKG/Erich Lessing; RMN; RMN/Loic Hamon; BIS/Archives Larbor; RMN; SIGNATURES/Frédéric Desmesure; AKG; BRIDGEMAN-GIRAUDON. **PRESLEY** GAMMA-RAPHO/Fototblitz/Stills. **PRESQU'ÎLE** GAMMA-RAPHO/Hoa-Qui/Pavard Claude. **PRETORIA** GETTY/Richard L'Anson. **PRÉVERT** BIS/Coll. Archives Larbor/Lipnitzki. **PRINCE** SIPA/Rex/Rex features. **PRIVAS** GAMMA-RAPHO/Hoa-Qui/Troncy Michel. **PRODI** AFP/Getty Images/Daniel Berehulak. **PROMÉTHÉE** BRIDGEMAN-GIRAUDON. **PRONAOS** CORBIS/Ruggero Vanni. **PROPAGANDE** (gr) BIS/Archives Larbor/Michel Didier/DR; GAMMA-RAPHO/Labbe Jean-Claude/Gamma; BIS/Coll. Archives Nathan. **PROPYLÉE** GAMMA-RAPHO/Hoa-Qui/Explorer/Guy Thouvenin. **PROST** SIPA/Professional Sport. **PROUST** BIS/Coll. Archives Larbor. **PROVINS** URBA IMAGES/Maille P. **PSCHENT** LEEMAGE/Jemolo. **PSKOV** RIA-NOVOSTI/Jurgenko. **PSYCHÉ** RMN/Gérard Blot. **PSYCHOPOMPE** BRIDGEMAN-GIRAUDON. **PTAH** RMN/Hervé Lewandowski. **PTOLÉMÉE** THE PICTURE DESK/Coll. Dagli Orti/Alfredo Dagli Orti/The Art Archive. **PUEBLO BONITO** GETTY/Altrendo Travel. **PUTMAN** ARTEDIA/Luc Boegly © Adagp, Paris 2022. **PUY-DE-DÔME** GAMMA-RAPHO/Rapho/Aviatec/Lang Jacques. **PUY-EN-VELAY** (LE) FRANCEDIAS/Luc Olivier. **PYONGYANG** REA/Richard Jones/Sinopix. **PYRAMIDE** (gr) AKG/Hervé Champollion; CORBIS/Atlantide Phototravel/Massimo Borchi; ANDIA/Alpaca/Deschamps © architecte Ieoh Ming PEI.

Q

QATAR Archivo L.A.R.A./Planeta. **QUASAR** AFP/Nasa. **QUASIMODO** BIS/Archives Larbor/Jean-Loup Charmet. **QUATTROCENTO** BIS/Archives Nathan. **QUÉBEC** (province) GAMMA-RAPHO/Hoa-Qui/Jourdan. **QUÉBEC** (ville) REA/Gérard Guittot. **QUETZALCÓATL** THE PICTURE DESK/Coll. Dagli Orti/The Art Archive. **QUEYRAS** GAMMA-RAPHO/Hoa-Qui/Delu Ch. **QUIGNARD** ROGER-VIOLLET/Jean-Régis Roustan. **QUIMPER** ANDIA/Betermin. **QUINN** CHRISTOPHE L Coll. **QUITO** GAMMA-RAPHO/Age/Hoa-Qui/Doug Scott.

R

RABAT PHOTONONSTOP/Mauritius. **RABELAIS** BIS/Archives Larbor/Hubert Josse. **RABIER** BIS/Archives Larbor/J.-J. Hautefeuille. **RABIN** AFP/J. David Ake. **RACHMANINOV** RUE DES ARCHIVES/Bca/Csu. **RACINE** BIS/Archives Larbor/Canonge. **RADIOTÉLESCOPE** CORBIS/Roger Ressmeyer. **RAFSANDJANI** SIPA/Farnood. **RAIMU** BIS/Coll. Archives Larbor. **RAJASTHAN** HEMIS/Derwal Fred. **RALEIGH** BRIDGEMAN-GIRAUDON. **RAMSÈS II** ANA/Brigitte Cavanagh. **RANGOON** GAMMA-RAPHO/Hoa-Qui/Eitan Simanor. **RAP** CORBIS/Thinkstock. **RAPHAËL** AKG/Erich Lessing. **RAPPENEAU** THE PICTURE DESK/The Kobal Collection/Hachette/Camera 1/Films A2/DD Prod/UGC. **RASPOUTINE** ROGER-VIOLLET coll. **RASTRELLI** GAMMA-RAPHO/Hoa-Qui/Wojtek Buss. **RATISBONNE** PHOTONONSTOP/Sime/Reinhard Schmid. **RAUSCHENBERG** CORBIS/Robert Rauschenberg © Robert Rauschenberg Foundation/Adagp, Paris 2022. **RAVEL** RUE DES ARCHIVES/Lebrecht. **RAVENNE** AKG. **RAZ** (pointe du) PHOTONONSTOP/Camille Moirenc. **RÉ** THE PICTURE DESK/Coll. Dagli Orti/Gianni Dagli Orti/The Art Archive. **REAGAN** CORBIS/Bettmann. **RÉALISME** (gr) BIS/Archives Larbor/DR; BIS/Archives Larbor; BIS/Archives Nathan. **RÉCIFS** (pl) GAMMA-RAPHO/Georgette Douwma; GAMMA-RAPHO/Npl/Jacana/Jurgen Freund; CORBIS/Jeffrey L. Rotman; GAMMA-RAPHO/Npl/Jacana/Georgette Douwma; GAMMA-RAPHO/Npl/Jurgen Freund; GAMMA-RAPHO/Npl/Jacana/Jurgen Freund; GAMMA-RAPHO/Npl/Brent Hedges; GAMMA-RAPHO/Imagestate/Gary Bell; GAMMA-RAPHO/Npl/Jurgen Freund; GAMMA-RAPHO/Npl/Jurgen Freund; GAMMA-RAPHO/Npl/Jurgen Freund; GAMMA-RAPHO/Npl/Jacana/Georgette Douwma; GAMMA-RAPHO/Npl/Georgette Douwma; GAMMA-RAPHO/Npl/Georgette Douwma; CORBIS/Stephen Frink; GAMMA-RAPHO/Npl/Jurgen Freund. **RECIFE** HEMIS/Pompe Ingolf. **RECYCLAGE** (ic) FOTOLIA/Dominique Vernier; SHUTTERSTOCK/Travis Manley; SHUTTERSTOCK/Darko Novakovic; FOTOLIA/Micozeman; JUPITER Images/PhotoObjects.net; FOTOLIA/Charly; JUPITER Images/PhotoObjects.net; SHUTTERSTOCK/Thumb; SHUTTERSTOCK/pixelman; JUPITER Images/PhotoObjects.net; JUPITER Images/PhotoObjects.net; JUPITER Images/Thinkstock Images; SHUTTERSTOCK/Photocreate; SHUTTERSTOCK/Erics; FOTOLIA/Roman Milert. **REDFORD** THE PICTURE DESK/The Kobal Collection/Tri-Star. **REDON** BIS/Coll. Archives Larbor. **REEVES** OPALE/John Foley. **RÉFUGIÉ CLIMATIQUE** (gr) PICTURETANK/Argos/Laurent Weyl; PICTURETANK/Argos/Guillaume Collanges; PICTURETANK/Argos/Hélène David. **RÉGENT** BIS/Archives Larbor/Hubert Josse. **REICHSTAG** AKG/Ullstein Bild © Foster and Partners. **REIMS** GETTY/Charles Bowman; ANDIA/Jolyot. **REIN** Medicalpicture/Isabel Christensen. **REINHARDT** AFP. **RELIQUAIRE** RMN/Thierry Olivier. **REMBRANDT** RMN/Jorg.P.Anders. **REMPART** ANDIA/Leclercq. **RENAISSANCE** (pl) RMN Dist./ Archives Alinari, Florence/Fratelli Alinari; HEMIS/Frances-Wysocki; RMN Dist./Archives Alinari, Florence/Serge Domingie; BIS/Archives Larbor; AKG/Erich Lessing; SCALA, Florence - courtesy of the Ministero Beni e Att. Culturali; RMN/René-Gabriel Ojéda; THE PICTURE DESK/Coll. Dagli Orti/Château de Blois/Gianni Dagli Orti/The Art Archive; BIS/Archives Nathan; AKG/Erich Lessing. **RENAUD** (Madeleine) GAMMA-RAPHO/Gamma/Simon Daniel. **RENAUD** (Renaud Séchan) AFP/Stéphane de Sakutin. **RENAULT** ROGER-VIOLLET coll. **RENNES** HEMIS/Heeb Christian. **RENOIR** (Auguste) BIS/Archives Larbor/Hubert Josse. **RENOIR** (Jean) BIS/Coll. Archives Larbor/Prod. Nef/DR. **REPINE** LEEMAGE/Hubert Josse. **RÉPUBLIQUE** (IIIe) BIS/Coll. Archives Larbor. **RÉSISTANCE** (la) (gr) CORBIS/Hulton-Deutsche Collection; ROGER-VIOLLET/Lapi; GETTY/Keystone/Hulton Archive. **RESNAIS** THE PICTURE DESK/Spectrafilm/The Kobal Collection. **RESTAURATION** LEEMAGE/Bianchetti. **RETABLE** BIS/Archives Nathan. **RÉTROFUTURISME** GETTY/illustr. by GraphicaArtis. **RÉUNION** (la) CORBIS/Atlantide Phototravel/Massimo Borchi. **RÉVOLUTION CULTURELLE** (gr) LEEMAGE; AKG/Zhou Thong; Contact Press Images/Li Zhensheng. **RÉVOLUTION RUSSE** (gr) CORBIS/Bettmann; BIS/Archives Larbor/Jeanbor/DR; CONTACT PRESS/Li Zhensheng. **RÉVOLUTION FRANÇAISE** (pl) BIS/Coll. Archives Nathan; BIS/Archives Larbor; BIS/Coll. Archives Larbor; RMN/Daniel Arnaudet/Gérard Blot; BIS/Coll. Archives Bordas; LEEMAGE/Hubert Josse; BIS/Coll. Archives Larbor; RMN/Michèle Bellot; BIS/Archives Larbor/Studio Golder; BIS/Archives Larbor/Jean-Loup Charmet; RMN/Agence Bulloz; BIS/Coll. Archives Larbor; BIS/Archives Larbor/Gianni Dagli Orti; CORBIS/Bettmann. **RÉVOLUTION INDUSTRIELLE** (pl) BRIDGEMAN-GIRAUDON; BRIDGEMAN-GIRAUDON; RUE DES ARCHIVES/The Granger Collection Nyc; BIS/Archives Larbor/Jeanbor; RUE DES ARCHIVES/The Granger Collection Nyc; BRIDGEMAN-GIRAUDON; ROGER-VIOLLET Coll.; BRIDGEMAN-GIRAUDON; LEEMAGE/Selva; LEEMAGE/Aisa. **REYKJAVIK** GETTY/Chad Slattery. **REZA** ARTCOMART/Pascal Victor. **RHIN** ESA communication. **RHODES** GAMMA-RAPHO/Age/Hoa-Qui/Werner Otto. **RHOMBOÏDAL** GAMMA-RAPHO/Chapuis Patrick. **RIAD** GAMMA-RAPHO/Rapho/Emile Luider. **RIBOUD** © Marc Riboud. **Ricciotti** SIPA/AP/Boris Horvat. **RICHARD (Maurice)** CORBIS/Bettmann. **RICHARD CŒUR DE LION** AKG. **RICHARDSON** SIPA/AP/Rémy de la Mauvinière. **RICHELIEU** BIS/Archives Larbor/Hubert Josse. **RICHIER** RUE DES ARCHIVES/Michel Sima © Adagp, Paris 2022. **RICKSHAW** HEMIS/Frilet Patrick. **RIEFENSTAHL** AKG/Ullstein Bild © Leni Riefenstahl/DR. **RIFT VALLEY** HEMIS/Barbier Bruno. **RIGA** GAMMA-RAPHO/Rapho/Georg Gerster. **RIMBAUD** BIS/Archives Larbor/Étienne Carjat. **RINER** AFP/Kazuhiro Nogi. **RIO DE JANEIRO** GAMMA-RAPHO/Age/Hoa-Qui/Angelo Cavalli. **RIVERA** RUE DES ARCHIVES © The Granger Collection NYC © Banco de México Diego Rivera & Frida Kahlo Museums Trust, México D.F./Adagp, Paris 2022. **RIVES** AFP/Stf. **RIVIÈRE** (pl) CORBIS/Zefa/Malcom Fife; GAMMA-RAPHO/Age/Hoa-Qui/Bartomeu Borrell; GAMMA-RAPHO/Npl/Jacana/Markus Varesvuo; BIOS/Nill Dietmar; CORBIS/Steve Austin; MINDEN PICTURES/Wil Meinderts; GAMMA-RAPHO/Npl/Jacana/Philippe Clément; GAMMA-RAPHO/Npl/Jacana/Bernard Castelein; SUNSET/Tom Leeson; GAMMA-RAPHO/Npl/Jacana/Willem Kolvoort; GAMMA-RAPHO/Npl/Jacana/Dietmar Nill; GAMMA-RAPHO/Age/Hoa-Qui; GAMMA-RAPHO/Imagestate/Mark Hamblin; GAMMA-RAPHO/Npl/Jacana/Arco/Reinhard; GAMMA-RAPHO/Npl/Jacana/Philippe Clément; GAMMA-RAPHO/Npl/Jacana/Andy Sands; GAMMA-RAPHO/Age/Hoa-Qui/Kunst & Scheidulin. **RIYAD** GAMMA-RAPHO/Gamma/Berbain Dominique. **RIZIÈRE** SHUTTERSTOCK/Mosista Pambudi. **Roba** Editions Dupuis, Album n° 3 : 60 Gags de Boule et Bill /Mediatoon licensing. **ROBBINS** PHOTO12/Collection Cinéma. **ROBESPIERRE** BIS/Coll. Archives Larbor. **ROBOT** AFP/Yoshikazu Tsuno. **ROBUCHON** GAMMA-RAPHO/Top/Maurice Rougemont. **ROCHEFORT** BIS/Coll. Archives Larbor/DR. **ROCHELLE** (La) HEMIS/Rigoulet Gilles. **ROCK** (gr) SIPA/Rex Features; SIPA/Rex Features/Ray Stevenson; SIPA/Alfred. **RODEZ** PHOTONONSTOP/Nicolas Thibaut. **RODIN** RMN/René-Gabriel Ojéda/Thierry Le Mage. **RODTCHENKO** SCALA, Florence © Rodtchenko and Stepanova Archives, Moscow, Russia/Adagp, Paris 2022. **ROENTGEN** Coll. Aveline Jeanossi. **ROIS** (Vallée des) GAMMA-RAPHO/Age/Dallet.) LEEMAGE/Luisa Ricciarini. **ROLLING STONES** 'Bob King. **ROMAN** (pl) FRANCEDIAS/Gouilloux AKG/Erich Lessing; RMN/Jean-Gilles Berizzi; BIS/ chives Larbor; BIS/Archives Larbor/Puig; RMN/Daniel et; AKG/Erich Lessing; LEEMAGE/Selva; GAMMA- 'Top/Tripelon-Jarry; FRANCEDIAS/Luc Olivier; A-RAPHO/Top/Hervé Champollion; AKG/Erich . **ROMANTISME** (gr) BIS/Archives Larbor/Hubert RMN Dist./BKP, Berlin/Elke Walford; BIS/Archives Hubert Josse. **ROME** HEMIS/Franck Guiziou. **ROME** JE (pl) RMN Dist./Archives Alinari, Florence/Fratelli LEEMAGE/PrismaArchivo; RMN/Hervé owski; CORBIS/zefa/Eco DG/Karlheinz Oster; RMN/ Lewandowski; RMN/Agence Bulloz; BIS/Archives Studio Basset; SCALA, Florence/Fotografica Foglia, y of the Ministero Beni e Att. Culturali; BRIDGEMAN- DON; SCALA, Florence/Fotografica Foglia, courtesy of nistero Beni e Att. Culturali; LEEMAGE/Raffael; AKG/ ; RMN/Hervé Lewandowski. **ROMILLY** AFP/Alexandre des. **ROMULUS** CORBIS/Araldo de Luca. **RONALDO** IMAGES/VI-Images. **RONIS** GAMMA-RAPHO/Rapho/ Ronis. **RONSARD** BIS/Archives Larbor/Studio J.J. . **ROOSEVELT** CORBIS/Bettmann. **ROSE** (Mont) NONSTOP/Mauritius. **ROSETTE** BIS/Archives Bordas/ Museum. **ROSTAND** GAMMA-RAPHO/Keystone. OPOVITCH AFP/Alain Julien. **ROTHKO** CORBIS/epa © othko Prizel & Christopher Rothko/Adagp, Paris 2022. RDAM REA/Laif/Samuel Zuder. **ROUAULT** RMN Dist./ Mnam/Philippe Migeat © Adagp, Paris 2022. **ROUEN** 'Frumm John. **ROUGE** (Mer) HEMIS/Chicurel Arnaud. ANIE HEMIS/Gardel Bertrand. **ROUSSEAU** (Jean- s) BIS/Coll. Archives Larbor/De Selva. **ROUSSEAU** nier) BIS/Archives Larbor. **ROUTE DU RHUM** SIPA/ neuve. **ROWLING** AFP/Shaun Curry. **ROYAUME-UNI** 1A-RAPHO/Age/Hoa-Qui/Peter Adams;)NONSTOP/Tibor Bognar; RUE DES ARCHIVES/Mary **RUBENS** BIS/Archives Nathan. **RUF** IP3/Marlène 1. **RUSHDIE** GAMMA-RAPHO/Upi/Patrick D. McDermott. E GAMMA-RAPHO/Hoa-Qui/San Bughet; REA/Jeremy ; GAMMA-RAPHO/Gamma/Ria-Novosti. **RUWENZORI** T/Harvey Martin. **RWANDA** CORBIS/Sygma/Orban . **RYKIEL** SIPA/Lydie. **RYOAN-JI** LEEMAGE/Aisa.

NEN ARTEDIA/Olivier Martin Gambier. **SACCO ET** ETTI CORBIS/Bettmann. **SADATE** GETTY/Time & Life/ Doherty. **SAGAN** GAMMA-RAPHO/Gamma/Camera Decaux Gérard. **SAGUENAY** HEMIS/Renault Philippe. RA ESA/Division de la Communication. **SAINT-** HÉLEMY BIS/Archives Larbor/Michel Didier. **SAINT-** C HEMIS/Hugues Hervé. **SAINT-DENIS** HEMIS/Fred. as. **SAINTE-CHAPELLE** GAMMA-RAPHO/Top/Hervé pollion. **SAINTES-MARIES-DE-LA-MER** HEMIS/ eux Christophe. **SAINTE-SOPHIE** GETTY/Murat Taner. **T-ÉTIENNE** HEMIS/Christian Guy © Didier Guichard ecte. **SAINT-EXUPERY** BIS/Coll. Archives Larbor. **T-GUILHEM-LE-DÉSERT** HEMIS/Pierre Jacques. **SAINT-** NS GAMMA-RAPHO/Hoa-Quil/Krafft/CRI Nancy- ne. **SAINT-JACQUES-DE-COMPOSTELLE** CIRIC/J.-M. 'olle. **SAINT LAURENT** (Yves) GAMMA-RAPHO/ na/William Stevens. **SAINT-MARIN** GETTY/Shaun Egan. **T-PÉTERSBOURG** GAMMA-RAPHO/Explorer/Hoa-Qui/ ers E. **SAINT-PHALLE** SIPA/Oberheide/Caro Fotos © table Art Foundation for the Visual Arts Inc./Adagp, 2022. **SAINT-PIERRE-DE-ROME** LEEMAGE/Agf. **SAINT-** RE-ET-MIQUELON AFP/Jean-Christophe L'Espagnol. **T-TROPEZ** JUPITER Images/Dominique Martin. AROV AFP/Ria-Novostil/Donskoy Dmitryi. **MANQUE** GAMMA-RAPHO/Age/Hoa-Qui/Juan José Jal. **SALOMÉ** BIS/Archives Larbor/Leonard de Selva. MON Charlotte Salomon « Autoportrait », 1940 © otte Salomon Foundation, Amsterdam. **SALVADOR** Georges Bendrihem. **SAMARKAND** HEMIS/Franck ou. **SAMOURAI** CORBIS/Sakamoto Photo Research ratory. **SAMPRAS** CORBIS/Duomo/Chris Trotman. AA HEMIS/Franck Guiziou. **SANCHI** GAMMA-RAPHO/ Qui/Boisvieux Christophe. **SAND** BIS/Archives Larbor. **FRANCISCO** HEMIS/Jean Du Boisberranger. **SAN** GNANO GAMMA-RAPHO/Hoa-Qui/Morandi Bruno. **JUAN** HEMIS/Jean Du Boisberranger. **SANTIAGO** BIS/Barnabas Bosshart. **SANTORIN** NASA/Jet Propulsion ratory. **SANTOS-DUMONT** AFP. **SAO-PAULO** HEMIS/) Christian. **SAQQARA** GAMMA-RAPHO/Age/Kord.com. AGOSSE SHUTTERSTOCK/Asier Villafranca. **SARAJEVO** BIS/Axel Schmidt/dpa. **SARBACANE** BIOS/Still Pictures/)/Ismail O. **SARCOPHAGE** COSMOS/Focus/Mehmet iz. **SARDAIGNE** SIPA/Cavallera. **SARKOSY** CORBIS/Agp/ ine Gyori. **SARLAT-LA-CANÉDA** HEMIS/Bertrand er. **SARRAUTE** BIS/Archives Larbor/Patrice Pascal. REGUEMINES HEMIS/René Mattes. **SARTRE** RUE DES HIVES/René Saint Paul. **SASKATCHEWAN** HEMIS/ ppe Renault. **SATELLITE** © NASA. **SATRAPI** 2007 ane Satrapi et L'Association. **SATURNE** GETTY/The geman Art Library. **SAVANE** (pl) BIOS/Harvey Martin;)/Carton Jean-Claude; BIOS/Hazan Muriel; BIOS/Denis- t Michel & Christine; BIOS/Denis-Huot Michel & stine; BIOS/Denis-Huot Michel & Christine; BIOS/Pölking /Peter Arnold; BIOS/Crocetta Tony; BIOS/Nicaise rry; BIOS/Verhaegen Gilles/Wildlife Pictures; BIOS/ an Muriel; BIOS/Denis-Huot Michel & Christine; BIOS/ etta Tony; BIOS/Denis-Huot Michel & Christine. **SCAPIN** Coll. Archives Larbor. **SCHAFFHOUSE** GAMMA-RAPHO/ 'Hoa-Qui/Sgm. **SCHÉHÉRAZADE** BIS/Coll. Archives or/Kay Nielsen Memorial Fund, Los Angeles County eum of Art. **SCHIAPARELLI** ROGER-VIOLLET/Studio itzki. **SCHIELE** AKG. **SCHMIDT** (Helmut) AKG/Ullstein . **SCHMITT** (Eric-Emmanuel) SIPA/Baltel. **SCHNEIDER** RBIS/Claude Schwartz. **SCHRODER** MAGNUM/Bruno bey. **SCHUBERT** BIS/Archives Larbor/Meyer. **SCHULZ** RUE ARCHIVES/Bca. **SCHUMAN** GETTY/Time & Life Pictures. 'WEITZER GAMMA-RAPHO/Rapho/Eddy Van Der Veen. RSESE THE PICTURE DESK/Columbia/The Kobal ection. **SCRIBE** RMN/Franck Raux. **SCYTHES** LEEMAGE/ . **SÉCESSION** BIS/Coll. Archives Larbor. **SÉGUR** BIS/Coll. Archives Larbor. **SEINE** JUPITER Images/AgenceImages/ Boyer. **SÉISME** (ic) GAMMA-RAPHO/Gamma/Kpa/C40; CORBIS/Lloyd Cluff; GETTY/Hulton Archives; CORBIS/ Bettmann; REUTERS/Lucy Nicholson. **SENGHOR** GAMMA-RAPHO/Keystone. **SENNA** SIPA/Xavier. **SÉOUL** GAMMA-RAPHO/Age/Hoa-Qui/José Fuste Raga. **SEPTEMBRE** (2001) CORBIS/Masatamo Kuriya. **SERENGETI** HEMIS/Franck Guiziou. **SERRAULT** RUE DES ARCHIVES/Collection Csff. **SERREAU** CHRISTOPHE L Coll. **SÉRUSIER** BIS/Archives Larbor/Hubert Josse. **SETH** CORBIS/Gianni Dagli Orti. **SEURAT** BIS/Archives Larbor/Eileen Tweedy. **SÈVRES** Coll. Aveline Jean-Marie Rossi. **SHADOKS** CORBIS/Sygma/Kipa/ Pascal Baril/aaaproduction. **SHAKESPEARE** BIS/Archives Nathan. **SHAMIR** GAMMA-RAPHO/Gamma/Simon Apesteguy Merillon. **SHANGHAI** GAMMA-RAPHO/Hoa-Qui/ Sylvain Grandadam. **SHARON** AFP/Yoav Lemmer. **SHERMAN** © Courtesy Cindy Sherman and Metro Pictures. **SHI HUANGDI** AKG/Laurent Lecat. **SHIVA** RMN/Hervé Lewandowski. **Shiva** (Vandana) AFP/César Rangel. **SIBÉRIE** SIPA/Jobard. **SIENNE** GAMMA-RAPHO/Hoa-Qui/Bruno Morandi. **SIGNORET** BIS/Coll. Archives Larbor/Henri Thibault. **SIKH** CORBIS/Robert Harding World Imagery. **SIMENON** BIS/Coll. Archives Larbor/P. Vals. **SIMONE** CORBIS/Kipa/David Lefranc. **SINAÏ** HEMIS/ Franck Guiziou. **SINATRA** BIS/Archives Bordas/William P. Gottlieb. **SINGAPOUR** GETTY/Angelo Cavalli. **SION** HEMIS/Renault Philippe. **SIRÈNES** RMN/Hervé Lewandowski. **SISLEY** BIS/ Archives Larbor/Hubert Josse. **SISYPHE** THE PICTURE DESK/ Coll. Gianni Dagli Orti/The Art Archive. **SITTING BULL** LEEMAGE/Selva. **SIXTINE** BIS/ Archives Nathan/Brachetti/ Zignossi. **SKYLAB** CORBIS. **SMITH** MAGNUM/Eugene Smith. **SOFIA** CORBIS/Andro Vannini. **SOL** (pl) SUNSET/Animals Animals; SUNSET/Juniors Bildarchiv; SUNSET/Juniors Bildarchiv; SUNSET/Animals Animals; SUNSET/Scott Camazine; SUNSET/Juniors Bildarchiv; GAMMA-RAPHO/ Imagestate/Martin Ruegner; GAMMA-RAPHO/Npl/Jacana/ Duncan McEwan; SUNSET/Prévot Isabelle; SUNSET/Juniors Bildarchiv; BIOS/Theron Jean-Pierre; GAMMA-RAPHO/Npl/ Jacana/Hans Christoph Kappel. **SOLEURE** SUNSET/ Imagebroker. **SOLIDARNOSC** CORBIS/Sygma/Wildenberg-Bureau-Cevallos-Laffont-Giansanti. **SOLJENITSYNE** RUE DES ARCHIVES/Rda. **SOMALIE** AFP/Wfp/Laura Melo. **SOMME** BIS/Coll. Archives Bordas. **SONTAG** RUE DES ARCHIVES/Bca. **SOTTSASS** PHOTO12/V & A Images © Adagp, Paris 2022. **SOULAGES** BRIDGEMAN GIRAUDON © Adagp, Paris 2022. **SOUSSE** PHOTONONSTOP/Mauritius. **SOUTINE** BIS/Archives Larbor/Hubert Josse. **SOUZDAL** RIA-NOVOSTI/Anton Denisov. **SOW** MAGNUM/Martine Franck © Adagp, Paris 2022. **SPAHI** RMN Dist./Musée de l'Armée, Paris. **SPHINX** ANDIA/Belpress/Richard Villalon. **SPIELBERG** THE PICTURE DESK/The Kobal Collection/Universal/Bruce Mc Broom. **SPIROU** ÉDITIONS DUPUIS/Spirou/2011. **SPITZ** AFP/ Staff. **SPOUTNIK** CIEL ET ESPACE/Nasa. **SPRINGSTEEN** CORBIS/Dpa/Ronald Wittek. **STAËL** BIS/Archives Larbor © Adagp, Paris 2022. **STALINE** GAMMA-RAPHO/Keystone. **STALINGRAD** AKG/Ullstein Bild. **STARCK** RMN Dist./Cnac/ Mnam/Georges Meguerditchian © Philippe Starck. **STEIN** RMN Dist./Cnac/Mnam/George Meguerditchian © Estate of Gertrude Stein © Cecil Beaton Archive, Sotheby and Co/DR. **STELLA** BRIDGEMAN-GIRAUDON/Dacs/Marlena Eleini © Adagp, Paris 2022. **STENDHAL** BIS/Archives Larbor/Hubert Josse. **STENMARK** CORBIS/Bettemann/Edmonds. **STEPPE** (pl) GAMMA-RAPHO/Npl/Jacana/Gertrud & Helmut Denzau; GAMMA-RAPHO/Explorer/Hoa-Qui/Patrick Le Floc'h; GAMMA-RAPHO/Npl/Jacana/Paul Johnson; BIOS/Dani Carlo & Jeske Ingris; GAMMA-RAPHO/Jacana/Nicolas Dory; CORBIS/Hamid Sarbar; BIOS/Michel Gunther; BIOS/Sylvestre Popinet & Christel Freidel. **STEWART** BIS/Coll. Archives Larbor. **STIEGLITZ** BIS/Courtesy Galerie Zabriskie, Paris. **Sting** CORBIS/Scott Mc Dermott **STOCKHOLM** GAMMA-RAPHO/Imagestate/Frank Chmura. **STONEHENGE** HEMIS/ Jean Du Boisberranger. **STOUPA** GAMMA-RAPHO/Hoa-Qui/ Michel Gounot. **STRAND** RMN/René-Gabriel Ojéda © Aperture Foundation P. Strand Archive. **STRASBOURG** GAMMA-RAPHO/Hoa-Qui/Wojtek Buss. **STRAUSS-KAHN** SIPA/Chine Nouvelle/Jiang Xufeng. **STREEP** THE PICTURE DESK/The Kobal Collection/Paramount/Miramax/François Duhamel. **Stromae** SIPA/Flavio Lo Scalzo. **STROMBOLI** HEMIS/Jean Du Boisberranger. **STURGES** THE PICTURE DESK/The Kobal Collection/United Artists. **STYX** AKG/Erich Lessing. **SUCRE** GAMMA-RAPHO/Rapho/Véronique Durruty. **SUÈDE** LOOK AT SCIENCES/Laurent Douek. **SUEZ** CORBIS/ Nasa. **SUFRAGETTE** THE PICTURE DESK/Coll. Dagli Orti/ Gianni Dagli Orti/The Art Archive. **SUISSE** GAMMA-RAPHO/ Jacana/Patrick Escudero; GAMMA-RAPHO/Gamma/S017; LEEMAGE/Selva. **SULLY-SUR-LOIRE** AKG/Catherine Bibollet. **SUMO** SIPA/Newscom. **SUPERNOVA** ESA. **SUPPORT-SURFACE** BIS/Courtesy Gallery Jean © Adagp, Paris 2022. **SURRÉALISME** (pl) RMN Dist./Cnac/Mnam/Philippe Migeat © Adagp, Paris 2022; RMN Dist./Cnac/Mnam/Philippe Migeat © Adagp, Paris 2022; AKG IMAGES © Salvador Dali, Gala-Salvador Dali Fondation/Adagp, Paris 2022; AKG IMAGES © Adagp, Paris 2022; BRIDGEMAN-GIRAUDON © Adagp, Paris 2022; AKG IMAGES © Adagp, Paris 2022; BIS/ Archives Bordas/Attilio Bacci/Coll. Galerie Schwarz © Adagp, Paris 2023; SCALA, Florence/Digital image, Musée d'art moderne, New York © Adagp, Paris 2022. **SUSE** GETTY/ The Bridgeman Art Library. **SUTHERLAND** CORBIS/Hulton-Deutsch collection. **SY** AURIMAGES/The Kobal Collection/ Quad Productions. **SYDNEY** SHUTTERSTOCK/Tomas Pavelka. **SYMBOLISME** (pl) BIS/Archives Larbor/Hubert Josse; AKG/ Erich Lessing; BIS/Archives Larbor/Luc Joubert; AKG/Erich Lessing; AKG; AKG; AKG; AKG/Erich Lessing. **SYNAPSE** Medicalpicture GmbH. **SYRACUSE** PHOTONONSTOP/ Iconotec/Sylvain Remain. **SYRIE** GAMMA-RAPHO/Hoa-Qui/ Sylvain Grandadam. **SZYMBORSKA** SIPA/Pica Press Foto.

T

TABARLY CORBIS/Sygma/Sebastien Cailleux. **TACHKENT** REA/Contrasto/A. Cosmelli. **TAEUBER-ARP** RMN Dist./Cnac/ Mnam/Georges Meguerditchian. **TAGE** PHOTONONSTOP/ David Barnes. **TAHITI** © NASA. **TAÏGA** (pl) GAMMA-RAPHO/ Npl/Jacana/Markus Varesvuo; ANDIA/Wildlife; GAMMA-RAPHO/Npl/Jacana/Markus Varesvuo; GAMMA-RAPHO/ Explorer/Eric Chrétien; GAMMA-RAPHO/Npl/Jacana/Igor Shpilenok; SUNSET/Bertrand Louis; GAMMA-RAPHO/Npl/ Jacana/Konstantin Mikhailov; BSIP/coll. Danita Delimont/ Steve Kazlowski; GAMMA-RAPHO/Npl/Jacana/Jorma Luhta. **TAILLE-DOUCE** BIS/Archives Larbor. **TAIPEI** AKG/ Fabpics/Patrick Beckers. **TAI SHAN** HEMIS/Fred Derwal. **TAJ MAHAL** GAMMA-RAPHO/Age/Hoa-Qui/Bruno Perousse. **TAKLAMAKAN** COSMOS/Planet Observer/Spl. **TALLINN** GAMMA-RAPHO/Hoa-Qui/Buss Wojtek. **TAMERLAN** GAMMA-RAPHO/Rapho/Roland & Sabrina Michaud. **TAMISE** HEMIS/René Mattes. **TANAGRA** RMN/Gérard Blot. **TANGUY** BIS/Archives Larbor/Luc Joubert © Adagp, Paris, 2022. **TAPIES** BIS/Archives Larbor/J.-J. Hautefeuille/Fondation Antoni Tapies, Barcelone © Adagp, Paris 2022. **TAPISSERIE** BIS/Coll. Archives Larbor. **TARANTINO** THE PICTURE DESK/A Band Apart/Miramax/The Kobal Collection. **TARBES** SCOPE/ JL Bardes. **TARDI** CORBIS/Kipa/Pascal Baril. **TARKOVSKI** MAGNUM/Gueorgui Pinkhassov. **TARQUINIA** LEEMAGE/ Aisa. **TASSILI** HEMIS/Frumm John. **TATI** THE PICTURE DESK/ Spectra/Gray/Alterdel/Centaure/The Kobal Collection. **TATRAS** HEMIS/Gil Giuglio. **TATUM** CORBIS/Hulton-Deutsch Collection. **TAYLOR** (Elisabeth) THE PICTURE DESK/The Kobal Collection. **TAZIEFF** GAMMA-RAPHO/Keystone. **TCHÈQUE (RÉPUBLIQUE)** MAGNUM/Joseph Koudelka. **TCHERNOBYL** CORBIS/Sygma/Igor Kostin. **TCHÉTCHÉNIE** REA/Panos/Fredrik Naumann. **TECHNO** GAMMA-RAPHO/ Rapho/Elise Hardy. **TÉHÉRAN** MAGNUM/Abbas. **TEL-AVIV** GAMMA-RAPHO/Age/Hoa-Qui/Doug Scott. **TÉLESCOPE** COSMOS/Royal Greenwich Observatory/Spl. **TENZING NORGAY** SIPA/Ap. **TERECHKOVA** CIEL ET ESPACE collection. **TERESA** (Mère) CORBIS/Sygma/Kapoor Baldev. **TERRE DE FEU** SUNSET/Proust Frédéric. **TERRE-NEUVE et LABRADOR** CORBIS/Niall Benvie. **TERREUR** BIS/Coll. Archives Larbor. **TERRIL** FRANCEDIAS/Langrand Matthieu. **TÊT** CORBIS/Christophe Boisvieux. **TÊTE** Medicalpicture/ Isabel Christensen. **TGV** GAMMA-RAPHO/Hoa-Qui/Michel Troncy. **THAÏLANDE** HEMIS/Ingolf Pompe. **THATCHER** SIPA/Pata. **THÉÂTRE** (pl) CIT'EN SCENE/Pierre Rousseau; GAMMA-RAPHO/Keystone; CIT'EN SCENE/Pacome Poirier; CIT'EN SCENE/Pacome Poirier; ARTCOMART; CIT'EN SCENE/Benoîte Fanton; AKG; ROGER-VIOLLET/Studio Lipnitzki; MAGNUM/Martine Franck; ARTCOMART; BIS/ Coll. Archives Bordas/Ortf/Ina. **THÉSÉE** AKG/Erich Lessing. **THIMPHU** GAMMA-RAPHO/Hoa-Qui/Colin Monteath. **THOLOS** SCALA/DeAgostini Picture Library. **THORPE** THE PICTURE DESK/Mgm/The Kobal Collection. **THOT** RMN/ Christian Larrieu. **THUNBERG** CONTRASTO-REA/TANIA. **TIAN'ANMEN** CORBIS/Bettmann. **TIBET** SIPA/Color China Photo. **TIBRE** URBA IMAGES/Fourmond. **TIFFANY** AKG/Sotheby's. **TIMGAD** ANDIA/Khamallah. **TINGUELY** GAMMA-RAPHO/Rapho/Monique Jacot. **TINTORET** BIS/ Archives Larbor. **TIPI** CORBIS/Edward Curtis. **TITANIC** (gr) ROGER-VIOLLET/Albert Harlingue; SIPA/Ap/Hp. **TITICACA** SHUTTERSTOCK/Jarno Gonzales Zarraonandia. **TITIEN** BIS/ Archives Larbor. **TITO** BIS/Coll. Archives Larbor. **TOGO** AGOSTINO PACCIANI. **TOKYO** GAMMA-RAPHO/Age/Hoa-Qui/Stefano Cellai. **TOLÈDE** GAMMA-RAPHO/Age/Hoa-Qui/ Javier Larrea. **TOLSTOÏ** BIS/Coll. Archives Larbor. **TONLE SAP** HEMIS/Philippe Body. **TOPKAPI** ANDIA/Belpress/Keribar Izzet. **TORONTO** GAMMA-RAPHO/Age/Hoa-Qui/Atlantide Snc. **TORUN** GAMMA-RAPHO/Age/Hoa-Qui/Walter Bibikow. **TOSCANE** HEMIS/Pawel Wysocki. **TOTEM** SUNSET/World Pictures. **TOUBKAL** GAMMA-RAPHO/Age/Hoa-Qui/Doug Scott. **TOULON** AIR IMAGES/D. Schneider. **TOULOUSE** REA/ Albert Gelebart. **TOULOUSE-LAUTREC** BIS/Archives Larbor/ Michel Didier. **TOUNDRA** (pl) SUNSET/Mark Hamblin; CORBIS/Kennan Ward; GAMMA-RAPHO/Npl/Jacana/Tom Vezo; BIOS/Polar Lys/Vernay Pierre; GAMMA-RAPHO/ Npl/Jacana/Markus Varesvuo; GAMMA-RAPHO/Npl/ Jacana/Staffan Widstrand; BIOS/Fabien Bruggmann/Bruno Fouillat; CORBIS/Charles Mauzy; BIOS/Klein J.-L & Hubert M.-L; GAMMA-RAPHO/Jacana/Eric Baccega. **TOUR DE FRANCE** (gr) CORBIS/Sygma/Tempsport/Universal; CORBIS/ Bettmann; CORBIS/Epa/Nicolas Bouvy. **TOURÉ** SIPA/Moctar. **TOURS** PHOTONONSTOP/Yvon Lemanour. **TOUSSAINT-LOUVERTURE** BIS/Coll. Archives Larbor. **TOUTANKHAMON** RMN Dist./Bpk-Berlin/Margareta Busing. **TRANSEPT** (gr) CORBIS/Ruggero Vanni; ANDIA/J. Aigle. **TRANSSIBÉRIEN** CORBIS/Robert Harding/Bruno Morandi. **TRAVOLTA** THE PICTURE DESK/Paramount/The Kobal Collection. **TREMBLAY** OPALE/Witi De Tera. **TRENET** GAMMA-RAPHO/Gamma/ Frédéric Reglain. **TRENTE GLORIEUSES** (Les) (gr) KHARBINE-TAPABOR; GAMMA-RAPHO/Keystone; KHARBINE-TAPABOR. **TRÈVES** SUNSET/World Pictures. **TRICLINIUM** SCALA/Luciano Romano. **TRIFORIUM** AKG/Hervé Champollion. **TRIGLYPHE** AKG/John Hios. **TRIMARAN** SIPA/ AP/Ian Mainsbridge. **TRINITÉ-ET-TOBAGO** GETTY/Lonely Planet/Michael Lawrence. **TRINTIGNANT** THE PICTURE DESK/Cab/Fr3/Canal +/The Kobal Collection. **TRIPLAN** AKG. **TRIPTYQUE** RMN/René-Gabriel Ojéda. **TRISKÈLE** GETTY/The Bridgeman Art Library. **TRISTAN** (Flora) ROGER-VIOLLET/ Albert Harlingue. **TRISTAN ET ISEULT** BIS/Archives Larbor/ Hubert Josse. **TROGLODYTE** ANDIA/Gile. **TROÏKA** PxP GALLERY/Jean-Daniel Sudres. **TROIS-GORGES** REA/Sinopix/ Richard Jones. **TROPICALE** (Forêt) (pl) MINDEN PICTURES/ Peter Oxford; SUNSET/Brake; GAMMA-RAPHO/Npl/Jacana/ Michael D. Kern; GAMMA-RAPHO/Npl/Jacana/Pete Oxford; SUNSET/Photoshot Creative; GAMMA-RAPHO/Npl/Jacana/ Pete Oxford; SUNSET/Lacz Gérard; GAMMA-RAPHO/ Npl/Jacana/Jane Burton; GAMMA-RAPHO/Npl/Jacana/ François Savigny; CORBIS/Dk Ltd/Jerry Young; SUNSET/Lacz Gérard; GAMMA-RAPHO/Npl/Jacana/Juan Manuel Borrero; SUNSET/Brake; GAMMA-RAPHO/Npl/Jacana/Murray Cooper; MINDEN PICTURES/Peter Oxford. **TROTSKI** GETTY/ Hulton Archive. **TROYES** ANDIA/David Delaporte. **Trudeau** (Justin) SIPA/AP/Tim Ireland. **TRUDEAU** (Pierre Elliott) CORBIS/Bettmann. **TRUFFAUT** THE PICTURE DESK/Films du Carrosse-Les Prods Artistes Ass/The Kobal Collection. **Tsipras** SIPA/Newscom. **TSVETAÏEVA** ROGER VIOLLET/Pierre Choumoff. **TULLE** GAMMA-RAPHO/Top/Jarry-Tripelon. **TUMULUS** GAMMA-RAPHO/Rapho/Georg Gerster. **TUNIS** PHOTONONSTOP/Nicolas Thibaut. **TUNISIE** HEMIS/Bruno Barbier; ROGER-VIOLLET/Studio Lipnitzki. **TURENNE** RMN/ Daniel Arnaudet/Christian Jean. **TURIN** HEMIS/Jean-Baptiste Rabouan. **TURNER** BIS/Archives Larbor/Eileen Tweedy. **TURQUIE** GAMMA-RAPHO/Age/Hoa-Qui/Bartolomé

Balaguer; SIPA/Meigneux. **TUTU** SIPA/Ap/Pete Marovich. **TYMPAN** SHUTTERSTOCK/Pack-Shot.

U

U2 CORBIS/People Avenue/Stéphane Cardinale. **UCCELLO** NATIONAL GALLERY COLLECTION/The Trustees Of The National Gallery. **ULYSSE** RMN/Hervé Lewandowski. **UNGERER** © TOMI UNGERER und Diogenes Verlag AG Zürich/Musée Tomi Ungerer-Centre international de l'illustration. **UNION EUROPÉENNE** (pl) SIGNATURES/Zir; URBA IMAGES/G. Engel; GAMMA-RAPHO/Keystone; Communauté Européenne; GAMMA-RAPHO/Keystone; Communauté Européenne; Communauté Européenne; AKG/Ullstein Bild; Communauté Européenne/Ministère français des affaires étrangères; BIS/Coll. Archives Larbor; Communauté Européenne/Georges Boulougouris. **UR** BRIDGEMAN-GIRAUDON. **URÆUS** GETTY Images. **URUK** RMN Dist./Bpk, Berlin/Jurgen Liepe. **USHUAIA** GAMMA-RAPHO/Explorer/Hoa-Qui/Gérard Boutin. **UTRILLO** BIS/Courtesy Daniel Malingue, Paris © Jean Fabris et Adagp, Paris 2022. **UZÈS** GAMMA-RAPHO/Rapho/Gérard Sioen.

V

VACCARÈS PXP GALLERY/Jean-Daniel Sudres. **VADUZ** GAMMA-RAPHO/Imagestate/Bruno de Boni. **VALADON** RMN/Gérard Blot. **VALENCE** SCOPE/Blondel P. **VALÉRY** ROGER-VIOLLET/Pierre Jahan. **VALLOTTON** BIS/Archives Larbor. **VALPARAISO** PHOTONONSTOP/Walter Bibikow. **VAN DONGEN** BIS/Archives Larbor © Adagp, Paris 2022. **VAN DYCK** BIS/Archives Larbor/Hubert Josse. **VAN EYCK** BIS/Archives Larbor/Eileen Tweedy. **VAN GOGH** AKG. **VANNES** PHOTONONSTOP/Lehenaff Christophe. **VANOISE** HEMIS/Jacques Pierre. **VARDA** CORBIS/Sygma/Etienne George. **VARENNES-EN-ARGONNE** BIS/Archives Larbor. **VARGAS** CORBIS/Eric Fougère. **VARSOVIE** HEMIS/Ingolf Pompe. **VASARELY** AKG/Erich Lessing © Adagp, Paris 2022. **VATICAN** AGOSTINO PACCIANI. **VEIL** GAMMA-RAPHO/Gamma/Gilbert Uzan. **VELÁSQUEZ** BIS/Archives Larbor/Gianni Dagli Orti. **VENISE** PXP GALLERY. **VENTOUX** ANDIA/Alpaca/Zintzmeyer. **VENTURA** RUE DES ARCHIVES/Collection CSFF. **VERCINGÉTORIX** BIS/Coll. Archives Larbor. **VERCORS** FRANCEDIAS/Bruno Gouilloux. **VERDUN** ROGER-VIOLLET coll. **VERLAINE** BIS/Coll. Archives Larbor/Dornac. **VERMEER** AKG/Erich Lessing. **VERNE** BIS/Coll Archives Larbor/Herbert. **VÉRONE** HEMIS/Borredon Thierry. **VÉRONÈSE** BIS/Archives Larbor. **VERSAILLES** (gr) GAMMA-RAPHO/Hoa-Qui/Buss Wojtek; SIPA/Frederic Stevens. **VERSAILLES** (Traité de) BIS/Archives Larbor/Eileen Tweedy/DR. **VERTÈBRE** Medicalpicture; Medicalpicture/F. Geisler; Medicalpicture. **VESOUL** SUNSET/Cordier Dominique. **VÉSUVE** CORBIS/Roger Ressmeyer. **Vettel** CORBIS/dpa/Jan Woitas. **VEZELAY** HEMIS/Bertrand Rieger. **VEZZALI** AFP/Ezra Shaw. **VIAN** BIS/Coll Archives Bordas/DR. **VICHY** GAMMA-RAPHO/Keystone. **VICTOIRE** RMN/Gérard Blot/Hervé Lewandowski. **VICTOR** SIPA. **VICTORIA** GETTY/Hulton Archives/Stringer. **VICTORIA** (chutes) GAMMA-RAPHO/Gamma/Christophe Lepetit. **VIEIRA DA SILVA** BIS/Archives Larbor/Coll. Jeanne Bucher/J. Hyde © Adagp, Paris 2022. **VIENNE** HEMIS/Pawel Wysocki. **VIÊTNAM** GAMMA-RAPHO/Hoa-Qui/Dugast J.-L. **VIÊTNAM** (guerre du) (gr) CORBIS/Wally McNamee; CORBIS/Bettmann/Kyoichi Sawada; CORBIS/Bettmann/Nick Ut. **VIGNEAULT** RUE DES ARCHIVES/Agip. **VIGNY** BIS/Coll. Archives Larbor/Nadar. **VIKINGS** LEEMAGE/Costa; LEEMAGE/De Agostini; LEEMAGE/De Agostini; CORBIS/Heritage Images; LEEMAGE/De Agostini; LEEMAGE/De Agostini; AKG/Werner Forman. **VILAR** ROGER-VIOLLET/Studio Lipnitzki. **VILLANDRY** AKG/Catherine Bibollet. **VILLE** (pl) GAMMA-RAPHO/Npl/Jacana/Kim Taylor; SUNSET/Lorne Patrick; MINDEN PICTURES/Ad Van Roosendaal; GAMMA-RAPHO/Hoa-Qui/Fasseur R./Domens C.; GAMMA-RAPHO/Npl/Jacana/Nick Garbutt; GAMMA-RAPHO/Jacana/Danegger Manfred; GAMMA-RAPHO/Npl/Jacana/Roger Powell; SUNSET/Holt Studios; SUNSET/Erwan Glemarec; GAMMA-RAPHO/Npl/Jacana/Philippe Clement. **VILLETTE** PHOTONONSTOP/Tips/Marvin Newman. **VILLON** (François) BIS/Coll. Archives Larbor. **VILLON** (Jacques) BIS/Archives Larbor/Vaering © Adagp, Paris 2022. **VILNIUS** GAMMA-RAPHO/Hoa-Qui/Buss Wojtek. **VISCONTI** THE PICTURE DESK/The Kobal Collection. **VISHNOU** CORBIS/Angelo Hornak. **VISSOTSKI** SIPA/Shone Nesic V. **VITRAIL** CORBIS/Philadelphia Museum of Art. **VLADIMIR** RIA-NOVOSTI/Dimitry Debadov. **VLAMINCK** RMN Dist./Cnac/Mnam/Philippe Migeat © Adagp, Paris 2022. **VOIE SACRÉE** BIS/Coll. Archives Larbor. **VOIE LACTÉE** CIEL ET ESPACE. **VOISIN** CORBIS/National Aviation Museum. **VOISIN** LEEMAGE/Opale/Didier Goupy. **VOLCAN** iSTOCKPHOTO/Julien Grondin; Jean-Claude Tanguy; Jean-Claude Tanguy; Jean-Claude Tanguy; FOTOLIA/Tanguy de Saint Cyr; FOTOLIA/Verinize; CORBIS/Yann Arthus-Bertrand; iSTOCKPHOTO/Flory **VOLTAIRE** BIS/Coll. Archives Larbor. **VOLUBILIS** ANDIA/Khamallah. **VO NGUYEN GIAP** CORBIS/Bettmann. **VOÛTE** (gr) AKG/Hervé Champollion; AKG/Hervé Champollion; AKG/Hervé Champollion. **VOYNET** CORBIS/Epa/Caroline Blumberg. **VULCAIN** BIS/Archives Larbor/Museum of Fine Arts, Boston.

W

WAGNER AKG/DR. **WAJDA** THE PICTURE DESK/The Kobal Collection. **WALESA** GAMMA-RAPHO/Gamma/Marc Bulka. **WALSH** RUE DES ARCHIVES/Bca. **WARHOL** LEEMAGE/MP Mori/The Andy Warhol Foundation for the Visual Arts, Inc/Licensed by Adagp, Paris 2022. **WASHINGTON** (George) BIS/Archives Larbor/Gianni Dagli Orti. **WASHINGTON** GAMMA-RAPHO/Imagestate. **WATTEAU** RMN/Jorg P. Anders. **WATERLOO** ROGER-VIOLLET/Viviane Rivière. **WAWEL** ROGER-VIOLLET/Viviane Rivière. **WAYNE** RUE DES ARCHIVES/Coll. CSFF. **WEISSMULLER** BIS/Coll. Archives Larbor. **WEISS** ROGER-VIOLLET/Albert Harlingue. **WELLES** BIS/Coll. Archives Larbor. **WELLS** ROGER-VIOLLET/TopFoto.
WENDERS RUE DES ARCHIVES/Bca. **WESTMINSTER** (
Jason Hawkes. **WHISTLER** BIS/Archives Larbor.
CORBIS/Sygma/Brooks Kraft. **WIGWAM** CORBIS/Nati
Pictures/Marilyn Angel Wynn. **WILMOTTE** AR
Robert Cesar © Wilmotte Jean-Michel architecte. **W**
MAGNUM/Martine Franck. **WINEHOUSE** CORBIS
Umback. **WINTERHALTER** AKG/Erich Lessing. **WISL**
PHOTO12/Arj. **WONG KAR WAI** THE PICTURE DES
2 Pics/The Kobal Collection/Jet Tone. **WOODS** CORB
Trotman. **WOOLF** LEEMAGE/Bianchetti Stefano. **W**
(Frank Lloyd) ARTEDIA © Adagp, Paris 2022. **WRIG**
frères) ROGER-VIOLLET. **WYLER** RUE DES ARCHIV
WYOMING HEMIS/Franco Barbagallo.

X

XENAKIS EFE/Andersen/Archivo Planeta. **XOCHI**
AGE/Tolo Balaguer. **XOLOTL** LEEMAGE/Heritage Imag

Y

YALTA CORBIS/Bettmann. **YAOUNDÉ** GAMMA-RAPH
Qui/Thierry Perrin. **YELLOWSTONE** BIOS/Unep/Still Pi
Harris R. **YÉMEN** HEMIS/Boisvieux Christophe. **YORK** (
Peter Adams. **YOSEMITE** CORBIS/Bill Ross. **YOUR**(
CORBIS/Sygma/J.-P. Laffont. **YOURTE** CORBIS/Nik W
7087 **YUNNAN** HEMIS/Bruno Morandi.

Z

ZADKINE BIS/Archives Larbor © Adagp, Paris
ZANDJAN AKG/Gérard Degeorge. **ZAO WOU-KI** BIS/A
Nathan/Jean-Louis Losi © Adagp, Paris 2022. **ZAP**
GAMMA-RAPHO/Gamma/Pierre Hounsfield. **ZAPOTÈ**
THE PICTURE DESK/Monte Alban Archaeological Mu
Gianni Dagli Orti. **ZAVATTA** SIPA/TF1/Galmiche. **ZE**
GAMMA-RAPHO/Hoa-Qui/Xavier Zimbardo. **ZEP** SIP
ZEPPELIN GAMMA-RAPHO/Keystone. **ZEUS** RMN Dis
Berlin/Christa Begall. **ZHANG YIMOU** RUE DES ARC
Bca. **ZHOU ENLAI** CORBIS/Bettmann. **ZIDANE** SI
Daniel Maurer. **ZIGGOURAT** GAMMA-RAPHO/
Georg Gerster. **ZIMBABWE** ANDIA/Wildlife. **ZIN**
CORBIS/Hulton-Deutsch Collection. **ZODIAQUE** LEEN
Costa. **ZOLA** BIS/Coll. Archives Larbor/Nadar. **ZORR**
DES ARCHIVES/Bca. **ZOUG** GAMMA-RAPHO/Rapho/
Gerster. **ZURICH** PHOTONONSTOP/Sime.

Ce livre est imprimé sur du papier issu de forêts gérées durablement.

Cet ouvrage a été composé
avec CALLIGRAM PAGINATION
conçu par X-MEDIA - F75010 Paris

Photogravure : Nord Compo

N° éditeur : 10282229/10287617
Dépôt légal : mai 2023
Imprimé en France
par Pollina en avril 2023 - 13696